CODE
DES SOCIÉTÉS
ET AUTRES GROUPEMENTS
2020

Première partie	- Droit commun des sociétés et autres groupements	1
Deuxième partie	- Environnement juridique et fiscal commun aux sociétés et autres groupements	783
Annexes		2385
Table des textes cités		3277
Index alphabétique		3291
Addendum		3371

LexisNexis®

CODE
DES SOCIÉTÉS
ET AUTRES GROUPEMENTS
2020

CODE DES SOCIÉTÉS ET AUTRES GROUPEMENTS 2020

VINGT-TROISIÈME ÉDITION

La présente édition a été réalisée par :

Florence DEBOISSY
Professeur à l'Université de Bordeaux

Guillaume WICKER
Professeur à l'Université de Bordeaux

LexisNexis

LexisNexis SA
141, Rue de Javel – 75015 Paris

À jour des textes au 20 juillet 2019

Avertissement de l'éditeur

Toute utilisation ou traitement automatisé, par des tiers, de données personnelles pouvant figurer dans cet ouvrage sont formellement interdits.

DANGER

LE PHOTOCOPILLAGE TUE LE LIVRE

Le logo ci-dessus mérite une explication. Son objet est d'alerter le lecteur sur la menace que représente pour l'avenir de l'écrit, tout particulièrement dans les domaines du droit, de l'économie et de la gestion, le développement massif du photocopillage.
Le Code de la propriété intellectuelle du 1er juillet 1992 interdit en effet expressément la photocopie à usage collectif sans autorisation des ayants droit. Or, cette pratique s'est généralisée dans les établissements d'enseignement supérieur, provoquant une baisse brutale des achats de livres, au point que la possibilité même pour les auteurs de créer des œuvres nouvelles et de les faire éditer correctement est aujourd'hui menacée.

Siège social : 141, rue de Javel – 75015 Paris

ISBN 978-2-7110-3096-5
ISSN 1622-6208

REMERCIEMENT

pour leur collaboration

Gilles Auzero, *Professeur à l'Université de Bordeaux*
Laura Sautonie-Laguionie, *Professeur à l'Université de Bordeaux*
Jean-Christophe Pagnucco, *Professeur à l'Université de Normandie*

TEXTES À JOUR AU 20 JUILLET 2019

Tous les codes bleus sont réalisés à l'aide du **JurisClasseur CODES et LOIS**, le plus vaste fonds encyclopédique de législation consolidée à mise à jour périodique sur papier et cdrom. Pour vous informer sur nos parutions, rendez-vous sur :

http://boutique.lexisnexis.fr

PRÉFACE

Le législateur donne parfois l'impression d'écrire sur du sable et ceux qui commentent ses évolutions ont souvent le sentiment d'être pris dans des sables mouvants : rien n'est acquis, tout se dérobe à chaque fois que l'on entre dans le labyrinthe du texte. Et l'exercice procède des « *sports extrêmes* » lorsque l'objet du commentaire est un « *code* », c'est-à-dire un rassemblement de fragments épars, dont les frontières sont délimitées par les besoins et les attentes de la pratique

C'est à cette tâche que se sont attelés mes collègues Florence Deboissy et Guillaume Wicker en mettant en commun – en société ? – leurs compétences de spécialistes reconnus du droit des sociétés et du droit fiscal pour présenter la nouvelle édition du Code LexisNexis des sociétés et autres groupements.

Les difficultés qu'ils ont dû affronter sont considérables : instabilité du droit, comme de la jurisprudence, multitude des sources, envergure du champ d'études qui embrasse le droit des sociétés, mais aussi le droit financier, le droit du travail, le droit fiscal, le droit pénal, etc. Et à chaque fois les mêmes dilemmes : Faut-il reproduire tel texte, certes éloigné du centre de gravité du code, mais souvent sollicité en pratique ? Faut-il citer tel arrêt, déjà un peu ancien, mais dont les enseignements sont toujours d'actualité ? Quelle place ménager aux autorités administratives indépendantes, à leurs décisions ? Faut-il viser toutes les sociétés à statut particulier, sociétés orphelines comme des maladies peuvent l'être, et qui n'intéressent souvent qu'une poignée de praticiens ?

Ce sont tous ces arbitrages que les commentateurs d'un code doivent effectuer. En cela leur travail est déjà un travail d'auteur. Il l'est encore par le résumé des arrêts choisis, la manière de les présenter, les hiérarchies instituées.

Le talent des deux jeunes auteurs fait que le résultat est à la hauteur des espérances. L'ouvrage constitue ainsi un outil de travail irremplaçable pour le praticien et un outil de recherche stimulant pour le théoricien, l'un trouvant les réponses à ses questions et l'autre l'idée de nouvelles questions.

Alain VIANDIER
Professeur des Universités
Agrégé des facultés de droit

LISTE DES ABRÉVIATIONS

A.	Arrêté
Actes prat. ing. sociétaire	Actes pratiques et ingénierie sociétaire
Adde	Ajouter
AJDA	Actualité juridique de droit administratif
Art.	Article
BRDA	Bulletin rapide de droit des affaires Francis Lefebvre
Bull. civ.	Bulletin des arrêts civils de la Cour de cassation
Bull. CNCC	Bulletin du Conseil national des commissaires aux comptes
Bull. crim.	Bulletin des arrêts criminels de la Cour de cassation
Bull. Joly Bourse	Bulletin Joly (Bourse et produits financiers)
BJS	Bulletin Joly (mensuel d'information des sociétés)
CA	Cour d'appel
Cass. civ. (1re, 2e, 3e)	Cour de cassation, chambres civiles
Cass. com.	Cour de cassation, chambre commerciale
Cass. crim.	Cour de cassation, chambre criminelle
Cass. req.	Cour de cassation, chambre des requêtes
C. assur.	Code des assurances
CCH	Code de la construction et de l'habitation
C. civ.	Code civil
CDE	Cahiers de droit de l'entreprise
C. déont. comm. comptes	Code de déontologie de la profession de commissaire aux comptes
CE	Conseil d'État
CGI	Code général des impôts
CGPPP	Code général de la propriété des personnes publiques
chron.	Chronique
COJ	Code de l'organisation judiciaire
CPC	Code de procédure civile
C. pén.	Code pénal
C. trav.	Code du travail
Dr. soc.	Droit social
Dr. sociétés	Droit des sociétés
Éco. et compt.	Économie et comptabilité
Gaz. Pal.	Gazette du Palais
Inf. rap.	Informations rapides
JCl. Sociétés traité	JurisClasseur (Sociétés traité)
JO Sénat	Journal officiel Sénat
JOAN	Journal officiel Assemblée nationale
JOCE	Journal officiel des Communautés européennes
Journ. not.	Journal des notaires et des avocats
L. org.	Loi organique
LPA	Les Petites affiches
Ord.	Ordonnance
RD bancaire et bourse	Revue de droit bancaire et de la bourse
RD bancaire et fin.	Revue de droit bancaire et financier
RD imm.	Revue trimestrielle de droit immobilier
Rec. CE	Recueil des décisions du Conseil d'État
Règl. AMF	Règlement général de l'Autorité des marchés financiers
Rev. dr. trav.	Revue de droit du travail
Rev. huissiers	Revue des huissiers de justice
Rev. proc. civ.	Revue des procédures civiles
Rev. sociétés	Revue des sociétés
RF compt.	Revue française de comptabilité
RFDA	Revue française de droit administratif
RJ com.	Revue de jurisprudence commerciale
RJDA	Revue de jurisprudence de droit des affaires
RJS	Revue de jurisprudence sociale
RTD civ.	Revue trimestrielle de droit civil
RTD com.	Revue trimestrielle de droit commercial
somm.	Sommaire
TA	Tribunal administratif
T. com.	Tribunal de commerce
T. confl.	Tribunal des conflits
T. corr.	Tribunal correctionnel
TGI	Tribunal de grande instance
TI	Tribunal d'instance
V.	Voir

Table des matières

CODE DES SOCIÉTÉS ET AUTRES GROUPEMENTS		PAGES
Remerciement		IX
Préface		XI
Liste des abréviations		XIII
PARTIE PREMIÈRE – DROIT COMMUN DES SOCIÉTÉS ET AUTRES GROUPEMENTS		1
LIVRE PREMIER – DROIT COMMUN DES SOCIÉTÉS		3
1.1 – De la société		3
• **Code civil – Titre IX du Livre III du Code civil**		3
Chapitre I. – Dispositions générales	1832 à 1844-17	3
Chapitre II. – De la société civile	1845 à 1870-1	116
Section I. – Dispositions générales	1845 et 1845-1	117
Section II. – Gérance	1846 à 1851	119
Section III. – Décisions collectives	1852 à 1854	125
Section IV. – Information des associés	1855 et 1856	126
Section V. – Engagement des associés à l'égard des tiers	1857 à 1860	127
Section VI. – Cession des parts sociales	1861 à 1868	132
Section VII. – Retrait ou décès d'un associé	1869 à 1870-1	138
Chapitre III. – De la société en participation	1871 à 1873	143
• L. n° 78-9 du 4 janvier 1978 modifiant le titre IX du livre III du Code civil		153
• D. n° 78-704 du 3 juillet 1978 relatif à l'application de la loi n° 78-9 du 4 janvier 1978 modifiant le titre IX du Livre III du Code civil		156
1.2 – Des sociétés commerciales et des groupements d'intérêt économique		165
• **Code de commerce – Partie législative – Livre II. – Des sociétés commerciales et des groupements économiques**		165
Titre premier. – Dispositions préliminaires	L. 210-1 à L. 210-12	166
Titre II. – Dispositions particulières aux diverses sociétés commerciales	L. 221-1 à L. 229-15	171
Chapitre I. – Des sociétés en nom collectif	L. 221-1 à L. 221-17	171
Chapitre II. – Des sociétés en commandite simple	L. 222-1 à L. 222-12	183
Chapitre III. – Des sociétés à responsabilité limitée	L. 223-1 à L. 223-43	186
Chapitre IV. – Dispositions générales applicables aux sociétés par actions	L. 224-1 à L. 224-3	231
Chapitre V. – Des sociétés anonymes	L. 225-1 à L. 225-70	233

Section I. – De la constitution des sociétés anonymes	L. 225-1 à L. 225-16-1	234
Section II. – De la direction et de l'administration des sociétés anonymes	L. 225-17 à L. 225-91-1	239
Section III. – Des assemblées d'actionnaires	L. 225-96 à L. 225-126	314
Section IV. – Des modifications du capital social et de l'actionnariat des salariés	L. 225-127 à L. 225-217	337
Section V. – Du contrôle des sociétés anonymes	L. 225-218 à L. 225-242	369
Section VI. – De la transformation des sociétés anonymes	L. 225-243 à L. 225-245-1	375
Section VII. – De la dissolution des sociétés anonymes	L. 225-246 à L. 225-248	376
Section VIII. – De la responsabilité civile	L. 225-249 à L. 225-257	377
Section IX. – Des sociétés anonymes à participation ouvrière	L. 225-258 à L. 225-70	384
Chapitre VI. – Des sociétés en commandite par actions	L. 226-1 à L. 226-14	387
Chapitre VII. – Des sociétés par actions simplifiées	L. 227-1 à L. 227-20	391
Chapitre VIII. – Des valeurs mobilières émises par les sociétés par actions	L. 228-1 à L. 228-106	404
Section I. – Dispositions communes aux valeurs mobilières	L. 228-1 à L. 228-6-3	404
Section II. – Des actions	L. 228-7 à L. 228-29-7	414
Section III. – Dispositions applicables aux catégories de titres en voie d'extinction	L. 228-29-8 à L. 228-35-11	444
Section IV. – Des valeurs mobilières représentatives d'un droit de créance	L. 228-36-A à L. 228-90	449
Section V. – Des valeurs mobilières donnant accès au capital ou donnant droit à l'attribution de titres de créance	L. 228-91 à L. 228-106	458
Chapitre IX. – De la société européenne	L. 229-1 à L. 229-15	463
Titre III. – Dispositions communes aux diverses sociétés commerciales	L. 231-1 à L. 223-11-4	481
Chapitre I. – Du capital variable	L. 231-1 à L. 231-8	481
Chapitre II. – Des comptes sociaux	L. 232-1 à L. 232-26	482
Section I. – Des documents comptables	L. 232-1 à L. 232-6	482
Section II. – Des documents propres aux sociétés faisant publiquement appel à l'épargne	L. 232-7 et L. 232-8	484
Section III. – Des amortissements et des provisions	L. 232-9	484
Section IV. – Des bénéfices	L. 232-10 à L. 232-20	485
Section V. – De la publicité des comptes	L. 232-21 à L. 232-26	487
Chapitre III. – Des filiales, des participations et des sociétés contrôlées	L. 233-1 à L. 223-20	490
Section I. – Définitions	L. 233-2 à L. 233-5-1	498
Section II. – Des notifications et des informations	L. 233-6 à L. 223-18	500
Section III. – Des comptes consolidés	L. 233-16 à L. 233-28	514
Section IV. – Des participations réciproques	L. 233-29 à L. 233-31	517
Section V. – Des offres publiques d'acquisition	L. 233-32 à L. 223-20	518
Chapitre IV. – De la procédure d'alerte	L. 234-1 à L. 234-4	520
Chapitre V. – Des nullités	L. 235-1 à L. 235-14	522
Chapitre VI. – De la fusion et de la scission	L. 236-1 à L. 236-32	528
Section I. – Dispositions générales	L. 236-1 à L. 236-7	528

CODE DES SOCIÉTÉS ET AUTRES GROUPEMENTS		PAGES
Section II. – Dispositions particulières aux sociétés anonymes	L. 236-8 à L. 512-1	538
Section III. – Dispositions particulières aux sociétés à responsabilités limitée	L. 236-23 et L. 236-24	547
Section IV. – Dispositions particulières aux fusions transfrontalières	L. 236-25 à L. 236-32	547
Chapitre VII. – De la liquidation	L. 237-1 à L. 237-31	554
Section I. – Dispositions générales	L. 237-1 à L. 237-13	554
Section II. – Dispositions applicables sur décision judiciaire	L. 237-14 à L. 237-31	558
Chapitre VIII. – Des injonctions de faire	L. 238-1 à L. 238-6	562
Chapitre IX. – De la location d'actions et de parts sociales	L. 239-1 à L. 239-5	564
Chapitre X. – De l'information des salariés en cas de cession de leur société	L. 23-10-1 à L. 23-10-12	566
Section 1. – De l'instauration d'un délai permettant aux salariés de présenter une offre en cas de vente des parts sociales, actions ou valeurs mobilières donnant accès à la majorité du capital dans les sociétés qui n'ont pas l'obligation de disposer d'un comité social et économique exerçant les attributions mentionnées au deuxième alinéa de l'article L. 2312-1 du Code du travail	L. 23-10-1 à L. 23-10-6	566
Section 2. – De l'information des salariés leur permettant de présenter une offre en cas de vente des parts sociales ou actions ou valeurs mobilières donnant accès à la majorité du capital, dans les sociétés qui ont l'obligation de disposer d'un comité social et économique exerçant les attributions mentionnées au deuxième alinéa de l'article L. 2312-1 du Code du travail	L. 23-10-7 à L. 23-10-12	567
Chapitre XI – Du partage des plus-values de cession de titres avec les salariés de société	L. 23-11-1 à L. 23-11-4	568
Titre IV. – Dispositions pénales	L. 241-1 à L. 249-1	570
Chapitre I. – Des infractions concernant les sociétés à responsabilité limitée	L. 241-1 à L. 241-9	570
Chapitre II. – Des infractions concernant les sociétés anonymes	L. 242-1 à L. 242-31	572
Section I. – Des infractions relatives à la constitution	L. 242-1 à L. 242-5	572
Section II. – Des infractions relatives à la direction et à l'administration	L. 242-6 à L. 242-8	573
Section III. – Des infractions relatives aux assemblées d'actionnaires	L. 242-9 à L. 242-16	593
Section IV. – Des infractions relatives aux modifications du capital social	L. 242-17 à L. 242-24	594
Section V. – Des infractions relatives au contrôle	L. 242-25 à L. 242-28	595
Section VI. – Des infractions relatives à la dissolution	L. 242-29	595
Section VII. – Des infractions relatives aux sociétés anonymes comportant un directoire et un conseil de surveillance	L. 242-30	596
Section VIII. – Des infractions relatives aux sociétés anonymes à participation ouvrière	L. 242-31	596
Chapitre III. – Des infractions concernant les sociétés en commandite par actions	L. 243-1 et L. 243-2	596
Chapitre IV. – Des infractions concernant les sociétés par actions simplifiées	L. 244-1 à L. 244-4	596
Chapitre IV *BIS*. – Des infractions concernant les sociétés européennes	L. 244-5	596
Chapitre V. – Des infractions relatives aux valeurs mobilières émises par les sociétés par actions	L. 245-1 à L. 245-17	597
Section I. – Des infractions relatives aux actions	L. 245-1 à L. 245-5	597

Section II. – Des infractions relatives aux parts de fondateurs ... L. 245-6 ... 597

Section III. – Des infractions relatives aux obligations ... L. 245-7 à L. 245-15 ... 597

Section IV. – Dispositions communes ... L. 245-16 ... 598

Section V. – Des infractions relatives aux sociétés anonymes comportant un directoire et un conseil de surveillance ... L. 245-17 ... 598

Chapitre VI. – Des infractions communes aux diverses formes de sociétés par actions ... L. 246-1 et L. 246-2 ... 598

Chapitre VII. – Des infractions communes aux diverses formes de sociétés commerciales ... L. 247-1 à L. 247-10 ... 598

Section I. – Des infractions relatives aux filiales, aux participations et aux sociétés contrôlées ... L. 247-1 à L. 247-3 ... 598

Section II. – Des infractions relatives à la publicité ... L. 247-4 ... 599

Section III. – Des infractions relatives à la liquidation ... L. 247-5 à L. 247-8 ... 599

Section IV. – Des infractions relatives aux sociétés anonymes comportant un directoire et un conseil de surveillance ... L. 247-9 ... 600

Section V. – Des infractions relatives aux sociétés à capital variable ... L. 247-10 ... 600

Chapitre VIII. – Dispositions concernant les directeurs généraux délégués des sociétés anonymes ou des sociétés européennes ... L. 248-1 ... 600

Chapitre IX – Peines complémentaires applicables aux personnes physiques L. 249-1 ... 600

Titre V. – Des groupements d'intérêt économique ... L. 251-1 à L. 252-13 ... 601

Chapitre I. – Du groupement d'intérêt économique de droit français ... L. 251-1 à L. 251-23 ... 601

Chapitre II. – Du groupement européen d'intérêt économique ... L. 252-1 à L. 252-13 ... 608

• Code de commerce. – Partie réglementaire – Livre II. – Des sociétés commerciales et des groupements d'intérêt économiques ... 617

Titre premier. – DISPOSITIONS PRÉLIMINAIRES ... R. 210-1 à R. 210-20 ... 617

Section I. – De la constitution de la société et de la modification de ses statuts ... R. 210-1 à R. 210-13 ... 617

Section II. – De la dissolution de la société ... R. 210-14 et R. 210-15 ... 619

Section III. – Des formalités de publicité ... R. 210-16 à R. 210-20 ... 620

Titre II. – Dispositions particulières aux diverses sociétés commerciales ... R. 221-1 à R. 229-26 ... 620

Chapitre I. – Des sociétés en nom collectif ... R. 221-1 à R. 221-10 ... 620

Chapitre II. – Des sociétés en commandite simple ... R. 222-1 à R. 222-3 ... 622

Chapitre III. – Des sociétés à responsabilité limitée ... R. 223-1 à R. 223-36 ... 622

Chapitre IV. – Dispositions générales applicables aux sociétés par actions .. R. 224-1 à R. 224-3 ... 629

Chapitre V. – Des sociétés anonymes ... R. 225-1 à R. 225-172 ... 630

Section I. – De la constitution des sociétés anonymes ... R. 225-1 à R. 225-14-1 ... 630

Section II. – De la direction et de l'administration des sociétés anonymes R. 225-15 à R. 225-60-2 ... 633

Section III. – Des assemblées d'actionnaires ... R. 225-61 à R. 225-112 ... 641

Section IV. – Des modifications du capital social et de l'actionnariat des salariés ... R. 225-113 à R. 225-160-4 657

Section V. – Du contrôle des sociétés anonymes ... R. 225-161 à R. 225-164 .. 666

CODE DES SOCIÉTÉS ET AUTRES GROUPEMENTS		PAGES
Section VI. – De la transformation des sociétés anonymes	R. 225-165	667
Section VII. – De la dissolution des sociétés anonymes	R. 225-166	667
Section VIII. – De la responsabilité civile	R. 225-167 à R. 225-170	667
Section IX. – Des sociétés anonymes à participation ouvrière	R. 225-171 et R. 225-172	668
Chapitre VI. – Des sociétés en commandite par actions	R. 226-1 à R. 226-3	668
Chapitre VII. – Des sociétés par actions simplifiées	R. 227-1 à D. 227-3	668
Chapitre VIII. – Des valeurs mobilières émises par les sociétés par actions	R. 228-1 à R. 228-96	669
Section I. – Dispositions communes	R. 228-1 à R. 228-14	669
Section II. – Des actions	R. 228-15 à R. 228-32	671
Section III. – Dispositions applicables aux catégories de titres en voie d'extinction	R. 228-33 à R. 228-48	674
Section IV. – Des titres participatifs	R. 228-49 à D. 228-56	676
Section V. – Des obligations	R. 228-57 à R. 228-86	677
Section VI. – Des valeurs mobilières donnant accès au capital ou donnant droit à l'attribution de titres de créances	R. 228-87 à R. 228-96	680
Chapitre IX. – De la société européenne	R. 229-1 à R. 229-26	682
Section I. – Dispositions générales	R. 229-1 et R. 229-2	682
Section II. – Du transfert du siège social	R. 229-3 à R. 229-12	683
Section III. – De la constitution de la société européenne	R. 229-13 à R. 229-22	684
Section IV. – De l'administration de la société européenne	R. 229-23	686
Section V. – De la transformation de la société européenne en société anonyme	R. 229-24 à R. 229-26	686
Titre III. – Dispositions communes aux diverses sociétés commerciales	R. 221-1 à D. 23-10-3	687
Chapitre I. – Du capital variable	Néant	687
Chapitre II. – Des comptes sociaux	R. 232-1 à R. 232-22	687
Section I. – Des documents comptables	R. 232-1 à R. 232-8	687
Section II. – Dispositions particulières aux sociétés dont les actions sont admises à la négociation sur un marché réglementé et à certaines de leurs filiales	R. 232-9 à R. 232-16	689
Section III. – Des bénéfices	R. 232-17 et R. 232-18	689
Section IV. – De la publicité des comptes	R. 232-19 à R. 232-22	690
Chapitre III. – Des filiales, des participations et des sociétés contrôlées	R. 233-1 à R. 233-19	691
Section I. – Des notifications et des informations	R. 233-1 à R. 233-2	691
Section II. – Des comptes consolidés	R. 233-3 à R. 233-16	691
Section III. – Des participations réciproques	R. 233-17 à R. 233-19	694
Chapitre IV. – De la procédure d'alerte	R. 234-1 à R. 234-7	694
Chapitre V. – Des nullités	R. 235-1 à R. 235-3	695
Chapitre VI. – De la fusion et de la scission	R. 236-1 à R. 236-20	696
Section I. – Dispositions générales	R. 236-1 à R. 236-12	696
Section II – Dispositions particulières aux fusions transfrontalières	R. 236-13 à R. 236-20	699

CODE DES SOCIÉTÉS ET AUTRES GROUPEMENTS		PAGES
Chapitre VII. – De la liquidation	R. 237-1 à R. 237-18	702
Section I. – Dispositions générales	R. 237-1 à R. 237-9	702
Section II. – Dispositions applicables sur décision judiciaire	R. 237-10 à R. 237-18	702
Chapitre VIII. – Des injonctions de faire	Néant	703
Chapitre IX. – De la location d'actions et de parts sociales	R. 239-1	703
Chapitre X. – De l'information des salariés en cas de cession de leur société	D. 23-10-1 à D. 23-10-3	703
Titre IV. – Dispositions pénales	R. 247-1 à R. 247-4	704
Chapitre I. – Des infractions concernant les sociétés à responsabilité limitée	Néant	704
Chapitre II. – Des infractions concernant les sociétés anonymes	Néant	704
Chapitre III. – Des infractions concernant les sociétés en commandites par actions	Néant	704
Chapitre IV. – Des infractions concernant les sociétés par actions simplifiées	Néant	704
Chapitre V. – Des infractions relatives aux valeurs mobilières émises par les sociétés par actions	Néant	704
Chapitre VI. – Infractions communes aux diverses formes de sociétés par actions	Néant	704
Chapitre VII. – Des infractions communes aux diverses formes de sociétés commerciales	R. 247-1 à R. 247-4	704
Chapitre VIII. – Dispositions concernant les directeurs généraux délégués des sociétés anonymes ou des sociétés européennes	Néant	705
Titre V. – Des groupements d'intérêts économique	R. 251-1 à R. 252-1	705
Chapitre I. – Des groupements d'intérêts économique de droit français	R. 251-1 à R. 251-3	705
Chapitre II. – Des groupements européens d'intérêts économique	R. 252-1	706

LIVRE DEUXIÈME – AUTRES GROUPEMENTS DE DROIT COMMUN ... 707

2.1 – De l'indivision ... 707

2.1.1 – De l'indivision et de l'action en partage ... 707

2.1.2 – Des conventions relatives à l'exercice des droits indivis ... 710

2.2 – De l'association ... 713

2.3 – De la fondation ... 733

2.4 – Du fonds de dotation ... 739

2.5 – Du fonds de perennité ... 743

2.6 – De la fiducie ... 745

2.6.1 – Dispositions civiles ... 745

2.6.1.1 – Dispositions générales ... 745

2.6.1.2 – Dispositions spéciales aux meubles affectés à une fiducie constituée à titre de garantie ... 752

2.6.1.3 – Dispositions spéciales aux immeubles affectés à une fiducie constituée à titre de garantie 753

2.6.2 – Dispositions fiscales ... 754

2.6.2.1 – Impôt sur le revenu et impôt sur les sociétés ... 754

2.6.2.2 – Taxe sur la valeur ajoutée ... 758

2.6.2.3 – Droits d'enregistrement, taxe de publicité foncière et impôt de solidarité sur la fortune ... 759

2.6.2.4 – Taxe foncière et contribution économique territoriale ... 760

CODE DES SOCIÉTÉS ET AUTRES GROUPEMENTS — PAGES

2.6.3 - Dispositions comptables 761
2.6.4 - Dispositions communes 761
2.7 - De l'entreprise individuelle 762
2.7.1 - De la déclaration d'insaisissabilité 762
2.7.2 - De l'entrepreneur individuel à responsabilité limitée (EIRL) 764
2.7.2.1 – Dispositions du Code de commerce 764
2.7.2.2 – Dispositions fiscales et sociales 780

DEUXIÈME PARTIE – ENVIRONNEMENT JURIDIQUE ET FISCAL COMMUN AUX SOCIÉTÉS ET AUTRES GROUPEMENTS 783

LIVRE PREMIER - DE LA PUBLICITÉ DES ENTREPRISES 785
1.1 - Des centres de formalités des entreprises 785
1.2 - Du registre du commerce et des sociétés 798
1.2.1 - Des personnes tenues à immatriculation 798
1.2.2 - Tenue du registre et effets attachés à l'immatriculation 813
1.2.3 - Domiciliation des personnes immatriculées 856
1.3 - Des autres publicités et systèmes d'identification 864
1.3.1 - Du Bulletin officiel des annonces civiles ou commerciales 864
1.3.2 - Du système national d'identification et du répertoire des entreprises et de leurs établissements 865
1.3.3 - Du Bulletin des annonces légales obligatoires 873
1.3 - Des autres publicités et systèmes d'identification 873
1.3.1 - Du Bulletin officiel des annonces civiles ou commerciales 873
1.3.2 - Du système national d'identification et du répertoire des entreprises et de leurs établissements 875
1.3.3 - Du Bulletin des annonces légales obligatoires 882

LIVRE DEUXIÈME - DROIT COMPTABLE 883
2.1 - De la comptabilité des commerçants 883
2.1.1 - Obligations comptables applicables à tous les commerçants 883
2.1.2 - Obligations comptables applicables à certains commerçants personnes physiques 893
2.2 - Des commissaires aux comptes 895
2.2.1 - Dispositions législatives et réglementaires 895
2.2.1.1 – Dispositions générales 895
2.2.1.2 – Du statut des commissaires aux comptes 923
2.2.1.3 – De la déontologie et de l'indépendance des commissaires aux comptes 931
2.2.1.4 – De la responsabilité civile 939
2.2.1.5 – De l'exercice du contrôle légal 946
2.2.2 - Code de déontologie de la profession de commissaire aux comptes 966

LIVRE TROISIÈME - DROIT MONÉTAIRE ET FINANCIER 975
3.1 - Droit monétaire 975
3.2 - Valeurs mobilières 1653
3.3 - Règlement général de l'Autorité des marchés financiers (AMF) 1669

CODE DES SOCIÉTÉS ET AUTRES GROUPEMENTS — PAGES

3.4 – Règles de marché ... 1669

LIVRE QUATRIÈME – CONCURRENCE. CONCENTRATION ... 1671

4.1 – Des pratiques anticoncurrentielles ... 1671

4.2 – De la concentration économique ... 1681

LIVRE CINQUIÈME – DROIT FISCAL ... 1703

5.1 – De l'imposition des bénéfices ... 1703

5.1.1 – Groupements relevant de l'impôt sur le revenu ... 1703

5.1.2 – Groupements relevant de l'impôt sur les sociétés ... 1704

5.1.3 – Option entre le régime des sociétés de capitaux ou le régime des sociétés de personnes ... 1706

5.1.3.1 – Option pour le régime des sociétés de capitaux ... 1706

5.1.3.2 – Option pour le régime des sociétés de personnes ... 1706

5.2 – Du régime fiscal des droits sociaux ... 1707

5.2.1 – Droits de mutation à titre onéreux ... 1707

5.2.2 – Droits de mutation à titre gratuit (exonérations) ... 1710

5.2.2.1 – Parts et actions de société transmises par décès ou entre vifs ... 1710

5.2.2.2 – Donations aux salariés ... 1713

5.2.2.3 – Parts de groupements forestiers et groupements fonciers agricoles ... 1713

5.2.2.4 – Parts de sociétés civiles afférents à des immeubles classés ou inscrits sur l'ISMH ... 1717

5.3 – De l'imposition des dirigeants de sociétés ... 1718

5.3.1 – Rémunérations allouées aux gérants et associés de certaines sociétés ... 1718

5.3.2 – Rémunérations imposées dans la catégorie des traitements et salaires ... 1718

5.4 – De la responsabilité fiscale des dirigeants ... 1719

LIVRE SIXIÈME – DROIT DU TRAVAIL ... 1721

6.1 – Comité social et économique ... 1721

6.1.1 – Champ d'application ... 1723

6.1.2 – Attributions ... 1723

6.1.3 – Mise en place et suppression du comité social et économique ... 1740

6.1.4 – Fonctionnement ... 1742

6.1.5 – Comité social et économique central et comité social et économique d'établissement ... 1744

6.1.5 – Conseil d'entreprise ... 1746

6.2 – Délégués du personnel ... 1747

6.3 – Comité d'entreprise ... 1752

6.3.1 – Champ d'application ... 1753

6.3.2 – Conditions de mise en place et de suppression ... 1753

6.3.3 – Attributions ... 1756

6.3.4 – Composition, élection et mandat ... 1782

6.3.5 – Fonctionnement ... 1783

6.3.6 – Délégation unique du personnel ... 1798

6.3.7 – Comité central d'entreprise et comités d'établissements ... 1800

CODE DES SOCIÉTÉS ET AUTRES GROUPEMENTS — PAGES

6.3.8 – Comité de groupe 1805

6.3.9 – Comité d'entreprise européen ou procédure d'information et de consultation dans les entreprises de dimension communautaire 1809

6.4 – Implication des salariés dans la société européenne et comité de la société européenne 1820

6.5 – Implication des salariés dans la société coopérative européenne et comité de la société coopérative européenne 1831

6.6 – Participation des salariés dans les sociétés issues de fusions transfrontalières 1842

6.7 – Regroupement par accord des institutions représentatives du personnel 1850

6.8 – Intéressement, participation et plans d'épargne salariale 1852

6.8.1 – Intéressement, participation et épargne salariale 1853

6.8.1.1 – Intéressement 1853

6.8.1.2 – Participation aux résultats de l'entreprise 1860

6.8.2 – Plans d'épargne salariale 1872

6.8.3 – Dispositions communes 1885

6.9 – Prime de partage des profits 1915

6.10 – Participation au capital : encouragement de l'actionnariat salarié 1915

6.10.1 – Des augmentations de capital réservées aux salariés 1916

6.10.2 – De la souscription et de l'achat d'actions par les salariés 1916

6.10.3 – Des attributions gratuites d'actions aux salariés 1916

6.10.4 – Des bons de souscription de parts de créateurs d'entreprise 1916

6.11 – Représentation des salariés dans les organes de gestion de la société anonyme 1916

6.11.1 – Représentants élus par les salariés : régime facultatif 1916

6.11.2 – Représentants désignés par le comité d'entreprise 1916

6.11.3 – Représentation des salariés dans les sociétés privatisées 1916

6.11.4 – Représentation des salariés actionnaires 1916

6.12 – Sociétés de salariés 1917

6.12.1 – Sociétés anonymes à participation ouvrière 1917

6.12.2 – Sociétés coopératives ouvrières de production 1917

6.13 – Distribution gratuite d'actions 1917

LIVRE SEPTIÈME – DROIT DE LA SÉCURITÉ SOCIALE 1925

7.1 – Régime général 1925

7.2 – Régime des travailleurs non salariés 1933

7.2.1 – Cotisations sur les revenus d'activités des travailleurs non salariés des professions non agricoles 1933

7.2.2 – Assurance maladie et assurance maternité 1937

7.2.3 – Assurance vieillesse 1938

LIVRE HUITIÈME – PROCÉDURE CIVILE ET VOIES D'EXÉCUTION 1941

8.1 – Applications particulières des règles de procédure aux personnes morales 1941

8.1.1 – Règles de forme 1941

8.1.1.1 – Assignation 1941

CODE DES SOCIÉTÉS ET AUTRES GROUPEMENTS — PAGES

8.1.1.2 – Formes des actes d'huissier de justice 1942
8.1.1.3 – La forme des notifications 1942
8.1.2 – Intérêt et qualité pour agir 1945
8.1.3 – Capacité et pouvoir pour agir 1947
8.1.4 – Compétence territoriale 1949
8.1.5 – Comparution personnelle 1951
8.1.6 – Tierce opposition 1951
8.1.7 – Constitution d'avocat et conclusions 1952
8.2 – Compétence juridictionnelle 1953
8.2.1 – Compétence des tribunaux de commerce 1953
8.2.2 – Conventions d'arbitrage 1955
8.3 – Voies d'exécution sur les droits d'associé et les valeurs mobilières 1958
8.3.1 – Dispositions générales : les biens saisissables 1958
8.3.2 – Dispositions spécifiques aux mesures d'exécution forcées : la saisie des droits incorporels 1958
8.3.3 – Dispositions spécifiques aux mesures conservatoires 1959
8.3.4 – La saisie des droits d'associés et des valeurs mobilières 1959
8.3.5 – Les saisies conservatoires et les sûretés judiciaires 1962

LIVRE NEUVIÈME – CONFLITS ET DIFFICULTÉS DES ENTREPRISES 1967
9.1 – Des difficultés des entreprises 1967
9.1.1 – Livre sixième du Code de commerce (Partie législative) 1972
9.1.1.1 – De la prévention des difficultés des entreprises 1972
9.1.1.2 – De la sauvegarde 1985
9.1.1.3 – Du redressement judiciaire 2041
9.1.1.4 – De la liquidation judiciaire et du rétablissement professionnel 2057
9.1.1.5 – Des responsabilités et des sanctions 2090
9.1.1.6 – Des dispositions générales de procédure 2123
9.1.1.7 – Dispositions applicables aux départements du Haut-Rhin, du Bas-Rhin et de la Moselle 2131
9.1.1.8 – Dispositions particulières à l'entrepreneur individuel à responsabilité limitée 2132
9.1.2.1 – Dispositions particulières aux procédures d'insolvabilité relevant du règlement (UE) n° 2015/848 du 20 mai 2015 relatif aux procédures d'insolvabilité 2134
9.1.2 – Livre sixième du Code de commerce (Partie réglementaire) 2139
9.1.2.1 – De la prévention des difficultés des entreprises 2139
9.1.2.2 – De la sauvegarde 2150
9.1.2.3 – Du redressement judiciaire 2179
9.1.2.4 – De la liquidation judiciaire 2186
9.1.2.5 – Des responsabilités et des sanctions 2206
9.1.2.6 – Des dispositions générales de procédure 2209
9.1.2.7 – Dispositions applicables aux départements du Haut-Rhin, du Bas-Rhin et de la Moselle 2222
9.1.3 – Droit européen 2223

9.2 – De quelques professions réglementées 2281

9.2.1 – Des administrateurs judiciaires, mandataires judiciaires au redressement et à la liquidation des entreprises et experts en diagnostics d'entreprises 2281

9.2.1.1 – Des administrateurs judiciaires 2281

9.2.1.2 – Des mandataires judiciaires au redressement et à la liquidation des entreprises 2302

9.2.1.3 – Des experts en diagnostic d'entreprise 2313

9.2.1.4 – Dispositions communes 2313

9.2.2 – De l'administrateur provisoire et autres mandats judiciaires 2334

9.2.2.1 – Administrateur provisoire, contrôleur ou observateur de gestion, enquêteur 2334

9.2.2.2 – Expert in futurum 2338

9.2.2.3 – Expert de gestion 2340

9.2.2.4 – Séquestre 2340

LIVRE DIXIÈME – DROIT PÉNAL ET PROCÉDURE PÉNALE 2343

10.1 – Action civile devant les juridictions répressives 2343

10.2 – Responsabilité pénale des personnes morales 2344

10.3 – De l'abus de confiance 2358

10.4 – Des atteintes à l'autorité de l'État 2358

10.4.1 – De la prise illégale d'intérêts 2358

10.4.2 – De la corruption active et du trafic d'influence commis par les particuliers 2360

10.4.3 – De l'usage irrégulier de qualité 2361

LIVRE ONZIÈME – DES LIBÉRALITÉS AU PROFIT DES PERSONNES MORALES DE DROIT PRIVÉ 2363

11.1 – Des aspects juridiques 2363

11.2 – Des aspects fiscaux 2369

11.2.1 – Réduction d'impôt sur le revenu ou d'impôt sur les sociétés 2369

11.2.1.1 – Réduction d'impôt au titre des dons consentis par les particuliers 2369

11.2.1.2 – Réduction d'impôt au titre des dons consentis par les entreprises 2372

11.2.2 – Droits de mutation à titre gratuit 2378

11.2.2.1 – Exonération des dons manuels consentis aux organismes d'intérêt général 2378

11.2.2.2 – Abattement en cas de transmission par décès à une fondation ou une association reconnues d'utilité publique 2378

11.2.2.3 – Exonération des dons et legs consentis à certaines personnes morales 2379

11.2.3 – Réduction d'ISF 2379

11.2.4 – Mise sous condition des avantages fiscaux attachés aux dons 2379

LIVRE DOUZIÈME – INCOMPATIBILITÉS DES FONCTIONS DIRIGEANTES AVEC LES MANDATS 2381

12.1 – Députés 2381

12.2 – Sénateurs 2384

ANNEXES 2385

ANNEXE 1 – AGRICULTURE ET PÊCHE 2387

1.1 – ASSOCIATIONS FONCIÈRES AGRICOLES 2387

1.2 – COOPÉRATIVES AGRICOLES 2392

1.3 – EXPLOITATIONS AGRICOLES À RESPONSABILITÉ LIMITÉE 2392

1.4 – GROUPEMENTS AGRICOLES D'EXPLOITATION EN COMMUN 2394

1.5 – GROUPEMENTS FONCIERS AGRICOLES ET GROUPEMENTS FONCIERS RURAUX 2407

1.6 – GROUPEMENTS FORESTIERS 2411

1.7 – GROUPEMENTS PASTORAUX 2415

1.8 – GROUPEMENTS DE PRODUCTEURS 2419

1.9 – GROUPEMENTS DE PRODUCTEURS FORESTIERS 2423

1.10 – SOCIÉTÉS D'AMÉNAGEMENT FONCIER ET D'ÉTABLISSEMENT RURAL 2427

1.11 – SOCIÉTÉS CIVILES D'EXPLOITATION EN COMMUN 2458

1.12 – SOCIÉTÉS CIVILES LAITIÈRES 2458

1.13 – SOCIÉTÉS D'ASSOLEMENT EN COMMUN 2459

1.14 – SOCIÉTÉS D'ÉPARGNE FORESTIÈRE 2459

1.15 – SOCIÉTÉS D'INTÉRÊT COLLECTIF AGRICOLE 2459

1.16 – SOCIÉTÉS D'INVESTISSEMENT POUR LE DÉVELOPPEMENT RURAL 2464

1.17 – SOCIÉTÉS DE PÊCHE ARTISANALE 2465

1.18 – SOCIÉTÉS MIXTES D'INTÉRÊT AGRICOLE 2465

ANNEXE 2 – ARTISANAT ET COMMERCE 2467

2.1 – MAGASINS COLLECTIFS DE COMMERÇANTS INDÉPENDANTS 2467

2.2 – SOCIÉTÉS COOPÉRATIVES ARTISANALES 2470

2.3 – SOCIÉTÉS COOPÉRATIVES DE COMMERÇANTS DÉTAILLANTS 2470

2.4 – SOCIÉTÉS POUR LE DÉVELOPPEMENT DE L'INDUSTRIE DU COMMERCE ET DE L'AGRICULTURE 2470

ANNEXE 3 – ASSURANCE 2473

ANNEXE 4 – BANQUE ET FINANCE 2553

4.1 – SOCIÉTÉS COOPÉRATIVES DE BANQUE 2553

4.2 – SOCIÉTÉS DE CAUTION MUTUELLE 2553

CODE DES SOCIÉTÉS ET AUTRES GROUPEMENTS — PAGES

4.3 – COMPAGNIES FINANCIÈRES HOLDING, ENTREPRISES MÈRES DE SOCIÉTÉ DE FINANCEMENT, COMPAGNIES FINANCIÈRES HOLDING MIXTES, CONGLOMÉRATS FINANCIERS, COMPAGNIES HOLDING MIXTES ET ENTREPRISES MÈRES MIXTES DE SOCIÉTÉ DE FINANCEMENT 2555

4.4 – SOCIÉTÉS DE CRÉDIT DIFFÉRÉ 2561

ANNEXE 5 – COOPÉRATIVES 2567

5.1 – LOI N° 47-1775 DU 10 SEPTEMBRE 1947 PORTANT STATUT DE LA COOPÉRATION 2567

5.2 – DISPOSITIONS SPÉCIALES 2618

ANNEXE 6 – CULTURE ET ÉDITION 2713

6.1 – SOCIÉTÉS DE PERCEPTION ET DE RÉPARTITION DES DROITS D'AUTEURS, DES DROITS DES ARTISTES-INTERPRÈTES ET DES DROITS DE PRODUCTEURS DE PHONOGRAMMES ET DE VIDÉOGRAMME 2713

6.2 – SOCIÉTÉS DE PRESSE 2735

6.3 – SOCIÉTÉS DE VENTE AUX ENCHÈRES PUBLIQUES 2738

ANNEXE 7 – IMMOBILIER 2745

7.1 – SOCIÉTÉS CIVILES DE PLACEMENT IMMOBILIER 2745

7.2 – ORGANISMES DE PLACEMENT COLLECTIF IMMOBILIER 2745

7.3 – AUTRES SOCIÉTÉS IMMOBILIÈRES 2745

ANNEXE 8 – PROFESSIONS LIBÉRALES 2835

8.1 – DISPOSITIONS GÉNÉRALES 2837

8.2 – DISPOSITIONS SPÉCIALES 2862

ANNEXE 9 – SECTEUR PUBLIC ET SEMI-PUBLIC 3213

9.1 – PRIVATISATIONS 3213

9.2 – DÉMOCRATISATION DU SECTEUR PUBLIC 3215

9.3 – SOCIÉTÉS D'ÉCONOMIE MIXTE LOCALES 3245

ANNEXE 10 – SPORT ET ACTIVITÉS SPORTIVES 3257

10.1 – ASSOCIATIONS, SOCIÉTÉS ET FÉDÉRATIONS SPORTIVES 3257

10.2 – SOCIÉTÉS DE COURSE DE CHEVAUX 3265

Table des textes cités 3277

Index alphabétique 3291

Addendum 3371

PREMIÈRE PARTIE

DROIT COMMUN DES SOCIÉTÉS ET AUTRES GROUPEMENTS

Livre premier	- Droit commun des sociétés	3
Livre deuxième	- Autres groupements de droit commun	707

LIVRE PREMIER. – DROIT COMMUN DES SOCIÉTÉS

Bibliographie : C. Champaud, *Le droit français des sociétés à l'aube du XXIe siècle : Rev. sociétés* 2000, p. 77. • A. Couret, *Le droit des sociétés et le besoin de sécurité du troisième millénaire : Rev. sociétés* 2000, p. 89. • J.-Ph. Dom, *Les montages en droit des sociétés*, Joly, 1999. • J. Foyer, *Quel droit des sociétés dans le millénaire qui s'avance ? : Rev. sociétés* 2000, p. 101. • M.-A. Frison-Roche, *Régulation et droit des sociétés. De l'article 1832 du Code civil à la protection du marché de l'investissement : Mél. D. Schmidt*, Joly, 2005, p. 225. • M. Jeantin, *Le juge et le droit des sociétés : Mél. R. Perrot*, Dalloz, 1996. • L. Godon, *L'éclatement des formes sociales : Rev. sociétés* 2017, p. 267. • P. Le Cannu, *Effectivité et ineffectivité du droit des sociétés : Mél. D. Schmidt*, Joly, 2005, p. 337. • J. Prieur, *Droit des contrats et droit des sociétés : Études à la mémoire d'A. Sayag*, Litec, 1997, p. 371. • D. Randoux, *Le droit des sociétés à la recherche d'un nécessaire équilibre : Rev. sociétés* 2000, p. 105. • B. Saintourens, *La flexibilité du droit des sociétés : RTD com.* 1987, p. 547 ; *L'an 2000 et au-delà : quelles perspectives pour le droit des sociétés ? : Rev. sociétés* 2000, p. 109. • S. Schiller, *L'influence de la nouvelle économie sur le droit des sociétés : Rev. sociétés* 2001, p. 47 ; *Les limites de la liberté contractuelle en droit des sociétés – Les connexions radicales*, LGDJ, 2002.

1.1. – DE LA SOCIÉTÉ

Titre IX du Livre III du Code civil

Bibliographie : Y. Chartier, *La société dans le Code civil après la loi du 4 janvier 1978 : JCP* 1978, I, 2917. • G. Delmotte, *Réforme des dispositions du Code civil relatives aux sociétés : Journ. not.* 1978, art. 54324, p. 893. • Y. Dereu, *Réflexions sur les qualifications données à certains types de sociétés : BJS* 1998, p. 607. • J. Foyer, *La réforme du titre IX du livre III du Code civil : Rev. sociétés* 1978, p. 1. • M. Germain, *La loi du 4 janvier 1978 modifiant le titre IX du livre III du Code civil en ses dispositions générales concernant les sociétés commerciales : JCP* CI 1979, 13095 ; *Le droit commun des sociétés après la loi n° 88-15 du 5 janvier 1988 relative au développement et à la transmission des entreprises : JCP* 1988, I, 3341. • H. Guigou, *L'unification des sociétés commerciales et des sociétés civiles, vers un droit commun ? : RTD com.* 1983, p. 525. • Y. Guyon, *Les dispositions générales de la loi n° 78-9 du 4 janvier 1978 portant réforme des sociétés : Rev. sociétés* 1979, p. 1 ; *De la distinction des sociétés et des associations depuis la loi du 4 janvier 1978 : Mél. P. Kayser*, PUF, 1979, p. 483. • M. Jeantin, *La réforme du droit des sociétés par la loi du 4 janvier 1978 : D.* 1978, chron. p. 173. • J. Paillusseau, *La modernisation du droit des sociétés commerciales. « Une reconception du droit des sociétés commerciales » : D.* 1996, chron. p. 287 et 295. • J. Schmidt, *La société holding est-elle une société ? : Mél. Bouloc*, Dalloz, 2007, p. 1037.

Code civil

(Titre IX du Livre III)

CHAPITRE I. – DISPOSITIONS GÉNÉRALES

Art. 1832 *(L. n° 85-697, 11 juill. 1985)*. **– La société est instituée par deux ou plusieurs personnes qui conviennent par un contrat d'affecter à une entreprise commune des biens ou leur industrie en vue de partager le bénéfice ou de profiter de l'économie qui pourra en résulter.**

Elle peut être instituée, dans les cas prévus par la loi, par l'acte de volonté d'une seule personne.

Les associés s'engagent à contribuer aux pertes.

Voir : Nullité, C. civ., art. 1844-10, p. 109.

Sociétés unipersonnelles, C. com., art. L. 223-1, p. 186, L. 223-4, p. 189, L. 227-1, p. 391 et L. 229-6, p. 466. – C. rur., art. L. 324-1, p. 2393.

• *Sommaire*

I – NOTION DE SOCIÉTÉ 4
II – ASSOCIÉS 5
III – APPORTS 7
IV – COMPTES COURANTS D'ASSOCIÉS 8
V – PARTICIPATION AUX BÉNÉFICES ET AUX ÉCONOMIES 11
VI – PARTICIPATION AUX PERTES 12
VII – *AFFECTIO SOCIETATIS* – INTENTION DE S'ASSOCIER 13
VIII – PROMESSE DE SOCIÉTÉ ET POURPARLERS 14

I – NOTION DE SOCIÉTÉ

1) Nature juridique de la société. J.-P. Bertrel, *Liberté contractuelle et sociétés : RTD com.* 1996, p. 595 ; *Le débat sur la nature de la société : Études A. Sayag*, Litec, coll. « CREDA », 1997, p. 131. – H. Barbier, *L'emprise du régime contractuel sur la société : ses ressources et limites : Dr. sociétés* 2017, p. 8. – A. Couret, *Faut-il réécrire les articles 1832 et 1833 du Code civil ? : D.* 2017, p. 222. – Fl. Deboissy, *Le contrat de société*, in *Le contrat*, Travaux de l'Association H. Capitant, t. LV, Société de législation comparée, 2005, p. 120. – P. Didier, *Le consentement sans l'échange : le contrat de société : RJ com.* 1995, p. 74 ; *Brèves notes sur le contrat-organisation : Mél. Terré*, Dalloz, 1999, p. 635 ; *La théorie contractualiste de la société : Rev. sociétés* 2000, p. 95. – J. Hamel, *Quelques réflexions sur le contrat de société : Mél. J. Dabin*, Sirey, 1963, p. 645. – R. Libchaber, *La société, contrat spécial : Mél. M. Jeantin*, 1999, p. 281. – J.-Cl. May, *La société, Contrat ou institution*, in *Contrat ou institution : un enjeu de société*, LGDJ, coll. « Systèmes Droit », 2004, p. 122. – J. Mestre, *La société est bien encore un contrat : Mél. Mouly*, t. II, Litec, 1998, p. 132. – J. Paillusseau, *La société anonyme, technique d'organisation de l'entreprise*, Sirey, 1967 ; *Les fondements du droit moderne des sociétés : JCP* 1984, I, 14193 ; *JCP E* 1995, I, 488 ; *La logique organisationnelle dans le droit. L'exemple du droit des sociétés : Mél. Béguin*, Litec, 2004, p. 567. – D. Schmidt, *Les conflits d'intérêts dans la société anonyme : prolégomènes : BJS* 2000, p. 9 ; *Prolégomènes : BJS* 2004, p. 472 ; *Essai de systématisation des conflits d'intérêts : D.* 2013, p. 446. – V. pour la nature contractuelle de l'association, sous L. 1er juill. 1901, art. 1er, annot. n° 1, p. 714.

a) La société étant un **contrat**, les parties peuvent librement y insérer toutes les dispositions qu'elles jugent nécessaires à la protection de la société qu'elles créent, sous la seule réserve de ne violer aucune règle d'ordre public : ▪ CA Rouen, 8 févr. 1974 : *Rev. sociétés* 1974, p. 507, note R. Rodière ; ainsi d'une clause de non-concurrence (▪ Cass. com., 20 févr. 1979, n° 77-13.653 : *D.* 1979, inf. rap. p. 248) ou d'une clause d'exclusion d'un associé (▪ Cass. com., 8 mars 2005, n° 02-20.285 : *JurisData* n° 2005-027475 ; *BJS* 2005, p. 995, note P. Le Cannu ; *D.* 2005, p. 838, obs. A. Lienhard ; *Dr. sociétés* juin 2005, n° 117, obs. J. Monnet ; *JCP E* 2005, 1046, n° 9, obs. J.-J. Caussain, Fl. Deboissy et G. Wicker).

b) **Exclusion de la qualification de contrat en cours au sens du droit des entreprises en difficulté appliqué au contrat de société.** V. sous C. civ., art. 1860, annot. n° 3, p. 132.

2) Distinction de la société et de l'indivision. F. Caporale, *Société et indivision : Rev. sociétés* 1979, p. 266. – C. Saint-Alary-Houin, *Les critères distinctifs de la société et de l'indivision : RTD com.* 1979, p. 645. – Fl. Deboissy et G. Wicker, *La distinction de l'indivision et de la société et ses enjeux fiscaux : RTD civ.* 2000, p. 225. – *Adde* Fl. Deboissy et G. Wicker, *JCl. Civil*, art. 815 à 815-18, Fasc. 60 *(Société et indivision)*.

a) **Jurisprudence du Conseil d'État.** V. rejetant la qualification de société créée de fait : ▪ CE, 13 mars 1998, 9e et 8e ss-sect., n° 163108, *Carcassonne : Dr. fisc.* 1998, n° 26, comm. 588, concl. F. Lolum ; *RJF* 1998, n° 5, p. 420 ; *RTD com.* 1998, p. 974, obs. Fl. Deboissy. ▪ CE, 9e et 7e ss-sect., 8 oct. 1986, n° 46527 : *RJF* 1986, n° 12, p. 683, concl. J.-F. Racine, p. 643. – V. égal., ▪ CAA Lyon, 3 avr. 1996 : *RJF* 1996, n° 7, p. 512. – V. retenant la qualification de société créée de fait : ▪ CE, 7e et 8e ss-sect., 12 déc. 1990, n° 61261 : *Dr. fisc.* 1993, n° 11, comm. 543, concl. O. Fouquet ; *RJF* 1991, n° 2, p. 118. ▪ CE, 7e et 8e ss-sect., 7 juill. 1982, nos 10904, 11715, 12833 et 13087 : *RJF* 1982, n° 10, p. 476.

b) **Jurisprudence judiciaire.** Jugé qu'en se fondant sur l'interprétation des statuts, les juges du fond ont pu requalifier un syndicat d'étalon après avoir relevé que l'affectation du bien indivis à une exploitation commune correspondait à la qualification de société en participation : ▪ Cass. com., 18 nov. 1997, n° 96-10.999 : *BJS* 1998, p. 145 ; *Dr. fisc.* 1998, n° 11, comm. 195 ; *RJF* 1998, n° 2, p. 127 ; *RTD com.* 1998, p. 710, obs. Fl. Deboissy. – Également, l'existence d'une société créée de fait a pu être déduite de la volonté manifestée de partager les gains : ▪ CA Versailles, 17 mars 2000 : *BJS* 2000, p. 845, note J.-J. Daigre. – Comp. à propos de l'acquisition indivise d'un immeuble en vue de le revendre, ▪ CA Pau, 14 nov. 1991 : *JurisData* n° 1991-046702. – En l'absence d'enregistrement de l'apport d'un fonds de commerce indivis, il ne saurait être prétendu, contre l'administration fiscale, que ce fonds figure dans le patrimoine d'une société créée de fait, ce qui implique que la cession le concernant doit être taxée comme une cession de fonds de commerce et non comme une cession de parts sociales : ▪ Cass. com., 17 janv. 2006, n° 04-12.015 : *JurisData* n° 2006-031875.

II – ASSOCIÉS

Bibliographie : D. Cholet, *La distinction des parties et des tiers appliquée aux associés* : *D.* 2004, p. 1141. – A. Constantin et *alii*, *Les figures de l'associé* : *Dr. sociétés* 2016, p. 30 et s. – L. Jobert, *L'obligation des associés aux dettes à l'égard du créancier associé* : *JCP* E 2005, 445. – M.-P. Lamour, *La responsabilité personnelle des associés* : *D.* 2003, p. 51. – J. Heinich et F. Patrizio, *La protection des actionnaires minoritaires* : *JCP* E 2018, 1185. – J. Ledan, *Nouveau regard sur la notion d'associé* : *Dr. sociétés* oct. 2010, n° 14. – F.-X. Lucas, *Les actionnaires ont-ils tous la qualité d'associé ? Brefs propos discursifs autour du thème de l'associé et de l'investisseur* : *RD bancaire et fin.* juill.-août 2002, p. 216. – C. Malecki, *Pour une protection rapprochée de l'incapable majeur en droit des sociétés* : *Mél. Bouloc*, Dalloz, 2007, p. 695. – P. Reigné et T. Delorme, *Réflexions sur la distinction de l'associé et de l'actionnaire* : *D.* 2002, p. 1330.

3) Identification des associés.

a) **Indivision.** V. sous C. civ., art. 1844, annot. n° 4, p. 73.

b) **Prête-noms.** En cas de recours à des prête-noms, il y a lieu de dénombrer uniquement les mandants : ▪ Cass. com., 17 janv. 1955, n° 55-08.392 : *Bull. civ.* III, n° 25. – Si, dans une filiale, une société mère a pour seul coassocié à 0,001 % du capital un prête-nom, alors que cette société n'a aucune structure pour fonctionner, ni aucune activité, la filiale est une société fictive, nulle par là même : ▪ Cass. com., 22 juin 1999, n° 98-13.611 : *BJS* 1999, p. 978, note A. Couret.

c) **Associé fictif.** Une société et l'un de ses associés ne peuvent soutenir, pour lui dénier tout droit aux bénéfices sociaux, qu'un associé n'aurait été qu'un associé fictif dès lors que : étant incapables de justifier du fonctionnement régulier de la société et des décisions collectives approuvant les comptes et répartissant les bénéfices, ils ne sauraient invoquer le désintérêt de cet associé ; l'absence de participation active à une société et la circonstance qu'un associé ne réclame pas sa part de bénéfices qui ne sont pas nécessairement distribués est insuffisante à prouver la disparition de son *affectio societatis* ; en outre, le fait pour cet associé de s'opposer au gérant a clairement manifesté son intention de participer au fonctionnement de la société : ▪ Cass. com., 19 sept. 2006, n° 03-19.416 : *Dr. sociétés* 2007, n° 42, obs. H. Lécuyer.

d) **Démembrement de propriété.** V. sous C. civ., art. 1844, annot. n°s 11 et 12, p. 75.

4) Associé personne morale. Nonobstant les règles statutaires concernant la représentation d'un associé, une personne morale associée est représentée aux assemblées générales soit par son représentant légal, soit par un fondé de pouvoir désigné à cet effet, que ce dernier soit ou non lui-même associé, les pouvoirs du représentant d'une personne morale de droit étranger étant fixés par la loi étrangère à laquelle la société est soumise : ▪ CA Paris, 1er oct. 2013, n° 12-17.788 : *BJS* 2014, p. 243, note J.-Ph. Dom.

5) Responsabilité de l'associé pour son fait personnel. M. Caffin-Moi, *La responsabilité pour faute de l'associé : une évolution à front renversé* : *Mél. M. Germain*, LexisNexis-Lextenso, 2015, p. 201.

a) **Responsabilité à raison de la distribution d'un dividende.** Celui dont la créance a été inscrite au passif de la liquidation judiciaire de la société ne peut poursuivre la responsabilité personnelle du dirigeant et associé unique d'une SAS à raison de la distribution de dividendes sans établir que cette distribution constituait une faute du dirigeant détachable de ses fonctions, laquelle n'était pas en l'espèce caractérisée : ▪ Cass. com., 12 mars 2013, n° 12-11.514 : *BJS* 2013, p. 480, note M. Germain et P.-L. Périn ; *Dr. sociétés* 2013, n° 141, obs. D. Gallois-Cochet ; *Rev. sociétés* 2013, p. 346, note B. Dondero.

b) **Responsabilité à raison de la révocation du dirigeant.** La convocation, par un associé non gérant [SARL], de l'assemblée chargée de se prononcer sur la révocation du gérant, peut ne pas être annulée et ne pas constituer une faute personnelle de l'associé : ▪ CA Paris, 6 mars 1998 : *JurisData* n° 1998-020503 ; *Dr. sociétés* 1998, n° 106, obs. D. Vidal. – En revanche, est une **faute personnelle de l'associé** susceptible d'engager sa responsabilité civile la décision de révocation du gérant inspirée par une intention vexatoire et contraire à l'intérêt social caractérisant, de la part de son auteur, une intention de nuire : ▪ Cass. com., 13 mars 2001 : *JurisData* n° 2001-008646 ; *JCP* E 2001, p. 953, note A. Viandier ; *BJS* 2001, p. 891, note C. Priéto ; *D.* 2001, p. 1175, obs. A. Lienhard. – Pour une espèce dans laquelle la preuve d'une faute personnelle de l'associé n'a pas été rapportée : ▪ Cass. com., 1er févr. 1994, n° 92-11.171 : *JCP* E 1994,

II, n° 7, obs. A. Viandier et J.-J. Caussain ; *Rev. sociétés* 1995, p. 281, note Y. Chartier. ■ Cass. com., 22 nov. 2005, n° 03-19.860 : *JurisData* n° 2005-030920 ; *Rev. sociétés* 2006, p. 526, note L. Godon.

c) **Responsabilité à l'égard d'un tiers contractant de la société.** S'agissant de la modification des statuts ayant eu pour conséquence l'anéantissement d'un contrat en vertu d'une clause de celui-ci, la responsabilité personnelle de l'associé majoritaire à l'égard du tiers contractant suppose d'établir une faute intentionnelle d'une particulière gravité, incompatible avec l'exercice normal des prérogatives attachées à la qualité d'associé : ■ Cass. com., 18 févr. 2014, n° 12-29.752, PB : *BJS* 2014, p. 382, note B. Fages ; *JCP* E 2014, 1160, note B. Dondero.

d) **Responsabilité à raison d'un abus du droit de vote.** V. sous C. civ., art. 1833, annot. n° 18, p. 25.

e) **Responsabilité à raison de la violation d'une clause de non-réaffiliation souscrite par la société.** La clause de non-réaffiliation stipulée dans les statuts d'une société coopérative étant seulement opposable à la société adhérente, sa violation ne peut être contractuellement reprochée aux associés de la personne morale adhérente : ■ Cass. com., 11 mars 2014, n° 12-24.901 : *Dr. sociétés* 2014, n° 80, obs. H. Hovasse.

f) **Responsabilité à raison de faits de concurrence déloyale à l'égard de l'ancien employeur.** Dès lors que la responsabilité est recherchée non sur le fondement des obligations découlant du contrat de travail mais sur les actes de concurrence déloyale que l'associé et le gérant auraient commis dans le cadre de leur activité au sein de la société, il doit être recherché s'ils ont commis des fautes personnelles de nature à engager leur responsabilité personnelle : ■ Cass. com., 11 mars 2014, n° 12-35.107 : *Rev. sociétés* 2014, p. 491, note B. Dondero.

g) **Responsabilité à l'égard d'un coassocié.** V. lorsque le comportement de l'associé a eu pour conséquence une perte de la valeur des parts de la société : ■ Cass. 3e civ., 12 oct. 2017, n° 16-23.748 : *Dr. sociétés* 2018, n° 22, obs. R. Mortier.

6) Obligation de non-concurrence de l'associé et concurrence déloyale. H. Aubry, *Les obligations de non-concurrence du cédant de droits sociaux en l'absence de clause contractuelle : Mél. M. Germain*, LexisNexis-Lextenso 2015, p. 25.

a) **Concurrence déloyale.** Le fait pour l'associé administrateur d'une société anonyme d'avoir acquis le contrôle d'une société concurrente n'est pas constitutif d'une concurrence déloyale dès lors qu'il n'a pas profité abusivement de ses fonctions d'administrateur mais a agi régulièrement dans les limites fixées par la loi et les statuts : ■ Cass. com., 26 nov. 1996, n° 94-15.403 : *Bull. civ.* 1996, IV, n° 284 ; *BJS* 1997, p. 133, note C. Roca.

b) **Obligation implicite de non-concurrence.**

– **Associé minoritaire.** En l'absence de clause statutaire de non-concurrence, les règles de la bonne foi dans l'exécution du contrat de société et de l'intérêt commun des associés doivent être appréciées au regard de la place dans la société de l'associé auquel est reproché une activité concurrente, de sorte que ne peut être tenu d'une obligation de non-concurrence implicite l'associé minoritaire qui ne joue aucun rôle prépondérant dans le fonctionnement de la société : ■ CA Rouen, 19 nov. 2009, n° 08-18.68 : *Rev. sociétés* 2010, p. 297, note A. Brès.

– **Associé d'une SARL.** Sauf stipulation contraire, l'associé d'une SARL n'est, en cette qualité, tenu ni de s'abstenir d'exercer une activité concurrente de celle de la société ni d'informer celle-ci d'une telle activité et doit seulement s'abstenir d'actes de concurrence déloyale : ■ Cass. com., 15 nov. 2011, n° 10-15.049, PB : *BJS* 2012, p. 112, note H. Le Nabasque ; *D.* 2012, p. 134, note T. Favorio ; *Dr. sociétés* 2011, n° 24, obs. M. Roussille ; *JCP* E 2011, 1893, note A. Couret et B. Dondero. – Même solution, s'agissant d'un associé fondateur par ailleurs salarié, en l'absence de clause de non-concurrence tant dans les statuts que dans le contrat de travail : ■ Cass. com., 19 mars 2013, n° 12-14.407 : *Dr. sociétés* 2013, n° 102, obs. M. Roussille ; *JCP* E 2013, 1258, note R. Mortier. – *Adde* R. Marsin-Rose, *Regards sur l'obligation de non-concurrence en droit des sociétés : JCP* E 2012, 1713. ■ Cass. com., 3 mars 2015, n° 13-25.237 : *Dr. sociétés* 2015, n° 103, obs. R. Mortier ; *Rev. sociétés* 2015, p. 585, note B. Saintourens.

– **Associé d'une SAS.** Sauf stipulation contraire, l'associé d'une SAS n'est pas, en cette qualité, tenu de s'abstenir d'exercer une activité concurrente de celle de la société et doit seulement s'abstenir d'actes de concurrence déloyale : ■ Cass. com., 10 sept. 2013, n° 12-23.888, PB : *BJS* 2013, p. 724, note J.-F. Barbièri ; *Dr. sociétés* 2013, n° 3, obs. R. Mortier ; *JCP* E 2013, 1580, note A. Couret et B. Dondero.

c) **Clause statutaire de non-concurrence.** La clause statutaire de non-concurrence stipulée en cas de retrait ne s'applique, s'agissant d'une SARL dont l'objet n'est pas l'exercice en commun d'une profession, qu'à la perte de la qualité d'associé, et non à la simple cessation d'un mandat social ou de l'activité professionnelle exercée au sein de la société, ce qui laisse toutefois admettre que l'associé soit condamné pour concurrence déloyale à raison d'un détournement de la clientèle de la société : ■ CA Rennes, 29 juin 2010, n° 09/05135 : *Dr. sociétés* 2012, n° 25, obs. M. Roussille.

d) **Clause de non-concurrence et cession de droits sociaux.**

– **Conditions de validité.** Une clause de non-concurrence prévue à l'occasion de la cession de droits sociaux est licite à l'égard des actionnaires qui la souscrivent dès lors qu'elle est limitée dans le temps et dans l'espace et proportionnée aux intérêts légitimes à protéger, et sa validité n'est subordonnée à l'existence d'une contrepartie financière que dans le cas où ces associés ou actionnaires avaient, à la date de leur engagement, la qualité de salariés de la société qu'ils se sont engagés à ne pas concurrencer : ▪ Cass. com., 8 oct. 2013, n° 12-25.984 : *BJS* 2014, p. 17, note B. Saintourens ; *D.* 2013, p. 2741, *Dr. sociétés* 2014, n° 2, obs. R. Mortier ; *JCP* E 2013, 100, note A. Couret et B. Dondero et 1702, n° 6, obs. Fl. Deboissy et G. Wicker ; *Rev. sociétés* 2014, p. 102, note J.-F. Barbièri. – V. égal., ▪ Cass. com., 12 févr. 2013, n° 12-13.726 : *BJS* 2013, p. 388, note B. Dondero. – V. jugeant que la clause de non-concurrence souscrite par l'associé cédant de droits sociaux doit être assortie d'une contrepartie financière : ▪ CA Paris, 20 mai 2015, n° 13/04108 : *AJCA* août-sept. 2015, n° 364, note L. Godon ; *JCP* E 2016, 1036, obs. Fl. Deboissy et G. Wicker, n° 4.

– **Portée.** La clause de non-concurrence interdisant d'entreprendre une activité, de créer, d'exploiter un fonds de commerce similaire à celui de la société, seule une participation active à l'exploitation du fonds d'une autre société postérieurement à la cession est proscrite et non la réalisation d'apports en compte-courant dans une autre société : ▪ Cass. com., 12 déc. 2018, n° 17-18.640 : *BJS* 2019, p. 10, note B. Saintourens.

e) **Clause de non-concurrence souscrite par un associé ayant la qualité de salarié.** V. sous C. civ., art. 1832, annot. n° 7 *b)*, p. 7.

7) Cumul de la qualité d'associé et de salarié. *a)* Obligation de loyauté du salarié.

– **Simple participation à une autre société.** La participation d'un salarié au capital d'une société n'impliquant nullement qu'il soit lié à l'entreprise exploitée par cette société, ne manque pas à son obligation de loyauté le salarié qui, interrogé lors de la signature de son contrat de travail sur son absence de liens avec une autre entreprise, n'a pas indiqué détenir un tiers du capital social d'une autre société : ▪ CA Paris, 7 oct. 2004 : *RJS* 2005, n° 795. – Ne constitue pas une cause réelle et sérieuse de licenciement le fait pour un salarié de détenir la majorité dans une société concurrente dès lors, d'une part, que l'activité de cette société était antérieure à la création de cette même activité par la société employeur et que le salarié ne jouait plus depuis cette création un rôle actif dans la société concurrente, et, d'autre part, que le salarié n'était pas tenu d'informer son employeur de sa participation majoritaire dans la société concurrente : ▪ Cass. soc., 31 mars 2010, n° 08-45.167 : *BJS* 2010, p. 631, note M. Teller ; *Rev. sociétés* 2011, p. 27, note L. Godon.

– **Situation de conflit d'intérêts.** Constitue une faute grave en raison du manquement à la loyauté à laquelle ils étaient tenus envers leur employeur le fait pour des salariés, chargés d'une fonction de direction, de confier à une société créée par eux et dont ils étaient associés la distribution des produits de leur employeur, sans que celui-ci soit informé de leur participation au capital de cette société : ▪ Cass. soc., 12 janv. 2012, n° 10-20.600 : *BJS* 2012, p. 354, note K. Grevain-Lemercier ; *JCP* E 2012, 1132, note B. Dondero.

b) **Clause de non-concurrence.** La clause de non-concurrence souscrite par un salarié dans un pacte d'actionnaires à l'occasion de l'attribution à son profit d'actions pour un prix symbolique est soumise aux règles ordinaires de validité des obligations de non-concurrence souscrites par les salariés : ▪ Cass. com., 15 mars 2011, n° 10-13.824, PB : *D.* 2011, p. 943, obs. A. Lienhard et p. 1261, note Y. Picod ; *JCP* E 2011, 1409, note A. Couret et B. Dondero et 1826, n° 5, obs. Fl. Deboissy et G. Wicker ; *Rev. sociétés* 2011, p. 620, note L. Godon. – La clause doit notamment comporter une contrepartie financière : ▪ Cass. com., 4 oct. 2016, n° 15-15.996 : *Rev. sociétés* 2016, p. 738, note S. Prevost. – *Adde* P. Le Cannu, *La clause de non-concurrence dans les pactes d'actionnaires* : *BJS* 2011, p. 524. – V. égal. sous C. civ., art. 1832, annot. n° 6 *d)*, p. 6.

8) Dessaisissement du débiteur et exercice des droits d'associé. V. sous C. com., art. L. 641-9, annot. n° 2, p. 2065.

III – APPORTS

Bibliographie : *Adde* S. Dana-Demaret, *JCl. Sociétés traité*, Fasc. 10-10 *(Théorie des apports – Notion d'apport en société)*.

9) Exigence des apports. *a)* **Cause de nullité de la société.** Une société doit être tenue pour nulle si un ou plusieurs associés n'ont effectué aucun apport : ▪ Cass. 1re civ., 18 juin 1974, n° 73-11.425 : *Bull. civ.* I, n° 198. – L'absence d'apports est une cause de **nullité** des sociétés : ▪ Cass. com., 28 juin 1976, n° 75-10.012 : *Rev. sociétés* 1977, p. 237, note J. Hémard.

b) Une promesse de société doit être assortie d'une stipulation relative aux apports : ▪ Cass. req., 15 déc. 1920 : *S.* 1922, 1, p. 17, note G. Boucart. ▪ CA Paris, 25 juin 1985 : *JCP* E 1987, 16342, n° 3, obs. A. Viandier et J.-J. Caussain.

10) Attribution de la qualité d'associé au souscripteur de l'apport. Toute personne qui, aux termes des statuts, a souscrit des parts sociales et effectué l'apport correspondant a la qualité d'associé et peut exercer les droits et actions qui s'y attachent, peu important les conditions dans lesquelles cet apport a été financé et notamment l'allégation que l'apport aurait été financé par le coassocié : ▪ Cass. com., 20 sept. 2016, n° 14-28.107 : *Dr. sociétés* 2017 ; *Rev. sociétés* 2017, p. 25, note A. Lecourt.

11) Insuffisance des apports. L'insuffisance des fonds propres apportés par un associé également gérant ne constitue pas une faute de gestion et ne peut être sanctionnée, en cas de liquidation judiciaire, au titre de la responsabilité pour insuffisance d'actif : ▪ Cass. com., 10 mars 2015, n° 12-15.505, PB : *BJS* 2015, p. 244, note I. Parachkévova.

12) Fictivité des apports. *a)* **Notion de fictivité.** La fictivité suppose en principe que l'apport ne procure aucun avantage à une société, mais peut aussi entacher les apports de biens sur lesquels l'associé est sans droit : ▪ CA Paris, 1er déc. 1992 : *BJS* 1993, p. 323, note B. Saintourens.

b) **Il y a fictivité :**

– en cas d'apport d'un bien grevé d'un **passif** supérieur à sa valeur réelle : ▪ CA Paris, 21 déc. 1933 : *DP* 1935, 2, p. 30, note Pic. ▪ T. com. Honfleur, 20 nov. 1970 : *JCP* 1971, II, 16628, note Rousseau ; *Rev. sociétés* 1971, p. 179, note J. Hémard ;

– lorsqu'est apporté un bien dont l'apporteur **n'est pas propriétaire** : ▪ T. com. Lyon, 3 févr. 1949 : *Journ. soc.* 1949, p. 277 ;

– lorsque l'apport est réalisé sous condition **potestative** : ▪ Cass. com., 18 juin 1974, n° 73-11.425 : *Bull. civ.* IV, n° 199 ;

– lorsque l'apport ne manifeste pas une **volonté d'union** et d'acceptation d'aléas communs et est réalisé grâce à un prêt sans intérêt consenti par la société fondatrice à l'apporteur, qui est également son directeur technique, la constitution de la société bénéficiaire de l'apport étant en réalité motivée par le souci de perpétuer les avantages financiers accordés à ce directeur technique : ▪ CA Paris, 26 févr. 1981 : *JurisData* n° 1981-020479.

c) En revanche, **il n'y a pas fictivité :**

– lorsque l'apport est surévalué : ▪ T. com. Paris, 24 juin 1974 : *Bull. CNCC* 1975, n° 17, p. 95 ; *RJ com.* 1977, p. 157 ;

– quand l'un des associés d'une société en participation constituée entre éditeurs, qui avait apporté sa notoriété et son savoir-faire en matière éditoriale, et qui assurait la gérance de la société, avait facturé à celle-ci les frais qu'il avait dû engager à ce titre, d'autant que cette rémunération, fixée en pourcentage du chiffre d'affaires, était expressément prévue par les statuts : ▪ CA Paris, 5 juill. 1994 : *BJS* 1994, p. 1108.

d) **Sanction de la fictivité.** La fictivité des apports emporte la nullité de la société et non son inexistence ; en conséquence, les personnes qui agissent en nullité ne peuvent soutenir que l'action échappe à toute prescription ou est soumise à la prescription trentenaire, alors que les actions visant la nullité de la société se prescrivent par trois ans à compter du jour où la nullité est encourue : ▪ CA Paris, 1er déc. 1992, préc. – Voir aussi : sous C. com., art. L. 235-1, annot. n° 5, p. 524.

13) Caractère frauduleux des apports. V. sous C. civ., art. 1843-3, annot. nos 3 et 4, p. 55.

IV – COMPTES COURANTS D'ASSOCIÉS

Bibliographie : D. Danet, *Comptes courants d'associés : pour en finir avec un apartheid juridique* : *RTD com.* 1993, p. 55. – H. Hovasse, *Comptes courants d'associés et monopole des banques* : *JCP* E 2010, 1284. – I. Urbain-Parléani, *Les comptes courants d'associés*, LGDJ, 1986. – *Adde* J.-P. Vinckel : *JCl. Sociétés traité*, Fasc. 36-20, V° Comptes courants d'associés.

14) Distinction des apports et des avances en compte courant. Si une somme a toujours été inscrite dans les comptes d'une société sous la rubrique des dettes à court terme et sous le titre de compte courant d'associé, elle ne constitue pas un apport complémentaire impliquant une augmentation de capital, mais s'analyse en une avance faite par un associé à la société conférant à ce dernier la qualité de créancier social ; en conséquence, à défaut de stipulation contraire, l'associé est en droit d'exiger le remboursement de cette avance à tout moment : ▪ Cass. 3e civ., 3 févr. 1999, n° 97-10.399 : *Dr. sociétés* 1999, n° 68, obs. Th. Bonneau ; *BJS* 1999, p. 577, note A. Couret. – Les avances en compte courant, effectuées lors de la constitution de la société, ne peuvent être qualifiées d'appels de fond nécessaires à l'exécution de l'objet social, dont le montant devrait être pris en compte pour déterminer les droits sociaux des associés : ▪ CA Paris, 15 avr. 2005 : *JurisData* n° 2005-270853 ; *JCP* E 2005, act, p. 1030.

15) Existence de l'engagement. *a)* **Acceptation de la société.** En l'absence d'acceptation expresse, le silence de la société bénéficiaire de l'engagement d'apport en compte courant peut valoir acceptation lorsque les circonstances permettent de lui donner une telle signification, ce qui est le cas lorsque l'engagement pris par l'actionnaire dirigeant était nécessaire à la présentation par la société d'un plan de redressement crédible : ▪ Cass. com., 18 juin 2011, n° 09-69.831, PB : *Dr. sociétés* 2011, n° 180, obs. J.-P. Legros.

b) **Preuve de l'engagement.** L'engagement d'apporter en compte courant d'associé les sommes nécessaires à combler les déficits de trésorerie de la société de façon à ce que cette dernière puisse faire face aux échéances d'un prêt constitue un engagement contractuel de faire et non de payer, auquel ne sont pas applicables les dispositions de l'article 1326 du Code civil : ▪ Cass. com., 25 oct. 2011, n° 10-25.607 : *BJS* 2012, p. 200, note I. Parackévova.

c) **Information de l'apporteur en compte-courant par le dirigeant.** Dès lors que l'associé ne pouvait ignorer les risques de son apport eu égard aux difficultés rencontrées par la société, il ne peut poursuivre la responsabilité du dirigeant pour n'avoir pas indiqué précisément tous les risques d'impayé pouvant exister : ▪ Cass. com., 24 mai 2017, n° 15-19.430 : *BJS* 2017, p. 654, note T. Massart.

16) Exécution de l'engagement. L'associé qui s'est engagé dans les statuts à effectuer un apport en compte courant et n'a rempli que partiellement cette obligation ne peut échapper à la demande en paiement du solde de la somme en faisant valoir que les autres associés ont effectué des retraits sur leurs comptes courants : ▪ CA Poitiers, 10 oct. 2000 : *JurisData* n° 2000-138888.

17) Remboursement. J.-P. Garçon, *Le droit au remboursement permanent des comptes courants d'associés : JCP* N 1998, p. 490. – F. Vinckel, *Le droit au remboursement du compte courant d'associé à l'aune du droit des entreprises en difficulté : Dr. sociétés* févr. 2011, 3. – Ch. Watrigant, *Le remboursement du compte courant d'associé : Dr. sociétés* 2001, chron. 6.

a) **Principe du droit au remboursement.** L'associé peut, sauf disposition conventionnelle contraire, demander à tout moment le remboursement du solde créditeur de son compte courant : ▪ Cass. com., 3 nov. 2004, n° 01-17.491 : *JurisData* n° 2004-025485 ; *Dr. sociétés* févr. 2005, n° 24, obs. F.-G. Trébulle ; *JCP* G 2004, I, 176, n° 15, obs. Ph. Simler. ▪ Cass. com., 8 déc. 2009, n° 08-16418 : *Rev. sociétés* 2010, p. 37. – ▪ Cass. 3e civ., 3 mai 2018, n° 16-16.558 : *Dr. sociétés* 2018, n° 140, obs. H. Hovasse ; *BJS* 2018, p. 428, note J.-F. Barbièri ; *JCP* E 2019, 1145, n° 2, obs. J.-Ch. Pagnucco. – Même solution, précisant que la dérogation au principe du remboursement immédiat doit être clairement exprimée et ne saurait être déduite d'une rédaction maladroite : ▪ CA Paris, 26 févr. 2015, n° 14/16934 : *BJS* 2015, p. 338, note M. Laroche ; *Dr. sociétés* 2015, n° 104, obs. R. Mortier. – Même solution, mais précisant que la demande de remboursement du compte courant peut être formée quelle que soit la situation financière de la société, dès lors que le montant du compte courant résulte des propres écritures de la société, dont il n'est pas démontré le caractère fictif : ▪ CA Papeete, 31 août 2000 : *JurisData* n° 2000-137435. ▪ CA Paris, 13 mars 2001 : *JurisData* n° 2001-144021. ▪ CA Toulouse, 19 déc. 2001 : *JurisData* n° 2001-169430. ▪ CA Grenoble, 29 mars 2006 : *JurisData* n° 2006-297887 ; *JCP* E 2006, act., p. 1866. – Même solution, mais admettant la possibilité d'octroi de délais de paiement en raison des difficultés rencontrées par la société : ▪ CA Paris, 24 févr. 2015, n° 13/20394 : *BJS* 2015, p. 338, note M. Laroche ; *Dr. sociétés* 2015, n° 105, obs. R. Mortier. – Même solution, mais précisant que ne sont pas applicables les dispositions de l'article 1900 du Code civil qui offre au juge la possibilité de fixer un terme pour la restitution d'un prêt : ▪ Cass. com., 10 mai 2011, n° 10-18.749, PB : *BJS* 2011, p. 754, note J. Lasserre Capdeville ; *D.* 2011, p. 2383, note C. Bloud-Rey ; *Dr. sociétés* 2011, n° 147, obs. R. Mortier.

b) **Limites du droit au remboursement.** Si les associés ont droit au remboursement à tout moment de leur compte courant, c'est à la condition qu'il ne constitue pas un paiement préférentiel au détriment des créanciers sociaux, de sorte que commet une faute de gestion le gérant qui procède au remboursement de son propre compte et de celui d'un autre associé alors qu'il sait que ce remboursement rend inéluctable la cessation des paiements : ▪ Cass. com., 24 mai 2018, n° 17-10.119 : *Dr. sociétés* 2019, n° 20, obs. R. Mortier. – Le droit au remboursement du compte courant d'associé étant le principe, le fait que la société connaisse des difficultés financières ne caractérise pas un abus de la part de l'associé qui demande le remboursement, sauf circonstances exceptionnelles : ▪ CA Toulouse, 16 janv. 2002 : *JurisData* n° 2002-171135. – V. également, ▪ CA Aix-en-Provence, 6 juill. 2017, n° 15/05231 : *Dr. sociétés* 2017, n° 203, obs. R. Mortier. – Néanmoins, lorsqu'il connaît les difficultés financières de la société, le droit pour l'associé d'obtenir en toute bonne foi le remboursement du solde de son compte courant se heurte à une contestation sérieuse privant la juridiction des référés du pouvoir de lui allouer une provision : ▪ CA Paris, 30 mai 2008 : *JurisData* n° 2008-368180 ; *Dr. sociétés* 2008, n° 243, obs. M.-L. Coquelet.

c) **Indépendance de la perte de la qualité d'associé et du droit au remboursement.** V. ▪ Cass. 3e civ., 12 nov. 2014, n° 13-16.182 : *Dr. sociétés* 2015, n° 25, obs. H. Hovasse.

d) **Convention de blocage.** Le blocage du compte étant une exception au principe du droit à remboursement immédiat, la convention de blocage doit être interprétée restrictivement. Ainsi, des engagements de blocage ponctuels montrent par eux-mêmes qu'il n'était pas dans l'intérêt des parties de bloquer l'intégralité du compte courant : ▪ CA Toulouse, 16 janv. 2002 : *JurisData* n° 2002-171135. – Le terme affectant la convention de blocage est valable dès lors qu'il est non équivoque et que sa durée ne rend pas improbable toute exécution du droit au remboursement ; tel est le cas d'un terme de vingt ans correspondant à l'objectif de stabilisation financière de la société : ▪ CA Besançon, 10 déc. 2002 : *JurisData* n° 2002-197698 ; *JCP* E 2003, act., p. 970.

e) **Remboursement affecté d'une clause de retour à meilleure fortune.** Quand l'assemblée générale a décidé, après l'arrivée du terme de la clause de blocage des comptes courants, de rembourser le montant de ces comptes par cinquième chaque année sous condition que les capitaux propres soient au moins égaux au capital social et que le résultat de l'exercice soit bénéficiaire, il ne peut être reproché à la société de n'avoir procédé à aucun remboursement dès lors que les conditions prévues n'ont pas été réunies, aucun des exercices clos n'ayant permis de reconstituer les capitaux propres à hauteur du montant du capital social : ▪ CA Poitiers, 30 oct. 2001 : *JurisData* n° 2001-171931 ; *Dr. sociétés* 2002, n° 139, obs. J. Monnet. – La clause statutaire soumettant le remboursement du compte courant des associés à la condition que la trésorerie de la société le permette ne constitue pas une condition purement potestative, dès lors qu'elle ne dépend pas exclusivement de la décision du conseil d'administration : ▪ Cass. com., 9 oct. 2007, n° 06-19.060 : *JCP* E 2007, 2434. – V. égal., ▪ CA Paris, 12 nov. 2015, n° 14/24960 : *Dr. sociétés* 2016, n° 24, obs. R. Mortier. – V. encore, sur la nécessité de prendre en compte la créance pour apprécier l'état du passif exigible de la société : ▪ Cass. com., 31 janv. 2016, n° 15-14.734 : *Dr. sociétés* 2017, n° 95, obs. R. Mortier.

f) **Titulaire du droit au remboursement et époux communs en biens.** S'agissant d'un compte courant d'associé ouvert au nom d'un époux commun en biens, la nature commune de la créance de remboursement n'a pas pour effet de conférer la qualité de contractant à son conjoint, de sorte que seul l'époux titulaire du compte a qualité pour en demander le remboursement et en recevoir le paiement : ▪ CA Aix-en-Provence, 21 mars 2008 : *JurisData* n° 2008-363582 ; *Dr. sociétés* 2008, n° 185, obs. J. Monnet. – Dans le même sens : ▪ Cass. 1re civ., 9 févr. 2011, n° 09-68.659, PBI : *BJS* 2011, p. 467, note J. Lasserre-Capdeville, *Dr. sociétés* 2011, n° 64, obs. M.-L. Coquelet ; *Rev. sociétés* 2011, p. 343, note E. Naudin.

g) **Renonciation au droit au remboursement.** Si un associé peut renoncer au remboursement de son compte courant, encore faut-il que cette renonciation procède d'une volonté précise et non équivoque, laquelle ne peut être déduite, en raison du caractère indéterminé de son objet, de la simple déclaration faite en assemblée de l'intention d'abandonner une partie de son compte courant d'associé : ▪ CA Caen, 5 nov. 2002 : *JurisData* n° 2002-214411. – Même solution s'agissant d'un associé ayant déclaré n'avoir pas de créance de compte-courant au vu d'un arrêté des comptes sociaux erroné : ▪ Cass. com., 3 févr. 2015, n° 13-28.272. – La volonté de l'associé quant à la modification de son droit peut résulter de son adhésion à la résolution d'assemblée décidant de cette modification : ▪ Cass. com., 14 févr. 2006, n° 04-14.854 : *JurisData* n° 2006-032319 ; *Dr. sociétés* 2006, n° 77, obs. J. Monnet, n° 138, obs. H. Lécuyer ; *JCP* E 2006, act., p. 1499 ; *Rev. sociétés* 2006, p. 960, note P. Le Cannu.

h) **Prescription de la créance de remboursement.** S'agissant de dividendes payés par inscription au compte-courant, les règles spéciales de prescription relatives aux dividendes ne s'appliquent pas à la demande de remboursement du solde du compte-courant : ▪ Cass. com., 10 déc. 2013, n° 12-26.235 : *Dr. sociétés* 2014, n° 47, obs. D. Gallois-Cochet. – En conséquence, la prescription de la créance de remboursement ne court qu'à compter du jour de sa demande en paiement par l'associé, la créance n'étant devenue exigible qu'à cette date, peu important que la créance porte sur des sommes distribuées au titre de dividendes : ▪ Cass. com., 18 oct. 2017, n° 15-21.906 : *BJS* 2017, p. 730, note J.-F. Barbièri.

i) **Remboursement d'une créance en compte courant en cas de liquidation judiciaire.**

– **Application de la compensation.** V. sous C. civ., art. 1843-3, annot. n° 18, p. 58.

– **Qualité pour agir lorsque l'associé est en liquidation.** L'action en remboursement n'étant pas une action liée à la qualité d'associé concernant le patrimoine de la personne morale, mais tendant au recouvrement de la créance de l'associé contre la personne morale, elle doit être exercée par le liquidateur de l'associé : ▪ Cass. com., 23 sept. 2014, nos 12-29.262 et 13-15.437, PB : *JCP* E 2014, 1605, note C. Lebel ; *Rev. sociétés* 2015, p. 124, note B. Saintourens.

– **Qualité pour agir lorsque la société débitrice est en liquidation.** La perte des fonds avancés en compte-courant d'associé constitue un préjudice individuel de l'associé dont il a seul qualité pour poursuivre la réparation : ▪ Cass. com., 10 déc. 2013, nos 11-22.188, 11-22.712 et 11-25.432, PB : *Dr. sociétés* 2014, n° 97, obs. R. Mortier.

j) **Situation de la créance d'intérêts en cas d'ouverture d'une procédure collective.** La créance d'intérêts relative à une créance en compte-courant antérieure au jugement d'ouverture a, par voie d'accessoire, la nature de créance antérieure, y compris pour les intérêts ayant couru depuis le jugement d'ouverture, de sorte que cette créance est soumise à l'interdiction des paiements et doit être déclarée au passif de la procédure : ▪ Cass.

com., 27 sept. 2017, n° 16-19.394, PB : *BJS* 2017, p. 749, note J. Heinich ; *Dr. sociétés* 2018, n° 14, obs. J.-P. Legros.

18) Compensation d'une créance de compte courant et d'une dette d'apport. V. sous C. civ., art. 1843-3, annot. n° 18, p. 58.

19) Sociétés coopératives. En matière de sociétés coopératives, **la position débitrice d'un compte courant** d'associé coopérateur, dont la vocation est de faciliter les échanges commerciaux de biens agricoles, ne peut être assimilée à un emprunt pour l'application de l'article 1415 du Code civil : ▪ Cass. 1re civ., 22 juin 2004, n° 02-13.551 : *D.* 2004, inf. rap. p. 2269 ; *JCP E* 2004, act., p. 1266 ; *Dr. et patrimoine* mars 2005, n° 3651, p. 89, obs. J.-J. Barbièri. – Même solution, dont résulte l'exclusion des dispositions du Code de la consommation relatives à l'usure et à la stipulation par écrit du TEG : ▪ Cass. 1re civ., 21 févr. 2006, n° 02-19.126 : *JurisData* n° 2006-032343 ; *Dr. sociétés* juin 2006, n° 87, obs. F.-X. Lucas.

20) Sort du compte courant en cas de cession des titres sociaux.

a) **Cession à titre onéreux.** La cession de parts sociales n'emporte pas cession du compte-courant du cédant dès lors que n'a pas été constaté un accord de cession le concernant : ▪ Cass. com., 11 janv. 2017, n° 15-14.064 : *BJS* 2017, p. 163, note J.-F. Barbièri ; *Dr. sociétés* 2017, n° 56, obs. R. Mortier. ▪ CA Versailles, 25 sept. 2007 : *Dr. sociétés* févr. 2008, n° 34, obs. J. Monnet. – *Adde* J.-F. Barbièri, *Cession de droits sociaux et sort du compte courant* : *BJS* 2008, p. 160.

b) **Cession à titre gratuit.** La libéralité dont il est seulement indiqué dans l'acte, en l'espèce une donation-partage, qu'elle porte sur des droits sociaux ne peut s'étendre, en l'absence de clause particulière, au solde créditeur du compte courant de l'associé donateur : ▪ Cass. 3e civ., 18 nov. 2009, n° 08-18.740, PB : *Dr. sociétés* 2010, n° 23, obs. R. Mortier.

c) **Abandon.** En l'absence de stipulation expresse, l'abandon de sa créance en compte courant par le cédant peut être déduit par la remise au cessionnaire préalablement à la signature de l'acte de cession d'une situation comptable ne faisant plus mention du compte courant : ▪ Cass. com., 1 sept. 2012, n° 11-20.034 : *BJS* 2013, p. 16 ; *Dr. sociétés* 2013, n° 60.

21) Faute de gestion du gérant résultant d'un prélèvement sur un compte courant. V. sous C. civ., art. 1850, annot. n° 5, p. 123.

22) Compte courant et appréciation de l'état de cessation de paiements. V. sous C. com., art. L. 631-1, annot. n° 3, p. 2042.

V – PARTICIPATION AUX BÉNÉFICES ET AUX ÉCONOMIES

Bibliographie : F.-X. Lucas, Fasc. 15-10 *(Théorie des bénéfices et des pertes – Bénéfices, économies et pertes)*.

23) Principe. *a)* La participation aux résultats est de l'essence du contrat de société : ▪ Cass. com., 19 mai 1954 : *Bull. civ.* III, n° 189. ▪ Cass. com., 21 oct. 1970, n° 69-12.269 : *Bull. civ.* IV, n° 277. – Le principe d'ordre public de l'égalité des associés s'oppose à ce que l'un d'entre eux puisse être exclu du profit en vue duquel la société a été constituée : ▪ CA Paris, 21 déc. 1983 : *BJS* 1984, p. 303.

b) Le droit pour l'associé de participer aux bénéfices est attaché aux parts sociales et est indépendant de la personne du cessionnaire : pour une application à une société civile professionnelle d'avocats : ▪ Cass. 1re civ., 3 mars 1993, n° 91-16.157 : *BJS* 1993, p. 596, note J.-J. Daigre.

c) Il résulte des dispositions de l'article 1832 que la société peut avoir une autre finalité que celle de partager des bénéfices ; son objectif peut également être de profiter d'une économie, sans pour autant s'interdire de créer des bénéfices qui doivent se répartir au prorata des parts dans le capital social, sauf clause statutaire contraire : ▪ CA Paris, 10 mai 1995 : *BJS* 1995, p. 742, note M. Jeantin.

24) Notion de bénéfice. L'expression « bénéfice » doit s'entendre « d'un gain pécuniaire ou matériel qui ajouterait à la fortune des associés » : ▪ Cass. ch. réunies, 11 mars 1914 : *D.* 1914, 1, p. 257, note L. S. – Bénéfices et économies doivent avoir un **caractère matériel** ; n'est pas une société la prétendue société anonyme dont l'objet manifeste est de favoriser les œuvres religieuses (T. civ. Le Havre, 20 juin 1911 : *Journ. soc.* 1912, p. 39) ou d'entretenir des écoles libres : ▪ Cass. req., 29 nov. 1897 : *S.* 1902, 1, p. 15 ; *Journ. soc.* 1898, p. 209 ; *DP* 1898, 1, p. 108. – C'est un traitement analogue qui est appliqué aux groupements ayant pour fin la vulgarisation d'une doctrine philosophique : ▪ CA Paris, 13 févr. 1901 : *Rev. sociétés* 1902, p. 8.

25) Communauté d'intérêt. *a)* Bénéfices et économies doivent être recherchés en commun par les associés : ▪ Cass. req., 4 juill. 1826 : *Dalloz, jurispr. gén., V. Société*, éd. 1859, n° 104. ▪ Cass. req., 30 juill. 1901 : *S.* 1905, 1, p. 502. ▪ Cass. com., 10 déc. 1973, nos 72-14.359, 72-14.408 et 72-14.523 : *Bull. civ.* IV, n° 356 ; *Banque* 1974, p. 983, obs. L. Martin ; *Rev. sociétés* 1975, p. 66, note P. Merle. – Il n'y a donc pas société lorsque deux commerçants mettent en commun une somme d'argent pour en jouir alternativement et chacun pour son commerce particulier : ▪ Cass. req., 4 juill. 1826, préc. – Il n'y a pas davantage société lorsque deux industriels conviennent d'exploiter une usine à tour de rôle : ▪ Cass. req., 4 janv. 1842 : *S.* 1842, 1, p. 231.

b) La collaboration de deux personnes ne caractérise pas une société lorsque chacune d'entre elles poursuit un objectif propre : ▪ CA Paris, 24 nov. 1989 : *JCP* E 1991, 61, n° 3, obs. A. Viandier et J.-J. Caussain.

c) Commet un **abus de droit** *[LPF, art. L. 64]* la société mère qui, avec sa filiale, crée une société en participation, laquelle n'a aucune activité réelle, et n'a pour seul objet que la mise en commun des bénéfices ou des pertes provenant des activités commerciales des deux sociétés participantes, de sorte qu'elle doit être considérée comme fictive, sa création n'étant inspirée par aucun autre motif que celui d'éluder ou d'atténuer les charges fiscales de la société mère : ▪ CE, 10 mai 1993 : *BJS* 1993, p. 799, note H. Pisani.

26) Divers. *a)* L'engagement pris par une société à l'égard d'un établissement de crédit de **ne pas distribuer** de bénéfices pendant la durée d'un emprunt ne lie pas l'assemblée de cette société : Rép. min. : *JOAN* Q, 9 févr. 1987, p. 660 ; *JCP* E 1987, 16342, n° 2, obs. A. Viandier et J.-J. Caussain.

b) Sur le caractère **lucratif** d'une société civile d'attribution : ▪ CE, 24 nov. 1989, n° 68439 : *JCP* E 1990, 15838, n° 4, obs. A. Viandier et J.-J. Caussain.

VI – PARTICIPATION AUX PERTES

Bibliographie : P. Carcreff, *La notion de pertes sociales et l'obligation pour les associés d'y contribuer* : *Gaz. Pal.* 1973, 2, doctr. p. 569. – F. Kenderian, *La contribution aux pertes sociales* : *Rev. sociétés* 2002, p. 617.

27) Notion de perte. Le simple manque à gagner, et notamment l'absence de rémunération de l'apport, constitue une perte : ▪ Cass. req., 20 déc. 1893 : *D.* 1894, 1, p. 224 ; *S.* 1894, 1, p. 484. ▪ Cass. com., 23 mars 1954 : *JCP* 1954, II, 8184. ▪ CA Basse-Terre, 14 mai 1973 : *RTD com.* 1974, p. 98, n° 4, obs. Cl. Champaud. – En revanche, la participation aux pertes ne saurait résulter – pour deux concubins – de la seule participation aux dépenses de la vie commune : ▪ Cass. 1re civ., 23 juin 1987, n° 85-18.308 : *JCP* E 1987, 16959, n° 2, obs. A. Viandier et J.-J. Caussain.

28) Contribution aux pertes. *a)* **Principes.** La contribution aux pertes étant l'un des éléments essentiel de l'engagement social, la part contributive de chacun des associés ne peut être modifiée que de son consentement, et non selon les modalités statutaires prévues par les statuts : ▪ CA Paris, 27 juin 2000 : *BJS* 2001, p. 193, note H. Le Nabasque. – Les engagements d'un associé ne pouvant, en aucun cas, être augmentés sans le consentement de celui-ci, le refus de répondre à des appels de fonds en cours de vie sociale ne peut, sauf à ce qu'ils soient prévus par les statuts, être imputé à faute à l'associé : ▪ Cass. com., 10 juill. 2012, n° 11-14.267, PB : *BJS* 2012, note B. Dondero ; *Dr. sociétés* 2012, n° 204, obs. H. Hovasse ; *Rev. sociétés* 2012, p. 701, note Th. Massart. – En revanche, l'article 1836 n'interdisant l'augmentation des engagements d'un associé sans son accord que dans le cadre de modifications statutaires, doit recevoir exécution la clause des statuts prévoyant que les pertes sociales, auxquelles chacun des associés est tenu de contribuer, seront réparties entre eux, à la clôture de l'exercice et après approbation de l'assemblée générale annuelle, sous forme d'inscription en compte courant : ▪ Cass. com., 9 juin 2004, n° 01-12.887 : *BJS* 2005, p. 119, note A. Couret ; *BRDA* 12/2004, n° 1 ; *D.* 2004, p. 1816, somm. p. 2921, obs. J.-Cl. Hallouin ; *Dr. sociétés* févr. 2005, n° 24, obs. F.-G. Trébulle ; *Rev. sociétés* 2005, p. 176, note J.-F. Barbièri. – La réduction de capital destinée à apurer les pertes ne fait pas disparaître l'obligation de contribution pesant sur les associés s'agissant des pertes pour lesquelles cette opération comptable est sans effet : ▪ CA Lyon, 24 nov. 2005 : *JurisData* n° 2005-289922 : *Dr. sociétés* mars 2006, n° 42, obs. J. Monnet.

b) **Sociétés à risque limité.** Dans une société à risque limité, le fait qu'un passif considérable ait conduit les associés à liquider amiablement leur société n'autorise pas à en déduire que, sans le consentement de chacun, il soit possible de procéder à un appel de fonds, chacun restant tenu de son seul apport : ▪ Cass. com., 19 oct. 1999, n° 97-16.903 : *BJS* 2000, p. 70, note A. Couret ; *Rev. sociétés* 2000, p. 294, note L. Godon.

c) **Sociétés à risque illimité.**

– **Date de l'obligation contributive.** La décision d'assemblée, prise à la majorité, imposant à chaque associé un apport mensuel en compte courant ne saurait recevoir application car, en aucun cas, les engagements d'un associé ne peuvent être augmentés sans le consentement de celui-ci et, qu'en l'espèce, les statuts ne stipulaient explicitement aucune obligation des associés de contribuer aux pertes au cours de la vie sociale : ▪ Cass. com., 5 mai 2009, n° 08-14.043 : *Dr. sociétés* 2009, n° 181, obs. R. Mortier. – Les pertes comptables ne devenant des pertes sociales qu'au jour de la dissolution de la société [SCI], la société ne peut agir contre ses membres en paiement de ces pertes qu'à la date de la dissolution : ▪ CA Dijon, 11 mai 2004 : *Dr. sociétés* oct. 2004, n° 166, obs. F.-X. Lucas. – *Contra*, dans une société à risque illimité, jugé que l'obligation pour chaque associé de contribuer aux pertes fait naître une créance de la société à l'égard de chacun ; en conséquence, et sans constituer une augmentation des engagements des associés, la société est fondée à procéder à un appel de fonds en exécution de cette créance pour faire face au passif social : ▪ CA Versailles, 7 sept. 2000 : *BJS* 2001, p. 1175, note F.-X. Lucas.

– **Mise en œuvre.** La participation aux pertes n'étant pas subordonnée à la liquidation préalable de la société *[en participation]*, il peut être procédé, conformément aux prévisions des statuts, à un appel de fonds en vue d'une exécution, à titre provisionnel, de la participation aux pertes : ▪ CA Paris, 1er déc. 1999 : *D.* 2000, somm. p. 473, obs. J.-Cl. Hallouin ; *BJS* 2000, p. 741, note J. Vallansan.

– **Action en contribution du liquidateur judiciaire.** Lorsqu'une société est en liquidation judiciaire, seul le liquidateur judiciaire peut agir contre les associés en fixation de leur contribution aux pertes sociales, l'irrecevabilité de toute demande formée par une autre personne devant être relevée d'office : ▪ Cass. com., 3 mai 2018, n° 15-20.348, PB : *Dr. sociétés* 2018, n° 186, obs. H. Hovasse ; *JCP* E 2018, 1340, note C. Lebel. V. également pour une société civile de moyens, Cass. com., 20 sept. 2011, n° 10-24.888, PB : *BJS* 2011, p. 902, note F.-X. Lucas ; *Dr. sociétés* 2012, n° 212, note H. Hovasse ; *JCP* E 2012, 1777, n° 6, obs. Fl. Deboissy et G. Wicker. – V. pour une SNC : ▪ Cass. com., 27 sept. 2016, n° 15-13.348, PB : *BJS* 2016, p. 699, note F.-X. Lucas ; *JCP* E 2016, 1621, note C. Barillon.

– **Prescription de l'action en contribution.** Aucun texte ne prévoyant que l'action en contribution aux pertes sociales doit être engagée dans un délai déterminé, l'associé *[SNC]* ne peut se prévaloir d'une prescription s'agissant d'une obligation qui résulte du contrat social, sauf à confondre cette obligation contributive avec l'obligation aux dettes à laquelle les associés sont tenus à l'égard des créanciers sociaux : ▪ CA Lyon, 24 nov. 2005, préc. *a)*.

– **Société en participation.** V. sous C. civ., art. 1871-1, annot. n° 3, p. 145.

d) **Situation du cédant de titres sociaux.** V. sous C. com., art. L. 221-13, annot. n° 8, p. 179.

VII – *AFFECTIO SOCIETATIS* – INTENTION DE S'ASSOCIER

Bibliographie : J.-M. Bermond de Vaulx, *Le spectre de l'affectio societatis : JCP* E 1994, I, 346. – G. Kessler, *L'objectivation de l'affectio societatis : D.* 2004, p. 1305. – S. Lacroix-De-Sousa, *Le rayonnement de l'affectio societatis : Rev. sociétés* 2016, p. 499. – I. Tchotourian, *Vers une définition de l'affectio societatis lors de la constitution de la société*, Bibl. Dr. privé, T. 522, LGDJ 2011, préf. Y. Dereu. – *Adde* Y. Guyon et A. Mairot, *JCl. Sociétés* traité, Fasc. 20-10 *(affectio societatis)*.

29) Notion d'*affectio societatis*. *a)* L'*affectio societatis* est la volonté de participer sans subordination à une entreprise commune : ▪ Cass. com., 6 oct. 1953 : *S.* 1954, 1, p. 149, note Robert. ▪ Cass. com., 19 nov. 1962 : *Bull. civ.* III, n° 463 ; *JCP* 1962, IV, 170. ▪ Cass. com., 15 mai 1974 : *Dr. sociétés* 1974, 85. – Il a été jugé que l'*affectio societatis* impliquait le concours à la gestion, le pouvoir de contrôle et de critique, la participation à l'administration : ▪ TGI Paris, 14 mars 1973 : *Rev. sociétés* 1974, p. 92, note M. Guilberteau ; *BJS* 1974, p. 21 ; *Gaz. Pal.* 1973, 2, p. 912, note M. Peisse. – Comp. ▪ CA Paris, 23 déc. 1975 : *Gaz. Pal.* 1976, 1, p. 361, note L. C., ainsi que l'acceptation d'aléas communs : ▪ Cass. com., 19 févr. 1991, n° 89-16.590 : *JCP* E 1991, 61, n° 4, obs. A. Viandier et J.-J. Caussain. – En d'autres termes, l'*affectio societatis* suppose que les associés **collaborent de façon effective à l'exploitation dans un intérêt commun et sur un pied d'égalité, chacun participant aux bénéfices comme aux pertes** : ▪ Cass. com., 3 juin 1986, n° 85-12.118 : *Rev. sociétés* 1986, p. 585, note Y. Guyon.

b) L'*affectio societatis* **ne se confond pas** avec les **mobiles personnels** des associés ; ainsi, le motif que les contrats de société n'avaient été conclus que pour permettre l'établissement de gérances est inhérent aux motivations des parties et n'exclut pas leur volonté réelle de s'associer : ▪ Cass. com., 10 févr. 1998, n° 95-21.906 : *JurisData* n° 1998-000524 ; *JCP* E 1998, p. 589 ; *BJS* 1998, p. 767, note J.-J. Daigre.

c) Le fait de se comporter comme un **prêteur** est incompatible avec l'*affectio societatis* : ▪ Cass. com., 12 oct. 1993, n° 91-13.966 : *JCP* E 1994, 331, n° 2, obs. A. Viandier et J.-J. Caussain ; *RJDA* 1994, p. 49. – De même, le montage qui réserve l'essentiel des gains à l'un des associés et fait peser sur l'autre de gros risques est incompatible avec l'*affectio societatis*, élément essentiel de toute société qui suppose un intérêt commun des associés : ▪ CA Paris, 29 mai 1992 : *RJDA* 1992, p. 744.

30) Appréciation de l'*affectio societatis*. Si les conditions de validité d'une société doivent s'apprécier lors de sa constitution : ▪ Cass. 1re civ., 24 oct. 1978, n° 77-13.884 : *Bull. civ.* I, n° 318, le juge peut, pour qualifier les relations contractuelles entre les parties, se fonder sur des éléments postérieurs au début de leurs engagements ; ainsi, dès lors que le demandeur s'était abstenu de signer le projet de contrat d'association et avait cherché par tous moyens à obtenir le remboursement des sommes qu'il avait versées au gérant de la société, manifestant ainsi de façon non équivoque son refus de collaborer à la réalisation des opérations et d'en accepter les aléas communs, c'est à juste titre que la cour d'appel en déduit que les parties n'avaient pas eu l'intention de s'associer : ▪ Cass. com., 12 oct. 1993, n° 91-13.966 : *BJS* 1993, p. 1265, note M. Jeantin. – L'absence de volonté de s'associer des deux enfants de la gérante ayant souscrit des parts ne peut se déduire du seul fait de leur âge. Au contraire, les diverses procédures menées contre le liquidateur judiciaire de la société peuvent être regardées comme un signe de leur intérêt pour celle-ci : ▪ CA Paris, 22 juin 2001 : *JurisData* n° 2001-157351. – Le grief de défaut d'*affectio societatis* doit être rejeté si la société a toujours eu une activité régulière et effective : ▪ CA Bordeaux, 20 nov. 1978 : *JCP* 1980, II, 19381, note J. Prévault.

31) Absence d'*affectio societatis*. *a)* **Nullité de la société.** L'absence d'*affectio societatis* est une cause de **nullité** de la société : ▪ Cass. com., 19 nov. 1962, préc. ▪ Cass. 3e civ., 8 janv. 1975, n° 73-13.635 : *Bull. civ.* III, n° 2 ; *Rev. sociétés* 1976, p. 301, note Y. Balensi. ▪ Cass. 3e civ., 22 juin 1976, n° 74-10.119 : *D.* 1977, p. 619, note P. Diener. – La nullité d'une société pour défaut d'*affectio societatis* entraîne l'inexistence de tout lien véritable d'association entre les pseudo-associés et exclut notamment que les apports de ceux-ci soient entrés dans un patrimoine commun : ▪ Cass. 3e civ., 8 janv. 1975, n° 73-13.635, préc. – Voir aussi sous C. civ., art. 1844-10, annot. n° 3, p. 109.

b) **Fictivité de la qualité d'associé.** V. sous C. civ., art. 1844-10, annot. n° 3, p. 109.

c) **Cession de titres.** V. sous C. com., art. L. 228-23, annot. n° 13 *b)*, p. 422.

32) Disparition de l'*affectio societatis*. V. pour l'insuffisance de la disparition de l'*affectio societatis* à fonder la dissolution de la société : ▪ Cass. 3e civ., 25 janv. 2018, n° 17-10.353 : *BJS* 2018, p. 210, note R. Dalmau.

33) Société entre concubins. V. sous C. civ., art. 1873, annot. n° 7, p. 151.

34) Société entre époux. Sur l'*affectio societatis* renforcé des époux associés et le comportement blâmable dans la société comme cause de divorce : ▪ CA Paris, 3 juill. 1991 : *Rev. sociétés* 1991, p. 825.

VIII – PROMESSE DE SOCIÉTÉ ET POURPARLERS

Bibliographie : *Adde* R. Micha-Goudet, *J.-Cl. Sociétés traité*, Fasc. 7-30 *(promesse de société)*.

35) Notion de promesse et conséquences.

a) La promesse de société exige, pour sa validité, qu'elle contienne les **éléments essentiels de la société future**, ▪ Cass. req., 15 déc. 1920 : S. 1922, 1, p. 17. ▪ Cass. 1re civ., 16 févr. 1977, n° 75-15.120 : *Rev. sociétés* 1977, p. 681, note Y. Guyon. ▪ CA Paris, 25 juin 1985 : *JCP* E 1987, 16342, n° 3, obs. A. Viandier et J.-J. Caussain. – Lors même que sont déterminés les éléments essentiels du contrat de société, il n'y a pas promesse de société s'il est établi que l'un des futurs associés avait subordonné son engagement à certaines garanties et à la détermination des détails du contrat, d'autant que, jusqu'à la formation définitive de la société, les parties avaient organisé leurs relations pour cette période transitoire : ▪ Cass. com., 11 juill. 2000, n° 97-18.275 : *BJS* 2000, p. 1167, note B. Saintourens.

b) **Preuve non rapportée.** Les déplacements effectués par les principaux collaborateurs de deux sociétés en phase de rapprochement, tout comme l'existence de documents non signés, s'ils sont de nature à établir que des négociations étaient en cours, ne permettent pas de déduire qu'un accord tendant à la création d'une société est intervenu entre les parties ; aussi l'une d'entre elles ne peut reprocher à sa partenaire d'avoir négocié avec d'autres sociétés et d'avoir rompu de manière fautive les négociations en cours : ▪ CA Versailles, 5 mars 1992 : *BJS* 1992, p. 636, note J. Schmidt. – Faute d'accord sur l'évaluation des titres et sur le financement de l'activité, le projet de société en est resté au stade de pourparlers ; les partenaires évincés ne peuvent donc pas prétendre à des dommages et intérêts sur le fondement de la responsabilité contractuelle : ▪ Cass. com., 20 févr. 2007, n° 05-15.863 : *BJS* 2007, p. 985, note P. Mousseron. – Une cour d'appel qui relève que la convention intitulée « promesse de société » comportait une clause de « non-réalisation de la présente promesse sans indemnité de part ni d'autre », clause qui, indépendante de la réalisation des conditions suspensives, traduisait la volonté des parties signataires de préparer, dans le cadre d'un avant-contrat, les bases d'une association future, tout en réservant leur engagement définitif jusqu'à la date limite de la constitution d'une société, a pu déduire qu'il appartenait au candidat de faire preuve d'une extrême prudence jusqu'à cette date et d'attendre l'expiration de ce délai pour démissionner de son emploi, de sorte que le préjudice par lui invoqué trouvait exclusivement sa source dans sa démission prématurée : ▪ Cass. 1re civ., 5 nov. 1996, n° 94-20.817 : *D.* 1997, p. 551, note H. Matsopoulou.

c) **Preuve rapportée.** En revanche, le courrier dans lequel étaient expressément prévus l'objet social de la nouvelle société, la dénomination sociale, la cogérance, le montant du capital social et sa répartition, ainsi que la rémunération des futurs associés, doit être regardée comme constituant une promesse de société entraînant pour son auteur une obligation de faire : ▪ CA Versailles, 16 nov. 2000 : *BJS* 2001, p. 403, note B. Saintourens.

d) Le fait de n'avoir pu acquérir qu'une partie des terrains constructibles destinés à être exploités par une société civile immobilière ne prive pas de **cause** la promesse de société dès lors que les parties avaient prévu que leur projet était susceptible d'adaptation selon les circonstances et que l'objet social consistait en l'achat de parcelles pour y construire et vendre ; en conséquence, la méconnaissance de la promesse ouvre droit à des dommages et intérêts : ▪ Cass. 1re civ., 3 juin 2003, n° 00-18.852 : *Dr. sociétés* mai 2004, n° 74, obs. F.-G. Trébulle.

36) Ruptures des pourparlers. Engage sa responsabilité délictuelle pour rupture abusive des pourparlers celui qui y met un terme, alors qu'il était considéré comme associé par son partenaire et par les tiers, sans démontrer aucun manquement professionnel de son partenaire, sa décision étant seulement guidée par la prudence : ▪ Cass. com., 11 juill. 2000, n° 97-18.275 : *BJS* 2000, p. 1167, note B. Saintourens. – Preuve d'une rupture abusive des pourparlers non rapportée, ▪ Cass. com., 20 févr. 2007, n° 05-15.863 : *BJS* 2007, p. 985, note P. Mousseron.

Art. 1832-1 ***(Mod., L. n° 85-1372, 23 déc. 1985).*** **– Même s'ils n'emploient que des biens de communauté pour les apports à une société ou pour l'acquisition de parts sociales, deux époux seuls ou avec d'autres personnes peuvent être associés dans une même société et participer ensemble ou non à la gestion sociale.**

Les avantages et libéralités résultant d'un contrat de société entre époux ne peuvent être annulés parce qu'ils constitueraient des donations déguisées, lorsque les conditions en ont été réglées par un acte authentique.

Voir : Nullité, C. civ., art. 1844-10, p. 109.

Bibliographie : *Pour les époux.* A. Colomer, *La nature juridique des parts de société au regard du régime matrimonial : Defrénois* 1978, art. 31588. • J. Derruppé, *Régimes de communauté et droit des sociétés : JCP* 1971, I, 2403 ; *La nécessaire distinction de la qualité d'associé et des droits sociaux : JCP* N 1984, I, 251. • J. Honorat, *La situation des actions de sociétés anonymes dans le cadre des régimes matrimoniaux : Rev. sociétés* 1999, p. 577. • B. Maubru, *L'agrément du conjoint de l'associé : Defrénois* 1985, art. 33557, p. 801. • L. Nurit-Pontier, *Le couple et le droit des sociétés : Dr. et patrimoine* juin 2003, p. 20. • G. Paisant, *Peut-on abandonner la distinction du titre et de la finance en régime de communauté ? : JCP* N 1984, I, 19. • F. Pasqualini et V. Pasqualini-Salerno, *Les sociétés entre époux : JCP* E 1999, p. 1858. • A. Rabreau, *Plaidoyer pour la suppression de l'article 1832-2 du Code civil : Mél. M. Germain*, LexisNexis-Lextenso, 2015, p. 697 et s. • J. Revel, *Droit des sociétés et régime matrimonial : D.* 1993, chron. p. 33 ; *Couples et sociétés : Actes prat. et stratégie patrimoniale* 1-2012.

Pour le PACS. R. Besnard-Goudet, *Réflexions sur le PACS et le droit des sociétés : JCP* E 2001, p. 1128. • H. Hovasse, R. Gentilhomme et M. Deslandes, *PACS et sociétés : Actes prat. ing. sociétaire* janv.-févr. 2001. • C. Malecki, *Le PACS et le droit des sociétés : Rev. sociétés* 2000, p. 653 ; *Conjoints, pacsés : que reste-t-il de leurs différences en droit des sociétés après la loi n° 2006-728 du 23 juin 2006 : JCP* E 2006, 2409.

1) Époux associés.

a) **Capacité des époux.** Deux époux peuvent être les seuls associés d'une même société, n'apporteraient-ils que des biens communs : Rép. min. : *JOAN* Q, 31 mai 1969, p. 1508.

b) **Obligation aux dettes sociales.** L'épouse d'un associé dont les parts sociales sont des biens de communauté ne peut être poursuivie en paiement des dettes sociales que si elle a personnellement la qualité d'associé : ▪ Cass. 3e civ., 20 févr. 2002, n° 99-15.474 : *JurisData* n° 2002-013003 ; *Dr. sociétés* 2002, n° 86, obs. F.-X. Lucas ; *BJS* 2002, p. 718, note F.-X. Lucas ; *JCP* E 2002, 766, note Th. Bonneau.

c) **Mise en péril de l'intérêt de la famille.** Lorsqu'il est démontré que le mari a entrepris de dilapider les biens de la communauté, l'épouse est fondée à demander, sur la base de l'article 220-1 du Code civil, l'immatriculation à son nom de la moitié des actions communes : ▪ TGI Digne, 1er juill. 1972 : *JCP* 1973, II, 17443, note D. Mayer ; *D.* 1973, p. 259, note I. Foulon-Piganiol. – Comp. ▪ TGI Paris, 10 mai 1976 : *D.* 1978, p. 596. – Mais ce texte ne saurait justifier son immixtion dans le fonctionnement de la société dont son mari est président : ▪ TGI Annecy, 13 mai 1966 : *Gaz. Pal.* 1966, 2, p. 87.

d) Un conjoint associé *[de SARL]* ne peut, à peine de nullité de l'assemblée générale *[C. com., art. L. 223-27]* **représenter** son conjoint lui-même associé qu'en vertu **d'un mandat régulier** *[C. com., art. L. 223-28]*, lequel ne peut résulter de la gestion concurrente des parts sociales communes : ▪ CA Lyon, 19 févr. 2004 : *Dr. sociétés* juill. 2004, n° 130, obs. J. Monnet.

2) Époux caution. Pour déclarer nul l'engagement de cautionnement d'un mari au profit d'une société dont son épouse est gérante, il peut être relevé que la caution n'avait aucun intérêt personnel à l'obtention du crédit, qu'il n'est pas établi qu'elle ait participé à la gestion de la société, la circonstance que la caution soit époux commun en biens de la gérante de la société débitrice principale, possédant la moitié du capital de celle-ci, ne caractérisant pas à elle seule l'intérêt personnel qui permet de tenir pour régulier un acte de cautionnement dont la mention manuscrite ne satisfait pas aux exigences de l'article 1326 du Code civil : ▪ Cass. 1re civ., 9 déc. 1992, n° 91-12.413 : *D.* 1993, somm. p. 311, obs. L. Aynès.

Art. 1832-2 *(L. n° 78-9, 4 janv. 1978 ; L. n° 82-596, 10 juill. 1982).* **– Un époux ne peut, sous la sanction prévue à l'article 1427, employer des biens communs pour faire un apport à une société ou acquérir des parts sociales non négociables sans que son conjoint en ait été averti et sans qu'il en soit justifié dans l'acte.**

La qualité d'associé est reconnue à celui des époux qui fait l'apport ou réalise l'acquisition.

La qualité d'associé est également reconnue, pour la moitié des parts souscrites ou acquises, au conjoint qui a notifié à la société son intention d'être personnellement associé. Lorsqu'il notifie son intention lors de l'apport ou de l'acquisition, l'acceptation ou l'agrément des associés vaut pour les deux époux. Si cette notification est postérieure à l'apport ou à l'acquisition, les clauses d'agrément prévues à cet effet par les statuts sont opposables au conjoint ; lors de la délibération sur l'agrément, l'époux associé ne participe pas au vote et ses parts ne sont pas prises en compte pour le calcul du quorum et de la majorité.

Les dispositions du présent article ne sont applicables que dans les sociétés dont les parts ne sont pas négociables et seulement jusqu'à la dissolution de la communauté.

V. bibliographie sous C. civ., art. 1832-1, p. 15.

1) **Attribution conjointe de la qualité d'associé.** Dès lors qu'il ressort des statuts que les époux communs en biens ont fait ensemble un apport en numéraire et reçu en contrepartie des parts, les époux ont chacun la qualité d'associé : ▪ Cass. com., 15 mai 2012, n° 11-13.240, PB : *BJS* 2012, p. 718 ; *D.* 2012, p. 1856, note V. Barabé-Bouchard ; *Dr. sociétés* 2012, n° 135, obs. R. Mortier, et n° 138, obs. H. Hovasse ; *Rev. sociétés* 2013, p. 38, note E. Naudin.

2) **Fraude aux droits du conjoint.** V. sous C. civ., art. 1844-10, annot. n° 5, p. 109.

3) **Présomption de communauté.** La présomption de communauté résultant de l'article 1402 du Code civil fait peser sur les tiers la charge de la preuve du caractère propre des deniers ayant servi à l'acquisition : ▪ Cass. 1re civ., 11 juin 1996, n° 94-17.771 : *JCP* 1996, I, 3962, n° 10, obs. P. Simler ; *BJS* 1996, p. 1034, note J. Derruppé. – V. égal., ▪ CA Orléans, 3 juill. 2008 : *JurisData* n° 2008-370362 ; *Dr. sociétés* 2008, n° 255, obs. J. Monnet.

4) **Présomption de pouvoirs en matière bancaire.** En application de l'article 221 du Code civil, les actions déposées sur un compte ouvert au nom d'un seul des époux sont au seul pouvoir de celui-ci, lors même qu'elles ont la nature de biens communs ; en conséquence, ne pouvant se prévaloir de la gestion concurrente instituée par l'article 1421 du Code civil, le banquier qui exécute les ordres du conjoint engage sa responsabilité : ▪ Cass. 1re civ., 3 juill. 2001, n° 99-19.868 : *BJS* 2001, p. 1172, note G. Baranger ; *D.* 2002, somm. p. 3262, obs. J.-Cl. Hallouin.

5) **Moment de la revendication.** Le conjoint de l'associé acquéreur peut exercer son droit de revendication aussi longtemps qu'un jugement de divorce n'est pas devenu définitif, car la revendication porte sur le titre, et non sur la finance, et relève des rapports personnels entre époux : ▪ Cass. com., 18 nov. 1997, n° 95-16.371 : *JCP* E 1998, p. 517, note D. Vidal ; *Dr. sociétés* 1998, n° 22, obs. Th. Bonneau ; *BJS* 1998, p. 221, note J. Derruppé. – La revendication de la qualité d'associé pouvant être notifiée à la société tant qu'un jugement de divorce passé en force jugée n'est pas intervenu, il importe peu que la prise d'effet du divorce entre les époux concernant la dissolution de la communauté ait été fixée à la date de l'assignation en divorce : ▪ Cass. com., 14 mai 2013, n° 12-18.103 : *BJS* 2013, p. 453, note E. Naudin ; *Dr. sociétés* 2013, n° 136, obs. H. Hovass.

6) **Renonciation.** La déclaration écrite d'une épouse commune en biens affirmant ne pas revendiquer la qualité d'associé constitue une renonciation claire et sans réserve, insusceptible de rétractation : ▪ CA Paris, 16 oct. 1990 : *BJS* 1991, p. 201, note B. Maubru. ▪ Cass. com., 12 janv. 1993, n° 90-21.126 : *BJS* 1993, p. 364, note J. Derruppé.

7) **Distinction du titre et de la finance : application aux parts sociales.**

a) Principe. S'agissant d'une société civile *[GAEC]* constituée entre un époux commun en biens et ses enfants, seul cet époux a la qualité d'associé, les parts sociales n'entrant en communauté que pour leur finance, ce qui implique que l'indivision successorale consécutive au décès du conjoint comprend non les parts sociales elles-mêmes, mais leur seule valeur : ▪ Cass. 1re civ., 9 juill. 1991, n° 90-12.503 : *Bull. civ.* I, n° 232 ; *BJS* 1991, p. 1030, note D. Brelet et M.-P. Madignier ; *Defrénois* 1991, n° 23, p. 1333, obs. P. Le Cannu ;

Defrénois 1992, n° 4, p. 236, note X. Savatier ; *JCP* G 1992, I, 3614, n° 8, obs. Ph. Simler.

b) **Conséquences pendant la communauté.**

– **Perception des dividendes.** Dès lors que la qualité d'associé appartient à un seul des époux communs en biens, seul cet époux a qualité pour percevoir les dividendes, de sorte que le versement effectué entre les mains de son conjoint ne libère pas la société : ▪ Cass. 1re civ., 5 nov. 2014, n° 13-25.820, PB : *BJS* 2015, p. 119, note A. Rabreau ; *Dr. sociétés* 2015, n° 1, obs. R. Mortier ; *JCP* E 2014, 1651, n° 3, obs. Fl. Deboissy et G. Wicker ; *Rev. sociétés* 2014, p. 734, note E. Naudin.

– **Pouvoir de disposition.** V. sous C. civ., art. 1424, annot. n° 1, p. 18.

c) **Conséquences pendant l'indivision post-communautaire.**

– **Droit aux fruits.** Lorsque des parts sociales entrent en communauté pour leur valeur, l'indivision post-communautaire a vocation à s'accroître des fruits et revenus de ces parts : ▪ Cass. 1re civ., 10 févr. 1998, n° 96-16.735 : *Bull. civ.* I, n° 47 ; *Defrénois* 1998, p. 1119, note O. Milhac.

– **Pouvoir de disposition.** Dès lors que l'indivision post-communautaire ne recueille que la valeur des parts sociales, celui des époux à qui appartenait seul la qualité d'associé peut transmettre les parts à titre gratuit sans l'accord de ses coïndivisaires : ▪ Cass. 1re civ., 12 juin 2014, n° 13-16.309, PBI : *Dr. sociétés* 2014, n° 183, obs. R. Mortier ; *JCP* E 2014, 1651, n° 4, obs. Fl. Deboissy et G. Wicker ; *Rev. sociétés* 2014, p. 734, note E. Naudin. – À la dissolution de la communauté, la qualité d'associé attachée à des parts non négociables dépendant de celle-ci ne tombe pas dans l'indivision qui n'en recueille que la valeur, de sorte que le conjoint associé peut en disposer seul et que ces parts doivent être portées à l'actif de la communauté pour leur valeur au jour du partage : ▪ Cass. 1re civ., 22 oct. 2015, n° 12-29.265, PBI : *Dr. sociétés* 2015, n° 2, obs. R. Mortier ; *BJS* 2014, p. 687, note A. Tadros.

– **Responsabilité du gérant de l'indivision.** Dès lors que la finance des parts sociales est entrée en communauté, celui des époux qui a seul le titre d'associé, et qui est par ailleurs gérant de l'indivision post-communautaire, peut voir engager sa responsabilité si sa gestion de la société n'est pas conforme à l'intérêt commun des indivisaires : ▪ Cass. 1re civ., 22 juin 1999, n° 97-16.909 : *RJPF* 1999, 8/24, chron. F. Vauvillé.

– **Attribution dans le partage.** Dès lors que l'époux, souscripteur des parts sociales acquises en cours de mariage, a seul la qualité d'associé, ces parts n'étant entrées en communauté que pour leur valeur patrimoniale, elles ne peuvent qu'être attribuées à l'époux associé lors du partage : ▪ Cass. 1re civ., 4 juill. 2012, n° 11-13.384, PBI : *BJS* 2012, p. 608, note E. Naudin ; *Dr. sociétés* 2012, n° 158, note R. Mortier ; *Rev. sociétés* 2012, p. 717.

8) Distinction du titre et de la finance : application aux actions. S'agissant d'un régime de communauté de meubles et acquêts, est commune la valeur pécuniaire d'actions pour lesquelles le titre d'associé est propre à l'un des époux : ▪ Cass. 1re civ., 16 mai 2000, n° 96-17.856 : *Dr. famille* 2000, comm. 115, obs. B. Beignier.

9) Distinction du titre et de la finance : société constituée antérieurement au mariage. S'agissant d'une société civile constituée antérieurement au mariage mais qui n'a été enregistrée et dont les apports n'ont été libérés que postérieurement au mariage, la valeur des parts présente un caractère commun dans les rapports entre époux car, sauf à ce qu'il ait été procédé à une déclaration d'emploi ou de remploi, les fonds ayant servi à la libération sont présumés avoir été communs en application de la présomption de communauté : ▪ Cass. 1re civ., 8 oct. 2014, n° 13-21.879, PBI : *Rev. sociétés* 2015, p. 316, note S. Pla-Busiris.

10) Nullité. *a)* **Application exclusive de l'article 1427 du Code civil.** L'action en nullité de l'apport est régie par l'article 1427 du Code civil à l'exclusion de l'action en inopposabilité des actes frauduleux ouverte par l'article 1421, de sorte que cette action est soumise à la prescription de deux ans : ▪ Cass. 1re civ., 23 mars 2011, n° 09-66.512, PBI : *BJS* 2011, p. 464, note S. Gaudemet et A. Gaudemet ; *JCP* E 2011, 1428, note H. Hovasse ; *Rev. sociétés* 2011, p. 488, note E. Naudin.

b) **Conséquence de la nullité.** La nullité d'un contrat emportant en principe son effacement rétroactif, le juge peut décider que l'époux apporteur qui n'avait pas averti son conjoint doit restituer les prestations qui lui ont été fournies en exécution de l'acte d'apport, en nature ou, à défaut, sous forme d'indemnité : ▪ Cass. 1re civ., 16 juill. 1998, n° 96-18.404 : *BJS* 1999, p. 117, note P. Le Cannu.

11) Étendue de l'engagement de l'époux associé.

a) **Exclusion de la qualification de caution.** L'associé d'une société de personnes *[SNC]* étant tenu au passif social en qualité d'associé et non de caution, l'époux commun en biens engage en sa qualité d'associé, outre ses biens personnels, l'ensemble des biens communs et non seulement ses revenus, l'article 1415 du Code civil étant inapplicable : ▪ Cass. 1re civ., 17 janv. 2006, n° 03-11.461 : *BJS* 2006, p. 818, note Y. Dereu ; *D.* 2006, p. 321 et 716, p. 2660, note F. Bicheron ; *Dr. sociétés* mars 2006, n° 37, obs. F.-X. Lucas ; *JCP* E 2006, 1753, n° 2, obs. Ph. Simler et Ph. Delebecque ; *JCP* E 2006, 2035, n° 8, obs. J.-J. Caussain, Fl. Deboissy et G. Wicker ;

JCP E 2006, 1684, note F.-X Lucas ; *Rev. sociétés* 2006, p. 540, note D. Legeais, rejetant le pourvoi dirigé contre, ▪ CA Paris, 14 nov. 2002 : *Dr. sociétés* févr. 2004, n° 22, obs. F.-X. Lucas. – V. dans le même sens, à propos d'une SCI, ▪ Cass. 1re civ., 17 janv. 2006, n° 02-16.595 : *BJS* 2006, p. 816, note Y. Dereu ; *D.* 2006, p. 321 et 716, p. 2660, note F. Bicheron ; *Dr. sociétés* mars 2006, n° 37, obs. F.-X Lucas ; *JCP* E 2006, 1753, n° 2, obs. Ph. Simler et Ph. Delebecque ; *JCP* E 2006, 2035, n° 8, obs. J.-J. Caussain, Fl. Deboissy et G. Wicker ; *Rev. sociétés* 2006, p. 540, note D. Legeais cassant, ▪ CA Versailles, 2 mai 2002 : *BJS* 2002, p. 1035, note P. Scholer.

b) Les dettes dont doit répondre indéfiniment l'épouse en sa qualité d'associée d'une SCI constituent des dettes de la communauté puisque nées pendant celle-ci : ▪ Cass. 1re civ., 28 oct. 2003 : *D.* 2004, somm. p. 2264, obs. V. Brémond.

12) **EURL constituée par un apport de biens communs.** Si la valeur des parts d'une EURL constituée par des apports de biens communs doit être comprise dans la liquidation de la communauté de biens ayant existé entre les époux, l'épouse ne peut, lorsque la société a fait l'objet d'une liquidation judiciaire entre le moment de la dissolution de la communauté et celui de sa liquidation, demander à ce que le mari rapporte la valeur des parts lorsqu'elle n'établit pas que celui-ci a engagé sa responsabilité envers la communauté à raison des fautes qu'il aurait pu commettre dans la gestion de la société : ▪ Cass. 1re civ., 19 avr. 2005, n° 02-18.288 : *JurisData* n° 2005-028146 ; *Dr. sociétés* nov. 2005, n° 196, obs. J. Monnet ; *BJS* 2005, p. 1408, note B. Saintourens ; *JCP* E 2005, 969 ; *JCP* E 2005, 1834, n° 2, obs. J.-J. Caussain, Fl. Deboissy et G. Wicker ; *Rev. sociétés* 2006, p. 90, note D. Randoux.

Code civil

Art. 215, al. 3. – Les époux ne peuvent l'un sans l'autre disposer des droits par lesquels est assuré le logement de la famille, ni des meubles meublants dont il est garni. Celui des deux qui n'a pas donné son consentement à l'acte peut en demander l'annulation : l'action en nullité lui est ouverte dans l'année à partir du jour où il a eu connaissance de l'acte, sans pouvoir jamais être intentée plus d'un an après que le régime matrimonial s'est dissous.

1) Lorsque le logement de la famille appartient à une société dont un seul des époux est associé, la validité de la cession de ce logement requiert le consentement du conjoint dans l'hypothèse où, soit la société est fictive, soit la famille occupait le logement en vertu d'une autorisation découlant d'un droit d'associé : ▪ Cass. 1re civ., 11 mars 1986, n° 84-12.489 : *Defrénois* 1986, p. 1259, note G. Champenois.

2) Lorsque l'immeuble constituant le logement de la famille appartient à une société dont l'un des époux ou moins est associé, sa cession requiert à peine de nullité le consentement des deux époux lorsque l'époux associé est autorisé à occuper le bien en raison d'un droit d'associé ou d'une décision prise à l'unanimité des associés, ce qui n'est pas le cas lorsqu'il n'est justifié d'aucun bail, droit d'habitation ou convention de mise à disposition du logement par la société au profit de ses associés : ▪ Cass. 1re civ., 14 mars 2018, n° 1716.482 : *Dr. sociétés* 2018, comm. 101, obs. H. Hovasse ; *AJ fam.* 2018, p. 300, obs. J. Casey ; *Defrénois* 2018, n° 13, p. 5 ; *JCP* E 2019, 1145, n° 4, obs. J.-Ch. Pagnucco ; *RJPF* 2018-05/32, obs. J. Dubarry ; *RTD civ.* 2018, p. 469, note B. Vareille.

Art. 1424 *(L. n° 65-570, 13 juill. 1965 ; rempl., L. n° 85-1372, 23 déc. 1985 ; mod., L. n° 2008-776, 4 août 2008)*. **–** Les époux ne peuvent, l'un sans l'autre, aliéner ou grever de droits réels les immeubles, fonds de commerce et exploitations dépendant de la communauté, non plus que les droits sociaux non négociables et les meubles corporels dont l'aliénation est soumise à publicité. Ils ne peuvent, sans leur conjoint, percevoir les capitaux provenant de telles opérations.

De même, ils ne peuvent, l'un sans l'autre, transférer un bien de la communauté dans un patrimoine fiduciaire.

1) **Cession de parts de SCI.** Dans une espèce où l'un des époux n'avait pas revendiqué la qualité d'associé, jugé que le conjoint ayant seul cette qualité ne peut seul disposer des parts sociales, qui constituent des droits sociaux non négociables, en application de l'article 1424 du Code civil : ▪ Cass. 1re civ., 9 nov. 2011, n° 10-12.123, PBI : *BJS* 2012, p. 139, note J.-F. Barbièri ; *D.* 2012, p. 483, note V. Barabé-Bouchard ; *Dr. sociétés* 2012, n° 5, obs. H. Hovasse ; *Rev. sociétés* 2012, p. 223, note E. Naudin.

2) **Cession d'actions pendant l'indivision post-communautaire.** Si la cession d'actions en cours de régime ne relève pas de la cogestion de l'article 1414 du Code civil mais de la gestion concurrente de l'article 1421, leur cession pendant l'indivision post-communautaire par un époux seul est inopposable à l'autre en

application de l'article 815-3, de sorte que doit être portée à l'actif de la masse à partager la valeur des actions au jour du partage : ▪ Cass. 1re civ., 7 oct. 2015, n° 14-22.224, PB : *BJS* 2016, p. 77, note E. Naudin ; *Dr. sociétés* 2015, n° 208, obs. R. Mortier.

Art. 1427 *(L. n° 65-570, 13 juill. 1965 ; mod., L. n° 85-1372, 23 déc. 1985).* **– Si l'un des époux a outrepassé ses pouvoirs sur les biens communs, l'autre, à moins qu'il n'ait ratifié l'acte, peut en demander l'annulation.**

L'action en nullité est ouverte au conjoint pendant deux années à partir du jour où il a eu connaissance de l'acte, sans pouvoir jamais être intentée plus de deux ans après la dissolution de la communauté.

Cessions de parts de SARL. Lorsqu'une épouse a cédé des parts d'une SARL sans le consentement de son conjoint, l'article 1427 du Code civil est inapplicable à l'action en nullité de la cession consentie par l'acquéreur au profit des sous-acquéreurs, de sorte que n'est pas applicable à cette action en nullité la prescription édictée par ce texte : ▪ Cass. 1re civ., 17 févr. 2010, n° 09-11.447.

Art. 1833 *(L. n° 78-9, 4 janv. 1978).* **– Toute société doit avoir un objet licite et être constituée dans l'intérêt commun des associés.**

(Al. créé, L. n° 2019-486, 22 mai 2019) **La société est gérée dans son intérêt social, en prenant en considération les enjeux sociaux et environnementaux de son activité.**

Voir : Nullité, C. civ., art. 1844-10, p. 109.

I – OBJET

Bibliographie : Y. Chaput, *De l'objet social des sociétés commerciales*, thèse Clermont-Ferrand, 1973. – *Adde* R. Besnard-Goudet, *JCl. Sociétés traité*, Fasc. 9-10 *(Objet social – Notion et influence sur la condition juridique de la société)* ; Fasc. 9-20 *(Objet social – Influence sur les pouvoirs du dirigeant).*

1) Notion d'objet social. *a)* **Définition.** Il faut entendre par objet de la société le **but** que les dirigeants se sont assignés : ▪ CA Paris, 21 nov. 1951 : *S.* 1952, 2, p. 105, concl. Gégout.

b) **Caractère déterminé.** L'objet doit être déterminé et une formule telle que « toute opération commerciale, industrielle ou financière » est insuffisamment précise : *Bull. COB* janv. 1980, p. 7.

c) **Opposabilité.** Il appartient à la société, qui prétend ne pas être tenue au paiement de cotisations sociales liées à son objet statutaire, d'apporter la preuve que son activité réelle n'entre pas, en tout ou partie, dans le champ d'application de ces cotisations : ▪ Cass. soc., 15 nov. 2006, n° 05-19.124.

2) Caractère licite de l'objet. Constituent des objets **illicites** :

– la contrebande : ▪ Cass. req., 25 août 1834 : *S.* 1835, 1, p. 673 ;

– la vente de remèdes secrets : ▪ Cass. req., 13 juill. 1927 : *S.* 1928, 1, p. 9, note H. Solus ;

– l'exploitation d'une maison de jeux : ▪ Cass. req., 24 mai 1913 : *D.* 1916, 1, p. 264 ;

– la mise sur pied d'une entente illicite : ▪ CA Lyon, 13 juin 1960, préc. ;

– un pacte majoritaire prohibé : ▪ CA Paris, 21 nov. 1951, préc. – Comp. ▪ Cass. com., 10 juin 1960 : *Bull. civ.* III, n° 227 ;

– un pacte *de quota litis* : ▪ Cass. 1re civ., 31 janv. 1956 : *JCP* 1956, II, 9298 ; *D.* 1956, p. 589 ;

– des pratiques illicites constituant des manquements graves aux dispositions d'ordre public du Code de la santé publique relatives à la délivrance de médicaments vétérinaires : ▪ Cass. com., 11 juill. 2006, n° 04-16.759 : *BJS* 2006, p. 1355, note T. Granier ; *D.* 2006, p. 2036 ; *JCP* E 2006, 2595, note Y.-M. Serinet ; *Dr. sociétés* janv. 2007, n° 2, obs. H. Lécuyer ; *JCP* E 2007, 1049, n° 3, obs. J.-J. Caussain, Fl. Deboissy et G. Wicker ;

– l'exercice d'une activité contraire aux prescriptions du Code de la santé publique relatives à la fabrication et à la mise sur le marché de produits pharmaceutiques : ▪ Cass. com., 27 mai 2015, n° 14-17.035 : *BJS* 2015, p. 562, note L. Camensuli-Feuillard.

3) Appréciation de l'objet réel : règle générale. L'objet réel et non seulement statutaire doit être licite : ▪ CA Lyon, 13 juin 1960 : *JCP* 1961, II, 12103, note Boitard.

4) Appréciation du seul objet statutaire : règle particulière aux sociétés commerciales à risque limité. *a)* Principe : arrêt *Marleasing*. Le juge national qui est saisi d'un litige dans une matière entrant dans le domaine d'application de la directive 68/151, tendant à coordonner, pour les rendre équivalentes, les garanties qui sont exigées, dans les États membres, des sociétés au sens de l'article 58, deuxième alinéa, du traité pour protéger les intérêts tant des associés que des tiers, est tenu d'interpréter son droit national à la lumière du texte et de la finalité de cette directive, en vue d'empêcher la déclaration de nullité d'une société anonyme pour une cause autre que celles énumérées à son article 11. Ces dernières doivent elles-mêmes, au vu de ladite finalité, être interprétées strictement, de sorte que celle tenant au caractère illicite ou contraire à l'ordre public de l'objet de la société doit s'entendre comme visant exclusivement l'objet de la société tel qu'il est décrit dans l'acte de constitution ou dans les statuts : ▪ CJCE, 13 nov. 1990, C-106/89, *Marleasing* : *BJS* 1991, p. 190 ; *JCP* G 1991, II, 21658, note P. Level ; *Rev. sociétés* 1991, p. 532, note Y. Chaput.

b) **Applications.** Il résulte des dispositions des articles 1833 et 1844-10 du Code civil, qui doivent, en ce qui concerne les causes de nullité des sociétés à responsabilité limitée, être analysées à la lumière de l'article 11 de la directive 68/151/CEE du Conseil, du 9 mars 1968, repris à l'article 12 de la directive 2009/101/CE du Parlement européen et du Conseil, du 16 septembre 2009, tel qu'interprété par l'arrêt *Marleasing* que la nullité d'une société tenant au caractère illicite ou contraire à l'ordre public de son objet doit s'entendre comme visant exclusivement l'objet de la société tel qu'il est décrit dans l'acte de constitution ou dans les statuts, et non de son objet réel : ▪ Cass. com., 10 nov. 2015, n° 14-18.179 : *BJS* 2016, p. 28, note S. Messaï-Bahri ; *Dr. sociétés* 2016, n° 78, obs. M. Roussille ; *Rev. sociétés* 2016, p. 219, note B. Lecourt.

5) Appréciation de l'objet statutaire à partir d'une appréciation globale des statuts. L'objet statutaire peut être apprécié non seulement en considération de la clause des statuts qui le définit mais aussi plus largement en prenant en compte l'ensemble des dispositions statutaires, de sorte que doit être déclaré illicite l'objet d'une SAS dès lors qu'il ressort de l'ensemble des dispositions des statuts que l'activité de la société telle que ces derniers l'organisent porte atteinte à la liberté de la concurrence : ▪ Cass. com., 26 avr. 2017, n° 15-14.243 : *Dr. sociétés* 2017, n° 137, obs. R. Mortier.

6) Régime de la nullité pour illicéité de l'objet. *a)* Point de départ de la prescription de l'action pour illicéité de l'objet. V. sous C. civ., art. 1844-14, annot. n° 1, p. 114.

b) L'illicéité de l'objet social ne rend pas irrecevable la demande **visant à l'apurement des comptes** entre associés d'une société [en participation] dissoute en raison de sa nullité : ▪ Cass. com., 11 juill. 2006, préc. *supra b*.

7) Défaut d'objet. V. pour la sanction particulière aux sociétés commerciales à risque limité, sous C. com., art. L. 235-1, annot. n° 1, p. 522.

8) Maintien de l'objet. La cession de l'hebdomadaire exploité par une société implique nécessairement une modification des statuts si la cession compromet la poursuite de l'objet social : ▪ Cass. com., 12 janv. 1988 : *Bull. civ.* IV, n° 24 ; *JCP* E 1988, 15240, n° 1, obs. A. Viandier et J.-J. Caussain.

9) Modification de l'activité. Est nulle, faute qu'elle ait été prise aux conditions requises pour les modifications statutaires, la décision changeant l'affectation d'un élément du fonds social pour le destiner à une activité non-conforme à l'objet statutaire et à son caractère civil : ▪ Cass. com., 13 juill. 2010, n° 09-16.100, PB : *Rev. sociétés* 2010, p. 502, note B. Dondero. – En revanche, les conventions d'amodiation de domaines miniers, bien que modifiant le mode d'exploitation d'une société, mais lui laissant la propriété des actifs amodiés, ne modifient pas son objet social : ▪ Cass. com., 18 déc. 1990 : *BJS* 1991, p. 192.

II – INTÉRÊT COMMUN – INTÉRÊT SOCIAL

Bibliographie : J.-P. Bertrel, *L'intérêt social : Dr. et patrimoine* avr. 1997, p. 42 et s. – Ph. Bissara, *L'intérêt social : Rev. sociétés* 1999, p. 5. – A. Constantin, *L'intérêt social : quel intérêt ? : Mél. B. Marcadal*, éd. F. Lefebvre, 2002, p. 317. – A. Couret, *L'intérêt social : CDE* 4/1996, p. 1. – M. Germain, *L'intérêt commun des actionnaires : CDE* 4/1996, p. 13. – D. Martin, *L'intérêt des actionnaires se confond-il avec l'intérêt social ? : Mél. D. Schmidt*, Joly, 2005, p. 359. – A. Pirovano, *Intérêt commun, intérêt social, intérêt de l'entreprise ? : D.* 1997, p. 189. – D. Poracchia, *Le rôle de l'intérêt social dans la société par actions simplifiée : Rev. sociétés* 2000, p. 223. – S. Rousseau et I. Tchotourian, *L'intérêt social en droit des sociétés : regards canadiens : Rev. sociétés* 2009, p. 735. – D. Schmidt, *De l'intérêt commun des associés : JCP* 1994, I, 3793 ; *De l'intérêt social : JCP* E 1995, I, 488. – G. Sousi, *L'intérêt social dans le droit français des sociétés*, thèse Lyon III, 1974. – F.-G. Trébulle, *Stakeholders Theory et droit des sociétés : BJS* 2006, p. 1337 et 2007, p. 7. – A. Viandier, *L'intérêt social cède-t-il devant la raison d'État ? : BJS* 1991, p. 277.

10) *Affectio societatis*. Le montage qui réserve l'essentiel des gains à l'un des associés et fait peser sur l'autre de gros risques est incompatible avec l'*affectio societatis*, élément essentiel de toute société, car cela suppose un **intérêt commun** aux associés : ▪ CA Paris, 29 mai 1992 : *RJDA* 1992, p. 744.

11) Sanction de l'atteinte à l'intérêt social. *a)* **Exclusion judiciaire.** Un actionnaire ne peut être exclu par une décision judiciaire sous prétexte qu'il a porté atteinte à l'intérêt social et aux dispositions statutaires : ▪ CA Montpellier, 17 déc. 1992 : *JCP* E 1993, I, 215, n° 9, obs. A. Viandier et J.-J. Caussain.

b) **Nullité.** La garantie souscrite sans contrepartie par une filiale au profit de la société mère est nulle comme étant contraire à son intérêt social : ▪ Cass. com., 13 nov. 2007, n° 06-15.826 : *Dr. sociétés* 2008, n° 32, obs. H. Hovasse ; *JCP* E 2008, 1280, n° 3, obs. J.-J. Caussain, Fl. Deboissy et G. Wicker.

12) Cautionnement et garantie de la dette d'autrui. R. Dalmau, *La nullités des sûretés consenties par les sociétés civiles en garantie des dettes d'autrui : un ouvrage encore sur le métier* : *Rev. sociétés* 2018, p. 487. – Ph. Dupichot, *Derrière l'intérêt social de la SCI caution : la cause ?* : *BJS* 2015, p. 260. – D. Gibirila, *La société caution* : *Rev. sociétés* 2011, p. 663. – P. Schultz, *L'associé cautionné par sa société et l'intérêt social* : *Mél. Simler*, Litec-Dalloz, 2006, p. 430. – M. Storck, *Sûreté accordée par une SCI : l'exigence de non-contrariété à l'intérêt social* : *Dr. sociétés* 2015, étude 10.

a) **Absence d'interdiction de principe.** Le cautionnement par une SARL de la dette personnelle d'un associé personne morale n'étant pas expressément interdit par la loi, son annulation suppose d'établir qu'il est contraire à l'intérêt social : ▪ Cass. com., 17 déc. 2003 : *JCP* E 2004, 601, n° 10, obs. J.-J. Caussain, Fl. Deboissy et G. Wicker.

b) **Exigence de conformité à l'intérêt social.** La sûreté consentie par une SCI au profit de son associé, et qui était nécessaire pour permettre à celui-ci de libérer son apport en numéraire, n'est pas contraire à l'intérêt social dès lors que le cautionnement a permis à la SCI d'acquérir un patrimoine immobilier et d'en percevoir les revenus, peu important l'ampleur du risque encouru : ▪ Cass. com., 2 nov. 2016, n° 16-10.363 : *Dr. sociétés* 2017, n° 3, obs. H. Hovasse ; *JCP* E 2017, 1111, note N. Jullian. – En revanche, est contraire à l'intérêt social le cautionnement qui ne s'accompagne d'aucune contrepartie immédiate pour la SCI : ▪ Cass. 3ᵉ civ., 13 oct. 2016, n° 15-22.824 : *Rev. sociétés* 2017, p. 98, note P. Pisoni. – La sûreté donnée par une société doit, pour être valable, non seulement résulter du consentement unanime des associés, mais également être conforme à son intérêt social, ce qui n'est pas le cas lorsque l'exécution de la garantie expose la société à une disparition totale sans aucune contrepartie pour elle : ▪ Cass. com., 8 nov. 2011, n° 10-24.438 : *D.* 2012, p. 415, note E. Sclumberger ; *Dr. sociétés* 2012, n° 26, obs. H. Hovasse ; *Rev. sociétés* 2012, p. 238, note A. Viandier. – V. même solution, ▪ Cass. 3ᵉ civ., 12 sept. 2012, n° 11-17.948, PB : *BJS* 2012, p. 831, note D. Poracchia ; *D.* 2012, p. 2166, obs. A. Lienhard ; *Dr. sociétés* 2012, n° 178, obs. R. Mortier ; *JCP* E 2012, 1777, n° 4, obs. Fl. Deboissy et G. Wicker ; *Rev. sociétés* 2013, p. 16, note A. Viandier. ▪ Cass. com., 14 févr. 2018, n° 16-19.762 : *Dr. sociétés* 2018, n° 81, obs. H. Hovasse. – V. même solution dans le cas d'une autorisation donnée par une assemblée générale extraordinaire : ▪ Cass. com., 26 juin 2012, n° 10-28.255 : *BJS* 2012, p. 727, note F.-X. Lucas ; *Dr. sociétés* 2012, n° 160, obs. H. Hovasse ; *Rev. sociétés* 2012, p. 706, note F.-F. Barbièri. ▪ Cass. 3ᵉ civ., 9 déc. 2014, n° 13-25.219 : *BJS* 2015, p. 75, note F.-X. Lucas. – V. se contentant de la constatation que l'engagement, qui n'était pas de nature à compromettre l'existence de la société, n'était pas contraire à son intérêt social : ▪ Cass. 3ᵉ civ., 21 déc. 2017, n° 16-26.500 : *BJS* 2018, p. 286, note E. Schlumberger. – Néanmoins, en l'absence de toute allégation relative à sa contrariété à l'intérêt social, est valable le cautionnement de dettes personnelles d'un associé consenti à l'unanimité par les coassociés d'une SNC : ▪ Cass. com., 18 mars 2003 : *BJS* 2003, p. 643, note J.-F. Barbièri ; *D.* 2003, p. 975, obs. A. Lienhard ; *D.* 2004, somm. p. 271, obs. J.-C. Hallouin ; *Dr. sociétés* 2003, n° 110, obs. J. Monnet ; *JCP* E 2003, p. 688, obs. P. Bouteiller ; *JCP* E 2004, 29, n° 6, obs. J.-J. Caussain, Fl. Deboissy et G. Wicker ; *Rev. sociétés* 2004, p. 104, note D. Randoux. – Dans le même sens pour une SCI : ▪ Cass. com., 28 mars 2000 : *BJS* 2000, p. 501, note A. Couret ; *JCP* N 2001, p. 1393, note S. Ferries. ▪ Cass. com., 12 oct. 2004 : *JurisData* n° 2004-025239 ; *Dr. sociétés* janv. 2005, n° 5, obs. F.-X. Lucas. – V. égal., ▪ Cass. 3ᵉ civ., 13 oct. 2016, n° 15-22.824 : *Rev. sociétés* 2017, p. 98, note P. Pisani. – *Contra*, Un cautionnement qui a reçu l'approbation unanime des associés ne peut être annulé par une cour d'appel qui le considère comme contraire à l'objet et l'intérêt social dès lors que la fraude du créancier n'est pas démontrée : ▪ Cass. 3ᵉ civ., 1ᵉʳ déc. 1993 : *BRDA* 11/1994, p. 5. – Le cautionnement dépassant l'objet social et donné par le gérant reste valable, dès lors que celui-ci était le mandataire de tous ses coassociés : ▪ Cass. 1ʳᵉ civ., 20 oct. 1992 : *BJS* 1992, p. 1311, note D. Lepeltier ; *RJDA* 1993, p. 120 ; *RTD com.* 1993, p. 333, n° 2, obs. E. Alfandari et M. Jeantin.

c) **Contrôle par l'objet social.**

– Est nul le cautionnement souscrit par le gérant d'une SCI en garantie des engagements d'une tierce société dès lors qu'il n'entre pas dans son objet social et qu'il a été relevé un défaut de proportionnalité entre l'engagement souscrit et l'avantage retiré par la société caution : ▪ Cass. 3ᵉ civ., 15 sept. 2015, n° 14-21.348 : *BJS* 2016, p. 33, note T. Le Gueut ; *Rev. sociétés* 2015, p. 744, note A. Viandier. – Est nul le cautionnement souscrit par une filiale en garantie des engagements de sa société mère dès lors que l'intérêt commun des deux sociétés au maintien des approvisionnements garantis n'a pas fait entrer le cautionnement litigieux dans l'objet social de la société caution dont l'engagement était contraire à son intérêt social dans la mesure où son exécution était susceptible de la priver de tout actif circulant et donc de tout moyen de poursuivre son activité, compromettant ainsi sa pérennité : ▪ Cass. com., 14 févr. 2018, n° 16-16.013 : *BJS* 2018, p. 412, note E. Schlumberger ; *Dr. sociétés* 2018, n° 85, obs. C. Coupet.

– Lors même qu'un tel acte entre dans son objet statutaire, la sûreté accordée par une société civile en garantie de la dette d'un associé est nulle dès lors qu'étant de nature à compromettre l'existence même de la société, elle est contraire à l'intérêt social : ▪ Cass. com., 23 sept. 2014, n° 13-17.347 PB : *Dr. sociétés* 2014, n° 185, obs. H. Hovasse ; *JCP* E 2014, 1651, n° 5, obs. Fl. Deboissy et G. Wicker ; *Rev. sociétés* 2014, p. 714, note A. Viandier. – Le cautionnement donné par une société [SAS] n'est valable que s'il entre directement dans son objet social ou s'il existe une communauté d'intérêts entre cette société et la personne cautionnée : ▪ CA Versailles, 12 janv. 2016, n° 14/02657 : *Dr. sociétés* 2016, n° 59, obs. M. Roussille. – V. antérieurement, la dette contractée pour acheter des parts d'une SNC, et garantie par voie de nantissement du fonds de commerce de la société, ne correspond pas à une dette sociale, mais à une dette personnelle d'un associé, d'où il résulte que la garantie litigieuse ne constitue pas un acte entrant dans l'objet social : ▪ Cass. com., 25 janv. 2005 : *JurisData* n° 2005-026794 ; *Dr. sociétés* avr. 2005, n° 71, obs. J. Monnet. – *Contra* : le simple fait que le cautionnement donné par la société excède les limites de son objet social ne suffit pas pour qu'en soit prononcée la nullité : ▪ Cass. 3e civ., 25 sept. 2002 : *BJS* 2003, p. 27, note P. Le Cannu ; *Defrénois* 2003, art. 37739, p. 721, obs. J. Hovasse ; *Dr. et patrimoine* sept. 2002, p. 113, obs. D. Poracchia. – Il appartient toutefois au juge d'expliquer en quoi la garantie d'un engagement contracté à titre personnel par des associés de la société caution entre dans l'objet social de celle-ci : ▪ Cass. com., 15 avr. 2008, n° 06-18.294 (FD) : *BJS* 2008, p. 882, note J.-F. Barbièri ; *Dr. sociétés* 2008, n° 147, obs. R. Mortier ; *JCP* E 2008, 2545, n° 5, obs. Fl. Deboissy et G. Wicker. – Le cautionnement litigieux pourrait être rattaché à l'objet social de la société caution s'il est établi une communauté d'intérêts entre celle-ci et la société débitrice : ▪ Cass. com., 13 déc. 2011, n° 10-26.968 : *Dr. sociétés* 2012, n° 44, obs. M. Roussille ; *JCP* E 2012, 1087, note J.-F. Carré et S. Bol ; *Rev. sociétés* 2012, p. 109.

d) **Communauté d'intérêts.** Le cautionnement est valable lorsqu'il existe une communauté d'intérêts entre l'associé cautionné et la société caution *[bail à construction]* : ▪ Cass. com., 3 déc. 2003 : *BJS* 2004, p. 358, note J.-F. Barbièri. ▪ Cass. 1re civ., 1er févr. 2000 : *Dr. sociétés* avr. 2000, n° 50, obs. Th. Bonneau ; *Rev. sociétés* 2000, p. 301, note Y. Guyon. ▪ Cass. com., 8 nov. 2005, nos 01-15.503 et 01-15.670 : *BJS* 2006, p. 339, note J.-F. Barbièri. ▪ Cass. 1re civ., 8 nov. 2007, n° 04-17.893 : *D.* 2008, p. 2881 ; *Dr. sociétés* févr. 2008, n° 26, obs. R. Mortier ; *JCP* E 2008, 1024. – Une telle communauté d'intérêts est caractérisée lorsque la SCI caution a été constituée à seule fin d'être associée de la société cautionnée, que cette société avait besoin d'une trésorerie pour commencer une activité voulue par tous les associés et que tous s'engageaient à offrir leur garantie en connaissance de cause : ▪ Cass. 2e civ., 13 mars 2008, n° 06-16.077 : *JurisData* n° 2008-043171. – V. estimant que la sûreté n'est pas contraire à l'intérêt social dans une espèce où cette sûreté était nécessaire à l'adoption d'un plan de sauvegarde au profit de la société mère : ▪ Cass. com., 10 févr. 2015, n° 14-11.760 : *BJS* 2015, p. 234, note F. Danos ; *Dr. sociétés* 2015, n° 87, obs. H. Hovasse. – Même en présence d'une communauté d'intérêts, il convient de rechercher si le cautionnement n'est pas contraire à l'intérêt de la société caution lorsque le montant de l'engagement est tel qu'en cas de défaillance de l'associé, débiteur principal, la société devrait réaliser son entier patrimoine pour l'honorer, ce qui est de nature à compromettre son existence même : ▪ Cass. com., 3 juin 2008, n° 07-11.785, FD : *BJS* 2008, p. 883, note J.-F. Barbièri ; *Dr. sociétés* 2008, n° 202, obs. R. Mortier ; *JCP* E 2008, 2545, n° 4, obs. Fl. Deboissy et G. Wicker.

e) **Caractère absolu de la nullité.** V. ▪ Cass. 1re civ., 18 oct. 2017, PB : *BJS* 2018, p. 76, note E. Schlumberger, p. 76.

13) Engagement contraire à l'intérêt social souscrit par le gérant. V. sous C. com., art. L. 223-18, annot. n° 4, p. 203.

III – ABUS DU DROIT DE VOTE

Bibliographie : J.-F. Barbièri, *Retour sur les sanctions de l'abus de minorité : Mél. D. Schmidt*, Joly, 2005, p. 51. – M. Bertrel, *L'impact social du LBO sur la société cible, ou la nécessité de réformer l'abus de majorité : Rev. sociétés* 2013, p. 75. – M. Boizart, *L'abus de minorité : Rev. sociétés* 1988, p. 365. – Branchut, *Les abus de minorité dans la société anonyme*, thèse Paris II, 1974. – M. Cabrillac, *De quelques handicaps dans la construction de la théorie de l'abus de minorité : Mél. A. Colomer* 1993, p. 109. – A. Couret, *Le harcèlement des majoritaires : BJS* 1996, p. 112. – P. Le Cannu, *L'abus de minorité : BJS* 1987, p. 429 ; *La sous-filialisation abusive : BJS* 1995, p. 303. – A. Constantin, *La tyrannie des faibles ; De l'abus de minorité en droit des sociétés : Mél. Y. Guyon*, Dalloz, 2003, p. 213. – E. Lepoutre, *Les sanctions des abus de minorité et de majorité dans les sociétés commerciales : Dr. et patrimoine* 12/1995, p. 68 ; *Autofinancement des entreprises et abus de majorité : BJS* 1996, p. 189. – M. Rakotovaahiny, *Le droit de veto dans les sociétés : Rev.*

sociétés 2017, p. 277. – P. Merle, *L'abus de minorité : RJ com.* 1991, p. 81. – Y. Reinhard, *L'abus de droit dans le contrat de société : CDE* 21 janv. 1996, n° 6, p. 8. – D. Tricot, *Abus de droit dans les sociétés : abus de majorité et abus de minorité : RTD com.* 1994, p. 617. – *Adde* sur **l'abus d'égalité**, J.-F. Bosquet-Denis, *La protection de l'associé contre le gérant statutaire et égalitaire d'une société à responsabilité limitée : Rev. sociétés* 1993, p. 751.

A – Abus de majorité

14) Notion.

a) **Décision visant à favoriser les associés majoritaires** Est abusive la décision prise contrairement à l'intérêt social, dans l'unique dessein de favoriser les associés majoritaires, au détriment des associés minoritaires : ▪ Cass. com., 18 avr. 1961 : *D.* 1961, p. 661. – Une cour d'appel ne saurait annuler pour abus de majorité la résolution d'une assemblée nommant les gérants aux seuls motifs de l'importance de leur rémunération, de l'insuffisance des investissements et de l'incertitude enveloppant la compétence des intéressés, sans démontrer que la résolution avait été prise contrairement à l'intérêt général et dans l'unique dessein de favoriser l'un des associés majoritaires au mépris des intérêts des minoritaires : ▪ Cass. com., 30 mai 1980 : *Bull. civ.* IV, n° 223.

b) **Atteinte à l'intérêt social.** Si l'abus de majorité suppose que la décision litigieuse ait eu pour objet de favoriser les majoritaires au détriment des minoritaires, l'**atteinte** à l'intérêt social peut être **caractérisée** *a posteriori* en considération des conséquences négatives que la décision litigieuse a eues pour la société : ▪ Cass. com., 30 nov. 2004 : *BJS* 2005, p. 241, note P. Le Cannu ; *JCP* E 2005, act., p. 14 ; *JCP* E 2005, 131, n° 3, obs. J.-J. Caussain, Fl. Deboissy et G. Wicker, cassant ▪ CA Paris, 19 sept. 2001 : *BJS* 2001, p. 1121, note A. Constantin ; *D.* 2001, p. 3124, obs. A. Lienhard ; *Dr. sociétés* déc. 2001, p. 100, obs. D. Poracchia. – Sur premier pourvoi, cassant ▪ CA Reims, 1er févr. 1993, ▪ Cass. com., 24 janv. 1995 : *Bull. civ.* IV, n° 27, *BJS* 1995, p. 321 ; *Rev. sociétés* 1995, p. 46, note M. Jeantin.

c) **Refus de quitus.** S'agissant du refus de voter le quitus au gérant, il ne peut être reproché à un associé d'avoir abusé de sa position majoritaire que s'il est établi l'existence d'une volonté de nuire constitutive d'une faute personnelle : ▪ Cass. com., 12 févr. 2013, n° 11-23.610 : *Rev. sociétés* 2013, p. 426, note B. Saintourens.

15) Applications. Ainsi jugé en matière de :

– **mise en réserve systématique des bénéfices sociaux,** en l'absence de toute distribution pendant vingt ans, aboutissant à la constitution d'un fonds de réserve supérieur aux 2/3 du chiffre d'affaires, les sommes correspondantes étant simplement portées sur des comptes bancaires ; ceci représente une thésaurisation pure et simple, ne répondant pas à l'intérêt social, ce qui conduit à la qualifier d'abusive : ▪ Cass. com., 22 avr. 1976 : *Rev. sociétés* 1976, p. 479, note D. Schmidt ; *D.* 1977, p. 4, note J.-Cl. Bousquet. – Est également abusive la décision d'affecter tous les bénéfices d'exploitation aux réserves, sans effet sur la politique d'investissement, tandis que les associés majoritaires disposent de rémunérations importantes dont la croissance est anormalement rapide : ▪ Cass. com., 6 juin 1990, nos 88-19.420 et 88-19.783 : *BJS* 1990, p. 782, note P. Le Cannu ; *D.* 1992, p. 56, note J.-Y. Choley-Combe. – Est de même abusive une mise en réserve systématique des bénéfices sociaux qui n'a pas eu d'incidence sur la politique d'investissement de l'entreprise tandis qu'a été voté l'octroi d'une prime et d'une rémunération très importante au profit du gérant de la SARL : ▪ Cass. com., 1er juill. 2003, n° 99-19.328 : *BJS* 2003, p. 1137, note A. Constantin ; *JCP* E 2003, act., p. 1417 ; *Rev. sociétés* 2004, p. 337, note B. Lecourt. – Est encore abusive la mise en réserve systématique qui n'est justifiée par aucun intérêt social mais dont l'effet est de priver un associé des revenus de l'activité sociale, ce qui autorise le juge à ordonner la distribution de ces bénéfices : ▪ Cass. 3e civ., 7 févr. 2012 : *Rev. sociétés* 2012, p. 622, note A.-L. Champetier de Ribes-Justeau. – *Adde* ▪ Cass. com., 18 avr. 1961, préc. ▪ CA Rouen, 23 janv. 1986 : *JCP* E 1987, 16122, n° 13, obs. A. Viandier et J.-J. Caussain. ▪ CA Rouen, 4 avr. 2001 : *RJDA* 2002, n° 111. ▪ Cass. com., 17 juin 2008, n° 06-15.045 : *Rev. sociétés* 2008, p. 826, note J.-F. Barbièri. ▪ Cass. 3e civ., 12 nov. 2015, n° 14-23.716 : *Dr. sociétés* 2016, n° 4, obs. R. Mortier ; *Rev. sociétés* 2016, p. 526, note E. Schlumberger ;

– **dotation d'un compte de report à nouveau** : ▪ Cass. req., 16 nov. 1943 : S. 1947, 1, p. 1, note R. Houin ;

– **désignation d'un dirigeant** : ▪ Cass. com., 30 mai 1980, préc. ;

– **fusion** : ▪ Cass. com., 7 juill. 1980 : *Rev. sociétés* 1981, p. 315, note J.H. – Pour une tentative d'annulation d'une fusion pour abus de majorité, V. ▪ CA Versailles, 1er oct. 1986 : *JCP* E 1987, 16342, n° 21, obs. A. Viandier et J.-J. Caussain ;

– **refus de remboursement des comptes courants d'associés,** constitutif d'une augmentation unilatérale des engagements de certains associés : ▪ CA Grenoble, 4 nov. 1998 : *JurisData* n° 1998-049258 ;

– **modification statutaire** : V. ▪ CA Pau, 24 déc. 1935 : *Gaz. Pal.* 1936, 1, p. 399. ▪ Cass. com., 11 oct. 1967, n° 65-13852 : *Bull. civ.* III, n° 319 ;

– **transformation** de société : ▪ T. com. Paris, 29 juin 1981 : *Gaz. Pal.* 1981, 2, p. 687 ; *Rev. sociétés* 1982, p. 791, note M. Guilberteau ;

– **agrément** *[C. com., art. L. 228-24]* : ▪ CA Paris, 2 mai 1966 : *JCP* 1967, II, 14991, concl. Bertrand. ▪ Cass. com., 24 févr. 1975 : *Bull. civ.* IV, n° 58 ; *Rev. sociétés* 1976, p. 92, note B. Oppetit ;

– **dévolution héréditaire de la gérance** d'une société civile au profit de l'un des deux blocs d'associés : ▪ CA Paris, 9 févr. 1997 : *JCP* E 1997, II, 982, note A. Viandier ;

– **apport de l'essentiel des actifs** d'une SA à une **société en commandite par actions,** l'une et l'autre contrôlées par les mêmes associés majoritaires : ▪ Cass. com., 30 nov. 2004, préc., *supra*. – V. rejetant sur second renvoi l'abus de majorité : ▪ CA Versailles, 20 juin 2006, n° 05-02777 : *BJS* 2006, p. 1424, note P. Le Cannu. – *Adde* P. Le Cannu, *La sous-filialisation abusive : BJS* 1995, p. 303 ;

– **augmentation de capital réalisée sans droit préférentiel de souscription ni prime d'émission**, malgré l'existence de réserves et de plus-values d'actif : ▪ CA Toulouse, 2 juin 2009 : *Dr. sociétés* 2010, n° 22, obs. R. Mortier ;

– **augmentation de capital ayant pour seul objet de diluer la participation de l'associé minoritaire** : ▪ Cass. 3e civ., 8 juill. 2015, n° 13-14.348, PB : *BJS* 2015, p. 643, note H. Hovasse ; *Dr. sociétés* 2015, n° 190, obs. R. Mortier ; *Rev. sociétés* 2016, p. 169, note E. Schlumberger ; ou pour permettre à l'associé majoritaire de prendre l'entier contrôle : ▪ CA Lyon, 2 mai 2017, n° 15/08560 : *Dr. sociétés* 2018, n° 183, obs. R. Mortier.

– **réductions et augmentations successives du capital** ayant permis aux associés majoritaires de ne pas honorer leurs engagements à l'égard d'un minoritaire : V. sous C. com., art. L. 224-2, annot. n° 4, p. 232 ;

– **rachat forcé des parts d'une SELARL** dans la perspective de procéder à la liquidation amiable au seul bénéfice de l'associé majoritaire ;

– **bail** : constitue un abus de majorité le fait pour les associés majoritaires d'une SCI de refuser d'augmenter les loyers du bail accordé à une SA dont ils détiennent la quasi-totalité du capital social alors que le nouveau bail constitue un bail commercial se substituant à une simple convention de sous-location et conférant ainsi au locataire des avantages nouveaux et importants : ▪ Cass. 3e civ., 14 janv. 2009, n° 07-20.813 : *BJS* 2009, p. 560, note D. Cochet-Gallois ; *Dr. sociétés* 2009, n° 49, obs. R. Mortier ;

– **réorganisation de la direction d'une société** par l'entrée dans le capital et dans le conseil d'administration de personnalités qui sont en opposition avec le principal animateur de la société, non dans l'intérêt social, mais pour permettre à ces personnalités de continuer à exercer la direction de fait de la société, au détriment des actionnaires minoritaires et dans l'intention de leur nuire : ▪ CA Paris, 2 juill. 2002, n° 2001-19901 : *BJS* 2002, p. 1214, note P. Le Cannu ;

– **dissolution de la société** lorsque la dissolution a été décidée sans motif sérieux, et donc contrairement à l'intérêt social, dans l'unique dessein de permettre à l'associé majoritaire de se soustraire à l'engagement contracté envers l'associé minoritaire de procéder au rachat de ses titres : ▪ Cass. com., 8 févr. 2011, n° 10-11.788 : *JCP* E 2011, 1367, note B. Dondero ; *Rev. sociétés* 2011, p. 288, note F.-X. Lucas ;

– **décisions d'assemblée jugées incohérentes,** l'une décidant de l'augmentation de la rémunération des associés majoritaires en qualité de gérant, les autres arrêtant une politique de gestion visant à une réduction des charges : ▪ CA Paris, 24 mai 2011, n° 10/09266 : *BJS* 2011, p. 780, note H. Barbier ;

– **cession de l'immeuble** appartenant à une SCI à un prix très inférieur à sa valeur réelle au bénéfice d'une seconde SCI ayant pour associé les associés majoritaires de la première : ▪ Cass. com., 24 mai 2016, n° 14-28.121 : *Dr. sociétés* 2016, n° 160, obs. R. Mortier ; *Rev. sociétés* 2017, p. 226, note L.-M. Pillebout.

16) Preuve non rapportée. Il n'y a pas abus de majorité lorsque les décisions querellées sont conformes à l'intérêt social : ▪ CA Paris, 26 mai 1987 : *JCP* E 1987, 16959, n° 7, obs. A. Viandier et J.-J. Caussain. – Il en est ainsi pour :

– une **cession d'actifs** réalisée pour éviter un dépôt de bilan : ▪ CA Paris, 24 janv. 1992 : *JCP* E 1992, I, 145, n° 2, obs. A. Viandier et J.-J. Caussain ;

– une **mise en réserve systématique des bénéfices** quand les sommes sont investies dans des placements qui ont rapporté à la société un profit non négligeable correspondant à l'intérêt social : ▪ CA Montpellier, 6 févr. 2001 : *JurisData* n° 2001-145315. – Même solution ou quand les mises en réserves se sont accompagnées de la réalisation d'investissements importants : ▪ Cass. com., 3 juin 2003 : *BJS* 2003, p. 1049, note L. Godon. – V. égal., pour une mise en réserve pendant dix ans jugée non abusive : ▪ Cass. com., 23 juin 1987 : *JCP* E 1987, 16959, n° 8, obs. A. Viandier et J.-J. Caussain. – Même solution, au motif que la mise en réserve, qui emporte augmentation des capitaux propres, a pour effet d'accroître la valeur des titres et donc le patrimoine de chacun des associés : ▪ CA Reims, 10 sept. 2007 : *Dr. sociétés* 2008, n° 45, obs. M.-L. Coquelet ;

– une délibération décidant de **modifier l'objet social** et **supprimant le droit de jouissance des actionnaires** ne fait que réduire les droits de ces derniers sans augmenter leurs engagements et est valable, faute d'abus de majorité caractérisé : ▪ Cass. 3e civ., 8 oct. 1997 : *JurisData* n° 1997-003836 ; *Dr. sociétés* 1998, n° 20, obs. Th. Bonneau ;

cier dans le cadre de son objet social statutaire, et le seul souhait de l'associé majoritaire de permettre à la société ayant perdu son objet de continuer à exister et à distribuer des dividendes en exerçant une autre activité ne caractérise pas l'intérêt social : ▪ CA Lyon, 10 sept. 1999 : *JurisData* n° 1999-144811.

c) Un associé peut **refuser de souscrire aux mesures proposées par le gérant** s'il n'entend pas cautionner une mauvaise gestion, son attitude procédant de la conception d'une gestion saine de la société et non exclusivement de la protection de ses propres intérêts : ▪ CA Montpellier, 18 juin 2002 : *JurisData* n° 2002-189766.

d) Le fait pour un actionnaire minoritaire de manifester son désaccord à un plan de restructuration *[coup d'accordéon]* en exerçant son droit de vote et en introduisant une **action judiciaire** à l'encontre de la société ne caractérise aucun abus de minorité mais l'exercice d'un droit social et le droit d'ester en justice, lequel ne peut donner lieu à indemnisation que s'il dégénère en abus : ▪ CA Versailles, 16 déc. 2004 : *BJS* 2005, p. 701, note S. Sylvestre ; *JCP* E 2005, act., p. 160 ; *RTD com.* 2005, p. 370, obs. P. Le Cannu.

e) Le fait pour un associé minoritaire de ne pas participer à l'assemblée décidant de la **transformation d'une société en SAS** ne peut être qualifié d'abus de minorité, l'associé ayant sans tarder exprimé son désaccord et engagé une action en nullité : ▪ CA Versailles, 24 févr. 2005 : *BJS* 2005, p. 626 ; *JCP* E 2005, 590 ; *JCP* E 2005, 731, note J.-P. Legros ; *JCP* E 2005, 1046, n° 6, obs. J.-J. Caussain, Fl. Deboissy et G. Wicker.

f) Le fait pour un associé minoritaire de refuser d'approuver un projet, quand bien même celui-ci serait essentiel pour l'avenir et la pérennité de la société, ne suffit pas à établir que celui-ci ait agi de façon abusive dans l'unique dessein de favoriser ses propres intérêts au détriment des autres associés : ▪ Cass. com., 4 déc. 2012, n° 11-25.408 : *Rev. sociétés* 2013, p. 150, note A. Viandier.

22) Sanctions par la désignation d'un mandataire *ad hoc*. *a)* **Principe.** La désignation d'un **mandataire *ad hoc*** pour voter à la place du minoritaire défaillant ou opposant s'impose comme la sanction de l'abus : ▪ Cass. com., 9 mars 1993, préc. ▪ Cass. com., 15 juill. 1992, n° 90-17.216, PB : *JCP* G 1992, II, 21944, note J.-F. Barbièri ; *JCP* E 1992, II, 375, note Y. Guyon ; *BJS* 1992, p. 1083, note P. Le Cannu ; *D.* 1993, p. 279, note H. Le Diascorn ; *RTD com.* 1993, p. 112, obs. Y. Reinhard. ▪ Cass. com., 5 mai 1998, préc. – V. ***contra*** pour la validation judiciaire de la décision non votée : ▪ T. com. Paris, 31 oct. 2000, préc.

b) **Liberté d'action du mandataire.** Le juge ne peut fixer le sens du vote du mandataire *ad hoc* désigné par lui : ▪ Cass. com., 4 févr. 2014, n° 12-29.348, PB : *BJS* 2014, p. 302, note D. Schmidt ; *Rev. sociétés* 2014, p. 426, note B. Saintourens.

c) **Obligation de rendre compte.** Le mandataire *ad hoc* désigné en justice ne saurait opposer le secret professionnel, tiré de son statut de mandataire judiciaire, pour dénier toute obligation de rendre des comptes au minoritaire qu'il représente, lequel peut dès lors obtenir du mandataire, selon les conditions de l'article 145 du Code de procédure civile, la communication des documents qu'il détient et qui intéressent l'exécution de sa mission : ▪ CA Aix-en-Provence, 11 avr. 2013, n° 12/06 : *BJS* 2013, p. 670, note G. Gil ; décision confirmée par, ▪ Cass. com., 18 nov. 2014, n° 13-19.767, PB : *Rev. sociétés* 2015, p. 15, note R. Mortier.

C – Abus d'égalité

23) Notion. L'abus du droit de vote par l'associé égalitaire suppose de caractériser que son attitude est contraire à l'intérêt de la société en ce qu'elle interdit la réalisation d'une opération essentielle pour celle-ci ; ce à quoi ne suffit pas le fait de retenir que l'associé égalitaire s'est opposé à l'augmentation de la rémunération du gérant, sans intérêt légitime, uniquement dans le dessein de nuire et sans aucune considération de l'intérêt social qui est que le gérant soit justement rémunéré en fonction de ses talents et résultats : ▪ Cass. com., 31 mars 2009, n° 08-11.860 : *BJS* 2009, p. 660, note P. Le Cannu ; *JCP* E 2009, 1844, note G. Royer ; *Rev. sociétés* 2009, p. 601, note B. Dondero, cassant ▪ CA Rennes, 4 déc. 2007, n° 06-05351 : *JurisData* n° 2007-001001 ; *Dr. sociétés* 2009, n° 29, obs. D. Gallois-Cochet.

24) Applications. Constitue un abus d'égalité :
– le refus par l'associé égalitaire d'une SARL **de voter la mise en réserve de bénéfices** dont la société avait besoin pour financer un investissement vital pour sa survie : ▪ Cass. com., 16 juin 1998 : *BJS* 1998, p. 1083, note A. Couret ; *D.* 2000, p. 63, note B. Dondero ; *Rev. sociétés* 1999, p. 103, note K. Medjaoui. – À propos de la même affaire, le fait pour l'associé égalitaire d'avoir poursuivi les procédures en cours avec un **acharnement injustifié**, faisant ainsi subir à son frère associé des perturbations dans sa vie quotidienne, constitue une manœuvre excessive et malveillante justifiant l'octroi de dommages et intérêts : ▪ Cass. com., 20 oct. 1998 : *BJS* 1999, p. 66, note P. Le Cannu. – En revanche, la société ayant déjà obtenu en première instance que la décision du tribunal vaille adoption des résolutions contestées, la demande subsidiaire en dommages et intérêts devant avoir un caractère suffisamment dissuasif pour conduire l'associé égalitaire à composer n'a plus de raison d'être *(ibid.)* ;

– le refus de deux associés d'une **SCI** de voter en faveur du versement d'un loyer en contrepartie de l'occupation de l'immeuble social par un seul des associés : ▪ Cass. 3e civ., 16 déc. 2009, n° 09-10.209, PB : *BJS* 2010, p. 469, note F.-X. Lucas ; *D.* 2010, p. 147, obs. A. Lienhard ; *Dr. sociétés* 2010, n° 44, obs. H. Hovasse ; *JCP E* 2010, 1145, n° 2, obs. Fl. Deboissy et G. Wicker. – À propos de la même affaire, ▪ Cass. 3e civ., 14 févr. 2007, n° 06-10318 : *Dr. sociétés* 2007, n° 67, obs. F.-X. Lucas. – Sur renvoi, ▪ CA Dijon, 16 oct. 2008 : *JurisData* n° 2008-371169 ; *Dr. sociétés* 2009, n° 50, obs. R. Mortier ;

– le refus par l'associé égalitaire de distribuer un dividende pour une année alors que la mise en réserve des bénéfices n'était en aucune façon nécessaire au financement de la société et n'était motivée que par la volonté de nuire à son ex-conjoint coassocié égalitaire : ▪ CA Aix-en-Provence, 27 févr. 2014, n° 13/06189 : *BJS* 2014, p. 312, note B. Brignon.

25) Preuve non rapportée. L'abus d'égalité n'est pas caractérisé :

– lorsque l'opposition de l'associé égalitaire d'une SARL est justifiée par l'attitude du gérant, lui aussi associé égalitaire ; les carences dans la gestion et le refus de transparence du gérant ont légitimé la suspicion de l'autre associé et son refus corrélatif de voter les résolutions qui lui étaient soumises : ▪ Cass. com., 8 juill. 1997 : *BJS* 1997, p. 980, obs. E. Lepoutre ;

– lorsqu'il n'est pas établi que le vote négatif a empêché une opération essentielle à la poursuite de l'intérêt général, dont dépendait la survie de la société, dans le but de favoriser ses propres intérêts au détriment des autres associés : ▪ Cass. 3e civ., 5 juill. 2018, n° 17-19.975 : *JCP E* 2018, 1466, note C. Boismain.

D – Sanctions de l'abus d'égalité

26) Le juge qui retient l'existence d'un abus d'égalité, s'il peut ordonner la nomination d'un administrateur *ad hoc* à l'effet de voter en lieu et place des auteurs de l'abus, ne peut en revanche fixer le sens du vote du mandataire : ▪ Cass. 3e civ., 16 déc. 2009, n° 09-10.209 : préc. note 11 *b)*.

Code civil

§ 1. – La capacité

Bibliographie : D. Gallois-Cochet, *Réforme du droit des contrats et capacité des sociétés : Dr. sociétés* 2016, n° 142. • P. Mousseron, *Le nouveau régime de la capacité contractuelle des sociétés : la boussole de l'objet social : D.* 2016, p. 906.

Art. 1145 *(Mod. à compter du 1er octobre 2016, Ord. n° 2016-131, 10 févr. 2016).* **–** Toute personne physique peut contracter sauf en cas d'incapacité prévue par la loi.

(Al. mod. à compter du 1er octobre 2018, L. n° 2018-287, 20 avr. 2018) La capacité des personnes morales est limitée par les règles applicables à chacune d'entre elles.

....

Art. 1147 *(Mod. à compter du 1er octobre 2016, Ord. n° 2016-131, 10 févr. 2016).* **–** L'incapacité de contracter est une cause de nullité relative.

....

§ 2. – La représentation

Art. 1153 *(Mod., Ord. n° 2016-131, 10 févr. 2016).* **–** Le représentant légal, judiciaire ou conventionnel n'est fondé à agir que dans la limite des pouvoirs qui lui ont été conférés.

Art. 1154 *(Mod., Ord. n° 2016-131, 10 févr. 2016).* **–** Lorsque le représentant agit dans la limite de ses pouvoirs au nom et pour le compte du représenté, celui-ci est seul tenu de l'engagement ainsi contracté.

Lorsque le représentant déclare agir pour le compte d'autrui mais contracte en son propre nom, il est seul engagé à l'égard du cocontractant.

La double qualité en laquelle intervient le signataire d'un acte juridique, d'une part à titre personnel et, d'autre part, en qualité de représentant d'un tiers, n'impose pas la nécessité d'une double signature comme condition de validité de cet acte : ▪ Cass. com., 9 mai 2018, n° 16-28.157, PB : *BJS* 2018, p. 549, note M. Buchberger ; *Dr. sociétés* 2018, n° 181, obs. R. Mortier.

Art. 1155 *(Mod., Ord. n° 2016-131, 10 févr. 2016).* **–** Lorsque le pouvoir du représentant est défini en termes généraux, il ne couvre que les actes conservatoires et d'administration.

Lorsque le pouvoir est spécialement déterminé, le représentant ne peut accomplir que les actes pour lesquels il est habilité et ceux qui en sont l'accessoire.

Art. 1156 *(Mod., Ord. n° 2016-131, 10 févr. 2016)*. **–** L'acte accompli par un représentant sans pouvoir ou au-delà de ses pouvoirs est inopposable au représenté, sauf si le tiers contractant a légitimement cru en la réalité des pouvoirs du représentant, notamment en raison du comportement ou des déclarations du représenté.

Lorsqu'il ignorait que l'acte était accompli par un représentant sans pouvoir ou au-delà de ses pouvoirs, le tiers contractant peut en invoquer la nullité.

L'inopposabilité comme la nullité de l'acte ne peuvent plus être invoquées dès lors que le représenté l'a ratifié.

Art. 1157 *(Mod., Ord. n° 2016-131, 10 févr. 2016)*. **–** Lorsque le représentant détourne ses pouvoirs au détriment du représenté, ce dernier peut invoquer la nullité de l'acte accompli si le tiers avait connaissance du détournement ou ne pouvait l'ignorer.

Art. 1158 *(Mod., Ord. n° 2016-131, 10 févr. 2016)*. **–** Le tiers qui doute de l'étendue du pouvoir du représentant conventionnel à l'occasion d'un acte qu'il s'apprête à conclure, peut demander par écrit au représenté de lui confirmer, dans un délai qu'il fixe et qui doit être raisonnable, que le représentant est habilité à conclure cet acte.

L'écrit mentionne qu'à défaut de réponse dans ce délai, le représentant est réputé habilité à conclure cet acte.

Art. 1159 *(Mod., Ord. n° 2016-131, 10 févr. 2016)*. **–** L'établissement d'une représentation légale ou judiciaire dessaisit pendant sa durée le représenté des pouvoirs transférés au représentant.

La représentation conventionnelle laisse au représenté l'exercice de ses droits.

Art. 1160 *(Mod., Ord. n° 2016-131, 10 févr. 2016)*. **–** Les pouvoirs du représentant cessent s'il est atteint d'une incapacité ou frappé d'une interdiction.

Art. 1834 ***(L. n° 78-9, 4 janv. 1978)*. – Les dispositions du présent chapitre sont applicables à toutes les sociétés, s'il n'en est autrement disposé par la loi en raison de leur forme ou de leur objet.**

Voir : D. n° 78-704, 3 juill. 1978, art. 1er, p. 156.

Art. 1835 ***(L. n° 78-9, 4 janv. 1978)*. – Les statuts doivent être établis par écrit. Ils déterminent, outre les apports de chaque associé, la forme, l'objet, l'appellation, le siège social, le capital social, la durée de la société et les modalités de son fonctionnement.**

***(Al. créé, L. n° 2019-486, 22 mai 2019)* Les statuts peuvent préciser une raison d'être, constituée des principes dont la société se dote et pour le respect desquels elle entend affecter des moyens dans la réalisation de son activité.**

Voir : D. n° 78-704, 3 juill. 1978, art. 7, p. 157.

Modification des statuts, C. civ., art. 1836, p. 35. - **Statuts ne contenant pas toutes les énonciations prescrites par la législation,** C. civ., art. 1839, p. 40. - **Sociétés commerciales,** C. com., art. L. 210-2, p. 168.

• Sommaire

I – STATUTS ET ACTES ACCESSOIRES 29
II – PACTES D'ACTIONNAIRES 30
III – DÉNOMINATION SOCIALE 33

I – STATUTS ET ACTES ACCESSOIRES

1) Notion de statuts. Un protocole d'accord, visant à la création d'une société, ne saurait valoir acte constitutif de la société, car il ne répond en rien aux exigences légales concernant le contenu obligatoire des statuts et il ne saurait donc y avoir lieu à liquidation d'une société qui n'a jamais eu d'existence juridique : ▪ CA Versailles, 12 avr. 1991 : *BJS* 1991, p. 699, note P. Le Cannu.

2) Promesse de société. V. sous C. civ., art. 1832, annot. n° 35, p. 14.

3) Liberté statutaire. La société étant un contrat, les parties peuvent librement y insérer toutes les dispositions qu'elles jugent nécessaires à la protection de la société qu'elles créent, sous la seule réserve de ne violer aucune règle d'ordre public (▪ CA Rouen, 8 févr. 1974 : *Rev. sociétés* 1974, p. 507, note R. Rodière), ainsi d'une clause de non-concurrence : ▪ Cass. com., 20 févr. 1979 : *D.* 1979, inf. rap. p. 248 ou d'une clause d'exclusion d'un associé (▪ Cass. com., 8 mars 2005 : *JurisData* n° 2005-027475 ; *BJS* 2005, p. 995, note P. Le Cannu ; *D.* 2005, p. 838, obs. A. Lienhard ; *Dr. sociétés* juin 2005, n° 117, obs. J. Monnet ; *JCP* E 2005, 1046, n° 9, obs. J.-J. Caussain, Fl. Deboissy et G. Wicker).

4) Forme de la société. V. annot. sous C. com., art. L. 210-1, p. 165.

5) Conversion du capital social en euros. V. sous C. com., art. L. 224-2, p. 231.

6) Préambule. Le préambule statutaire s'impose aux associés : ▪ CA Rennes, 26 sept. 1984 : *JCP* E 1987, 16122, obs. A. Viandier et J.-J. Caussain. ▪ T. com. Nanterre, 26 févr. 1993 : *JCP* E 1993, I, 250, n° 1, obs. A. Viandier et J.-J. Caussain, infirmé par ▪ CA Versailles, 8 juill. 1993 : *RJDA* 1993, p. 777.

7) Règlement intérieur.

a) Dès lors que les statuts ont prévu un règlement intérieur ayant force obligatoire pour les associés, celui-ci doit être regardé comme faisant partie du pacte social : ▪ Cass. com., 20 oct. 1998, n° 96-20.819 : *BJS* 1999, p. 381, note P. Le Cannu.

b) Le règlement intérieur qui contredit les statuts est nul, cette nullité pouvant être soulevée par tout intéressé sans entraîner pour autant la nullité de la société : ▪ Cass. com., 2 juin 1987, n° 86-10.108 : *Bull. civ.* 1987, IV, n° 133 ; *Rev. sociétés* 1088, p. 223, note J. Mestre, rejetant le pourvoi contre, ▪ CA Paris, 9 oct. 1985 : *JCP* E 1986, 15846, n° 2, obs. A. Viandier et J.-J. Caussain. ▪ Cass. 2e civ., 5 juin 1996, n° 92-19.958 et n° 92-19.994 : *RJDA* 1997, n° 225. – Sur l'inopposabilité d'une clause du règlement intérieur incompatible avec l'objet statutaire : V. sous L. n° 66-879, 29 nov. 1966, art. 36, annot. n° 6-1, p. 2846.

c) Le règlement intérieur dépassant les modalités pratiques de fonctionnement interne est nul : ▪ CA Paris, 30 nov. 1993 : *JCP* E 1994, II, 575, note Th. Bonneau.

8) Clause d'accroissement ou tontine. G. Baffoy, *L'usage de la tontine en droit des sociétés : JCP* E 2003, 276. – S. Sabot-Barcet et V. Tramouze-Livet, *Société tontinière et clause de tontine : une nouvelle jeunesse : JCP* N 2016, 1157.

a) Le pacte tontinier stipulé dans les statuts d'une société est en principe valable, mais peut être inopposable aux créanciers en cas de **fraude** : ▪ CA Paris, 10 sept. 1993 : *JCP* E 1994, 584 ; *JCP* N 1994, p. 213, note J.-P. Garçon.

b) Lorsqu'en application d'une clause de tontine insérée dans les statuts d'une SCI en cours de vie sociale, le décès d'un associé opère la transmission des parts, cette transmission est soumise aux droits de **mutation à titre onéreux** en raison de l'opposabilité de la réponse ministérielle Rufenacht du 8 septembre 1979 (Rép. min. n° 12029 : *JOAN* Q, 8 sept. 1979, p. 7151) : ▪ CA Chambéry, 18 juin 2002 : *JCP* E 2003, 627, n° 11, obs. J.-J. Caussain, Fl. Deboissy et G. Wicker ; *RTD com.* 2003, p. 190, obs. Fl. Deboissy.

c) Compte tenu de la différence d'âge entre les associés (concubins) et de l'état de santé du défunt au moment de la constitution de la société (SCI) dont il a financé seul le capital, la transmission des parts sociales réalisée à son décès en application d'une clause de tontine insérée dans les statuts constitue, en l'absence de tout aléa, une **donation déguisée** soumise à l'action en réduction des héritiers : ▪ Cass. 1re civ., 10 mai 2007, n° 05-21.011 : *D.* 2007, p. 1510, note C. Delaporte-Carré.

9) Détermination statutaire du pouvoir de licencier. La clause des statuts soumettant les licenciements à l'autorisation préalable des associés, lorsqu'ils sont prononcés par le directeur général, institue une procédure de fond dont les salariés peuvent se prévaloir et dont l'inobservation rend le licenciement sans cause réelle et sérieuse : ▪ Cass. soc., 15 févr. 2012, n° 10-27.685 : *BJS* 2012, p. 507, note G. Auzero ; *Dr. sociétés* 2012, n° 96, obs. R. Mortier.

II – PACTES D'ACTIONNAIRES

Bibliographie : J.-J. Ansault, *Les pactes extrastatutaires sous la surveillance de l'ordre public sociétaire : Mél. M. Germain*, LexisNexis-Lextenso 2015, p. 1. – B. Brignon, *Les pactes d'associés : que la force soit avec eux : Dr. sociétés* 2014, focus, 20. – B. Dondero, *Le pacte d'actionnaires signé par la société : Rev. sociétés* 2011, p. 535. – A. Couret et Th. Jacomet, *Les pièges des pactes statutaires : questions récurrentes et interrogations à partir de la jurisprudence récente : RJDA* 2008, p. 951. – J.-J. Daigre, D. Bompoint et F. Basdevant, *Les pactes d'actionnaires dans les sociétés cotées : Actes prat. ing. sociétaire* 2002, n° 64. – F.-X. Lucas et D. Martin (ss la dir.), *L'effectivité des pactes d'actionnaires : BJS* 2011, p. 614. – C. Gerschel, K. Khau Castelle, S. Rizo-Sanchez et N. Matey, *La gestion des clauses d'inaliénabilité contenues dans un pacte d'actionnaires : Dr. sociétés* 2011, p. 46. – J. Heinich, *Le sort du pacte extrastatutaire d'associés lors d'un événement affectant les signataires : Rev. sociétés* 2014, p. 475. – G. Marain, *L'opposabilité des pactes d'actionnaires : Rev. sociétés* 2017, p. 542. – D. Martin et G. Buge, *L'effectivité des clauses relatives au transfert des titres : BJS* 2011, p. 617. – L. Nurrit-Montier, *Des pactes d'actionnaires au service de la RSE : D.* 2010, p. 2081. – F. Pasqualini, *Les conventions extrastatutaires, outils de modu-*

lation de la rémunération des associés : Rev. sociétés 2010, p. 79. – D. Ohl, *Les pactes d'actionnaires à l'épreuve du droit boursier : D.* 2011, p. 323. – Y. Reinhard, *L'exécution forcée des pactes d'actionnaires : RDC* 2005-1, p. 115. – N. Rontchevski, M. Buchberger, G. Buge et B.-O. Becker, *L'inexécution des pactes d'actionnaires : Actes prat. ing. sociétaire* 2011, n° 120. – S. Schiller, *Pactes, statuts, règlement intérieur : quelle hiérarchie ? : Rev. sociétés* 2011, p. 331 ; *Pactes d'actionnaires et droit des entreprises en difficulté : Rev. sociétés* 2016, p. 75. – S. Schiller et D. Martin, *Guide des pactes d'actionnaires et d'associés*, LexisNexis 2017 ; *Opérations de LBO et pactes d'actionnaires : Dr. sociétés* oct. 2017, n° 1. – D. Stucki, *Pactes d'actionnaires et réforme du droit des contrats : Dr. sociétés* janv. 2018, n° 1.

10) Validité du pacte. La clause compromissoire, clause procédurale, n'étant qu'accessoire au contrat et non la cause de l'acte, la nullité d'une telle clause stipulée dans un pacte d'actionnaires n'emporte pas nullité du pacte quand bien même celui-ci prévoit que la nullité d'une seule clause entraînera celle du pacte : ▪ Cass. com., 15 mai 2008, n° 06-20.806.

11) Transmission du pacte. Un pacte d'actionnaires constituant un accessoire des actions, il se transmet avec celles-ci sur le fondement de l'article 1692 du Code civil dès lors qu'il a été relevé que la transmissibilité du pacte avait été acceptée par le cocontractant du cédant : ▪ CA Versailles, 27 juill. 2010, n° 10-00559 : *BJS* 2010, p. 896, note P. Mousseron ; *Rev. sociétés* 2010, p. 90, note A. Couret ; motif jugé erroné par ▪ Cass. com., 24 mai 2011, n° 10-24.869, PB : *BJS* 2011, p. 808, note P. Mousseron ; *D.* 2011, p. 2315, note G. Hellinger ; *JCP* E 2011, 1698, note R. Mortier ; *Rev. sociétés* 2011, p. 482, note A. Gaudemet ; jugé sur renvoi que le cessionnaire de titres sociaux ne succède pas de plein droit aux obligations personnelles qui résultaient pour son auteur des conventions extrastatutaires : ▪ CA Versailles, 22 mai 2012, n° 11/04433 : *Dr. sociétés* 2012, n° 200, obs. R. Mortier.

12) Détermination des personnes soumises ou bénéficiaires du pacte. V. s'agissant de fonds d'investissement dont les droits de vote sont exercés par une société de gestion signataire du pacte : ▪ CA Paris, 30 juin 2015, n° 14/12687 : *BJS* 2016, p. 89, note B. Dondero.

13) Opérations couvertes par le pacte. V. sur l'inapplicabilité à une augmentation de capital réservée à un tiers de la stipulation d'un pacte visant l'hypothèse « d'opération sur titres par l'un des signataires au profit d'un tiers » : ▪ CA Paris, 24 nov. 2015, n° 14/15626 : *BJS* 2016, p. 213, note S. Messaï-Bahri ; *Dr. sociétés* 2016, n° 23, obs. R. Mortier. – V. sur l'interprétation d'un engagement de non-concurrence : ▪ CA Paris, 9 févr. 2017, n° 15/20098 : *Dr. sociétés* 2017, n° 118, obs. R. Mortier.

14) Durée indéterminée du pacte. Le pacte d'actionnaires prévoyant qu'il s'appliquera aussi longtemps que les sociétés contractantes demeureront ensemble actionnaires de la société n'étant affecté d'aucun terme, même incertain, il peut comme tout contrat à durée indéterminée faire l'objet d'une résolution unilatérale : ▪ Cass. com., 6 nov. 2007, n°s 07-10.621 et 07-10.785 (FS-D) : *BJS* 2008, p. 126, note X. Vamparys ; *D.* 2008, p. 1024, note B. Dondero ; *Dr. sociétés* janv. 2008, n° 10, obs. H. Hovasse ; *JCP* E 2008, 1280, n° 5, obs. Fl. Deboissy, G. Wicker et J.-J. Caussain ; *JCP* E 2008, 1829, note A. Constantin. – Décision rejetant le pourvoi contre : ▪ CA Paris, 15 déc. 2006, n° 06-18133 : *BJS* 2007, p. 479, note F.-X. Lucas ; *RTD com.* 2007, p. 172, obs. P. Le Cannu. – Décision infirmant, ▪ T. com. Paris, n° 2006-051957 : *BJS* 2007, p. 72, note F.-X. Lucas. – V. égal., retenant le caractère indéterminé de la durée de l'engagement : ▪ Cass. com., 20 déc. 2017, n° 16-22.099 : *BJS* 2018, p. 154, note J.-M. Moulin ; *JCP* E 2018, 1143, note A. Couret et B. Dondero. – *Adde* J. Moury, *Remarques sur la qualification quant à la durée des pactes d'associés : D.* 2007, p. 2045.

15) Caducité du pacte. La clause d'exclusivité stipulée dans un pacte d'associés est frappée de caducité dès lors que l'associé débiteur de cet engagement, et également dirigeant et salarié de la société, ayant été révoqué et licencié à l'initiative de celle-ci, l'exclusivité qui ne se comprenait qu'au regard du lien de collaboration ayant existé avec la société a perdu sa raison d'être : ▪ Cass. com., 4 oct. 2011, n° 10-10.548 : *JCP* E 2012, 1068, note A. Couret et B. Dondero ; *Rev. sociétés* 2012, p. 424, note L. Godon. – V. pour la caducité d'un pacte d'associés conclu en considération du cumul de cette qualité et de la qualité de salarié dès lors que certains d'entre eux ne travaillent plus effectivement pour l'entreprise : ▪ Cass. com., 11 janv. 2017, n° 15-18.613 : *Dr. sociétés* 2017, n° 75, obs. R. Mortier.

16) Novation du pacte. En présence de deux pactes d'actionnaires ayant un même objet, le plus récent emporte novation du premier, dès lors qu'il comporte des dispositions incompatibles avec celui-ci : ▪ CA Paris, 1er févr. 2012, n° 11/01362 : *BJS* 2012, p. 862, note B. Dondero ; *Rev. sociétés* 2012, p. 366, note A. Couret.

17) Clause de préemption. V. sous C. com., art. L. 228-23, annot. n°s 83 et s., p. 438.

18) Droit de préférence.

a) **Violation.** Voir pour la violation d'un droit de préférence stipulé dans un pacte d'actionnaires et l'annulation de la cession réalisée au mépris de ce droit de préférence : ▪ T. com. Paris, 25 juin 2007 : *BJS* 2007, p. 1203, note F.-X. Lucas.

b) **Clause accessoire de détermination du prix.** Est sans effet, le prix n'étant pas déterminable, la clause de détermination du prix accessoire d'un droit de préférence stipulé dans un pacte d'actionnaires prévoyant que le prix sera déterminé, en cas de désaccord des parties, par un collège de tiers désignés selon les règles des articles 1592 et 1843-4 du Code civil, tenus de respecter, pour l'évaluation des titres, les règles en usage au sein du mouvement Leclerc et, pour l'évaluation des actifs, les règles posées par le mouvement Leclerc, quand aucun document, existant au plus tard à la date de la cession, ne permet de préciser la consistance des règles auxquelles il est ainsi fait référence : ▪ Cass. com., 19 déc. 2006, n°s 05-10.197, 05-10.198, 05-10.199 et 05-21.042 : *JCP* E 2007, 1348, n° 8, obs. D. Mainguy.

19) Clause de parité capitalistique ou clause de *stand still*. Dans le cas où un actionnaire acquiert de nouvelles actions en violation d'un pacte d'actionnaires stipulant la parité de participation de chacune des parties au pacte, l'actionnaire ayant méconnu son engagement peut être condamné à céder à son cocontractant la moitié des actions nouvellement acquises : ▪ CA Versailles, 27 juill. 2010 : préc. annot. n° 11, p. 31 ; décision cassée comme violant le principe de réparation intégrale du préjudice et l'article 1143 du Code civil, car la cession d'actions imposée se traduisait, non par le rétablissement de la situation antérieure, mais par une majoration de la participation de la société victime de l'inexécution : ▪ Cass. com., 24 mai 2011, PB : C. civ. préc. annot. n° 11, p. 31.

20) Communication d'informations. S'agissant d'un pacte d'actionnaires prévoyant des réunions d'information semestrielle et un système de reportings trimestriels, permettant à chaque actionnaire de suivre l'activité et les performances de la société, le défaut de tenue des réunions prévues n'a pas une gravité justifiant la résolution du pacte, puisque l'actionnaire a malgré tout obtenu les informations prévues, mais engage la responsabilité de celui qui avait la charge d'organiser ces réunions, lequel doit à l'actionnaire la réparation du préjudice moral résultant de ce qu'il n'a pu faire valoir son point de vue dans le cadre des réunions : ▪ CA Paris, 27 mars 2007, n° 05-19.892 : *BJS* 2007, p. 1002, note F.-X. Lucas.

21) Engagement de trésorerie. Lorsque des actionnaires majoritaires s'engagent, dans un pacte d'actionnaires, à faire en sorte que les besoins de trésorerie de la société soient couverts au mieux pendant une durée d'une année, l'engagement constituant une obligation de résultat et non de moyens, la cessation des paiements de la société établit l'inexécution de leur engagement par ces actionnaires : ▪ Cass. com., 20 févr. 2007, n° 05-18.882, PB : *BJS* 2007, p. 719, note Ph. Briand ; *D.* 2007, p. 807, obs. X. Delpech.

22) Transmission à l'AMF. V. C. com., art. L. 233-11, p. 507.

23) Violation par un coup d'accordéon. L'unité des opérations constitutives d'un coup d'accordéon implique que l'investisseur bénéficiant d'un droit au maintien de sa participation en vertu d'un pacte d'associés aurait dû se voir invité à participer à l'augmentation de capital consécutive à l'annulation des titres, de sorte que le fait qu'elle ait été réservée à un tiers constitue une violation du pacte qui doit être réparée par le remboursement de l'investissement initialement réalisé : ▪ CA Paris, 27 mars 2014, n° 13/06816 : *BJS* 2014, p. 382, note D. Poracchia ; *Dr. sociétés* 2014, n° 121, obs. R. Mortier ; *Rev. sociétés* 2015, p. 31, note S. Sylvestre. – V. excluant la fraude, ▪ Cass. com., 31 mars 2015, n° 14-11.735 : *Rev. sociétés* 2015, p. 668, note S. Sylvestre.

24) Exécution forcée. Le juge des référés peut ordonner l'exécution forcée d'une obligation de faire stipulée dans un pacte d'actionnaires, cette obligation ayant pour objet de donner mandat à un tiers de vendre l'intégralité des titres sociaux afin d'assurer selon le pacte la liquidité de l'investissement, et alors que le pacte prévoyait le recours au juge des référés : ▪ T. com., 17 oct. 2014, n° 2014054628 : *BJS* 2015, p. 131, note S. Messaï-Bahri.

25) Sanction de l'inexécution du pacte.

a) **Responsabilité délictuelle pour inexécution du pacte.** Alors même qu'elle a la qualité de tiers à un pacte d'actionnaires, une société peut agir en responsabilité délictuelle contre son ancien dirigeant qui a violé la clause d'exclusivité stipulée dans ce pacte : ▪ Cass. com., 18 déc. 2007, n° 05-19.397 : *BJS* 2008, p. 493, note S. Messaï-Bahri ; *JCP* E 2008, 1516.

b) **Nullité.**

– **Exclusion pour les décisions sociales.** Saisi de la violation d'un pacte d'actionnaires relatif à la composition du comité de surveillance d'une SAS, le juge des référés ne peut annuler les résolutions adoptées en violation de ce pacte, mais peut désigner un mandataire devant recevoir l'information destinée aux membres de ce comité, être convoqué à ces réunions, y assister avec mission d'en rendre compte à l'associé victime de l'inexécution : ▪ CA Paris, 8 nov. 2011, n° 11/10066 : *BJS* 2012, p. 209, note A. Couret et B. Dondero, infirmant ▪ T. com. Paris, 3 août 2011, n° 2011-052610 : *JCP* E 2011, 1826, n° 4, obs. Fl. Deboissy et

G. Wicker. – Même solution concernant l'exclusion de la nullité mais retenant que la méconnaissance du pacte d'actionnaires se résout, le cas échéant, par l'allocation de dommages et intérêts : ▪ CA Paris, 1er oct. 2013, n° 12/17788 : *BJS* 2014, p. 243, note J.-Ph. Dom.

– **Admission pour les cessions litigieuses.** La révocation de la promesse et, par suite, de la cession litigieuse constituant une violation du pacte d'actionnaires, il y a lieu à nullité de la cession prévue par les statuts sociaux, de sorte que la société peut refuser de signer les ordres de mouvements des titres cédés : ▪ Cass. com., 27 juin 2018, n° 16-14.097 : *BJS* 2018, p. 565, note P.-L. Périn ; *Dr. sociétés* 2018, n° 203, obs. R. Mortier ; *JCP E*, 1631, obs. M. Caffin-Moi.

26) Actionnaire salarié.

a) **Promesse de cession conditionnée à la perte de la qualité de salarié.** La stipulation d'un pacte d'actionnaires portant promesse de cession d'actions en cas de rupture du contrat de travail, pour quelque cause que ce soit, doit recevoir application sans attendre l'issue du litige prud'homal relatif à la cause du licenciement : ▪ CA Paris, 28 févr. 2012, n° 10/16807 : *BJS* 2012, p. 489, note P.-L. Périn. – L'engagement de l'associé de céder ses titres en cas de licenciement pour faute grave ou lourde n'est pas affecté d'une condition potestative pouvant entraîner la nullité de l'engagement, la réalisation de cette condition n'étant pas au pouvoir de celui qui en est tenu : ▪ Cass. 1re civ., 6 déc. 2017, n° 16-17.588 : *BJS* 2018, p. 160, note B. Saintourens ; *Dr. sociétés* 2018, n° 61, obs. R. Mortier ; *Rev. sociétés* 2018, p. 303, note J. Heinich.

b) **Limites de la compétence prud'homale.**

– **Licenciement déterminant le choix de modalités alternatives du pacte d'actionnaires.** S'agissant d'un membre du directoire, actionnaire et salarié, contestant son licenciement et sollicitant, devant le conseil de prud'hommes, la réparation du préjudice subi en tant qu'actionnaire, le conseil de prud'hommes n'est pas compétent sur les conditions de mise en œuvre d'un pacte d'actionnaires qui ne constitue pas un accessoire du contrat de travail, quand bien même le pacte prévoyait une levée d'options dont le prix de vente était variable selon que la cessation du contrat de travail procédait d'un licenciement ou d'une démission : ▪ Cass. soc., 18 oct. 2007, n° 06-45.331 : *Bull. civ.* V, n° 165 ; *BJS* 2008, p. 119, note Ch. Neau-Leduc ; *D.* 2008, p. 262, note P. Lokiec.

– **Mise en œuvre du pacte d'actionnaires déterminée par le licenciement.** En revanche, lorsqu'un salarié licencié est tenu, en exécution d'un pacte d'actionnaires, de céder ses actions en conséquence de son licenciement, la demande en paiement de dommages et intérêts du salarié en réparation du préjudice causé par les conditions particulières de cession stipulées dans le pacte d'actionnaires constitue un différend né à l'occasion du contrat de travail et relève de la compétence de la juridiction prud'homale : ▪ Cass. soc., 9 juill. 2008, n° 06-45.800 : *Bull. civ.* V, n° 150 ; *D.* 2008, p. 2228, obs. B. Ines ; *Rev. sociétés* 2008, p. 781, note J.-F. Barbièri.

27) Détermination par le pacte du pouvoir de licencier. Dès lors qu'un pacte d'actionnaires prévoit que le licenciement de certains de ses salariés doit être autorisé par le conseil de surveillance à une majorité déterminée de ses membres, les salariés concernés sont en droit de se prévaloir de cette clause, dont le non-respect rend leur licenciement sans cause réelle et sérieuse : ▪ Cass. soc., 18 mars 2009, n° 07-45.212 : *BJS* 2009, p. 786, note A. Constantin.

III – DÉNOMINATION SOCIALE

Bibliographie : M. Dagot, *Le nom des personnes morales : JCP* 1992, I, 3579. – A. Viandier, *Les conflits entre cédant et cessionnaire relatifs au nom : RJ com.* 1995, p. 1. – *Adde* F. Vinckel, *JCl. Sociétés traité*, Fasc. 28-20 *(Dénomination sociale)*.

28) Caractères autorisés. Le caractère @ fait partie, en tant que tel, des caractères autorisés à composer une dénomination sociale destinée à être inscrite sur le fichier alphabétique du RCS, sans qu'il soit nécessaire de l'assimiler à une lettre et de le remplacer par celle-ci : ▪ CA Caen, 6 mars 2003 : *BJS* 2003, p. 783, note P. Scholer. – Rép. min. n° 5940 : *JOAN Q*, 29 avr. 2008, p. 3663. – V. dans le même sens pour le signe * : ▪ CA Paris, 16 févr. 2001 : *BJS* 2001, 907, note J.-M. Bahans ; *RJDA* 2001, n° 688.

29) Étendue de la protection de la dénomination sociale. La dénomination sociale ne bénéficie d'une protection que pour les activités effectivement exercées par la société, et non pour celles énumérées dans ses statuts, de sorte que pour le dépôt d'une marque éponyme la société ne peut prétendre bénéficier d'une antériorité que pour les premières : ▪ Cass. com., 10 juill. 2012, n° 08-12.010, PB : *BJS* 2012, p. 772, note J. Larrieu ; *Rev. sociétés* 2013, p. 49, note F. Pollaud-Dulian.

30) Nom commercial. Le vendeur qui a cédé son nom commercial par la vente d'un fonds de commerce ne peut céder l'usage de ce nom à une société concurrente du cessionnaire : ▪ Cass. com., 26 janv. 1993 : *RJDA* 1993, p. 616.

31) Nom patronymique. *a)* **Signe distinctif.**

– **Objet de propriété incorporelle.** L'accord portant sur l'utilisation du nom patronymique d'un associé *[Bordas]* comme dénomination sociale a pour conséquence que ce patronyme devient, en raison de son insertion dans les statuts, un signe distinctif qui s'est détaché de la personne physique qui le porte, pour s'appliquer à la personne morale qu'il distingue et devenir ainsi objet de propriété incorporelle : ▪ Cass. com., 12 mars 1985 : *D.* 1985, p. 471, note J. Ghestin ; *Gaz. Pal.* 1985, 1, p. 245, note Le Tallec ; *JCP* 1985, II, 20400, concl. Montanier, note G. Bonet ; *Rev. sociétés* 1985, p. 607, note G. Parléani.

– **Condition de la cession.** La cession de parts d'une société ayant pour dénomination le nom patronymique du cédant emporte cession du droit d'utiliser ce nom qui constitue le signe distinctif de la société cédée, dès lors que le cédant n'a pas interdit son utilisation lors de la cession : ▪ Cass. com., 12 juin 2007, n° 06-12.244 : *BJS* 2007, p. 1277, note J.-Cl. Hallouin ; *D.* 2007, p. 1796, obs. A. Lienhard ; *Dr. sociétés* 2007, n° 160, obs. J. Monnet.

b) **Conditions de son utilisation par le titulaire du patronyme.**

– **Transformation en signe distinctif.** Un ancien dirigeant ne peut utiliser son patronyme pour une activité relevant du même objet social dès lors que ce nom s'est détaché de sa personne pour se transformer en signe distinctif : ▪ CA Paris, 13 janv. 1993 : *BJS* 1993, p. 429.

– **Utilisation de mauvaise foi.** Le titulaire d'un nom patronymique peut se voir interdire de l'utiliser dans une dénomination sociale dès lors qu'il est établi que cette utilisation est de mauvaise foi afin de créer une confusion, cette interdiction devant cependant être délimitée dans son étendue : ▪ Cass. com., 13 nov. 2013, n° 12-26.439 : *BJS* 2014, p. 74, note C.-A. Maetz.

– **Existence d'une marque homonyme antérieure.** L'existence d'une marque homonyme employée dans le même secteur d'activité n'interdit pas au titulaire d'un patronyme d'intégrer celui-ci dans la dénomination de la société dans laquelle il exerce, en qualité de gérant, des fonctions de contrôle et de direction : ▪ Cass. com., 21 juin 2011, n° 10-23.262, PB : *BJS* 2011, p. 954, note G. Loiseau. – Néanmoins doit être annulée la marque constituée du patronyme lorsque le même patronyme a déjà été déposé antérieurement par une société dont la dénomination sociale contient ce nom patronymique : ▪ Cass. com., 13 nov. 2013, n° 12-26.439 : *BJS* 2014, p. 74, note C.-A. Maetz ;

– **Interdiction de l'usage du nom à l'occasion d'une cession de titres.** Dans le cadre d'une cession de titres, le mandataire, dont le mandat est conçu en termes généraux, n'a pas le pouvoir de consentir à l'acte de disposition que constitue l'interdiction ou la limitation de l'usage de son nom par le mandant, quand bien même il est habilité à souscrire à tout engagement ou garantie : ▪ Cass. com., 10 juill. 2018, n° 16-23.694, PB : *BJS* 2018, p. 619, note R. Dalmau ; *Dr. sociétés* 2018, n° 185, obs. R. Mortier.

c) **Dépôt à titre de marque :**

– **Droit du cédant.** Le consentement donné par un associé fondateur, dont le nom est notoirement connu *[Ducasse]*, à l'insertion de son patronyme dans la dénomination d'une société exerçant son activité dans le même domaine, ne saurait, sans accord de sa part et en l'absence de renonciation expresse ou tacite à ses droits patrimoniaux, autoriser la société à déposer ce patronyme à titre de marque pour désigner les mêmes produits ou services : ▪ Cass. com., 6 mai 2003 : *D.* 2003, p. 2228, note G. Loiseau ; *D.* 2004, somm. p. 265, obs. J.-C. Hallouin ; *BJS* 2003, p. 921, note P. Le Cannu. – Le titulaire d'un nom patronymique connu ayant consenti à l'insertion de son nom dans la dénomination d'une société peut, après avoir cédé ses parts et déposé son patronyme à titre de marque, s'opposer, en l'absence de cession expresse de son patronyme, au dépôt de celui-ci à titre de marque par la société : ▪ CA Aix-en-Provence, 25 nov. 2004 : *D.* 2005, p. 845, note D. Poracchia et C.-A Maetz.

– **Droit de la société.** La société qui a pour signe distinctif un nom patronymique est en droit de le déposer à titre de marque dès lors que ce patronyme ne bénéficie en lui-même d'aucune notoriété, son titulaire ayant cessé toute activité depuis longtemps, et que la renommée du signe à la date du dépôt des marques résulte exclusivement de son exploitation par la société : ▪ Cass. com., 29 janv. 2008, n° 05-20.195. – En revanche, le consentement donné par un associé fondateur dont le nom est notoirement connu sur l'ensemble du territoire national à l'insertion de son nom de famille dans la dénomination d'une société exerçant son activité dans le même domaine, ne saurait, sans accord de sa part, et en l'absence de renonciation expresse ou tacite à ses droits patrimoniaux, autoriser la société à déposer ce patronyme à titre de marque pour désigner les mêmes produits ou services : ▪ Cass. com., 24 juin 2008, n°s 07-10.756 et 07-12.115, PB : *BJS* 2008, p. 953, note G. Loiseau ; *Dr. sociétés* 2009, n° 23, obs. M.-L. Coquelet ; *JCP* E 2008, 2466, note C.-A. Maetz ; *Rev. sociétés* 2009, p. 589, note G. Parléani.

d) **Déchéance de la marque.** L'emploi du terme composant une marque afin de désigner une société ne constitue pas une utilisation faisant obstacle à la déchéance pour non-usage de la marque, de sorte que le titulaire déchu de ses droits ne peut alors solliciter la restriction de l'usage de ce terme par une société dans sa dénomination : ▪ Cass. com., 24 sept. 2014, n° 12-22.966 : *Rev. sociétés* 2014, p. 126, note F. Pollaud-Dulian.

e) **Utilisation du nom d'autrui.** Une société de construction ne peut utiliser un patronyme célèbre [Eiffel] dans le même secteur d'activité sans l'accord de l'ensemble des héritiers de celui qui a donné sa notoriété au nom : ▪ CA Bordeaux, 16 mai 2011, n° 10/00889 : *Dr. sociétés* 2011, n° 176, obs. M. Roussille.

32) Concurrence déloyale.

a) **Risque de confusion.**

– Une société peut s'opposer à l'usage par une autre d'une dénomination sociale, dès lors que cette utilisation est de nature à créer une confusion : ▪ Cass. com., 6 janv. 1969 : *Bull. civ.* IV, n° 2 ; *D.* 1969, 454. – Voir aussi, ▪ Cass. com., 22 avr. 1980 : *Bull. civ.* IV, n° 163, et *a contrario* : ▪ CA Paris, 16 févr. 2001 : *BJS* 2001, p. 907, note J.-M. Bahans. – Encourt la cassation pour manque de base légale une décision n'ayant pas recherché si l'activité exercée par une société ne relevait pas d'un domaine similaire à celui d'une autre société, rendant ainsi le terme indisponible à titre de dénomination sociale pour cette dernière, en raison du risque de confusion possible dans l'esprit du public : ▪ Cass. com., 12 mai 2004 : *Rev. sociétés* 2004, p. 904, note J. Passa. – La preuve d'une semblable confusion n'est pas exigée lorsque la dénomination reproduit une marque déposée : ▪ Cass. com., 30 oct. 1973 : *Bull. civ.* IV, n° 305. – L'emploi d'un **patronyme** comme dénomination sociale peut justifier l'action du titulaire du nom visant à interdire un tel emploi s'il est générateur de confusion : ▪ CA Paris, 19 avr. 1974 : *D.* 1974, 495, note R. Lindon.

b) **Parasitisme.** Prive sa décision de base légale la cour d'appel qui rejette l'indemnisation fondée sur la concurrence déloyale sans rechercher si la constitution d'une société portant quasiment la même dénomination qu'une société cédée et chargée de la distribution en France de produits antérieurement distribués par cette dernière n'a pas permis à la société cédante de s'immiscer dans le sillage de la société cédée pour tirer profit, sans rien dépenser, des investissements développés par celle-ci pour développer la clientèle attachée aux produits : ▪ Cass. com., 20 févr. 2007, n° 04-19.932 : *Dr. sociétés* 2007, n° 88, obs. H. Lécuyer.

33) Nom de domaine. C. Manara, *Noms de domaine et protection des sociétés* : *D.* 2005, p. 1628.

a) **Usage illicite d'un nom.** L'utilisation en tant que nom de domaine du **nom patronymique** d'un tiers et de la **dénomination sociale** d'une autre entreprise, sans l'accord de ces derniers, constitue à elle seule un trouble manifestement illicite, en raison du **risque de confusion** ainsi créé, que le juge des référés peut faire cesser par des interdictions et des injonctions : ▪ CA Paris, 29 janv. 2003 : *BJS* 2003, p. 686, note P. Le Cannu. – Doit être ordonnée la cessation de l'utilisation d'un nom de domaine par une société dès lors qu'un ancien actionnaire de cette société, ayant déposé ce nom de domaine antérieurement à la création de la société, revendique son droit de propriété sur celui-ci : ▪ T. com. Marseille, 26 oct. 2000 : *D.* 2001, p. 546, obs. C. Manara. – Pour un exemple de refus du juge des référés de protéger un nom de domaine non distinctif, ▪ CA Paris, 25 mai 2005 : *D.* 2005, p. 1846, obs. C. Manara. – Rejet du pourvoi dirigé contre une décision ayant interdit à une société d'utiliser comme nom de domaine la **dénomination sociale** d'une autre société exerçant dans le même secteur d'activité : ▪ Cass. com., 25 févr. 2005 : *D.* 2005, p. 885, obs. C. Manara.

b) **Concurrence déloyale.** Constitue un acte de concurrence déloyale l'utilisation par une société d'un nom de domaine imitant l'enseigne et le nom commercial d'une autre société, le peu de différences entre les deux dénominations engendrant la confusion dans l'esprit d'un client d'attention moyenne : ▪ Cass. com., 7 juill. 2004 : *D.* 2004, p. 2151, obs. C. Manara.

▪ Cass. com., 10 juill. 2018, n° 16-23.694, PB : *BJS* 2018, p. 619, note R. Dalmau ; *Dr. sociétés* 2018, n° 185, obs. R. Mortier.

34) Dénomination sociale et procédure civile.

a) **Dénomination sociale inexacte et respect du principe du contradictoire.** S'agissant du litige né d'un contrat, la rectification de la dénomination inexacte d'une partie constitue une violation de l'article 14 du CPC lorsque la dénomination rectifiée désigne, non pas la société contractante, mais une société distincte, tiers au litige : ▪ Cass. com., 6 oct. 2009, n° 07-12.822 : *BJS* 2010, p. 225, note O. Staes.

b) **Dénomination sociale d'une société étrangère et assignation en justice.** V. sous CPC, art. 648, annot. n° 1, p. 1942.

Art. 1836 *(L. n° 78-9, 4 janv. 1978).* **– Les statuts ne peuvent être modifiés, à défaut de clause contraire, que par l'accord unanime des associés.**

En aucun cas, les engagements d'un associé ne peuvent être augmentés sans le consentement de celui-ci.

Voir : SARL, C. com., art. L. 223-30, al. 5, p. 224. – **SA,** C. com., art. L. 225-96, al. 1, p. 314. – **Fusion,** C. com., art. L. 236-5, p. 538. – Rappr. C. civ., art. 1134.

Bibliographie : L. Jobert, *La notion d'augmentation des engagements des associés* : *BJS* 2004, p. 627. • F. Rizzo, *Le principe d'intangibilité des engagements des associés* : *RTD com.* 2000, p. 27. • G. Taormina, *Réflexions sur l'aggravation des engagements des associés* : *Rev. sociétés* 2002, p. 267.

I – MODIFICATION DES STATUTS

1) Nullité de la délibération d'assemblée générale. Le principe d'unanimité, sauf clause contraire, pour modifier les statuts, posé par l'article 1836, relevant des dispositions impératives visées par l'article 1844-10, la méconnaissance des règles statutaires de majorité renforcée requise pour la modification des statuts doit être sanctionnée par la nullité de la délibération d'assemblée générale : ▪ Cass. 3e civ., 8 juill. 2015, n° 13-14.348, PB : *BJS* 2015, p. 643, note H. Hovasse ; *Dr. sociétés* 2015, n° 190, obs. R. Mortier ; *Rev. sociétés* 2016, p. 169, note E. Schlumberger.

2) Exigence d'unanimité pour renoncer à l'unanimité. La clause introduite dans les statuts d'une société civile immobilière d'attribution, selon laquelle les décisions des assemblées générales extraordinaires sont prises à la majorité des deux tiers, n'est pas contraire aux dispositions de l'article 1836 qui pose la règle de l'unanimité, mais n'est valable que dans la mesure où elle a été elle-même acceptée à l'unanimité, ce qui n'est pas le cas en l'espèce ; aussi la décision portant sur la cession d'un terrain dépendant de l'actif social ne peut être prise, par application du Code civil, qu'à l'unanimité et non à la majorité des deux tiers : ▪ Cass. 3e civ., 15 nov. 1995 : *BJS* 1996, p. 140, note P. Le Cannu.

II – AUGMENTATION DES ENGAGEMENTS DES ASSOCIÉS

3) Hypothèses d'augmentation des engagements.

a) **Principe.** Les engagements des associés ne sont augmentés que si les décisions prises entraînent une **aggravation de la dette** contractée par eux envers la société ou envers les tiers : ▪ Cass. civ., 9 févr. 1937 : *DP* 1937, 1, p. 73, note Besson. – V. aussi sous C. com., art. L. 225-96, annot. n° 2, p. 314.

b) **Contribution aux pertes.** Voir sous C. civ., art. 1832, annot. n° 28, p. 12.

c) **Compte courant.** V. sous C. com., art. L. 225-96, annot. n° 2, p. 314.

d) **Redevance pour la couverture des frais de fonctionnement d'une société civile de moyens.** V. sous L. n° 66-879, 29 nov. 1966, art. 36, annot. n° 7, p. 2846.

e) **Clause de non-concurrence.** V. sous C. com., art. L. 225-96, annot. n° 2, p. 314.

4) Hypothèses non qualifiées d'augmentation des engagements.

a) **Perte de l'intérêt d'associé.** Ne constitue pas une augmentation de l'engagement des associés nécessitant leur consentement unanime la modification statutaire privant certains d'entre eux de leur intérêt à participer à la société : ▪ Cass. com., 26 oct. 2010, n° 09-71.404, PBI : *JCP* E 2011, 1000, n° 4, obs. Fl. Deboissy et G. Wicker et 1001, note P. Mousseron ; *Rev. sociétés* 2011, p. 494, note I. Parléani.

b) **Réduction des droits des associés.** La délibération décidant de modifier l'objet social et supprimant le droit de jouissance des actionnaires ne fait que réduire les droits de ces derniers sans augmenter leurs engagements et est valable, faute d'abus de majorité caractérisé : ▪ Cass. 3e civ., 8 oct. 1997 : *JurisData* n° 1997-003836 ; *Dr. sociétés* 1998, n° 20, obs. Th. Bonneau.

c) **Cautionnement imposé aux associés.** De même, la décision d'une coopérative d'imposer à ses adhérents la fourniture d'une caution constitue simplement l'exigence d'une garantie pour le paiement des dettes des associés à l'égard de la société, résultant d'une activité commerciale conforme à l'objet social, et non une augmentation des engagements : ▪ Cass. 1re civ., 13 janv. 1998 : *JurisData* n° 1998-000035 ; *JCP* E 1998, p. 352 ; *BJS* 1998, p. 457, note J.-J. Daigre.

d) **« Coup d'accordéon ».** V. sous C. com., art. L. 224-2, annot. n° 1, p. 231.

e) **Pénalité pour défaut d'exécution d'un engagement.** La modification statutaire prévoyant la possibilité pour le conseil d'administration d'appliquer une pénalité en cas d'inexécution des prestations dues par un coopérateur ne constitue pas une augmentation de ses engagements dès lors que la pénalité ne modifie ni l'étendue de l'objet ni la durée de la prestation due et que son montant n'excède pas la valeur de cette prestation : ▪ Cass. 1re civ., 30 nov. 2016, n° 15-23.105 : *Dr. sociétés* 2017, n° 20, obs. R. Mortier.

5) Nécessité du consentement personnel de l'associé. Un associé ne peut supporter une augmentation de ses engagements qu'à la condition d'avoir consenti non seulement au principe de cette augmentation, mais encore à ses modalités : ▪ Cass., 13 févr. 2001 : *Dr. et patrimoine* 10/2001, p. 100, obs. D. Poracchia. – Ne donne pas de base légale à sa décision, au regard de l'article 1836, le jugement qui après avoir fait référence aux décisions collectives des associés, retient que ceux-ci « apparaissent avoir convenu de garantir le passif » sans rechercher si la décision ainsi prise ne traduisait pas une augmentation des engagements des associés, laquelle ne pouvait alors être décidée qu'à l'unanimité : ▪ Cass. com., 5 nov. 1996 : *Bull. civ.* IV, n° 375 ; *JurisData* n° 1996-004143. – De même, le consentement que les associés d'une société coopérative d'intérêt collectif agricole ont pu apporter unanimement à la modification des statuts, relative notamment aux principes de variation du capital social, ne peut avoir pour effet de contourner la règle impérative selon laquelle leurs engagements ne peuvent pas être augmentés sans leur consentement, en permettant à une assemblée générale extraordinaire de décider, à la majorité qualifiée, une augmentation des engagements des associés sans recueillir leur adhésion individuelle : ▪ CA Paris, 26 juin 1998 : *BJS* 1998, p. 1148, note B. Petit.

6) Sanction. Jugé que, lorsque l'augmentation des engagements des associés ne procède pas de leur consentement unanime, l'associé ayant consenti à cette augmentation n'est pas, de ce seul fait, dépourvu d'intérêt à agir en nullité, car l'article 1836, alinéa 2, est une disposition d'ordre public, sanctionnée par une nullité absolue : ▪ Cass. com., 13 nov. 2003 : *JurisData* n° 2003-020729 ; *BJS* 2004, p. 413, note H. Le Nabasque ; *D.* 2004, somm. p. 2033, obs. B. Thullier ; *D.* 2004, somm. p. 2927, obs. J.-Cl. Hallouin ; *JCP* E 2004, 337, note A. Viandier ; *JCP* E 2004, 601, n° 7, obs. J.-J. Caussain, Fl. Deboissy et G. Wicker ; *Rev. sociétés* 2004, p. 97, note B. Saintourens.

Art. 1837 ***(L. n° 78-9, 4 janv. 1978).*** **– Toute société dont le siège est situé sur le territoire français est soumise aux dispositions de la loi française.**

Les tiers peuvent se prévaloir du siège statutaire, mais celui-ci ne leur est pas opposable par la société si le siège réel est situé en un autre lieu.

Voir : Sociétés commerciales, C. com., art. L. 210-3, p. 168. – **Domiciliation,** C. com., art. L. 123-11, p. 856. – **Publicité du transfert du siège social,** C. com., art. R. 123-72 à R. 123-74, p. 808. – **Notification d'actes aux personnes morales,** CPC, art. 654, al. 2, p. 1943 et 690, p. 1944.

I – SIÈGE SOCIAL

Bibliographie : Ch. Hannoun, *La domiciliation collective d'un groupe de sociétés : BJS* 1994, p. 922. – F. Pasqualini, *La domiciliation des sociétés, un espace de liberté placé sous surveillance : Rev. sociétés* 1987, p. 569. – Y. Reboul, *L'opération de domiciliation des sociétés : Rev. sociétés* 1975, p. 391. – *Adde* A. Bougnoux, *JCl. Sociétés traité*, Fasc. 28-30.

1) Notion de siège social. Le lieu du siège social est celui où l'entreprise a principalement sa direction juridique, financière, administrative et technique, et non celui où elle a seulement une exploitation et des organes de caractère secondaire : ▪ Cass. civ., 7 juill. 1947 : *JCP* 1947, II, 3871, note J.-L., décision rendue en matière fiscale. ▪ Cass. 2e civ., 15 juill. 1970 : *Gaz. Pal.* 1970, 2, p. 289. ▪ CA Paris, 26 janv. 1978 : *Gaz. Pal.* 1978, 2, somm. p. 393. ▪ CA Paris, 28 oct. 1992 : *BJS* 1993, p. 84 ; *RJDA* 1993, p. 109.

2) Transfert du siège social au sein de l'UE. H. Le Nabasque, *L'incidence des normes européennes sur le droit français applicable aux fusions et au transfert de siège social : Rev. sociétés* 2005, p. 81. – M. Menjucq et F. Fages, *Le transfert communautaire du siège social enfin à la portée des sociétés françaises : Dr. et patrimoine* juill.-août 2005, p. 34. – F. Teper, *Transferts de sièges, transferts d'actifs au sein de l'UE : Dr. fisc.* 2012, n° 47, comm. 530.

a) **Transfert du siège et nationalité – Arrêt Cartesio.** En l'état actuel du droit communautaire, les articles 43 CE et 48 CE doivent être interprétés en ce sens qu'ils ne s'opposent pas à une réglementation d'un État membre qui empêche une société constituée en vertu du droit national de cet État membre de transférer son siège dans un autre État membre tout en gardant sa qualité de société relevant du droit national de l'État membre selon la législation duquel elle a été constituée : ▪ CJCE, 16 déc. 2008, aff. C-210/06, *Cartesio : BJS* 2009, p. 594, note R. Dammann ; *D.* 2009, p. 465, note R. Kovar ; *JCP* E 2009, 1208, note F. Mélin ; *Rev. sociétés* 2009, p. 147, note G. Parléani. – *Adde* A.-S. Cornette de Saint Cyr, *Le transfert de siège social transfrontalier : JCP* E 2009, 1286. – R. Dammann, L. Wynaendts et R. Nader, *La renaissance inattendue de la théorie du siège réel : D.* 2009, p. 574. – G. Jazottes, *Le transfert de siège : statu quo ou revirement ? : BJS* 2009, p. 803. – S. Palmer, *Transfert international de siège social : BJS* 2010, p. 426. – V. égal., ▪ CA Paris, 3 juin 2014, n° 14/03053 : *BJS* 2014, p. 373, note L. Marion.

b) **Transfert du siège et transformation de la société – Arrêt Vale.** S'agissant du transfert du siège d'une société avec changement du droit national applicable mais maintien de la personnalité juridique, c'est-à-dire d'une transformation transfrontalière, la réglementation nationale qui, tout en prévoyant pour les sociétés nationales la faculté de se transformer, ne permet pas la transformation d'une société relevant du droit d'un autre État membre est de nature à dissuader les sociétés ayant leur siège dans d'autres États membres d'exercer la liberté d'établissement consacrée par le traité, et elle est donc constitutive d'une restriction au sens des articles 49 TFUE et 54 TFUE : ▪ CJUE, 12 juill. 2012, aff. C-378/10, *Vale : BJS* 2012, p. 735, note R. Dammann, L. Wynaendts et L. Marion ; *D.* 2012, p. 3009, note P.-H. Conac ; *Dr. sociétés* 2012, n° 18, note T. Allain ; *JCP* E 2013, 1547, note T. Mastrullo ; *Rev. sociétés* 2012, p. 645, note G. Parléani.

c) **Transfert du siège statutaire sans transfert du siège réel – Arrêt Polbud.** Le déplacement du siège statutaire dans un autre État membre, même sans déplacement du siège réel et sans exercice d'une activité économique effective dans le pays d'accueil relevant de la liberté d'établissement, l'État d'origine ne peut subordonner la radiation de la société à sa dissolution et sa liquidation : ▪ CJUE, 25 oct. 2017, aff. C-106/16, *Polbud-Wykonawstwo sp. z o.o* : *BJS* 2018, p. 19, note T. Mastrullo ; *JCP* E 2018, 1014, note M. Menjucq et 1174, n° 1, obs. Fl. Deboissy et G. Wicker ; *Rev. sociétés* 2018, p. 47, note G. Parléani. – *Adde* I. Barsan, *Que reste-t-il du critère du siège social réel après l'arrêt Polbud ? : Dr. sociétés* mars 2018, 4.

3) Transfert interne du siège social. *a)* **Transfert effectif.** Le transfert effectif du siège social suppose un déplacement des centres de décision : ▪ Cass. civ., 7 juill. 1947, préc. – Les juges du fond apprécient souverainement le caractère réel ou fictif du siège social : ▪ Cass. com., 12 déc. 1972 : *Bull. civ.* IV, n° 331.

b) **Transfert fictif.** Le fait pour une société de conclure un contrat de domiciliation avec une entreprise étrangère qui lui transmet depuis Londres le courrier qui lui est adressé est insuffisant à établir que le siège social a été transféré à l'étranger et que le siège français est devenu fictif : ▪ CA Paris, 19 mars 1992 : *BJS* 1992, p. 759, note Y. Reboul.

c) **Opposabilité du transfert aux tiers.** Le transfert de siège social n'est opposable aux tiers qu'à la condition d'avoir été publié au RCS ; à défaut, la mention du nouveau siège dans un **acte de procédure** équivaut à l'absence d'indication du véritable siège social pouvant, comme en l'espèce *[conclusions des parties : CPC, art. 961]*, être sanctionné par une irrecevabilité : ▪ CA Paris, 22 mars 2001 : *BJS* 2001, p. 1112, note J.-M. Bahans.

d) **Opposabilité du transfert au fisc.** Le transfert de siège social au cours du dernier exercice contrôlé n'est pas opposable à **l'administration fiscale** dès lors que la société n'a pas déposé de déclaration à cette nouvelle adresse et n'a informé l'administration de ce changement qu'après le début de la vérification : ▪ CAA Paris, 13 nov. 2001 : *RJF* 6/2002, n° 626.

e) **Procédures collectives.** En cas de transfert, le siège social initial détermine encore pendant six mois le tribunal territorialement compétent en cas d'ouverture d'une procédure collective contre la société : V. sous C. com., art. R. 600-1, al. 2, p. 2139.

4) Siège statutaire et siège réel. *a)* **Critères d'appréciation.** Pour apprécier l'exactitude du siège social indiqué dans les conclusions d'une personne morale, il y a lieu de se référer à la loi dont dépend la société en cause : ▪ Cass. com., 21 oct. 2014, PB, n° 13-11.805 : *Rev. sociétés* 2015, p. 463, note M. Menjucq.

b) **Opposabilité aux tiers.** Les tiers pouvant se prévaloir du siège statutaire de la société mais celui-ci ne pouvant leur être opposé par la société si son siège réel est situé dans un autre lieu, l'administration fiscale peut imposer une société en considération de son siège réel : ▪ Cass. com., 12 déc. 2006, n° 04-18.616 : *Dr. fisc.* 2007, comm. 762. – V. égal. sur le choix entre le siège réel et le siège statutaire dont jouit le tiers : ▪ Cass. com., 23 févr. 1993 : *RJDA* 1993, p. 546.

c) **Procédure collective et règlement communautaire.** V. sous Règl. (UE) n° 2015/848, 20 mai 2015, relatif aux procédures d'insolvabilité, art. 3, annot. n° 1, p. 2238.

5) Siège social et procédure civile. *a)* **Signification.** V. sous CPC, art. 654, annot. n° 2, p. 1943 et art. 690, p. 1944.

b) **Lieu des notifications.** V. CPC, art. 690, p. 1944.

c) **Compétence territoriale.** V. CPC, art. 42 et 43, p. 1949.

d) **Déclaration d'appel.** V. CPC, art. 58, annot. n°s 1 et 2, p. 1942.

e) **Conclusions.** V. CPC, art. 961, annot. n° 1, p. 1953.

6) Convention de Bruxelles du 27 septembre 1968. Le fait que l'établissement français d'une société étrangère ait pour adresse les locaux d'une société de domiciliation ne permet pas d'assimiler cette adresse à un domicile situé en France justifiant qu'en application de la Convention de Bruxelles du 27 septembre 1968 *[art. 2 et 53]* la société puisse être attraite en justice devant les juridictions françaises : ▪ CA Paris, 16 févr. 2001 : *Bull. Joly Sociétés* 2001, p. 624, note A. Marmisse. – Le fait qu'un litige concerne un contrat passé entre deux sociétés ayant la même nationalité étrangère ne fait pas obstacle, en application de la Convention de Bruxelles du 27 septembre 1968 *[art. 5-1°]*, à la compétence des juridictions françaises dès lors que l'engagement *[lettre de confort]*, souscrit au bénéfice de la filiale de l'une des sociétés contractantes, devait s'exécuter en France où cette filiale avait son siège : ▪ Cass. com., 30 janv. 2001 : *BJS* 2001, p. 516, note M. Menjucq ; *D.* 2002, somm. p. 1392, obs. B. Audit.

7) Protection du domicile. Les dispositions de la **Convention européenne des droits de l'homme** sur la protection du domicile sont applicables, *mutatis mutandis*, au siège social de la société. En conséquence, les perquisitions effectuées en l'espèce par la DGCCRF aux sièges et agences des sociétés concernées constituent une ingérence dans le droit des sociétés au respect de leur vie privée ; à supposer que le droit d'ingérence puisse aller plus loin pour les locaux commerciaux d'une personne morale, les opérations litigieuses n'étaient pas proportionnées aux buts légitimes recherchés et ont causé aux sociétés un tort moral certain qui doit être réparé : ▪ CEDH, 16 avr. 2002 : *BJS* 2002, p. 954, note N. Mathey.

8) Domiciliation. V. sous C. com., art. L. 123-11 et L. 123-11-1, p. 856.

II – NATIONALITÉ

Bibliographie : Frossard, *Un vide législatif : la nationalité des sociétés : D.* 1969, chron. p. 9. – L. Lévy, *La nationalité des sociétés*, LGDJ, 1984. – L. Mazeaud, *De la nationalité des sociétés : JDI (Clunet)* 1928, p. 30. – Niboyet, *Existe-t-il vraiment une nationalité des sociétés ? : RDIP* 1927, 404. – M. Menjucq, *Droit international et européen des sociétés*, Montchrestien, 2001. – *Adde* Y. Loussouarn, M. Trochu et F. Oudin, *JCl. Sociétés traité*, Fasc. 28-60.

9) Définition. La nationalité des sociétés, n'étant définie par aucun texte général, ne peut être déterminée qu'au regard des dispositions législatives ou réglementaires dont l'application est en cause : ▪ T. confl., 23 nov. 1959 : *JCP* 1960, II, 11430, note Aymond ; *D.* 1960, p. 223, note R. Savatier ; *Rev. crit. DIP* 1960, 180, note Y. Loussouarn.

10) Critère du siège social. *a)* **Principe.** La nationalité d'une société n'étant que la conséquence du lieu d'établissement de son siège, la qualité de société étrangère, déterminant la compétence de la cour d'appel de Paris en matière de marques *[CPI, art. R. 411-19]*, ne peut se trouver établie par la seule mention « société de droit suisse » : ▪ CA Paris, 30 avr. 1997 : *BJS* 1997, p. 778.

b) **Siège réel.** L'article L. 242-6 du Code de commerce *[abus de biens sociaux]* est applicable aux détournements commis au préjudice d'une société qui, ayant son siège réel en France, doit être considérée comme de nationalité française : ▪ Cass. crim., 31 janv. 2007, n°s 02-85.809 et 05-82.671 : *Dr. sociétés* 2007, n° 83, obs. R. Salomon. – V. égal., ▪ Cass. crim., 10 mars 2010, n° 09-82.453. ▪ Cass. crim., 25 juin 2014, n° 13-84.445 : *Dr. sociétés* 2014, n° 135, obs. R. Salomon ; *Rev. sociétés* 2015, p. 50, note M. Menjucq. – Sur les éléments d'appréciation du siège réel, V. sous, C. civ., art. 1837, annot. n° 4, p. 38.

c) **Applications.** La société qui a, en France, son siège social, ses établissements principaux, sa direction et son exploitation est une société française et bénéficie en conséquence du **statut des baux commerciaux** : ▪ Cass. 3e civ., 10 mars 1976 : *Rev. sociétés* 1977, p. 305, note J.-L. Bismuth. – Rappr. ▪ Cass. 3e civ., 8 févr. 1972 : *JDI (Clunet)* 1973, p. 218, note B. Oppetit. – Est française, au regard du **droit fiscal**, la société qui a son siège et qui fonctionne en France : ▪ CE, 22 févr. 1960 : *JCP* 1960, II, 11790, note Aymond.

d) **Limite.** Le critère du siège social cesse de recevoir application lorsque le territoire sur lequel est établi ce siège social étant passé sous une souveraineté étrangère, les personnes qui ont le contrôle de la société et les organes sociaux investis conformément au pacte social ont décidé de transférer dans le pays auquel elle se rattachait le siège de la société afin qu'elle conserve sa nationalité et continue d'être soumise à la loi qui la régissait : ▪ Cass. 1re civ., 30 mars 1971 : *JCP* 1972, II, 17140.

e) **Arrêt** ***Uberseering.*** Le droit communautaire *[art. 43 et 48 CE]* s'oppose à ce que, lorsqu'une société constituée conformément à la législation d'un premier État membre sur le territoire duquel elle a son siège statutaire est réputée, selon le droit d'un second État membre, avoir transféré son siège dans ce second État, ce dernier dénie à ladite société la capacité juridique et, partant, la capacité d'ester en justice devant ses juridictions nationales pour faire valoir les droits tirés d'un contrat conclu avec une société établie dans ce second État : ▪ CJCE, 5 nov. 2002, *Uberseering : BJS* 2003, p. 452, note M. Luby ; *JCP G* 2003, II, 10032, note M. Menjucq ; *Rev. sociétés* 2003, p. 315, note J.-Ph. Dom ; *Rev. crit. DIP* 2003, p. 508, obs. P. Lagarde. – V. aussi sous C. civ., art. 1842, annot. n° 29, p. 46.

11) Critère du contrôle. Il est fait appel au critère dit du contrôle pour l'application des règles relatives aux dommages de guerre (▪ Cass. civ., 25 juill. 1933 : *DP* 1936, 1, p. 121, note Silz) et au commerce avec l'ennemi (▪ Cass. com., 19 juill. 1954 : *JCP* 1954, II, 8322, note J. G. B.).

12) Capacité d'ester en justice des sociétés étrangères. V. sous C. civ., art. 1842, annot. n° 26, p. 45.

13) Conséquences. *a)* **Qualité d'associé.** Les obligations de la société envers ses associés sont régies par la loi nationale de cette société, qui détermine notamment les conditions dans lesquelles se conserve et se perd la qualité d'associé : ▪ Cass. 1re civ., 17 oct. 1972 : *Rev. sociétés* 1974, p. 127, note J.-L. Bismuth.

b) **Pouvoirs des dirigeants.** L'appréciation des pouvoirs des dirigeants d'une société relève de sa loi nationale, ainsi de la valeur d'un cautionnement pris au nom de la société : ▪ Cass. com., 21 déc. 1987 : *JCP* E 1988, 15240, n° 2, obs. A. Viandier et J.-J. Caussain. ▪ Cass. com., 9 avr. 1991 : *BJS* 1991, p. 589, note L. Faugérolas. Même solution pour une lettre d'intention : ▪ Cass. com., 9 mars 1993 : *BJS* 1993, p. 560. – Toutefois, si la loi française a vocation à régir la vente d'un immeuble à raison de sa situation, l'aptitude des parties pour consentir à cette vente reste soumise au droit régissant leur statut personnel ; tel est le cas pour la vente d'un immeuble situé à Paris par le président d'une société de droit iranien : ▪ CA Versailles, 22 sept. 1993 : *BJS* 1994, p. 104, note C. Kessedjian.

Art. 1838 *(L. n° 78-9, 4 janv. 1978)*. – **La durée de la société ne peut excéder quatre-vingt-dix-neuf ans.**

Voir : D. n° 78-704, 3 juill. 1978, art. 3, p. 156.

Prorogation, C. civ., art. 1844-6, p. 93. - **Causes de dissolution,** C. civ., art. 1844-7, p. 94. - **Sociétés commerciales,** C. com., art. L. 210-2, p. 168.

Bibliographie : H. Dubout, *Les clauses de durée dans les pactes extrastatutaires entre actionnaires : BJS* 1997, p. 5. • R. Libchaber, *Réflexions sur les engagements perpétuels et la durée des sociétés : Rev. sociétés* 1995, p. 437. • *Adde* M. Germain et F. Vinckel, *JCl. Sociétés traité*, Fasc. 20-40 *(Durée de la société)*.

Détermination. La durée n'est pas déterminée lorsque le terme est incertain : ▪ Cass. civ., 1er juin 1859 : *DP* 1859, 1, p. 244, exploitation d'une usine. – *Contra*, pour une société formée « pour la durée de la guerre » : ▪ T. com. Seine, 24 nov. 1916 : *Journ. soc.* 1917, p. 218.

Art. 1839 *(L. n° 78-9, 4 janv. 1978 ; mod., L. n° 2009-526, 12 mai 2009)*. – **Si les statuts ne contiennent pas toutes les énonciations exigées par la législation ou si une formalité prescrite par celle-ci pour la constitution de la société a été omise ou irrégulièrement accomplie, tout intéressé est recevable à demander en justice que soit ordonnée, sous astreinte, la régularisation de la constitution. Le ministère public peut agir aux mêmes fins.**

Les mêmes règles sont applicables en cas de modification des statuts.

L'action aux fins de régularisation prévue à l'alinéa premier se prescrit par trois ans à compter de l'immatriculation de la société ou de la publication de l'acte modifiant les statuts.

Voir : D. n° 78-704, 3 juill. 1978, art. 4 et 5, p. 156.

Sociétés commerciales, C. com., art. L. 210-7, al. 2, p. 169.

Art. 1840 *(L. n° 78-9, 4 janv. 1978)*. – **Les fondateurs, ainsi que les premiers membres des organes de gestion, de direction ou d'administration, sont solidairement responsables du préjudice causé soit par le défaut d'une mention obligatoire dans les statuts, soit par l'omission ou l'accomplissement irrégulier d'une formalité prescrite pour la constitution de la société. En cas de modification des statuts, les dispositions de l'alinéa précédent sont applicables aux membres des organes de gestion, de direction ou d'administration alors en fonction.**

L'action se prescrira par dix ans, à compter du jour où l'une ou l'autre, selon le cas, des formalités visées à l'alinéa 3 de l'article 1839 aura été accomplie.

Voir : Sociétés commerciales, C. com., art. L. 210-8, p. 169. - **SA,** C. com., art. L. 225-249, p. 377.

1) **Qualité de fondateur.** Sont fondateurs ceux qui ont concouru à l'organisation et au fonctionnement de la société à condition que la nature de ce concours permette de leur attribuer une part d'initiative dans les actes qui ont abouti à la création de l'entreprise : ▪ Cass. civ., 30 oct. 1928 : *D.* 1930, 1, p. 9, note A. Cheron. – La qualité de fondateur suppose un intérêt personnel et une volonté autonome de participer à la constitution de la personne morale et à la vie sociale ultérieure : ▪ CA Paris, 24 sept. 1991 : *JCP* E 1992, I, 3561, n° 3, obs. A. Viandier et J.-J. Caussain. – V. aussi sous C. civ., art. 1843, annot. n° 1, p. 47.

2) **Responsabilité.** Sur la responsabilité du fondateur à l'égard des tiers, V. ▪ Cass. com., 21 oct. 1974 : *Bull. civ.* IV, n° 258 ; *BJS* 1975, p. 277.

Art. 1841 *(L. n° 78-9, 4 janv. 1978 ; mod., Ord. n° 2009-80, 22 janv. 2009)*. – **Il est interdit aux sociétés n'y ayant pas été autorisées par la loi de procéder à une offre au public des titres financiers,** *(Mots rempl., L. n° 2016-1691, 9 déc. 2016)* **« d'émettre des titres négociables ou de procéder à une offre au public, au sens de l'article L. 411-1 du Code monétaire et financier, de parts sociales, à peine de nullité des contrats conclus ou des titres ou parts sociales émis ».**

Voir : Définition de l'offre au public de titres financiers, C. monét. fin., art. L. 411-1, p. 1241. - **Sociétés civiles autorisées à faire offre au public de titres financiers,** C. monét. fin., art. L. 214-50 et s., p. 1042. - **Sanctions pénales,** C. com., art. L. 241-2, p. 570 ; C. pén., art. 131-39, 6°, p. 2350 et 131-47, p. 2353.

Qualification d'offre au public de titres financiers. Constitue une opération interdite d'appel public à l'épargne, sanctionnée par la nullité, le fait pour son associé fondateur de céder des parts d'une SCI à des personnes n'ayant aucun lien ni avec les dirigeants ni avec les associés de celle-ci, dès lors que cette cession a été réalisée à l'occasion d'une opération de démarchage, qu'elle a coïncidé avec l'augmentation de capital de la SCI et que tous les documents contractuels ont été établis au nom de la SCI : ▪ Cass. com., 8 mars 2005 : *Bull. Joly Sociétés* 2005, p. 983, note Th. Granier. – Jugé à propos d'une demande d'annulation de souscription de parts sociales de SCI que la qualification d'appel public à l'épargne ne se limite pas à l'émission ou à la cession d'instruments financiers dans le public mais peut être retenue dès lors que les parts ont été émises dans le public en ayant recours à la publicité ou au démarchage : ▪ Cass. com., 15 mars 2017, n° 14-18.452 : *Dr. sociétés* 2017, n° 84, obs. H. Hovasse ; *Rev. sociétés* 2017, p. 576, note B. François.

Art. 1842 ***(L. n° 78-9, 4 janv. 1978).*** **– Les sociétés autres que les sociétés en participation visées au chapitre III jouissent de la personnalité morale à compter de leur immatriculation.**

Jusqu'à l'immatriculation, les rapports entre les associés sont régis par le contrat de société et par les principes généraux du droit applicables aux contrats et obligations.

Voir : D. n° 78-704, 3 juill. 1978, art. 2 (immatriculation au RCS), p. 156 et 18 à 26 (mesures de publicité), p. 158.

Immatriculation au registre du commerce et des sociétés, C. com., art. L. 123-1 et s., R. 123-35, p. 798. – **Sociétés commerciales,** C. com., art. L. 210-6, al. 1, p. 169.

• *Sommaire*

I – JOUISSANCE DE LA PERSONNALITÉ MORALE 41
II – SOCIÉTÉ EN FORMATION 42
III – DROITS ET LIBERTÉS FONDAMENTAUX DES PERSONNES MORALES 44
IV – PERSONNALITÉ MORALE DES SOCIÉTÉS ÉTRANGÈRES – LIBERTÉ D'ÉTABLISSEMENT 45
V – PERSONNALITÉ MORALE DES AUTRES GROUPEMENTS 46
VI – ABUS DE LA PERSONNALITÉ MORALE 47

I – JOUISSANCE DE LA PERSONNALITÉ MORALE

Bibliographie : Ch. Freyria, *La personnalité morale à la dérive : Mél. A. Breton et F. Derrida*, Dalloz 1991, p. 121. – J.-P. Gastaud, *Personnalité morale et droit subjectif*, LGDJ, 1976. – P.-Y. Gautier, *Les limites de la personnalité morale : Mél. Merle : D.* 2012, p. 293. – M. Germain, *Naissance et mort des sociétés : Études R. Roblot*, LGDJ, 1984, p. 217. – G. Goubeaux, *Personnalité morale, droit des personnes et droit des biens : Études R. Roblot*, LGDJ, 1984, p. 199. – J.-Cl. Hallouin, *Les sociétés non immatriculées face au redressement et à la liquidation judiciaires : JCP* E 1989, 15416. – P. Malaurie, *Nature juridique de la personnalité morale : Defrénois* 1990, p. 1068. – J. Paillusseau, *Le droit moderne de la personnalité morale : RTD civ.* 1993, p. 705. – J. Pellerin, *La personnalité morale et la forme des groupements volontaires de droit privé : RTD* com. 1981, p. 471. – B. Oppetit, *Les rapports des personnes morales et de leurs membres*, thèse Paris, 1963. – G. Wicker, *Rép. civ. Dalloz*, V° *Personne morale* ; *La théorie de la personnalité morale depuis la thèse de Bruno Oppetit : Mél. Oppetit*, Litec, 2009, p. 689.

1) Autonomie de la personne morale.

a) **Autonomie patrimoniale.** La société jouissant de la personnalité morale a un **patrimoine distinct** : ▪ Cass. 3e civ., 19 janv. 1994 : *BJS* 1994, p. 285, note C. Priéto.

b) **Autonomie à l'égard des associés.** S'agissant de l'inexécution d'une promesse d'acquisition de titres sociaux, la **transaction** conclue entre les actionnaires majoritaires et l'acquéreur défaillant, et ayant pour objet la réparation du préjudice subi du fait de la défaillance de ce dernier, ne fait pas obstacle à l'exercice d'une action contre cet acquéreur par la société elle-même au titre du préjudice subi par elle : ▪ CA Paris, 25 mars 2008, n° 06-20776 : *BJS* 2008, p. 746, note D. Vidal.

c) **Autonomie et** ***intuitu personae*** **contractuel.**

– **Principe.** En raison du principe d'autonomie de la personne morale, cette dernière reste inchangée en cas de cession de la totalité des parts ou actions d'une société ou de changement de ses dirigeants, de sorte qu'à défaut de stipulation contractuelle en ce sens, un contrat de distribution exclusive ne peut, malgré son caractère *intuitu personae*, être rompu en raison du changement des dirigeants de la société contractante :

▪ Cass. com., 29 janv. 2013, n° 11-23.676, PB : *BJS* 2013, p. 246, note P. Mousseron ; *JCP* E 2013, 1225, note F. Buy et 1702, n° 5, obs. Fl. Deboissy et G. Wicker ; *Rev. sociétés* 2013, p. 552, note M. Caffin-Moi.

– **Application.** Sur l'appréciation de l'abus dans la mise en œuvre d'une clause subordonnant le maintien du contrat à l'agrément du contractant en cas de changement des dirigeants ou dans la composition du capital de la société contractante : ▪ CA Paris, 25 janv. 1995 : *BJS* 1995, p. 413, note A. Couret ; *RTD civ.* 1996, p. 158, obs. J. Mestre et sur pourvoi, ▪ Cass. com., 14 janv. 1997 : *RTD civ.* 1997, p. 427, obs. J. Mestre ; *RJ com.* 1998, p. 178, note G. Wicker.

– **Portée de l'*intuitu personae* contractuel.** S'agissant d'une société ayant pour seul objet d'abriter les activités artistiques de son dirigeant et unique associé, le contrat conclu avec cette société en considération de cette personne l'est nécessairement également en considération de l'activité de cette personne, de sorte que les comportements illicites de cette personne justifient la rupture immédiate du contrat : ▪ CA Paris, 7 mai 2015, n° 14/01588 : *BJS* 2015, p. 568, note C.-A. Maetz.

d) **Autonomie juridique des filiales.** V. sous C. com., art. L. 233-1, annot. n°s 2 et s., p. 491.

e) Une personne morale ne pouvant **habiter bourgeoisement** un appartement, le droit d'occuper cet appartement à usage d'habitation suppose nécessairement l'autorisation d'en accorder la jouissance à l'un des représentants personnes physiques de la société locataire, sans que cette autorisation puisse s'analyser en une sous-location : ▪ Cass. 3e civ., 23 mai 2002 : *D.* 2002, p. 2261, obs. Y. Rouquet.

f) **Interposition de personne morale.** V. s'agissant d'une vente immobilière, l'existence d'une interposition de personne morale entre la société agent immobilier et la société acquéreur : ▪ Cass. com., 2 juill. 2008, n° 07-15.509, PB.

2) Transparence de la personne morale. *a)* La **confiscation des biens** prévue à l'article 131-21 du Code pénal concernant tous les biens dont les mis en examen ont la libre disposition, peut faire l'objet d'une saisie l'immeuble appartenant à une SCI dont les intéressés sont les uniques porteurs de parts : ▪ Cass. crim., 29 janv. 2014, n° 13-80.062, PB. – Peut également faire l'objet d'une saisie conservatoire la créance du prix de vente d'immeubles appartenant à une SCI dès lors que les héritiers indivisaires susceptibles d'être mis en examen et détenteurs de 99,5 % des parts ont le pouvoir de décider de l'affectation de l'actif social résultant de la vente : ▪ Cass. crim., 23 mai 2013, n° 12-87.473, PB : *Rev. sociétés* 2013, p. 641, note B. Bouloc.

b) Au titre du contrôle judiciaire de l'article 138 15° du Code de procédure pénale, un mis en examen peut être astreint de constituer une hypothèque sur l'immeuble appartenant à la SCI dont il détient 99 % des parts : ▪ Cass. crim., 4 mars 2015, n° 14-88.013 : *Rev. sociétés* 2015, p. 461, note B. Bouloc.

3) Société interposée. *a)* **Appréciation de l'interposition.** Sans avoir à statuer sur l'existence d'une fraude, une SCI peut être déclarée personne interposée au sens de l'article L. 642-3 du Code de commerce dès lors qu'il est constaté que les biens acquis n'entraient pas dans son objet social, qu'elle n'avait pas les moyens financiers de l'opération et qu'une résolution de l'assemblée l'autorisait à les céder à un tiers : ▪ Cass. com., 8 mars 2017, n° 15-22.987 : *Dr. sociétés* 2017, n° 77, obs. H. Hovasse.

b) **Donation par interposition de société et rapport à succession.** L'absence de restitution du fonds de commerce au terme du contrat de location-gérance conclu entre un père et la société créée et gérée par son fils caractérise une donation par interposition d'une société dont le fils doit le rapport à la succession de son père : ▪ Cass. 1re civ., 24 janv. 2018, n° 17-13.017, PB : *BJS* 2018, p. 191, note A. Reygrobellet.

4) Société absorbée. V. sous C. com., art. L. 236-3, annot. n° 33, p. 535.

5) Société civile non immatriculée au 1er novembre 2002. V. sous L. n° 78-9, 4 janv. 1978, art. 4, annot. n° 1, p. 154.

6) Dérogations à l'article 1842. Par dérogation à l'article 1842, les sociétés civiles professionnelles jouissent de la personnalité morale à compter, selon le cas, de l'agrément, de l'inscription ou de la titularisation de la société, V. *infra*, L. n° 66-879, 29 nov. 1966, art. 1er. – Il en est de même des sociétés d'exercice libéral, V. *infra*, L. n° 90-1258, 31 déc. 1990, art. 3.

7) Cession de titres sociaux et cession de l'actif social. *a)* **Distinction de la cession des titres et de la cession de l'actif social.** V. sous C. com., art. L. 223-14, annot. n° 21, p. 197 et L. 228-23, annot. n° 3, p. 420.

b) Les associés qui n'ont pas qualité pour disposer de **l'actif social**, ne peuvent pas agir contre la société en paiement du prix des parts sociales qui correspond à la valeur de cession du stock : ▪ Cass. com., 22 mai 1991 : *BJS* 1991, 260, p. 721, note J.-F. Barbièri.

II – SOCIÉTÉ EN FORMATION

8) Notion. Pour qu'une société en formation existe, il n'est pas indispensable que le contrat de société ait été signé, il suffit que l'activité sociale ait commencé : ▪ CA Paris, 26 avr. 1984 :

Express doc. 12 oct. 1984, p. 16. – Sur la distinction de la société en formation et de la société créée de fait, V. sous C. civ., art. 1873, annot. n° 1, p. 149.

9) Rupture du contrat. Les rapports entre les associés d'une société en formation étant régis par le contrat de société et les principes généraux du droit applicables aux contrats et aux obligations, la résiliation du contrat de société par deux associés au détriment du troisième associé, maquettiste qui s'était chargé du lancement du produit, est abusive dès lors que le produit a été finalement commercialisé par la société constituée entre les deux premiers associés après l'éviction du troisième : ▪ CA Paris, 15 déc. 1995 : *BJS* 1996, p. 305, note P. Le Cannu.

10) Enchère faite au nom d'une société en formation. V. sous C. civ., art. 1843, annot. n° 3, p. 48.

11) Conséquences de l'absence de personnalité morale. *a)* **Nullité des contrats conclus par la société elle-même.** Antérieurement à son immatriculation, le contrat conclu non au nom d'une société en formation mais par la société elle-même est frappé de nullité absolue, celle-ci étant dépourvue de la personnalité morale : ▪ Cass. 3e civ., 5 oct. 2011, nos 09-70.571 et 09-72.855 : *BJS* 2011, p. 948, P. Le Cannu ; *Dr. sociétés* 2012, n° 4, obs. R. Mortier ; *JCP* N 2011, 1331, note J.-P. Garçon. – ▪ Cass. com., 21 févr. 2012, n° 10-27.630, PB : *Dr. sociétés* 2012, n° 58, obs. R. Mortier ; *BJS* 2012, p. 472, note B. Dondero. ▪ Cass. com., 7 juin 2016, n° 14-20.070 : *BJS* 2016, p. 663, note B. Brignon. – ▪ Cass. com., 9 janv. 2019, n° 17-15.386 : *BJS* 2019, p. 6, note J.-F. Barbièri. – Dans le même sens mais cassant l'arrêt d'appel pour manque de base légale : ▪ Cass. com., 13 nov. 2013, n° 12-26.158 : *BJS* 2014, p. 67, note A. Constantin. ▪ Cass. com., 11 juin 2013, n° 11-27.356 : *Dr. sociétés* 2013, n° 198, obs. R. Mortier. – Une société non immatriculée n'ayant pas la personnalité morale, la convention souscrite, non pour le compte de la société en formation, mais par la société représentée par sa gérante, est inexistante : ▪ Cass. 3e civ., 28 oct. 1992 : *BJS* 1993, p. 85, note P. Le Cannu. – Même solution mais fondée sur l'interprétation souveraine des juges du fond que les termes ambigus de l'acte rendait nécessaire : ▪ Cass. com., 21 oct. 2014, n° 13-22.428 : *Dr. sociétés* 2015, n° 23, obs. R. Mortier.

b) **Confirmation et ratification impossible.** Le contrat nul de nullité absolue en raison de l'absence de personnalité morale de la société contractante n'est pas susceptible de confirmation ou de ratification par un acte unilatéral, notamment par un acte d'exécution, de la part de la société après son immatriculation, les parties ne pouvant procéder qu'à sa réfection après que la société ait acquis la personnalité morale : ▪ Cass. 3e civ., 5 oct. 2011, nos 09-70.571 et 09-72.855 : préc. *a*).

c) **Qualité pour agir en nullité.** Jugé que le prêt contracté par une société non encore immatriculée, et sans qu'il soit indiqué qu'il était contracté au nom d'une société en formation, peut être annulé au motif de l'absence de personnalité morale, à la demande de la société emprunteuse, alors même que l'engagement avait été souscrit en vertu d'un mandat régulier : ▪ Cass. com., 17 juill. 2001 : *BJS* 2001, p. 1267, obs. P. Scholer. – La nullité étant absolue, elle peut être demandée par des sociétés appartenant au même groupe que le tiers contractant : ▪ Cass. com., 21 févr. 2012, n° 10-27.630 : préc. *a*).

d) **Congé.** Est privé de tout effet, en raison d'une irrégularité de fond, le congé délivré au nom d'une société en cours d'immatriculation dès lors que la société apparaît comme l'auteur du congé : ▪ Cass. 3e civ., 22 mars 1995, n° 93-11.981.

e) **Impossibilité d'acquérir des droits.** Faute d'être immatriculée à la date de souscription d'une augmentation de capital, une société, dépourvue de personnalité juridique, ne peut valablement acquérir les droits et assumer les obligations correspondant à cet acte juridique ; en conséquence elle n'avait pas à être **convoquée à l'assemblée générale extraordinaire** réunie pour prononcer la nullité de l'augmentation de capital : ▪ Cass. com., 1er juill. 2003 ; *BJS* 2003, p. 1165, note J.-J. Daigre ; *Dr. sociétés* 2003, n° 204, obs. F.-G. Trébulle.

f) **Impossibilité d'encourir une sanction civile.** L'immatriculation, et donc l'acquisition de sa personnalité morale, étant postérieure aux faits litigieux, la société ne peut être condamnée, à titre de sanction civile, à une indemnité pour travail dissimulé : ▪ Cass. soc., 28 sept. 2016, n° 14-28.959 : *BJS* 2017, p. 11, note F. Danos.

g) **Gestion d'affaires.** La société n'acquérant la personnalité juridique qu'après son immatriculation, elle ne saurait se voir attribuer la qualité de maître de l'affaire au titre d'actes antérieurs à l'accomplissement de cette formalité : ▪ Cass. com., 31 janv. 2006, n° 03-16.280 : *BJS* 2006, p. 801, note R. Mortier.

h) **Soumission à un appel d'offres.** Une société en formation, bien qu'elle ne puisse se prévaloir, jusqu'à son immatriculation au registre du commerce et des sociétés, ni de la personnalité juridique ni de la qualité de commerçant, peut toutefois répondre à un appel d'offres sous réserve que les références et attestations exigées par le règlement de consultation puissent être vérifiées au niveau des associés : ▪ CE, 8e ss-sect., 28 juill.

2004 : *JurisData* n° 2004-067327 ; *Dr. sociétés* 2005, n° 3, obs. F.-G. Trébulle.

12) Actes de procédure. V. sous C. civ., art. 1843, annot. n° 3, p. 48.

13) Concours bancaire. Dès lors que l'absence de crédibilité d'un projet n'est pas établie, le concours apporté par une banque à une société en formation n'est pas fautif : ▪ CA Aix-en-Provence, 21 nov. 1980 : *D.* 1981, inf. rap. p. 499, note M. Vasseur. – En revanche, la responsabilité de la banque est engagée lorsqu'elle n'a pas vérifié l'identité de tous les fondateurs pour l'ouverture d'un compte bancaire (▪ Cass. com., 24 mars 1992 : *BRDA* 15 mai 1992, p. 5) ou lorsqu'elle a délivré un carnet de chèques sans vérifier l'existence d'une demande d'immatriculation (▪ CA Paris, 29 janv. 1992 : *RJDA* 1992, p. 364).

14) Sort du bien acquis à défaut d'immatriculation. La stipulation contractuelle figurant dans l'acte d'acquisition conclu au profit de la société en formation, et prévoyant qu'à défaut d'immatriculation dans un délai déterminé l'immeuble serait la propriété indivise des associés à proportion de leurs droits dans la société, réalise de plein droit ses effets à l'expiration du délai sans être subordonnée à la publication à la conservation des hypothèques d'un acte complémentaire constatant le défaut d'immatriculation et rendant opposable aux tiers le transfert de propriété au profit des associés : ▪ Cass. 3e civ., 16 oct. 2013, n° 12-20.725 : *BJS* 2014, p. 69, note B. Saintourens.

III – DROITS ET LIBERTÉS FONDAMENTAUX DES PERSONNES MORALES

Bibliographie : L. Dumoulin, *Les droits de la personnalité des personnes morales* : *Rev. sociétés* 2006, p. 1. – F.-G. Trébulle, *Personnalité morale et citoyenneté, considérations sur l'entreprise citoyenne* : *Rev. sociétés* 2006, p. 41. – G. Royer, *La Convention EDH et le droit des sociétés* : *JCP* G 2008, I, 185. – V. Wester-Ouisse, *La jurisprudence et les personnes morales : du propre de l'homme aux droits de l'homme* : *JCP* G 2009, I, 121.

15) Droit de la consommation. *a)* **Refus de la qualité de consommateur.** La notion de consommateur telle que définie à l'article 2, sous b), de la directive n° 93/13/CEE du Conseil du 5 avril 1993, concernant les clauses abusives dans les contrats conclus avec les consommateurs, doit être interprétée en ce sens qu'elle vise exclusivement les personnes physiques : ▪ CJCE, 22 nov. 2001, *Cape* : *D.* 2002, p. 90, obs. C. Rondey ; *D.* 2002, p. 2229, obs. J.-P. Pizzio ; *JCP* G 2002, II, 10047, note G. Paisant ; *RTD civ.* 2002, p. 291, note J. Mestre et B. Fages.

b) **Qualité de non professionnel.** La notion distincte de non professionnel, utilisée par le législateur français, n'exclut pas les personnes morales de la protection contre les **clauses abusives** : ▪ Cass. 1re civ., 15 mars 2005 : *D.* 2005, p. 887, obs. C. Rondey ; *D.* 2005, p. 1948, note A. Boujeka ; *JCP* E 2005, 769, note D. Bakouche. – Même solution s'agissant de l'application de l'article L. 136-1 du Code de la consommation : ▪ Cass. 1re civ., 23 juin 2011, n° 10-30.645, PBI : *BJS* 2011, p. 848, note F. Macorig-Venier ; *JCP* E 2011, 1660, note P. Lemay. – Toutefois, les dispositions de l'article L. 132-1 du Code de la consommation, qui répute non écrites certaines clauses abusives des contrats conclus entre professionnels et non professionnels ou consommateurs, ne s'appliquent pas au contrat de fourniture de biens ou de services conclus entre sociétés commerciales : ▪ Cass. 1re civ., 11 déc. 2008, n° 07-18.128 : *JCP* E 2009, 1278, note G. Raymond. – Même solution s'agissant de l'application de l'article L. 136-1 du Code de la consommation : ▪ Cass. com., 6 sept. 2011, n° 10-21.583, PB : *JCP* E 2011, 1716, note E. Bazin.

16) Protection de la vie privée.

a) **Principe de la protection.** Si les personnes morales disposent, notamment, d'un droit à la protection de leur nom, de leur domicile, de leurs correspondances et de leur réputation, seules les personnes physiques peuvent se prévaloir d'une atteinte à la vie privée au sens de l'article 9 du Code civil, de sorte qu'une société ne peut invoquer l'existence d'un trouble manifestement illicite résultant d'une telle atteinte : ▪ Cass. 1re civ., 17 mars 2016, n° 15-14.072, PB : *BJS* 2016, p. 314, note D. Poracchia ; *Dr. sociétés* 2016, n° 98, obs. R. Mortier ; *JCP* E 2016, 1473, note T. Stefania ; *Rev. sociétés* 2016, p. 594, note L. Dumoulin. – V. *contra* antérieurement, ▪ CA Aix-en-Provence, 10 mai 2001 : *D.* 2002, somm. p. 2299, obs. A. Lepage.

b) **Compétence juridictionnelle internationale.** S'agissant de l'action en réparation du préjudice exercée par une personne morale visant des informations diffusées sur Internet, ne sont compétentes que les juridictions de l'État membre dans lequel se trouve le centre de ses intérêts ou les juridictions de l'État membre du lieu de matérialisation du dommage si la personne morale y exerce la majeure partie de ses activités : ▪ CJUE, 17 oct. 2017, n° C-194/16 : *BJS* 2018, p. 13, note M. Menjucq.

17) Protection du domicile. V. C. civ., art. 1837, annot. n° 7, p. 38.

18) Diffusion d'informations patrimoniales. La diffusion sur Internet dans un but d'intérêt général, d'informations patrimoniales concernant une société *[noms des clients, salaires des dirigeants, identités des sous-traitants]* ne saurait constituer en elle-même un trouble manifestement illicite justifiant que soit ordonnée en référé et sous astreinte la suppression de l'article litigieux : ▪ CA Paris, 17 mars 2004 : *BJS* 2004, p. 1237. – *Adde* R. Dumas, *La diffusion d'informations économiques sur Internet, nouvelle illustration des conflits de droits fondamentaux* : *BJS* 2004, p. 1185. – V. sur l'action en responsabilité dirigée contre un analyste financier ▪ CA Paris, 30 juin 2006 : *RJDA* 2006, n° 1222.

19) Atteinte à l'honneur ou à la considération. *a)* Caractérisation. S'agissant de caricatures portant sur les marques appartenant à la société, il y a atteinte aux activités et services fournis sous ces marques et non à l'honneur et à la considération de la personne morale : ▪ Cass. 1re civ., 8 avr. 2008, n° 07-11.251, PBI : *Bull. civ.* 2008, I, n° 104 ; *D.* 2008, p. 2402, note L. Neyret ; *JCP* 2008, II, 10106, note C. Hugon ; *RTD civ.* 2008, p. 487, note P. Jourdain.

b) Incessibilité de l'action en réparation. L'action en réparation à l'atteinte à l'honneur ou à la considération d'une personne morale, étant attachée à la personne même du titulaire de ce droit, est hors commerce et ne peut donc être cédée : ▪ Cass. 1re civ., 30 mai 2006, n° 04-17.102 : *RJPF* sept. 2006, 13, note E. Putman.

20) Protection contre la concurrence déloyale. Constituent un acte de concurrence déloyale, sanctionné sur le fondement de l'article 1382 du Code civil, les propos selon lesquels le gérant établirait des faux dès lors que ces allégations touchant le gérant visent à mettre en cause la qualité des prestations de la société qu'il dirige et qu'elles émanent d'une société concurrente de la même spécialité, exerçant dans le même secteur et qu'elles ont pour but manifeste d'en détourner la clientèle : ▪ Cass. 1re civ., 5 déc. 2006, n° 05-17.710 : *D.* 2008, p. 672, note V. Valette-Ercole.

21) Protection pénale des atteintes à la personne. *a)* Harcèlement téléphonique. Une personne morale peut bénéficier de la protection contre le harcèlement téléphonique institué par l'article 222-16 du Code pénal : ▪ Cass. crim., 25 oct. 2000 : *D.* 2001, somm. p. 2349, obs. S. Mirabail.

b) Dénonciation calomnieuse. Une banque est recevable à agir pour dénonciation calomnieuse contre l'un de ses salariés dont les courriers adressés à la commission bancaire étaient susceptibles d'entraîner des sanctions disciplinaires, dès lors qu'une personne morale peut non seulement faire l'objet de poursuites pour diverses infractions mais encore encourir des sanctions disciplinaires si elle exerce certaines professions : ▪ Cass. crim., 22 juin 1999 : *RJDA* 1999, n° 1210.

22) Préjudice moral. Une société personne morale peut prétendre à indemnisation de son préjudice moral au titre des articles 1147, 1382 et 1383 du Code civil : ▪ Cass. com., 15 mai 2012, n° 11-10.278, PB : *D.* 2012, p. 1403, obs. X. Delpech ; *BJS* 2012, p. 536, note J.-F. Barbièri ; *D.* 2012, p. 2285, note B. Dondero ; *JCP* E 2012, 1510, note R. Mortier ; *Rev. sociétés* 2012, p. 620, note Ph. Stoffel-Munck.

23) Aide juridictionnelle. V. sur le bénéfice de l'aide juridictionnelle aux personnes morales, ▪ CJUE, 22 déc. 2010, aff. C-279/09.

24) Bénéfice du dispositif d'indemnisation des victimes. V. sur l'octroi de ce bénéfice aux personnes morales, ▪ Cass. 2e civ., 30 mai 2007, n° 06-13.098 : *D.* 2007, p. 1728.

25) Exclusion de la qualité d'auteur. Une société ne peut être considérée comme étant l'auteur d'un logiciel, une personne morale ne pouvant avoir la qualité d'auteur : ▪ Cass. 1re civ., 15 janv. 2015, n° 13-23.566, PB : *BJS* 2015, p. 179, note F. Pollaud-Dulian.

IV – PERSONNALITÉ MORALE DES SOCIÉTÉS ÉTRANGÈRES – LIBERTÉ D'ÉTABLISSEMENT

26) Capacité d'ester en justice des sociétés étrangères. J. Béguin, *Un texte à abroger : la loi sur la reconnaissance internationale des sociétés anonymes étrangères : Mél. Cl. Champaud*, Dalloz, 1997, p. 1.

a) En application de la **Convention européenne des droits de l'homme**, toute personne morale, quelle que soit sa nationalité, a droit au respect de ses biens et à ce que sa cause soit entendue par un tribunal indépendant et impartial ; en conséquence, ne peut recevoir application la loi du 30 mai 1857 qui subordonne le droit d'agir en justice des sociétés de capitaux étrangères *[société de droit guinéen]* à une autorisation délivrée par décret : ▪ Cass. com., 8 juill. 2003 : *BJS* 2003, p. 1179, note M. Menjucq ; *D.* 2004, p. 692, note G. Khairallah ; *Dr. sociétés* janv. 2004, n° 1, obs. F.-G. Trébulle.

b) L'action en justice exercée par la simple succursale d'une société étrangère est entachée d'une irrégularité de fond en raison du défaut de capacité à agir de la succursale, laquelle est susceptible de régularisation par l'intervention de la société étrangère elle-même qui n'était pas dépourvue d'existence : ▪ Cass. 1re civ., 11 mars 1997 : *BJS* 1997, p. 637, note M.-L. Coquelet.

27) Personnalité morale des *partnerships* américaines. En application de l'article XIV, § 4 et 5, de la Convention franco-américaine d'établissement du 25 novembre 1959, les *partnerships* constituées conformément aux lois et règlements en vigueur aux USA voient leur personnalité morale reconnue en France et sont donc recevables à agir en justice : ▪ Cass. 1re civ., 17 mars 2011, n° 10-30.283, PB : *BJS* 2011, p. 407, note J.-F. Barbièri ; *D.* 2011, p. 1463, note B. Dondero.

28) Société de droit anglais dissoute. La règle de conflit désignant la loi du for, l'appel formé par une société anglaise dissoute, et donc parvenue selon le droit anglais au terme de son existence légale, est affectée d'une irrégularité de fond qui ne peut être couverte, alors même que la loi anglaise attribue un effet rétroactif à la réinscription de la société dissoute au *Compagnies House* : ▪ Cass. 2e civ., 20 avr. 2017, n° 16-121.975 : *BJS* 2017, p. 518, note T. Mastrullo.

29) Liberté d'établissement. J.-B. Blaise, *Une cohabitation difficile : nationalité des sociétés et libre établissement dans la Communauté européenne : Mél. Ph. Kahn*, Litec 2000, p. 585. – M. Boizard, *Incidence des normes européennes sur la liberté de constitution des sociétés en droit français : Rev. sociétés* 2005, p. 1. – M. Menjucq, *Rattachement de la société européenne et jurisprudence communautaire sur la liberté d'établissement : incompatibilité et paradoxe ? : D.* 2003, p. 2874.

a) **Arrêt *Centros*.** Le droit communautaire *[art. 43 et 48 CE]* s'oppose à ce qu'un premier État membre refuse l'immatriculation d'une succursale d'une société constituée en conformité avec la législation d'un second État membre dans lequel elle a son siège sans y exercer d'activités commerciales lorsque la succursale est destinée à permettre à la société en cause d'exercer l'ensemble de son activité dans le premier État où cette succursale sera constituée en évitant d'y constituer une société et en éludant ainsi l'application des règles de constitution des sociétés qui y sont plus contraignantes en matière de libération d'un capital social minimal.

Toutefois cette interprétation n'exclut pas que les autorités du premier État membre puissent prendre toute mesure de nature à prévenir ou à sanctionner les fraudes, soit à l'égard de la société elle-même, le cas échéant en coopération avec le second État membre dans lequel elle est constituée, soit à l'égard des associés dont il serait établi qu'ils cherchent en réalité, par le biais de la constitution d'une société, à échapper à leurs obligations vis-à-vis de créanciers privés ou publics établis sur le territoire du premier État membre : ▪ CJCE, 9 mars 1999, *Centros : BJS* 1999, p. 705, note J.-Ph. Dom ; *D. affaires* 1999, p. 550, *Err.* 666, note M. Menjucq ; *Dr. sociétés* 1999, n° 181, obs. D. Vidal ; *JCP* E 1999, p. 1285, *Rect.* p. 1385, obs. Y. Reinhard ; *JDI (Clunet)* 2000, p. 484, obs. M. Luby.

b) **Arrêt *Uberseering*.** Lorsqu'une société constituée conformément à la législation d'un État membre sur le territoire duquel elle a son siège statutaire exerce sa liberté d'établissement dans un autre État membre, le droit communautaire *[art. 43 et 48 CE]* impose à ce dernier de respecter la capacité juridique et la capacité d'ester en justice que cette société possède en vertu du droit de son État de constitution : ▪ CJCE, 5 nov. 2002, *Uberseering : BJS* 2003, p. 452, note M. Luby ; *JCP* G 2003, II, 10032, note M. Menjucq ; *Rev. sociétés* 2003, p. 315, note J.-Ph. Dom ; *Rev. crit. DIP* 2003, p. 508, obs. P. Lagarde. – V. égal. sur cet arrêt sous C. civ., art. 1837, annot. n° 10, p. 39.

c) **Arrêt *Inspire Art*.** L'article 2 de la 11e directive n° 89/666/CEE du Conseil du 21 décembre 1989, concernant la publicité des succursales créées dans un État membre par certaines formes de sociétés relevant du droit d'un autre État, s'oppose à une législation nationale *[en l'espèce, loi hollandaise sur les sociétés étrangères de pure forme]* qui prévoit à la charge de la succursale d'une société constituée en conformité avec la législation d'un autre État membre, des obligations de publicité non prévues par cette directive.

Le droit communautaire *[art. 43 et 48 CE]* s'oppose à une législation nationale qui soumet l'exercice de la liberté d'établissement à titre secondaire dans cet État, par une société constituée en conformité avec la législation d'un autre État membre, à certaines conditions prévues en droit interne des sociétés pour la constitution de sociétés, relatives au capital minimal et à la responsabilité des administrateurs.

Les raisons pour lesquelles la société a été constituée dans le premier État membre ainsi que la circonstance qu'elle exerce ces activités exclusivement ou presque exclusivement dans l'État membre d'établissement ne la privent pas, sauf à établir au cas par cas l'existence d'un abus, du droit d'invoquer la liberté d'établissement garantie par le traité CE : ▪ CJCE, 30 sept. 2003, *Inspire Art : BJS* 2003, p. 1308, note M. Menjucq ; *D.* 2004, p. 491, note E. Pataut ; *JCP* E 2004, 251, note V. Magnier.

V – PERSONNALITÉ MORALE DES AUTRES GROUPEMENTS

30) Comité d'entreprise. La personnalité civile n'étant pas une création de la loi, elle appartient, en principe, à tout groupement pourvu d'une possibilité d'expression collective pour la défense d'intérêts licites, dignes, par suite, d'être juridiquement reconnus et protégés ; ainsi le législateur en reconnaît implicitement, mais nécessairement, l'existence en faveur d'organismes créés par la loi elle-même, tel le comité d'entreprise, avec mission de gérer certains intérêts collectifs présentant ainsi le caractère de droits susceptibles d'être déduits en justice : ▪ Cass. civ., 2e sect. civ., 28 janv. 1954, n° 54-07.081 : *D.* 1954, 217, note G. Levasseur ; *JCP* 1954, II, 7978, concl. Lemoine ; *Dr. soc.* 1954, 161, note P. Durand. – F. Terré et Y. Lequette, *Grands arrêts de la jurisprudence civile*, t. 1, 12e éd., Dalloz, 2007, 18-19.

31) Fonds commun de placement. V. sous C. monét. fin., art. L. 214-20, annot. n° 1, p. 1014.

32) Groupe de sociétés. V. sous C. com., art. L. 233-1, annot. n° 1, p. 491.

33) La **Compagnie des commissaires-priseurs de Paris**, organisme privé créé par la loi avec mission de gérer certains intérêts collectifs, présentant le caractère de droits susceptibles d'être invoqués en justice, possède la personnalité morale : ▪ Cass. 1re civ., 18 janv. 2005 : *JurisData* n° 2005-026503 ; *Dr. sociétés* mai 2005, n° 86, obs. F.-X. Lucas ; *JCP* E 2005, 1834, n° 10, obs. J.-J. Caussain, Fl. Deboissy et G. Wicker.

34) Unité économique et sociale. V. sous C. trav., art. L. 2322-4, annot. n° 6, p. 1753.

VI – ABUS DE LA PERSONNALITÉ MORALE

Bibliographie : P. Diener, *Un abus de la personnalité morale, la société en sommeil : dix ans de droit de l'entreprise*, Litec, 1978, p. 81. – F. Gisserot, *La confusion des patrimoines est-elle une source autonome d'extension de la faillite ? : RTD com.* 1979, p. 49. – N. Fadel Raad, *L'abus de la personnalité morale en droit privé*, LGDJ, 1991.

35) Réactivation d'une société en sommeil. Le fait de réactiver une société en sommeil dans le but de racheter les actions des coassociés de celle-ci dans une société immobilière est entaché de fraude, celle-ci emportant la nullité des cessions d'actions, dès lors que l'opération tendait, en échappant à l'exigence d'un agrément, à prendre le contrôle de la société immobilière pour réaliser une opération purement financière, étrangère à l'objet social de cette dernière, grâce au démantèlement de son patrimoine : ▪ Cass. com., 25 avr. 2006, n° 01-15.754 ; *JurisData* n° 2006-033263 ; *Dr. sociétés* juill. 2006, n° 101, obs. H. Lécuyer ; *Dr. sociétés* nov. 2006, n° 162, obs. H. Hovasse ; *Rev. sociétés* 2006, p. 793, note A. Viandier.

36) Confusion de patrimoines. V. sous C. com., art. L. 621-2, p. 1988.

Art. 1843 *(L. n° 78-9, 4 janv. 1978)*. **– Les personnes qui ont agi au nom d'une société en formation avant l'immatriculation sont tenues des obligations nées des actes ainsi accomplis, avec solidarité si la société est commerciale, sans solidarité dans les autres cas. La société régulièrement immatriculée peut reprendre les engagements souscrits, qui sont alors réputés avoir été dès l'origine contractés par celle-ci.**

Voir : D. n° 78-704, 3 juill. 1978, art. 6, p. 156.
Sociétés commerciales, C. com., art. L. 210-6, al. 2, p. 169.

Bibliographie : J. Andréani, *Droit des sociétés en formation : un formalisme toujours de mise : Dr. sociétés* juin 2009, étude 10. • R. Besnard Goudet, *La nécessaire qualification de société en formation en matière de reprise des actes : Dr. sociétés* déc. 2001, p. 5. • J. Bonnard, *Le cautionnement des engagements souscrits pour le compte d'une société en formation : Rev. sociétés* 1992, p. 255. • C. Bourgeois, *Société en formation et exercice d'une action en justice : enjeux théoriques et pratiques : D.* 2008, p. 1160. • M. Dagot, *Un texte contestable : l'article 5 : D.* 1974, chron. p. 241. • G. Daublon, *Validité des actes et contrats réalisés avant l'immatriculation au registre du commerce : Defrénois* 1977, art. 31193. • P. Didier, *L'article 1843 du Code civil ou de la difficulté d'être européen : Mél. P. Drai*, Dalloz 2000, p. 549. • E. Garaud, *L'ouverture d'un compte-chèques au nom d'une société en formation : BJS* 1992, p. 728. • M. Germain, *Naissance et mort des sociétés commerciales : Études R. Roblot*, LGDJ, 1984, p. 217. • D. Gibirila, *L'incapacité d'ester en justice d'une société en formation et ses enjeux : RJDA* 2006, p. 915. • D. Laroche, *La reprise des engagements pris au nom d'une société en formation : Banque* 1970, p. 1036. • Chr. Lopez, *La responsabilité solidaire et indéfinie des fondateurs : le sort des engagements pris au nom d'une société en formation en cas de défaut de reprise des actes par la société : JCP* E 1998, p. 408. • E. Paillet, *L'activité de la société en formation : Rev. sociétés* 1980, p. 419. • D. Plantamp, *Le point de départ de la période de formation des sociétés commerciales : RTD com.* 1994, p. 1.

I – SITUATION DES FONDATEURS

1) Qualité de fondateur. *a)* Attribution de la qualité de fondateur. Sont fondateurs ceux qui ont concouru à l'organisation de la société, à condition que la nature de ce concours permette de leur attribuer une part d'initiative dans les actes ayant abouti à la création de la société : ▪ Cass. civ., 30 oct. 1928 : *D.* 1930, 1, p. 9, note A. Cheron. ▪ Cass. civ., 1er juill. 1930 : *D.* 1931, 1, p. 97, note J. Hamel. ▪ Cass. com., 6 juill. 1970 : *JCP* 1971, II, 16724, note N. Bernard. – Est fondateur celui qui traite et établit des devis directement avec la clientèle (▪ CA Paris, 9 avr. 1973 :

BJS 1973, p. 671), peu important qu'il ne soit ni dirigeant, ni associé de la société (▪ CA Aix-en-Provence, 22 févr. 2000 : *JurisData* n° 2000-114303), ou qui intervient dans l'embauche du personnel ou encore qui supervise la production (▪ Cass. soc., 1er févr. 2001 : *JCP* E 2001, p. 895, obs. A. Viandier et J.-J. Caussain). – La même qualité doit être reconnue au futur associé qui signe deux formulaires en vue de l'immatriculation de la société à l'URSSAF : ▪ CA Paris, 13 mars 1980 : *BRDA* 1980, n° 18, p. 16. – La mise en cause d'un fondateur exige qu'il soit démontré qu'il a participé à l'acte litigieux : ▪ Cass. com., 25 oct. 1983 : *Rev. sociétés* 1984, p. 523, note J.-L. Sibon. – La seule qualité d'associé ne suffit pas à tenir l'intéressé pour responsable des actes accomplis au nom d'une société en formation : ▪ Cass. com., 20 nov. 1990 : *JCP* 1991, IV, 28. – Autrement dit, celui qui participe à la gestion d'une société en formation est réputé agir au nom de la société : ▪ Cass. soc., 1er févr. 2001, préc.

b) **Incompatibilité avec la qualité de gérant d'affaires.** Celui qui, ayant manifesté son intérêt pour le projet de création d'une société, a œuvré en collaboration avec les autres fondateurs agit en conséquence en qualité de fondateur, même s'il n'est finalement pas devenu associé, et non en qualité de gérant d'affaires du titulaire du brevet que devait exploiter la société projetée ; également, la société n'ayant pas la personnalité morale antérieurement à son immatriculation, elle ne saurait avoir la qualité de maître de l'affaire au titre de l'activité ainsi développée : ▪ Cass. com., 31 janv. 2006, n° 03-16.280 : *BJS* 2006, p. 801, note R. Mortier.

2) Obligations des fondateurs. *a)* **Principe de l'engagement personnel.** Lorsqu'une adjudication a été faite pour le compte de trois personnes prises en leur qualité d'associés fondateurs d'une société en formation, l'adjudication n'est pas portée au nom de cette société, mais à celui de ces associés, qui restent tenus à défaut de reprise : ▪ Cass. com., 20 févr. 2007, n° 05-14.058 : *BJS* 2007, p. 732, note B. Saintourens ; *D.* 2007, p. 808. – La loi prévoyant, à défaut de reprise par la société, l'engagement personnel des fondateurs pour les actes passés au nom de la société en formation, le seul fait que le fondateur ait signé un acte « en qualité de représentant de la société » ne peut suffire à le décharger de cet engagement : ▪ Cass. com., 8 mars 2005, n° 03-15.419 : *BJS* 2005, p. 1142, note B. Saintourens. – Jugé cependant qu'est irrégulier l'exercice du droit de préemption par des associés dont les titres sont cédés dès lors qu'ils avaient déclaré agir au nom d'une société en formation constituée entre eux : ▪ Cass. com., 28 mars 2006, n° 03-1.951 : *BJS* 2006, p. 1167.

b) **En l'absence d'une société créée de fait,** seuls les fondateurs sont tenus par les actes qu'ils ont effectués : ▪ Cass. com., 7 avr. 1992 : *BJS* 1992, p. 622, note P. Le Cannu.

c) Lorsque la société est commerciale, la **solidarité** vise les personnes ayant passé l'acte ou ayant donné mandat de le passer, sans s'étendre aux personnes qui lui sont restées étrangères même si elles ont pu acquérir, pour d'autres raisons, la qualité de fondateur : ▪ CA Paris, 11 juin 1971 : *JCP* 1972, II, 16981, note Y. Guyon. – *Adde* ▪ Cass. com., 9 nov. 1987 : *JCP* E 1988, 15168, n° 3, obs. A. Viandier et J.-J. Caussain.

d) Dès lors qu'il n'est pas établi que la société, après son immatriculation, ait repris un contrat de bail souscrit pour le compte de la société en formation, le fondateur est tenu à l'égard du bailleur des loyers et charges impayés : ▪ CA Paris, 17 mars 1998 : *JurisData* n° 1998-020496. – Les fondateurs qui ont accepté, au nom d'une société en formation, de continuer le **bail** du matériel après la liquidation du preneur et qui ne peuvent établir la reprise de ces actes par la société, à défaut notamment de constitution de cette dernière, sont solidairement et indéfiniment responsables à l'égard du bailleur, quels que soient les accords existant entre eux sur l'utilisation du matériel, ceux-ci restant inopposables aux tiers : ▪ CA Poitiers, 17 févr. 1998 : *JurisData* n° 1998-046242.

e) **Application de l'article 1415 du Code civil.** À défaut de reprise du contrat de prêt conclu au nom d'une société en formation, l'associé est personnellement tenu en qualité d'emprunteur de sorte que doit s'appliquer l'article 1415 du Code civil s'agissant de l'action du prêteur sur les biens communs : ▪ Cass. 1re civ. 9 juill. 2014, n° 13-20.356, PBI : *BJS* 2014, p. 367, note J.-F. Barbièri ; *Dr. sociétés* 2014, n° 160, obs. R. Mortier ; *JCP* E 2015, 1449, note T. Douville et 1651, n° 1, obs. F. Deboissy et G. Wicker ; *Rev. sociétés* 2015, p. 126, note E. Naudin ; cassant ▪ CA Versailles, 14 mars 2013, n° 12/05314 : *BJS* 2013, p. 130, note F.-X. Lucas.

II – REPRISE DES ACTES

3) Nature des engagements susceptibles d'être repris. *a)* **Principe.** Seuls des engagements impliquant des liens de droit peuvent être repris, ce qui ne sont pas de simples démarches ou pourparlers : ▪ CA Orléans, 22 févr. 1978 : *JCP* 1980, II, 19403, obs. Y. Guyon.

b) **Actes insusceptibles de reprise.**

– Les engagements constitutifs d'une manœuvre de **concurrence déloyale** ne sauraient être l'objet d'une reprise : ▪ CA Paris, 24 févr. 1977 : *JCP* G 1978, II, 18957, note Y. Chartier ; *D.* 1978, p. 32, note J.-C. Bousquet. – Toutefois la société en formation doit être condamnée sur le fondement de l'article 1382 du Code civil à réparer les actes de concurrence déloyale commis par son fondateur et dont elle a profité : ▪ Cass. com., 3 déc. 1991, 2 décisions : *RJDA* 1992, p. 185.

– L'autorisation d'exploiter accordée à un GAEC en cours de formation n'est pas soumise aux formalités de la reprise car elle ne constitue pas un engagement : ▪ Cass. 3e civ., 5 nov. 2014, n° 13-10.888, PB : *BJS* 2015, p. 20, J.-J. Barbièri ; *Rev. sociétés* 2015, p. 361, note J.-J. Ansault.

c) **Enchère faite au nom d'une société en formation.** Après son immatriculation, une société peut reprendre l'acquisition d'un bien immobilier réalisée par voie d'adjudication suite à une enchère faite pour son compte pendant sa formation, dès lors que l'enchère portée pour le compte de la société en formation avait été validée, les engagements souscrits étant réputés, en raison de leur reprise, avoir été contractés dès l'origine par la société : ▪ Cass. 2e civ., 19 déc. 2002 : *BJS* 2003, p. 483, note B. Saintourens ; *JCP* N 2003, 1248, note J.-P. Garçon ; *JCP* E 2003, 1203, n° 1, obs. J.-J. Caussain, Fl. Deboissy et G. Wicker. – V. égal. la solution très libérale admettant la validité de l'enchère portée au nom et pour le compte d'une société en cours de formation et représentée par sa gérante au motif que, la société ayant été constituée pour l'acquisition du bien, sa gérante avait nécessairement qualité pour enchérir et que ses pouvoirs, ainsi que l'acquisition réalisée par la société se trouvaient rétroactivement validés du fait de l'immatriculation : ▪ Cass. 2e civ., 10 sept. 2009, n° 08-15.882, PB : *Dr. sociétés* 2009, n° 217, obs. M.-L. Coquelet ; *JCP* E 2010, 1145, n° 1, obs. Fl. Deboissy et G. Wicker. – En revanche, la déclaration de surenchère faite par la société en formation elle-même est nulle : ▪ Cass. 2e civ., 28 sept. 2017, n° 16-20.903 : *BJS* 2018, p. 26, note T. de Ravel d'Esclapon ; *Dr. sociétés* 2018, n° 41, note R. Mortier.

d) **Actes de procédure.** Est irrecevable toute prétention émise par ou contre une société en formation, dépourvue du droit d'agir, cette situation n'étant pas susceptible d'être régularisée après l'acquisition de la personnalité morale par la société : ▪ Cass. com., 20 juin 2006, n° 03-15.957, PBIR : *BJS* 2006, p. 1419, note J.-J. Barbièri ; *D.* 2006, p. 1820, obs. A. Lienhard ; *Dr. sociétés* 2006, n° 43, obs. H. Lécuyer ; *JCP* E 2007, 1049, n° 1, obs. J.-J. Caussain, Fl. Deboissy et G. Wicker ; *Rev. sociétés* 2007, p. 65, note J.-F. Barbièri. ▪ Cass. com., 23 nov. 2010, n° 07-21.936. – *Contra*, ▪ Cass. 3e civ., 9 oct. 1996, n° 93-10.225 : *Procédures* déc. 1996, n° 348, obs. R. Perrot ; *RJ com.* 1998, p. 16, note D. Velardocchio. ▪ CA Nancy, 11 janv. 2010, n° 08-01.107 : *Dr. sociétés* 2010, n° 221, obs. M.-L. Coquelet. – V. égal., ▪ Cass. com., 30 nov. 1999 : *BJS* 2000, p. 331 ; *D.* 2000, p. 627, note E. Lamazerolles ; *Rev. sociétés* 2000, p. 512, note M. Beaubrun. ▪ Cass. com., 14 juin 2000 : *BJS* 2000, p. 1078, note B. Saintourens. – *Adde* D. Gibirila, *L'incapacité d'ester en justice d'une société en formation et ses enjeux* : *RJDA* 2006, p. 915. – E. Guégan, *Les actes de procédure réalisés avant l'immatriculation de la société* : *Dr. sociétés* 2019, étude 1, p. 7.

e) **L'effet rétroactif** attaché à la reprise des engagements souscrits au nom d'une société en formation suppose que ces engagements aient été contractés avant l'immatriculation de la société : ▪ Cass. com., 21 sept. 2004 : *JurisData* n° 2004-024939 ; *BJS* 2005, p. 287, obs. B. Saintourens ; *JCP* E 2004, act., p. 1618.

4) Exigence d'un acte contracté au nom d'une société en formation. V. sur les conséquences de l'absence de personnalité morale de la société en formation, sous C. civ., art. 1842, annot. n° 11, p. 43.

a) Pour que la reprise soit **opposable** au cocontractant, il faut que l'acte ait bien été passé au nom de la société en formation ; tel n'est pas le cas pour une commande passée au nom de l'un des actionnaires et de la « parfumerie X », simple dénomination commerciale : ▪ Cass. com., 18 déc. 1990 : *BRDA* 15 mars 1991, p. 10. – V. égal., ▪ Cass. com., 2 févr. 2010, n° 09-13.405 : *BJS* 2010, p. 454, note J.-F. Barbièri ; *Dr. sociétés* 2010, n° 132, obs. M.-L. Coquelet.

b) Dès lors que l'acte de vente indiquait que la société était en cours d'immatriculation, le fait, qui résultait d'une simple maladresse de rédaction, que son auteur ait été désigné comme gérant et non comme associé agissant pour le compte d'une société en formation n'affecte pas la régularité de l'acte : ▪ Cass. 3e civ., 4 juill. 2001, n° 99-20.667 : inédit.

5) Changement de forme sociale pendant la période de formation. Lors même que pendant la période de formation les associés ont modifié leur projet initial pour retenir la forme de la SARL plutôt que celle de la SAS, les engagements souscrits avant cette modification peuvent être repris dans la mesure où cette modification ne concernait pas la continuité du projet social dont l'objet était demeuré inchangé : ▪ Cass. com., 13 juill. 2010, n° 09-68.142 : *Dr. sociétés* 2010, n° 196, obs. M.-L. Coquelet.

6) Modalités de la reprise. *a)* Reprise *a posteriori*.

– **Principe.** Seule une **délibération spéciale** de la collectivité des associés *[SA]*, prise sauf clause statutaire contraire à la majorité d'entre eux, constitue l'accomplissement régulier de la formalité exigée par les textes : ▪ Cass. com., 12 juill.

2004 : *JurisData* n° 2004-024792 ; *BJS* 2004, p. 1504, note J.-J. Daigre ; *Dr. sociétés* déc. 2004, n° 206, obs. F.-G. Trébulle ; *JCP* E 2004, act., p. 1223.

– **Applications.** La reprise des engagements souscrits par les personnes ayant agi au nom d'une société en formation ne peut résulter, après immatriculation de celle-ci, que d'une décision prise par les associés ; dans le cas où la société ne comporte qu'un seul associé *[EURL]*, ce dernier est habile à prendre une telle décision aux lieu et place de l'assemblée des associés, celle-ci ne pouvant résulter que d'un acte exprès répertorié dans le registre prévu à cet effet *[C. com., art. L. 223-31]* : ▪ Cass. com., 31 mai 2005 : *BJS* 2006, p. 1417, note H. Lécuyer ; *D.* 2005, p. 1700, obs. A. Lienhard ; *Dr. et patrimoine* sept. 2005, p. 111, obs. D. Poracchia ; *Dr. sociétés* août-sept. 2005, n° 161, obs. J. Monnet ; *JCP* E 2005, 1051. – *Contra*, la reprise des engagements souscrits au nom d'une société en formation n'est soumise à aucune condition de forme et doit seulement résulter d'une décision non équivoque de la majorité des actionnaires ; en conséquence, la signature par l'ensemble des actionnaires d'une société anonyme d'un pacte d'actionnaires qui stipule que les associés confirment le rôle de l'un d'entre eux tel qu'il est prévu par le contrat de licence exclusive d'exploitation de marque souscrit au nom de la société en formation vaut reprise par la société de ce contrat : ▪ CA Paris, 3 avr. 2002 : *JurisData* n° 2002-186456.

b) **Mandat.**

– **Mandat spécial.** Est inefficace une clause générale stipulant que tous les engagements qui devront être pris par le gérant dans le cadre de l'objet social pour le compte de la société en formation seront repris par celle-ci dès son immatriculation : ▪ Cass. com., 21 juill. 1987 : *Rev. sociétés* 1987, p. 590, note P. Le Cannu. – Même solution lorsque ni le mandat donné par les statuts ni les documents annexés auxquels ils renvoient ne déterminent les engagements devant être pris pour le compte de la société en formation : ▪ Cass. com, 14 nov. 2006, n° 05-16.527 : *Dr. sociétés* 2007, n° 3, obs. H. Lécuyer ; *BJS* 2007, p. 374, note J.-F. Barbièri ; *JCP* E 2007, 1145, note J. Monnet. – L'immatriculation de la société emporte reprise automatique de l'emprunt contracté au nom d'une société en formation en vertu d'un mandat consenti par les associés et ayant pour objet l'acquisition d'un immeuble et l'emprunt d'une somme destinée à son financement : ▪ Cass. com., 18 mai 2005 : *JurisData* n° 2005-028467. – Même solution, lors même que les statuts subordonnaient la reprise à une approbation par l'assemblée postérieurement à l'immatriculation : ▪ Cass. com., 18 mai 2005, n° 02-13.983 : *BJS* 2005, p. 1377, note H. Lécuyer.

– **Mandat postérieur.** S'agissant de deux engagements nécessaires à l'activité de la société en formation, à savoir la signature du bail commercial et la réalisation de travaux d'aménagement du local loué, la décision de reprise de ces engagements contractés au nom de la société en formation peut résulter d'un mandat donné par l'ensemble des associés postérieurement à ces engagements, mais antérieurement à l'immatriculation de la société : ▪ Cass. com., 14 janv. 2003 : *BJS* 2003, p. 431, note B. Saintourens, p. 483. ▪ Cass. com., 1er juill. 2008, n° 07-10.676, PB : *BJS* 2008, p. 959, note J.-F. Barbièri ; *Dr. sociétés* 2008, n° 254, obs. J. Monnet ; *JCP* E 2008, 2299, note C. Boismain.

– **Personnes désignées.** Le mandat peut être donné à l'associé gérant : ▪ Cass. com., 9 oct. 2001 : *BJS* 2002, p. 71, note M. Menjucq.

– **Caractère indifférent du concours de tous les associés à l'acte.** Le fait que tous les associés aient concouru à la conclusion du contrat ne permet pas de considérer que cet acte a été contracté en vertu d'un mandat donné par les futurs associés : ▪ Cass. com., 6 déc. 2005, n° 03-16.853 : *JurisData* n° 2005-031394 ; *BJS* 2006, p. 517, note P. Le Cannu ; *Dr. sociétés* mars 2006, n° 35, obs. H. Lécuyer. – Même solution, lors même que les associés avaient accepté la prise en charge par la société des obligations résultant du contrat : ▪ Cass. com., 23 mai 2006, n° 03-15.486 : *BJS* 2006, p. 1157, note P. Scholer ; *D.* 2006, p. 1602, obs. A. Lienhard ; *JCP* E 2006, 2037. – La seule circonstance pour deux époux, acquéreurs d'un immeuble pour le compte d'une société civile en formation, d'être les deux seuls associés, fondateurs et signataires des statuts, est insuffisante pour entraîner une reprise de plein droit : ▪ Cass. com., 20 janv. 1987 : *JCP* E 1987, 16342, n° 4, obs. A. Viandier et J.-J. Caussain. – L'acceptation de cessions de créances par trois des quatre fondateurs de sociétés en formation n'emporte pas reprise par ces dernières : ▪ Cass. com., 9 oct. 2007, n° 06-16.483 : *JCP* E 2008, 1517, note C. Lebel ; *Dr. sociétés* 2008, n° 25, obs. R. Mortier.

c) **Annexion des actes aux statuts.** Vaut reprise expresse, équivalent à l'annexion d'un état aux statuts, l'indication dans une clause des statuts du contrat souscrit pour le compte de la société en formation : ▪ Cass. 3e civ., 13 juill. 2001, n° 10-18.640 : *Dr. sociétés* 2011, n° 188, obs. R. Mortier.

d) **Exclusion de toute autre modalité de reprise.**

– **Principe.** La reprise des engagements souscrits pour le compte d'une société en formation ne peut être établie sans que soit constaté l'accomplissement régulier de l'une ou l'autre des formalités prescrites par la loi, ce qui exclut toute forme de reprise implicite : ▪ Cass. com., 13 déc. 2011, n° 11-10.699, PB : *BJS* 2012, p. 393, note P. Le Cannu ; *D.* 2012, p. 91, obs. A. Lienhard ; *Dr. sociétés* 2012, n° 39, obs. R. Mortier.

– **Consentement implicite.** Le seul fait que les charges financières résultant d'un contrat conclu au nom d'une société en formation aient été intégrées dans les comptes sociaux approuvés par la majorité des associés ne suffit pas à établir sa reprise par la société alors même que cette question, bien qu'elle n'ait pas été traitée, figurait à l'ordre du jour de l'assemblée : ▪ Cass. com., 22 nov. 2005 ; *JurisData* n° 2005-030933 ; *Dr. sociétés* 2006, n° 24, obs. J. Monnet.

– **Comportement procédural.** Le fait que la société prenne la qualité de contractant à l'occasion de multiples actes de procédure ne suffit pas pour qu'il y ait reprise du contrat souscrit alors qu'elle était en cours de formation : ▪ Cass. com., 20 févr. 2019, n° 17-14.442 : *BJS* 2019, p. 6, note T. de Ravel d'Esclapon.

– **Exécution de l'engagement.** La reprise par une société immatriculée des engagements pris en son nom lors de sa constitution ne peut pas être implicite ; notamment, dans le cas d'un prêt, la reprise ne peut résulter de son remboursement par la société : ▪ Cass. 1re civ., 26 avr. 2000 : *BJS* 2000, p. 849, note B. Saintourens ; *D.* 2000, act. jurispr. p. 331, obs. M. Boizard. ▪ Cass. 1re civ., 2 oct. 2002 : *BJS* 2002, p. 1335, note B. Saintourens ; *D.* 2002, p. 2807, obs. A. Lienhard ; *D.* 2004, somm. p. 267, obs. J.-C. Hallouin ; *Dr. sociétés* 2003, n° 63, note F.-X. Lucas ; *JCP* E 2003, 627, n° 1, obs. J.-J. Caussain, Fl. Deboissy et G. Wicker ; *Rev. sociétés* 2003, p. 119, note J.-F. Barbièri. ▪ Cass. com., 1er avr. 2003 : *BJS* 2003, p. 827, note P. Scholer ; *Dr. sociétés* déc. 2003, n° 205, obs. F.-G. Trébulle. – V. aussi, ▪ Cass. com., 12 juill. 2004 : préc. *a)*. ▪ Cass. com., 31 mai 2005, préc. *a)*. – De la même façon, s'agissant d'un contrat d'entreprise contracté au nom d'une société en formation, la réception de la livraison et le paiement partiel du prix, de même que la rétention du solde du prix au motif de l'existence de malfaçons, ne valent pas reprise explicite par la société, après son immatriculation, de l'engagement : ▪ Cass. com., 17 juin 2008, n° 07-14.608 (FD) : *BJS* 2008, p. 958, note J.-F. Barbièri. – Comp. pour l'application des règles de la gestion d'affaires à des actes irréguliers au regard des règles statutaires de pouvoirs dans le cas d'une association : ▪ Cass. 1re civ., 29 mai 2001 : *RJDA* 2000, n° 10 ; *RTD civ.* 2002, p. 298, obs. J. Mestre et B. Fages.

– **Inefficacité d'une stipulation contractuelle figurant dans l'acte conclu au nom de la société en formation.** V. ▪ Cass. 3e civ., 15 oct. 2015, n° 13-24.355 : *BJS* 2015, p. 622, note J.-F. Barbièri.

7) Opposabilité de la reprise et publicité foncière. Jugé que, lorsque des biens immobiliers ont été acquis pour le compte d'une société en formation, la reprise de cet engagement *[en l'espèce, 20 ans après l'acquisition]* est de plein droit opposable aux tiers sans que la décision de reprise ait à être publiée à la conservation des hypothèques, motif pris que la décision est déclarative ; en conséquence, doit être ordonnée la mainlevée de l'hypothèque judiciaire provisoire inscrite sur les biens, antérieurement à la décision de reprise, en garantie de dettes dont était tenu le fondateur ayant réalisé l'acquisition : ▪ Cass. 3e civ., 9 juill. 2003 : *BJS* 2003, p. 1191, note B. Saintourens ; *D.* 2003, p. 2240 ; *JCP* E 2003, act., p. 219.

8) Effets rétroactif de la reprise. *a)* **Décharge des fondateurs.** Le fondateur n'est pas responsable de la lettre de change qu'il a acceptée en tant que mandataire et qui a été reprise par la société : ▪ Cass. com., 15 juin 1993 : *RJDA* 1993, p. 773. – La reprise d'un acte passé pour le compte d'une société en formation décharge les associés ayant passé l'acte, peu important que seul l'un d'entre eux ait été investi du mandat spécial nécessaire à cette reprise : ▪ Cass. com., 13 déc. 2005, n° 04-12.528 : *BJS* 2006, p. 518, note P. Le Cannu ; *JCP* E 2006, 1126. – V. égal., ▪ Cass. com., 26 févr. 2013, n° 11-27.521 : *BJS* 2013, p. 385, note B. Dondero ; *Dr. sociétés* 2013, n° 96, obs. R. Mortier ; *JCP* E 2013, 1520, note J.-M. Desaché ; *Rev. sociétés* 2013, p. 615, note J.-F. Barbièri.

▪ Cass. 3e civ., 7 avr. 2016, n° 15-10.881, PB : *BJS* 2016, p. 642, note H. Barbier ; *Dr. sociétés* 2016, n° 100, obs. H. Hovasse ; *Rev. sociétés* 2016, p. 523, note B. Saintourens.

b) **Renouvellement du bail commercial.** Par l'effet de la reprise, les engagements étant réputés souscrits dès l'origine par la société, celle-ci est également réputée avoir également dès l'origine la personnalité morale, de sorte que le bailleur, ayant délivré congé antérieurement à son immatriculation, ne peut prendre argument de ce défaut d'immatriculation pour lui opposer un refus de renouvellement du bail commercial : ▪ Cass. 3e civ., 7 déc. 2011, n° 10-26.726, PB : *BJS* 2012, p. 288, note P. Le Cannu ; *D.* 2012, p. 11, obs. A. Lienhard ; *Dr. sociétés* 2012, n° 40, obs. R. Mortier ; *Rev. sociétés* 2012, p. 218, note A. Reygrobellet. – Néanmoins, lorsque n'est pas en jeu la question de la reprise du bail, la société doit être inscrite au RCS à la date du congé pour prétendre bénéficier du statut des baux commerciaux : ▪ Cass. 3e civ., 22 janv. 2014, n° 12-26.179, PB. – V. pour une hypothèse de reprise exclusive de fraude, ▪ Cass. 3e civ., 2 févr. 2005, n° 03-18.575 : *BJS* 2005, p. 645, note B. Saintourens ; *D.* 2005, p. 718, obs. A. Lienhard ; *JCP* E 2005, act., p. 452 ; *Dr. sociétés* 2005, n° 127, obs. F.-G. Trébulle.

c) **Attribution rétroactive de la qualité pour agir.** S'agissant d'une vente contractée pour le compte d'une société en formation, celle-ci, après acquisition de sa personnalité morale, est réputée avoir acquis la qualité de propriétaire, et donc la qualité pour agir en diminution de prix, dès le jour de la vente dès lors qu'est intervenue la décision de reprise, peu important la date de cette dernière : ▪ Cass. 3e civ., 7 avr. 2016, n° 15-10.881, PB : *BJS* 2016, p. 642, note H. Barbier ; *Dr. sociétés* 2016, n° 100, obs. H. Hovasse ; *Rev. sociétés* 2016, p. 523, note B. Saintourens.

9) Objet de la reprise. Une **clause attributive de compétence** territoriale dans un contrat qui a fait l'objet d'une reprise par la société reste applicable : ▪ Cass. com., 20 oct. 1992 : *BJS* 1992, p. 1290.

10) Défaut de reprise. *a)* Une société ne peut agir contre le vendeur d'un immeuble qui refuse de signer l'acte authentique dès lors que la **vente**, acceptée par les fondateurs pour la société, n'a pas été reprise par cette dernière : ▪ Cass. 3e civ., 5 janv. 1994 : *BJS* 1994, p. 289, note R. Micha-Goudet.

b) Jugé que, en cas de non-respect des modalités légales de reprise, le **contrat de travail** conclu au nom d'une société en formation est inopposable au mandataire-liquidateur de la société, alors même qu'il avait reçu exécution postérieurement à son immatriculation : ▪ Cass. com., 27 mai 2003 : *BJS* 2003, p. 918, note B. Saintourens ; *JCP* E 2004, 29, n° 2, obs. crit. J.-J. Caussain, Fl. Deboissy et G. Wicker.

c) **Cautionnement.** Jugé que, à défaut de respect des modalités légales de reprise, et malgré son exécution par la société, le prêt contracté en son nom alors qu'elle était en formation reste à la charge de son auteur ; en conséquence, la caution qui s'était engagée pour garantir la société n'est pas tenue : ▪ Cass. 1re civ., 2 oct. 2002 : *BJS* 2002, p. 1335, note B. Saintourens ; *D.* 2002, p. 2807, obs. A. Lienhard ; *D.* 2004, somm. p. 267, obs. J.-C. Hallouin ; *Dr. sociétés* 2003, n° 63, note F.-X. Lucas ; *JCP* E 2003, 627, n° 1, obs. J.-J. Caussain, Fl. Deboissy et G. Wicker ; *Rev. sociétés* 2003, p. 119, note J.-F. Barbièri. ▪ Cass. com., 1er avr. 2014, n° 12-23.501 : *Dr. sociétés* 2014, n° 161, obs. R. Mortier. – À l'opposé, jugé que les cautions qui se sont engagées en garantie du prêt souscrit au nom d'une société, alors qu'elle était en formation, sont tenues à exécution dès lors que, malgré le non-respect des formalités légales de reprise, la société a assumé la charge de son remboursement après son immatriculation : ▪ Cass. com., 5 nov. 2003 : *BJS* 2004, p. 269, note J.-F. Barbièri. – Le prêt contracté au nom d'une société en formation, qui, n'ayant pas été immatriculée, est dépourvue de personnalité morale, n'engage que celui qui agit en son nom, de sorte que l'obligation de restituer les fonds est à la charge d'une personne distincte de la personne morale prévue dans le contrat de prêt et de cautionnement ; par suite la caution ne peut être tenue à garantir la dette d'une personne autre que celle désignée dans l'acte de cautionnement : ▪ Cass. com., 16 juin 2004 : *BJS* 2004, p. 1095, note R. Routier.

11) Substitution de contractant. *a)* **Clause de substitution.** Lors même que les formalités de reprise imposées par la loi n'ont pas été respectées, le contrat souscrit par un fondateur peut être repris par la société après son immatriculation en application d'une clause de substitution : ▪ Cass. com., 21 mars 2018, n° 15-29.377 : *Dr. sociétés* 2018, n° 119, obs. R. Mortier ; *JCP* E 2018, 1361, note C. Barillon.

*b)***Substitution conventionnelle *a posteriori*.** La société constituée après l'engagement souscrit à titre personnel par l'un de ses associés peut être substituée à celui-ci par la volonté des parties, et indépendamment des modes légaux de reprise, dès lors qu'il est constaté que la société a accompli des actes d'exécution du contrat en adressant au cocontractant des factures, lesquelles portaient la signature, en qualité de directeur de celles-ci, de l'associé primitivement engagé : ▪ Cass. 2e civ., 14 déc. 2006, n° 04-20.673 : *Dr. sociétés* 2007, n° 23, obs. H. Lécuyer.

Art. 1843-1 *(L. n° 78-9, 4 janv. 1978)*. **– L'apport d'un bien ou d'un droit soumis à publicité pour son opposabilité aux tiers peut être publié dès avant l'immatriculation et sous la condition que celle-ci intervienne. À compter de celle-ci, les effets de la formalité rétroagissent à la date de son accomplissement.**

Bibliographie : P. Frémont, *Les acquisitions immobilières des sociétés non encore immatriculées vues sous l'angle de la publicité foncière : JCP* N 1980, 393.

1) Conséquence de la publicité. Le transfert de propriété que réalise l'apport au profit de la société est opposable aux tiers dès la publication : ▪ Cass. 3e civ., 5 févr. 1970 : *Bull. civ.* III, n° 93. – En conséquence, un créancier personnel ne peut inscrire une hypothèque sur le bien apporté par son débiteur dès lors que l'apport de l'immeuble a été antérieurement publié, peu important que la société n'ait été immatriculée au RCS que postérieurement : ▪ CA Agen : *BJS* 2008, p. 880, note J.-J. Barbièri.

2) Conséquence du défaut de publicité. Le défaut de publication constitue une cause de responsabilité des dirigeants de la société bénéficiaire de l'apport : ▪ T. civ. Valenciennes, 26 juin 1952 : S. 1953, 2, p. 49.

Code de commerce

Art. L. 141-12 *(Mod., L. n° 2003-7, 3 janv. 2003 ; L. n° 2005-845, 26 juill. 2005 ; L. n° 2012-387, 22 mars 2012 ; L. n° 2015-990, 6 août 2015 ; L. n° 2016-1524, 14 nov. 2016)*. – Sous réserve des dispositions relatives à l'apport en société des fonds de commerce prévues aux articles L. 141-21 et L. 141-22, toute vente ou cession de fonds de commerce, consentie même sous condition ou sous la forme d'un autre contrat, ainsi que toute attribution de fonds de commerce par partage ou licitation, est, sauf si elle intervient en application de l'article L. 642-5, dans la quinzaine de sa date, publiée à la diligence de l'acquéreur *(Mots rempl., L. n° 2019-486, 22 mai 2019)* « sur un support habilité à recevoir des annonces légales dans » le département dans lequel le fonds est exploité et sous forme d'extrait ou d'avis au *Bulletin officiel des annonces civiles et commerciales*. En ce qui concerne les fonds forains, le lieu d'exploitation est celui où le vendeur est inscrit au registre du commerce et des sociétés.

Art. L. 141-13 *(Mod., L. n° 2015-990, 6 août 2015)*. – La publication de l'extrait ou de l'avis faite en exécution de l'article précédent doit être, à peine de nullité, précédée soit de l'enregistrement de l'acte contenant mutation, sauf s'il s'agit d'un acte authentique, soit, à défaut d'acte, de la déclaration prescrite par les articles 638 et 653 du Code général des impôts. Cet extrait doit, sous la même sanction, rapporter les date, volume et numéro de la perception, ou, en cas de simple déclaration, la date et le numéro du récépissé de cette déclaration et, dans les deux cas, l'indication du bureau où ont eu lieu ces opérations. Il énonce, en outre, la date de l'acte, les noms, prénoms et domiciles de l'ancien et du nouveau propriétaire, la nature et le siège du fonds, le prix stipulé, y compris les charges ou l'évaluation ayant servi de base à la perception des droits d'enregistrement, l'indication du délai ci-après fixé pour les oppositions et une élection de domicile dans le ressort du tribunal.

Art. L. 141-14 *(Mod., L. n° 2003-7, 3 janv. 2003 ; L. n° 2015-990, 6 août 2015 ; L. n° 2016-1524, 14 nov. 2016)*. – Dans les dix jours suivant la dernière en date des publications prévues à l'article L. 141-12, tout créancier du précédent propriétaire, que sa créance soit ou non exigible, peut former au domicile élu, par acte extrajudiciaire ou par lettre recommandée avec demande d'avis de réception, opposition au paiement du prix. L'opposition, à peine de nullité, énonce le chiffre et les causes de la créance et contient une élection de domicile dans le ressort de la situation du fonds. Le bailleur ne peut former opposition pour loyers en cours ou à échoir, et ce, nonobstant toutes stipulations contraires. Aucun transport amiable ou judiciaire du prix ou de partie du prix n'est opposable aux créanciers qui se sont ainsi fait connaître dans ce délai.

Art. L. 141-15 *(Mod., L. n° 2015-990, 6 août 2015)*. – Au cas d'opposition au paiement du prix, le vendeur peut, en tout état de cause, après l'expiration du délai de dix jours, se pourvoir en référé devant le président du tribunal afin d'obtenir l'autorisation de toucher son prix malgré l'opposition, à la condition de verser à la Caisse des dépôts et consignations, ou aux mains d'un tiers commis à cet effet, une somme suffisante, fixée par le juge des référés, pour répondre éventuellement des causes de l'opposition dans le cas où il se reconnaîtrait ou serait jugé débiteur. Le dépôt ainsi ordonné est affecté spécialement, aux mains du tiers détenteur, à la garantie des créances pour sûreté desquelles l'opposition aura été faite et privilège exclusif de tout autre leur est attribué sur ledit dépôt, sans que, toutefois, il puisse en résulter transport judiciaire au profit de l'opposant ou des opposants en cause à l'égard des autres créanciers opposants du vendeur, s'il en existe. À partir de l'exécution de l'ordonnance de référé, l'acquéreur est déchargé et les effets de l'opposition sont transportés sur le tiers détenteur.

Le juge des référés n'accorde l'autorisation demandée que s'il lui est justifié par une déclaration formelle de l'acquéreur mis en cause, faite sous sa responsabilité personnelle et dont il est pris acte, qu'il n'existe pas d'autres créanciers opposants que ceux contre lesquels il est procédé. L'acquéreur, en exécutant l'ordonnance, n'est pas libéré de son prix à l'égard des autres créanciers opposants antérieurs à ladite ordonnance s'il en existe.

Art. L. 141-16 *(Mod., L. n° 2015-990, 6 août 2015)*. – Si l'opposition a été faite sans titre et sans cause ou est nulle en la forme et s'il n'y a pas instance engagée au principal, le vendeur peut se pourvoir en référé devant le président du tribunal, à l'effet d'obtenir l'autorisation de toucher son prix, malgré l'opposition.

Art. L. 141-17 *(Mod., L. n° 2015-990, 6 août 2015)*. – L'acquéreur qui paie son vendeur sans avoir procédé *(Mots rempl., L. n° 2016-1524, 14 nov. 2016)* « aux publications prescrites », ou avant l'expiration du délai de dix jours, n'est pas libéré à l'égard des tiers.

Art. L. 141-18 *(Abr., L. n° 2015-990, 6 août 2015 ; rétabli dans la version suivante, L. n° 2016-1524, 14 nov. 2016)*. – Si la vente ou la cession d'un fonds de commerce comprend des succursales ou établissements situés sur le territoire français, l'inscription et la publication prescrites aux articles L. 141-6 à L. 141-17 doivent être faites également *(Mots rempl., L. n° 2019-486, 22 mai 2019)* « sur un support habilité à recevoir des annonces » légales au lieu du siège de ces succursales ou établissements.

....

Art. L. 141-21 *(Mod., L. n° 2015-990, 6 août 2015 ; L. n° 2016-1691, 9 déc. 2016)*. **–** Sauf s'il résulte d'une opération de fusion ou de scission soumise aux dispositions du quatrième alinéa de l'article L. 236-2 et des articles L. 236-7 à L. 236-22 ou s'il est fait à une société détenue en totalité par le vendeur, tout apport de fonds de commerce fait à une société en constitution ou déjà existante doit être porté à la connaissance des tiers dans les conditions prévues par les articles L. 141-12 à L. 141-18 *(Mots rempl., L. n° 2019-486, 22 mai 2019)* « sur un support habilité à recevoir des annonces » par voie d'insertion au *Bulletin officiel des annonces civiles et commerciales*.

Dans ces insertions, l'élection de domicile est remplacée par l'indication du greffe du tribunal de commerce où les créanciers de l'apporteur doivent faire la déclaration de leurs créances.

Art. L. 141-22 *(Mod., L. n° 2015-990, 6 août 2015 ; L. n° 2016-1524, 14 nov. 2016)*. **–** Dans les dix jours de la dernière en date des publications prévues aux articles L. 141-12 et L. 141-13, tout créancier non inscrit de l'associé apporteur fait connaître au greffe du tribunal de commerce de la situation du fonds, sa qualité de créancier et la somme qui lui est due. Le greffier lui délivre un récépissé de sa déclaration.

À défaut par les associés ou l'un d'eux de former dans la quinzaine suivante une demande en annulation de la société ou de l'apport, ou si l'annulation n'est pas prononcée, la société est tenue, solidairement avec le débiteur principal, au paiement du passif déclaré dans le délai ci-dessus et justifié.

En cas d'apport d'un fonds de commerce par une société à une autre société, notamment par suite d'une fusion ou d'une scission, les dispositions de l'alinéa précédent ne sont pas applicables lorsqu'il y a lieu à application des articles L. 236-14, L. 236-20 et L. 236-21 ou lorsque est exercée la faculté prévue à l'article L. 236-22.

Art. 1843-2 *(Mod., L. n° 82-596, 10 juill. 1982)*. **– Les droits de chaque associé dans le capital social sont proportionnels à ses apports lors de la constitution de la société ou au cours de l'existence de celle-ci.**

Les apports en industrie ne concourent pas à la formation du capital social mais donnent lieu à l'attribution de parts ouvrant droit au partage des bénéfices et de l'actif net, à charge de contribuer aux pertes.

Voir : Apports, C. civ., art. 1832, p. 3 et 1843-3, p. 55.

Bibliographie : M.-J. Cambassedes, *La nature et le régime juridique de l'opération d'apport : Rev. sociétés* 1976, p. 431. • M. Geninet, *Les quasi-apports en société : Rev. sociétés* 1987, p. 25. • *Adde* S. Dana-Demaret, *JCl. Sociétés traité*, Fasc. 10-10 *(Théorie des apports – Notion d'apport en société)*.

1) Exigence d'un apport. V. sous C. civ., art. 1832, annot. n° 9, p. 7.

2) Traitement fiscal de l'opération d'apport. L'attribution d'un titre social en contrepartie de la réalisation d'un apport *[apport en numéraire]* ne constitue pas une prestation de services à titre onéreux, et n'est pas en conséquence assujettie à la TVA : ▪ CJCE, 12 juin 2003, *Kaphag : Rev. sociétés* 2004, p. 394, note C. David ; *RJF* 10/2003, n° 1194 ; *RTD com.* 2003, p. 842, obs. Fl. Deboissy. ▪ CJCE, 26 mai 2005 : *RJF* 8-9/2005, n° 840.

3) Rémunération de l'apport. Cassation pour manque de base légale de l'arrêt ayant retenu que l'apport d'un brevet et de marques avait produit son plein effet dès son approbation par l'assemblée et l'attribution immédiate des parts à l'apporteur sans rechercher si la seconde augmentation de capital par capitalisation de la prime d'apport et l'attribution corrélative de nouvelles parts à l'apporteur ne constituaient pas un élément de la contrepartie du premier apport : ▪ Cass. com., 7 juill. 2004 : *BJS* 2005, p. 42, note Y. Reinhard et Fl. Passot. – L'apport en nature de brevet et de marques rémunéré par l'attribution de titres sociaux et par l'inscription, au passif du bilan, d'une prime d'apport représentant la différence entre l'augmentation de capital réalisée et la valeur de cet apport, a opéré transfert des droits à la société, l'apporteur ayant été rémunéré de son apport à proportion de la valeur de ce dernier : ▪ Cass. com., 3 avr. 2007, n° 06-13.930 : *BJS* 2007, p. 1239, note D. Vidal.

4) Apports en industrie. *a)* Qualité d'associé de l'apporteur en industrie. V. sous C. civ., art. 1844-5, annot. n° 1, p. 90.

b) **Contribution aux pertes de l'apporteur en industrie.** Dès lors qu'il est établi que les associés d'une société civile professionnelle ont entendu répartir les pertes dans la proportion de leurs droits aux bénéfices, les parts représentatives d'apports en industrie doivent être prises en compte dans le calcul des pertes auxquelles les associés sont tenus de contribuer : ▪ Cass. 1re civ., 29 nov. 1994 : *BJS* 1995, p. 149, note R. Baillod.

c) **Droits pécuniaires de l'apporteur en industrie en cas de retrait.** V. sous D. n° 92-680, 20 juill. 1992, art. 39, annot. n° 1, p. 2894.

5) Qualité d'associé de l'apporteur en industrie. V. sous C. civ., art. 1844-5, annot. n° 1, p. 90.

Art. 1843-3 *(Mod., L. n° 2001-420, 15 mai 2001).* – **Chaque associé est débiteur envers la société de tout ce qu'il a promis de lui apporter en nature, en numéraire ou en industrie.**

Les apports en nature sont réalisés par le transfert des droits correspondants et par la mise à la disposition effective des biens.

Lorsque l'apport est en propriété, l'apporteur est garant envers la société comme un vendeur envers son acheteur.

Lorsqu'il est en jouissance, l'apporteur est garant envers la société comme un bailleur envers son preneur. Toutefois, lorsque l'apport en jouissance porte sur des choses de genre ou sur tous autres biens normalement appelés à être renouvelés pendant la durée de la société, le contrat transfère à celle-ci la propriété des biens apportés, à charge d'en rendre une pareille quantité, qualité et valeur ; dans ce cas, l'apporteur est garant dans les conditions prévues à l'alinéa précédent.

L'associé qui devait apporter une somme dans la société et qui ne l'a point fait devient de plein droit et sans demande, débiteur des intérêts de cette somme à compter du jour où elle devait être payée et ce sans préjudice de plus amples dommages-intérêts, s'il y a lieu. En outre, lorsqu'il n'a pas été procédé dans un délai légal aux appels de fonds pour réaliser la libération intégrale du capital, tout intéressé peut demander au président du tribunal statuant en référé soit d'enjoindre sous astreinte aux administrateurs, gérants et dirigeants de procéder à ces appels de fonds, soit de désigner un mandataire chargé de procéder à cette formalité.

L'associé qui s'est obligé à apporter son industrie à la société lui doit compte de tous les gains qu'il a réalisés par l'activité faisant l'objet de son apport.

I – RÈGLES GÉNÉRALES RELATIVES À L'OPÉRATION D'APPORT

A – Caractères généraux de l'opération d'apport

1) Application d'une clause de sortie. S'agissant d'une clause de sortie stipulée lors de la cession d'une exploitation et prévoyant qu'en cas de revente, sous quelque forme que ce soit, y compris un apport, le cessionnaire rétrocéderait au cédant la moitié de la plus-value, cette clause trouve à s'appliquer dans l'hypothèse où le cessionnaire fait apport de l'exploitation à une société dont il détient 99.99 % des titres : ▪ Cass. com., 8 oct. 2013, n° 12-25.787 : *BJS* 2013, p. 786, note B. Dondero ; *JCP* E 2013, 1702, n° 1, obs. Fl. Deboissy et G. Wicker ; *Rev. sociétés* 2014, p. 223, note Th. Massart.

2) Inapplication d'un pacte de préférence. Le pacte de préférence prévoyant l'information du bénéficiaire avec notamment indication du prix offert n'est pas applicable à l'apport en société, quand bien même le pacte vise toutes les mutations à titre onéreux : ▪ Cass. 3e civ., 15 janv. 2014, n° 12-35.106 : *BJS* 2014, p. 220, note T. Massart.

B – Protection des créanciers de l'apporteur

3) Action paulienne. *a)* **Conditions.** Le créancier de l'apporteur peut intenter l'action paulienne lorsque l'apport a pour but d'organiser l'insolvabilité de ce dernier : ▪ Cass. com., 19 avr. 1972 : *Bull. civ.* IV, n° 112. – Comp. pour une société civile immobilière : ▪ Cass. 1re civ., 27 févr. 1973 : *Bull. civ.* I, n° 70. – L'apport réalisé pour provoquer l'appauvrissement de l'apporteur actionné en tant que caution est caractéristique d'une fraude : ▪ Cass. 1re civ., 21 juill. 1987 : *JCP* E 1987, 16959, n° 4, obs. A. Viandier et J.-J. Caussain. – Constitue une fraude paulienne le fait pour un débiteur de faire apport de ses biens immobiliers à une société dès lors que, d'une part, la valeur vénale des parts reçues en contrepartie est inférieure à la valeur des immeubles en raison du passif social et que, d'autre part, les parts sociales sont plus difficiles à appréhender car leur saisie n'offre pas les mêmes garanties qu'une saisie immobilière : ▪ Cass. com., 3 déc. 2002 : *Dr. sociétés* 2003, n° 141, obs. F.-X. Lucas. ▪ Cass. 3e civ., 9 févr. 2010, n° 09-10.639 : *RJDA* 2010, n° 782. – V. pour la fraude paulienne consistant à faire un apport à une SCI pendant un contrôle fiscal : ▪ Cass. com., 12 oct. 2010, n° 09-16.754 : *RJF* 2011, n° 241. – V. aussi, ▪ Cass. 3e civ., 15 mars 2006, n° 04-11.861 : *D.* 2006, inf. rap. p. 1062.

b) **Cas particulier de l'apport en nue-propriété.**

– **Conditions de la fraude paulienne.** L'apport de la nue-propriété d'un immeuble peut être déclaré inopposable aux créanciers de l'apporteur, au titre de l'action paulienne, s'il peut être établi que la difficulté de négocier les parts sociales et le risque d'hypothèque sur les immeubles du chef de la société constituent des facteurs de diminution du gage des créanciers et d'appauvrissement du débiteur : ▪ Cass. 3e civ., 20 déc. 2000 : *BJS* 2001, p. 305, note H. Le Nabasque.

– **Portée de l'inopposabilité.** Dès lors que la décision sanctionnant la fraude paulienne a déclaré inopposable, non pas le démembrement des parts sociales, mais l'apport de leur nue-propriété, le créancier victime de la fraude ne peut contester le nantissement consenti comme la saisie réalisée sur l'usufruit de ces parts : ▪ Cass. 1re civ., 9 avr. 2014, n° 12-23.022, PB : *BJS* 2014, p. 365, note A. Tadros ; *Rev. sociétés* 2015, p. 119, note J.-J. Ansault.

4) Procédure collective. Sur la protection des créanciers en cas d'apport effectué durant la période suspecte précédant l'ouverture d'une procédure collective : V. sous C. com., art. L. 632-1, p. 2056.

II – APPORT EN NATURE

Bibliographie : N. Binctin, *La classification juridique des apports en nature : Rev. sociétés* 2009, p. 517. – J.-P. Mattout, *La notion d'apport en nature : peut-on rémunérer des apports sans augmentation de capital : Le Code de commerce, Livre du bicentenaire*, Dalloz, 2007, p. 219. – Y. Reinhard, *L'apport en société de droits de propriété industrielle : Mél. Chavanne*, Litec, 1990, p. 297. – *Adde L'apport en société dans tous ses états : BJS*, déc. 2009, suppl. – J. Monnet, *JCl. Sociétés traité*, Fasc. 10-30, 10-40 et 10-50 *(Apport d'un fonds de commerce).*

A – Apport en propriété

5) Les **titres d'indemnisation** de la loi n° 78-1 du 2 janvier 1978, relative à l'indemnisation des personnes rapatriées d'outre-mer, faute d'être transférables, ne sauraient être l'objet d'un apport en nature : Rép. min. : *JO Sénat CR*, 23 oct. 1980, p. 4001 ; *Rev. sociétés* 1981, p. 207.

6) Droits de propriété industrielle. V. sous C. civ., art. 1843-2, annot. n° 3, p. 54.

7) Fonds de commerce donné en location-gérance. L'apport d'actifs constitués de fonds de commerce donnés en location-gérance est un apport en nature qui emporte transmission de propriété des fonds de commerce en cause au profit de la société bénéficiaire de l'apport ; les clauses du contrat de location-gérance relatives à la rupture et prévoyant une indemnité de fermeture ont vocation à s'appliquer : ▪ CA Paris, 30 avr. 1997 : *BJS* 1997, p. 691.

8) Apport d'un bien propre. S'agissant des actions attribuées en contrepartie de l'apport d'un bien propre, quoique l'article 1406 du Code civil ne vise que les créances d'indemnités, la subrogation réelle permet, d'une façon générale, d'attribuer aux actions le caractère propre du bien apporté, sans que soit nécessaire la déclaration prévue à l'article 1434 du Code civil : ▪ Cass. 1re civ., 27 mai 2010, n° 09-11.894 : *Dr. sociétés* 2010, n° 195, obs. M.-L. Coquelet.

9) Distinction de l'apport et de la vente. *a)* **Rescision pour lésion.** L'action en rescision des 7/12e n'est pas admissible pour des apports immobiliers à une société : ▪ Cass. req., 12 juin 1945 : *JCP* 1946, II, 3203 ; il en va autrement si l'apport dissimule une vente : ▪ Cass. com., 10 juin 1953 : *JCP* 1954, II, 7908, note D. Bastian.

b) **Application d'une clause de préemption.** V. sous C. com., art. L. 228-23, annot. n° 83, p. 438.

10) Distinction de l'apport et de la fusion-absorption. V. sous C. com., art. L. 236-1, annot. n° 1, p. 528.

11) Garantie d'éviction. L'apporteur doit garantir la société contre toute éviction ; ainsi en est-il à l'occasion d'agissements en vue de déprécier la valeur d'un fonds apporté, tels que des détournements de clientèle : ▪ Cass. req., 3 mai 1899 : *S.* 1901, 1, p. 133.

B – Apport en jouissance

Bibliographie : Ph. Engel, *Associé et créancier, l'apporteur en jouissance dans les sociétés de capitaux : JCP* E 1998, p. 2056. – S. Nonorgue, *Quel avenir pour l'apport en jouissance ? : Dr. fisc.* 2004, p. 1255. – N. Peterka, *Réflexion sur la nature juridique de l'apport en jouissance : BJS* 2000, p. 361. – C. Regnaut-Moutier, *La notion d'apport en jouissance*, LGDJ, 1994, préf. J. Prieur ; *Le régime fiscal de l'apport en jouissance d'un cabinet libéral à une société de capitaux : JCP* E 1999, I, p. 1573.

12) Une **action en justice** ne pouvant faire l'objet d'un apport en jouissance rémunéré par l'attribution de droits sociaux, doit être cassé l'arrêt qui rejette la demande de retrait litigieux s'agissant de l'apport, à titre principal, d'actions en justice à une société en participation au motif, d'une part, que l'apport en société de droits litigieux ne correspond pas à l'exigence légale d'un transport réalisé en contrepartie d'une somme d'argent, et, d'autre part, que les biens apportés à une société en participation, demeurent en principe, en l'absence de personnalité morale, la propriété de l'apporteur qui n'en concède que la jouissance à l'ensemble des associés : ▪ Cass. com., 31 mai 2005 : *BJS* 2005, p. 79, note P. Scholer ; *D.* 2005, p. 1699, obs. A. Lienhard ; *JCP* E 2005, 1131 ; *Rev. sociétés* 2006, p. 114, note B. Dondero.

13) Objet de l'apport en jouissance. L'apporteur en jouissance demeure propriétaire du bien apporté ; il est seulement tenu de laisser jouir la société : ▪ CA Aix-en-Provence, 31 mai 1951 : *Gaz. Pal.* 1951, 2, p. 169. – L'apport en jouissance se distinguant du bail, la société n'est pas tenue d'exploiter le bien apporté en jouissance : ▪ Cass. com., 3 déc. 1991 : *JCP* E 1992, I, 145, n° 3, obs. A. Viandier et J.-J. Caussain ; *RJDA* 1992, p. 31 ; *Rev. sociétés* 1992, p. 52.

14) Traitement fiscal. L'apporteur en jouissance restant propriétaire du bien *[une clientèle civile]* mis à la disposition de la société, l'apport ne constitue pas un fait générateur de l'imposition d'une plus-value : ▪ CE, 18 sept. 1998 : *Dr. fisc.* 1998, n° 49, comm. 1081 ; *RJ com.* 1999, p. 353, note Fl. Deboissy ; *RJF* 11/1998, n° 1282. – En revanche, la valeur des titres sociaux représentant la contrepartie de l'apport en jouissance d'un bien *[clientèle civile]* constitue un produit entrant dans la détermination du résultat imposable : ▪ CE, 26 mars 2003 : *RJF* 6/2003, n° 708 ; *RTD com.* 2003, p. 839, obs. Fl. Deboissy.

C – Apport d'un droit démembré

15) Apport de la nue-propriété d'un bien et donation des titres. O. Debat, *Pour une conception unitaire de l'abus de droit : RFN* 2008, n° 9, comm. 126. – R. Gentihomme, *Apports en nue-propriété, transmission et abus de droit : JCP* N 1998, p. 62. – P. Julien Saint-Armand, *Démembrement de propriété, société civile et abus de droit : le retour ! : Dr. et patrimoine* juin 1998, p. 18. – M. Deslandes, *Sociétés civiles, habileté fiscale et abus de droit : Dr. et patrimoine* déc. 1998, p. 51. – P. Fernoux, *SCI et démembrement de propriété : vive la résistance : JCP* N 2001, p. 979 ; *SCI et démembrement de propriété, La Cour de cassation maintient le cap : RFN* juill.-août 2008, n° 11. – J.-J. Mateux et P. Fernoux, *Transmettre la nue-propriété d'un immeuble par apport à une SCI suivi d'une donation des parts : c'est possible ! : JCP* E 2002, 1467.

a) **Preuve d'un abus de droit non rapportée.** Doit être rejeté le grief d'abus de droit *[LPF, art. L. 64]* dès lors que l'opération présente un **intérêt patrimonial** au sens de la conservation du bien dans le patrimoine familial, comme cela était d'ailleurs expressément prévu dans les statuts de la SCI ; la société devenant propriétaire de l'immeuble au décès des usufruitiers, le bien se trouve placé dans un cadre juridique précis et organisé, ce qui évite les inconvénients résultant des aléas de l'indivision : ▪ CA Paris, 7 mars 2002 : *Dr. fisc.* 2002, n° 38, comm. 713 ; *RJF* 1/2003, n° 116 ; *RTD com.* 1/2003, p. 186, obs. Fl. Deboissy. – L'opération litigieuse, qui s'inscrit dans une structure juridique plus stable qu'une indivision, présente un intérêt patrimonial conforme au souci légitime des donateurs d'assurer la cohésion familiale eu égard à la nature du bien unique concerné et au **propre intérêt des usufruitiers qui ont organisé les règles de fonctionnement de la société** et dont la sécurité est ainsi mieux assurée : ▪ CA Chambéry, 17 févr. 2003 : *RJF* 7/2003, n° 928. – Même solution, au motif que la transmission des parts permettait un **partage équitable** entre les descendants tout en évitant les difficultés inhérentes à un partage de biens de nature différente : ▪ Cass. com., 3 oct. 2006, n° 04-14.272 : *Dr. fisc.* 2007, 302, note P. Fernoux ; *JCP* N 2007, p. 1116, note J.-P. Garçon ; *RJF* 2007, n° 102. – V. aussi, ▪ Cass. com., 23 sept. 2008, n° 07-15210 : *RJF* 2009, n° 89. – Ne présente pas une finalité exclusivement fiscale l'apport de la nue-propriété de différents immeubles à dix SCI constituées entre un père et ses deux enfants, suivi de la donation à ceux-ci des parts sauf une dans la mesure où la constitution des SCI a permis au père de conserver le contrôle des sociétés ainsi que le pouvoir de céder les immeubles tout en assurant, après son décès, la **cohésion du patrimoine familial** en mutualisant entre ses héritiers les aléas locatifs et les écarts de rentabilité entre les immeubles tout en mettant en place une procédure d'agrément et en évitant que le créancier d'un indivisaire ne puisse déclencher le partage des biens familiaux : ▪ Cass. com., 26 mars 2008, n° 06-21.944 : *BJS* 2008, p. 621, note J.-P. Garçon ; *Dr. fisc.* 2008, n° 16, comm. 283. ▪ Cass. com., 21 oct. 2008, n° 07-18.770.

b) En revanche, dans le cas d'une donation à un enfant unique n'ayant pas encore d'enfant, n'a **pas été rapportée la preuve d'une préoccupation autre que fiscale** : ▪ Cass. com., 16 nov. 2004, n° 02-17.147 : *D.* 2005, p. 1536, note F. Douet ; *Dr. fisc.* 2005, n° 3, comm. 97 ; *JCP* E 2005, 278, note H. Hovasse, cassant ▪ CA Bourges, 13 mai 2002 : *Dr. fisc.* 2002, n° 36, comm. 663 ; *RJF* 2/2003, n° 240 ; *RTD com.* 1/2003, p. 186, obs. Fl. Deboissy. – Dans la même affaire, le but exclusivement fiscal a finalement été écarté au motif que l'apport de la nue-propriété à une SCI dans laquelle les parents donateurs étaient chacun titulaire d'une part et dont le père était gérant assurait aux parents usufruitiers des pouvoirs renforcés leur permettant de **vaincre le refus éventuel du nu-propriétaire d'assumer ses obligations légales** : ▪ Cass. com., 20 mai 2008, n° 07-18.397 (FD) : *Dr. fisc.* 2008, n° 24, comm. 378. – Dans le cas d'une donation des parts à un enfant unique, le montage répond à une préoccupation exclusivement fiscale en raison de la concomitance de la constitution de la SCI et de la donation des parts et de l'absence de fonctionnement de la société puisqu'elle n'est propriétaire que de la nue-propriété de l'immeuble : ▪ CA Aix-en-Provence, 27 mai 2003 : *RJF* 3/2004, n° 331.

c) **Abus de droit fondé sur la fictivité de la société.** Est fictive, et constitutive d'un abus de droit *[LPF, art. L. 64]*, la société constituée par l'apport en nue-propriété d'obligations, détenue à plus de 99 % par l'un des associés et sans activité réelle, cette société n'ayant été constituée qu'afin d'échapper à l'application du barème légal concernant la valeur de l'usufruit : ▪ Cass. com., 15 mai 2007, n° 06-14.262 : *BJS* 2007, p. 1093, note N. Mathey ; *Dr. sociétés* 2007, n° 174, obs. R. Mortier ; *RJF* 2007, n° 994. – Même solution dans l'hypothèse d'une société constituée par l'apport en nue-propriété de biens immobiliers, suivi à bref délai de la donation de la majorité des parts, cette société, qui ne disposait d'aucun moyen financier pour assurer la gestion de son patrimoine, n'ayant été constituée qu'afin d'éluder l'application du barème légal concernant la valeur de l'usufruit : ▪ Cass. com., 13 janv. 2009, n° 07-20.097 : *Dr. sociétés* 2009, n° 66, obs. M.-L. Coquelet.

III – APPORT EN NUMÉRAIRE

16) Apport fictif. L'apport en numéraire est fictif s'il résulte d'un simple débit de compte bancaire remboursable dès la constitution de la société : T. com. Chauny, 23 mars 1977 : *RJ com.* 1978, p. 314, note J.-P. Sortais. – Une augmentation de capital doit être annulée pour fictivité des apports lorsqu'il apparaît que les fonds apportés provenaient d'un emprunt consenti à la société elle-même, quand bien même certaines mensualités ont déjà été remboursées par les associés : ▪ Cass. 3ᵉ civ., 19 juin 1996 : *BJS* 1996, p. 917, note P. Le Cannu. – V. sous C. civ., art. 1832, annot. n° 12, p. 8.

17) Libération des apports en numéraire. *a)* **Source des fonds.** La libération d'un apport en numéraire grâce à un **emprunt** est régulière : ▪ Cass. civ., 20 nov. 1888 : *D.* 1890, 1, p. 157. ▪ CA Lyon, 15 mars 1935 : *DP* 1938, 2, p. 49, note Pic. – La solution est identique lorsque les fonds apportés proviennent d'une **libéralité** : ▪ Cass. 1ʳᵉ civ., 23 mai 1977 : *D.* 1978, p. 89, note M. Jeantin.

b) **Nature personnelle de l'obligation.** L'obligation de libérer le capital social souscrit par les associés fondateurs leur étant personnelle, et non attachée à la détention des titres, ils n'en sont pas déchargés du fait de la cession des titres : ▪ CA Lyon, 9 juin 2005 : *BJS* 2006, p. 541, note F.-X. Lucas ; *Dr. sociétés* janv. 2006, n° 3, obs. F.-X. Lucas. – Le capital social non libéré étant une créance de la société contre son associé, elle ne s'éteint pas lorsque celui-ci exerce son retrait : ▪ Cass. 3ᵉ civ., 17 janv. 2019, n° 17-22.070 : *Dr. sociétés* 2019, n° 64, obs. H. Hovasse ; *JCP* E 1172, note P. Schultz.

c) **Créance de la société.** Le capital social non libéré est une créance de la société contre ses associés, laquelle peut faire l'objet d'une saisie de la part d'un créancier de cette société : ▪ Cass. 2ᵉ civ., 12 mai 2016, n° 15-13.833 : *BJS* 2016, p. 588, note F. Danos ; *JCP* E 2016, 1486, note B. Dondero ; *Rev. sociétés* 2016, p. 673, note A. Lecourt.

d) **Injonction judiciaire de procéder aux appels de fond.** L'action ouverte par l'alinéa 5 de l'article 1843-3, qui tend au prononcé d'une injonction judiciaire de procéder aux appels de fonds et non à une condamnation à libérer l'apport, n'est pas une action sociale mais une action appartenant à tout intéressé, de sorte qu'est recevable l'action exercée par un associé contre un autre, lors même que la société n'a pas été mise en cause : ▪ Cass. com., 7 juill. 2009, n° 08-16.433 : *BJS* 2009, p. 1053, note R. Mortier ; *Dr. sociétés* 2009, n° 183, obs. D. Gallois-Cochet ; *JCP* E 2009, 2125, note P. Gourdon.

18) Libération par compensation. A. Cerati-Gauthier, *Compensation des créances et libération du capital social : Rev. Lamy dr. civ.* févr. 2004, p. 55.

a) Il peut être prévu par les statuts qu'un apport en numéraire peut être libéré par voie de compensation avec la créance résultant d'une **avance en compte courant** consentie par un associé d'une société civile immobilière : ▪ Cass. 3ᵉ civ., 28 nov. 2001 : *BJS* 2002, p. 427, note N. Peterka ; *D.* 2002, somm. p. 3265, obs. J.-Cl. Hallouin ; *Defrénois* 2002, p. 616, note J. Honorat. – Même en l'absence de prévision statutaire, la compensation de plein droit peut jouer entre la créance de libération du capital social et celle résultant du solde créditeur d'un compte courant d'associé : ▪ Cass. com., 8 janv. 2002 : *BJS* 2002, p. 477, note F.-X. Lucas ; *D.* 2002, p. 485, obs. A. Lienhard ; *JCP* E 2002, 1639, n° 3, obs. J.-J. Caussain, Fl. Deboissy et G. Wicker.

b) Il n'existe pas de **lien de connexité** entre la créance de libération du capital social et celle résultant du solde créditeur d'un compte courant d'associé ; en conséquence, la compensation ne peut jouer que si les conditions en étaient remplies au jour de l'ouverture d'une procédure collective contre la société : ▪ Cass. com., 20 mai 1997 : *Bull. civ.* IV, n° 144 ; *BJS* 1997, p. 804, note J.-M. Calendini. ▪ CA Paris, 10 juin 1994 : *BJS* 1994, p. 1224. ▪ Cass. com., 18 janv. 2000 : *BJS* 2000, p. 527, note A. Couret. – V. aussi concernant la créance née d'un contrat de mandat : ▪ Cass. com., 17 juill. 2001 : *Rev. sociétés* 2002, p. 336, note P. Didier. – Comp. ▪ CA Paris, 25 janv. 2000 : *BJS* 2000, p. 525, note A. Couret. – Lors même que l'appel de fonds en vue de la libération du capital encore dû est intervenu antérieurement à la cessation des paiements, la compensation peut tomber sous le coup des nullités de la période suspecte si les conditions en ont été provoquées alors qu'était connue la situation de la société : ▪ Cass. com., 28 mai 1996 : *Bull. civ.* IV, n° 152 ; *BJS* 1996, p. 948, note J.-M. Calendini ; *Defrénois* 1997, p. 470, note P. Le Cannu.

19) Exigibilité du solde non libéré. *a)* **Liquidation judiciaire.** En application de l'article L. 622-22 du Code de commerce, la liquidation judiciaire prononcée contre la société *[SARL à capital variable]* rend exigible le solde non libéré des apports en numéraire en l'absence de disposition légale ou statutaire contraire : ▪ CA Paris, 6 mars 2001 : *D.* 2001, p. 1543, obs. A. Lienhard ; *BJS* 2001, p. 787, note J.-Ph. Dom ; *Dr. sociétés* 2001, n° 116, obs. F.-X. Lucas. – V. aussi, ▪ CA Rennes, 17 janv. 2001 : *BJS* 2001, p. 163, note M.-N. Legrand ; *Dr. sociétés* 2001, n° 160, obs. J.-P. Legros.

b) **Cession totale des actifs.** Parce qu'il ne représente pas le débiteur, le commissaire à l'exécution du plan ne peut pas se substituer aux organes légaux de la société pour exiger d'un associé qu'il libère ses apports ; en cas de cession totale des actifs sociaux, cette demande incombe à son liquidateur amiable ou à un mandataire *ad hoc* : ▪ Cass. com., 12 oct. 2004 : *BJS* 2005, p. 27, note Cerati-Gauthier ; *D.* 2004, p. 2790 ; *Dr. sociétés* déc. 2004, n° 210, obs. F.-X. Lucas ; *JCP* E 2005, act., p. 1762 ; *RTD com.* 2005, p. 96, obs. Cl. Champaud et D. Danet ; *RTD com.* 2005, p. 125, obs. M.-H. Monsérié-Bon ; *Rev. sociétés* 2005, p. 219, note D. Poracchia.

20) Exclusion du capital non libéré de l'actif disponible. V. sous C. com., art. L. 631-1, annot. n° 3, p. 2042.

IV – APPORT EN INDUSTRIE

Bibliographie : R. Baillod, *L'apport en industrie, déclin ou renouveau ?*, thèse Toulouse, 1980. – M.-J. Cambassedes, *La nature et le régime juridique de l'opération d'apport : Rev. sociétés* 1976, p. 431. – Y. Guyon, *Les apports en industrie dans les sociétés civiles professionnelles : Defrénois* 1999, art. 36918, p. 3. – L. Nurit-Pontier, *Repenser les apports en industrie : LPA* 3 juill. 2002, p. 4. – C. Malecki, *L'apporteur en savoir-faire : du mal-aimé au bien-aimé ? : BJS* 2004, p. 1169. – *Adde* S. Dana-Demaret, *JCl. Sociétés traité*, Fasc. 10-20 *(Théorie des apports – Apport en industrie)*.

21) Notion. L'apport en industrie a un caractère successif ; si l'apporteur décède, ses héritiers n'ont pas vocation à devenir associés ; la somme qui leur est éventuellement allouée a les caractères d'une libéralité : ▪ Cass. 1re civ., 9 févr. 1955 : *Bull. civ.* I, n° 67. – L'apport en industrie ne saurait consister dans le crédit du futur associé ou dans des démarches accomplies lors de la création de la société : ▪ CA Besançon, 27 mars 1903 : *D.* 1904, 2, p. 241. – L'activité de serveur de l'associé d'une SARL n'est pas constitutive d'un apport en industrie dès lors qu'il n'est démontré en aucune manière que les conditions posées à l'article 38 de la loi du 24 juillet 1966 [V. *infra*, C. com., art. L. 223-7 anc.] sont remplies : ▪ CA Paris, 15 févr. 1994 : *BJS* 1994, p. 525, note R. Baillod. – Plus largement, les apports en industrie ne peuvent se ramener à une aide occasionnelle ou à de simples tâches d'exécution matérielles ; ils doivent constituer une participation à la direction effective de la société : ▪ CA Paris, 15 nov. 1993 : *BJS* 1994, p. 86, note crit. A. Cuisance.

22) Seuls les **statuts** déterminent les apports de chaque associé ; faute pour les statuts de prévoir des apports en industrie, un associé rétrayant *[société civile d'exploitation agricole]* ne peut demander que soit pris en compte pour l'évaluation de ses parts le coût du travail qu'il a fourni depuis son entrée dans la société : ▪ Cass. com., 14 déc. 2004 : *JurisData* n° 2004-026294 ; *Dr. sociétés* avr. 2005, n° 65, obs. F.-X. Lucas.

23) Société créée de fait. V. C. civ., art. 1873, annot. nos 9 et 10, p. 152.

V – APPORT INDIRECT

24) L'apport indirect consistant pour deux époux, seuls coassociés d'une SCI, à financer l'acquisition d'un immeuble au nom de la SCI constitue une **simulation** justifiant que l'immeuble soit réintégré, pour sa moitié indivise, dans le patrimoine de chacun des époux : ▪ Cass. 3e civ., 4 juin 2003 : *BJS* 2003, p. 1070, note F.-X. Lucas. – V. pour une solution équivalente, fondée sur la **fraude paulienne** : ▪ Cass. 3e civ., 9 juill. 2003 : *JCP* E 2004, act., p. 1371 ; *JurisData* n° 2003-019849.

Code civil

Art. 619. – L'usufruit qui n'est pas accordé à des particuliers ne dure que trente ans.

Bibliographie : D. Gallois-Cochet, *Fusion-absorption, transmission de l'usufruit et jurisprudence de la CJUE : Dr. sociétés* 2015, repère 11. • H. Hovasse, *Le sort de l'usufruit constitué au profit d'une société lors de sa dissolution : JCP* E 2009, 1249. • H. Le Nabasque, *Le sort de l'usufruit en cas de fusion : Mél. M. Germain*, LexisNexis-Lextenso 2015, p. 437. • R. Mortier, *L'usufruit dont est titulaire une société dissoute s'éteint-il ou lui survit-il ? : JCP* N 2013, 1214.

L'article 619 disposant que l'usufruit qui n'est pas accordé à des particuliers ne dure que trente ans est d'ordre public, ce qui interdit de retenir une durée plus longue : ▪ Cass. 3e civ.,

7 mars 2007, n° 06-12.568 : *D.* 2007, p. 1009 et p. 2085, note F. Julienne ; *JCP* E 2007, 1877, n° 1, obs. J.-J. Caussain, Fl. Deboissy et G. Wicker.

Art. 1843-4 *(L. n° 78-9, 4 janv. 1978 ; mod., Ord. n° 214-863, 31 juill. 2014)*. **– I. – Dans les cas où la loi renvoie au présent article pour fixer les conditions de prix d'une cession des droits sociaux d'un associé, ou le rachat de ceux-ci par la société, la valeur de ces droits est déterminée, en cas de contestation, par un expert désigné, soit par les parties, soit à défaut d'accord entre elles, par ordonnance du président du tribunal statuant en la forme des référés et sans recours possible.**

L'expert ainsi désigné est tenu d'appliquer, lorsqu'elles existent, les règles et modalités de détermination de la valeur prévues par les statuts de la société ou par toute convention liant les parties.

II. – Dans les cas où les statuts prévoient la cession des droits sociaux d'un associé ou le rachat de ces droits par la société sans que leur valeur soit ni déterminée ni déterminable, celle-ci est déterminée, en cas de contestation, par un expert désigné dans les conditions du premier alinéa.

L'expert ainsi désigné est tenu d'appliquer, lorsqu'elles existent, les règles et modalités de détermination de la valeur prévues par toute convention liant les parties.

Voir : la rédaction de cet article issue de l'ordonnance n° 2019-738 du 17 juillet 2019, en *addendum*, p. 3371.

Voir : D. n° 78-704, 3 juill. 1978, art. 17, p. 158.

Bibliographie : L. Cadiet, *Arbiter, Arbitrator, Gloses et post-gloses sous l'article 1843-4 du Code civil : Mél. Guyon*, Dalloz, 2003, p. 155 et s. • A. Couret et a., *Les contestations portant sur la valeur des droits sociaux : BJS* 2001, p. 1045 ; *L'évolution récente de la jurisprudence rendue sur le fondement de l'article 1843-4 du Code civil : Mél. Bouloc*, Dalloz, 2006, p. 249. • J.-J. Daigre, *Le juge et l'arbitre face aux dispositions de l'article 1843-4 du Code civil : BJS* 1996, p. 789. • R. Dammann et S. Périnot, *L'article 1843-4 du Code civil prévoyant une valorisation des droits sociaux par un expert est-il applicable aux pactes extrastatutaires ? : BJS* 2008, p. 844 ; *L'interprétation controversée de l'article 1843-4 du Code civil : D.* 2009, p. 2170. • A. Gaudemet, *La controverse sur le domaine d'application de l'article 1843-4 du Code civil : état actuel et perspectives de dépassement : BJS* 2013, p. 521. • M. Germain et P.-L. Perrin, *Sauver les clauses de détermination de prix de cession des actions grâce à la SAS : BJS* 2010, p. 946. • C. Grimaldi, *Regard civiliste sur la cession ou le rachat forcé de droits sociaux : JCP* E 2009, 592. • C. Ledoux, *Évaluation des titres par un tiers : plutôt anticiper avec 1592 que subir avec 1843-4 ! : BJS* 2011, p. 530. • J. Moury, *Des ventes et des cessions de droits sociaux à dire de tiers : Rev. sociétés* 1997, p. 455 ; *Réflexions sur l'article 1843-4 du Code civil après l'arrêt rendu le 5 mai 2009 par la chambre commerciale de la Cour de cassation : Rev. sociétés* 2009, p. 503 ; *Droit des ventes et des cessions de droits sociaux à dire de tiers* : Dalloz Référence, 2011 ; *L'information des parties à la tierce opposition : au-delà des confins du contradictoire : D.* 2011, p. 2421 ; *Supplique à l'adresse de mesdames et messieurs les Hauts conseillers afin qu'ils accordent grâces aux praticiens de la tierce estimation : Rev. sociétés* 2013, p. 330. • H. Le Nabasque, *Le champ d'application de l'article 1843-4 du Code civil : BJS* 2009, p. 1018. • B. Paulze d'Ivoy, *Expertises et prix de cession des droits sociaux : BJS* 1995, p. 313. • J. Richard et A. Viandier, *La mission de l'expert désigné en application des articles 1843-4 et 1862 du Code civil : Dr. sociétés* 1981, n° 11, p. 2.

I – ARTICLE 1843-4 NOUVEAU

Bibliographie : N. Borga, *L'application dans le temps du nouvel article 1843-4 du Code civil : D.* 2014, p. 2359. – A. Couret, et J. Maury, *Le nouvel article 1843-4 du Code civil : tombeau ou cénotaphe : D.* 2015, p. 1328. – B. Dondero, *La réforme de l'article 1843-4 du Code civil : JCP* E 2014, 1531. – D. Gallois-Cochet, *L'application dans le temps de l'article 1843-4 du Code civil : BJS* 2015, p. 51. – R. Mortier, *Le nouvel article 1843-4 du Code civil : Dr. sociétés* 2014, étude 19. – H. Le Nabasque, *Réforme de l'article 1843-4 du Code civil : Rev. sociétés* 2014, p. 647.

II – ARTICLE 1843-4 ANCIEN

1) Constitutionnalité de l'article 1843-4. Sur la conformité du texte aux règles et principes de valeur constitutionnelle, V. ▪ Cass. com., 8 mars 2011, n° 10-40.069 : *BJS* 2011, p. 366, note R. Mortier ; *D.* 2011, p. 816, obs. A. Lienhard et p. 1390, note A. Couret ; *Dr. sociétés* 2011, n° 103, obs. M.-L. Coquelet.

2) Application d'ordre public aux clauses de cession intégrées au titre d'associé. Jugé à propos de la clause de cession stipulée dans la charte des associés à laquelle a souscrit celui qui acquiert des actions dans le cadre d'un plan d'épargne d'entreprise, que la cession des actions ainsi acquises est soumise aux dispositions de l'article 1843-4 : ▪ Cass. com., 4 déc. 2012, n° 10-16.280, PB : *Dr. sociétés* 2013, n° 41, obs. R. Mortier ; *JCP* E 2013, 1000, note B. Dondero et 1115, note A. Garnier.

3) Non-application aux clauses de cession souscrites à titre personnel par l'associé. *a)* Principes. Jugé à propos de la clause de cession stipulée dans une convention d'actionnaires pour une durée limitée, et extérieure aux statuts, que les dispositions de l'article 1843-4 du Code civil qui ont pour finalité la protection des intérêts de l'associé cédant, sont sans application à la cession de droits sociaux ou à leur rachat par la société résultant de la mise en œuvre d'une **promesse unilatérale de vente** librement consentie par un associé : ▪ Cass. com., 11 mars 2014, n° 11-26.915, PBRI : *BJS* 2014, p. 360, note P. Le Cannu ; *Dr. sociétés* 2014, n° 78, obs. R. Mortier ; *JCP* E 2014, 1159, note A. Couret ; *Rev. sociétés* 2014, p. 366, note J. Moury. – ▪ Cass. com., 14 nov. 2018, n° 17-15.828 : *BJS* 2019, p. 8, note B. Saintourens ; *Dr. sociétés* 2019, n° 41, obs. R. Mortier. – Même solution pour un **pacte de préférence** : ▪ Cass. com., 5 janv. 2016, n° 14-19.584 : *BJS* 2016, p. 365, note E. Schlumberger ; *Rev. sociétés* 2016, p. 514, note J. Moury. – L'article 1843-4 n'est applicable que lorsque la cession des parts sociales n'est pas spontanément voulue par les parties, mais se trouve imposée par des règles législatives, statutaires ou extrastatutaires, de sorte qu'il n'est pas applicable dans le cadre d'une promesse de vente librement consentie selon un prix déterminable sur des éléments objectifs : ▪ CA Versailles, 10 sept. 2009, n° 05-01862 : *JCP* E 2010, 1200, note M.-L. Coquelet et *Dr. sociétés* 2010, n° 21. – V. égal., ▪ CA Paris, 27 nov. 2012, n° 11/18361 : *Dr. sociétés* 2014, n° 77, obs. R. Mortier.

b) **Mise en œuvre d'une clause extrastatutaire d'évaluation.** S'agissant d'une promesse conditionnelle de cession de parts prévoyant que l'option ne pourrait être levée qu'au cas où le promettant cesserait sa collaboration en qualité de gérant ou de salarié avec la société, la demande de fixation du prix à dire d'expert doit être rejetée dès lors que, en l'absence de contestation antérieure relative au prix, la cession est devenue parfaite par la levée de l'option et que le prix en était déterminable selon les modalités de calcul stipulées dans la promesse : ▪ Cass. com., 24 nov. 2009, n° 08-21.369, PB : *BJS* 2010, p. 318, note P. Le Cannu et H. Mathez ; *D.* 2009, p. 2924, obs. A. Lienhard ; *JCP* E 2010, 1146, note G. Mouy ; *Rev. sociétés* 2010, p. 21, note J. Moury et p. 149, note H. Le Nabasque.

c) **Faculté de recourir à un tiers évaluateur.** Hors les cas où sont prévus la cession des droits sociaux d'un associé ou le rachat de ceux-ci par la société, l'article 1843-4 ne permet pas, en l'absence d'accord des parties, la désignation d'un expert en justice : ▪ Cass. com., 26 nov. 1996 : *Juris-Data* n° 1996-004515 ; *Bull. civ.* IV, n° 284 ; *JCP* 1997, IV, 134. – Mais les parties peuvent valablement convenir de recourir aux dispositions de l'article 1843-4 pour fixer le prix de cession de droits incorporels faisant l'objet d'un contrat de distribution exclusive : ▪ Cass. com., 30 nov. 2004, n° 03-13.756, FS-P+B+I+R : *BJS* 2005, p. 383, note H. Le Nabasque ; *D.* 2005, p. 81, obs. A. Lienhard ; *D.* 2005, somm. p. 2954, obs. J.-Cl. Hallouin et E. Lamazerolles ; *JCP* E 2005, act., p. 62 ; *RTD com.* 2005, p. 124, obs. M.-H. Monsérié-Bon.

4) Opérations étrangères à l'article 1843-4.
a) **Cession devenue définitive.** S'agissant d'une promesse conditionnelle de cession de parts prévoyant que l'option ne pourrait être levée qu'au cas où le promettant cesserait sa collaboration en qualité de gérant ou de salarié avec la société, la demande de fixation du prix à dire d'expert doit être rejetée dès lors que, en l'absence de contestation antérieure relative au prix, la cession est devenue parfaite par la levée de l'option et que le prix en était déterminable selon les modalités de calcul stipulées dans la promesse : ▪ Cass. com., 24 nov. 2009, n° 08-21.369, PB : *BJS* 2010, p. 318, note P. Le Cannu et H. Mathez ; *D.* 2009, p. 2924, obs. A. Lienhard ; *JCP* E 2010, 1146, note G. Mouy ; *Rev. sociétés* 2010, p. 21, note J. Moury et p. 149, note H. Le Nabasque.

b) **Révision du prix en application d'une garantie de passif.** ▪ Cass. com., 26 févr. 2013, n° 11-27.521 : *BJS* 2013, p. 385, note B. Dondero ; *Dr. sociétés* 2013, n° 96, obs. R. Mortier ; *JCP* E 2013, 1520, note J.-M. Desaché ; *Rev. sociétés* 2013, p. 615, note J.-F. Barbièri. – V. égal., ▪ Cass. com., 7 oct. 2014, n° 13-17.839.

c) **Marchés réglementés.** L'article 1843-4 n'a pas vocation à s'appliquer dans le cadre des opérations se déroulant sur un marché réglementé dont les règles spécifiques, d'ordre public, dérogent aux dispositions générales de ce texte : ▪ CA Paris, 3 juill. 1998 : *D.* 1999, somm. p. 256, obs. Y. Reinhard.

d) **Rachat après adjudication.** En cas de rachat de parts sociales consécutif au défaut d'agrément de l'adjudicataire, l'associé cédant n'est pas tenu par le prix d'adjudication et peut demander que le prix de cession soit fixé à dire d'expert : ▪ Cass. com., 28 sept. 2004 : *Rev. sociétés* 2005, p. 393, note Y. Chartier.

e) **Liquidation judiciaire.** À défaut de contestation, le juge-commissaire, statuant sur requête du liquidateur judiciaire pour désigner un expert chargé de déterminer la valeur de parts, puis pour autoriser la cession au prix estimé par l'expert, n'est pas saisi sur le fondement de l'article 1843-4 du Code civil, mais exerce les attributions qui lui sont conférées par l'article L. 622-18 ancien du Code de commerce *[C. com., art. L. 642-19]* : ▪ Cass. com., 8 juill. 2008, n° 07-12.499 : *Dr. sociétés* 2009, n° 16, obs. J.-P. Legros. – En revanche, en cas de contestation, il y a lieu d'appliquer l'article 1843-4 qui pose la compétence du président du tribunal : ▪ CA Amiens, 26 sept. 2013, n°s 12/05834 et 12/05835 : *Dr.*

sociétés 2014, n° 42, obs. R. Mortier. – Néanmoins, s'agissant de l'expert chargé d'apprécier la bonne exécution d'une convention de cession, celui-ci commet une erreur grossière lorsqu'il applique une méthode comptable ne respectant pas les prévisions des parties : ▪ Cass. com., 2 févr. 2016, n° 14-18.439 : *Rev. sociétés* 2016, p. 668, note B. François.

5) Mission du tiers évaluateur. *a)* **Nature de la mission.** Le tiers évaluateur n'est pas un expert judiciaire au sens de l'article 145 du Code de procédure civile : ▪ CA Orléans, 16 janv. 2003 : *Dr. sociétés* janv. 2004, n° 3, obs. F.-X. Lucas ; *Rev. sociétés* 2004, p. 428, obs. Y. Guyon. – En conséquence, est recevable l'appel en nullité dirigé contre l'ordonnance ayant encadré la mission du tiers évaluateur par les textes du Code de procédure civile, et ce sous le contrôle du juge chargé du suivi des mesures d'instruction : ▪ CA Paris, 30 janv. 2009, n° 08/13762 : *BJS* 2009, p. 544, note D. Poracchia.

b) **Libre choix des critères d'évaluation.** L'expert a toute latitude pour déterminer la valeur des actions selon les critères qu'il juge opportuns : ▪ Cass. com., 29 sept. 2015, n° 14-15.767 : *BJS* 2016, p. 81, note I. Parachkévova ; *Dr. sociétés* 2015, n° 209, obs. R. Mortier.

c) **Exclusion des modalités statutaires d'évaluation.** L'article 1843-4 devant s'appliquer dans tous les cas où sont prévus la cession des droits sociaux d'un associé ou le rachat de ceux-ci par la société, le prix de cession ne saurait être déterminé en application d'une clause statutaire d'évaluation des droits sociaux, lors même que l'exclusion de l'associé procède d'une disposition statutaire : ▪ Cass. com., 4 déc. 2007, n° 06-13.912 : *BJS* 2008, p. 216, note F.-X. Lucas ; *Dr. sociétés* 2008, n° 23, obs. R. Mortier ; *JCP* E 2008, 1159, note H. Hovasse et 2001, note C. Grimaldi et Ph. Netto. – V. dans le même sens, également dans le cas d'une procédure d'exclusion statutaire : ▪ CA Paris, 9 déc. 2008, n° 07-20084 : *BJS* 2009, p. 540, note D. Poracchia ; *D.* 2009, p. 96, obs. A. Lienhard ; *Dr. sociétés* 2009, n° 93, obs. R. Mortier. – Seul l'expert détermine les critères qu'il juge les plus appropriés pour fixer la valeur des droits, parmi lesquels peuvent figurer ceux prévus par les statuts : ▪ Cass. com., 5 mai 2009, n° 08-17.465, PBRI : *D.* 2009, p. 1349, obs. A. Lienhard ; *D.* 2009, p. 2195, note B. Dondero ; *Dr. sociétés* 2008, n° 114, obs. R. Mortier ; *JCP* E 2009, 1632, note R. Mortier et 1767, n° 1, obs. Fl. Deboissy et G. Wicker, cassant : ▪ CA ▪ Paris, 14 nov. 2007 : *JurisData* n° 2007-350600 ; *Dr. sociétés* 2008, n° 47, obs. R. Mortier. – Dans le même sens, ▪ Cass. com., 16 févr. 2010, n° 09-11.668 : *D.* 2010, p. 581. – V. égal., retenant la liberté de l'expert mais en lui permettant de s'affranchir de la convention ou des directives des parties : ▪ Cass. com., 13 sept. 2017, n° 16-12.978 : *Dr. sociétés* 2017, n° 183, obs. R. Mortier. – Dans le même sens, en application de l'article 1869, alinéa 2, du Code civil en cas de retrait volontaire de l'associé : ▪ Cass. com., 4 déc. 2007, n° 06-13.913 : *Dr. sociétés* 2008, n° 177, obs. R. Mortier. – V. pour l'application de l'article 1843-4 à la cession de parts d'une SELARL d'avocats : ▪ Cass. com., 20 déc. 2007, n° 04-20.696 : *BJS* 2008, p. 214, note J.-J. Daigre.

6) Compatibilité du référé-provision avec le recours à l'expertise. Dès lors que le retrait est certain dans son principe, le recours à l'expertise de l'article 1843-4 n'interdit pas à la juridiction des référés d'accorder une provision à l'associé retrayant, lequel est créancier d'une obligation dont l'existence n'est pas sérieusement contestable : ▪ Cass. 1re civ., 27 févr. 2013, n° 12-15.828 : *Dr. sociétés* 2013, n° 97, obs. R. Mortier.

7) Exigence de la qualité d'associé. L'article 1843-4 est inapplicable en cas d'instance au fond portant sur la qualité d'associé : ▪ CA Paris, 2 oct. 1992 : *D.* 1993, inf. rap. p. 34. – V. aussi, en cas d'expertise demandée par un tiers cessionnaire non agréé : ▪ Cass. 3e civ., 6 déc. 2000 : *JurisData* n° 2000-007219 ; *Dr. sociétés* 2001, n° 40, obs. Th. Bonneau ; *BJS* 2001, p. 295, note J.-F. Barbièri ; *Dr. et patrimoine* 4/2001, p. 109, obs. D. Poracchia.

8) Arbitrage. Le caractère d'ordre public de l'article 1843-4 n'excluant pas l'arbitrabilité du litige, le fait que la clause accorde aux arbitres le pouvoir de procéder eux-mêmes à l'évaluation des titres et de trancher le litige, à la différence de l'expert nommé en application de ce texte qui doit évaluer sans trancher, ne la rend pas manifestement inapplicable ou nulle : ▪ Cass. com., 10 oct. 2018, n° 16-22.215, PB : *BJS* 2019, p. 7, note D. Cohen ; *Dr. sociétés* 2019, n° 2, obs. R. Mortier. – V. *contra*, ▪ CA Paris, 21 mai 1996 : *JCP* E 1996, I, 589, n° 5, obs. A. Viandier et J.-J. Caussain ; *Rev. sociétés* 1996, p. 850, note Y. Guyon.

9) Expertise judiciaire. Dès lors que les associés retrayants avaient saisi le juge des référés pour voir nommer un expert afin d'entreprendre une négociation amiable portant sur le prix de cession de leurs parts sociales, cette expertise, qui n'avait été ni sollicitée ni ordonnée en application de l'article 1843-4, ne pouvait constituer une base de détermination du prix permettant aux associés retrayants de réclamer paiement de leurs parts sociales : ▪ Cass. com., 10 mars 1998 : *JurisData* n° 1998-001068 ; *JCP* E 1998, p. 1303, n° 1, obs. A. Viandier et J.-J. Caussain ; *Dr. sociétés* 1998, n° 105, obs. Th. Bonneau ; *BJS* 1998, p. 761, note J.-J. Daigre ; *Rev. sociétés* 1998, p. 541, note B. Saintourens.

10) Désignation de l'expert.

a) **Compétence exclusive du président du tribunal.** Le pouvoir de désigner un expert chargé de l'évaluation des droits cédés appartient au seul président du tribunal statuant en la forme des référés et sans recours possible ; doit par suite être cassée pour violation de l'article 1843-4 la décision d'une cour d'appel accueillant la demande en désignation d'un tel expert : ▪ Cass. com., 30 nov. 2004, n° 03-13.756, FS-PBIR : *BJS* 2005, p. 383, note H. Le Nabasque ; *D.* 2005, p. 81, obs. A. Lienhard ; *D.* 2005, somm. p. 2954, obs. J.-Cl. Hallouin et E. Lamazerolles ; *JCP* E 2005, act., p. 62 ; *RTD com.* 2005, p. 124, obs. M.-H. Monsérié-Bon. – V. dans le même sens : ▪ Cass. com., 30 nov. 2004, n° 1743, PBIR : *BJS* 2005, p. 400, note H. Le Nabasque ; *D.* 2005, p. 81, obs. A. Lienhard ; *JCP* E 2005, 135, note H. Hovasse. ▪ Cass. com., 24 juin 2014, n° 13-24.587 : *Dr. sociétés* 2014, n° 142, obs. H. Hovasse. – V. encore, excluant la compétence du tribunal lui-même : ▪ Cass. com., 9 févr. 2010, n° 09-10.800 : *JCP E* 2010, 1561, note J.-P. Legros ; *BJS* 2010, p. 559, note I. Parachkévova. ▪ CA Paris, 26 janv. 2010, n° 08-16.326 : *BJS* 2010, p. 445, note A. Couret. ▪ Cass. 3ᵉ civ., 28 mars 2012, n° 10-26.531 : *BJS* 2012, p. 573, note F.-X. Lucas ; *Dr. sociétés* 2012, n° 95, obs. R. Mortier ; *Rev. sociétés* 2012, p. 363, note J. Moury. – *Contra,* **le tribunal, en sa forme collégiale**, ne saurait avoir une compétence inférieure à celle de son président, statuant en la forme des référés, l'article 1843-4 ayant pour seul objet de permettre une désignation de l'expert dans les meilleurs délais : ▪ Cass. 3ᵉ civ., 6 nov. 2002 : *JurisData* n° 2002-0166364 ; *Dr. sociétés* 2003, n° 65, obs. F.-X. Lucas. – La désignation de l'expert étant de la seule compétence du tribunal statuant en la forme des référés, elle ne peut être demandée au juge des référés : ▪ Cass. com., 9 avr. 2014, n° 12-35.270, PB : *BJS* 2014, p. 495, note O. Staes.

b) **Recours contre la décision de désignation.**

– **Appel et pourvoi en cassation.** La décision du président du tribunal de désigner un expert étant sans recours possible, elle ne peut faire l'objet ni d'un appel (▪ Cass. com., 11 mars 2008, n° 07-13.189 : *Dr. sociétés* 2008, n° 94, obs. R. Mortier ; *JCP* E 2008, 1551, note M.-L. Coquelet ; *BJS* 2008, p. 487, note J.-J. Barbièri) ni d'un pourvoi en cassation (▪ Cass. 1ʳᵉ civ., 6 déc. 1994, n° 92-18.007 : *Bull. civ.* I, n° 364 ; *D.* 1995, inf. rap. p. 40 ; *Dr. sociétés* 1995, n° 68, obs. Th. Bonneau) et il en va de même de la décision l'interprétant (▪ Cass. com., 14 févr. 2018, n° 16-24.790 : *BJS* 2018, p. 196, note A. Couret). – Il en va de même de la décision par laquelle le président procède à la désignation d'un expert en remplacement d'un premier ayant renoncé à sa mission : ▪ Cass. com., 15 mai 2012, n° 11-12.999, PB. ▪ Cass. 2ᵉ civ., 1ᵉʳ juin 2017, n° 16-15.577 : *Dr. sociétés* 2017, n° 182, obs. R. Mortier. – L'exclusion de tout recours joue notamment dans l'hypothèse où le juge a procédé à la désignation d'un expert alors même que l'article 1843-4 était inapplicable : ▪ Cass. com., 12 avr. 2016, n° 14-26.555 : *BJS* 2016, p. 382, note D. Gallois-Cochet. – En revanche, la décision par laquelle la cour d'appel procède à la désignation d'un expert chargé d'arbitrer le prix de cession sur le fondement de l'article 1843-4 n'étant pas une mesure d'instruction, elle peut être frappée d'un pourvoi en cassation, indépendamment de la décision sur le fond, invoquant que cette désignation est au pouvoir exclusif du président du tribunal : ▪ Cass. com., 30 nov. 2004, n° 03-13.756, PBIR : *BJS* 2005, p. 383, note H. Le Nabasque ; *D.* 2005, p. 81, obs. A. Lienhard ; *D.* 2005, somm. p. 2954, obs. J.-Cl. Hallouin et E. Lamazerolles ; *JCP* E 2005, act., p. 62 ; *RTD com.* 2005, p. 124, obs. M.-H. Monsérié-Bon. – V. égal., ▪ CA Paris, 30 janv. 2009, préc., C. civ., art. 1843-4, annot. n° 4, p. 61. – L'appel est également possible lorsque le président, saisi d'une demande au titre de l'article 1843-4, a statué comme juge des référés en justifiant la mesure d'expertise par l'urgence et en donnant mission à l'expert de recueillir tous renseignements permettant au juge du fond d'apprécier les responsabilités encourues : ▪ Cass. com., 13 déc. 2011, n° 10-27.834 : *BJS* 2012, p. 399, note O. Staes.

– **Annulation pour excès de pouvoir.** La décision du président du tribunal en application de l'article 1843-4 étant sans recours possible, ce qui exclut tant le pourvoi en cassation que toute autre voie de recours, il n'est dérogé à cette règle qu'en cas d'excès de pouvoir : ▪ Cass. com., 3 mai 2012, n° 11-16.349, PB. ▪ Cass. com., 15 mai 2012, n° 11-17.866, PB. ▪ Cass. com., 15 mai 2012, n° 11-12.999, PB. ▪ Cass. 2ᵉ civ., 1ᵉʳ juin 2017, n° 16-15.577 : *Dr. sociétés* 2017, n° 182, obs. R. Mortier. – Est recevable le pourvoi formé contre une décision qui constate un excès de pouvoir du tiers évaluateur et en tire les conséquences qui s'imposent : ▪ Cass. com., 5 mai 2009, n° 08-17.465, PBRI : *D.* 2009, p. 1349, obs. A. Lienhard ; *Dr. sociétés* 2008, n° 114, obs. R. Mortier ; *JCP* E 2009, 1632, note R. Mortier ; *JCP* E 2009, n° 31-35, n° 1, obs. Fl. Deboissy et G. Wicker. – Commet un excès de pouvoir justifiant l'annulation de sa décision le juge qui désigne un expert en indiquant que celui-ci doit procéder en toute liberté et écarter l'application de la méthode de calcul prévue dans les statuts, alors que ce sont justement les statuts qui doivent guider ce dernier : ▪ CA Paris, 14 nov. 2007 : *JurisData* n° 2007-350600 ; *Dr. sociétés* 2008, n° 47, obs. R. Mortier.

c) **Durée de la mission de l'expert.** La mission de l'expert ne prend fin que par le dépôt du rapport fixant le prix de rachat des droits sociaux et non lors du dépôt antérieur proposant une fourchette de valeur : ▪ Cass. com., 26 mars 2013, n° 12-10.144 : *BJS* 2013, p. 714, note V. Allegaert.

d) **Désignation d'un nouvel expert.** Lorsque le vice affectant l'exécution de sa mission par l'expert autorise le juge à écarter son évaluation, il appartient aux parties, conformément aux dispositions de l'article 1843-4, soit de désigner un nouveau mandataire, soit, à défaut d'accord, d'en requérir la désignation auprès du **président du tribunal statuant en la forme des référés** : ■ Cass. 1re civ., 25 nov. 2003, n° 00-22.089, PB : *D.* 2003, p. 3053, obs. A. Lienhard ; *Dr. sociétés* avr. 2004, n° 95, obs. F.-G. Trébulle ; *JCP* E 2004, act., p. 133 ; *JCP* E 2004, 601, n° 2, obs. J.-J. Caussain, Fl. Deboissy et G. Wicker ; *Rev. sociétés* 2004, p. 93, note Y. Chartier.

11) Caractère obligatoire de l'évaluation. En s'en remettant, en cas de désaccord sur le prix de cession d'actions d'une société anonyme, à l'estimation d'un expert désigné conformément aux articles 275 de la loi du 24 juillet 1966 *[C. com., art. L. 228-24]* et 1843-4 du Code civil, les contractants font de la décision de celui-ci leur loi et, à défaut d'erreur grossière, il n'appartient pas aux juges, en modifiant le prix, d'imposer aux parties une convention différente de celle qu'elles avaient entendu établir : ■ Cass. com., 4 nov. 1987 : *Bull. civ.* IV, n° 226 ; *JCP* E 1988, 15212, obs. A. Viandier. – Dans le même sens, ■ Cass. com., 9 avr. 1991 : *BJS* 1991, p. 1130 ; *Rev. sociétés* 1992, p. 50. ■ CA Paris, 22 mars 2002 : *BJS* 2002, p. 820, note A. Constantin. – Le cédant et le cessionnaire de parts sociales sont liés par le prix fixé par les experts désignés après un refus d'agrément d'un tiers acquéreur : ■ Cass. com., 13 oct. 1992 : *JCP* E 1993, I, 212, n° 13, obs. A. Viandier et J.-J. Caussain ; *Rev. sociétés* 1993, p. 578, note D. Randoux.

12) Date d'évaluation. G. Grundeler, *Date d'évaluation des droits sociaux à dire d'expert : perspectives d'avenir : Rev. sociétés* 2018, p. 701.

a) **Retrait de l'associé (société civile).** La valeur des parts de l'associé retrayant doit être fixée à la date où s'effectue le transfert de propriété : ■ Cass. 1re civ., 11 févr. 2003 : *Dr. sociétés* 2004, n° 40, obs. F.-X. Lucas. – En l'absence de dispositions statutaires, la valeur des droits sociaux de l'associé qui se retire doit être déterminée à la date la plus proche de celle du remboursement de la valeur de ces droits, et non à la date à laquelle celui-ci a manifesté sa volonté de se retirer : ■ Cass. com., 4 mai 2010, n° 08-20.693, PB : *BJS* 2010, p. 660, note F.-X. Lucas ; *Dr. sociétés* 2010, n° 137, obs. H. Hovasse. – L'article 1843-4 tel qu'interprété par la Cour de cassation concernant la date d'évaluation des droits sociaux est conforme à la Constitution : ■ Cons. const., 16 sept. 2016, n° 2016-563 QPC : *BJS* 2017, p. 279, note E. Schlumberger ; *Dr. sociétés* 2016, n° 181, obs. R. Mortier. – La solution posée par l'arrêt du 4 mai 2010 ne constituant ni un revirement ni une évolution imprévisible de la jurisprudence, commet une erreur grossière l'expert qui retient comme date d'évaluation le jour de l'autorisation du retrait et non pas celle la plus proche du remboursement : ■ Cass. com., 15 janv. 2013, n° 12-11.666 : *D.* 2013, p. 342, note A. Couret ; *JCP* E 2013, 1129, note B. Dondero. – La faculté de retrait des associés d'une société civile à capital variable est d'ordre public et doit s'exercer dans les conditions applicables à la date où l'associé a manifesté la volonté de se retirer ; il s'ensuit que, pour déterminer les règles de calcul de la valeur des parts à rembourser, il convient de se reporter aux dispositions statutaires en vigueur à cette date : ■ CA Paris, 20 oct. 2000 : *Rev. sociétés* 2001, p. 343, note L. Godon.

b) **Exclusion de l'associé (SAS).** L'associé conservant sa qualité jusqu'à la cession de ses titres, quand bien même est suspendu l'exercice de ses droits non pécuniaires, la valeur de ses titres doit être déterminée à la date la plus proche de la cession future, les statuts ne précisant pas cette date : ■ Cass. com., 16 sept. 2014, n° 13-17.807, PB : *Dr. sociétés* 2014, n° 188, obs. D. Gallois-Cochet ; *Rev. sociétés* 2015, p. 19, note J. Moury.

13) Remise en cause de l'évaluation pour erreur grossière. *a)* **Principe.** L'estimation de l'homme de l'art ne peut pas être remise en cause sauf dol, violence, erreur grossière, outrepassement de mandat : ■ CA Douai, 24 févr. 1983 : *Rev. sociétés* 1983, p. 337. – V. aussi, ■ Cass. com., 9 avr. 1991, préc. note n° 10, p. 63. ■ Cass. com., 12 juin 2007, n° 05-20.290 : *Dr. sociétés* 2007, n° 161, obs. J. Monnet.

b) **Applications de l'erreur grossière.**

– **Dépassement de mission.** Le dépassement de sa mission par l'expert correspond à une erreur grossière justifiant que soit écartée l'évaluation des titres sociaux : ■ Cass. 1re civ., 25 nov. 2003 : préc, annot. n° 7, p. 62.

– **Prémisses erronées.** Est entachée d'erreur grossière l'expertise reposant sur des prémisses erronées, l'erreur ayant consisté à évaluer les parts, non sur la base de leur valeur liquidative comme les parties en étaient convenues, mais pour la valeur qui aurait été la leur en cas de cessation d'activité : ■ Cass. com., 19 déc. 2000 : *Dr. et patrimoine* 4/2001, p. 110, obs. D. Poracchia. – V. égal., pour une évaluation sur la base d'une constructibilité hypothétique : ■ CA Paris, 22 oct. 2013, n° 10/17.138 : *BJS* 2014, p. 228, note E. Schlumberger ; *Dr. sociétés* 2014, n° 40, obs. R. Mortier. – Pour une évaluation sans examen du compte du résultat : ■ CA Chambéry, 28 mai 2013, n° 12/00993 : *Dr. sociétés* 2014, n° 40, obs. R. Mortier.

– **Excès de pouvoir du juge.** Commet une erreur grossière l'expert qui établit son rapport en suivant la directive relative à la date d'évaluation des droits sociaux que lui a donnée le président du tribunal de commerce, lequel a manifestement commis un excès de pouvoirs en ne se limitant pas à la seule désignation de l'expert : ▪ CA Paris, 14 déc. 2010, n° 10-11.125 : *Dr. sociétés* 2011, n° 83, obs. M.-L. Coquelet.

– **Non application des stipulations des parties.** Commet une erreur grossière l'expert qui se refuse à appliquer la méthode comptable prévue par les parties dans l'acte de cession : ▪ CA Paris, 25 mars 2014, n° 13/04134 : *Dr. sociétés* 2014, n° 141, obs. R. Mortier.

c) **Absence d'erreur grossière.**

– **Application des usages de la profession.** Viole l'article 1843-4 l'arrêt qui retient l'erreur grossière de l'expert dans la détermination de la valeur des parts d'un associé se retirant d'une SCP de notaires au motif qu'il s'est fondé sur des considérations subjectives et postérieures à la date à laquelle il convenait de se placer alors que, faisant application des **usages** de la profession de notaires conformément à la mission qui lui était impartie, l'expert a estimé qu'il convenait de diminuer la valeur des parts pour tenir compte de l'**absence de coopération active du cédant** : ▪ Cass. 1re civ., 25 janv. 2005 : *JurisData* n° 2005-026628 ; *Dr. sociétés* avr. 2005, n° 62, obs. F.-G. Trébulle ; *BJS* 2005, p. 637, note J.-J. Daigre ; *D.* 2005, somm. p. 2955, obs. J.-Cl. Hallouin et E. Lamazerolles.

– **Consultation de sachants.** L'expert ayant toute latitude pour déterminer la valeur des titres selon les critères qu'il juge opportuns, est exempte d'erreur grossière l'évaluation à laquelle celui-ci a procédé en consultant des sachants sans communiquer leurs noms et avis : ▪ Cass. com., 19 avr. 2005 : *JurisData* n° 2005-028186 ; *BJS* 2005, p. 1393, note H. Le Nabasque ; *D.* 2005, p. 1289, obs. A. Lienhard ; *D.* 2005, somm. p. 2956, obs. J.-Cl. Hallouin et E. Lamazerolles ; *Dr. sociétés* juin 2005, n° 118, obs. J. Monnet ; *JCP E* 2005, 972 ; *JCP E* 2005, 1390, note H. Lécuyer.

– **Méthodologie de l'expert.** La contestation des méthodes de l'expert ne caractérise en aucune façon une erreur grossière, seule susceptible de remettre en cause son évaluation, la méthodologie de l'expert ayant par ailleurs respecté le contradictoire, son rapport n'ayant été déposé qu'après qu'il ait présenté aux parties son avis technique provisoire et qu'il ait répondu aux dires des parties : ▪ CA Paris, 11 déc. 2008 : *BJS* 2009, p. 542, note D. Poracchia ;

– **Justification des éléments retenus.** L'expert ne commet pas d'erreur grossière, dès lors qu'il s'en explique, en s'abstenant de prendre en compte des comptes annuels non encore approuvés et en refusant d'appliquer une décote de minorité au motif qu'aucun associé n'est majoritaire : ▪ CA Aix-en-Provence, 21 juin 2018, n° 16/14298 : *BJS* 2018, p. 623, note B. Brignon.

14) Actualisation de l'estimation. *a)* **Nécessité de l'actualisation.** Cassation de la décision ayant retenu que l'estimation initiale des parts était toujours d'actualité au jour de la publication de l'arrêté, en l'absence d'éléments de nature à établir que leur valeur avait considérablement varié entre-temps, au motif que le juge ne peut se prononcer lui-même sur la pertinence d'une estimation antérieure de près de deux ans : ▪ Cass. 1re civ., 28 juin 2007, n° 06-18.074 : *Dr. sociétés* 2007, n° 193, obs. R. Mortier ; *D.* 2007, p. 1974.

b) **Pouvoir du conseiller de la mise en état.** Si le président du tribunal a seul le pouvoir, à défaut d'accord des parties, de désigner un expert chargé de l'évaluation des droits sociaux, les textes ne font pas obstacle à ce que l'actualisation du rapport de l'expert soit confiée à celui-ci, en cause d'appel, par le conseiller de la mise en état : ▪ Cass. 1re civ., 9 déc. 2010, n° 09-10.141, PBI : *Dr. sociétés* 2011, n° 28, obs. H. Hovasse ; *Rev. sociétés* 2011, p. 339, note J. Moury.

15) Compétence exclusive de l'expert. *a)* **Incompétence d'un tiers.** S'agissant du rachat par un associé d'une société de fait des parts sociales de son coassocié, il ressort des articles 1591 et 1843-4 du Code civil qu'en cas de désaccord des parties sur le prix, celui-ci ne peut résulter d'une évaluation des parts déterminée par un tiers *[Conseil supérieur de l'ordre des vétérinaires]* unilatéralement désigné par un des associés, alors qu'il n'est pas établi que les parties étaient convenues de s'en remettre à son arbitrage pour l'évaluation des parts sociales : ▪ Cass. 1re civ., 9 janv. 1996 : *BJS* 1996, p. 399, note A. Couret ; *Dr. sociétés* 1996, n° 73, obs. Th. Bonneau.

b) **Incompétence du juge écartant l'évaluation.** Si le vice affectant l'exécution de sa mission par l'expert autorise le juge à écarter son évaluation, il ne l'autorise pas en revanche à procéder lui-même à l'évaluation, fût-ce en recourant à l'éclairage d'un expert ; en pareil cas, il appartient seulement aux parties, conformément aux dispositions de l'article 1843-4, soit de désigner un nouveau mandataire, soit, à défaut d'accord, d'en requérir la désignation auprès du président du tribunal statuant en la forme des référés : ▪ Cass. 1re civ., 25 nov. 2003, préc. – La cour d'appel qui retient l'erreur grossière de l'expert ne peut procéder elle-même à l'évaluation des parts sociales dans la mesure où il appartient au seul expert désigné en application de l'article 1843-4 de déterminer la valeur de celles-ci : ▪ Cass. 1re civ., 25 janv. 2005, préc. – V. aussi, ▪ Cass. com., 4 nov. 1987, préc. ▪ Cass. com., 9 avr. 1991, préc.

c) **Compétence de la cour d'appel à défaut de demande de désignation d'un expert ?** V. ▪ Cass.

1re civ., 7 oct. 2015, n° 14-20.696, PB : *Dr. sociétés* 2016, n° 2, obs. R. Mortier.

16) Responsabilité. Sur la responsabilité de l'évaluateur des droits sociaux dans le cadre de recherches fiscales pour sous-évaluation, V. ▪ CA Paris, 26 mai 1993 : *Rev. sociétés* 1993, p. 884.

17) Prise en charge des frais. Sauf en cas d'abus manifeste de l'une des parties à cette procédure, la charge des frais doit être partagée également entre la société et le retrayant, en proportion de l'intérêt égal que chacune des parties y trouve : ▪ CA Nîmes, 27 mai 2004 : *Dr. sociétés* juill. 2005, n° 131, obs. F.-X. Lucas.

Code civil

Art. 1592. – Il peut cependant être laissé à *(Mot rempl., L. n° 2016-1547, 18 nov. 2016)* « l'estimation » d'un tiers ; si le tiers ne veut ou ne peut faire l'estimation, il n'y a point de vente.

Voir : la rédaction de cet article issue de l'ordonnance n° 2019-744 du 19 juillet 2019, en *addendum*, p. 3371.

1) Distinction avec l'arbitrage. Constitue un tiers évaluateur et non un arbitre, de sorte que sa décision n'est susceptible d'aucun recours, le tiers désigné par les parties avec mission, non d'exercer un pouvoir juridictionnel, mais de procéder sur des éléments de faits à un constat s'imposant aux parties, lesquelles en ont préalablement tiré les conséquences juridiques, peu important que l'intervention de ce tiers soit soumise à la constatation d'un désaccord entre les cocontractants relativement à ces éléments : ▪ Cass. com., 16 févr. 2010, n° 09-11.586, PB : *JCP E* 2010, 1591, note D. Cohen.

2) Récusation du tiers évaluateur. Le tiers évaluateur, mandataire commun des parties, peut être récusé si ces liens avec l'une des parties permettent de douter de son impartialité : ▪ CA Paris, 25 oct. 2002 : *JCP* E 2003, act., p. 214. ▪ Cass. 1re civ., 2 déc. 1997 : *JurisData* n° 1997-004840 ; *BJS* 1997, p. 460, note J.-J. Daigre ; *Dr. sociétés* 1998, n° 55, note Th. Bonneau ; *Rev. sociétés* 1998, p. 332, note D. Randoux. – Doit être cassée pour manque de base légale la décision ayant admis la récusation d'un expert au motif qu'il a fait partie de sociétés de commissaires aux comptes étant intervenues pour le compte de la société cessionnaire ainsi que pour d'autres sociétés satellites, ce qui n'est pas conforme à l'impartialité objective exigée de tout expert, alors qu'il aurait fallu rechercher si l'expert avait personnellement entretenu avec la société cessionnaire ou ses dirigeants des relations de nature à faire naître un doute légitime et actuel sur son impartialité : ▪ Cass. com., 5 oct. 2004 : *JurisData* n° 2004-025143 ; *BJS* 2005, p. 262, note G.-C. Giorgini ; *Dr. sociétés* janv. 2005, n° 1, obs. F.-G. Trébulle ; *JCP* E 2004, act., p. 1906.

3) Mission du tiers évaluateur. Le tiers agit comme mandataire commun des parties dans le strict respect de la mission qui lui est confiée. La nature de cette mission, qui tend à obtenir dans les meilleurs délais la détermination d'un prix conditionnant la validité même de la vente, emporte pouvoir de ce tiers d'appliquer le contrat et, sauf exclusion claire et précise, de donner, nonobstant toute saisine du juge judiciaire, de fait incompatible avec la célérité requise, leur sens aux clauses de ce dernier dans la mesure où elles se rattachent à la mission qui lui est confiée, sauf à priver de tout intérêt celle-ci : ▪ CA Paris, 17 sept. 2004 : *BJS* 2005, p. 49, note N. Rontchevsky ; *JCP* E 2005, act., p. 1907 ; *JCP* E 2005, 134, note Th. Bonneau.

4) Détermination des critères d'évaluation. La stipulation relative à la fixation du prix est nulle, et rend nulle la convention en son entier, lorsque les directives données au tiers évaluateur sont insuffisamment définies et n'étaient pas connues de l'ensemble des parties au jour de la conclusion de la convention car, le tiers évaluateur étant tenu de faire application de critères qui n'étaient pas déterminés, le prix n'est pas déterminable : ▪ Cass. com., 5 janv. 2016, n° 14-19.584 : *BJS* 2016, p. 365, note E. Schlumberger.

5) Date d'évaluation. Dans le silence de la promesse de vente, le tiers évaluateur peut retenir comme date d'évaluation des actions celle de la levée de l'option tout en vérifiant la pertinence de son évaluation par des évènements postérieurs à cette date : ▪ CA Paris, 9 févr. 2017, n° 16/00223 : *Dr. sociétés* 2017, n° 97, obs. Mortier.

6) Remise en cause de l'évaluation. *a)* **Erreur grossière.** L'estimation du tiers évaluateur constituant la loi des parties qui ont choisi de s'en remettre à lui, seule une erreur grossière commise par ce tiers est de nature à permettre la remise en cause de cette évaluation : ▪ Cass. com., 6 juin 2001 : *Dr. sociétés* déc. 2001, n° 170, obs. Th. Bonneau ; *JCP* E 2002, 1292, note D. Cohen ; *JCP* E 2001, 48, p. 1909, n° 2, obs. A. Viandier et J.-J. Caussain.

b) **Impossibilité d'évaluation.** Lorsque la valeur des actions cédées dépend des pratiques arbitraires de gestion de la société, le tiers évaluateur désigné sur le fondement de l'article 1592 du Code civil se trouvant dans l'impossibilité de procéder à leur estimation, l'arbitre investi par une clause compromissoire peut prononcer la nullité de la cession : ▪ Cass. com., 8 avr. 1999 : *BJS* 1999, p. 1177, note A. Couret ; *JCP* G 1999, II, 10136, note A. Viandier.

7) Responsabilité du tiers évaluateur. L'erreur grossière est une condition de la remise en cause de la détermination du prix et non de la responsabilité du tiers, mandataire commun des parties, ayant pour mission de déterminer le prix de cession d'actions sur le fondement de l'article 1592 du Code civil : ▪ Cass. com., 4 févr. 2004 : *BJS* 2004, p. 814, note H. Le Nabasque ; *Dr. sociétés* avr. 2004, n° 63, note H. Hovasse ; *JCP* E 2004, 601, n° 1, obs. J.-J. Caussain, Fl. Deboissy et G. Wicker ; *Rev. sociétés* 2004, p. 93, note Y. Chartier ; *Rev. sociétés* 2004, p. 863, note J. Moury. – Sur renvoi : rejet de toute faute dans l'évaluation, l'obligation du tiers évaluateur étant une obligation de moyens, qui ne porte que sur la diligence de l'exécution de sa mission, à l'exclusion de son résultat ; ainsi, lorsque les résultats des filiales ne sont pas connus au jour de la valorisation d'une société, seuls des résultats estimés ou probables peuvent être retenus pour le calcul des ratios PER : ▪ CA Versailles, 27 sept. 2005 : *D.* 2005, p. 2942, obs. X. Delpech ; *RJDA* 2005, n° 123. – Rejetant le pourvoi : ▪ Cass. com., 6 févr. 2007, n° 05-21.271 : *D.* 2007, p. 656, obs. X. Delpech ; *Dr. sociétés* 2007, n° 75, obs. H. Hovasse.

Art. 1843-5 *(L. n° 88-15, 5 janv. 1988).* – **Outre l'action en réparation du préjudice subi personnellement, un ou plusieurs associés peuvent intenter l'action sociale en responsabilité contre les gérants. Les demandeurs sont habilités à poursuivre la réparation du préjudice subi par la société ; en cas de condamnation, les dommages-intérêts sont alloués à la société.**

Est réputée non écrite toute clause des statuts ayant pour effet de subordonner l'exercice de l'action sociale à l'avis préalable ou à l'autorisation de l'assemblée ou qui comporterait par avance renonciation à l'exercice de cette action.

Aucune décision de l'assemblée des associés ne peut avoir pour effet d'éteindre une action en responsabilité contre les gérants pour la faute commise dans l'accomplissement de leur mandat.

Voir : D. n° 78-704, 3 juill. 1978, art. 38, p. 161. - C. com., art. R. 225-170, p. 668.
SA, C. com., art. L. 225-252, p. 381. - **SARL,** C. com., art. L. 223-22, p. 210.

I – ACTION INDIVIDUELLE

Bibliographie : Cl. Giverdon, *L'action individuelle des membres d'un groupement : JCP* 1955, I, 1244.

1) Exigence d'un préjudice individuel. *a)* Admission de l'action individuelle.

– **Détournement de dividendes.** Est une action individuelle l'action dirigée contre l'administrateur ayant **détourné les dividendes** destinés au plaignant : ▪ CA Paris, 2 mai 1935 : *Gaz. Pal.* 1935, 2, p. 113.

– **Fausses informations/Présentation ou publication de comptes infidèles.** S'agissant de faits antérieurs au jugement d'ouverture, il y a place pour un préjudice personnel distinct de celui subi par la personne morale, peu important que la procédure collective fasse apparaître une insuffisance d'actif dès lors que les actionnaires ont été incités à investir dans les titres de la société et à les conserver en raison de fausses informations diffusées par les dirigeants, d'une rétention d'informations et d'une présentation de comptes inexacts : ▪ Cass. com., 9 mars 2010, n° 08-21.547, PB : *BJS* 2010, p. 537, note D. Schmidt ; *D.* 2010, p. 761, obs. A. Lienhard ; *Dr. sociétés* 2010, n° 109, note M.-L. Coquelet ; *JCP E* 2010, 1483, note S. Schiller ; *Rev. sociétés* 2010, p. 230, note H. Le Nabasque ; V. sur renvoi retenant la réparation du préjudice sur le fondement de la perte d'une chance, ▪ CA Limoges, 17 janv. 2013, n° 11/01356 : *BJS* 2013, p. 324, note D. Schmidt. – Néanmoins, la solution est sans application dans le cas d'une action fondée sur le dol imputé au dirigeant d'une société ne faisant pas appel public à l'épargne, car elle ne vaut que lorsque la société, faisant appel public à l'épargne, est tenue par la loi de donner au public une information exacte, précise et sincère, de sorte qu'elle porte atteinte à la bonne information du public en communiquant ou diffusant une information inexacte, imprécise ou trompeuse : ▪ Cass. com., 16 mai 2018, n° 16-20.684 : *BJS* 2018, p. 569, note P.-L. Périn ; *Dr. sociétés* 2019, n° 24, obs. C. Coupet ; *Rev. sociétés* 2018, p. 708, note J. Prorok. – V. également pour l'exercice de l'action civile, sous C. com., art. L. 242-6, annot. n° 65, p. 589.

– **Perte de contrôle.** Peut constituer un préjudice individuel la **perte de contrôle** subie par des associés suite à une augmentation de capital à laquelle ils ont été contraints de consentir en raison de la **violence** exercée par celui qui était devenu majoritaire suite à cette augmentation : ▪ Cass. com., 18 févr. 1997 : *BJS* 1997, p. 408, note J.-J. Daigre ; *LPA* 1998, n° 104, p. 12, note J.-L. Courtier.

– **Surévaluation et sous-évaluation des apports.** La surévaluation des apports effectués par un associé, qui se traduit par une majoration infondée de sa participation au capital social, cause de ce fait aux autres associés un préjudice qui n'est pas le corollaire de celui que subit la société et dont ceux-ci sont par suite recevables à demander réparation à titre personnel : ▪ Cass. com., 28 juin 2005 : *JurisData* n° 2005-029182 ; *BJS*

2006, p. 80, note S. Messaï-Bahri ; *D.* 2005, p. 1941, obs. A. Lienhard ; *D.* 2005, somm. p. 2958, obs. J.-Cl. Hallouin et E. Lamazerolles ; *Dr. sociétés* déc. 2005, n° 209, obs. H. Lécuyer ; *JCP* E 2005, 1325, note H. Hovasse. – Même solution pour la sous-évaluation des apports : ▪ Cass. com., 26 avr. 2017, n° 15-28.104 : *BJS* 2017, p. 513, note J.-F. Barbièri ; *Dr. sociétés* 2017, n° 117, obs. R. Mortier ; *Rev. sociétés* 2017, p. 628, note K. Deckert.

– **Dol portant sur la valeur des titres.** Engagent leur responsabilité à l'égard des actionnaires minoritaires les administrateurs qui ont intentionnellement induit en erreur ceux-ci sur les causes et les conditions d'une **réduction de capital** en vue de racheter leurs titres à moindre coût : ▪ Cass. com., 8 nov. 2005 : *BJS* 2006, p. 502, note J.-J. Daigre ; *Dr. sociétés* mars 2006, n° 41, obs. H. Lécuyer ; *JCP* E 2006, 1497, note J.-L. Navarro.

– **Perte d'une chance.** Celui qui acquiert ou conserve des titres émis par voie d'offre au public au vu d'informations inexactes, imprécises ou trompeuses sur la situation de la société émettrice perd seulement une chance d'investir ses capitaux dans un autre placement ou de renoncer à celui déjà réalisé : ▪ Cass. com., 9 mars 2010, n° 08-21.547, PB : *BJS* 2010, p. 537, note D. Schmidt ; *D.* 2010, p. 761, obs. A. Lienhard ; *Dr. sociétés* 2010, n° 109, note M.-L. Coquelet ; *JCP E* 2010, 1483, note S. Schiller ; *Rev. sociétés* 2010, p. 230, note H. Le Nabasque. – Le préjudice direct et personnel subi par les actionnaires en achetant ou conservant une action aux perspectives prometteuses surévaluées est distinct de celui subi par la société elle-même et doit être réparé au titre de la perte d'une chance : ▪ CA Paris, 31 oct. 2008, n° 06-09036 : *D.* 2008, p. 2867, obs. A. Lienhard ; *Rev. sociétés* 2009, p. 121, note J.-J. Daigre.

– **Préjudice moral.** Le rejet de la demande en réparation d'un préjudice financier pour défaut de caractère personnel ne dispense pas de l'examen de la recevabilité de la demande tendant à la réparation d'un préjudice moral résultant des mêmes faits : ▪ Cass. 3e civ., 22 sept. 2009, n° 08-18.785 : *BJS* 2010, p. 50, note D. Poracchia.

– **Abus de confiance.** V. pour un abus de confiance commis au préjudice tant d'une SCI que d'un associé : ▪ Cass. crim., 22 mars 2017, n° 16-82.415 : *Rev. sociétés* 2018, p. 193, note B. Bouloc.

b) **Exclusion de l'action individuelle.**

– Ne constitue pas une action individuelle l'action intentée par l'actionnaire en raison d'une **cession à perte de ses titres** : ▪ Cass. com., 26 janv. 1970 : *JCP* 1970, II, 16385, note Y. Guyon. – Il ne peut être demandé réparation au titre de l'action individuelle de la **dépréciation de la société** résultant des fautes commises par ses dirigeants, le préjudice subi par les associés n'étant que le corollaire du dommage causé à la société : ▪ Cass. com., 1er avr. 1997 : *BJS* 1997, p. 650, note J.-F. Barbièri ; *D.* 1998, somm. p. 180, obs. J.-Cl. Hallouin ; *RTD com.* 1997, p. 647, obs. B. Petit et Y. Reinhard. – Quels qu'aient été les mobiles les ayant inspirées, les fautes commises par le gérant ayant entraîné la ruine de l'entreprise n'ont pas causé à l'associé un préjudice personnel distinct du préjudice social : ▪ Cass. com., 19 avr. 2005 : *JurisData* n° 2005-028229 ; *JCP* E 2005, 823. – La faute d'un tiers portant **atteinte au capital social** n'est la cause pour les associés que d'un préjudice indirect, puisque leurs titres ne représentent que le capital de la société, excluant qu'ils puissent exercer une action individuelle : ▪ CA Paris, 20 oct. 1998 : *BJS* 1999, p. 493, note J.-F. Barbièri ; *D. affaires* 1999, p. 84. – V. dans le même sens, s'agissant de fautes *[en l'espèce, politique de charges dispendieuses ou inadaptées et erreurs de gestion]* se traduisant par des pertes sur capital et des gains manqués sur les dividendes et les plus-values : ▪ CA Versailles, 17 janv. 2002 : *Rev. sociétés* 2002, p. 364. – *Adde* ▪ CA Paris, 12 mai 2000 : *JurisData* n° 2000-116650. ▪ CA Paris, 6 déc. 2002 : *BJS* 2003, p. 474, note J.-F. Barbièri. ▪ CA Aix-en-Provence, 7 juill. 2004 : *JurisData* n° 2004-258398 ; *Dr. sociétés* mai 2005, n° 87, obs. F.-X. Lucas. – Les préjudices subis par les associés d'une société en liquidation résultant de la diminution de valeur des titres sont subis indistinctement par la collectivité des associés et par la société : ▪ Cass. com., 28 juin 2005, n° 04-13.586 : *JurisData* n° 2005-029271 ; *BJS* 2006, p. 21.

– Ne constitue pas un préjudice individuel celui consistant en une **insuffisance des bénéfices distribués**, ce préjudice n'étant que le corollaire de celui atteignant la société tout entière : ▪ Cass. 3e civ., 22 sept. 2009, n° 08-18.483 : *Dr. sociétés* 2010, n° 1, obs. M.-L. Coquelet. – V. aussi, ▪ Cass. com., 8 juin 2010, n° 09-66.802, PB : *BJS* 2011, p. 17, note M.-L. Coquelet ; *Dr. sociétés* 2010, n° 178, obs. H. Hovasse.

– Le préjudice résultant pour l'actionnaire d'un **coup d'accordéon** ne présente pas un caractère personnel en ce qu'il n'est que le corollaire du préjudice causé à la société : ▪ Cass. com., 9 oct. 2007, n° 04-10.382 : *BJS* 2008, p. 95, note I. Parachkevova. – Même solution lorsque l'actionnaire demande réparation du préjudice constitué par la perte de valeur du capital qu'il avait subi du fait d'une opération de **réduction du capital à zéro suivie d'une augmentation de capital** décidée à l'issue de la procédure collective dont la société a été l'objet : ▪ Cass. com., 15 janv. 2002 : *BJS* 2002, p. 690, note S. Sylvestre.

– **Abus de pouvoirs.** V. sous C. com., art. L. 242-6, annot. n° 65, p. 589.

– **Abus de biens sociaux.** V. sous C. com., art. L. 242-6, annot. n° 65, p. 589.

2) Non exigence d'une faute détachable. La mise en œuvre de la responsabilité des administrateurs et du directeur général à l'égard des actionnaires agissant en réparation du préjudice qu'ils ont personnellement subi n'est pas soumise à la condition que les fautes imputées à ces dirigeants soient intentionnelles, d'une particulière gravité et incompatibles avec l'exercice normal des fonctions sociales : ▪ Cass. com., 9 mars 2010, n° 08-21.547, PB : *BJS* 2010, p. 537, note D. Schmidt ; *D.* 2010, p. 761, obs. A. Lienhard ; *Dr. sociétés* 2010, n° 109, note M.-L. Coquelet ; *JCP E* 2010, 1483, note S. Schiller ; *Rev. sociétés* 2010, p. 230, note H. Le Nabasque. – *Contra*, jugé que l'associé qui agit en réparation d'un préjudice personnel contre un dirigeant doit établir que son préjudice a sa source dans une faute de ce dirigeant détachable de ses fonctions, ce qui n'est pas le cas des fautes ayant consisté en un défaut de convocation de l'assemblée, un défaut de communication et de publication des comptes, en défaut de réponse aux questions écrites ou encore en non-respect du délai de convocation de l'assemblée : ▪ CA Bordeaux, 4 févr. 2009 : *Dr. sociétés* 2009, n° 159, note D. Gallois-Cochet.

3) Conditions de recevabilité de l'action. *a)* **Date d'acquisition des titres sociaux.** Sur l'exigence que les titres sociaux aient été acquis antérieurement à la connaissance du fait dommageable, V. ▪ Cass. crim., 30 janv. 2002, préc., annot. n° 1, *a), supra*.

b) **Quitus.** Le *quitus* donné au gérant par les associés réunis en assemblée n'a d'effet que dans les rapports du gérant avec la société et ne peut faire obstacle à l'exercice d'une action en réparation du préjudice personnel subi par des associés : ▪ Cass. 1re civ., 16 juin 1987, n° 84-14.762 : *Bull. civ.* I, n° 194 ; *JCP* E 1987, 16959, n° 5, obs. A. Viandier et J.-J. Caussain.

4) Régime de l'action. L'action individuelle en responsabilité, bien que distincte de l'action sociale *ut singuli*, est soumise au régime des actions en responsabilité du droit des sociétés, notamment pour ce qui concerne le délai de prescription, et non au régime général de la responsabilité civile délictuelle : ▪ Cass. com., 13 juin 1995 : *Dr. sociétés* nov. 1995, n° 223, obs. D. Vidal.

5) Action individuelle contre un tiers contractant de la société. La recevabilité de l'action en responsabilité engagée par un associé à l'encontre d'un cocontractant de la société est subordonnée à l'allégation d'un préjudice personnel et distinct de celui qui pourrait être subi par la société elle-même : ▪ Cass. com., 8 févr. 2011, n° 09-17.034 : *BJS* 2011, p. 378, note F.-X. Lucas ; *D.* 2011, p. 592, obs. A. Lienhard et p. 1535, note X. Boucobza et Y.-M. Sérinet ; *Dr. sociétés* 2011, n° 84, obs. M.-L. Coquelet. V. à nouveau sur la même affaire, ▪ Cass. com., 26 nov. 2013, nos 12-26.015 et 12-26.332 : *Dr. sociétés* 2014, n° 43, obs. H. Hovasse. – V. égal., ▪ Cass. com., 9 déc. 2014, n° 13-21.557 : *BJS* 2015, p. 122, note N. Pelletier ; *Dr. sociétés* 2015, n° 83, obs. R. Mortier. – ▪ Cass. com., 30 mai 2018, n° 17-10.393 : *BJS* 2018, p. 629, note J.-J. Ansault. – L'action exercée par l'associé contre un cocontractant de la société en réparation du préjudice qu'il subit personnellement à raison d'un manquement dans l'exécution de ce contrat est de nature délictuelle : ▪ Cass. com., 2 juin 2015, n° 13-25.337, PB : *JCP* E 2015, 1489, note C. Lebel ; *Rev. sociétés* 2016, p. 114, note J.-J. Ansault. ▪ Cass. com., 28 juin 2016, n° 14-10.415, PB : *BJS* 2016, p. 584, note E. Putman.

II – ACTION SOCIALE *UT SINGULI*

Bibliographie : Cl. Armand et A. Viandier, *Réflexions sur l'exercice de l'action sociale dans les groupes de sociétés : transparence des personnalités et opacité des responsabilités ?* : *Rev. sociétés* 1986, p. 557. – G. Chesne, *L'exercice* ut singuli *de l'action sociale* : *RTD com.* 1962, p. 347. – G. Dellmotte, *L'action sociale* ut singuli : *Journ. not.* 1981, 945. – J.-Chr. Pagnucco, *L'action sociale* ut singuli et ut universi *en droit des groupements*, LGDJ, Fondation Varenne, 2006.

6) Objet de l'action sociale *ut singuli*.

a) **Action en responsabilité.** L'action sociale *ut singuli [en l'espèce, action fondée sur l'article 245 de la loi du 24 juillet 1966, devenu art. L. 225-252 du Code de commerce]* s'applique uniquement aux actions en responsabilité et n'intéresse pas l'action en nullité (▪ Cass. com., 16 oct. 1972 : *JCP* 1973, II, 17532, note N. Bernard) ou l'action visant à empêcher le prononcé de la liquidation des biens de la société (▪ Cass. com., 6 déc. 1977 : *Rev. sociétés* 1979, p. 373, note D. Schmidt).

b) **Action civile.** V. sous C. com., art. L. 242-6, annot. nos 55 et s., p. 165.

c) **Mesures conservatoires.** Les associés, habilités à agir en réparation contre un dirigeant sur le fondement de l'action sociale *ut singuli*, peuvent solliciter une mesure conservatoire contre ce dernier, à condition d'agir au nom de la société : ▪ Cass. 2e civ., 14 sept. 2006, n° 05-16.266 : *BJS* 2007, p. 269, note D. Schmidt ; *Dr. sociétés* déc. 2006, n° 175, obs. Lécuyer ; *JCP* E 2007, 1049, n° 2, obs. J.-J. Caussain, Fl. Deboissy et G. Wicker. ▪ CA Versailles, 29 mars 1978 : *JCP* 1979, II, 19209, note Y. Guyon.

d) **Astreinte.** Le pouvoir qu'a l'actionnaire d'exercer l'action sociale *ut singuli* en vue de poursuivre la réparation du préjudice subi par la société lui donne également qualité pour demander au juge de l'exécution, pour le compte de la personne morale, d'assortir d'une astreinte une décision exécutoire ayant accueilli l'action sociale en responsabilité exercée *ut singuli* : ▪ Cass. com., 7 juill. 2009, n° 08-15.835 : *BJS* 2010, p. 123, note B. Dondero ; *JCP* E 2010, 1088, note K. Rodriguez ; *Rev. sociétés* 2009, p. 832, note V. Thomas.

e) **Expertise *in futurum*.** Justifie d'un intérêt légitime à solliciter une **mesure d'instruction *in futurum*** (CPC, art. 145) l'actionnaire qui dispose également de l'action sociale *ut singuli* pour agir, au nom et pour le compte de celle-ci, en réparation du préjudice résultant pour elle du transfert frauduleux du fonds de commerce au profit d'une autre société : ▪ Cass. 2e civ., 20 déc. 2007, n° 07-12.611 : *JurisData* n° 2007-042052.

f) **Actions en répartition et en répétition des bénéfices.** L'action en répartition des bénéfices, qui est une action en exécution fondée sur l'article 1134 du Code civil, et l'action visant à obtenir la répétition au profit de la société de sommes indument perçues ou imputées sur les bénéfices, qui est de la nature d'une action oblique, sont étrangères à l'action sociale *ut singuli* : ▪ Cass. 1re civ., 20 mars 2013, n° 12-13.686 : *Dr. sociétés* 2013, n° 100, obs. H. Hovasse.

7) Domaine de l'action.

a) **Domaine matériel.** Sur l'application de l'action sociale *ut singuli*, et l'exclusion corrélative de l'action individuelle, en cas de faute des dirigeants, d'**abus de pouvoirs** et d'**abus de biens sociaux** : Voir sous C. civ., art. 1843-5, annot. n° 1, p. 67.

b) **Sociétés concernées.** Jugé que le statut de société en nom collectif exclurait l'exercice d'une action sociale par un associé : ▪ Cass. crim., 20 févr. 2008, nos 02-82.676 et 07-82.110 : *Dr. sociétés* 2008, n° 86, obs. R. Salomon.

c) **Juridictions répressives.** L'action *ut singuli* peut être portée aussi bien devant les juridictions répressives que devant les juridictions civiles : ▪ Cass. crim., 19 oct. 1978 : *D.* 1979, p. 153, note J. C.

8) Existence d'un préjudice. La restauration de la situation financière de la société suite à l'apport de fonds propres par un ancien actionnaire ne peut avoir pour effet de réparer les préjudices causés par les infractions dont les dirigeants ont été déclarés coupables, et donc de faire obstacle à l'indemnisation recherchée par l'exercice de l'action sociale *ut singuli* : ▪ Cass. crim., 28 janv. 2004 : *BJS* 2004, p. 678, note J.-F. Barbièri ; *D.* 2004, p. 1447, note H. Matsopoulou ; *Dr. et patrimoine* 7-8/2004, p. 108, obs. D. Poracchia ; *JCP* E 2004, act., p. 451.

9) Existence d'une faute.

a) L'action sociale exercée *ut singuli* par un actionnaire *[fonds de pension]* contre les membres du directoire *[C. com., art. L. 225-256]* doit être rejetée dès lors que le choix de conserver des activités diversifiées ne peut être considéré comme une faute de gestion dans la mesure où il s'agit d'un choix stratégique dont la mise en œuvre n'a pas démontré qu'il ait été contraire aux intérêts de la société, la preuve des autres griefs invoqués (favoritisme, rémunérations abusives, prestations fictives, autocontrôle…) n'étant pas rapportée : ▪ Cass. com., 21 sept. 2004 : *JurisData* n° 2004-024938 ; *Rev. sociétés* 2005, p. 363, note B. Saintourens.

b) La responsabilité d'un dirigeant [gérant de SCI] vis-à-vis de la société qu'il dirige **n'est pas subordonnée** à la preuve d'une **faute détachable** de ses fonctions : ▪ Cass. 1re civ., 15 mai 2007, n° 06-12.317 : *Dr. sociétés* 2007, n° 151, obs. R. Mortier.

10) Caractère subsidiaire. Lors même qu'il y a eu intervention du représentant légal de la société devant les premiers juges, l'associé qui agit au titre de l'action sociale *ut singuli* a, en cas de carence du représentant légal, qualité pour exercer au nom de la société les voies de recours ouvertes à la partie civile : ▪ Cass. crim., 12 déc. 2000, n° 97-83.470 : *JurisData* n° 2000-008064 ; *JCP* E 2001, p. 253 ; *BJS* 2001, p. 508, note J.-F. Barbièri ; *D.* 2001, act. jurispr. p. 1031, obs. M. Boizard ; *D.* 2002, somm. p. 472, note J.-Cl. Hallouin ; *Rev. sociétés* 2001, p. 323, note A. Constantin. – V. dans le même sens, ▪ Cass. crim., 8 oct. 2003 : *JCP* E 2004, 425, note J.-H. Robert. – Lors même que les représentants légaux exercent l'action sociale tendant à la réparation du préjudice résultant d'abus de biens sociaux, est recevable l'action sociale *ut singuli* qui appartient en propre aux actionnaires dans la mesure où elle est dirigée contre un dirigeant à l'égard duquel la société, malgré l'action civile exercée par elle, n'émet aucune critique ni n'invoque l'existence d'un préjudice : ▪ Cass. crim., 16 déc. 2009, n° 08-88.305 : *BJS* 2010, p. 502, note J.-F. Renucci ; *Dr. sociétés* 2010, n° 78, obs. R. Salomon ; *JCP* E 2010, 1993, n° 1, obs. Fl. Deboissy et G. Wicker.

11) Régime de l'action.

a) **Mise en cause de la société.** Lorsque l'action sociale est exercée *ut singuli*, le tribunal ne peut statuer que si la société a été régulièrement mise en cause par l'intermédiaire de ses représentants légaux : ▪ Cass. crim., 13 sept. 2006, n° 05-85.083 : *Dr. sociétés* 2007, n° 44, obs. H. Lécuyer. – La **mise en cause de la société** est une condition de recevabilité de la seule action sociale : ▪ CA Douai, 31 janv. 1975 : *Rev. sociétés* 1975, p. 282, note J.-J. Taisne. – L'exercice de l'action civile pour abus de biens sociaux par la voie de l'action sociale *ut singuli* n'impose pas de mettre en cause la société devant la juridiction d'instruction, mais uniquement devant la **juridiction de jugement** : ▪ Cass. crim., 3 oct. 2007, n° 06-87.849 : *BJS*

2008, p. 135, note D. Chilstein ; *Dr. sociétés* 2007, n° 277, obs. R. Salomon ; *D.* 2008, p. 2814 ; *JCP* E 2008, 1090, note J.-H. Robert ; *JCP* E 2008, 1280, n° 7, obs. J.-J. Caussain, Fl. Deboissy et G. Wicker.

b) **Coexistence de l'action *ut singuli* et de l'action *ut universi*.** Le fait que le gérant exerce l'action sociale alors que l'un des associés a déjà engagé l'action *ut singuli* n'a pas pour effet de mettre cet associé hors de cause car il conserve son intérêt à l'action : ■ Cass. com., 27 sept. 2017, n° 15-28.835 : *Dr. sociétés* 2018, n° 3, obs. H. Hovasse ; *Rev. sociétés* 2018, p. 1211, note B. Saintourens.

12) Qualité de demandeur.

a) **Qualité d'associé.** La qualité d'associé *[en l'espèce, d'actionnaire]* est indispensable pour pouvoir agir selon les voies de l'action sociale (■ T. com. Paris, 3 déc. 1975 : *Rev. sociétés* 1976, p. 106, note J. H.) et doit être conservée pendant toute la durée de l'instance (■ CA Paris, 4 févr. 1994 : *BJS* 1994, p. 402, note M. Pariente). – Mais l'existence de l'action sociale ouverte aux associés *[C. com., art. L. 223-22]* ne peut priver la société ayant subi un préjudice résultant d'agissements fautifs de son ancien dirigeant, de son **droit propre** à agir en responsabilité : ■ Cass. com., 14 déc. 2004 : *JurisData* n° 2004-026344 ; *BJS* 2005, p. 493, note D. Schmidt.

b) **Exercice individuel ou en groupe.** En application de l'article L. 223-22 du Code de commerce, les **associés d'une SARL** peuvent, soit individuellement, soit en se groupant, exercer l'action sociale en responsabilité contre les gérants : ■ Cass. crim., 2 avr. 2003 : *BJS* 2003, p. 912, note J.-F. Barbièri. – Une **association d'associés,** créée pour la défense de leurs intérêts communs et régie par la loi du 1er juillet 1901, est irrecevable à exercer l'action sociale *ut singuli* concurremment à certains d'entre eux : ■ Cass. com., 3 mars 2004 : *BJS* 2004, p. 991, note F. Forgues ; *Dr. et patrimoine* 7-8/2004, p. 106, obs. D. Poracchia.

c) **Fusion.** En cas de fusion, la société absorbante étant substituée activement et passivement aux droits et obligations de la société absorbée, les associés de la société absorbante sont recevables *[en l'espèce, sur le fondement de l'article L. 225-252 du Code de commerce]* à exercer l'action sociale *ut singuli* afin de demander réparation du dommage résultant d'actes délictueux subis par la société absorbée et ses filiales du fait de leurs dirigeants sociaux : ■ Cass. crim., 2 avr. 2003 : *D.* 2003, p. 1504 ; *JCP* E 2003, act., p. 968.

d) **Procédures collectives.** Jugé antérieurement à la loi du 25 janvier 1985 que les actionnaires peuvent agir sur le fondement de l'article 245 de la loi de 1966 *[C. com., art. L. 225-252]* même lorsque la société est en liquidation, le syndic n'ayant pas le monopole de l'action sociale : ■ Cass. com., 15 nov. 1983 : *Bull. civ.* IV, n° 308.

e) **Mandataire *ad hoc*.** Les actionnaires, disposant du droit propre de présenter des demandes en réparation du préjudice social *[C. com., art. L. 225-252]*, ne sont pas recevables à solliciter la désignation d'un mandataire *ad hoc* chargé de présenter de telles demandes : ■ Cass. com., 14 déc. 2004 : *JurisData* n° 2004-026360 ; *BJS* 2005, p. 512, note D. Schmidt ; *Dr. sociétés* avr. 2005, n° 73, obs. H. Hovasse ; *JCP* E 2005, act., p. 161 ; *Rev. sociétés* 2005, p. 448, note B. Bouloc.

13) Qualité de défendeur.

a) **Irrecevabilité de l'action dirigée contre un tiers.** Les dispositions de l'article L. 225-252 du Code de commerce n'autorisant les actionnaires à exercer l'action sociale en responsabilité qu'à l'encontre des administrateurs ou du directeur général, est irrecevable l'action dirigée contre des personnes non investies de cette qualité : ■ Cass. com., 19 mars 2013, n° 12-14.213, PB : *Dr. sociétés* 2013, n° 119, obs. M. Roussille.

b) **Exception du tiers complice.** L'action sociale *ut singuli* peut être exercée à l'encontre d'un tiers, non administrateur, dès lors que celui-ci a été condamné pour complicité du fait de l'infraction commise par les dirigeants sociaux au préjudice de la société, avec lesquels il est donc tenu solidairement en application de l'article 480-1 du Code de procédure pénale : ■ Cass. crim., 28 janv. 2004 : *BJS* 2004, p. 678, note J.-F. Barbièri ; *D.* 2004, p. 1447, note H. Matsopoulou ; *Dr. et patrimoine* 7-8/2004, p. 108, obs. D. Poracchia ; *JCP* E 2004, act., p. 451.

c) **Irrecevabilité de l'action dirigée contre le liquidateur amiable.** L'action *ut singuli* dirigée contre le liquidateur amiable est irrecevable, l'article L. 223-22 du Code de commerce n'autorisant cette action qu'à l'encontre des gérants : ■ Cass. com., 21 juin 2016, n° 14-26.370, PB : *BJS* 2016, p. 665, note P. Rubellin ; *Dr. sociétés* 2016, n° 185, note C. Coupet ; *Rev. sociétés* 2017, p. 154, note A. Lecourt, cassant ■ CA Paris, 11 sept. 2014, n° 13/13435 : *Dr. sociétés* 2014, n° 26, obs. D. Gallois-Cochet ; *Rev. sociétés* 2015, p. 237, note A. Lecourt. ■ Cass. com., 6 déc. 2017, n° 16-21.005 : *BJS* 2018, p. 208, note C. Coupet ; *Dr. sociétés* 2018, n° 26, obs. J. Heinich ; *Rev. sociétés* 2018, p. 719, note A. El Mejri.

d) **Modalités de l'action dirigée contre le dirigeant de fait.** Si l'action sociale ne peut être exercée que contre les dirigeants de droit d'une SAS, celle-ci peut agir en responsabilité contre son dirigeant de fait soit directement par ses représentants légaux, soit par l'intermédiaire d'un mandataire *ad hoc* dont la désignation peut être demandée en justice par un actionnaire : ■ Cass. com., 29 mars 2017, n° 16-10.016 : *BJS* 2017, p. 521, note C. Coupet ; *Dr. sociétés* 2017, n° 101, obs. J. Heinich ; *Rev. sociétés* 2017, p. 562, note L. Godon.

14) Prérogatives de l'associé agissant *ut singuli*. L'action *ut singuli [en l'espèce, action fondée sur l'article 245 de la loi du 24 juillet 1966, devenu C. com., art. L. 225-252]* est un droit d'exercice de l'action sociale réservé à l'actionnaire et qui ne confère à celui-ci **aucun pouvoir de disposition** sur l'instance ; aussi son désistement ne fait pas obstacle à l'exercice de l'action par les autres actionnaires : ▪ CA Versailles, 29 mars 1978 : *JCP* 1979, II, 19209, note Y. Guyon.

Art. 1844 *(L. n° 78-9, 4 janv. 1978).* **– Tout associé a le droit de participer aux décisions collectives.**

Les copropriétaires d'une part sociale indivise sont représentés par un mandataire unique, choisi parmi les indivisaires ou en dehors d'eux. En cas de désaccord, le mandataire sera désigné en justice à la demande du plus diligent.

Si une part est grevée d'un usufruit, le droit de vote appartient au nu-propriétaire, sauf pour les décisions concernant l'affectation des bénéfices, où il est réservé à l'usufruitier.

Les statuts peuvent déroger aux dispositions des deux alinéas qui précèdent.

Voir : la rédaction de cet article issue de l'ordonnance n° 2019-744 du 19 juillet 2019, en *addendum*, p. 3371.

Voir : D. n° 78-704, 3 juill. 1978, art. 17, p. 158.

SA, C. com., art. L. 225-110, p. 331, L. 225-118, p. 334, L. 225-140, p. 346.

I – PARTICIPATION DES ASSOCIÉS AUX DÉCISIONS COLLECTIVES

Bibliographie : J.-F. Barbièri, *Le droit de participer à l'élaboration des décisions collectives face au droit de contribuer à leur adoption : Mél. M. Germain*, LexisNexis-Lextenso, 2015, p. 91. – A. Couret, *Le transfert temporaire du droit de vote : retour sur une question taboue : BJS* 2015, p. 153. – M. Germain et alii, *Le droit de vote : Dr. sociétés* juill. 2014, n° 1 et s. – R. Kaddouch, *L'irréductible droit de vote de l'associé : JCP* E 2008, 1549. – P. Ledoux, *Le droit de vote des actionnaires*, LGDJ, 2002.

1) Participation aux décisions collectives. *a)* **Prérogative appartenant exclusivement à l'associé.** Seuls les associés ayant le droit de participer aux décisions collectives, la participation d'un héritier non agréé constitue une cause de nullité de l'assemblée générale tenue irrégulièrement : ▪ Cass. 3ᵉ civ., 8 juill. 2015, n° 13-27.248, FS-P : *BJS* 2015, p. 585, note J.-P. Garçon ; *Dr. sociétés* 2015, n° 189, obs. R. Mortier ; *JCP* E 2016, 1036, obs. Fl. Deboissy et G. Wicker, n° 1.

b) **Distinction du droit de participer aux décisions collectives et du droit de vote.** V. en cas de démembrement de propriété sous C. civ., art. 1844, annot. n° 11, p. 75. – V. en cas d'indivision sous C. civ., art. 1844, annot. n° 8 *d)*, p. 74.

c) **Droit de critique de l'associé.** Ne constitue pas le délit de diffamation publique le fait pour un actionnaire de tenir des propos qui, replacés dans leur contexte, se bornent à dénoncer les anomalies de gestion de la société en termes véhéments sans excéder le droit de libre critique d'un actionnaire minoritaire sur un acte de gestion effectué par les actionnaires majoritaires : ▪ Cass. 2ᵉ civ., 13 mai 2004 : *BJS* 2004, p. 1517, note L. Godon ; *Rev. sociétés* 2005, p. 4001, note H. Matsopoulou.

d) **Conflits d'intérêts.** Sous réserve de la contrariété à l'intérêt social et de l'abus de majorité, aucune disposition légale réglementaire ou statuaire n'interdit à un actionnaire, même majoritaire et détenteur de parts de fondateur, de prendre part à proportion de ses actions aux délibérations et au vote sur le principe et les modalités de la conversion des parts de fondateur : ▪ Cass. com., 19 sept. 2006, n° 04-14.372 : *JurisData* n° 2006-035095.

2) Protection du droit de vote contre les clauses statutaires illicites. *a)* **Principe.** Viole l'article 1844 la cour d'appel qui applique des statuts stipulant, pour certains associés, une suppression du droit de vote non prévue par la loi, afin d'annuler une résolution d'assemblée : ▪ Cass. com., 9 févr. 1999, *SCA Château d'Yquem : Dr. sociétés* 1999, n° 67, obs. Th. Bonneau ; *BJS* 1999, p. 566, note J.-J. Daigre ; *JCP* E 1999, p. 724, note Y. Guyon ; *Rev. sociétés* 1999, p. 81, note P. Le Cannu.

b) **Clause d'exclusion.**

– **SAS.** Il résulte de l'article 1844, alinéa 1, que tout associé a le droit de participer aux décisions collectives et de voter, les statuts ne pouvant déroger à ces dispositions que dans les cas prévus par la loi ; par suite, lorsque les statuts d'une SAS subordonnent l'exclusion d'un associé à une décision collective des associés, l'associé dont l'exclusion est proposée ne peut être privé de son droit de participer à la décision et de voter sur la proposition : ▪ Cass. com., 23 oct. 2007, n° 06-16.537 : *BJS* 2008, p. 101, note D. Schmidt ; *D.* 2007, p. 2726, obs. A. Lienhard ; *D.* 2008, p. 47, note Y. Paclot ; *Dr. sociétés* 2007, n° 219, obs. H. Hovasse ; *JCP* E 2007, 2433, note A. Viandier ; *JCP* E 2008, 1280, n° 8, obs. J.-J. Caussain, F. Deboissy et G. Wicker ; *JCP* G 2007, II, 10197, note D. Bureau ; *Rev. sociétés* 2007, p. 814, note P. Le Cannu. – V. égal., ▪ Cass. com., 6 mai 2014, n° 13-14.960 : *BJS* 2014, p. 506, note R. Mortier ; *Rev. sociétés* 2014, p. 550, note P. Le Cannu. ▪ CA Grenoble, 9 févr. 2012, n° 11/03662 : *Dr. sociétés* 2012, n° 123, obs. D. Gallois-Cochet.

– **SARL.** S'agissant d'une SARL, en ce qu'elle méconnaît le caractère fondamental du droit de vote de l'associé, la clause prévoyant l'exclusion à l'unanimité des associés non concernés est nulle et rend nulle les délibérations prises en exécution de cette clause : ▪ CA Colmar, 18 janv. 2011 : *JurisData* n° 2011-002991 ; *Dr. sociétés* 2011, n° 110, obs. M. Roussille.

– **GAEC.** Si l'article R. 323-38, alinéa 2, du Code rural et de la pêche maritime permet que les statuts d'un GAEC prévoient, dans les conditions qu'ils déterminent, qu'un associé peut être exclu pour motif grave et légitime par décision de l'assemblée des associés, ce texte ne permet pas, lorsque les statuts stipulent que la décision doit être prise à l'unanimité des autres associés, de priver l'associé dont l'exclusion est proposée de son droit de participer à cette décision et de voter : ▪ Cass. com., 10 févr. 2015, n° 13-17.555.

– **Société civile de moyens.** Même solution, en dépit d'une « rédaction malheureuse » de la clause litigieuse : ▪ Cass. com., 24 oct. 2018, n° 17-26.402 : *BJS* 2019, p. 23, note B. Brignon ; *Dr. sociétés* 2019, n° 4, obs. H. Hovasse et n° 21, obs. R. Mortier.

c) V. aussi en cas de **démembrement de propriété** des titres sociaux, C. civ., art. 1844, annot. n° 12, p. 75.

d) **Sanctions du réputé non écrit.** La clause statutaire contraire doit être réputée non écrite pour le tout, de sorte que doit être annulée la décision fondée sur celle-ci : ▪ Cass. com., 9 juill. 2013, n° 11-27.235, PB : *BJS* 2013, p. 636, note D. Poracchia ; *D.* 2013, p. 2627, note F. Aït-Ahmed ; *Dr. sociétés* 2013, n° 154, obs. R. Mortier ; *Rev. sociétés* 2014, p. 40, note J.-J. Ansault. – La nullité devant être retenue alors même que l'intéressé a été admis à prendre part au vote : ▪ Cass. com., 6 mai 2014, n° 13-14.960. – La sanction du réputé non écrit atteint alors la clause dans son entier et non seulement ce qui concerne la suppression du droit de vote car il n'entre pas dans les pouvoirs du juge de se substituer aux organes de la société en ordonnant la modification d'une clause statutaire au motif que celle-ci serait contraire à des dispositions légales impératives : ▪ Cass. com., 9 juill. 2013, n° 12-21.238, PB : *BJS* 2013, p. 636, note D. Poracchia ; *D.* 2013, p. 2627, note F. Aït-Ahmed ; *Dr. sociétés* 2013, n° 154, obs. R. Mortier ; *Rev. sociétés* 2014, p. 40, note J.-J. Ansault.

3) Mandat de vote. Pour l'étendue de l'habilitation nécessaire pour voter la prorogation de la société, V. sous C. civ., art. 1844-6, annot. n° 1, p. 93.

II – INDIVISION DES DROITS SOCIAUX

Bibliographie : Y. Flour, *La qualité d'actionnaire et l'indivision* : *Rev. sociétés* 1999, p. 569. – L. Nurit-Pontier, *Le décompte des droits sociaux indivis* : *BJS* 2007, p. 657.

V. sous C. com., art. L. 225-110, annot. n° 2, p. 332 (actions indivises) et sous L. 225-231, annot. n° 5 (désignation d'un expert de gestion), p. 371.

4) Qualité d'associé. En cas d'apport d'un bien indivis, les indivisaires sont réputés apporteurs et comptent chacun pour un associé : ▪ CA Bordeaux, 20 juill. 1933 : *D.* 1933, 2, p. 129, note Pic. – Pour une solution différente, V. ▪ T. com. Rennes, 20 nov. 1970 : *BJS* 1971, p. 165. – Les héritiers d'un associé décédé ont, lorsqu'il a été stipulé que la société continuerait avec eux, la qualité d'associés, mais il n'en résulte pas, tant que dure l'indivision entre ces héritiers, que chacun d'eux puisse exercer seul les droits attachés à cette qualité, cet exercice demeurant limité en vertu des règles propres au régime des indivisions, de sorte qu'un héritier ne peut agir seul en dissolution de la société, cette action constituant un acte de disposition : ▪ Cass. 1re civ., 6 févr. 1980, n° 78-12.513 : *Bull. civ.* I, n° 49 ; *Rev. sociétés* 1980, p. 521, note A. Viandier. – En revanche, le nu-propriétaire indivis est recevable, à raison de sa qualité d'associé, à agir en désignation d'un administrateur provisoire : ▪ Cass. 3e civ., 26 mars 2019, n° 17-26.695, PBI : *BJS* 2019, p. 9, note R. Dalmau ; *Dr. sociétés* 2019, n° 65, obs. H. Hovasse ; *JCP* E 2019, 1146, note J. Gallois.

5) Agrément de l'indivisaire héritier. Lorsque les héritiers coïndivisaires sont soumis à l'exigence d'un agrément, il appartient à chacun des héritiers indivisaires de demander individuellement son agrément, et non pas de demander la désignation d'un mandataire chargé de les représenter afin de solliciter cet agrément : ▪ CA Besançon, 29 avr. 2009 : *JurisData* n° 2009-376728 ; *Dr. sociétés* 2009, n° 155, obs. R. Mortier et *JCP* E 2009, 1957. – L'héritier ne devenant associé qu'après avoir obtenu son agrément, ceux qui n'ont pas sollicité cet agrément à la date de l'assemblée générale n'ont pas à être convoqués et ne peuvent participer au vote : ▪ CA Paris, 13 mars 2013, n° 12/06788 : *Dr. sociétés* 2013, n° 199, obs. H. Hovasse.

6) Convocation à l'assemblée générale. Les irrégularités de convocation des associés coïndivisaires à l'assemblée générale [société civile] n'emportent pas, faute de grief, l'annulation de cette dernière : ▪ CA Paris, 1er mars 2018, n° 15/07467 : *BJS* 2018, p. 581, note J.-Ch. Pagnucco.

7) Caractère indirect du préjudice subi par un coïndivisaire à raison de l'atteinte aux droits de l'indivision. V. ▪ Cass. crim., 29 juin 2016, n° 15-81.904 : *Rev. sociétés* 2017, p. 35, note B. Bouloc.

8) Exercice individuel de l'action sociale *ut singuli*. Étant constaté qu'aucun mandataire spécial n'a été désigné pour représenter la succession, un copropriétaire indivis de titres sociaux, qui détient en cette qualité les droits attachés à ces titres, a nécessairement, en sa qualité de coïndivisaire, celle d'associé de sorte qu'il est recevable à se constituer partie civile au nom de la société du chef d'abus de biens sociaux commis par un autre coïndivisaire, dans la mesure où cette action est exercée pour la société et non pour l'indivisaire : ▪ Cass. crim., 4 nov. 2009, n° 09-80.818 : *BJS* 2010, p. 498, note F.-X. Lucas ; *Dr. sociétés* 2010, n° 35, obs. R. Salomon ; *Rev. sociétés* 2010, p. 379.

9) Désignation du mandataire. *a)* **Qualité pour agir.** La société n'a pas qualité pour agir en désignation du mandataire de justice : ▪ Cass. com., 15 nov. 1976 : *Bull. civ.* 1976, IV, n° 287.

b) **Exclusion d'une désignation majoritaire.** En cas de désaccord entre les copropriétaires d'une part sociale indivise sur le choix du mandataire unique, celui-ci doit être désigné en justice conformément à la règle impérative de l'article 1844 du Code civil, ce qui exclut une désignation à la majorité des deux tiers en application de l'article 815-3 du Code civil : ▪ Cass. 1re civ., 15 déc. 2010, n° 09-10.140, PBI : *BJS* 2011, p. 373, note F.-X. Lucas ; *D.* 2011, p. 73, obs. A. Lienhard ; *JCP* E 2011, n° 1072, note H. Hovasse et 1826, n° 2, obs. Fl. Deboissy et G. Wicker ; *Rev. sociétés* 2011, p. 280, note L. Godon.

c) **Désignation d'un indivisaire.** Le juge saisi en vue de la désignation d'un mandataire commun des indivisaires peut désigner l'un d'eux, l'existence d'un différend entre les coïndivisaires ne constituant pas un obstacle à cette désignation dès lors qu'avait été constatée l'implication de l'indivisaire désigné en vue de la sauvegarde des intérêts sociaux et qu'il avait été relevé que cette implication était de nature à garantir une bonne défense de l'intérêt de l'indivision : ▪ Cass. com., 10 juill. 2012, n° 11-21.789, PB : *BJS* 2012, p. 786, note B. Dondero ; *D.* 2012, p. 2479 ; *Dr. sociétés* 2012, n° 162, obs. D. Gallois-Cochet ; *JCP* E 2013, 1601, note R. Mortier.

d) **Défaut de désignation abusif.** De la même façon qu'en matière d'abus de minorité, le refus d'un indivisaire de désigner un mandataire commun, lors même qu'il est tenu pour abusif, n'est pas susceptible d'entraîner la validité d'une résolution adoptée à une majorité insuffisante : ▪ Cass. 3e civ., 21 déc. 2017, n° 15-25.627, PBI : *JCP* E 2018, 1077, note C. Barillon et 1174, n° 3, obs. Fl. Deboissy et G. Wicker ; *JCP* G 2018, 115, note J. Klein ; *Dr. sociétés* 2018, comm. 43, obs. H. Hovasse ; *BJS* 2018, p. 74, note J.-F. Barbièri ; *D.* 2018, p. 147, note A. Couret.

e) **Maintien du droit individuel de participer aux décisions collectives.** Chacun des indivisaires ayant la qualité d'associé, le fait qu'ils ne puissent exercer leur droit de vote que par un mandataire commun n'exclut pas le droit de chacun de participer aux décisions collectives : ▪ Cass. com., 21 janv. 2014, n° 13-10.151, PB : *BJS* 2014, p. 212, note D. Poracchia et H. Barbier ; *D.* 2014, p. 647, note N. Borga ; *Dr. sociétés* 2014, n° 59, obs. R. Mortier ; *JCP* E 2014, 1069, note A. Couret ; *Rev. sociétés* 2014, p. 487, note P. Le Cannu.

10) Conséquence du défaut de désignation du mandataire. Les indivisaires ne peuvent exciper de l'absence de convocation à une assemblée générale du moment où ils n'ont pas désigné le mandataire que les statuts exigeaient qu'ils nomment : ▪ CA Paris, 26 janv. 1996 : *BJS* 1996, p. 311, note P. L. C.

11) Portée d'un mandat tacite. Doit être cassé pour manque de base légale *[C. civ., art. 815-3]* l'arrêt ayant admis l'existence d'un mandat tacite au bénéfice d'un indivisaire en vue de représenter l'indivision successorale à une assemblée générale extraordinaire sans rechercher si les actes ainsi accomplis relevaient, eu égard à l'ordre du jour et aux résolutions prises par cette assemblée *[apports de titres et modification des statuts]*, de la catégorie des actes d'administration : ▪ Cass. com., 16 nov. 2004 : *BJS* 2005, p. 375, note J.-P. Garçon.

12) Défaut de prise en compte de la représentation des indivisaires. Le refus du gérant de prendre en compte les voix dont disposait le représentant des indivisaires justifie l'annulation de l'assemblée générale : ▪ CA Paris, 1er mars 2018, n° 15/07467 : *BJS* 2018, p. 581, note J.-Ch. Pagnucco.

III – DÉMEMBREMENT DE PROPRIÉTÉ DES TITRES SOCIAUX

Bibliographie : F. Auckenthaler, *L'associé usufruitier* : *Dr. sociétés* 2014, n° 14. – A. Ballot-Léna, *L'usufruitier de droits sociaux : un statut sui generis* : *Dr. sociétés* juin 2010, n° 9. – A. Le Bayon, *L'usufruit des parts sociales* : *Rev. sociétés* 1973, p. 435. – J.-P. Chazal, *L'usufruitier et l'associé* : *Defrénois* 2000, art. 37191 ; *BJS* 2000, p. 679. – M. Cozian, *Du nu-propriétaire ou de l'usufruitier, qui a la qualité d'associé ?* : *JCP* E 1994, I, 374. – J.-J. Daigre, *Le droit de vote est-il encore un attribut essentiel de l'associé ?* : *JCP* E 1996, I, 575 ; *Le nu-propriétaire des droits sociaux ne peut pas être totalement privé de son droit de vote* : *BJS* 1994, p. 249. – Fl. Deboissy et G. Wicker, *Le droit de vote est une prérogative essentielle de l'usufruitier de droits sociaux* : *JCP* E 2004, 1290. – J. Derruppé, *Un associé méconnu : l'usufruitier des parts ou actions* : *Defrénois* 1994, p. 1137. – J.-P. Garçon, *Variations sur la* *coexistence non pacifique de titulaires de droits sociaux démembrés* : *JCP* N 2003, 1545. – J.-M. Garinot, *Les dangers de l'usufruit de droits sociaux* : *JCP* E 2011, 2111. – R. Gentilhomme et J.-P. Louveau, *La taxation à l'impôt sur le revenu du nu-propriétaire de droits sociaux ou l'art fiscal de tondre un œuf* : *JCP* E 1997, I, 652. – L. Godon, *Un associé insolite : le nu-propriétaire de droits sociaux* : *Rev. sociétés* 2010, p. 143. – D. R. Martin, *Usufruit et propriété des droits sociaux* : *D.* 2009, p. 2444. – R. Micha-Goudet, *Évaluation économique de l'usufruit et cession d'actions* : *JCP* E 1997, I, 690. – M.-H. Montsérié-Bon et L. Grosclaude, *Usufruit des droits sociaux : le droit des sociétés rattrapé par le droit civil* : *Dr. et patrimoine* 2004, p. 42. – P. Mousseron, *Du démembrement des droits sociaux au démembrement des flux sociaux* : *BJS* 2005, p. 465. – Y. Paclot, *Remarques sur le démembrement des droits sociaux* : *JCP* E 1997, I, 674 ; *Repenser l'attribution du droit de vote en cas de démembrement de droits sociaux* : *JCP* E 2006, 1251. – A. Rabreau, *L'usufruit des droits sociaux*, Litec, 2006. – C. Serlooten, *L'intérêt commun, fondement de l'évolution de l'usufruit des droits sociaux* : *Rev. sociétés* 2013, p. 7. – C. Régnaut-Moutier, *Vers la reconnaissance de la qualité d'associé à l'usufruitier des droits sociaux* : *BJS* 1994, p. 1155. – A. Viandier, *La notion d'associé*, LGDJ, 1978 ; *L'irréductible droit de vote de l'usufruitier* : *RJDA* 8-9/2004, p. 859.

13) Situation du nu-propriétaire. V. aussi sous C. com., art. L. 225-110, annot. n° 1, p. 332.

a) **Qualité d'associé.** Le nu-propriétaire a seul la qualité d'associé : Rép. min. : *JOAN Q*, 24 févr. 1979, p. 1151 ; *RTD com.* 1980, p. 71, n° 5, obs. J. Derruppé. – En cas de démembrement des parts sociales, seul le nu-propriétaire a la qualité d'associé et doit donc être mentionné au RCS [D. 30 mai 1984, art. 15 A 9°], CCRCS, avis n° 05-27 : *BPAT* 2/2006, n° 56, p. 14.

b) **Droit de participer aux décisions collectives.**

– **Principe.** Le droit du nu-propriétaire de participer aux décisions collectives ne peut être écarté par une clause contraire : ▪ Cass. com., 4 janv. 1994 : *JCP* E 1994, I, 363, n° 4, obs. A. Viandier et J.-J. Caussain ; *Rev. sociétés* 1994, p. 278 ; *RJDA* 1994, p. 412 ; *BJS* 1994, p. 249 et 279, note J.-J. Daigre.

– **Clauses statutaires valables.** À la condition qu'il ne soit pas dérogé au droit du nu-propriétaire de participer aux décisions collectives, les statuts peuvent prévoir qu'en cas de démembrement de propriété, le droit de vote appartient au seul usufruitier : ▪ Cass. com., 22 févr. 2005, n° 03-17.421 : *BJS* 2005, p. 977 ; *D.* 2005, somm. p. 1430, note B. Thullier ; *JCP* E 2005, 968, note R. Kaddouch ; *JCP* E 2005, 1046, n° 3, obs. J.-J. Caussain, Fl. Deboissy et G. Wicker ; *Dr. et patrimoine* mai 2005, n° 3684, p. 102, obs. D. Porracchia ; *Rev. sociétés* 2005, p. 353, note P. Le Cannu, cassant ▪ CA Rennes, 27 mai 2003 : *BJS* 2003, p. 1187, note F.-X. Lucas. – Les statuts pouvant déroger à la règle selon laquelle, si une part est grevée d'usufruit, le droit de vote appartient au nu-propriétaire, dès lors qu'il ne déroge pas au droit du nu-propriétaire de participer aux décisions collectives, n'est pas illicite la clause statutaire attribuant le droit de vote à l'usufruitier pour les décisions ordinaires et extraordinaires et précisant que, dans tous les cas, les nus-propriétaires sont obligatoirement convoqués aux assemblées générales : ▪ Cass. com., 2 déc. 2008, n° 08-13.185 : *BJS* 2009, p. 116, note Th. Revet ; *D.* 2009, p. 12, obs. A. Lienhard et p. 780, note B. Dondero ; *Dr. sociétés* 2009, n° 198, obs. M.-L. Coquelet ; *Rev. sociétés* 2009, p. 83, note P. Le Cannu, cassant ▪ CA Caen, 19 févr. 2008 : *JurisData* n° 2008-362204 ; *Dr. sociétés* 2008, n° 198, obs. M.-L. Coquelet ; *JCP* E 2008, 1025, note Y. Paclot, 1450, note A. Rabreau et 2545, n° 1, obs. Fl. Deboissy et G. Wicker.

– **Limite.** La clause des statuts selon laquelle l'usufruitier représente le nu-propriétaire pour toutes les décisions sociales, quel qu'en soit l'objet, n'est pas valable en ce qu'elle interdit au nu-propriétaire de participer aux assemblées : ▪ Cass. 2e civ., 13 juill. 2005, n° 02-15.904 : *BJS* 2006, p. 217, note P. Le Cannu ; *D.* 2005, somm. p. 2952, obs. J.-Cl. Hallouin et E. Lamazerolles.

c) **Désignation d'un administrateur provisoire.** Le nu-propriétaire indivis est recevable, à raison de sa qualité d'associé, à agir en désignation d'un administrateur provisoire : ▪ Cass. 3e civ., 26 mars 2019, n° 17-26.695, PBI : *JCP* E 2019, 1146, note J. Gallois.

d) Sur la critique par un usufruitier du vote d'un nu-propriétaire refusant la prorogation d'une société, V. ▪ Cass. com., 8 mars 1988 : *Rev. sociétés* 1988, p. 409, note A. Viandier.

e) **Démembrement de parts de GFA et transformation du bail en bail à long terme.** V. sous C. rur., art. L. 322-6, annot. nos 1 et s., p. 2408.

14) Situation de l'usufruitier. *a)* **Droit de vote.** La clause des statuts stipulant que, en cas de démembrement de la propriété d'une action, le droit de vote aux assemblées tant ordinaires qu'extraordinaires ou spéciales appartient au nu-propriétaire est nulle en ce que, en ne permettant pas à l'usufruitier de voter les décisions concernant les bénéfices, elle subordonne à la seule volonté des nus-propriétaires le droit d'user de la chose grevée d'usufruit et d'en percevoir les fruits, alors que l'article 578 du Code civil attache à l'usufruit ces prérogatives essentielles : ▪ Cass. com., 31 mars 2004 : *BJS* 2004, p. 836, avis M.-A. Lafortune, note J. Madon et Th. Jacomet ; *D.* 2004, somm. p. 2925, obs. J.-Cl. Hallouin ; *Dr. sociétés* juin 2004, p. 26, note H. Hovasse ; *Dr. et patrimoine* 7-8/2004,

p. 110, obs. D. Poracchia ; *JCP* E 2004, 929, note A. Rabreau ; *JCP* E 2004, 1510, n° 1, obs. J.-J. Caussain, Fl. Deboissy et G. Wicker ; *RTD civ.* 2004, p. 318, obs. Th. Revet ; *Rev. sociétés* 2004, p. 317, note P. Le Cannu ; *RTD com.* 2004, p. 542, note P. Le Cannu. – La clause statutaire selon laquelle le droit de vote appartient à l'usufruitier dans toutes les assemblées générales, sous réserve de l'application de toute convention différente entre les nus-propriétaires et usufruitiers, ne présente pas un caractère manifestement illicite autorisant le juge des référés à en écarter l'application tant que les juges du fond n'en ont pas prononcé l'annulation : ■ CA Paris, 2 juin 2000 : *BJS* 2000, p. 931, note J.-J. Daigre.

b) **Convocation aux assemblées.** Le défaut de convocation de l'usufruitier n'est pas une cause de nullité des assemblées générales dont l'objet est autre que l'affectation des bénéfices : ■ Cass. 3e civ., 15 sept. 2016, n° 15-15.172 : *BJS* 2016, p. 722, note A. Rabreau ; *D.* 2016, p. 2199, note F. Danos ; *Dr. sociétés* 2016, n° 184, obs. H. Hovasse ; *JCP* E 2017, 1087, n° 3, obs. Fl. Deboissy et G. Wicker ; *JCP* E 2016, 1633, note S. Zinti ; *Rev. sociétés* 2017, p. 30, note T. de Ravel d'Esclapon.

c) **Abus du droit de vote.** S'agissant d'une décision d'assemblée ayant approuvé l'absorption de la société dont une partie des titres étaient démembrés, il ne peut être retenu un abus par l'usufruitier de son droit de vote, que les statuts lui reconnaissaient valablement pour les décisions extraordinaires, sans qu'ait été caractérisé un usage de ce droit contraire à l'intérêt de la société, dans le seul dessein de favoriser ses intérêts personnels au détriment de ceux des autres associés : ■ Cass. com., 2 déc. 2008, n° 08-13.185 : *préc.*, annot. n° 5, p. 72.

d) **Déchéance.** S'agissant de parents qui, après une donation-partage au profit de leurs enfants portant sur des droits sociaux avec réserve d'usufruit, décident de transformer la SA en SCA, la déchéance de l'usufruit pour atteinte à la substance des titres ne peut être prononcée dans la mesure notamment où il n'est pas démontré une baisse de valeur des actions : ■ CA Douai, 13 févr. 2013, n° 11/05224 : *BJS* 2013, p. 567, note A. Tadros ; *Dr. sociétés* 2013, n° 79, obs. R. Mortier ; *JCP* E 2013, 1702, n° 2, obs. Fl. Deboissy et G. Wicker.

e) **Qualité d'associé.** S'agissant de la mise à disposition d'un bail rural à une société, la cour qui relève que l'associé qui a cédé la nue-propriété de ses parts perd sa qualité d'associé a pu souverainement retenir que l'information délivrée au bailleur et qui faisait apparaître l'usufruitier au nombre des associés était de nature à induire en erreur les bailleurs et a justifié la résiliation du bail : ■ Cass. 3e civ., 29 nov. 2006, n° 05-17.709 : *BJS* 2007, p. 515 ; *Dr. sociétés* 2007, n° 25, obs. F.-X. Lucas ; *JCP* E 2007, 2033, note Y. Paclot ; *Rev. sociétés* 2007, p. 319, note B. Dondero. – *Adde* F.-X. Lucas, *La qualité d'associé de l'usufruitier de parts sociales* : *BJS* 2007, p. 923.

f) **Bénéfice du régime fiscal mère-fille.** La société qui détient des parts en usufruit dans une autre société ne peut prétendre bénéficier du régime fiscal mère-fille pour les dividendes qu'elle perçoit, en sa qualité d'usufruitière, de cette seconde société : ■ CJCE, 22 déc. 2008, aff. C-48/07 : *BJS* 2009, p. 613, note F.-X. Lucas ; *Dr. fisc.* 2009, nos 12-13, comm. 254.

15) Droit sur les réserves. *a)* **Quasi-usufruit sur les réserves distribuées.** Dans le cas où la collectivité des associés décide de distribuer un dividende par prélèvement sur les réserves, le droit de jouissance de l'usufruitier de droits sociaux s'exerce, sauf convention contraire entre celui-ci et le nu-propriétaire, sous la forme d'un quasi-usufruit, sur le produit de cette distribution revenant aux parts sociales grevées d'usufruit, de sorte que l'usufruitier se trouve tenu d'une dette de restitution exigible au terme de l'usufruit ; prenant sa source dans la loi, cette dette est déductible de l'actif successoral lorsque l'usufruit s'éteint par la mort de l'usufruitier : ■ Cass. com., 27 mai 2015, n° 14-16.246, PBRI : *BJS* 2015, p. 675, obs. A. Périn-Dureau ; *D.* 2015, p. 1752, note A. Rabreau ; *Dr. sociétés* 2015, n° 144, obs. R. Mortier ; *JCP* E 2015, 1036, obs. Fl. Deboissy et G. Wicker, n° 2, et 1354, note H. Hovasse.

b) **Droit du nu-propriétaire sur les réserves.** L'usufruitier n'ayant aucun droit sur les bénéfices qui ont été mis en réserve, lesquelles constituent l'accroissement de l'actif social et reviennent en tant que telles au nu-propriétaire, les réserves distribuées sous la forme de dividendes doivent figurer à l'actif de l'indivision successorale formée par les nus-propriétaires : ■ Cass. 1re civ., 22 juin 2016, n° 15-19.471, PB : *BJS* 2016, p. 568, note R. Mortier ; *D.* 2016, p. 1976, note A. Rabreau ; *Dr. sociétés* 2016, n° 141, obs. H. Hovasse ; *JCP* E 2017, 1087, n° 4, obs. Fl. Deboissy et G. Wicker ; *Rev. sociétés* 2016, p. 531, note C. Donel-Taboucou.

16) Mandat conféré à l'usufruitier. Le mandat conféré à l'usufruitier donateur, dans l'acte de donation ayant réalisé le démembrement, d'exercer en qualité de « mandataire commun » de l'usufruitier et du nu-propriétaire le droit de participer aux délibérations et décisions collectives constitue un mandat de droit commun susceptible d'une révocation tacite : ■ Cass. com., 8 déc. 2015, n° 14-20.307 : *Dr. sociétés* 2016, n° 58, obs. D. Gallois-Cochet.

17) Démembrement et paiement du dividende en actions. S'agissant de l'option offerte entre le paiement du dividende en actions ou en numéraire, et le choix de l'usufruitier pour un paiement en numéraire ayant conduit à ce que les actions démembrées ne permettent plus d'assurer le contrôle des sociétés concernées, ne peut être retenue la responsabilité du dirigeant à l'égard des nus propriétaires dès lors notamment que ceux-ci, d'une part, n'ont pas demandé que la résolution litigieuse soit scindée en deux, l'une portant sur le principe de la distribution de dividendes, l'autre sur le droit d'option ; et, d'autre part, se sont contentés de proposer à l'usufruitier l'usufruit de nouvelles actions sans manifester l'intention de lui verser une somme équivalente à la valeur du dividende : ▪ Cass. com., 3 mars 2009, n° 07-20.515 : *D.* 2009, p. 1512, note V. Barabé-Bouchard ; *Dr. sociétés* 2009, n° 94, obs. H. Hovasse ; *JCP* E 2009, 1353, note H. Hovasse.

18) Attribution de l'usufruit en cas de donation-partage de titres sociaux communs par des époux. En cas de donation-partage avec réserve d'usufruit par des époux de titres sociaux communs, l'usufruit des titres n'est pas divisé entre eux mais leur demeure commun : ▪ Cass. 1re civ., 11 mai 2016, n° 14-28.321, PB : *BJS* 2016, p. 563, note R. Mortier ; *Dr. sociétés* 2016, n° 162, obs. H. Hovasse ; *Rev. sociétés* 2016, p. 750, note E. Naudin.

19) Donation indirecte. *a)* **Mise en réserve.** Les bénéfices réalisés par une société ne participant de la nature des fruits que lors de leur attribution sous forme de dividendes, lesquels n'ont pas d'existence juridique avant l'approbation des comptes de l'exercice par l'assemblée générale, la constatation par celle-ci de l'existence de sommes distribuables et la détermination de la part qui est attribuée à chaque associé, l'usufruitier des parts sociales n'a pas de droit sur les bénéfices : il ne consent aucune donation au nu-propriétaire en participant à l'assemblée générale qui décide d'affecter les bénéfices à un compte de réserves : ▪ Cass. com., 10 févr. 2009, n° 07-21.806, PB : *BJS* 2000, p. 688, note S. Torck ; *Dr. sociétés* 2009, n° 71, obs. R. Mortier ; *Dr. fisc.* 2009, nos 12-13, comm. 252, note R. Gentilhomme ; *JCP* E 2009, 1287, note H. Hovasse, rejetant le pourvoi dirigé contre ▪ CA Lyon, 16 oct. 2007, n° 06-03.324 : *JurisData* n° 2007-355093 ; *Dr. fisc.* 2008, nos 19-20, comm. 319, note R. Gentilhomme ; *Dr. sociétés* 2008, n° 123, obs. R. Mortier. – Dans le même sens, ▪ Cass. com., 31 mars 2009, n° 08-14.053.

b) **Modification de la répartition des bénéfices.** S'agissant d'une société constituée entre les parents et leurs deux enfants, les premiers étant usufruitiers de la plus grande majorité des parts, la décision d'assemblée modifiant la répartition des dividendes au profit des enfants n'est pas jugée constitutive d'une donation indirecte au motif que cette modification procède d'une décision collective émanant d'un organe social, de sorte que les parents n'ont pu consentir une donation ayant pour objet un élément de leur patrimoine puisque les bénéfices réalisés par une société ne participent de la nature des fruits que lors de leur attribution sous forme de dividendes : ▪ Cass. com., 18 déc. 2012, n° 11-27.745, PB : *Dr. sociétés* 2013, n° 44, obs. H. Hovasse ; *JCP* E 2013, 1702, n° 3, obs. Fl. Deboissy et G. Wicker ; *Rev. sociétés* 2013, p. 203, note H. Le Nabasque.

20) Portefeuille de valeurs mobilières. V. sous C. com., art. L. 228-1, annot. n° 2, p. 405.

Décret n° 2008-1484 du 22 décembre 2008

relatif aux actes de gestion du patrimoine des personnes placées en curatelle ou en tutelle, et pris en application des articles 452, 496 et 502 du Code civil
(JO 31 déc.)

Bibliographie : A. Cathelineau-Roulaud, *Effets de la réglementation des incapacités sur les sociétés : JCP* E 2010, 1727. • H. Hovasse et A. Gaudemet, *Incapacités et société : Actes prat. ing. sociétaire* mai-juin 2012, p. 5 et s. • R. Mortier, *Actes de disposition et actes d'administration en droit des sociétés : Dr. sociétés* mars 2009, repère 3. • H. Rouvier et B. Bardawil, *Sécuriser une cession de droits sociaux détenus par des enfants mineurs : JCP* E 2013, 1557. • S. Lacroix-De Sousa et M. Robineau, *La société civile immobilière et ses associés vulnérables : Rev. sociétés*2017, p. 395.

Art. 1er. – Constituent des actes d'administration les actes d'exploitation ou de mise en valeur du patrimoine de la personne protégée dénués de risque anormal.

Figure dans la colonne 1 du tableau constituant l'annexe 1 du présent décret une liste des actes qui sont regardés comme des actes d'administration.

Figure dans la colonne 1 du tableau constituant l'annexe 2 du présent décret une liste non exhaustive d'actes qui sont regardés comme des actes d'administration, à moins que les circonstances d'espèce ne permettent pas au tuteur de considérer qu'ils répondent aux critères de l'alinéa 1er en raison de leurs conséquences importantes sur le contenu ou la valeur du patrimoine de la personne protégée, sur les prérogatives de celle-ci ou sur son mode de vie.

Art. 2. – Constituent des actes de disposition les actes qui engagent le patrimoine de la personne protégée, pour le présent ou l'avenir, par une modification importante de son contenu, une dépréciation significative de sa valeur en capital ou une altération durable des prérogatives de son titulaire.

Figure dans la colonne 2 du tableau constituant l'annexe 1 du présent décret une liste des actes qui sont regardés comme des actes de disposition.

Figure dans la colonne 2 du tableau constituant l'annexe 2 du présent décret une liste non exhaustive d'actes qui sont regardés comme des actes de disposition, à moins que les circonstances d'espèce ne permettent pas au tuteur de considérer qu'ils répondent aux critères de l'alinéa 1er en raison de leurs faibles conséquences sur le contenu ou la valeur du patrimoine de la personne protégée, sur les prérogatives de celle-ci ou sur son mode de vie.

....

Annexe 1
Liste des actes regardés comme actes d'administration ou comme actes de disposition (extraits)
(Ann. mod., D. n° 2009-1628, 23 déc. 2009 ; D. n° 2015-1669, 14 déc. 2015)

COLONNE 1 : ACTES D'ADMINISTRATION	COLONNE 2 : ACTES DE DISPOSITION
I. – Actes portant sur les immeubles : – convention de jouissance précaire (art. 426, al. 2, du Code civil) ; – conclusion et renouvellement d'un bail de neuf ans au plus en tant que bailleur (art. 595 et 1718 du Code civil) ou preneur ; – bornage amiable de la propriété de la personne protégée ; – travaux d'améliorations utiles, aménagements, réparations d'entretien des immeubles de la personne protégée ; – résiliation du bail d'habitation en tant que bailleur ; – prêt à usage et autre convention de jouissance ou d'occupation précaire ; – déclaration d'insaisissabilité des immeubles non professionnels de l'entrepreneur individuel (art. L. 526-1 du Code de commerce) ; – mainlevée d'une inscription d'hypothèque en contrepartie d'un paiement.	I. – Actes portant sur les immeubles : – disposition des droits relatifs au logement de la personne protégée, par aliénation, résiliation ou conclusion d'un bail (art. 426, al. 3, du Code civil) ; – vente ou apport en société d'un immeuble (art. 505, al. 3, du Code civil) ; – achat par le tuteur des biens de la personne protégée, ou prise à bail ou à ferme de ces biens par le tuteur (art. 508, al. 1, du Code civil) ; – échange (art. 1707 du Code civil) ; – acquisition d'immeuble en emploi ou remploi de sommes d'argent judiciairement prescrit (art. 501 du Code civil) ; – acceptation par le vendeur d'une promesse d'acquisition (art. 1589 du Code civil) ; – acceptation par l'acquéreur d'une promesse de vente (art. 1589 du Code civil) ; – dation ; – tout acte grave, notamment la conclusion et le renouvellement du bail, relatif aux baux ruraux, commerciaux, industriels, artisanaux, professionnels et mixtes, grosses réparations sur l'immeuble ; – constitution de droits réels principaux (usufruit, usage, servitude...) et de droits réels accessoires (hypothèques...) et autres sûretés réelles ; – consentement à une hypothèque (art. 2413 du Code civil) ; – mainlevée d'une inscription d'hypothèque sans contrepartie d'un paiement.
II. – Actes portant sur les meubles corporels et incorporels : 1° Sommes d'argent : – ouverture d'un premier compte ou livret au nom ou pour le compte de la personne protégée (art. 427, al. 4, du Code civil) ; – emploi et remploi de sommes d'argent qui ne sont ni des capitaux ni des excédents de revenus (art. 468 et 501 du Code civil) ;	II. – Actes portant sur les meubles corporels et incorporels : 1° Sommes d'argent : – modification de tout compte ou livrets ouverts au nom de la personne protégée (art. 427, al. 1 et 2, du Code civil) ; – ouverture de tout nouveau compte ou livret au nom ou pour le compte de la personne protégée (art. 427, al. 1 et 2, du Code civil) ;

COLONNE 1 : ACTES D'ADMINISTRATION	COLONNE 2 : ACTES DE DISPOSITION
- emploi et remploi des sommes d'argent non judiciairement prescrits par le juge des tutelles ou le conseil de famille (art. 501 du Code civil) ; - perception des revenus ; - réception des capitaux ; - quittance d'un paiement ; - demande de délivrance d'une carte bancaire de retrait.	- ouverture de tout compte, y compris d'un compte de gestion du patrimoine, auprès de la Caisse des dépôts et consignations (art. 427, al. 3, et art. 501, al. 4, du Code civil) ; - lorsque la personne protégée a fait l'objet d'une interdiction d'émettre des chèques, fonctionnement de ses comptes sous la signature de la personne chargée de la mesure de protection et disposition par celle-ci de tous les moyens de paiement habituels (art. 427, al. 7, du Code civil) ; - emploi et remploi des capitaux et des excédents de revenus (art. 468 et 501 du Code civil) ; - à compter du 1er février 2009 : contrat de fiducie par une personne sous curatelle (art. 468, al. 2, du Code civil) ; - clôture d'un compte bancaire ; - ouverture d'un compte de gestion de patrimoine ; - demande de délivrance d'une carte bancaire de crédit.
2° Instruments financiers : - résiliation d'un contrat de gestion de valeurs mobilières et instruments financiers (art. 500, al. 3, du Code civil).	2° Instruments financiers (au sens de l'article L. 211-1 du Code monétaire et financier) : - conclusion d'un contrat de gestion de valeurs mobilières et instruments financiers (art. 500, al. 3, du Code civil) ; - vente ou apport en société d'instruments financiers non admis à la négociation sur un marché réglementé (art. 505, al. 3, du Code civil) ; - vente d'instruments financiers (art. 505, al. 4, du Code civil).
3° Autres meubles, corporels et incorporels : - louage-prêt-emprunt-vente-échange-dation et acquisition de meubles d'usage courant ou de faible valeur ; - perception des fruits ; - location d'un coffre-fort.	3° Autres meubles, corporels et incorporels : - aliénation des meubles meublant du logement ou résiliation ou conclusion d'un bail sur ces meubles (art. 426, al. 3, du Code civil) ; - vente ou apport d'un fonds de commerce en société (art. 505, al. 3, du Code civil) ; - louage-prêt-vente-échange-dation de meubles de valeur ou qui constituent, au regard de l'inventaire, une part importante du patrimoine du mineur ou du majeur protégé ; - vente-échange-dation d'un fonds de commerce ; - conclusion d'un contrat de location gérance sur un fonds de commerce.
III. - Actes relatifs aux groupements dotés de la personnalité morale :	III. - Actes relatifs aux groupements dotés de la personnalité morale : - candidature aux fonctions de gérant et d'administrateur ; - copropriété des immeubles bâtis : actes visés aux art. 25 à 28-1, 30, 35 et 38 de la loi n° 65-557 du 10 juillet 1965.

COLONNE 1 : ACTES D'ADMINISTRATION	COLONNE 2 : ACTES DE DISPOSITION
IV. – Actes relatifs aux groupements dénués de personnalité morale : – en cas d'indivision légale : vente d'un bien indivis pour payer les dettes de l'indivision (art. 815-3 [3°] du Code civil).	IV. – Actes relatifs aux groupements dénués de personnalité morale : – communauté conjugale : actes qu'un époux ne peut pas faire seul ; – indivision conventionnelle : actes que le gérant ou l'un des coïndivisaires ne peut pas faire seul ; – en cas de démembrement du droit de propriété : vente-échange-dation du droit démembré, actes auxquels les titulaires des droits démembrés doivent consentir conjointement, grosses réparations non urgentes.
V. – Actes à titre gratuit : – inventaire (art. 503 du Code civil) ; – acceptation d'une succession à concurrence de l'actif net (art. 507-1 du Code civil) ; – acceptation d'un legs universel ou à titre universel à concurrence de l'actif net (art. 507-1 et 724-1 du Code civil) ; – acte de notoriété (art. 730-1 du Code civil) ; – action interrogatoire à l'encontre des héritiers taisants (art. 771, al. 2, du Code civil) ; – mandat aux fins de partage (art. 837 du Code civil) ; – acceptation de legs à titre particulier et de donation non grevés de charge ; – délivrance de legs ; – déclaration de succession ; – attestation de propriété.	V. – Actes à titre gratuit : – donation consentie par une personne protégée majeure (art. 470, al. 2 et 476, al. 1er du Code civil) ; – partage amiable (art. 507 du Code civil) ; – acceptation pure et simple d'une succession (art. 507-1, al. 1er, du Code civil) ; – révocation d'une renonciation à une succession ou à un legs universel ou à titre universel (art. 507-2 du Code civil) ; – acceptation pure et simple d'un legs universel ou à titre universel (art. 724-1 du Code civil) ; – révocation d'une renonciation à un legs (art. 724-1 du Code civil) ; – choix par le donataire de rapporter en nature le bien donné (art. 859 du Code civil) ; – renonciation à une succession (art. 507-1, al. 2, du Code civil) ; – renonciation à un legs (art. 724-1 du Code civil) ; – renonciation à une action en réduction des libéralités excessives après le décès du prémourant (art. 920 du Code civil) ; – acceptation de legs à titre particulier et de donations grevés de charges ; – renonciation à un legs universel grevé de charges ; – révocation d'une donation entre époux (art. 953 du Code civil) ; – consentement à exécution d'une donation entre époux.
VI. – Actions en justice : – toute action en justice relative à un droit patrimonial de la personne sous tutelle (art. 504, al. 2, du Code civil) ; – tout acte de procédure qui n'emporte pas perte du droit d'action.	VI. – Actions en justice : – toute action en justice relative à un droit extrapatrimonial de la personne sous tutelle (art. 475, al. 2, du Code civil) ; – toute action en justice relative à un droit patrimonial ou extrapatrimonial de la personne en curatelle (art. 468, al. 3, du Code civil) ; – action par la personne chargée de la protection en nullité, rescision ou réduction, selon le cas, des actes accomplis par la personne protégée (art. 465, al. 6, du Code civil) ; – tout acte de procédure qui emporte perte du droit d'action.

COLONNE 1 : ACTES D'ADMINISTRATION	COLONNE 2 : ACTES DE DISPOSITION
VII. – Assurances : – conclusion ou renouvellement d'un contrat d'assurance de biens ou de responsabilité civile.	VII. – Assurances : – demande d'avance sur contrat d'assurance (art. L. 132-21 du Code des assurances). – l'exercice par le bénéficiaire d'un contrat de l'option irrévocable de remise en titres, parts ou actions (art. L. 131-1 du Code des assurances).
VIII. – Actes de poursuite et d'exécution : – mesures conservatoires (art. 26, loi n° 91-650 du 9 juillet 1991) ; – procédures d'exécution mobilière (art. 26, loi n° 91-650 du 9 juillet 1991).	VIII. – Actes de poursuite et d'exécution : – saisie immobilière (art. 2206, al. 1, du Code civil et 13 du décret n° 2006-236 du 27 juillet 2006).
IX. – Actes divers : – indivision légale : actes visés par l'article 815-3 (1° et 2°) du Code civil (acte d'administration des biens indivis et mandat général d'administration) ; – tout acte relatif à l'animal domestique de la personne protégée.	IX. – Actes divers : – transaction et compromis et clause compromissoire au nom de la personne protégée (art. 506 du Code civil) ; – changement ou modification du régime matrimonial (art. 1397 du Code civil) ; – souscription ou rachat d'un contrat d'assurance-vie et désignation ou substitution du bénéficiaire (art. L. 132-4-1 du Code des assurances et art. L. 223-7-1 du Code de la mutualité) ; – révocation du bénéfice non accepté d'un contrat d'assurance-vie (art. L. 132-9 du Code des assurances et art. L. 223-11 du Code de la mutualité) ; – confirmation de l'acte nul pour insanité d'esprit (art. 414-2 du Code civil) ; – confirmation d'un acte nul pour avoir été accompli par le tuteur ou le curateur seul (art. 465, al. 8, du Code civil) ; – convention d'honoraires proportionnels en toute ou partie à un résultat, indéterminés ou aléatoires.

Annexe 2
Liste des actes regardés comme des actes d'administration ou de disposition sauf circonstances d'espèce (extraits)

COLONNE 1 : ACTES D'ADMINISTRATION	COLONNE 2 : ACTES DE DISPOSITION
I. – Actes portant sur les meubles corporels et incorporels : 1° Sommes d'argent : – paiements des dettes y compris par prélèvement sur le capital ; – octroi de délai raisonnable en vue du recouvrement de créances.	I. – Actes portant sur les meubles corporels et incorporels : 1° Sommes d'argent : – prélèvement sur le capital à l'exclusion du paiement des dettes ; – emprunt de sommes d'argent ; – prêt consenti par la personne protégée.

COLONNE 1 : ACTES D'ADMINISTRATION	COLONNE 2 : ACTES DE DISPOSITION
2° Instruments financiers (au sens de l'art. L. 211-1 du Code monétaire et financier) : - actes de gestion d'un portefeuille, y compris les cessions de titres à condition qu'elles soient suivies de leur remplacement ; - exercice du droit de vote dans les assemblées, sauf ce qui est dit à propos des ordres du jour particuliers ; - demandes d'attribution, de regroupement ou d'échanges de titres ; - vente des droits ou des titres formant rompus ; - souscription à une augmentation de capital, sauf ce qui est dit sur le placement de fonds ; - conversion d'obligations convertibles en actions admises à la négociation sur un marché réglementé.	2° Instruments financiers (au sens de l'art. L. 211-1 du Code monétaire et financier) : - cession du portefeuille en pleine propriété ou en nue-propriété ; - acquisition et cession d'instruments financiers non inclus dans un portefeuille ; - nantissement et mainlevée du nantissement d'instruments financiers.
3° Autres meubles, corporels et incorporels :	3° Autres meubles, corporels et incorporels : - cession de fruits ; - vente-échange-dation de droits incorporels ; - conclusion d'un contrat d'exploitation d'un droit ou d'un meuble incorporel.
II. – Actes relatifs aux groupements dotés de la personnalité morale : - engagement de conservation de parts ou d'actions.	II. – Actes relatifs aux groupements dotés de la personnalité morale : - tout apport en société non visé à l'annexe 1 ; - détermination du vote sur les ordres du jour suivants : Reprise des apports – Modification des statuts – prorogation et dissolution du groupement – fusion – scission – apport partiel d'actifs – agrément d'un associé – augmentation et réduction du capital – changement d'objet social – emprunt et constitution de sûreté – vente d'un élément d'actif immobilisé – aggravation des engagements des associés ; - maintien dans le groupement ; - cession et nantissement de titres.
III. – Actes relatifs à la vie professionnelle : - conclusion et rupture d'un contrat de travail en qualité d'employeur ; - conclusion et rupture d'un contrat de travail en qualité de salarié ; - adhésion à un contrat d'assurance de groupe en cas de vie dont les prestations sont liées à la cessation d'activité professionnelle ou adhésion à un contrat de prévoyance complémentaire (sauf en matière d'assurance-vie : art. L. 132-4-1 et L. 132-9 du Code des assurances et art. L. 223-7-1 et L. 223-11 du Code de la mutualité) ; - adhésion à un contrat d'assurance afférent au risque décès dans le cadre d'un contrat collectif (art. L. 141-5 du Code des assurances et L. 233-6 du Code de la mutualité).	III. – Actes relatifs à la vie professionnelle :

COLONNE 1 : ACTES D'ADMINISTRATION	COLONNE 2 : ACTES DE DISPOSITION
IV. - Assurances : - acceptation de la clause bénéficiaire d'un contrat d'assurance-vie sans charge.	IV. - Assurances : - acceptation de la clause bénéficiaire d'un contrat d'assurance-vie avec charges ; - versement de nouvelles primes sur un contrat d'assurance-vie.
V. - Actes divers :	V. - Actes divers : - contrat de crédit.

Art. 1844-1 *(L. n° 78-9, 4 janv. 1978).* **– La part de chaque associé dans les bénéfices et sa contribution aux pertes se déterminent à proportion de sa part dans le capital social et la part de l'associé qui n'a apporté que son industrie est égale à celle de l'associé qui a le moins apporté, le tout sauf clause contraire.**

Toutefois, la stipulation attribuant à un associé la totalité du profit procuré par la société ou l'exonérant de la totalité des pertes, celle excluant un associé totalement du profit ou mettant à sa charge la totalité des pertes sont réputées non écrites.

Voir : Sociétés commerciales, C. com., art. L. 235-1, p. 522.

I – PRINCIPE DE LA PARTICIPATION DANS LES BÉNÉFICES ET DE LA VOCATION AUX PERTES

Bibliographie : J.-M. de Bermond de Vaulx, *Les parts sociales privilégiées : JCP* E 1993, I, 294. – R. Micha-Goudet, *Nature juridique des dividendes : JCP* E 1998, p. 68. – F.-D. Poitrinal, *Clauses statutaires de répartition des bénéfices : Dr. et patrimoine* 4/1998, p. 32. – J. Richard, *À propos de la contribution aux pertes et aux dettes de l'apporteur de son industrie : JCP* N 1980, prat., p. 7693. – V. Mercier, *Le droit des biens au secours du droit des sociétés : le régime de la répartition des dividendes : Dr. sociétés* 2008, n° 1. – F. Terré, *De la détermination des sommes distribuables : Éco. et compt.* juin 1977, n° 118, p. 29.

1) Montant de la participation de chacun des associés. *a)* **Disposition supplétive.** Sauf clause contraire, le partage de bénéfice s'opère en fonction des apports réellement effectués : ▪ Cass. com., 12 juill. 1993 : *BJS* 1993, p. 1010, note P. Le Cannu.

b) **Modification statutaire.** En conséquence de son caractère supplétif, l'article 1844-1 n'interdit pas aux associés de fixer un partage des bénéfices et des pertes dans une proportion différente des apports : ▪ Cass. 1re civ., 16 oct. 1990 : *BJS* 1990, p. 1029, note P. Le Cannu.

c) **Modification non statutaire.** Il n'y a pas lieu de revenir sur une répartition des bénéfices qui n'était pas conforme aux dispositions statutaires, dès l'instant où les associés ont agi d'un commun accord : ▪ Cass. 1re civ., 22 nov. 1994 : *BJS* 1995, p. 169, note B. Saintourens. – La décision d'une assemblée générale de ne répartir les bénéfices de l'exercice qu'au profit de deux des associés n'est pas opposable à celui qui n'y a pas consenti, seule une renonciation expresse permettant d'écarter un associé de la distribution à laquelle son titre lui donne droit : ▪ Cass. com., 26 mai 2004 : *JurisData* n° 2004-023864 ; *BJS* 2004, p. 1100, note J.-F. Barbièri ; *Dr. et patrimoine* févr. 2005, p. 132, obs. D. Poracchia ; *Rev. sociétés* 2005, p. 169, note H. Le Nabasque.

2) Droit aux dividendes. *a)* **Nature de fruits des dividendes.** Les dividendes qui, faisant partie du bénéfice distribuable, sont, soit en vertu des statuts, soit après décision de l'assemblée générale, répartis entre les actionnaires participent de la nature des fruits ; il s'ensuit qu'en application de l'article 1652 du Code civil, les intérêts légaux sont dus par le cessionnaire sur le prix de la cession d'actions : ▪ Cass. com., 5 oct. 1999 : *Bull. civ.* IV, n° 163 ; *D.* 2000, p. 552, note G. Morris-Becquet ; *JCP* E 2000, p. 29, obs. A. Viandier et J.-J. Caussain ; p. 612, note R. Besnard-Goudet ; *RD bancaire et bourse* 1999, p. 249, obs. M. Germain et M.-A. Frison-Roche ; *BJS* 1999, p. 1104, note A. Couret ; *RTD com.* 2000, p. 138, obs. M. Storck. – V. pour la même solution à propos de la cession de parts sociales, au motif que les dividendes participent de la nature des fruits : ▪ Cass. com., 5 déc. 2000 : *JurisData* n° 2000-007352 ; *JCP* E 2001, p. 895, obs. A. Viandier et J.-J. Caussain ; *Dr. sociétés* 2001, n° 45, obs. F.-X. Lucas ; *BJS* 2001, p. 883, note P. Scholer. – V. sur la distinction du bénéfice imposable entre les mains du créancier du dividende [associé de SNC], ce dernier ayant seul la nature de fruit : ▪ Cass. com., 14 déc. 2010, n° 09-72.267 :

Dr. sociétés 2011, n° 51, obs. D. Gallois-Cochet ; *Rev. sociétés* 2011, p. 232, note B. Saintourens.

b) **Date du droit de l'associé sur les dividendes.** La décision de l'assemblée générale déterminant la part des bénéfices à distribuer aux associés rend ces derniers créanciers de ces dividendes : ▪ CA Paris, 15 nov. 1976 : *JCP* 1979, II, 19129, note J. Evesque. – Les créanciers de l'associé peuvent donc saisir-arrêter ces dividendes : T. civ. Vervins, 9 févr. 1955 : *JCP* 1955, II, 8858, note D. Bastian. – C'est la décision de l'assemblée générale de distribuer tout ou partie des bénéfices réalisés au cours de l'exercice sous forme de dividendes qui confère à ces dividendes l'existence juridique ; il s'ensuit qu'ils ne figurent dans le patrimoine de l'associé qu'à compter de cette décision : ▪ Cass. com., 23 oct. 1990 : *JCP* E 1991, II, 127, note P. Serlooten ; *JCP* N 1991, p. 87, note M. Marteau-Petit ; *D.* 1991, p. 173, note Y. Reinhard. – V. dans le même sens, et sur le même motif, ▪ CA Paris, 29 nov. 1996 : *BJS* 1997, p. 207, note J.-P. Valuet. ▪ CA Rouen, 23 mai 2002 : *BJS* 2002, p. 1188, note A. Couret. ▪ Cass. com., 9 juin 2004 : *JurisData* n° 2004-024213 ; *BJS* 2004, p. 1403, note H. Le Nabasque ; *Dr. sociétés* déc. 2004, n° 204, obs. F.-G. Trébulle ; *Dr. et patrimoine* févr. 2005, p. 132, obs. D. Poracchia ; *JCP* E 2004, act., p. 1043. – Par suite, la convention par laquelle l'acquéreur de titres s'engage à rembourser au cédant le solde de son compte courant déterminé après qu'il aura été crédité de sa quote-part de bénéfices réalisés par la société constitue une contrepartie négociée, à la charge de l'acquéreur, de la cession des parts dans laquelle elle trouve sa cause, ce qui en fait un élément du prix de cession des parts entrant dans l'assiette des droits de mutation à titre onéreux : ▪ Cass. com., 28 nov. 2006, n° 04-17.486 : *BJS* 2007, p. 403, note Th. Revet ; *D.* 2006, p. 3055, obs. A. Liehnard ; *Dr. fisc.* 2007, 189, rapp. C. Guéguen ; *JCP* E 2007, 1361, note Fl. Deboissy et G. Wicker. – V. dans le même sens, mais sans indication de motif, ▪ CA Paris, 22 mars 2002 : *BJS* 2002, p. 820, note A. Constantin. – V. dans le même sens, mais pour en déduire que le délai quinquennal de l'article 2277 du Code civil n'avait pu commencer à courir : ▪ Cass. com., 19 sept. 2006, n° 03-19.419 : *JurisData* n° 2006-035096 ; *Dr. sociétés* 2007, n° 42, obs. H. Lécuyer. – V. dans le même sens, mais pour en déduire que la société ne pouvait être condamnée pour avoir méconnu ses obligations de tiers saisi : ▪ Cass. com., 13 sept. 2017, n° 16-13.674, PBI : *BJS* 2017, p. 651, note A. Reygrobellet ; *Dr. sociétés* 2017, n° 185, obs. H. Hovasse ; *JCP* E 2017, 1676, note Fl. Deboissy et G. Wicker. – Le fait que la société ait déclaré la part de bénéfices imposables au nom de chaque associé ne confère pas aux dividendes une existence juridique : ▪ Cass. com., 4 févr. 2014, n° 12-23.894 : *BJS* 2014, p. 307, note C. Taboutot-Hyest ; *Dr. sociétés* 2014, n° 62, obs. H. Hovasse ; *Rev. sociétés* 2014, p. 373, note A. Reygrobellet. – Comp. même solution attribuant les dividendes à celui qui est associé au jour de la décision de distribution, mais fondée sur l'exclusion de la qualification de fruits civils des dividendes au motif que ceux-ci, étant fonction du résultat dégagé chaque année, ont un caractère aléatoire et indéterminé qui s'oppose à la périodicité et à la fixité caractérisant les fruits civils : ▪ CA Versailles, 23 févr. 1990 : *JurisData* n° 1990-000358 ; *BJS* 1990, p. 553. – *Contra* solution inverse retenue au motif que les bénéfices sont des fruits civils, et en tant que tels réputés s'acquérir jour par jour, la décision ne faisant pas la distinction entre les bénéfices et les dividendes : ▪ Cass. civ., 21 oct. 1931 : *DH* 1931, p. 553 ; *DP* 1933, 1, p. 100, note P. Cordonnier.

c) **Convention de jouissance anticipée.** Les règles concernant l'attribution des dividendes n'étant pas d'ordre public, les parties à une convention de cession peuvent y déroger, de sorte qu'une clause peut stipuler que le cessionnaire bénéficie de la jouissance des actions cédées à une date antérieure à celle de la cession, cette jouissance anticipée étant opposable à la société : ▪ CA Paris, 13 mars 2013, n° 10/16731 : *BJS* 2013, p. 855, note D. Gallois-Cochet.

d) **Acquêts de communauté.** Les bénéfices réalisés par la société ne deviennent des fruits ou revenus de biens propres, susceptibles de constituer des acquêts de communauté, que lorsqu'ils sont attribués sous forme de dividendes ; par suite, les titres attribués gratuitement à un époux commun en biens après une augmentation de capital par incorporation de réserves constituent des biens propres lorsqu'ils se rattachent à des titres eux-mêmes propres, sans qu'il y ait lieu à récompense : ▪ Cass. 1re civ., 12 déc. 2006, n° 04-20.663 : *BJS* 2007, p. 363, note Th. Revet ; *D.* 2007, p. 318 ; *Dr. sociétés* 2007, n° 32, obs. J. Monnet ; *Defrénois* 2008, p. 310, obs. G. Champenois ; *JCP* E 2007, 1877, n° 2, obs. J.-J. Caussain, Fl. Deboissy et G. Wicker ; *Rev. sociétés* 2007, p. 326, note D. Randoux.

e) **Indivision post communautaire.** Les bénéfices et dividendes afférents à des titres dont un des époux a seul la qualité d'associé mais dont la valeur figure à l'actif de la communauté accroissent à l'indivision post communautaire : ▪ Cass. 1re civ., 28 mars 2018, n° 17-16.198, PB : *Dr. sociétés* 2018, n° 118, obs. R. Mortier.

f) **Recel de titres sociaux.** L'époux victime du recel de titres sociaux dépendant de la communauté peut prétendre à la propriété exclusive des titres, mais encore aux dividendes depuis la date de dissolution de la communauté : ▪ Cass. 1re civ., 31 oct. 2007, n° 06-10.348 : *BJS* 2008, p. 220, note

H. Lécuyer ; *JCP* E 2008, 1280, n° 1, obs. J.-J. Caussain, Fl. Deboissy et G. Wicker.

g) **Saisie des titres sociaux.** V. sous D. 31 juill. 1992, art. 184 (ancien)184, annot. n° 1.

3) Objet du dividende. La décision de distribution de dividendes constituant un acte juridique unilatéral et non un contrat, la remise de biens immobiliers en paiement du dividende ne constitue pas une cession et ne peut en conséquence être soumise aux droits de mutation à titre onéreux : ▪ Cass. com., 12 févr. 2008, n° 05-17.085 : *BJS* 2008, p. 338, note A. Couret ; *D.* 2008, p. 1113, note D.-R. Martin ; *Dr. sociétés* 2008, n° 113, obs. J.-L. Pierre ; *JCP* E 2008, 1478, note H. Hovasse ; *JCP* E 2008, 2545, n° 2, obs. Fl. Deboissy et G. Wicker ; *Rev. sociétés* 2009, p. 665, note D. Gallois-Cochet. – Le paiement du dividende sous forme de remise d'actifs sociaux n'est pas soumis aux droits de mutation à titre onéreux : ▪ Cass. com., 31 mai 1988 : *BJS* 1988, p. 610. ▪ Cass. com., 6 juin 1990 : *JCP* E 1991, 166, note M. Marteau-Petit ; *BJS* 1990, p. 813, note Ph. Derouin. ▪ Cass. com., 6 avr. 1993, n° 90-21.940 : *Dr. fisc.* 1993, n° 28, comm. 1455 ; *RJF* 1993, n° 1071. – *Adde* H. Hovasse, M. Deslandes et R. Gentilhomme, *Le paiement du dividende en actifs sociaux : Actes prat. ing. sociétaire* 1992, n° 3.

II – CLAUSE LÉONINE

Bibliographie : A. Couret, *Groupements de moyens et pactes léonins : BJS* 1992, p. 1057. – E. Claudel, *Clauses léonines extrastatutaires : les voies d'un compromis : Mél. Jeantin*, Dalloz, 1999, p. 183. – J. Derruppé, *La clause d'intérêt fixe : Mél. J. Hamel*, Dalloz, 1961, p. 179. – F.-X. Lucas, *Promesse d'achat de droits sociaux à prix garanti et prohibition des clauses léonines : à la recherche de la cohérence perdue : JCP* E 2000, p. 168. – H. Le Nabasque et M. Barbier, *Les clauses léonines : droit des sociétés : Actes prat. ing. sociétaire* 1996, n° 29. – S. Sylvestre, *Validité de la promesse de rachat consentie par la société émettrice au souscripteur des titres qu'elle a émis : BJS* 2004, p. 179. – B. Treille, *Les conventions de portage : Rev. sociétés* 1997, p. 721. – F.-X. Lucas, *JCl. Sociétés traité*, Fasc. 15-30 *(Théorie des bénéfices et des pertes – Clauses léonines).*

4) Règles générales.

a) **Principes.** La qualification de clause léonine doit être exclue lorsque la clause litigieuse, figurant dans une convention extrastatutaires, est sans effet dans les rapports sociaux : ▪ Cass. com., 24 mai 1994 : *BJS* 1994, p. 797, note P. Le Cannu ; *D.* 1994, p. 503, note A. Couret ; *Defrénois* 1994, art. 35881, p. 1016, obs. H. Hovasse. – Dans le même sens, ▪ CA Paris, 18 oct. 1996 : *BJS* 1997, p. 11, note N. Rontchevsky. – V. égal., les arrêts cités sous C. civ., art. 1844, note 6 *a*. – *Contra*, les termes de l'article *[1844-1]* sont généraux et déclarent nulle *[réputée non écrite]* toute stipulation de ce genre sans distinguer si elle est contenue dans l'acte de société ou dans un acte séparé, si elle oblige la société entière ou l'un de ses membres, ni si elle est temporaire ou faite pour un temps indéterminé : ▪ Cass. req., 9 avr. 1941 : S. 1941, 1, p. 141.

b) **Applications.** L'article 1844-1 n'est pas applicable aux conventions relatives à la **transmission des droits sociaux** : ▪ Cass. com., 20 mai 1986 : *JCP* E 1986, 15846, n° 1, obs. A. Viandier et J.-J. Caussain. ▪ Cass. com., 10 janv. 1989 : *JCP* 1989, II, 21256, note A. Viandier. ▪ CA Paris, 23 mai 1990 : *BRDA* 1991, V, p. 9. ▪ Cass. com., 24 mai 1994 : *Dr. sociétés* 1994, n° 141, obs. H. Le Nabasque ; *BJS* 1994, p. 797, note P. Le Cannu. ▪ Cass. com., 19 oct. 1999 : *JCP* E 1999, p. 2067, note Y. Guyon ; *D.* 1999, act. jurispr. p. 72.

A – Clause léonine et actes sociétaires

5) Clauses statutaires.

a) **Principes.** L'article 1844-1 s'applique aux stipulations du pacte social comme à celles qui figurent dans un acte postérieur et le juge doit envisager le résultat obtenu – l'exonération de l'associé – plutôt que les modalités des stipulations, qu'il s'agisse de faire entrer un nouvel associé, d'en priver un de son droit de sortie ou de le contraindre à partir : ▪ CA Paris, 5 déc. 1983 : *D.* 1984, inf. rap. p. 52.

b) **Application.** Est léonine la convention garantissant à un associé un **bénéfice fixe** à condition qu'il acquiert un appartement construit par la société, ce bénéfice s'imputant sur le prix de vente de l'appartement : ▪ Cass. 1re civ., 22 juill. 1986 : *BJS* 1986, 859, note P. Le Cannu ; *D.* 1987, somm. p. 390, obs. J.-C. Bousquet ; *JCP* E 1987, 16342, n° 1, obs. A. Viandier et J.-J. Caussain ; *RTD com.* 1987, p. 70, obs. E. Alfandari et M. Jeantin. – V. dans le même sens, à propos de la stipulation attribuant, dans tous les cas, à l'**apporteur en industrie,** une rémunération forfaitaire : ▪ Cass. req., 31 janv. 1917 : *Journ. soc.* 1918, p. 158, note H. B.

6) Convention de liquidation. La sanction édictée par l'article 1844-1, qui ne vise que le contrat de société, ne peut être étendue à une convention de liquidation intervenue après dissolution de la société et non conforme aux prévisions du pacte social ▪ Cass. com., 12 nov. 1962 : *D.* 1963, somm. p. 29 ; *Gaz. Pal.* 1963, 1, p. 165.

B – Clause léonine et actes non sociétaires

7) Actes entre coassociés.

a) **Promesse d'achat ou de rachat de droits sociaux.**

– **Exclusion de la qualification de clause léonine.** Jugé que ne constitue pas une clause léonine la promesse de rachat de leurs droits sociaux consentie à des apporteurs pour un prix fixé par avance au motif qu'elle échappe aux prévisions de l'article 1844-1, alinéa 2, en ce qu'elle régit les rapports entre cédant et cessionnaire et non pas les droits et obligations des associés à l'égard de la société : ▪ CA Paris, 18 oct. 1996 : *BJS* 1997, p. 11, note N. Rontchevsky. – Décision confirmée au motif que la promesse de rachat ayant pour objet d'assurer, moyennant un prix librement convenu, la transmission des droits sociaux entre associés, elle est sans incidence sur la participation aux bénéfices et la contribution aux pertes dans les rapports sociaux et ne porte pas atteinte au pacte social : ▪ Cass. com., 19 oct. 1999 : *Bull. civ.* IV, n° 177 ; *BJS* 2000, p. 69 ; *Dr. sociétés* 2000, n° 3, obs. Th. Bonneau ; *JCP* E 1999, p. 2067, note Y. Guyon. – Mêmes solutions : ▪ Cass. com., 8 mars 2005 : *JurisData* n° 2005-027519. ▪ CA Paris, 12 mars 2004 : *BJS* 2004, p. 960, note R. Routier. – Deux sociétés ayant créé une filiale commune, la promesse de rachat pour un prix d'ores et déjà déterminé (valeur nominale des titres) souscrite lors de sa constitution par le majoritaire au bénéfice du minoritaire, et dont l'option ne pouvait être levée qu'au terme d'un délai de cinq ans, ne constitue pas une clause léonine dans la mesure où la clause litigieuse avait pour but d'assurer l'équilibre de l'ensemble des conventions entre les parties : ▪ Cass. com., 23 mars 2010, n° 09-65.039. – Lors même qu'est stipulé un prix de rachat assurant la rémunération du capital investi, n'est ni léonine ni contraire à l'intérêt social la clause d'un pacte d'actionnaires prévoyant la sortie prioritaire d'un investisseur dans des situations précises dont la survenance ne dépend pas de son fait, de sorte que la clause ne fait pas disparaître l'aléa social auquel son bénéficiaire est soumis : ▪ CA Paris, 3 juill. 2012, n° 11/08360 : *BJS* 2013, p. 39, note B. Dondero.

– **Qualification de clause léonine.** Constitue une clause léonine la clause qui garantit l'actionnaire de tout risque de perte éventuelle en lui assurant en toute hypothèse le rachat d'une partie de ses actions moyennant un prix forfaitaire très supérieur à la somme dont lesdites actions sont libérées : ▪ Cass. com., 22 mars 1955 : *Bull. civ.* IV, n° 104. – La première chambre civile tient pour léonine la convention par laquelle un associé cède une partie de ses titres à un tiers, dès lors qu'il est stipulé dans l'acte une **clause de rachat** à prix fixe, cette clause ayant pour effet d'affranchir le tiers devenu associé de toute participation aux pertes : ▪ Cass. 1re civ., 7 avr. 1987 : *JCP* G 1988, II, 21006, note M. Germain ; *JCP* E 1987, 16644, n° 1, obs. A. Viandier et J.-J. Caussain ; *RD bancaire et fin.* 1987, n° 3, p. 92, obs. M. Jeantin et A. Viandier ; *Rev. sociétés* 1987, p. 395, note D. Randoux. – Sur renvoi, V. ▪ Caen, 16 janv. 1990 : *JCP* E 1990, 15784, n° 3, obs. A. Viandier et J.-J. Caussain ; *BJS* 1991, p. 916, note P. Le Cannu. – Sur deuxième pourvoi, V. ▪ Cass. 1re civ., 16 déc. 1992 : *BJS* 1993, p. 319, note P. Le Cannu.

b) **Promesse de rachat des titres souscrits lors d'une augmentation de capital.** Destinée à garantir l'équilibre des conventions entre les parties en assurant à l'investisseur le remboursement de sa mise de fonds à laquelle il n'aurait pas consenti sans cette condition déterminante, la promesse d'achat consentie, dans le cadre d'une **opération de capital-investissement**, par des associés fondateurs à leur coassocié qui, bien qu'ayant fourni à la société l'essentiel de ces fonds propres, n'avait en contrepartie de son apport bénéficié que d'une participation minoritaire n'est pas léonine ; en effet cette promesse, qui n'a pour objet que d'assurer la transmission de droits sociaux entre associés, est sans incidence sur la contribution aux bénéfices et aux pertes dans les rapports sociaux : ▪ CA Paris, 15 sept. 2000 : *Dr. sociétés* 2001, n° 32, obs. F.-X. Lucas ; *BJS* 2001, p. 47, note A. Couret, confirmé par ▪ Cass. com., 16 nov. 2004 : *BJS* 2004, p. 270, note N. Mathey ; *D.* 2004, p. 3144, obs. A. Lienhard ; *D.* 2005, somm. p. 2950, obs. J.-Cl. Hallouin et E. Lamazerolles ; *Dr. et patrimoine* févr. 2005, p. 133, obs. D. Porracchia ; *JCP* E 2005, 131, n° 1, obs. J.-J. Caussain, Fl. Deboissy et G. Wicker ; *RTD com.* 2005, p. 111, obs. Cl. Champaud et D. Danet. – V. dans le même sens, mais sans considération du montant de la participation : ▪ Cass. com., 3 mars 2009, n° 08-12.359 : *BJS* 2009, p. 583, note P.-M. Le Corre ; *Dr. sociétés* 2009, n° 110, obs. M.-L. Coquelet. – N'est pas léonine la promesse de rachat des titres souscrits à l'occasion d'une augmentation de capital dans la mesure où le souscripteur, ne pouvant lever l'option qu'à l'expiration d'un certain délai et pendant un temps limité, restait soumis au **risque de disparition ou de dépréciation des actions** : ▪ Cass. com., 22 févr. 2005 : *JurisData* n° 2005-027122 ; *BJS* 2005, p. 968, note F.-X. Lucas ; *D.* 2005, p. 644, obs. A. Lienhard ; *D.* 2005, p. 973, obs. G. Kessler ; *D.* 2005, somm. p. 2950, obs. J.-Cl. Hallouin et E. Lamazerolles ; *JCP* E 2005, act., p. 457 ; *Dr. sociétés* juin 2005, n° 107, obs. F.-G. Trébulle ; *Dr. et patrimoine* juin 2005, p. 100, obs. D. Porracchia ; *JCP* E 2005, 938, note H. Hovasse ; *JCP* E 2005, 1046, n° 1, obs. J.-J. Caussain, Fl. Deboissy et G. Wicker. – Dans le même sens : ▪ Cass. com., 27 sept. 2005, n° 02-14.009 : *BJS* 2006, p. 92, note A. Couret ; *Dr. sociétés* déc. 2005, n° 210, obs. H. Lécuyer et n° 217, obs. J. Monnet ; *D.* 2005, p. 2681, obs. A. Lienhard.

c) **Convention de portage entre coassociés.** Est léonine la clause d'un contrat de portage soustrayant le porteur à tout risque de contribution aux pertes : ▪ CA Poitiers, 5 févr. 1992 : *JCP* E 1993, I, 215, n° 2, obs. A. Viandier et J.-J. Caussain ; *D.* 1993, somm. p. 60, obs. M. Vasseur. – Décision cassée au motif que la clause de rétrocession n'est pas léonine dans la mesure où elle est sans incidence sur la participation aux bénéfices et la contribution aux pertes dans les rapports sociaux : ▪ Cass. com., 24 mai 1994 : *BJS* 1994, p. 797, note P. Le Cannu ; *D.* 1994, p. 503, note A. Couret ; *Defrénois* 1994, art. 35881, p. 1016, obs. H. Hovasse. – Dans le même sens, ▪ CA Paris, 2 mai 2003 : *BJS* 2003, p. 945, note J.-J. Daigre ; *JCP* E 2003, act., p. 1008. ▪ CA Paris, 7 févr. 2013, n° 11/05209 : *BJS* 2013, p. 394, note F.-X. Lucas. – Est léonine la clause qui ne permet pas de caractériser un aléa suffisant de nature à préserver le principe d'égalité entre les associés : ▪ CA Paris, 22 oct. 1996 : *BJS* 1997, p. 15, note P. Le Cannu.

d) **Cession du droit à la perception des bénéfices.** Est léonine la clause par laquelle un associé en nom collectif a abandonné tous les bénéfices correspondant à sa part dans le capital social, moyennant le versement par l'autre associé d'une **redevance forfaitaire**, cette clause ayant en effet pour résultat d'assurer le bénéficiaire de recevoir un profit, même si la société engendre des pertes, lesquelles seraient alors à la charge de l'autre associé : ▪ Cass. com., 18 oct. 1994 : *Rev. sociétés* 1995, p. 44, note P. Didier ; *BJS* 1995, p. 157, note P. Le Cannu.

e) Est léonine la clause aboutissant à priver l'associé exclu de **tout droit dans les réserves**, du fait du rachat à la valeur nominale, dès lors qu'au cours de la vie sociale il n'a jamais été procédé à une distribution de dividendes : ▪ Cass. com., 16 mars 1959 : *JCP* 1960, II, 11725, note D. B. – Rappr. ▪ CA Paris, 14 juin 1983 : *Express doc.* 16 nov. 1984, p. 16, résolution d'assemblée générale d'une société de moyens.

f) **Limitation des risques.** N'est pas léonine la stipulation limitant le risque d'un associé à une certaine somme : ▪ Cass. 1re civ., 16 oct. 1990 : *BJS* 1990, p. 1029, note P. Le Cannu. De plus, dans le cadre d'une société en participation, où un associé avait fait apport de terrains et l'autre d'une somme d'argent, le remboursement de cette somme étant garanti à l'apporteur par son coassocié et non par la société, c'est sans dénaturer la convention des parties que la cour d'appel retient, dans la mesure où les charges et profits devaient être répartis entre les associés dans les proportions déterminées par la convention, que la participation aux pertes de l'associé apporteur de capitaux n'était pas exclue : ▪ Cass. 1re civ., 29 oct. 1990 : *BJS* 1990, p. 1052, note P. Le Cannu.

g) N'est pas léonine la clause qui impose au gérant d'une société l'obligation de contracter une **assurance sur la vie** dont le capital sera payable après son décès à l'un des associés, au cas où celui-ci ne pourrait pas retirer sa mise : ▪ Cass. civ., 9 juin 1890 : *D.* 1890, 1, p. 409, note crit. Planiol. ▪ Cass. req., 25 juin 1931 : *Rev. sociétés* 1931, p. 286.

h) Même solution pour la **répartition de la totalité des bénéfices** à l'occasion d'une cession de parts sociales et privant le cessionnaire des bénéfices antérieurs : ▪ Cass. 1re civ., 9 juin 1993 : *JCP* E 1994, II, 542, note Th. Bonneau.

i) **Renonciation au droit sur le dividende.** N'est pas léonine la répartition des bénéfices distribuables d'un exercice clos entre les associés sous forme de dividendes, en tenant compte des renonciations exprimées par certains d'entre eux en assemblée générale en contrepartie de la garantie des conséquences pécuniaires d'un redressement fiscal : ▪ Cass. com., 13 févr. 1996 : *Bull. civ.* IV, n° 53 ; *JurisData* n° 1996-000392 ; *BJS* 1996, p. 404, note P. Le Cannu. – Même solution pour l'acte par lequel des associés renoncent totalement ou partiellement à leurs droits aux dividendes dès l'instant où ces dividendes correspondent aux bénéfices d'un exercice écoulé ; il constitue un abandon de créance : ▪ CA Paris, 8 oct. 1993 : *BJS* 1993, p. 1231, note M.-D. Schödermeier.

j) La **clause pénale** par laquelle l'associé gérant peut être privé de tout bénéfice, du fait par exemple de la consommation des fonds résultant d'une augmentation de capital, ne constitue pas une clause léonine : ▪ Cass. req., 16 nov. 1858 : *D.* 1859, 1, p. 39 ; *S.* 1859, 1, p. 382.

8) Actes conclus avec un tiers à la société.

a) **Cession de contrôle étalée dans le temps.** Ne constitue pas une clause léonine la promesse d'achat, comportant un prix plancher, consentie par un associé à un tiers dans le cadre d'une cession de contrôle dont la promesse constitue la seconde étape ; en effet, l'article 1844-1 prohibe seulement la clause qui porte atteinte au pacte social, ce qui n'était pas le cas de la promesse, même si elle intervient avec un tiers après que celui-ci soit devenu associé, dont l'objet n'est que d'assurer, moyennant un prix librement convenu, la transmission de droits sociaux : ▪ Cass. com., 26 mai 1986 : *Bull. civ.* IV, n° 95 ; *D.* 1987, somm. p. 390, obs. J.-C. Bousquet ; *Defrénois* 1987, p. 609, note J. Honorat ; *Rev. sociétés* 1986, p. 587, note D. Randoux. – V. dans le même sens : ▪ Cass. com., 10 janv. 1989 : *Bull. civ.* IV, n° 19 ; *D.* 1990, p. 250, note Forschbach ; *JCP* G 1989, II, 21256, note A. Viandier. – Pareillement la convention au terme de laquelle l'acquéreur de la moitié des actions d'une société s'engage à acheter le reste des actions appartenant au cédant, dans uncertain délai et à un prix au moins égal au prix des premières actions cédées, constitue une promesse unilatérale d'achat ayant pour but d'organiser la transmission des droits sociaux moyennant un prix librement débattu ; en conséquence, cette convention est sans incidence sur la participation aux bénéfices et la contribution aux pertes dans les rapports sociaux et n'a pas de caractère léonin : ▪ Cass. com., 19 mai 1998 : *BJS* 1998, p. 1060, note P. Scholer ; *RJDA* 1998, n° 986. – V. aussi, à propos d'une cession de titres à exécution successive entre époux, ▪ CA Paris, 12 mai 2000 : *BJS* 2000, p. 1142, note J.-Ph. Dom.

b) **Promesse d'achat.** N'a pas un caractère léonin la promesse d'achat qui prévoit que la valeur des parts sociales *[d'une SCI]* est déterminée sur la base de la valeur d'acquisition du bien immobilier appartenant à la société, affectée d'un coefficient correspondant au pourcentage de participation détenu par le bénéficiaire : ▪ CA Versailles, 6 févr. 2004 : *JurisData* n° 2004-236597 ; *Dr. sociétés* juin 2005, n° 111, obs. F.-X. Lucas.

c) **Convention de portage.** N'est pas léonine la convention de portage intervenant entre une banque et son client en ce qu'elle permet au client d'acquérir immédiatement par l'intermédiaire de la banque des actions dont il s'engage à acquitter le prix ultérieurement : ▪ TGI Lille, 28 oct. 1986 : *D.* 1987, somm. p. 302, obs. M. Vasseur ; *Rev. sociétés* 1987, p. 600, note Cl. Witz. ▪ CA Paris, 17 avr. 1996 : *BJS* 1996, p. 807, note A. Couret.

Art. 1844-2 *(L. n° 78-9, 4 janv. 1978 ; L. n° 78-753, 17 juill. 1978).* – **Il peut être consenti hypothèque ou toute autre sûreté réelle sur les biens de la société en vertu de pouvoirs résultant de délibérations ou délégations établies sous signatures privées alors même que la constitution de l'hypothèque ou de la sûreté doit l'être par acte authentique.**

La règle s'applique aux **délégations** de pouvoirs accordées en vue de passer des actes de mainlevée d'hypothèques : Rép. min. : *JOAN* CR, 10 mars 1980, p. 974.

Art. 1844-3 *(L. n° 78-9, 4 janv. 1978).* – **La transformation régulière d'une société en une société d'une autre forme n'entraîne pas la création d'une personne morale nouvelle. Il en est de même de la prorogation ou de toute autre modification statutaire.**

Voir : Sociétés commerciales, C. com., art. L. 210-6, al. 1, p. 169. – **Transformation en sociétés par actions,** C. com., art. L. 224-3, p. 233. – **Transformation en groupement d'intérêt économique,** C. com., art. L. 251-18, al. 1, p. 607. – **Transformation en groupement européen d'intérêt économique,** C. com., art. L. 252-8, al. 1, p. 609. – **Adaptation des statuts aux dispositions applicables aux sociétés coopératives ouvrières de production,** L. n° 78-763, 19 juill. 1978, art. 48, p. 2703.

Bibliographie : A. Batteur, *Le changement de nature juridique des personnes morales : LPA* 27 et 29 juill. 1992. • F. Benac-Schmidt, *Essai sur la notion d'être moral nouveau. Réflexions sur son aspect fiscal : D.* 1992, chron. p. 37. • D. Daublon, *La pérennité des procurations consenties par les représentants légaux d'une société : Defrénois* 1981, art. 32695, p. 945. • P. Le Cannu (sous la direction de), *La transformation des sociétés : BJS* 2010, p. 389. ; • F.-X. Lucas et J.-Cl. Parot, *Transformations de sociétés, aspects juridiques et fiscaux : Actes prat. ing. sociétaire* 9-10/2003, p. 6. • *Adde* M.-H. Monsérié-Bon, *JCl. Sociétés traité*, Fasc. 33-10.

1) Continuité de la personnalité morale.

a) Les **engagements** d'une société anonyme transformée en société en nom collectif sont continués par cette SNC, car il n'y a pas de création d'un être moral nouveau : ▪ Cass. com., 7 déc. 1993 : *RJDA* 1994, p. 321.

b) La transformation régulière n'emportant pas création d'un être moral nouveau, elle n'emporte pas caducité des **cautionnements** souscrits au bénéfice des créanciers de la société transformée : ▪ Cass. com., 29 mars 1994 : *RJDA* 1994, p. 532. ▪ Cass. com., 9 déc. 1997 : *BJS* 1998, p. 617. ▪ Cass. com., 20 févr. 2001 : *JCP* E 2001, p. 895, obs. A. Viandier et J.-J. Caussain ; *BJS* 2001, p. 611, note H. Le Nabasque ; *Rev. sociétés* 2001, p. 807, note C. Malecki.

c) La **promesse de cession** de parts d'une SARL transformée en société anonyme n'est pas caduque du fait de cette transformation : ▪ CA Paris, 19 nov. 1993 : *BJS* 1994, p.193.

d) **Continuité du patrimoine.** Une SCI et une SARL ne constituant pas deux sociétés distinctes, mais deux formes successives d'une seule et même personne morale, l'immeuble acquis par la société du temps où elle était une SCI est demeuré dans son patrimoine, nonobstant le changement de forme sociale, ce dont il résulte que le changement de forme sociale n'a donné lieu à aucun apport de cet immeuble de la SCI à la SARL : ▪ Cass. com., 27 mai 2015, n° 13-27.458 : *BJS* 2015, p. 587, note E. Gicquiaud ; *Dr. sociétés* 2015, n° 146, obs. H. Hovasse.

e) **Capacité d'ester en justice.** La transformation n'ayant pas emporté création d'une personne morale nouvelle, la SARL issue de la transformation d'une SNC a **qualité pour agir** au titre d'un contrat conclu par la SNC : ▪ Cass. com., 30 oct. 2000 : *BJS* 2001, p. 449, note H. Le Nabasque. – La transformation régulière d'une SA en SARL n'entraînant pas la création d'une personne morale nouvelle et la capacité d'ester en justice s'attachant à la personne morale en tant que sujet de droit quelle que soit sa forme juridique, une société transformée ne perd pas sa capacité d'ester en justice : ▪ Cass. 2e civ., 8 juill. 2004 : *JurisData* n° 2004-024642 ; *D.* 2004, p. 2440 ; *Dr. sociétés* déc. 2004, n° 207, obs. F.-G. Trébulle ; *RTD com.* 2004, p. 770, obs. P. Le Cannu. – La même solution vaut en cas de transformation irrégulière, laquelle ne peut aboutir à priver la société de son droit d'agir en justice : ▪ Cass. com., 18 mars 2003 : *JCP* E 2003, act., p. 788.

f) La transformation d'une société, qui précède la cession de la totalité de ses parts, n'entraîne pas l'application des règles de la **cession de bail** : ▪ Cass. com., 12 juill. 1993 : *BJS* 1993, p. 1146, note H. Boizard.

g) **Sort du bail rural.** La transformation de la société preneuse n'entraînant pas la création d'une personne morale nouvelle, la transformation d'un GAEC en EARL n'a pas eu pour effet de mettre les biens loués à la disposition d'une société à objet principalement agricole ; le bailleur ne peut donc soutenir que l'article L. 411-37 du Code rural était applicable *[obligation pour le preneur associé d'une société à objet principalement agricole qui met tout ou partie des biens loués à la disposition de celle-ci d'en aviser le bailleur dans les deux mois]* : ▪ Cass. 3e civ., 10 mars 2003 : *D.* 2004, p. 880.

h) L'**annulation** d'une transformation laisse intacte la personnalité morale de la société : ▪ CA Paris, 11 juill. 1990 : *JCP* E 1991, 22, n° 1, obs. A. Viandier et J.-J. Caussain.

2) Mandats sociaux et délégations de pouvoirs. La transformation d'une société *[SA]* marque le terme du mandat des organes sociaux dont le pouvoir ne saurait se perpétuer dans la nouvelle forme sociale *[SNC]*, les procurations et autres délégations de pouvoirs devenant caduques : ▪ Cass. crim., 3 janv. 1986 : *JCP* E 1987, 16342, n° 5, obs. A. Viandier et J.-J. Caussain ; *BJS* 1986, 376 ; *D.* 1987, p. 84. – En conséquence, le dirigeant dont le mandat est devenu ainsi caduc ne peut prétendre au paiement de l'indemnité conventionnelle stipulée en cas de révocation : ▪ CA Paris, 22 sept. 2015, n° 14/12205 : *Dr. sociétés* 2016, n° 10, obs. M. Roussille ; *BJS* 2016, p. 141, note P.-L. Perrin.

3) Divers. *a)* Sur l'effet de modifications statutaires que la forme nouvelle n'exigeait pas, V. ▪ Cass. com., 2 juill. 1979 : *Bull. civ.* IV, n° 220 *[décision rendue en matière de droits d'enregistrement]*.

b) Une société **nulle** ne peut pas être transformée : ▪ Cass. 1re civ., 23 oct. 1974 : *JCP* 1976, II, 18260, obs. M. Dagot.

c) La **modification des statuts** et notamment le changement de dénomination n'entraîne pas la création d'une personne morale nouvelle : ▪ Cass. com., 3 janv. 1996 : *JurisData* n° 1996-000168.

Art. 1844-4 *(L. n° 78-9, 4 janv. 1978).* **– Une société, même en liquidation, peut être absorbée par une autre société ou participer à la constitution d'une société nouvelle, par voie de fusion.**

Elle peut aussi transmettre son patrimoine par voie de scission à des sociétés existantes ou à des sociétés nouvelles.

Ces opérations peuvent intervenir entre des sociétés de forme différente.

Elles sont décidées, par chacune des sociétés intéressées, dans les conditions requises pour la modification de ses statuts.

Si l'opération comporte la création de sociétés nouvelles, chacune de celles-ci est constituée selon les règles propres à la forme de société adoptée.

Voir : Sociétés commerciales, C. com., art. L. 236-1 et s., p. 528.

Art. 1844-5 *(Mod., L. n° 88-15, 5 janv. 1988 ; L. n° 2001-420, 15 mai 2001).* **– La réunion de toutes les parts sociales en une seule main n'entraîne pas la dissolution de plein droit de la société. Tout intéressé peut demander cette dissolution si la situation n'a pas été régularisée dans le délai d'un an. Le tribunal peut accorder à la société un délai maximal de six mois pour régulariser la situation. Il ne peut prononcer la dissolution si, au jour où il statue sur le fond, cette régularisation a eu lieu.**

L'appartenance de l'usufruit de toutes les parts sociales à la même personne est sans conséquence sur l'existence de la société.

En cas de dissolution, celle-ci entraîne la transmission universelle du patrimoine de la société à l'associé unique, sans qu'il y ait lieu à liquidation. Les créanciers peuvent faire opposition à la dissolution dans le délai de trente jours à compter de la publication de celle-ci. Une décision de justice rejette l'opposition ou ordonne soit le remboursement des créances, soit la constitution de garanties si la société en offre et si elles sont jugées suffisantes. La transmission du patrimoine n'est réalisée et il n'y a disparition de la personne morale qu'à l'issue

du délai d'opposition ou, le cas échéant, lorsque l'opposition a été rejetée en première instance ou que le remboursement des créances a été effectué ou les garanties constituées.

Les dispositions du troisième alinéa ne sont pas applicables aux sociétés dont l'associé unique est une personne physique.

Voir : D. n° 78-704, 3 juill. 1978, art. 8, p. 157. – C. com., art. L. 145-16, (transmission du bail commercial), p. 541. – R. 210-14, p. 619 et R. 123-75, al. 4 (radiation), p. 809.

EURL, C. com., art. L. 223-4, p. 189 et L. 223-5, p. 189. – **SAS unipersonnelle,** C. com., art. L. 227-4, p. 394. – **EARL,** C. rur., art. L. 324-1, p. 2393.

Bibliographie : J.-J. Ansault, *La dissolution d'une filiale à 100 % par confusion des patrimoines : Actes prat. ing. sociétaire* sept.-oct. 2013, p. 75. • Th. Bonneau, *Plan de continuation et dissolution d'une société en nom collectif, devenue unipersonnelle, à la demande d'un créancier : Dr. sociétés* janv. 1997, p. 4. • E. Bramat, *Les effets de la dissolution des sociétés unipersonnelles après la modification de l'article 1844-5 du Code civil par la loi NRE : BJS* 2002, p. 181. • M.-L. Coquelet, *Les ressemblances sont souvent trompeuses : la transmission universelle pour cause de réunion des parts sociales n'est pas une fusion ! : BJS* 2003, p. 969. • J. Derruppé, *Le sort de la société commerciale qui n'a plus qu'un seul associé : Mél. Bastian*, Litec, 1974, I, p. 57. • B. Maubru, *La dissolution de plein droit d'une société d'une seule personne : Defrénois* 1982, art. 32955. • F.-X. Lucas, *Y a-t-il ou non transmission universelle, à son associé unique, du patrimoine d'une société unipersonnelle dissoute par l'effet d'un jugement de liquidation judiciaire ? : Rev. proc. coll.* 2002, p. 73. • A. Pietrancosta et Chr. Gerschel, *La dissolution-confusion en passe de supplanter la fusion : Dr. et patrimoine* 6/2002, p. 32. • S. Plantin, *La dissolution par confusion de patrimoine : une nouvelle étape : JCP* E 2002, p. 456 ; *L'article 1844-5 du Code civil : fusion ou confusion ? : JCP* E 2003, p. 1704. • B. Rolland, *Dissolution des sociétés unipersonnelles et transmission universelle du patrimoine : JCP* E 2000, p. 406 ; *Dissolution des sociétés unipersonnelles : une intervention législative opportune : JCP* E 2001, p. 1761. • J.-P. Sortais, *La société unipersonnelle : Mél. Bastian*, Litec, 1974, I, p. 325.

1) Réunion de toutes les parts en une seule main.

a) L'associé qui a acquis la totalité des parts de la société ne peut prétendre être subrogé dans les droits de la société afin d'agir en réparation d'un préjudice personnel à la société : ▪ Cass. crim., 8 févr. 1993 : *BJS* 1993, p. 671.

b) La convention par laquelle une société majoritaire rachète toutes les actions appartenant aux autres actionnaires, de sorte qu'elle devient actionnaire unique de la société, ne s'analyse pas en une fusion-absorption mais en une **transmission universelle de patrimoine par réunion de toutes les actions en une seule main**, même si l'acte est antérieur à la loi du 5 janvier 1988 ; dès lors, la société actionnaire unique peut décider la dissolution de la société qu'elle contrôle entièrement, par application des dispositions de l'article 8 du décret du 3 juillet 1978 [V. *infra*], et non selon les dispositions applicables aux fusions : ▪ CA Paris, 7 nov. 1994 : *BJS* 1995, p. 254, note A. Couret.

c) Le titulaire de **parts d'industrie** étant un véritable associé, la société n'est pas unipersonnelle lorsque toutes les parts représentatives du capital social sont détenues par un seul associé et que celui-ci a pour coassocié un titulaire de parts d'industrie : ▪ Cass. 1re civ., 30 mars 2004 : *BJS* 2004, p. 1001, note R. Baillod ; *D.* 2004, p. 1088 ; *JCP* E 2004, act., p. 806 ; *Rev. sociétés* 2004, p. 855, note D. Poracchia. – Décision cassant : ▪ CA Paris, 6 juill. 2001 : *D.* 2001, p. 2975, obs. A. Lienhard ; *Dr. sociétés* janv. 2002, n° 3, obs. Th. Bonneau ; *Rev. sociétés* 2001, p. 883, obs. Y. Guyon.

2) Qualité pour agir en dissolution. Un créancier a en tant que tel intérêt à agir en dissolution d'une société devenue unipersonnelle : ▪ Cass. com., 3 déc. 2013, n° 12-23.787 : *BJS* 2014, p. 153, note A. Reygrobellet ; *Dr. sociétés* 2014, n° 23, H. Hovasse.

3) Droit d'opposition des créanciers sociaux.

a) **Principe du droit d'opposition.** Les créanciers de la société ne peuvent faire opposition que si leurs créances sont certaines et antérieures à la dissolution : ▪ CA Versailles, 11 févr. 1993 : *RTD com.* 1993, p. 665 ; *RJDA* 1993, p. 549. – L'opposition d'un créancier bénéficiaire d'un nantissement est bien fondée dès lors qu'il perd ses garanties sur les actions de l'associé unique détenues par la société dissoute : ▪ CA Poitiers, 14 nov. 2000 : *JurisData* n° 2000-138886.

b) **Délai d'opposition.** Le point de départ du délai d'opposition des créanciers est la date de la publication de la dissolution dans un journal d'annonces légales et non la date, ultérieure, de la mention au RCS ; il en résulte qu'à l'issue du délai d'opposition des créanciers de trente jours à compter de la publication dans un journal d'annonces légales, dès lors qu'aucune opposition n'a été émise, la transmission du patrimoine est réalisée et la personnalité morale a disparu : ▪ Cass. com., 11 juin 2003 : *JCP* E 2003, act., p. 1273. ▪ Cass. com., 20 mai 2014, n° 13-14.933.

4) Date de la perte de la personnalité morale. La dissolution de la société ayant été publiée au RCS, la transmission du patrimoine n'est réalisée et il n'y a disparition de la personnalité morale qu'à l'issue du délai d'opposition des créanciers, qui est de trente jours à compter de la publication de la dissolution dans un JAL ; passé ce délai, le pourvoi formé contre la société est irrecevable : ▪ Cass. 3e civ., 20 juin 2007, n° 06-13.514 ; *BJS* 2007, p. 1359, note F.-X. Lucas ; *Dr. sociétés* 2007, n° 159, obs. H. Hovasse. – En conséquence, malgré la publication de la dissolution au RCS, la perte de la personnalité morale n'est pas opposable dès lors qu'il n'ait pas allégué que la dissolution a fait l'objet d'une publication dans un JAL : ▪ Cass. com., 20 mai 2014, n° 13-14.933 : *BJS* 2014, p. 497, note L. Camensuli-Feuillard. – Lors même qu'elles ont fait l'objet d'une autre publicité légale [en l'espèce, publication de la dissolution dans un JAL], la disparition de la personnalité juridique d'une société n'est rendue opposable aux tiers que par la publication au RCS des actes ou évènements l'ayant entraînée : ▪ Cass. com., 20 sept. 2011, n° 10-15.068, PB : *BJS* 2012, p. 194, note M.-L. Coquelet ; *D.* 2012, p. 2333, obs. A. Lienhard ; *Dr. sociétés* 2012, n° 2, obs. R. Mortier ; *JCP* E 2011, 1827, note Chr. Lebel. – Et il importe peu que les tiers ait eu personnellement connaissance de ces actes ou événements avant l'accomplissement de cette formalité : ▪ Cass. com., 11 sept. 2012, n° 11-11.141, PB : *BJS* 2013, p. 45, note J.-L. Vallens ; *Dr. sociétés* 2013, n° 1, obs. R. Mortier et n° 188, obs. J.-P. Legros ; *Rev. sociétés* 2013, p. 31, note B. Saintourens. – Après publication au RCS et après qu'ait expiré le délai de trente jours pour faire opposition, la dissolution de la société est opposable au créancier, peu important à cet égard le défaut de radiation de son immatriculation : ▪ Cass. com., 19 nov. 2002 : *Bull. civ.* IV, n° 175 ; *BJS* 2003, p. 178, note M.-L. Coquelet ; *JCP* E 2003, act. p. 51 ; *JCP* E 2003, 627, n° 2, obs. J.-J. Caussain, F. Deboissy et G. Wicker. – V. dans le même sens, ▪ Cass. com., 24 sept. 2002 : *BJS* 2003, p. 174, note M.-L. Coquelet ; *JCP* E 2002, act. p. 1578 ; *Rev. sociétés* 2002, p. 711, note B. Saintourens. ▪ Cass. com., 11 mars 2014, n° 13-10.557, PB : *Rev. sociétés* 2014, p. 665, note V. Thomas. – En conséquence, dès lors que la société a perdu sa personnalité morale, il n'y a plus lieu de l'appeler en la cause s'agissant de la tierce opposition formée contre le jugement ayant statué sur une opposition tardive : ▪ Cass. com., 23 sept. 2014, nos 13-17.171 et 13-17.172.

5) Dissolution et liquidation le même jour. S'agissant d'une EURL constituée par une personne physique, la dissolution liquidation opérée le même jour ne suffit pas à elle seule à caractériser une fraude aux droits des créanciers : ▪ CA ▪ Paris, 1er juill. 2010, n° 08-05389 : *BJS* 2010, p. 866, note P. Rubellin.

6) Date d'application de l'article 1844-5, alinéa 3. Si la loi n° 2001-420 du 15 mai 2001 a introduit de nouvelles dispositions concernant la transmission du patrimoine des sociétés dont l'associé unique est une personne physique, celles-ci ne peuvent remettre en cause les effets d'une transmission intervenue avant l'entrée en vigueur de cette loi : ▪ Cass. com., 7 janv. 2004 : *Dr. sociétés* avr. 2004, n° 54, obs. F.-G. Trébulle ; *JCP* E 2004, act., p. 319 ; *Rev. sociétés* 2004, p. 360, note B. Saintourens. – V. aussi, ▪ CA Poitiers, 13 avr. 2004 : *JurisData* n° 2004-254450 ; *Dr. sociétés* mars 2005, n° 48, obs. J. Monnet.

7) Exclusion de la liquidation amiable en cas de transmission universelle. La dissolution emportant la transmission universelle du patrimoine de la société à l'associé unique personne morale sans qu'il y ait lieu à liquidation, il ne peut y être fait obstacle par la décision de sa mise en liquidation amiable sous le régime conventionnel : ▪ Cass. soc., 12 janv. 2016, n° 14-21.533 : *BJS* 2016, p. 281, note R. Raffray.

8) Transmission universelle du patrimoine de la société dissoute et procédures collectives. *a)* **Dissolution sans transmission universelle.** À compter du jugement d'ouverture d'une procédure collective, le patrimoine du débiteur ne pouvant être cédé ou transmis que selon les règles d'ordre public applicables à ces procédures, la dissolution, par l'effet de la liquidation judiciaire, de la société dont les parts sociales sont réunies en une seule main, n'entraîne pas la transmission universelle de son patrimoine à l'associé unique : ▪ Cass. com., 12 juill. 2005, n° 02-19.860 : *BJS* 2006, p. 34, note P. Le Cannu ; *D.* 2005, p. 2002, obs. A. Lienhard ; *D.* 2005, somm. p. 2956, obs. J.-Cl. Hallouin et E. Lamazerolles ; *Dr. sociétés* oct. 2005, n° 180, obs. J. Monnet ; *JCP* E 2005, 1418 ; *JCP* E 2005, 1586, note J.-P. Legros ; *JCP* E 2005, 1834, n° 1, obs. J.-J. Caussain, Fl. Deboissy et G. Wicker ; *Rev. sociétés* 2005, p. 913, note J.-P. Sortais. – En application des mêmes principes, la dissolution volontaire décidée alors que la société était soumise à une procédure de redressement judiciaire n'emporte pas transmission universelle de son patrimoine à l'associé unique : ▪ Cass. com., 12 juill. 2005, n° 03-14.809 : *BJS* 2006, p. 36, note P. Le Cannu ; *D.* 2005, p. 2002, obs. A. Lienhard ; *Dr. sociétés* oct. 2005, n° 180, obs. J. Monnet ; *JCP* E 2005, 1417 ; *JCP* E 2005, 1586, note J.-P. Legros ; *JCP* E 2005, 1834, n° 1, obs. J.-J. Caussain, Fl. Deboissy et G. Wicker. – V. égal., ▪ CA Aix-en-Provence, 25 mai 2004 : *BJS* 2005, p. 581, note F.-X. Lucas ; *Dr. sociétés* juin 2005, n° 115, obs. J.-P. Legros. – *Contra*, l'article 1844-5 s'appliquant à toutes les situations de dissolution, la dissolution consécutive au **jugement de liquidation judiciaire** emporte transmission universelle du patrimoine de la société à son associé unique : ▪ Cass. com., 7 juill. 2004, n° 03-10.044 : *JurisData* n° 2004-024781.

b) **Dissolution sans liquidation frauduleuse.** En application du principe général « la fraude corrompt tout », est nul l'acte de dissolution sans liquidation d'une société unipersonnelle visant à échapper au débat sur son état éventuel de cessation des paiements et l'ouverture éventuelle d'une procédure collective subséquente : ▪ CA Paris, 19 mai 2011, n° 10/08992 : *BJS* 2011, p. 915, note M.-L. Coquelet. – V. égal. ▪ Cass. com., 11 sept. 2012, préc., annot. n° 4, p. 90. – Néanmoins, lorsque, après publication de la dissolution au RCS et expiration du délai de 30 jours pour faire opposition, la société se trouve dépourvue de toute personnalité morale, le fait qu'une fraude soit alléguée au soutien de la demande en annulation de la dissolution ne permet pas de régulariser la citation adressée à la société, laquelle est atteinte du vice de fond que constitue le défaut de capacité et d'existence juridique de cette société : ▪ CA Paris, 28 janv. 2014, n° 13/15104 : *JCP* E 2014, 1316, note J.-Ch. Pagnucco.

9) Effets de la transmission universelle. *a)* **Transmission des contrats.**

– **Principe.** La dissolution de la société, à la suite de la réunion de toutes les parts entre les mains d'un seul associé, entraîne pour ce dernier l'attribution de tous les actifs de la société dont le **droit au bail** ; cette transmission du droit au bail, produisant les mêmes effets qu'une cession, doit être notifiée au bailleur : ▪ CA Paris, 24 juin 1997 : *BJS* 1997, p. 1069, note M.-L. Coquelet.

– **Contrat *intuitu personae*.** La transmission universelle du patrimoine ayant été rendue opposable du fait de sa publication au RCS, le contrat de distribution continue à produire ses effets dès lors que le contrat ne prévoyait d'*intuitu personae* qu'à l'égard du cocontractant : ▪ Cass. com., 4 févr. 2014, n° 12-22.404 : *Rev. sociétés* 2014, p. 657, note L. Amiel-Cosme. – Dès lors qu'il n'a pas été fait de la société cocontractante la condition de son propre engagement, et que le maintien du contrat, après la transmission universelle du patrimoine de la société cocontractante, n'a pas été subordonné au consentement du contractant, cette transmission universelle n'emporte pas caducité du contrat : ▪ Cass. com., 8 nov. 2017, n° 16-17.296 : *Dr. sociétés* 2018, n° 21, obs. R. Mortier ; *JCP* E 2018, 1045, note C. Coupet ; *Rev. sociétés* 2018, p. 171, note J.-M. Moulin.

b) **Transmission des créances et des dettes.**

– **Transmission des créances et intérêt à agir.** Après dissolution et transmission universelle du patrimoine social, l'associé unique personne physique est recevable à agir en paiement d'une créance sociale lors même que la créance n'avait pas été mentionnée dans les comptes de liquidation de la société : ▪ Cass. com., 5 mai 2009, n° 08-12.601, PB : *Dr. sociétés* 2009, n° 131, obs. M.-L. Coquelet ; *Rev. sociétés* 2009, p. 577, note J.-F. Barbièri.

– **Créances et dettes nées d'un contrat *intuitu personae*.** En cas de dissolution d'une société unipersonnelle emportant transmission universelle de son patrimoine à l'associé unique, le contrat *intuitu personae [agence commerciale]* conclu par cette société prend fin, sauf accord du cocontractant, au plus tard par l'effet de la dissolution de celle-ci ; néanmoins, les créances et les dettes nées antérieurement à l'extinction du contrat sont recueillies par l'associé unique : ▪ Cass. com., 7 juin 2006, n° 05-11.384 : *JurisData* n° 2006-033900 ; *BJS* 2006, p. 1491, note M.-L. Coquelet ; *Dr. sociétés* août-sept. 2006, n° 126, obs. J. Monet ; *JCP* E 2006, 2294, note H. Hovasse ; *D.* 2006, p. 1685, obs. A. Lienhard.

– **Créance de dommages et intérêts.** S'agissant d'une demande d'indemnisation pour licenciement sans cause réelle et sérieuse, le droit pour la victime d'obtenir réparation du préjudice subi existant dès le jour du dommage, la créance d'indemnisation se trouve incluse dans le passif transmis à la société associée unique dès lors que le licenciement est intervenu avant la dissolution de la société dont le patrimoine a fait l'objet d'une transmission universelle, quand bien même la créance n'a été judiciairement reconnue que postérieurement : ▪ Cass. com., 2 févr. 2010, n° 09-11.938, PB : *BJS* 2010, p. 526, note R. Mortier ; *Dr. sociétés* 2010, n° 133, obs. M.-L. Coquelet.

c) **Sort du cautionnement.** La caution qui garantit le prêt contracté par une société ne saurait prendre argument de la transmission universelle du patrimoine de celle-ci à son associé unique pour échapper à son engagement : ▪ Cass. com., 19 nov. 2002 : *Bull. civ.* IV, n° 175 ; *BJS* 2003, p. 178, note M.-L. Coquelet ; *JCP* E 2003, act., p. 51 ; *JCP* E 2003, 627, n° 2, obs. J.-J. Caussain, Fl. Deboissy et G. Wicker, cassant : ▪ CA Douai, 20 janv. 2000 : *BJS* 2000, p. 519, note J.-J. Daigre ; *D.* 2000, act. jurispr. p. 139, obs. A. Lienhard ; *Rev. sociétés* 2000, p. 382, obs. Y. Guyon. – S'agissant d'une obligation à terme, la caution qui s'est engagée avant la dissolution de la société reste tenue à garantie, peu important que la dette n'ait pas été exigible à cette date : ▪ Cass. com., 5 mai 2004 : *BJS* 2004, p. 1227, note P. Scholer ; *Dr. sociétés* oct. 2004, n° 175.

d) **Actions et décisions de justice.** Par l'effet de la transmission universelle du patrimoine, les décisions rendues à l'égard de la société dissoute sont investies de l'autorité de la chose jugée à l'égard de l'associé unique qui lui succède et une nouvelle procédure dérivant du même contrat de travail ne peut être engagée contre ce dernier qu'après qu'il a été statué à l'égard de la société dissoute : ▪ Cass. soc., 25 oct. 2007, n° 06-42.238 : *Dr. sociétés* 2008, n° 102, obs. J. Monnet.

e) **Prescription.**

– **Délais d'action.** Par l'effet de la transmission universelle du patrimoine de la société dissoute, la société associée unique, si elle recueille les actions de la première, peut se prévaloir du délai déjà écoulé au jour de la transmission : ▪ Cass. 3e civ., 12 mars 2008, n° 07-15.278 : *D.* 2008, p. 918 ; *Dr. sociétés* 2008, n° 91, obs. M.-L. Coquelet ; *BJS* 2008, p. 476, note P. Le Cannu ; *Rev. sociétés* 2008, p. 771, note L. Amiel-Cosme.

– En l'**absence de liquidation,** la prescription de trois ans relative aux actions contre le liquidateur *[C. com., art. L. 237-12]*, de même que celle de cinq ans relative aux actions contre les associés non liquidateurs *[C. com., art. L. 237-13]*, est inapplicable en cas de dissolution d'une EURL suivie d'une transmission universelle du patrimoine à l'associé unique, seule la prescription décennale prévue par l'article L. 110-4 du Code de commerce trouvant à s'appliquer : ▪ CA Pau, 17 janv. 2005 : *JurisData* n° 2005-264319 ; *Dr. sociétés* mai 2005, n° 91, obs. J. Monnet ; *Rev. sociétés* 2006, p. 196, obs. I. Urbain-Parléani.

f) **Clause d'agrément.** L'acquisition de titres sociaux par l'effet de la transmission universelle du patrimoine social d'une société unipersonnelle dissoute n'est pas soumise à agrément lorsque cette transmission n'entre pas expressément dans les prévisions de la clause d'agrément, laquelle doit s'interpréter dans un sens favorable à l'actionnaire : ▪ CA Paris, 14 févr. 2006 : *JurisData* n° 2006-298207 ; *JCP* E 2006, 1778.

10) Traitement fiscal de la transmission universelle. Ne sont pas soumis aux droits d'enregistrement les transferts de propriété d'un immeuble intervenant dans le cadre de la transmission universelle du patrimoine d'une société dissoute à la suite de la réunion de toutes les parts entre les mains d'un associé : ▪ Cass. com., 16 déc. 2008, n° 08-11.974. – V. égal., Rép. min. n° 21758 : *JOAN Q*, 11 mars 1972, p. 570.

11) Situation de la société dissoute. Dès lors qu'une instance porte sur des actes accomplis par la société dissoute représentée par son gérant, le respect du principe du contradictoire [CPC, art. 14] exige que la société dissoute soit appelée à l'instance ou, en cas de disparition de sa personnalité morale, l'ancien associé unique ayant recueilli ses droits et obligations : ▪ Cass. com., 7 avr. 2010, n° 09-11.002, PB : *JCP* E 2010, 1509 : *BJS* 2010, p. 644, note L. Camensuli-Feuillard.

Art. 1844-6 *(L. n° 78-9, 4 janv. 1978)*. – **La prorogation de la société est décidée à l'unanimité des associés, ou, si les statuts le prévoient, à la majorité prévue pour la modification de ceux-ci.**

Un an au moins avant la date d'expiration de la société, les associés doivent être consultés à l'effet de décider si la société doit être prorogée.

À défaut, tout associé peut demander au président du tribunal statuant sur requête, la désignation d'un mandataire de justice chargé de provoquer la consultation prévue ci-dessus.

Voir : la rédaction de cet article issue de l'ordonnance n° 2019-744 du 19 juillet 2019, en *addendum*, p. 3371.

Voir : D. n° 78-704, 3 juill. 1978, art. 3, p. 156 et 17, p. 158.

Durée de la société, C. civ., art. 1838, p. 40. – **Absence de création d'une personne morale nouvelle,** C. civ., art. 1844-3, p. 88. – **Dissolution en cas de non-prorogation,** C. civ., art. 1844-7, 1°, p. 94. – **Prorogation des sociétés civiles professionnelles,** L. n° 66-879, 29 nov. 1966, art. 26, p. 2844.

1) Nature de la décision de prorogation. La prorogation du terme d'une société civile, en ce qu'elle renouvelle les engagements des associés, ne peut s'analyser en un acte d'administration, de sorte que le mandataire chargé de représenter un associé doit être investi d'un mandat spécial, un mandat rédigé en termes généraux et visant l'administration et la gestion étant insuffisant : ▪ Cass. com., 24 nov. 2009, n° 08-19.991 : *BJS* 2010, p. 467, note F.-X. Lucas.

2) Défaut de prorogation dans les délais. *a)* **Inefficacité d'une décision tardive.** En l'absence de toute prorogation expresse, décidée dans les formes légales ou statutaires, une société [GAEC] est dissoute de plein droit par la survenance du terme, de sorte que la société, dont le terme était arrivé à l'échéance, n'a pu être valablement prorogée par une délibération postérieure : ▪ Cass. com., 13 sept. 2017, n° 16-12.479, PB : *BJS* 2017, p. 594, note J.-F. Barbièri ; *Dr. sociétés* 2017, n° 184, obs. H. Hovasse ; *Rev. sociétés* 2018, p. 185, note M. Zolomian. – À défaut de décider et de publier la prorogation de la société dans les délais, celle-ci ne peut plus être autorisée, et le fait que la décision tardive de prorogation, insusceptible de nuire aux tiers, ait été prise à l'unanimité des associés est sans incidence : ▪ CA Paris, 28 avr. 2000 : *BJS* 2001, p. 399, note J.-M. Bahans. – V. égal. ▪ CA Paris, 7 sept. 2010, n° 10-00718 : *BJS* 2011, p. 98, obs. F.-X. Lucas.

b) **Inefficacité de stipulations rétroactives.** Les deux assemblées ayant, pour la première, prorogé la société et modifié les statuts et, pour la seconde, nommé un liquidateur, étant intervenues après l'expiration de la société, ne peuvent recevoir valablement effet, même si elles étaient assorties de stipulations rétroactives : ▪ CA Paris, 21 oct. 1994 : *BJS* 1995, p. 43, note M. Jeantin.

c) **Prorogation tacite.** V. retenant que la durée d'une société peut être tacitement prorogée si, depuis l'échéance du terme, l'activité antérieure a été poursuivie : ▪ CA Paris, 12 févr. 2015, n° 14/19257 : *BJS* 2015, p. 177, note J.-F. Barbièri.

3) Portée du non-respect des modalités statutaires de prorogation. La clause statutaire organisant les modalités de prorogation de la société ne peut être invoquée par les tiers, de sorte qu'est régulière la prorogation qui, sans respecter le délai de consultation prévu par les statuts, a été décidée par les associés avant la survenance du terme de la société : ▪ Cass. com., 30 juin 2015, n° 14-17.649, PB : *Dr. sociétés* 2015, n° 193, obs. H. Hovasse ; *BJS* 2015, p. 416, note J.-F. Barbièri ; *Rev. sociétés* 2016, p. 19, note E. Schlumberger.

Art. 1844-7 ***(Mod., L. n° 85-98, 25 janv. 1985 ; L. n° 88-15, 5 janv. 1988 ; L. n° 2005-845, 26 juill. 2005).*** **– La société prend fin :**

1° Par l'expiration du temps pour lequel elle a été constituée sauf prorogation effectuée conformément à l'article 1844-6 ;

2° Par la réalisation ou l'extinction de son objet ;

3° Par l'annulation du contrat de société ;

4° Par la dissolution anticipée décidée par les associés ;

5° Par la dissolution anticipée prononcée par le tribunal à la demande d'un associé pour justes motifs, notamment en cas d'inexécution de ses obligations par un associé, ou de mésentente entre associés paralysant le fonctionnement de la société ;

6° Par la dissolution anticipée prononcée par le tribunal dans le cas prévu à l'article 1844-5 ;

7° Par l'effet d'un jugement ordonnant ***(Mots rempl., Ord. n° 2014-326, 12 mars 2014)*** **« la clôture de la liquidation judiciaire pour insuffisance d'actif » ;**

8° Pour toute autre cause prévue par les statuts.

Bibliographie : *Adde* A. Bougnoux, *JCl. Sociétés traité*, Fasc. 30-10, 30-20 et 30-30.

I – EXCLUSION D'UN ASSOCIÉ

Bibliographie : J.-J. Ansault, *Les clauses statutaires d'exclusion à l'aune de la liberté contractuelle : Journ. sociétés* déc. 2012, p. 28. – J.-M. Bermond de Vaulx, *La mésentente entre associés pourrait-elle devenir un juste motif d'exclusion d'un associé d'une société ? : JCP* E 1990, I, 15921. – J.-J. Daigre, *De l'exclusion d'un associé enréponse à une demande de dissolution : BJS* 1996, p. 576. – S. Dariosecq et N. Metais, *Les clauses d'exclusion, solution à la mésentente entre associés : BJS* 1998, p. 908. – D. Gallois-Cochet, *L'obscure clarté du régime de l'exclusion statutaire : Dr. sociétés* 2014, étude 23. – M. Germain et R. Vatinet, *Le pouvoir disciplinaire des personnes morales de droit privé : Mél. Y. Guyon*, Dalloz, 2003, p. 397.

A – Exclusion judiciaire

1) Exclusion judiciaire. *a)* **Demande consécutive à une action en dissolution pour mésentente.** Les juges peuvent décider l'exclusion de l'associé fautif plutôt que la dissolution de la société : V. pour une société coopérative : ▪ CA Caen, 11 avr. 1927 : *DP* 1928, 2, p. 65, note Lepargneur. – Pour une coopérative agricole : ▪ Cass. 1re civ., 5 nov. 1991 : *BJS* 1992, p. 91, note G. Gourlay. – Pour une société en nom collectif : ▪ T. com. Poitiers, 30 juin 1975 : *RTD com.* 1976, p. 373, n° 10, obs. Cl. Champaud. – V. égal. : ▪ CA Reims, 24 avr. 1989 : *JCP* E 1990, 15677, n° 2, obs. A. Viandier et J.-J. Caussain, qui prononce une exclusion que les statuts ne prévoyaient pas. – Toutefois : ▪ CA Versailles, 17 oct. 1991 : *BJS* 1992, p. 283, note A. Couret, qui estime que la dissolution judiciaire anticipée d'une société pour mésentente entre les associés ne permet pas au juge de prononcer l'exclusion d'un associé dès lors qu'aucun texte ne l'y autorise. – V. égal., ▪ Cass. com., 12 mars 1996 : *Bull. civ.* IV, n° 86 ; *JurisData* n° 1996-000817 ; *JCP* N 1997, II, p. 1515, note Y. Paclot ; *Dr. sociétés* 1996, n° 96, note Th. Bonneau ; *D.* 1997, p. 133, note Th. Langles, qui affirme qu'aucune disposition légale ne donne pouvoir à une juridiction d'obliger l'associé demandeur à céder ses parts à la société et aux autres associés qui offrent de les racheter.

b) **Demande consécutive à l'échec de la mise en œuvre d'une clause statutaire.** Il est de principe constant qu'en l'absence de disposition légale expresse le juge ne peut se substituer aux organes sociaux auxquels les statuts ont donné compétence pour prononcer l'exclusion : ▪ CA Grenoble, 9 févr. 2012, n° 11/03662 : *Dr. sociétés* 2012, n° 123, obs. D. Gallois-Cochet.

B – Clause statutaire d'exclusion

2) Distinction de la clause statutaire d'exclusion et de la clause d'éviction conditionnelle. La clause statutaire subordonnant la perte de la qualité d'associé à la réalisation du fait objectif que constitue la perte de la qualité de salarié ne constitue pas une clause d'exclusion soumise au respect des garanties procédurales, quand bien même cette clause prévoit la possibilité pour le conseil d'administration d'autoriser l'associé à se maintenir dans la société : ▪ Cass. com., 29 sept. 2015, n° 14-17.343 : *BJS* 2015, p. 629, note B. Dondero ; *Dr. sociétés* 2016, n° 43, obs. R. Mortier ; *JCP* E 2016, 1341, note Y. Paclot ; *Rev. sociétés* 2016, p. 228, note J.-J. Ansault. – V. écartant le principe du contradictoire en cas d'exclusion de plein droit, L. 1er juill. 1901, art. 4, annot. n° 6, p. 719 *[association]*. ▪ Cass. com., 9 mars 2017, n° 15-14.416 : *BJS* 2017, p. 374, note J.-J. Ansault ; *Dr. sociétés* 2017, n° 138, obs. R. Mortier.

3) Modalités d'insertion.

a) **Unanimité** La décision d'insérer dans les statuts une clause d'exclusion en cours de vie sociale doit être prise à l'unanimité des associés : ▪ CA Paris, 27 mars 2001 : *JCP* N 2002, 1237, note F.-X. Lucas. ▪ CA Paris, 17 févr. 2015, n° 14/00358 : *BRDA* 6/2015, n° 1 ; *BJS* 2015, p. 359, note R. Mortier ; *Dr. sociétés* 2015, n° 108, obs. D. Gallois-Cochet.

b) **Stipulation implicite.** Dans le cadre d'une relation de distribution, et eu égard à l'indivisibilité de l'ensemble contractuel, la résiliation du contrat de distribution peut impliquer l'exclusion du fournisseur de la société distributeur dès lors que cette exclusion procède de la commune intention des parties, quand bien même les statuts ne comporteraient aucune clause d'exclusion : ▪ CA Grenoble, 16 sept. 2010, n° 10/00062 : *JCP* E 2011, 1267, note P. Mousseron.

4) Licéité des clauses statutaires d'exclusion. L'exclusion d'une coopérative pour non-respect des dispositions statutaires est valable : ▪ Cass. com., 15 juill. 1992 : *BJS* 1992, p. 1096, note A. Couret. – Sur la validité d'une clause statutaire d'exclusion, ▪ CA Paris, 20 déc. 1991 : *BJS* 1992, p. 450, note B. Saintourens. – Sur le manquement d'un associé à ses obligations, insuffisamment grave pour justifier une exclusion : ▪ Cass. 1re civ., 25 mai 1992 : *BRDA* 15 juill. 1992, p. 13. – Les statuts d'une société de presse peuvent contenir une clause d'exclusion d'un actionnaire pour manquement à ses obligations : ▪ Cass. com., 13 déc. 1994 : *BJS* 1995, p. 152, note P. Le Cannu. ▪ CA Paris, 12 avr. 1996 : *Rev. sociétés* 1996, p. 596, obs. Y. Guyon, admettant, dans une société anonyme, la validité d'une clause statutaire d'exclusion. – Il est possible et licite de prévoir dans les statuts *[SNC]*, qui constituent le contrat accepté par les parties et fixant leurs droits et obligations, que le redressement judiciaire d'un associé lui fera perdre cette qualité, dès lors que lui est due la valeur des droits dont il est ainsi privé pour un motif qui est en l'occurrence conforme à l'intérêt de la société et à l'ordre public : ▪ Cass. com., 8 mars 2005, n° 374 F-P+B : *JurisData* n° 2005-027475 ; *BJS* 2005, p. 995, note P. Le Cannu ; *D.* 2005, p. 839, obs. A. Lienhard ; *Dr. sociétés* juin 2005, n° 117, obs. J. Monnet ; *JCP* E 2005, act., p. 765 ; *JCP* E 2005, 1046, n° 9, obs. J.-J. Caussain, Fl. Deboissy et G. Wicker.

5) Distinction avec la promesse unilatérale de vente. La stipulation d'un pacte d'actionnaires par laquelle chacun s'engage à céder ses titres pour leur valeur nominale en cas de cessation de ses fonctions sociales constitue une promesse unilatérale de vente et non une clause d'exclusion : ▪ Cass. com., 6 mai 2014, nos 13-17.349 et 13-19.066 : *Dr. sociétés* 2014, n° 182, obs. R. Mortier ; *JCP* E 2014, 1317, note B. Dondero ; *Rev. sociétés* 2015, p ; 36, note M. Michineau.

6) Mise en œuvre de la clause. Les statuts peuvent valablement prévoir qu'en cas de réalisation des conditions posées par la clause d'exclusion, la décision d'exclure totalement ou partiellement l'associé appartiendra au gérant pour lequel elle ne représentera qu'une simple faculté : ▪ Cass. com., 20 mars 2012, n° 11-10.855, PB : *BJS* 2012, p. 538, note F.-X. Lucas ; *D.* 2012, p. 1584, note M. Laroche ; *Dr. sociétés* 2011, n° 77, obs. H. Hovasse ; *JCP* E 2012, 1310, note R. Mortier et 1569, note J.-P. Garçon ; *Rev. sociétés* 2012, p. 435, note A. Couret.

7) Interprétation de la clause. La clause ayant pour objet d'exclure un associé contre son gré pour des faits non fautifs et relatifs à son activité professionnelle doit être interprétée strictement : ▪ CA Nîmes, 4 mars 2010 : *JurisData* n° 2010-015183 ; *Dr. sociétés* 2010, n° 228, obs. M. Roussille.

8) Participation au vote de l'associé menacé d'exclusion. V. sous C. civ., art. 1844, annot. n° 2, p. 72.

9) Contrôle judiciaire des motifs d'exclusion. Quand ils en sont saisis, les juges doivent vérifier si l'exclusion n'est pas abusive et ne peuvent refuser de se livrer à un contrôle de la gravité des motifs invoqués en donnant effet à une clause statutaire écartant tout contrôle judiciaire : ▪ Cass. com., 21 oct. 1997 : *BJS* 1998, p. 40, note P. Le Cannu ; *Rev. sociétés* 1998, p. 99, obs. B. Saintourens. – Même solution, étant en outre précisé que l'abus de droit ne se résume pas à l'intention de nuire : ▪ Cass. com., 14 nov. 2018, n° 16-24.532 : *BJS* 2019, p. 21, note J.-F. Barbièri.

10) Garanties procédurales de l'associé exclu.

a) **Principe du contradictoire.** Ne contrevient pas au principe de la contradiction la décision d'exclusion prise par le gérant, en application des statuts, dès lors que celui-ci a notifié à l'associé la mise en œuvre de la procédure dans une lettre lui précisant le motif de l'exclusion ainsi que ses modalités et l'invitant à présenter ses observations sur ces points : ▪ Cass. com., 20 mars 2012, n° 11-10.855 : préc. n° 4. – La nullité des actes ou délibérations des organes d'une société ne pouvant résulter que de la violation d'une disposition impérative du droit des sociétés ou des lois qui régissent les contrats, l'impossibilité pour l'associé exclu de venir s'expliquer devant l'organe décidant son exclusion n'est pas une cause de nullité de la délibération ayant prononcé l'exclusion : ▪ Cass. com., 13 juill. 2010, n° 09-16.156, PB : *BJS* 2010, p. 990, note P. Le Cannu ; *D.* 2010, p. 1868, obs. A. Lienhard ; *Dr. sociétés* 2010, n° 200, obs. H. Hovasse ; *JCP* E 2011, 1000, obs. Fl. Deboissy et G. Wicker. – Dans le même sens, ▪ Cass. com., 9 nov. 2009, n° 10-10.150, PB : *BJS* 2011, p. 114, note P. Mousseron. – Sur le droit du membre menacé d'exclusion d'être informé et de se faire entendre. V. sous C. com., art. L. 251-9, annot. n° 3, p. 605 *[GIE]*.

b) **Sur la non-application de l'article 6, § 1, de la Convention EDH** : V. sous L. 1er juill. 1901, art. 4, annot. n° 3, p. 719.

11) Détermination du prix de rachat des titres. V. sous C. civ., art. 1843-4, annot. n° 2, p. 60.

12) Exclusion d'un coopérateur. V. sous L. 10 sept. 1947, art. 7, p. 2570.

13) Exclusion de l'associé d'un GAEC. V. sous C. rur., art. R. 323-38, p. 2405.

II – CAUSES DE DISSOLUTION

Bibliographie : E. Schaeffer, *Des causes d'ordre public des dissolutions des sociétés : Études J. Hamel*, Dalloz, 1961, p. 227.

A – Dissolution judiciaire pour justes motifs

Bibliographie : P. Canin, *La mésentente entre associés, cause de dissolution judiciaire anticipée des sociétés : Dr. sociétés* janv. 1998, p. 4. – H. Mattsopoulou, *La dissolution pour mésentente entre associés : Rev. sociétés* 1998, p. 21.

14) Justes motifs de dissolution.

a) Principes.

– **Inexécution des obligations.** Les juges apprécient souverainement la gravité de l'inexécution des obligations reprochée à un associé : ▪ Cass. req., 15 mars 1881 : *DP* 1882, 1, p. 421. – Pour autant, l'inexécution de ses obligations par un associé ne permet le prononcé judiciaire de la dissolution pour justes motifs qu'à la condition qu'elle paralyse le fonctionnement de la société : ▪ Cass. com., 3 mai 2018, n° 15-23.456 : *BJS* 2018, p. 484, note T. Ravel d'Esclapon ; *Rev. sociétés* 2018, p. 498, note D. Schmidt.

– **Paralysie de la société.** La mésentente entre associés, même patente et ancienne, ne suffit pas à caractériser la paralysie du fonctionnement de la société : ▪ Cass. ch. mixte, 16 déc. 2005, n° 04-10.986 : *BJS* 2006, p. 536, obs. L. Grosclaude ; *D.* 2006, p. 146, note A. Lienhard ; *Dr. sociétés* mars 2006, n° 36, obs. F.-X. Lucas ; *JCP* E 2006, 1348, avis M. Domingo ; *JCP* E 2006, 2035, n° 9, obs. J.-J. Caussain, Fl. Deboissy et G. Wicker ; *Rev. sociétés* 2006, p. 327, note B. Saintourens. – V. admettant sur renvoi la dissolution pour mésentente, ▪ CA Versailles, 12 janv. 2007, n° 06-00415 : *BJS* 2007, p. 620, note D. Poracchia. – La mésentente entre les associés n'est une cause de dissolution que lorsque, **paralysant** le fonctionnement de la société, elle met en péril la situation financière de celle-ci : ▪ Cass. com., 16 mars 1954 : *JCP* 1954, II, 8172, note J. R. ▪ Cass. com., 20 févr. 1957 : *Bull. civ.* IV, n° 70. ▪ Cass. com., 28 févr. 1977 : *Rev. sociétés* 1978, p. 245, note J.-P. Gastaud. ▪ CA Paris, 26 mai 1987 : *JCP* E 1987, 16959, n° 6, obs. A. Viandier et J.-J. Caussain. ▪ T. com. Paris, 8 oct. 1991 : *JCP* E 1992, I, 145, n° 1, obs. A. Viandier et J.-J. Caussain. ▪ CA Paris, 25 mars 1993 : *JCP* E 1993, I, 288, n° 1, obs. A. Viandier et J.-J. Caussain ; *RJDA* 1993, p. 869. – La mésentente entre les associés n'est pas une cause de dissolution lorsqu'elle n'entraîne pas la paralysie de la société qui continue à fonctionner normalement : ▪ Cass. com., 31 janv. 1989 : *Bull. civ.* IV, n° 46. ▪ CA Versailles, 17 mars 2000 : *BJS* 2000, p. 845, note J.-J. Daigre. – Cette exigence de paralysie vaut même dans les sociétés de famille : ▪ CA Versailles, 9 nov. 1990 : *BJS* 1991, p. 87. – Néanmoins, lors même que la possibilité de la seule approbation des comptes laisse envisager un fonctionnement *a minima* de la société, la dissolution peut être prononcée en raison de la paralysie du fonctionnement normal de l'entreprise [étude notariale] due au comportement d'un associé et à la mésentente permanente des associés dont il est résulté notamment une diminution du chiffre d'affaires mettant en péril l'avenir économique de l'entreprise : ▪ Cass. 1re civ., 16 oct. 2013, n° 12-26.729, PB : *Dr. sociétés* 2014, n° 22, obs. R. Mortier.

– **Exigence d'une paralysie actuelle et non seulement éventuelle.** V. ▪ Cass. com., 17 mars 2015, n° 13-14.113 : *Rev. sociétés* 2015, p. 33, note A.-L. Champetier de Ribes-Justeau.

– **Prospérité de la société.** Jugé que la **prospérité** de la société empêche d'en prononcer la dissolution : ▪ Cass. com., 30 mai 1961 : *Bull. civ.* IV, n° 251. ▪ Cass. com., 27 avr. 1971 : *Bull. civ.* IV, n° 116.

– La dissolution pour mésentente n'implique pas nécessairement une **rupture abusive du contrat de société** imputable à l'un ou l'autre des associés : ▪ Cass. 1re civ., 9 juin 1993 : *BJS* 1993, p. 921, note P. Le Cannu.

b) **Applications.** Jugé que la paralysie peut résulter :

– de l'absence de majorité empêchant la société d'avoir un conseil d'administration : ▪ Cass. com., 16 févr. 1970 : *Bull. civ.* IV, n° 59 ;

– d'un conflit irréductible entre deux associés sur la désignation d'un salarié indispensable au fonctionnement de la société : ▪ Cass. com., 4 mars 1974 : *BJS* 1974, p. 346 ;

– d'un défaut de partage sincère des honoraires troublant gravement la vie d'une société de médecins ou de détournements de clientèle : ▪ Cass. 1re civ., 2 mai 1978, 10 mai 1978 et 24 mai 1978 : *JCP* 1979, II, 19245, note Savatier ;

– de la mésentente grave existant entre les associés d'une société civile professionnelle de notaires en raison de l'embauche par l'un des associés de sa fille sans que l'assemblée ait été appelée à en délibérer : ▪ Cass. 1re civ., 25 avr. 1990 : *D.* 1990, inf. rap. p. 122 ;

– de la mise en péril de l'actif social du fait de la persistance d'une situation conflictuelle entre les associés d'une société de médecins : ▪ Cass. 1re civ., 18 mai 1994 : *BJS* 1994, p. 841, note C. Priéto ;

– du désaccord entre les associés d'une société en commandite sur l'opportunité de la décision de dissolution anticipée, l'existence d'un associé commandité unique exerçant les fonctions de gérant rendant vaine toute recherche de solution comme le démontre l'échec d'une tentative de médiation : ▪ CA Paris, 8 juill. 1994 : *BJS* 1994, p. 1093, note P. Le Cannu ;

– d'une mésentente entre les associés qui se traduit par le fait que l'un d'eux, très largement majoritaire, administre la société comme une entreprise qui lui serait strictement personnelle, sans respecter les règles relatives aux assemblées et à l'information des associés : ▪ CA Versailles, 18 mai 1995 : *BJS* 1995, p. 869, note J.-J. Daigre ;

– de la mésentente entre les deux associés égalitaires d'une SARL, concrétisée par le fait que l'un d'eux a brutalement retiré à son coassocié la procuration bancaire et par le fait que le deuxième associé a refusé de participer aux assemblées générales, ce qui implique manifestement la disparition de l'*affectio societatis* : ▪ CA Versailles, 7 déc. 1995 : *BJS* 1996, p. 308, note P. Le Cannu ;

– de la mésentente durable entre les deux associés d'une SARL qui a empêché toute décision collective depuis plusieurs années, l'assemblée générale se réunissant formellement, mais chaque associé détenteur de la moitié du capital social et des droits de vote se déterminant en sens opposé : ▪ Cass. com., 18 nov. 1997 : *JCP* E 1998, p. 509, n° 4, obs. A. Viandier et J.-J. Caussain ; *Dr. sociétés* 1998, n° 3 (2e esp.), obs. Th. Bonneau ; *BJS* 1998, p. 119, note B. Petit ;

– de la nécessité de recourir aux soins constants d'un administrateur provisoire pour la gestion courante et simple des biens sociaux : ▪ Cass. 3e civ., 8 juill. 1998 : *JCP* E 1999, p. 29, obs. A. Viandier et J.-J. Caussain ;

– de la mésentente entre deux associés d'une SCI qui ne communiquent que par procédures judiciaires, suffisamment profonde et persistante pour nuire au fonctionnement de la société, dans la mesure où il n'existe plus d'*affectio societatis*, chaque associé utilisant la société soit pour en tirer un profit exclusivement personnel, soit pour nuire à l'autre associé : ▪ CA Paris, 8 déc. 2000 : *BJS* 2001, p. 302, note crit. A. Couret, pour qui la cour ne démontre pas la paralysie de la société ;

– de la mésentente certaine entre deux associés égalitaires créant entre autres de graves problèmes d'organisation et d'ambiance au sein de la société, alors qu'aucun élément ne permet d'en imputer la responsabilité à l'un ou à l'autre : ▪ CA Riom, 31 janv. 2001 : *JurisData* n° 2001-160508 ;

– de la mésentente entre deux associés égalitaires qui aboutit au fait que la gestion du gérant perd sa légitimité et qu'il devient alors impossible de prendre des décisions collectives, alors même que la situation économique de la société n'est pas encore en péril : ▪ T. com. Paris, 16 oct. 2001 : *JurisData* n° 2001-184339 ;

– de ce que la société ne fonctionne depuis quinze ans que par la nomination de plusieurs mandataires *ad hoc* en raison d'un désaccord persistant entre les associés ; or, il est anormal qu'une société anonyme soit durablement administrée sans conseil d'administration ; aucune décision permettant la réalisation de l'objet social et le développement de l'entreprise ne peut plus être prise, faute de majorité, tandis que les solutions proposées par le dernier administrateur provisoire ont été rejetées d'emblée en raison de la mésentente des associés : ▪ T. com. Paris, 30 avr. 2002 : *JurisData* n° 2002-189073 ;

– de ce que la maladie d'un associé de société civile de moyens et l'expression exacerbée de la mésentente qui en est résultée a désorganisé l'activité commune, ce qui a provoqué l'impossibilité de poursuivre l'objet social : ▪ CA Montpellier, 1er avr. 2003 : *Dr. sociétés* déc. 2003, n° 209, obs. F.-X. Lucas ;

– de la disparition de l'*affectio societatis* entre deux associés d'une société civile professionnelle qui ont manifesté successivement leur volonté de se retirer tandis que toute conciliation entre eux a échoué : ▪ Cass. 1re civ., 14 déc. 2004 : *BJS* 2005, p. 525, note J.-J. Daigre ;

– de la mésentente persistante ayant entraîné la disparition de tout *affectio societatis* entre les deux associés égalitaires de deux sociétés [SCI et

SCM], de sorte que ne pouvait plus être réunie la majorité requise tant pour les décisions ordinaires qu'extraordinaires : ▪ Cass. 3e civ., 6 sept. 2011, n° 10-23.511 : *BJS* 2012, p. 221, note J.-P. Garçon ;

– de l'impossibilité, en raison du désaccord des associés, de procéder à la reconstitution des capitaux propres, à l'approbation des comptes et à la détermination de la rémunération des gérants, le gérant ne pouvant prendre que des décisions de gestion courante : ▪ CA Paris, 12 avr. 2005 : *JurisData* n° 2005-271390 ; *Dr. sociétés* nov. 2005, n° 190, obs. H. Lécuyer ;

– des graves conflits personnels et sociaux, nés de la crise conjugale ayant entraîné le divorce des époux associés égalitaires d'une SCI ayant pour objet la gestion du patrimoine du couple acquis au cours du mariage : ▪ CA Pau, 23 janv. 2006 : *JurisData* n° 2006-295278 ; *BJS* 2006, p. 647, note A. Lecourt ; *Dr. sociétés* mai 2006, n° 71, obs. H. Lécuyer ;

– du fait que le fonds n'est plus exploité depuis un an et que la société n'a jamais fonctionné conformément aux règles statutaires : ▪ Cass. com., 19 sept. 2006, n° 03-19.419 : *Dr. sociétés* 2007, n° 42, obs. H. Lécuyer ;

– de ce que les décisions sociales exigeant l'unanimité ou bien ne sont pas prises ou bien le sont en violation des statuts : ▪ Cass. com., 10 mai 2011, n° 10-16.323 : *BJS* 2011, p. 874, note F.-X. Lucas ; *Dr. sociétés* 2011, n° 148, obs. R. Mortier ; *Rev. sociétés* 2011, p. 566, note B. Saintourens ;

– de ce que la mésentente durable n'a pas permis de mener à terme la procédure de sortie prévue par les statuts compromettant ainsi le fonctionnement normal de la société : ▪ Cass. com., 9 déc. 2014, n° 13-24.083 : *Rev. sociétés* 2015, p. 223, note B. Saintourens. ▪ Cass. 3e civ., 26 nov. 2015, n° 14-22.077 : *Rev. sociétés* 2016, p. 158 ;

– de la rupture du concubinage entre associés égalitaires : ▪ CA Paris, 31 mars 2016, n° 15/13327 : *BJS* 2017, p. 95, note C. Tabourot-Hyest.

c) **Paralysie non démontrée :**

– le blocage des organes sociaux ne suffit pas à établir la paralysie du fonctionnement de la société constituant un juste motif de dissolution : ▪ CA Paris, 29 janv. 1993 : *RTD com.* 1993, p. 666 ;

– la mésentente entre associés, fussent-ils associés à parts égales, ne suffit pas à caractériser la paralysie de la société : ▪ Cass. com., 21 oct. 1997 : *Quot. jur.* 22 janv. 1998, n° 7, p. 2 ; *Rev. sociétés* 1998, p. 310, note H. Matsopoulou ; il en est ainsi même si les décisions sociales ne sont prises, en raison de l'opposition des deux blocs d'associés, qu'en raison de la voix prépondérante du gérant : ▪ Cass. com., 5 avr. 2018, n° 16-19.829 : *Rev. sociétés* 2018, p. 715, note B. Lecourt.

– la société *[SCI]* est correctement gérée et remplit normalement son objet de gestion et de conservation du patrimoine familial en dépit de la mésentente entre associés : ▪ CA Paris, 4 oct. 2002 : *BJS* 2003, p. 224, note D. Randoux ; *BRDA* 3/2003, n° 4 ;

– les manquements du gérant n'ont pas fait obstacle à la poursuite de l'activité de la SCI tandis que l'opposition d'un associé n'interdit pas, compte tenu de la répartition du capital, la prise de décisions en assemblée : ▪ CA Paris, 24 oct. 2003 : *BJS* 2004, p. 280, note P. Scholer ;

– dès lors que les statuts prévoient la désignation d'un ou plusieurs gérants, la non reconduction de l'un des deux gérants ne suffit pas à établir que la mésentente entre associés paralyse le fonctionnement de la société : ▪ Cass. com., 13 juill. 2010, n° 09-16.103 : *BJS* 2010, p. 886 ; *Dr. sociétés* 2010, n° 198, obs. H. Hovasse. – V. égal., ▪ Cass. 3e civ., 16 mars 2011, n° 10-15.459, PB : *BJS* 2011, p. 471, note F.-X. Lucas ; *D.* 2011, p. 874 ;

– les décisions collectives étant soumises à la règle de l'unanimité, de sorte que la mésentente entre associés rend impossible l'adoption d'une décision excédant les pouvoirs du gérant, et que les comptes de la société ne sont plus approuvés depuis plusieurs années, il n'en résulte pas que la mésentente paralyse le fonctionnement de la société : ▪ Cass. com., 28 mai 2013, n° 12-20.287.

15) Conditions de l'action en justice. *a)* **Primauté de l'action en dissolution.**

– **Sur toute stipulation conventionnelle.** Aucune convention et spécialement aucune disposition des statuts ne peut entraver l'exercice du droit d'intenter une action en dissolution : ▪ Cass. com., 12 juin 1961 : *D.* 1961, p. 661.

– **Sur la clause de retrait.** Les dispositions contractuelles particulières des statuts relatives au retrait d'un associé ne peuvent priver les autres associés de la prérogative d'ordre public de demander la dissolution de la société, de sorte que constitue un abus de minorité le vote négatif visant à maintenir l'existence d'une société devenue sans objet dans son seul intérêt financier : ▪ CA Agen, 4 juill. 2011, n° 10/00713 : *BJS* 2012, p. 43, note F.-X. Lucas.

b) **Validité de la clause d'arbitrage.** La clause prévoyant le recours à un arbitre est licite : ▪ Cass. com., 30 janv. 1967 : *JCP* 1967, II, 15215, note P. L.

c) **Titulaire du droit d'action.**

– **Associé.** Seul un associé peut demander en justice la dissolution anticipée de la société pour justes motifs, à l'exclusion du syndic de la liquidation des biens de l'un des associés : ▪ Cass. com., 28 sept. 2004 : *Dr. sociétés* févr. 2005, n° 25, obs. F.-X. Lucas. – Le droit d'agir étant attaché à la personne de l'associé, il n'est pas inclus dans le dessaisissement du débiteur en liquidation judiciaire : ▪ CA Orléans, 22 sept. 2005 : *BJS* 2006, p. 228, note M.-N. Legrand. – *Contra*, admettant l'action d'un créancier : ▪ Cass. com., 12 juin 1961, préc., note 4, *a)*.– Si le droit d'agir appartient aux seuls associés, le fait que la demande en dissolution ait également été formée au nom de la société n'affecte pas la recevabilité de la demande formée par l'associé qui était également représentant légal de la société : ▪ CA Pau, 13 mars 2008 : *JurisData* n° 2008-360333 ; *Dr. sociétés* 2008, n° 220, obs. M.-L. Coquelet.

– **Action oblique.** Le créancier de l'associé, qui a mis en cause la société et tous ses associés, peut exercer par la voie de l'action oblique l'action en dissolution anticipée appartenant à l'associé qui est son débiteur : ▪ CA Paris, 22 sept. 2016, n° 15/05385 : *Rev. sociétés* 2017, p. 501, note T. de Ravel d'Esclapon.

– **Administrateur provisoire.** Est recevable la demande en dissolution formée par l'administrateur provisoire chargé de représenter la société condamnée en première instance à racheter les parts d'un associé retrayant : ▪ Cass. 1re civ., 14 déc. 2004 : *BJS* 2005, p. 525, note J.-J. Daigre.

– **Office du juge.** Le fonctionnement de la société étant paralysé et l'*affectio societatis* ayant disparu, le juge, après avoir constaté l'inapplicabilité d'une disposition contractuelle visant à résoudre la situation de mésentente, peut inviter les parties à conclure sur l'application de l'article 1844-7-5° : ▪ CA Paris, 8 juin 2010, n° 08-24362 : *JurisData* n° 2010-013930 ; *BJS* 2010, p. 824, note H. Barbier.

d) **Demande abusive.** L'exercice abusif de l'action en dissolution est de nature à emporter la condamnation du demandeur au paiement de dommages-intérêts : ▪ T. com. Versailles, 18 janv. 1967 : *RTD com.* 1967, p. 790, obs. Cl. Champaud. – L'auteur de la mésentente engage sa responsabilité civile et peut en conséquence être condamné par le juge au versement de dommages-intérêts : ▪ Cass. 1re civ., 28 nov. 1979 : *D.* 1980, inf. rap. p. 344. ▪ Cass. com., 21 mars 1989 : *JCP* E 1989, 15562, n° 2. – Commet un abus dans l'exercice du droit d'agir en dissolution l'associé qui refuse les tâches statutaires qu'il avait acceptées, qui ne recherche aucune entente amiable avec ses associés et qui fait preuve d'un comportement excessif : ▪ Cass. com., 14 déc. 2004 : *JurisData* n° 2004-026299.

16) Juste motif et mauvaise foi du demandeur. Le fait que l'associé qui exerce l'action soit à l'origine de la mésentente qu'il invoque est de nature à faire obstacle à ce que celle-ci soit regardée comme un juste motif de dissolution, sans que ce fait ait une incidence sur la recevabilité de la demande : ▪ Cass. com., 16 sept. 2014, n° 13-20.083, PB : *Dr. sociétés* 2014, n° 162, obs. H. Hovasse ; *JCP* E 2014, 1651, n° 6, obs. F. Deboissy et G. Wicker. – La dissolution ne peut être prononcée sans qu'il soit recherché, dès lors que le juge y est invité, si le demandeur n'est pas à l'origine de la mésentente invoquée : ▪ Cass. com., 16 juin 1992 : *BJS* 1992, p. 944, note P. Le Cannu ; *Dr. sociétés* 1992, n° 177, obs. Th. Bonneau ; *RJDA* 1992, p. 748. – La demande en dissolution doit être rejetée lorsqu'elle est intentée par l'auteur de la mésentente : ▪ Cass. com., 25 févr. 1964 : *Bull. civ.* IV, n° 99. ▪ Cass. com., 18 déc. 1968 : *Bull. civ.* IV, n° 370. ▪ Cass. 1re civ., 25 avr. 1990, n° 87-18.675, PB. ▪ Cass. com., 20 mai 2008, n° 07-14.088. – La demande doit également être rejetée lorsque le demandeur agit en vue d'obtenir de ses coassociés un meilleur prix de rachat de ses parts : ▪ CA Paris, 10 nov. 1964 : *JCP* 1965, II, 14133, note J. R. – Mais quand la mésentente des deux associés d'une société en nom collectif est reconnue par ceux-ci sans que puisse être déterminé à qui elle est imputable, une cour d'appel peut prononcer la dissolution anticipée de la société sans violer l'article 1844-7 : ▪ Cass. com., 13 févr. 1996 : *Bull. civ.* IV, n° 49 ; *JurisData* n° 1996-000393 ; *BJS* 1996, p. 498, note J.-J. Daigre ; *D.* 1997, p. 108, note D. Gibirila.

17) Divers. Le tribunal ne peut imposer l'augmentation du capital pour qu'il soit conforme au minimum légal et pour éviter la dissolution pour mésentente : ▪ CA Paris, 7 déc. 1991 : *BJS* 1992, p. 297, note P. Le Cannu.

B – Dissolution en cas de procédure collective

Bibliographie : B. Dureuil, *La représentation des sociétés déclarées en liquidation judiciaire ou frappées d'un plan de cession totale : Mél. A. Honorat*, éd. Frison-Roche 2000, p. 99. – J. Vallansan, *Liquidation judiciaire d'une société et représentation de la personne morale par ses dirigeants : BJS* 2002, p. 1154.

18) Perte des pouvoirs des dirigeants. *[Jurisprudence antérieure à la loi du 26 juillet 2005] NB :* **À compter du 1er janvier 2006,** l'article L. 641-9, II pose le principe que « lorsque le débiteur est une personne morale, les dirigeants sociaux en fonction lors du prononcé du jugement de liquidation judiciaire le demeurent... ». – V. C. com., art. L. 641-9, p. 2065.

a) Principe.

– **Portée de la règle.** La société prend fin par l'effet d'un jugement ordonnant la liquidation judiciaire ou la cession totale de la société ; il en résulte que celle-ci est en liquidation dès l'instant de sa dissolution pour quelque cause que ce soit, et que les pouvoirs du conseil d'administration et du directoire ou des gérants prennent fin à la dissolution de la société ; viole l'article 1844-7 la cour d'appel qui estime que le jugement de liquidation judiciaire a seulement pour effet de dessaisir les dirigeants sociaux dans les conditions prévues à l'article 152 de la loi n° 85-98 du 25 janvier 1985

[C. com., art. L. 622-9] : ▪ Cass. com., 3 juin 1997 : *JurisData* n° 1997-002488 ; *Dr. sociétés* 1997, n° 139, obs. Th. Bonneau ; *BJS* 1997, p. 768, note J.-M. Calendini. ▪ CA Versailles, 30 nov. 2000 : *JCP* E 2001, p. 399. – *Contra*, le dirigeant d'une société déclarée en liquidation judiciaire est recevable à former appel contre une ordonnance du juge-commissaire d'admission de créances au motif, d'une part, que la liquidation judiciaire d'une société ne peut avoir pour effet d'interdire à son dirigeant qui la représentait à l'ouverture de la procédure de continuer à le représenter pour l'exercice des droits propres reconnus au débiteur en procédure collective, et, d'autre part, qu'en application de l'article 534 du Code de procédure civile, la personne qui représentait une société à l'ouverture de sa procédure collective a un intérêt personnel évident à continuer à la représenter dans toutes les actions engagées dans le cadre de cette procédure qui pourraient fonder la recherche de sa responsabilité personnelle en vue d'une sanction commerciale : ▪ CA Paris, 24 mai 2002 : *BJS* 2002, p. 1165 ; *D.* 2002, p. 2055, obs. A. Lienhard. – Après liquidation judiciaire de la société, une déclaration d'appel peut être formée pour son compte par ses anciens dirigeants, pourvu que, dans le délai accordé par l'article 915 du Code de procédure civile pour le dépôt des conclusions, l'appel ait été régularisé par un mandataire *ad hoc* désigné à cet effet par le président du tribunal de la procédure collective, mandataire qui peut être l'ancien dirigeant : ▪ CA Douai, 30 mai 2002 : *D.* 2002, p. 2333.

– **Violation de l'article 6, § 1, CEDH.** Si la règle antérieure à la réforme de 2005 limitait de façon excessive le droit d'accès à un tribunal du gérant de la société en lui interdisant de faire appel du jugement de liquidation judiciaire, il en va différemment de la règle nouvelle qui a procédé à un rééquilibrage au bénéfice de la société et de son dirigeant, mettant ainsi un terme à la limitation préjudiciable de leur droit d'accès à un tribunal : ▪ CEDH, 8 mars 2007 : *D.* 2007, p. 870, obs. A. Lienhard ; *Dr. sociétés* 2007, n° 172, obs. H. Lécuyer et n° 216, obs. J.-P. Legros ; *Rev. sociétés* 2007, p. 607, note P.-M. Le Corre.

b) **Désignation d'un mandataire *ad hoc*. L'ancien représentant légal** de la société dissoute par l'effet d'un plan de cession totale a qualité, comme tout intéressé, pour demander la désignation d'un mandataire *ad hoc* chargé de représenter cette société pour l'exercice de ses droits propres : ▪ Cass. com., 2 juin 2004 : *D.* 2004, p. 1815, obs. A. Lienhard ; *Dr. sociétés* janv. 2005, n° 8, obs. J.-P. Legros ; *JCP* E 2004, 290 ; *JCP* E 2004, 1550, note F. Vinckel. – Même solution pour le **commissaire à l'exécution du plan** : ▪ Cass. com., 7 févr. 2006, n° 05-13.662 : *JurisData* n° 2006-032105 ; *Dr. sociétés* juin 2006, n° 89, obs. J.-P. Legros. – La désignation du mandataire *ad hoc* relève de la **juridiction gracieuse** : ▪ Cass. com., 23 mai 2006, n° 03-19.452 : *JurisData* n° 2006-033814 ; *Dr. sociétés* nov. 2006, n° 157, obs. H. Lécuyer. – La désignation d'un mandataire *ad hoc* chargé de représenter la société dissoute étant de la compétence tant du tribunal compétent pour statuer sur l'action exercée par la société que du tribunal de la procédure collective, le président de ce dernier est compétent s'agissant d'une demande de désignation visant à l'exercice d'une action en responsabilité civile contre le liquidateur judiciaire : ▪ Cass. com., 21 mars 2006, n° 04-17.995 : *D.* 2006, p. 1043, obs. A. Lienhard ; *Rev. sociétés* 2006, p. 912, note Ph. Roussel Galle.

c) **Applications.**

– S'agissant d'exercer un **recours contre la décision du juge-commissaire** admettant des créances, la société déclarée en liquidation judiciaire ne peut agir par son gérant mais doit être représentée par un liquidateur amiable ou un mandataire *ad hoc* : ▪ Cass. 3e civ., 17 nov. 2004 : *JurisData* n° 2004-025658 ; *Dr. sociétés* mars 2005, n° 42, obs. F.-G. Trébulle ; *JCP* E 2004, n° 1880.

– Même solution s'agissant de former un **recours contre l'arrêt qui prononce la liquidation judiciaire** de la société (▪ Cass. com., 16 mars 1999 : *BJS* 1999, p. 1118, note D. Randoux. ▪ Cass. com., 26 janv. 2006 : *Dr. sociétés* mai 2006, n° 74, obs. J.-P. Legros), de faire **appel du jugement ayant prononcé la réouverture de la procédure** (▪ Cass. com., 5 mai 2004 : *Dr. sociétés* janv. 2005, n° 8, obs. J.-P. Legros) ou d'une ordonnance du juge-commissaire (▪ Cass. com., 19 juin 2007, n° 06-13.560 : *BJS* 2008, p. 129, note O. Staes), de former un **pourvoi en cassation** contre la décision ayant rejeté la demande en résolution d'un plan de cession (▪ Cass. com., 30 juin 2004 : *Dr. sociétés* janv. 2005, n° 8, obs. J.-P. Legros. – V. aussi, ▪ Cass. com., 29 nov. 2005, n° 04-17.602 : *JurisData* n° 2005-031068) ou contre la décision ayant admis une créance au passif (▪ Cass. com., 18 sept. 2007, n° 05-16.297 : *Dr. sociétés* 2007, n° 216, obs. J.-P. Legros).

– Même solution s'agissant de **l'action en report de la cessation des paiements**, laquelle est irrecevable, après le prononcé de la liquidation judiciaire, lorsqu'elle est dirigée contre l'ancien dirigeant désormais dépourvu du pouvoir de représenter la personne morale dissoute et non contre cette personne morale à qui appartient la qualité de débiteur : ▪ Cass. com., 1er mars 2005 : *BJS* 2005, p. 942, note Sénéchal.

– Même solution pour la **constitution de partie civile** d'une société victime d'un abus de biens sociaux : ▪ CA Douai, 2 mars 2006 : *D.* 2006, p. 981, obs. A. Lienhard.

– Même solution pour la poursuite d'une **action en réparation** engagée avant l'ouverture de la procédure collective (▪ Cass. com., 7 févr. 2006, n° 05-13.662 : préc. *supra, b)* ou pour une action en responsabilité civile engagée contre le liquidateur judiciaire (▪ Cass. com., 24 mai 2005 : *JurisData* n° 2005-028695 : *Dr. sociétés* déc. 2005, n° 216, obs. J.-P. Legros).

– Même solution pour représenter la société dans le cadre d'une **vérification de comptabilité** : ▪ Cass. com., 23 mai 2006, n° 03-19.452 : *JurisData* n° 2006-033814. – Toutefois, en l'absence de liquidateur ou de mandataire *ad hoc*, l'administration peut valablement adresser l'avis de vérification au gérant et à l'administrateur judiciaire dès lors qu'il résulte du jugement ordonnant la cession que la qualité de représentant légal est maintenue au premier tandis que le second est investi d'une mission de commissaire à l'exécution du plan : ▪ CE, 5 mai 2006, n° 276854 : *JurisData* n° 2006-080896 ; *Dr. fisc.* 2006, n° 23, p. 1063.

– À compter du jugement ordonnant la liquidation judiciaire, l'ancien gérant n'est plus compétent pour **convoquer l'assemblée** des associés : ▪ Cass. com., 17 juill. 2001 : *D.* 2002, p. 3261 ; *Rev. sociétés* 2002, p. 52, note B. Saintourens.

d) **Possibilité pour l'ancien dirigeant de recevoir une signification.** V. sous CPC, art. 654, annot. n° 2, p. 1943.

19) Tierce opposition de l'associé contre le jugement prononçant la liquidation judiciaire d'une société civile. V. sous CPC, art. 583, annot. n° 6, p. 1952.

20) Représentation en justice de la société en liquidation. ▪ CA Nîmes, 21 oct. 2004 : *JurisData* n° 2004-255395 ; *Dr. sociétés* 2005, n° 67, obs. J.-P. Legros, considérant que la représentation de la société en liquidation par son dirigeant social constitue une irrégularité de fond, laquelle peut être régularisée sur le fondement de l'article 121 du Code de procédure civile par l'intervention à l'instance d'un mandataire *ad hoc*. ▪ CA Reims, 6 sept. 2004 : *JurisData* n° 2004-255464 ; *Dr. sociétés* 2005, n° 67, obs. J.-P. Legros, considérant que la représentation de la société en liquidation par son dirigeant social constitue une fin de non-recevoir, laquelle peut être régularisée sur le fondement de l'article 126 du Code de procédure civile par l'intervention à l'instance d'un mandataire *ad hoc*. – Le liquidateur dont la désignation n'a pas encore été publiée peut représenter la société en vue d'exercer une voie de recours : ▪ Cass. com., 7 sept. 2010, n° 09-14.810 : *Dr. sociétés* 2010, n° 235, obs. J.-P. Legros.

21) Clause statutaire relative à la désignation du liquidateur amiable. V. sous C. civ., art. 1844-8, annot. n° 2, p. 104.

22) Non-application de l'article 1844-7, 7°, aux associations. V. sous L. 1er juill. 1901, art. 9, annot. nos 1 et s., p. 726.

C – Autres causes de dissolution

23) Extinction ou réalisation de l'objet.

a) Extinction de l'objet.

– **Perte de l'objet.** La dissolution de la société pour extinction de son objet peut résulter de la nullité de la vente à la société en formation du bien dont l'exploitation était la seule activité prévue : ▪ CA Paris, 23 juill. 1894 : *S.* 1895, 2, p. 105. – Ou de la vente des parcelles dont l'exploitation était l'unique objet de la société : ▪ Cass. com., 30 mars 2016, n° 14-13.729 : *Dr. sociétés* 2016, n° 99, obs. R. Mortier. – Ou de la cessation d'activité du fonds de commerce qui constituait l'unique objet de la société : ▪ Cass. com., 8 nov. 2016, n° 14-23.461 : *BJS* 2017, p. 130, note J.-F. Barbièri ; *Dr. sociétés* 2017, n° 19, obs. R. Mortier ; *Rev. sociétés* 2017, p. 297, note H. Barbier.

– **Objet devenu impossible.** Une société d'expertise comptable qui ne comprend plus le nombre minimum de professionnels exigé par la réglementation et qui a été radiée de l'ordre, ne peut plus, même si elle exerce encore une activité de conseil, réaliser les travaux relevant de la profession d'expert-comptable constituant son objet statutaire et doit donc être dissoute : ▪ Cass. com., 3 mai 1995 : *BJS* 1995, p. 746, note J.-F. Barbièri. – De même, dès lors qu'une société anonyme n'a été constituée que pour permettre à une association, son actionnaire majoritaire, d'apporter à ceux que cette dernière assiste des cautionnements qu'elle n'a pas le droit d'offrir, l'unique objet de la société, société financière agréée, étant d'accorder sa garantie de bonne fin pour des crédits à long et moyen terme, la perte de l'agrément entraîne la perte de son unique objet : ▪ CA Paris, 26 juin 1998 : *JurisData* n° 1998-022371. – Si le divorce et la dissolution de la communauté de biens n'emportent pas de plein droit dissolution de la société constituée entre les époux, il en va en revanche différemment dans le cas d'une SCI ayant pour objet social de gérer le patrimoine acquis par les époux durant le mariage : ▪ CA Pau, 23 janv. 2006 : *JurisData* n° 2006-295278 ; *BJS* 2006, p. 647, note A. Lecourt ; *Dr. sociétés* mai 2006, n° 71, obs. H. Lécuyer.

– **Maintien de la possibilité de l'objet.** La cession de toutes les actions détenues par une société holding n'emporte pas dissolution de celle-ci pour extinction de son objet dès lors que cette société avait pour objet l'acquisition, la gestion et l'administration de titres de sociétés : ▪ Cass. com., 7 oct. 2008, n° 07-18.635, PB : *D.* 2008, p. 2597 ; *JCP E* 2008, 2545, n° 6, obs. Fl. Deboissy et G. Wicker ; *Rev. sociétés* 2009, p. 90, note Y. Chaput. – Par conséquent, s'agissant d'une société dont l'objet demeure possible après la cession de son fonds de commerce, le fait qu'elle n'exerce plus d'activité commerciale et que son maintien génère des pertes est impropre à établir que la société ait atteint l'objectif en vue duquel elle avait été constituée : ▪ Cass. com., 20 nov. 2012, n° 11-27.835, PB : *BJS* 2013, p. 8, note J.-F. Barbièri ; *Dr. sociétés* 2013, n° 20, obs. R. Mortier ; *Rev. sociétés* 2013, p. 283, note Y. Chaput. – Une société d'achat et de vente de minerais n'est pas dissoute du fait d'une interdiction d'acheter tout minerai dès lors que l'interdiction n'a pas anéanti la totalité de l'objet social : ▪ Cass. com., 9 déc. 1957 : *Bull. civ.* IV, n° 339. – La nationalisation d'une partie des biens d'une société n'emporte pas sa dissolution si la mesure de nationalisation n'affecte pas l'intégralité de son patrimoine : ▪ T. com. Seine, 22 juin 1959, *Cie du Canal de Suez : Journ. soc.* 1959, p. 193. – V. pour une société civile de moyens en cas de cessation d'activité de l'un des deux associés, L. n° 66-879, 29 nov. 1966, art. 36, annot. n° 6, p. 2846.

– **Absence de délai de régularisation.** Le délai de régularisation prévu par l'article 1844-5, alinéa 1, est inapplicable en cas de dissolution pour extinction de l'objet : ▪ Cass. com., 3 mai 1995, préc.

b) **Réalisation de l'objet.** Une société ayant pour objet la construction d'un immeuble d'habitation en vue de sa division est dissoute de plein droit pour réalisation de son objet, une fois achevées la construction et la répartition des lots : ▪ CA Paris, 5 nov. 2004 : *D.* 2005, p. 569, obs. A. Lienhard ; *Rev. sociétés* 2005, p. 231, obs. I. Urbain-Parléani ; rejetant le pourvoi : ▪ Cass. com., 3 avr. 2007, n° 05-12.781 : *BJS* 2007, p. 1101, note J.-P. Garçon ; *Dr. sociétés* 2007, n° 107 et *JCP* E 2007, 1841, obs. H. Lécuyer. – S'agissant d'un objet social défini de la façon la plus large, celui-ci ne peut pas être considéré comme ayant été réalisé du seul fait que, depuis la cession du fonds de commerce de la société, intervenue cinq ans auparavant, la société n'exerce plus aucune activité commerciale sans pour autant avoir été mise en sommeil et que le maintien de la société génère des pertes : ▪ Cass. com., 20 nov. 2012, n° 11-27.835, PB : *BJS* 2013, p. 8, note J.-F. Barbièri ; *Dr. sociétés* 2013, n° 20, obs. R. Mortier.

24) Sociétés mises en sommeil. P. Diener, *Un abus de la personnalité morale : les sociétés en sommeil : dix ans de droit de l'entreprise*, Litec, 1978, p. 81. – G. Notté, *Les sociétés en sommeil : JCP* CI 1981, 13499.

a) **Survie de la société en sommeil.** La dissolution d'une société en sommeil suppose d'établir l'impossibilité pour la société de fonctionner normalement, ce que ne suffit pas à caractériser notamment le fait que sa gérante ne l'administre plus, qu'aucune assemblée générale n'a été convoquée depuis plusieurs années pour statuer sur les comptes sociaux et qu'elle ait fait l'objet d'une radiation d'office suite à la mention de sa cessation d'activité : ▪ Cass. com., 23 mars 2010, n° 08-22.073 : *JCP* E 2010, 1449, note A. Viandier ; *Rev. sociétés* 2011, p. 163, note L. Amiel-Cosme. – La mise en sommeil d'une société n'est pas une cause suffisante de dissolution : ▪ Cass. com., 17 janv. 1977 : *Bull. civ.* IV, n° 15. – La radiation du registre du commerce et des sociétés n'a aucune incidence sur la survie de sa personnalité juridique : ▪ Cass. com., 30 mai 1978 : *JCP* 1979, II, 19087 ; *Rev. sociétés* 1979, p. 361, note J.-C. Bousquet. ▪ CA Paris, 13 mars 1979 : *D.* 1980, inf. rap. p. 161 ; *Rev. sociétés* 1980, p. 94.

b) **Application des procédures collectives aux sociétés en sommeil.**

– **Cessation des paiements.** Se trouve en état de cessation des paiements une société mise en sommeil *[SARL]* qui a cessé toute activité, qui n'a jamais déposé ses comptes annuels au greffe, qui n'a pas procédé à une inscription modificative lors du transfert de son siège social et qui n'a pas donné suite aux actes d'huissier qui lui ont été adressés : ▪ CA Bordeaux, 11 oct. 2004 : *Dr. sociétés* juin 2005, n° 113, obs. J.-P. Legros.

– **Radiation d'office.** V. sous C. civ., art. 1844-8, annot. n° 5, p. 107.

25) Dissolution anticipée décidée par les associés.

a) **Décision de dissolution.** La décision de dissolution anticipée de la société doit être prise dans les conditions prévues pour la modification des statuts : ▪ Cass. com., 18 juin 1973 : *Rev. sociétés* 1974, p. 312, note J. H. – Cette décision peut être annulée si les associés ont été animés d'une intention frauduleuse : ▪ CA Rouen, 14 oct. 1966 : *D.* 1967, p. 134.

b) **Distinction avec la réduction de la durée de la société.** La réduction de la durée d'une société n'a pas pour conséquence d'entraîner sa dissolution anticipée, de sorte que la décision de réduction n'est pas soumise aux règles de majorité posées pour la dissolution anticipée : ▪ Cass. com., 28 nov. 2018, n° 16-29.053 : *BJS* 2019, p. 11, note J.-Ch. Pagnucco.

c) **Inopposabilité de la dissolution en cas de fraude.** Lorsque la société a été dissoute et liquidée précipitamment de façon à se soustraire aux obligations de préavis posées par l'article L. 442-6 du Code de commerce, il peut lui être imposé le maintien de la relation contractuelle affectée par cette manœuvre : ▪ Cass. com., 3 mai 2012, n° 10-28.366 : *BJS* 2012, p. 704, note H. Barbier.

26) Survenance du terme statutaire.

a) **Cause de dissolution.** V. ▪ Cass. com., 12 nov. 1992 : *JCP* E 1993, 408, note Y. Guyon ; *BJS* 1993,

p. 561, note M. Jeantin. – L'action tendant à faire constater que la société est arrivée à son terme faute de prorogation régulière et l'action en dissolution judiciaire de cette société tendent aux mêmes fins, à savoir la dissolution de la société : ▪ Cass. 1re civ., 20 nov. 2001 : *Dr. sociétés* 2002, n° 19, obs. Th. Bonneau.

b) **Inefficacité d'une prorogation tardive.** V. ▪ CA Paris, 22 janv. 2009, n° 07-21.375 : *BJS* 2009, p. 1055, note P. Le Cannu.

c) **Représentation par un liquidateur.** En l'absence de toute prorogation expresse ou tacite de sa durée, la société, dissoute par l'arrivée de son terme, doit être représentée par un liquidateur et non plus par ses organes : ▪ Cass. com., 31 janv. 2012, n° 10-24.715, PB : *D.* 2012, p. 435, obs. A. Lienhard ; *BJS* 2012, p. 290, note J.-F. Barbièri.

d) **Société devenue de fait.** Suite à la dissolution de la société par arrivée du terme, la poursuite de l'activité commune et la persistance de l'*affectio societatis* caractérisent l'existence d'une société devenue de fait ; par suite, les statuts de la société continuent de régir les rapports entre les associés et donc l'exercice du droit de retrait prévu par eux : ▪ Cass. 1re civ., 13 déc. 2005, n° 02-16.604 : *BJS* 2006, p. 652 ; *D.* 2006, p. 233, obs. A. Lienhard ; *Dr. sociétés* 2006, n° 34, obs. H. Lécuyer ; *JCP* E 2006, 1217 ; *JCP* E 2006, 2035, n° 4, obs. J.-J. Caussain, Fl. Deboissy et G. Wicker ; *Rev. sociétés* 2006, p. 319, note D. Randoux. – V. égal., ▪ Cass. 3e civ., n° 12-30.129. – *Adde*, P. Le Cannu, *La troublante énigme de la « société devenue de fait » : BJS* 2006, p. 565. – M. Zolomian, *Les sociétés devenues de fait : Rev. sociétés* 2016, p. 407.

e) **Société en participation.** V. sous C. civ., art. 1872-2, annot. n° 1, p. 148.

III – CONSÉQUENCES DE LA DISSOLUTION

Bibliographie : H. Le Nabasque, *Les pouvoirs des dirigeants des sociétés dissoutes en application de l'article 1844-7 du Code civil : Dr. sociétés* 1998, n° 4, actes prat., p. 25.

27) La dissolution d'une société est sans incidence sur le **cautionnement** garantissant le remboursement d'un prêt souscrit antérieurement à celle-ci : ▪ Cass. com., 5 mai 2004 : *BJS* 2004, p. 1227, note P. Scholer.

28) Perte des pouvoirs des dirigeants.

a) **Liquidation judiciaire ou cession totale des actifs.** V. sous C. civ., art. 1844-7, annot. n° 19, p. 101.

b) **Incompétence du dirigeant pour convoquer une assemblée générale aux fins de procéder à la nomination d'un liquidateur.** V. sous C. civ., art. 1844-8, annot. n° 2, p. 104.

Art. 1844-8 ***(L. n° 78-9, 4 janv. 1978 ; L. n° 88-15, 5 janv. 1988).*** **– La dissolution de la société entraîne sa liquidation, hormis les cas prévus à l'article 1844-4 et au troisième alinéa de l'article L. 1844-5. Elle n'a d'effet à l'égard des tiers qu'après sa publication.**

Le liquidateur est nommé conformément aux dispositions des statuts. Dans le silence de ceux-ci, il est nommé par les associés ou, si les associés n'ont pu procéder à cette nomination, par décision de justice. Le liquidateur peut être révoqué dans les mêmes conditions. La nomination et la révocation ne sont opposables aux tiers qu'à compter de leur publication. Ni la société ni les tiers ne peuvent, pour se soustraire à leurs engagements, se prévaloir d'une irrégularité dans la nomination ou dans la révocation du liquidateur, dès lors que celle-ci a été régulièrement publiée.

La personnalité morale de la société subsiste pour les besoins de la liquidation jusqu'à la publication de la clôture de celle-ci.

Si la clôture de la liquidation n'est pas intervenue dans un délai de trois ans à compter de la dissolution, le ministère public ou tout intéressé peut saisir le tribunal, qui fait procéder à la liquidation ou, si celle-ci a été commencée, à son achèvement.

Voir : D. n° 78-704, 3 juill. 1978, art. 9 à 12, p. 157 et 27 à 29, p. 159. – C. com., art. R. 123-75 (radiation), p. 809 et R. 123-131 (radiation d'office), p. 825.

Sociétés commerciales, C. com., art. L. 237-1 et s., p. 554.

Bibliographie : E. Boronad-Lesoin, *La survie de la personnalité morale dissoute : RTD com.* 2003, p. 1. • A. Bouilloux, *La survie de la personnalité morale pour les besoins de la liquidation : Rev. sociétés* 1994, p. 393. • J. Honorat, *L'article 1844-8 du Code civil et la fin de la personnalité morale des sociétés : Defrénois* 1981, art. 32754. • B. Lecourt, *Réflexions sur le régime de la liquidation des sociétés in bonis : JCP* E 2018, 1292. • Massin, *La naissance, la mort et la survie de la personnalité morale : Journ. not.* 1970, art. 49723. • F.-X. Lucas (ss dir.), *La liquidation dite amiable des sociétés : BJS* 2009, p. 285. • *Adde* A. Cathelineau-Roulaud, *JCl. Sociétés traité*, Fasc. 31-10 *(Liquidation des sociétés – Principes généraux de la liquidation).* • A. Cathelineau, *JCl. Sociétés traité*, Fasc. 31-20 *(Liquidation des sociétés – Opérations de clôture).*

1) Caractère d'ordre public de la liquidation. Une société est en liquidation dès l'instant de sa dissolution pour quelque cause que ce soit : ▪ Cass. com., 5 mars 1991 : *BJS* 1991, p. 499. – Il n'est pas du pouvoir des associés, fût-ce à l'unanimité, de décider qu'il n'y a pas lieu à la liquidation et au partage d'une société dissoute : ▪ Cass. com., 24 oct. 1989 : *JCP* 1990, II, 15708, note Y. Guyon. ▪ CA Paris, 5 juill. 2002 : *JurisData* n° 2002-185759 ; *BJS* 2002, p. 1191, note J.-J. Daigre. – Avis CCRCS : *Bull. RCS* 2006, n°s 33-34.

2) Liquidateur.

a) **Nomination du liquidateur.** Si aucun texte n'exige la tenue de deux assemblées distinctes pour constater la dissolution et la clôture de la liquidation lorsque, compte tenu des circonstances particulières de l'espèce, la liquidation s'est clôturée immédiatement après la décision de dissolution, il faut nommer un liquidateur seul habilité à représenter la société, ne serait-ce que pour établir les comptes de liquidation et les déposer : ▪ CA Paris, 16 sept. 2003 : *BJS* 2004, p. 247, note P. Le Cannu ; *Rev. sociétés* 2004, p. 168, obs. Y. Guyon. – La dissolution de la société mettant immédiatement fin aux pouvoirs des dirigeants, le gérant *[d'une SCEA]* ne peut valablement convoquer une assemblée générale pour procéder à la nomination d'un liquidateur ; l'un des associés peut en revanche demander en référé la désignation d'un administrateur provisoire chargé de la liquidation : ▪ Cass. com., 28 sept. 2004 : *JurisData* n° 2004-025032 ; *Dr. sociétés* févr. 2005, n° 26, obs. F.-X. Lucas.

b) **Application d'une clause statutaire.** Lors même que la société prend fin par l'effet d'un jugement prononçant la liquidation judiciaire ou la cession totale de ses actifs, la clause statutaire qui précise les modalités de désignation du liquidateur doit recevoir application : ▪ Cass. com., 10 mars 2004 : *JurisData* n° 2004-022870 ; *Dr. sociétés* août-sept. 2004, n° 146, obs. J.-P. Legros. – Mais si la clôture de la liquidation n'est pas intervenue dans les trois ans à compter de la dissolution, le commissaire à l'exécution du plan est recevable à demander en justice la nomination d'un liquidateur, peu important la volonté manifestée par les associés d'y procéder conformément aux statuts : ▪ Cass. com., 11 déc. 2007, n° 06-15.563 : *Dr. sociétés* 2008, n° 31, obs. J.-P. Legros.

c) **Tenue de deux assemblées distinctes.** Le législateur a prévu deux assemblées distinctes pour prononcer la dissolution et approuver les comptes de la liquidation et deux publicités différentes, quelle que soit la société, même mise en sommeil ; admettre qu'une seule assemblée pourrait statuer sur la dissolution et la clôture de la liquidation et donner lieu à une publicité unique reviendrait à diminuer la portée de l'information des tiers : ▪ CA Lyon, 13 juin 1997 : *JCP* E 1998, p. 421, note Th. Granier. – Avis CCRCS : *Bull.* RCS 2006, n° 33-34.

d) **Représentation de la société à l'égard des tiers.** Le liquidateur représente la société et non les associés : ▪ CA Paris, 6 févr. 1891 : *DP* 1892, 2, p. 385, note A. Boistel. – Il a en principe seul qualité, pendant la durée de la liquidation, pour représenter en justice la société : ▪ Cass. com., 15 déc. 1977 : *Rev. sociétés* 1978, p. 725. ▪ CA Paris, 7 déc. 1977 : *JCP* 1978, II, 18988, obs. J. A. – Une société dissoute de plein droit, en vertu de l'article 1844-7, 7°, peut être représentée par l'administrateur provisoire nommé avant l'ouverture de la procédure, dès lors que ses pouvoirs ont été maintenus par le juge postérieurement à celle-ci : ▪ Cass. com., 20 févr. 2001 : *JurisData* n° 2001-008285 ; *JCP* E 2001, p. 1532, note J.-P. Legros. – L'assignation délivrée à la seule requête de la société est nulle dès lors qu'elle n'a plus la capacité d'agir en justice et il s'agit d'une nullité d'ordre public que le juge peut relever d'office et qui ne peut être couverte en cause d'appel, même si la constitution d'avoué de l'intimé a été régularisée au nom du liquidateur amiable : ▪ CA Paris, 6 janv. 1995 : *D.* 1995, inf. rap. p. 67. – En revanche, lorsque l'assignation a été régulièrement délivrée avant la dissolution de la société, le liquidateur peut intervenir volontairement en cause d'appel pour **reprendre l'instance en défense au nom de la société en liquidation** et régulariser ainsi la procédure : ▪ Cass. com., 28 juin 2005 : *JurisData* n° 2005-029165. – En cas d'assignation d'une société en liquidation amiable prise en la personne de son représentant légal, le défaut de désignation de l'organe représentant légalement une personne morale dans un acte de procédure *[en l'espèce, le liquidateur]*, lorsque cette mention est prévue à peine de nullité, ne constitue qu'un vice de forme : ▪ Cass. 3e civ., 12 mars 2003 : *BJS* 2003, p. 691, note J.-F. Barbièri.

e) **Fin du pouvoir de représentation.** À la suite de la publication de la clôture de la liquidation, le liquidateur n'a plus qualité pour représenter la société : ▪ Cass. com., 15 juin 1993 : *RJDA* 1993, p. 775. ▪ Cass. com., 8 mars 1994 : *BJS* 1994, p. 636. ▪ CA Paris, 23 sept. 1997 : *BJS* 1998, p. 622. ▪ CA Paris, 23 janv. 1998 : *BJS* 1998, p. 622. – Il s'ensuit que la société ne peut être représentée que par un administrateur *ad hoc* nommé en justice : ▪ Cass. com., 18 janv. 2000 : *RJDA* 2000, n° 423. ▪ Cass. 2e civ., 24 janv. 2008, n° 07-10.748 : *BJS* 2008, p. 388, note G. Gil. ▪ Cass. com., 6 sept. 2011, n° 10-24.601 : *BJS* 2012, p. 194, note M.-L. Coquelet.

f) **Autres pouvoirs du liquidateur.** Le liquidateur peut passer valablement un accord, dès lors qu'il s'agit indiscutablement de la suite et de la conclusion d'une affaire courante conclue antérieurement : ▪ Cass. 1re civ., 16 févr. 1966 : *Bull. civ.* I, n° 124. – Le liquidateur ne saurait refuser à un créancier social le paiement intégral de sa créance au motif qu'il convient de maintenir une *e)* **Action en paiement à l'encontre des anciens associés d'une société à risque illimité.**

– **Obligation aux dettes sociales.** Le créancier d'une société civile dissoute et liquidée est recevable à agir en paiement d'une dette de la société directement contre l'un des associés : ▪ Cass. 3e civ., 31 mars 2004 : *BJS* 2004, p. 998, note J.-P. Garçon ; *D.* 2004, somm. p. 2927, obs. J.-Cl. Hallouin ; *Dr. sociétés* juill. 2004, n° 123, obs. F.-X. Lucas ; *Rev. sociétés* 2004, p. 684, note J.-F. Barbièri. – S'agissant d'une dette sociale exigible antérieurement à l'acquisition de la qualité d'associé, les cessionnaires en sont tenus néanmoins en leur qualité d'ayant cause à titre universel dès lors que la société a été dissoute et que son patrimoine leur a été attribuée : ▪ Cass. 1re civ., 27 sept. 2008 (après avis de la chambre commerciale), n° 05-17.740, PB : *BJS* 2009, p. 564, note F.-X. Lucas ; *Dr. sociétés* 2009, n° 26, obs. R. Mortier.

– **Vaines et préalables poursuites.** Le créancier qui a fait délivrer à la société civile, dissoute et radiée, une assignation en référé transformée en procès-verbal de recherches infructueuses établit l'existence d'une vaine et préalable poursuite *[C. civ., art. 1858]*, lui permettant d'agir en paiement des dettes sociales contre les associés : ▪ Cass. com., 25 sept. 2007, n° 06-11.088 : *D.* 2007, p. 2543, obs. A. Lienhard ; *Dr. sociétés* 2007, n° 49, obs. R. Mortier ; *JCP* E 2007, 2313 et 2554, note A. Cerati-Gauthier.

5) Radiation.

a) **Appel interjeté contre la société radiée.** Une société dissoute ayant été radiée au cours de l'instance en jugement, est recevable l'appel régulièrement formé contre elle, peu important qu'un mandataire *ad hoc* chargé de représenter la société radiée ait été nommé après l'expiration du délai d'appel, ce mandataire ayant toutefois été désigné en cause d'appel et étant intervenu volontairement à l'instance : ▪ Cass. com., 2 nov. 2011, n° 10-25.130, PB : *BJS* 2012, p. 8, note F.-X. Lucas ; *Dr. sociétés* 2012, n° 19, obs. R. Mortier ; *Rev. sociétés* 2012, p. 154, note J.-F. Barbièri.

b) **Radiation d'office.**

– **Maintien de la personnalité morale.** À l'occasion d'une action en résolution de vente d'immeuble intentée par une société en liquidation, la société dissoute, représentée par son liquidateur, agit valablement, quand bien même son action est intervenue après sa radiation du registre du commerce, et même si le liquidateur a omis de demander la « prorogation » de l'immatriculation de la société ; en effet, la radiation d'office ayant été prononcée avant que les opérations de liquidation n'aient été clôturées, la société conserve sa personnalité morale pour les besoins de sa liquidation : ▪ Cass. com., 13 févr. 1996 : *BJS* 1996, p. 496, note J.-J. Daigre. – La radiation d'office d'une société au RCS n'a pas pour effet la perte de sa personnalité morale ; la société radiée peut donc agir en résolution d'une cession de fonds de commerce : ▪ Cass. com., 20 févr. 2001 : *BJS* 2001, p. 618, note J.-M. Bahans ; *D.* 2001, p. 1472.

– **Application des procédures collectives.** Le délai d'un an à compter de la radiation au RCS consécutive à la publication de la clôture des opérations de liquidation posé par l'article L. 640-5 du Code de commerce pour l'ouverture d'une procédure de liquidation judiciaire ne s'applique pas lorsque la seule radiation intervenue est une radiation effectuée d'office par le greffier du tribunal de commerce, en application des articles 40 et 44-2 du décret du 30 mai 2001 [C. com., art. R. 123-125 et s.], et alors que la société n'a pas été liquidée : ▪ CA Paris, 6 janv. 2009 : *JurisData* n° 2009-001080 ; *Dr. sociétés* 2009, n° 100, obs. J.-P. Legros.

6) Publicité de la liquidation. Les actes concernant la vie d'une société commerciale ne sont opposables aux tiers qu'à compter de leur mention au RCS, même s'il ont fait l'objet d'une autre publicité légale telle la publication d'un avis dans un journal d'annonces légales : ▪ Cass. com., 18 déc. 2008, n° 06-18.936 (FD) : *Dr. sociétés* 2008, n° 90, obs. M.-L. Coquelet.

7) Divers.

a) Un associé est recevable à se constituer **partie civile** contre les mandataires d'une société en liquidation : ▪ Cass. crim., 8 nov. 1993 : *BJS* 1994, p. 162, note J.-F. Barbièri.

b) Sur la validité des protocoles d'accord **organisant la dissolution** et l'aménagement de la liquidation, V. ▪ Cass. 1re civ., 16 avr. 1985 : *RTD com.* 1986, p. 16, n° 4.

c) La dissolution constatée par une assemblée générale et suivie du partage **met fin** à la personnalité morale de la société, même si les liquidateurs n'ont pu rendre compte de leur mission : ▪ Cass. com., 8 nov. 1971 : *Bull. civ.* IV, n° 267.

d) Une société dissoute qui n'a pas engagé d'opérations de liquidation doit être considérée comme une **société de fait** dépourvue de personnalité morale : ▪ CA Paris, 29 oct. 1990 : *BJS* 1991, p. 46, note J. Derruppé.

Art. 1844-9 *(L. n° 78-9, 4 janv. 1978).* **– Après paiement des dettes et remboursement du capital social, le partage de l'actif est effectué entre les associés dans les mêmes proportions que leur participation aux bénéfices, sauf clause ou convention contraire.**

Les règles concernant le partage des successions, y compris l'attribution préférentielle, s'appliquent aux partages entre associés.

Toutefois, les associés peuvent valablement décider, soit dans les statuts, soit par une décision ou un acte distinct, que certains biens seront attribués à certains associés. À défaut, tout bien apporté qui se retrouve en nature dans la masse partagée est attribué, sur sa demande, et à charge de soulte, s'il y a lieu, à l'associé qui en avait fait l'apport. Cette faculté s'exerce avant tout autre droit à une attribution préférentielle.

Tous les associés, ou certains d'entre eux seulement, peuvent aussi demeurer dans l'indivision pour tout ou partie des biens sociaux. Leurs rapports sont alors régis, à la clôture de la liquidation, en ce qui concerne ces biens, par les dispositions relatives à l'indivision.

Voir : Règles relatives à l'indivision et à l'action en partage, C. civ., art. 815 et s., p. 707.

Bibliographie : *Adde* D. Randoux, *JCl. Sociétés traité*, Fasc. 31-50 *(Partage)*.

1) Reprise des apports.

a) **Apport en jouissance.** En cas d'apport en jouissance, l'apporteur reprend, avant tout partage, les objets apportés : ■ CA Aix-en-Provence, 31 mai 1951 : *Gaz. Pal.* 1951, 2, p. 169.

b) **Apports en industrie.** V. sous C. civ., art. 1873, annot. n° 10, p. 152.

2) Partage. *a)* Les **partages antérieurs** à la clôture de la liquidation ne produisent que des droits éventuels et ne peuvent pas porter atteinte au gage des créanciers sociaux : ■ Cass. civ., 2 déc. 1885 : *DP* 1886, 1, p. 357.

b) Le partage peut être **rescindé** pour lésion : ■ Cass. com., 21 juill. 1969 : *Bull. civ.* IV, n° 275. – Il peut être **annulé** pour erreur sur les causes du partage : ■ Cass. civ., 27 janv. 1953 : *D.* 1953, p. 334, note M. F., décision rendue en matière de succession.

c) **Droit de partage.** En application de l'article 747 du Code général des impôts, le droit de partage est liquidé sur le montant de l'actif net partagé, lequel, ne pouvant s'apprécier qu'après la clôture de la liquidation, s'entend de l'actif subsistant après paiement des dettes et remboursement du capital social, celui-ci ne comprenant ni les apports faits par les associés au titre de primes d'émission et de fusion ni la réserve de décapitalisation qui ne lui ont pas été incorporés : ■ Cass. com., 26 sept. 2018, n° 16-24.070, PB : *Dr. sociétés* 2018, n° 205, obs. H. Hovasse ; *Dr. fisc.* 2018, n° 45, comm. 442, note J.-F. Desbuquois ; *JCP* E 2019, 1015, note L. Chesneau.

c) **Distinction du partage et de la réduction de capital.**

– **Exclusion de la rescision pour lésion.** L'article 1844-9 qui, après avoir déterminé les règles deliquidation des sociétés, dispose que les règles concernant le **partage des successions** s'appliquent au partage de l'actif entre associés, ne peut recevoir application que lorsque l'actif social a été établi après paiement des dettes et remboursement du capital social ; la liquidation de la société ne se confondant pas avec le retrait d'associé qui laisse survivre la société après une simple réduction du capital et qui ne donne lieu qu'à l'évaluation des droits de l'associé, le retrait d'associé n'est pas susceptible de rescision pour lésion : ■ Cass. 3ᵉ civ., 15 janv. 1997 : *D.* 1997, p. 216, note P. Malaurie ; *BJS* 1997, p. 328, note J.-J. Daigre.

– **Non-application du droit de partage.** Une réduction de capital non motivée par les pertes, qui donne lieu à répartition aux associés d'une partie de l'actif social, n'est pas constitutive d'un partage soumis au droit (CGI, art. 746), dès lors que le partage d'actif social visé à l'article 1844-9 du Code civil ne peut avoir lieu qu'après la clôture de la liquidation : ■ Cass. com., 23 sept. 2008, n° 07-12.493, PB : *RJF* 2008, n° 1257 ; *Rev. sociétés* 2009, p. 179, note P. de Fréminet. – *Adde* E. Meier et R. Torlay, *Réduction de capital : pas de partage en l'absence de liquidation* : *Dr. fisc.* 2008, n° 40, 277.

d) **Unanimité.** Le partage amiable requiert le consentement unanime des parties, ce qui fait obstacle à l'application d'une clause statutaire prévoyant une répartition conventionnelle des lots à la majorité : ■ Cass. com., 30 mai 2007, n° 05-13.851 : *BJS* 2007, p. 1287, note H. Lécuyer ; *Rev. sociétés* 2007, p. 787, note J.-F. Barbièri.

3) Indivision. Les associés d'une société dissoute peuvent demeurer dans l'indivision, pour tout ou partie des biens sociaux, lesquels sont alors régis à la clôture de la liquidation, par les dispositions du Code civil relatives à l'indivision : ■ Cass. com., 24 mars 1998 : *BJS* 1998, p. 780, note J.-P. Garçon. – Lorsque l'indivision est maintenue, les anciens associés devenus copropriétaires peuvent agir à titre individuel pour recouvrer des créances faisant partie des biens indivis, tout indivisaire pouvant prendre les mesures nécessaires à la conservation de ceux-ci : ■ CA Paris, 15 sept. 1998 : *BJS* 1999, p. 302, note D. Randoux. – Doit être cassée pour manque de base légale la décision admettant l'action en recouvrement de l'associé d'une société créée de fait dissoute sans rechercher si la **créance litigieuse** avait fait l'objet d'une attribution à l'un ou l'autre des anciens associés lors du règlement des comptes entre eux ou si elle demeurait en indivision : ■ Cass. com., 8 mars 2005 : *JurisData* n° 2005-027518 ; *JCP* E 2005, 685.

4) Comptes courants. Dans le cadre d'une liquidation, tout créancier d'un compte courant d'associé est en droit d'en poursuivre le remboursement : ■ Cass. com., 5 mars 1991 : *BJS* 1991, p. 499. – Toutefois, si en principe il est loisible à un associé titulaire d'une créance en compte courant, avance consentie pour une durée indéterminée, d'en demander à tout moment le remboursement à la société, il est toutefois nécessaire d'apprécier l'opportunité d'une telle demande en fonction de la notion de bonne foi ; l'*affectio societatis* s'oppose à ce que, durant la liquidation, il soit fait un sort particulier à une telle créance et à ce que les associés qui en demandent le remboursement obtiennent, par voie judiciaire, un droit de préférence opposable aux autres associés : ■ CA Versailles, 3 déc. 1991 : *BJS* 1992, p. 415, note A. C.

Art. 1844-10 *(L. n° 78-9, 4 janv. 1978).* **– La nullité de la société ne peut résulter que de la violation des dispositions** *(Mots rempl., L. n° 2019-486, 22 mai 2019)* **« de l'article 1832 et du premier alinéa des articles 1832-1 et 1833 », ou de l'une des causes de nullité des contrats en général.**

Toute clause statutaire contraire à une disposition impérative du présent titre, dont la violation n'est pas sanctionnée par la nullité de la société, est réputée non écrite.

La nullité des actes ou délibérations des organes de la société ne peut résulter que de la violation d'une disposition impérative du présent titre *(Mots aj., L. n° 2019-486, 22 mai 2019)* **« , à l'exception du dernier alinéa de l'article 1833, » ou de l'une des causes de nullité des contrats en général.**

Voir : GIE, C. com., art. L. 251-5, p. 603. – **Sociétés commerciales,** C. com., art. L. 235-1, p. 522. – **Inobservation des formalités de publicité dans les sociétés en nom collectif et les sociétés en commandite simple,** C. com., art. L. 235-2, p. 525.

Bibliographie : L. Bornhauser-Mitrani, *La violation d'une clause statutaire : LPA* 8 avr. 1998, n° 42, p. 11. • A. Charvériat, *De quelques difficultés relatives à la nullité d'une décision sociale irrégulière : Rev. sociétés* 2010, p. 212. ; • T. Cottereau, *La clause réputée non écrite : JCP* 1993, I, 3691. • L. Comanges, *Le dangereux paradoxe des sociétés fictives : BJS* 2003, p. 12. • C. Cutajar-Rivière, *La société écran : essai sur sa notion et son régime juridique*, LGDJ, 1999 ; *La franchise hôtelière à l'épreuve de la fictivité : RJDA* 1/2002, p. 3. • M. Germain, *De quelques limites à la nullité des décisions sociales prévue par l'article 360 : BJS* 1992, p. 491. • D. Grillet-Ponton, *La méconnaissance d'une règle impérative de la loi, cause de nullité des actes et délibérations des organes sociaux : Rev. sociétés* 1984, p. 259. • Ch. Hannoun, *L'action en nullité et le droit des sociétés : RTD com.* 1993, p. 227. • J. Kullmann, *Remarques sur les clauses réputées non écrites : D.* 1993, chron. p. 59. • P. Le Cannu, *Inexistence ou nullité des sociétés fictives : BJS* 1992, p. 875. • P. Macqueron, *La nullité des sociétés*, thèse Rouen, 1981. • J. Moury, *Les nullités en cascade en droit des sociétés : Rev. sociétés* 2013, p. 599. • Nguyen Xan Chanh, *La nullité des sociétés commerciales dans la loi du 24 juillet 1966 : D.* 1968, chron. p. 27. • P. Rouast-Bertier, *Société fictive et simulation : Rev. sociétés* 1993, p. 725. • Y. Serra, *Nullité et inopposabilité au regard de la réception de la directive n° 69-151 du Conseil des Communautés européennes : D.* 1973, chron. p. 97. • B. Saintourens, *Les causes de nullité des sociétés ; l'impact de la première directive européenne : BJS* 1991, p. 123. • *Adde* J.-P. Legros, *JCl. Sociétés traité*, Fasc. 32-10.

I – NULLITÉ DE LA SOCIÉTÉ

1) Absence d'apports. V. sous C. civ., art. 1832, annot. n° 9, p. 7 et sous C. com., art. L. 235-1, annot. n° 5-1, p. 524.

2) Illicéité de la cause. La nullité d'une société peut résulter de l'illicéité de sa cause : ■ Cass. com., 19 janv. 1970 : *D.* 1970, p. 479, note Poulain. – Ainsi, la société civile créée par un *de cujus* avec certains de ses petits-enfants dans le but d'écarter l'immeuble de la succession est nulle : ■ CA Paris, 1er déc. 1978, inédit. – L'article 1131 du Code civil imposant qu'une société ait une cause licite à peine de nullité, doit être annulé le contrat de société conclu uniquement dans le but de frauder les droits du conjoint dès lors que tous les associés ont concouru à la fraude. – V. toutefois, jugeant qu'un contrat peut être annulé pour cause illicite ou immorale, même lorsque l'une des parties n'a pas eu connaissance du motif déterminant de la conclusion du contrat : ■ Cass. 1re civ., 7 oct. 1998 : *D.* 1998, p. 563, concl. J. Sainte-Rose.

3) *Affectio societatis.* L'absence d'*affectio societatis* est une cause de nullité de la société (■ Cass. com., 19 nov. 1962 : *JCP* 1962, IV, 170), voire une cause d'inexistence : ■ CA Lyon, 11 déc. 1973 : *BJS* 1975, p. 275. ■ Cass. 3e civ., 8 janv. 1975 : *Rev. sociétés* 1976, p. 301, note I. Balensi. ■ Cass. 3e civ., 22 juin 1976 : *D.* 1977, p. 619, note P. Diener.

4) Erreur. L'erreur commise par un souscripteur entrant dans une société de crédit mutuel en vue d'obtenir un prêt immédiat alors que les prêts consentis par la société n'étaient que des prêts à terme différé est réputée avoir vicié son consentement : ■ CA Rennes, 26 oct. 1950 : *JCP* 1950, II, 5876. – Mais l'erreur sur la valeur ne peut pas entraîner la nullité de la société : ■ CA Aix-en-Provence, 9 févr. 1949 : *JCP* 1949, II, 5068, note D. B.

5) Fraude. *a)* **Société interposée.** Est frauduleuse la SCI constituée entre le propriétaire d'un immeuble saisi pour être vendu sur adjudication et ses enfants, dès lors que cette société, constituée peu de temps avant l'adjudication et dont la seule résolution adoptée par les associés visait à l'acquisition de l'immeuble, ne visait qu'à réaliser une violation de l'interdiction d'enchérir par la partie saisie : ■ Cass. 2e civ., 3 mai 2007, n° 06-11.798 : *D.* 2007, p. 1344. – Ce n'est que par un subterfuge constitutif de fraude qu'une société était destinée à dissimuler une personne physique qui s'était effacée derrière le signataire déclaré ; la clause compromissoire engage donc cette personne physique : ■ Cass. 1re civ., 11 juin 1991 : *Rev. arb.* 1992, 73.

b) **Fraude aux droits du conjoint.** Une SARL ne saurait être annulée, alors que sa création a eu pour résultat d'exclure l'épouse de l'un des associés de la gestion d'un bien commun de valeur et de la priver des revenus auxquels elle pouvait légitimement prétendre, car il n'est pas démontré que tous les associés ont concouru à la fraude en toute connaissance de cause, nonobstant leur lien d'amitié avec le mari : ■ CA Dijon, 23 mars 1993 : *BJS* 1993, p. 917, note J. Vallansan. – La nullité d'une société pour fraude aux droits de l'épouse ne peut être obtenue si la participation des coassociés au concert frauduleux n'est pas démontrée : ■ Cass. com., 28 janv. 1992 : *JCP* E 1992, II, 378, note A. Tisserand. – V. aussi sous C. civ., art. 1844-10, annot. n° 2, p. 109.

c) **Nullité pour fraude aux droits des créanciers.** La société constituée en vue de porter atteinte **aux droits des créanciers** doit être annulée pour fraude : ■ Cass. com., 22 juin 1970 : *Rev. sociétés* 1971, p. 151, note J. H. – V. pour une société nulle au motif que cette société était fictive pour avoir été constituée dans le seul but de frauder les droits des créanciers : ■ Cass. com., 3 déc. 2013, n° 12-22.118 : *Rev. sociétés* 2014, p. 569, note B. Lecourt. – Sur la nullité pour fraude aux droits des tiers depuis la **directive européenne** du 9 mars 1968, V. ■ CJCE, 13 nov. 1990 : *BJS* 1991, p. 190. – V. sous C. com., art. L. 235-1, annot. n° 1, p. 522.

6) Fictivité.

a) **Nature de la sanction.**

– **Nullité.** Une société fictive est **nulle** mais elle n'est pas inexistante : ■ Cass. com., 16 juin 1992 : *JCP* E 1992, pan., p. 1025 ; *BJS* 1992, p. 960 ; *RJDA* 1993, p. 40. – Même solution, dont il résulte que la sûreté réelle consentie par une filiale fictive, avant que sa fictivité ne soit établie, demeure valable et opposable aux créanciers chirographaires de la société mère : ■ Cass. com., 22 juin 1999 : *BJS* 1999, p. 978, note A. Couret. – Pour la prescription de l'action, V. sous C. civ., art. 1844-14, annot. n° 1, p. 114.

– **Action en déclaration de simulation.** Dès lors qu'il est établi que la société était une société fictive, sans activité, dont le capital était détenu en presque totalité par le gérant, avec son épouse, lequel s'engageait tant au nom de la société qu'en son nom propre, le gérant, auteur de la simulation, doit être personnellement tenu des dettes de la société sur le fondement de l'article 1321 du Code civil : ■ CA Paris, 28 oct. 1999 : *BJS* 2000, p. 219, note J.-Ph. Dom. – V. égal. retenant l'engagement du gérant : ■ Cass. com., 4 oct. 2011, n° 09-16.293 : *BJS* 2012, p. 19, note I. Parachkékova. – La déclaration de simulation d'une SCI permet de poursuivre le bien apparemment acheté par celle-ci entre les mains de celui qui, n'étant pas associé, en a seul financé l'acquisition : ■ Cass. 3e civ., 18 déc. 2007, n° 06-21.897 : *Dr. sociétés* 2008, n° 121, obs. R. Mortier. – La déclaration de simulation de la société propriétaire d'un navire permet l'exercice d'une saisie conservatoire dirigée contre un autre navire appartenant à la société véritable propriétaire du premier : ■ Cass. com., 14 juin 2016, n° 14-18.671, PB : *BJS* 2016, p. 593, note J.-P. Legros ; *Dr. sociétés* 2016, n° 203, obs. R. Mortier ; *Rev. sociétés* 2017, p. 81, note V. Thomas. – V. pour le refus de l'action dirigée contre la société mère, faute que la filiale ait constitué une apparence trompeuse : ■ Cass. com., 2 déc. 1997 : *BJS* 1998, note J.-J. Daigre.

– **Recevabilité de l'action dirigée contre une société soumise à une procédure collective.** L'ouverture d'une procédure collective à l'égard d'une société n'a pas pour effet d'interdire à un tiers, créancier d'un associé, d'en faire établir la fictivité, une telle action ne tendant pas à la condamnation de la société au paiement d'une somme d'argent : ■ Cass. com., 11 mars 2008, nos 06-19.968 et 06-20.081 : *BJS* 2008, p. 615, note F. Reille ; *Dr. sociétés* 2008, n° 116, obs. M.-L. Coquelet. – Même solution, admettant l'action d'un tiers créancier des associés et visant à faire établir le caractère fictif ou frauduleux d'une société en liquidation judiciaire au motif que, n'étant pas exercée dans l'intérêt de la collectivité des créanciers sociaux, cette action n'est pas réservée au liquidateur judiciaire : ■ Cass. com., 3 juin 2008, n° 07-11.697 : *BJS* 2008, p. 950, note F.-X. Lucas.

b) **Preuve.** La fictivité de la société **ne se présume pas** : ■ Cass. com., 15 déc. 1992 : *RJDA* 1993, p. 276 ; *BJS* 1993, p. 320. – La fictivité relève de l'appréciation souveraine des juges du fond : ■ Cass. com., 28 févr. 2006, n° 04-14.052 : *JurisData* n° 2006-032475.

c) **Cas de fictivité :**

– N'est qu'un prête-nom la SCI détenue à 99 % dépourvue de revenus locatifs ne disposant d'aucun fonds pour acquérir le bien litigieux, lequel était laissé à la jouissance gratuite de l'associé, l'existence de cette SCI ne se justifiant que par la détention d'une propriété pour le compte d'autrui afin de détourner un patrimoine personnel : ■ Cass. 3e civ., 18 mai 2017, n° 16-14.750 : *Dr. sociétés* 2017, n° 140, obs. H. Hovasse ; *Rev. sociétés* 2017, p. 711, note T. de Ravel d'Esclapon ;

– est fictive la SCI composée de deux associés, dont l'un ne détient qu'une part sociale symbolique, et dont il est constaté la tenue d'aucune assemblée générale, ni aucun autre document attestant du fonctionnement de la société, ni aucun des éléments constitutifs de la société, notamment la participation aux bénéfices et aux pertes : ▪ Cass. com., 9 juin 2009, n° 07-20.937 : *Rev. sociétés* 2009, p. 781, note N. Mathey ;

– dès lors qu'il est constaté que les enfants, seuls associés d'une SCI, ne disposaient d'aucune ressource personnelle et que leur apport, qui avait permis l'achat de l'immeuble, ne pouvait provenir que du patrimoine de leur père, la SCI peut être déclarée fictive de sorte que le père soit déclaré comme le véritable propriétaire du bien apparemment acheté par la SCI : ▪ Cass. 3e civ., 18 déc. 2007, n° 06-21.897 ;

– est fictive, et constitutive d'un **abus de droit** *[LPF, art. L. 64]*, la société constituée par l'apport en nue-propriété de biens afin d'échapper à l'application du barème légal concernant la valeur de l'usufruit : V. sous C. civ., art. 1843-3, annot. n° 15, p. 57 ;

– sont fictives trente-deux SARL créées pour gérer, dans le cadre d'une franchise, l'enseigne d'hôtels « Formule 1 », aux motifs que les gérants ne possédaient aucune autonomie d'action, les moindres décisions leur étant dictées par le franchiseur : ▪ CA Paris, 7 juin 2001 : *RJDA* 1/2002, n° 41 ;

– la fictivité résulte de l'utilisation de cadres juridiques différents et fictifs pour une même activité commerciale : ▪ Cass. com., 8 févr. 1994 : *BJS* 1994, p. 394 ;

– est fictive la filiale, unipersonnelle de fait, dépourvue de toute structure pour fonctionner et n'ayant aucune activité, constituée seulement pour permettre à la société mère d'offrir à un prêteur une garantie réelle : ▪ Cass. com., 22 juin 1999 : préc. *supra, a)* ;

– une société de façade panaméenne dont le but est de dissimuler les véritables détenteurs des parts est fictive : ▪ CA Aix-en-Provence, 18 nov. 1993 : *BJS* 1994, p. 645, note C. Kessedjian ; *RJDA* 1994, p. 637 ;

– la société destinée à exclure le patrimoine immobilier du gage des créanciers d'une société sœur est fictive : ▪ CA Paris, 13 nov. 1993 : *BRDA* 15 déc. 1993, p. 12 ;

– la société créée artificiellement par un salarié pour reprendre l'activité de représentation commerciale le liant à une autre société est fictive : ▪ CA Versailles, 3 avr. 1992 : *BJS* 1992, p. 1102 ;

– une société créée pour retarder l'ouverture d'une procédure collective et dépourvue de fonds propres est fictive : ▪ CA Paris, 8 oct. 1991 : *BJS* 1991, p. 113.

d) **En revanche** :

– l'absence de vie sociale, au demeurant expliquée par la santé du dirigeant, n'établit pas la fictivité de la société, dès lors que celle-ci réalise son objet social et que son dirigeant acquitte ses obligations fiscales : ▪ Cass. com., 15 nov. 2017, n° 16-20.193 : *Dr. sociétés* 2018, n° 59, obs. R. Mortier ; *Rev. sociétés* 2018, p. 233, note J.-J. Daigre ;

– l'unicité et l'imbrication d'intérêts résultant de l'interdépendance des engagements financiers de deux sociétés sont impropres à établir la fictivité : ▪ Cass. com., 20 oct. 1992 : *BJS* 1992, p. 1311, note D. Lepeltier ;

– en l'absence d'autres éléments précis, n'est pas rapportée la preuve de la fictivité d'une société régulièrement constituée et immatriculée au Panama qui a ouvert un compte auprès d'une banque suisse : ▪ Cass. com., 28 févr. 2006, n° 04-14.052, préc. *supra, b)*.

II – NULLITÉ DES ACTES OU DÉLIBÉRATIONS DES SOCIÉTÉS CIVILES

7) Causes de nullité des contrats en général. Doit être annulée, en application de l'article 414-1 du Code civil, l'assemblée générale extraordinaire d'une société dont l'associé unique était atteint d'un **trouble mental** : ▪ CA Paris, 26 juin 2018, n° 17/03617 : *Dr. sociétés* 2019, n° 1, obs. R. Mortier.

8) Violation d'une disposition législative. P. Le Cannu, *Nullité et participation des associés aux décisions collectives : RJDA* 12/1998, p. 987.

a) Tout associé peut se prévaloir de l'absence de convocation d'un associé à l'assemblée générale sur le fondement de l'article 1844 du Code civil : ▪ Cass. 3e civ., 21 oct. 1998 : *JCP* G 1999, p. 85, note Y. Guyon ; *Defrénois* 1999, art. 37061, p. 1192, obs. J. Honorat. ▪ CA Paris, 7 mars 2003 : *BJS* 2003, p. 829, note L. Grosclaude.

b) **Inexécution de l'obligation de rendre compte du gérant.** V. sous C. civ., art. 1856, annot. n° 1, p. 126.

c) **Violation de la règle posée par l'article 1836 pour la modification des statuts.** V. sous C. civ., art. 1836, annot. n° 1, p. 36.

9) Violation d'une disposition réglementaire : convocation des associés à l'assemblée générale.

a) **Situation antérieure à 2005.** La convocation des associés à l'assemblée générale devant, aux termes mêmes de l'article 40 du décret n° 78-704 du 3 juillet 1978, qui sont impératifs, être faite par lettre recommandée, l'arrêt, qui a relevé que les associés avaient été convoqués par lettre simple, ce qui ne permettait pas de savoir si les membres non présents avaient bien été convoqués, en a justement déduit la nullité de l'assemblée générale : ▪ Cass. 1re civ., 4 oct. 1988 : *Rev. sociétés* 1989, p. 62, note Y. Guyon. – Jugé que les modalités de convocation des associés aux assemblées générales *[D. 3 juill. 1978, art. 40 et 41]* n'étant pas prescrites par des dispositions impératives du titre neuvième du Code civil, la nullité d'une assemblée générale convoquée irrégulièrement ne peut être prononcée sur le fondement de l'article 1844-10, alinéa 3 : ▪ Cass. 3e civ., 24 sept. 2003 : *JCP* E 2004, 29, n° 9, obs. crit. J.-J. Caussain, Fl. Deboissy et G. Wicker. – V. égal., ▪ Cass. 3e civ., 11 oct. 2000 : *BJS* 2001, p. 70, note L. Grosclaude ; *Rev. sociétés* 2001, p. 336, note B. Saintourens.

b) **Exigence d'un grief.** Les dispositions réglementaires relatives à la convocation des associés de société civile à l'assemblée générale *[D. 3 juill. 1978, art. 40]* doivent être respectées à peine de nullité faisant grief : ▪ Cass. ch. mixte, 16 déc. 2005, n° 04-10.986 : *JurisData* n° 2005-031541 ; *BJS* 2006, p. 536, note L. Grosclaude ; *D.* 2006, p. 146, note A. Lienhard ; *Dr. sociétés* 2006, n° 36, obs. F.-X. Lucas ; *JCP* E 2006, avis M. Domingo ; *JCP* E 2006, 2035, n° 9, obs. J.-J. Caussain, Fl. Deboissy et G. Wicker ; *Rev. sociétés* 2006, p. 327, note B. Saintourens.

c) **Cas d'absence de grief.**

– La nullité n'est pas attachée aux simples irrégularités formelles dans l'accomplissement des actes d'information prescrits par le décret du 3 juillet 1978 *[art. 40]*, dès lors que les associés ont, en dépit de ces irrégularités, bénéficié d'une information suffisante : ▪ Cass. 1re civ., 31 oct. 1989 : *BJS* 1990, p. 93, note P. Le Cannu.

– Faute de grief, ne peut demander l'annulation d'une assemblée générale pour irrégularité de sa convocation l'associé qui, manifestant une attitude d'opposition systématique, avait décidé de ne pas participer aux décisions collectives : ▪ Cass. com., 21 juin 2011, n° 10-21.928 : *BJS* 2011, p. 670, note J.-F. Barbièri ; *Dr. sociétés* 2011, n° 167, note R. Mortier ; *JCP* E 2011, 1736, note R. Marsin-Rose ; *Rev. sociétés* 2012, p. 241, note C. Tabourot-Hiest.

– L'associé ne peut faire grief à la société ainsi qu'à son gérant de l'avoir convoqué à une mauvaise adresse dès lors qu'il ne peut prouver avoir notifié à la société son changement d'adresse : ▪ CA Paris, 12 avr. 2012, n° 11/08588 : *BJS* 2012, p. 568, note E. Mouial Bassilana.

– Ne justifie pas d'un grief l'associé qui, excipant de ce que l'auteur de la convocation ne justifiait pas de sa qualité de gérant, a signé la feuille de présence à l'assemblée et y a voté : ▪ Cass. com., 7 juill. 2015, n° 14-18.705 : *Rev. sociétés* 2016, p. 237, note B. Saintourens.

– V. encore, pour l'exclusion de la nullité, dans l'hypothèse où tous les associés ont été présents ou à tout le moins mis à même de participer à l'assemblée : ▪ CA Paris, 2 mars 2004 : *Rev. sociétés* 2004, p. 965, obs. I. Urbain-Parléani.

10) Violation d'une disposition réglementaire : constatation de la délibération par un procès-verbal. Jugé que le non-respect de l'article 44 du décret du 3 juillet 1978 ne constitue pas la violation d'une disposition impérative devant entraîner l'annulation de la délibération : ▪ Cass. 3e civ., 19 juill. 2000 : *BJS* 2001, p. 70, note L. Grosclaude.

11) Violation des statuts. Il résulte de l'article 1844-10 que la nullité des actes ou délibérations des organes d'une société civile ne peut résulter que de la violation impérative du titre neuvième du livre troisième du Code civil ou de l'une des causes de nullité des contrats en général ; par conséquent, sous réserve des cas dans lesquels il a été fait usage de la faculté, ouverte par une disposition impérative d'aménager conventionnellement la règle posée par celle-ci, le non-respect des stipulations contenues dans les statuts ou dans le règlement intérieur n'est pas sanctionné par la nullité, celle-ci étant notamment exclue lorsqu'il a été fait usage de la liberté offerte par l'article 1853 de déterminer dans les statuts les modalités d'adoption des décisions collectives : ▪ Cass. com., 19 mars 2013, n° 12-15.283, PB, mod., ▪ Cass. com., 9 juill. 2013, n° 12-15.283, PB : *BJS* 2013, p. 402, note F.-X. Lucas ; *Dr. sociétés* 2013, n° 98, obs. R. Mortier et n° 118, obs. H. Hovasse ; *JCP* E 2013, 1289, note B. Dondero ; *Rev. sociétés* 2014, p. 51, note P. Le Cannu. – V. aussi sous C. com., art. L. 235-1, annot. n° 2, p. 523.

12) Abus de majorité. V. sous C. civ., art. 1833, annot. n° 14, p. 23.

III – ACTION EN NULLITÉ

13) Causes de nullité. Les griefs qui ont trait au fonctionnement et à la gestion de la personne morale ne constituent pas des causes de nullité dès lors qu'il ne s'agit pas des cas de nullité limitativement prévus par l'article 1844-10 : ▪ CA Paris, 10 mai 1995 : *BJS* 1995, p. 742, note M. Jeantin.

14) Intérêt et qualité à agir. J.-J. Ansault, *Le contrôle de l'intérêt à agir en nullité des délibérations sociales : Rev. sociétés* 2012, p. 7.

a) Lors même que le prononcé de la nullité pourrait être contraire à l'intérêt de la société, le **liquidateur judiciaire représentant l'associé** ne peut être déclaré irrecevable à agir en nullité d'une délibération irrégulièrement adoptée sans qu'il soit recherché si l'associé n'avait pas un intérêt légitime, distinct de celui de la société, à agir en nullité : ▪ Cass. 3e civ., 8 avr. 2009, n° 08-10.855.

b) **L'ancien associé** ne peut pas agir en nullité : ▪ CA Lyon, 2 janv. 1928 : *Sem. jur.* 1928, p. 563.

Rappr. ▪ T. com. Paris, 3 déc. 1975 : *Rev. sociétés* 1976, p. 106, note J. H.

c) Les **héritiers** d'un associé décédé peuvent intenter l'action en nullité : ▪ Cass. civ., 11 avr. 1927 : *S.* 1927, 1, p. 262. – Il en va de même de l'héritier **indivisaire**, qui ne saurait être privé de son droit à contester les décisions prises collectivement du seul fait qu'il ait été représenté par un mandataire désigné conformément à l'article 1844 : ▪ CA Pau, 3 avr. 2012, n° 11/00429 : *BJS* 2012, p. 619, note D. Poracchia et H. Lécuyer.

d) Les **créanciers personnels** d'un associé (▪ Cass. req., 14 avr. 1893 : *S.* 1897, 1, p. 487) ou les **créanciers sociaux** (▪ Cass. com., 22 juin 1970 : *Bull. civ.* IV, n° 215, décision rendue en matière de scission) peuvent intenter l'action en nullité.

e) Une nullité **relative** – nullité pour cause de violation d'une formalité protégeant certains actionnaires – peut être invoquée seulement par ceux que cette sanction a pour objet de protéger : ▪ CA Pau, 9 juin 1987 : *JCP* E 1988, 15168, n° 4.

f) Sur l'intérêt à agir des **actionnaires minoritaires** : V. ▪ Cass. com., 15 juill. 1992 : *JCP* E 1992, I, 172, n° 11, obs. A. Viandier et J.-J. Caussain ; *BJS* 1992, p. 1202, note J.-F. Barbièri.

g) Sur l'intérêt à agir en nullité d'un **ancien commissaire aux comptes** contre l'assemblée générale qui a décidé son remplacement : ▪ CA Paris, 21 janv. 1994 : *Rev. sociétés* 1994, p. 375, note J.-F. Barbièri.

15) Renonciation à l'action. Le demandeur en nullité d'une assemblée générale extraordinaire avait manifesté de manière non équivoque sa volonté de renoncer à l'action en adoptant une résolution de l'assemblée générale ordinaire approuvant les comptes comprenant le nouveau capital issu de l'assemblée générale qu'il conteste : ▪ Cass. com., 19 nov. 1991 : *RJDA* 1992, p. 584. – De même, les cessionnaires ne peuvent invoquer la nullité de la cession dès lors qu'en commençant d'exécuter leurs obligations, ils ont renoncé par des actes positifs à s'en prévaloir : ▪ Cass. com., 11 févr. 1992 : *BJS* 1992, p. 442, note P. Le Cannu.

IV – CLAUSE STATUTAIRE RÉPUTÉE NON ÉCRITE

16) Domaine d'application. L'article 1844-10, alinéa 2, qui répute non écrite toute clause statutaire contraire à une disposition du titre IX du livre troisième du même code dont la violation n'est pas sanctionnée par la nullité de la société, n'est pas applicable aux irrégularités affectant les actes ou délibérations des organes de la société, dont la nullité peut seulement être demandée dans les cas prévus au troisième alinéa du même texte : ▪ Cass. com., 3 avr. 2007, n° 06-10.834 : *Dr. sociétés* 2008, n° 171, obs. H. Lécuyer.

17) Atteinte à la liberté contractuelle et de la concurrence. S'agissant d'une clause statutaire subordonnant la dénonciation d'un contrat d'enseigne à une décision d'assemblée générale extraordinaire, de sorte que le franchiseur également associé bénéficiait d'une minorité de blocage, sa nullité doit être retenue si, au regard des circonstances et non seulement en elle-même, cette clause a pour objet ou pour effet de porter atteinte à la liberté contractuelle et de la concurrence : ▪ Cass. com., 30 mai 2012, n° 11-18.024 : *JCP* E 2012, 1641, note B. Dondero ; *BJS* 2012, p. 715, note T. Favario.

18) Portée de la sanction. La clause statutaire contraire à une disposition légale impérative doit être réputée non écrite pour le tout, et non seulement en ce qui concerne les éléments illicites, le juge ne pouvant se substituer aux organes sociaux pour procéder à la modification de la clause : ▪ Cass. com., 9 juill. 2013, n°s 11-27.235 et 12-21.238, PB : *BJS* 2013, p. 636, note D. Poracchia ; *D.* 2013, p. 2627, note F. Ait-Ahmed ; *Dr. sociétés* 2013, n° 154, obs. R. Mortier ; *Rev. sociétés* 2014, p. 40, note J.-J. Ansault.

Art. 1844-11 *(L. n° 78-9, 4 janv. 1978).* **– L'action en nullité est éteinte lorsque la cause de la nullité a cessé d'exister le jour où le tribunal statue sur le fond en première instance, sauf si cette nullité est fondée sur l'illicéité de l'objet social.**

Voir : Sociétés commerciales, C. com., art. L. 235-3, p. 525.

La dissolution ne fait pas obstacle à l'action en nullité : ▪ Cass. com., 28 juin 1976 : *Rev. sociétés* 1977, p. 237, note J. H. *[décision rendue sous le régime de la loi du 24 juillet 1867].*

Art. 1844-12 *(L. n° 78-9, 4 janv. 1978).* **– En cas de nullité d'une société ou d'actes ou délibérations postérieurs à sa constitution, fondée sur un vice de consentement ou l'incapacité d'un associé, et lorsque la régularisation peut intervenir, toute personne, y ayant intérêt, peut mettre en demeure celui qui est susceptible de l'opérer, soit de régulariser, soit d'agir en nullité dans un délai de six mois à peine de forclusion. Cette mise en demeure est dénoncée à la société.**

La société ou un associé peut soumettre au tribunal saisi dans le délai prévu à l'alinéa précédent, toute mesure susceptible de supprimer l'intérêt du demandeur notamment par le rachat de ses droits sociaux. En ce cas, le

tribunal peut, soit prononcer la nullité, soit rendre obligatoires les mesures proposées si celles-ci ont été préalablement adoptées par la société aux conditions prévues pour les modifications statutaires. Le vote de l'associé dont le rachat des droits est demandé est sans influence sur la décision de la société.

En cas de contestation, la valeur des droits sociaux à rembourser à l'associé est déterminée conformément aux dispositions de l'article 1843-4.

Voir : D. n° 78-704, 3 juill. 1978, art. 15, p. 158.
Sociétés commerciales, C. com., art. L. 235-6, p. 525.

Bibliographie : G. Couturier, *La confirmation des actes nuls*, LGDJ, 1972. • C. Dupeyron, *La régularisation des actes nuls*, LGDJ, 1973. • J.-P. Storck, *La continuation d'une société par l'élimination d'un associé : Rev. sociétés* 1982, p. 233.

L'article 1844-12 n'impose un délai de forclusion de six mois que pour les cas de nullité fondée sur un vice de consentement ou sur l'incapacité d'un associé ; aussi l'action en nullité d'une assemblée générale reposant sur des irrégularités de convocation relève-t-elle de la prescription triennale de l'article 1844-14 : ▪ CA Poitiers, 8 juin 2004 : *JCP* E 2004, act., p. 1616.

Art. 1844-13 ***(L. n° 78-9, 4 janv. 1978).*** **– Le tribunal saisi d'une demande en nullité, peut, même d'office, fixer un délai pour permettre de couvrir les nullités. Il ne peut prononcer la nullité moins de deux mois après la date de l'exploit introductif d'instance.**

Si, pour couvrir une nullité, une assemblée doit être convoquée, ou une consultation des associés effectuée, et s'il est justifié d'une convocation régulière de cette assemblée ou de l'envoi aux associés du texte des projets de décision accompagné des documents qui doivent leur être communiqués, le tribunal accorde par jugement le délai nécessaire pour que les associés puissent prendre une décision.

Voir : Sociétés commerciales, C. com., art. L. 235-4, p. 525 et L. 235-5, p. 525.

Ratification. La ratification de décisions judiciairement annulées est valable dès lors qu'elle procède de la libre et régulière expression collective des associés : ▪ CA Paris, 25 mai 1993 : *JCP* E 1993, I, 288, n° 6, obs. A. Viandier et J.-J. Caussain.

Art. 1844-14 ***(L. n° 78-9, 4 janv. 1978).*** **– Les actions en nullité de la société ou d'actes et délibérations postérieurs à sa constitution se prescrivent par trois ans à compter du jour où la nullité est encourue.**

Voir : D. n° 78-704, 3 juill. 1978, art. 16, p. 158.
Sociétés commerciales, C. com., art. L. 235-9, al. 1, p. 526.

Bibliographie : J.-P. Brill, *Brèves réflexions sur le jeu de l'exception de nullité en droit des sociétés : Mél. D. Schmidt*, Joly, 2005, p. 51. • Ch. Hannoun, *Remarques sur la prescription de l'action en nullité en droit des sociétés : Rev. sociétés* 1991, p. 45. • H. Rumeau-Maillot, *Les délais de prescription en droit des sociétés : Rev. sociétés* 2012, p. 203.

1) Point de départ de la prescription.

a) **Fictivité.** Une société fictive est une société nulle et non pas inexistante ; les personnes qui agissent en nullité ne peuvent soutenir que l'action échappe à toute prescription ou que celle-ci est soumise à la prescription trentenaire, alors que les actions visant la nullité de la société ou des actes ou délibérations postérieures à la constitution se prescrivent par trois ans à compter du jour où les causes de la nullité ont été découvertes : ▪ CA Paris, 1er déc. 1992 : *BJS* 1993, p. 323, note B. Saintourens ; *Rev. sociétés* 1993, p. 132, obs. Y. Guyon. – Pour un exemple d'action en nullité prescrite : ▪ Cass. com., 17 juill. 1974 : *Rev. sociétés* 1975, p. 649, note J. H.

b) **Irrégularité continue.** Violent les dispositions de l'article 1844-14 les juges du fond qui décident que la prescription de l'action en nullité de la société pour défaut d'*affectio societatis* ne peut courir qu'à compter de la disparition de la cause permanente de la nullité : ▪ Cass. 1re civ., 20 nov. 2001 : *JurisData* n° 2001-011755 ; *Dr. sociétés* 2002, n° 21, obs. Th. Bonneau ; *BJS* 2002, p. 526 ; *JCP* E 2001, 225, note A. Viandier ; *Rev. sociétés* 2002, p. 683, note N. Reboul-Maupin.

c) **Illicéité de l'objet social.** V. sous C. com., art. L. 235-9, annot. n° 4, p. 526.

d) **Vice du consentement.** La prescription court du jour où la violence morale a cessé : ▪ CA Paris, 3 nov. 1998 : *BJS* 1999, p. 289, note B. Saintourens.

f) **Rachat de titres.** Lors même que les modalités et le prix de rachat de parts ont été fixés par des assemblées générales antérieures, la demande d'annulation d'actes de rachat de parts étant fondée, non sur une irrégularité préexistante de la délibération ayant autorisé sa conclusion, mais sur un vice affectant l'acte lui-même, le délai de prescription court seulement à compter de cet acte : ▪ Cass. com., 20 mars 2012, n° 11-13.534, PB : *BJS* 2012, p. 475, note H. Lécuyer ; *Rev. sociétés* 2012, p. 582, note J. Moury.

2) Interruption et suspension. En l'absence de dispositions spéciales à la matière, on doit admettre que la prescription est soumise aux causes d'interruption et de suspension de droit commun : Rép. min. : *JOAN* Q, 26 janv. 1981, p. 373 [la réponse vise l'article 367 de la loi n° 66-537 du 24 juillet 1966 [V. C. com., art. L. 235-9, p. 526], mais cette disposition a été reproduite dans l'article 1844-14 ci-dessus et la solution est donc transposable]. – L'action en annulation de délibérations d'assemblée générale introduite devant un premier tribunal interrompt la prescription prévue par l'article 1844-14, peu important que le demandeur se soit par la suite désisté de l'instance pour introduire une demande identique devant un autre tribunal : ▪ CA Paris, 12 avr. 2012, n° 11/08588 : *BJS* 2012, p. 568, note E. Mouial Bassilana.

3) Exception de nullité.

a) **Caractère perpétuel.** L'exception de nullité n'est pas susceptible de prescription : ▪ Cass. com., 15 févr. 1994 : *RJDA* 1994, p. 530. ▪ CA Paris, 21 janv. 1981 : *JurisData* n° 1981-020085. ▪ Cass. com., 30 mai 2007, n° 05-13.851 : *BJS* 2007, p. 1287, note H. Lécuyer.

b) **Objet de l'exception.** L'exception de nullité, qui peut seulement être invoquée pour faire échec à la demande d'exécution d'un acte juridique qui n'a pas encore été exécuté, ne peut pas être invoquée en cas de **commencement d'exécution** de l'acte contesté : ▪ Cass. com., 3 avr. 2007, n° 06-10.834 : *Dr. sociétés* 2007, n° 171, obs. H. Lécuyer. ▪ Cass. com., 1er mars 2011, n° 10-12.001 : *BJS* 2011, p. 480, note E. Fabriès-Lecea ; *Dr. sociétés* 2011, n° 87, obs. H. Hovasse. – Elle ne peut pas davantage être opposée à une action ne tendant pas à la mise en œuvre d'une obligation issue d'une assemblée générale, mais seulement à la constatation de la déchéance du droit d'agir en nullité de cette assemblée : ▪ Cass. com., 20 mars 2007, n° 05-20.846 : *BJS* 2007, p. 1105, note P. Le Cannu ; *Dr. sociétés* 2007, n° 108, obs. H. Lécuyer. – De même, elle ne peut être opposée à la demande de constatation de la validité d'une assemblée ayant décidé un refus d'agrément des héritiers et la cession subséquente des parts au profit des demandeurs : ▪ Cass. com., 15 mai 2012, n° 11-13.240, PB : *BJS* 2012, p. 718 ; *D.* 2012, p. 1856, note V. Barabé-Bouchard ; *Dr. sociétés* 2012, n° 135, obs. R. Mortier, et n° 138, obs. H. Hovasse ; *Rev. sociétés* 2013, p. 38, note E. Naudin.

c) **Convention de portage.** S'agissant d'une convention de portage, la société bénéficiaire de la clause de rachat peut se prévaloir, en dehors du délai de prescription et par voie d'exception, de la nullité de la convention litigieuse qui, antérieurement au rachat, n'a pas encore été exécutée, fût-ce partiellement : ▪ Cass. com., 29 sept. 2009, n° 08-19.550.

4) Domaine de la prescription triennale.

a) **Cession de parts sociales.** La prescription de trois ans est inapplicable aux cessions de parts sociales car elles ne sont pas des actes de la société : ▪ CA Paris, 7 janv. 1994 : *Rev. sociétés* 1994, p. 113, obs. Y. Guyon. ▪ CA Paris, 16 janv. 2001 : *BJS* 2001, p. 423, note P. Le Cannu. ▪ CA Paris, 19 sept. 2003 : *D.* 2003, p. 2640 ; *Rev. sociétés* 2004, p. 425, obs. Y. Guyon. – L'action en annulation d'une cession de droits sociaux n'est soumise à la prescription triennale que lorsqu'elle est fondée sur une irrégularité affectant la décision sociale ayant accordé au cessionnaire l'agrément exigé par la loi ou les statuts ; doit par suite être cassé l'arrêt ayant déclaré atteinte par la prescription triennale une action en annulation pour dol de cession de parts de SCI : ▪ Cass. 3e civ., 6 oct. 2004 : *JurisData* n° 2004-025086 ; *BJS* 2005, p. 114, note P. Le Cannu ; *D.* 2004, p. 2719, obs. A. Lienhard ; *Dr. sociétés* déc. 2004, n° 215, obs. H. Hovasse ; *RTD com.* 2005, p. 122, obs. M.-H. Monsérié-Bon ; *Rev. sociétés* 2005, p. 152, note B. Saintourens ; *Rev. sociétés* 2005, p. 411, note J.-F. Barbièri.

b) **Cessions consenties par la société.** Est soumise à la prescription trentenaire, et non à la prescription de trois ans, l'action en nullité pour illicéité de la cause visant la cession d'immeubles sociaux par la société dans la mesure où il ne s'agit ni d'une action en nullité d'actes ou de délibérations des organes sociaux, ni d'une action en nullité des actes de vente fondée sur l'irrégularité affectant la délibération les ayant autorisés : ▪ Cass. 3e civ., 10 mai 2007, n° 05-23.123 : *BJS* 2007, p. 1362, note J.-P. Garçon ; *D.* 2007, p. 1512 ; *Rev. sociétés* 2007, p. 775, note B. Saintourens.

c) **Cession frauduleuse.** L'action en annulation d'une cession de droits sociaux exclusivement fondée sur une irrégularité tirée des statuts et les actions en nullité des délibérations d'une assemblée générale sont soumises à la prescription triennale prévue par l'article 1844-14 du Code civil, applicable à toutes les actions en nullité visant les actes et délibérations postérieurs à la constitution de la société, sans qu'il soit distingué selon le caractère relatif ou absolu de la nullité invoquée, peu important que l'irrégularité résulte d'une simple omission ou de la fraude : ▪ Cass. 3e civ., 15 oct. 2015, n° 14-17.517 : *BJS* 2016, p. 103, note M. Caffin-Moi ; *Rev. sociétés* 2016, p. 150, note J.-F. Barbièri.

Art. 1844-15 *(L. n° 78-9, 4 janv. 1978).* – **Lorsque la nullité de la société est prononcée, elle met fin, sans rétroactivité, à l'exécution du contrat.**

À l'égard de la personne morale qui a pu prendre naissance, elle produit les effets d'une dissolution prononcée par justice.

Voir : Sociétés commerciales, C. com., art. L. 235-10, p. 527.

Bibliographie : H. Temple, *Les sociétés de fait*, LGDJ, 1975.

La **société fictive** étant une société nulle et non pas inexistante, la déclaration de fictivité n'emporte pas rétroactivité ; il s'ensuit que l'hypothèque maritime consentie par la société fictive reste valable tant que la fictivité de la société n'a pas été déclarée : ▪ Cass. com., 22 juin 1999 : *JCP* E 2000, p. 181, note Ch. Cutajar.

Art. 1844-16 *(L. n° 78-9, 4 janv. 1978).* – **Ni la société ni les associés ne peuvent se prévaloir d'une nullité à l'égard des tiers de bonne foi. Cependant, la nullité résultant de l'incapacité ou de l'un des vices du consentement est opposable même aux tiers par l'incapable et ses représentants légaux, ou par l'associé dont le consentement a été surpris par erreur, dol ou violence.**

Voir : Sociétés commerciales, C. com., art. L. 235-12, p. 527.

Voir notes sous C. com., art. L. 235-12, p. 527.

Associé mineur. La souscription de parts sociales par un mineur non émancipé, non autorisée par ses deux parents ou par le juge des tutelles, est nulle et de nul effet, de sorte que le liquidateur judiciaire ne peut solliciter la libération de son apport dans la mesure où l'intéressé était toujours mineur au jour de l'ouverture de la liquidation judiciaire, la responsabilité du mineur dont l'incapacité n'avait pas été dissimulée, de même que celle de ses parents, ne pouvant être recherchée : ▪ CA Montpellier, 29 juin 2013, n° 12/01556 : *Dr. sociétés* 2014, n° 156, obs. D. Gallois- Cochet.

Art. 1844-17 *(L. n° 78-9, 4 janv. 1978).* – **L'action en responsabilité fondée sur l'annulation de la société ou des actes et délibérations postérieurs à la constitution se prescrit par trois ans à compter du jour où la décision d'annulation est passée en force de la chose jugée.**

La disparition de la cause de nullité ne met pas obstacle à l'exercice de l'action en dommages-intérêts tendant à la réparation du préjudice causé par le vice dont la société, l'acte ou la délibération était entaché. Cette action se prescrit par trois ans à compter du jour où la nullité a été couverte.

Voir : Sociétés commerciales, C. com., art. L. 235-13, p. 528.

1) Intérêt à agir. Le fondateur de la société peut agir en responsabilité s'il n'est pas à l'origine de la nullité : ▪ Cass. com., 6 juill. 1970 : *JCP* 1971, II, 16724, note N. Bernard.

2) Responsabilité solidaire. Les dirigeants sociaux – des administrateurs en l'espèce – en fonction lors de la survenance de la cause de nullité sont solidairement responsables envers les actionnaires des conséquences dommageables de l'annulation : ▪ Cass. civ., 26 nov. 1930 : *DH* 1931, p. 18.

CHAPITRE II. – DE LA SOCIÉTÉ CIVILE

Bibliographie : G. Bellargent, *Les règles de constitution des sociétés civiles et des sociétés commerciales : RTD com.* 1983, p. 189. • P. Bezard, *Sociétés civiles, contrat de société, sociétés en participation, registre du commerce*, Litec, 1979. • P. Corlay, *La protection des biens dans le nouveau droit commun des sociétés civiles : RTD com.* 1981, 233. • M. Cozian, *Le charme discret des sociétés civiles immobilières*, in *Les grands principes de la fiscalité des entreprises*, doc. 23, Litec, 1999 ; *Le charme des sociétés civiles immobilières : charme intact ou charme fané ? : RJ com.* 2004, p. 64. • Fl. Deboissy et S. Quilici, *SCI et optimisation fiscale : Act. prat. ing. sociétaire* 2009, n° 103, p. 20 et s. • J. Julien, *Observations sur l'évolution jurisprudentielle du sort des associés de la société civile : RTD com.* 2001, p. 841. • B. Mercadal, *Le critère de distinction des sociétés civiles et commerciales : RTD com.* 1982, p. 511. • J. Richard, *Le nouveau régime des sociétés civiles : JCP* CI 1978, II, 12795. • M.-P. Souweine et E. Mansillon, *Le défaut de nomination d'un commissaire aux comptes dans la société civile : D.* 2003, p. 1554. • M. Storck, S. Fagot et T. de Ravel d'Esclapion, *Les sociétés civiles immobilières*, LGDJ, 2016. • P. Walet, *La réforme de la législation des sociétés civiles : BJS* 1978, p. 227. • *La société civile outil de gestion patrimoniale : Dr. sociétés* juill.-août 2004, p. 63 et s. • A. Bougnoux, *JCl. Sociétés traité*, Fasc. 48-10 *(Sociétés civiles – Généralités).*

Section I. – Dispositions générales

Art. 1845 *(L. n° 78-9, 4 janv. 1978).* – **Les dispositions du présent chapitre sont applicables à toutes les sociétés civiles, à moins qu'il n'y soit dérogé par le statut légal particulier auquel certaines d'entre elles sont assujetties.**

Ont le caractère civil toutes les sociétés auxquelles la loi n'attribue pas un autre caractère à raison de leur forme, de leur nature, ou de leur objet.

Voir : D. n° 78-704, 3 juill. 1978, art. 30, p. 160.

Sociétés civiles professionnelles, L. n° 66-879, 29 nov. 1966, p. 2837. – **Sociétés civiles autorisées à faire publiquement appel à l'épargne,** C. monét. fin., art. L. 214-50 et s., p. 1042.

Bibliographie : M. Cozian, *Un « traquenard » : l'assujettissement à l'impôt sur les sociétés des sociétés civiles à objet commercial*, in *Les grands principes de la fiscalité des entreprises*, Litec, 1999, p. 278. • G. Daublon, *Le domaine des sociétés civiles : RTD com.* 1983, p. 17. • Chr. Nouel, *Sociétés civiles : danger : BJS* 2004, p. 458. • A. Reygrobellet, *Le crédit-bail portant sur les parts d'une SCI : Rev. sociétés* 2010, p. 419. • M. Urbano Salerno, *À propos de la constitution de la société civile : Mél. Malinvaud*, Litec, 2007. • Y. Viala, *La société civile à objet commercial : BJS* 2002, p. 1018. • *Adde* A. Bougnoux, *JCl. Sociétés traité*, Fasc. 48-10 *(Sociétés civiles – Introduction – Caractéristiques essentielles, différents types).* • J.-M. Bahans, *JCl. Sociétés traité*, Fasc. 48-20 *(Sociétés civiles – Constitution).*

1) Appréciation du caractère civil et objet statutaire résiduel. Ne peut exciper de l'incompétence de la juridiction commerciale car constituée comme société commerciale, la société d'assurance mutuelle, en principe de nature civile [V. C. assur., art. L. 322-26-1, p. 2493], dont l'objet statutaire s'achève en visant un ensemble d'opérations de nature commerciale alors qu'il n'est pas indiqué dans les statuts que ces opérations ne pouvaient être effectuées qu'à titre accessoire de son activité civile : ▪ Cass. com., 5 mai 2009, n° 08-17.599, PB.

2) Appréciation du caractère civil et activité réelle. La société est civile si elle a un objet civil, l'objet réel devant seul être pris en considération ; ainsi une société autorisée par les statuts à conduire une activité commerciale ne devient pas commerciale dès lors qu'elle n'use pas de cette faculté : ▪ Cass. req., 11 juin 1888 : S. 1890, 1, p. 516. – Une société à objet civil devient commerciale lorsque les opérations commerciales qu'elle conduit, d'accessoires deviennent principales : ▪ Cass. req., 12 déc. 1887 : S. 1888, 1, p. 319 ; *D.* 1888, 1, p. 429 ; ainsi d'une société thermale pour laquelle l'exploitation d'un hôtel meublé et d'un casino a acquis un caractère principal : ▪ T. com. Seine, 16 avr. 1894 : *Rev. sociétés* 1894, p. 455.

3) Apport indirect. L'apport indirect consistant pour deux époux, seuls coassociés d'une SCI, à financer l'acquisition d'un immeuble au nom de la SCI constitue une **simulation** justifiant que l'immeuble soit réintégré, pour sa moitié indivise, dans le patrimoine de chacun des époux : ▪ Cass. 3e civ., 4 juin 2003 : *BJS* 2003, p. 1070, note F.-X. Lucas. – V. pour une solution équivalente, fondée sur la **fraude paulienne** : ▪ Cass. 3e civ., 9 juill. 2003 : *JCP* E 2004, act., p. 1371 ; *JurisData* n° 2003-019849.

4) Qualification d'entreprise.

a) Une **société civile immobilière** est **une entreprise** si elle a une **activité économique** [V. C. monét. fin., art. L. 313-22, p. 1201] : ▪ Cass. 1re civ., 12 mars 2002, 3 arrêts : *JurisData* nos 2002-013490, 2002-013492 et 2002-013496 ; *Dr. sociétés* 2002, n° 126, obs. Th. Bonneau ; *BJS* 2002, p. 1033, note B. Saintourens. – Caractérise l'octroi d'un concours financier à une entreprise le fait, pour une banque, de consentir à une SCI un crédit en vue de l'acquisition de biens immobiliers destinés à la location : ▪ Cass. com., 15 mars 2005 : *D.* 2005, p. 1080, obs. A. Lienhard. – En revanche, ne constitue pas une entreprise une SCI dont la seule activité a consisté à acheter un logement loué appartenant aux époux et à emprunter pour financer cet unique achat : ▪ CA Paris, 7 juin 2002 : *D.* 2002, p. 2677 ; *RJDA* 2003, n° 319. – Également, ne constitue pas une entreprise la SCI constituée quelques mois seulement avant l'acquisition d'un unique immeuble dont il n'est justifié ni qu'il ait fait l'objet de travaux particuliers ni qu'il ait été donné en location, ayant été conservé à un usage familial : ▪ CA Aix-en-Provence, 11 sept. 2007, n° 06-06990 : *BJS* 2008, p. 401, note J.-F. Barbièri.

b) **Pour une société civile de domiciliation.** V. sous C. com., art. L. 123-11-1, annot. n° 3, p. 857.

c) **Pour une SCP de notaires.** V. sous D. n° 67-868, 2 oct. 1967, art. 1er, annot. n° 1, p. 3150.

5) Qualité de professionnel d'une SCI.

a) S'agissant de l'achat d'un immeuble par une SCI, cet acte ayant un rapport direct avec son objet social tel que défini par ses statuts, la SCI n'est pas un acquéreur non-professionnel et ne peut en conséquence bénéficier des dispositions de l'article L. 271-1 du CCH : ▪ Cass. 3e civ., 24 oct. 2012, n° 11-18.774, PBR : *BJS* 2013, p. 130, note M.-H. Monsérié-Bon ; *D.* 2013, p. 280, note C. Blanchard. ▪ Cass. 3e civ., 16 sept. 2014, n° 13-20.002 : *D.* 2014, p. 2390, note H. Skprzypniak.

b) **Crédit immobilier.** S'agissant de l'achat par une SCI d'un immeuble dans lequel les deux époux associés habitent, la SCI ayant pour objet l'achat et la gestion de l'immeuble financé grâce au prêt, il en résulte qu'elle agit en qualité de professionnel : ▪ Cass. 1re civ., 7 mars 2018, n° 16-27.613 : *BJS* 2018, p. 579, note J.-J. Ansault. – Lors même que les parties ont entendu soumettre l'offre de prêt aux dispositions du Code de la consommation relatives au crédit immobilier, la société emprunteuse, dont il n'est pas constaté la qualité de consommateur, ne peut bénéficier du délai de prescription biennale de l'article L. 137-2 du même code : ▪ Cass. 1re civ., 3 févr. 2016, n° 15-14.689, PB : *Dr. sociétés* 2016, n° 56, obs. H. Hovasse. ▪ Cass. 1re civ., 3 févr. 2016, n° 15-14.686, PB : *Dr. sociétés* 2016, n° 56, obs. H. Hovasse.

c) **Loi du 29 janvier 1993.** Est un professionnel de l'immobilier, au titre de l'article 52 de la loi du 29 janvier 1993, une société commerciale ayant une activité accessoire mais régulière d'acquisition et de gestion de biens immobiliers : ▪ Cass. 3e civ., 28 mars 2012, n° 11-12.872, PB : *Rev. sociétés* 2012, p. 710, note B. Dondero.

d) **Garantie des vices cachés.** Une SCI peut, eu égard à la définition de son objet, avoir la qualité de vendeur professionnel relativement à la garantie des vices cachés attachée à la vente d'un immeuble : ▪ Cass. 3e civ., 27 oct. 2016, n° 15-24.232, PB : *JCP* E 2017, 1006, note R. Loir.

6) SCI et saisie immobilière. Les associés d'une SCI, seule propriétaire du bien saisi, ne sont pas des tiers ayant des droits sur ce bien au sens de l'article 706-150 du Code de procédure pénale et n'ont donc pas qualité pour exercer un recours contre l'ordonnance de saisie immobilière, ni pour se pourvoir en cassation : ▪ Cass. crim., 16 janv. 2019, n° 17-83.006 : *BJS* avr. 2019, p. 33, note J.-F. Barbièri.

Art. 1845-1 ***(Mod., L. n° 82-596, 10 juill. 1982 ; L. n° 2001-1168, 11 déc. 2001).*** **– Le capital social est divisé en parts égales.**

Les dispositions du chapitre I du titre III du livre II du Code de commerce relatives au capital variable des sociétés sont applicables aux sociétés civiles.

Voir : D. n° 78-704, 3 juill. 1978, art. 33 et 34, p. 160.

Bibliographie : G. Chaudré et J. Pémin-Foundoux, *Augmentation du capital par apport en nature dans les sociétés civiles : JCP* E 2010, 2141.

1) Régime dérogatoire. Par dérogation à l'article 1845-1, les sociétés civiles constituées avant l'entrée en vigueur de la loi n° 78-9 du 4 janvier 1978 *[1er juill. 1978]* ont la faculté de maintenir des parts sociales inégales : V. L. n° 78-9, 4 janv. 1978, préc., art. 4, al. 5, p. 153.

2) Augmentation de capital et donation indirecte. L'augmentation de capital d'une société constituée entre un père et son fils, ayant eu pour conséquence de substituer à la participation majoritaire du père (98 %) la participation majoritaire du fils (95 %), ne peut être qualifiée de donation indirecte, faute que soit établie l'existence du droit préférentiel de souscription auquel le père avait déclaré renoncer ainsi que le mentionnait une résolution du procès-verbal d'assemblée générale : ▪ Cass. 3e civ., 13 oct. 2016, n° 15-13.382 : *Dr. sociétés* 2016, n° 204, obs. H. Hovasse.

3) Libération des apports. *a)* **Libération par compensation.** V. sous C. civ., art. 1843-3, annot. n° 18, p. 58.

b) **Exigibilité du solde non libéré.** V. sous C. civ., art. 1843-3, annot. n° 19, p. 59.

c) **Maintien de l'obligation à la charge du cédant des parts sociales.** V. sous C. civ., art. 1843-3, annot. n° 17, p. 58.

4) Apport de la nue-propriété d'un immeuble à une SCI. V. sous C. civ., art. 1843-3, annot. n° 15, p. 57.

5) Détention de parts de SCI constituant la résidence principale de l'associé.

a) Les associés de SCI sont seulement titulaires de droits personnels concrétisés par l'attribution de parts sociales qui ne confèrent aucun droit de propriété sur les immeubles composant l'actif social ; les associés ne peuvent donc pas bénéficier de l'**insaisissabilité** des droits sur l'immeuble constituant la **résidence principale de l'entrepreneur** *[C. com., art. L. 526-1 et L. 526-2]* : Rép. min. n° 52819, 5 avr. 2005 : *JOAN* Q, p. 3540.

b) Lorsque l'habitation familiale a été acquise par le biais d'une SCI, le logement appartient à la société et non aux époux ; l'immeuble ne dépendant pas de la succession, le **conjoint survivant** ne peut pas bénéficier d'un **droit d'habitation, temporaire ou viager** *[C. civ., art. 763 et 764]*, sauf si un bail ou une convention d'occupation a été conclu avec la société : Rép. min. n° 39324, 25 janv. 2005 : *JOAN* Q, p. 816.

6) Société civile de famille. *a)* **Définition.** Une société civile constituée entre deux **concubins** ne constitue pas une société de famille au sens de l'article 13 de la loi n° 89462 du 6 juillet 1989, car elle n'est pas constituée exclusivement entre parents et alliés jusqu'au quatrième degré : ▪ Cass. 3e civ., 8 nov. 1995, n° 93-11.196 : *Bull. civ.* IIII, n° 223. – Même solution dans l'hypothèse d'une société civile dont les associés, membres de la même famille, ont cédé l'ensemble de leurs parts à un tiers, lequel ne peut dès lors bénéficier d'un congé aux fins de reprise pour habiter délivré par la société devenue unipersonnelle : ▪ Cass. 3e civ., 31 mai 2007, n° 06-13.524 : *D.* 2007, p. 1726.

b) **Bénéficiaire du congé aux fins de reprise pour habiter.** S'agissant de l'application des articles 13 et 15-I de la loi n° 89462 du 6 juillet 1989, une SCI de famille ne peut donner congé à un preneur à bail aux fins de reprise pour habiter qu'au profit de l'un de ses associés, et non à celui des descendants de l'un de ceux-ci : ▪ Cass. 3e civ., 19 janv. 2005 : *Bull. civ.* III, n° 9, p. 8 ; *D.* 2005, p. 385, obs. Y. Rouquet.

7) Occupation gratuite d'un immeuble social.

a) **Nécessité d'une décision des associés.** V. sous C. civ., art. 1852, annot. n° 4, p. 125.

b) Constitue un abus d'égalité le **refus de voter la suppression de la jouissance gratuite,** par l'un d'entre eux, de l'immeuble social en vue de sa location : V. sous C. civ., art. 1833, annot. n° 23, p. 27.

8) Société civile fictive. V. sous C. civ., art. 1844-10, annot. n° 6, p. 110.

9) Société civile frauduleuse. V. sous C. civ., art. 1844-10, annot. n° 5, p. 109.

Section II. – Gérance

Bibliographie : *Adde* P. Bezard et A. Bougnoux, *JCl. Sociétés traité*, Fasc. 48-30 *(Sociétés civiles – Gérance – Statut)*. • A. Bougnoux, *JCl. Sociétés traité*, Fasc. 48-40 *(Sociétés civiles – Gérance – Pouvoir – Responsabilités)*.

Art. 1846 *(L. n° 78-9, 4 janv. 1978)*. **– La société est gérée par une ou plusieurs personnes, associées ou non, nommées soit par les statuts, soit par un acte distinct, soit par une décision des associés.**

Les statuts fixent les règles de désignation du ou des gérants et le mode d'organisation de la gérance.

Sauf disposition contraire des statuts, le gérant est nommé par une décision des associés représentant plus de la moitié des parts sociales.

Dans le silence des statuts, et s'il n'en a été décidé autrement par les associés lors de la désignation, les gérants sont réputés nommés pour la durée de la société.

Si, pour quelque cause que ce soit, la société se trouve dépourvue de gérant, tout associé peut demander au président du tribunal statuant sur requête la désignation d'un mandataire chargé de réunir les associés en vue de nommer un ou plusieurs gérants.

Voir : la rédaction de cet article issue de l'ordonnance n° 2019-744 du 19 juillet 2019, en *addendum*, p. 3371.

Voir : D. n° 78-704, 3 juill. 1978, art. 36, p. 161.

Personne morale gérante, C. civ., art. 1847, p. 120. – **Révocation,** C. civ., art. 1851, p. 124.

Bibliographie : J.-P. Garçon, *La programmation de la gérance des sociétés civiles de gestion* : *BJS* 2011, p. 80.

1) Action en justice en l'absence de gérant. V. sous CPC, art. 117, annot. n° n° 1 p. 1947.

2) Déclaration d'appel en présence d'un mandataire *ad hoc*. S'agissant d'apprécier la nullité de la déclaration d'appel faite par le représentant légal de la société dans une instance où avait été désigné un mandataire *ad hoc* chargé de représenter la société sur une assignation en paiement, la nomination du mandataire *ad hoc* n'a pas pour effet de dessaisir les organes sociaux, de sorte que le gérant ultérieurement nommé par les associés en remplacement du gérant décédé a seul qualité pour engager la société et exercer une voie de recours : ▪ Cass. com., 15 mars 2017, n° 15-12.742 : *BJS* 2017, p. 322, note E. Putman ; *Dr. sociétés* 2017, n° 119, obs. H. Hovasse ; *JCP* E 2017, 1516, note R. Mortier.

3) Incapacité du gérant. Le tuteur d'une personne protégée à laquelle a été dévolue la fonction de gérant d'une société n'est pas investi du pouvoir de représenter celle-ci : ▪ Cass. 1re civ., 12 juill. 2012, n° 11-13.161 : *Dr. sociétés* 2012, n° 11-13.161, PB : *Dr. sociétés* 2012, n° 179, obs. H. Hovasse ; *Bull. Joly* 2012, § 438, p. 770, note M.-H. Monsérié-Bon.

Art. 1846-1 *(L. n° 78-9, 4 janv. 1978)*. **– Hors les cas visés à l'article 1844-7, la société prend fin par la dissolution anticipée que peut prononcer le tribunal à la demande de tout intéressé, lorsqu'elle est dépourvue de gérant depuis plus d'un an.**

Voir : D. n° 78-704, 3 juill. 1978, art. 37, p. 161.

Droit commun des sociétés, C. civ., art. 1844-7, annot. nos 1 et s., p. 94.

Art. 1846-2 *(L. n° 78-9, 4 janv. 1978)*. – **La nomination et la cessation de fonction des gérants doivent être publiées.**

Ni la société, ni les tiers ne peuvent, pour se soustraire à leurs engagements, se prévaloir d'une irrégularité dans la nomination des gérants ou dans la cessation de leur fonction, dès lors que ces décisions ont été régulièrement publiées.

Voir : D. n° 78-704, 3 juill. 1978, art. 18 à 20, p. 158.

Art. 1847 *(L. n° 78-9, 4 janv. 1978)*. – **Si une personne morale exerce la gérance, ses dirigeants sont soumis aux mêmes conditions et obligations et encourent les mêmes responsabilités, civile et pénale, que s'ils étaient gérants en leur nom propre, sans préjudice de la responsabilité solidaire de la personne morale qu'ils dirigent.**

Voir : D. n° 78-704, 3 juill. 1978, art. 35, p. 161.

Art. 1848 *(L. n° 78-9, 4 janv. 1978)*. – **Dans les rapports entre associés, le gérant peut accomplir tous les actes de gestion que demande l'intérêt de la société.**

S'il y a plusieurs gérants, ils exercent séparément ces pouvoirs, sauf le droit qui appartient à chacun de s'opposer à une opération avant qu'elle ne soit conclue.

Le tout, à défaut de dispositions particulières des statuts sur le mode d'administration.

Voir : Rappr. **SNC,** C. com., art. L. 221-4, p. 174.

1) Constituent des actes de gestion conformes à l'intérêt social :

– la prise à bail ou l'acquisition des immeubles nécessaires à l'entreprise : ▪ Cass., 19 nov. 1838 : *S.* 1839, 1, p. 307. ▪ CA Lyon, 29 janv. 1937 : *D.* 1939, 2, p. 49, note P. Pic ;

– les achats de matières premières et les ventes de produits fabriqués : ▪ CA Lyon, 16 févr. 1881 : *Journ. soc.* 1882, p. 685 ;

– la fixation des conditions offertes aux salariés : ▪ CA Rouen, 23 mai 1978 : *JCP* 1979, II, 19235 ;

– la renonciation à une créance de loyers due par la société ayant pris à bail commercial un immeuble social afin de permettre à la société locataire de se maintenir dans les lieux et de poursuivre son activité jusqu'à ce que le rétablissement de sa situation financière lui permette de s'acquitter à nouveau régulièrement de son loyer auprès de la SCI bailleur : ▪ Cass. 3e civ., 29 janv. 2008, n° 06-20.470 : *JurisData* n° 2008-042555 ; *Dr. sociétés* 2008, n° 119, obs. R. Mortier.

2) Contrariété à l'intérêt social. L'intérêt social est blessé par la passation d'un contrat de bail d'une durée excessive (▪ Cass., 7 mars 1837 : *S.* 1837, 1, p. 940) ou par des emprunts grevant lourdement le budget de la société (▪ CA Amiens, 16 févr. 1901 : *La loi*, 13 juin 1901).

3) Opposition du cogérant. *a)* **Licenciement.** L'opposition d'un cogérant déclarée postérieurement au licenciement ne remet pas en cause la rupture du contrat de travail prononcée par l'autre cogérant d'une société de notaires, le salarié ne pouvant se prévaloir d'un différend au sein des organes dirigeants de la société : ▪ Cass. soc., 18 févr. 1998 : *JurisData* n° 1998-000646 ; *JCP* E 1998, p. 590 ; *Dr. sociétés* 1998, n° 104, obs. Th. Bonneau.

b) **Action en justice.** S'agissant de l'action en annulation de la désignation d'un délégué syndical, l'opposition est sans effet dès lors qu'elle intervient postérieurement à la déclaration faite au greffe par l'avocat représentant la société : ▪ Cass. soc., 3 mai 2011, nos 10-20.084 et 10-60.362 : *BJS* 2011, p. 787, note G. Gil.

4) Gérant de fait. Sur l'application des règles de la gestion d'affaires au gérant de fait : ▪ Cass. 1re civ., 3 févr. 2011, n° 10-30.093 : *BJS* 2011, p. 400, note B. Dondero ; *Dr. sociétés* 2011, n° 66, obs. H. Hovasse ; *JCP* E 2011, 1194, obs. M.-L. Coquelet ; *Rev. sociétés* 2011, p. 637, note V. Thomas.

Art. 1849 *(L. n° 78-9, 4 janv. 1978)*. – **Dans les rapports avec les tiers, le gérant engage la société par les actes entrant dans l'objet social.**

En cas de pluralité de gérants, ceux-ci détiennent séparément les pouvoirs prévus à l'alinéa précédent. L'opposition formée par un gérant aux actes d'un autre gérant est sans effet à l'égard des tiers, à moins qu'il ne soit établi qu'ils en ont eu connaissance.

Les clauses statutaires limitant les pouvoirs des gérants sont inopposables aux tiers.

Voir : Rappr. **Sociétés commerciales,** C. com., art. L. 221-5, p. 175, L. 223-18, p. 202 et L. 225-51, p. 285.

Bibliographie : D. Martin, *Les pouvoirs des gérants des sociétés de personnes : RTD com.* 1978, p. 185. • J. Picard, *L'acte conclu par un dirigeant avec dépassement de ses pouvoirs : Dr. sociétés* juin 1998, p. 4.

1) Existence des pouvoirs du gérant.

a) **Engagement au nom de la société.** La société n'est engagée que par les actes souscrits en son nom par le gérant : ▪ Cass. 3e civ., 15 oct. 1974 : *Bull. civ.* III, n° 359. – S'agissant du contrat signé par le gérant pour la construction de sa maison et d'un garage situé sur les terres de la société, à défaut de mention de la qualité de gérant, il appartient au tiers contractant de faire la preuve que le dirigeant a eu et manifesté la volonté d'agir au nom et pour le compte de la société : ▪ Cass. 3e civ., 18 nov. 2009, n° 08-21.289 : *BJS* 2010, p. 228, note J.-F. Barbièri.

b) **Apparence.** Les engagements pris au nom de la société par son ex-gérant peuvent être opposables à la société par application de la théorie du **mandat apparent** : ▪ Cass., 27 nov. 1961 : *DP* 1962, 1, p. 483. ▪ TGI Lille, 22 déc. 1975 : *Rev. syndics* 1976, p. 228, obs. R. Plaisant.

c) Le **dol** commis par un cogérant d'une SCI lors de la cession de ses parts, consistant en la dissimulation des mesures d'exécution dont celles-ci avaient été l'objet, n'est pas un acte entrant dans l'objet social et ne saurait en conséquence engager la responsabilité de la société : ▪ Cass. 3e civ., 12 juill. 2005 : *JurisData* n° 2005-029582 ; *JCP* E 2005, 1392.

2) Principe de limitation des pouvoirs à l'objet. Le gérant ne peut engager la société que pour les actes conformes à l'objet social : ▪ Cass. 3e civ., 15 oct. 2015, n° 14-21.423 : *Dr. sociétés* 2015, n° 210, obs. H. Hovasse.

3) Étendue des pouvoirs du gérant de SCI au regard de l'objet social.

a) **Interprétation de l'objet social.** N'inclut pas la vente d'immeubles la disposition statutaire visant l'acquisition, la propriété, l'administration, la mise en location, la gestion et l'exploitation de tous immeubles qu'elle se propose d'acquérir et généralement toutes opérations quelconques se rattachant directement ou indirectement à cet objet et toutes opérations immobilières quelconques concernant tous autres immeubles : ▪ Cass. 3e civ., 6 sept. 2011, n° 10-21.815 : *BJS* 2011, p. 982, note D. Poracchia. – V. égal., ▪ Cass. 3e civ., 23 oct. 2013, n° 12-22.720 : *BJS* 2014, p. 34, note J.-P. Garçon. ▪ Cass. 3e civ., 29 janv. 2014, n° 12-26.962. – En revanche, dès lors que les statuts investissent le gérant du pouvoir de vendre des immeubles, le gérant peut y procéder quand bien même il s'agit du seul immeuble de la SCI : ▪ Cass. 3e civ., 12 févr. 2013, n° 11-20.570 : *BJS* 2013, p. 405, note F.-X. Lucas. – La conclusion d'emprunts destinés à financer des travaux d'amélioration d'immeubles locatifs entre dans les pouvoirs du gérant s'agissant d'une société ayant pour objet la propriété, l'administration et l'exploitation de biens immeubles : ▪ CA Aix-en-Provence, 20 juill. 2017, n° 16/02118 : *Dr. sociétés* 2017, n° 161, obs. H. Hovasse.

b) **Actes emportant extinction de l'objet social.** La vente de la totalité des immeubles sociaux dépasse les pouvoirs du gérant car elle rend impossible la poursuite de l'objet social *[société de construction-vente]* : ▪ CA Paris, 18 déc. 1984 : *RTD com.* 1986, p. 105. – Toutefois, dès lors que l'objet social d'une SCI est « la propriété, l'exploitation par bail et la gestion de tous immeubles et ensembles immobiliers et, plus généralement, toutes opérations civiles se rattachant directement ou indirectement à cet objet », le gérant est en droit de vendre l'immeuble objet du litige sans épuiser l'objet social et sans entraîner la disparition automatique et nécessaire de la société, ni une modification des statuts : ▪ Cass. 3e civ., 18 déc. 2001 : *BJS* 2002, p. 434, note B. Saintourens. – Même solution s'agissant de la promesse de vente d'un immeuble : ▪ Cass. com., 26 févr. 2008, nos 06-21.744 et 06-22.151 : *Dr. sociétés* 2008, n° 149, obs. R. Mortier.

c) **Extension de l'objet social aux opérations accessoires.** Il entre dans les pouvoirs d'un gérant de SCI de réaliser des opérations boursières dès lors que les statuts, visant toutes opérations se rattachant directement ou indirectement à l'objet social ou destinées à en faciliter la réalisation sans que soit modifié le caractère civil de la société, autorisent le placement de la trésorerie disponible à des fins d'optimisation : ▪ CA Paris, 15 févr. 2005 : *JurisData* n° 2005-280151 ; *Dr. sociétés* déc. 2005, n° 213, obs. F.-X. Lucas. – Dès lors que les statuts d'une SCI visent l'activité de marchand de biens à titre accessoire, le gérant peut, sans que doivent être réunies les règles de majorité prévues pour la modification des statuts, vendre un immeuble de la société dans la mesure où celle-ci étant propriétaire de plusieurs biens immobiliers, la vente d'un seul d'entre eux n'épuise pas l'objet social : ▪ CA Versailles, 22 juin 2011, n° 11-01.213 : *BJS* 2011, p. 691, note J.-F. Barbièri.

4) Devoir de contrôle et responsabilité des associés. Les associés d'une société civile ont le devoir de contrôler l'action du gérant et si, par leur négligence, ils ont laissé le gérant dépasser l'objet social, leur responsabilité est engagée à l'égard des créanciers sociaux : ▪ CA Douai, 24 nov. 1977 : *Rev. syndics* 1977, p. 185, obs. R. Plaisant.

5) Cautionnement des dettes personnelles d'un associé. V. sous C. civ., art. 1833, annot. n° 12, p. 21.

6) Délégation de pouvoirs. La clause statutaire n'autorisant le collège des gérants d'une société civile qu'à déléguer partie de ses pouvoirs et pour un ou plusieurs objets déterminés ne permet pas au collège des gérants de déléguer son pouvoir de représenter la société en justice : ▪ Cass. 3e civ., 2 déc. 2003 : *BJS* 2004, p. 874, note J.-P. Garçon.

7) Clauses statutaires limitant les pouvoirs du gérant. *a)* Inopposabilité aux tiers. Ces clauses sont inopposables aux tiers, sans qu'il importe qu'ils en aient eu connaissance ou non : ▪ Cass. 3e civ., 24 janv. 2001 : *JCP* E 2001, p. 713, note F.-X. Lucas ; *BJS* 2001, p. 529, note F.-X. Lucas. ▪ Cass. 3e civ., 12 juill. 2005, n° 04-14.494 : *BJS* 2006, p. 231, note Y. Dereu. – Sur la responsabilité du gérant à l'égard de la société. V. sous C. civ., art. 1850, annot. n° 5 *a)*, p. 123 ;

b) **Opposabilité par les tiers.** Les tiers à un GFA peuvent se prévaloir des statuts du groupement pour invoquer le dépassement de pouvoir commis par le gérant : ▪ Cass. 3e civ., 14 juin 2018, n° 16-28.672, PB : *Bull. Joly Sociétés* 2018, p. 483, note A. Couret ; *Dr. sociétés* 2018, comm. 160 ; *RTD com.* 2018, p. 982, note M.-H. Monsérié-Bon ; *JCP* E 2019, 1145, n° 8, obs. R. Raffray ; *Rev. sociétés* 2019, p. 42, note B. Lecourt.

c) **Opposabilité dans l'ordre interne.** Elles sont opposables au gérant associé, agissant en remboursement du prix de travaux commandés en violation de ses pouvoirs statutaires, car celui-ci n'est pas un tiers au contrat de société : ▪ Cass. 3e civ., 25 mai 2005 : *JurisData* n° 2005-028600 ; *BJS* 2005, p. 1133, note P. Le Cannu ; *Dr. sociétés* déc. 2005, n° 212, obs. F.-X. Lucas.

Art. 1850 *(L. n° 78-9, 4 janv. 1978).* **– Chaque gérant est responsable individuellement envers la société et envers les tiers, soit des infractions aux lois et règlements, soit de la violation des statuts, soit des fautes commises dans sa gestion.**

Si plusieurs gérants ont participé aux mêmes faits, leur responsabilité est solidaire à l'égard des tiers et des associés. Toutefois, dans leurs rapports entre eux, le tribunal détermine la part contributive de chacun dans la réparation du dommage.

Voir : D. n° 78-704, 3 juill. 1978, art. 38, p. 161.

Rappr. **SARL,** C. com., art. L. 223-22, p. 210. – **SA,** C. com., art. L. 225-251, p. 378.

I – RESPONSABILITÉ PERSONNELLE DU GÉRANT À L'ÉGARD DES TIERS

Bibliographie : J. Abras, *Responsabilité extra-contractuelle des dirigeants sociaux : JCP* E 2008, 1912. – G. Auzero, *L'application de la notion de faute personnelle détachable des fonctions en droit privé : D. affaires* 1998, p. 502. – J.-F. Barbièri, *Responsabilité de la personne morale ou responsabilité de ses dirigeants ? La responsabilité personnelle à la dérive : Mél. Guyon*, Dalloz, 2003, p. 41. – R. Besnard Goudet, *La faute détachable commise par un dirigeant social engage sa responsabilité à l'égard des tiers : D.* 2002, chron. p. 1821. – A. Constantin, *De quelques aspects de la responsabilité civile des dirigeants sociaux : RJDA* 7/2003, p. 595. – G. Creff, *La responsabilité des dirigeants sociaux retirés : RTD com.* 1978, p. 479. – F. Descorps Declerc, *Pour une réhabilitation de la responsabilité civile des dirigeants sociaux : RTD com.* 2003, p. 25. – N. Dedessus-Le-Moustier, *La responsabilité du dirigeant de fait : Rev. sociétés* 1997, p. 499. – I. Grossi, *La responsabilité des dirigeants : Dr. et patrimoine* sept. 2003, p. 50. – M. Laugier, *L'introuvable responsabilité du dirigeant social envers les tiers pour faute de gestion : BJS* 2003, p. 1231. – E. Nicolas, *La notion de faute séparable des fonctions des dirigeants sociaux à la lumière de la jurisprudence récente : Rev. sociétés* 2013, p. 535. – F. Pollaud-Dulian, *De quelques avatars de l'action en responsabilité civile en droit des affaires : RTD com.* 1997, p. 349. – D. Vidal, *La responsabilité civile des dirigeants sociaux : JCP* E 2001, p. 16. – V. Wester-Ouisse, *Critique d'une notion imprécise : la faute du dirigeant de société séparable de ses fonctions : D. affaires* 1999, p. 782.

1) Exigence d'une faute séparable. V. sous C. com., art. L. 223-22, annot. nos 1 et s., p. 210 et L. 225-251, annot. nos 1 et s., p. 378.

La seule constatation d'un fait délictuel imputable à la société n'implique pas nécessairement une faute personnelle du dirigeant social : ▪ Cass. com., 4 juin 1991 : *RJDA* 1991, p. 627 ; *Rev. sociétés* 1992, p. 455. – La responsabilité personnelle des dirigeants sociaux à l'égard des tiers n'est établie que si la faute est distincte de celle pouvant être mise à la charge de la société : ▪ Cass. com., 14 janv. 1992 : *RJDA* 1992, p. 581. – Le gérant d'une société civile ne peut voir engager sa responsabilité civile à l'égard des tiers que s'il a commis des fautes séparables de ses fonctions de gérant et qui lui soient imputables personnellement : ▪ Cass. 3e civ., 17 mars 1999 : *Bull. civ.* III, n° 72 ; *BJS* 1999, p. 806, note B. Saintourens ; *D.* 1999, somm. p. 264, obs. Ph. Delebecque ; *Dr. sociétés* juin 1999, n° 91, obs. Th. Bonneau. – La responsabilité personnelle du gérant suppose que soit démontré qu'il a intentionnellement commis une faute d'une particulière gravité incompatible avec l'exercice normal de ses fonctions sociales : ▪ Cass. com., 25 janv. 2005 : *Dr. sociétés* juill. 2005, n° 129, obs. F.-X. Lucas.

2) Faute détachable retenue. Constitue une faute détachable des fonctions l'absence de comptabilisation d'une provision pour risque de litige et le prélèvement par anticipation sur les bénéfices, dont le montant excessif a conduit la société à la cessation des paiements, la faute ainsi commise traduisant la volonté délibéré de faire échapper cette somme au gage des créanciers sociaux : ▪ Cass. com., 6 nov. 2007, n° 05-13.402 : *JurisData* n° 2007-041274.

3) Faute détachable non retenue.

a) **Action en exécution d'un contrat.** S'agissant de l'action sollicitant la condamnation *in solidum* de la société et de son gérant en paiement d'une créance contractuelle, le gérant ne peut être condamné au paiement sans qu'ait été caractérisée à son encontre une faute intentionnelle d'une particulière gravité incompatible avec l'exercice normal de ses fonctions sociales : ▪ Cass. com., 23 juin 2009, n° 08-15.312. – N'est pas constitutif d'une telle faute détachable l'inertie du gérant à l'origine du défaut de paiement : ▪ Cass. com., 23 juin 2009, n° 08-15.312 : *BJS* 2009, p. 1094, note B. Dondero.

b) **Passivité ou omission du gérant.**

– **Défaut de réponse à une demande d'information d'un créancier.** Jugé dans cette hypothèse que la passivité du gérant ne constitue pas une faute intentionnelle d'une particulière gravité incompatible avec l'exercice normal de ses fonctions sociales : ▪ Cass. com., 5 juill. 2017, n° 15-22.707 : *BJS* 2017, p. 678, note B. Brignon ; *Dr. sociétés* 2017, n° 208, obs. C. Coupet ; *Rev. sociétés* 2017, p. 703, note J. Heinich.

– **Défaut d'information du cessionnaire des parts.** Ne constitue pas une faute détachable le fait pour le gérant de délivrer ès qualité une attestation relative aux parts sociales destinées à être vendues ne mentionnant pas qu'elles faisaient l'objet de nantissements ainsi que le fait d'avoir induit le notaire en erreur sur l'absence de tout nantissement : ▪ Cass. com., 29 mars 2011, n° 10-11.027 : *Rev. sociétés* 2011, p. 416, note I. Riassetto.

II – RESPONSABILITÉ DU GÉRANT DANS L'ORDRE INTERNE

4) Action sociale *ut singuli*. V. sous C. civ., art. 1843-5, annot. n°s 4 s., p. 69.

5) Conditions de la responsabilité du gérant. *a)* **Principe.** Aucune faute de gestion ne peut être reprochée par les associés au gérant qui s'est contenté d'exécuter les décisions de l'assemblée générale : ▪ Cass. 3e civ., 2 oct. 2001 : *BJS* 2002, p. 265, note F.-X. Lucas.

b) **Non-respect de clauses statutaires.** Le non-respect par le gérant des clauses statutaires relatives à la dissolution de la société engage sa responsabilité : ▪ CA Rouen, 29 juill. 1880 : *Journ. soc.* 1881, p. 167. – La violation par le gérant d'une clause statutaire limitative de pouvoirs constitue une faute de nature à engager sa responsabilité civile à l'égard de la société, à condition toutefois que celle-ci rapporte la preuve d'un préjudice *[non rapportée en l'espèce]* : ▪ CA Paris, 21 févr. 2003 : *Dr. sociétés* janv. 2004, n° 5, obs. F.-X. Lucas.

c) **Fautes dans la gestion de l'activité.** Constituent des fautes de gestion :

– l'action téméraire du gérant engageant la société dans des opérations aventureuses : ▪ CA Paris, 29 nov. 1963 : *Gaz. Pal.* 1964, 1, p. 102 ;

– la décision de solder les entreprises avant la réception définitive des travaux : ▪ Cass. 3e civ., 18 oct. 1978 : *RD imm.* 1979, 348, obs. Groslière et Jestaz ;

– la conclusion de contrats préjudiciables à la société : ▪ Cass. 3e civ., 8 juin 1963 : *Bull. civ.* III, n° 283 ;

– s'agissant d'une société constituée entre deux époux, le fait pour l'époux gérant, après avoir contracté un emprunt pour rembourser le compte courant d'associé ouvert au nom des deux époux, de s'être consenti une avance personnelle sur les fonds de la société en prélevant les sommes empruntées sur le compte courant d'associé afin d'acquérir un bien en son nom personnel : ▪ Cass. com., 1er juill. 2008, n° 07-16.215 : *Dr. sociétés* 2008, n° 225, obs. R. Mortier.

d) **Manquements à ses obligations de mandataires.** Constitue une faute de gestion l'absence de surveillance du cogérant : ▪ Cass. com., 9 déc. 1957 : *Bull. civ.* IV, n° 338. – Le gérant qui envoie avec retard les rapports de reddition des comptes et les procès-verbaux des assemblées générales doit réparation aux associés du préjudice subi : ▪ CA Paris, 24 oct. 2003 : *BJS* 2004, p. 280, note P. Scholer.

6) Action individuelle. V. sous C. civ., art. 1843-5, annot. n° 1, p. 67.

III – RESPONSABILITÉ PÉNALE

7) Abus de confiance.

a) **Qualification.** Condamnation pour abus de confiance *[C. pén., art. 314-1]* d'un gérant ayant pillé une SCI (▪ Cass. crim., 4 sept. 1996 : *BJS* 1997, p. 107, note N. Rontchevsky) ou détourné des subventions versées par le conseil régional à la SCI pour la construction de logements étudiants (▪ Cass. crim., 9 janv. 2008, n° 07-83.425 : *JurisData* n° 2008-042703).

b) **Prescription.** S'agissant de détournements opérés par le gérant, le défaut de communication des comptes sociaux qui seule pouvait permettre de connaître le détournement constitue une dissimulation, laquelle fait obstacle au jeu de la prescription : ▪ Cass. crim., 16 déc. 2009, n° 09-80.585.

Art. 1851 *(L. n° 78-9, 4 janv. 1978).* **– Sauf disposition contraire des statuts le gérant est révocable par une décision des associés représentant plus de la moitié des parts sociales. Si la révocation est décidée sans juste motif, elle peut donner lieu à dommages-intérêts.**

Le gérant est également révocable par les tribunaux pour cause légitime, à la demande de tout associé.

Sauf clause contraire, la révocation d'un gérant, qu'il soit associé ou non, n'entraîne pas la dissolution de la société. Si le gérant révoqué est un associé, il peut, à moins qu'il n'en soit autrement convenu dans les statuts, ou que les autres associés ne décident la dissolution anticipée de la société, se retirer de celle-ci dans les conditions prévues à l'article 1869 (2e alinéa).

Voir : Rappr. **SARL,** C. com., art. L. 223-25, p. 215.

Bibliographie : R. Baillod, *Le « juste motif » de révocation des dirigeants sociaux : RTD com.* 1983, p. 395.

1) Justes motifs de révocation.

a) **Justifient la révocation du gérant :**

– des **fautes de gestion** : ▪ CA Rennes, 28 mars 1973 : *Rev. sociétés* 1974, p. 708 ;

– le **défaut d'établissement d'une véritable comptabilité** et le fait de priver la société de diverses sommes au profit de tiers : ▪ CA Paris, 9 avr. 1993 : *BJS* 1993, p. 755, note P. Le Cannu ;

– l'**abandon de poste** : ▪ CA Paris, 15 févr. 1950 : *JCP* 1950, II, 5544, note D. Bastian ;

– la **mauvaise gestion financière** : ▪ CA Paris, 15 mars 1984 : *BRDA* 9/1984, p. 11 ;

– l'**abus de pouvoir** : ▪ CA Reims, 10 nov. 1975 : *D.* 1976, somm. p. 20. ▪ CA Dijon, 2 nov. 1955 : *Gaz. Pal.* 1956, 1, p. 42 ;

– la **mise en location des immeubles sociaux**, privant ainsi les associés [épouse et enfants] de l'utilisation directe de ces biens, ce qui révèle une absence de communauté de vue entre les associés et le gérant quant à l'appréciation de l'intérêt social, dans un contexte de révélation à ces derniers de l'existence d'une famille naturelle constituée par le gérant et de son intention de les rejoindre : ▪ Cass. com., 25 sept. 2007, n° 06-12.274 : *Dr. sociétés* 2008, n° 28, obs. R. Mortier.

b) En revanche, la volonté du groupe majoritaire d'avoir un gérant **conforme à ses désirs** n'est pas un juste motif de révocation : ▪ CA Paris, 15 févr. 1950, préc.

2) Liberté statutaire. Les statuts d'une société civile peuvent priver le dirigeant, révoqué sans juste motif, de toute indemnisation : ▪ Cass. 3e civ., 6 janv. 1999 : *JurisData* n° 1999-000018 ; *Dr. sociétés* 1999, n° 34, obs. Th. Bonneau ; *JCP* E 1999, p. 668, obs. A. Viandier et J.-J. Caussain ; *Rev. sociétés* 1999, p. 380, note B. Saintourens.

3) Révocation judiciaire.

a) **Conditions de recevabilité.** L'article 1851, alinéa 2, ne le prévoyant pas, la recevabilité de l'action en révocation exercée par l'un des associés ne saurait être subordonnée à l'exigence que les autres associés soient mis en cause : ▪ Cass. com., 15 janv. 2013, n° 11-28.510, PB : *Dr. sociétés* 2013, n° 43, obs. H. Hovasse.

b) **Distinction de la cause légitime et de la faute séparable.** La révocation du gérant étant seulement subordonnée à l'exigence d'une cause légitime, il n'est pas nécessaire que la faute de gestion pour lui être reprochée ait le caractère d'une faute intentionnelle d'une particulière gravité, incompatible avec l'exercice normal des fonctions sociales ou contraire à l'intérêt social : ▪ Cass. com., 14 mars 2014, n° 13-14.374, PB : *JCP* E 2014, 1190, note B. Dondero ; *Rev. sociétés* 2014, p. 391, note J.-F. Barbièri.

c) **Cause légitime.** Constitue une cause légitime justifiant la révocation en justice du gérant à la demande d'un associé :

– le non-respect des règles statutaires relatives à la **tenue des comptes** d'une société civile immobilière : ▪ Cass. 3e civ., 24 sept. 2003, n° 02-13.039 : *JCP* E 2004, 29, n° 8, obs. J.-J. Caussain, Fl. Deboissy et G. Wicker ;

– le **manquement à l'obligation de rendre compte** de sa gestion aux associés faute de la tenue d'une comptabilité : ▪ Cass. com., 4 nov. 2014, n° 13-22.487 : *Dr. sociétés* 2014, n° 45, obs. H. Hovasse ; *Rev. sociétés* 2015, p. 376, note J.-F. Barbièri ;

– la manœuvre déloyale par laquelle le gérant, ne visant que ses seuls intérêts, a **souscrit seul à une augmentation de capital** en ayant fait en sorte que les autres associés soient privés de toute information et qu'ils ne puissent participer à l'assemblée ayant décidé de l'augmentation : ▪ Cass. com., 7 juin 2011, n° 10-17.778 : *Dr. sociétés* 2011, n° 150, obs. H. Hovasse. – Même solution pour un ensemble de manœuvres visant pour le gérant à souscrire seul à une augmentation de capital : ▪ Cass. com., 7 juin 2011, n° 10-17.792 ;

– l'ensemble des désordres empêchant tout contrôle de la gestion de la société, cette gestionayant été développée dans le seul intérêt de la société locataire dont l'intéressé était également gérant : ▪ Cass. 3e civ., 29 janv. 2014, n° 12-29.972 : *Rev. sociétés* 2015, p. 93, note B. Dondero ;

– les manœuvres frauduleuses par lesquelles le gérant, poursuivant son intérêt personnel au détriment de l'intérêt social a réalisé une opération plaçant la société dans une situation irrégulière : ▪ Cass. 3e civ., 14 déc. 2017, n° 16-25.697 : *Rev. sociétés* 2018, p. 244, note J.-F. Barbièri.

d) **Cause non légitime.** La simple mésentente entre associés *[différend successoral quant à la répartition des parts]* ne suffit pas à caractériser une cause légitime de révocation judiciaire du gérant : ▪ CA Versailles, 18 sept. 2007, n° 06-05248 : *BJS* 2008, n° 25, obs. B. Saintourens.

4) Démission du gérant. Sauf stipulation contraire, la démission d'un dirigeant de société, qui produit tous ses effets dès lors qu'elle a été portée à la connaissance de la société, qui ne nécessite aucune acceptation de celle-ci et ne peut faire l'objet d'aucune rétractation, doit être tenue pour acquise peu important que le gérant démissionnaire ait par la suite, faute de désignation d'un nouveau gérant, exercé une gérance de fait : ▪ Cass. com., 7 avr. 2009, n° 07-14.626 : *Dr. sociétés* 2009, n° 179, obs. R. Mortier.

5) Divers. Sur les mesures ordonnées en référé contre un ancien gérant révoqué qui avait conservé des documents comptables, V. ▪ CA Versailles, 29 juin 1990 : *RTD com.* 1991, p. 234.

SECTION III. – Décisions collectives

Bibliographie : *Adde* A. Bougnoux, *JCl. Sociétés traité*, Fasc. 48-50 et 48-60.

Art. 1852 *(L. n° 78-9, 4 janv. 1978).* **– Les décisions qui excèdent les pouvoirs reconnus aux gérants sont prises selon les dispositions statutaires ou, en l'absence de telles dispositions, à l'unanimité des associés.**

1) Décision nulle. La décision d'une société civile qui prive les associés de leurs parts sans indemnité est nulle : ▪ CA Paris, 7 juin 1988 : *BJS* 1988, p. 789.

2) Cautionnement. V. sous C. civ., art. 1833, annot. n° 12, p. 21.

3) Vente d'immeubles. La vente d'immeubles décidée par l'assemblée générale ordinaire est valable dès lors qu'elle est conforme à l'objet social défini par les statuts et que celui-ci demeure possible : ▪ Cass. 3e civ., 2 juin 2015, n° 14-16.165 : *Dr. sociétés* 2015, n° 166, obs. H. Hovasse ; *Rev. sociétés* 2016, p. 303, note B. Lecourt.

4) Décision relevant de la compétence des associés. La décision d'accorder à un associé le droit d'occuper gratuitement un immeuble social, contraire à une disposition statutaire, est un acte excédant les pouvoirs du gérant qui doit être autorisé à l'unanimité des associés dans les conditions prévues aux articles 1853 et 1854 du Code civil ; par suite, le point de départ de l'indemnité d'occupation due par l'associé ne peut être fixé à la date de l'assemblée générale marquant la volonté du gérant de mettre fin à cette situation : ▪ Cass. 3e civ., 25 avr. 2007, n° 06-11.833 : *BJS* 2007, n° 284, p. 1022, note B. Saintourens ; *JCP* E 2007, 1756 ; *Rev. sociétés* 2007, p. 839, note C. Malecki.

Art. 1853 *(L. n° 78-9, 4 janv. 1978).* **– Les décisions sont prises par les associés réunis en assemblée. Les statuts peuvent aussi prévoir qu'elles résulteront d'une consultation écrite.**

Voir : D. n° 78-704, 3 juill. 1978, art. 39 à 47, p. 161.

Bibliographie : *Sur les conventions de vote syndicats de défense, consortiums et « holdings ».* P. Didier, *Les conventions de vote : Mél. Foyer*, PUF, 1997, p. 341. • Ch. Freyria, *Étude de la jurisprudence sur les conventions portant atteinte à la liberté de vote dans les sociétés : RTD com.* 1951, p. 419. • M. Jeantin, *Les conventions de vote : RJ com.* 1990, p. 124. • M. Germain, *Le transfert du droit de vote : RJ com.* 1990, p. 135. • B. Oppetit, obs. *Rev. sociétés* 1974, p. 704. • S. Prat, *Les pactes d'actionnaires*, thèse, Paris V, 1991. • A. Viandier, obs. *in Rev. sociétés* 1980, p. 774 ; *Observations sur les conventions de vote : JCP* E 1986, 15405.

1) Abus de majorité. V. sous C. civ., art. 1833, annot. n° 14, p. 23.

2) Unanimité. Les délibérations d'une assemblée générale dont le procès-verbal indique que les résolutions ont été adoptées à l'unanimité et précise que l'un des associés a quitté la salle où se tenait la réunion, sont entachées de nullité comme ne correspondant pas à la réalité, dès lors qu'en l'absence dudit associé les délibérations n'ont pu intervenir à l'unanimité des associés ou de leurs représentants ayant émargé les feuilles de présence : ▪ CA Paris, 9 avr. 1993 : *BJS* 1993, p. 755, note P. Le Cannu.

3) Consultation écrite. Le refus de participer à une consultation écrite doit être assimilé à une absence de réponse, les parts ne pouvant par suite être prises en compte pour la détermination du quorum : ▪ Cass. 3e civ., 14 févr. 2007, n° 05-20.312 : *Dr. sociétés* 2007, n° 68, obs. F.-X. Lucas et n° 173, obs. R. Mortier ; *BJS* 2007, p. 878, note B. Saintourens.

Art. 1854 *(L. n° 78-9, 4 janv. 1978)*. – **Les décisions peuvent encore résulter du consentement de tous les associés exprimé dans un acte.**

Voir : D. n° 78-704, 3 juill. 1978, art. 46, p. 162.

1) **Nécessité d'un acte.** Viole l'article 1854 la cour d'appel qui décide que la volonté unanime des associés peut être établie par tous moyens et se déduire du mode de fonctionnement de la société *[SCP]*, alors qu'en l'absence d'une réunion d'assemblée ou de consultation écrite, les décisions résultant du consentement unanime des associés doivent être exprimées dans un acte : ▪ Cass. 1re civ., 21 mars 2000 : *BJS* 2000, p. 659, note P. Le Cannu ; *D.* 2000, p. 475, note Y. Chartier ; *Defrénois* 2000, p. 849, note B. Saintourens.

2) **Notion d'acte.** La pratique de répartition inégalitaire des bénéfices, contraire aux prévisions statutaires, peut être ratifiée par les actes de dissolution et de liquidation établis entre les deux associés : ▪ Cass. 1re civ., 2 mars 2004 : *BJS* 2004, p. 715, note B. Saintourens ; *JCP* E 2004, 1510, n° 6, obs. J.-J. Caussain, Fl. Deboissy et G. Wicker. – En revanche les déclarations fiscales faisant état d'une répartition égalitaire dans la prise en charge des dépenses de la société, même signées par tous les associés, ne constituent pas un acte au sens de l'article 1854 : ▪ Cass. com., 12 juin 2012, n° 11-17.042, PB : *BJS* 2012, p. 721, note B. Dondero ; *Dr. sociétés* 2012, n° 159, obs. H. Hovasse ; *Rev. sociétés* 2012, p. 634, note B. Saintourens. – Dans le même sens, à propos d'une société créée de fait : ▪ Cass. com., 4 déc. 2012, n° 11-24.174 : *Dr. sociétés* 2013, n° 24, obs. H. Hovasse ; *Rev. sociétés* 2013, p. 211, note J.-F. Barbièri.

3) **Application de l'article 1854 à une SCP de notaires.** V. sous D. n° 67-868, 2 oct. 1967, art. 1er, annot. nos 1 et s., p. 3150.

4) **Opposabilité.** L'acte n'est opposable à la société qu'à partir du moment où le gérant y a participé ou en a eu connaissance : ▪ CA Paris, 1er févr. 1965 : *D.* 1965, p. 564, note A. Dalsace. ▪ Cass. com., 20 juill. 1970 : *Bull. civ.* IV, n° 251 *[décision rendue à propos d'une SARL]*.

Voir : l'article 1854-1 créé par l'ordonnance n° 2019-744 du 19 juillet 2019, en *addendum*, p. 3371.

SECTION IV. – Information des associés

Art. 1855 *(L. n° 78-9, 4 janv. 1978)*. – **Les associés ont le droit d'obtenir, au moins une fois par an, communication des livres et des documents sociaux, et de poser par écrit des questions sur la gestion sociale auxquelles il devra être répondu par écrit dans le délai d'un mois.**

Voir : D. n° 78-704, 3 juill. 1978, art. 48, p. 163.

1) **Domaine du droit de communication.** Le droit de communication des associés s'applique à des pièces de procédure, telles qu'une assignation reçue par la société : ▪ TGI Nanterre, 15 mars 1983 : *RTD com.* 1983, p. 563, n° 3.

2) **Sanction du défaut d'information.** Les obligations qui pèsent sur les gérants d'une société civile en matière d'information des associés en vertu des articles 1855 et 1856 ne sont pas pénalement sanctionnées, mais ne sont pas pour autant dépourvues de sanctions ; le gérant engage en effet sa responsabilité sur le fondement de l'article 1382 du Code civil et les associés peuvent agir en justice, en cas de carence du gérant, afin d'obtenir la communication de l'information à laquelle ils ont droit, le cas échéant en référé ou sur le fondement de l'injonction de faire : Rép. min. : *JOAN* Q, 28 déc. 1992, p. 5863 ; *BJS* 1993, p. 114. – V. pour la possibilité d'obtenir la désignation d'un mandataire *ad hoc* pour obtenir communication des informations : ▪ Cass. 3e civ., 21 juin 2018, n° 17-13.212 : *BJS* 2018, p. 504, note J.-F. Barbièri ; *Dr. sociétés* 2018, n° 163, obs. H. Hovasse.

Art. 1856 *(L. n° 78-9, 4 janv. 1978)*. – **Les gérants doivent, au moins une fois dans l'année, rendre compte de leur gestion aux associés. Cette reddition de compte doit comporter un rapport écrit d'ensemble sur l'activité de la société au cours de l'année ou de l'exercice écoulé comportant l'indication des bénéfices réalisés ou prévisibles et des pertes encourues ou prévues.**

Voir : D. n° 78-704, 3 juill. 1978, art. 41 et 43, p. 162.

1) **Méconnaissance par le gérant de l'obligation de rendre compte.** La sanction de la nullité s'attache à un défaut total d'information et, en particulier, l'obligation de rendre compte par écrit faite au gérant par l'article 1856 : ▪ Cass. 1re civ., 31 oct. 1989 : *BJS* 1990, p. 93, note P. Le Cannu. – En cas de non-respect de l'obligation faite au gérant de rendre compte de sa gestion par écrit, l'assemblée d'approbation des comptes peut être annulée à la condition que soit établie l'existence d'un préjudice causé par cette irrégularité, ce qui n'est pas le cas lorsque l'associé a eu, préalablement à l'assemblée générale,

connaissance de tous les documents utiles à l'exercice du contrôle des propositions mises au vote : ▪ Cass. com., 19 avr. 2005 : *D.* 2005, p. 1287, obs. A. Lienhard ; *JCP* E 2005, 971 ; *Rev. sociétés* 2005, p. 840, note B. Saintourens.

2) Comptabilité des sociétés civiles immobilières de gestion. F. Aumont, *L'importance des choix comptables au sein d'une société civile de patrimoine : Option fin.* 25 sept. 2000, p. 22. – J.-P. Garçon, *La comptabilité des sociétés civiles immobilières de gestion : JCP* N 1996, p. 1707. – *Adde* Fl. Deboissy et S. Quilici, *Optimisation fiscale et SCI : Actes. prat. ing. sociétaire* 2009, n° 103, spéc. p. 21 et s.

a) **Révocation judiciaire du gérant.** Le non-respect des règles statutaires relatives à la tenue des comptes d'une société civile immobilière est une cause légitime justifiant la révocation en justice du gérant à la demande d'un associé *[C. civ., art. 1850]* : ▪ Cass. 3e civ., 24 sept. 2003 : *JCP* E 2004, 29, n° 8, obs. J.-J. Caussain, Fl. Deboissy et G. Wicker.

b) **Possibilité pour les associés de faire reconstituer en justice les comptes de la société.** Lorsque les renseignements fournis par une SCI ne permettent pas à l'associé de connaître, suivre et apprécier le montant de sa participation, il est en droit de solliciter en référé la désignation d'un administrateur *ad hoc* chargé de vérifier l'existence des comptes tout en réclamant, en tant que de besoin, qu'ils soient établis par expert sur le fondement de l'article 145 du Code de procédure civile : ▪ CA Paris, 12 févr. 2003 : *JCP* E 2003, act., p. 738 ; *JCP* N 2003, p. 1525, note J.-P. Garçon.

c) **Désignation d'un mandataire *ad hoc*** pour établir le rapport annuel et convoquer l'assemblée générale d'approbation des comptes : ▪ Cass. 3e civ., 21 juin 2018, n° 17-13.212 : *BJS* 2018, p. 504, note J.-F. Barbièri ; *Dr. sociétés* 2018, n° 163, obs. H. Hovasse.

SECTION V. – Engagement des associés à l'égard des tiers

Art. 1857 ***(L. n° 78-9, 4 janv. 1978).*** **– À l'égard des tiers, les associés répondent indéfiniment des dettes sociales à proportion de leur part dans le capital social à la date de l'exigibilité ou au jour de la cessation des paiements.**

L'associé qui n'a apporté que son industrie est tenu comme celui dont la participation dans le capital social est la plus faible.

Voir : Mentions relatives aux associés devant figurer sur l'extrait K *bis*, C. com., art. R. 123-54, 1°, p. 804.

Comp. **GAEC,** C. rur., art. L. 323-10, p. 2397. – **Sociétés civiles de placement immobilier,** C. monét. fin., art. L. 214-55, p. 1043. – **SCP,** L. n° 66-879, 29 nov. 1966, art. 15 et 16, p. 2841.

Bibliographie : A. Cerati-Gauthier, *Poursuites d'un associé par un créancier social : JCP* E 2007, 2157 ; *L'application aux associés des sociétés civiles des procédures collectives de liquidation : Rev. sociétés* 1979, p. 247. • Y. Guyon, *La situation des associés dans les sociétés civiles et les sociétés commerciales : RTD com.* 1983, p. 353. • A. Jonville, *La garantie d'une SCI par l'assurance-décès des associés : JCP* E 2002, n° 1504, p. 1657. • L. Nurit-Pontier, *L'obligation aux dettes sociales des associés de sociétés à risque illimité : BJS* 2008, p. 152.

1) Application dans le temps. Sur l'application de ce texte aux sociétés civiles constituées avant le 1er juillet 1978 : V. sous L. n° 78-9, 4 janv. 1978, art. 4, annot. n° 7, p. 155.

2) Nature sociale de la dette de l'associé. L'associé d'une société civile qui désintéresse un créancier social en application de l'article 1857 du Code civil paye la dette de la société et non une dette personnelle, de sorte que la société peut obtenir de son assureur la réparation intégrale de la dette, y compris la part de celle-ci acquittée par l'associé : ▪ Cass. 3e civ., 6 mai 2015, n° 14-15.222, PBRI : *JCP* E 2015, 1305, note C. Lebel ; *Rev. sociétés* 2016, p. 181, note A. Maymont.

3) Caractère individuel personnel de l'engagement de l'associé. L'associé n'étant tenu des dettes sociales qu'à proportion de sa part dans le capital social, n'est pas tenu avec d'autres au sens de l'article 1251, 3°, du Code civil, de sorte que l'associé qui acquitte seul l'intégralité d'une dette sociale n'est pas légalement subrogé dans les droits du créancier désintéressé : ▪ Cass. 1re civ., 18 févr. 2015, n° 13-25.536 : *BJS* 2015, p. 232, note F.-X. Lucas ; *Dr. sociétés* 2015, n° 86, obs. H. Hovasse.

4) Distinction de l'obligation et de la contribution aux dettes. Le paiement effectué par l'associé d'une société civile d'une dette sociale, en principal et intérêts, à proportion de sa part dans le capital social, le libère à l'égard du créancier social de son obligation à la dette, quand bien même sa part contributive dans la fraction restante de la dette, du fait de son augmentation par le jeu des intérêts, serait supérieure au montant acquitté par cet associé auprès du créancier social : ▪ Cass. com., 21 oct. 2008, n° 07-21.173 : *JCP* E 2009, n° 31-35, n° 7, obs. Fl. Deboissy et G. Wicker.

5) Exclusion de l'associé créancier de l'action pour obligation aux dettes. Les associés ne pouvant se prévaloir de l'obligation aux dettes sociales instituée au seul profit des tiers, l'associé titulaire d'une créance en compte courant ne peut, après avoir vainement poursuivi la société en paiement, agir contre son coassocié à proportion de sa part dans le capital social : ■ Cass. com., 3 mai 2012, n° 11-14.844, PB : *BJS* 2012, p. 571, note J.-F. Barbièri ; *Dr. sociétés* 2012, n° 119, obs. H. Hovasse ; *JCP* E 2012, 1437, note A. Couret et B. Dondero, et 1777, n° 5, obs. Fl. Deboissy et G. Wicker. – V. *contra* pour une SNC sous C. com., art. L. 221-1, annot. n° 6-1, p. 171.

6) Obligation aux dettes en cas de cession de titres.

a) **Date d'exigibilité ou jour de la cessation des paiements.** Quand bien même le tiers créancier se prévaut de la date de la cessation des paiements afin de poursuivre l'associé actuel, ce dernier peut établir que la créance était devenue exigible à une date antérieure à la cession des parts sociales : ■ Cass. com., 18 oct. 2011, n° 10-21.975.

b) **Exigibilité d'une dette de restitution.** S'agissant d'une créance ayant pour origine, non un prêt consenti par la banque, mais des sommes détournées par un préposé de celle-ci pour les mettre à disposition de la société et de ses associés, dès lors que ces sommes ont été portées au crédit du compte de la société avant que les associés cèdent leurs parts sociales, cette créance étant ainsi exigible avant la cession, les associés cédants doivent répondre de la dette : ■ Cass. com., 8 juill. 2008, n° 06-21.194.

c) **Extension de procédure collective.** Les associés répondant à l'égard des tiers des dettes sociales à la date de la cessation des paiements, le cessionnaire des titres d'une SCI, devenu associé avant que la société soit soumise à une extension de procédure, peut être actionné en paiement par un créancier dont la créance de prêt était encore régulièrement honorée au jour où la SCI s'est vue étendre la procédure de redressement judiciaire précédemment ouverte contre une SA, alors même que la date de cessation des paiements retenue pour la procédure englobant les deux sociétés a été fixée à une date antérieure à celle de la cession : ■ Cass. com., 13 avr. 2010, n° 07-17.912, PB : *BJS* 2010, p. 826, note J.-P. Garçon ; *Rev. sociétés* 2011, p. 104, note J.-F. Barbièri.

d) **Rupture abusive de pourparlers.** V. ■ Cass. 3e civ., 30 janv. 2013, n° 11-27.800 : *Rev. sociétés* 2013, p. 571, note J.-F. Barbièri.

7) Obligation aux dettes en cas de dissolution de la société. V. sous C. civ., art. 1844-8, annot. n° 4, p. 106.

8) Obligation aux dettes fiscales. L'associé d'une société civile immobilière de construction tenu au paiement d'un impôt en conséquence de la défaillance de la société a intérêt et qualité pour contester, dans la limite des sommes dont il est redevable, le bien-fondé de cet impôt ; en revanche, au cas où il se trouverait par la suite libéré de toute obligation en raison du paiement réalisé par la société, il ne peut sans mandat de celle-ci contester l'impôt dont la société est redevable : ■ CE, 8e et 3e s.-s., 13 janv. 2010, n° 289804, 311072 et 311660 : *Dr. fisc.* 2010, n° 15, comm. 275, concl. N. Escaut.

9) Nécessité d'un titre exécutoire contre l'associé. À défaut de titre exécutoire pris contre les associés, le titre délivré à l'encontre d'une société n'emporte pas le droit de saisir les biens des associés ; est donc nul l'avis à tiers détenteur émis contre l'associé alors que le créancier n'a pas de titre exécutoire contre lui : ■ CA Paris, 19 févr. 2004 : *JurisData* n° 2004-235562 ; *JCP* E 2004, act., p. 1038 ; rejetant le pourvoi, ■ Cass. com., 12 déc. 2006, n° 04-14.241 : *Dr. fisc.* 2007, 524. – Dans le même sens, ■ CA Colmar, 21 avr. 2008 : *JurisData* n° 2008-370596 ; *Dr. sociétés* 2009, n° 4, obs. R. Mortier. – V. sous C. com., art. L. 221-1, annot. n° 4, p. 172.

10) Exclusion du régime du cautionnement.

a) **Information de la caution et déchéance du droit aux intérêts.** Sauf disposition contractuelle expresse, les dispositions de l'article L. 313-22 du Code monétaire et financier prévoyant la déchéance du droit aux intérêts à défaut d'information de la caution ne sont pas applicables aux associés de la société civile : ■ Cass. com., 9 déc. 2008, n° 07-14.694 : *Dr. sociétés* 2009, n° 27, obs. R. Mortier.

b) **Époux associé.** Écartant l'application de l'article 1415 du Code civil, V. sous C. civ., art. 1832-2, annot. n° 11, p. 17.

11) Responsabilité du créancier social pour poursuite tardive. Engage sa responsabilité le créancier social qui, sans raison, ne poursuit l'associé qu'après un délai de cinq ans, et sans avoir jamais répondu à sa proposition transactionnelle ni effectué de démarches pour obtenir le remboursement : ■ CA Versailles, 27 janv. 2011, n° 10-408.

12) Dispense d'un associé de toute contribution financière. La délibération d'assemblée générale dispensant un associé de toute contribution financière personnelle pour le financement d'une opération, qui n'a pour effet que de régler la contribution à la dette de l'associé, est inopposable au créancier de la SCI : ■ CA Paris, 5 mars 2003 : *Dr. sociétés* janv. 2004, n° 4, obs. F.-X. Lucas.

13) Associé mineur. *a)* Une société civile immobilière immatriculée au registre du commerce et des sociétés jouit d'une personnalité morale distincte de celle des associés et sa capacité à s'engager résulte tant de la loi que de son objet social, sans dépendre de la capacité des associés ; s'il est vrai que ceux-ci répondent des dettes sociales à l'égard des tiers, le débiteur de l'obligation contractée par le gérant, agissant au nom et pour le compte de la société, n'en est pas moins la société elle-même ; dès lors, peu importe qu'un acte de prêt ait été contracté par le gérant d'une société civile immobilière dont l'associé majoritaire est un mineur sans autorisation préalable du juge des tutelles, l'emprunteur étant bien la société : ■ CA Versailles, 29 janv. 1998 : *JurisData* n° 1998-020415 ; *Dr. sociétés* 1998, n° 102, obs. Th. Bonneau ; *BJS* 1998, p. 786, note P. Delebecque. – V. rejetant le pourvoi : ■ Cass. 1re civ., 14 juin 2000 : *BJS* 2000, p. 1090, note D. Randoux.

b) Commet une **faute** à l'égard des associés mineurs la **banque** qui accorde un **prêt** à une SCI sans s'assurer que ces associés, qui détenaient une part importante du capital social et encouraient un risque élevé de se retrouver personnellement débiteurs, bénéficiaient de la protection qui leur était due en raison de leur état de minorité : ■ Cass. 3e civ., 28 sept. 2005, n° 04-14.756 : *BJS* 2006, p. 242, note J.-F. Barbièri ; *JCP* E 2006, 1850, n° 34, obs. N. Mathey ; *Rev. sociétés* 2006, p. 103, note J.-Ph. Dom.

14) Transformation de la société. La transformation d'une société civile en SARL ne peut avoir pour effet de préjudicier aux droits, nés antérieurement, des créanciers qui continuaient à bénéficier de l'engagement de la société et, à titre subsidiaire, de celui des associés : ■ Cass. 1re civ., 13 mars 1990 : *BJS* 1990, p. 439.

15) Héritiers coïndivisaires associés. Les héritiers qui ont recueilli des parts sociales, et sont ainsi devenus associés, ne sont tenus indéfiniment, à l'égard des tiers, des dettes de la société que dans la double proportion de leurs parts dans le capital social et de leurs droits respectifs dans la succession : ■ Cass. 1re civ., 1er juill. 2003 : *BJS* 2004, p. 1185, note Y. Dereu ; *Dr. sociétés* janv. 2004, n° 6, obs. F.-X. Lucas.

16) Caractère éventuel de l'obligation aux dettes. V. sous C. civ., art. 1858, annot. n° 1, p. 129.

Art. 1858 *(L. n° 78-9, 4 janv. 1978).* **– Les créanciers ne peuvent poursuivre le paiement des dettes sociales contre un associé qu'après avoir préalablement et vainement poursuivi la personne morale.**

Voir : Comp. **Sociétés en nom collectif,** C. com., art. L. 221-1, al. 2, p. 171. – **Société civile de construction-vente :** CCH, art. L. 211-2, p. 2761.

1) Portée de l'article 1858.

a) **Créancier de l'obligation aux dettes.**

– L'article 1858 institue une action au bénéfice des créanciers sociaux contre les associés et non au bénéfice de la société contre ses propres associés pour leur part dans son passif : ■ T. com. Versailles, 21 mai 1980 : *RJ com.* 1981, p. 29, note M. Penot ; *RTD com.* 1981, p. 312, n° 5, obs. M. Jeantin *[décision rendue sur le fondement de l'ancien article 1863 du Code civil].*

– **Défaut de qualité pour agir du représentant des créanciers et du liquidateur en cas de procédure collective de cette société.** V. sous C. com., art. L. 622-20, annot. n° 2, p. 2009.

b) **Caractère éventuel de l'obligation aux dettes.** Étant subordonnée à une préalable et vaine poursuite de la société, la créance dont est titulaire le créancier d'une société civile à l'encontre des associés tenus indéfiniment du passif social présente un caractère éventuel ; en conséquence, cette créance doit être **déclarée au passif** de la procédure collective ouverte contre un associé dès lors qu'elle procède d'un contrat consenti à la société antérieurement à cette ouverture, peu important que la société n'ait elle-même été soumise à une procédure collective que postérieurement : ■ Cass. com., 30 juin 2004 : *BJS* 2005, p. 231, obs. F.-X. Lucas ; *D.* 2004, p. 2155, obs. A. Lienhard ; *Rev. sociétés* 2004, p. 952, note J.-F. Barbièri et p. 637, note Th. Bonneau. ■ Cass. 3e civ., 23 mai 2007, n° 06-14.988 : *BJS* 2007, p. 1062, note Ph. Pétel ; *JCP* E 2007, 1911.

c) **Condition de recevabilité de l'action en paiement.** L'inefficacité des poursuites contre la société devant être constatée préalablement à l'engagement des poursuites contre les associés, l'irrecevabilité de l'action engagée contre ces derniers ne saurait être couverte lors même qu'en cours d'instance la liquidation judiciaire de la société a été clôturée pour insuffisance d'actif : ■ Cass. com., 27 sept. 2005, n° 03-20.390 : *JurisData* n° 2005-029928 ; *BJS* 2006, p. 235, note A. Reygrobellet ; *Dr. sociétés* déc. 2005, n° 211, obs. F.-X. Lucas ; *Dr. sociétés* mars 2006, n° 38, obs. J.-P. Legros ; *JCP* E 2005, 1593.

2) Objet du paiement. *a)* **Paiement partiel.** Le paiement partiel par la société n'a pas pour effet d'éteindre le recours des créanciers sociaux contre les associés : ■ Cass. 1re civ., 5 juill. 1978 : *Bull. civ.* I, n° 260 ; *RTD com.* 1979, p. 465, n° 2, obs. M. Jeantin.

b) **Plan de continuation.** Lorsqu'un plan de continuation a été arrêté au profit d'une société civile, un créancier social ne peut poursuivre un associé qu'après avoir vainement et préalablement poursuivi la société en paiement de la créance telle qu'elle résulte du plan : ■ Cass. com., 31 janv. 2006, n° 04-15.341 : *JurisData* n° 2006-032096 ; *Dr. sociétés* juin 2006, n° 85, obs. F.-X. Lucas.

3) Dommages et intérêts moratoires. À compter de leur assignation valant mise en demeure, les associés sont personnellement débiteurs des intérêts moratoires nés de leur propre retard à exécuter leur obligation subsidiaire au paiement du passif social consécutivement à la défaillance de la société : ▪ Cass. com., 21 janv. 2014, n° 12-26.461 : *BJS* 2014, p. 394, note F.-X. Lucas.

4) Vaines poursuites.

a) Preuve non rapportée :

– **Liquidation judiciaire.** La mise en liquidation judiciaire de la société ne suffit pas à permettre la poursuite des associés tant qu'il n'est pas démontré que le patrimoine social est insuffisant pour désintéresser le créancier : ▪ Cass. 3ᵉ civ., 6 janv. 1999 : *RJDA* 1999, n° 951. ▪ CA Paris, 9 nov. 2001 : *BJS* 2002, p. 270, note Y. Dereu. – Si l'exercice des poursuites contre les associés n'est pas subordonnée à la clôture de la procédure collective ouverte à l'égard de la société, il appartient au créancier d'établir que le patrimoine social est insuffisant pour le désintéresser : ▪ Cass. com., 6 déc. 2005, n° 04-14.352 : *JurisData* n° 2005-031185 ; *Dr. sociétés* mars 2006, n° 38, obs. J.-P. Legros. – V. *contra*, *b)*, ▪ Cass. ch. mixte, 18 mai 2007, n° 05-10.413.

– **Poursuites extrajudiciaires.** La délivrance de deux **commandements de payer** sans prendre de véritable mesure d'exécution contre la société est insuffisante à permettre une poursuite contre les associés : ▪ Cass. 3ᵉ civ., 23 avr. 1992 : *Rev. sociétés* 1992, p. 763, note B. Saintourens ; *RTD com.* 1993, p. 332. ▪ CA Versailles, 11 janv. 2001 : *BJS* 2001, p. 444, note F.-X. Lucas. – Même solution s'agissant d'une **mise en demeure restée infructueuse** : ▪ Cass. 3ᵉ civ., 3 juill. 1996 : *JCP* E 1996, I, 589, n° 15, obs. A. Viandier et J.-J. Caussain ; *BJS* 1996, p. 1043, note Y. Dereu. ▪ Cass. 3ᵉ civ., 23 févr. 2000 : *JCP* E 2000, p. 634 ; *Rev. sociétés* 2000, p. 537. – Même solution pour le simple défaut de réponse de la société : ▪ Cass. 3ᵉ civ., 14 juin 2000 : *JCP* E 2000, p. 1809, obs. A. Viandier et J.-J. Caussain.

– **Saisie immobilière.** Bien que l'insuffisance du prix d'adjudication à l'issue d'une procédure de saisie immobilière sur l'immeuble hypothéqué soit apparue à une date proche de celle de la dissolution de la SCI, et que le reste de son patrimoine immobilier ait déjà été réalisé, encore faut-il établir que toute autre poursuite aurait été privée d'efficacité du fait de l'insuffisance du patrimoine social : ▪ Cass. 3ᵉ civ., 6 juill. 2005 : *JurisData* n° 2005-029350 ; *BJS* 2006, p. 110, note J.-P. Garçon ; *D.* 2005, p. 2001, obs. A. Lienhard ; *Dr. sociétés* nov. 2005, n° 191, F.-X. Lucas ; *JCP* E 2005, 1391 ; *Rev. sociétés* 2006, p. 99, note J.-F. Barbièri. – Même solution pour le simple échec d'une saisie immobilière : ▪ CA Versailles, 25 juin 1987 : *BJS* 1987, p. 720.

– **Défaut de localisation de la société.** L'arrêt qui se borne à mentionner l'existence de recherches infructueuses pour retrouver la société et en déduit son insolvabilité ne caractérise pas l'existence de poursuites vaines et préalables : ▪ Cass. com., 8 oct. 1997 : *JurisData* n° 1997-003837 ; *Dr. sociétés* 1998, n° 21, obs. Th. Bonneau ; *BJS* 1997, p. 1076, note C. Priéto. ▪ Cass. 3ᵉ civ., 26 oct. 2017, n° 16-24.134 : *BJS* 2018, p. 40, note J.-F. Barbièri ; *Rev. sociétés* 2018, p. 324, note B. Saintourens. – Même solution, mais constatant en outre que les créanciers n'avaient pas fait d'autres démarches, PB : ▪ Cass. 3ᵉ civ., 4 juin 2009, n° 08-12.805 : *Dr. sociétés* 2009, n° 156, obs. R. Mortier ; *Rev. sociétés* 2009, p. 847, note J.-F. Barbièri.

b) Preuve rapportée.

– **Liquidation judiciaire.** Est constitutive des vaines poursuites au sens de l'article 1858 du Code civil la **déclaration de la créance** au passif de la procédure collective contre la société civile dès lors que la liquidation judiciaire a été prononcée contre celle-ci : ▪ Cass. ch. mixte, 18 mai 2007, n° 05-10.413 : *D.* 2007, p. 1414, obs. A. Lienhard ; *Dr. sociétés* 2007, n° 130, obs. F.-X. Lucas et n° 157, obs. J.-P. Legros ; *JCP* E 2007, 1877, n° 10, obs. J.-J. Caussain, Fl. Deboissy et G. Wicker ; *JCP* E 2007, 2119, n° 10, obs. Ph. Pétel ; *Rev. sociétés* 2007, p. 620, note J.-F. Barbièri. – S'agissant de la prescription de l'action des créanciers contre les associés *[C. civ., art. 1859]*, cette solution ne s'applique pas aux instances en cours au moment de son prononcé : ▪ Cass. com., 19 oct. 2010, n° 09-14.971 : *Dr. sociétés* 2011, n° 34, obs. H. Hovasse ; *JCP* E 2011, 1237, note A. Cayol. – V. égal., ▪ Cass. com., 26 oct. 2010, n° 09-68.928 : *Rev. sociétés* 2011, p. 359, note N. Morelli.

– **Prononcé de la liquidation judiciaire à l'issue de la période d'observation.** La conversion du redressement en liquidation judiciaire constitue également la vaine poursuite, puisque l'inscription d'une hypothèque provisoire sur l'immeuble social n'est pas suffisante pour garantir le recouvrement de la créance : ▪ Cass. 3ᵉ civ., 7 oct. 1998 : *BJS* 1999, p. 285, note J.-J. Daigre. – Le créancier, qui a régulièrement déclaré sa créance au passif du débiteur en redressement judiciaire, n'est pas tenu de procéder à une nouvelle déclaration de créance lorsqu'à l'issue de la période d'observation, la liquidation judiciaire est prononcée : ▪ Cass. com., 7 juill. 2009, n° 08-13.849 : *BJS* 2010, p. 48, note F.-X. Lucas ; *Dr. sociétés* 2009, n° 231, obs. J.-P. Legros.

– **Clôture de la liquidation amiable.** Si la personnalité morale d'une société dissoute subsiste aussi longtemps que ses droits et obligations à caractère social ne sont pas liquidés, la clôture de la liquidation dispense le créancier d'établir que le patrimoine social est insuffisant pour le désintéresser : ▪ Cass. 3ᵉ civ., 10 févr. 2010, n° 09-10.982, PB : *Dr. sociétés* 2010, n° 67, obs. H. Hovasse ; *JCP E* 2010, 1484, note C. Lebel ; *Rev. sociétés* 2010, p. 462, note J.-F. Barbièri.

I – CONVENTION DE CROUPIER

Bibliographie : J. Richard, *La convention de croupier : JCP* N 1987, I, 245. – A. Sarradin, *L'associé et son croupier*, thèse Paris, 1970. – Pour la licéité d'une telle convention, après la loi du 4 janvier 1978, V. P. Bezard, *Sociétés civiles*, Litec, 1979, n° 1278. – D. Randoux, obs. *in Rev. sociétés* 1980, p. 290.

1) Nature juridique. La convention de croupier dont la durée est égale à celle de la société et qui confère au croupier des droits plus importants que ceux reconnus aux associés est une véritable cession de parts : ▪ T. com. Paris, 13 mars 1979 : *BJS* 1980, p. 64. – La convention de croupier conclue entre l'associé d'une SCI et un tiers a eu pour seul effet d'assurer une participation du croupier aux bénéfices sociaux et non pas la cession par l'associé au tiers d'une partie de ses parts ; par suite la somme perçue par le croupier n'est pas imposable selon le régime des plus-values de cession : ▪ TA Lyon, 9 nov. 1999 : *RJF* 2/2000, n° 205. – V. aussi sous C. civ., art. 1871, annot. n° 5, p. 144 et sous C. com., art. L. 221-13, annot. n° 3, p. 178.

2) Liquidation de la croupe. V. ▪ Cass. com., 23 juin 2015, n° 14-18.291 : *BJS* 2015, p. 564, note E. Schlumberger.

II – AGRÉMENT

3) Domaine. *a)* **Application en cas d'adjudication sur saisie.** Dès lors que le cahier des charges précise que l'adjudication, après saisie, au profit d'un tiers ne sera réalisée que sous la condition résolutoire d'obtention de l'agrément dans les conditions prévues aux statuts et qu'il est loisible aux associés d'acquérir les parts comme à la société de procéder à leur rachat, le tiers adjudicataire, qui n'a pas contesté le cahier des charges avant le jour de l'adjudication, n'est pas recevable à en contester les clauses et conditions après que lui ait été notifié un refus d'agrément et qu'un associé ait présenté une offre de rachat : ▪ Cass. 3e civ., 14 janv. 2009, n° 07-17.619 : *Dr. sociétés* 2009, n° 70, obs. R. Mortier.

b) **Non-application au nantissement judiciaire provisoire.** L'inscription provisoire d'un nantissement étant une mesure de sûreté judiciaire, et non une saisie, les dispositions statutaires prévoyant l'agrément des associés en cas de cession des parts sociales nanties ne peuvent entraver la prise de cette sûreté : ▪ Cass. 2e civ., 2 déc. 2010, n° 09-17.495, PB.

c) **Cession entre époux.** S'agissant de la liquidation d'une communauté de biens entre époux, l'attribution des parts d'un associé à son ex-conjoint est soumise à l'exigence d'un agrément dès lors que les statuts n'ont pas indiqué vouloir déroger à l'article 1861 : ▪ CA Dijon, 28 janv. 2010 : *Dr. sociétés* 2010, n° 66, obs. H. Hovasse.

d) **Cession du conjoint survivant aux descendants.** Dès lors qu'il ressort des statuts que le conjoint survivant doit être agréé, la cession de ses parts aux descendants, lesquels ne sont pas soumis à agrément, ne saurait conférer à ceux-ci la qualité d'associé dès lors que le conjoint survivant n'avait pas lui-même sollicité son agrément : ▪ Cass. com., 6 nov. 2012, n° 11-25.058 : *Dr. sociétés* 2012, n° 3, obs. H. Hovasse.

4) Procédure d'agrément en cas d'unipersonnalité. Jugé à propos d'une EARL, qu'est régulière la demande d'agrément adressée par l'héritier de l'associé à l'associé devenu associé unique, et non à la société comme le prévoyait les statuts : ▪ Cass. com., 3 mai 2018, n° 16-24.381 : *Dr. sociétés* 2018, n° 141, obs. H. Hovasse.

5) Refus abusif. Le refus d'agrément peut être abusif, V. ▪ CA Bordeaux, 4 janv. 1961 : *Rev. sociétés* 1961, p. 65. ▪ CA Paris, 7 avr. 1995 : *Rev. sociétés* 1996, p. 7, obs. Y. Guyon. ▪ CA Paris, 23 avr. 1998 : *BJS* 1998, p. 959, note J.-J. Daigre. – Comp. ▪ Cass. com., 21 janv. 1970 : *JCP* 1970, II, 16541, note B. Oppetit. ▪ CA Paris, 2 mai 1966 : *JCP* 1967, II, 14.991.

6) Exclusion de l'agrément tacite. Quoique sa qualité d'associé n'ait pas été contestée antérieurement au litige, l'héritier qui n'a pas obtenu d'agrément dans les conditions prévues par les statuts ne peut se prévaloir d'un agrément tacite et n'est pas associé : ▪ Cass. 3e civ., 8 juill. 2015, n° 13-27.248, FS-P : *BJS* 2015, p. 585, note J.-P. Garçon ; *Dr. sociétés* 2015, n° 189, obs. R. Mortier ; *JCP* E 2016, 1036, obs. Fl. Deboissy et G. Wicker, n° 1.

7) Défaut d'agrément. *a)* **Mode de régularisation.** La délibération de l'assemblée extraordinaire modifiant les statuts par la mention des parts détenues par un nouvel associé et la certification par le gérant des statuts ainsi modifiés ne constituent pas la régularisation d'une procédure d'agrément inexistante : ▪ Cass. com., 7 avr. 2009, n° 07-14.626.

b) **Interdiction pour le cessionnaire de participer à l'assemblée.** Faute qu'ait été respectée la clause des statuts imposant un agrément en cas de cession à un descendant, le cessionnaire n'a pas la qualité d'associé et ne peut pas participer à une assemblée générale : ▪ CA Paris, 17 janv. 2003 : *BJS* 2003, p. 479, note Y. Dereu.

c) **Qualité pour agir en nullité de la cession.** Seuls les associés dont le consentement est requis pour la cession et la société peuvent invoquer la violation de l'article 1861 ; l'action est par suite refusée au cessionnaire : ▪ Cass. 3e civ., 19 juill. 2000 : *BJS* 2000, p. 2083, note P. Le Cannu ; *Rev. sociétés* 2000, p. 737, note J.-F. Barbièri. – Elle est également refusée au cédant : ▪ Cass. 3e civ., 6 déc. 2000 : *JurisData* n° 2000-007217 ; *Dr. sociétés* 2001, n° 39, obs. Th. Bonneau ; *BJS* 2001, p. 299, note P. Le Cannu ; *JCP* E 2001, p. 1001, note R. Besnard Goudet ; *Rev. sociétés* 2001, p. 84, note Y. Guyon.

8) Sur la cession ou l'agrément en « blanc ». ▪ CA Paris, 4 nov. 1964 : *Gaz. Pal.* 1965, 1, p. 280. ▪ Cass. crim., 11 mai 1992 : *BJS* 1992, p. 1067, note B. Bouloc *[recel d'abus de blanc-seing]*.

9) Clause statutaire prévoyant un agrément majoritaire. Le principe étant, selon l'article 1861, celui d'un agrément à l'unanimité des associés, la clause statutaire stipulant un agrément à la majorité qualifiée doit s'interpréter strictement, de sorte que la clause prévoyant un agrément « des associés représentant les trois quarts du capital social » doit s'entendre d'un minimum de deux associés, quand bien même l'un d'eux détiendrait les trois quarts du capital : ▪ CA Bordeaux, 12 mars 2009 : *Dr. sociétés* 2009, n° 201, obs. R. Mortier.

III – RÉGIME GÉNÉRAL DE LA CESSION

V. annot. sous C. com., art. L. 223-14, p. 192.

10) Promesse de cession.

a) Le gérant n'est pas tenu **d'informer les associés** de la promesse de cession dont il est le bénéficiaire lorsque les statuts prévoient qu'il doit informer les associés s'il envisage de refuser la demande d'agrément qui lui a été notifiée : ▪ Cass. 3e civ., 5 janv. 1994 : *BRDA* 15 févr. 1994, p. 7.

b) **Annulation de la promesse.** Dès lors que le cédant a privé le cessionnaire, dans le cadre des pourparlers ayant précédé la signature de la promesse de cession d'une information complète sur la situation hypothécaire du fonds agricole objet de la cession, il est possible de constater l'existence d'une **réticence délibérée** de celui-ci, modifiant de façon déterminante la portée de l'engagement du cessionnaire, et emportant la nullité de la promesse intervenue : ▪ CA Paris, 25 juin 1992 : *BJS* 1992, p. 1226, note F. Bénac-Schmidt.

11) Promesse d'achat. *a)* L'article 1840 A du **Code général des impôts** *[C. civ., art. 1589-2]* frappant de nullité les promesses unilatérales de ventes relatives à un immeuble n'est pas applicable à une promesse d'achat des parts sociales d'une SCI : ▪ CA Versailles, 6 févr. 2004 : *JurisData* n° 2004-236597 ; *Dr. sociétés* juin 2005, n° 111, obs. F-X. Lucas.

b) **Caractère léonin.** V. sous C. civ., art. 1844-1, annot. n° 8, p. 87.

12) Vices du consentement. M. Roussille, *De la réticence dolosive du dirigeant en matière de cessions de droits sociaux* : *JCP* E 2009, 1631.

a) **Éléments constitutifs du dol.** Constitue la réticence dolosive le fait pour les cédants, qui entendaient se désengager rapidement de la société, de ne pas renseigner les cessionnaires sur la situation financière profondément obérée de la société, l'obligation d'information pesant sur le cédant de titres sociaux n'étant réduite que lorsque le cessionnaire est parfaitement informé de la situation économique de la société ou qu'il dispose de tous les éléments lui permettant d'apprécier, avant la cession, les risques encourus : ▪ Cass. com., 17 juin 2008, n° 07-15.398, FD. – Doit être recherché un éventuel manquement à son obligation de loyauté de la part du dirigeant cessionnaire s'abstenant d'attirer l'attention des associés cédants sur l'existence, dans le patrimoine social, de bénéfices distribuables d'un montant supérieur à celui du prix stipulé : ▪ Cass. com., 6 mai 2008, n° 07-13.198, FD : *BJS* 2008, p. 885, note Th. Massart ; *Dr. sociétés* 2008, n° 155, obs. H. Hovasse. – En revanche, il n'y a pas dol en cas de défaut d'information sur la surface réelle des biens loués et le fait que le local commercial n'était pas la propriété de la seule SCI dès lors qu'il n'est établi ni que ces informations présentaient un caractère déterminant, ni une intention dolosive du cédant : ▪ CA Paris, 10 nov. 2015, n° 14/12176 : *BJS* 2016, p. 410, note C. Blanchard.

b) **Régime de la nullité.** Ne vaut pas confirmation d'une cession de parts entachée de nullité pour dol le fait de signer *a posteriori* le procès-verbal de l'assemblée générale constatant la cession et à laquelle l'intéressé était absent : ▪ Cass. com., 6 mai 2008, n° 07-13.198 (FD).

c) **Responsabilité.** En cas d'annulation pour **dol** de la cession de leurs parts par deux associés, seul est tenu à réparation celui qui a commis les manœuvres dolosives à l'exclusion du cocédant qui était dans l'ignorance de ces manœuvres et qui ne saurait être tenu à réparation en application de la clause de solidarité stipulée dans l'acte annulé : ▪ Cass. com., 12 juill. 2005, nos 02-13.583 et 02-17.156 : *BJS* 2006, p. 224, note L. Grosclaude.

13) Prescription de l'action en nullité.

a) **Choix entre prescription triennale et prescription de droit commun.** V. sous C. civ., art. 1844-14, annot. n° 4, p. 115.

b) **Nullité pour vileté du prix.** La cession de parts consentie sans prix sérieux est affectée d'une nullité qui, étant fondée sur l'absence d'un élément essentiel de ce contrat, est une **nullité absolue** soumise à la prescription trentenaire de droit commun : ▪ Cass. com., 23 oct. 2007, n° 06-13.979 : *BJS* 2008, p. 90, note A. Couret ; *D.* 2007, p. 2812, obs. X. Delpech et p. 954, note

G. Chantepie ; *Dr. sociétés* 2007, n° 209, obs. H. Lécuyer ; *JCP* E 2008, 1281, note H. Lécuyer. – *Contra*, le contrat de vente conclu pour un prix dérisoire ou vil est nul pour absence de cause et cette nullité, fondée sur l'intérêt privé du vendeur, est une **nullité relative** soumise au délai de prescription de cinq ans : ■ Cass. 3e civ., 24 oct. 2012, n° 11-21.980 : *Dr. sociétés* 2013, n° 22, obs. R. Mortier.

c) **Exception de nullité.** L'exception de nullité ne peut être invoquée que si la cession de parts n'a reçu aucun début d'exécution : ■ Cass. 1re civ., 13 févr. 2007, nos 06-10.880 et 05-18.097 : *BJS* 2007, p. 1016, note H. Lécuyer ; *D.* 2007, p. 726.

d) **Suspension de la prescription.** Les règles du Code civil [art. 1304 ancien] prévoyant la suspension de la prescription entre époux s'appliquent à l'action en nullité d'une cession de parts entre époux coassociés d'une SCI ■ Cass. com., 30 nov. 2017, n° 15-22.861, PBI : *BJS* 2018, p. 105, note R. Dalmau ; *Dr. sociétés* 2018, n° 24, H. Hovasse ; *Rev. sociétés* 2018, p. 298, note J.-J. Ansault.

14) Inopposabilité de la cession pour fraude paulienne. V. ■ CA Grenoble, 24 avr. 2018, n° 15/04275 : *Dr. sociétés* 2018, n° 121, obs. H. Hovasse.

15) Cession simulée. L'acte secret par lequel les parties à une cession de droits sociaux enregistrée et publiée écartent le transfert de propriété des titres tout en prévoyant leur rétrocession dans un second acte constitue une contre-lettre en vertu de laquelle le cédant est en droit d'obtenir la restitution des titres et des dividendes perçus par le cessionnaire : ■ CA Paris, 26 mai 2016, n° 15/11712 : *BJS* 2017, p. 218, note R. Raffray. – V. ■ CA Paris, 26 mai 2016, n° 15/11712 : *Dr. sociétés* 2017, n° 21, obs. R. Mortier.

16) Résolution de la cession. La résolution emportant anéantissement rétroactif de la cession de parts sociales et remise des choses en leur état antérieur, le préjudice du cessionnaire évincé relativement aux dividendes escomptés ne peut s'analyser qu'en une perte de chance : ■ Cass. com., 6 sept. 2011, n° 10-15.525 : *BJS* 2011, p. 960, note Th. Massart.

17) Vices cachés. Cassation de l'arrêt ayant fait droit, à propos d'une cession de parts de société civile immobilière, à l'action en garantie des vices cachés sans constater que le vice affectant l'immeuble était de nature à rendre les parts sociales impropres à leur destination : ■ Cass. 3e civ., 12 janv. 2000 : *RJDA* 4/2000, n° 426. – V. aussi sous C. com., art. L. 223-14, annot. n° 28, p. 199.

18) Obligation de délivrance et garantie. S'agissant de parts de société civile immobilière de construction donnant droit à la jouissance et à l'attribution de biens immobiliers : V. sous CCH, art. L. 212-8, annot. n° 1, p. 2766.

19) Clause statutaire de préemption. Lorsque, dans une procédure collective de liquidation judiciaire, le liquidateur est autorisé par le juge-commissaire à céder des parts sociales détenues par la société dans une société civile immobilière, il est tenu de respecter la clause contenue dans les statuts de la SCI et prévoyant un droit de préemption sur ces mêmes parts en faveur des associés, les règles de l'autorité de la chose jugée ne faisant pas obstacle à l'application de cette clause : ■ Cass. com., 23 janv. 1996 : *BJS* 1996, p. 488, note J.-M. Calendini.

20) Clauses de garantie de passif. A. Galia-Beauchesne, *Les clauses de garantie du passif dans les cessions d'actions et de parts sociales : Rev. sociétés* 1980, p. 27.

a) **Débiteur.** Une garantie de passif peut être souscrite par un seul des covendeurs : ■ Cass. com., 30 mai 2012, n° 11-17.858 : *Dr. sociétés* 2012, n° 138, obs. H. Hovasse.

b) **Déchéance.** Au regard des clauses de l'acte de garantie de passif, la sanction de l'inobservation des obligations, notamment d'information, mises à la charge des cessionnaires, est la déchéance de la garantie : ■ CA Paris, 24 oct. 2000 : *BJS* 2001, p. 292, note A. Couret. ■ CA Paris, 20 oct. 2000 : *BJS* 2001, p. 369, note J.-F. Barbièri. – V. aussi sous C. com., art. L. 228-23, annot. n° 68, p. 433.

21) Pour un exemple de **clause de réserve de propriété** : ■ Cass. com., 11 juin 1985 : *JCP* E 1986, 15846, obs. A. Viandier et J.-J. Caussain *[décision rendue en matière de SARL]*.

22) Répartition des dividendes. Les dividendes reviennent au cessionnaire, le cédant n'ayant aucun droit acquis à la perception d'un dividende correspondant à la partie d'exercice social en cours et durant lequel il était propriétaire des parts cédées : ■ CA Versailles, 23 févr. 1990 : *BJS* 1990, p. 552. – Rappr. ■ Cass. com., 23 oct. 1990 : *D.* 1991, p. 173, note Y. Reinhard ; *JCP* N 1991, p. 87, note M. Marteau-Petit. – Au sujet d'un acte de cession, fixant la date d'effet de celle-ci, et ne permettant pas au cessionnaire de percevoir les bénéfices afférents à des actes effectués avant la cession mais perçus après : ■ Cass. 1re civ., 9 juin 1993 : *JCP* E 1994, II, 542, note Th. Bonneau. – V. aussi sous C. civ., art. 1844-1, annot. n° 2, p. 83.

23) Promesse de porte-fort. Le cessionnaire de parts sociales de SCI s'étant porté fort d'obtenir l'engagement de la société de procéder au remboursement des prêts n'a pas satisfait, faute que celle-ci se soit exécutée, à son obligation de résultat, peu important la validité de l'engagement contracté par la société : ■ Cass. 1re civ., 25 janv. 2005 : *JCP* E 2005, act., p. 404.

Art. 1862 *(L. n° 78-9, 4 janv. 1978).* **– Lorsque plusieurs associés expriment leur volonté d'acquérir, ils sont, sauf clause ou convention contraire, réputés acquéreurs à proportion du nombre de parts qu'ils détenaient antérieurement.**

Si aucun associé ne se porte acquéreur, la société peut faire acquérir les parts par un tiers désigné à l'unanimité des autres associés ou suivant les modalités prévues par les statuts. La société peut également procéder au rachat des parts en vue de leur annulation.

Le nom du ou des acquéreurs proposés, associés ou tiers, ou l'offre de rachat par la société, ainsi que le prix offert sont notifiés au cédant. En cas de contestation sur le prix, celui-ci est fixé conformément aux dispositions de l'article 1843-4, le tout sans préjudice du droit du cédant de conserver ses parts.

Voir : D. n° 78-704, 3 juill. 1978, art. 49, p. 163.

Bibliographie : Y. Chartier, *L'évaluation des parts des sociétés civiles immobilières : Rev. sociétés* 1993, p. 1. ● J. Richard et A. Viandier, *La mission de l'expert désigné en application des articles 1843-4 et 1862 du Code civil : Dr. sociétés* 1981, n° 11, p. 2.

Droit du cédant de renoncer à la cession. L'article 1862 se borne, en cas de défaut d'agrément, à conférer à l'associé cédant la faculté d'obtenir le rachat des parts dont la cession était projetée et ne confère aux autres associés aucun droit de préemption, le cédant ayant toujours le droit de conserver ses parts : ▪ Cass. com., 7 déc. 2010, n° 09-17.351, PB : *Dr. sociétés* 2011, n° 27, obs. H. Hovasse ; *Rev. sociétés* 2011, p. 296, note B. Saintourens.

Art. 1863 *(L. n° 78-9, 4 janv. 1978).* **– Si aucune offre d'achat n'est faite au cédant dans un délai de six mois à compter de la dernière des notifications prévues au troisième alinéa de l'article 1861, l'agrément à la cession est réputé acquis, à moins que les autres associés ne décident, dans le même délai, la dissolution anticipée de la société.**

Dans ce dernier cas, le cédant peut rendre caduque cette décision en faisant connaître qu'il renonce à la cession dans le délai d'un mois à compter de ladite décision.

Voir : D. n° 78-704, 3 juill. 1978, art. 49, p. 163.

1) Agrément réputé acquis. L'agrément doit être réputé acquis lorsque, après un refus d'agrément, le cédant n'a reçu au terme du délai légal qu'une lettre du gérant faisant simplement état d'un projet de rachat : ▪ Cass. 3e civ., 15 nov. 2015, n° 14-24.076 : *Rev. sociétés* 2016, p. 374, note B. Saintourens.

2) Caractère définitif de l'agrément. L'offre de rachat par la SCI ayant été présentée dans le délai de six mois prévu par l'article 1863 du Code civil, le cessionnaire ne pouvait par la suite renoncer par transaction au bénéfice de la présomption d'agrément instituée par ce texte en contrepartie d'un prix ; par suite, il ne peut exiger l'exécution d'une obligation reposant sur une fausse cause : ▪ CA Versailles : 14 nov. 2003 : *BJS* 2004, p. 577, note J.-P. Garçon ; *Rev. sociétés* 2004, p. 427, obs. Y. Guyon.

Art. 1864 *(L. n° 78-9, 4 janv. 1978).* **– Il ne peut être dérogé aux dispositions des deux articles qui précèdent que pour modifier le délai de six mois prévu à l'article 1863 (1er alinéa), et sans que le délai prévu par les statuts puisse excéder un an ni être inférieur à un mois.**

Minimum légal. Le délai statutaire de trente jours ne respecte pas le minimum légal d'un mois : ▪ CA Paris, 23 mars 1993 : *RJDA* 1993, p. 700.

Art. 1865 *(L. n° 78-9, 4 janv. 1978).* **– La cession de parts sociales doit être constatée par écrit. Elle est rendue opposable à la société dans les formes prévues à l'article 1690, ou, si les statuts le stipulent, par transfert sur les registres de la société.**

Elle n'est opposable aux tiers qu'après accomplissement de ces formalités et après publication.

Voir : la rédaction de cet article issue de l'ordonnance n° 2019-744 du 19 juillet 2019, en *addendum*, p. 3371.

Voir : D. n° 78-704, 3 juill. 1978, art. 33, p. 160, 51 et 52, p. 163.

1) Exigence d'un écrit. L'écrit peut être constitué par un simple procès-verbal d'assemblée générale par lequel tous les associés déclarent accepter la cession : ▪ T. com. Paris, 24 déc. 1973 : *Rev. sociétés* 1974, p. 495 *[décision rendue en matière de SARL].* – V. égal., ▪ Cass. com., 4 févr. 2014, n° 12-29.337 : *BJS* 2014, p. 332, note E. Gicquiaud. – L'inscription d'une cession de parts sociales de société civile, par transfert sur les registres sociaux, éventuellement prévue dans les statuts, permet seulement de rendre la cession opposable à la société en évitant une signification ou un acte notarié, mais ne constitue pas un mode de preuve de la réalité de la cession qui doit être constatée dans un acte écrit : ▪ CA Paris, 18 juin 1996 : *BJS* 1997, p. 28, note P. Le Cannu.

2) Opposabilité à la société. Ne donne pas de base légale à sa décision la cour d'appel qui, pour décider qu'une cession de parts sociales d'une société civile est inopposable à la société, retient que la société ne peut être obligée au titre de contrats qu'elle n'a pas entérinés sans rechercher si la cession avait été signifiée à la société ou si les statuts avaient prévu le transfert sur les registres de la société : ▪ Cass. 3e civ., 27 févr. 1991 : *BJS* 1991, p. 530. – Faute que l'une des formalités prévues par le texte ait été accomplie, la participation du gérant à l'acte de cession en qualité de partie ne permet pas de rendre la cession opposable à la société : ▪ Cass. 3e civ., 11 oct. 2000, n° 99-10.108 : *BJS* 2001, p. 66, note D. Pardoel ; *Dr. sociétés* 2001, n° 4, obs. Th. Bonneau. – Le défaut de signification de la cession de parts sociales d'une société civile ne rend pas le cessionnaire irrecevable à réclamer du débiteur cédé l'exécution de son obligation quand celle-ci n'est susceptible de faire grief à aucun droit intervenu depuis la naissance de la créance, notamment au profit d'un autre cessionnaire : ▪ Cass. 1re civ., 19 mars 1991 : *BJS* 1991, p. 531, note P. Le Cannu. – Le débiteur cédé qui a su et accepté la cession de créance de manière certaine et non équivoque ne peut se prévaloir du défaut d'accomplissement des formalités de l'article 1690 du Code civil ; par suite, une cession de parts sociales est opposable à la société *[SCP]* dès lors que cette cession a été autorisée par l'assemblée générale, que le cessionnaire a été agréé et que l'acte de cession a été remis à ce dernier pour signature : ▪ Cass. 1re civ., 19 sept. 2007, n° 06-11.814 : *Dr. sociétés* 2007, n° 214, obs. R. Mortier.

3) Opposabilité aux tiers.

a) **Publication des statuts mis à jour.**

– **Caractère suffisant.** Une cession de parts sociales est opposable aux tiers, même si l'acte de cession n'a pas été déposé au greffe du tribunal de commerce, dès lors qu'ont été **publiés les statuts mis à jour constatant cette cession** ; ainsi, dès lors qu'une cession de parts a été portée à la connaissance des tiers par la publication du procès-verbal d'assemblée générale faisant état de l'acte de cession, le bénéficiaire d'une promesse synallagmatique de vente devenue caduque ne peut prétendre que cette cession lui est inopposable : ▪ Cass. com., 18 déc. 2007, n° 06-20.111 : *BJS* 2008, p. 287, note P. Le Cannu ; *Dr. sociétés* 2008, n° 96, obs. R. Mortier ; *D.* 2008, p. 86, obs. A. Lienhard ; *JCP* E 2008, 1437, note M. Roussille.

– **Engagement du cessionnaire au passif.** Le cessionnaire ne peut prétendre échapper à son obligation au passif social en invoquant l'inaccomplissement des formalités légales *[signification à la société et dépôt au RCS]* lorsque les statuts ont été mis à jour pour indiquer la qualité d'associé du cessionnaire, qu'ils ont fait l'objet d'un dépôt au greffe et que l'extrait K *bis* mentionne le nom du nouvel associé, nommé par la suite gérant de la société : ▪ Cass. 3e civ., 25 avr. 2007, n° 03-16.362 : *BJS* 2007, p. 1085, avis Guérin et note J.-P. Garçon ; *Dr. sociétés* 2007, n° 111, obs. F.-X. Lucas et 128, obs. H. Lécuyer ; *D.* 2007, p. 1281, obs. A. Lienhard ; *Rev. sociétés* 2007, p. 845, note N. Mathey.

b) **Publication de l'acte de cession notarié.** S'agissant de la donation-partage ayant pour objet la nue-propriété de parts de SCI, indépendamment de l'obligation pesant sur le gérant quant à la publicité des modifications apportées aux statuts, il incombe au notaire de procéder, sans même qu'il ait reçu mandat pour le faire, aux formalités nécessaires à l'efficacité de l'acte dont le client se trouve alors déchargé, telle que, en l'occurrence, la publicité de la cession de parts sociales par le dépôt, en annexe au RCS, de deux copies authentiques de l'acte de cession : ▪ Cass. 1re civ., 6 oct. 2011, n° 10-19.190, PB : *BJS* 2012, p. 147, note V. Allegaert.

c) **Connaissance effective de la cession.** La connaissance personnelle de la cession de parts par le créancier social résultant de la mention expresse de la cession dans l'acte d'où procède sa créance lui rend la cession opposable en dépit de son défaut de publication au RCS : ▪ Cass. com., 24 sept. 2013, n° 12-24.083, PB : *BJS* 2013, p. 806, note A. Constantin ; *Dr. sociétés* 2013, n° 200, obs. H. Hovasse ; *Rev. sociétés* 2014, p. 175, note D. Poracchia et B. Brignon. – En application de l'article L. 123-9, alinéa 3 du Code de commerce, même si l'acte de cession des parts sociales n'a pas été publié au RCS, le créancier social qui a eu personnellement connaissance de la cession ne peut soutenir qu'elle lui est inopposable pour réclamer le paiement d'une dette sociale au **cédant** : ▪ CA Bordeaux, 17 juin 2004 : *JurisData* n° 2004-253207 ; *Dr. sociétés* janv. 2005, n° 6, obs. F.-X. Lucas.

d) **Régime de l'action en opposabilité de la cession.** L'ancien associé qui engage une action tendant à faire déclarer opposable à un tiers la cession de ses parts n'est pas tenu de mettre en cause la société dont les parts ont fait l'objet de la cession, ni les autres associés : ▪ Cass. com., 24 sept. 2013, préc. *c)*.

Art. 1866 *(L. n° 78-9, 4 janv. 1978).* **– Les parts sociales peuvent faire l'objet d'un nantissement constaté, soit par acte authentique, soit par acte sous signatures privées signifié à la société ou accepté par elle dans un acte authentique, et donnant lieu à une publicité dont la date détermine le rang des créanciers nantis. Ceux dont les titres sont publiés le même jour viennent en concurrence.**

Le privilège du créancier gagiste subsiste sur les droits sociaux nantis, par le seul fait de la publication du nantissement.

Voir : D. n° 78-704, 3 juill. 1978, art. 49, p. 163, 53 à 57, p. 164.

Bibliographie : J. Carbonnier, *La mise en gage des parts d'intérêt dans les sociétés de personnes : Rev. sociétés* 1937, p. 173. • H. Chassery, *Le nantissement des parts sociales : RTD com.* 1977, p. 435.

1) Publicité. La publicité du nantissement prévue à l'article 1866 suppose l'immatriculation de la société ; la sanction de l'inobservation de cette formalité est seulement l'absence de détermination du rang des créanciers nantis : ▪ CA Paris, 29 oct. 1987 : *D.* 1987, somm. p. 262.

2) Sociétés civiles anciennes. À défaut d'immatriculation des sociétés civiles constituées antérieurement au 1er juillet 1978, les nantissements des parts n'ont pas à être publiés : ▪ Cass. 3e civ., 26 mai 1992 : *JCP* 1992, IV, 2149 ; *BJS* 1992, p. 960 ; *RJDA* 1992, p. 681. V. égal. : ▪ Cass. com., 3 juin 2008, n° 07-12.017 (FPB) : *BJS* 2008, p. 888, note J.-P. Garçon ; *D.* 2008, p. 1961, obs. A. Lienhard ; *Rev. sociétés* 2009, p. 113, note B. Dondero.

Voir : L. n° 78-9, 4 janv. 1978, art. 4, p. 153 ; désormais, les sociétés civiles anciennes ne bénéficient plus de dispense d'immatriculation.

Art. 1867 *(L. n° 78-9, 4 janv. 1978).* **– Tout associé peut obtenir des autres associés leur consentement à un projet de nantissement dans les mêmes conditions que leur agrément à une cession de parts.**

Le consentement donné au projet de nantissement emporte agrément du cessionnaire en cas de réalisation forcée des parts sociales à la condition que cette réalisation soit notifiée un mois avant la vente aux associés et à la société.

Chaque associé peut se substituer à l'acquéreur dans un délai de cinq jours francs à compter de la vente. Si plusieurs associés exercent cette faculté, ils sont, sauf clause ou convention contraire, réputés acquéreurs à proportion du nombre de parts qu'ils détenaient antérieurement. Si aucun associé n'exerce cette faculté, la société peut racheter les parts elle-même, en vue de leur annulation.

Voir : D. n° 78-704, 3 juill. 1978, art. 49, p. 163.

Art. 1868 *(L. n° 78-9, 4 janv. 1978).* **– La réalisation forcée qui ne procède pas d'un nantissement auquel les autres associés ont donné leur consentement doit pareillement être notifiée un mois avant la vente aux associés et à la société.**

Les associés peuvent, dans ce délai, décider la dissolution de la société ou l'acquisition des parts dans les conditions prévues aux articles 1862 et 1863.

Si la vente a eu lieu, les associés ou la société peuvent exercer la faculté de substitution qui leur est reconnue par l'article 1867. Le non-exercice de cette faculté emporte agrément de l'acquéreur.

Voir : D. n° 78-704, 3 juill. 1978, art. 49, p. 163.

Section VII. – Retrait ou décès d'un associé

Art. 1869 *(L. n° 78-9, 4 janv. 1978).* **– Sans préjudice des droits des tiers, un associé peut se retirer totalement ou partiellement de la société, dans les conditions prévues par les statuts ou, à défaut, après autorisation donnée par une décision unanime des autres associés. Ce retrait peut également être autorisé pour justes motifs par une décision de justice.**

À moins qu'il ne soit fait application de l'article 1844-9 (3e alinéa), l'associé qui se retire a droit au remboursement de la valeur de ses droits sociaux, fixée, à défaut d'accord amiable, conformément à l'article 1843-4.

Voir : Groupement forestier, sous C. for., art. L. 241-5. – **SCP,** L. n° 66-879, 29 nov. 1966, art. 18, p. 2842.

Bibliographie : H. Hovasse, *Le retrait d'associé et la gestion de patrimoine : Dr. et patrimoine* 1998, n° 66, p. 425. • C. Lapoyade-Deschamps, *La liberté de se retirer d'une société : D.* 1978, chron. p. 123. • M. Laroche, *Perte de la qualité d'associé : quelle date retenir ? : D.* 2009, p. 1772. • I. Sauget, *Le droit de retrait de l'associé*, thèse Paris X, 1991.

1) Possibilité de hiérarchiser les cas de retrait. Une disposition statutaire peut hiérarchiser les modes légaux de retrait d'une société civile en subordonnant l'exercice de la voie juridictionnelle à l'exercice préalable des voies amiables : ▪ Cass. com., 20 mars 2007, n° 05-18.892 : *BJS* 2007, p. 890, note J.-J. Barbièri ; *D.* 2007, p. 953, obs. A. Lienhard ; *Dr. sociétés* 2007, n° 92, obs. F.-X. Lucas ; *JCP* E 2007, 1804, note H. Hovasse et 1877, n° 11, obs. J.-J. Caussain, Fl. Deboissy et G. Wicker ; *Rev. sociétés* 2007, p. 836, note D. Randoux.

2) Possibilité d'assortir l'autorisation de retrait d'une condition. La décision d'assemblée générale autorisant le retrait d'un associé peut être assortie de conditions, laquelle peut consister en l'exécution d'obligations financières, et notamment sa contribution à hauteur de la quote-part du passif existant, avant la survenance d'un terme : ▪ Cass. com., 14 avr. 2015, n° 14-11.605 : *Dr. sociétés* 2015, n° 106, obs. H. Hovasse.

3) Garantie de l'effectivité du droit de retrait. La décision de l'assemblée d'une SCI subordonnant la mise en œuvre du droit de retrait, lequel devait selon les statuts être autorisé par une décision unanime des associés, à la vente de l'unique bien immobilier de la société, ne doit pas remettre en cause l'effectivité de ce droit de retrait : ▪ Cass. 3e civ., 29 sept. 2016, n° 15-18.396 : *Dr. sociétés* 2016, n° 205, obs. H. Hovasse ; *JCP* E 2016, 1214, note M. Buchberger ; *Rev. sociétés* 2017, p. 301, note B. Saintourens.

4) Exclusion du droit de retrait par une disposition légale particulière. Si l'article 1869 du Code civil permet au juge d'autoriser le retrait d'un associé d'une société civile pour justes motifs, sous la réserve instaurée par l'article 1845 d'une disposition légale particulière, il résulte des dispositions de l'article L. 219-9 du Code de la construction, auquel ne déroge pas la loi du 6 janvier 1986 relative aux sociétés d'attribution d'immeubles en jouissance à temps partagé, qu'un tel retrait est impossible : ▪ Cass. 3e civ., 29 mai 2002 : *BJS* 2002, p. 1076 ; *D.* 2002, p. 2127, obs. Y. Rouquet ; *JCP* E 2002, act., p. 1149.

5) Exclusion du droit de retrait après dissolution. Le retrait d'un associé ne peut être judiciairement autorisé après dissolution de la société pendant la période de liquidation : ▪ Cass. com., 12 févr. 2013, n° 12-13.837, PB : *BJS* 2013, p. 245, note F.-X. Lucas ; *Dr. sociétés* 2013, n° 62, obs. H. Hovasse.

6) Exclusion de l'exercice du droit de retrait par l'action oblique. Le droit de retrait prévu par les statuts d'une société civile, de même que par l'article 1869 du Code civil, est strictement personnel à l'associé, de sorte qu'il ne peut être exercé par un créancier sur le fondement de l'action oblique : ▪ Cass. com., 4 déc. 2012, n° 11-14.592, PB : *D.* 2013, p. 751, note J. Moury ; *JCP* E 2013, p. 1150, note C. Lebel ; *Rev. sociétés* 2013, p. 228, note A. Reygrobellet.

7) Aspects procéduraux.

a) **Qualité pour effectuer la demande.** Sur la qualité d'un nu-propriétaire ou d'un usufruitier pour agir sur le fondement de l'article 1869 : ▪ CA Paris, 25 mars 1997 : *JCP* E 1997, I, 676, n° 3, obs. A. Viandier et J.-J. Caussain.

b) **Tierce opposition à la décision de retrait.** V. sous CPC, art. 583, annot. n° 1, p. 1951.

c) Il ne résulte pas des termes de l'article 1869 que l'autorisation judiciaire de retrait d'un associé pour justes motifs soit subordonnée à la **volonté**, préalablement manifestée par le candidat au retrait, **de céder ses parts** sociales et à la mise en œuvre, par lui, de la procédure de cession des parts : ▪ CA Paris, 4 oct. 2002 : *JurisData* n° 2002-189266 ; *JCP* E 2002, n° 1670, p. 1849.

8) Justes motifs. *a)* **Principes.** Les justes motifs de l'article 1869 ne sont pas de même nature que ceux du 5° de l'article 1844-7 du Code civil ; les justes motifs de l'article 1869 doivent s'entendre de manière **subjective** par rapport à l'associé ; constitue un juste motif le très faible dividende distribué à un associé ne lui procurant plus les sommes nécessaires à sa subsistance : ▪ CA Paris, 9 févr. 1983 : *BJS* 1984, 639. ▪ CA Paris, 15 janv. 1983 : *Rev. sociétés* 1983, p. 553. – *Adde* ▪ Cass. 1re civ., 27 févr. 1985 : *Rev. sociétés* 1985, p. 620, note M. Jeantin. – Le juste motif peut procéder de la **situation personnelle de l'associé**, ainsi du retrait d'un associé désireux de s'établir en dehors de France, alors que l'objet de la société était la mise à disposition des membres d'une société de chasse du pavillon dont elle était propriétaire : ▪ CA Nancy, 27 sept. 1989 : *BRDA* 1990, XVII, p. 13. ▪ CA Paris, 10 mai 1995 : *JCP* E 1995, I, 505, n° 3, obs. A. Viandier et J.-J. Caussain ; *BJS* 1995, p. 742, note M. Jeantin.

b) **Constituent un juste motif de retrait :**

– **l'abus de majorité** par lequel un associé se voit interdire de se retirer de la société civile, tout en étant totalement mis à l'écart de l'activité de celle-ci : ▪ CA Nancy, 30 janv. 1991 : *BJS* 1991, p. 911, note I. Sauget ;

– la **mésentente** entre deux époux associés ayant divorcé, sans qu'il soit nécessaire que cette mésentente entraîne un dysfonctionnement de la société : ▪ Cass. 3e civ., 11 févr. 2014, n° 13-11.197 : *Rev. sociétés* 2014, p. 449, note E. Naudin. ▪ CA Paris, 22 sept. 1995 : *RJDA* 1995, n° 1383. – V. aussi pour la mésentente entre deux associés avocats à la suite de la dénonciation par l'un deux au bâtonnier alors que la plainte n'a pas eu de suite : ▪ CA Versailles, 31 janv. 2001 : *LPA* 2001, n° 193, p. 18, note D. Gibirila ;

– **la dégradation des relations entre les associés**, le fait que les autres associés aient une attitude excluant la possibilité pour le demandeur de participer à la vie sociale et enfin l'impossibilité d'un retrait amiable en raison de la clause de non-concurrence inacceptable que les associés restants prétendaient imposer au retrayant : ▪ Cass. com., 15 mai 2012, n° 11-18.276 : *Rev. sociétés* 2012, p. 506, note B. Saintourens ;

– l'**opposition d'intérêts entre associés** d'une SCI tirant l'essentiel de ses ressources d'un contrat, faisant l'objet d'un litige, avec une autre société dont l'associé qui entendait exercer son droit de retrait était le gérant et détenait avec sa famille la majorité des parts : ▪ Cass. 3e civ., 23 mars 2017, n° 16-13.649 : *Rev. sociétés* 2018, p. 39, note B. Saintourens ;

– les agissements des associés **privant l'un d'eux de l'exercice de ses droits** de toute nature : ▪ CA Bordeaux, 28 janv. 2014, n° 11/07063 : *Dr. sociétés* 2014, n° 79, obs. H. Hovasse.

c) **Ne constituent pas un juste motif de retrait :**

– le fait pour le gérant majoritaire d'une société civile, qui était le seul agréé par certaines compagnies d'assurance à l'exclusion de la société, d'avoir présenté à des tiers les associés retrayants comme des collaborateurs et non comme des associés, ce qui ne démontre pas l'absence d'*affectio societatis* entre les associés : ▪ Cass. 1re civ., 27 janv. 1998 : *JurisData* n° 1998-000216 ; *JCP* E 1998, p. 508, n° 3, obs. A. Viandier et J.-J. Cassain ; *Dr. sociétés* 1998, n° 57, obs. Th. Bonneau ; *BJS* 1998, p. 538, note J.-P. Garçon ;

– la **simple convenance** de l'associé retrayant : ▪ Cass. com., 8 mars 2005 : *Dr. sociétés* août-sept. 2005, n° 154, obs. F.-X. Lucas ;

– l'altération réelle de l'état de santé de l'associé, mais dont il n'est pas démontré qu'il en résulte la nécessité de se retirer de la société : ▪ Cass. 3e civ., 8 juill. 2014, n° 13-21.035 : *Rev. sociétés* 2015, p. 40, note B. Saintourens ;

– la mésentente familiale entre le père et la fille associés, alors qu'il n'en résulte pas un blocage de la société et que le retrait en compromettrait la pérennité : ▪ Cass. 3e civ., 8 juill. 2014, n° 13-21.035 : *Rev. sociétés* 2015, p. 40, note B. Saintourens ;

– les **relations conflictuelles** entre associés à la suite du prononcé du **divorce** entre deux d'entre eux et l'existence d'une procédure judiciaire de licenciement, dès lors que la preuve d'une absence de dialogue entre les associés n'est pas rapportée, le fait que les décisions prises en assemblée ne soient pas conformes au vote de l'associé minoritaire relevant du jeu normal des règles du droit des sociétés, et non d'un mépris affiché à son égard : ▪ Cass. 3e civ., 13 févr. 2008, n° 07-10.959 : *Dr. sociétés* 2008, n° 148, obs. R. Mortier. – V. laissant admettre que le juste motif de retrait pourrait résulter de l'opposition des parties quant à la gestion du bien, du comportement agressif d'un des associés et de la circonstance que le demandeur ne retire aucun avantage de l'immeuble : ▪ Cass. 3e civ., 20 mars 2013, n° 11-26.124 : *Dr. sociétés* 2013, n° 80, obs. H. Hovasse ; *JCP* E 2013, 1243, note A. Viandier.

9) Obligation de non-concurrence du retrayant. V. sous C. santé publ., art. R. 4113-68, annot. n° 1, p. 2961 *[SCP de chirurgiens-dentistes]*.

10) Remboursement de la valeur des droits sociaux.

a) **Évaluation des parts sociales.** L'associé retrayant d'une société civile *[société civile de moyens]* peut prétendre au seul remboursement de la valeur de ses droits sociaux : ▪ Cass. 1re civ., 3 juin 1998 : *BJS* 1998, p. 962. – Pour déterminer la valeur des droits sociaux dont le retrayant demande le remboursement, il doit être tenu compte de ses droits dans l'actif social : ▪ Cass. 3e civ., 27 mai 1999 : *BJS* 1999, p. 902, note F.-X. Lucas ; *Dr. sociétés* 1999, n° 124, obs. Th. Bonneau. – Doit être cassé pour violation de la loi l'arrêt ayant inclus dans la somme due à l'associé retrayant au titre du remboursement de ses droits sociaux une quote-part des loyers impayés dus à la société : ▪ Cass. 3e civ., 29 mai 2002 : *BJS* 2002, p. 1080, note F.-X. Lucas ; *D.* 2002, p. 2472 ; *JCP* E 2002, act., p. 1148. – Seuls les statuts déterminent les apports de chaque associé ; faute pour les statuts de prévoir des **apports en industrie**, un associé retrayant *[société civile d'exploitation agricole]* ne peut demander que soit pris en compte pour l'évaluation de ses parts le coût du travail qu'il a fourni depuis son entrée dans la société : ▪ Cass. com., 14 déc. 2004 : *JurisData* n° 2004-026294 ; *Dr. sociétés* 2005, n° 65, obs. F.-X. Lucas.

b) **Date d'évaluation des parts sociales.** V. sous C. civ., art. 1843-4, annot. n° 13, p. 64.

c) **Caractère d'ordre public de l'article 1843-4.** V. sous C. civ., art. 1843-4, annot. n° 2, p. 60.

11) Date de la perte de la qualité d'associé.

a) **Règle générale.** L'associé qui est autorisé à se retirer d'une société civile pour justes motifs par une décision de justice ne perd sa qualité d'associé qu'après remboursement de la valeur de ses droits sociaux : ▪ Cass. com., 17 juin 2008, n° 06-05.045, PBR : *D.* 2008, p. 1818, note A. Lienhard. – L'associé conserve sa qualité et a droit aux dividendes correspondant à l'intégralité de ses droits sociaux lors même que la société a été condamnée à payer une certaine somme au créancier de celui-ci dans l'attente de la fixation de la valeur de ses droits par l'expert : ▪ Cass. com., 27 avr. 2011, n° 10-17.778 : *BJS* 2011, p. 876, note R. Mortier ; *Dr. sociétés* 2011, n° 151, obs. H. Hovasse. – En conséquence, l'associé retrayant doit être indemnisé de la perte des dividendes subie à raison des agissements de la société qui a reporté, en violation des règles des statuts, la décision d'affectation des résultats de l'année à une date postérieure à la perte de sa qualité d'associé : ▪ CA Aix-en-Provence, 22 nov. 2011, n° 10/08861 : *BJS* 2012, p. 318, note R. Mortier. – S'agissant d'un GAEC, jusqu'au remboursement de la valeur de ses parts, le retrayant conservant sa qualité d'associé peut exercer les actions attachées à cette qualité : ▪ Cass. com., 17 juin 2008, n°s 06-15.045 et 07-14.965, PBR : *BJS* 2008, p. 967, note F.-X. Lucas ; *Dr. sociétés* 2008, n° 176, obs. R. Mortier ; *D.* 2008, p. 1818, note A. Lienhard. – Et, s'agissant d'une SCP d'avoués, l'associé retrayant conserve son droit aux bénéfices jusqu'au remboursement de ses parts sociales, même après la publication de l'arrêté prononçant son retrait : ▪ Cass. com., 9 juin 2011, n° 10-18.655 : *BJS* 2012, p. 40, note F.-X. Lucas ; *D.* 2011, p. 2523, note D. Gallois-Cochet, rejetant le pourvoi contre : ▪ CA Angers, 23 mars 2010 : *JurisData* n° 2010-004608 ; *Dr. sociétés* 2010, n° 112, obs. H. Hovasse.

b) **Cas particulier des SCP de notaires.** V. D. 2 oct. 1967, art. 31, p. 3157. – Pour une SCP d'huissiers de justice, V. annot. sous D. n° 69-1274, 31 déc. 1969, art. 31, 3103.

12) Exclusion de l'action en rescision pour lésion. V. sous C. civ., art. 1844-9, annot. n° 2, p. 108.

13) Reprise en nature des biens apportés par l'associé retrayant. *a)* Groupement forestier. L'associé d'un groupement forestier qui exerce son droit de retrait [C. for., art. L. 241-5] peut, en application de l'article 1844-9, alinéa 3 du Code civil, obtenir en justice que lui soient attribués les biens qu'il a apportés lorsque ceux-ci se retrouvent en nature dans le patrimoine social : ▪ Cass. com., 22 mars 2005, n° 01-11.154 : *Dr. sociétés* juin 2005, n° 109, obs. F.-X. Lucas.

b) **SCI.** En application des articles 1869, al. 2, et 1844-9, al. 3, l'associé qui se retire d'une société civile peut obtenir en justice que lui soient attribués les biens qu'il a apportés lorsqu'ils se retrouvent en nature dans l'actif social : ▪ Cass. 3e civ., 12 mai 2010, n° 09-14.747, PB : *BJS* 2010, p. 825, note J.-P. Garçon ; *D.* 2010, p. 2814, note D.-R. Martin ; *Dr. sociétés* 2010, n° 160, obs. H. Hovasse ; *JCP* E 2010, 1794, note C. Lebel ; *Rev. sociétés* 2010, p. 384, note J.-F. Barbièri. – L'apport de biens immobiliers même grevés d'hypothèque étant un apport en nature, et la prise en charge du passif par la SCI n'ayant de conséquence que pour l'importance de la part des apporteurs dans le capital social, les biens apportés qui se retrouvent en nature dans le patrimoine social doivent être attribués à l'associé retrayant, le cas échéant à charge de soulte : ▪ Cass. 3e civ., 10 sept. 2013, n° 12-13.592 : *Dr. sociétés* 2013, n° 178, obs. H. Hovasse.

14) Distinction du retrait et de la revente. S'agissant de l'application du régime de faveur des marchands de biens [CGI, art. 1115] à l'acquisition de parts sociales d'une SCI, le retrait de l'associé et le remboursement de ses droits sous la forme de l'attribution d'immeubles ne constituent pas la revente des titres sociaux auquel est subordonné le maintien de ce régime de faveur, de sorte que l'acquéreur des titres doit être déchu de son bénéfice : ▪ Cass. com., 2 févr. 2010, n° 09-10.384, PB : *Dr. fisc.* n° 13, comm. 268 ; *JCP* E 2010, 1299, note R. Mortier ; *BJS* 2010, p. 589, note J.-P. Garçon.

Art. 1870 *(L. n° 78-9, 4 janv. 1978).* **– La société n'est pas dissoute par le décès d'un associé, mais continue avec ses héritiers ou légataires, sauf à prévoir dans les statuts qu'ils doivent être agréés par les associés.**

Il peut, toutefois, être convenu que ce décès entraînera la dissolution de la société ou que celle-ci continuera avec les seuls associés survivants.

Il peut également être convenu que la société continuera soit avec le conjoint survivant, soit avec un ou plusieurs des héritiers, soit avec toute autre personne désignée par les statuts ou, si ceux-ci l'autorisent, par disposition testamentaire.

Sauf clause contraire des statuts, lorsque la succession est dévolue à une personne morale, celle-ci ne peut devenir associée qu'avec l'agrément des autres associés, donné selon les conditions statutaires ou, à défaut, par l'accord unanime des associés.

Bibliographie : P. Catala, *Le sort des parts sociales au décès de l'associé : Mél. H. Cabrillac*, Litec, 1968, p. 59. • E. Paul, *De l'héritier associé malgré lui : JCP* E 2001, p. 984. • B. Saintourens, *L'héritier de l'associé : Mél. Bouloc*, Dalloz, 2006, p. 1025.

1) Héritiers susceptibles d'acquérir la qualité d'associé.

a) Les héritiers ou légataires de **l'apporteur en industrie** ne sauraient devenir associés, les parts d'industrie s'éteignant avec le décès de l'apporteur ; la somme qui leur est éventuellement allouée a les caractères d'une libéralité : ▪ Cass. 1re civ., 9 févr. 1955 : *Bull. civ.* I, n° 67.

b) L'acceptation de la succession sous **bénéfice d'inventaire** n'est pas un obstacle à l'acquisition de la qualité d'associé par les héritiers : ▪ CA Riom, 31 mars 1984 : *D.* 1985, 2, p. 86.

c) Lorsque la succession ne comprend que la finance des parts entrées en communauté, les héritiers qui n'ont recueilli que la valeur des parts d'un groupement agricole d'exploitation en commun n'ont pas à être convoqués aux assemblées générales de ce groupement où seul le conjoint du défunt avait la qualité d'associé : ▪ Cass. 1re civ., 9 juill. 1991 : *BJS* 1991, p. 1030, note D. Brelet et M.-P. Madignier.

2) Agrément de l'héritier.

a) Les statuts prévoyant un agrément pour les héritiers en ligne directe, il en résulte implicitement mais nécessairement que, outre les légataires, les héritiers autres que ceux en ligne directe, tel le conjoint survivant, sont soumis à agrément : ▪ CA Paris, 29 juin 2011, n° 10-12.355 : *Dr. sociétés* 2011, n° 190, obs. H. Hovasse.

b) **Caractère définitif du refus d'agrément.** Les associés ayant refusé l'agrément ne peuvent revenir sur leur décision de refus au motif que la valeur de rachat déterminée par l'expertise ne leur convient pas : ▪ CA Pau, 25 nov. 2012, n° 09-02.970 : *Rev. sociétés* 2012, p. 570, note A. Lecourt.

c) **Exclusion de la qualité d'associé de l'héritier non agréé.** V. ▪ Cass. 3e civ., 8 juill. 2015, n° 13-27.248, FS-P : *BJS* 2015, p. 585, note J.-P. Garçon ; *Dr. sociétés* 2015, n° 189, obs. R. Mortier ; *JCP E* 2016, 1036, obs. Fl. Deboissy et G. Wicker, n° 1.

d) **Situation du légataire à titre particulier.** S'agissant d'une clause dispensant d'agrément les héritiers et ayants droit de l'associé décédé, le légataire à titre particulier est dispensé d'agrément : ▪ Cass. com., 5 avr. 2018, n° 16-18.097 : *Rev. sociétés* 2018, p. 596, note J.-F. Barbièri.

3) Agrément du conjoint. *a)* Les statuts ne prévoyant pas d'agrément pour les héritiers, n'a pas à être agréée la veuve de l'associé décédé qui a recueilli la propriété des parts sociales en vertu d'une institution contractuelle : ▪ Cass. 1re civ., 24 mars 1998, n° 96-11.538 : *Dr. sociétés* 1998, n° 103, obs. Th. Bonneau ; *Rev. sociétés* 1999, p. 123, note D. Randoux.

b) La clause d'agrément stipulée pour toute transmission de parts sociales par voie de succession ou suite à une liquidation de communauté entre époux ne s'applique pas lorsque l'acquisition procède d'un avantage matrimonial prévoyant l'attribution intégrale de la communauté universelle au conjoint survivant : ▪ CA Colmar, 8 oct. 2014, n° 12/04756 : *Dr. sociétés* 2015, n° 4, obs. H. Hovasse.

4) Partage. La société peut provoquer le partage de la succession d'un associé : ▪ TGI Pontoise, 6 juin 1972 : *Rev. sociétés* 1973, p. 497, note A. Sarradin.

5) Clause d'accroissement ou tontine. V. sous C. civ., art. 1835, annot. n° 8, p. 30.

Art. 1870-1 *(L. n° 78-9, 4 janv. 1978).* **– Les héritiers ou légataires qui ne deviennent pas associés n'ont droit qu'à la valeur des parts sociales de leur auteur. Cette valeur doit leur être payée par les nouveaux titulaires des parts ou par la société elle-même si celle-ci les a rachetées en vue de leur annulation.**

La valeur de ces droits sociaux est déterminée au jour du décès dans les conditions prévues à l'article 1843-4.

1) Refus d'agrément. Lors même qu'il n'a pas fait l'objet d'une décision expresse, le refus d'agrément résulte nécessairement de la décision d'assemblée de reprendre ou faire reprendre les parts : ▪ Cass. com., 29 sept. 2015, n° 14-16.142 : *Rev. sociétés* 2016, p. 46, note J.-F. Barbièri.

2) Droit à la valeur des parts. Lorsque les statuts ne prévoient aucune transmission testamentaire des parts sociales, la légataire, qui ne peut prétendre à la qualité d'associée, a droit à la valeur des parts sociales de son auteur déterminée au jour du décès : ▪ Cass. 1re civ., 12 déc. 2007, n° 05-21.885 : *JurisData* n° 2007-041933. – Le défaut d'agrément d'un légataire de parts de GFA le prive de sa qualité d'associé, mais non de la valeur des parts sociales, laquelle entre dans l'assiette des droits de succession : ▪ Cass. com., 5 oct. 2004 : *JurisData* n° 2004-025235 ; *Dr. sociétés* mars 2005, n° 44, obs. F.-X. Lucas. – Pour l'indemnisation des héritiers non agréés de l'associé d'un GAEC, V. sous C. rur., art. L. 323-6, annot. n° 2, p. 2396.

3) Situation de l'héritier non encore agréé. Si les héritiers non encore agréés d'un GAEC ont le droit de participer aux délibérations de l'assemblée générale *[C. rur., art. R. 323-41]*, ils n'ont en revanche aucun droit sur les bénéfices réalisés par le groupement postérieurement au décès de leur auteur : ▪ Cass. com., 14 déc. 2004 : *JurisData* n° 2004-026195 ; *BJS* 2005, p. 522, note J.-P. Garçon ; *Dr. sociétés* mars 2005, n° 45, obs. F.-X. Lucas ; *Dr. et patrimoine* mai 2005, n° 3685, p. 106, obs. D. Porracchia ; *RTD com.* 2005, p. 126, obs. M.-H. Monsérié-Bon.

4) Traitement fiscal du rachat. Le rachat des droits des héritiers par la société ne constitue pas légalement une cession de parts sociales, de sorte qu'il n'est pas soumis aux droits d'enregistrement de l'article 726 I du Code général des impôts : ▪ Cass. com., 22 oct. 2013, n° 12-23.737, P : *Dr. sociétés* 2014, n° 5, obs. H. Hovasse.

CHAPITRE III. – DE LA SOCIÉTÉ EN PARTICIPATION

Bibliographie : M. Bali, *Le réveil des sociétés en participation par les finances éthiques : RD bancaire et fin.* janv.-févr. 2011, p. 25. • F. Caporale, *Société et indivision : Rev. sociétés* 1979, p. 265. • J.-J. Daigre, D. Gaveau, D. Gerry et H. Le Blanc, *La SEP, instrument de coopération : Dr. sociétés* 1994, Actes prat. n° 16. • Fl. Deboissy et G. Wicker, *La distinction de l'indivision et de la société et ses enjeux fiscaux : RTD civ.* 2000, p. 225. • F. Dekeuwer-Defossez, *L'unification des sociétés civiles et commerciales : vers un droit commun ? Les sociétés en participation : RTD com.* 1984, p. 569. • B. Dondero, *Les groupements dépourvus de personnalité juridique en droit privé – Contribution à la théorie de la personnalité morale*, PLIAM, 2006. • J. Guyénot, *Régime juridique de la société en participation après sa métamorphose par les articles 1871 à 1873 du Code civil : Gaz. Pal.* 1979, 2, p. 620. • J.-Cl. Hallouin, *Les sociétés non immatriculées face au redressement et à la liquidation judiciaires : JCP* E 1989, I, 15416. • F. Peltier, C. Régnaut et A. Couret, *L'apport d'actions à une société en participation : Dr. sociétés* 1994, Actes prat. n° 18. • C. Saint-Alary-Houin, *Les critères distinctifs de la société et de l'indivision depuis les réformes récentes du Code civil : RTD com.* 1979, p. 645. • I. Urbain-Parléani, *Convention de croupier et société en participation : Rev. sociétés* 1999, p. 753. • J. Vallansan et E. Desmorieux, *Société en participation et société créée de fait. Aspects juridiques et fiscaux*, préf. M. Cozian, éd. Joly, 1996. • *Adde* J. Derruppé et S. Nizard de Saint-Didier, *JCl. Sociétés traité*, Fasc. 47-10, 47-20, 47-30 et 47-40.

Art. 1871 *(L. n° 78-9, 4 janv. 1978)*. **– Les associés peuvent convenir que la société ne sera point immatriculée. La société est dite alors « société en participation ». Elle n'est pas une personne morale et n'est pas soumise à publicité. Elle peut être prouvée par tous moyens.**

Les associés conviennent librement de l'objet, du fonctionnement et des conditions de la société en participation, sous réserve de ne pas déroger aux dispositions impératives des articles 1832, 1832-1, 1833, 1836 (2e alinéa), 1841, 1844 (1er alinéa) et 1844-1 (2e alinéa).

Voir : D. n° 78-704, 3 juill. 1978, art. 30, al. 2, p. 160.

Sociétés en participation pour l'exercice d'une profession libérale, L. n° 90-1258, 31 déc. 1990, art. 22 et 23, p. 2855.

I – EXISTENCE DE LA SOCIÉTÉ EN PARTICIPATION

1) Principes. *a)* Preuve de la société en participation. La convention de répartition des bénéfices et des pertes conclue entre une filiale et sa société mère, qui reçoit 90 % des bénéfices, ne constitue pas une convention de société en participation dès lors qu'il n'y a pas de **mise en commun de biens ou d'industrie** : ▪ CE, 23 nov. 2001 : *BJS* 2002, p. 489. – Le fait de « s'intéresser » à un fonds de commerce ne suffit pas pour constituer l'***affectio societatis*** requis des associés de toute société en participation : ▪ Cass. com., 3 juin 1986 : *Dr. sociétés* nov. 1986, p. 3. – Si les conditions de validité d'une société, notamment l'existence de l'*affectio societatis*, doivent s'apprécier lors de sa constitution, le juge peut néanmoins, pour qualifier les relations contractuelles entre les parties, se fonder sur des **éléments postérieurs** au début de l'engagement invoqué : ▪ Cass. com., 12 oct. 1993 : *BJS* 1993, p. 1265, note M. Jeantin ; *Dr. sociétés* janv. 1994, n° 1, obs. Th. Bonneau.

b) Partage des bénéfices et contribution aux pertes. Violent les articles 1832 et 1871 du Code civil les juges ayant retenu un partage pour moitié des pertes résultant de la production d'un spectacle entre deux sociétés sans avoir au préalable constaté l'existence d'**apports** consentis par chacune d'elles et sans avoir vérifié qu'elles s'étaient engagées à **partager les bénéfices et à contribuer aux pertes** : ▪ Cass. com., 29 janv. 2008, n° 06-15.698 : *JCP* E 2008, 1550, note A. Viandier, cassant ▪ CA Paris, 9 mars 2006 : *Dr. sociétés* juin 2006, n° 84, obs. H. Lécuyer. – S'agissant d'une société en participation constituée par deux architectes pour réaliser en tant que maîtres d'œuvre une opération ponctuelle, il ne peut être fait droit à la demande de l'un des associés en paiement de sa part de bénéfices sans rechercher au préalable si celui-ci a effectivement réalisé un apport en industrie en exécutant la part des missions qui lui avait été confiée : ▪ Cass. com., 13 janv. 2009, n° 07-21.704 : *BJS* 2009, p. 452, note V. Allegeart.

2) Application des règles de la société en participation aux sociétés civiles anciennes non immatriculées au 1er novembre 2002. V. sous L. n° 78-9, 4 janv. 1978, art. 1er, annot. n° 1, p. 153.

3) Distinction avec d'autres contrats.

a) **Contrat de prêt.** Un versement d'argent constitue un prêt et non un apport à une société en participation lorsque le prêteur a manifesté de manière non équivoque son refus de collaborer à la réalisation de l'opération et d'en accepter les aléas : ▪ Cass. com., 12 oct. 1993 : *BJS* 1993, p. 1265, note M. Jeantin ; *Dr. sociétés* janv. 1994, n° 1, obs. Th. Bonneau. – Les fonds remis au gérant d'une société doivent être considérés comme des prêts et non comme des apports en numéraire lorsque la preuve d'une intention du bailleur de fonds de participer personnellement à l'affaire n'est pas rapportée : ▪ CA Poitiers, 16 sept. 2003 : *JurisData* n° 2003-224908. – Ni le montant des financements, ni la forme des remboursements ne sauraient transformer un prêt en apport en société : ■ CA Paris, 28 sept. 1999 : *BJS* 2000, p. 90, note B. Saintourens. – Pour un exemple de requalification en société en participation admise : ■ CA Paris, 21 févr. 1986 : *JCP* E 1987, 16122, n° 17, obs. A. Viandier et J.-J. Caussain. – Même solution, motifs pris du comportement du prêteur qui a effectué des apports de fonds à la société, réglé des factures, fait l'avance de frais, traité directement l'achat des marchandises, disposé d'une carte bancaire à son nom délivrée à la société et utilisé des cartes de visites le présentant comme *sales manager* : ■ Cass. com., 24 sept. 2003 : *Dr. sociétés* janv. 2004, n° 2, obs. F.-G. Trébulle.

b) **Contrat de travail.** Requalification d'un contrat de société en participation conclu par un chauffeur routier et une société de transport en contrat de travail : ■ Cass. soc., 14 mai 1992 : *Bull. civ.* V, n° 313. – Dans le même sens, au motif que les parties n'étaient pas placées sur un pied d'égalité, la société de transport disposant seule de tous les pouvoirs pour assurer le fonctionnement de la société, ce qui était de nature à établir qu'elle avait la maîtrise de l'organisation et de l'exécution du travail que le chauffeur devait effectuer : ■ Cass. soc., 25 oct. 2005, n° 01-45.147 : *D.* 2005, p. 2898 ; *BJS* 2006, p. 395, note B. Saintourens. ■ CA Dijon, 21 mars 2000 : *Rev. sociétés* 2000, p. 764, obs. Y. Guyon. – S. Carré, *Les conditions d'exercice du métier de chauffeur routier et l'alternative du contrat de transport : JCP* E 2002, 995.

c) **Indivision.** V. sous C. civ., art. 1832, annot. n° 2, p. 4.

4) Fictivité.

a) **Preuve non rapportée.** Une société en participation ne saurait être tenue pour fictive, alors que les membres ont effectué des apports effectifs en jouissance, que l'objet de la société est rempli, que la seule circonstance que le gérant ait facturé des frais n'est pas de nature à entraîner la fictivité de ses apports, que l'*affectio societatis* est résulté de la volonté de collaborer à une œuvre commune en matière d'édition et d'en partager les aléas, et qu'à la supposer établie, l'existence d'infractions aux règles gouvernant le fonctionnement des sociétés en participation, tel le défaut de tenue d'assemblées générales, ne peut faire disparaître l'*affectio societatis* suffisamment établi par ailleurs : ■ CA Paris, 5 juill. 1994 : *D.* 1994, inf. rap. p. 218.

b) **Preuve rapportée.** Commet un abus de droit *[LPF, art. L. 64]* la société mère qui crée avec sa filiale une société en participation, laquelle n'a aucune activité réelle et n'a pour seul objet que la mise en commun des bénéfices ou des pertes provenant des activités commerciales des deux sociétés participantes, de sorte qu'elle doit être considérée comme fictive, sa création n'étant inspirée par aucun autre motif que celui d'éluder ou d'atténuer les charges fiscales de la société mère : ■ CE, 10 mai 1993 : *BJS* 1993, p. 799, note H. Pisani.

5) Exemples de sociétés en participation.

a) **Achat d'un ticket de loto.** En raison de la nature même du billet de loterie, qui repose sur des chances de gains et des risques de pertes, c'est dans l'exercice de leur pouvoir souverain que les juges du fond, après avoir constaté l'achat en commun, en ont déduit la volonté de s'associer pour un partage du coût et des gains éventuels : ■ Cass. 1re civ., 14 janv. 2003 : *JCP* E 2003, act., p. 342 ; *JCP* E 2003, 763, note F.-X. Lucas.

b) **Convention de croupier.** V. ■ T. com. Paris, 12 mars 1979 : *Rev. sociétés* 1980, p. 283, note D. Randoux. ■ CA Paris, 4 avr. 1997 : *Dr. sociétés* 1997, n° 120, obs. Th. Bonneau ; *BJS* 1997, p. 670, note J.-J. Daigre. ■ Cass. com., 15 déc. 1998 : *BJS* 1999, p. 497 ; *D.* 1999, p. 516, note F.-X. Testu ; *Rev. sociétés* 1999, p. 350, note D. Randoux. ■ CAA Paris, 30 déc. 1998 : *BJS* 1999, p. 584, note E. Desmorieux. – V. aussi sous C. civ., art. 1861, annot. n° 1, p. 133.

c) **Portage d'actions.** V. ■ CA Paris, 26 févr. 1999 : *BJS* 1999, p. 695, note J.-J. Daigre.

d) **Pool bancaire.** V. ■ CA Paris, 5 mai 1987 : *D.* 1989, somm. p. 323, obs. M. Vasseur. ■ CA Paris, 6 juin 1996 : *BJS* 1996, p. 1049, note J. Vallansan. ■ Cass. com., 27 mars 2001 : *D.* 2001, p. 1534, obs. V. Avena-Robardet ; *Dr. sociétés* juill. 2001, n° 110, obs. Th. Bonneau ; *JCP* E 2001, p. 1677, note J.-P. Storck. ■ CA Paris, 6 sept. 2002 : *JCP* E 2003, act., p. 161.

e) **Syndicat d'étalon.** Jugé qu'en se fondant sur l'interprétation des statuts, les juges du fond ont pu requalifier un syndicat d'étalon après avoir relevé que l'affectation du bien indivis à une exploitation commune correspondait à la qualification de société en participation : ■ Cass. com., 18 nov. 1997 : *BJS* 1998, p. 145 ; *Dr. fisc.* 1998, n° 11, comm. 195 ; *RJF* 1998, n° 2, p. 127 ; *RTD com.* 1998, p. 710, obs. Fl. Deboissy. – Existence d'une société créée de fait déduite de la volonté manifestée de partager les gains : ■ CA Versailles, 17 mars 2000 : *BJS* 2000, p. 845, note J.-J. Daigre. – H. Aberkane, *L'étalon, la société en participation et la convention d'indivision : Mél. A. Breton*, Dalloz, 1991, p. 11 et s. – J.-J. Daigre, *L'étalon au prétoire ou des saillies comme critère de la société en participation* [à propos de ■ Cass. com., 18 nov. 1997, *Guy de Rothschild c/ DGI*] : *BJS* 1998, p. 99.

f) **Coproduction d'un spectacle.** ■ CA Paris, 11 févr. 2000 : *RJDA* 2000, n° 549. – V. aussi C. civ., art. 1871, annot. n° 1, p. 143.

6) Ententes illicites. La constitution d'une société en participation entre deux entreprises en vue d'exécuter en commun des travaux prévus par un marché auquel elles vont soumissionner n'est pas en soi constitutive d'une entente illicite *[C. com., art. L. 420-1]* : ▪ Cass. com., 10 janv. 1995 : *RJDA* 1995, n° 596. ▪ CA Paris, 6 juin 2000 : *Rev. sociétés* 2000, p. 590, note Y. Guyon.

II – CONSÉQUENCE DE L'ABSENCE DE PERSONNALITÉ MORALE

7) Défaut de capacité d'ester en justice. Faute de personnalité morale, une société en participation ne peut pas être représentée en justice ; l'action en justice intentée au nom de la société, par son gérant, est entachée d'irrégularité pour défaut de qualité à agir ; cette irrégularité peut être couverte à condition que la délivrance de pouvoirs aux fins d'agir par chacun des associés soit antérieure au jour où les premiers juges ont statué : ▪ CA Versailles, 24 janv. 2002 : *JCP* E 2002, act., p. 748. – V. égal. ▪ CA Versailles, 22 sept. 2010, n° 09-05.646 : *JurisData* n° 2010-016907 ; *Dr. sociétés* 2010, n° 219, obs. M.-L. Coquelet ; Rev. sociétés 2011, p. 293, note B. Dondero.

8) Nullité et régularisation du contrat conclu par la société. Si le contrat de cession d'actions conclu par une SEP est entaché de nullité, il convient néanmoins de rechercher si les associés, chacun ayant encaissé sans réserve leur part du prix de cession, n'ont pas régularisé et ratifié le contrat litigieux : ▪ Cass. com., 8 févr. 2017, n° 14-29.747 : *Dr. sociétés* 2017, n° 59, obs. H. Hovasse.

9) Exclusion de la qualité d'employeur. La société en participation n'ayant pas la personnalité morale, il ne peut être opposé à la société sa qualité d'employeur : ▪ Cass. com., 10 sept. 2013, n° 12-21.792 : *Dr. sociétés* 2013, n° 177, obs. H. Hovasse. – Néanmoins, une société créée de fait peut être considérée comme la personne tenue, en sa qualité d'employeur, au paiement des cotisations et contributions, justifiant qu'elle soit destinataire d'un avis de contrôle adressé par l'URSSAF, dès lors que cette société dispose de numéros URSSAF, SIRET et SIREN : ▪ Cass. 2e civ., 11 févr. 2016, n° 15-10.487, PB : *BJS* 2016, p. 198, note H. Barbier.

10) Tierce opposition à la décision prononcée à l'encontre d'une société dépourvue de personnalité morale *[société créée de fait]*. V. sous CPC, art. 583, annot. n° 2, p. 1951.

11) Inefficacité d'une décision prononcée contre la société. L'exécution de condamnations prononcées contre une société dite « société de fait » ne peut être poursuivie contre les associés de celle-ci car, en raison du défaut de personnalité juridique, les effets de la décision ne peuvent être étendus aux associés qui n'étaient pas personnellement parties aux instances ayant conduit à ces condamnations : ▪ Cass. com., 14 mars 2006, n° 04-16.575 : *JurisData* n° 2006-032750 ; *Dr. sociétés* août-sept. 2006, n° 121, obs. F.-X. Lucas.

12) Compensation. La société en participation n'étant pas une personne morale, il ne peut être refusé la compensation entre la créance de l'un des associés contre son coassocié et une dette contractée par le premier dans le contrat de société en invoquant que cette dette avait pour créancière la société en participation : ▪ Cass. com., 20 mai 2008, n° 07-13.202, PB : *Dr. sociétés* 2008, n° 170, obs. M.-L. Coquelet ; *JCP* E 2008, 2234, note R. Mortier ; *Rev. sociétés* 2009, p. 620, note B. Dondero.

13) Cautionnement. La caution ne peut être actionnée s'agissant d'une caution souscrite par une société en participation : ▪ Cass. com., 6 juill. 2010, n° 09-68.778, PB : *D.* 2010, p. 1860, obs. V. Avena-Robardet ; *Dr. sociétés* 2010, n° 175, obs. M.-L. Coquelet ; *JCP* E 2010, 1916, note B. Dondero et *JCP* E 2011, 1000, n° 6, obs. Fl. Deboissy et G. Wicker.

Art. 1871-1 *(L. n° 78-9, 4 janv. 1978).* **– À moins qu'une organisation différente n'ait été prévue, les rapports entre associés sont régis, en tant que de raison, soit par les dispositions applicables aux sociétés civiles, si la société a un caractère civil, soit, si elle a un caractère commercial, par celles applicables aux sociétés en nom collectif.**

Voir : D. n° 78-704, 3 juill. 1978, art. 30, al. 2, p. 160.

1) Qualité de commerçant. Il ne paraît pas possible de compter la « qualité de commerçant » parmi les dispositions régissant « l'organisation des rapports entre associés » ; dans une société en participation, seul a la qualité de commerçant celui qui se comporte comme tel aux yeux des tiers, la simple appartenance à une société en participation même révélée ne suffisant pas à conférer cette qualité : Rép. min. : *JO Sénat Q*, 5 nov. 1981, p. 2441.

2) Apport. V. sous C. civ., art. 1832, annot. n° 12, p. 8.

3) Contribution aux pertes. *a)* Dès lors qu'un associé a exécuté le contrat de société en participation et dans la mesure où il a participé à plusieurs assemblées générales approuvant en particulier les comptes, il ne peut valablement soulever par voie d'exception la nullité de la société pour échapper à son obligation de contribuer aux pertes : ▪ T. com. Paris, 9 oct. 2000 : *JurisData* n° 2000-149875.

b) La contribution aux pertes de chacun des associés d'une société en participation aux dettes réglées par l'associé gérant est régie par les dispositions du contrat de société établi entre eux : ▪ CA Paris, 11 févr. 2000 : *BJS* 2000, p. 567, note J.-J. Daigre. – La participation aux pertes n'étant pas subordonnée à la liquidation préalable de la société, il peut être procédé, conformément aux **prévisions des statuts**, à un appel de fonds en vue d'une exécution, à titre provisionnel, de la participation aux pertes : ▪ CA Paris, 1er déc. 1999 : *D.* 2000, somm. p. 473, obs. J.-Cl. Hallouin ; *BJS* 2000, p. 741, note J. Vallansan.

c) **Prescription de la dette.** N'est pas soumise à la prescription quinquennale la dette de l'associé retrayant condamné à rembourser son compte courant d'associé débiteur auquel avait été inscrite sa quote-part dans les pertes comptables de l'exercice en application des dispositions statutaires ; la participation de chacun aux pertes étant exigible dès l'approbation des comptes par l'assemblée des associés, la dette dépendait de l'éventualité de l'existence de pertes au cours de l'exercice et de l'approbation des comptes par l'assemblée, ce dont il résultait qu'elle était indéterminée et ne répondait pas à la condition de périodicité exigée par l'article 2277 du Code civil : ▪ Cass. com., 22 févr. 2005 : *BJS* 2005, p. 871, note F. Kenderian ; *D.* 2005, p. 892, obs. A. Lienhard ; *JCP* E 2005, 1048, note J.-L. Navarro ; *Rev. sociétés* 2005, p. 820, note D. Porrachia.

4) Cession des parts sociales. *a)* **Validité de principe.** La circonstance que la société en participation ne soit pas titulaire d'un patrimoine propre ne fait pas obstacle à la cession par les associés des droits qu'ils tiennent du contrat de société : ▪ Cass. com., 15 mai 2012, n° 11-30.192 : *BJS* 2012, p. 842, note L. Godon ; *Rev. sociétés* 2013, p. 88, note B. Dondero.

b) **Régime fiscal.** Le dispositif d'exonération partielle de droits de mutation à titre gratuit des titres de société faisant l'objet d'un engagement collectif de conservation *[CGI, art. 787 B]* est applicable aux transmissions de titres de sociétés en participation dont l'acte constitutif a été enregistré ou, à défaut d'acte, dont la formation a été déclarée à l'administration fiscale *[CGI, art. 638 A]* : Rép. min. Bobe, n° 53549 : *JOAN Q*, 31 mai 2005, p. 5582.

5) Responsabilité du gérant. Le gérant d'une société en participation, dépourvue de personnalité morale, est, en sa qualité de mandataire des associés, responsable des fautes commises à leur égard dans sa gestion sur le fondement des articles 1992 et 1382 du Code civil, de sorte que doit être cassée la décision qui, sur le fondement du seul article 1382, conditionne sa responsabilité à l'exigence d'une faute détachable de ses fonctions de gérant : ▪ Cass. com., 6 mai 2008, n° 07-12.251, PB : *BJS* 2008, p. 762, note P. Le Cannu ; *Rev. sociétés* 2009, p. 618, note D. Poracchia. – V. égal., ▪ Cass. com., 4 févr. 2014, n° 13-13.386, PB : *Dr. sociétés* 2014, n° 60, obs. R. Mortier et n° 81, obs. H. Hovasse. – *Adde* D. Gibirila, *La responsabilité du gérant de société en participation* : *RJDA* 2008, p. 1063.

Art. 1872 *(L. n° 78-9, 4 janv. 1978).* **– À l'égard des tiers, chaque associé reste propriétaire des biens qu'il met à la disposition de la société.**

Sont réputés indivis entre les associés les biens acquis par emploi ou remploi de deniers indivis pendant la durée de la société et ceux qui se trouvaient indivis avant d'être mis à la disposition de la société.

Il en est de même de ceux que les associés auraient convenu de mettre en indivision.

Il peut en outre être convenu que l'un des associés est, à l'égard des tiers, propriétaire de tout ou partie des biens qu'il acquiert en vue de la réalisation de l'objet social.

Bibliographie : F. Dekeuwer-Défossez, *L'indivision dans les sociétés en participation* : *JCP* 1980, I, 2970. • Fl. Deboissy et G. Wicker, *Société et indivision* : *JCl. Civil*, art. 815 à 815-18, Fasc. 60.

1) Patrimoine social et statut des biens apportés.

a) Une société en participation, n'ayant pas la personnalité juridique, n'a pas de patrimoine et n'est pas propriétaire des biens éventuellement mis à sa disposition, lesquels reviennent nécessairement en cas de dissolution à l'associé qui les a fournis ; la partie qui, dans ce cadre, aurait mis à disposition une clientèle n'aurait donc pas entendu pour autant la mettre en indivision : ▪ CA Paris, 4 juin 1991 : *BJS* 1991, p. 835, note J.-G. Raffray. – Chaque associé restant propriétaire des biens mis à la disposition de la société, la mise à disposition du bail commercial n'emporte pas transfert de ce bail : ▪ Cass. 3e civ., 28 juin 1989 : *D.* 1989, inf. rap. p. 236. – *Contra*, l'existence d'un patrimoine social dans les rapports entre associés explique que l'apport en pleine propriété d'un immeuble, par un particulier, à une société en participation est une cession à titre onéreux entraînant l'application du régime des plus-values immobilières, ▪ CAA Paris, 6 févr. 2003 : *RJF* Q8-9/2003, n° 994 ; *RTD com.* 2003, p. 836, obs. Fl. Deboissy.

b) **Apport d'une action en justice et apport en jouissance.** V. sous C. civ., art. 1843-3, annot. n° 12, p. 56.

2) Acquisition d'un bien pour le compte de la société en participation. La vente d'un bien, réalisée en vertu d'une autorisation du juge commissaire dont l'ordonnance visait l'offre faite par la société en participation, est valable dès lors que l'acte comportait l'identité des associés, acquéreurs indivis, lesquels étaient donc nécessairement les auteurs de l'offre retenue par l'ordonnance : ▪ Cass. com., 27 mai 2014, n° 13-14.220 : *BJS* 2014, p. 387, note B. Dondero ; *Dr. sociétés* 2014, n° 124, obs. H. Hovasse.

3) Sur la condamnation de l'associé mandataire pour **abus de confiance** : V. ▪ Cass. crim., 28 oct. 1981 : *JCP* 1982, IV, 21. ▪ Cass. crim., 13 juin 1983 : *Rev. sociétés* 1984, p. 813. ▪ Cass. crim., 20 mai 1985 : *Bull. crim.* 1985, n° 189.

Art. 1872-1 *(L. n° 78-9, 4 janv. 1978)*. **– Chaque associé contracte en son nom personnel et est seul engagé à l'égard des tiers.**

Toutefois, si les participants agissent en qualité d'associés au vu et au su des tiers, chacun d'eux est tenu à l'égard de ceux-ci des obligations nées des actes accomplis en cette qualité par l'un des autres, avec solidarité, si la société est commerciale, sans solidarité dans les autres cas.

Il en est de même de l'associé qui, par son immixtion, a laissé croire au cocontractant qu'il entendait s'engager à son égard, ou dont il est prouvé que l'engagement a tourné à son profit.

Dans tous les cas, en ce qui concerne les biens réputés indivis en application de l'article 1872 (alinéas 2 et 3), sont applicables dans les rapports avec les tiers, soit les dispositions du chapitre VI du titre 1er du livre III du présent code, soit, si les formalités prévues à l'article 1873-2 ont été accomplies celles du titre IX *bis* du présent livre, tous les associés étant alors, sauf convention contraire, réputés gérants de l'indivision.

Bibliographie : X. Blanc-Jouvan, *La révélation aux tiers de la société en participation : RTD com.* 1959, p. 649. • P. Pétel, *La révélation aux tiers de la société en participation : JCP* E 1987, I, 16369. • A. Picand-L'Amezec, *L'obligation des associés en participation avec les tiers : Rev. sociétés* 1990, p. 567.

1) Nécessité d'un acte positif de l'associé. *a)* **Principe.** La révélation procède d'un acte positif des associés : ▪ Cass. com., 15 juill. 1987 : *JCP* E 1987, n° 25, obs. A. Viandier et J.-J. Caussain. – Il appartient aux juges du fond de caractériser les actes personnels des associés permettant de considérer qu'ils ont agi en qualité d'associé au vu et au su des tiers ou qu'ils se sont immiscés dans le contrat passé avec le représentant de la société, leur faisant croire qu'ils entendaient s'engager à leur égard : ▪ Cass. com., 26 nov. 1996 : *BJS* 1997, p. 149, note P. Serlooten ; *Rev. sociétés* 1997, p. 357, note F. Pasqualini et V. Pasqualini-Salerno. – V. même solution pour une société créée de fait : ▪ Cass. com., 21 févr. 2012, nos 11-12.211 et 10-12.213 : *Rev. sociétés* 2012, p. 557, note B. Dondero.

b) **Applications.** Ont agi **en qualité d'associé au vu et au su des tiers** trois agents généraux et courtiers en assurance qui ont constitué une société en participation visant à leur permettre de travailler ensemble dans les mêmes locaux, avec le même personnel et le même matériel tout en restant titulaires de leur mandat, dès lors que les courriers des tiers étaient adressés à une entité unique dénommée « Groupe A » et que les bordereaux de sinistre étaient transmis à une compagnie unique, dont l'un des trois associés était l'agent, par le « Groupe A » : ▪ Cass. com., 14 juin 1994 : *BJS* 1994, p. 1003, note J.-F. Barbièri. – Jugé que, dans l'hypothèse où une société d'édition titulaire des droits a conclu avec une autre société d'édition un contrat de société en participation pour l'édition et l'exploitation d'un ouvrage, l'indication de sa qualité de coéditeur dans chacun des exemplaires de l'ouvrage ne peut être considérée comme un acte positif générateur d'obligations au sens de l'article 1872-1 : ▪ Cass. com., 13 janv. 1998 : *JurisData* n° 1998-000063 ; *JCP* E 1998, p. 353 ; *Dr. sociétés* 1998, n° 75, obs. Th. Bonneau ; *Rev. sociétés* 1998, p. 103, note P. Le Cannu.

c) Si le bailleur, lors même qu'il a connaissance de l'existence de la société en participation et du nom des participants, a pour seul preneur celui des associés avec lequel il a contracté, il est néanmoins tenu de tenir compte du nantissement inscrit sur le fonds du chef d'un autre associé : ▪ Cass. com., 16 oct. 2007, n° 05-19.756 : *D.* 2007, p. 2736, note Y. Rouquet ; *JCP* E 2007, 2422 et 1280, n° 10, obs. J.-J. Caussain, Fl. Deboissy et G. Wicker.

2) Redressement judiciaire. Lorsqu'un agent d'assurance a agi en qualité d'associé de la société en participation, au vu et au su des tiers, le redressement judiciaire concerne l'ensemble du passif exigible de la société et non le seul passif personnel de l'agent : ▪ Cass. com., 14 juin 1994 : *BRDA* 13/1994, p. 4.

3) Transaction. La règle selon laquelle un codébiteur solidaire peut invoquer la transaction intervenue entre le créancier commun et l'un de ses coobligés dès lors qu'il en résulte pour ce dernier un avantage dont il peut lui-même bénéficier, s'applique à des codébiteurs tenus en qualité d'associés de fait apparents et obligés solidairement à ce titre : ▪ Cass. com., 28 mars 2006, n° 04-12.197 : *JurisData* n° 2006-032926.

4) Décision prononcée contre la société. Le jugement définitif condamnant pour licenciement sans cause réelle et sérieuse une société créée de fait, laquelle n'est pas une personne morale, peut être exécuté contre les associés dès lors que ceux-ci, ayant remis des bulletins de salaires, un certificat de travail et une attestation de salaire établis par la société créée de fait, avaient laissé prospérer l'apparence d'une société entre eux : ▪ Cass. com., 22 mai 2008, n° 07-10.855, PB : *BJS* 2008, p. 866, note B. Dondero ; *Dr. sociétés* 2008, n° 178, obs. R. Mortier ; *Rev. sociétés* 2009, p. 630, note J.-F. Barbièri.

Art. 1872-2 *(L. n° 78-9, 4 janv. 1978)*. **– Lorsque la société en participation est à durée indéterminée, sa dissolution peut résulter à tout moment d'une notification adressée par l'un d'eux à tous les associés, pourvu que cette notification soit de bonne foi, et non faite à contretemps.**

À moins qu'il n'en soit autrement convenu, aucun associé ne peut demander le partage des biens indivis en application de l'article 1872 tant que la société n'est pas dissoute.

1) **Durée illimitée.** La clause prévoyant qu'une société en participation est conclue pour une durée illimitée est nulle : ▪ CA Rouen, 22 janv. 1992 : *JCP* E 1993, I, 218, n° 15, obs. A. Viandier et J.-J. Caussain.

2) **Prorogation.** *a)* En l'absence de toute prorogation expresse ou tacite de sa durée, une société en participation est dissoute par l'arrivée de son terme : ▪ Cass. com., 23 oct. 2007, n° 05-19.092 : *BJS* 2008, p. 110, note B. Saintourens ; *D.* 2007, p. 2813, obs. A. Lienhard ; *JCP* E 2008, 2478.

b) **Prorogation et augmentation des engagements.** La prorogation de la société qui a pour conséquence le maintien de leur apport en jouissance au-delà du terme initialement convenu et de les contraindre à continuer à participer aux charges réalise une augmentation des engagements des associés, de sorte que cette prorogation ne peut être décidée qu'à l'unanimité : ▪ Cass. com., 20 déc. 2017, n° 16-19.283 : *BJS* 2018, p. 140, note T. de Ravel d'Esclapon ; *Rev. sociétés* 2018, p. 515, note M. Zolomian.

3) **Société civile ancienne non immatriculée au 1er novembre 2002.** V. L. n° 78-9, 4 janv. 1978, art. 4.

4) **Dissolution.** *a)* Société à durée **indéterminée.** Lorsque la société est à durée indéterminée, sa dissolution peut résulter d'une rupture unilatérale de l'un des associés notifiée à tous les autres associés, pourvu que cette notification soit de bonne foi et non faite à contretemps : ▪ Cass. com., 18 juin 1991 : *BJS* 1991, p. 935. ▪ Cass. com., 15 févr. 1994 : *BRDA* 12/1994, p. 4. – À la suite de l'émission d'un chèque falsifié par un associé qui a pu légitimement être interprétée comme une tentative de dissimulation d'un prélèvement personnel sous l'apparence du paiement d'une dette sociale, l'autre coassocié, à la suite de la perte de confiance ainsi causée, a pu de bonne foi et non à contretemps notifier à son coassocié la dissolution de la société : ▪ Cass. com., 18 juin 1991, préc.

b) Une société en participation peut être dissoute pour justes motifs par suite de l'**inexécution des obligations des coassociés** : ▪ CA Paris, 30 oct. 1992 : *BJS* 1993, p. 115, note J.-J. Daigre.

c) Le **décès** de l'un des associés n'entraîne pas la dissolution de la société en participation sauf clause contraire : ▪ CA Versailles, 3 févr. 1994 : *BJS* 1994, p. 533.

5) **Illicéité de l'objet.** V. sous C. civ., art. 1833, annot. n° 2, p. 19.

6) **Comptes de liquidation.** Le fait qu'un associé d'une société en participation ait acquis la propriété des terres exploitées par la société constituée par l'apport du bail rural dont les associés étaient cotitulaires sur les mêmes terres ne fait pas obstacle à ce qu'une valeur égale à la créance d'amélioration culturale soit intégrée dans les comptes de liquidation de la société : ▪ Cass. 3e civ., 10 mars 2004 : *BJS* 2004, p. 880, note J.-J. Barbièri ; *JCP* E 2004, act., p. 718 ; *JCP* E 2004, 1510, n° 7, obs. J.-J. Caussain, Fl. Deboissy et G. Wicker.

7) **Partage.** Les règles de dissolution des sociétés en participation sont communes aux sociétés à durée limitée ou illimitée ; à moins qu'il n'en soit autrement convenu, aucun associé ne peut demander le partage des biens indivis tant que la société n'est pas dissoute ; en conséquence, dès lors que la dissolution pour mésentente entre les associés est prononcée, le partage des biens indivis ne peut être autorisé indépendamment des opérations de compte et de liquidation de la société : ▪ Cass. com., 1er oct. 1996 : *BJS* 1997, p. 40, note D. Randoux ; *JCP* E 1997, 963, note D. Gibirala.

Art. 1873 *(L. n° 78-9, 4 janv. 1978)*. **– Les dispositions du présent chapitre sont applicables aux sociétés créées de fait.**

Bibliographie : F. Dekeuwer-Défossez, *Illusions et dangers du statut des sociétés créées de fait : D.* 1982, chron. p. 83. • J. Guyénot, *Les nouveaux rapports résultant de l'article 1873 du Code civil entre les sociétés en participation, les sociétés créées de fait et les sociétés de fait : D.* 1979, chron. p. 155. • G. Kessler, *Société créée de fait : les leçons du droit comparé : D.* 2005, p. 86. • F.-X. Lucas, *La société dite créée de fait : Mél. Y. Guyon*, Dalloz, 2003, p. 737. • B. Maubru, *Les sociétés créées de fait entre époux : Mél. J. Derruppé*, Litec, 1991, p. 275. • F. Pillebout, *Société en participation, société de* *fait en agriculture : JCP* N 1986, 118. • G. Rives, *Le sort des sociétés de fait depuis la réforme des sociétés commerciales : RTD com.* 1969, p. 407. • H. Temple, *Les sociétés de fait*, LGDJ, 1975.

1) Notion de société créée de fait. *a)* Une société de fait est une société qui, par l'intention commune de ses membres, est destinée à ne pas faire l'objet de formalités légales : ▪ CA Bordeaux, 14 mai 1990 : *Rev. sociétés* 1990, p. 591, note P. Le Cannu.

b) **Caractère subsidiaire.** La présence d'une société de droit constituée pour la réalisation d'un objet social déterminé interdit de recourir à la notion de société créée de fait pour rendre compte de la situation juridique des parties : ▪ CA Paris, 26 juin 1992 : *JCP* E 1992, I, 172, n° 1, obs. A. Viandier et J.-J. Caussain.

2) Substitution à une société en formation. *a)* **Conditions de la substitution.** Une société en formation peut être qualifiée de société créée de fait dès lors que l'activité développée par les parties dépasse l'accomplissement des actes nécessaires à la constitution de la société : ▪ Cass. com., 4 déc. 2001 : *JCP* E 2002, 594, note F.-X. Lucas. – Jugé qu'en l'absence d'immatriculation au RCS, une société créée de fait s'est susbtituée à la société en formation et que l'activité développée par les deux associés a dépassé l'accomplissement des simples actes nécessaires à sa constitution dès lors que la cour d'appel a constaté que l'associé désigné comme gérant avait acquis les titres sociaux qui constituaient l'objet social de la société en formation et que l'emprunt contracté par l'associé gérant pour réaliser cette acquisition avait été garanti par l'engagement de caution des deux associés ; de sorte que le prêteur a pu poursuivre en paiement l'associé non gérant dont il était constaté par ailleurs qu'il s'était présenté comme l'un des associés de la société dans un courrier adressé à un tiers : ▪ Cass. com., 26 mai 2009, n° 08-13.891 : *BJS* 2009, p. 952, note G. Gil ; *Dr. sociétés* 2009, n° 197, obs. M.-L. Coquelet ; *JCP* E 2010, 1235, note R. Besnard-Goudet ; *Rev. sociétés* 2010, p. 26, note B. Dondero.

b) **Portée de la substitution.** Une société non immatriculée peut être considérée comme une société créée de fait à l'égard de l'un des associés et comme une société en formation à l'égard de l'autre, compte tenu des actes respectivement accomplis : ▪ CA Paris, 22 déc. 1983 : *Rev. sociétés* 1984, p. 745, note J.-P. Sortais. – S'agissant d'une société d'édition, la parution de plusieurs numéros d'une revue caractérisant le passage d'une société en formation à une société créée de fait, sont tenus solidairement des engagements contractés pour l'édition de ces numéros les associés indiqués dans la revue comme membres de la société éditrice dès lors que ces indications ont été publiées avec leur concours : ▪ CA Paris, 11 mars 2009, n° 06-20507 : *BJS* 2009, p. 953, note G. Gil.

3) Distinction avec la société de fait. Une société dissoute par survenance du terme statutaire et qui n'a pas engagé d'opérations de liquidation doit être considérée comme une société de fait dépourvue de la personnalité morale et non comme une société créée de fait au sens de l'article 1873, assimilable à une société en participation ; elle perd en conséquence sa dénomination sociale et n'a plus de représentant légal ayant qualité pour agir en son nom : ▪ CA Paris, 29 oct. 1990 : *BJS* 1991, p. 46, note J. Derruppé.

4) Distinction avec la société en formation. Une société non immatriculée peut être considérée comme une société créée de fait à l'égard de l'un des associés et comme une société en formation à l'égard de l'autre, compte tenu des actes respectivement accomplis : ▪ CA Paris, 22 déc. 1983 : *Rev. sociétés* 1984, p. 745, note J.-P. Sortais. – Une société en formation peut être qualifiée de société créée de fait dès lors que l'activité développée par les parties dépasse l'accomplissement des actes nécessaires à la constitution de la société : ▪ Cass. com., 4 déc. 2001 : *JCP* E 2002, 594, note F.-X. Lucas.

5) Application à un projet d'entrée en société. S'agissant du financement accordé à un agriculteur par un GAEC en vue de son intégration à celui-ci, cette intégration ayant échoué en raison d'un refus d'agrément, ce financement ne peut faire l'objet d'une action en restitution au profit du GAEC sur le fondement de l'enrichissement sans cause, mais doit être intégré aux comptes de liquidation de la société créée de fait ayant existé entre le GAEC et cet agriculteur : ▪ CA Riom, 15 déc. 2011, n° 10/02808 : *JCP* E 2012, 1071.

6) Preuve de la société créée de fait. *a)* **Principe.** La qualification de société créée de fait suppose de constater la réunion des éléments caractérisant le contrat de société que sont l'existence d'apports, l'intention de collaborer sur un pied d'égalité à la réalisation d'un projet commun et l'intention de participer aux bénéfices et aux économies ainsi qu'aux pertes pouvant en résulter : ▪ Cass. com., 15 janv. 2013, n° 11-23.954. – La mise en commun d'apports, la participation aux résultats et l'*affectio societatis* sont exigés pour qu'il y ait société créée de fait : ▪ Cass. com., 26 oct. 1981 : *JCP* 1982, IV, 27. ▪ Cass. com., 18 déc. 1990 : *BJS* 1991, p. 326, note B. Saintourens. ▪ Cass. com., 8 janv. 1991 : *BJS* 1991, p. 330. ▪ Cass. com., 19 févr.

1991 : *JCP* E 1991, 61, n° 4, obs. A. Viandier et J.-J. Caussain.

b) **Applications.**

– **Preuve rapportée.** L'existence d'une société créée de fait est caractérisée entre un père et un fils dès lors que sont démontrés des apports, l'*affectio societatis* et la participation aux fruits de l'exploitation agricole commune, étant précisé que l'exploitation n'a pas subi de pertes auxquelles les associés auraient dû contribuer : ▪ Cass. com., 16 juin 1998 : *BJS* 1998, p. 1279, note S. Noémie ; *Defrénois* 1999, art. 36959, p. 415, note D. Gibirila. – Même solution lorsque deux personnes s'étaient associées pour créer un fonds de commerce de restauration, l'un des coassociés ayant souscrit un bail commercial, l'autre étant intervenu personnellement auprès d'un fournisseur pour l'achat de l'enseigne du fonds : ▪ CA Besançon, 17 avr. 2001 : *JurisData* n° 2001-142124.

– **Preuve non rapportée.** La collaboration de deux personnes ne caractérise pas une société lorsque chacune d'entre elles poursuit un objectif propre : ▪ CA Paris, 24 nov. 1989 : *JCP* E 1991, 61, n° 3, obs. A. Viandier et J.-J. Caussain. – La qualification de société créée de fait doit être exclue, faute de clientèle commune, lorsqu'il ressort des conventions passées entre deux **médecins** qu'ils ne confondaient pas leur clientèle et qu'ils avaient expressément stipulé, dans le contrat d'exercice en commun, qu'ils devaient se présenter à leur clientèle sous leur nom personnel et percevoir directement leurs honoraires : ▪ Cass. 1re civ., 10 févr. 1998 : *BJS* 1998, p. 789, note B. Saintourens. – Dès lors qu'il n'y a ni volonté de s'associer, ni volonté de réaliser un partage des bénéfices et que les relations entre les parties n'ont pas eu pour finalité de réaliser des économies ou de partager des bénéfices ou des pertes, mais d'organiser au mieux **l'exercice indépendant de leur profession** par les intéressés, l'existence d'une société créée de fait n'est pas établie, le fait que chacun ait réalisé un apport en industrie n'étant pas suffisant : ▪ Cass. com., 8 févr. 2000 : *BJS* 2000, p. 661, note R. Baillod. – V. égal., s'agissant d'un cabinet d'infirmières : ▪ CA Colmar, 9 oct. 2013, n° 12/03877 : *BJS* 2014, p. 226, note B. Dondero. – L'intention de constituer une société et le caractère temporaire d'un accord de commercialisation sont des éléments impropres à établir l'existence d'une société créée de fait : ▪ Cass. com., 4 déc. 2001 : *Dr. sociétés* 2001, n° 53, obs. Th. Bonneau. – L'existence d'une société créée de fait n'est pas démontrée lorsqu'une personne a accompli différentes tâches restant dans la limite de celles qui peuvent être effectuées dans le cadre d'un **contrat de travail** dont la réalité est par ailleurs établie, alors que l'intéressé ne justifie pas de son intention de participer aux bénéfices et aux pertes : ▪ Cass. com., 5 avr. 2005 : *JurisData* n° 2005-028098 ; *BJS* 2005, p. 1137, note R. Baillod. – Cassation d'un arrêt ayant requalifié un **contrat de collaboration** entre avocats en société créée de fait sans caractériser l'existence de celle-ci : ▪ Cass. com., 25 mai 2005 : *JurisData* n° 2005-028582. – Preuve d'une société créée de fait non rapportée dans l'hypothèse d'un marchand de biens ayant prêté son concours à une société à l'occasion d'une **opération immobilière** : ▪ CA Versailles, 13 sept. 2007 : *D.* 2007, p. 2739 ; *JCP* E 2007, 2477. – Il n'y a pas société créée de fait entre époux séparés de biens faute que soit démontrée l'existence de leur volonté commune de s'associer sur un pied d'égalité en partageant les bénéfices et les pertes dès lors notamment que seul l'époux était inscrit au RCS, que les tâches de l'épouse ne se rapportaient pas à la responsabilité de la gestion du fonds et que les biens acquis par l'époux l'avaient été à son seul profit : ▪ Cass. 1re civ., 3 déc. 2008, n° 07-13.043 : *Dr. sociétés* 2009, n° 45, obs. M.-L. Coquelet.

c) **Apports en industrie.** La convention verbale conclue entre deux médecins par laquelle l'un apporte son influence doit être regardée comme un apport en industrie ; à défaut d'avoir examiné en quoi consistait cet apport, s'il est licite, et les conditions de versement des rétrocessions d'honoraires, les juges ne peuvent pas retenir l'existence d'une société de fait et considérer les sommes versées comme représentant des dividendes : ▪ Cass. 1re civ., 16 juill. 1997 : *BJS* 1997, p. 992, note J.-J. Daigre ; *Rev. sociétés* 1998, p. 71, note R. Baillod. – Mais les apports en industrie ne peuvent se réduire à une aide occasionnelle (▪ CA Paris, 15 nov. 1993 : *BJS* 1994, p. 86, note A. Cuisance) ou à la simple entremise pour l'achat d'un lot de marchandises (▪ Cass. com., 12 juill. 1993 : *RJDA* 1993, p. 864).

d) **Participation aux pertes et partage des bénéfices.** Ne caractérise pas l'existence d'une prétendue société créée de fait la cour d'appel qui retient que l'ensemble des éléments soumis à son appréciation démontre une volonté commune de collaborer sur un pied d'égalité à la poursuite de l'œuvre commune, mais n'établit pas l'intention des parties de contribuer aux pertes : ▪ Cass. com., 21 avr. 1992 : *BJS* 1992, p. 666, note A. Cuisance. – Le fait d'avoir assumé la majeure partie des pertes en exécution d'un cautionnement ne suffit pas pour caractériser la société créée de fait : ▪ CA ▪ Paris, 29 mai 1992 : *Rev. sociétés* 1992, p. 797, note Y. Guyon. – À défaut d'avoir manifesté sa volonté de s'associer ou celle de participer aux pertes de la société, une banque, qui a consenti un prêt puis une garantie d'achèvement à une société civile immobilière, ne peut être considérée comme associé de fait : ▪ Cass. com., 15 juin 1993 : *BJS* 1993, p. 1262, note Y. Chaput. – Il ne saurait y avoir société créée de fait s'il n'existe d'accord ni sur le nombre des associés, ni sur la part de bénéfices à revenir à chacun d'eux : ▪ Cass. com., 18 déc. 1990 : *BJS* 1991, p. 326, note B. Saintourens.

e) **Affectio societatis.** L'exercice en commun par deux professionnels de leurs activités ne suffit pas à caractériser l'*affectio societatis* constitutif d'une société créée de fait, lorsque leur projet d'association n'est pas réalisé : ▪ Cass. com., 12 déc. 1995 : *BJS* 1996, p. 225, note J. Vallansan. – La renonciation à collaborer sur un pied d'égalité est exclusive de la notion de société créée de fait : ▪ Cass. com., 8 mars 1994 : *JCP* E 1994, I, 363, n° 1, obs. A. Viandier et J.-J. Caussain ; *RJDA* 1994, p. 645. – La soumission au chef de famille est incompatible avec la reconnaissance d'une société créée de fait entre les membres de la famille : ▪ CA Saint-Denis-de-la-Réunion, 15 nov. 1991 : *JCP* E 1993, I, 215, n° 1, obs. A. Viandier et J.-J. Caussain.

f) **Apparence de société créée de fait.** Si l'existence d'une société de fait exige la réunion des éléments constitutifs de toute société, l'apparence d'une telle société s'apprécie globalement, indépendamment de la révélation de ces divers éléments : ▪ Cass. com., 29 mars 1994 : *BJS* 1994, p. 665, note J. Vallansan. – *Adde* ▪ Cass. 1re civ., 13 nov. 1980 : *JCP* CI 1981, 9440 ; *D.* 1981, p. 541, note J. Calais-Auloy ; *Rev. sociétés* 1981, p. 788, note C. Philippe. ▪ CA Paris, 2 févr. 1983 : *Rev. sociétés* 1984, p. 542. ▪ CA Paris, 19 sept. 2003 : *Dr. sociétés* juill. 2004, n° 120, obs. F.-G. Trébulle. – L'apparence d'une société créée de fait n'est pas démontrée par les commandes effectuées par l'un des protagonistes, car celles-ci sont seulement des actes préparatoires de la société : ▪ Cass. com., 7 avr. 1992 : *RJDA* 1992, p. 743.

g) En l'absence d'enregistrement de l'apport d'un fonds de commerce, il ne saurait être prétendu, contre l'administration fiscale, que ce fonds figure dans le patrimoine d'une société créée de fait, ce qui implique que la cession le concernant doit être taxée comme une cession de fonds de commerce et non comme une cession de parts sociales : ▪ Cass. com., 17 janv. 2006, n° 04-12.015 : *JurisData* n° 2006-031875.

7) Sociétés entre concubins. *a)* **Principe.** S'agissant d'une **société entre concubins**, doit être démontrée l'intention de s'associer distincte de la mise en commun d'intérêts inhérente à la vie maritale : ▪ Cass. 1re civ., 12 mai 2004 : *BJS* 2004, p. 1284, note Y. Dereu ; *D.* 2004, p. 1672 ; *D.* 2004, somm. p. 2928, obs. E. Lamazerolles ; *Dr. sociétés* oct. 2004, n° 163, obs. F.-G. Trébulle ; *JCP* E 2004, act., p. 1039 ; *JCP* E 2004, 1510, n° 8, obs. J.-J. Caussain, Fl. Deboissy et G. Wicker ; *RTD civ.* 2004, p. 487, note J. Hauser ; *Rev. sociétés* 2005, p. 131, note F.-X. Lucas. – L'existence d'une société créée de fait entre concubins suppose de rapporter la preuve de chacun des éléments caractérisant tout contrat de société, et notamment de l'intention de collaborer sur un pied d'égalité à la réalisation d'un projet commun, cette dernière ne pouvant être déduite de la seule participation financière à l'acquisition d'un logement commun : ▪ Cass. com., 23 juin 2004, 3 arrêts : *BJS* 2005, p. 295, note J. Vallansan ; *D.* 2004, p. 1976 ; *JCP* E 2004, act., p. 1040 et 1041 ; *Dr. sociétés* oct. 2004, n° 163, obs. F.-G. Trébulle ; *Dr. et patrimoine* déc. 2004, p. 96, obs. D. Poracchia ; *JCP* E 2004, 1510, n° 9, obs. J.-J. Caussain, Fl. Deboissy et G. Wicker ; *RTD civ.* 2004, p. 487, note J. Hauser ; *RTD com.* 2004, p. 740, obs. Cl. Champaud et D. Danet ; *Rev. sociétés* 2005, p. 131, note F.-X. Lucas. – L'existence d'une société créée de fait entre concubins, qui exige la réunion des éléments caractérisant tout contrat de société, nécessite l'exigence d'apports, l'intention de collaborer sur un pied d'égalité à la réalisation d'un projet commun et l'intention de participer aux bénéfices et aux économies, ainsi qu'aux pertes éventuelles pouvant en résulter, ces éléments cumulatifs devant être établis séparément et ne pouvant se déduire les uns des autres : ▪ Cass. com., 22 févr. 2005 : *JurisData* n° 2005-027220 ; *BJS* 2005, p. 894, note P. Scholer. – Le fait de se porter caution et de participer au remboursement du prêt par lequel son concubin a financé l'acquisition d'un immeuble peut constituer pour l'autre sa contribution aux charges de la vie commune dès lors que n'est pas établie l'intention des parties de collaborer à un projet commun : ▪ Cass. 1re civ., 28 févr. 2006, n° 04-15.116 : *JurisData* n° 2006-032479. – Alors que la cour d'appel avait constaté que les concubins avaient financé la construction d'une maison par un emprunt souscrit en qualité de coemprunteurs, que la construction de la maison témoignait d'un *affectio societatis*, leur but étant de partager une vie de famille stable, et que la concubine avait assuré l'entretien et les charges de l'immeuble, l'arrêt est cassé au motif que l'intention de s'associer en vue d'une entreprise commune ne peut se déduire de la participation financière à la réalisation d'un projet immobilier et est distincte de la mise en commun d'intérêts inhérente au concubinage : ▪ Cass. 1re civ., 20 janv. 2010, n° 08-13.200, PB : *BJS* 2010, p. 448, note J. Vallansan ; *D.* 2010, p. 323, obs. H. Berrah ; *Dr. sociétés* 2010, n° 83, obs. M.-L. Coquelet ; *Rev. sociétés* 2010, p. 430, note B. Dondero. ▪ Cass. com., 3 avr. 2012, n° 11-15.671 : *Dr. sociétés* 2012, n° 117, obs. R. Mortier.

b) **Preuve non rapportée.** La seule cohabitation de personnes non mariées ne peut donner naissance à une société entre elles (▪ CA Paris, 24 févr. 1986 : *JCP* E 1987, 16122, n° 18, obs. A. Viandier et J.-J. Caussain. ▪ Cass. 1re civ., 13 oct. 1987 : *BJS* 1987, p. 796 : mise à disposition commune d'un local professionnel et d'une clientèle. ▪ CA Chambéry, 7 févr. 1990 : *JCP* E 1991, 22, n° 2, obs. A. Viandier et J.-J. Caussain) et la volonté de participer aux pertes ne saurait résulter de la seule participation aux dépenses de la vie commune (▪ Cass. 1re civ., 23 juin 1987 : *JCP* E 1987, 16959, n° 2, obs. A. Viandier et J.-J. Caussain. ▪ CA Paris, 17 avr. 1991 : *JCP* E 1991, pan., p. 552). – La seule communauté de vie ne suffit pas à établir l'intention de mettre en commun les biens du ménage, le concubin ne démontrant ni avoir effectué des apports en numéraire, ni avoir contribué à apurer les dettes de l'exploitation agricole, ni même avoir tenu une comptabilité : ▪ Cass. 1re civ., 4 juin 2007, n° 06-15.249 : *JurisData* n° 2007-039257.

c) **Preuve rapportée.**

– **Exercice en commun d'une activité.** Dès lors qu'il est établi que les concubins ont mis en commun le produit de leurs activités pour gérer ensemble un centre équestre, manifestant ainsi leur **volonté** d'exercer leur commerce sur un pied d'égalité, de partager les bénéfices et de contribuer aux pertes, l'un des deux peut légitimement demander la liquidation de la société créée de fait à l'occasion du décès de l'autre : ▪ Cass. com., 12 déc. 1995 : *BJS* 1996, p. 115, note J. Vallansan.

– **Opérations immobilières.** L'engagement de caution pris par un concubin, en garantie de l'emprunt souscrit par sa compagne à l'occasion de l'achat d'un immeuble, marque la volonté de celui-ci de contribuer aux pertes éventuelles découlant de l'emprunt ; ayant relevé que les concubins avaient mis en commun leurs ressources pour la construction de l'immeuble destiné à assurer leur logement et celui des enfants, participant ainsi aux bénéfices, et que les deux concubins étaient à l'origine de ce projet, la cour d'appel a estimé à bon droit que la réunion de ces éléments caractérisait l'existence d'une société créée de fait : ▪ Cass. 1re civ., 11 févr. 1997 : *BJS* 1997, p. 472, note J. Vallansan ; *LPA* 7 juill. 1997, p. 18, note D. Gibirila. – La société créée de fait entre concubins étant établie à compter de la construction d'une maison financée par le concubin sur le terrain appartenant à la concubine, il y a lieu de tenir compte à compter de cette construction de la contribution à la concubine résultant de son travail à la maison et de l'éducation des enfants : ▪ Cass. com., 24 sept. 2013, n° 12-23.699.

8) Procédures. *a)* **Procédure civile. Tierce opposition à la décision prononcée à l'encontre d'une société créée de fait.** V. sous CPC, art. 583, annot. n° 4, p. 1951.

b) **Procédures collectives.** Faute de jouir de la personnalité morale, une société créée de fait ne peut pas être mise en redressement judiciaire : ▪ CA Poitiers, 24 sept. 1979 : *Rev. sociétés* 1980, p. 818, note J. G. – Comp. pour une indivision : ▪ CA Douai, 2 juin 1983 : *JCP* E 1984, 12016. – Une société créée de fait, non immatriculée, ne peut être mise en redressement ou liquidation judiciaires, une procédure collective ne pouvant qu'être ouverte à l'encontre de chaque associé régulièrement assigné ; les associés non convoqués n'étant pas partie à l'instance et étant des tiers au jugement ouvrant la procédure collective contre la société, seule la tierce opposition leur est ouverte : ▪ Cass. com., 11 févr. 2004, n° 01-01.642 : *Dr. sociétés* juill. 2004, n° 128, obs. J.-P. Legros ; *JCP* E 2005, 623, note D. Gibirila. ▪ Cass. com., 23 nov. 2004 : *Dr. sociétés* févr. 2005, n° 29, obs. J.-P. Legros. – Dès lors qu'il est rapporté que deux frères, qui avaient exploité en commun le fonds de commerce familial et en avaient l'un et l'autre assuré la direction effective en se substituant à leur mère âgée dans l'exercice d'une profession commerciale, étaient eux-mêmes commerçants pour avoir de manière indépendante effectué des actes de commerce à titre de profession habituelle, une cour d'appel a justifié sa décision de prononcer **leur propre redressement judiciaire** à la suite de l'ouverture du redressement judiciaire de leur mère : ▪ Cass. com., 30 mars 1993 : *BJS* 1993, p. 775, note H. Le Nabasque.

9) Sociétés d'indivision. L'intention des acquéreurs de lais et relais de la mer de former entre eux une société à laquelle ils ont fait apport de biens indivis en vue d'une destination déterminée suffit à écarter l'application de l'article 815 du Code civil : ▪ Cass. req., 5 juill. 1922 : *S.* 1924, 1, p. 353, note H. Solus ; *DP* 1923, 1, p. 113, note H. Capitant. – *Adde* ▪ Cass. 3e civ., 26 juin 1973 : *Bull. civ.* III, n° 440. ▪ CA Rennes, 24 oct. 1974 : *D.* 1975, somm. p. 120.

10) Dissolution. En application de l'article 1872-2, la dissolution d'une société créée de fait peut résulter à tout moment d'une notification adressée par l'un d'eux à tous les associés, pourvu que cette notification soit de bonne foi, et non faite à contretemps : ▪ Cass. 1re civ., 10 avr. 2019, n° 17-28.834.

11) Liquidation. *a)* **Reprise des apports.** Lors de la liquidation d'une société créée de fait, les **apports en industrie** ne sont ni repris ni remboursés ; par suite, l'apport en industrie résultant du travail effectué par un concubin sur un immeuble appartenant à sa compagne, s'il donne vocation à une partie de la plus-value sur l'immeuble, ne fait pas naître de créance du chef des travaux effectués : ▪ Cass. 1re civ., 19 avr. 2005 : *D.* 2005, p. 1230, obs. A. Lienhard ; *JCP* E 2005, 970 ; *Dr. sociétés* juill. 2005, n° 130, obs. F.-X. Lucas ; *Rev. sociétés* 2006, p. 111, note D. Poracchia. – Les **biens issus de l'industrie** de l'un des associés font partie de la masse à partager ; l'apporteur a donc la faculté de se les faire attribuer, à charge de soulte, lorsqu'ils se retrouvent en nature dans l'actif social *[C. civ., art. 1844-9]* : ▪ Cass. com., 30 mai 2006, n° 04-14.749 : *JurisData* n° 2006-033760.

b) **Comptes de liquidation.** L'hébergement d'une personne par son concubin, dans le cadre de leur vie commune, ne peut donner lieu au versement d'une **indemnité d'occupation** entrant dans les comptes de liquidation d'une société créée de fait, sauf convention contraire dont la preuve incombe à celui qui la sollicite : ▪ Cass. com., 14 déc. 2004 : *JurisData* n° 2004-026343. – Doit être cassée pour manque de base légale la décision admettant l'action en recouvrement de l'associé d'une société créée de fait dissoute sans rechercher si la **créance litigieuse** avait fait l'objet d'une attribution à l'un ou l'autre des anciens associés lors du règlement des comptes entre eux ou si elle demeurait en indivision : ▪ Cass. com., 8 mars 2005 : *JurisData* n° 2005-027518 ; *JCP* E 2005, 685.

12) Actions en responsabilité.

a) **Responsabilité entre coassociés.** Le refus opposé par un associé à son coassocié de procéder à une répartition équitable de la valeur de la clientèle commune est fautif et doit emporter condamnation à dommages-intérêts : ▪ Cass. com., 30 juin 1987 : *JCP* E 1987, 16959, n° 3, obs. A. Viandier et J.-J. Caussain.

b) **Prescription des actions en responsabilité en cas de liquidation.** Faute de personnalité morale de la société, l'article 401 de la loi n° 66-537 du 24 juillet 1966 *[V. infra, C. com., art. L. 237-13]* selon lequel les actions contre les associés non liquidateurs se prescrivent par cinq ans à compter de la dissolution de la société, ne saurait recevoir application en matière de société créée de fait : ▪ Cass. com., 19 janv. 1981 : *Bull. civ.* IV, n° 37 ; *JCP* 1982, II, 19816 ; *Rev. sociétés* 1981, p. 796.

13) Comptabilité avec le statut de collaborateur. L'option pour le statut de collaborateur d'exploitation ou d'entreprise agricole (C. rur., art. L. 321-5) n'est incompatible ni avec l'existence d'une société créée de fait entre coexploitants ni avec l'intention de créer une telle société : ▪ Cass. com., 10 juill. 2007, n° 06-11.938 : *Dr. sociétés* 2007, n° 24, obs. R. Mortier.

Loi n° 78-9 du 4 janvier 1978

modifiant le titre IX du livre III du Code civil

(JO 5 janv., rect. 15 janv. et 12 mai)

Art. 1er. – V. C. civ., art. 1832 à 1873.

Art. 2. – La présente loi est applicable dans les territoires de la Nouvelle-Calédonie, de la Polynésie française, de Wallis-et-Futuna et des Terres australes et antarctiques françaises, ainsi que dans la collectivité territoriale de Mayotte.

Pour un **refus d'appliquer** cette loi à une société civile de droit ivoirien, V. ▪ CA Paris, 20 déc. 1985 : *BJS* 1986, p. 232.

Art. 3. – Les conditions d'application de la présente loi seront fixées, par décret en Conseil d'État.

Ce décret procédera, notamment, sans en modifier le fond, à l'adaptation aux dispositions de la présente loi des références faites par d'autres textes aux anciens articles 1832 à 1873 du Code civil, et supprimera celles de ces références qui n'ont plus d'objet.

Voir : D. n° 78-704, 3 juill. 1978, p. 156.

Art. 4 *(Mod., L. n° 2001-420, 15 mai 2001).* **– La présente loi entrera en vigueur le premier jour du sixième mois qui suivra sa publication.**

Elle s'appliquera aux sociétés qui se constitueront à compter de son entrée en vigueur.

Elle sera applicable aux sociétés constituées avant son entrée en vigueur deux ans après celle-ci. Elle sera applicable avant cette date aux sociétés jouissant de la personnalité morale dès leur immatriculation et aux sociétés en participation si les associés en décident ainsi.

Par dérogation à l'article 1845-1 du Code civil, les sociétés civiles constituées avant l'entrée en vigueur de la présente loi ont la faculté de maintenir des parts sociales inégales.

À dater de l'application de la présente loi à une société, les dispositions statutaires contraires sont réputées non écrites.

Les sociétés constituées pendant la période comprise entre la publication de la présente loi et la date prévue ci-dessus pour son entrée en vigueur pourront, par une clause expresse de leurs statuts, se soumettre au droit

nouveau. Jusqu'à leur immatriculation, qui ne pourra intervenir qu'après ladite entrée en vigueur, elles seront régies par les articles 1842 à 1843-1 du Code civil.

Voir aussi : D. n° 84-406, 30 mai 1984, art. 83-1.

Le quatrième alinéa de l'article 4, aujourd'hui abrogé, prévoyait que les sociétés civiles non immatriculées à la date d'entrée en vigueur de la loi n° 78-9 du 4 janvier 1978 conservaient leur personnalité morale par dérogation à l'article 1842 du Code civil.

Bibliographie : C. Atias, *Sauvez nos chères vieilles sociétés civiles : D.* 2003, p. 954. • G. Baranger, *Immatriculation des sociétés civiles anciennes : l'échéance : BJS* 2002, p. 849 ; *Defrénois* 2002, p. 158, n° 3. • H. Croze, *Conséquences procédurales du défaut d'immatriculation des sociétés civiles au 1er novembre 2002 : Procédures* nov. 2002, p. 19. • M. Dagot, *Sociétés civiles non immatriculées au 1er novembre 2002 : JCP* E 2003, 850. • G. Daublon et B. Gelot, *Libres propos sur la non immatriculation des sociétés civiles anciennes : Defrénois* 2003, p. 889 ; *Remarques pratiques à propos des sociétés civiles non immatriculées : Defrénois* 2003, p. 1289. • Fl. Deboissy et G. Wicker, *Conséquences juridiques et fiscales du défaut d'immatriculation des sociétés civiles anciennes au 1er novembre 2002 : JCP* E 2002, n° 1465, p. 1612 ; *Sociétés civiles non immatriculées au 1er novembre 2002 : analyse juridique et fiscale de la perte de la personnalité morale et d'une immatriculation subséquente : Dr. fisc.* 2004, n° 9, p. 476 ; *JCP* E 2004, 383. • B. Jadaud, *Le changement d'état des sociétés civiles non immatriculées : Bull. Cridon* 15 juin 2002, n° 12, nos 5 et s. ; *Situation juridique des sociétés civiles et des associés des sociétés civiles non immatriculées au RCS : JCP* N 2003, p. 1461. • R. Libchaber, *Réalité ou fiction ? Une nouvelle querelle de la personnalité est pour demain : RTD civ.* 2003, p. 166. • A. Lienhard, *Loi NRE : difficultés d'application transitoire : D.* 2002, p. 791. • F.-X. Lucas, *Les conséquences du défaut d'immatriculation des sociétés civiles anciennes : JCP* N 2003, 1494. • B. Saintourens, *La réforme du droit des sociétés par la loi relative aux nouvelles régulations économiques : Defrénois* 2001, art. 37451, spéc. n° 18. • A. Viandier et A. Charvériat, *Sociétés et Loi NRE*, Fr. Lefebvre, 2e éd., 2001, n° 510.

I – PERTE DE LA PERSONNALITÉ MORALE AU 1er NOVEMBRE 2002 ET IMMATRICULATION SUBSÉQUENTE

1) Conséquences du défaut d'immatriculation d'une société civile ancienne au 1er novembre 2002. *a)* **Transformation en société à participation à durée indéterminée.** La société civile constituée avant la loi du 4 janvier 1978 qui n'a pas procédé à son immatriculation au registre du commerce et des sociétés au 1er novembre 2002 perd simplement la disposition d'une capacité juridique distincte de celle de ses associés et se retrouve susceptible d'être qualifiée soit de société de fait, dont le fonctionnement et les effets à l'égard des tiers sont réglés par la jurisprudence, soit de société en participation régie par le chapitre III du titre neuvième du Code civil dans la mesure où la personnalité morale n'est pas un élément du contrat de société : Rép. min. Justice n° 1074 : *JOAN*, 21 oct. 2002, p. 3759. – Circ. 26 déc. 2002 : *BO min. Justice* n° 88 ; *JCP* E 2003, 632. – Rép. min. Justice n° 9579 : *JOAN* Q, 3 mars 2003, p. 1644 ; *D.* 2003, p. 749 ; *JCP* E 2003, act., p. 475. – Avis CCRCS n° 03-29 : *Bull. RCS* 21-22/2003, p. 49 ; *BRDA* 18/2003, n° 5. – Rép. min. Économie n° 10150 : *JOAN* Q, 2 juin 2003, p. 4271 ; *BJS* 2003, p. 709 ; *Dr. fisc.* 2003, n° 26, 133. – Sur la situation des sociétés civiles d'attribution : Rép. min. n° 33566 : *JOAN* Q, 30 mars 2004, p. 2688 ; *JCP* E 2004, act., p. 631. – Faute d'avoir été immatriculée, la SCI, dépourvue de personnalité morale, est désormais soumise aux règles applicables aux sociétés en participation et, à défaut d'avoir été organisée par un pacte conforme à celui d'une société à durée déterminée, et est nécessairement à durée indéterminée : ▪ Cass. com., 4 mai 2016, n° 14-28.243, PB : *BJS* 2016, p. 404, note J.-F. Barbièri ; *JCP* E 2016, 1400, note B. Dondero ; *Rev. sociétés* 2016, p. 747, note B. Saintourens.

b) **Absence de capacité à agir.** Une société civile n'ayant pas été immatriculée au RCS avant le 1er novembre 2002 a, à compter de cette date, perdu sa personnalité juridique et est dès lors **dépourvue du droit d'agir en justice :** ▪ Cass. com., 26 févr. 2008, n° 06-16.406 : *JCP* E 2008, 1480 ; *Dr. sociétés* 2008, n° 120, obs. R. Mortier ; *Rev. sociétés* 2008, p. 142, note J.-F. Barbièri. – *Contra*, ▪ CA Paris, 2e ch. B, 13 janv. 2005 : *D.* 2005, p. 495, obs. A. Lienhard : est recevable l'appel formé par une société civile immobilière, constituée avant le 1er juillet 1978 et non immatriculée au 1er novembre 2002, au motif qu'elle jouissait encore, à la date de son appel formé le 16 mai 2002, de la personnalité morale, laquelle subsistera aussi longtemps que les droits et obligations de la SCI ne seront pas liquidés.

2) Demande d'immatriculation postérieure à la perte de la personnalité morale. *a)* **Rejet d'une demande présentée par le gérant au nom de l'ancienne société civile.** Confirmation de l'ordonnance ayant rejeté une demande d'immatriculation présentée, le 7 novembre 2002, au nom d'une SCI, par le gérant de la société civile agissant ès qualités ; ▪ CA Paris, 3e ch. A, 7 oct. 2003 : *D.* 2003, p. 2639 ; *JCP* E 2003, act., p. 739 ; *JCP* E 2004, 29, obs. J.-J. Caussain, Fl. Deboissy et G. Wicker, n° 7. – V. dans le même sens, ▪ CA Paris, 3e ch. C, 13 mai 2003 : *BJS* 2003, p. 1067, note J.-P. Garçon ; *D.* 2003, p. 1632 ; *Rev. sociétés* 2003, p. 504, note Y. Guyon. – Pour une espèce où une demande d'immatriculation a été rejetée, car présentée devant un greffe incompétent, ■ CA Paris, 3e ch. C, 27 juin 2003 : *D.* 2003, p. 2888.

b) **Admission d'une demande d'immatriculation de la société en participation.** Ne prévoyant que la perte de la personnalité morale des sociétés civiles non immatriculées au 1er novembre 2002, la loi du 15 mai 2001 ne s'oppose pas à une demande d'immatriculation présentée postérieurement à cette date : ■ CA Dijon, 18 mars 2003 : *JCP* E 2003, 1203, n° 7, obs. J.-J. Caussain, Fl. Deboissy et G. Wicker. – V. égal., à propos d'une CUMA : ■ CA Dijon, 4 mars 2003 : *JCP* E 2003, act., p. 741.

3) Situation des biens sociaux postérieurement à l'immatriculation. Une SCI ayant perdu sa personnalité morale faute d'avoir procédé à son immatriculation avant le 1er novembre 2002, les associés devenus propriétaires indivis ne peuvent se prévaloir, suite à une immatriculation ultérieure, de la règle de l'article 1844-3 du Code civil pour échapper aux obligations pesant sur eux en qualité de propriétaires indivis : ■ Cass. com., 7 janv. 2014, nos 11-25.635 et 11-26.918, PB : *BJS* 2014, p. 252, note J.-F. Barbièri ; *Rev. sociétés* 2014, p. 234, note B. Saintourens.

4) Aspects fiscaux. Circ. 26 déc. 2002 : *JCP* E 2003, 632. – Rép. min. Justice n° 9579 : *JOAN* Q, 3 mars 2003, p. 1644 ; *JCP* E 2003, act., p. 701. – Rép. min. Économie n° 10150 : *JOAN* Q, 2 juin 2003, p. 4271 ; *BJS* 2003, p. 709 ; *Dr. fisc.* 2003, n° 26, 133. – Rép. min. Économie n° 32973 : *JOAN* Q, 27 juill. 2004, p. 5796 ; *BJS* 2004, p. 1135. – Circ. 31 mars 2005 : *BO min. Justice* n° 99 ; *JCP* E 2006, 1256. – Rép. min. Budget n° 4295 : *JOAN* Q, 5 févr. 2013, p. 1307. – Rép. min. Budget, n° 7418 : *JOAN* Q, 26 nov. 2013, p. 12361.

II – AUTRES QUESTIONS RELATIVES AUX SOCIÉTÉS CIVILES ANCIENNES

5) Intérêt pour agir aux fins d'immatriculation. *[Action en régularisation, C. civ., art. 1839]* La notion d'intérêt pour agir aux fins d'immatriculation d'une société civile ancienne suppose qu'il puisse être justifié par le demandeur, d'une part qu'il se trouve dans l'incapacité d'obtenir l'un des renseignements qui se trouveraient normalement rendus publics si la société était immatriculée et d'autre part qu'il a intérêt à disposer de ces renseignements ; en ce qui concerne les administrations, l'action doit être intentée par le ministère public : Rép. min. : *JO Sénat* Q, 5 nov. 1980, p. 4385 ; *JCP* 1981, IV, p. 45.

6) Sur l'application de **l'article 4, alinéa 3,** V. ■ CA Paris, 5 janv. 1990 : *D.* 1990, inf. rap. p. 47.

7) Engagement de l'associé envers les créanciers sociaux. L'article 1857 du Code civil n'est applicable aux sociétés civiles constituées avant le 1er juillet 1878, date d'entrée en vigueur de la loi du 4 janvier 1978, qu'en ce qui concerne les créances **nées** après le 1er juillet 1980, date d'application de la loi nouvelle à ces sociétés ; doit par suite être cassé au visa de l'article 2 du Code civil l'arrêt ayant jugé que la contribution à la dette sociale s'apprécie à la date d'exigibilité de la créance, à savoir celle de la signification de l'arrêt confirmant la condamnation de la SCI : ■ Cass. 3e civ., 23 janv. 2002 : *D.* 2002, p. 647, obs. A. Lienhard. ■ Cass. 1re civ., 18 avr. 1989 : *JCP* 1990, II, 21523, note H. T.

8) Survie de la personnalité morale pour les besoins de la liquidation. Malgré la date butoir du 1er novembre 2002, une SCI dont la dissolution a été décidée le 3 octobre 2000 jouissait encore, à la date d'un appel interjeté le 2 juillet 2002, de sa personnalité morale, laquelle subsiste aussi longtemps que les droits et obligations de la société ne sont pas liquidés : ■ CA Paris, 2e ch. B, 4 déc. 2003 : *D.* 2004, p. 216. – La dissolution ayant été décidée le 5 juin 1990, la SCI n'était pas soumise à l'obligation d'immatriculation instaurée postérieurement par la loi du 15 mai 2001, ce dont il résulte que sa personnalité juridique subsistait pour les besoins de sa liquidation : ■ Cass. 3e civ., 9 nov. 2005, nos 04-15.108 et 04-15.108 : *JurisData* nos 2005-030643 et 2005-030681 ; *D.* 2005, p. 2944, obs. A. Lienhard ; *Dr. sociétés* févr. 2006, n° 17, obs. F.-X. Lucas ; *JCP* E 2005, 1799.

9) Prescription de l'action en paiement des dettes sociales. *a)* **Dissolution non publiée.** La prescription quinquennale de l'article 1859 du Code civil ne s'applique pas aux actions engagées contre les associés d'une société civile non immatriculée dont la dissolution n'a pas fait l'objet des mesures de publicité légale : ■ Cass. 3e civ., 7 mai 2003 : *BJS* 2003, p. 956, note F.-X. Lucas ; *D.* 2003, p. 1567, obs. A. Lienhard ; *JCP* E 2003, act., p. 1011. – Comp. ■ Cass. 3e civ., 23 févr. 2000 : *Bull. civ.* III, n° 42 ; *BJS* 2000, p. 650, note Y. Dereu ; *Dr. sociétés* 2000, n° 135, obs. Th. Bonneau ; *Rev. sociétés* 2000, p. 733, note Y. Chartier.

b) **Liquidation judiciaire.** La publication du jugement de liquidation judiciaire d'une société civile au BODACC fait courir la prescription quinquennale prévue par l'article 1859 du Code civil, que la société ait ou non été immatriculée : ■ Cass. 3e civ., 7 oct. 2009, n° 08-16.746, PB : *BJS* 2010, p. 232, note J.-P. Garçon ; *D.* 2009, p. 2550, obs. A. Lienhard. ; *Rev. sociétés* 2010, p. 227, note V. Thomas.

10) Nantissement des parts sociales. V. sous C. civ., art. 1866, annot. n° 2, p. 138.

Art. 5. – ***(V. L. n° 66-879, 29 nov. 1966 ; L. n° 55-4, 4 janv. 1955 ; L. n° 66-537, 24 juill. 1966).***

Décret n° 78-704 du 3 juillet 1978

relatif à l'application de la loi n° 78-9 du 4 janvier 1978
modifiant le titre IX du Livre III du Code civil
(JO 7 juill.)

CHAPITRE I. – DISPOSITIONS GÉNÉRALES

Art. 1er. – Les dispositions du présent chapitre sont applicables à toutes les sociétés dotées de la personnalité morale, sauf dispositions expresses contraires régissant certaines d'entre elles.

Art. 2. – Les sociétés sont immatriculées au registre du commerce et des sociétés dans les conditions définies par la réglementation relative à ce registre.

La demande d'immatriculation est présentée après accomplissement des formalités de constitution de la société.

Voir : C. com., art. L. 123-1 et s., p. 798 et C. com., art. R. 123-1 et s., p. 785. – C. civ., art. 1842, p. 41.

Art. 3. – La durée de la société court à compter de l'immatriculation de celle-ci au registre du commerce et des sociétés.

Elle peut être prorogée une ou plusieurs fois sans que chaque prorogation puisse excéder quatre-vingt-dix-neuf ans.

Voir : C. civ., art. 1838, p. 40 et 1844-6, p. 93.

Art. 4. – L'action en régularisation de la constitution de la société ou de la modification des statuts prévue à l'article 1839 du Code civil est portée devant le tribunal de commerce pour les sociétés commerciales et devant le tribunal de grande instance dans les autres cas.

Le tribunal territorialement compétent est celui dans le ressort duquel est situé le siège de la société.

Voir : C. civ., art. 1839, p. 40.

Art. 5. – Si une ou plusieurs énonciations exigées par la loi ou les règlements ne figurent pas dans les statuts, le tribunal ordonne que ceux-ci soient complétés dans les mêmes conditions que celles requises lors de la constitution de la société.

Si une formalité prescrite par la loi ou les règlements pour la constitution de la société ou la modification des statuts a été omise ou irrégulièrement accomplie, le tribunal ordonne qu'elle soit accomplie ou refaite. Il peut en outre ordonner que toutes les formalités qui ont suivi celle omise ou entachée d'un vice ou certaines d'entre elles seulement, soient également refaites.

Voir : C. civ., art. 1839, p. 40.

Art. 6. – L'état des actes accomplis pour le compte de la société en formation avec l'indication, pour chacun d'eux, de l'engagement qui en résulterait pour la société est présenté aux associés avant la signature des statuts.

Cet état est annexé aux statuts, dont la signature emportera reprise des engagements par la société, lorsque celle-ci aura été immatriculée.

En outre, les associés peuvent, dans les statuts ou par acte séparé, donner mandat à l'un ou plusieurs d'entre eux, ou au gérant non associé qui a été désigné, de prendre des engagements pour le compte de la société. Sous réserve qu'ils soient déterminés et que les modalités en soient précisées par le mandat, l'immatriculation de la société emportera reprise de ces engagements par ladite société.

La reprise des engagements souscrits pour le compte de la société en formation ne peut résulter, après l'immatriculation de la société, que d'une décision prise, sauf clause contraire des statuts, à la majorité des associés.

Voir : C. civ., art. 1843, p. 47 et **Sociétés commerciales,** C. com., art. L. 210-6, p. 169.

1) **Modalités de la reprise.** V. sous C. civ., art. 1843, annot. n° 6, p. 49.

2) **Société en participation.** Le fondateur d'une société en participation ne saurait invoquer

l'article 6 du décret du 3 juillet 1978 dès lors que ce texte ne s'applique qu'aux sociétés dotées de la personnalité morale : ■ CA Paris, 9 févr. 2001 : *JurisData* n° 2001-142778.

Art. 7. – **Si les statuts sont établis par acte sous seing privé, il est dressé autant d'originaux qu'il est nécessaire pour le dépôt d'un exemplaire au siège social et l'exécution des diverses formalités requises.**

Voir : C. civ., art. 1835, p. 29.

Art. 8 ***(Mod., D. n° 88-418, 22 avr. 1988).*** – **L'associé entre les mains duquel sont réunies toutes les parts sociales peut, à tout moment, dissoudre la société par déclaration au greffe du tribunal de commerce en vue de la mention de la dissolution au registre du commerce et des sociétés.**

Le délai d'opposition prévu au troisième alinéa de l'article 1844-5 du Code civil court à compter de la publication de la dissolution faite, en application de l'article 287 du décret n° 67-236 du 23 mars 1967 sur les sociétés commerciales, dans un journal habilité à recevoir les annonces légales.

Voir : C. civ., art. 1844-5, p. 89. - C. com., art. R. 210-14, p. 619.

Opposabilité. La dissolution est opposable aux créanciers même s'il n'a pas été procédé à la radiation au registre du commerce et des sociétés dès lors qu'il y a bien eu accomplissement de la formalité de publicité dans un journal d'annonces légales : ■ Cass. com., 24 sept. 2002 : *JCP* E 2002, n° 1578, p. 1748. – V. aussi sous C. civ., art. 1844-5, annot. n° 4, p. 90.

Art. 9. – **Si les associés n'ont pu nommer un liquidateur, celui-ci est désigné, à la demande de tout intéressé, par ordonnance du président du tribunal de commerce pour les sociétés commerciales ou du tribunal de grande instance dans les autres cas, statuant sur requête.**

Tout intéressé peut former opposition à l'ordonnance dans le délai de quinze jours à dater de sa publication dans les conditions prévues à l'article 27. Cette opposition est portée devant le tribunal dont le président a rendu l'ordonnance. Le tribunal peut désigner un autre liquidateur.

Voir : C. civ., art. 1844-8, p. 103.

Art. 10. – **Quelle que soit la nature de l'acte qui les nomme, les liquidateurs doivent rendre compte aux associés de l'accomplissement de leur mission, dans les conditions déterminées par l'acte de nomination, ou, à défaut, au moins annuellement sous forme d'un rapport écrit décrivant les diligences qu'ils ont effectuées pendant l'année écoulée.**

La décision de clôture de la liquidation est prise par les associés, après approbation des comptes définitifs de la liquidation. À défaut d'approbation des comptes ou si la consultation des associés s'avère impossible, il est statué sur les comptes et, le cas échéant, sur la clôture de la liquidation, par le tribunal de commerce pour les sociétés commerciales, par le tribunal de grande instance dans les autres cas, à la demande du liquidateur ou de tout intéressé.

Les comptes définitifs, la décision des associés et, s'il y a lieu, la décision judiciaire prévue à l'alinéa précédent sont déposés au greffe du tribunal de commerce en annexe au registre du commerce et des sociétés.

Voir : C. civ., art. 1844-8, p. 103.

Limite de la compétence matérielle du tribunal. La juridiction appelée à se substituer à l'assemblée générale des associés s'agissant d'approuver les comptes présentés par le liquidateur ainsi que son projet de répartition du boni de liquidation ne disposant que des pouvoirs dévolus en principe à l'assemblée générale, cette juridiction n'est pas compétente pour statuer sur la validité des statuts ou modifier la répartition du capital fixée par eux : ■ CA Chambéry, 17 juin 2008 : *JurisData* n° 2008-367200 ; *Dr. sociétés* 2008, n° 207, obs. J. Monnet.

Art. 11. – **Sauf disposition contraire de l'acte de nomination, si plusieurs liquidateurs ont été nommés ils peuvent exercer leurs fonctions séparément. Toutefois les documents soumis aux associés sont établis et présentés en commun.**

Voir : C. civ., art. 1844-8, p. 103.

Art. 12. – **La rémunération des liquidateurs est fixée par la décision qui les nomme. À défaut, elle l'est postérieurement à la demande du liquidateur, par ordonnance sur requête du président du tribunal de commerce pour les sociétés commerciales ou du tribunal de grande instance dans les autres cas.**

Voir : C. civ., art. 1844-8, p. 103.

Art. 13. – À compter de la dissolution de la société la mention « société en liquidation » ainsi que le nom du ou des liquidateurs doivent figurer sur tous les actes et documents émanant de la société et destinés aux tiers, notamment sur toutes lettres, factures, annonces et publications diverses.

Voir : C. civ., art. 1844-8, p. 103.

Art. 14. – La société est radiée du registre du commerce et des sociétés sur justification de l'accomplissement des formalités prescrites par les articles 10 et 29.

Voir : C. civ., art. 1844-8, annot. n° 5, p. 107.

Art. 15. – La mise en demeure prévue par l'article 1844-12, alinéa 1er, du Code civil est faite par acte d'huissier de justice ou par lettre recommandée avec demande d'avis de réception.

Voir : C. civ., art. 1844-12, al. 1, p. 113.

Art. 16. – La tierce opposition contre les décisions prononçant la nullité d'une société n'est recevable que pendant un délai de six mois à compter de la publication de la décision judiciaire au *Bulletin officiel des annonces civiles et commerciales.*

Voir : C. civ., art. 1844-14, p. 114. – V. **Tierce opposition,** CPC, art. 582, p. 1951 et 583, p. 1951.

Art. 17. – La demande de désignation d'un expert prévue à l'article 1843-4 du Code civil ou d'un mandataire prévue par les articles 1844, alinéa 2, et 1844-6, alinéa 3, dudit code est portée devant le président du tribunal de commerce pour les sociétés commerciales ou du tribunal de grande instance dans les autres cas.

Voir : C. civ., art. 1843-4, p. 60, 1844, p. 72 et 1844-6, p. 93.

Art. 18. – La publicité au moyen d'avis ou annonces est faite selon le cas par insertion au *Bulletin officiel des annonces civiles et commerciales* ou dans un journal habilité à recevoir les annonces légales dans le département du siège social ou au *Bulletin des annonces légales obligatoires.*

Art. 19. – La publicité par dépôt d'actes ou de pièces est faite au greffe du tribunal de commerce, en annexe au registre du commerce et des sociétés dans les conditions prévues par la réglementation relative à ce registre.

Voir : C. civ., art. 1842, p. 41.

Art. 20. – Les formalités de publicité sont effectuées à la diligence et sous la responsabilité des représentants légaux de la société.

Lorsqu'une formalité de publicité ne portant ni sur la constitution de la société, ni sur la modification de ses statuts, a été omise ou irrégulièrement accomplie et si la société n'a pas régularisé la situation dans le délai d'un mois à compter de la mise en demeure à elle adressée, tout intéressé peut demander au président du tribunal de commerce pour les sociétés commerciales ou du tribunal de grande instance dans les autres cas de désigner un mandataire chargé d'accomplir la formalité. Le président statue en la forme des référés.

Art. 21. – Dans tous les cas où les lois et règlements applicables aux sociétés disposent qu'il est statué par ordonnance du président du tribunal, soit sur requête, soit en la forme des référés, une copie de ladite ordonnance est déposée par le greffier du tribunal de commerce au dossier de la société, en annexe au registre du commerce et des sociétés. En vue de ce dépôt, l'ordonnance doit, lorsqu'elle émane du président du tribunal de grande instance, être transmise par le greffier dudit tribunal au greffier du tribunal de commerce.

Art. 22. – Lorsque les autres formalités de constitution de la société ont été accomplies, un avis est inséré dans un journal habilité à recevoir les annonces légales dans le département du siège social.

Cet avis est signé par le notaire qui a reçu l'acte de société ou au rang des minutes duquel il a été déposé ; dans les autres cas, il est signé par l'un des fondateurs ou des premiers associés ayant reçu un pouvoir spécial à cet effet.

Il contient les indications suivantes :

1° La raison sociale ou la dénomination sociale suivie, s'il y a lieu, de son sigle ;

2° La forme de la société et, s'il y a lieu, le statut légal particulier auquel elle est soumise ;

3° Le montant du capital social et, s'il s'agit d'une société à capital variable, le montant au-dessous duquel il ne peut être réduit ;
4° L'adresse du siège social ;
5° L'objet social indiqué sommairement ;
6° La durée pour laquelle la société a été constituée ;
7° Le montant des apports en numéraire ;
8° La description sommaire et l'évaluation des apports en nature ;
9° Les nom, prénom usuel et domicile des associés tenus indéfiniment et solidairement des dettes sociales ;
10° Les nom, prénom usuel et domicile des associés ou des tiers ayant, dans la société, la qualité de gérant, administrateur, président du conseil d'administration, directeur général, membre du directoire, membre du conseil de surveillance ou commissaire aux comptes ;
11° Les nom, prénom usuel et domicile des personnes ayant le pouvoir général d'engager la société envers les tiers ;
12° Le greffe du tribunal où la société sera immatriculée ;
13° S'il y a lieu, l'existence de clauses relatives à l'agrément des cessionnaires de parts sociales et la désignation de l'organe de la société habilité à statuer sur les demandes d'agrément.

Art. 23. – Après immatriculation au registre du commerce et des sociétés la constitution de la société fait l'objet d'une publicité au *Bulletin officiel des annonces civiles et commerciales.*

Art. 24. – Si l'une des mentions de l'avis prévu à l'article 22 est frappée de caducité par suite de la modification des statuts ou d'un autre acte, délibération ou décision, la modification intervenue est publiée dans les conditions prévues par cet article.

L'avis est signé par le notaire qui a reçu l'acte ou au rang des minutes duquel il a été déposé ; dans les autres cas, il est signé par les représentants légaux de la société.

Il contient, après les indications énumérées du 1° au 4° de l'article 22, alinéa 3, ci-dessus :

– le numéro d'immatriculation de la société ;
– les titre, date du numéro et lieu de publication du journal dans lequel a été inséré l'avis prévu à l'article 22, ainsi que la date du numéro du *Bulletin officiel des annonces civiles et commerciales* dans lequel a été faite la publication prévue à l'article 23 ;
– les modifications intervenues, reproduisant l'ancienne mention à côté de la nouvelle.

Art. 25. – Le nom des premiers gérants, administrateurs, membres des organes de surveillance et commissaires aux comptes mentionné dans les statuts peut être omis dans les statuts mis à jour et déposés en annexe au registre du commerce et des sociétés, sans qu'il y ait lieu, sauf disposition statutaire contraire, de les remplacer par le nom des personnes qui leur ont succédé dans ces fonctions.

Art. 26. – En cas de transfert du siège social hors du ressort du tribunal au greffe duquel la société a été immatriculée, l'avis publié dans un journal d'annonces légales du département du nouveau siège indique que le siège social a été transféré et reproduit les mentions visées du 1° au 9° de l'article 22, alinéa 3, et en outre :

– le lieu et le numéro d'immatriculation au registre du commerce et des sociétés de l'ancien siège social ;
– l'indication du registre du commerce et des sociétés où la société sera immatriculée en raison de son nouveau siège social.

Art. 27. – L'acte de nomination des liquidateurs, quelle que soit la forme, est publié dans le délai d'un mois dans un journal habilité à recevoir les annonces légales dans le département du siège social et, en outre, si la société a fait publiquement appel à l'épargne, au *Bulletin des annonces légales obligatoires.*

Il contient les indications suivantes :

1° La raison sociale ou la dénomination sociale suivie, s'il y a lieu, de son sigle ;
2° La forme de la société et, s'il y a lieu, le statut légal particulier auquel elle est soumise, suivie de la mention « en liquidation » ;
3° Le montant du capital social ;
4° L'adresse du siège social ;
5° Le numéro d'immatriculation de la société ;
6° La cause de la dissolution ;

7° Les nom, prénom usuel et domicile des liquidateurs ;

8° S'il y a lieu, les limitations apportées à leurs pouvoirs.

Sont en outre indiqués dans la même insertion :

1° Le lieu où la correspondance doit être adressée et celui où les actes et documents concernant la liquidation doivent être notifiés ;

2° Le tribunal de commerce au greffe duquel sera effectué, en annexe au registre du commerce et des sociétés, le dépôt des actes et pièces relatifs à la liquidation.

Voir : C. civ., art. 1844-8, p. 103.

Art. 28. – Au cours de la liquidation de la société, le liquidateur accomplit, sous sa responsabilité, les formalités de publicité incombant aux représentants légaux de la société.

Notamment, toute décision entraînant modification des mentions publiées en application de l'article 27 est publiée dans les conditions prévues par cet article.

Voir : C. civ., art. 1844-8, p. 103.

Art. 29. – L'avis de clôture de la liquidation, signé par le liquidateur, est publié, à la diligence de celui-ci, dans le journal d'annonces légales ayant reçu la publicité prescrite par l'article 27 et, si la société a fait publiquement appel à l'épargne, au *Bulletin des annonces légales obligatoires*.

Il contient les indications suivantes :

1° La raison sociale ou la dénomination sociale suivie, s'il y a lieu, de son sigle ;

2° La forme de la société suivie de la mention « en liquidation » et, s'il y a lieu, le statut légal particulier auquel elle est soumise ;

3° Le montant du capital social ;

4° L'adresse du siège social ;

5° Les nom, prénom usuel et domicile des liquidateurs ;

6° Le numéro d'immatriculation de la société.

Voir : C. civ., art. 1844-8, p. 103.

CHAPITRE II. – DISPOSITIONS APPLICABLES AUX SOCIÉTÉS CIVILES

Art. 30. – Les dispositions du présent chapitre sont applicables aux sociétés définies par l'article 1845 du Code civil.

Elles sont également applicables, en tant que de raison, aux rapports entre associés d'une société en participation ayant le caractère civil à moins qu'une organisation différente n'ait été prévue.

Voir : C. civ., art. 1845, p. 117 et 1871-1, p. 145.

Art. 31. – Si les statuts sont établis par acte sous seing privé, une copie certifiée conforme doit en être remise à chaque associé.

Tout associé peut, après toute modification statutaire, demander à la société la délivrance d'une copie certifiée conforme des statuts en vigueur au jour de la demande.

La société doit annexer à ce document la liste mise à jour des associés ainsi que des gérants et, le cas échéant, des commissaires aux comptes ou des membres de l'organe de surveillance.

Art. 32. – La raison sociale ou la dénomination sociale doit figurer sur tous les actes ou documents émanant de la société et destinés aux tiers. Elle doit, si elle ne les contient pas, être précédée ou suivie de manière lisible, une fois au moins, des mots « société civile » suivis de l'indication du capital social et éventuellement, complétés par les mentions requises par le statut légal particulier auquel la société est soumise.

Art. 33. – Sauf stipulation expresse, les dispositions statutaires mentionnant la répartition des parts entre les associés n'ont pas à être modifiées pour tenir compte des cessions de parts.

Voir : C. civ., art. 1865, p. 136.

Art. 34. – **Si les statuts le prévoient, des certificats représentatifs de leurs parts peuvent être remis aux associés. Ils doivent être intitulés « certificat représentatif de parts » et être très lisiblement barrés de la mention « non négociable ». Ils sont établis au nom de chaque associé par part ou multiple de parts ou pour le total des parts détenues par lui.**

Voir : C. civ., art. 1847, p. 120.

Art. 35. – **Lorsqu'une personne morale est nommée gérant de la société, l'acte de nomination indique le nom de ses représentants légaux. Leur changement emporte rectification de l'acte de nomination et doit être publié comme l'acte lui-même.**

Art. 36. – **La requête prévue à l'article 1846, alinéa 5, du Code civil est présentée au président du tribunal de grande instance dans le ressort duquel est situé le siège de la société.**

Voir : C. civ., art. 1846, al. 5, p. 119.

Art. 37. – **L'action prévue à l'article 1846-1 du Code civil est portée devant le tribunal de grande instance dans le ressort duquel est situé le siège de cette société ; elle est intentée soit contre tous les associés, soit contre un mandataire spécial désigné par ordonnance du président du tribunal statuant sur requête du demandeur à l'action.**

Voir : C. civ., art. 1846-1, p. 119.

Art. 38. – **Lorsque l'action sociale est intentée par un ou plusieurs associés, le tribunal ne peut statuer que si la société a été régulièrement mise en cause par l'intermédiaire de ses représentants légaux.**

Voir : C. civ., art. 1843-5, p. 67 et 1850, p. 122.

Les associés d'une société civile ont qualité pour exercer **à titre individuel** une action en justice au nom de cette société : ▪ Cass. 3e civ., 6 nov. 1991 : *Bull. civ.* III, n° 296 ; *JCP* E 1992, II, 246, note Y. Guyon.

Art. 39. – **Un associé non gérant peut à tout moment, par lettre recommandée, demander au gérant de provoquer une délibération des associés sur une question déterminée.**

Si le gérant fait droit à la demande, il procède, conformément aux statuts, à la convocation de l'assemblée des associés ou à leur consultation par écrit. Sauf si la question posée porte sur le retard du gérant à remplir l'une de ses obligations, la demande est considérée comme satisfaite lorsque le gérant accepte que la question soit inscrite à l'ordre du jour de la prochaine assemblée ou consultation par écrit.

Si le gérant s'oppose à la demande ou garde le silence, l'associé demandeur peut, à l'expiration du délai d'un mois à dater de sa demande, solliciter du président du tribunal de grande instance, statuant en la forme des référés, la désignation d'un mandataire chargé de provoquer la délibération des associés.

1) La société étant nécessairement partie à l'instance tendant à la désignation d'un mandataire chargé de provoquer la délibération des associés, elle doit être mise en cause à peine d'irrecevabilité de la demande : ▪ Cass. com., 3 nov. 2004 : *D.* 2004, p. 3000, obs. A. Lienhard ; *BJS* 2005, p. 415, note S. Zeidenberg ; *Rev. sociétés* 2005, p. 418, note J.-F. Barbièri. – *Contra*, ▪ CA Paris, 3 déc. 2004 : *JurisData* n° 2004-266584 ; *D.* 2005, p. 281, obs. A. Lienhard ; *Dr. sociétés* juin 2005, n° 110, obs. F.-X. Lucas.

2) Lorsque le gérant n'a pas gardé le silence et ne s'est pas opposé à la demande d'un associé de provoquer une délibération des associés, mais qu'il a au contraire demandé des précisions au demandeur, les conditions posées par l'article 39, alinéa 3, ne sont pas remplies : ▪ CA Paris, 3 déc. 2004, préc., annot. ci-dessus.

Art. 40. – **Les associés sont convoqués quinze jours au moins avant la réunion de l'assemblée, par lettre recommandée. Celle-ci indique l'ordre du jour de telle sorte que le contenu et la portée des questions qui y sont inscrites apparaissent clairement sans qu'il y ait lieu de se reporter à d'autres documents.**

Dès la convocation, le texte des résolutions proposées et tout document nécessaire à l'information des associés sont tenus à leur disposition au siège social, où ils peuvent en prendre connaissance ou copie.

Les associés peuvent demander que ces documents leur soient adressés soit par lettre simple, soit à leurs frais par lettre recommandée.

Voir : C. civ., art. 1853, p. 125.

1) Computation du délai. Le délai de quinze jours prévu par le texte commence à courir à compter du jour de l'envoi de la convocation et non à compter du jour de sa réception : ▪ Cass. com., 11 janv. 2005 : *BJS* 2005, p. 884, note J.-P. Garçon. – Le délai de convocation des associés court à compter de la **date d'expédition** de la lettre recommandée par la société, et non à compter de sa date de réception par l'associé : ▪ Cass. ch. mixte, 16 déc. 2005, n° 04-10.986 : *JurisData* n° 2005-031541 ; *BJS* 2006, p. 536, note L. Grosclaude ; *D.* 2006, p. 146, note A. Lienhard ; *Dr. sociétés* 2006, n° 36, obs. F.-X. Lucas ; *JCP* E 2006, avis M. Domingo ; *JCP* E 2006, 2035, n° 9, obs. J.-J Caussain, Fl. Deboissy et G. Wicker.

2) Sanctions. V. sous C. civ., art. 1844-10, annot. n° 8, p. 111.

Art. 41. – **Lorsque l'ordre du jour de l'assemblée porte sur la reddition de compte des gérants, le rapport d'ensemble sur l'activité de la société prévu à l'article 1856 du Code civil, les rapports de l'organe de surveillance ou des commissaires aux comptes s'il y a lieu, le texte des résolutions proposées et tous autres documents nécessaires à l'information des associés sont adressés à chacun d'eux par lettre simple, quinze jours au moins avant la réunion de l'assemblée. Les mêmes documents sont, pendant ce délai, tenus à la disposition des associés au siège social, où ils peuvent en prendre connaissance ou copie.**

Voir : C. civ., art. 1856, p. 126.

Sanctions, C. civ., art. 1844-10, annot. n° 8, p. 111.

Art. 42. – **En cas de consultation écrite, le texte des résolutions proposées ainsi que les documents nécessaires à l'information des associés sont adressés à chacun de ceux-ci par lettre recommandée avec demande d'avis de réception. Chaque associé dispose d'un délai d'au moins quinze jours à compter de la date de réception de ces documents pour émettre son vote par écrit. Les statuts fixent le délai au-delà duquel les votes ne seront plus reçus.**

Voir : C. civ., art. 1853, p. 125.

Art. 43. – **Les dispositions des articles 40 à 42 ne sont pas applicables lorsque tous les associés sont gérants.**

Art. 44. – **Toute délibération des associés est constatée par un procès-verbal indiquant les nom et prénoms des associés qui y ont participé, le nombre de parts détenues par chacun d'eux, les documents et rapports soumis aux associés, le texte des résolutions mises aux voix et le résultat des votes.**

S'il s'agit d'une assemblée le procès-verbal indique également la date et le lieu de la réunion, les nom, prénoms et qualité du président et un résumé des débats.

S'il s'agit d'une consultation écrite la justification du respect des formalités prévues à l'article 42 et la réponse de chaque associé sont annexées au procès-verbal.

Les procès-verbaux sont établis et signés par les gérants et, s'il y a lieu, par le président de l'assemblée.

Voir : C. civ., art. 1853, p. 125.

Sanctions. Le procès-verbal d'assemblée générale d'une SCI portant engagement de caution hypothécaire de la société, décidée à l'unanimité des associés, qui n'a été signé que par l'associé gérant ès qualités, est entaché d'une nullité absolue pour vice de forme imputable à ce gérant et la SCI ne saurait opposer cette nullité à la banque qui n'a commis aucune faute : ▪ Cass. 3e civ., 8 juin 1994 : *BJS* 1994, p. 1240, note P. Le Cannu.– V. sous C. civ., art. 1844-10, annot. n° 8, p. 111.

Art. 45. – **Les procès-verbaux prévus à l'article précédent sont établis sur un registre spécial tenu au siège de la société, coté et paraphé dans la forme ordinaire et sans frais soit par un juge du tribunal de commerce ou du tribunal d'instance, soit par le maire ou un adjoint au maire de la commune du siège de la société.**

Toutefois, les procès-verbaux peuvent être établis sur des feuilles mobiles numérotées sans discontinuité, paraphées dans les conditions prévues à l'alinéa précédent et revêtues du sceau de l'autorité qui les a paraphées. Dès qu'une feuille a été remplie, même partiellement, elle doit être jointe à celles précédemment utilisées. Toute addition, suppression, substitution ou interversion de feuilles est interdite.

Art. 46. – **Lorsque la décision des associés résulte de leur consentement exprimé dans un acte, cette décision est mentionnée, à sa date, dans le registre prévu à l'article 45 ci-dessus. La mention dans le registre contient obligatoirement l'indication de la forme, de la nature, de l'objet et des signataires de l'acte. L'acte lui-**

même, s'il est sous seing privé ou sa copie authentique, s'il est notarié, est conservé par la société de manière à permettre sa consultation en même temps que le registre des délibérations.

Art. 47. – Les copies ou extraits des procès-verbaux des délibérations des associés sont valablement certifiées conformes par un seul gérant. Au cours de la liquidation de la société, leur certification est valablement effectuée par un seul liquidateur.

Art. 48. – En application des dispositions de l'article 1855 du Code civil, l'associé non gérant a le droit de prendre par lui-même, au siège social, connaissance de tous les livres et documents sociaux, des contrats, factures, correspondance, procès-verbaux et plus généralement de tout document établi par la société ou reçu par elle.

Le droit de prendre connaissance emporte celui de prendre copie.

Dans l'exercice de ces droits, l'associé peut se faire assister d'un expert choisi parmi les experts agréés par la Cour de cassation ou les experts près une cour d'appel.

Voir : C. civ., art. 1855, p. 126.

Art. 49. – Le projet de cession de parts ou de nantissement en vue de l'agrément du cessionnaire ou du créancier nanti, la renonciation au projet de cession, la date de réalisation forcée des parts sont notifiés par acte d'huissier de justice ou par lettre recommandée avec demande d'avis de réception.

S'il résulte d'un acte sous seing privé et s'il n'a pas été accepté par elle dans un acte authentique, le nantissement des parts sociales est signifié à la société par acte d'huissier de justice.

Les décisions de la société et des associés sur la demande d'agrément, le nom du ou des acquéreurs proposés, l'offre de rachat par la société sont notifiés par lettre recommandée avec demande d'avis de réception.

Voir : C. civ., art. 1861 et s., p. 132.

Art. 50. – Lorsque les statuts prévoient que l'agrément des projets de cession de parts peut être accordé par le gérant, ce dernier, préalablement au refus d'agrément du cessionnaire proposé, doit, par lettre recommandée, aviser les associés de la cession projetée et leur rappeler les dispositions des articles 1862 et 1863 du Code civil et, s'il y a lieu, les clauses statutaires aménageant ou complétant ces articles.

L'avis prévu à l'alinéa précédent doit être adressé aux associés dans un délai qui ne peut excéder le tiers de celui prévu par les statuts conformément à l'article 1864 du Code civil ou deux mois dans le silence des statuts.

Voir : C. civ., art. 1861 et s., annot. n° 3 s., p. 133.

Art. 51. – Lorsqu'un registre des associés est prévu par les statuts, il est tenu au siège de la société et constitué par la réunion, dans l'ordre chronologique de leur établissement, de feuillets identiques utilisés sur une seule face. Chacun de ces feuillets est réservé à un titulaire de parts sociales à raison de sa propriété ou à plusieurs titulaires à raison de leur copropriété, de leur nue-propriété ou de leur usufruit sur ces parts.

Chaque feuillet contient notamment :

1° Les nom, prénom usuel et domicile de l'associé originaire et la date d'acquisition de ses parts ;

2° La valeur nominale de ces parts ;

3° Les nom, prénom usuel et domicile du ou des cessionnaires des parts ;

4° Les nom, prénom usuel et domicile des personnes ayant reçu les parts en nantissement, le nombre des parts données en nantissement et la somme garantie ;

5° La date d'acquisition des parts, de leur transfert, de leur nantissement et de sa mainlevée ;

6° La date de l'agrément et l'indication de l'organe social qui l'a accordé.

Il est établi un nouveau feuillet par nouvel associé ; ce feuillet doit comporter une mention permettant, s'il y a lieu, d'identifier l'associé dont il a acquis les parts.

Ce registre est obligatoirement tenu lorsque les statuts stipulent que la cession des parts sociales peut être rendue opposable à la société par transfert dans ses registres.

Voir : C. civ., art. 1865, p. 136.

Art. 52 *(Mod., D. n° 2012-928, 31 juill. 2012)*. – La publicité de la cession de parts est accomplie par dépôt en annexe au registre du commerce et des sociétés, de l'original de l'acte de cession s'il est sous seing privé ou d'une copie authentique de celui-ci s'il est notarié.

Art. 53. – La publicité du nantissement des parts sociales est accomplie par dépôt, en annexe au registre du commerce et des sociétés, d'un avis de nantissement visé par le greffier après exécution des formalités prescrites par les articles 54 à 56 ci-après. Lorsqu'il s'agit d'un acte sous seing privé, un original du titre, accompagné, s'il y a lieu, de l'acte de signification du nantissement à la société, est également déposé.

Voir : C. civ., art. 1866, annot. n° 1, p. 138.

Art. 54. – Le créancier nanti remet ou fait remettre au greffe du tribunal de commerce du lieu d'immatriculation de la société soit une copie authentique de l'acte notarié constitutif du titre, soit, s'il s'agit d'un acte sous seing privé, deux originaux de l'acte, accompagnés de l'acte de signification du nantissement à la société ou d'une copie authentique de l'acte notarié portant acceptation par la société.

Il remet ou fait remettre en outre deux exemplaires de l'avis de nantissement comportant notamment :

1° Les nom, prénom usuel et domicile du créancier et du débiteur ;

2° La date, la forme du ou des actes présentés, et, s'il y a lieu, l'indication de l'officier public ou ministériel qui les a reçus ou qui a accompli la formalité de la signification ;

3° La raison sociale ou la dénomination sociale de la société dont les parts sont données en nantissement ainsi que son numéro d'immatriculation ;

4° Le nombre de parts sociales objet du nantissement et leur valeur nominale ;

5° Le montant de la créance garantie et les conditions relatives aux intérêts et à l'exigibilité ;

6° S'il y a lieu et sur justification particulière, l'indication que le créancier nanti a été agréé par la société ou les associés.

Voir : C. civ., art. 1866, p. 138.

Art. 55. – La remise des pièces visées à l'article 54 ci-dessus donne lieu à la délivrance, par le greffier, d'un récépissé extrait du registre à souche prévu par l'article 52 du décret n° 67-237 du 23 mars 1967 et à l'établissement d'un procès-verbal.

Le greffier s'assure de la conformité de l'avis de nantissement aux pièces produites et vérifie que le nantissement a été régulièrement signifié à la société ou accepté par elle. Il appose sur l'ensemble des pièces remises son visa et une mention portant la date à laquelle il effectue le classement des pièces dans le dossier ouvert au nom de la société en annexe au registre. Cette date constitue la date du dépôt.

Un exemplaire de l'avis de nantissement, un original de l'acte sous seing privé constitutif du titre et l'acte portant signification du nantissement à la société sont classés au dossier ouvert au nom de la société ; le second exemplaire de l'avis de nantissement, le second original de l'acte sous seing privé, et les copies authentiques produits sont restitués au requérant.

Voir : C. civ., art. 1866, p. 138.

Art. 56. – Les subrogations dans le nantissement et sa mainlevée sont publiées en marge de l'avis de nantissement.

La mention de la subrogation est accomplie sur production du titre la constatant et sur justification que la subrogation a été régulièrement signifiée à la société ou acceptée par elle dans un acte authentique. Les actes sous seing privé et l'acte portant signification à la société sont conservés dans le dossier ouvert au nom de cette dernière.

La mention de la mainlevée est accomplie en vertu soit d'un jugement passé en force de chose jugée, soit du consentement des parties, ayant capacité à cet effet, sur le dépôt d'un acte authentique ou sous seing privé constatant le consentement à la mainlevée donné par le créancier ou son cessionnaire, régulièrement subrogé et justifiant de ses droits. L'acte sous seing privé est conservé dans le dossier ouvert au nom de la société.

Voir : C. civ., art. 1866, annot. n° 1, p. 138.

Art. 57. – Il est tenu au greffe de chaque tribunal de commerce un fichier des nantissements de parts de sociétés civiles.

1.2. – DES SOCIÉTÉS COMMERCIALES ET DES GROUPEMENTS D'INTÉRÊT ÉCONOMIQUE

(Livre II du Code de commerce)

Code de commerce

Articles résultant de la codification de la loi n° 66-537 du 24 juillet 1966, par suite de son abrogation (Ord. n° 2000-912, 18 sept. 2000).

Bibliographie : J. Bonnard, *Droit des sociétés*, Hachette, 15e éd., 2018. • A. Constantin, *Droit des sociétés*, Dalloz, coll. « Mémento », 7e éd. 2018. • P. Didier et Ph. Didier, *Droit commercial*, t. II, *Les sociétés commerciales*, Économica, 2011. • M. Cozian, A. Viandier, Fl. Deboissy, *Droit des sociétés*: LexisNexis, 32e éd., 2019-2020. • B. Dondero, *Droit des sociétés*, Dalloz, coll. « Hypercours », 5e éd. 2017. • M. Germain et V. Magnier, *Traité de droit commercial* de G. Ripert et R. Roblot, t. I, vol. 2, *Les sociétés commerciales*, LGDJ, 22e éd. 2017. • D. Gibirila, *Droit des sociétés*, Ellipses, 5e éd. 2015. • Y. Guyon, *Droit des affaires*, t. I, *Droit commercial général et sociétés*, Économica, 12e éd. 2003 ; *Les sociétés : aménagements statutaires et conventions entre associés*, LGDJ, 5e éd. 2002. • A. Charveriat, A. Couret et A. Zabala, *Mémento Lefebvre sociétés commerciales*, réédition annuelle. • J. Mestre et D. Velardocchio, *Lamy Sociétés commerciales*, réédition annuelle. • P. Le Cannu et B. Dondero, *Droit des sociétés*, Montchrestien, 7e éd. 2018. • V. Magnier, *Droit des sociétés*, Dalloz, coll. « Cours », 8e éd. 2017. • M. Menjucq, *Droit international et européen des sociétés*, Montchrestien, 5e éd., 2018. • P. Merle, *Sociétés commerciales*, Dalloz, 22e éd., 2018, en collaboration avec A. Fauchon. • J.-M. Moulin, *Droit des sociétés et des groupes*, Gualino, 11e éd. 2017. • P. Mousseron, *Conventions sociétaires*, LGDJ, 2e éd. 2014. • P. Mousseron et L. Chatain-Autajon, *Droit des sociétés*, Joly Editions, 2e éd. 2013. • D. Vidal et K. Luciano, *Cours de droit général des sociétés ; Cours de droit spécial des sociétés*, LGDJ, 2e éd. 2016.

Partie législative

TITRE PREMIER. – DISPOSITIONS PRÉLIMINAIRES

Art. L. 210-1 *(Anc. L. n° 66-537, 24 juill. 1966).* **– Le caractère commercial d'une société est déterminé par sa forme ou par son objet.**

Sont commerciales à raison de leur forme et quel que soit leur objet, les sociétés en nom collectif, les sociétés en commandite simple, les sociétés à responsabilité limitée et les sociétés par actions.

Bibliographie : M. Chadli, *Étude du principe de correspondance entre la forme et l'objet des sociétés*, thèse Paris X, 1987. • A. Dekeuwer, *Le problème des rapports entre la forme et l'objet des sociétés : JCP* CI 1977, 12392. • A. Viandier, *La commercialité des sociétés d'expertise-comptable : RF compt.* 1979, 542. • W. Jeandidier, *L'imparfaite commercialité des sociétés à objet civil et à forme commerciale : D.* 1979, chron. p. 7. • Y. Viala, *La société civile à objet commercial : BJS* 2002, p. 223.

1) Prédominance de la forme sur l'objet. Les actes, même civils par nature, accomplis par une société commerciale par la forme sont des actes de commerce : ▪ Cass., 17 juin 1907 : *S.* 1909, p. 374. – Mais les baux conservent leur caractère civil : ▪ Cass. 3e civ., 5 mars 1971 : *Bull. civ.* III, n° 168. ▪ CA Amiens, 1er juin 1976 : *JCP* 1977, II, 18569.

2) Compétence juridictionnelle. V. C. com., art. L. 721-3, p. 1953.

3) Coopérative. Une société anonyme coopérative de construction n'effectuant pas des actes de commerce et n'ayant pas de but lucratif, n'est pas une société commerciale au sens de l'article 1er de la loi du 24 juillet 1966, repris par l'article L. 210-1 du Code de commerce : ▪ CA Nîmes, 19 mars 1975 : *RJ com.* 1976, p. 89, note J.-P. Sortais.

4) Application du statut des baux professionnels. Les personnes morales peuvent bénéficier du statut des baux professionnels défini par l'article 57 A de la loi du 23 décembre 1986 : ▪ CA Versailles, 4 déc. 1998 : *RD imm.* 1999, p. 316, obs. F. Collard-Dutilleul ; *RJDA* 3/1999, n° 270. – Ce statut peut bénéficier à une société ayant une forme commerciale : ▪ Cass. 3e civ., 7 nov. 2001 : *D.* 2001, p. 3535, obs. Y. Rouquet ; *RJDA* 2/2002, n° 142.

Loi n° 2014-856 du 31 juillet 2014

relative à l'économie sociale et solidaire

Bibliographie : S. Grandvuillemin, *Être ou ne pas être une entreprise de l'économie sociale et solidaire : JCP* E 2015, 1542. • D. Hiez, *La richesse de la loi Économie social et solidaire : Rev. sociétés* 2015, p. 147.

Art. 1er. – I. – L'économie sociale et solidaire est un mode d'entreprendre et de développement économique adapté à tous les domaines de l'activité humaine auquel adhèrent des personnes morales de droit privé qui remplissent les conditions cumulatives suivantes :

1° Un but poursuivi autre que le seul partage des bénéfices ;

2° Une gouvernance démocratique, définie et organisée par les statuts, prévoyant l'information et la participation, dont l'expression n'est pas seulement liée à leur apport en capital ou au montant de leur contribution financière, des associés, des salariés et des parties prenantes aux réalisations de l'entreprise ;

3° Une gestion conforme aux principes suivants :

a) Les bénéfices sont majoritairement consacrés à l'objectif de maintien ou de développement de l'activité de l'entreprise ;

b) Les réserves obligatoires constituées, impartageables, ne peuvent pas être distribuées. Les statuts peuvent autoriser l'assemblée générale à incorporer au capital des sommes prélevées sur les réserves constituées au titre de la présente loi et à relever en conséquence la valeur des parts sociales ou à procéder à des distributions de parts gratuites. La première incorporation ne peut porter que sur la moitié, au plus, des réserves disponibles existant à la clôture de l'exercice précédant la réunion de l'assemblée générale extraordinaire ayant à se prononcer sur l'incorporation. Les incorporations ultérieures ne peuvent porter que sur la moitié, au plus, de l'accroissement desdites réserves enregistré depuis la précédente incorporation. En cas de liquidation ou, le cas échéant, en cas de dissolution, l'ensemble du boni de liquidation est dévolu soit à une autre entreprise de l'économie sociale et solidaire au sens du présent article, soit dans les conditions prévues par les dispositions législatives et réglementaires spéciales qui régissent la catégorie de personne morale de droit privé faisant l'objet de la liquidation ou de la dissolution.

II. – L'économie sociale et solidaire est composée des activités de production, de transformation, de distribution, d'échange et de consommation de biens ou de services mises en œuvre :

1° Par les personnes morales de droit privé constituées sous la forme de coopératives, de mutuelles ou d'unions relevant du Code de la mutualité ou de sociétés d'assurance mutuelles relevant du Code des assurances, de fondations ou d'associations régies par la loi du 1er juillet 1901 relative au contrat d'association ou, le cas échéant, par le Code civil local applicable aux départements du Bas-Rhin, du Haut-Rhin et de la Moselle ;

2° Par les sociétés commerciales qui, aux termes de leurs statuts, remplissent les conditions suivantes :

a) Elles respectent les conditions fixées au I du présent article ;

b) Elles recherchent une utilité sociale au sens de l'article 2 de la présente loi ;

c) Elles appliquent les principes de gestion suivants :

– le prélèvement d'une fraction définie par arrêté du ministre chargé de l'économie sociale et solidaire et au moins égale à 20 % des bénéfices de l'exercice, affecté à la constitution d'une réserve statutaire obligatoire, dite « fonds de développement », tant que le montant total des diverses réserves n'atteint pas une fraction, définie par arrêté du ministre chargé de l'économie sociale et solidaire, du montant du capital social. Cette fraction ne peut excéder le montant du capital social. Les bénéfices sont diminués, le cas échéant, des pertes antérieures ;

– le prélèvement d'une fraction définie par arrêté du ministre chargé de l'économie sociale et solidaire et au moins égale à 50 % des bénéfices de l'exercice, affecté au report bénéficiaire ainsi qu'aux réserves obligatoires. Les bénéfices sont diminués, le cas échéant, des pertes antérieures ;

– l'interdiction pour la société d'amortir le capital et de procéder à une réduction du capital non motivée par des pertes, sauf lorsque cette opération assure la continuité de son activité, dans des conditions prévues par décret. Le rachat de ses actions ou parts sociales est subordonné au respect des exigences applicables aux sociétés commerciales, dont celles prévues à l'article L. 225-209-2 du Code de commerce.

III. – Peuvent faire publiquement état de leur qualité d'entreprise de l'économie sociale et solidaire et bénéficier des droits qui s'y attachent les personnes morales de droit privé qui répondent aux conditions mentionnées au présent article et qui, s'agissant des sociétés commerciales, sont immatriculées, sous réserve de la conformité de leurs statuts, au registre du commerce et des sociétés avec la mention de la qualité d'entreprise de l'économie sociale et solidaire.

IV. – Un décret précise les conditions d'application du présent article, et notamment les règles applicables aux statuts des sociétés mentionnées au 2° du II.

Voir : Réduction de capital : D. n° 2015-760, 24 juin 2015, p. 167. – **Mention au RCS :** C. com., art. R. 123-53, p. 804 et R. 123-222, p. 866.

Art. 2 *(Mod., L. n° 2019-486, 22 mai 2019)*. **–** Sont considérées comme poursuivant une utilité sociale au sens de la présente loi les entreprises dont l'objet social satisfait à titre principal à l'une au moins des quatre conditions suivantes :

1° Elles ont pour objectif d'apporter, à travers leur activité, un soutien à des personnes en situation de fragilité soit du fait de leur situation économique ou sociale, soit du fait de leur situation personnelle et particulièrement de leurs besoins en matière d'accompagnement social, médico-social ou sanitaire, ou de contribuer à la lutte contre leur exclusion. Ces personnes peuvent être des salariés, des usagers, des clients, des membres ou des bénéficiaires de cette entreprise ;

2° Elles ont pour objectif de contribuer à la préservation et au développement du lien social ou au maintien et au renforcement de la cohésion territoriale ;

3° Elles ont pour objectif de contribuer à l'éducation à la citoyenneté, notamment par l'éducation populaire et par la mise en œuvre de modes de participation impliquant, sur les territoires concernés, les bénéficiaires de ces activités. Elles participent ainsi à la réduction des inégalités sociales et culturelles, notamment entre les femmes et les hommes ;

4° Elles ont pour objectif de concourir au développement durable, à la transition énergétique, à la promotion culturelle ou à la solidarité internationale, dès lors que leur activité contribue également à produire un impact soit par le soutien à des publics vulnérables, soit par le maintien ou la recréation de solidarités territoriales, soit par la participation à l'éducation à la citoyenneté.

Art. 3. – I. – Le Conseil supérieur de l'économie sociale et solidaire adopte, sur proposition de ses membres, un guide définissant les conditions d'amélioration continue des bonnes pratiques des entreprises de l'économie sociale et solidaire définies à l'article 1er de la présente loi.

Ces conditions tiennent compte des spécificités de chacune des différentes formes juridiques d'entreprise de l'économie sociale et solidaire et des obligations légales, réglementaires et conventionnelles existantes répondant déjà, totalement ou partiellement, aux informations demandées.

Le conseil détermine les conditions dans lesquelles ces informations sont portées à la connaissance des salariés.

Ces bonnes pratiques concernent notamment :

1° Les modalités effectives de gouvernance démocratique ;

2° La concertation dans l'élaboration de la stratégie de l'entreprise ;

3° La territorialisation de l'activité économique et des emplois ;

4° La politique salariale et l'exemplarité sociale, la formation professionnelle, les négociations annuelles obligatoires, la santé et la sécurité au travail et la qualité des emplois ;

5° Le lien avec les usagers et la réponse aux besoins non couverts des populations ;

6° La situation de l'entreprise en matière de diversité, de lutte contre les discriminations et d'égalité réelle entre les femmes et les hommes en matière d'égalité professionnelle et de présence dans les instances dirigeantes élues.

II. – À l'occasion de la tenue de leur assemblée générale annuelle, les entreprises de l'économie sociale et solidaire présentent des informations sur l'application des pratiques définies par le guide et, le cas échéant, organisent un débat sur les réalisations et les objectifs de progrès concernant les pratiques mentionnées au I.

III. – Ce guide est adopté au plus tard douze mois après la publication du décret en Conseil d'État prévu au VII de l'article 4 de la présente loi. Le Conseil supérieur de l'économie sociale et solidaire suit l'application de ce guide et publie tous les trois ans un rapport d'évaluation du dispositif comprenant des données qualitatives et statistiques.

IV. – Le II s'applique au plus tard deux ans après la publication du guide pour les entreprises de moins de deux cent cinquante salariés et au plus tard un an après cette publication pour les entreprises d'au moins deux cent cinquante salariés. Les modalités de calcul des effectifs autres que salariés présents dans l'entreprise sont précisées par décret.

Décret n° 2015-760 du 24 juin 2015

pris pour l'application de l'article 1er, alinéa 15, de la loi n° 2014-856 du 31 juillet 2014 relative à l'économie sociale et solidaire

Art. 1er. – Les sociétés mentionnées au 2° du II de l'article 1er de la loi n° 2014-856 du 31 juillet 2014 relative à l'économie sociale et solidaire peuvent procéder à une réduction de capital non motivée par des pertes, dès lors qu'elles se trouvent dans l'un des cas suivants :
– lorsque la réduction de capital résulte de l'annulation d'actions à la suite du rachat par la société de ses propres actions dans les conditions visées aux articles L. 225-208 et L. 225-209-2 du Code de commerce ;
– lorsque l'assemblée générale a autorisé à acheter un nombre d'actions en vue de les annuler, pour les finalités et dans les conditions fixées par l'article R. 225-156 du Code de commerce ;
– dans les cas visés aux articles L. 223-14 et L. 228-24 du Code de commerce ;
– dans le cas visé à l'article L. 231-1 du Code de commerce et selon les modalités prévues à l'article L. 231-5 du même code ;
– dans les conditions prévues aux articles L. 225-204, L. 225-205 et L. 223-34 du Code de commerce sous réserve que la société consacre à la réduction de capital, cumulée avec celles intervenues sur les cinq exercices précédents, moins de 50 % de la somme des bénéfices réalisés au cours des cinq exercices précédents, nets des pertes constatées sur la même période.

Art. L. 210-2 *(Anc. L. n° 66-537, 24 juill. 1966).* **– La forme, la durée qui ne peut excéder quatre-vingt-dix-neuf ans, la dénomination sociale, le siège social, l'objet social et le montant du capital social sont déterminés par les statuts de la société.**

Voir : C. civ., art. 1833, p. 19, 1835, p. 29 et 1838, p. 40.

Durée de la société, C. civ., art. 1838, bibliographie et annot. n° 1, p. 40. - **Dénomination,** C. civ., art. 1835, bibliographie et annot. n° 28, p. 33. - **Objet social,** C. civ., art. 1833, bibliographie et annot. n° 1 s., p. 19.

Art. L. 210-3 *(Anc. L. n° 66-537, 24 juill. 1966).* **– Les sociétés dont le siège social est situé en territoire français sont soumises à la loi française.**

Les tiers peuvent se prévaloir du siège statutaire, mais celui-ci ne leur est pas opposable par la société si son siège réel est situé en un autre lieu.

Voir : C. civ., art. 1837, bibliographie et annot. n° 9 s., p. 39.

Art. L. 210-4 *(Anc. L. n° 66-537, 24 juill. 1966).* **– Les formalités de publicité exigées lors de la constitution de la société ou en cas d'actes et délibérations postérieurs sont déterminées par décret en Conseil d'État.**

Voir : C. com., art. R. 210-16 et s., p. 620.

Art. L. 210-5 *(Anc. L. n° 66-537, 24 juill. 1966 ; mod., L. n° 2008-776, 4 août 2008).* **– En ce qui concerne les opérations des sociétés à responsabilité limitée et des sociétés par actions intervenues avant le seizième jour de la publication au *Bulletin officiel des annonces civiles et commerciales* des actes et indications soumis à cette publicité, ceux-ci ne sont pas opposables aux tiers qui prouvent qu'ils ont été dans l'impossibilité d'en avoir connaissance.**

Le délai prévu au premier alinéa court à compter de la date de l'inscription des actes et indications au registre du commerce et des sociétés pour les sociétés à responsabilité limitée et les sociétés par actions simplifiées dont l'associé unique, personne physique, assume personnellement la gérance ou la présidence de la société.

Si, dans la publicité des actes et indications concernant les sociétés à responsabilité limitée et les sociétés par actions, il y a discordance entre le texte déposé au registre du commerce et des sociétés et le texte publié au *Bulletin officiel des annonces civiles et commerciales*, ce dernier ne peut être opposé aux tiers ; ceux-ci peuvent toutefois s'en prévaloir, à moins que la société ne prouve qu'ils ont eu connaissance du texte déposé au registre du commerce et des sociétés.

1) Le deuxième alinéa est applicable à compter du 27 décembre 2008, date de publication du décret prévu à l'article L. 223-1 du Code de commerce.

2) L'opération de fusion qui n'a pas fait l'objet d'une publicité au *BODACC* est inopposable à l'administration fiscale, qui peut valablement adresser à la société absorbée les avis de vérification et les notifications de redressement : ▪ CAA Marseille, 7 févr. 2006, n° 05-508 : *RJF* 2007, n° 1092.

Art. L. 210-6 *(Anc. L. n° 66-537, 24 juill. 1966).* – **Les sociétés commerciales jouissent de la personnalité morale à dater de leur immatriculation au registre du commerce et des sociétés. La transformation régulière d'une société n'entraîne pas la création d'une personne morale nouvelle. Il en est de même de la prorogation.**

Les personnes qui ont agi au nom d'une société en formation avant qu'elle ait acquis la jouissance de la personnalité morale sont tenues solidairement et indéfiniment responsables des actes ainsi accomplis, à moins que la société, après avoir été régulièrement constituée et immatriculée, ne reprenne les engagements souscrits. Ces engagements sont alors réputés avoir été souscrits dès l'origine par la société.

Voir : C. com., art. R. 210-5, R. 210-6 et R. 210-7, p. 618.

Droit commun des sociétés, C. civ., art. 1842, p. 41, 1843, p. 47 ; D. n° 78-704, 3 juill. 1978, art. 6, p. 156 et **Immatriculation au RCS,** C. com., art. L. 123-1 et s., R. 123-35 et s., R. 210-1, R. 123-155 et s., p. 798.

Jouissance de la personnalité morale, C. civ., art. 1842, bibliographie et annot. n° 1 s., p. 41. – **Abus de la personnalité morale,** C. civ., art. 1842, bibliographie et annot. n° 35 s., p. 47. – **Actes passés pour le compte de la société en formation,** C. civ., art. 1843, bibliographie et annot. n° 1 s., p. 47.

Art. L. 210-7 *(Anc. L. n° 66-537, 24 juill. 1966).* – **Il est procédé à l'immatriculation de la société après vérification par le greffier du tribunal compétent de la régularité de sa constitution dans les conditions prévues par les dispositions législatives et réglementaires relatives au registre du commerce et des sociétés.**

Si les statuts ne contiennent pas toutes les énonciations exigées par la loi et les règlements ou si une formalité prescrite par ceux-ci pour la constitution de la société a été omise ou irrégulièrement accomplie, tout intéressé est recevable à demander en justice que soit ordonnée, sous astreinte, la régularisation de la constitution. Le ministère public est habile à agir aux mêmes fins.

Les dispositions des alinéas qui précèdent sont applicables en cas de modification des statuts.

L'action prévue au deuxième alinéa se prescrit par trois ans à compter, soit de l'immatriculation de la société au registre du commerce et des sociétés, soit de l'inscription modificative audit registre et du dépôt, en annexe dudit registre, des actes modifiant les statuts.

Voir : C. com., art. R. 210-12 et R. 210-13, p. 619.

Art. L. 210-8 *(Anc. L. n° 66-537, 24 juill. 1966).* – **Les fondateurs de la société, ainsi que les premiers membres des organes de gestion, d'administration, de direction et de surveillance sont solidairement responsables du préjudice causé par le défaut d'une mention obligatoire dans les statuts ainsi que par l'omission ou l'accomplissement irrégulier d'une formalité prescrite par la loi et les règlements pour la constitution de la société.**

Les dispositions de l'alinéa précédent sont applicables en cas de modification des statuts, aux membres des organes de gestion, d'administration, de direction, de surveillance et de contrôle, en fonction lors de ladite modification.

L'action se prescrit par dix ans à compter de l'accomplissement de l'une ou l'autre, selon le cas, des formalités visées au quatrième alinéa de l'article L. 210-7.

Voir : Sociétés anonymes, C. com., art. L. 225-249 et s., p. 377.

1) Est fondateur celui qui a concouru à l'organisation et à la mise en mouvement de la société dès lors que la nature de ce concours permet de lui attribuer une part d'initiative dans la création de l'entreprise ou qui a prêté au véritable promoteur de la société une coopération assez directe, assez étroite et assez constante, impliquant, par suite, une acceptation consciente des responsabilités inhérentes à la constitution du corps social : ▪ Cass. civ., 1er juill. 1930 : *D.* 1931, I, p. 97, note J. Hamel.

2) La qualité de fondateur suppose un intérêt personnel et une volonté autonome de participer à la constitution de la personne morale et à la vie sociale ultérieure : ▪ CA Paris, 24 sept. 1991 : *JCP* E 1992, I, 3561, n° 3, obs. A. Viandier et J.-J. Caussain.

3) Est ainsi fondateur celui qui traite et établit des devis directement avec la clientèle : ▪ CA Paris, 9 avr. 1973 : *BJS* 1973, p. 671. – La même qualité doit être reconnue au futur associé qui signe deux formulaires en vue de l'immatriculation de la société à l'URSSAF : ▪ CA Paris, 13 mars 1980 : *BRDA* 1980, n° 18, p. 16. – V. sous C. civ., art. 1843, annot. n° 1 s., p. 47.

Art. L. 210-9 *(Anc. L. n° 66-537, 24 juill. 1966).* **– Ni la société ni les tiers ne peuvent, pour se soustraire à leurs engagements, se prévaloir d'une irrégularité dans la nomination des personnes chargées de gérer, d'administrer ou de diriger la société, lorsque cette nomination a été régulièrement publiée.**

La société ne peut se prévaloir, à l'égard des tiers, des nominations et cessations de fonction des personnes visées ci-dessus, tant qu'elles n'ont pas été régulièrement publiées.

Voir : Registre du commerce et des sociétés, C. com., art. L. 123-9, p. 814.

1) **Portée.** L'article 8 de la loi du 24 juillet 1966 *[C. com., art. L. 210-9]* ne concerne que la valeur des engagements d'une société envers les tiers ; il ne saurait recevoir application dans le cas où la responsabilité personnelle d'un ancien dirigeant social est mise en cause en vue d'une condamnation au comblement du passif social : ▪ CA Paris, 6 juin 1975 : *Rev. sociétés* 1975, p. 639, note B. G.

2) **Publicité de la démission.**

a) Gérant de SARL. V. sous C. com., art. L. 223-25, annot. n° 8, p. 218.

b) Tierce-opposition et défaut de publicité de la démission du représentant légal. V. sous CPC, art. 587.

3) **Action publique.** Dès sa désignation le gérant [SARL] est habilité à représenter la personne morale à tous les actes de la procédure pénale suivie à son encontre, de sorte qu'il n'y a pas lieu à la désignation d'un mandataire de justice en application de l'article 706-43 du CPP dans l'attente de la publication au RCS de la nomination du nouveau gérant : ▪ Cass. com., 10 juill. 2012, n° 11-21.395, PB : *JCP* E 2012, 1688, note M. Roussille.

Art. L. 210-10 *(Créé, L. n° 2019-486, 22 mai 2019).* **– Une société peut faire publiquement état de la qualité de société à mission lorsque les conditions suivantes sont respectées :**

1° Ses statuts précisent une raison d'être, au sens de l'article 1835 du Code civil ;

2° Ses statuts précisent un ou plusieurs objectifs sociaux et environnementaux que la société se donne pour mission de poursuivre dans le cadre de son activité ;

3° Ses statuts précisent les modalités du suivi de l'exécution de la mission mentionnée au 2°. Ces modalités prévoient qu'un comité de mission, distinct des organes sociaux prévus par le présent livre et devant comporter au moins un salarié, est chargé exclusivement de ce suivi et présente annuellement un rapport joint au rapport de gestion, mentionné à l'article L. 232-1 du présent code, à l'assemblée chargée de l'approbation des comptes de la société. Ce comité procède à toute vérification qu'il juge opportune et se fait communiquer tout document nécessaire au suivi de l'exécution de la mission ;

4° L'exécution des objectifs sociaux et environnementaux mentionnés au 2° fait l'objet d'une vérification par un organisme tiers indépendant, selon des modalités et une publicité définies par décret en Conseil d'État. Cette vérification donne lieu à un avis joint au rapport mentionné au 3° ;

5° La société déclare sa qualité de société à mission au greffier du tribunal de commerce, qui la publie, sous réserve de la conformité de ses statuts aux conditions mentionnées aux 1° à 3°, au registre du commerce et des sociétés, dans des conditions précisées par décret en Conseil d'État.

Art. L. 210-11 *(Créé, L. n° 2019-486, 22 mai 2019).* **– Lorsque l'une des conditions mentionnées à l'article L. 210-10 n'est pas respectée, ou lorsque l'avis de l'organisme tiers indépendant conclut qu'un ou plusieurs des objectifs sociaux et environnementaux que la société s'est assignée en application du 2° du même article L. 210-10 ne sont pas respectés, le ministère public ou toute personne intéressée peut saisir le président du tribunal statuant en référé aux fins d'enjoindre, le cas échéant sous astreinte, au représentant légal de la société de supprimer la mention « société à mission » de tous les actes, documents ou supports électroniques émanant de la société.**

Art. L. 210-12 *(Créé, L. n° 2019-486, 22 mai 2019).* **– Une société qui emploie au cours de l'exercice moins de cinquante salariés permanents et dont les statuts remplissent les conditions définies au 1° et 2° de l'article L. 210-10 peut prévoir dans ses statuts qu'un référent de mission se substitue au comité de mission mentionné au 3° du même article L. 210-10. Le référent de mission peut être un salarié de la société, à condition que son contrat de travail corresponde à un emploi effectif.**

TITRE II. – DISPOSITIONS PARTICULIÈRES AUX DIVERSES SOCIÉTÉS COMMERCIALES

CHAPITRE I. – DES SOCIÉTÉS EN NOM COLLECTIF

Bibliographie : P. Diener, *La société en nom collectif dont tous les associés sont une EURL : JCP* E 1992, I, 153. • A. Reygrobellet, *Pour une société en nom collectif... unipersonnelle : D.* 2003, p. 679. • *Adde* A. Bougnoux, *JCl. Sociétés traité*, Fasc. 55-10 *(Gérance)*. • Y. Dereu et E. Schlumberger, *JCl. Sociétés traité*, Fasc. 55-20, 55-30. • L. Jobert, *JCl. Sociétés traité*, Fasc. 57-10 *(Obligation des associés aux dettes sociales)*, 59-10 *(Parts sociales-généralités)*. • A. Bougnoux, *JCl. Sociétés traité*, Fasc. 59-20 et 59-30. • G. Durand-Lépine, *JCl. Sociétés traité*, Fasc. 59-40.

Art. L. 221-1 *(Anc. L. n° 66-537, 24 juill. 1966)*. – **Les associés en nom collectif ont tous la qualité de commerçant et répondent indéfiniment et solidairement des dettes sociales.**

Les créanciers de la société ne peuvent poursuivre le paiement des dettes sociales contre un associé, qu'après avoir vainement mis en demeure la société par acte extrajudiciaire.

Voir : C. com., art. R. 221-10, p. 622.

Mentions relatives aux associés devant figurer sur l'extrait K *bis*, C. com., art. R. 123-54, p. 804.

Bibliographie : F.-X. Lucas, *Interrogations sur la qualité de commerçant de l'associé en nom : Mél. A. Honorat*, Éd. Frison-Roche, 2000, p. 281. • J. Monnet, *Qualité de commerçant de l'associé en nom : un repère en discussion : Dr. sociétés* mars 2005, n° 3.

1) Qualité de commerçant.

a) **Principe.** Tout associé est commerçant même s'il n'exerce aucune activité au sein de la société : ▪ CA Paris, 11 janv. 1990 : *JurisData* n° 1990-020207. – Une SELARL, société commerciale par la forme mais civile par son objet, ne peut pas être associée d'une SNC : ▪ CA Versailles, 28 oct. 2004 : *JurisData* n° 2004-255296 ; *D.* 2005, p. 80, obs. A. Lienhard ; *Dr. sociétés* févr. 2005, n° 30, obs. J. Monnet ; *JCP* E 2004, 1846 ; *JCP* E 2005, 131, n° 7, obs. J.-J. Causain, Fl. Deboissy et G. Wicker. – Sur la perte de la qualité de commerçant consécutive au prononcé d'une interdiction de gérer : V. sous C. com., art. L. 221-16, annot. n° 2, p. 182.

b) **Éligibilité aux procédures collectives de l'associé gérant.** V. sous C. com., art. L. 631-2, annot n° 3, p. 2044 et C. com., art. L. 640-2, annot. n° 1, p. 2058.

2) Obligation solidaire des associés aux dettes sociales. *a)* **Distinction avec l'obligation de contribuer aux pertes.** V. sous C. civ., art. 1832, annot. n° 28, p. 12.

b) **Portée de l'engagement.** La responsabilité solidaire des associés est cantonnée aux créances de **nature sociale,** ce qui impose au créancier qui poursuit de prouver ce caractère social : ▪ Cass. civ., 24 oct. 1938 : *DH* 1939, p. 65. – La personnalité morale de la société subsistant pour les besoins de sa liquidation, les associés demeurent donc solidairement responsables pendant cette **liquidation** : ▪ Cass. civ., 5 févr. 1924 : *DP* 1925, 1, p. 199.

c) **Indépendance des qualités d'associé et de débiteur d'une garantie personnelle.** Dans la société en nom collectif, la **solidarité** existe indépendamment de tout engagement ou de toute garantie personnelle : ▪ Cass. civ., 8 avr. 1903 : *DP* 1903, 1, p. 208. – Elle existe de plein droit et le tribunal n'a pas à la prononcer : ▪ CA Dijon, 2 déc. 1998 : *JurisData* n° 1998-048603. – En conséquence, l'associé par ailleurs caution ne peut exciper de la perte de son recours subrogatoire pour échapper à son obligation indéfinie et solidaire au paiement des dettes sociales : ▪ Cass. com., 14 mai 2013, n° 10-25.680 : *Dr. sociétés* 2013, n° 158, obs. D. Gallois-Cochet.

d) La responsabilité indéfinie des associés ne permet pas aux dirigeants sociaux ou à la majorité des associés d'une société en nom collectif d'imposer à l'un des associés un **versement qu'il n'a pas accepté** : ▪ CA Paris, 16 janv. 1987 : *JCP* E 1987, 16342, n° 17, obs. A. Viandier et J.-J. Caussain.

e) La renonciation en vertu d'une clause contractuelle d'un créancier social à agir contre les associés en nom ne saurait lui interdire de demander l'ouverture d'une procédure collective contre la société : ▪ Cass. com., 22 mars 2011, n° 09-72.749 : *Dr. sociétés* 2011, n° 155, obs. J.-P. Legros.

3) Nature de l'engagement des associés aux dettes sociales.

a) **Caractère subsidiaire.** Les associés ne sont pas codébiteurs avec la société au sens de l'article 1285 du Code civil, notamment parce qu'ils ne sont pas engagés personnellement avec elle ; leur obligation n'a qu'un caractère subsidiaire : ▪ CA Paris, 8 oct. 1999 : *JurisData* n° 1999-108469 ; *BJS* 2000, p. 94, note P. Le Cannu ; *D.* 2000, p. 583, note D. Fiorina. – *Contra*, l'associé poursuivi par le créancier social se trouve, par l'effet de la remise de dette consentie à la société, libéré de son obligation à la dette sociale : ▪ Cass. com., 14 janv. 2004 : *BJS* 2004, p. 717, note F.-X. Lucas ; *Dr. sociétés* avr. 2004, n° 65, obs. J. Monnet. – En revanche, la remise de dette consentie à un associé n'a pas d'effet libératoire à l'égard de ses coassociés : ▪ CA Paris, 13 sept. 2002 : *Dr. sociétés* 2002, n° 93, obs.

J. Monnet. – L'associé étant débiteur avec la société de la même dette, le caractère subsidiaire de son obligation n'en modifiant ni la nature ni les caractéristiques, il ne peut se prévaloir de l'arrêt du cours des intérêts lorsque la société n'en bénéficie pas : ▪ CA Grenoble, 27 sept. 2006 : *Dr. sociétés* 2007, n° 11, obs. J. Monnet.

b) L'associé en nom, tenu solidairement des dettes sociales, ne peut pas se prévaloir du **bénéfice de subrogation** *[C. civ., art. 2037]*, réservé à la caution : ▪ CA Paris, 2 juill. 1998 : *BJS* 1998, p. 1282, note Ph. Delebecque.

c) **Époux commun en biens.** V. sous C. civ., art. 1832-2, annot. n° 11, p. 17.

4) Exigence d'une mise en demeure préalable de la société.

a) **Principes.** La mise en demeure de la société par acte extra-judiciaire est un préalable indispensable à la poursuite des associés : ▪ Cass. com., 17 janv. 2006, n° 04-10.047 : *JurisData* n° 2006-031874 ; *Dr. sociétés* avr. 2006, n° 62, obs. J. Monnet. – V. aussi, ▪ Cass. com., 14 juin 2000 : *BJS* 2000, p. 1095, note Y. Dereu ; *RJDA* 2000, n° 877. – Le comptable qui agit en recouvrement d'une dette fiscale contre l'associé en nom doit préalablement mettre en demeure la société en application de la règle posée par l'article L. 221-1 : ▪ Cass. com., 20 févr. 2007, n° 05-19.608 : *Dr. fisc.* 2007, 663. ▪ Cass. com., 19 déc. 2006, n° 02-21.333, préc. *infra*. – L'acte extrajudiciaire de mise en demeure d'une société en nom collectif ne peut émaner que d'un huissier de justice : ▪ Cass. com., 1er juin 1993 : *JCP* E 1994, I, 331, n° 12, obs. A. Viandier et J.-J. Caussain.

b) **Déclaration de créance valant mise en demeure.** Lorsque la société a été mise en liquidation ou redressement judiciaires avant l'engagement des poursuites contre les associés en nom, la déclaration de créance, qui vaut mise en demeure, rend inutile la délivrance d'une mise en demeure par acte extrajudiciaire : ▪ Cass. com., 19 déc. 2006, n° 02-21.333 : *BJS* 2007, p. 472, note C. Regnaut-Moutier ; *D.* 2007, p. 578, obs. P.-M. Le Corre ; *Dr. fisc.* 2007, n° 446 ; *Rev. sociétés* 2007, p. 410, note J.-F. Barbièri.

c) **Indifférence de la suspension des poursuites.** Le fait qu'au terme de la mise en demeure le créancier ait indiqué à la société que les effets de la sommation étaient suspendus ne vaut pas remise de dette, et ne fait pas obstacle aux poursuites contre l'associé : ▪ Cass. com., 10 févr. 2015, n° 14.10612.

5) Caractère vain de la mise en demeure.

a) **Appréciation.** Il y a vaine mise en demeure dès lors qu'il y a eu ni paiement ni constitution de garanties par la société dans les 8 jours : ▪ Cass. com., 10 févr. 2015, n° 14-10.612.

b) **Plan de redressement.** Si la déclaration d'une créance à la procédure de redressement judiciaire d'une SNC vaut mise en demeure, cette mise en demeure ne peut être considérée comme vaine lorsque le remboursement de la créance est prévu dans le plan de redressement, sauf inexécution de celui-ci : ▪ CA Aix-en-Provence, 30 avr. 2008 : *JurisData* n° 2008-369880 ; *Dr. sociétés* 2009, n° 31.

6) Titre exécutoire. Les associés d'une SNC n'étant pas les coobligés de cette dernière, il incombe au créancier social de rapporter la preuve de la dette dont il leur réclame le paiement, une telle preuve ne pouvant résulter du seul titre exécutoire obtenu contre la société : ▪ Cass. com., 20 mars 2012, n° 10-27.340, PB : *BJS* 2012, p. 388, note J.-F. Barbièri et p. 676, note Ph. Briand ; *Dr. sociétés* 2012, n° 102, obs. M. Roussille ; *Rev. sociétés* 2012, p. 577, note O. Dexant-de Bailliencourt. – Le titre délivré à l'encontre d'une société n'emporte pas le droit de saisir les biens des associés, fussent-ils tenus indéfiniment et solidairement des dettes sociales, à défaut de titre exécutoire pris contre eux : ▪ Cass. 2e civ., 19 mai 1998, n° 96-12.944 : *BJS* 1998, p. 1182, note J.-J. Daigre ; *D.* 1998, p. 405, concl. P. Tatu ; *RTD civ.* 1998, p. 750, obs. R. Perrot. ▪ Cass. com., 26 oct. 1999 : *RD bancaire et fin.* 2000, comm. 21, obs. F.-X. Lucas ; *RTD civ.* 2000, p. 167, obs. R. Perrot. – Le comptable du Trésor ne peut engager des poursuites contre les associés d'une SNC sans avoir préalablement obtenu un titre exécutoire à leur encontre : ▪ Cass. com., 3 mai 2006, n° 03-15.462 : *BJS* 2006, p. 1177, note P. Serlooten ; *D.* 2006, p. 1532 ; *RJF* 2006, n° 1277 ; *Rev. sociétés* 2007, p. 88, note J. Moury. – *Adde*, L. Truchot, *L'exigence d'un titre exécutoire à l'égard des associés pour le recouvrement par les comptables du Trésor des dettes fiscales de la SNC* : *RJF* 2006, p. 849.

7) Cumul des qualités d'associé et de caution. Le créancier ayant assigné les associés en qualité de caution du prêt accordé à la société est en droit, sans se contredire au détriment d'autrui, de les poursuivre dans la même instance en qualité d'associés tenus indéfiniment du passif social : ▪ Cass. com., 1er oct. 2013, n° 12-19.970 : *BJS* 2013, p. 809, note O. Staes.

8) Obligation aux dettes sociales en cas de cession de titres.

a) **Situation du cédant.** L'associé cédant reste tenu des dettes sociales antérieures à la cession : ▪ Cass. civ., 16 mars 1942 : *JCP* 1942, II, 1854. – L'ancien associé reste débiteur du prêt souscrit par la société en nom collectif avant son départ, même si le remboursement du prêt n'a cessé qu'après : ▪ CA Nancy, 7 juill. 1992 : *BRDA* 31 janv. 1993, p. 9. – L'ancien associé d'une société en nom collectif reste débiteur du prêt souscrit par la société avant la cession de ses parts, même si la déchéance du terme est signifiée après son départ : ▪Cass. com., 4 janv. 1994 : *BJS* 1994, p. 314, note P. Le Cannu ; *JCP* E 1994, I, 363, n° 9, obs. A. Viandier et J.-J. Caussain. – *Adde* ▪CA Douai, 5 févr. 1998 : *JurisData* n° 1998-046263. ▪CA Paris, 9 sept. 2003 : *BJS* 2004, p. 395, note F.-X. Lucas. – Les loyers impayés d'un contrat de crédit-bail comme l'indemnité de résiliation résultant de son inexécution constituant des dettes nées de la conclusion du contrat, en sont tenus celui qui avait la qualité d'associé à la date de conclusion du contrat, de même que celui qui a acquis cette qualité en cours de contrat, peu important qu'ils aient perdu cette qualité au moment où la dette est constatée ou son paiement exigé : ▪Cass. com., 21 oct. 2008, n°s 07-16.301 et 07-16.654 : *Dr. sociétés* 2009, n° 9, obs. D. Gallois-Cochet. – V. toutefois, ne visant que les dettes sociales devenues exigibles antérieurement à la cession : ▪CA Paris, 4 févr. 2010, n° 07-20822 : *BJS* 2010, p. 551, note S. Harel.

b) **Libération du cédant.** L'engagement du cessionnaire de régler le passif aux lieu et place du cédant est inopposable au créancier dès lors que celui-ci n'a pas accepté la substitution du débiteur : ▪CA Grenoble, 6 mars 1990 : *JurisData* n° 1990-040338. – Le cédant des parts sociales d'une société en nom collectif ne peut se libérer du passif antérieur de la société sans l'**accord des créanciers sociaux** : ▪CA Paris, 2 juill. 1993 : *BJS* 1993, p. 1046, note J.-J. Daigre.

c) **Immixtion du cédant.** Dès lors qu'il est établi que l'associé avait continué à exercer les droits attachés à la propriété des parts sociales en s'immisçant dans le fonctionnement de la société, sans tenir compte de l'acte de cession, conclu d'ailleurs pour un prix symbolique, l'intéressé ne saurait se soustraire au paiement des dettes sociales : ▪Cass. com., 16 déc. 1997 : *D.* 1999, p. 150, note C. Youego ; *BJS* 1998, p. 543, note P. Le Cannu.

d) **Situation du cessionnaire.** Le cessionnaire est tenu de l'intégralité du passif social, quelle que soit la date de naissance des dettes le composant : ▪Cass., 12 mars 1928 : *S.* 1928, 1, p. 226. – L'article L. 221-1 n'établit aucune distinction suivant la date d'entrée des associés dans la société : ▪CA Paris, 19 févr. 2003 : *Dr. sociétés* déc. 2003, n° 214, obs. J. Monnet.

e) Sur l'engagement aux dettes sociales ou la mise en liquidation judiciaire d'un associé en nom collectif dont la **cession** de parts n'a pas été **publiée** : V. sous C. com., art. L. 221-14, annot. n° 2, p. 179.

9) Obligation aux dettes sociales en cas de transformation.

a) **Transformation d'une SNC.** En cas de **transformation** d'une société en nom collectif en SARL, les associés antérieurs à la transformation demeurent tenus des engagements souscrits avant la transformation, même s'ils ne sont pas devenus associés de la SARL : ▪CA Paris, 11 déc. 1990 : *JurisData* n° 1990-025724. – Il en est de même en cas de transformation en société anonyme : ▪CA Paris, 2 juill. 1998 : *JurisData* n° 1998-022361 ; *BJS* 1998, p. 1282, note P. Delebecque.

b) **Transformation en SNC.** L'engagement de caution accepté par une SARL, **transformée** par la suite en SNC, permet la poursuite des associés après une vaine mise en demeure de la société, peu importe que cette dernière soit devenue depuis une SA : ▪CA Paris, 25 mai 1993 : *BJS* 1993, p. 871, note A. Couret.

10) Mise en œuvre de l'obligation aux dettes sociales en cas de liquidation judiciaire. Le créancier peut agir en paiement des dettes sociales contre l'associé en nom dès lors qu'il a déclaré sa créance au passif de la société, et sans avoir à justifier de l'admission de cette créance : ▪Cass. com., 15 sept. 2015, n° 14-15.840 : *Dr. sociétés* 2015, n° 214, obs. M. Roussille.

11) Exercice par l'associé créancier de l'action pour obligation aux dettes. L'associé ayant acquis la créance d'un tiers contre la société peut exercer contre son coassocié l'action de l'article L. 221-1 : ▪CA Paris, 19 nov. 2013, n° 11-21.510 : *Dr. sociétés* 2014, n° 49, obs. M. Roussille. – V. *contra* pour une société civile sous C. civ., art. 1857, annot. n° 5, p. 127.

12) Recours de l'associé.

a) **Contre les coassociés.** L'associé ayant réglé l'intégralité d'une dette sociale peut exercer un recours en contribution contre son coassocié alors même que ce dernier a acquis ses parts postérieurement à la naissance de la dette, l'article L. 221-1 n'établissant aucune distinction suivant la date d'entrée des associés dans la société : ▪CA Paris, 19 févr. 2003 : *Dr. sociétés* déc. 2003, n° 214, obs. J. Monnet. – L'associé poursuivi par un créancier ne peut exercer un recours en paiement contre ses coassociés avant d'avoir lui-même payé : ▪CA Paris, 9 sept. 2003 : *BJS* 2004, p. 395, note F.-X. Lucas.

b) **Contre la société.** L'associé qui a acquitté une dette sociale peut en demander le remboursement intégral à la société : ▪Cass. com., 29 oct. 2003, n° 99-21.358 : *RJDA* 2004, n° 327, rejetant le pourvoi contre, ▪CA Paris, 8 oct. 1999 : *BJS* 2000, p. 93, note P. Le Cannu ; *D.* 2000, p. 585, note D. Fiorina.

13) Procédure collective. *a)* **Ouverture de la procédure à l'encontre des associés.** V. C. com., art. L. 624-1, p. 2019.

b) **Déclaration des créances.** V. C. com., art. L. 621-46 ancien, p. 2015 et L. 624-1, p. 2019.

14) Qualité de salarié.

a) **Droit du travail.** L'associé d'une SNC étant à ce titre commerçant répondant indéfiniment et solidairement des dettes sociales, cette situation exclut qu'il puisse être lié à la société par un contrat de travail : ▪ Cass. soc., 14 oct. 2015, n° 14-10.960, PB : *BJS* 2015, p. 646, note A. Couret ; *Dr. sociétés* 2016, n° 9, obs. D. Gallois-Cochet ; *Rev. sociétés* 2016, p. 166, note B. Saintourens. – V. dans le même sens, Rép. min. Belcourt : *JO* Sénat Q, 28 août 1990, p. 1840, n° 8730. – Rép. min. n° 14659 : *JOAN*, 19 févr. 2019, p. 1686. – *Contra*, aucun texte relatif aux sociétés en nom collectif n'interdit le cumul des qualités d'associé et de salarié d'une SNC : ▪ CA Paris, 4 nov. 2003 : *JurisData* n° 2004-229982 ; *BRDA* mars 2004, n° 3 ; *Dr. sociétés* déc. 2004, n° 217, obs. J. Monnet ; *JCP* E 2004, 1510, n° 5, obs. J.-J. Caussain, Fl. Deboissy et G. Wicker.

b) Au regard du droit de la **sécurité sociale,** la qualité d'associé en nom est incompatible avec celle de salarié s'agissant de l'exploitation d'un portefeuille d'assurance : ▪ Cass. 2e civ., 18 janv. 1961 : *Bull. civ.* II, n° 43. – Même solution pour l'exploitation d'une clientèle commerciale lorsque cette exploitation constitue l'objet même de la société : ▪ Cass. soc., 5 avr. 1974 : *Bull. civ.* V, n° 220.

Art. L. 221-2 ***(Anc. L. n° 66-537, 24 juill. 1966).*** **– La société en nom collectif est désignée par une dénomination sociale, à laquelle peut être incorporé le nom d'un ou plusieurs associés et qui doit être précédée ou suivie immédiatement des mots « société en nom collectif ».**

Voir : C. com., art. R. 123-238, p. 869.

Droit commun des sociétés, C. civ., art. 1835, p. 29. - **Raison sociale,** C. com., art. L. 221-17, p. 183 et bibliographie sous C. civ., art. 1835, p. 29.

1) Règles générales. V. sous C. civ., art. 1835, annot. n° 28, p. 33.

2) Ordre des noms. En cas de désaccord sur l'ordre dans lequel les noms des associés doivent figurer, il y a lieu de s'arrêter à l'ordre le plus favorable aux intérêts des parties, en tenant compte des services rendus et de l'ancienneté des membres : ▪ CA Lyon, 16 juill. 1896 : *DP* 1898, 2, p. 256.

3) Décisions rendues avant la loi du 11 juillet 1985.

a) Les associés ne peuvent faire figurer que leur **véritable patronyme** et non, par exemple, celui d'un aïeul (▪ Cass., 27 mars 1900 : *DP* 1900, p. 399), mais cela n'interdit pas aux associés d'adjoindre le nom de leur femme à leur propre patronyme (▪ CA Limoges, 21 janv. 1888 : *D.* 1890, 2, p. 94). – Une femme mariée peut figurer sous son nom de jeune fille : ▪ CA Paris, 17 sept. 1941 : *DA* 1941, 364. – Une veuve doit faire précéder le patronyme de son mari de la mention « veuve » : ▪ CA Paris, 21 mars 1887 : *DP* 1888, 2, p. 165.

b) Celui dont le nom figure indûment dans la raison sociale est recevable à en demander la **suppression,** ▪ CA Besançon, 12 mai 1899 : *DP* 1900, p. 215 ; consentirait-il, en connaissance de cause, à laisser son nom apparaître dans la raison sociale, qu'il commettrait une faute, les tiers étant alors trompés sur sa véritable qualité : ▪ CA Montpellier, 25 juill. 1934 : *Rev. sociétés* 1934, p. 294.

4) Mise en conformité des statuts. Les sociétés doivent mettre leurs statuts en harmonie avec le nouvel article 11 *[C. com., art. L. 221-2]*, aucune date n'ayant toutefois été prévue pour cette modification : Rép. min. : *JO* Sénat Q, 13 mars 1985, p. 482.

Art. L. 221-3 ***(Anc. L. n° 66-537, 24 juill. 1966).*** **– Tous les associés sont gérants, sauf stipulation contraire des statuts qui peuvent désigner un ou plusieurs gérants, associés ou non, ou en prévoir la désignation par un acte ultérieur.**

Si une personne morale est gérant, ses dirigeants sont soumis aux mêmes conditions et obligations et encourent les mêmes responsabilités civile et pénale que s'ils étaient gérants en leur nom propre, sans préjudice de la responsabilité solidaire de la personne morale qu'ils dirigent.

Voir : Comp. **Sociétés civiles,** C. civ., art. 1846, p. 119.

1) Caractère supplétif de la qualité d'associé gérant. Tous les associés sont gérants lorsque les gérants désignés ou élus, qui ont démissionné, n'ont pas été remplacés ▪ Cass. soc., 24 oct. 1977 : *JCP* 1977, IV, 310.

2) Absence de pouvoir de représentation de l'associé non gérant. Dès lors que les statuts ne confèrent pas la qualité de gérant à chacun des associés, la collectivité des associés ne dispose pas du pouvoir de représenter la société et ne peut déléguer à un tiers le pouvoir de représenter la société en justice : ▪ Cass. com., 22 oct. 2013, n° 12-24.658 : *BJS* 2014, p. 32, note F.-X. Lucas ; *Dr. sociétés* 2014, n° 7, obs. D. Gallois-Cochet.

Art. L. 221-4 ***(Anc. L. n° 66-537, 24 juill. 1966).*** **– Dans les rapports entre associés, et en l'absence de la détermination de ses pouvoirs par les statuts, le gérant peut faire tous actes de gestion dans l'intérêt de la société.**

En cas de pluralité de gérants, ceux-ci détiennent séparément les pouvoirs prévus à l'alinéa précédent, sauf le droit pour chacun de s'opposer à toute opération avant qu'elle soit conclue.

Voir : Comp. **Sociétés civiles,** C. civ., art. 1848, p. 120.

Bibliographie : D. Martin, *Les pouvoirs des gérants des sociétés de personnes : RTD com.* 1973, p. 185.

1) Actes nécessaires à l'activité sociale. L'achat d'un immeuble indispensable à la société est de la compétence du gérant (■ CA Lyon, 29 janv. 1937 : *D.* 1939, 2, p. 49, note Pic), de même que les achats de matériel et de matières premières nécessaires au fonctionnement de la société (■ CA Lyon, 16 févr. 1881 : *Journ. soc.* 1882, p. 685).

2) Cogérants. En cas de pluralité de gérants, chacun d'entre eux a une obligation de contrôle des actes de ses cogérants : ■ CA Paris, 21 janv. 1852 : *DP* 1852, 2, p. 278.

3) Responsabilité civile.

a) Responsabilité du gérant à l'égard des tiers. La seule constatation d'un fait délictuel imputable à la société n'implique pas nécessairement une faute personnelle du directeur social : ■ Cass. com., 4 juin 1991 : *RJDA* 1991, p. 627. – La responsabilité personnelle des dirigeants sociaux à l'égard des tiers est uniquement établie s'il existe une faute distincte de celle pouvant être mise à la charge de la société : ■ Cass. com., 14 janv. 1992 : *RJDA* 1992, p. 581. – Voir aussi sous C. civ., art. 1850, p. 122 et C. com., art. L. 223-22, p. 210.

b) **Responsabilité du gérant dans l'ordre interne.** Les gérants répondent de leurs fautes de gestion, ainsi d'un défaut d'assurance des biens sociaux : ■ Cass. com., 29 avr. 1954 : *Bull. civ.* IV, n° 149. – Le médecin gérant une société en nom collectif ayant pour objet l'exploitation d'une clinique, qui décide, secrètement et soudainement, le transfert des activités, ce qui provoque la fermeture de la clinique, doit réparation à ses coassociés du dommage causé par sa faute : ■ Cass. com., 3 avr. 1979 : *Bull. civ.* IV, n° 127.

c) **Action sociale *ut singuli*.** Voir sous C. civ., art. 1843-5, annot. n°s 6 et s., p. 69

4) Abus de confiance. L'associé peut se constituer partie civile pour demander réparation du préjudice causé par l'abus de confiance *[C. pén., art. 314-1]* commis par le gérant qui a fait prendre en charge par la société des dépenses étrangères à son objet : ■ Cass. crim., 10 avr. 2002 : *BJS* 2002, p. 974, note E. Dezeuze ; *JCP* E 2002, act., p. 1104 ; *JCP* E 2002, 1639, n° 6, obs. J.-J. Caussain, Fl. Deboissy et G. Wicker.

Art. L. 221-5 *(Anc. L. n° 66-537, 24 juill. 1966).* **– Dans les rapports avec les tiers, le gérant engage la société par les actes entrant dans l'objet social.**

En cas de pluralité de gérants, ceux-ci détiennent séparément les pouvoirs prévus à l'alinéa précédent. L'opposition formée par un gérant aux actes d'un autre gérant est sans effet à l'égard des tiers, à moins qu'il ne soit établi qu'ils en ont eu connaissance.

Les clauses statutaires limitant les pouvoirs des gérants qui résultent du présent article sont inopposables aux tiers.

1) Représentation de la société. Le gérant personnifie la société dans ses rapports avec les tiers : ■ Cass. civ., 15 janv. 1872 : *DP* 1872, 1, p. 165. – Les agissements délictuels ou quasi délictuels engagent la responsabilité de la société, *ibid.* – *Adde* ■ Cass., 16 mai 1927 : *S.* 1928, 1, p. 41. – Le gérant non associé ne saurait être tenu des engagements contractés pour le compte de la société dont il est le représentant légal : ■ Cass. com., 3 avr. 2007, n° 05-20.271 : *BJS* 2007, p. 902 ; *Dr. sociétés* 2007, n° 117, obs. J. Monnet ; *JCP* E 2007, 1620.

2) Portée de la signature. La **signature sociale** est présumée donnée pour les besoins de la société, sauf à prouver l'abus par le gérant de cette raison sociale et la connaissance de l'abus par le cocontractant : ■ CA Lyon, 21 juin 1911 : *Journ. soc.* 1913, p. 226. – La société est engagée même si le gérant n'a pas employé la raison sociale, dès lors qu'il est réputé avoir agi pour le compte de la société : ■ T. com. Nantes, 5 mars 1923 : *Journ. soc.* 1925, p. 444.

3) Garantie d'une dette personnelle. La garantie d'une dette **personnelle** d'un associé par voie de nantissement du fonds de commerce de la société ne constitue pas un acte entrant dans l'objet social : ■ Cass. com., 26 janv. 1993 : *JCP* E 1993, I, 288, n° 13, obs. A. Viandier et J.-J. Caussain ; *Rev. sociétés* 1993, p. 396, note J.-F. Barbièri. – *Contra* : un engagement de caution, dès l'instant où il a été approuvé à l'unanimité par des associés en nom, ne peut être annulé en raison de sa non-conformité à l'objet social : ■ CA Paris, 1er déc. 2000 : *JurisData* n° 133358 ; *Dr. sociétés* 2001, n° 67, obs. F.-X. Lucas. – En l'absence de toute allégation relative à sa contrariété à l'intérêt social, est valable le cautionnement de dettes personnelles d'un associé consenti à l'unanimité par les coassociés d'une SNC : ■ Cass. com., 18 mars 2003 : *BJS* 2003, p. 643, note J.-F. Barbièri ; *D.* 2003, p. 975, obs. A. Lienhard ; *D.* 2004, somm. p. 271, obs. J.-C. Hallouin ; *Dr. sociétés* 2003, n° 110, obs.

J. Monnet ; *JCP* E 2003, p. 688, obs. P. Bouteiller ; *JCP* E 2004, 29, n° 6, obs. J.-J. Caussain, Fl. Deboissy et G. Wicker ; *Rev. sociétés* 2004, p. 104, note D. Randoux. – V. sous C. civ., art. 1833, annot. n° 12, p. 21.

4) Délégation de pouvoir. Le gérant peut déléguer ses pouvoirs, le délégué agissant alors à la place du gérant et engageant de ce fait la société : Comp. ▪ Cass., 1er mars 1921 : *Gaz. Pal.* 1921, 1, p. 672 *[décision rendue à propos d'une société anonyme]*. – La délégation devient caduque avec la transformation de la société : Comp. ▪ Cass. crim., 3 janv. 1986 : *JCP* E 1987, 16342, n° 5, obs. A. Viandier et J.-J. Caussain.

Art. L. 221-6 *(Anc. L. n° 66-537, 24 juill. 1966)*. – **Les décisions qui excèdent les pouvoirs reconnus aux gérants sont prises à l'unanimité des associés. Toutefois les statuts peuvent prévoir que certaines décisions sont prises à une majorité qu'ils fixent.**

Les statuts peuvent également prévoir que les décisions sont prises par voie de consultation écrite, si la réunion d'une assemblée n'est pas demandée par l'un des associés.

Voir : C. com., art. R. 221-2 à R. 221-4, p. 620.

Comp. **Sociétés civiles,** C. civ., art. 1852 et s., p. 125.

1) Cession de l'actif social. Les associés n'ont pas qualité pour disposer de l'actif social : ▪ Cass. com., 25 mars 1991 : *BJS* 1991, p. 538.

2) Cautionnement. V. sous C. com., art. L. 221-5, annot. n° 3, p. 175.

Art. L. 221-7 *(Anc. L. n° 66-537, 24 juill. 1966 ; mod., Ord. n° 2004-1382, 20 déc. 2004 ; Ord. n° 2017-1180, 19 juill. 2017)*. – **Le rapport de gestion, l'inventaire et les comptes annuels établis par les gérants sont soumis à l'approbation de l'assemblée des associés, dans le délai de six mois à compter de la clôture dudit exercice.**

À cette fin, les documents visés à l'alinéa précédent, le texte des résolutions proposées ainsi que, le cas échéant, le rapport des commissaires aux comptes, les comptes consolidés et le rapport sur la gestion du groupe sont communiqués aux associés dans les conditions et délais déterminés par décret en Conseil d'État. Toute délibération, prise en violation des dispositions du présent alinéa et du décret pris pour son application, peut être annulée.

Toute clause contraire aux dispositions du présent article et du décret pris pour son application est réputée non écrite.

Le I de l'article L. 225-100-1 et l'article L. 225-102-1 s'appliquent au rapport de gestion lorsque l'ensemble des parts sont détenues par des personnes ayant l'une des formes suivantes ou par des sociétés de droit étranger d'une forme juridique comparable : société anonyme, société en commandite par actions, société à responsabilité limitée ou société par actions simplifiée.

Voir : C. com., art. R. 221-6 et R. 221-7, p. 621.

Injonction de faire, C. com., art. L. 238-1, p. 562.

Comptes sociaux. Les comptes annuels d'une SNC ne peuvent être établis et approuvés que conformément aux dispositions de l'article 16 de la loi du 24 juillet 1966 *[C. com., art. L. 221-7]*, peu important qu'une situation intercalaire ait été établie pour déterminer le prix de cession de parts entre associés : ▪ Cass. com., 21 mars 1995 : *BJS* 1995, p. 536, note D. Ledouble.

Art. L. 221-7-1 *(L. n° 2014-1662, 30 déc. 2014)*. – **L'article L. 225-102-3, à l'exception du III, est applicable aux sociétés en nom collectif dont tous les associés indéfiniment responsables sont des sociétés à responsabilité limitée ou des sociétés par actions.**

Le rapport mentionné au même article L. 225-102-3 est établi par le gérant.

Ce rapport est déposé au greffe du tribunal de commerce, pour être annexé au registre du commerce et des sociétés, dans le mois suivant l'approbation des comptes annuels par l'assemblée des associés ou dans les deux mois suivant cette approbation lorsque ce dépôt est effectué par voie électronique. Il fait également l'objet, dans les mêmes délais, d'une publication gratuite, accessible au public et lisible sur le site internet de la société, dans des conditions prévues par décret en Conseil d'État.

Art. L. 221-8 *(Anc. L. n° 66-537, 24 juill. 1966)*. – **Les associés non gérants ont le droit, deux fois par an, d'obtenir communication des livres et documents sociaux et de poser par écrit des questions sur la gestion sociale, auxquelles il doit être répondu également par écrit.**

Voir : C. com., art. R. 221-8, p. 621.
Comp. **Sociétés civiles,** C. civ., art. 1855, p. 126.

Art. L. 221-9 *(Anc. L. n° 66-537, 24 juill. 1966).* **– Les associés peuvent nommer un ou plusieurs commissaires aux comptes dans les formes prévues à l'article L. 221-6.**

Sont tenues de désigner un commissaire aux comptes au moins les sociétés qui dépassent, à la clôture de l'exercice social, des chiffres fixés par décret *(Mots suppr. à compter de la date prévue au II de l'article 20 de la loi n° 2019-486 du 22 mai 2019 et au plus tard le 1er septembre 2019, L. n° 2019-486, 22 mai 2019)* (1) **« ... » pour deux des critères suivants : le total de leur bilan, le montant hors taxes de leur chiffre d'affaires ou le nombre moyen de leurs salariés au cours d'un exercice.**

Même si ces seuils ne sont pas atteints, la nomination d'un commissaire aux comptes peut être demandée en justice par un associé.

(Al. créé à compter de la date prévue au II de l'article 20 de la loi n° 2019-486 du 22 mai 2019 et au plus tard le 1er septembre 2019, L. n° 2019-486, 22 mai 2019) **Sont également tenues de désigner un commissaire aux comptes les sociétés dont un ou plusieurs associés représentant au moins le quart du capital en font la demande.**

Voir : la rédaction de cet article issue de l'ordonnance n° 2019-744 du 19 juillet 2019, en *addendum*, p. 3371.

Voir : C. com., art. R. 221-5, p. 621.

Art. L. 221-10 *(Abr., Ord. n° 2005-1126, 8 sept. 2005).*

Voir : C. com., art. L. 820-1 et s., p. 896.

Art. L. 221-11 *(Mod., Ord. n° 2005-1126, 8 sept. 2005).* **– Les documents visés au premier alinéa de l'article L. 221-7 sont mis à la disposition du commissaire aux comptes dans les conditions et délais fixés par décret en Conseil d'État.**

Voir : C. com., art. R. 221-6, p. 621.
Dispositions générales, C. com., art. L. 820-1 et s., p. 896.

Art. L. 221-12 *(Anc. L. n° 66-537, 24 juill. 1966).* **– Si tous les associés sont gérants ou si un ou plusieurs gérants choisis parmi les associés sont désignés dans les statuts, la révocation de l'un d'eux de ses fonctions ne peut être décidée qu'à l'unanimité des autres associés. Elle entraîne la dissolution de la société, à moins que sa continuation ne soit prévue par les statuts ou que les autres associés ne la décident à l'unanimité. Le gérant révoqué peut alors décider de se retirer de la société en demandant le remboursement de ses droits sociaux, dont la valeur est déterminée conformément à l'article 1843-4 du Code civil. Toute clause contraire à l'article 1843-4 dudit code est réputée non écrite.**

Si un ou plusieurs associés sont gérants et ne sont pas désignés par les statuts, chacun d'eux peut être révoqué de ses fonctions, dans les conditions prévues par les statuts ou, à défaut, par une décision des autres associés, gérants ou non, prise à l'unanimité.

Le gérant non associé peut être révoqué dans les conditions prévues par les statuts ou, à défaut, par une décision des associés prise à la majorité.

Si la révocation est décidée sans juste motif, elle peut donner lieu à dommages-intérêts.

Voir : bibliographie sous C. com., art. L. 223-25, p. 215.

1) Révocation. *a)* **Gérant statutaire.** Le gérant dont le nom a été inscrit dans les **statuts** au cours de la vie sociale et non lors de la rédaction de ceux-ci doit néanmoins être qualifié de gérant statutaire : ■ Cass. com., 12 juill. 1955 : *D.* 1956, p. 593, note J. Copper-Royer.

b) Le gérant révoqué sur le fondement de l'article 18 de la loi du 24 juillet 1966 *[C. com., art. L. 221-12]* fait en vain valoir que cette loi était inapplicable à la cause dès lors qu'il avait « **ratifié** » son départ de la société par un acte extrajudiciaire : ■ Cass. com., 6 mai 1980 : *Bull. civ.* IV, n° 177 ; *JCP* 1980, IV, 272.

c) Il résulte de l'article 18, alinéa 2 *[C. com., art. L. 221-12, al. 2]*, qu'à défaut de disposition particulière dans les statuts, la révocation d'un gérant

(1) Les seuils fixés par les décrets prévus au présent article, dans sa rédaction résultant de la loi n° 2019-486 du 22 mai 2019, sont applicables aux entreprises fiscalement domiciliées dans une collectivité d'outre-mer régie par l'article 73 de la Constitution à compter du 1er janvier 2021, L. n° 2019-486, 22 mai 2019, art. 20, III.

ne peut être décidée par les associés que dans le cas où la société comprend au moins, outre le gérant lui-même, **deux autres associés** : ▪ CA Paris, 12 sept. 1995 : *BJS* 1995, p. 1076, note P. Le Cannu.

d) **Obligation de non-concurrence.** Le gérant peut après son départ exercer une industrie similaire et **concurrente** à celle de la société qu'il a quittée, les tribunaux n'ayant pas pour l'avenir à restreindre la liberté commerciale du gérant révoqué, mais devant simplement apprécier les actes de concurrence déloyale qui leur seraient dénoncés : ▪ Cass. req., 8 févr. 1911 : *DP* 1912, 1, p. 173.

e) Jugé que dans l'hypothèse où la révocation d'un gérant de SNC est susceptible d'emporter la dissolution de la société, la décision de continuation ne peut intervenir postérieurement à l'assemblée ayant prononcé la révocation : ▪ Cass. com., 26 nov. 2003 : *BJS* 2004, p. 428, note P. Le Cannu ; *D.* 2003, p. 3055, obs. A. Lienhard ; *Dr. sociétés* févr. 2004, obs. J. Monnet ; *JCP* E 2004, act., p. 97 ; *JCP* E 2004, 601, n° 11, obs. J.-J. Caussain, Fl. Deboissy et G. Wicker ; *Rev. sociétés* 2004, p. 675, note M.-H. de Laer.

f) **Juste motif.** Voir sous C. com., art. L. 223-25, annot. n° 2, p. 215.

2) Démission. *a)* La démission du gérant ne peut pas être critiquée si elle est fondée sur des **motifs légitimes** : ▪ Cass., 8 déc. 1890 : *DP* 1891, 1, p. 458.

b) La démission des gérants, non suivie de leur remplacement, fait devenir les associés **cogérants** de la société : ▪ Cass. soc., 24 oct. 1977 : *JCP* 1977, IV, 310.

Art. L. 221-13 ***(Anc. L. n° 66-537, 24 juill. 1966).*** **– Les parts sociales ne peuvent être représentées par des titres négociables. Elles ne peuvent être cédées qu'avec le consentement de tous les associés.**

Toute clause contraire est réputée non écrite.

Voir : Comp. C. civ., art. 1841, p. 40. – **Pouvoirs des époux,** C. civ., art. 1424, p. 18, selon lequel, dans le régime de la communauté légale, les époux ne peuvent l'un sans l'autre aliéner des droits sociaux non négociables et percevoir les capitaux provenant d'une telle opération.

Bibliographie : E. Buttet, *Cession de parts de société en nom collectif : BJS* 1991, p. 889.

1) Objet de la cession. La cession de la totalité des parts sociales n'équivaut pas nécessairement à la cession du fonds de commerce exploité par la société : ▪ CA Angers, 3 juin 1953 : *JCP* 1953, II, 7870. – La cession des parts n'emporte pas transmission du solde créditeur du « compte courant » du cédant : ▪ Cass. req., 11 janv. 1932 : *Rev. sociétés* 1932, p. 204. – V. aussi C. civ., art. 1842, annot. n° 9, p. 43.

2) Prix de cession. Les statuts peuvent déterminer le prix de rachat des parts sociales, dès lors que la clause fixant ce prix n'est pas léonine, qu'elle n'affecte pas l'égalité entre les associés et qu'elle ne livre pas le cessionnaire à l'arbitraire d'une estimation par ses coassociés : ▪ CA Paris, 1er juin 1950 : *JCP* 1950, II, 5687.

3) La **convention de croupier** relative aux parts d'une société en nom collectif, d'une durée égale à celle de cette même société et conférant au croupier des droits plus importants que ceux reconnus à l'associé, tend vers une cession de parts : ▪ T. com. Paris, 12 mars 1979 : *Rev. sociétés* 1980, p. 283, note D. Randoux. ▪ CA Paris, 19 févr. 1979 : *BJS* 1979, p. 232 ; *Banque* 1980, p. 254. – Voir aussi sous C. civ., art. 1861, annot. n° 1, p. 133 et 1871, p. 143.

4) Agrément. *a)* Auteur de l'agrément. L'article 19 de la loi du 24 juillet 1966 *[C. com., art. L. 221-13]* n'imposant pas que la société donne son consentement à la cession des parts des associés, est suffisant l'agrément donné par les associés : ▪ Cass. com., 13 févr. 1996 : *BJS* 1996, p. 404, note P. Le Cannu.

b) **Sanction du défaut d'agrément.** La circonstance que la cession de parts n'a pas reçu l'agrément unanime des associés ne peut être invoquée que par la société ou par les associés, et non par le cessionnaire : ▪ Cass. com., 24 nov. 2009, n° 08-17.708 : *BJS* 2010, p. 274, note S. Harel ; *Dr. sociétés* 2010, n° 49, obs. M. Roussille. – Le défaut d'agrément unanime des associés à la cession des parts sociales n'entraîne pas la nullité de la cession, laquelle est seulement inopposable à la société et aux associés, cette inopposabilité justifiant que le cessionnaire non agréé n'ait pas à être convoqué aux assemblées générales : ▪ Cass. com., 16 mai 2018, n° 16-16.498, PB : *BJS* 2018, p. 422, note J.-F. Barbièri ; *Dr. sociétés* 2018, n° 142, obs. C. Coupet ; *JCP* E 2018, 1374, note B. Dondero ; *JCP* G, act. 645, note C. Barillon.

c) **Exercice fautif du droit d'agrément.** V. pour la faute commise par le titulaire du droit d'agrément adoptant une attitude attentiste et refusant de rencontrer les candidats successifs : ▪ Cass. com., 6 févr. 2019, n° 17-20.112 : *BJS* 2019, p. 31, note T. de Ravel d'Esclapon ; *Dr. sociétés* 2019, n° 84, obs. J.-F. Hamelin.

5) Clause statutaire de retrait.

a) **Nature de la demande de retrait.** V. ▪ CA Nîmes, 16 sept. 2004 : *Dr. sociétés* janv. 2005, n° 11, obs. J. Monnet, qui, interprétant une clause statutaire, estime que la demande de retrait est un acte juridique unilatéral valant offre unilatérale de cession de parts, laquelle peut être retirée tant qu'elle n'a pas été acceptée par son destinataire.

b) **Clause de rachat proportionnel.** N'est pas nulle la clause statutaire stipulant qu'à défaut d'agrément unanime de la cession projetée les associés restants sont tenus au rachat des parts sociales de l'associé sortant à proportion de leur participation dans le capital social : ▪ CA Aix-en-Provence, 25 mai 2007 : *Dr. sociétés* 2007, n° 221, obs. J. Monnet.

6) Obligations de non-concurrence du cédant. Le cédant doit s'abstenir de toute concurrence : ▪ Cass., 12 janv. 1942 : *S.* 1943, 1, p. 7 *[décision rendue à propos d'une SARL]*. – Aussi bien l'associé qui a été l'âme de la société ne saurait, après la cession de ses parts, conduire une industrie concurrente de celle de la société : ▪ CA Nîmes, 1er juill. 1933 : *DP* 1934, 2, p. 49.

7) Situation du cédant et du cessionnaire quant à l'obligation aux dettes sociales. V. sous C. com., art. L. 221-1, annot. n° 8, p. 172.

8) Contribution aux pertes sociales. Les statuts stipulant que les pertes sociales étaient réparties entre les associés à la clôture de chaque exercice, et aucune clause de l'acte de cession n'imposant au cédant de contribuer aux pertes survenues antérieurement, le cédant, qui n'était plus associé à la date de la clôture de l'exercice, n'était pas tenu de contribuer aux pertes réparties à cette date : ▪ Cass. com., 31 mars 2004 : *BJS* 2004, p. 1421, note P. Mousseron ; *Dr. sociétés* août-sept. 2004, n° 149, obs. J. Monnet.

Art. L. 221-14 *(Anc. L. n° 66-537, 24 juill. 1966)*. **– La cession des parts sociales doit être constatée par écrit. Elle est rendue opposable à la société, dans les formes prévues à l'article 1690 du Code civil. Toutefois, la signification peut être remplacée par le dépôt d'un original de l'acte de cession au siège social contre remise par le gérant d'une attestation de ce dépôt.**

Elle n'est opposable aux tiers qu'après accomplissement de ces formalités et, en outre, après ***(Mots rempl., Ord. n° 2014-863, 31 juill. 2014)*** **« publication des statuts modifiés au registre du commerce et des sociétés ; ce dépôt peut être effectué par voie électronique ».**

Voir : C. com., art. R. 221-9, p. 622.
SARL, C. com., art. L. 223-17, p. 202.

Bibliographie : D. Gallois-Cochet, *Ordonnance du 31 juillet 2014 : dispositions relatives aux SNC et SARL : Dr. sociétés* 2014, n° 145. • B. Saintourens, *Opposabilité aux tiers des cessions de parts sociales et de SARL : Rev. sociétés* 2014, p. 613. • C. Youego, *L'opposabilité de la cession des parts sociales à la SARL : Dr. sociétés* 2002, chron. 7.

1) Nullité de la promesse de cession pour but fiscal illicite. La promesse de rachat prévoyant, d'une part, sa mise en œuvre au terme du délai de cinq ans prévue par la loi fiscale pour bénéficier d'une exonération et, d'autre part, un prix de rachat au prix de la souscription est nulle en raison du caractère illicite de sa cause au regard de la loi fiscale : ▪ CA Paris, 12 janv. 2016, n° 14/23846 : *Dr. sociétés* 2016, n° 74, obs. R. Mortier.

2) Exigence d'un écrit. *a)* **Forme de l'écrit.** L'inscription au procès-verbal d'une assemblée de l'acceptation par celle-ci de la cession constitue un écrit suffisant au sens de l'article 20 de la loi du 24 juillet 1966 *[C. com., art. L. 221-14]* : ▪ T. com. Paris, 24 déc. 1973 : *Rev. sociétés* 1974, p. 495, note Y. Chartier.

b) **Sanction du défaut d'écrit.** En l'absence de tout écrit signé par les parties et constatant la cession des parts sociales, le cessionnaire ne pouvant procéder à aucune des formalités nécessaires pour rendre la cession effective, le cessionnaire peut demander la résolution de la cession sur le fondement du manquement du cédant à son obligation de délivrance : ▪ Cass. com., 7 avr. 2009, n° 08-15.593, PB : *D.* 2009, p. 1204, obs. A. Lienhard ; *Rev. sociétés* 2009, p. 789, note D. Randoux.

3) Exigence d'une délibération. Selon une jurisprudence critiquée de la Cour de cassation, une cession de parts entraînant nécessairement une modification des statuts, la seule publication de la cession est inopérante à défaut de délibération des associés constatant cette modification (▪ Cass. com., 16 janv. 1990 : *JurisData* n° 1990-000053) ou d'un jugement en tenant lieu (▪ Cass. com., 4 avr. 1995 : *BJS* 1995, p. 693, note P. Le Cannu).

4) Sanction du défaut de publicité. *a)* **Qualité pour agir.**

– **Parties.** Les formalités de publicité ayant pour objet d'informer les tiers de la cession de parts intervenue, le défaut d'accomplissement de ces formalités ne peut être invoqué par les parties à cet acte dont il ne constitue pas une cause de nullité : ▪ Cass. com., 24 nov. 2009, n° 08-17.708 : *BJS* 2010, p. 274, note S. Harel ; *Dr. sociétés* 2010, n° 49, obs. M. Roussille.

– **Liquidateur judiciaire.** Le liquidateur judiciaire, s'il représente le débiteur, est également investi de la mission de défense de l'intérêt collectif des créanciers et cette dualité de fonctions lui confère en tant qu'organe de défense de cet intérêt collectif la qualité de tiers par rapport au débiteur, de sorte que le liquidateur est recevable à invoquer dans l'intérêt collectif des créanciers de cette procédure les dispositions de l'article L. 221-14, alinéa 2 : ▪ Cass. com., 25 sept. 2012, n° 11-30.018, PB : *BJS* 2012, p. 870, note F.-X. Lucas ; *D.* 2012, p. 2303, obs. A. Lienhard ; *Dr. sociétés* 2012, p. 23 ; *JCP* E 2012, 1759, note C. Lebel ; *Rev. sociétés* 2013, p. 436, note N. Mathey.

b) **Prescription.** Les formalités à accomplir en application de l'article L. 221-14 ne relèvent pas de la prescription prévue à l'article L. 110-4 du Code de commerce dans sa rédaction antérieure à la loi du 17 juin 2008 : ▪ Cass. com., 25 sept. 2012, préc. sous C. com., art. L. 221-14, annot. n° 4 *a)*, p. 179.

5) Exigence d'une publicité au RCS.

a) **Condition de l'opposabilité aux tiers.**

– **Principe.** Tant que la cession des parts n'a pas été inscrite au registre du commerce et des sociétés, l'associé ne peut l'opposer aux tiers, sans qu'il y ait lieu de rechercher si le tiers intéressé en avait eu connaissance autrement : ▪ Cass. com., 27 janv. 1998 : *JurisData* n° 1998-000250 ; *Dr. sociétés* 1998, n° 96, note D. Vidal ; *BJS* 1998, p. 546, note P. Le Cannu ; *Rev. sociétés* 1998, p. 556, note P. Didier.

– **Qualité de tiers des organismes de protection sociale.** La cession de parts sociales n'est opposable aux organismes de protection sociale, tiers à cet acte, qu'après l'accomplissement des formalités de publicité au RCS : ▪ Cass. com., 7 mai 2014, n° 13-51.981.

b) **Applications** :

– **Engagement du cédant aux dettes sociales.** Le cédant, associé de SNC, reste tenu du passif social né après la cession tant que la publicité au RCS n'a pas été effectuée, la publicité à la recette des impôts étant insuffisante : ▪ CA Versailles, 16 déc. 1999 : *RJDA* 2000, n° 280. – Ainsi, l'absence de mention au registre du commerce et des sociétés de la retraite d'un associé fait présumer de manière irréfragable à l'égard des tiers du maintien de sa qualité d'associé : ▪ Cass. com., 10 févr. 1970 : *Bull. civ.* IV, n° 50.

– **Ouverture d'une procédure collective contre le cédant.** Tant que la cession des parts n'a pas été publiée au RCS, le cédant peut être personnellement mis en redressement ou en liquidation judiciaires *[C. com., art. L. 624-1 anc.]* : ▪ CA Paris, 12 juill. 1991 : *BJS* 1991, p. 936, note P. Le Cannu. ▪ Cass. com., 10 déc. 1996 : *JurisData* n° 1996-004919 ; *BJS* 1997, p. 238, note P. Le Cannu ; *JCP* G 1997, II, 22886, notre E. Savatier ; *JCP* E 1997, 676, n° 8, obs. A. Viandier et J.-J. Caussain. ▪ CA Paris, 1er déc. 2000 : *BJS* 2001, p. 451, note J.-M. Bahans. – L'associé dont la cession des parts n'a pas été publiée au RCS ne peut se soustraire à l'ouverture d'une procédure collective en invoquant les dispositions de l'article L. 123 du Code de commerce, relatives à la connaissance personnelle des tiers et des administrations quant aux faits et actes sujets à mention au RCS, peu important donc que le greffe ait eu connaissance de la cession de parts intervenue : ▪ CA Paris, 8 mars 2005 : *Rev. sociétés* 2005, p. 469, obs. I. Urbain-Parléani.

6) Exigence d'une signification. *a)* **Portée quant à la validité de la cession.** Si le **défaut de notification** de la cession de parts sociales à la société conformément à l'article L. 221-14 entraîne son **inopposabilité,** il n'a aucune conséquence quant à la validité de la cession entre les parties : ▪ CA Poitiers, 26 oct. 1999 : *JurisData* n° 1999-126672. – La validité d'une cession de parts pour laquelle les dispositions des articles 20 de la loi de 1966 *[C. com., art. L. 221-14]* et 1690 du Code civil ont été appliquées, ne saurait être remise en cause quand bien même le cessionnaire aurait eu connaissance d'une promesse antérieure de cession, la collusion frauduleuse entre le cessionnaire et le cédant étant exclue : ▪ Cass. com., 19 mars 1980 : *Bull. civ.* IV, n° 137. – *Adde a contrario,* ▪ Cass. com., 9 juin 1998 : *JurisData* n° 1998-002641 ; *BJS* 1998, p. 1088, note P. Le Cannu ; *Rev. sociétés* 1998, p. 771, note F.-X. Lucas ; *RJ com.* 1999, p. 129, note Y. Chartier.

b) **Conséquences du défaut de signification.**

– **Inopposabilité.** Dès lors que les formalités d'opposabilité à l'égard de la société n'ont pas été accomplies antérieurement ou concomitamment au dépôt des actes de cession au greffe du tribunal de commerce, la cession de parts est **inopposable aux tiers,** peu important par ailleurs la publication de la modification des statuts consécutive à la cession ; le cédant peut par suite faire l'objet d'une procédure collective : ▪ Cass. com., 9 juin 1998, préc.

– **Sauf ratification.** Toutefois, la société dont le gérant, à défaut d'accomplissement des formalités prévues à l'article 20 *[C. com., art. L. 221-14]*, réunit une assemblée générale extraordinaire à laquelle est convoquée l'acquéreur des parts cédées et au cours de laquelle les statuts sont modifiés en conséquence, **ratifie expressément** par ses organes la cession de parts intervenue et renonce à se prévaloir de l'inopposabilité de la cession à son égard : ▪ Cass. com., 3 mai 2000 : *BJS* 2000, p. 811, note P. Le Cannu ; *D.* 2000, act. jurispr. p. 282, obs. A. Lienhard.

– **Situation du cédant.** Le cédant doit être considéré comme n'ayant jamais cessé d'être, vis-à-vis des tiers, titulaire des parts litigieuses, lorsque les parts cédées ont été l'objet d'une rétrocession entre les mêmes parties, sans que le cessionnaire en ait disposé dans l'intervalle et sans que ladite cession ait été signifiée à la société : ▪ Cass. com., 31 janv. 1972 : *Bull. civ.* IV, n° 41.

c) **Formalisme par équivalence.**

– **Refus de principe.** La connaissance personnelle que le gérant peut avoir de la cession ne saurait équivaloir à la signification prévue à l'article 1690 : ▪ Cass. ass. plén., 1er mars 1950 : *D.* 1950, p. 363 ; *JCP* 1950, II, 5583, note D. B. *[décision rendue en matière de SARL]*. – Rappr. ▪ Cass. com., 21 juill. 1981 : *Rev. sociétés* 1981, p. 771, note J.-J. Daigre. – L'enregistrement de cessions de parts de SNC à la recette des impôts, leur publicité et leur dépôt au greffe sont insuffisants pour les rendre opposables à la société faute de signification dans les formes de l'article 1690 du Code civil ou de preuve du dépôt des originaux de l'acte de cession au siège social contre remise par le gérant d'une attestation de ce dépôt : ▪ CA Paris, 18 déc. 2008, n° 07/09442 : *BJS* 2009, p. 536, note Th. Massart.

– **Exception.**

Mais le fait que le syndic se soit prévalu, dans une **assignation** antérieure, de la cession des parts suffit à rendre celle-ci opposable à la masse des créanciers du cédant en liquidation des biens, nonobstant le défaut d'accomplissement des formalités prévues : ▪ Cass. com., 26 avr. 1979 : *Bull. civ.* IV, n° 129 *[décision rendue sous l'empire de la loi du 13 juillet 1967]*. – Également, il convient de rechercher si la signification, faite par une banque à la société cédée, d'un acte de nantissement des parts de cette société détenue par le cessionnaire n'emporte pas signification de la cession de parts à la société cédée : ▪ Cass. com., 18 oct. 2011, n° 10-21.800, PB : *BJS* 2012, p. 96, note A. Reygrobellet ; *Dr. sociétés* 2012, n° 9, obs. M. Rousille ; *JCP* E 2012, 1019, note J.-F. Barbièri.

7) Constatation de la cession. Dès lors que le procès-verbal de l'assemblée générale ayant autorisé la cession précise que le cessionnaire détient désormais les parts qui en sont l'objet, la cession est effective sans qu'il soit envisagé l'argument selon lequel la cession aurait été subordonnée à une condition qui aurait défailli : ▪ Cass. com., 16 févr. 2010, n° 09-12.538.

8) Responsabilité du conseil. Dans une affaire où un conseil avait omis d'effectuer les publicités relatives à la cession de parts sociales, le cédant, mis en redressement judiciaire, a engagé une action en responsabilité contre son conseil, lequel a été condamné à réparer l'entier préjudice subi par son client : ▪ Cass. civ., 25 mars 1991 : *Liaisons juridiques et fiscales*, 19 avr. 1992. – Condamnation d'un expert-comptable à supporter le passif mis à la charge de son client à la suite du redressement judiciaire de la SNC qui avait refusé de procéder aux formalités de publicité de la cession pour faire pression sur le cédant qui ne lui réglait pas le montant de ses honoraires : ▪ Cass. 1re civ., 25 juin 1996 : *BJS* 1996, p. 1030, note P. Le Cannu.

Art. L. 221-15 *(Anc. L. n° 66-537, 24 juill. 1966).* **– La société prend fin par le décès de l'un des associés, sous réserve des dispositions du présent article.**

S'il a été stipulé qu'en cas de mort de l'un des associés, la société continuerait avec son héritier ou seulement avec les associés survivants, ces dispositions sont suivies, sauf à prévoir que pour devenir associé, l'héritier devra être agréé par la société.

Il en est de même s'il a été stipulé que la société continuerait, soit avec le conjoint survivant, soit avec un ou plusieurs des héritiers, soit avec toute autre personne désignée par les statuts ou, si ceux-ci l'autorisent, par dispositions testamentaires.

Lorsque la société continue avec les associés survivants, l'héritier est seulement créancier de la société et n'a droit qu'à la valeur des droits sociaux de son auteur. L'héritier a pareillement droit à cette valeur s'il a été stipulé que, pour devenir associé il devrait être agréé par la société et si cet agrément lui a été refusé.

Lorsque la société continue dans les conditions prévues au troisième alinéa ci-dessus, les bénéficiaires de la stipulation sont redevables à la succession de la valeur des droits sociaux qui leur sont attribués.

Dans tous les cas prévus au présent article, la valeur des droits sociaux est déterminée au jour du décès conformément à l'article 1843-4 du Code civil.

En cas de continuation et si l'un ou plusieurs des héritiers de l'associé sont mineurs non émancipés, ceux-ci ne répondent des dettes sociales qu'à concurrence des forces de la succession de leur auteur. En outre, la société doit être transformée, dans le délai d'un an, à compter du décès, en société en commandite dont le mineur devient commanditaire. À défaut, elle est dissoute.

Voir : Comp. **Sociétés civiles,** C. civ., art. 1870, p. 141 et 1870-1, p. 142. - **SARL,** C. com., art. L. 223-13, p. 191.

Bibliographie : P. Catala, *Le sort des parts sociales au décès de l'associé : Études H. Cabrillac*, 1968, p. 59. • G. Ripert, *La clause de continuation de la société en nom collectif avec les héritiers de l'associé décédé : RTD com.* 1938, p. 7. • B. Saintourens, *L'héritier de l'associé : Mél. Bouloc*, Dalloz, 2006, p. 1025.

1) Clauses de continuation. *a)* Il faut entendre par **héritier** toute personne appelée à la succession : ▪ Cass. req., 19 déc. 1932 : *S.* 1935, 1, p. 56.

b) La continuation de la **qualité d'associé** du défunt n'emporte pas continuation de la **qualité de gérant,** ▪ CA Douai, 2 mars 1933 : *Gaz. Pal.* 1933, 1, p. 961.

c) Lorsqu'à la suite du décès d'un associé d'une SNC, la société continue avec les associés survivants, les héritiers qui ne deviennent pas associés, soit que les statuts ne l'aient pas prévu, soit qu'ils n'aient pas été agréés par les héritiers ou qu'ils n'aient pas pu l'être, sont **créanciers de la société** pour la valeur des droits sociaux de leur auteur ; par suite, les **intérêts** afférents à cette dette déjà déterminée, que le juge ne fait que constater, sont dus de plein droit depuis la sommation de payer : ▪ Cass. com., 21 oct. 1997 : *BJS* 1998, p. 50, note J.-P. Garçon.

d) Les héritiers ayant manifesté leur intention de devenir associé, ce qui a été accepté par l'associé survivant, il ne peut être déduit des pourparlers engagés ultérieurement quant au rachat par ce dernier de leurs parts sociales qu'ils ont renoncé implicitement à entrer dans la société : ▪ Cass. com., 14 déc. 2004 : *BJS* 2005, p. 528, note B. Saintourens.

2) Autres clauses. *a)* Clause d'option. La **clause d'option** – stipulation donnant aux associés survivants, le moment venu, le choix entre plusieurs solutions – est valable : ▪ Cass. req., 20 juin 1887 : *S.* 1890, 1, p. 515.

b) **Clause de commandite.** Est également valable la **clause de commandite,** qui prévoit la transformation de la société en société en commandite simple : ▪ T. civ. Seine, 24 janv. 1961 : *JCP* 1962, II, 12914, note J.-M. Bischoff. – Les statuts peuvent valablement prévoir que les héritiers ont la faculté d'entrer dans la société en qualité, soit d'associés commanditaires, soit d'associés en nom, en faisant connaître leur intention dans les six mois du décès : ▪ Cass. com., 14 déc. 2004, préc. *d).*

3) Indivision. Les parts sociales de l'associé défunt sont en indivision entre les héritiers tant que le partage n'est pas intervenu et il appartient aux indivisaires de désigner un mandataire commun s'ils veulent participer aux décisions collectives : C. civ., art. 1844, al. 2. – V. avant la loi du 4 janvier 1978 : ▪ Cass. com., 9 oct. 1972 : *Rev. sociétés* 1973, p. 475, note J.G.

4) Partage. La société peut agir en vue de provoquer le partage : ▪ TGI Pontoise, 6 juin 1972 : *Rev. sociétés* 1973, p. 497, note Y. Sarradin. – Les règles concernant le partage des successions s'appliquant aux partages entre associés, le tribunal de grande instance est compétent pour homologuer l'état liquidatif d'une société en nom collectif intéressant notamment deux héritiers mineurs : ▪ Cass. 1re civ., 3 déc. 1980 : *JCP* 1981, IV, 71.

Art. L. 221-16 *(Anc. L. n° 66-537, 24 juill. 1966 ; mod., L. n° 2005-845, 26 juill. 2005).* **– Lorsqu'un jugement de liquidation judiciaire ou arrêtant un plan de cession totale, une mesure d'interdiction d'exercer une profession commerciale ou une mesure d'incapacité est devenu définitif à l'égard de l'un des associés, la société est dissoute, à moins que sa continuation ne soit prévue par les statuts ou que les autres associés ne la décident à l'unanimité.**

Dans le cas de continuation, la valeur des droits sociaux à rembourser à l'associé qui perd cette qualité est déterminée conformément aux dispositions de l'article 1843-4 du Code civil. Toute clause contraire à l'article 1843-4 dudit code est réputée non écrite.

Voir : Comp. **Sociétés civiles,** C. civ., art. 1860, p. 131.

Bibliographie : J.-P. Storck, *La continuation d'une société par l'élimination d'un associé : Rev. sociétés* 1982, p. 233.

1) Incapacité. Le titulaire des parts d'une SNC ayant pour objet l'exploitation d'une officine pharmaceutique doit, à peine de rendre cette exploitation irrégulière, céder ses parts s'il perd la qualité de pharmacien ; son associé doit lui rembourser la valeur de ses droits sociaux laquelle, en cas de contestation, sera déterminée conformément aux dispositions de l'article 1843-4 : ▪ CA Aix-en-Provence, 27 juin 2003 : *Dr. sociétés* mai 2004, n° 86, obs. J. Monnet.

2) Interdiction de gérer. L'associé d'une SNC qui est frappé d'une interdiction de gérer perd sa qualité d'associé en application de l'article L. 221-16, alinéa 2, et donc sa qualité de commerçant, qualité qu'il ne peut d'ailleurs plus acquérir à titre personnel, ce dont il résulte qu'il ne peut demander à faire l'objet d'une procédure de liquidation judiciaire, sauf à établir qu'il exerce une activité professionnelle indépendante : ▪ CA Lyon, 10 avr. 2008 : *JurisData* n° 2008-366337 ; *Dr. sociétés* 2008, n° 229, obs. J.-P. Legros et *JCP* 2009, 1024.

3) Redressement judiciaire. Il est possible d'ajouter aux dispositions de l'article L. 221-16 en insérant une clause statutaire prévoyant que le redressement judiciaire frappant un associé lui fera perdre de plein droit cette qualité ; compte tenu de la rédaction de la clause, la perte des droits d'associé s'opère de plein droit par l'effet du redressement judiciaire de l'associé sans être subordonnée au remboursement des droits sociaux : ▪ Cass. com., 8 mars 2005, n° 374 F-P+B : *JurisData* n° 2005-027475 ; *BJS* 2005, p. 995, note P. Le Cannu ; *D.* 2005, p. 839, obs. A. Lienhard ; *Dr. sociétés* 2005, n° 117, obs. J. Monnet ; *JCP* E 2005, 1046, n° 9, obs. J.-J. Caussain, Fl. Deboissy et G. Wicker, confirmant ▪ CA Montpellier, 28 mai 2002 : *Dr. sociétés* 2003, n° 92, obs. J. Monnet ; *RTD com.* 2003, p. 521, obs. C. Champaud et D. Danet. – Sur la validité de cette **clause d'exclusion,** V. sous C. civ., art. 1844-7, annot. n° 4, p. 95.

Art. L. 221-17 *(Anc. L. n° 66-537, 24 juill. 1966).* – **Les sociétés en nom collectif qui, à la date du 1er avril 1967, utilisaient dans leur raison sociale le nom d'un ou plusieurs associés fondateurs décédés peuvent, par dérogation aux dispositions des articles L. 221-2 et L. 222-3, être autorisées à conserver ce nom dans leur dénomination sociale.**

Un décret en Conseil d'État détermine les conditions auxquelles est subordonnée cette autorisation.

Ce décret fixe en outre les conditions dans lesquelles une opposition peut être formée par les tiers devant les juridictions de l'ordre judiciaire.

CHAPITRE II. – DES SOCIÉTÉS EN COMMANDITE SIMPLE

Bibliographie : A. Viandier et a., *La société en commandite entre son passé et son avenir*, Litec, coll. « CREDA », 1983 ; *Financement, capital et pouvoir dans l'entreprise : une nouvelle chance pour la commandite* : *JCP* E 1994, II, 14371. ● *Adde* A. Bougnoux, *JCl. Sociétés traité*, Fasc. 62-10 et 62-50.

Art. L. 222-1 *(Anc. L. n° 66-537, 24 juill. 1966).* – **Les associés commandités ont le statut des associés en nom collectif.**

Les associés commanditaires répondent des dettes sociales seulement à concurrence du montant de leur apport. Celui-ci ne peut être un apport en industrie.

Voir : Statut de l'associé en nom collectif, C. com., art. L. 221-1, p. 171.

1) Conditions. Comme toutes les sociétés, la société en commandite simple exige notamment la mise en commun d'apports et la participation aux pertes : ▪ Cass., 8 janv. 1872 : *DP* 1872, 1, p. 194.

2) Commandités.

a) **Obligations aux dettes sociales.**

– **Principe.** Les commandités sont, de plein droit, solidairement responsables, en dehors de tout engagement ou garantie personnelle : ▪ Cass. civ., 8 avr. 1903 : *DP* 1903, 1, p. 208.

– **Cession de droits sociaux.** L'associé commandité est tenu au paiement de la dette sociale pour le montant de la position débitrice du compte courant de la société existant à la date de la publication de la cession de ses droits sociaux, sous réserve des remises postérieures ; le fait qu'à cette date la dette ne soit pas exigible est sans effet : ▪ Cass. com., 4 févr. 1997 : *JurisData* n° 1997-000443.

– **Prescription.** Étant soumis au statut des associés en nom collectif, lesquels ont tous la qualité de commerçant, les associés commandités peuvent se prévaloir de la prescription décennale de l'article L. 110-4 du Code de commerce, le délai de prescription ne commençant à courir qu'à compter de la vaine assignation de la société : ▪ CA Rennes, 21 oct. 2008, n° 07-04489 : *BJS* 2009, p. 461, note J.-F. Barbièri.

– **Transformation en SARL.** L'associé commandité étant obligé à compter du fait générateur de la dette, il en demeure tenu quand bien même la société en commandite aurait été par la suite transformée en SARL : ▪ CA Rennes, 21 oct. 2008, n° 07-04489 : *BJS* 2009, p. 461, note J.-F. Barbièri.

b) **Révocation du gérant commandité.** Constitue une cause légitime de révocation judiciaire le fait pour un gérant commandité de refuser d'exécuter des décisions de justice rendues contre la société, ce comportement étant contraire à l'intérêt social en ce qu'il a aggravé le passif de la société : ▪ Cass. com., 8 févr. 2005 : *JurisData* n° 2005-028525 ; *BJS* 2005, p. 781, note B. Saintourens ; *JCP* E 2005, 973 ; *Dr. sociétés* juill. 2005, n° 139, obs. J. Monnet.

3) Commanditaires. *a)* En entrant dans une société en commandite, le commanditaire fait **un acte de commerce,** il peut donc être assigné devant le tribunal de commerce : ▪ Cass., 25 oct. 1899 : *D.* 1899, 1, p. 560, décision rendue à propos d'une commandite par actions.

b) La masse des créanciers sociaux peut agir **directement** contre le commanditaire en versement de la commandite qu'il a promise : ▪ Cass. civ., 4 janv. 1887 : *DP* 1887, 1, p. 124.

Art. L. 222-2 *(Anc. L. n° 66-537, 24 juill. 1966).* – **Les dispositions relatives aux sociétés en nom collectif sont applicables aux sociétés en commandite simple, sous réserve des règles prévues au présent chapitre.**

Voir : C. com., art. R. 221-1 à R. 222-2, p. 620.

Art. L. 222-3 *(Anc. L. n° 66-537, 24 juill. 1966).* **– La société en commandite simple est désignée par une dénomination sociale à laquelle peut être incorporé le nom d'un ou plusieurs associés et qui doit être précédée ou suivie immédiatement des mots : « société en commandite simple ».**

Tout décès comme tout changement de nom entraîne la **modification de la raison sociale** : ▪ CA Paris, 21 mars 1921 : *DP* 1923, 2, p. 125. – Voir aussi jurisprudence citée sous C. com., art. L. 221-2, p. 174.

Art. L. 222-4 *(Anc. L. n° 66-537, 24 juill. 1966).* **– Les statuts de la société doivent contenir les indications suivantes :**

1° Le montant ou la valeur des apports de tous les associés ;

2° La part dans ce montant ou cette valeur de chaque associé commandité ou commanditaire ;

3° La part globale des associés commandités et la part de chaque associé commanditaire dans la répartition des bénéfices et dans le boni de liquidation.

Statuts incomplets. Dès lors que les statuts ne contiennent pas l'indication de la qualité de commanditaire ou de commandité des associés, ces derniers ne peuvent se prévaloir de la qualité de commanditaire à l'égard des tiers pour limiter leur responsabilité au montant de leurs apports. En conséquence, ils sont réputés associés commandités et tenus indéfiniment et solidairement des dettes sociales : ▪ CA Paris, 5 déc. 2001 : *JurisData* n° 2001-162774 ; *JCP* E 2002, p. 352 ; *BJS* 2002, p. 536, note L. Godon.

Art. L. 222-5 *(Anc. L. n° 66-537, 24 juill. 1966).* **– Les décisions sont prises dans les conditions fixées par les statuts. Toutefois, la réunion d'une assemblée de tous les associés est de droit, si elle est demandée soit par un commandité, soit par le quart en nombre et en capital des commanditaires.**

Art. L. 222-6 *(Anc. L. n° 66-537, 24 juill. 1966).* **– L'associé commanditaire ne peut faire aucun acte de gestion externe, même en vertu d'une procuration.**

En cas de contravention à la prohibition prévue par l'alinéa précédent, l'associé commanditaire est tenu solidairement avec les associés commandités, des dettes et engagements de la société qui résultent des actes prohibés. Suivant le nombre ou l'importance de ceux-ci, il peut être déclaré solidairement obligé pour tous les engagements de la société ou pour quelques-uns seulement.

Voir : C. com., art. R. 222-2, p. 622.

Bibliographie : M.-C. Desdevises, *L'immixtion dans la gestion d'une société : Éco. et compt.* déc. 1980, p. 3. • P. Pic, *La défense d'immixtion du commanditaire : DH* 1933, chron. p. 21.

1) Gestion externe.

a) Doit être qualifié d'acte de **gestion externe** le choix d'un matériel dans les ateliers d'un tiers : ▪ Cass., 7 août 1907 : *DP* 1907, 1, p. 463. – En revanche, n'a pas cette qualification le paiement fait à un tiers, au nom de la société : ▪ CA Paris, 13 mars 1895 : *Journ. soc.* 1895, p. 280 ou l'aval d'une traite de la société : ▪ T. com. Lyon, 1er mars 1926 : *Rev. sociétés* 1926, p. 240.

b) La prohibition des actes de **gestion externe** conduit à refuser au commanditaire la position de fondé de pouvoir du gérant : ▪ CA Bordeaux, 10 mai 1899 : *DP* 1900, 2, p. 158.

c) Ni les associés ni l'administrateur judiciaire d'une SCA n'ont qualité pour faire déclarer solidairement responsable des engagements sociaux l'associé commanditaire qui s'est immiscé dans la gestion, cette action étant réservée aux tiers : ▪ CA Grenoble, 6 janv. 2011, n° 09-1686 : *Dr. sociétés* 2011, n° 74, obs. M. Roussille. – C'est aux créanciers sociaux qu'il appartient de **démontrer** l'immixtion interdite : ▪ CA Douai, 27 janv. 1906 : *Journ. soc.* 1908, p. 63.

d) Au stade de la contribution, le commanditaire qui s'est immiscé et qui de ce fait a vu sa responsabilité engagée, n'est tenu qu'à **concurrence de sa mise** : ▪ CA Paris, 6 juill. 1865 : *DP* 1866, 5, p. 443.

2) Gestion interne.

a) Doit être qualifié d'acte de **gestion interne** la participation aux délibérations sociales (▪ Cass. civ., 28 mai 1921 : *DP* 1924, 1, p. 214), comme le fait de décider que le gérant ne fera plus aucune acquisition importante sans le consentement préalable du conseil de surveillance (▪ Cass. req., 9 juill. 1891 : *D.* 1894, 1, p. 173).

b) Si le conseil et le contrôle sont des actes de **gestion interne**, leur exercice par le commanditaire ne doit pas être abusif et provoquer, par exemple, la mésentente entre les associés : ▪ CA Dijon, 18 sept. 1941 : *DA* 1941, 333.

Art. L. 222-7 *(Anc. L. n° 66-537, 24 juill. 1966).* – **Les associés commanditaires ont le droit, deux fois par an, d'obtenir communication des livres et documents sociaux et de poser par écrit des questions sur la gestion sociale, auxquelles il doit être répondu également par écrit.**

Voir : C. com., art. R. 221-8 et R. 222-3, p. 621.

Art. L. 222-8 *(Anc. L. n° 66-537, 24 juill. 1966).* – **I. – Les parts sociales ne peuvent être cédées qu'avec le consentement de tous les associés.**

II. – Toutefois, les statuts peuvent stipuler :

1° Que les parts des associés commanditaires sont librement cessibles entre associés ;

2° Que les parts des associés commanditaires peuvent être cédées à des tiers étrangers à la société avec le consentement de tous les commandités et de la majorité en nombre et en capital des commanditaires ;

3° Qu'un associé commandité peut céder une partie de ses parts à un commanditaire ou à un tiers étranger à la société dans les conditions prévues au 2° ci-dessus.

Voir : Pouvoirs des époux, C. civ., art. 1424, p. 18, selon lequel, dans le régime de la communauté légale, les époux ne peuvent l'un sans l'autre aliéner des droits sociaux non négociables et percevoir les capitaux provenant d'une telle opération.

1) Cession des parts et conséquences. La cession de la totalité des parts sociales n'équivaut pas nécessairement à la cession du fonds de commerce exploité par la société : ▪ CA Angers, 3 juin 1953 : *JCP* 1953, II, 7870. – La cession des parts n'emporte pas transmission du solde créditeur du compte courant du cédant : ▪ Cass., 11 janv. 1932 : *Rev. sociétés* 1932, p. 204.

2) Prix de cession. Les statuts peuvent déterminer le prix de rachat des parts sociales, dès lors que la clause fixant ce prix n'est pas léonine, qu'elle n'affecte pas l'égalité entre les associés et qu'elle ne livre pas le cessionnaire à l'arbitraire d'une estimation par ses coassociés : ▪ CA Paris, 1er juin 1950 : *JCP* 1950, II, 5687.

3) Obligations du cédant.

a) Le cédant doit s'abstenir de toute **concurrence**, ▪ Cass., 12 janv. 1942 : *S.* 1943, 1, p. 7, décision rendue à propos d'une SARL. – Aussi bien l'associé qui a été l'âme de la société ne saurait, après la cession de ses parts, conduire une industrie concurrente de celle de la société : ▪ CA Nîmes, 1er juill. 1933 : *DP* 1934, 2, p. 49.

b) L'associé cédant **reste tenu des dettes sociales** antérieures à la cession : ▪ Cass. civ., 16 mars 1942 : *JCP* 1942, II, 1854. – Le commandité qui cède ses parts sociales reste tenu du solde du compte bancaire dont la société était débitrice au jour de la cession : ▪ Cass. com., 4 févr. 1997 : *BJS* 1997, p. 476, obs. P. Le Cannu.

4) Obligations du cessionnaire. Le cessionnaire est tenu de l'intégralité du passif social, quelle que soit la date de naissance des dettes le composant : ▪ Cass. req., 12 mars 1928 : *S.* 1928, 1, p. 226.

Art. L. 222-9 *(Anc. L. n° 66-537, 24 juill. 1966).* – **Les associés ne peuvent, si ce n'est à l'unanimité, changer la nationalité de la société.**

Toutes autres modifications des statuts peuvent être décidées avec le consentement de tous les commandités et de la majorité en nombre et en capital des commanditaires.

Les clauses édictant des conditions plus strictes de majorité sont réputées non écrites.

Voir : C. com., art. L. 210-3, p. 168.

Les associés n'ont pas qualité pour **disposer de l'actif social** : ▪ Cass. com., 25 mars 1991 : *BJS* 1991, p. 538.

Art. L. 222-10 *(Anc. L. n° 66-537, 24 juill. 1966).* – **La société continue malgré le décès d'un commanditaire.**

S'il est stipulé que malgré le décès de l'un des commandités, la société continue avec ses héritiers, ceux-ci deviennent commanditaires lorsqu'ils sont mineurs non émancipés. Si l'associé décédé était le seul commandité et si ses héritiers sont tous mineurs non émancipés, il doit être procédé à son remplacement par un nouvel associé commandité ou à la transformation de la société, dans le délai d'un an à compter du décès. À défaut, la société est dissoute de plein droit à l'expiration de ce délai.

Art. L. 222-11 *(Anc. L. n° 66-537, 24 juill. 1966).* – **En cas de redressement ou de liquidation judiciaires d'un des associés commandités, d'interdiction d'exercer une profession commerciale ou d'incapacité frappant l'un des associés commandités, la société est dissoute, à moins que, s'il existe un ou plusieurs autres associés**

commandités, la continuation de la société ne soit prévue par les statuts ou que les associés ne la décident à l'unanimité. Dans ce cas, les dispositions du deuxième alinéa de l'article L. 221-16 sont applicables.

Voir : sous C. com., art. L. 221-16, p. 182.

Art. L. 222-12 *(Mod., L. n° 2003-7, 3 janv. 2003).* **– Les dispositions de l'article L. 221-17 sont applicables aux sociétés en commandite simple.**

CHAPITRE III. – DES SOCIÉTÉS À RESPONSABILITÉ LIMITÉE

Bibliographie : J. Boukourechliev, *De natura SARL : Mél. A. Sayag*, Litec, 1997, p. 177. • E. Brocard, *De l'utilité de constituer une SARL ? : Rev. sociétés* 2004, p. 825. • L. Convert, *Un nouveau type de SARL en droit espagnol : JCP* E 2004, 1738. • H. Lecuyer, *Commentaire de l'ordonnance du 25 mars 2004 dans ses dispositions relatives aux SARL : LPA* 16 avr. 2004, p. 4. • A. Lienhard, *Les assouplissements du régime de la SARL : D.* 2004, p. 930. • Th. Massart, *Aspects sociétaires de l'ordonnance n° 2004-274 du 25 mars 2004 portant simplification du droit et des formalités pour les entreprises : BJS* 2004, p. 743. • J. Monnet, *SARL et ordonnance du 25 mars 2004 : une véritable réforme : Dr. sociétés* juill. 2004, p. 6. • D. Pohé, *La distinction des sociétés à risques limités et des sociétés à risques illimités à l'épreuve des réformes récentes de la SARL : LPA* 2007, n° 110, p. 3. • B. Saintourens, *L'attractivité renforcée de la SARL après l'ordonnance n° 2004-274 du 25 mars 2004 : Rev. sociétés* 2004, p. 207. • *Adde* M. Storck, *JCl. Sociétés traité*, Fasc. 71-10 *(Conditions)*, 72-10 et 73-10 *(Règles de constitution)*. • M. Petot-Fontaine, *JCl. Sociétés traité*, Fasc. 78-10 *(Gestion financière)*, 78-20 *(Modifications du capital social)*, *JCl. Sociétés traité*, Fasc. 79-10 *(Fusions et scissions)*. • M. Storck, *JCl. Sociétés traité*, Fasc. 73-20 *(Cession et nantissement de parts sociales)*. • A. Van der Elst, *JCl. Sociétés traité*, Fasc. 81-10 *(Infractions)*. • J.-J. Daigre et E. Schlumberger, *JCl. Sociétés traité*, Fasc. 82-10 *(EURL)*.

Art. L. 223-1 *(Anc. L. n° 66-537, 24 juill. 1966 ; mod., L. n° 2005-882, 2 août 2005 ; L. n° 2008-776, 4 août 2008).* **– La société à responsabilité limitée est instituée par une ou plusieurs personnes qui ne supportent les pertes qu'à concurrence de leurs apports.**

Lorsque la société ne comporte qu'une seule personne, celle-ci est dénommée « associé unique ». L'associé unique exerce les pouvoirs dévolus à l'assemblée des associés par les dispositions du présent chapitre. Un décret fixe un modèle de statuts types de société à responsabilité limitée dont l'associé unique, personne physique, assume personnellement la gérance et les conditions dans lesquelles ces statuts sont portés à la connaissance de l'intéressé. Ces statuts types s'appliquent à moins que l'intéressé ne produise des statuts différents lors de sa demande d'immatriculation de la société.

La société à responsabilité limitée dont l'associé unique, personne physique, assume personnellement la gérance est soumise à des formalités de publicité allégées déterminées par décret en Conseil d'État. Ce décret prévoit les conditions de dispense d'insertion au *Bulletin officiel des annonces civiles et commerciales*.

La société est désignée par une dénomination sociale, à laquelle peut être incorporé le nom d'un ou plusieurs associés, et qui doit être précédée ou suivie immédiatement des mots « société à responsabilité limitée » ou des initiales « SARL » et de l'énonciation du capital social.

Les sociétés d'assurance, de capitalisation et d'épargne ne peuvent adopter la forme de société à responsabilité limitée.

Voir : Statut de collaborateur du conjoint du gérant associé unique, C. com., art. L. 121-4, II, p. 207 et L. 223-18, p. 202. – **Dispense d'insertion au *BODACC* (EURL),** C. com., art. R. 123-155 et R. 123-159, p. 829. – **Dispense de rapport de gestion (EURL)**, C. com., art. L. 232-1, p. 482 et R. 232-1-1, p. 687. – **Statuts types d'EURL dont l'associé personne physique est gérant,** C. com., art. D. 223-2, p. 622. – **Injonction de faire,** C. com., art. L. 238-3, p. 563. – **Sociétés d'exercice libéral à responsabilité limitée,** L. n° 90-1258, 31 déc. 1990, p. 2847.

Bibliographie : O. Herrnberger et Y. Billon-Grand, *Lettre de mission du conseil pour constituer une SARL : JCP* E 2006, 2674. • L. Jobert, *Le principe de responsabilité limitée : BJS* 2007, p. 225.

I – RESPONSABILITÉ DES ASSOCIÉS

1) Portée de la limitation de responsabilité. V. sous C. com., art. L. 225-1, annot. n° 2, p. 234.

2) Caractère supplétif de la limitation de responsabilité. V. sous C. com., art. L. 225-1, annot. n° 2, p. 234.

3) Responsabilité des associés après la clôture de la liquidation. V. sous C. civ., art. 1844-8, annot. n° 4 c, p. 106.

II – EURL

Bibliographie : Th. Bonneau, *L'associé unique d'une entreprise unipersonnelle à responsabilité* *limitée peut-il être une association ? : Dr. sociétés* avr. 1995, p. 3. – Y. Chaput et *alii*, *L'EURL, Droit pratique et perspectives*, Litec, 2003. – J.-J. Daigre, *L'EURL : LPA* 21 févr. 1986, p. 21. – G. Flores et J. Mestre, *L'entreprise unipersonnelle à responsabilité limitée : Rev. sociétés* 1986, p. 15. – B. Maubru, *Abus de droit et fictivité des sociétés à l'épreuve de l'EURL : JCP* N 1986, I, 435. – J. Paillusseau, *L'EURL ou des intérêts pratiques et des conséquences théoriques de la société unipersonnelle : JCP* 1986, I, 3242. – P. Serlooten, *L'entreprise unipersonnelle à responsabilité limitée : D.* 1985, p. 187.

4) Caractérisation de l'unipersonnalité. *a)* Le **cautionnement des dettes** d'une EURL par le conjoint de l'associé unique, marié sous le régime de la communauté, n'a pas pour effet de faire perdre à la société sa qualification : ■ Cass. com., 8 juin 1993 : *BJS* 1993, p. 911, note M. Jeantin ; *RJDA* 1994, p. 38.

b) **Décès du coassocié.** Une société ne cessant pas d'être pluripersonnelle lorsque, au décès du coassocié gérant d'une SARL, ses héritiers renoncent à sa succession et qu'aucun cessionnaire de parts n'est agréé, sont irrégulières la convocation d'une assemblée générale par le coassocié non gérant, sans désignation d'un mandataire de justice pour y procéder ainsi que sa nomination en qualité de gérant : ■ Cass. com., 17 janv. 2006, n° 04-14.157 : *JurisData* n° 2006-031866 ; *BJS* 2006, p. 790 ; *Dr. sociétés* avr. 2006, n° 60, obs. J. Monnet.

5) EURL constituée par un apport de biens communs. V. sous C. civ., art. 1832-2, annot. n° 12, p. 18.

6) Reprise des actes accomplis au nom de la société en formation. L'associé unique n'étant tenu de supporter les pertes d'une EURL qu'à concurrence de ses apports, il ne saurait être tenu au remboursement d'un emprunt bancaire contracté par lui pour le compte de la société en formation et dûment ratifié par lui en qualité d'associé unique, sur sa propre proposition en tant que gérant : ■ T. com. Paris, 6 janv. 1998 : *JurisData* n° 1998-048029. – La reprise des engagements souscrits par les personnes ayant agi au nom d'une société en formation ne peut résulter, après immatriculation de celle-ci, que d'une **décision prise par les associés** ; dans le cas où la société ne comporte qu'un seul associé *[EURL]*, ce dernier est habile à prendre une telle décision aux lieu et place de l'assemblée des associés, celle-ci ne pouvant résulter que d'un **acte exprès répertorié dans le registre prévu à cet effet** : ■ Cass. com., 31 mai 2005 : *BJS* 2006, p. 1417, note H. Lécuyer ; *D.* 2005, p. 1700, obs. A. Lienhard ; *Dr. et patrimoine* sept. 2005, p. 111, obs. D. Poracchia ; *Dr. sociétés* août-sept. 2005, n° 161, obs. J. Monnet ; *JCP* E 2005, 1051. – Adde S. Castagné, *EURL en formation : reprise des engagements : JCP* E 2005, 1795.

7) Fictivité. Doit être considérée comme fictive la société unipersonnelle qui n'a eu pour but que de masquer l'activité de son ex-gérant : ■ CA Paris, 13 juill. 1993 : *BJS* 1993, p. 1250, note H. Le Nabasque.

8) Responsabilité civile du gérant à l'égard des tiers. N'est pas séparable des fonctions de dirigeant le défaut de souscription des assurances obligatoires de dommages et de responsabilité civile, alors même qu'il est constitutif d'un délit pénal *[CCH, art. L. 111-34 et C. assur., art. L. 243-3]* et qu'il caractérise une abstention fautive du gérant d'une EURL assujettie à l'obligation d'assurance : ■ Cass. 3e civ., 4 janv. 2006, n° 04-14.371 : *JurisData* n° 2006-031492 ; *BJS* 2006, p. 527, note S. Messaï-Bahri ; *D.* 2006, p. 231, obs. A. Lienhard ; *Dr. sociétés* 2006, n° 40, obs. J. Monnet ; *JCP* E 2006, 1216 ; *JCP* E 2006, 2035, n° 1, obs. J.-J. Caussain, Fl. Deboissy et G. Wicker ; *Rev. sociétés* 2006, p. 548, note D. Poracchia. – V. cependant retenant la responsabilité du gérant lorsque la résiliation du contrat d'assurance obligatoire s'accompagne de comportements frauduleux dans la mesure où il ne pouvait en ignorer le caractère dommageable pour le maître d'ouvrage : ■ Cass. 3e civ., 11 janv. 2012, n° 10-20.633 : *BJS* 2012, n° 255, p. 401, note B. Dondero.

9) Absence de qualité de professionnel indépendant du gérant associé unique – Non-application des procédures collectives. V. sous C. com., art. L. 631-2, annot. n° 1, p. 2043.

10) Révocation du gérant par l'associé unique. S'agissant d'une SARL devenue unipersonnelle, l'associé unique est habile à prendre la décision de révoquer le gérant non associé au lieu et place de l'assemblée des associés, la révocation étant régulière dès lors que l'associé unique s'est prononcé par une décision unilatérale après que le gérant ait été informé du projet de révocation le concernant et mis en mesure de présenter ses observations : ■ Cass. com., 9 mars 2010, n° 09-11.631, PB : *BJS* 2010, p. 530, note M.-H. Monsérié-Bon ; *Rev. sociétés* 2010, p. 452, note B. Saintourens.

11) Abus de biens sociaux. L'ensemble des dispositions de la loi de 1966 *[C. com.]* applicables aux gérants de SARL le sont aussi aux gérants d'EURL, y compris les dispositions pénales ; un gérant d'EURL peut donc être condamné pour abus de biens sociaux : ■ Cass. crim., 14 juin 1993 : *BJS* 1993, p. 1139, note B. Saintourens. ■ Cass. crim., 20 févr. 2002 : *Rev. sociétés* 2002, p. 546, note B. Bouloc.

12) Contrat de travail.

a) **Associé unique non gérant.** La qualité d'associé unique non gérant n'est pas exclusive de celle de salarié et il appartient à celui qui invoque le caractère fictif du contrat de travail d'en apporter la preuve : ▪ Cass. soc., 11 juill. 2012, n° 11-21.161 : *BJS* 2012, p. 774, note G. Dedessus-Le-Moustier ; *Dr. sociétés* 2012, n° 209, M. Roussille. – Néanmoins, le lien de subordination à l'égard de la société est impossible lorsque l'associé unique dispose du pouvoir de révoquer le gérant, ce qui exclut toute dépendance attachée à la qualité de salarié : ▪ Cass. soc., 16 janv. 2019, n° 17-12.479, PB : *BJS* 2019, p. 22, note J.-J. Ansault ; *Dr. sociétés* 2019, n° 85, obs. J. Heinich.

b) **Gérant.** V. sur la requalification du gérant en gérant salarié pour l'assujettissement au régime social des salariés agricoles : ▪ Cass. 2e civ., 7 mai 2014, n° 13-13.653 : *Rev. sociétés* 2014, p. 562, note M. Rakotovahiny.

13) Contentieux fiscal. Une requête présentée par une EURL sans mandat à la place de son associé unique à l'occasion d'un contentieux opposant ce dernier à l'administration fiscale est recevable dès lors que le contribuable s'est approprié les conclusions par un mémoire en réplique : ▪ CE, 9e et 19e ss-sect., 4 févr. 2005, nos 258518 et 258523 : *JurisData* n° 2005-080646 ; *Dr. fisc.* 2005, n° 40, comm. 662. – V. déjà, ▪ CE, plén., 9 avr. 1986 : *Dr. fisc.* 1986, n° 25, comm. 1213, concl. M.-A. Latournerie.

III – DÉNOMINATION SOCIALE

14) Règles générales. V. sous C. civ., art. 1835, annot. nos 28 et s., p. 33.

15) Règles particulières aux SARL. L'exigence que la dénomination sociale soit précédée ou suivie immédiatement de l'indication de la forme n'implique pas que cette indication constitue nécessairement un élément de la dénomination sociale : ▪ CA Paris, 28 mai 1999 : *BJS* 1999, p. 1233, note G. Loiseau. ▪ CA Paris, 30 sept. 1999 : *BJS* 2000, p. 339.

IV – SOCIÉTÉS D'ASSURANCE

16) Assurance. Une société de **défense en justice** est une société d'assurances au sens de l'article 490 de la loi du 24 juillet 1966 *[C. com., art. L. 223-1]* : ▪ Cass. 1re civ., 24 avr. 1979 : *D.* 1980, inf. rap. p. 517.

Art. L. 223-2 *(Anc. L. n° 66-537, 24 juill. 1966 ; mod., Ord. n° 2000-916, 19 sept. 2000 ; rempl., L. n° 2003-721, 1er août 2003).* **– Le montant du capital de la société est fixé par les statuts. Il est divisé en parts sociales égales.**

Bibliographie : L. Nurit-Pontier, *La détermination statutaire du capital social : enjeux et conséquences : D.* 2003, p. 1612. ● G. Serra, *Les fondements juridiques du capital social à l'épreuve de la loi Dutreil du 1er août 2003. Chronique d'une mort annoncée ? : BJS* 2004, p. 915.

1) Minimum légal. *[Jurisprudence antérieure à la loi du 1er août 2003]*

a) Lorsque les formalités substantielles d'augmentation de capital, afin d'atteindre le minimum légal, ont été accomplies avant le 31 décembre 1991, la **demande modificative** auprès des services du greffe du tribunal de commerce peut encore être sollicitée : ▪ CA Paris, 30 sept. 1993 : *BJS* 1993, p. 1255, note G. Lesguillier.

b) Le tribunal **ne peut imposer** l'augmentation du capital pour qu'il soit conforme au minimum légal et pour éviter la dissolution pour mésentente : ▪ CA Paris, 17 déc. 1991 : *BJS* 1992, p. 297, note P. Le Cannu.

2) SARL à capital variable. Il est possible d'insérer dans les statuts d'une SARL une clause de variabilité du capital : Rép. min. Souvet n° 12626 : *BJS* 1999, p. 921. – *Adde* J.-M. Bahans, *La libération du capital des SARL à capital variable : RJ com.* 1999, p. 310. ▪ CA Douai, 23 sept. 1999 : *BJS* 2000, p. 718, note G. B.

Voir : C. com., art. L. 231-1 et s., p. 481.

Art. L. 223-3 *(Anc. L. n° 66-537, 24 juill. 1966 ; rempl., Ord. n° 2004-274, 25 mars 2004).* **– Le nombre des associés d'une société à responsabilité limitée ne peut être supérieur à cent. Si la société vient à comprendre plus de cent associés, elle est dissoute au terme d'un délai d'un an à moins que, pendant ce délai, le nombre des associés soit devenu égal ou inférieur à cent ou que la société ait fait l'objet d'une transformation.**

Voir : C. com., art. R. 210-15, p. 619.

Indivision et nombre d'associés. Une indivision doit être comptée pour un seul associé : ▪ T. com. Rennes, 20 nov. 1970 : *BJS* 1971, p. 165. – *Contra*, pour une société anonyme : ▪ CA Bordeaux, 20 juill. 1931 : *DP* 1933, 2, p. 129, note P. Pic. – V. aussi C. civ., art. 1832, annot. n° 2, p. 4 et 1844, annot. n° 4, p. 73.

Art. L. 223-4 *(Anc. L. n° 66-537, 24 juill. 1966).* **– En cas de réunion en une seule main de toutes les parts d'une société à responsabilité limitée, les dispositions de l'article 1844-5 du Code civil relatives à la dissolution judiciaire ne sont pas applicables.**

Il résulte *a contrario* de l'article L. 223-4 que l'associé unique d'une EURL, issue d'une SARL par la réunion de toutes les parts en une seule main, peut prendre toute décision, même extraordinaire, en particulier celle de dissoudre la société selon le régime du troisième alinéa de l'article 1844-5 : ▪ CA Rouen, 22 juin 2000 : *BJS* 2001, p. 290, note J.-J. Daigre.

Art. L. 223-5 *(Abr., Ord n° 2014-863, 31 juill. 2014).*

Art. L. 223-6 *(Anc. L. n° 66-537, 24 juill. 1966).* **– Tous les associés doivent intervenir à l'acte constitutif de la société, en personne ou par mandataire justifiant d'un pouvoir spécial.**

Voir : C. com., art. R. 223-1, p. 622.

Art. L. 223-7 *(Anc. L. n° 66-537, 24 juill. 1966 ; mod., L. n° 2001-420, 15 mai 2001).* **– Les parts sociales doivent être souscrites en totalité par les associés. Elles doivent être intégralement libérées lorsqu'elles représentent des apports en nature. Les parts représentant des apports en numéraire doivent être libérées d'au moins un cinquième de leur montant. La libération du surplus intervient en une ou plusieurs fois sur décision du gérant, dans un délai qui ne peut excéder cinq ans à compter de l'immatriculation de la société au registre du commerce et des sociétés. Toutefois, le capital social doit être intégralement libéré avant toute souscription de nouvelles parts sociales à libérer en numéraire, à peine de nullité de l'opération.**

Le cas échéant, les statuts déterminent les modalités selon lesquelles peuvent être souscrites des parts sociales en industrie.

La répartition des parts sociales est mentionnée dans les statuts.

Les fonds provenant de la libération des parts sociales sont déposés dans les conditions et délais déterminés par décret en Conseil d'État.

Voir : C. com., art. R. 223-3, p. 624.

Bibliographie : J.-P. Dom, *Les dispositions relatives à la libération du capital des SARL et des sociétés à capital variable : BJS* 2001, p. 758. • P. Le Cannu, *Les apports à une SARL : Rev. sociétés* 2001, p. 633. • J. Revel, *Droit des sociétés et régime matrimonial : D.* 1993, chron. p. 33.

1) Libération intégrale des apports. *[Jurisprudence antérieure à la loi du 15 mai 2001 sur les nouvelles régulations économiques].* L'exigence de libération intégrale n'oblige pas à apporter uniquement des biens francs et quittes de toutes charges, il suffit que celles-ci soient nettement spécifiées dans l'acte d'apport : ▪ CA Riom, 22 nov. 1928 : *DP* 1930, 2, p. 121, note P. Pic. – L'apport en jouissance n'est pas incompatible avec l'exigence de libération intégrale des apports souscrits : ▪ CA Aix-en-Provence, 31 mai 1951 : *JCP* 1952, II, 6792, note Bastian. – Le fait pour un associé de prétendre n'être qu'un prête-nom est sans effet quant à la réalisation de l'apport en nature qu'il s'est engagé à effectuer, et à défaut d'apport en nature, le bien appartenant à un tiers, les parts sociales doivent être libérées en argent : ▪ CA Metz, 21 déc. 1995 : *JurisData* n° 1995-053912.

2) Répartition des parts et modification des statuts. La mention de la répartition des parts dans les statuts ne commande pas qu'il soit procédé à une modification du pacte social à la suite de chaque cession de parts ; il suffira d'attendre une mise à jour des statuts : Rép. min. : *JOAN Q*, 29 sept. 1973, p. 3909.

3) Prohibition des apports en industrie. *[Jurisprudence antérieure à la loi du 15 mai 2001].*

a) La **prohibition de l'apport en industrie** interdit de traiter comme tel le travail accompli par un associé dans le local où devait être exploité le fonds social : ▪ Cass. com., 23 oct. 1984 : *Bull. civ.* IV, n° 280.

b) L'activité de **serveur** de l'associé d'une SARL n'est pas constitutive d'un apport en industrie dès lors qu'il n'est en aucune manière démontré qu'il remplissait les conditions posées à l'alinéa 2 pour que les parts de la société puissent être représentatives de tels apports : ▪ CA Paris, 5 févr. 1994 : *BJS* 1994, p. 525, note R. Baillod.

4) SARL à capital variable. V. sous C. com., art. L. 223-2, annot. n° 2, p. 188.

Art. L. 223-8 *(Anc. L. n° 66-537, 24 juill. 1966 ; mod., Ord. n° 2004-274, 25 mars 2004).* **– Le retrait des fonds provenant de la libération des parts sociales ne peut être effectué par le mandataire de la société, avant l'immatriculation de celle-ci au registre du commerce et des sociétés.**

Si la société n'est pas constituée dans le délai de six mois à compter du premier dépôt de fonds, ou si elle n'est pas immatriculée au registre du commerce et des sociétés dans le même délai, les apporteurs peuvent individuellement demander en justice l'autorisation de retirer le montant de leurs apports. Dans les mêmes cas, un mandataire, dès lors qu'il représente tous les apporteurs, peut demander directement au dépositaire le retrait des fonds.

Si les apporteurs décident ultérieurement de constituer la société, il doit être procédé à nouveau au dépôt des fonds.

Voir : C. com., art. R. 223-4 et R. 223-5, p. 624.

Comp. **Sociétés anonymes,** C. com., art. L. 225-11, p. 238.

Indisponibilité des fonds. Les fonds déposés en application de l'article 39 de la loi de 1966 *[C. com., art. L. 223-8]*, étant indisponibles, ne peuvent pas faire l'objet d'une compensation : ▪ CA Paris, 30 nov. 1976 : *Gaz. Pal.* 1977, 1, p. 314.

Art. L. 223-9 *(Anc. L. n° 66-537, 24 juill. 1966 ; Ord. n° 2000-916, 19 sept. 2000 ; mod., L. n° 2010-658, 15 juin 2010 ; L. n° 2016-1691, 9 déc. 2016).* **– Les statuts doivent contenir l'évaluation de chaque apport en nature. Il y est procédé au vu d'un rapport annexé aux statuts et établi sous sa responsabilité par un commissaire aux apports désigné à l'unanimité des futurs associés ou à défaut par une décision de justice à la demande du futur associé le plus diligent.**

Toutefois, les futurs associés peuvent décider à l'unanimité que le recours à un commissaire aux apports ne sera pas obligatoire, lorsque la valeur d'aucun apport en nature n'excède un montant fixé par décret et si la valeur totale de l'ensemble des apports en nature non soumis à l'évaluation d'un commissaire aux apports n'excède pas la moitié du capital.

Lorsque la société est constituée par une seule personne, le commissaire aux apports est désigné par l'associé unique. Toutefois le recours à un commissaire aux apports n'est pas obligatoire si les conditions prévues à l'alinéa précédent sont réunies ou si l'associé unique, personne physique, exerçant son activité professionnelle en nom propre avant la constitution de la société, y compris sous le régime prévu aux articles L. 526-6 à L. 526-21, apporte des éléments qui figuraient dans le bilan de son dernier exercice.

Lorsqu'il n'y a pas eu de commissaire aux apports ou lorsque la valeur retenue est différente de celle proposée par le commissaire aux apports, les associés sont solidairement responsables pendant cinq ans, à l'égard des tiers, de la valeur attribuée aux apports en nature lors de la constitution de la société.

Voir : C. com., art. R. 223-6, p. 624 et D. 223-6-1, p. 624.

Augmentation de capital, C. com., art. L. 223-33, p. 226. – **Sanctions pénales,** C. com., art. L. 241-3, 1°, p. 570 et L. 241-9, p. 572.

Bibliographie : M. Petitjean, *Le rapport du commissaire aux apports : JCP* E 2004, 1737.

1) Cas de surévaluation. L'apport en nature est surévalué lorsque le passif grevant le bien apporté est supérieur à la valeur estimative de ce bien : ▪ CA Paris, 21 déc. 1933 : *D.* 1935, 2, p. 30, note P. Pic.

2) Principe de la vérification des apports.

a) La vérification des apports en nature s'impose en cas de création d'une SARL par **transformation** d'une société en nom collectif : ▪ Cass. civ., 17 juin 1936 : *DP* 1938, 1, p. 9, note P. Pic.

b) Le commissaire aux comptes doit évaluer les éléments tant corporels qu'incorporels objets de l'apport en nature : ▪ CA Bourges, 2 nov. 2006 : *JurisData* n° 2006-324886 ; *Dr. sociétés* 2007, n° 76, obs. J. Monnet.

c) L'absence de nomination d'un commissaire aux apports pour une augmentation de capital par apport en nature n'est pas sanctionnée par la nullité mais par la **responsabilité** des gérants et des apporteurs de la valeur attribuée à l'apport : ▪ CA Versailles, 25 oct. 1990 : *BJS* 1991, p. 76, note M. Jeantin.

3) Sanction pénale.

a) La notion de **valeur réelle** n'a pas été définie par le législateur : ▪ CA Paris, 3 mai 1975 : *Gaz. Pal.* 1976, 1, p. 8, note A.P.S. *[décision relative à une société anonyme].* – Les motivations de l'opération – par exemple l'intérêt économique en relation avec le rapprochement de deux entreprises – peuvent permettre une valorisation des apports, à condition que celle-ci soit faite en fonction de critères aussi précis et objectifs que possible : ▪ TGI Paris, 16 mai 1974 : *D.* 1975, p. 37 *[décision rendue à propos d'une société anonyme].*

b) La latitude laissée par le législateur pour la détermination de la valeur des apports en nature n'autorise pas les commissaires aux apports à **dissimuler** des éléments d'appréciation de nature à diminuer la valeur des biens apportés : ▪ Cass. crim., 12 avr. 1976 : *JCP* 1977, II, 18523, note Y. Guyon *[décision relative à une société anonyme].*

c) Pour des exemples de mise en cause de la **responsabilité** d'un commissaire aux apports : ▪ Cass. com., 26 mai 1983 : *JCP* 1983, IV, 244. ▪ CA Toulouse, 17 oct. 2001 : *JurisData* n° 2001-179981.

Art. L. 223-10 *(Anc. L. n° 66-537, 24 juill. 1966).* – **Les premiers gérants et les associés auxquels la nullité de la société est imputable sont solidairement responsables, envers les autres associés et les tiers, du dommage résultant de l'annulation. L'action se prescrit par le délai prévu au premier alinéa de l'article L. 235-13.**

Les dirigeants en fonction lors de la survenance de la cause de nullité sont **solidairement responsables** des conséquences dommageables de l'annulation : ▪ Cass. civ., 26 nov. 1930 : *DH* 1931, p. 98 *[décision relative aux administrateurs d'une SA]*.

Art. L. 223-11 *(Anc. L. n° 66-537, 24 juill. 1966 ; rempl., Ord. n° 2004-274, 25 mars 2004 ; mod., L. n° 2004-1343, 9 déc. 2004 ; Ord. n° 2009-80, 22 janv. 2009).* – **Une société à responsabilité limitée,** *(Mots rempl. à compter de la date prévue au II de l'article 20 de la loi n° 2019-486 du 22 mai 2019 et au plus tard le 1er septembre 2019, L. n° 2019-486, 22 mai 2019)* **« ayant désigné » un commissaire aux comptes et dont les comptes des trois derniers exercices de douze mois ont été régulièrement approuvés par les associés, peut émettre des obligations nominatives à condition qu'elle ne procède pas à une offre au public de ces obligations.**

L'émission d'obligations est décidée par l'assemblée générale des associés conformément aux dispositions applicables aux assemblées d'actionnaires. Ces titres sont soumis aux dispositions applicables aux obligations émises par les sociétés par actions, à l'exclusion de celles prévues par les articles L. 228-39 à L. 228-43 et L. 228-51.

Lors de chaque émission d'obligations par une société remplissant les conditions de l'alinéa 1er, la société doit mettre à la disposition des souscripteurs une notice relative aux conditions de l'émission et un document d'information selon les modalités fixées par décret en Conseil d'État.

À peine de nullité de la garantie, il est interdit à une société à responsabilité limitée de garantir une émission de valeurs mobilières, sauf si l'émission est faite par une société de développement régional ou s'il s'agit d'une émission d'obligations bénéficiant de la garantie subsidiaire de l'État.

Voir : Sanctions pénales, C. com., art. L. 241-2, p. 570 et L. 241-9, p. 572.

Art. L. 223-12 *(Anc. L. n° 66-537, 24 juill. 1966).* – **Les parts sociales ne peuvent être représentées par des titres négociables.**

Voir : Sanction, C. civ., art. 1841, p. 40.

Art. L. 223-13 *(Anc. L. n° 66-537, 24 juill. 1966 ; mod., L. n° 2004-1343, 9 déc. 2004 ; Ord. n° 2004-274, 25 mars 2004).* – **Les parts sociales sont librement transmissibles par voie de succession ou en cas de liquidation de communauté de biens entre époux et librement cessibles entre conjoints et entre ascendants et descendants.**

Toutefois, les statuts peuvent stipuler que le conjoint, un héritier, un ascendant ou un descendant ne peut devenir associé qu'après avoir été agréé dans les conditions prévues à l'article L. 223-14. À peine de nullité de la clause, les délais accordés à la société pour statuer sur l'agrément ne peuvent être plus longs que ceux prévus à l'article L. 223-14, et la majorité exigée ne peut être plus forte que celle prévue audit article. En cas de refus d'agrément, il est fait application des dispositions des troisième et quatrième alinéas de l'article L. 223-14. Si aucune des solutions prévues à ces alinéas n'intervient dans les délais impartis, l'agrément est réputé acquis.

Les statuts peuvent stipuler qu'en cas de décès de l'un des associés la société continuera avec son héritier ou seulement avec les associés survivants. Lorsque la société continue avec les seuls associés survivants, ou lorsque l'agrément a été refusé à l'héritier, celui-ci a droit à la valeur des droits sociaux de son auteur.

Il peut aussi être stipulé que la société continuera, soit avec le conjoint survivant, soit avec un ou plusieurs des héritiers, soit avec toute autre personne désignée par les statuts ou, si ceux-ci l'autorisent, par dispositions testamentaires.

Dans les cas prévus au présent article, la valeur des droits sociaux est déterminée au jour du décès conformément à l'article 1843-4 du Code civil.

Voir : SNC, C. com., art. L. 221-15, p. 181. – **Sociétés civiles,** C. civ., art. 1870, p. 141.

Bibliographie : J. Richard, *L'application d'une clause d'agrément des héritiers de l'associé décédé d'une SARL : Dr. sociétés* avr. 1990, p. 1. • A. Lecourt, *Le nouveau régime de la transmission des parts sociales de la SARL suite au décès d'un associé : Dr. sociétés* avr. 2005, p. 7. • B. Saintourens, *L'héritier de l'associé : Mél. Bouloc*, Dalloz, 2006, p. 1025. • *Adde* M. Storck, *JCl. Sociétés traité*, Fasc. 73-20 *(Parts sociales – Cession – Transmission – Nantissement)*.

1) Agrément. *a)* L'article 44 de la loi de 1966 *[C. com., art. L. 223-13]* n'autorise de limitations statutairesà la libre transmissibilité des parts sociales par voie successorale que pour **l'agrément** par la société **de l'héritier qui n'est pas déjà associé,** ▪ Cass. com., 28 oct. 1974 : *Bull. civ.* IV, n° 268 ; *Rev. sociétés* 1975, p. 251, note D. Randoux ; *JCP* 1975, II, 18204, note N. Bernard ; *D.* 1975, p. 209, note Y. Guyon.

b) En présence d'une clause statutaire stipulant qu'un héritier ne peut devenir associé qu'après avoir été **agréé,** on ne saurait prétendre que l'héritier est devenu associé de plein droit : ▪ Cass. com., 5 févr. 1991 : *D.* 1991, inf. rap. p. 69.

c) **L'agrément général** donné par avance par un gérant est sans effet : ▪ CA Paris, 4 nov. 1964 : *Gaz. Pal.* 1964, 1, p. 280, décision relative à une société civile. – Comp. ▪ CA Angers, 9 nov. 1949 : *D.* 1950, p. 146, note G. Ripert.

d) Le **refus d'agrément** exprimé par un associé n'est pas abusif lorsque la cession projetée rompt l'égalité originelle et le place en minorité et que ce refus n'a aucun caractère malicieux : ▪ CA Bordeaux, 4 janv. 1961 : *Rev. sociétés* 1961, p. 65, note J. Autesserre.

e) **Agrément réputé acquis.** Lorsqu'un agrément est réputé acquis faute de rachat, l'héritier ne devient associé qu'à l'expiration de la prorogation du délai accordé pour le rachat par la société des parts sociales : ▪ Cass. com., 3 mai 2018, n° 15-20.851, PB : *BJS* 2018, p. 425, note C.-A. Michel ; *Dr. sociétés* 2018, n° 122, obs. C. Coupet ; *Rev. sociétés* 2018, p. 659, note J. Heinich.

f) **Situation de la société pendant la procédure d'agrément.** Aucune disposition n'interdit au gérant de convoquer une assemblée générale lorsqu'une procédure d'agrément est pendante et il n'appartient pas à la société ou à son gérant de solliciter alors la désignation d'un mandataire pour le compte de la succession : ▪ Cass. com., 3 mai 2018, n° 15-20.851, PB : *BJS* 2018, p. 425, note C.-A. Michel ; *Dr. sociétés* 2018, n° 122, obs. C. Coupet ; *Rev. sociétés* 2018, p. 659, note J. Heinich.

2) Préemption. Le fait pour trois associés, qui s'étaient réservés sur les parts que leur coassocié envisageait de céder à son fils, un droit de préemption, de se répartir entre eux, pour les besoins d'une augmentation de capital, les droits de vote attachés à ces parts, n'implique pas nécessairement qu'ils aient entendu s'attribuer personnellement ces parts : ▪ Cass. com., 10 mai 1977 : *Rev. sociétés* 1978, p. 87, note J. H.

3) Exclusion. Sur la validité d'une clause d'exclusion en cas de modification du contrôle d'une société associée : ▪ CA Orléans, 26 sept. 1989 : *Rev. sociétés* 1990, p. 644, obs. Y. Guyon.

4) Qualité d'associé et divorce. Sur le partage de fait des parts sociales indivises entre ex-époux : ▪ CA Paris, 22 janv. 1993 : *BJS* 1993, p. 587, note P. Le Cannu.

Art. L. 223-14 *(Anc. L. n° 66-537, 24 juill. 1966 ; mod., L. n° 2003-721, 1er août 2003 ; Ord. n° 2004-274, 25 mars 2004).* – **Les parts sociales ne peuvent être cédées à des tiers étrangers à la société qu'avec le consentement de la majorité des associés représentant au moins la moitié des parts sociales, à moins que les statuts prévoient une majorité plus forte.**

Lorsque la société comporte plus d'un associé, le projet de cession est notifié à la société et à chacun des associés. Si la société n'a pas fait connaître sa décision dans le délai de trois mois à compter de la dernière des notifications prévues au présent alinéa, le consentement à la cession est réputé acquis.

Si la société a refusé de consentir à la cession, les associés sont tenus, dans le délai de trois mois à compter de ce refus, d'acquérir ou de faire acquérir les parts à un prix fixé dans les conditions prévues à l'article 1843-4 du Code civil, sauf si le cédant renonce à la cession de ses parts. Les frais d'expertise sont à la charge de la société. À la demande du gérant, ce délai peut être prolongé par décision de justice, sans que cette prolongation puisse excéder six mois.

La société peut également, avec le consentement de l'associé cédant, décider, dans le même délai, de réduire son capital du montant de la valeur nominale des parts de cet associé et de racheter ces parts au prix déterminé dans les conditions prévues ci-dessus. Un délai de paiement qui ne saurait excéder deux ans peut, sur justification, être accordé à la société par décision de justice. Les sommes dues portent intérêt au taux légal en matière commerciale.

Si, à l'expiration du délai imparti, aucune des solutions prévues aux troisième et quatrième alinéas ci-dessus n'est intervenue, l'associé peut réaliser la cession initialement prévue.

Sauf en cas de succession, de liquidation de communauté de biens entre époux, ou de donation au profit d'un conjoint, ascendant ou descendant, l'associé cédant ne peut se prévaloir des dispositions des troisième et cinquième alinéas ci-dessus s'il ne détient ses parts depuis au moins deux ans.

Toute clause contraire aux dispositions du présent article est réputée non écrite.

Voir : C. com., art. R. 223-11 et R. 223-12, p. 625.

Sociétés d'exercice libéral, L. n° 90-1258, 31 déc. 1990, art. 10, al. 1, p. 2853.

Pouvoirs des époux, C. civ., art. 1424, p. 18, selon lequel, dans le régime de la communauté légale, les époux ne peuvent l'un sans l'autre aliéner des droits sociaux non négociables et percevoir les capitaux provenant d'une telle opération.

• *Sommaire*

I – AGRÉMENT 193
A – Domaine 193
B – Procédure 193
C – Décision d'agrément 194
D – Rachat des parts du cédant en cas de refus d'agrément 194
E – Sanction du défaut d'agrément 195
II – RÉGIME GÉNÉRAL DE LA CESSION 195

I – AGRÉMENT

Bibliographie : Ph. Merle, *Refus d'agrément et droit de repentir dans les SARL : RJDA* 1993, p. 3.

A – Domaine

1) Cessions particulières. *a)* **Vente amiable ou judiciaire.** L'exigence de l'agrément vaut pour les ventes amiables comme pour les ventes judiciaires : ▪ CA Paris, 6 févr. 1940 : *DH* 1940, p. 93.

b) **Échanges.** V. ▪ Cass. com., 21 janv. 1970 : *JCP* 1970, II, 16541, note B. Oppetit.

c) **Donations.** V. ▪ CA Bordeaux, 4 janv. 1961 : *Rev. sociétés* 1961, p. 65.

2) Transmission universelle. *a)* Seules les cessions isolées sont assujetties à cette condition et il n'y a pas lieu de soumettre à agrément la transmission de parts sociales du fait d'une **scission** : ▪ Cass. com., 19 avr. 1972 : *Bull. civ.* IV, n° 115.

b) **Fusion.** V. sous C. com., art. L. 236-3, annot. n° 41, p. 536.

B – Procédure

3) Caractère spécial de l'agrément. L'agrément **général** donné par avance par un gérant est sans effet : ▪ CA Paris, 4 nov. 1964 : *Gaz. Pal.* 1965, 1, p. 280, décision relative à une société civile. – Comp. ▪ CA Angers, 9 nov. 1949 : *D.* 1950, p. 146, note G. Ripert.

4) Exigence d'une décision de l'assemblée. *a)* L'intervention de l'unique coassocié à l'acte de cession de parts **ne vaut pas agrément** : ▪ Cass. com., 9 mai 1990 : *JCP* E 1991, 22, n° 12, obs. A. Viandier et J.-J. Caussain.

b) Lors même qu'une première réunion régulièrement convoquée n'a pu se tenir, seule une nouvelle assemblée peut régulièrement statuer sur les projets de cessions : ▪ Cass. com., 26 janv. 1993, n° 91-13.862 : *Bull. civ.* IV, n° 32 ; *JCP* E 1993, II, 419, note H. Le Nabasque ; *JCP* E 1993, I, 250, n° 11, obs. A. Viandier et J.-J. Caussain.

5) Information des associés. Il incombe au **cédant d'informer** ses coassociés aux fins d'agrément ; à défaut, il ne saurait contraindre l'acquéreur éventuel à exécuter sa promesse d'achat : ▪ Cass. com., 24 avr. 1990 : *D.* 1990, inf. rap. p. 130.

6) Notification. *a)* La notification prévue à l'article 45 *[C. com., art. L. 223-14]* est une **formalité substantielle** et il importe peu que les associés aient pu connaître la cession : ▪ Cass. com., 9 mai 1990 : *BRDA* 31 juill. 1990, p. 18 ; *Rev. sociétés* 1991, p. 72, note Y. Chartier. – *Adde* ▪ CA Paris, 25 févr. 2000 : *JurisData* n° 2000-117729, qui affirme clairement que cette formalité est d'ordre public. – Les lettres recommandées adressées tant par le cédant que par le cessionnaire « à la gérante et autres associés » ne peuvent valoir notification à la société et à l'autre associé, d'autant plus qu'elles concernent non le projet de cession, mais la cession elle-même : ▪ CA Paris, 25 avr. 1997 : *JurisData* n° 1997-021135.

b) **Destinataire de la notification.** Faute pour le cédant de rapporter la preuve d'une notification à chacun des associés du projet de cession, la procédure d'agrément est irrégulière, le vice ne pouvant être purgé par la lettre du gérant informant le cédant du refus de la société de consentir à la cession projetée : ▪ Cass. com., 7 juill. 2004 : *Dr. sociétés* 2 oct. 2004, n° 173, obs. J. Monnet.

c) **Nullité de la cession en l'absence de notification.**

– **Nature de la nullité.** Seuls les associés et la société peuvent invoquer les dispositions de l'article 45 de la loi de 1966 *[C. com., art. L. 223-14]*, le cessionnaire, dès lors qu'il est un tiers étranger à la société, ne pouvant se prévaloir de l'absence de notification du projet de cession : ▪ Cass. com., 11 févr. 1992 : *BJS* 1992, p. 442, note P. Le Cannu. – *Contra*, retenant la nullité absolue de la cession non précédée de la notification requise, même si les associés représentant les 3/4 des parts *[règle antérieure à la modification opérée par l'ordonnance du 25 mars 2004]* ont donné leurs consentements dans un document annexé à l'acte : ▪ CA Paris, 26 févr. 1992 : *RJDA* 1992, p. 370 ; *BJS* 1992, p. 547, note P. Le Cannu. – *Contra*, retenant que la cession non notifiée est simplement **inopposable** et que l'assemblée tenue en la présence du cessionnaire n'a pas à être annulée : ▪ CA Paris, 22 janv. 1993 : *BJS* 1993, p. 587, note P. Le Cannu. ▪ CA Paris, 25 févr. 1997 : *BJS* 1997, p. 667. ▪ CA Paris, 25 avr. 1997, préc.

– **Caractère inopérant de la confirmation.** Dès lors que le projet de cession de parts n'a été notifié ni à la société ni à son gérant, l'un et l'autre peuvent poursuivre l'annulation de la cession sans que puisse leur être opposée la confirmation de l'acte résultant de la participation du cessionnaire aux assemblées générales : ▪ Cass. com., 21 janv. 2014, n° 12-29.221, PB : *BJS* 2014, p. 250, note B. Saintourens ; *Dr. sociétés* 2014, n° 64, obs. D. Gallois-Cochet ; *Rev. sociétés* 2014, p. 437, note A. Lecourt.

d) **Responsabilité du cédant.** Dès lors que le cédant ne justifie pas de l'accomplissement des formalités nécessaires d'agrément, l'action du cessionnaire qui n'a jamais été convoqué aux assemblées générales ne peut être dirigée contre la société ignorante de la cession, seule étant en cause l'inexécution par le cédant de ses obligations : ▪ CA Dijon, 25 juin 2002 : *JurisData* n° 2002-183389.

C – Décision d'agrément

7) Sanction des règles statutaires de majorité. V. sous C. com., art. L. 235-1, annot n° 2, b), p. 523.

8) Abus.

a) Le **refus d'agrément** exprimé par un associé **n'est pas abusif** lorsque la cession projetée rompt l'égalité originelle et le place en minorité et que ce refus n'a aucun caractère malicieux : ▪ CA Bordeaux, 4 janv. 1961 : *Rev. sociétés* 1961, p. 65, note J. Autesserre.

b) **Est abusif** l'agrément d'une cession de parts dès lors que cet agrément est assorti d'une clause de non-rétablissement ne présentant aucune utilité au regard de la situation de concurrence de la pharmacie cédée et n'ayant pour seul objet que d'empêcher l'acquisition d'une nouvelle officine : ▪ Cass. com., 13 juin 1995, n° 92-21.843 : *RJDA* 1995, n° 1481.

9) Agrément frauduleux. Dans un cas de liberté statutaire des cessions entre ascendants et descendants, il y a lieu de rechercher si la cession par un associé de ses parts sociales à sa mère, laquelle n'était animée d'aucun *affectio societatis*, et leur revente immédiate par celle-ci à sa fille, tiers par rapport à la société, n'avait pas pour seul objet de permettre de contourner la procédure d'agrément des tiers : ▪ Cass. com., 21 janv. 1997 : *JurisData* n° 1997-000406 ; *BJS* 1997, p. 465, note P. Le Cannu.

10) La promesse de cession de parts faisant référence à une disposition statutaire reproduisant les termes de l'article 45 de la loi de 1966 *[C. com., art. L. 223-14]*, doit être considérée comme conclue sous **condition suspensive**, à savoir l'agrément du cessionnaire ; le refus de l'agrément empêche la condition de se réaliser et le cédant ne saurait être valablement poursuivi en dommages-intérêts par le cessionnaire : ▪ CA Pau, 4 févr. 1981 : *JurisData* n° 1981-040185.

D – Rachat des parts du cédant en cas de refus d'agrément

11) Objet du rachat. L'achat consécutif à un refus d'agrément doit porter sur **la totalité** des parts dont la cession est projetée : ▪ Cass. com., 11 févr. 1980 : *Rev. sociétés* 1980, p. 477, note D. Schmidt. – Rappr. ▪ CA Lyon, 5 févr. 1936 : *Journ. soc.* 1938, p. 228.

12) Fixation du prix du rachat. L'absence de contestation de l'associé quant au prix de l'adjudication n'emporte pas renonciation de sa part à voir fixer la valeur des parts à dire d'experts : ▪ Cass. com., 28 sept. 2004 : *Rev. sociétés* 2005, p. 393, note Y. Chartier. – Cependant, en cas de refus d'agrément de l'adjudicataire, les associés et, à défaut, la société sont tenus de racheter les parts au prix de l'adjudication : ▪ CA Paris, 25 sept. 1992 : *JCP* E 1993, I, 250, n° 10, obs. A. Viandier et J.-J. Caussain. – En cas de cession consécutive à un refus d'agrément, l'expert de l'article 1843-4 du Code civil est désigné par voie de requête : ▪ Cass. com., 6 févr. 2019, n° 16-13.636 : *BJS* mai 2019, p. 24, note B. Brignon ; *Dr. sociétés* 2019, n° 80, obs. R. Mortier.

13) Situation du cédant en cas de refus d'agrément.

a) **Droit pour le cédant de renoncer à la cession.** À défaut d'agrément, l'associé cédant n'est pas tenu de maintenir son offre de cession : ▪ Cass. com., 27 oct. 1992 : *Dr. sociétés* 1992, n° 257, obs. H. Le Nabasque.

b) **Acceptation de l'offre de rachat.** En s'en remettant à l'estimation d'experts désignés conformément aux prévisions légales, le cédant et les associés ayant décidé de racheter les parts font de la décision des experts leur loi de sorte que, l'accord sur la chose et le prix étant réalisé, la vente est parfaite et les parties ne peuvent plus retirer leurs offres : ▪ Cass. com., 13 oct. 1992 : *JCP* E 1993, I, 218, n° 13, obs. A. Viandier et J.-J. Caussain. – Dès lors que la société, ayant refusé d'agréer le cessionnaire proposé, a notifié au cédant son intention de racheter les parts, a désigné un expert et sommé le vendeur de désigner le sien, ce à quoi celui-ci a procédé ; il en résulte de sa part une acceptation de l'offre de rachat qui a rendu la vente parfaite : ▪ Cass. com., 2 juill. 1996, n° 94-13.454 : *JurisData* n° 1996-003098. – Il n'y a pas acceptation de l'offre de rachat lorsque le cédant se réserve la faculté d'utiliser son droit de repentir pour le cas où le prix fixé par l'expert ne lui conviendrait pas : ▪ Cass. com., 4 juill. 2006, n° 03-16.698 : *BJS* 2007, p. 89, note H. Le Nabasque ; *D.* 2006, p. 2102, obs. A. Lienhard et pan. 272, obs. J.-Cl. Hallouin et E. Lamazerolles ; *Dr. sociétés* 2006, n° 164, obs. J. Monnet ; *Rev. sociétés* 2007, p. 80, note J.-F. Barbièri.

14) Délai de rachat.

a) **Appréciation du délai du rachat.** Lorsque le cédant n'a pas accepté de s'en remettre à l'évaluation de l'expert, et qu'ainsi faute d'acceptation de l'offre de rachat la vente n'est pas formée, le délai de rachat est expiré au terme des six mois correspondant au délai légal prorogé, quand bien même la mission de l'expert a été prorogée au-delà de ce délai, de sorte que le cédant peut procéder à la cession initialement projetée : ▪ Cass. com., 4 juill. 2006, préc., annot. n° 13, p. 194.

b) **Liberté du cédant à l'expiration du délai.** Passé le délai de rachat consécutif à un refus d'agrément, le cédant, qui retrouve sa liberté de cession, n'est pas fondé à exiger le rachat de ses parts en faisant fixer le prix par un expert : ▪ Cass. com., 25 nov. 1982 : *Rev. sociétés* 1983, p. 68, note J.-J. Daigre. – Lors même qu'un expert a été désigné à la demande des associés pour fixer la valeur des parts et que son rapport a été déposé, si les associés s'abstiennent de se manifester à l'expiration du délai qui leur était imparti pour réaliser l'acquisition, le cédant peut être autorisé à réaliser la cession à laquelle l'agrément avait été refusé : ▪ Cass. com., 2 nov. 2011, n° 10-15.887, PB : *Dr. sociétés* 2012, n° 8, obs. D. Gallois-Cochet ; *Rev. sociétés* 2012, p. 161, note A. Lecourt.

E – Sanction du défaut d'agrément

15) Nullité. Est nulle la cession de parts à un tiers sans que la procédure d'agrément ait été respectée : ▪ CA Versailles, 12 févr. 1987 : *JCP* E 1987, 16959, n° 18, obs. A. Viandier et J.-J. Caussain. – Il suffit à la cour d'appel, pour prononcer la nullité, de relever que la procédure d'agrément n'a pas été respectée et elle n'a pas à rechercher si l'associé demandeur n'avait pas implicitement ratifié les cessions : ▪ Cass. com., 21 mars 1995 : *BJS* 1995, p. 526, note P. Le Cannu.

16) Qualité pour agir. Seuls les associés dont le consentement est requis pour la cession et la société pouvant invoquer l'inobservation des dispositions de l'article L. 223-14, le cessionnaire ne peut se prévaloir de l'irrégularité de l'agrément pour se soustraire aux obligations qu'il a contactées : ▪ Cass. com., 20 mai 2014, n° 13-16.187 : *Dr. sociétés* 2014, n° 125, obs. D. Gallois-Cochet.

17) Prescription de l'action en nullité. V. sous C. com., art. L. 235-9, annot. n° 1, p. 526.

II – RÉGIME GÉNÉRAL DE LA CESSION

Bibliographie : N. Dorandeu, *Violation d'une clause de non-concurrence par le cédant de droits sociaux* : *D.* 2002, p. 1268. – H. Dubout, *Garanties de passif et responsabilité pénale des personnes morales* : *BJS* 1994, p. 253 ; *Les clauses de non-garantie dans les cessions de droits sociaux en droit français* : *BJS* 1995, p. 1039. – A. Galia-Beauchesne, *Les clauses de garantie de passif dans les cessions d'actions et de parts sociales* : *Rev. sociétés* 1980, p. 27. – Ch. Hannoun, *Les conventions portant transfert du contrôle et la transparence des sociétés* : *D.* 1994, chron. p. 67. – P. Mousseron, *L'obligation de renseignement dans les cessions de contrôle* : *JCP* E 1994, I, 362. – J. Paillusseau, *La cession de contrôle et la situation financière de la société cédée* : *JCP* G 1992, I, 3578. – D. Plantamp, *Le critère de la cession de contrôle (essai de synthèse jurisprudentielle)* : *RTD com.* 1999, p. 819. – S. Schiller, *Les clauses de non-concurrence dans les cessions de droits sociaux* : *JCP* N 2002, 1520.

18) Formation du contrat. V. aussi sous C. com., art. L. 228-23, annot. n° 11 s., p. 421.

a) **Conséquences de la rupture de pourparlers,** ▪ CA Rennes, 29 avr. 1992 : *BJS* 1993, p. 463, note J.-J. Daigre.

b) La **promesse unilatérale de vente** peut être retirée par le promettant tant qu'il n'y a pas eu manifestation de la volonté du bénéficiaire d'acquérir : ▪ CA Paris, 5 déc. 1991 : *JCP* E 1992, I, 145, n° 11, obs. A. Viandier et J.-J. Caussain ; *RJDA* 1992, n° 160.

c) La **promesse unilatérale d'achat** devient une convention synallagmatique obligeant d'une manière définitive et irrévocable les parties du fait de la levée de l'option par le vendeur : ▪ CA Paris, 17 juin 1987 : *JCP* E 1988, 16168, n° 15, obs. A. Viandier et J.-J. Caussain.

d) Pour le cas et les conséquences de **plusieurs promesses** unilatérales de vente et d'achat réciproques : ▪ CA Douai, 15 juin 1992 : *D.* 1993,

p. 257, note J. Moury. ▪ CA Versailles, 30 oct. 1992 : *BJS* 1993, p. 82, note A. Couret.

e) **Date de formation du contrat.** Entre les parties, la cession des parts sociales d'une SARL est parfaite dès l'accord des volontés : ▪ Cass. com., 10 mars 1992 : *JCP* 1992, II, 21962, note Y. Guyon. – L'offre faite par le cédant de parts sociales et acceptée par un coassocié vaut vente : ▪ Cass. com., 9 avr. 1991 : *JCP* E 1992, I, 3561, n° 12, obs. A. Viandier et J.-J. Caussain. – Mais le simple procès-verbal d'assemblée ne mentionnant pas l'accord des parties sur la chose et sur le prix ne vaut pas cession : ▪ Cass. com., 19 mai 1987 : *JCP* E 1987, 16959, n° 20, obs. A. Viandier et J.-J. Caussain.

f) Les **risques** de la chose vendue restent à la charge du vendeur tant que le transfert de propriété n'est pas réalisé et c'est à bon droit qu'une cour d'appel a condamné la venderesse de parts d'une société à responsabilité limitée, mise en liquidation des biens postérieurement à la vente, d'avoir à rembourser aux acquéreurs la partie du prix qu'ils avaient payée au comptant : ▪ Cass. com., 11 juin 1985 : *JCP* E 1986, 15846, n° 15, obs. A. Viandier et J.-J. Caussain.

19) Obligation de loyauté du gérant.

a) **Réticence dolosive du gérant.**

– **Gérant cédant.** Manque à son **obligation de contracter de bonne foi** le cédant, également gérant de la société dont les titres sont cédés, qui omet d'informer le cessionnaire des conséquences probables d'un accident du travail intervenu avant la cession litigieuse et pour lequel il a par la suite été condamné pénalement : ▪ Cass. 1re civ., 15 mars 2005 : *JurisData* n° 2005-027571 ; *BJS* 2005, p. 1126, note H. Lécuyer ; *JCP* E 2005, 684.

– **Gérant cessionnaire.** Dans le cas d'une cession de titres à une société constituée par le gérant et son épouse, le gérant manque à l'obligation de loyauté à laquelle il est tenu, en cette qualité, à l'égard des associés cédants en s'abstenant d'attirer leur attention sur l'existence, dans le patrimoine de la société cédée, de bénéfices distribuables d'un montant supérieur à celui du prix stipulé : ▪ Cass. com., 6 mai 2008, n° 07-13.198 : *Dr. sociétés* 2008, n° 156, obs. H. Hovasse ; *Rev. sociétés* 2009, p. 95, note L. Godon. – Manque à son obligation de loyauté, et peut donc être condamné pour réticence dolosive, le gérant cessionnaire qui n'indique pas au cédant l'accord de principe déjà donné par un sous-acquéreur pour un prix très supérieur à celui de sa propre acquisition : ▪ Cass. 1re civ., 25 mars 2010, n° 08-13.060 : *BJS* 2010, p. 707, note J.-J. Daigre. – Manque à son devoir de loyauté, et par là-même engage sa responsabilité civile, le dirigeant cessionnaire qui n'informe pas l'associé cédant des négociations en cours avec un tiers en vue de la revente des titres, peu important leur état d'avancement : ▪ Cass. com., 10 juill. 2018, n° 16-27.868 : *BJS* 2018, p. 634, note A. Reygrobellet ; *Dr. sociétés* 2018, n° 184, obs. R. Mortier.

b) **Communication de fausses informations.** La communication par le gérant de bilans erronés à l'occasion de la cession des parts d'une SARL, qui s'analyse en une information donnée à des tiers, ne constitue pas le délit de présentation aux associés de comptes infidèles, mais peut constituer le **délit d'usage de faux** *[C. pén., art. 441-1]* : ▪ Cass. crim., 30 juin 2004 : *Dr. sociétés* janv. 2005, n° 19, obs. R. Salomon.

20) Nature civile ou commerciale de la cession. V. aussi sous C. com., art. L. 228-23, annot. n° 1, p. 420.

a) La cession de parts sociales est un **acte civil** : ▪ CA Paris, 17 oct. 1960 : *D.* 1961, p. 199, note J. Hémard. ▪ Cass. com., 11 oct. 1971 : *Bull. civ.* IV, n° 231. – V. néanmoins, rejetant le moyen tiré de l'incompétence du tribunal de commerce au motif que la cour d'appel, juridiction du second degré relativement au tribunal de commerce et au tribunal de grande instance dont la compétence était revendiquée, a dans tous les cas la possibilité d'évoquer le fond, ce qu'elle avait fait : ▪ Cass. com., 20 janv. 2015, n° 13-24.195 : *Rev. sociétés* 2015, p. 507, note N. Borga.

b) **Cession de contrôle.** En revanche, le caractère commercial doit être reconnu à une cession s'insérant dans une opération affectant la société elle-même (▪ Cass. com., 8 juill. 1963 : *Bull. civ.* IV, n° 362) ou transmettant le contrôle de la société (▪ Cass. com., 28 nov. 1978 : *D.* 1980, p. 316, note J.-C. Bousquet). – Une cession de parts sociales constitue un acte commercial si elle a pour objet et pour effet d'assurer aux acquéreurs le **contrôle** de la société dont les titres sont cédés ; tel n'est pas le cas lorsque la cession doit porter sur 35 % des parts sociales : ▪ Cass. com., 24 nov. 1992 : *JCP* E 1993, I, 218, n° 14, obs. A. Viandier et J.-J. Caussain. – Ne constituent pas une cession de bloc de contrôle deux cessions consenties par actes séparés à des personnes n'ayant entre elles aucun lien de parenté ; les deux cessions sont donc des actes civils qui relèvent de la compétence des juridictions civiles : ▪ CA Versailles, 17 sept. 1998 : *BJS* 1998, p. 1266, note P. Etain. – L'acquisition d'actions par actes séparés s'inscrivant dans le cadre d'une opération juridique globale destinée à permettre aux cessionnaires de prendre le contrôle de la société présente un caractère commercial, ce qui justifie la compétence des juridictions commerciales : ▪ CA Paris, 22 sept. 1999 : *D.* 1999, p. 40, obs. A. Lienhard ; *JCP* E 2000, n° 1-2, n° 29, obs. J.-J. Caussain et A. Viandier.

c) Le prononcé d'une **mesure d'expertise *in futurum*** relative à la cession de la majorité des parts d'une EURL *[CPC, art. 145]* relève de la compétence du président du tribunal de grande instance puisqu'elle ne porte ni sur l'organisation ou la gestion de la société, ni sur des problèmes de majorité des parts sociales : ▪ Cass. com., 10 déc. 2003 : *BJS* 2004, p. 807, note L. Godon.

21) Cession de parts et cession de fonds de commerce. Voir aussi sous C. com., art. L. 228-23, annot. n° 8, p. 421.

a) La cession, fût-ce de l'intégralité des parts sociales, n'équivaut pas à la cession du fonds de commerce : ▪ Cass. com., 13 févr. 1979 : *JCP* E 1990, 15855, note H. Lazarski. ▪ Cass. com., 6 juin 1990 : *BRDA* 31 juill. 1990, p. 18. ▪ Cass. com., 4 déc. 1990 : *BJS* 1991, p. 194, note C. Roca. ▪ Cass. com., 9 févr. 1993 : *BJS* 1993, p. 470. ▪ Cass. com., 12 juill. 1993 : *BRDA* 30 sept. 1993, p. 7.

b) La vente de la quasi-totalité ou même de la totalité des parts sociales d'une société propriétaire d'un fonds de commerce n'entraîne pas de plein droit la dissolution de cette société, ni même la dévolution de son patrimoine à un tiers, dès l'instant où elle n'emporte pas cession de bail ; il n'en serait autrement que si la cession de parts dissimulait une cession de bail, ce que le caractère symbolique du prix de cession n'est pas suffisant à établir : ▪ CA Paris, 18 févr. 1992 : *BJS* 1992, p. 546.

22) Cession de parts et cession de bail. La cession de la totalité des parts sociales ne peut être assimilée ni à une cession de bail ni à une cession de fonds, de sorte que la cession n'entraîne pas le changement du titulaire du droit au bail ni du propriétaire du fonds, sauf à établir le caractère fictif de la société dont les titres sont cédés : ▪ Cass. com., 3 juin 2014, n° 13-21.345 : *Rev. sociétés* 2015, p. 179, note A. Reygrobellet.

23) Vices du consentement. V. aussi sous C. com., art. L. 228-23, annot. n° 29, p. 425.

a) **Incidence de la qualité de professionnel.** L'appréciation de l'existence de l'erreur comme du dol devant s'apprécier en considération de la personne et des capacités du cocontractant, la nullité de la cession réalisée au bénéfice d'un professionnel de l'acquisition d'entreprise suppose que soient établies des manœuvres et dissimulations telles qu'elles devaient échapper à l'examen attentif d'un spécialiste : ▪ CA Paris, 10 sept. 2004 : *BJS* 2005, p. 107. – Les manœuvres dolosives s'apprécient en fonction de la qualité de celui de qui elles émanent et de celui à qui elles s'adressent : ▪ CA Paris, 25 oct. 2001 : *BJS* 2002, p. 64, note A. Couret.

b) Dol.

– Constitue une réticence dolosive entraînant la nullité de la cession le fait pour le cédant de n'avoir pas communiqué les informations qu'il détenait concernant la récente augmentation massive des prix et l'effondrement prévisible de clients principaux, de sorte que le cessionnaire n'a pas été mis en mesure d'apprécier la valeur de la société cédée et ses perspectives de développement : ▪ Cass. com., 30 mars 2016, n° 14-11.684, PB : *BJS* 2016, p. 572, note Th. Massart ; *Dr. sociétés* 2016, n° 97, obs. R. Mortier ; *Rev. sociétés* 2016, p. 590, note B. Lecourt. – En revanche, un défaut d'information sur la situation de la trésorerie plaçant la société au bord de la cessation de paiement ne peut être invoqué sans qu'il soit établi que le cessionnaire n'a pas obtenu communication du document comptable lui permettant d'apprécier la dégradation de la trésorerie : ▪ Cass. com., 30 mars 2016, n° 14-23.866 : *Rev. sociétés* 2016, p. 663, note Th. Massart.

– La cession de parts peut être annulée pour vice du consentement, ainsi du dol du cédant omettant de signaler l'**importance du passif et présentant une situation comptable fausse :** ▪ Cass. com., 13 févr. 1979 : *JCP* 1979, IV, 137. ▪ Cass. com., 3 avr. 1979 : *Rev. sociétés* 1980, p. 723, note E. du Pontavice. ▪ CA Paris, 9 juill. 1987 : *JCP* E 1988, 16168, n° 14, obs. A. Viandier et J.-J. Caussain. ▪ CA Paris, 8 juin 1990 : *JCP* E 1991, 22, n° 10, obs. A. Viandier et J.-J. Caussain ; *Rev. sociétés* 1990, p. 409, obs. Y. Guyon. ▪ CA Paris, 12 juill. 1991 : *JCP* E 1992, I, 3561, n° 13 ; *BJS* 1991, p. 922, note A. Couret. ▪ CA Paris, 25 juin 1992 : *BJS* 1992, p. 1226, note F. Benac-Schmidt. ▪ Cass. com., 21 oct. 1997 : *BJS* 1998, p. 25, note P. Le Cannu. ▪ CA Paris, 19 mars 1999 : *BJS* 1999, p. 700, note C. Roca ; *D. affaires* 1999, p. 873. – Néanmoins, il reste alors à faire la preuve du caractère déterminant de la réticence dolosive : ▪ Cass. com., 20 janv. 2015, n° 13-24.195 : *Rev. sociétés* 2015, p. 507, note N. Borga.

– Le cessionnaire des parts sociales d'une SARL est fondé à demander la nullité de la cession pour dol, la réticence du cédant à présenter la situation réelle de la société ayant un caractère dolosif et l'intention de tromper étant manifeste. La situation de la société était en effet irrémédiablement compromise au moment de la cession, mais cet état patent de **cessation des paiements** avait été dissimulé par la vente d'un bien utilisé par la société dans le cadre d'un contrat de crédit-bail et par l'utilisation du prix de vente pour régler les factures de l'entreprise afin de présenter un solde positif, sans avertir le cessionnaire de la dette envers le crédit-bailleur : ▪ CA Poitiers, 6 mars 2001 : *Juris-Data* n° 2001-163326. – V. égal., pour un dol consistant en l'omission de porter à la connaissance des cessionnaires et des cautions l'état de cessation des paiements de la société : ▪ Cass. com., 25 févr. 2004 : *JurisData* n° 2004-022817.

– Le fait que le cessionnaire ait bénéficié de garanties contractuelles d'actifs et de passif n'emporte pas renonciation à invoquer les règles légales, spécialement l'article 1116 du Code civil, lui permettant de poursuivre la nullité de l'acte de cession en cas de dissimulation volontaire de passif : ■ Cass. com., 3 nov. 2004 : *BJS* 2005, p. 520.

– Dissimulation aux acquéreurs des parts d'une société d'informatique de la **cession à un tiers des logiciels avec leurs programmes-sources,** ce dont il résultait que la société ne disposait plus des logiciels et du droit de les utiliser : *BJS* 2000, p. 1081, note A. Couret.

– Il y a dol en cas de dissimulation aux acquéreurs des parts d'une SARL exploitant une pizzeria-restaurant des **nuisances affectant l'immeuble** d'exploitation : ■ Cass. com., 28 janv. 2003 : *BJS* 2003, p. 572.

– Le pacte signé entre les deux associés d'une SARL par lequel le majoritaire, société mère, s'engage à acheter à prix élevé une partie des parts à son coassocié directeur commercial salarié, ce dernier s'engageant à céder le reliquat des parts à leur valeur nominale inférieure en cas de démission, ne peut être annulée pour dol incident, l'existence d'une subordination ainsi que les **rapports conflictuels liés à un désaccord sur la politique commerciale** ne pouvant être qualifiés de manœuvres destinées à tromper l'associé minoritaire et à le contraindre à démissionner : ■ CA Paris, 8 déc. 2000 : *JurisData* n° 2000-141392.

– Les cessionnaires des parts sociales d'une SARL ne peuvent, pour justifier la résolution de la cession, invoquer les manœuvres dolosives du cédant qui aurait caché la **situation financière réelle de la société** dès lors qu'ils se sont engagés au vu d'un bilan déficitaire vieux de quatre mois sans avoir exigé de connaître la situation sociale au jour de l'acte. La remise prétendument tardive de documents comptables et administratifs, certes utiles pour prendre en main la gestion de la société, est sans intérêt pour connaître la situation financière : ■ CA Montpellier, 13 nov. 2001 : *JurisData* n° 2001-171447.

– Il y a dol en cas de dissimulation aux acquéreurs de la **perte d'un client important**, ce qui a eu un impact négatif significatif sur les résultats de la société : ■ CA Paris, 12 avr. 2005 : *Dr. sociétés* oct. 2005, n° 171, obs. H. Lécuyer.

– **Conditions de recevabilité.** La victime du dol ne peut demander réparation que de son **préjudice personnel**, de sorte qu'elle est irrecevable à demander la réparation du préjudice consistant en la perte d'exploitation de la société cédée : ■ Cass. com., 3 févr. 2015, n° 13-26.082 : *Rev. sociétés* 2015, p. 364, note T. Massart. – La stipulation d'une garantie de passif ne prive pas l'acquéreur de droits sociaux du droit de demander l'annulation de l'acte sur le fondement du dol : ■ Cass. com., 3 févr. 2015, n° 13-12.483, PB : *BJS* 2015, p. 498, note Ph. Dupichot ; *JCP* E 2015, 1134, note B. Dondero ; *Dr. sociétés* 2015, n° 84, obs. R. Mortier ; *Rev. sociétés* 2015, p. 571, note J.-J. Ansault.

c) **Erreur.**

– Ne saurait constituer une cause de nullité d'une convention de cession de parts sociales l'erreur, à la supposer établie, commise par le cédant sur la valeur des parts cédées car elle ne porte pas sur les **qualités substantielles** de l'objet du contrat : ■ CA Versailles, 30 sept. 1993 : *BJS* 1994, p. 95, note A. Couret. ■ Cass. com., 4 févr. 1997 : *JurisData* n° 1997-000578. ■ CA Poitiers, 9 mai 2001 : *JurisData* n° 2001-166291. – Ainsi, il n'y a pas erreur sur les qualités substantielles même si la société a été mise en liquidation judiciaire et la date de cessation des paiements fixée provisoirement à une date antérieure à la cession, car cet état n'est pas en soi révélateur d'une situation irrémédiablement compromise ; le fait, pour les acquéreurs d'avoir ignoré cet état s'analyse en une erreur sur la valeur qui ne peut entraîner la nullité de la convention, la cessation des paiements n'empêchant pas la poursuite de l'activité économique et la réalisation de l'objet social : ■ CA Paris, 2 mars 2001 : *JurisData* n° 2001-144055.

– En revanche, doit être annulée pour erreur sur les qualités substantielles des parts cédées la cession à l'occasion de laquelle les cédants se sont abstenus de fournir la garantie de passif à laquelle ils s'étaient engagés et n'ont produit au cessionnaire aucune pièce comptable effective et probante autre que des documents de pure circonstance, la cour d'appel retenant alors à bon droit que la cession n'avait eu pour objet, à l'insu du cessionnaire, que le transfert d'une **société déjà privée de l'essentiel de son actif et devenue dans l'impossibilité manifeste de poursuivre son objet social** : ■ Cass. com., 7 févr. 1995 : *BJS* 1995, p. 407, note A. Couret.

– Il en est de même quand il est établi que l'acquéreur n'aurait pas traité s'il avait connu l'**indisponibilité du matériel constituant l'essentiel de l'actif immobilisé** de la société dont les titres étaient cédés, sans lequel l'entreprise ne pouvait avoir aucune activité et à défaut duquel l'acquisition perdait toute substance : ■ Cass. com., 17 oct. 1995 : *BJS* 1996, p. 35, note M. Jeantin.

– Il y a eu de la part du cessionnaire erreur sur la substance même de la chose dès lors que la société dont les titres ont été cédés n'était **plus en mesure de développer une activité conforme à son objet social** et se trouvait depuis plus de deux mois en état de **cessation des paiements** : ■ CA Paris, 7 janv. 2000 : *BJS* 2000, p. 715, note A. Couret. ■ Cass. com., 21 nov. 2000 : *BJS* 2001, p. 166.

– Dès lors qu'il est établi que les cessionnaires n'ont pas été informés de l'existence d'un **arrêté de fermeture administrative** préalablement à l'acte de cession des parts sociales, cette absence de révélation affecte l'usage des parts cédées dans la mesure où l'interdiction d'exploiter l'établissement paralyse la société dont c'est l'unique objet : ▪ Cass. com., 4 déc. 2001 : *BJS* 2002, p. 62, note A. Couret.

– Porte sur les qualités essentielles des parts sociales et est **excusable** l'erreur des cessionnaires quant à l'activité de la société placée dans l'impossibilité de réaliser son objet social dans la mesure où ils n'ont pas été renseignés sur la situation réelle de la société et où ils ont été abusés par les cédants : ▪ Cass. com., 29 oct. 2003 : *BJS* 2004, p. 113, note Th. Massart ; *Dr. sociétés* mars 2004, n° 36, obs. F.-G. Trébulle.

24) Cause de la cession. La prise de contrôle de la société cédée peut constituer la cause de la cession, et la perte de valeur des parts antérieurement à la formation de l'acte définitif de cession n'emporte pas disparition de cette cause : ▪ Cass. com., 22 nov. 2011, n° 10-20.215 : *Rev. sociétés* 2012, p. 147, note Th. Massart.

25) Prix de cession. V. aussi sous C. com., art. L. 228-23, annot. n° 45, p. 429.

a) **Indétermination du prix.** La cession peut être annulée pour **indétermination du prix** lorsque les parties se sont uniquement mises d'accord sur un prix plancher et un prix plafond (▪ Cass. com., 29 mai 1972 : *D.* 1973, p. 255, note J. Guyénot), ou, plus généralement, lorsque le prix dépend de la volonté d'un des contractants (▪ Cass. com., 5 mai 1959 : *Bull. civ.* IV, n° 193. ▪ Cass. com., 13 janv. 1971 : *JCP* 1972, II, 17060, note N. Bernard). – La cession doit encore être annulée pour **indétermination du prix** quand l'acquéreur a la charge de reprendre la créance en compte courant du cédant dont le montant constitue un supplément pouvant varier au gré du cédant (▪ Cass. com., 1er mars 1982 : *BJS* 1982, p. 386) ou quand le prix est à déterminer en fonction de l'actif net alors que les comptes sociaux que l'assemblée des associés n'a pas approuvés ne sont pas fiables (▪ Cass. com., 19 mai 1992 : *Rev. sociétés* 1992, p. 798, obs. Y. Guyon).

b) **Détermination du prix.** En revanche, il **n'y a pas indétermination du prix** quand ce dernier est lié au bilan qui n'est pas encore établi au jour de la signature de l'acte de cession, alors que les parties ont précisément défini les éléments définitifs du prix dont la valeur exacte est simplement destinée à être fixée par le futur bilan : ▪ Cass. com., 18 juin 1996 : *JurisData* n° 1996-002714. – De même, **le prix n'est pas indéterminé** quand il est fixé grâce à l'établissement d'un bilan rectificatif par les cessionnaires, lequel doit être préparé en adoptant les méthodes de comptabilisation habituelles et ne concernant que la période de gestion de la société par les cédants eux-mêmes. Ainsi, le prix dépend d'une constatation purement comptable par un professionnel et non pas de la volonté de l'une des parties, le cessionnaire se réservant seulement le contrôle du bilan : ▪ Cass. com., 16 janv. 2001 : *JurisData* n° 2001-007851 ; *JCP* E 2001, p. 896, obs. A. Viandier et J.-J. Caussain ; *BJS* 2001, p. 391, note A. Couret.

c) **Expert.** Voir aussi sous C. civ., art. 1843-4, p. 60. – Le prix peut être confié à **« l'arbitrage »** d'un expert, lequel peut attribuer une valeur symbolique ou nulle aux droits sociaux, à raison de la situation financière de la société (▪ Cass. com., 3 janv. 1985 : *Rev. sociétés* 1985, p. 826), voire leur donner une valeur négative (▪ Cass. com., 6 janv. 1987 : *JCP* E 1987, 16342, n° 16, obs. A. Viandier et J.-J. Caussain). – Le cédant de parts sociales et les associés candidats à leur acquisition **sont liés** par le prix fixé par les experts désignés après un refus d'agrément d'un tiers acquéreur : ▪ Cass. com., 13 oct. 1992 : *JCP* E 1993, I, 218, n° 13, obs. A. Viandier et J.-J. Caussain. ▪ Cass. com., 2 juill. 1996 : *BJS* 1996, p. 1031, note A. C.

d) **Abus de droit dans la détermination du prix.** Constitue un abus de droit *[LPF, art. L. 64]* l'opération par laquelle l'associé unique cédant d'une EURL procède à une réduction considérable du capital social de façon à augmenter dans la même mesure le solde créditeur de son compte courant, cette opération ne visant pas à modifier le mode de financement de la société mais constituant un véritable montage juridique en vue de diminuer artificiellement le prix de cession et donc l'assiette des droits de mutation à titre onéreux : ▪ Cass. com., 12 févr. 2008, n° 06-22.176 : *Dr. fisc.* 2008, n° 21, comm. 44 ; *BJS* 2008, p. 507, note J.-Ph. Dom.

e) **Dol dans la détermination du prix.** Les cessionnaires de parts usant de manœuvres pour tromper les cédants et obtenir de ces derniers une **réduction de prix** commettent un dol incident justifiant leur condamnation à dommages-intérêts : ▪ Cass. com., 2 mai 1984 : *BJS* 1984, p. 995.

26) Nullité relative pour indétermination ou vileté du prix. La nullité de cession de parts pour indétermination ou vileté du prix ne tendant qu'à la protection des intérêts privés des cédants, cette nullité est relative et se prescrit par cinq ans : ▪ Cass. com., 25 mars 2016, n° 14-14.218, PB : *BJS* 2016, p. 377, note H. Barbier ; *Dr. sociétés* 2016, n° 120, obs. R. Mortier ; *RDC* 2016, p. 581, note G. Wicker et L. Sautonie-Laguionie.

27) Obligation de délivrance. V. sous C. com., art. L. 221-14, annot. n° 2, p. 179.

28) Garanties légales. V. aussi sous C. com., art. L. 228-23, annot. n° 65, p. 432.

a) **Garantie d'éviction.** Le cédant doit la garantie d'éviction : ▪ Cass. com., 12 déc. 1972 : *Bull. civ.* IV, n° 332 ; *Rev. sociétés* 1973, p. 306, note B. Oppetit. – Mais des cessionnaires de parts sociales ne sont pas fondés à se prévaloir de la garantie d'éviction dès lors que c'est en toute connaissance de cause, alors qu'ils avaient tout loisir de consulter les éléments comptables leur permettant d'en vérifier l'exactitude, qu'ils ont accepté le prix proposé deux ans plus tôt lors de l'établissement du projet de cession des parts litigieuses : ▪ Cass. com., 10 mai 1994 : *BJS* 1994, p. 800, note J.-F. Barbièri. – La mise en œuvre de la garantie d'éviction en matière de cession de parts sociales suppose des actes de nature à constituer des reprises ou des tentatives de reprise du bien vendu ou d'atteintes aux activités telles qu'elles empêchent l'acquéreur de poursuivre l'activité économique de la société et de réaliser l'objet social ; cette preuve n'est pas rapportée dans le cas de la résiliation, par le cédant, d'un contrat de sous-distribution ne représentant qu'un pourcentage réduit du chiffre d'affaires de l'une des deux sociétés dont les parts ont été cédées : ▪ Cass. com., 9 juill. 2002 : *BJS* 2002, p. 1311, note A. Couret.

b) **Garantie des vices cachés.** Les cessionnaires ne peuvent invoquer la garantie des vices cachés en présence d'un redressement fiscal postérieur à la cession, car la dette fiscale n'affecte pas l'usage des parts sociales mais seulement leur valeur : ▪ Cass. com., 23 janv. 1990 : *D.* 1991, p. 333, note G. Virassamy ; *JCP* E 1990, 15838, n° 10, obs. A. Viandier et J.-J. Caussain ; *BJS* 1990, p. 370. ▪ Cass. com., 4 juin 1996 : *Bull. civ.* IV, n° 154 ; *BJS* 1996, p. 926, note A. Couret. – Doit être rejetée l'action en annulation des parts d'une SARL exploitant un hôtel au motif que les défauts de conformité de l'hôtel aux normes de sécurité pouvaient être décelés sans difficulté particulière par un acquéreur moyennement diligent et ne constituaient donc pas des vices cachés : ▪ Cass. com., 7 avr. 1998 : *BJS* 1998, p. 956, note P. Scholer.

29) Garanties de passif. Voir aussi sous C. com., art. L. 228-23, annot. n° 68, p. 433. – Le cédant ne garantit pas le passif antérieur à la cession, sauf stipulation expresse : ▪ Cass. com., 16 juin 1970 : *Rev. sociétés* 1971, p. 45, note J. Hémard. – La clause de garantie aux termes de laquelle le cédant s'oblige à reverser à la société les sommes correspondant à l'appauvrissement net de celle-ci en cas d'apparition d'un passif nouveau constitue une **stipulation** pour autrui qui permet à la société d'agir contre le cédant : ▪ Cass. com., 7 oct. 1997 : *BJS* 1997, p. 1058, note P. Mousseron ; *JCP* E 1998, p. 509, n° 6, obs. A. Viandier et J.-J. Caussain. – En l'absence de stipulation pour autrui, la garantie souscrite entre les cédants et les cessionnaires, et qui a pour objet de protéger ces derniers, ne bénéficie qu'aux cessionnaires et non à la société cédée qui n'est pas partie à l'acte : ▪ CA Paris, 12 oct. 2001 : *BJS* 2002, p. 343, note S. Noémie. – Pour la détermination du bénéficiaire d'une clause complexe : ▪ CA Paris, 28 juin 2002 : *JurisData* n° 2002-185786. – Pour la prise en considération, en application des stipulations contractuelles, des conséquences fiscales du passif garanti s'agissant de déterminer le montant de l'obligation du cédant : ▪ Cass. com., 5 avr. 2005 : *JurisData* n° 2005-028101 ; *JCP* E 2005, 688.

30) Obligation de non-concurrence. Le cédant n'est pas, sauf clause contraire, tenu d'une obligation de non-concurrence : ▪ CA Paris, 7 févr. 1980 : *RTD com.* 1980, p. 555, n° 3, obs. C. Champaud. – *Contra* ▪ CA Nîmes, 1er juill. 1933 : *DP* 1934, 2, p. 49, note M. Fréjaville. – Mais le cédant ne saurait prospecter systématiquement la clientèle de la société dont les parts ont été cédées : ▪ Cass. com., 18 juin 1963 : *Bull. civ.* IV, n° 310. – Dès lors qu'aucune clause de non-concurrence n'a été stipulée lors de la cession de 25 % des parts d'une SARL exploitant un fonds de commerce, la liberté du commerce et de l'industrie autorise le cédant à se rétablir : ▪ CA Grenoble, 13 janv. 1999 : *BJS* 1999, p. 913.

31) Situation des cautions. *a)* Dès lors qu'il n'apparaît pas dans les actes de caution que les cédants aient limité leurs engagements au temps pendant lequel ils étaient associés de la société, le seul fait de la cession de leurs parts sociales **ne les libère pas** de leurs engagements de caution : ▪ CA Paris, 5 janv. 1995 : *BJS* 1995, note P. Le Cannu. – Il en est de même du gérant qui abandonne ses fonctions : ▪ CA Versailles, 11 déc. 1997 : *BJS* 1998, p. 218, note P. Delebecque.

b) Le notaire qui, connaissant la situation difficile des sociétés dont les parts étaient cédées, manque à son devoir de conseil en n'attirant pas l'attention du cédant sur **la persistance,** malgré la cession, de ses engagements de caution, et sur l'absence de garantie de paiement du prix des parts cédées : ▪ Cass. 1re civ., 17 déc. 1991 : *BJS* 1992, p. 156, note P. Le Cannu.

c) Une banque n'est contractuellement pas tenue de **renseigner les cautions** qui ont vendu leurs actions et ne disposent plus d'informations sur la vie sociale : ▪ Cass. com., 7 avr. 1992 : *BJS* 1992, p. 679, note P. Delebecque ; *Rev. sociétés* 1992, p. 722, note D. Legeais.

32) Un **indivisaire** de parts sociales peut être **autorisé en justice** à vendre les parts sociales dès lors que le refus de son coïndivisaire met en péril l'intérêt commun : ▪ CA Lyon, 23 mai 1990 : *BRDA* 15 nov. 1990, p. 11.

33) Nullité. V. aussi sous C. com., art. L. 228-23 annot. n° 59, p. 431.

a) **Prescription.** V. sous C. civ., art. 1844-14, annot. n° 4, p. 115.

b) **Restitutions consécutives à l'annulation.** L'annulation de la cession confère au cédant le droit d'obtenir la **restitution** des parts en nature, ce dernier supportant le risque de dépréciation de la chose ; par suite, le cessionnaire qui a obtenu la nullité de la cession n'est pas tenu à son égard de la perte de valeur de la chose restituée, sauf à ce que le créancier de la restitution démontre qu'il a commis une **faute** de nature à lui causer un préjudice : ▪ CA Chambéry, 3 juill. 2007 : *Dr. sociétés* 2007, n° 218, obs. J. Monnet ; *JCP* E 2007, 1022, note J. Monnet. – Dans l'hypothèse où la restitution consécutive à l'annulation d'une cession de droits sociaux a lieu en valeur, cette circonstance ne fait pas obstacle à la restitution au cédant des fruits produits par les parts sociales litigieuses, à condition qu'ils aient été perçus en connaissance du vice affectant l'acte annulé par celui qui est tenu à restitution : ▪ Cass. com., 2 févr. 2016, n° 24-19.278 : *Dr. sociétés* 2016, n° 139, obs. R. Mortier.

c) **Dommages et intérêts.** Dans le cas d'une annulation pour dol, la victime du dol peut prétendre à des dommages et intérêts si elle établit l'existence d'un préjudice distinct de celui réparé par l'annulation de la cession et la restitution de sa prestation : ▪ Cass. com., 12 juill. 2011, n° 10-19.297 : *Dr. sociétés* 2011, n° 187, obs. R. Mortier.

d) **Sous-cession.** Lorsque le sous-acquéreur est de bonne foi, la nullité de la cession initiale n'emporte pas nullité de la sous-cession, de sorte que pour les parties à la cession annulée la restitution doit s'opérer en valeur, la valeur des parts devant s'apprécier à la date de l'acte annulé : ▪ CA Versailles, 26 mai 2011, n° 10/02606 : *Dr. sociétés* 2011, n° 193, obs. D. Gallois-Cochet.

34) Vice sanctionné par l'inopposabilité.

a) **Défaut de pouvoir du mandant.** La cession consentie au-delà de ses pouvoirs par le mandant est inopposable au titulaire des parts sociales, l'action en inopposabilité n'étant pas soumise au délai de l'article 1304 du Code civil : ▪ Cass. com., 11 mars 2014, n° 12-22.877.

b) **Conséquence de l'inopposabilité.** L'inopposabilité a pour conséquence que doivent être déclarés nuls et non avenus tous les actes subséquents à la cession litigieuse, y compris l'augmentation de capital : ▪ Cass. com., 11 mars 2014, n° 12-22.877.

35) Litiges. V. sous C. com., art. L. 228-23, annot. n° 87 et s., p. 440.

Art. L. 223-15 *(Anc. L. n° 66-537, 24 juill. 1966).* – **Si la société a donné son consentement à un projet de nantissement de parts sociales dans les conditions prévues aux premier et deuxième alinéas de l'article L. 223-14, ce consentement emportera agrément du cessionnaire en cas de réalisation forcée des parts sociales nanties selon les dispositions du premier alinéa de l'article 2078 du Code civil, à moins que la société ne préfère, après la cession, racheter sans délai les parts, en vue de réduire son capital.**

Voir : C. com., art. R. 223-11 et R. 223-12, p. 625.
Rappr. **Sociétés civiles,** C. civ., art. 1866 et s., p. 138.

Bibliographie : J.-J. Burgard, *Le nantissement des parts de société à responsabilité limitée : Rev. sociétés* 1957, p. 24. • H. Chassery, *Le nantissement des parts sociales : RTD com.* 1977, p. 435. • *Adde* M. Storck, *JCl. Sociétés traité*, Fasc. 73-20.

Le **défaut de notification** du nantissement est sans effet sur la validité de celui-ci : ▪ Cass. com., 3 oct. 1978 : *Bull. civ.* IV, n° 211.

Art. L. 223-16 *(Anc. L. n° 66-537, 24 juill. 1966).* – **Les parts sont librement cessibles entre les associés.**

Si les statuts contiennent une clause limitant la cessibilité, les dispositions de l'article L. 223-14 sont applicables. Toutefois, les statuts peuvent, dans ce cas, réduire la majorité ou abréger les délais prévus audit article.

Voir : Sociétés anonymes, C. com., art. L. 228-23, p. 419.

1) Clause de retrait. La règle de la libre cessibilité des parts ne prohibe pas les clauses autorisant un associé à demander à ses coassociés le rachat de ses parts : ▪ CA Paris, 18 nov. 1969 : *D.* 1970, p. 170, note Y. Guyon.

2) Clause de préemption. La violation d'une clause de préemption figurant dans les statuts d'une SARL n'emporte pas par elle-même nullité de la cession de parts conclue entre deux associés : ▪ Cass. com., 11 mars 2014, n° 13-10.366, PB : *D.* 2014, p. 2156, note J. Moury ; *Dr. sociétés* 2014, n° 82, obs. D. Gallois-Cochet ; *JCP* 2014, 1224, note B. Dondero ; *Rev. sociétés* 2014, p. 384, note B. Saintourens.

Art. L. 223-17 *(Anc. L. n° 66-537, 24 juill. 1966).* **– La cession des parts sociales est soumise aux dispositions de l'article L. 221-14.**

Voir : C. com., art. R. 221-9 et R. 223-15, p. 622.

Bibliographie : C. Youego, *L'opposabilité de la cession des parts sociales à la SARL : Dr. sociétés* 2002, chron. 7.

Voir : sous C. com., art. L. 221-14, p. 179.

Art. L. 223-18 *(Anc. L. n° 66-537, 24 juill. 1966 ; mod., Ord. n° 2004-274, 25 mars 2004 ; L. n° 2005-882, 2 août 2005).* **– La société à responsabilité limitée est gérée par une ou plusieurs personnes physiques.**

Les gérants peuvent être choisis en dehors des associés. Ils sont nommés par les associés, dans les statuts ou par un acte postérieur, dans les conditions prévues à l'article L. 223-29. Dans les mêmes conditions, la mention du nom d'un gérant dans les statuts peut, en cas de cessation des fonctions de ce gérant pour quelque cause que ce soit, être supprimée par décision des associés.

En l'absence de dispositions statutaires, ils sont nommés pour la durée de la société.

Dans les rapports entre associés, les pouvoirs des gérants sont déterminés par les statuts, et dans le silence de ceux-ci, par l'article L. 221-4.

Dans les rapports avec les tiers, le gérant est investi des pouvoirs les plus étendus pour agir en toute circonstance au nom de la société, sous réserve des pouvoirs que la loi attribue expressément aux associés. La société est engagée même par les actes du gérant qui ne relèvent pas de l'objet social, à moins qu'elle ne prouve que le tiers savait que l'acte dépassait cet objet ou qu'il ne pouvait l'ignorer compte tenu des circonstances, étant exclu que la seule publication des statuts suffise à constituer cette preuve.

Les clauses statutaires limitant les pouvoirs des gérants qui résultent du présent article sont inopposables aux tiers.

En cas de pluralité de gérants, ceux-ci détiennent séparément les pouvoirs prévus au présent article. L'opposition formée par un gérant aux actes d'un autre gérant est sans effet à l'égard des tiers, à moins qu'il ne soit établi qu'ils en ont eu connaissance.

Le déplacement du siège social *(Mots rempl., L. n° 2015-990, 6 août 2015)* **« sur le territoire français » peut être décidé par le ou les gérants, sous réserve de ratification de cette décision par les associés dans les conditions prévues** *(Mots rempl., L. n° 2014-1545, 20 déc. 2014)* **« à l'article L. 223-29 ».**

Dans les mêmes conditions, le gérant peut mettre les statuts en harmonie avec les dispositions impératives de la loi et des règlements.

Lorsque des parts sociales ont fait l'objet d'un contrat de bail en application de l'article L. 239-1, le gérant peut inscrire dans les statuts la mention du bail et du nom du locataire à côté du nom de l'associé concerné, sous réserve de la ratification de cette décision par les associés dans les conditions prévues à l'article L. 223-29. Il peut, dans les mêmes conditions, supprimer cette mention en cas de non-renouvellement ou de résiliation du bail.

Voir : Statut fiscal du gérant, CGI, art. 62, p. 1718 et 80 *ter*, p. 1718. – **Statut social du gérant,** CSS, art. L. 311-3, 11°, p. 1929.

Bibliographie : B. Dondero, *Loi relative à la simplification de la vie des entreprises : JCP* E 2015, 1092. • A. Gaudemet, *Loi du 20 décembre 2014 : modeste simplification du droit des sociétés... en attendant la suite : BJS* 2015, p. 149. • D. Gallois-Cochet, *Loi de simplification des entreprises : dispositions relatives aux SARL et aux fusions : Dr. sociétés* 2015, n° 48. • B. Saintourens, *Simplification du droit des sociétés : dispositions législatives complémentaires pour 2014 : Rev. sociétés* 2015, p. 211.

I – STATUT ET POUVOIRS DU GÉRANT

Bibliographie : B. Alibert, *La pluralité des gérants dans les sociétés à responsabilité limitée : Rev. sociétés* 1975, p. 605. – J. Picard, *L'acte conclu par un dirigeant avec dépassement de ses pouvoirs : Dr. sociétés* juin 1998, p. 4. – *Adde* M. Storck, *JCl. Sociétés traité*, Fasc. 74-10 et 74-20.

1) Statut. *a)* **Absence de qualité de commerçant.** La double qualité de gérant et d'associé ne confère pas la qualité de commerçant : ▪ CA Paris, 12 mars 1931 : S. 1931, 2, 174. – Le gérant est toutefois justiciable des **juridictions commerciales,** dès lors que les faits allégués contre lui se rattachent par un lien direct à la gestion de la société : ▪ Cass. com., 27 nov. 1973 : *Bull. civ.* IV, n° 343.

b) **Absence de qualité de professionnel indépendant – Non-application des procédures collectives.** Voir sous C. com., art. L. 631-2, annot. n° 1, p. 2043.

c) **Surendettement.** Un gérant de SARL mise en liquidation judiciaire ne peut être exclu du régime de surendettement des particuliers que si une procédure de redressement ou de liquidation judiciaire est ouverte à son encontre ou si une mesure de faillite personnelle est prononcée contre lui : ■ Cass. 2e civ., 8 juill. 2004 : *BJS* 2005, p. 241, note B. Saintourens.

2) Nomination. *a)* Les statuts peuvent exiger, pour la nomination des gérants, une **majorité supérieure** à celle prévue par la loi : Rép. min. : *JOAN* Q, 19 juill. 1969, p. 1891. ■ CA Lyon, 8 déc. 1971 : *Gaz. Pal.* 1972, 1, p. 393.

b) La décision de nomination peut être annulée pour **abus de majorité** si elle a été prise contrairement à l'intérêt général de la société et dans l'unique dessein de favoriser l'un des associés majoritaires au mépris des droits d'un minoritaire : ■ Cass. com., 30 mai 1980 : *Rev. sociétés* 1981, p. 311, note D. Schmidt.

c) L'article 49 de la loi du 24 juillet 1966 *[C. com., art. L. 223-18]* s'applique aux entreprises unipersonnelles à responsabilité limitée *[EURL]* qui peuvent ainsi être dirigées par un ou plusieurs gérants n'ayant pas la qualité d'associé : Rép. min. : *JOAN* Q, 3 déc. 1990, p. 5548.

3) Action en qualité de mandataire social. Le gérant n'engageant en principe la société que par les actes qu'il accomplit en qualité de mandataire social, à défaut de mention de cette qualité, il appartient au tiers contractant de faire la preuve que le dirigeant a eu et manifesté la volonté d'agir au nom et pour le compte de la société : ■ Cass. 2e civ., 3 mars 2011, n° 10-10.321.

4) Pouvoirs. *a)* **Aménagements statutaires.** La limitation des pouvoirs du ou des gérants dans leurs rapports avec les associés ne peut valablement résulter que des statuts, lesquels ne peuvent être modifiés que dans les conditions de majorité prévues par la loi : ■ Cass. com., 28 nov. 2006, n° 03-10.684. – Une clause statutaire conférant à l'un des gérants le pouvoir « de prendre seul et en dernier ressort toutes les décisions utiles à la marche des affaires sociales, mais à la charge de consulter les autres gérants, sauf le cas d'urgence » peut être interprétée comme concernant seulement la gestion de l'entreprise exploitée par la société et non le fonctionnement des organes sociaux, ce qui autorise donc ces autres gérants à convoquer l'assemblée des associés : ■ Cass. com., 6 juin 1972 : *D.* 1973, p. 213, note J.-C. Bousquet. – Il n'est pas interdit aux associés de prévoir l'institution d'un conseil de surveillance, sous réserve que les membres de ce conseil ne s'arrogent pas des pouvoirs relevant de la compétence des organes légaux de la société : Rép. min. : *JOAN* Q, 4 déc. 1975, p. 9327.

b) **Portée des clauses limitatives de pouvoirs.** – **Inopposabilité aux tiers.** Les limitations de pouvoir statutaires du gérant sont inopposables aux tiers, peu important qu'ils en aient eu ou non connaissance : ■ Cass. com., 2 juin 1992 : *JCP* E 1992, I, 172, n° 3, obs. A. Viandier et J.-J. Caussain ; *BJS* 1992, p. 946, note P. Le Cannu. – ■ Cass. com., 9 janv. 2016, n° 16-26.697 : *Dr. sociétés* 2019, n° 43, obs. H. Hovasse.

– **Opposabilité par les tiers.** V. cependant pour l'efficacité d'une clause statutaire prévoyant elle-même qu'elle ne pouvait être invoquée par les tiers : ■ Cass. com., 13 nov. 2013, n° 12-25.675 : *BJS* 2014, p. 177, note P. Le Cannu ; *Dr. sociétés* 2014, n° 8, obs. M. Roussille. – Un tiers peut se prévaloir des statuts d'une personne morale pour justifier du défaut de pouvoir d'une personne à figurer dans un litige comme le représentant de celle-ci, ce qui est le cas de la gérante qui intente une action en justice sans avoir satisfait à l'exigence préalable d'une autorisation collective des associés : ■ Cass. com., 14 févr. 2018, n° 16-21.077 : *BJS* 2018, p. 269, note A. Couret. – *Adde* D. Gallois-Cochet, *L'invocabilité par les tiers des clauses limitant les pouvoirs des dirigeants sociaux : Mél. M. Germain*, LexisNexis-Lextenso 2015, p. 325.

c) **Dépassement de l'objet social.** Le cautionnement consenti par un gérant dépassant ses pouvoirs est inopposable à la société, si le tiers – une banque en l'espèce – avait connaissance que cet acte dépassait l'objet social : ■ CA Paris, 30 janv. 1987 : *JCP* E 1987, 16644, n° 17, obs. A. Viandier et J.-J. Caussain. – La promesse de vendre le fonds de commerce d'une société consentie par le seul gérant ne saurait être déclarée opposable à la société sans que soit recherché si la cession envisagée n'implique pas une modification des statuts du point de vue de la détermination de l'objet social entrant dans le champ d'application de l'article 60 de la loi de 1966 *[C. com., art. L. 223-30]* : ■ Cass. com., 18 oct. 1994 : *Rev. sociétés* 1995, p. 284, note F. Pasqualini et V. Pasqualini-Salerno ; *BJS* 1994, p. 1331, note B. Saintourens. – V. égal. ■ CA Bordeaux, 2 févr. 2010, n° 09-15339 : *Dr. sociétés* 2011, n° 50, obs. M. Roussille. ■ Cass. com., 31 janv. 2012, n° 10-15.489 : *BJS* 2012, p. 565, note A. Constantin ; *Dr. sociétés* 2012, § 62, obs. M. Roussille ; *Rev. sociétés* 2012, p. 230, note J.-F. Barbièri. – La cession par le gérant d'une société exploitant une boucherie du **droit au bail** de la boutique ne peut être remise en cause par les associés dès lors que cet acte de disposition n'excède pas l'**objet social** déterminé comme l'activité de boucherie et est **conforme à l'intérêt** de la société dont l'activité avait cessé deux mois après son immatriculation, et ce dans la mesure où le droit au bail a été vendu le double du prix auquel il avait été acquis, l'activité pouvant être transférée dans un autre lieu si elle venait à reprendre : ■ CA Paris,

21 déc. 2001 : *JurisData* n° 2001-174038 ; *Dr. sociétés* 2002, n° 160, obs. J. Monnet. – L'excès de pouvoirs du gérant est de nature à **engager sa responsabilité** : ▪ Cass. com., 10 mars 1976 : *JCP* 1977, II, 18566 *[décision rendue à propos d'un prêt consenti à un particulier, en dehors de l'objet social]*.

d) **Délégation de pouvoirs.** Les pouvoirs donnés au gérant lui sont essentiellement personnels et ne peuvent être transmis dans leur ensemble : ▪ T. civ. Seine, 9 juill. 1953 : *JCP* 1954, II, 8074, note J. R. – L'acte revêtu d'une signature différente de celle du gérant de la société est inopposable à cette dernière, sauf délégation de pouvoir au profit du signataire dont la preuve n'est pas rapportée en l'espèce, peu important qu'il s'agisse d'une opération courante d'une relative modicité : ▪ Cass. com., 26 nov. 1996 : *Bull. civ.* IV, n° 292 ; *JurisData* n° 1996-004511 ; *JCP* 1997, IV, 165 ; *BJS* 1997, p. 215, note P. Le Cannu. – Il n'est pas interdit au gérant de donner à un tiers une **délégation spéciale** en vue d'exercer au nom de la société une action en justice déterminée : ▪ Cass. 2e civ., 22 oct. 1997 : *BJS* 1998, p. 360, note P. Le Cannu ; *Rev. sociétés* 1998, p. 76, note Y. Chartier.

e) **Cogérants.** En cas de pluralité de gérants, chacun d'eux peut **valablement engager la société à l'égard des tiers** : ▪ CA Paris, 13 juill. 1989 : *JCP* E 1990, 15784, obs. A. Viandier et J.-J. Caussain. – Le contrat de travail dont se prévaut un salarié est valable dès lors qu'il a été signé par l'un des deux gérants, chacun d'eux détenant séparément les pouvoirs les plus étendus pour agir en toutes circonstances au nom de la société : ▪ Cass. soc., 27 mai 2008, n° 07-41772.

f) **Mandat apparent.** Le fait qu'un bon de commande ait été signé par le fils du gérant, simple préposé, ne suffit pas à établir l'existence d'un mandat apparent, la société contractante n'ayant pu légitimement considérer que ce dernier disposait du pouvoir d'engager la société pour ce type de commande : ▪ Cass. com., 3 juin 2008, n° 07-15.202. – V. égal., ▪ Cass. com., 13 janv. 2009, n° 07-17.962 : *Dr. sociétés* 2009, n° 202, obs. D. Gallois-Cochet. – V. dans le cas d'un directeur technique salarié : ▪ Cass. com., 6 nov. 2012, n° 11-23.424, PB : *JCP* E 2012, 1719 ; *Rev. sociétés* 2013, p. 350, note J.-J. Ansault.

g) **Acte contraire à l'intérêt social.** Jugé à propos d'un cautionnement dépourvu de contrepartie directe qu'il résulte de l'article L. 223-18, mis en œuvre à la lumière de l'article 10 de la directive 209/101/CE du 16 septembre 2009 ayant codifié la directive 68/151/CE du 9 mars 1968, que la contrariété à l'intérêt social ne constitue pas, par elle-même, une cause de nullité des engagements souscrits par le gérant d'une SARL à l'égard des tiers : ▪ Cass. com., 12 mai 2015, nos 13-28.504 et 14-11.028, PB : *BJS* 2015, p. 650, note R. Mortier ; *Dr. sociétés* 2015, n° 147, obs. M. Roussille ; *JCP* E 2016, 1036, n° 5, obs. Fl. Deboissy et G. Wicker ; *RDC* 2016, p. 479, note G. Wicker et L. Sautonie-Laguionie ; *Rev. sociétés* 2015, p. 515, note A. Viandier.

5) Rémunération.

a) **Incompétence du juge.** Lorsque les statuts prévoient la fixation de la rémunération de la gérance par une **décision des associés**, les juges ne sauraient substituer leur décision à celle des associés dès lors que celle-ci est régulière et n'est pas abusive : ▪ Cass. com., 11 janv. 1972 : *D.* 1972, p. 559, note C. Orengo. – Lors même qu'il qualifie d'abus d'égalité le refus de l'associé d'augmenter la rémunération du gérant, le juge ne peut se substituer aux organes sociaux légalement compétents : ▪ Cass. com., 31 mars 2009, n° 08-11.860 : *Dr. sociétés* 2009, n° 116, obs. D. Gallois-Cochet, cassant ▪ CA Rennes, 4 déc. 2007, n° 06-05.351 : *JurisData* n° 2007-001001 ; *Dr. sociétés* 2009, n° 29, obs. D. Gallois-Cochet. – Le gérant ne peut solliciter du juge la détermination de sa rémunération alors que, conformément aux statuts, il lui appartenait de solliciter une décision collective des associés sur cette question : ▪ Cass. com., 14 nov. 2006, n° 03-20.836 : *BJS* 2007, p. 369, note A. Lecourt ; *D.* 2006, p. 2914, obs. A. Lienhard ; *Dr. sociétés* 2007, n° 52, obs. J. Monnet.

b) **Décision relative à la rémunération du gérant.**

– **Modalités de la décision collective des associés.** Respecte l'exigence statutaire que la rémunération du gérant soit déterminée par décision collective ordinaire des associés la rémunération dont le montant est mentionné dans le rapport signé par les associés et annexé au procès-verbal de l'assemblée générale : ▪ Cass. com., 15 mars 2017, n° 14-17.873 : *BJS* 2017, p. 609, note V. Malassigné ; *Dr. sociétés* 2017, n° 102, obs. J. Heinich ; *RJDA* 7/17, n° 470 ; *Rev. sociétés* 2017, p. 491, note A. Lecourt. – V. encore pour l'exigence d'une décision collective : ▪ Cass. com., 12 déc. 2018, n° 16-25.849 : *Dr. sociétés* 2019, n° 45, obs. C. Coupet.

– **Prélèvements antérieurs à la décision des associés.** Lors même que le gérant et son conjoint sont les seuls associés de la société, les prélèvements effectués par le gérant au titre de sa rémunération doivent être autorisés par l'assemblée générale : ▪ Cass. com., 25 sept. 2012, n° 11-22.754, PB : *BJS* 2013, p. 22, note B. Dondero ; *Dr. sociétés* 2012, n° 207, obs. D. Gallois-Cochet ; *Rev. sociétés* 2013, p. 224, note A. Lecourt. – Le principe de la rémunération du gérant étant prévu par les statuts et aucune décision des associés n'en ayant encore fixé le montant, l'ancien gérant ne peut reprocher au nouveau d'avoir prélevé des rémunérations dès lors que celles-ci n'excèdent pas celles antérieurement perçues par le demandeur : ▪ CA Nancy, 11 juin 2014, n° 1409/14 : *Dr. sociétés* 2014, n° 167, obs. M. Roussille.

– **Participation du gérant au vote.** La détermination de la rémunération du gérant par l'assemblée des associés ne procédant pas d'une convention, le gérant peut, s'il est associé, prendre part au vote : ▪ Cass. com., 4 mai 2010, n° 09-13.205, PBRI : *BJS* 2010, p. 647, note B. Dondero ; *D.* 2010, p. 1206, obs. A. Lienhard ; *Dr. sociétés* 2010, n° 139, obs. M. Roussille ; *JCP* E 2010, 1993, n° 3, obs. Fl. Deboissy et G. Wicker ; *Rev. sociétés* 2010, p. 222, note A. Couret. – Même solution dans le cas du **gérant majoritaire**, le seul fait que la décision n'ait été votée que par lui ne suffisant pas à établir l'abus de majorité : ▪ Cass. com., 4 oct. 2011, n° 10-23.398, PB : *BJS* 2011, p. 968, note B. Dondero ; *Dr. sociétés* 2011, n° 216, obs. M. Roussille ; *Rev. sociétés* 2012, p. 38, note D. Schmidt.

– **Maintien de la rémunération en dépit de l'absence du gérant.** La rémunération, qu'elle soit fixée par les statuts ou par une décision collective des associés, est due tant qu'aucune décision la révoquant n'est intervenue, cela lors même que le gérant n'a pu accomplir sa mission pour cause de maladie : ▪ Cass. com., 21 juin 2017, n° 15-19.593 : *BJS* 2017, p. 541, note D. Gallois-Cochet ; *Dr. sociétés* 2017, n° 144, obs. C. Coupet ; *RJDA* 10/17, n° 628 ; *JCP* E 2017, 1435, note B. Dondero.

c) **Expertise de gestion.** La fixation de la rémunération du gérant décidée par l'assemblée des associés n'est pas un acte de gestion susceptible de l'expertise de l'article 64-2 de la loi du 24 juillet 1966 *[C. com., art. L. 223-37]*, contrairement à l'octroi au gérant de gratifications sans vote des associés : ▪ Cass. com., 30 mai 1989 : *JCP* 1990, II, 21405, note M. Marteau-Petit ; *Rev. sociétés* 1989, p. 641.

d) Le gérant conserve son **droit à rémunération** prévu par les statuts malgré la désignation d'un administrateur provisoire : ▪ Cass. com., 21 avr. 1992 : *BJS* 1992, p. 661, note P. Le Cannu ; *JCP* G 1992, 21975, note B. Petit. – Mais les règles relatives au **contrat de travail** sont inapplicables à la rémunération allouée au gérant à raison de son mandat social *(ibid.)*.

e) Si le gérant ne bénéficie pas du régime protecteur du droit du travail en matière de congés payés, les parties sont libres de prévoir contractuellement une indemnité de cette nature : ▪ CA Paris, 1er mars 2005 : *Dr. sociétés* 2005, n° 162, obs. J. Monnet.

f) **Non-application de la procédure des conventions réglementées.** V. sous C. com., art. L. 223-19, annot. n° 2 *e)*, p. 208.

g) **Abus du droit de vote.**

– **Abus de majorité.** V. sous C. civ., art. 1833, annot. n° 14 *c)*, p. 23.

– **Abus d'égalité.** V. sous C. civ., art. 1833, annot. n° 23 *a)*, p. 27.

6) Devoir de loyauté. Obligation de non-concurrence. B. Daille-Duclos, *Le devoir de loyauté du dirigeant : JCP* E 1998, p. 1486. – L. Godon, *L'obligation de non-concurrence des dirigeants sociaux : BJS* 1999, p. 5. – M. Lathelize-Bonnemaizon, *Bilan et perspective du devoir de loyauté en droit des sociétés : LPA* 23 juin 2000, n° 125, p. 7. – R. Marsin-Rose, *Regards sur l'obligation de non-concurrence en droit des sociétés : JCP* E 2012, 1713. – H. Le Nabasque, *Le développement du devoir de loyauté en droit des sociétés : RTD com.* 1999, p. 273. – M. Tirel, *La responsabilité civile du dirigeant pour ses actes de concurrence envers la société : BJS* 2017, p. 150.

a) **Clause statutaire de non-concurrence.** La clause contenue dans les statuts est **licite**, dès lors qu'elle est limitée dans le temps et dans l'espace : ▪ Cass. com., 20 févr. 1979 : *Gaz. Pal.* 1979, 1, somm. p. 213. – Le simple fait pour le gérant non associé de signer les statuts avec la mention « bon pour acceptation des fonctions de gérant » ne vaut pas acceptation de la clause de non-concurrence stipulée dans les statuts : ▪ Cass. com., 10 juill. 2012, n° 11-20.268 : *BJS* 2013, p. 31, note J.-F. Barbièri ; *Dr. sociétés* 2013, n° 19, obs. R. Mortier ; *Rev. sociétés* 2013, p. 213, note M. Roussille.

b) **Obligation implicite de non-concurrence.** L'obligation de loyauté et de fidélité pesant sur le gérant en raison de sa qualité lui interdit de négocier, en qualité de gérant d'une autre société, un marché dans le même domaine d'activité : ▪ Cass. com., 15 nov. 2011, n° 10-15.049, PB : *BJS* 2012, p. 112, note H. Le Nabasque ; *Dr. sociétés* 2011, n° 24, obs. M. Roussille ; *JCP* E 2011, 1893, note A. Couret et B. Dondero ; *Rev. sociétés* 2012, p. 292, note L. Godon. – Le fait pour le gérant d'accepter un emploi au sein d'une société concurrente ne suffit pas à caractériser de sa part une déloyauté dans l'exercice de son mandat social : ▪ Cass. com., 8 févr. 2017, n° 15-17.904 : *Gaz. Pal.* 2017, p. 76, note B. Dondero.

c) **Gérant révoqué.** Dès lors que le gérant, dès avant sa révocation, avait décidé de créer une société concurrente, qu'il avait à cet effet licencié le personnel, tentant ainsi un coup de force, mettant les associés devant le fait accompli pouvant les inciter à dissoudre la société et rendant impossible le fonctionnement de cette dernière, le juge peut en déduire que le gérant n'a pas respecté ses obligations envers la première société et s'est rendu responsable de **concurrence déloyale** : ▪ Cass. com., 21 oct. 1997 : *BJS* 1998, p. 27, note B. Saintourens.

d) **Gérant démissionnaire.** Commet un acte de **concurrence déloyale** l'ancien gérant qui dénonce un contrat rémunérateur pour la société avant de démissionner, afin d'en faire profiter une société concurrente dont il devient le nouveau gérant : ▪ Cass. com., 1er oct. 1985 : *Express doc.* 21 mars 1986, p. 20. – Le gérant démissionnaire qui crée, avant même son départ, une société nouvelle dont l'activité, la dénomination sociale et le sigle sont identiques à ceux de la société qu'il dirigeait précédemment, se rend coupable de concurrence déloyale en manquant à son devoir de loyauté envers la société : ▪ Cass. com., 7 juin 1994 : *BJS* 1994, p. 1233, note B. Saintourens. – Le dirigeant démissionnaire *[gérant d'une SARL, devenu directeur général après transformation de celle-ci en SA]* est tenu d'une obligation de loyauté à l'égard de l'entreprise : ▪ Cass. com., 24 févr. 1998 : *BJS* 1998, p. 813, note B. Petit ; *Rev. sociétés* 1998, p. 547, note M.-L. Coquelet. – Le gérant démissionnaire, qui a créé une société concurrente dont l'exploitation a commencé avant l'expiration du préavis statutaire, manque à son obligation de loyauté et de fidélité à l'égard de la société dont il était le gérant : ▪ Cass. com., 12 févr. 2002 : *BJS* 2002, p. 617, note B. Saintourens ; *Dr. sociétés* 2002, n° 146, obs. Th. Bonneau ; *Dr. et patrimoine* mai 2002, n° 94, obs. D. Poracchia ; *JCP* E 2002, p. 900, obs. A. Viandier et J.-J. Caussain.

e) **Devoir de loyauté à l'occasion d'une cession de parts.** V. sous C. com., art. L. 223-14, annot. n° 16, p. 192.

7) Obligation de non-concurrence à l'issue du mandat social. Le gérant, malgré la violation de son obligation de non-concurrence, peut prétendre au paiement de la contrepartie pécuniaire prévue par la clause pour la période pendant laquelle il a respecté son obligation : ▪ Cass. com., 20 févr. 2019, n° 17-21.470 : *BJS* 2019, p. 8, note G. Auzero.

II – CUMUL AVEC UN CONTRAT DE TRAVAIL

Bibliographie : M. Deslandes, *Réflexions sur le cumul d'un mandat social et d'un contrat de travail : D.* 1982, chron. p. 19. – F. Mansuy, *La notion d'emploi effectif et ses conséquences sur le maintien du contrat de travail des dirigeants sociaux : Rev. sociétés* 1987, p. 1. – A. Sayag, *Mandat social et contrat de travail : attraits, limites et fictions : Rev. sociétés* 1981, p. 1. – *Adde* M. Storck, *JCl. Sociétés traité*, Fasc. 74-10 et 74-20.

8) Principe et conditions du cumul.

a) La double qualité de gérant et de directeur salarié du fonds de commerce exploité par la société **n'est pas contraire** à la loi du 24 juillet 1966 *[au Code de commerce]* : ▪ CA Paris, 16 févr. 1978 : *Rev. sociétés* 1979, p. 65, note J. H.

b) Le défaut de signature et de présentation à l'agrément des associés par le gérant de son contrat de travail **ne peut entraîner la nullité** de ce contrat dès lors que le principe de celui-ci a été arrêté lors de l'assemblée générale et que les associés ont déjà fixé le montant de sa rémunération : ▪ CA Paris, 16 janv. 1992 : *BJS* 1992, p. 303.

c) Dès lors que les attributions salariales et celles dérivant de la position de gérant **se confondent,** ledit gérant ne peut plus revendiquer la qualité de salarié : ▪ Cass. soc., 18 nov. 1970 : *Bull. civ.* V, n° 634. ▪ Cass. soc., 26 nov. 1970 : *Bull. civ.* V, n° 666. ▪ CA Paris, 28 oct. 1980 : *JurisData* n° 1980-001315. – Ne pouvant ni produire un contrat de travail, ni prouver le paiement d'un éventuel travail salarié, le gérant qui dispose statutairement des pouvoirs les plus étendus pour agir au nom de la société **ne saurait se prévaloir** d'un contrat de travail : ▪ CA Paris, 18 mars 1993 : *BJS* 1993, p. 685, note P. Le Cannu.

d) Le cumul entre la fonction de gérant et celle de salarié implique que cette dernière corresponde à un **emploi effectif et à une rémunération distincte.** ▪ Cass. soc., 26 nov. 1970 : *Rev. sociétés* 1971, p. 397. ▪ Cass. soc., 21 juill. 1981 : *Rev. sociétés* 1982, p. 74 (1re esp.), note P. Le Cannu. ▪ CA Paris, 18 mars 1993, préc. – Preuve rapportée dans le cas d'une salariée devenue gérante non associée, percevant une rémunération distincte de son salaire, ayant continué son emploi de vendeuse et ayant été placée sous le contrôle et l'autorité des deux associés : ▪ Cass. soc., 14 mai 1998 : *JCP* E 1999, p. 284, note C. Puigelier.

e) **Suspension du contrat de travail.** Sauf novation ou convention contraire, le contrat de travail du salarié qui est nommé mandataire social et qui cesse d'exercer des fonctions techniques distinctes dans un état de subordination à l'égard de la société est suspendu pendant la durée de ce mandat social : ▪ Cass. soc., 31 mai 2006, n° 04-43.075 : *JurisData* n° 2006-033959. ▪ Cass. soc., 9 juin 1999, n° 97-42033 : *RJDA* 1999, n° 1080.

9) Associé égalitaire non gérant. La qualité d'associé égalitaire n'est pas exclusive de celle de salarié, et en présence d'un contrat de travail apparent, il appartient à celui qui invoque son caractère fictif d'en apporter la preuve : ▪ Cass. soc., 18 avr. 2008, n° 07-40.842 : *BJS* 2008, p. 873, note G. Auzero. – N'a pas la qualité de salarié l'associé égalitaire non gérant, mais qui partage en fait avec son frère, seul gérant de droit, la direction de la société et reçoit la même rémunération, car il ne se trouve pas, même dans l'exécution de ses tâches techniques, sous sa subordination : ▪ Cass. soc., 4 mars 1981, n° 79-16.504 : *Bull. civ.* V, n° 183 ; *Rev. sociétés* 1981, p. 761, note P. Le Cannu. – V. sur la nécessité de caractériser le lien de subordination : ▪ Cass. com., 17 avr. 1980, n° 77-15014 : *Bull. civ.* IV, n° 150 ; *Rev. sociétés* 1980, p. 750, note J.-J. Daigre. – CA ▪ Versailles, 28 mai 1997 : *BJS* 1997, p. 888, note R. Baillod. ▪ Cass. soc., 2 mars 2016, n° 14-23.602 : *Dr. sociétés* 2016, n° 81, obs. D. Gallois-Cochet.

10) Associé majoritaire.

a) **Associé non gérant.** L'associé majoritaire non gérant peut être salarié de la société : ▪ Cass. com., 4 déc. 1990 : *Rev. sociétés* 1991, p. 79.

b) **Associé gérant.** L'associé majoritaire qui accède aux fonctions de gérant unique de la société, cesse de se trouver, même dans l'exercice de ses fonctions techniques, dans un état de subordination caractérisant le contrat de travail : ▪ Cass. soc., 7 févr. 1979 : *Rev. sociétés* 1980, p. 473, note J. H. ▪ Cass. soc., 8 oct. 1980 : *D.* 1981, p. 257, note Y. Reinhard.

11) Associé gérant minoritaire.

a) **Principe.** La qualité de gérant minoritaire n'est pas exclusive de celle de salarié : ▪ Cass. soc., 2 févr. 1994 : *BJS* 1994, p. 383.

b) **Exclusion de la qualité de salarié.** L'associé minoritaire, gérant de droit, dont l'emploi représente la totalité de l'activité de la société, ne saurait prétendre être salarié : ▪ CA Paris, 18 déc. 1990 : *BJS* 1991, p. 326. – N'est pas salarié l'associé qui détient 90 des 200 parts, qui dispose de la procuration pour signer les chèques de la société, qui accepte les traites au nom de la société et qui ne démontre pas avoir été sous le contrôle du gérant en titre : ▪ Cass. soc., 3 févr. 1994 : *RJDA* 1994, p. 411. – V. excluant la qualité de salarié tant du gérant minoritaire en raison de l'absence de fonctions techniques distinctes de son mandat social que de son épouse, associée minoritaire, qui s'est immiscée dans la gestion de la société : ▪ Cass. soc., 22 oct. 2015, n° 14-13.886 : *BJS* 2016, p. 30, note T. Favario.

c) **Reconnaissance de la qualité de salarié.** Le cumul peut être admis lorsqu'il est établi que le salarié nommé gérant minoritaire ne percevait aucune rémunération au titre de son mandat social et qu'il a poursuivi l'exercice de ses fonctions techniques : ▪ CA Versailles, 9 nov. 2000 : *BJS* 2001, p. 170.– Le gérant minoritaire de SARL qui exerce au sein de cette société les fonctions salariées de directeur commercial, selon la volonté et sous la dépendance de la société mère, ne dispose ainsi que d'une autonomie limitée dans l'exercice d'un mandat social apparent et se trouve en réalité placé sous la subordination de la SARL, de sorte que son contrat de travail n'est pas fictif : ▪ Cass. soc., 10 févr. 2010, n° 09-40.383 : *BJS* 2010, p. 528, note G. Auzero.

12) Licenciement. Les motifs tenant au comportement comme associé ne sauraient justifier le licenciement du gérant salarié : ▪ Cass. soc., 2 juill. 1992 : *BJS* 1992, p. 1099, note P. Le Cannu.

13) Le **coïndivisaire** de parts sociales peut être gérant salarié : ▪ Cass. soc., 30 nov. 1993 : *BRDA* 2/1994, p. 3.

Code de commerce

Art. L. 121-4 *(Rempl., L. n° 2005-882, 2 août 2005 ; mod., L. n° 2008-776, 4 août 2008).* **–** I. – Le conjoint du chef d'une entreprise artisanale, commerciale ou libérale qui y exerce de manière régulière une activité professionnelle opte pour l'un des statuts suivants :

1° Conjoint collaborateur ;

2° Conjoint salarié ;

3° Conjoint associé.

II. – En ce qui concerne les sociétés, le statut de conjoint collaborateur n'est autorisé qu'au conjoint du gérant associé unique ou du gérant associé majoritaire d'une société à responsabilité limitée ou d'une société d'exercice libéral à responsabilité limitée *(Mots suppr. à compter du 1er janvier 2020, L. n° 2019-456, 22 mai 2019)* « répondant à des conditions de seuils fixées par décret en Conseil d'État ».

Le choix effectué par le conjoint du gérant associé majoritaire de bénéficier du statut de conjoint collaborateur est porté à la connaissance des associés lors de la première assemblée générale suivant la mention de ce statut auprès des organismes mentionnés au IV.

III. – Les droits et obligations professionnels et sociaux du conjoint résultent du statut pour lequel il a opté.

IV *(IV rempl., L. n° 2019-486, 22 mai 2019).* – Le chef d'entreprise est tenu de déclarer l'activité professionnelle régulière de son conjoint dans l'entreprise et le statut choisi par ce dernier auprès des organismes habilités à enregistrer l'immatriculation de l'entreprise. Seul le conjoint collaborateur fait l'objet d'une mention dans les registres de publicité légale à caractère professionnel.

À défaut de déclaration d'activité professionnelle, le conjoint ayant exercé une activité professionnelle de manière régulière dans l'entreprise est réputé l'avoir fait sous le statut de conjoint salarié.

À défaut de déclaration du statut choisi, le chef d'entreprise est réputé avoir déclaré que ce statut est celui de conjoint salarié.

V *(V rempl., L. n° 2019-486, 22 mai 2019).* – La définition du conjoint collaborateur, les modalités des déclarations prévues au présent article et les autres conditions d'application du présent article sont fixées par décret en Conseil d'État.

Voir : C. com., art. R. 123-55, p. 805.

Art. L. 223-19 *(Anc. L. n° 66-537, 24 juill. 1966).* – **Le gérant ou, s'il en existe un, le commissaire aux comptes, présente à l'assemblée ou joint aux documents communiqués aux associés en cas de consultation écrite, un rapport sur les conventions intervenues directement ou par personnes interposées entre la société et l'un de ses gérants ou associés. L'assemblée statue sur ce rapport. Le gérant ou l'associé intéressé ne peut prendre part au vote et ses parts ne sont pas prises en compte pour le calcul du quorum et de la majorité.**

Toutefois, s'il n'existe pas de commissaire aux comptes, les conventions conclues par un gérant non associé sont soumises à l'approbation préalable de l'assemblée.

Par dérogation aux dispositions du premier alinéa, lorsque la société ne comprend qu'un seul associé et que la convention est conclue avec celui-ci, il en est seulement fait mention au registre des décisions.

Les conventions non approuvées produisent néanmoins leurs effets, à charge pour le gérant, et, s'il y a lieu, pour l'associé contractant, de supporter individuellement ou solidairement, selon les cas, les conséquences du contrat préjudiciables à la société.

Les dispositions du présent article s'étendent aux conventions passées avec une société dont un associé indéfiniment responsable, gérant, administrateur, directeur général, membre du directoire ou membre du conseil de surveillance, est simultanément gérant ou associé de la société à responsabilité limitée.

Voir : C. com., art. R. 223-16, R. 223-17 et R. 223-26, p. 625.

Pour l'application de l'article L. 223-19 aux sociétés d'exercice libéral, L. n° 90-1258, 31 déc. 1990, art. 12, al. 3, p. 2853.

1) **Rapport spécial.** Le rapport visé au texte ne doit pas être une partie du rapport général, mais doit être un rapport spécial sur lequel l'assemblée doit émettre un vote particulier, de sorte que l'on ne saurait considérer comme valant approbation d'une convention conclue entre le gérant et la société l'approbation générale des comptes de ladite société : ▪ CA Paris, 3 juill. 1976 : *Rev. sociétés* 1977, p. 465, note D. Schmidt.

2) **Domaine du contrôle.**

a) **Contrôle *a posteriori*.** L'article L. 223-19, alinéa 1er, qui ne prévoit qu'un contrôle *a posteriori* des conventions passées par une SARL avec l'un de ses gérants ou associés, ne s'applique pas au vote au cours duquel l'assemblée a autorisé la convention antérieurement à sa réalisation : ▪ Cass. com., 7 juill. 2009, n° 08-16.790, PB : *BJS* 2010, p. 127, B. Dondero ; *JCP* E 2009, 2124, note D. Gallois-Cochet *Dr. sociétés* 2009, n° 182 ; *Rev. sociétés* 2009, p. 801, note B. Saintourens.

b) L'article 50 de la loi du 24 juillet 1966 *[C. com., art. L. 223-19]* ne s'applique pas aux conventions qui portent sur des **opérations courantes** conclues à des conditions normales (▪ CA Paris, 22 janv. 1993 : *RJDA* 1993, p. 550) – ni à une convention passée avec un directeur général qui a la qualité de salarié *(ibid.)*. – De même, l'attribution d'une prime exceptionnelle à un salarié, cogérant non associé et non rémunéré, constitue un **acte de gestion** et non une convention réglementée : ▪ CA Aix-en-Provence, 30 juin 2000 : *JurisData* n° 2000-143533 ; *BJS* 2001, p. 169.

c) Le fait que le **contrat de travail du gérant** n'ait pas été soumis à la procédure d'approbation prévue à l'article 50 *[C. com., art. L. 223-19]* peut éventuellement engager la responsabilité du dirigeant, mais n'empêche pas ce contrat de produire tous ses effets : ▪ CA Versailles, 14 mars 1991 : *BJS* 1991, p. 629. ▪ CA Paris, 16 janv. 1992 : *BJS* 1992, p. 303.

d) La convention de **garantie de clientèle** passée entre une indivision successorale et une SARL dont l'un des associés est également coïndivisaire est une convention réglementée, car l'indivision successorale étant dépourvue de personnalité morale, n'a d'existence qu'en fonction des personnes physiques qui la composent : ▪ CA Versailles, 9 oct. 1997 : *JurisData* n° 1997-210023 ; *BJS* 1998, p. 43, note C. Priéto.

e) **Rémunération du gérant.** La décision d'assemblée générale fixant la rémunération du gérant, qui ne constitue pas une convention intervenue directement entre la société et le gérant, n'est pas soumise aux dispositions de l'article L. 223-19 interdisant à l'intéressé de prendre part au vote : ▪ CA Paris, 6 déc. 2007 : *JurisData* n° 2007-357792 ; *Dr. sociétés* 2008, n° 103, obs. J. Monnet. – V. égal., sous C. com., art. L. 223-18, annot. n° 5 *b)*, p. 204.

3) **Procédure de contrôle.**

a) La **communication préalable du rapport spécial** de la gérance sur les conventions intervenues directement ou par personne interposée entre la société et l'un de ses gérants ou associés n'est pas imposée expressément par la loi ou le décret et ne peut justifier l'annulation de l'assemblée générale durant laquelle l'associé demandeur aurait pu exiger sa lecture : ▪ CA Versailles, 12 mars 1991 : *BJS* 1991, p. 525, note P. Le Cannu.

b) Les associés intéressés aux conventions passées avec la société auxquelles s'appliquent les dispositions de l'article 50 *[C. com., art. L. 223-19]* **ne doivent pas prendre part au vote** des autorisations ou approbations visées aux deux premiers alinéas de ce texte, la méconnaissance de cette interdiction étant sanctionnée au moyen de l'ac-

tion en responsabilité instituée par le quatrième alinéa : ▪ Cass. com., 13 févr. 1996 : *JurisData* n° 1996-000666 ; *BJS* 1996, p. 523, note B. Saintourens.

4) Sanctions.

a) La convention non approuvée par l'assemblée générale passée entre une SARL et l'un de ses deux associés égalitaires, en même temps salarié, et en vertu de laquelle l'associé perçoit, outre sa rémunération, une commission hors de tous les usages, sans contrepartie positive pour la société, a pour effet d'appauvrir cette dernière à l'unique profit du bénéficiaire, qui doit **prendre à sa charge les conséquences préjudiciables** de cette convention, correspondant aux commissions trop perçues : ▪ Cass. com., 10 déc. 1996 : *BJS* 1997, p. 311, note J.-J. Daigre. – Prise en charge par le gérant des conséquences préjudiciables de la conclusion d'un bail commercial non autorisé : ▪ CA Agen, 3 avr. 2007 : *Dr. sociétés* 2007, n° 198, obs. J. Monnet.

b) Dès lors qu'une convention n'est pas dissimulée, le point de départ de la **prescription** triennale relative à l'action en réparation des conséquences préjudiciables de la convention correspond au jour de la signature de celle-ci et non à celui du refus de ratification par les associés : ▪ Cass. com., 21 janv. 1997 : *JCP* E 1997, II, 965, note J.-J. Daigre ; *BJS* 1997, p. 312, note P. Le Cannu ; *JCP* G 1997, 22960, note F.-X. Lucas.

c) **Qualité pour agir du gérant.** L'action en nullité des conventions litigieuses pour abus de majorité intentée par le gérant de la SARL est parfaitement recevable, celui-ci ayant vocation à agir au nom de la société en réparation de l'atteinte portée à l'intérêt social par les agissements de son ancien gérant et de la société mère : ▪ Cass. com., 21 janv. 1997, préc.

Art. L. 223-20 *(Anc. L. n° 66-537, 24 juill. 1966)*. **– Les dispositions de l'article L. 223-19 ne sont pas applicables aux conventions portant sur des opérations courantes et conclues à des conditions normales.**

Voir : Sociétés anonymes, C. com., art. L. 225-39, p. 270.

Notion d'opération courante. Le remboursement par la société de frais de déplacement suivant un barème kilométrique au profit d'un associé qui n'a pas la qualité de gérant et qui n'est pas titulaire d'un contrat de travail ne constitue pas une opération courante conclue à des conditions normales : ▪ CA Bourges, 16 janv. 2001 : *JurisData* n° 2001-152719. – Même solution pour la conclusion d'un bail commercial, dès lors qu'une telle convention n'entre pas dans l'activité habituelle de la société telle que définie par son objet social : ▪ CA Agen, 3 avr. 2007 : *Dr. sociétés* 2007, n° 198, obs. J. Monnet. – V. aussi sous C. com., art. L. 225-39, annot. n°s 1 et s., p. 270.

Art. L. 223-21 *(Anc. L. n° 66-537, 24 juill. 1966)*. **– À peine de nullité du contrat, il est interdit aux gérants ou associés autres que les personnes morales de contracter, sous quelque forme que ce soit, des emprunts auprès de la société, de se faire consentir par elle un découvert, en compte courant ou autrement, ainsi que de faire cautionner ou avaliser par elle leurs engagements envers les tiers. Cette interdiction s'applique aux représentants légaux des personnes morales associées.**

L'interdiction s'applique également aux conjoint, ascendants et descendants des personnes visées à l'alinéa précédent ainsi qu'à toute personne interposée.

Toutefois, si la société exploite un établissement financier, cette interdiction ne s'applique pas aux opérations courantes de ce commerce conclues à des conditions normales.

Voir : Sociétés anonymes, C. com., art. L. 225-43, p. 277.

1) Nature de la nullité.

a) **Nullité absolue.** La nullité résultant de la violation de l'interdiction faite aux gérants et associés de faire garantir leurs engagements par la société est d'ordre public et sanctionnée par une nullité absolue ; est par suite recevable l'exception de nullité opposée par l'associé à la demande en remboursement d'un prêt consenti sous la condition d'une garantie prohibée, l'économie de l'opération, dont les éléments étaient indissociables, étant contraire à l'ordre public et illicite : ▪ Cass. com., 25 avr. 2006, n° 05-12.734 : *BJS* 2006, p. 1024, note J.-Cl. Hallouin ; *Dr. sociétés* juill. 2006, n° 109, obs. J. Monnet ; *Rev. sociétés* 2006, p. 818, note R. Routier. – Rép. min. : *JOAN* Q, 16 févr. 1974, p. 756. – La nullité prévue par l'article 51 *[C. com., art. L. 223-21]*, loin d'être simplement relative et de pur intérêt privé, peut être invoquée par les tiers et créanciers sociaux lésés : ▪ CA Montpellier, 7 janv. 1980 : *Rev. sociétés* 1980, p. 737, note Chr. Mouly.

b) La convention par laquelle un gérant se fait consentir des découverts en compte courant est nulle de plein droit, cette nullité pouvant être **soulevée d'office** par le juge en raison du caractère impératif des dispositions de l'article 51 *[C. com., art. L. 223-21]* : ▪ CA Aix-en-Provence, 7 févr. 1992 : *BJS* 1992, p. 1217, note P. Le Cannu.

2) Domaine de la nullité. *a)* Le protocole mettant à la charge de la SARL le remboursement des **prêts personnels** du gérant est nul, d'ordre public : ▪ CA Paris, 5 déc. 1983 : *D.* 1984, inf. rap. p. 60.

b) L'article 51 *[C. com., art. L. 223-21]* concerne seulement les **cautions et avals** des engagements personnels des dirigeants : ▪ Cass. com., 25 mai 1993 : *BJS* 1993, p. 760, note Y. Chaput. ▪ Cass. com., 8 mars 1994 : *RJDA* 1994, p. 643. – L'engagement de **caution** souscrit par une société au profit d'un de ses administrateurs étant nul, la caution de cette société défaillante ne saurait être tenue à remplir les obligations de celle-ci : ▪ Cass. com., 25 nov. 1980 : *JCP* 1981, IV, 56 *[décision rendue sur le fondement de l'article 106 : C. com., art. L. 225-43]*.

c) La **condition**, dans la convention par laquelle le cessionnaire de parts sociales s'engage à **rembourser le compte courant** créditeur de l'associé cédant, selon laquelle la somme destinée à ce remboursement devait provenir de la trésorerie de la société, est contraire aux dispositions de l'article 51 *[C. com., art. L. 223-21]* prohibant le découvert en compte courant et donc entachée de nullité. Toutefois, la commune intention des parties étant le remboursement du compte courant, la nullité ne s'étend pas à la **convention** elle-même, et l'obligation au remboursement est donc maintenue : ▪ CA Versailles, 12 avr. 1996 : *BJS* 1996, p. 672, note P. Le Cannu.

d) **Ne relève pas** de l'article 51 *[C. com., art. L. 223-21]* l'engagement d'une SARL de nantir son fonds de commerce pour garantir l'engagement souscrit par des tiers envers un établissement de crédit en qualité de caution d'une autre société : ▪ Cass. com., 15 déc. 1992 : *BJS* 1993, p. 354, note P. Delebecque. – Il en est de même de l'engagement à titre de caution consenti au nom d'une société commerciale par sa gérante, alors que cette dernière intervenait également comme représentante de la société bénéficiaire de la garantie : ▪ Cass. com., 25 mai 1993, préc.

3) Conséquences de la nullité. La nullité emporte obligation de **remise en état** ; l'action tendant aux restitutions et indemnités n'est pas soumise à la prescription triennale : ▪ CA Aix-en-Provence, 17 déc. 1992 : *BJS* 1993, p. 591, note P. Le Cannu.

4) Révocation du gérant. V. sous C. com., art. L. 223-25, annot. n° 2, p. 215.

Art. L. 223-22 *(Anc. L. n° 66-537, 24 juill. 1966).* **– Les gérants sont responsables, individuellement ou solidairement, selon le cas, envers la société ou envers les tiers, soit des infractions aux dispositions législatives ou réglementaires applicables aux sociétés à responsabilité limitée, soit des violations des statuts, soit des fautes commises dans leur gestion.**

Si plusieurs gérants ont coopéré aux mêmes faits, le tribunal détermine la part contributive de chacun dans la réparation du dommage.

Outre l'action en réparation du préjudice subi personnellement, les associés peuvent, soit individuellement, soit en se groupant dans les conditions fixées par décret en Conseil d'État, intenter l'action sociale en responsabilité contre les gérants. Les demandeurs sont habilités à poursuivre la réparation de l'entier préjudice subi par la société à laquelle, le cas échéant, les dommages-intérêts sont alloués.

Est réputée non écrite toute clause des statuts ayant pour effet de subordonner l'exercice de l'action sociale à l'avis préalable ou à l'autorisation de l'assemblée, ou qui comporterait par avance renonciation à l'exercice de cette action.

Aucune décision de l'assemblée ne peut avoir pour effet d'éteindre une action en responsabilité contre les gérants pour faute commise dans l'accomplissement de leur mandat.

Voir : C. com., art. R. 223-31 et R. 223-32, p. 629.

Société civile, C. civ., art. 1850, p. 122.

Responsabilité fiscale, LPF, art. L. 267, p. 1719. – **Sanctions pénales,** C. com., art. L. 241-3, p. 570 et L. 241-9, p. 572. – **Société anonyme,** C. com., art. L. 225-251, p. 378.

I – RESPONSABILITÉ PERSONNELLE DU GÉRANT À L'ÉGARD DES TIERS

Voir : bibliographie sous C. civ., art. 1850, p. 122.

1) Principes.

a) Exigence d'une faute séparable des fonctions.

– **Chambres civiles.** Le fait que le gérant ait agi dans l'exercice de ses fonctions ne saurait soustraire ce dernier à la responsabilité personnelle encourue conformément aux règles du droit commun : ▪ Cass. com., 28 nov. 1961 : *Bull. civ.* IV, n° 446. – *Contra*, la seule constatation d'un fait délictuel imputable à la société n'implique pas nécessairement une faute personnelle du dirigeant social : ▪ Cass. com., 4 juin 1991 : *RJDA* 1991, p. 627. – La responsabilité personnelle des dirigeants sociaux à l'égard des tiers n'est établie que si la faute est distincte de celle pouvant être mise à la charge de la société : ▪ Cass. com., 14 janv. 1992 : *RJDA* 1992, p. 581. ▪ Cass. com.,

27 janv. 1998 : *JurisData* n° 1998-000252 ; *JCP* E 1998, p. 508, n° 2, obs. A. Viandier et J.-J. Caussain ; *BJS* 1998, p. 535, note P. Le Cannu. ▪ Cass. com., 28 avr. 1998 : *JurisData* n° 1998-001895 ; *JCP* E 1998, p. 1258, note Y. Guyon ; *BJS* 1998, p. 808, note P. Le Cannu ; *JCP* E 1998, 10177, note D. Ohl. ▪ Cass. com., 12 janv. 1999 : *Dr. et patrimoine* 1999, n° 2328, obs. J.-P. Bertrel. ▪ Cass. 3e civ., 4 avr. 2001 : *Dr. sociétés* juin 2001, n° 102, obs. D. Vidal. ▪ Cass. com., 1er juill. 2003 : *BJS* 2003, p. 1144, note J.-F. Barbièri. – En conséquence, l'absence de faute détachable des fonctions interdit aux tiers d'engager la responsabilité civile du gérant : ▪ CA Besançon, 25 juin 2002 : *JurisData* n° 2002-179055 ; *Dr. sociétés* n° 178, 1re esp., obs. J. Monnet. – La faute commise par un dirigeant *[gérant d'EURL]* n'est pas nécessairement séparable de ses fonctions par cela seul qu'elle constitue une faute pénale : ▪ Cass. 3e civ., 4 janv. 2006, préc. sous C. com., art. L. 223-1, annot. n° 8, p. 187. – Néanmoins, la faute pénale intentionnelle est nécessairement séparable des fonctions sociales : ▪ Cass. com., 28 sept. 2010, n° 09-66.255, PBRI : *D.* 2010, p. 2290, obs. A. Lienhard ; *JCP* E 2010, 2084, note M. Roussille et 1000, n° 1, obs. Fl. Deboissy et G. Wicker. ▪ Cass. com., 9 déc. 2014, n° 13-26.298 : *BJS* 2015, p. 134, note P. Dupichot ; *Dr. sociétés* 2015, n° 79, obs. R. Salomon.

– **Chambre criminelle.** Le dirigeant, devant répondre des infractions dont il s'est personnellement rendu coupable, quand bien même elles ont été commises dans le cadre de ses fonctions et ne constituent que des infractions, engage sa responsabilité civile à l'égard des tiers : ▪ Cass. crim., 5 avr. 2018, n° 16-83.961 et 16-87.669, PB : *BJS* 2018, p. 258, note R. Salomon et A. Couret ; *Dr. sociétés* 2018, n° 83, obs. J. Heinich ; *Rev. sociétés* 2018, p. 598, note Y. Prorok.

b) **Critères de la faute séparable.** Engage sa responsabilité personnelle à l'égard des tiers le dirigeant qui commet intentionnellement une faute d'une particulière gravité incompatible avec l'exercice normal des fonctions sociales : ▪ Cass. com., 20 mai 2003 : *BJS* 2003, p. 786, note H. Le Nabasque ; *D.* 2004, p. 2623, note B. Dondero ; *D.* 2004, somm. p. 266, obs. J.-C. Hallouin ; *Dr. sociétés* 2003, n° 148, obs. J. Monnet ; *JCP* E 2003, 1203, obs. J.-J. Caussain, Fl. Deboissy et G. Wicker ; *JCP* E 2003, p. 1398, note S. Hadgji-Artinian ; *Rev. sociétés* 2003, p. 479, note J.-F. Barbièri. ▪ Cass. com., 7 juill. 2004 : *BJS* 2004, p. 1531, note H. Le Nabasque. ▪ Cass. com., 25 janv. 2005 : *BJS* 2005, p. 599, note B. Le Bars. – Engage sa responsabilité personnelle à l'égard des tiers un gérant de SARL qui commet une faute intentionnelle d'une particulière gravité incompatible avec l'exercice normal des fonctions sociales du dirigeant : ▪ Cass. 1re civ., 16 nov. 2004 : *BJS* 2005, p. 370, note B. Dondero. – V. identifiant seulement la faute détachable à la faute d'une faute d'une particulière gravité incompatible avec l'exercice normal des fonctions sociales : ▪ Cass. 3e civ., 23 nov. 2017, n° 16-21.889 : *Rev. sociétés* 2018, p. 102, note J.-F. Barbièri. – V. évoquant la recherche d'une faute séparable des fonctions sans faire référence ni au caractère pénal de la faute, ni à son intentionnalité, ni même à une particulière gravité incompatible avec l'exercice normal des fonctions sociales : ▪ Cass. 3e civ., 7 juin 2018, n° 16-27.680, PBI : *Dr. sociétés* 2018, n° 189, obs. J. Heinich ; *Rev. sociétés* 2018, p. 723, note J.-F. Barbièri.

c) **Exemples de fautes séparables.** Constitue une faute séparable le fait de tromper volontairement le fournisseur de la société sur sa solvabilité afin d'obtenir de celle-ci des livraisons : ▪ Cass. com., 31 mars 2015, n° 14-14.575 : *BJS* 2015, p. 363, note S. Messaï-Bahri ; *Dr. sociétés* 2015, n° 109, obs. M. Roussille ; *Rev. sociétés* 2016, p. 102, note E. Nicolas. – Est responsable personnellement à l'égard des tiers cocontractants de la société le gérant d'une SARL qui, sous couvert d'une société fictive qui avait le même siège social et le même numéro de téléphone que la société gérée, agissait en son nom personnel et avait signé un contrat concernant une activité étrangère à l'objet social, en méconnaissant à cette fin les obligations de la société à l'égard d'une banque : ▪ CA Aix-en-Provence, 20 sept. 2000 : *JurisData* n° 2000-128752. ▪ CA Paris, 22 mars 2002 : *Dr. sociétés* 2002, n° 178, 2e esp., obs. J. Monnet. – La **double cession d'une même créance** constitue une faute séparable des fonctions de dirigeant : ▪ Cass. com., 20 mai 2003, préc. – Même solution pour la double mobilisation d'une même créance : ▪ CA Paris, 13 nov. 1996 : *Dr. sociétés* 1997, n° 39, obs. Th. Bonneau. – Le gérant d'une société de sécurité qui porte des coups à un tiers pour le mettre hors d'état de nuire commet des **actes de violence** qui, par leur nature, sont séparables des fonctions de gérant : ▪ CA Nancy, 24 juin 2004 : *JurisData* n° 2004-252524 ; *Dr. sociétés* janv. 2005, n° 9, obs. J. Monnet. – Engage sa responsabilité personnelle le gérant ayant commis des actes de **contrefaçon** de manière délibérée et persistante, pendant plusieurs années, malgré les mises en garde et en dépit des procédures judiciaires engagées : ▪ Cass. com., 25 janv. 2005, préc., sous C. com., art. L. 223-22, annot. n° 1, p. 210. – Même solution pour des actes de **contrefaçon** et de **concurrence déloyale** auxquels le dirigeant a participé de façon active et personnelle et dont il a revendiqué la qualité d'initiateur : ▪ Cass. com., 7 juill. 2004, préc., C. com., art. L. 223-22, annot. n° 1, p. 210. – Même solution pour des actes de contrefaçon commis par des gérants s'étant obstinément refusés à se mettre en règle avec la SACEM pour la diffusion d'œuvres protégées et ayant ainsi **délibérément persisté**

dans la violation d'une obligation légale : ▪ Cass. 1re civ., 16 nov. 2004, préc., sous C. com., art. L. 223-22, annot. n° 1, p. 210. – Constitue également une faute détachable le fait pour des gérants de se placer hors du champ contractuel en **dissimulant les signes distinctifs du fonds de commerce**, de façon à se l'approprier : ▪ Cass. com., 8 févr. 2005 : *BJS* 2005, p. 855, avis M.-A. Lafortune. – Constitue une faute détachable le fait pour un gérant, au seul nom duquel avait été assuré un véhicule social, d'autoriser un salarié à utiliser ce véhicule alors que le **contrat d'assurance avait été résilié** en raison du défaut de paiement de primes par le gérant : ▪ Cass. com., 4 juill. 2006, n° 05-13.930 : *BJS* 2007, p. 93, note B. Dondero ; *D.* 2006, p. 1958, obs. A. Lienhard. – Peut constituer une faute détachable des fonctions le fait pour le gérant de **ne pas avoir souscrit l'assurance obligatoire** imposée pour couvrir le risque de l'activité sportive objet de la société : ▪ Cass. com., 27 mai 2015, nos 14-11.405 et 14-13.689 : *BJS* 2015, p. 446, note B. Brignon ; *Dr. sociétés* 2015, n° 152, obs. M. Roussille ; *Rev. sociétés* 2016, p. 95, note F. Rizzo. – Constitue une faute détachable le fait pour un gérant de signer trois contrats de sous-licence, alors qu'il savait que les brevets correspondants, pour lesquels il avait personnellement déposé une demande en son nom, n'avaient été ni délivrés, ni publiés : ▪ Cass. com., 26 févr. 2008, n° 05-18.569. – Le fait pour un gérant d'accepter que la société exécute des **travaux sans qu'elle soit couverte par une assurance de responsabilité décennale** constitue une faute intentionnelle d'une particulière gravité incompatible avec l'exercice normal de ses fonctions dirigeantes : ▪ Cass. com., 18 mai 2010, n° 09-66.172 : *BJS* 2010, p. 812, note B. Dondero ; *Dr. sociétés* 2010, n° 161, obs. M. Roussille. – V. égal., ▪ Cass. 3e civ., 10 mars 2016, n° 14-15.326, PB : *BJS* 2016, p. 335, note S. Messaï-Bahri ; *JCP* E 2016, 1315, note B. Brignon. – Néanmoins, il n'y a pas lieu à responsabilité si le défaut d'assurance tient à l'erreur commise quant à la portée de l'assurance existante : ▪ CA Douai, 15 mai 2013 : *Dr. sociétés* 2013, n° 183, obs. M. Roussille. – Engage sa responsabilité le gérant qui **s'abstient de déclarer la créance de la filiale au passif de la société mère** en redressement judiciaire de façon à avantager sciemment la société mère au détriment de la filiale et de ses créanciers ainsi privés de la possibilité d'obtenir leur paiement dans le cadre du plan de redressement, peu important que la créance omise ait été connue des organes de la procédure collective : ▪ Cass. com., 27 mai 2014, n° 12-28.657, PB : *Dr. sociétés* 2014, n° 164, obs. M. Roussille ; *JCP* E 2014, 1397, note A. Cerati-Gauthier. – Le fait que la **mise en sommeil** de la société ne constitue ni une violation de l'objet social ni une violation des statuts n'exclut pas qu'elle constitue pour le gérant une faute intentionnelle d'une particulière gravité incompatible avec l'exercice normal de ses fonctions sociales : ▪ Cass. com., 12 mai 2015, n° 14-13.104 : *JCP* E 2016, 1036, n° 6, obs. Fl. Deboissy et G. Wicker.

d) **Exemples de fautes non séparables.** Ne constitue pas une faute séparable des fonctions de gérant les **erreurs de conception et réalisation de travaux** lesquels constituent des fautes de l'entreprise et non des fautes personnelles du gérant : ▪ CA Douai, 15 mai 2013 : *Dr. sociétés* 2013, n° 183, obs. M. Roussille. – S'agissant de la conception et de la réalisation d'une installation technique, ne constitue pas une faute détachable le fait pour le gérant d'avoir multiplié les erreurs et fautes de conception lors même qu'elles ont présenté un caractère d'exceptionnelle gravité : ▪ Cass. com., 21 janv. 2014, n° 12-27.193. – La distribution par une personne morale d'un produit en **méconnaissance d'une convention d'exclusivité territoriale** est une simple faute commerciale insusceptible d'engager la responsabilité personnelle du dirigeant : ▪ CA Aix-en-Provence, 2 nov. 2001 : *Juris-Data* n° 2001-179975. – Même solution pour des actes **de concurrence déloyale** : ▪ Cass. com., 17 déc. 2002 : *BJS* 2003, p. 423, note L. Godon. – V. égal., ▪ CA Paris, 10 sept. 1999 : *BJS* 1999, p. 1223, note L. Godon. – Même solution pour la **poursuite d'une exploitation déficitaire** : ▪ Cass. 3e civ., 23 nov. 2017, n° 16-21.889 : *Dr. sociétés* 2018, n° 66, obs. J. Heinich ; *Rev. sociétés* 2018, p. 102, note J.-F. Barbièri. – Le fait pour un gérant de n'avoir pas transmis les éléments nécessaires au calcul d'une **redevance** *[CPI, art. L. 214-1]* et de **ne pas avoir payé** la totalité de celle-ci ne constitue pas une faute détachable de ses fonctions : ▪ CA Rennes, 16 mars 2004 : *JurisData* n° 2004-252366 ; *Dr. sociétés* janv. 2005, n° 9, obs. J. Monnet. – Dès lors que n'est pas établie la volonté de le tromper sur la solvabilité de la société, le gérant ne commet pas une faute séparable de ses fonctions en remettant au créancier deux chèques émis sur ses comptes personnels en garantie de la dette sociale : ▪ Cass. com., 5 juill. 2017, n° 15-22.381 : *Dr. sociétés* 2017, n° 188, obs. J. Heinich. – V. en cas de **non-paiement d'un créancier suite à la liquidation amiable de la société** : ▪ Cass. com., 13 juin 2018, n° 16-25.543 : *Dr. sociétés* 2018, n° 206, obs. C. Coupet. – Le défaut de dépôt au greffe des comptes annuels de la société, bien que pénalement sanctionné, est impropre à caractériser une faute intentionnelle d'une particulière gravité, détachable des fonctions d'un gérant : ▪ Cass. com., 3 mai 2018, n° 16-23.627 : *BJS* 2018, p. 509, note S. Messaï-Barhri ; *Dr. sociétés* 2018, n° 165, obs. J. Heinich.

e) L'article 52 de la loi du 24 juillet 1966 *[C. com., art. L. 223-22]* concerne exclusivement la **responsabilité civile** du gérant et non sa responsabilité pénale : ▪ Cass. crim., 22 janv. 1975 : *Bull. crim.* 1975, n° 28.

f) **Gérant de fait.** L'article 52 *[C. com., art. L. 223-22]* est inapplicable au gérant de fait : ■ Cass. com., 6 oct. 1981 : *Dr. sociétés,* janv. 1982, p. 3. ■ CA Paris, 17 oct. 1991 : *D.* 1991, inf. rap. p. 281. – Responsabilité, sur le fondement de l'article 1382 du Code civil, de gérants de fait ayant, postérieurement à la liquidation judiciaire de la société, exercé délibérément une activité sur le site et laissé s'accumuler des déchets à l'origine d'un incendie : ■ Cass. com., 20 nov. 2007, n° 06-16.933.

2) Procédures collectives. *a)* **Principe du non-cumul.** L'action en comblement de passif *[C. com., art. L. 624-3, anc. – V. désormais C. com., art. L. 651-2]* ne se cumule pas avec l'action en responsabilité pour faute des dirigeants : ■ Cass. com., 28 févr. 1995 : *BJS* 1995, 684, note J.-J. Daigre ; *Dr. et patrimoine* 1995, n° 1018, obs. J.-P. Bertrel. ■ Cass. com., 26 mai 1999 : *BJS* 1999, p. 962, note M. Menjucq. ■ CA Versailles, 8 avr. 1999 : *BJS* 1999, p. 1075, note J.-J. Daigre.

b) **Préjudice individuel distinct.** S'il est exact qu'un créancier ne peut, en cas de procédure collective, se prévaloir cumulativement, d'une part, des dispositions de l'article L. 223-22 et, d'autre part, des *[anciens]* articles L. 624-3 et suivants *[L. 651-2 et s.]* du Code de commerce, l'existence d'une procédure collective n'interdit nullement au créancier qui se prévaut d'un préjudice strictement individuel distinct de celui de l'ensemble des créanciers, donc distinct de celui résultant du non-paiement d'une créance sociale, de rechercher la responsabilité du gérant sur le fondement de l'article L. 223-22 : ■ CA Montpellier, 17 oct. 2000 : *JurisData* n° 2000-132545. ■ CA Versailles, 22 juin 2000 : *BJS* 2000, note J.-J. Daigre ; *D.* 2000, p. 367, note A. Lienhard. ■ Cass. com., 19 févr. 2002 : *JurisData* n° 2002-013372. – L'exigence d'une **faute du dirigeant séparable de ses fonctions** s'impose également, dans le cadre d'une procédure collective, pour l'action en responsabilité exercée par un créancier en réparation d'un préjudice personnel distinct : ■ Cass. com., 7 mars 2006, n° 04-16.536 : *JurisData* n° 2006-032682 ; *BJS* 2006, p. 938, note F.-X. Lucas ; *D.* 2006, p. 859, note A. Lienhard ; *JCP* E 2006, 1627 ; *JCP* E 2006, 2035, n° 2, obs. J.-J. Caussain, Fl. Deboissy et G. Wicker.

c) **Maintien de l'action de droit commun en l'absence d'insuffisance d'actif.** Lorsque le redressement ou la liquidation judiciaires d'une société ne fait pas apparaître d'insuffisance d'actif, les actions exercées à l'encontre de son dirigeant sur le fondement des articles L. 223-22, L. 225-251 et L. 225-252 du Code de commerce sont recevables : ■ Cass. com., 27 juin 2006, n° 05-14.271 : *JurisData* n° 2006-034268.

3) Concurrence déloyale. V. sous C. com., art. L. 223-18, annot. n° 6, p. 205.

4) Divers. *a)* Pour un exemple de responsabilité du gérant à l'encontre d'un **créancier nanti** : V. ■ CA Paris, 21 mars 1991 : *JCP* E 1991, pan. 554.

b) À l'occasion de la mise en cause de sa responsabilité, l'ancien gérant ne peut invoquer **le plafond de la garantie** du passif qui n'a pas été contresignée par les cessionnaires : ■ Cass. com., 12 oct. 1993 : *BJS* 1993, p. 1257.

II – RESPONSABILITÉ DU GÉRANT DANS L'ORDRE INTERNE

5) *Quitus.* L'article L. 223-22 ne concernant que les agissements commis par les gérants de droit, la décision de l'assemblée générale extraordinaire qui, après avoir pris acte de la continuation de ses fonctions par le gérant après sa démission, lui a donné *quitus* et renoncé à tout recours contre lui, fait obstacle à l'action en responsabilité formée contre celui-ci par la société et les associés : ■ Cass. com., 14 févr. 2019, n° 15-24.146 : *Dr. sociétés* 2019, n° 84, obs. J. Heinich.

6) Faute de gestion. *a)* Constitue une faute de gestion :

– la passivité du gérant : ■ Cass. com., 5 juin 1961 : *Bull. civ.* III, n° 254 ;

– l'abandon de son poste : ■ T. com. Paris, 21 mai 2001 : *JurisData* n° 2001-170864 ;

– sa négligence : ■ Cass. com., 9 déc. 1957 : *Bull. civ.* III, n° 338, défaut de surveillance du cogérant. ■ Cass. com., 6 févr. 1962 : *Bull. civ.* III, n° 80, défaut de surveillance d'un cadre supérieur. ■ T. com. Seine, 8 janv. 1952 : *D.* 1952, p. 192, assurances insuffisantes ;

– la poursuite d'une activité sociale sans espoir : ■ Cass. com., 5 juin 1961, préc. ■ CA Paris, 10 avr. 1934 : *DH* 1934, p. 337 ;

– la décision de résilier amiablement le bail commercial dont était titulaire la société, sans en référer aux associés : ■ CA Paris, 12 juin 2002 : *JurisData* n° 2002-187945 ;

– le refus de convoquer l'assemblée des associés : ■ Cass. com., 12 mars 1974 : *Gaz. Pal.* 1974, 2, p. 662, note A.P.S. ■ CA Paris, 28 oct. 1980 : *JCP* 1981, IV, 393, décision rendue sur l'application de l'article L. 223-25, *infra* ;

– le non-respect des exigences du droit fiscal et de la sécurité sociale : ■ Cass. com., 14 oct. 1974 : *BJS* 1975, p. 477. ■ Cass. 2e civ., 25 janv. 1963 : *Gaz. Pal.* 1963, 1, p. 383 ; ainsi en est-il du gérant qui n'a pas déposé certaines déclarations, n'a pas reversé la TVA au Trésor et s'est abstenu de verser des taxes d'apprentissage et des cotisations de formation professionnelle : ■ CA Pau, 18 févr. 1999 : *JurisData* n° 1999-040310 ;

– le fait de payer deux chèques sans libellés dans les comptes et de ne pas régler, ni passer en comptabilité des factures qui ont dû être prises en charges exceptionnelles sur l'exercice suivant, ces fautes ayant provoqué une production irrégulière des comptes : ▪ CA Limoges, 22 nov. 2001 : *JurisData* n° 2001-162956 ;

– le lancement de la société avec un capital modique : ▪ CA Rouen, 20 oct. 1983 : *Rev. sociétés* 1984, p. 764, note M.-N. Legrand ;

– une cession « Dailly » d'une créance ne correspondant pas à une prestation effectuée : ▪ CA Paris, 29 mars 1994 : *BRDA* 10/1994, p. 4 ;

– proposer à l'assemblée générale de réaliser une augmentation de capital à une date à laquelle la totalité des fonds n'était pas constituée en bénéfices arrêtés par l'assemblée générale ordinaire : ▪ CA Paris, 20 févr. 1998 : *JurisData* n° 1998-210286 ; *BJS* 1998, p. 613, note H. Pisani ;

– ne pas facturer le produit du transfert du fonds de commerce de la SARL dont il quitte la gérance à une autre société qu'il a créée, ce qui est du reste contraire à l'intérêt social de la première société : ▪ Cass. com., 7 oct. 1997 : *JCP* E 1997, I, 710, n° 2, obs. A. Viandier et J.-J. Caussain ; *BJS* 1997, p. 1074, note J.-J. Daigre ;

– percevoir une rémunération excessive au regard de l'activité déployée au profit de la société : ▪ CA Bordeaux, 23 avr. 2007 : *JurisData* n° 2007-338404 ; *Dr. sociétés* 2007, n° 182, obs. J. Monnet ;

– la violation d'un engagement d'approvisionnement exclusif : ▪ Cass. com., 20 janv. 2015, n° 13-27.189 : *Dr. sociétés* 2015, n° 71, obs. M. Roussille ; *Rev. sociétés* 2015, p. 242, note J.-F. Barbièri.

b) **Est aussi fautif** le gérant, également propriétaire du fonds de commerce dont la société assure la location-gérance, qui fait passer ses intérêts de propriétaire avant l'intérêt social : ▪ Cass. com., 20 janv. 1987 : *JCP* E 1987, 16342, no 6, obs. A. Viandier et J.-J. Caussain.

c) Les propos dénigrant une société associée, émis par le gérant dans le rapport annuel destiné à l'assemblée générale et publié au RCS en annexe des comptes annuels, sont, par la violence des termes employés et la publicité, si réduite fût-elle, de nature à causer un **préjudice moral** à la société dénigrée : ▪ Cass. com., 3 juill. 2001 : *BJS* 2001, p. 1258, note S. Messaï.

7) Lien de causalité. La responsabilité d'un dirigeant de société ne peut être engagée lorsqu'il n'existe pas de lien de causalité entre la faute reprochée au dirigeant *[absence de convocation d'une assemblée générale]* et le préjudice allégué *[difficultés financières]* : ▪ Cass. com., 27 sept. 2005, n° 04-11.183 : *JurisData* n° 2005-030513 ; *Dr. sociétés* déc. 2005, n° 221, obs. J. Monnet.

8) Action sociale *ut singuli*. V. sous C. civ., art. 1843-5, annot. n° 4 et s., p. 69.

9) Action individuelle. V. sous C. civ., art. 1843-5, annot. n° 1, p. 67.

Art. L. 223-23 ***(Anc. L. n° 66-537, 24 juill. 1966).*** **– Les actions en responsabilité prévues aux articles L. 223-19 et L. 223-22 se prescrivent par trois ans à compter du fait dommageable ou, s'il a été dissimulé, de sa révélation. Toutefois, lorsque le fait est qualifié crime, l'action se prescrit par dix ans.**

1) Domaine de la prescription.

a) **Gérant de fait.** La prescription de l'article 53 de la loi du 24 juillet 1966 *[C. com., art. L. 223-23]*, qui renvoie à l'article 52 *[C. com., art. L. 223-22]*, ne s'applique qu'aux gérants tels que la loi les définit, c'est-à-dire les gérants nommés par les associés ; la loi ne précisant pas que les gérants de fait sont également concernés, ces dispositions ne sauraient s'appliquer à eux : ▪ CA Paris, 6 mai 1997 : *JurisData* n° 1997-021134.

b) **Fautes du gérant.** L'article 53 *[C. com., art. L. 223-23]* s'applique aussi bien à des actions engagées par des tiers qu'à des actions sociales contre le gérant en raison de fautes de gestion : ▪ Cass. com., 20 oct. 1998 : *JurisData* n° 1998-004089. – La prescription s'applique à l'action exercée par un tiers contre le gérant auquel est reprochée une faute séparable de ses fonctions : ▪ Cass. 1re civ., 9 févr. 2012, n° 09-69.594 : *BJS* 2012, p. 414, note C.-A. Maetz ; *Dr. sociétés* 2012, n° 63, obs. D. Gallois-Cochet.

2) Point de départ du délai de prescription. Le jour de la révélation du fait dommageable ne peut être retenu comme point de départ de la prescription triennale sans constater que ce fait ait été dissimulé : ▪ Cass. com., 4 nov. 2014, n° 13-13.555 : *Dr. sociétés* 2015, n° 27, obs. M. Roussille. – Les points de départ respectifs des délais de prescription de l'action publique et de l'action en responsabilité contre les gérants d'une SARL ne se confondent pas, cette dernière action se prescrivant à compter du fait dommageable qui a consisté, en l'espèce, dans la vente d'actions à un prix sous-évalué et qui n'a pas été dissimulé, mais seulement ignoré : ▪ CA Paris, 25 juin 1991 : *BJS* 1991, p. 929, note Ch. Hannoun. – S'agissant d'une action en réparation des conséquences dommageables de conventions irrégulières au regard de l'article 50 *[C. com., art. L. 223-19]*, le point de départ de la prescription triennale est, en dehors de toute dissimulation, la date de conclusion desdites conventions et non pas le moment où l'assemblée en refuse l'approbation : ▪ Cass. com., 21 janv. 1997 : *JurisData* n° 1997-000211 ; *BJS* 1997, p. 312, note P. Le Cannu ; *JCP* G 1997, 22960, note F.-X. Lucas. – Faute qu'une dissimulation soit établie, doit être déclarée prescrite l'action en responsabilité intentée plus de trois ans après les faits reprochés au gérant : ▪ CA Toulouse, 2 déc. 2004 : *JurisData* n° 2004-260874 ; *Dr. sociétés* avr. 2005, n° 70, obs. J. Monnet. ▪ Cass. com., 30 mai 2018, n° 16-21.022, PB : *BJS* 2018, p. 572, note A. Bugada ; *Dr. sociétés* 2018, n° 145, note J. Heinich ; *JCP* E 2018, 1459, note J. Klein.

3) Interruption de la prescription. L'assignation en référé expertise interrompt le délai de prescription pendant la durée de l'instance à laquelle il est mis fin par l'ordonnance désignant un expert, de sorte que cette ordonnance fait courir un nouveau délai de prescription : ▪ Cass. com., 6 sept. 2016, n° 15-13.128 : *Rev. sociétés* 2016, p. 739, note A. Lecourt.

4) Preuve. La démission du gérant ne peut s'interpréter comme une reconnaissance de ses fautes de gestion, pas plus que le refus de l'associé majoritaire de lui donner *quitus* de sa gestion ou même le déficit important enregistré sur les dix premiers mois de l'exercice : ▪ CA Paris, 22 juin 2001 : *JurisData* n° 2001-154649.

5) Divers. Pour une application de l'article 53 *[C. com., art. L. 223-23]* à une situation créée et maintenue depuis seize ans : ▪ Cass. 1re civ., 15 juill. 1993 : *BRDA* 30 sept. 1993, p. 8.

Art. L. 223-24 *(Anc. L. n° 66-537, 24 juill. 1966).* **– En cas d'ouverture d'une procédure de redressement ou de liquidation judiciaire en application des dispositions du livre VI, [titres II à IV], les personnes visées par ces dispositions peuvent être rendues responsables du passif social et sont soumises aux interdictions et déchéances, dans les conditions prévues par lesdites dispositions.**

Voir : la rédaction de cet article issue de l'ordonnance n° 2019-744 du 19 juillet 2019, en *addendum*, p. 3371.

Voir : C. com., art. L. 651-1 et s., p. 2092.

Art. L. 223-25 *(Anc. L. n° 66-537, 24 juill. 1966 ; mod., Ord. n° 2004-274, 25 mars 2004).* **– Le gérant peut être révoqué par décision des associés dans les conditions de l'article L. 223-29, à moins que les statuts prévoient une majorité plus forte. Si la révocation est décidée sans juste motif, elle peut donner lieu à des dommages et intérêts.**

En outre, le gérant est révocable par les tribunaux pour cause légitime, à la demande de tout associé.

Par dérogation au premier alinéa, le gérant d'une société à responsabilité limitée exploitant une entreprise de presse au sens de l'article 2 de la loi n° 86-897 du 1er août 1986 portant réforme du régime juridique de la presse n'est révocable que par une décision des associés représentant au moins les trois quarts du capital social.

I – RÉVOCATION

Bibliographie : J. Attard, *La révocation des dirigeants sociaux : « de la licéité des clauses écartant l'exigence légale du juste motif » : JCP* G 2000, I, 217. – J.-L. Aubert, *La révocation des organes d'administration des sociétés commerciales : RTD com.* 1968, p. 977. – R. Baillod, *Le juste motif de révocation des dirigeants sociaux : RTD com.* 1983, p. 395. – P. Cordonnier, *La notion de gérant statutaire : Journ. soc.* 1931, p. 1. – M.-H. Laender, *La révocation des dirigeants sociaux : Dr. sociétés* 2000, chron. 9. – M. Rakotovahiny, *Juste motif et cause réelle et sérieuse de licenciement : Rev. sociétés* 2014, p. 152. – M. Remond, *La révocation du gérant selon l'article 18 de la loi du 24 juillet 1966 : Rev. sociétés* 1972, p. 421. – B. Saintourens, *La révocation des dirigeants sociaux dans l'actualité jurisprudentielle : BJS* 2005, p. 667.

1) Atteintes au droit de révocation. *a)* **Indemnité de révocation.** Est nulle toute stipulation allouant au gérant, en cas de révocation, une indemnité qui, par son montant, est de nature à dissuader les associés de prononcer celle-ci : ▪ Cass. com., 6 nov. 2012, n° 11-20.582, PB : *BJS* 2013, p. 125, note B. Dondero ; *D.* 2012, p. 2655, obs. A. Lienhard ; *Dr. sociétés* 2013, n° 26, obs. D. Gallois-Cochet. – V. dans le même sens : ▪ Cass. com., 6 déc. 1983 : *JCP* 1984, IV, 55. ▪ Cass. com., 2 juin 1987 : *JCP* E 1987, 16959, n° 23, obs. A. Viandier et J.-J. Caussain. – V. sur l'appréciation du caractère excessif ou dissuasif de l'indemnité : ▪ CA Paris, 26 juin 1998 : *RJDA* 12-1998, n° 1370.

b) **Contrat de travail fictif.** Est fictif le contrat de travail uniquement conclu pour porter atteinte à la règle de la libre révocation des mandataires sociaux : ▪ Cass. soc., 19 déc. 1979 : *JCP* 1980, IV, 94.

2) Causes de révocation. *a)* **Justes motifs ou cause légitime de révocation.**

– **Abstention fautive.** Constitue un juste motif de révocation le **défaut d'exercice des fonctions** (▪ CA Nancy, 9 déc. 1949 : *Rev. sociétés* 1950, p. 38), le **défaut de convocation des assemblées** et l'emploi d'un tiers sans le déclarer aux organismes sociaux (▪ CA Paris, 8 nov. 1991 : *RJDA* 1992, p. 123. ▪ CA Paris, 28 oct. 1980 : *JCP* 1981, IV, 393. ▪ CA Paris, 7 mai 1998 : *JurisData* n° 1998-021197), dans la mesure où la possibilité laissée aux associés de demander la convocation n'exonère pas le gérant de son obligation (▪ CA Paris, 14 nov. 2000 : *JurisData* n° 2000-138580), ou encore le **refus d'assumer les responsabilités liées aux fonctions de gérant**, dès lors qu'un tel désaccord rend impossible le maintien de l'intéressé dans son poste :

■ CA Versailles, 3 mars 2005 : *JurisData* n° 2005-269537 ; *JCP* E 2005, 825 ; *Dr. sociétés* juill. 2005, n° 137, obs. J. Monnet.

– **Compte-courant débiteur.** Constitue un juste motif de révocation le fait pour le gérant de faire fonctionner son compte-courant en position débitrice et de maintenir cette situation malgré les avertissements du cogérant puis de ses coassociés : ■ Cass. com., 27 mai 2015, n° 14-14.540.

– **Incapacité notoire.** Ainsi de l'**incapacité à prendre des décisions**, du manque de respect du personnel ou du **manque d'idées innovantes** : ■ CA Versailles, 17 déc. 1992 : *RJDA* 1993, p. 438. – Voir aussi, ■ CA Agen, 9 nov. 1989 : *JCP* E 1990, 15838, n° 1, obs. A. Viandier et J.-J. Caussain ; *Cah. jurispr. Aquitaine* 1/1990, p. 85, n° 2632, obs. P. Le Cannu.

– **Mésentente.** La révocation du gérant peut être justifiée, même en l'absence de faute démontrée, par l'existence, entre les associés et ce gérant, d'une mésentente de nature à compromettre l'intérêt social : ■ Cass. com., 4 févr. 2014, n° 13-10.778 : *Rev. sociétés* 2014, p. 721, note M. Rakotovahiny. – Constitue un juste motif de révocation la **mésentente entre les gérants** (■ CA Paris, 5 nov. 1999 : *JurisData* n° 1999-112360), la **mésentente entre associés** de nature à compromettre l'intérêt social (■ Cass. com., 4 mai 1999 : *BJS* 1999, p. 914, note P. Le Cannu ; *JCP* E 1999, p. 1237, obs. A. Viandier et J.-J. Caussain. ■ CA Bordeaux, 25 avr. 2000 : *JurisData* n° 2000-116080. ■ CA Paris, 25 avr. 2000 : *JurisData* n° 2000-116766 ; *JCP* E 2000, p. 1808, obs. A. Viandier et J.-J. Caussain, pour un cas de mésentente entre associés égalitaires), la **mésentente entre cogérants associés** affectant la commercialisation des produits de la société et ayant provoqué la rupture des relations avec des banques (■ CA Paris, 29 nov. 2016, n° 16-06010 : *Rev. sociétés* 2017, p. 291, note A. Lecourt), la **détérioration des relations entre le gérant et le principal associé**, alors que le chiffre d'affaires baisse constamment, que les comptes font apparaître un résultat déficitaire et que les découverts bancaires augmentent régulièrement (■ CA Paris, 2 avr. 1999 : *JurisData* n° 1999-022795. ■ CA Versailles, 11 mai 2000 : *RJDA* 2000, n° 878), ou encore la résistance croissante aux suggestions des associés (■ CA Paris, 26 janv. 1987 : *JCP* E 1988, 15168, n° 17, obs. A. Viandier et J.-J. Caussain). ■ CA Versailles, 19 janv. 2016, n° 14/00470 : *BJS* 2016, p. 342, note T. Favorio.

– **Comportements de nature à compromettre l'intérêt social.** Constitue un juste motif de révocation le comportement du gérant de nature à compromettre l'intérêt social même en l'absence de faute : ■ Cass. com., 4 mai 1993 : *JCP* E 1993, I, 288, n° 12, obs. A. Viandier et J.-J. Caussain ; *Rev. sociétés* 1993, p. 800, note P. Didier ; *RJDA* 1993, p. 875 ; ainsi du gérant qui déménage à 500 km du lieu d'exploitation, perd tout contact avec la clientèle et en est réduit à se faire remplacer, pour la gérance de la société, par les vendeuses de la parapharmacie (■ CA Paris, 6 mars 2003 : *RJDA* 12/2003, n° 1191), ou encore l'attitude du gérant ayant pris l'initiative d'une demande en dissolution de la société pour mésentente sans justifier d'une paralysie de celle-ci, dès lors que cette demande est de nature à compromettre l'intérêt de la société ou le fonctionnement de la société puisqu'il entendait ainsi y mettre fin (■ Cass. com., 14 déc. 2004 : *JurisData* n° 2004-026300). – V. égal., la gérance s'octroyant une rémunération sans l'accord préalable des associés, quand bien même les statuts prévoyaient le principe d'une rémunération, et ne réclamant pas le paiement des sommes importantes dues par le locataire-gérant : ■ CA Paris, 17 mars 2015, n° 14/07179 : *Rev. sociétés* 2015, p. 588, note A. Lecourt.

b) En revanche, **ne constituent pas des justes motifs ou des causes légitimes de révocation** :

– la révocation d'un gérant qui a cherché à préserver les intérêts de la société contre les dérives de certains des associés : ■ Cass. com., 9 nov. 2010, n° 09-71.284 : *BJS* 2011, p. 110, note B. Dondero ; *Rev. sociétés* 2011, p. 421, note J.-F. Barbièri.

– la conclusion d'une **convention interdite** *[compte courant débiteur ouvert au nom de l'associé gérant]*, dès lors que les opérations n'ont jamais affecté de façon significative la situation de la société : ■ Cass. com., 10 juill. 2007, n° 06-13.520 : *BJS* 2007, p. 1337, note B. Saintourens ; *Dr. sociétés* 2007, n° 56, obs. J. Monnet ;

– la **perte de confiance** des associés à l'égard du gérant si aucune faute de gestion ne peut être relevée à l'encontre de celui-ci ou si son attitude n'est pas de nature à compromettre l'intérêt social ou le bon fonctionnement de la société : ■ Cass. com., 4 mai 1993 : *JCP* E 1993, I, 288, n° 12, obs. A. Viandier et J.-J. Caussain ; *Rev. sociétés* 1993, p. 800, note P. Didier ; *RJDA* 1993, p. 875 ;

– la **baisse d'activité** dès lors qu'il n'est pas ailleurs établi que le gérant ait démérité : ■ CA Paris, 26 juin 2012, n° 11/18760 : *JurisData* n° 2012-014822 ; *Dr. sociétés* 2012, n° 181, obs. M. Roussille ;

– la révocation fondée sur des **motifs dépourvus de toute objectivité** : ■ CA Paris, 4 nov. 1992 : *BJS* 1993, p. 110 ;

– l'absence de réel motif, notamment de négligences ou d'erreurs de gestion : ■ CA Dijon, 7 mars 1990 : *JurisData* n° 1990-044747 ;

– la révocation d'un gérant qui a reçu, peu avant, un ***quitus*** : ■ CA Rouen, 5 déc. 1991 : *RJDA* 1992, p. 34. ■ CA Paris, 26 nov. 1999 : *BJS* 2000,

p. 340, note L. Dessertine. – V. égal., ▪ Cass. com., 8 juill. 2014, n° 13-14.307 : *Rev. sociétés* 2014, p. 669 ;

– le défaut de ***quitus*** n'est pas, en soi, un juste motif : TGI Guéret, 13 oct. 1992 : *BJS* 1993, p. 230, note R. Baillod ;

– le seul désir d'une nouvelle majorité d'être représentée par un homme de son choix : ▪ Cass. com., 29 mai 1972 : *Bull. civ.* IV, n° 165 ;

– la révocation d'un mandat social exercé au sein de la société mère de la SARL concernée : ▪ CA Reims, 21 janv. 1987 : *JCP* E 1987, 16959, n° 22, obs. A. Viandier et J.-J. Caussain ;

– la révocation du gérant dans la société mère : ▪ CA Reims, 10 nov. 1975 : *Rev. sociétés* 1976, p. 307, note J. Guyénot ;

– la résiliation du contrat liant le gérant à une autre société avec laquelle la société gérée a des liens étroits : ▪ CA Reims, 23 avr. 1979 : *JCP* 1980, II, 19410, note Y. Guyon ;

– le fait pour le gérant d'augmenter sa rémunération de son propre chef – le montant et la nature de celle-ci n'ayant pas été déterminés – alors que le chiffre n'est pas exagéré et que la fixation a été faite au vu des associés : ▪ Cass. com., 17 janv. 1968 : *Bull. civ.* IV, n° 27 ;

– **les simples erreurs** qui ne sont pas de nature à caractériser une faute de gestion *[compte courant anormalement important, redressement notifié par l'Administration à la société]* même en présence d'une dégradation de la situation de l'entreprise : ▪ CA Metz, 21 mars 2001 : *JurisData* n° 2001-155917 ;

– la révocation par l'un des deux groupes d'associés qui n'avait réuni la majorité des voix qu'en obtenant de voter par procuration pour deux associés extérieurs aux groupes : ▪ CA Versailles, 7 janv. 1992 : *BJS* 1992, p. 553, note B. Saintourens.

3) Procédure. *a)* Lorsque l'**ordre du jour d'une assemblée** prévoit l'examen de la gestion du gérant, ledit examen peut régulièrement conduire à la révocation du gérant : ▪ Cass. com., 28 févr. 1977 : *Rev. sociétés* 1978, p. 245, note J.-P. Gastaud. ▪ CA Paris, 12 févr. 1991 : *JCP* E 1991, 61, n° 11, obs. A. Viandier et J.-J. Caussain ; *BJS* 1991, p. 410, note P. Le Cannu. ▪ Cass. com., 29 juin 1993 : *RJDA* 1993, p. 782. ▪ CA Orléans, 18 mars 1999 : *JurisData* n° 1999-040975. ▪ CA Paris, 26 nov. 1999 : *BJS* 2000, p. 340, note L. Dessertine. – Il en est de même quand l'ordre du jour mentionne l'examen de l'activité de la société et celui des perspectives d'avenir : ▪ Cass. com., 29 juin 1993 : *Rev. sociétés* 1994, p. 63, note F. Pasqualini ; *BJS* 1993, p. 1142, note P. Le Cannu. – L'absence d'indication dans l'ordre du jour de la révocation du gérant ne constitue pas un abus de droit lorsque cette sanction pouvait apparaître comme la seule façon de surmonter une divergence si grave que sa perpétuation eût entraîné des conséquences préjudiciables à la bonne marche des affaires sociales : ▪ CA Paris, 10 janv. 2006, n° 05-15.529 : *BJS* 2006, p. 597, note G. Baranger.

b) **Urgence.** La révocation du gérant par une assemblée convoquée le matin pour l'après-midi n'est pas brutale dès lors que tous les associés sont présents à l'assemblée dont la réunion est justifiée par l'urgence et la gravité de la situation : ▪ CA Amiens, 8 mars 2011, n° 09-1543 : *Dr. sociétés* 2011, n° 109, obs. D. Cochet-Gallois ; *JCP* E 2011, 1343.

c) L'appréciation du caractère justifié de la révocation ne peut pas prendre en compte le **comportement postérieur** à la révocation : ▪ Cass. com., 15 févr. 1994 : *RJDA* 1994, p. 424.

d) **Principe du contradictoire.** Il n'y a pas d'obligation d'entretien préalable à la révocation du gérant : ▪ CA Versailles, 20 févr. 1992 : *BJS* 1992, p. 658, note P. Le Cannu. ▪ CA Versailles, 17 déc. 1992 : *RJDA* 1993, p. 438. ▪ CA Paris, 2 oct. 1997 : *BJS* 1998, p. 131, note P. Le Cannu. – *Contra* ▪ CA Paris, 2 oct. 1997 : *D. affaires* 1997, 1365, note M. Boizard. – En revanche, la loyauté élémentaire veut que si des fautes sont reprochées au gérant, celui-ci soit informé du projet de révocation et invité à se justifier avant que la révocation ne soit votée : ▪ CA Paris, 2 oct. 1997, préc. – La loyauté élémentaire doit conduire les associés à inviter un gérant révoqué à se justifier avant la désignation d'un nouveau gérant ; en ne mettant pas le gérant en situation d'entendre les griefs qui lui sont reprochés et de faire valoir ses observations, la société a méconnu le principe du respect des droits de la défense et de la contradiction : ▪ CA Rouen, 16 déc. 2004 : *JurisData* n° 2004-258513 ; *BJS* 2005, p. 736, note B. Saintourens ; *Dr. sociétés* mars 2005, n° 52, obs. J. Monnet. ▪ CA Versailles, 29 mars 2007 : *BJS* 2007, p. 973, note S. Messaï-Bahri.

e) **Charge de la preuve.** Il appartient au gérant, demandeur à l'action en dommages et intérêts, d'établir l'absence de justes motifs : ▪ CA Caen, 19 mai 2005 : *JurisData* n° 2005-275250 ; *Dr. sociétés* oct. 2005, n° 181, obs. J. Monnet.

f) Le gérant est **révocable judiciairement** pour cause légitime à la demande de tout associé, sans que ce dernier soit obligé de consulter préalablement l'intéressé ou les autres associés et, *a fortiori*, d'obtenir leur accord : ▪ CA Paris, 8 nov. 1996 : *BJS* 1996, p. 213, note G. Lesguiller.

4) Distinction de l'abus et du juste motif de révocation. Le caractère abusif de la révocation ne remettant pas en cause l'existence d'un juste motif de révocation, l'abus ne donne lieu qu'à condamnation à dommages et intérêts en réparation du préjudice subi du fait des circonstances brutales de la révocation : ▪ Cass. com., 22 oct. 2013, n° 12-24.162 : *Rev. sociétés* 2014, p. 105, note

B. Saintourens. – Si la mésentente peut constituer un juste motif de révocation, elle n'exclut pas que la révocation soit abusive comme étant intervenue dans des conditions brutales et vexatoires : ▪ Cass. com., 29 mars 2017, n° 15-16.778. ▪ Cass. com., 29 mars 2017, n° 15-16.778 : *Dr. sociétés* 2017, n° 126, obs. J. Heinich.

5) Révocation du gérant par l'associé unique. V. sous C. com., art. L. 223-1, annot. n° 8-1, p. 187.

6) Conséquences de la révocation. *a)* La révocation ne peut avoir **aucun effet rétroactif,** ▪ CA Colmar, 21 nov. 1980 : *D.* 1981, p. 235. ▪ Cass. com., 8 mars 1983 : *Rev. sociétés* 1983, p. 772.

b) **Obligation de non-concurrence du gérant révoqué.** V. sous C. com., art. L. 223-18, annot. n° 6, p. 205.

c) Le gérant salarié d'une SARL, devenu minoritaire à la suite d'une augmentation de capital avant d'être révoqué de ses fonctions de dirigeant, **ne peut être licencié** pour faute lourde en raison des prélèvements qu'il a opérés dans la trésorerie sociale, dès lors que les motifs qui ont justifié son licenciement relèvent de son comportement d'associé et non de salarié : ▪ Cass. soc., 2 juill. 1992 : *BJS* 1992, p. 1099, note P. Le Cannu.

d) Sur l'indemnisation par la société d'une révocation sans justes motifs dans des **conditions brusques et vexatoires,** V. ▪ Cass. com., 1er févr. 1994 : *JCP* E 1994, I, 363, n° 7, obs. A. Viandier et J.-J. Caussain ; *RJDA* 1994, p. 424. – La diffusion de deux communiqués imputant au gérant, directement ou indirectement, outre des retards dans l'exécution des décisions prises, un défaut de transparence dans la facturation, caractérise une atteinte à l'honorabilité de la personne du gérant, dès lors que l'appréciation des circonstances de la révocation doit nécessairement inclure les comportements ayant précédé et suivi la décision : ▪ CA Versailles, 3 mars 2005 : *JurisData* n° 2005-269537 ; *JCP* E 2005, 825.

e) **Faute personnelle des associés ayant voté la révocation.** V. sous C. civ., art. 1832, annot. n° 3-1, p. 5.

7) Décisions équivalant à une révocation. La décision d'une assemblée générale privant le gérant de toute participation à la gestion **équivaut** à une révocation : ▪ Cass. com., 29 mai 1972 : *Bull. civ.* IV, n° 165. – La démission donnée sous la pression des associés n'est pas l'expression d'une volonté réfléchie et consciente, et doit donc être qualifiée de **révocation,** ▪ Cass. com., 30 mai 1980 : *Bull. civ.* IV, n° 224. – Il en va de même de la **démission « en blanc »,** ▪ Cass. com., 5 janv. 1973 : *JCP* 1973, II, 17407, note J. Rousseau.

II – DÉMISSION

Bibliographie : A. Lecourt, *Retour sur la démission des dirigeants de groupements : Dr. sociétés* juill. 2005, p. 10. – D. Martin, *La démission des organes de gestion des sociétés commerciales : Rev. sociétés* 1973, p. 273. – H. Souleau, *La démission des dirigeants des sociétés commerciales : RTD com.* 1972, p. 21.

8) Publicité. *a)* Dès lors que la cessation de fonction d'un dirigeant ayant donné sa démission a été **régulièrement publiée,** le défaut de validité d'un engagement signé par lui est **opposable** aux tiers : ▪ Cass. com., 4 mai 1993 : *Rev. sociétés* 1993, p. 567, note B. Saintourens.

b) Le gérant démissionnaire d'une société en liquidation des biens ne saurait s'exonérer en excipant de l'antériorité de sa démission par rapport à la cessation des paiements alors que cette démission **n'a pas fait l'objet des publicités requises :** ▪ CA Aix-en-Provence, 4 janv. 1978 : *BRDA* 1979, p. 16.

c) La démission du gérant commun à plusieurs sociétés, bien que n'ayant pas été régulièrement publiée au registre du commerce et des sociétés, est opposable au tribunal dans la mesure où celui-ci en a été **informé par le gérant** lui-même à l'audience : ▪ Cass. com., 23 mai 1995 : *BJS* 1995, p. 879, note P. Le Cannu.

9) Le gérant ne peut contester la **validité** de sa **démission** dès lors qu'aucun élément ne permet d'établir qu'il l'a donnée sous la contrainte et qu'aucune prescription légale ou statutaire n'impose que la démission d'un gérant de SARL soit acceptée par la collectivité des associés, puisque sa validité dépend de la seule volonté du mandataire social : ▪ CA Paris, 5 nov. 1999 : *JurisData* n° 1999-132363.

10) Caractère irrévocable de la démission. La démission est irrévocable à compter de la nomination du successeur : ▪ CA Paris, 4 oct. 1991 : *BJS* 1991, p. 1115 ; *RJDA* 1991, p. 870. – Sauf stipulation contraire des statuts, la démission d'un dirigeant de société, qui constitue un acte juridique unilatéral, produit tous ses effets dès lors qu'elle est portée à la connaissance de la société ; elle ne nécessite donc **aucune acceptation** de la part de celle-ci et ne peut faire l'objet d'**aucune rétractation,** son auteur pouvant seulement en contester la validité en démontrant que sa volonté n'a pas été libre et éclairée : ▪ Cass. com., 22 févr. 2005 : *JurisData* n° 2005-027127 ; *BJS* 2005, p. 863, note B. Saintourens ; *D.* 2005, p. 716, obs. A. Lienhard ; *Dr. sociétés* mai 2005, n° 93, obs. J. Monnet ; *JCP* E 2005, act., p. 646 ; *JCP* E 2005, 683, note J.-L. Navarro ; *JCP* E 2005, 1046, n° 8, obs. J.-J. Caussain, Fl. Deboissy et G. Wicker. ▪ Cass. com., 8 juin

2017, n° 14-29.618 : *BJS* 2017, p. 544, note J.-F. Barbièri ; *Dr. sociétés* 2017, n° 206, obs. C. Coupet.

11) Date d'effet de la démission. Si la démission d'un dirigeant social constitue un acte juridique unilatéral qui produit ses effets dès qu'il a été porté à la connaissance de la société, il peut être dérogé à cette règle par la commune intention des parties de lier la date d'effet de la démission avec la fin du préavis et, dans le cas contraire, la méconnaissance de l'obligation de respecter un préavis ouvre seulement droit à dommages-intérêts : ▪ Cass. com., 20 sept. 2017, n° 15-28.262 : *Dr. sociétés* 2017, n° 206, obs. C. Coupet.

12) Conséquences de la démission. *a)* Un gérant ne saurait être débouté de ses demandes en **dommages-intérêts** consécutives à sa révocation, au motif que son comportement était exclusif de tout préjudice subi par lui puisqu'il avait démissionné de ses fonctions sous la seule réserve des droits découlant de son « contrat de travail », alors que cette énonciation présente un caractère équivoque et que la renonciation à un droit ne se présume pas : ▪ Cass. com., 18 févr. 1980 : *Bull. civ.* IV, n° 85.

b) Lorsqu'un dirigeant est en désaccord sur un point important de la gestion de la société, sa démission, fût-elle préjudiciable, n'est **pas fautive** dès lors que des délais raisonnables ont été respectés : ▪ CA Paris, 12 mai 1993 : *JCP* E 1994, I, 331, n° 7, obs. A. Viandier et J.-J. Caussain ; *RJDA* 1994, n° 289.

13) Concurrence déloyale. V. sous C. com., art. L. 223-18, annot. n° 6, p. 205.

III – NON-RENOUVELLEMENT DES FONCTIONS

14) Indemnité. Le refus de l'assemblée de reconduire le mandat du gérant, décision qui prend effet à l'arrivée du terme statutairement prévu pour l'expiration des fonctions sociales, ne constitue **pas une révocation ouvrant droit à indemnité en cas d'absence de juste motif** : ▪ Cass. com., 8 mars 2005 : *JurisData* n° 2005-027523 ; *Dr. sociétés* mai 2005, n° 92, obs. J. Monnet. – Le gérant nommé pour une durée déterminée n'a pas, au terme de ses fonctions, un droit au renouvellement de celles-ci, mais leur non-renouvellement peut donner lieu à l'allocation de dommages-intérêts, si les circonstances qui l'entourent révèlent des **conditions humiliantes ou vexatoires** : ▪ Cass. com., 17 déc. 2002 : *BJS* 2003, p. 307, note P. Le Cannu.

15) Le gérant **non renouvelé** dans ses fonctions n'a **plus vocation à représenter** la société et n'est plus habilité à déclarer l'état de cessation de paiement : ▪ CA Nancy, 20 nov. 1991 : *RJDA* 1992, p. 272.

Art. L. 223-26 ***(Anc. L. n° 66-537, 24 juill. 1966 ; mod., Ord. n° 2004-1382, 20 déc. 2004 ; L. n° 2012-387, 22 mars 2012 ; Ord. n° 2014-863, 31 juill. 2014 ; Ord. n° 2017-1162, 12 juill. 2017).*** **– Le rapport de gestion, l'inventaire et les comptes annuels établis par les gérants, sont soumis à l'approbation des associés réunis en assemblée, dans le délai de six mois à compter de la clôture de l'exercice sous réserve de prolongation de ce délai par décision de justice. Si l'assemblée des associés n'a pas été réunie dans ce délai, le ministère public ou toute personne intéressée peut saisir le président du tribunal compétent statuant en référé afin d'enjoindre, le cas échéant sous astreinte, aux gérants de convoquer cette assemblée ou de désigner un mandataire pour y procéder.**

Les documents visés à l'alinéa précédent, le texte des résolutions proposées ainsi que le cas échéant, le rapport des commissaires aux comptes, les comptes consolidés et le rapport sur la gestion du groupe sont communiqués aux associés dans les conditions et délais déterminés par décret en Conseil d'État. Toute délibération, prise en violation des dispositions du présent alinéa et du décret pris pour son application, peut être annulée.

À compter de la communication prévue à l'alinéa précédent, tout associé a la faculté de poser par écrit des questions auxquelles le gérant est tenu de répondre au cours de l'assemblée.

L'associé peut, en outre, et à toute époque, obtenir communication, dans les conditions fixées par décret en Conseil d'État, des documents sociaux déterminés par ledit décret et concernant les trois derniers exercices.

Toute clause contraire aux dispositions du présent article et du décret pris pour son application, est réputée non écrite.

Le I de l'article L. 225-100-1 s'applique au rapport de gestion. Le cas échéant, le II de l'article L. 225-100-1 s'applique au rapport consolidé de gestion.

Voir : C. com., art. R. 223-14, R. 223-15, R. 223-18, p. 625, art. R. 223-18-1, p. 626 et R. 223-28, p. 628.

Injonction de faire, C. com., art. L. 238-1, p. 562. – **Sanctions pénales,** C. com., art. L. 241-3, 2° et 3°, p. 570, L. 241-4, p. 571, L. 241-5, p. 571 et L. 820-1, p. 896.

Bibliographie : M. Supiot et P. Birotheau, *AGOA d'une SARL et approbation des comptes d'une EURL* : *JCP* E 2018, 1236.

1) Caractère impératif du délai de six mois. Passé le délai de six mois, le juge ne peut accorder un délai supplémentaire pour convoquer l'assemblée annuelle : ▪ CA Nîmes, 24 avr. 2014, n° 13/05611 : *Dr. sociétés* 2014, n° 129, obs. M. Roussille. – Et le juge est tenu de procéder à la désignation du mandataire *ad hoc* : ▪ Cass. com., 24 oct. 2018, n° 16-25.297 : *Dr. sociétés* 2019, n° 5, obs. C. Coupet.

2) Information des associés préalablement à la tenue d'une assemblée.

a) Les juges peuvent **refuser d'annuler** une assemblée générale malgré un refus de communication de l'inventaire, dès lors que ce refus n'a pas pu avoir pour conséquence de modifier le vote des décisions de l'assemblée : ▪ Cass. com., 15 nov. 1955 : *Bull. civ.* III, n° 321.

b) La communication préalable du rapport spécial de gérance sur les conventions intervenues directement ou par personne interposée entre la société et l'un de ses gérants ou associés n'est pas imposée expressément par la loi ou le décret et **ne peut justifier l'annulation** de l'assemblée durant laquelle l'associé demandeur aurait pu, s'il y avait participé et s'il y avait lieu, exiger sa lecture : ▪ CA Versailles, 12 mars 1991 : *BJS* 1991, p. 525, note P. Le Cannu.

c) Doit être annulée une assemblée annuelle faute pour les associés d'avoir reçu dans le rapport de gestion une information complète sur les conditions juridiques et financières d'une opération ayant une incidence sur les comptes : ▪ CA Paris, 17 déc. 1999 : *RJDA* 2000, n° 292.

3) Droit de consulter des documents au siège social. L'associé a le droit, à toute époque de l'année, de consulter certains documents au siège social et d'en prendre copie, ce qui suppose que la société mette à sa disposition un photocopieur : ▪ CA Orléans, 22 déc. 2005 : *JurisData* n° 2005-297810 ; *Dr. sociétés* juin 2006, n° 90, obs. J. Monnet.

4) Distribution de dividendes sous forme de remise de droits immobiliers. V. sous C. civ., art. 1844-1, annot. n° 3, p. 85.

Art. L. 223-26-1 *(L. n° 2014-1662, 30 déc. 2014)*. – L'article L. 225-102-3, à l'exception du IV, est applicable aux sociétés à responsabilité limitée.

Les rapports mentionnés au même article L. 225-102-3 sont établis par les gérants.

Ces rapports sont déposés au greffe du tribunal de commerce, pour être annexés au registre du commerce et des sociétés, dans le mois suivant l'approbation des comptes annuels par l'assemblée générale des actionnaires ou dans les deux mois suivant cette approbation lorsque ce dépôt est effectué par voie électronique. Ils font également l'objet, dans les mêmes délais, d'une publication gratuite, accessible au public et lisible sur le site internet de la société, dans des conditions prévues par décret en Conseil d'État.

Voir : C. com., art. R. 223-18-2, p. 626.

Art. L. 223-27 *(Anc. L. n° 66-537, 24 juill. 1966 ; mod., L. n° 2003-7, 3 janv. 2003 ; Ord. n° 2004-274, 25 mars 2004 ; L. n° 2008-776, 4 août 2008 ; L. n° 2012-387, 22 mars 2012)*. – Les décisions sont prises en assemblée. Toutefois, les statuts peuvent stipuler qu'à l'exception de celles prévues au premier alinéa de l'article L. 223-26 toutes les décisions ou certaines d'entre elles peuvent être prises par consultation écrite des associés ou pourront résulter du consentement de tous les associés exprimé dans un acte.

Les associés sont convoqués aux assemblées dans les formes et délais prévus par décret en Conseil d'État. La convocation est faite par le gérant ou, à défaut, par le commissaire aux comptes, s'il en existe un. L'assemblée ne peut se tenir avant l'expiration du délai de communication des documents mentionnés à l'article L. 223-26.

Hors les cas où l'assemblée délibère sur les opérations mentionnées aux articles L. 232-1 et L. 233-16 et lorsque les statuts le prévoient, sont réputés présents pour le calcul du quorum et de la majorité les associés qui participent à l'assemblée par visioconférence ou par des moyens de télécommunication permettant leur identification et dont la nature et les conditions d'application sont déterminées par décret en Conseil d'État. Les statuts peuvent prévoir un droit d'opposition à l'utilisation de ces moyens au profit d'un nombre déterminé d'associés et pour une délibération déterminée.

Un ou plusieurs associés détenant la moitié des parts sociales ou détenant, s'ils représentent au moins le dixième des associés, le dixième des parts sociales, peuvent demander la réunion d'une assemblée. *(Mots suppr., Ord. n° 2017-747, 4 mai 2017)* « ... ».

(Ord. n° 2017-747, 4 mai 2017) Un ou plusieurs associés détenant le vingtième des parts sociales ont la faculté de faire inscrire à l'ordre du jour de l'assemblée des points ou projets de résolution qui sont portés à la connaissance des autres associés, dans les conditions déterminées par décret en Conseil d'État.

(Ord. n° 2017-747, 4 mai 2017) Toute clause contraire aux dispositions des deux alinéas précédents est réputée non écrite.

Tout associé peut demander en justice la désignation d'un mandataire chargé de convoquer l'assemblée et de fixer son ordre du jour.

En cas de décès du gérant unique, le commissaire aux comptes ou tout associé convoque l'assemblée des associés à seule fin de procéder au remplacement du gérant. Cette convocation a lieu dans les formes et délais prévus par décret en Conseil d'État.

Toute assemblée irrégulièrement convoquée peut être annulée. Toutefois, l'action en nullité n'est pas recevable lorsque tous les associés étaient présents ou représentés.

Voir : la rédaction de cet article issue de l'ordonnance n° 2019-744 du 19 juillet 2019, en *addendum*, p. 3371.

Voir : C. com., art. R. 223-19 à R. 223-24, p. 626.

Bibliographie : *Adde* A. Bougnoux, *JCl. Sociétés traité*, Fasc. 75-10.

1) Convocation de l'assemblée par le gérant. *a)* **Compétence du gérant.** Dans le silence des statuts, la convocation peut être faite par chacun des cogérants, sans que les autres gérants puissent s'y opposer : ▪ CA Paris, 5 nov. 1999 : *BJS* 2000, p. 170, note P. Le Cannu. – Mais la convocation est irrégulière lorsque, en violation des statuts, un seul des gérants y a procédé : ▪ Cass. com., 28 févr. 1972 : *Rev. sociétés* 1973, p. 100, note B. Bouloc. – Il en est de même lorsque les associés ont procédé directement à cette convocation : ▪ Cass. com., 4 mars 1974 : *Rev. sociétés* 1975, p. 69. – V. égal., Rép. min., n° 55206 : *JOAN* 17 mai 2016, p. 4253. – Le défaut de convocation de l'assemblée par le gérant peut engager la responsabilité de l'expert-comptable lorsque celui-ci assure une mission de secrétariat juridique incluant l'assistance à la convocation et à la tenue des assemblées : ▪ Cass. com., 8 mars 2016, n° 14-24.769 : *Dr. sociétés* 2016, n° 103, obs. M. Roussille.

b) **Défaut de signature de la convocation.** Aucun texte n'exigeant que la convocation aux assemblées soit signée par le gérant, le défaut de signature ne peut emporter nullité des assemblées pour irrégularité de la convocation : ▪ Cass. com., 16 févr. 2016, n° 14-21.829 : *Dr. sociétés* 2016, n° 123, obs. D. Gallois-Cochet ; *Rev. sociétés* 2016, p. 451, note M. Dubertret.

2) Convocation de l'assemblée à la demande d'un associé. Est irrégulière la convocation de l'assemblée par l'associé minoritaire qui a lui-même procédé à cette convocation sans avoir au préalable sollicité du gérant sa réunion, ni demandé en justice la désignation d'un mandataire à cette fin : ▪ CA Aix-en-Provence, 23 juin 2011 : *JurisData* n° 2011-015662 ; *Dr. sociétés* 2011, n° 194, obs. M. Roussille. – Toutefois, l'assemblée générale convoquée par un associé sous l'égide et le contrôle d'un administrateur judiciaire est valable : ▪ Cass. com., 24 mai 1994 : *BRDA* 14/1994, p. 4.

3) Désignation d'un mandataire *ad hoc*. *a)* **Mise en demeure préalable du gérant.** La demande judiciaire visant à la désignation d'un mandataire chargé de convoquer l'assemblée exige qu'au préalable le gérant ait été mis en demeure de procéder à cette convocation : ▪ CA Reims, 17 juill. 1975 : *Rev. sociétés* 1976, p. 631, note J. H.

b) **Procédure de désignation.** La compétence attribuée au président du tribunal de commerce *[C. com., art. R. 223-20]* est une compétence spéciale qui se suffit à elle-même, sans qu'il soit nécessaire d'exiger que les conditions générales de la procédure de référé – et notamment la condition d'urgence – soient réunies : ▪ CA Reims, préc. – Lorsque la gérance est vacante à la suite de la démission du gérant, le président du tribunal de commerce peut valablement désigner, par **ordonnance sur requête,** un mandataire *ad hoc* chargé de convoquer une assemblée en vue de pourvoir à son remplacement sans que, la société étant dépourvue de représentant légal, il soit nécessaire de vérifier l'opportunité de déroger au principe du contradictoire : ▪ Cass. com., 19 déc. 2006, n° 05-17.671 : *Dr. sociétés* 2007, n° 77, obs. J. Monnet ; *JCP* E 2007, 1503, note H. Lécuyer.

c) **Bien-fondé de la demande de désignation.** Le président du tribunal de commerce peut surseoir à statuer si un doute existe quant à la régularité de l'assemblée à convoquer tel un litige relatif à la propriété des parts sociales : ▪ CA Rouen, 10 juin 1971 : *Gaz. Pal.* 1971, 2, p. 631. – La nomination d'un mandataire chargé de convoquer une assemblée doit être accueillie lorsqu'elle répond à un souci légitime d'information dans l'intérêt du devenir de la société : ▪ Cass. com., 19 juin 1990 : *Rev. sociétés* 1990, p. 621, note J.-P. Sortais. – Le seul fait que soit contestée la régularité des convocations comme des délibérations ne suffit pas à fonder la demande de désignation d'un mandataire chargé de convoquer l'assemblée générale d'une SARL dès lors que les assemblées litigieuses ont été tenues : ▪ CA Colmar, 14 déc. 2004 ; *JurisData* n° 2004-270139 ; *JCP* E 2005, 1240.

d) **Demande formée par des associés majoritaires.** Dès lors qu'il est constaté que l'associé majoritaire a demandé au gérant la réunion d'une assemblée générale en vue de la désignation d'un nouveau gérant et que cette demande lui a été refusée, le juge est tenu de faire droit à la demande de désignation d'un mandataire *ad* *hoc* chargé de convoquer cette assemblée sans avoir à en apprécier l'opportunité : ▪ Cass. com., 6 févr. 2019, n° 16-27.560 : *BJS* 2019, p. 28, note J.-M. Moulin ; *Dr. sociétés* 2019, n° 66, obs. J. Heinich.

4) Fixation judiciaire de l'ordre du jour. Ne s'immisce pas dans la gestion de la société et respecte les pouvoirs et la liberté des associés, qui demeurent libres de leur vote, la décision qui précise que l'assemblée générale aura pour ordre du jour la constatation de la révocation du gérant et la nomination d'un nouveau gérant précisément identifié par la décision : ▪ Cass. com., 26 avr. 2016, n° 15-19.472 : *BJS* 2017, p. 607, note T. Favario ; *Dr. sociétés* 2017, n° 123, obs. J. Heinich.

5) Causes de nullité de l'assemblée générale.

a) **Convocation irrégulière de l'assemblée générale.** Le fait que le gérant perde, en raison de la liquidation judiciaire, le pouvoir de convoquer l'assemblée est sans conséquence, puisqu'il résulte du compte-rendu que tous les **associés** étaient **présents** : ▪ Cass. com., 17 juill. 2001 : *BJS* 2001, p. 1108, note J.-P. Chazal. – Pour une application de l'alinéa 5 de l'article L. 223-27 selon lequel l'action en nullité d'une assemblée irrégulièrement convoquée est irrecevable lorsque tous les associés sont présents ou représentés : ▪ CA Paris, 29 janv. 2002 : *JurisData* n° 2002-185884. – L'irrégularité dans la demande de désignation du mandataire de justice n'affecte pas la validité de l'assemblée générale convoquée par le mandataire dès lors que l'ensemble des associés étaient présents : ▪ CA Paris, 22 mai 1992 : *BJS* 1992, p. 1087.

b) **Non-respect de l'ordre du jour.**

– En cas d'adoption d'une résolution nommant un commissaire aux comptes consécutive au rejet d'une première résolution prévue à l'ordre du jour et ayant le même objet, la résolution adoptée étant nouvelle, la délibération d'assemblée générale est irrégulière : ▪ Cass. com., 14 févr. 2018, n° 15-16.525, PB : *BJS* 2018, p. 214, note J.-F. Barbièri ; *Dr. sociétés* 2018, n° 82, obs. C. Coupet.

– Est irrecevable l'action en nullité dirigée contre une décision d'assemblée ayant statué sur une décision ne figurant pas à l'ordre du jour *[révocation du gérant non associé]* dès lors que l'assemblée litigieuse s'est tenue en présence de tous les associés et que le gérant non associé n'a pas qualité à contester des votes auxquels il ne participe pas : ▪ CA Paris, 15 févr. 2008, n° 07-14454 : *BJS* 2009, p. 119, note C. Boillot ; *Dr. sociétés* 2009, n° 95, obs. D. Gallois-Cochet.

6) Condition de la nullité de l'assemblée générale.

a) **Exigence d'un grief.** Il incombe au juge de caractériser le grief que l'absence de convocation à l'assemblée aurait causé à l'associé qui en demande la nullité : ▪ Cass. com., 10 nov. 2015, n° 14-16.022 : *BJS* 2016, p. 149, note M. Buchberger ; *Rev. sociétés* 2016, p. 366, note A. Lecourt.

b) **Caractère facultatif ?** Les juges saisis d'une demande d'annulation d'une assemblée irrégulièrement convoquée **ne sont pas liés par la constatation de l'existence d'une telle irrégularité** ; en l'espèce, après avoir relevé que l'associé demandant l'annulation avait donné *quitus* sans réserve au gérant pour sa gestion pendant trois ans alors que l'opération de prise de participation litigieuse apparaissait au bilan, les seconds juges ont pu estimer que, ce faisant, l'associé avait expressément approuvé les actes accomplis en exécution de la résolution adoptée lors de l'assemblée et avait, par conséquent, tacitement ratifié cette résolution elle-même : ▪ Cass. com., 5 déc. 2000 : *JurisData* n° 2000-007227 ; *JCP* E 2001, p. 897, obs. A. Viandier et J.-J. Caussain ; *BJS* 2001, p. 262, note P. Le Cannu ; *D.* 2001, act. jurispr. p. 239, obs. A. Lienhard. – Il n'y a pas lieu d'annuler une assemblée pour défaut de convocation d'un associé lorsque le gérant justifie avoir adressé à celui-ci une convocation par courrier électronique avec mention de l'ordre du jour, l'associé ayant ainsi été informé de la date et de la teneur de l'assemblée : ▪ CA Paris, 6 déc. 2007 : *JurisData* n° 2007-357792 ; *Dr. sociétés* 2008, n° 103, obs. J. Monnet.

7) Exemples d'annulation :

– pour **défaut de convocation** d'un associé : ▪ CA Paris, 26 mars 1986 : *BJS* 1986, p. 619 ;

– pour **violation des règles de majorité** prévues par les statuts : ▪ CA Versailles, 3 déc. 1986 : *JCP* E 1987, 16644, n° 16, obs. A. Viandier et J.-J. Caussain ;

– pour **non-respect des règles de représentation** d'un associé par son conjoint : Voir sous C. com., art. L. 223-28, annot. n° 3, p. 223.

8) Refus d'annulation :

– le **défaut de signature de la feuille de présence** par l'un des associés n'est ni une cause d'annulation, ni une cause d'inexistence de l'assemblée : ▪ CA Paris, 24 sept. 1981 : *Gaz. Pal.* 1981, 2, somm. p. 311 ;

– l'**annulation de la décision disciplinaire** de suspension d'un commissaire aux comptes n'a pas pour effet de rendre nulles de plein droit les assemblées générales de la société régulièrement tenues sur le rapport du commissaire suppléant en raison de l'existence, à l'époque, de la sanction disciplinaire, laquelle n'a été qu'ensuite annulée, la société n'ayant de toute façon pas à en vérifier la validité : ▪ Cass. com., 10 mars 1998 : *JurisData* n° 1998-001410 ;

– la **révocation du gérant** prise à la majorité des associés, à supposer qu'elle soit abusive, ne saurait constituer un motif d'annulation de l'assemblée, mais seulement donner lieu à des dommages et intérêts : ▪ CA Paris, 29 janv. 2002 : *JurisData* n° 2002-185884.

9) Consultation écrite des associés. *a)* On ne peut pas cumuler pour une même décision la réunion en assemblée et la consultation écrite : ▪ CA Orléans, 26 oct. 1989 : *Rev. sociétés* 1989, p. 644.

b) **Règles de quorum et de majorité.** V. sous C. com., art. L. 223-30, annot. n° 3, p. 224.

10) Révocation du gérant pour non-convocation de l'assemblée. V. sous C. com., art. L. 223-25, annot. n° 2, p. 215.

11) Le gérant qui rédige un **procès-verbal fictif** peut être condamné pénalement pour faux en cas d'assemblée générale prétendument tenue et non effectivement réunie : ▪ Cass. crim., 6 sept. 2000 : *BJS* 2001, p. 41. – Il en va de même lorsque le procès-verbal a été rédigé avec l'assistance d'un avocat : ▪ Cass. crim., 3 déc. 2014, n° 13-86.289 : *Rev. sociétés* 2015, p. 192, note B. Bouloc.

Art. L. 223-28 *(Anc. L. n° 66-537, 24 juill. 1966).* **– Chaque associé a droit de participer aux décisions et dispose d'un nombre de voix égal à celui des parts sociales qu'il possède.**

Un associé peut se faire représenter par son conjoint à moins que la société ne comprenne que les deux époux. Sauf si les associés sont au nombre de deux, un associé peut se faire représenter par un autre associé.

Il ne peut se faire représenter par une autre personne que si les statuts le permettent.

Un associé ne peut constituer un mandataire pour voter du chef d'une partie de ses parts et voter en personne du chef de l'autre partie.

Toute clause contraire aux dispositions des premier, deuxième et quatrième alinéas ci-dessus est réputée non écrite.

Voir : C. com., art. R. 223-21, p. 627.

Démembrement des parts sociales, C. civ., art. 1844, al. 3 et 4, p. 72. – **Indivision des parts sociales,** C. civ., art. 1844, al. 2 et 4, p. 72.

1) Cession du droit de vote. La cession du droit de vote est **nulle**, d'ordre public : ▪ CA Paris, 17 nov. 1965 : *JCP* 1966, II, 14553, note J. R.

2) Société de deux associés. Dans le cas où il n'y a que deux associés, l'application stricte dela faculté prévue à l'article 58 de la loi du 24 juillet 1966 *[C. com., art. L. 223-28]* a pour conséquence que l'assemblée pourrait se tenir avec un seul associé, concentrant tous les droits de vote entre ses mains, ce qui ne paraît pas recommandé dans la mesure où cela paraît peu compatible avec la notion même d'assemblée et le caractère collectif de ses décisions : Rép. min. : *JOAN Q,* 10 mars 1980, p. 974.

3) Représentation d'un associé. *a)* Lorsqu'une société comprend deux associés, l'un d'entre eux ne peut pas se faire représenter par l'autre dans les assemblées générales, toute clause contraire étant réputée non écrite : ▪ Cass. com., 19 févr. 1991 : *JCP* 1991, IV, p. 150 ; *BJS* 1991, p. 413, note P. Le Cannu ; *D.* 1991, inf. rap. p. 75.

b) Le mandat donné de délibérer sur l'examen de l'activité de la société n'exclut pas la participation à la révocation du gérant : ▪ Cass. com., 29 juin 1993 : *JCP* E 1993, I, 288, n° 5.

c) Est valable la clause statutaire selon laquelle un associé participe au vote soit par lui-même, soit par un mandataire de son choix, aucune disposition légale ou statutaire, ni aucun principe supérieur du droit n'interdisant à un associé de se faire représenter lors de chaque assemblée, que ce soit par son conjoint, par un autre associé ou par une autre personne, serait-elle toujours la même : ▪ CA Aix-en-Provence, 17 oct. 1997 : *BJS* 1998, p. 531, note B. Saintourens.

d) **Époux.** Un conjoint associé ne peut, à peine de nullité *[C. com., art. L. 223-27]*, représenter son conjoint, lui-même associé, qu'en vertu d'un mandat régulier, lequel ne peut résulter de la gestion concurrente des parts sociales communes : ▪ CA Lyon, 19 févr. 2004 : *Dr. sociétés* juill. 2004, n° 130, obs. J. Monnet.

4) Associé personne morale. Une société *[SA]*, associée d'une SARL, est en principe représentée aux assemblées générales de celle-ci par son représentant légal, lequel peut déléguer ce pouvoir à un tiers qui, comme le représentant légal, n'est pas tenu d'avoir la qualité d'associé de cette SARL : ▪ CA Lyon, 9 nov. 2006 : *JurisData* n° 2006-322-829 ; *Dr. sociétés* 2007, n° 53, obs. J. Monnet.

5) Application aux SELARL. La dissociation entre le capital et les droits de vote est possible pour toutes les formes de SEL, excepté pour les SELARL qui sont soumises aux principes d'ordre public de l'article L. 223-28 selon lequel chaque associé dispose d'un nombre de voix égal à celui des parts sociales qu'il possède : Rép. min. n° 110574, *JOAN* Q, 6 déc. 2011.

Art. L. 223-29 *(Anc. L. n° 66-537, 24 juill. 1966).* **– Dans les assemblées ou lors des consultations écrites, les décisions sont adoptées par un ou plusieurs associés représentant plus de la moitié des parts sociales.**

Si cette majorité n'est pas obtenue et sauf stipulation contraire des statuts, les associés sont, selon les cas, convoqués ou consultés une seconde fois, et les décisions sont prises à la majorité des votes émis, quel que soit le nombre des votants.

Voir : la rédaction de cet article issue de l'ordonnance n° 2019-744 du 19 juillet 2019, en *addendum*, p. 3371.

1) Portée. L'article 59 de la loi du 24 juillet 1966 *[C. com., art. L. 223-29]* n'a pas un caractère impératif : ▪ CA Douai, 9 févr. 1973 : *BJS* 1973, p. 425.

2) Majorité. *a)* Sur la nullité d'une délibération votée en **première consultation** par un associé qui ne représentait que la moitié du capital : ▪ CA Paris, 8 juin 1994 : *BRDA* 17/1994, p. 4.

b) Si la majorité renforcée de 60 % du capital requise par les statuts n'a pu être obtenue sur une résolution, les associés peuvent être consultés **une seconde fois**, la décision étant alors prise à la majorité des votes émis : ▪ T. com. Nantes, 3 juin 1993 : *JCP* E 1993, I, 288, n° 11, obs. A. Viandier et J.-J. Caussain. – *Adde* ▪ Cass. com., 2 déc. 1997 : *JurisData* n° 1997-004875 ; *JCP* E 1998, p. 660, note J.-J. Daigre ; *BJS* 1998, p. 117, note J.-F. Barbièri.

c) Ce n'est qu'en l'absence de stipulation contraire des statuts que les associés décident, sur **deuxième convocation** à la majorité des votes émis : ▪ CA Versailles, 3 déc. 1986 : *JCP* E 1987, 16644, n° 16, obs. A. Viandier et J.-J. Caussain.

3) Abus de majorité. V. sous C. civ., art. 1833, annot. n° 14, p. 23.

4) Abus de minorité. V. sous C. civ., art. 1833, annot. n° 19, p. 25.

Art. L. 223-30 *(Anc. L. n° 66-537, 24 juill. 1966 ; mod., L. n° 2005-882, 2 août 2005 ; L. n° 2014-1545, 20 déc. 2014)*.

– Les associés ne peuvent, si ce n'est à l'unanimité, changer la nationalité de la société. Sous réserve du huitième alinéa de l'article L. 223-18, le déplacement du siège social est décidé par un ou plusieurs associés représentant plus de la moitié des parts sociales.

Toutes autres modifications des statuts sont décidées par les associés représentant au moins les trois quarts des parts sociales. Toute clause exigeant une majorité plus élevée est réputée non écrite.

Toutefois, pour les modifications statutaires des sociétés à responsabilité limitée constituées après la publication de la loi n° 2005-882 du 2 août 2005 en faveur des petites et moyennes entreprises, l'assemblée ne délibère valablement que si les associés présents ou représentés possèdent au moins, sur première convocation, le quart des parts et, sur deuxième convocation, le cinquième de celles-ci. À défaut de ce quorum, la deuxième assemblée peut être prorogée à une date postérieure de deux mois au plus à celle à laquelle elle avait été convoquée. Dans l'un ou l'autre de ces deux cas, les modifications sont décidées à la majorité des deux tiers des parts détenues par les associés présents ou représentés, à l'exception du déplacement du siège social, décidé par un ou plusieurs associés représentant plus de la moitié des parts. Les statuts peuvent prévoir des quorums ou une majorité plus élevés, sans pouvoir, pour cette dernière, exiger l'unanimité des associés.

Les sociétés constituées antérieurement à la publication de la loi n° 2005-882 du 2 août 2005 précitée peuvent, sur décision prise à l'unanimité des associés, être régies par les dispositions du troisième alinéa.

La majorité ne peut en aucun cas obliger un associé à augmenter son engagement social.

Par dérogation aux dispositions des deuxième et troisième alinéa, la décision d'augmenter le capital par incorporation de bénéfices ou de réserves est prise par les associés représentant au moins la moitié des parts sociales.

Voir : la rédaction de cet article issue de l'ordonnance n° 2019-744 du 19 juillet 2019, en *addendum*, p. 3371.

Voir : C. civ., art. 1836, p. 35 ; C. com., art. L. 210-3, p. 168.

1) Modification de la durée de la société. L'article 60 de la loi du 24 juillet 1966 *[C. com., art. L. 223-30]* est applicable à la dissolution anticipée de la société, qui équivaut à une modification de la durée statutaire (▪ Cass. com., 18 juin 1973 : *Rev. sociétés* 1974, p. 312, note J. H.).

2) Abus de majorité. Pour des applications de la théorie de l'abus de majorité en matière de modification statutaire : V. ▪ CA Pau, 24 déc. 1935 : *Gaz. Pal.* 1936, 1, p. 399. ▪ Cass. com., 11 oct. 1967 : *Bull. civ.* III, n° 319. ▪ T. com. Paris, 29 juin 1981 : *Rev. sociétés* 1982, p. 791, note M. Guilberteau. – Voir aussi sous C. civ., art. 1833, annot. n° 14, p. 23.

3) Les **règles de quorum et de majorité** prévues par l'article L. 223-30, alinéa 3, s'appliquent aux décisions prises en assemblées comme à celles adoptées sur consultation écrite des associés *[C. com., art. L. 227-26]* : Rép. min. Dubernard, n° 74862 : *JOAN Q*, 24 janv. 2006, p. 757 ; *D.* 2006, p. 363 ; *JCP* E 2006, 1734, note J.-L. Navarro.

4) Exclusion de la nullité en cas de non-respect des règles statutaires de majorité. V. sous C. com., art. L. 235-1, annot. n° 2, p. 523.

Art. L. 223-31 *(Anc. L. n° 66-537, 24 juill. 1966 ; mod., L. n° 2005-882, 2 août 2005 ; L. n° 2008-776, 4 août 2008).* – **Les trois premiers alinéas de l'article L. 223-26 et les articles L. 223-27 à L. 223-30 ne sont pas applicables aux sociétés ne comprenant qu'un seul associé.**

Dans ce cas, le rapport de gestion, l'inventaire et les comptes annuels sont établis par le gérant. L'associé unique approuve les comptes, le cas échéant après rapport des commissaires aux comptes, dans le délai de six mois à compter de la clôture de l'exercice. Lorsque l'associé unique est seul gérant de la société, le dépôt au registre du commerce et des sociétés, dans le même délai, de l'inventaire et des comptes annuels, dûment signés, vaut approbation des comptes sans que l'associé unique ait à porter au registre prévu à l'alinéa suivant le récépissé délivré par le greffe du tribunal de commerce.

L'associé unique ne peut déléguer ses pouvoirs. Ses décisions, prises au lieu et place de l'assemblée, sont répertoriées dans un registre.

Les décisions prises en violation des dispositions du présent article peuvent être annulées à la demande de tout intéressé.

Voir : C. com., art. R. 223-25 et R. 223-26, p. 628.

Dispense de rapport de gestion (EURL), C. com., art. L. 232-1, p. 482.

1) Reprise des actes accomplis au nom d'une EURL en formation. V. sous C. com., art. L. 223-1, annot. n° 13, p. 188.

2) Dispense d'approbation des comptes. Si l'obligation d'approuver les comptes est supprimée dans une EURL dont l'associé unique est gérant, à la condition que ceux-ci soient déposés au RCS dans un délai de six mois à compter de la clôture de l'exercice *[C. com., art. L. 223-31, al. 2]*, l'obligation de tenir un registre des décisions est maintenue : Rép. min. Hénart, n° 84028 : *JOAN* Q, 21 févr. 2006, p. 1920. – *Adde* A. Theimer, *Pour l'obligation d'approuver les comptes dans toutes les SARL : JCP* E 2006, 1077.

3) Inscription des décisions au registre. La décision fixant la rémunération du gérant associé unique doit être répertoriée dans le registre prévu à l'alinéa 3 de l'article L. 223-31, faute de quoi la décision prise en violation de cette disposition peut être annulée à la demande de tout intéressé : ▪ Cass. com., 25 sept. 2012, n° 11-22.337, PB : *BJS* 2013, p. 26, note B. Dondero ; *Rev. sociétés* 2013, p. 104, note A. Couret.

4) Rémunération du gérant associé unique. Sont régulières les rémunérations déterminées conformément aux prévisions statutaires et expressément approuvées, peu important qu'elles aient été perçues avant la formalisation de la décision par l'associé unique ; et l'absence de mentions des rémunérations au registre prévu par l'alinéa 3 de l'article L. 223-31, dès lors que cette absence ne lui est pas imputable et qu'il n'est pas argué de leur caractère excessif, peut ne pas être sanctionné par la nullité qui est laissée à l'appréciation du juge par l'article L. 223-31 : ▪ Cass. com., 9 janv. 2019, n° 17-18.864 : *BJS* 2019, p. 33, note J.-J. Ansault ; *Dr. sociétés* 2019, n° 67, note J. Heinich.

Art. L. 223-32 *(Anc. L. n° 66-537, 24 juill. 1966 ; mod., L. n° 2012-387, 22 mars 2012).* – **En cas d'augmentation de capital par souscription de parts sociales en numéraire, les dispositions du dernier alinéa de l'article L. 223-7 sont applicables. Ces parts sont obligatoirement libérées, lors de la souscription, d'un quart au moins de leur valeur nominale. La libération du surplus doit intervenir, en une ou plusieurs fois, dans le délai de cinq ans à compter du jour où l'augmentation du capital est devenue définitive.**

Le retrait des fonds provenant de souscriptions peut être effectué par un mandataire de la société après l'établissement du certificat du dépositaire.

Si l'augmentation du capital n'est pas réalisée dans le délai de six mois à compter du premier dépôt de fonds, il peut être fait application des dispositions du deuxième alinéa de l'article L. 223-8.

Voir : C. com., art. R. 223-3 à R. 223-5, p. 624.

Bibliographie : *Adde* M. Pétot-Fontaine, *JCl. Sociétés traité*, Fasc. 78-20.

1) Caractère commercial. L'engagement d'augmenter le capital souscrit par les associés d'une SARL a un caractère commercial qui entraîne la solidarité des signataires : ▪ Cass. com., 15 mai 1990 : *BJS* 1990, p. 787.

2) Droit préférentiel de souscription. *a)* Si la loi ne prévoit pas de droit préférentiel de souscription, ce dernier peut être institué par une clause des statuts : ▪ Cass. com., 18 avr. 2000 : *BJS* 2000, p. 920, note J.-J. Daigre.

b) **Renonciation.** La renonciation au droit préférentiel de souscription statutaire peut être induite de faits manifestant sans ambiguïté la volonté de renoncer : ▪ Cass. com., 7 févr. 1972 : *Rev. sociétés* 1973, p. 297, note E. du Pontavice. ▪ CA Aix-en-Provence, 9 avr. 1992 : *Rev. sociétés* 1992, p. 382 ; *RJDA* 1992, p. 9. ▪ CA Paris, 27 févr. 1997 : *JCP* E 1997, I, 676, n° 2, obs. A. Viandier et J.-J. Caussain ; *BJS* 1997, p. 677, note P. Le Cannu.

3) Procédure. Deux assemblées générales extraordinaires sont nécessaires afin de réaliser une augmentation de capital, la première pour décider l'opération et la seconde pour constater l'accomplissement des formalités après dépôt des fonds ; l'irrégularité résultant de la tenue d'une seule assemblée pour décider l'augmentation de capital en numéraire et constater sa réalisation alors que les fonds provenant de la souscription n'avaient pas fait l'objet d'un dépôt, ne saurait être couverte en l'absence d'unanimité : ▪ CA Aix-en-Provence, 23 nov. 2001 : *JurisData* n° 2001-164787 ; *Dr. sociétés* 2002, n° 118, obs. J. Monnet.

4) Libération par compensation. L'augmentation de capital par compensation de créance est licite : Rép. min. : *JOAN* Q, 6 mai 1970, p. 1583. ▪ Cass. com., 7 févr. 1972, préc. ▪ CA Versailles, 25 oct. 1990 : *BJS* 1991, p. 76, note M. Jeantin.

5) Libération échelonnée. Le renvoi opéré par l'article L. 223-32 à l'article L. 223-7 ne portant que sur le dernier alinéa de ce dernier texte, il ne permet pas d'échelonner sur cinq ans la libération des parts créées à l'occasion d'une augmentation de capital : Rép. min n° 33440 : *JOAN* Q, 14 juill. 2009, p. 7407.

6) Le fait pour un gérant d'affecter les fonds reçus à l'occasion d'une augmentation de capital qui ne s'est pas réalisée aux besoins de trésorerie de la société est constitutif d'un **abus de confiance** : ▪ Cass. crim., 9 janv. 1980 : *Bull. crim.* 1980, n° 14.

7) Est irrecevable **l'action paulienne** intentée par une société ayant cédé des parts de SARL nanties à son profit à l'un de ses coassociés et demeurées impayées, visant à faire annuler l'augmentation de capital de cette SARL au motif que la renonciation par son débiteur à son droit préférentiel de souscription et son consentement à l'augmentation de capital lui ont fait perdre le contrôle de la société et ont affaibli la valeur du nantissement : ▪ CA Paris, 27 févr. 1997, préc.

Art. L. 223-33 *(Anc. L. n° 66-537, 24 juill. 1966 ; mod., L. n° 2003-7, 3 janv. 2003 ; L. n° 2012-387, 22 mars 2012 ; L. n° 2016-1691, 9 déc. 2016).* **– Si l'augmentation du capital est réalisée, soit en totalité, soit en partie par des apports en nature, les dispositions de l'article L. 223-9 sont applicables. Le commissaire aux apports est désigné à l'unanimité des associés ou, à défaut, par une décision de justice à la demande d'un associé ou du gérant.**

Lorsqu'il n'y a pas eu de commissaire aux apports ou lorsque la valeur retenue est différente de celle proposée par le commissaire aux apports, les gérants de la société et les personnes ayant souscrit à l'augmentation du capital sont solidairement responsables pendant cinq ans, à l'égard des tiers, de la valeur attribuée auxdits apports.

Voir : C. com., art. R. 223-6, p. 624.

Bibliographie : M. Petitjean, *Le rapport du commissaire aux apports* : *JCP* E 2004, 1737.

Applications. V. ▪ CA Paris, 3 mai 1975 : *JCP* CI 1975, 11855, note J. Lacoste. ▪ CA Versailles, 25 oct. 1990 : *BJS* 1991, p. 76, note M. Jeantin.

Art. L. 223-34 *(Anc. L. n° 66-537, 24 juill. 1966).* **– La réduction du capital est autorisée par l'assemblée des associés statuant dans les conditions exigées pour la modification des statuts. En aucun cas, elle ne peut porter atteinte à l'égalité des associés.**

S'il existe des commissaires aux comptes, le projet de réduction du capital leur est communiqué dans le délai fixé par décret en Conseil d'État. Ils font connaître à l'assemblée leur appréciation sur les causes et conditions de la réduction.

Lorsque l'assemblée approuve un projet de réduction du capital non motivée par des pertes, les créanciers dont la créance est antérieure à la date de dépôt au greffe du procès-verbal de délibération peuvent former opposition à la réduction dans le délai fixé par décret en Conseil d'État. Une décision de justice rejette l'opposition ou ordonne, soit le remboursement des créances, soit la constitution de garanties, si la société en offre et si elles sont jugées suffisantes. Les opérations de réduction du capital ne peuvent commencer pendant le délai d'opposition.

L'achat de ses propres parts par une société est interdit. Toutefois, l'assemblée qui a décidé une réduction du capital non motivée par des pertes peut autoriser le gérant à acheter un nombre déterminé de parts sociales pour les annuler.

Voir : C. com., art. R. 223-33 à R. 223-35, p. 629.
L. n° 98-546, 2 juill. 1998, art. 17, III, p. 2569.

La réduction du capital en forme de retrait d'un associé avec attribution à ce dernier de biens sociaux exige **l'accord unanime** des associés en tant qu'elle est contraire à la règle d'égalité : ▪ Cass. com., 6 oct. 1980 : *Gaz. Pal.* 1981, 1, pan. p. 32.

Art. L. 223-35 *(Anc. L. n° 66-537, 24 juill. 1966).* **– Les associés peuvent nommer un ou plusieurs commissaires aux comptes dans les conditions prévues à l'article L. 223-29.**

Sont tenues de désigner un commissaire aux comptes au moins les sociétés à responsabilité limitée qui dépassent à la clôture d'un exercice social des chiffres fixés par décret *(Mots suppr. à compter de la date prévue au II de l'article 20 de la loi n° 2019-486 du 22 mai 2019 et au plus tard le 1er septembre 2019, L. n° 2019-486, 22 mai 2019)* (1) « ... » **pour deux des critères suivants : le total de leur bilan, le montant hors taxes de leur chiffre d'affaires ou le nombre moyen de leurs salariés au cours d'un exercice.**

Même si ces seuils ne sont pas atteints, la nomination d'un commissaire aux comptes peut être demandée en justice par un ou plusieurs associés représentant au moins le dixième du capital.

(Al. créé à compter de la date prévue au II de l'article 20 de la loi n° 2019-486 du 22 mai 2019 et au plus tard le 1er septembre 2019, L. n° 2019-486, 22 mai 2019) **Sont également tenues de désigner un commissaire aux comptes les sociétés dont un ou plusieurs associés représentant au moins le quart du capital en font la demande.**

Voir : la rédaction de cet article issue de l'ordonnance n° 2019-744 du 19 juillet 2019, en *addendum*, p. 3371.

Voir : C. com., art. R. 221-5, p. 621 et R. 223-27, p. 628.

Dispositions générales relatives aux commissaires aux comptes, C. com., art. L. 820-1 et s., p. 896 et R. 821-2 et s., p. 908. – **Sanctions pénales,** C. com., art. L. 820-4 à L. 820-7, p. 898.

Bibliographie : *Adde* A. Bougnoux, *JCl. Sociétés traité*, Fasc. 76-10.

1) Défaut de désignation d'un commissaire aux comptes. Le fait pour un dirigeant social de s'être abstenu de désigner un commissaire aux comptes caractérise, au sens de l'article 180 de la loi du 25 janvier 1985 *[C. com., art. L. 651-2]*, une faute de gestion ayant contribué à l'insuffisance d'actif de la SARL défaillante : ▪ CA Paris, 18 nov. 1997 : *JCP* E 1997, pan. 1389.

2) Nomination judiciaire. La désignation visée à l'alinéa 3 du texte n'est assujettie à aucune condition d'urgence : ▪ CA Aix-en-Provence, 23 avr. 1971 : *Rev. sociétés* 1974, p. 61, note J. H. – Le nu-propriétaire peut agir aux fins de cette désignation : ▪ CA Paris, 22 janv. 1971 : *JCP* 1971, II, 16937, note J. Rousseau.

3) Pour une **confusion** entre commissaire aux comptes et expert de minorité, V. ▪ CA Paris, 24 mai 2002 : *JurisData* n° 2002-185764.

Art. L. 223-36 *(Anc. L. n° 66-537, 24 juill. 1966).* **– Tout associé non gérant peut, deux fois par exercice, poser par écrit des questions au gérant sur tout fait de nature à compromettre la continuité de l'exploitation. La réponse du gérant est communiquée au commissaire aux comptes.**

Voir : C. com., art. R. 223-29, p. 629.

Art. L. 223-37 *(Anc. L. n° 66-537, 24 juill. 1966).* **– Un ou plusieurs associés représentant au moins le dixième du capital social peuvent, soit individuellement, soit en se groupant sous quelque forme que ce soit, demander en justice la désignation d'un ou plusieurs experts chargés de présenter un rapport sur une ou plusieurs opérations de gestion.**

Le ministère public et le comité d'entreprise sont habilités à agir aux mêmes fins.

S'il est fait droit à la demande, la décision de justice détermine l'étendue de la mission et des pouvoirs des experts. Elle peut mettre les honoraires à la charge de la société.

Le rapport est adressé au demandeur, au ministère public, au comité d'entreprise, au commissaire aux comptes ainsi qu'au gérant. Ce rapport doit, en outre, être annexé à celui établi par le commissaire aux comptes en vue de la prochaine assemblée générale et recevoir la même publicité.

Voir : C. com., art. R. 223-30, p. 629.

SA, C. com., art. L. 225-231, p. 370. – **Sanctions pénales,** C. com., art. L. 820-4, 2°, p. 898. – **Expert *in futurum*,** CPC, art. 145, p. 2338.

Voir : sous C. com., art. L. 225-231, p. 370.

(1) Les seuils fixés par les décrets prévus au présent article, dans sa rédaction résultant de la loi n° 2019-486 du 22 mai 2019, sont applicables aux entreprises fiscalement domiciliées dans une collectivité d'outre-mer régie par l'article 73 de la Constitution à compter du 1er janvier 2021, L. n° 2019-486, 22 mai 2019, art. 20, III.

1) Société en liquidation judiciaire. Aucune disposition légale n'interdit à un associé d'une société en redressement ou en liquidation judiciaire de demander une expertise de gestion s'agissant d'une décision de gestion antérieure à la période suspecte : ■ T. com. Nantes, 23 avr. 2013, n° 2013-003113 : *BJS* 2013, p. 428, note I. Parachkévova.

2) Conditions de l'expertise.

a) **Conditions de fond.**

– **Présomptions d'irrégularité.** La juridiction saisie d'une demande d'expertise de gestion est tenue de l'ordonner dès lors qu'elle relève des présomptions d'irrégularités affectant une ou plusieurs opérations de gestion déterminées : ■ Cass. com., 27 janv. 2009, n° 07-16.771 : *BJS* 2009, p. 664, note P. Le Cannu. – ■ Cass. com., 24 oct. 2018, n° 17-12.582 : *BJS* 2019, p. 30, note J.-M. Moulin ; *Dr. sociétés* 2019, n° 6, obs. J. Heinich. – S'agissant de conventions visant à transférer l'essentiel des activités sociales à des sociétés concurrentes, lors même que ces conventions ont été présentées comme ayant été rendues nécessaires par l'existence d'un gage sur le fonds social et la disparition de tout *affectio societatis*, il appartient au juge de vérifier si, à compter de la conclusion de ces conventions, le chiffre d'affaires de la société n'avait pas brutalement baissé et si cette circonstance n'était pas de nature à faire présumer l'existence d'irrégularités préjudiciables à son intérêt : ■ Cass. com., 5 mai 2009, n° 08-15.313, PB : *D.* 2009, p. 1355 ; *JCP* E 2009, 1659, note A. Cerati-Gauthier ; *Rev. sociétés* 2009, p. 807, note L. Godon.

– **Indifférence de l'approbation de l'opération litigieuse par les associés.** Ni la circonstance qu'un associé se soit abstenu de participer aux assemblées ayant approuvé les opérations de gestion litigieuses, ni le fait qu'il n'ait exercé aucun recours contre les décisions d'approbation, ni la circonstance que les opérations aient reçu l'approbation des associés en tant que conventions réglementées, ne sont de nature à faire obstacle à la demande d'expertise de gestion : ■ Cass. com., 5 mai 2009, n° 08-15.313, PB : préc.

– **Menace.** L'expertise de gestion, destinée à obtenir des renseignements complémentaires sur la réalité, la nature et la portée d'une opération de gestion, ne peut être ordonnée, en raison de son caractère dérogatoire aux règles de fonctionnement des sociétés, que si les intérêts des associés minoritaires demandeurs, qui n'ont pas été suffisamment informés, **semblent menacés** à l'occasion d'une opération déterminée et suspecte : ■ CA Paris, 30 sept. 1994 : *BJS* 1994, p. 1315, note P. Le Cannu. – L'**absence d'information** des associés sur une opération de gestion est une circonstance fondant l'action en désignation d'un expert de gestion : ■ CA Dijon, 7 sept. 2004 : *Dr. sociétés* déc. 2004, n° 216, obs. J. Monnet. – Il appartient au juge de rechercher si le demandeur a pu avoir communication de la convention dont l'irrégularité est alléguée : ■ Cass. com., 5 mai 2009, n° 08-15.313, PB : préc.

b) **Conditions de recevabilité.**

– **Absence de caractère subsidiaire.** L'expertise **n'a aucun caractère subsidiaire** par rapport aux autres moyens d'information légaux ou statutaires et peut être autorisée quand bien même toutes les obligations d'information des associés ont été respectées : ■ CA Versailles, 20 avr. 1995 : *BJS* 1995, p. 850, note P. Le Cannu. – Spécialement, la mise en œuvre de cette disposition n'est pas subordonnée à l'exercice préalable du droit, pour tout associé non gérant, de poser des questions par écrit au gérant, prévu par l'article L. 223-36, qui n'a pas le même objet : ■ CA Paris, 8 oct. 2008, n° 08-08424 : *BJS* 1995, p. 653, note L. Godon.

– La **clause compromissoire** insérée dans un accord entre associés n'empêche pas de recourir à l'expertise de gestion : ■ CA Versailles, 20 avr. 1995 : *préc.*

– *Exigence d'un intérêt.* La demande en désignation d'un expert de gestion doit être rejetée lorsqu'elle ne présente aucun intérêt pour les associés demandeurs du fait de la liquidation judiciaire de la société : ■ CA Montpellier, 7 déc. 2004 : *JurisData* n° 2004-267444 ; *Dr. sociétés* juin 2005, n° 116, obs. J. Monnet.

3) Notion d'opération de gestion.

a) **Qualification rejetée.** De prétendues irrégularités comptables ne constituent pas des opérations de gestion : ■ CA Versailles, 4 juin 1999 : *BJS* 1997, p. 1123, note M. Menjucq. – La décision de mise en réserve des bénéfices ne constitue pas une opération de gestion en ce qu'elle ne relève pas de la compétence des dirigeants : ■ CA Grenoble, 29 mars 2006 : *JurisData* n° 2006-297889 ; *Dr. sociétés* juin 2006, n° 91, obs. J. Monnet.

b) **Qualification admise.** Pour la distribution d'un acompte sur dividende décidé au vu d'un bilan arrêté un mois avant la fin de l'exercice et très différent du bilan définitif : ■ CA Paris, 30 sept. 1994, préc. – Pour la mise en location-gérance du fonds de commerce de la société en dehors de tout vote de l'assemblée générale : ■ CA Paris, 5 nov. 1999 : *JurisData* n° 1999-117086. – Pour la conclusion de conventions d'approvisionnement avec une autre société dont la SARL dépendait entièrement : ■ Cass. com., 9 févr. 1999 : *BJS* 1999. – Pour des conventions ayant pour objet, d'une part, le transfert de la gestion comptable et administrative de la SARL et, d'autre part, un bail, ces conventions étant soumises au régime des conventions réglementées, lequel n'avait pas été appliqué, et n'ayant pas fait l'objet d'un écrit : ▪ CA Pau, 29 avr. 2009, n° 08-03.157 : *BJS* 2010, p. 949, note A. Lecourt. – Si la décision de l'assemblée décidant de la vente d'un immeuble ne constitue pas en principe une opération de gestion au sens de l'article L. 223-37, cette qualification ne peut toutefois être écartée que s'il est établi que la vente a effectivement été décidée par l'assemblée : ▪ Cass. com., 13 sept. 2017, n° 15-25.950 : *BJS* 2018, p. 32, note J. Delvallée ; *Dr. sociétés* 2018, n° 6, obs. J. Heinich.

4) Opération de gestion déterminée. L'expertise de gestion devant être limitée à une ou plusieurs opérations de gestion déterminées, elle ne peut porter que sur l'ensemble des opérations financières de la société, réalisées au cours de plusieurs exercices, dans le but notamment de déterminer l'existence d'une gérance de fait : ▪ Cass. com., 24 oct. 2018, n° 16-25.297 : *Dr. sociétés* 2019, n° 5, obs. C. Coupet. – La demande d'expertise de gestion formulée par les associés au motif que le quantum du taux de marge brute de la société est très en deçà de la moyenne nationale ne saurait être accueillie car elle ne vise aucun acte de gestion déterminé, la mission que les demandeurs souhaitent voir donner à l'expert étant alors une mission générale : ▪ CA Riom, 26 juin 2002 : *JurisData* n° 2002-184113. – ▪ CA Pau, 13 déc. 2005, n° 04-03.910 : *BJS* 2006, p. 601, note A. Lecourt.

Art. L. 223-38. – **I** ***(Abr, Ord. n° 2005-1126, 8 sept. 2005).***

II et III *(Abr., L. n° 2003-706, 1er août 2003).*

IV *(Abr., Ord. n° 2005-1126, 8 sept. 2005).*

Voir : C. com., art. L. 820-1 et s., p. 896.

Art. L. 223-39. – ***(Abr., Ord. n° 2005-1126, 8 sept. 2005).***

Les commissaires aux comptes sont avisés, au plus tard en même temps que les associés, des assemblées ou consultations. Ils ont accès aux assemblées.

Les documents visés au premier alinéa de l'article L. 223-26 sont mis à la disposition des commissaires aux comptes dans les conditions déterminées par décret en Conseil d'État.

Voir : C. com., art. R. 223-28, p. 628.
C. com., art. L. 820-1 et s., p. 896 et R. 821-2 et s., p. 908.

Art. L. 223-40 ***(Anc. L. n° 66-537, 24 juill. 1966).*** – **La répétition des dividendes ne correspondant pas à des bénéfices réellement acquis peut être exigée des associés qui les ont reçus.**

L'action en répétition se prescrit par le délai de trois ans à compter de la mise en distribution des dividendes.

Art. L. 223-41 ***(Anc. L. n° 66-537, 24 juill. 1966 ; mod., L. n° 2005-845, 26 juill. 2005).*** – **La société à responsabilité limitée n'est pas dissoute lorsqu'un jugement de liquidation judiciaire, la faillite personnelle, l'interdiction de gérer prévue par l'article L. 653-8 ou une mesure d'incapacité est prononcé à l'égard de l'un des associés.**

Elle n'est pas non plus dissoute par le décès d'un associé, sauf stipulation contraire des statuts.

Voir : Droit commun des sociétés, C. civ., art. 1844-7, p. 94.

Bibliographie : Chambaz, *De la durée des sociétés à responsabilité limitée : Journ. soc.* 1951, p. 16.

La clause des statuts autorisant l'un des associés à provoquer, dans l'année de sa majorité, la **dissolution** de la société est licite : ▪ Cass. com., 10 mai 1954 : *Bull. civ.* III, n° 169.

Art. L. 223-42 ***(Anc. L. n° 66-537, 24 juill. 1966 ; mod., L. n° 2003-721, 1er août 2003).*** – **Si, du fait de pertes constatées dans les documents comptables, les capitaux propres de la société deviennent inférieurs à la moitié du capital social, les associés décident, dans les quatre mois qui suivent l'approbation des comptes ayant fait apparaître cette perte s' il y a lieu à dissolution anticipée de la société.**

Si la dissolution n'est pas prononcée à la majorité exigée pour la modification des statuts, la société est tenue, au plus tard à la clôture du deuxième exercice suivant celui au cours duquel la constatation des pertes est intervenue, de réduire son capital d'un montant au moins égal à celui des pertes qui n'ont pu être imputées sur les réserves, si, dans ce délai, les capitaux propres n'ont pas été reconstitués à concurrence d'une valeur au moins égale à la moitié du capital social.

Dans les deux cas, la résolution adoptée par les associés est publiée selon les modalités fixées par décret en Conseil d'État.

À défaut par le gérant ou le commissaire aux comptes de provoquer une décision ou si les associés n'ont pu délibérer valablement, tout intéressé peut demander en justice la dissolution de la société. Il en est de même si les dispositions du deuxième alinéa ci-dessus n'ont pas été appliquées. Dans tous les cas, le tribunal peut accorder à la société un délai maximal de six mois pour régulariser sa situation. Il ne peut prononcer la dissolution, si, au jour où il statue sur le fond, cette régularisation a eu lieu.

Les dispositions du présent article ne sont pas applicables aux sociétés en « procédures de sauvegarde ou de redressement judiciaire » ou qui bénéficient d'un « plan de sauvegarde ou de redressement judiciaire ».

Voir : C. com., art. R. 210-15, p. 619 et R. 223-36, p. 629.

Sanctions pénales, C. com., art. L. 241-6, p. 571 et L. 241-9, p. 572. – **Définition des capitaux propres,** C. com., art. R. 123-191, p. 891.

1) Conséquence du défaut de consultation des associés. L'absence de diligence dans la gestion des affaires sociales peut être déduite du défaut de consultation des associés dans le cas prévu à l'article 68 *[C. com., art. L. 223-42]* : ▪ CA Paris, 7 mai 1981 : *JurisData* n° 1981-023342.

2) Intérêt pour agir. *a)* **Créancier.** La qualité de créancier est insuffisante pour pouvoir demander la dissolution d'une société sur le fondement de l'article 68 de la loi du 24 juillet 1966 *[C. com., art. L. 223-42]* : ▪ CA Paris, 18 févr. 1994 : *BJS* 1994, p. 531.

b) **Concurrent.** Un concurrent est recevable et a un intérêt né et actuel à demander la dissolution judiciaire d'une société, dès lors que celle-ci n'a pas procédé à la réduction de son capital pour perte, ni décidé sa dissolution ; en l'espèce, le soutien de la société mère étrangère vise à long terme à écarter du marché le concurrent qui ne peut rivaliser avec les prix pratiqués par la société : ▪ TGI Strasbourg, 12 mars 1998 : *JurisData* n° 1998-210290 ; *BJS* 1998, p. 649, note N. Rontchevsky. – Comp. le concurrent doit justifier d'un intérêt légitime à la fois économique et juridique, qui ne peut se résumer à la volonté d'éliminer un rival : ▪ CA Paris, 4 févr. 2000 : *JurisData* n° 2000-118989. – V. retenant le caractère abusif de l'action exercée par un concurrent dont il était relevé qu'il n'était pas créancier : ▪ CA Paris, 27 mars 2014, n° 13/14014 : *BJS* 2014, p. 510, note R. Mortier ; *Dr. sociétés* 2014, n° 122, obs. R. Mortier.

c) **Associé.** S'il n'est pas contestable qu'un associé a la qualité pour agir en justice pour demander la dissolution de la société, encore faut-il qu'il justifie d'un intérêt légitime, né et actuel à agir, conformément aux dispositions de l'article 31 du Code de procédure civile ; à défaut, la demande est irrecevable : ▪ CA Nîmes, 8 avr. 2004 : *Dr. sociétés* oct. 2004, n° 174, obs. J. Monnet.

Art. L. 223-43 *(Anc. L. n° 66-537, 24 juill. 1966 ; Ord. n° 2000-916, 19 sept. 2000).* – **La transformation d'une société à responsabilité limitée en société en nom collectif, en commandite simple ou en commandite par actions, exige l'accord unanime des associés.**

La transformation en société anonyme est décidée à la majorité requise pour la modification des statuts. Toutefois, elle peut être décidée par des associés représentant la majorité des parts sociales si les capitaux propres figurant au dernier bilan excèdent 750 000 €.

La décision est précédée du rapport d'un commissaire aux comptes inscrit, sur la situation de la société.

Toute transformation, effectuée en violation des règles du présent article, est nulle.

Voir : C. civ., art. 1844-3, p. 88 et C. com., art. L. 224-3, p. 233.

1) Domaine d'application. Sur l'application du texte à la transformation en SAS, V. Rép. min., n° 30655, *JOAN Q*, 25 mars 2014, p. 2851.

2) Condition de la transformation.

a) La transformation en société anonyme non précédée du rapport exigé est **nulle** : ▪ CA Paris, 18 nov. 1969 : *JCP* 1970, II, 16303, note N. Bernard ; *D.* 1970, p. 170, note Y. Guyon. – Rappr. E. du Pontavice : *Bull. CNCC* 1979, p. 480.

b) La dissolution d'une société pour survenance du terme rend impossible sa transformation : ▪ Cass. com., 12 nov. 1992 : *JCP* E 1993, II, 408, note Y. Guyon.

3) Conséquences de la transformation.

a) Les engagements d'une SA transformée en SNC sont continués par cette SNC car **il n'y a pas création d'un être moral nouveau** : ▪ Cass. com., 7 déc. 1993 : *RJDA* 1994, p. 321.

b) La promesse de **cession de parts** d'une SARL transformée en SA n'est pas caduque du fait de cette transformation : ▪ CA Paris, 19 nov. 1993 : *BJS* 1994, p. 193.

c) La transformation régulière d'une société n'emporte pas caducité des **cautionnements** souscrits au bénéfice des créanciers de la société transformée : ▪ Cass. com., 29 mars 1994 : *RJDA* 1994, p. 532. – Le cautionnement des dirigeants de la nouvelle société anonyme ne se substitue pas à celui du gérant de l'ancienne SARL, sauf à ce que les créanciers y aient renoncé de façon non équivoque ; l'engagement du gérant n'est en effet pas devenu caduc du seul fait de la transformation : ▪ Cass. com., 3 janv. 1995 : *BJS* 1995, p. 237, note P. Le Cannu.

d) La transformation d'une société, qui précède la cession de la totalité de ses parts, n'entraîne pas l'application des règles de la **cession de bail** : ▪ Cass. com., 12 juill. 1993 : *BJS* 1993, p. 1146, note M. Boizard.

4) Abus de droit. Viole l'article L. 64 du Livre des procédures fiscales et les articles 69 et 72-1 de la loi du 24 juillet 1966 *[C. com., art. L. 223-43 et L. 224-3]* le tribunal qui considère comme un montage entrant dans le champ d'application de l'article L. 64 B la transformation d'une SARL en société anonyme et la vente ultérieure de leurs actions par les anciens associés au motif que la première avait pour but d'éviter le paiement des droits de mutation dus pour une cession de parts, sans constater que la société était revenue à sa forme antérieure : ▪ Cass. com., 10 déc. 1996 : *Bull. civ.* IV, n° 308 ; *JurisData* n° 1996-004770 ; *JCP* E 1997, II, 923, note H. Hovasse ; *D.* 1997, p. 169, note G. Tixier et I. Anselin.

CHAPITRE IV. – DISPOSITIONS GÉNÉRALES APPLICABLES AUX SOCIÉTÉS PAR ACTIONS

Art. L. 224-1 *(Anc. L. n° 66-537, 24 juill. 1966).* **– La société par actions est désignée par une dénomination sociale, qui doit être précédée ou suivie de la mention de la forme de la société et du montant du capital social.**

Le nom d'un ou plusieurs associés peut être inclus dans la dénomination sociale. Toutefois, dans la société en commandite par actions, le nom des associés commanditaires ne peut y figurer.

Voir : C. com., art. R. 123-238, p. 869.

Droit commun des sociétés, C. civ., art. 1835, annot. n° 28, p. 33. - Injonction de faire, C. com., art. L. 238-3, p. 563.

Art. L. 224-2 *(Anc. L. n° 66-537, 24 juill. 1966 ; Ord. n° 2000-916, 19 sept. 2000 ; Ord. n° 2009-80, 22 janv. 2009).* **– Le capital social doit être de 37 000 € au moins.**

La réduction du capital social à un montant inférieur ne peut être décidée que sous la condition suspensive d'une augmentation de capital destinée à amener celui-ci à un montant au moins égal au montant prévu à l'alinéa précédent, à moins que la société ne se transforme en société d'une autre forme. En cas d'inobservation des dispositions du présent alinéa, tout intéressé peut demander en justice la dissolution de la société. Cette dissolution ne peut être prononcée si, au jour où le tribunal statue sur le fond, la régularisation a eu lieu.

Par dérogation au premier alinéa, le capital des sociétés de rédacteurs de presse est de 300 € au moins lorsqu'elles sont constituées sous la forme de société anonyme.

Voir : C. com., art. R. 123-238, p. 869 et R. 210-15, p. 619.

I – CONVERSION DU CAPITAL SOCIAL EN EUROS

Bibliographie : G. Baranger, *L'adaptation du droit des sociétés à l'euro* : *BJS* 1998, p. 893. – P. Engel, *L'euro et la conversion du capital social* : *JCP* E 1998, p. 692. – M. Germain et S. Senacqn, *Euro et capital social : les premiers principes, aperçu rapide* : *JCP* E 1998, p. 721. – C. Ghilardi, *Libres propos sur la validité en droit français de la société à capital en écus* : *BJS* 1992, p. 880. – B. Grelon, *Les entreprises et l'euro : de quelques aspects juridiques* : *Rev. sociétés* 1997, p. 5. – F. Pasqualini et V. Salerno, *L'expression du capital d'une société en écus ou un flagrant délit d'incertitude juridique* : *LPA* 8 juin 1994, p. 21.

II – « COUP D'ACCORDÉON »

Bibliographie : M. Boizard, *La réduction du capital à zéro* : *Rev. sociétés* 1999, p. 735. – D. Cohen, *La validité du coup d'accordéon* : *D.* 2003, p. 410. – A. Fauchon, *La validité de l'opération-accordéon encore renforcée* : *BJS* 1999, p. 943 ; *L'opération-accordéon* : *Mél. Merle*, Dalloz 2012, p. 253. – R. Mortier, *La réalisation du coup d'accordéon* : *JCP* E 2011, 1365. – S. Sylvestre-Touvin, *Le coup d'accordéon ou les vicissitudes du capital*, thèse Paris I, 2002. – J.-H. Robert, *Le coup d'accordéon ou le volume de la responsabilité pénale des personnes morales* : *Mél. Bouloc*, Dalloz 2007, p. 975.

1) Validité de principe. La réduction du capital à zéro, suivie d'une augmentation de capital, n'apparaît pas contraire à l'article 71 de la loi du 24 juillet 1966 *[C. com., art. L. 224-2]* qui autorise la réduction sans limitation sous la condition suspensive d'une augmentation ; la réduction de capital à zéro, suivie d'une augmentation de capital, n'augmente pas les engagements des actionnaires, mais fait disparaître leurs droits : ▪ CA Versailles, 29 nov. 1990 : *JCP* E 1991, II, 168, note M. Jeantin ; *BJS*

1991, p. 286. – Voir aussi, dans la même affaire : ▪ Cass. com., 17 mai 1994 : *BJS* 1994, p. 816, note J.-J. Daigre ; *Rev. sociétés* 1994, p. 485, note S. Dana-Démaret. – La réduction de capital à zéro conditionnée par une augmentation du capital subséquente est valable si elle est décidée dans l'intérêt social ; cette double décision peut conduire à exclure un associé, et lorsque le droit préférentiel de souscription est maintenu, la règle de répartition posée par l'assemblée et l'impossibilité pour l'actionnaire d'un nombre insuffisant d'actions de négocier l'achat de rompus ne peuvent être analysées en une suppression tacite du droit préférentiel de souscription et une exclusion volontaire de l'actionnaire : ▪ Cass. com., 1er juill. 2008, n° 07-20.643, PB : *JCP* E 2009, 1145, note T. Léobon. – V. sur le caractère non frauduleux en lui-même du coup d'accordéon, et la possibilité, s'agissant d'une SARL, de supprimer le droit préférentiel de souscription prévu dans les statuts : ▪ CA Versailles, 2 juill. 2010 : *Dr. sociétés* 2011, n° 69, obs. D. Gallois-Cochet.

2) Obligation de contribuer aux pertes sociales. La décision de procéder à un « coup d'accordéon », commandé par les pertes subies par la société et sa survie, avec droit préférentiel de souscription reconnu à tous les propriétaires d'actions anciennes, exclut qu'il y ait eu éviction d'actionnaires contre leur gré, la réduction du capital ne constituant pas une atteinte à leur droit de propriété, mais sanctionnant leur obligation de contribution aux pertes sociales dans la limite de leurs apports : ▪ Cass. com., 10 oct. 2000 : *JurisData* n° 2000-006420 ; *BJS* 2001, p. 181, note P. Scholer ; *Dr. sociétés* 2001, n° 20, obs. Th. Bonneau ; *JCP* E 2001, p. 85, note A. Viandier ; *RJDA* 1/2001, n° 41. ▪ Cass. com., 6 mai 2002 : *JurisData* n° 2002-014366. – La réduction de capital à zéro, suivie d'une augmentation de celui-ci **avec suppression du droit préférentiel de souscription,** effectuée afin de préserver la pérennité de l'entreprise et en cela conforme à l'intérêt social, n'a cependant pas nui à l'intérêt des actionnaires, fussent-ils minoritaires, qui d'une façon ou d'une autre – réalisation de l'opération ou dépôt de bilan – auraient eu une situation identique, les actionnaires majoritaires subissant par ailleurs le même sort ; la réduction de capital à zéro ne constituant pas une atteinte au droit de propriété des actionnaires, mais sanctionnant leur obligation de contribuer aux pertes sociales dans la mesure de leurs apports, **ne constituait pas une expropriation illégale** : ▪ Cass. com., 18 juin 2002 : *JurisData* n° 2002-014876 ; *BJS* 2002, p. 1221, note S. Sylvestre ; *D.* 2002, p. 2190, obs. A. Lienhard ; *D.* 2002, somm. p. 3264, obs. J.-Cl. Hallouin ; *JCP* G 2002, II, 10 180, note H. Hovasse ; *JCP* E 2002, n° 1556, p. 1728, note A. Viandier ; *RD bancaire et fin.* 2002, n° 207, p. 277, obs. A. Couret. – Jugé que l'assemblée des actionnaires peut, dans l'intérêt d'une société soumise à un plan de continuation, spécialement pour assurer sa survie à long terme et assainir sa situation financière, décider de pratiquer un coup d'accordéon : ▪ CA Versailles, 13 juin 2002 : *JCP* E 2002, act., p. 1788 ; *JCP* E 2003, 627, n° 10, obs. J.-J. Caussain, Fl. Deboissy et G. Wicker.

3) Fraude. ▪ Cass. com., 11 janv. 2017, n° 14-27.052 : *Dr. sociétés* 2017, n° 62, obs. C. Coupet ; *Rev. sociétés* 2017, p. 294, note D. Schmidt.

4) Abus de majorité. *a)* **Preuve non rapportée.** La décision de reconstituer le montant des capitaux propres par une réduction suivie d'une augmentation de capital n'est pas constitutive d'un abus de majorité lorsque la société se trouvait exposée, du fait de pertes considérables, à la **perspective certaine d'une disparition** pour cessation des paiements, alors que rien n'atteste qu'un retournement du marché pouvait être escompté et que la conduite de l'opération de restructuration ne révèle aucun traitement discriminatoire entre actionnaires : ▪ CA Versailles, 16 déc. 2004 : *BJS* 2005, p. 701, note S. Sylvestre ; *JCP* E 2005, 159.

b) **Preuve rapportée.** Sont constitutives d'abus de majorité des réductions et augmentations successives de capital qui n'ont pas eu pour seul objectif de satisfaire à l'obligation légale de recapitaliser la société *[C. com., art. L. 225-248]* mais ont aussi permis aux associés majoritaires de ne pas honorer leurs engagements envers l'associé minoritaire auquel des promesses d'achat de ses titres avaient été consenties : ▪ Cass. com., 28 févr. 2006, n° 04-17.566 : *JurisData* n° 2006-032472 ; *Dr. sociétés* mai 2006, n° 75, obs. H. Hovasse ; *JCP* E 2006, 1538. – Doit être annulée l'opération de coup d'accordéon justifiée par les pertes encourues par la société du fait de conventions préjudiciables et décidée par l'actionnaire intéressé à ces conventions : ▪ T. com. Paris, 20 juin 2006 : *BJS* 2006, p. 1434, note J.-Cl. Hallouin ; *D.* 2006, p. 1819. – Constitue une fraude et doit être annulé le coup d'accordéon où la souscription des actions nouvelles est attribuée au seul actionnaire majoritaire après suppression du droit préférentiel de souscription, dès lors qu'il ressort du rapport du président que l'opération avait pour objectif essentiel d'évincer les actionnaires minoritaires, sans qu'elle soit justifiée par l'intérêt social, la libération des actions nouvelles par compensation avec la créance en compte-courant de l'associé majoritaire n'ayant apporté aucun financement nouveau : CA Aix-en Provence, 13 févr. 2014, n° 12/23561 : *BJS* 2014, p. 325, B. Brignon. – V. égal., annulant les délibérations de l'assemblée générale extraordinaire intervenues en fraude du droit des actionnaires minoritaires : ▪ Cass. com., 11 janv. 2017, n° 14-27.052 : *Dr. sociétés* 2017, n° 62, obs. C. Coupet ; *Rev. sociétés* 2017, p. 294, note D. Schmidt.

5) Préjudice moral de l'associé minoritaire. Même rétabli dans ses droits suite à l'annulation d'un coup d'accordéon frauduleux, l'associé minoritaire peut prétendre à la réparation de son préjudice moral : ▪ CA Paris, 26 juin 2012, n° 11/04043 : *Dr. sociétés* 2012, n° 183, obs. D. Gallois-Cochet.

6) Préjudice social. V. sous C. civ., art. 1843-5, annot. n° 1, p. 67.

7) Coup d'accordéon appliqué à une SEML. V. sous CGCT, art. L. 1521-1, annot. n° 4, p. 3246.

8) Obligation de consulter la masse des porteurs d'obligations remboursables en actions. V. sous C. com., art. L. 228-103, annot. n° 2, p. 463.

9) Violation d'un pacte d'associés. V. sous C. civ., art. 1835, annot. n° 22-1, p. 32.

Art. L. 224-3 *(Anc. L. n° 66-537, 24 juill. 1966 ; mod., L. n° 2001-420, 15 mai 2001 ; L. n° 2003-706, 1er août 2003). – (Al. mod. à compter du 10 juin 2017, L. n° 2016-1691, 9 déc. 2016)* **Lorsqu'une société de quelque forme que ce soit qui n'a pas de commissaire aux comptes se transforme en société par actions, un ou plusieurs commissaires à la transformation, chargés d'apprécier sous leur responsabilité la valeur des biens composant l'actif social et les avantages particuliers, sont désignés, sauf accord unanime des associés par décision de justice à la demande des dirigeants sociaux ou de l'un d'eux. Les commissaires à la transformation peuvent être chargés de l'établissement du rapport sur la situation de la société mentionné au troisième alinéa de l'article L. 223-43. Dans ce cas, il n'est rédigé qu'un seul rapport. Ces commissaires sont soumis aux incompatibilités prévues à l'article L. 822-11-3. Le rapport est tenu à la disposition des associés.**

Les associés statuent sur l'évaluation des biens et l'octroi des avantages particuliers. Ils ne peuvent les réduire qu'à l'unanimité.

À défaut d'approbation expresse des associés, mentionnée au procès-verbal, la transformation est nulle.

Voir : C. com., art. R. 123-105 et R. 224-3, p. 820.
C. civ., art. 1844-3, p. 88.

Bibliographie : H. Azarian, *La transformation des SA en SAS depuis la loi de sécurité financière du 1er août 2003 : Dr. sociétés* déc. 2003, p. 5. • S. Darmon, F. Desprez et E. Law, *La transformation en sociétés par actions sous turbulences législatives : Rev. sociétés* 2005, p. 119. • A. Guengant, *À propos des transformations des sociétés par actions : l'impossible clarification de l'article L. 224-3 du Code de commerce : JCP* E 2003, 1585. • F. Paponnaud, *Les nouvelles règles applicables à la transformation après la loi de sécurité financière du 1er août 2003 : Dr. sociétés* mai 2004, p. 10.

1) Maintien de la personnalité morale de la société transformée. V. sous C. civ., art. 1844-3, annot. n° 1, p. 88.

2) Mode de désignation du commissaire à la transformation. Soit la transformation recueille l'accord unanime des associés, et la désignation du ou des commissaires à la transformation procède de cet accord ; soit l'unanimité des associés n'est pas acquise, et l'un ou plusieurs des dirigeants sociaux peuvent saisir le président du tribunal de commerce qui statue sur requête *[D. 23 mars 1967, art. 56-1 et 64]* : Rép. min. n° 1344 : *JOAN* Q, 4 nov. 2002, p. 4062 ; *BJS* 2002, p. 1259 ; *D.* 2002, p. 3130.

3) Dépôt du rapport du commissaire aux comptes. Lorsque la société transformée n'a pas à procéder à la désignation d'un commissaire à la transformation en raison de la présence d'un commissaire aux comptes, il appartient à ce dernier d'établir le rapport prévu à l'article L. 224-3, ce rapport devant ensuite être déposé au RCS en application de l'article R. 123-105, alinéa 3, du Code de commerce : CCRCS, avis n° 2012-038, 8 avr. 2013 : *Dr. sociétés* 2013, n° 161, obs. M. Roussille.

4) Il appartient en toute hypothèse au commissaire aux comptes ou au commissaire à la transformation, en plus des informations spécifiques exigées le cas échéant par un texte particulier, d'apprécier **la valeur des biens composant l'actif social et les avantages particuliers**, la réforme conduite en 2003 n'ayant pas eu pour objet de supprimer cette information qui découle des exigences posées par l'article 13 de la deuxième directive européenne en droit des sociétés (n° 77/91/CEE) : Rép. min. n° 56016 : *JOAN* Q, 5 juill. 2005, p. 6680 ; *D.* 2005, p. 1934 ; *JCP* E 2005, 1236.

CHAPITRE V. – DES SOCIÉTÉS ANONYMES

Bibliographie : M.-C. Monsallier, *L'aménagement contractuel du fonctionnement de la société anonyme*, préf. A. Viandier, LGDJ, 1998. • D. Schmidt, *Les conflits d'intérêts dans la société anonyme*, éd. Joly, 2004.

Art. L. 225-1 *(Anc. L. n° 66-537, 24 juill. 1966 ; mod., Ord. n° 2015-1127, 10 sept. 2015 ; L. n° 2016-563, 10 mai 2016).* – **La société anonyme est la société dont le capital est divisé en actions et qui est constituée entre des associés qui ne supportent les pertes qu'à concurrence de leurs apports.**

Elle est constituée entre deux associés ou plus. Toutefois, pour les sociétés dont les actions sont admises aux négociations sur un marché réglementé ou sur un système multilatéral de négociation, le nombre des associés ne peut être inférieur à sept.

Voir : **Dissolution,** C. com., art. L. 225-247, p. 376. – **Dérogation à l'article L. 225-1 dans les sociétés d'exercice libéral à forme anonyme,** L. n° 90-1258, 31 déc. 1990, art. 4, p. 2849. – **Dérogation à l'article L. 225-1 dans les sociétés dont l'État détient la majorité du capital social,** Ord. n° 2014-948, 20 août 2014, art. 32, p. 3243.

Bibliographie : P. Le Cannu, *L'acquisition de la qualité d'actionnaire : Rev. sociétés* 1999, p. 519. • Y. Flour, *La qualité d'actionnaire et l'indivision : Rev. sociétés* 1999, p. 560. • P. Didier, *Le capital social et la protection des créanciers sociaux : Le Code de commerce, Livre du bicentenaire*, Dalloz, 2007, p. 199. • P. Engel, *Associé et créancier : l'apporteur en jouissance dans les sociétés de capitaux : JCP* E 1998, p. 2056. • L. Jobert, *Le principe de responsabilité limitée : BJS* 2007, p. 225. • F.-X. Lucas, *Les actionnaires ont-ils tous la qualité d'associé : brefs propos discursifs autour du thème de l'associé et de l'investisseur : RD bancaire et fin.* 2002, p. 216. • P. Reigné et T. Delorme, *Réflexions sur la distinction de l'associé et de l'actionnaire : D.* 2002, p. 1330. • K. Rodriguez, *Réflexions sur la société anonyme unipersonnelle : BJS* 2006, p. 10.

1) Portée de la limitation de responsabilité. Il ne résulte ni de la lecture de la directive n° 68/151/CEE ni d'une interprétation de celle-ci à la lumière de son objet ou du droit des États membres que cette directive imposerait une règle selon laquelle un actionnaire ne pourrait jamais être tenu d'une amende infligée à une société, sous réserve qu'une telle règle ne porte pas atteinte au principe de libre établissement ou de libre circulation des capitaux : ▪ CJUE, 21 oct. 2010, aff. C-81/09 : *BJS* 2011, p. 42, note M. Menjucq.

2) Caractère supplétif de la limitation de responsabilité. Il peut être dérogé par la convention des parties à la règle, seulement supplétive de leur volonté, selon laquelle les actionnaires d'une société anonyme ne supportent les pertes qu'à concurrence de leurs apports : ▪ Cass. com., 13 juin 1978 : *Rev. sociétés* 1979, p. 843, note F. T.

3) Apports et indivision. La société anonyme est régulièrement constituée bien que deux ou plusieurs des sept associés soient coapporteurs d'une masse indivise : ▪ CA Bordeaux, 20 juill. 1931 : *DP* 1933, 2, p. 129, note P. Pic. – V. aussi sous C. civ., art. 1844, annot. n° 4, p. 73.

4) Prédominance de la forme de société anonyme. Les associés d'une société coopérative de construction exerçant son activité sous la forme d'une société anonyme ne sont tenus du passif social que dans la limite de leurs apports : ▪ Cass. com., 26 juin 1984 : *JCP* 1984, IV, 288.

5) Preuve de la qualité d'actionnaire. Bien que ne soient pas produits les comptes individuels des actionnaires et le registre des mouvements de titres, la qualité d'actionnaire d'une personne physique est établie par sa nomination en assemblée générale ordinaire en tant qu'administrateur, non comme représentant d'une personne morale actionnaire, mais en son nom propre, par la signature en son nom propre de la feuille de présence mentionnant le nombre d'actions qu'il détenait, et par sa participation, toujours en son nom propre, à l'assemblée générale extraordinaire et par la signature de la feuille de présence correspondante : ▪ CA Paris, 30 avr. 2001 : *JurisData* n° 2001-146262.

Section I. – De la constitution des sociétés anonymes

Bibliographie : *Adde* R. Besnard-Goudet, *JCl. Sociétés traité*, Fasc. 113-10 *(Fondation – Période constitutive)*. • A. Bougnoux, *JCl. Sociétés traité*, Fasc. 113-20 *(Rédaction des statuts)*, 113-30 *(Acquisition de la personnalité morale)*, 114-10 *(Constitution – Souscription)*, 117-10 et 117-20 *(Constitution avec offre au public)*.

Sous-section 1. – De la constitution avec offre au public

(Intitulé rempl., Ord. n° 2009-80, 22 janv. 2009)

Bibliographie : *Adde* A. Bougnoux, *JCl. Sociétés traité*, Fasc. 117-10 et 117-20. • FJ.-Chr. Pagnucco, *JCl. Sociétés traité*, Fasc. 117-30.

Art. L. 225-2 *(Anc. L. n° 66-537, 24 juill. 1966)*. – **Le projet de statuts est établi et signé par un ou plusieurs fondateurs, qui déposent un exemplaire au greffe du tribunal de commerce du lieu du siège social.**

Les fondateurs publient une notice dans les conditions déterminées par décret en Conseil d'État.

Aucune souscription ne peut être reçue si les formalités prévues aux premier et deuxième alinéas ci-dessus n'ont pas été observées.

Les personnes déchues du droit d'administrer ou de gérer une société ou auxquelles l'exercice de ces fonctions est interdit ne peuvent être fondateurs.

Voir : C. com., art. R. 224-1, R. 224-2, p. 629 et R. 225-2 et s., p. 630.
Sanctions pénales, C. com., art. L. 242-1, p. 572.
Qualité de fondateur, sous C. civ., art. 1843, annot. n° 1, p. 47. - **Préambule** et **Règlement intérieur,** sous C. civ., art. 1835, annot. n°s 6 et 7, p. 30.

Art. L. 225-3 *(Anc. L. n° 66-537, 24 juill. 1966).* **– Le capital doit être intégralement souscrit.**

Les actions de numéraire sont libérées, lors de la souscription, de la moitié au moins de leur valeur nominale. La libération du surplus intervient en une ou plusieurs fois sur décision du conseil d'administration ou du directoire selon le cas, dans un délai qui ne peut excéder cinq ans à compter de l'immatriculation de la société au registre du commerce et des sociétés.

Les actions d'apport sont intégralement libérées dès leur émission.

Les actions ne peuvent représenter des apports en industrie.

Voir : Libération des actions, C. com., art. L. 228-27 et s., p. 442. - **Sanctions pénales,** C. com., art. L. 242-3, p. 573.

I - SOUSCRIPTION

1) Nature juridique. La souscription d'actions est un acte de commerce : ▪ CA Paris, 31 janv. 1908 : *D.* 1909, 2, p. 257, note C. Levillain. – Rappr. ▪ Amiens, 18 févr. 1959 : *D.* 1959, p. 320, note J. Hémard. – V. aussi, pour une SARL : ▪ Cass. com., 15 mai 1990 : *BJS* 1990, p. 787. – Il s'agit d'un acte de nature contractuelle : ▪ Cass. req., 22 avr. 1941 : *DA* 1941, p. 243.

2) Caractère. La souscription ne saurait être conditionnelle (▪ CA Rouen, 21 juin 1957 : *D.* 1957, p. 628), mais elle peut être faite par prête-nom (▪ Cass. com., 30 janv. 1961 : *Bull. civ.* III, n° 54 ; *D.* 1961, p. 292).

II - LIBÉRATION

3) Modalités. *a)* La libération d'un apport en numéraire grâce à un **emprunt** est régulière : ▪ Cass. civ., 20 nov. 1888 : *D.* 1890, 1, p. 157. ▪ CA Lyon, 15 mars 1935 : *DP* 1938, 2, p. 49, note P. Pic. – La solution est identique lorsque les fonds proviennent d'une **libéralité,** ▪ Cass. 1re civ., 23 mai 1977 : *D.* 1978, p. 89, note M. Jeantin. – En cas de libération par remise d'un **chèque bancaire,** la libération n'est réputée effectuée qu'à la date du paiement dudit chèque : ▪ Cass. req., 26 janv. 1937 : *DC* 1941, p. 19, note P. Pic.

b) **Compensation de la dette d'apport et de la créance en compte courant.** V. sous C. civ., art. 1843-3, annot. n° 18, p. 58.

4) Décision d'appel des fonds.
a) La libération du capital non versé lors de la souscription exige au préalable une **décision du conseil d'administration** ; en l'absence de celle-ci, les versements spontanés sont sans efficacité à l'égard des tiers en cas de liquidation de la société : ▪ Cass. com., 15 juill. 1992 : *BJS* 1992, p. 1183 ; *Rev. sociétés* 1993, p. 103, note J.-F. Barbièri. – Cette décision est souveraine : ▪ CA Pau, 29 mars 1939 : *Gaz. Pal.* 1939, 1, p. 892. – Ainsi, la dette de l'actionnaire au titre du capital souscrit ne devient exigible que sur décision du conseil d'administration, et l'expiration du délai dans lequel la libération doit intervenir ne suffit pas à rendre cette créance exigible : ▪ CA Versailles, 3 avr. 1997 : *BJS* 1997, p. 861, note J.-P. Dom.

b) Le retard dans le versement des sommes appelées emporte de plein droit intérêt au taux légal à compter de la date d'exigibilité fixée dans les statuts au seizième jour suivant la mise en demeure par lettre recommandée : ▪ CA Dijon, 31 mars 2005 : *Dr. sociétés* juill. 2005, n° 138, obs. H. Hovasse.

c) Lorsque la société a été mise en liquidation judiciaire, le **liquidateur** substitué aux organes légaux de celle-ci est en droit d'exiger de certains souscripteurs qu'ils libèrent totalement leurs actions, dès lors qu'aucune échéance n'avait été fixée par les dirigeants, sans avoir à justifier de l'appel des fonds auprès de tous les actionnaires, et sans que cette décision ne porte atteinte au principe d'égalité entre ceux-ci : ▪ Cass. com., 9 mai 1995 : *BJS* 1995, p. 776, note J.-M. Calendini.

5) Personne débitrice.
a) L'obligation de libération pour laquelle la société peut se retourner indifféremment contre le porteur des actions non entièrement libérées ou contre les **souscripteurs ou cessionnaires successifs,** incombe en définitive au dernier d'entre eux qui, dès l'instant où le contrat de cession était assorti d'une clause de garantie de passif ne prévoyant pas la prise en charge par le cédant de la charge financière résultant de l'appel des fractions de capital social non libérées, ne dispose d'aucun recours contre les vendeurs : ▪ CA Paris, 10 janv. 1991 : *BJS* 1991, p. 301, note P. Trassard.

b) **L'acquéreur** d'actions non libérées, qui n'allègue pas utilement avoir payé lesdits titres pour être libéré des appels de fonds, demeure tenu de les libérer vis-à-vis de la société, quitte à se retourner contre les souscripteurs défaillants desquels il a acquis les actions : ▪ CA Paris, 19 janv. 1993 : *BJS* 1993, p. 569, note D. Lepeltier.

6) Exigibilité du solde non libéré en cas de liquidation judiciaire. V. sous C. civ., art. 1843-3, annot. n° 19, p. 59.

Art. L. 225-4 *(Anc. L. n° 66-537, 24 juill. 1966)*. – La souscription des actions de numéraire est constatée par un bulletin établi dans les conditions déterminées par décret en Conseil d'État.

Voir : C. com., art. R. 225-5, p. 631.

Art. L. 225-5 *(Anc. L. n° 66-537, 24 juill. 1966)*. – Les fonds provenant des souscriptions en numéraire et la liste des souscripteurs avec l'indication des sommes versées par chacun d'eux font l'objet d'un dépôt dans les conditions déterminées par décret en Conseil d'État, celui-ci fixe également les conditions dans lesquelles est ouvert le droit à communication de cette liste.

À l'exception des dépositaires visés par le décret prévu à l'alinéa précédent, nul ne peut détenir plus de huit jours les sommes recueillies pour le compte d'une société en formation.

Voir : C. com., art. R. 225-6, p. 631.

Bibliographie : M. Galimard, *Dépôt des fonds en banque et constitution de société anonyme : Banque* 1977, p. 690.

Art. L. 225-6 *(Anc. L. n° 66-537, 24 juill. 1966)*. – Les souscriptions et les versements sont constatés par un certificat du dépositaire établi, au moment du dépôt des fonds, sur présentation des bulletins de souscription.

Art. L. 225-7 *(Anc. L. n° 66-537, 24 juill. 1966)*. – Après la délivrance du certificat du dépositaire, les fondateurs convoquent les souscripteurs en assemblée générale constitutive dans les formes et délais prévus par décret en Conseil d'État.

Cette assemblée constate que le capital est entièrement souscrit et que les actions sont libérées du montant exigible. Elle se prononce sur l'adoption des statuts qui ne peuvent être modifiés qu'à l'unanimité de tous les souscripteurs, nomme les premiers administrateurs ou membres du conseil de surveillance *(Mots suppr. à compter de la date prévue au II de l'article 20 de la loi n° 2019-486 du 22 mai 2019 et au plus tard le 1er septembre 2019, L. n° 2019-486, 22 mai 2019)* « ... ». Le procès-verbal de la séance de l'assemblée constate, s'il y a lieu, l'acceptation de leurs fonctions par les administrateurs ou membres du conseil de surveillance *(Mots suppr. à compter de la date prévue au II de l'article 20 de la loi n° 2019-486 du 22 mai 2019 et au plus tard le 1er septembre 2019, L. n° 2019-486, 22 mai 2019)* « ... ».

Voir : C. com., art. R. 210-7, R. 225-10, R. 225-12, p. 618, R. 225-26, p. 634 et R. 225-38, p. 638.

Art. L. 225-8 *(Anc. L. n° 66-537, 24 juill. 1966 ; mod., L. n° 2009-526, 12 mai 2009 ; L. n° 2012-387, 22 mars 2012 ; L. n° 2016-1691, 9 déc. 2016)*. – En cas d'apports en nature comme au cas de stipulation d'avantages particuliers au profit de personnes associées ou non, un ou plusieurs commissaires aux apports sont désignés à l'unanimité des fondateurs ou, à défaut, par décision de justice, à la demande des fondateurs ou de l'un d'entre eux. Ils sont soumis aux incompatibilités prévues à l'article L. 822-11-3, sans préjudice de la possibilité d'être désignés pour accomplir les missions prévues aux articles L. 225-101, L. 225-131, L. 225-147, L. 228-15 et L. 228-39.

Les commissaires apprécient, sous leur responsabilité, la valeur des apports en nature et les avantages particuliers. Le rapport déposé au greffe, avec le projet de statuts, est tenu à la disposition des souscripteurs, dans les conditions déterminées par décret en Conseil d'État.

L'assemblée générale constitutive statue sur l'évaluation des apports en nature et l'octroi d'avantages particuliers. Elle ne peut les réduire qu'à l'unanimité de tous les souscripteurs.

À défaut d'approbation expresse des apporteurs et des bénéficiaires d'avantages particuliers, mentionnée au procès-verbal, la société n'est pas constituée.

Voir : C. com., art. R. 225-7, R. 225-8 et R. 225-9, p. 631.

Bibliographie : Ph. Bissara et a., *L'égalité des actionnaires, mythe ou réalité : CDE* 5/1994, p. 18. • J.-J. Daigre, *Actions privilégiées, catégories d'actions et avantages particuliers : Mél. M. Jeantin*, Dalloz, 1999, p. 213 et s. • Th. Granier, *Définition des avantages particuliers : Dr. sociétés* déc. 2003, p. 3. • M. Petitjean, *Le rapport du commissaire aux apports : JCP* E 2004, 1737. • Ph. Reigné et Th. Delorme, *La nature nécessairement pécuniaire des avantages particuliers : BJS* 2002, p. 1117 et s. • *Adde* J.-Chr. Pagnucco, *JCl. Sociétés traité*, Fasc. 117-30.

1) **Notion d'avantage particulier.** L'avantage dont l'octroi n'a aucune influence sur le droit des autres actionnaires n'est pas un avantage particulier : ▪ Cass. civ., 6 mars 1935 : *DH* 1935, p. 265 *[décision rendue sur le fondement de la loi du 24 juill. 1867]*. – *Adde* ▪ Cass. com., 16 déc. 1969 : *Bull. civ.* IV, n° 388. – L'attribution du fonds social à la société absorbante, actionnaire majoritaire de l'absorbée, ne peut être considérée comme un avantage particulier car elle s'opère au titre de la transmission universelle inhérente à l'absorption : ▪ T. com. Roubaix, 6 mai 1994 : *BJS* 1994, p. 651, note P. Le Cannu. – *Adde* dans la même affaire : ▪ CA Douai, 7 juill. 1994 : *BJS* 1994, p. 994, note P. Le Cannu. – V. aussi sous C. com., art. L. 225-147, annot. n° 1, p. 348.

2) **Commissaire aux apports.** *a)* La mission du commissaire consiste moins à juger du bien-fondé de l'octroi d'avantages, lesquels procèdent du consentement des associés exprimé dans le pacte social, qu'à en apprécier la consistance et les incidences éventuelles sur la situation des actionnaires, notamment si de tels avantages confèrent à certains d'entre eux un droit préférentiel sur les bénéfices et le boni de liquidation : Rép. min. : *JOAN Q*, 3 déc. 1990, p. 5543.

b) Dès lors qu'aucune réglementation particulière n'existe concernant la fixation des **honoraires** des commissaires aux apports, le juge de la taxe ne saurait être compétent en cas de litige sur le montant de leur rémunération, seul le juge de droit commun étant compétent pour connaître d'une telle contestation : ▪ CA Paris, ord. réf., 19 nov. 1990 : *BJS* 1991, p. 390.

3) **Approbation.** La décision d'approbation de l'assemblée constitutive vaut fixation définitive de la valeur des apports : ▪ Cass. civ., 10 janv. 1881 : *DP* 1881, 1, p. 161. – V. aussi, ▪ T. com. Paris, 16 nov. 1970 : *JCP* 1971, II, 16826, note N. Bernard.

4) **Surévaluation des apports en nature.** V. sous C. civ., art. 1843-5, annot. n° 1, p. 67.

Art. L. 225-8-1 *(L. n° 2012-387, 22 mars 2012)*. **– I. – L'article L. 225-8 n'est pas applicable, sur décision des fondateurs, lorsque l'apport en nature est constitué :**

1° De valeurs mobilières donnant accès au capital mentionnées à l'article L. 228-1 ou d'instruments du marché monétaire, au sens de l'article 4 de la directive 2004/39/CE du Parlement européen et du Conseil du 21 avril 2004 concernant les marchés d'instruments financiers, modifiant les directives 85/611/CEE et 93/6/CEE du Conseil et la directive 2000/12/CE du Parlement européen et du Conseil et abrogeant la directive 93/22/CE du Conseil, s'ils ont été évalués au prix moyen pondéré auquel ils ont été négociés sur un ou plusieurs marchés réglementés au cours des trois mois précédant la date de la réalisation effective de l'apport ;

2° D'éléments d'actif autres que les valeurs mobilières ou les instruments du marché monétaire mentionnés au 1° si, dans les six mois précédant la date de la réalisation effective de l'apport, ces éléments ont déjà fait l'objet d'une évaluation à la juste valeur par un commissaire aux apports dans les conditions définies à l'article L. 225-8.

II. – L'apport en nature fait l'objet d'une réévaluation dans les conditions mentionnées à l'article L. 225-8, à l'initiative et sous la responsabilité des fondateurs, lorsque :

1° Dans le cas prévu au 1° du I du présent article, le prix a été affecté par des circonstances exceptionnelles pouvant modifier sensiblement la valeur de l'élément d'actif à la date de la réalisation effective de l'apport ;

2° Dans le cas prévu au 2° du même I, des circonstances nouvelles ont modifié sensiblement la juste valeur de l'élément d'actif à la date de la réalisation effective de l'apport.

III. – Les informations relatives aux apports en nature mentionnés aux 1° et 2° du I sont portées à la connaissance des souscripteurs dans des conditions définies par décret en Conseil d'État.

Voir : C. com., art. R. 225-9-1, p. 632.

Art. L. 225-9 *(Anc. L. n° 66-537, 24 juill. 1966)*. **– Les souscripteurs d'actions prennent part au vote ou se font représenter dans les conditions prévues aux articles L. 225-106, L. 225-110 et L. 225-113.**

L'assemblée constitutive délibère aux conditions de quorum et de majorité prévues pour les assemblées extraordinaires.

Art. L. 225-10 *(Anc. L. n° 66-537, 24 juill. 1966)*. **– Lorsque l'assemblée délibère sur l'approbation d'un apport en nature ou l'octroi d'un avantage particulier, les actions de l'apporteur ou du bénéficiaire ne sont pas prises en compte pour le calcul de la majorité.**

L'apporteur ou le bénéficiaire n'a voix délibérative ni pour lui-même ni comme mandataire.

Bibliographie : N. Bichot, *L'apporteur peut-il voter l'apport en nature fait à la SASU dont il est l'actionnaire unique ? BJS* 2010, p. 694.

1) Privation du droit de vote. L'apporteur en nature ou le bénéficiaire d'un avantage particulier est privé du droit de vote pour la résolution relative à l'approbation de cet apport ou à l'octroi de cet avantage, aurait-il également souscrit des actions de numéraire : ▪ Cass. req., 31 déc. 1906 : *DP* 1908, 1, p. 513, note J. Percerou. – L'appartenance au même groupe de sociétés que l'apporteur ou le bénéficiaire n'interdit pas de prendre part au vote relatif à la résolution considérée : ▪ CA Paris, 19 mai 1972 : *BJS* 1972, p. 399.

2) Sanction. La participation irrégulière de l'apporteur ou du bénéficiaire n'invalide la décision prise que si le quorum ou la majorité requis n'auraient pas pu être atteints sans cette participation : ▪ Cass. civ., 4 juill. 1911 : *DP* 1911, 1, p. 449.

Art. L. 225-11 *(Anc. L. n° 66-537, 24 juill. 1966 ; L. n° 2016-1691, 9 déc. 2016).* **– Le retrait des fonds provenant des souscriptions en numéraire ne peut être effectué par le mandataire de la société avant l'immatriculation de celle-ci au registre du commerce et des sociétés.**

Si la société n'est pas constituée dans le délai de six mois à compter du premier dépôt de fonds ou si elle n'est pas immatriculée au registre du commerce et des sociétés dans le même délai, tout souscripteur peut demander en justice la nomination d'un mandataire chargé de retirer les fonds pour les restituer aux souscripteurs, sous déduction des frais de répartition. Le retrait des fonds peut également être demandé directement au dépositaire, aux mêmes fins et sous les mêmes conditions, par un mandataire représentant l'ensemble des souscripteurs.

Si le ou les fondateurs décident ultérieurement de constituer la société, il doit être procédé à nouveau au dépôt des fonds et à la déclaration prévus aux articles L. 225-5 et L. 225-6.

Voir : C. com., art. R. 225-11 et R. 225-12, p. 632.

1) Retrait des fonds par un mandataire.

a) La nomination d'un mandataire de justice en vue du retrait des fonds correspondant aux apports s'impose, lorsque des actionnaires ont en vain mis en demeure le président d'une société de régulariser l'immatriculation de celle-ci au registre du commerce et des sociétés : ▪ CA Lyon, 10 nov. 1983 : *D.* 1984, p. 123, note Y. Reinhard.

b) La nomination d'un mandataire est indispensable pour procéder à la restitution des sommes versées par les fondateurs lorsque les associés ont refusé de signer les statuts et que ceux-ci n'ont fait et ne pourront jamais faire l'objet d'un dépôt au greffe : ▪ CA Versailles, 12 avr. 1991 : *BJS* 1991, p. 699, note P. Le Cannu.

2) Absence de dépôt des fonds. Commettent le délit d'abus de confiance les dirigeants qui ne déposent qu'une partie des fonds provenant des souscriptions en numéraire libérées du quart et retirent les fonds déposés sans avoir fait immatriculer la société : ▪ Cass. crim., 10 mai 1993 : *BJS* 1993, p. 849, note P. Le Cannu.

Art. L. 225-11-1 *(L. n° 2012-387, 22 mars 2012).* **– Les droits de vote et les droits à dividende des actions ou coupures d'actions émises en violation des dispositions relatives à la constitution avec offre au public des sociétés anonymes prévues à la présente sous-section sont suspendus jusqu'à régularisation de la situation. Tout vote émis ou tout versement de dividende effectué pendant la suspension est nul.**

Sous-section 2. – De la constitution sans offre au public

(Intitulé rempl., Ord. n° 2009-80, 22 janv. 2009)

Bibliographie : *Adde* A. Bougnoux, *JCl. Sociétés traité*, Fasc. 122-10.

Art. L. 225-12 *(Anc. L. n° 66-537, 24 juill. 1966 ; L. n° 2003-7, 3 janv. 2003 ; Ord. n° 2009-80, 22 janv. 2009).* **– Lorsqu'il n'est pas procédé à une offre au public, les dispositions de la sous-section 1 sont applicables, à l'exception des articles L. 225-2, L. 225-4, L. 225-7, des deuxième, troisième et quatrième alinéas de l'article L. 225-8 et des articles L. 225-9 et L. 225-10.**

Voir : C. com., art. R. 225-13, p. 632.

Art. L. 225-13 *(Anc. L. n° 66-537, 24 juill. 1966).* **– Les versements sont constatés par un certificat du dépositaire établi, au moment du dépôt des fonds, sur présentation de la liste des actionnaires mentionnant les sommes versées par chacun d'eux.**

Art. L. 225-14 *(Anc. L. n° 66-537, 24 juill. 1966).* **– Les statuts contiennent l'évaluation des apports en nature. Il y est procédé au vu d'un rapport annexé aux statuts et établi, sous sa responsabilité, par un commissaire aux apports.**

Si des avantages particuliers sont stipulés, la même procédure est suivie.

Voir : C. com., art. R. 225-14, p. 632.

Voir : Sanctions pénales, C. com., art. L. 242-2, p. 573.

Bibliographie : M. Petitjean, *Le rapport du commissaire aux apports : JCP* E 2004, 1737.

Art. L. 225-15 *(Anc. L. n° 66-537, 24 juill. 1966).* **– Les statuts sont signés par les actionnaires, soit en personne, soit par mandataire justifiant d'un pouvoir spécial, après l'établissement du certificat du dépositaire et après mise à disposition des actionnaires, dans les conditions et délais déterminés par décret en Conseil d'État, du rapport prévu à l'article L. 225-14.**

Voir : C. com., art. R. 210-6, p. 618. - C. civ., art. 1835, p. 29.

Le consentement de l'associé lors de la constitution de la SA se manifestant par l'apposition de sa signature sur les statuts, dès lors que ceux-ci, de même que l'ensemble des documents constitutifs, ont été falsifiés par l'apposition d'une fausse signature, la qualité d'associé ne peut être opposée à ceux dont la signature a fait défaut, quand bien même ils auraient par la suite signé un projet de cession d'actions ainsi qu'une feuille de présence à une assemblée, de sorte qu'ils ne peuvent être poursuivis en libération de leur apport : ▪ CA Versailles, 13 nov. 2007, n° 04-07641 : *BJS* 2008, p. 200, note P. Le Cannu.

Art. L. 225-16 *(Anc. L. n° 66-537, 24 juill. 1966).* **– Les premiers administrateurs ou les premiers membres du conseil de surveillance** *(Mots suppr. à compter de la date prévue au II de l'article 20 de la loi n° 2019-486 du 22 mai 2019 et au plus tard le 1er septembre 2019, L. n° 2019-486, 22 mai 2019)* **« ... » sont désignés dans les statuts.**

Art. L. 225-16-1 *(L. n° 2012-387, 22 mars 2012).* **– Les droits de vote et les droits à dividende des actions ou coupures d'actions émises en violation de la présente sous-section sont suspendus jusqu'à régularisation de la situation. Tout vote émis ou tout versement de dividende effectué pendant la suspension est nul.**

Section II. – De la direction et de l'administration des sociétés anonymes

Sous-section 1. – Du conseil d'administration de la direction générale

(Intitulé mod., L. n° 2001-420, 15 mai 2001)

Bibliographie : Ph. Bissara, *Interdépendance et coopération des organes sociaux de la société anonyme classique : Mél. Guyon*, Dalloz, 2003, p. 115. • P. Le Cannu, *La différenciation des administrateurs : Mél. M. Germain*, LexisNexis-Lextenso, 2015, p. 423. • A. Viandier et A. Charveriat, *Sociétés et loi NRE*, Fr. Lefebvre, 2002, nos 110 et s. • B. Saintourens, *Les organes de direction de la société anonyme après la loi relative aux nouvelles régulations économiques : Rev. sociétés* 2001, p. 5150. • *Adde* D. Bureau et M.-Chr. Monsallier, *JCl. Sociétés traité*, Fasc. 130-10 *(Nombre d'administrateurs – Mode de nomination – Publicité des nominations)* Fasc. 130-30 *(Statut des administrateurs).* • J.-Ch. Pagnucco, *JCl. Sociétés traité*, Fasc. 131-10 *(Administration – Conseil d'administration)* et Fasc. 130-20 *(Conditions de nomination des administrateurs).* • D. Gallois-Cochet, *Administrateurs de sociétés cotées : JCl. Sociétés traité*, Fasc. 130-70.

Art. L. 225-17 *(Anc. L. n° 66-537, 24 juill. 1966 ; mod., L. n° 2001-420, 15 mai 2001 ; L. n° 2003-706, 1er août 2003 ; L. n° 2011-103, 27 janv. 2011).* **– La société anonyme est administrée par un conseil d'administration composé de trois membres au moins. Les statuts fixent le nombre maximum des membres du conseil, qui ne peut dépasser dix-huit.**

Le conseil d'administration est composé en recherchant une représentation équilibrée des femmes et des hommes.

Toutefois, en cas de décès de démission ou de révocation du président du conseil d'administration et si le conseil n'a pu le remplacer par un de ses membres, il peut nommer, sous réserve des dispositions de l'article L. 225-24, un administrateur supplémentaire qui est appelé aux fonctions de président.

Voir : C. com., art. R. 225-25, R. 225-29, p. 634 et R. 225-109, p. 657.

Conseil de surveillance C. com., art. L. 225-69, p. 301. - **Nombre d'administrateurs en cas de fusion,** C. com., art. L. 225-95, p. 313.

I – ADMINISTRATEURS

Bibliographie : A. Jacquemont, *Un administrateur exerce-t-il une profession ? : JCP* E 2001, p. 792. – J.-F. Rérolle et F. Bressand, *Vademecum de l'administrateur*, éd. Galino, 2005. – *Administrateurs indépendants : recommandation de la Commission du 6 octobre 2004 : D.* 2004, p. 2036. – J. Redeenius et S. Weber-Rey, *La représentation des femmes dans les conseils d'administration et de surveillance en France et en Allemagne : Rev. sociétés* 2011, p. 203.

1) Tout administrateur d'une société anonyme est un **dirigeant de droit** : ▪ Cass. com., 12 janv. 1981 : *Bull. civ.* IV, n° 22.

2) Les **fonctionnaires** ne pouvant en principe exercer une activité lucrative privée à caractère professionnel, un fonctionnaire ne peut pas être administrateur de SA, quand bien même sesfonctions ne seraient pas rémunérées : ▪ CE, 15 déc. 2000 : *BJS* 2001, p. 503. – Toutefois, la présence d'un fonctionnaire au conseil d'administration n'invalide pas les décisions prises par cet organe : ▪ CA Versailles, 26 oct. 1989 : *RF compt.* 1991, p. 55, note Ph. Reigné.

3) **L'absence de conseil d'administration** est un cas de nomination d'un administrateur judiciaire : ▪ CA Paris, 25 mars 1969 : *BJS* 1969, p. 779.

4) Les **quotas de femmes** dans les conseils d'administration et conseils de surveillance des sociétés privées et des entreprises du secteur public sont contraires au principe d'égalité devant la loi : ▪ Cons. const., 16 mars 2006, n° 2006-533 : *D.* 2006, p. 806, obs. J. Daleau. – *Adde* C. Malecki, *Gouvernance d'entreprise, féminité, inégalité : D.* 2006, p. 1034. – A. Maymont, *La représentation équilibrée des hommes et des femmes dans les conseils de sociétés : JCP* E 2013, 1667. – R. Mortier, *La féminisation forcée des conseils d'administration : Dr. sociétés* 2011, n° 75.

II – CENSEURS

Bibliographie : A. Bienvenu-Perrot, *Des censeurs du XIX*e *siècle au gouvernement d'entreprise du XXI*e *siècle : RTD com.* 2003, p. 449. – Th. Jacomet et A. Cuisance, *Les censeurs : BJS* 1993, p. 723. – M. Vasseur, *Une création de la pratique : les censeurs dans les sociétés anonymes : D.* 1974, p. 67.

5) Principes. La nomination de censeurs n'est pas interdite par la loi du 24 juillet 1966 *[C. com.]* : Rép. min. : *JOAN* Q, 24 juin 1975, p. 4704. – La présence de censeurs ne doit pas aboutir à tourner la réglementation sur la limitation du nombre des administrateurs : *Bull. COB* mars 1978, n° 102. – Pour l'application de l'article 101 de la loi du 24 juillet 1966 *[C. com., art. L. 225-38]* sur les conventions réglementées [V. *infra*], les censeurs doivent être assimilés à des administrateurs : ▪ CA Aix-en-Provence, 6 févr. 1975 : *RTD com.* 1975, p. 554, n° 25, obs. R. Houin.

III – COMITÉS D'ÉTUDES ET DE DIRECTION

Bibliographie : J.-M. Calendini, *Les comités de direction : BJS* 1992, p. 851. – Chr. de Ganay d'Indy et L. Engel, *Les comités d'audit : BJS* 2003, p. 723. – L. Saucier et D. Borde, *Les membres des comités des comptes sont-ils responsables ? : BJS* 2006, p. 845.

6) Est contraire à la loi la création par une assemblée générale extraordinaire d'un comité de direction empiétant sur les attributions du conseil d'administration : ▪ CA Aix-en-Provence, 28 sept. 1982 : *Rev. sociétés* 1983, p. 773, note J. Mestre.

7) Comité des rémunérations. V. sous C. com., art. L. 225-47, annot. n° 3, p. 279.

Art. L. 225-18 *(Anc. L. n° 66-537, 24 juill. 1966 ; mod., L. n° 2012-387, 22 mars 2012).* – **Les administrateurs sont nommés par l'assemblée générale constitutive ou par l'assemblée générale ordinaire. Dans le cas prévu à l'article L. 225-16, ils sont désignés dans les statuts. La durée de leurs fonctions est déterminée par les statuts sans pouvoir excéder six ans. Toutefois, en cas de fusion ou de scission, la nomination peut être faite par l'assemblée générale extraordinaire.**

Les administrateurs sont rééligibles, sauf stipulation contraire des statuts. Ils peuvent être révoqués à tout moment par l'assemblée générale ordinaire.

Toute nomination intervenue en violation des dispositions précédentes est nulle, à l'exception de celles auxquelles il peut être procédé dans les conditions prévues à l'article L. 225-24.

Voir : C. com., art. R. 225-15, R. 225-26, p. 633 et R. 225-38, p. 638.
C. com., art. L. 225-24, p. 250 et L. 225-105, al. 3, p. 326.

I – GÉNÉRALITÉS – NOMINATION

1) Dépôt des candidatures. Un actionnaire peut présenter sa candidature au cours de l'assemblée : Rép. min. : *JOAN* Q, 14 févr. 1970, p. 369.

2) Point de départ des fonctions. Le *dies a quo* de la durée des fonctions est le jour où les administrateurs acceptent leurs fonctions : Rép. min. : *JO* Sénat Q, 11 juill. 1974, p. 876.

3) Erreur matérielle. La cour d'appel ne saurait se substituer aux organes de la société en proclamant élu un candidat administrateur qui a obtenu un nombre de voix suffisant mais qui n'a pas été proclamé élu par l'assemblée générale ; elle ne peut que déclarer nulle la délibération de l'assemblée en ce qu'elle a concerné l'élection de cet administrateur : ▪ CA Limoges, 19 oct. 1992 : *BJS* 1993, p. 217, note P. Le Cannu.

4) Renouvellement du mandat. *a)* **Absence de droit au renouvellement.** Le conseil d'administration **n'est pas tenu de proposer** au vote de l'assemblée la réélection d'un administrateur dont le mandat est expiré : ▪ Cass. com., 7 nov. 1989 : *JCP* E 1990, 15677, n° 8, obs. A. Viandier et J.-J. Caussain. – C'est dans l'exercice de son pouvoir souverain que l'assemblée générale ordinaire a décidé de ne pas renouveler un administrateur, la question du renouvellement du mandat ayant été régulièrement inscrite à l'ordre du jour ; les actionnaires, qui ne sont pas tenus de suivre la proposition du conseil d'administration, peuvent choisir des administrateurs autres que ceux dont les noms sont proposés : ▪ CA Paris, 7 sept. 2004 : *Rev. sociétés* 2005, p. 233, obs. I. Urbain-Parléani.

b) **Abus.** Dès lors que l'administrateur a eu connaissance le jour même de la tenue de l'assemblée générale de la décision, déjà arrêtée, de ne pas renouveler son mandat, il n'a pu préparer utilement sa défense ni répondre aux reproches qui lui étaient adressés. Au surplus, en avisant les tiers du retrait immédiat de la signature, alors que l'intéressé n'a pu faire valoir ses observations, la société a sciemment permis de faire douter de l'honorabilité de son administrateur. De tels agissements, qui témoignent d'une précipitation inhabituelle que ne justifiait pas la révélation d'événements, à les supposer établis, mettant en péril l'intérêt social, au mépris du respect élémentaire des droits de la personne concernée, constituent **un abus de droit** : ▪ CA Paris, 27 oct. 1995 : *BJS* 1996, p. 45.

II – RÉVOCATION

Bibliographie : J.-L. Aubert, *La révocation des organes d'administration des sociétés commerciales : RTD com.* 1968, p. 977. – J.-J. Caussain, *La précarité de la fonction de mandataire social : BJS* 1993, p. 523. – M.-H. Laender, *La révocation des dirigeants sociaux : Dr. sociétés* 2000, chron. 9. – P. Le Cannu, *Le principe de contradiction et la protection des dirigeants : BJS* 1996, p. 11.

5) Principes commandant la révocation. La révocation d'un administrateur peut intervenir à tout moment et n'est abusive que si elle a été accompagnée de circonstances ou a été prise dans des conditions qui portent atteinte à sa réputation ou à son honneur ou si elle a été décidée brutalement, sans respecter l'obligation de loyauté dans l'exercice du droit de révocation : ▪ Cass. com., 14 mai 2013, n° 11-22.845, PB : *BJS* 2013, p. 634, note A. Gaudemet ; *D.* 2013, p. 2319, note B. Dondero ; *Dr. sociétés* 2013, n° 157, obs. M. Roussille ; *Rev. sociétés* 2013, p. 566, note B. Saintourens.

6) Libre révocabilité.

a) **Principe.** La règle de la libre révocabilité des administrateurs est d'ordre public : ▪ Cass. civ., 23 mai 1944 : *DA* 1944, 105. – Est illicite toute stipulation ayant pour objet et pour effet de porter atteinte à la libre révocabilité de l'administrateur, de sorte que n'engage pas sa responsabilité l'associé qui vote la révocation d'un administrateur en méconnaissant l'engagement souscrit dans un **pacte d'actionnaires** : ▪ Cass. com., 26 avr. 2017, n° 15-12.888 : *BJS* 2017, p. 532, note T. de Ravel d'Esclapon ; *Dr. sociétés* 2017, n° 124, obs. J. Heinich ; *Rev. sociétés* 2018, p. 107, note E. Schlumberger.

b) **Obstacles à la révocation.**

– L'**engagement de rachat des actions** en cas de cessation des fonctions, quel que soit le motif de cette cessation, doit être considéré comme non écrit : ▪ CA Paris, 30 oct. 1976 : *Rev. sociétés* 1977, p. 695, note D. Schmidt *[décision rendue à propos d'un président de conseil d'administration]*. – Comp. pour un gérant de SARL : ▪ Cass. com., 2 juin 1987 : *JCP* E 1987, 16959, n° 23, obs. A. Viandier et J.-J. Caussain. – Est de même nulle la clause prévoyant le rachat au double de leur valeur des actions appartenant à un mandataire social révocable *ad nutum* par l'actionnaire majoritaire : ▪ CA Versailles, 11 juill. 1991 : *JCP* E 1992, I, 3561, n° 9, obs. A. Viandier et J.-J. Caussain ; *BJS* 1991, p. 1008, note P. Le Cannu.

– Est illicite la clause d'un pacte d'actionnaires subordonnant la révocation à l'**autorisation préalable du conseil d'administration**, cette clause ayant pour effet de limiter le droit de l'assemblée générale de procéder à la révocation à tout moment : ▪ Cass. com., 14 mai 2013, n° 11-22.845, PB : *BJS* 2013, p. 634, note A. Gaudemet ; *D.* 2013, p. 2319, note B. Dondero ; *Dr. sociétés* 2013, n° 157, obs. M. Roussille ; *Rev. sociétés* 2013, p. 566, note B. Saintourens.

– Ne donne pas de base légale à sa décision la cour d'appel qui, pour condamner le cessionnaire d'actions à **payer au cédant une indemnité** contractuelle importante prévue au cas où le cédant serait révoqué de son mandat de directeur général, ne recherche pas si la convention litigieuse n'a pas eu pour objet ou pour effet d'entraver la révocation *ad nutum* d'un dirigeant, compte tenu des conséquences financières qu'elle pouvait avoir pour le cessionnaire, président de la société et aussi président d'une société elle-même associé majoritaire de la société : ▪ Cass. com., 2 juin 1992 : *BJS* 1992, p. 1078.

– En revanche, la convention passée entre deux groupes d'actionnaires prévoyant la **répartition égale** du capital social et la **composition paritaire** du conseil d'administration ne constitue pas un obstacle à la révocation à tout moment d'un administrateur par l'assemblée des actionnaires : ▪ Cass. com., 19 déc. 1983 : *BJS* 1984, p. 285. – De même, l'indemnité contractuelle ayant pour objet de compenser, à la date de sa révocation, les droits acquis par un salarié devenu dirigeant social, dans l'exercice de ses fonctions salariées, ne fait pas obstacle à sa libre révocabilité : ▪ Cass. com., 16 janv. 1990 : *BJS* 1990, p. 277.

c) **Femme enceinte.** Sur l'illicéité de la révocation d'une femme dirigeante sociale en raison de son état de grossesse : ▪ CJUE, 11 nov. 2010, aff. C-232/09 : *Dr. sociétés* 2011, n° 25, obs. M. Roussille.

7) Compétence. L'article 90 de la loi du 24 juillet 1966 *[C. com., art. L. 225-18]* n'attribue pas le pouvoir de nomination et de révocation à l'assemblée ordinaire à titre exclusif ; la révocation est la conséquence normale d'un vote de défiance qui peut intervenir aussi bien à propos des décisions soumises à une assemblée ordinaire qu'à celles d'une assemblée extraordinaire : ▪ CA Rennes, 25 févr. 1972 : *JCP* 1972, II, 17220, note H. Synvet ; *Rev. sociétés* 1974, p. 101, note M.-A. Coudert. ▪ CA Paris, 15 mars 1990 : *BRDA* 31 juill. 1990, p. 19.

8) Abus de révocation. *a)* Droit à réparation. L'exercice **fautif** de la faculté de révocation ouvre à l'administrateur révoqué le droit de demander réparation : ▪ Cass. com., 20 nov. 1962 : *D.* 1963, 230.

b) **Respect du contradictoire.** Il convient de rechercher si l'intéressé a eu connaissance des motifs de sa révocation avant qu'il fût procédé au vote : ▪ Cass. com., 14 mai 2013, n° 11-22.845, PB : *BJS* 2013, p. 634, note A. Gaudemet ; *D.* 2013, p. 2319, note B. Dondero ; *Dr. sociétés* 2013, n° 157, obs. M. Roussille ; *Rev. sociétés* 2013, p. 566, note B. Saintourens.

c) **Comportements abusif.**

– **Abus retenu.** Est abusive la révocation intervenue avec brutalité, par pure malveillance, sous des prétextes fallacieux : ▪ Cass. soc., 22 nov. 1972 : *Rev. sociétés* 1974, p. 101, note M.-A. Coudert. ▪ Cass. com., 6 mai 1974 : *JCP* 1974, II, 17859, note J.-J. Burst. – La révocation d'un administrateur, le lendemain du jour où celui-ci a assigné la société en nullité des délibérations du conseil d'administration, doit être qualifiée d'abusive dès lors qu'elle a eu lieu dans des **circonstances vexatoires** et que l'urgence d'une telle mesure prise sans inscription à l'ordre du jour n'est pas démontrée : ▪ CA Paris, 28 oct. 1994 : *BJS* 1995, p. 55, note crit. E. Lepoutre ; *Rev. sociétés* 1995, p. 110, obs. crit. Y. Guyon.

– **Abus non retenu.** En revanche, le fait que la directrice générale et administratrice d'une société anonyme, dont l'ex-mari était président du conseil d'administration, ait été révoquée de ses deux mandats après le prononcé de son divorce ne suffit pas à démontrer l'existence d'un abus de droit : ▪ CA Besançon, 5 déc. 2000 : *Juris-Data* n° 2000-131613 ; *JCP* E 2001, p. 640. – Pour un exemple de révocation ni brutale ni vexatoire bien que s'inscrivant dans le climat de défiance existant entre l'administrateur révoqué et la société : ▪ CA Paris, 19 sept. 2000 : *RJDA* 1/2001, n° 32.

d) **Illégitimité de la demande.** L'administrateur qui, en s'abstenant de participer tant au conseil d'administration précédant l'assemblée générale ayant décidé de sa révocation qu'à cette assemblée elle-même s'est de lui-même exclu des débats, ne peut se plaindre d'une violation de ses droits : ▪ Cass. com., 10 juill. 2012, n° 11-23.280 : *BJS* 2013, p. 29, n° 2, note J.-F. Barbièri ; *Rev. sociétés* 2013, p. 294, note C.-C. Tabourot-Hyest.

III – DÉMISSION

Bibliographie : D. Martin, *La démission des organes de gestion des sociétés commerciales : Rev. sociétés* 1973, p. 229. – H. Souleau, *La démission des dirigeants des sociétés commerciales : RTD com.* 1972, p. 21.

9) Notion de démission. Le fait pour un administrateur de ne plus exercer ses fonctions n'équivaut pas à une démission : ▪ Cass. com., 13 mars 1979 : *Rev. sociétés* 1979, p. 828, note P. Merle.

10) Publicité de la démission. V. sous C. com., art. L. 223-25, annot. n° 8, p. 218.

11) Obligation de loyauté du dirigeant démissionnaire. V. sous C. com., art. L. 223-18, annot. n° 6, p. 205.

12) Caractère irrévocable de la démission. V. sous C. com., art. L. 223-25, annot. n° 10, p. 218.

Art. L. 225-18-1 *(Créé à compter du 1er janvier 2017, L. n° 2011-103, 27 janv. 2011).* **– La proportion des administrateurs de chaque sexe ne peut être inférieure à 40 % dans les sociétés dont les actions sont admises aux négociations sur un marché réglementé et, à l'issue de la plus prochaine assemblée générale ayant à statuer sur des nominations, dans les sociétés qui, pour le troisième exercice consécutif, emploient un nombre moyen d'au moins cinq cents salariés permanents et présentent un montant net de chiffre d'affaires ou un total de bilan d'au moins 50 millions d'euros.** *(Mots suppr., L. n° 2019-486, 22 mai 2019)* **« ... ».**

Rédaction future. La proportion des administrateurs de chaque sexe ne peut être inférieure à 40 % dans les sociétés dont les actions sont admises aux négociations sur un marché réglementé et, à l'issue de la plus prochaine assemblée générale ayant à statuer sur des nominations, dans les sociétés qui, pour le troisième exercice consécutif, emploient un nombre moyen d'au moins *(Mots rempl. à compter du 1er janvier 2020, L. n° 2014-873, 4 août 2014)* « deux cent cinquante salariés » permanents et présentent un montant net de chiffre d'affaires ou un total de bilan d'au moins 50 millions d'euros. *(Mots suppr., L. n° 2019-486, 22 mai 2019)* « ... ».

Toute nomination intervenue en violation du premier alinéa et n'ayant pas pour effet de remédier à l'irrégularité de la composition du conseil est nulle. Cette nullité n'entraîne pas celle des délibérations auxquelles a pris part l'administrateur irrégulièrement nommé.

Loi n° 2011-103 du 27 janvier 2011

Art. 5 *(Mod., L. n° 2013-504, 14 juin 2013 ; L. n° 2014-873, 4 août 2014)*. – I. – Les II à V et le VIII de l'article 1er, les III à VII de l'article 2 et le II de l'article 4 entrent en vigueur à compter du 1er janvier de la sixième année suivant l'année de publication de la présente loi. La conformité de la composition des conseils d'administration et des conseils de surveillance des sociétés concernées est appréciée à l'issue de la première assemblée générale ordinaire qui suit cette date.

Le premier des trois exercices consécutifs prévus au premier alinéa des articles L. 225-18-1, L. 225-69-1 et L. 226-4-1 du Code de commerce s'entend à compter du 1er janvier de la troisième année suivant l'année de publication de la présente loi.

II. – Dans les sociétés mentionnées aux chapitres V et VI du titre II du livre II du Code de commerce dont les actions sont admises aux négociations sur un marché réglementé, la proportion des administrateurs ou des membres du conseil de surveillance de chaque sexe ne peut être inférieure à 20 % à l'issue de la première assemblée générale ordinaire qui suit le 1er janvier de la troisième année suivant l'année de publication de la présente loi.

Lorsque l'un des deux sexes n'est pas représenté au sein du conseil d'administration ou de surveillance à la date de publication de la présente loi, au moins un représentant de ce sexe doit être nommé lors de la plus prochaine assemblée générale ordinaire ayant à statuer sur la nomination d'administrateurs ou de membres du conseil de surveillance.

Le représentant permanent d'une personne morale nommée administrateur ou membre du conseil de surveillance est pris en compte pour apprécier la conformité de la composition du conseil d'administration ou de surveillance au premier alinéa du présent II.

Toute nomination ou toute désignation intervenue en violation des premier et deuxième alinéas du présent II et n'ayant pas pour effet de remédier à l'irrégularité de la composition du conseil d'administration ou de surveillance est nulle. Cette nullité n'entraîne pas celle des délibérations auxquelles a pris part l'administrateur ou le membre du conseil irrégulièrement nommé.

Voir : **Conseil de surveillance,** C. com., art. L. 225-69-1, p. 301.

Art. L. 225-19 ***(Anc. L. n° 66-537, 24 juill. 1966)*. – Les statuts doivent prévoir, pour l'exercice des fonctions d'administrateur, une limite d'âge s'appliquant soit à l'ensemble des administrateurs, soit à un pourcentage déterminé d'entre eux.**

À défaut de disposition expresse dans les statuts, le nombre des administrateurs ayant dépassé l'âge de soixante-dix ans ne peut être supérieur au tiers des administrateurs en fonctions.

Toute nomination intervenue en violation des dispositions de l'alinéa précédent est nulle.

À défaut de disposition expresse dans les statuts prévoyant une autre procédure, lorsque la limitation statutaire ou légale fixée pour l'âge des administrateurs est dépassée, l'administrateur le plus âgé est réputé démissionnaire d'office.

Voir : la rédaction de cet article issue de l'ordonnance n° 2019-744 du 19 juillet 2019, en *addendum*, p. 3371.

Art. L. 225-20 ***(Anc. L. n° 66-537, 24 juill. 1966)*. – Une personne morale peut être nommée administrateur. Lors de sa nomination, elle est tenue de désigner un représentant permanent qui est soumis aux mêmes conditions et obligations et qui encourt les mêmes responsabilités civile et pénale que s'il était administrateur en son nom propre, sans préjudice de la responsabilité solidaire de la personne morale qu'il représente.**

***(Al. créé à compter du 1er janvier 2017, L. n° 2011-103, 27 janv. 2011)* Le représentant permanent est pris en compte pour apprécier la conformité de la composition du conseil d'administration au premier alinéa de l'article L. 225-18-1. Toute désignation intervenue en violation de cet alinéa et n'ayant pas pour effet de remédier**

à l'irrégularité de la composition du conseil est nulle. Cette nullité n'entraîne pas celle des délibérations auxquelles a pris part le représentant permanent irrégulièrement désigné.

Lorsque la personne morale révoque son représentant, elle est tenue de pourvoir en même temps à son remplacement.

Voir : C. com., art. R. 225-16 et R. 225-17, p. 633.

Membre du conseil de surveillance, C. com., art. L. 225-76, p. 303.

Bibliographie : B. Oppetit, *Le représentant permanent d'une personne morale administrateur d'une société anonyme : JCP* 1969, I, 2227.

1) Actions de garantie. En ce qui concerne les actions de garantie, il semble que l'exigence pèse uniquement sur la personne morale administratrice : Rép. min. n° 16624 : *JOAN Q*, 2 avr. 1971, p. 880.

2) Représentation d'une personne morale. L'article 91 de la loi du 24 juillet 1966 *[C. com., art. L. 225-20]* postule une solidarité légale entre le représentant permanent et la personne morale qu'il représente : ▪ Cass. com., 2 déc. 1986 : *JCP* E 1987, 16342, n° 12, obs. A. Viandier et J.-J. Caussain.

Art. L. 225-21 ***(Rempl., L. n° 2001-420, 15 mai 2001 ; mod., L. n° 2002-1303, 29 oct. 2002).*** **– Une personne physique ne peut exercer simultanément plus de cinq mandats d'administrateur de sociétés anonymes ayant leur siège sur le territoire français.**

Par dérogation aux dispositions du premier alinéa, ne sont pas pris en compte les mandats d'administrateur ou de membre du conseil de surveillance exercés par cette personne dans les sociétés contrôlées au sens de l'article L. 233-16 par la société dont elle est administrateur.

Pour l'application des dispositions du présent article, les mandats d'administrateur des sociétés dont les titres ne sont pas admis aux négociations sur un marché réglementé et contrôlées au sens de l'article L. 233-16 par une même société ne comptent que pour un seul mandat, sous réserve que le nombre de mandats détenus à ce titre n'excède pas cinq.

Toute personne physique qui se trouve en infraction avec les dispositions du présent article doit se démettre de l'un de ses mandats dans les trois mois de sa nomination, ou du mandat en cause dans les trois mois de l'événement ayant entraîné la disparition de l'une des conditions fixées à l'alinéa précédent. À l'expiration de ce délai, elle est réputée s'être démise, selon le cas, soit de son nouveau mandat, soit du mandat ne répondant plus aux conditions fixées à l'alinéa précédent, et doit restituer les rémunérations perçues, sans que soit, de ce fait, remise en cause la validité des délibérations auxquelles elle a pris part.

Voir : Conseil de surveillance, C. com., art. L. 225-77, p. 304. – **Plafond général,** C. com., art. L. 225-94-1, p. 313 et L. 225-95-1, p. 314.

Bibliographie : S. Bienvenu, *Loi relative aux nouvelles régulations économiques et problématique du cumul des mandats sociaux : JCP* E 2002, 139. • C. Malecki, *Cumul des mandats sociaux et cumul des dérogations : quel décompte ? : D.* 2002, p. 3194. • D. Poracchia, *La corporate governance à la française ou la loi du 29 octobre 2002 sur le cumul des mandats dans la société anonyme : Dr. et patrimoine* janv. 2003, p. 24. • B. Saintourens, *Le cumul des mandats sociaux au sein de la société anonyme après la loi du 29 octobre 2002 : Rev. sociétés* 2003, p. 1. • D. Velardocchio, *Cumul des mandats sociaux dans les sociétés anonymes : libéralisation du dispositif : Rev. Lamy dr. aff.* déc. 2002, p. 23. • S. de Vendeuil, *Modification des dispositions du Code de commerce relatives aux mandats sociaux : JCP* E 2002, 1727.

Cumul de mandats. *[Solutions antérieures à la loi du 15 mai 2001 sur les nouvelles régulations économiques].* Le tempérament porté par l'alinéa 3 de l'article 92 de la loi du 24 juillet 1966 *[C. com., art. L. 225-21]* s'applique dès lors que l'intéressé est administrateur, quand bien même il ne serait pas président du conseil d'administration de la société mère : Rép. min. : *JO* Sénat Q, 1er janv. 1987 ; *JCP* E 1987, II, 14872. – En revanche, la dérogation ne joue pas en faveur d'un président de sous-filiales d'une société dont ce président est administrateur, sans être administrateur des sociétés détenant directement le capital des sous-filiales : Rép. min. : *JO* Sénat Q, 1er janv. 1987 ; *JCP* E 1987, 16342, n° 23, obs. A. Viandier et J.-J. Caussain. – La dérogation ne s'applique pas aux filiales françaises de sociétés mères de droit étranger : Rép. min. : *JO* Sénat Q, 18 déc. 1986 ; *Dr. sociétés* mars 1987, 75.

Art. L. 225-21-1 ***(L. n° 2012-387, 22 mars 2012).*** **– Un administrateur peut devenir salarié d'une société anonyme au conseil de laquelle il siège si cette société ne dépasse pas, à la clôture d'un exercice social, les**

seuils définissant les petites et moyennes entreprises prévus à l'article 2 de l'annexe à la recommandation 2003/361/CE de la Commission, du 6 mai 2003, concernant la définition des micro, petites et moyennes entreprises et si son contrat de travail correspond à un emploi effectif.

Tout administrateur mentionné au premier alinéa du présent article est compté pour la détermination du nombre des administrateurs liés à la société par un contrat de travail mentionné à l'article L. 225-22.

Art. L. 225-22 *(Anc. L. n° 66-537, 24 juill. 1966 ; mod., L. n° 2001-1168, 11 déc. 2001 ; L. n° 2013-504, 14 juin 2013).* **– Un salarié de la société ne peut être nommé administrateur que si son contrat de travail correspond à un emploi effectif. Il ne perd pas le bénéfice de ce contrat de travail. Toute nomination intervenue en violation des dispositions du présent alinéa est nulle. Cette nullité n'entraîne pas celle des délibérations auxquelles a pris part l'administrateur irrégulièrement nommé.**

Le nombre des administrateurs liés à la société par un contrat de travail ne peut dépasser le tiers des administrateurs en fonction.

Toutefois, les administrateurs élus par les salariés ou désignés en application de l'article L. 225-27-1, les administrateurs représentant les salariés actionnaires ou le fonds commun de placement d'entreprise en application de l'article L. 225-23 et, dans les sociétés anonymes à participation ouvrière, les représentants de la société coopérative de main-d'œuvre ne sont pas comptés pour la détermination du nombre des administrateurs liés à la société par un contrat de travail mentionné à l'alinéa précédent.

En cas de fusion ou de scission, le contrat de travail peut avoir été conclu avec l'une des sociétés fusionnées ou avec la société scindée.

Voir : C. com., art. L. 225-44, p. 278. – **Dérogations à l'article L. 225-22,** L. n° 90-1258, 31 déc. 1990, art. 12, al. 2 [sociétés d'exercice libéral], p. 2853 ; L. n° 78-763, 19 juill. 1978, art. 15 [sociétés coopératives ouvrières de production], p. 2695.

Bibliographie : G. Armand, *Réflexions sur le statut des dirigeants sociaux salariés dans les deux types de société anonyme : JCP* CI 1981, 13649. • G. Auzero et N. Ferrier, *Cumul d'un contrat de travail et d'un mandat social : Rép. sociétés Dalloz*, 2010. ; • F. Collin, *Le droit social du dirigeant d'entreprise : la problématique du contrat de travail du dirigeant social : Dr. sociétés* juin 2005, n° 6 ; *ibid.* juill. 2005, n° 7 ; *Aspects pratiques de la suspension du contrat de travail lorsque le salarié devient dirigeant social : Dr. sociétés* oct. 2009, 13. • M. Deslandes, *Réflexions sur le cumul d'un mandat social et d'un contrat de travail : D.* 1982, chron. p. 19. • F. Mansuy, *La notion d'emploi effectif et ses conséquences sur le maintien du contrat de travail des dirigeants sociaux : Rev. sociétés* 1987, p. 1. • E. du Pontavice, *Le cumul d'un contrat de travail avec la qualité d'organe de la société ou la participation individuelle des salariés de l'entreprise à la gestion de la société : Journ. not.* 1971, 1017. • C. Puigelier, *Le président... devenant salarié et vice versa : JCP* E 1994, I, 358. • A. Sayag, *Mandat social et contrat de travail, attraits, limites et fictions : Rev. sociétés* 1981, p. 1. • R. Vatinet, *Des hypothèses de non-cumul d'un contrat de travail et d'un mandat social : Rev. sociétés* 1999, p. 273.

I – UN ADMINISTRATEUR NE PEUT DEVENIR EN PRINCIPE SALARIÉ

1) Principe de l'exclusion du contrat de travail. Il résulte des dispositions des articles 93 et 107 de la loi du 24 juillet 1966 *[C. com., art. L. 225-22 et L. 225-44]* qu'un administrateur déjà en fonction dans une société anonyme ne peut conclure un contrat de travail avec cette société afin d'acquérir la qualité de salarié : ▪ Cass. soc., 7 juin 1974 : *Rev. sociétés* 1975, p. 91, note Y. Chartier. ▪ Cass. soc., 22 avr. 1992 : *BJS* 1992, p. 630. ▪ Cass. soc., 22 oct. 1996 : *JurisData* n° 1996-004081. ▪ Cass. soc., 25 févr. 1997 : *JurisData* n° 1997-000931. ▪ Cass. soc., 12 mai 1998 : *JurisData* n° 1998-002473.

2) Applications.

a) Ayant relevé qu'une personne avait été désignée dès la création de la société comme **président** du conseil d'administration de celle-ci, une cour d'appel a justement estimé que cette personne ne pouvait en être devenue directeur général salarié en application de l'article 107 de la loi du 24 juillet 1966 *[C. com., art. L. 225-44]* : ▪ Cass. soc., 22 juin 1993 : *BJS* 1993, p. 1133, note P. Le Cannu. – La date à laquelle commence à courir les fonctions d'administrateur étant celle où l'intéressé **accepte** ses fonctions, même tacitement, par exemple en signant les statuts d'origine, l'interdiction de principe n'est pas tempérée par le fait qu'au moment de la signature du contrat de travail, la société n'était pas encore immatriculée : ▪ CA Paris, 4 déc. 1997 : *JurisData* n° 1997-210141 ; *BJS* 1998, p. 236, note P. Le Cannu. – Les fonctions des **premiers administrateurs** débutent dès leur acceptation ; en conséquence, le contrat de travail conclu par un administrateur après son acceptation, mais avant l'immatriculation de la société, est nul de nullité absolue : ▪ CA Paris, 29 juin 2001 : *JurisData* n° 2001-175686 ; *BJS* 2001, p. 1135, note P. Le Cannu ; *D.* 2001, act. jurispr., p. 2678, obs. A. Lienhard.

b) **Rejet d'une indemnisation au titre de l'enrichissement sans cause.** V. sous C. com., art. L. 225-44, annot. n° 1, p. 278.

c) La loi du 19 juillet 1978 sur les **sociétés coopératives ouvrières de production** ne contenant aucune disposition de laquelle on pourrait déduire que l'article 107 de la loi de 1966 *[C. com., art. L. 225-44]* n'est pas applicable à cette forme de société, le contrat de travail consenti à un administrateur est nul : ▪ CA Versailles, 8 janv. 1993 : *BJS* 1993, p. 479, note P. Le Cannu.

d) La preuve de l'existence d'un contrat de travail avec la **société mère** n'est pas rapportée dès lors qu'il n'est pas démontré que l'intéressé qui gérait la société filiale se soit trouvé sous la subordination de cette société. En effet, les relations entre ces deux sociétés n'ont pas dépassé le cadre du partenariat, la filiale conservant son autonomie : ▪ CA Lyon, 27 avr. 1998 : *JurisData* n° 1998-042085.

3) Sanction. Le contrat de travail conclu en méconnaissance de la prohibition légale est **nul** comme résultant d'une décision prise en violation d'une disposition **impérative** de la loi : ▪ Cass. soc., 6 oct. 1993 : *JCP* E 1994, II, 529, note Y. Guyon ; *BJS* 1993, p. 1242, note P. Le Cannu. ▪ Cass. soc., 21 nov. 2006, n° 05-45416 : *BJS* 2007, p. 383, note G. Auzero. – Il s'agit d'une **nullité absolue** qui ne peut être rétroactivement confirmée : ▪ Cass. com., 26 janv. 1999 : *JCP* E 1999, p. 1239, obs. A. Viandier et J.-J. Caussain ; *BJS* 1999, p. 657, note Th. Granier. – Ainsi, s'il est exact que l'intéressé s'est engagé à démissionner de son mandat de président du conseil d'administration, ce qu'il a fait, il n'a en revanche pris aucun engagement de quitter son mandat d'administrateur et a effectivement été maintenu dans ces dernières fonctions ; en conséquence la nullité de son contrat de travail était acquise dès sa signature : ▪ CA Toulouse, 7 nov. 1997 : *JurisData* n° 1997-049858. – La nullité du contrat oblige alors l'administrateur à restituer les salaires perçus : ▪ CA Aix-en-Provence, 30 janv. 1979 : *Bull. Aix* 1979, I, p. 96. – Violent l'article L. 225-44 du Code de commerce les juges qui rejettent la demande en restitution des salaires formée par l'employeur au titre de la nullité du contrat de travail au motif que le salarié avait droit à l'indemnisation du travail fourni pendant cette période : ▪ Cass. soc., 21 févr. 2006, n° 04-41.272 : *JurisData* n° 2006-032365. – Il peut toutefois réclamer une indemnité à raison du profit qu'en a retiré la société : ▪ Cass. soc., 6 mai 1982 : *Rev. sociétés* 1982, p. 523, note P. Le Cannu.

4) Limites à l'exclusion d'un contrat de travail.

a) **Démission préalable.**

– **Principe.** Un contrat de travail peut être consenti à un administrateur, après la démission de ce dernier, à condition, toutefois, que ce contrat ne soit pas le résultat d'un marché passé entre le démissionnaire et son successeur et destiné à garantir l'ancien administrateur contre tout danger de révocation : ▪ Cass. soc., 28 juin 1980, inédit.

– **Contrat de travail conclu avant que la démission ait été publiée.** Le contrat de travail consenti par une société à un ancien administrateur avant l'accomplissement des formalités de publicité relatives à la cessation des fonctions d'administrateur [démission] n'étant pas nul, son point de départ doit être fixé, pour le calcul d'une allocation d'aide au retour à l'emploi, à la date de sa conclusion, et non pas à la date d'accomplissement des formalités de publicité : ▪ Cass. com., 26 juin 2008, n° 06-18.056 (FD) : *Dr. sociétés* 2008, n° 230, obs. J. Monnet ; *Rev. sociétés* 2009, p. 108, note J.-F. Barbièri.

b) **Cessation des fonctions dirigeantes.** Un mandataire social peut, après cessation de ses fonctions, conclure un contrat de travail avec la société qui a absorbé la société qu'il dirigeait, et ce contrat peut valablement comporter une **clause de reprise d'ancienneté** couvrant toute la durée des fonctions dirigeantes, de sorte que l'indemnité de licenciement doit être calculée en tenant compte de la durée ainsi stipulée : ▪ Cass. soc., 9 juill. 2008, n° 07-44.553 : *BJS* 2008, p. 961, note G. Auzero.

II – UN SALARIÉ PEUT DEVENIR ADMINISTRATEUR

5) Principe. *a)* L'article L. 225-22 avait codifié l'article 93 de la loi du 24 juillet 1966 dans sa version antérieure à la loi du 11 février 1994. Il s'agissait d'une **erreur matérielle** et la condition d'antériorité de deux ans du contrat de travail que cet article avait maintenu contrairement aux termes de la loi de 1994 devait pouvoir être écartée : Rép. min. : *JO* Sénat Q, 1er mars 2001, p. 757 ; *JCP* E 2001, p. 489. La loi du 11 décembre 2001 portant mesures urgentes de réformes à caractère économique et financier a corrigé cette erreur.

b) Le cumul d'un mandat social et des fonctions salariées **est possible** lorsque celles-ci sont réelles et distinctes des fonctions de direction sociale et à condition que, dans son emploi salarié, le dirigeant se trouve en état de subordination à l'égard de la société : ▪ CA Paris, 28 janv. 1997 : *BJS* 1997, p. 658, note P. Le Cannu.

c) **Indépendance du contrat de travail et du mandat social.** Voir sous C. com., art. L. 225-53, annot. n° 7, p. 289.

6) Applications.

a) **L'apport en société d'un fonds de commerce** entraîne reprise par la société des contrats de travail des salariés du fonds, lesquels conservent en conséquence leur ancienneté. Le salarié dont le contrat est repris en application de l'article L. 122-12 du Code du travail peut être nommé administrateur de l'entreprise cessionnaire :

▪ Cass. soc., 10 juill. 1991 : *JCP* E 1992, I, 3561, n° 7, obs. A. Viandier et J.-J. Caussain ; *BJS* 1991, p. 908, note P. Reigné. ▪ Cass. soc., 11 mars 1992 : *RJDA* 1992, p. 375.

b) En cas de **mise** en société anonyme d'une entreprise individuelle, le salarié de celle-ci conserve son ancienneté eu égard aux conditions de sa nomination en qualité d'administrateur : ▪ Cass. soc., 16 oct. 1991 : *Bull. civ.* V, p. 255, n° 408 ; *JCP* E 1992, II, 271, note Y. Chaput ; *JCP* E 1992, I, 145, n° 7, obs. A. Viandier et J.-J. Caussain.

c) En revanche, le contrat de travail est réputé **fictif** s'il a uniquement pour raison d'être d'assurer la permanence des fonctions (▪ Cass. soc., 22 nov. 1972 : *Rev. sociétés* 1973, p. 655, note M. Guilberteau) ou lorsque le « mandat » a absorbé l'activité salariée (▪ Cass. soc., 5 juin 1980 : *Bull. civ.* V, n° 492. ▪ Cass. soc., 31 mars 1981 : *JCP* 1981, IV, 224).

7) Sort du contrat de travail.

a) **Absorption du contrat de travail.** Le salarié nommé au conseil d'administration perd son contrat de travail du moment où ses fonctions anciennes sont absorbées par ses fonctions nouvelles dont elles ne peuvent plus être distinguées : ▪ Cass. soc., 5 juin 1980 *[2 arrêts]* : *Rev. sociétés* 1981, p. 88, note Y. Chartier.

b) **Suspension du contrat de travail.** Si le conseil d'administration a délégué à son président tous les pouvoirs nécessaires afin d'assurer la direction générale de la société avec notamment le pouvoir de nommer et de révoquer les directeurs, l'intéressé ne peut plus prétendre être uni à la société par un lien de subordination ; en l'absence de convention contraire, son contrat de travail n'est pas absorbé par son mandat social, mais est **suspendu** pendant la durée du mandat : ▪ Cass. soc., 12 déc. 1990 : *BJS* 1991, p. 842, note P. Le Cannu ; *RF compt.* déc. 1991, p. 69, note P. Reigné. – En l'absence de convention contraire, le contrat de travail d'un salarié devenu mandataire social et qui a cessé d'être lié à la société par un lien de subordination est suspendu pendant le temps où il est mandataire : ▪ Cass. soc., 18 nov. 1992 : *BJS* 1993, p. 101, note P. Le Cannu. – En l'absence d'une convention de novation du contrat de travail en mandat social, et faute que soit établi l'exercice de fonctions techniques distinctes du mandat social et exercé dans un état de subordination, le contrat de travail d'un salarié devenu mandataire social est suspendu pendant la durée du mandat social et peut dès lors reprendre ses effets à la suite de la location-gérance du fonds à une autre société : ▪ Cass. soc., 14 juin 2005 : *JurisData* n° 2005-0247320 ; *JCP* E 2005, 1250. ▪ Cass. soc., 21 juin 1994 : *BJS* 1994, p. 991, note P. Reigné ; *Rev. sociétés* 1995, p. 60, note B. Petit. ▪ Cass. soc., 11 mai 1999 : *BJS* 2000, p. 197, note Th. Granier. ▪ Cass. soc., 15 mars 2000 : *JCP* E 2000, p. 1144, note F. Petit. ▪ CA Paris, 10 sept. 2003 : *BJS* 2003, p. 1284, note G. Auzero. ▪ CA Paris, 26 sept. 2003 : *BJS* 2004, p. 47, note B. Saintourens. – V. toutefois : ▪ Cass. ass. plén., 4 juin 1993 : *BJS* 1993, p. 746, note P. Le Cannu ; *D.* 1993, 501, note Y. Chartier.

8) Sanction. En cas de nomination aux fonctions d'administrateur en violation des prescriptions de l'article 93 *[C. com., art. L. 225-22]*, le contrat de travail reste valable et seul le mandat d'administrateur est affecté : ▪ Cass. soc., 28 mars 1979 : *Rev. sociétés* 1979, p. 819, note P. Le Cannu.

9) Preuve. C'est à celui qui soutient qu'il a été mis fin au contrat de travail par la nomination du salarié à des fonctions de mandataire social d'en rapporter la preuve : ▪ Cass. soc., 10 avr. 1991 : *Bull. civ.* V, n° 177 ; *JCP* E 1992, I, 3561, n° 8, obs. A. Viandier et J.-J. Caussain. – Le simple fait qu'à compter de la nomination du salarié en qualité de directeur général, ses bulletins de paye ne comportent plus de retenue au titre des cotisations chômage ne suffit pas à apporter la preuve de la perte de la fonction salariale : ▪ CA Versailles, 26 mai 1995 : *BJS* 1995, p. 964, note C. Priéto. – De même, la mention figurant sur le procès-verbal du conseil d'administration ayant décidé de nommer un salarié directeur général et indiquant que l'intéressé disposerait à l'égard des tiers des mêmes pouvoirs que le président ne démontre rien, car elle ne concerne que le mandat social et n'a pas d'incidence sur l'exercice des fonctions salariales *(ibid.)*. – **En revanche**, si un salarié devenu directeur général, puis révoqué, demande à retrouver le bénéfice de son contrat de travail, c'est à lui qu'incombe la preuve de la suspension de ce contrat : ▪ Cass. soc., 21 mars 1996 : *BJS* 1996, p. 596, note F. Mansuy.

III – UN SALARIÉ PEUT ÊTRE NOMME DIRECTEUR GÉNÉRAL

10) V. sous C. com., art. L. 225-53, annot. n° 5, p. 288.

IV – UN SALARIÉ PEUT ÊTRE NOMMÉ DIRIGEANT D'UNE FILIALE

11) Validité. L'exercice d'un mandat social dans une filiale n'est pas exclusif d'un lien de subordination vis-à-vis de la société mère : ▪ Cass. soc., 21 févr. 2006, n° 04-40.646 : *JurisData* n° 2006-032351. – Est valable le contrat de travail consenti par une société mère à un salarié en vue d'exercer les fonctions de directeur général d'une filiale : ▪ Cass. soc., 2 oct. 1991 : *JCP* E 1992, I, 108, n° 1, obs. D. Gatumel ; *JCP* E 1993, I, 218, n° 12, obs. A. Viandier et J.-J. Caussain. – Est licite l'arrangement au terme duquel une société mère s'engage à réintégrer en qualité de salarié un cadre détaché dans une filiale pour y exercer une fonction de dirigeant : ▪ Cass. soc., 20 mars 1996 : *BJS* 1996, p. 514.

12) Exigence d'un lien de subordination. *a)* **Principes.** Une société est l'employeur de l'intéressé, dès lors que, tout en mettant le salarié à la disposition de sa filiale, elle conserve le contrôle de l'activité de celui-ci, qui se trouve à son égard dans un lien de subordination : ▪ Cass. soc., 30 mai 1980 : *JCP* 1980, IV, 297. ▪ Cass. soc., 2 oct. 1991 : *RJDA* 1991, p. 875 *[mandataire social d'une filiale obligé d'en référer à la société mère]*. ▪ Cass. soc., 30 juin 1993 : *JCP* E 1993, II, 523, note Ph. Coursier. ▪ Cass. soc., 6 oct. 1993 : *RJDA* 1993, p. 865 *[directeur général, exerçant ses fonctions dans une filiale, informé par le président de la société mère qu'il serait mis fin à ses fonctions]*. – La validité d'un tel contrat de travail, quand bien même une rémunération unique serait allouée par la société mère, suppose que soit établie la réalité du lien de subordination du salarié à l'égard de la société holding : ▪ Cass. soc., 4 mars 1997 : *BJS* 1997, p. 661, note J.-Ph. Dom ; *RTD com.* 1997, p. 651, obs. B. Petit et Y. Reinhard. – *Adde* ▪ Cass. soc., 11 mars 2003 : *RJDA* 6/2003, n° 596.

b) **Preuve du lien de subordination.** Dans le cas du président d'une filiale invoquant sa qualité de salarié de la société mère et produisant le contrat intitulé « contrat de travail ou contrat d'expatriation » signé avec celle-ci, jugé que lorsqu'il s'agit d'un mandataire social, la production d'un écrit ne suffit pas à créer une apparence de contrat de travail et qu'il appartient à l'intéressé de rapporter la preuve du lien de subordination qu'il prétend avoir existé parallèlement à son mandat social : ▪ Cass. soc., 17 sept. 2008, n° 07-43.626 : *JCP* E 2009, 1014, note C. Puigelier.

13) Autonomie du contrat de travail et du mandat social. Le seul cumul d'un contrat de travail et de mandats sociaux au sein d'un groupe n'implique pas que les mandats sociaux exercés au sein des filiales constituent l'accessoire du contrat de travail, de sorte que la rupture du contrat de travail est sans influence sur le mandat social qui ne peut être révoqué que dans les conditions prévues par le droit des sociétés : ▪ CA Paris, 24 oct. 2013, n° 12/15029 : *BJS* 2014, p. 86, note D. Poracchia.

Art. L. 225-22-1 *(L. n° 2005-842, 26 juill. 2005 ; mod., L. n° 2007-1223, 21 août 2007 ; L. n° 2015-990, 6 août 2015).* **– Dans les sociétés dont les titres sont admis aux négociations sur un marché réglementé, en cas de nomination aux fonctions de président, de directeur général ou de directeur général délégué d'une personne liée par un contrat de travail à la société ou à toute société contrôlée ou qui la contrôle au sens des II et III de l'article L. 233-16, les dispositions dudit contrat correspondant, le cas échéant, à des éléments de rémunération, des indemnités ou des avantages dus ou susceptibles d'être dus à raison de la cessation ou du changement de ces fonctions, ou postérieurement à celles-ci, ou des engagements de retraite à prestations définies répondant aux caractéristiques des régimes mentionnés à l'article L. 137-11 du Code de la sécurité sociale pour la période d'exercice du mandat social, sont soumises au régime prévu par l'article L. 225-42-1 du présent code.**

Voir : la rédaction de cet article issue de l'ordonnance n° 2019-697 du 3 juillet 2019, en *addendum*, p. 3371.

Rappr. **SA à directoire et conseil de surveillance,** C. com., art. L. 225-79-1, p. 305.

Bibliographie : J.-J. Daigre et *allii*, *Les rémunérations et avantages des dirigeants sociaux : BJS* 2008, p. 513. ● H. Hovasse, *La réforme des parachutes dorés dans la loi du 21 août 2007 : Dr. sociétés* 2007, n° 197. ● Y. Paclot et C. Malecki, *Le nouveau régime des rémunérations, indemnités et avantages des dirigeants des sociétés cotées : D.* 2007, p. 2481. ● P. Le Cannu, *L'encadrement des rémunérations des dirigeants de sociétés cotées : l'apport de la loi n° 2007-1223 du 21 août 2007 en faveur du travail, de l'emploi et du pouvoir d'achat : Rev. sociétés* 2007, p. 7465. ● M. Roussille, *Les retraites chapeau sous contrôle : Dr. sociétés* 2015, n° 170. ● A. Viandier, *La soumission des indemnités de départ des dirigeants sociaux à la procédure des conventions réglementées : JCP* E 2005, 1585 ; *Les engagements d'indemnisation des dirigeants sociaux après la loi n° 2007-1223 du 21 août 2007 : JCP* E 2007, 2129. ● D. Vidal, *Les modifications apportées par la loi n° 2007-1223 du 21 août 2007 : BJS* 2007, p. 1148.

Art. L. 225-23 *(Rect. JO 18 nov. 2000 ; mod., L. n° 2001-152, 19 févr. 2001 ; L. n° 2002-73, 17 janv. 2002 ; L. n° 2006-1770, 30 déc. 2006 ; L. n° 2019-486, 22 mai 2019).* **– Dans les sociétés dont les titres sont admis aux négociations sur un marché réglementé, lorsque le rapport présenté par le conseil d'administration lors de l'assemblée générale en application de l'article L. 225-102 établit que les actions détenues par le personnel de la société ainsi que par le personnel de sociétés qui lui sont liées au sens de l'article L. 225-180 représentent plus de 3 % du capital social de la société, un ou plusieurs administrateurs sont élus par l'assemblée générale des actionnaires sur proposition des actionnaires visés à l'article L. 225-102. Ceux-ci se prononcent par un vote dans des conditions fixées par les statuts. Ces administrateurs**

sont élus parmi les salariés actionnaires ou, le cas échéant, parmi les salariés membres du conseil de surveillance d'un fonds commun de placement d'entreprise détenant des actions de la société. Ces administrateurs ne sont pas pris en compte pour la détermination du nombre minimal et du nombre maximal d'administrateurs prévus à l'article L. 225-17. La durée de leur mandat est déterminée par application de l'article L. 225-18. Toutefois, leur mandat prend fin par l'arrivée du terme ou la rupture, pour quelque cause que ce soit, de leur contrat de travail.

Si l'assemblée générale extraordinaire ne s'est pas réunie dans un délai de dix-huit mois à compter de la présentation du rapport, tout salarié actionnaire peut demander au président du tribunal statuant en référé d'enjoindre sous astreinte au conseil d'administration de convoquer une assemblée générale extraordinaire et de soumettre à celle-ci les projets de résolutions tendant à modifier les statuts dans le sens prévu à l'alinéa précédent et au dernier alinéa du présent article.

Lorsqu'il est fait droit à la demande, l'astreinte et les frais de procédure sont à la charge des administrateurs.

Lorsque l'assemblée générale extraordinaire est convoquée en application du premier alinéa, elle se prononce également sur un projet de résolution prévoyant l'élection d'un ou plusieurs administrateurs par le personnel de la société et des filiales directes ou indirectes dont le siège social est fixé en France. Le cas échéant, ces représentants sont désignés dans les conditions prévues à l'article L. 225-27.

Les administrateurs mentionnés au premier alinéa du présent article bénéficient à leur demande d'une formation adaptée à l'exercice de leur mandat, mise à la charge de la société, dans des conditions définies par décret en Conseil d'État. La durée de ce temps de formation ne peut être inférieure à quarante heures par an.

Rédaction future. Art. L. 225-23 *(Rect. JO 18 nov. 2000 ; mod., L. n° 2001-152, 19 févr. 2001 ; L. n° 2002-73, 17 janv. 2002 ; L. n° 2006-1770, 30 déc. 2006 ; L. n° 2019-486, 22 mai 2019 ; mod. à compter de la date prévue au B du I de l'article 184 de la loi n° 2019-486 du 22 mai 2019, L. n° 2019-486, 22 mai 2019).* – Dans les sociétés dont les titres sont admis aux négociations sur un marché réglementé, lorsque le rapport présenté par le conseil d'administration lors de l'assemblée générale en application de l'article L. 225-102 établit que les actions détenues par le personnel de la société ainsi que par le personnel de sociétés qui lui sont liées au sens de l'article L. 225-180 représentent plus de 3 % du capital social de la société, un ou plusieurs administrateurs sont élus par l'assemblée générale des actionnaires sur proposition des actionnaires visés à l'article L. 225-102. Ceux-ci se prononcent par un vote dans des conditions fixées par les statuts. Ces administrateurs sont élus parmi les salariés actionnaires ou, le cas échéant, parmi les salariés membres du conseil de surveillance d'un fonds commun de placement d'entreprise détenant des actions de la société. Ces administrateurs ne sont pas pris en compte pour la détermination du nombre minimal et du nombre maximal d'administrateurs prévus à l'article L. 225-17, ni pour l'application du premier alinéa de l'article L. 225-18-1. La durée de leur mandat est déterminée par application de l'article L. 225-18. Toutefois, leur mandat prend fin par l'arrivée du terme ou la rupture, pour quelque cause que ce soit, de leur contrat de travail.

Les dispositions du premier alinéa du présent article s'appliquent également aux sociétés dont les titres ne sont pas admis aux négociations sur un marché réglementé et qui emploient à la clôture de deux exercices consécutifs au moins mille salariés permanents dans la société et ses filiales, directes ou indirectes, dont le siège social est fixé sur le territoire français, ou au moins cinq mille salariés permanents dans la société et ses filiales, directes ou indirectes, dont le siège social est fixé sur le territoire français et à l'étranger.

Si l'assemblée générale extraordinaire ne s'est pas réunie dans un délai de dix-huit mois à compter de la présentation du rapport, tout salarié actionnaire peut demander au président du tribunal statuant en référé d'enjoindre sous astreinte au conseil d'administration de convoquer une assemblée générale extraordinaire et de soumettre à celle-ci les projets de résolutions tendant à modifier les statuts dans le sens prévu aux premier et dernier alinéas du présent article.

Lorsqu'il est fait droit à la demande, l'astreinte et les frais de procédure sont à la charge des administrateurs.

Lorsque l'assemblée générale extraordinaire est convoquée en application du premier alinéa, elle se prononce également sur un projet de résolution prévoyant l'élection d'un ou plusieurs administrateurs par le personnel de la société et des filiales directes ou indirectes dont le siège social est fixé en France. Le cas échéant, ces représentants sont désignés dans les conditions prévues à l'article L. 225-27.

Les administrateurs mentionnés au premier alinéa du présent article bénéficient à leur demande d'une formation adaptée à l'exercice de leur mandat, mise à la charge de la société, dans des conditions définies par décret en Conseil d'État. La durée de ce temps de formation ne peut être inférieure à quarante heures par an.

Rappr. **Conseil de surveillance,** C. com., art. L. 225-71, p. 301.

Bibliographie : G. Auzero, *Développement de la participation et de l'actionnariat salarié (L. n° 2006-1770, 30 décembre 2006) : BJS* 2007, p. 331. • C. Malecki, *La loi de modernisation sociale et la nouvelle donne de la participation des salariés à la gestion de l'entreprise : JCP* E 2002, n° 915, p. 986. • *Adde* G. Auzero, *JCl. Sociétés traité,* Fasc. 130-60 *(Représentation des salariés dans les organes de gestion de la société anonyme).*

1) Les sociétés dont le conseil d'administration comprend, selon les stipulations des statuts, un ou plusieurs salariés élus en application des dispositions de l'article L. 225-27 ne sont pas tenues aux obligations relatives à la représentation obligatoire des salariés actionnaires prévue à l'article

L. 225-23, conformément à l'alinéa 4 de ce texte : ▪ Cass. com., 16 févr. 2010, n° 09-65.402 : *BJS* 2010, p. 638, note D. Poracchia ; *Dr. sociétés* 2010, n° 90, obs. M. Roussille.

2) Nonobstant la **non-parution des décrets d'application**, les sociétés pour lesquelles il n'existe aucune difficulté d'appréciation du seuil de 3 % doivent directement mettre en œuvre la mesure ; pour les autres, par exemple les sociétés à capital variable, un projet de décret a été préparé : Rép. min. Briot, n° 75749 : *JOAN Q*, 14 févr. 2006, n° 7, p. 1585.

3) Compétence juridictionnelle. Concernant l'élection des représentants des salariés actionnaires au conseil d'administration ou de surveillance, les différents pouvant s'élever dans les relations entre la société et un salarié actionnaire, candidat et/ou votant, sont de la compétence des juridictions commerciales : ▪ CA Paris, 15 juin 2017, n° 16/11608 : *BJS* 2017, p. 535, note A. Couret.

Art. L. 225-24 ***(L. n° 2011-103, 27 janv. 2011).*** **– En cas de vacance par décès ou par démission d'un ou plusieurs sièges d'administrateur, le conseil d'administration peut, entre deux assemblées générales, procéder à des nominations à titre provisoire.**

Lorsque le nombre des administrateurs est devenu inférieur au minimum légal, les administrateurs restants doivent convoquer immédiatement l'assemblée générale ordinaire en vue de compléter l'effectif du conseil.

Lorsque le nombre des administrateurs est devenu inférieur au minimum statutaire, sans toutefois être inférieur au minimum légal, le conseil d'administration doit procéder à des nominations à titre provisoire en vue de compléter son effectif dans le délai de trois mois à compter du jour où se produit la vacance.

Lorsque sa composition n'est plus conforme au premier alinéa de l'article L. 225-18-1, le conseil d'administration doit procéder à des nominations à titre provisoire afin d'y remédier dans le délai de six mois à compter du jour où se produit la vacance.

Les nominations effectuées par le conseil en vertu des premier et troisième alinéas ci-dessus sont soumises à ratification de la plus prochaine assemblée générale ordinaire. À défaut de ratification, les délibérations prises et les actes accomplis antérieurement par le conseil n'en demeurent pas moins valables.

Les nominations effectuées par le conseil en vertu des premier, troisième et quatrième alinéas ci-dessus sont soumises à ratification de la plus prochaine assemblée générale ordinaire. À défaut de ratification, les délibérations prises et les actes accomplis antérieurement par le conseil n'en demeurent pas moins valables.

Lorsque le conseil néglige de procéder aux nominations requises ou de convoquer l'assemblée, tout intéressé peut demander en justice, la désignation d'un mandataire chargé de convoquer l'assemblée générale, à l'effet de procéder aux nominations ou de ratifier les nominations prévues au troisième alinéa.

Voir : C. com., art. R. 225-18, p. 633.
Conseil de surveillance, C. com., art. L. 225-78, p. 304.

1) Convocation et organisation de l'assemblée. L'ordre du jour de l'assemblée convoquée pour compléter l'effectif du conseil ne se limite pas nécessairement à cette seule question : ▪ CA Paris, 22 mars 1977 : *BJS* 1977, p. 327. – Pour une application de l'article 94, alinéa 5 *[C. com., art. L. 225-24]* : ▪ CA Paris, 18 sept. 1992 : *JCP* E 1993, I, 250, n° 7, obs. A. Viandier et J.-J. Caussain. – La démission ne prenant effet qu'à l'issue de la séance du conseil à l'occasion de laquelle elle est donnée, le démissionnaire peut participer à l'élection de son remplaçant : ▪ CA Amiens, 10 mars 1977 : *D.* 1978, 198, note J.-C. Bousquet ; *Rev. sociétés* 1978, p. 258, note P. Merle.

2) Inscription du remplacement à l'ordre du jour. Si le conseil d'administration a l'obligation d'inscrire à l'ordre du jour de l'assemblée générale ordinaire la question du remplacement d'un administrateur dont le mandat est expiré, il n'est pas tenu de proposer la réélection de l'intéressé : ▪ Cass. com., 7 nov. 1989, n° 88-11.381, PB : *Rev. sociétés* 1990, p. 36, note Y. Guyon. – V. pour une opinion limitant l'obligation d'inscription à l'ordre du jour à l'hypothèse où le nombre d'administrateurs en fonction est inférieur au minimum légal et, le cas échéant, au minimum statutaire : ANSA, comité juridique, 8 nov. 2017, n° 17-049 : *Dr. sociétés* 2018, n° 48, obs. C. Coupet.

3) Irrégularité de la cooptation. La cooptation irrégulière entraîne l'irrégularité de la convocation de l'assemblée générale lancée par le conseil issu de ladite cooptation : ▪ Cass. com., 30 avr. 1968 : *Bull. civ.* IV, n° 143 ; *JCP* 1968, II, 15695, note N. Bernard.

4) Défaut de ratification de la cooptation. Lorsque le conseil d'administration ne soumet pas la nomination des membres cooptés à la ratification de l'assemblée générale, tout intéressé étant en droit de demander en justice la désignation d'un mandataire chargé de convoquer une assemblée visant à cette ratification, celui qui n'a pas demandé la nomination d'un tel mandataire ne peut se plaindre de l'absence de ratification par une assemblée générale d'un membre coopté du conseil d'administration et d'une fraude à ses droits alors qu'il pouvait y remédier : ▪ CA Paris, 29 juin 2017, n° 16/14653 : *Dr. sociétés* 2017, n° 209, obs. C. Coupet.

Art. L. 225-25 *(Anc. L. n° 66-537, 24 juill. 1966 ; mod., L. n° 2001-420, 15 mai 2001 ; L. n° 2008-776, 4 août 2008)*. **– Les statuts peuvent imposer que chaque administrateur soit propriétaire d'un nombre d'actions de la société, qu'ils déterminent.**

Si, au jour de sa nomination, un administrateur n'est pas propriétaire du nombre d'actions requis ou si, en cours de mandat, il cesse d'en être propriétaire, il est réputé démissionnaire d'office, s'il n'a pas régularisé sa situation dans le délai de six mois.

(Al. mod., L. n° 2013-504, 14 juin 2013) **Les dispositions du premier alinéa ne s'appliquent pas aux actionnaires salariés nommés administrateurs en application de l'article L. 225-23, ni aux salariés nommés administrateurs en application des articles L. 225-27 et L. 225-27-1.**

Rappr. **Membres du conseil de surveillance,** C. com., art. L. 225-72, p. 303.

Bibliographie : G. Baffoy, *Le prêt de consommation des titres de société : JCP* E 1996, I, 561. ● A. Couret, *Le prêt de titres consenti par une société à un futur administrateur d'une filiale : BJS* 2000, p. 477. ● H. Huguet, *Mise à disposition d'actions au profit de personnes physiques afin de leur permettre d'exercer des fonctions d'administrateurs ou de membres du conseil de surveillance dans les filiales non cotées d'un groupe : Dr. sociétés* 1999, chron. 5. ● P. Reigné, *La licéité du prêt d'actions à des administrateurs : BJS* 2000, p. 1187. ● Q. Urban, *Les prêts d'actions à des administrateurs dans la stratégie des groupes de sociétés : une pratique périlleuse : JCP* G 2000, I, 232.

1) Portée de l'article L. 225-25. *a)* L'article 95 de la loi du 24 juillet 1966 *[C. com., art. L. 225-25]* s'applique aux administrateurs **élus par les salariés** dans le cadre des articles 97-1 et s. *[C. com., art. L. 225-27 et s.]* : Rép. min. 18 juin 1990 : *JCP* E 1991, 22, n° 4, obs. A. Viandier et J.-J. Caussain ; *BJS* 1990, p. 630.

b) La convocation du conseil d'administration par un administrateur qui n'avait pas fait mentionner dans le registre le mouvement d'actions, par lequel il avait acquis le nombre d'actions nécessaires, est nulle et la seule production par lui d'un ordre de cession nominatif est insuffisante faute de justifier du paiement du prix des actions : ▪ CA Paris, 31 oct. 1991 : *BJS* 1992, p. 64.

c) **Droit transitoire.** Dès lors qu'était expiré le délai de trois mois prévu par l'article L. 225-25 antérieurement à la loi du 4 août 2008, l'entrée en vigueur de cette loi est sans effet sur la démission d'office acquise antérieurement : ▪ Cass. com., 7 juin 2011, n° 10-17.732, PB : *BJS* 2012, p. 22, note F.-X. Lucas ; *Dr. sociétés* 2011, n° 172, obs. D. Gallois-Cochet ; *Rev. sociétés* 2011, p. 631, note B. Saintourens.

2) Prêt de consommation d'actions. *a)* **Validité.** Un prêt de consommation portant sur des actions est valable : ▪ Cass. civ., 8 mai 1950 : *JCP* G 1950, II, 5602, note J. Delaire. – Une convention de mise à disposition d'actions par la société à un administrateur est valide si elle se soumet aux mécanismes du prêt à la *[de]* consommation ; en revanche, le commodat ne peut être utilisé : Rép. min. : *JO* Sénat Q, 26 oct. 2000, p. 3710 ; *JCP* E 2000, p. 1791. – De plus, une telle mise à disposition n'apparaît pas contraire à l'interdiction faite par l'article L. 225-43 à un mandataire social de contracter un emprunt auprès de la société qu'il dirige *(ibid.)*.

b) **Preuve.** Nonobstant l'absence de contrat écrit, la preuve du prêt d'actions peut être suffisamment établie par l'existence d'un usage au sein de la société : ▪ CA Paris, 10 juin 2005 : *JurisData* n° 2005-273001 ; *BJS* 2006, p. 74, note P. Mousseron ; *Dr. sociétés* 2005, n° 175, obs. J.-P. Legros ; *JCP* E 2005, 1087 ; *JCP* E 2005, 1834, n° 6, obs. J.-J. Caussain, Fl. Deboissy et G. Wicker ; *Rev. sociétés* 2006, p. 195, obs. I. Urbain-Parléani.

c) **Modalités du prêt.** N'emporte pas transfert de la propriété de l'action prêtée à l'emprunteur le prêt stipulant à la charge de ce dernier l'obligation de reverser au prêteur les dividendes reçus : ▪ CA Versailles, 25 févr. 2010 : *JurisData* n° 2010-008203 ; *Dr. sociétés* 2010, n° 162, obs. D. Gallois-Cochet. – V. cependant, à propos de parts sociales, jugé que le prêt de consommation portant sur la seule nue-propriété des parts permet de satisfaire l'exigence de détention d'une quotité minimale du capital : ▪ CA Versailles, 11 oct. 2012, n° 10/05550 : *BRDA* 21-2012, n° 2.

3) Régularisation. La loi donnant à l'administrateur qui ne possède pas d'actions trois mois pour régulariser sa situation, il s'ensuit que la nomination d'un nouveau président est valable même s'il ne possédait pas d'actions à la date de sa nomination : ▪ Cass. com., 13 janv. 1998 : *JCP* E 1998, p. 1306, obs. A. Viandier et J.-J. Caussain ; *BJS* 1998, p. 516, note B. Petit.

4) Inaliénabilité. Les actions de garantie demeurent inaliénables si les statuts contenant une clause relative à ces actions n'ont pas été modifiés postérieurement à la loi du 5 janvier 1988 : Rép. min. : *JOAN* Q, 18 avr. 1988, p. 1684 ; *JCP* E 1988, 15240, n° 5, obs. A. Viandier et J.-J. Caussain.

Art. L. 225-26 *(Anc. L. n° 66-537, 24 juill. 1966).* **– Les commissaires aux comptes** ***(Mots aj. à compter de la date prévue au II de l'article 20 de la loi n° 2019-486 du 22 mai 2019 et au plus tard le 1er septembre 2019, L. n° 2019-486, 22 mai 2019)*** **« , s'il en existe, » veillent, sous leur responsabilité, à l'observation des dispositions prévues à l'article L. 225-25 et en dénoncent toute violation dans leur rapport à l'assemblée générale annuelle.**

Voir : Rappr. **Membres du conseil de surveillance,** C. com., art. L. 225-73, p. 303.

Art. L. 225-27 *(Anc. L. n° 66-537, 24 juill. 1966).* **– Il peut être stipulé dans les statuts que le conseil d'administration comprend, outre les administrateurs dont le nombre et le mode de désignation sont prévus aux articles L. 225-17 et L. 225-18, des administrateurs élus soit par le personnel de la société, soit par le personnel de la société et celui de ses filiales directes ou indirectes dont le siège social est fixé sur le territoire français. Le nombre de ces administrateurs ne peut être supérieur à quatre ou, dans les sociétés dont les actions sont admises aux négociations sur un marché réglementé, cinq, ni excéder le tiers du nombre des autres administrateurs. Lorsque le nombre des administrateurs élus par les salariés est égal ou supérieur à deux, les ingénieurs, cadres et assimilés ont un siège au moins.**

Les administrateurs élus par les salariés ne sont pas pris en compte pour la détermination du nombre minimal et du nombre maximal d'administrateurs prévus à l'article L. 225-17 ***(Mots aj. à compter du 1er janvier 2017, L. n° 2011-103, 27 janv. 2011)*** **« , ni pour l'application du premier alinéa de l'article L. 225-18-1 ».**

Rappr. **Membres du conseil de surveillance,** C. com., art. L. 225-79, p. 304.

Bibliographie : *Adde* G. Auzero, *JCl. Sociétés traité*, Fasc. 130-60 *(Représentation des salariés dans les organes de gestion de la société anonyme).*

Art. L. 225-27-1 *(L. n° 2013-504, 14 juin 2013 ; mod., L. n° 2015-994, 17 août 2015).* **– I. – Dans les sociétés qui emploient, à la clôture de deux exercices consécutifs, au moins mille salariés permanents dans la société et ses filiales, directes ou indirectes, dont le siège social est fixé sur le territoire français, ou au moins cinq mille salariés permanents dans la société et ses filiales, directes ou indirectes, dont le siège social est fixé sur le territoire français et à l'étranger, il est stipulé dans les statuts que le conseil d'administration comprend, outre les administrateurs dont le nombre et le mode de désignation sont prévus aux articles L. 225-17 et L. 225-18 du présent code, des administrateurs représentant les salariés.**

Sauf lorsqu'elle est soumise à l'obligation de mettre en place un comité d'entreprise en application de l'article L. 2322-1 du Code du travail, une société dont l'activité principale est d'acquérir et de gérer des filiales et des participations peut ne pas mettre en œuvre l'obligation prévue au premier alinéa du présent I si elle détient une ou plusieurs filiales remplissant les conditions et appliquant l'obligation prévues au même alinéa.

Une société n'est pas soumise à l'obligation prévue aux deux premiers alinéas du présent I dès lors qu'elle est la filiale, directe ou indirecte, d'une société elle-même soumise à cette obligation.

II. – Le nombre des administrateurs représentant les salariés est au moins égal à deux dans les sociétés dont le nombre d'administrateurs mentionnés aux articles L. 225-17 et L. 225-18 est supérieur à douze et au moins à un s'il est égal ou inférieur à douze.

Les administrateurs représentant les salariés ne sont pas pris en compte pour la détermination du nombre minimal et du nombre maximal d'administrateurs prévus à l'article L. 225-17, ni pour l'application du premier alinéa de l'article L. 225-18-1. L'élection des administrateurs représentant les salariés sur le fondement du 1° du III du présent article respecte la parité conformément à l'article L. 225-28. Lorsque deux administrateurs sont désignés sur le fondement du 2° du même III, le comité de groupe, le comité central d'entreprise ou le comité d'entreprise désigne une femme et un homme.

III. – Dans les six mois suivant la clôture du second des deux exercices mentionnés au I, après avis, selon le cas, du comité de groupe, du comité central d'entreprise ou du comité d'entreprise, l'assemblée générale extraordinaire procède à la modification des statuts pour déterminer les conditions dans lesquelles sont désignés les administrateurs représentant les salariés, selon l'une des modalités suivantes :

1° L'organisation d'une élection auprès des salariés de la société et de ses filiales, directes ou indirectes, dont le siège social est fixé sur le territoire français dans les conditions fixées à l'article L. 225-28 ;

2° La désignation, selon le cas, par le comité de groupe prévu à l'article L. 2331-1 du Code du travail, le comité central d'entreprise ou le comité d'entreprise de la société mentionnée au I du présent article ;

3° La désignation par l'organisation syndicale ayant obtenu le plus de suffrages au premier tour des élections mentionnées aux articles L. 2122-1 et L. 2122-4 du même code dans la société et ses filiales, directes ou indirectes, dont le siège social est fixé sur le territoire français lorsqu'un seul administrateur est à désigner, ou par chacune des deux organisations syndicales ayant obtenu le plus de suffrages au premier tour de ces élections lorsque deux administrateurs sont à désigner ;

4° Lorsqu'au moins deux administrateurs sont à désigner, la désignation de l'un des administrateurs selon l'une des modalités fixées aux 1° à 3° et de l'autre par le comité d'entreprise européen, s'il existe, ou, pour les sociétés européennes au sens de l'article L. 2351-1 du Code du travail, par l'organe de représentation des salariés mentionné à l'article L. 2352-16 du même code ou, à défaut, par le comité de la société européenne mentionné à l'article L. 2353-1 dudit code.

L'élection ou la désignation des administrateurs représentant les salariés intervient dans les six mois suivant la modification des statuts prévue au premier alinéa du présent III.

IV. – Si l'assemblée générale extraordinaire ne s'est pas réunie dans le délai prévu au premier alinéa du III, tout salarié peut demander au président du tribunal statuant en référé d'enjoindre sous astreinte au conseil d'administration de convoquer une assemblée générale extraordinaire et de soumettre à celle-ci les projets de résolution tendant à modifier les statuts dans le sens prévu au même III.

À défaut de modification des statuts à l'issue du délai prévu au premier alinéa dudit III, les administrateurs représentant les salariés sont désignés par la voie de l'élection mentionnée au 1° du III dans les six mois suivant l'expiration du même délai. Tout salarié peut demander au président du tribunal statuant en référé d'enjoindre sous astreinte à la société d'organiser l'élection.

V. – Les sociétés répondant aux critères fixés au I du présent article et dont le conseil d'administration comprend un ou plusieurs membres désignés en application de l'article L. 225-27 du présent code, de l'article 5 de la loi n° 83-675 du 26 juillet 1983 relative à la démocratisation du secteur public ou de l'article 8-1 de la loi n° 86-912 du 6 août 1986 relative aux modalités des privatisations, ainsi que leurs filiales directes ou indirectes, ne sont pas soumises à l'obligation prévue aux I à III du présent article dès lors que le nombre de ces administrateurs est au moins égal au nombre prévu au II.

V. – Les sociétés répondant aux critères fixés au I du présent article et dont le conseil d'administration comprend un ou plusieurs membres désignés en application de l'article L. 225-27 du présent code ou du I de l'article 7 de l'ordonnance n° 2014-948 du 20 août 2014 relative à la gouvernance et aux opérations sur le capital des sociétés à participation publique, ainsi que leurs filiales directes ou indirectes, ne sont pas soumises à l'obligation prévue aux I à III du présent article dès lors que le nombre de ces administrateurs est au moins égal au nombre prévu au II.

Lorsque le nombre de ces administrateurs est inférieur au nombre prévu au II, les I à IV sont applicables à l'expiration du mandat en cours des administrateurs représentant les salariés.

Rédaction future. Art. L. 225-27-1 *(L. n° 2013-504, 14 juin 2013 ; mod., Ord. n° 2014-948, 20 août 2014 ; L. n° 2015-990, 6 août 2015 ; L. n° 2015-994, 17 août 2015 ; mod. à compter de la date prévue au B du I de l'article 184 de la loi n° 2019-486 du 22 mai 2019, L. n° 2019-486, 22 mai 2019).* – I. -Dans les sociétés qui emploient, à la clôture de deux exercices consécutifs, au moins mille salariés permanents dans la société et ses filiales, directes ou indirectes, dont le siège social est fixé sur le territoire français, ou au moins cinq mille salariés permanents dans la société et ses filiales, directes ou indirectes, dont le siège social est fixé sur le territoire français et à l'étranger, il est stipulé dans les statuts que le conseil d'administration comprend, outre les administrateurs dont le nombre et le mode de désignation sont prévus aux articles L. 225-17 et L. 225-18 du présent code, des administrateurs représentant les salariés.

Une société dont l'activité principale est d'acquérir et de gérer des filiales et des participations peut ne pas mettre en oeuvre l'obligation prévue au premier alinéa du présent I si elle remplit chacune des conditions suivantes :

1° Elle n'est pas soumise à l'obligation de mettre en place un comité social et économique en application de l'article L. 2311-2 du Code du travail ;

2° Elle détient une ou plusieurs filiales, directes ou indirectes, soumises à l'obligation prévue au premier alinéa du présent I ;

3° Ses actions ne sont pas admises aux négociations sur un marché réglementé ou au moins quatre cinquièmes de ses actions sont détenues, directement ou indirectement, par une personne physique ou morale agissant seule ou de concert.

Une société n'est pas soumise à l'obligation prévue aux deux premiers alinéas du présent I dès lors qu'elle est la filiale, directe ou indirecte, d'une société elle-même soumise à cette obligation.

II. - Le nombre des administrateurs représentant les salariés est au moins égal à deux dans les sociétés dont le nombre d'administrateurs mentionnés aux articles L. 225-17 et L. 225-18 est supérieur à huit et au moins à un s'il est égal ou inférieur à huit.

Les administrateurs représentant les salariés ne sont pas pris en compte pour la détermination du nombre minimal et du nombre maximal d'administrateurs prévus à l'article L. 225-17, ni pour l'application du premier alinéa de l'article L. 225-18-1.

L'élection des administrateurs représentant les salariés sur le fondement du 1° du III du présent article respecte la parité conformément à l'article L. 225-28. Lorsque deux administrateurs sont désignés sur le fondement du 2° du même III, le comité de groupe, le comité central d'entreprise ou le comité d'entreprise désigne une femme et un homme.

III. - Dans les six mois suivant la clôture du second des deux exercices mentionnés au I, après avis, selon le cas, du comité de groupe, du comité central d'entreprise ou du comité d'entreprise, l'assemblée générale extraordinaire procède à la modification des statuts pour déterminer les conditions dans lesquelles sont désignés les administrateurs représentant les salariés, selon l'une des modalités suivantes :

1° L'organisation d'une élection auprès des salariés de la société et de ses filiales, directes ou indirectes, dont le siège social est fixé sur le territoire français dans les conditions fixées à l'article L. 225-28 ;

2° La désignation, selon le cas, par le comité de groupe prévu à l'article L. 2331-1 du Code du travail, le comité central d'entreprise ou le comité d'entreprise de la société mentionnée au I du présent article ;

3° La désignation par l'organisation syndicale ayant obtenu le plus de suffrages au premier tour des élections mentionnées aux articles L. 2122-1 et L. 2122-4 du même code dans la société et ses filiales, directes ou indirectes, dont le siège social est fixé sur le territoire français lorsqu'un seul administrateur est à désigner, ou par chacune des deux organisations syndicales ayant obtenu le plus de suffrages au premier tour de ces élections lorsque deux administrateurs sont à désigner ;

4° Lorsqu'au moins deux administrateurs sont à désigner, la désignation de l'un des administrateurs selon l'une des modalités fixées aux 1° à 3° et de l'autre par le comité d'entreprise européen, s'il existe, ou, pour les sociétés européennes au sens de l'article L. 2351-1 du Code du travail, par l'organe de représentation des salariés mentionné à l'article L. 2352-16 du même code ou, à défaut, par le comité de la société européenne mentionné à l'article L. 2353-1 dudit code.

L'élection ou la désignation des administrateurs représentant les salariés intervient dans les six mois suivant la modification des statuts prévue au premier alinéa du présent III.

IV. - Si l'assemblée générale extraordinaire ne s'est pas réunie dans le délai prévu au premier alinéa du III, tout salarié peut demander au président du tribunal statuant en référé d'enjoindre sous astreinte au conseil d'administration de convoquer une assemblée générale extraordinaire et de soumettre à celle-ci les projets de résolution tendant à modifier les statuts dans le sens prévu au même III.

À défaut de modification des statuts à l'issue du délai prévu au premier alinéa dudit III, les administrateurs représentant les salariés sont désignés par la voie de l'élection mentionnée au 1° du III dans les six mois suivant l'expiration du même délai. Tout salarié peut demander au président du tribunal statuant en référé d'enjoindre sous astreinte à la société d'organiser l'élection.

V. - Les sociétés répondant aux critères fixés au I du présent article et dont le conseil d'administration comprend un ou plusieurs membres désignés en application de l'article L. 225-27 du présent code ou du I de l'article 7 de l'ordonnance n° 2014-948 du 20 août 2014 relative à la gouvernance et aux opérations sur le capital des sociétés à participation publique, ainsi que leurs filiales directes ou indirectes, ne sont pas soumises à l'obligation prévue aux I à III du présent article dès lors que le nombre de ces administrateurs est au moins égal au nombre prévu au II.

Lorsque le nombre de ces administrateurs est inférieur au nombre prévu au II, les I à IV sont applicables à l'expiration du mandat en cours des administrateurs représentant les salariés.

Voir : C. com., art. R. 225-34-2, p. 637.

Voir : Rappr. Membres du conseil de surveillance, C. com., art. L. 225-79-2, p. 305.

Bibliographie : G. Auzero, *La représentation obligatoire des salariés dans les conseils d'administration et de surveillance : Dr. social* 2013, p. 740. • B. Dondero, *Loi de sécurisation de l'emploi : aspects de droit des sociétés : BJS* 2013, p. 471. • E. Jeansen et F. Maréchal, *Participation des salariés à la gestion de l'entreprise, nouvelle formule : Dr. sociétés* aout-sept. 2013, n° 16. • S. de Vendeuil et O. Raoult-Dubois, *Représentation des salariés dans les conseils d'administration ou de surveillance de grandes entreprises : JCP E* 2013, 1379. • R. Vatinet, *Représentation des salariés dans les conseils d'administration ou de surveillance : Rev. sociétés* 2014, p. 75.

La SA résultant de la transformation d'une SAS, laquelle comporte depuis plus de 2 ans un effectif de salariés supérieur au seuil prévu par l'article L. 225-27-1, doit se conformer à cette disposition dès la transformation : ANSA, Comité juridique, 10 janv. 2018, n° 18-002 : *Dr. sociétés* 2018, n° 147, obs. C. Coupet.

Art. L. 225-28 ***(Mod., L. n° 2011-103, 27 janv. 2011 ; L. n° 2013-504, 14 juin 2013).*** **– Les administrateurs élus par les salariés ou désignés en application de l'article L. 225-27-1 doivent être titulaires d'un contrat de travail avec la société ou l'une de ses filiales directes ou indirectes dont le siège social est fixé sur le territoire français antérieur de deux années au moins à leur nomination et correspondant à un emploi effectif. Par dérogation, le second administrateur désigné en application du 4° du III de l'article L. 225-27-1 doit être titulaire d'un contrat de travail avec la société ou l'une de ses filiales directes ou indirectes antérieur de deux années au moins à sa nomination et correspondant à un emploi effectif. Toutefois, la condition d'ancienneté n'est pas requise lorsqu'au jour de la nomination la société est constituée depuis moins de deux ans.**

Tous les salariés de la société et le cas échéant de ses filiales directes ou indirectes, dont le siège social est fixé sur le territoire français dont le contrat de travail est antérieur de trois mois à la date de l'élection sont électeurs. Le vote est secret.

Lorsqu'un siège au moins est réservé aux ingénieurs, cadres et assimilés en application de l'article L. 225-27, les salariés sont divisés en deux collèges votant séparément. Le premier collège comprend les ingénieurs, cadres et assimilés, le second les autres salariés. Les statuts fixent la répartition des sièges par collège en fonction de la structure du personnel.

Lorsqu'il est fait application du même article L. 225-27, les candidats ou listes de candidats peuvent être présentés soit par une ou plusieurs organisations syndicales représentatives au sens de l'article L. 423-2 du Code du travail, soit par le vingtième des électeurs ou, si le nombre de ceux-ci est supérieur à deux mille, par cent d'entre eux. Lorsqu'il est fait application de l'article L. 225-27-1 du présent code, les candidats ou listes de candidats sont présentés par une ou plusieurs organisations syndicales représentatives au sens de l'article L. 2122-1 du Code du travail.

Lorsqu'il y a un seul siège à pourvoir pour l'ensemble du corps électoral, l'élection a lieu au scrutin majoritaire à deux tours. Lorsqu'il y a un seul siège à pourvoir dans un collège électoral, l'élection a lieu au scrutin majoritaire à deux tours dans ce collège. Chaque candidature doit comporter, outre le nom du candidat, celui de son remplaçant éventuel. Est déclaré élu le candidat ayant obtenu au premier tour la majorité absolue des suffrages exprimés, au second tour la majorité relative. Le candidat et son remplaçant sont de sexe différent.

Dans les autres cas, l'élection a lieu au scrutin de liste à la représentation proportionnelle au plus fort reste et sans panachage. Chaque liste doit comporter un nombre de candidats double de celui des sièges à pourvoir et être composée alternativement d'un candidat de chaque sexe. Sur chacune des listes, l'écart entre le nombre des candidats de chaque sexe ne peut être supérieur à un.

En cas d'égalité des voix, les candidats dont le contrat de travail est le plus ancien sont déclarés élus.

Les autres modalités du scrutin sont fixées par les statuts.

Les contestations relatives à l'électorat, à l'éligibilité et à la régularité des opérations électorales sont portées devant le juge d'instance qui statue en dernier ressort dans les conditions prévues par le premier alinéa de l'article L. 433-11 du Code du travail.

Dans les autres cas, l'élection a lieu au scrutin de liste à la représentation proportionnelle au plus fort reste et sans panachage. Chaque liste doit comporter un nombre de candidats double de celui des sièges à pourvoir et être composée alternativement d'un candidat de chaque sexe. Sur chacune des listes, l'écart entre le nombre des candidats de chaque sexe ne peut être supérieur à un.

En cas d'égalité des voix, les candidats dont le contrat de travail est le plus ancien sont déclarés élus.

Les autres modalités du scrutin sont fixées par les statuts.

Les contestations relatives à l'électorat, à l'éligibilité et à la régularité des opérations électorales sont portées devant le juge d'instance qui statue en dernier ressort dans les conditions prévues par le premier alinéa de l'article L. 433-11 du Code du travail.

L'exclusion du corps électoral des salariés mis à disposition de la société ne méconnaît pas les exigences constitutionnelles, de sorte que les articles L. 225-27 et L. 225-28 sont conformes à la Constitution : ▪ Cons. const., 26 juill. 2013, n° 2013-333 QPC : *BJS* 2013, p. 721, note M. Roussille ; *Dr. sociétés* 2013, n° 179, note D. Gallois-Cochet ; *Rev. sociétés* 2014, p. 112, note F. Petit.

Art. L. 225-29 *(Anc. L. n° 66-537, 24 juill. 1966)*. **– La durée du mandat d'administrateur élu par les salariés** *(Mots aj., L. n° 2013-504, 14 juin 2013)* **« ou désigné en application de l'article L. 225-27-1 » est déterminée par les statuts, sans pouvoir excéder six ans. Le mandat est renouvelable, sauf stipulation contraire des statuts.**

Toute nomination intervenue en violation des articles L. 225-27, *(Mots aj., L. n° 2013-504, 14 juin 2013)* **« L. 225-27-1, » L. 225-28 et du présent article est nulle. Cette nullité n'entraîne pas celle des délibérations auxquelles a pris part l'administrateur irrégulièrement nommé.**

Art. L. 225-30 *(Mod., L. n° 2013-504, 14 juin 2013)*. **– Le mandat d'administrateur élu par les salariés ou désigné en application de l'article L. 225-27-1 est incompatible avec tout mandat de délégué syndical, de membre du comité d'entreprise, de membre du comité de groupe, de délégué du personnel ou de membre du comité d'hygiène, de sécurité et des conditions de travail de la société. Il est également incompatible avec tout mandat de membre d'un comité d'entreprise européen, s'il existe, ou, pour les sociétés européennes au sens de l'article L. 2351-1 du Code du travail, de membre de l'organe de représentation des salariés mentionné à l'article L. 2352-16 du même code ou de membre d'un comité de la société européenne mentionné à l'article**

L. 2353-1 dudit code. L'administrateur qui, lors de son élection ou de sa désignation en application de l'article L. 225-27-1 du présent code, est titulaire d'un ou de plusieurs de ces mandats doit s'en démettre dans les huit jours. À défaut, il est réputé démissionnaire de son mandat d'administrateur.

Entre dans les incompatibilités visées par l'article L. 225-30 tout mandat syndical exercé dans l'entreprise susceptible de créer des conflits d'intérêts avec les fonctions d'administrateur ; une société peut par la suite refuser la désignation comme permanent syndical d'une personne, membre élu de son conseil d'administration : ■ Cass. soc., 30 sept. 2005, n° 04-10.490 : *JurisData* n° 2005-029946 ; *BJS* 2006, p. 96, note D. Schmidt ; *Rev. sociétés* 2006, p. 73, note B. Saintourens.

Art. L. 225-30-1 *(L. n° 2013-504, 14 juin 2013).* **– Les administrateurs élus par les salariés ou désignés en application de l'article L. 225-27-1 disposent du temps nécessaire pour exercer utilement leur mandat, dans les conditions définies par décret en Conseil d'État.**

Voir : D. n° 2015-606, 3 juin 2015 relatif au temps nécessaire pour les administrateurs ou membres du conseil de surveillance élus ou désignés par les salariés pour exercer leur mandat et aux modalités de leur formation au sein de la société.

Art. L. 225-30-2 *(L. n° 2013-504, 14 juin 2013 ; mod., L. n° 2015-994, 17 août 2015 ; L. n° 2019-486, 22 mai 2019).* **– Les administrateurs élus par les salariés ou désignés en application de l'article L. 225-27-1 bénéficient à leur demande d'une formation adaptée à l'exercice de leur mandat, à la charge de la société, dans des conditions définies par décret en Conseil d'État. Ce temps de formation, dont la durée ne peut être inférieure à quarante heures par an, n'est pas imputable sur le crédit d'heures prévu à l'article L. 225-30-1. Une fraction de ce temps de formation est effectuée au sein de la société ou d'une société qu'elle contrôle ou qui est contrôlée par elle au sens de l'article L. 233-3. Pour les administrateurs élus par les salariés ou désignés en application de l'article L. 225-27-1 et n'ayant jamais exercé un mandat, cette formation doit avoir débuté dans les quatre mois qui suivent leur élection ou leur désignation.**

Voir : C. com., art. R. 225-34-3 à R. 225-34-6, p. 637.

Art. L. 225-31 *(Anc. L. n° 66-537, 24 juill. 1966 ; L. n° 2013-504, 14 juin 2013).* **– Les administrateurs élus par les salariés ou désignés en application de l'article L. 225-27-1 ne perdent pas le bénéfice de leur contrat de travail. Leur rémunération en tant que salariés ne peut être réduite du fait de l'exercice de leur mandat.**

Art. L. 225-32 *(Anc. L. n° 66-537, 24 juill. 1966 ; L. n° 2013-504, 14 juin 2013).* **– La rupture du contrat de travail met fin au mandat de l'administrateur élu par les salariés ou désignés en application de l'article L. 225-27-1.**

Les administrateurs élus par les salariés *(Mots aj., L. n° 2013-504, 14 juin 2013)* **« ou désignés en application de l'article L. 225-27-1 » ne peuvent être révoqués que pour faute dans l'exercice de leur mandat, par décision du président du tribunal de grande instance, rendue en la forme des référés, à la demande de la majorité des membres du conseil d'administration. La décision est exécutoire par provision.**

Voir : la rédaction de cet article issue de l'ordonnance n° 2019-738 du 17 juillet 2019, en *addendum*, p. 3371.

Art. L. 225-33 *(Abr., L. n° 2013-504, 14 juin 2013).*

Art. L. 225-34 *(Anc. L. n° 66-537, 24 juill. 1966 ; L. n° 2013-504, 14 juin 2013).* **– I. – En cas de vacance, par décès, démission, révocation, rupture du contrat de travail ou pour toute autre cause que ce soit, d'un siège d'administrateur élu par les salariés ou désigné en application de l'article L. 225-27-1, le siège vacant est pourvu de la manière suivante :**

1° Lorsque l'élection a eu lieu au scrutin majoritaire à deux tours, par le remplaçant ;

2° Lorsque l'élection a eu lieu au scrutin de liste, par le candidat figurant sur la même liste immédiatement après le dernier candidat élu ;

3° Lorsque la désignation a eu lieu selon l'une des modalités prévues aux 2° à 4° du III de l'article L. 225-27-1, par un salarié désigné dans les mêmes conditions.

II. – Le mandat de l'administrateur ainsi désigné prend fin à l'arrivée du terme normal du mandat des autres administrateurs élus par les salariés ou désignés en application de l'article L. 225-27-1.

Art. L. 225-35 *(Anc. L. n° 66-537, 24 juill. 1966 ; mod., L. n° 2001-420, 15 mai 2001 ; L. n° 2003-706, 1er août 2003).* **–** *(Al. mod., L. n° 2019-486, 22 mai 2019)* **Le conseil d'administration détermine les**

orientations de l'activité de la société et veille à leur mise en œuvre, conformément à son intérêt social, en prenant en considération les enjeux sociaux et environnementaux de son activité. Il prend également en considération, s'il y a lieu, la raison d'être de la société définie en application de l'article 1835 du Code civil. Sous réserve des pouvoirs expressément attribués aux assemblées d'actionnaires et dans la limite de l'objet social, il se saisit de toute question intéressant la bonne marche de la société et règle par ses délibérations les affaires qui la concernent.

Dans les rapports avec les tiers, la société est engagée même par les actes du conseil d'administration qui ne relèvent pas de l'objet social, à moins qu'elle ne prouve que le tiers savait que l'acte dépassait cet objet ou qu'il ne pouvait l'ignorer compte tenu des circonstances, étant exclu que la seule publication des statuts suffise à constituer cette preuve.

Le conseil d'administration procède aux contrôles et vérifications qu'il juge opportuns. Le président ou le directeur général de la société est tenu de communiquer à chaque administrateur tous les documents et informations nécessaires à l'accomplissement de sa mission.

Les cautions, avals et garanties donnés par des sociétés autres que celles exploitant des établissements bancaires ou financiers font l'objet d'une autorisation du conseil dans les conditions déterminées par décret en Conseil d'État. Ce décret détermine également les conditions dans lesquelles le dépassement de cette autorisation peut être opposé aux tiers.

Voir : la rédaction de cet article issue de l'ordonnance n° 2019-744 du 19 juillet 2019, en *addendum*, p. 3371.

Voir : C. com., art. R. 225-28 et R. 225-29, p. 635 et **Sanctions pénales,** C. com., art. L. 242-6, p. 573.

I – POUVOIRS DU CONSEIL D'ADMINISTRATION

Bibliographie : D. Lachat, *La répartition des pouvoirs de gestion et de contrôle dans une société anonyme : Rev. sociétés* 1981, p. 739. – P. Le Cannu, *Les brumes de l'article L. 225-35 : Rev. sociétés* 2010, p. 17. – P. Merle, *Faut-il vraiment créer un troisième type de direction des sociétés anonymes en France ? : BJS* 2000, p. 473. – K. Deckert, *Les nouvelles attributions du conseil d'administration et de son président : Rev. sociétés* 2018, p. 629. – D. Miellet, *Le règlement intérieur : un moyen simple d'améliorer le fonctionnement du conseil d'administration : JCP* E 2006, 1434. – J. Picard, *L'acte conclu par un dirigeant avec dépassement de ses pouvoirs : Dr. sociétés* juin 1998, p. 4. – D. Schmidt, *Compétence d'un conseil d'administration incomplet statutairement constitué : BJS* 2000, p. 1006.

1) Loi applicable. Les pouvoirs des dirigeants d'une société relèvent de la loi nationale à laquelle cette société est soumise : ▪ Cass. com., 9 mars 1993 : *JCP* E 1993, I, 250, n° 8, obs. A. Viandier et J.-J. Caussain.

2) Respect des pouvoirs du conseil d'administration.

a) Il n'appartient pas en principe au juge des référés de substituer, même temporairement, un **mandataire** de justice aux organes d'administration de la société : ▪ CA Paris, 22 mai 1965 : *JCP* 1965, II, 14274 *bis* ; *D.* 1968, 147, note R. Contin ; seules des circonstances exceptionnelles *[dissentiments graves entre les associés empêchant le fonctionnement normal de la société]* peuvent justifier la nomination d'un tel mandataire, *ibid.*– Voir CPC, art. 873, p. 2334

b) La société anonyme est une société dont les organes sont **hiérarchisés** et dans laquelle l'administration est exercée par un conseil élu par l'assemblée générale : ▪ Cass. civ., 4 juin 1946 : *JCP* 1947, II, 3518, note D. Bastian ; S. 1947, 1, p. 153, note P. Barbry. – Il n'appartient pas à l'assemblée générale **d'empiéter** sur les prérogatives du conseil en matière d'administration : *ibid.* – De même, un membre du conseil d'administration n'a pas le pouvoir de se **substituer** individuellement au conseil pour représenter la société en justice (▪ CA Paris, 4 juill. 1990 : *JurisData* n° 1990-023234) ou ne peut, sous couvert d'un mandat de gestion, se doter de **l'ensemble** des pouvoirs du conseil d'administration et de son président (▪ Cass. com., 6 mai 1996 : *BJS* 1996, p. 821, note P. Le Cannu).

c) **Répartition des pouvoirs entre le conseil d'administration et le directeur général.** Le conseil d'administration peut ordonner un audit comptable et financier par un cabinet déterminé, là où le directeur général proposait un autre cabinet : ▪ T. com. Bordeaux, 2 janv. 2003 : *BJS* 2003, p. 940, note B. Saintourens ; *JCP* E 2003, act., p. 1139.

d) **Compétence du conseil d'administration pour nommer un délégataire chargé de déclarer une créance au nom de la société.** V. sous C. com., art. L. 622-24, annot. n° 2, p. 2013.

3) Limites des pouvoirs du conseil d'administration. *a)* Les termes de l'article 98 de la loi du 24 juillet 1966 *[C. com., art. L. 225-35]*, bien que très généraux, ne visent que la **gestion** de la société anonyme et non pas sa liquidation ou toute atteinte essentielle à son **objet social**, comme le transfert à un tiers de la quasi-totalité du fonds de commerce de la société, décision qui n'appartient qu'à l'assemblée générale : ▪ T. com. Paris, 2 mai 1989 : *JCP* 1990, II, 21575, note M. Marteau-Petit.

b) La cession d'actifs immobiliers relève de la compétence du conseil d'administration dès lors qu'elle n'empêche pas la poursuite de **l'activité sociale** : ▪ Cass. com., 1er févr. 1994 : *BJS* 1994, p. 390, note A. Laude.

c) Sont conformes à **l'objet social** d'un groupement d'intérêt économique de transporteurs, les achats de matériels permettant d'améliorer les services rendus par celui-ci à ses membres : ▪ Cass. com., 8 janv. 1991 : *JCP* E 1992, I, 145, n° 12, obs. A. Viandier et J.-J. Caussain, solution transposable en matière de société anonyme.

d) Pour des exemples d'actes engageant la société bien qu'ils ne relèvent pas de **l'objet social,** ▪ CA Paris, 30 nov. 1976 : *Rev. sociétés* 1977, p. 688, note D. Randoux.

e) **Défaut du pouvoir de représenter la société en justice.** V. sous C. com., art. L. 823-7, annot. n° 2, p. 951.

4) Les **clauses statutaires limitatives de pouvoirs** sont inopposables aux tiers, peu important qu'ils en aient eu connaissance : ▪ Cass. com., 2 juin 1992 : *JCP* E 1992, I, 172, n° 3 ; *RJDA* 1992, p. 682. – Le non-respect de la clause statutaire soumettant les délégations de pouvoirs consenties par le président à un accord préalable du conseil d'administration, ou à défaut des associés, ne peut être soulevé par les tiers, qui ne peuvent invoquer les statuts d'une personne morale pour critiquer la régularité de la désignation de son représentant en vue de contester le pouvoir d'agir de celui-ci : ▪ Cass. com., 26 févr. 2008, n° 07-15.416 : *BJS* 2008, p. 754, note B. Dondero ; *Rev. sociétés* 2009, p. 582, note V. Thomas.

5) Qualité de dirigeant des administrateurs en cas d'insuffisance d'actif. V. sous C. com., art. L. 651-2, annot. n° 2, p. 2095.

II – DROIT D'INFORMATION DES ADMINISTRATEURS

Bibliographie : R. Baillod, *L'information des administrateurs de sociétés anonymes : RTD com.* 1990, p. 1. – R.-M. Borges, *Le droit d'information individuel des administrateurs de société anonyme : BJS* 1997, p. 843. – P. Le Cannu, *La protection des administrateurs minoritaires : BJS* 1990, p. 511. – Th. Léobon, *L'information du conseil d'administration : gestion et responsabilités : BJS* 2006, p. 168.

6) Portée. *a)* L'obligation d'information du président à l'égard des administrateurs se **limite** aux seuls cas où l'information est **nécessaire,** compte tenu de l'objet de la réunion, ainsi que de la connaissance ou de l'ignorance des administrateurs sur les questions à débattre : ▪ CA Versailles, 11 juin 1998 : *BJS* 1998, p. 1168, note R. Baillod. – Pour être **utile,** l'information doit être **préalable** à la tenue du conseil ; encourt la cassation un arrêt d'appel ayant jugé que l'information dispensée aux administrateurs en cours de conseil aux administrateurs présents était suffisante : ▪ Cass. com., 8 oct. 2002 : *BJS* 2003, p. 353, note D. Vidal ; *JCP* E 2003, p. 376, note A. Viandier.

b) **Bénéficiaires du droit à information.** Tous les administrateurs, y compris ceux qui représentent les salariés, bénéficient d'un droit à information individuel : ▪ Cass. com., 29 janv. 2008, n° 06-20.311 : *BJS* 2008, p. 392, note B. Saintourens ; *D.* 2008, p. 482, rejetant le pourvoi contre, ▪ CA Paris, 31 août 2006 : *BJS* 2007, p. 113, note J.-M. Mousseron.

7) Sanction. Dès l'instant où un projet de résolution n'a fait l'objet d'aucune information préalable et suffisante des administrateurs, c'est la régularité même des délibérations du conseil d'administration qui est affectée, ce qui entraîne son annulation : ▪ CA Paris, 16 nov. 1995 : *JCP* E 1996, I, 541, n° 8, obs. A. Viandier et J.-J. Caussain ; *BJS* 1995, p. 132, note P. Le Cannu. – *Adde* ▪ Cass. com., 2 juill. 1985 : *JCP* 1986, II, 20518, note A. Viandier. ▪ Cass. com., 1er déc. 1987 : *JCP* E 1988, 15168, n° 11, obs. A. Viandier et J.-J. Caussain. ▪ Cass. com., 24 avr. 1990 : *BJS* 1990, p. 532. – Lorsqu'un administrateur n'a pas été en mesure d'exercer son mandat dans des conditions d'information suffisante et que la convocation aux réunions du conseil ne mentionnait même pas la mise à disposition des documents utiles à l'exercice de sa mission, il y a lieu de prononcer la nullité des délibérations du conseil d'administration litigieux : ▪ Cass. com., 13 déc. 2005, n° 04-12.135 : *BJS* 2006, p. 642, note L. Grosclaude.

III – CAUTIONS, AVALS ET GARANTIES

Bibliographie : M. Dagot et Chr. Mouly, *L'usage personnel du crédit social et son abus : Rev. sociétés* 1988, p. 1. – B. Dondero, *Réflexions sur les mécanismes d'autorisation des sûretés et garanties consenties par les sociétés anonymes : D.* 2004, p. 405 et 485. – P. Gerbault, *Droit des sûretés et droit de l'entreprise : influences croisées : RJ com.* 2002, p. 150. – J.-P. Langlade, *Le pouvoir de fournir des sûretés dans les sociétés anonymes : RTD com.* 1979, p. 335. – P. Le Cannu, *Quelques problèmes d'application des articles 98, alinéa 4, et 128, alinéa 2, de la loi du 24 juillet 1966 : BJS* 1996, p. 273. – C. Legros, *Plaidoyer pour l'exclusion des lettres d'intention du champ d'application de l'article 98, alinéa 4, de la loi du 24 juillet 1966 : LPA* 20 déc. 1999, p. 9. – J.-L. Medus, *L'émission irrégulière d'une lettre de confort par une société anonyme et sa sanction : BJS* 1994, p. 597. – F. Sauvaageot, *Le champ d'application de la procédure d'autorisation des cautions, avals et garanties dans la société anonyme : Dr. sociétés* avr. 2019, n° 5. – J. Schmidt, *Les lettres d'intention : RD aff. int.* 2002, n° 3/4, p. 257. – Ph. Simler, *Histoire d'une impasse : la sanction du défaut d'autorisation des cautions, avals ou garanties consentis pour le compte des sociétés par actions : Mél. D. Schmidt*, éd. Joly, 2005, p. 449.

8) Domaine de l'exigence d'autorisation. S'agissant de garanties relatives non à des engagements pris par des tiers, mais de garanties afférentes aux engagements propres de la société, l'autorisation du conseil d'administration n'est pas requise : ▪ Cass. com., 11 févr. 1986, n° 84-13.959, PB : *Rev. sociétés* 1986, p. 243, note J.-J. Daigre. – Même solution : ▪ Cass. com., 4 mai 1999 : *JCP* E 2000, p. 31, obs. A. Viandier et J.-J. Caussain ; *BJS* 1999, p. 974, note D. Legeais.

9) Garanties soumises à l'exigence d'autorisation. *a)* Lettres d'intention et garanties de bonne fin.

– La lettre d'intention, par laquelle un président *[directeur général]* manifeste la volonté d'une société mère de **venir en aide à sa filiale pour éviter sa défaillance et le cas échéant de payer à sa place,** qui s'analyse en une obligation contractuelle de faire pouvant aller jusqu'à une obligation de résultat : ▪ CA Paris, 31 mai 1989 : *BJS* 1990, p. 362. ▪ CA Paris, 8 déc. 1999 : *JurisData* n° 1999-106444.

– La lettre d'intention de nature à rendre son **auteur responsable des conséquences de la défaillance du débiteur** qui contient une obligation de résultat : ▪ Cass. com., 23 oct. 1990 : *BJS* 1991, p. 403, note M. Jeantin. – *Adde* ▪ CA Paris, 11 mai 1993 : *JCP* E 1993, I, 288, n° 10, obs. A. Viandier et J.-J. Caussain ; *JCP* E 1993, II, 512, note J.-F. Barbièri. ▪ Cass. com., 3 janv. 1996 : *JurisData* n° 1996-000172 ; *BJS* 1996, p. 294, note J. B. ▪ Cass. com., 7 oct. 1997 : *JurisData* n° 1997-003829 ; *Dr. sociétés* 1998, n° 2, note Th. Bonneau.

– L'engagement contenu dans une lettre d'intention et par lequel une société mère s'oblige à prendre les mesures nécessaires pour que sa filiale dispose d'une trésorerie suffisante pour assumer les remboursements auxquels elle est tenue, qui ne constitue pas un cautionnement dans la mesure où la société mère prend l'engagement d'aider sa filiale et non de se substituer à elle, mais définit une obligation de résultat à la charge de la société mère qui s'est engagée à faire le nécessaire pour **mener l'opération à bonne fin** : ▪ Cass. com., 9 déc. 1997 : *JurisData* n° 1997-004936 ; *JCP* E 1998, p. 1306, obs. A. Viandier et J.-J. Caussain ; *JCP* E 1998, p. 1597, obs. P. Simler ; *Dr. sociétés* 1998, n° 47, note D. Vidal ; *BJS* 1998, p. 231, note J.-F. Barbièri ; *Rev. sociétés* 1998, p. 561, note P. Delebecque. ▪ CA Lyon, 6 nov. 1998 : *JurisData* n° 1998-048836. ▪ Cass. com., 26 févr. 2002 : *JCP* E 2002, n° 918, p. 1003, note D. Legeais, et n° 1424, p. 1574, obs. crit. P. Simler ; *Dr. sociétés* 2002, n° 105, obs. Th. Bonneau ; *BJS* 2002, p. 607, note J.-F. Barbièri ; *D.* 2002, act. jurispr. p. 1273, obs. A. Lienhard. ▪ Cass. com., 9 juill. 2002 : *JurisData* n° 2002-015208 ; *JCP* E 2002, n° 1639, p. 1816, obs. J.-J. Caussain, Fl. Deboissy et G. Wicker ; *RD bancaire et fin.* 2002, n° 181, p. 257, obs. D. Legeais ; *D.* 2002, act. jurispr. p. 2327, obs. A. Lienhard. ▪ Cass. com., 19 avr. 2005 : *JurisData* n° 2005-028235 ; *Dr. sociétés* 2005, n° 152, obs. H. Lécuyer.

b) L'engagement d'une société mère envers une banque assurant cette dernière qu'elle ne **subirait en aucun cas un préjudice du fait de sa filiale** qui constitue une obligation de résultat : ▪ CA Paris, 10 déc. 1991 : *JCP* E 1992, I, 145, n° 10, obs. A. Viandier et J.-J. Caussain.

c) L'engagement d'une société mère à **garantir la bonne fin** d'un contrat de fourniture conclu entre sa filiale et l'un de ses fournisseurs, par lequel elle se dit solidairement tenue avec sa filiale et prête à se substituer à elle en cas de non-paiement, qui constitue un **cautionnement** et non pas un simple contrat de fourniture : ▪ Cass. com., 5 mars 1996 : *JurisData* n° 1996-000953 ; *BJS* 1996, p. 586, note J.-F. Barbièri.

d) Le contrat de référencement souscrit par une société mère pour la fourniture de matériel à ses filiales contenant une clause intitulée **convention de ducroire** par laquelle elle s'engageait à garantir le paiement des factures impayées : ▪ T. com. Paris, 11 déc. 2001 : *JurisData* n° 2001-179396.

e) **Garanties des paiements dus par une filiale.** L'engagement de la société mère de garantir les paiements par sa filiale de la créance restant due à la suite d'un accord d'abandon partiel de créance avec le créancier : ▪ CA Paris, 9 nov. 2001 : *JurisData* n° 2001-168519 ; *BJS* 2002, p. 217, note H. Le Nabasque. – V. égal. s'agissant d'une société mère exerçant une activité de commissionnaire : ▪ Cass. com., 8 déc. 2009, n° 08-20.039 : *Dr. sociétés* 2010, n° 25, obs. H. Hovasse.

f) Une **lettre d'ordre** par laquelle une société, garante d'une autre société, titulaire d'un marché, donne instruction à une banque d'émettre une **contre-garantie** au profit du garant de premier rang : ▪ CA Paris, 5 avr. 1996 : *JCP* 1997, I, 4033, n° 11, obs. crit. P. Simler. – Même solution pour l'engagement de **contre-garantir** un cautionnement : ▪ Cass. com., 13 oct. 1992 : *BJS* 1992, p. 1291 ; *RJDA* 1992, p. 912.

g) L'engagement de rembourser sans contestation et **à première demande**, qui n'est pas une simple avance de trésorerie : ▪ Cass. com., 26 janv.

1993 : *BJS* 1993, p. 569, note P. Delebecque ; *RJDA* 1993, p. 704.

h) L'acte par lequel une société s'engage à faire **tout et à tout moment** pour qu'une autre société, bénéficiaire d'un crédit, **assure la bonne exécution et la bonne fin de ses obligations** envers la banque prêteuse ; cet engagement oblige la première société à rembourser le crédit, dès lors que la seconde est défaillante, sans qu'il y ait lieu de qualifier cette garantie de garantie autonome à première demande : ▪ Cass. com., 16 mai 2000 : *BJS* 2000, p. 803, note J.-F. Barbièri.

i) **L'aval** par le président d'une société mère de billets à ordre émis par sa filiale : ▪ CA Paris, 13 févr. 1991 : *BJS* 1991, p. 405, note P. Delebecque.

j) Les engagements de **préservation de l'emploi** pris par une société mère dans l'intérêt de sa filiale au profit d'un prêteur qui engendrent un risque financier : ▪ Cass. com., 17 nov. 1992 : *BJS* 1993, p. 98, note Y. Chaput ; *Rev. sociétés* 1993, p. 585, note P. Delebecque.

k) **Substitution de cautionnement.** L'engagement souscrit par une SA, cessionnaire d'actions, de se **substituer aux engagements de cautions** souscrits par l'actionnaire cédant et, à défaut, de le contre-garantir : ▪ Cass. com., 24 juin 2003 : *BJS* 2003, p. 1030, note P. Le Cannu ; *D.* 2003, p. 1839, obs. A. Lienhard. – Même solution pour une SCA : ▪ Cass. com., 15 janv. 2013, n° 11-27.648, PB : *D.* 2013, p. 624, note B. Dondero ; *Dr. sociétés* 2013, n° 64, obs. M. Roussille ; *Rev. sociétés* 2013, p. 297, note J.-P. Mattout. – Voir aussi, ▪ Cass. com., 22 mars 2005 : *JurisData* n° 2005-027780.

l) **Promesse de porte-fort.** Celui qui se porte fort pour un tiers, en promettant la ratification par ce dernier d'un engagement ou encore l'exécution de l'engagement, est tenu d'une obligation de résultat emportant en l'absence de ratification comme d'exécution de l'engagement par le tiers, celle de réparer le préjudice subi par le bénéficiaire de la promesse de porte-fort : ▪ CA Paris, 4 nov. 2008 : *JurisData* n° 2008-371794 ; *BJS* 2009, p. 376, note J.-F. Barbièri ; *Dr. sociétés* 2009, n° 51 ; obs. D. Gallois-Cochet. – *Adde* S. Jebbour, *La promesse de porte-fort est-elle une garantie de l'article L. 225-35, alinéa 4, du Code commerce ? Dr. sociétés* févr. 2012, p. 3.

10) Garanties non soumises à autorisation. *a)* **Garanties des engagements propres de la société.**

– **Hypothèque garantissant les dettes sociales** : ▪ Cass. com., 11 févr. 1986, n° 84-13.959, PB : *Rev. sociétés* 1986, p. 243, note J.-J. Daigre.

– **Cession de créances professionnelles** : ▪ Cass. com., 4 mai 1999 : *JCP* E 2000, p. 31, obs. A. Viandier et J.-J. Caussain ; *BJS* 1999, p. 974, note D. Legeais.

– **Garantie de passif** : ▪ Cass. com., 12 juill. 2011, n° 10-16.118, PB : *BJS* 2011, p. 865, note J.-F. Barbièri ; *Dr. sociétés* 2011, n° 173, note D. Gallois-Cochet ; *JCP* E 2011, 1870, note P. Pailler ; *Rev. sociétés* 2012, p. 102, note J.-J. Daigre.

– **Délégation de créance.** La délégation de créance n'est pas une garantie soumise à autorisation lorsque l'engagement souscrit par le délégué ne constitue à son égard qu'un mode d'extinction de sa propre dette envers le déléguant : ▪ Cass. com., 15 janv. 2013, n° 11-28.173, PB : *Dr. sociétés* 2013, n° 83, obs. M. Roussille ; *JCP* E 2013, 1269, note R. Marty ; *Rev. sociétés* 2013, p. 291, note D. Legeais ; cassant : ▪ CA Paris, 20 oct. 2011, n° 09/22558 : *BJS* 2012, p. 126, note J.-F. Barbièri.

b) **Fausses garanties.**

– Une **lettre de patronage** ne contient aucun engagement contraignant, mais confirme simplement l'intérêt de la société mère pour les affaires de sa filiale : ▪ CA Paris, 4 mai 1993 : *BJS* 1993, p. 729, note P. Delebecque.

– **Condition contractuelle.** L'engagement de la société concédante de pallier la défaillance éventuelle de l'entreprise concessionnaire qui avait conclu un contrat de vente de camions assorti d'une clause prévoyant leur reprise au bout de trois ans pour 40 % de leur valeur d'acquisition, car il traduit seulement l'acceptation par le vendeur des conditions exigées par l'acheteur : ▪ Cass. com., 18 mars 1997 : *JurisData* n° 1997-001247 ; *JCP* 1997, IV, 1041 ; *BJS* 1997, note P. Le Cannu.

– La convention de **reprise de l'entier contrat** conclu avec un locataire initial défaillant qui n'est pas un acte sans contrepartie : ▪ CA Nîmes, 23 avr. 1998 : *JurisData* n° 1998-112735.

11) Bénéficiaire de l'autorisation et délégation. L'autorisation consentie au président du conseil d'administration de contracter un engagement de caution ne vaut pas pour un administrateur, sauf à constater que ce dernier a effectivement bénéficié d'une délégation de ses pouvoirs par le président, étant exclu qu'un mandat apparent puisse être retenu : ▪ Cass. com., 23 sept. 2014, n°s 13-21.352 et 13-22.749 : *Dr. sociétés* 2014, n° 186, obs. M. Roussille.

12) Surveillance. Si les engagements de caution consentis par une société sont soumis à l'autorisation du conseil d'administration, il n'est toutefois pas interdit à cet organe de se prononcer sur un autre acte ; aussi, le fait pour le conseil de prendre acte d'un engagement de la société de surveiller la gestion de sa filiale ne suffit pas à démontrer que cet acte est un cautionnement : ▪ CA Versailles, 7 mars 2002 : *BJS* 2002, p. 784, note P. Le Cannu.

13) Les **entreprises régies par le Code des assurances** ne sont pas des établissements de crédit auxquels s'appliquent la dispense pour les cautions, avals et garanties consentis au profit de sociétés exploitant des établissements bancaires et financiers : ▪ Cass. com., 24 mars 2004 : *JurisData* n° 2004-023182.

14) Notion d'autorisation.

a) Le simple arrêté des comptes par le conseil et l'assemblée **ne vaut pas** autorisation préalable au sens de l'article 98 *[C. com., art. L. 225-35]* : ▪ Cass. com., 11 juill. 1988, *Sté financière immobilière française c/ Banque de la Méditerranée*, inédit.

b) L'acte authentique d'engagement de caution conclu par son président, mentionnant l'existence d'une délibération conforme du conseil, **ne peut faire preuve** de l'autorisation du conseil : ▪ CA Paris, 22 nov. 1990 : *BJS* 1991, p. 169, note J.-P. Dom ; *D.* 1991, inf. rap. p. 41.

c) La simple **absence de remise en cause** de l'engagement par le conseil d'administration postérieurement à la mise en œuvre de la garantie par le créancier ne permet pas d'établir que le conseil avait donné à son président l'autorisation préalable de souscrire la garantie en cause : ▪ Cass. com., 11 juin 2002 : *JurisData* n° 2002-014890.

15) Preuve du défaut d'autorisation.

a) **Défaut de communication du registre des délibérations.** Une société anonyme engagée comme caution par le président de son conseil d'administration, mais opposant au créancier garanti le défaut d'autorisation du conseil d'administration, la cour d'appel, qui se borne à retenir que la société ne peut rapporter la preuve d'un fait inexistant, méconnaît les pouvoirs que lui donnent les articles 10 du Code civil et 11, alinéa 1, du Code de procédure civile, desquels il résulte que le juge doit tirer toute conséquence d'une abstention ou d'un refus opposé par une partie d'apporter son concours à la justice, en vue de la manifestation de la vérité, dès lors que le créancier faisait valoir que le refus de la société de lui communiquer le registre des délibérations de son conseil d'administration était l'aveu de l'existence de l'autorisation : ▪ Cass. com., 5 mars 1996, n° 94-13.151 : *Bull. civ.* IV, n° 77.

b) **L'attestation du président du conseil d'administration** alléguant l'inexistence de l'autorisation d'une garantie ne suffit pas, en l'absence de production du registre des délibérations du conseil d'administration, à établir l'absence d'autorisation de celui-ci : ▪ Cass. com., 16 nov. 2004 : *BJS* 2005, p. 366, note J.-F. Barbièri ; *Dr. sociétés* mars 2005, n° 49, obs. H. Hovasse ; *JCP* E 2005, 915, n° 11, obs. Ph. Simler ; *RTD com.* 2005, p. 120, obs. P. Le Cannu.

c) Sur la responsabilité de l'avocat, du fait de la perte d'une chance, pour avoir omis de vérifier que les procès-verbaux produits établissaient l'absence d'autorisation : ▪ Cass. 1re civ., 19 sept. 2007, n° 06-11.680 : *BJS* 2007, p. 1326, note A. Couret.

16) Sanctions.

a) **Inopposabilité.** Les garanties consenties sans autorisation du conseil sont inopposables à la société : ▪ Cass. com., 29 janv. 1980 : *Bull. civ.* IV, n° 47 ; *D.* 1980, inf. rap. p. 372. ▪ Cass. com., 8 déc. 1998 : *JurisData* n° 1998-004875 ; *JCP* E 1999, p. 668, obs. A. Viandier et J.-J. Caussain ; *BJS* 1999, p. 535, note P. Le Cannu. ▪ CA Paris, 19 mars 1999 : *JurisData* n° 1999-112996. – De sorte qu'il ne peut peser sur elle aucune obligation : ▪ Cass. com., 15 janv. 2013, n° 11-27.648, PB : *D.* 2013, p. 624, note B. Dondero ; *Dr. sociétés* 2013, n° 64, obs. M. Roussille.

b) **Garanties inopposables.**

– **Garantie donnée par le président.** Une lettre de garantie souscrite par le président est inopposable à la société lorsque l'approbation du conseil d'administration n'est intervenue que postérieurement à l'engagement : ▪ Cass. com., 17 nov. 1992, préc. – Le cautionnement donné sans autorisation préalable du conseil par le président d'une société mère au profit des filiales est inopposable à la société mère : ▪ Cass. com., 28 avr. 1987 : *JCP* E 1987, 16644, n° 6, obs. A. Viandier et J.-J. Caussain. ▪ CA Paris, 24 avr. 1990 : *JCP* E 1990, 20069 ; *D.* 1990, inf. rap. p. 130. ▪ Cass. com., 9 déc. 1997, préc.

– **Garantie donnée par le directeur général.** De même, le cautionnement donné par le chef comptable avec le cachet du directeur général et qui n'a pas été approuvé par le conseil d'administration est inopposable à la société : ▪ CA Paris, 3 mars 2000 : *JurisData* n° 2000-125197.

– **Mandat apparent.** Le bénéficiaire d'une garantie, même s'il est de bonne foi, ne peut pas invoquer l'existence d'un mandat apparent pour suppléer l'absence d'autorisation du conseil : ▪ Cass. com., 24 févr. 1987 : *JCP* E 1987, 16644, n° 4, obs. A. Viandier et J.-J. Caussain. ▪ CA Paris, 8 déc. 1995 : *BJS* 1996, p. 199, note P. Le Cannu. ▪ CA Paris, 19 févr. 2003 : *Rev. sociétés* 2004, p. 426, obs. Y. Guyon.

c) **Étendue de l'inopposabilité.** L'acte de caution rédigé dans des termes qui lui donnent une portée plus large que la garantie autorisée par le conseil d'administration n'est opposable à la société que dans la limite de cette autorisation : ▪ CA Paris, 26 juin 1990 : *BJS* 1990, p. 764. ▪ CA Paris, 15 févr. 2007 : *Dr. sociétés* 2007, n° 136, obs. H. Hovasse. – Quand il est établi que le cautionnement autorisé par le conseil d'administration ne portait que sur l'achat d'un véhicule par la société, il ne saurait s'étendre au contrat de crédit-bail, fût-il relatif au même véhicule : ▪ Cass. com., 22 mai 2001 : *JCP* E 2001, p. 1812, obs. Ph. Simler et Ph. Delebecque ; *BJS* 2001, p. 1007, note J.-F. Barbièri.

d) **Régime de l'inopposabilité.**

– **Exclusion de la ratification.** À défaut d'autorisation préalable du conseil d'administration permettant de déterminer son montant et sa durée, la garantie donnée par le président n'est pas opposable à la société et, par suite, n'est pas susceptible de ratification : ▪ Cass. com., 15 oct. 1991 : *JCP* E 1992, II, 295, note J.-F. Barbièri ; *JCP* E 1992, I, 145, n° 9, obs. A. Viandier et J.-J. Caussain.

– **Perpétuité de l'exception.** La prescription de trois ans posée par l'article L. 235-9 ne peut s'appliquer dès l'instant où l'inopposabilité est invoquée par voie d'exception en réponse à la demande en paiement du bénéficiaire de la garantie : ▪ CA Paris, 16 janv. 2001 : *JurisData* n° 2001-138894.

17) Responsabilité personnelle du dirigeant. Un dirigeant ayant accordé un cautionnement au nom d'une société anonyme plus d'un an après l'autorisation du conseil d'administration commet une faute mais, celle-ci n'étant **pas détachable de ses fonctions**, sa responsabilité personnelle à l'égard du tiers ne peut pas être engagée : ▪ Cass. com., 20 oct. 1998 : *BJS* 1999, p. 88, note J.-F. Barbièri ; *D.* 1999, p. 639 ; *JCP* E 1998, p. 2025, note A. Couret. ▪ Cass. com., 9 mai 2001 : *BJS* 2001, p. 1020, note J.-F. Barbièri ; *Dr. et patrimoine* janv. 2002, p. 98, obs. D. Poracchia ; *JCP* E 2001, p. 1071 : cassation de l'arrêt ayant retenu la responsabilité du président pour avoir consenti un aval sans autorisation préalable du conseil d'administration au motif que les juges n'ont pas recherché si le dirigeant avait commis une faute séparable de ses fonctions. – N'est pas séparable des fonctions la faute commise par le président du conseil d'administration qui signe un engagement de caution sans autorisation préalable du conseil : ▪ Cass. com., 9 juin 2004 : *BJS* 2004, p. 1370, note P. Le Cannu. – La signature d'un acte par un dirigeant non habilité ne démontre pas le caractère délibéré de la faute, laquelle ne peut résulter que de la volonté de méconnaître les pouvoirs du conseil d'administration et/ou de celle de porter atteinte aux droits du cocontractant : ▪ CA Paris, 20 oct. 2011, n° 09/22558 : *BJS* 2012, p. 126, note J.-F. Barbièri. ▪ Cass. com., 8 nov. 2017, n° 16-10.626 : *BJS* 2018, p. 84, note B. Dondero ; *Dr. Sociétés* 2018, n° 46, note C. Coupet.

Art. L. 225-36 *(Anc. L. n° 66-537, 24 juill. 1966 ; L. n° 2016-1691, 9 déc. 2016).* **– Le déplacement du siège social sur le territoire français peut être décidé par le conseil d'administration, sous réserve de ratification de cette décision par la prochaine assemblée générale ordinaire.**

Sur délégation de l'assemblée générale extraordinaire, le conseil d'administration apporte les modifications nécessaires aux statuts pour les mettre en conformité avec les dispositions législatives et réglementaires, sous réserve de ratification de ces modifications par la prochaine assemblée générale extraordinaire.

1) Dans l'hypothèse de statuts reproduisant la règle de l'ancien article L. 235-36, une modification de ces statuts est nécessaire pour que le conseil d'administration puisse mettre en œuvre la règle du nouveau texte : ANSA, Comité juridique n° 17-031, 7 juin 2017.

2) Sur la **faute du président** d'une société anonyme déplaçant le siège social avec l'accord de l'actionnaire majoritaire du moment : ▪ CA Paris, 16 mai 1978 : *Rev. sociétés* 1979, p. 72, note J.G. – *Adde* ▪ CA Paris, 28 avr. 1983 : *JCP* 1986, II, 20553, note A. Viandier.

Art. L. 225-36-1 *(L. n° 2001-420, 15 mai 2001).* **– Les statuts de la société déterminent les règles relatives à la convocation et aux délibérations du conseil d'administration.**

Lorsqu'il ne s'est pas réuni depuis plus de deux mois, le tiers au moins des membres du conseil d'administration peut demander au président de convoquer celui-ci sur un ordre du jour déterminé.

Le directeur général peut également demander au président de convoquer le conseil d'administration sur un ordre du jour déterminé.

Le président est lié par les demandes qui lui sont adressées en vertu des deux alinéas précédents.

1) **Convocation verbale.** Sauf disposition statutaire contraire, les convocations verbales ne sont pas irrégulières : ▪ CA Paris, 22 mars 1977 : *JCP* 1978, II, 18923, note J.-C. Bousquet.

2) Sont **nulles** les décisions prises par un conseil d'administration alors que certains administrateurs n'ont pas été convoqués : ▪ Cass. com., 31 janv. 1968 : *Bull. civ.* IV, n° 49.

3) Le **refus du président** de convoquer le conseil d'administration est un **trouble manifestement illicite** : ▪ Cass. com., 29 janv. 2008, n° 06-20.311 : *BJS* 2008, p. 392, note B. Saintourens ; *D.* 2008, p. 482, rejetant le pourvoi contre, ▪ CA Paris, 31 août 2006 : *BJS* 2007, p. 113, note J.-M. Mousseron.

Art. L. 225-37 *(Anc. L. n° 66-537, 24 juill. 1966 ; mod., L. n° 2003-706, 1er août 2003 ; L. n° 2006-1770, 30 déc. 2006 ; L. n° 2008-649, 3 juill. 2008 ; Ord. n° 2009-80, 22 janv. 2009 ; L. n° 2011-103, 27 janv. 2011 ; Ord. n° 2017-1162, 12 juill. 2017).* **– Le conseil d'administration ne**

délibère valablement que si la moitié au moins de ses membres sont présents. Toute clause contraire est réputée non écrite.

À moins que les statuts ne prévoient une majorité plus forte, les décisions sont prises à la majorité des membres présents ou représentés.

Sauf lorsque le conseil est réuni pour procéder aux opérations visées aux articles L. 232-1 et L. 233-16 et sauf disposition contraire des statuts, le règlement intérieur peut prévoir que sont réputés présents, pour le calcul du quorum et de la majorité, les administrateurs qui participent à la réunion par des moyens de visioconférence ou de télécommunication permettant leur identification et garantissant leur participation effective, dont la nature et les conditions d'application sont déterminées par décret en Conseil d'État. Les statuts peuvent limiter la nature des décisions pouvant être prises lors d'une réunion tenue dans ces conditions et prévoir un droit d'opposition au profit d'un nombre déterminé d'administrateurs.

Sauf disposition contraire des statuts, la voix du président de séance est prépondérante en cas de partage.

Les administrateurs, ainsi que toute personne appelée à assister aux réunions du conseil d'administration, sont tenus à la discrétion à l'égard des informations présentant un caractère confidentiel et données comme telles par le président du conseil d'administration.

Le conseil d'administration présente à l'assemblée générale mentionnée à l'article L. 225-100 un rapport sur le gouvernement d'entreprise joint au rapport de gestion mentionné au même article. Toutefois, les informations correspondantes peuvent être présentées au sein d'une section spécifique du rapport de gestion.

Voir : la rédaction de cet article issue de l'ordonnance n° 2019-744 du 19 juillet 2019, en *addendum*, p. 3371.

Voir : C. com., art. R. 225-19 à R. 225-25, p. 633.

Observations du commissaire aux comptes sur le rapport du président, C. com., art. L. 225-235, p. 375. – **Publication de ces informations pour les sociétés faisant offre au public,** C. monét. fin., art. L. 621-18-3, p. 1606. – **Injonction de faire,** C. com., art. L. 123-5-1, p. 799. – **Obligation de discrétion des membres du conseil de surveillance,** C. com., art. L. 225-92, p. 312.

I – FONCTIONNEMENT DU CONSEIL D'ADMINISTRATION

Bibliographie : V. Brosses et J. Haelling, *L'utilisation des moyens de télécommunication auxconseils et assemblées générales des sociétés anonymes : BJS* 2002, p. 1089. – C. Cathiard, *L'utilisation des moyens de télécommunication pour la préparation et la tenue des conseils et assemblées des sociétés anonymes : JCP* E 2007, 1660. – B. Fages, *Le devoir de discrétion de l'administrateur : BJS* 2019, p. 7. – D. Pere, *L'obligation de discrétion des membres du conseil d'administration : D.* 2004, p. 1786.

1) Irrégularités de procédure. Sont nulles les décisions prises par un conseil d'administration alors que les délibérations ont eu lieu hors la présence des membres du comité d'entreprise : ▪ Cass. com., 17 févr. 1975 : *JCP* 1975, II, 18105, note J. Savatier ; *Rev. sociétés* 1975, p. 269, note F.T. ; *D.* 1975, 466, note J.-C. Bousquet. – Il en va de même lorsque le conseil a délibéré malgré l'absence de quorum : ▪ CA Grenoble, 27 juin 1996 : *JurisData* n° 1996-056641. – La nullité des décisions du conseil provoque l'anéantissement des délibérations d'assemblées convoquées en application des décisions annulées : ▪ Cass. com., 22 déc. 1969 : *Bull. civ.* IV, n° 391.

2) Droit à l'information des administrateurs. V. sous C. com., art. L. 225-35, annot. n° 6, p. 258.

3) Intérêt personnel des dirigeants. L'intérêt personnel qu'ont les administrateurs à la décision débattue n'implique pour eux aucune incapacité de voter et il n'en irait autrement que s'il s'agissait d'un intérêt personnel susceptible de s'opposer à l'intérêt social : ▪ Cass. com., 24 févr. 1975 : *Rev. sociétés* 1976, p. 92, note B. Oppetit.

4) Force probante du procès-verbal. V. sous C. com., art. R. 225-22, annot. n°s 1, et R. 225-23, annot. n° 1, p. 634.

II – RAPPORT DU PRÉSIDENT SUR LE FONCTIONNEMENT DU CONSEIL ET LES PROCÉDURES DE CONTRÔLE INTERNE

Bibliographie : G. Baranger, *Le rapport spécial du président du conseil d'administration sur le fonctionnement du conseil et les procédures de contrôle interne : BJS* 2004, p. 169. – C. Coupet, *Révision du code AFEP-MEDEF : Dr. sociétés* 2018, n° 167. – A. Couret, *Comply or explain : les destinées françaises du principe : BJS* 2017, p. 202 ; *La révision du Code AFEP-MEDEF et le droit des sociétés : BJS* 2018, p. 489. – C. Donzel-Taboucou, *Le principe « appliquer ou expliquer » en France : Rev. sociétés* 2015, p. 347. – B. Fages, *Rôle, valeur et bon usage des codes de gouvernement d'entreprise : BJS* 2009, p. 428. – B. François, *Code 2018 de gouvernement d'entreprise AFEP-MEDEF : une nouvelle version en vain ? : Rev. sociétés* 2018, p. 575. – H. Huguet, *Rapport spécial* *du président du conseil d'administration ou du président du conseil de surveillance* : *JCP* E 2004, 733. – B. Dondero, *Le Code AFEP-MEDEF révisé : un nouveau départ* : *Rev. sociétés* 2014, p. 7. – M. Germain et *alii*, *La gouvernance des sociétés cotées* : *JCP* E 2013, 1637 et s. – K. Grevain-Lemercier, *Les défis actuels de la gouvernance des sociétés cotées* : *Dr. sociétés* mai 2013, n° 10. – B. Lecourt, *Codes de gouvernement d'entreprise : recommandation de la commission européenne sur le principe « appliquer ou expliquer »* : *Rev. sociétés* 2014, p. 683. – V. Magnier, *Les manquements des sociétés cotées à la règle de conformité* : *JCP* E 2010, 1234. – V. Magnier et Y. Paclot, *Le gouvernement d'entreprise en France vingt ans après* : *Mél. M. Germain*, LexisNexis-Lextenso 2015, p. 491. – V. Médail, *Le rapport du président du conseil sur les procédures de contrôle interne* : *JCP* E 2004, 734. – J.-M. Moulin, *La force normative du code AFEP-MEDEF* : *Mél. M. Germain*, LexisNexis-Lextenso 2015, p. 597. – J.-L. Navarro, *Le rapport sur les procédures de contrôle interne : de la loi du 1er août 2003 à la loi du 26 juillet 2005* : *BJS* 2006, p. 135 ; *Gouvernement d'entreprise : la révision du code AFEP-MEDEF préféré à la loi* : *BJS* 2013, p. 556. – Y. Paclot, *La juridicité du Code AFEP-MEDEF de gouvernement d'entreprise des sociétés cotées* : *Rev. sociétés* 2011, p. 395. – I. Parléani, *Les nouvelles obligations d'information des dirigeants envers les actionnaires* : *Rev. sociétés* 2003, p. 779. – M. Petitjean, *Le rapport du commissaire aux comptes sur le contrôle interne* : *JCP* E 2004, 781. – P. Portier, *Le code Middlenext s'universalise* : *BJS* 2016, p. 634.

5) Domaine de l'obligation. Au sein des groupes de sociétés, l'obligation pèse sur le président de chacune des sociétés anonymes du groupe ; le rapport du président, s'agissant de la société mère, concerne nécessairement les procédures destinées à assurer le contrôle de celle-ci sur ses filiales, ainsi que les procédures destinées à garantir la fiabilité des comptes consolidés : Rép. min. n° 34543 : *JOAN* Q, 30 mars 2004, p. 2691 ; *D.* 2004, p. 1008. – Voir aussi, Rép. min. n° 15775 : *JO* Sénat Q, 21 avr. 2005, p. 1154 ; *D.* 2005, p. 1220 ; *JCP* E 2005, 732. – Cette obligation s'impose à toutes les sociétés anonymes quelle que soit leur taille : Rép. min. n° 37190 : *JOAN* Q, 15 juin 2004, p. 4516 ; *JCP* E 2004, act., p. 1037 *[l'obligation est désormais restreinte aux sociétés faisant offre au public, L. n° 2005-842, 26 juill. 2005]*.

6) Contenu du rapport. Le rapport doit relater les procédures de contrôle interne, en cohérence avec les autres éléments inclus dans le rapport de gestion, en fournissant des indications factuelles et synthétiques sur leurs caractéristiques, sans être tenu de les évaluer ni d'apprécier l'adéquation ou l'efficacité du contrôle interne ; le rapport vise également à fournir aux commissaires aux comptes une base de travail supplémentaire pour l'évaluation du contrôle interne qu'il effectue dans le cadre de sa mission permanente : Rép. min., n° 12537 : *JOAN* Q, n° 31, 29 juill. 2004, p. 1733 ; *BJS* 2004, p. 1133. – Le rapport doit mentionner les modalités concrètes de fonctionnement du conseil, notamment l'existence éventuelle et le rôle des comités spécialisés, le nombre et la durée des réunions, leur objet. Par ailleurs, le rapport doit mentionner l'ensemble des procédures mises en place par la société afin de prévenir et maîtriser les risques résultant de son activité, notamment les procédures garantissant la fiabilité des informations comptables et financières, le respect des lois et des règlements ainsi que la mise en sécurité des conditions de sa production ou de sa gestion : Rép. min. n° 37779 : *JOAN* Q, 11 janv. 2005, p. 372 ; *D.* 2005, p. 212. – La définition par les pouvoirs publics d'un référentiel contraignant n'apparaît pas opportune, une certaine souplesse étant nécessaire dans l'appréciation des informations devant être rapportées afin de tenir compte des spécificités de la société concernée : Rép. min. n° 15775 : *JO* Sénat Q, 21 avr. 2005, p. 1154, préc.

7) Dépôt au greffe. Le rapport doit être déposé au greffe avec le rapport de gestion auquel il est joint ; en cas de non-production du rapport, le greffier, après rappel, procède à l'enregistrement du dépôt des documents comptables en l'état en mentionnant la carence de la société : Comité de coordination RCS, 25 mars et 23 juin 2004 : *Bull. RCS* n° 25-2004, p. 27.

8) Sanctions. Si aucune sanction pénale n'est prévue en cas de non-respect de ces obligations, l'article L. 225-235 impose au commissaire aux comptes de faire connaître ses observations sur le rapport du président, pour ce qui concerne les procédures relatives à l'élaboration et au traitement de l'information financière et de relever à ce titre les éventuelles faiblesses du rapport, voire sa carence. Par ailleurs, l'article L. 123-5-1 est applicable en cas de carence du président dans la production du rapport sur le contrôle interne, qui doit être annexé au rapport de gestion et, à ce titre, déposé avec lui au greffe du tribunal de commerce, ce qui permet à tout intéressé ou au ministère public d'obtenir du président du tribunal statuant en référé une **injonction de faire** : Rép. min. n° 37779 : *JOAN* Q, 11 janv. 2005, préc.

Art. L. 225-37-1 ***(Anc. L. n° 2011-103, 27 janv. 2011 ; mod., L. n° 2018-771, 5 sept. 2018).* – Le conseil d'administration délibère annuellement sur la politique de la société en matière d'égalité**

professionnelle et salariale sur la base des indicateurs relatifs à l'égalité professionnelle entre les femmes et les hommes mentionnés au premier alinéa de l'article L. 2312-18 du Code du travail et à l'article L. 1142-8 du même code, lorsque ceux-ci s'appliquent, ainsi que sur la base du plan pour l'égalité professionnelle entre les femmes et les hommes mentionné à l'article L. 1143-1 dudit code lorsqu'il est mis en œuvre.

Art. L. 225-37-2 *(L. n° 2016-1691, 9 déc. 2016 ; Ord. n° 2017-1162, 12 juill. 2017)*. **– Dans les sociétés dont les titres sont admis aux négociations sur un marché réglementé, les principes et les critères de détermination, de répartition et d'attribution des éléments fixes, variables et exceptionnels composant la rémunération totale et les avantages de toute nature, attribuables aux président, directeurs généraux ou directeurs généraux délégués, en raison de leur mandat, font l'objet d'une résolution soumise au moins chaque année à l'approbation de l'assemblée générale des actionnaires dans les conditions prévues à l'article L. 225-98 et au deuxième à avant-dernier alinéas du présent article.**

Les projets de résolution établis par le conseil d'administration en application du premier alinéa du présent article sont présentés dans le rapport prévu au dernier alinéa de l'article L. 225-37. Ce rapport détaille les éléments de rémunération mentionnés au premier alinéa du présent article et précise que le versement des éléments de rémunération variables et exceptionnels est conditionné à l'approbation par une assemblée générale ordinaire des éléments de rémunération de la personne concernée dans les conditions prévues à l'article L. 225-100.

L'approbation de l'assemblée générale est requise pour toute modification des éléments mentionnés au premier alinéa du présent article et à chaque renouvellement du mandat exercé par les personnes mentionnées au même premier alinéa.

Si l'assemblée générale n'approuve pas la résolution, les principes et critères précédemment approuvés dans les conditions prévues aux trois premiers alinéas du présent article continuent de s'appliquer. En l'absence de principes et critères approuvés, la rémunération est déterminée conformément à la rémunération attribuée au titre de l'exercice précédent ou, en l'absence de rémunération attribuée au titre de l'exercice précédent, conformément aux pratiques existant au sein de la société.

Les conditions d'application du présent article sont déterminées par décret en Conseil d'État.

Voir : C. com., art. R. 225-29-1, p. 635. – Conseil de surveillance, C. com., art. L. 225-82-2, p. 308.

Bibliographie : F. Barrière, *La rémunération des dirigeants sociaux : un encadrement évolutif : Dr. sociétés* oct. 2013, n° 18. • C. Coupet, *Consécration légale du say on pay : Dr. sociétés* 2017, n° 23. • N. Cusacq, *De l'éthique de la rémunération à la rémunération éthique : BJS* 2013, p. 673. • B. Lecourt, *Vote des actionnaires sur les rémunérations des dirigeants de sociétés cotées : conformité du droit français aux futures exigences européennes ? : Rev. sociétés* 2017, p. 118 ; *Les rémunérations des dirigeants de sociétés cotées : Rev. sociétés* 2017, p. 692. • V. Magnier, *Retour sur la rémunération des dirigeants de sociétés cotées : comment réintroduire cohérence et mesure ? D.* 2016, p. 212. • H. Le Nabasque, *Le champ d'application du nouveau say on pay : BJS* 2017, p. 263. • P. Portier, *L'encadrement des rémunérations des dirigeants de sociétés cotées dans la loi Sapin 2 : BJS* 2017, p. 81. • S. Torck, *Rémunérations des dirigeants de sociétés cotées : la régulation plutôt que la moralisation : Dr. sociétés* 2013, n° 163. • A. Viandier, *L'avis consultatif de l'assemblée des actionnaires sur la rémunération des dirigeants sociaux : JCP* E 2013, 1416.

Les rémunérations variables et exceptionnelles ne peuvent être versées avant un vote approbatif *ex post*, même sous condition résolutoire d'un vote négatif : ANSA, Comité juridique, 7 févr. 2018, n° 18.005 : *Dr. sociétés* 2018, n° 126, obs. C. Coupet.

Art. L. 225-37-3 *(Ord. n° 2017-1162, 12 juill. 2017 ; mod., L. n° 2019-486, 22 mai 2019)* (1). **– Dans le rapport prévu au dernier alinéa de l'article L. 225-37, les sociétés dont les titres sont admis aux négociations sur un marché réglementé mentionnent les informations prévues au présent article pour chacun de leurs mandataires sociaux. Celles qui sont contrôlées, au sens de l'article L. 233-16, par une société dont les titres sont admis aux négociations sur un marché réglementé mentionnent les informations prévues aux deuxième et troisième alinéas du présent article pour les mandataires sociaux qui détiennent au moins un mandat dans de telles sociétés.**

(1) Dispositions applicables aux rapports afférents aux exercices clos à compter de la publication de la loi n° 2019-486 du 22 mai 2019, L. n° 2019-486, 22 mai 2019, art. 187, II.

Ce rapport mentionne en premier lieu la rémunération totale et les avantages de toute nature versés par cette société durant l'exercice, y compris sous forme d'attribution de titres de capital, de titres de créance ou de titres donnant accès au capital ou donnant droit à l'attribution de titres de créance de la société ou des sociétés mentionnées aux articles L. 228-13 et L. 228-93. Les rémunérations et avantages en question comprennent le cas échéant ceux reçus des sociétés contrôlées, au sens de l'article L. 233-16, par la société dans laquelle le mandat est exercé ainsi que de la société qui contrôle la société dans laquelle le mandat est exercé. Ce rapport décrit en les distinguant les éléments fixes, variables et exceptionnels composant ces rémunérations et avantages ainsi que les critères en application desquels ils ont été calculés ou les circonstances à la suite desquelles ils ont été attribués, en faisant référence, le cas échéant, aux résolutions votées dans les conditions prévues à l'article L. 225-82-2. Il fait mention, s'il y a lieu, de l'application des dispositions du second alinéa de l'article L. 225-83.

Ce rapport mentionne en second lieu les engagements de toute nature pris par la société au bénéfice de ses mandataires sociaux, correspondant à des éléments de rémunération, des indemnités ou des avantages dus ou susceptibles d'être dus à raison de la prise, de la cessation ou du changement de leurs fonctions ou postérieurement à l'exercice de celles-ci, notamment les engagements de retraite et autres avantages viagers. L'information donnée mentionne, dans des conditions et selon des modalités fixées par décret, les modalités précises de détermination de ces engagements et l'estimation du montant des sommes susceptibles d'être versées à ce titre. Hormis les cas de bonne foi, les versements effectués et les engagements pris en méconnaissance des dispositions du présent alinéa peuvent être annulés.

Ce rapport mentionne en troisième lieu le niveau de la rémunération du président du conseil d'administration, du directeur général et de chaque directeur général délégué mis au regard de la rémunération moyenne sur une base équivalent temps plein des salariés de la société autres que les mandataires sociaux et l'évolution de ce ratio au cours des cinq exercices les plus récents au moins, présentés ensemble et d'une manière qui permette la comparaison.

Ce rapport mentionne en quatrième lieu le niveau de la rémunération du président du conseil d'administration, du directeur général et de chaque directeur général délégué mis au regard de la rémunération médiane des salariés de la société, sur une base équivalent temps plein, et des mandataires sociaux, ainsi que l'évolution de ce ratio au cours des cinq exercices les plus récents au moins, présentés ensemble et d'une manière qui permette la comparaison.

Les dispositions des deux derniers alinéas de l'article L. 225-102 sont applicables aux informations prévues au présent article.

Voir : C. com., art. D. 225-104-1, p. 653.

Art. L. 225-37-4 *(Anc. Ord. n° 2017-1162, 12 juill. 2017 ; mod., Ord. n° 2017-1180, 19 juill. 2017 ; L. n° 2018-771, 5 sept. 2018 ; mod. à compter d'une date fixée par décret et au plus tard le 10 juin 2019, L. n° 2019-486, 22 mai 2019).* **– Le rapport prévu au dernier alinéa de l'article L. 225-37 contient les informations suivantes :**

1° La liste de l'ensemble des mandats et fonctions exercés dans toute société par chaque mandataire social durant l'exercice ;

2° Les conventions intervenues, directement ou par personne interposée, entre, d'une part, l'un des mandataires sociaux ou l'un des actionnaires disposant d'une fraction des droits de vote supérieure à 10 % d'une société et, d'autre part, une autre société contrôlée par la première au sens de l'article L. 233-3, à l'exception des conventions portant sur des opérations courantes et conclues à des conditions normales ;

3° Un tableau récapitulatif des délégations en cours de validité accordées par l'assemblée générale des actionnaires dans le domaine des augmentations de capital, par application des articles L. 225-129-1 et L. 225-129-2, et faisant apparaître l'utilisation faite de ces délégations au cours de l'exercice ;

4° À l'occasion du premier rapport ou en cas de modification, le choix fait de l'une des deux modalités d'exercice de la direction générale prévues à l'article L. 225-51-1 ;

5° La composition, ainsi que les conditions de préparation et d'organisation des travaux du conseil ;

6° Lorsque le total de bilan, le chiffre d'affaires ou le nombre de salariés excèdent des seuils fixés par décret en Conseil d'État, une description de la politique de diversité appliquée aux membres du conseil d'administration au regard de critères tels que l'âge, le sexe ou les qualifications et l'expérience professionnelle, ainsi qu'une description des objectifs de cette politique, de ses modalités de mise en œuvre et des résultats obtenus au

cours de l'exercice écoulé. Cette description est complétée par des informations sur la manière dont la société recherche une représentation équilibrée des femmes et des hommes au sein du comité mis en place, le cas échéant, par la direction générale en vue de l'assister régulièrement dans l'exercice de ses missions générales et sur les résultats en matière de mixité dans les 10 % de postes à plus forte responsabilité. Si la société n'applique pas une telle politique, le rapport comprend une explication des raisons le justifiant.

7° Les éventuelles limitations que le conseil d'administration apporte aux pouvoirs du directeur général ;

8° Lorsqu'une société se réfère volontairement à un code de gouvernement d'entreprise élaboré par les organisations représentatives des entreprises, les dispositions qui ont été écartées et les raisons pour lesquelles elles l'ont été, ainsi que le lieu où ce code peut être consulté, ou, à défaut d'une telle référence à un code, les raisons pour lesquelles la société a décidé de ne pas s'y référer ainsi que, le cas échéant, les règles retenues en complément des exigences requises par la loi ;

9° Les modalités particulières de la participation des actionnaires à l'assemblée générale ou les dispositions des statuts qui prévoient ces modalités ;

10° La description de la procédure mise en place par la société en application du second alinéa de l'article L. 225-39 et de sa mise en œuvre.

Les dispositions des alinéas 5° à 10° ne sont applicables que dans les sociétés dont les titres sont admis aux négociations sur un marché réglementé.

Les dispositions des deux derniers alinéas de l'article L. 225-102 sont applicables aux informations prévues au présent article.

Voir : C. com., art. R. 225-104, p. 652.

Art. L. 225-37-5 *(L. n° 2016-1691, 9 déc. 2016 ; Ord. n° 2017-1162, 12 juill. 2017)*. – Pour les sociétés dont des titres sont admis aux négociations sur un marché réglementé, le rapport mentionné au dernier alinéa de l'article L. 225-37 expose et, le cas échéant, explique les éléments suivants lorsqu'ils sont susceptibles d'avoir une incidence en cas d'offre publique d'achat ou d'échange :

1° La structure du capital de la société ;

2° Les restrictions statutaires à l'exercice des droits de vote et aux transferts d'actions ou les clauses des conventions portées à la connaissance de la société en application de l'article L. 233-11 ;

3° Les participations directes ou indirectes dans le capital de la société dont elle a connaissance en vertu des articles L. 233-7 et L. 233-12 ;

4° La liste des détenteurs de tout titre comportant des droits de contrôle spéciaux et la description de ceux-ci ;

5° Les mécanismes de contrôle prévus dans un éventuel système d'actionnariat du personnel, quand les droits de contrôle ne sont pas exercés par ce dernier ;

6° Les accords entre actionnaires dont la société a connaissance et qui peuvent entraîner des restrictions au transfert d'actions et à l'exercice des droits de vote ;

7° Les règles applicables à la nomination et au remplacement des membres du conseil d'administration ainsi qu'à la modification des statuts de la société ;

8° Les pouvoirs du conseil d'administration, en particulier en ce qui concerne l'émission ou le rachat d'actions ;

9° Les accords conclus par la société qui sont modifiés ou prennent fin en cas de changement de contrôle de la société, sauf si cette divulgation, hors les cas d'obligation légale de divulgation, porterait gravement atteinte à ses intérêts ;

10° Les accords prévoyant des indemnités pour les membres du conseil d'administration ou les salariés, s'ils démissionnent ou sont licenciés sans cause réelle et sérieuse ou si leur emploi prend fin en raison d'une offre publique d'achat ou d'échange.

Art. L. 225-38 *(Anc. L. n° 66-537, 24 juill. 1966 ; rempl., L. n° 2001-420, 15 mai 2001 ; mod., L. n° 2003-706, 1er août 2003)*. – Toute convention intervenant directement ou par personne interposée entre la société et son directeur général, l'un de ses directeurs généraux délégués, l'un de ses administrateurs, l'un de ses actionnaires disposant d'une fraction des droits de vote supérieure à 10 % ou, s'il s'agit d'une société actionnaire, la société la contrôlant au sens de l'article L. 233-3, doit être soumise à l'autorisation préalable du conseil d'administration.

Il en est de même des conventions auxquelles une des personnes visées à l'alinéa précédent est indirectement intéressée.

Sont également soumises à autorisation préalable les conventions intervenant entre la société et une entreprise, si le directeur général, l'un des directeurs généraux délégués ou l'un des administrateurs de la société est propriétaire, associé indéfiniment responsable, gérant, administrateur, membre du conseil de surveillance ou, de façon générale, dirigeant de cette entreprise.

(Ord. n° 2014-863, 31 juill. 2014) **L'autorisation préalable du conseil d'administration est motivée en justifiant de l'intérêt de la convention pour la société, notamment en précisant les conditions financières qui y sont attachées.**

Voir : **SA à directoire et conseil de surveillance,** C. com., art. L. 225-86, p. 309. – **SCA,** C. com., art. L. 226-10, p. 390. – **SAS,** C. com., art. L. 227-10, p. 402. – **Sociétés d'exercice libéral,** L. n° 90-1258, 31 déc. 1990, art. 12, al. 3, p. 2853.

Bibliographie : J.-F. Barbièri, *Loi NRE, conventions réglementées et conventions libres : les nouvelles contraintes pour le commissaire aux comptes : BJS* 2003, p. 251. • B. Caillaud, *Loi NRE et sociétés par actions : les conventions conclues entre une société anonyme et une société contrôlant une société actionnaire détenant plus de 5 % des droits de vote de la société anonyme : JCP* E 2002, p. 264. • A. Couret, *La prévention des conflits d'intérêts. Nouveau régime des conventions : RJDA* 4/2002, p. 290. • B. Dondero, *Conventions réglementées : réduire les incertitudes : BJS* 2012, p. 190 ; *Le nouveau droit des conventions réglementées dans les sociétés anonymes : JCP* E 2014, 1466. • J. Delsouiller et J. Bertrand, *Conventions réglementées : une synthèse au service des praticiens : JCP* E 2010, 1269. • M. Golestanian, *Les contours de l'autorisation du conseil d'administration : BJS* 2000, p. 1017. • P. Le Cannu, *Rémunération des dirigeants de société anonyme et contrôle des conventions : BJS* 1996, p. 567 ; *Les conventions réglementées après la loi n° 2001-420 du 15 mai 2001 : BJS* 2001, p. 720. • E. Le Dolley, *À quelles procédures de contrôle est soumise l'émission de bons de souscription de parts de créateur d'entreprise ? : JCP* E 2002, n° 1249, p. 1370. • P. Merle, *Les conventions au sein des groupes : LPA* 2001, n° 89, p. 49 ; *Les nouvelles obligations des commissaires aux comptes après la loi NRE du 15 mai 2001 : D.* 2001, p. 3516. • M. Roussille, *Ordonnance du 31 juillet 2014 : dispositions relatives aux conventions réglementées : Dr. sociétés* 2014, n° 144. • D. Schmidt, *Conventions réglementées : commentaire du rapport du groupe de travail de l'AMF sur les assemblées générales d'actionnaires de sociétés cotées : Rev. sociétés* 2012, p. 139 ; *Ordonnance n° 2014-863 : Dispositions relatives aux conventions réglementées dans les SA : Rev. sociétés* 2014, p. 616. • R. Vatinet, *Les conventions réglementées : Rev. sociétés* 2001, p. 561 ; *Les dispositions du décret du 3 mai 2002 relatives aux conventions réglementées : Rev. sociétés* 2002, p. 441. • *Adde* D. Bureau et J.-J. Ansault, *JCl. Sociétés traité*, Fasc. 130-50 *(Contrats entre les administrateurs et la société).*

I – DOMAINES QUANT AUX DIRIGEANTS

1) Dirigeants de fait, censeurs et futurs administrateurs. Ne peut être annulé pour non-respect des règles des conventions réglementées l'avenant au contrat de travail d'un dirigeant de fait intervenu avant sa désignation comme administrateur et directeur général, alors même qu'à la date de l'avenant il avait déjà agi en se prévalant de ces qualités : ▪ Cass. soc., 3 mai 2012, n° 10-20.998. – Les engagements souscrits avant l'entrée en fonctions de l'administrateur ne sont pas soumis aux articles 101 et suivants *[C. com., art. L. 225-38 et s.]* : ▪ Cass. soc., 28 mars 1979 : *Rev. sociétés* 1979, p. 819, note P. Le Cannu. ▪ Cass. com., 16 janv. 1990 : *BJS* 1990, p. 277. – V. dans le même sens, ▪ Cass. com., 29 mai 1967 : *Bull. civ.* III, n° 212, décision rendue sur le fondement de la loi du 24 juillet 1867. – V. s'agissant des censeurs : ▪ CA Aix-en-Provence, 6 févr. 1975 : *RTD com.* 1975, p. 554, n° 25, obs. R. Houin.

2) Intérêt indirect. L'existence d'une convention réglementée ne peut être exclue sans que soit recherché si le dirigeant de la société preneuse à bail et associé de la SCI bailleresse est indirectement intéressé à la conclusion du bail : ▪ Cass. com., 16 mai 2018, n° 16-18.183 : *BJS* 2018, p. 495, note I. Parachkékova ; *Dr. sociétés* 2018, n° 144, obs. C. Coupet ; *Rev. sociétés* 2018, p. 591, note K. Deckert. – Pour apprécier l'existence d'un intérêt indirect, il n'y a pas à rechercher si le président d'une société est gérant, administrateur, directeur général d'une société alors que celle-ci a été constituée par ses enfants avec laquelle la SA qu'il préside a conclu un contrat d'approvisionnement exclusif, un bail commercial et une cession de matériel : ▪ Cass. com., 23 oct. 1990 : *D.* 1990, inf. rap. p. 270. – Rappr. ▪ Cass. com., 4 oct. 1988 : *BJS* 1988, p. 861, note P.L.C. ▪ CA Paris, 26 juin 1990 : *BRDA* 15 avr. 1991, p. 14.

3) Dirigeants de sociétés transformées. Échappe aux prévisions de la loi le contrat de travail conclu par une SARL avant sa transformation en société anonyme avec une personne nommé administrateur lors de cette transformation, du moment où ce contrat n'a été **ni renouvelé ni modifié** après cette date : ▪ Cass. soc., 29 mars 1973 : *Bull. civ.* V, n° 205, décision rendue sur le fondement de la loi du 24 juillet 1867. – N'est pas soumise à la procédure de contrôle la convention conclue entre une société, par la suite transformée en société anonyme, et l'un de ses associés, bien qu'elle ait continué à s'appliquer après la transformation, dès l'instant où les modifications qui lui ont été alors apportées n'ont pas eu pour effet d'en rendre les conditions d'exécution plus onéreuses pour la société : ▪ Cass. com., 29 mars 1994 : *BJS* 1994, p. 803, note G. Fréchet.

4) Cautions. Si l'accord entre le débiteur et la caution préexiste généralement à la souscription du cautionnement, le débiteur n'en est pas moins un **tiers** à ce contrat en sorte que sa situation et son comportement sont sans influence sur le cautionnement ; en conséquence l'article 101 *[C. com., art. L. 225-38]* est inapplicable au contrat de cautionnement, bien que le président de la société caution soit directeur d'une des sociétés du groupe de la société cautionnée : ▪ CA Paris, 4 mai 1993 : *BJS* 1993, p. 861, note P. Delebecque. – *Adde* dans la même affaire : ▪ Cass. com., 9 avr. 1996 : *BJS* 1996, p. 674, note P. Le Cannu.

II – DOMAINES QUANT AUX GROUPEMENTS

5) Secteur public. L'article 101 *[C. com., art. L. 225-38]* est applicable aux conventions conclues par les sociétés anonymes du secteur public : ▪ T. com. Paris, 31 mai 1994 : *BRDA* 17/1994, p. 3.

6) Associations. Les dispositions de l'article 101 *[C. com., art. L. 225-38]* sont applicables aux conventions conclues entre une société anonyme et une association ayant des dirigeants communs, dès lors que l'association a agi sur le terrain économique et se comporte comme une véritable entreprise : ▪ CA Paris, 26 sept. 1991 : *BJS* 1991, p. 1014, note P. Le Cannu.

III – DOMAINES QUANT AUX ACTES

7) Principes.
a) **Résolutions.**

– **Résolutions du conseil d'administration.** L'article 101 *[C. com., art. L. 225-38]* ne s'applique pas aux engagements pris par le conseil d'administration lui-même : ▪ Cass. com., 17 avr. 1980 : *Rev. sociétés* 1981, p. 316, note I. Balensi ; *JCP* 1980, IV, 242.

– **Résolutions d'assemblée.** Ne sont pas soumises à la procédure des conventions réglementées les conventions de **fusion**, les sociétés en cause auraient-elles des administrateurs communs, une telle opération étant décidée par les assemblées générales compétentes : ▪ Cass. com., 7 juin 1963 : *Bull. civ.* III, n° 272. – Les opérations d'**apport partiel d'actif** entre sociétés ayant des administrateurs communs ne sont pas soumises à autorisation préalable : ▪ CA Paris, 6 avr. 2001 : *BJS* 2002, p. 79, note P. Le Cannu ; *RJDA* 2001, n° 982.

b) **Conventions verbales.** L'article L. 225-38 n'impose aucune forme particulière aux conventions réglementées qui, en conséquence, peuvent parfaitement n'être que verbales : ▪ Cass. com., 27 févr. 2001 : *JurisData* n° 2001-008370 ; *JCP* E 2001, p. 687 ; *BJS* 2001, p. 614, note J.-J. Daigre ; *D.* 2001, act. jurispr., p. 1103, obs. A. Lienhard ; *RJDA* 2001, n° 6, p. 621.

8) Sont notamment soumis aux prescriptions de l'article L. 225-38 :

– l'octroi **d'avantages en nature** : Rép. min. : *JO Sénat Q*, 24 août 1979, p. 2737 ; *Rev. sociétés* 1979, p. 924 ;

– le **mandat** donné par une société holding à une société avec laquelle elle a des administrateurs communs de **rechercher un acquéreur** pour sa participation dans une autre société : ▪ CA Paris, 29 nov. 1994 : *BJS* 1995, p. 177 ;

– les **conventions d'assistance administrative** intervenues entre des sociétés ayant des administrateurs communs, indépendamment de toute autre qualification et des conditions auxquelles elles ont été conclues : ▪ CA Paris, 18 déc. 1990 : *BJS* 1991, p. 604, note P. Le Cannu. – Voir aussi : ▪ CA Paris, 6 févr. 1998 : *BJS* 1998, p. 333, note A. Couret ;

– l'**engagement de verser une indemnité** à la veuve du président : ▪ Cass. com., 10 juill. 1978 : *Rev. sociétés* 1979, p. 848, note I. Balensi ;

– la **modification**, la **reconduction** ou la **résiliation d'une convention** : ▪ Cass. soc., 8 déc. 1976 : *Bull. civ.* V, n° 643. ▪ Cass. com., 27 févr. 1996 : *JurisData* n° 1996-003969 ; *BJS* 1996, p. 492, note P. Le Cannu. ▪ CA Paris, 23 sept. 1999 : *JurisData* n° 1999-104067 ; *Dr. sociétés* 2000, n° 79, obs. D. Vidal. – Mais la **modification** d'une convention conclue antérieurement à la transformation de la société en société anonyme n'est pas soumise à l'article 101 *[C. com., art. L. 225-38]* si elle n'a pas pour objet de rendre la convention plus onéreuse : ▪ Cass. com., 29 mars 1994, préc. – V. s'agissant de l'engagement de maintenir à une filiale, dont le contrôle a été cédé, les conditions d'approvisionnement et de prestations intra-groupe en vigueur : ▪ Cass. com., 20 oct. 2009, n° 08-19.620 : *BJS* 2010, p. 133, note J.-F. Barbièri.

– la **modification du contrat de travail** d'un administrateur : ▪ Cass. soc., 29 nov. 2006, n° 04-48.219 : *BJS* 2007, p. 496, note B. Saintourens ; *D.* 2007, p. 381.

9) Rémunération des dirigeants.

a) **Rémunération du président.** La détermination par le conseil d'administration de la rémunération du président n'est pas une convention au sens de l'article 101 *[C. com., art. L. 225-38]* : ▪ CA Paris, 7 juin 1980 : *Rev. sociétés* 1981, p. 322, note J.-L. Sibon. – V. cependant ▪ CA Versailles, 15 mai 1985 : *JCP* E 1987, 16342, n° 14, obs. A. Viandier et J.-J. Caussain, car la rémunération était proportionnelle au chiffre d'affaires et non aux seuls bénéfices.

b) **Compléments de retraite.** Est soumis à la procédure des conventions réglementées l'octroi de **sommes distinctes de la rémunération** (▪ CA Paris, 30 juin 1977 : *RJ com.* 1978, p. 269, note Y. Chartier), telle qu'une libéralité qualifiée de complément de retraite (▪ Cass. com., 15 juill. 1987 : *JCP* E 1987, 16959, n° 15, obs. A. Viandier et J.-J. Caussain). – Un complément de retraite bénéficiant aux salariés constitue, à l'égard des mandataires sociaux titulaires d'un contrat de travail, une convention réglementée : ▪ Cass. soc., 14 janv. 1999 : *JCP* E 1999, p. 1240, obs. A. Viandier et J.-J. Caussain ; *D. affaires* 1999, n° 152, p. 426. ▪ Cass. com., 7 juill. 2004 : *BJS* 2004, p. 1510, note J.-Ph. Dom. ▪ CA Versailles, 16 févr. 2007 : *BJS* 2007, p. 848, note A. Couret. – Voir aussi sous C. com., art. L. 225-47, annot. n° 7, p. 280.

c) **Indemnités de cessation des fonctions.** L'indemnité allouée par un conseil d'administration à son **président** qui n'est prévue qu'en raison de la cession de ses actions et de la cessation consécutive de ses fonctions, correspond à l'allocation d'une indemnité exceptionnelle soumise à la procédure de l'article 101 *[C. com., art. L. 225-38]* : ▪ Cass. com., 18 oct. 1994 : *BJS* 1994, p. 1311, note P. Le Cannu. – Même solution pour l'indemnité prévue au bénéfice du **directeur général** dans la lettre d'engagement et prévoyant à son bénéfice une indemnité en cas de cessation de ses fonctions : ▪ Cass. com., 26 nov. 2013, n° 12-25.004 : *BJS* 2014, p. 169, note M. Roussille ; *Rev. sociétés* 2014, p. 387, note V. Thomas.

d) La **convention d'honoraires** conclue entre une société et un administrateur, pour conseil et assistance du président dans une opération de rapprochement d'entreprises, est soumise à l'article L. 225-38 : ▪ CA Versailles, 7 juin 2001 : *JurisData* n° 2001-177966.

e) La **démission** puis l'**octroi d'indemnités** constituent une opération indivisible soumise à l'article 101 *[C. com., art. L. 225-38]* : ▪ CA Versailles, 24 sept. 1992 : *BJS* 1992, p. 1294, note P. Le Cannu.

f) **Contrat d'abonnement d'assistance et de conseils.** V. sous C. com., art. L. 225-39, annot. n° 2 *g)*, p. 271 et L. 225-42, annot. n° 2 *e)*, p. 273.

10) Promesse d'embauche du directeur général. La promesse d'embauche faite par le président du conseil d'administration au directeur général en fonction constitue une convention réglementée de sorte qu'elle doit être annulée faute d'autorisation préalable du conseil d'administration dès lors qu'elle comporte des conséquences dommageables en raison du montant anormal de la rémunération et de la durée de préavis : ▪ Cass. soc., 12 juin 2012, n° 11-10.135 : *BJS* 2012, p. 852, note B. Dondero ; *Dr. sociétés* 2012, n° 161, obs. M. Roussille.

Art. L. 225-39 ***(Anc. L. n° 66-537, 24 juill. 1966 ; mod., L. n° 2001-420, 15 mai 2001 ; L. n° 2003-706, 1er août 2003 ; L. n° 2011-525, 17 mai 2011 ; rempl., Ord. n° 2014-863, 31 juill. 2014).*** **– Les dispositions de l'article L. 225-38 ne sont applicables ni aux conventions portant sur des opérations courantes et conclues à des conditions normales ni aux conventions conclues entre deux sociétés dont l'une détient, directement ou indirectement, la totalité du capital de l'autre, le cas échéant déduction faite du nombre minimum d'actions requis pour satisfaire aux exigences de l'article 1832 du Code civil ou des articles L. 225-1 et L. 226-1 du présent code.**

(Al. créé à compter d'une date fixée par décret et au plus tard le 10 juin 2019, L. n° 2019-486, 22 mai 2019) **Dans les sociétés dont les actions sont admises aux négociations sur un marché réglementé, le conseil d'administration met en place une procédure permettant d'évaluer régulièrement si les conventions portant sur des opérations courantes et conclues à des conditions normales remplissent bien ces conditions. Les personnes directement ou indirectement intéressées à l'une de ces conventions ne participent pas à son évaluation.**

Voir : C. com., art. R. 225-32, p. 636.

Communication de la liste aux actionnaires, C. com., art. L. 225-115, p. 333. - **SA à directoire et conseil de surveillance,** C. com., art. L. 225-87, p. 310.

Bibliographie : P. Le Cannu et B. Dondero, *Le nouveau régime des conventions courantes : un retour en arrière bienvenu ? JCP* E 2011, 1453.

1) Opérations courantes. *a)* **Opérations effectuées usuellement dans le cadre de l'activité.** Sont des opérations courantes celles qui sont effectuées par la société d'une manière habituelle dans le cadre de son activité : Rép. min. : *JOAN Q*, 4 avr. 1969, p. 870. – La **promesse de rachat d'actions** constitue une opération courante dès lors que la société qui avait consenti la promesse était une holding dont l'activité est la prise de participation, l'opération entrant alors par nature dans son objet social : ▪ CA Paris, 10 oct. 1997 : *JurisData* n° 1997-210169 ; *BJS* 1998, p. 338, note J.-J. Daigre. – Est une opération courante l'**achat d'un brevet** à un administrateur par une société ayant notamment pour objet social l'exploitation de tous brevets : ▪ CA Paris, 4 juin 2003 : *BJS* 2003, p. 1315, note

L. Godon. – Constituent des opérations courantes les accords liant une clinique à l'un ou l'autre des médecins exerçant en son sein : CA paris, 18 oct. 2012, n° 11/13255 : *Dr. sociétés* 2013, n° 120, obs. D. Gallois-Cochet.

b) **Pratiques usuelles pour des sociétés placées dans des conditions similaires.** Au sein d'un groupe, une convention de trésorerie est une opération courante dès l'instant où elle est conclue à des conditions normales. Ainsi en est-il de la convention constituant un **pool de trésorerie,** géré par une société holding, en fonction des autorisations de découvert de chacune des sociétés du groupe et donnant lieu au paiement d'intérêts : ▪ CA Versailles, 2 avr. 2002 : *JurisData* n° 2002-179719 ; *BJS* 2002, 207, p. 923, note H. Le Nabasque ; *JCP* E 2002, n° 1468, p. 1627, note A. Couret ; *JCP* E 2002, 1639, n° 8, obs. J.-J. Caussain, Fl. Deboissy et G. Wicker. – La conclusion par une société anonyme, exerçant une activité de grande distribution, d'un **contrat de parrainage** avec un club sportif, dont le président est par ailleurs l'un des administrateurs de cette société, est une opération courante dans la mesure où il est habituel, pour des commerces de ce type, de recourir à des campagnes publicitaires d'envergure, dont le parrainage sportif est une modalité courante. En outre, les sommes sur lesquelles la convention porte en l'espèce ne sont pas exorbitantes au regard des autres engagements pris par ce genre de société : ▪ CA Nancy, 18 janv. 2000 : *JurisData* n° 2000-162018. – Même solution pour des conventions de **locations d'immeubles, détachement de personnel ou engagement de frais communs** dans un groupe de sociétés : ▪ CA Paris, 17 oct. 2003 : *BJS* 2004, p. 224, note D. Schmidt ; *JCP* E 2004, 387, p. 428, note J.-F. Barbièri ; *Rev. sociétés* 2004, p. 168, obs. Y. Guyon.

c) L'opération pour être courante ne doit pas être exceptionnelle mais doit être susceptible d'être répétée avec une certaine fréquence ; ainsi une **convention de présentation de clientèle** passée entre une SA et l'un de ses psychiatres, administrateur, ne peut pas être qualifiée d'opération courante en raison de son caractère exceptionnel : ▪ Cass. com., 11 mars 2003 : *BJS* 2003, p. 684, note D. Vidal ; *JCP* E 2003, act., p. 883 ; *JCP* E 2003, 1203, n° 4, obs. J. Caussain, Fl. Deboissy et G. Wicker.

d) S'agissant d'un **acte de disposition,** il doit avoir une portée limitée et être arrêté à des conditions suffisamment usuelles pour s'apparenter à une opération habituelle : ▪ Cass. com., 1er oct. 1996 : *JurisData* n° 1996-003664 ; *BJS* 1997, p. 138, note P. Le Cannu.

e) Sont réputés conclus à des conditions normales les **avenants** à des opérations de même nature déjà effectuées par la société (▪ Cass. com., 21 avr. 1977 : *Bull. civ.* IV, n° 105), de même que l'accord intervenu pour régler les **conséquences pécuniaires du licenciement** d'un dirigeant salarié, dès l'instant que les indemnités consenties sont conformes aux clauses du contrat de travail ou aux dispositions de la convention collective des cadres (▪ CA Saint-Denis-de-la-Réunion, 23 juin 1978 : *Rev. sociétés* 1979, p. 526, note P. Le Cannu).

2) Opérations inhabituelles.

a) On ne saurait exclure de façon générale de l'article 101 *[C. com., art. L. 225-38]*, les divers **avantages et rémunérations** perçus par les dirigeants : ▪ Cass. com., 2 mai 1983 : *Rev. sociétés* 1984, p. 775, note P. Didier. – Une **augmentation de salaires** importante et exceptionnelle au titre d'un contrat de travail conclu antérieurement n'est pas une opération courante : ▪ Cass. soc., 5 nov. 1982 : *Rev. sociétés* 1983, p. 567, note J. Burgard.

b) N'est pas davantage courante la convention passée entre la société et son directeur général et portant sur la **copropriété de brevets** (▪ CA Paris, 22 oct. 1987 : *BJS* 1987, p. 861) ou la convention passée entre la société anonyme exploitant une clinique et une société de fait dont l'un de ses administrateurs était associé, en vue de **concéder la radiographie** à cette dernière dans les locaux de la clinique, pour une durée exceptionnellement longue de trente ans (▪ CA Aix-en-Provence, 27 janv. 1995 : *BJS* 1995, p. 325, note E. Putman).

c) De manière générale, une convention d'**agence commerciale** ne saurait être considérée comme une opération courante : ▪ CA Versailles, 23 oct. 1997 : *JurisData* n° 1997-210170 ; *BJS* 1998, p. 341, note P. Le Cannu. – Il en est de même de la conclusion d'un **bail commercial** revêtant un caractère excessif : ▪ CA Paris, 20 nov. 1998 : *JCP* E 1999, p. 669, obs. A. Viandier et J.-J. Caussain ; *BJS* 1999, p. 476, note P. Le Cannu ; *D. affaires* 1999, n° 145, p. 134.

d) La **convention d'assurance collective** dite régime de retraite à prestations définies conclue par une société au bénéfice de ses mandataires, dès lors qu'elle institue un avantage nouveau au profit d'une catégorie limitée de personnes, le fait qu'une telle retraite soit conforme aux usages du secteur d'activité et qu'elle soit intervenue dans des conditions normales n'en rendant nécessairement pas la souscription normale : ▪ CA Paris, 28 mai 2001 : *JurisData* n° 2001-163703.

e) **Ne sont pas conclus à des conditions normales :**

– l'engagement de verser à un administrateur une **pension de retraite** excédant les limites de la législation sociale : ▪ CA Aix-en-Provence, 10 avr. 1974 : *JCP* 1976, II, 18274, note Cl. Lucas de Leyssac ;

– la **convention,** conclue pour une durée de douze ans, particulièrement longue, et **qui dénie au sous-locataire** le bénéfice protecteur du statut des **baux commerciaux,** ▪ CA Colmar, 23 mai 2002 : *JurisData* n° 2002-189489 ;

– un contrat d'**approvisionnement exclusif** conduisant à un transfert d'activité et de personnel : ▪ CA Nîmes, 15 févr. 1989 : *Dr. sociétés* août-sept. 1989, p. 12, et sur pourvoi, ▪ Cass. com., 23 oct. 1990 : *D.* 1990, inf. rap. p. 270 ;

– un **contrat dit de programme** entre une société anonyme et une société civile immobilière, cette dernière ayant seule tiré un profit de l'opération, le marché ayant de plus fait apparaître une marge nette non conforme au taux relevé sur les autres chantiers : ▪ Cass. com., 9 avr. 1996 : *JurisData* n° 1996-001497 ; *JCP* E 1996, I, 589, n° 9, obs. A. Viandier et J.-J. Caussain ; *BJS* 1996, p. 677, note P. Le Cannu ;

– la **cession des droits et obligations** portant sur le matériel de 90 films cinématographiques tombés dans le domaine public, consentie pour un franc symbolique, moyennant un contrat, qualifié d'avantageux, de licence d'exploitation consenti à la filiale du cédant, compte tenu de la quantité de matériel vendu, du caractère très particulier des contreparties et du doute existant sur la réalité du prix, du fait de l'absence de toute appréciation économique précise : ▪ Cass. com., 1er oct. 1996, préc.

f) Il résulte *a contrario* de l'arrêt qui décide qu'une **convention de compte courant** conclue entre une SARL et l'un de ses associés, qui a continué à s'appliquer après la transformation de la société en société anonyme, échappe à la procédure de contrôle dès l'instant où elle a été conclue et modifiée à des dates antérieures à l'entrée en vigueur de la loi de 1966, dates auxquelles aucune procédure de contrôle n'était applicable, alors que les modifications apportées ultérieurement n'ont pas eu pour effet de rendre les conditions d'exécution de cette convention plus onéreuses, que le contrat de compte courant n'est pas une opération habituelle : ▪ Cass. com., 29 mars 1994 : *BJS* 1994, p. 803, G. Frechet.

g) Le contrat d'abonnement d'assistance et de conseils souscrit par la société au bénéfice de certains de ses dirigeants ne peut être qualifié de convention courante soumise à des conditions normales dès lors qu'il institue un avantage au profit de certains mandataires dans leur intérêt personnel en les faisant bénéficier de prestations étrangères à l'intérêt de la société : ▪ Cass. com., 3 juin 2008, n° 07-12.307 (FD) : *BJS* 2009, p. 124, note L. Godon. – Voir pour la sanction : sous C. com., art. L. 225-42, annot. n° 2 *e)*, p. 273.

Art. L. 225-40 ***(Anc. L. n° 66-537, 24 juill. 1966 ; mod., L. n° 2001-420, 15 mai 2001 ; L. n° 2016-1991, 9 déc. 2016). – (Al. rempl. à compter d'une date fixée par décret et au plus tard le 10 juin 2019, L. n° 2019-486, 22 mai 2019)*** **La personne directement ou indirectement intéressée à la convention est tenue d'informer le conseil dès qu'elle a connaissance d'une convention à laquelle l'article L. 225-38 est applicable. Elle ne peut prendre part ni aux délibérations ni au vote sur l'autorisation sollicitée.**

Le président du conseil d'administration donne avis aux commissaires aux comptes ***(Mots aj. à compter de la date prévue au II de l'article 20 de la loi n° 2019-486 du 22 mai 2019 et au plus tard le 1er septembre 2019, L. n° 2019-486, 22 mai 2019)*** **« , s'il en existe, » de toutes les conventions autorisées et conclues et soumet celles-ci à l'approbation de l'assemblée générale.**

Les commissaires aux comptes ***(Mots aj. à compter de la date prévue au II de l'article 20 de la loi n° 2019-486 du 22 mai 2019 et au plus tard le 1er septembre 2019, L. n° 2019-486, 22 mai 2019)*** **« ou, s'il n'en a pas été désigné, le président du conseil d'administration, » présentent, sur ces conventions, un rapport spécial à l'assemblée, qui statue sur ce rapport.**

(Al. rempl. à compter d'une date fixée par décret et au plus tard le 10 juin 2019, L. n° 2019-486, 22 mai 2019) **La personne directement ou indirectement intéressée à la convention ne peut pas prendre part au vote. Ses actions ne sont pas prises en compte pour le calcul de la majorité.**

Voir : C. com., art. R. 225-30, R. 225-31, p. 636 et R. 225-161, p. 666.

1) Autorisation du conseil d'administration. L'accord donné individuellement par les administrateurs ne vaut pas approbation (▪ CA Paris, 13 juin 1964 : *D.* 1965, 398), de même que la simple connaissance par ces derniers de l'exercice de la convention (▪ Cass. soc., 8 déc. 1976 : *Rev. sociétés* 1977, p. 251, note I. Balensi. ▪ Cass. soc., 12 févr. 1987 : *JCP* E 1987, 16644, n° 7, obs. A. Viandier et J.-J. Caussain) ou le vote auquel ont pris part les administrateurs intéressés (▪ CA Versailles, 23 oct. 1997 : *JurisData* n° 1997-210170 ; *BJS* 1998, p. 341, note P. Le Cannu). – Chaque convention doit donner lieu à une délibération distincte : ▪ CA Paris, 23 nov. 1955 : *D.* 1956, 290, note F. Gore.

2) Rapport des commissaires aux comptes. Les commissaires doivent présenter un rapport spécial même s'ils n'ont pas été avisés par le président (Rép. min. : *JOAN Q*, 8 mars 1969, p. 595), mais ce rapport spécial des commissaires aux comptes n'est pas une condition de validité de la convention (▪ Cass. com., 5 nov. 1991 : *RJDA* 1992, p. 192).

Art. L. 225-40-1 *(Ord. n° 2014-683, 31 juill. 2014).* – **Les conventions conclues et autorisées au cours d'exercices antérieurs dont l'exécution a été poursuivie au cours du dernier exercice sont examinées chaque année par le conseil d'administration et communiquées au commissaire aux comptes** *(Mots aj. à compter de la date prévue au II de l'article 20 de la loi n° 2019-486 du 22 mai 2019 et au plus tard le 1er septembre 2019, L. n° 2019-486, 22 mai 2019)* **« , s'il en existe, » pour les besoins de l'établissement du rapport prévu au troisième alinéa de l'article L. 225-40.**

Art. L. 225-40-2 *(Créé à compter d'une date fixée par décret et au plus tard le 10 juin 2019, L. n° 2019-486, 22 mai 2019).* – **Les sociétés dont les actions sont admises aux négociations sur un marché réglementé publient sur leur site internet des informations sur les conventions mentionnées à l'article L. 225-38 au plus tard au moment de la conclusion de celles-ci.**

Toute personne intéressée peut demander au président du tribunal statuant en référé d'enjoindre, le cas échéant sous astreinte, au conseil d'administration de publier ces informations.

La liste de ces informations est fixée par décret en Conseil d'État.

Art. L. 225-41 *(Anc. L. n° 66-537, 24 juill. 1966 ; mod., L. n° 2001-420, 15 mai 2001).* – **Les conventions approuvées par l'assemblée, comme celles qu'elle désapprouve, produisent leurs effets à l'égard des tiers, sauf lorsqu'elles sont annulées dans le cas de fraude.**

Même en l'absence de fraude, les conséquences, préjudiciables à la société, des conventions désapprouvées peuvent être mises à la charge de l'intéressé et, éventuellement, des autres membres du conseil d'administration.

Notion de fraude. Une décision économiquement légitime ne saurait être tenue pour frauduleuse : ■ CA Paris, 2 juin 1993 : *JCP* E 1993, I, 288, n° 2, obs. A. Viandier et J.-J. Caussain.

Art. L. 225-42 *(Anc. L. n° 66-537, 24 juill. 1966 ; mod., L. n° 2001-420, 15 mai 2001).* – **Sans préjudice de la responsabilité de l'intéressé, les conventions visées à l'article L. 225-38 et conclues sans autorisation préalable du conseil d'administration peuvent être annulées si elles ont eu des conséquences dommageables pour la société.**

L'action en nullité se prescrit par trois ans, à compter de la date de la convention. Toutefois, si la convention a été dissimulée, le point de départ du délai de la prescription est reporté au jour où elle a été révélée.

La nullité peut être couverte par un vote de l'assemblée générale intervenant sur rapport spécial des commissaires aux comptes *(Mots aj. à compter de la date prévue au II de l'article 20 de la loi n° 2019-486 du 22 mai 2019 et au plus tard le 1er septembre 2019, L. n° 2019-486, 22 mai 2019)* **« ou, s'il n'en a pas été désigné, du président du conseil d'administration » exposant les circonstances en raison desquelles la procédure d'autorisation n'a pas été suivie. Les dispositions du quatrième alinéa de l'article L. 225-40 sont applicables.**

Bibliographie : F. Guerchoun, *De l'imprescriptibilité de l'action en nullité des conventions réglementées : LPA* 2006, 21 avr. 2006, n° 80, p. 5. • P. Brunswick, M.-H. Brissot et M. Aymami, *Report du délai de prescription de l'action en nullité des conventions réglementées : JCP* E 2013, 1325.

1) Conventions annulables. Peut-être annulée la convention intervenue entre une société et son dirigeant, et datée de l'époque où ce dernier n'était encore que salarié, si elle est entachée de fraude pour avoir été conclue dans le dessein de l'exclure du champ d'application des conventions réglementées, ce qui est le cas lorsqu'il apparaît que la convention litigieuse, fixant une indemnité forfaitaire de licenciement, a pour cause non le contrat de travail mais la nomination de l'intéressé en qualité de directeur général : ■ Cass. com., 5 janv. 2016, n° 14-18.688 : *BJS* 2016, p. 205, note B. Dondero ; *Dr. sociétés* 2016, n° 57, obs. M. Roussille ; *Rev. sociétés* 2016, p. 293, note D. Schmidt.

2) Régime de la nullité. *a)* **Absence de nullité de plein droit.** Les conventions relevant de l'article 101 *[C. com., art. L. 225-38]* conclues sans autorisation préalable du conseil d'administration ne sont pas nulles de plein droit et demeurent valables tant que la nullité n'est pas poursuivie et prononcée : ■ Cass. com., 3 mai 2000 : *JurisData* n° 2000-001913 ; *Dr. sociétés* 2000, n° 109, obs. D. Vidal.

b) **Qualité et intérêt à agir.** L'action en nullité est ouverte à la société et non au cocontractant : ■ Cass. com., 15 mars 1994 : *RJDA* 1994, p. 426. – La nullité ne peut pas être invoquée par d'autres que les actionnaires : ■ Cass. com., 23 mai 1967 : *Bull. civ.* III, n° 201. – La loi ne prend pas en considération les mobiles des auteurs des conventions passées en violation de l'article 101 *[C. com., art. L. 225-38]* pour régler l'exercice de l'action en annulation : ■ Cass. com., 24 janv. 1995 : *BJS* 1995, p. 329, note P.L.C.

c) **Nullité rejetée.**

– **Conventions profitables à la société.** L'annulation sera **refusée** dès l'instant où la convention litigieuse s'avère profitable à la société ; tel est le cas d'une convention de remboursement trimestriel du compte courant d'associé du président (■ CA Poitiers, 12 déc. 2000 : *JurisData* n° 2000-146031) ou de la convention qui a permis la survie de la société qui se trouvait dans une impasse financière (■ CA Versailles, 7 juin 2001 : *BJS* 2002, p. 115, note A. Constantin).

– **Conventions non dommageables pour la société.** S'agissant de l'avenant à un contrat de travail conclu alors que le salarié était devenu administrateur et stipulant une indemnité conventionnelle en cas de licenciement, le non-respect des règles relatives aux conventions réglementées n'emporte pas la nullité de l'avenant dès lors que, le paiement de l'indemnité étant garanti par un tiers, l'avenant n'avait pas entraîné de conséquences dommageables pour la société : ■ Cass. soc., 16 déc. 2008, n° 07-43.601 : *BJS* 2009, p. 132, note B. Saintourens.

d) **Nullité partielle.** Les cotisations étant calculées en fonction de la situation individuelle de chacun des bénéficiaires, un contrat d'assurance retraite complémentaire souscrit au profit d'une catégorie de cadres comportant les mandataires sociaux peut être annulé en ce qu'il concerne les dirigeants et produire ses effets à l'égard des autres bénéficiaires : ■ Cass. com., 7 juill. 2004 : *BJS* 2004, p. 1510, note J.-Ph. Dom ; *RTD com.* 2004, p. 765, obs. P. Le Cannu.

e) **Opposabilité de la nullité aux tiers.** Faute d'avoir été autorisé par le conseil d'administration, le contrat d'abonnement d'assistance et de conseils souscrit par une société au bénéfice de certains de ses dirigeants, qui avait nécessairement des conséquences dommageables pour cette dernière en ce qu'il lui faisait supporter, sans aucune contrepartie, une charge financière non négligeable, doit être annulé ; cette nullité est opposable aux tiers contractant lorsqu'il ne pouvait lui échapper que l'avantage découlant du contrat présentait un caractère tout à la fois personnel et réservé à une catégorie limitée de personnes, le tiers ne pouvant ainsi ignorer que la convention excédait manifestement les pouvoirs légaux du mandataire de la société : ■ Cass. com., 3 juin 2008, n° 07-12.307 (FD). Voir aussi : sous C. com., art. L. 225-39, annot. n° 2 *g)*, p. 271.

3) Rôle de l'assemblée générale.

a) Le **défaut d'approbation** par l'assemblée générale n'est pas une cause de nullité : ■ Cass. com., 22 mai 1970 : *Bull. civ.* IV, n° 165. ■ Cass. com., 28 janv. 2003 : *JCP* E 2003, act., p. 571.

b) L'assemblée générale peut **ratifier** une convention pour laquelle le conseil d'administration a refusé de donner son autorisation ou pour laquelle il n'a pas été consulté, cette faculté permettant à l'assemblée de dénoncer des situations de blocage préjudiciables à la société : ■ CA Paris, 18 déc. 1990 : *JCP* E 1991, 61, n° 8, obs. A. Viandier et J.-J. Caussain ; *BJS* 1991, p. 604, note P. Le Cannu. – Bien que directement concernée par la décision, la société actionnaire et partie aux conventions litigieuses peut valablement délibérer à l'assemblée sur ces dernières : *ibid.*, cette solution conduisant à distinguer l'administrateur ou le directeur général visé à l'alinéa 1er et l'actionnaire pour l'interprétation du renvoi de l'article 105) *[C. com., art. L. 225-42] in fine* vers l'article 103 *[art. L. 225-40]*, al. 4. – L'assemblée qui **régularise une irrégularité** née de l'inobservation de la procédure des conventions réglementées doit être éclairée sur les raisons de ladite irrégularité : ■ Cass. com., 24 mars 1998 : *JCP* E 1998, p. 1304, obs. A. Viandier et J.-J. Caussain ; *Dr. sociétés* 1998, n° 107, obs. D. Vidal. – En conséquence, la nullité encourue **ne peut être couverte** par un vote de l'assemblée générale dès lors que le rapport des commissaires aux comptes n'expose pas les raisons pour lesquelles la procédure d'autorisation n'a pas été suivie : ■ CA Paris, 31 mars 2000 : *JurisData* n° 2000-113609. – V. aussi, dans le même sens : ■ Cass. com., 21 nov. 2000 : *BJS* 2001, p. 172, note P. Le Cannu. ■ Cass. com., 20 nov. 2007, nos 06-18.621 et 06-18.669 : *Dr. sociétés* 2008, n° 33, obs. J. Monnet. ■ Cass. soc., 29 nov. 2006, n° 04-48219 : *BJS* 2007, p. 496, note B. Saintourens ; *D.* 2007, p. 381.

c) **Absence de confirmation de la nullité.** Le fait que les actionnaires aient, dans une assemblée postérieure à la convention, pris acte des conventions conclues au cours d'exercices antérieurs dont l'exécution s'est poursuivie durant l'exercice, ne constitue pas une résolution habile à couvrir la nullité encourue : ■ CA Versailles, 23 oct. 1997 : *BJS* 1998, p. 341, note P. Le Cannu. – De même, viole l'article 105 *[C. com., art. L. 225-42]* l'arrêt qui rejette une action en nullité en retenant que la convention a été exécutée et que l'assemblée générale a approuvé les comptes de l'exercice dans lesquels figuraient les redevances fixées par la convention litigieuse : ■ Cass. 1re civ., 6 oct. 1998 : *JurisData* n° 1998-003686 ; *JCP* E 1999, p. 32, obs. A. Viandier et J.-J. Caussain ; *BJS* 1999, p. 278, note M. Menjucq. – Ne vaut pas régularisation le fait que la convention à exécution successive ait été annuellement portée à la connaissance des associés en application de l'article 91 du décret du 23 mars 1967 : ■ Cass. com., 25 mars 2003 : *BJS* 2003, p. 803, note P. Storck.

4) Prescription de l'action en nullité.
a) **Domaine.**

– Lors même que l'action tendant à la nullité d'une convention réglementée est fondée sur une irrégularité affectant l'autorisation préalable du conseil d'administration, la prescription applicable est celle de l'article L. 225-42 applicable aux conventions réglementées et non celle de l'article L. 235-9 concernant la nullité des actes et décisions sociales : ▪ Cass. com., 21 janv. 2014, n° 12-29.452, PB : *BJS* 2014, p. 166, note B. Dondero ; *Dr. sociétés* 2014, n° 65, obs. M. Roussille.

– La prescription triennale de l'action en nullité fondée sur l'inobservation des dispositions applicables aux conventions réglementées ne s'applique pas lorsque leur annulation est demandée pour violation des lois ou principes régissant la nullité des contrats [en l'espèce, fraude et illicéité de la cause] : ▪ Cass. com., 3 avr. 2013, n° 11-15.492 : *BJS* 2013, p. 459, note S. Messaï-Bahri ; D. 2013, p. 1384, note B. Dondero ; *Dr. sociétés* 2013, n° 138, note M. Roussille ; *JCP* E 2013, 1328, note H. Hovasse ; *Rev. sociétés* 2013, p. 560, note A. Reygrobellet. – Cette prescription triennale ne s'applique pas à l'action en répétition de l'indu de l'avantage, objet de la convention, mais seulement à **l'action en nullité** de la convention : ▪ CA Paris, 22 sept. 2000 : *BJS* 2001, p. 428, note P. Le Cannu.

b) **Point de départ.** Lorsque la convention réglementée conclue sans autorisation du conseil d'administration a été dissimulée, le point de départ du délai de prescription de l'action en nullité est reporté au jour où elle a été révélée, et s'il y a eu volonté de dissimulation, la révélation de la convention s'apprécie à l'égard de la personne qui exerce l'action, le juge devant rechercher en tout état de cause si la convention litigieuse a été dissimulée : ▪ Cass. com., 8 févr. 2011, n° 10-11.896, PBRI : *D.* 2011, p. 515, obs. A. Lienhard, p. 1314, note N. Molfessis et J. Klein et p. 1321, note F. Marmoz, *Dr. sociétés* 2001, n° 70, obs. M. Roussille ; *JCP* E 2011, 1151, note B. Dondero ; *Rev. sociétés* 2011, p. 288, note P. Le Cannu et p. 297, note C.-N. Ohl. – V. égal., ▪ Cass. com., 5 janv. 2016, n° 14-18.688 : *BJS* 2016, p. 205, note B. Dondero. – La dissimulation supposant la volonté de dissimuler, la preuve de celle-ci doit être rapportée : ▪ Cass. com., 24 sept. 2013, n° 12-24.917 : *BJS* 2013, p. 798, note S. Messaï-Bahri ; *Dr. sociétés* 2013, n° 202, obs. M. Roussille ; *Rev. sociétés* 2014, p. 33. – V. antérieurement à ce revirement expressément justifié par l'exigence de sécurité juridique : ▪ Cass. com., 24 févr. 1976 : *Rev. sociétés* 1977, p. 88, note Y. Chartier ; *JCP* 1976, II, 18506, note Cl. Lucas de Leyssac. ▪ CA Versailles, 23 oct. 1997, préc. – V. égal., ▪ Cass. com., 10 nov. 2009 : *Rev. sociétés* 2010, p. 99, note R. Libchaber.

c) **Dissimulation.** Ne revêtent pas le caractère de conventions dissimulées les conventions qui sont à la disposition du commissaire aux comptes ou des administrateurs : ▪ CA Aix-en-Provence, 28 juin 1996 : *JurisData* n° 1996-056609. – En l'absence de révélation de son contenu et de délibération de son objet et de ses modalités quant à son application aux dirigeants des sociétés, une convention d'assurance est dissimulée, ce qui retarde le point de départ de la prescription, alors même que le conseil d'administration, les dirigeants, l'actionnaire principal et le commissaire aux comptes ont eu connaissance de l'existence de cette convention postérieurement à sa signature : ▪ Cass. com., 7 juill. 2004 : *BJS* 2004, p. 1510, note J.-Ph. Dom. – La prescription ne peut courir tant que le conseil d'administration n'a pas eu connaissance de la convention, la connaissance que peut en avoir un actionnaire étant indifférente : ▪ Cass. com., 2 mai 2007, n° 06-12.378 : *BJS* 2007, p. 941, note M. Sénéchal ; *Dr. sociétés* 2008, n° 29, obs. J.-P. Legros.

d) **Exception de nullité.**

– **Perpétuité.** L'exception de nullité est perpétuelle : ▪ Cass. com., 10 juill. 1978 : *Bull. civ.* IV, n° 195 ; *Rev. sociétés* 1979, p. 848, note I. Balensi. ▪ Cass. soc., 29 nov. 2006, n° 04-48.219 : *BJS* 2007, p. 496, note B. Saintourens ; *D.* 2007, p. 381.

– **Exécution du contrat.** Dès lors que l'acte litigieux est entaché de nullité, que le délai de prescription de l'action est expiré et que le contrat a été exécuté, la nullité ne peut pas non plus être invoquée par voie d'exception : ▪ Cass. 1re civ., 17 juin 2010, n° 09-14.470, PBI : *BJS* 2010, p. 814, note B. Saintourens ; *Dr. sociétés* 2010, n° 181, obs. M. Roussille ; *Rev. sociétés* 2010, p. 509, note J.-F. Barbièri. – Voir antérieurement, l'exception de nullité ne pouvant être opposée par la société dès lors que la convention a reçu exécution avec l'intervention de l'organe social seul capable de confirmer le contrat nul : ▪ Cass. 1re civ., 14 mars 1979 : *Rev. sociétés* 1980, p. 304, note I. Balensi. – L'exception de nullité, après prescription, ne peut être reçue sans qu'il soit relevé que la convention litigieuse n'a pas été exécutée, serait-ce partiellement : ▪ Cass. com., 15 janv. 2013, n° 11-28.244, PB : *Rev. sociétés* 2014, p. 494, note J.-J. Ansault.

5) Conséquences dommageables. *a)* Justifie sa décision la cour d'appel qui, pour condamner le dirigeant à payer le montant de l'exécution par la société mère de la convention litigieuse, retient que celle-ci a dû supporter les pertes de sa filiale, d'où il ressort que l'actif a été absorbé par les dettes et que les sommes versées constituent une charge importante pour la société : ▪ Cass. com., 15 juin 1993 : *BJS* 1993, p. 868.

b) Commettent une faute les administrateurs d'une société anonyme, également associés d'une société civile immobilière, qui passent avec celle-ci, sans autorisation du conseil d'administration, un contrat dit de programme qui entraîne des conséquences dommageables pour la société : ▪ Cass. com., 9 avr. 1996 : *JurisData* n° 1996-001497 ; *JCP* E 1996, I, 589, n° 9, obs. A. Viandier et J.-J. Caussain ; *BJS* 1996, p. 677, note P. Le Cannu.

c) Est préjudiciable à une société le contrat qui prévoit au bénéfice du cocontractant une rémunération forfaitaire et une indemnité égale à 75 % des honoraires en cas de résiliation anticipée, quelle qu'en soit la cause, car il a pour effet de permettre au prestataire de recevoir un paiement ou une indemnité, même si le contrat n'est pas exécuté, dès lors qu'il n'existe aucune possibilité de résiliation : ▪ Cass. com., 19 mai 1998 : *JurisData* n° 1998-002060 ; *JCP* E 1998, p. 1195.

d) Est préjudiciable l'indemnité due au directeur général dès lors que la société s'en trouve automatiquement débitrice en cas de cessation de ses fonctions : ▪ Cass. com., 26 nov. 2013, n° 12-25.004.

e) C'est au moment où il est statué sur la demande en nullité par le tribunal qu'il convient d'apprécier l'existence des conséquences dommageables : ▪ Cass. com., 1er oct. 1996 : *JurisData* n° 1996-003664 ; *BJS* 1997, p. 138, note P. Le Cannu.

f) Présente un caractère dommageable la souscription d'un contrat d'assurance retraite au profit de mandataires sociaux compte tenu de l'absence d'intérêt que la société pouvait retirer de l'acte : ▪ Cass. com., 7 juill. 2004 : *BJS* 2004, p. 1510, note J.-Ph. Dom.

6) Absence de conséquences dommageables.

a) Faute d'établir un préjudice, la société réclamant à l'ancien président de son conseil d'administration le remboursement des rémunérations directes ou indirectes qu'elle lui avait versées en violation de l'article 101 *[C. com., art. L. 225-38]* est déboutée de sa demande compte tenu du caractère normal de cette rémunération : ▪ CA Paris, 21 mars 1990 : *BJS* 1990, p. 527.

b) Un actionnaire minoritaire ne saurait remettre en cause sur le fondement de l'action sociale en responsabilité la convention d'assistance conclue entre une société et son actionnaire le plus important, dès lors que les conditions de validité relatives aux conventions réglementées sont remplies : ▪ CA Paris, 6 févr. 1998 : *JurisData* n° 1998-210168.

c) En l'absence de conséquence préjudiciable pour la société, la faute résultant de l'inobservation de la procédure de contrôle ne peut être imputée qu'au président du conseil d'administration : ▪ Cass. com., 18 mars 1997 : *BJS* 1997, p. 538, note P. Le Cannu ; *Rev. sociétés* 1997, p. 541, note J.-F. Barbièri.

7) Prescription de l'action en responsabilité. Dans l'hypothèse d'un défaut d'autorisation préalable du conseil de surveillance, l'action en responsabilité susceptible d'être engagée n'est pas soumise à la prescription triennale prévue pour l'action en nullité : ▪ Cass. com., 28 févr. 2006, n° 02-11.768 : *JurisData* n° 2006-032474 ; *Dr. sociétés* juill. 2006, n° 107, obs. H. Hovasse.

8) Titulaire de l'action en responsabilité. Le cocontractant partie à une convention réglementée peut exercer l'action en responsabilité contre le dirigeant de la société dont le conseil d'administration n'a pas autorisé la convention, quand bien même la convention a tourné à son profit, dès lors qu'il agit non en réparation d'un préjudice subi personnellement mais sur le fondement de la créance en réparation de la société que celle-ci lui a transmise par subrogation : ▪ Cass. com., 1er juin 2010, n° 09-66.544 : *Dr. sociétés* 2010, n° 180, obs. D. Gallois-Cochet.

Art. L. 225-42-1 ***(L. n° 2005-842, 26 juill. 2005 ; mod., L. n° 2007-1223, 21 août 2007 ; L. n° 2015-990, 6 août 2015).*** **– Dans les sociétés dont les titres sont admis aux négociations sur un marché réglementé, les engagements pris au bénéfice de leurs présidents, directeurs généraux ou directeurs généraux délégués, par la société elle-même ou par toute société contrôlée ou qui la contrôle au sens des II et III de l'article L. 233-16, et correspondant à des éléments de rémunération, des indemnités ou des avantages dus ou susceptibles d'être dus à raison de la cessation ou du changement de ces fonctions, ou postérieurement à celles-ci, ou des engagements de retraite à prestations définies répondant aux caractéristiques des régimes mentionnés à l'article L. 137-11 du Code de la sécurité sociale, sont soumis aux dispositions des articles L. 225-38 et L. 225-40 à L. 225-42 du présent code.**

Sont interdits les éléments de rémunération, indemnités, avantages et droits conditionnels octroyés au président, au directeur général ou aux directeurs généraux délégués au titre d'engagements de retraite mentionnés au premier alinéa du présent article dont le bénéfice n'est pas subordonné au respect de conditions liées aux performances du bénéficiaire, appréciées au regard de celles de la société dont il préside le conseil d'administration ou exerce la direction générale ou la direction générale déléguée.

L'autorisation donnée par le conseil d'administration en application de l'article L. 225-38 est rendue publique selon des modalités et dans des délais fixés par décret en Conseil d'État.

La soumission à l'approbation de l'assemblée générale en application de l'article L. 225-40 fait l'objet d'une résolution spécifique pour chaque bénéficiaire. Cette approbation est requise à chaque renouvellement du mandat exercé par les personnes mentionnées au premier alinéa.

Aucun versement, de quelque nature que ce soit, ne peut intervenir avant que le conseil d'administration ne constate, lors ou après la cessation ou le changement effectif des fonctions, le respect des conditions prévues. Cette décision est rendue publique selon des modalités et dans des délais fixés par décret en Conseil d'État. Tout versement effectué en méconnaissance des dispositions du présent alinéa est nul de plein droit.

Les engagements correspondant à des indemnités en contrepartie d'une clause interdisant au bénéficiaire, après la cessation de ses fonctions dans la société, l'exercice d'une activité professionnelle concurrente portant atteinte aux intérêts de la société ne sont soumis qu'aux dispositions du premier alinéa. Il en va de même des engagements répondant aux caractéristiques des régimes collectifs et obligatoires de retraite et de prévoyance visés à l'article L. 242-1 du Code de la sécurité sociale.

Le conseil d'administration vérifie annuellement, avant la tenue de l'assemblée générale ordinaire appelée à statuer sur les comptes du dernier exercice clos, le respect des conditions prévues et détermine l'accroissement, au titre dudit exercice, des droits conditionnels bénéficiant au président, au directeur général ou aux directeurs généraux délégués au titre des régimes à prestations définies mentionnés à l'article L. 137-11 du Code de la sécurité sociale.

Les droits conditionnels mentionnés au septième alinéa du présent article ne peuvent augmenter annuellement d'un montant supérieur à 3 % de la rémunération annuelle servant de référence au calcul de la rente versée dans le cadre de ces régimes.

Aucun droit conditionnel au titre de l'activité de président, de directeur général ou de directeur général délégué ne peut être octroyé s'il ne remplit pas les conditions fixées aux septième et avant-dernier alinéas.

Voir : la rédaction de cet article issue de l'ordonnance n° 2019-697 du 3 juillet 2019, en *addendum*, p. 3371.

Voir : C. com., art. R. 225-34-1, p. 636.

SA à directoire et conseil de surveillance, C. com., art. L. 225-90-1, p. 311.

Bibliographie sous C. com., art. L. 225-22-1, p. 248.

Art. L. 225-43 *(Anc. L. n° 66-537, 24 juill. 1966 ; mod., L. n° 2001-420, 15 mai 2001 ; L. n° 2009-323, 25 mars 2009).* **– À peine de nullité du contrat, il est interdit aux administrateurs autres que les personnes morales de contracter, sous quelque forme que ce soit, des emprunts auprès de la société, de se faire consentir par elle un découvert, en compte courant ou autrement, ainsi que de faire cautionner ou avaliser par elle leurs engagements envers les tiers.**

Toutefois, si la société exploite un établissement bancaire ou financier, cette interdiction ne s'applique pas aux opérations courantes de ce commerce conclues à des conditions normales.

La même interdiction s'applique au directeur général, aux directeurs généraux délégués et aux représentants permanents des personnes morales administrateurs. Elle s'applique également aux conjoint, ascendants et descendants des personnes visées au présent article ainsi qu'à toute personne interposée.

Bibliographie : M. Dagot, *Le cautionnement de l'un de ses administrateurs par une société anonyme coopérative de construction : JCP* 1970, I, 2332. • M. Dagot et Chr. Mouly, *L'usage personnel du crédit social et son abus : Rev. sociétés* 1988, p. 1. • *Adde* F. Vinckel, *JCl. Sociétés traité*, Fasc. 36-20 *(Comptes courants d'associés).*

1) Portée de la nullité. *a)* La nullité de l'article 106 *[C. com., art. L. 225-43]* est une nullité **d'ordre public** : ▪ Cass. ch. mixte, 10 juill. 1981 : *D.* 1981, 637, concl. J. Cabannes.

b) L'engagement de caution souscrit par une société au profit d'un de ses administrateurs étant nul, les personnes ayant cautionné l'engagement de la société ne sauraient être poursuivies, un cautionnement ne pouvant exister que sur une obligation valable : ▪ Cass. com., 25 nov. 1980 : *Bull. civ.* IV, n° 394 ; *Rev. sociétés* 1981, p. 579, note Chr. Mouly. – Mais l'article 106 *[C. com., art. L. 225-43]* ne prohibe pas le cautionnement d'une société civile dans laquelle les administrateurs de la caution sont associés : ▪ Cass. com., 12 nov. 1969 : *Bull. civ.* IV, n° 330.

2) Engagement de substitution de caution. L'engagement par lequel le cessionnaire de parts sociales ou des actions d'une société s'engage à se substituer au cédant dans les cautions qu'il avait consenties aux créanciers de celle-ci ou à l'en contre-garantir, ne constitue pas un cautionnement, ni un aval prohibé par l'article 106 *[C. com., art. L. 225-43]* : ▪ Cass. com., 26 avr. 2000 : *JurisData* n° 2000-001586 ; *JCP* E 2000, p. 1234, note Y. Guyon ; *BJS* 2000, p. 707, note A. Couret ; *D.* 2000, act. jurispr. p. 270, obs. M. Boizard.

Art. L. 225-44 *(Anc. L. n° 66-537, 24 juill. 1966 ; mod., L. n° 2012-387, 22 mars 2012 ; L. n° 2013-504, 14 juin 2013).* **– Sous réserve des articles L. 225-21-1, L. 225-22, L. 225-23, L. 225-27 et L. 225-27-1, les administrateurs ne peuvent recevoir de la société aucune rémunération, permanente ou non, autre que celles prévues aux articles L. 225-45, L. 225-46, L. 225-47 et L. 225-53** *(Mots aj., L. n° 2019-486, 22 mai 2019)* **« du présent code. Ils peuvent également se voir attribuer des bons mentionnés au II de l'article 163 *bis* G du Code général des impôts. »**

Toute clause statutaire contraire est réputée non écrite et toute décision contraire est nulle.

Voir : Cumul d'un mandat d'administrateur et d'un contrat de travail, C. com., art. L. 225-22, p. 245. **Sociétés d'exercice libéral,** L. n° 90-1258, 31 déc. 1990, art. 12, al. 2, p. 2853.

Bibliographie : D. Bureau, *JCl. Sociétés traité*, Fasc. 130-40.

1) Rejet d'une indemnisation au titre de l'enrichissement sans cause. La prohibition de la conclusion d'un contrat de travail par un administrateur (C. com., art. L. 225-22) s'oppose à ce qu'il intente une action fondée sur l'enrichissement sans cause afin de suppléer à une autre action qui se heurte à un obstacle de droit : ▪ Cass. soc., 16 mai 1995 : *JCP* E 1995, I, 475, n° 8, obs. A. Viandier et J.-J. Caussain ; *BJS* 1995, p. 757, note P. Le Cannu. – Un administrateur en fonction ne pouvant recevoir aucune autre rémunération que celles autorisées par l'article L. 225-44, le caractère subsidiaire de l'action pour enrichissement sans cause s'oppose à ce qu'elle soit exercée pour obtenir l'indemnisation de son travail par l'administrateur dont le contrat de travail a été annulé : ▪ Cass. soc., 5 nov. 2009, n° 08-43.177 : *BJS* 2010, p. 462, note P. Le Cannu.

2) Obligation de restituer les salaires perçus en cas de nullité d'un contrat de travail conclu par un administrateur en fonction. V. sous C. com., art. L. 225-22, annot. n° 3, p. 246.

Art. L. 225-45 *(Anc. L. n° 66-537, 24 juill. 1966 ; mod., L. n° 2001-420, 15 mai 2001 ; L. n° 2011-103, 27 janv. 2011).* **– L'assemblée générale peut allouer aux administrateurs en rémunération de leur activité** *(Mots suppr., L. n° 2019-486, 22 mai 2019)* **« ... » une somme fixe annuelle que cette assemblée détermine sans être liée par des dispositions statutaires ou des décisions antérieures. Le montant de celle-ci est porté aux charges d'exploitation. Sa répartition entre les administrateurs est déterminée par le conseil d'administration.**

Lorsque le conseil d'administration n'est pas composé conformément au premier alinéa de l'article L. 225-18-1, le versement de la rémunération prévue au premier alinéa du présent article est suspendu. Le versement est rétabli lorsque la composition du conseil d'administration devient régulière, incluant l'arriéré depuis la suspension.

Voir : C. com., art. R. 225-33, p. 636.

Bibliographie : F. Terré, *La disparition des tantièmes : Rev. sociétés* 1976, p. 237. • *Rémunération des administrateurs : recommandation de la commission : D.* 2004, p. 2636.

1) Versement des jetons de présence. La règle selon laquelle la répartition des jetons de présence est décidée par le conseil d'administration n'est pas prescrite à peine de nullité : ▪ CA Paris, 28 sept. 1990 : *D.* 1990, inf. rap. p. 269. – Les jetons sont perçus par les administrateurs même en l'absence de tout bénéfice : *ibid.*

2) Cotisations sociales. Tous les jetons de présence versés par la société au président du conseil d'administration doivent entrer dans l'assiette des cotisations de sécurité sociale dont la société est redevable du chef de ce dirigeant : ▪ Cass. soc., 7 févr. 1980 : *JCP* 1980, IV, 158 ; *Rev. sociétés* 1981, p. 331, note P. Le Cannu. – En revanche, les jetons de présence versés aux administrateurs ne doivent pas être inclus dans l'assiette des cotisations de sécurité sociale, sous réserve de l'existence d'un contrat de travail et de la nature effective de l'activité exercée : ▪ Cass. soc., 3 déc. 1981 : *Rev. sociétés* 1982, p. 295, note P. Le Cannu.

Art. L. 225-46 *(Anc. L. n° 66-537, 24 juill. 1966).* **– Il peut être alloué, par le conseil d'administration, des rémunérations exceptionnelles pour les missions ou mandats confiés à des administrateurs. Dans ce cas, ces rémunérations, portées aux charges d'exploitation sont soumises aux dispositions des articles L. 225-38 à L. 225-42.**

Conventions réglementées. L'octroi de rémunérations exceptionnelles est soumis au régime des conventions réglementées *[C. com., art. L. 225-38]* : ▪ CA Paris, 3 nov. 1983 : *BJS* 1984, p. 759. ▪ Cass. com., 23 juill. 1985 : *Express doc.* 22 nov. 1985, p. 15.

Voir : sous C. com., art. L. 225-38, annot. n° 9, p. 269.

Art. L. 225-47 *(Anc. L. n° 66-537, 24 juill. 1966 ; L. n° 2016-1991, 9 déc. 2016)*. **– Le conseil d'administration élit parmi ses membres un président qui est, à peine de nullité de la nomination, une personne physique. Il détermine sa rémunération dans les conditions prévues à l'article L. 225-37-2.**

Le président est nommé pour une durée qui ne peut excéder celle de son mandat d'administrateur. Il est rééligible.

Le conseil d'administration peut le révoquer à tout moment. Toute disposition contraire est réputée non écrite.

Voir : D. n° 2009-348, 30 mars 2009, relatif aux conditions de rémunérations des dirigeants des entreprises aidées par l'État.

I – NOMINATION DU PRÉSIDENT

1) Clauses nulles. Les clauses de **dévolution alternative** de la présidence sont nulles : ▪ CA Paris, 4 mai 1960 : *S.* 1961, p. 12, note J. Schapira. – Même solution pour la clause **interdisant** à un président de briguer le **renouvellement** de ses fonctions : ▪ Cass. com., 8 mai 1963 : *Bull. civ.* III, n° 233.

2) Capacité. Le fait que le président du conseil d'administration soit placé sous curatelle n'emporte pas qu'il soit frappé d'une interdiction d'exercer sa fonction : ▪ Cass. com., 29 sept. 2009, n° 08-15.125 : *JCP* E 2009, 2066, note H. Hovasse. – *Adde* A. Bouquemont, *Comment pallier la vulnérabilité du dirigeant par les clauses des statuts : JCP* E 2014, 1331.

II – RÉMUNÉRATION DU PRÉSIDENT

Bibliographie : P. Le Cannu, *Rémunérations des dirigeants de société anonyme et contrôle des conventions : BJS* 1996, p. 567. – M. Cozian, *Le contrôle des rémunérations de dirigeants de sociétés : Dr. fisc.* 1981, 521. – B. Roman, *Les golden hellos : nouvel eldorado des dirigeants : JCP* E 2004, 925. – E. Dubois et J. Chacornac, *Les limites de l'autorégulation en droit des sociétés : BJS* 2013, p. 758. – F. Garron, *La rémunération excessive des dirigeants de sociétés commerciales : Rev. sociétés* 2004, p. 795. – C. Granier, *L'attrait du droit souple dans l'encadrement de la rémunération des dirigeants sociaux : Rev. sociétés* 2016, p. 207. – D. Miellet, *À l'occasion de l'octroi d'un complément de retraite à son président, les prérogatives exclusives du conseil d'administration : JCP* E 1998, p. 1126. – P. Le Cannu, *Les retraites chapeaux, bref état des questions : BJS* 2015, p. 209. – P. Serlooten, *Rémunération du dirigeant et liberté de l'impôt : CDE* 2001, p. 8. – C. Vermot, *Rémunération des dirigeants sociaux : aspects sociaux et économiques : CDE* 2001, p. 13.

3) Compétence exclusive du conseil d'administration. *a)* **Principe.** Les règles relatives au contrat de travail ne sont pas applicables à la rémunération allouée au président du conseil d'administration ; la détermination de cette rémunération relève de la **compétence exclusive** du conseil et à défaut d'avoir saisi celui-ci, le président n'est fondé à demander aucune rémunération : ▪ Cass. com., 12 janv. 1993 : *BJS* 1993, p. 338, note Y. Chaput. ▪ Cass. com., 24 oct. 2000 : *JurisData* n° 2000-006359 ; *Dr. sociétés* 2001, n° 14, obs. D. Vidal ; *BJS* 2001, p. 54, note M. Storck ; *Rev. sociétés* 2001, p. 95, note P. Le Cannu. – Le juge ne peut pas se substituer au conseil d'administration : ▪ CA Lyon, 9 janv. 1998 : *JurisData* n° 1998-043498. – Un ancien président ne saurait soutenir que l'engagement de lui verser un complément de retraite, qui n'avait pas été soumis à l'approbation expresse du conseil d'administration, a été **implicitement ratifié** par cet organe du seul fait que certains administrateurs en auraient eu connaissance : ▪ Cass. com., 27 févr. 2001 : *JurisData* n° 2001-008492 ; *JCP* E 2001, p. 896, obs. A. Viandier et J.-J. Caussain ; *Dr. sociétés* 2001, n° 85, obs. D. Vidal ; *BJS* 2001, p. 632, note M. Storck. – La rémunération allouée au président, notamment sous la forme d'un complément de retraite, lequel doit au demeurant être justifié par les services rendus par le dirigeant social, devant faire l'objet d'une délibération du conseil d'administration sur son montant et ses modalités, la confirmation, par simple référence, à une décision prise par deux administrateurs, même mandatés à cet effet, ne peut suppléer à la décision du conseil d'administration : ▪ Cass. com., 11 oct. 2005, n° 02-13.520 : *JurisData* n° 2005-030343 ; *BJS* 2005, p. 498, note D. Vidal ; *D.* 2005, p. 2743, note A. Lienhard ; *Dr. sociétés* déc. 2005, n° 219, obs. H. Hovasse ; *JCP* E 2005, 1796, note H. Hovasse ; *JCP* E 2005, 1834, n° 4, obs. J.-J. Caussain, Fl. Deboissy et G. Wicker ; *JCP* E 2005, 1708 ; *Rev. sociétés* 2006, p. 79, note J.-P. Mattout. – La rémunération allouée au président du conseil d'administration, notamment sous la forme d'un complément de retraite, doit faire l'objet d'une délibération du conseil d'administration sur son montant et ses modalités, peu important que cette rémunération ait été fixée par l'autorité publique antérieurement à la privatisation de la société ; à défaut le droit à pension n'est pas fondé : ▪ Cass. com., 6 févr. 2007, n° 01-17.877 : *BJS* 2007, p. 1007, note A. Couret ; *Rev. sociétés* 2007, p. 553, note J.-P. Mattout.

b) **Conséquences.** Toute rémunération non régulièrement approuvée revêt un caractère indu, et la société est recevable à en réclamer la

restitution, quand bien même la rémunération serait constituée par un avantage en nature résultant d'un contrat avec un tiers dont la nullité ne pourrait plus être sollicitée sur le fondement de l'article L. 225-42 : ▪ CA Paris, 22 sept. 2000 : *JurisData* n° 2000-129465. – Le conseil d'administration n'a pas le pouvoir de ratifier la décision du président, qui sans autorisation préalable du conseil, s'est alloué une rémunération ; par suite, le président doit **rembourser** les rémunérations litigieuses : ▪ Cass. com., 30 nov. 2004 : *BJS* 2005, p. 391, note D. Vidal ; *Dr. sociétés* mars 2005, n° 50, obs. H. Hovasse.

4) Règles particulières aux sociétés cotées – « *Say on pay* ». V. ss, C. com., art. L. 225-37-2, p. 265.

5) Intéressement. Est possible une rémunération calculée en totalité ou en partie **en fonction des bénéfices** annuels qui n'a pour but que d'inciter le président à développer ces bénéfices : ▪ CA Paris, 25 mars 1993 : *BJS* 1993, p. 744, note A. Viandier. – À défaut de précision limitant le droit du président à cette rémunération proportionnelle aux bénéfices à la durée des fonctions de dirigeant durant un exercice entier, l'intéressement doit être calculé au prorata du temps passé au cours de l'exercice : *ibid.*

6) Remise en cause de la rémunération. *a)* Le président ne peut **renoncer** implicitement à sa rémunération et le conseil d'administration ne peut la **supprimer** que par une délibération expresse : ▪ CA Paris, 31 mai 1996 : *BJS* 1996, p. 932, note P. Le Cannu. – *Adde* pour la modification de la rémunération : ▪ TGI Paris, 26 oct. 1999 : *JurisData* n° 1999-101660 ; *Dr. sociétés* 2000, n° 31, obs. D. Vidal ; *BJS* 2000, p. 538, note P. Le Cannu.

b) **Révocation d'avantages en nature.** Dès lors que sont établis des faits exclusifs du lien de confiance que supposait l'attribution à un ancien président d'avantages en nature en contrepartie de l'assistance et de l'expérience qu'il devait continuer d'apporter à la société, les conditions de l'attribution de ces avantages ne sont plus réunies, ce qui justifie leur révocation : ▪ CA Paris, 7 juin 2000 : *JurisData* n° 2000-115999 ; *JCP* E 2000, p. 1214 ; *BJS* 2000, p. 957, note P. Scholer, confirmé par ▪ Cass. com., 14 déc. 2004 : *BJS* 2005, p. 506, note, P. Le Cannu. ; *LPA* 21 févr. 2001, n° 37, p. 17, note F.-X. Lucas, confirmé par ▪ Cass. com., 14 déc. 2004 : *BJS* 2005, p. 506, note P. Le Cannu ; *JCP* E 2005, 1834, n° 5, obs. J.-J. Caussain, Fl. Deboissy et G. Wicker ; *Rev. sociétés* 2006, p. 79, note J.-P. Mattout.

7) Conventions réglementées. *a)* Principes.

– **Non-application aux rémunérations.** La détermination par le conseil de la rémunération du président **n'est pas une convention** au sens de l'article 101 *[C. com., art. L. 225-38]*, car elle a un caractère institutionnel : ▪ CA Paris, 7 juin 1980 : *Rev. sociétés* 1981, p. 322, note J.-L. Sibon. – V. cependant : ▪ CA Versailles, 15 mai 1985 : *JCP* E 1987, 16342, n° 14, obs. A. Viandier et J.-J. Caussain, car la rémunération était proportionnelle au chiffre d'affaires et non aux seuls bénéfices.

– **Application aux versements autres.** Le versement au président de sommes distinctes de sa rémunération est soumis au régime des conventions de l'article 101 *[C. com., art. L. 225-38]* : ▪ CA Paris, 30 juin 1977 : *RJ com.* 1978, p. 269, note Y. Chartier.

b) **Pension de retraite.** N'est pas une convention réglementée l'octroi d'une **pension de retraite** au président, qui constitue pour lui un simple complément de rémunération, et qui relève de la compétence **exclusive** du conseil d'administration : ▪ CA Paris, 7 juin 1980, préc. ▪ Cass. com., 3 mars 1987 : *Rev. sociétés* 1987, p. 266. ▪ Cass. com., 9 mai 1990 : *BRDA* 31 juill. 1990, p. 19 ; *BJS* 1990, p. 641. ▪ Cass. com., 22 janv. 1991 : *BRDA* 1991, VI, p. 14. ▪ CA Paris, 14 mai 1993 : *JCP* E 1993, I, 288, n° 7, obs. A. Viandier et J.-J. Caussain ; *RJDA* 1993, p. 878, pour un ancien président ayant quitté ses fonctions depuis vingt-deux ans. ▪ Cass. com., 10 févr. 1998 : *JurisData* n° 1998-000527 ; *Dr. sociétés* 1998, n° 67, obs. D. Vidal ; *BJS* 1998, p. 521, note P. Le Cannu. – Cette règle de compétence s'applique même s'il s'agit d'un simple **complément de retraite**, dès l'instant où il est octroyé en contrepartie de services particuliers rendus à la société pendant l'exercice des fonctions (▪ Cass. com., 24 oct. 2000, préc.), et même si la rente viagère accordée est réversible au conjoint survivant, et peu important l'accord du bénéficiaire qui n'est pas nécessaire : ▪ CA Paris, 19 mars 1998 : *JurisData* n° 1998-021191 ; *JCP* E 1998, p. 1119. ▪ CA Paris, 19 mai 1998 : *JurisData* n° 1998-021191 ; *JCP* E 1998, p. 1787, note A. Couret ; *JCP* E 1999, p. 33, obs. A. Viandier et J.-J. Caussain ; *Dr. sociétés* 1998, n° 128, obs. D. Vidal ; *BJS* 1998, p. 1164, note M. Storck. – Toutefois, plus récemment, la même cour d'appel semble avoir estimé que la modification de la rente doit recevoir le consentement de l'intéressé : ▪ CA Paris, 1er févr. 2002 : *Dr. sociétés* 2002, n° 67, obs. D. Vidal. – Dès lors, une assemblée générale n'a pas le pouvoir d'**annuler** l'octroi de la pension (▪ Cass. com., 10 févr. 1998, préc.), seul le conseil d'administration ayant cette prérogative (▪ CA Paris, 19 mai 1998, préc. ▪ Cass. com., 24 oct. 2000, préc.). – Dès lors qu'il n'est pas démontré, en dépit d'un bilan d'action positif, que les services rendus par le président justifient l'allocation d'une rémunération s'ajoutant à celle qu'il a perçue au cours de son mandat, la pension de retraite octroyée, parce qu'elle est dépourvue d'un rapport de proportionnalité avec les services rendus, et qu'elle ne constitue pas une opération courante et conclue à des conditions normales, doit être soumise au régime des conventions réglementées, de sorte qu'en l'absence d'autorisation préalable du conseil d'administration et d'approbation de l'assemblée des actionnaires, cette convention, dont les conséquences dommageables résultent de son défaut de proportionnalité, doit être annulée : ▪ CA Paris, 7 oct. 2008, n° 07-09.681 : *JurisData* n° 2008-371613 ; *BJS* 2008, p. 977, note D. Schmidt ; *Dr. sociétés* 2009, n° 30, obs. D. Gallois-Cochet ; *JCP* E 2009, 1088, note Y. Paclot, infirmant ▪ T. com. Paris, 23 avr. 2007 : *BJS* 2007, p. 1211, note B. Dondero. ▪ Cass. com., 10 nov. 2009, n° 08-70.302, PB : *BJS* 2010, p. 143, note B. Saintourens ; *Dr. sociétés* 2010, n° 46, obs. M. Roussille ; *JCP* E 2010, 1087, note Y. Paclot.

8) Le président-directeur général doit être **affilié à la sécurité sociale** dès lors qu'il perçoit une rémunération en contrepartie de son activité : ▪ Cass. soc., 16 avr. 1992 : *Rev. sociétés* 1992, p. 502.

9) Rémunération excessive. *a)* **Responsabilité civile des administrateurs en place.** S'agissant du versement d'une indemnité transactionnelle à un ancien dirigeant et de l'attribution à celui-ci d'un complément de retraite, la responsabilité des dirigeants en place peut être engagée pour faute de gestion tant en raison du préjudice subi par la société du fait du caractère excessif de l'indemnité que du non-respect de la procédure applicable aux conventions réglementées : ▪ T. com. Nanterre, 3 déc. 2008 : *BJS* 2009, p. 148, note Ph. Merle. – Infirmé par ▪ CA Versailles, 12 mai 2010, n° 08-09.130 : *BJS* 2010, p. 711, note Ph. Merle.

b) **Absence de responsabilité du président.** Le président n'engage pas sa responsabilité envers les associés lorsque, faisant preuve d'un optimisme excessif, il a omis d'adapter sa rémunération au risque d'une évolution défavorable de la société et qu'il est constaté que cette circonstance n'a ni eu d'incidence sensible sur les comptes de l'entreprise ni contribué aux difficultés de la société : ▪ Cass. com., 20 sept. 2016, n° 14-22.189 : *Dr. sociétés* 2017, n° 43, obs. C. Coupet ; *Rev. sociétés* 2017, p. 27, note D. Schmidt.

III – RÉVOCATION DU PRÉSIDENT

Bibliographie : J.-J. Caussain, *La précarité de la fonction de mandataire social : BJS* 1993, p. 523. – M.-H. Laender, *La révocation des dirigeants sociaux : Dr. sociétés* 2000, chron. 9. – P. Reigné, *Révocabilité ad nutum des mandataires sociaux et faute de la société : Rev. sociétés* 1991, p. 499. – B. Saintourens, *La révocation des dirigeants sociaux dans l'actualité jurisprudentielle : BJS* 2005, p. 667. – *Adde* F. Mansuy, *JCl. Sociétés traité*, Fasc. 133-10.

10) Convocation du conseil d'administration. Dès lors qu'elle n'est pas frauduleuse, la convocation du conseil d'administration dans un délai de 48 heures, alors que ses auteurs ont fait diligence pour s'assurer de la présence des administrateurs, n'est pas une cause de nullité de la délibération ayant décidé la révocation du président : ▪ CA Paris, 30 juin 2016, n° 15/16033 : *BJS* 2016, p. 126, note S. Messaï-Barhi ; *Dr. sociétés* 2016, n° 208, obs. C. Coupet ; *Rev. sociétés* 2016, p. 743, note J.-P. Mattout.

11) Révocation *ad nutum*. *a)* **Principe.** Le président est révocable *ad nutum* (▪ Cass. com., 20 déc. 1966 : *Bull. civ.* III, n° 495) et l'existence d'un pacte familial contesté ne saurait faire obstacle à l'application de cette règle (▪ CA Paris, 9 mars 2001 : *BJS* 2001, p. 865, note P. Scholer). – La révocation du mandat de président ne constitue pas une sanction disciplinaire interdisant que soit prononcé pour les mêmes faits le licenciement de l'intéressé ; en l'espèce, le président d'une filiale de la société l'employant s'était vu reprocher d'avoir utilisé à des fins personnelles des salariés de son employeur et d'avoir confondu la trésorerie de la filiale avec celle d'une autre société créée par lui : ▪ Cass. soc., 7 avr. 1993 : *BJS* 1993, p. 665.

b) **Conséquences.** Une convention prévoyant une charge financière en cas de révocation est possible à la condition qu'elle ne porte pas atteinte au principe de la libre révocabilité, auquel cas elle doit être déclarée nulle : ▪ Cass. com., 17 mai 1971 : *Rev. sociétés* 1972, p. 698, note B. Oppetit. ▪ Cass. com., 2 juin 1992 : *JCP* E 1993, I, 215, n° 4, obs. A. Viandier et J.-J. Caussain ; *RJDA* 1992, p. 845. ▪ CA Paris, 11 févr. 1994 : *RJDA* 1994, p. 324. ▪ CA Paris, 9 juin 2015, n° 13/25081 : *BJS* 2015, p. 638, note M. Caffin-Moi. – Ainsi en est-il :

– de l'engagement pris par une société anonyme de **racheter** les actions détenues par le président, en cas de cessation des fonctions, à un prix minimum, voire au double de leur prix normal : ▪ CA Paris, 30 oct. 1976 : *Gaz. Pal.* 1977, 1, p. 142, note A.P.S. ; *Rev. sociétés* 1977, p. 695, note D. Schmidt. ▪ CA Versailles, 11 juill. 1991 : *JCP* E 1992, I, 120, n° 9, obs. A. Viandier et J.-J. Caussain ; *BJS* 1991, p. 1008, note P. Le Cannu. ▪ CA Paris, 14 déc. 1993 : *JCP* E 1994, I, 363, n° 5, obs. A. Viandier et J.-J. Caussain ; *BJS* 1994, p. 185, note P. Le Cannu. – Sur la fixation de la quotité des actions du président faisant l'objet du rachat par l'actionnaire majoritaire, V. ▪ Cass. com., 22 juin 1993 : *BJS* 1993, p. 1021, note F. Benac-Schmidt ;

– de la convention prévoyant le versement d'un « **préavis** » d'un an au président en cas de cessation des fonctions : ▪ Cass. com., 17 janv. 1984 : *JCP* E 1984, 13254 ;

– de l'engagement de conclure un **contrat de travail** avec le président à l'issue de son mandat social (▪ Cass. soc., 15 mars 1983 : *JCP* 1983, II, 20002, note A. Viandier) ou de la clause prévoyant soit de maintenir le dirigeant dans ses fonctions ou de lui verser une indemnité s'il cessait d'exercer son mandat social ou de le faire bénéficier d'un contrat de travail (▪ Cass. com., 3 mai 1995 : *BJS* 1995, p. 863, note A. Couret).

c) Mais une société peut être condamnée à verser des dommages-intérêts à son dirigeant pour **dol** si elle s'est engagée envers lui par une promesse d'indemnisation en cas de révocation qu'elle savait parfaitement ne pas pouvoir tenir, en raison du principe de libre révocabilité posée par la loi : ▪ T. com. Paris, 21 oct. 1996 : *JCP* E 1997, I, 710, n° 8, obs. A. Viandier et J.-J. Caussain.

d) **En revanche,** la convention passée avec un tiers et prévoyant l'achat des actions appartenant au président d'une SA ne constitue pas un obstacle à la libre révocation de celui-ci : ▪ CA Paris, 18 mai 1987 : *JCP* E 1988, 15168, n° 10, obs. A. Viandier et J.-J. Caussain. – De même, doit être cassé l'arrêt qui déclare nulle la promesse d'achat à un prix minimum des actions du dirigeant d'une future holding dans les six mois de la cessation de ses fonctions sans préciser en quoi le promettant pouvait influer sur la décision de révocation du dirigeant et en déclarant que cette clause avait pour seule cause de garantir le bénéficiaire contre toute dépréciation des actions, alors qu'elle n'avait aucune incidence sur la participation aux bénéfices et la contribution aux pertes : ▪ Cass. com., 12 mars 1996 : *Bull. civ.* IV, n° 88 ; *JurisData* n° 1996-000822 ; *JCP* 1996, IV, 1069.

12) Transaction postérieure à la révocation. Les articles L. 225-47 et L. 225-55 ne s'opposent pas à la conclusion, entre la société et son président directeur général révoqué, d'une transaction destinée à mettre fin à un litige, né ou à naître, relatif aux circonstances ou aux conditions de la rupture, peu important que le dirigeant révoqué ait obtenu par cet accord des indemnités qu'il n'aurait pu obtenir judiciairement, cette convention devant néanmoins être soumise à la procédure des conventions réglementées dès lors que le dirigeant a conservé son mandat d'administrateur : ▪ Cass. com., 1er mars 2011, n° 10-13.993 : *BJS* 2011, p. 391, note B. Dondero ; *JCP* E 2011, 1341, note M. Roussille ; *Rev. sociétés* 2012, p. 41, note P. Le Cannu. – V. sur l'appréciation des conséquences préjudiciables de cette transaction pour la société : ▪ CA Paris, 11 déc. 2012, n° 11/16107 : *Rev. sociétés* 2013, p. 214, note P. Le Cannu.

13) Révocation abusive. La révocation **abusive** est de nature à **engager la responsabilité de la société** à l'égard de son ancien président : ▪ Cass. com., 23 janv. 1978 : *Rev. sociétés* 1978, p. 737, note J. Hémard ; ainsi :

– quand le président n'a pas été convoqué à la réunion du conseil d'administration appelé à se prononcer sur sa révocation et n'a pas pu faire valoir ses observations : ▪ CA Paris, 9 juin 2015, n° 13/25081 : *BJS* 2015, p. 638, note M. Caffin-Moi ;

– quand le président a été invité, avant la réunion du conseil d'administration chargé de débattre de sa révocation, à quitter l'entreprise par l'actionnaire majoritaire pressenti pour lui succéder, en présence des chefs de services : ▪ CA Paris, 13 oct. 2000 : *BJS* 2001, p. 176 ;

– lorsque la décision a été entourée de **circonstances injurieuses** propres à souiller son honneur : ▪ CA Paris, 12 juill. 1978 : *BJS* 1979, p. 476. ▪ CA Versailles, 27 juin 1996 : *BJS* 1996, p. 1021, note P. Le Cannu. ▪ CA Versailles, 19 févr. 1998 : *JurisData* n° 1998-046236 ;

– lorsque le président avait peu auparavant refusé de démissionner sur l'invitation qui lui en était faite : ▪ CA Paris, 21 juin 1983 : *BRDA* 30 sept. 1983, p. 19 ;

– quand la révocation du président est intervenue quatre mois après la signature d'un protocole prévoyant la cession, par le président, de ses actions moyennant le maintien de son contrat de travail, et deux mois après ladite cession : ▪ CA Paris, 20 oct. 2000 : *BJS* 2001, p. 178 ;

– dès lors qu'il est établi que le président a fait l'objet de dénigrement auprès des salariés, sa révocation a eu lieu dans des circonstances portant atteinte à sa réputation ; toutefois, le préjudice constitué par la perte d'une chance de conserver les fonctions est sans lien avec les fautes commises lors de la révocation : ▪ Cass. com., 13 nov. 2003 : *BJS* 2004, p. 551, note D. Vidal et Fl. Pujol.

14) Principe du contradictoire.

a) **Principe.** Pour apprécier si la révocation a eu un caractère abusif, les tribunaux ne doivent examiner que les circonstances dans lesquelles elle est intervenue – brutalité, non-respect du principe de la contradiction – et non pas les griefs qui l'ont motivée : ▪ Cass. com., 26 nov. 1996 : *Bull. civ.* IV, n° 294 ; *JurisData* n° 1996-004517 ; *JCP* 1997, IV, 163 ; *BJS* 1997, p. 141, note C. Priéto. – L'abus suppose que la société ait manqué à son obligation de loyauté dans l'exercice du droit de révocation, ce qui est le cas notamment lorsque le dirigeant n'a pas été en mesure de s'exprimer utilement devant les différents organes sociaux investis du pouvoir de le révoquer avant que soit arrêtée sa révocation : ▪ Cass. com., 3 mars 2015, n° 14-12.036.

b) Ainsi, **n'est pas abusive** la révocation du président **qui connaissait de longue date les griefs qui lui étaient adressés** et qui, mis en demeure d'y répondre, avait choisi de ne pas déférer aux convocations qu'il avait reçues : ▪ CA Paris, 9 mars 2001 : *BJS* 2001, p. 865, note P. Scholer. – Dans le même sens : ▪ CA Paris, 27 mars 2001 : *JurisData* n° 2001-150195, pour un cas dans lequel la décision de révocation du président avait été précédée d'une limitation de ses pouvoirs. – La régularité de la délibération du conseil d'administration révoquant le président ne saurait être remise en cause, notamment au regard de l'article 83 du décret du 23 mars 1967, dès l'instant où **l'ordre du jour** de la réunion portait sur l'examen des conséquences du refus de l'assemblée générale de voter le *quitus* au conseil d'administration, ce qui impliquait nécessairement, compte tenu du débat qui s'était instauré lors de l'assemblée sur le départ du président, la question de sa révocation : ▪ CA Paris, 29 févr. 2000 : *JurisData* n° 2000-111431. – Le président du conseil d'administration **ne pouvant ignorer** que la question de sa révocation serait discutée lors de la réunion du conseil qu'il a lui-même convoqué, les circonstances de sa révocation, laquelle peut intervenir à tout moment, sont exclusives de toute fraude à la loi : ▪ Cass. com., 12 mai 2004 : *BJS* 2004, p. 1275, note D. Vidal et Fl. Pujol. – Dès lors que le président était **présent** au conseil et a pu **faire valoir librement ses arguments**, qui ont été consignés au procès-verbal, le caractère contradictoire du débat sur la non-reconduction de ses fonctions est établi : ▪ CA Versailles, 20 janv. 2005 : *BJS* 2005, p. 763, note B. Saintourens.

c) La révocation **est abusive** lorsque le conseil d'administration a été convoqué de manière urgente pour débattre de la révocation de son président, sans que les griefs ni la gravité des faits reprochés ne soient mentionnés : ▪ CA Paris, 4 sept. 1998 : *BJS* 1999, p. 102, note P. Scholer.

15) Le président est recevable à solliciter réparation du préjudice causé par le **fait d'un tiers** qui lui a fait perdre sa fonction : ▪ CA Paris, 28 sept. 1998 : *BJS* 1999, p. 375, note B. Petit.

IV – DÉMISSION

16) Abus. Lorsqu'un dirigeant est en désaccord sur un point important de la gestion de la société, sa démission, fût-elle préjudiciable, **n'est pas fautive** dès lors que des délais raisonnables ont été respectés : ▪ CA Paris, 12 mai 1993 : *JCP* E 1994, I, 331, n° 7, obs. A. Viandier et J.-J. Caussain ; *RJDA* 1994, n° 289. – La démission du président, quoique libre, ne doit pas être donnée de manière intempestive, à contretemps et avec intention de nuire, auquel cas elle devient abusive. Ainsi, le président ne peut que présenter sa démission – qui a d'ailleurs été acceptée – lorsque le conseil d'administration, auquel il venait de présenter les difficultés de trésorerie de la société, ne l'a ni conforté dans ses fonctions, ni révoqué, alors qu'il sollicitait la confirmation de son soutien de la part du conseil : ▪ CA Versailles, 11 juin 1978 : *BJS* 1998, p. 1168, note R. Baillod.

17) Publicité. Dès lors que la cessation de fonction d'un dirigeant ayant donné sa démission a été **régulièrement publiée**, le défaut de validité d'un engagement signé par lui est opposable aux tiers : ▪ Cass. com., 4 mai 1993 : *JCP* E 1993, pan. 838 ; *BJS* 1993, p. 727, note P. Le Cannu.

18) Caractère irrévocable. V. sous C. com., art. L. 223-25, annot. n° 10, p. 218.

19) Le président ne peut arguer de sa démission et de la nomination d'un administrateur provisoire pour se décharger de ses obligations qui étaient exigibles antérieurement à sa démission : ▪ CA Versailles, 6 sept. 2001 : *BJS* 2001, p. 1294, note P. Scholer.

20) Obligation de loyauté du dirigeant démissionnaire. V. sous C. com., art. L. 223-18, annot. n° 6, p. 205.

V – PRÉSIDENCE ET CONTRAT DE TRAVAIL

21) Contrat de travail. Voir aussi sous C. com., art. L. 225-22, annot. n° 1 s., p. 245.

a) **Conditions de validité du cumul.** ▪ Cass. soc., 19 nov. 1986 : *JCP* E 1987, 16342, n° 13, obs. A. Viandier et J.-J. Caussain *[exigence de rémunération distincte]*. ▪ Cass. com., 10 déc. 1986 : *BRDA* 15 févr. 1987 *[exigence d'un caractère réel et sérieux]*. – Le cumul de fonctions de président et de salarié implique des fonctions techniques distinctes (▪ Cass. soc., 1er déc. 1993 : *RJDA* 1994, p. 144) et un lien de subordination (▪ CA Paris, 15 déc. 1993 : *RJDA* 1994, p. 531). – Un associé minoritaire peut avoir la double qualité de président et de salarié lorsque son contrat de travail est antérieur de longue date à sa nomination de président et qu'il conserve ses anciennes fonctions techniques qu'il exerce sous les ordres de la société : ▪ Cass. soc., 30 juin 1993 : *RJDA* 1993, p. 865. – La personne désignée comme président dès la création de la société, ne peut en même temps être salarié : ▪ Cass. soc., 22 juin 1993 : *BJS* 1993, p. 1133, note P. Le Cannu. – Comp. ▪ Cass. soc., 3 févr. 1994 : *RJDA* 1994, p. 411, et ▪ Cass. soc., 2 févr. 1994 : *BJS* 1994, p. 383 *[concernant les associés de SARL]*. – N'est pas dans un lien de subordination à l'égard de la société le président qui, dans une structure familiale, est détenteur avec son frère de la majorité des actions et assure la direction de la société pour agir en toute circonstance avec les pouvoirs les plus étendus : ▪ Cass. soc., 29 juin 2017, n° 16-15.814 : *Dr. sociétés* 2017, n° 189, obs. J. Heinich.

b) **Suspension du contrat de travail.** En l'absence de novation, le contrat de travail d'un salarié qui devient mandataire social et qui cesse d'exercer des fonctions techniques dans un état de subordination à l'égard de la société est suspendu pendant la durée de ce mandat ; le président ne peut dès lors invoquer une créance de salaire pour la période correspondant à la durée de son mandat : ▪ Cass. soc., 9 mai 2006, n° 04-48.042 : *JurisData* n° 2006-033462. ▪ Cass. soc., 14 juin 2005, n° 02-47.320. – Néanmoins, en cas de liquidation judiciaire de la société, le salarié dont le mandat prend ainsi fin peut demander l'inscription au passif de la société de la créance de rémunération correspondant à la durée de préavis qui n'a pu être exécutée du fait de la mise en liquidation judiciaire, ainsi que celle correspondant aux indemnités de rupture : ▪ Cass. soc., 17 juin 2015, n° 14-10.230 : *Rev. sociétés* 2016, p. 92, note M. Rakotovahiny.

22) Révocation consécutive au licenciement. L'unité des fonctions de salarié et de président des filiales ne dispense pas ces sociétés d'informer le président des conséquences de la rupture de son contrat de travail sur ses mandats sociaux et de recueillir ses observations préalablement à sa révocation quand bien même celle-ci ne serait pas soumise à l'exigence d'un juste motif : ▪ CA, 6 déc. 2016, n° 15/23119 : *Dr. sociétés* 2017, n° 61, obs. J. Heinich.

VI – CAUTIONNEMENT DES DETTES DE LA SOCIÉTÉ PAR LE PRÉSIDENT

23) Caractère commercial. Le cautionnement des dettes de la société par le président du conseil d'administration est **commercial,** bien que cette personne n'acquiert pas la qualité de commerçant, car le dirigeant a un intérêt personnel d'ordre patrimonial à la réalisation de l'opération principale : ▪ T. com. Paris, 22 sept. 1982 : *RJ com.* 1983, p. 145, note chron. Mouly. ▪ Cass. com., 5 oct. 1993 : *Bull. civ.* IV, n° 310.

24) Perte de la qualité de dirigeant. Le fait, pour un dirigeant, de perdre sa qualité après avoir contracté un cautionnement des dettes de la société n'a pas pour effet d'éteindre son engagement qui subsiste jusqu'à sa révocation dûment signifiée, à moins qu'il ait fait contractuellement de l'exercice de ses fonctions une condition de son engagement : ▪ Cass. com., 17 déc. 1996 : *BJS* 1997, p. 205. – *Adde* ▪ Cass. com., 3 nov. et 6 déc. 1988 : *D.* 1989, 185, note L. Aynès. ▪ Cass. com., 30 mai 1989 : *Bull. civ.* IV, n° 166. ▪ Cass. com., 15 oct. 1991 : *Bull. civ.* IV, n° 312.

25) Transformation. De même, le cautionnement **subsiste** en cas de transformation de la société, car il n'y a pas apparition d'une personne morale nouvelle : ▪ Cass. com., 8 nov. 1972 et 9 avr. 1973 : *D.* 1973, 753, note P. Malaurie. – En revanche, il y a **libération** de la caution à chaque fois qu'il y a création d'une personne morale nouvelle : V. par ex., ▪ Cass. com., 22 janv. 1985 : *Bull. civ.* IV, n° 30 ; *JCP* 1986, II, 20591, note P. Simler *[scission de société]*.

Art. L. 225-48 ***(Anc. L. n° 66-537, 24 juill. 1966).*** **– Les statuts doivent prévoir pour l'exercice des fonctions de président du conseil d'administration une limite d'âge qui, à défaut d'une disposition expresse, est fixée à soixante-cinq ans.**

Toute nomination intervenue en violation des dispositions prévues à l'alinéa précédent est nulle.

Lorsqu'un président de conseil d'administration atteint la limite d'âge, il est réputé démissionnaire d'office.

Voir : la rédaction de cet article issue de l'ordonnance n° 2019-744 du 19 juillet 2019, en *addendum*, p. 3371.

1) Opposabilité. À l'égard des tiers, le président du conseil d'administration qui a atteint la limite d'âge demeure le représentant légal de la société anonyme jusqu'à son remplacement, et ce en vertu de l'article L. 225-51 dans sa rédaction antérieure à la loi n° 2001-420 du 15 mai 2001 sur les nouvelles régulations économiques : ▪ CA Aix-en-Provence, 19 avr. 2002 : *JurisData* n° 2002-182344.

2) Indemnisation. La cessation des fonctions à raison de l'atteinte de la limite d'âge n'ouvre droit à **aucune indemnité** : ▪ Cass. soc., 11 oct. 1978 : *Rev. sociétés* 1979, p. 68, note D. Randoux.

Art. L. 225-49 ***(Abr., L. n° 2001-420, 15 mai 2001).***

Art. L. 225-50 ***(Anc. L. n° 66-537, 24 juill. 1966).*** **– En cas d'empêchement temporaire ou de décès du président, le conseil d'administration peut déléguer un administrateur dans les fonctions de président.**

En cas d'empêchement temporaire, cette délégation est donnée pour une durée limitée. Elle est renouvelable. En cas de décès, elle vaut jusqu'à l'élection du nouveau président.

Voir : C. com., art. R. 225-34, p. 636.

Bibliographie : A. Viandier, *L'administrateur délégué* : *D.* 1996, p. 311.

La simple convenance personnelle ne saurait justifier la nomination d'un **administrateur délégué** : ▪ TGI Seine, 7 nov. 1961 : *Gaz. Pal.* 1962, 1, p. 20.

Art. L. 225-51 *(Anc. L. n° 66-537, 24 juill. 1966 ; rempl., L. n° 2001-420, 15 mai 2001 ; mod., L. n° 2003-706, 1er août 2003)*. **– Le président du conseil d'administration organise et dirige les travaux de celui-ci, dont il rend compte à l'assemblée générale. Il veille au bon fonctionnement des organes de la société et s'assure, en particulier, que les administrateurs sont en mesure de remplir leur mission.**

I – POUVOIRS DU PRÉSIDENT

1) Répartition des pouvoirs. La société anonyme est une société dont les organes sont **hiérarchisés** et dans laquelle l'administration est exercée par un conseil élu par l'assemblée générale : ▪ Cass. civ., 4 juin 1946 : *S.* 1947, 1, p. 153, note P. Barbry ; *JCP* 1947, II, 3518, note D. Bastian. – Il n'appartient pas à l'assemblée générale d'empiéter sur les prérogatives du conseil en matière d'administration en investissant le président de l'ensemble des pouvoirs dévolus au conseil : *ibid.* – Le président ne saurait conférer à un tiers des pouvoirs **d'ingérence** dans les affaires sociales neutralisant et réduisant ainsi ses propres prérogatives : ▪ Cass. com., 11 juin 1965 : *Bull. civ.* III, n° 361 ; *Gaz. Pal.* 1965, 2, p. 322.

2) Délégation de pouvoirs. A. Larcena et A. Elineau, *Pratique des délégations de pouvoirs : Dr. sociétés* 2012, p. 8. – J.-M. Moulin, *La vie des délégations de pouvoirs dans l'entreprise : BJS* 2012, p. 745. – B. Bedaride et S. Pla Busiris, *Conséquences de l'absence de délégations de pouvoirs dans les sociétés commerciales et nécessité de les établir par acte authentique : BJS* 2013, p. 283. – N. Ferrier, *La jurisprudence sociale en droit des sociétés : la délégation de pouvoirs : Dr. sociétés* mai 2014, n° 5.

a) **Délégation à un tiers.** Le président a la faculté de donner procuration à un tiers, mais les pouvoirs accordés par cette procuration doivent être limités et concerner un ou plusieurs objets déterminés : Rép. min. : *JOAN Q*, 3 déc. 1970, p. 6095.

b) **Présomption de délégation.** S'agissant de l'avenant d'un contrat de travail signé par le directeur technique au nom du PDG, la société est engagée sauf à apporter la preuve d'un abus ou d'une absence de délégation du signataire : ▪ Cass. com., 4 nov. 2016, n° 13-14.412 : *BJS* 2016, p. 14, note N. Ferrier.

c) **Délégation par convention de management.** V. sous C. com., art. L. 225-53, annot. n° 2, p. 288.

d) **Cessation des fonctions de l'auteur de la délégation.** La délégation donnée par le président du conseil d'administration à un salarié ayant été faite au nom et pour le compte de la société, reste valable aussi longtemps qu'elle n'a pas été révoquée, même si le président vient à changer : ▪ Cass. com., 4 févr. 1997 : *JurisData* n° 1997-000441 ; *JCP* 1997, IV, 702. – La société reste engagée par la délégation de pouvoirs consentie par un président de conseil d'administration, malgré le remplacement de celui-ci, tant qu'elle n'est pas révoquée, dans la mesure où la délégation a été consentie au nom et pour le compte de la société, et non en son nom personnel : ▪ Cass. com., 15 mars 2005, n° 414, PB : *JurisData* n° 2005-027609 ; *BJS* 2005, p. 972, note D. Vidal ; *D.* 2005, p. 957, note A. Lienhard ; *Dr. sociétés* juin 2005, n° 119, obs. H. Hovasse ; *JCP* E 2005, 1046, n° 2, obs. J.-J. Caussain, A. Viandier et Fl. Deboissy ; *JCP* E 2005, 1047, note H. Hovasse ; *Dr. et patrimoine* juin 2005, n° 3700, p. 102, obs. D. Poracchia. – Même solution pour le mandat conféré par un président directeur général en vue d'introduire une réclamation devant les services fiscaux *[LPF, art. R. 197-4]* : ▪ TA Paris, 11 janv. 2005 : *Dr. fisc.* 2005, n° 42, comm. 708.

e) **Subdélégation.** Lorsqu'un dirigeant social accorde une délégation de pouvoirs à l'un de ses préposés, son autorisation n'est pas nécessaire à la validité des **subdélégations** de pouvoirs, dès lors que celles-ci sont régulièrement consenties et que les subdélégataires sont pourvus de la compétence, de l'autorité et des moyens propres à l'accomplissement de leur mission : ▪ Cass. crim., 30 oct. 1996 : *BJS* 1997, p. 300, note C. Mascala.

f) **Transformation.** Sur la **caducité** des délégations en cas de transformation de la SA en société en nom collectif : ▪ Cass. crim., 3 janv. 1986 : *JCP* E 1987, 16342, n° 5, obs. A. Viandier et J.-J. Caussain.

g) **Vérification du pouvoir de déléguer par le banquier.** Jugé, à propos de la délégation consentie par le président du conseil d'administration d'une mutuelle, qu'il appartient à la banque, tant lors de l'ouverture du compte bancaire d'une personne morale que, le cas échéant, en cours de fonctionnement à l'occasion du changement de mandataire, de vérifier la conformité des pouvoirs de ses représentants à la loi et aux statuts de cette personne morale : ▪ Cass. com., 14 juin 2016, n° 14-26.358 : *Rev. sociétés* 2017, p. 23, note J.-F. Barbièri.

3) Limites des pouvoirs du président.

a) **Objet social.** Le président a le pouvoir de vendre l'unique bien immobilier de la société dès lors que cette vente n'entraîne pas la disparition de l'objet social : ▪ CA Paris, 21 nov. 1990 : *BJS* 1991, p. 61. – La cession d'actif immobilier relève de la compétence des dirigeants dès lors qu'elle n'empêche pas la poursuite de l'activité sociale : ▪ Cass. com., 1er févr. 1994 : *BJS* 1994, p. 390, note A. Laude. – En revanche, quand la cession du fonds de commerce entraîne l'extinction de l'objet social en privant la société de toute activité, et de toute possibilité de remplir son objet social, cette décision de cession globale de l'actif implique la modification des statuts et relève de l'assemblée générale extraordinaire : ■ Cass. soc., 24 juin 1997 : *BJS* 1997, p. 875, note J.-J. Daigre.

b) Les opérations **spéculatives** sur les marchés à terme de devises relèvent de la gestion normale de la société : ■ Cass. com., 7 avr. 1998 : *Dr. sociétés* 1998, n° 97, note H. Hovasse.

c) Pour des illustrations de la règle selon laquelle **la société est engagée** alors même que l'acte du président **dépasse l'objet social** : V. ■ CA Paris, 30 nov. 1976 : *Rev. sociétés* 1977, p. 688, note D. Randoux *[vente d'un fonds de commerce et d'un immeuble]*. ■ Cass. com., 18 juin 1980 : *Bull. civ.* IV, n° 264 *[cautionnement donné à un tiers]*. ■ Cass. com., 1er oct. 1996 : *Bull. civ.* IV, n° 218 ; *JurisData* n° 1996-003585 ; *D.* 1997, 225, note D. *Martin [acquisition d'effets de commerce]*. ■ CA Paris, 15 déc. 1999 : *BJS* 2000, p. 327, note J.-J. Daigre *[introduction de titres en Bourse]*. – En revanche, une société anonyme n'est pas engagée envers une banque porteur d'une lettre de change si cette dernière **savait** que l'acte signé par le président dépassait l'objet social : ■ Cass. com., 25 juin 1985 : *JCP* 1986, IV, 310.

d) Une société peut être tenue de régler les factures des travaux réalisés pour le compte personnel de son président, dès lors que l'ensemble des correspondances a été adressé à l'entrepreneur sur papier à en-tête de la société, de sorte que l'entrepreneur a pu croire légitimement contracter avec elle : ■ Cass. com., 12 janv. 1993 : *BJS* 1993, p. 340, note J.-F. Barbièri.

e) L'article 113 de la loi de 1966 *[C. com., art. L. 225-51]* qui déclare **inopposable aux tiers** les dispositions des statuts limitant les pouvoirs du président du conseil d'administration d'une SA n'interdit pas aux tiers de s'en prévaloir pour justifier du défaut de pouvoir de ce président à figurer au procès comme représentant de la société : ■ Cass. 2e civ., 23 oct. 1985 : *D.* 1987, somm. p. 32, obs. J.-C. Bousquet. ■ Cass. soc., 11 juin 1997 : *JurisData* n° 1997-002769.

f) Le président est habilité à **interjeter appel** sans qu'il soit investi d'un mandat spécial (■ CA Versailles, 11 mars 1993 : *D.* 1993, inf. rap. p. 112) ou à déclarer **l'état de cessation des paiements** de la société (■ TGI Montbéliard, 3 juin 1997 : *JurisData* n° 1997-042770 ; *JCP* E 1997, pan., p. 1024).

4) Activité professionnelle du président. Doivent être réintégrés, en application de l'article L. 242-1 du Code de la sécurité sociale, dans l'assiette des cotisations sociales dues par une société, les revenus versés au président du conseil d'administration au titre de la location-gérance d'un fonds de commerce appartenant à ce dernier et exploité par elle dans la mesure où celui-ci assume la direction générale de la société et exerce donc une activité dans l'entreprise louée : ■ Cass. com., 2 mars 2004 : *BJS* 2004, p. 1125, note B. Saintourens ; *JCP* E 2004, 1513, note A. Pauget-Beydon ; *RTD com.* 2004, p. 549, obs. P. Le Cannu.

5) Déclaration des créances effectuée par un président. V. sous C. com., art. L. 622-24, annot. n° 1, p. 2012.

II – RESPONSABILITÉ DU PRÉSIDENT

6) Responsabilité personnelle.

a) Le président est personnellement responsable des infractions qu'il commet dans l'exercice de ses fonctions : ■ Cass. crim., 4 déc. 1969 : *Bull. crim.* 1969, n° 328. – La responsabilité du président implique la commission d'une faute de gestion, étant entendu qu'il n'aboutit qu'à une **obligation générale de moyens**, sans que le mauvais état des affaires sociales puisse faire présumer sa faute : ■ CA Versailles, 11 juin 1998 : *BJS* 1998, p. 1168, note R. Baillod.

b) Constituent des **fautes** imputables au dirigeant :

– le non-respect par la société de ses obligations fiscales : ■ Cass. com., 11 févr. 1992 : *RJDA* 1992, p. 365 ;

– l'omission d'informer le liquidateur de la créance d'un salarié : ■ Cass. com., 23 mars 1993 : *RJDA* 1993, p. 647 ;

– le fait de différer le remboursement d'un associé qui a cédé ses parts, dont la société s'est reconnue débitrice : ■ Cass. com., 12 janv. 1993 : *BJS* 1993, p. 336, note A. Couret ;

– l'abstention d'aviser en temps utile les actionnaires de présenter leurs titres en vue de leur mise au nominatif : ■ Cass. com., 19 mai 1992 : *BJS* 1992, p. 775, note D. Lepeltier.

7) Cause exonératoire de responsabilité.

a) **Délégation de pouvoirs.** Sauf si la loi en dispose autrement, le chef d'entreprise qui n'a pas personnellement pris part à la réalisation de l'infraction peut s'exonérer de sa responsabilité pénale s'il rapporte la preuve qu'il a délégué ses pouvoirs à une **personne pourvue de la compétence, de l'autorité et des moyens nécessaires** : ■ Cass. crim., 11 mars 1993 : *BJS* 1993, p. 666, note M.-E. Cartier.

b) En revanche, le dirigeant social ne peut s'exonérer de sa responsabilité en invoquant les agissements **d'un autre associé**, prétendu dirigeant de fait (■ Cass. com., 12 juill. 1993 : *RJDA* 1993, p. 866), mais la responsabilité du président peut être atténuée en raison de **l'absence de surveillance** active et efficace par les administrateurs (■ CA Paris, 4 févr. 1994 : *BJS* 1994, p. 402, note M. Pariente).

8) Divers. L'action civile des actionnaires contre les dirigeants sociaux, pour **faux en écriture** privée minorant le stock des marchandises, est recevable : ▪ Cass. crim., 8 nov. 1993 : *RJDA* 1994, p. 146. – Il est possible de voir condamner le dirigeant à réparer le préjudice causé par des manquements au mandat social alors que celui-ci a été relaxé des poursuites pour **abus de biens sociaux** : ▪ Cass. com., 9 nov. 1993 : *RJDA* 1994, p. 144.

Art. L. 225-51-1 *(L. n° 2001-420, 15 mai 2001)*. – **La direction générale de la société est assumée, sous sa responsabilité, soit par le président du conseil d'administration, soit par une autre personne physique nommée par le conseil d'administration et portant le titre de directeur général.**

Dans les conditions définies par les statuts, le conseil d'administration choisit entre les deux modalités d'exercice de la direction générale visées au premier alinéa. Les actionnaires et les tiers sont informés de ce choix dans des conditions définies par décret en Conseil d'État.

Lorsque la direction générale de la société est assumée par le président du conseil d'administration, les dispositions de la présente sous-section relatives au directeur général lui sont applicables.

Voir : C. com., art. R. 123-109, p. 821, R. 225-26, R. 225-27, p. 634.

Bibliographie : J.-P. Bouère, *P-DG ou président et directeur général ? : BJS* 2001, p. 695.

Impossibilité pour le président d'être nommé directeur général délégué. Il ressort de l'article L. 225-51-1 que le conseil d'administration ne peut organiser de manière autre l'exercice de la direction générale et que, s'il opte pour une dissociation des fonctions de président et de directeur général, il ne peut, afin d'assister le directeur général, nommer un directeur général délégué qui serait le président du conseil sans porter atteinte à l'esprit de la loi qui veut, pour assurer une dissociation effective des fonctions, que le président du conseil et le directeur général ne soient pas la même personne : ▪ CA Lyon, 25 sept. 2003 : *Rev. sociétés* 2004, p. 881, note P.-H. Conac.

Art. L. 225-52 *(Anc. L. n° 66-537, 24 juill. 1966)*. – **En cas d'ouverture d'une procédure de redressement ou de liquidation judiciaire en application [des titres II à IV du Livre VI], les personnes visées par ces dispositions peuvent être rendues responsables du passif social et sont soumises aux interdictions et déchéances, dans les conditions prévues par lesdites dispositions.**

Voir : la rédaction de cet article issue de l'ordonnance n° 2019-744 du 19 juillet 2019, en *addendum*, p. 3371.

Voir : C. com., art. L. 225-255, p. 383 et L. 651-1 et s., p. 2092.

Art. L. 225-53 *(Mod., Ord. n° 2000-916, 19 sept. 2000 ; rempl., L. n° 2001-420, 15 mai 2001 ; L. n° 2016-1691, 9 déc. 2016)*. – **Sur proposition du directeur général, le conseil d'administration peut nommer une ou plusieurs personnes physiques chargées d'assister le directeur général, avec le titre de directeur général délégué.** *(Mots aj., L. n° 2019-486, 22 mai 2019)* **« Il détermine à cette fin un processus de sélection qui garantit jusqu'à son terme la présence d'au moins une personne de chaque sexe parmi les candidats. Ces propositions de nomination s'efforcent de rechercher une représentation équilibrée des femmes et des hommes. »**

Les statuts fixent le nombre maximum des directeurs généraux délégués, qui ne peut dépasser cinq.

Le conseil d'administration détermine la rémunération du directeur général et des directeurs généraux délégués dans les conditions prévues à l'article L. 225-37-2.

Voir : C. com., art. R. 225-26, p. 634.

Bibliographie : J.-P. Dom, *Contrat de travail du directeur général au sein d'un groupe : BJS* 1996, p. 477. • P. Kasparian, *Prise de décision stratégique « émergente » et risque d'omnipotence du directeur général : BJS* 2015, p. 54. • *Adde* A. Viandier et G. Durand-Lépine, *JCl. Sociétés traité*, Fasc. 133-20.

Loi n° 2001-420 du 15 mai 2001

relative aux nouvelles régulations économiques

(JO 16 mai)

Art. 131. – [...].

III. – Les personnes qui, à la date de publication de la présente loi, avaient reçu du conseil d'administration mandat d'assister le président avec le titre de directeur général prennent le titre de directeur général délégué.

1) Impossibilité pour le président du conseil d'être nommé directeur général délégué. V. sous C. com., art. L. 225-51-1, annot. n° 1, p. 287.

2) Rémunération du directeur général.

a) **Compétence exclusive du conseil d'administration.** Seul le conseil d'administration peut déterminer, par une délibération sur son montant et ses modalités, la rémunération des directeurs généraux, les paiements faits par la société ne pouvant suppléer à sa décision : ▪ Cass. com., 13 févr. 1996 : *Bull. civ.* IV, n° 51 ; *JurisData* n° 1996-000442. – La décision de nomination qui ne s'exprime pas sur la rémunération ne peut valoirapprobation tacite des conditions proposées par la filiale de recrutement de la société concernée *(ibid.)*. – La rémunération du directeur général est déterminée par le conseil d'administration et ne peut être fixée par une convention conclue avec un tiers, peu important à cet égard que cette convention ait été autorisée par le conseil d'administration : ▪ Cass. com., 14 sept. 2010, n° 09-16.084 : *JCP* E 2010, 1995, note A. Viandier ; *Rev. sociétés* 2010, p. 462, note J.-F. Barbièri.

b) **Mise en œuvre d'une rémunération antérieure.** Dès lors que le conseil d'administration n'a pas prévu de rémunération lors de la désignation de l'intéressé en qualité de vice-président directeur général, il peut être retenu que l'absence de délibération expresse du conseil résulte de ce que les administrateurs ont décidé de conserver à l'intéressé les rémunérations qui lui avaient été consenties lors de ses précédents mandats : ▪ Cass. com., 16 avr. 2013, n° 09-14.999 : *BJS* 2013, p. 562, note M. Cafin-Moi ; *Dr. sociétés* 2013, n° 122, obs. D. Gallois-Cochet ; *Rev. sociétés* 2013, p. 693, note A. Reygrobellet.

3) Convention de management. A. Reygrobellet, *Les conventions de management fees : où en est-on ? : BJS* 2018, p. 120.

a) **Coexistence avec un mandat social.** Peut recevoir exécution la convention de management conclue entre une société mère et la société constituée par le dirigeant de l'une de ses filiales, les missions de la société prestataire de service ne se confondant pas avec celles du mandat social et étant en présence quatre personnes distinctes et autonomes : ▪ Cass. com., 12 déc. 2018, n° 16-15.217 : *BJS* 2019, p. 23, note A. Reygrobellet ; *Dr. sociétés* 2019, obs. 46, obs. C. Coupet.

b) **Cumul indirect de rémunération.** Est nulle faute de cause la convention passée entre une société et la société constituée par le directeur général de la première et visant à rémunérer la seconde pour la mise à disposition de la première de ce même directeur général dont les fonctions faisaient ainsi l'objet d'une double rémunération : ▪ Cass. com., 14 sept. 2010, n° 09-16.084 : *JCP* E 2010, 1995, note A. Viandier ; *Rev. sociétés* 2010, p. 462, note J.-F. Barbièri.

c) **Délégation illicite.** La convention par laquelle une SA confie à une société unipersonnelle ayant pour gérant associé unique son PDG des missions incombant à ce dernier au titre de son mandant social constitue une délégation à la société unipersonnelle des fonctions du P-DG, de sorte que cette convention en ce qu'elle fait double emploi avec lesdites fonctions sociales est nulle pour défaut de cause : ▪ Cass. com., 23 oct. 2012, n° 11-23.376, PB : *BJS* 2013, p. 108, note N. Ferrier ; D. 2013, p. 686, note D. Mazeaud ; *Rev. sociétés* 2013, p. 160, note A. Reygrobellet. – V. égal., ▪ CA Paris, 4 juill. 2013, n° 11/06318 : *BJS* 2014, p. 240, note P. Le Cannu ; *Dr. sociétés* 2014, n° 9, obs. D. Gallois-Cochet.

d) **Pas de restitution sans annulation.** Une société ne peut demander la restitution des sommes versées au titre d'une convention de management à la société dirigée par son propre dirigeant dès lors qu'elle n'en demande pas l'annulation et que la mission ne recouvre pas l'ensemble des missions du dirigeant, de sorte qu'elle ne peut correspondre à la rémunération du mandat social : ▪ Cass. com., 6 déc. 2016, n° 15-11.105 : *BJS* 2017, p. 177, note A. Reygrobellet ; *Dr. sociétés* 2017, n° 41, obs. C. Coupet.

4) Règles particulières aux sociétés cotées – *« Say on pay »*. V. sous C. com., art. L. 225-37-2, p. 280.

5) Cumul avec un contrat de travail.

a) Le directeur général peut également être salarié de la société dès lors que son contrat de travail est **réel et sérieux** : ▪ Cass. com., 26 oct. 1959 : *JCP* 1960, II, 11693, note D. B. – Tel est le cas si le contrat correspond à une fonction distincte de celle de mandataire social ▪ Cass. soc., 22 nov. 1972, 2 arrêts : *Rev. sociétés* 1973, p. 655, note M. Guilberteau. ▪ Cass. soc., 1er déc. 1993 : *RJDA* 1994, p. 144. – Le contrat de travail du directeur général implique un lien de **subordination** : ▪ Cass. soc., 29 janv. 1992 : *RJDA* 1992, p. 272. ▪ CA ▪ Paris, 15 déc. 1993 : *RJDA* 1994, p. 531. ▪ Cass. soc., 14 mai 1998 : *JurisData* n° 1998-002091 ; *JCP* E 1998, p. 1119. – Dès lors qu'il est établi que l'intéressé, engagé par la société mère pour diriger l'une de ses filiales, a exercé ses fonctions sous la dépendance des dirigeants de la société mère qui l'ont licencié pour n'avoir pas exécuté leurs instructions, la cour d'appel en déduit exactement l'existence d'un lien de **subordination** : ▪ Cass. soc., 4 mars 1997 : *JCP* E 1997, I, 676, n° 11, obs. A. Viandier et J.-J. Caussain ; *BJS* 1997, p. 661, note J.-P. Dom. – En revanche, dès lors que le directeur général n'exerce, au titre de son contrat de travail, aucune fonction technique distincte spécialement rémunérée, qu'il a les mêmes attributions que le président du conseil d'administration et qu'il bénéficie sans restriction des prérogatives inhérentes au mandat social de directeur général, il apparaît que le contrat de travail est **fictif** : ▪ Cass. soc., 22 mai 1995 : *BJS* 1995, p. 860, note P. Reigné. – V. sur l'exigence de la preuve des fonctions techniques distinctes et du lien de subordination : ▪ Cass. soc., 27 févr. 2013, n° 11-21.234 : *BJS* 2013, p. 392, note B. Saintourens. ▪ Cass. soc., 13 mars 2013, n° 11-28.020 : *BJS* 2013, p. 392, note B. Saintourens. – A pour seul employeur la société mère le salarié qui exerce son activité en tant que dirigeant de diverses filiales où son rôle s'inscrit soit dans le cadre de l'exécution du contrat de travail conclu avec la société mère, soit dans le cadre de directives de cette société concernant l'exercice des mandats : ▪ Cass. soc., 2 juin 2016, n° 14-29.727 : *BJS* 2016, p. 477, note G. Auzero.

b) La nomination, pour une courte durée et sans rémunération, aux fonctions de directeur général, **n'a aucune incidence** sur les fonctions de directeur technique de l'intéressé exercées sous les directives de la société dès lors que son contrat de travail a été maintenu et rémunéré jusqu'à son licenciement : ▪ Cass. soc., 2 avr. 1996 : *BJS* 1996, p. 602, note P. Le Cannu.

c) L'affectation par une société mère d'une personne destinée à remettre de l'ordre dans une filiale ne lui confère la qualité de salarié de la première que s'il existe un lien de subordination entre eux et tel n'est pas le cas quand le demandeur, même directeur général d'une filiale, a communiqué plusieurs documents à la société mère sans pour autant recevoir des instructions ou une rémunération de sa part : ▪ CA Paris, 4 nov. 1998 : *BJS* 1999, p. 367, note J.-P. Dom.

6) Suspension du contrat de travail.

a) **Principe.** Le contrat de travail accordé à l'ancien directeur commercial qui a bénéficié d'un mandat de directeur général, se trouve, en l'absence de convention contraire, suspendu pendant le temps d'exercice de son mandat : ▪ Cass. soc., 21 juin 1994 : *BJS* 1994, p. 991, note P. Reigné. – Dès lors qu'il est établi que l'intéressé, nommé directeur général, n'a pas renoncé expressément au bénéfice de son contrat de travail et n'a pas invoqué le cumul des fonctions de directeur général et de directeur salarié, la cour d'appel a pu, sans méconnaître le principe d'ordre public de la révocation *ad nutum* qui s'applique au mandat social mais qui est sans effet sur le contrat de travail antérieurement conclu, exactement décider que le contrat de travail avait été suspendu : ▪ Cass. soc., 11 juin 1997 : *BJS* 1997, p. 882, note B. Petit. – Lorsque le salarié devenu mandataire social cesse d'exercer des fonctions techniques distinctes, dans un état de subordination à l'égard de la société, le contrat de travail est suspendu pendant la durée de ce mandat : ▪ Cass. soc., 23 sept. 2009, n°s 08-41.397 et 08-41.415, PB : *JCP* E 2009, 2155, C. Puigelier. – *Adde* ▪ CA Versailles, 29 oct. 1998 : *BJS* 1999, p. 373, note S. Noémie. ▪ Cass. soc., 15 mars 2000 : *JCP* E 2000, p. 1144, note F. Petit. ▪ Cass. soc., 26 mars 2000 : *JCP* E 2000, p. 1807, obs. A. Viandier et J.-J. Caussain ; *JCP* E 2001, p. 472, note S. Ferries ; *BJS* 2000, p. 1165, note P. Scholer ; *RTD com.* 2000, p. 654, obs. C. Champaud et D. Danet.

b) **Maintien de l'obligation de loyauté.** Pendant la période de suspension de son contrat de travail, le salarié devenu mandataire social reste tenu envers son employeur d'une obligation de loyauté : ▪ Cass. soc., 16 mai 2018, n° 16-22.655 : *Dr. sociétés* 2018, n° 182, R. Mortier.

c) **Maintien de la période d'essai.** La désignation du salarié comme mandataire social, avec suspension du contrat de travail pendant la durée de ce mandat du fait de l'absence de fonctions techniques distinctes, ne met pas fin à la période d'essai, de sorte que celle-ci reprend son cours après la révocation du mandat social : ▪ Cass. soc, 24 avr. 2013, n° 12-11.825 : *BJS* 2013, p. 483, note G. Auzero.

7) Indépendance du contrat de travail et du mandat social. La désignation du directeur général étant de la compétence du conseil d'administration, le président n'ayant qu'un pouvoir de proposition, le défaut de désignation, lors même que celle-ci aurait été prévue lors de l'embauche du salarié, ne saurait constituer une modification du contrat de travail : ▪ Cass. soc., 28 sept. 2005 : *JurisData* n° 2005-029939 ; *BJS* 2006, p. 214, note G. Auzero.

8) Obligation de loyauté. Le directeur général est tenu d'une obligation de loyauté à l'égard de la société : ▪ Cass. com., 24 févr. 1998 : *BJS* 1998, p. 813, note B. Petit.

Art. L. 225-54 *(Anc. L. n° 66-537, 24 juill. 1966 ; mod., L. n° 2001-420, 15 mai 2001).* **– Les statuts doivent prévoir pour l'exercice des fonctions de directeur général ou de directeur général délégué une limite d'âge qui, à défaut d'une disposition expresse, est fixée à soixante-cinq ans.**

Toute nomination intervenue en violation des dispositions prévues à l'alinéa précédent est nulle.

Lorsqu'un directeur général ou un directeur général délégué atteint la limite d'âge, il est réputé démissionnaire d'office.

Voir : la rédaction de cet article issue de l'ordonnance n° 2019-744 du 19 juillet 2019, en *addendum*, p. 3371.

Absence d'indemnisation. La cessation des fonctions à raison de l'atteinte de la limite d'âge n'ouvre droit à aucune indemnité : ▪ Cass. soc., 11 oct. 1978 : *Rev. sociétés* 1979, p. 68, note D. Randoux.

Art. L. 225-54-1 *(L. n° 2001-420, 15 mai 2001 ; mod., L. n° 2002-1303, 29 oct. 2002).* **– Une personne physique ne peut exercer simultanément plus d'un mandat de directeur général de sociétés anonymes ayant leur siège sur le territoire français.**

Par dérogation aux dispositions du premier alinéa :

– un deuxième mandat de directeur général ou un mandat de membre du directoire ou de directeur général unique peut être exercé dans une société contrôlée au sens de l'article L. 233-16 par la société dont il est directeur général ;

– une personne physique exerçant un mandat de directeur général dans une société peut également exercer un mandat de directeur général, de membre du directoire ou de directeur général unique dans une société, dès lors que les titres de celles-ci ne sont pas admis aux négociations sur un marché réglementé.

Toute personne physique qui se trouve en infraction avec les dispositions du présent article doit se démettre de l'un de ses mandats dans les trois mois de sa nomination, ou du mandat en cause dans les trois mois de l'événement ayant entraîné la disparition de l'une des conditions fixées à l'alinéa précédent. À l'expiration de ce délai, elle est réputée s'être démise, selon le cas, soit de son nouveau mandat, soit du mandat ne répondant plus aux conditions fixées à l'alinéa précédent, et doit restituer les rémunérations perçues, sans que soit, de ce fait, remise en cause la validité des délibérations auxquelles elle a pris part.

Voir : Plafond général, C. com., art. L. 225-94, p. 313 et L. 225-94-1, p. 313. – Rappr. **Cumul des mandats d'administrateur,** C. com., art. L. 225-21, p. 244. – **Cumul des mandats de membre du directoire,** C. com., art. L. 225-67, p. 299 et bibliographie citée sous C. com., art. L. 225-21, p. 244.

Art. L. 225-55 *(Anc. L. n° 66-537, 24 juill. 1966 ; rempl., L. n° 2001-420, 15 mai 2001).* **– Le directeur général est révocable à tout moment par le conseil d'administration. Il en est de même, sur proposition du directeur général, des directeurs généraux délégués. Si la révocation est décidée sans juste motif, elle peut donner lieu à dommages-intérêts, sauf lorsque le directeur général assume les fonctions de président du conseil d'administration.**

Lorsque le directeur général cesse ou est empêché d'exercer ses fonctions, les directeurs généraux délégués conservent, sauf décision contraire du conseil, leurs fonctions et leurs attributions jusqu'à la nomination du nouveau directeur général.

Bibliographie : N. Bernard, *L'expiration des fonctions du directeur général adjoint de la société anonyme : JCP* 1966, I, 1990. • J. Delga, *Les indemnités de révocation des P-DG en France sont interdites : JCP* E 2007, 1803. • J. El Ahdab, *Les parachutes dorés et autres indemnités conventionnelles de départ des dirigeants : approche pluridisciplinaire et comparée : Rev. sociétés* 2004, p. 18. • O. Laouenan, *Les goldens parachutes dans les sociétés anonymes : LPA* 28 juill. 2004, p. 12. • M.-H. Laender, *La révocation des dirigeants sociaux : Dr. sociétés* 2000, chron. 9. • P. Le Cannu, *Le principe de contradiction et la protection des dirigeants : BJS* 1996, p. 11. • C. Malecki, *Application de la loi sur les nouvelles régulations économiques dans le temps et révocation des directeurs généraux délégués : BJS* 2002, p. 311. • Y. Paclot, *Les rémunérations des dirigeants des sociétés cotées en question : D.* 2007, p. 1670. • J.-L. Rossignol, *Régime fiscal des « golden parachutes » : Dr. fisc.* 2003, n° 14, comm. 15. • B. Saintourens, *La révocation des dirigeants sociaux dans l'actualité jurisprudentielle : BJS* 2005, p. 667. • M.-C. Sordino, *Aménagements conventionnels et révocation ad nutum des dirigeants de sociétés anonymes : Mél. C. Mouly*, t. II, Litec, 1998, p. 245. • S. de Vendeuil, *De la libre révocabilité du P-DG à la grande précarité des engagements souscrits à son profit : JCP* E 1995, pan., p. 308.

I – RÉVOCATION

1) Cessation des fonctions. Le directeur général est un mandataire social révocable à tout moment par le conseil, quelle que soit sa subordination à celui-ci : ▪ Cass. soc., 28 janv. 1988 : *Bull. civ.* V, n° 83 ; *JCP* E 1988, 15240, n° 7, obs. A. Viandier et J.-J. Caussain. – Le remplacement du président met fin aux fonctions du directeur général : ▪ CA Colmar, 6 juin 1975 : *D.* 1975, somm. p. 119.

2) Déloyauté du dirigeant. V., s'agissant du droit à une indemnité, retenant une faute grave à la charge du dirigeant dont le comportement déloyal constitue une violation de l'intérêt social entendu comme l'intérêt de la société mais aussi des associés, sans que la déloyauté suppose que le dirigeant ait poursuivi un intérêt personnel : ▪ CA Versailles, 1er juill. 2014 : *JCP* E 2014, 1468, note B. Dondero ; arrêt confirmé, en relevant les doutes émis par le dirigeant quant au modèle économique de la société tant en interne qu'à l'égard des investisseurs, par ▪ Cass. com., 5 juill. 2016, n° 14-23.904 : *BJS* 2016, p. 714, note B. Saintourens ; *Rev. sociétés* 2016, p. 601, note D. Schmidt.

3) Juste motif de révocation. Constituent un juste motif de révocation d'importantes divergences d'appréciation entre le directeur général et le président du conseil d'administration sur la gouvernance et les orientations de gestion ainsi qu'une perte de confiance réciproque et généralisée entre le directeur général et les membres du conseil d'administration, étant relevé que ces éléments étaient de nature à compromettre l'intérêt social : ▪ Cass. com., 26 nov. 2017, n° 15-12.560 : *Dr. sociétés* 2017, n° 122, obs. C. Coupet ; *Rev. sociétés* 2017, p. 413, note A. Couret.

4) Indemnité de révocation.

a) **Principe.** L'offre de verser une **indemnité** à un directeur général en cas de cessation des fonctions peut être contraire au principe de libre révocabilité des dirigeants sociaux : ▪ Cass. com., 2 juin 1992 : *JCP* E 1993, I, 215, n° 4, obs. A. Viandier et J.-J. Caussain ; *BJS* 1992, p. 1078.

b) **Clauses non valables.** Est nulle la clause prévoyant le **rachat** au double de leur valeur des actions appartenant à un mandataire social révocable *ad nutum* par l'actionnaire majoritaire : ▪ CA Versailles, 11 juill. 1991 : *JCP* E 1992, I, 3561, n° 9, obs. A. Viandier et J.-J. Caussain ; *BJS* 1991, p. 1008, note P. Le Cannu. – Est illicite la convention qui a pour objet de restreindre ou d'entraver la révocation *ad nutum* d'un directeur général par les conséquences financières importantes qu'elle entraîne pour un tiers qui peut exercer une influence sur la décision de révocation ; en l'espèce, à une promesse de cession d'actions était jointe, par acte séparé, l'engagement du cessionnaire de faire nommer le cédant aux fonctions de directeur général de la société dont les titres étaient cédés et de se **porter fort** de son maintien en fonction jusqu'à une certaine date, une indemnité étant prévue dans le cas contraire : ▪ Cass. com., 4 juin 1996 : *JurisData* n° 1996-005489 ; *JCP* E 1996, II, 849, note Y. Guyon ; *Dr. sociétés* 1998, n° 141, obs. D. Vidal ; *BJS* 1996, p. 930, note A. Couret. – Ainsi, il convient de rechercher les conséquences de la convention sur le patrimoine du débiteur, et notamment l'incidence du versement éventuel de l'indemnité sur les décisions de l'actionnaire majoritaire débiteur. Le caractère dissuasif de l'indemnité promise doit donc être apprécié **subjectivement,** ▪ CA Paris, 26 juin 1998 : *BJS* 1998, p. 1156, note J.-P. Dom. – V. aussi : ▪ Cass. com., 30 mars 1999 : *JurisData* n° 1999-001509 ; *Dr. sociétés* 1999, n° 102, obs. D. Vidal ; *BJS* 1999, p. 1107, note J.-P. Dom. – Justifie sa décision une cour d'appel ayant rejeté la demande en paiement du dirigeant révoqué au motif que l'indemnité aurait eu des conséquences financières importantes pour la société en raison de son montant élevé, ce qui aurait eu pour effet de dissuader les actionnaires d'exercer leur libre droit de révocation des mandataires sociaux : ▪ Cass. com., 26 mai 2004 : *JurisData* n° 2004-024063 ; *BJS* 2004, p. 1407, note B. Saintourens ; *JCP* E 2004, 1344, note A. Viandier. – La **situation financière** de la société étant très **dégradée** au moment de la cessation des fonctions du directeur général, l'indemnité de révocation qui lui a été consentie lors de sa nomination, égale à 12 mois de salaires, présente pour la société un caractère **dissuasif,** ce qui emporte nullité de la clause la prévoyant : ▪ Cass. com., 14 juin 2005, n° 02-17719 : *JurisData* n° 2005-028986 ; *BJS* 2006, 98, note D. Vidal. – V. aussi, ▪ CA Aix-en-Provence, 18 févr. 2003 : *BJS* 2003, p. 948.

c) **Validation par le comité des rémunérations.** V. admettant que la décision du conseil d'administration d'allouer une indemnité de révocation soit subordonnée à sa validation par le comité des rémunérations de la société actionnaire principale : ▪ Cass. com., 26 nov. 2017, n° 15-12.560 : *Dr. sociétés* 2017, n° 122, obs. C. Coupet ; *Rev. sociétés* 2017, p. 413, note A. Couret.

d) **Clause valable.** Est valable l'engagement souscrit par la société quelques jours avant la révocation du dirigeant de lui verser une indemnité, rapprochement fait entre le montant de celle-ci – trois ans de salaires – et les résultats de la société – chiffres d'affaires et bénéfice net –, ce dont peut être déduit l'absence d'incidence de l'indemnité sur la libre révocabilité du dirigeant : ▪ Cass. com., 19 avr. 2005 : *JurisData* n° 2005-028223.

5) Abus de révocation.

a) **Principe.** La révocation du directeur général d'une société anonyme, qui peut être décidée à tout moment, sans préavis ni précision de motif, par le conseil d'administration sur proposition de son président, engage la responsabilité de la société si elle revêt un caractère abusif eu égard aux circonstances dans lesquelles elle intervient : V. par ex. ▪ Cass. com., 26 avr. 1994 : *JCP* 1995, II, 22369, note D. Gibirila ; *BJS* 1994, p. 831, note P. Le Cannu. ▪ Cass. com., 3 janv. 1996 : *JurisData* n° 1996-000005 ; *BJS* 1966, p. 388, note B. Saintourens. – La révocation d'un directeur général peut intervenir à tout moment et n'est abusive que si elle a été accompagnée de circonstances ou a été prise dans des conditions qui portent atteinte à la réputation ou à l'honneur du dirigeant révoqué ou si elle a été décidée brutalement sans respecter le principe de la contradiction : ▪ Cass. com., 4 nov. 2008, n° 07-19.303. – Le principe du contradictoire ne doit être respecté que lors de la réunion du conseil d'administration décidant de la révocation et non lors de celle où cette révocation est envisagée : ▪ Cass. com., 28 nov. 2018, n° 17-15.859 : *BJS* 2019, p. 21, note J. Heinich.

b) **Principe du contradictoire.** Ainsi, sont abusives :

– la révocation intervenue sans respect du principe de la contradiction, circonstance dont il résultait un manque certain de loyauté et de considération pour la réputation du dirigeant révoqué : ▪ Cass. com., 29 mars 2011, n° 10-17.667 : *Rev. sociétés* 2012, p. 563, note J.-F. Barbièri ;

– la révocation intervenue en dehors du conseil d'administration, **sans que l'intéressé ait été mis en demeure de présenter préalablement ses observations**, quand bien même une faute lourde serait invoquée à son encontre : ▪ Cass. com., 26 avr. 1994, préc. ▪ Cass. com., 24 févr. 1998 : *JurisData* n° 1998-000972 ; *JCP* E 1998, p. 1305, obs. A. Viandier et J.-J. Caussain ; *Dr. sociétés* 1998, n° 94, obs. D. Vidal ; *BJS* 1998, p. 527, note C. Priéto ;

– la révocation non inscrite à l'ordre du jour, bien que préméditée comme le montre la présence d'un avocat à la demande du président du conseil d'administration, qui traduit le caractère déloyal de la procédure : ▪ CA Paris, 4 juill. 1996 : *JCP* E 1997, I, 639, n° 8, obs. A. Viandier et J.-J. Caussain ;

– la révocation violant le principe du contradictoire qui n'était pas inscrite à l'ordre du jour et qui a seulement fait l'objet d'une nouvelle question en cours de réunion, quand bien même l'intéressé avait été, durant le conseil, régulièrement révoqué de ses fonctions d'administrateur, en application d'un point de l'ordre du jour porté à sa connaissance : ▪ CA Versailles, 4 oct. 2001 : *BJS* 2001, p. 1282, note P. Le Cannu ;

– la révocation non inscrite à l'ordre du jour alors qu'aucun élément du dossier ne permettait d'établir qu'une décision de révocation était envisagée et qu'aucune possibilité n'a été donnée au directeur général de **connaître les motifs** de la décision prise à son encontre et de **présenter ses observations** pour la défense de ses intérêts : ▪ Cass. com., 30 nov. 2004 : *BJS* 2005, p. 386, note P. Le Cannu ; *Dr. sociétés* mars 2005, n° 51, obs. H. Hovasse ; *Dr. et patrimoine* juin 2005, n° 3701, p. 104, obs. D. Porracchia.

c) **Circonstances vexatoires et injurieuses.** Ainsi, sont abusives :

– la révocation brutale, inspirée par la malveillance ou décidée sous un prétexte fallacieux : ▪ Cass. com., 23 juin 1975 : *Rev. sociétés* 1976, p. 321, note Y. Chartier ;

– la révocation entourée d'une **publicité** malveillante destinée à porter atteinte à la réputation du directeur général : ▪ Cass. com., 2 oct. 1978 : *Rev. sociétés* 1979, p. 328, note J.-L. Sibon. ▪ CA Paris, 22 avr. 1980 : *Rev. sociétés* 1981, p. 334, note P. Merle ;

– la révocation qui intervient dans des conditions **vexatoires,** dès lors que l'intéressé en est informé par une note de service adressée à l'ensemble du personnel et qu'il est prié sans aménité d'abandonner son bureau et son véhicule de fonction : ▪ CA Paris, 21 nov. 1991 : *JCP* E 1992, I, 145, n° 8, obs. A. Viandier et J.-J. Caussain ;

– la révocation qui s'exprime moins de quatre mois après le renouvellement du directeur dans ses fonctions, alors que la situation de la société n'avait pas évolué de manière importante depuis sa nomination : ▪ CA Versailles, 17 déc. 1992 : *BJS* 1993, p. 458, note P. Reigné ;

– l'éviction du directeur général, obtenue grâce à la désignation artificiellement qualifiée de nouvelle du président démissionnaire, ce qui a permis à ce dernier de ne pas proposer de directeurs généraux, et ainsi d'écarter ceux qui étaient en fonctions sans les révoquer officiellement : ▪ Cass. com., 30 nov. 2004, préc., sous C. com., art. L. 225-55, annot. n° 5, p. 291.

d) En revanche, **n'est pas abusive** la révocation du directeur général :

– dont les relations avec le président se sont dégradées à un point tel que les conditions nécessaires à une collaboration efficace ont disparu : ▪ Cass. soc., 7 oct. 1981 : *JCP* 1981, IV, 402. – Voir aussi : ▪ CA Versailles, 28 sept. 2004 : *JCP* E 2004, act., p. 1711 ;

– qui s'opposait systématiquement à toutes les propositions mises à l'ordre du jour du conseil d'administration, manifestant une attitude incompatible avec l'exercice des fonctions de directeur général : ▪ CA Paris, 12 avr. 2002 : *JurisData* n° 2002-186403 ;

– dont la brutalité n'est pas démontrée, le directeur général ayant fait préalablement savoir à la direction, par l'intermédiaire de son avocat, ses critiques et son refus de mener la politique définie par le président, et s'étant dit prêt à quitter ses fonctions sous réserve d'une juste indemnisation : ▪ CA Paris, 20 mars 2001 : *JurisData* n° 2001-146895. – Voir aussi, ▪ CA Versailles, 28 sept. 2004 : préc. ;

– qui a pu constituer une nouvelle société et acquérir un fonds de commerce, ce qui démontre que ni son crédit ni sa réputation professionnelle n'ont été entamés par sa révocation, le principe du contradictoire ayant par ailleurs été respecté : ▪ CA Versailles, 23 sept. 2004 : *BJS* 2005, p. 743, note B. Saintourens.

e) Une décision de révocation devant être préparée et réfléchie, la concertation préalable n'équivaut pas à une préméditation qui traduirait un abus ; de même, la recherche d'un remplaçant est une précaution de saine gestion qui, si elle n'est pas ébruitée, ne peut porter atteinte à l'honneur du directeur général : ▪ CA Versailles, 8 janv. 1998 : *BJS* 1998, p. 633.

6) Divers. *a)* Pour un exemple de condamnation à **dommages-intérêts** d'un actionnaire au profit d'un directeur général révoqué à l'instigation de cet actionnaire, V. ▪ Cass. com., 19 déc. 1983 : *JCP* 1984, IV, p. 70.

b) La révocation du directeur-général qui peut intervenir à tout moment, est sans incidence sur son contrat de travail éventuel : ▪ Cass. soc., 14 juin 2000 : *BJS* 2000, p. 949, note G. Auzero.

II – DÉMISSION

7) Préavis. En application de l'article 2007 du Code civil, la démission d'un dirigeant de société qui constitue un acte juridique unilatéral produisant tous ses effets dès lors qu'elle a été portée à la connaissance de la société, la méconnaissance de l'obligation statutaire de respecter un préavis peut seulement ouvrir droit à des dommages et intérêts, sauf pour le dirigeant démissionnaire à établir qu'il était dans l'impossibilité de continuer le mandat : ▪ Cass. soc., 1er févr. 2011, n° 10-20.953, PB : *BJS* 2011, p. 375, note B. Dondero ; *D.* 2011, p. 440 ; *Dr. sociétés* 2011, n° 65, obs. M.-L. Coquelet ; *Rev. sociétés* 2011, p. 687, note A. Pomade.

III – NON-RENOUVELLEMENT

8) Non-renouvellement abusif. En dépit de l'absence de tout droit au renouvellement, la décision de non-renouvellement du mandat d'un directeur général délégué, qui n'a pas à être fondée sur de justes motifs ni motivée par des circonstances particulières, peut néanmoins ouvrir droit à réparation, sur le fondement de l'article 1382 du Code civil, si les circonstances du non-renouvellement sont humiliantes ou vexatoires ou s'il a été manqué au principe de la contradiction, lequel suppose que l'intéressé ait été mis en mesure de faire valoir ses observations dans des conditions compatibles avec le mandat social exercé : ▪ CA Paris, 29 janv. 2013, n° 11/22612 : *BJS* 2013, p. 655, note B. Dondero ; *Dr. sociétés* 2013, n° 103, obs. D. Gallois-Cochet.

Art. L. 225-56 *(Anc. L. n° 66-537, 24 juill. 1966 ; rempl., L. n° 2001-420, 15 mai 2001).* **– I. – Le directeur général est investi des pouvoirs les plus étendus pour agir en toute circonstance au nom de la société. Il exerce ces pouvoirs dans la limite de l'objet social et sous réserve de ceux que la loi attribue expressément aux assemblées d'actionnaires et au conseil d'administration.**

Il représente la société dans ses rapports avec les tiers. La société est engagée même par les actes du directeur général qui ne relèvent pas de l'objet social, à moins qu'elle ne prouve que le tiers savait que l'acte dépassait cet objet ou qu'il ne pouvait l'ignorer compte tenu des circonstances, étant exclu que la seule publication des statuts suffise à constituer cette preuve.

Les dispositions des statuts ou les décisions du conseil d'administration limitant les pouvoirs du directeur général sont inopposables aux tiers.

II. – En accord avec le directeur général, le conseil d'administration détermine l'étendue et la durée des pouvoirs conférés aux directeurs généraux délégués.

Les directeurs généraux délégués disposent, à l'égard des tiers, des mêmes pouvoirs que le directeur général.

Bibliographie : A.-C. Rouaud, *Les limitations statutaires au pouvoir d'agir en justice du représentant légal de société : Rev. sociétés* 2014, p. 415.

I – DIRECTEUR GÉNÉRAL

1) Limitation des pouvoirs du directeur général. Nonobstant les dispositions de l'article L. 225-56, les limitations des pouvoirs du directeur général sont efficaces dans les contrats conclus avec les tiers lorsqu'elles ont été intégrées dans ces contrats par le jeu d'une stipulation contractuelle, ainsi de la stipulation de la condition suspensive de l'obtention d'une autorisation du conseil d'administration : ▪ CA Versailles, 12 mars 2009, n° 07-09.194 : *BJS* 2009, p. 1075, note J.-Ph. Dom.

2) Pouvoir d'ester en justice. Le directeur général d'une société anonyme tient de la combinaison des articles L. 225-51-1 et L. 225-56 I le pouvoir d'ester en justice au nom de la société, et notamment d'effectuer, en application de l'article L. 622-24, alinéa 2, des **déclarations de créances** au nom de celle-ci, et il ne peut être apporté de restrictions à ce pouvoir que par une délibération expresse du conseil d'administration ou par une clause des statuts de la société : ▪ Cass. com., 15 oct. 2013, n° 12-24.881 : *Dr. sociétés* 2014, n° 25, obs. M. Roussille.

3) Obligation de rendre compte. Il appartient au dirigeant social de rendre compte à la société en justifiant les dépenses faites par lui au moyen de fonds sociaux, ce qui implique notamment de justifier des dépenses réglées au moyen de la carte mise à sa disposition et d'être en mesure de produire les facturettes : ▪ Cass. com., 25 juin 2013, n° 12-21.206 : *BJS* 2013, p. 731, note B. Dondero. ▪ Cass. com., 9 déc. 2014, n° 13-21.787 : *Rev. sociétés* 2015, p. 104.

II – JURISPRUDENCE ANTÉRIEURE À LA LOI NRE N° 2001-420 DU 15 MAI 2001 ET APPLICABLE AUJOURD'HUI AUX SEULS DIRECTEURS GÉNÉRAUX DÉLÉGUÉS

4) Pouvoirs internes et pouvoirs externes. Si l'article 117 *[C. com., art. L. 225-56]*, alinéa 2, attribue au directeur général d'une société anonyme, à l'égard des tiers, les pouvoirs conférés au président du conseil d'administration par l'article 113 *[C. com., art. L. 225-51]*, il n'en est pas de même, selon le premier alinéa de l'article 117 *[C. com., art. L. 225-56]*, dans les **rapports internes** de la société, où le directeur général ne dispose des pouvoirs de direction qu'en vertu d'une délégation du conseil d'administration ; dès lors, est légalement justifié l'arrêt qui a déclaré le seul président coupable de travail clandestin et d'emploi de travailleurs étrangers en situation irrégulière, les faits de l'espèce ayant montré que le directeur général ne bénéficiait d'aucune délégation de pouvoirs : ▪ Cass. crim., 23 juill. 1996 : *Bull. crim.* 1996, n° 301 ; *JurisData* n° 1996-003466 ; *JCP* E 1997, II, 909, note J.-H. Robert.

5) Pouvoir propre d'ester en justice. Le directeur général d'une société anonyme tient des dispositions combinées des articles 113 *[C. com., art. L. 225-51]*, alinéas 1 et 2, et 117 *[C. com., art. L. 225-56]*, alinéa 2, le pouvoir d'ester en justice au nom de la société, au même titre que le président du conseil d'administration : ▪ Cass. com., 12 juill. 1993 : *JCP* E 1994, I, 331, n° 9, obs. A. Viandier et J.-J. Caussain ; *D.* 1993, 549, note P. Merle ; *BJS* 1993, p. 1135, note P. Le Cannu. ▪ Cass. ass. plén., 18 nov. 1994 : *JCP* E 1995, II, 649, note A. Viandier ; *D.* 1995, 101, concl. Jéol, note D. Cohen ; *BJS* 1995, p. 61, note P. Le Cannu. ▪ Cass. soc., 2 déc. 1998 : *JurisData* n° 1998-004642 ; *D.* 1999, inf. rap. p. 41. ▪ Cass. com., 9 mai 1995 : *BJS* 1995, p. 765, note P. Le Cannu. – *Adde* ▪ Cass. com., 10 juin 1997 : *JCP* E 1998, p. 510, n° 7, obs. A. Viandier et J.-J. Caussain ; *BJS* 1997, p. 967, note P. S., à propos d'une réquisition de mise aux enchères publiques effectuée au nom d'une banque par son directeur général.

6) Divers. La démission volontaire d'un administrateur emporte cessation automatique des fonctions de directeur général par application de l'article 117 *[C. com., art. L. 225-56]* et cette cessation n'a aucun caractère abusif : ▪ Cass. com., 25 oct. 1983 : *JCP* 1984, IV, p. 7.

7) Directeur général adjoint. À la différence du directeur général délégué, le directeur général adjoint n'est pas un mandataire social ; faute de disposer d'une délégation de pouvoir dans l'exercice de ses fonctions, il ne peut valablement engager la société : ▪ Cass. com., 12 mai 2004 : *BJS* 2004, p. 1123, note P. Le Cannu ; *Dr. et patrimoine* déc. 2004, p. 93, obs. D. Porracchia.

III – MANDAT APPARENT

8) Exigence d'une croyance légitime. Le tiers contractant ne peut se prévaloir du contrat conclu avec une responsable de site dépourvu du pouvoir d'engager la société sans établir que les circonstances de la signature du contrat ont pu légitimement lui faire croire qu'il traitait avec une personne dûment habilitée à engager la société : ▪ Cass. com., 6 oct. 2015, n° 14-13.812 : *BJS* 2016, p. 16, note N. Ferrier. – V. égal., ▪ Cass. com., 6 oct. 2015, n° 14-15.969 : *Rev. sociétés* 2016, p. 106, note A. Reygrobellet.

9) Actionnaire majoritaire. Le seul fait qu'un actionnaire majoritaire ait négocié seul l'acte litigieux, dans lequel il apparaît en tant que président, est insuffisant à caractériser l'apparence d'un mandat au profit de celui qui n'était ni directeur général ni président de la société : ▪ Cass. com., 22 nov. 2011, n° 10-23.125 : *BJS* 2012, p. 204, note H. Barbier.

10) Directeur administratif et financier. Le seul fait que le directeur administratif et financier ait signé deux ans plus tôt un avenant et trois ans plus tôt le contrat ne dispense pas le cocontractant, représenté par un professionnel, de la vérification élémentaire de son pouvoir d'engager la société s'agissant de la signature d'un nouvel avenant : ▪ Cass. 3e civ., 15 juin 2011, n° 10-21.085 : *BJS* 2011, p. 857, note H. Barbier ; *Rev. sociétés* 2012, p. 226, note A. Latil.

11) Comptable. Le fait qu'un comptable, après avoir sans pouvoir signé un contrat, ait envoyé le lendemain une autorisation bancaire signée du directeur général ne suffit pas à caractériser un mandat apparent : ▪ Cass. com., 3 juin 2014, n° 13-16.767 : *Rev. sociétés* 2014, p. 718, note J.-J. Ansault.

Sous-section 2. – Du directoire et du conseil de surveillance

Bibliographie : J. Boucourechliev et a., *La pratique de la société à directoire*, Litec, coll. « Creda », 1980. • J.-J. Caussain, *La société à directoire : JCP* CI 1977, 12451 ; *Le directoire et le conseil de surveillance de société anonyme*, Litec, 2002. • P. Le Cannu, *Pour une évolution du droit des sociétés anonymes avec directoire et conseil de surveillance : BJS* 2000, p. 483. • B. François, *Pour la société anonyme à directoire : D.* 2004, p. 682. • P. Morvan, *Délégations de pouvoirs en matière pénale dans la société anonyme à directoire : JCP* E 2009, 2337. • A. Viandier et A. Charveriat, *Sociétés et loi NRE*, Fr. Lefebvre, 2002, nos 290 et s. • *Adde* J.-J. Caussain, *JCl. Sociétés traité*, Fasc. 133-40.

Art. L. 225-57 *(Anc. L. n° 66-537, 24 juill. 1966).* **– Il peut être stipulé par les statuts de toute société anonyme que celle-ci est régie par les dispositions de la présente sous-section. Dans ce cas, la société reste**

soumise à l'ensemble des règles applicables aux sociétés anonymes, à l'exclusion de celles prévues aux articles L. 225-17 à L. 225-56.

L'introduction dans les statuts de cette stipulation, ou sa suppression, peut être décidée au cours de l'existence de la société.

Bibliographie : J.-J. Caussain, *JCl. Sociétés traité*, Fasc. 133-40.

Art. L. 225-58 *(Anc. L. n° 66-537, 24 juill. 1966 ; mod., Ord. n° 2000-916, 19 sept. 2000 ; mod., L. n° 201486, 22 mai 2019)*. **– La société anonyme est dirigée par un directoire composé de cinq membres au plus. Lorsque les actions de la société sont admises aux négociations sur un marché réglementé, ce nombre peut être porté par les statuts à sept. La composition du directoire s'efforce de rechercher une représentation équilibrée des femmes et des hommes.**

Dans les sociétés anonymes dont le capital est inférieur à 150 000 €, les fonctions dévolues au directoire peuvent être exercées par une seule personne.

Le directoire exerce ses fonctions sous le contrôle d'un conseil de surveillance. Il détermine à cette fin un processus de sélection qui garantit jusqu'à son terme la présence d'au moins une personne de chaque sexe parmi les candidats.

Voir : C. com., art. R. 225-35 et R. 225-109, p. 637.

Bibliographie : J.-J. Caussain, *JCl. Sociétés traité*, Fasc. 133-50.

Art. L. 225-59 *(Anc. L. n° 66-537, 24 juill. 1966)*. **– Les membres du directoire sont nommés par le conseil de surveillance qui confère à l'un d'eux la qualité de président.**

Lorsqu'une seule personne exerce les fonctions dévolues au directoire, elle prend le titre de directeur général unique.

À peine de nullité de la nomination, les membres du directoire ou le directeur général unique sont des personnes physiques. Ils peuvent être choisis en dehors des actionnaires.

Voir : C. com., art. R. 225-37, p. 638.

1) Présidence du directoire. *a)* Le conseil de surveillance doit conférer à l'un des membres du directoire la qualité de président : Rép. min. : *JOAN* Q, 8 mai 1975, p. 2498.

b) Révocation. Le conseil de surveillance est compétent pour retirer à un membre du directoire sa qualité de président : ▪ CA Douai, 17 juin 1976 : *Rev. sociétés* 1977, p. 266, note J.-J. Burst ; *BJS* 1977, p. 187 ; *Gaz. Pal.* 1977, 1, p. 157. – Il y a lieu, dans le silence de la loi et des statuts, de faire application de l'article 2004 du Code civil donnant au mandant le pouvoir de révoquer le mandataire ***ad nutum***, ce qui autorise le conseil de surveillance à révoquer le président du directoire à tout moment et **sans nécessité d'un juste motif**, sous réserve que l'intéressé ait été mis en mesure de **présenter ses moyens de défense** ; tel n'est pas le cas lorsque la révocation est intervenue à l'occasion de la réunion du conseil de surveillance auquel le président révoqué n'assistait pas, faute d'y avoir été convié : ▪ CA Versailles, 17 mars 2005 : *JurisData* n° 2005-269538 ; *JCP* E 2005, 822 ; *JCP* E 2005, 1834, n° 7, obs. J.-J. Caussain, Fl. Deboissy et G. Wicker ; *Rev. sociétés* 2005, p. 917, obs. I. Urbain-Parléani.

2) Prétendu droit de proposition du président. Est réputée non écrite la clause qui prévoit la nomination des membres du directoire par le conseil de surveillance sur proposition du président du directoire : ▪ CA Versailles, 8 juill. 1993 : *BJS* 1993, p. 1024, note P. Le Cannu ; *RJDA* 1993, p. 785.

3) Contrat de travail. Le directeur général unique peut conclure un contrat de travail avec la société : ▪ CA Versailles, 16 mars 1993 : *Rev. sociétés* 1993, p. 659, note Y. Guyon. – Un salarié n'est pas fondé à demander la requalification du contrat de travail en contrat de mandataire social ou de collaboration, ces contrats n'ayant pas, par nature, le même objet ni ne répondant aux mêmes critères : ▪ Cass. com., 10 oct. 2018, n° 17-13.829 : *BJS* 2018, p. 689, note G. Auzero.

Art. L. 225-60 *(Anc. L. n° 66-537, 24 juill. 1966)*. **– Les statuts doivent prévoir pour l'exercice des fonctions de membre du directoire ou de directeur général unique une limite d'âge qui, à défaut d'une disposition expresse, est fixée à soixante-cinq ans.**

Toute nomination intervenue en violation des dispositions prévues à l'alinéa précédent est nulle.

Lorsqu'un membre du directoire ou le directeur général unique atteint la limite d'âge, il est réputé démissionnaire d'office.

Voir : la rédaction de cet article issue de l'ordonnance n° 2019-744 du 19 juillet 2019, en *addendum*, p. 3371.

Voir : Rappr. **Administrateur,** C. com., art. L. 225-19, p. 243. - **Président du conseil d'administration,** C. com., art. L. 225-48, p. 284. - **Directeur général ou directeur général délégué,** C. com., art. L. 225-54, p. 289.

Art. L. 225-61 *(Anc. L. n° 66-537, 24 juill. 1966 ; mod., L. n° 2001-420, 15 mai 2001).* **– Les membres du directoire ou le directeur général unique peuvent être révoqués par l'assemblée générale, ainsi que, si les statuts le prévoient, par le conseil de surveillance. Si la révocation est décidée sans juste motif, elle peut donner lieu à dommages-intérêts.**

Au cas où l'intéressé aurait conclu avec la société un contrat de travail, la révocation de ses fonctions de membre du directoire n'a pas pour effet de résilier ce contrat.

Voir : Comp. **Président du conseil d'administration,** C. com., art. L. 225-47, al. 3, p. 279.
Bibliographie sous C. com., art. L. 223-25, p. 215.

1) Juste motif de révocation.

a) **Principe.** Le juste motif se définit en fonction de l'activité de l'intéressé et au regard de **l'intérêt social** : ▪ CA Paris, 20 nov. 1980 : *Rev. sociétés* 1981, p. 583, note P. Le Cannu. – La juridiction saisie de l'appréciation du juste motif de révocation d'un membre du directoire n'est pas tenue par les motifs de la juridiction statuant sur le licenciement de l'intéressé : ▪ Cass. com., 20 juin 2006, n° 05-14.168 : *BJS* 2007, p. 252, note G. Auzero.

b) **Applications.** Est un juste motif :

– l'absence de concordance de vue entre le directoire et l'actionnaire principal *[94 % du capital]* : ▪ CA Paris, 17 janv. 2003 : *JCP* E 2003, 1203, n° 5, obs. J.-J. Caussain, Fl. Deboissy et G. Wicker. ▪ T. com. Paris, 5 juill. 1972 : *JCP* 1974, II, 17743, note H. Synvet ;

– la mésentente entre deux membres du directoire de nature à compromettre l'intérêt social : ▪ Cass. com., 19 déc. 2006, n° 05-15.803 : *BJS* 2007, p. 503, note P. Le Cannu ; *JCP* E 2007, 1877, obs. J.-J. Caussain, Fl. Deboissy et G. Wicker ; *Rev. sociétés* 2007, p. 331, note B. Saintourens ; même solution dans le cas où la mésentente résulte de la résistance de l'un des membres du directoire au changement d'orientation et d'organisation consécutive à la prise de contrôle de la société : ▪ Cass. com., 10 févr. 2015, n° 13-27.967 : *JCP* E 2015, 1463, note B. Dondero ; *Rev. sociétés* 2015, p. 371, note A. Viandier.

– la **nécessaire réorganisation** de la société : ▪ CA Rennes, 28 mars 1973 : *JCP* 1974, II, 17743, note H. Synvet ; *Rev. sociétés* 1974, p. 708, note J.-J. Burst. ▪ Cass. com., 25 avr. 2006, n° 04-18.091 : *JurisData* n° 2006-033252 ; la **substitution d'un conseil d'administration au directoire** d'une société anonyme, qui emporte suppression du poste de président du directoire : ▪ Cass. com., 4 févr. 1997 : *JurisData* n° 1997-000440 ; *BJS* 1997, p. 306, note P. Le Cannu ; *D.* 1998, 362, note D. Roure ; *Rev. sociétés* 1997, p. 537, note Y. Chartier ; la recomposition du directoire : ▪ Cass. com., 3 mars 2015, n° 14-11.840 : *Dr. sociétés* 2015, n° 90, obs. D. Gallois-Cochet ; *Rev. sociétés* 2015, p. 518, note A. Reygrobellet.

c) **Maintien des clauses contractuelles d'indemnisation.** L'existence d'un juste motif de révocation n'exclut pas le jeu des stipulations contractuelles prévoyant une indemnisation en cas de révocation pour tout autre motif qu'une faute grave ou lourde : ▪ CA Paris, 18 oct. 2016, n° 15/18421 : *Rev. sociétés* 2017, p. 157, note J. Heinich.

2) Absence de juste motif. *a)* **Droit à réparation.** L'absence de justes motifs ouvre au profit de l'intéressé un droit à réparation du préjudice subi, qui n'est pas nécessairement égal à la rémunération qui aurait été perçue si le « mandat » s'était poursuivi jusqu'à son terme : ▪ Cass. com., 22 nov. 1977 : *Rev. sociétés* 1978, p. 483, note Y. Guyon. – Dès lors qu'a été demandée la réparation du seul préjudice matériel, la réparation ne peut être du préjudice moral, et le quantum de la réparation ne peut être déterminé par référence au bénéfice retiré par la société de l'action du dirigeant : ▪ Cass. com., 20 nov. 2012, n° 11-28.888 : *Rev. sociétés* 2513, p. 430, note C. Tabourot-Hiest.

b) **Applications.** La simple abstention de vote dans une assemblée d'actionnaires ne saurait constituer un juste motif : ▪ CA Paris, 20 nov. 1980 préc. ▪ Cass. com., 7 juin 1983 : *Rev. sociétés* 1983, p. 796, note P. Le Cannu. – La **mésentente** d'un membre du directoire avec les autres membres ne suffit pas à caractériser un juste motif si elle ne nuit pas à l'entreprise, en particulier dans ses rapports avec l'extérieur ou avec ses propres salariés, et si elle reste **sans conséquence sur le fonctionnement de la société** : ▪ CA Paris, 28 mai 2004 : *BJS* 2004, p. 1411, note J.-Ph. Dom ; *JCP* E 2005, 131, n° 6, obs. J.-J. Caussain, Fl. Deboissy et G. Wicker ; *RTD com.* 2004, p. 752, obs. Cl. Champaud et D. Danet. – Le simple **refus de déférer** à une **convocation du conseil de surveillance,** de surcroît réuni à l'étranger, ne peut constituer un juste motif de révocation du mandat : ▪ CA Versailles, 17 mars 2005 : *JurisData* n° 2005-269538 ; *JCP* E 2005, 822. – Ne constitue pas un juste motif de révocation la participation au capital d'une autre société poursuivant un objet social différent, la preuve du rôle joué par le dirigeant dans la réalisation de conventions passées entre les deux sociétés n'étant pas rapportée : ▪ Cass. com., 20 juin 2006, n° 05-14.168 : *Dr. sociétés* oct. 2006, n° 142, obs. J. Monnet. – Ne constitue pas un juste motif de révocation l'absence d'accord sur les modalités du départ d'un membre du directoire, alors même que celui-ci avait fait part de son intention de mettre fin à ses fonctions suite à un projet de fusion mais que ses demandes ne présentaient rien d'exorbitant : ▪ CA Paris, 7 déc. 2017, n° 16/01013 : *Dr. sociétés* 2018, n° 64, J. Heinich ; *Rev. sociétés* 2018, p. 315, note A. Reygrobellet.

3) Procédure de la révocation. *a)* **Abus.** La révocation d'un membre du directoire, décidée par le directoire réuni uniquement à l'occasion de l'absence de celui-ci, aussitôt suivie de la révocation du même dirigeant par les conseils d'administration des filiales dans lesquelles il exerçait les fonctions de président ou de directeur général, est abusive et illégale dans la mesure où elle a eu pour effet de « court-circuiter » les organes légaux de la procédure de révocation : ▪ CA Versailles, 27 juin 1996 : *BJS* 1996, p. 1021, note P. Le Cannu.

b) **Principe du contradictoire.** Si aucune disposition n'impose de délai entre la proposition de révocation par le conseil de surveillance et la décision de l'assemblée, la révocation intervenant sans respecter le principe du contradictoire ouvre droit à des dommages et intérêts : ▪ CA Paris, 5 mars 1999 : *JurisData* n° 1999-020309 ; *JCP* E 1999, p. 1240, obs. A. Viandier et J.-J. Caussain ; *Dr. sociétés* 1999, n° 103, obs. D. Vidal ; *BJS* 1999, p. 686, note P. Le Cannu. ▪ CA Lyon, 15 déc. 2005 : *JurisData* n° 2005-292621 ; *JCP* E 2006, 1672. – Le principe du contradictoire est respecté lorsque le membre du directoire révoqué a été convoqué suffisamment à l'avance pour qu'il puisse **préparer sa défense** : ▪ CA Paris, 28 mai 2004 : *BJS* 2004, p. 1411, note J.-Ph. Dom ; *JCP* E 2005, 131, n° 5, obs. J.-J. Caussain, Fl. Deboissy et G. Wicker. ▪ CA Paris, 26 mars 2004 : *RTD com.* 2004, p. 765, obs. P. Le Cannu. – Même solution lorsque le membre du directoire a été averti en temps utile des griefs formulés contre lui, ce dont il résulte que la société a fait le nécessaire pour lui permettre de présenter ses observations avant la décision de révocation : ▪ Cass. com., 15 mai 2007, n° 05-19.464 : *JCP* E 2007, 2158, note A. Viandier ; *JCP* E 2007, 1910 ; *Rev. sociétés* 2007, p. 780, note M.-L. Coquelet.

c) **Théorie des incidents de séance.** La possibilité pour l'assemblée générale de délibérer sur la révocation d'un membre des organes sociaux, même en l'absence de toute inscription préalable à son ordre du jour, est applicable aux membres du directoire : ▪ CA Paris, 17 janv. 2003 : *JCP* E 2003, 1203, n° 6, obs. J.-J. Caussain, Fl. Deboissy et G. Wicker.

4) Circonstances vexatoires et injurieuses. Un droit à réparation est ouvert quand les circonstances de la révocation ont été marquées par un caractère injurieux, ce qui est le cas si la décision a été entourée de hâte et de secret, tandis que, par la suite, il lui était donné une importante publicité auprès des sociétés du groupe et des tiers interlocuteurs habituels de l'intéressé : ▪ CA Versailles, 27 juin 1996, préc. – Même solution en cas de légèreté blâmable susceptible de porter atteinte à l'image et à la réputation d'un membre du directoire révoqué quatre mois après sa prise de fonctions : ▪ CA Paris, 31 janv. 2001 : *BJS* 2001, p. 791, note P. Le Cannu ; *JCP* E 2002, I, 372, n° 6, obs. A. Viandier et J.-J Caussain. – En revanche, il n'y a pas lieu à réparation dans le cas de la diffusion d'un courrier, à destination des seuls membres du groupe, annonçant le départ du dirigeant en raison de fautes graves, sans qu'il n'y ait eu aucune imputation diffamatoire ni que soient détaillés les faits sanctionnés : ▪ Cass. com., 10 nov. 2015, n° 14-20.301 : *BJS* 2016, p. 84, note T. Favario ; *Dr. sociétés* 2016, n° 29, obs. D. Gallois-Cochet. – V. également sur le caractère brutal de la révocation, ▪ Cass. com., 9 janv. 2019, n° 17-28.957 : *BJS* avr. 2019, p. 13, note C. Coupet ; *Dr. sociétés* 2019, n° 87, obs. J.-F. Hamelin.

5) Démission. *a)* **Exigence d'une volonté libre et réfléchie.** La démission d'un membre du directoire doit procéder d'une volonté libre et réfléchie, ce qui n'est pas le cas lorsqu'elle est donnée sous le coup de l'émotion de la perte éminente de son contrat de travail ; et à défaut d'être prévue par les statuts, la démission doit être acceptée par le conseil de surveillance, l'acceptation de ce dernier étant dépourvue d'effet lorsqu'elle intervient après la rétractation de la démission, quand bien même celle-ci aurait été acceptée par le président du conseil de surveillance qui est sans pouvoir à cet effet : ▪ CA Pau, 7 mai 2007, n° 03-01.427 : *BJS* 2008, p. 185, note A. Lecourt.

b) **Révocation déguisée.** V. ▪ CA Paris, 18 juin 2015, n° 14/21779 : *Rev. sociétés* 2015, p. 672, note J.-F. Barbièri.

6) Conséquences de la révocation sur le contrat de travail. *a)* **Mandat social substitué au contrat de travail.** Le membre du directoire ne retrouve pas, à l'issue de ses fonctions, le bénéfice de son contrat de travail, dès lors que le mandat social a été substitué à ce contrat, les mêmes fonctions étant continuées sous une qualification différente : ▪ Cass. soc., 1er juin 1978 : *Bull. civ.* V, n° 426 ; *Rev. sociétés* 1979, p. 79, note P. Le Cannu.

b) **Licenciement consécutif à la révocation.** La confusion délibérément entretenue par les intéressés entre les actes effectués en qualité de directeur technique et ceux effectués en qualité de membre du directoire ne peut avoir pour conséquence d'interdire à l'employeur d'invoquer ces faits, qui avaient déjà conduit à la révocation des mandats sociaux, à l'appui d'une procédure de licenciement dès lors qu'ils constituent un manquement aux obligations professionnelles des directeurs salariés : ▪ Cass. soc., 15 déc. 2010, n° 09-71.288.

Art. L. 225-62 *(Anc. L. n° 66-537, 24 juill. 1966).* **– Les statuts déterminent la durée du mandat du directoire dans des limites comprises entre deux et six ans. À défaut de disposition statutaire, la durée du mandat est de quatre ans. En cas de vacance, le remplaçant est nommé pour le temps qui reste à courir jusqu'au renouvellement du directoire.**

Voir : C. com., art. R. 225-36, p. 637.

1) Les dispositions de l'article L. 225-62 concernant exclusivement la durée du mandat des membres du directoire, ne sont pas applicables au **président du directoire** ; il entre donc dans les prérogatives du conseil de surveillance de limiter dans le temps la fonction du président, la fonction et les pouvoirs attachés à la qualité de membre du directoire n'étant pas affectés par une telle décision : ▪ CA Paris, 10 déc. 1999 : *JurisData* n° 1999-116251.

2) Le conseil de surveillance peut, dans les limites prévues par les statuts, désigner un **nouveau membre** du directoire au cours du mandat de cet organe, dès lors qu'il n'est pas démontré que cette nomination a été décidée de manière frauduleuse : ▪ CA Paris, 14 juin 2002 : *JCP* E 2003, 627, n° 6, obs. J.-J. Caussain, Fl. Deboissy et G. Wicker.

3) Exclusion de la tacite reconduction. La poursuite de l'exercice du mandat en l'absence d'une décision du conseil de surveillance de renouveler le membre du directoire dans ses fonctions ne peut valoir tacite reconduction, ces fonctions cessant de plein droit à la survenance du terme prévu : ▪ CA Paris, 16 oct. 2018, n° 16/03087 : *BJS* 2019, p. 23, obs. S. Messaï-Bahri ; *Dr. sociétés* 2019, n° 47, obs. J. Heinich.

Art. L. 225-63 *(Anc. L. n° 66-537, 24 juill. 1966 ; L. n° 2016-1691, 9 déc. 2016).* **– L'acte de nomination fixe le mode et le montant de la rémunération de chacun des membres du directoire dans les conditions prévues à l'article L. 225-82-2.**

Voir : Rappr. **Président du conseil d'administration,** C. com., art. L. 225-47, al. 1, p. 279.

1) Le conseil de surveillance d'une société anonyme a une **compétence exclusive** pour fixer, par un pouvoir propre de décision, le mode et la rémunération de chacun des membres du directoire ; il peut notamment revenir sur une précédente décision fixant la rémunération à venir des membres du directoire : ▪ Cass. com., 16 juill. 1985, n° 83-17.416 : *Bull. civ.* IV, n° 217 ; *JCP* E 1986, 14975 ; *Rev. sociétés* 1982, p. 842, note Guyenot. ▪ Cass. com., 12 déc. 1995, n° 94-12.489 : *BJS* 1996, p. 207, note P. Le Cannu.

2) Le conseil de surveillance ne peut **réduire rétroactivement** la rémunération des membres du directoire sans l'accord de ceux-ci, peu important que les sommes dues au titre de cette rémunération n'aient pas encore été payées : ▪ Cass. com., 10 févr. 2009, n° 08-12.564, PB : *D.* 2009, p. 498, obs. A. Lienhard ; *JCP* E 2009, n° 31-35, n° 5, obs. Fl. Deboissy et G. Wicker. – Comp., il est du pouvoir du conseil de surveillance de fixer, et donc de **réduire**, la rémunération des membres du directoire : ▪ CA Paris, 14 juin 2002 : *JCP* E 2003, 627, n° 7, obs. J.-J. Caussain, Fl. Deboissy et G. Wicker.

3) Le conseil de surveillance commet une faute lorsqu'il s'abstient de fixer les objectifs du président du directoire, lesquels conditionnent la détermination de sa rémunération variable : ▪ CA Paris, 26 mai 2016, n° 14/20147 : *BJS* 2016, p. 654, note I. Parachkokova ; *Dr. sociétés* 2016, n° 186, obs. M. Roussille.

Art. L. 225-64 *(Anc. L. n° 66-537, 24 juill. 1966). – (Al. mod., L. n° 2019-486, 22 mai 2019)* **Le directoire est investi des pouvoirs les plus étendus pour agir en toute circonstance au nom de la société. Il les exerce dans la limite de l'objet social et sous réserve de ceux expressément attribués par la loi au conseil de surveillance et aux assemblées d'actionnaires. Il détermine les orientations de l'activité de la société et veille à leur mise en œuvre, conformément à son intérêt social, en prenant en considération les enjeux sociaux et environnementaux de son activité. Il prend également en considération, s'il y a lieu, la raison d'être de la société définie en application de l'article 1835 du Code civil.**

Dans les rapports avec les tiers, la société est engagée même par les actes du directoire qui ne relèvent pas de l'objet social, à moins qu'elle ne prouve que le tiers savait que l'acte dépassait cet objet ou qu'il ne pouvait l'ignorer compte tenu des circonstances, étant exclu que la seule publication des statuts suffise à constituer cette preuve.

Les dispositions des statuts limitant les pouvoirs du directoire sont inopposables aux tiers.

Le directoire délibère et prend ses décisions dans les conditions fixées par les statuts.

Voir : C. com., art. R. 225-39, R. 225-40, p. 638 et R. 225-53, p. 639.
Rappr. **Directeur général,** C. com., art. L. 225-56, I, p. 293.

1) Cession d'un élément du fonds. Le directoire peut, dans ses rapports avec les tiers, accomplir tous les actes se rattachant à l'objet social, quelles qu'en soient la nature et l'importance ; il peut notamment vendre un élément du fonds de commerce, modifiant ainsi les conditions d'exploitation de ce fonds, sans toutefois modifier l'objet social qui, en l'espèce, était le courtage de banque : ▪ CA Paris, 25 mai 1993 : *BJS* 1993, p. 852, note P. Le Cannu.

2) Déclaration des créances. Le directoire a le pouvoir de nommer un préposé de la société pour déclarer les créances : ▪ Cass. com., 22 janv. 2008, n° 06-20.379 : *D.* 2008, p. 413, obs. A. Lienhard.

3) Délégation de pouvoir consentie par le président du directoire. V. sous CPC, art. 117, annot. n° 8-1, p. 1948.

Art. L. 225-65 *(Anc. L. n° 66-537, 24 juill. 1966 ; L. n° 2016-1691, 9 déc. 2016).* **– Le déplacement du siège social sur le territoire français peut être décidé par le conseil de surveillance, sous réserve de ratification de cette décision par la prochaine assemblée générale ordinaire.**

Sur délégation de l'assemblée générale extraordinaire, le conseil de surveillance apporte les modifications nécessaires aux statuts pour les mettre en conformité avec les dispositions législatives et réglementaires, sous réserve de ratification de ces modifications par la prochaine assemblée générale extraordinaire.

Voir : Rappr. **Conseil d'administration,** C. com., art. L. 225-36, p. 262.

Art. L. 225-66 *(Anc. L. n° 66-537, 24 juill. 1966).* **– Le président du directoire ou, le cas échéant, le directeur général unique représente la société dans ses rapports avec les tiers.**

Toutefois, les statuts peuvent habiliter le conseil de surveillance à attribuer le même pouvoir de représentation à un ou plusieurs autres membres du directoire, qui portent alors le titre de directeur général.

Les dispositions des statuts limitant le pouvoir de représentation de la société sont inopposables aux tiers.

1) Pouvoirs de représentation. La fonction de président n'investit pas son titulaire d'un pouvoir de direction plus étendu que celui des autres membres du directoire ; elle lui confère seulement la mission de représenter la société dans ses rapports avec les tiers : ▪ CA Douai, 17 juin 1976 : *Rev. sociétés* 1977, p. 266, note J.-J. Burst. – L'article 126 de la loi du 24 juillet 1966 *[C. com., art. L. 225-66]* ne paraît pas interdire au conseil de surveillance d'attribuer le pouvoir de représentation à l'ensemble des membres du directoire : Rép. min. : *JOAN* Q, 7 mai 1975, p. 2498.

2) Promesse personnelle. La promesse faite par le président du directoire d'une société mère d'un groupe à l'un des dirigeants de plusieurs filiales, transféré au sein d'une filiale étrangère, de le nommer directeur général de la société mère, au cas où il devrait quitter ses nouvelles fonctions, n'engage pas la société, mais engage personnellement le président du directoire : ▪ Cass. com., 4 oct. 1988 : *BJS* 1988, p. 863.

Art. L. 225-67 *(Anc. L. n° 66-537, 24 juill. 1966 ; rempl., L. n° 2001-420, 15 mai 2001 ; mod., L. n° 2002-1303, 29 oct. 2002).* **– Une personne physique ne peut exercer plus d'un mandat de membre du directoire ou de directeur général unique de sociétés anonymes ayant leur siège social sur le territoire français.**

Par dérogation aux dispositions du premier alinéa :

– un deuxième mandat de membre du directoire ou de directeur général unique ou un mandat de directeur général peut être exercé dans une société contrôlée au sens de l'article L. 233-16 par la société dont cette personne est membre du directoire ou directeur général unique ;

– une personne physique exerçant un mandat de membre du directoire ou de directeur général unique dans une société peut également exercer un mandat de directeur général, de membre du directoire ou de directeur général unique dans une société, dès lors que les titres de celles-ci ne sont pas admis aux négociations sur un marché réglementé.

Toute personne physique qui se trouve en infraction avec les dispositions du présent article doit se démettre de l'un de ses mandats dans les trois mois de sa nomination, ou du mandat en cause dans les trois mois de l'événement ayant entraîné la disparition de l'une des conditions fixées à l'alinéa précédent. À l'expiration de ce délai, elle est réputée s'être démise, selon le cas, soit de son nouveau mandat, soit du mandat ne répondant plus aux conditions fixées à l'alinéa précédent, et doit restituer les rémunérations perçues, sans que soit, de ce fait, remise en cause la validité des délibérations auxquelles elle a pris part.

Voir : Plafond général, C. com., art. L. 225-94-1, p. 313.

Rappr. **Administrateur,** C. com., art. L. 225-21, p. 244. – **Directeur général,** C. com., art. L. 225-54-1, p. 290. – Bibliographie citée sous C. com., art. L. 225-21, p. 244.

JURISPRUDENCE ANTÉRIEURE À LA LOI DU 25 MAI 2001 SUR LES NOUVELLES RÉGULATIONS ÉCONOMIQUES

Cumul de mandats. Une personne déjà titulaire de deux « mandats » de président du conseil d'administration ne peut pas devenir membre du directoire d'une troisième société, serait-elle « filiale » des deux précédentes : Rép. min. : *JO Sénat Q*, 19 juill. 1973, p. 1160.

Art. L. 225-68 *(Anc. L. n° 66-537, 24 juill. 1966 ; mod., L. n° 2003-706, 1er août 2003 ; L. n° 2005-842, 26 juill. 2005 ; L. n° 2006-1770, 30 déc. 2006 ; L. n° 2008-649, 3 juill. 2008 ; Ord. n° 2009-80, 22 janv. 2009 ; L. n° 2011-103, 27 janv. 2011 ; L. n° 2016-1691, 9 déc. 2016 ; Ord. n° 2017-1162, 12 juill. 2017).* **– Le conseil de surveillance exerce le contrôle permanent de la gestion de la société par le directoire.**

Les statuts peuvent subordonner à l'autorisation préalable du conseil de surveillance la conclusion des opérations qu'ils énumèrent. Toutefois, les cautions, avals et garanties, sauf dans les sociétés exploitant un établissement bancaire ou financier, font l'objet d'une autorisation du conseil de surveillance dans des conditions déterminées par décret en Conseil d'État. Ce décret détermine également les conditions dans lesquelles le dépassement de cette autorisation peut être opposé aux tiers.

À toute époque de l'année, le conseil de surveillance opère les vérifications et les contrôles qu'il juge opportuns et peut se faire communiquer les documents qu'il estime nécessaires à l'accomplissement de sa mission.

Une fois par trimestre au moins le directoire présente un rapport au conseil de surveillance.

Après la clôture de chaque exercice et dans le délai fixé par décret en Conseil d'État, le directoire lui présente, aux fins de vérification et de contrôle, les documents visés au deuxième alinéa de l'article L. 225-100.

Le conseil de surveillance présente à l'assemblée générale prévue à l'article L. 225-100 un rapport sur le gouvernement d'entreprise joint au rapport de gestion mentionné au même article. Ce rapport inclut les informations, le cas échéant adaptées aux sociétés à conseil de surveillance, mentionnées aux articles L. 225-37-3 à L. 225-37-5, ainsi que les observations du conseil de surveillance sur le rapport du directoire et sur les comptes de l'exercice.

Voir : la rédaction de cet article issue de l'ordonnance n° 2019-744 du 19 juillet 2019, en *addendum*, p. 3371.

Voir : C. com., art. R. 225-40, p. 638, R. 225-53, R. 225-54, R. 225-55 et R. 225-56, p. 639.

Rappr. **Rapport du conseil d'administration,** C. com., art. L. 225-37, p. 262.

Bibliographie : H. Chassery, *Les attributions du conseil de surveillance : RTD com.* 1976, p. 449. • J.-P. Langlade, *Le pouvoir de fournir des sûretés dans les sociétés commerciales : RTD com.* 1979, p. 355. • P. Le Cannu, *La nature juridique des fonctions des membres du conseil de surveillance d'une société anonyme : BJS* 1989, p. 479 ; *Quelques problèmes d'application des articles 98, alinéa 4, et 128, alinéa 2, de la loi du 24 juillet 1966 : BJS* 1996, p. 273. • *Adde* J.-J. Caussain, *JCl. Sociétés traité*, Fasc. 133-60.

1) Exercice collégial du contrôle.

a) Le caractère collégial du conseil de surveillance n'interdit pas à un membre de cette instance de demander aux dirigeants tous documents utiles à l'exercice de leur mission de contrôle, sans toutefois qu'il soit possible d'admettre son assistance par un technicien étranger à la société : Rép. min. : *JOAN Q*, 25 janv. 1975, p. 310. – *Contra*, ▪ CA Aix-en-Provence, 21 févr. 2013, n° 2013/80 : *Dr. sociétés* 2013, n° 121, obs. M. Roussille. – Rappr. C. com., art. L. 225-35, pour le droit d'information individuel des administrateurs.

b) Le recours à un cabinet spécialisé pour procéder à un **audit de la société** participe des pouvoirs de contrôle du conseil de surveillance : ▪ CA Paris, 14 juin 2002 : *JCP* E 2003, 627, n° 8, obs. J.-J. Caussain, Fl. Deboissy et G. Wicker.

c) Est irrecevable la demande imprécise présentée par les membres du conseil de surveillance d'une société holding afin d'obtenir la **communication de pièces** relatives aux sociétés dans lesquelles celle-ci détient des participations : ▪ CA Paris, 30 août 2005 : *JurisData* n° 2005-280172 ; *JCP* E 2005, 1591.

2) Autorisation des cautions, avals et garanties. L'engagement souscrit par une société mère de se substituer à sa filiale dans tous ses droits et obligations constitue une garantie soumise à l'autorisation préalable du conseil de surveillance : ▪ CA Paris, 4 oct. 2002 : *BJS* 2003, p. 294, note N. Rontchevsky ; *JCP* E 2003, act., p. 176. – Voir aussi sous C. com., art. L. 225-35, annot. n° 9 s., p. 259.

3) Qualité des membres du conseil de surveillance. Les membres du conseil de surveillance n'ont pas la qualité de dirigeants de droit, ni, sauf immixtion dans la gestion de la société, celle de dirigeant de fait : ▪ CA Paris, 8 juill. 1975 : *Rev. sociétés* 1976, p. 114, note J. G. – Il ressort des dispositions de la loi de 1966 *[Code de commerce]* relatives au conseil de surveillance que, quelle que soit l'étendue des prérogatives légales dévolues par les statuts à ce conseil, celui-ci demeure un organe exclusivement chargé d'une mission de contrôle ; ses membres, auxquels la loi interdit d'ailleurs de s'immiscer dans la gestion de la société, ne peuvent être présumés exercer effectivement des fonctions de direction, de gestion ou d'administration : ▪ CE, 31 mars 1993 : *BJS* 1993, p. 694 *[décision rendue en matière fiscale]*.

4) Application aux membres du conseil de surveillance du prononcé de l'incessibilité des titres détenus par un dirigeant de droit ou de fait. Voir sous C. com., art. L. 626-4, annot. n° 1, p. 2028.

5) Rapport du président du conseil de surveillance. V. sous C. com., art. L. 225-37, annot. n° 6, p. 264.

Art. L. 225-69 *(Anc. L. n° 66-537, 24 juill. 1966 ; mod., L. n° 2001-420, 15 mai 2001 ; L. n° 2011-103, 27 janv. 2011).* **– Le conseil de surveillance est composé de trois membres au moins. Les statuts fixent le nombre maximum des membres du conseil, qui est limité à dix-huit.**

Le conseil de surveillance est composé en recherchant une représentation équilibrée des femmes et des hommes.

Voir : C. com., art. R. 225-52, p. 639.

Nombre de membres en cas de fusion, C. com., art. L. 225-95, p. 313.

Conseil d'administration, C. com., art. L. 225-17, p. 239.

Voir : Quotas de femmes, sous C. com., art. L. 225-17, annot. n° 4, p. 240.

Art. L. 225-69-1 *(Créé à compter du 1er janvier 2017, L. n° 2011-103, 27 janv. 2011).* **– La proportion des membres du conseil de surveillance de chaque sexe ne peut être inférieure à 40 % dans les sociétés dont les actions sont admises aux négociations sur un marché réglementé et, à l'issue de la plus prochaine assemblée générale ayant à statuer sur des nominations, dans les sociétés qui, pour le troisième exercice consécutif, emploient un nombre moyen d'au moins cinq cents salariés permanents et présentent un montant net de chiffre d'affaires ou un total de bilan d'au moins 50 millions d'euros.** *(Mots suppr., L. n° 2019-486, 22 mai 2019)* **« ... ».**

Rédaction future. La proportion des membres du conseil de surveillance de chaque sexe ne peut être inférieure à 40 % dans les sociétés dont les actions sont admises aux négociations sur un marché réglementé et, à l'issue de la plus prochaine assemblée générale ayant à statuer sur des nominations, dans les sociétés qui, pour le troisième exercice consécutif, emploient un nombre moyen d'au moins *(Mots rempl. à compter du 1er janvier 2020, L. n° 2014-873, 4 août 2014)* « deux cent cinquante » salariés permanents et présentent un montant net de chiffre d'affaires ou un total de bilan d'au moins 50 millions d'euros. *(Mots suppr., L. n° 2019-486, 22 mai 2019)* « ... ».

Toute nomination intervenue en violation du premier alinéa et n'ayant pas pour effet de remédier à l'irrégularité de la composition du conseil est nulle. Cette nullité n'entraîne pas celle des délibérations auxquelles a pris part le membre du conseil irrégulièrement nommé.

Voir : L. n° 2011-103, 27 janv. 2011, art. 5, p. 243. – **Conseil d'administration,** C. com., art. L. 225-18-1, p. 242.

Art. L. 225-70 *(Anc. L. n° 66-537, 24 juill. 1966).* **– Les statuts doivent prévoir pour l'exercice des fonctions de membre du conseil de surveillance une limite d'âge s'appliquant soit à l'ensemble des membres du conseil de surveillance, soit à un pourcentage déterminé d'entre eux.**

À défaut de disposition expresse dans les statuts, le nombre des membres du conseil de surveillance ayant atteint l'âge de soixante-dix ans ne peut être supérieur au tiers des membres du conseil de surveillance en fonctions.

Toute nomination intervenue en violation des dispositions prévues à l'alinéa précédent est nulle.

À défaut de disposition expresse dans les statuts prévoyant une autre procédure, lorsque la limitation statutaire ou légale fixée pour l'âge des membres du conseil de surveillance est dépassée, le membre du conseil de surveillance le plus âgé est réputé démissionnaire d'office.

Voir : la rédaction de cet article issue de l'ordonnance n° 2019-744 du 19 juillet 2019, en *addendum*, p. 3371.

L'irrégularité de la composition du conseil de surveillance au regard des règles de limite d'âge n'affecte pas la validité de ces délibérations mais se résout, par application des articles L. 225-70 et L. 225-78, par la nullité des nominations intervenues en violation de ces règles, la démission d'office du membre le plus âgé et une procédure de régularisation de l'organe social que peut déclencher tout intéressé : ▪ CA Paris, 1er oct. 2013, n° 12/17788 : *BJS* 2014, p. 243, note J.-Ph. Dom.

Art. L. 225-71 *(Mod., L. n° 2001-152, 19 févr. 2001 ; L. n° 2001-1168, 11 déc. 2001 ; L. n° 2002-73, 17 janv. 2002 ; L. n° 2006-1770, 30 déc. 2006 ; L. n° 2019-486, 22 mai 2019)* (1). **– Dans les sociétés dont**

(1) Dispositions d'application particulières et transitoires : V. L. n° 2019-486, 22 mai 2019, art. 186, II.

les titres sont admis aux négociations sur un marché réglementé, lorsque le rapport présenté par le directoire lors de l'assemblée générale en application de l'article L. 225-102 établit que les actions détenues par le personnel de la société ainsi que par le personnel de sociétés qui lui sont liées au sens de l'article L. 225-180 représentent plus de 3 % du capital social de la société, un ou plusieurs membres du conseil de surveillance sont élus par l'assemblée générale des actionnaires sur proposition des actionnaires visés à l'article L. 225-102. Ceux-ci se prononcent par un vote dans des conditions fixées par les statuts. Ces membres sont élus parmi les salariés actionnaires ou, le cas échéant, parmi les salariés membres du conseil de surveillance d'un fonds commun de placement d'entreprise détenant des actions de la société. Ces membres ne sont pas pris en compte pour la détermination du nombre minimal et du nombre maximal de membres du conseil de surveillance prévus à l'article L. 225-69. La durée de leur mandat est déterminée par application de l'article L. 225-18. Toutefois, leur mandat prend fin par l'arrivée du terme ou la rupture, pour quelque cause que ce soit, de leur contrat de travail.

Si l'assemblée générale extraordinaire ne s'est pas réunie dans un délai de dix-huit mois à compter de la présentation du rapport, tout salarié actionnaire peut demander au président du tribunal statuant en référé d'enjoindre sous astreinte au directoire de convoquer une assemblée générale extraordinaire et de soumettre à celle-ci les projets de résolutions tendant à modifier les statuts dans le sens prévu à l'alinéa précédent et au dernier alinéa du présent article.

Lorsqu'il est fait droit à la demande, l'astreinte et les frais de procédure sont à la charge des membres du directoire.

Lorsque l'assemblée générale extraordinaire est convoquée en application du premier alinéa, elle se prononce également sur un projet de résolution prévoyant l'élection d'un ou plusieurs membres du conseil de surveillance par le personnel de la société et des filiales directes ou indirectes dont le siège social est fixé en France. Le cas échéant, ces représentants sont désignés dans les conditions prévues à l'article L. 225-79.

Les membres du conseil de surveillance mentionnés au premier alinéa du présent article bénéficient à leur demande d'une formation adaptée à l'exercice de leur mandat, mise à la charge de la société, dans des conditions définies par décret en Conseil d'État. La durée de ce temps de formation ne peut être inférieure à quarante heures par an.

Rédaction future. Art. L. 225-71 *(Mod., L. n° 2001-152, 19 févr. 2001 ; L. n° 2001-1168, 11 déc. 2001 ; L. n° 2002-73, 17 janv. 2002 ; L. n° 2006-1770, 30 déc. 2006 ; L. n° 2019-486, 22 mai 2019 ; mod. à compter de la date prévue au B du I de l'article 184 de la loi n° 2019-486 du 22 mai 2019, L. n° 2019-486, 22 mai 2019).* – Dans les sociétés dont les titres sont admis aux négociations sur un marché réglementé, lorsque le rapport présenté par le directoire lors de l'assemblée générale en application de l'article L. 225-102 établit que les actions détenues par le personnel de la société ainsi que par le personnel de sociétés qui lui sont liées au sens de l'article L. 225-180 représentent plus de 3 % du capital social de la société, un ou plusieurs membres du conseil de surveillance sont élus par l'assemblée générale des actionnaires sur proposition des actionnaires visés à l'article L. 225-102. Ceux-ci se prononcent par un vote dans des conditions fixées par les statuts. Ces membres sont élus parmi les salariés actionnaires ou, le cas échéant, parmi les salariés membres du conseil de surveillance d'un fonds commun de placement d'entreprise détenant des actions de la société. Ces membres ne sont pas pris en compte pour la détermination du nombre minimal et du nombre maximal de membres du conseil de surveillance prévus à l'article L. 225-69, ni pour l'application du premier alinéa de l'article L. 225-69-1. La durée de leur mandat est déterminée par application de l'article L. 225-18. Toutefois, leur mandat prend fin par l'arrivée du terme ou la rupture, pour quelque cause que ce soit, de leur contrat de travail.

Les dispositions du premier alinéa du présent article s'appliquent également aux sociétés dont les titres ne sont pas admis aux négociations sur un marché réglementé et qui emploient à la clôture de deux exercices consécutifs au moins mille salariés permanents dans la société et ses filiales, directes ou indirectes, dont le siège social est fixé sur le territoire français, ou au moins cinq mille salariés permanents dans la société et ses filiales, directes ou indirectes, dont le siège social est fixé sur le territoire français et à l'étranger.

Si l'assemblée générale extraordinaire ne s'est pas réunie dans un délai de dix-huit mois à compter de la présentation du rapport, tout salarié actionnaire peut demander au président du tribunal statuant en référé d'enjoindre sous astreinte au directoire de convoquer une assemblée générale extraordinaire et de soumettre à celle-ci les projets de résolutions tendant à modifier les statuts dans le sens prévu aux premier et dernier alinéas du présent article.

Lorsqu'il est fait droit à la demande, l'astreinte et les frais de procédure sont à la charge des membres du directoire.

Lorsque l'assemblée générale extraordinaire est convoquée en application du premier alinéa, elle se prononce également sur un projet de résolution prévoyant l'élection d'un ou plusieurs membres du conseil de surveillance par le personnel de la société et des filiales directes ou indirectes dont le siège social est fixé en France. Le cas échéant, ces représentants sont désignés dans les conditions prévues à l'article L. 225-79.

Les membres du conseil de surveillance mentionnés au premier alinéa du présent article bénéficient à leur demande d'une formation adaptée à l'exercice de leur mandat, mise à la charge de la société, dans des conditions définies par décret en Conseil d'État. La durée de ce temps de formation ne peut être inférieure à quarante heures par an.

Rappr. **Conseil d'administration,** C. com., art. L. 225-23, p. 248 et la bibliographie.

Art. L. 225-72 *(Anc. L. n° 66-537, 24 juill. 1966 ; mod., L. n° 2001-420, 15 mai 2001 ; L. n° 2008-776, 4 août 2008 ; L. n° 2013-504, 14 juin 2013).* – **Les statuts peuvent imposer que chaque membre du conseil de surveillance soit propriétaire d'un nombre d'actions de la société, qu'ils déterminent.**

Si, au jour de sa nomination, un membre du conseil de surveillance n'est pas propriétaire du nombre d'actions requis ou si, en cours de mandat, il cesse d'en être propriétaire, il est réputé démissionnaire d'office, s'il n'a pas régularisé sa situation dans le délai de six mois.

Les dispositions du premier alinéa ne s'appliquent pas aux actionnaires salariés nommés membres du conseil de surveillance en application de l'article L. 225-71, ni aux salariés nommés membres du conseil de surveillance en application des articles L. 225-79 et L. 225-79-2.

Voir : Rappr. **Conseil d'administration,** C. com., art. L. 225-25, p. 251.

Doit être déclaré démissionnaire d'office, faute d'être propriétaire du nombre d'actions requis à l'expiration du délai légal de régularisation, celui qui a bénéficié de la transmission d'une action, au titre d'un prêt de consommation, sans que cette transmission ait donné lieu à une inscription en compte en son nom : ▪ Cass. com., 15 nov. 2011, n° 10-19.620, PB : *BJS* 2012, p. 314, note F.-X. Lucas ; *D.* 2002, p. 663, note F. Danos ; *Dr. sociétés* 2012, n° 26, obs. D. Gallois-Cochet ; *Rev. sociétés* 2012, p. 299, note M. Dubertret. – V. égal., ▪ CA Nancy, 4 juill. 2012 : *Dr. sociétés* 2012, n° 202, obs. R. Mortier.

Art. L. 225-73 *(Anc. L. n° 66-537, 24 juill. 1966).* – **Les commissaires aux comptes** *(Mots aj. à compter de la date prévue au II de l'article 20 de la loi n° 2019-486 du 22 mai 2019 et au plus tard le 1er septembre 2019, L. n° 2019-486, 22 mai 2019)* **« , s'il en existe, » veillent, sous leur responsabilité, à l'observation des dispositions prévues à l'article L. 225-72 et en dénoncent toute violation dans leur rapport à l'assemblée générale annuelle.**

Voir : Rappr. **Conseil d'administration,** C. com., art. L. 225-26, p. 252.

Art. L. 225-74 *(Anc. L. n° 66-537, 24 juill. 1966).* – **Aucun membre du conseil de surveillance ne peut faire partie du directoire.**

Voir : C. com., art. R. 225-37, p. 638.

Art. L. 225-75 *(Anc. L. n° 66-537, 24 juill. 1966 ; mod., L. n° 2012-387, 22 mars 2012).* – **Les membres du conseil de surveillance sont nommés par l'assemblée générale constitutive ou par l'assemblée générale ordinaire. Dans le cas prévu à l'article L. 225-16, ils sont désignés dans les statuts. La durée de leurs fonctions est déterminée par les statuts, sans pouvoir excéder six ans. Toutefois, en cas de fusion ou de scission, la nomination peut être faite par l'assemblée générale extraordinaire.**

Ils sont rééligibles, sauf stipulation contraire des statuts. Ils peuvent être révoqués à tout moment par l'assemblée générale ordinaire.

Toute nomination intervenue en violation des dispositions précédentes est nulle à l'exception de celles auxquelles il peut être procédé dans les conditions prévues à l'article L. 225-78.

Voir : C. com., art. R. 225-41, p. 638.
C. com., art. L. 225-78, p. 304 et L. 225-105, al. 3, p. 326. – **Conseil d'administration,** C. com., art. L. 225-18, p. 240.

Art. L. 225-76 *(Anc. L. n° 66-537, 24 juill. 1966 ; L. n° 2011-103, 27 janv. 2011).* – **Une personne morale peut être nommée au conseil de surveillance. Lors de sa nomination, elle est tenue de désigner un représentant permanent qui est soumis aux mêmes conditions et obligations et qui encourt les mêmes responsabilités civile et pénale que s'il était membre du conseil en son nom propre, sans préjudice de la responsabilité solidaire de la personne morale qu'il représente.**

Le représentant permanent est pris en compte pour apprécier la conformité de la composition du conseil de surveillance au premier alinéa de l'article L. 225-69-1. Toute désignation intervenue en violation de cet alinéa et n'ayant pas pour effet de remédier à l'irrégularité de la composition du conseil est nulle. Cette nullité n'entraîne pas celle des délibérations auxquelles a pris part le représentant permanent irrégulièrement désigné.

Lorsque la personne morale révoque son représentant, elle est tenue de pourvoir en même temps à son remplacement.

Voir : C. com., art. R. 225-42 et R. 225-43, p. 638.
Rappr. **Conseil d'administration,** C. com., art. L. 225-20, p. 243.

Art. L. 225-77 *(Anc. L. n° 66-537, 24 juill. 1966 ; rempl., L. n° 2001-420, 15 mai 2001 ; mod., L. n° 2002-1303, 29 oct. 2002).* – Une personne physique ne peut exercer simultanément plus de cinq mandats de membre de conseil de surveillance de sociétés anonymes ayant leur siège social sur le territoire français.

Par dérogation aux dispositions du premier alinéa, ne sont pas pris en compte les mandats de membre du conseil de surveillance ou d'administrateur exercés par cette personne dans les sociétés contrôlées au sens de l'article L. 233-16 par la société dont elle est déjà membre du conseil de surveillance.

Pour l'application des dispositions du présent article, les mandats de membre du conseil de surveillance des sociétés dont les titres ne sont pas admis aux négociations sur un marché réglementé et contrôlées au sens de l'article L. 233-16 par une même société ne comptent que pour un seul mandat, sous réserve que le nombre de mandats détenus à ce titre n'excède pas cinq.

Toute personne physique qui se trouve en infraction avec les dispositions du présent article doit se démettre de l'un de ses mandats dans les trois mois de sa nomination, ou du mandat en cause dans les trois mois de l'événement ayant entraîné la disparition de l'une des conditions fixées à l'alinéa précédent. À l'expiration de ce délai, elle est réputée s'être démise, selon le cas, soit de son nouveau mandat, soit du mandat ne répondant plus aux conditions fixées à l'alinéa précédent, et doit restituer les rémunérations perçues, sans que soit, de ce fait, remise en cause la validité des délibérations auxquelles elle a pris part.

Voir : Plafond général, C. com., art. L. 225-94, p. 313, L. 225-94-1, p. 313. – Rappr. **Conseil d'administration,** C. com., art. L. 225-21, p. 244.

Art. L. 225-78 *(Anc. L. n° 66-537, 24 juill. 1966 ; L. n° 2011-103, 27 janv. 2011).* – En cas de vacance par décès ou par démission d'un ou plusieurs sièges de membre du conseil de surveillance, ce conseil peut, entre deux assemblées générales, procéder à des nominations à titre provisoire.

Lorsque le nombre des membres du conseil de surveillance est devenu inférieur au minimum légal, le directoire doit convoquer immédiatement l'assemblée générale ordinaire en vue de compléter l'effectif du conseil de surveillance.

Lorsque le nombre des membres du conseil de surveillance est devenu inférieur au minimum statutaire sans toutefois être inférieur au minimum légal, le conseil de surveillance doit procéder à des nominations à titre provisoire en vue de compléter son effectif dans le délai de trois mois à compter du jour où se produit la vacance.

Lorsque sa composition n'est plus conforme au premier alinéa de l'article L. 225-69-1, le conseil de surveillance doit procéder à des nominations à titre provisoire afin d'y remédier dans le délai de six mois à compter du jour où se produit la vacance.

Les nominations effectuées par le conseil, en vertu des premier et troisième alinéas ci-dessous sont soumises à ratification de la prochaine assemblée générale ordinaire. À défaut de ratification, les délibérations prises et les actes accomplis antérieurement par le conseil n'en demeurent pas moins valables.

Les nominations effectuées par le conseil, en vertu des troisième et quatrième alinéas ci-dessus, sont soumises à ratification de la prochaine assemblée générale ordinaire. À défaut de ratification, les délibérations prises et les actes accomplis antérieurement par le conseil n'en demeurent pas moins valables.

Lorsque le conseil néglige de procéder aux nominations requises ou si l'assemblée n'est pas convoquée, tout intéressé peut demander en justice la désignation d'un mandataire chargé de convoquer l'assemblée générale, à l'effet de procéder aux nominations ou de ratifier les nominations prévues au troisième alinéa.

Voir : C. com., art. R. 225-44, p. 638.
Rappr. **Conseil d'administration,** C. com., art. L. 225-24, p. 250.

Art. L. 225-79 *(Anc. L. n° 66-537, 24 juill. 1966).* – Il peut être stipulé dans les statuts que le conseil de surveillance comprend, outre les membres dont le nombre et le mode de désignation sont prévus aux articles L. 225-69 et L. 225-75, des membres élus soit par le personnel de la société, soit par le personnel de la société et celui de ses filiales directes ou indirectes dont le siège social est fixé sur le territoire français.

Le nombre des membres du conseil de surveillance élus par les salariés ne peut être supérieur à quatre ni excéder le tiers du nombre des autres membres. Lorsque le nombre des membres élus par les salariés est égal ou supérieur à deux, les ingénieurs, cadres et assimilés ont un siège au moins.

Les membres du conseil de surveillance élus par les salariés ne sont pas pris en compte pour la détermination du nombre minimal et du nombre maximal de membres prévus à l'article L. 225-69 *(Mots aj. à compter du 1er janvier 2017, L. n° 2011-103, 27 janv. 2011)* « , ni pour l'application du premier alinéa de l'article L. 225-69-1 ».

Conseil d'administration, C. com., art. L. 225-27, p. 252.

Art. L. 225-79-1 *(L. n° 2005-842, 26 juill. 2005 ; L. n° 2007-1223, 21 août 2007 ; L. n° 2015-990, 6 août 2015).* – **Dans les sociétés dont les titres sont admis aux négociations sur un marché réglementé, en cas de nomination aux fonctions de membre du directoire d'une personne liée par un contrat de travail à la société ou à toute société contrôlée ou qui la contrôle au sens des II et III de l'article L. 233-16, les dispositions dudit contrat correspondant, le cas échéant, à des éléments de rémunération, des indemnités ou des avantages dus ou susceptibles d'être dus à raison de la cessation ou du changement de ces fonctions, ou postérieurement à celles-ci, ou des engagements de retraite à prestations définies répondant aux caractéristiques des régimes mentionnés à l'article L. 137-11 du Code de la sécurité sociale pour la période d'exercice du mandat social, sont soumises au régime prévu par l'article L. 225-90-1 du présent code.**

Voir : la rédaction de cet article issue de l'ordonnance n° 2019-697 du 3 juillet 2019, en *addendum*, p. 3371.

Rappr. **Conseil d'administration,** C. com., art. L. 225-22-1, p. 248.

Bibliographie : V. sous C. com., art. L. 225-22-1, p. 248.

Contrat de travail antérieur. Le contrat de travail conclu antérieurement à la désignation du salarié comme mandataire social, indépendamment de ce mandat et sans fraude, n'est pas soumis à la procédure d'autorisation : ▪ Cass. soc., 10 avr. 2013, n° 11-25.841, PB : *BJS* 2013, p. 407, note B. Dondero ; *Rev. sociétés* 2013, p. 684, note R. Vatinet.

Art. L. 225-79-2 *(L. n° 2013-504, 14 juin 2013).* – **I.** *(Mod., L. n° 2015-994, 17 août 2015)* **Dans les sociétés qui emploient, à la clôture de deux exercices consécutifs, au moins mille salariés permanents dans la société et ses filiales, directes ou indirectes, dont le siège social est fixé sur le territoire français, ou au moins cinq mille salariés permanents dans la société et ses filiales, directes ou indirectes, dont le siège social est fixé sur le territoire français et à l'étranger, il est stipulé dans les statuts que le conseil de surveillance comprend, outre les membres dont le nombre et le mode de désignation sont prévus aux articles L. 225-69 et L. 225-75 du présent code, des membres représentant les salariés.**

(L. n° 2015-994, 17 août 2015) **Sauf lorsqu'elle est soumise à l'obligation de mettre en place un comité d'entreprise en application de l'article L. 2322-1 du Code du travail, une société dont l'activité principale est d'acquérir et de gérer des filiales et des participations peut ne pas mettre en œuvre l'obligation prévue au premier alinéa du présent I si elle détient une ou plusieurs filiales remplissant les conditions et appliquant l'obligation prévues au même alinéa.**

Une société n'est pas soumise à l'obligation prévue *(Mots rempl., L. n° 2015-994, 17 août 2015)* **« aux deux premiers alinéas » du présent I dès lors qu'elle est la filiale, directe ou indirecte, d'une société elle-même soumise à cette obligation.**

II. – Le nombre des membres du conseil de surveillance représentant les salariés est au moins égal à deux dans les sociétés dont le nombre de membres désignés selon les modalités mentionnées à l'article L. 225-75 est supérieur à douze et au moins à un s'il est égal ou inférieur à douze.

Les membres du conseil de surveillance représentant les salariés ne sont pris en compte ni pour la détermination du nombre minimal et du nombre maximal des membres du conseil de surveillance prévus à l'article L. 225-69, ni pour l'application du premier alinéa de l'article L. 225-69-1.

(Mod., L. n° 2015-994, 17 août 2015) **L'élection des administrateurs représentant les salariés sur le fondement du 1° du III du présent article respecte la parité conformément à l'article L. 225-28. Lorsque deux administrateurs sont désignés sur le fondement du 2° du même III, le comité de groupe, le comité central d'entreprise ou le comité d'entreprise désigne une femme et un homme.**

III. – Dans les six mois suivant la clôture du second des deux exercices mentionnés au I, après avis, selon le cas, du comité de groupe, du comité central d'entreprise ou du comité d'entreprise, l'assemblée générale extraordinaire procède à la modification des statuts pour déterminer les conditions dans lesquelles sont désignés les membres du conseil de surveillance représentant les salariés, selon l'une des modalités suivantes :

1° L'organisation d'une élection auprès des salariés de la société et de ses filiales, directes ou indirectes, dont le siège social est fixé sur le territoire français dans les conditions fixées à l'article L. 225-28 ;

2° La désignation, selon le cas, par le comité de groupe prévu à l'article L. 2331-1 du Code du travail, le comité central d'entreprise ou le comité d'entreprise de la société mentionnée au I du présent article ;

3° La désignation par l'organisation syndicale ayant obtenu le plus de suffrages au premier tour des élections mentionnées aux articles L. 2122-1 et L. 2122-4 du Code du travail dans la société et ses filiales, directes ou indirectes, dont le siège social est fixé sur le territoire français lorsqu'un seul membre est à désigner, ou par

chacune des deux organisations syndicales ayant obtenu le plus de suffrages au premier tour de ces élections lorsque deux membres sont à désigner ;

4° Lorsqu'au moins deux membres sont à désigner, la désignation de l'un des membres selon l'une des modalités fixées aux 1° à 3° et de l'autre par le comité d'entreprise européen, s'il existe, ou, pour les sociétés européennes au sens de l'article L. 2351-1 du Code du travail, par l'organe de représentation des salariés mentionné à l'article L. 2352-16 du même code ou, à défaut, par le comité de la société européenne mentionné à l'article L. 2353-1 dudit code.

L'élection ou la désignation des membres du conseil de surveillance représentant les salariés intervient dans les six mois suivant la modification des statuts prévue au premier alinéa du présent III.

IV. – Si l'assemblée générale extraordinaire ne s'est pas réunie dans le délai prévu au premier alinéa du III, tout salarié peut demander au président du tribunal statuant en référé d'enjoindre sous astreinte au directoire de convoquer une assemblée générale extraordinaire et de soumettre à celle-ci les projets de résolutions tendant à modifier les statuts dans le sens prévu au même III.

À défaut de modification des statuts à l'issue du délai prévu au premier alinéa dudit III, les membres du conseil de surveillance représentant les salariés sont désignés par la voie de l'élection mentionnée au 1° du III dans les six mois suivant l'expiration du même délai. Tout salarié peut demander au président du tribunal statuant en référé d'enjoindre sous astreinte à la société d'organiser l'élection.

V. – Les sociétés répondant aux critères fixés au I du présent article et dont le conseil de surveillance comprend un ou plusieurs membres désignés en application de l'article L. 225-79 du présent code, de l'article 5 de la loi n° 83-675 du 26 juillet 1983 relative à la démocratisation du secteur public ou de l'article 8-1 de la loi n° 86-912 du 6 août 1986 relative aux modalités des privatisations, ainsi que leurs filiales directes ou indirectes, ne sont pas soumises à l'obligation prévue aux I à III du présent article dès lors que le nombre de ces administrateurs est au moins égal au nombre prévu au II.

V. – Les sociétés répondant aux critères fixés au I du présent article et dont le conseil de surveillance comprend un ou plusieurs membres désignés en application de l'article L. 225-79 du présent code ***(Mots rempl. à compter de la date prévue au I de l'article 34 de l'ordonnance n° 2014-948 du 20 août 2014, Ord. n° 2014-948, 20 août 2014 ; mod., L. n° 2015-990, 6 août 2015)*** **« ou du I de l'article 7 de l'ordonnance n° 2014-948 du 20 août 2014 relative à la gouvernance et aux opérations sur le capital des sociétés à participation publique, » ainsi que leurs filiales directes ou indirectes, ne sont pas soumises à l'obligation prévue aux I à III du présent article dès lors que le nombre de ces administrateurs est au moins égal au nombre prévu au II.**

Lorsque le nombre de ces membres est inférieur au nombre prévu au II, les I à IV sont applicables à l'expiration du mandat en cours des membres du conseil de surveillance représentant les salariés.

Rédaction future. Art. L. 225-79-2 *(L. n° 2013-504, 14 juin 2013 ; mod., Ord. n° 2014-948, 20 août 2014 ; L. n° 2015-990, 6 août 2015 ; L. n° 2015-994, 17 août 2015 ; mod. à compter de la date prévue au B du I de l'article 184 de la loi n° 2019-486 du 22 mai 2019, L. n° 2019-486, 22 mai 2019)*. – I. - Dans les sociétés qui emploient, à la clôture de deux exercices consécutifs, au moins mille salariés permanents dans la société et ses filiales, directes ou indirectes, dont le siège social est fixé sur le territoire français, ou au moins cinq mille salariés permanents dans la société et ses filiales, directes ou indirectes, dont le siège social est fixé sur le territoire français et à l'étranger, il est stipulé dans les statuts que le conseil de surveillance comprend, outre les membres dont le nombre et le mode de désignation sont prévus aux articles L. 225-69 et L. 225-75 du présent code, des membres représentant les salariés.

Une société dont l'activité principale est d'acquérir et de gérer des filiales et des participations peut ne pas mettre en œuvre l'obligation prévue au premier alinéa du présent I si elle remplit chacune des conditions suivantes :

1° Elle n'est pas soumise à l'obligation de mettre en place un comité social et économique en application de l'article L. 2311-2 du Code du travail ;

2° Elle détient une ou plusieurs filiales, directes ou indirectes, soumises à l'obligation prévue au premier alinéa du présent I ;

3° Ses actions ne sont pas admises aux négociations sur un marché réglementé ou au moins quatre cinquièmes de ses actions sont détenues, directement ou indirectement, par une personne physique ou morale agissant seule ou de concert.

Une société n'est pas soumise à l'obligation prévue aux deux premiers alinéas du présent I dès lors qu'elle est la filiale, directe ou indirecte, d'une société elle-même soumise à cette obligation.

II. - Le nombre des membres du conseil de surveillance représentant les salariés est au moins égal à deux dans les sociétés dont le nombre de membres désignés selon les modalités mentionnées à l'article L. 225-75 est supérieur à huit et au moins à un s'il est égal ou inférieur à huit.

Les membres du conseil de surveillance représentant les salariés ne sont pris en compte ni pour la détermination du nombre minimal et du nombre maximal des membres du conseil de surveillance prévus à l'article L. 225-69, ni pour l'application du premier alinéa de l'article L. 225-69-1.

L'élection des administrateurs représentant les salariés sur le fondement du 1° du III du présent article respecte la parité conformément à l'article L. 225-28. Lorsque deux administrateurs sont désignés sur le fondement du 2° du même III, le comité de groupe, le comité central d'entreprise ou le comité d'entreprise désigne une femme et un homme.

III. - Dans les six mois suivant la clôture du second des deux exercices mentionnés au I, après avis, selon le cas, du comité de groupe, du comité central d'entreprise ou du comité d'entreprise, l'assemblée générale extraordinaire procède à la modification des statuts pour déterminer les conditions dans lesquelles sont désignés les membres du conseil de surveillance représentant les salariés, selon l'une des modalités suivantes :

1° L'organisation d'une élection auprès des salariés de la société et de ses filiales, directes ou indirectes, dont le siège social est fixé sur le territoire français dans les conditions fixées à l'article L. 225-28 ;

2° La désignation, selon le cas, par le comité de groupe prévu à l'article L. 2331-1 du Code du travail, le comité central d'entreprise ou le comité d'entreprise de la société mentionnée au I du présent article ;

3° La désignation par l'organisation syndicale ayant obtenu le plus de suffrages au premier tour des élections mentionnées aux articles L. 2122-1 et L. 2122-4 du Code du travail dans la société et ses filiales, directes ou indirectes, dont le siège social est fixé sur le territoire français lorsqu'un seul membre est à désigner, ou par chacune des deux organisations syndicales ayant obtenu le plus de suffrages au premier tour de ces élections lorsque deux membres sont à désigner ;

4° Lorsqu'au moins deux membres sont à désigner, la désignation de l'un des membres selon l'une des modalités fixées aux 1° à 3° et de l'autre par le comité d'entreprise européen, s'il existe, ou, pour les sociétés européennes au sens de l'article L. 2351-1 du Code du travail, par l'organe de représentation des salariés mentionné à l'article L. 2352-16 du même code ou, à défaut, par le comité de la société européenne mentionné à l'article L. 2353-1 dudit code.

L'élection ou la désignation des membres du conseil de surveillance représentant les salariés intervient dans les six mois suivant la modification des statuts prévue au premier alinéa du présent III.

IV. - Si l'assemblée générale extraordinaire ne s'est pas réunie dans le délai prévu au premier alinéa du III, tout salarié peut demander au président du tribunal statuant en référé d'enjoindre sous astreinte au directoire de convoquer une assemblée générale extraordinaire et de soumettre à celle-ci les projets de résolutions tendant à modifier les statuts dans le sens prévu au même III.

À défaut de modification des statuts à l'issue du délai prévu au premier alinéa dudit III, les membres du conseil de surveillance représentant les salariés sont désignés par la voie de l'élection mentionnée au 1° du III dans les six mois suivant l'expiration du même délai. Tout salarié peut demander au président du tribunal statuant en référé d'enjoindre sous astreinte à la société d'organiser l'élection.

V. - Les sociétés répondant aux critères fixés au I du présent article et dont le conseil de surveillance comprend un ou plusieurs membres désignés en application de l'article L. 225-79 du présent code ou du I de l'article 7 de l'ordonnance n° 2014-948 du 20 août 2014 relative à la gouvernance et aux opérations sur le capital des sociétés à participation publique, ainsi que leurs filiales directes ou indirectes, ne sont pas soumises à l'obligation prévue aux I à III du présent article dès lors que le nombre de ces administrateurs est au moins égal au nombre prévu au II.

Lorsque le nombre de ces membres est inférieur au nombre prévu au II, les I à IV sont applicables à l'expiration du mandat en cours des membres du conseil de surveillance représentant les salariés.

Voir : C. com., art. R. 225-60-2, p. 641.

Art. L. 225-80 *(Anc. L. n° 66-537, 24 juill. 1966 ; mod., L. n° 2013-504, 14 juin 2013).* **– Les conditions relatives à l'éligibilité, à l'électorat, à la composition des collèges, aux modalités du scrutin, aux contestations** ***(Mots aj., L. n° 2019-486, 22 mai 2019)*** **« , à la formation, » à la durée et aux conditions d'exercice du mandat, à la révocation, à la protection du contrat de travail et au remplacement des membres du conseil de surveillance élus par les salariés ou désignés en application de l'article L. 225-79-2 sont fixées selon les règles définies aux articles L. 225-28 à L. 225-34.**

Art. L. 225-81 *(Anc. L. n° 66-537, 24 juill. 1966).* **– Le conseil de surveillance élit en son sein un président et un vice-président qui sont chargés de convoquer le conseil et d'en diriger les débats. Il détermine, s'il l'entend, leur rémunération** ***(Mots aj., L. n° 2016-1691, 9 déc. 2016)*** **« dans les conditions prévues à l'article L. 225-82-2 ».**

À peine de nullité de leur nomination, le président et le vice-président du conseil de surveillance sont des personnes physiques. Ils exercent leurs fonctions pendant la durée du mandat du conseil de surveillance.

Voir : C. com., art. L. 225-45, p. 278.

Bibliographie : J.-J. Caussain, *L'autre président : le président du conseil de surveillance : Mél. Didier*, Économica, 2008, p. 101.

1) Qualité du président du conseil de surveillance. Le conseil de surveillance étant un organe exclusivement de contrôle, son président n'a pas la qualité de personne exerçant des activités de direction, de gestion ou d'administration : ▪ Cass. com., 9 oct. 1990 : *JCP* E 1991, 61, n° 10, obs. A. Viandier et J.-J. Caussain ; *BJS* 1990, p. 1041, note P. Le Cannu *[décision rendue en matière fiscale]*.

2) **Révocation du président du conseil de surveillance.** Le conseil de surveillance peut révoquer son président dans la mesure où ce dernier est maintenu comme membre du conseil : ▪ CA Paris, 25 mai 1993 : *BJS* 1993, p. 852, note P. Le Cannu.

3) Le président du conseil de surveillance, étant uniquement chargé de convoquer le conseil et d'en diriger les débats, **n'exerce pas d'activité professionnelle** justifiant son assujettissement à un régime de sécurité sociale : ▪ Cass. soc., 25 janv. 2001 : *BJS* 2001, p. 1010, note P. Le Cannu.

4) **Mention au K *bis* du vice-président du conseil de surveillance.** V. sous C. com., art. R. 123-59, annot. n° 4, p. 806.

Art. L. 225-82 *(Anc. L. n° 66-537, 24 juill. 1966 ; mod., L. n° 2001-420, 15 mai 2001 ; L. n° 2005-842, 26 juill. 2005).* **– Le conseil de surveillance ne délibère valablement que si la moitié au moins de ses membres sont présents.**

À moins que les statuts ne prévoient une majorité plus forte, les décisions sont prises à la majorité des membres présents ou représentés.

Sauf lorsque le conseil est réuni pour procéder aux opérations visées au cinquième alinéa de l'article L. 225-68 et sauf disposition contraire des statuts, le règlement intérieur peut prévoir que sont réputés présents, pour le calcul du quorum et de la majorité, des membres du conseil de surveillance qui participent à la réunion par des moyens de visioconférence ou de télécommunication permettant leur identification et garantissant leur participation effective, dont la nature et les conditions d'application sont déterminées par décret en Conseil d'État. Les statuts peuvent limiter la nature des décisions pouvant être prises lors d'une réunion tenue dans ces conditions et prévoir un droit d'opposition au profit d'un nombre déterminé de membres du conseil de surveillance.

Sauf disposition contraire des statuts, la voix du président de séance est prépondérante en cas de partage.

Voir : la rédaction de cet article issue de l'ordonnance n° 2019-744 du 19 juillet 2019, en *addendum*, p. 3371.

Voir : C. com., art. R. 225-45 à R. 225-52, p. 638.

Rappr. **Conseil d'administration,** C. com., art. L. 225-37, p. 262 et bibliographie citée.

Bibliographie sous C. com., art. L. 225-37, p. 262.

Art. L. 225-82-1 *(Anc. L. n° 2011-103, 27 janv. 2011 ; mod., L. 2018-771, 5 sept. 2018 ; L. n° 2015-994, 17 août 2015 ; L. n° 2018-771, 5 sept. 2018).* **– L'assemblée générale peut allouer sur la base des indicateurs relatifs à l'égalité professionnelle entre les femmes et les hommes mentionnés au premier alinéa de l'article L. 2312-18 du Code du travail et à l'article L. 1142-8 du même code, lorsque ceux-ci s'appliquent, ainsi que sur la base du plan pour l'égalité professionnelle entre les femmes et les hommes mentionné à l'article L. 1143-1 dudit code lorsqu'il est mis en œuvre.**

Voir : Conseil d'administration, C. com., art. L. 225-37-1, p. 264.

Art. L. 225-82-2 *(L. n° 2016-1691, 9 déc. 2016 ; Ord. n° 2017-1162, 12 juill. 2017).* **– Dans les sociétés dont les titres sont admis aux négociations sur un marché réglementé, les principes et les critères de détermination, de répartition et d'attribution des éléments fixes, variables et exceptionnels composant la rémunération totale et les avantages de toute nature, attribuables aux membres du directoire, ou au directeur général unique, et aux membres du conseil de surveillance à raison de leur mandat font l'objet d'une résolution soumise au moins chaque année à l'approbation de l'assemblée générale des actionnaires dans les conditions prévues à l'article L. 225-98 et aux deuxième à avant-dernier alinéas du présent article.**

Les projets de résolution établis par le conseil de surveillance en application du premier alinéa du présent article sont présentés dans le rapport prévu au dernier alinéa de l'article L. 225-68. Ce rapport détaille les éléments de rémunération mentionnés au premier alinéa du présent article et précise que le versement des éléments de rémunération variables et exceptionnels est conditionné à l'approbation par une assemblée générale ordinaire des éléments de rémunération de la personne concernée dans les conditions prévues à l'article L. 225-100.

L'approbation de l'assemblée générale est requise pour toute modification des éléments mentionnés au premier alinéa du présent article et à chaque renouvellement du mandat exercé par les personnes mentionnées au même premier alinéa.

Si l'assemblée générale n'approuve pas la résolution, les principes et critères précédemment approuvés dans les conditions prévues aux trois premiers alinéas du présent article continuent de s'appliquer. En l'absence de principes et critères approuvés, la rémunération est déterminée conformément à la rémunération attribuée au

titre de l'exercice précédent ou, en l'absence de rémunération attribuée au titre de l'exercice précédent, conformément aux pratiques existant au sein de la société.

Les conditions d'application du présent article sont déterminées par décret en Conseil d'État.

Voir : C. com., art. R. 225-56-1, p. 640. - Conseil d'administration, C. com., art. L. 225-37-2, p. 265.

Art. L. 225-83 *(Anc. L. n° 66-537, 24 juill. 1966 ; mod., L. n° 2001-420, 15 mai 2001).* **– L'assemblée générale peut allouer aux membres du conseil de surveillance, en rémunération de leur activité,** *(Mots suppr., L. n° 2019-486, 22 mai 2019)* **« ... » une somme fixe annuelle que cette assemblée détermine sans être liée par des dispositions statutaires ou des décisions antérieures. Le montant de celle-ci est porté aux charges d'exploitation. Sa répartition entre les membres du conseil de surveillance est déterminée par ce dernier.**

(Al. créé à compter du 1er janvier 2017, L. n° 2011-103, 27 janv. 2011) **Lorsque le conseil de surveillance n'est pas composé conformément au premier alinéa de l'article L. 225-69-1, le versement de la rémunération prévue au premier alinéa du présent article est suspendu. Le versement est rétabli lorsque la composition du conseil de surveillance devient régulière, incluant l'arriéré depuis la suspension.**

Voir : C. com., art. R. 225-60, p. 641.

Rappr. **Conseil d'administration,** C. com., art. L. 225-45, p. 278.

Art. L. 225-84 *(Anc. L. n° 66-537, 24 juill. 1966).* **– Il peut être alloué, par le conseil de surveillance, des rémunérations exceptionnelles pour les missions ou mandats confiés à des membres de ce conseil. Dans ce cas, ces rémunérations, portées aux charges d'exploitation, sont soumises aux dispositions des articles L. 225-86 à L. 225-90.**

Voir également : Rappr. **Conseil d'administration,** C. com., art. L. 225-46, p. 278.

Art. L. 225-85 *(Anc. L. n° 66-537, 24 juill. 1966).* **– Les membres du conseil de surveillance ne peuvent recevoir de la société aucune rémunération, permanente ou non, autre que celles qui sont prévues aux articles L. 225-81, L. 225-83 et L. 225-84 et, le cas échéant, celles dues au titre d'un contrat de travail correspondant à un emploi effectif.** *(Mots aj., L. n° 2019-486, 22 mai 2019)* **« Ils peuvent également se voir attribuer des bons mentionnés au II de l'article 163 *bis* G du Code général des impôts ».**

Le nombre des membres du conseil de surveillance liés à la société par un contrat de travail ne peut dépasser le tiers des membres en fonctions. Toutefois, les membres du conseil de surveillance élus conformément aux articles L. 225-79 et L. 225-80 et ceux nommés conformément aux dispositions de l'article L. 225-71 ne sont pas comptés pour la détermination de ce nombre.

Toute clause statutaire contraire est réputée non écrite et toute décision contraire est nulle.

Bibliographie : P. Le Cannu, *La loi Madelin du 11 février 1994 et le droit des sociétés : BJS* 1994, p. 237, spéc. p. 242.

Contrat de travail. Selon une jurisprudence condamnée par le nouvel article 142 de la loi du 24 juillet 1966 *[C. com., art. L. 225-85]*, les membres du conseil de surveillance ne pouvaient être liés à la société par un contrat de travail : ■ CA Paris, 23 sept. 1992 : *JCP* E 1993, I, 250, n° 9, obs. A. Viandier et J.-J. Caussain. – La nomination d'un salarié au conseil de surveillance était nulle : ■ Cass. ass. plén., 4 juin 1993 : *JCP* E 1993, II, 475, note B. Petit ; *JCP* E 1993, I, 288, n° 8, obs. A. Viandier et J.-J. Caussain ; *D.* 1993, 501, concl. Jéol, note Y. Chartier ; *BJS* 1993, p. 746, note P. Le Cannu ; *RJDA* 1993, p. 524 et 551, concl. Jéol, cet arrêt étant généralement interprété comme ayant condamné la thèse de la suspension automatique du contrat de travail d'un salarié nommé dans un organe d'administration, de direction ou de contrôle.

Art. L. 225-86 *(Anc. L. n° 66-537, 24 juill. 1966 ; rempl., L. n° 2001-420, 15 mai 2001 ; mod., L. n° 2003-706, 1er août 2003).* **– Toute convention intervenant directement ou par personne interposée entre la société et l'un des membres du directoire ou du conseil de surveillance, un actionnaire disposant d'une fraction des droits de vote supérieure à 10 % ou, s'il s'agit d'une société actionnaire, la société contrôlant au sens de l'article L. 233-3 doit être soumise à l'autorisation préalable du conseil de surveillance.**

Il en est de même des conventions auxquelles une des personnes visées à l'alinéa précédent est indirectement intéressée.

Sont également soumises à autorisation préalable les conventions intervenant entre la société et une entreprise, si l'un des membres du directoire ou du conseil de surveillance de la société est propriétaire, associé indéfiniment

responsable, gérant, administrateur, membre du conseil de surveillance ou, de façon générale, dirigeant de cette entreprise.

(Ord. n° 2014-863, 31 juill. 2014) **L'autorisation préalable du conseil de surveillance est motivée en justifiant de l'intérêt de la convention pour la société, notamment en précisant les conditions financières qui y sont attachées.**

Voir : C. com., art. R. 225-57, p. 640.

Rappr. **Conseil d'administration,** C. com., art. L. 225-38, p. 267.

1) N'est pas soumise à la procédure spéciale d'autorisation des conventions conclues entre une société et l'un des membres du directoire, la convention conclue régulièrement et sans fraude à une date à laquelle le bénéficiaire n'était pas encore mandataire social : ▪ Cass. com., 16 mai 2018, n° 16-13.207 : *BJS* 2018, p. 493, note B. Saintourens ; *Dr. sociétés* 2018, n° 143, obs. J. Heinich.

2) Complément de retraite. Le règlement d'un complément de retraite constitue à l'égard des présidents du conseil de surveillance et du directoire un avantage corrélatif aux contrats de travail les liant à la société ; en conséquence, cette convention aurait dû être autorisée par le conseil de surveillance et approuvée par l'assemblée générale : ▪ Cass. soc., 14 janv. 1999 : *BJS* 1999, p. 655. – V. aussi sous C. com., art. L. 225-38, annot. n° 9, p. 269.

3) Indemnité de rupture. S'agissant d'une société non cotée, le montant de l'indemnité de rupture, laquelle ne constitue pas une clause pénale, peut être déterminé de façon générale dans le statut de membre du directoire dès lors que ce montant a été déterminé conformément à la procédure prévue à l'article L. 225-86 : ▪ Cass. com., 11 mars 2014, n° 13-10.188 : *Dr. sociétés* 2014, n° 83, obs. M. Roussille ; *BJS* 2014, p. 387, note J.-J. Ansault.

Art. L. 225-87 ***(Anc. L. n° 66-537, 24 juill. 1966 ; mod., L. n° 2001-420, 15 mai 2001 ; L. n° 2003-706, 1er août 2003 ; rempl., Ord. n° 2014-863, 31 juill. 2014).*** **– Les dispositions de l'article L. 225-86 ne sont applicables ni aux conventions portant sur des opérations courantes et conclues à des conditions normales ni aux conventions conclues entre deux sociétés dont l'une détient, directement ou indirectement, la totalité du capital de l'autre, le cas échéant déduction faite du nombre minimum d'actions requis pour satisfaire aux exigences de l'article 1832 du Code civil ou des articles L. 225-1 et L. 226-1 du présent code.**

(Abr., L. n° 2011-525, 17 mai 2011).

(Al. créé à compter d'une date fixée par décret et au plus tard le 10 juin 2019, L. n° 2019-486, 22 mai 2019) **Dans les sociétés dont les actions sont admises aux négociations sur un marché réglementé, le conseil de surveillance met en place une procédure permettant d'évaluer régulièrement si les conventions portant sur des opérations courantes et conclues à des conditions normales remplissent bien ces conditions. Les personnes directement ou indirectement intéressées à l'une de ces conventions ne participent pas à son évaluation.**

Voir : C. com., art. R. 225-59, p. 641.

Communication de la liste aux actionnaires, C. com., art. L. 225-115, p. 333. – Rappr. **Conseil d'administration,** C. com., art. L. 225-39, p. 270.

1) Dès lors que l'indemnité prévue par une convention relative aux conséquences pécuniaires de la résiliation du contrat de travail liant un membre du directoire à la société est conforme aux clauses du contrat ou aux dispositions de la convention collective, ledit accord est réputé avoir été conclu à des **conditions normales** : ▪ CA Saint-Denis-de-la-Réunion, 23 juin 1978 : *Rev. sociétés* 1979, p. 526.

2) Une promesse de rachat d'actions consentie par une société au bénéfice d'un dirigeant est une opération courante conclue dans des **conditions normales**, au sens de l'article 144 de la loi du 24 juillet 1966 *[C. com., art. L. 225-87]*, dès lors que le prix stipulé n'est pas léonin pour avoir été stipulé exigible à dire d'expert ▪ CA Paris, 10 oct. 1997 : *D.* 1998, 460, note A. Bernard.

Art. L. 225-88 ***(Anc. L. n° 66-537, 24 juill. 1966 ; mod., L. n° 2001-420, 15 mai 2001 ; L. n° 1691-2016, 9 déc. 2016). – (Al. rempl. à compter d'une date fixée par décret et au plus tard le 19 juin, L. n° 2019-486, 22 mai 2019)*** **La personne directement ou indirectement intéressée à la convention est tenue d'informer le conseil de surveillance dès qu'elle a connaissance d'une convention à laquelle l'article L. 225-86 est applicable. Si elle siège au conseil de surveillance, elle ne peut prendre part ni aux délibérations ni au vote sur l'autorisation sollicitée.**

Le président du conseil de surveillance donne avis aux commissaires aux comptes ***(Mots aj. à compter de la date prévue au II de l'article 20 de la loi n° 2019-486 du 22 mai 2019 et au plus tard le 1er septembre 2019,***

L. n° 2019-486, 22 mai 2019) « , s'il en existe, » de toutes les conventions autorisées *(Mots aj., L. n° 2016-1691, 9 déc. 2016)* « et conclues » et soumet celles-ci à l'approbation de l'assemblée générale.

Les commissaires aux comptes *(Mots aj. à compter de la date prévue au II de l'article 20 de la loi n° 2019-486 du 22 mai 2019 et au plus tard le 1er septembre 2019, L. n° 2019-486, 22 mai 2019)* « ou, s'il n'en a pas été désigné, le président du conseil d'administration, » présentent, sur ces conventions, un rapport spécial à l'assemblée, qui statue sur ce rapport.

(Al. rempl. à compter d'une date fixée par décret et au plus tard le 10 juin 2019, L. n° 2019-486, 22 mai 2019) La personne directement ou indirectement intéressée à la convention ne peut pas prendre part au vote. Ses actions ne sont pas prises en compte pour le calcul de la majorité.

Voir : C. com., art. R. 225-58 et R. 225-161, p. 640.

Rappr. C. com., art. L. 225-40, p. 272.

Art. L. 225-88-1 *(Ord. n° 2014-863, 31 juill. 2014).* – Les conventions conclues et autorisées au cours d'exercices antérieurs dont l'exécution a été poursuivie au cours du dernier exercice sont examinées chaque année par le conseil de surveillance et communiquées au commissaire aux comptes *(Mots aj. à compter de la date prévue au II de l'article 20 de la loi n° 2019-486 du 22 mai 2019 et au plus tard le 1er septembre 2019, L. n° 2019-486, 22 mai 2019)* « ou, s'il n'en a pas été désigné, le président du conseil d'administration, » pour les besoins de l'établissement du rapport prévu au troisième alinéa de l'article L. 225-88.

Art. L. 225-88-2 *(Créé à compter d'une date fixée par décret et au plus tard le 10 juin 2019, L. n° 2019-486, 22 mai 2019).* – Les sociétés dont les actions sont admises aux négociations sur un marché réglementé publient sur leur site internet des informations sur les conventions mentionnées à l'article L. 225-86 au plus tard au moment de la conclusion de celles-ci.

Toute personne intéressée peut demander au président du tribunal statuant en référé d'enjoindre, le cas échéant sous astreinte, au directoire de publier ces informations.

La liste de ces informations est fixée par décret en Conseil d'État.

Art. L. 225-89 *(Anc. L. n° 66-537, 24 juill. 1966 ; mod., L. n° 2001-420, 15 mai 2001).* – Les conventions approuvées par l'assemblée, comme celles qu'elle désapprouve, produisent leurs effets à l'égard des tiers, sauf lorsqu'elles sont annulées dans le cas de fraude.

Même en l'absence de fraude, les conséquences, préjudiciables à la société, des conventions désapprouvées peuvent être mises à la charge de l'intéressé et, éventuellement, des autres membres du directoire.

Voir : Rappr. C. com., art. L. 225-41, p. 273.

Art. L. 225-90 *(Anc. L. n° 66-537, 24 juill. 1966).* – Sans préjudice de la responsabilité de l'intéressé, les conventions visées à l'article L. 225-86 et conclues sans autorisation préalable du conseil de surveillance peuvent être annulées si elles ont eu des conséquences dommageables pour la société.

L'action en nullité se prescrit par trois ans à compter de la date de la convention. Toutefois, si la convention a été dissimulée, le point de départ du délai de prescription est reporté au jour où elle a été révélée.

La nullité peut être couverte par un vote de l'assemblée générale intervenant sur rapport spécial des commissaires aux comptes *(Mots aj. à compter de la date prévue au II de l'article 20 de la loi n° 2019-486 du 22 mai 2019 et au plus tard le 1er septembre 2019, L. n° 2019-486, 22 mai 2019)* « ou, s'il n'en a pas été désigné, du président du conseil d'administration » exposant les circonstances en raison desquelles la procédure d'autorisation n'a pas été suivie. Le quatrième alinéa de l'article L. 225-88 est applicable.

Rappr. C. com., art. L. 225-42, p. 273 et annot.

1) Pour une application de ce texte à un **contrat de travail** conclu entre la société et un membre du directoire : ■ CA Paris, 13 nov. 1991 : *JCP* E 1992, I, 172, n° 10, obs. A. Viandier et J.-J. Caussain. ■ Cass. soc., 11 juin 1997 : *BJS* 1997, p. 880, note P. Le Cannu.

2) **Délai de prescription de l'action en responsabilité.** V. sous C. com., art. L. 225-42, annot. n° 6-1, p. 276.

Art. L. 225-90-1 *(L. n° 2005-842, 26 juill. 2005 ; mod., L. n° 2007-1223, 21 août 2007 ; L. n° 2015-990, 6 août 2015).* – Dans les sociétés dont les titres sont admis aux négociations sur un marché réglementé, les engagements pris au bénéfice d'un membre du directoire, par la société elle-même ou par toute

société contrôlée ou qui la contrôle au sens des II et III de l'article L. 233-16, et correspondant à des éléments de rémunération, des indemnités ou des avantages dus ou susceptibles d'être dus à raison de la cessation ou du changement de ces fonctions, ou postérieurement à celles-ci, ou des engagements de retraite à prestations définies répondant aux caractéristiques des régimes mentionnés à l'article L. 137-11 du Code de la sécurité sociale, sont soumis aux dispositions des articles L. 225-86 et L. 225-88 à L. 225-90 du présent code.

Sont interdits les éléments de rémunération, indemnités, avantages et droits conditionnels octroyés aux membres du directoire au titre d'engagements de retraite mentionnés au premier alinéa du présent article dont le bénéfice n'est pas subordonné au respect de conditions liées aux performances du bénéficiaire, appréciées au regard de celles de la société dont il est membre du directoire.

L'autorisation donnée par le conseil de surveillance en application de l'article L. 225-86 est rendue publique selon des modalités et dans des délais fixés par décret en Conseil d'État.

La soumission à l'approbation de l'assemblée générale en application de l'article L. 225-88 fait l'objet d'une résolution spécifique pour chaque bénéficiaire. Cette approbation est requise à chaque renouvellement du mandat exercé par les personnes mentionnées au premier alinéa.

Aucun versement, de quelque nature que ce soit, ne peut intervenir avant que le conseil de surveillance ne constate, lors ou après la cessation ou le changement effectif des fonctions, le respect des conditions prévues. Cette décision est rendue publique selon des modalités et dans des délais fixés par décret en Conseil d'État. Tout versement effectué en méconnaissance des dispositions du présent alinéa est nul de plein droit.

Les engagements correspondant à des indemnités en contrepartie d'une clause interdisant au bénéficiaire, après la cessation de ses fonctions dans la société, l'exercice d'une activité professionnelle concurrente portant atteinte aux intérêts de la société ne sont soumis qu'aux dispositions du premier alinéa. Il en va de même des engagements répondant aux caractéristiques des régimes collectifs et obligatoires de retraite et de prévoyance visés à l'article L. 242-1 du Code de la sécurité sociale.

Le conseil de surveillance vérifie annuellement, avant la tenue de l'assemblée générale ordinaire appelée à statuer sur les comptes du dernier exercice clos, le respect des conditions prévues et détermine l'accroissement, au titre dudit exercice, des droits conditionnels bénéficiant aux membres du directoire au titre des régimes à prestations définies mentionnés à l'article L. 137-11 du Code de la sécurité sociale.

Les droits conditionnels mentionnés au septième alinéa du présent article ne peuvent augmenter annuellement d'un montant supérieur à 3 % de la rémunération annuelle servant de référence au calcul de la rente versée dans le cadre de ces régimes.

Aucun droit conditionnel au titre de l'activité de membre du directoire ne peut être octroyé s'il ne remplit pas les conditions fixées aux septième et avant-dernier alinéas.

Voir : la rédaction de cet article issue de l'ordonnance n° 2019-697 du 3 juillet 2019, en *addendum*, p. 3371.

Voir : C. com., art. R. 225-60-1, p. 641. **Conseil d'administration,** C. com., art. L. 225-42-1, p. 276.
Bibliographie sous C. com., art. L. 225-22-1, p. 248.

Nature de l'indemnité conventionnelle de rupture. L'indemnité de rupture constituant un élément de rémunération différé en fin de contrat, ne procède pas d'une clause pénale et ne peut donc faire l'objet d'une révision judiciaire : ■ CA Versailles, 6 nov. 2012, n° 11/03035 : *Dr. sociétés* 2013, n° 84, obs. M. Roussille.

Art. L. 225-91 *(Anc. L. n° 66-537, 24 juill. 1966).* – **À peine de nullité du contrat, il est interdit aux membres du directoire et aux membres du conseil de surveillance autres que les personnes morales, de contracter, sous quelque forme que ce soit, des emprunts auprès de la société, de se faire consentir par elle un découvert, en compte courant ou autrement, ainsi que de faire cautionner ou avaliser par elle leurs engagements envers les tiers.**

L'interdiction s'applique aux représentants permanents des personnes morales membres du conseil de surveillance. Elle s'applique également aux conjoint, ascendants et descendants des personnes visées au présent article, ainsi qu'à toute personne interposée.

Toutefois, si la société exploite un établissement bancaire ou financier, l'interdiction ne s'applique pas aux opérations courantes de ce commerce conclues à des conditions normales.

Voir : Rappr. C. com., art. L. 225-43, p. 277.

Art. L. 225-92 *(Anc. L. n° 66-537, 24 juill. 1966).* – **Les membres du directoire et du conseil de surveillance, ainsi que toute personne appelée à assister aux réunions de ces organes, sont tenus à la**

discrétion à l'égard des informations présentant un caractère confidentiel et données comme telles par le président.

Rappr. **Conseil d'administration,** C. com., art. L. 225-37, p. 262.

Art. L. 225-93 ***(Anc. L. n° 66-537, 24 juill. 1966).*** **– En cas d'ouverture d'une procédure de redressement ou de liquidation judiciaire, en application [des titres II à IV du Livre VI], les personnes visées par ces dispositions peuvent être rendues responsables du passif social et sont soumises aux interdictions et déchéances, dans les conditions prévues par lesdites dispositions.**

Voir : la rédaction de cet article issue de l'ordonnance n° 2019-744 du 19 juillet 2019, en *addendum*, p. 3371.

Voir : C. com., art. L. 225-255, p. 383 et L. 624-2 et s., p. 2019.

Rappr. C. com., art. L. 225-52, p. 287.

Sous-section 3. – Dispositions communes aux mandataires sociaux des sociétés anonymes

Art. L. 225-94 ***(Anc. L. n° 66-537, 24 juill. 1966 ; mod., L. n° 2001-420, 15 mai 2001 ; L. n° 2002-1303, 29 oct. 2002).*** **– La limitation du nombre de sièges d'administrateur ou de membre du conseil de surveillance qui peuvent être occupés simultanément par une même personne physique, en vertu des articles L. 225-21 et L. 225-77, est applicable au cumul de sièges d'administrateur et de membre du conseil de surveillance.**

Pour l'application des articles L. 225-54-1 et L. 225-67, est autorisé l'exercice simultané de la direction générale par une personne physique dans une société et dans une autre société qu'elle contrôle au sens de l'article L. 233-16.

Rappr. C. com., art. L. 225-21 et la bibliographie citée, p. 244, L. 225-54-1, p. 290, L. 225-67, p. 299 et L. 225-77, p. 304.

Art. L. 225-94-1 ***(Mod., L. n° 2002-1303, 29 oct. 2002 ; L. n° 2003-706, 1er août 2003 ; L. n° 2015-990, 6 août 2015).*** **– Sans préjudice des dispositions des articles L. 225-21, L. 225-54-1, L. 225-67, L. 225-77 et L. 225-94, une personne physique ne peut exercer simultanément plus de cinq mandats de directeur général, de membre du directoire, de directeur général unique, d'administrateur ou de membre du conseil de surveillance de sociétés anonymes ayant leur siège sur le territoire français. Pour l'application de ces dispositions, l'exercice de la direction générale par un administrateur est décompté pour un seul mandat. Ce nombre est réduit à trois pour les mandats sociaux exercés au sein de sociétés dont les titres sont admis à la négociation sur un marché réglementé par les personnes exerçant un mandat de directeur général, de membre du directoire ou de directeur général unique dans une société dont les titres sont admis aux négociations sur un marché réglementé et qui emploie au moins cinq mille salariés permanents dans la société et ses filiales, directes ou indirectes, dont le siège social est fixé sur le territoire français, ou au moins dix mille salariés permanents dans la société et ses filiales, directes ou indirectes, dont le siège social est fixé sur le territoire français et à l'étranger.**

Par dérogation aux dispositions ci-dessus, ne sont pas pris en compte les mandats d'administrateur ou de membre de conseil de surveillance dans les sociétés qui sont contrôlées, au sens de l'article L. 233-16, par la société dans laquelle est exercé un mandat au titre du premier alinéa.

Par dérogation au deuxième alinéa, ne sont pas pris en compte les mandats d'administrateur ou de membre de conseil de surveillance exercés par le directeur général, les membres du directoire ou le directeur général unique des sociétés dont l'activité principale est d'acquérir et de gérer des participations, au sens de l'article L. 233-2, dans les sociétés qui constituent des participations.

Toute personne physique qui se trouve en infraction avec les dispositions du présent article doit se démettre de l'un de ses mandats dans les trois mois de sa nomination, ou du mandat en cause dans les trois mois de l'événement ayant entraîné la disparition de l'une des conditions fixées aux deuxième et troisième alinéas. À l'expiration de ce délai, elle est réputée s'être démise, selon le cas, soit de son nouveau mandat, soit du mandat ne répondant plus aux conditions fixées aux deuxième et troisième alinéas, et doit restituer les rémunérations perçues, sans que soit, de ce fait, remise en cause la validité des délibérations auxquelles elle a pris part.

Art. L. 225-95 ***(Anc. L. n° 66-537, 24 juill. 1966 ; mod., L. n° 2001-420, 15 mai 2001).*** **– En cas de fusion de sociétés anonymes, le nombre de membres du conseil d'administration ou du conseil de surveillance, selon le cas, peut dépasser le nombre de dix-huit, prévu aux articles L. 225-17 et L. 225-69,**

pendant un délai de trois ans à compter de la date de la fusion fixée à l'article L. 236-4, sans pouvoir être supérieur à vingt-quatre.

Rappr. C. com., art. L. 225-17, p. 239 et L. 225-69, p. 301.

Art. L. 225-95-1 *(Mod., L. n° 2002-1303, 29 oct. 2002 ; Ord. n° 2011-915, 1er août 2011 ; L. n° 2016-1691, 9 déc. 2016).* **– Par dérogation aux dispositions des articles L. 225-21, L. 225-77 et L. 225-94-1, ne sont pas pris en compte les mandats de représentant permanent d'une société de capital-risque mentionnée à l'article 1er de la loi n° 85-695 du 11 juillet 1985 portant diverses dispositions d'ordre économique et financier, d'une société financière d'innovation mentionnée au III (B) de l'article 4 de la loi n° 72-650 du 11 juillet 1972 portant diverses dispositions d'ordre économique et financier, d'une société de libre partenariat mentionnée à l'article L. 214-162-1 du Code monétaire et financier ou d'une société de gestion habilitée à gérer les fonds communs de placement régis par les articles L. 214-28, L. 214-30 ou L. 214-31 du même code, les fonds professionnels spécialisés ou les fonds professionnels de capital investissement mentionnés, respectivement, aux articles L. 214-154 ou L. 214-159 du même code.**

Dès lors que les conditions prévues au présent article ne sont plus remplies, toute personne physique doit se démettre des mandats ne répondant pas aux dispositions des articles L. 225-21, L. 225-77 et L. 225-94-1 dans un délai de trois mois. À l'expiration de ce délai, elle est réputée ne plus représenter la personne morale, et doit restituer les rémunérations perçues, sans que soit, de ce fait, remise en cause la validité des délibérations auxquelles elle a pris part.

Par dérogation aux articles L. 225-21, L. 225-54-1, L. 225-67 et L. 225-94-1, les mandats de président, de directeur général, de directeur général unique, de membre du directoire ou d'administrateur d'une société d'économie mixte locale, exercés par un représentant d'une collectivité territoriale ou d'un groupement de collectivités territoriales ne sont pas pris en compte pour l'application des règles relatives au cumul des mandats sociaux.

Section III. – Des assemblées d'actionnaires

Bibliographie : F. Mansuy, *JCl. Sociétés traité*, Fasc. 136-10 *(Composition de l'assemblée)*, 136-20 *(Participation de l'actionnaire à l'assemblée)*, 136-25 *(Préparation de l'assemblée et convocation)*, 136-30 *(Information des actionnaires)* 136-35 et 136-40 *(Tenue de l'assemblée)*.

Art. L. 225-96 *(Anc. L. n° 66-537, 24 juill. 1966 ; mod., L. n° 2005-842, 26 juill. 2005 ; Ord. n° 2009-80, 22 janv. 2009).* **– L'assemblée générale extraordinaire est seule habilitée à modifier les statuts dans toutes leurs dispositions. Toute clause contraire est réputée non écrite. Elle ne peut, toutefois, augmenter les engagements des actionnaires, sous réserve des opérations résultant d'un regroupement d'actions régulièrement effectué.**

Elle ne délibère valablement que si les actionnaires présents ou représentés possèdent au moins, sur première convocation, le quart et, sur deuxième convocation, le cinquième des actions ayant le droit de vote. À défaut, la deuxième assemblée peut être prorogée à une date postérieure de deux mois au plus à celle à laquelle elle avait été convoquée. Dans les sociétés dont les actions ne sont pas admises aux négociations sur un marché réglementé, les statuts peuvent prévoir des quorums plus élevés.

Elle statue à la majorité des deux tiers des voix dont disposent les actionnaires présents ou représentés.

Voir : la rédaction de cet article issue de l'ordonnance n° 2019-744 du 19 juillet 2019, en *addendum*, p. 3371.

Voir : C. com., art. R. 210-9 et s., p. 618, R. 225-70, R. 225-85 à R. 225-87, p. 643, R. 225-100 à R. 225-108, p. 651.

Augmentation des engagements des associés, C. civ., art. 1836, p. 35. – **Actions détenues par la société elle-même,** C. com., art. L. 225-111, p. 332.

Bibliographie : J.-Ph. Dom, *La protection des minoritaires : Rev. sociétés* 2001, p. 533. • A. Fauchon, *Quand l'accordéoniste joue faux... : BJS* 1998, p. 303 (rect. § 155, p. 447). • P. Storck, *La rétroactivité des décisions sociales : Rev. sociétés* 1985, p. 55. • *Adde* A. Bougnoux, *JCl. Sociétés traité*, Fasc. 140-10 *(Assemblée générale extraordinaire – Généralités – Fonctionnement)*, Fasc. 140-20 *(Pouvoirs)*, Fasc. 140-30 *(Assemblées générales d'actionnaires – Limites des pouvoirs – Nullités)*, Fasc. 143-10 *(Assemblées spéciales)*, Fasc. 143-20 *(Assemblées mixtes)*.

1) Réunion « physique » des actionnaires. La réunion d'une assemblée extraordinaire ne saurait être remplacée par des adhésions individuelles, fussent-elles unanimes : ▪ CA Amiens, 7 mai 1963 : *Gaz. Pal.* 1963, 2, p. 246.

2) Augmentation de l'engagement des actionnaires. Voir aussi sous C. civ., art. 1836, annot. n° 3, p. 36.

a) Les engagements des actionnaires ne sont augmentés que si les dispositions prises par l'assemblée générale entraînent une **aggravation** de la dette contractée par eux envers la société ou les tiers : ▪ Cass. civ., 9 févr. 1937 : *DP* 1937, 1, p. 73, note Besson.

b) Bien que la décision prise en assemblée extraordinaire de modifier l'objet social et de supprimer la mise à disposition des actionnaires des biens immobiliers de la société, ait eu pour effet de réduire les droits des actionnaires, cet effet se trouve compensé par le fait que la modification de l'objet social fait courir à la société des risques commerciaux susceptibles d'augmenter ses charges, mais pas celles des actionnaires **qui restent limitées à leurs apports.** En conséquence, cette décision n'augmentant pas les engagements des actionnaires n'avait pas à être prise à l'unanimité : ▪ Cass. 3ᵉ civ., 8 oct. 1997 : *BJS* 1997, p. 1079, note B. Stemmer.

c) Si une clause interdisant à l'ancien actionnaire d'une société toute forme de **concurrence** envers celle-ci peut être comprise dans les statuts adoptés lors de sa création, l'introduction ultérieure d'une telle clause qui, par l'atteinte qu'elle porte à la liberté du travail et du commerce, **augmente** les engagements de l'actionnaire, ne peut être décidée qu'à l'unanimité : ▪ Cass. com., 26 mars 1996 : *Bull. civ.* IV, n° 94 ; *JurisData* n° 1996-001168 ; *JCP* 1996, IV, 1220 ; *BJS* 1996, p. 604, note P. Le Cannu.

d) Les **comptes courants** d'associés ont pour caractéristique essentielle, en l'absence de convention particulière ou statutaire les régissant, d'être remboursables à tout moment ; constitués en l'espèce sur de simples conventions verbales, ils fonctionnaient comme une suite régulière d'apports et de retraits ; la décision de blocage prise par l'assemblée générale constitue une **augmentation** des engagements des actionnaires, qui aurait requis leur accord unanime, et qui ne saurait être opposée à ceux qui demandent le remboursement du solde de leur compte : ▪ Cass. com., 24 juin 1997 : *JurisData* n° 1997-003010 ; *JCP* 1997, IV, 1843 ; *BJS* 1997, p. 871, note B. Saintourens.

3) Portée des décisions de l'AGE. Les décisions des assemblées extraordinaires, régulièrement prises, s'imposent aux actionnaires et ne peuvent pas être modifiées par les tribunaux : ▪ Cass. req., 22 juin 1926 : *DP* 1927, 1, p. 117. ▪ Cass. com., 26 avr. 1984 : *Rev. sociétés* 1985, p. 111, note J. Mestre.

4) Modification des statuts. Sur l'impossibilité de modifier le quorum et la majorité par un règlement intérieur, V. ▪ CA Paris, 9 oct. 1985 : *JCP* E 1986, 15846, n° 2, obs. A. Viandier et J.-J. Caussain. – La modification des statuts d'une société anonyme ne pouvant résulter que d'une délibération de l'assemblée générale extraordinaire, le règlement intérieur d'une association régissant les relations entre plusieurs sociétés de médecins ne peut emporter modification des statuts de la société anonyme créée pour financer les investissements matériels des cabinets : ▪ Cass. 1ʳᵉ civ., 25 mai 2004 : *JurisData* n° 2004-023831.

Art. L. 225-97 ***(Anc. L. n° 66-537, 24 juill. 1966).*** **– L'assemblée générale extraordinaire peut changer la nationalité de la société, à condition que le pays d'accueil ait conclu avec la France une convention spéciale permettant d'acquérir sa nationalité et de transférer le siège social sur son territoire, et conservant à la société sa personnalité juridique.**

Rappr. C. com., art. L. 210-3, p. 168 et C. civ., art. 1837, p. 37.

Art. L. 225-98 ***(Anc. L. n° 66-537, 24 juill. 1966 ; mod., L. n° 2005-842, 26 juill. 2005 ; Ord. n° 2009-80, 22 janv. 2009).*** **– L'assemblée générale ordinaire prend toutes les décisions autres que celles visées aux articles L. 225-96 et L. 225-97.**

Elle ne délibère valablement sur première convocation que si les actionnaires présents ou représentés possèdent au moins le cinquième des actions ayant le droit de vote. Dans les sociétés dont les actions ne sont pas admises aux négociations sur un marché réglementé, les statuts peuvent prévoir un quorum plus élevé. Sur deuxième convocation, aucun quorum n'est requis.

Elle statue à la majorité des voix dont disposent les actionnaires présents ou représentés.

Voir : la rédaction de cet article issue de l'ordonnance n° 2019-744 du 19 juillet 2019, en *addendum*, p. 3371.

Voir : C. com., art. R. 225-70, p. 643, R. 225-85 à R. 225-87, p. 649, R. 225-100 à R. 225-108, p. 651.

Bibliographie : A. Couret, *L'AMF et le droit de vote : BJS* 2018, p. 616. • J. Heinich, *Droit de vote des actionnaires : nouveau rapport de l'AMF : Dr. sociétés* 2019, n° 26. • M. Supiot, *AGOA* 2019 : *JCP* E 2019, 1079 et 1101. • X. Vamparys, *Les assemblées générales à l'ère du numérique : Dr. sociétés* 2018, n° 11. • F. Mansuy, *JCl. Sociétés traité*, Fasc. 136-40.

1) Nombre minimum d'actionnaires en séance. La présence à une assemblée d'un seul actionnaire n'entraîne pas nécessairement la nullité des résolutions adoptées, l'article 155 de la loi du 24 juillet 1966 *[C. com., art. L. 225-98]* n'exigeant pas la présence d'un nombre minimum d'actionnaires : ▪ CA Paris, 11 juin 1981 : *Rev. sociétés* 1982, p. 297, note J.-L. Sibon.

2) Droit de repentir. L'assemblée peut revenir sur une décision n'ayant reçu ni publicité, ni commencement d'exécution : ▪ CA Paris, 28 mars

1989 : *JCP* E 1990, 15677, n° 12, obs. A. Viandier et J.-J. Caussain.

3) Compétence de l'AGO et règle de majorité. *a)* L'assemblée générale ordinaire **n'est pas compétente** en matière de désignation du président du conseil d'administration (▪ Cass. com., 31 janv. 1968 : *D.* 1968, 321) ou de convocation des assemblées (▪ Cass. com., 30 avr. 1968 : *Bull. civ.* IV, n° 143 ; *D.* 1969, 89).

b) Doivent être annulées les délibérations d'une assemblée ordinaire qui a autorisé la cession d'une salle de concert constituant le seul actif de la société, puisqu'il s'agissait d'une **cession globale d'actif** relevant de la compétence de l'AGE : ▪ Cass. com., 24 juin 1997 : *JurisData* n° 1997-003005 ; *JCP* 1997, IV, 1842.

c) Il n'existe aucune disposition légale prescrivant qu'un administrateur ne puisse être élu qu'à la majorité absolue des voix ; dès lors, devaient nécessairement être nommés, selon la loi de la **majorité non qualifiée** prévue par l'article 155 de la loi du 24 juillet 1966 *[C. com., art. L. 225-98]* et les statuts de la société, les quatre personnes ayant obtenu le plus de suffrages, pourvu qu'elles en aient obtenu au moins un : ▪ CA Limoges, 19 oct. 1992 : *BJS* 1993, p. 217, note P. Le Cannu.

d) **Impossibilité de modifier le quorum et la majorité par un règlement intérieur.** Voir sous C. com., art. L. 225-96, annot. n° 4, p. 315.

4) Déroulement de l'AGO. Seuls des motifs graves intéressant le fonctionnement de la société peuvent justifier la nomination d'un **huissier** chargé d'assister à une assemblée générale : ▪ Cass. com., 15 févr. 1977 : *D.* 1978, 31. ▪ Cass. com., 22 mars 1988 : *JCP* E 1988, 15240, n° 8, obs. A. Viandier et J.-J. Caussain. ▪ CA Paris, 21 févr. 1992 : *RJDA* 1992, p. 373. – Le seul juge compétent pour désigner un huissier, qui assistera à une assemblée générale, est celui du siège de la société où l'assemblée a été convoquée : ▪ Cass. 2e civ., 18 nov. 1992 : *D.* 1993, 91, note Y. Chartier.

ABUS

5) Abus de majorité. V. sous C. civ., art. 1833, annot. n° 14, p. 23.

6) Abus de minorité. V. sous C. civ., art. 1833, annot. n° 19, p. 25.

7) Abus d'égalité. V. sous C. civ., art. 1833, annot. n° 23, p. 27.

8) Notion de faute. La simple abstention de participer aux décisions n'est pas en soi fautive : ▪ CA Paris, 15 déc. 1983 : *BRDA* 15 mars 1984, p. 9.

Art. L. 225-99 ***(Anc. L. n° 66-537, 24 juill. 1966 ; mod., L. n° 2005-842, 26 juill. 2005 ; Ord. n° 2009-80, 22 janv. 2009).*** **– Les assemblées spéciales réunissent les titulaires d'actions d'une catégorie déterminée.**

La décision d'une assemblée générale de modifier les droits relatifs à une catégorie d'actions n'est définitive qu'après approbation par l'assemblée spéciale des actionnaires de cette catégorie.

Les assemblées spéciales ne délibèrent valablement que si les actionnaires présents ou représentés possèdent au moins, sur première convocation, le tiers et, sur deuxième convocation, le cinquième des actions ayant le droit de vote et dont il est envisagé de modifier les droits. À défaut, la deuxième assemblée peut être prorogée à une date postérieure de deux mois au plus à celle à laquelle elle avait été convoquée. Dans les sociétés dont les actions ne sont pas admises aux négociations sur un marché réglementé, les statuts peuvent prévoir des quorums plus élevés.

Elles statuent dans les conditions prévues au troisième alinéa de l'article L. 225-96.

Voir : C. com., art. R. 225-70, p. 643, R. 225-85 à R. 225-87, p. 649, R. 225-100 à R. 225-108, p. 651.

Injonction de faire, C. com., art. L. 238-6, p. 564. – **Approbation de la clause de participation au bénéfice net de l'emprunteur au titre d'un prêt participatif,** C. monét. fin., art. L. 313-17, p. 1200.

Bibliographie : J.-P. Bouère, *Quelques remarques sur les clauses de préemption statutaires réservées à une catégorie déterminée d'actionnaires : BJS* 1992, p. 376. ● M. Jeantin, *Observations sur la notion de catégorie d'actions : D.* 1995, chron. p. 88. ● *Adde* A. Bougnoux, *JCl. Sociétés traité*, Fasc. 143-10.

Art. L. 225-100 ***(Anc. L. n° 66-537, 24 juill. 1966 ; mod., L. n° 2001-420, 15 mai 2001 ; Ord. n° 2004-604, 24 juin 2004 ; Ord. n° 2004-1382, 20 déc. 2004 ; L. n° 2012-387, 22 mars 2012 ; L. n° 2016-1691, 9 déc. 2016 ; Ord. n° 2017-1162, 12 juill. 2017).*** **– I. – L'assemblée générale ordinaire est réunie au moins une fois par an, dans les six mois de la clôture de l'exercice, sous réserve de prolongation de ce délai par décision de justice. Si l'assemblée générale ordinaire n'a pas été réunie dans ce délai, le ministère public ou tout actionnaire peut saisir le président du tribunal compétent statuant en référé afin d'enjoindre, le cas échéant sous astreinte, aux dirigeants de convoquer cette assemblée ou de désigner un mandataire pour y procéder.**

Le conseil d'administration ou le directoire présente à l'assemblée les comptes annuels et le cas échéant les comptes consolidés, accompagnés du rapport de gestion y afférent, auquel est joint, le cas échéant, le rapport mentionné, selon le cas, à l'article L. 225-37 ou L. 225-68.

Les commissaires aux comptes ***(Mots aj. à compter de la date prévue au II de l'article 20 de la loi n° 2019-486 du 22 mai 2019 et au plus tard le 1er septembre 2019, L. n° 2019-486, 22 mai 2019)*** **« , s'il en existe, » relatent, dans leur rapport, l'accomplissement de la mission qui leur est dévolue par [les] article[s] « L. 823-9, L. 823-10, L. 823-11 et » L. 225-235.**

L'assemblée délibère et statue sur toutes les questions relatives aux comptes annuels et, le cas échéant, aux comptes consolidés de l'exercice écoulé.

II. – Dans les sociétés dont les titres sont admis aux négociations sur un marché réglementé, lorsqu'une assemblée générale a statué sur des principes et critères dans les conditions prévues aux articles L. 225-37-2 ou L. 225-82-2, l'assemblée générale statue sur les éléments fixes, variables et exceptionnels composant la rémunération totale et les avantages de toute nature versés ou attribués au titre de l'exercice antérieur par des résolutions distinctes pour le président du conseil d'administration ou du conseil de surveillance, le directeur général, les directeurs généraux délégués, ou pour le président du directoire et les autres membres du directoire ou le directeur général unique.

Les éléments de rémunération variables ou exceptionnels dont le versement a été conditionné à l'approbation par une assemblée générale ordinaire, dans les conditions prévues aux mêmes articles L. 225-37-2 ou L. 225-82-2, attribués au titre de l'exercice écoulé au président du conseil d'administration ou du conseil de surveillance, au directeur général, au président du directoire ou directeur général unique, aux directeurs généraux délégués ou aux autres membres du directoire ne peuvent être versés qu'après approbation de la rémunération par une assemblée générale des éléments de rémunération de la personne concernée dans les conditions prévues au ***(Mots rempl., L. n° 2019-486, 22 mai 2019)*** **« premier alinéa du présent II ».**

III. – L'assemblée générale ordinaire exerce les pouvoirs qui lui sont attribués notamment par l'article L. 225-18, le quatrième alinéa de l'article L. 225-24, le troisième alinéa de l'article L. 225-40, le troisième alinéa de l'article L. 225-42 et par l'article L. 225-45 ou, le cas échéant, par l'article L. 225-75, le quatrième alinéa de l'article L. 225-78, l'article L. 225-83, le troisième alinéa de l'article L. 225-88 et le troisième alinéa de l'article L. 225-90.

Voir : C. com., art. R. 225-64, p. 642, R. 225-83, p. 648, R. 225-100 à R. 225-108, p. 651, R. 232-9, p. 689.

Rapport de gestion, C. com., art. L. 225-102, p. 318 et L. 232-1, p. 482. – **Publicité des comptes,** C. com., art. L. 232-23, p. 488. – **Sanctions pénales,** C. com., art. L. 242-8, p. 593 et L. 242-10, p. 594.

Bibliographie : G. Baranger, *Sociétés non cotées : les mentions du rapport de l'article L. 225-100 du Code de commerce : BJS* 2006, p. 663. • Th. Granier, *Le rapport de gestion après l'ordonnance n° 2004-1382 du 20 décembre 2004 : Rev. sociétés* 2005, p. 315. • A. Theimer, *L'établissement du rapport de gestion en cas de changement de mandataires sociaux en cours d'exercice : JCP* E 2004, 1474. • V. Medail, *Contenu du rapport de gestion : l'inflation continue : JCP* E 2005, 273.

1) **Report.** L'article 157 de la loi du 24 juillet 1966 *[C. com., art. L. 225-100]* n'impose pas au juge de limiter à l'année en cours la prorogation prévue par l'article 121 du décret du 23 mars 1967 : ▪ CA Paris, 14 nov. 1989 : *Rev. sociétés* 1990, p. 55, note P. Le Cannu. – Le souci de présenter des comptes sincères offrant une image fidèle de la situation de la société justifie le report de l'assemblée d'approbation des comptes : ▪ CA Paris, 2 août 2001 : *Juris-Data* n° 2001-151107 ; *Dr. sociétés* 2001, n° 178, obs. F.-X. Lucas. – Pour un rejet de la demande de rétractation de l'ordonnance autorisant le report de l'assemblée, V. ▪ CA Paris, 2 août 2001 : *Juris-Data* n° 2001-151107 ; *JCP* E 2001, p. 1604. ▪ CA Limoges, 2 oct. 2003 : *BJS* 2004, p. 65, note B. Descours.

2) **Pouvoir du juge.** Les juges ne sauraient, hors le cas d'erreurs, d'omissions, de faux ou doubles emplois, accéder à une demande de révision des comptes approuvés par l'assemblée ordinaire : ▪ CA Lyon, 3 déc. 1925 : *DH* 1926, p. 93.

Art. L. 225-100-1 ***(Ord. n° 2004-1382, 20 déc. 2004 ; mod., Ord. n° 2009-15, 8 janv. 2009 ; Ord. n° 2017-1162, 12 juill. 2017 ; L. n° 2018-727, 10 août 2018).*** **– I. – Le rapport de gestion mentionné au deuxième alinéa de l'article L. 225-100 comprend les informations suivantes :**

1° Une analyse objective et exhaustive de l'évolution des affaires, des résultats et de la situation financière de la société, notamment de sa situation d'endettement, au regard du volume et de la complexité des affaires ;

2° Dans la mesure nécessaire à la compréhension de l'évolution des affaires, des résultats ou de la situation de la société, des indicateurs clefs de performance de nature financière et, le cas échéant, de nature non financière ayant trait à l'activité spécifique de la société, notamment des informations relatives aux questions d'environnement et de personnel ;

3° Une description des principaux risques et incertitudes auxquels la société est confrontée ;

4° Des indications sur les risques financiers liés aux effets du changement climatique et la présentation des mesures que prend l'entreprise pour les réduire en mettant en œuvre une stratégie bas-carbone dans toutes les composantes de son activité ;

5° Les principales caractéristiques des procédures de contrôle interne et de gestion des risques mises en place par la société relatives à l'élaboration et au traitement de l'information comptable et financière ;

6° Lorsque cela est pertinent pour l'évaluation de son actif, de son passif, de sa situation financière et de ses pertes ou profits, des indications sur ses objectifs et sa politique concernant la couverture de chaque catégorie principale de transactions prévues pour lesquelles il est fait usage de la comptabilité de couverture, ainsi que sur son exposition aux risques de prix, de crédit, de liquidité et de trésorerie. Ces indications comprennent l'utilisation par l'entreprise des instruments financiers.

L'analyse mentionnée aux 1° et 2° contient, le cas échéant, des renvois aux montants indiqués dans les comptes annuels et des explications supplémentaires y afférentes.

Les dispositions des 4° et 5° ne sont applicables qu'aux sociétés dont les titres sont admis aux négociations sur un marché réglementé.

II. – Lorsque la société établit des comptes consolidés en application de l'article L. 233-16, le rapport consolidé de gestion rend compte des informations mentionnées au présent article pour l'ensemble des sociétés comprises dans la consolidation.

Le rapport consolidé de gestion et le rapport de gestion peuvent être présentés sous la forme d'un rapport unique.

En ce qui concerne les informations prévues au 5° du I du présent article, le rapport consolidé de gestion mentionne les principales caractéristiques des systèmes de contrôle interne et de gestion des risques pour l'ensemble des entreprises comprises dans la consolidation.

Art. L. 225-100-2 *(Abr., Ord. n° 2017-1162, 12 juill. 2017).*

Art. L. 225-100-3 *(L. n° 2006-387, 31 mars 2006 ; abr., Ord. n° 2017-1162, 12 juill. 2017).*

Art. L. 225-101 *(Anc. L. n° 66-537, 24 juill. 1966 ; L. n° 2016-1691, 9 déc. 2016).* – Lorsque la société, dans les deux ans suivant son immatriculation, acquiert un bien appartenant à un actionnaire et dont la valeur est au moins égale à un dixième du capital social, un commissaire, chargé d'apprécier, sous sa responsabilité, la valeur de ce bien, est désigné par décision de justice, à la demande du président du conseil d'administration ou du directoire, selon le cas. Ce commissaire est soumis aux incompatibilités prévues à l'article L. 822-11-3, sans préjudice de la possibilité d'être désigné pour accomplir les missions prévues aux articles L. 225-8, L. 225-131, L. 225-147, L. 228-15 et L. 228-39.

Le rapport du commissaire est mis à la disposition des actionnaires. L'assemblée générale ordinaire statue sur l'évaluation du bien, à peine de nullité de l'acquisition. Le vendeur n'a voix délibérative ni pour lui-même ni comme mandataire.

Les dispositions du présent article ne sont pas applicables lorsque l'acquisition est faite en bourse, sous le contrôle d'une autorité judiciaire ou dans le cadre des opérations courantes de la société et conclues à des conditions normales.

Voir : C. com., art. R. 225-83 et R. 225-103, p. 648.

Bibliographie : J. Bardoul, *L'achat d'un bien appartenant à un actionnaire : Rev. sociétés* 1983, p. 285.

Prescription. La nullité d'une délibération d'assemblée générale ayant approuvé l'acquisition par la société de biens appartenant à ses actionnaires dans les deux ans de sa constitution se prescrit par trois ans à compter du jour où elle est encourue, c'est-à-dire du jour du vote en assemblée générale : ▪ CA Paris, 6 déc. 2000 : *BJS* 2001, p. 417.

Art. L. 225-102 *(Anc. L. n° 66-537, 24 juill. 1966 ; mod., L. n° 2001-152, 19 févr. 2001 ; L. n° 2015-990, 6 août 2015 ; Ord. n° 2017-1162, 12 juill. 2017).* – Le rapport de gestion mentionné au deuxième alinéa de l'article L. 225-100 présenté par le conseil d'administration ou le directoire, selon le cas, à l'assemblée générale rend compte annuellement de l'état de la participation des salariés au capital social au dernier jour de l'exercice et établit la proportion du capital que représentent les actions détenues par le personnel de la société et par le personnel des sociétés qui lui sont liées au sens de l'article L. 225-180 dans le cadre du plan d'épargne d'entreprise prévu par les articles L. 443-1 à L. 443-9 du Code du travail et par les salariés et anciens salariés dans le cadre des fonds communs de placement d'entreprise régis par le chapitre III de la loi n° 88-1201 du 23 décembre 1988 relative aux organismes de placement collectif en valeurs mobilières et portant création des fonds communs de créances. Sont également prises en compte les actions nominatives détenues directement par les salariés en application des articles L. 225-187 et L. 225-196 du présent code, dans leur rédaction antérieure à l'entrée en vigueur de la loi n° 2001-152 du 19 février 2001 sur l'épargne salariale, de l'article L. 225-197-1 du présent code, de l'article L. 3324-10 du Code du travail, de l'article 31-2 de l'ordonnance n° 2014-948 du 20 août 2014 relative à la gouvernance et aux opérations sur le capital des sociétés à participation publique et de l'article 11 de la loi n° 86-912 du 6 août 1986 relative aux modalités des privatisations, dans sa rédaction antérieure à l'entrée en vigueur de l'ordonnance n° 2014-948 du 20 août 2014 précitée.

Les titres acquis par les salariés dans le cadre d'une opération de rachat d'une entreprise par ses salariés prévue par la loi n° 84-578 du 9 juillet 1984 sur le développement de l'initiative économique ainsi que par les salariés d'une société coopérative de production au sens de la loi n° 78-763 du 19 juillet 1978 portant statut de sociétés coopératives de production ne sont pas pris en compte pour l'évaluation de la proportion du capital prévue à l'alinéa précédent.

Lorsque le rapport annuel ne comprend pas les mentions prévues au premier alinéa, toute personne intéressée peut demander au président du tribunal statuant en référé d'enjoindre sous astreinte au conseil d'administration ou au directoire, selon le cas, de communiquer ces informations.

Lorsqu'il est fait droit à la demande, l'astreinte et les frais de procédure sont à la charge des administrateurs ou des membres du directoire, selon le cas.

Art. L. 225-102-1 *(L. n° 2001-420, 15 mai 2001 ; mod., L. n° 2003-706, 1er août 2003 ; Ord. n° 2004-604, 24 juin 2004 ; L. n° 2005-842, 26 juill. 2005 ; L. n° 2010-788, 12 juill. 2010 ; L. n° 2010-1249, 22 oct. 2010 ; L. n° 2011-103, 27 janv. 2011 ; L. n° 2011-672, 16 juin 2011 ; L. n° 2012-387, 22 mars 2012 ; Ord. n° 2017-1180, 19 juill. 2017 ; L. n° 2018-771, 5 sept. 2018 ; L. n° 2018-898, 23 oct. 2018 ; L. n° 2018-938, 30 oct. 2018).* – I. – Une déclaration de performance extra-financière est insérée dans le rapport de gestion prévu au deuxième alinéa de l'article L. 225-100, lorsque le total du bilan ou le chiffre d'affaires et le nombre de salariés excèdent des seuils fixés par décret en Conseil d'État :

1° Pour toute société dont les titres sont admis aux négociations sur un marché réglementé ;

2° Pour toute société dont les titres ne sont pas admis aux négociations sur un marché réglementé.

II. – Les sociétés mentionnées au I qui établissent des comptes consolidés conformément à l'article L. 233-16 sont tenues de publier une déclaration consolidée de performance extra-financière lorsque le total du bilan ou du chiffre d'affaires et le nombre de salariés de l'ensemble des entreprises comprises dans le périmètre de consolidation excèdent les seuils mentionnés au I.

III. - Dans la mesure nécessaire à la compréhension de la situation de la société, de l'évolution de ses affaires, de ses résultats économiques et financiers et des incidences de son activité, la déclaration mentionnée aux I et II présente des informations sur la manière dont la société prend en compte les conséquences sociales et environnementales de son activité, ainsi que, pour les sociétés mentionnées au 1° du I, les effets de cette activité quant au respect des droits de l'homme et à la lutte contre la corruption *(Mots aj., L. n° 2018-898, 23 oct. 2018)* « et l'évasion fiscale ». La déclaration peut renvoyer, le cas échéant, aux informations mentionnées dans le plan de vigilance prévu au I de l'article L. 225-102-4.

(Mod., L. n° 2018-771, 5 sept. 2018 ; L. n° 2018-938, 30 oct. 2018) La déclaration comprend notamment des informations relatives aux conséquences sur le changement climatique de l'activité de la société et de l'usage des biens et services qu'elle produit, à ses engagements sociétaux en faveur du développement durable, de l'économie circulaire, de la lutte contre le gaspillage alimentaire, *(Mots aj., L. n° 2018-938, 30 oct. 2018)* « de la lutte contre la précarité alimentaire, du respect du bien-être animal et d'une alimentation responsable, équitable et durable », aux accords collectifs conclus dans l'entreprise et à leurs impacts sur la performance économique de l'entreprise ainsi que sur les conditions de travail des salariés, aux actions visant à lutter contre

les discriminations et promouvoir les diversités ***(Mots aj., L. n° 2018-771, 5 sept. 2018)*** **« et aux mesures prises en faveur des personnes handicapées ».**

Lorsque la société établit une déclaration consolidée de performance extra-financière conformément au II, ces informations portent sur l'ensemble des entreprises incluses dans le périmètre de consolidation conformément à l'article L. 233-16.

Ces informations font l'objet d'une publication librement accessible sur le site internet de la société.

Un décret en Conseil d'État précise les modalités de présentation et de publication de ces informations, selon que la société relève du 1° ou du 2° du I.

IV. – Les sociétés définies au I ou au II qui sont sous le contrôle d'une société qui les inclut dans ses comptes consolidés conformément à l'article L. 233-16 ne sont pas tenues de publier de déclaration sur la performance extra-financière si la société qui les contrôle est établie en France et publie une déclaration consolidée sur la performance extra-financière conformément au II du présent article ou si la société qui les contrôle est établie dans un autre État membre de l'Union européenne et publie une telle déclaration en application de la législation dont elle relève.

V. – Pour les sociétés dont le total du bilan ou le chiffre d'affaires et le nombre de salariés excèdent des seuils fixés par décret en Conseil d'État, le cas échéant sur une base consolidée, les informations figurant dans les déclarations mentionnées au I et au II font l'objet d'une vérification par un organisme tiers indépendant, selon des modalités fixées par décret en Conseil d'État. Cette vérification donne lieu à un avis qui est transmis aux actionnaires en même temps que le rapport mentionné au deuxième alinéa de l'article L. 225-100.

VI. – Les sociétés qui s'acquittent de l'obligation énoncée au présent article sont réputées avoir satisfait à l'obligation prévue au 2° du I de l'article L. 225-100-1, pour ce qui concerne les indicateurs de performance de nature non financière.

Lorsque le rapport prévu au deuxième alinéa de l'article L. 225-100 ne comporte pas la déclaration prévue au I ou au II du présent article, toute personne intéressée peut demander au président du tribunal statuant en référé d'enjoindre, le cas échéant sous astreinte, au conseil d'administration ou au directoire, selon le cas, de communiquer les informations mentionnées au III. Lorsqu'il est fait droit à la demande, l'astreinte et les frais de procédure sont à la charge, individuellement ou solidairement selon le cas, des administrateurs ou des membres du directoire.

Voir : C. com., art. R. 225-104 à R. 225-105-2, p. 652.

Application aux sociétés d'assurance mutuelles du cinquième alinéa, C. assur., art. L. 322-26-2-2, p. 2494.

Bibliographie : D. Barlow, *Les nouvelles obligations de transparence des entreprises en matière sociale et environnementale : D.* 2012, p. 1502. • F. Barrière, *Le Grenelle II ou l'art législatif à l'envers ? : JCP* E 2010, 1752. • B. Dondero, *Pour une transparence ponctuelle de la rémunération des mandataires sociaux de SA non cotées : LPA* 27 avr. 2004, p. 6. • S. Dupouy, *La responsabilisation environnementale des groupes de sociétés par le Grenelle : enjeux et perspectives : Dr. sociétés* nov. 2012, étude 16. • C. Malecki, *La loi Breton et les rémunérations des dirigeants sociaux : le long chemin vers la transparence : BJS* 2005, p. 1194 ; *Les recommandations de l'AMF sur l'information publiée par les sociétés cotées en matière de responsabilité sociale et environnementale : JCP* E 2010, 2140 ; *L'article 12 de la loi Warsmann II ou le reporting extrafinancier « extra » allégé : BJS* 2012, p. 411. • G.-J. Martin, *Commentaire des articles 225, 226 et 227 de la loi n° 2010-788 du 12 juillet 2010 portant engagement national pour l'environnement : Rev. sociétés* 2011, p. 75. • D. Schmidt, *L'amendement Houillon sur la transparence des rémunérations des dirigeants sociaux : D.* 2005, p. 1441. • C. Malecki, *L'irrésistible montée en puissance de la RSE : les impulsions européennes et françaises de l'année 2013 : BJS* 2013, p. 594 ; *La norme « DDL RSE » (NEP 9090), le commissaire aux comptes et la RSE : BJS* 2013, p. 210 ; *Transposition de la directive RSE : un nouveau cadre de publications extra-financières pour les grandes entreprises : BJS* 2017, p. 632. • V. Mercier, *Responsabilité sociétale des entreprises et droit des sociétés : entre contrainte et démarche volontaire : Dr. sociétés* avr. 2011, étude 6 ; *La loi Grenelle II étend le champ d'application de l'obligation de présenter un bilan social et environnemental : BJS* 2011, p. 69 ; *Responsabilité sociétale des entreprises : une remise en cause de la loi Grenelle II par la loi du 22 octobre 2010 de régulation bancaire et financière : BJS* 2011, p. 103. • L. Nurit-Pontier, *L'inscription statutaire, vecteur juridique de RSE : Rev. sociétés* 2013, p. 323. • B. Parance et E. Groulx, *La déclaration de performance extra-financière : JCP* E 2018, 1128. • B. Rolland, *Le reporting social, sociétal et environnemental : regards critiques : BJS* 2014, p. 287 ; *Benefit corporation et Delaware : de nouvelles perspectives pour la RSE ? : BJS* 2013, p. 767. • Y. Tchotourian, *RSE et entreprises : des initiatives européennes en perspective : BJS* 2012, p. 6. • F.-G. Trébulle, *La comptabilisation de l'environnement : Dr. sociétés* juill. 2004, p. 9 ; *L'information environnementale : quelle place en droit des sociétés ? : Dr. sociétés* juill. 2006, p. 5 ; *Informations environnementales dans le rapport de gestion : JCP* E 2010, 1890, n° 1.

Portée de l'information relative à la rémunération des dirigeants. L'article L. 225-102-1 impose au conseil d'administration ou au directoire de mentionner dans le rapport annuel la liste de l'ensemble des mandats et fonctions exercés dans toute société par chacun des mandataires de la société qui établit le rapport. Il ressort des débats parlementaires que cette disposition a pour objectif de permettre aux actionnaires d'une société de vérifier non seulement la situation de ses mandataires au regard des cumuls autorisés par la loi, mais aussi leur réelle disponibilité pour la société. La lettre du texte, conforme à cet objectif, n'opère aucune distinction selon les formes de sociétés ou leurs nationalités. Il apparaît donc que les termes « toute société » doivent s'entendre de la façon la plus large et ne pas être réservés aux seules sociétés anonymes de droit français : Rép. min. n° 1347 : *JO* Sénat Q, 7 nov. 2002, p. 2664 ; *JCP* E 2002, act., p. 302.

Code de commerce

Partie Arrêtés

Art. A. 225-1 *(Rempl., A. 13 mai 2013 ; mod., A. 14 sept. 2018)*. **–** Afin de procéder à la vérification prévue au V de l'article L. 225-102-1, l'organisme tiers indépendant obtient une attestation d'accréditation délivrée par le Comité français d'accréditation (COFRAC) ou par un autre organisme, signataire de l'accord européen multilatéral pris dans le cadre de la coordination européenne des organismes d'accréditation (EA).

Art. A. 225-2 *(A. 13 mai 2013 ; mod., A. 14 sept. 2018)*. **–** Pour délivrer l'attestation mentionnée au a du II de l'article R. 225-105-2, l'organisme tiers indépendant prend connaissance des informations mentionnées au I de l'article R. 225-105. Le cas échéant, il signale les informations manquantes ainsi que les informations mentionnées aux 2° et 3° du I de l'article R. 225-105 qui ont été omises sans que soient fournies les explications prévues au sixième alinéa du I de ce même article.

Pour donner son avis sur les explications relatives à l'absence de certaines informations en application du sixième alinéa de l'article R. 225-105, l'organisme tiers indépendant prend en considération, le cas échéant, les bonnes pratiques professionnelles pouvant être formalisées dans un référentiel sectoriel.

Art. A. 225-3 *(A. 13 mai 2013 ; mod., A. 14 sept. 2018)*. **–** I. - Pour délivrer son avis motivé mentionné au a du II de l'article R. 225-105-2, l'organisme tiers indépendant s'assure de la mise en place par la société de processus de collecte visant à l'exhaustivité et à la cohérence des informations devant être mentionnées dans la déclaration. S'il identifie des irrégularités au cours de sa mission, il les décrit.

À cette fin :

- il identifie les personnes qui, au sein de la société, sont en charge des processus de collecte et, le cas échéant, sont responsables des procédures de contrôle interne et de gestion des risques ;
- il s'enquiert de l'existence de procédures de contrôle interne et de gestion des risques mises en place par la société ;
- il examine par échantillonnage les processus de collecte, de compilation, de traitement et de contrôle des informations et réalise des tests de détails, le cas échéant, par des vérifications sur site.

Pour les données chiffrées, les tests incluent, notamment, la réalisation de calculs qui lui permettent de s'assurer de l'efficacité des processus de collecte des informations prévues à l'article R. 225-105.

Pour les informations qualitatives, telles que des études, des diagnostics ou des exemples de bonnes pratiques, ces tests comprennent, notamment, la consultation des sources documentaires et, si possible, de leurs auteurs.

II. - L'organisme tiers indépendant exprime son avis motivé en déclarant :

- soit qu'il n'a pas relevé d'anomalie significative de nature à remettre en cause la conformité de la déclaration aux dispositions de l'article R. 225-105 et la sincérité des informations fournies ;
- soit que la conformité de la déclaration ou la sincérité des informations fournies appellent de sa part des réserves, décrites dans son rapport ;
- soit qu'il lui est impossible d'exprimer une conclusion sur la déclaration.

III. - L'organisme tiers indépendant clôt son avis motivé sur la sincérité des informations en déclarant :

- soit qu'il n'a pas relevé d'anomalie significative de nature à mettre en cause la sincérité des informations présentées ;
- soit que la sincérité des informations présentées appelle de sa part des réserves, décrites dans son rapport.

S'il l'estime utile, l'organisme tiers indépendant peut par ailleurs attirer, par des observations, l'attention sur des éléments relatifs aux procédures utilisées ou au contenu de certaines informations, aux fins d'en améliorer la fiabilité.

Art. A. 225-4 *(A. 13 mai 2013 ; mod., A. 14 sept. 2018)*. **–** Au titre des diligences qu'il a mises en œuvre pour conduire sa mission, l'organisme tiers indépendant présente :

a) La preuve de son accréditation ;

b) Les travaux accomplis, les méthodes d'échantillonnage utilisées et les incertitudes associées à ces méthodes ;

c) *(supprimé)* ;
d) Les moyens mobilisés et le calendrier et la durée de sa mission ;
e) Le nombre d'entretiens qui ont été conduits ;
f) Le périmètre de ses travaux lorsque la société établit des comptes consolidés.

Art. L. 225-102-2 *(L. n° 2003-699, 30 juill. 2003 ; mod., L. n° 2013-619, 16 juill. 2013 ; Ord. n° 2017-1162, 12 juill. 2017).* **– Pour les sociétés exploitant au moins une installation figurant sur la liste prévue à l'article L. 515-36 du Code de l'environnement, le rapport mentionné au deuxième alinéa de l'article L. 225-100 du présent code :**

– informe de la politique de prévention du risque d'accident technologique menée par la société ;

– rend compte de la capacité de la société à couvrir sa responsabilité civile vis-à-vis des biens et des personnes du fait de l'exploitation de telles installations ;

– précise les moyens prévus par la société pour assurer la gestion de l'indemnisation des victimes en cas d'accident technologique engageant sa responsabilité.

Code de l'environnement

Art. L. 515-36 *(L. n° 2013-619, 16 juill. 2013).* **–** Sans préjudice des dispositions de la sous-section 1, la présente sous-section s'applique aux installations, dont la liste est fixée par décret en Conseil d'État, dans lesquelles des substances, préparations ou mélanges dangereux sont présents dans des quantités telles qu'ils engendrent des dangers particulièrement importants pour la sécurité et la santé des populations voisines et pour l'environnement.

Art. L. 225-102-3 *(L. n° 2014-1662, 30 déc. 2014).* **– I. – Les sociétés mentionnées aux 1° à 3° de l'article L. 123-16-2 ou celles qui dépassent, au titre du dernier exercice comptable clos et sur une base annuelle, deux des trois seuils fixés, respectivement, pour le total de bilan, le montant net du chiffre d'affaires ou le nombre moyen de salariés et dont tout ou partie des activités consiste en l'exploration, la prospection, la découverte, l'exploitation ou l'extraction d'hydrocarbures, de houille et de lignite, de minerais métalliques, de pierres, de sables et d'argiles, de minéraux chimiques et d'engrais minéraux, de tourbe, de sel ou d'autres ressources minérales ou en l'exploitation de forêts primaires rendent public annuellement et dans les conditions fixées au III du présent article un rapport sur les paiements effectués au profit des autorités de chacun des États ou territoires dans lesquels elles exercent ces activités.**

Par dérogation au premier alinéa du présent I, les sociétés mentionnées au même premier alinéa et les sociétés qui contrôlent, au sens de l'article L. 233-16, une société remplissant les conditions prévues au même I et qui sont tenues d'établir des comptes consolidés en application du même article L. 233-16 rendent public un rapport consolidé sur les paiements effectués au profit des autorités d'un ou de plusieurs États ou territoires.

II. – Une société contrôlée remplissant les conditions du I du présent article et celles de l'article L. 233-19 n'est pas incluse dans le champ du rapport consolidé mentionné au second alinéa du I du présent article.

Les sociétés contrôlées répondant aux conditions prévues au même I ne sont pas tenues de publier un rapport lorsque leur société consolidante relève du droit d'un État membre de l'Union Européenne et que les paiements effectués par ces sociétés sont inclus dans le rapport consolidé établi par la société consolidante en application de la législation dont elle relève.

III. – Le rapport sur les paiements prévu au I du présent article mentionne le montant de tout versement individuel, ou ensemble de versements lorsque ceux-ci sont liés entre eux, égal ou supérieur à 100 000 € au cours de l'exercice précédent et qui est effectué au profit de toute autorité nationale, régionale ou locale d'un État ou territoire, ou de toute administration, agence ou entreprise contrôlée, au sens de l'article L. 233-16, par une telle autorité, ainsi que le montant des paiements effectués pour chacune des catégories de paiements définies comme suit :

1° Droits à la production ;

2° Impôts ou taxes perçus sur le revenu, la production ou les bénéfices des sociétés, à l'exclusion des impôts ou taxes perçus sur la consommation, tels que les taxes sur la valeur ajoutée, les impôts sur le revenu des personnes physiques ou les impôts sur les ventes ;

3° Redevances ;
4° Dividendes ;
5° Primes de signature, de découverte et de production ;
6° Droits de licence, frais de location, droits d'entrée et autres contreparties de licence et/ou de concession ;
7° Paiements pour des améliorations des infrastructures.

Lorsque ces paiements ont été imputés à un ou à plusieurs projets spécifiques, le rapport précise également le montant total et par catégorie des paiements effectués pour chacun des projets.

Un projet désigne les activités opérationnelles régies par un contrat, une licence, un bail, une concession ou tout autre accord juridique similaire ou par un ensemble de ces accords lorsque ceux-ci ont un lien substantiel entre eux, et constituant la base d'obligations de paiement.

IV. – Le rapport sur les paiements prévu au I fait l'objet d'une approbation par le conseil d'administration ou le directoire. Il est déposé au greffe du tribunal de commerce, pour être annexé au registre du commerce et des sociétés, dans le mois suivant l'approbation des comptes annuels par l'assemblée générale des actionnaires ou dans les deux mois suivant cette approbation lorsque ce dépôt est effectué par voie électronique. Il fait également l'objet, dans les mêmes délais, d'une publication gratuite, accessible au public et lisible sur le site internet de la société, dans des conditions prévues par décret en Conseil d'État.

V. – Les conditions d'application du présent article sont fixées par décret en Conseil d'État, en ce qui concerne notamment les seuils prévus au premier alinéa du I, les catégories de paiements prévues au premier alinéa du III et la publication sur le site internet de la société prévue au IV.

VI. – Le fait de ne pas satisfaire aux obligations de publicité prévues au IV ou de publier des informations partielles ou erronées est puni d'une amende de 3 750 €.

Les personnes morales encourent, outre cette amende, la peine complémentaire prévue au 9° de l'article 131-39 du Code pénal.

VII *(Ord. n° 2015-1576, 3 déc. 2015)*. – Par dérogation aux deuxième et troisième phrases du IV, les émetteurs mentionnés aux I et II de l'article L. 451-1-2 du Code monétaire et financier et soumis aux obligations définies au I du présent article, dont des titres de capital ou des titres de créance sont admis aux négociations sur un marché réglementé, publient leur rapport sur les paiements effectués au profit des autorités et le déposent au greffe du tribunal de commerce, ainsi qu'auprès de l'Autorité des marchés financiers, dans les six mois qui suivent la clôture de leur exercice. Ce rapport est tenu à la disposition du public pendant dix ans.

Voir : C. com., art. R. 225-105-3, p. 656.

Art. L. 225-102-4 *(L. n° 2017-399, 27 mars 2017 ; Ord. n° 2017-1162, 12 juill. 2017)*. – I. – Toute société qui emploie, à la clôture de deux exercices consécutifs, au moins cinq mille salariés en son sein et dans ses filiales directes ou indirectes dont le siège social est fixé sur le territoire français, ou au moins dix mille salariés en son sein et dans ses filiales directes ou indirectes dont le siège social est fixé sur le territoire français ou à l'étranger, établit et met en œuvre de manière effective un plan de vigilance.

Les filiales ou sociétés contrôlées qui dépassent les seuils mentionnés au premier alinéa sont réputées satisfaire aux obligations prévues au présent article dès lors que la société qui les contrôle, au sens de l'article L. 233-3, établit et met en œuvre un plan de vigilance relatif à l'activité de la société et de l'ensemble des filiales ou sociétés qu'elle contrôle.

Le plan comporte les mesures de vigilance raisonnable propres à identifier les risques et à prévenir les atteintes graves envers les droits humains et les libertés fondamentales, la santé et la sécurité des personnes ainsi que l'environnement, résultant des activités de la société et de celles des sociétés qu'elle contrôle au sens du II de l'article L. 233-16, directement ou indirectement, ainsi que des activités des sous-traitants ou fournisseurs avec lesquels est entretenue une relation commerciale établie, lorsque ces activités sont rattachées à cette relation.

Le plan a vocation à être élaboré en association avec les parties prenantes de la société, le cas échéant dans le cadre d'initiatives pluripartites au sein de filières ou à l'échelle territoriale. Il comprend les mesures suivantes :

1° Une cartographie des risques destinée à leur identification, leur analyse et leur hiérarchisation ;
2° Des procédures d'évaluation régulière de la situation des filiales, des sous-traitants ou fournisseurs avec lesquels est entretenue une relation commerciale établie, au regard de la cartographie des risques ;
3° Des actions adaptées d'atténuation des risques ou de prévention des atteintes graves ;

4° Un mécanisme d'alerte et de recueil des signalements relatifs à l'existence ou à la réalisation des risques, établi en concertation avec les organisations syndicales représentatives dans ladite société ;

5° Un dispositif de suivi des mesures mises en œuvre et d'évaluation de leur efficacité.

Le plan de vigilance et le compte rendu de sa mise en œuvre effective sont rendus publics et inclus dans le rapport de gestion mentionné au deuxième alinéa de l'article L. 225-100 (1).

Un décret en Conseil d'État peut compléter les mesures de vigilance prévues aux 1° à 5° du présent article. Il peut préciser les modalités d'élaboration et de mise en œuvre du plan de vigilance, le cas échéant dans le cadre d'initiatives pluripartites au sein de filières ou à l'échelle territoriale.

II. – Lorsqu'une société mise en demeure de respecter les obligations prévues au I n'y satisfait pas dans un délai de trois mois à compter de la mise en demeure, la juridiction compétente peut, à la demande de toute personne justifiant d'un intérêt à agir, lui enjoindre, le cas échéant sous astreinte, de les respecter.

Le président du tribunal, statuant en référé, peut être saisi aux mêmes fins.

[Dispositions déclarées non conformes à la Constitution par la décision du Conseil constitutionnel n° 2017-750 DC du 23 mars 2017.]

Bibliographie : J. Heinich, *Devoir de vigilance des sociétés mères et des entreprises donneuses d'ordre : Dr. sociétés* 2017, n° 78. • C. Malecki, *Le devoir de vigilance des sociétés mères et entreprises donneuses d'ordre : était-ce bien raisonnable ? : BJS* 2017, p. 298. • D. de Saint-Affrique, *De l'opportunité de légiférer sur le devoir de vigilance : choix compassionnel pertinent ou inadapté ? : JCP* E 2017, 1064. • S. Schiller, *Exégèse de la loi relative au devoir de vigilance des sociétés mères et entreprises donneuses d'ordre : JCP* E 2017, 1193.

Art. L. 225-102-5 *(L. n° 2017-399, 27 mars 2017).* **– Dans les conditions prévues aux articles 1240 et 1241 du Code civil, le manquement aux obligations définies à l'article L. 225-102-4 du présent code engage la responsabilité de son auteur et l'oblige à réparer le préjudice que l'exécution de ces obligations aurait permis d'éviter.**

[Dispositions déclarées non conformes à la Constitution par la décision du Conseil constitutionnel n° 2017-750 DC du 23 mars 2017 : JO 28 mars 2017.]

L'action en responsabilité est introduite devant la juridiction compétente par toute personne justifiant d'un intérêt à agir à cette fin.

La juridiction peut ordonner la publication, la diffusion ou l'affichage de sa décision ou d'un extrait de celle-ci, selon les modalités qu'elle précise. Les frais sont supportés par la personne condamnée.

La juridiction peut ordonner l'exécution de sa décision sous astreinte.

Art. L. 225-103 *(Anc. L. n° 66-537, 24 juill. 1966 ; mod., L. n° 2001-420, 15 mai 2001 ; L. n° 2012-387, 22 mars 2012).* **– I. – L'assemblée générale est convoquée par le conseil d'administration ou le directoire, selon le cas.**

II. – À défaut, l'assemblée générale peut être également convoquée :

1° Par les commissaires aux comptes ;

2° Par un mandataire, désigné en justice, à la demande, soit de tout intéressé en cas d'urgence, soit d'un ou plusieurs actionnaires réunissant au moins 5 % du capital social, soit d'une association d'actionnaires répondant aux conditions fixées à l'article L. 225-120 ;

3° Par les liquidateurs ;

4° Par les actionnaires majoritaires en capital ou en droits de vote après une offre publique d'achat ou d'échange ou après une cession d'un bloc de contrôle.

III. – Dans les sociétés soumises aux articles L. 225-57 à L. 225-93, l'assemblée générale peut être convoquée par le conseil de surveillance.

IV. – Les dispositions qui précèdent sont applicables aux assemblées spéciales. Les actionnaires agissant en désignation d'un mandataire de justice doivent réunir au moins un vingtième des actions de la catégorie intéressée.

V. – Sauf clause contraire des statuts, les assemblées d'actionnaires sont réunies au siège social ou en tout autre lieu du même département.

Voir : C. com., art. R. 225-62 et s. et R. 225-162, p. 642.

Bibliographie : Piquery, *Le juge des référés et la convocation de l'assemblée générale à la demande d'un actionnaire : Rev. sociétés* 1929, p. 145.

1) Charge de la preuve de la convocation. La charge de la preuve de la convocation d'un actionnaire à une assemblée générale incombe à celui qui prétend avoir satisfait à cette obligation, de sorte que ne peut être rejetée la demande en annulation des assemblées générales formées par un actionnaire au motif qu'il ne rapporte pas la preuve de ne pas y avoir été convoqué : ▪ Cass. com., 10 nov. 2009, n° 05-15.809 : *BJS*, p. 125, note D. Schmidt ; *Dr. sociétés* 2010, n° 40, obs. M.-L. Coquelet.

2) Défaut de convocation. Les résolutions des assemblées « sauvages », c'est-à-dire qui n'ont pas été convoquées, sont dépourvues de valeur : ▪ CA Paris, 12 avr. 1902 : *DP* 1906, 2, p. 345, note C. Levillain.

3) Organes incompétents. L'assemblée générale est **incompétente** en matière de convocation : ▪ Cass. com., 30 avr. 1968 : *Bull. civ.* IV, n° 143 ; *D.* 1969, 89, note Lacombe, de même qu'un administrateur provisoire uniquement investi de pouvoirs d'usage (▪ Cass. com., 7 mars 1956 : *JCP* 1956, II, 9356, note D. B.).

4) Convocation par le commissaire aux comptes.

a) **Convocation régulière.** Le fait pour un commissaire aux comptes de procéder à la convocation de l'assemblée générale ne constitue pas un acte d'immixtion dans la gestion de la société : ▪ CA Paris, 22 févr. 1980 : *Gaz. Pal.* 1980, 1, p. 359. – Peuvent justifier une convocation par le commissaire aux comptes, outre le défaut de réunion dans le délai légal de l'assemblée annuelle : la commission de plusieurs irrégularités par les dirigeants sociaux (▪ CA Paris, 22 févr. 1980, préc.), le risque de disparition de la société en cas de non réunion (▪ Cass. com., 9 juin 1969 : *Bull. civ.* IV, n° 216), l'absence de conseil d'administration (▪ T. com. Seine, 16 juill. 1924 : *Journ. soc.* 1926, p. 112. ▪ T. com. Versailles, 19 mars 1941 : *Gaz. Pal.* 1941, 1, p. 405).

b) **Convocation abusive.** Est abusive la convocation d'une assemblée par le commissaire aux comptes lorsque la carence des organes de gestion n'était pas établie : ▪ CA Versailles, 19 janv. 2006, n° 04-01.448 : *D.* 2006, p. 918. – Sur la responsabilité civile du commissaire aux comptes, voir sous C. com., art. L. 822-17, annot. n° 6, p. 941.

5) Mandataire *ad hoc*. *a)* Titulaire du droit d'agir.

– **Urgence.** En cas d'urgence, un mandataire peut être désigné en justice en vue de procéder à la convocation de l'assemblée à la demande de **tout intéressé**, par exemple le **comité d'entreprise** *[V. aussi : C. trav., art. L. 2323-67]* : ▪ T. com. Marseille, 7 nov. 2001 : *Rev. sociétés* 2002, p. 57, note R. Vatinet.

– Un **actionnaire** représentant plus de 10 % *[seuil aujourd'hui ramené à 5 %]* du capital n'a **pas à justifier** d'une quelconque **urgence** pour demander la désignation d'un mandataire : ▪ CA Paris, 10 avr. 1989 : *Rev. sociétés* 1989, p. 485. – V. pour la **convocation de l'assemblée générale de la société Eurotunnel** par un groupe d'actionnaires minoritaires en vue de la révocation du conseil d'administration : ▪ T. com. Paris, 3 déc. 2003 : *JCP* E 2004, 71, note A. Viandier ; *Dr. sociétés* mars 2004, n° 46, obs. J. Monnet ; *Rev. sociétés* 2005, p. 847, note M.-C. Monsallier-Saint Meulx.

b) **Absence de contestation sérieuse.** Dès lors qu'existe une contestation sérieuse, notamment sur la propriété d'un groupe d'actions, le juge des référés est incompétent pour procéder à la désignation sollicitée : ▪ CA Riom, 1er déc. 1972 : *D.* 1973, 282, note J.-Cl. Bousquet.

c) **Conditions de recevabilité.** S'agissant d'une condition de recevabilité de l'action, le **seuil de 5 %** doit être apprécié au jour de l'acte introductif d'instance ; il appartient en toute hypothèse à la juridiction saisie d'apprécier **l'intérêt à agir** des demandeurs et la conformité de la demande à l'intérêt social, sans pour autant se prononcer sur l'opportunité de celle-ci : Rép. min. n° 10958 : *JO Sénat Q*, 10 févr. 2005, p. 402 ; *BJS* 2005, p. 432 ; *D.* 2005, p. 635 ; *JCP* E 2005, 434.

d) **Conditions de fond.** Le juge des référés accède à la demande de nomination d'un mandataire de justice si cette requête tend à la **satisfaction de l'intérêt social** : ▪ CA Colmar, 24 sept. 1975 : *D.* 1976, 348, note Y. Guyon. ▪ CA Paris, 15 sept. 1992 : *RJDA* 1993, p. 117. – Ainsi en est-il en cas de carence du conseil d'administration négligeant de donner une orientation aux affaires sociales : ▪ CA Douai, 11 févr. 1972 : *D.* 1972, 279, note D. Schmidt. – Mais l'intervention du juge des référés dans le fonctionnement quotidien des sociétés commerciales doit rester exceptionnelle : ▪ T. com. Paris, ord. réf., 18 févr. 1993 : *JCP* E 1993, I, 250, n° 2, obs. A. Viandier et J.-J. Caussain.

6) Ajournement de l'assemblée.

a) **Ajournement prononcé.** Justifient le report de l'assemblée :

– l'**incertitude sur la direction future d'un groupe** : ▪ T. com. Paris, 13 juin 1989 : *JCP* E 1989, 15562, n° 4, obs. A. Viandier et J.-J. Caussain ;

– **le risque d'annulation de l'assemblée** : ▪ Cass. com., 9 mai 1961 : *Bull. civ.* III, n° 177. ▪ T. com. Toulouse, ord. réf., 12 août 1993 : *BJS* 1994, p. 169, note S. Ruff et J.-F. Barbièri ;

– l'**imperfection dans l'information** des actionnaires : ▪ CA Paris, 14 juin 1988 : *D.* 1988, 505, note A. Viandier ;

– le risque d'annulation d'une cession d'actions, dès lors que la **cession** est de nature à entraîner une modification importante de la répartition du capital : ▪ CA Paris, 4 sept. 2000 : *JCP* E 2000, p. 1806, obs. A. Viandier et J.-J. Caussain.

b) **Refus d'ajournement.** La « suspension » d'une assemblée de fusion ne se justifie pas en l'**absence d'anomalie manifeste** : ▪ CA Paris, 28 déc. 1992 : *JCP* E 1993, I, 250, n° 6, obs. A. Viandier et J.-J. Caussain. – L'ajournement d'une assemblée n'est pas justifié lorsque l'associé demandeur n'a pas sollicité toutes les **informations nécessaires** avant d'en venir aux mesures judiciaires : ▪ CA Versailles, 7 juill. 1992 : *BJS* 1992, p. 1215. – L'ajournement doit être refusé lorsque les documents afférents à l'assemblée ont été mis à la disposition des actionnaires dans les délais légaux : ▪ Cass. com., 8 juill. 2003 : *BRDA* 18/2003, n° 4.

Art. L. 225-103-1 ***(Ord. n° 2017-747, 4 mai 2017).*** **– Dans les sociétés dont les actions ne sont pas admises aux négociations sur un marché réglementé, les statuts peuvent prévoir que, sans préjudice des dispositions du I de l'article L. 225-107, les assemblées générales extraordinaires mentionnées à l'article L. 225-96 et les assemblées générales ordinaires mentionnées à l'article L. 225-98 sont tenues exclusivement par visioconférence ou par des moyens de télécommunication permettant l'identification des actionnaires.**

Toutefois, pour chaque assemblée générale, un ou plusieurs actionnaires représentant au moins 5 % du capital social peuvent s'opposer à ce qu'il soit recouru exclusivement aux modalités de participation à l'assemblée définies au premier alinéa.

Les conditions d'application du présent article sont précisées par décret en Conseil d'État.

Voir : la rédaction de cet article issue de l'ordonnance n° 2019-744 du 19 juillet 2019, en *addendum*, p. 3371.

Voir : C. com., art. R. 225-61-1 à R. 225-61-3, p. 641, art. R. 225-63, p. 642, art. R. 225-66, p. 642, art. R. 225-97, p. 651, art. R. 225-106, p. 656.

Art. L. 225-104 ***(Anc. L. n° 66-537, 24 juill. 1966).*** **– La convocation des assemblées d'actionnaires est faite dans les formes et délais fixés par décret en Conseil d'État.**

Toute assemblée irrégulièrement convoquée peut être annulée. Toutefois, l'action en nullité n'est pas recevable lorsque tous les actionnaires étaient présents ou représentés.

Voir : C. com., art. R. 225-62, R. 225-66 à R. 225-70, p. 642.

1) Cas d'annulation d'une assemblée. La nullité de l'assemblée pour convocation irrégulière peut résulter :

– du **non-respect du délai prévu** par l'article R. 225-69 : ▪ Cass. com., 6 juill. 1983 : *JCP* 1983, IV, 301 ; *Rev. sociétés* 1984, p. 76, note Y. Guyon ;

– de l'**absence de convocation d'un actionnaire** : ▪ Cass. com., 31 oct. 1956 : *Bull. civ.* III, n° 270 ; *JCP* 1957, II, 9889 ;

– de la **composition irrégulière du conseil d'administration** : ▪ Cass. com., 23 oct. 1979 : *JCP* 1980, IV, 10 ;

– du **défaut de commissaire aux comptes** au jour de la convocation : ▪ CA Paris, 19 oct. 1979 : *Rev. sociétés* 1980, p. 480, note J.-L. Sibon ;

– du **désir d'éliminer** par ruse ou artifice certains actionnaires de l'assemblée : V. ▪ Cass. com., 6 juill. 1983, préc. ;

– de la **nullité des délibérations du conseil d'administration** ayant pour objet de préparer l'assemblée générale annuelle chargée de statuer sur les comptes sociaux et le rapport de gestion : ▪ Cass. com., 13 déc. 2005, n° 04-12.135 : *BJS* 2006, p. 642, note L. Grosclaude.

2) Nullité facultative. Aucune disposition impérative du Code de commerce ou du droit régissant les contrats n'impose au juge de prononcer la nullité d'une assemblée générale ou de ses délibérations au motif que la convocation avait été faite par un conseil d'administration qui ne siégeait pas régulièrement : ▪ Cass. com., 9 juill. 2002 : *JurisData* n° 2002-015205 ; *BJS* 2002, p. 939, note A. Couret ; *JCP* E 2002, n° 1401, p. 1555 ; *JCP* E 2003, 627, n° 9, obs. J.-J. Caussain, Fl. Deboissy et G. Wicker. – Pour des illustrations du **pouvoir d'appréciation du juge**, V. ▪ CA Paris, 8 avr. 1986 : *JCP* E 1986, 15846, n° 7, obs. A. Viandier et J.-J. Caussain. ▪ CA Paris, 15 nov. 1988 : *JCP* E 1989, 15562, n° 8, obs. A. Viandier et J.-J. Caussain. ▪ CA Versailles, 24 juin 1993 : *BJS* 1993, p. 1013.

3) Irrégularité de la désignation de l'auteur de la convocation. Une AGE ne peut être annulée pour irrégularité de sa convocation tirée de ce que son auteur aurait lui-même été irrégulièrement désigné, sans que la nullité de cette désignation ne soit au préalable prononcée : ▪ Cass. com., 6 sept. 2016, n° 14-25.581 : *BJS* 2017, p. 29, note M. Buchberger ; *Rev. sociétés* 2017, p. 89, note J.-J. Ansault.

Art. L. 225-105 ***(Anc. L. n° 66-537, 24 juill. 1966 ; mod., L. n° 2003-706, 1er août 2003 ; Ord. n° 2010-1511, 9 déc. 2010).*** **– L'ordre du jour des assemblées est arrêté par l'auteur de la convocation.**

Toutefois, un ou plusieurs actionnaires représentant au moins 5 % du capital ou une association d'actionnaires répondant aux conditions fixées à l'article L. 225-120 ont la faculté de requérir l'inscription à l'ordre du jour de points ou de projets de résolution. Ces points ou ces projets de résolution sont inscrits à l'ordre du jour de l'assemblée et portés à la connaissance des actionnaires dans les conditions déterminées par décret en Conseil d'État. Celui-ci peut réduire le pourcentage exigé par le présent alinéa, lorsque le capital social excède un montant fixé par ledit décret.

L'assemblée ne peut délibérer sur une question qui n'est pas inscrite à l'ordre du jour. Néanmoins, elle peut, en toutes circonstances, révoquer un ou plusieurs administrateurs ou membres du conseil de surveillance et procéder à leur remplacement.

L'ordre du jour de l'assemblée ne peut être modifié sur deuxième convocation.

Lorsque l'assemblée est appelée à délibérer sur des modifications de l'organisation économique ou juridique de l'entreprise sur lesquelles le comité d'entreprise a été consulté en application de l'article L. 432-1 du Code du travail *[L. 2323-19]*, l'avis de celui-ci lui est communiqué.

Voir : C. com., art. R. 225-71 à R. 225-74, p. 643.

Bibliographie : J. Givord, *L'ordre du jour de l'assemblée générale : RTD com.* 1939, p. 467. • V. Magnier, *Nouvelles mesures en faveur de la démocratie actionnariale : Rev. sociétés* 2011, p. 267.

1) Pouvoirs du juge. L'ordre du jour arrêté par l'auteur de la convocation en application de l'article 159 *[C. com., art. L. 225-104]* ne peut être modifié par le juge : ▪ T. com. Paris, réf., 26 avr. 1999 : *JurisData* n° 1999-993586 ; *JCP* E 1999, p. 1237, obs. A. Viandier et J.-J. Caussain ; *JCP* E 1999, p. 1245, note J.-J. Daigre.

2) Ordre du jour fixé judiciairement. L'ordre du jour prescrit par le tribunal ayant été respecté, rien ne s'oppose à ce que d'autres résolutions soient mises à l'ordre du jour dès lors qu'elles n'ont ni pour objet ni pour effet de limiter les points établis par le tribunal ; ainsi, le mandataire *ad hoc* chargé de convoquer une assemblée générale ordinaire avec pour objet de présenter les comptes, de donner *quitus* aux administrateurs et d'élire un administrateur peut inscrire une résolution, proposée par le conseil d'administration, relative à la cession aux actionnaires d'actions autodétenues : ▪ Cass. com., 19 avr. 2005 : *JurisData* n° 2005-028228. – En cas de convocation par un mandataire *ad hoc*, l'ordre du jour à prendre en considération est celui fixé par l'ordonnance de référé et non par celui figurant sur la convocation, l'ordre du jour fixé par l'ordonnance de référé comprenant nécessairement les résolutions qui constituent le préalable nécessaire aux questions de l'ordre du jour fixées par le juge : ▪ Cass. com., 20 févr. 2007, n° 05-19.465 (FD) : *BJS* 2007, p. 749, note J.-Cl. Hallouin.

3) Questions diverses. L'assemblée peut débattre, au titre des questions diverses, d'un sujet non prévu à l'ordre du jour à condition qu'il présente une importance minime : ▪ CA Paris, 21 déc. 1979 : *Rev. sociétés* 1980, p. 761, note J.-L. Sibon ; *BJS* 1980, p. 120.

4) Incidents de séance et nomination ou révocation des dirigeants. *a)* Dépassement de l'ordre du jour.

– **Remplacement d'un administrateur.** Il peut être pourvu immédiatement au remplacement de l'administrateur qui démissionne au cours d'une assemblée générale, même si l'ordre du jour ne l'a pas prévu : ▪ CA Rouen, 16 juin 1983 : *BRDA* 21/1983, p. 10.

– **Révocation d'un dirigeant.** L'ordre du jour qui contient l'examen de l'activité sociale est naturellement susceptible de déboucher sur le problème du maintien ou de la révocation du dirigeant : ▪ Cass. com., 29 juin 1993 : *RJDA* 1993, p. 782.

b) **Appréciation d'un éventuel abus de révocation.**

– L'absence d'inscription de la révocation d'un administrateur à l'ordre du jour est insuffisante pour rendre cette mesure brutale et clandestine : ▪ CA Aix-en-Provence, 25 mars 1993 : *JCP* E 1994, I, 331, n° 6, obs. A. Viandier et J.-J. Caussain. – Le principe de la contradiction suppose seulement que l'administrateur ait été mis en mesure de présenter ses observations préalablement à la décision de révocation : ▪ CA Paris, 31 mai 2011, n° 10/16540 : *BJS* 2011, p. 977, note D. Poracchia.

– En revanche, le dirigeant qui a largement prémédité la révocation d'un administrateur commet un abus de droit caractérisé en ne faisant pas inscrire cette question à l'ordre du jour de l'assemblée générale : ▪ Cass. com., 19 déc. 1983 : *Rev. sociétés* 1985, p. 105. – De même, est abusive la révocation d'un administrateur intervenue sans inscription à l'ordre du jour de l'assemblée générale, dès lors que la décision a été prise le lendemain du jour où l'administrateur a assigné sa société afin que soit prononcée la nullité des délibérations d'un conseil d'administration : ▪ CA Paris, 28 oct. 1994 : *Dr. sociétés* 1995, n° 35, obs. D. Vidal ; *Rev. sociétés* 1995, p. 110, obs. crit. Y. Guyon.

c) **Compétence de l'assemblée générale extraordinaire.** Les pouvoirs de nommer et de révoquer les administrateurs conférés par l'article L. 225-18 à l'assemblée générale ordinaire ne lui sont pas attribués à titre exclusif ; en effet, l'article L. 225-105 ne réserve pas le droit de révocation à l'une ou l'autre des assemblées et apparaît d'un caractère absolument général ; aussi l'assemblée extraordinaire, qui a retiré sa confiance aux administrateurs par un vote sur l'une des matières de sa compétence qui lui était soumise, procède valablement, dans les mêmes conditions de vote, à la révocation et au remplacement des administrateurs : ▪ CA Rennes, 25 févr. 1972 : *JCP* G 1972, II, 17220, note H. Synvet. ▪ CA Paris, 15 mars 1990 : *D.* 1992, somm. p. 179, obs. C. Bousquet.

d) **Pouvoirs du mandataire d'un actionnaire.** Dès lors qu'en application des dispositions de l'article L. 225-105 du Code de commerce, l'assemblée générale peut, en toutes circonstances, révoquer un ou plusieurs administrateurs ou membres du conseil de surveillance et procéder à leur remplacement, il se déduit de cette prérogative, dont l'exercice est indépendant de l'ordre du jour, que le mandat donné par un actionnaire pour être représenté à une assemblée générale porte nécessairement, sauf instruction contraire du mandant, sur l'exercice de ce pouvoir de révocation : ▪ Cass. com., 1er juill. 2008, n° 06-19.020, PB : *BJS* 2009, p. 244, note B. Dondero ; *D.* 2008, p. 1994 ; *Rev. sociétés* 2008, p. 819, note J.-P. Mattout.

Art. L. 225-106 ***(Mod., L. n° 2001-152, 19 févr. 2001 ; Ord. n° 2010-1511, 9 déc. 2010 ; L. n° 2016-1691, 9 déc. 2016).*** **– I. Un actionnaire peut se faire représenter par un autre actionnaire, par son conjoint ou par le partenaire avec lequel il a conclu un pacte civil de solidarité.**

Il peut en outre se faire représenter par toute autre personne physique ou morale de son choix :

1° Lorsque les actions de la société sont admises aux négociations sur un marché réglementé ;

2° Lorsque les actions de la société sont admises aux négociations sur un système multilatéral de négociation soumis aux dispositions du II de l'article L. 433-3 du Code monétaire et financier dans les conditions prévues par le règlement général de l'Autorité des marchés financiers, figurant sur une liste arrêtée par l'autorité dans des conditions fixées par son règlement général, et que les statuts le prévoient.

II. – Le mandat ainsi que, le cas échéant, sa révocation sont écrits et communiqués à la société. Les conditions d'application du présent alinéa sont précisées par décret en Conseil d'État.

III. – Avant chaque réunion de l'assemblée générale des actionnaires, le président du conseil d'administration ou le directoire, selon le cas, peut organiser la consultation des actionnaires mentionnés à l'article L. 225-102 afin de leur permettre de désigner un ou plusieurs mandataires pour les représenter à l'assemblée générale conformément aux dispositions du présent article.

Cette consultation est obligatoire lorsque, les statuts ayant été modifiés en application de l'article L. 225-23 ou de l'article L. 225-71, l'assemblée générale ordinaire doit nommer au conseil d'administration ou au conseil de surveillance, selon le cas, un ou des salariés actionnaires ou membres des conseils de surveillance des fonds communs de placement d'entreprise détenant des actions de la société.

Cette consultation est également obligatoire lorsque l'assemblée générale extraordinaire doit se prononcer sur une modification des statuts en application de l'article L. 225-23 ou de l'article L. 225-71.

Les clauses contraires aux dispositions des alinéas précédents sont réputées non écrites.

Pour toute procuration d'un actionnaire sans indication de mandataire, le président de l'assemblée générale émet un vote favorable à l'adoption des projets de résolution présentés ou agréés par le conseil d'administration ou le directoire, selon le cas, et un vote défavorable à l'adoption de tous les autres projets de résolution. Pour émettre tout autre vote, l'actionnaire doit faire choix d'un mandataire qui accepte de voter dans le sens indiqué par le mandant.

Voir : C. com., art. R. 225-79 à R. 225-82-3, p. 646.

Bibliographie : P. Cordonnier, *L'usage des pouvoirs en blanc dans les assemblées d'actionnaires : Journ. soc.* 1936, p. 672. • Th. Jacomet, *Et... la location d'actions : BJS* 1993, p. 640.

1) Représentation. *a)* Caractères du mandat.

– **Caractère personnel.** Le mandat donné par un actionnaire à un autre actionnaire pour le représenter dans les assemblées générales est **personnel**, ce qui exclut pour le mandataire désigné de se substituer un tiers : ▪ Cass. com., 29 nov. 1994 : *D.* 1995, 252, note Y. Chartier ; *BJS* 1995, p. 175, note J.-F. Barbièri.

– **Caractère spécial.** Le mandat est **spécial**, ce qui impose qu'il ne soit donné que pour une assemblée et au vu de l'ordre du jour de celle-ci, sauf exception expresse : *ibid.* – *Adde* ▪ Cass. 1re civ., 28 févr. 1995 : *D.* 1995, 252, note Y. Chartier ; *BJS* 1995, p. 424, note J.-F. Barbièri.

– **Caractère révocable.** La convention conférant un pouvoir irrévocable de représentation est nulle comme attentatoire à la liberté de vote : ▪ Cass. com., 17 juin 1974 : *Rev. sociétés* 1977, p. 84, note D. Randoux.

b) **Représentation de l'associé personne morale.** Il résulte des dispositions combinées des articles 161 et 440-1° de la loi du 24 juillet 1966

[C. com., art. L. 225-106 et L. 242-9] que toute personne morale, actionnaire d'une société anonyme, est représentée aux assemblées générales de celle-ci soit par son représentant légal, soit par un fondé de pouvoir désigné à cet effet, conformément à la loi ou aux statuts, que ce dernier soit ou non lui-même actionnaire : ▪ Cass. crim., 26 mai 1994 : *BJS* 1994, p. 1076, note A. Couret.

2) Pouvoirs « en blanc ». Les formules de procuration sans indication de mandataire ne peuvent pas être utilisées pour voter en faveur des projets de résolution présentés si elles ne sont pas adressées à la société ou à l'une des personnes habilitées par elles à les recueillir : ▪ Cass. com., 26 oct. 1981 : *JCP* 1982, IV, 27. – Ces formules peuvent valablement être exclues à l'occasion du scrutin nominatif visant à désigner un administrateur, scrutin pour lequel l'emploi de pouvoirs nominatifs est requis : ▪ CA Limoges, 19 oct. 1992 : *BJS* 1993, p. 217, note P. Le Cannu.

3) Extension des pouvoirs du mandataire aux incidents de séance. V. sous C. com., art. L. 225-105, annot. n° 4, p. 326.

Art. L. 225-106-1 *(Ord. n° 2010-1511, 9 déc. 2010).* – **Lorsque, dans les cas prévus aux troisième et quatrième alinéas du I de l'article L. 225-106, l'actionnaire se fait représenter par une personne autre que son conjoint ou le partenaire avec lequel il a conclu un pacte civil de solidarité, il est informé par son mandataire de tout fait lui permettant de mesurer le risque que ce dernier poursuive un intérêt autre que le sien.**

Cette information porte notamment sur le fait que le mandataire ou, le cas échéant, la personne pour le compte de laquelle il agit :

1° Contrôle, au sens de l'article L. 233-3, la société dont l'assemblée est appelée à se réunir ;

2° Est membre de l'organe de gestion, d'administration ou de surveillance de cette société ou d'une personne qui la contrôle au sens de l'article L. 233-3 ;

3° Est employé par cette société ou par une personne qui la contrôle au sens de l'article L. 233-3 ;

4° Est contrôlé ou exerce l'une des fonctions mentionnées au 2° ou au 3° dans une personne ou une entité contrôlée par une personne qui contrôle la société, au sens de l'article L. 233-3.

Cette information est également délivrée lorsqu'il existe un lien familial entre le mandataire ou, le cas échéant, la personne pour le compte de laquelle il agit, et une personne physique placée dans l'une des situations énumérées aux 1° à 4°.

Lorsqu'en cours de mandat, survient l'un des faits mentionnés aux alinéas précédents, le mandataire en informe sans délai son mandant. À défaut par ce dernier de confirmation expresse du mandat, celui-ci est caduc.

La caducité du mandat est notifiée sans délai par le mandataire à la société.

Les conditions d'application du présent article sont précisées par décret en Conseil d'État.

Voir : C. com., art. R. 225-82-1 et 225-82-2, p. 647.

Sanctions : C. com., art. L. 225-106-3, p. 329.

Art. L. 225-106-2 *(Ord. n° 2010-1511, 9 déc. 2010).* – **Toute personne qui procède à une sollicitation active de mandats, en proposant directement ou indirectement à un ou plusieurs actionnaires, sous quelque forme et par quelque moyen que ce soit, de recevoir procuration pour les représenter à l'assemblée d'une société mentionnée aux troisième et quatrième alinéas de l'article L. 225-106, rend publique sa politique de vote.**

Elle peut également rendre publiques ses intentions de vote sur les projets de résolution présentés à l'assemblée. Elle exerce alors, pour toute procuration reçue sans instructions de vote, un vote conforme aux intentions de vote ainsi rendues publiques.

Les conditions d'application du présent article sont précisées par décret en Conseil d'État.

Voir : C. com., art. R. 225-82-3, p. 647.

Sanctions : C. com., art. L. 225-106-3, p. 329.

Art. L. 225-106-3 *(Ord. n° 2010-1511, 9 déc. 2010).* – **Le tribunal de commerce dans le ressort duquel la société a son siège social peut, à la demande du mandant et pour une durée qui ne saurait excéder trois ans, priver le mandataire du droit de participer en cette qualité à toute assemblée de la société concernée en cas de non-respect de l'obligation d'information prévue aux troisième à septième alinéas de l'article L. 225-106-1 ou des dispositions de l'article L. 225-106-2. Le tribunal peut décider la publication de cette décision aux frais du mandataire.**

Le tribunal peut prononcer les mêmes sanctions à l'égard du mandataire sur demande de la société en cas de non-respect des dispositions de l'article L. 225-106-2.

Art. L. 225-107 *(Anc. L. n° 66-537, 24 juill. 1966 ; mod., L. n° 2001-420, 15 mai 2001).* **– I. – Tout actionnaire peut voter par correspondance, au moyen d'un formulaire dont les mentions sont fixées par décret en Conseil d'État. Les dispositions contraires des statuts sont réputées non écrites.**

Pour le calcul du quorum, il n'est tenu compte que des formulaires qui ont été reçus par la société avant la réunion de l'assemblée, dans les conditions de délais fixées par décret en Conseil d'État. Les formulaires ne donnant aucun sens de vote ou exprimant une abstention sont considérés comme des votes négatifs.

II. – Si les statuts le prévoient, sont réputés présents pour le calcul du quorum et de la majorité les actionnaires qui participent à l'assemblée par visioconférence ou par des moyens de télécommunication permettant leur identification et dont la nature et les conditions d'application sont déterminées par décret en Conseil d'État.

Voir : la rédaction de cet article issue de l'ordonnance nº 2019-744 du 19 juillet 2019, en *addendum*, p. 3371.

Voir : C. com., art. R. 225-61, R. 225-66, R. 225-73, R. 225-75 à R. 225-78, p. 641., R. 225-81, R. 225-82, R. 225-85, R. 225-86, p. 647, R. 225-97 et R. 225-98, p. 651.

Bibliographie : V. Brosses et J. Haelling, *L'utilisation des moyens de télécommunication aux conseils et assemblées générales des sociétés anonymes : BJS* 2002, p. 1089. • C. Cathiard, *L'utilisation des moyens de télécommunication pour la préparation et la tenue des conseils et assemblées des sociétés anonymes : JCP* E 2007, 1660. • M.-C. Glotin, *Les délibérations sociales par télétransmission : une innovation de la loi NRE : JCP* E 2002, 722 *(Conseils et formules).*

Art. L. 225-107-1 *(Mod., Ord. n° 2004-604, 24 juin 2004).* **– Les propriétaires de titres mentionnés au septième alinéa de l'article L. 228-1 peuvent se faire représenter dans les conditions prévues audit article par un intermédiaire inscrit.**

Voir : C. com., art. R. 225-85 et s., p. 649.

Art. L. 225-108 *(Anc. L. n° 66-537, 24 juill. 1966 ; mod., Ord. n° 2010-1511, 9 déc. 2010).* **– Le conseil d'administration ou le directoire, selon le cas, doit adresser ou mettre à la disposition des actionnaires les documents nécessaires pour permettre à ceux-ci de se prononcer en connaissance de cause et de porter un jugement informé sur la gestion et la marche des affaires de la société.**

La nature de ces documents et les conditions de leur envoi ou de leur mise à la disposition des actionnaires sont déterminées par décret en Conseil d'État.

À compter de la communication prévue au premier alinéa, tout actionnaire a la faculté de poser par écrit des questions auxquelles le conseil d'administration ou le directoire, selon le cas, est tenu de répondre au cours de l'assemblée. Une réponse commune peut être apportée à ces questions dès lors qu'elles présentent le même contenu.

La réponse à une question écrite est réputée avoir été donnée dès lors qu'elle figure sur le site internet de la société dans une rubrique consacrée aux questions-réponses.

Voir : la rédaction de cet article issue de l'ordonnance nº 2019-744 du 19 juillet 2019, en *addendum*, p. 3371.

Voir : C. com., art. R. 225-81, R. 225-83, R. 225-84, R. 225-88, R. 225-89, p. 647, R. 225-91 et R. 225-94, p. 650.

Bibliographie : R. Dorat des Monts, *L'information des actionnaires et du public : JCP* CI 1971, II, 10163. • P. Le Cannu, *Des questions sans réponses : Mél. Y. Guyon*, Dalloz, 2003, p. 603. • F.-X. Lucas, *Questions écrites aux dirigeants et abus de droit : Dr. sociétés* oct. 2004, n° 9. • Ph. Nocquet, *L'étendue de l'information des actionnaires préalable aux assemblées d'actionnaires : Dr. sociétés* 1979, p. 2.

1) **Contenu de l'information.** L'actionnaire ne saurait exiger de recevoir d'autres documents que ceux prévus par les textes : ▪ TGI Strasbourg, 26 sept. 1969 : *RTD com.* 1970, p. 150. – Rappr. ▪ CA Paris, 25 mai 1963 : *Gaz. Pal.* 1963, 2, p. 301. – Cependant, et bien que le rapport général du commissaire aux comptes ne soit pas visé par l'article 135 du décret n° 67-236 *[C. com., art. R. 225-83]*, il semble que ce document doive également être adressé aux actionnaires : Rép. min. : *JO* Sénat Q, 30 avr. 1969, p. 191.

2) **Abus.** L'exercice du droit de communication n'est pas susceptible d'abus : ▪ CA Nancy, 8 déc. 1965 : *D.* 1966, 687. – V. toutefois ▪ CA Paris, 25 janv. 1975 : *D.* 1975, p. 412, note D. Schmidt, décision retenant l'abus de droit dans l'hypothèse de la communication à des tiers d'une feuille de présence.

3) **Retard.** Le simple retard n'équivaut pas à un refus de communication : ▪ Cass. req., 5 janv. 1926 : *S.* 1926, 1, p. 61.

4) **Croyance légitime.** Une banque, à qui un actionnaire a apporté des garanties, a pu légitimement croire qu'en sa qualité d'associé majoritaire, il était informé de la situation sociale par le président et le rapport du commissaire aux comptes : ▪ Cass. com., 12 nov. 1992 : *BJS* 1993, p. 93.

5) **Sanctions.** *a)* Peut être **condamnée** à le faire **sous astreinte** une société cotée qui n'a pas communiqué à ses actionnaires la ventilation des

comptes entre les différentes divisions du groupe : ▪ CA Paris, 20 juin 2003 : *Dr. sociétés* févr. 2004, n° 17, obs. F.-G. Trébulle.

b) La société qui n'a pas satisfait à son obligation d'information à l'égard d'un actionnaire préalablement à la tenue d'une assemblée peut être condamnée à des **dommages et intérêts** : ▪ Cass. com., 9 oct. 2007, n° 04-10.382 : *BJS* 2008, p. 95, note I. Parachkevova.

6) Questions écrites.

a) **Questions recevables.**

– **Indépendance par rapport à l'ordre du jour.** Une question écrite est recevable lors même qu'elle est étrangère à l'ordre du jour, l'obligation légale étant de répondre aux questions écrites et non de faire délibérer l'AGO sur celle-ci : ▪ CA Paris, 19 déc. 2013, n° 12/22644 : *Dr. sociétés* 2014, n° 117, obs. M. Roussille ; *Rev. sociétés* 2014, p. 306, note A. Viandier.

– **Nouveauté de la question.** Une question déjà posée à plusieurs reprises lors d'exercices antérieurs est recevable dès lors qu'elle concerne des faits, en l'occurrence des procédures pénales et fiscales, dont l'évolution est susceptible d'avoir une influence sur le cours de l'action : ▪ CA Paris, 19 déc. 2013, n° 12/22644 : *préc.*

Les questions écrites des actionnaires et leurs réponses peuvent être rapportées sous une **forme résumée** dans le **procès-verbal** de l'assemblée : Rép. min. : *JOAN* Q, 22 mai 1989, p. 2354 ; *JCP* E 1990, 15677, n° 11, obs. A. Viandier et J.-J. Caussain.

b) **Abus.** L'actionnaire abuse de son droit de poser des questions écrites, et engage sa responsabilité civile à l'égard de la société, lorsqu'il ne s'agit que d'un moyen pour obtenir un complément d'indemnisation qu'il cesserait d'utiliser si une solution transactionnelle était trouvée : ▪ T. com. Paris, 11 mai 2004 : *BJS* 2004, p. 1238, note P. Le Cannu ; *JCP* E 2004, 1154, note A. Viandier. – Faute que soit rapportée la preuve du but spéculatif qui fonderait l'intérêt hostile d'une société commerciale ayant pour objet la défense des intérêts d'actionnaires minoritaires de sociétés cotées, de même que l'existence d'une faute ayant causé un préjudice, doit être rejetée la demande en dommages et intérêts intentée par une société estimant que les moyens utilisés constituent une utilisation dévoyée des droits de l'actionnaire dans un but autre que celui pour lesquels ils ont été consentis : ▪ T. com. Paris, 7 déc. 2004 : *BJS* 2005, p. 746, note J.-F. Barbièri, confirmé par ▪ CA Paris, 14 févr. 2006 : *BJS* 2006, p. 954, note J.-F. Barbièri.

Art. L. 225-109 *(Anc. L. n° 66-537, 24 juill. 1966 ; mod., L. n° 2012-387, 22 mars 2012).* **– Le président, les directeurs généraux, les membres du directoire d'une société, les personnes physiques ou morales exerçant dans cette société les fonctions d'administrateur ou de membre du conseil de surveillance ainsi que les représentants permanents des personnes morales qui exercent ces fonctions sont tenus, dans les conditions déterminées par décret en Conseil d'État, de faire mettre sous la forme nominative ou de déposer les actions qui appartiennent à eux-mêmes ou à leurs enfants mineurs non émancipés et qui sont émises par la société elle-même, par ses filiales, par la société dont elle est la filiale ou par les autres filiales de cette dernière société, lorsque ces actions sont admises aux négociations sur un marché réglementé.**

La même obligation incombe aux conjoints non séparés de corps des personnes mentionnées à l'alinéa précédent.

Les droits de vote et les droits à dividende des actions détenues par toute personne n'ayant pas rempli les obligations du présent article sont suspendus jusqu'à régularisation de la situation. Tout vote émis ou tout versement de dividende effectué pendant la suspension est nul.

Voir : C. com., art. R. 225-110 à R. 225-112, p. 657.

Sanctions pénales, C. monét. fin., art. L. 465-1, p. 1322.

Bibliographie : Ph. le Tourneau, *Les actions des dirigeants « initiés » des sociétés par actions : RTD com.* 1971, p. 593.

Art. L. 225-110 *(Anc. L. n° 66-537, 24 juill. 1966).* **– Le droit de vote attaché à l'action appartient à l'usufruitier dans les assemblées générales ordinaires et au nu-propriétaire dans les assemblées générales extraordinaires.**

Les copropriétaires d'actions indivises sont représentés aux assemblées générales par l'un d'eux ou par un mandataire unique. En cas de désaccord, le mandataire est désigné en justice à la demande du copropriétaire le plus diligent.

Le droit de vote est exercé par le propriétaire des titres remis en gage. À cet effet, le créancier gagiste dépose, à la demande de son débiteur, les actions qu'il détient en gage, dans les conditions et délais fixés par décret en Conseil d'État.

Les statuts peuvent déroger aux dispositions du premier alinéa.

Voir : C. com., art. R. 225-85 et R. 225-87, p. 649.

Droit commun des sociétés, C. civ., art. 1844, p. 72 et bibliographie citée.

1) Usufruit et nue-propriété. V. sous C. civ., art. 1844, annot. n°s 11 et 12, p. 75.

2) Indivision. Voir sous C. civ., art. 1844, annot. n°s 4 à 8, p. 73.

a) La société **n'a pas qualité** pour demander elle-même la nomination d'un mandataire aux fins de représentation des copropriétaires d'actions indivises : ▪ Cass. com., 15 nov. 1976 : *Rev. sociétés* 1977, p. 272, note Y. Guyon. – Le mandataire des indivisaires ne saurait voter si l'un de ces derniers se trouve dans l'un des cas où l'actionnaire est expressément privé de son droit de vote : Rép. min. : *JOAN* Q, 1er mars 1975, p. 765. – Les **sanctions** de l'article 440 de la loi de 1966 *[C. com., art. L. 242-9]* sont applicables au président de séance qui a empêché le représentant des indivisaires de participer à l'assemblée : ▪ Cass. crim., 3 oct. 1975 : *Rev. sociétés* 1976, p. 518, note B. Bouloc.

b) Les **héritiers indivisaires** ont le droit d'agir en nullité pour fraude contre une cession malgré le caractère indivisible des titres : ▪ Cass. 1re civ., 25 mai 1992 : *BJS* 1992, p. 935, note F. Delhay et J.-H. Goetghebeur.

c) Les actions détenues par des **époux divorcés**, mariés sous le régime de la communauté et dont la liquidation des intérêts est toujours en cours, sont régies par les règles de l'indivision ; aussi l'article 163 *[C. com., art. L. 225-110]* s'applique en cas de désaccord des ex-époux sur la désignation d'un mandataire : ▪ CA Paris, 20 oct. 1999 : *Dr. sociétés* 2000, n° 61, obs. D. Vidal.

d) Seule la valeur des actions est tombée en communauté quand un époux a acheté seul des actions avec des biens communs et figure seul sur le registre des actions ; en conséquence, la qualité d'actionnaire n'est reconnue qu'à l'époux ayant réalisé l'acquisition et les héritiers de l'épouse décédée **ne sont pas en indivision** avec leur père quant à l'exercice des droits attachés aux actions, et il n'y a donc pas lieu de désigner un mandataire pour les représenter à l'assemblée : ▪ CA Versailles, 7 déc. 2000 : *BJS* 2001, p. 420, note J.-P. Garçon.

3) Exercice du droit de vote en cas de séquestre. V. sous C. civ., art. 1963, annot. n° 1, p. 2341.

Art. L. 225-111 *(Anc. L. n° 66-537, 24 juill. 1966).* – **La société ne peut valablement voter avec des actions par elle souscrites, acquises ou prises en gage. Il n'est pas tenu compte de ces actions pour le calcul du quorum.**

Art. L. 225-112 *(Abr., L. n° 2001-420, 15 mai 2001).*

Art. L. 225-113 *(Anc. L. n° 66-537, 24 juill. 1966).* – **Tout actionnaire peut participer aux assemblées générales extraordinaires et tout actionnaire possédant des actions visées à l'article L. 225-99 peut participer aux assemblées spéciales. Toute clause contraire est réputée non écrite.**

Bibliographie : F. Peltier, *La limitation du droit d'accès aux assemblées d'actionnaires : BJS* 1993, p. 1107.

Art. L. 225-114 *(Rempl., L. n° 2012-387, 22 mars 2012).* – **À chaque assemblée est tenue une feuille de présence dont les mentions sont déterminées par décret en Conseil d'État et à laquelle sont annexés les pouvoirs donnés à chaque mandataire.**

Les décisions de l'assemblée doivent être constatées par un procès-verbal dont les mentions sont déterminées par décret en Conseil d'État.

En cas de non-respect du présent article, les délibérations de l'assemblée peuvent être annulées.

Voir : Feuille de présence : C. com., art. R. 225-95, p. 651. – **Procès-verbal**, C. com., art. R. 225-106 et s., p. 656.

Bibliographie : J. Leblond, *L'établissement des feuilles de présence : Gaz. Pal.* 1978, 2, doctr. p. 497.

1) Consultation de la feuille de présence. Tout actionnaire a le droit de prendre copie de la feuille de présence : ▪ Cass. civ., 15 nov. 1957 : *D.* 1958, 109, note A. Dalsace. Mais sa communication à des tiers a pu être tenue pour fautive : ▪ CA Paris, 25 janv. 1975 : *D.* 1975, 412, note D. Schmidt *[décision rendue à propos d'une société civile]*.

2) Force probante de la feuille de présence. La feuille de présence fait foi de ses mentions jusqu'à preuve contraire : ▪ CA Metz, 5 janv. 1977 : *Rev. sociétés* 1977, p. 488, note B. Bouloc. – L'apposition de fausses signatures sur une feuille de présence constitue un faux pénalement sanctionné : ▪ Cass. crim., 16 mars 1970 : *JCP* 1971, II, 16813, note B. Bouloc.

3) Rôle de la feuille de présence. La production de feuille de présence n'est pas nécessaire pour justifier de l'accomplissement des formalités légales : ▪ Cass. 1re civ., 12 oct. 1967 : *Bull. civ.* I, n° 295.

4) Inexactitude de la feuille de présence. Seul le défaut de tenue d'une feuille de présence est sanctionnée par la nullité des délibérations prises, à l'exclusion de l'existence d'inexactitudes dont elle peut être affectée : ▪ Cass. com., 4 déc. 2001 : *JurisData* n° 2001-012139 ; *BJS* 2002, p. 379, note P. Le Cannu.

Art. L. 225-115 *(Anc. L. n° 66-537, 24 juill. 1966 ; mod., L. n° 2001-420, 15 mai 2001 ; L. n° 2003-706, 1er août 2003 ; Ord. n° 2004-604, 24 juin 2004 ; L. n° 2011-525, 17 mai 2011).* **– Tout actionnaire a droit, dans les conditions et délais déterminés par décret en Conseil d'État, d'obtenir communication :**

1° [D]es comptes annuels et de la liste des administrateurs ou des membres du directoire et du conseil de surveillance, et, le cas échéant, des comptes consolidés ;

2° Des rapports du conseil d'administration ou du directoire et du conseil de surveillance, selon le cas, et des commissaires aux comptes ***(Mots aj. à compter de la date prévue au II de l'article 20 de la loi n° 2019-486 du 22 mai 2019 et au plus tard le 1er septembre 2019, L. n° 2019-486, 22 mai 2019)*** **« , s'il en existe, » qui seront soumis à l'assemblée ;**

3° Le cas échéant, du texte et de l'exposé des motifs des résolutions proposées, ainsi que des renseignements concernant les candidats au conseil d'administration ou au conseil de surveillance, selon le cas ;

4° Du montant global, certifié exact par les commissaires aux comptes ***(Mots aj. à compter de la date prévue au II de l'article 20 de la loi n° 2019-486 du 22 mai 2019 et au plus tard le 1er septembre 2019, L. n° 2019-486, 22 mai 2019)*** **« , s'il en existe, » des rémunérations versées aux personnes les mieux rémunérées, le nombre de ces personnes étant de dix ou de cinq selon que l'effectif du personnel excède ou non deux cents salariés ;**

> **Rédaction future.** 4° Du montant global, certifié exact par les commissaires aux comptes *(Mots aj. à compter de la date prévue au II de l'article 20 de la loi n° 2019-486 du 22 mai 2019 et au plus tard le 1er septembre 2019, L. n° 2019-486, 22 mai 2019)* « , s'il en existe, » des rémunérations versées aux personnes les mieux rémunérées, le nombre de ces personnes étant de dix ou de cinq selon que l'effectif du personnel *(Mots rempl. à compter du 1er janvier 2020, L. n° 2019-486, 22 mai 2019)* « est ou non d'au moins deux cent cinquante » salariés ;

5° Du montant global, certifié par les commissaires aux comptes ***(Mots aj. à compter de la date prévue au II de l'article 20 de la loi n° 2019-486 du 22 mai 2019 et au plus tard le 1er septembre 2019, L. n° 2019-486, 22 mai 2019)*** **« , s'il en existe, » des versements effectués en application des 1 et 4 de l'article 238** ***bis*** **du Code général des impôts ainsi que de la liste des actions nominatives de parrainage, de mécénat ;**

6° ***(Abr., L. n° 2011-525, 17 mai 2011).***

Voir : C. com., art. R. 225-83, R. 225-88, R. 225-89, R. 225-91 et R. 225-94, p. 648.
C. com., art. L. 225-39, p. 270 et L. 225-87, p. 310 et **Dépôt des comptes,** C. com., art. L. 232-23, p. 488. – **Injonction de faire,** C. com., art. L. 238-1, p. 562.

Bibliographie : R. Dorat des Monts, *L'information des actionnaires et du public* : *JCP* CI 1971, II, 10163.

1) Comptes de pertes et profits. Les détails du compte de pertes et profits doivent être communiqués aux actionnaires dès lors qu'ils sont nécessaires à l'appréciation de la marche de la société : ▪ CA Lyon, 12 mai 1952 : *JCP* 1953, II, 7344, note D. Bastian ; *D.* 1952, 459. – Au cas où le compte de pertes et profits se borne à mentionner le montant des « frais généraux et divers », il doit être assorti d'une annexe qui en fait ressortir le détail : ▪ T. com. Seine, 15 janv. 1953 : *Gaz. Pal.* 1953, 1, p. 176.

2) Avantages en nature. Les avantages en nature sont des rémunérations au sens de l'article 168, 4° de la loi du 24 juillet 1966 *[C. com., art. L. 225-115, 4°]* : Rép. min. : *JOAN* Q, 3 avr. 1969, p. 868. – La même disposition ordonne seulement l'indication du montant global : Rép. min. : *JOAN* Q, 29 janv. 1972, p. 249.

3) Personnes les mieux rémunérées. Lorsque l'effectif des personnes rémunérées en contrepartie d'un travail permanent, salariés et mandataires sociaux, n'est pas supérieur à cinq, il n'existe pas de fraction du personnel la mieux rémunérée constituée de cinq personnes et l'article 168, 4° *[C. com., art. L. 225-115, 4°]* est dépourvu d'objet ; il apparaît dès lors, sous réserve d'appréciation souveraine des tribunaux, que le droit de communication de l'actionnaire ne peut s'exercer dans ce cas : Rép. min. : *JOAN* Q, 27 oct. 1986, p. 3942.

4) Communication entre associés. Il semble qu'un associé puisse communiquer à d'autres associés les informations obtenues de la société : Rép. min. : *JOAN* Q, 4 mai 1974, p. 1949. – Comp. pour la communication à un tiers, qui a été jugée fautive : ▪ CA Paris, 25 janv. 1975 : *D.* 1975, 412, note D. Schmidt.

5) Responsabilité. À défaut d'élément établissant la responsabilité d'une autre personne, le président de la société doit être tenu pénalement responsable du défaut de communication des documents sociaux : ▪ Cass. crim., 18 avr. 1983 : *JCP* 1983, IV, 201.

6) **Abus.** Ne commet pas d'abus de droit l'actionnaire qui saisit le juge des référés pour obtenir la communication des documents sociaux visés à l'article 168 de la loi du 24 juillet 1966 *[C. com., art. L. 225-115]*, communication refusée par le président de la société : ▪ CA Rouen, 17 mai 1990 : *BJS* 1991, p. 407.

7) **Injonction de faire en cas de défaut de communication de la liste des conventions courantes.** V. sous C. com., art. L. 238-1, annot. n° 3, p. 563.

Art. L. 225-116 *(Anc. L. n° 66-537, 24 juill. 1966)*. **– Avant la réunion de toute assemblée générale, tout actionnaire a le droit d'obtenir, dans les conditions et les délais déterminés par décret en Conseil d'État, communication de la liste des actionnaires.**

Voir : C. com., art. R. 225-90, R. 225-91, R. 225-94, p. 650 et R. 228-7, p. 669.
Injonction de faire, C. com., art. L. 238-1, p. 562.

Voir : Injonction de faire en cas de défaut de communication de la liste des actionnaires. V. sous C. com., art. L. 238-1, annot. n° 2, p. 563.

Art. L. 225-117 *(Anc. L. n° 66-537, 24 juill. 1966)*. **– Tout actionnaire a le droit, à toute époque, d'obtenir communication des documents visés à l'article L. 225-115 et concernant les trois derniers exercices, ainsi que des procès-verbaux et feuilles de présence des assemblées tenues au cours de ces trois derniers exercices.**

Voir : C. com., art. R. 225-92, R. 225-94, R. 225-109, p. 650.
Injonction de faire, C. com., art. L. 238-1, p. 562.

Art. L. 225-118 *(Anc. L. n° 66-537, 24 juill. 1966)*. **– Le droit à communication des documents, prévu aux articles L. 225-115, L. 225-116 et L. 225-117, appartient également à chacun des copropriétaires d'actions indivises, au nu-propriétaire et à l'usufruitier d'actions.**

Voir : C. com., art. R. 225-83, R. 225-88 à R. 225-92 et R. 225-94, p. 648.
Injonction de faire, C. com., art. L. 238-1, p. 562.

1) **Droit de communication.** Les copropriétaires d'actions indivises ont, en vertu de l'article 171 de la loi de 1966 *[C. com., art. L. 225-118]*, des droits individuels à l'encontre de la société, ce qui les autorise à agir pour le respect de leurs prérogatives en matière de droit de communication : ▪ Cass. com., 5 mai 1981 : *Bull. civ.* IV, n° 210 ; *Rev. sociétés* 1982, p. 95, note A. Viandier.

2) **Droit d'information.** S'il est vrai que les copropriétaires d'actions indivises sont, aux termes de l'article 163, alinéa 2, de la loi du 24 juillet 1966 *[C. com., art. L. 225-110, al. 2]* pour l'exercice de leur droit de vote, représentés aux assemblées générales par l'un d'eux ou par un mandataire, il n'en demeure pas moins que chacun d'eux tient de l'article 171 *[C. com., art. L. 225-118]* **le droit d'être individuellement informé** de la tenue de ces assemblées, de leur ordre du jour et des projets de résolution ; il s'ensuit qu'un défaut d'information ouvre une action en réparation du préjudice subi personnellement : ▪ Cass. crim., 11 avr. 1996 : *Bull. crim.* 1996, n° 161 ; *JurisData* n° 1996-003442.

Art. L. 225-119 *(Abr., L. n° 2001-420, 15 mai 2001)*.

Art. L. 225-120 *(Anc. L. n° 66-537, 24 juill. 1966 ; Ord. n° 2000-916, 19 sept. 2000 ; Ord. n° 2005-1126, 8 sept. 2005)*. **– I. – Dans les sociétés dont les actions sont admises aux négociations sur un marché réglementé, les actionnaires justifiant d'une inscription nominative depuis au moins deux ans et détenant ensemble au moins 5 % des droits de vote peuvent se regrouper en associations destinées à représenter leurs intérêts au sein de la société. Pour exercer les droits qui leur sont reconnus aux articles L. 225-103, L. 225-105, L. 823-6, L. 225-231, L. 225-232, L. 823-7 et L. 225-252, ces associations doivent avoir communiqué leur statut à la société et à l'Autorité des marchés financiers.**

II. – Toutefois, lorsque le capital de la société est supérieur à 750 000 €, la part des droits de vote à représenter en application de l'alinéa précédent, est, selon l'importance des droits de vote afférent au capital, réduite ainsi qu'il suit :

1° 4 % entre 750 000 € et jusqu'à 4 500 000 € ;
2° 3 % entre 4 500 000 € et 7 500 000 € ;
3° 2 % entre 7 500 000 € et 15 000 000 € ;
4° 1 % au-delà de 15 000 000 €.

Voir : C. monét. fin., art. L. 452-1, p. 1319 et bibliographie citée.

Art. L. 225-121 *(Anc. L. n° 66-537, 24 juill. 1966 ; mod., L. n° 2012-387, 22 mars 2012).* **– Les délibérations prises par les assemblées en violation des articles L. 225-96, L. 225-97, L. 225-98, des troisième et quatrième alinéas de l'article L. 225-99, du deuxième alinéa de l'article L. 225-100 et de l'article L. 225-105 sont nulles.**

En cas de violation des dispositions des articles L. 225-115 et L. 225-116 ou du décret pris pour leur application, l'assemblée peut être annulée.

Voir : la rédaction de cet article issue de l'ordonnance n° 2019-744 du 19 juillet 2019, en *addendum*, p. 3371.

1) **Abus de majorité.** V. sous C. civ., art. 1833, annot. n° 14, p. 23.

2) Pour un exemple de **nullité** tirée de la discussion d'une question non inscrite à l'ordre du jour, V. ▪ CA Paris, 21 déc. 1979 : *Rev. sociétés* 1980, p. 761, note J.-L. Sibon.

Art. L. 225-122 *(Anc. L. n° 66-537, 24 juill. 1966).* **– I. – Sous réserve des dispositions des articles L. 225-10, L. 225-123, L. 225-124, L. 225-125 et L. 225-126, le droit de vote attaché aux actions de capital ou de jouissance est proportionnel à la quotité de capital qu'elles représentent et chaque action donne droit à une voix au moins. Toute clause contraire est réputée non écrite.**

II. – Dans les sociétés par actions dont le capital est, pour un motif d'intérêt général, en partie propriété de l'État, de départements, de communes ou d'établissements publics, et dans celles *(Rect. JO 18 nov. 2000)* **« ayant pour objet des exploitations concédées par les autorités administratives compétentes », hors de la France métropolitaine, le droit de vote est réglé par les statuts en vigueur le 1er avril 1967.**

Voir : Sanctions pénales, C. com., art. L. 242-9, p. 593.

Bibliographie : C. Berolatti, *Régime juridique des conventions sur le droit de vote*, thèse Paris, 1975. • A. Constantin, *Réflexions sur la validité des conventions de vote : Mél. J. Ghestin*, LGDJ, 2001, p. 255. • P. Didier, *Les conventions de vote : Mél. J. Foyer*, PUF, 1997, p. 341. • Ch. Freyria, *Étude de la jurisprudence sur les conventions portant atteinte à la liberté du vote dans les sociétés : RTD com.* 1951, p. 419. • M. Germain, *Le transfert du droit de vote : RJ com.* 1990, p. 135. • M. Jeantin, *Les conventions de vote : RJ com.* 1990, p. 124. • P. Le Cannu, *Limitations du droit de vote et contrôle des sociétés anonymes : BJS* 1991, p. 263. • P. Ledoux, *Le droit de vote des actionnaires*, LGDJ, 2002. • B. Mercadal, *Pour la validité des conventions de vote dans les sociétés : RJDA* 10/1992, p. 727. • J. Penneau, *De l'irrégularité des conventions de vote dans le droit des sociétés commerciales : JCP* CI 1975, 11776. • A. Tunc, *Les conventions relatives au droit de vote et l'organisation des sociétés anonymes : RTD com.* 1942, p. 96. • A. Viandier, *Observations sur les conventions de vote : JCP* E 1986, 15405 ; *Après l'article de Michel Jeantin sur les conventions de vote : Mél. M. Jeantin*, Dalloz, 1999, p. 311.

1) **Principe.**

a) Sont **nulles** comme portant atteinte au principe de la liberté du vote les conventions portant **cession** du droit de vote (▪ Cass. civ., 7 avr. 1932 : *D.* 1933, 1, 153, note P. Cordonnier) et les engagements **inconditionnels et définitifs** de voter dans un sens déterminé (▪ Cass. com., 14 mars 1950 : *JCP* 1950, II, 5694, note D. Bastian). – Mais une convention de blocage de titres déposés auprès d'un notaire ou d'une banque, visant à assurer le maintien d'une majorité au sein d'un groupe, n'emporte pas nécessairement une unité de vote obligatoire : ▪ Cass. com., 2 mars 1955 : *JCP* 1955, II, 8823.

b) Si les conventions de vote ne sont pas illicites en soi, il n'en reste pas moins que le droit de vote d'un associé est un droit fondamental et d'ordre public. De ce fait, quels qu'aient pu être les engagements antérieurs qu'a pu prendre l'associé, il reste **libre de modifier son vote** jusqu'à la dernière seconde, sauf éventuellement à engager sa responsabilité personnelle par rapport à ses engagements contractuels : ▪ T. com. Paris, 12 févr. 1991 : *BJS* 1991, p. 592, note M. Jeantin.

2) **Sociétés de portefeuille.** La constitution d'une société de façade uniquement destinée à assurer le vote unanime de deux groupes d'actionnaires d'une tierce société, porte atteinte au principe de la liberté du vote et oblige à tenir la société de façade pour nulle : ▪ Cass. com., 10 juin 1960 : *Bull. civ.* III, n° 227. – Cependant, la constitution d'une personne morale ayant pour objet d'acquérir et de gérer la majorité des titres représentant le capital d'une autre société n'est pas en elle-même une opération illicite et aucune règle ne permet d'affirmer que la création d'une société de portefeuille doive par principe être assimilée à une convention ayant pour effet de dépouiller l'actionnaire minoritaire de cette société tenue pour un écran fictif, de son prétendu droit de vote dans les assemblées de la filiale : ▪ CA Paris, 20 oct. 1980 : *Rev. sociétés* 1980, p. 774, note A. Viandier ; *D.* 1981, 44, concl. M. Jéol. – Rappr. ▪ T. com. Paris, 1er août 1974 : *Rev. sociétés* 1974, p. 685, obs. B. Oppetit. ▪ CA Paris, 18 juin 1986 : *JCP* E 1986, 15846, n° 29, obs. A. Viandier et J.-J. Caussain. ▪ Cass. com., 24 févr. 1987 : *JCP* E 1987, 16342, n° 22, obs. A. Viandier et J.-J. Caussain.

Art. L. 225-123 *(Anc. L. n° 66-537, 24 juill. 1966).* **– Un droit de vote double de celui conféré aux autres actions, eu égard à la quotité de capital social qu'elles représentent, peut être attribué, par les statuts** *(Mots*

suppr., L. n° 2014-384, 29 mars 2014) **« ... », à toutes les actions entièrement libérées pour lesquelles il sera justifié d'une inscription nominative, depuis deux ans au moins, au nom du même actionnaire.**

En outre, en cas d'augmentation du capital par incorporation de réserves, bénéfices ou primes d'émission, le droit de vote double peut être conféré, dès leur émission, aux actions nominatives attribuées gratuitement à un actionnaire à raison d'actions anciennes pour lesquelles il bénéficie de ce droit.

(Rempl., L. n° 2014-384, 29 mars 2014) **Dans les sociétés dont les actions sont admises aux négociations sur un marché réglementé, les droits de vote double prévus au premier alinéa sont de droit, sauf clause contraire des statuts adoptée postérieurement à la promulgation de la loi n° 2014-384 du 29 mars 2014 visant à reconquérir l'économie réelle, pour toutes les actions entièrement libérées pour lesquelles il est justifié d'une inscription nominative depuis deux ans au nom du même actionnaire. Il en est de même pour le droit de vote double conféré dès leur émission aux actions nominatives attribuées gratuitement en application du deuxième alinéa.**

Voir : Sociétés d'exercice libéral, L. n° 90-1258, 31 déc. 1990, art. 8, al. 2 et 3, p. 2852.

Bibliographie : F. Barrière et C. de Reals, *La loi Florange : une loi anti-OPA : Rev. sociétés* 2014, p. 279. • A. Couret, *Le retour du débat sur le droit de vote double : JCP* E 2013, 1518. • E. Dubois, *La Silicon Valley et le retour en grâce du droit de vote multiple : BJS* 2015, p. 106. • D. Martin et K. Angel, *L'instauration d'un droit de vote double automatique : une ambition à la Pirrhus ? : JCP* E 2014, 1044. • E. Mouial-Bassilina et I. Parachkevova, *Les apports de la loi Florange au droit des sociétés : BJS* 2014, p. 314. • A. Tezenas du Montcel et B. Martin, *Application de la loi Florange : JCP* E 2015, 1488. • S. Torck, *L'attribution automatique du droit de vote double : Dr. sociétés* juill. 2014, n° 7. • J.-P. Valuet, *Le droit de vote des actionnaires en AG : le droit de vote double : Dr. sociétés* oct. 2014, n° 17.

1) Délai. Les statuts peuvent prévoir un délai plus long que celui prévu à l'article 175 de la loi du 24 juillet 1966 *[C. com., art. L. 225-123]* : Rép. min. : *JOAN* Q, 5 déc. 1973, p. 6599.

2) DPS et BSA. La COB a autorisé une société à attribuer gratuitement des bons de souscription d'actions à l'ensemble de ses actionnaires en vue d'une augmentation de capital sans droit préférentiel de souscription ; les caractères de cette émission confèrent en effet aux actionnaires porteurs de bons des garanties équivalentes à celles du droit préférentiel : *Bull. COB* juin 2002, n° 369, p. 43.

Art. L. 225-124 ***(Mod., L. n° 2008-776, 4 août 2008 ; mod., L. n° 2014-384, 29 mars 2014 ; L. n° 2016-1691, 9 déc. 2016).*** **– Toute action convertie au porteur ou transférée en propriété perd le droit de vote double attribué en application de l'article L. 225-123. Néanmoins, le transfert par suite de succession, de liquidation de communauté de biens entre époux ou de donation entre vifs au profit d'un conjoint ou d'un parent au degré successible ne fait pas perdre le droit acquis et n'interrompt pas le délai mentionné aux premier et dernier alinéas de l'article L. 225-123. Il en est de même, sauf stipulation contraire des statuts, en cas de transfert par suite d'une fusion ou d'une scission d'une société actionnaire.**

La fusion ou la scission de la société est sans effet sur le droit de vote double qui peut être exercé au sein de la ou des sociétés bénéficiaires, si celles-ci en bénéficient.

Les droits de vote double dans des sociétés tierces dont bénéficie la société absorbée ou la société scindée sont maintenus, en cas de fusion ou de scission, au profit de la société absorbante ou de la société bénéficiaire de la scission ou, selon le cas, au profit de la société nouvelle résultant de l'opération de fusion ou de scission.

Voir : Sociétés d'exercice libéral, L. n° 90-1258, 31 déc. 1990, art. 8 *in fine*, p. 2852.

Art. L. 225-125 ***(Anc. L. n° 66-537, 24 juill. 1966 ; mod., L. n° 2006-387, 31 mars 2006).*** **– Les statuts peuvent limiter le nombre de voix dont chaque actionnaire dispose dans les assemblées, sous la condition que cette limitation soit imposée à toutes les actions sans distinction de catégorie, autres que les actions à dividende prioritaire sans droit de vote.**

Les effets de la limitation mentionnée à l'alinéa précédent, prévue dans les statuts d'une société qui fait l'objet d'une offre publique et dont des actions sont admises à la négociation sur un marché réglementé, sont suspendus lors de la première assemblée générale qui suit la clôture de l'offre lorsque l'auteur de l'offre, agissant seul ou de concert, vient à détenir une fraction du capital ou des droits de vote de la société visée par l'offre supérieure à une quotité fixée par le règlement général de l'Autorité des marchés financiers, au moins égale à celle requise pour modifier les statuts, et dans la limite des trois quarts.

Bibliographie : P. Le Cannu, *Limitations du droit de vote et contrôle des sociétés anonymes : BJS* 1991, p. 263. • R. Kaddouch, *La clause statutaire de plafonnement des voix : JCP* E 2005, 620. • F. Peltier, *Les limitations du droit d'accès aux assemblées d'actionnaires : BJS* 1993, p. 1107 ; *Résolution émanant d'actionnaires visant à supprimer une clause statutaire de limitation des droits de vote : Dr. sociétés* 2007, p. 46.

Sur le **plafonnement statutaire des participations**, V. ▪ CA Montpellier, 17 déc. 1992 : *JCP* E 1993, I, 215, n° 15, obs. A. Viandier et J.-J. Caussain ; *BJS* 1993, p. 649, note A. Couret et P. Le Cannu.

Art. L. 225-126 ***(Abr, Ord. n° 2004-604, 24 juin 2004 ; rétabli dans la version suivante, L. n° 2010-1249, 22 oct. 2010).*** **– I. – Lorsque les actions d'une société dont le siège social est établi en France sont admises aux négociations sur un marché réglementé d'un État membre de l'Union européenne ou d'un autre État partie à l'accord sur l'Espace économique européen, toute personne, à l'exception des personnes visées au 3° du IV de l'article L. 233-7, qui détient, seule ou de concert, au titre d'une ou plusieurs opérations de cession temporaire portant sur ces actions ou de toute opération lui donnant le droit ou lui faisant obligation de revendre ou de restituer ces actions au cédant, un nombre d'actions représentant plus du deux-centième des droits de vote, informe la société et l'Autorité des marchés financiers, au plus tard** ***(Mots rempl., Ord. n° 2014-863, 31 juill. 2014)*** **« à la date d'inscription en compte des actionnaires précédant l'assemblée générale, fixée par décret en Conseil d'État », et lorsque le contrat organisant cette opération demeure en vigueur à cette date, du nombre total d'actions qu'elle possède à titre temporaire. Cette déclaration doit comporter, outre le nombre d'actions acquises au titre de l'une des opérations susmentionnées, l'identité du cédant, la date et l'échéance du contrat relatif à l'opération et, s'il y a lieu, la convention de vote. La société publie ces informations dans les conditions et selon les modalités prévues par le règlement général de l'Autorité des marchés financiers.**

II. – À défaut d'information de la société et de l'Autorité des marchés financiers dans les conditions prévues au I, les actions acquises au titre de l'une des opérations mentionnées au même I sont privées de droit de vote pour l'assemblée d'actionnaires concernée et pour toute assemblée d'actionnaires qui se tiendrait jusqu'à la revente ou la restitution desdites actions. Les délibérations prises par l'assemblée d'actionnaires en violation du présent II peuvent être annulées.

III. – Le tribunal de commerce dans le ressort duquel la société a son siège social peut, le ministère public entendu, sur demande du représentant de la société, d'un actionnaire ou de l'Autorité des marchés financiers, prononcer la suspension totale ou partielle, pour une durée ne pouvant excéder cinq ans, de ses droits de vote à l'encontre de tout actionnaire qui n'aurait pas procédé à l'information prévue au I.

Bibliographie : A. Berdou, *Mieux encadrer l'« empty voting » : Dr. sociétés* 2011, p. 39. • P.-Y. Chabert et R. Eliteau, *Ordonnance du 31 juillet 2014 : dispositions relatives aux opérations sur titres et aux droits de souscription : Rev. sociétés* 2014, p. 618. • J.-M. Desaché et B. Dondero, *La réforme des valeurs mobilières (Ord. n° 2014-863, 31 juill. 2014) : JCP* E 2014, 1216.

Section IV. – Des modifications du capital social et de l'actionnariat des salariés

Sous-section 1. – De l'augmentation du capital

Bibliographie : A. Couret et J.-L. Medus, *Les augmentations de capital*, Économica, 1994. • R. Mortier, *Opérations sur capital social*, LexisNexis, 2015, 2e éd.

Art. L. 225-127 ***(Anc. L. n° 66-537, 24 juill. 1966 ; rempl., Ord. n° 2004-604, 24 juin 2004).*** **– Le capital social est augmenté soit par émission d'actions ordinaires ou d'actions de préférence, soit par majoration du montant nominal des titres de capital existants.**

Il peut également être augmenté par l'exercice de droits attachés à des valeurs mobilières donnant accès au capital, dans les conditions prévues aux articles L. 225-149 et L. 225-177.

Bibliographie : J. Abras, *Augmentation de capital par apport en numéraire dans les sociétés par actions non cotées : les faiblesses de la protection contre les abus dans la fixation du prix des titres nouveaux : JCP* E 2009, 1317. • P.-Y. Chabert, *Les augmentations de capital après l'ordonnance n° 2004-604 du 24 juin 2004 portant réforme des valeurs mobilières émises par les sociétés commerciales : BJS* 2004, p. 1023. • H. Hovasse, *Les augmentations de capital après l'ordonnance n° 2004-604 du 24 juin 2004 portant réforme du régime des valeurs mobilières émises par les sociétés commerciales : Dr. sociétés* oct. 2004, p. 7. • H. Hovasse, *Les augmentations de capital à souscription conditionnelle*, Économica, 1988. • B. Le Bars, *Le volume des augmentations de capital : Rev. sociétés* 2004, p. 531. • P. Le Cannu, *L'ordonnance n° 2004-604 du*

24 juin 2004 et les augmentations de capital : RTD com. 2004, p. 531. • F. Peltier, *Les fondements juridiques de la pratique des dates de jouissance en matière d'émission d'actions nouvelles : BJS* 1992, p. 135. • J.-J. Uettwiller et Ch.-E. Prieur, *Les conventions de garantie dans les souscriptions de droit sociaux : BJS* 2005, p. 1449. • A. Viandier, *La suspension des délégations d'augmentation de capital en cas d'offre publique : Rev. sociétés* 2004, p. 783. • *Adde* R. Mortier, *JCl. Sociétés traité*, Fasc. 156-10 *(Augmentation du capital en numéraire – Généralités – Conditions préalables – Décisions d'augmentation du capital)*, Fasc. 156-15 *(Augmentation du capital en numéraire – Droit préférentiel de souscription, Prime d'émission)*, Fasc. 156-20 *(Augmentation du capital en numéraire – Réalisation)*, Fasc. 156-30 *(Augmentation du capital par apports en nature)*, Fasc. 156-40 *(Augmentation de capital par incorporation de réserves, bénéfices ou prime d'émission)*.

1) Lorsque des fonds, déposés par des associés en compte courant en vue de procéder, par compensation, à une augmentation de capital en numéraire, ont été utilisés à d'autres fins par le gérant, mis en examen pour abus de confiance, la banque ne saurait être condamné à restituer ceux-ci ; il ne saurait en effet lui être reproché d'avoir méconnu l'affectation spéciale des fonds puisque les sommes n'ont pas été affectées à uneaugmentation de capital en numéraire mais à la constitution, au profit des dépositaires, de créances liquides certaines et exigibles : ▪ Cass. com., 20 juin 2006, n° 05-10.269 : *Dr. sociétés* oct. 2006, n° 144, obs. H. Hovasse.

2) Pour un cas **d'augmentation de capital fictive,** V. ▪ Cass. com., 16 oct. 1978 : *JCP* 1978, IV, 352.

Art. L. 225-128 *(Anc. L. n° 66-537, 24 juill. 1966 ; rempl., Ord. n° 2004-604, 24 juin 2004)*. **– Les titres de capital nouveaux sont émis soit à leur montant nominal, soit à ce montant majoré d'une prime d'émission.**

Ils sont libérés soit par apport en numéraire y compris par compensation avec des créances liquides et exigibles sur la société, soit par apport en nature, soit par incorporation de réserves, bénéfices ou primes d'émission, soit en conséquence d'une fusion ou d'une scission.

Ils peuvent aussi être libérés consécutivement à l'exercice d'un droit attaché à des valeurs mobilières donnant accès au capital comprenant, le cas échéant, le versement des sommes correspondantes.

I – PRIME D'ÉMISSION

Bibliographie : A. Cohen, *La prime d'émission entre liberté et contrôle : JCP* E 2002, p. 35. – G. Naffah, *La prime d'émission*, Économica, 1987.

1) Notion de prime d'émission. La prime d'émission est un apport supplémentaire exigé en vue d'assurer l'égalité entre les actions anciennes et les actions nouvelles et elle ne présente pas les caractères d'un bénéfice : ▪ Cass. req., 8 janv. 1935 : *DP* 1935, 1, p. 8, rapp. Pilon. – La prime d'émission est un supplément d'apport laissé à la libre disposition de la société : ▪ Cass. com., 9 juill. 1952 : *JCP* 1953, II, 7742.

2) L'augmentation de capital est **frauduleuse** si elle s'accompagne d'une prime d'émission injustifiée au regard de la situation financière de la société : ▪ Cass. com., 12 mai 1975 : *Bull. civ.* IV, n° 129. – Ainsi la prime d'émission n'est pas justifiée dans son principe lorsqu'à l'époque de l'augmentation de capital la société connaît d'importantes pertes d'exploitation et de substantielles pertes financières : ▪ Cass. com., 16 avr. 2013, n°s 09-10.583 et 09-13.651.

3) Abus de majorité. V. sous C. civ., art. 1833, annot. n° 14, p. 23.

II – COMPENSATION

4) Rien ne s'oppose à ce que la valeur des parts sociales souscrites soit **réglée par compensation avec la créance du souscripteur** sur la société, le montant des pertes excéderait-il le capital social : ▪ Cass. com., 7 févr. 1972 : *Rev. sociétés* 1973, p. 297, note E. du Pontavice. – Cependant, la souscription d'actions par voie de compensation n'est possible que lorsqu'elle n'est pas exclue par la décision de l'assemblée générale autorisant l'augmentation de capital, ce qui est le cas lorsque la décision prescrit d'effectuer la souscription en numéraire : ▪ Cass. com., 11 avr. 1970 : *JCP* 1970, II, 16393. ▪ CA Paris, 23 oct. 1992 : *JCP* E 1993, I, 215, n° 5, obs. A. Viandier et J.-J. Caussain ; *BJS* 1993, p. 95, note Ph. Merle.

5) Lorsque le capital nouveau est libéré par compensation d'une créance détenue sur la société, il ne peut être prétendu que l'augmentation de capital est justifiée par un besoin de trésorerie : ▪ Cass. com., 16 avr. 2013, n°s 09-10.583 et 09-13.651.

Art. L. 225-129 *(Anc. L. n° 66-537, 24 juill. 1966 ; mod., L. n° 2001-152, 19 févr. 2001 ; L. n° 2003-7, 3 janv. 2003 ; L. n° 2003-706, 1er août 2003 ; rempl., Ord. n° 2004-604, 24 juin 2004 ; mod., L. n° 2006-1770, 30 déc. 2006)*. **– L'assemblée générale extraordinaire est seule compétente pour décider,**

sur le rapport du conseil d'administration ou du directoire, une augmentation de capital immédiate ou à terme. Elle peut déléguer cette compétence au conseil d'administration ou au directoire dans les conditions fixées à l'article L. 225-129-2.

L'augmentation de capital doit, sous réserve des dispositions prévues aux articles L. 225-129-2 et L. 225-138, être réalisée dans le délai de cinq ans à compter de cette décision ou de cette délégation. Ce délai ne s'applique pas aux augmentations de capital à réaliser à la suite de l'exercice d'un droit attaché à une valeur mobilière donnant accès au capital ou à la suite des levées d'options prévues à l'article L. 225-177 ou du fait de l'attribution définitive d'actions gratuites prévue à l'article L. 225-197-1.

Voir : C. com., art. R. 225-113, R. 225-116 et R. 228-17, p. 657.
Injonction de faire, C. com., art. L. 238-1, p. 562.

Bibliographie : M. Loy, *Les nouvelles règles de délégation en matière d'augmentation de capital : JCP* E 2004, 1291. • J.-P. Mattout, *Les nouveaux pouvoirs financiers des organes de direction : Rev. sociétés* 2004, p. 543. • P. Tourres, *Augmentation de capital : l'élargissement des délégations : Dr. et patrimoine* oct. 2004, p. 87. • V. aussi la bibliographie citée sous C. com., art. L. 225-127, p. 337.

1) Compétence exclusive de l'AGE. Selon la deuxième directive n° 77/91/CEE d'harmonisation du droit des sociétés, une réglementation nationale ne peut pas prévoir que le capital d'une société anonyme bancaire qui, en raison de son endettement, se trouve dans une situation exceptionnelle, peut être augmenté par voie administrative et sans délibération de l'assemblée générale : ▪ CJCE, 12 mars 1996 : *BJS* 1996, p. 814, note B. Saintourens.

2) Vices du consentement affectant la souscription. *a)* Violence. Pour une tentative d'anéantissement d'une décision d'augmentation du capital fondée sur la violence, V. ▪ CA Paris, 19 mars 1981 : *D.* 1981, 405, concl. M. Jéol.

b) Dol. Pour l'annulation d'une souscription pour dol, V. ▪ Cass. com., 3 déc. 1968 : *Bull. civ.* IV, n° 342. ▪ Cass. com., 27 nov. 1972 : *Gaz. Pal.* 1973, 1, p. 259, note P. Delaisi. – Doit être rejetée l'action en annulation de la souscription pour dol lorsque le souscripteur a pu procéder à différentes analyses sur la situation comptable et matérielle de la société, lorsque les anomalies comptables invoquées ont été relatées dans le rapport du commissaire aux comptes avant la souscription et lorsque l'évaluation des stocks n'était ni cachée ni de nature à fausser l'appréciation du souscripteur, lui-même professionnel : ▪ Cass. com., 3 nov. 2004 : *JurisData* n° 2004-025590 ; *BJS* 2005, p. 736, note P. Mousseron.

3) Responsabilité civile du souscripteur. Engage sa responsabilité civile à l'égard du dirigeant par ailleurs actionnaire de la société émettrice, le souscripteur qui, alors que des propositions concrètes lui étaient soumises pour redresser l'entreprise, ne propose d'autres solutions que le dépôt de bilan ou le rachat des actions de la société pour le franc symbolique : ▪ Cass. com., 3 nov. 2004, *supra*.

4) Responsabilité civile de la société. La société engage sa responsabilité, au titre de la réticence dolosive, à l'égard du consultant chargé de rechercher des partenaires financiers pour une augmentation de capital lorsqu'elle omet de l'informer de ce que l'un de ses salariés, codirigeant de fait, avait fait l'objet d'une condamnation à une interdiction de gérer : ▪ Cass. com., 7 févr. 2012, n° 11-10.487, PB : *BJS* 2012, p. 390, note D. Gallois-Cochet ; *Dr. sociétés* 2012, n° 57, obs. R. Mortier.

Art. L. 225-129-1 *(Ord. n° 2004-604, 24 juin 2004).* **– Lorsque l'assemblée générale extraordinaire décide l'augmentation de capital, elle peut déléguer au conseil d'administration ou au directoire le pouvoir de fixer les modalités de l'émission des titres.**

Voir : C. com., art. R. 225-116, p. 658.
Tableau récapitulatif des délégations à joindre au rapport de gestion, C. com., art. L. 225-100, al. 4, p. 316.

Art. L. 225-129-2 *(Ord. n° 2004-604, 24 juin 2004 ; mod., L. fin. n° 2004-1484, 30 déc. 2004).* **– Lorsque l'assemblée générale extraordinaire délègue au conseil d'administration ou au directoire sa compétence pour décider de l'augmentation de capital, elle fixe la durée, qui ne peut excéder vingt-six mois, durant laquelle cette délégation peut être utilisée et le plafond global de cette augmentation.**

Cette délégation prive d'effet toute délégation antérieure ayant le même objet.

Les émissions mentionnées aux articles L. 225-135 à L. n° 225-138-1 et L. 225-177 à L. 225-186 [et] L. 225-197-1 à L. 225-197-3 ainsi que les émissions d'actions de préférence mentionnées aux articles L. 228-11 à L. 228-20 doivent faire l'objet de résolutions particulières.

Dans la limite de la délégation donnée par l'assemblée générale, le conseil d'administration ou le directoire dispose des pouvoirs nécessaires pour fixer les conditions d'émission, constater la réalisation des augmentations de capital qui en résultent et procéder à la modification corrélative des statuts.

Voir : C. com., art. R. 225-116, p. 658.

Tableau récapitulatif des délégations à joindre au rapport de gestion, C. com., art. L. 225-100, al. 4, p. 316.

Art. L. 225-129-3 *(Abr., L. n° 2006-387, 31 mars 2006).*

Art. L. 225-129-4 *(Ord. n° 2004-604, 24 juin 2004 ; mod., Ord. n° 2009-80, 22 janv. 2009 ; L. n° 2016-1691, 9 déc. 2016).* **– Dans les sociétés anonymes dont les titres de capital sont admis aux négociations sur un marché réglementé ou sur un système multilatéral de négociation soumis aux dispositions du II de l'article L. 433-3 du Code monétaire et financier :**

a) Le conseil d'administration peut, dans les limites qu'il aura préalablement fixées, déléguer au directeur général ou, en accord avec ce dernier, à un ou plusieurs directeurs généraux délégués le pouvoir de décider la réalisation de l'émission, ainsi que celui d'y surseoir ;

b) Le directoire peut déléguer à son président ou, en accord avec celui-ci, à l'un de ses membres le pouvoir de décider la réalisation de l'émission, ainsi que celui d'y surseoir.

Les personnes désignées rendent compte au conseil d'administration ou au directoire de l'utilisation faite de ce pouvoir dans les conditions prévues par ces derniers.

Art. L. 225-129-5 *(Ord. n° 2004-604, 24 juin 2004).* **– Lorsqu'il est fait usage des délégations prévues aux articles L. n° 225-129-1 et L. n° 225-129-2, le conseil d'administration ou le directoire établit un rapport complémentaire à l'assemblée générale ordinaire suivante dans les conditions fixées par décret en Conseil d'État.**

Voir : Injonction de faire, C. com., art. L. 225-149-3, p. 350 et L. 238-1, p. 562.

Art. L. 225-129-6 *(Mod., L. n° 2004-1343, 9 déc. 2004 ; L. n° 2011-525, 17 mai 2011 ; L. n° 2012-387, 22 mars 2012).* **– Lors de toute décision d'augmentation du capital par apport en numéraire, sauf si elle résulte d'une émission au préalable de valeurs mobilières donnant accès au capital, l'assemblée générale extraordinaire doit se prononcer sur un projet de résolution tendant à la réalisation d'une augmentation de capital dans les conditions prévues à l'article L. 443-5 du Code du travail lorsque la société a des salariés. Toutefois, l'assemblée générale extraordinaire se prononce sur un tel projet de résolution lorsqu'elle délègue sa compétence pour réaliser l'augmentation de capital conformément à l'article L. 225-129-2.**

Tous les trois ans, une assemblée générale extraordinaire est convoquée pour se prononcer sur un projet de résolution tendant à réaliser une augmentation de capital dans les conditions prévues à la section 4 du chapitre II du titre III du livre III de la troisième partie du Code du travail si, au vu du rapport présenté à l'assemblée générale par le conseil d'administration ou le directoire en application de l'article L. 225-102, les actions détenues par le personnel de la société et des sociétés qui lui sont liées au sens de l'article L. 225-180 représentent moins de 3 % du capital. Ce délai est repoussé à cinq ans si, dans les conditions prévues au premier alinéa du présent article, une assemblée générale extraordinaire s'est prononcée depuis moins de trois ans sur un projet de résolution tendant à la réalisation d'une augmentation de capital dans les conditions prévues à la même section 4.

Les premier et deuxième alinéas ne sont pas applicables aux sociétés contrôlées au sens de l'article L. 233-16 du présent code lorsque la société qui les contrôle a mis en place, dans les conditions prévues au deuxième alinéa de l'article L. 3344-1 du Code du travail, un dispositif d'augmentation de capital dont peuvent bénéficier les salariés des sociétés contrôlées.

Voir : la rédaction de cet article issue de l'ordonnance n° 2019-744 du 19 juillet 2019, en *addendum*, p. 3371.

Voir : Injonction de faire, C. com., art. L. 225-149-3, p. 350, L. 238-1, p. 562 et L. 238-6, p. 564.

Bibliographie : P. Bouteiller, *Les obligations nées des dispositions de la loi n° 2001-152 du 19 février 2001, et relatives aux augmentations de capital réservées aux salariés : JCP* E 2002, 543. • J.-P. Bouère, *Augmentation de capital : mode d'emploi du nouvel article 180 de la loi sur les sociétés : BJS* 1995, p. 7 ; *Augmentation de capital : du nouveau sur l'article 180 de la loi sur les sociétés : BJS* 1995, p. 147. • J.-F. Bulle, *Aspects politiques sur l'augmentation de capital et les droits des salariés dans les sociétés par actions : Dr. sociétés* 2001, chron. p. 19. • A. Couret et J.-L. Medus, *Les dispositions de la loi du 8 août 1994 portant DDOEF intéressant le droit des sociétés : BJS* 1994, p. 903. • H. Hovasse, *Réforme des valeurs mobilières*

[Ord. n° 2004-1343, 9 déc. 2004] : Dr. sociétés févr. 2005, n° 32. • C. Malecki, *Épargne salariale : les ambiguïtés du seuil de 3 % : D.* 2004, p. 482. • V. Médail, *Augmentation de capital réservée aux salariés : obligation triennale de saisir l'assemblée générale des actionnaires : JCP* E 2003, 988.

1) Régularisation. Le vote sur la seule résolution proposant de réserver aux salariés une augmentation de capital, qui n'a pas été soumise à la précédente assemblée statuant sur la résolution tendant à l'augmentation de capital, suffit à régulariser cette augmentation de capital, sans qu'il y ait lieu à nouvelle délibération sur cette première résolution : ▪ Cass. com., 28 nov. 2018, n° 16-28.358, PB : *BJS* 2019, p. 11, note C. Coupet ; *Dr. sociétés* 2019, n° 48, obs. J. Heinich ; *JCP* E 2019, 1068, note F. Barrière. – La décision d'augmentation du capital, non précédée d'un vote sur un projet de résolution tendant à réaliser une augmentation de capital réservée aux salariés, échappe à la nullité *[C. com., art. L. 225-129 VIII ancien]* en cas de régularisation ultérieure par l'assemblée *[C. com., art. L. 235-3]* : ▪ T. com. Versailles, 30 avr. 2004 : *Rev. sociétés* 2005, p. 183, note J.-Ph. Dom.

2) Rapport du commissaire aux comptes. V. sous C. com., art. L. 225-135, annot. n° 2, p. 343.

3) Application aux SAS. V. sous C. com., art. L. 227-9, annot. n° 8, p. 401.

Art. L. 225-130 ***(Anc. L. n° 66-537, 24 juill. 1966 ; rempl., Ord. n° 2004-604, 24 juin 2004). – (Mod. à compter du 1er avril 2015, Ord. n° 2014-863, 31 juill. 2014)*** **Lorsque l'augmentation du capital, que ce soit par émission de titres de capital nouveaux ou par majoration du montant nominal des titres de capital existants, est réalisée par incorporation de réserves, bénéfices ou primes d'émission, l'assemblée générale, par dérogation aux dispositions de l'article L. 225-96, statue dans les conditions de quorum et de majorité prévues à l'article L. 225-98. Dans ce cas, elle peut décider que les droits formant rompus ne sont ni négociables, ni cessibles et que les titres de capital correspondants sont vendus. La vente des titres de capital qui n'ont pu être attribués individuellement et correspondant aux droits formant rompus ainsi que la répartition des sommes provenant de cette vente aux titulaires des droits interviennent dans un délai fixé par décret en Conseil d'État. Lorsque ces titres de capital sont admis aux négociations sur un marché réglementé ou aux opérations d'un dépositaire central, la vente de ces titres correspondant aux droits formant rompus est réalisée, sauf si l'assemblée générale en décide autrement, suivant des modalités fixées par décret en Conseil d'État.**

L'augmentation de capital par majoration du montant nominal des titres de capital, en dehors des cas prévus à l'alinéa précédent, n'est décidée qu'avec le consentement unanime des actionnaires.

Voir : C. com., art. R. 225-130, p. 661.

Art. L. 225-131 ***(Anc. L. n° 66-537, 24 juill. 1966 ; mod., Ord. n° 2004-604, 24 juin 2004 ; Ord. n° 2009-80, 22 janv. 2009). –*** **Le capital doit être intégralement libéré avant toute émission d'actions nouvelles à libérer en numéraire.**

En outre, l'augmentation du capital par offre au public, réalisée moins de deux ans après la constitution d'une société selon les articles L. 225-12 à L. 225-16, doit être précédée, dans les conditions visées aux articles L. 225-8 à L. 225-10, d'une vérification de l'actif et du passif ainsi que, le cas échéant, des avantages particuliers consentis.

Voir : Sanctions pénales, C. com., art. L. 242-17, p. 594. – **Définition de l'offre au public,** C. monét. fin., art. L. 411-1, p. 1241.

Art. L. 225-132 ***(Anc. L. n° 66-537, 24 juill. 1966 ; mod., Ord. n° 2004-604, 24 juin 2004 ; Ord. n° 2014-863, 31 juill. 2014). –*** **Les actions comportent un droit préférentiel de souscription aux augmentations de capital.**

Les actionnaires ont, proportionnellement au montant de leurs actions, un droit de préférence à la souscription des actions de numéraire émises pour réaliser une augmentation de capital.

Lorsque le droit préférentiel de souscription n'est pas détaché d'actions négociables, il est cessible dans les mêmes conditions que l'action elle-même. Dans le cas contraire, ce droit est négociable pendant une durée égale à celle de l'exercice du droit de souscription par les actionnaires mais qui débute avant l'ouverture de celle-ci et s'achève avant sa clôture. L'information des actionnaires quant aux modalités d'exercice et de négociation de leur droit préférentiel sont précisées par décret en Conseil d'État.

Voir : C. com., art. 225-117-1 et art. R. 225-122, p. 659.

Bibliographie : A. Couret, *Le droit préférentiel de souscription de l'actionnaire*, thèse Toulouse, 1978. • H. Le Nabasque, *Les augmentations de capital réalisées avec maintien du droit préférentiel de souscription des actionnaires : Rev. sociétés* 2004, p. 491. • J. Navarro, *SAS à capital variable et droit préférentiel de souscription : BJS* 2010, p. 160. • A. Theimer, *Vade mecum du droit préférentiel de souscription : Dr. sociétés* août-sept. 2010, p. 37.

1) Sur la **nullité des clauses contraires** : V. ▪ CA Douai, 24 mai 1962 : *D.* 1962, 688, note A. Dalsace.

2) **Agrément.** La cession d'un droit préférentiel de souscription pouvant être assimilée à une cession d'action, il n'y a pas lieu à agrément lorsque la cession est faite entre actionnaires : ▪ CA Aix-en-Provence, 13 janv. 1977 : *Rev. sociétés* 1977, p. 711.

3) **DPS et BSA.** La COB a autorisé une société à attribuer gratuitement des bons de souscription d'actions à l'ensemble de ses actionnaires en vue d'une augmentation de capital sans droit préférentiel de souscription ; les caractères de cette émission confèrent en effet aux actionnaires porteurs de bons de garanties équivalentes à celles du droit préférentiel : *Bull. COB* juin 2002, n° 369, p. 43.

Art. L. 225-133 ***(Anc. L. n° 66-537, 24 juill. 1966 ; rempl., Ord. n° 2004-604, 24 juin 2004).*** **– Si l'assemblée générale ou, en cas de délégation prévue à l'article L. 225-129, le conseil d'administration ou le directoire le décide expressément, les titres de capital non souscrits à titre irréductible sont attribués aux actionnaires qui auront souscrit un nombre de titres supérieur à celui auquel ils pouvaient souscrire à titre préférentiel, proportionnellement aux droits de souscription dont ils disposent et, en tout état de cause, dans la limite de leurs demandes.**

Voir : C. com., art. R. 225-122, p. 659.

Art. L. 225-134 ***(Anc. L. n° 66-537, 24 juill. 1966 ; mod., Ord. n° 2004-604, 24 juin 2004).*** **– I. – Si les souscriptions à titre irréductible et, le cas échéant, à titre réductible n'ont pas absorbé la totalité de l'augmentation de capital :**

1° Le montant de l'augmentation de capital peut être limité au montant des souscriptions sauf décision contraire de l'assemblée générale. En aucun cas, le montant de l'augmentation de capital ne peut être inférieur aux trois quarts de l'augmentation décidée ;

2° Les actions non souscrites peuvent être librement réparties totalement ou partiellement, à moins que l'assemblée en ait décidé autrement ;

3° Les actions non souscrites peuvent être offertes au public totalement ou partiellement lorsque l'assemblée a expressément admis cette possibilité.

II. – Le conseil d'administration ou le directoire peut utiliser dans l'ordre qu'il détermine les facultés prévues ci-dessus ou certaines d'entre elles seulement. L'augmentation de capital n'est pas réalisée lorsque après l'exercice de ces facultés, le montant des souscriptions reçues n'atteint pas la totalité de l'augmentation de capital ou les trois quarts de cette augmentation dans le cas prévu au 1° du I.

III. – Toutefois, le conseil d'administration ou le directoire peut, d'office et dans tous les cas, limiter l'augmentation de capital au montant atteint lorsque les actions non souscrites représentent moins de 3 % de l'augmentation de capital. Toute délibération contraire est réputée non écrite.

Voir : C. com., art. R. 225-122, p. 659.

Art. L. 225-135 ***(Rempl., Ord. n° 2004-604, 24 juin 2004 ; rempl., L. n° 2011-525, 17 mai 2011).*** **– L'assemblée qui décide ou autorise une augmentation de capital, soit en en fixant elle-même toutes les modalités, soit en déléguant son pouvoir ou sa compétence dans les conditions prévues aux articles L. 225-129-1 ou L. 225-129-2, peut supprimer le droit préférentiel de souscription pour la totalité de l'augmentation de capital ou pour une ou plusieurs tranches de cette augmentation, selon les modalités prévues par les articles L. 225-136 à L. 225-138-1.**

Elle statue sur rapport du conseil d'administration ou du directoire.

Lorsqu'elle décide de l'augmentation de capital, soit en fixant elle-même toutes les modalités, soit en déléguant son pouvoir dans les conditions fixées à l'article L. 225-129-1, elle statue également sur rapport des commissaires aux comptes ***(Mots aj. à compter de la date prévue au II de l'article 20 de la loi n° 2019-486 du 22 mai 2019 et au plus tard le 1er septembre 2019, L. n° 2019-486, 22 mai 2019)*** **« , s'il en existe, » sauf dans le cas mentionné au premier alinéa du 1° de l'article L. 225-136.**

Lorsqu'il est fait usage d'une délégation de pouvoir ou de compétence, le conseil d'administration ou le directoire ainsi que le commissaire aux comptes ***(Mots aj. à compter de la date prévue au II de l'article 20 de la loi n° 2019-486 du 22 mai 2019 et au plus tard le 1er septembre 2019, L. n° 2019-486, 22 mai 2019)*** **«, s'il en existe, » établissent chacun un rapport sur les conditions définitives de l'opération présenté à l'assemblée générale ordinaire suivante. Le rapport du conseil d'administration ou du directoire satisfait à l'obligation prévue à l'article L. 225-129-5.**

Dans les sociétés dont les titres de capital sont admis aux négociations sur un marché réglementé, l'assemblée peut prévoir que l'augmentation de capital qu'elle décide ou autorise comporte un délai de priorité de souscription en faveur des actionnaires, dont la durée minimale est fixée par décret en Conseil d'État. Elle peut également déléguer au conseil d'administration ou au directoire la faculté d'apprécier s'il y a lieu de prévoir un tel délai et, éventuellement, de fixer ce délai dans les mêmes conditions.

Un décret en Conseil d'État fixe les conditions dans lesquelles sont établis les rapports prévus au présent article.

Voir : C. com., art. R. 225-114, R. 225-115, p. 657, R. 225-121, p. 659 et R. 225-131, p. 661.

Injonction de faire, C. com., art. L. 238-1, p. 562. – **Sanctions pénales,** C. com., art. L. 242-20, p. 595.

Bibliographie : J.-J. Daigre, *Les émissions sans droit préférentiel de souscription : Rev. sociétés* 2004, p. 479. • J. Hémard, *La suppression du droit préférentiel de souscription : Mél. A. Jauffret*, Aix-en-Provence, 1974, 393. • M. Vasseur, *De la priorité reconnue aux actionnaires ayant renoncé à leurs droits préférentiels de souscription en cas d'émission d'obligations convertibles : Mél. D. Bastian*, Litec, 1974, I, p. 361.

1) Rapports insuffisants et absence de rapports. Il résulte de l'article 186 de la loi du 24 juillet 1966 *[C. com., art. L. 225-135]* et de l'article 155 du décret n° 67-236 que l'objectif de la loi est, d'une part, de laisser aux intéressés l'entière liberté de leur décision et, d'autre part, de veiller à ce qu'ils se prononcent en connaissance de cause ; il s'ensuit que l'insuffisance des indications mentionnées aux rapports prescrits ne peut équivaloir à l'absence de rapport qu'au cas où les actionnaires n'ont pu, effectivement, en raison de cette insuffisance, se prononcer en toute connaissance de cause : ▪ CA Paris, 12 févr. 1981 : *JCP* CI 1981, 13578, concl. M. Jéol, note Y. Guyon. – La mise à la disposition des actionnaires de la comptabilité sociale ne couvre pas la nullité résultant du défaut des rapports prescrits : ▪ Cass. com., 18 févr. 1964 : *Bull. civ.* III, n° 83.

2) L'absence de présentation d'un rapport du commissaire aux comptes lors de l'assemblée **repoussant** la résolution relative à une **augmentation de capital réservée aux salariés** *[C. com., art. L. 225-129-6]* ne contrevient pas à l'article L. 225-135 puisque celui-ci prévoit cette obligation lorsqu'une assemblée **décide** une augmentation de capital assortie de la suppression du droit préférentiel de souscription : ▪ T. com. Versailles, 30 avr. 2004 : *Rev. sociétés* 2005, p. 183, note J.-Ph. Dom.

3) Prix des actions nouvelles. En ce qui concerne les informations requises par le décret précité et, notamment, les indications relatives aux éléments de fixation et de calcul du prix d'émission des actions nouvelles, la détermination de ces éléments n'implique pas nécessairement une démonstration mathématique, mais peut reposer sur de simples facteurs économiques tels que : valeur des actifs, volume de production, rentabilité, perspectives d'avenir, redressement financier de la société : ▪ CA Paris, 12 févr. 1981, *préc.*

Art. L. 225-135-1 ***(Ord. n° 2004-604, 24 juin 2004).*** **– En cas d'augmentation de capital avec ou sans droit préférentiel de souscription, l'assemblée peut prévoir que le nombre de titres pourra être augmenté pendant un délai fixé par décret en Conseil d'État, dans la limite d'une fraction de l'émission initiale déterminée par ce même décret et au même prix que celui retenu pour l'émission initiale. La limite prévue au 1° du I de l'article L. 225-134 est alors augmentée dans les mêmes proportions.**

Voir : C. com., art. R. 225-118 et R. 225-120, p. 658.

Art. L. 225-136 ***(Anc. L. n° 66-537, 24 juill. 1966 ; rempl., Ord. n° 2004-604, 24 juin 2004 ; mod., Ord. n° 2009-80, 22 janv. 2009).*** **– L'émission de titres de capital sans droit préférentiel de souscription par une offre au public ou par une offre visée au II de l'article L. 411-2 du Code monétaire et financier est soumise aux conditions suivantes :**

1° Pour les sociétés dont les titres de capital sont admis aux négociations sur un marché réglementé et dans la mesure où les titres de capital à émettre de manière immédiate ou différée leur sont assimilables, le prix d'émission desdits titres doit être fixé selon des modalités prévues par décret en Conseil d'État pris après consultation de l'Autorité des marchés financiers.

Toutefois, dans la limite de 10 % du capital social par an, l'assemblée générale extraordinaire peut autoriser le conseil d'administration ou le directoire à fixer le prix d'émission selon des modalités qu'elle détermine au vu d'un rapport du conseil d'administration ou du directoire, et d'un rapport spécial du commissaire aux comptes. Lorsqu'il est fait usage de cette autorisation, le conseil d'administration ou le directoire établit un rapport complémentaire, certifié par le commissaire aux comptes, décrivant les conditions définitives de l'opération et donnant des éléments d'appréciation de l'incidence effective sur la situation de l'actionnaire ;

2° Dans les autres cas, le prix d'émission ou les conditions de fixation de ce prix sont déterminés par l'assemblée générale extraordinaire sur rapport du conseil d'administration ou du directoire et sur rapport spécial du commissaire aux comptes *(Mots aj. à compter de la date prévue au II de l'article 20 de la loi n° 2019-486 du 22 mai 2019 et au plus tard le 1er septembre 2019, L. n° 2019-486, 22 mai 2019)* « de la société, ou, s'il n'en a pas été désigné, d'un commissaire aux comptes désigné à cet effet selon les modalités prévues à l'article L. 225-228 » ;

3° L'émission de titres de capital réalisée par une offre visée au II de l'article L. 411-2 du Code monétaire et financier est limitée à 20 % du capital social par an.

Voir : C. com., art. R. 225-114, R. 225-115, R. 225-116 et R. 225-119, p. 657.

Injonction de faire, C. com., art. L. 225-149-3, p. 350 et L. 238-1, p. 562.

Bibliographie : J.-M. Desaché, *Les règles propres aux sociétés cotées : l'assouplissement des règles d'émission : Dr. et patrimoine* oct. 2004, p. 94. • M. Loy, *L'augmentation de capital sans droit préférentiel de souscription par placement privé : JCP* E 2009, 1766.

Art. L. 225-137 *(Abr., Ord. n° 2004-604, 24 juin 2004).*

Art. L. 225-138 *(Anc. L. n° 66-537, 24 juill. 1966 ; mod., L. n° 2003-706, 1er août 2003 ; Ord. n° 2004-604, 24 juin 2004).* **– I. – L'assemblée générale qui décide l'augmentation du capital peut la réserver à une ou plusieurs personnes nommément désignées ou catégories de personnes répondant à des caractéristiques déterminées. À cette fin, elle peut supprimer le droit préférentiel de souscription. Les personnes nommément désignées bénéficiaires de cette disposition ne peuvent prendre part au vote. Le quorum et la majorité requis sont calculés après déduction des actions qu'elles possèdent. La procédure prévue à l'article L. 225-147 n'est pas applicable.**

Lorsque l'assemblée générale extraordinaire supprime le droit préférentiel de souscription en faveur d'une ou plusieurs catégories de personnes répondant à des caractéristiques qu'elle fixe, elle peut déléguer au conseil d'administration ou au directoire le soin d'arrêter la liste des bénéficiaires au sein de cette ou de ces catégories et le nombre de titres à attribuer à chacun d'eux, dans les limites des plafonds prévus au premier alinéa de l'article L. 225-129-2. Lorsqu'il fait usage de cette délégation, le conseil d'administration ou le directoire établit un rapport complémentaire à la prochaine assemblée générale ordinaire, certifié par le commissaire aux comptes *(Mots aj. à compter de la date prévue au II de l'article 20 de la loi n° 2019-486 du 22 mai 2019 et au plus tard le 1er septembre 2019, L. n° 2019-486, 22 mai 2019)* « , s'il en existe, » décrivant les conditions définitives de l'opération.

II. – Le prix d'émission ou les conditions de fixation de ce prix sont déterminés par l'assemblée générale extraordinaire sur rapport du conseil d'administration ou du directoire et sur rapport spécial du commissaire aux comptes.

III. – L'émission doit être réalisée dans un délai de dix-huit mois à compter de l'assemblée générale qui l'a décidée ou qui a voté la délégation prévue à l'article L. 225-129.

IV *(Transféré à l'art. L. 225-138-1, Ord. n° 2004-604, 24 juin 2004).*

Voir : C. com., art. R. 225-114 à R. 225-116, p. 657.

Injonction de faire, C. com., art. L. 225-149-3, p. 350 et L. 238-1, p. 562. – C. monét. fin., art. L. 212-15, p. 992.

Bibliographie : B. Le Bars, *Les sociétés cotées fractionnent l'augmentation de capital : JCP* E 2002, n° 1250, p. 1373. • L. Faugérolas et S. Sabatier, *Les émissions réservées : Rev. sociétés* 2004, p. 515.

1) Catégorie de personnes répondant à des caractéristiques fixées par l'assemblée générale. La seule référence à la catégorie des **investisseurs qualifiés** ne répond pas aux exigences de l'article L. 225-138, I, selon lequel l'assemblée générale peut supprimer le droit préférentiel de souscription en faveur d'une ou plusieurs catégories de personnes répondant à des caractéristiques qu'elle fixe, pour déléguer ensuite aux dirigeants le soin d'arrêter la liste des bénéficiaires au sein de cette ou de ces catégories : AMF, *Augmentations de capital réservées à des catégories de personnes* : Règl. gén. AMF, oct. 2004, n° 8, p. 79 ; *Dr. sociétés* 2005, n° 53, obs. Th. Bonneau.

2) Condition de suppression du droit préférentiel de souscription. Lorsque l'assemblée générale décide d'une augmentation de capital réservée à des personnes nommément désignées ou des catégories de personnes déterminées, la question de la suppression du droit préférentiel de souscription des actionnaires doit être inscrite à l'ordre du jour, faute de quoi doivent être annulées les résolutions de l'assemblée : ▪ Cass. com., 25 sept. 2012, n° 11-17.256, PB : *BJS* 2012, p. 847, note R. Mortier ; *Dr. sociétés* 2013, n° 5, obs. M. Roussille ; *Rev. sociétés* 2013, p. 158, note H. Le Nabasque.

Art. L. 225-138-1 *(Mod., L. n° 2001-152, 19 févr. 2001 ; L. n° 2003-775, 21 août 2003 ; anc. IV de l'art. L. 225-138 transféré au présent art., Ord. n° 2004-604, 24 juin 2004 ; mod., Ord. n° 2011-915, 1er août 2011).* **– Pour l'application du premier alinéa de l'article L. 443-5 du Code du travail relatif aux augmentations de capital réservées aux adhérents d'un plan d'épargne d'entreprise », lorsque l'assemblée générale a supprimé le droit préférentiel de souscription en faveur des salariés de la société ou des sociétés qui lui sont liées au sens de l'article L. 225-180, les dispositions des I et II de l'article L. 225-138 s'appliquent et :**

1° Le prix de souscription demeure déterminé dans les conditions définies à l'article L. 443-5 du Code du travail ;

2° *(Mod., Ord. n° 2013-676, 25 juill. 2013)* **L'augmentation de capital n'est réalisée qu'à concurrence du montant des titres de capital souscrits par les salariés individuellement ou par l'intermédiaire d'un fonds commun de placement ou des titres émis par des sociétés d'investissement à capital variable régies par l'article L. 214-166 du Code monétaire et financier. Elle ne donne pas lieu aux formalités prévues aux articles L. 225-142, L. 225-144 et L. 225-146 ;**

3° *(Abr., Ord. n° 2004-604, 24 juin 2004).*

4° Le délai susceptible d'être accordé aux souscripteurs pour la libération de leurs titres ne peut être supérieur à trois ans ;

5° Les titres de capital ou valeurs mobilières donnant accès au capital peuvent être libérés, à la demande de la société ou du souscripteur, soit par versements périodiques, soit par prélèvements égaux et réguliers sur le salaire du souscripteur ;

6° Les titres de capital ou valeurs mobilières donnant accès au capital ainsi souscrits délivrés avant l'expiration du délai de cinq ans prévu à l'article L. 443-6 du Code du travail ne sont négociables qu'après avoir été intégralement libérés ;

7° Les titres de capital ou valeurs mobilières donnant accès au capital réservés aux adhérents aux plans d'épargne mentionnés à l'article L. 443-1 du Code du travail peuvent, par dérogation aux dispositions du premier alinéa de l'article L. 225-131 du présent code, être émis alors même que le capital social n'aurait pas été intégralement libéré.

Le fait que les titres mentionnés à l'alinéa précédent n'aient pas été entièrement libérés ne fait pas obstacle à l'émission de titres de capital à libérer en numéraire.

Les participants au plan d'épargne d'entreprise prévu à l'article L. 443-1 du Code du travail peuvent obtenir la résiliation ou la réduction de leur engagement de souscription ou de détention de titres de capital ou de valeurs mobilières donnant accès au capital émis par l'entreprise dans les cas et conditions fixés par les décrets en Conseil d'État prévus à l'article L. 442-7 du même code.

Les participants aux plans mentionnés respectivement aux articles L. 443-1 et L. 443-1-2 du Code du travail peuvent obtenir la résiliation ou la réduction de leur engagement de souscription ou de détention d'actions émises par l'entreprise dans les cas et conditions fixés par les décrets en Conseil d'État prévus aux articles L. 442-7 et L. 443-1-2 du même code.

Art. L. 225-139 *(Anc. L. n° 66-537, 24 juill. 1966 ; rempl., Ord. n° 2004-604, 24 juin 2004).* **– Un décret en Conseil d'État détermine les mentions qui doivent figurer dans les rapports prévus aux articles L. 225-129, L. 225-135, L. 225-136 et L. 225-138, de même que dans les rapports prévus en cas d'émission d'actions de préférence ou de valeurs mobilières donnant accès au capital.**

Voir : C. com., art. R. 225-113 et s. et R. 228-17 et s., p. 657.

Art. L. 225-140 *(Anc. L. n° 66-537, 24 juill. 1966 ; mod., Ord. n° 2004-604, 24 juin 2004).* **– Lorsque les titres de capital sont grevés d'un usufruit, le droit préférentiel de souscription qui leur est attaché appartient au nu-propriétaire. Si celui-ci vend les droits de souscription, les sommes provenant de la cession ou les biens acquis par lui au moyen de ces sommes sont soumis à l'usufruit. Si le nu-propriétaire néglige d'exercer son droit, l'usufruitier peut se substituer à lui pour souscrire aux titres nouveaux ou pour vendre les droits. Dans ce dernier cas, le nu-propriétaire peut exiger le remploi des sommes provenant de la cession. Les biens ainsi acquis sont soumis à l'usufruit.**

Les titres nouveaux appartiennent au nu-propriétaire pour la nue-propriété et à l'usufruitier pour l'usufruit. Toutefois, en cas de versement de fonds effectué par le nu-propriétaire ou l'usufruitier pour réaliser ou parfaire une souscription, les titres nouveaux n'appartiennent au nu-propriétaire et à l'usufruitier qu'à concurrence de la valeur des droits de souscription. Le surplus des titres nouveaux appartient en pleine propriété à celui qui a versé les fonds.

Un décret en Conseil d'État fixe les conditions d'application du présent article dont les dispositions sont également suivies en cas d'attribution de titres gratuits.

Les dispositions du présent article s'appliquent dans le silence de la convention des parties.

Voir : C. com., art. R. 225-123, p. 660.

Art. L. 225-141 *(Anc. L. n° 66-537, 24 juill. 1966 ; mod., Ord. n° 2004-604, 24 juin 2004).* **– Le délai accordé aux actionnaires pour l'exercice du droit de souscription ne peut être inférieur à cinq jours de bourse à dater de l'ouverture de la souscription.**

Ce délai se trouve clos par anticipation dès que tous les droits de souscription à titre irréductible ont été exercés ou que l'augmentation de capital a été intégralement souscrite après renonciation individuelle à leurs droits de souscription des actionnaires qui n'ont pas souscrit.

Art. L. 225-142 *(Anc. L. n° 66-537, 24 juill. 1966).* **– La société accomplit, avant l'ouverture de la souscription, des formalités de publicité dont les modalités sont fixées par décret en Conseil d'État.**

Voir : C. com., art. R. 210-9, p. 618, R. 225-120, R. 225-121, R. 225-124 à R. 225-127, p. 659.

Nullité facultative, C. com., art. L. 225-149-3, p. 350. – **Sociétés faisant publiquement appel à l'épargne,** C. monét. fin., art. L. 411-1 et s., p. 1241 et L. 621-8, p. 1575.

Art. L. 225-143 *(Anc. L. n° 66-537, 24 juill. 1966 ; mod., Ord. n° 2004-604, 24 juin 2004).* **– Le contrat de souscription à des titres de capital ou à des valeurs mobilières donnant accès au capital est constaté par un bulletin de souscription, établi dans les conditions déterminées par décret en Conseil d'État.**

Toutefois, le bulletin de souscription n'est pas exigé des établissements de crédit et des prestataires de services d'investissement qui reçoivent mandat d'effectuer une souscription à charge pour ces mandataires de justifier de leur mandat.

Voir : C. com., art. R. 225-128, p. 661.

1) Défaut de consentement du souscripteur. Le consentement du souscripteur aux modalités fixées pour la réalisation d'une augmentation de capital devant être pur et simple, il y a défaut d'acceptation lorsque, une exigence de libération intégrale des titres ayant été posée, le souscripteur a prétendu libérer une partie du montant de sa souscription par voie de compensation alors qu'il ne détenait aucune créance liquide et exigible sur la société : ▪ Cass. com., 25 juin 2013, n° 12-17.583, PB : *BJS* 2013, p. 643, note J.-M. Moulin ; *Dr. sociétés* 2013, n° 152, obs. R. Mortier ; *Rev. sociétés* 2013, p. 545, note T. Bonneau.

2) Exécution forcée de l'engagement. Dès lors que l'engagement pris dans un contrat de souscription est dénué d'ambiguïté et porte irrévocablement sur un mécanisme d'augmentation de capital d'une société dont le souscripteur n'ignore pas les statuts qu'il est donc supposé adopter d'avance, cet engagement, porteur de l'*affectio societatis* au moment de la signature du contrat, peut faire l'objet d'une exécution forcée : ▪ Cass. com., 9 juin 2009, n° 08-17.532 : *BJS* 2009, p. 958, note B. Dondero.

Art. L. 225-144 *(Anc. L. n° 66-537, 24 juill. 1966).* **– Les actions souscrites en numéraire sont obligatoirement libérées, lors de la souscription, d'un quart au moins de leur valeur nominale et, le cas échéant, de la totalité de la prime d'émission. La libération du surplus doit intervenir, en une ou plusieurs fois, dans le délai de cinq ans à compter du jour où l'augmentation du capital est devenue définitive.**

Les dispositions du premier alinéa de l'article L. 225-5, à l'exception de celles relatives à la liste des souscripteurs, sont applicables. Le retrait des fonds provenant des souscriptions en numéraire peut être effectué par un mandataire de la société après l'établissement du certificat du dépositaire.

Si l'augmentation de capital n'est pas réalisée dans le délai de six mois à compter de l'ouverture de la souscription, il peut être fait application des dispositions du deuxième alinéa de l'article L. 225-11.

Voir : C. com., art. R. 225-129, R. 225-134 et R. 225-135, p. 661.

Sanctions pénales, C. com., art. L. 242-21, p. 595.

1) Compensation avec une créance de compte courant. Aucune disposition législative n'interdit au conseil d'administration de décider que la libération intégrale du capital social pourra s'effectuer par prélèvement sur les comptes courants créditeurs : ▪ CA Paris, 29 oct. 1993 : *JCP* E 1994, II, 588, note H. Le Nabasque.

2) Date d'exigibilité de la créance de capital non libéré. S'agissant de la fraction du capital non libérée, la créance de la société envers le souscripteur devient exigible non à la date de l'assemblée générale extraordinaire ayant voté l'augmentation de capital mais à compter de l'appel de fonds décidé par les représentants légaux ou, à défaut d'appel de fonds, à l'expiration du terme de cinq ans prévu par la loi : ▪ CA Paris, 17 janv. 2008 : *JurisData* n° 2008-352857 ; *JCP* E 2008, 1951, note V. Thomas.

Art. L. 225-145 *(Anc. L. n° 66-537, 24 juill. 1966 ; mod., L. n° 2001-1168, 11 déc. 2001 ; Ord. n° 2009-80, 22 janv. 2009 ; Ord. n° 2017-1107, 22 juin 2017).* **– Dans les sociétés faisant, pour le placement de leurs actions, offre au public ou offre visée au II de l'article L. 411-2 du Code monétaire et financier, l'augmentation de capital est réputée réalisée lorsqu'un ou plusieurs prestataires de services d'investissement autres que des sociétés de gestion de portefeuille agréés pour fournir le service d'investissement mentionné au 6° de l'article L. 321-1 du Code monétaire et financier, ou personnes mentionnées à l'article L. 532-18 de ce code et autorisées à fournir le même service sur le territoire de leur État d'origine, ont garanti de manière irrévocable sa bonne fin. Le versement de la fraction libérée de la valeur nominale et de la totalité de la prime d'émission doit intervenir au plus tard le trente-cinquième jour qui suit la clôture du délai de souscription.**

Bibliographie : F. Barrière, *L'augmentation de capital réputée réalisée : Rev. sociétés* 2008, p. 731.

Art. L. 225-146 *(Anc. L. n° 66-537, 24 juill. 1966).* **– Les souscriptions et les versements sont constatés par un certificat du dépositaire établi, au moment du dépôt des fonds, sur présentation des bulletins de souscription.**

Les libérations d'actions par compensation de créances liquides et exigibles sur la société sont constatées par un certificat du notaire ou du commissaire aux comptes *(Mots aj. à compter de la date prévue au II de l'article 20 de la loi n° 2019-486 du 22 mai 2019 et au plus tard le 1er septembre 2019, L. n° 2019-486, 22 mai 2019)* **« de la société, ou, s'il n'en a pas été désigné, d'un commissaire aux comptes désigné à cet effet selon les modalités prévues à l'article L. 225-228 ». Ce certificat tient lieu de certificat du dépositaire.**

Voir : C. com., art. R. 225-134, p. 661.

Bibliographie : R. Mortier et S. de Vendeuil, *Augmentation de capital et certificat de compensation : JCP* E 2018, 1216.

Art. L. 225-147 *(Anc. L. n° 66-537, 24 juill. 1966 ; mod., Ord. n° 2004-604, 24 juin 2004 ; L. n° 2012-387, 22 mars 2012 ; L. n° 2016-1691, 9 déc. 2016).* **– En cas d'apports en nature ou de stipulation d'avantages particuliers, un ou plusieurs commissaires aux apports sont désignés à l'unanimité des actionnaires ou, à défaut, par décision de justice. Ils sont soumis aux incompatibilités prévues à l'article L. 822-11-3, sans préjudice de la possibilité d'être désignés pour accomplir les missions prévues aux articles L. 225-8, L. 225-101, L. 225-131, L. 228-15 et L. 228-39.**

Ces commissaires apprécient, sous leur responsabilité, la valeur des apports en nature et les avantages particuliers. Un décret en Conseil d'État fixe les mentions principales de leur rapport, le délai dans lequel il doit être remis et les conditions dans lesquelles il est mis à la disposition des actionnaires. Les dispositions de l'article L. 225-10 sont applicables à l'assemblée générale extraordinaire.

Si l'assemblée approuve l'évaluation des apports et l'octroi d'avantages particuliers, elle constate la réalisation de l'augmentation du capital.

Si l'assemblée réduit l'évaluation des apports ainsi que la rémunération d'avantages particuliers, l'approbation expresse des modifications par les apporteurs, les bénéficiaires ou leurs mandataires dûment autorisés à cet effet, est requise. À défaut, l'augmentation du capital n'est pas réalisée.

Les titres de capital émis en rémunération d'un apport en nature sont intégralement libérés dès leur émission.

L'assemblée générale extraordinaire d'une société dont les titres sont admis aux négociations sur un marché réglementé peut déléguer, pour une durée maximale de vingt-six mois, au conseil d'administration ou au directoire les pouvoirs nécessaires à l'effet de procéder à une augmentation de capital, dans la limite de 10 % de son capital social, en vue de rémunérer des apports en nature consentis à la société et constitués de titres de capital ou de valeurs mobilières donnant accès au capital, lorsque les dispositions de l'article L. 225-148 ne sont pas applicables. Le conseil d'administration ou le directoire statue conformément au troisième ou quatrième alinéas ci-dessus, sur le rapport du ou des commissaires aux apports mentionnés aux premier et deuxième alinéas ci-dessus.

Voir : C. com., art. R. 225-136, p. 662.

Bibliographie : A. Couret, G. Olivier et B. Peillon, *Augmentations de capital par apports en nature : sur quelques interrogations récurrentes : BJS*, p. 708. • G. Giuliani, *De l'augmentation de capital par apport en nature sous condition suspensive dans les sociétés par actions : JCP* E 2006, 2199.

1) Avantages particuliers. Voir aussi sous C. com., art. L. 225-8, annot. n° 1, p. 237.

a) **Notion.** L'avantage particulier de l'article 193 de la loi du 24 juillet 1966 *[C. com., art. L. 225-147]* doit s'entendre de **toute faveur** pécuniaire ou autre attribuée à titre personnel à un associé ou à un tiers : T. com. Roubaix, 6 mai 1994 : *BJS* 1994, p. 651, note P. Le Cannu.

b) **Qualification écartée.** Il n'y a pas avantage particulier lorsque l'avantage consenti ne peut avoir aucune influence relativement au droit des autres actionnaires sur le fonds social ou sur ses produits : ▪ Cass. civ., 6 mars 1935 : *DH* 1935, p. 265. – *Adde* ▪ Cass. com., 16 déc. 1969 : *Bull. civ.* IV, n° 388. – L'attribution du fonds social à la société absorbante, actionnaire majoritaire de l'absorbée, ne peut être considérée comme un avantage particulier car elle s'opère au titre de la transmission universelle inhérente à l'absorption : ▪ T. com. Roubaix, 6 mai 1994, préc. – *Adde* dans la même affaire : ▪ CA Douai, 7 juill. 1994 : *BJS* 1994, p. 994, note P. Le Cannu.

c) **Évaluation.** Sur l'évaluation, V. ▪ TGI Paris, 16 mai 1974 : *D.* 1975, 37. ▪ Cass. crim., 12 avr. 1976 : *Rev. sociétés* 1977, p. 293, note B. Bouloc.

2) Commissaire aux apports. *a)* **Indépendance.** Les fonctions de commissaire aux apports sont incompatibles avec toute activité ou tout acte de nature à porter atteinte à son indépendance à l'égard de l'une des parties à l'opération d'apport ou d'une personne qui la contrôle ou qu'elle contrôle, ce qui est le cas lorsque le commissaire aux apports a, avant sa désignation, accompli pour le compte de la société qui contrôle la société apporteuse une mission relative à la situation et aux résultats de la société bénéficiaire de l'apport ; de sorte que doivent être frappées de nullité les délibérations prises au vu de son rapport, cette nullité étant d'ordre public dans la mesure où elle n'a pas pour seul objet la protection de la société bénéficiaire de l'apport ou de ses associés : ▪ Cass. com., 26 mai 2009, n° 08-13.611 : *BJS* 2009, p. 965, note J.-F. Barbièri.

b) **Fusion entre sociétés sœurs.** Lorsqu'une **fusion** intervient entre deux sociétés sœurs dont le capital était presque entièrement détenu par la société mère, il n'y a pas lieu de procéder à la nomination d'un commissaire aux apports : ▪ CA Paris, 21 sept. 2001 : *BJS* 2002, p. 54, note J.-P. Bouère. – Voir C. com., art. L. 236-11, p. 540.

c) **Responsabilité du commissaire aux apports.** En cas d'approbation fautive d'une surévaluation des apports en nature ayant donné une apparence trompeuse de solvabilité à la société absorbante, le commissaire aux apports n'est tenu de réparer que l'aggravation de l'insuffisance d'actif qu'il a ainsi contribué à créer : ▪ Cass. com., 7 janv. 2014, n° 12-26.640 : *BJS* 2014, p. 258, note B. Dondero. – Pour des exemples de mise en cause de la responsabilité du commissaire aux apports, V. ▪ Cass. com., 5 mars 1980 : *Bull. civ.* IV, n° 113 *[créanciers sociaux trompés sur la solvabilité de la société]*. ▪ Cass. com., 26 mai 1983 : *JCP* 1983, IV, 244. ▪ Cass. com., 28 juin 2005 : *JurisData* n° 2005-029182 ; *D.* 2005, p. 1941, obs. A. Lienhard ; *JCP* E 2005, 1325, note H. Hovasse.

3) Surévaluation des apports en nature. V. sous C. civ., art. 1843-5, annot. n° 1, p. 67.

Art. L. 225-147-1 *(L. n° 2012-387, 22 mars 2012)*. **– I. – L'article L. 225-147 n'est pas applicable, sur décision du conseil d'administration ou du directoire, lorsque l'apport en nature est constitué :**

1° De valeurs mobilières donnant accès au capital mentionnées à l'article L. 228-1 ou d'instruments du marché monétaire, au sens de l'article 4 de la directive 2004/39/CE du Parlement européen et du Conseil du

21 avril 2004 concernant les marchés d'instruments financiers, modifiant les directives 85/611/CEE et 93/6/CEE du Conseil et la directive 2000/12/CE du Parlement européen et du Conseil et abrogeant la directive 93/22/CE du Conseil, s'ils ont été évalués au prix moyen pondéré auquel ils ont été négociés sur un ou plusieurs marchés réglementés durant les trois mois précédant la date de la réalisation effective de l'apport ;

2° D'éléments d'actif autres que les valeurs mobilières ou les instruments du marché monétaire mentionnés au 1° si, dans les six mois précédant la date de la réalisation effective de l'apport, ces éléments ont déjà fait l'objet d'une évaluation à la juste valeur par un commissaire aux apports dans les conditions définies à l'article L. 225-147.

II. – L'apport en nature fait l'objet d'une réévaluation dans les conditions mentionnées aux deux premiers alinéas de l'article L. 225-147, à l'initiative et sous la responsabilité du conseil d'administration ou du directoire, lorsque :

1° Dans le cas prévu au 1° du I du présent article, le prix a été affecté par des circonstances exceptionnelles pouvant modifier sensiblement la valeur de l'élément d'actif à la date de la réalisation effective de l'apport ;

2° Dans le cas prévu au 2° du même I, des circonstances nouvelles ont modifié sensiblement la juste valeur de l'élément d'actif à la date de la réalisation effective de l'apport. Faute d'une telle réévaluation, un ou plusieurs actionnaires représentant au moins 5 % du capital à la date de la décision d'augmenter le capital ou une association d'actionnaires répondant aux conditions fixées à l'article L. 225-120 ont la faculté de demander une évaluation par un commissaire aux apports dans les conditions mentionnées aux deux premiers alinéas de l'article L. 225-147.

III. – Les informations relatives aux apports en nature mentionnés aux 1° et 2° du I sont portées à la connaissance des actionnaires dans des conditions définies par décret en Conseil d'État.

Voir : C. com., art. R. 225-136-1, p. 662.

Art. L. 225-148 *(Anc. L. n° 66-537, 24 juill. 1966 ; mod., Ord. n° 2004-604, 24 juin 2004).* – Les dispositions de l'article L. 225-147 ne sont pas applicables dans le cas où une société dont les actions sont admises aux négociations sur un marché réglementé procède à une augmentation de capital à l'effet de rémunérer des titres apportés à une offre publique d'échange sur des titres d'une société dont les actions sont admises aux négociations sur un marché réglementé d'un État partie à l'accord sur l'Espace économique européen ou membre de l'Organisation de coopération et de développement économique.

L'augmentation de capital intervient dans les conditions prévues aux articles L. 225-129 à L. n° 225-129-6. Toutefois, les commissaires aux comptes doivent exprimer leur avis sur les conditions et les conséquences de l'émission, dans le prospectus diffusé à l'occasion de sa réalisation et dans leur rapport à la première assemblée générale ordinaire qui suit l'émission.

Bibliographie : G. Kellner, *Augmentation de capital rémunérant des titres apportés à une OPE : JCP* E 2005, 937.

Art. L. 225-149 *(Anc. L. n° 66-537, 24 juill. 1966 ; rempl., Ord. n° 2004-604, 24 juin 2004).* – L'augmentation de capital résultant de l'exercice de droits attachés aux valeurs mobilières donnant accès au capital n'est pas soumise aux formalités prévues à l'article L. 225-142, au deuxième alinéa de l'article L. 225-144 et à l'article L. 225-146. Lorsque le titulaire d'une valeur mobilière émise en application de l'article L. n° 225-149-2 n'a pas droit à un nombre entier, la fraction formant rompu fait l'objet d'un versement en espèces selon les modalités de calcul fixées par décret en Conseil d'État.

L'augmentation de capital est définitivement réalisée du seul fait de l'exercice des droits et, le cas échéant, des versements correspondants.

À tout moment de l'exercice en cours et au plus tard lors de la première réunion suivant la clôture de celui-ci, le conseil d'administration ou le directoire constate, s'il y a lieu, le nombre et le montant nominal des actions créées au profit des titulaires des droits au cours de l'exercice écoulé et apporte les modifications nécessaires aux clauses des statuts relatives au montant du capital social et au nombre des titres qui le composent.

Le président du directoire ou le directeur général peut, sur délégation du directoire ou du conseil d'administration, procéder à ces opérations à tout moment de l'exercice et au plus tard dans une limite fixée par décret en Conseil d'État.

Art. L. 225-149-1 *(L. n° 2003-706, 1er août 2003 ; rempl., Ord. n° 2004-604, 24 juin 2004 ; mod., L. n° 2004-1343, 9 déc. 2004).* – En cas d'émission de nouveaux titres de capital ou de nouvelles valeurs

mobilières donnant accès au capital ainsi qu'en cas de fusion ou de scission de la société appelée à émettre de tels titres, le conseil d'administration ou le directoire peut suspendre, pendant un délai maximum fixé par décret en Conseil d'État, la possibilité d'obtenir l'attribution de titres de capital par l'exercice du droit mentionné à l'article L. 225-149 ou à l'article L. 225-178.

Sauf disposition contraire du contrat d'émission, les titres de capital obtenus, à l'issue de la période de suspension, par l'exercice des droits attachés aux valeurs mobilières donnent droit aux dividendes versés au titre de l'exercice au cours duquel ils ont été émis.

Voir : C. com., art. R. 225-133, p. 661.

Bibliographie : H. Hovasse, *Réforme des valeurs mobilières [Ord. n° 2004-1343, 9 déc. 2004] : Dr. sociétés* févr. 2005, n° 32.

Art. L. 225-149-2 *(Ord. n° 2004-604, 24 juin 2004).* **– Les droits attachés aux titres donnant accès au capital qui ont été utilisés ou qui ont été acquis par la société émettrice ou par la société appelée à émettre de nouveaux titres de capital sont annulés par la société émettrice.**

Art. L. 225-149-3 *(Rempl., L. n° 2012-387, 22 mars 2012).* **– Les rapports et les formalités mentionnés à l'article L. 225-129-2, au second alinéa de l'article L. 225-131, aux 1° et 2° de l'article L. 225-136, aux articles L. 225-138, L. 225-142 et L. 225-143, au dernier alinéa de l'article L. 225-144, aux articles L. 225-145 à L. 225-147, au second alinéa de l'article L. 225-148, à l'avant-dernier alinéa de l'article L. 225-149 et à l'article L. 225-149-2 peuvent donner lieu à une injonction de faire suivant les modalités définies aux articles L. 238-1 et L. 238-6.**

Sont nulles les décisions prises en violation du premier alinéa des articles L. 225-129 et L. 225-129-1, des deux premiers alinéas de l'article L. 225-129-2, du premier alinéa de l'article L. 225-129-6, de la première phrase du premier alinéa et du second alinéa de l'article L. 225-130, du premier alinéa de l'article L. 225-131, du deuxième alinéa de l'article L. 225-132 et du dernier alinéa de l'article L. 225-147.

Peuvent être annulées les décisions prises en violation de l'article L. 233-32 ainsi que les décisions prises en violation des dispositions de la présente sous-section 1 autres que celles mentionnées au deuxième alinéa du présent article.

Les articles L. 225-127 et L. 225-128, le premier alinéa des articles L. 225-132 et L. 225-135, l'article L. 225-140 et le premier alinéa de l'article L. 225-148 ne sont pas soumis au présent article.

Voir : Prescription de trois mois, C. com., art. L. 235-9, al. 3, p. 526. – **Sanctions pénales,** C. com., art. L. 242-17 à L. 242-21, p. 594.

Bibliographie : F. Barrière, *Les causes de nullité des augmentations de capital : Dr. et patrimoine* oct. 2004, p. 92. • P. Le Cannu, *L'ordonnance n° 2004-604 du 24 juin 2004 et les sanctions civiles : RTD com.* 2004, p. 764. • J.-P. Legros, *L'expansion des nullités des décisions d'augmenter le capital : Dr. sociétés* déc. 2004, n° 11 ; *Les référés-injonctions de faire relatifs aux augmentations de capital après la loi du 22 mars 2012 : Dr. sociétés* janv. 2013, étude 1.

V. sur l'absence de suspension du délai de prescription en l'absence de fraude : ▪ Cass. com., 5 avr. 2018, n° 16-18.772 : *BJS* 2019, p. 405, note C. Coupet ; *Dr. sociétés* 2018, n° 138, obs. R. Mortier.

Art. L. 225-150 *(L. n° 2012-387, 22 mars 2012).* **– Les droits de vote et les droits à dividende des actions ou coupures d'actions émises en violation de la présente sous-section sont suspendus jusqu'à régularisation de la situation. Tout vote émis ou tout versement de dividende effectué pendant la suspension est nul.**

Sous-section 2 ancienne. – Des obligations avec bons de souscription d'actions

(Abr., Ord. n° 2004-604, 24 juin 2004)

Art. L. 225-150 ancien ***(Abr., Ord. n° 2004-604, 24 juin 2004).***

Voir : C. monét. fin., art. L. 212-7, p. 991.

Les règles relatives à l'émission de titres donnant accès au capital et aux titulaires de ces titres sont fixées par les articles L. 228-91 à L. 228-106 du Code de commerce relatifs aux valeurs mobilières donnant accès au capital.

JURISPRUDENCE RENDUE SUR LE FONDEMENT DE L'ARTICLE L. 225-150 AUJOURD'HUI ABROGÉ

1) **Demande en annulation des minoritaires.** Justifie sa décision la cour d'appel qui rejette l'action intentée par des actionnaires minoritaires en vue d'obtenir l'annulation d'une émission d'obligations avec bons de souscription d'actions, dès lors qu'ayant recherché si le succès de leurs prétentions pouvait procurer à eux-mêmes ou à leur société des avantages matériels ou moraux, et s'étant déterminée à partir des éléments invoqués par eux en ce sens, la cour relève que les minoritaires excluaient eux-mêmes avoir un intérêt matériel, résultat de la perte de chances de plus-values sur leur droit de souscription, et retient que n'étaient établis ni le caractère plausible de quelques bénéfices financiers envisagés pour eux, ni l'atteinte prétendue au crédit de la société, excluant par là même l'existence d'un intérêt moral : ▪ Cass. com., 15 juill. 1992 : *BJS* 1992, p. 1208, note J.-F. Barbièri.

2) **BSA et DPS.** La COB a autorisé une société à attribuer gratuitement des bons de souscription d'actions à l'ensemble de ses actionnaires en vue d'une augmentation de capital sans droit préférentiel de souscription ; les caractères de cette émission confèrent en effet aux actionnaires porteurs de bons des garanties équivalentes à celles du droit préférentiel : *Bull. COB* juin 2002, n° 369, p. 43.

Art. L. 225-151 à L. 225-154 *(Abr., Ord. n° 2004-604, 24 juin 2004).*

JURISPRUDENCE RENDUE SUR LE FONDEMENT DE L'ARTICLE L. 225-154 AUJOURD'HUI ABROGÉ

Les dispositions de l'article L. 225-154, destinées à préserver les intérêts des titulaires de valeurs mobilières donnant droit à l'attribution d'actions, s'appliquent à toutes les opérations affectant les fonds propres susceptibles d'entraîner pour la société émettrice **une perte de substance** impliquant une baisse de la valeur des actions et, en particulier, à la mise en distribution d'un dividende prélevé non sur les bénéfices, mais sur les primes liées au capital : ▪ Cass. com., 27 févr. 2001 : *Juris-Data* n° 2001-008368 ; *JCP* E 2001, p. 764, note A. Viandier ; *Dr. sociétés* 2001, n° 87, obs. H. Hovasse ; *BJS* 2001, p. 627, note J.-J. Daigre ; *D.* 2001, act. jurispr. p. 1246, obs. M. Boizard. ▪ CA Paris, 19 mai 1999 : *JCP* E 1999, p. 1634, note H. Hovasse.

Art. L. 225-155 à L. 225-160 *(Abr., Ord. n° 2004-604, 24 juin 2004).*

Sous-section 3 ancienne. – Des obligations convertibles en actions

(Abr., Ord. n° 2004-604, 24 juin 2004)

Art. L. 225-161 *(Abr., Ord. n° 2004-604, 24 juin 2004).*

Voir : C. monét. fin., art. L. 212-7, p. 991.

Les règles relatives à l'émission de titres donnant accès au capital et aux titulaires de ces titres sont fixées par les articles L. 228-91 à L. 228-106 du Code de commerce relatifs aux valeurs mobilières donnant accès au capital.

Art. L. 225-162 à L. 225-167 *(Abr., Ord. n° 2004-604, 24 juin 2004).*

Sous-section 4 ancienne. – Des obligations échangeables contre des actions

(Abr., Ord. n° 2004-604, 24 juin 2004)

Bibliographie : H. Blondeau, *Les obligations échangeables contre des actions*, thèse Paris, 1967.

Art. L. 225-168 à L. 225-176 *(Abr., Ord. n° 2004-604, 24 juin 2004).*

Les règles relatives à l'émission de titres donnant accès au capital et aux titulaires de ces titres sont fixées par les articles L. 228-91 à L. 228-106 du Code de commerce relatifs aux valeurs mobilières donnant accès au capital.

Sous-section 2. – De la souscription et de l'achat d'actions par les salariés

(Anc. ss-sect. 5 dénum., Ord. n° 2004-604, 24 juin 2004)

§ 1. – Des options de souscription ou d'achat d'actions

Art. L. 225-177 *(Anc. L. n° 66-537, 24 juill. 1966 ; mod., L. n° 2001-420, 15 mai 2001 ; L. n° 2006-1770, 30 déc. 2006).* – **L'assemblée générale extraordinaire, sur le rapport du conseil d'administration ou du directoire, selon le cas, et sur le rapport spécial des commissaires aux comptes** *(Mots aj. à compter de la date prévue au II de l'article 20 de la loi n° 2019-486 du 22 mai 2019 et au plus tard le*

1er septembre 2019, L. n° 2019-486, 22 mai 2019) « , s'il en existe, » peut autoriser le conseil d'administration ou le directoire à consentir, au bénéfice des membres du personnel salarié de la société ou de certains d'entre eux, des options donnant droit à la souscription d'actions. L'assemblée générale extraordinaire fixe le délai pendant lequel cette autorisation peut être utilisée par le conseil d'administration ou par le directoire, ce délai ne pouvant être supérieur à trente-huit mois. Toutefois, les autorisations antérieures à la date de publication de la loi n° 2001-420 du 15 mai 2001 relative aux nouvelles régulations économiques sont valables jusqu'à leur terme.

Le conseil d'administration ou le directoire fixe les conditions dans lesquelles seront consenties les options. Ces conditions pourront comporter des clauses d'interdiction de revente immédiate de tout ou partie des actions sans que le délai imposé pour la conservation des titres puisse excéder trois ans à compter de la levée de l'option.

Les options peuvent être consenties ou levées alors même que le capital social n'aurait pas été intégralement libéré.

Le prix de souscription est fixé au jour où l'option est consentie, par le conseil d'administration ou le directoire selon les modalités déterminées par l'assemblée générale extraordinaire sur le rapport des commissaires aux comptes *(Mots aj. à compter de la date prévue au II de l'article 20 de la loi n° 2019-486 du 22 mai 2019 et au plus tard le 1er septembre 2019, L. n° 2019-486, 22 mai 2019)* « de la société, ou, s'il n'en a pas été désigné, d'un commissaire aux comptes désigné à cet effet selon les modalités prévues à l'article L. 225-228 ». Si les actions de la société ne sont pas admises aux négociations sur un marché réglementé, le prix de souscription est déterminé conformément aux méthodes objectives retenues en matière d'évaluation d'actions en tenant compte, selon une pondération appropriée à chaque cas, de la situation nette comptable, de la rentabilité et des perspectives d'activité de l'entreprise. Ces critères sont appréciés le cas échéant sur une base consolidée ou, à défaut, en tenant compte des éléments financiers issus des filiales significatives. À défaut, le prix de souscription est déterminé en divisant par le nombre de titres existants le montant de l'actif net réévalué, calculé d'après le bilan le plus récent. Si les actions de la société sont admises aux négociations sur un marché réglementé le prix de souscription ne peut pas être inférieur à 80 % de la moyenne des cours cotés aux vingt séances de bourse précédant ce jour, aucune option ne pouvant être consentie moins de vingt séances de bourse après le détachement des actions d'un coupon donnant droit à un dividende ou à une augmentation de capital.

Dans une société dont les titres sont admis aux négociations sur un marché réglementé, les options ne peuvent être consenties :

1° Dans le délai de dix séances de bourse précédant et suivant la date à laquelle les comptes consolidés, ou à défaut les comptes annuels, sont rendus publics ;

2° Dans le délai compris entre la date à laquelle les organes sociaux de la société ont connaissance d'une information qui, si elle était rendue publique, pourrait avoir une incidence significative sur le cours des titres de la société, et la date postérieure de dix séances de bourse à celle où cette information est rendue publique.

Des options donnant droit à la souscription de titres qui ne sont pas admis aux négociations sur un marché réglementé ne peuvent être consenties qu'aux salariés de la société qui attribue ces options ou à ceux des sociétés mentionnées au 1° de l'article L. 225-180.

Voir : la rédaction de cet article issue de l'ordonnance n° 2019-744 du 19 juillet 2019, en *addendum*, p. 3371.

Voir : C. com., art. R. 225-137 et s., p. 662.

Injonction de faire, C. com., art. L. 238-1, p. 562. - C. monét. fin., art. L. 212-16, p. 992.

Bibliographie : L. Assaya, *Stock-options : l'Europe a-t-elle condamné les opérations de couverture à l'aide de produits dérivés ? : JCP* E 2004, 1150. • M. Dazat, *L'introduction en droit français des options sur titres au bénéfice des salariés : Banque* 1971, p. 357. • A. Depondt, *Régime des stock-options, donation des titres, conséquences fiscales : Dr. et patrimoine* avr. 2001, p. 37. • D. Labarthette, *Les plans de stock-options à l'épreuve des attributions gratuites d'actions : JCP* E 2006, 1576. • J.-P. Le Gall et N. Message, *Traitement des options d'achat et de souscription d'actions dans les offres publiques d'achat ou d'échange d'actions de sociétés cotées : les contrats de liquidité : JCP* E 2006, 2212. • V. Martineau-Bourninaud, *Le mythe de la transparence en droit des sociétés : réflexions sur les stock-options accordées aux mandataires sociaux : D.* 2004, p. 862. • O. Pecqueur, *Donation de stock-options : une efficacité relative : Dr. fisc.* 2003, p. 462. • C. Perrier, *Attributions d'actions aux salariés et appel public à l'épargne : les nouvelles règles : Dr. sociétés* nov. 2005, p. 24. • Pouget, *La souscription ou l'acquisition de droits sociaux par les salariés : Dix ans de droit de l'entreprise*, Litec, 1978, p. 543. • J. Richard, *Options de souscription ou d'achat d'actions au bénéfice du personnel salarié : JCP* 1971, I, 2439. • P. Roux, *Les plans d'achat et de souscription d'actions réservés aux salariés et les sociétés étrangères : JCP* E 1993, I, 242. • V. Tandeau de Marsac, *Les règles de l'appel public à l'épargne sont-elles susceptibles de s'appliquer aux stock-options ? :*

BJS 2001, p. 244. • V. Tandeau de Marsac et M.-I. Levesque, *Stock-options et mécanismes d'intéressement assimilés : les écueils juridiques à éviter* : *BJS* 1999, p. 729. • J.-P. Valuet, *La réforme d'ensemble du régime des stock-options* : *BJS* 2001, p. 741. • R. Vatinet, *Le clair-obscur des stock-options à la française* : *Rev. sociétés* 1997, p. 31 ; *Les options de souscription d'achat d'actions dans la loi sur les nouvelles régulations économiques* : *Rev. sociétés* 2001, p. 581 ; *LFSS pour 2008 : institution d'une contribution patronale et salariale sur les stock-options et les attributions d'actions gratuites* : *JCP* S 2008, 1056. • A. Viandier et A. Charvériat, *Sociétés et loi NRE*, Fr. Lefebvre, 2002, nos 440 et s. • V. Voisin, *Controverses sur les contingences du régime légal des stock-options* : *Dr. et patrimoine* mars 2005, p. 53.

1) Droit à la levée de l'option. Dès lors que la promesse d'option d'achat d'actions, proposée à un salarié dans son contrat de travail, est inconditionnelle, il appartient à la société de prendre les mesures nécessaires pour donner satisfaction au salarié bénéficiaire, sans qu'il y ait lieu de distinguer entre un achat et une souscription d'actions ; à défaut de rapporter la preuve d'un cas de force majeure qui aurait empêché la société de satisfaire son salarié, la responsabilité pour faute de celle-ci se trouve engagée : ▪ Cass. com., 13 mai 1997 : *BJS* 1997, p. 807.

2) Clause de présence. G. Auzero, *Attribution individuelle des stock-options et licenciement injustifié du bénéficiaire : le recours salutaire au droit des obligations* : *BJS* 2005, p. 177. – S. Béal, *Stock-options, actions gratuites et rupture du contrat de travail* : *JCP* S 2007, 1118. – A. Bruder, *La validité des clauses de présence dans les plans de stock-options : remise en cause définitive ou solutions ponctuelles ?* : *JCP* E 010, 2031. – F. de Rostolan, *Perte des stock-options à la suite d'un licenciement : quel préjudice ?* : *JCP* S 2006, 2007. – S. Grandvuillemin, *Stock-options et licenciement* : *JCP* E 2002, p. 652, 638.

a) **Nécessité d'une stipulation contractuelle.** D'une manière générale, rien n'interdit l'exercice des droits d'option lorsque leurs bénéficiaires ont quitté la société, les organes ayant cependant la possibilité d'assortir l'attribution des plans de conditions plus restrictives et une modification de ces conditions ne peut intervenir qu'après une nouvelle délibération du conseil d'administration : ▪ CA Paris, 23 sept. 1999 : *JurisData* n° 1999-101618 ; *BJS* 2000, p. 227, note D. Velardocchio ; *D.* 1999, act. jurispr., p. 38, obs. A. L.

b) **Démission ou révocation du dirigeant social.** Dès lors que le règlement du plan d'options subordonne la levée des options à la condition que les bénéficiaires soient salariés ou administrateurs au moment de leur exercice, la révocation du directeur général avant le terme prévu au règlement rend caduc son droit d'option, quelles qu'aient pu être les assurances données par le président du conseil d'administration, celui-ci ne pouvant engager la société dans la mesure où le conseil d'administration était seul investi du pouvoir de décision en la matière, de sorte que l'ancien dirigeant ne peut prétendre à des dommages et intérêts pour le refus de la société de lui permettre d'exercer son droit d'option : ▪ Cass. com., 23 mars 2010, n° 09-12.207 : *BJS* 2010, p. 549, note P. Mousseron ; *Dr. sociétés* 2010, n° 140, obs. D. Gallois-Cochet. – S'agissant d'un dirigeant révoqué de ses mandats sociaux dans les filiales après qu'il eut démissionné de la présidence du conseil d'administration de la société mère, la clause de présence à laquelle étaient subordonnées ses options d'achat d'actions peut valablement produire effet dès lors que la clause, constitutive d'une condition résolutoire, ne présente pas un caractère potestatif et que sa réalisation ne peut être imputée à la société mère dans la mesure où la révocation de ses mandats dans les filiales était le prolongement nécessaire de sa démission de son mandat dans la société mère : ▪ CA Versailles, 29 oct. 2009, n° 08-04.584 : *Dr. sociétés* 2010, n° 140, obs. D. Gallois-Cochet ; *JCP* E 2010, 1145, n° 6, obs. Fl. Deboissy et G. Wicker. – V. égal., ▪ CA Versailles, 19 nov. 2009, n° 08-03.777 : *JCP* E 2010, 1049.

c) **Licenciement pour faute grave ou insuffisance professionnelle.** S'agissant d'un plan d'options d'achat prévoyant la caducité des options en cas de licenciement du bénéficiaire pour faute grave, cette stipulation est constitutive d'une sanction pécuniaire prohibée qui ne peut être prévue par le plan d'options : ▪ Cass. soc., 21 oct. 2009, n° 08-42.026, PB : *D.* 2009, p. 2613, obs. L. Perrin et p. 1197, note H. Guyader ; *Dr. sociétés* 2009, n° 26, obs. D. Gallois-Cochet ; *JCP* E 2010, 1145, n° 5, obs. Fl. Deboissy et G. Wicker ; *Rev. sociétés* 2010, p. 506, note Y. Marjault. – *Adde*, S. Schiller et J.-M. Le Leprêtre, *Le salarié licencié pour faute grave ne peut être privé du bénéfice de ses stock-options* : *JCP* E 2010, 1272. – S'agissant d'une clause du règlement de plan d'options d'achat d'actions prévoyant la perte du droit d'option en cas de licenciement pour motif personnel, la subordination du maintien des stock-options à la présence du salarié dans l'entreprise n'est pas, en soi, constitutive d'une atteinte aux libertés et droits fondamentaux de celui-ci et, dès lors qu'aucune plus-value n'était réalisée au jour de la rupture du contrat, la perte du droit de lever l'option ne peut s'analyser, à cette date, en une mesure affectant la rémunération du salarié : ▪ Cass. soc., 20 oct. 2004, n° 02-41.860.

d) **Licenciement sans cause réelle et sérieuse.**

– **Application de la clause de présence.** Lorsqu'un plan de stock-options contient une clause subordonnant le droit d'exercer les options à la présence du bénéficiaire dans l'entreprise, les juges du fond doivent rechercher si une telle clause est opposable au salarié et si elle peut recevoir application en cas de licenciement sans cause réelle et sérieuse : ▪ Cass. soc., 15 janv. 2002 : *JCP* E 2002, p. 899, obs. A. Viandier et J.-J. Caussain ; *BJS* 2002, p. 633, note H. Le Nabasque ; *JCP* E 2005, 131, n° 4, obs. J.-J. Caussain, Fl. Deboissy et G. Wicker ; *Rev. sociétés* 2005, p. 396, note B. Saintourens. – Le salarié n'ayant pu, du fait de son licenciement sans cause réelle et sérieuse, lever les options, il en est résulté un préjudice dont les juges ont pu souverainement apprécier le montant : ▪ Cass. soc., 16 mars 2005 : *JCP* E 2005, 820, note S. Grandvuillemin ; *BJS* 2005, p. 1120, 247, note G. Auzero.

– **Existence d'un préjudice.** Le droit de lever les options étant réservé par les dispositions applicables aux stock-options dans l'entreprise aux salariés présents dans l'entreprise, le demandeur n'a pu, du fait de son licenciement sans cause réelle et sérieuse, lever les options sur titres, ce dont il est nécessairement résulté un préjudice qui devait être réparé : ▪ Cass. soc., 29 sept. 2004 : *BJS* 2005, p. 95, note J.-J. Daigre ; *D.* 2004, p. 2656 ; *JCP* E 2004, 131, n° 4, obs. Fl. Deboissy et G. Wicker ; *JCP* E 2004, 1902, note S. Grandvuillemin. – V. égal., ▪ Cass. soc., 29 janv. 2014, n° 12-22.663 : *BJS* 2014, p. 238, note B. Saintourens. – Sur l'évaluation du préjudice subi, V. ▪ CA Paris, 4 juill. 2007, n° 06-01.385 : *BJS* 2008, p. 19, note H. Le Nabasque. – V. sur l'exclusion du préjudice en cas de licenciement pour cause réelle et sérieuse : ▪ Cass. soc., 30 sept. 2013, n° 12-12.836 : *Rev. sociétés* 2014, p. 25, note B. Saintourens.

– **Perte du droit aux options.** Le salarié qui ne peut, du fait de son licenciement sans cause réelle et sérieuse, exercer les options sur titres qui lui avaient été attribuées, a droit à la réparation de son préjudice, mais non au maintien des options : ▪ Cass. soc., 1er déc. 2005, n° 04-41.277 : *JurisData* n° 2005-030990 ; *BJS* 2006, p. 507, note G. Auzero ; *JCP* S 2006, 1177, note R. Vatinet et *JCP* E 2006, 2200. ▪ Cass. soc., 2 févr. 2006, n° 03-47.180 : *JurisData* n° 2006-032089 ; *BJS* 2006, p. 811, note P. Scholer ; *JCP* E 2006, 2035, n° 5, obs. J.-J. Caussain, Fl. Deboissy et G. Wicker. – Le salarié qui a perdu ses options en raison de sa mise à la retraite, laquelle découlait du comportement fautif de l'employeur, peut prétendre à réparation au titre de la perte d'une chance : ▪ Cass. soc., 29 sept. 2010, n° 09-65.929 : *Rev. sociétés* 2011, p. 97, note B. Saintourens. – Dans le cas de la mise en œuvre d'une clause de conscience, il convient de rechercher si la clause contractuelle imputant la rupture à l'employeur et précisant les modalités de sa réparation inclut l'indemnisation de la perte de chance de lever les options : ▪ Cass. soc., 26 janv. 2011, n° 09-71.271 : *BJS* 2011, p. 434, note B. Saintourens ; *JCP* E 2011, 1185, note S. Béal et P. Klein. – Comp., le salarié dont le licenciement a, par la suite, été jugé abusif, doit être considéré comme ayant conservé le droit d'option, bien que le conseil d'administration ait expressément prévu que le droit d'option resterait maintenu aux personnes qui ont perdu leur qualité de salarié pour un motif qui leur était étranger *[licenciement économique ou mise à la retraite]* ; en effet, bien que le cas de licenciement pour faute, jugé abusif, n'ait pas été prévu par le conseil d'administration, il convient de l'assimiler à un motif étranger à la personne et le refus de la société de faire bénéficier l'intéressé de son droit d'option constitue, en conséquence, une faute : ▪ CA Paris, 6 nov. 1997 : *JurisData* n° 1997-023309 ; *Dr. sociétés* 1998, n° 40, note Th. Bonneau ; *BJS* 1998, p. 112, note D. Velardocchio. – Rappr. ▪ CA Paris, 8 juin 2001 : *JurisData* n° 2001-146088 ; *JCP* E 2001, p. 1308.

3) Transaction après licenciement. Sauf stipulation expresse contraire, les droits éventuels que le salarié peut tenir du bénéfice des options sur titres ne sont pas affectés par la transaction destinée à régler les conséquences du licenciement : ▪ Cass. soc., 8 déc. 2009, n° 08-41.554, PB : *BJS* 2010, p. 457, note C. Neau-Leduc ; *JCP E* 2010, 1571, note R. Vatinet.

4) Sort des stock-options dans les régimes matrimoniaux et les successions. ▪ Cass. 1re civ., 9 juill. 2014, n° 13-15.948, PBI : *BJS* 2014, p. 378, note A. Rabreau ; *Dr. sociétés* 2015, n° 24, obs. R. Mortier ; *JCP* E 2014, 1541, note F. Sauvage et 1651, n° 2, obs. Fl. Deboissy et G. Wicker. – V. *contra*, s'agissant de régler le sort des stock-options dans la liquidation d'un **régime de communauté** consécutif au divorce, jugé que, si le droit d'exercice de l'option (le titre) est strictement personnel à l'époux bénéficiaire, la valeur patrimoniale des options (la finance), correspondant à la différence entre le prix d'exercice de l'option et la valeur du titre au jour de son acquisition, entre en communauté dès lors que lesdites options avaient été attribuées avant l'assignation en divorce et à condition que l'option ait été effectivement levée : ▪ CA Paris, 7 mai 2004 : *BJS* 2005, p. 86, note H. Lécuyer ; *RTD civ.* 2004, p. 539. – *Adde* J. Casey, *Les stock-options et le régime de communauté : retour sur une difficulté liquidative* : *JCP* N 2006, 1213. – A. Couret, *Le sort des stock-options dans les liquidations de communauté et de succession : approche critique d'idées nouvelles* : *JCP* N 1999, p. 525. – J.-Ph. Mabru, *Stock-options et liquidation de communauté : arguments pour une controverse* : *Dr. et patrimoine* janv. 1999, p. 32. – E. Naudin, *Les stock-options à la dissolution du régime matrimonial* : *AJF* 2002, p. 290.

5) Compétence juridictionnelle.

a) **Attribution des options.** L'octroi par l'employeur à un salarié d'une option donnant droit à une souscription d'actions constitue un accessoire du contrat de travail dont la connaissance relève de la **compétence du conseil de prud'hommes** : ■ Cass. soc., 21 juin 2005 : *JCP* S 2005, 1183, note B. Boubli ; *D.* 2005, inf. rap. p. 2104.

b) **Différend entre la société et le salarié actionnaire.** Si l'attribution par l'employeur à un salarié d'une option donnant droit à une souscription d'action constitue un accessoire du contrat de travail dont la connaissance relève du conseil de prud'hommes, les différends pouvant ensuite s'élever dans les relations entre la société et le salarié devenu actionnaire, indépendamment des conditions d'acquisition de ces actions, sont de la compétence de la juridiction commerciale ; et notamment la demande ayant pour cause l'établissement irrégulier des comptes de la société et tendant à obtenir, d'une part, l'indemnisation du préjudice résultant de la diminution des dividendes et de la dévalorisation d'actions et, d'autre part, la publication de comptes rectifiés : ■ Cass. soc., 16 sept. 2008, n° 07-20.444, PB : *JCP* E 2009, 1044, note J. Kovac et Ph. Montanier ; *Rev. sociétés* 2009, p. 102, note J.-F. Barbièri.

6) Application de la loi dans le temps. L'option d'achat constituant une **promesse unilatérale** faite par la société à certains de ses salariés ou mandataires sociaux de leur vendre un nombre déterminé de ses actions, dans un délai et moyennant un prix définitivement fixés, les effets de la levée de l'option sont soumis à la **loi en vigueur à la date de formation du contrat, sauf dispositions contraires** de la loi nouvelle : ■ Cass. 2e civ., 20 sept. 2005, n° 03-30.709 : *JurisData* n° 2005-029769 ; *JCP* E 2006, 1047 et *JCP* S 2006, 1417, note R. Vatinet.

7) Opposabilité du plan d'options rédigé en anglais. Une cour d'appel, qui a constaté que le plan d'options de souscription d'actions rédigé en **anglais** avait été communiqué au salarié qui l'avait signé et qu'il n'était pas contesté que ce dernier maîtrisait parfaitement la langue anglaise tant à l'écrit qu'à l'oral, a pu décider que les clauses de ce plan lui étaient opposables : ■ Cass. soc., 16 mai 2007, n° 05-45.281 : *JCP* S 2007, 1655, note R. Vatinet.

8) Cotisations sociales. La possibilité offerte aux salariés de la société d'acquérir des actions de la société mère du groupe à un prix préférentiel étant nécessairement liée à leur appartenance à l'entreprise, les rabais consentis constituent des avantages soumis à cotisations : ■ Cass. 2e civ., 18 févr. 2010, n° 08-20.547.

Art. L. 225-178 *(Anc. L. n° 66-537, 24 juill. 1966 ; mod., L. n° 2008-776, 4 août 2008).* **– L'autorisation donnée par l'assemblée générale extraordinaire comporte, au profit des bénéficiaires des options, renonciation expresse des actionnaires à leur droit préférentiel de souscription aux actions qui seront émises au fur et à mesure des levées d'options.**

L'augmentation de capital résultant de ces levées d'options ne donne pas lieu aux formalités prévues à l'article L. 225-142, au deuxième alinéa de l'article L. 225-144 et à l'article L. 225-146. Elle est définitivement réalisée du seul fait de la déclaration de levée d'option, accompagnée du bulletin de souscription et du paiement en numéraire ou par compensation avec des créances, de la somme correspondante.

Lors de sa première réunion suivant la clôture de chaque exercice, le conseil d'administration ou le directoire, selon le cas, constate, s'il y a lieu, le nombre et le montant des actions émises pendant la durée de l'exercice à la suite des levées d'options et apporte les modifications nécessaires aux clauses des statuts relatives au montant du capital social et au nombre des actions qui le représentent. Le conseil d'administration peut déléguer au directeur général ou, en accord avec ce dernier, à un ou plusieurs directeurs généraux délégués les pouvoirs pour procéder, dans le mois qui suit la clôture de l'exercice, aux opérations mentionnées à la phrase précédente. Le directoire peut, aux mêmes fins, déléguer les mêmes pouvoirs à son président ou, en accord avec ce dernier, à un ou plusieurs de ses membres. Le conseil d'administration ou le directoire, ou les personnes qui ont reçu délégation, peuvent également, à toute époque, procéder à ces opérations pour l'exercice en cours.

Voir : C. com., art. R. 225-145, p. 663.

Art. L. 225-179 *(Anc. L. n° 66-537, 24 juill. 1966 ; mod., L. n° 2001-420, 15 mai 2001).* **– L'assemblée générale extraordinaire peut aussi autoriser le conseil d'administration ou le directoire, selon le cas, à consentir au bénéfice des membres du personnel salarié de la société ou de certains d'entre eux, des options donnant droit à l'achat d'actions provenant d'un rachat effectué, préalablement à l'ouverture de l'option, par la société elle-même dans les conditions définies aux articles L. 225-208 ou L. 225-209. L'assemblée générale extraordinaire fixe le délai pendant lequel cette autorisation peut être utilisée par le conseil d'administration ou par le directoire, ce délai ne pouvant être supérieur à trente-huit mois. Toutefois, les autorisations**

antérieures à la date de publication de la loi n° 2001-420 du 15 mai 2001 relative aux nouvelles régulations économiques sont valables jusqu'à leur terme.

En ce cas, les dispositions des deuxième et quatrième à septième alinéas de l'article L. 225-177 sont applicables. En outre, le prix de l'action, au jour où l'option est consentie, ne peut pas être inférieur à 80 % du cours moyen d'achat des actions détenues par la société au titre des articles L. 225-208 et L. 225-209.

Des options donnant droit à l'achat de titres qui ne sont pas admis aux négociations sur un marché réglementé ne peuvent être consenties qu'aux salariés de la société qui attribue ces options ou à ceux des sociétés mentionnées au 1° de l'article L. 225-180.

Art. L. 225-180 *(Anc. L. n° 66-537, 24 juill. 1966 ; mod., L. n° 2001-420, 15 mai 2001 ; L. n° 2006-1770, 30 déc. 2006).* **– I. – Des options peuvent être consenties, dans les mêmes conditions qu'aux articles L. 225-177 à L. 225-179 ci-dessus :**

1° Soit au bénéfice des membres du personnel salarié des sociétés ou des groupements d'intérêt économique dont 10 % au moins du capital ou des droits de vote sont détenus, directement ou indirectement, par la société consentant les options ;

2° Soit au bénéfice des membres du personnel salarié des sociétés ou des groupements d'intérêt économique détenant, directement ou indirectement, au moins 10 % du capital ou des droits de vote de la société consentant les options ;

3° Soit au bénéfice des membres du personnel salarié des sociétés ou des groupements d'intérêt économique dont 50 % au moins du capital ou des droits de vote sont détenus, directement ou indirectement, par une société détenant elle-même, directement ou indirectement, au moins 50 % du capital de la société consentant les options.

II. – L'assemblée générale ordinaire de la société contrôlant majoritairement, directement ou indirectement, celle qui consent les options est informée dans les conditions prévues à l'article L. 225-184.

III. – Des options peuvent également être consenties dans les mêmes conditions qu'aux articles L. 225-177 à L. 225-179 par une entreprise contrôlée, directement ou indirectement, exclusivement ou conjointement, par un organe central, des organes centraux ou les établissements de crédit *(Mots aj., Ord. n° 2013-544, 27 juin 2013)* **« ou les sociétés de financement » qui lui ou leur sont affiliés au sens des articles L. 511-30 à L. 511-32 du Code monétaire et financier, aux salariés desdites sociétés ainsi qu'à ceux des entités dont le capital est détenu pour plus de 50 %, directement ou indirectement, exclusivement ou conjointement, par cet organe central, ces organes centraux ou des établissements** *(Mots aj., Ord. n° 2013-544, 27 juin 2013)* **« ou sociétés » affiliés.**

Voir : Notion de filiale, C. com., art. L. 233-1, p. 491.

Art. L. 225-181 *(Anc. L. n° 66-537, 24 juill. 1966 ; mod., Ord. n° 2004-604, 24 juin 2004).* **– Le prix fixé pour la souscription ou l'achat des actions ne peut pas être modifié pendant la durée de l'option.**

Toutefois, lorsque la société réalise un amortissement ou une réduction du capital, une modification de la répartition des bénéfices, une attribution gratuite d'actions, une incorporation au capital de réserves, bénéfices ou primes d'émission, une distribution de réserves ou toute émission de titres de capital ou de titres donnant droit à l'attribution de titres de capital comportant un droit de souscription réservé aux actionnaires, elle doit prendre les mesures nécessaires à la protection des intérêts des bénéficiaires des options dans les conditions prévues à l'article L. 228-99.

Voir : C. com., art. R. 225-140, p. 663.

Lorsque la société émettrice est absorbée par une autre société avant l'expiration du délai prévu pour la levée des options, laquelle porte alors sur les actions de la société absorbante, l'application, au prix de souscription fixé lors de l'attribution des options, du rapport d'échange déterminé lors de la fusion par absorption ne constitue pas une modification de prix prohibée, et il doit être tenu compte de cette parité pour apprécier l'existence et l'importance de l'avantage conféré au souscripteur d'un point de vue fiscal : ▪ Cass. 2e civ., 27 nov. 2014, n° 13-25.715, PB : *BJS* 2015, p. 140, note B. Dondero ; *Dr. sociétés* 2015, n° 51, obs. D. Gallois-Cochet ; *Rev. sociétés* 2015, p. 245, note R. Foy.

Art. L. 225-182 *(Anc. L. n° 66-537, 24 juill. 1966).* **– Le nombre total des options ouvertes et non encore levées ne peut donner droit à souscrire un nombre d'actions excédant une fraction du capital social déterminée par décret en Conseil d'État.**

Il ne peut être consenti d'options aux salariés et aux mandataires sociaux possédant plus de 10 % du capital social.

Voir : C. com., art. R. 225-143, p. 663.

Art. L. 225-183 *(Anc. L. n° 66-537, 24 juill. 1966)*. **– L'assemblée générale extraordinaire fixe le délai pendant lequel les options doivent être exercées.**

Les droits résultant des options consenties sont incessibles jusqu'à ce que l'option ait été exercée.

En cas de décès du bénéficiaire, ses héritiers peuvent exercer l'option dans un délai de six mois à compter du décès.

1) Prorogation du délai. La fixation du délai pendant lequel les options de souscription ou d'achat d'actions doivent être exercées par les bénéficiaires relève de la compétence exclusive de l'assemblée générale extraordinaire des actionnaires. Par suite, la prorogation de ce délai, le cas échéant, relève également de la seule compétence de cette assemblée. Toutefois, une telle prérogative ne semble pas devoir être admise lorsque des options ont déjà été levées ou lorsque l'assemblée n'a pas prévu dans la résolution d'origine une clause de prolongation de leur délai d'exercice. En effet, dans ces deux hypothèses, un report de délai placerait les attributaires des options dans une situation inégale au regard des prévisions contractuelles découlant de l'émission des titres : Rép. min. Économie, n° 11296 : *JOAN* Q, n° 30, 27 juill. 2004, p. 5782 ; *BJS* 2004, p. 1131. – Rép. min. Économie, n° 25717 : *JOAN* Q, n° 47, 23 nov. 2004, p. 5782 ; *BJS* 2004, p. 1561.

2) Portée du délai de six mois. Le délai de six mois prévu par l'article L. 225-183 est un délai de forclusion ayant impérativement pour point de départ le décès du bénéficiaire des options, et il n'incombe ni à la société attributrice des options ni à la société de gestion, en l'absence de stipulations en ce sens dans le règlement du plan, d'informer les héritiers d'avoir à exercer leur option dans le délai légal : ▪ Cass. com., 10 déc. 2013, n° 12-17.724, PB : *BJS* 2014, p. 164, note G. Auzero ; *Dr. sociétés* 2014, n° 46, obs. M. Roussille ; *Rev. sociétés* 2014, p. 230, note R. Foy.

Art. L. 225-184 *(Anc. L. n° 66-537, 24 juill. 1966 ; rempl., L. n° 2001-420, 15 mai 2001 ; mod., L. n° 2008-1258, 3 déc. 2008)*. **– Un rapport spécial informe chaque année l'assemblée générale ordinaire des opérations réalisées en vertu des dispositions prévues aux articles L. 225-177 à L. 225-186.**

Ce rapport rend également compte :

– du nombre, des dates d'échéance et du prix des options de souscription ou d'achat d'actions qui, durant l'année et à raison des mandats et fonctions exercés dans la société, ont été consenties à chacun de ces mandataires par la société et par celles qui lui sont liées dans les conditions prévues à l'article L. 225-180 ;

– du nombre, des dates d'échéance et du prix des options de souscription ou d'achat d'actions qui ont été consenties durant l'année à chacun de ces mandataires, à raison des mandats et fonctions qu'ils y exercent par les sociétés contrôlées au sens de l'article L. 233-16 ;

– du nombre et du prix des actions souscrites ou achetées durant l'exercice par les mandataires sociaux de la société en levant une ou plusieurs des options détenues sur les sociétés visées aux deux alinéas précédents.

Ce rapport indique également :

– le nombre, le prix et les dates d'échéance des options de souscription ou d'achat d'actions consenties, durant l'année, par la société et par les sociétés ou groupements qui lui sont liés dans les conditions prévues à l'article L. 225-180, à chacun des dix salariés de la société non mandataires sociaux dont le nombre d'options ainsi consenties est le plus élevé ;

– le nombre et le prix des actions qui, durant l'année, ont été souscrites ou achetées, en levant une ou plusieurs options détenues sur les sociétés visées à l'alinéa précédent, par chacun des dix salariés de la société non mandataires sociaux dont le nombre d'actions ainsi achetées ou souscrites est le plus élevé.

Ce rapport indique également le nombre, le prix et les dates d'échéance des options de souscription ou d'achat d'actions consenties, durant l'année, par les sociétés visées à l'alinéa précédent, à l'ensemble des salariés bénéficiaires ainsi que le nombre de ceux-ci et la répartition des options consenties entre les catégories de ces bénéficiaires.

Voir : Injonction de faire, C. com., art. L. 238-1, p. 562.

Art. L. 225-185 *(Anc. L. n° 66-537, 24 juill. 1966 ; mod., L. n° 2001-420, 15 mai 2001 ; L. n° 2006-1770, 30 déc. 2006 ; L. n° 2008-1258, 3 déc. 2008)*. – Des options donnant droit à la souscription d'actions peuvent être consenties pendant une durée de deux ans à compter de l'immatriculation de la société, aux mandataires sociaux personnes physiques qui participent avec des salariés à la constitution d'une société.

De telles options peuvent également être consenties, pendant une durée de deux ans à compter du rachat, aux mandataires sociaux personnes physiques d'une société qui acquièrent avec des salariés la majorité des droits de vote en vue d'assurer la continuation de la société.

En cas d'attribution d'options, dans un délai de deux ans après la création d'une société ou le rachat de la majorité du capital d'une société par ses salariés ou ses mandataires sociaux, le maximum prévu au dernier alinéa de l'article L. 225-182 est porté au tiers du capital.

Le président du conseil d'administration, le directeur général, les directeurs généraux délégués, les membres du directoire ou le gérant d'une société par actions peuvent se voir attribuer par cette société des options donnant droit à la souscription ou à l'achat d'actions dans les conditions prévues aux articles L. 225-177 à L. 225-184 et L. 225-186-1. Toutefois, par dérogation à ces dispositions, le conseil d'administration ou, selon le cas, le conseil de surveillance soit décide que les options ne peuvent être levées par les intéressés avant la cessation de leurs fonctions, soit fixe la quantité des actions issues de levées d'options qu'ils sont tenus de conserver au nominatif jusqu'à la cessation de leurs fonctions. L'information correspondante est publiée dans le rapport mentionné à l'article L. 225-102-1.

Ils peuvent également se voir attribuer, dans les mêmes conditions, des options donnant droit à la souscription ou à l'achat d'actions d'une société qui est liée dans les conditions prévues à l'article L. 225-180, sous réserve que les actions de cette dernière soient admises aux négociations sur un marché réglementé.

Art. L. 225-186 *(Anc. L. n° 66-537, 24 juill. 1966 ; rempl., L. n° 2001-420, 15 mai 2001)*. – Les articles L. 225-177 à L. 225-185 sont applicables aux certificats d'investissement, aux certificats coopératifs d'investissement et aux certificats coopératifs d'associés.

Voir : C. com., art. R. 225-137 et s., p. 662.

Art. L. 225-186-1 *(L. n° 2008-1258, 3 déc. 2008)*. – Dans une société dont les titres sont admis aux négociations sur un marché réglementé, des options ouvrant droit à la souscription ou à l'achat d'actions ne peuvent être attribuées aux personnes mentionnées au quatrième alinéa de l'article L. 225-185 que si la société remplit au moins une des conditions suivantes au titre de l'exercice au cours duquel sont attribuées ces options :

1° La société procède, dans les conditions prévues aux articles L. 225-177 à L. 225-186, à une attribution d'options au bénéfice de l'ensemble de ses salariés et d'au moins 90 % de l'ensemble des salariés de ses filiales au sens de l'article L. 233-1 et relevant de l'article L. 210-3 ;

2° La société procède, dans les conditions prévues aux articles L. 225-197-1 à L. 225-197-5, à une attribution gratuite d'actions au bénéfice de l'ensemble de ses salariés et d'au moins 90 % de l'ensemble des salariés de ses filiales au sens de l'article L. 233-1 et relevant de l'article L. 210-3 ;

3° Un accord d'intéressement au sens de l'article L. 3312-2 du Code du travail, un accord de participation dérogatoire au sens de l'article L. 3324-2 du même code ou un accord de participation volontaire au sens de l'article L. 3323-6 du même code est en vigueur au sein de la société et au bénéfice d'au moins 90 % de l'ensemble des salariés de ses filiales au sens de l'article L. 233-1 et relevant de l'article L. 210-3 du présent code. Si, dans la société ou dans ses filiales précitées, des accords sont en vigueur ou étaient en vigueur au titre de l'exercice précédent, la première attribution autorisée par une assemblée générale postérieure à la date de publication de la loi n° 2008-1258 du 3 décembre 2008 en faveur des revenus du travail ne peut intervenir que si les sociétés concernées modifient les modalités de calcul de chacun de ces accords au moyen d'un accord ou d'un avenant ou versent un supplément d'intéressement collectif au sens de l'article L. 3314-10 du Code du travail ou un supplément de réserve spéciale de participation au sens de l'article L. 3324-9 du même code.

§ 2. – De l'émission et de l'achat en bourse d'actions réservées aux salariés

Art. L. 225-187 *(Abr., L. n° 2001-152, 19 févr. 2001)*.

Art. L. 225-187-1 *(L. n° 2001-152, 19 févr. 2001).* – Les articles L. 225-192 à L. 225-194 et l'article L. 225-197 demeurent applicables dans leur rédaction antérieure à la publication de la loi n° 2001-152 du 19 février 2001 sur l'épargne salariale jusqu'à l'expiration d'un délai de cinq ans à compter de cette publication.

Voir : C. monét. fin., art. L. 212-15, p. 992.

Art. L. 225-188 à L. 225-197 *(Abr., L. n° 2001-152, 19 févr. 2001).*

§ 3. – Des attributions d'actions gratuites

(L. fin. n° 2004-1484, 30 déc. 2004)

Art. L. 225-197-1 *(L. fin. n° 2004-1484, 30 déc. 2004 ; mod., L. n° 2006-1770, 30 déc. 2006 ; L. n° 2008-1258, 3 déc. 2008 ; L. n° 2012-387, 22 mars 2012 ; L. n° 2015-990, 6 août 2015).* – I. - L'assemblée générale extraordinaire, sur le rapport du conseil d'administration ou du directoire, selon le cas, et sur le rapport spécial des commissaires aux comptes *(Mots aj. à compter de la date prévue au II de l'article 20 de la loi n° 2019-486 du 22 mai 2019 et au plus tard le 1er septembre 2019, L. n° 2019-486, 22 mai 2019)* « de la société, ou, s'il n'en a pas été désigné, d'un commissaire aux comptes désigné à cet effet selon les modalités prévues à l'article L. 225-228, » peut autoriser le conseil d'administration ou le directoire à procéder, au profit des membres du personnel salarié de la société ou de certaines catégories d'entre eux, à une attribution gratuite d'actions existantes ou à émettre.

L'assemblée générale extraordinaire fixe le pourcentage maximal du capital social pouvant être attribué dans les conditions définies au premier alinéa. Ce pourcentage est porté à 30 % lorsque l'attribution d'actions gratuites bénéficie à l'ensemble des membres du personnel salarié de la société. Dans les sociétés dont les titres ne sont pas admis aux négociations sur un marché réglementé ou sur un système multilatéral de négociation et ne dépassant pas, à la clôture d'un exercice social, les seuils définissant les petites et moyennes entreprises prévus à l'article 2 de l'annexe à la recommandation 2003/361/CE de la Commission, du 6 mai 2003, concernant la définition des micro, petites et moyennes entreprises, les statuts peuvent prévoir, dans le cas d'attributions gratuites d'actions à certaines catégories des membres du personnel salarié de la société uniquement, un pourcentage plus élevé, qui ne peut toutefois excéder 15 % du capital social à la date de la décision d'attribution des actions par le conseil d'administration ou le directoire. *(Mots aj., L. n° 2019-486, 22 mai 2019)* « Ne sont pas prises en compte dans ces pourcentages les actions qui n'ont pas été définitivement attribuées au terme de la période d'acquisition prévue au sixième alinéa du présent I ainsi que les actions qui ne sont plus soumises à l'obligation de conservation prévue au septième alinéa. »

Les pourcentages mentionnés au deuxième alinéa sont portés à 30 % lorsque l'attribution d'actions gratuites bénéficie à l'ensemble des membres du personnel salarié de la société. Au-delà du pourcentage de 10 % ou de 15 %, l'écart entre le nombre d'actions distribuées à chaque salarié ne peut être supérieur à un rapport de un à cinq.

L'assemblée générale extraordinaire fixe également le délai pendant lequel cette autorisation peut être utilisée par le conseil d'administration ou le directoire. Ce délai ne peut excéder trente-huit mois.

Lorsque l'attribution porte sur des actions à émettre, l'autorisation donnée par l'assemblée générale extraordinaire emporte de plein droit, au profit des bénéficiaires des actions attribuées gratuitement, renonciation des actionnaires à leur droit préférentiel de souscription. L'augmentation de capital correspondante est définitivement réalisée du seul fait de l'attribution définitive des actions aux bénéficiaires.

L'attribution des actions à leurs bénéficiaires est définitive au terme d'une période d'acquisition dont la durée minimale, qui ne peut être inférieure à un an, est déterminée par l'assemblée générale extraordinaire. Toutefois, l'assemblée peut prévoir l'attribution définitive des actions avant le terme de la période d'acquisition en cas d'invalidité du bénéficiaire correspondant au classement dans la deuxième ou la troisième des catégories prévues à l'article L. 341-4 du Code de la sécurité sociale.

L'assemblée générale extraordinaire peut également fixer la durée minimale de l'obligation de conservation des actions par les bénéficiaires. Cette durée court à compter de l'attribution définitive des actions. Toutefois, les actions sont librement cessibles en cas d'invalidité des bénéficiaires correspondant à leur classement dans les catégories précitées du Code de la sécurité sociale.

La durée cumulée des périodes d'acquisition et de conservation ne peut être inférieure à deux ans.

Dans une société dont les titres sont admis aux négociations sur un marché réglementé, à l'issue de la période d'obligation de conservation, les actions ne peuvent pas être cédées :

1° Dans le délai de dix séances de bourse précédant et de trois séances de bourse suivant la date à laquelle les comptes consolidés, ou à défaut les comptes annuels, sont rendus publics ;

2° Dans le délai compris entre la date à laquelle les organes sociaux de la société ont connaissance d'une information qui, si elle était rendue publique, pourrait avoir une incidence significative sur le cours des titres de la société, et la date postérieure de dix séances de bourse à celle où cette information est rendue publique.

Le conseil d'administration ou, le cas échéant, le directoire détermine l'identité des bénéficiaires des attributions d'actions mentionnées au premier alinéa. Il fixe les conditions et, le cas échéant, les critères d'attribution des actions.

II. – Le président du conseil d'administration, le directeur général, les directeurs généraux délégués, les membres du directoire ou le gérant d'une société par actions peuvent se voir attribuer des actions de la société dans les mêmes conditions que les membres du personnel salarié et dans le respect des conditions mentionnées à l'article L. 225-197-6.

Ils peuvent également se voir attribuer des actions d'une société liée dans les conditions prévues à l'article L. 225-197-2, sous réserve que les actions de cette dernière soient admises aux négociations sur un marché réglementé et dans le respect des conditions mentionnées à l'article L. 225-197-6.

Il ne peut pas être attribué d'actions aux salariés et aux mandataires sociaux détenant chacun plus de 10 % du capital social. Une attribution gratuite d'actions ne peut pas non plus avoir pour effet que les salariés et les mandataires sociaux détiennent chacun plus de 10 % du capital social.

Par dérogation aux dispositions précédentes, pour les actions ainsi attribuées au président du conseil d'administration, au directeur général, aux directeurs généraux délégués, aux membres du directoire ou au gérant d'une société par actions, le conseil d'administration ou, selon le cas, le conseil de surveillance soit décide que ces actions ne peuvent être cédées par les intéressés avant la cessation de leurs fonctions, soit fixe la quantité de ces actions qu'il sont tenus de conserver au nominatif jusqu'à la cessation de leurs fonctions. L'information correspondante est publiée dans le rapport mentionné à l'article L. 225-102-1.

III. – En cas d'échange sans soulte d'actions résultant d'une opération de fusion ou de scission réalisée conformément à la réglementation en vigueur pendant les périodes d'acquisition ou de conservation prévues au I, les dispositions du présent article et, notamment, les périodes précitées, pour leur durée restant à courir à la date de l'échange, restent applicables aux droits à attribution et aux actions reçus en échange. Il en est de même de l'échange résultant d'une opération d'offre publique, de division ou de regroupement réalisée conformément à la réglementation en vigueur qui intervient pendant la période de conservation.

En cas d'apport à une société ou à un fonds commun de placement dont l'actif est exclusivement composé de titres de capital ou donnant accès au capital émis par la société ou par une société qui lui est liée au sens de l'article L. 225-197-2, l'obligation de conservation prévue au I reste applicable, pour la durée restant à courir à la date de l'apport, aux actions ou parts reçues en contrepartie de l'apport.

Voir : la rédaction de cet article issue de l'ordonnance n° 2019-744 du 19 juillet 2019, en *addendum*, p. 3371.

Bibliographie : J.-F. Casta, *Stock-options et actions gratuites : analyses comptables des rémunérations en actions : RD bancaire et fin.* sept.-oct. 2005, p. 74. • J.-Ph. Dom, *L'attribution gratuite d'actions : BJS* 2005, p. 188. • D. Labarthette, *Les plans de stock-options à l'épreuve des attributions gratuites d'actions : JCP* E 2006, 1576. • A. Lienhard, *Attributions d'actions gratuites : D.* 2005, p. 138. • J.-P. Mattout, *Les attributions gratuites d'actions aux salariés et dirigeants : Dr. et patrimoine* mai 2005, p. 26. • C. Perrier, *Attributions d'actions aux salariés et appel public à l'épargne : les nouvelles règles : Dr. sociétés* nov. 2005, p. 24. • S. Plantin, *L'attribution d'actions gratuites : une alternative séduisante aux plans de stock-options : JCP* E 2005, 524. • J. Prieur, *L'attribution d'actions gratuites : La nouvelle donne juridique et fiscale : RD bancaire et fin.* sept.-oct. 2005, p. 66. • Y. Sexer, *Aspects pratiques des attributions d'actions gratuites : BJS* 2008, p. 642. • A. Theimer, *Émissions d'actions gratuites au profit de salariés et de dirigeants : JCP* E 2005, 807.

1) **Compétence prud'homale.** La demande en paiement de dommages-intérêts d'un salarié en réparation du préjudice causé par l'inégalité de traitement alléguée dans l'octroi d'actions de la société à certains de ses salariés constitue un différend né à l'occasion du contrat de travail et relève en conséquence de la compétence de la juridiction prud'homale : ▪ Cass. soc., 11 sept. 2012, n° 11-26.045, PB : *BJS* 2012, p. 876, note B. Saintourens.

2) **Perte de chance consécutive au licenciement.** Le salarié qui n'a pu, du fait de son licenciement sans cause réelle et sérieuse intervenue avant le terme de la période d'acquisition, se voir attribuer de manière définitive des actions gratuites, subit une perte de chance : ▪ Cass. soc., 7 févr. 2018, n°s 16-11.635, 16-11.636 et 16-11.641 : *Dr. sociétés* 2018, n° 79, obs. R. Mortier. – V. en matière de stock-options sous C. com., art. L. 225-177, annot. n° 1, p. 353.

3) **Conformité à la Constitution de l'obligation d'information de l'URSSAF.** V. Cons. const., 22 févr. 2019, n° 2018-767 QPC.

Art. L. 225-197-2 *(L. fin. n° 2004-1484, 30 déc. 2004 ; mod., L. n° 2006-1770, 30 déc. 2006).* **– I. Des actions peuvent être attribuées, dans les mêmes conditions que celles mentionnées à l'article L. 225-197-1 :**

1° Soit au bénéfice des membres du personnel salarié des sociétés ou des groupements d'intérêt économique dont 10 % au moins du capital ou des droits de vote sont détenus, directement ou indirectement, par la société qui attribue les actions ;

2° Soit au bénéfice des membres du personnel salarié des sociétés ou des groupes d'intérêt économique détenant, directement ou indirectement, au moins 10 % du capital ou des droits de vote de la société qui attribue les actions ;

3° Soit au bénéfice des membres du personnel salarié des sociétés ou des groupements d'intérêt économique dont 50 % au moins du capital ou des droits de vote sont détenus, directement ou indirectement, par une société détenant elle-même, directement ou indirectement, au moins 50 % du capital de la société qui attribue les actions.

Les actions qui ne sont pas admises aux négociations sur un marché réglementé ne peuvent être attribuées dans les conditions ci-dessus qu'aux salariés de la société qui procède à cette attribution ou à ceux mentionnés au 1°.

II. – *(Mod., Ord. n° 2013-544, 27 juin 2013).* **– Des actions peuvent également être attribuées dans les mêmes conditions que celles prévues à l'article L. 225-197-1 par une entreprise contrôlée, directement ou indirectement, exclusivement ou conjointement, par un organe central, des organes centraux ou les établissements de crédit ou les sociétés de financement qui lui ou leur sont affiliés au sens et pour l'application des articles L. 511-30 à L. 511-32 du Code monétaire et financier, aux salariés de ces sociétés ainsi qu'à ceux des entités dont le capital est détenu pour plus de 50 %, directement ou indirectement, exclusivement ou conjointement, par cet organe central, ces organes centraux, ces établissements de crédit ou ces sociétés de financement.**

Art. L. 225-197-3 *(L. fin. n° 2004-1484, 30 déc. 2004).* **– Les droits résultant de l'attribution gratuite d'actions sont incessibles jusqu'au terme de la période d'acquisition.**

En cas de décès du bénéficiaire, ses héritiers peuvent demander l'attribution des actions dans un délai de six mois à compter du décès. *(L. n° 2006-1770, 30 déc. 2006)* **« Ces actions sont librement cessibles. »**

Art. L. 225-197-4 *(L. fin. n° 2004-1484, 30 déc. 2004).* **– Un rapport spécial informe chaque année l'assemblée générale ordinaire des opérations réalisées en vertu des dispositions prévues aux articles L. 225-197-1 à L. 225-197-3.**

Ce rapport rend également compte :

– du nombre et de la valeur des actions qui, durant l'année et à raison des mandats et fonctions exercés dans la société, ont été attribuées gratuitement à chacun de ces mandataires par la société et par celles qui lui sont liées dans les conditions prévues à l'article L. 225-197-2 ;

– du nombre et de la valeur des actions qui ont été attribuées gratuitement, durant l'année à chacun de ces mandataires, à raison des mandats et fonctions qu'ils y exercent, par les sociétés contrôlées au sens de l'article L. 233-16.

Ce rapport indique également le nombre et la valeur des actions qui, durant l'année, ont été attribuées gratuitement par la société et par les sociétés ou groupements qui lui sont liés dans les conditions prévues à l'article L. 225-197-2, à chacun des dix salariés de la société non mandataires sociaux dont le nombre d'actions attribuées gratuitement est le plus élevé.

Art. L. 225-197-5 *(L. fin. n° 2004-1484, 30 déc. 2004).* **– L'assemblée générale ordinaire de la société contrôlant majoritairement, directement ou indirectement, celle qui attribue gratuitement les actions est informée dans les conditions prévues à l'article L. 225-197-4.**

Art. L. 225-197-6 *(L. n° 2008-1258, 3 déc. 2008)*. – Dans une société dont les titres sont admis aux négociations sur un marché réglementé, des actions ne peuvent être attribuées dans le cadre des premier et deuxième alinéas du II de l'article L. 225-197-1 que si la société remplit au moins une des conditions suivantes au titre de l'exercice au cours duquel sont attribuées ces actions :

1° La société procède, dans les conditions prévues aux articles L. 225-197-1 à L. 225-197-5, à une attribution gratuite d'actions au bénéfice de l'ensemble de ses salariés et d'au moins 90 % de l'ensemble des salariés de ses filiales au sens de l'article L. 233-1 et relevant de l'article L. 210-3 ;

2° La société procède, dans les conditions prévues aux articles L. 225-177 à L. 225-186, à une attribution d'options au bénéfice de l'ensemble de ses salariés et d'au moins 90 % de l'ensemble des salariés de ses filiales au sens de l'article L. 233-1 et relevant de l'article L. 210-3 ;

3° Un accord d'intéressement au sens de l'article L. 3312-2 du Code du travail, un accord de participation dérogatoire au sens de l'article L. 3324-2 du même code ou un accord de participation volontaire au sens de l'article L. 3323-6 du même code est en vigueur au sein de la société et au bénéfice d'au moins 90 % de l'ensemble des salariés de ses filiales au sens de l'article L. 233-1 et relevant de l'article L. 210-3 du présent code. Si, dans la société ou dans ses filiales précitées, des accords sont en vigueur ou étaient en vigueur au titre de l'exercice précédent, la première attribution autorisée par une assemblée générale postérieure à la date de publication de la loi n° 2008-1258 du 3 décembre 2008 en faveur des revenus du travail ne peut intervenir que si les sociétés concernées modifient les modalités de calcul de chacun de ces accords au moyen d'un accord ou d'un avenant ou versent un supplément d'intéressement collectif au sens de l'article L. 3314-10 du Code du travail ou un supplément de réserve spéciale de participation au sens de l'article L. 3324-9 du même code.

4° *(4° créé, L. n° 2019-486, 22 mai 2019)* L'ensemble des salariés éligibles de la société et au moins 90 % de l'ensemble des salariés éligibles de ses filiales au sens de l'article L. 233-1 et relevant de l'article L. 210-3 bénéficient d'un versement effectué dans les conditions prévues au 1° de l'article L. 3332-11 du Code du travail.

Sous-section 3. – De l'amortissement du capital

(Anc. ss-sect. 6 dénum., Ord. n° 2004-604, 24 juin 2004)

Art. L. 225-198 *(Anc. L. n° 66-537, 24 juill. 1966)*. – L'amortissement du capital est effectué en vertu d'une stipulation statutaire ou d'une décision de l'assemblée générale extraordinaire et au moyen des sommes distribuables au sens de l'article L. 232-11. Cet amortissement ne peut être réalisé que par voie de remboursement égal sur chaque action d'une même catégorie et n'entraîne pas de réduction du capital.

Les actions intégralement amorties sont dites actions de jouissance.

Art. L. 225-199 *(Anc. L. n° 66-537, 24 juill. 1966)*. – Les actions intégralement ou partiellement amorties perdent, à due concurrence, le droit au premier dividende prévu à l'article L. 232-19 et au remboursement de la valeur nominale. Elles conservent tous leurs autres droits.

Art. L. 225-200 *(Anc. L. n° 66-537, 24 juill. 1966)*. – Lorsque le capital est divisé, soit en actions de capital et en actions totalement ou partiellement amorties, soit en actions inégalement amorties, l'assemblée générale des actionnaires peut décider, dans les conditions requises pour la modification des statuts, la conversion des actions totalement ou partiellement amorties en actions de capital.

À cet effet, elle prévoit qu'un prélèvement obligatoire sera effectué, à concurrence du montant amorti des actions à convertir, sur la part des profits sociaux d'un ou plusieurs exercices revenant à ces actions, après paiement, pour les actions partiellement amorties, du premier dividende ou de l'intérêt statutaire auquel elles peuvent donner droit.

Voir : C. com., art. R. 225-146 et R. 225-147, p. 663.

Art. L. 225-201 *(Anc. L. n° 66-537, 24 juill. 1966)*. – Les actionnaires peuvent être autorisés, dans les mêmes conditions, à verser à la société le montant amorti de leurs actions, augmenté, le cas échéant, du premier dividende ou de l'intérêt statutaire pour la période écoulée de l'exercice en cours et, éventuellement, pour l'exercice précédent.

Voir : C. com., art. R. 225-146, R. 225-148 et R. 225-149, p. 663.

Art. L. 225-202 *(Anc. L. n° 66-537, 24 juill. 1966).* **– Les décisions prévues aux articles L. 225-200 et L. 225-201 sont soumises à la ratification des assemblées spéciales de chacune des catégories d'actionnaires ayant les mêmes droits.**

Art. L. 225-203 *(Anc. L. n° 66-537, 24 juill. 1966).* **– Le conseil d'administration ou le directoire, selon le cas, apporte les modifications nécessaires aux clauses des statuts, dans la mesure où ces modifications correspondent matériellement aux résultats effectifs des opérations prévues aux articles L. 225-200 et L. 225-201.**

Voir : C. com., art. R. 225-147, p. 663.

Sous-section 4. – De la réduction du capital

(Anc. ss-sect. 7 dénum., Ord. n° 2004-604, 24 juin 2004)

Bibliographie : *Adde* M.-L. Coquelet, *JCl. Sociétés traité*, Fasc. 159-10.

Art. L. 225-204 *(Anc. L. n° 66-537, 24 juill. 1966 ; mod., L. n° 2012-387, 22 mars 2012).* **– La réduction du capital est autorisée ou décidée par l'assemblée générale extraordinaire, qui peut déléguer au conseil d'administration ou au directoire, selon le cas, tous pouvoirs pour la réaliser. En aucun cas, elle ne peut porter atteinte à l'égalité des actionnaires.**

Un rapport établi par les commissaires aux comptes *(Mots aj. à compter de la date prévue au II de l'article 20 de la loi n° 2019-486 du 22 mai 2019 et au plus tard le 1er septembre 2019, L. n° 2019-486, 22 mai 2019)* **« , s'il en existe, » sur l'opération envisagée est communiqué aux actionnaires de la société dans un délai fixé par décret en Conseil d'État. L'assemblée statue sur le rapport des commissaires qui font connaître leur appréciation sur les causes et conditions de la réduction.**

Lorsque le conseil d'administration ou le directoire, selon le cas, réalise l'opération sur délégation de l'assemblée générale, il en dresse procès-verbal soumis à publicité au registre du commerce et des sociétés et procède à la modification corrélative des statuts. En cas de non-respect de cette obligation de publicité, les décisions de réalisation de cette opération peuvent être annulées.

Voir : C. com., art. R. 225-150, p. 664.

Sanctions pénales, C. com., art. L. 242-23, p. 595.

1) **Exclusion de la nullité en l'absence de rapport.** Les dispositions de l'article L. 225-204, alinéa 2, du Code de commerce, qui prévoient l'établissement d'un rapport par le commissaire aux comptes sur les causes et conditions de la réduction du capital et sa communication aux actionnaires préalablement à la tenue de l'assemblée générale, ne sont pas prescrites à peine de nullité : ▪ Cass. com., 15 mars 2017, n° 15-50.021, PB : *BJS* 2017, p. 311, note J.-F. Barbièri ; *Dr. sociétés* 2017, n° 100, obs. C. Coupet.

2) **Réduction du capital et actif social.** L'assemblée générale peut réduire le capital social à un chiffre même inférieur à celui qui représente la valeur actuelle de l'actif social, sauf en cas de dol ou de fraude : ▪ CA Paris, 22 mars 1911 : *DP* 1912, 2, p. 353, note A. Cheron.

3) **Coup d'accordéon.** V. sous C. com., art. L. 224-2, annot. nos 1 et s., p. 231.

4) Est **nulle** comme portant **atteinte à l'égalité des actionnaires** la promesse consentie, à l'occasion d'une augmentation de capital, au souscripteur des titres émis de lui racheter ses actions si elle n'était pas introduite en bourse à l'issue d'un certain délai dans la mesure où l'offre de rachat n'a pas été proposée à l'ensemble des actionnaires : ▪ CA Paris, 21 févr. 2003 : *BJS* 2004, p. 262 ; *JCP* E 2003, act., p. 834. – *Adde* S. Sylvestre, *Validité de la promesse de rachat consentie par la société émettrice au souscripteur de titres émis : BJS* 2004, p. 179.

5) **Responsabilité civile des dirigeants.** V. sous C. com., art. L. 225-207, annot. n° 1, p. 365.

Art. L. 225-205 *(Anc. L. n° 66-537, 24 juill. 1966).* **– Lorsque l'assemblée approuve un projet de réduction du capital non motivée par des pertes, le représentant de la masse des obligataires et les créanciers dont la créance est antérieure à la date de dépôt au greffe du procès-verbal de délibération peuvent former opposition à la réduction, dans le délai fixé par décret en Conseil d'État.**

Une décision de justice rejette l'opposition ou ordonne, soit le remboursement des créances, soit la constitution de garanties si la société en offre et si elles sont jugées suffisantes.

Les opérations de réduction du capital ne peuvent commencer pendant le délai d'opposition ni, le cas échéant, avant qu'il ait été statué en première instance sur cette opposition.

Si le juge de première instance accueille l'opposition, la procédure de réduction du capital est immédiatement interrompue jusqu'à la constitution de garanties suffisantes ou jusqu'au remboursement des créances. S'il la rejette, les opérations de réduction peuvent commencer.

Voir : C. com., art. R. 225-152, p. 664.
Conversion du capital social en euro, L. n° 98-546, 2 juill. 1998, art. 17, III, p. 2569.

Bibliographie : H. Hovasse et R. Mortier, *La faillite du droit d'opposition à réduction de capital : BJS* 2011, p. 278.

Comptabilisation de la réduction de capital. La réduction du capital ne peut être comptabilisée qu'à l'issue du délai d'opposition de vingt jours qui court à compter de la date du dépôt au greffe du procès-verbal de délibération de l'assemblée générale qui a décidé ou autorisé la réduction : *Bull. CNCC* sept. 2011, p. 602 ; *Dr. sociétés* 2012, n° 38, obs. R. Mortier.

Sous-section 5. – De la souscription, de l'achat ou de la prise en gage par les sociétés de leurs propres actions
(Anc. ss-sect. 8 dénum., Ord. n° 2004-604, 24 juin 2004)

Art. L. 225-206 *(Anc. L. n° 66-537, 24 juill. 1966).* – **I. – Est interdite la souscription par la société de ses propres actions, soit directement, soit par une personne agissant en son propre nom, mais pour le compte de la société.**

Les fondateurs, ou, dans le cas d'une augmentation de capital, les membres du conseil d'administration ou du directoire, selon le cas, sont tenus, dans les conditions prévues à l'article L. 225-251 et au premier alinéa de l'article L. 225-256, de libérer les actions souscrites par la société en violation du premier alinéa.

Lorsque les actions ont été souscrites par une personne agissant en son propre nom mais pour le compte de la société, cette personne est tenue de libérer les actions solidairement avec les fondateurs ou, selon le cas, les membres du conseil d'administration ou du directoire. Cette personne est en outre réputée avoir souscrit ces actions pour son propre compte.

II. – L'achat par une société de ses propres actions est autorisé dans les conditions et selon les modalités prévues aux articles L. 225-207 à L. 225-217.

Les achats d'actions par une personne agissant pour le compte de la société sont interdits sauf s'il s'agit d'un prestataire de services d'investissement ou d'un membre d'un marché réglementé intervenant dans les conditions du I de l'article 43 de la loi n° 96-597 du 2 juillet 1996 de modernisation des activités financières.

Voir : C. com., art. R. 225-153 et s., p. 664.

Bibliographie : A. Couret, *Le rachat par les sociétés de leurs propres actions : brèves observations sur le rapport Esambert : Dr. sociétés* mars 1978, p. 4. • L. Jobert, *L'émission de bons de rachat d'actions en vue d'une réduction de capital non motivée par les pertes : BJS* 2011, p. 1028. • J.-Cl. Coviaux, *L'achat par une société de ses propres actions : dix ans de droit de l'entreprise,* Litec, 1978, p. 187. • D. de Pariente et D. Bariani, *Les actions autodétenues : BJS* 2001, p. 130. • R. Mortier, *Le rachat par la société de ses propres droits sociaux,* thèse, Dalloz, 2003 ; *Opérations sur le capital social,* Litec Professionnel, 2010. • M. Poulnais, *L'achat de ses propres actions par une société depuis la loi du 24 juillet 1966 : RTD com.* 1969, p. 17. • S. Robineau, *Les interventions des sociétés sur leurs propres titres de capital : BJS* 1998, p. 1229. • *Adde* R. Mortier, *JCl. Sociétés traité,* Fasc. 1660.

1) Sanction de l'interdiction. Jugé que la méconnaissance des dispositions de l'article L. 225-206 II n'est pas sanctionnée par la nullité de l'acquisition : ▪ Cass. 1re civ., 17 déc. 2009, n° 08-12344, PB : *BJS* 2010, p. 332, note A. Couret ; *D.* 2010, p. 89, obs. A. Lienhard ; *Dr. sociétés* 2010, n° 47, obs. D. Gallois-Cochet ; *Rev. sociétés* 2010, p. 311, note R. Mortier.

2) Promesse de rachat. Le rachat par une société de ses propres actions n'étant autorisé que dans les conditions et selon les modalités prévues aux articles L. 225-207 et L. 225-217, viole l'article L. 225-206 et l'article 6 du Code civil la cour d'appel qui prononce la cession forcée des actions à une SA qui s'était engagée envers un actionnaire à lui racheter ses titres : ▪ Cass. 1re civ., 15 nov. 2010, n° 09-69308 : *BJS* 2011, p. 179, note H. Le Nabasque ; *JCP* E 2011, 1129, note M. Roussille ; *Rev. sociétés* 2011, p. 168, note R. Mortier.

3) Pour une illustration de ce texte relative à **l'exclusion prohibée** d'un actionnaire : V. ▪ CA Montpellier, 17 déc. 1992 : *JCP* E 1993, I, 215, n° 9, obs. A. Viandier et J.-J. Caussain ; *BJS* 1993, p. 649, note A. Couret et P. Le Cannu. ▪ CA Paris, 8 juin 2001 : *BJS* 2001, p. 1153, note D. Velardocchio.

Art. L. 225-207 *(Anc. L. n° 66-537, 24 juill. 1966)*. – **L'assemblée générale qui a décidé une réduction de capital non motivée par des pertes peut autoriser le conseil d'administration ou le directoire, selon le cas, à acheter un nombre déterminé d'actions pour les annuler.**

Voir : C. com., art. R. 225-158, p. 665.

Bibliographie : C. Chaudré et J. Pépin Foundoux, *Réduction de capital non motivée par des pertes par voie de rachat d'actions dans la SAS : JCP* E 2010, 1994.

Responsabilité civile des dirigeants pour dol. Engagent leur responsabilité civile à l'égard des actionnaires minoritaires les administrateurs qui ont intentionnellement induit en erreur ceux-ci sur les causes et les conditions d'une réduction de capital non motivée par les pertes en vue de racheter leurs titres à moindre coût : ▪ Cass. com., 8 nov. 2005 : *BJS* 2006, p. 502, note J.-J. Daigre ; *Dr. sociétés* mars 2006, n° 41, obs. H. Lécuyer ; *JCP* E 2006, 1497, note J.-L. Navarro.

Art. L. 225-208 *(Anc. L. n° 66-537, 24 juill. 1966 ; mod., L. fin. n° 2004-1484, 30 déc. 2004)*. – **Les sociétés qui font participer leurs salariés à leurs résultats par attribution de leurs actions, celles qui attribuent leurs actions dans les conditions prévues aux articles L. 225-197-1 à L. 225-197-3 et celles qui consentent des options d'achat de leurs actions dans les conditions prévues aux articles L. 225-177 et suivants peuvent, à cette fin, racheter leurs propres actions. Les actions doivent être attribuées ou les options doivent être consenties dans le délai d'un an à compter de l'acquisition.**

Voir : la rédaction de cet article issue de l'ordonnance n° 2019-744 du 19 juillet 2019, en *addendum*, p. 3371.

Voir : C. com., art. R. 225-159, p. 665.

Sanctions pénales, C. com., art. L. 242-24, al. 1, p. 595.

Bibliographie : R. Mortier, *Le rachat d'actions au service de l'actionnariat des salariés : Dr. sociétés* mai 2007, p. 6.

Art. L. 225-209 *(Anc. L. n° 66-537, 24 juill. 1966 ; mod., L. n° 2003-7, 3 janv. 2003 ; Ord. n° 2004-604, 24 juin 2004 ; L. fin. n° 2004-1484, 30 déc. 2004 ; L. n° 2005-842, 26 juill. 2005 ; L. n° 2006-1770, 30 déc. 2006 ; Ord. n° 2009-105, 30 janv. 2009 ; L. fin. rect. n° 2012-354, 14 mars 2012 ; L. n° 2012-387, 22 mars 2012 ; L. n° 2016-1691, 9 déc. 2016)*. – **L'assemblée générale d'une société dont les actions sont admises aux négociations sur un marché réglementé ou sur un système multilatéral de négociation soumis aux dispositions du II de l'article L. 433-3 du Code monétaire et financier dans les conditions prévues par le règlement général de l'Autorité des marchés financiers, figurant sur une liste arrêtée par cette autorité dans les conditions fixées par son règlement général, peut autoriser le conseil d'administration ou le directoire, selon le cas, à acheter un nombre d'actions représentant jusqu'à 10 % du capital de la société. L'assemblée générale définit les finalités et les modalités de l'opération, ainsi que son plafond. Cette autorisation ne peut être donnée pour une durée supérieure à dix-huit mois. Le comité d'entreprise est informé de la résolution adoptée par l'assemblée générale.**

Lorsque les actions sont rachetées pour favoriser la liquidité dans les conditions définies par le règlement général de l'Autorité des marchés financiers, le nombre d'actions pris en compte pour le calcul de la limite de 10 % prévue au premier alinéa correspond au nombre d'actions achetées, déduction faite du nombre d'actions revendues pendant la durée de l'autorisation.

Le conseil d'administration peut déléguer au directeur général ou, en accord avec ce dernier, à un ou plusieurs directeurs généraux délégués, les pouvoirs nécessaires pour réaliser l'opération mentionnée au premier alinéa. Le directoire peut déléguer à son président ou avec son accord à un ou plusieurs de ses membres les pouvoirs nécessaires pour la réaliser. Les personnes désignées rendent compte au conseil d'administration ou au directoire de l'utilisation faite de ce pouvoir dans les conditions prévues par ces derniers.

L'acquisition, la cession ou le transfert de ces actions peut être effectué par tous moyens. Ces actions peuvent être annulées dans la limite de 10 % du capital de la société par périodes de vingt-quatre mois.

Les sociétés qui font participer les salariés aux fruits de l'expansion de l'entreprise par l'attribution de leurs propres actions, celles qui attribuent leurs actions dans les conditions prévues aux articles L. 225-197-1 à L. 225-197-3 du présent code ainsi que celles qui entendent consentir des options d'achat d'actions à des salariés peuvent utiliser à cette fin tout ou partie des actions acquises dans les conditions prévues ci-dessus. Elles peuvent également leur proposer d'acquérir leurs propres actions dans les conditions prévues par les articles L. 3332-1 et suivants du Code du travail.

Le nombre d'actions acquises par la société en vue de leur conservation et de leur remise ultérieure en paiement ou en échange dans le cadre d'une opération de fusion, de scission ou d'apport ne peut excéder 5 % de son capital. Ces dispositions sont applicables aux programmes de rachat soumis à l'approbation des assemblées générales se tenant à compter du 1er janvier 2006.

En cas d'annulation des actions achetées, la réduction de capital est autorisée ou décidée par l'assemblée générale extraordinaire qui peut déléguer au conseil d'administration ou au directoire, selon le cas, tous pouvoirs pour la réaliser. Un rapport spécial établi par les commissaires aux comptes sur l'opération envisagée est communiqué aux actionnaires de la société dans un délai fixé par décret en Conseil d'État.

Voir : C. com., art. R. 225-150, R. 225-151, R. 225-157, p. 664 et R. 228-90, p. 680.

Informations à diffuser, C. monét. fin., art. L. 621-8, p. 1575, Règl. AMF, 12 oct. 2004, art. 241-1 et s.

Bibliographie : J.-J. Daigre, *Précisions sur le rachat d'actions et l'expression de leur valeur nominale : JCP* E 1999, p. 1138. • A. Kirry, *La détermination du prix de vente des actions propres acquises par un programme de rachat : JCP* E 2002, p. 166. • R. Mortier, *Rachat d'actions et actions rachetables : Rev. sociétés* 2004, p. 639 ; *Le rachat d'actions en mouvement : Dr. sociétés* avr. 2006, p. 5. • A. Viandier, *Le rachat d'actions après la loi n° 98-546 du 2 juillet 1998 : RJDA* 1998, p. 590.

1) Le droit dont bénéficie tout actionnaire de **céder ses actions**, de récupérer le montant de son investissement et celui de la plus-value éventuelle est reconnu également pour les actions d'autocontrôle par l'article 217-2 de la loi du 24 juillet 1966 *[C. com., art. L. 225-209]* selon lequel la cession ou le transfert de ces actions peut être effectué « par tous moyens » : ▪ CA Paris, 15 mars 2000 : *JurisData* n° 2000-108547 ; *JCP* E 2000, p. 1046, note A. Viandier ; *BJS* 2000, p. 625, note A. Couret ; *D.* 2000, act. jurispr. p. 303, obs. M. Boizard.

2) Rachat d'actions : règlement européen d'application de la directive abus de marché. Communiqué AMF, 12 oct. 2004 : *D.* 2004, p. 2699.

Art. L. 225-209-1 *(Abr., L. n° 2012-387, 22 mars 2012).*

Art. L. 225-209-2 *(L. fin. rect. n° 2012-354, 14 mars 2012 ; L. n° 2016-1691, 9 déc. 2016).* **– Dans les sociétés dont les actions ne sont pas admises aux négociations sur un marché réglementé ou sur un système multilatéral de négociation soumis aux dispositions du II de l'article L. 433-3 du Code monétaire et financier, l'assemblée générale ordinaire peut autoriser le conseil d'administration ou le directoire, selon le cas, à acheter les actions de la société, pour les offrir ou les attribuer :**

– dans l'année de leur rachat, aux bénéficiaires d'une opération mentionnée à l'article L. 225-208 du présent code ou intervenant dans le cadre des articles L. 3332-1 et suivants du Code du travail ;

– dans les deux ans de leur rachat, en paiement ou en échange d'actifs acquis par la société dans le cadre d'une opération de croissance externe, de fusion, de scission ou d'apport ;

– dans les cinq ans de leur rachat, aux actionnaires qui manifesteraient à la société l'intention de les acquérir à l'occasion d'une procédure de mise en vente organisée par la société elle-même dans les trois mois qui suivent chaque assemblée générale ordinaire annuelle.

Le nombre d'actions acquises par la société ne peut excéder :

– 10 % du capital de la société lorsque le rachat est autorisé en vue d'une opération prévue au deuxième ou quatrième alinéa du présent article ;

– 5 % du capital de la société lorsque le rachat est autorisé en vue d'une opération prévue au troisième alinéa.

L'assemblée générale ordinaire précise les finalités de l'opération. Elle définit le nombre maximal d'actions dont elle autorise l'acquisition, le prix ou les modalités de fixation du prix ainsi que la durée de l'autorisation, qui ne peut excéder douze mois.

Le prix des actions rachetées est acquitté au moyen d'un prélèvement sur les réserves dont l'assemblée générale a la disposition en vertu du deuxième alinéa de l'article L. 232-11 du présent code.

L'assemblée générale ordinaire statue au vu d'un rapport établi par un expert indépendant, dans des conditions définies par décret en Conseil d'État, et sur un rapport spécial des commissaires aux comptes *(Mots aj. à compter de la date prévue au II de l'article 20 de la loi n° 2019-486 du 22 mai 2019 et au plus tard le 1er septembre 2019, L. n° 2019-486, 22 mai 2019)* **« de la société, ou, s'il n'en a pas été désigné, d'un commissaire aux comptes désigné à cet effet selon les modalités prévues à l'article L. 225-228 » faisant connaître leur appréciation sur les conditions de fixation du prix d'acquisition.**

Le prix des actions ne peut, à peine de nullité, être supérieur à la valeur la plus élevée ni inférieur à la valeur la moins élevée figurant dans le rapport d'évaluation de l'expert indépendant communiqué à l'assemblée générale.

Le conseil d'administration peut déléguer au directeur général ou, en accord avec ce dernier, à un ou plusieurs directeurs délégués les pouvoirs nécessaires pour réaliser ces opérations. Le directoire peut déléguer à son président ou, avec son accord, à un ou plusieurs de ses membres les pouvoirs nécessaires à l'effet de les réaliser. Les personnes désignées rendent comptent au conseil d'administration ou au directoire de l'utilisation faite de ce pouvoir dans les conditions prévues par ces derniers.

Les commissaires aux comptes *(Mots aj. à compter de la date prévue au II de l'article 20 de la loi n° 2019-486 du 22 mai 2019 et au plus tard le 1er septembre 2019, L. n° 2019-486, 22 mai 2019)* **« , s'il en existe, » présentent à l'assemblée générale ordinaire annuelle un rapport spécial sur les conditions dans lesquelles les actions ont été rachetées et utilisées au cours du dernier exercice clos.**

Les actions rachetées peuvent être annulées dans la limite de 10 % du capital de la société par périodes de vingt-quatre mois. En cas d'annulation des actions achetées, la réduction de capital est autorisée ou décidée par l'assemblée générale extraordinaire qui peut déléguer au conseil d'administration ou au directoire, selon le cas, tous pouvoirs pour la réaliser.

Par dérogation aux dispositions du dixième alinéa, les actions rachetées mais non utilisées peuvent, sur décision de l'assemblée générale ordinaire, être utilisées pour une autre des finalités prévues au présent article.

En aucun cas, ces opérations ne peuvent porter atteinte à l'égalité des actionnaires.

Voir : la rédaction de cet article issue de l'ordonnance n° 2019-744 du 19 juillet 2019, en *addendum*, p. 3371.

Voir : C. com., art. R. 225-160-1 et s., p. 665.

Bibliographie : A. Couret, C. Blondeau et J.-E. Cros, *Le rachat de ses actions par une société non cotée : JCP* E 2012, 1324. • R. Mortier, *Le rachat d'actions aux fins de gestion financière du capital des sociétés non cotées enfin opérationnel : BJS* 2014, p. 377 ; *Entrée en vigueur des nouveaux programmes de rachat d'actions : Dr. sociétés* août-sept. 2014, n° 15. • S. Torck, *Le rachat d'actions aux fins de gestion financière du capital enfin ouvert aux sociétés non cotées sur un marché réglementé : BJS* 2012, p. 510.

Art. L. 225-210 *(Anc. L. n° 66-537, 24 juill. 1966 ; mod., Ord. n° 2009-105, 30 janv. 2009).* – **La société ne peut posséder, directement ou par l'intermédiaire d'une personne agissant en son propre nom, mais pour le compte de la société, plus de 10 % du total de ses propres actions, ni plus de 10 % d'une catégorie déterminée. Ces actions doivent être mises sous la forme nominative, à l'exception des actions rachetées pour favoriser la liquidité des titres de la société, et entièrement libérées lors de l'acquisition. À défaut, les membres du conseil d'administration ou du directoire, selon le cas, sont tenus, dans les conditions prévues à l'article L. 225-251 et au premier alinéa de l'article L. 225-256 de libérer les actions.**

L'acquisition d'actions de la société ne peut avoir pour effet d'abaisser les capitaux propres à un montant inférieur à celui du capital augmenté des réserves non distribuables.

La société doit disposer de réserves, autres que la réserve légale, d'un montant au moins égal à la valeur de l'ensemble des actions qu'elle possède.

Les actions possédées par la société ne donnent pas droit aux dividendes et sont privées de droits de vote.

En cas d'augmentation du capital par souscription d'actions en numéraire, la société ne peut exercer par elle-même le droit préférentiel de souscription. L'assemblée générale peut décider de ne pas tenir compte de ces actions pour la détermination des droits préférentiels de souscription attachés aux autres actions. À défaut les droits attachés aux actions possédées par la société doivent être, avant la clôture du délai de souscription, soit vendus en bourse, soit repartis entre les actionnaires au prorata des droits de chacun.

Voir : Définition des capitaux propres, C. com., art. R. 123-191, p. 891.

Art. L. 225-211 *(Anc. L. n° 66-537, 24 juill. 1966 ; mod., L. n° 2008-776, 4 août 2008 ; L. fin. rect. n° 2012-354, 14 mars 2012 ; L. n° 2012-387, 22 mars 2012).* – **Des registres des achats et des ventes effectués en application des articles** *(Réf. rempl., Ord. n° 2014-863, 31 juill. 2014)* **« L. 225-208, L. 225-209, L. 225-209-2, L. 228-12 et L. 228-12-1 » doivent être tenus, dans les conditions fixées par décret en Conseil d'État, par la société ou par la personne chargée du service de ses titres.**

Le conseil d'administration ou le directoire, selon le cas, doit indiquer, dans le rapport prévu à l'article L. 225-100, le nombre des actions achetées et vendues au cours de l'exercice par application des articles *(Réf. rempl., Ord. n° 2014-863, 31 juill. 2014)* **« L. 225-208, L. 225-209, L. 225-209-2, L. 228-12 et**

L. 228-12-1 », les cours moyens des achats et des ventes, le montant des frais de négociation, le nombre des actions inscrites au nom de la société à la clôture de l'exercice et leur valeur évaluée au cours d'achat, ainsi que leur valeur nominale pour chacune des finalités, le nombre des actions utilisées, les éventuelles réallocations dont elles ont fait l'objet et la fraction du capital qu'elles représentent.

Voir : C. com., art. R. 225-159 et s., p. 665.

Art. L. 225-212 *(Anc. L. n° 66-537, 24 juill. 1966 ; mod., L. n° 2003-706, 1er août 2003 ; L. n° 2008-776, 4 août 2008 ; Ord. n° 2009-105, 30 janv. 2009 ; L. n° 2012-387, 22 mars 2012 ; L. n° 2016-1691, 9 déc. 2016).* – Les sociétés doivent déclarer à l'Autorité des marchés financiers les opérations qu'elles envisagent d'effectuer en application des dispositions de l'article L. 225-209. Cette déclaration est réputée avoir été réalisée lorsque ces sociétés l'ont effectuée en application de l'article 5 ou des dispositions d'une pratique de marché admise par l'Autorité des marchés financiers en application de l'article 13 du règlement (UE) n° 596/2014 du Parlement européen et du Conseil du 16 avril 2014 sur les abus de marché (règlement relatif aux abus de marché) et abrogeant la directive 2003/6/CE du parlement européen et du Conseil et les directives 2003/124/CE, 2003/125/CE et 2004/72/CE de la Commission. Elles rendent compte chaque mois à l'Autorité des marchés financiers des acquisitions, cessions, annulations et transferts qu'elles ont effectués.

L'Autorité des marchés financiers peut leur demander à ce sujet toutes les explications ou les justifications qu'elle juge nécessaires.

S'il n'est pas satisfait à ces demandes ou lorsqu'elle constate que ces transactions enfreignent les dispositions de l'article L. 225-209, l'Autorité des marchés financiers peut prendre toutes mesures pour empêcher l'exécution des ordres que ces sociétés transmettent directement ou indirectement.

Art. L. 225-213 *(Anc. L. n° 66-537, 24 juill. 1966 ; mod., Ord. n° 2004-604, 24 juin 2004 ; L. n° 2008-776, 4 août 2008 ; L. fin. rect. n° 2012-354, 14 mars 2012 ; L. n° 2012-387, 22 mars 2012).* – Les dispositions des articles L. 225-206, L. 225-209 [et] L. 225-209-2 ne sont pas applicables aux actions entièrement libérées, acquises à la suite d'une transmission de patrimoine à titre universel ou encore à la suite d'une décision de justice.

Toutefois, les actions doivent être cédées dans un délai de deux ans à compter de la date d'acquisition lorsque la société possède plus de 10 % de son capital. À l'expiration de ce délai, elles doivent être annulées.

Art. L. 225-214 *(Anc. L. n° 66-537, 24 juill. 1966 ; mod., L. fin. rect. n° 2012-354, 14 mars 2012).* – Les actions possédées en violation des articles L. 225-206 à L. 225-209-1 et L. 225-210 doivent être cédées dans un délai d'un an à compter de leur souscription ou de leur acquisition. À l'expiration de ce délai, elles doivent être annulées.

Voir : la rédaction de cet article issue de l'ordonnance n° 2019-744 du 19 juillet 2019, en *addendum*, p. 3371.

Art. L. 225-215 *(Anc. L. n° 66-537, 24 juill. 1966).* – Est interdite la prise en gage par la société de ses propres actions, directement ou par l'intermédiaire d'une personne agissant en son propre nom, mais pour le compte de la société.

Les actions prises en gage par la société doivent être restituées à leur propriétaire dans le délai d'un an. La restitution peut avoir lieu dans un délai de deux ans si le transfert du gage à la société résulte d'une transmission de patrimoine à titre universel ou d'une décision de justice. À défaut, le contrat de gage est nul de plein droit.

L'interdiction prévue au présent article n'est pas applicable aux opérations courantes des établissements de crédit *(Mots aj., Ord. n° 2013-544, 27 juin 2013)* « et des sociétés de financement ».

Art. L. 225-216 *(Anc. L. n° 66-537, 24 juill. 1966 ; mod., L. n° 2001-152, 19 févr. 2001).* – Une société ne peut avancer des fonds, accorder des prêts ou consentir une sûreté en vue de la souscription ou de l'achat de ses propres actions par un tiers.

Les dispositions du présent article ne s'appliquent ni aux opérations courantes *(Mots rempl., Ord. n° 2013-544, 27 juin 2013)* « établissements de crédit et des sociétés de financement » ni aux opérations effectuées en vue de l'acquisition par les salariés d'actions de la société, d'une de ses filiales ou d'une société comprise dans le champ d'un plan d'épargne de groupe prévu à l'article L. 444-3 du Code du travail.

Voir : Sanctions pénales, C. com., art. L. 242-24, al. 2, p. 595.

Bibliographie : Th. Bonneau, *Monopole bancaire et prêt consenti par la société à ses salariés en vue de l'acquisition de ses titres : RD bancaire et fin.* 2001, p. 143. • A. Delfosse, *Une modalité de transmission de l'entreprise : l'acquisition-fusion rapide : JCP* E 1993, I, 2619. • H. Le Nabasque, *À propos de l'article 217-9 de la loi du 24 juillet 1966 : JCP* E 1992, I, 107. • A. Sorensen, *La fusion rapide en question : BJS* 2002, p. 325. • A. Viandier, *L'article 217-9 de la loi du 24 juillet 1966 et les rachats d'entreprise : JCP* E 1990, I, 15821.

1) Domaine. Pour un montage financier échappant à l'application de l'article 217-9 de la loi du 24 juillet 1966 *[C. com., art. L. 225-216]* : ▪ Cass. com., 15 nov. 1994 : *BJS* 1995, p. 67, note A. Couret. – Pour la garantie d'un prêt en vue de l'acquisition d'actions, les actions acquises étant l'objet du nantissement : ▪ Cass. com., 19 déc. 2000 : *JurisData* n° 2000-007663 ; *JCP* E 2001, p. 253 ; *Dr. sociétés* 2001, n° 65, obs. F.-X. Lucas ; *BJS* 2001, p. 379, note A. Constantin.

2) Abus de biens sociaux. Se rend coupable d'un délit d'abus de biens sociaux le dirigeant d'une société qui a financé l'acquisition d'une filiale par la trésorerie de cette dernière : ▪ Cass. crim., 24 juin 1991 : *JCP* E 1992, I, 172, n° 15, obs. A. Viandier et J.-J. Caussain.

Art. L. 225-217 *(Anc. L. n° 66-537, 24 juill. 1966).* **– Les articles L. 225-206 à L. 225-216 sont applicables aux certificats d'investissement.**

Section V. – Du contrôle des sociétés anonymes

Art. L. 225-218 *(Mod., L. n° 2003-7, 3 janv. 2003 ; L. n° 2003-706, 1er août 2003 ; rempl. à compter de la date prévue au II de l'article 20 de la loi n° 2019-486 du 22 mai 2019 et au plus tard le 1er septembre 2019, L. n° 2019-486, 22 mai 2019)* **. – L'assemblée générale ordinaire peut désigner un ou plusieurs commissaires aux comptes dans les conditions prévues à l'article L. 225-228.**

Sont tenues de désigner au moins un commissaire aux comptes les sociétés qui dépassent, à la clôture d'un exercice social, les seuils fixés par décret pour deux des trois critères suivants : le total de leur bilan, le montant de leur chiffre d'affaires hors taxes ou le nombre moyen de leurs salariés au cours de l'exercice.

Même si ces seuils ne sont pas atteints, la nomination d'un commissaire aux comptes peut être demandée en justice par un ou plusieurs actionnaires représentant au moins le dixième du capital.

Rédaction antérieure. Art. L. 225-218 *(Anc. L. n° 66-537, 24 juill. 1966 ; mod., L. n° 2003-706, 1er août 2003).* – Le contrôle est exercé, dans chaque société, par un ou plusieurs commissaires aux comptes.

Voir : la rédaction de cet article issue de l'ordonnance n° 2019-744 du 19 juillet 2019, en *addendum*, p. 3371.

Voir : C. com., art. L. 820-1, p. 896 et s. et bibliographie.

Art. L. 225-219 à L. 225-221 *(Abr., L. n° 2003-706, 1er août 2003).* **– V. désormais C. com., art. L. 822-1, L. 822-2, L. 822-6 et L. 822-7.**

Art. L. 225-222 *(Anc. L. n° 66-537, 24 juill. 1966 ; transféré, L. n° 2003-706, 1er août 2003).* **– V. désormais C. com., art. L. 822-10.**

Art. L. 225-223 à L. 225-226 *(Abr., L. n° 2003-706, 1er août 2003).* **– V. désormais C. com., art. L. 822-3, L. 822-12 et L. 822-13.**

Art. L. 225-227 *(Abr., Ord. n° 2005-1126, 8 sept. 2005).* **– V. désormais C. com., art. L. 822-8.**

Art. L. 225-228 *(Mod., Ord. n° 2009-80, 22 janv. 2009).* **– Les commissaires aux comptes sont proposés à la désignation de l'assemblée générale par un projet de résolution émanant du conseil d'administration ou du conseil de surveillance ou, dans les conditions définies par la section 3 du présent chapitre, des actionnaires. Lorsque les actions de la société sont admises aux négociations sur un marché réglementé, le conseil d'administration choisit, sans que prennent part au vote le directeur général et le directeur général délégué, s'ils sont administrateurs, les commissaires aux comptes qu'il envisage de proposer.**

(5 al. abr., Ord. n° 2005-1126, 8 sept. 2005). **– V. désormais C. com., art. L. 823-1, L. 823-2 et L. 823-15.**

Art. L. 225-229 *(Abr., Ord. n° 2005-1126, 8 sept. 2005).* **– V. désormais, C. com., art. L. 823-3 à L. 823-5.**

Art. L. 225-230 *(Mod., L. n° 2001-420, 15 mai 2001 ; L. n° 2003-706, 1er août 2003 ; rempl., Ord. n° 2005-1126, 8 sept. 2005).* – L'action mentionnée à l'article L. 823-6 peut être exercée par une association répondant aux conditions fixées par l'article L. 225-120.

Art. L. 225-231 *(Anc. L. n° 66-537, 24 juill. 1966 ; mod., L. n° 2001-420, 15 mai 2001 ; Ord. n° 2009-80, 22 janv. 2009).* – Une association répondant aux conditions fixées à l'article L. 225-120, ainsi que un ou plusieurs actionnaires représentant au moins 5 % du capital social, soit individuellement, soit en se groupant sous quelque forme que ce soit, peuvent poser par écrit au président du conseil d'administration ou au directoire des questions sur une ou plusieurs opérations de gestion de la société, ainsi que, le cas échéant, des sociétés qu'elle contrôle au sens de l'article L. 233-3. Dans ce dernier cas, la demande doit être appréciée au regard de l'intérêt du groupe. La réponse doit être communiquée aux commissaires aux comptes *(Mots aj. à compter de la date prévue au II de l'article 20 de la loi n° 2019-486 du 22 mai 2019 et au plus tard le 1er septembre 2019, L. n° 2019-486, 22 mai 2019)* « , s'il en existe ».

À défaut de réponse dans un délai d'un mois ou à défaut de communication d'éléments de réponse satisfaisants, ces actionnaires peuvent demander en référé la désignation d'un ou plusieurs experts chargés de présenter un rapport sur une ou plusieurs opérations de gestion.

Le ministère public, le comité d'entreprise et, dans les sociétés dont les actions sont admises aux négociations sur un marché réglementé, l'Autorité des marchés financiers peuvent également demander en référé la désignation d'un ou plusieurs experts chargés de présenter un rapport sur une ou plusieurs opérations de gestion.

S'il est fait droit à la demande, la décision de justice détermine l'étendue de la mission et des pouvoirs des experts. Elle peut mettre les honoraires à la charge de la société.

Le rapport est adressé au demandeur, au ministère public, au comité d'entreprise, au commissaire aux comptes et, selon le cas, au conseil d'administration ou au directoire et au conseil de surveillance ainsi que, dans les sociétés dont les actions sont admises aux négociations sur un marché réglementé, à l'Autorité des marchés financiers. Ce rapport doit, en outre, être annexé à celui établi par les commissaires aux comptes *(Mots aj. à compter de la date prévue au II de l'article 20 de la loi n° 2019-486 du 22 mai 2019 et au plus tard le 1er septembre 2019, L. n° 2019-486, 22 mai 2019)* « , s'il en existe, » en vue de la prochaine assemblée générale et recevoir la même publicité.

Voir : C. com., art. R. 225-163, p. 666.

Sanctions pénales, C. com., art. L. 820-4, 2°, p. 898. – Rappr. **SARL,** C. com., art. L. 223-37, p. 227 et **Expertise *in futurum*,** CPC, art. 145, p. 2338.

Bibliographie : M. Armand-Prevost, *L'expertise de gestion : RJ com.* 1998, p. 125. • Boy, *Réflexions sur le sort de l'expertise de minorité : D.* 1980, 79. • A. Cerati-Gauthier, *La nouvelle expertise de gestion assure-t-elle une meilleure information des actionnaires minoritaires ? : LPA* 5 avr. 2002, p. 4. • Y. Chartier, *L'expertise de l'article 226 de la loi du 24 juillet 1966 : JCP* 1972, I, 2507. • A. Couret, *Le harcèlement des majoritaires : BJS* 1996, p. 112. • N. Dedessus-Le-Moustier, *Expertise de gestion et principe du contradictoire : Rev. sociétés* 1998, p. 45. • M. Germain, *Les droits des minoritaires : RID comp.* 2002, n° 2, p. 401. • D. Gibirila, *La demande d'expertise de gestion formée par un actionnaire minoritaire : RJDA* 2007, p. 763. • L. Godon, *La protection des actionnaires minoritaires dans la loi relative aux nouvelles régulations économiques : BJS* 2001, p. 728. • E. Jeuland, *L'expertise commerciale : D.* 2000, chron. p. 209. • P. Le Cannu, *Éléments de réflexion sur la nature de l'expertise judiciaire de gestion : BJS* 1988, 553 ; *L'expertise de gestion et les filiales : BJS* 1994, p. 147. • S. Michelin-Finielz, *L'expertise de l'article 226 et l'expertise préventive dans la société anonyme : Rev. sociétés* 1982, p. 33. • J. Moury, *Expertise de gestion : la concurrence indélicate de l'article 145 du Nouveau Code de procédure civile : Mél. Jeantin*, Dalloz, 1999, p. 299. • F. Pasqualini, *Brèves remarques sur l'expertise de gestion : JCP* E 1999, p. 1283. • F. Pasqualini et V. Pasqualini-Salerno, *Encore et toujours l'expertise de gestion : JCP* E 2000, p. 499. • P. Peloux, *Des difficultés quant à la qualité de certains demandeurs à l'expertise de gestion : LPA* 5 août 1999, p. 17. • J.-P. Sortais, *Rapport sur l'expertise de l'article 226 : Gaz. Pal.* 1975, 1, doctr. p. 28. • F. Terré, *L'étendue de la mission de l'expert chargé par un tribunal d'apprécier la gestion : Éco. et compt.* mars 1971. • I. Urbain-Parléani, *L'expertise de gestion et l'expertise in futurum : Rev. sociétés* 2003, n° spécial, *Responsabilité des dirigeants sociaux*, p. 223. • *Adde* R. Vatinet, *JCl. Sociétés traité*, Fasc. 135-10.

I – CONDITIONS RELATIVES À L'ACTION

1) Expertise de gestion et expertise *in futurum*. *a)* Domaines respectifs de l'expertise de gestion et de l'expertise *in futurum*. Voir sous CPC, art. 145, annot. n° 1, p. 2338.

b) **Cumul exceptionnellement possible.** Voir sous CPC, art. 145, annot. n° 2, p. 2339.

2) Domaine de l'expertise de gestion quant aux sociétés. *a)* Formes sociales concernées. Si la possibilité prévue par l'article 226 de la loi du

24 juillet 1966, devenu l'article L. 225-231 du Code de commerce, pour les comités d'entreprise de sociétés anonymes, de demander une expertise de gestion a été étendue par la loi aux SARL, et désormais aux SAS, ces extensions n'ont pas concerné d'autres types de sociétés ou de personnes morales ; en conséquence c'est à bon droit qu'une cour d'appel a rejeté la demande du comité d'établissement concernant une société coopérative : ■ Cass. com., 30 nov. 2004 : *JurisData* n° 2004-028999 ; *BJS* 2005, p. 410, note B. Saintourens ; *D.* 2005, p. 218, obs. A. Lienhard ; *JCP* E 2005, 288 ; *Rev. sociétés* 2005, p. 235, obs. I. Urbain-Parléani ; *RTD com.* 2005, p. 117, note P. Le Cannu.

b) **Exclusion de la société mère.** Le comité d'entreprise d'une filiale est irrecevable à former une demande d'expertise de gestion à l'encontre de la société mère, lors même que l'expertise a pour objet l'examen des rapports entre celle-ci et sa filiale : ■ Cass. com., 10 sept. 2013, n° 12-16.509, PB : *BJS* 2013, p. 728, note J.-F. Barbièri ; *Dr. sociétés* 2013, n° 204, note M. Roussille ; *JCP* E 2013, 1652, note F. Duquesne.

c) **Exclusion des opérations de la filiale.** Ayant seule la qualité pour défendre à une demande d'expertise de gestion la société dont la gestion est mise en cause, une société mère ne peut être assignée concernant une convention réglementée conclue entre sa filiale et un associé de cette dernière : ■ Cass. com., 21 mars 2018, n° 16-20.879 : *Dr. sociétés* 2018, n° 124, J. Heinich.

3) Caractère subsidiaire de l'action. *a)* L'expertise de gestion est un mode d'information des associés : ■ Cass. com., 9 févr. 1999 : *JCP* E 1999, p. 667, obs. A. Viandier et J.-J. Caussain. – Rappr. ■ CA Paris, 25 sept. 1998 : *RJDA* 1999, n° 54. – Par suite, la demande d'expertise doit être repoussée lorsque des explications pouvaient être demandées aux dirigeants ou aux commissaires par les voies de droit habituelles : ■ Cass. com., 16 juill. 1991 : *RJDA* 1991, p. 709. ■ CA Rouen, 16 avr. 1992 : *RJDA* 1993, p. 208. ■ CA Versailles, 7 juill. 1992 : *RJDA* 1993, p. 45. ■ CA Paris, 4 mars 1994 : *RJDA* 1994, p. 536. – Mais la nomination de l'expert peut être sollicitée sans que le demandeur soit tenu d'avoir préalablement épuisé tous les moyens d'information : ■ Cass. com., 21 oct. 1997 : *préc.* – V. aussi ■ CA Paris, 22 juin 1978 : *Rev. sociétés* 1979, p. 333, note Y. Chartier.

b) La recevabilité de la demande n'est pas subordonnée à celle d'éventuelles actions en responsabilité contre les administrateurs ou en nullité de délibérations sociales : ■ CA Paris, 12 mars 1986, inédit.

4) Référé ou procédure ordinaire ? Si la loi permet aux actionnaires minoritaires de saisir le président de la Chambre commerciale statuant en la forme des référés en vue d'obtenir rapidement et dans des formes allégées une expertise de gestion, il ne leur est pas interdit de renoncer à ces formalités procédurales et de saisir la Chambre commerciale en formation collégiale d'une telle demande. Les pouvoirs conférés au président de la Chambre commerciale statuant en la forme des référés sont des pouvoirs de même nature que ceux dont est dotée la Chambre commerciale, dès lors que le président ne statue pas comme juge des référés par une décision ayant un caractère provisoire, mais qu'il statue comme juge du principal par une décision au fond ayant autorité de la chose jugée, sans que son pouvoir soit limité par l'urgence ou l'existence d'une contestation sérieuse : ■ CA Colmar, 24 juin 1997 : *JurisData* n° 1997-055140.

5) Qualité pour agir.

a) **Actionnaire.** Dès lors qu'une action en référé et une instance arbitrale ont été engagées sur la fixation du prix des actions, et que la vente de ces actions n'était destinée à devenir effective qu'après la fixation du prix, la société promettante est demeurée actionnaire de la société dont elle cédait les actions et sa qualité à agir ne saurait être remise en cause : ■ Cass. com., 21 oct. 1997 : *Dr. sociétés* 1998, n° 13, note D. Vidal ; *BJS* 1998, p. 30, note P. Le Cannu. – Le titulaire **d'actions non libérées** peut demander la nomination d'un expert, l'application de l'article L. 225-231 n'étant pas subordonnée à la libération totale des actions par l'associé demandeur : ■ CA Lyon, 16 janv. 1998 : *JurisData* n° 1998-043630 ; *JCP* E 1999, p. 351. – *Contra* ■ CA Paris, 24 mai 1974 : *Rev. sociétés* 1975, p. 101, note J. H.

b) **Défaut de qualité pour agir.** L'expertise de gestion ne peut en aucune façon être demandée par la **société** elle-même : ■ CA Paris, 11 mai 2001 : *JurisData* n° 2001-155002. – Les actionnaires ayant seuls pouvoir de solliciter la désignation d'un expert, la demande d'un **groupement d'actionnaires**, non titulaire d'actions, doit être rejetée : ■ Cass. com., 10 déc. 1973 : *Rev. sociétés* 1974, p. 336, note J.-P. Sortais. – Également, **l'actionnaire d'une société mère** n'est pas recevable à demander sur le fondement de l'article 226 de la loi du 24 juillet 1966 *[C. com., art. L. 225-231]* la désignation d'un expert de gestion dans une filiale de celle-ci, faute d'en être actionnaire : ■ CA Paris, 1er déc. 1992 : *JCP* E 1993, I, 288, n° 16, obs. A. Viandier et J.-J. Caussain ; *D.* 1993, 301, note C. Gavalda. ■ Cass. com., 14 déc. 1993 : *JCP* E 1994, II, 567, note Y. Guyon ; *BJS* 1994, p. 189.

c) La fraction de capital social nécessaire pour demander la nomination d'un expert de gestion s'apprécie **au jour de la demande introductive d'instance** : ■ Cass. com., 6 déc. 2005, n° 04-10.287 : *BJS* 2006, p. 792, note L. Godon ; *D.* 2006, p. 67, obs. A. Lienhard ; *JCP* E 2006, 2035, n° 7, obs. J.-J. Caussain, Fl. Deboissy et G. Wicker. ▪ CA Versailles, 11 mars 1999 : *JurisData* n° 1999-041615 ; *JCP* E 1999, p. 1238, obs. A. Viandier et J.-J. Caussain ; *BJS* 1999, p. 670, note P. Le Cannu ; *D.* 1999, inf. rap. p. 132. ▪ CA Versailles, 14 févr. 2007, n° 06-05831 : *BJS* 2007, p. 858, note J.-F. Barbièri ; *Rev. sociétés* 2007, p. 635, obs. I. Urbain-Parléani. – *Contra*, dès lors que l'actionnaire demandeur a **perdu la qualité** d'associé après la désignation de l'expert, il y a lieu de rapporter l'ordonnance de nomination : ▪ CA Paris, 5 janv. 1978 : *Rev. sociétés* 1978, p. 742, note M. Guilberteau.

d) **Démembrement de propriété.** L'action des **nus-propriétaires** est recevable : ▪ CA Versailles, 19 déc. 1989 : *BJS* 1990, p. 183. – N'est pas en revanche recevable celle de **l'usufruitier** : ▪ T. com. Roanne, 13 sept. 1991 : *RTD com.* 1992, p. 201, note Y. Reinhard.

e) **Indivision des titres sociaux.** Est recevable l'action du **copropriétaire** d'actions indivises : ▪ CA Aix-en-Provence, 29 avr. 1980 : *Bull. Aix* 1980, n° II, p. 42. – La demande de désignation peut être présentée par certains **indivisaires** seulement dès lors que l'ensemble des actions indivises représentent au moins 5 % du capital : ▪ Cass. com., 4 déc. 2007, n° 05-19.643 : *BJS* 2008, p. 205, note A. Lecourt ; *D.* 2008, p. 78, obs. A. Lienhard, et p. 1251, note L. Godon ; *JCP* E 2008, 1280, n° 6, obs. J.-J. Caussain, Fl. Deboissy et G. Wicker.

f) **Comité d'entreprise.** Pour un exemple de demande émanant d'un **comité d'entreprise,** V. ▪ CA Paris, 25 févr. 1991 : *BJS* 1991, p. 519, note P. Le Cannu. – La demande de nomination d'un expert par un comité d'établissement est toutefois irrecevable lorsqu'elle se rattache à une procédure de licenciement économique, car ses intérêts ne sont pas directement menacés : ▪ CA Versailles, 27 sept. 1985 : *Rev. sociétés* 1986, p. 91. – Mais un **comité d'établissement** ne peut demander une expertise de gestion, car le texte de l'article L. 225-231 a un caractère exceptionnel et doit être interprété strictement malgré les similitudes d'activité ou de problèmes posés aux comités d'entreprise et au comité d'établissement : ▪ CA Aix-en-Provence, 8 juin 2001 : *JurisData* n° 2001-150208.

g) **Action abusive.** La légèreté blâmable de l'actionnaire demandant la désignation d'un expert alors qu'il ne remplit pas les conditions exigées par la loi de 1966 *[Code de commerce]* justifie sa condamnation à dommages-intérêts : ▪ Cass. com., 12 janv. 1976 : *Rev. sociétés* 1976, p. 330, note Ph. Merle.

6) Qualité de défendeur. La demande fondée sur l'article 226 *[C. com., art. L. 225-231]* ne peut être dirigée que contre la **société** elle-même, représentée par ses dirigeants pris ès qualités et non personnellement : ▪ CA Paris, 9 déc. 1994 : *BJS* 1995, p. 161, note P. Le Cannu. – Le demandeur peut attraire en la cause les administrateurs qui sont à l'origine de l'opération litigieuse : ▪ CA Paris, 8 sept. 1999 : *JurisData* n° 1999-109111 ; *BJS* 1999, p. 1171, note T. Massart.

7) Conditions préalables de recevabilité.
a) **Portée du respect de la procédure préalable.** Les actionnaires ne pouvant saisir le juge des référés qu'après avoir posé par écrit aux dirigeants des questions demeurées sans réponse ou sans réponse satisfaisante, le respect de cette procédure préalable n'a pas pour conséquence de priver le juge de son pouvoir d'apprécier le sérieux de la demande d'expertise, laquelle peut être rejetée lorsque le demandeur disposait d'informations suffisantes sur l'opération litigieuse en dépit de l'absence de réponse aux questions posées : ▪ Cass. com., 11 oct. 2005, n° 03-15.448 : *BJS* 2006, p. 621, note L. Godon.

b) **Exigence d'une question préalable.**

– **Principe.** Le droit de demander la désignation d'un expert de gestion chargé de présenter un rapport sur une ou plusieurs opérations de gestion étant subordonné à l'exigence préalable d'une question écrite posée aux dirigeants, la demande doit être rejetée lorsque les courriers adressés à ceux-ci n'avaient fait que s'interroger de façon générale sur la politique de gestion de la société sans demander de façon précise des explications sur des actes de gestion clairement identifiés : ▪ Cass. com., 14 févr. 2006, n° 05-11.822 : *JurisData* n° 2006-032195 ; *BJS* 2006, p. 619, note L. Godon ; *D.* 2006, p. 721, obs. A. Lienhard ; *JCP* E 2006, 2035, n° 6, obs. J.-J. Caussain, Fl. Deboissy et G. Wicker ; *JCP* E 2006, 1466.

– **Exclusion concernant le comité d'entreprise.** La demande formée par un comité d'entreprise n'a pas à être précédée d'une question écrite : ▪ Cass. com., 10 sept. 2013, n° 12-16.509, PB, préc. C. com., art. L. 225-231, annot. n° 2 *b)*, p. 370.

c) **Exigence d'éléments de réponse non satisfaisants.** Il appartient au juge saisi d'une demande de désignation d'un expert de gestion invoquant le défaut de communication d'éléments de réponse satisfaisants aux questions écrites posées, de rechercher si les éléments de réponse communiqués présentent ou non un caractère satisfaisant : ▪ Cass. com., 17 janv. 2006, n° 05-10.167 : *JurisData* n° 2006-031800 ; *BJS* 2005, p. 624, note L. Godon ; *JCP* E 2005, 1981, note D. Gibirila.

d) **Informations suffisantes.** Le juge n'est pas tenu d'accéder à la demande de l'actionnaire titulaire du nombre d'actions requis : ▪ T. com. Paris, 11 déc. 1970 : *Rev. sociétés* 1971, p. 199, note J. Hémard. – Notamment, il n'a pas à donner suite à une demande dépourvue de tout intérêt en ce qu'elle tend à établir des faits connus ou à les intégrer abusivement au stade de la mesure d'instruction pour en faire une véritable enquête : ■ CA Paris, 3 mai 1996 : *JCP* E 1996, I, 589, n° 2, obs. A. Viandier et J.-J. Caussain ; *BJS* 1996, p. 805, note P. Le Cannu. – La demande ne peut être accueillie lorsque le demandeur, disposant en sa qualité d'administrateur et directeur général de toutes les informations nécessaires, ne démontre ni l'existence d'un risque d'atteinte à l'intérêt social, ni l'impossibilité d'obtenir des informations : ■ CA Versailles, 14 févr. 2007, n° 06-05.831 : *BJS* 2007, p. 858, note J.-F. Barbièri. – De même, lorsqu'une nouvelle expertise ne permettrait pas d'obtenir d'autres informations que celles qui figurent déjà dans les deux rapports établis par l'expert-comptable désigné par le comité central d'entreprise, le juge peut, à bon droit, rejeter la demande en désignation d'un expert formée par cette même institution : ■ Cass. com., 12 févr. 2008, n° 06-20.121 : *BJS* avr. 2008, note G. Auzero ; *Rev. sociétés* 2009, p. 600, note A. Cerati-Gauthier.

II – CONDITIONS JUSTIFIANT LA DÉSIGNATION DE L'EXPERT

8) Portée de la référence à l'intérêt social. L'ensemble des conditions prévues par l'article L. 225-231 étant réunies, il n'y a pas à rechercher, en outre, si la mesure d'expertise ordonnée est de nature à porter atteinte à l'intérêt de la société : ■ Cass. com., 10 sept. 2013, n° 12-16.509, PB, préc. C. com., art. L. 225-231, annot. n° 2 *b)*, p. 370.

9) Présomptions d'irrégularité.

a) Le seul constat de la régularité formelle des actes de gestion visés par la demande de désignation d'un expert de gestion est insuffisant à en justifier le rejet, ce constat étant impropre à établir que ces actes de gestion n'étaient pas susceptibles de porter atteinte à l'intérêt social : ■ Cass. com., 14 juin 2005 : *JurisData* n° 2005-028999.

b) Le juge n'est tenu d'ordonner la mesure sollicitée que s'il relève des **présomptions d'irrégularité** concernant une ou plusieurs opérations de gestion : ■ Cass. com., 22 mars 1988 : *JCP* E 1988, 15240, n° 9, obs. A. Viandier et J.-J. Caussain. ■ CA Paris, 28 nov. 1990 : *BJS* 1991, p. 180. ■ Cass. com., 8 janv. 1991 : *BJS* 1991, p. 285. ■ CA Besançon, 26 mai 1999 : *JurisData* n° 1999-040984. ■ CA Bordeaux, 8 nov. 2000 : *JurisData* n° 2000-143761. – Tel est le cas pour des cessions successives d'actions intervenues dans des conditions qui rendent l'opération d'autant plus suspecte que le différentiel de prix apparaît inexpliqué, laissant penser qu'il s'agissait d'opérations écrans : ■ CA Paris, 8 sept. 1999 : *JurisData* n° 1999-109111 ; *BJS* 1999, p. 1171, note T. Massart. – V. pour des rapports anormaux entre une société mère et sa filiale d'où ressortent des présomptions d'irrégularités ou un risque d'atteinte à l'intérêt social : ■ Cass. com., 10 déc. 2013, n° 12-24.232 : *BJS* 2014, p. 83, note J.-F. Barbièri. – La recevabilité d'une demande d'expertise suppose en effet un risque d'atteinte à l'intérêt social : ■ Cass. com., 10 févr. 1998 : *JCP* E 1999, p. 771, note D. Gibirila. – Et le juge doit caractériser en quoi l'opération pour laquelle l'expertise est demandée est susceptible de porter atteinte à l'intérêt social : ■ Cass. com., 17 janv. 2012, n° 10-27.562.

c) Une cour d'appel a refusé de désigner un expert, car la demande avait pour objet une convention réglementée prévoyant une rémunération dont le caractère fictif n'était pas démontré ; en exigeant **plus qu'une présomption**, les juges ont confondu l'objet de l'expertise et son résultat, car si la fictivité des honoraires était déjà démontrée, l'expertise ne servirait à rien : ■ CA Paris, 24 mai 2002 : *JurisData* n° 2002-179098 ; *Dr. sociétés* 2002, n° 177, obs. J. Monnet.

10) Irrégularités portant sur une opération de gestion. *a)* **Principe.** L'article 226 de la loi de 1966 *[C. com., art. L. 225-231]* ne peut concerner que les **actes accomplis par les dirigeants** et non pas les actes et décisions prises en assemblée générale, laquelle n'est pas un organe de gestion : ■ CA Paris, 8 nov. 1991 : *BJS* 1992, p. 177 ; *RJDA* 1992, p. 123. ■ CA Paris, 27 nov. 1991 : *D.* 1992, inf. rap. p. 71. ■ CA Versailles, 27 févr. 1997 : *BJS* 1997, p. 543, note P. Le Cannu et M. Menjucq.

b) **Constituent des actes de gestion** :

– la nomination d'un expert est justifiée lorsque le demandeur fait valoir que le dirigeant social a fait bénéficier une autre entreprise dans laquelle il était intéressé de certains **marchés** passés avec la première (■ Cass. com., 6 juill. 1982 : *Rev. sociétés* 1983, p. 356. – *Adde* sur renvoi : ■ CA Paris, 12 mars 1986, inédit), ou pour prévenir un **abus de majorité** (■ CA Paris, 7 mars 1990 : *BJS* 1990, p. 535) ;

– la constitution d'une société aux États-Unis par certains associés d'une société française, aux frais de celle-ci, peut motiver une expertise dès lors qu'en l'absence d'explication suffisante, un risque de transfert de technologie vers la nouvelle société planait : ■ CA Toulouse, 19 mars 1998 : *JurisData* n° 1998-040478 ;

– il en est de même des conditions d'achat d'un immeuble par l'actionnaire majoritaire d'une société anonyme : ■ Cass. com., 10 févr. 1998 : *JurisData* n° 1998-000528 ; *Dr. sociétés* 1998, n° 66, obs. D. Vidal, *a contrario* ;

– l'expertise peut être ordonnée à propos de la distribution d'un acompte sur dividende décidée au vu d'un bilan arrêté un mois avant la fin de l'exercice et très différent du bilan définitif : ■ CA Paris, 30 sept. 1994 : *BJS* 1994, p. 1315, note P. Le Cannu ;

– les conventions réglementées par l'article 101 de la loi du 24 juillet 1966 *[C. com., art. L. 225-238]*, soumises à l'autorisation du conseil d'administration et nécessitant une délibération spéciale, relèvent du pouvoir des dirigeants et constituent des opérations de gestion : ▪ CA Versailles, 27 févr. 1997, préc. ▪ CA Paris, 20 mai 1998 : *JurisData* n° 1998-021192 ; *Dr. sociétés* 1998, n° 127, obs. D. Vidal ; *BJS* 1998, p. 1159, note P. Le Cannu.

c) **Ne constituent pas des actes de gestion :**

– **la mutation d'activité,** objet de la demande d'expertise, impliquant une révision des statuts et donc la décision d'une assemblée générale extraordinaire, ne saurait être qualifiée de décision de gestion (▪ CA Paris, 25 févr. 1991 : *D.* 1991, inf. rap. p. 98), de même qu'une reprise d'entreprise par ses salariés (▪ CA Paris, 8 nov. 1991, préc. ▪ Cass. com., 19 nov. 1991 : *JCP* E 1992, I, 3561, n° 10, obs. A. Viandier et J.-J. Caussain) ;

– **l'apport partiel d'actif décidé et approuvé par les assemblées générales extraordinaires** des deux sociétés concernées, et placé d'un commun accord des parties sous le régime des fusions-scissions des articles 376 et 387 de la loi de 1966 *[C. com., art. L. 236-9 et L. 236-22]*, ne constitue nullement une opération de gestion, relevant de la seule compétence de l'assemblée générale : ▪ CA Versailles, 14 mars 1995 : *BJS* 1995, p. 657, note P. Le Cannu. – V. aussi, dans la même affaire : ▪ Cass. com., 12 janv. 1993 : *JCP* E 1993, II, 415, note A. Viandier ; *D.* 1993, p. 139, note Th. Bonneau ; *BJS* 1993, p. 343, note P. Le Cannu.

III – MISSION DE L'EXPERT

11) Gestion et comptabilité. La mission de l'expert ne saurait porter sur l'ensemble de la gestion de la société (▪ Cass. com., 25 mars 1974 : *JCP* 1974, II, 17853 ; *Rev. sociétés* 1975, p. 98, note J. H. – *Adde* ▪ Cass. com., 7 déc. 1983 : *Rev. sociétés* 1985, p. 427) et elle ne peut pas comprendre la vérification des bilans, car l'expert se substituerait ainsi directement aux commissaires aux comptes alors que son travail ne saurait avoir pour résultat de remettre directement en cause la régularité et la sincérité des comptes sociaux, ▪ CA Versailles, 27 févr. 1997, préc. ▪ CA Paris, 24 nov. 2000 : *JurisData* n° 2000-136393. ▪ CA Montpellier, 12 juin 2001 : *JurisData* n° 2001-166101. – *Contra* ▪ CA Orléans, 22 nov. 1971 : *JCP* 1972, II, 17154, note Y. Guyon ; *Rev. sociétés* 1973, p. 130, note J. Hémard, qui décide que l'expert étant dégagé des contraintes pesant sur les commissaires aux comptes, peut non seulement donner son avis sur les opérations de gestion litigieuses mais aussi apprécier les comptes de la société.

12) Règles. L'expertise de l'article 226 de la loi du 24 juillet 1966 *[C. com., art. L. 225-231]* se déroule selon les règles posées pour l'expertise judiciaire : Rép. min. : *JOAN* Q, 6 oct. 1970, p. 4136.

13) Principe du contradictoire. Si l'expertise de gestion doit avoir un caractère contradictoire, l'expert désigné peut procéder seul à certaines constatations dans la comptabilité et les documents remis en consultation par la société, sans qu'au cours de l'expertise ceux-ci soient communiqués aux demandeurs, dès lors que le rapport qu'il est chargé de présenter est destiné à fournir tous les éléments utiles à l'information sur l'opération de gestion en cause : ▪ Cass. com., 26 nov. 1996 : *Bull. civ.* IV, n° 293 ; *JurisData* n° 1996-004516 ; *JCP* 1997, IV, 164 ; *D.* 1997, inf. rap. p. 14.

14) Prévention. Le rôle de l'expert peut être préventif : ▪ CA Rennes, 22 mai 1973 : *Rev. sociétés* 1974, p. 349, note Y. Chartier. ▪ CA Paris, 12 janv. 1977 : *JCP* 1978, II, 18823.

Art. L. 225-232 ***(Anc. L. n° 66-537, 24 juill. 1966 ; mod., L. n° 2001-420, 15 mai 2001).*** **– Un ou plusieurs actionnaires représentant au moins 5 % du capital social ou une association répondant aux conditions fixées à l'article L. 225-120 peuvent, deux fois par exercice, poser par écrit des questions au président du conseil d'administration ou au directoire sur tout fait de nature à compromettre la continuité de l'exploitation. La réponse est communiquée au commissaire aux comptes** ***(Mots aj. à compter de la date prévue au II de l'article 20 de la loi n° 2019-486 du 22 mai 2019 et au plus tard le 1er septembre 2019, L. n° 2019-486, 22 mai 2019)*** **« , s'il en existe ».**

Voir : C. com., art. R. 225-164, p. 667.

Art. L. 225-233 ***(Mod., L. n° 2001-420, 15 mai 2001 ; L. n° 2003-706, 1er août 2003 ; rempl., Ord. n° 2005-1126, 8 sept. 2005).*** **– L'action mentionnée à l'article L. 823-7 peut être exercée par une association répondant aux conditions fixées par l'article L. 225-120.**

Voir : Action en relèvement du commissaire aux comptes, C. com., art. L. 823-7, p. 949.

Art. L. 225-234 ***(Abr., Ord. n° 2005-1126, 8 sept. 2005).*** **– V. désormais, C. com., art. L. 823-8.**

Art. L. 225-235 *(Mod., L. n° 2003-706, 1er août 2003 ; Ord. n° 2005-1126, 8 sept. 2005 ; L. n° 2009-526, 12 mai 2009 ; Ord. n° 2017-1162, 12 juill. 2017).* **– Les commissaires aux comptes** ***(Mots aj. à compter de la date prévue au II de l'article 20 de la loi n° 2019-486 du 22 mai 2019 et au plus tard le 1er septembre 2019, L. n° 2019-486, 22 mai 2019)*** **« , s'il en existe, » présentent, dans un rapport joint au rapport mentionné au deuxième alinéa de l'article L. 225-100, leurs observations sur le rapport mentionné, selon le cas, à l'article L. 225-37 ou à l'article L. 225-68, en ce qui concerne les informations mentionnées à l'article L. 225-37-5. Ils attestent de l'existence des autres informations requises dans ce rapport par les articles L. 225-37-3 et L. 225-37-4.**

Voir : C. com., art. L. 823-13 et s., p. 956.

Art. L. 225-236 à L. 225-240 *(Abr., Ord. n° 2005-1126, 8 sept. 2005).* **– V. désormais, C. com., art. L. 823-12 à L. 823-14 et L. 823-16 à L. 823-18.**

Art. L. 225-241 et L. 225-242 *(Abr., Ord. n° 2005-1126, 8 sept. 2005).* **– V. désormais, C. com., art. L. 822-17 et L. 822-18.**

Section VI. – De la transformation des sociétés anonymes

Art. L. 225-243 *(Anc. L. n° 66-537, 24 juill. 1966).* **– Toute société anonyme peut se transformer en société d'une autre forme si, au moment de la transformation, elle a au moins deux ans d'existence et si elle a établi et fait approuver par les actionnaires le bilan de ses deux premiers exercices.**

Voir : C. com., art. L. 210-6, p. 169. - C. civ., art. 1844-3, p. 88.

1) **Conséquences de la transformation.** V. sous C. civ., art. 1844-3, p. 88.

2) **Abus de majorité.** V. sous C. civ., art. 1833, annot. n° 14, p. 23.

Art. L. 225-244 *(Anc. L. n° 66-537, 24 juill. 1966).* **– La décision de transformation est prise sur le rapport des commissaires aux comptes de la société** ***(Mots aj. à compter de la date prévue au II de l'article 20 de la loi n° 2019-486 du 22 mai 2019 et au plus tard le 1er septembre 2019, L. n° 2019-486, 22 mai 2019)*** **« , s'il en existe ». Le rapport atteste que les capitaux propres sont au moins égaux au capital social.**

La transformation est soumise, le cas échéant, à l'approbation des assemblées d'obligataires et de l'assemblée des porteurs de parts bénéficiaires ou de parts de fondateur.

La décision de transformation est soumise à publicité, dont les modalités sont fixées par décret en Conseil d'État.

Voir : C. com., art. R. 210-18 et s., p. 620. et R. 225-165, p. 667.
Définition des capitaux propres, C. com., art. R. 123-191, p. 891.

1) La transformation rendue nécessaire par l'application de **l'article** 241 de la loi du 24 juillet 1966 *[C. com., art. L. 225-248]*, au cas où les capitaux propres sont devenus inférieurs à la moitié du capital social, exige qu'il soit satisfait aux prescriptions des articles 236 et 237 *[C. com., art. L. 225-243 et L. 225-244]* : Rép. min. : *JOAN Q*, 25 janv. 1969, p. 209.

2) Le rapport du commissaire aux comptes qui doit être établi en cas de transformation d'une SA en SAS n'est pas visé par l'article R. 123-105 du Code de commerce et donc n'a pas à être déposé au greffe dans un délai de huit jours : ▪ Cass. com., 8 avr. 2008, n° 06-15.193, PBRI : *D.* 2008, p. 1200, note A. Lienhard ; *JCP* E 2008, 1783, note H. Hovasse ; *Rev. sociétés* 2009, p. 606, note B. Saintourens.

Art. L. 225-245 *(Anc. L. n° 66-537, 24 juill. 1966).* **– La transformation en société en nom collectif nécessite l'accord de tous les associés. En ce cas, les conditions prévues aux articles L. 225-243 et au premier alinéa de l'article L. 225-244 ne sont pas exigées.**

La transformation en société en commandite simple ou par actions est décidée dans les conditions prévues pour la modification des statuts et avec l'accord de tous les associés qui acceptent d'être associés commandités.

La transformation en société à responsabilité limitée est décidée dans les conditions prévues pour la modification des statuts des sociétés de cette forme.

Art. L. 225-245-1 *(L. n° 2005-842, 26 juill. 2005 ; L. n° 2016-1691, 9 déc. 2016).* **– En cas de transformation d'une société anonyme en société européenne, le premier alinéa de l'article L. 225-244 n'est pas applicable.**

La société établit un projet de transformation de la société en société européenne. Ce projet est déposé au greffe du tribunal dans le ressort duquel la société est immatriculée et fait l'objet d'une publicité dont les modalités sont fixées par décret en Conseil d'État.

Un ou plusieurs commissaires à la transformation désignés par décision de justice établissent sous leur responsabilité un rapport destiné aux actionnaires de la société se transformant attestant que la société dispose d'actifs nets au moins équivalents au capital augmenté des réserves que la loi ou les statuts ne permettent pas de distribuer. Ils sont soumis aux incompatibilités prévues à l'article L. 822-11-3.

La transformation en société européenne est décidée selon les dispositions prévues aux articles L. 225-96 et L. 225-99.

Voir : C. com., art. R. 229-20 à R. 229-22, p. 686 et **Société européenne,** C. com., art. L. 229-1 et s., p. 464. – Règl. CE n° 2157-2001, 8 oct. 2001, art. 37, 6, p. 475.

Objet du rapport. Les dispositions du règlement n° 2157-2001 du 8 octobre 2001 étant d'application immédiate, la société doit faire désigner un ou plusieurs experts indépendants attestant qu'elle dispose d'actifs nets au moins équivalents au capital social augmenté des réserves que la loi ou les statuts permettent de distribuer : Rép. min. n° 24847 : *JO Sénat Q*, 26 avr. 2007, p. 868.

Section VII. – De la dissolution des sociétés anonymes

Art. L. 225-246 *(Anc. L. n° 66-537, 24 juill. 1966).* **– La dissolution anticipée de la société est prononcée par l'assemblée générale extraordinaire.**

Voir : Causes de dissolution, C. civ., art. 1844-7, p. 94. – **Capital inférieur au minimum légal,** C. com., art. L. 224-2, p. 231.

Art. L. 225-247 *(Anc. L. n° 66-537, 24 juill. 1966 ; mod., Ord. n° 2015-1127, 10 sept. 2015 ; L. n° 2016-563, 10 mai 2016).* **– Le tribunal de commerce peut, à la demande de tout intéressé, prononcer la dissolution de la société, si le nombre des actionnaires est réduit à moins de sept depuis plus d'un an pour les sociétés dont les actions sont admises aux négociations sur un marché réglementé ou sur un système multilatéral de négociation.**

Il peut accorder à la société un délai maximal de six mois pour régulariser la situation. Il ne peut prononcer la dissolution si, le jour où il statue sur le fond, cette régularisation a eu lieu.

Voir : C. com., art. R. 210-15, p. 619.

Art. L. 225-248 *(Anc. L. n° 66-537, 24 juill. 1966).* **– Si, du fait de pertes constatées dans les documents comptables, les capitaux propres de la société deviennent inférieurs à la moitié du capital social, le conseil d'administration ou le directoire, selon le cas, est tenu dans les quatre mois qui suivent l'approbation des comptes ayant fait apparaître cette perte, de convoquer l'assemblée générale extraordinaire à l'effet de décider s'il y a lieu à dissolution anticipée de la société.**

Si la dissolution n'est pas prononcée, la société est tenue, au plus tard à la clôture du deuxième exercice suivant celui au cours duquel la constatation des pertes est intervenue et sous réserve des dispositions de l'article L. 224-2 de réduire son capital d'un montant au moins égal à celui des pertes qui n'ont pas pu être imputées sur les réserves, si, dans ce délai, les capitaux propres n'ont pas été reconstitués à concurrence d'une valeur au moins égale à la moitié du capital social.

Dans les deux cas, la résolution adoptée par l'assemblée générale est publiée selon les modalités fixées par décret en Conseil d'État.

À défaut de réunion de l'assemblée générale, comme dans le cas où cette assemblée n'a pas pu délibérer valablement sur dernière convocation, tout intéressé peut demander en justice la dissolution de la société. Il en est de même si les dispositions du deuxième alinéa ci-dessus n'ont pas été appliquées. Dans tous les cas, le tribunal peut accorder à la société un délai maximal de six mois pour régulariser la situation. Il ne peut prononcer la dissolution, si, au jour où il statue sur le fond, cette régularisation a eu lieu.

(Rect. JO 18 nov. 2000) **Les dispositions du présent article ne sont pas applicables aux sociétés en « procédures de sauvegarde ou de redressement judiciaire » ou qui bénéficient d'un « plan de sauvegarde ou de redressement judiciaire ».**

Voir : C. com., art. R. 210-15, p. 619 et R. 225-166, p. 667.

Définition des capitaux propres, C. com., art. R. 123-191, p. 891.

Bibliographie : J.-J. Daigre, D. Gerry et H. Le Blanc, *La reconstitution des capitaux propres : Dr. sociétés* 1992, Actes prat., n° 7. • G. Lequen, *La régularisation de la situation sociale après la constatation d'un actif net inférieur au quart du capital social : JCP* CI 1972, 10446. • G. Pierre-François, *À propos de l'actif net devenu, du fait des pertes, inférieur au quart du capital social : JCP* CI 1975, 11831. • Y. Reinhard, *L'actif des sociétés (les capitaux propres) : Études R. Roblot*, LGDJ 1995, p. 297.

1) Délais. Le délai de quatre mois prévu pour la convocation de l'assemblée générale extraordinaire ne semble courir qu'à compter de la tenue de l'assemblée qui a effectivement approuvé les comptes ayant fait apparaître la perte : Rép. min. : *JOAN* Q, 7 févr. 1970, p. 319. – Le délai imparti par l'article 241, alinéa 2, de la loi du 24 juillet 1966 *[C. com., art. L. 225-248, al. 2]* lorsque la dissolution n'a pas été prononcée, doit être calculé à partir de l'approbation des comptes ayant fait apparaître la perte : Rép. min. : *JO* Sénat Q, 29 oct. 1971, p. 1840.

2) Actif net. La prise en compte d'éléments d'actif réévalués est possible pour déterminer si l'actif net est au moins égal au quart du capital à condition que la réévaluation corresponde à une situation certaine et durable et respecte les règles de sincérité du bilan : Rép. min. : *JOAN* Q, 6 avr. 1981, p. 1537 ; *JCP* 1981, IV, 372.

3) Opposabilité et conservation de la qualité d'actionnaire. La décision de réduction du capital à un montant inférieur au minimum légal, prise par l'assemblée générale extraordinaire, est opposable à tous les actionnaires lorsque le capital est réduit pour cause de perte ; la mesure prise n'ayant pas imputé les dettes au-delà du montant des souscriptions, les actionnaires ont eu la faculté de rester dans la société en souscrivant à l'augmentation de capital : ▪ CA Bordeaux, 15 oct. 1997 : *BJS* 1998, p. 479, note J.-M. Desache.

4) Abus de majorité. L'obligation de procéder à la reconstitution des fonds propres, les associés ayant décidé de ne pas procéder à une dissolution anticipée, ne peut justifier le caractère précipité de la décision d'augmenter le capital et la fixation des opérations de souscription en pleine période estivale, de sorte que l'augmentation intervenue dans des conditions favorisant les majoritaires doit être annulée : ▪ Cass. com., 16 avr. 2013, n°s 09-10.583 et 09-13.651 : *Dr. sociétés* 2013, n° 114, obs. R. Mortier.

5) Abus de minorité. V. sous C. civ., art. 1833, annot. n° 19, p. 25.

6) Intérêt à agir. *a)* La crainte d'un créancier que la société qu'il tient pour sa débitrice ne puisse lui verser une rémunération atteste son intérêt à demander la dissolution de la société : ▪ CA Paris, 14 mars 1990 : *JCP* E 1990, 19864.

b) **Légitimité de l'intérêt à agir.** Le fait pour un actionnaire de s'opposer à l'adoption d'une résolution tendant à l'augmentation du capital d'une société anonyme ne le rend pas illégitime à agir par la suite en dissolution de la société sur le fondement de l'insuffisance de ses capitaux propres : ▪ Cass. com., 31 oct. 2006, n° 05-13.890 : *BJS* 2007, p. 260, note P. Le Cannu ; *D.* 2006, p. 2791, obs. A. Lienhard ; *JCP* E 2007, 1049, n° 5, obs. J.-J. Caussain, Fl. Deboissy et G. Wicker ; *ibid.* 1572, note A. Mairot ; *Rev. sociétés* 2007, p. 559, note L. Amiel-Cosme.

7) Faute de gestion. Sur l'absence de faute de gestion imputable aux dirigeants en cas de défaut de recapitalisation, V. sous C. com., art. L. 651-2, annot. n° 3, p. 2096.

Section VIII. – De la responsabilité civile

Bibliographie : Y. Guyon et B. Le Bars, *JCl. Sociétés traité*, Fasc. 132-10.

Art. L. 225-249 *(Anc. L. n° 66-537, 24 juill. 1966).* **– Les fondateurs de la société auxquels la nullité est imputable et les administrateurs en fonction au moment où elle a été encourue peuvent être déclarés solidairement responsables du dommage résultant pour les actionnaires ou pour les tiers de l'annulation de la société.**

La même responsabilité solidaire peut être prononcée contre ceux des actionnaires dont les apports ou les avantages n'ont pas été vérifiés et approuvés.

Voir : C. civ., art. 1840, p. 40. - C. com., art. L. 210-8, p. 169.

1) Qualité de fondateur. V. sous C. civ., art. 1840, annot. n° 1, p. 40.

2) Responsabilité des administrateurs. La responsabilité pesant sur les administrateurs s'applique également à ceux d'entre eux dont la nomination est irrégulière : ▪ Cass. civ., 26 nov. 1930 : *DH* 1931, p. 18.

Art. L. 225-250 *(Anc. L. n° 66-537, 24 juill. 1966).* **– L'action en responsabilité fondée sur l'annulation de la société se prescrit dans les conditions prévues au premier alinéa de l'article L. 235-13.**

Art. L. 225-251 *(Anc. L. n° 66-537, 24 juill. 1966 ; mod., L. n° 2001-420, 15 mai 2001).* – **Les administrateurs et le directeur général sont responsables, individuellement ou solidairement selon le cas, envers la société ou envers les tiers, soit des infractions aux dispositions législatives ou réglementaires applicables aux sociétés anonymes, soit des violations des statuts, soit des fautes commises dans leur gestion.**

Si plusieurs administrateurs ou plusieurs administrateurs et le directeur général ont coopéré aux mêmes faits, le tribunal détermine la part contributive de chacun dans la réparation du dommage.

Voir : C. com., art. R. 225-167 et R. 225-168, p. 667.

Société civile, C. civ., art. 1850, p. 122. – **SARL,** C. com., art. L. 223-22, p. 210. – **Application aux sociétés d'assurance mutuelles,** C. assur., art. L. 322-26-2-2, p. 2494.

Bibliographie : A. Descleves, *La responsabilité des administrateurs : Banque* 1999, n° 607, p. 84. • C. Ducouloux-Favard, *La règle de la faute séparable des fonctions de gestion des sociétés de capitaux est dans la loi : Dr. sociétés* 2007, n° 11. • M. Germain et J. Hoevermann, *Questions actuelles sur la responsabilité des dirigeants de sociétés en Allemagne et en France : Dr. sociétés* juin 2006, p. 13. • J. Hamel, *De la responsabilité individuelle ou solidaire des administrateurs : Rev. sociétés* 1923, p. 123. • D. Martin et M. Françon, *Responsabilité des administrateurs : Actes prat. ing. sociétaire* mai-juin 2014, 3. • V. Magnier, *Qu'est-ce qu'un administrateur « prudent et diligent » ? : BJS* 2012, p. 75. • D. Schmidt, *La responsabilité des membres du conseil d'administration : Dr. et patrimoine* 5/1995, p. 45. • *V. supra,* bibliographie sous C. civ., art. 1850, p. 122.

1) Exigence d'une faute personnelle. *a)* **Membre du conseil d'administration ou du directoire.** Commet une faute individuelle chacun des membres du conseil d'administration ou du directoire qui, par son action ou son abstention, participe à la prise d'une décision fautive de cet organe, sauf à démontrer qu'il s'est comporté en administrateur prudent et diligent, notamment en s'opposant à cette décision : ▪ Cass. com., 30 mars 2010, n° 08-17.841, PBRI : *BJS* 2010, p. 533, note R. Raffray ; *JCP* E 2010, 1416, note A. Couret ; *D.* 2010, p. 1678, note B. Dondero ; *Dr. sociétés* 2010, n° 117, note M. Roussille ; *Rev. sociétés* 2010, p. 304, note P. Le Cannu. – Néanmoins, les administrateurs ne sont pas responsables des conséquences dommageables des décisions prises par les assemblées générales des actionnaires : ▪ Cass. com., 4 mars 1986 : *BJS* 1986, p. 387.

b) **Faute distincte de celle imputable à la société.** La seule constatation d'un fait délictuel imputable à la société n'implique pas nécessairement une faute personnelle du dirigeant social : ▪ Cass. com., 4 juin 1991 : *RJDA* 1991, p. 627. – La responsabilité personnelle des dirigeants sociaux à l'égard des tiers n'est établie que si la faute est distincte de celle pouvant être mise à la charge de la société : ▪ Cass. com., 14 janv. 1992 : *RJDA* 1992, p. 581.

2) Manquement à l'obligation de loyauté. Engage sa responsabilité, pour manquement à son obligation de loyauté, le dirigeant [membre du comité de direction d'une SAS] qui acquiert pour son compte personnel et sans informer ses coassociés l'immeuble dans lequel est exercée l'activité sociale alors que les associés entendaient acheter ensemble cet immeuble pour leur compte personnel : ▪ Cass. com., 18 déc. 2012, n° 11-24.305, PB : *Dr. sociétés* 2013, n° 48, note M. Roussille ; *Rev. sociétés* 2013, p. 362, note T. Massart. – M. Corradi, *Les opportunités d'affaires saisies par les administrateurs de la société en violation du devoir de loyauté : BJS* 2011, p. 157. – G. Helleringer, *Le dirigeant face aux opportunités d'affaires : D.* 2012, p. 1560.

3) Exigence d'une faute détachable des fonctions dans la responsabilité à l'égard des tiers.

a) **Principe.** Engage sa responsabilité personnelle à l'égard des tiers le dirigeant qui commet intentionnellement une faute d'une particulière gravité incompatible avec l'exercice normal des fonctions sociales : ▪ Cass. com., 20 mai 2003 : *BJS* 2003, p. 786, note H. Le Nabasque ; *D.* 2004, p. 2623, note B. Dondero ; *D.* 2004, somm. p. 266, obs. J.-C. Hallouin ; *Dr. sociétés* 2003, n° 148, obs. J. Monnet ; *JCP* E 2003, 1203, obs. J.-J. Caussain, Fl. Deboissy et G. Wicker ; *JCP* E 2003, p. 1398, note S. Hadgji-Artinian ; *Rev. sociétés* 2003, p. 479, note J.-F. Barbièri *[décision rendue à propos d'un gérant de SARL].* ▪ Cass. com., 9 mai 2001 : *BJS* 2001, p. 1020, note J.-F. Barbièri. ▪ Cass. com., 18 déc. 2001 : *JurisData* n° 2001-012416 ; *JCP* E 2002, p. 899, obs. A. Viandier et J.-J. Caussain. ▪ Cass. com., 23 nov. 2010, n° 09-15.339 : *BJS* 2011, p. 186, note J. Couard ; *D.* 2011, p. 33, obs. A. Lienhard.

b) **Indifférence des limites de ces attributions.** Lors même que les dirigeants ont agi dans la limite de leurs attributions, et que les décisions litigieuses ont été prises par le conseil d'administration et approuvées par l'assemblée générale, il convient de rechercher si ces décisions ont constitué de la part de leurs auteurs *[président du conseil d'administration et directeur général]* des fautes intentionnelles d'une particulière gravité incompatibles avec l'exercice normal de leurs fonctions sociales : ▪ Cass. com., 10 févr. 2009, n° 07-20.445, PB : *BJS* 2009, p. 499, note S. Messaï-Bahri ; *D.* 2009, p. 559, obs. A. Lienhard ; *Dr. sociétés* 2009, n° 161, note D. Gallois-Cochet ; *JCP* E 2009, 1602, note B. Dondero. – Voir aussi sous C. com., art. L. 223-22, annot. n° 1, p. 210.

4) Domaine de la faute détachable. *a)* Faute **à caractère pénal.**

– **Infraction pénale.** Un dirigeant doit répondre des conséquences dommageables de l'infraction dont il s'est rendu personnellement coupable, ce délit eût-il été commis pour le compte d'une société commerciale : ▪ Cass. crim., 19 févr. 2003 : *Dr. pén.* 2003, n° 87, note J.-H. Robert. – V. confirmant expressément l'exclusion de la faute détachable en matière civile dans la limite des faits objets de la poursuite pénale, l'intéressé devant répondre des faits dont il s'est personnellement rendu coupable : *BJS* 2018, p. 258, note R. Salomon et A. Couret. – V. aussi sous C. com., art. L. 223-22, annot. n° 1, p. 210.

– Le prononcé de **sanctions pécuniaires** par la **COB** *[AMF]* à l'égard du dirigeant d'une personne morale n'est pas subordonné à la démonstration d'une faute séparable de ses fonctions : ▪ Cass. com., 31 mars 2004 : *D.* 2004, p. 1087 ; *BJS* 2004, p. 982, note G. Auzero ; *Dr. sociétés* juill. 2004, n° 131, obs. Th. Bonneau ; *JCP* E 2004, act., p. 628 ; *JCP* E 2004, 1510, n° 4, obs. J.-J. Caussain, Fl. Deboissy et G. Wicker ; *RTD com.* 2004, p. 564, obs. N. Rontchevsky.

b) **Responsabilité à l'égard des associés en réparation de leur préjudice individuel.** Voir sous C. civ., art. 1843-5, annot. n° 3, p. 69.

5) Applications de la faute séparable des fonctions. *a)* **Conclusion ou exécution d'un contrat.** La responsabilité personnelle d'un dirigeant social à l'égard d'un tiers suppose que le dirigeant ait commis une faute extérieure à la conclusion ou à l'exécution du contrat générateur du dommage : ▪ Cass. com., 4 oct. 1988 : *Rev. sociétés* 1989, note A. Viandier. – Le président, qui atteste faussement que des équipements dont la propriété était réservée et que la société n'avait pas payés étaient la propriété de celle-ci, commet une faute qui lui est imputable, mais qui n'est pas séparable de ses fonctions puisqu'elle a été commise dans le cadre de l'exécution d'un sous-traité : ▪ CA Grenoble, 20 mars 2001 : *JurisData* n° 2001-151463.

b) **Dol et dissimulation.** Une faute intentionnelle, le dirigeant utilisant des manœuvres dolosives pour conclure un contrat, peut ne pas être considérée comme détachable des fonctions : ▪ Cass. com., 28 avr. 1998 : *JurisData* n° 1998-001895 ; *Dr. sociétés* 1998, n° 115, obs. D. Vidal. – Le fait pour un dirigeant de prendre au nom de sa société l'engagement de garantir le paiement de dettes contractées par une filiale tout en ne révélant pas au créancier la situation économique précaire de sa société ne constitue pas une faute détachable des fonctions : ▪ Cass. com., 20 juin 2006, n° 05-10.052 : *BJS* 2007, p. 84, note B. Dondero.

c) **Concurrence déloyale.** V. ▪ Cass. com., 14 nov. 2018, n° 17-19.851 : *BJS* avr. 2019, p. 36, note S. Messaï-Bahri.

d) **Cautions, avals ou garanties consentis en méconnaissance de l'article L. 225-35.** Voir sous C. com., art. L. 225-35, annot. n° 16, p. 261.

6) Fautes de gestion. *a)* Constituent des fautes de gestion :

– le défaut de surveillance du président (▪ Cass. civ., 10 mai 1948 : *D.* 1948, 407. ▪ CA Paris, 4 févr. 1994 : *BJS* 1994, p. 403, note M. Pariente), ou des employés de la société (▪ CA Lyon, 24 juin 1911 : *Journ. soc.* 1915, p. 274) ;

– la création d'effets de complaisance : ▪ CA Montpellier, 4 nov. 1940 : *JCP* 1942, II, 1871, note D. Bastian. ▪ CA Paris, 29 mars 1994 : *BRDA* 10/1994, p. 4 ;

– le fait de ne prendre aucune part à la gestion : ▪ CA Paris, 8 mars 1958 : *D.* 1958, 342 ;

– le non-respect par la société de ses obligations fiscales : ▪ Cass. com., 11 févr. 1992 : *RJDA* 1992, p. 365 ;

– l'omission d'informer le liquidateur de la créance d'un salarié : ▪ Cass. com., 23 mars 1993 : *RJDA* 1993, p. 647 ;

– le fait de différer le remboursement d'un associé qui a cédé ses parts, dont la société s'est reconnue débitrice : ▪ Cass. com., 12 janv. 1993 : *BJS* 1993, p. 336, note A. Couret ;

– l'abstention d'aviser en temps utile les actionnaires de présenter leurs titres en vue de leur mise au nominatif : ▪ Cass. com., 19 mai 1992 : *BJS* 1992, p. 775, note D. Lepeltier ;

– le fait pour un dirigeant de faire acquérir des titres de participation à une valeur très inférieure à leur valeur réelle par une société tierce dont il est associé majoritaire sans respecter les règles relatives aux conventions réglementées : ▪ Cass. com., 12 mai 2015, n° 13-28.059 : *Rev. sociétés* 2015, p. 590, note D. Schmidt.

b) En revanche, une gestion dispersée entre différentes activités hétérogènes au détriment d'un recentrage du groupe sur celles qui lui sont essentielles ne **constitue pas une faute de gestion** car il s'agit de choix stratégiques dont la mise en œuvre n'a pas démontré qu'ils auraient été manifestement malheureux ni, *a fortiori*, contraires aux intérêts de la société : ▪ CA Paris, 3 mai 2002 : *JurisData* n° 2002-183831.

c) Pour un exemple de responsabilité civile du président à l'égard d'un « **repreneur** » abusé par la comptabilité, V. ▪ CA Paris, 1er févr. 1984 : *Rev. sociétés* 1984, p. 779. ▪ Cass. com., 18 juill. 1989 : *Dr. sociétés* août-sept. 1989, p. 13.

d) L'avis donné par des administrateurs aux minoritaires d'accepter une offre privée de rachat de leurs actions ne saurait engager leur responsabilité, car aucune violation de dispositions législatives, réglementaires ou statutaires n'est invoquée, tandis que la recommandation litigieuse, qui n'est pas séparable des fonctions d'administrateur, ne peut être qualifiée de faute de gestion, cette dernière notion ne pouvant se rapporter aux intérêts patrimoniaux des actionnaires ; de plus, ni l'offre de rachat, ni la fixation du prix n'ayant été déterminée par les administrateurs, mais par l'actionnaire majoritaire, l'éventuelle sous-valorisation ne peut constituer une faute qui leur soit imputable : ▪ T. com. Nanterre, 6 oct. 2000 : *JCP* E 2001, p. 619, note A. Couret. ▪ CA Versailles, 17 janv. 2002 : *BJS* 2002, p. 515, note J.-F. Barbièri.

e) Une faute de gestion n'est pas constitutive en tant que telle d'une **manœuvre dolosive**, seule sa dissimulation à un cocontractant en vue de l'amener à contracter, ce qu'il n'aurait pas fait s'il avait eu connaissance de cette faute, pouvant être considérée comme une telle manœuvre : ▪ Cass. com., 19 juin 2001 : *JurisData* n° 2001-010378.

7) Action sociale *ut singuli*. V. sous C. civ., art. 1843-5, annot. n° 6 s., p. 69.

8) Action individuelle. V. sous C. civ., art. 1843-5, annot. n° 1 s., p. 67.

9) Exonération et partage de responsabilité.

a) **Exonération de responsabilité.** L'infraction aux dispositions législatives reste fautive même lorsqu'elle a été commandée par l'actionnaire majoritaire de la société : ▪ CA Paris, 16 mai 1978 : *Rev. sociétés* 1979, p. 72, note J. C., déplacement du siège social. – *Adde* cependant : ▪ CA Paris, 28 avr. 1983 : *JCP* 1986, II, 20553, note A. Viandier. – Le dirigeant social ne peut s'exonérer de sa responsabilité en invoquant les agissements d'un autre associé, prétendu dirigeant de fait : ▪ Cass. com., 12 juill. 1993 : *RJDA* 1993, p. 866. – Le dirigeant d'une société, accusé d'avoir soustrait partiellement son entreprise au paiement de la TVA, ne saurait, pour éluder sa responsabilité, invoquer une **délégation de pouvoirs** au profit du directeur financier dans la mesure où il a, en se réservant la signature des chèques et en exigeant un compte rendu hebdomadaire sur cette question, conservé le contrôle effectif du respect par l'entreprise de ses obligations fiscales : ▪ Cass. crim., 19 août 1997 : *D.* 1997, inf. rap. p. 232.

b) **Atténuation de responsabilité.** La faute des créanciers atténue celle des administrateurs : ▪ Cass. com., 24 juin 1968 : *Bull. civ.* IV, n° 200 ; il en va de même de l'autorisation donnée par l'assemblée générale à l'opération dommageable : ▪ Cass. com., 7 oct. 1974 : *JCP* 1975, II, 18129, note F. Grua. – La responsabilité du président peut être atténuée en raison de l'absence de surveillance active et efficace par les administrateurs : ▪ CA Paris, 4 févr. 1994 : *BJS* 1994, p. 402, note M. Pariente.

c) Le **quitus** donné à un administrateur ne fait pas obstacle à ce que soit ultérieurement recherchée sa responsabilité : ▪ Cass. com., 15 déc. 1987 : *Bull. civ.* IV, n° 280 ; *JCP* E 1988, 15240, n° 6, obs. A. Viandier et J.-J. Caussain. – Un **ancien** administrateur, aurait-il cédé toutes ses actions, est néanmoins responsable de toutes les fautes qu'il a pu commettre pendant sa gestion : ▪ Cass. com., 11 oct. 1988 : *BJS* 1988, p. 925.

10) Compétence juridictionnelle en matière internationale. La juridiction compétente pour connaître de l'action en responsabilité de la société contre son ancien dirigeant est déterminée en application des règles protectrices des articles 18 à 21 du règlement Bruxelles I lorsque le dirigeant répond à la notion de travailleur au sens de la jurisprudence de la cour [dirigeant accomplissant pendant un certain temps en faveur de la société et sous sa direction des prestations en contrepartie desquelles il perçoit une rémunération, ce qui suppose également qu'il n'ait pas en qualité d'actionnaire le pouvoir d'influencer la volonté de l'organe d'administration]. À défaut, l'action en responsabilité relève de la matière contractuelle au sens de l'article 5-1, voire de la matière délictuelle ou quasi-délictuelle au sens de l'article 5-3 si le droit national admet une action de cette nature, concurremment à l'action contractuelle, en cas de comportement illicite : ▪ CJUE, 10 sept. 2015, n° C-47/14 : *BJS* 2016, p. 132, note S. Messaï-Bahri.

11) Procédure collective. *a)* **L'action pour insuffisance d'actif** *[C. com., art. L. 624-3 anc.]* ne se cumule pas avec l'action en responsabilité pour faute des dirigeants : ▪ Cass. com., 26 mai 1999 : *BJS* 1999, p. 962, note M. Menjucq. – Seule la gestion du dirigeant social antérieure au jugement d'ouverture de la procédure collective peut ouvrir l'action en paiement des dettes sociales prévue par l'article 180 de la loi de 1985 *[C. com., art. L. 624-3, anc.]*, de sorte que l'action fondée sur l'article 244 de la loi de 1966 *[C. com., art. L. 225-251]* tendant à la mise en jeu de la responsabilité du dirigeant pour des faits postérieurs au jugement d'ouverture est recevable : ▪ Cass. com., 14 mars 2000 : *D.* 2000, act. jurispr. p. 187, obs. A. Lienhard.

b) **Action individuelle de l'associé.** V. pour le préjudice individuel distinct sous C. civ., art. 1843-5, annot. n° 1, p. 67.

c) **Action d'un créancier antérieure à l'ouverture de la procédure collective.** V. sous C. com., art. L. 622-20, annot. n° 1, p. 2009.

d) **Maintien de l'action de droit commun en l'absence d'insuffisance d'actif.** Lorsque le redressement ou la liquidation judiciaire d'une société ne fait pas apparaître d'insuffisance d'actif, les actions exercées à l'encontre de son dirigeant sur le fondement des articles L. 223-22, L. 225-251 et L. 225-252 du Code de commerce sont recevables : ▪ Cass. com., 27 juin 2006, n° 05-14.271 : *JurisData* n° 2006-034268.

12) **Assurance de responsabilité des dirigeants.** S'agissant d'une assurance de responsabilité des dirigeants, la garantie doit jouer lorsque le dirigeant a été condamné pour violation d'un engagement pris à titre personnel mais conjointement et dans l'intérêt de la société qu'il dirige, et qu'aucune faute distincte et détachable de celle commise par la société n'a été identifiée à l'encontre du dirigeant : ▪ Cass. 2e civ., 1er juin 2011, n° 10-18.143 : *BJS* 2011, p. 860, note A. Constantin ; *Rev. sociétés* 2011, p. 860, note B. Dondero. – Constitue une faute intentionnelle, au sens de l'article L. 113-1 du Code des assurances, excluant la garantie de l'assureur pour des amendes mises à la charge du dirigeant par l'AMF, la fourniture d'informations destinées à tromper le public dès lors que les fautes commises ne procèdent ni d'une inattention ou de négligences, ni d'une erreur de fait, mais de l'expression consciente d'une volonté délibérée : ▪ Cass. 2e civ., 14 juin 2012, n° 11-17.367, PB : *BJS* 2012, p. 696, note B. Saintourens. – *Adde* A. Cohen-Jonathan et K. Haeri, *L'assurance de responsabilité civile des mandataires sociaux de l'entreprise : Rev. sociétés* 2015, p. 487. – A. Couret et *alii*, *Assurance de responsabilité pour les dirigeants : BJS* 2010, p. 760. – J. Monnet, *Assurance et faute séparable des fonctions du dirigeant de société : Dr. sociétés* 2007, n° 10. – P.-G. Marly, *La faute dans l'assurance de responsabilité des dirigeants : JCP E* 2006, 1490.

13) **Divers.**

a) La **présomption de responsabilité** du dirigeant social instituée par l'article 244 de la loi du 24 juillet 1966 *[C. com., art. L. 225-251]* n'a pas d'autre effet que de renverser la charge de la preuve et n'est pas contraire à la présomption d'innocence : ▪ Cass. crim., 19 août 1997, préc.

b) **L'action civile** des actionnaires contre les dirigeants sociaux, pour faux en écriture privée minorant les stocks de marchandises, est recevable : ▪ Cass. crim., 8 nov. 1993 : *RJDA* 1994, p. 146. – Il est possible de voir condamner le dirigeant à réparer le préjudice causé par des manquements au mandat social alors que celui-ci a été relaxé des poursuites pour abus de biens sociaux : ▪ Cass. com., 9 nov. 1993 : *RJDA* 1994, p. 144.

Art. L. 225-252 *(Anc. L. n° 66-537, 24 juill. 1966 ; mod., L. n° 2001-420, 15 mai 2001).* **– Outre l'action en réparation du préjudice subi personnellement, les actionnaires peuvent, soit individuellement, soit par une association répondant aux conditions fixées à l'article L. 225-120 soit en se groupant dans les conditions fixées par décret en Conseil d'État, intenter l'action sociale en responsabilité contre les administrateurs ou le directeur général. Les demandeurs sont habilités à poursuivre la réparation de l'entier préjudice subi par la société, à laquelle, le cas échéant, les dommages-intérêts sont alloués.**

Voir : C. com., art. R. 225-169 et R. 225-170, p. 667.

Application aux sociétés d'assurance mutuelles, C. assur., art. L. 322-26-2-2, p. 2494.

1) **Action sociale *ut singuli*.** *a)* **Règles générales.** Voir sous C. civ., art. 1843-5, annot. n° 4 s., p. 69.

b) **Règles spéciales.** Sur l'application de la « règle du vingtième », V. T. com. Saint-Affrique, 12 juill. 1974 : *RTD com.* 1975, p. 120, n° 10, obs. R. Houin.

2) **Action individuelle.** V. sous C. civ., art. 1843-5, annot. n° 1, p. 67.

Art. L. 225-253 *(Anc. L. n° 66-537, 24 juill. 1966 ; mod., L. n° 2001-420, 15 mai 2001).* **– Est réputée non écrite toute clause des statuts ayant pour effet de subordonner l'exercice de l'action sociale à l'avis préalable ou à l'autorisation de l'assemblée générale, ou qui comporterait par avance renonciation à l'exercice de cette action.**

Aucune décision de l'assemblée générale ne peut avoir pour effet d'éteindre une action en responsabilité contre les administrateurs ou contre le directeur général pour faute commise dans l'accomplissement de leur mandat.

Voir : Application aux sociétés d'assurance mutuelles, C. assur., art. L. 322-26-2-2, p. 2494.

Le responsabilité du dirigeant qui agit avec une légèreté blâmable envers la société en acceptant de céder son fonds à un prix très inférieur à sa valeur ne peut être écartée par le fait que la vente ait été approuvée et autorisée en assemblée par les actionnaires et qu'il lui ait été donné mandat pour négocier et signer l'acte de cession : ▪ Cass. com., 8 mars 2016, n° 14-16.621 : *BJS* 2016, p. 475, note S. Schiller ; *Dr. sociétés* 2016, n° 143, note M. Roussille.

Art. L. 225-254 *(Anc. L. n° 66-537, 24 juill. 1966 ; mod., L. n° 2001-420, 15 mai 2001).* **– L'action en responsabilité contre les administrateurs ou le directeur général, tant sociale qu'individuelle, se prescrit par trois ans, à compter du fait dommageable ou s'il a été dissimulé, de sa révélation. Toutefois, lorsque le fait est qualifié crime, l'action se prescrit par dix ans.**

Bibliographie : O. Rault, *Le point de départ de la prescription de l'action en responsabilité de l'article 247 de la loi du 24 juillet 1966 : JCP* E 2000, p. 1462.

1) Point de départ.

a) **Principes.** En l'absence de dissimulation du fait dommageable, le point de départ du délai de prescription doit être fixé au jour de la réalisation de celui-ci : ▪ Cass. com., 20 févr. 2007, n° 03-12.088 : *BJS* 2007, p. 755, note L. Godon ; *Dr. sociétés* 2007, n° 97, obs. J. Monnet. – La dissimulation n'emporte un report du point de départ de la prescription que si la dissimulation est intentionnelle : ▪ Cass. com., 13 juin 2018, n° 16-26.323 : *Dr. sociétés* 2018, n° 190, obs. J. Heinich ; *Rev. sociétés* 2018, p. 665, note L. Godon. – La prescription triennale court à compter de la révélation de la faute, même si elle constitue une fraude ; dès l'instant où une expertise a été nécessaire, le point de départ se situe au jour du dépôt du rapport de l'expert : ▪ CA Paris, 14 déc. 2001 : *JurisData* n° 2001-171065 ; *BJS* 2002, p. 495, note J.-F. Barbièri ; *D.* 2002, p. 726, obs. A. Lienhard. – Le report du point de départ du délai de prescription suppose la preuve d'une véritable dissimulation du fait litigieux et pas seulement son ignorance par l'associé : ▪ Cass. com., 26 avr. 2017, n° 15-14.627 : *Dr. sociétés* 2017, n° 142, obs. J. Heinich ; *Rev. sociétés* 2017, p. 569, note P.-L. Perrin.

b) **Arrêté des comptes.** Les fautes reprochées aux administrateurs d'avoir manqué à leurs obligations en matière de contrôle interne et de s'être abstenus de débattre sur les comptes annuels n'étant pas dissimulées, la prescription court à compter de la date du conseil d'administration ayant arrêté les comptes : ▪ Cass. com., 9 janv. 2019, n° 16-23.675 : *BJS* 2019, p. 20, note J.-F. Barbièri ; *Dr. sociétés* 2019, n° 86, obs. J. Heinich. – En revanche, dès lors que le conseil d'administration a arrêté des comptes infidèles sans qu'aucun des administrateurs n'ait établi ni même allégué s'être opposé personnellement à cet arrêté des comptes, il s'en déduit la volonté de dissimulation de chacun des membres du conseil d'administration, de sorte que le point de départ de la prescription triennale de l'action en responsabilité à leur encontre doit être établi à la date de la révélation du fait dommageable, en l'espèce la désignation de l'administrateur provisoire par la commission bancaire : ▪ Cass. com., 30 mars 2010, n° 08-17.841, PBRI : *BJS* 2010, p. 533, note R. Raffray ; *JCP* E 2010, 1416, note A. Couret ; *Dr. sociétés* 2010, n° 117, note M. Roussille.

c) La dissimulation ne peut s'entendre que **du fait lui-même et non de ses conséquences dommageables**, fussent-elles comptables, financières, économiques ou morales ; autrement dit, le fait dommageable ne peut être confondu avec le préjudice susceptible d'en résulter : ▪ CA Paris, 5 juill. 2001 : *JurisData* n° 2001-167994 ; *BJS* 2001, p. 1290, note J.-F. Barbièri. – La dissimulation, justifiant le report du point de départ du délai de prescription, doit s'appliquer au fait dommageable, le fait ne pouvant être qu'une faute et non sa conséquence : ▪ CA Paris, 21 janv. 2002 : *BJS* 2002, p. 673, note J.-F. Barbièri.

d) En présence d'une action en responsabilité d'un créancier contre les administrateurs pour annulation de l'engagement de caution dont il était bénéficiaire, il y a lieu de fixer le point de départ de la prescription, non pas au jour de l'engagement de caution, mais à celui de **l'acceptation** par le créancier : ▪ Cass. com., 20 janv. 1981 : *Bull. civ.* IV, n° 44.

e) Sur le point de départ de la prescription en cas d'action en responsabilité dirigée contre les dirigeants **communs à plusieurs sociétés** pour usage abusif des biens d'une d'entre elles au profit d'autres, V. ▪ Cass. com., 21 oct. 1974 : *Bull. civ.* IV, n° 257. ▪ Cass. com., 3 juill. 1984 : *JCP* E 1984, 13823. ▪ CA Paris, 5 mai 1989 : *Dr. sociétés* août-sept. 1989, p. 12. ▪ Cass. com., 23 oct. 1990 : *D.* 1990, inf. rap. p. 269.

f) La prescription de l'action récursoire en garantie formée par la société à l'encontre de ses anciens dirigeants ne peut commencer à courir avant la délivrance de l'assignation principale : ▪ Cass. com., 6 mai 2014, n°s 13-17.632 et 13-18.473, PB : *Dr. sociétés* 2014, n° 126, obs. M. Roussille ; *JCP* E 2014, 1360, note A. Ballot-Léna ; *Rev. sociétés* 2014, p. 579, E. Dezeuze et J. Trèves.

g) **Fausse accusation d'un délit pénal.** L'action en responsabilité, exercée par l'ancien dirigeant contre le nouveau dirigeant après que ce dernier l'ait faussement accusé d'abus de biens sociaux, a pour point de départ la date à laquelle la décision de non-lieu est devenue définitive : ▪ Cass. com., 21 juin 2017, n° 15-27.465 : *BJS* 2017, p. 601, note N. Barque ; *Dr. sociétés* 2018, n° 7, obs. J. Heinich ; *Rev. sociétés* 2018, p. 104, note A. Lecourt.

2) Domaine de la prescription quant aux dirigeants. La prescription prévue par l'article L. 225-254 ne concernant que les agissements commis par les dirigeants de droit, elle est inapplicable à ceux qui ont agi en qualité de dirigeants de fait :

■ Cass. com., 30 mars 2010, n° 08-17.841, PBRI : *BJS* 2010, p. 533, note R. Raffray ; *JCP* E 2010, 1416, note A. Couret ; *Dr. sociétés* 2010, n° 117, note M. Roussille. – V. égal., sous C. com., art. L. 227-8, annot. n° 2, p. 399, pour l'application au dirigeant de fait d'une SAS.

3) Domaine de la prescription quant aux actions.

a) **Action sociale.** Est atteinte par la prescription triennale, prévue à l'article 247 de la loi du 24 juillet 1966 *[C. com., art. L. 225-254]*, l'action intentée par une société à l'encontre de ses anciens administrateurs en réparation du dommage subi par elle du fait d'un redressement fiscal qui a entraîné la réincorporation dans les bénéfices sociaux des rémunérations et avantages perçus par lesdits administrateurs, le point de départ de la prescription se situant au jour de la perception de ces rémunérations, qui constitue le fait dommageable, et non à celui où le dommage a été réalisé : ■ Cass. com., 2 mai 1983 : *JCP* 1983, IV, 217. – Rappr. ■ Paris, 15 févr. 1990 : *BJS* 1990, p. 523.

b) **Liquidateur.** Le liquidateur n'ayant exercé aucune poursuite à l'encontre d'un dirigeant, la responsabilité de ce dernier ne saurait être recherchée sous la forme indirecte d'une action en garantie plus de trois ans après les fautes qu'il aurait commises : ■ CA Paris, 25 févr. 1991 : *D.* 1991, inf. rap. p. 98.

c) **Responsabilité à l'égard des tiers.** La prescription de l'article 247 *[C. com., art. L. 225-254]* s'applique également aux actions intentées par les tiers : ■ Cass. com., 23 oct. 1990 : *RD bancaire et bourse* 1991, n° 24, p. 66, obs. M. Jeantin et A. Viandier.

Art. L. 225-255 ***(Anc. L. n° 66-537, 24 juill. 1966).*** **– En cas d'ouverture d'une procédure de redressement ou de liquidation judiciaire en application des dispositions [des titres II à IV] du livre VI relatives au redressement et à la liquidation judiciaires des entreprises, les personnes visées par ces dispositions peuvent être rendues responsables du passif social et sont soumises aux interdictions et déchéances, dans les conditions prévues par celles-ci.**

Voir : C. com., art. L. 624-2 et s., p. 2019 et s. Rappr. L. 223-24, p. 215, L. 225-52, p. 287, L. 225-93, p. 313 et L. 225-256, p. 383.

Art. L. 225-256 ***(Anc. L. n° 66-537, 24 juill. 1966).*** **– Lorsque la société est soumise aux dispositions des articles L. 225-57 à L. 225-93, les membres du directoire sont soumis à la même responsabilité que les administrateurs dans les conditions prévues aux articles L. 225-249 à L. 225-255.**

En cas d'ouverture d'une procédure de redressement ou de liquidation judiciaire en application des dispositions [des titres II à IV] du livre VI relatives au redressement et à la liquidation judiciaires des entreprises, les personnes visées par ces dispositions peuvent être rendues responsables du passif social et sont soumises aux interdictions et déchéances, dans les conditions prévues par celles-ci.

Voir : la rédaction de cet article issue de l'ordonnance n° 2019-744 du 19 juillet 2019, en *addendum*, p. 3371.

Voir : les renvois opérés sous C. com., art. L. 225-255, p. 383.

L'action sociale exercée *ut singuli* par un actionnaire *[fonds de pension]* contre les membres du directoire doit être rejetée dès lors que le choix de conserver des activités diversifiées ne peut être considéré comme une faute de gestion, dans la mesure où il s'agit d'un choix stratégique dont la mise en œuvre n'a pas démontré qu'il ait été contraire aux intérêts de la société, la preuve des autres griefs invoqués (favoritisme, rémunérations abusives, prestations fictives, autocontrôle...) n'étant pas rapportée : ■ Cass. com., 21 sept. 2004 : *JurisData* n° 2004- 024938 ; *Rev. sociétés* 2005, p. 363, note B. Saintourens.

Art. L. 225-257 ***(Anc. L. n° 66-537, 24 juill. 1966).*** **– Les membres du conseil de surveillance sont responsables des fautes personnelles commises dans l'exécution de leur mandat. Ils n'encourent aucune responsabilité, en raison des actes de la gestion et de leur résultat. Ils peuvent être déclarés civilement responsables des délits commis par les membres du directoire si, en ayant eu connaissance, ils ne les ont pas révélés à l'assemblée générale.**

Les dispositions des articles L. 225-253 et L. 225-254 sont applicables.

Voir : Rappr. **Commissaire aux comptes,** C. com., art. L. 225-241, al. 2, p. 375.

Pour une application de ce texte au profit **d'actionnaires minoritaires** auxquels des membres du conseil de surveillance d'une société de capital-risque avaient donné des informations mensongères ou incomplètes à propos d'opération de reclassement : V. ■ Cass. com., 13 févr. 1996 : *BJS* 1996, p. 392, note P. Le Cannu. – Pour une application de ce texte dans le cadre d'une société **apparemment prospère** : V. ■ Cass. com., 9 mai 1978 : *Rev. sociétés* 1979, p. 539, note J. Guyénot ; *D.* 1978, 419, note M. Vasseur.

Section IX. – Des sociétés anonymes à participation ouvrière

Bibliographie : P. Le Vey, *JCl. Sociétés traité*, Fasc. 173-50.

Art. L. 225-258. – Il peut être stipulé dans les statuts de toute société anonyme que la société est « à participation ouvrière ».

Les sociétés dont les statuts ne contiennent pas cette stipulation peuvent se transformer en sociétés à participation ouvrière, en procédant conformément à l'article L. 225-96.

Les sociétés à participation ouvrière sont soumises, indépendamment des règles générales applicables aux sociétés anonymes, aux dispositions de la présente section.

Art. L. 225-259. – Si la société use de la faculté d'émettre des actions de travail, cette circonstance doit être mentionnée sur tous ses actes et documents destinés aux tiers par l'addition des mots « à participation ouvrière ».

Art. L. 225-260. – Les actions de la société se composent :

1° D'actions ou coupures d'actions de capital ;

2° D'actions dites « actions de travail ».

Art. L. 225-261 *(Mod., L. n° 2019-486, 22 mai 2019)*. **– Les actions de travail sont la propriété collective du personnel salarié, constitué en société commerciale coopérative de main-d'œuvre. Cette société de main-d'œuvre comprend obligatoirement et exclusivement tous les salariés liés à l'entreprise depuis au moins un an et âgés de plus de dix-huit ans. La perte de l'emploi salarié prive le participant, sans indemnité, de tous ses droits dans la coopérative de main-d'œuvre. La liquidation des droits qui ont été acquis dans l'entreprise par l'intéressé antérieurement à son départ, au cours du dernier exercice, est faite compte tenu du temps passé par lui au cours de cet exercice, et des dispositions de l'article L. 225-269.**

Lorsqu'une société se constitue, dès son début, sous la forme de société anonyme à participation ouvrière, les statuts de la société anonyme doivent prévoir la mise en réserve, jusqu'à la fin de l'année, des actions de travail attribuées à la collectivité des salariés. À la fin de ce délai, les actions sont remises à la coopérative de main-d'œuvre légalement constituée.

Les dividendes attribués aux salariés faisant partie de la coopérative ouvrière sont répartis entre eux conformément aux règles fixées par les statuts de la société ouvrière et aux décisions de ses assemblées générales. Toutefois, les statuts de la société anonyme doivent disposer que, préalablement à toute distribution de dividende, il est prélevé sur les bénéfices, au profit des porteurs d'actions de capital, une somme correspondant à celle que produirait, à l'intérêt qu'ils fixent, le capital versé.

Le commissaire aux comptes de la société anonyme atteste, dans un rapport établi dans un délai de six mois à compter de la date de l'assemblée générale ordinaire prévue à l'article L. 225-100, que les dividendes attribués aux salariés faisant partie de la société coopérative de main d'oeuvre l'ont été en conformité avec les règles fixées par les statuts de cette dernière et les décisions de son assemblée générale.

En aucun cas les actions de travail ne peuvent être attribuées individuellement aux salariés de la société, membres de la coopérative de main-d'œuvre.

Art. L. 225-262. – Les actions de travail sont nominatives, inscrites au nom de la société coopérative de main-d'œuvre, inaliénables pendant toute la durée de la société à participation ouvrière.

Art. L. 225-263. – Les participants à la société coopérative de main-d'œuvre sont représentés aux assemblées générales de la société anonyme par des mandataires élus par ces participants, réunis en assemblée générale de la coopérative.

Les mandataires élus doivent être choisis parmi les participants. Leur nombre est fixé par les statuts de la société anonyme.

Le nombre des voix dont disposent ces mandataires, à chaque assemblée générale de la société anonyme, est établi d'après le nombre de voix dont disposent les autres actionnaires présents ou représentés, en respectant la proportion entre les actions de travail et les actions de capital résultant de l'application des statuts de la société. Il est déterminé au début de chaque assemblée d'après les indications de la feuille de présence.

Les mandataires présents partagent également entre eux les voix qui leur sont ainsi attribuées, les plus âgés bénéficiant des voix restantes.

L'assemblée générale de la coopérative de main-d'œuvre est réunie chaque année dans un délai fixé par les statuts et, à défaut de dispositions statutaires, dans un délai de quatre mois après la réunion de l'assemblée générale de la société anonyme.

L'**irrégularité** de la désignation des représentants de la coopérative peut être sanctionnée par la nullité des actes et délibérations des organes de la société anonyme : ■ Cass. com., 19 avr. 1988 : *RD bancaire et bourse* 1988, 9, p. 172, obs. M. Jeantin et A. Viandier.

Art. L. 225-264 *(Mod., L. n° 2003-7, 3 janv. 2003)*. – Chaque participant dispose, à l'assemblée générale de la coopérative de main-d'œuvre, d'une voix.

Les statuts peuvent toutefois attribuer plusieurs voix aux participants, en fonction du montant de leur salaire, dans la limite d'un chiffre maximum égal à autant de voix que le salaire annuel de l'intéressé, établi sur les comptes arrêtés à la clôture de l'exercice précédent, comprend de fois le chiffre du salaire le plus faible attribué par la société aux salariés âgés de plus de dix-huit ans.

Les statuts peuvent prévoir que les participants sont répartis par collèges regroupant chacun une catégorie de personnel, chaque collège élisant son ou ses mandataires et que l'accord de chaque collège, à des majorités que les statuts précisent, est nécessaire pour la modification des statuts de la coopérative et d'autres décisions énumérées par les statuts.

Art. L. 225-265. – L'assemblée générale de la coopérative de main-d'œuvre ne délibère valablement que si, sur première convocation, les deux tiers au moins des participants de la coopérative sont présents ou représentés. Les statuts fixent le quorum requis pour l'assemblée réunie sur seconde convocation. À défaut de dispositions statutaires, ce quorum est de la moitié des participants de la coopérative, présents ou représentés.

L'assemblée générale statue à la majorité des voix exprimées. Dans le cas où il est procédé à un scrutin, il n'est pas tenu compte des bulletins blancs.

Toutefois, pour la modification des statuts de la coopérative et pour d'autres décisions énumérées par les statuts, le quorum ne peut être inférieur à la moitié des participants de la coopérative. De plus, ces mêmes décisions sont prises à la majorité des deux tiers des voix exprimées. Dans le cas où il est procédé à un scrutin, il n'est pas tenu compte des bulletins blancs.

Art. L. 225-266. – En cas d'action en justice, les mandataires élus à la dernière assemblée générale désignent un ou plusieurs d'entre eux pour représenter les participants. Si aucune élection n'a encore été faite, ou si aucun des mandataires élus ne fait partie de la coopérative de main-d'œuvre, il est procédé à l'élection de mandataires spéciaux dans les formes et conditions prévues au premier alinéa de l'article L. 225-263 et aux articles L. 225-264 et L. 225-265.

Art. L. 225-267. – Toutefois, les assemblées générales des sociétés anonymes à participation ouvrière délibérant sur des modifications à apporter aux statuts ou sur des propositions de continuation de la société au-delà du terme fixé pour sa durée ou de dissolution avant ce terme ne sont régulièrement constituées et ne peuvent valablement délibérer qu'autant qu'elles comprennent un nombre d'actionnaires représentant les trois quarts des actions de capital. Il peut en être décidé autrement par les statuts.

Dans le cas où une décision de l'assemblée générale comporte une modification dans les droits attachés aux actions de travail, cette décision n'est définitive qu'après avoir été ratifiée par une assemblée générale de la coopérative de main-d'œuvre.

Art. L. 225-268 *(Mod., L. n° 2019-486, 22 mai 2019)*. – Le conseil d'administration ou de surveillance de la société anonyme à participation ouvrière comprend un ou plusieurs représentants de la société coopérative de main-d'œuvre. Ces représentants sont élus par l'assemblée générale des actionnaires et choisis parmi les mandataires qui représentent la coopérative à cette assemblée générale. Le nombre en est fixé par le rapport qui existe entre les actions de travail et les actions de capital. Ils sont nommés pour le même temps que les autres administrateurs et sont comme eux rééligibles. Toutefois, leur mandat prend fin s'ils cessent d'être salariés de la société et, par suite, membres de la société. Si le conseil d'administration ou de surveillance ne se compose que de trois membres, il doit comprendre tout au moins un représentant de ladite société coopérative.

Art. L. 225-269. – En cas de dissolution, l'actif social n'est réparti entre les actionnaires qu'après l'amortissement intégral des actions de capital.

La part représentative des actions de travail, conformément aux décisions prises par l'assemblée générale de la coopérative ouvrière convoquée à cet effet, est alors répartie entre les participants et anciens participants comptant au moins dix ans de services consécutifs dans les établissements de la société, ou tout au moins une durée de services sans interruption égale à la moitié de la durée de la société, et ayant quitté la société pour l'une des raisons suivantes : départ à la retraite volontaire ou d'office avec droit à pension, maladie ou invalidité entraînant l'inaptitude à l'emploi précédemment occupé, licenciement motivé par une suppression d'emploi ou une compression de personnel.

Toutefois, les anciens participants remplissant les conditions prévues à l'alinéa précédent ne figurent à la répartition que pour une part correspondant à la durée de leurs services réduite d'un dixième de son montant total par année écoulée depuis la cessation de leurs services.

La dissolution de la société anonyme amène la dissolution de la coopérative de main-d'œuvre.

Art. L. 225-270. – I. – Lorsqu'une société anonyme à participation ouvrière vient à se trouver dans la situation visée à l'article L. 225-248, et que sa dissolution n'est pas prononcée, l'assemblée générale extraordinaire peut décider, dans le délai fixé au deuxième alinéa du même article, une modification des statuts de la société entraînant la perte de la forme de société anonyme à participation ouvrière et, par la même, la dissolution de la société coopérative de main-d'œuvre, nonobstant les dispositions du second alinéa de l'article L. 225-267 et toute disposition statutaire contraire.

Toutefois, la mise en œuvre de cette décision est subordonnée à l'existence d'un accord collectif d'entreprise conclu avec une ou plusieurs organisations syndicales de salariés représentatives au sens de l'article L. 132-2 du Code du travail et prévoyant la dissolution de la société coopérative de main-d'œuvre. L'existence d'un accord collectif d'entreprise, incluant le même objet et conclu dans les mêmes conditions, antérieurement à l'entrée en vigueur de la loi n° 94-679 du 8 août 1994 portant diverses dispositions d'ordre économique et financier, répond aux dispositions du présent alinéa.

II. – Si la société coopérative de main-d'œuvre est dissoute en application des dispositions du I ci-dessus, il est attribué aux participants et anciens participants mentionnés au deuxième alinéa de l'article L. 225-269 une indemnisation.

Le montant de cette indemnisation, déterminé en prenant en compte notamment la nature et la portée particulière des droits attachés aux actions de travail, est fixé par l'assemblée générale extraordinaire des actionnaires de la société anonyme, après consultation des mandataires de la société coopérative de main-d'œuvre et au vu du rapport d'un expert indépendant désigné selon des modalités prévues par décret en Conseil d'État.

III. – Sur décision de l'assemblée générale extraordinaire des actionnaires de la société anonyme, l'indemnisation peut prendre la forme d'une attribution d'actions au bénéfice exclusif des participants et anciens participants mentionnés au deuxième alinéa de l'article L. 225-269.

Ces actions peuvent être créées par prélèvement sur les primes et réserves disponibles. Par dérogation aux dispositions de l'article L. 225-206, la société anonyme peut également acquérir ses propres actions afin de les attribuer, dans le délai d'un an à compter de leur acquisition, aux participants et anciens participants mentionnés au deuxième alinéa de l'article L. 225-269.

Les actions ainsi attribuées ne peuvent être cédées qu'à l'expiration d'un délai de trois ans à compter de la date de la dissolution de la société coopérative de main-d'œuvre.

Nonobstant les dispositions de l'alinéa précédent, l'assemblée générale extraordinaire des actionnaires de la société anonyme peut décider de confier la gestion de ces actions à un fonds commun de placement d'entreprise, régi par les dispositions de l'article 21 de la loi n° 88-1201 du 23 décembre 1988 relative aux organismes de placement collectif en valeurs mobilières et portant création des fonds communs de créances, spécialement et exclusivement constitué à cet effet au plus tard le jour de l'attribution des actions. Dans ce cas, les parts du fonds et les actions qui en constituent l'actif ne peuvent être cédées qu'à l'expiration du délai mentionné à l'alinéa précédent. Le règlement de ce fonds est approuvé par la voie d'un accord collectif de travail.

IV. – Pour l'application des dispositions prévues par le présent article, les décisions prises par l'assemblée générale des actionnaires de la société anonyme s'imposent de plein droit à tout actionnaire et à tout porteur ou titulaire de titres obligataires ou donnant immédiatement ou à terme accès au capital.

V. – L'indemnisation visée au II est répartie entre les ayants droit, en tenant compte de la durée de leurs services dans la société, de l'ancienneté acquise dans la coopérative de main-d'œuvre et de leur niveau de rémunération.

Après dissolution de la société coopérative de main-d'œuvre, et dans un délai de six mois après délibération de l'assemblée générale extraordinaire des actionnaires de la société anonyme fixant le montant et la forme de l'indemnisation, cette répartition est effectuée conformément aux décisions prises par l'assemblée générale de la société coopérative sur proposition de ses mandataires. À défaut de répartition dans ce délai de six mois, celle-ci est effectuée par un mandataire liquidateur désigné par le président du tribunal de commerce du ressort du siège social de la société.

Les dispositions du troisième alinéa de l'article L. 225-269 sont applicables dans le cas visé au présent V.

VI. – L'indemnisation visée au II ou, le cas échéant, la valeur des actions attribuées à ce titre n'ont pas le caractère d'éléments de salaires pour l'application de la législation du travail et de la sécurité sociale. Elles ne sont pas retenues pour le calcul de l'assiette de tous impôts, taxes et prélèvements assis sur les salaires ou les revenus, sous réserve des dispositions de l'article 94 A du Code général des impôts.

Voir : C. com., art. R. 225-171 et R. 225-172, p. 668.

Loi du 24 juillet 1867
sur les sociétés
(Bull. des Lois, 11e S : Bull. 1513, n° 15328)

Art. 80 *(L. 26 avr. 1917)*. **–** Les sociétés qui se conformeront aux dispositions précédentes seront affranchies, en ce qui concerne leurs statuts ou actes d'augmentation de capital, des droits de timbre et d'enregistrement, exclusivement applicables au montant des actions de travail.

Celles dans lesquelles le nombre des actions de travail sera égal au moins au quart du nombre des actions de capital bénéficieront, en outre, pour leurs actions de travail, des avantages accordés par l'article 21 de la loi du 30 décembre 1903, complété par l'article 25 de la loi de finances du 8 avril 1910, aux parts d'intérêts ou actions dans les sociétés de toute nature dites de coopération, formées exclusivement entre ouvriers et artisans. Ces mêmes titres seront, de plus, affranchis du droit proportionnel de timbre édicté par la loi du 5 juin 1850 et du droit de transmission établi par la loi du 23 juin 1857. Indépendamment des immunités fiscales ci-dessus prévues au paragraphe précédent, les sociétés à participation ouvrière bénéficieront des avantages accordés par les lois et décrets en vigueur aux sociétés coopératives en ce qui concerne les adjudications et soumissions de travaux publics.

CHAPITRE VI. – DES SOCIÉTÉS EN COMMANDITE PAR ACTIONS

Bibliographie : F. Bucher, *Du bon usage de la commandite par actions : Rev. sociétés* 1994, p. 415. • M.-A. Coudert, *Le nouveau régime de la société en commandite par actions*, thèse Paris, 1970. • O. Dauchez, *Société en commandite par actions, aspects fiscaux : BJS* 1993, p. 1210. • F. Lucet et L. Giraud, *Le mariage d'une société pilote avec une société en commandite par actions : Dr. et patrimoine* 5/2001, p. 20. • M. Turck, *Société en commandite par actions et effet de levier juridique : JCP* E 1994, I, 377. • A. Viandier et a., *La société en commandite entre son passé et son avenir*, Litec, coll. « CREDA », 1983. • *Adde* A. Bougnoux, *JCl. Sociétés traité*, Fasc. 121-10 *(Modalités particulières de constitution)*. • Y. Dereu et J.-J. Ansault, *JCl. Sociétés traité*, Fasc. 152-10 *(Associés – Fonctionnement – Gestion)*, 153-10 *(Gérance et contrôle)*.

Art. L. 226-1 ***(Anc. L. n° 66-537, 24 juill. 1966)*. – La société en commandite par actions, dont le capital est divisé en actions, est constituée entre un ou plusieurs commandités, qui ont la qualité de commerçant et répondent indéfiniment et solidairement des dettes sociales, et des commanditaires, qui ont la qualité d'actionnaires et ne supportent les pertes qu'à concurrence de leurs apports. Le nombre des associés commanditaires ne peut être inférieur à trois.**

Dans la mesure où elles sont compatibles avec les dispositions particulières prévues par le présent chapitre, les règles concernant les sociétés en commandite simple et les sociétés anonymes, à l'exception des articles L. 225-17 à L. 225-93 *(Mots aj., L. n° 2019-486, 22 mai 2019)* « et du troisième alinéa de l'article L. 236-6, » sont applicables aux sociétés en commandite par actions.

Voir : C. com., art. R. 226-1, p. 668.

Sanctions pénales, C. com., art. L. 243-1, p. 596.

Art. L. 226-2 *(Anc. L. n° 66-537, 24 juill. 1966).* – **Le ou les premiers gérants sont désignés par les statuts. Ils accomplissent les formalités de constitution dont sont chargés les fondateurs de sociétés anonymes par les articles L. 225-2 à L. 225-16.**

Au cours de l'existence de la société, sauf clause contraire des statuts, le ou les gérants sont désignés par l'assemblée générale ordinaire avec l'accord de tous les associés commandités.

Le gérant, associé ou non, est révoqué dans les conditions prévues par les statuts.

En outre, le gérant est révocable par le tribunal de commerce pour cause légitime, à la demande de tout associé ou de la société. Toute clause contraire est réputée non écrite.

Le dirigeant d'une personne morale associée commandité et gérant d'une commandite par actions **ne peut être salarié de cette dernière** : Rép. min. : *JO* Sénat Q, 23 août 1990, p. 1840 ; *JCP* E 1991, 22, n° 7, obs. crit. A. Viandier et J.-J. Caussain.

Art. L. 226-3 *(Anc. L. n° 66-537, 24 juill. 1966).* – **Les statuts doivent prévoir pour l'exercice des fonctions de gérant une limite d'âge qui, à défaut d'une disposition expresse, est fixée à soixante-cinq ans.**

Toute nomination intervenue en violation des dispositions prévues à l'alinéa précédent est nulle.

Lorsqu'un gérant atteint la limite d'âge, il est réputé démissionnaire d'office.

Art. L. 226-4 *(Anc. L. n° 66-537, 24 juill. 1966 ; mod., L. n° 2011-103, 27 janv. 2011).* – **L'assemblée générale ordinaire nomme, dans les conditions fixées par les statuts, un conseil de surveillance, composé de trois actionnaires au moins.**

Le conseil de surveillance est composé en recherchant une représentation équilibrée des femmes et des hommes.

À peine de nullité de sa nomination, un associé commandité ne peut être membre du conseil de surveillance. Les actionnaires ayant la qualité de commandité ne peuvent participer à la désignation des membres de ce conseil.

À défaut de disposition statutaire, les règles concernant la désignation et la durée du mandat des administrateurs de sociétés anonymes sont applicables.

Président du conseil de surveillance. La fonction statutaire de président du conseil de surveillance, quand bien même elle n'est pas prévue par la loi, ouvre droit au bénéfice de l'exonération des biens professionnels en matière d'ISF *[CGI, art. 885 O bis]* : ■ Cass. com., 11 oct. 2005, n° 04-13.063 : *BJS* 2006, p. 104, note A. Couret ; *JCP* E 2005, 1834, n° 9, obs. J.-J. Caussain, Fl. Deboissy et G. Wicker.

Art. L. 226-4-1 *(Créé à compter du 1er janvier 2017, L. n° 2011-103, 27 janv. 2011).* – **La proportion des membres du conseil de surveillance de chaque sexe ne peut être inférieure à 40 % dans les sociétés dont les actions sont admises aux négociations sur un marché réglementé et, à l'issue de la plus prochaine assemblée générale ayant à statuer sur des nominations, dans les sociétés qui, pour le troisième exercice consécutif, emploient un nombre moyen d'au moins cinq cents salariés permanents et présentent un montant net de chiffre d'affaires ou un total de bilan d'au moins 50 millions d'euros.** ***(Mots suppr., L. n° 2019-486, 22 mai 2019)*** **« ... ».**

Rédaction future. La proportion des membres du conseil de surveillance de chaque sexe ne peut être inférieure à 40 % dans les sociétés dont les actions sont admises aux négociations sur un marché réglementé et, à l'issue de la plus prochaine assemblée générale ayant à statuer sur des nominations, dans les sociétés qui, pour le troisième exercice consécutif, emploient un nombre moyen d'au moins *(Mots rempl. à compter du 1er janvier 2020, L. n° 2014-873, 4 août 2014)* « deux cent cinquante » salariés permanents et présentent un montant net de chiffre d'affaires ou un total de bilan d'au moins 50 millions d'euros. *(Mots suppr., L. n° 2019-486, 22 mai 2019)* « ... ».

Toute nomination intervenue en violation du premier alinéa et n'ayant pas pour effet de remédier à l'irrégularité de la composition du conseil est nulle. Cette nullité n'entraîne pas celle des délibérations auxquelles a pris part le membre du conseil irrégulièrement nommé.

Art. L. 226-5 *(Anc. L. n° 66-537, 24 juill. 1966 ; mod., L. n° 2003-7, 3 janv. 2003).* – **Les statuts doivent prévoir pour l'exercice des fonctions de membre du conseil de surveillance une limite d'âge s'appliquant soit à l'ensemble des membres du conseil de surveillance, soit à un pourcentage déterminé d'entre eux.**

À défaut de disposition expresse dans les statuts, le nombre des membres du conseil de surveillance ayant atteint l'âge de soixante-dix ans ne peut être supérieur au tiers des membres du conseil de surveillance en fonctions.

Toute nomination intervenue en violation des dispositions prévues à l'alinéa précédent est nulle.

À défaut de disposition expresse dans les statuts prévoyant une autre procédure, lorsque la limitation statutaire ou légale fixée pour l'âge des membres du conseil de surveillance est dépassée, le membre du conseil de surveillance le plus âgé est réputé démissionnaire d'office.

Art. L. 226-5-1 *(L. n° 2013-504, 14 juin 2013).* – Dans les sociétés répondant aux critères fixés au I de l'article L. 225-79-2, les salariés sont représentés au sein du conseil de surveillance dans les conditions prévues aux articles L. 225-79-2 et L. 225-80.

La modification des statuts nécessaire pour déterminer les conditions dans lesquelles sont désignés les membres du conseil de surveillance représentant les salariés est adoptée selon les règles définies au présent chapitre. Si l'assemblée des commanditaires ou des commandités ne s'est pas réunie dans le délai prévu au premier alinéa du III de l'article L. 225-79-2, tout salarié peut demander au président du tribunal statuant en référé d'enjoindre sous astreinte au gérant ou à l'un des gérants de convoquer une assemblée des commanditaires ou des commandités et de soumettre à celle-ci les projets de résolution tendant à modifier les statuts dans le sens prévu au même III.

Art. L. 226-6 *(Rempl. à compter de la date prévue au II de l'article 20 de la loi n° 2019-486 du 22 mai 2019 et au plus tard le 1er septembre 2019, L. n° 2019-486, 22 mai 2019)* . – L'assemblée générale ordinaire peut désigner un ou plusieurs commissaires aux comptes.

Sont tenues de désigner au moins un commissaire aux comptes les sociétés qui dépassent, à la clôture d'un exercice social, les seuils fixés par décret pour deux des trois critères suivants : le total de leur bilan, le montant de leur chiffre d'affaires hors taxes ou le nombre moyen de leurs salariés au cours de l'exercice.

Même si ces seuils ne sont pas atteints, la nomination d'un commissaire aux comptes peut être demandée en justice par un ou plusieurs associés représentant au moins le dixième du capital. »

Rédaction antérieure. Art. L. 226-6 *(Anc. L. n° 66-537, 24 juill. 1966).* – L'assemblée générale ordinaire désigne un ou plusieurs commissaires aux comptes.

Voir : la rédaction de cet article issue de l'ordonnance n° 2019-744 du 19 juillet 2019, en *addendum*, p. 3371.

Art. L. 226-7 *(Anc. L. n° 66-537, 24 juill. 1966).* – Le gérant est investi des pouvoirs les plus étendus pour agir en toute circonstance au nom de la société.

Dans les rapports avec les tiers, la société est engagée même par les actes du gérant qui ne relèvent pas de l'objet social, à moins qu'elle ne prouve que le tiers savait que l'acte dépassait cet objet ou qu'il ne pouvait l'ignorer compte tenu des circonstances, étant exclu que la seule publication des statuts suffise à constituer cette preuve.

Les clauses statutaires limitant les pouvoirs du gérant qui résultent du présent article sont inopposables aux tiers.

En cas de pluralité de gérants, ceux-ci détiennent séparément les pouvoirs prévus au présent article. L'opposition formée par un gérant aux actes d'un autre gérant est sans effet à l'égard des tiers, à moins qu'il ne soit établi qu'ils en ont eu connaissance.

Sous réserve des dispositions du présent chapitre, le gérant a les mêmes obligations que le conseil d'administration d'une société anonyme.

Voir : Rappr. C. com., art. L. 223-18, p. 202.

Art. L. 226-8 *(Anc. L. n° 66-537, 24 juill. 1966).* – Toute autre rémunération que celle prévue aux statuts ne peut être allouée au gérant que par l'assemblée générale ordinaire. Elle ne peut l'être qu'avec l'accord des commandités donné, sauf clause contraire, à l'unanimité.

Art. L. 226-9 *(Anc. L. n° 66-537, 24 juill. 1966).* – Le conseil de surveillance assume le contrôle permanent de la gestion de la société. Il dispose, à cet effet, des mêmes pouvoirs que les commissaires aux comptes.

Il fait à l'assemblée générale ordinaire annuelle un rapport dans lequel il signale, notamment, les irrégularités et inexactitudes relevées dans les comptes annuels et, le cas échéant, les comptes consolidés de l'exercice.

Il est saisi en même temps que les commissaires aux comptes *(Mots aj. à compter de la date prévue au II de l'article 20 de la loi n° 2019-486 du 22 mai 2019 et au plus tard le 1er septembre 2019, L. n° 2019-486, 22 mai 2019)* « , s'il en existe, » des documents mis à la disposition de ceux-ci.

Il peut convoquer l'assemblée générale des actionnaires.

Art. L. 226-9-1 *(Anc. L. n° 2011-103, 27 janv. 2011 ; mod., L. n° 2015-994, 17 août 2015 ; L. n° 2018-771, 5 sept. 2018).* – Le conseil de surveillance délibère annuellement sur la politique de la société en matière d'égalité professionnelle et salariale sur la base des indicateurs relatifs à l'égalité professionnelle entre les femmes et les hommes mentionnés au premier alinéa de l'article L. 2312-18 du Code du travail et à l'article L. 1142-8 du même code, lorsque ceux-ci s'appliquent, ainsi que sur la base du plan pour l'égalité professionnelle entre les femmes et les hommes mentionné à l'article L. 1143-1 dudit code lorsqu'il est mis en œuvre.

Art. L. 226-10 *(Anc. L. n° 66-537, 24 juill. 1966 ; mod., L. n° 2001-420, 15 mai 2001 ; L. n° 2003-706, 1er août 2003).* – Les dispositions des articles L. 225-38 à L. 225-43 sont applicables aux conventions intervenant directement ou par personne interposée entre la société et l'un de ses gérants, l'un des membres de son conseil de surveillance, l'un de ses actionnaires disposant d'une fraction des droits de vote supérieure à 10 % ou, s'il s'agit d'une société actionnaire, la société la contrôlant au sens de l'article L. 233-3. De même, ces dispositions sont applicables aux conventions auxquelles une de ces personnes est indirectement intéressée.

Elles sont également applicables aux conventions intervenant entre une société et une entreprise si l'un des gérants ou l'un des membres du conseil de surveillance de la société est propriétaire, associé indéfiniment responsable, gérant, administrateur, directeur général, membre du directoire ou membre du conseil de surveillance de l'entreprise.

L'autorisation prévue au premier alinéa de l'article L. 225-38 est donnée par le conseil de surveillance.

Voir : C. com., art. R. 226-2, p. 668.

Art. L. 226-10-1 *(L. n° 2008-649, 3 juill. 2008 ; mod., Ord. n° 2009-80, 22 janv. 2009 ; Ord. n° 2017-1162, 12 juill. 2017).* – Le conseil de surveillance établit un rapport sur le gouvernement d'entreprise joint au rapport de gestion prévu à l'article L. 225-100, qui comporte les informations, le cas échéant adaptées aux sociétés en commandite par actions, mentionnées aux articles L. 225-37-3 à L. 225-37-5.

Ce rapport est approuvé par le conseil de surveillance et rendu public.

Les commissaires aux comptes *(Mots aj. à compter de la date prévue au II de l'article 20 de la loi n° 2019-486 du 22 mai 2019 et au plus tard le 1er septembre 2019, L. n° 2019-486, 22 mai 2019)* « , s'il en existe, » présentent, dans un rapport joint au rapport de gestion mentionné au deuxième alinéa de l'article L. 225-100, leurs observations sur ce rapport en ce qui concerne les informations mentionnées à l'article L. 225-37-5. Ils attestent de l'existence dans ce rapport de gestion des autres informations requises par les articles L. 225-37-3 et L. 225-37-4.

Art. L. 226-11 *(Anc. L. n° 66-537, 24 juill. 1966).* – La modification des statuts exige, sauf clause contraire, l'accord de tous les commandités.

La modification des statuts résultant d'une augmentation de capital est constatée par les gérants.

Art. L. 226-12 *(Anc. L. n° 66-537, 24 juill. 1966).* – Les dispositions des articles L. 225-109 et L. 225-249 sont applicables aux gérants et membres du conseil de surveillance.

Les dispositions des articles L. 225-52, L. 225-251 et L. 225-255 sont applicables aux gérants, même non associés.

Voir : C. com., art. R. 226-3, p. 668.

Art. L. 226-13 *(Anc. L. n° 66-537, 24 juill. 1966).* – Les membres du conseil de surveillance n'encourent aucune responsabilité, en raison des actes de la gestion et de leur résultat.

Ils peuvent être déclarés civilement responsables des délits commis par les gérants si, en ayant eu connaissance, ils ne les ont pas révélés à l'assemblée générale. Ils sont responsables des fautes personnelles commises dans l'exécution de leur mandat.

Rappr. **Commissaire aux comptes,** C. com., art. L. 225-241, al. 2, p. 375. – **Conseil de surveillance (SA),** C. com., art. L. 225-257, p. 383.

Art. L. 226-14 *(Anc. L. n° 66-537, 24 juill. 1966).* – La transformation de la société en commandite par actions en société anonyme ou en société à responsabilité limitée est décidée par l'assemblée générale extraordinaire des actionnaires, avec l'accord de la majorité des associés commandités.

CHAPITRE VII. – DES SOCIÉTÉS PAR ACTIONS SIMPLIFIÉES

Bibliographie : H. Azarian, *La SAS*, LexisNexis, 4e éd. 2016. • J.-P. Bertrel, *La SAS : bilan et perspectives : Dr. et patrimoine* 9/1999, p. 40. • Ph. Bissara, *L'inadaptation du droit français des sociétés aux besoins des entreprises et les aléas des solutions : Rev. sociétés* 1990, p. 553. • M. Boizard, *La société par actions simplifiée : une nouvelle structure pour les PME : D. affaires* 1999, p. 957. • P. Brunswick, *SAS et capital investissement : vers la fin des pactes d'actionnaires extrastatutaires : D.* 2000, p. 595. • J.-L. Colombani, *La société par actions simplifiée sera-t-elle un moteur pour la société européenne ? : LPA* 29 mars 1999, p. 7. • A. Couret et P. Le Cannu, *Société par actions simplifiée*, éd. GLN Joly, 1994. • A. Couret et A. Charveriat, *Société par actions simplifiée*, Fr. Lefebvre, 2001. • J.-J. Daigre, *Faut-il banaliser la société par actions simplifiée ? : JCP* E 1999, p. 977. • G. Durand, *Opinion d'un publiciste sur la SAS : Rev. sociétés* 1994, p. 689. • M. Germain, *La SAS libérée : JCP* E 1999, p. 1505. • M. Germain et J.-L. Perrin, *La société par actions simplifiée*, Joly éd., 6e éd. 2016. • L. Godon, *La SAS*, LGDJ 2014. • Y. Guyon, *Présentation générale de la SAS : Rev. sociétés* 1994, p. 207 ; *L'élargissement du domaine des sociétés par actions simplifiées : Rev. sociétés* 1999, p. 505. • Ch. Hannoun, *La société par actions simplifiée : essai de prospective juridique : Études A. Sayag*, Litec, coll. « CREDA », 1997, p. 283. • P. Le Cannu, *La SAS pour tous : BJS* 1999, p. 841. • H. Le Nabasque, *La SAS et la loi sur les nouvelles régulations économiques : Rev. sociétés* 2001, p. 589. • J. Paillusseau, *La nouvelle société par actions simplifiée. Le big-bang du droit des sociétés : D.* 1999, chron. p. 333 ; *La SAS*, éd. CNCC, 2002. • J. Paillusseau, A. Theimer, A. Outin-Adam, S. Bienvenu et A.-M. Reita-Tran, *La SAS : une nouvelle structure pour les PME et les personnes physiques : JCP* E 2010, p. 1635. • P.-L. Perin, *Les apports de la loi NRE au régime de la SAS : BJS* 2001, p. 745. • D. Poracchia, *Le rôle de l'intérêt social dans la société par actions simplifiée : Rev. sociétés* 2000, p. 223. • A. Rabreau, *L'éviction des héritiers d'actions de SAS : quels aménagements statutaires ? : BJS* 2011, p. 740. • D. Randoux, *Une forme sociale ordinaire : la société par actions simplifiée : JCP* E 1999, p. 1812. • E. Roty, *Société par actions simplifiée et société anonyme avec conseil d'administration : tableau comparatif : JCP* E 2000, 18. • M.-P. Souweine et E. Mansillon, *L'envers de la SAS : D.* 2004, p. 2282. • E. Schlumberger, *Réflexions sur la liberté contractuelle dans la SAS : Mél. M. Germain*, LexisNexis-Lextenso 2015, p. 767. • J. Stoufflet, *Aménagements statutaires et actionnariat de la société par actions simplifiée : Rev. sociétés* 2000, p. 241. • V. Tandeau de Marsac, *La SAS, outil de transmission d'entreprise ? : BJS* 1999, p. 28. • G. de Ternay, *SAS et actions de préférence : modus operandi : JCP* E 2005, 568. • A. Viandier et A. Charveriat, *Sociétés et loi NRE*, Fr. Lefebvre, 2002, nos 475 et s. • D. Vidal, *La société par actions simplifiée*, éd. Montchrestien, 1994 ; *Le deuxième souffle législatif de la société par actions simplifiée : Dr. sociétés* 1999, chron. 15.

Art. L. 227-1 *(Mod., L. n° 2001-420, 15 mai 2001 ; L. n° 2008-776, 4 août 2008 ; L. n° 2014-1662, 30 déc. 2014 ; L. n° 2016-1691, 9 déc. 2016)*. – **Une société par actions simplifiée peut être instituée par une ou plusieurs personnes qui ne supportent les pertes qu'à concurrence de leur apport.**

Lorsque cette société ne comporte qu'une seule personne, celle-ci est dénommée « associé unique ». L'associé unique exerce les pouvoirs dévolus aux associés lorsque le présent chapitre prévoit une prise de décision collective.

Dans la mesure où elles sont compatibles avec les dispositions particulières prévues par le présent chapitre, les règles concernant les sociétés anonymes, à l'exception des articles L. 224-2, L. 225-17 à L. 225-102-2, L. 225-103 à L. 225-126, L. 225-243 *(Mots rempl., L. n° 2019-486, 22 mai 2019)* **« , du I de l'article L. 233-8 et du troisième alinéa de l'article L. 236-6 », sont applicables à la société par actions simplifiée. Pour l'application de ces règles, les attributions du conseil d'administration ou de son président sont exercées par le président de la société par actions simplifiée ou celui ou ceux de ses dirigeants que les statuts désignent à cet effet.**

La société par actions simplifiée peut émettre des actions inaliénables résultant d'apports en industrie tels que définis à l'article 1843-2 du Code civil. Les statuts déterminent les modalités de souscription et de répartition de ces actions. Ils fixent également le délai au terme duquel, après leur émission, ces actions font l'objet d'une évaluation dans les conditions prévues à l'article L. 225-8.

Par dérogation à l'article L. 225-14, les futurs associés peuvent décider à l'unanimité que le recours à un commissaire aux apports ne sera pas obligatoire, lorsque la valeur d'aucun apport en nature n'excède un montant fixé par décret et si la valeur totale de l'ensemble des apports en nature non soumis à l'évaluation d'un commissaire aux apports n'excède pas la moitié du capital.

Lorsque la société est constituée par une seule personne, le commissaire aux apports est désigné par l'associé unique. Toutefois le recours à un commissaire aux apports n'est pas obligatoire si les conditions prévues au cinquième alinéa du présent article sont réunies ou si l'associé unique, personne physique, exerçant son activité professionnelle en nom propre avant la constitution de la société, y compris sous le régime prévu aux articles L. 526-6 à L. 526-21, apporte des éléments qui figuraient dans le bilan de son dernier exercice.

Lorsqu'il n'y a pas eu de commissaire aux apports ou lorsque la valeur retenue est différente de celle proposée par le commissaire aux apports, les associés sont solidairement responsables pendant cinq ans, à l'égard des tiers, de la valeur attribuée aux apports en nature lors de la constitution de la société.

La société par actions simplifiée dont l'associé unique, personne physique, assume personnellement la présidence est soumise à des formalités de publicité allégées déterminées par décret en Conseil d'État. Ce décret prévoit les conditions de dispense d'insertion au *Bulletin officiel des annonces civiles et commerciales*.

Voir : la rédaction de cet article issue de l'ordonnance n° 2019-744 du 19 juillet 2019, en *addendum*, p. 3371.

Voir : Dispense d'insertion au *BODACC* (SASU), C. com., art. R. 123-155 et R. 123-159, p. 829. – **Dispense de rapport de gestion (SASU),** C. com., art. L. 232-1, p. 482 et R. 232-1-1, p. 687. – **Dispense de recours à un commissaire aux apports,** C. com., art. D. 227-3, p. 669. – **Sanctions pénales,** C. com., art. L. 244-1 et s., p. 596.

Bibliographie : J.-F. Barbièri, *La SAS revisitée par la LME : BJS* 2008, p. 560. • N. Bichot, *L'apporteur peut-il voter l'apport en nature fait à la SASU dont il est l'actionnaire unique ? BJS* 2010, p. 694. • P. Le Cannu, *Sur les actions de préférence dans la SAS : BJS* 2006, p. 1311 ; *La SAS dans la concurrence des formes de sociétés : BJS* 2008, p. 236. • G. Chaudré et J. Foundoux, *Convention d'apport en industrie dans la SAS : JCP* E 2009, 2150 ; *Réduction de capital non motivée par des pertes par voie de rachat d'actions dans la SAS : JCP* E 2010, 1994. • B. Dondero, *Statuts de SAS et pactes extrastatutaires : questions en confrontation : BJS* 2008, p. 236. • L. Godon, *La condition juridique de l'associé de SAS : BJS* 2008, p. 236 ; *La condition juridique de l'associé de SAS : une originalité contenue : Rev. sociétés* 2016, p. 580. • H. Hovasse, *De la liberté statuaire dans la SAS : comment démembrer des actions sans constituer un usufruit ? : Dr. sociétés* déc. 2006, p. 1. • B. Le Bars, *L'utilisation de la SAS dans les groupes de sociétés : BJS* 2008, p. 236. • P. Le Cannu, *La SAS : un cadre légal minimal : Rev. sociétés* 2014, p. 543. • F. Masquelier et N.-S. de Kergunic, *Quelques conseils pour la rédaction des statuts d'une société par actions simplifiée : D.* 2000, n° 9, p. 3. • J. Nabarro, *SAS à capital variable et droit préférentiel de souscription : BJS* 2010, p. 160. • P.-L. Périn, *Les mystères de la SAS ou Vingt ans après : Mél. M. Germain*, LexisNexis-Lextenso 2015, p. 667. • D. Porrachia, *Émission de valeurs mobilières et circulation des titres de la SAS : BJS* 2015, p. 99. • S. Schiller et P.-L. Perrin, *Les apports en industrie dans la SAS : Rev. sociétés* 2008, p. 812. • A. Theimer, *Les apports en industrie dans la SAS : JCP* E 2009, 2149. • I. Urbain-Parléani, *Le statut de l'associé de SAS : Rev. sociétés* 2016, p. 572.

1) **Portée de la limitation de responsabilité.** V. sous C. com., art. L. 225-1, annot. n° 2, p. 234.

2) **Émission d'actions à dividende prioritaire sans droit de vote.** Les actions à dividende prioritaire sans droit de vote sont définies aux articles L. 228-11 à L. 228-20 *[désormais C. com., art. L. 228-35-2 à L. 228-35-11]* qui ont vocation à s'appliquer à toutes les sociétés par actions, y compris les SAS ; le régime de ces émissions doit découler à la fois de ces textes et du principe de liberté statutaire des SAS : Rép. min. n° 1105 : *JOAN* Q, 17 juill. 2003, p. 2296 ; *JCP* E 2003, act., p. 1230.

3) **Actions de préférence.** Lorsqu'une SAS émet des actions de préférence *[C. com., art. L. 228-11 et s.]* soumises à la procédure des avantages particuliers *[C. com., art. L. 225-8, L. 225-14 et L. 225-147]*, un commissaire aux apports doit être désigné par le président du tribunal de commerce statuant sur requête *[D. 23 mars 1967, art. 64 et s.]* ; compte tenu du caractère impératif de ces dispositions, les statuts ne peuvent prévoir un autre mode de désignation : Rép. min. n° 75888 : *JOAN* Q, 23 mai 2006, p. 5510 ; *D.* 2006, act. p. 1524 ; *JCP* E 2006, 1958.

4) **Respect du formalisme dans la SASU.** Sur l'exigence, bien que la société soit devenue unipersonnelle, du respect des règles statutaires prévoyant les modalités de la convocation de l'assemblée des associés seule compétente pour révoquer le président : ▪ CA Douai, 6 nov. 2013, n° 12/00517 : *Dr. sociétés* 2014, n° 66, obs. M. Roussille.

5) **Application de la loi de démocratisation du secteur public à la SAS.** V. sous L. n° 83-675, 26 juill. 1983, art. 1er, annot. n° 1, p. 3215.

Code général des impôts

Art. 1655 *quinquies*. – Pour l'application du présent code et de ses annexes, la société par actions simplifiée est assimilée à une société anonyme.

Voir aussi : CGI, art. 239 *bis* AB, p. 1706.

Art. L. 227-2 ***(Mod. à compter du 1er janvier 2009, L. n° 2008-776, 4 août 2008 ; rempl. à compter du 1er avril 2009, Ord. n° 2009-80, 22 janv. 2009 ; mod., Ord. n° 2014-559, 30 mai 2014 ; mod., L. n° 2019-486, 22 mai 2019).* – La société par actions simplifiée ne peut procéder à une offre au public de titres financiers ou à l'admission aux négociations sur un marché réglementé de ses actions. Elle peut néanmoins procéder aux offres définies aux 2 et 3 du I, au I *bis*, et au II de l'article L. 411-2 du Code monétaire et financier et aux offres adressées aux dirigeants ou aux salariés, et le cas échéant aux anciens salariés, par leur employeur ou par**

une société liée, dans les conditions fixées par le règlement général de l'Autorité des marchés financiers. Dans ce dernier cas, les titres faisant l'objet de ces offres ne peuvent être soumis à des dispositions statutaires spécifiques prises en application des articles L. 227-13, L. 227-14 et L. 227-16 du présent code.

Voir : Sanctions pénales, C. com., art. L. 244-3, p. 596.

Bibliographie : J.-J. Daigre et B. François, *La SAS : une société pouvant faire appel au marché ? : Rev. sociétés* 2010, p. 11.

Art. L. 227-2-1 ***(Créé à compter du 1er octobre 2014, Ord. n° 2014-559, 30 mai 2014).*** **– I. - Par dérogation aux articles L. 227-1 et L. 227-9, lorsqu'une société par actions simplifiée procède à une offre définie au I *bis* de l'article L. 411-2 du Code monétaire et financier *(Mots aj., L. n° 2019-486, 22 mai 2019)* « ou à une offre adressée aux dirigeants ou aux salariés, et le cas échéant aux anciens salariés, par leur employeur ou par une société liée » :**

1° *(1° abr., L. n° 2019-486, 22 mai 2019)*

2° Les articles L. 225-96 à L. 225-98 sont applicables ;

3° Le troisième alinéa de l'article L. 225-105 est applicable ;

4° La convocation des associés est faite dans les formes et délais fixés par décret en Conseil d'État. Toute assemblée irrégulièrement convoquée peut être annulée. Toutefois, l'action en nullité n'est pas recevable lorsque tous les actionnaires étaient présents ou représentés.

II. - Lorsque la société qui procède à l'offre a pour objet de détenir et de gérer des participations dans une autre société, les dispositions du I sont également applicables à la société dans laquelle elle détient des participations.

Art. L. 227-3 ***(Anc. L. n° 66-537, 24 juill. 1966).*** **– La décision de transformation en société par actions simplifiée est prise à l'unanimité des associés.**

Voir : Transformation d'une société par actions en SAS, C. com., art. L. 224-3, p. 233.

Bibliographie : H. Azarian, *La transformation des SA en SAS depuis la loi de sécurité financière du 1er août 2003 : Dr. sociétés* déc. 2003, p. 5. • A. Couret, *La transformation en société anonyme d'une SAS est-elle en pratique réalisable ? : BJS* 1998, p. 209. • G. Krafft et N. Maubert, *De la nécessaire prise en compte des rompus dans le cadre de la transformation d'une SA en SAS : D.* 2011, p. 605. • P.-Y. Lagarde, *Faut-il transformer des SARL en SAS ? : RFP* 2013, n° 35.

1) Maintien de la personnalité morale de la société transformée. V. sous C. civ., art. 1844-3, annot. n° 1, p. 88.

2) Application de l'article L. 224-3. V. sous C. com., art. L. 224-3, annot. n° 3, p. 233.

3) Unanimité. P. Le Cannu, *De la SA à la SAS : pourquoi transformer à l'unanimité si l'on peut absorber à la majorité ? : BJS* 2005, p. 557. – D. Bert et T. Lakhdari, *L'application de la règle de l'unanimité aux opérations de fusion-absorption : D.* 2005, p. 1636 ; *La mise en œuvre de la règle de l'unanimité en droit des sociétés (à propos de ▪ CA Versailles, 24 février 2005) : D.* 2005, p. 1853. – Ch. Gavoty et P. Ullmann, *L'absorption par une société par actions simplifiée exige-t-elle le consentement unanime des associés de la société absorbée ? : BJS* 2001, p. 831.

a) **Transformation d'une SA en SAS.** La décision de transformation d'une SA en SAS doit, à peine de nullité, être prise à l'unanimité des associés, et pas seulement à l'unanimité des associés présents ou représentés : ▪ CA Versailles, 24 févr. 2005 : *BJS* 2005, p. 626 ; *Dr. sociétés* mai 2005, n° 94, obs. J.-P. Legros ; *JCP* E 2005, 590 ; *JCP* E 2005, 731, note J.-P. Legros ; *JCP* E 2005, 1046, n° 6, obs. J.-J. Caussain, Fl. Deboissy et G. Wicker.

b) Fusion-absorption d'une société par une SAS.

– **Règles générales.** Conformément à l'article L. 227-3 qui subordonne la transformation d'une société en SAS à l'exigence de l'unanimité, la décision de fusion-absorption d'une société par une SAS doit être prise à l'unanimité des associés : ▪ Cass. com., 19 déc. 2006, n° 05-17.802 : *BJS* 2007, p. 506, note A. Couret ; *D.* 2007, p. 92, obs. A. Lienhard et p. 630, note L. Godon ; *Dr. sociétés* 2007, n° 51, obs. H. Hovasse ; *JCP* E 2007, 1192, note A. Viandier et 1877, n° 7, obs. J.-J. Caussain, Fl. Deboissy et G. Wicker ; *Rev. sociétés* 2007, p. 93, note P. Le Cannu. – Cassant : ▪ CA Versailles, 27 janv. 2005 : *BJS* 2005, p. 612 ; *D.* 2005, somm. p. 2958, obs. J.-Cl. Hallouin et E. Lamazerolles ; *JCP* E 2005, 385 ; *Dr. sociétés* juill. 2005, n° 136, note H. Hovasse ; *JCP* E 2005, 1046, n° 7, obs. J.-J. Caussain, Fl. Deboissy et G. Wicker ; *JCP* E 2005, 1416, note N. Mathey ; *RTD com.* 2005, p. 361, obs. P. Le Cannu.

– **Cas particulier de l'absorption d'une SAS.** La décision de fusion au sein de la SAS absorbée doit être prise à la majorité prévue par les statuts, l'unanimité étant toutefois requise si l'opération aboutit à une augmentation des engagements des associés ou si les statuts de l'absorbante comportent une clause soumise à l'exigence d'unanimité par l'article L. 227-19 : ANSA, Comité juridique, 2 mai 2018, n° 18-021 : *Dr. sociétés* 2018, n° 191, obs. C. Coupet.

Art. L. 227-4 *(Anc. L. n° 66-537, 24 juill. 1966)*. **– En cas de réunion en une seule main de toutes les actions d'une société par actions simplifiée, les dispositions de l'article 1844-5 du Code civil relatives à la dissolution judiciaire ne sont pas applicables.**

Art. L. 227-5 *(Anc. L. n° 66-537, 24 juill. 1966)*. **– Les statuts fixent les conditions dans lesquelles la société est dirigée.**

Bibliographie : J.-J. Caussain, *Du bon usage de la SAS dans l'organisation des pouvoirs : JCP* E 1999, p. 1664. • P. Le Cannu, *Les dirigeants de la SAS : Rev. sociétés* 1994, p. 239. • P.-L. Perin, *L'organisation des pouvoirs dans la société par actions simplifiée*, thèse Paris II, 1999. • B. Saintourens, *Révocation d'un dirigeant de SAS : attractivité et danger de la liberté contractuelle : BJS* 2011, p. 536. • M. Supiot, B. Borrely, J.-C. Parot et J.-P. Cheynet, *Comment répartir les pouvoirs dans une SAS ? : Option fin.* 13 mai 2002, p. 27.

1) Publicité au RCS des fonctions de direction. V. sous C. com., art. R. 123-54, annot. n° 1, p. 805.

2) Détermination de la qualité de dirigeant. *a)* **Membre du conseil de surveillance.** V. reconnaissant la qualité de dirigeant à un membre du conseil de surveillance dont les attributions étaient calquées sur celles du conseil d'administration de la SA : ▪ CA Paris, 20 juin 2013, n° 13/03892 : *Dr. sociétés* 2013, n° 203, note D. Gallois-Cochet. – V. encore reconnaissant cette qualité de dirigeant et en déduisant l'exigence, s'agissant de l'action personnelle exercée par un créancier d'une société soumise à une procédure collective, d'une faute séparable des fonctions de dirigeants : ▪ CA Paris, 23 mai 2013, n° 12/08766 : *BJS* 2013, p. 800, note B. Dondero. – La qualité de dirigeant de droit doit être retenue dès lors que le comité de surveillance est doté, par les statuts et le pacte d'associés, d'un pouvoir de décision non ponctuel : ▪ CA Paris, 23 févr. 2016, n° 14/24308 : *BJS* 2016, p. 481, note M. Germain et P.-L. Perrin ; *Dr. sociétés* 2016, n° 125, obs. D. Gallois-Cochet.

b) **Perte de la qualité d'administrateur.** Après transformation d'une SA en SAS, les statuts de cette dernière ne faisant pas mention d'un conseil d'administration, les membres du conseil d'administration de la SA perdent leur qualité d'administrateur : ▪ Cass. com., 25 janv. 2017, n° 14-28.792, PBRI : *BJS* 2017, p. 170, note M. Germain et P.-L. Perrin ; *Dr. sociétés* 2017, n° 60, obs. J. Heinich ; *Rev. sociétés* 2017, p. 631, note L. Godon.

3) Statut fiscal des dirigeants au regard de l'ISF. Compte tenu de la liberté d'organisation des pouvoirs conférés aux associés d'une société par actions simplifiée, il est admis que les dispositions relatives à l'exonération de l'ISF des titres détenus par les associés des sociétés anonymes sont applicables dans les mêmes conditions aux titres détenus par les associés des SAS, sous réserve que ces derniers associés soient titulaires de fonctions dont l'étendue, conformément aux statuts de cette société, est au moins équivalente à celles qui sont exercées dans les sociétés anonymes par les personnes mentionnés au 1° de l'article 885 O *bis* du Code général des impôts : Rép. min. n° 39477 : *JOAN* Q 13 nov. 2000, p. 6466. – En présence d'un **directeur général** ou d'un **directeur général délégué** dans une SAS, l'appréciation de la nature équivalente des fonctions précitées implique notamment que ces personnes soient investies d'un pouvoir de représentation de la société opposable aux tiers *[V. infra, C. com., art. L. 227-6]* : Rép. min. n° 5489 : *JO Sénat* Q, n° 29, 17 juill. 2003, p. 2296 ; *RTD com.* 2004, p. 176, obs. Fl. Deboissy.

4) Qualité de salarié du président d'une SAS filiale. N'a pas la qualité de salarié de la société mère le président de la SAS filiale qui dispose d'un réel pouvoir de direction, les projets de décisions qu'il devait soumettre à la société mère concernant la mise en œuvre des orientations des associés et non la gestion courante de la société : ▪ CA Versailles, 9 nov. 2000 : *BJS* 2001, p. 156, note G. Auzero. – Il y a lieu de reconnaître l'existence d'un contrat de travail ayant pour objet l'exercice des fonctions de président dans une filiale lorsque le président de la filiale bénéficie d'un salaire et d'avantages de nature salariale, qu'il est soumis à l'autorisation d'une tierce personne pour changer l'organisation du personnel ou fixer ses propres congés et qu'il est soumis à l'évaluation de cette dernière : ▪ Cass. soc., 24 janv. 2007, n° 05-42.366 : *BJS* 2007, p. 606, note P. Le Cannu.

5) Droit de veto du président. S'agissant d'un directeur général investi du même pouvoir que le président sous réserve du droit de veto attribué à ce dernier, la simple abstention du président à former appel de la décision de conversion du redressement en liquidation judiciaire, conversion à l'égard de laquelle il n'a jamais marqué la moindre opposition dans le cadre de la procédure collective, ne vaut pas exercice de son droit de veto et ne rend pas irrecevable l'appel formé par le directeur général : ▪ Cass. com., 16 févr. 2016, n° 14-23.093 : *BJS* 2016, p. 400, note P.-L. Perrin ;

Dr. sociétés 2016, n° 79, obs. D. Gallois-Cochet ; *JCP* E 2016, 1199, note B. Dondero. – *Adde* M. Rakotovahiny, *Le droit de veto dans les sociétés : Rev. sociétés* 2017, p. 277.

6) Révocation du président et autres dirigeants. *a)* Conditions de la révocation.

– **Révocabilité *ad nutum*.** Dès lors que, selon les statuts, le président est révocable à tout moment par l'associé unique, il est loisible à ce dernier de décider une révocation à effet immédiat pour des motifs dont il n'y a pas à apprécier le bien-fondé, le droit de révocation supposant seulement que son exercice soit conforme à une obligation de loyauté, ce qui est le cas dès lors que le président a été mis en mesure de présenter ses observations : ▪ Cass. com., 8 avr. 2014, n° 13-11.650 : *Rev. sociétés* 2014, p. 725, note C. Tabourot-Hyest. – V. égal., ▪ CA Paris, 7 mars 2013, n° 12/08807 : *Dr. sociétés* 2013, n° 142, obs. D. Gallois-Cochet.

– **Révocabilité pour justes motifs.** Si la perte de confiance peut constituer un juste motif de révocation du dirigeant, c'est à la condition qu'elle soit de nature à compromettre l'intérêt social : ▪ Cass. com., 14 nov. 2018, n° 17-11.103 : *BJS* 2019, p. 18, note T. de Ravel D'Esclapon ; *Dr. sociétés* 2019, n° 25, obs. J. Heinich. – Les statuts peuvent prévoir que la révocation du directeur général doit intervenir pour de justes motifs, et la mésentente entre dirigeants ne caractérise alors le juste motif que si elle est de nature à compromettre l'intérêt social ou le fonctionnement de la société : ▪ CA Paris, 19 nov. 2013, n° 12/18648 : *Dr. sociétés* 2014, n° 48, obs. M. Roussille. – En revanche, les dissensions internes et dans les relations avec les distributeurs ainsi qu'une productivité insuffisante peuvent constituer de justes motifs de révocation : ▪ Cass. com., 24 mai 2017, n° 15-21.633 : *Dr. sociétés* 2017, n° 186, obs. C. Coupet ; *Rev. sociétés* 2017, p. 707, note P.-L. Perrin. – Constitue un juste motif les divergences marquées d'appréciation sur l'évolution ou la stratégie de l'entreprise : ▪ CA Paris, 8 nov. 2016, n° 15/21473 : *Rev. sociétés* 2017, p. 218, note J.-P. Mattout.

– **Dirigeant identifié dans les statuts.** Dès lors que les statuts prévoient que les dirigeants sont révoqués par une décision collective ordinaire, le fait qu'un dirigeant soit simplement identifié dans les statuts n'implique pas par lui-même que sa révocation échappe aux règles statutaires : ▪ CA Paris, 19 juin 2015, n° 14/19462 : *Rev. sociétés* 2015, p. 734, note E. Masset.

b) Appréciation de l'abus.

– **Non-exigence du contradictoire.** Doit être rejetée l'action en responsabilité intentée par le président d'une SAS dont les statuts prévoyaient la révocation sans qu'un juste motif ne soit nécessaire dans la mesure où aucun procédé vexatoire ou injurieux n'a été démontré et où le manque de respect formel du principe du contradictoire demeure sans portée, dès lors que, même si le président en avait été informé préalablement, il ne disposait pas pratiquement de la possibilité, par ses observations, de modifier la décision potentielle prise par les deux associés : ▪ CA Versailles, 5 juin 2003 : *BJS* 2003, p. 1131, note P. Le Cannu ; *JCP* E 2003, act., p. 1610 ; *JCP* E 2004, 29, n° 5, obs. J.-J. Caussain, Fl. Deboissy et G. Wicker ; *Rev. sociétés* 2004, p. 108, note L. Godon. – La société et ses organes n'ont pas l'obligation d'ouvrir une discussion préalable à la décision de révocation dès lors que, préalablement à cette décision, le directeur général délégué a adressé un courriel au P-DG exprimant ses points de désaccord ainsi que les conditions posées à la continuation de ses fonctions : ▪ Cass. com., 10 juill. 2012, n° 11-19.563 : *BJS* 2012, p. 712, M. Germain et P.-L. Périn. – Même solution, dans une hypothèse où les statuts subordonnaient la révocation du président à une faute grave et où celui-ci par courrier et lors d'un entretien avait manifesté sa volonté d'abandonner ses fonctions : ▪ Cass. com., 14 avr. 2015, n° 14-15.869 : *BJS* 2015, p. 350, note P.-L. Périn ; *Rev. sociétés* 2015, p. 674, note B. Saintourens. – V. aussi, ▪ Cass. com., 5 nov. 2002 : *BJS* 2003, p. 43, note J.-P. Dom. – V. cependant, si la révocation du président peut être décidée *ad nutum* et n'a pas à être motivée, elle peut néanmoins donner lieu à abus si la révocation a été décidée brutalement sans respecter le principe de la contradiction ou si la révocation s'accompagne de circonstances portant atteinte à la réputation ou à l'honorabilité du dirigeant : ▪ CA Paris, 7 mars 2013, n° 12/08807, préc.

– **Respect de l'obligation de loyauté.** L'exercice du droit de révocation doit respecter une obligation de loyauté, laquelle est satisfaite dès lors que le dirigeant a été convoqué à l'assemblée générale dans des conditions lui permettant de présenter ses explications sur les motifs dont il avait pleinement connaissance : ▪ CA Paris, 17 sept. 2013, n° 12/12567 : *BJS* 2014, p. 91, note P.-L. Périn ; *Rev. sociétés* 2014, p. 507, note L. Godon. – Dans le cas d'une SASU, l'obligation de loyauté dans l'exercice du droit de révocation est respectée dès lors que l'associé unique a recueilli les observations du président : ▪ Cass. com., 8 nov. 2014, n° 13-11.650 : *Dr. sociétés* 2014, n° 104, obs. M. Roussille. – V. égal. sur l'exigence de loyauté : ▪ CA Versailles, 18 févr. 2014, n° 12/06977 : *Dr. sociétés* 2014, n° 84, obs. M. Roussille. – Dans le cas d'une SASU, le fait pour l'actionnaire unique d'indiquer au président qu'il entend le remplacer, sans qu'il ait été convoqué et mis en mesure de présenter ses observations, constitue une révocation abusive : ▪ CA Lyon, 10 sept. 2009, n° 09-02.705 : *Dr. sociétés* 2010, n° 72, obs. M. Roussille. – V. égal. ▪ CA Paris, 29 juin 2010, n° 08-07.998 : *BJS* 2010, p. 879, note

D. Poracchia. – Méconnaît l'obligation de loyauté dans l'exercice du droit de révocation le fait d'alléguer une faute grave et d'en déduire qu'elle autorise la révocation immédiate et sans contradiction du président : ■ Cass. com., 25 nov. 2014, n° 13-21.460. – Donne à la révocation un caractère vexatoire le fait d'avoir procédé, au titre des inscriptions modificatives imposées par le changement de dirigeant, à la publication intégrale du rapport du conseil de surveillance établissant sa faute grave : ■ CA Paris, 30 avr. 2014, n° 13/12230 : *Dr. sociétés* 2014, n° 166, obs. D. Gallois-Cochet. – Si le fait que le président est révocable *ad nutum* et sans préavis laisse admettre que sa révocation intervienne au cours d'une réunion de l'organe compétent dont l'ordre du jour ne visait pas cette question, la décision n'en est pas moins déloyale lorsque les demandes de précisions du président sur un ordre du jour volontairement imprécis n'ont donné lieu qu'à une réponse évasive : ■ CA Paris, 29 sept. 2016, n° 15/07864 : *BJS* 2017, p. 120, note A. Reygrobellet ; *Rev. sociétés* 2017, p. 93, note J.-F. Barbièri. – Le respect de l'obligation de loyauté suppose que le dirigeant ait été informé et ait pu s'expliquer sur les motifs de sa révocation, ce qui n'est pas le cas lorsque les griefs invoqués lors de l'instance faisant suite à cette révocation sont distincts de ceux invoqués lorsque celle-ci est intervenue : ■ Cass. com., 22 nov. 2016, n° 15-14.911 : *BJS* 2017, p. 224, note J.-J. Ansault ; *Dr. sociétés* 2017, n° 42, obs. C. Coupet ; *Rev. sociétés* 2017, p. 214, note P.-L. Périn.

– **Perte des avantages attachés à la fonction.** La perte de l'ensemble des avantages attachés aux fonctions et à la qualité de président ne réalise pas une atteinte injustifiée à la réputation et à l'honneur du président révoqué : ■ Cass. com., 24 mai 2017, n° 15-21.633 : *Dr. sociétés* 2017, n° 186, obs. C. Coupet ; *Rev. sociétés* 2017, p. 707, note P.-L. Perrin.

c) **Sanctions de l'abus.** Lorsque la révocation est intervenue de façon brutale, intempestive, dans des conditions vexatoires et sans respecter le principe de la contradiction, le président peut obtenir indemnisation du préjudice subi : ■ CA Paris, 4 avr. 2006, n° 05-12.090 : *BJS* 2006, p. 1055, note P.-L. Perrin ; *JCP* E 2007, 1877, n° 6, obs. J.-J. Caussain, Fl. Deboissy et G. Wicker. – Cette indemnisation ne peut être fixée de façon forfaitaire par les juges *[allocation forfaitaire représentant un an de salaire]* : ■ Cass. com., 23 oct. 2007, n° 06-16.264 : *BJS* 2008, p. 197, note S. Messaï-Bahri. – La réparation n'est que du seul préjudice moral : ■ CA Paris, 23 juin 2015, n° 14-16.892 : *BJS* 2016, p. 23, note P.-L. Périn.

d) **Exclusion de la révocation judiciaire.** Dès lors que les statuts prévoyant les modalités de révocation du président n'envisagent pas la révocation judiciaire, celle-ci ne peut être demandée : ■ CA Versailles, 17 sept. 2013, n° 11/08075 : *Dr. sociétés* 2014, n° 66, obs. M. Roussille.

e) **Clause d'indemnisation.** La clause d'indemnisation en cas de révocation souscrite alors que la société était encore une SA est illicite comme portant atteinte à la révocabilité *ad nutum* du mandataire social et ne peut recevoir application malgré la transformation de la société en SAS : ■ Cass. com., 15 nov. 2011, n° 09-10.893 : *BJS* 2012, p. 122, note A. Couret ; *Dr. sociétés* 2012, n° 43, obs. D. Gallois-Cochet ; *JCP* E 2012, note A. Viandier ; *Rev. sociétés* 2012, p. 234, note B. Dondero. – Dès lors que les statuts prévoient la révocation *ad nutum* du dirigeant, et sans indemnité sauf décision dérogatoire, la décision d'allouer une telle indemnité prise au bénéfice d'un dirigeant déterminé constitue une décision individuelle dont ne peut se prévaloir un autre dirigeant : ■ Cass. com., 17 mars 2015, n° 14-10.987 : *Rev. sociétés* 2016, p. 38, note M. Rakotovahiny.

f) **Respect du formalisme dans la SASU.** V. sous C. com., art. L. 227-1, annot. n° 5, p. 392.

7) Rémunération du président. *a)* **Exclusion de la fixation judiciaire.** Le fait que les associés aient dans un premier temps refusé d'accorder au président une rémunération alors que celle-ci est prévue par les statuts n'a pas pour conséquence, après que le droit à rémunération du président ait été judiciairement reconnu, de dessaisir au profit du juge les associés légalement ou statutairement compétents pour fixer cette rémunération : ■ Cass. com., 17 déc. 2013, n° 12-27213 : *BJS* 2014, p. 147, note B. Dondero.

b) **Montant de la rémunération.** L'associé unique pouvant délibérer sans forme et sans délai sur la rémunération du président de la société, le montant de cette rémunération peut être très faible dès lors que, décidée par l'organe compétent, elle est justifiée par la pratique du groupe de confier à des salariés des mandats sociaux dans ses filiales sans leur allouer de rémunération, et alors qu'il n'en résultait pas un accroissement significatif du travail accompli comme salarié : ■ CA Versailles, 27 sept. 2012, n° 11/08607 : *Dr. sociétés* 2013, n° 65, obs. D. Gallois-Cochet. – V. sur la même affaire : ■ CA Versailles, 17 juin 2010, n° 08-02.252 : *Dr. sociétés* 2011, n° 9, obs. D. Gallois-Cochet. – V. rejetant le pourvoi, ■ Cass. com., 17 déc. 2013, n° 12-27.213 : *Rev. sociétés* 2014, p. 507, note L. Godon.

8) Convention de management. À la différence de la jurisprudence applicable aux SA (V. sous C. com., art. L. 225-53, annot. n° 3, p. 288), l'article L. 227-5 renvoyant aux statuts le soin de déterminer les conditions dans lesquelles est dirigée la SAS, dès lors que les statuts de la société prévoient seulement les modalités de désignation du président, éventuellement assisté d'un vice-président, ces statuts ne font pas obstacle à ce que la société confie sa direction générale à une société tierce par la voie d'une convention de prestation de services : ■ Cass. com., 24 nov. 2015, n° 14-19.685 : *BJS* 2016, p. 137, note P. Le Cannu ; *Dr. sociétés* 2016, n° 60, obs. D. Gallois-Cochet ; *JCP* 2016, 1018, note B. Dondero ; *Rev. sociétés* 2016, p. 443, note L. Godon.

Art. L. 227-6 ***(Anc. L. n° 66-537, 24 juill. 1966 ; mod., L. n° 2003-706, 1er août 2003).*** **– La société est représentée à l'égard des tiers par un président désigné dans les conditions prévues par les statuts. Le président est investi des pouvoirs les plus étendus pour agir en toute circonstance au nom de la société dans la limite de l'objet social.**

Dans les rapports avec les tiers, la société est engagée même par les actes du président qui ne relèvent pas de l'objet social, à moins qu'elle ne prouve que le tiers savait que l'acte dépassait cet objet ou qu'il ne pouvait l'ignorer compte tenu des circonstances, étant exclu que la seule publication des statuts suffise à constituer cette preuve.

Les statuts peuvent prévoir les conditions dans lesquelles une ou plusieurs personnes autres que le président, portant le titre de directeur général ou de directeur général délégué, peuvent exercer les pouvoirs confiés à ce dernier par le présent article.

Les dispositions statutaires limitant les pouvoirs du président sont inopposables aux tiers.

Bibliographie : Ph. Didier, *L'avenir des pouvoirs du président de la SAS après la loi NRE : LPA* 12 juill. 2002. • J.-Cl. Hallouin, *Le monopole de représentation du président de la société par actions simplifiée : D.* 2002, p. 2922. • P. Roux, *La responsabilité du président dans la société par actions simplifiée : BJS* 1996, p. 905. • J.-L. Perin, *Direction et représentation de la SAS : état des lieux après la loi de sécurité financière : JCP* E 2004, 332.

1) Solutions antérieures à la modification introduite par la loi du 1er août 2003. Il résulte des dispositions de l'article L. 227-6 que la société par actions simplifiée est représentée, à l'égard des tiers, par son seul président : ■ Cass. com., 2 juill. 2002 : *Dr. sociétés* 2002, n° 179, obs. J. Monnet ; *BJS* 2002, p. 967, note A. Couret ; *D.* 2002, act. jurispr. p. 2263, obs. A. Lienhard ; *JCP* E 2002, n° 1639, p. 1814, n° 7, obs. J.-J. Caussain, Fl. Deboissy et G. Wicker ; *JCP* E 2002, 1844, note B. Dondero. – Admettant la possibilité d'une délégation, statutaire ou conventionnelle, du pouvoir de représentation du président, représentant légal de la société : Rép. min. Justice n° 3417 : *JOAN* Q, 19 déc. 2002, p. 3165 ; *D.* 2003, p. 50 ; *JCP* E 2003, act., p. 132. – Sur les conséquences en matière d'ISF, voir sous C. com., art. L. 227-5, annot. n° 3, p. 394.

2) Dépassement de l'objet social. De la même façon que pour son président, la SAS n'est pas engagée par les actes de son directeur général, qui est un représentant légal, dépassant l'objet social dès lors que le tiers contractant en a eu connaissance : ■ CA Orléans, 24 nov. 2011, n° 10/03266 : *Dr. sociétés* 2012, n° 122, obs. D. Gallois-Cochet.

3) La contrariété à l'intérêt social ne constitue pas, par elle-même, une cause de nullité des engagements souscrits par le président : ■ Cass. com., 19 sept. 2018, n° 17-17.600 : *BJS* 2018, p. 627, note J.-J. Barbièri ; *Dr. sociétés* 2018, n° 207, obs. J. Heinich ; *JCP* E 2019, 1145, n° 7, obs. J.-Ch. Pagnucco.

4) Coprésidents. V. l'opinion [discutable] selon laquelle doit être exclue la possibilité d'une coprésidence : RCS, comité de coordination, avis n° 2013-027, 4 oct. 2013 : *Dr. sociétés* 2014, n° 11, obs. M. Roussille.

5) Représentant permanent du président personne morale. Dans le silence de la loi, la liberté d'organisation posée à l'article L. 227-5 concernant l'organisation par les statuts des conditions de la direction de la SAS, autorise, pour autant que les statuts le prévoient, la désignation par le président personne morale d'un représentant permanent auquel ses pouvoirs sont délégués : ■ CA Caen, 23 févr. 2017, n° 16/20256 : *BJS* 2017, p. 227, note P.-L. Perrin.

6) Désignation d'un directeur général ou d'un directeur général délégué.

a) **Dénomination légale du délégataire statutaire.** L'article L. 227-6 issu de la loi du 1er août 2003 permet une délégation statutaire du pouvoir de représentation au profit des personnes portant le titre de directeur général ou de directeur général délégué ; par conséquent, les sociétés ayant prévu une délégation du pouvoir de représentation de la société doivent modifier leurs statuts afin de se mettre en conformité avec la terminologie employée dans la loi : Rép. min. n° 32972 : *JOAN* Q, 30 mars 2004, p. 2687 ; *D.* 2004, p. 1007.

b) **Conditions de la délégation des pouvoirs du président.** Lorsque les statuts prévoient seulement la nomination d'un directeur général, sur proposition du président et par décision ordinaire des associés, dont les pouvoirs devront alors être déterminés par les associés en accord avec le président, la seule publication de la décision de l'assemblée générale extraordinaire désignant un directeur général et lui attribuant les mêmes pouvoirs qu'au président est insuffisante à rendre ces pouvoirs opposables aux tiers dès lors que cette disposition n'a pas été reprise dans la mise à jour des statuts intervenue ultérieurement : ▪ Cass. com., 3 juin 2008, n° 07-14.457 : *BJS* 2008, p. 877, note P. Le Cannu ; *Rev. sociétés* 2009, p. 612, note P. Le Cannu, rejetant le pourvoi dirigé contre ▪ CA Paris, 21 mars 2007 : *BJS* 2007, p. 1083. ▪ Cass. com., 14 déc. 2010, n° 09-71.712, PB : *BJS* 2011, p. 171, note D. Poracchia ; *Dr. sociétés* 2011, n° 52, obs. D. Gallois-Cochet. – Les pouvoirs du président de la SAS ne peuvent être confiés à des directeurs généraux ou directeurs généraux délégués qu'à la double condition que cette délégation soit prévue par les statuts et déclarée au RCS avec mention sur l'extrait K *bis* : ▪ CA Versailles, 24 sept. 2009 : *BJS* 2010, p. 37, note A. Couret ; *Dr. sociétés* 2010, n° 91, obs. D. Gallois-Cochet.

7) Pouvoirs du directeur général ou du directeur général délégué.

a) **Pouvoirs légaux du directeur général ou directeur général délégué.** Il résulte des dispositions de l'article L. 227-6 du Code de commerce, lesquelles doivent être mises en œuvre à la lumière de celles de l'article 10 de la directive 2009/ 101 du Parlement européen et du Conseil du 16 septembre 2009, que les tiers peuvent se prévaloir à l'égard d'une SAS des engagements pris pour le compte de cette dernière par une personne portant le titre de directeur général ou de directeur général délégué de la société, de sorte que ne peut leur être opposé le dépassement de ses pouvoirs statutaires : ▪ Cass. com., 9 juill. 2013, n° 12-22.627, PB : *BJS* 2013, p. 641, note N. Ferrier ; *JCP* E 2013, 1558, note D. Gallois-Cochet. – *Adde* D. Gallois-Cochet, *L'invocabilité par les tiers des clauses limitant les pouvoirs des dirigeants sociaux : Mél. M. Germain*, LexisNexis-Lextenso 2015, p. 325.

b) **Pouvoir de déclarer les créances.** Peut valablement déclarer les créances au nom d'une SAS le directeur général délégué qui, nommé par le conseil d'administration conformément aux statuts, a été investi par cet organe du pouvoir de déclarer les créances, alors même que les statuts ne précisaient pas les pouvoirs de représentation liés à ces fonctions : ▪ Cass. com., 21 juin 2011, n° 10-20.878, PB : *BJS* 2011, p. 867, note J.-P. Legros ; *Dr. sociétés* 2011, n° 174, obs. D. Gallois-Cochet ; *JCP* E 2011, 1826, n° 6, obs. Fl. Deboissy et G. Wicker ; *Rev. sociétés* 2012, p. 169, note L. Godon.

c) **Défaut de pouvoir.** Étant admis que le directeur général n'avait pas le pouvoir de représenter la société, le fait que celle-ci ait déclaré agir en poursuites et diligences de son directeur général ne suffit pas à rendre recevable la déclaration d'appel effectuée par celui-ci : ▪ Cass. 2e civ., 4 juin 2009, n° 08-18.256 : *BJS* 2010, p. 39, note A. Couret.

d) **Droit de veto du président.** V. sous C. com., art. L. 227-5, annot. n° 5, p. 394.

8) Motivation de la révocation du directeur général. S'agissant d'une clause statutaire subordonnant la révocation du directeur général à un motif grave, la société ayant fait valoir dans ses conclusions que la motivation de la révocation avait été donnée par écrit, elle ne peut sans se contredire reprocher aux juges de n'avoir pris en considération que les seuls griefs exposés dans cet écrit : ▪ Cass. com., 15 nov. 2011, n° 10-20.544 : *Dr. sociétés* 2012, n° 27, obs. D. Gallois-Cochet.

9) Délégation et subdélégation de pouvoirs extrastatutaire. *a)* **Principe.** L'article L. 227-6 n'interdit pas au président d'une SAS de confier un mandat spécial pour représenter la société pour l'accomplissement d'un acte déterminé : ▪ Cass. soc., 18 mai 2011, n° 10-60.273, PBRI : *Rev. sociétés* 2012, p. 169, note L. Godon.

b) **Action en justice.** Dès lors que le président a délégué au directeur juridique de la société le pouvoir d'autoriser tout salarié permanent de cette société à la représenter dans toute instance de sécurité sociale la concernant, et que ce directeur a ensuite donné pouvoir à un salarié permanent pour ester en justice au nom de la société, ce salarié est habile à représenter la société devant la juridiction de sécurité sociale et la saisir d'un recours : ▪ Cass. 2e civ., 9 juill. 2009, n° 08-15.085 : *BJS* 2009, p. 1091, note N. Ferrier. – V. égal. ▪ Cass. crim., 23 nov. 2010, n° 10-83.633 : *Dr. sociétés* 2011, n° 61, obs. R. Salomon. – Aucun texte n'exige que le pouvoir donné à un préposé pour agir en justice ait date certaine, et il suffit que cet acte soit produit avant que le juge statue, de sorte qu'il importe peu qu'il soit allégué que le pouvoir n'ait été donné qu'après que l'action ait été engagée : ▪ Cass. com., 25 nov. 2014, nos 13-18.195 et 13-25.098.

c) **Licenciement et embauche.** Si la SAS est représentée à l'égard des tiers par son président et, si ses statuts le prévoient, par un directeur général ou un directeur général délégué dont la nomination est soumise à publicité, cette règle n'exclut pas la possibilité, pour ces représentants légaux, de déléguer les pouvoirs d'effectuer des actes déterminés tel que celui d'engager ou de licencier les salariés de l'entreprise, cette délégation pouvant être tacite et découler des fonctions du salarié qui conduit la procédure de licenciement ; en outre, en cas de dépassement de pouvoirs par le mandataire, le mandant est tenu de l'acte de celui-ci s'il l'a ratifié expressément ou tacitement : ▪ Cass. ch. mixte, 19 nov. 2010, nos 10-10.095 et 10-30.215, PBRI : *D.* 2010, p. 123, note V. Vigneau, p. 314, note A. Outin-Adam et M. Canaple et p. 344, note F. Marmoz ; *Dr. sociétés* janv. 2011, études 2 et 30, obs. D. Gallois-Cochet ; *JCP* E 2010, 2049, note A. Couret et B. Dondero ; *Rev. sociétés* 2011, p. 34, note P. Le

Cannu. ▪ Cass. soc., 7 juin 2011, n° 10-16.682, PBRI : *BJS* 2011, p. 766, note P.-L. Perin. – V. même solution pour le licenciement, ▪ Cass. soc., 15 déc. 2010, n° 09-40.492 : *Rev. sociétés* 2011, p. 100, obs. A. Lienhard. ▪ Cass. soc., 26 janv. 2011, n° 08-43.475, PB : *D.* 2011, p. 375, obs. A. Lienhard. ▪ Cass. soc., 2 mars 2011, n° 10-11.957. ▪ Cass. soc., 4 mai 2011, n° 10-11.872 : *BJS* 2011, p. 666, note N. Ferrier, précisant en outre que la délégation n'a pas à être mentionnée au RCS. ▪ Cass. soc., 5 mai 2011, n° 09-72.924 : *BJS* 2011, p. 666, note N. Ferrier, précisant en outre que rien n'exige que la délégation ait date certaine ou ait été portée à la connaissance des salariés. ▪ Cass. soc., 7 juin 2011, n° 10-15.847. ▪ Cass. soc., 5 juill. 2011, n°s 10-21.161 et 10-23.257 : *BJS* 2011, p. 870, note G. Kessler et J. Schinkel. – Même solution pour l'embauche, ▪ Cass. soc., 15 déc. 2010, n° 09-42.642 : *Rev. sociétés* 2011, p. 100, obs. A. Lienhard. – V. s'agissant du licenciement prononcé par la gérante de la SARL président la SAS : ▪ Cass. soc., 27 janv. 2016, n° 13-26.761 : *BJS* 2016, p. 333, note N. Ferrier ; *JCP* E 2016, 1185, note F. Duquesne. – *Adde* G. Auzero, *L'exercice du pouvoir de licencier : Dr. social* 2010, p. 289. – G. Auzero et N. Ferrier, *La délégation du pouvoir de licencier dans les SAS (et autres groupements personnifiés) : RJS* 2-2011, p. 83. – A. Coeuret et F. Duquesne, *La délégation du pouvoir de licencier : dernières avancées jurisprudentielles : JCP* E 2011, 1397. – Th. Delmasso et A. Bourcereau, *Mandats de gestion et délégations de pouvoirs, une nécessaire distinction : JCP* E 2010, 1599. – F. Broud et S. Usunier, *La validité des lettres de licenciement au sein des SAS : JCP* E 2010, 1205.

d) **Délégation conjointe.** V. s'agissant de la délégation consentie par le directeur général conjointement au directeur et au responsable administratif de la société du pouvoir de licencier : ▪ Cass. soc., 13 mars 2013, n° 11-23.761 : *BJS* 2013, p. 313, note N. Ferrier.

10) Mandataire *ad hoc*. Lorsque le président d'une SAS est frappé d'une interdiction de gérer, la SAS est valablement représentée par le mandataire *ad hoc* régulièrement désigné ayant reçu mission de représenter légalement la société : ▪ Cass. com., 7 nov. 2006, n° 05-14.712 : *BJS* 2007, p. 244, note F.-X. Lucas.

11) Clause limitative de pouvoirs. En ce qu'elle constitue une condition essentielle du consentement de la société, l'autorisation préalable du conseil de surveillance exigée par les statuts pour toute convention intervenant entre la société et un membre du directoire doit s'analyser comme une clause limitative des pouvoirs du directoire, laquelle est opposable à ses membres, qui ne sont pas des tiers à la société, et qui donc peuvent se voir opposer la nullité résultant du défaut de cette autorisation préalable : ▪ Cass. com., 4 nov. 2008, n° 07-18.622, rejetant le pourvoi dirigé contre, ▪ CA Paris, 12 juin 2007 : *BJS* 2007, p. 1341, note P. Le Cannu ; *Dr. sociétés* 2007, n° 220, obs. H. Hovasse ; *JCP* E 2007, 2161.

12) Responsabilité du représentant légal. Jugé à propos de la responsabilité pécuniaire relative à une infraction routière que la responsabilité du représentant légal de la SAS s'entend de la responsabilité du seul président à l'exclusion des autres dirigeants de droit : ▪ Cass. crim., 2 mars 2011, n° 10-87.729.

Art. L. 227-7 *(Anc. L. n° 66-537, 24 juill. 1966).* **– Lorsqu'une personne morale est nommée président ou dirigeant d'une société par actions simplifiée, les dirigeants de ladite personne morale sont soumis aux mêmes conditions et obligations et encourent les mêmes responsabilités civile et pénale que s'ils étaient président ou dirigeant en leur nom propre, sans préjudice de la responsabilité solidaire de la personne morale qu'ils dirigent.**

Bibliographie : J. Paillusseau, *La non-responsabilité pénale des dirigeants personnes morales : D. affaires* 2000, n° 44, p. 3.

1) Inscription au RCS. Bien qu'aucun texte ne le prévoie, une SAS peut demander au greffe l'insertion au RCS de la mention de l'identité de la personne physique représentant permanent de son président personne morale : ▪ CA Poitiers, 20 sept. 2011, n° 11/02212 : *Dr. sociétés* 2012, n° 2101, obs. D. Gallois-Cochet. ▪ CA Paris, 1er juill. 2014, n° 14/04247 : *Dr. sociétés* 2014, n° 165, obs. D. Gallois-Cochet ; *Rev. sociétés* 2015, p. 108, note L. Godon.

2) Carte de commerçant étranger. Le dirigeant légal de la personne morale présidente d'une SAS n'est pas tenue d'obtenir la carte d'identité de commerçant étranger lorsque le pouvoir de diriger, de gérer ou d'engager la personne morale à titre habituel a été délégué par décision des représentants légaux de cette personne morale ; seul le délégataire doit être titulaire de cette carte : ▪ CA Paris, 28 juin 2002 : *D.* 2002, act. jurispr. p. 2608 ; *BJS* 2002, p. 1235, note A. Couret.

Art. L. 227-8 *(Anc. L. n° 66-537, 24 juill. 1966).* **– Les règles fixant la responsabilité des membres du conseil d'administration et du directoire des sociétés anonymes sont applicables au président et aux dirigeants de la société par actions simplifiée.**

Voir : Dirigeants de SA, C. com., art. L. 225-249 et s., p. 377.

Bibliographie : H. Aubry, *La responsabilité des dirigeants dans la société par actions simplifiée : Rev. sociétés* 2005, p. 793 et s.

1) Responsabilité des membres du conseil de surveillance. V. sur l'exigence d'une faute séparable de leurs fonctions : ▪ Cass. com., 4 nov. 2014, n° 13-20.158 : *Dr. sociétés* 2015, n° 8, obs. M. Roussille. – V. sur l'exigence d'une faute d'une particulière gravité : ▪ Cass. com., 20 déc. 2017, n° 16-16.015 : *Dr. sociétés* 2018, n° 45, obs. J. Heinich ; *Rev. sociétés* 2018, p. 319, note T. de Ravel d'Esclapon.

2) Dirigeant de fait. La prescription triennale prévue par l'article L. 225-254 n'est pas applicable à l'action dirigée contre le dirigeant de fait d'une SAS : ▪ CA Versailles, 3 avr. 2014, n° 12/05988 : *JCP* E 2014, 1428.

Art. L. 227-9 *(Anc. L. n° 66-537, 24 juill. 1966 ; mod., L. n° 2001-420, 15 mai 2001 ; L. n° 2008-776, 4 août 2008).* **– Les statuts déterminent les décisions qui doivent être prises collectivement par les associés dans les formes et conditions qu'ils prévoient.**

Toutefois, les attributions dévolues aux assemblées générales extraordinaires et ordinaires des sociétés anonymes, en matière d'augmentation, d'amortissement ou de réduction de capital, de fusion, de scission, de dissolution, de transformation en une société d'une autre forme, de nomination de commissaires aux comptes, de comptes annuels et de bénéfices sont, dans les conditions prévues par les statuts, exercées collectivement par les associés.

Dans les sociétés ne comprenant qu'un seul associé, le rapport de gestion, les comptes annuels et le cas échéant les comptes consolidés sont arrêtés par le président. L'associé unique approuve les comptes, après rapport du commissaire aux comptes s'il en existe un, dans le délai de six mois à compter de la clôture de l'exercice. L'associé unique ne peut déléguer ses pouvoirs. Ses décisions sont répertoriées dans un registre. Lorsque l'associé unique, personne physique, assume personnellement la présidence de la société, le dépôt, dans le même délai, au registre du commerce et des sociétés de l'inventaire et des comptes annuels dûment signés vaut approbation des comptes sans que l'associé unique ait à porter au registre prévu à la phrase précédente le récépissé délivré par le greffe du tribunal de commerce.

Les décisions prises en violation des dispositions du présent article peuvent être annulées à la demande de tout intéressé.

Voir : Nomination du liquidateur, C. com., art. L. 227-18, p. 403. – **Approbation des comptes annuels établis par le liquidateur,** C. com., art. L. 237-27, p. 561. – **Sanctions pénales,** C. com., art. L. 244-2, p. 596.

Bibliographie : A. Bougnoux, *L'approbation des comptes annuels d'une SAS : JCP* E 2001, p. 18. • M. Jeantin, *Les associés de la SAS : Rev. sociétés* 1994, p. 239. • J. Paillusseau, *L'alerte du commissaire aux comptes dans la SAS : JCP* G 2000, I, 262. • A. Theimer, *Les décisions collectives dans les SAS ayant un comité d'entreprise doivent-elles être prises en assemblée ? : JCP* E 2003, 661 ; *Les nouvelles prérogatives du comité d'entreprise lors de la prise de décisions collectives dans les SAS : JCP* E 2009, 2476. • S. de Vendeuil, *Approbation des comptes des sociétés par actions simplifiées : JCP* E 2004, 972.

1) Sanction de la violation des règles statutaires. V. sous C. com., art. L. 235-1, annot. n° 2, p. 522.

2) Droit d'information des associés. Le droit d'information des associés étant un principe général du droit des sociétés qui impose de donner connaissance aux associés des sujets sur lesquels ils sont amenés à voter des résolutions en assemblée afin qu'ils puissent apprécier la portée de leur vote et exprimer un choix éclairé, doit être annulée la résolution relative à la modification de la répartition des droits de vote qui ne figurait pas à l'ordre du jour : ▪ CA Limoges, 28 mars 2012, n° 10/00576 : *BJS* 2012, p. 623, note M. Germain et P.-L. Périn.

3) Convocation de l'assemblée par un mandataire *ad hoc*. S'agissant de désigner un mandataire *ad hoc* pour convoquer l'assemblée générale de la société, le seul fait que le président, statutairement compétent, ait refusé d'y procéder après mise en demeure ne suffit pas à justifier que la mesure sollicitée sur requête ne soit pas prise contradictoirement : ▪ Cass. com., 25 mars 2014, n° 13-16.089 : *Dr. sociétés* 2014, n° 127, obs. D. Gallois-Cochet.

4) Représentation de l'associé personne morale aux assemblées. Un associé personne morale représenté par un mandataire habilité devant par là-même être considéré comme étant présent à l'assemblée générale, n'est pas applicable la clause des statuts de la SAS stipulant qu'un associé ne peut être représenté que par un autre associé : ▪ Cass. com., 5 juill. 2017, n° 15-22.936 : *BRDA* 17/17, n° 2 ; *Dr. sociétés* 2017, n° 187, obs. C. Coupet ; *JCP* E 2017, 1628, note J. Delvallée et *JCP* E 2018, 1174, n° 2, obs. Fl. Deboissy et G. Wicker.

5) Délai de convocation de l'assemblée. Lors même que les statuts autorisent une convocation de l'assemblée sans délai, la validité de l'assemblée suppose néanmoins que les associés aient eu la possibilité matérielle d'être présents ou représentés, à défaut de quoi il y a lieu à nullité, celle-ci pouvant toutefois être régularisée en l'absence de fraude : ■ CA Paris, 26 mai 2016, n° 15/04421 : *BJS* 2017, p. 180, note P.-L. Perrin ; *Dr. sociétés* 2016, n° 188, note C. Coupet.

6) Répartition des droits de vote et règles de quorum. Lors même que les statuts prévoient une répartition dérogatoire des droits de vote, cette répartition dérogatoire est en elle-même sans effet s'agissant d'apprécier le quorum fixé par les statuts à un pourcentage des actions ayant droit de vote, et non des droits de vote eux-mêmes : ■ Cass. com., 5 mai 2009, PB, n° 08-17.831 : *Dr. sociétés* 2009, n° 138, obs. D. Gallois-Cochet ; *JCP* E 2009, n° 1767, n° 6, obs. Fl. Deboissy et G. Wicker et 1881, note F. Pasqualini ; *Rev. sociétés* 2009, p. 613, note P. Le Cannu, rejetant le pourvoi contre ■ CA Paris, 18 juin 2008 : *BJS* 2009, p. 385, note L. Godon ; *JCP* E 2008, 2399, note R. Mortier.

7) Modification statutaire de la date de clôture de l'exercice social. La clause statutaire prévoyant une date alternative de clôture de l'exercice social d'une SAS n'est pas conforme aux prescriptions de l'article 8 du Code de commerce [V. *infra, C. com., art. L. 123-12*] : ■ CA Paris, 21 mars 2000 : *BJS* 2000, p. 966, note J.-M. Bahans et D. Lencou ; *RJDA* 2000, n° 876.

8) Augmentation de capital. *a)* En l'absence du rapport du président de la SAS, la décision d'augmenter le capital est nulle *[C. com., art. L. 225-129-5 nouveau, applicable par renvoi de l'article L. 227-1]* : ■ T. com. Paris, 25 nov. 2003 : *BJS* 2004, p. 376, note B. Saintourens.

b) **Augmentation de capital réservée aux salariés.** L'article L. 225-129-6 du Code de commerce est applicable à la SAS : Rép., min. 3 janv. 2008, n° 59 : *JO Sénat Q*, p. 38. – *Adde* P. Mudet, *Augmentation de capital réservée aux salariés de SAS* : *BJS* 2008, p. 550.

9) L'obligation pour les SA de déposer le **rapport spécial du commissaire aux comptes sur les procédures de contrôle interne** *[C. com., art. L. 225-37 et L. 225-68]* lors du dépôt des comptes au greffe *[C. com., art. L. 232-23]* ne s'applique pas aux SAS : Comité coordination RCS, 25 mars et 23 juin 2004 : *Bull. RCS* 2004, n° 25, p. 27.

Art. L. 227-9-1 *(L. n° 2008-776, 4 août 2008)*. **– Les associés peuvent nommer un ou plusieurs commissaires aux comptes dans les conditions prévues à l'article L. 227-9.**

Sont tenues de désigner au moins un commissaire aux comptes les sociétés par actions simplifiées qui dépassent, à la clôture d'un exercice social, deux des seuils suivants, fixés par décret ***(Mots suppr. à compter de la date prévue au II de l'article 20 de la loi n° 2019-486 du 22 mai 2019 et au plus tard le 1er septembre 2019, L. n° 2019-486, 22 mai 2019)*** **« ... » : le total de leur bilan, le montant de leur chiffre d'affaires hors taxe ou le nombre moyen de leurs salariés au cours de l'exercice.**

Sont également tenues de désigner au moins un commissaire aux comptes les sociétés par actions simplifiées qui contrôlent, au sens des II et III de l'article L. 233-16, une ou plusieurs sociétés, ou qui sont contrôlées, au sens des mêmes II et III, par une ou plusieurs sociétés.

Même si les conditions prévues aux deux alinéas précédents ne sont pas atteintes, la nomination d'un commissaire aux comptes peut être demandée en justice par un ou plusieurs associés représentant au moins le dixième du capital.

Voir : la rédaction de cet article issue de l'ordonnance n° 2019-744 du 19 juillet 2019, en *addendum*, p. 3371.

Voir : Seuils de dispense de commissariat aux comptes, C. com., art. R. 227-1, p. 668.

Bibliographie : T. Granier, *Le commissaire aux comptes dans la société par actions simplifiée* : *BJS* 2008, p. 236.

1) Situation de contrôle. Selon la CNCC, si la société est en situation de contrôle à la date de tenue de l'assemblée, il y a obligation de nommer un commissaire aux comptes, dont le mandat est de six ans même si la situation de contrôle disparaît ; en revanche, il n'y a pas lieu de nommer un commissaire aux comptes si la situation de contrôle, qui existait à l'ouverture de l'exercice, ne subsiste plus à la date de tenue de l'assemblée : *Bull. CNCC* mars 2012, n° 165, § 22 ; *Dr. sociétés* 2012, n° 142, obs. D. Gallois-Cochet.

2) La dispense de commissariat aux comptes en deçà des seuils prévus par l'article L. 227-9-1, alinéa 2, ne s'applique pas aux mandats en cours au 1er janvier 2009, date de l'entrée en vigueur de cette disposition : Rép. min. Justice, n° 51180 : *JOAN Q*, 15 sept. 2009, p. 8854 ; *Dr. sociétés* 2009, n° 204, obs. D. Gallois-Cochet.

3) Pour apprécier le dépassement des seuils rendant obligatoire la désignation d'un commissaire aux comptes dans une SAS issue de la transformation d'une SARL, il convient de prendre en compte le dernier exercice clos de la SARL avant sa transformation, quand bien même il serait acquis que ces seuils ne seront pas dépassés pour l'exercice au cours duquel intervient la transformation : *Bull. CNCC* mars 2014, p. 92 ; *Dr. sociétés* 2014, n° 148, obs. D. Gallois-Cochet.

Art. L. 227-10 *(Anc. L. n° 66-537, 24 juill. 1966 ; mod., L. n° 2001-420, 15 mai 2001 ; L. n° 2003-706, 1er août 2003 ; L. n° 2008-776, 4 août 2008).* **– Le commissaire aux comptes ou, s'il n'en a pas été désigné, le président de la société présente aux associés un rapport sur les conventions intervenues directement ou par personne interposée entre la société et son président, l'un de ses dirigeants, l'un de ses actionnaires disposant d'une fraction des droits de vote supérieure à 10 % ou, s'il s'agit d'une société actionnaire, la société la contrôlant au sens de l'article L. 233-3.**

Les associés statuent sur ce rapport.

Les conventions non approuvées, produisent néanmoins leurs effets, à charge pour la personne intéressée et éventuellement pour le président et les autres dirigeants d'en supporter les conséquences dommageables pour la société.

Par dérogation aux dispositions du premier alinéa, lorsque la société ne comprend qu'un seul associé, il est seulement fait mention au registre des décisions des conventions intervenues directement ou par personnes interposées entre la société et son dirigeant *(Mots aj., Ord. n° 2017-747, 4 mai 2017)* **« , son associé unique ou, s'il s'agit d'une société actionnaire, la société la contrôlant au sens de l'article L. 233-3 ».**

Voir : Rappr. C. com., art. L. 225-40, al. 3, p. 272 et L. 225-41, p. 273.

Bibliographie : P.-L. Perin, *Nouvelles remarques sur le contrôle des conventions entre la société et ses dirigeants : BJS* 1999, p. 1143. • Ch. Goyet, *Remarques sur la réglementation des conventions dans la SAS unipersonnelle : D. affaires* 1999, n° 37, p. 3. • V. Medail et P. Vergnole, *La SAS unipersonnelle : difficulté de mise en œuvre du contrôle des conventions réglementées : Dr. sociétés* avr. 2000, p. 3.

1) Domaine.

a) **Exclusion de la rémunération des dirigeants.** La rémunération d'un dirigeant déterminée en application des statuts n'a pas à être soumise à la procédure des conventions réglementées : ▪ CA Bastia, 24 juill. 2013, n° 11/00755 : *Dr. sociétés* 2014, n° 10, obs. M. Roussille ; *Rev. sociétés* 2014, p. 47, note M. Caffin-Moi. Confirmé par ▪ Cass. com., 4 nov. 2014, n° 13-24.889, PB : *BJS* 2015, p. 13, note P.-L. Perrin ; *Dr. sociétés* 2015, n° 7, obs. D. Gallois-Cochet ; *JCP* E 2015, 1012, note J. de Calbiac ; *Rev. sociétés* 2015, p. 108, note L. Godon. – De même que la rémunération ou les compléments de rémunération, la convention passée avant l'entrée en fonctions du dirigeant et ayant pour objet son indemnité de départ n'est pas soumise à la procédure des conventions réglementées, dans la mesure où elle est liée à cette entrée en fonctions : ▪ CA Versailles, 25 nov. 2014, n° 13/01849 : *Dr. sociétés* 2014, n° 30, obs. M. Roussille.

b) Sauf disposition contraire des statuts, l'obligation pour le commissaire aux comptes de rédiger un rapport ne vaut que pour les **conventions conclues au cours de l'exercice**, et non pour celles passées au titre d'exercices antérieurs, quand bien même elles produiraient encore des effets juridiques : Rép. min. n° 56015 : *JOAN Q*, 5 avr. 2005, p. 3542 : *D.* 2005, p. 1019 ; *BJS* 2005, p. 544.

2) Conséquences du défaut d'approbation.

a) **Conséquences dommageables.** V. ▪ CA Versailles, 31 mai 2012, n° 10/04722 : *Dr. sociétés* 2013, n° 29, obs. M. Roussille.

b) **Limites à l'efficacité des conventions non approuvées.** Si les conventions non approuvées produisent leurs effets, elles ne peuvent néanmoins avoir pour conséquence de modifier les statuts de la société, de sorte que les clauses contraires aux statuts [indemnités de révocation] ne peuvent recevoir application : ▪ CA Paris, 1er mars 2011, n° 10/24266 : *BJS* 2011, p. 484, note P.-L. Périn.

3) Remboursement de frais. L'ex-dirigeant ne peut obtenir le remboursement de frais qui n'ont pas été engagés dans le cadre de ses fonctions dirigeantes dès lors qu'il n'est pas établi que ces frais correspondent à une mission particulière et rémunérée qui lui aurait été confiée, laquelle aurait dû, en tant que convention réglementée, faire l'objet d'un contrat écrit, d'une approbation du conseil de surveillance et d'une mention dans le rapport du commissaire aux comptes : ▪ Cass. com., 4 oct. 2011, n° 10-20.745 : *BJS* 2012, p. 25, note E. Mouial Bassilana.

4) Responsabilité du commissaire aux comptes. Les conventions non approuvées produisant néanmoins leurs effets, à charge notamment pour le dirigeant d'en supporter les conséquences dommageables, les manquements du commissaire aux comptes dans la présentation de son rapport spécial, dont il n'est pas soutenu qu'ils sont à l'origine de la perte d'une chance de ne pas approuver les conventions litigieuses, ne peuvent être la cause du préjudice né de la conclusion de ces conventions : ▪ Cass. com., 26 févr. 2013, n° 11-22.531, PB : *BJS* 2013, p. 330, note J.-F. Barbièri ; *Dr. sociétés* 2013, n° 82, obs. D. Gallois-Cochet ; *JCP* E 2013, n° 1182, note B. Dondero ; *Rev. sociétés* 2013, p. 288, note D. Schmidt.

Art. L. 227-11 *(Anc. L. n° 66-537, 24 juill. 1966 ; rempl., L. n° 2001-420, 15 mai 2001 ; mod., L. n° 2003-706, 1er août 2003 ; rempl., L. n° 2011-525, 17 mai 2011).* **– L'article L. 227-10 n'est pas applicable aux conventions portant sur des opérations courantes et conclues à des conditions normales.**

Voir : Rappr. C. com., art. L. 225-39, p. 270, L. 225-87, p. 310 et L. 225-115, p. 333.

Art. L. 227-12 *(Anc. L. n° 66-537, 24 juill. 1966).* **– Les interdictions prévues à l'article L. 225-43 s'appliquent, dans les conditions déterminées par cet article, au président et aux dirigeants de la société.**

Art. L. 227-13 *(Anc. L. n° 66-537, 24 juill. 1966).* **– Les statuts de la société peuvent prévoir l'inaliénabilité des actions pour une durée n'excédant pas dix ans.**

Pendant la durée d'inaliénabilité des actions, l'associé ne pouvant se retirer ne peut prétendre être titulaire d'une créance contre la société, permettant le jeu de la compensation avec sa dette d'apport : ■ CA Douai, 6 sept. 2012, n° 10/06594 : *Dr. sociétés* 2013, n° 49, obs. M. Roussille.

Art. L. 227-14 *(Anc. L. n° 66-537, 24 juill. 1966).* **– Les statuts peuvent soumettre toute cession d'actions à l'agrément préalable de la société.**

Les actions objet d'un prêt de consommation devenant la propriété de l'emprunteur, le prêt d'actions doit être soumis à la clause statutaire d'agrément qui définit la cession comme tout transfert de la propriété des actions : ■ T. com. Paris, 13 mars 2007 : *JurisData* n° 2007-344400 ; *JCP* E 2007, 2479.

Art. L. 227-15 *(Anc. L. n° 66-537, 24 juill. 1966).* **– Toute cession effectuée en violation des clauses statutaires est nulle.**

Clause d'agrément. La nullité sanctionnant la violation de la clause d'agrément, parce qu'elle est destinée à protéger les intérêts des seuls associés, est **relative** et donc susceptible de **régularisation**, laquelle peut résulter de la participation du nouvel associé, sans opposition des autres, aux assemblées générales puisque l'assemblée générale est selon les statuts l'organe compétent pour délivrer l'agrément : ■ T. com. Paris, 13 mars 2007 : *JurisData* n° 2007-344400 ; *JCP* E 2007, 2479.

Art. L. 227-16 *(Anc. L. n° 66-537, 24 juill. 1966).* **– Dans les conditions qu'ils déterminent, les statuts peuvent prévoir qu'un associé peut être tenu de céder ses actions.**

Ils peuvent également prévoir la suspension des droits non pécuniaires de cet associé tant que celui-ci n'a pas procédé à cette cession.

1) Liberté d'exercice de la faculté de rachat. La clause statutaire qui prévoit que l'associé peut être exclu de la société lorsqu'il n'exerce pas de fonction de salarié ou de mandataire social n'emporte pas pour l'associé le droit d'exiger le rachat de ses titres en cas de perte de l'une ou l'autre de ces qualités : ■ CA Versailles, 24 mai 2016, n° 14/03644 : *BJS* 2016, p. 659, note P.-L. Perrin ; *Dr. sociétés* 2016, n° 161, R. Mortier.

2) Participation au vote de l'associé menacé d'exclusion. V. sous C. civ., art. 1844, annot. n° 1-1, p. 72. – *Adde* J. Paillusseau, *La liberté contractuelle dans la société par actions simplifiée et le droit de vote : D.* 2008, p. 1563.

3) Renvoi des statuts au pacte d'actionnaires. Admettant que les statuts puissent renvoyer, s'agissant des cas d'exclusion, aux dispositions d'un pacte d'actionnaires, lequel prenait la forme d'un document en un seul exemplaire signé par tous les associés : ■ CA Paris, 20 juin 2013, n° 13/03892 : *Dr. sociétés* 2013, n° 203, note D. Gallois-Cochet.

4) Date d'évaluation. V. sous C. civ., art. 1843-4, annot. n° 11-1 *b)*, p. 64.

Art. L. 227-17 *(Anc. L. n° 66-537, 24 juill. 1966).* **– Les statuts peuvent prévoir que la société associée dont le contrôle est modifié au sens de l'article L. 233-3 doit, dès cette modification, en informer la société par actions simplifiée. Celle-ci peut décider, dans les conditions fixées par les statuts, de suspendre l'exercice des droits non pécuniaires de cet associé et de l'exclure.**

Les dispositions de l'alinéa précédent peuvent s'appliquer, dans les mêmes conditions, à l'associé qui a acquis cette qualité à la suite d'une opération de fusion, de scission ou de dissolution.

Art. L. 227-18 *(Anc. L. n° 66-537, 24 juill. 1966).* **– Si les statuts ne précisent pas les modalités du prix de cession des actions lorsque la société met en œuvre une clause introduite en application des articles**

L. 227-14, L. 227-16 et L. 227-17, ce prix est fixé par accord entre les parties ou, à défaut, déterminé dans les conditions prévues à l'article 1843-4 du Code civil.

Lorsque les actions sont rachetées par la société, celle-ci est tenue de les céder dans un délai de six mois ou de les annuler.

Art. L. 227-19 *(Anc. L. n° 66-537, 24 juill. 1966 ; Ord. n° 2017-747, 4 mai 2017).* **– Les clauses statutaires visées aux articles L. 227-13, L. 227-16 et L. 227-17 ne peuvent être adoptées ou modifiées qu'à l'unanimité des associés.**

Les clauses statutaires mentionnées à l'article L. 227-14 ne peuvent être adoptées ou modifiées que par une décision prise collectivement par les associés dans les conditions et formes prévues par les statuts.

Voir : la rédaction de cet article issue de l'ordonnance n° 2019-744 du 19 juillet 2019, en *addendum*, p. 3371.

1) Clause de préemption. Dès lors qu'elle est prise conformément aux statuts, est valablement adoptée à la majorité des associés la résolution supprimant une clause instituant un droit de préemption qui n'entre pas dans les prévisions de l'article L. 227-19 : ▪ CA Limoges, 28 mars 2012, n° 10/00576 : *BJS* 2012, p. 623, note M. Germain et P.-L. Périn.

2) Sanction par la nullité. Le non-respect de l'exigence d'unanimité est sanctionné par la nullité : ▪ Cass. com., 8 avr. 2014, n° 13-18.120 : *BJS* 2014, p. 503, note H. Lécuyer ; *Dr. sociétés* 2014, n° 103, obs. D. Gallois-Cochet.

Art. L. 227-20 *(Anc. L. n° 66-537, 24 juill. 1966).* **– Les articles L. 227-13 à L. 227-19 ne sont pas applicables aux sociétés ne comprenant qu'un seul associé.**

CHAPITRE VIII. – DES VALEURS MOBILIÈRES ÉMISES PAR LES SOCIÉTÉS PAR ACTIONS

Section I. – Dispositions communes aux valeurs mobilières

Bibliographie : Th. Bonneau, *L'ordonnance n° 2004-604 du 24 juin 2004 portant réforme des valeurs mobilières émises par les sociétés commerciales. Son application dans le temps : Dr. sociétés* août-sept. 2004, p. 6 ; *L'application de la réforme dans le temps : Dr. et patrimoine* oct. 2004, p. 100. • P. Le Cannu, *L'ordonnance n° 2004-604 du 24 juin 2004 ; généralités : RTD com.* 2004, p. 530 ; *La protection des porteurs : Rev. sociétés* 2004, p. 567. • P. Le Cannu et G. Parléani, *Le financement du capital : Rev. sociétés* 2004, p. 13. • M. Germain, *L'ordonnance du 24 juin 2004 : réforme ou résolution : Dr. sociétés* août-sept. 2004, p. 3 ; *L'ordonnance n° 2004-604 du 24 juin 2004 portant réforme des valeurs mobilières émises par les sociétés commerciales : JCP* G 2004, 440. • A. Lienhard, *Présentation de l'ordonnance réformant les valeurs mobilières : D.* 2004, p. 1956. • G. Notte, *Valeurs mobilières émises par les sociétés commerciales : Ord. n° 2004-604, 24 juin 2004 : JCP* E 2004, 153. • Ph. Torre et J.-P. Querner, *Quelques conséquences sur les activités de capital-investissement de l'ordonnance n° 2004-604 du 24 juin 2004 portant réforme des valeurs mobilières : JCP* E 2004, 1508. • M. Storck, *Réforme du régime des valeurs mobilières émises par les sociétés commerciales : RTD com.* 2004, p. 558.

Art. L. 228-1 *(Trois art. rempl. par sept art., L. n° 2001-420, 15 mai 2001 ; mod., Ord. n° 2004-604, 24 juin 2004 ; Ord. n° 2009-15, 8 janv. 2009).* **– Les sociétés par actions émettent toutes valeurs mobilières dans les conditions du présent livre.**

Les valeurs mobilières sont des titres financiers au sens de l'article L. 211-1 du Code monétaire et financier, qui confèrent des droits identiques par catégorie.

Les valeurs mobilières émises par les sociétés par actions revêtent la forme de titres au porteur ou de titres nominatifs, sauf pour les sociétés pour lesquelles la loi ou les statuts imposent la seule forme nominative, pour tout ou partie du capital.

Nonobstant toute convention contraire, tout propriétaire dont les titres font partie d'une émission comprenant à la fois des titres au porteur et des titres nominatifs a la faculté de convertir ses titres dans l'autre forme.

Toutefois, la conversion des titres nominatifs n'est pas possible s'agissant des sociétés pour lesquelles la loi ou les statuts imposent la forme nominative pour tout ou partie du capital.

Ces valeurs mobilières, quelle que soit leur forme, doivent être inscrites en compte au nom de leur propriétaire, dans les conditions prévues aux articles L. 211-3 et L. 211-4 du Code monétaire et financier.

(Al. rempl. à compter d'une date fixée par décret et au plus tard le 10 juin 2019, L. n° 2019-486, 22 mai 2019) **Toutefois, lorsque des titres de capital ou des obligations de la société ont été admis aux négociations sur un ou plusieurs marchés réglementés ou systèmes multilatéraux de négociation agréés en France ou dans un autre État membre de l'Union européenne ou partie à l'accord sur l'Espace économique européen, ou sur un marché considéré comme équivalent à un marché réglementé par la Commission européenne en application du *a***

du 4 de l'article 25 de la directive 2014/65/UE du Parlement européen et du Conseil du 15 mai 2014 concernant les marchés d'instruments financiers et modifiant la directive 2002/92/CE et la directive 2011/61/UE, et que leur propriétaire n'a pas son domicile sur le territoire français au sens de l'article 102 du Code civil, tout intermédiaire peut être inscrit pour le compte de ce propriétaire. Lorsque des titres de capital ou des obligations de la société ont été admis aux négociations uniquement sur un ou plusieurs marchés considérés comme équivalent à un marché réglementé par la Commission européenne en application du *a* du 4 de l'article 25 de la directive 2014/65/UE du Parlement européen et du Conseil du 15 mai 2014 précitée, cette inscription peut être faite pour le compte de tout propriétaire. L'inscription de l'intermédiaire peut être faite sous la forme d'un compte collectif ou en plusieurs comptes individuels correspondant chacun à un propriétaire.

L'intermédiaire inscrit est tenu, au moment de l'ouverture de son compte auprès soit de la société émettrice, soit de l'intermédiaire mentionné à l'article L. 211-3 du Code monétaire et financier qui tient le compte-titres, de déclarer, dans les conditions fixées par décret, sa qualité d'intermédiaire détenant des titres pour le compte d'autrui.

En cas de cession de valeurs mobilières admises aux opérations d'un dépositaire central ou livrées dans un système de règlement et de livraison mentionné à l'article L. 330-1 du Code monétaire et financier, le transfert de propriété s'effectue dans les conditions prévues à l'article L. 211-17 de ce code. Dans les autres cas, le transfert de propriété résulte de l'inscription des valeurs mobilières au compte de l'acheteur *(Mots aj., Ord. n° 2017-1674, 8 déc. 2017)* « ou dans un dispositif d'enregistrement électronique partagé », dans des conditions fixées par décret en Conseil d'État.

Voir : C. com., art. R. 228-1, R. 228-2, p. 669 et R. 228-10, p. 670.

Définition des valeurs mobilières, C. monét. fin., art. L. 211-2, p. 976. – **Forme nominative des actions des sociétés d'exercice libéral à forme anonyme ou en commandite par actions,** L. n° 90-1258, 31 déc. 1990, art. 8, al. 1, p. 2852. – **Transfert de propriété des instruments financiers cotés,** C. monét. fin., art. L. 211-18.

Bibliographie : P. Berlioz, *Le transfert de propriété dans les cessions de droits sociaux : Rev. sociétés* 2015, p. 14. • F. Roussel et C. Vernières, *Le transfert des valeurs mobilières non cotées : JCP* E 2007, 1840. • G. de Ternay, *Du bon usage de la clause de gestion (des titres) dans les conventions extra-statuaires, à la lumière notamment de l'article 24 de l'ordonnance du 24 juin 2004 : JCP* E 2006, 2755.

Voir aussi : sous C. monét. fin., art. L. 211-4, bibliographie, p. 976.

1) Titres au porteur. *a)* Notion. Les certificats indicatifs du nombre d'actions dont un actionnaire est propriétaire ne sont pas des titres au porteur : ▪ Cass. 1re civ., 21 juin 1977 : *Rev. sociétés* 1978, p. 481, note J. H.

b) Les titres au porteur **ne sont pas consomptibles** au premier usage, et l'article 587 du Code civil ne leur est pas applicable : ▪ Cass. 1re civ., 4 avr. 1991 : *Rev. sociétés* 1991, p. 737, note P. Didier.

c) **L'article 2279 du Code civil** s'applique aux titres au porteur : ▪ CA Paris, 29 mai 1992 : *BJS* 1992, p. 1082, note D. L.

2) Portefeuille de valeurs mobilières. J. Le Calvez, *L'usufruit des valeurs mobilières de capitalisation : D.* 1994, chron. p. 12. – T. Cathou et R. Gentilhomme, *Usufruit et quasi-usufruit de valeurs mobilières : vrais ou faux jumeaux ? : RD bancaire et fin.* janv.-févr. 2001, p. 37. – D. Fiorina, *L'usufruit d'un portefeuille de valeurs mobilières : RTD civ.* 1994, p. 43. – R. Gentilhomme, *Apports de titres et démembrement de propriété : JCP* E 1994, I, 311. – M. Grimaldi, *La donation de valeurs mobilières avec réserve de quasi-usufruit : D.* 1994, chron. p. 219. – H. Hovasse, *PACS et portefeuille de valeurs mobilières : RD bancaire et fin.* mai-juin 2000, p. 188 ; *Époux et valeurs mobilières : Dr. et patrimoine* 2002, p. 42. – E. Naudin et M. Iwanesko, *Portefeuille démembré : détention directe ou en société civile : JCP* N 2011, 1315.

a) **Gestion.** La cession de valeurs mobilières et leur remplacement par d'autres titres de bourse s'analysent en **actes de gestion normale** d'un portefeuille : ▪ Cass. 1re civ., 2 juin 1993 : *JCP* 1993, IV, 1951.

b) **Usufruit.** Les droits de l'usufruitier doivent s'exercer dans le respect des droits du nu-propriétaire : ▪ Cass. com., 12 juill. 1993 : *JCP* 1994, II, 559, note M. Lecène-Marénaud. – L'usufruitier d'un portefeuille de valeurs mobilières est autorisé à gérer cette universalité en cédant des titres dans la mesure où ils sont remplacés, à charge pour lui d'en conserver la substance et de les rendre : ▪ Cass. 1re civ., 12 nov. 1998 : *D.* 1998, p. 167, note L. Aynès ; *JCP* E 1999, p. 426, note S. Rouxel ; *JCP* G 1999, II, 10027, note S. Piédelièvre ; *JCP* N 1999, 351, note H. Hovasse. – Au cas où l'usufruitier aurait opéré des prélèvements ayant porté atteinte à la substance du portefeuille de valeurs mobilières, la déchéance de son usufruit peut être prononcée et l'usufruitier doit alors restituer la valeur qui aurait été celle du portefeuille en l'absence des prélèvements fautifs : ▪ Cass. 1re civ.,

16 juin 2011, n° 10-17.898 : *BJS* 2011, p. 895, note F. Danos ; *JCP* E 2011, 1826, n° 1, obs. Fl. Deboissy et G. Wicker.

3) Distinction de la convention de portage et du prêt. Constitue une simple opération de prêt et non une convention de portage l'opération par laquelle des cessionnaires acquièrent des actions pour les revendre le même jour au cédant ou àleurs représentants, moyennant un prix payable à terme supérieur au prix d'acquisition et sans qu'aucune stipulation ne vienne retarder le transfert de propriété : ▪ Cass. com., 23 janv. 2007, n° 05-15.562 : *BJS* 2007, p. 610, note F.-X. Lucas ; *D.* 2007, p. 514, obs. X. Delpech ; *Dr. sociétés* 2007, n° 99, obs. Th. Bonneau ; *Rev. sociétés* 2007, p. 315, note A. Viandier.

4) Date du transfert de propriété. La plus-value de cession est imposable au titre de l'année au cours de laquelle les actions cédées ont été inscrites en compte, bien que cette cession soit intervenue l'année précédente : ▪ CE, 9e et 10e ss-sect., 28 janv. 2019, n° 407305 : *JCP* E 2019, 1190, note G. Le Noach.

Art. L. 228-2 ***(Rempl., L. n° 2001-420, 15 mai 2001 ; mod., L. n° 2003-706, 1er août 2003 ; Ord. n° 2004-604, 24 juin 2004 ; Ord. n° 2009-15, 8 janv. 2009 ; Ord. n° 2014-863, 31 juill. 2014 ; rempl. à compter d'une date fixée par décret et au plus tard le 10 juin 2019, L. n° 2019-486, 22 mai 2019).*** **– I. – En vue de l'identification des propriétaires des titres au porteur, les statuts peuvent prévoir que la société émettrice ou son mandataire est en droit de demander, à tout moment et contre rémunération à sa charge, soit au dépositaire central qui assure la tenue du compte émission de ses titres, soit directement à un ou plusieurs intermédiaires mentionnés à l'article L. 211-3 du Code monétaire et financier, les informations concernant les propriétaires de ses actions et des titres conférant immédiatement ou à terme le droit de vote dans ses propres assemblées d'actionnaires. Dans les sociétés dont des actions sont admises aux négociations sur un marché réglementé, cette faculté est de droit, toute clause statutaire contraire étant réputée non écrite.**

Lorsque la demande est adressée au dépositaire central, celui-ci recueille les informations auprès des teneurs de comptes qui lui sont affiliés. Lorsque la demande est directement adressée à un intermédiaire mentionné au même article L. 211-3, celle-ci est limitée aux informations concernant les propriétaires des titres inscrits dans un compte-titres tenu par l'intermédiaire interrogé.

II. – Lorsqu'un teneur de compte identifie dans la liste qu'il est chargé d'établir, à la suite de la demande prévue au I du présent article, un intermédiaire mentionné au septième alinéa de l'article L. 228-1 inscrit pour le compte d'un ou plusieurs tiers propriétaires, il lui transmet cette demande, sauf opposition expresse de la société émettrice ou de son mandataire lors de la demande. L'intermédiaire inscrit interrogé est tenu de transmettre les informations au teneur de compte, à charge pour ce dernier de les communiquer, selon le cas, à la société émettrice ou son mandataire ou au dépositaire central mentionné au I du présent article.

III. – Les délais de transmission des demandes d'informations et de communication des réponses à ces demandes ainsi que la liste des informations mentionnés aux I et II sont fixés par décret en Conseil d'État.

Lorsque ces délais ne sont pas respectés ou lorsque les informations fournies sont incomplètes ou erronées, le dépositaire central mentionné au I, la société émettrice ou son mandataire ou le teneur de compte peut demander l'exécution de l'obligation de communication, sous astreinte, au président du tribunal statuant en référé.

IV. – Sauf clause contraire du contrat d'émission et nonobstant le silence des statuts, toute personne morale émettrice d'obligations ou de titres de créances négociables autre que les personnes morales de droit public a la faculté de demander l'identification des porteurs de ces titres dans les conditions et suivant les modalités prévues aux I à III.

V. – Les frais éventuels appliqués au titre des services mentionnés au présent article sont non discriminatoires et proportionnés aux coûts engagés pour fournir ces services. Toute différence de frais résultant du caractère transfrontalier du service n'est autorisée que si elle fait l'objet d'une explication et correspond à la différence des coûts engagés pour fournir ce service. Les frais sont rendus publics, dans des conditions fixées par décret en Conseil d'État, de manière séparée pour chaque service mentionné au présent article.

VI. – Les informations obtenues par la société en application du présent article ne peuvent être cédées par celle-ci, même à titre gratuit. Toute violation de cette disposition est punie des peines prévues à l'article 226-13 du Code pénal.

Voir : C. com., art. R. 228-3 et R. 228-4, p. 669

Sanctions, C. com., art. L. 228-3-3, p. 408. – C. monét. fin., art. L. 211-5, p. 979 et L. 212-4, p. 991.

Bibliographie : A. Tenenbaum, *Réflexions sur la Convention de La Haye du 13 décembre 2002 sur la loi applicable à certains droits sur des titres détenus auprès d'un intermédiaire : Rev. sociétés* 2004, p. 835. • Ph. Emy, *Dispositions relatives aux titres obligataires au porteur (Ord. n° 2014-863, 31 juill. 2014) : Rev. sociétés* 2014, p. 624.

Art. L. 228-3 *(Rempl., L. n° 2001-420, 15 mai 2001 ; mod., Ord. n° 2004-604, 24 juin 2004 ; Ord. n° 2014-863, 31 juill. 2014 ; rempl. à compter d'une date fixée par décret et au plus tard le 10 juin 2019, L. n° 2019-486, 22 mai 2019).* **– S'il s'agit de titres de forme nominative, constitués par des obligations ou des titres donnant immédiatement ou à terme accès au capital, l'intermédiaire inscrit dans les conditions prévues à l'article L. 228-1 est tenu de communiquer les informations concernant les propriétaires de ces titres sur demande de la société émettrice ou de son mandataire, laquelle peut être présentée à tout moment.**

Les délais de communication et la liste des informations sont fixés par décret en Conseil d'État.

Lorsque les délais ne sont pas respectés ou lorsque les informations fournies sont incomplètes ou erronées, la société émettrice ou son mandataire peut demander l'exécution de l'obligation de communication, sous astreinte, au président du tribunal statuant en référé.

Les droits spéciaux attachés aux actions nominatives, notamment ceux prévus aux articles L. 225-123 et L. 232-14, ne peuvent être exercés par un intermédiaire inscrit dans les conditions prévues à l'article L. 228-1 que si les informations qu'il fournit permettent le contrôle des conditions requises pour l'exercice de ces droits.

Voir : C. com., art. R. 228-5, p. 669.

Sanctions, C. com., art. L. 228-3-3, p. 408.

Art. L. 228-3-1 *(L. n° 2001-420, 15 mai 2001 ; mod., Ord. n° 2004-604, 24 juin 2004).* **– I** *(I rempl. à compter d'une date fixée par décret et au plus tard le 10 juin 2019, L. n° 2019-486, 22 mai 2019).* **- Aussi longtemps que la société émettrice estime que certains détenteurs dont l'identité lui a été communiquée le sont pour le compte de tiers propriétaires des titres, elle est en droit de demander à ces détenteurs de communiquer les informations concernant les propriétaires de ces titres soit directement, soit par l'intermédiaire du dépositaire central ou du teneur de compte dans les conditions prévues au II de l'article L. 228-2 pour les titres au porteur, soit dans les conditions prévues au premier alinéa de l'article L. 228-3 pour les titres nominatifs.**

II. – À l'issue de ces opérations, et sans préjudice des obligations de déclaration de participations significatives imposées par les articles L. 233-7, L. 233-12 et L. 233-13, la société émettrice peut demander à toute personne morale propriétaire de ses actions et possédant des participations dépassant le quarantième du capital ou des droits de vote de lui faire connaître l'identité des personnes détenant directement ou indirectement plus du tiers du capital social de cette personne morale ou des droits de vote qui sont exercés aux assemblées générales de celle-ci.

Voir : C. com., art. R. 228-3, p. 669.

Sanctions, C. com., art. L. 228-3-3, p. 408.

Art. L. 228-3-2 *(Mod., Ord. n° 2004-604, 24 juin 2004 ; Ord. n° 2014-863, 31 juill. 2014).* **– L'intermédiaire qui a satisfait aux obligations prévues aux septième et huitième alinéas de l'article L. 228-1 peut, en vertu d'un mandat général de gestion des titres, transmettre pour une assemblée le vote ou le pouvoir d'un propriétaire d'actions ou d'obligations.**

Avant de transmettre des pouvoirs ou des votes en assemblée générale, l'intermédiaire inscrit conformément à l'article L. 228-1 est tenu, à la demande de la société émettrice ou de son mandataire, de fournir la liste des propriétaires non résidents des actions ou des obligations auxquelles ces droits de vote sont attachés ainsi que la quantité d'actions ou d'obligations détenues par chacun d'eux. Cette liste est fournie dans les conditions prévues, selon le cas, aux articles L. 228-2 ou L. 228-3.

Le vote ou le pouvoir émis par un intermédiaire qui soit ne s'est pas déclaré comme tel en vertu du huitième alinéa de l'article L. 228-1 ou du deuxième alinéa du présent article, soit n'a pas révélé l'identité des propriétaires des titres en vertu des articles L. 228-2 ou L. 228-3, ne peut être pris en compte respectivement aux assemblées d'actionnaires s'il s'agit de titres de capital ou donnant accès au capital ou aux assemblées générales d'obligataires s'il s'agit d'obligations.

Voir : C. com., art. R. 228-6, p. 669.

Bibliographie : Ch. Arsouze et P. Ledoux, *Le vote des actionnaires non résidents : BJS* 2004, p. 1066. • C. Malecki, *L'actionnaire sans frontières et la directive 2007/36/CE du 11 juillet 2007 concernant l'exercice de certains droits des actionnaires des sociétés cotées : BJS* 2007, p. 928. • J.-P. Valuet, *L'identification et vote des actionnaires non résidents des sociétés cotées : Rev. sociétés* 2001, p. 571.

Art. L. 228-3-3 *(Mod., Ord. n° 2004-604, 24 juin 2004 ; Ord. n° 2014-863, 31 juill. 2014). – (Al. rempl. à compter d'une date fixée par décret et au plus tard le 10 juin 2019, L. n° 2019-486, 22 mai 2019)* **Lorsque le destinataire de la demande de communication des informations faite conformément aux articles L. 228-2 à L. 228-3-1 n'a pas transmis ces informations dans les délais fixés en application des mêmes articles L. 228-2 à L. 228-3-1 ou a transmis des informations incomplètes ou erronées, les actions, les obligations ou les titres donnant accès immédiatement ou à terme au capital pour lesquels cette personne a été inscrite en compte sont privés des droits de vote pour toute assemblée d'actionnaires ou d'obligataires qui se tiendrait jusqu'à la date de régularisation de l'identification et le paiement du dividende correspondant est différé jusqu'à cette date.**

Au cas où la personne inscrite méconnaîtrait sciemment les dispositions des articles L. 228-1 à L. 228-3-1, le tribunal dans le ressort duquel la société a son siège social peut sur demande, selon le cas, soit de la société émettrice d'actions ou d'un ou plusieurs de ses actionnaires détenant au moins 5 % du capital soit de la société émettrice d'obligations ou d'un ou plusieurs obligataires détenant au moins 5 % des droits de vote attachés aux obligations d'une masse, prononcer la privation totale ou partielle, pour une durée totale ne pouvant excéder cinq ans, selon le cas, des droits de vote attachés aux actions ou des droits de vote au sein des assemblées d'obligataires ayant fait l'objet de l'interrogation et, le cas échéant et pour la même période, du dividende correspondant.

Art. L. 228-3-4 *(Mod., L. n° 2003-706, 1er août 2003 ; rempl. à compter d'une date fixée par décret et au plus tard le 10 juin 2019, L. n° 2019-486, 22 mai 2019).* **– Toute personne employée par l'une des personnes mentionnées aux articles L. 228-2 à L. 228-3-1 ou participant à un titre quelconque à sa direction ou à sa gestion et ayant dans le cadre de son activité professionnelle connaissance des informations mentionnées aux articles L. 228-1 à L. 228-3-2 est tenue au secret professionnel dans les conditions et sous les peines prévues aux articles 226-13 et 226-14 du Code pénal. Le secret professionnel ne peut être opposé ni à l'autorité judiciaire, ni à l'Autorité des marchés financiers.**

Art. L. 228-3-5 *(Créé à compter d'une date fixée par décret et au plus tard le 10 juin 2019, L. n° 2019-486, 22 mai 2019).* **– Toute stipulation contractuelle ayant pour objet ou pour effet de limiter la communication des informations en application des articles L. 228-2 à L. 228-3-1 est réputée non écrite.**

Art. L. 228-3-6 *(Créé à compter d'une date fixée par décret et au plus tard le 10 juin 2019, L. n° 2019-486, 22 mai 2019).* **– I. – Les données à caractère personnel collectées par les personnes mentionnées aux articles L. 228-2 à L. 228-3-1 selon les modalités définies aux mêmes articles L. 228-2 à L. 228-3-1 font l'objet d'un traitement automatisé mis en oeuvre par la société émettrice aux fins d'identification des propriétaires de ses titres et de communication avec ces propriétaires pour faciliter leur participation aux assemblées générales, leur accès à toute information intéressant l'activité de la société et, de façon générale, l'exercice de leurs droits.**

II. – Les données à caractère personnel collectées par les personnes mentionnées aux articles L. 228-2 à L. 228-3-1 selon les modalités prévues aux mêmes articles L. 228-2 à L. 228-3-1 et par la société émettrice en application du I du présent article ne peuvent être conservées que douze mois après que les responsables de traitement ont eu connaissance du fait que la personne dont les données à caractère personnel ont été enregistrées n'était plus propriétaire des titres.

Durant la même période, lorsque le propriétaire des titres est une personne morale, celle-ci a le droit d'obtenir, dans les meilleurs délais, de toute personne traitant les informations recueillies selon les modalités prévues aux articles L. 228-2 à L. 228-3-1 que les informations inexactes la concernant soient rectifiées et que les informations incomplètes soient complétées, y compris en fournissant une déclaration complémentaire.

Art. L. 228-4 *(Anc. L. n° 66-537, 24 juill. 1966 ; mod., Ord. n° 2004-604, 24 juin 2004).* **– À peine de nullité, l'émission de parts bénéficiaires ou parts de fondateur est interdite.**

Toutefois, les parts bénéficiaires ou parts de fondateurs émises avant le 1er avril 1967 demeurent régies par les textes les concernant.

Bibliographie : A. Bougnoux, *JCl. Sociétés traité*, Fasc. 2010 et 2012.

Loi du 23 janvier 1929

sur les parts de fondateur émises par les sociétés
(JO 25 janv.)

Art. 1er. – Les sociétés commerciales par actions peuvent créer, attribuer et émettre, soit lors de leur constitution, soit ultérieurement, des titres négociables, sous le nom de « parts de fondateur » ou de « parts bénéficiaires ».

Ces titres, qui sont en dehors du capital social, ne confèrent pas à leurs propriétaires la qualité d'associé. Mais il peut leur être attribué, à titre de créance éventuelle contre la société, un droit fixe ou proportionnel dans les bénéfices sociaux.

Si la création, l'attribution ou l'émission des parts bénéficiaires a lieu en rémunération d'un apport en nature, cette opération est soumise à l'accomplissement des formalités de vérification prescrites par la loi du 24 juillet 1867.

Il peut exister, dans une même société, différentes catégories de parts de fondateur ou de parts bénéficiaires, pourvues de droits inégaux ; chaque catégorie forme une masse distincte.

Les droits des propriétaires de parts sont déterminés dans les statuts de la société par actions ou dans la délibération ultérieure de son assemblée générale portant création des parts.

Nonobstant toute stipulation contraire, les propriétaires de parts d'une même masse peuvent être réunis en assemblée générale, à toute époque, et prendre, à la majorité, en se conformant aux dispositions des articles 3 à 11 ci-après, des résolutions qui s'imposent à tous les porteurs.

Une même assemblée générale ne peut comprendre que les propriétaires de parts d'une même masse.

Art. 2. – L'assemblée générale des propriétaires de parts peut être convoquée par la société par actions, qui, dans ce cas, fixe l'ordre du jour de l'assemblée.

Un groupe de porteurs possédant 1/29e des parts existant dans une masse peut prendre l'initiative de la convocation de l'assemblée générale.

Il présente, à cet effet, à la société, une demande indiquant l'ordre du jour de l'assemblée générale.

Si, dans le mois qui suit la date de cette demande, l'assemblée générale n'a pas été convoquée, le groupe des porteurs de parts peut procéder lui-même à la convocation, en obtenant une autorisation à cet effet du président du tribunal de commerce du siège de la société.

Art. 3 *(L. 25 févr. 1953)*. **–** L'assemblée est convoquée par deux insertions faites, l'une dans le *Bulletin des annonces légales obligatoires*, et l'autre, *(Mots rempl., L. n° 2019-486, 22 mai 2019)* « sur un support habilité à recevoir des annonces légales dans [le] » département du siège social.

La convocation indique l'ordre du jour de la réunion, ainsi que le mode adopté pour la justification de la possession des parts qui existeront en la forme au porteur.

L'assemblée ne peut être tenue que huit jours après la dernière insertion.

Art. 4. – Il est dressé une feuille de présence des propriétaires de parts présents à l'assemblée et de ceux qui y sont représentés au moyen de pouvoirs. Les mandataires doivent être personnellement membres de l'assemblée.

Cette feuille de présence indique les nom, prénoms et domiciles des propriétaires de parts présents et représentés et le nombre de parts possédées par chacun d'eux.

Cette feuille, certifiée par le président de l'assemblée, est mise à la disposition des membres de l'assemblée aussitôt après sa confection et, au plus tard, avant le premier vote.

Art. 5. – L'assemblée est ouverte sous la présidence provisoire du propriétaire de parts représentant, tant par lui-même que comme mandataire, le plus grand nombre de parts.

Elle procède ensuite à l'installation de son bureau définitif, composé d'un président, de deux scrutateurs et d'un secrétaire.

Le président est élu par l'assemblée.

Les propriétaires de parts représentant par eux-mêmes et comme mandataires le plus grand nombre de parts, et sur leur refus, les suivants, jusqu'à acceptation, sont appelés comme scrutateurs. Le président et les scrutateurs désignent le secrétaire qui peut être choisi même en dehors de l'assemblée.

La délibération ne peut porter que sur les questions figurant à l'ordre du jour publié.

Les délibérations sont constatées par un procès-verbal signé des membres du bureau ; à ce procès-verbal sont annexées la feuille de présence et les procurations des propriétaires de parts qui se sont fait représenter.

L'assemblée décide où ces pièces doivent être déposées.

La société par actions supporte les frais de convocation et de tenue des assemblées générales des propriétaires de parts.

Art. 6 *(L. 25 févr. 1953)*. – L'assemblée ne peut délibérer que si elle est composée d'un nombre de parts représentant la moitié au moins des parts existant dans la masse intéressée, déduction faite des parts qui sont en la possession de la société.

Si une première assemblée ne remplit pas les conditions ci-dessus fixées, une nouvelle assemblée peut être convoquée avec le même ordre du jour, dans les formes et délais indiqués à l'article 3. Cette seconde assemblée délibère valablement si elle est composée d'un nombre de parts représentant le tiers au moins des parts existant dans la masse intéressée, déduction faite des parts qui sont en la possession de la société.

À défaut, de ce quorum, cette deuxième assemblée peut être prorogée à une date ultérieure de deux mois au plus tard à partir du jour où elle avait été convoquée. La convocation et la réunion de l'assemblée prorogée ont lieu dans les formes ci-dessus ; l'assemblée délibère valablement si elle est composée d'un nombre de parts représentant au moins le tiers des parts existant dans la masse intéressée, comme il est dit ci-dessus.

Dans ces assemblées, les résolutions, pour être valables, doivent réunir les deux tiers des voix des parts présentes ou représentées.

Chaque membre de l'assemblée dispose dans le vote d'autant de voix qu'il possède ou représente de parts, sans limitation.

La société n'a pas le droit de voter avec les titres dont elle est propriétaire ou qui sont en sa possession pour une raison quelconque.

Art. 7. – L'assemblée générale, régulièrement constituée, statue sur toutes les questions qui lui sont soumises. Elle peut consentir, notamment, à toutes modifications dans le régime des parts, dans leur forme, dans la durée et le montant de leurs droits aux bénéfices et dans le mode de calcul de ces droits, au rachat de parts par la société, à la conversion des parts en actions ou en obligations.

Les décisions prises par l'assemblée générale sont obligatoires pour tous, même pour les absents, dissidents et incapables.

Art. 8 *(L. n° 66-538, 24 juill. 1966)*. – À peine de nullité, la conversion des parts en actions ne peut avoir lieu que par l'affectation de réserves sociales à concurrence d'un montant égal à celui de l'augmentation de capital résultant de la création de ces actions.

Cette conversion peut être décidée, deux ans après la création des parts, par l'assemblée générale extraordinaire des actionnaires, sur le rapport des commissaires aux comptes indiquant les bases de la conversion.

Les actions émises en représentation des parts sont immédiatement négociables.

Art. 8 *bis* *(L. n° 66-538, 24 juill. 1966)*. – Lorsque les réserves ont été constituées par prélèvement sur des bénéfices revenant partiellement aux parts de fondateur ou parts bénéficiaires, l'incorporation des réserves sur lesquelles lesdites parts sont fondées à exercer leurs droits et l'attribution d'actions aux porteurs de ces parts sont subordonnées à l'approbation de l'assemblée générale des porteurs de parts.

À défaut d'approbation, la fraction des réserves revenant aux actions peut être seule incorporée au capital. En ce cas, la fraction des réserves revenant aux parts bénéficiaires est portée à un fonds spécial sur lequel lesdites parts ont un droit exclusif, lors de la dissolution de la société ; en outre, pendant l'existence de la société, les parts ont droit, sur ce fonds spécial, à un premier dividende proportionnel à celui revenant aux actionnaires du chef des réserves incorporées au capital.

Art. 8 *ter* *(L. n° 66-538, 24 juill. 1966)*. – À compter de la vingtième année de leur émission, la société est en droit de procéder au rachat ou à la conversion en actions de l'ensemble des parts existantes, sur la seule décision de l'assemblée générale extraordinaire des actionnaires. À dater de cette décision, les droits attachés aux parts sont éteints et les anciens porteurs de parts exercent des droits attachés aux actions provenant de la conversion ou deviennent créanciers du prix de rachat. Le taux de conversion ou le prix de rachat sont déterminés par voie d'expertise.

Est réputée non écrite toute clause contraire aux dispositions du présent article, dont les modalités d'application seront fixées par décret.

Art. 9. – Dans toute société ayant émis des parts de fondateur ou des parts bénéficiaires, les modifications touchant à l'objet ou à la forme de la société ne seront valables qu'autant que l'assemblée générale des porteurs de parts, délibérant conformément à l'article 6, aura approuvé ces modifications.

Art. 10. – Les porteurs de parts de fondateur ou de parts bénéficiaires ne peuvent contester la dissolution anticipée de la société lorsque celle-ci a lieu à la suite de pertes absorbant le quart au moins du capital social, après imputation préalable des réserves.

Si la dissolution anticipée est proposée en dehors du cas de perte ci-dessus prévu par suite de fusion ou pour toute autre cause, la proposition de dissolution anticipée sera soumise à une assemblée générale des porteurs de parts, réunie conformément à l'article 6. Si l'assemblée approuve la dissolution, toute action des porteurs de parts est éteinte, de ce chef, contre la société. Au cas contraire, la décision de l'assemblée générale des actionnaires portant dissolution anticipée n'en est pas moins valable dans ses effets, mais les porteurs de parts conservent, à l'égard de la société, une action éventuelle en dommages-intérêts, qu'ils ne peuvent exercer que collectivement, par l'organe de leurs représentants, et qui doit être engagée, sous peine de forclusion, dans les six mois qui suivront la date de l'assemblée générale des actionnaires prononçant la dissolution anticipée.

Art. 11. – L'assemblée générale des porteurs de parts peut nommer un ou plusieurs représentants de la masse des parts et elle fixe leurs pouvoirs. Elle notifie les nominations à la société.

Les représentants des porteurs de parts ne peuvent s'immiscer dans la gestion des affaires sociales.

Ils ont le droit d'assister aux assemblées générales des actionnaires (mais sans voix délibérative, à peine de nullité des délibérations).

Ils ont droit aux mêmes communications que les actionnaires et aux mêmes époques.

Ils peuvent se faire délivrer copie des procès-verbaux des assemblées générales quelconques des actionnaires.

Ils sont soumis aux règles générales du mandat.

Art. 12 *(Mod., L. n° 92-1336, 16 déc. 1992)*. **–** Sont punis des peines portées aux articles 313-1, 313-7 et 313-8 du Code pénal :

1° Ceux qui, en se présentant comme porteurs de parts qui ne leur appartiennent pas, ont voté aux assemblées générales ;

2° Ceux qui ont remis des parts pour en faire un usage frauduleux ;

3° Ceux qui se font garantir ou promettre des avantages particuliers pour voter dans l'assemblée dans un certain sens ou pour ne pas participer au vote. La même peine est applicable à celui qui garantit ou promet ces avantages particuliers.

Art. 13. – Aucune action judiciaire concernant l'exercice des droits communs à toutes les parts d'une même masse ne peut être exercée contre la société qu'au nom de cette masse, après décision conforme de l'assemblée générale prévue à l'article 1er, et par un représentant de la masse nommé par l'assemblée générale et pris parmi les membres de cette assemblée.

Art. 14 *(Mod., L. 4 mars 1943 ; L. n° 66-538, 24 juill. 1966)*. **–** Les dispositions contenues aux articles 1er à 13 de la présente loi seront applicables :

1° À tous les propriétaires de parts de fondateurs et de parts bénéficiaires créées avant la promulgation de cette loi, sauf dans le cas où les parts créées seraient déjà soumises à un mode de représentation collective vis-à-vis de la société émettrice. Mais les sociétés, associations ou groupements quelconques déjà constitués en vue d'assurer cette représentation collective pourront, à toute époque, en délibérant dans la forme prévue à leur acte constitutif, se soumettre aux dispositions de la présente loi, qui leur sera ensuite applicable dans son entier ;

2° À tous les propriétaires de parts de fondateur et de parts bénéficiaires qui seront créées après la promulgation de la présente loi ;

3° À tous les propriétaires de titres représentant spécialement un droit préférentiel de souscriptions aux augmentations de capital des sociétés par actions visés par l'article 12 du décret du 8 août 1935, modifié par le décret du 30 octobre 1935.

Les dispositions de l'article 8 *ter* sont applicables aux parts bénéficiaires ou parts de fondateur créées avant la date de promulgation de la présente loi, même si ces parts étaient déjà soumises à cette date à un mode de représentation collective vis-à-vis de la société émettrice.

Décret n° 67-452 du 6 juin 1967

portant application de l'article 8 *ter* de la loi du 23 janvier 1929 sur les parts de fondateur émises par les sociétés

(JO 10 juin)

Art. 1er. – Toute société ayant émis des parts de fondateur ou des parts bénéficiaires peut, dans les conditions prévues à l'article 8 *ter* de la loi susvisée du 23 janvier 1929, procéder soit au rachat de l'ensemble des parts existantes, soit à leur conversion en actions, soit encore, pour partie de sa valeur, au rachat de chaque part et pour l'autre partie, à sa conversion en actions.

En cas de conversion des parts en actions, les dispositions de l'article 8 (alinéas 1 et 3) de la loi susvisée du 23 janvier 1929 sont applicables.

Art. 2. – Lorsque le conseil d'administration, le directoire ou le gérant de la société, selon le cas, a décidé de soumettre à l'assemblée générale extraordinaire des actionnaires, un projet de rachat ou de conversion en actions des parts, il fait choix d'un expert dont il fixe la mission.

L'expert doit être choisi parmi les commissaires aux comptes inscrits sur une des listes établies dans les ressorts de cour d'appel ou parmi les experts inscrits sur les listes établies par les cours et tribunaux.

Art. 3. – La désignation de l'expert, prévue à l'article précédent, est notifiée aux représentants de la masse des porteurs de parts, par lettre recommandée avec demande d'avis de réception.

Dans le délai d'un mois à compter de la notification, les représentants de la masse désignent un expert choisi dans les conditions prévues à l'article 2 (alinéa 2). Si la masse n'a pas de représentants, l'assemblée générale des porteurs de parts est convoquée pour désigner un expert dans les mêmes conditions.

À défaut de désignation, selon le cas, soit par les représentants de la masse dans le délai prévu à l'alinéa 2 ci-dessus, soit par l'assemblée régulièrement convoquée, éventuellement à trois reprises conformément à l'article 6 de la loi du 23 janvier 1929, le conseil d'administration, le directoire ou le gérant de la société demande au président du tribunal de grande instance, statuant sur requête, de désigner un expert par ordonnance non susceptible de recours.

Art. 4. – Les deux experts peuvent obtenir auprès de la société communication de tous documents qu'ils estiment utiles à l'accomplissement de leur mission. Ils peuvent également procéder à l'audition des membres des organes sociaux.

Ils établissent un rapport commun exposant les méthodes employées pour calculer le prix de rachat des parts ou le taux de conversion en actions desdites parts. Ils indiquent en conclusion du rapport, le prix de rachat ou le taux de conversion en actions qui leur paraît équitable.

Art. 5. – Les experts doivent remettre leur rapport au conseil d'administration, au directoire ou aux gérants ainsi qu'aux représentants de la masse des porteurs de parts s'il en existe, dans le délai de deux mois à compter de la désignation du dernier d'entre eux.

S'ils n'ont pu parvenir à une conclusion commune dans le délai prévu à l'alinéa précédent, ils font choix d'un troisième expert qui est chargé de la même mission et dispose des mêmes droits d'investigation. À défaut d'accord sur ce choix, ce troisième expert est désigné à la demande du plus diligent des deux premiers, par ordonnances sur requête, non susceptibles de recours, du président du tribunal de grande instance. Cette décision est notifiée par lettre recommandée à la société ainsi que, s'il en existe, aux représentants de la masse des porteurs de parts.

Le troisième expert doit remettre son rapport dans le délai d'un mois.

Les honoraires des experts et les frais d'expertise sont à la charge de la société.

Art. 6. – Le rapport des experts est tenu au siège social et au greffe du tribunal de commerce du lieu du siège social à la disposition de tout intéressé, à compter de la convocation de l'assemblée générale extraordinaire des actionnaires appelée à statuer sur la proposition de rachat ou de conversion en actions des parts.

Avant de statuer, l'assemblée entend le rapport du conseil d'administration, du directoire ou des gérants et le rapport des commissaires aux comptes faisant état des conclusions des experts.

Art. 7. – Si l'assemblée générale extraordinaire des actionnaires approuve le projet de rachat ou de conversion en actions des parts, la société doit procéder au rachat ou à la conversion en actions, au prix ou au taux de conversion fixé par les experts. Elle doit à cet effet fixer la date à compter de laquelle le rachat ou la conversion des parts pourra avoir lieu. Cette date ne peut être postérieure de plus de six mois à celle du dépôt, en annexe au registre du commerce, du procès-verbal de délibération de l'assemblée.

Art. 8. – Huit jours au moins avant la date prévue à l'article précédent, la société publie un avis dans un journal habilité à recevoir les annonces légales dans le département du siège social et, si *(Mots rempl., D. n° 2009-558, 19 mai 2009)* « toutes les parts de la société ne revêtent pas la forme nominative », au *Bulletin des annonces légales obligatoires*.

Cet avis contient les indications suivantes :

1° La dénomination sociale, suivie, le cas échéant, de son sigle ;

2° La forme de la société ;

3° Le montant du capital social ;

4° L'adresse du siège social ;

5° Les modalités du rachat ou de la conversion en actions des parts, prévues par la décision de l'assemblée générale des actionnaires ;

6° La date à compter de laquelle le paiement du prix de rachat ou la délivrance des actions de conversion pourra être demandé ainsi que, s'il y a lieu, le nom et l'adresse des établissements auxquels peuvent être présentées les demandes de rachat ou d'échange.

Si toutes les parts sont nominatives, les insertions ci-dessus prévues pourront être remplacées par l'envoi de l'avis à chaque titulaire, par lettre recommandée.

Art. 9 *(D. n° 83-363, 2 mai 1983)*. **–** En cas de rachat des parts, le montant du prix de rachat doit être versé sans délai aux porteurs de parts sur simple présentation et remise de leurs titres, s'ils sont au porteur, ou sur présentation d'un certificat nominatif par le titulaire justifiant de son identité dans les conditions prévues par l'article 37 du décret du 7 décembre 1955 relatif au régime des titres nominatifs ou, si les titres sont inscrits en compte conformément aux dispositions du décret n° 83-359 du 2 mai 1983, sur présentation d'un certificat d'inscription délivré par un intermédiaire habilité.

Art. 10 *(Mod., D. n° 2009-558, 19 mai 2009)*. **–** En cas de décision de conversion des parts, la société peut, sur simple décision du conseil d'administration, du directoire ou des gérants, procéder à la vente des actions dont les ayants droit n'ont pas demandé la délivrance cinq ans après l'insertion ou la dernière des insertions prévues à l'article 8. Toutefois, ne peuvent être mises en vente :

1° Les actions résultant de la conversion de parts comprises dans un ou plusieurs certificats nominatifs de même immatricule représentant un nombre de titres au moins égal à la quotité d'échange ou à un multiple de cette quotité ; en ce cas, seuls peuvent être vendus les titres formant rompus qui excèdent cette quotité ou un multiple ;

2° Les actions résultant de la conversion de parts frappées d'opposition, dans la limite du nombre de parts revendiquées par un même opposant, égal à la quotité d'échange ou à un multiple de cette quotité.

La vente doit être réalisée dans le délai de six mois qui suit la décision du conseil d'administration, du directoire ou des gérants. Elle doit faire l'objet, un mois au moins à l'avance, d'un avis publié dans un journal d'annonces légales du département du siège social et, si toutes les parts de la société ne revêtent pas la forme nominative, au *Bulletin des annonces légales obligatoires*. Cet avis doit indiquer le nombre des titres à réaliser, la date à laquelle ces titres seront mis en vente ainsi que le mode de réalisation.

La vente est faite à la bourse à la cote de laquelle les actions sont inscrites.

Si les actions ne sont pas inscrites à la cote d'une bourse, la vente est faite aux enchères publiques par un agent de change ou par un notaire.

Art. 11. – Le produit global de la vente des actions non réclamées, diminué des frais de négociation ou de vente aux enchères et majoré, s'il y a lieu, du montant des distributions de dividendes et autres produits échus et non prescrits, forme une masse non productive d'intérêts à la disposition des anciens porteurs de parts créanciers ; cette masse est répartie entre les ayants droit au prorata de leurs droits.

La société prend, s'il y a lieu, toutes dispositions utiles pour faire bénéficier les anciens porteurs de parts de la quote-part pouvant leur revenir du fait de l'attribution d'actions gratuites effectuée postérieurement à la conversion.

Art. 12. – Le présent décret est applicable dans les territoires d'outre-mer.

Art. L. 228-5 *(Anc. L. n° 66-537, 24 juill. 1966)*. **– À l'égard de la société, les titres sont indivisibles, sous réserve de l'application des articles L. 225-110 et L. 225-118.**

Art. L. 228-6 *(Anc. L. n° 66-537, 24 juill. 1966 ; mod. à compter du 1er avril 2015, Ord. n° 2014-863, 31 juill. 2014)*. **– Nonobstant toutes stipulations statutaires contraires, les sociétés dont les titres ne sont pas admis aux négociations sur un marché réglementé ou aux opérations d'un dépositaire central et qui ont effectué des opérations se traduisant soit par des échanges de titres, soit par l'attribution aux actionnaires de nouveaux titres de capital, peuvent vendre, sur simple décision du conseil d'administration, du directoire ou des gérants et selon des modalités fixées par décret en Conseil d'État, les titres de capital qui n'ont pu être**

attribués individuellement et correspondant à des droits formant rompus, à la condition d'avoir procédé un an au moins à l'avance à une publicité selon des modalités fixées par ce décret.

À dater de cette vente, les titulaires de droits formant rompus ne peuvent plus prétendre qu'à la répartition en numéraire du produit net de la vente des titres de capital non attribués.

Voir : C. com., art. R. 228-11 et R. 228-12, p. 670.

Bibliographie : P.-Y. Chabert et R. Eliteau, *Ordonnance du 31 juillet 2014 : dispositions relatives aux opérations sur titres et aux droits de souscription : Rev. sociétés* 2014, p. 618. • J.-M. Desaché et B. Dondero, *La réforme des valeurs mobilières (Ord. n° 2014-863, 31 juill. 2014) : JCP* E 2014, 1216. • A. Viandier et J.-J. Caussain : *JCP* E 1987, 16342, n° 9.

Art. L. 228-6-1 *(Ord. n° 2004-604, 24 juin 2004 ; Ord. n° 2014-863, 31 juill. 2014).* **– Dans les sociétés dont les titres sont admis aux négociations sur un marché réglementé, lorsque l'assemblée générale extraordinaire des actionnaires a autorisé une opération se traduisant soit par des échanges de titres, soit par l'attribution aux actionnaires de nouveaux titres de capital, les titres de capital qui n'ont pu être attribués individuellement et correspondant à des droits formant rompus sont vendus. La vente de ces titres de capital et la répartition des sommes provenant de cette vente aux titulaires de ces droits interviennent dans les conditions et suivant des modalités fixées par décret en Conseil d'État.**

Dans les sociétés dont les actions sont admises aux opérations d'un dépositaire central sans être cotées sur un marché réglementé, l'assemblée générale extraordinaire des actionnaires qui a autorisé une opération se traduisant soit par des échanges de titres, soit par l'attribution aux actionnaires de nouveaux titres de capital, peut décider la vente des titres de capital qui n'ont pu être attribués individuellement et correspondant à des droits formant rompus, en vue de la répartition des fonds ainsi recueillis entre les titulaires de ces droits, dans les limites et selon les modalités prévues à l'alinéa précédent ou à l'article L. 228-6.

Voir : C. com., art. R. 228-12, p. 670.

Art. L. 228-6-2 *(Ord. n° 2004-604, 24 juin 2004).* **– Les droits non pécuniaires attachés aux valeurs mobilières inscrites en compte joint sont exercés par l'un ou l'autre des cotitulaires dans les conditions déterminées par la convention d'ouverture de compte.**

Art. L. 228-6-3 *(Ord. n° 2004-604, 24 juin 2004).* **– Les titres dont les titulaires, malgré le respect des formalités de convocation aux assemblées générales, sont inconnus du teneur de compte ou n'ont pas été atteints par les convocations, depuis dix années révolues, peuvent être vendus selon la procédure prévue à l'article L. 228-6. Cette vente a lieu à l'expiration d'un délai fixé, par décret en Conseil d'État, à compter de la publicité prévue à cet article, à condition que le teneur de compte ait, pendant ce délai, accompli toutes les diligences nécessaires, dans les conditions fixées par ce même décret, pour entrer en contact avec les titulaires ou leurs ayants droit.**

Voir : C. com., art. R. 228-14, p. 670.

Bibliographie : B. Losfeld, *Le sort des actions délaissées : BJS* 2004, p. 1323.

Section II. – Des actions

Bibliographie : A. Viandier, *Les actions reflets : RJDA* 1/2001, p. 3. • *Adde* A. Bougnoux : *JCl. Sociétés traité*, Fasc. 1815 *(Valeur nominale)*. • Th. Granier : *JCl. Sociétés traité*, Fasc. 1805 *(Actions de priorité)*. • A. Bougnoux : *JCl. Sociétés traité*, Fasc. 1825 *(Différentes espèces d'actions – Actions de jouissance)*.

Art. L. 228-7 *(Anc. L. n° 66-537, 24 juill. 1966 ; mod., Ord. n° 2004-604, 24 juin 2004).* **– Les actions de numéraire sont celles dont le montant est libéré en espèces ou par compensation, celles qui sont émises par suite d'une incorporation au capital de réserves, bénéfices ou primes d'émission, et celles dont le montant résulte pour partie d'une incorporation de réserves, bénéfices ou primes d'émission et pour partie d'une libération en espèces. Ces dernières doivent être intégralement libérées lors de la souscription.**

Sous réserve des règles spécifiques applicables aux actions résultant d'une fusion ou d'une scission, toutes les autres actions sont des actions d'apport.

Bibliographie : P.-Y. Chabert, *Augmentation de capital libérée partiellement par incorporation de réserves, primes ou bénéfices : Rev. sociétés* 2016, p. 275.

Voir : C. monét. fin., art. L. 212-1, p. 990. – **Sanctions pénales,** C. com., art. L. 242-1, p. 572 et L. 242-17, p. 594.

Art. L. 228-8 *(Anc. L. n° 66-537, 24 juill. 1966)*. **– Le montant nominal des actions ou coupures d'action peut être fixé par les statuts. Cette option s'applique alors à toutes les émissions d'actions.**

Bibliographie : J.-P. Bouère, *De l'euro aux actions sans mention de valeur nominale : JCP* E 1998, p. 112. ● B. Ehlers-Flaus, *Les actions sans valeur nominale exprimée en Allemagne et en France : BJS* 1999, p. 743. ● J.-Cl. May, *La valeur nominale des actions de société*, thèse Paris II, 1980.

Art. L. 228-9 *(Anc. L. n° 66-537, 24 juill. 1966)*. **– L'action de numéraire est nominative jusqu'à son entière libération.**

(L. n° 2012-387, 22 mars 2012) **Le non-respect du premier alinéa peut entraîner l'annulation de ladite action.**

Voir : C. monét. fin., art. L. 212-2, p. 990.

Art. L. 228-10 *(Anc. L. n° 66-537, 24 juill. 1966 ; mod., Ord. n° 2004-604, 24 juin 2004)*. **– Les actions ne sont négociables qu'après l'immatriculation de la société au registre du commerce et des sociétés. En cas d'augmentation de capital, les actions sont négociables à compter de la réalisation de celle-ci.**

La négociation de promesse d'actions est interdite, à moins qu'il ne s'agisse d'actions à créer dont l'admission sur un marché réglementé a été demandée, ou à l'occasion d'une augmentation du capital d'une société dont les actions anciennes sont déjà admises aux négociations sur un marché réglementé. En ce cas, la négociation n'est valable que si elle est effectuée sous la condition suspensive de la réalisation de l'augmentation de capital. À défaut d'indication expresse, cette condition est présumée.

Voir : Sanctions pénales, C. com., art. L. 242-3, 1°, p. 573. – **Monopole des prestataires de services d'investissement,** C. monét. fin., art. L. 421-6 et s.

Cession selon des règles du droit civil. Si l'article L. 228-10 interdit la négociation des actions avant l'immatriculation de la société, il n'interdit pas que ces actions fassent l'objet, au cours de cette même période, d'une cession selon les modes du droit civil : ■ Cass. com., 26 févr. 2008, n°s 06-17.981 et 06-17.982 : *D.* 2007, p. 850 ; *JCP* E 2008, 1479. – Si les actions créées lors de la constitution de la société ne sont négociables qu'à compter de l'immatriculation de celle-ci, ces actions non négociables peuvent être cédées selon les formes civiles : ■ CA Colmar, 26 mai 1998 : *JurisData* n° 1998-048885.

Art. L. 228-11 *(Ord. n° 2004-604, 24 juin 2004 ; mod., L. n° 2008-776, 4 août 2008 ; Ord. n° 2008-1145, 6 nov. 2008)*. **– Lors de la constitution de la société ou au cours de son existence, il peut être créé des actions de préférence, avec ou sans droit de vote, assorties de droits particuliers de toute nature, à titre temporaire ou permanent. Ces droits sont définis par les statuts** *(Mots rempl., L. n° 2019-486, 22 mai 2019)* **« et, pour les sociétés dont les actions sont admises aux négociations sur un marché réglementé ou sur un système multilatéral de négociation, dans le respect des articles » L. 225-122 à L. 225-125.**

Le droit de vote peut être aménagé pour un délai déterminé ou déterminable. Il peut être suspendu pour une durée déterminée ou déterminable ou supprimé.

Les actions de préférence sans droit de vote ne peuvent représenter plus de la moitié du capital social, et dans les sociétés dont les actions sont admises aux négociations sur un marché réglementé, plus du quart du capital social.

Toute émission ayant pour effet de porter la proportion au-delà de cette limite peut être annulée.

Par dérogation aux articles L. 225-132 et L. 228-91, les actions de préférence *(Mots suppr., L. n° 2019-486, 22 mai 2019)* **« ... » auxquelles est attaché un droit limité de participation aux dividendes, aux réserves ou au partage du patrimoine en cas de liquidation sont privées de droit préférentiel de souscription pour toute augmentation de capital en numéraire, sous réserve de stipulations contraires des statuts.**

Voir : Calcul des quotités, C. com., art. L. 228-29-10, p. 444. – C. monét. fin., art. L. 212-5, p. 991.

Bibliographie : G. Auzero, *Actions de préférence et actionnariat : BJS* 2006, p. 1288. ● Th. Bonneau, *Actions de préférence : Dr. sociétés* août-sept. 2004, n° 151. ● B. Dondero, *L'ordonnance n° 2008-1145 du 6 novembre 2008 relative aux actions de préférence : Rev. sociétés* 2008, p. 715. ● D. Descamps et S. Sylvestre, *La procédure de création des actions de préférence : BJS* 2006, p. 1235. ● A. Gillig, *Actions de préférence : opportunités juridiques et contraintes fiscales : Dr. sociétés* 2007, n° 21. ● P. Le Cannu, *L'ordonnance n° 2004-604 du 24 juin 2004 et les actions de préférence : RTD com.* 2004, p. 533 ; *Actions de préférence dans les SAS : BJS* 2006, p. 1311. ● P. Ledoux, *La nature de la préférence : BJS* 2006, p. 1219. ● M. Germain, *Les actions de préférence : Rev. sociétés* 2004, p. 597 ; *Les actions de préférence : le nouveau régime de création et de suppression : Dr. et patrimoine* oct. 2004, p. 82. ● A. Guengant et *alii*, *Actions de préférence : questions de* *praticiens : JCP* E 2005, 1045, 1086 et 1129. • R. Kaddouch, *LBO : actions de préférence ou pacte d'actionnaires : JCP* E 2006, 1953. • Th. Massart, *Les actions de préférence : la question du droit de vote : Dr. et patrimoine* oct. 2004, p. 84. • V. Magnier, *Les actions de préférence : à qui profite la préférence ? : D.* 2004, p. 2559. • H. Le Nabasque, *La réforme des actions de préférence : JCP* E 2008, 2445. • B. Pichard, *Quels droits pour les actions de préférence ? : LPA* 21 janv. 2005, p. 7. • C. Malecki, *Attribution d'actions de préférence aux dirigeants : BJS* 2006, p. 1276. • D.-R. Martin, O. Saba et C. Fallet, *Pistes de réflexion pour une réforme du régime des actions de préférence : JCP* E 2010, 1821. • A. Viandier, *Les actions de préférence (Ord. n° 2004-604 du 24 juin 2004, art. 31) : JCP* E 2004, 1440. • S. Schiller, *L'évaluation de la préférence : Rev. sociétés 2006*, p. 703. • X. Vamparys, *Retour sur le modèle : les preferred shares américaines : BJS* 2006, p. 1315.

Suspension du droit de vote en cas de participations croisées. La suspension du droit de vote prévu par l'article L. 233-29 du Code de commerce n'induisant pas de changement de nature des actions, si les actions concernées par cette suspension sont des actions ordinaires, elles le demeurent avec l'ensemble des droits, autres que le droit de vote, qui leur sont attachés, de sorte qu'elles n'ont pas à faire l'objet du décompte prévu par l'article L. 228-11, alinéa 3, concernant les actions de préférence sans droit de vote : Rép. min. n° 11500 : *JOAN Q*, 23 sept. 2008, p. 8239.

Art. L. 228-12 *(Ord. n° 2004-604, 24 juin 2004 ; mod., Ord. n° 2014-863, 31 juill. 2014)*. – **I. – L'assemblée générale extraordinaire des actionnaires est seule compétente pour décider l'émission et la conversion des actions de préférence au vu d'un rapport spécial des commissaires aux comptes. Elle peut déléguer ce pouvoir dans les conditions fixées par les articles L. 225-129 à L. 225-129-6.**

Les modalités de conversion des actions de préférence peuvent également être fixées dans les statuts.

À tout moment de l'exercice en cours et au plus tard lors de la première réunion suivant la clôture de celui-ci, le conseil d'administration ou le directoire constate, s'il y a lieu, le nombre et le montant nominal des actions issues de la conversion des actions de préférence, au cours de l'exercice écoulé, et apporte les modifications nécessaires aux clauses des statuts relatives au montant du capital social et au nombre des titres qui le composent.

Le président du directoire ou le directeur général peut, sur délégation du directoire ou du conseil d'administration, procéder à ces opérations à tout moment de l'exercice et au plus tard dans le délai fixé par décret en Conseil d'État.

II. – Les actions de préférence peuvent être rachetées dans les conditions et selon les modalités prévues aux articles L. 225-204 à L. 225-214.

III. – Lorsque les statuts qui créent une catégorie d'actions de préférence ont prévu, préalablement à leur souscription, le principe du rachat et en ont organisé les modalités, doivent uniquement être satisfaites, outre les conditions mentionnées aux articles L. 225-210 à L. 225-212, les conditions prévues ci-après :

1° L'acquisition ne peut être réalisée qu'au moyen de sommes distribuables au sens de l'article L. 232-11 ou du produit d'une nouvelle émission de titres de capital effectuée en vue de ce rachat ;

2° La valeur de la réserve visée au troisième alinéa de l'article L. 225-210 est calculée par référence à la valeur nominale des seules actions de préférence rachetées. Cette réserve ne peut, sauf en cas de réduction du capital souscrit, être distribuée aux actionnaires. Elle ne peut être utilisée que pour augmenter le capital par incorporation de réserves ;

3° Lorsque les statuts prévoient le versement d'une prime en faveur des actionnaires à la suite du rachat, cette prime ne peut être prélevée que sur des sommes distribuables au sens de l'article L. 232-11 ou sur une réserve prévue à cette fin autre que celle prévue à l'alinéa précédent. Cette réserve ne peut, sauf en cas de réduction du capital souscrit, être distribuée aux actionnaires. Elle ne peut être utilisée que pour augmenter le capital souscrit par incorporation de réserves, pour couvrir les frais d'émissions d'actions de préférence ou pour effectuer le versement d'une prime en faveur des détenteurs des actions de préférence rachetables ;

4° *(4° rempl., L. n° 2019-486, 22 mai 2019)* **Dans les sociétés dont les actions sont admises aux négociations sur un marché réglementé, le rachat est à l'initiative exclusive de la société ou à l'initiative conjointe de la société et du détenteur de l'action de préférence. Dans les sociétés dont les actions ne sont pas admises aux négociations sur un marché réglementé, les statuts déterminent, préalablement à la souscription, si le rachat peut avoir lieu à l'initiative exclusive de la société, à l'initiative conjointe de la société et du détenteur ou à l'initiative exclusive du détenteur, suivant les conditions et délais qu'ils précisent ;**

5° En aucun cas, ces opérations ne peuvent porter atteinte à l'égalité d'actionnaires se trouvant dans la même situation.

Voir : C. com., art. R. 225-132, p. 661, art. R. 228-17 à R. 228-22-1, p. 671.

Bibliographie : A. Couret, *Deux questions sur le rachat des actions de préférence : BJS* 2006, p. 1268 ; *L'action de préférence rachetable à la demande du porteur : BJS* 2008, p. 344. • J.-J. Daigre, *Le rachat d'actions de préférence cotées : RD bancaire et fin.* 2005, n° 2, p. 3. • D. Gallois-Cochet, *Ordonnance du 31 juillet 2014 : dispositions relatives au rachat des actions de préférence : Dr. sociétés* 2014, n° 146. • H. Le Nabasque, *Les actions de préférence de groupe : BJS* 2006, p. 1297. • R. Mortier, *Rachat d'actions et actions rachetables : Rev. sociétés* 2004, p. 639 ; *Dispositions relatives au rachat des actions de préférence : Rev. sociétés* 2014, p. 627.

1) Lorsque les modalités de rachat ou de conversion des actions de préférence ne sont pas prévues dans les statuts, seule l'assemblée générale extraordinaire est **compétente** pour décider de ce rachat : Rép. min. n° 431 : *JO* Sénat Q, 27 déc. 2007, p. 2371.

2) Méthodes de conversion. En cas d'augmentation de capital résultant de la conversion des actions de préférence en actions ordinaires, la libération du montant nominal peut avoir lieu par incorporation de réserves, bénéfices ou primes d'émission ; il n'est toutefois pas possible de faire varier le pair de l'action ordinaire au gré des conversions : Rép. min. n° 13314 (*JO* Sénat Q, 16 mars 2006, n° 11, p. 792 ; *BJS* 2006, p. 671).

Art. L. 228-12-1 *(Ord. n° 2014-863, 31 juill. 2014).* **– I. – Les actions de préférence rachetées sont utilisées aux fins prévues aux articles L. 225-204 à L. 225-214.**

II. – Les actions de préférence rachetées conformément aux dispositions du III de l'article L. 228-12 peuvent être conservées suivant les modalités prévues aux articles L. 225-210 à L. 225-214.

Elles peuvent être cédées ou transférées par tous moyens.

Si les statuts et le contrat d'émission le prévoient, elles peuvent également être annulées dans le cadre d'une réduction de capital. Dans ce cas, il est fait application des dispositions de l'article L. 225-205, sauf si la réserve visée au 2° du III de l'article L. 228-12 est affectée au remboursement des créanciers, le solde pouvant ensuite être distribué aux actionnaires.

Art. L. 228-13 *(Mod., L. n° 2004-1343, 9 déc. 2004).* **– Les droits particuliers mentionnés à l'article L. 228-11 peuvent être exercés dans la société qui possède directement ou indirectement plus de la moitié du capital de l'émettrice ou dans la société dont l'émettrice possède directement ou indirectement plus de la moitié du capital.**

L'émission doit alors être autorisée par l'assemblée générale extraordinaire de la société appelée à émettre des actions de préférence et par celle de la société au sein de laquelle les droits sont exercés.

Les commissaires aux comptes des sociétés intéressées doivent établir un rapport spécial.

Art. L. 228-14 *(Ord. n° 2004-604, 24 juin 2004).* **– Les actions de préférence peuvent être converties en actions ordinaires ou en actions de préférence d'une autre catégorie.**

En cas de conversion d'actions de préférence en actions aboutissant à une réduction de capital non motivée par des pertes, les créanciers dont la créance est antérieure à la date du dépôt au greffe du procès-verbal de délibération de l'assemblée générale, ou du conseil d'administration ou du directoire en cas de délégation, peuvent former opposition à la conversion dans le délai et suivant les modalités fixées par décret en Conseil d'État.

Les opérations de conversion ne peuvent commencer pendant le délai d'opposition ni, le cas échéant, avant qu'il ait été statué en première instance sur cette opposition.

Voir : C. com., art. R. 228-15 et R. 228-18, p. 671.

Bibliographie : H. Le Nabasque, *À propos de la conversion d'actions en actions d'une autre catégorie : BJS* 2018, p. 302.

Art. L. 228-15 *(Ord. n° 2004-604, 24 juin 2004 ; mod., L. n° 2008-776, 4 août 2008 ; mod., L. n° 2019-486, 22 mai 2019).* **– La création de ces actions donne lieu à l'application des articles L. 225-8, L. 225-10, L. 225-14, L. 225-147 et L. 225-148 relatifs aux avantages particuliers lorsque les actions sont émises au profit d'une ou plusieurs personnes nommément désignées. Dans ce cas, le commissaire aux apports prévu par ces articles est un commissaire aux comptes n'ayant pas réalisé depuis cinq ans et ne réalisant pas de mission au sein de la société. Les titulaires d'actions devant être converties en actions de préférence de la catégorie à créer ne peuvent, à peine de nullité de la délibération, prendre part au vote sur la**

création de cette catégorie et les actions qu'ils détiennent ne sont pas prises en compte pour le calcul du quorum et de la majorité, à moins que l'ensemble des actions ne fassent l'objet d'une conversion en actions de préférence.

Par dérogation au premier alinéa, lorsque l'émission porte sur des actions de préférence relevant d'une catégorie déjà créée, l'évaluation des avantages particuliers qui en résultent est faite dans le rapport spécial mentionné à l'article L. 228-12.

Voir : la rédaction de cet article issue de l'ordonnance n° 2019-744 du 19 juillet 2019, en *addendum*, p. 3371.

Voir : C. com., art. R. 225-136, p. 662. – **Procédure de vérification des avantages particuliers,** C. com., art. L. 225-8, p. 236, L. 225-14, p. 239, L. 225-147, p. 347, L. 225-148, p. 349.

1) **Portée.** L'article L. 228-15 vise les actions émises au profit des actionnaires existants ainsi qu'au profit des actionnaires qui le deviennent au moment de la souscription, à condition toutefois que ces actionnaires soient nommément désignés : Rép. min. n° 43987 : *JOAN* Q, 24 août 2004, p. 685 ; *BJS* 2004, p. 1144 ; *D.* 2004, p. 2211. – Rép. min. n° 13315 : *JO* Sénat Q, 19 mai 2005, p. 1441 ; *D.* 2005, p. 1474.

2) **Entrée en vigueur.** L'entrée en vigueur des dispositions du premier alinéa de l'article L. 228-15 est liée à la publication du décret d'application : Rép. min. n° 11390 : *JO* Sénat Q, 14 oct. 2004, p. 2341 ; *D.* 2004, p. 2701.

3) **Incompatibilités.** La rédaction de l'article, par sa généralité, exclut la possibilité d'obtenir la désignation d'un commissaire aux comptes ayant réalisé toute mission au sein de la société, depuis cinq ans, y compris en vertu d'une désignation judiciaire : Rép. min. n° 13389 : *JO* Sénat Q, 5 août 2004, p. 1766 ; *Rev. sociétés* 2005, p. 249.

4) **SAS.** V. sous C. com., art. L. 227-1, annot. n° 3, p. 392.

Art. L. 228-16 ***(Ord. n° 2004-604, 24 juin 2004).*** **– En cas de modification ou d'amortissement du capital, l'assemblée générale extraordinaire détermine les incidences de ces opérations sur les droits des porteurs d'actions de préférence.**

Ces incidences peuvent également être constatées dans les statuts.

Voir : Injonction de faire, C. com., art. L. 238-6, p. 564.

Art. L. 228-17 ***(Ord. n° 2004-604, 24 juin 2004).*** **– En cas de fusion ou de scission, les actions de préférence peuvent être échangées contre des actions des sociétés bénéficiaires du transfert de patrimoine comportant des droits particuliers équivalents, ou selon une parité d'échange spécifique tenant compte des droits particuliers abandonnés.**

En l'absence d'échange contre des actions conférant des droits particuliers équivalents, la fusion ou la scission est soumise à l'approbation de l'assemblée spéciale prévue à l'article L. 225-99.

Échange. Les actions de préférence donnant droit, par exemple, à une attribution préférentielle de dividendes ou à la désignation d'un membre du conseil de surveillance peuvent être échangées contre d'autres actions de préférence donnant droit à une attribution préférentielle de dividende ou à la désignation d'un membre du conseil de surveillance, en tenant compte éventuellement d'une parité d'échange en fonction de la réduction du droit consentie. En revanche, s'il n'existe pas dans la nouvelle société d'actions de préférence disposant de droits particuliers équivalents, la parité d'échange devra tenir compte de l'abandon de ce droit : Rép. min. n° 13316 : *JO* Sénat Q, 30 sept. 2004, p. 2236 ; *BJS* 2004, p. 1291 ; *D.* 2004, p. 2558 ; *JCP* E 2004, act., p. 1616.

Art. L. 228-18 ***(Ord. n° 2004-604, 24 juin 2004).*** **– Le dividende distribué, le cas échéant, aux titulaires d'actions de préférence peut être accordé en titres de capital, selon les modalités fixées par l'assemblée générale extraordinaire ou les statuts.**

Art. L. 228-19 ***(Ord. n° 2004-604, 24 juin 2004).*** **– Les porteurs d'actions de préférence, constitués en assemblée spéciale, ont la faculté de donner mission à l'un des commissaires aux comptes de la société** ***(Mots aj. à compter de la date prévue au II de l'article 20 de la loi n° 2019-486 du 22 mai 2019 et au plus tard le 1er septembre 2019, L. n° 2019-486, 22 mai 2019)*** **« , s'il en existe, » d'établir un rapport spécial sur le respect par la société des droits particuliers attachés aux actions de préférence. Ce rapport est diffusé à ces porteurs à l'occasion d'une assemblée spéciale.**

Voir : C. com., art. R. 228-16 et R. 228-22, p. 671.

Expert judiciaire. La possibilité pour les porteurs d'actions de préférence de donner mission à l'un des commissaires aux comptes de la société d'établir un rapport spécial sur le respect par la société des droits particuliers attachés aux actions de préférence est sans préjudice de leur faculté d'obtenir, selon la procédure de droit commun, la désignation d'un expert judiciaire dont la charge de la rémunération sera déterminée par la juridiction saisie en fonction de l'issue de l'instance (Rép. min. n° 13317 : *JO* Sénat Q, 20 janv. 2005, p. 175 ; *JCP* E 2005, 218).

Art. L. 228-20 *(Abr., Ord. n° 2008-1145, 6 nov. 2008).*

Bibliographie : R. Mortier, *La non réforme des actions rachetables (abrogation de C. com., art. L. 228-20) : BJS* 2008, p. 948.

Art. L. 228-21 *(Anc. L. n° 66-537, 24 juill. 1966).* **– Les actions demeurent négociables après la dissolution de la société et jusqu'à la clôture de la liquidation.**

Art. L. 228-22 *(Anc. L. n° 66-537, 24 juill. 1966).* **– L'annulation de la société ou d'une émission d'actions n'entraîne pas la nullité des négociations intervenues antérieurement à la décision d'annulation, si les titres sont réguliers en la forme. Toutefois, l'acquéreur peut exercer un recours en garantie contre son vendeur.**

Art. L. 228-23 *(Anc. L. n° 66-537, 24 juill. 1966 ; mod., Ord. n° 2004-604, 24 juin 2004 ; rempl., Ord. n° 2009-80, 22 janv. 2009).* **– Dans une société dont les actions ne sont pas admises aux négociations sur un marché réglementé, la cession d'actions ou de valeurs mobilières donnant accès au capital, à quelque titre que ce soit, peut être soumise à l'agrément de la société par une clause des statuts.**

Une clause d'agrément ne peut être stipulée que si les titres sont nominatifs en vertu de la loi ou des statuts.

Cette clause est écartée en cas de succession, de liquidation du régime matrimonial ou de cession, soit à un conjoint, soit à un ascendant ou à un descendant.

Les dispositions de l'alinéa précédent ne sont pas applicables lorsqu'une société dont les actions ne sont pas admises aux négociations sur un marché réglementé réserve des actions à ses salariés, dès lors que la clause d'agrément a pour objet d'éviter que lesdites actions ne soient dévolues ou cédées à des personnes n'ayant pas la qualité de salarié de la société.

Toute cession effectuée en violation d'une clause d'agrément figurant dans les statuts est nulle.

Voir : C. com., art. R. 210-4, R. 210-9, p. 617, R. 225-3, 13°, p. 630 et R. 228-23, 13°, p. 672.

Inopposabilité des clauses d'agrément en cas d'offres publiques, C. com., art. L. 233-34, L. 233-35, L. 233-40, p. 519. – **Inopposabilité en cas de plan de sauvegarde ou de redressement,** C. com., art. L. 626-3, p. 2027 et L. 631-1, p. 2042. – **Opposabilité en cas de saisie,** CPC ex., art. R. 233-6, p. 1962. – **Transfert à l'AMF des conventions entre actionnaires de sociétés cotées comportant des conditions préférentielles de cession ou d'acquisition d'actions,** C. com., art. L. 233-11, p. 507. – **Sociétés par actions d'exercice libéral,** sous L. n° 90-1258, 31 déc. 1990, art. 10, al. 2, p. 2853. – **Sociétés par actions de presse,** sous L. n° 86-897, 1er août 1986, art. 4, p. 2736.

• ***Sommaire***

I – CESSION DE CONTRÔLE 420
A – Caractère civil ou commercial de la cession 420
B – Conséquences du caractère commercial de la cession 420
C – Portée de la cession de contrôle 421
II – FORMATION DU CONTRAT DE CESSION 421
A – Pourparlers et promesse 421
B – Obligation d'information et devoir de loyauté 423
C – Responsabilité des conseils 424
III – CONDITIONS DE VALIDITÉ 425
A – Vices du consentement 425
1° *Erreur* 425
2° *Dol* 426
3° *Violence* 428
B – Objet et cause 428
C – Prix 428
D – Nullité 431
IV – CESSION CONDITIONNELLE 431
V – EFFETS DU CONTRAT DE CESSION 432
VI – GARANTIE DE PASSIF OU D'ACTIF 433
VII – AGRÉMENT 437
VIII – PRÉEMPTION ET PRÉFÉRENCE 438
IX – LITIGES 440

I – CESSION DE CONTRÔLE

Bibliographie : Th. Bonneau, *Garantie d'éviction du fait du cédant et exécution de bonne foi de la cession de contrôle : Dr. sociétés* avr. 1997, p. 4. – A. Couret et A. Reygrobellet, *Le projet de réforme du droit des obligations : incidence sur le régime des cessions de droits sociaux : BJS* 2015, p. 260. – P. Etain, *Les aménagements contractuels en faveur des cédants à la suite d'une cession de contrôle dans les sociétés anonymes : Dr. sociétés* 2001, chron. 14. – Ch. Hannoun, *Les conventions portant transfert du contrôle et la transparence des sociétés : D.* 1994, chron. p. 67. – F. Malan, *Le rachat des actions minoritaires dans les opérations de prise de contrôle de sociétés : JCP* 1972, I, 2450. – Nectoux, *La prise de contrôle dans les sociétés commerciales*, thèse Toulouse, 1974. – B. Oppetit, *La prise de contrôle d'une société au moyen d'une cession d'actions : JCP* 1970, I, 2361 ; *Les cessions de droits sociaux emportant le transfert du contrôle d'une société : essai de synthèse : Rev. sociétés* 1978, p. 631. – J. Paillusseau et R. Contin, *La cession de contrôle d'une société : JCP* 1969, I, 2287. – J. Paillusseau, *La garantie de conformité dans les cessions de contrôle : JCP* E 2007, 1238. – D. Plantamp, *Le critère de la cession de contrôle : RTD com.* 1999, p. 819. – D. Roux, *La spécificité des cessions de contrôle : Rev. sociétés* 1980, p. 49. – D. Schmidt, *Quelques remarques sur les droits de la minorité dans les cessions de contrôle : D.* 1972, chron. p. 223. – S. Vermeille, *L'efficacité juridique des déclarations du vendeur dans les cessions du contrôle d'une société : BJS* 2008, p. 927.

A – Caractère civil ou commercial de la cession

1) Principe. Voir aussi sous C. com., art. L. 223-14, annot. n° 20, p. 196.

La cession de droits sociaux devient commerciale lorsqu'elle confère au bénéficiaire une participation majoritaire et lui assure le **contrôle** de la société : ▪ Cass. com., 24 nov. 1992 : *JCP* E 1993, I, 218, n° 14, obs. A. Viandier et J.-J. Caussain ; *RJDA* 1993, p. 115. ▪ CA Paris, 2 mars 1994 : *BJS* 1994, p. 513, note A. Couret. Il s'ensuit que le caractère commercial ou civil d'une prise de contrôle s'apprécie non au regard du cédant, mais à celui de chacun des cessionnaires pris séparément : ▪ CA Versailles, 17 sept. 1998 : *JCP* E 1999, p. 667, obs. A. Viandier et J.-J. Caussain ; *BJS* 1998, p. 1226, note P. Etain. – Mais le caractère **gratuit** d'une cession exclut nécessairement la notion d'acte de commerce susceptible d'attribuer compétence à la juridiction commerciale : ▪ CA Caen, 15 mars 1994 : *BJS* 1994, p. 1091, note P. Le Cannu.

2) Applications.

a) La cession d'actions, en principe civile, peut revêtir un **caractère commercial**, en raison du nombre de parts cédées : ▪ Cass. com., 28 nov. 1978 : *Bull. civ.* IV, n° 284 ; *D.* 1980, 316, note J.-Cl. Bousquet. – Rappr. ▪ Cass. com., 29 mai 1978 : *Rev. arb.* 1979, 221. ▪ CA Caen, 26 nov. 1968 : *RTD com.* 1969, p. 1006, obs. R. Houin.

b) Même solution lorsque la cession soulève un problème de pouvoir : ▪ T. com. Paris, 2 avr. 1990 : *D.* 1990, 438, note A. Viandier.

c) Dès lors qu'une convention a pour objet **l'organisation** de la société, en prévoyant le **transfert du contrôle** ou bien **son maintien** au bénéfice de son titulaire, celle-ci constitue un acte de commerce qui relève de la compétence de la juridiction commerciale. En l'espèce, l'actionnaire majoritaire d'une SA avait sollicité un apport de capitaux et pour éviter de perdre le contrôle de la société, avait créé une société holding dont il était l'associé majoritaire et qui était devenue propriétaire de la majorité des actions de la SA. En contrepartie, les apporteurs qui étaient majoritaires en capital, mais minoritaires en droits de vote, bénéficiaient d'une clause de rachat de leurs droits sociaux. Cet engagement de rachat ne constituait pas un engagement autonome, mais son acceptation, imposée par les apporteurs, assurait à l'actionnaire majoritaire la conservation du contrôle de la société et relevait de la compétence commerciale : ▪ Cass. com., 26 mars 1996 : *Bull. civ.* IV, n° 93 ; *JurisData* n° 1996-001172 ; *BJS* 1996, p. 588, note N. Rontchevsky.

d) La présomption de commercialité d'une société ne suffit pas pour décider que l'achat d'actions d'une autre société a un caractère commercial : ▪ CA Paris, 12 juill. 1983 : *D.* 1983, inf. rap. p. 391. – En revanche, la **cession d'actions accessoire d'une cession de contrôle** antérieure a ce caractère : ▪ CA Paris, 15 janv. 1984 : *Express doc.* 15 juin 1984, p. 16.

B – Conséquences du caractère commercial de la cession

3) Solidarité. Dès lors que la cession de contrôle présente un caractère commercial, les cessionnaires doivent être **condamnés solidairement au paiement** du solde du prix : ▪ Cass. com., 11 mars 2003, n° 99-20.331 : *BJS* 2003, p. 666, note Th. Massart. – V. égal., ▪ Cass. 1re civ., 3 juill. 2013, n° 12-17.714. – V. retenant une présomption simple de solidarité pour chacun des engagements souscrits par les cédants : ▪ CA Riom, 12 déc. 2012, n° 11/03023 : *Dr. sociétés* 2013, n° 63, note D. Gallois-Cochet. – La cession portant sur la totalité des actions d'une société étant de nature commerciale, le **bénéficiaire de la promesse** de cession, qui n'a acquis pour son propre compte qu'une seule action et qui s'est substitué une société pour le surplus en application d'une clause contractuelle, est, avec la **société substituée, débiteur solidaire** du montant de la totalité des actions acquises : ▪ Cass. com., 22 mars 2005 : *BJS* 2005, p. 1113.

4) Clause compromissoire. Jugé avant l'application de la loi du 15 mai 2001 modifiant l'article 2061 du Code civil, qu'une cour d'appel ne pouvait déclarer nulle la **clause compromissoire** au motif qu'une partie n'avait pas la qualité de commerçante alors que l'acte litigieux portait sur la cession de la totalité du capital social, ce dont il résultait que l'opération, qui avait transféré le contrôle de la société, avait un caractère commercial et pouvait faire l'objet d'un arbitrage : ▪ Cass. com., 2 juill. 2002 : *JurisData* n° 2002-015373.

5) Non-application de l'article L. 110-4. Si la cession de la totalité des actions d'une société anonyme est un acte de commerce, **il n'en résulte pas pour autant que les parties aient la qualité de commerçant ; en conséquence,** l'article L. 110-4 du Code de commerce qui régit la prescription en matière d'obligations nées entre commerçants ou entre commerçants et non-commerçants n'est pas applicable à l'action en responsabilité engagée par le cessionnaire à l'encontre du cédant lorsque aucune des parties n'est commerçante : ▪ CA Paris, 3 mai 2001 : *JurisData* n° 2001-167605.

6) Compétence des juridictions commerciales. V. sous C. com., art. L. 721-3, p. 1953.

7) Nature commerciale d'une garantie de passif afférente à une cession de contrôle. V. C. com., art. L. 228-23, annot. n° 70, p. 434.

C – Portée de la cession de contrôle

8) Maintien de la personnalité morale de la société cédée. La cession du capital à un nouvel actionnaire et sa transformation en une nouvelle forme commerciale ne constituant ni une fusion, ni une cession, ni une scission d'entreprise, les salariés de la société cédée demeurent soumis à la convention collective de cette société, laquelle a conservé sa personnalité morale propre et n'a pas changé d'activité : ▪ Cass. soc., 18 juin 2006, n° 03-43.023 : *BJS* 2006, p. 786, note Chr. Néau-Leduc.

9) Objet de la cession de contrôle. La cession de la majorité ou de la totalité des actions d'une société anonyme **ne constitue pas la cession du fonds de commerce** figurant à l'actif de la personne morale ; en conséquence ne s'applique pas la loi du 2 janvier 1970 dite « loi Hoguet » qui ne vise que les personnes se livrant de manière habituelle à certaines opérations, et notamment à l'achat et la vente de fonds de commerce : ▪ Cass. com., 22 janv. 1991 : *JCP* E 1991, 61, n° 6, obs. A. Viandier et J.-J. Caussain ; *BJS* 1991, p. 398, note D. L. ▪ Cass. com., 19 nov. 1991 : *BRDA* 31 déc. 1991, p. 8. – Dans le même sens, ▪ Cass. com., 27 nov. 2008, n° 06-16.688. – *Contra*, la cession de la totalité des actions d'une société anonyme dont l'unique actif est un fonds de commerce aboutit à la vente des éléments corporels et incorporels de ce fonds : ▪ CA Montpellier, 24 oct. 1991 : *JCP* E 1992, I, 172, n° 12, obs. A. Viandier et J.-J. Caussain. ▪ CA Paris, 31 janv. 1997 : *JCP* E 1997, II, 22875, note A. Viandier ; *BJS* 1997, p. 427, note P. Le Cannu. – Voir aussi sous C. com., art. L. 223-14, annot. n° 21, p. 197. – *Adde* pour l'inapplicabilité en cas de cession de contrôle d'une clause prévoyant l'inopposabilité d'une convention d'exclusivité en cas de cession, de fusion ou de transformation du fonds exploité par la société : ▪ Cass. com., 17 oct. 1995 : *BJS* 1996, p. 53, note Th. Massart. – Manquent à leur obligation de bonne foi les cédants, dont il est établi que, menant par ailleurs d'autres transactions, ils n'avaient plus l'intention de contracter, et qui mettent fin brutalement aux pourparlers à un moment où les discussions très avancées ne laissaient plus en suspens que des questions sur lesquelles les cessionnaires se déclaraient prêts à des avancées ; qu'en conséquence, doit être réparé le préjudice correspondant aux frais d'études et de négociation engagés par les cessionnaires, mais non, faute de preuve, celui lié à la perte d'une chance de réaliser une autre opération d'investissement : ▪ CA Paris, 8 avr. 2008 : *BJS* 2008, p. 858, note X. Vamparys.

10) Situation des minoritaires. Le droit communautaire ne contient pas de principe général de droit selon lequel les actionnaires minoritaires sont protégés par l'obligation de l'actionnaire dominant acquérant ou exerçant le contrôle d'une société d'offrir à ceux-ci de racheter leurs actions aux mêmes conditions que celles convenues lors de l'acquisition d'une participation conférant ou renforçant le contrôle de l'actionnaire dominant : ▪ CJCE, 15 oct. 2009, aff. C-101/08 : *BJS* 2010, p. 371, note J.-M. Moulin ; *Rev. sociétés* 2010, p. 45, note G. Parléani.

II – FORMATION DU CONTRAT DE CESSION

A – Pourparlers et promesse

11) Rupture des pourparlers. La rupture des pourparlers portant sur une cession d'actions par le cédant, après deux ans de négociation, par téléphone, le jour même de la signature prévue du contrat, est brutale et abusive et entraîne réparation du préjudice subi par le cessionnaire, préjudice correspondant à la perte de la chance de conclure le contrat et d'en tirer profit : ▪ CA

▪ Paris, 16 déc. 1998 : *BJS* 1999, p. 470, note A. Laude. – V. aussi, ▪ Cass. com., 26 nov. 2003 : *BJS* 2004, p. 849, note J.-J. Daigre ; *D.* 2004, somm. p. 2922, obs. E. Lamazerolles ; *JCP* E 2004, act., p. 96 ; *JCP* E 2004, 601, n° 3, obs. J.-J. Caussain, Fl. Deboissy et G. Wicker ; *Rev. sociétés* 2004, p. 325, note N. Mathey. – Manque à l'obligation de négocier de bonne foi les cessionnaires qui rompent brutalement et sans motif légitime les négociations : ▪ CA Versailles, 18 mars 2004 : *BJS* 2004, p. 970, note T. Massart. ▪ Cass. com., 21 janv. 2004 : *BJS* 2004, p. 966, note T. Massart.

12) Conditions d'efficacité de la promesse. *a)* **Cause illicite.** Est nulle pour illicéité de la cause la promesse par laquelle le cessionnaire s'engage à rétrocéder au cédant un nombre d'actions cédées lui permettant de retrouver la majorité au sein de la société en violation des dispositions du plan de continuation : ▪ Cass. com., 13 janv. 2013, n°s 11-12.495, 11-13.250 et 11-13.274.

b) ***Affectio societatis.*** L'*affectio societatis* n'étant pas une condition requise pour la formation d'un acte de cession de droits sociaux, son défaut en la personne du cessionnaire ne constitue ni un obstacle à la formation de la promesse synallagmatique de vente, ni une cause de révocation unilatérale : ▪ Cass. com., 11 juin 2013, n° 12-22.296, PB : *BJS* 2013, p. 624, note P. Le Cannu ; *JCP* E 2013, 1527, note B. Dondero.

c) Une promesse de cession d'actions est valable alors même qu'elle porte sur des actions ayant fait l'objet d'une **vente à réméré** pour laquelle le cédant et promettant a régulièrement mis en œuvre son droit de rachat : ▪ Cass. 1re civ., 28 mai 1991 : *BJS* 1991, p. 812, note P. Le Cannu.

13) Promesses unilatérales. F.-D. Poitrinal, *L'exécution forcée en nature en matière de promesse de cession d'actions* : *BJS* 1995, p. 21.

a) **Rétractation de la promesse unilatérale.** Jugé à propos d'un pacte comportant une promesse d'achat et une promesse de vente que la levée de l'option par le bénéficiaire de la promesse postérieurement à la rétractation du promettant excluant toute rencontre des volontés réciproques de vendre et d'acquérir, la réalisation forcée de la vente ne peut être ordonnée : ▪ Cass. com., 13 sept. 2011, n° 10-19.526 : *BJS* 2012, p. 10, note F. Danos ; *D.* 2012, p. 231, note A. Gaudemet ; *Dr. sociétés* 2012, n° 211, obs. R. Mortier ; *JCP* E 2011, 1826, n° 3, obs. Fl. Deboissy et G. Wicker ; *Rev. sociétés* 2012, p. 22, note B. Fages. ▪ Cass. com., 14 janv. 2014, n° 12-29.071 : *BJS* 2014, p. 384, note Ph. Briand. – Dans le cadre d'une promesse unilatérale de vente non acceptée, l'obligation du promettant ne constitue qu'une obligation de faire dont la réparation se résout en dommages et intérêts : ▪ CA Paris, 5 déc. 1991 : *JCP* E 1992, I, 145, n° 11, obs. A. Viandier et J.-J. Caussain. – Sur la fixation du préjudice subi en fonction de la contre-valeur des actions, V. ▪ Cass. crim., 10 mai 1994 : *BJS* 1994, p. 824, note J.-F. Barbièri.

b) La promesse de porte-fort pour la **prorogation** d'un délai de promesse de cession nécessite la ratification des autres promettants : ▪ Cass. com., 25 janv. 1994 : *BJS* 1994, p. 373, note P. Le Cannu.

c) **Renonciation.** Le fait pour les cédants de racheter les actions cédées dans un premier temps, afin de prendre le contrôle de la société, manifeste leur volonté de renoncer au bénéfice de la promesse d'achat portant sur le surplus des actions, dans la mesure où ils n'avaient pas poursuivi l'exécution de cette promesse antérieurement au rachat : ▪ Cass. com., 30 nov. 2004 : *BJS* 2005, p. 379.

14) Clause de substitution et garantie de l'acquéreur substitué. Le bénéficiaire d'une promesse qui s'engage, au cas où il se substituerait un tiers, à garantir la bonne exécution de la convention et au paiement solidaire du prix des actions et du compte-courant ne contracte pas un cautionnement mais demeure simplement codébiteur solidaire : ▪ Cass. com., 8 juin 2017, n° 15-28.438, PB : *BJS* 2017, p. 614, note B. Dondero ; *Dr. sociétés* 2017, n° 181, obs. R. Mortier.

15) Formation du contrat définitif. *a)* **Distinction de la promesse synallagmatique et du contrat définitif.** V. sur la liberté reconnue aux parties de subordonner la vente à un accord sur les conditions particulières : ▪ Cass. com., 8 oct. 2013, n° 12-22.304 : *Rev. sociétés* 2014, p. 221, note J.-J. Ansault.

b) **Levée de l'option.** La **promesse unilatérale d'achat** devient une convention synallagmatique obligeant d'une manière définitive et irrévocable les parties du fait de la levée de l'option par le vendeur : ▪ CA Paris, 17 juin 1987 : *JCP* E 1988, 15168, n° 15, obs. A. Viandier et J.-J. Caussain.

c) **Réalisation de la condition.** S'agissant d'une promesse de cession d'actions par un dirigeant, et prévoyant que le délai d'acquisition pourrait être anticipé si celui-ci était révoqué antérieurement, la révocation prononcée ne saurait être sanctionnée au titre de la mauvaise foi dans la mesure où elle résulte du libre exercice par l'organe statutaire de la société du droit de révocation ; cela alors même que cette société était contrôlée par le bénéficiaire de la promesse : ▪ Cass. com., 8 nov. 2016, n° 14-29.770 : *BJS* 2017, p. 112, note H. Barbier.

d) **Promesses croisées.** Des promesses unilatérales d'achat et vente croisées échelonnées dans le temps et comportant accord des parties sur la chose et le prix valent vente : ▪ Cass. com., 16 janv. 1990 : *BJS* 1990, p. 272. – Jugé que l'échange d'une promesse unilatérale d'achat et d'une promesse unilatérale de vente réalisant une promesse synallagmatique de vente valant vente définitive dès lors que les deux promesses réciproques ont le même objet et qu'elles sont stipulées dans les mêmes termes, l'exécution forcée de cette promesse peut être poursuivie après expiration du délai imparti à chacune des parties pour lever d'option : ▪ Cass. com., 22 nov. 2005, n° 04-12.183 : *BJS* 2006, p. 377, note A. Couret ; *JCP* E 2006, 1463, note A. Constantin ; *JCP* E 2006, 1080 ; *Rev. sociétés* 2006, p. 251, note J.-F. Barbièri. ▪ CA Versailles, 19 janv. 2006, n° 05-00.414 : *BJS* 2006, p. 950. – *Adde*, J. Moury, *Menaces sur les promesses unilatérales de vente et d'achat croisées* : *D.* 2006, p. 2793. – Même solution mais précisant que la faculté de rompre ne peut s'exercer de façon abusive et qu'un préavis, dont la durée doit être suffisante pour permettre au bénéficiaire de prendre parti, est sous-entendu à la convention car inhérent au mécanisme de la rupture unilatérale : ▪ Cass. com., 27 sept. 2017, n° 16-13.112 : *BJS* 2018, p. 87, note M. Buchberger ; *Dr. sociétés* 2018, n° 20, obs. R. Mortier ; *JCP* E 2018, 1107, note A. Couret et B. Dondero ; *Rev. sociétés* 2018, p. 27, note S. Kouhaiz.

16) Promesse d'achat et pacte léonin. V. sous C. civ., art. 1844-1, annot. n° 7, p. 85.

17) Compétence juridictionnelle en cas d'inexécution de la promesse. V. sous C. com., art. L. 721-3, annot. n° 4, p. 1953.

18) Clause de *bad leaver*. Fl. Deboissy et P. Lokiec, *Condition de présence du salarié dans la société et droits d'associé* : *JCP* S 2013, 1443.

a) **Validité.** L'application d'une décote au rachat des titres d'un salarié licencié pour une cause autre que disciplinaire ne constitue pas une sanction pécuniaire prohibée : ▪ Cass. com., 7 juin 2016, n° 14-17.978 : *BJS* 2017, p. 23, note E. Schlumberger ; *JCP* E 2016, 1504, note S. Schiller, J. Leprêtre et P. Bignebat ; *Dr. sociétés* 2016, n° 180, obs. R. Mortier ; *JCP* E 2017, 1087, n° 5, obs. Fl. Deboissy et G. Wicker ; *Rev. sociétés* 2017, p. 85, note Y. Marjault.

b) **Mise en œuvre.** S'agissant d'une clause de *bad leaver* prévoyant une promesse de vente de ses actions par un dirigeant à un prix réduit en cas de départ fautif de celui-ci suite à une mise en demeure demeurée infructueuse dans le délai d'un mois, ce formalisme contractuel doit être exactement respecté et les nombreux rappels à l'ordre intervenus ne peuvent tenir lieu de la mise en demeure prévue dans la mesure où il n'était pas imparti un délai au dirigeant pour remédier aux manquements allégués et où ne lui était pas notifiée la sanction encourue à défaut : ▪ CA Paris, 19 mars 2013, n° 12/03448 : *BJS* 2013, p. 488, note B. Marpeau et F. Dietrich.

c) **Appréciation de la faute.** V. pour une clause de *bad leaver* subordonnée à une « faute assimilable à la faute grave ou lourde au sens du droit social français » où l'appréciation des juges reprend la définition de la faute grave appliquée par la Chambre sociale : ▪ Cass. com., 3 févr. 2015, n° 13-28.164 : *BJS* 2015, p. 188, note S. Schiller.

B – Obligation d'information et devoir de loyauté

19) Devoir de loyauté du dirigeant.

a) **Appréciation de la déloyauté.**

– **Preuve rapportée.** Le président du conseil d'administration, qui intervient comme intermédiaire dans une opération de reclassement d'actions effectuée par un associé, et qui cache à l'associé cédant les négociations qu'il mène pour revendre les actions acquises à un prix nettement supérieur à leur prix d'acquisition, manque au devoir de loyauté qui s'impose à lui en tant que dirigeant à l'égard de son associé et en particulier lorsqu'il est intermédiaire pour le reclassement de sa participation ; il se rend par là même responsable de réticence dolosive : ▪ Cass. com., 27 févr. 1996 : *D.* 1996, p. 518, note Ph. Malaurie ; *D.* 1996, p. 591, note J. Ghestin ; *BJS* 1996, p. 485, note A. Couret. – V. même solution s'agissant du président du directoire : ▪ CA Dijon, 25 mai 2010, n° 09-00.647 : *BJS* 2010, p. 809, note A. Lecourt. – Le dirigeant qui a dissimulé aux actionnaires, désireux de céder des titres de la société, une information de nature à influer sur leur consentement manque à son obligation de loyauté à l'égard de tout associé et engage sa responsabilité : ▪ Cass. com., 12 mai 2004 : *BJS* 2004, p. 1115, note D. Schmidt ; *D.* 2004, p. 1600, obs. A. Lienhard ; *D.* 2004, somm. p. 2923, obs. E. Lamazerolles ; *Dr. et patrimoine* nov. 2004, p. 90, obs. D. Poracchia ; *JCP* E 2004, 1510, n° 3, obs. J.-J. Caussain, Fl. Deboissy et G. Wicker ; *JCP* E 2004, 1393, note F.-G. Trébulle ; *JCP* G 2004, II, 10153, note G. Dany ; *Rev. sociétés* 2005, p. 140, note L. Godon ; *RTD com.* 2004, p. 743, obs. Cl. Champaud et D. Danet. ▪ Cass. com., 11 juill. 2006, n° 05-12.024 : *Dr. sociétés* 2007, n° 1, obs. H. Lécuyer. – V. même solution s'agissant du directeur général et du président ayant dissimulé à l'associé cédant le prix qu'eux-mêmes avaient d'ores et déjà convenu avec un tiers pour la revente des actions : ▪ Cass. com., 12 mars 2013, n° 12-11.970 : *Dr. sociétés* 2013, n° 78, obs. R. Mortier ; *Rev. sociétés* 2013, p. 689, note T. Massart. – V. même solution et en déduisant une perte de chance dont la réparation correspond à 100 % de la plus-value espérée : ▪ CA Paris, 17 sept. 2013, n° 12/14712 : *BJS* 2014, p. 25, note T. Massart ; *Dr. sociétés* 2014, n° 1, obs. R. Mortier. – V. même solution mais estimant la perte de chance à 5 % de la plus-value réalisée par les dirigeants au motif que le cédant n'avait reçu aucune autre offre émanant d'un tiers : ■ Cass. com., 15 mars 2017, n° 15-14.419 : *Dr. sociétés* 2017, n° 160, obs. R. Mortier ; *Rev. sociétés* 2017, p. 485, note T. Massart.

– **Preuve non rapportée.** Justifie légalement sa décision la cour d'appel qui retient que la preuve de la déloyauté reprochée par certains actionnaires au dirigeant n'est pas rapportée lorsque les avantages qu'il a obtenus lors de la cession de ses actions à un tiers ont été convenus dans le cadre de conventions portées à la connaissance et soumises à l'approbation de ces mêmes actionnaires : ■ Cass. com., 28 nov. 2006, n° 04-19.802 : *BJS* 2007, p. 397, note P. Scholer ; *Rev. sociétés* 2007, p. 519, note L. Godon. – Ne constitue pas une déloyauté la fausse évaluation du prix réalisé par les membres du directoire et du conseil de surveillance qui ont procédé à cette évaluation en considération d'une clause d'agrément dont il n'est pas établi qu'ils connaissaient la nullité : ■ Cass. com., 15 mars 2017, n° 15-18.221 : *Rev. sociétés* 2017, p. 494, note K. Deckert. – V. à propos de la recapitalisation d'une société et de la cession subséquente des actions nouvellement émises : ■ Cass. com., 30 mai 2018, n° 16-14.199 : *Rev. sociétés* 2018, p. 726, note D. Schmitd.

b) **Office du juge.** Dès lors que le dirigeant cessionnaire d'actions de la société qu'il dirige a revendu les mêmes actions à un prix très supérieur à un second cessionnaire, avec lequel il était déjà en négociation lors de la première cession, il appartient au juge de rechercher si ce dirigeant n'avait pas caché au cédant l'existence ou les conditions de négociation de nature à influer sur son consentement, et ainsi manqué au devoir de loyauté qui s'impose au dirigeant de société à l'égard de tout associé : ■ Cass. com., 22 févr. 2005 : *BJS* 2005, p. 1105, note T. Massart. – En revanche, en cas de cessions distinctes, mais à une date proche, de leurs actions par des associés et par le dirigeant à un même cessionnaire, le juge n'est pas tenu de rechercher si ce dirigeant avait révélé les négociations qu'il avait pu mener antérieurement aux cessions dès lors qu'il n'était pas intervenu dans la cession des actions des associés et que ceux-ci ne rapportaient pas la preuve d'une collusion entre le dirigeant et le cessionnaire : ■ Cass. com., 11 oct. 2005, n° 04-14.188 : *BJS* 2006, p. 632, note T. Massart.

20) Devoir de loyauté de l'associé majoritaire cessionnaire. L'associé minoritaire qui cède ses titres à l'associé majoritaire ne peut invoquer un défaut de loyauté contre ce dernier concernant le prix dès lors qu'il disposait de l'information sur la valeur réelle des actifs sociaux en qualité d'associé et de gestionnaire du groupe : ■ Cass. com., 13 déc. 2016, n° 15-18.002 : *BJS* 2017, p. 308, note T. Massart ; *Dr. sociétés* 2017, n° 39, obs. R. Mortier. – V. égal., ■ Cass. com., 6 déc. 2016, n° 15-16.577 : *BJS* 2017, p. 237, note B. Dondero ; *Dr. sociétés* 2017, n° 57, obs. R. Mortier.

21) Établissements de crédit. *a)* **Obligation d'information.** Les établissements de crédit ne sont tenus ni d'une obligation d'information, ni d'une obligation de conseil sur le maintien des engagements de caution des actionnaires d'une société anonyme après que ceux-ci aient cédé leurs actions : ■ Cass. com., 29 janv. 2002 : *JurisData* n° 2002-012786.

b) **Devoir de loyauté.** La banque chargée en qualité de mandataire de procéder à la cession d'actions est tenue à ce titre par des obligations de loyauté, de transparence et de rendre compte, de même qu'il lui est interdit, en application de l'article 1596 du Code civil, de se porter acquéreur elle-même ou par personne interposée ; en conséquence, la banque commet une faute en ne révélant pas l'existence dès l'origine d'un repreneur offrant un prix très supérieur à celui indiqué dans le mandat et auquel la banque, s'accaparant la plus-value, a finalement cédé lesdites actions par l'intermédiaire de filiales interposées : ■ CA Paris, 30 sept. 2005 : *JurisData* n° 2005-280690 ; *D.* 2005, p. 2740, obs. X. Delpech ; *JCP* E 2005, 1617, note A. Viandier, cassé au motif que la société mère de la société mandataire ne peut, en cette seule qualité, être considéré comme mandataire ; que la qualité de mandataire de la société mère supposerait d'établir soit la fictivité de la filiale ou une confusion de son patrimoine avec celui de la société mère, soit que cette dernière s'est immiscée dans l'exécution du mandat confié à sa filiale de façon à créer pour les mandants une apparence trompeuse propre à leur permettre de croire légitimement que celle-ci était aussi leur cocontractant : ■ Cass. ass. plén., 9 oct. 2006, nos 06-11.056 et 06-11.307 : *D.* 2006, p. 2525, obs. X. Delpech et p. 2933, note D. Houtcieff ; *JCP* E 2006, 2618, note A. Viandier.

C – Responsabilité des conseils

22) Clauses contractuelles nulles ou réputées non écrites. S'agissant de l'action en responsabilité dirigée contre une société de conseil financier intervenue dans une opération d'acquisition de sociétés, la clause contractuelle subordonnant l'action en responsabilité à un délai de trois mois à compter du délai dommageable est nulle en ce qu'elle crée un déséquilibre significatif des droits et obligations des parties ; et doit être réputée non écrite la clause contractuelle n'admettant l'action en responsabilité qu'en cas de faute lourde en ce qu'elle contredit l'obligation essentielle de conseil souscrite par le débiteur : ■ CA Paris, 14 déc. 2010, n° 08/09544 ; *D.* 2011, p. 511, obs. X. Delpech ; *Rev. sociétés* 2011, p. 612, note A. Couret.

23) Obligation de l'expert-comptable. L'expert-comptable, qui accepte, dans l'exercice de ses activités juridiques accessoires, d'établir un acte de cession de droits sociaux pour le compte d'autrui, est tenu, en sa qualité de rédacteur, d'informer et d'éclairer de manière complète les parties sur les effets et la portée de l'opération projetée, sans que les compétences personnelles de l'une des parties à l'acte qu'il dresse ne le décharge de cette obligation : ▪ Cass. com., 4 déc. 2012, n° 11-27.454, PB : *Dr. sociétés* 2012, n° 59, obs. R. Mortier ; *BJS* 2013, p. 114, note J.-F. Barbièri. – Méconnaît son obligation de conseil et d'information l'expert-comptable qui, chargé de rédiger les actes correspondant à une cession de contrôle, ne propose pas aux cédants d'assortir le crédit consenti par les cédants de garanties ou d'un délai de remboursement : ▪ CA Paris, 30 nov. 2017, n° 16/22687 : *BJS* 2018, p. 201, note J.-F. Barbièri.

24) Obligation de conseil de l'avocat. L'avocat rédacteur d'actes est tenu d'un devoir de conseil et d'information à l'égard de son client, concernant notamment les éléments de droit et de fait relatifs aux actes qu'il prépare, et il lui appartient de rapporter la preuve du respect de toutes ses obligations, sans pouvoir se décharger de ses obligations en reportant sur le client la charge de veiller lui-aussi à la défense de ses intérêts et de faire le nécessaire pour les préserver : ▪ CA Paris, 24 janv. 2012, n° 10/13607 : *BJS* 2012, p. 407, note J.-F. Barbièri.

25) Obligation d'assistance et de conseil de l'intermédiaire. Dès lors que le cédant, professionnel du secteur concerné, dispose de toutes les informations utiles au moment de la cession sur la situation financière de l'acquéreur proposé, il n'appartient pas à l'intermédiaire professionnel ayant reçu mandat de rechercher des acquéreurs de préconiser un audit de l'acquéreur : ▪ Cass. com., 29 mars 2011, n° 09-71.443 : *BJS* 2011, p. 556, note J.-F. Barbièri.

26) Préjudice réparable. Le cédant qui n'a pas été informé de la persistance de son engagement de caution peut prétendre à la réparation de la perte d'une chance d'obtenir la mainlevée des cautionnements : ▪ Cass. com., 4 déc. 2012, n° 11-27.454, PB : préc. sous C. com., art. L. 228-23, annot. n° 22-1, p. 424.

III – CONDITIONS DE VALIDITÉ

27) Caractère consensuel. Le contrat de cession d'actions, soumis au droit commun de la vente, est conclu dès lors que les parties sont d'accord sur la chose et sur le prix, indépendamment de tout formalisme, sauf si les parties ont érigé ce formalisme en condition suspensive, ce qui en l'espèce n'a pas été établi : ▪ Cass. com., 30 nov. 2004 : *BJS* 2005, p. 500.

28) Détermination du cessionnaire. Un acte de cession ne comportant pas le nom du cessionnaire n'est pas nul dès lors que l'acte, que les cédants ont accepté de signer en blanc, précise que le cessionnaire pourrait se substituer toute personne : ▪ CA Versailles, 17 mars 1994 : *BJS* 1994, p. 658.

A – Vices du consentement

1° *Erreur*

Bibliographie : Voir aussi sous C. com., art. L. 223-14, annot. n° 23, p. 197.

29) Erreur sur la valeur. L'erreur sur la valeur des parts n'est pas une erreur susceptible de vicier le consentement : ▪ CA Paris, 4 févr. 1992 : *JCP* E 1992, I, 145, n° 5, obs. A. Viandier et J.-J. Caussain. ▪ CA Versailles, 30 sept. 1993 : *BJS* 1994, p. 95, note A. Couret. – Sauf si l'erreur du cessionnaire sur la valeur des titres sociaux a été provoquée par une manœuvre dolosive du cédant : ▪ Cass. com., 12 mai 2015, n° 14-12.473 : *BJS* 2015, p. 333, note B. Brignon ; *Rev. sociétés* 2015, p. 720, note B. Lecourt.

30) Erreur sur les qualités substantielles. En cas de vente du fonds de commerce constituant l'essentiel de l'actif de la société réalisée à l'insu des cessionnaires, la cession des actions est entachée d'une erreur sur les qualités substantielles : ▪ Cass. com., 1er oct. 1991 : *JCP* E 1992, II, 277, note A. Viandier ; *D.* 1992, 190, note G. Virassamy ; *BJS* 1991, p. 1004, note C. Roca.

a) Lorsque la société dont les actions sont cédées est privée quasiment de tout actif et qu'elle est dans l'impossibilité de poursuivre son activité et de remplir son objet, la cession d'actions doit être annulée pour erreur du cessionnaire sur les qualités substantielles des actions. Il importe peu que le prix de l'action ait été fixé à un franc dès lors que la liquidation judiciaire a été ouverte quatre mois après la cession avec report de la date de cessation des paiements antérieurement à la vente : ▪ CA Paris, 14 nov. 2000 : *JurisData* n° 2000-136407.

b) Si, entre la date d'établissement du bilan présenté aux cessionnaires sur la base d'éléments incomplets et inexacts et la date de la cession, un passif important est apparu en raison des agissements des dirigeants retenus sous la qualification d'escroquerie, et que la société a été mise en liquidation judiciaire quatre mois plus tard, l'erreur affecte non la valeur des parts, mais bien leurs qualités substantielles, puisque les cessionnaires étaient dans l'impossibilité de poursuivre l'activité économique constituant l'objet social : ▪ Cass. com., 21 oct. 1997 : *BJS* 1998, p. 25, note P. Le Cannu.

2° *Dol*

Bibliographie : R. Salomon, *Dol civil et dol pénal en matière de cession de droits sociaux* : *D.* 2010, p. 2792. – Voir aussi C. com., art. L. 223-14, annot. n° 25, p. 199.

31) Dol antérieur à la cession. Seul le dol antérieur à la cession est de nature à vicier la convention : ▪ CA Paris, 22 juin 1993 : *JCP* E 1994, I, 331, n° 3, obs. A. Viandier et J.-J. Caussain.

32) Auteur du dol. Le dol n'est une cause de nullité de la cession que s'il émane de l'une des parties à la cession : ▪ CA Versailles, 30 sept. 1993 : *BJS* 1994, p. 95, note A. Couret. ▪ Cass. com., 23 nov. 1993 : *BRDA* 24/1993, p. 15. – Le dol du cessionnaire d'actions est une cause de nullité : ▪ CA Paris, 16 déc. 1992 : *JCP* E 1993, I, 250, n° 4, obs. A. Viandier et J.-J. Caussain. ▪ CA Paris, 19 janv. 1994 : *JCP* E 1994, I, 363, n° 3, obs. A. Viandier et J.-J. Caussain ; *BJS* 1994, p. 369. ▪ CA Paris, 29 avr. 1994 : *BRDA* 11/1994, p. 5. – Est cause de nullité le dol commis par le représentant légal, agissant en tant que tel, de la société cessionnaire : ▪ Cass. com., 14 juin 2005, n° 03-12.339 : *BJS* 2005, p. 1399, note P. Le Cannu : *D.* 2005, p. 1775, obs. A. Lienhard ; *Dr. sociétés* août-sept. 2005, n° 158, obs. H. Hovasse ; *JCP* E 2005, 427, note R. Wintgen ; *JCP* E 2005, 1834, n° 3, obs. J.-J. Caussain, Fl. Deboissy et G. Wicker ; *JCP* E 2005, 1233 ; *Rev. sociétés* 2006, p. 66, note N. Mathey.

33) Caractère excusable de l'erreur. *a)* Il y a dol lorsque le cédant garde le silence sur une circonstance ou un fait que le cocontractant était excusable de ne pas connaître, comme la vente d'une des filiales de la société dont les actions étaient cédées : ▪ CA Paris, 16 déc. 1992 : *BJS* 1993, p. 440.

b) En accordant légitimement foi aux travaux de l'expert-comptable et du commissaire aux comptes, les cessionnaires n'ont commis aucune faute, qui aurait été exclusive d'un dol, en ne faisant pas procéder à un audit comptable préalablement à la prise de contrôle de la société : ▪ Cass. com., 21 janv. 1997 : *BJS* 1997, p. 417, note J.-Cl. Hallouin.

c) Sur l'obligation du cessionnaire de **se renseigner** sur le caractère justifié du prix : V. ▪ CA Paris, 3 avr. 1992 : *Rev. sociétés* 1992, p. 557.

34) La stipulation d'une **clause de garantie de passif** n'est pas de nature à priver son bénéficiaire de la faculté de se prévaloir du dol dont il a pu être victime de la part de son cocontractant : ▪ Cass. com., 2 mai 2007, n° 05-21.975 : *Dr. sociétés* 2007, n° 158, obs. H. Hovasse.

35) Appréciation de l'intention dolosive. V. pour la prise en considération de la connaissance par le cessionnaire de la pratique des affaires ou de la société pour écarter l'intention dolosive du cédant : ▪ Cass. com., 11 mai 2017, n° 15-25.301 : *BJS* 2017, p. 515, note M. Buchberger.

36) Manœuvres dolosives. *a)* Il y a dol :

– quand une **double comptabilisation des mêmes factures** fait apparaître un chiffre d'affaires fictif déterminant de la volonté des cessionnaires à l'occasion de la cession des actions d'une société mise en redressement judiciaire quelques jours plus tard : ▪ CA Paris, 16 avr. 1992 : *JCP* E 1992, I, 172, n° 6, obs. A. Viandier et J.-J. Caussain ; *BJS* 1992, p. 624, note Y. Chaput ;

– quand les cédants ont **falsifié la nature des produits fabriqués** par la société dont les actions sont cédées : ▪ CA Paris, 12 oct. 2001 : *BJS* 2002, p. 95, note A. Couret ;

– quand le cédant, sur la personnalité duquel reposait essentiellement l'entreprise, démissionne du contrat de travail contracté lors de la cession, et qui en constituait une condition essentielle, dans un délai dérisoire de sept mois insuffisant pour atteindre les objectifs ayant motivé son maintien dans l'entreprise : ▪ Cass. com., 12 févr. 2013, n° 11-22.641 : *BJS* 2013, p. 462, note D. Poracchia ; *JCP* E 2013, 1356, note B. Dondero ; *Rev. sociétés* 2013, p. 547, note T. Massart.

b) Il n'y a pas dol :

– en cas de présentation inexacte à l'acquéreur, lorsque la preuve n'est établie ni du caractère volontaire des erreurs commises par l'expert-comptable et le commissaire aux comptes, ni de son incidence sur le consentement du cessionnaire (▪ CA Paris, 3 févr. 1998 : *JurisData* n° 1998-020156) ou, plus simplement, dans le cas où les inexactitudes relevées dans le bilan sont de faible importance par rapport au total du bilan (▪ Cass. com., 30 nov. 1999 : *BJS* 2000, p. 306, note T. Massart) ;

– il en est de même en cas de majoration frauduleuse du chiffre d'affaires sur un mois et de la surévaluation des encours sur la base d'un taux horaire excessif, car le prix de vente a été déterminé en vue de prévisions d'exploitation et le chiffre susceptible d'être réalisé sur un seul mois ne pouvait être déterminant pour le cessionnaire, étant précisé que le chiffre d'affaires annuel prévisionnel a effectivement été atteint ; de plus, le taux horaire critiqué ne saurait avoir pour origine une manœuvre frauduleuse du cédant dans la mesure où il a été adopté par les nouveaux dirigeants après la cession : ▪ CA Paris, 8 déc. 2000 : *JurisData* n° 2000-141412 ;

– la déclaration d'absence de cessation des paiements ne peut être considérée comme dolosive au seul motif que le montant des comptes courant n'avait pas été intégré au passif exigible alors qu'il n'a pas été vérifié si ces créances n'étaient pas bloquées ou si leur remboursement avait été demandé : ▪ Cass. com., 10 janv. 2012, n° 11-10.018 : *Dr. sociétés* 2012, n° 116, obs. R. Mortier ;

– il n'y a pas dol dans l'hypothèse où le cessionnaire intervient auprès de la banque du cédant pour la suppression de ses crédits avant la cession alors que le cédant avait déjà pris la décision de céder ses titres et que l'entreprise était en cessation des paiements : ▪ Cass. com., 24 mai 2017, n° 15-20.213 : *Rev. sociétés* 2018, p. 96, note J. Remacle.

37) Dol et changement des modalités du partenariat financier de l'acquisition. La modification des modalités du partenariat financier, relatif à la situation de l'acquéreur, figurant à l'acte de cession et dans un pacte d'actionnaires peut être constitutif d'un dol s'il est établi que ces modalités ont été déterminantes du consentement du cédant : ▪ Cass. com., 13 sept. 2017, n° 15-18.547 : *Dr. sociétés* 2018, n° 2, obs. R. Mortier ; *Rev. sociétés* 2018, p. 36, note J.-F. Barbièri.

38) Réticence dolosive. *a)* Obligation précontractuelle d'information.

– **Défaut d'information intentionnel.** Jugé à propos d'une convention portant sur des bons de souscription d'actions que le manquement à une obligation précontractuelle d'information ne peut suffire à caractériser le dol par réticence, si ne s'y ajoute la constatation du caractère intentionnel de ce manquement et d'une erreur déterminante provoquée par celui-ci : ▪ Cass. com., 28 juin 2005 : *JurisData* n° 2005-029185. – Le seul fait que le cédant ait communiqué une police d'assurance comportant une indication inexacte n'est pas constitutif d'un dol car, sauf circonstances particulières, le cédant de droits sociaux n'a pas l'obligation, pour informer le cessionnaire, de s'informer des circonstances de nature à affecter les droits et obligations du cessionnaire, le cédant ne pouvant être reconnu coupable de dol que s'il est établi qu'il a agi sciemment en vue de tromper son cocontractant : ▪ Cass. com., 29 janv. 2009, n° 08-10.052 : *Dr. sociétés* 2009, n° 109, obs. M.-L. Coquelet.

– **Objet de l'information.** Il ne peut être reproché un défaut d'information concernant le prix fixé dans le cadre d'un plan de stock-options dans la mesure où ce prix ne peut servir de référence pour la détermination de la valeur objective des actions cédées, de sorte que la formule de valorisation retenue dans ce plan est sans incidence sur l'appréciation de la valeur des actions : ▪ Cass. com., 19 janv. 2016, n° 14-17.865 : *Rev. sociétés* 2016, p. 429, note T. Massart. – Le cessionnaire doit être informé de l'état de dépendance de la société cédée par rapport à une autre société ayant pour dirigeante la compagne du cédant dès lors que cette situation fait peser un aléa sur la pérennité de la société cédée et que le cédant ne peut ignorer l'importance de cette information : ▪ Cass. com., 9 janv. 2019, n° 17-28.725 : *BJS* 2019, p. 14, note T. Massart.

b) Il y a dol :

– quand une société d'experts-comptables a acquis les actions composant le capital d'une autre société sans aucune restriction quant à la description des prestations offertes à la clientèle, alors que le contrôle de la société cédante avait été auparavant cédé à une troisième société avec un engagement de garantie de passif assorti d'une clause d'interdiction d'activité professionnelle sur certains travaux, restreignant ainsi le périmètre du droit dont bénéficiaient les experts-comptables et amputant l'activité du cabinet d'une part non négligeable : ▪ CA Paris, 2 mai 1997 : *BJS* 1997, p. 783, note P. Pigassou ;

– quand le cédant n'a pas été averti de la **possible introduction en bourse** de la société : ▪ CA Paris, 4 juill. 2003 : *BJS* 2003, p. 1156, note J.-J. Daigre ; *JCP E* 2004, 603, note A. Constantin ;

– quand le cédant n'a pas été averti de la prochaine mise en œuvre d'une nouvelle technologie par le principal client et la **perte corrélative d'un marché important** : ▪ CA Lyon, 3 avr. 2003 : *JCP E* 2003, 233 ;

– quand le cédant n'a pas été averti d'une instance en **redressement judiciaire** et d'une **sentence arbitrale rendue contre la société** : ▪ Cass. com., 13 nov. 2003 : *BJS* 2004, p. 249, note A. Couret ;

– quand la cession consentie par un associé a été traitée directement par celui qui avait la **double qualité de représentant légal**, et de la société dont les actions ont été cédées et de la société cessionnaire, ce représentant ne pouvant ignorer que les actions avaient une valeur très supérieure au prix pour lequel elles ont été cédées : ▪ Cass. com., 14 juin 2005, préc. sous C. com., art. L. 228-23, annot. n° 32, p. 426 ;

– quand le cessionnaire avait la croyance d'un investissement durable alors que les cédants, qui connaissaient les difficultés financières de la société, avaient **l'intention dissimulée de la dissoudre à court terme**, la dissolution étant intervenue quatorze mois après la cession : ▪ Cass. 1re civ., 11 févr. 2010, n° 08-18.087 ;

– quand le cédant a été condamné pour **présentation de comptes infidèles** alors même qu'il a été relaxé du chef d'escroquerie, aucune manœuvre frauduleuse n'étant établie à son encontre lors de la présentation des comptes au cessionnaire : ▪ Cass. com., 26 mai 2009, n° 08-15.980 : *BJS* 2009, p. 962, note Th. Massart ;

– en cas de dissimulation de **l'interdiction de gérer** frappant l'un des salariés présenté comme « l'homme-clé » de l'équipe, alors que ce fait rendait illusoire l'acceptation d'une participation dans la société de la part de partenaires financiers : ▪ Cass. com., 7 févr. 2012, n° 11-10.487, PB : *Rev. sociétés* 2012, p. 429, note E. Schlumberger.

c) **Il n'y a pas dol** du cédant lorsque le cessionnaire a admis formellement avoir été informé sur la situation de la société et ne prouve pas l'existence de la dissimulation : ▪ CA Paris, 14 mai 1993 : *BJS* 1993, p. 1036, note J.-J. Daigre. – *Adde* ▪ CA Bordeaux, 9 sept. 1997 : *BJS* 1998, p. 530.

39) Réticence dolosive et devoir de loyauté du dirigeant. V. sous C. com., art. L. 228-23, annot. n° 68, p. 433.

40) Conséquences du dol. *a)* Pour une demande de **réduction du prix** des actions en invoquant un dol du cédant : V. ▪ CA Paris, 18 janv. 2002 : *JurisData* n° 2002-185906.

b) **Préjudice réparable.** Lorsque le cédant fait le choix de ne pas demander l'annulation du contrat, son préjudice réparable correspond uniquement à la perte d'une chance d'avoir pu contracter à des conditions plus avantageuses, et non à la perte de chance de conclure un contrat plus avantageux : ▪ Cass. com., 12 juill. 2012, n° 11-21.954, PB : *BJS* 2012, p. 767, note Ph. Stoffel-Munck ; *Dr. sociétés* 2013, n° 21, obs. R. Mortier ; *Rev. sociétés* 2012, p. 686, note B. Fages. – Lorsque le cédant fait le choix de ne pas demander l'annulation du contrat, son préjudice réparable correspond uniquement à la perte d'une chance d'avoir pu contracter à des conditions plus avantageuses, ou de ne pas contracter : ▪ Cass. com., 21 juin 2016, n° 14-29.874 : *Rev. sociétés* 2016, p. 730, note J. Heinich. – S'agissant d'une réticence dolosive tenant aux pourparlers engagés entre le cédant demeuré associé et un concurrent de la société, il n'y a pas lieu à indemnisation faute de préjudice dès lors qu'il n'est pas démontré que le prix ait été excessif au moment où les parties en sont convenues : ▪ Cass. com., 24 sept. 2013, n° 12-19.640 : *Rev. sociétés* 2014, p. 162, note B. Fages. – S'agissant du dol ayant consisté à dissimuler l'existence de procédures en cours, la société cessionnaire peut obtenir l'indemnisation du préjudice résultant de la nécessité pour son dirigeant de consacrer du temps à ces procédures au détriment de ses autres tâches : ▪ Cass. com., 12 avr. 2016, n° 14-29.483 : *Rev. sociétés* 2016, p. 587, note J. Heinich.

41) Pour d'autres exemples :

– **d'annulation pour dol** : ▪ CA Versailles, 17 juin 1987 : *JCP* E 1988, 15168, n° 5, obs. A. Viandier et J.-J. Caussain. ▪ Cass. com., 10 juill. 1989 : *BJS* 1989, p. 884. ▪ Cass. com., 7 juill. 1992 : *BJS* 1992, p. 1192. ▪ CA Paris, 11 déc. 1992 : *JCP* E 1993, I, 250, n° 3, obs. A. Viandier et J.-J. Caussain ; *RJDA* 1993, p. 777. ▪ CA Paris, 22 juin 1993 : *Rev. sociétés* 1993, p. 884. ▪ Cass. com., 12 oct. 1993 : *RJDA* 1993, p. 871. ▪ CA Paris, 19 oct. 1993 : *BJS* 1993, p. 1244, note A. Couret. ▪ Cass. com., 27 janv. 1998 : *JurisData* n° 1998-000488 ; *JCP* E 1998, p. 783 ;

– **de refus d'annulation pour dol** : ▪ CA Paris, 1er mars 2002 : *JurisData* n° 2002-175579. ▪ Cass. com., 16 nov. 2004 : *BJS* 2005, p. 68 ; *Dr. sociétés* avr. 2005, n° 63, obs. F.-G. Trébulle. ▪ Cass. com., 30 nov. 2004 : *BJS* 2005, p. 502. ▪ Cass. com., 2 mai 2007, nos 05-21.295 et 05-21.436 : *Dr. sociétés* 2007, n° 148, obs. H. Lécuyer.

3° *Violence*

42) Violence. En application des articles 1111 et suivants du Code civil, la menace de l'emploi d'une voie de droit ne constitue une violence que s'il y a abus de cette voie de droit, soit en la détournant de son but, soit en en usant pour obtenir une promesse ou un avantage sans rapport avec l'engagement primitif : ▪ CA Poitiers, 14 nov. 2000 : *JurisData* n° 2000-143741. – Pour un refus d'annulation pour violence, V. ▪ CA Versailles, 2 juin 1987 : *JCP* E 1988, 15168, n° 6, obs. A. Viandier et J.-J. Caussain.

B – Objet et cause

43) Objet – Dividendes. Voir sous C. civ., art. 1844-1, annot. n° 2, p. 83.

a) Le transfert de « **coupons attachés** » emporte l'acquisition des dividendes par le cessionnaire, même si la distribution de ceux-ci a été décidée la veille de la cession des actions : ▪ CA Paris, 11 mai 1993 : *RJDA* 1993, p. 782.

b) Les **acomptes de dividendes** appartiennent au cédant dans la mesure où le transfert de jouissance a été fixé à une date postérieure à celle de la décision de distribution : ▪ CA Paris, 6 mai 1993 : *JCP* E 1994, II, 553, note A. Viandier ; *BJS* 1993, p. 737, note A. Couret.

44) Absence de cause. Est nulle pour inexistence de la cause la cession d'actions par laquelle le cédant entendait percevoir le prix de celle-ci, alors que le cessionnaire entendait que ce prix se compense avec une dette du cédant à l'égard de la société : ▪ Cass. com., 11 janv. 2005 : *Dr. sociétés* juill. 2005, n° 126, obs. F.-G. Trébulle. – V. égal., sur le **défaut de cause et d'objet** d'une cession, ▪ CA Versailles, 31 mars 1994 : *BJS* 1994, p. 627, note A. Couret.

C – Prix

Bibliographie : B. Garrigues, *La contre-prestation du franc symbolique* : *RTD civ.* 1991, p. 459. – Th. Lambert, *L'exigence d'un prix sérieux dans les cessions de droits sociaux* : *Rev. sociétés* 1993, p. 11. – E. Le Dolley, *La valeur vénale des titres* : *RD bancaire et fin.* 2002, chron. p. 288. – S. Roy-Bossi, *Les mécanismes de liquidation : préférences en* *droit français* : *BJS* 2007, p. 429. – Voir aussi sous C. com., art. L. 223-14, annot. n° 25, p. 199.

45) Exigence d'un prix déterminé ou déterminable.

a) **Principe.** Le caractère déterminé ou déterminable du prix est une condition de l'existence de la cession : ▪ Cass. 1re civ., 12 nov. 1974 : *Bull. civ.* I, n° 301. ▪ Cass. com., 7 déc. 1976 : *RTD com.* 1977, p. 519, n° 8. ▪ Cass. com., 11 févr. 1986 : *BJS* 1986, p. 219. – Une cession d'actions est **parfaite** du jour de l'accord des parties sur la chose vendue, dès lors que le **prix** est au moins **déterminable objectivement** : ▪ Cass. com., 17 juill. 1984 : *Express doc.* 21 déc. 1984, p. 17. – La fixation d'un prix global pour la cession d'un ensemble de titres composant le capital de plusieurs sociétés répond à l'exigence de détermination du prix de l'article 1591 du Code civil qui n'exige ni ventilation du prix, ni fixation des conséquences fiscales du prix de cession : ▪ Cass. com., 8 avr. 2008, n° 06-18.042, PB : *BJS* 2008, p. 608, note A. Couret ; *D.* 2008, p. 1203, obs. X. Delpech ; *Dr. sociétés* 2008, n° 141, obs. M.-L. Coquelet ; *JCP* E 2008, 2066, note M.-L. Coquelet ; *Rev. sociétés* 2009, p. 577, note J. Moury.

b) **Preuve.** À défaut de prix, l'ordre de mouvement ne suffit pas à établir l'accord définitif des parties sur les conditions de la cession : ▪ Cass. 1re civ., 16 juill. 1992 : *JCP* E 1993, I, 218, n° 10, obs. A. Viandier et J.-J. Caussain ; *RJDA* 1992, p. 910. – Dès lors que le cédant est débiteur d'un complément de prix, c'est à lui qu'incombe de justifier ne pas devoir la partie variable du prix : ▪ Cass. com., 27 oct. 2009, n° 08-70.102 : *BJS* 2010, p. 218, note P. Mousseron ; *Rev. sociétés* 2010, p. 162, note J.-Ph. Dom.

46) Prix déterminable :

– lorsque la convention stipule qu'il sera égal au passif privilégié de la société en état de règlement judiciaire : ▪ Cass. com., 7 déc. 1976, préc. ;

– lorsqu'il est fixé à un franc avec la prise en charge du passif établi définitivement par l'état des créances déposées : ▪ Cass. com., 11 févr. 1992 : *BRDA* 31 mars 1992, p. 16. – *Adde* ▪ CA Paris, 9 sept. 1997 : *BJS* 1998, p. 20, note J.-P. Dom ;

– quand il est déterminé par référence à la valeur réelle de l'entreprise et à l'évolution des résultats, ces éléments étant indépendants de la seule volonté des parties et constituant un critère objectif : ▪ Cass. com., 10 mars 1998 : *JCP* E 1998, p. 731 ; *BJS* 1998, p. 464 ;

– lorsque la détermination du prix prévu par la promesse unilatérale de cession fait référence notamment au bilan de la société restant à établir et que sont fixées de façon très précise les directives à suivre pour l'établissement de ce bilan : ▪ Cass. com., 5 avr. 2005 : *JurisData* n° 2005-028100.

47) Clause d'achat par l'associé le plus offrant ou de *Mexican shoot-out*. Dès lors que les associés sont convenus d'une procédure d'achat par l'associé le plus offrant des titres sociaux appartenant à l'autre, chacun s'engageant à accepter le prix proposé par l'autre s'il était le plus élevé et renonçant pas avance à formuler toute surenchère ultérieure, la vente est parfaite dès lors que chacun des associés a remis au tiers désigné une proposition de prix faisant apparaître l'offre la plus élevée, peu important que l'un ait indiqué néant au titre du prix proposé : ▪ Cass. com., 29 sept. 2015, n° 14-15.040 : *BJS* 2016, p. 20, note B. Dondéro ; *Dr. sociétés* 2016, n° 1, obs. R. Mortier.

48) Prix non déterminable :

– lorsqu'il dépend de la volonté de l'acheteur : ▪ Cass. 1re civ., 12 nov. 1974, préc. ;

– en cas d'absence d'accord sur une partie des éléments destinés à permettre le calcul du prix : ▪ Cass. com., 23 janv. 1990 : *BJS* 1990, p. 275. ▪ Cass. com., 10 déc. 1991 : *JCP* E 1992, I, 145, n° 6, obs. A. Viandier et J.-J. Caussain ; *BJS* 1992, p. 170 ;

– s'il se fonde sur des comptes qui ne s'avèrent pas fiables : ▪ Cass. com., 19 mai 1992 : *BJS* 1992, p. 747 ;

– quand il est établi que le passif que le cessionnaire s'est engagé à reprendre lors de la cession d'actions conclue au franc symbolique n'était pas arrêté au jour de l'acte : ▪ Cass. com., 13 févr. 2001 : *BJS* 2001, p. 426 ;

– quand la convention prévoit seulement une somme globale incluant le prix de cession d'actions, le montant d'une indemnité de non-concurrence et celui d'une indemnité de licenciement, alors qu'aucune indication de l'acte ne permet de déterminer objectivement le montant de chacun de ces éléments : ▪ Cass. com., 5 avr. 2005 : *JurisData* n° 2005-028097 ;

– V. encore, ▪ Cass. com., 9 juin 2004 : *BJS* 2005, p. 1383, note Th. Massart.

49) Cession transactionnelle à un euro. La cession à un euro, intervenant dans le cadre d'une transaction, est valable dans la mesure où le cédant, également dirigeant de la société, bénéficie au titre des concessions réciproques des avantages indirects tenant à l'absence d'ouverture d'une procédure collective et de la conservation de ses fonctions : ▪ Cass. com., 5 juill. 2017, n° 15-22.220 : *Dr. sociétés* 2017, n° 202, obs. R. Mortier.

50) Prohibition de la fixation judiciaire du prix. Doit être cassé l'arrêt qui retient qu'en l'absence de désaccord entre les parties à l'époque de la cession des actions, il y a lieu de se référer au principe selon lequel le prix d'une action est au moins celui de sa valeur au jour de la négociation ;

en se déterminant par de tels éléments extérieurs à l'acte de cession, la cour a procédé à une **fixation judiciaire** du prix et a violé l'article 1591 du Code civil : ▪ Cass. 1re civ., 24 févr. 1998 : *BJS* 1998, p. 465, note A. Couret. – Le juge ne peut se substituer aux parties pour leur imposer une méthode de détermination du prix qui n'aurait pas recueilli leur accord : ▪ Cass. com., 12 févr. 2008, n° 06-18414 : *Dr. sociétés* 2008, n° 68, obs. M.-L. Coquelet ; *Rev. sociétés* 2008, p. 851, note M. Dubertret.

51) Fixation du prix par un tiers évaluateur. V. sous C. civ., art. 1843-4, p. 60.

52) Opposabilité aux tiers du prix fixé par transaction. V. ▪ Cass. com., 31 mars 2009, n° 08-15.555 : *BJS* 2009, p. 686, note C. Boillot.

53) Clause de complément de prix ou *earn out*. H.-L. Delsol et G. Vermont, *La compensation d'une créance au titre d'une garantie de passif avec un complément de prix : Dr. sociétés* déc. 2013, n° 23.

a) **Clause de complément de prix affecté d'une condition.** S'agissant d'une clause de complément de prix subordonnée à la condition que le cédant exerce toujours une fonction de président du conseil d'administration à la date prévue pour le versement du complément, il convient de rechercher, conformément à l'article 1174 du Code civil, si la condition présente un caractère potestatif, ce qui serait le cas si sa réalisation dépendait de la seule volonté du cessionnaire, et non de se contenter, en cas de révocation du cédant, de la seule recherche de la mauvaise foi éventuelle du cessionnaire sur le fondement de l'article 1178 du Code civil : ▪ Cass. com., 19 janv. 2010, n° 08-19.376 : *Dr. sociétés* 2010, n° 70, obs. D. Gallois-Cochet ; *Rev. sociétés* 2010, p. 165, note A. Couret.

b) **Autonomie de la clause de complément de prix.** Dès lors que la clause de complément de prix a été stipulée dans un acte distinct de celui emportant cession des actions et stipulation d'une clause de garantie de passif, les deux clauses étant indépendantes l'une de l'autre, le bénéficiaire de la clause de complément de prix ne peut demander un sursis à statuer dans l'attente de la décision relative à la clause de garantie de passif, de même qu'il ne peut prétendre bénéficier de l'exception d'inexécution : ▪ CA Paris, 22 juin 2010, n° 09-13.155 : *BJS* 2010, p. 872, note P. Mousseron.

c) **Engagement implicite du cessionnaire.** En prévoyant la possibilité d'un complément de prix et des objectifs communs de développement de l'activité de la société cédée, le cessionnaire, devenu l'unique actionnaire de la société cédée, a nécessairement pris l'engagement implicite vis-à-vis des cédants, bénéficiaires de la clause de complément de prix, de conserver un périmètre sensiblement constant d'activité et de personnes affectées à l'exploitation jusqu'à la date d'échéance de la clause, et en cas d'inexécution de cet engagement le cédant peut prétendre à indemnisation au titre de la perte d'une chance : ▪ CA Paris, 15 sept. 2011, n° 07/02102 : *BJS* 2012, p. 27, note A. Couret.

d) **Contestation de la base de calcul.** Le cédant, bénéficiaire de la clause, peut discuter le résultat net comptable de l'exercice sur la base duquel doit être calculée la partie variable du prix, sans que puisse lui être opposées ni l'approbation des comptes par l'assemblée générale ni sa qualité de président du conseil d'administration et son absence de désaccord lors de l'arrêté des comptes : ▪ CA Versailles, 2 oct. 2012, n° 11/02711 : *BJS* 2013, p. 259, note B. Dondero.

e) **Traitement fiscal du complément de prix.** La créance de complément de prix étant subordonnée à l'évolution de la situation de la société se trouve affectée d'une condition et non d'un terme, de sorte qu'elle ne peut être comprise dans l'assiette de l'ISF qu'à compter du jour où elle est devenue certaine : ▪ Cass. com., 20 sept. 2011, n° 10-17.555.

54) La **clause de garantie de prix minimum** insérée dans un contrat de cession de la totalité des actions d'une société anonyme, complétant la clause de détermination du prix en fonction du résultat brut d'exploitation de l'entreprise, vise clairement à garantir au vendeur un prix minimum quel que soit le résultat d'exploitation et ne nécessite aucune interprétation : ▪ CA Paris, 19 oct. 2001 : *JurisData* n° 2001-163627.

55) Clause de garantie d'accroissement d'actif. S'agissant d'une clause de garantie d'accroissement d'actif prévoyant un supplément de prix en cas de condamnation d'un contractant de la société cédée au paiement d'une indemnité, le cessionnaire, débiteur de la garantie, est tenu, en application du principe de bonne foi, du devoir contractuel de mettre en œuvre toutes diligences de nature à aboutir à la fixation et au paiement de cette indemnité : ▪ Cass. com., 14 juin 2006, n° 04-18.750 : *JurisData* n° 2006-034042.

56) Garantie de la valeur des titres cédés et clause de révision du prix. *a)* **Incidence de la situation nette de référence.** Lorsqu'une clause de variation de prix stipule que le prix convenu sera diminué ou amélioré à hauteur de toute insuffisance ou augmentation constatée par rapport à une situation nette de référence à une date donnée, seules les créances ou les dettes antérieures à cette date peuvent être prises en compte pour l'ajustement du prix de cession : ■ Cass. com., 18 déc. 2007, n° 06-18.325.

b) **Bénéficiaire de la garantie.** La clause intitulée « garantie de passif et d'actif », garantissant toute diminution d'actif ou augmentation de passif, mais se traduisant par une réduction automatique du prix de cession des actions, entraîne non pas tant la garantie au profit du cessionnaire des dettes sociales, mais une garantie de valeur des éléments contenus dans le prix, laquelle ne bénéficie, en l'absence de clause contraire, qu'au cessionnaire alors même qu'il ne serait plus titulaire des actions : ■ Cass. com., 3 avr. 2007, n° 04-15.532 : *BJS* 2007, p. 844, note P. Mousseron ; *Dr. sociétés* 2007, n° 147, obs. H. Lécuyer. – V. égal., jugeant que la clause de garantie de prix conclue entre le cédant et le cessionnaire profite à ce dernier indépendamment de la cession de ses titres : ■ Cass. com., 11 mars 2008, n° 06-20.738 : *D.* 2008, p. 1801, note O. Deshayes ; *JCP* E 2008, 2400, note M. Dubertret. ■ Cass. com., 11 sept. 2012, n° 11-13.167 : *BJS* 2012, p. 835, note P. Mousseron. – Le cessionnaire, bien qu'il ne soit plus titulaire des actions achetées, peut néanmoins agir en garantie lorsque la clause a pour objet non le passif social, mais la valeur des éléments contenus dans le prix ; ainsi, la clause visant une exploitation [décharge] conforme à la législation en vigueur, le cessionnaire peut mettre la garantie en œuvre à concurrence du coût de la mise en conformité : ■ CA Paris, 5 mars 2004 : *JCP* E 2005, 360, note F.-G. Trébulle. – *Adde* F.-G. Trébulle, *À propos du passif environnemental dans une cession de titres : Dr. sociétés* avr. 2005, n° 4.

57) Portée d'une clause de sortie. V. sous C. civ., art. 1843-3, annot. n° 1, p. 55.

58) Exigence d'un prix sérieux. J. Moury, *Du prix symbolique au prix négatif, ou la divagation des qualifications en matière de vente : D.* 2014, p. 1950.

a) **Appréciation de la globalité de l'opération.** Il n'y a pas nullité de la cession pour vileté du prix dès lors que l'économie générale de la transaction trouve sa cause dans l'ensemble des accords conclus entre les parties, de sorte que la cession est causée par une contrepartie réelle : ■ Cass. com., 17 nov. 2009, n° 09-11.824. – Pour une hypothèse où une cession pour l'euro symbolique s'accompagnait de l'engagement du cessionnaire d'apporter une somme importante en compte-courant pour la durée du plan de continuation et de cautionner pour cette même somme la bonne exécution du plan : ■ Cass. com., 13 janv. 2013, n°s 11-12.495, 11-13.250 et 11-13.274. – V. égal., ■ CA Paris, 28 juin 2011, n° 10/22840 : *BJS* 2011, p. 974, note P. Mousseron. – Pour une hypothèse où le cédant de titres sans valeur immédiate, en raison d'un endettement très largement supérieur à la valeur des actifs, escomptait que le crédit du cessionnaire auprès des investisseurs serait susceptible de permettre une restructuration de la dette et la préservation des actifs immobiliers : ■ CA Paris, 19 mars 2013, n° 12/03157 : *BJS* 2013, p. 648, note P.-Y. Gautier.

b) **Clause contractuelle de détermination du prix.** Lors même que le prix de vente des titres a été déterminé par application de la méthode contractuellement prévue, il convient de rechercher si ce prix revêt un caractère sérieux : ■ Cass. com., 7 juin 2011, n° 10-17.584.

D – Nullité

59) Prescription de l'action en nullité. V. sous C. civ., art. 1844-14, annot. n° 4, p. 115.

60) Restitution consécutive à la nullité. La perte de valeur des actions à la suite d'une annulation n'est pas un obstacle à la restitution : ■ CA Toulouse, 25 mai 1993 : *BJS* 1993, p. 875, note A. Couret. – L'annulation de la cession confère au cédant, dans la mesure où la restitution des actions en nature n'est plus possible, le droit d'en obtenir la restitution en valeur au jour de l'acte annulé : ■ Cass. com., 14 juin 2005, préc. sous C. com., art. L. 228-23, annot. n° 32, p. 426. – Même solution, mais ajoutant que la restitution en valeur des titres cédés ne fait pas obstacle à la restitution au cédant des fruits produits par les titres litigieux et perçus en connaissance du vice affectant l'acte annulé par celui qui est tenu à restitution : ■ Cass. com., 14 mai 2013, n° 12-17.637 : *BJS* 2013, p. 717, note F. Danos. – La restitution en valeur ne permet aucune réduction à l'exception des dépenses nécessaires ou utiles faites pour la conservation des titres : ■ Cass. com., 29 mars 1994 : *BJS* 1994, p. 650, note A. Couret. – Les restitutions réciproques consécutives à l'annulation du contrat de cession de titres ne constituent pas, en elles-mêmes, un préjudice indemnisable que le rédacteur d'acte peut être tenu de réparer : ■ Cass. 1re civ., 27 févr. 2007, n° 05-21.677 : *BJS* 200, p. 761.

IV – CESSION CONDITIONNELLE

61) Clause d'offre alternative ou de *buy or sell*. Lorsque l'actionnaire majoritaire s'est engagé à céder l'ensemble des titres de la société, ce qui suppose qu'il acquiert les titres appartenant à l'associé minoritaire en application d'une clause d'offre alternative ou de *buy or sell*, la réalisation de la cession se trouve alors affectée d'une condition suspensive dont la défaillance est imputable au cédant lorsque, celui-ci n'ayant proposé à l'associé minoritaire qu'un faible prix, cet associé lui a retourné l'offre et réalisé l'acquisition des titres, faisant ainsi obstacle à l'exécution du contrat de cession, de sorte que le cédant doit être sanctionné conformément à l'article 1178 du Code civil, la sanction ne se limitant pas à la réparation de la perte d'une chance : ▪ Cass. com., 28 avr. 2009, n° 08-13.044 : *Dr. sociétés* 2009, n° 136, note H. Hovasse ; *Defrénois* 2009, 39040, n° 2, note R. Libchaber. – Même solution sur la même affaire : ▪ Cass. com., 20 sept. 2011, n° 10-27.186 : *Dr. sociétés* 2012, n° 97, obs. R. Mortier ; *Rev. sociétés* 2012, p. 81, note B. Fages.

V – EFFETS DU CONTRAT DE CESSION

62) Transfert de propriété. *[Jurisprudence antérieure à la modification de l'article L. 228-1 résultant de l'ordonnance n° 2004-604 du 24 juin 2004]*

a) **Transfert immédiat.**

– **Principe.** La vente est parfaite entre les parties et la propriété est acquise de droit à l'acheteur à l'égard du vendeur dès qu'il est convenu de la chose et du prix, quoique la chose n'a pas encore été livrée ni le prix payé : ▪ CA Rouen, 30 avr. 2002 : *JurisData* n° 2002-182971.

– Entre les parties, le transfert de la propriété du **titre nominatif** s'opère par le seul effet de la convention de cession : ▪ Cass. com., 18 févr. 1980 : *D.* 1980, inf. rap. p. 272. ▪ Cass. com., 10 mars 1992 : *Rev. sociétés* 1992, p. 732, note R. Libchaber. ▪ Cass. com., 22 févr. 1994 : *RJDA* 1994, p. 642.

b) L'absence de transcription des cessions d'actions nominatives rend **inopposables aux tiers,** et notamment à la masse des créanciers sociaux, les mutations intervenues : ▪ Cass. com., 21 avr. 1977 : *Rev. sociétés* 1978, p. 273, note J. H. – La cession d'actions est opposable à la société émettrice et aux tiers à compter de l'inscription en compte : Rép. min. : *JO* Sénat Q, 2 avr. 1987, p. 498.

63) Obligation de délivrance. L'obligation de délivrer les actions cédées s'exécute par la signature des ordres de mouvement et cette formalité incombe au seul cédant : ▪ Cass. com., 24 mai 2011, n° 10-12.163, PB : *BJS* 2011, p. 770, note D. Poracchia et C.-A. Maetz ; *Rev. sociétés* 2012, p. 157, note M. Dubertret.

64) Risques. *a)* L'acheteur reste tenu de payer le prix bien que la chose ait été perdue, dès lors que la perte n'est pas imputable à la faute du vendeur : ▪ Cass. com., 7 déc. 1993 : *RJDA* 1994, p. 322.

b) En cas de cession de parts avec **clause de réserve de propriété,** le risque de perte de valeur des parts pèse sur le vendeur : ▪ Cass. com., 11 juin 1985 : *JCP* E 1986, 15846, n° 15, obs. A. Viandier et J.-J. Caussain.

65) Garanties légales. V. aussi sous C. com., art. L. 223-14, annot. n° 28, p. 199.

a) **Garantie des vices cachés.** La garantie des vices cachés ne peut jouer que si le vice affectant l'immeuble est de nature à rendre les parts sociales cédées impropres à leur destination : ▪ Cass. 3e civ., 12 janv. 2000 : *JurisData* n° 2000-000032 ; *Dr. sociétés* 2000, n° 69, obs. Th. Bonneau. – *Adde* ▪ CA Versailles, 17 juin 1987 : *JCP* E 1987, 16959, n° 12, obs. A. Viandier et J.-J. Caussain. – La société ayant poursuivi son activité plusieurs années après la cession, quelles que soient la nature ou la gravité des vices allégués affectant les assemblées générales précédant la cession et les irrégularités dans la tenue du registre des mouvements de titres, la société n'a pas été mise dans l'impossibilité d'exploiter son activité, ce dont il se déduit que les qualités substantielles des actions n'ont pas été affectées : ▪ Cass. com., 14 déc. 2004 : *Dr. sociétés* avr. 2005, n° 72, obs. H. Hovasse.

b) **Garantie d'éviction.** La mise en œuvre de la garantie d'éviction suppose que les agissements du cédant aient empêché le cessionnaire de poursuivre l'activité de la société en diminuant l'achalandage ou en détournant la clientèle : ▪ Cass. com., 26 nov. 2003 : *Dr. sociétés* mars 2004, n° 35, obs. F.-G. Trébulle. – L'ouverture d'une procédure de redressement puis de liquidation judiciaire ne constitue pas un fait d'éviction de la part du cédant dès lors que la société a pu poursuivre son activité pendant plusieurs années après la cession : ▪ Cass. com., 20 sept. 2017, n° 16-10.776 : *Dr. sociétés* 2018, n° 40, obs. R. Mortier ; *Rev. sociétés* 2018, p. 178, note J.-F. Barbièri. – La garantie légale d'éviction du fait personnel du vendeur n'entraîne pour celui-ci, s'agissant de la cession des actions d'une société, l'interdiction de se rétablir que si ce rétablissement est de nature à empêcher les acquéreurs de ces actions de poursuivre l'activité économique de la société et de réaliser l'objet social : ▪ Cass. com., 21 janv. 1997 : *JurisData* n° 1997-000214 ; *JCP* E 1997, II, 936, note Y. Guyon. – Il peut en être ainsi, par exemple, si les cédants poursuivent les relations personnelles établies avec la clientèle dans leurs anciennes fonctions : ▪ CA Poitiers, 16 juin 1999 : *JurisData* n° 1999-107841. – Lorsque la garantie d'éviction n'a pas été définie lors de la cession, elle trouve ses limites en durée et en étendue dans l'obligation d'exécuter de bonne foi la cession des titres ; cette durée est manifestement écoulée lorsque le cédant a perdu toute notoriété sur le marché : ▪ CA Versailles, 20 nov. 1997 : *BJS* 1998, p. 355, note P. Pigassou. ▪ CA Paris, 28 juin 1999 : *BJS* 1999, p. 1182, note J.-J. Daigre. – Prive sa décision de base légale la cour d'appel qui rejette l'indemnisation fondée sur la garantie légale d'éviction sans rechercher si la constitution, par la société cédante, d'une société portant quasiment la même dénomination que la société cédée et chargée de la distribution en France de produits pour lesquels elle avait signifié à cette dernière la rupture des approvisionnements n'était pas de nature à empêcher le cessionnaire des parts de poursuivre l'activité économique de la société cédée et de réaliser l'objet social : ▪ Cass. com., 20 févr. 2007, n° 04-19.932 : *Dr. sociétés* 2007, n° 88, obs. H. Lécuyer.

c) **Garantie d'éviction et clause de non-concurrence.** Dans l'hypothèse où le cédant a, après la cession, assuré la fonction de directeur général délégué au sein de la société cédée, le fait qu'après son départ il ait été dégagé de son obligation de non-concurrence n'interdit pas au cessionnaire de se prévaloir de la garantie légale d'éviction contre le cédant qui a constitué une nouvelle société ayant un même objet : ▪ Cass. com., 15 déc. 2009, n° 08-20.522, PB : *BJS* 2010, p. 459, note A. Couret ; *Dr. sociétés* 2010, n° 69, obs. M. Roussille.

66) Clause d'inaliénabilité. Une clause d'inaliénabilité pouvant être stipulée dans un acte à titre onéreux, pourvu qu'elle soit limitée dans le temps et justifiée par un intérêt sérieux et légitime, les biens acquis à titre onéreux en emploi de sommes données sont soumis à la clause d'inaliénabilité stipulée dans l'acte de donation en cas d'emploi : ▪ Cass. 1re civ., 31 oct. 2007, n° 05-14.238 : *BJS* 2008, p. 122, A. Couret ; *D.* 2008, p. 963, note A.-L. Thomas-Raynaud. – *Adde* T. Favorio, *La clause statutaire d'inaliénabilité : BJS* 2010, p. 100. – C. Ferry, *Validité des clauses d'inaliénabilité portant sur des actions : JCP* E 2010, 1327 ; *Portée des clauses d'inaliénabilité ayant pour objet des actions : Dr. sociétés* juill. 2010, étude 12. – R. Mortier, *Les nouveaux horizons de l'inaliénabilité en droit des groupements : Dr. sociétés* 2008, repère p. 1.

67) Engagement accessoire de lever les garanties. V. sur la nature d'obligation de moyens de cet engagement : ▪ CA Paris, 14 juin 2017, n° 154/00827 : *BJS* 2017, p. 660, note B. Dondero. – V. considérant que la mainlevée des garanties constitue une condition résolutoire et retenant la faute du cessionnaire n'ayant effectué aucun démarche à cette fin : ▪ Cass. com., 6 déc. 2017, n° 17-19.988 : *Dr. sociétés* 2018, n° 23, obs. H. Hovasse.

VI – GARANTIE DE PASSIF OU D'ACTIF

Bibliographie : H. Dubout, *Garanties de passif et assurances de responsabilité civile : BJS* 1993, p. 967 ; *Garanties de passif et responsabilité pénale des personnes morales : BJS* 1994, p. 253 ; *Franchises et garanties de passif : BJS* 2007, p. 155. – Ch. Freyria, *Réflexions sur la garantie conventionnelle dans les actes de cession de droits sociaux : JCP* E 1992, I, 3600. – A. Galia-Beauchesne, *Les clauses de garantie de passif : Rev. sociétés* 1980, p. 27. – L. Jobert, *Les garanties de passif dans les augmentations de capital de sociétés anonymes : JCP* E 2003, 1360. – M.-C. Leproust-Larcher et J.-Cl. Chevallier, *Difficultés de mise en place d'une garantie de passif lors d'une cession de contrôle dans une société commerciale : Defrénois* 2002, p. 499. – J. Mazé, *L'efficacité de la garantie de passif face au risque de procédure collective du cédant : Dr. sociétés* oct. 2016, étude 12. – J. Paillusseau, *Les bénéficiaires de la garantie de passif dans la cession de contrôle : JCP* G 2002, I, 112 ; *JCP* E 2002, p. 367. – *Adde* J. Paillusseau, J.-J. Caussain, H. Lazarski et Ph. Peyramaure, *La cession d'entreprise*, Dalloz, 3e éd. 1993, nos 729 et s. – S. Plantin, *Garanties de passif : quelques pièges à éviter : JCP* E 1998, p. 1722. – J.-J. Uettwiller et Ch.-E. Prieur, *Les conventions de garantie dans les souscriptions de droit sociaux : BJS* 2005, p. 1449.

Voir : sous C. com., art. L. 223-14, annot. n° 29, p. 200.

68) Identification de la clause de garantie.
a) **Distinction avec la clause de révision de prix.** La convention par laquelle le cédant s'engage à garantir un passif supérieur au prix de cession s'analyse en une clause de garantie de passif et non en une clause de révision du prix : ▪ CA Paris, 26 avr. 1990 : *JCP* E 1992, I, 172, n° 7, obs. A. Viandier et J.-J. Caussain ; *BJS* 1990, p. 633, note G. Frechet. – V. pour une convention de garantie distinguant entre une garantie d'actif au bénéfice du cessionnaire et visant à une réduction du prix de cession et une garantie de passif au profit de la société : ▪ Cass. com., 14 mai 2013, n° 12-15.119, PB : *Dr. sociétés* 2013, n° 176, obs. R. Mortier ; *Rev. sociétés* 2013, p. 611, note P. Hoang.

b) **Portée des déclarations des parties.**

– **Garantie de bilan.** Constitue une clause de garantie obligeant à garantir la différence entre la situation nette déclarée et la situation nette réelle la stipulation, au sein d'une convention de garantie, selon laquelle les cédants ont déclaré et garanti que le bilan, le compte de résultat et l'annexe des sociétés dont la société cédée détenait la quasi-totalité des actions représentaient loyalement et complètement la situation financière et patrimoniale de ces sociétés et rendaient compte de la totalité des éléments composant le patrimoine actif et passif de celles-ci : ▪ Cass. com., 2 févr. 2010, n° 09-11.064, PB : *Dr. sociétés* 2010, n° 141, obs. D. Gallois-Cochet ; *JCP* E 2010, 1391, note T. Léobon.

– **Garantie de passif.** La garantie de passif ne se déduit pas de la simple affirmation selon laquelle il n'y a pas d'engagement hors bilan : ▪ CA Paris, 29 mars 1990 : *JCP* E 1991, pan., p. 626.

69) Indépendance de la clause de garantie et des dispositions légales protectrices de l'acquéreur. Les garanties contractuelles relatives à la consistance de l'actif ou du passif social, s'ajoutant aux dispositions légales, ne privent pas l'acquéreur de droits sociaux du droit de demander l'annulation de l'acte sur le fondement de ces dispositions, en l'espèce la nullité pour dol : ▪ Cass. com., 3 févr. 2015, n° 13-12.483, PB : *BJS* 2015, p. 498, note Ph. Dupichot ; *JCP* E 2015, 1134, note B. Dondero ; *Dr. sociétés* 2015, n° 84, obs. R. Mortier ; *Rev. sociétés* 2015, p. 571, note J.-J. Ansault.

70) Nature de la convention de garantie. *a)* **Nature civile ou commerciale.** La convention de garantie de passif, qui fait corps avec l'acte de cession de l'intégralité des parts d'une société entraînant son contrôle par le cessionnaire, revêt un caractère commercial, peu important que les cédants n'aient pas la qualité de commerçant et qu'ils ne soient plus associés : ▪ CA Paris, 26 janv. 2000 : *BJS* 2000, p. 907.

b) **Engagement solidaire des cédants.** En raison de la nature commerciale de la cession de contrôle, **l'engagement de garantie** pris par les cédants est **présumé solidaire** : ▪ Cass. com., 28 avr. 1987 : *Bull. civ.* IV, n° 103 ; *JCP* E 1987, 16959, n° 21, obs. A. Viandier et J.-J. Caussain. – L'obligation de garantie de passif souscrite par des cédants à l'occasion d'une cession de contrôle est affectée d'une présomption simple de solidarité, de sorte que **l'interruption de la prescription** à l'égard de l'un vaut à l'égard de tous : ▪ Cass. com., 28 nov. 2006, n° 05-14.827 : *Dr. sociétés* 2007, n° 30, obs. H. Hovasse ; *JCP* E 2007, 1416, note H. Hovasse.

c) **Absence de solidarité active entre les cessionnaires.** La solidarité active ne se présumant pas, le bénéficiaire de la garantie de passif agissant en qualité de créancier ne peut se prévaloir de l'interruption de la prescription résultant de l'action exercée par l'autre bénéficiaire de la garantie : ▪ Cass. com., 26 sept. 2018, n° 16-28.133, PB : *JurisData* n° 2018-016448 ; *BJS* 2018, p. 680, note M. Julienne ; *Contrats, conc. consom.* 2018, comm. 198, note L. Leveneur ; *JCP* E 2018, 1145, n° 6, obs. R. Raffray et 1573, note B. Brignon.

d) **Engagement non unilatéral.** La convention de garantie de passif, formant un tout avec l'acte synallagmatique portant cession des titres sociaux auquel elle s'intègre, n'est pas un engagement unilatéral, de sorte que, lors même qu'elle est consentie solidairement entre les cédants, elle n'est soumise ni à l'article 1326 du Code civil, ni à l'article 1415 du même code : ▪ Cass. 1re civ., 20 sept. 2012, n° 11-13.144 : *BJS* 2012, p. 837, note P. Mousseron ; *Rev. sociétés* 2013, p. 22, note T. Massart et p. 206, note R. Libchaber.

71) Bénéficiaire de la garantie. *a)* **Détermination du bénéficiaire de la garantie.** Le bénéficiaire d'une garantie d'actif et de passif est, en principe, le cessionnaire des droits sociaux et, si la convention de cession peut faire de la société dont les titres sont cédés le bénéficiaire de la garantie, de façon exclusive ou encore en parallèle avec le cessionnaire, il faut que le pacte de cession renferme une stipulation claire en sa faveur : ▪ Cass. com., 8 mars 2017, n° 15-19.174 : *Dr. sociétés* 2017, n° 116, obs. R. Mortier ; *Rev. sociétés* 2018, p. 94, note M. Menjucq. ▪ Cass. com., 3 déc. 1991 : *JCP* E 1992, II, 90 ; *RJDA* 1992, p. 191. ▪ Cass. com., 28 janv. 1992 : *JCP* E 1992, I, 172, n° 7, obs. A. Viandier et J.-J. Caussain. ▪ Cass. com., 1er avr. 1997 : *JurisData* n° 1997-001514 ; *JCP* 1997, IV, 1166. ▪ Cass. com., 21 oct. 1997 : *JCP* E 1998, p. 1305, obs. A. Viandier et J.-J. Caussain ; *BJS* 1998, p. 223, note P. Mousseron. ▪ CA Paris, 25 juin 1999 : *JurisData* n° 1999-023716 ; *Dr. sociétés* 1999, § 160, obs. Th. Bonneau.

b) **Qualité pour agir.** Si le cessionnaire des titres est en droit d'agir en exécution de la garantie de passif stipulée en faveur de la société dont il acquiert les titres, c'est à la condition que cette exécution soit poursuivie au profit de cette dernière et non à son profit personnel : ▪ Cass. com., 14 mai 2013, n° 12-15.119, PB. – Le cessionnaire qui n'est plus actionnaire ne peut pas demander l'exécution de la garantie de passif avec reversement dans les caisses sociales : ▪ CA Paris, 25 janv. 1994 : *BJS* 1994, p. 387, note A. Couret. – La convention de passif souscrite par le cédant est attachée à la chose cédée et ne peut plus être invoquée par le cessionnaire après la revente de celle-ci : ▪ Cass. com., 12 févr. 2008, n° 06-15.951 ; *BJS* 2008, p. 472, note P. Mousseron. ▪ CA Paris, 20 juin 2006 : *JCP* E 2007, 1877, n° 4, obs. J.-J. Caussain, Fl. Deboissy et G. Wicker.

c) **Maintien des droits du cessionnaire lorsqu'il n'est plus titulaire des actions en matière de clause de variation ou de révision de prix.** Voir sous annot. n° 45, p. 429.

d) **Fusion-absorption du bénéficiaire.** Voir sous C. com., art. L. 236-3, annot. n° 19, p. 532.

72) Transmissibilité de la garantie. N. Julian, *Le sort de la garantie de passif en cas de revente des droits sociaux par l'acquéreur* : *Dr. sociétés* 2018, 15. – L'absence de stipulation, dans l'acte de cession initial, d'une faculté de transmission de la garantie ne fait pas par elle-même obstacle à ce que le bénéficiaire de celle-ci cède la créance en résultant au sous-acquéreur de ses droits sociaux : ▪ Cass. com., 9 oct. 2012, n° 11-21.528, PB : *BJS* 2013, p. 10, note A. Couret et B. Dondero ; *Dr. sociétés* 2013, n° 2, obs. R. Mortier ; *JCP* E 2012, 1777, n° 2, obs. Fl. Deboissy et G. Wicker et 1654, note P. Mousseron ; *Rev. sociétés* 2013, p. 344, note B. Fagès. – Néanmoins, la clause de garantie n'est pas transmise lorsque l'identité du cessionnaire ayant été la condition déterminante du consentement du cédant, la première cession a été conclue en considération de la personne du cessionnaire : ▪ Cass. com., 20 oct. 2015, n° 14-17.896 : *BJS* 2016, p. 11, note H. Barbier ; *Rev. sociétés* 2016, p. 439, note N. Borga. – Jugé également, s'agissant d'une promesse de cession d'actions avec faculté de substitution, complétée d'une convention de garantie d'actif et de passif, que le jeu de la substitution n'emporte pas que le substitué bénéficie de la convention de garantie, celle-ci ne le précisant pas : ▪ CA Versailles, 29 nov. 2012, n° 11/04507 : *Dr. sociétés* 2013, n° 47, obs. D. Gallois-Cochet.

73) Droits de la société cédée. La garantie de passif est une convention qui lie le cédant et le cessionnaire des parts et à laquelle la société, dont les parts sont cédées, est étrangère : ▪ CA Paris, 24 sept. 1991 : *RJDA* 1992, p. 120. – S'agissant d'une clause de garantie de passif prévoyant que les sommes éventuellement dues pourront, au choix du bénéficiaire, être versées soit à celui-ci, soit à la société dont les titres ont été cédés, soit aux créanciers de la société, la société est irrecevable à poursuivre l'exécution de la garantie faute de justifier un transfert de l'action à son profit ou d'une stipulation pour autrui en sa faveur selon les modalités prévues par la clause : ▪ CA Paris, 30 août 2005 : *JurisData* n° 2005-289066 ; *JCP* E 2006, 1127 ; *JCP* E 2006, 2035, n° 3, obs. J.-J. Caussain, Fl. Deboissy et G. Wicker.

74) Conditions de mise en œuvre et déchéance du droit à garantie. H.-L. Delsol et V. Guevenoux, *Le non-respect par le bénéficiaire de la clause d'information du garant en cas de mise en œuvre d'une garantie de passif* : *Dr. sociétés* févr. 2015, n° 3. – P.-M. de Girard et C.-A. Pascaud, *Garanties de passif : 1134, alinéa 1er, contre 1134, alinéa 3 : combat de titans ou subtile alliance ?* : *D.* 2009, p. 2233.

a) **Obligation d'information du garant par le bénéficiaire de la garantie.**

– **Modalités d'information.** L'obligation de notification et d'information sur les litiges en cours, mise par contrat à la charge du cessionnaire du contrôle d'une société anonyme comme condition de la mise en jeu de la garantie de passif visant à indemniser le préjudice résultant d'un litige, n'est pas accomplie du seul fait que le conseil du cessionnaire avait été celui du cédant et le serait redevenu brièvement par la suite. En effet, une information officieuse et non formelle résultant d'un prétendu lien étroit entre le cédant et son ancien conseil ne saurait se substituer à la procédure stricte et précise voulue par les parties : ▪ CA Paris, 22 févr. 2001 : *JurisData* n° 2001-144196.

– **Sanctions du défaut d'information.** ▪ Cass. com., 23 nov. 1993 : *BJS* 1994, p. 168, note A. Couret. ▪ CA Paris, 25 mai 1993 : *JCP* E 1993, I, 288, n° 4, obs. A. Viandier et J.-J. Caussain. – L'inobservation de l'obligation d'information à laquelle est tenu le bénéficiaire d'une clause de garantie de passif à l'égard du garant constitue une fin de non-recevoir de l'action en garantie : ▪ CA Paris, 17 mai 2002 : *JCP* E 2003, 1510, note M. Danis et M. Trégler ; *JCP* E 2004, 29, n° 1, obs. J.-J. Caussain, Fl. Deboissy et G. Wicker. ▪ CA Paris, 6 déc. 2002 : *JCP* E 2003, 1203, n° 3, obs. J.-J. Caussain, Fl. Deboissy et G. Wicker. – Lorsque la clause prévoit pour la mise en œuvre de la garantie l'obligation d'informer le cédant et un délai pour l'exécution de cette obligation, l'inexécution par les cessionnaires de leur obligation d'informer les cédants dans le délai convenu fait à elle seule obstacle à ce qu'ils invoquent le bénéfice de la garantie de passif : ▪ Cass. com., 9 juin 2009, n° 08-17.843, PB : *Rev. sociétés* 2010, p. 87, note J.-Ph. Dom ; *Dr. sociétés* 2009, n° 175, obs. M.-L. Coquelet ; *JCP* E 2009, 1767, n° 3, obs. Fl. Deboissy et G. Wicker et 1978, note D. Vanner et M. Mikou. – V. dans le même sens : ▪ Cass. com., 28 mars 2006, n° 04-15.762. – Pour l'application de cette solution, peu importe que l'information tardive n'ait pas privé le garant de toute possibilité de contester le passif fiscal et que celui-ci ait eu pour origine directe et exclusive leurs agissements frauduleux : ▪ Cass. com., 15 mars 2011, n° 09-13.299 : *BJS* 2011, p. 476, note P. Mousseron ; *JCP* E 2011, 1530, note M.-L. Coquelet ; *Rev. sociétés* 2011, p. 287, obs. S. Prevost. – V. retenant une indemnisation pour perte d'une chance : ▪ Cass. com., 18 mai 2016, n° 14-22.354 : *Dr. sociétés* 2016, n° 140, obs. R. Mortier ; *Rev. sociétés* 2016, p. 735, note F. Pasqualini et G. Marain. – Néanmoins, lorsque la sanction du défaut d'information dans le délai stipulé n'est pas expressément prévue, le juge peut déduire de l'intention des parties qu'elle consistera seulement en des dommages et intérêts : ▪ Cass. com., 25 janv. 2017, n° 15-17.137 : *BJS* 2017, p. 284, note A. Reygrobellet ; *Dr. sociétés* 2017, n° 74, obs. R. Mortier.

b) **Portée de la clause de direction du procès.** Lorsque la clause de garantie du passif prévoit une clause de direction du procès au bénéfice du cédant, celui-ci doit, en cas de redressement fiscal, non seulement être associé à la procédure de redressement antérieure à la mise en recouvrement, mais encore être immédiatement prévenu de la mise en recouvrement des redressements, de manière à lui permettre de prendre utilement position avant la date de paiement fixée par l'administration : ▪ Cass. com., 27 sept. 2005, n° 02-14.923 : *JurisData* n° 2005-030036.

c) Lorsque le montant de la garantie éventuellement due par le cessionnaire doit être apprécié en considération du **bilan à arrêter contradictoirement** entre les parties, est sans valeur la demande adressée au cédant sur le fondement d'un bilan qui, en raison du comportement du cessionnaire, n'a pas été établi contradictoirement : ▪ Cass. com., 16 nov. 2004 : *JurisData* n° 2004-025716.

d) **Principe de loyauté et exécution de bonne foi.**

– En application du principe de loyauté des contrats, le bénéficiaire d'une **garantie au titre des créances irrécouvrables** ne peut s'en prévaloir qu'à la condition de prouver avoir accompli les diligences minimales qui lui incombaient : ▪ CA Lyon, 1er juin 2006 : *Dr. sociétés* août-sept. 2006, n° 125, obs. H. Hovasse ; *JCP* 2007, 1049, n° 4, obs. J.-J. Caussain, Fl. Deboissy et G. Wicker.

– Si l'article 1134 du Code civil, qui pose l'exigence d'une exécution de bonne foi, permet au juge de sanctionner l'usage déloyal d'une prérogative contractuelle, il n'autorise pas à porter atteinte à la substance même des droits et obligations légalement convenus entre les parties, de sorte que le cessionnaire d'actions ne saurait être privé du bénéfice de la garantie de passif s'agissant d'un passif fiscal dont le fait générateur était antérieur à la cession, lors même que le cessionnaire exerçait dès avant la cession les fonctions de président du conseil d'administration de la société : ▪ Cass. com., 10 juill. 2007, n° 06-14.768 : *BJS* 2007, p. 1187, note A. Couret ; *D.* 2007, p. 1955, obs. X. Delpech, p. 2839, note Ph. Stoffel-Munck ; *JCP* E 2007, note D. Mainguy.

75) Étendue de la garantie. B. Dondero, *L'annulation d'une clause de cap : BJS* 2011, p. 76.

a) Lorsqu'une clause de garantie de passif a été stipulée, les cédants ne sauraient exiger qu'il soit également tenu compte d'éléments d'actif **non portés au bilan** : ▪ Cass. com., 28 juin 1982 : *JCP* CI 1983, 14183.

b) Une clause de garantie de passif ne couvre pas une **diminution de l'actif social** : ▪ Cass. com., 14 mai 1985 : *Express doc.* 18 oct. 1985, p. 18.

c) **Passif antérieur à la cession.**

– La garantie de passif qui concerne tout passif non ou insuffisamment provisionné à la date de clôture du bilan couvre toutes les conséquences des déficiences antérieures à cette date, qu'elles se soient **révélées** avant comme après celles-ci : ▪ Cass. com., 9 juin 1987 : *JCP* E 1988, 15240, n° 4, obs. A. Viandier et J.-J. Caussain. – Ainsi, ne donne pas lieu à garantie du passif le fait de ne pas avoir provisionné les dépenses générées par la création d'un comité d'entreprise dès lors que cette création, de quatre ans postérieure à la cession, n'avait pas son origine antérieurement à la date de celle-ci, les anciens dirigeants n'ayant pas pris l'initiative de cette création et aucune demande ou décision de justice tendant à cette création n'étant intervenue avant la cession : ▪ CA Paris, 19 févr. 2008 : *JurisData* n° 2008-355178 ; *BJS* 2008, p. 846, note P. Mousseron ; *Dr. sociétés* 2008, n° 101, obs. H. Hovasse.

– Des indemnités de licenciement ne sont pas couvertes par la garantie de passif dès lors que le licenciement qui en constitue le fait générateur est intervenu postérieurement à la date fixée par la convention de garantie, quand bien même le licenciement résulterait de faits dont l'origine est antérieure à la cession : ▪ Cass. com., 31 mars 2009, n° 08-12.702.

– Il ne peut être tenu compte, pour l'application d'une garantie de passif, d'une créance virtuelle de report en arrière [*carry back*], née postérieurement à la date de référence de la garantie, quand bien même ce serait le cessionnaire qui aurait décidé de rendre mobilisable cette créance qui n'était certaine et liquide que depuis une date postérieure à la date de référence de la garantie : ▪ CA Paris, 13 nov. 1997 : *JurisData* n° 1997-024630 ; *BJS* 1998, p. 226, note J.-Ch. Bouchard.

d) Lorsqu'une garantie de cession prévoit qu'en cas de diminution de l'actif net, l'écart négatif viendra en diminution du prix de cession, il n'en résulte pas nécessairement que, cette garantie étant qualifiée de **clause de révision de prix**, les parties n'avaient pas entendu que la garantie puisse excéder le prix de cession : ▪ Cass. com., 18 déc. 2001 : *JCP* E 2002, n° 1639, p. 1811, obs. J.-J. Caussain, Fl. Deboissy et G. Wicker ; *BJS* 2002, p. 486, note A. Couret.

e) **Connaissance du risque.** La connaissance du risque par le cessionnaire ne fait pas obstacle à la mise en œuvre de la garantie dès lors que la clause garantissait que les comptes donnaient une image fidèle de la situation de la société et que le risque n'avait pas été provisionné : ▪ Cass. com., 4 nov. 2008, n° 07-19.195 : *Dr. sociétés* 2009, n° 6, obs. H. Hovasse. – V. égal., ▪ Cass. com., 14 déc. 2010, n° 09-68.868 : *BJS* 2011, p. 170, note E. Michel-Cordier ; *Dr. sociétés* 2011, n° 44, obs. M.-L. Coquelet. – Même solution, s'agissant d'une clause par laquelle le cédant garantit que toutes les informations figurant dans la convention de garantie sont exactes sans distinguer selon la connaissance que le bénéficiaire de la garantie pourrait ou non avoir des faits : ▪ Cass. com., 12 mai 2015, n° 14-13.234 : *BJS* 2015, p. 419, note P. Mousseron ; *Dr. sociétés* 2015, n° 125, obs. R. Mortier ; *Rev. sociétés* 2015, p. 659, note D. Poracchia.

f) Le directeur général, qui a établi le bilan servant de référence à la garantie de passif qu'il invoque, est recevable et fondé à se prévaloir d'un passif, au sens large, n'y figurant pas : en effet, le prix de cession des actions a été calculé sur le bilan, et les parties ont convenu que ce prix serait diminué ou que le passif non inscrit serait pris en charge par les cédants, pourvu qu'il ait existé en puissance avant cette date ; en conséquence, peu importe l'identité de la personne qui a établi le bilan : ▪ Cass. com., 18 nov. 1997 : *BJS* 1998, p. 107.

g) Le prix de vente pour un franc des parts d'une société ayant été fixé pour tenir compte du risque de déficit considérable, la garantie de passif accordée par les cédants couvre nécessairement les autres risques et notamment l'indemnité payée par le cessionnaire au bailleur pour la résiliation du bail : ▪ T. com. Paris, 1er déc. 2000 : *JurisData* n° 2000-146055.

h) Le cessionnaire du contrôle d'une société spécialisée dans les produits de la mer ne peut réclamer la mise en œuvre de la garantie de passif en invoquant l'existence, dans les accords de distribution avec un grand groupe, d'une participation publicitaire excessive dont il n'avait pas connaissance dès lors que la cession avait été précédée d'une négociation entre des personnes habituées à ce genre d'opération et d'un audit réalisé à la diligence du cessionnaire qui, implanté en France depuis huit ans, ne pouvait prétendre ignorer les pratiques usuelles de la grande distribution ; ayant eu connaissance des contrats précédents, il était de son devoir de chercher à connaître les conditions mises en place pour l'année à venir : ▪ T. com. Paris, 2 oct. 2000 : *JurisData* n° 2000-150206.

i) Pour **l'interprétation** d'une clause de garantie complexe, V. ▪ CA Riom, 7 nov. 2001 : *JurisData* n° 2001-183442.

j) Lorsque aucune stipulation expresse ne vise le rétablissement du bénéfice net après impôt, les juges peuvent, par une interprétation souveraine de la volonté des parties, estimer qu'il n'y a pas lieu, pour le calcul du passif couvert par la garantie, de tenir compte de l'incidence de l'impôt sur les sociétés : ▪ Cass. com., 28 sept. 2004 : *JurisData* n° 2004-025033 ;

k) V. pour une clause de garantie ayant pour objet un passif fiscal : ▪ CA Paris, 22 janv. 2004 : *D.* 2004, p. 2924, obs. J.-Cl. Hallouin.

l) Le cessionnaire ne peut se prévaloir de la clause de garantie de passif s'agissant de droits à la pré-retraite accordés à certains salariés dès lors que, membre du conseil d'administration de la société cédée, il ne pouvait ignorer l'existence de ces droits, lesquels, bien que n'ayant pas fait l'objet de provisions comme les normes comptables le permettent, étaient néanmoins mentionnés dans les annexes des comptes approuvés par le cessionnaire : ▪ CA Paris, 20 sept. 2005 : *JurisData* n° 2005-281847 ; *JCP* E 2006, 1078.

76) Mise en œuvre de la garantie. *a)* **Intervention judiciaire.** Le juge des référés peut suspendre le paiement du prix de cession lorsqu'il existe un dommage imminent du fait de la mise en œuvre de la garantie de passif : ▪ Cass. com., 2 févr. 1993 : *RJDA* 1993, p. 340.

b) **Inexécution de la garantie.** Le débiteur d'une garantie de passif qui a refusé de s'exécuter peut être condamné à réparer tous les préjudices qui sont la conséquence directe et nécessaire de la liquidation judiciaire de la société qui s'en est suivie : ▪ Cass. com., 20 nov. 2001 : *JurisData* n° 2001-011857 ; *Dr. sociétés* 2002, n° 28, obs. F.-X. Lucas.

c) **Compétence de la juridiction commerciale.** V. C. com., art. L. 721-3, annot. n° 6, p. 1954.

d) **Compétence arbitrale.** Voir annot. sous CPC, art. 1448, p. 1957.

e) **Indépendance de la clause de garantie de passif et de la clause de complément de prix.** Voir C. com., art. L. 228-23, annot. n° 53, p. 430.

f) **Caution.** La banque caution du cédant débiteur d'une garantie de passif est déchue de son recours contre celui-ci lorsqu'elle a payé le créancier de cette garantie alors que le cédant contestait la créance alléguée : ▪ Cass. com., 28 janv. 2014, n° 12-28.728 : *BJS* 2014, p. 222, note P. Mousseron.

77) Responsabilité du conseil. V. pour un cas de non-responsabilité de l'avocat : ▪ Cass. 1re civ., 31 oct. 2012, n° 11-15.529, PBI : *BJS* 2013, p. 13, note J.-F. Barbièri. – *Adde* B. Dondero, *Que doit vérifier l'avocat rédacteur d'un acte de cession de droits sociaux : JCP* E 2014, 1330.

VII – AGRÉMENT

Bibliographie : M. Carteron, *Clause d'agrément et intérêt social : Rev. sociétés* 1968, p. 261. – A. Couret et C. Perrier, *Les effets d'une clause d'agrément érigée en condition suspensive : BJS* 1999, p. 523. – D. Poracchia, *Les clauses d'agrément dans les cessions d'actions, questions contemporaines : Mél. M. Germain*, LexisNexis-Lextenso 2015, p. 679. – B. Saintourens, *Le nouveau droit des clauses d'agrément : Rev. sociétés* 2004, p. 611. – A. Theimer, Les clauses d'agrément : *JCP* E 2005, 1857.

78) Portée de la clause d'agrément. *a)* **Principe de liberté de cession.** La négociabilité est de l'essence des sociétés anonymes : ▪ Cass. com., 22 oct. 1969 : *Bull. civ.* IV, n° 307.

b) Ce qui vaut pour les actions vaut également pour les **droits de souscription** : ▪ CA Aix-en-Provence, 13 janv. 1977 : *Rev. sociétés* 1977, p. 711, note J. Hémard.

c) L'agrément peut n'être stipulé que pour une **catégorie déterminée d'actions** : Rép. min. : *JO* Sénat Q, 3 déc. 1969, p. 1169.

d) La clause d'agrément contenue dans les statuts d'une société est inapplicable aux cessions d'actions des sociétés qui sont actionnaires de la première : ▪ CA Montpellier, 17 déc. 1992 : *JCP* E 1993, I, 215, n° 9, obs. A. Viandier et J.-J. Caussain ; *RJDA* 1993, p. 206. ▪ Cass. com., 13 déc. 1994 : *JCP* E 1995, I, 447, n° 4, obs. A. Viandier et J.-J. Caussain ; *BJS* 1995, p. 152, note P. Le Cannu.

e) S'agissant de l'exigence statutaire que la notification de la demande d'agrément indique le prix offert, cette exigence se trouve satisfaite lors même que le prix indiqué, qui n'est ni fictif ni insincère, est provisoire, le prix définitif devant être déterminé en application d'une clause de révision : ▪ Cass. com., 11 janv. 2017, n° 15-13.025 : *BJS* 2017, p. 222, note M. Buchberger ; *Dr. sociétés* 2017, n° 79, obs. C. Coupet.

f) **Compétence juridictionnelle.** S'agissant de l'action en exécution de la clause de complément de prix stipulée dans un contrat de cession, le fait que la cession ait fait l'objet d'un agrément par le conseil d'administration de la société dont les titres ont été cédés est sans influence sur la compétence juridictionnelle qui doit être déterminée à partir seulement des éléments du contrat de cession, de sorte qu'en l'espèce n'est pas applicable l'article 16-2 de la Convention de Lugano du 16 septembre 1988 : ▪ Cass. com., 16 avr. 2013, n° 11-25.956 : *BJS* 2013, p. 742, note B. Dondero ; *Rev. sociétés* 2013, p. 637, note M. Menjucq.

79) Domaine de l'agrément quant aux personnes. *a)* **Exclusion dans les cessions entre associés.** *[Jurisprudence antérieure à la modification introduite par l'ordonnance du 24 juin 2004]* L'actionnaire est libre de céder ses titres à un **coassocié,** sans qu'une telle cession puisse être soumise à l'agrément de la société : ▪ Cass. com., 10 mars 1976 : *Bull. civ.* IV, n° 95 ; *JCP* 1976, II, 18406, obs. A. Rabut ; *Defrénois* 1977, p. 1233, note J. Derruppé ; *D.* 1977, 455, note J.-Cl. Bousquet ; *RTD com.* 1976, n° 4, p. 533, obs. R. Houin ; *BJS* 1976, p. 261 ; *Rev. sociétés* 1976, p. 332, note J. H. ; *Gaz. Pal.* 1976, 2, p. 570.

b) Il faut entendre par **tiers** une personne non encore actionnaire à la date de la cession, ce que n'est bien sûr pas le président du conseil d'administration : ▪ CA Paris, 20 juin 2000 : *JurisData* n° 2000-133886 ; *BJS* 2000, p. 1070, note M. Peltier.

80) Domaine de l'agrément quant aux opérations. *a)* **Apport.** La clause d'agrément qui vise toutes cessions d'actions à titre onéreux ou gratuit doit recevoir application en cas d'apport, par les actionnaires, de leurs titres à une tierce société : ▪ Cass. com., 21 janv. 1970 : *Bull. civ.* IV, n° 28 ; *JCP* 1970, II, 16541, note B. Oppetit.

b) **Fusion.** Pour l'application d'une clause d'agrément en cas de transfert des titres à l'absorbante suite à l'absorption de la société actionnaire, voir sous C. com., art. L. 236-3, annot. n° 41, p. 536.

81) Opposabilité de la clause d'agrément. En cas de modification d'une SA avec conseil de surveillance et directoire en SA avec conseil d'administration, la clause des statuts soumettant désormais les cessions d'actions à l'agrément, non plus du conseil de surveillance, mais du conseil d'administration n'est pas, à défaut d'accomplissement des formalités légales de publicité, opposable au tiers cessionnaire qui n'en avait pas connaissance : ▪ Cass. com., 31 mai 2005, n° 03-10.955 : *JurisData* n° 2005-028767 ; *BJS* 2005, p. 1396, note T. Massart.

VIII – PRÉEMPTION ET PRÉFÉRENCE

Bibliographie : A. Gaudemet, *La portée des pactes de préférence ou de préemption sur des titres de société : Rev. sociétés* 2011, p. 139. – C. Ginestet, *Pacte de préférence et droit des sociétés : Dr. et patrimoine* 2006, p. 62. – M. Jeantin, *Les clauses de préemption statutaires entre actionnaires : Dr. sociétés* juill. 1990, p. 1. – N. Rontchevsky, *Avant-contrats et cessions de droits sociaux : Rev. sociétés* 2018, p. 151. – M.-B. Salgado, *Le régime des clauses de préemption dans les pactes d'actionnaires des sociétés anonymes : Dr. sociétés* 2003, chron. 3.

82) Principes. *a)* **Validité.** La clause de préemption est licite : ▪ Cass. civ., 9 févr. 1937 : *DP* 1937, 1, p. 73, note Besson. ▪ CA Paris, 23 juin 1987 : *BJS* 1987, p. 701. – Elle échappe à l'*[ancienne]* interdiction des clauses d'agrément entre actionnaires : ▪ TGI Dijon, 8 mars 1977 : *Rev. sociétés* 1977, p. 279, note D. Randoux. ▪ CA Angers, 20 sept. 1988 : *BJS* 1988, p. 850. ▪ CA Paris, 14 mars 1990 : *BJS* 1990, p. 353.

b) Pour un exemple de **clause d'exclusion** en forme de clause de préemption : V. ▪ CA Rouen, 8 févr. 1974 : *Rev. sociétés* 1974, p. 507, note R. Rodière.

83) Portée de la clause de préemption.

a) **Opérations relevant de la clause de préemption.**

– Un **échange de promesses** constitue un projet de cession susceptible de déclencher, selon ce que prévoit le pacte, la faculté de préemption : ▪ CA Paris, 14 mars 1989 : *JCP* E 1990, 15784, n° 5, obs. A. Viandier et J.-J. Caussain.

– Sur l'opposabilité d'une clause de préemption contenue dans un pacte d'actionnaires en cas de mise en **redressement judiciaire** *[plan de continuation]* de la société : ▪ CA Aix-en-Provence, 5 déc. 2003 : *BJS* 2004, p. 1077, note A. Cérati-Gauthier.

b) **Opérations ne relevant pas de la clause de préemption.**

– Un pacte d'actionnaires, qui contient une clause de préemption définissant largement le transfert d'actions, n'est pas applicable à une opération de **fusion-scission** qui a pour effet de réaliser une transmission à titre universel d'actions distincte d'une cession isolée, seule envisagée par le pacte à défaut de mention contraire : ▪ CA Paris, 18 févr. 2000 : *BJS* 2000, p. 728, note P. Le Cannu.

– Le pacte de préemption extrastatutaire qui vise les aliénations, par transfert direct ou indirect, des titres d'une société ne s'applique pas aux opérations portant sur les **titres des sociétés signataires du pacte**, sauf à étendre, en violation de l'article 1165 du Code civil, l'effet obligatoire de la convention à des personnes qui n'y ont pas consenti : ▪ CA Paris, 4 déc. 2007 : *JurisData* n° 2007-352912 ; *BJS* 2008, p. 307, note B. Fages ; *Dr. sociétés* 2008, n° 69, obs. M.-L. Coquelet.

– Ne relève pas de la clause de préemption l'**apport en société** des titres objet de la clause, s'agissant d'une société constituée entre ceux qui constituaient l'une des deux parties du pacte : ▪ Cass. com., 15 déc. 2009, n° 08-21.037, PB : *BJS* 2010, p. 486, note D. Poracchia ; *D.* 2010, p. 148, obs. A. Lienhard ; *Dr. sociétés* 2010, n° 64, obs. M.-L. Coquelet ; *Rev. sociétés* 2010, p. 291, note H. Le Nabasque.

– Ne relève pas de la clause de préemption la **cession des titres de la société exploitant le fonds de commerce** dès lors que la clause visait seulement la cession ou l'apport en société du fonds de commerce exploité par la société et qu'il n'était pas établi que la société avait un caractère fictif : ▪ Cass. com., 11 mars 2014, n° 12-24.901.

84) Fraude à la clause de préemption ou de préférence. La clause ne précisant pas la notion de **cession de contrôle**, la cession de 49 % du capital d'une société n'est pas soumise au droit de préférence et de préemption stipulé en cas de cession de contrôle, mais peut être annulée pour fraude en cas de transformation de la société en SAS accompagnée de l'octroi de prérogatives exorbitantes au cessionnaire, manifestant ainsi le dessein de dissimuler un changement de contrôle de la société : ▪ Cass. com., 26 févr. 2013, n° 12-13.721 : *BJS* 2013, p. 309, note H. Barbier ; *Dr. sociétés* 2013, n° 134, obs. R. Mortier ; *JCP* E 2013, 1327, note S. Schiller et 1702, n° 4, obs. Fl. Deboissy et G. Wicker. – Même solution s'agissant des prérogatives accordées à un actionnaire minoritaire, lui attribuant notamment le pouvoir de révocation du président, susceptible de lui conférer le contrôle sinon exclusif, à tout le moins conjoint, de la société : ▪ Cass. com., 15 mars 2017, n° 15-20.440 : *BJS* 2017, p. 452, note A. Gaudemet ; *Dr. sociétés* 2017, n° 158, obs. R. Mortier ; *Rev. sociétés* 2017, p. 497, note P.-L. Périn.

85) Mise en œuvre de la clause de préemption. *a)* **Conditions.** L'incertitude sur les conditions dans lesquelles les actionnaires d'une société ont été mis en mesure de pouvoir exercer leur droit éventuel de préemption constitue une cause de différend sérieux puisqu'elle peut conduire le juge du fond à annuler l'acte de cession, voire à décider qu'il y a lieu à substitution d'actionnaires : ▪ CA Paris, 12 déc. 1990 : *BJS* 1991, p. 595, note M. Jeantin.

b) **Formalisme.** Lorsque le contrat stipule que le droit de préemption s'exerce par lettre recommandée avec accusé de réception, l'assignation des cédants d'actions par le bénéficiaire d'un droit de préemption pour voir dire que la vente est parfaite entre eux et pour ordonner une expertise sur le prix ne vaut pas exercice du droit de préemption : ▪ Cass. com., 3 oct. 2006, n° 05-13.052 : *BJS* 2007, p. 250, obs. P. Le Cannu.

c) **Mise en œuvre illicite.** Lors même qu'il est invoqué que l'associé ayant mis en œuvre la clause de préemption n'aurait pas respecté les conditions posées par les statuts, l'acquéreur évincé, tiers à la stipulation de préemption, qui n'a aucun lien de droit avec le bénéficiaire du droit de préemption, n'a pas qualité pour agir en nullité de la préemption mais peut agir sur le fondement de la responsabilité délictuelle pour obtenir réparation du préjudice que lui cause le manquement contractuel : ▪ CA Paris, 6 mai 2014, n° 14/03884 : *Dr. sociétés* 2014, n° 139, obs. R. Mortier. – V. dans le même sens : ▪ Cass. com., 2 févr. 2016, n° 14-20.747, PB : *BJS* 2016, p. 329, note V. Malassigné ; *Dr. sociétés* 2016, n° 75, obs. R. Mortier ; *JCP* E 2016, 1231, note B. Brignon ; *Rev. sociétés* 2016, p. 422, note D. Porracchia.

d) **Effets.** Dans le cadre d'une opération boursière, l'exercice d'une clause de préemption emporte **transfert de propriété de plein droit** des titres, même si ceux-ci ont fait par ailleurs l'objet d'une promesse de vente : ▪ CA Lyon, 15 nov. 1990 : *BJS* 1991, p. 54. – Dans la mesure où les statuts ne comportent aucune obligation ou restriction quant aux modalités de paiement du prix ou à la date du transfert de propriété en cas de préemption, le bénéficiaire du droit de préemption n'a pas à se substituer à l'acquéreur évincé dans toutes les modalités accessoires de son offre : ▪ Cass. com., 2 févr. 2016, n° 14-20.747, PB : *JCP* E 2016, 1231, note B. Brignon.

86) Inexécution de la clause de préemption. S'agissant d'une clause de préemption extrastatutaire, acceptée par les associés de la société dont les actions sont soumises à ladite clause, l'associé qui ne respecte pas son obligation d'information engage sa responsabilité à l'égard des bénéficiaires de la clause et est tenu de les indemniser de la perte d'une chance d'acquérir lesdites actions : ▪ Cass. com., 16 nov. 2004 : *BJS* 2005, p. 497. – En cas d'inexécution de la clause de préemption stipulée dans un pacte d'actionnaires, il y a lieu à réparation tant du préjudice matériel (diminution de la valeur des titres) que du préjudice « moral » (perte d'influence décisionnelle dans la vie de la société) : ▪ CA Paris, 21 janv. 2005 : *BJS* 2005, p. 967.

IX – LITIGES

87) Transaction. Est valablement conclue entre le cessionnaire de la totalité des actions d'une société et le cédant la transaction par laquelle ce dernier consent au profit de la société cédée un abandon de son compte courant car cette concession profite indirectement au cessionnaire : ▪ Cass. com., 25 oct. 2011, n° 10-23.538, PB : *Dr. sociétés* 2012, n° 1, obs. R. Mortier ; *BJS* 2012, p. 101, note P. Mousseron ; *Rev. sociétés* 2012, p. 25, note T. Massart.

88) Clause compromissoire. V. soumettant à la clause compromissoire stipulée dans l'acte de revente des titres le cédant initial pour ce qui concerne son action en remboursement de son compte-courant dirigée contre la société cédée suite à sa démission de ses fonctions de gérant : ▪ Cass. 1re civ., 10 oct. 2013, n° 10-20.797 : *BJS* 2012, p. 18, note A. Couret. – V. retenant que la stipulation dans un protocole transactionnel d'une convention d'arbitrage identique à celle figurant dans le protocole de cession donne à la clause compromissoire une autonomie par rapport au protocole de cession de sorte que cette clause n'est pas affectée par l'inefficacité partielle du protocole de cession du fait du protocole transactionnel : ▪ Cass. 1re civ., 2 avr. 2014, n° 11-14.692, PB : *Rev. sociétés* 2014, p. 584, note B. Le Bars.

89) Clause attributive de juridiction. V. pour la validité d'une clause attributive de juridiction dans une cession d'actions en application du règlement n° 44/2001 du 20 décembre 2000 (Bruxelles I) : ▪ Cass. com., 23 sept. 2014, n° 12-26.585, PBR : *Rev. sociétés* 2015, p. 128, note M. Menjucq.

Art. L. 228-24 ***(Anc. L. n° 66-537, 24 juill. 1966 ; mod., Ord. n° 2004-604, 24 juin 2004).*** **– Si une clause d'agrément est stipulée, la demande d'agrément indiquant les nom, prénoms et adresse du cessionnaire, le nombre des titres de capital ou valeurs mobilières donnant accès au capital dont la cession est envisagée et le prix offert, est notifiée à la société. L'agrément résulte, soit d'une notification, soit du défaut de réponse dans un délai de trois mois à compter de la demande.**

Si la société n'agrée pas le cessionnaire proposé, le conseil d'administration, le directoire ou les gérants, selon le cas, sont tenus, dans le délai de trois mois à compter de la notification du refus, de faire acquérir les titres de capital ou valeurs mobilières donnant accès au capital, soit par un actionnaire ou par un tiers, soit, avec le consentement du cédant, par la société en vue d'une réduction du capital. À défaut d'accord entre les parties, le prix des titres de capital ou valeurs mobilières donnant accès au capital est déterminé dans les conditions prévues à l'article 1843-4 du Code civil. Le cédant peut à tout moment renoncer à la cession de ses titres de capital ou valeurs mobilières donnant accès au capital. Toute clause contraire à l'article 1843-4 dudit code est réputée non écrite.

Si, à l'expiration du délai prévu à l'alinéa précédent, l'achat n'est pas réalisé, l'agrément est considéré comme donné. Toutefois, ce délai peut être prolongé par décision de justice à la demande de la société.

Voir : C. com., art. R. 228-23, p. 672.

Bibliographie : B. Jadaud, *Qui décide de l'agrément à la cession d'actions ? : JCP* E 2001, p. 1946. • R. Mortier, *Rachat d'actions et actions rachetables : Rev. sociétés* 2004, p. 639. • A. Theimer, *Les clauses d'agrément : JCP* E 2005, 1857.

Voir aussi : bibliographie citée sous C. com., art. L. 228-23, p. 419.

1) Procédure.

a) La demande d'agrément a pour vocation, au sens de la loi et des statuts, d'assurer le contrôle des cessions d'actions au profit d'un nouvel actionnaire ; aucune disposition légale ou réglementaire n'oblige à ce qu'elle soit formulée par le cédant ; dès lors, une demande **formulée par le cessionnaire** ne rend pas nulle la procédure d'agrément : ▪ CA Aix-en-Provence, 21 sept. 2001 : *JurisData* n° 2001-162406.

b) Organe compétent.

– Il n'entre pas dans les pouvoirs d'un **administrateur provisoire** d'agréer une cession d'actions : ▪ Cass. com., 27 oct. 1969 : *Bull. civ.* IV, n° 314.

– Dans le cadre d'une procédure de **redressement judiciaire,** l'administrateur chargé de passer tous les actes nécessaires à la réalisation de la cession de l'actif, en exécution d'un plan de cession, est tenu, pour la vente des actions détenues par la société dans le capital d'une autre, de respecter la clause des statuts de cette dernière imposant l'agrément préalable de la cession par son conseil d'administration : ▪ Cass. com., 31 janv. 1995 : *D.* 1995, 426, note G. Parléani ; *BJS* 1995, p. 342, note A. Couret.

– **Après la dissolution** de la société, l'agrément d'une cession d'actions relève nécessairement du pouvoir de l'assemblée, aucune disposition légale ou statutaire ne conférant ce pouvoir au liquidateur : ▪ Cass. com., 12 mai 2004 : *BJS* 2004, p. 1257, note A. Constantini ; *D.* 2004, p. 1598 ; *JCP* E 2004, 1512, note H. Lécuyer ; *Rev. sociétés* 2004, p. 940, note Th. Bonneau ; *RTD com.* 2004, p. 541, obs. P. Le Cannu.

c) Le fait qu'une cession soit effectuée **en présence** des membres du conseil d'administration et **entérinée** par eux, vaut agrément de ladite cession : ▪ Cass. com., 30 juin 1975 : *BJS* 1976, p. 19.

d) L'administrateur **peut prendre part** au vote sur l'agrément de la cession de ses actions : ▪ Cass. com., 24 févr. 1975 : *Bull. civ.* IV, n° 58 ; *Rev. sociétés* 1976, p. 92, note B. Oppetit.

2) Abus de majorité. Sur l'application de la théorie de l'abus de majorité en matière d'agrément, voir ▪ CA Paris, 2 mai 1966 : *JCP* 1967, II, 14991, concl. Bertrand. ▪ Cass. com., 24 févr. 1975, préc.

3) Refus d'agrément. *a)* **Renonciation du cédant.** En cas de refus d'agrément, le **cédant** peut **renoncer** à la cession : ▪ Cass. com., 10 mars 1976 : *Rev. sociétés* 1976, p. 332, note J. Hémard. – *Adde* Rép. min. : *JOAN* Q, 1er févr. 1969, p. 267. – En cas de refus d'agrément, l'obligation pour le conseil de faire acquérir les actions ne lui confère pas le droit d'évincer le cédant si celui-ci renonce à vendre ses actions : ▪ CA Paris, 16 juin 1987 : *JCP* E 1987, 16959, n° 10, obs. A. Viandier et J.-J. Caussain.

b) **Délai pour procéder au rachat.**

– **Point de départ.** La tenue de l'assemblée générale présidée par l'actionnaire, au cours de laquelle celui-ci se voit refuser le droit de céder ses actions, ne peut par elle-même faire courir un quelconque délai à son encontre ; à défaut de notification du refus d'agrément, **seule la lettre notifiant à tous les actionnaires le droit de préemption est de nature à faire courir le délai** de trois mois à l'issue duquel l'agrément est réputé acquis : ▪ Cass. com., 18 mai 1993 : *JCP* E 1994, II, 554, note H. Le Nabasque ; *BJS* 1993, p. 736.

– À la suite du refus d'agrément, l'achat par la société est réalisé dès l'accord entre le conseil d'administration et le cédant, sans que la ratification de cet accord par l'assemblée extraordinaire soit prise en compte pour le calcul du délai de trois mois pour l'achat des actions à partir du refus d'agrément : ▪ Cass. com., 17 oct. 1989 : *BJS* 1989, p. 961.

– **Prorogation du délai.** Les dispositions de l'article L. 228-24 étant impératives, il n'est pas possible de proroger conventionnellement le délai imparti pour la réalisation de la cession, après refus d'agrément, sauf à recourir à la prorogation judiciaire envisagée par le texte : ▪ Cass. com., 8 avr. 2008, n° 06-18.362, PB : *BJS* 2008, p. 585 ; *D.* 2008, p. 1207, obs. A. Lienhard ; *Dr. sociétés* 2008, n° 129, obs. H. Hovasse. – *Adde*, S. Schiller, *Quelques précisions jurisprudentielles sur le régime applicable en cas de rejet du cessionnaire proposé en présence d'une clause d'agrément : JCP* E 2008, 1950.

c) En l'absence d'acceptation par le cédant du prix offert par l'actionnaire désigné pour se porter acquéreur des titres suite au refus d'agrément du cessionnaire, la désignation à l'amiable de l'expert ne suffit pas à rendre la vente parfaite : ▪ Cass. com., 8 avr. 2008, n° 06-18362, préc. *b).*

d) Sur l'abstention **fautive** et les manœuvres d'un président et de deux administrateurs ayant conduit à empêcher toute cession, V. ▪ Cass. com., 25 févr. 1992 : *BJS* 1992, p. 519, note P. Le Cannu. – Est **abusif** le refus d'agrément arbitraire manifestant l'intention de capter frauduleusement la clientèle du candidat à la cession : ▪ CA Paris, 23 avr. 1998 : *BJS* 1998, p. 959, note J.-J. Daigre. – Les associés majoritaires de la société dont les titres sont cédés doivent réparer le **préjudice** causé aux cédants du fait de leurs **manœuvres fautives** en vue de faire refuser l'agrément sollicité ; la perte de la chance de céder les titres n'est pas égale au prix attendu de la cession projetée : ▪ Cass. com., 7 janv. 2004 : *BJS* 2004, p. 682, note T. Massart.

4) Agrément tardif. La société qui, après un premier refus, donne son agrément pour la même cession quatre années après, engage sa responsabilité et est tenue de réparer le préjudice consistant pour la cédante à avoir été privée pendant ces années de la rémunération du capital que représentait le prix de cession : ▪ Cass. com., 26 mai 2004 : *BJS* 2004, p. 1377, note J.-J. Daigre.

5) Exigence d'un agrément pur et simple. Si une clause d'agrément est stipulée, l'agrément d'un actionnaire doit être pur et simple de sorte que les conditions posées par l'organe social habilité à autoriser la cession sont réputées non écrites : ▪ Cass. com., 17 janv. 2012, n° 09-17.212, PB : *BJS* 2012, p. 310, note B. Dondero ; *D.* 2012, p. 719, note J. Moury ; *Dr. sociétés* 2012, n° 64, obs. D. Gallois-Cochet ; *JCP* E 2012, 1777, n° 3, obs. Fl. Deboissy et G. Wicker ; *Rev. sociétés* 2012, p. 370, note P. Le Cannu.

6) Prescription de l'action en nullité fondée sur la décision d'agrément. V. sous C. civ., art. 1844-14, annot. n° 4, p. 115.

Art. L. 228-25 *(Abr., Ord. n° 2004-604, 24 juin 2004).*

JURISPRUDENCE RENDUE SOUS L'EMPIRE DE L'ARTICLE L. 228-25 AUJOURD'HUI ABROGÉ

Le délai de trente jours de bourse de l'article 276 de la loi du 24 juillet 1966 *[C. com., art. L. 228-25]* est le délai dans lequel doit intervenir la **décision d'agrément** et non celui de la notification de cette décision : ▪ CA Versailles, 20 janv. 1994 : *RJDA* 1994, p. 323.

Art. L. 228-26 *(Anc. L. n° 66-537, 24 juill. 1966).* – **Si la société a donné son consentement à un projet de nantissement d'actions dans les conditions prévues au premier alinéa de l'article L. 228-24, ce consentement emporte agrément du cessionnaire en cas de réalisation forcée des actions nanties selon les dispositions du premier alinéa de l'article 2078 du Code civil, à moins que la société ne préfère, après la cession, racheter sans délai les actions, en vue de réduire son capital.**

Bibliographie : H. Chassery, *Le nantissement des parts sociales : RTD com.* 1977, p. 435. • Ph. Delebecque, *Nantissement et saisie : Rev. sociétés* 1999, p. 599. • P. Le Cannu, *Les mesures conservatoires portant sur des droits d'associé ou des valeurs mobilières : BJS* 1993, p. 16 ; *Le nantissement conventionnel des actions : BJS* 1993, p. 1091 ; *Adjudication et vente forcée des valeurs mobilières : BJS* 1993, p. 1218.

Lorsque la valeur de son gage est **en péril**, le créancier nanti peut demander la nomination d'un observateur judiciaire de gestion : ▪ CA Lyon, 30 mars 1978 : *Rev. sociétés* 1979, p. 320, note Ph. Merle.

Art. L. 228-27 *(Anc. L. n° 66-537, 24 juill. 1966).* – **À défaut par l'actionnaire de libérer aux époques fixées par le conseil d'administration, le directoire ou les gérants, selon le cas, les sommes restant à verser sur le montant des actions par lui souscrites, la société lui adresse une mise en demeure.**

Un mois au moins après cette mise en demeure restée sans effet, la société poursuit, sans aucune autorisation de justice, la vente desdites actions.

La vente des actions cotées est effectuée en bourse. Celle des actions non cotées est effectuée aux enchères publiques. L'actionnaire défaillant reste débiteur ou profite de la différence. Les modalités d'application du présent alinéa sont déterminées par décret en Conseil d'État.

Voir : C. com., art. R. 228-24 et R. 228-25, p. 672.

Est **opposable à la « faillite »** du souscripteur, la clause aux termes de laquelle le contrat de souscription est résolu de plein droit en cas de défaillance du souscripteur : ▪ Cass. civ., 23 juill. 1935 : *DH* 1935, p. 5.

Art. L. 228-28 *(Anc. L. n° 66-537, 24 juill. 1966).* – **L'actionnaire défaillant, les cessionnaires successifs et les souscripteurs sont tenus solidairement du montant non libéré de l'action. La société peut agir contre eux, soit avant ou après la vente, soit en même temps, pour obtenir tant la somme due que le remboursement des frais exposés.**

Celui qui a désintéressé la société dispose d'un recours pour le tout contre les titulaires successifs de l'action. La charge définitive de la dette incombe au dernier d'entre eux.

Deux ans après le virement d'un compte de valeurs mobilières à un autre compte, tout souscripteur ou actionnaire qui a cédé son titre cesse d'être tenu des versements non encore appelés.

1) Vice du consentement. Le dol souffert par le cessionnaire ne l'exonère pas de son obligation de libération, dès lors que la société et les créanciers sociaux sont demeurés étrangers aux manœuvres dolosives : ▪ CA Paris, 19 juin 1934 : S. 1935, 2, p. 25, note P. Lescot.

2) Prescription. Les cédants ne peuvent être inquiétés si le délai de prescription est expiré : ▪ CA Bordeaux, 1er déc. 1992 : *JurisData* n° 1992-051228.

Art. L. 228-29 *(Anc. L. n° 66-537, 24 juill. 1966).* – **À l'expiration du délai fixé par décret en Conseil d'État, les actions sur le montant desquelles les versements exigibles n'ont pas été effectués, cessent de donner droit à l'admission et aux votes dans les assemblées d'actionnaires et sont déduites pour le calcul du quorum.**

Le droit aux dividendes et le droit préférentiel de souscription aux augmentations de capital attachés à ces actions sont suspendus.

Après paiement des sommes dues, en principal et intérêt, l'actionnaire peut demander le versement des dividendes non prescrits. Il ne peut exercer une action du chef du droit préférentiel de souscription à une augmentation de capital, après expiration du délai fixé pour l'exercice de ce droit.

Voir : C. com., art. R. 228-26, p. 673.

Art. L. 228-29-1 *(Ord. n° 2004-604, 24 juin 2004).* – **Les actions ayant une valeur nominale inférieure ou égale à un montant fixé par décret en Conseil d'État et non admises aux négociations sur un marché réglementé peuvent être regroupées nonobstant toute disposition législative ou statutaire contraire. Ces regroupements sont décidés par les assemblées générales d'actionnaires statuant dans les conditions prévues pour la modification des statuts et conformément aux dispositions de l'article L. 228-29-2.**

Voir : C. com., art. R. 228-27, R. 228-28 et R. 228-31, p. 673.
Regroupement des actions de sociétés cotées : D. n° 48-1683, 30 oct. 1948, art. 6, p. 1655.

Bibliographie : S. Sylvestre, *Le regroupement d'actions après l'ordonnance du 24 juin 2004 : une occasion manquée ? : BJS* 2005, p. 7.

Art. L. 228-29-2 *(Ord. n° 2004-604, 24 juin 2004).* – **Les regroupements d'actions prévus à l'article L. 228-29-1 comportent l'obligation, pour les actionnaires, de procéder aux achats ou aux cessions d'actions nécessaires pour réaliser le regroupement.**

La valeur nominale des actions regroupées ne peut être supérieure à un montant fixé par décret en Conseil d'État.

Pour faciliter ces opérations, la société doit, avant la décision de l'assemblée générale, obtenir d'un ou de plusieurs actionnaires l'engagement de servir, pendant un délai de deux ans, au prix fixé par l'assemblée, la contrepartie tant à l'achat qu'à la vente des offres portant sur les rompus ou des demandes tendant à compléter le nombre de titres appartenant à chacun des actionnaires intéressés.

Voir : C. com., art. R. 228-27, al. 2, R. 228-28, R. 228-29 et R. 228-31, p. 673.

Art. L. 228-29-3 *(Ord. n° 2004-604, 24 juin 2004).* – **À l'expiration du délai fixé par le décret prévu à l'article L. 228-29-7, les actions non présentées en vue de leur regroupement perdent leur droit de vote et leur droit au dividende est suspendu.**

Le décret mentionné au premier alinéa peut accorder un délai supplémentaire aux actionnaires ayant pris l'engagement prévu au troisième alinéa de l'article L. 228-29-2.

Les dividendes dont le paiement a été suspendu en exécution du premier alinéa sont, en cas de regroupement ultérieur, versés aux propriétaires des actions anciennes dans la mesure où ils n'ont pas été atteints par la prescription.

Voir : C. com., art. R. 228-30, p. 673.

Art. L. 228-29-4 *(Ord. n° 2004-604, 24 juin 2004).* – **Lorsque les propriétaires de titres n'ont pas la libre administration de leurs biens, la demande d'échange des anciens titres et les achats ou cessions de rompus nécessaires pour réaliser le regroupement sont assimilés à des actes de simple administration, sauf si les nouveaux titres sont demandés sous la forme au porteur en échange de titres nominatifs.**

Art. L. 228-29-5 *(Ord. n° 2004-604, 24 juin 2004).* – **Les titres nouveaux présentent les mêmes caractéristiques et confèrent de plein droit et sans l'accomplissement d'aucune formalité les mêmes droits réels ou de créances que les titres anciens qu'ils remplacent.**

Les droits réels et les nantissements sont reportés de plein droit sur les titres nouveaux attribués en remplacement des titres anciens qui en sont grevés.

Art. L. 228-29-6 *(Ord. n° 2004-604, 24 juin 2004).* – **En cas d'inobservation par la société soit des articles L. 228-29-1 ou L. 228-29-2, soit des conditions dans lesquelles doivent être prises les décisions des assemblées générales et des formalités de publicité fixées par le décret prévu à l'article L. 228-29-7, le regroupement reste facultatif pour les actionnaires. Les dispositions de l'article L. 228-29-3 ne peuvent être appliquées aux actionnaires.**

Si le ou les actionnaires ayant pris l'engagement prévu à l'article L. 228-29-2 ne remplissent pas celui-ci, les opérations de regroupement peuvent être annulées. Dans ce cas, les achats et les ventes de rompus peuvent être annulés à la demande des actionnaires qui y ont procédé ou de leurs ayants cause, à l'exception des actionnaires défaillants, sans préjudice de tous dommages et intérêts s'il y a lieu.

Voir : C. com., art. R. 228-32, p. 674.

Art. L. 228-29-7 *(Ord. n° 2004-604, 24 juin 2004)*. – Un décret en Conseil d'État fixe les modalités d'application des articles L. 228-29-1 à L. 228-29-6, notamment les conditions non prévues à l'article L. 228-29-1 dans lesquelles doivent être prises les décisions des assemblées générales d'actionnaires et accomplies les formalités de publicité de ces décisions.

Section III. – Dispositions applicables aux catégories de titres en voie d'extinction
(Ord. n° 2004-604, 24 juin 2004)

Sous-section 1. – Dispositions générales
(Ord. n° 2004-604, 24 juin 2004)

Art. L. 228-29-8 *(Ord. n° 2004-604, 24 juin 2004)*. – Aucun titre nouveau ne peut être émis en application des articles de la présente section à l'exception de ceux qui seraient émis en application de décisions d'assemblées générales antérieures à l'entrée en vigueur de l'ordonnance n° 2004-604 du 24 juin 2004 portant réforme du régime des valeurs mobilières émises par les sociétés commerciales et extension à l'outre-mer de dispositions ayant modifié la législation commerciale.

Bibliographie : B. Saintourens, *Les titres en voie d'extinction et droit transitoire : Rev. sociétés* 2004, p. 659. • T. Allain, *Pour en finir avec... les titres en voie d'extinction : Rev. sociétés* 2017, p. 7.

Art. L. 228-29-9 *(Ord. n° 2004-604, 24 juin 2004)*. – Les porteurs de titres régis par la présente section disposent, sauf application de l'article L. 225-138, d'un droit préférentiel de souscription des actions de préférence mentionnées à l'article L. 228-11 lorsque celles-ci confèrent des droits équivalents à ceux des titres qu'ils possèdent.

Les porteurs de titres régis par la présente section disposent, sauf application de l'article L. 225-138, d'un droit de préférence à la souscription des valeurs mobilières mentionnées à l'article L. 228-91 lorsque celles-ci donnent lieu à l'attribution de titres conférant des droits équivalents à ceux des titres qu'ils possèdent.

Art. L. 228-29-10 *(Ord. n° 2004-604, 24 juin 2004)*. – Pour le calcul des quotités prévues à l'article L. 228-11, il est tenu compte des actions à dividende prioritaire sans droit de vote et des certificats d'investissement existants.

Toutefois, l'application des dispositions de l'alinéa précédent ne fait pas obstacle au maintien des droits des titulaires de titres existants.

Sous-section 2. – Des certificats d'investissement
(Ord. n° 2004-604, 24 juin 2004)

Art. L. 228-30 *(Anc. L. n° 66-537, 24 juill. 1966)*. – L'assemblée générale extraordinaire d'une société par actions, ou dans les sociétés qui n'en sont pas dotées, l'organe qui en tient lieu, peut décider, sur le rapport du conseil d'administration ou du directoire, selon le cas, et sur celui des commissaires aux comptes, la création, dans une proportion qui ne peut être supérieure au quart du capital social, de certificats d'investissement représentatifs des droits pécuniaires et de certificats de droit de vote représentatifs des autres droits attachés aux actions émises à l'occasion d'une augmentation de capital ou d'un fractionnement des actions existantes.

En cas d'augmentation de capital, les porteurs d'actions et, s'il en existe, les porteurs de certificats d'investissement, bénéficient d'un droit de souscription préférentiel aux certificats d'investissement émis et la procédure suivie est celle des augmentations de capital. Les porteurs de certificats d'investissement renoncent au droit préférentiel en assemblée spéciale convoquée et statuant selon les règles de l'assemblée générale extraordinaire des actionnaires. Les certificats de droit de vote sont répartis entre les porteurs d'actions et les porteurs des certificats de droit de vote, s'il en existe, au prorata de leurs droits.

En cas de fractionnement, l'offre de création des certificats d'investissement est faite en même temps et dans une proportion égale à leur part du capital à tous les porteurs d'actions. À l'issue d'un délai fixé par l'assemblée générale extraordinaire, le solde des possibilités de création non attribuées est réparti entre les porteurs d'actions qui ont demandé à bénéficier de cette répartition supplémentaire dans une proportion égale à leur part du capital et, en tout état de cause, dans la limite de leurs demandes. Après cette répartition, le solde éventuel est réparti par le conseil d'administration ou le directoire, selon le cas.

Le certificat de droit de vote doit revêtir la forme nominative.

Le certificat d'investissement est négociable. Sa valeur nominale est égale à celle des actions. Lorsque les actions sont divisées, les certificats d'investissement le sont également.

Le certificat de droit de vote ne peut être cédé qu'accompagné d'un certificat d'investissement. Toutefois, il peut être également cédé au porteur du certificat d'investissement. La cession entraîne de plein droit reconstitution de l'action dans l'un et l'autre cas. L'action est également reconstituée de plein droit entre les mains du porteur d'un certificat d'investissement et d'un certificat de droit de vote. Celui-ci en fait la déclaration à la société dans les quinze jours. Faute de cette déclaration, l'action est privée du droit de vote jusqu'à régularisation et pendant un délai d'un mois suivant celle-ci.

Il ne peut être attribué de certificat représentant moins d'un droit de vote. L'assemblée générale fixe les modalités d'attribution des certificats pour les droits formant rompus.

En cas de fusion ou de scission, les certificats d'investissement et les certificats de droit de vote d'une société qui disparaît peuvent être échangés contre des actions de sociétés bénéficiaires du transfert de patrimoine.

Voir : C. com., art. R. 228-39, p. 675.

C. monét. fin., art. L. 212-6-2 et s., p. 991

Rappr. **Certificats coopératifs d'investissement et certificats coopératifs d'associé,** L. n° 47-1775, 10 sept. 1947, art. 19 *sexdecies* et s., p. 2579.

Bibliographie : R. Allouche et F. Peltier, *Réflexions de praticiens sur le sort des certificats d'investissement et des certificats de droit de vote en cas de fusion : BJS* 1992, p. 1166. • A. Viandier, *Certificats d'investissement et certificats de droit de vote : JCP* CI 1983, I, 14117. • *Adde* A. Bougnoux, *JCl. Sociétés traité*, Fasc. 1830 *(Certificats d'investissement et certificats de droit de vote).*

Art. L. 228-31 *(Anc. L. n° 66-537, 24 juill. 1966).* – L'assemblée générale extraordinaire d'une société dont les actions sont admises aux négociations sur un marché réglementé et dont les certificats d'investissement existants représentent au plus 1 % du capital social peut décider, sur le rapport du conseil d'administration, de procéder à la reconstitution des certificats existants en actions, et à celle des certificats existants assortis d'avantages particuliers en actions conférant à leurs titulaires les mêmes avantages.

L'assemblée générale extraordinaire prévue à l'alinéa précédent statue dans les conditions prévues pour l'approbation des avantages particuliers par l'article L. 225-147, après qu'une assemblée des titulaires de certificats de droits de vote, convoquée et statuant selon les règles des assemblées spéciales d'actionnaires, a approuvé le projet à une majorité de 95 % des titulaires présents ou représentés. La cession s'opère alors à la société, par dérogation au sixième alinéa de l'article L. 228-30, au prix fixé par l'assemblée générale extraordinaire mentionnée au premier alinéa du présent article.

Le prix mentionné à l'alinéa précédent est déterminé selon les modalités énoncées au 2° de l'article 283-1-1 de la loi n° 66-537 du 24 juillet 1966 sur les sociétés commerciales *[V. désormais, C. monét. fin., art. L. 212-6-3 et L. 212-6-4]*.

Le montant de l'indemnisation revenant aux détenteurs non identifiés est consigné.

La reconstitution s'opère par la cession aux porteurs de certificats d'investissement, à titre gratuit, des certificats de droits de vote correspondants.

À cet effet, la société peut demander l'identification des porteurs de certificats, même en l'absence de disposition statutaire expresse, selon les modalités prévues par l'article L. 228-2.

Art. L. 228-32 *(Anc. L. n° 66-537, 24 juill. 1966).* – Les porteurs de certificats d'investissement peuvent obtenir communication des documents sociaux dans les mêmes conditions que les actionnaires.

Art. L. 228-33 *(Anc. L. n° 66-537, 24 juill. 1966 ; mod., Ord. n° 2004-604, 24 juin 2004).* **– En cas de distribution gratuite d'actions, de nouvelles actions de préférence sans droit de vote et assorties des mêmes droits que les certificats d'investissement doivent être créées et remises gratuitement aux propriétaires des certificats anciens, dans la proportion du nombre des actions nouvelles attribuées aux actions anciennes, sauf renonciation de leur part au profit de l'ensemble des porteurs ou de certains d'entre eux.**

Art. L. 228-34 *(Anc. L. n° 66-537, 24 juill. 1966 ; rempl., Ord. n° 2004-604, 24 juin 2004).* **– En cas d'augmentation de capital en numéraire, à l'exception de celle réservée aux salariés sur le fondement de l'article L. n° 225-138-1, il est émis de nouvelles actions de préférence sans droit de vote et assorties des mêmes droits que les certificats d'investissement en nombre tel que la proportion qui existait avant l'augmentation entre actions ordinaires et certificats d'investissement soit maintenue, en tenant compte de ces actions de préférence, après l'augmentation en considérant que celle-ci sera entièrement réalisée.**

Les propriétaires des certificats d'investissement ont, proportionnellement au nombre de titres qu'ils possèdent, un droit de préférence à la souscription à titre irréductible de ces nouvelles actions de préférence. Lors d'une assemblée spéciale, convoquée et statuant selon les règles de l'assemblée générale extraordinaire des actionnaires, les propriétaires des certificats d'investissement peuvent renoncer à ce droit. Les actions de préférence non souscrites sont réparties par le conseil d'administration ou le directoire. La réalisation de l'augmentation de capital s'apprécie sur sa fraction correspondant à l'émission d'actions. Toutefois, par dérogation aux dispositions du premier alinéa ci-dessus, lorsque les propriétaires de certificats ont renoncé à leur droit préférentiel de souscription, il n'est pas procédé à l'émission de nouvelles actions de préférence.

Art. L. 228-35 *(Anc. L. n° 66-537, 24 juill. 1966 ; mod., Ord. n° 2004-604, 24 juin 2004).* **– En cas d'émission d'obligations convertibles en actions, les porteurs des certificats d'investissement ont, proportionnellement au nombre de titres qu'ils possèdent, un droit de préférence à leur souscription à titre irréductible. Leur assemblée spéciale, convoquée et statuant selon les règles de l'assemblée générale extraordinaire des actionnaires, peut y renoncer.**

Ces obligations ne peuvent être converties qu'en actions de préférence sans droit de vote et assorties des mêmes droits que les certificats d'investissement.

Voir : C. com., art. R. 228-33 à R. 228-38, p. 674.

Sous-section 3. – Les actions de priorité
(Ord. n° 2004-604, 24 juin 2004)

Art. L. 228-35-1 *(Mod., Ord. n° 2004-604, 24 juin 2004).* **– Lors de la constitution de la société ou au cours de son existence, il peut être créé des actions de priorité jouissant d'avantages par rapport à toutes autres actions, sous réserve des dispositions des articles L. 225-122 à L. 225-125.**

Par exception à l'article L. 225-99, les statuts ou le contrat d'émission peuvent prévoir que la décision de conversion des actions de priorité en actions ordinaires par l'assemblée générale extraordinaire ne s'impose pas aux porteurs de ces actions.

Voir : Dividende majoré, C. com., art. L. 232-14, p. 486. – C. monét. fin., art. L. 212-6, p. 991.

Sous-section 4. – Les actions à dividende prioritaire sans droit de vote
(Ord. n° 2004-604, 24 juin 2004)

Art. L. 228-35-2 *(Mod., Ord. n° 2004-604, 24 juin 2004).* **– Il peut de même être créé des actions à dividende prioritaire sans droit de vote dans les conditions prévues aux articles L. 228-35-3 à L. 228-35-11 sous réserve des dispositions des articles L. 225-122 à L. 225-126.**

Voir : Remboursement en cas de liquidation, C. com., art. L. 237-30, p. 562. – C. monét. fin., art. L. 212-6-1, p. 991.

Bibliographie : M. Boularan, *Au-delà de l'action prioritaire sans droit de vote : JCP* N 1979, 117. • J.-J. Daigre, F. Monod et F. Basdevant, *Les actions privilégiées : Dr. sociétés* 1997, Actes prat., n° 32. • Cl. Ferry, R. Cannard et M. Crette, *Les actions de priorité : Dr. sociétés* 1993, Actes prat., n° 11. • C. Jauffret-Spinosi, *Les actions à dividende prioritaire sans droit de vote : Rev. sociétés* 1979, p. 25. • *Adde* Th. Granier, *JCl. Sociétés traité*, Fasc. 1810.

Art. L. 228-35-3 *(Anc. art. L. 228-12 dénum. et mod., Ord. n° 2004-604, 24 juin 2004).* – Les actions à dividende prioritaire sans droit de vote peuvent être créées par augmentation de capital ou par conversion d'actions ordinaires déjà émises. Elles peuvent être converties en actions ordinaires.

Les actions à dividende prioritaire sans droit de vote ne peuvent représenter plus du quart du montant du capital social. Leur valeur nominale est égale à celle des actions ordinaires ou, le cas échéant, des actions ordinaires de l'une des catégories précédemment émises par la société.

Les titulaires d'actions à dividende prioritaire sans droit de vote bénéficient des droits reconnus aux autres actionnaires, à l'exception du droit de participer et de voter, du chef de ces actions, aux assemblées générales des actionnaires de la société.

En cas de création d'actions à dividende prioritaire sans droit de vote par conversion d'actions ordinaires déjà émises ou en cas de conversion d'actions à dividende prioritaire sans droit de vote en actions ordinaires, l'assemblée générale extraordinaire détermine le montant maximal d'actions à convertir et fixe les conditions de conversion sur rapport spécial du commissaire aux comptes. Sa décision n'est définitive qu'après approbation des assemblées spéciales prévues aux articles L. 228-35-6 et L. 228-103.

L'offre de conversion est faite en même temps et à proportion de leur part dans le capital social à tous les actionnaires, à l'exception des personnes mentionnées à l'article L. 228-35-8. L'assemblée générale extraordinaire fixe le délai pendant lequel les actionnaires peuvent accepter l'offre de conversion.

Par exception à l'article L. 225-99, les statuts ou le contrat d'émission peuvent prévoir que la décision de conversion des actions à dividende prioritaire sans droit de vote en actions ordinaires par l'assemblée générale extraordinaire ne s'impose pas aux porteurs de ces actions.

Voir : C. com., art. R. 228-43, p. 675.

Art. L. 228-35-4 *(Anc. art. L. 228-13 dénum., Ord. n° 2004-604, 24 juin 2004).* – Les actions à dividende prioritaire sans droit de vote donnent droit à un dividende prioritaire prélevé sur le bénéfice distribuable de l'exercice avant toute autre affectation. S'il apparaît que le dividende prioritaire ne peut être intégralement versé en raison de l'insuffisance du bénéfice distribuable, celui-ci doit être réparti à due entre les titulaires d'actions à dividende prioritaire sans droit de vote. Le droit au paiement du dividende prioritaire qui n'a pas été intégralement versé en raison de l'insuffisance du bénéfice distribuable est reporté sur l'exercice suivant et, s'il y a lieu, sur les deux exercices ultérieurs ou, si les statuts le prévoient, sur les exercices ultérieurs. Ce droit s'exerce prioritairement par rapport au paiement du dividende prioritaire dû au titre de l'exercice.

Le dividende prioritaire ne peut être inférieur ni au premier dividende visé à l'article L. 232-16 ni à un montant égal à 7,5 % du montant libéré du capital représenté par les actions à dividende prioritaire sans droit de vote. Ces actions ne peuvent donner droit au premier dividende.

Après prélèvement du dividende prioritaire ainsi que du premier dividende, si les statuts en prévoient, ou d'un dividende de 5 % au profit de toutes les actions ordinaires calculé dans les conditions prévues à l'article L. 232-16, les actions à dividende prioritaire sans droit de vote ont, proportionnellement à leur montant nominal, les mêmes droits que les actions ordinaires.

Dans le cas où les actions ordinaires sont divisées en catégories ouvrant des droits inégaux au premier dividende, le montant du premier dividende prévu au deuxième alinéa du présent article s'entend du premier dividende le plus élevé.

Art. L. 228-35-5 *(Anc. art. L. 228-14 dénum., Ord. n° 2004-604, 24 juin 2004).* – Lorsque les dividendes prioritaires dus au titre de trois exercices n'ont pas été intégralement versés, les titulaires des actions correspondantes acquièrent, proportionnellement à la quotité du capital représentée par ces actions, un droit de vote égal à celui des autres actionnaires.

Le droit de vote prévu à l'alinéa précédent subsiste jusqu'à l'expiration de l'exercice au cours duquel le dividende prioritaire aura été intégralement versé, y compris le dividende dû au titre des exercices antérieurs.

Art. L. 228-35-6 *(Mod., L. n° 2003-7, 3 janv. 2003 ; anc. art. L. 228-15, dénum. et mod., Ord. n° 2004-604, 24 juin 2004).* – Les titulaires d'actions à dividende prioritaire sans droit de vote sont réunis en assemblée spéciale dans des conditions fixées par décret en Conseil d'État.

Tout actionnaire possédant des actions à dividende prioritaire sans droit de vote peut participer à l'assemblée spéciale. Toute clause contraire est réputée non écrite.

L'assemblée spéciale des actionnaires à dividende prioritaire sans droit de vote peut émettre un avis avant toute décision de l'assemblée générale. Elle statue alors à la majorité des voix exprimées par les actionnaires présents ou représentés. Dans le cas où il est procédé à un scrutin, il n'est pas tenu compte des bulletins blancs. L'avis est transmis à la société. Il est porté à la connaissance de l'assemblée générale et consigné à son procès-verbal.

L'assemblée spéciale peut désigner un ou, si les statuts le prévoient, plusieurs mandataires chargés de représenter les actionnaires à dividende prioritaire sans droit de vote à l'assemblée générale des actionnaires et, le cas échéant, d'y exposer leur avis avant tout vote de cette dernière. Cet avis est consigné au procès-verbal de l'assemblée générale.

Sous réserve de l'article L. 228-35-7, toute décision modifiant les droits des titulaires d'actions à dividende prioritaire sans droit de vote n'est définitive qu'après approbation par l'assemblée spéciale visée au premier alinéa du présent article, statuant selon les conditions de quorum et de majorité prévues à l'article L. 225-99.

S'il est fait obstacle à la désignation des mandataires chargés de représenter les actionnaires à dividende prioritaire sans droit de vote à l'assemblée générale des actionnaires, le président du tribunal, statuant en référé, peut à la demande de tout actionnaire désigner un mandataire chargé de cette fonction.

Voir : C. com., art. R. 225-96, p. 651, R. 228-40 à R. 228-48, p. 675 et **Injonction de faire,** C. com., art. L. 238-6, p. 564.

Art. L. 228-35-7 *(Anc. art. L. 228-16, dénum. et mod., Ord. n° 2004-604, 24 juin 2004).* – En cas d'augmentation de capital par apports en numéraire, les titulaires d'actions à dividende prioritaire sans droit de vote bénéficient, dans les mêmes conditions que les actionnaires ordinaires, d'un droit préférentiel de souscription. Toutefois, l'assemblée générale extraordinaire peut décider, après avis de l'assemblée spéciale prévue à l'article L. 228-35-6, qu'ils auront un droit préférentiel à souscrire, dans les mêmes conditions, de nouvelles actions de préférence sans droit de vote et assorties des mêmes droits que les actions à dividende prioritaire sans droit de vote qui seront émises dans la même proportion.

L'attribution gratuite d'actions nouvelles, à la suite d'une augmentation de capital par incorporation de réserves, bénéfices ou primes d'émission, s'applique aux titulaires d'actions à dividende prioritaire sans droit de vote. Toutefois l'assemblée générale extraordinaire peut décider, après avis de l'assemblée spéciale prévue à l'article L. 228-35-6, que les titulaires d'actions à dividende prioritaire sans droit de vote recevront, au lieu et place d'actions ordinaires, des actions de préférence sans droit de vote et assorties des mêmes droits que les actions à dividende prioritaire sans droit de vote qui seront émises dans la même proportion.

Toute majoration du montant nominal des actions existantes à la suite d'une augmentation de capital par incorporation de réserves, bénéfices ou primes d'émission, s'applique aux actions à dividende prioritaire sans droit de vote. Le dividende prioritaire prévu à l'article L. 228-35-4 est alors calculé, à compter de la réalisation de l'augmentation du capital, sur le nouveau montant nominal majoré, s'il y a lieu, de la prime d'émission versée lors de la souscription des actions anciennes.

Voir : Injonction de faire, C. com., art. L. 238-6, p. 564.

Art. L. 228-35-8 *(Anc. art. L. 228-17, dénum., Ord. n° 2004-604, 24 juin 2004).* – Le président et les membres du conseil d'administration, les directeurs généraux, les membres du directoire et du conseil de surveillance d'une société anonyme, les gérants d'une société en commandite par actions et leur conjoint non séparé de corps ainsi que leurs enfants mineurs non émancipés ne peuvent détenir, sous quelque forme que ce soit, des actions à dividende prioritaire sans droit de vote émises par cette société.

Voir : Sanctions pénales, C. com., art. L. 245-4, p. 597.

Art. L. 228-35-9 *(Anc. art. L. 228-18, dénum. et mod., Ord. n° 2004-604, 24 juin 2004 ; L. n° 2012-387, 22 mars 2012).* – Il est interdit à la société qui a émis des actions à dividende prioritaire sans droit de vote d'amortir son capital.

Peuvent être annulés les remboursements effectués avant le rachat intégral ou l'annulation des actions à dividende prioritaire sans droit de vote.

En cas de réduction du capital non motivée par des pertes, les actions à dividende prioritaire sans droit de vote sont, avant les actions ordinaires, achetées dans les conditions prévues aux deux derniers alinéas de l'article L. 228-35-10 et annulées. Peut être annulé l'achat d'actions ordinaires qui ne respecterait pas le présent alinéa.

Toutefois, ces dispositions ne sont pas applicables aux réductions de capital réalisées dans le cadre de l'article L. 225-209. Dans ce cas, les dispositions de l'article L. 225-99 ne sont pas applicables si les actions ont été acquises sur un marché réglementé.

Les actions à dividende prioritaire sans droit de vote ont, proportionnellement à leur montant nominal, les mêmes droits que les autres actions sur les réserves distribuées au cours de l'existence de la société.

Art. L. 228-35-10 *(Anc. art. L. 228-19, dénum., Ord. n° 2004-604, 24 juin 2004).* – Les statuts peuvent donner à la société la faculté d'exiger le rachat, soit de la totalité de ses propres actions à dividende prioritaire sans droit de vote, soit de certaines catégories d'entre elles, chaque catégorie étant déterminée par la date de son émission. Le rachat d'une catégorie d'actions à dividende prioritaire sans droit de vote doit porter sur l'intégralité des actions de cette catégorie. Le rachat est décidé par l'assemblée générale statuant dans les conditions fixées à l'article L. 225-204. Les dispositions de l'article L. 225-205 sont applicables. Les actions rachetées sont annulées conformément à l'article L. 225-207 et le capital réduit de plein droit.

Le rachat d'actions à dividende prioritaire sans droit de vote ne peut être exigé par la société que si une stipulation particulière a été insérée à cet effet dans les statuts avant l'émission de ces actions.

La valeur des actions à dividende prioritaire sans droit de vote est déterminée au jour du rachat d'un commun accord entre la société et une assemblée spéciale des actionnaires vendeurs, statuant selon les conditions de quorum et de majorité prévues à l'article L. 225-99. En cas de désaccord, il est fait application de l'article 1843-4 du Code civil.

Le rachat des actions à dividende prioritaire sans droit de vote ne peut intervenir que si le dividende prioritaire dû au titre des exercices antérieurs et de l'exercice en cours a été intégralement versé.

Voir : C. com., art. R. 228-44, p. 675.

Injonction de faire, C. com., art. L. 238-6, p. 564.

Art. L. 228-35-11 *(Anc. art. L. 228-20, dénum., Ord. n° 2004-604, 24 juin 2004).* – Il n'est pas tenu compte des actions à dividende prioritaire sans droit de vote pour la détermination du pourcentage prévu à l'article L. 233-1 ou à l'article L. 233-2.

Section IV. – Des valeurs mobilières représentatives d'un droit de créance

(Sect. mod., Ord. n° 2014-863, 31 juill. 2014)

Art. L. 228-36-A *(Ord. n° 2014-863, 31 juill. 2014).* – Les sociétés par actions peuvent émettre toutes valeurs mobilières représentatives d'un droit de créance dans les conditions du présent livre ainsi que toutes autres valeurs mobilières représentatives d'un droit de créance dans les conditions prévues par les statuts ou, le cas échéant, par le contrat d'émission.

Sous-section 1. – Des titres participatifs

(Division créée, Ord. n° 2014-863, 31 juill. 2014)

Art. L. 228-36 *(Anc. L. n° 66-537, 24 juill. 1966 ; mod., L. n° 2001-624, 17 juill. 2001).* – Les sociétés par actions appartenant au secteur public, les sociétés coopératives constituées sous la forme de société anonyme ou de société à responsabilité limitée, *(Mots aj., L. n° 2018-1021, 23 nov. 2018)* « les sociétés anonymes d'habitations à loyer modéré mentionnées à l'article L. 422-2 du Code de la construction et de l'habitation et les sociétés de coordination au sens de l'article L. 423-1-1 du même code » peuvent émettre des titres participatifs. Ces titres ne sont remboursables qu'en cas de liquidation de la société ou, à son initiative, à l'expiration d'un délai qui ne peut être inférieur à sept ans et dans les conditions prévues au contrat d'émission.

Leur rémunération comporte une partie fixe et une partie variable calculée par référence à des éléments relatifs à l'activité ou aux résultats de la société et assise sur le nominal du titre. Un décret en Conseil d'État fixe les conditions dans lesquelles l'assiette de la partie variable de la rémunération est plafonnée.

Les titres participatifs sont négociables.

Pour l'application de l'article 26 de la loi n° 78-741 du 13 juillet 1978 relative à l'orientation de l'épargne vers le financement des entreprises, les prêts participatifs ne sont remboursés qu'après désintéressement complet de tous les autres créanciers privilégiés ou chirographaires à l'exclusion des propriétaires de titres participatifs.

Voir : C. com., art. R. 228-49, p. 676.

C. monét. fin., art. L. 213-32 et s., p. 1001.

Art. L. 228-37 *(Anc. L. n° 66-537, 24 juill. 1966)*. **– L'émission et le remboursement de titres participatifs doivent être autorisés dans les conditions prévues par le cinquième alinéa de l'article L. 225-100 et les articles L. 228-40 à L. 228-44.**

Les porteurs de titres participatifs d'une même émission sont groupés de plein droit pour la défense de leurs intérêts communs en une masse qui jouit de la personnalité civile. Ils sont soumis aux dispositions des articles L. 228-47 à L. 228-71, L. 228-73 et L. 228-76 à L. 228-90.

En outre, la masse est réunie au moins une fois par an pour entendre le rapport des dirigeants sociaux sur la situation et l'activité de la société au cours de l'exercice écoulé et le rapport des commissaires aux comptes sur les comptes de l'exercice et sur les éléments servant à la détermination de la rémunération des titres participatifs.

Les représentants de la masse assistent aux assemblées d'actionnaires ou de porteurs de parts. Ils sont consultés sur toutes les questions inscrites à l'ordre du jour, à l'exception de celles relatives à la désignation ou à la révocation des membres des organes sociaux. Ils peuvent intervenir à tout moment au cours de l'assemblée.

Les porteurs de titres participatifs peuvent obtenir communication des documents sociaux dans les mêmes conditions que les actionnaires.

Dans les entreprises publiques non pourvues d'une assemblée générale, le conseil d'administration exerce les pouvoirs dévolus à l'assemblée générale ordinaire pour l'émission des titres participatifs. Le quatrième alinéa du présent article n'est pas applicable.

Voir : C. com., art. R. 228-49 à R. 228-55, p. 676.

C. monét. fin., art. L. 213-32 à L. 213-36, p. 1001. – Émission de titres participatifs par les **banques mutualistes ou coopératives,** les **établissements publics de l'État à caractère industriel et commercial,** C. monét. fin., art. L. 213-32, L. 213-35, D. 213-27, p. 1001. – Par les **sociétés coopératives** agricoles et leurs unions : C. monét. fin., art. L. 213-34, p. 1001, C. rur., art. L. 523-8, p. 2627. – Par les **sociétés d'assurance à forme mutuelle,** les **sociétés mutuelles d'assurance et leurs unions,** ainsi que les **caisses d'assurances et de réassurances mutuelles agricoles soumises à l'agrément administratif,** C. monét. fin., art. L. 213-33, p. 1001, C. assur., art. L. 322-2-1, p. 2488. – Par **les institutions de prévoyance complémentaire des salariés** et les **mutuelles,** Code de la sécurité sociale, article L. 931-12 et Code de la mutualité, article L. 114-44.

Sous-section 2. – Des obligations

(Division créée, Ord. n° 2014-863, 31 juill. 2014)

Bibliographie : D. Caramalli, *La question de l'application des règles relatives à l'usure aux emprunts obligataires : D.* 2002, p. 1413. • J.-M. Rapp, *Le bon d'investissement : Rev. sociétés* 1974, p. 257. • *Adde* A. Bougnoux, *JCl. Sociétés traité*, Fasc. 1895 *(Droits – Devoirs et protection des obligataires)*, 1900 *(Composition et organes de la masse)*. • L. Chammas et C. Sevennec, *JCl. Sociétés traité*, Fasc. 1870 *(Généralités – Émission – Souscription)*.

Art. L. 228-38. – Comme il est dit à l'article 284 de la loi n° [66-537] du 24 juillet 1966 sur les sociétés commerciales *[abr. ; V. désormais, C. monét. fin., art. L. 213-5]* **:**

« *Art. 284. – Les obligations sont des titres négociables qui, dans une même émission, confèrent les mêmes droits de créance pour une même valeur nominale.* »

Voir : C. monét. fin., art. L. 213-5 et s., p. 996. – **Sanctions pénales,** C. com., art. L. 245-9 et s., p. 597.

Bibliographie : F. Barrière, *La réforme du régime des émissions d'obligations : Rev. sociétés* 2018, p. 14. • S. Le Normand-Caillère, *Les bons de caisse, des instruments de financement rénovés au service des entreprises : Dr. sociétés* déc. 2017, n° 12.

1) Définition de l'obligation. Les obligations étant des titres négociables qui, dans une même émission, confèrent les mêmes droits de créance pour une même valeur nominale, c'est ajouter à la loi que de subordonner cette qualification à la garantie de remboursement du nominal du titre : ▪ Cass. 2e civ., 23 nov. 20107, n° 16-22.620 : *BJS* 2018, p. 37, note A. Couret.

2) Doivent être qualifiées d'obligations :

– les « bons de récupération » attribués par une société nouvelle aux créanciers d'une ancienne société absorbée, qui sont d'un montant déterminé, et qui donnent droit au paiement d'un intérêt fixe et sont immédiatement négociables : ▪ Cass. req., 19 juin 1945 : *S.* 1947, p. 145, note D. Bastian, décision rendue en matière de droits d'enregistrement ;

– les « bons de caisse », offerts au public dans le dessein de compléter le capital social et productifs d'un intérêt fixe payable à terme échu sur présentation de coupons dont ils sont munis : ▪ Cass. crim., 15 juin 1954 : *JCP* 1955, II, 8724, note D. B. ;

– les obligations remboursables en actions : ▪ Cass. com., 13 juin 1995 : *BJS* 1995, p. 855, note A. Couret ; *Rev. sociétés* 1995, p. 736, note P. Didier.

3) Obligations remboursables en actions. Outre les dispositions particulières des articles 339-1 et suivants de la loi du 24 juillet 1966 *[C. com., art. 228-91 et s.]* par application desquelles elles sont créées, les obligations remboursables en actions sont, avant leur remboursement, soumises aux dispositions des articles 284 et suivants *[C. com., art. L. 228-38 et s.]* ; les porteurs de telles obligations jouissent donc des droits liés à la propriété d'obligations, et notamment de celui d'être groupés de plein droit dans une masse : ▪ Cass. com., 13 juin 1995, préc.

Art. L. 228-39 *(Mod., L. n° 2001-420, 15 mai 2001 ; Ord. n° 2017-970, 10 mai 2017).* – **L'émission d'obligations par une société par actions n'ayant pas établi deux bilans régulièrement approuvés par les actionnaires doit être précédée d'une vérification de l'actif et du passif.**

Cette vérification est assurée par un ou plusieurs commissaires désignés par l'organe de la société ayant qualité pour décider ou autoriser l'émission d'obligations. Ces commissaires sont soumis aux incompatibilités prévues à l'article L. 822-11-3. Le ou les commissaires établissent, sous leur responsabilité, un rapport sur la valeur des actifs et des passifs de la société, qui est soumis à l'organe de la société ayant qualité pour décider ou autoriser l'émission d'obligations préalablement à sa décision ou à son autorisation.

Les dispositions du premier alinéa ne sont pas applicables à l'émission d'obligations qui bénéficient de la garantie de sociétés ayant établi deux bilans régulièrement approuvés par les actionnaires. Elles ne sont pas non plus applicables à l'émission d'obligations qui sont gagées par des titres de créance sur l'État, sur les autres collectivités publiques ou sur des entreprises concessionnaires de l'État ou de toute autre collectivité publique ou subventionnées par ces mêmes collectivités et ayant établi le bilan de leur premier exercice.

L'émission d'obligations est interdite aux sociétés dont le capital n'est pas intégralement libéré sauf si les actions non libérées ont été réservées aux salariés en application des articles L. 3332-18 à L. 3332-24 du Code du travail, et sauf si elle est faite en vue de l'attribution aux salariés des obligations émises au titre de la participation de ceux-ci aux fruits de l'expansion de l'entreprise.

Voir : C. com., art. R. 228-58, p. 677.

Bibliographie : J.-M. Moulin, *Procédure de désignation du commissaire aux apports préalablement à l'émission d'un emprunt obligataire : Rev. sociétés* 2013, p. 764.

1) Garantie et souscription. La société garante de l'émission d'obligations conserve la possibilité de souscrire à ces obligations ou de se porter acquéreur de celles-ci : Rép. min. : *JOAN* Q, 4 déc. 2000, p. 6891 ; *JCP* E 2000, p. 2030.

2) Sur les difficultés d'application de ce texte dans sa rédaction issue de la loi du 15 mai 2001 sur les nouvelles régulations économiques, voir *Bull. COB* oct. 2001, n° 361, p. 29.

Art. L. 228-40 *(Rempl., Ord. n° 2004-604, 24 juin 2004 ; mod., Ord. n° 2017-970, 10 mai 2017).* – **Le conseil d'administration, le directoire, le ou les gérants ont qualité pour décider ou autoriser l'émission d'obligations, sauf si les statuts réservent ce pouvoir à l'assemblée générale ou si celle-ci décide de l'exercer.**

Le conseil d'administration ou le directoire peut déléguer, à toute personne de son choix, les pouvoirs nécessaires pour réaliser, dans un délai d'un an l'émission d'obligations et en arrêter les modalités.

Les personnes désignées rendent compte au conseil d'administration ou au directoire dans les conditions déterminées par ces organes.

Bibliographie : F. Auckenthaler, *Les nouvelles règles d'émission des obligations : Dr. et patrimoine* oct. 2004, p. 90. • P. Le Cannu, *Les émissions d'obligations sans droit d'accès au capital après l'ordonnance n° 2004-604 : RTD com.* 2004, p. 536.

Art. L. 228-41 et L. 228-42 *(Abr., Ord. n° 2004-604, 24 juin 2004).*

Art. L. 228-43 *(Anc. L. n° 66-537, 24 juill. 1966 ; abr., Ord. n° 2009-80, 22 janv. 2009).*

Art. L. 228-44 *(Anc. L. n° 66-537, 24 juill. 1966).* – **La société ne peut constituer un gage quelconque sur ses propres obligations.**

Art. L. 228-45 *(Anc. L. n° 66-537, 24 juill. 1966).* – **Dans le cas où la société émettrice a continué à payer les produits d'obligations remboursables par suite d'un tirage au sort, elle ne peut répéter ces sommes lorsque ces obligations sont présentées au remboursement.**

Toute clause contraire est réputée non écrite.

Art. L. 228-46 *(Anc. L. n° 66-537, 24 juill. 1966).* – **Les porteurs d'obligations d'une même émission sont groupés de plein droit pour la défense de leurs intérêts communs, en une masse qui jouit de la personnalité civile.**

Toutefois, en cas d'émissions successives d'obligations, la société peut, lorsqu'une clause de chaque contrat d'émission le prévoit, grouper en une masse unique les porteurs d'obligations ayant des droits identiques.

Bibliographie : Ph. Pétel, *Procédures collectives avec comité de créanciers : Qui vote à l'assemblée générale unique des obligataires ? : JCP* E 2016, 1680.

Art. L. 228-46-1 *(Ord. n° 2017-970, 10 mai 2017).* – **Les décisions de la masse des obligataires sont prises en assemblée générale. Toutefois, ces décisions peuvent également être prises à l'issue d'une consultation écrite, y compris par voie électronique, si le contrat d'émission le prévoit et selon les modalités de délai et de forme définies par celui-ci.**

Art. L. 228-47 *(Anc. L. n° 66-537, 24 juill. 1966 ; mod., Ord. n° 2009-80, 22 janv. 2009 ; rempl., Ord. n° 2017-970, 10 mai 2017).* – **La masse est représentée par un ou plusieurs mandataires désignés conformément aux articles L. 228-50 et L. 228-51.**

Voir : C. com., art. R. 228-61, R. 228-62 et R. 228-64, p. 677.

Art. L. 228-48 *(Anc. L. n° 66-537, 24 juill. 1966 ; rempl., Ord. n° 2017-970, 10 mai 2017).* – **Le mandat de représentant de la masse ne peut être confié qu'aux personnes ressortissantes d'un État membre de l'Union européenne ou domiciliées dans un État membre de l'Union européenne, ainsi qu'aux associations et sociétés y ayant leur siège.**

Art. L. 228-49 *(Anc. L. n° 66-537, 24 juill. 1966).* – **Ne peuvent être choisis comme représentants de la masse :**

1° La société débitrice ;

2° Les sociétés possédant au moins le dixième du capital de la société débitrice ou dont celle-ci possède au moins le dixième du capital ;

3° Les sociétés garantes de tout ou partie des engagements de la société débitrice ;

4° Les gérants, administrateurs, membres du directoire, du conseil de surveillance, directeurs généraux, commissaires aux comptes ou employés des sociétés visées aux 1° et 3°, ainsi que leurs ascendants, descendants et conjoint ;

5° Les personnes auxquelles l'exercice de la profession de banquier est interdit ou qui sont déchues du droit de diriger, administrer ou gérer une société à un titre quelconque.

Art. L. 228-50 *(Anc. L. n° 66-537, 24 juill. 1966).* – **En cas d'urgence, les représentants de la masse peuvent être désignés par décision de justice à la demande de tout intéressé.**

Voir : C. com., art. R. 228-60, p. 677.

Art. L. 228-51 *(Anc. L. n° 66-537, 24 juill. 1966 ; mod., Ord. n° 2009-80, 22 janv. 2009 ; rempl., Ord. n° 2017-970, 10 mai 2017).* – **Les représentants de la masse sont désignés dans le contrat d'émission ou par l'assemblée générale des obligataires ou, à défaut, par décision de justice, à la demande de tout intéressé.**

Lorsque les obligations sont offertes au public au sens de l'article L. 411-1 du Code monétaire et financier, les premiers représentants de la masse sont désignés dans le contrat d'émission.

Voir : C. com., art. L. 228-60 et L. 228-61, p. 454.

Art. L. 228-52 *(Anc. L. n° 66-537, 24 juill. 1966).* – **Les représentants de la masse peuvent être relevés de leurs fonctions par l'assemblée générale des obligataires.**

Voir : C. com., art. L. 228-61 et L. 228-62, p. 454.

Art. L. 228-53 *(Anc. L. n° 66-537, 24 juill. 1966)*. – **Les représentants de la masse ont, sauf restriction décidée par l'assemblée générale des obligataires, le pouvoir d'accomplir au nom de la masse tous les actes de gestion pour la défense des intérêts communs des obligataires.** *(Mots aj., Ord. n° 2017-970, 10 mai 2017)* **« Ce pouvoir peut être délégué par les représentants de la masse à un tiers dans le respect des dispositions des articles L. 228-49, L. 228-62 et L. 228-63 ».**

Art. L. 228-54 *(Mod., Ord. n° 2017-970, 10 mai 2017)*. – **Les représentants de la masse, dûment autorisés par l'assemblée générale des obligataires, ont seuls qualité pour engager, au nom de ceux-ci, les actions en nullité de la société ou des actes et délibérations postérieurs à sa constitution, ainsi que toutes autres actions en justice ayant pour objet la défense des intérêts communs des obligataires, et notamment requérir la mesure prévue à l'article L. 237-14.**

Les actions en justice dirigées contre l'ensemble des obligataires d'une même masse ne peuvent être intentées que contre le représentant de cette masse.

Toute action en justice intentée contrairement aux dispositions du présent article doit être déclarée d'office irrecevable.

Bibliographie : C. Nicod, *L'action en justice pour la défense des intérêts communs des obligataires : Rev. sociétés* 2000, p. 491.

1) Domaine. L'article 301 de la loi du 24 juillet 1966 *[C. com., art. L. 228-54]* ne s'applique pas aux actions dirigées contre la société elle-même (▪ CA Paris, 26 avr. 1990 : *Rev. sociétés* 1990, p. 425) et n'interdit pas aux obligataires d'agir individuellement en annulation des délibérations de leurs assemblées (▪ Cass. com., 13 juin 1995 : *BJS* 1995, p. 855, note A. Couret ; *Rev. sociétés* 1995, p. 736, note P. Didier).

2) Qualité de représentant de la masse pour demander réparation du préjudice subi par les souscripteurs. L'action en responsabilité des représentants de la masse contre des actionnaires de la société émettrice est recevable même si la société a auparavant été placée en liquidation judiciaire : ▪ CA Paris, 15 mai 2002 : *JurisData* n° 2002-179433 ; *RD bancaire et fin.* 2002, n° 156, p. 204, obs. A. Couret ; *BJS* 2002, p. 1054, note P. Le Cannu. – *Adde* ▪ Cass. com., 15 juin 1999 : *JCP* E 1999, p. 1488, note A. Viandier ; *BJS* 1999, p. 915, note Ph. Merle ; *Bull. Joly Bourse* 1999, p. 505, note A. Couret ; *LPA* 14 févr. 2000, p. 12, note M.-L. Archambault ; *RTD com.* 1999, p. 904, obs. Y. Reinhard.

3) Irrecevabilité de l'action de l'obligataire. S'agissant d'une action visant à la réparation du préjudice lié au défaut d'ajustement des obligations convertibles en actions, cette action étant de nature à intéresser l'ensemble des obligataires placés dans la même situation et la masse des créanciers obligataires subsistant tant qu'il n'a pas été définitivement statué sur leurs droits, seuls les représentants de la masse, dûment habilités pour assurer la défense des intérêts communs des obligataires, sont recevables à agir : ▪ Cass. com., 10 déc. 2013, n° 12-24.198 : *Dr. sociétés* 2014, n° 63, obs. D. Gallois-Cochet ; *Rev. sociétés* 2014, p. 503, note A. Lecourt.

4) Représentant de la masse et obligataire unique. Lorsque le contrat d'émission prévoit la constitution d'une masse des obligataires, laquelle doit alors conformément à la loi être représentée par un représentant de la masse, le fait que l'émission n'ait été souscrite que par un obligataire unique est sans influence sur la compétence du représentant de la masse, de sorte que l'obligataire unique est irrecevable à agir : ▪ CA Paris, 12 mai 2011, n° 10/04181 : *BJS* 2011, p. 660, note A. Reygrobellet.

Art. L. 228-55 *(Anc. L. n° 66-537, 24 juill. 1966)*. – **Les représentants de la masse ne peuvent s'immiscer dans la gestion des affaires sociales. Ils ont accès aux assemblées générales des actionnaires, mais sans voix délibérative.**

Ils ont le droit d'obtenir communication des documents mis à la disposition des actionnaires dans les mêmes conditions que ceux-ci.

Art. L. 228-56 *(Anc. L. n° 66-537, 24 juill. 1966 ; mod., L. n° 2003-706, 1er août 2003)*. – **La rémunération des représentants de la masse telle que fixée par l'assemblée générale ou par le contrat d'émission est à la charge de la société débitrice.**

À défaut de fixation de cette rémunération, ou si son montant est contesté par la société, il est statué par décision de justice.

Sans préjudice de l'action en responsabilité contre les mandataires sociaux ou le représentant de la masse, toute décision accordant à ce dernier une rémunération en violation des dispositions du présent article est nulle.

Voir : C. com., art. R. 228-63, p. 677.

Art. L. 228-57 *(Anc. L. n° 66-537, 24 juill. 1966).* – L'assemblée générale des obligataires d'une même masse peut être réunie à toute époque.

Art. L. 228-58 *(Anc. L. n° 66-537, 24 juill. 1966).* – L'assemblée générale des obligataires est convoquée par le conseil d'administration, le directoire ou *(Mots rempl., Ord. n° 2017-970, 10 mai 2017)* « le représentant légal de la société », par les représentants de la masse ou par les liquidateurs pendant la période de liquidation.

Un ou plusieurs obligataires, réunissant au moins le trentième des titres d'une masse, peuvent adresser à la société et au représentant de la masse une demande tendant à la convocation de l'assemblée.

Si l'assemblée générale n'a pas été convoquée dans le délai fixé par décret en Conseil d'État, les auteurs de la demande peuvent charger l'un d'entre eux de poursuivre en justice la désignation d'un mandataire qui convoquera l'assemblée.

Voir : C. com., art. R. 228-65, p. 677.

Art. L. 228-59 *(Anc. L. n° 66-537, 24 juill. 1966 ; mod., Ord. n° 2017-970, 10 mai 2017).* – La convocation des assemblées générales d'obligataires est faite dans les mêmes conditions de forme et de délai que celle des assemblées d'actionnaires, sauf stipulation contraire du contrat d'émission. Un décret en Conseil d'État fixe les garanties nécessaires, dans cette hypothèse, à la bonne information des obligataires. En outre, les avis de convocation contiennent des mentions spéciales qui sont déterminées par décret en Conseil d'État.

Toute assemblée irrégulièrement convoquée peut être annulée. Toutefois, l'action en nullité n'est pas recevable lorsque tous les obligataires de la masse intéressée sont présents ou représentés.

Voir : C. com., art. R. 228-66, R. 228-67, R. 228-69, R. 228-71 et R. 228-72, p. 677.

Art. L. 228-60 *(Anc. L. n° 66-537, 24 juill. 1966 ; mod., Ord. n° 2004-604, 24 juin 2004).* – L'ordre du jour des assemblées est arrêté par l'auteur de la convocation.

Toutefois, un ou plusieurs obligataires ont la faculté, dans les conditions prévues au deuxième alinéa de l'article L. 228-58, de requérir l'inscription à l'ordre du jour de projets de résolution. Ceux-ci sont inscrits à l'ordre du jour et soumis par le président de séance au vote de l'assemblée.

L'assemblée ne peut délibérer sur une question qui n'est pas inscrite à l'ordre du jour.

Sur deuxième convocation, l'ordre du jour de l'assemblée ne peut être modifié.

Voir : C. com., art. R. 228-70, p. 678.

Art. L. 228-60-1 *(Ord. n° 2004-604, 24 juin 2004).* – À chaque assemblée est tenue une feuille de présence.

Les décisions prises à chaque assemblée sont constatées par procès-verbal, signé par les membres du bureau et conservé au siège social dans un registre spécial.

Les mentions que doivent comporter la feuille de présence et le procès-verbal sont déterminées par décret en Conseil d'État.

Voir : C. com., art. R. 228-73 et R. 228-74, p. 679.

Art. L. 228-61 *(Anc. L. n° 66-537, 24 juill. 1966 ; mod., Ord. n° 2004-604, 24 juin 2004).* – S'il existe plusieurs masses d'obligataires, elles ne peuvent en aucun cas délibérer au sein d'une assemblée commune.

Tout obligataire a le droit de participer à l'assemblée ou de s'y faire représenter par un mandataire de son choix.

Tout obligataire peut voter par correspondance, au moyen d'un formulaire dont les mentions sont fixées par décret en Conseil d'État. Les dispositions contraires des statuts sont réputées non écrites.

Pour le calcul du quorum, il n'est tenu compte que des formulaires qui ont été reçus par la société avant la réunion de l'assemblée, dans les conditions de délais fixées par décret en Conseil d'État. Les formulaires ne donnant aucun sens de vote ou exprimant une abstention sont considérés comme des votes négatifs.

Si les statuts le prévoient *(Mots aj., Ord. n° 2017-970, 10 mai 2017)* « ou si le contrat d'émission le prévoit », sont réputés présents pour le calcul du quorum et de la majorité les obligataires qui participent à l'assemblée par

Art. L. 228-74 *(Anc. L. n° 66-537, 24 juill. 1966).* – **Les obligations rachetées par la société émettrice, ainsi que les obligations sorties au tirage et remboursées, sont annulées et ne peuvent être remises en circulation.**

Bibliographie : Cl. Ferry, *Défaisance économique et fiducie : JCP* E 1991, I, 23. • J.-P. Girard, *Le point de vue du banquier sur l'opération de défaisance : RD bancaire et bourse* 1989, n° 12, p. 58. • Chr. Larroumet, *Sur la réalisation d'une défaisance en droit français : Mél. A. Breton et F. Derrida*, Dalloz, 1991, p. 193.

Art. L. 228-75 *(Anc. L. n° 66-537, 24 juill. 1966).* – **En l'absence de dispositions spéciales du contrat d'émission, la société ne peut imposer aux obligataires le remboursement anticipé des obligations.**

Art. L. 228-76 *(Anc. L. n° 66-537, 24 juill. 1966).* – **En cas de dissolution anticipée de la société, non provoquée par une fusion ou par une scission, l'assemblée générale des obligataires peut exiger le remboursement des obligations et la société peut l'imposer.**

Art. L. 228-77 *(Anc. L. n° 66-537, 24 juill. 1966). – (Mots rempl., Ord. n° 2017-970, 10 mai 2017)* **« En cas d'émission d'obligations assorties de sûretés réelles, celles-ci sont constituées par la société antérieurement ou concomitamment à l'émission, pour le compte de la masse des obligataires ». L'acceptation résulte du seul fait des souscriptions. Elle rétroagit à la date de l'inscription pour les sûretés soumises à inscription et à la date de leur constitution pour les autres sûretés.**

Art. L. 228-78 *(Abr., Ord. n° 2017-970, 10 mai 2017).*

Art. L. 228-79 *(Rempl., Ord. n° 2017-970, 10 mai 2017).* – **Les sûretés sont constituées dans un acte spécial. Lorsque l'acte spécial est conclu avant l'émission des obligations, les représentants de la masse peuvent être parties à celui-ci pour le compte de la masse des obligataires en formation. Cet acte ne prend effet qu'au moment de l'émission.**

Voir : C. com., art. R. 228-81 et R. 228-82, p. 679.

Art. L. 228-80 *(Anc. L. n° 66-537, 24 juill. 1966).* – **La mainlevée des inscriptions intervient** *(Mots aj., Ord. n° 2017-970, 10 mai 2017)* **« selon les modalités prévues au contrat d'émission ou, à défaut, » dans les conditions déterminées par décret en Conseil d'État.**

Voir : C. com., art. R. 228-83, p. 680.

Art. L. 228-81 *(Anc. L. n° 66-537, 24 juill. 1966). – (Mots rempl., Ord. n° 2017-970, 10 mai 2017)* **« Les sûretés réelles et cessions à titre de garantie constituées postérieurement à l'émission des obligations le sont par la société pour le compte de la masse des obligataires ». Elles sont acceptées par le représentant de la masse.**

Art. L. 228-82 *(Anc. L. n° 66-537, 24 juill. 1966).* – **L'émission d'obligations, dont le remboursement est garanti par une société de capitalisation, est interdite.**

Art. L. 228-83 *(Anc. L. n° 66-537, 24 juill. 1966).* – **En cas de redressement ou de liquidation judiciaires de la société, les représentants de la masse des obligataires sont habilités à agir au nom de celle-ci.**

Voir : C. com., art. R. 228-84 et s., p. 680.

Art. L. 228-84 *(Anc. L. n° 66-537, 24 juill. 1966).* – **Les représentants de la masse déclarent au passif du redressement ou de la liquidation judiciaires de la société, pour tous les obligataires de cette masse, le montant en principal des obligations restant en circulation augmenté pour mémoire des coupons d'intérêts échus et non payés, dont le décompte est établi par le « mandataire judiciaire ». Ils ne sont pas tenus de fournir les titres de leurs mandants, à l'appui de cette déclaration.**

Art. L. 228-85 *(Anc. L. n° 66-537, 24 juill. 1966).* – **À défaut de déclaration par les représentants de la masse, une décision de justice désigne à la demande du mandataire judiciaire, un mandataire chargé d'assurer la représentation de la masse dans les opérations de redressement ou de liquidation judiciaires et d'en déclarer la créance.**

Voir : C. com., art. R. 228-83, p. 680.

Portée. Doit être admise l'action en désignation d'un mandataire chargé de déclarer les créances de la masse des obligataires lorsque aucun représentant de celle-ci n'a été désigné ; en effet, l'article L. 228-85, en visant le défaut de déclaration par le représentant de la masse, ne distingue pas l'hypothèse de l'inaction du représentant de la masse et celle de l'absence de toute désignation d'un représentant : ▪ Cass. com., 2 juin 2004 : *BJS* 2004, p. 1356, note A. Souleau-Travers et G.-A. Sentenac ; *JCP* E 2004, act., p. 1129 ; *JCP* E 2004, 1818, note Th. Bonneau ; *Dr. sociétés* 2004, n° 171, obs. J.-P. Legros.

Art. L. 228-86 *(Anc. L. n° 66-537, 24 juill. 1966 ; mod., L. n° 2005-845, 26 juill. 2005).* – **Les représentants de la masse sont consultés par le « mandataire judiciaire » sur les modalités de règlement des obligations proposées en application de l'article L. 626-4. Ils donnent leur accord dans le sens défini par l'assemblée générale ordinaire des obligataires, convoquée à cet effet.**

Art. L. 228-87 *(Anc. L. n° 66-537, 24 juill. 1966).* – **Les frais entraînés par la représentation des obligataires au cours « des procédures de sauvegarde ou de redressement judiciaire » de la société incombent à celle-ci et sont considérés comme des frais d'administration judiciaire.**

Art. L. 228-88 *(Anc. L. n° 66-537, 24 juill. 1966). – (Rect. JO 18 nov. 2000)* **« Le redressement ou la liquidation judiciaires » de la société ne met pas fin au fonctionnement et au rôle de l'assemblée générale des obligataires.**

Voir : C. com., art. R. 228-84 et s., p. 680.

Art. L. 228-89 *(Anc. L. n° 66-537, 24 juill. 1966).* – **En cas de clôture pour insuffisance d'actif, le représentant de la masse ou le mandataire de justice désigné, recouvre l'exercice des droits des obligataires.**

Art. L. 228-90 *(Anc. L. n° 66-537, 24 juill. 1966).* – **Sauf clause contraire du contrat d'émission, les dispositions des articles L. 228-46 à L. 228-69, L. 228-71, L. 228-72, L. 228-76 à L. 228-81 et L. 228-83 à L. 228-89 ne sont pas applicables aux sociétés dont les emprunts sont soumis à un régime légal spécial, ni aux emprunts garantis par l'État, les départements, les communes ou les établissements publics ni aux emprunts émis à l'étranger par des sociétés françaises.**

Section V. – Des valeurs mobilières donnant accès au capital ou donnant droit à l'attribution de titres de créance

(Anc. sect. VI, mod., Ord. n° 2014-863, 31 juill. 2014)

Sous-section 1. – Dispositions générales

(Ord. n° 2004-604, 24 juin 2004)

Art. L. 228-91 *(Anc. L. n° 66-537, 24 juill. 1966 ; rempl., Ord. n° 2004-604, 24 juin 2004 ; Ord. n° 2014-863, 31 juill. 2014).* – **Les sociétés par actions peuvent émettre des valeurs mobilières donnant accès au capital ou donnant droit à l'attribution de titres de créance.**

Le contrat d'émission peut prévoir que ces valeurs mobilières et les titres de capital ou de créances auxquels ces valeurs mobilières donnent droit ne peuvent être cédés et négociés qu'ensemble. Dans ce cas, si le titre émis à l'origine est un titre de capital, celui-ci ne relève pas d'une catégorie déterminée au sens de l'article L. 225-99.

Les titres de capital ne peuvent être convertis ou transformés en valeurs mobilières représentatives d'un droit de créance. Toute clause contraire est réputée non écrite.

Les valeurs mobilières émises en application du présent article ne peuvent être regardées comme constitutives d'une promesse d'action pour l'application du second alinéa de l'article L. 228-10.

Voir : C. com., art. R. 225-117, p. 658.

Sanctions, C. com., art. L. 228-95, p. 460. – C. monét. fin., art. L. 212-7, p. 991.

Bibliographie : Th. Bonneau, *Titres donnant accès au capital ou donnant droit à l'attribution de titres de créance : Dr. sociétés* août-sept. 2004, p. 25, n° 153. • A. Couret, *La loi n° 85-1321 du 14 décembre 1985 : BJS* 1986, p. 9 ; *Les nouveaux titres représentatifs des fonds propres : BJS* 1986, p. 559 ; *Innovation financière et règle de droit : D.* 1990, chron. p. 135. • G. Decocq, *Une nouvelle forme de valeur mobilière : les certificats de valeur garantie : JCP* E 1997, I, 650. • M.-A. Fauvet, *Le régime des valeurs mobilières composées : Dr. et patrimoine* oct. 2004, p. 97. • M. Jeantin, *Observations sur la notion de catégorie d'actions : D.* 1995, chron. p. 88. • P. Le Cannu, *La protection des porteurs : Rev. sociétés* 2004, p. 567 ;

L'ordonnance n° 2004-604 du 24 juin 2004 et les valeurs mobilières composées : RTD com. 2004, p. 761. • A. Lienhard, *Présentation de l'ordonnance réformant les valeurs mobilières : D.* 2004, p. 1956. • M. Michineau, *La protection des porteurs de valeurs mobilières donnant accès au capital : Rev. sociétés* 2016, p. 347. • H. Le Nabasque, *L'émission par une société de valeurs mobilières donnant accès à des titres de capital détenus par elle en portefeuille ou pourquoi faudrait-il exiger la réunion de deux assemblées générales : Mél. J.-P. Le Gall*, Dalloz, 2007, p. 197. • F. Peltier, *La théorie générale des obligations à la rescousse de l'imprécision de la loi des sociétés : les obligations convertibles en actions de la société mère : BJS* 1997, p. 525. • G. Notte, *Valeurs mobilières émises par les sociétés commerciales : Ord. n° 2004-604, 24 juin 2004 : JCP E* 2004, 153. • S. Pelletier et F. Touënon, *Procédures collectives et OCA : l'exercice du droit de conversion par l'obligataire défaillant : JCP E* 2016, 1552. • F. Peltier, *La théorie générale des obligations à la rescousse de l'imprécision de la loi des sociétés : les obligations convertibles en actions de la société mère : BJS* 1997, p. 525. • R. Routier, *Les clauses de rachat en droit des sociétés : BJS* 2002, p. 859. • Y. Serra, *Le droit de conversion des obligations convertibles à tout moment : RTD com.* 1971, p. 565. • *Adde* A. Bougnoux, *JCl. Sociétés traité*, Fasc. 2045 *(Certificat de valeur garantie)*.

JURISPRUDENCE RENDUE SUR LE FONDEMENT DE L'ARTICLE L. 225-161 AUJOURD'HUI ABROGÉ

Nullité. L'émission d'un emprunt en obligations convertibles en actions qui n'a pas été autorisée par une décision de l'assemblée générale extraordinaire intervenue sur rapport du conseil d'administration et du commissaire aux comptes et qui ne prévoit pas les conditions de base de la conversion est nulle de nullité absolue ; l'opération doit alors s'analyser en un prêt remboursable à l'échéance contractuellement prévue : ▪ CA Toulouse, 7 déc. 1994 : *Dr. sociétés* 1995, n° 125.

Art. L. 228-92 *(Rempl., Ord. n° 2004-604, 24 juin 2004 ; Ord. n° 2014-863, 31 juill. 2014).* **– Les émissions de valeurs mobilières régies par l'article L. 228-91, qui sont des titres de capital donnant accès à d'autres titres de capital ou donnant droit à l'attribution de titres de créance et les émissions de valeurs mobilières donnant accès à des titres de capital à émettre, sont autorisées par l'assemblée générale extraordinaire des actionnaires conformément aux articles L. 225-129 à L. 225-129-6. Celle-ci se prononce sur le rapport du conseil d'administration ou du directoire et sur le rapport spécial du commissaire aux comptes.**

Dans ce cas, les actionnaires ont, proportionnellement au montant de leurs actions, un droit de préférence à la souscription de ces valeurs mobilières. Ce droit est régi par les dispositions applicables au droit de préférence à la souscription attaché aux titres de capital conformément aux articles L. 225-132 à L. 225-141.

Les émissions de valeurs mobilières régies par l'article L. 228-91, qui sont des titres de créance donnant droit à l'attribution d'autres titres de créance ou donnant accès à des titres de capital existants, sont autorisées dans les conditions prévues par l'article L. 228-40 s'il s'agit d'émettre des obligations ou des titres participatifs, ou dans les autres cas, dans les conditions que détermine la société émettrice conformément aux dispositions de l'article L. 228-36-A.

Voir : C. com., art. L. 225-117, p. 334.

Bibliographie : S. Torck, *La timide réforme des valeurs mobilières composées par l'ordonnance du 31 juillet 2014 : Dr. sociétés* 2014, n° 150.

Art. L. 228-93 *(Anc. L. n° 66-537, 24 juill. 1966 ; rempl., Ord. n° 2004-604, 24 juin 2004 ; Ord. n° 2014-863, 31 juill. 2014).* **– Une société par actions peut émettre des valeurs mobilières donnant accès à des titres de capital à émettre par la société qui possède directement ou indirectement plus de la moitié de son capital ou par la société dont elle possède directement ou indirectement plus de la moitié du capital.**

À peine de nullité, l'émission doit être autorisée par l'assemblée générale extraordinaire de la société appelée à émettre ces valeurs mobilières et par celle de la société au sein de laquelle les droits sont exercés, dans les conditions prévues au premier alinéa de l'article L. 228-92.

Les émissions de valeurs mobilières qui sont des titres de capital donnant accès à d'autres titres de capital existants ou donnant droit à l'attribution de titres de créance, sont autorisées par l'assemblée générale extraordinaire des actionnaires conformément aux articles L. 225-129 à L. 225-129-6.

Les actionnaires de la société appelée à émettre les titres de capital visés au premier alinéa ont, proportionnellement au montant de leurs actions, un droit de préférence à la souscription de ces valeurs mobilières. Ce droit est régi par les dispositions applicables au droit de préférence à la souscription attaché aux titres de capital conformément aux articles L. 225-132 à L. 225-141.

Dans les cas où l'application du quatrième alinéa du présent article confère un droit préférentiel de souscription concurrent aux actionnaires de plusieurs sociétés, les assemblées qui autorisent ces émissions doivent, à peine de nullité de la décision d'émission, autoriser la suppression du droit préférentiel de souscription des actionnaires dans l'une ou plusieurs de ces sociétés.

Les émissions de valeurs mobilières qui sont des titres de créance donnant accès à des titres de capital existants ou donnant droit à l'attribution d'autres titres de créance, sont autorisées dans les conditions prévues par l'article L. 228-40 s'il s'agit d'émettre des obligations ou des titres participatifs, ou dans les autres cas, dans les conditions que détermine la société émettrice conformément aux dispositions de l'article L. 228-36-A.

Voir : C. com., art. L. 225-117, p. 334.

Art. L. 228-94 *(Abr., Ord. n° 2004-604, 24 juin 2004 ; rétabli, Ord. n° 2014-863, 31 juill. 2014).* **– Une société par actions peut émettre des valeurs mobilières donnant accès à des titres de capital existants ou donnant droit à l'attribution de titres de créance d'une autre société dont elle ne possède pas directement ou indirectement plus de la moitié du capital ou dont plus de la moitié du capital n'est pas directement ou indirectement possédé par cette autre société. Les conditions et modalités d'accès ou d'attribution de ces titres sont définies par le contrat d'émission.**

Les émissions de valeurs mobilières visées à l'alinéa précédent, qui sont des titres de capital donnant accès à d'autres titres de capital existants ou donnant droit à l'attribution de titres de créance, sont autorisées par l'assemblée générale extraordinaire des actionnaires conformément aux articles L. 225-129 à L. 225-129-6.

Les émissions de valeurs mobilières visées au premier alinéa, qui sont des titres de créance donnant accès à des titres de capital existants ou donnant droit à l'attribution d'autres titres de créance, sont autorisées dans les conditions prévues par l'article L. 228-40 s'il s'agit d'émettre des obligations ou des titres participatifs, ou dans les autres cas, dans les conditions que détermine la société émettrice conformément aux dispositions de l'article L. 228-36-A.

Art. L. 228-95 *(Anc. L. n° 66-537, 24 juill. 1966 ; mod., L. n° 2003-706, 1er août 2003 ; rempl., Ord. n° 2004-604, 24 juin 2004).* **– Sont nulles les décisions prises en violation du deuxième** *(Réf. rempl., Ord. n° 2014-863, 31 juill. 2014)* **« alinéa de l'article L. 228-92 et des troisième et quatrième alinéas de l'article L. 228-93 ».**

Art. L. 228-96 *(Abr., Ord. n° 2004-604, 24 juin 2004).*

Art. L. 228-97 *(Rempl., L. n° 2003-706, 1er août 2003).* **– Lors de l'émission de valeurs mobilières représentatives** *(Mots rempl., Ord. n° 2014-863, 31 juill. 2014)* **« d'un droit de créance » sur la société émettrice, y compris celles donnant le droit de souscrire ou d'acquérir une valeur mobilière, il peut être stipulé que ces valeurs mobilières ne seront remboursées qu'après désintéressement des autres créanciers, à l'exclusion ou y compris des titulaires de prêts participatifs et de titres participatifs, nonobstant les dispositions de l'article L. 228-36 du présent code et celles des articles L. 313-13 et suivants du Code monétaire et financier.**

Dans ces catégories de valeurs mobilières, il peut être également stipulé un ordre de priorité des paiements.

Bibliographie : M. Galland, *La subordination de dernier rang : régime et finalité des titres super-subordonnés : BJS* 2006, p. 1111.

Sous-section 2. – Dispositions relatives aux valeurs mobilières donnant accès au capital

(Ord. n° 2004-604, 24 juin 2004)

Bibliographie : B. Grelon, *Le nouveau droit commun des valeurs mobilières donnant accès au capital : Rev. sociétés* 2004, p. 579. • A. Pietrancosta, *La protection des titulaires de valeurs mobilières donnant accès au capital après l'ordonnance du 24 juin 2004 : Dr. sociétés* janv. 2005, n° 1.

Art. L. 228-98 *(Mod., Ord. n° 2004-604, 24 juin 2004 ; L. n° 2008-776, 4 août 2008).* **– À dater de l'émission de valeurs mobilières donnant accès au capital, la société appelée à attribuer ces titres ne peut modifier sa forme ou son objet, à moins d'y être autorisée par le contrat d'émission ou dans les conditions prévues à l'article L. 228-103.**

(*Mod., Ord. n° 2014-863, 31 juill. 2014*) En outre, elle ne peut ni modifier les règles de répartition de ses bénéfices, ni amortir son capital, ni créer d'actions de préférence entraînant une telle modification ou un tel amortissement, à moins d'y être autorisée par le contrat d'émission ou dans les conditions prévues à l'article L. 228-103 et sous réserve de prendre les dispositions nécessaires au maintien des droits des titulaires des valeurs mobilières donnant accès au capital dans les conditions définies à l'article L. 228-99.

(*Al. abr., L. n° 2019-486, 22 mai 2019*).

En cas de réduction de son capital motivée par des pertes et réalisée par la diminution du montant nominal ou du nombre des titres composant le capital, les droits des titulaires des valeurs mobilières donnant accès au capital sont réduits en conséquence, comme s'ils les avaient exercés avant la date à laquelle la réduction de capital est devenue définitive.

Voir : Nullité, C. com., art. L. 228-104, p. 463.

Bibliographie : A. Grelot-Devedjian, *Le représentant des masses disparues : BJS* 2011, p. 148.

Bons de souscription d'action. L'article L. 228-98 est d'application immédiate aux bons de souscription d'action, sous réserve du respect des droits définis dans le contrat d'émission et de la parution des décrets d'application assurant l'entrée en vigueur des dispositions de l'ordonnance le nécessitant : Rép. min. n° 13318 : *JO Sénat Q*, 27 janv. 2005, n° 4, p. 230 ; *BJS* 2005, p. 313.

Art. L. 228-99 (*Ord. n° 2004-604, 24 juin 2004*). **– La société appelée à attribuer les titres de capital ou les valeurs mobilières y donnant accès doit prendre les mesures nécessaires à la protection des intérêts des titulaires des droits ainsi créés si elle décide de procéder à l'émission, sous quelque forme que ce soit, de nouveaux titres de capital avec droit préférentiel de souscription réservé à ses actionnaires, de distribuer des réserves, en espèces ou en nature, et des primes d'émission ou de modifier la répartition de ses bénéfices par la création d'actions de préférence.**

À cet effet, elle doit :

1° Soit mettre les titulaires de ces droits en mesure de les exercer, si la période prévue au contrat d'émission n'est pas encore ouverte, de telle sorte qu'ils puissent immédiatement participer aux opérations mentionnées au premier alinéa ou en bénéficier ;

2° Soit prendre les dispositions qui leur permettront, s'ils viennent à exercer leurs droits ultérieurement, de souscrire à titre irréductible les nouvelles valeurs mobilières émises, ou en obtenir l'attribution à titre gratuit, ou encore recevoir des espèces ou des biens semblables à ceux qui ont été distribués, dans les mêmes quantités ou proportions ainsi qu'aux mêmes conditions, sauf en ce qui concerne la jouissance, que s'ils avaient été, lors de ces opérations, actionnaires ;

3° Soit procéder à un ajustement des conditions de souscription, des bases de conversion, des modalités d'échange ou d'attribution initialement prévues de façon à tenir compte de l'incidence des opérations mentionnées au premier alinéa.

Sauf stipulations différentes du contrat d'émission, la société peut prendre simultanément les mesures prévues aux 1° et 2°. Elle peut, dans tous les cas, les remplacer par l'ajustement autorisé au 3°. Cet ajustement est organisé par le contrat d'émission lorsque les titres de capital ne sont pas admis aux négociations sur un marché réglementé.

(*Ord. n° 2014-863, 31 juill. 2014*) Le contrat d'émission peut prévoir des mesures de protection supplémentaires destinées à tous porteurs de valeurs mobilières donnant accès à des titres de capital.

(*Ord. n° 2014-863, 31 juill. 2014*) Lorsqu'il existe des valeurs mobilières donnant accès au capital, la société appelée à émettre ces titres de capital doit procéder, lorsqu'elle acquiert ses propres actions dans les conditions prévues aux articles L. 225-207, L. 225-208 ou L. 225-209, et si le prix d'acquisition est supérieur au cours de bourse, à un ajustement des conditions de souscription, des bases de conversion, des modalités d'échange ou d'attribution initialement prévues, de façon à garantir que la valeur des titres de capital qui seront obtenus en cas d'exercice des droits attachés aux valeurs mobilières donnant accès au capital après la réalisation de l'opération sera identique à la valeur des titres de capital qui auraient été obtenus en cas d'exercice des mêmes droits avant cette opération.

Les conditions d'application du présent article sont fixées par décret en Conseil d'État.

Voir : C. com., art. R. 225-137, p. 662 et R. 228-87 et s., p. 680.
Nullité, C. com., art. L. 228-104, p. 463.

Art. L. 228-100 *(Ord. n° 2004-604, 24 juin 2004)*. – **Les dispositions des articles L. 228-98 et L. 228-99 sont applicables aussi longtemps qu'il existe des droits attachés à chacun des éléments des valeurs mobilières mentionnées à ces articles.**

Voir : **Nullité,** C. com., art. L. 228-104, p. 463.

Art. L. 228-101 *(Ord. n° 2004-604, 24 juin 2004)*. – **Si la société appelée à émettre les titres de capital est absorbée par une autre société ou fusionne avec une ou plusieurs autres sociétés pour former une société nouvelle, ou procède à une scission, les titulaires de valeurs mobilières donnant accès au capital exercent leurs droits dans la ou les sociétés bénéficiaires des apports. L'article L. 228-65 n'est pas applicable, sauf stipulations contraires du contrat d'émission.**

Le nombre de titres de capital de la ou des sociétés absorbantes ou nouvelles auquel ils peuvent prétendre est déterminé en corrigeant le nombre de titres qu'il est prévu d'émettre ou d'attribuer au contrat d'émission en fonction du nombre d'actions à créer par la ou les sociétés bénéficiaires des apports. Le commissaire aux apports émet un avis sur le nombre de titres ainsi déterminé.

L'approbation du projet de fusion ou de scission par les actionnaires de la ou des sociétés bénéficiaires des apports ou de la ou des sociétés nouvelles emporte renonciation par les actionnaires et, le cas échéant, par les titulaires de certificats d'investissement de ces sociétés, au droit préférentiel de souscription mentionné à l'article L. 228-35 ou, au deuxième alinéa de l'article *(Réf. rempl., Ord. n° 2014-863, 31 juill. 2014)* **« L. 228-92 », au profit des titulaires de valeurs mobilières donnant accès de manière différée au capital.**

La ou les sociétés bénéficiaires des apports ou la ou les nouvelles sociétés sont substituées de plein droit à la société émettrice dans ses obligations envers les titulaires desdites valeurs mobilières.

Voir : **Nullité,** C. com., art. L. 228-104, p. 463.

Art. L. 228-102 *(Ord. n° 2004-604, 24 juin 2004)*. – **Sauf stipulations spéciales du contrat d'émission et hors le cas de dissolution anticipée ne résultant pas d'une fusion ou d'une scission, la société ne peut imposer aux titulaires de valeurs mobilières donnant accès à son capital le rachat ou le remboursement de leurs droits.**

Bibliographie : F. Kerebel, *La société émettrice peut-elle racheter ses propres VMDAC ? : Dr. sociétés* 2016, étude 1.

Art. L. 228-103 *(Mod., L. n° 2004-1343, 9 déc. 2004)*. – **Les titulaires de valeurs mobilières donnant accès à terme au capital après détachement, s'il y a lieu, des droits du titre d'origine en application de la présente section sont groupés de plein droit, pour la défense de leurs intérêts communs, en une masse qui jouit de la personnalité civile et est soumise à des dispositions identiques à celles qui sont prévues, en ce qui concerne les obligations, par les articles L. 228-47 à L. 228-64, L. 228-66 et L. 228-90. Il est formé, s'il y a lieu, une masse distincte pour chaque nature de titres donnant les mêmes droits.**

Les assemblées générales des titulaires de ces valeurs mobilières sont appelées à autoriser toutes modifications au contrat d'émission et à statuer sur toute décision touchant aux conditions de souscription ou d'attribution de titres de capital déterminées au moment de l'émission.

Chaque valeur mobilière donnant accès au capital donne droit à une voix. Les conditions de quorum et de majorité sont celles qui sont déterminées aux deuxième et troisième alinéas de l'article L. 225-96.

Les frais d'assemblée ainsi que, d'une façon générale, tous les frais afférents au fonctionnement des différentes masses sont à la charge de la société appelée à émettre ou attribuer de nouvelles valeurs mobilières représentatives de son capital social.

Lorsque les valeurs mobilières émises en application de la présente section sont des obligations destinées à être converties ou remboursées en titres de capital ou échangées contre des titres de capital, les dispositions des deuxième, troisième et quatrième alinéas du présent article sont applicables à la masse créée en application de l'article L. 228-46.

Voir : **Nullité,** C. com., art. L. 228-104, p. 463. – **Injonction de faire,** C. com., art. L. 238-6, p. 564.

1) Représentant de la masse. L'article L. 228-23 permet une plus grande souplesse pour l'émetteur puisqu'il pourra obtenir la modification du contrat d'émission suite à un vote favorable de la masse. Néanmoins, la contrepartie de cette souplesse réside dans la protection accordée aux porteurs de valeurs mobilières donnant accès au capital, cette protection ne pouvant être efficace que si elle vise des personnes ayant les mêmes intérêts à protéger et que si le représentant de la masse jouit d'indépendance vis-à-vis de la société par le biais d'incompatibilités : Rép. min. n° 13319 : *JO* Sénat Q, 5 mai 2005, p. 1298 ; *BJS* 2005, p. 656.

2) Coup d'accordéon. La décision de l'AGE de procéder à un coup d'accordéon et l'annulation des obligations remboursables en actions qui s'ensuit doit être précédée de l'autorisation de l'assemblée générale des porteurs d'obligations remboursables en actions : ▪ CA Paris, 28 juin 2011, n° 10/19746 : *BJS* 2012, p. 133, note A. Sotiropoulou ; *Rev. sociétés* 2012, p. 165, note A. Gaudemet ; solution confirmée par, ▪ Cass. com., 10 juill. 2012, n° 11-22.898, PB : *BJS* 2012, p. 810, note F.-X. Lucas ; *Dr. sociétés* 2012, n° 182, note D. Gallois-Cochet ; *JCP* E 2012, 1571, note J.-M. Moulin ; *Rev. sociétés* 2013, p. 99, note H. Le Nabasque.

Art. L. 228-104 *(Ord. n° 2004-604, 24 juin 2004).* **– Les délibérations ou stipulations prises en violation des articles L. 228-98 à L. 228-101 et L. 228-103 sont nulles.**

Art. L. 228-105 *(Ord. n° 2004-604, 24 juin 2004).* **– Les titulaires des valeurs mobilières donnant accès au capital disposent, dans les conditions fixées par décret en Conseil d'État, auprès de la société émettrice des titres qu'ils ont vocation à recevoir, d'un droit de communication des documents sociaux transmis par la société aux actionnaires ou aux titulaires de certificats d'investissement ou mis à leur disposition.**

Lorsque les droits à l'attribution d'une quote-part du capital social sont incorporés ou attachés à des obligations, le droit de communication est exercé par les représentants de la masse des obligataires, conformément à l'article L. 228-55.

Après détachement de ces droits du titre d'origine, le droit de communication est exercé par les représentants de la masse constituée conformément à l'article L. 228-103.

Dans tous les cas, les représentants des différentes masses ont accès à l'assemblée générale des actionnaires, mais sans voix délibérative. Ils ne peuvent, en aucune façon, s'immiscer dans la gestion des affaires sociales.

Voir : C. com., art. R. 228-95, p. 682.

Art. L. 228-106 *(Ord. n° 2004-604, 24 juin 2004).* **– Lorsqu'une procédure de sauvegarde ou de redressement judiciaire est ouverte à l'égard d'une société émettrice de valeurs mobilières donnant accès au capital dans les conditions de l'article L. 228-91, le délai prévu pour l'exercice du droit à attribution d'une quote-part de capital social est ouvert dès le jugement arrêtant le « plan de sauvegarde ou de redressement judiciaire », au gré de chaque titulaire, et dans les conditions prévues par ce plan.**

CHAPITRE IX. – DE LA SOCIÉTÉ EUROPÉENNE

(L. n° 2005-842, 26 juill. 2005)

Bibliographie : G. Blanc, *La société européenne : la pluralité de rattachements en question* : *D.* 2002, p. 1052. • J.-P. Brouillaud, *La SAE : la société approximativement européenne* : *JCP* E 2007, 1100. • C. Cathiard, *La société européenne en droit français* : *Dr. sociétés* déc. 2005, p. 7 et janv. 2006, p. 5 ; *Modèle de clauses à insérer dans les statuts d'une société européenne française* : *Dr. sociétés* août-sept. 2006, p. 37 ; *JCP* E 2006, 2160 ; *Les nouveaux atouts de la société européenne* : *BJS* 2007, p. 539. • J.-L. Colombani, *La societas europaea est née à Nice : et voilà Cadet Roussel !* : *LPA* 17 janv. 2001, p. 15. • O. Dufour, *La société européenne sur les fronts baptismaux* : *LPA* 23 oct. 2003, p. 3. • M.-A. Frison-Roche, *La société européenne* : *D.* 2001, p. 290. • N. Lenoir, *Premier bilan de la société européenne* : *JCP* E 2007, 1340. • A Levi, A. Outin-Adam et J. Simon, *La SE est arrivée* : *LPA* 19 déc. 2000, p. 4. • B. Krief, *Le droit européen des sociétés, un droit en construction* : *JCP* E 2012, 1103. • B. Lecourt, *La Societas Unius Personae* : *Rev. sociétés* 2014, p. 699. • M. Luby, *La societas europaea : beaucoup de bruit pour rien (ou si peu)* : *Dr. sociétés* févr. 2002, p. 4. • V. Magnier, *La société européenne en question* : *Rev. crit. DIP* 2004, p. 555. • M. Menjucq, *La société européenne : enfin l'aboutissement* : *D.* 2001, p. 1085 ; *La société européenne (règlement CE n° 2157/2001 et directive n° 2001/86/CE du conseil du 8 octobre 2001)* : *Rev. sociétés* 2002, p. 225 ; *Premiers pas et premier bilan de la société européenne en France* : *Rev. sociétés* 2007, p. 253. • M. Menjucq et F. Fages, *L'introduction de la société européenne en droit français* : *JCP* E 2005, p. 1571 ; *La société européenne : un nouvel instrument au service des groupes de sociétés* : *D.* 2007, p. 30. • G. Notté, *La SE : pour une citoyenneté européenne de l'entreprise* : *JCP* E 2007, act. 146. • A. Outin-Adam et J. Simon, *Pour une société privée européenne* : *BJS* 1999, p. 337. • G. Parléani, *L'impact possible de la création de la société européenne sur le droit français* : *Gaz. Pal.* 2 et 3 avr. 2003, p. 9. • T. Schmidt, *Les aspects fiscaux de la société européenne* : *LPA* 16 avr. 2002, p. 29. • A. Supiot, *Cinq questions pour la constitution d'une société européenne* : *D.* 2003, p. 289. • B. Teyssié, *L'implication des travailleurs dans la société européenne* : *JCP* E 2002, 1728. • S. de Vendeuil et F. Puel, *La société européenne, risque de tempête procédurale ?* : *JCP* E 2001, p. 1613 ; *La société européenne entre son passé et son avenir* : *Dr. et patrimoine* avr. 2004, p. 49 et s. ; *La société européenne (Sénat, 12 juin 2002)* : *Gaz. Pal.* mars 2003, p. 3.

Art. L. 229-1 *(L. n° 2005-842, 26 juill. 2005).* – Les sociétés européennes immatriculées en France au registre du commerce et des sociétés ont la personnalité juridique à compter de leur immatriculation.

La société européenne est régie par les dispositions du règlement (CE) n° 2157/2001 du Conseil du 8 octobre 2001 relatif au statut de la société européenne, celles du présent chapitre et celles applicables aux sociétés anonymes non contraires à celles-ci.

La société européenne est soumise aux dispositions de l'article L. 210-3. Le siège statutaire et l'administration centrale de la société européenne ne peuvent être dissociés.

Voir : C. com., art. R. 229-1, p. 682. – Règl. CE n° 2157-2001, 8 oct. 2001, relatif à la société anonyme européenne, p. 468.

Transformation d'une société anonyme en société européenne, C. com., art. L. 225-245-1, p. 375. – **Sanctions pénales,** C. com., art. L. 244-5, p. 596 et art. L. 248-1, p. 600. – **Dénomination sociale,** C. com., art. R. 123-238, p. 869. – **Modalités de l'implication des travailleurs au sein de la société européenne,** C. trav., art. L. 2351-1 et s., p. 1820.

Art. L. 229-2 *(L. n° 2005-842, 26 juill. 2005 ; mod., L. n° 2008-649, 3 juill. 2008).* – Toute société européenne régulièrement immatriculée au registre du commerce et des sociétés peut transférer son siège dans un autre État membre de la Communauté européenne. Elle établit un projet de transfert. Ce projet est déposé au greffe du tribunal dans le ressort duquel la société est immatriculée et fait l'objet d'une publicité dont les modalités sont fixées par décret en Conseil d'État.

Le transfert de siège est décidé par l'assemblée générale extraordinaire dans les conditions prévues à l'article L. 225-96 et est soumis à la ratification des assemblées spéciales d'actionnaires mentionnées aux articles L. 225-99 et L. 228-35-6.

En cas d'opposition à l'opération, les actionnaires peuvent obtenir le rachat de leurs actions dans les conditions fixées par décret en Conseil d'État.

Le projet de transfert de siège est soumis aux assemblées spéciales des porteurs de certificats d'investissement statuant selon les règles de l'assemblée générale des actionnaires, à moins que la société n'acquière ces titres sur simple demande de leur part et que cette acquisition ait été acceptée par leur assemblée spéciale. L'offre d'acquisition est soumise à publicité dont les modalités sont fixées par décret en Conseil d'État. Tout porteur de certificats d'investissement qui n'a pas cédé ses titres dans le délai fixé par décret en Conseil d'État le demeure sous réserve d'un échange de ces certificats d'investissement et de droit de vote contre des actions.

Le projet de transfert est soumis à l'assemblée d'obligataires de la société, à moins que le remboursement des titres sur simple demande de leur part ne soit offert auxdits obligataires. L'offre de remboursement est soumise à publicité dont les modalités sont fixées par décret en Conseil d'État. Tout obligataire qui n'a pas demandé le remboursement dans le délai fixé par décret en Conseil d'État conserve sa qualité dans la société aux conditions fixées dans le projet de transfert.

Les créanciers non obligataires de la société transférant son siège et dont la créance est antérieure au transfert du siège peuvent former opposition à celui-ci dans le délai fixé par décret en Conseil d'État. Une décision de justice rejette l'opposition ou ordonne soit le remboursement des créances, soit la constitution de garanties si la société transférant son siège en offre et si elles sont jugées suffisantes. À défaut de remboursement des créances ou de constitution des garanties ordonnées, le transfert de siège est inopposable à ces créanciers. L'opposition formée par un créancier n'a pas pour effet d'interdire la poursuite des opérations de transfert. Les dispositions du présent alinéa ne mettent pas obstacle à l'application des conventions autorisant le créancier à exiger le remboursement immédiat de sa créance en cas de transfert de siège.

Un notaire délivre un certificat attestant de manière concluante l'accomplissement des actes et formalités préalables au transfert.

Voir : C. com., art. R. 123-74, p. 809, R. 123-119, R. 123-120, R. 123-127, p. 822 et R. 229-2 à R. 229-12, p. 682.

Bibliographie : C. Cathiard, *Le transfert transfrontalier du siège social des sociétés européennes : JCP* E 2012, 212 ; *Pratique du transfert hors de France du siège d'une société européenne : BJS* 2012, p. 520. • C. Cathiard, F. Martin-Laprade et D. Poracchia, *Pratique du transfert hors de France du siège social d'une société européenne : BJS* 2012, p. 520.

Art. L. 229-3 *(L. n° 2005-842, 26 juill. 2005 ; mod., L. n° 2009-526, 12 mai 2009).* – I. Dans un délai fixé par voie réglementaire, le greffier du tribunal dans le ressort duquel la société participant à l'opération est immatriculée délivre, après avoir procédé à la vérification prévue à l'article L. 236-6, une attestation de conformité des actes et des formalités préalables à la fusion.

Un notaire ou le greffier du tribunal dans le ressort duquel la société issue de la fusion sera immatriculée contrôle, dans un délai fixé par voie réglementaire, la légalité de la réalisation de la fusion et de la constitution de la société nouvelle issue de la fusion.

À cette fin, chaque société qui fusionne remet au notaire ou au greffier le certificat visé à l'article 25 du règlement (CE) n° 2157/2001 du Conseil du 8 octobre 2001 précité dans un délai de six mois à compter de sa délivrance ainsi qu'une copie du projet de fusion approuvé par la société.

Le notaire ou le greffier contrôle en particulier que les sociétés qui fusionnent ont approuvé un projet de fusion dans les mêmes termes et que les modalités relatives à l'implication des salariés ont été fixées conformément aux chapitres Ier à III du titre V du livre II de la deuxième partie du Code du travail.

Il contrôle en outre que la constitution de la société européenne formée par fusion correspond aux conditions fixées par les dispositions législatives françaises.

II. – Les causes de nullité de la délibération de l'une des assemblées qui ont décidé de l'opération de fusion conformément au droit applicable à la société anonyme ou les manquements au contrôle de légalité constituent une cause de dissolution de la société européenne.

Lorsqu'il est possible de porter remède à l'irrégularité susceptible d'entraîner la dissolution, le tribunal saisi de l'action en dissolution d'une société européenne créée par fusion accorde un délai pour régulariser la situation.

Les actions en dissolution de la société européenne se prescrivent par six mois à compter de la date de la dernière inscription au registre du commerce et des sociétés rendue nécessaire par l'opération.

Lorsque la dissolution de la société européenne est prononcée, il est procédé à sa liquidation conformément aux dispositions des statuts et du chapitre VII du titre III du présent livre.

Lorsqu'une décision judiciaire prononçant la dissolution d'une société européenne pour l'une des causes prévues au sixième alinéa du présent article est devenue définitive, cette décision fait l'objet d'une publicité dont les modalités sont fixées par décret en Conseil d'État.

Voir : C. com., art. R. 123-56, p. 805, R. 123-118, p. 822, R. 228-1, p. 669, R. 229-2 et D. 229-13 et s., p. 682.

Bibliographie : B. Saintourens, *Société européenne : l'intervention obligatoire du notaire : JCP* E 2005, 1413.

1) Contrôle de la légalité de la fusion.

a) **Contrôle de la procédure relative à chaque société qui fusionne.** Le contrôle opéré par le greffier est réalisé selon les modalités des articles L. 236-6 et R. 236-4 du Code de commerce ; les sociétés participantes sont donc tenues de déposer une déclaration de conformité vérifiée par le greffier qui délivre, lorsque toutes les formalités requises par ces textes ont été accomplies, le certificat visé par l'article 25 du règlement (CE) : Rép. min. n° 106568 : *JOAN* Q, 19 déc. 2006, p. 13376.

b) **Contrôle de la réalisation de la fusion et de la constitution de la SE.** Les textes n'imposent pas la délivrance d'un certificat complémentaire au terme du contrôle opéré par le notaire : Rép. min. n° 106568 : *JOAN* Q, 19 déc. 2006, p. 13376.

2) Sanctions. L'article 30, alinéa 2, du règlement (CE) du 8 octobre 2001 ne limitant pas les causes de dissolution de la SE à la seule hypothèse d'absence de contrôle de la légalité de la fusion, rien n'interdit que les causes de nullité de la délibération d'une assemblée ayant décidé de la fusion conformément au droit applicable à la société anonyme soient une cause de dissolution de la SE : Rép. min. n° 24841 : *JO Sénat* Q, 26 avr. 2007, p. 868.

Art. L. 229-4 *(L. n° 2005-842, 26 juill. 2005 ; mod., L. n° 2008-649, 3 juill. 2008).* **– L'autorité compétente pour s'opposer, conformément aux dispositions du 14 de l'article 8 et de l'article 19 du règlement (CE) n° 2157/2001 du Conseil du 8 octobre 2001, précité, au transfert de siège social d'une société européenne immatriculée en France et dont résulterait un changement du droit applicable ainsi qu'à la constitution d'une société européenne par voie de fusion impliquant une société relevant du droit français, est le procureur de la République.**

Il se saisit d'office ou est saisi par toute personne ou autorité qui estime qu'une telle opération est contraire à un intérêt public.

La décision du procureur de la République est susceptible de recours devant la cour d'appel de Paris.

Art. L. 229-5 *(L. n° 2005-842, 26 juill. 2005).* **– Les sociétés promouvant l'opération de constitution d'une société européenne holding établissent un projet commun de constitution de la société européenne.**

Ce projet est déposé au greffe du tribunal dans le ressort duquel lesdites sociétés sont immatriculées et fait l'objet d'une publicité dont les modalités sont fixées par décret en Conseil d'État.

Un ou plusieurs commissaires à la constitution d'une société européenne holding, désignés par décision de justice, établissent sous leur responsabilité un rapport destiné aux actionnaires de chaque société dont les mentions sont précisées par décret en Conseil d'État.

Par accord entre les sociétés qui promeuvent l'opération, le ou les commissaires peuvent établir un rapport écrit pour les actionnaires de l'ensemble des sociétés.

Les dispositions des troisième et quatrième alinéas de l'article L. 236-9 et des articles L. 236-13 et L. 236-14 sont applicables en cas de constitution d'une société européenne holding.

Voir : C. com., art. R. 123-120, p. 822 et R. 228-15 et s., p. 671.

Art. L. 229-6 *(L. n° 2005-842, 26 juill. 2005 ; Ord. n° 2014-863, 31 juill. 2014). – (Mots rempl., Ord. n° 2015-1127, 10 sept. 2015)* « Par exception au second alinéa de l'article L. 225-1, » une société européenne peut constituer une société européenne dont elle est le seul actionnaire. Elle est soumise aux dispositions applicables à la société européenne et à celles relatives à la société à responsabilité limitée à associé unique édictées par l'article L. 223-31.

Dans cette hypothèse, l'actionnaire unique exerce les pouvoirs dévolus à l'assemblée générale.

En cas de société européenne unipersonnelle, les articles L. 225-25, L. 225-26, L. 225-72 et L. 225-73 ne s'appliquent pas aux administrateurs ou membres du conseil de surveillance de cette société.

Art. L. 229-7 *(L. n° 2005-842, 26 juill. 2005).* – La direction et l'administration de la société européenne sont régies par les dispositions de la section II du chapitre V du présent titre, à l'exception du premier alinéa des articles L. 225-37 et L. 225-82 et du quatrième alinéa de l'article L. 225-64.

Toutefois, par exception à l'article L. 225-62, en cas de vacance au sein du directoire, un membre du conseil de surveillance peut être nommé par ce conseil pour exercer les fonctions de membre du directoire pour une durée maximale fixée par décret en Conseil d'État. Pendant cette durée, les fonctions de l'intéressé au sein du conseil de surveillance sont suspendues.

Les dispositions du premier alinéa de l'article L. 225-17, du deuxième alinéa de l'article L. 225-22, de l'article L. 225-69 et du deuxième alinéa de l'article L. 225-79 ne peuvent faire obstacle à la participation des travailleurs définie à l'article L. 439-25 du Code du travail.

Chaque membre du conseil de surveillance peut se faire communiquer par le président du directoire les documents qu'il estime nécessaires à l'accomplissement de sa mission.

La société européenne est dirigée par un directoire composé de sept membres au plus.

Les statuts doivent prévoir des règles similaires à celles énoncées aux articles L. 225-38 à L. 225-42 et L. 225-86 à L. 225-90. Toutefois, lorsqu'il s'agit d'une société visée à l'article L. 229-6, la mention au registre des délibérations vaut approbation de la convention.

Voir : C. com., art. R. 229-23, p. 686.

Art. L. 229-8 *(L. n° 2005-842, 26 juill. 2005).* – Les assemblées générales de la société européenne sont soumises aux règles prescrites par la section 3 du chapitre V du présent titre dans la mesure où elles sont compatibles avec le règlement (CE) n° 2157/2001 du Conseil, du 8 octobre 2001, précité.

Art. L. 229-9 *(L. n° 2005-842, 26 juill. 2005 ; mod., L. n° 2008-649, 3 juill. 2008).* – Si la société européenne n'a plus son administration centrale en France, tout intéressé peut demander au tribunal la régularisation de la situation par le transfert du siège social ou le rétablissement de l'administration centrale au lieu du siège social en France, le cas échéant sous astreinte.

Le tribunal fixe une durée maximale pour cette régularisation.

À défaut de régularisation à l'issue de ce délai, le tribunal prononce la liquidation de la société dans les conditions prévues aux articles L. 237-1 à L. 237-31.

Ces décisions sont adressées par le greffe du tribunal au procureur de la République. Le juge indique dans sa décision que le jugement est transmis par le greffe.

En cas de constat de déplacement de l'administration centrale en France d'une société européenne immatriculée dans un autre État membre de la Communauté européenne, contrevenant à l'article 7 du règlement (CE) n° 2157/2001 du Conseil, du 8 octobre 2001, précité, le procureur de la République du tribunal de grande instance dans le ressort duquel l'administration centrale est installée doit informer sans délai l'État membre du siège statutaire.

En cas de constat de déplacement de l'administration centrale dans un autre État membre de la Communauté européenne d'une société européenne immatriculée en France, contrevenant à l'article 7 du règlement (CE) n° 2157/2001 du Conseil, du 8 octobre 2001, précité, les autorités de cet État membre doivent informer sans délai le procureur de la République du tribunal de grande instance dans le ressort duquel la société est immatriculée.

Art. L. 229-10 *(L. n° 2005-842, 26 juill. 2005 ; L. n° 2016-1691, 9 déc. 2016)*. **– Toute société européenne peut se transformer en société anonyme si, au moment de la transformation, elle est immatriculée depuis plus de deux ans et a fait approuver le bilan de ses deux premiers exercices.**

La société établit un projet de transformation de la société en société anonyme. Ce projet est déposé au greffe du tribunal du siège de la société et fait l'objet d'une publicité dont les modalités sont fixées par décret en Conseil d'État.

Un ou plusieurs commissaires à la transformation désignés par décision de justice établissent sous leur responsabilité un rapport destiné aux actionnaires de la société se transformant attestant que les capitaux propres sont au moins équivalents au capital social. Ils sont soumis aux incompatibilités prévues à l'article L. 822-11-3.

La transformation en société anonyme est décidée selon les dispositions prévues aux articles L. 225-96 et L. 225-99.

Voir : C. com., art. R. 229-24 et s., p. 686.

Art. L. 229-11 *(L. n° 2005-842, 26 juill. 2005 ; mod., Ord. n° 2009-80, 22 janv. 2009)*. **– Les statuts d'une société européenne qui n'entend pas offrir au public ses actions peuvent soumettre tout transfert d'actions à des restrictions à la libre négociabilité sans que ces restrictions ne puissent avoir pour effet de rendre ces actions inaliénables pour une durée excédant dix ans.**

Toute cession réalisée en violation de ces clauses statutaires est nulle. Cette nullité est opposable au cessionnaire ou à ses ayants droit. Elle peut être régularisée par une décision prise à l'unanimité des actionnaires non parties au contrat ou à l'opération visant à transférer les actions.

Art. L. 229-12 *(L. n° 2005-842, 26 juill. 2005 ; mod., Ord. n° 2009-80, 22 janv. 2009)*. **– Dans les conditions qu'ils déterminent, les statuts d'une société européenne qui n'entend pas offrir au public ses actions peuvent prévoir qu'un actionnaire peut être tenu de céder ses actions. Ils peuvent également prévoir la suspension des droits non pécuniaires de cet actionnaire tant que celui-ci n'a pas procédé à cette cession.**

Art. L. 229-13 *(L. n° 2005-842, 26 juill. 2005 ; mod., Ord. n° 2009-80, 22 janv. 2009)*. **– Les statuts d'une société européenne qui n'entend pas offrir au public ses actions peuvent prévoir que la société actionnaire dont le contrôle est modifié au sens de l'article L. 233-16 doit, dès cette modification, en informer la société européenne. Celle-ci peut décider, dans les conditions fixées par les statuts, de suspendre l'exercice des droits non pécuniaires de cet actionnaire et de l'exclure.**

Les dispositions du premier alinéa peuvent s'appliquer, dans les mêmes conditions, à l'actionnaire qui a acquis cette qualité à la suite d'une opération de fusion, de scission ou de dissolution.

Art. L. 229-14 *(L. n° 2005-842, 26 juill. 2005)*. **– Si les statuts ne précisent pas les modalités d'évaluation du prix de cession des actions lorsque la société européenne met en œuvre une clause introduite en application des articles L. 229-11 à L. 229-13, ce prix est fixé par accord entre les parties ou, à défaut, déterminé dans les conditions prévues à l'article 1843-4 du Code civil.**

Lorsque les actions sont rachetées par la société européenne, celle-ci est tenue de les céder dans un délai de six mois ou de les annuler.

Art. L. 229-15 *(L. n° 2005-842, 26 juill. 2005)*. **– Les clauses stipulées en application des articles L. 229-11 à L. 229-14 ne sont adoptées ou modifiées qu'à l'unanimité des actionnaires.**

Règlement CE n° 2157-2001 du 8 octobre 2001

relatif à la société anonyme

(JOCE n° L 294, 10 nov. 2001)

TITRE PREMIER. – DISPOSITIONS GÉNÉRALES

Art. 1er. – 1. Une société peut être constituée sur le territoire de la Communauté sous la forme d'une société anonyme européenne (*Societas Europaea*, ci-après dénommée « SE ») dans les conditions et selon les modalités prévues par le présent règlement.

2. La SE est une société dont le capital est divisé en actions. Chaque actionnaire ne s'engage qu'à concurrence du capital qu'il a souscrit.

3. La SE a la personnalité juridique.

4. L'implication des travailleurs dans une SE est régie par les dispositions de la directive n° 2001/86/CE.

Art. 2. – 1. Les sociétés anonymes qui figurent à l'annexe I, constituées selon le droit d'un État membre et ayant leur siège statutaire et leur administration centrale dans la Communauté, peuvent constituer une SE par voie de fusion si deux d'entre elles au moins relèvent du droit d'États membres différents.

2. Les sociétés anonymes et les sociétés à responsabilité limitée qui figurent à l'annexe II, constituées selon le droit d'un État membre et ayant leur siège statutaire et leur administration centrale dans la Communauté, peuvent promouvoir la constitution d'une SE holding si deux d'entre elles au moins :

a) relèvent du droit d'États membres différents, ou

b) ont depuis au moins deux ans une société filiale relevant du droit d'un autre État membre ou une succursale située dans un autre État membre.

3. Les sociétés, au sens de l'article 48, deuxième alinéa, du traité, ainsi que d'autres entités juridiques de droit public ou privé, constituées selon le droit d'un État membre et ayant leur siège statutaire et leur administration centrale dans la Communauté, peuvent constituer une SE filiale en souscrivant ses actions, si deux d'entre elles au moins :

a) relèvent du droit d'États membres différents, ou

b) ont depuis au moins deux ans une société filiale relevant du droit d'un autre État membre ou une succursale située dans un autre État membre.

4. Une société anonyme, constituée selon le droit d'un État membre et ayant son siège statutaire et son administration centrale dans la Communauté, peut se transformer en SE si elle a depuis au moins deux ans une société filiale relevant du droit d'un autre État membre.

5. Un État membre peut prévoir qu'une société n'ayant pas son administration centrale dans la Communauté peut participer à la constitution d'une SE, si elle est constituée selon le droit d'un État membre, a son siège statutaire dans ce même État membre et a un lien effectif et continu avec l'économie d'un État membre.

Art. 3. – 1. Aux fins de l'article 2, paragraphes 1, 2 et 3, la SE est considérée comme une société anonyme relevant du droit de l'État membre de son siège statutaire.

2. Une SE peut elle-même constituer une ou plusieurs filiales sous forme de SE. Les dispositions de l'État membre du siège statutaire de la SE filiale exigeant qu'une société anonyme ait plus d'un actionnaire ne sont pas d'application pour la SE filiale. Les dispositions nationales adoptées conformément à la douzième directive n° 89/667/CEE du Conseil du 21 décembre 1989 en matière de droit des sociétés concernant les sociétés à responsabilité limitée à un seul associé *[JOCE n° L 395, 30 déc. 1989, p. 40. Directive modifiée en dernier lieu par l'acte d'adhésion de 1994]* s'appliquent *mutatis mutandis* aux SE.

Art. 4. – 1. Le capital de la SE est exprimé en euros.

2. Le capital souscrit doit être d'au moins 120 000 euros.

3. La législation d'un État membre prévoyant un capital souscrit plus élevé pour les sociétés exerçant certains types d'activités s'applique aux SE ayant leur siège statutaire dans cet État membre.

Art. 5. – Sous réserve de l'article 4, paragraphes 1 et 2, le capital de la SE, son maintien, ses modifications ainsi que les actions, les obligations et autres titres assimilables de la SE sont régis par les dispositions qui s'appliqueraient à une société anonyme ayant son siège statutaire dans l'État membre où la SE est immatriculée.

Art. 6. – Aux fins du présent règlement, l'expression « statuts de la SE » désigne à la fois l'acte constitutif et, lorsqu'ils font l'objet d'un acte séparé, les statuts proprement dits de la SE.

Art. 7. – Le siège statutaire de la SE est situé à l'intérieur de la Communauté, dans le même État membre que l'administration centrale. Un État membre peut en outre imposer aux SE immatriculées sur son territoire l'obligation d'avoir leur administration centrale et leur siège statutaire au même endroit.

Art. 8. – 1. Le siège statutaire de la SE peut être transféré dans un autre État membre conformément aux paragraphes 2 à 13. Ce transfert ne donne lieu ni à dissolution ni à création d'une personne morale nouvelle.

2. Un projet de transfert doit être établi par l'organe de direction ou d'administration et faire l'objet d'une publicité conformément à l'article 13, sans préjudice de formes de publicité additionnelles prévues par l'État membre du siège. Ce projet mentionne la dénomination sociale, le siège statutaire et le numéro d'immatriculation actuels de la SE et comprend :

a) le siège statutaire envisagé pour la SE ;

b) les statuts envisagés pour la SE, y compris, le cas échéant, sa nouvelle dénomination sociale ;

c) les conséquences que le transfert pourrait avoir pour l'implication des travailleurs dans la SE ;

d) le calendrier envisagé pour le transfert ;

e) tous les droits prévus en matière de protection des actionnaires et/ou des créanciers.

3. L'organe de direction ou d'administration établit un rapport expliquant et justifiant les aspects juridiques et économiques du transfert et expliquant les conséquences du transfert pour les actionnaires, les créanciers et les travailleurs.

4. Les actionnaires et les créanciers de la SE ont, au moins un mois avant l'assemblée générale appelée à se prononcer sur le transfert, le droit d'examiner, au siège de la SE, le projet de transfert et le rapport établi en application du paragraphe 3, et d'obtenir gratuitement, à leur demande, des copies de ces documents.

5. Un État membre peut adopter, en ce qui concerne les SE immatriculées sur son territoire, des dispositions destinées à assurer une protection appropriée aux actionnaires minoritaires qui se sont prononcés contre le transfert.

6. La décision de transfert ne peut intervenir que deux mois après la publication du projet. Elle doit être prise dans les conditions prévues à l'article 59.

7. Avant que l'autorité compétente ne délivre le certificat visé au paragraphe 8, la SE doit prouver qu'en ce qui concerne les créances nées antérieurement à la publication du projet de transfert, les intérêts des créanciers et titulaires d'autres droits envers la SE (y compris ceux des entités publiques) bénéficient d'une protection adéquate conformément aux dispositions prévues par l'État membre où la SE a son siège statutaire avant le transfert.

Un État membre peut étendre l'application du premier alinéa aux créances nées (ou susceptibles de naître) avant le transfert.

Le premier et le deuxième alinéas sont sans préjudice de l'application aux SE de la législation nationale des États membres en ce qui concerne le désintéressement ou la garantie des paiements en faveur des entités publiques.

8. Dans l'État membre du siège statutaire de la SE, un tribunal, un notaire ou une autre autorité compétente délivre un certificat attestant d'une manière concluante l'accomplissement des actes et des formalités préalables au transfert.

9. La nouvelle immatriculation ne peut s'effectuer que sur présentation du certificat visé au paragraphe 8 ainsi que sur preuve de l'accomplissement des formalités exigées pour l'immatriculation dans le pays du nouveau siège statutaire.

10. Le transfert du siège statutaire de la SE, ainsi que la modification des statuts qui en résulte, prennent effet à la date à laquelle la SE est immatriculée, conformément à l'article 12, au registre du nouveau siège.

11. Lorsque la nouvelle immatriculation de la SE a été effectuée, le registre de la nouvelle immatriculation le notifie au registre de l'ancienne immatriculation. La radiation de l'ancienne immatriculation s'effectue dès réception de la notification, mais pas avant.

12. La nouvelle immatriculation et la radiation de l'ancienne immatriculation sont publiées dans les États membres concernés conformément à l'article 13.

13. La publication de la nouvelle immatriculation de la SE rend le nouveau siège statutaire opposable aux tiers. Toutefois, tant que la publication de la radiation de l'immatriculation au registre du précédent siège n'a pas eu lieu, les tiers peuvent continuer de se prévaloir de l'ancien siège, à moins que la SE ne prouve que ceux-ci avaient connaissance du nouveau siège.

14. La législation d'un État membre peut prévoir, en ce qui concerne les SE immatriculées dans celui-ci, qu'un transfert du siège statutaire, dont résulterait un changement du droit applicable, ne prend pas effet si, dans le délai de deux mois visé au paragraphe 6, une autorité compétente de cet État s'y oppose. Cette opposition ne peut avoir lieu que pour des raisons d'intérêt public.

Lorsqu'une SE est soumise au contrôle d'une autorité nationale de surveillance financière conformément aux directives communautaires, le droit de s'opposer au transfert du siège statutaire s'applique également à cette autorité.

L'opposition est susceptible de recours devant une autorité judiciaire.

15. Une SE à l'égard de laquelle a été entamée une procédure de dissolution, de liquidation, d'insolvabilité, de suspension de paiements ou d'autres procédures analogues ne peut transférer son siège statutaire.

16. Une SE qui a transféré son siège statutaire dans un autre État membre est considérée, aux fins de tout litige survenant avant le transfert tel qu'il est déterminé au paragraphe 10, comme ayant son siège statutaire dans l'État membre où la SE était immatriculée avant le transfert, même si une action est intentée contre la SE après le transfert.

Art. 9. – 1. La SE est régie :

a) par les dispositions du présent règlement ;

b) lorsque le présent règlement l'autorise expressément, par les dispositions des statuts de la SE, ou

c) pour les matières non réglées par le présent règlement ou, lorsqu'une matière l'est partiellement, pour les aspects non couverts par le présent règlement par :

i) les dispositions de loi adoptées par les États membres en application de mesures communautaires visant spécifiquement les SE ;

ii) les dispositions de loi des États membres qui s'appliqueraient à une société anonyme constituée selon le droit de l'État membre dans lequel la SE a son siège statutaire ;

iii) les dispositions des statuts de la SE, dans les mêmes conditions que pour une société anonyme constituée selon le droit de l'État membre dans lequel la SE a son siège statutaire.

2. Les dispositions de loi adoptées par les États membres spécifiquement pour la SE doivent être conformes aux directives applicables aux sociétés anonymes figurant à l'annexe I.

3. Si la nature des activités exercées par une SE est régie par des dispositions spécifiques de la législation nationale, celles-ci s'appliquent intégralement à la SE.

Art. 10. – Sous réserve des dispositions du présent règlement, une SE est traitée dans chaque État membre comme une société anonyme constituée selon le droit de l'État membre dans lequel la SE a son siège statutaire.

Art. 11. – 1. La SE doit faire précéder ou suivre sa dénomination sociale du sigle « SE ».

2. Seules les SE peuvent faire figurer le sigle « SE » dans leur dénomination sociale.

3. Néanmoins, les sociétés et les autres entités juridiques immatriculées dans un État membre avant la date d'entrée en vigueur du présent règlement, dans la dénomination sociale desquelles figure le sigle « SE », ne sont pas tenues de modifier leur dénomination sociale.

Art. 12. – 1. Toute SE est immatriculée dans l'État membre de son siège statutaire dans un registre désigné par la législation de cet État membre conformément à l'article 3 de la directive n° 68/151/CEE du Conseil du 9 mars 1968 tendant à coordonner, pour les rendre équivalentes, les garanties qui sont exigées, dans les États membres, des sociétés au sens de l'article 58, deuxième alinéa du traité, pour protéger les intérêts tant des associés que des tiers *[JOCE n° L 65, 14 mars 1968, p. 8]*.

2. Une SE ne peut être immatriculée que si un accord sur les modalités relatives à l'implication des travailleurs au sens de l'article 4 de la directive n° 2001/86/CE a été conclu, ou si une décision au titre de l'article 3, paragraphe 6, de ladite directive a été prise, ou encore si la période prévue à l'article 5 de ladite directive pour mener les négociations est arrivée à expiration sans qu'un accord n'ait été conclu.

3. Pour qu'une SE puisse être immatriculée dans un État membre ayant fait usage de la faculté visée à l'article 7, paragraphe 3, de la directive n° 2001/86/CE, il faut qu'un accord, au sens de l'article 4 de ladite directive, sur les modalités relatives à l'implication des travailleurs, y compris la participation, ait été conclu, ou qu'aucune des sociétés participantes n'ait été régie par des règles de participation avant l'immatriculation de la SE.

4. Les statuts de la SE ne doivent à aucun moment entrer en conflit avec les modalités relatives à l'implication des travailleurs qui ont été fixées. Lorsque de nouvelles modalités fixées conformément à la directive n° 2001/86/CE entrent en conflit avec les statuts existants, ceux-ci sont modifiés dans la mesure nécessaire.

En pareil cas, un État membre peut prévoir que l'organe de direction ou l'organe d'administration de la SE a le droit d'apporter des modifications aux statuts sans nouvelle décision de l'assemblée générale des actionnaires.

Art. 13. – Les actes et indications concernant la SE, soumis à publicité par le présent règlement, font l'objet d'une publicité effectuée selon les modes prévus par la législation de l'État membre du siège statutaire de la SE conformément à la directive n° 68/151/CEE.

Art. 14. – 1. L'immatriculation et la radiation de l'immatriculation d'une SE font l'objet d'un avis publié pour information au *Journal officiel des Communautés européennes* après la publication effectuée conformément à l'article 13. Cet avis comporte la dénomination sociale, le numéro, la date et le lieu d'immatriculation de la SE, la date, le lieu et le titre de la publication, ainsi que le siège statutaire et le secteur d'activité de la SE.

2. Le transfert du siège statutaire de la SE dans les conditions prévues à l'article 8 donne lieu à un avis comportant les indications prévues au paragraphe 1, ainsi que celles relatives à la nouvelle immatriculation.

3. Les indications visées au paragraphe 1 sont communiquées à l'Office des publications officielles des Communautés européennes dans le mois suivant la publication visée à l'article 13.

TITRE II. – CONSTITUTION

Section I. – Généralités

Art. 15. – 1. Sous réserve des dispositions du présent règlement, la constitution d'une SE est régie par la loi applicable aux sociétés anonymes de l'État où la SE fixe son siège statutaire.

2. L'immatriculation d'une SE fait l'objet d'une publicité conformément à l'article 13.

Art. 16. – 1. La SE acquiert la personnalité juridique le jour de son immatriculation au registre visé à l'article 12.

2. Si des actes ont été accomplis au nom de la SE avant son immatriculation conformément à l'article 12 et si la SE ne reprend pas, après cette immatriculation, les engagements résultant de tels actes, les personnes physiques, sociétés ou autres entités juridiques qui les ont accomplis en sont solidairement et indéfiniment responsables, sauf convention contraire.

Section II. – Constitution d'une SE par voie de fusion

Art. 17. – 1. Une SE peut être constituée par voie de fusion conformément à l'article 2, paragraphe 1.

2. La fusion peut être réalisée :

a) selon la procédure de fusion par absorption conformément à l'article 3, paragraphe 1, de la directive n° 78/855/CEE *[Troisième directive n° 78/855/CEE du Conseil du 9 octobre 1978 fondée sur l'article 54, paragraphe 3, point g du traité et concernant les fusions des sociétés anonymes (JO n° L 295, 20 oct. 1978, p. 36). Directive modifiée en dernier lieu par l'acte d'adhésion de 1994]*, ou

b) selon la procédure de fusion par constitution d'une nouvelle société conformément à l'article 4, paragraphe 1, de ladite directive.

Dans le cas d'une fusion par absorption, la société absorbante prend la forme de SE simultanément à la fusion. Dans le cas d'une fusion par constitution d'une nouvelle société, la SE est la nouvelle société.

Art. 18. – Pour les matières non couvertes par la présente section ou, lorsqu'une matière l'est partiellement, pour les aspects non couverts par elle, chaque société participant à la constitution d'une SE par voie de fusion est soumise aux dispositions du droit de l'État membre dont elle relève qui sont applicables à la fusion de sociétés anonymes conformément à la directive n° 78/855/CEE.

Art. 19. – La législation d'un État membre peut prévoir qu'une société relevant du droit de cet État membre ne peut participer à la constitution d'une SE par voie de fusion si une autorité compétente de cet État membre s'y oppose avant la délivrance du certificat visé à l'article 25, paragraphe 2. Cette opposition ne peut avoir lieu que pour des raisons d'intérêt public. Elle est susceptible de recours devant une autorité judiciaire.

Art. 20. – 1. Les organes de direction ou d'administration des sociétés qui fusionnent établissent un projet de fusion. Ce projet comprend :

a) la dénomination sociale et le siège statutaire des sociétés qui fusionnent ainsi que ceux envisagés pour la SE ;

b) le rapport d'échange des actions et, le cas échéant, le montant de la soulte ;

c) les modalités de remise des actions de la SE ;

d) la date à partir de laquelle ces actions donnent le droit de participer aux bénéfices ainsi que toute modalité particulière relative à ce droit ;

e) la date à partir de laquelle les opérations des sociétés qui fusionnent sont considérées du point de vue comptable comme accomplies pour le compte de la SE ;

f) les droits assurés par la SE aux actionnaires ayant des droits spéciaux et aux porteurs de titres autres que des actions ou les mesures envisagées à leur égard ;

g) tout avantage particulier attribué aux experts qui examinent le projet de fusion ainsi qu'aux membres des organes d'administration, de direction, de surveillance ou de contrôle des sociétés qui fusionnent ;

h) les statuts de la SE ;

i) des informations sur les procédures selon lesquelles les modalités relatives à l'implication des travailleurs sont fixées conformément à la directive n° 2001/86/CE.

2. Les sociétés qui fusionnent peuvent ajouter d'autres éléments au projet de fusion.

Art. 21. – Pour chacune des sociétés qui fusionnent et sous réserve des exigences supplémentaires imposées par l'État membre dont relève la société concernée, les indications suivantes doivent être publiées dans le bulletin national de cet État membre :

a) la forme, la dénomination sociale et le siège statutaire de chacune des sociétés qui fusionnent ;

b) le registre auprès duquel les actes visés à l'article 3, paragraphe 2, de la directive n° 68/151/CEE ont été déposés pour chacune des sociétés qui fusionnent, ainsi que le numéro d'inscription dans ce registre ;

c) une indication des modalités d'exercice des droits des créanciers de la société en question, fixées conformément à l'article 24, ainsi que l'adresse à laquelle peut être obtenue, gratuitement, une information exhaustive sur ces modalités ;

d) une indication des modalités d'exercice des droits des actionnaires minoritaires de la société en question, fixées conformément à l'article 24, ainsi que l'adresse à laquelle peut être obtenue, sans frais, une information exhaustive sur ces modalités ;

e) la dénomination sociale et le siège statutaire envisagés pour la SE.

Art. 22. – En lieu et place des experts opérant pour le compte de chacune des sociétés qui fusionnent, un ou plusieurs experts indépendants, au sens de l'article 10 de la directive n° 78/855/CEE, désignés à cet effet et sur demande conjointe de ces sociétés par une autorité judiciaire ou administrative de l'État membre dont relève l'une des sociétés qui fusionnent ou la future SE, peuvent examiner le projet de fusion et établir un rapport unique destiné à l'ensemble des actionnaires.

Les experts ont le droit de demander à chacune des sociétés qui fusionnent toute information qu'ils jugent nécessaire pour leur permettre de remplir leur mission.

Art. 23. – 1. L'assemblée générale de chacune des sociétés qui fusionnent approuve le projet de fusion.

2. L'implication des travailleurs dans la SE est décidée conformément à la directive n° 2001/86/CE. L'assemblée générale de chacune des sociétés qui fusionnent peut subordonner le droit à l'immatriculation de la SE à la condition qu'elle entérine expressément les modalités ainsi décidées.

Art. 24. – 1. Le droit de l'État membre dont relève chacune des sociétés qui fusionnent s'applique comme en cas de fusion de sociétés anonymes, compte tenu du caractère transfrontière de la fusion, en ce qui concerne la protection des intérêts :

a) des créanciers des sociétés qui fusionnent ;

b) des obligataires des sociétés qui fusionnent ;

c) des porteurs de titres, autres que des actions, auxquels sont attachés des droits spéciaux dans les sociétés qui fusionnent.

2. Un État membre peut adopter, en ce qui concerne les sociétés qui fusionnent et qui relèvent de son droit, des dispositions destinées à assurer une protection appropriée aux actionnaires minoritaires qui se sont prononcés contre la fusion.

Art. 25. – 1. Le contrôle de la légalité de la fusion est effectué, pour la partie de la procédure relative à chaque société qui fusionne, conformément à la loi relative à la fusion des sociétés anonymes qui est applicable dans l'État membre dont elle relève.

2. Dans chaque État membre concerné, un tribunal, un notaire ou une autre autorité compétente délivre un certificat attestant d'une manière concluante l'accomplissement des actes et des formalités préalables à la fusion.

3. Si le droit d'un État membre dont relève une société qui fusionne prévoit une procédure permettant d'analyser et de modifier le rapport d'échange des actions, ou une procédure visant à indemniser les actionnaires minoritaires, sans empêcher l'immatriculation de la fusion, ces procédures ne s'appliquent que si les autres sociétés qui fusionnent et qui sont situées dans un État membre ne prévoyant pas ce type de procédures acceptent explicitement, lorsqu'elles approuvent le projet de fusion conformément à l'article 23, paragraphe 1, la possibilité offerte aux actionnaires de la société qui fusionne dont il est question d'avoir

recours auxdites procédures. Dans ce cas, un tribunal, un notaire ou une autre autorité compétente peut délivrer le certificat visé au paragraphe 2, même si une procédure de ce type a été engagée. Le certificat doit cependant mentionner que la procédure est en cours. La décision prise à l'issue de la procédure lie la société absorbante et l'ensemble de ses actionnaires.

Art. 26. – 1. Le contrôle de la légalité de la fusion est effectué, pour la partie de la procédure relative à la réalisation de la fusion et à la constitution de la SE, par un tribunal, un notaire ou une autre autorité compétente dans l'État membre du futur siège statutaire de la SE pour contrôler cet aspect de la légalité de la fusion de sociétés anonymes.

2. À cette fin, chaque société qui fusionne remet à cette autorité le certificat visé à l'article 25, paragraphe 2, dans un délai de six mois à compter de sa délivrance ainsi qu'une copie du projet de fusion, approuvé par la société.

3. L'autorité visée au paragraphe 1 contrôle en particulier que les sociétés qui fusionnent ont approuvé un projet de fusion dans les mêmes termes et que des modalités relatives à l'implication des travailleurs ont été fixées conformément à la directive n° 2001/86/CE.

4. Cette autorité contrôle en outre que la constitution de la SE répond aux conditions fixées par la loi de l'État membre du siège, conformément à l'article 15.

Art. 27. – 1. La fusion et la constitution simultanée de la SE prennent effet à la date à laquelle la SE est immatriculée conformément à l'article 12.

2. La SE ne peut être immatriculée qu'après l'accomplissement de toutes les formalités prévues aux articles 25 et 26.

Art. 28. – Pour chacune des sociétés qui fusionnent, la réalisation de la fusion fait l'objet d'une publicité effectuée selon les modalités prévues par la loi de chaque État membre, conformément à l'article 3 de la directive n° 68/151/CEE.

Art. 29. – 1. La fusion réalisée conformément à l'article 17, paragraphe 2, point *a)*, entraîne *ipso jure* et simultanément les effets suivants :

a) la transmission universelle à la société absorbante de l'ensemble du patrimoine actif et passif de chaque société absorbée ;

b) les actionnaires de la société absorbée deviennent actionnaires de la société absorbante ;

c) la société absorbée cesse d'exister ;

d) la société absorbante prend la forme de SE.

2. La fusion réalisée conformément à l'article 17, paragraphe 2, point *b)*, entraîne *ipso jure* et simultanément les effets suivants :

a) la transmission universelle de l'ensemble du patrimoine actif et passif des sociétés qui fusionnent à la SE ;

b) les actionnaires des sociétés qui fusionnent deviennent actionnaires de la SE ;

c) les sociétés qui fusionnent cessent d'exister.

3. Lorsqu'en cas de fusion de sociétés anonymes, la loi d'un État membre requiert des formalités particulières pour l'opposabilité aux tiers du transfert de certains biens, droits et obligations apportés par les sociétés qui fusionnent, ces formalités s'appliquent et sont effectuées, soit par les sociétés qui fusionnent, soit par la SE à dater de son immatriculation.

4. Les droits et obligations des sociétés participantes en matière de conditions d'emploi résultant de la législation, de la pratique et de contrats de travail individuels ou des relations de travail au niveau national et existant à la date de l'immatriculation sont transférés à la SE au moment de l'immatriculation du fait même de celle-ci.

Art. 30. – La nullité d'une fusion au sens de l'article 2, paragraphe 1, ne peut être prononcée lorsque la SE a été immatriculée.

L'absence de contrôle de la légalité de la fusion conformément aux articles 25 et 26 peut constituer une cause de dissolution de la SE.

Art. 31. – 1. Lorsqu'une fusion conformément à l'article 17, paragraphe 2, point *a)*, est réalisée par une société qui détient toutes les actions et autres titres conférant des droits de vote dans l'assemblée générale d'une autre société, les dispositions de l'article 20, paragraphe 1, points *b)*, *c)* et *d)*, de l'article 22, et de l'article 29, paragraphe 1, point *b)*, ne sont pas d'application. Toutefois, les dispositions nationales dont relève chacune des sociétés qui fusionnent et qui régissent les fusions de sociétés anonymes conformément à l'article 24 de la directive n° 78/855/CEE s'appliquent.

2. Lorsqu'une fusion par absorption est effectuée par une société qui détient 90 % ou plus mais pas la totalité des actions ou autres titres conférant un droit de vote dans l'assemblée générale d'une autre société, les rapports de l'organe de direction ou d'administration, les rapports d'un ou de plusieurs experts indépendants ainsi que les documents nécessaires pour le contrôle seront requis uniquement dans la mesure où ils sont requis par la loi nationale dont relève la société absorbante ou par la loi nationale dont relève la société absorbée.

Les États membres peuvent toutefois prévoir que le présent paragraphe peut s'appliquer lorsqu'une société détient des actions conférant 90 % ou plus mais pas la totalité des droits de vote.

Section III. – Constitution d'une SE holding

Art. 32. – 1. Une SE peut être constituée conformément à l'article 2, paragraphe 2. Les sociétés qui promeuvent la constitution d'une SE, conformément à l'article 2, paragraphe 2, subsistent.

2. Les organes de direction ou d'administration des sociétés qui promeuvent l'opération établissent dans les mêmes termes un projet de constitution de la SE. Ce projet comporte un rapport expliquant et justifiant les aspects juridiques et économiques de la constitution et indiquant les conséquences pour les actionnaires et pour les travailleurs de l'adoption de la forme de SE. Ce projet comporte en outre les indications prévues à l'article 20, paragraphe 1, points *a), b), c), f), g), h)* et *i)*, et fixe le pourcentage minimal des actions ou parts de chacune des sociétés promouvant l'opération que les actionnaires devront apporter pour que la SE soit constituée. Ce pourcentage doit consister en actions conférant plus de 50 % des droits de vote permanents.

3. Pour chacune des sociétés promouvant l'opération, le projet de constitution de SE fait l'objet d'une publicité effectuée selon les modalités prévues par la loi de chaque État membre, conformément à l'article 3 de la directive n° 68/151/CEE, un mois au moins avant la date de la réunion de l'assemblée générale appelée à se prononcer sur l'opération.

4. Un ou plusieurs experts indépendants des sociétés promouvant l'opération, désignés ou agréés par une autorité judiciaire ou administrative de l'État membre dont relève chaque société selon les dispositions nationales adoptées en application de la directive n° 78/855/CEE, examinent le projet de constitution établi conformément au paragraphe 2 et établissent un rapport écrit destiné aux actionnaires de chaque société. Par accord entre les sociétés qui promeuvent l'opération, un rapport écrit peut être établi, pour les actionnaires de l'ensemble des sociétés, par un ou plusieurs experts indépendants désignés ou agréés par une autorité judiciaire ou administrative de l'État membre dont relève l'une des sociétés promouvant l'opération ou la future SE selon les dispositions nationales adoptées en application de la directive n° 78/855/CEE.

5. Le rapport doit indiquer les difficultés particulières d'évaluation et déclarer si le rapport d'échange d'actions ou de parts envisagé est ou non pertinent et raisonnable, en précisant les méthodes suivies pour sa détermination et si ces méthodes sont adéquates en l'espèce.

6. L'assemblée générale de chacune des sociétés qui promeuvent l'opération approuve le projet de constitution de SE.

L'implication des travailleurs dans la SE est décidée conformément aux dispositions de la directive n° 2001/86/CE. L'assemblée générale de chacune des sociétés qui promeuvent l'opération peut subordonner le droit à l'immatriculation de la SE à la condition qu'elle entérine expressément les modalités ainsi décidées.

7. Les dispositions du présent article s'appliquent, *mutatis mutandis* aux sociétés à responsabilité limitée.

Art. 33. – 1. Les actionnaires ou porteurs de parts des sociétés qui promeuvent l'opération disposent d'un délai de trois mois pendant lequel ils peuvent communiquer aux sociétés promotrices leur intention d'apporter leurs actions ou parts en vue de la constitution de la SE. Ce délai commence à courir à la date à laquelle l'acte de constitution de la SE a été établi conformément à l'article 32.

2. La SE n'est constituée que si, dans le délai visé au paragraphe 1, les actionnaires ou les porteurs de parts des sociétés qui promeuvent l'opération ont apporté le pourcentage minimal d'actions ou parts de chaque société fixé conformément au projet de constitution et si toutes les autres conditions sont remplies.

3. Si les conditions pour la constitution de la SE sont toutes remplies conformément au paragraphe 2, ceci fait l'objet, pour chacune des sociétés promotrices, d'une publicité effectuée selon les modalités prévues par le droit national dont relève chacune de ces sociétés, qui ont été adoptées conformément à l'article 3 de la directive n° 68/151/CEE.

Les actionnaires ou porteurs de parts des sociétés qui promeuvent l'opération, qui n'ont pas communiqué dans le délai visé au paragraphe 1 leur intention de mettre leurs actions ou parts à la disposition des sociétés promotrices en vue de la constitution de la SE, bénéficient d'un délai supplémentaire d'un mois pour le faire.

4. Les actionnaires ou porteurs de parts ayant apporté leurs titres en vue de la constitution de la SE reçoivent des actions de celle-ci.

5. La SE ne peut être immatriculée que sur preuve de l'accomplissement des formalités visées à l'article 32 et des conditions visées au paragraphe 2.

Art. 34. – Un État membre peut adopter, en ce qui concerne les sociétés qui promeuvent l'opération, des dispositions destinées à assurer la protection des actionnaires minoritaires qui s'opposent à l'opération, des créanciers et des travailleurs.

Section IV. – Constitution d'une SE/filiale

Art. 35. – Une SE peut être constituée conformément à l'article 2, paragraphe 3.

Art. 36. – Sont applicables aux sociétés ou autres entités juridiques participant à l'opération les dispositions qui régissent leur participation à la constitution d'une filiale ayant la forme d'une société anonyme en vertu du droit national.

Section V. – Transformation d'une société anonyme en SE

Art. 37. – 1. Une SE peut être constituée conformément à l'article 2, paragraphe 4.

2. Sans préjudice de l'article 12, la transformation d'une société anonyme en SE ne donne lieu ni à dissolution ni à création d'une personne morale nouvelle.

3. Le siège statutaire ne peut pas être transféré d'un État membre à un autre conformément à l'article 8 à l'occasion de la transformation.

4. L'organe de direction ou d'administration de la société considérée établit un projet de transformation et un rapport expliquant et justifiant les aspects juridiques et économiques de la transformation et indiquant les conséquences pour les actionnaires et pour les travailleurs de l'adoption de la forme de la SE.

5. Le projet de transformation fait l'objet d'une publicité effectuée selon les modalités prévues par la loi de chaque État membre, conformément à l'article 3 de la directive n° 68/151/CEE, un mois au moins avant la date de la réunion de l'assemblée générale appelée à se prononcer sur la transformation.

6. Avant l'assemblée générale visée au paragraphe 7, un ou plusieurs experts indépendants désignés ou agréés, selon les dispositions nationales adoptées en application de l'article 10 de la directive n° 78/855/CEE, par une autorité judiciaire ou administrative de l'État membre dont relève la société qui se transforme en SE, attestent, conformément à la directive n° 77/91/CE *[Deuxième directive n° 77/91/CEE du Conseil du 13 décembre 1976 tendant à coordonner pour les rendre équivalentes les garanties qui sont exigées dans les États membres des sociétés au sens de l'article 58, deuxième alinéa du traité, en vue de la protection des intérêts tant des associés que des tiers, en ce qui concerne la constitution de la société anonyme ainsi que le maintien et les modifications de son capital (JOCE n° L 26, 31 janv. 1977, p. 1). Directive modifiée en dernier lieu par l'acte d'adhésion de 1994]*, mutatis mutandis, que la société dispose d'actifs nets au moins équivalents au capital augmenté des réserves que la loi ou les statuts ne permettent pas de distribuer.

7. L'assemblée générale de la société considérée approuve le projet de transformation ainsi que les statuts de la SE. La décision de l'assemblée générale doit être prise dans les conditions prévues par les dispositions nationales adoptées en application de l'article 7 de la directive n° 78/855/CEE.

8. Les États membres peuvent subordonner une transformation au vote favorable d'une majorité qualifiée ou de l'unanimité des membres au sein de l'organe de la société à transformer dans lequel la participation des travailleurs est organisée.

9. Les droits et obligations de la société à transformer en matière de conditions d'emploi résultant de la législation, de la pratique et de contrats de travail individuels ou des relations de travail au niveau national et existant à la date de l'immatriculation sont transférés à la SE du fait même de cette immatriculation.

TITRE III. – STRUCTURE DE LA SE

Art. 38. – La SE comporte dans les conditions prévues par le présent règlement :

a) une assemblée générale des actionnaires, et

b) soit un organe de surveillance et un organe de direction (système dualiste), soit un organe d'administration (système moniste) selon l'option retenue par les statuts.

Section I. – Système dualiste

Art. 39. – 1. L'organe de direction est responsable de la gestion de la SE. Un État membre peut prévoir qu'un directeur général ou des directeurs généraux sont responsables de la gestion courante dans les mêmes conditions que pour les sociétés anonymes ayant leur siège statutaire sur son territoire.

2. Le ou les membres de l'organe de direction sont nommés et révoqués par l'organe de surveillance.

Toutefois, un État membre peut prévoir, ou donner aux statuts la possibilité de prévoir, que le ou les membres de l'organe de direction sont nommés et révoqués par l'assemblée générale dans les mêmes conditions que pour les sociétés anonymes ayant leur siège statutaire sur son territoire.

3. Nul ne peut simultanément être membre de l'organe de direction et de l'organe de surveillance de la SE. Toutefois, l'organe de surveillance peut, en cas de vacance, désigner un de ses membres pour exercer les fonctions de membre de l'organe de direction. Au cours de cette période, les fonctions de l'intéressé en sa qualité de membre de l'organe de surveillance sont suspendues. Un État membre peut prévoir que cette période est limitée dans le temps.

4. Le nombre des membres de l'organe de direction ou les règles pour sa détermination sont fixés par les statuts de la SE. Un État membre peut toutefois fixer un nombre minimal et/ou maximal de membres.

5. En l'absence de dispositions relatives à un système dualiste en ce qui concerne les sociétés anonymes ayant un siège statutaire sur son territoire, un État membre peut adopter les mesures appropriées concernant les SE.

Art. 40. – 1. L'organe de surveillance contrôle la gestion assurée par l'organe de direction. Il ne peut exercer lui-même le pouvoir de gestion de la SE.

2. Les membres de l'organe de surveillance sont nommés par l'assemblée générale. Toutefois, les membres du premier organe de surveillance peuvent être désignés par les statuts. La présente disposition vaut sans préjudice de l'article 47, paragraphe 4, ou, le cas échéant, des modalités de participation des travailleurs fixées conformément à la directive n° 2001/86/CE.

3. Le nombre des membres de l'organe de surveillance ou les règles pour sa détermination sont fixés par les statuts. Un État membre peut toutefois fixer le nombre des membres de l'organe de surveillance pour les SE immatriculées sur son territoire ou un nombre minimal et/ou maximal de membres.

Art. 41. – 1. L'organe de direction informe l'organe de surveillance au moins tous les trois mois de la marche des affaires de la SE et de leur évolution prévisible.

2. Outre l'information périodique visée au paragraphe 1, l'organe de direction communique en temps utile à l'organe de surveillance toute information sur des événements susceptibles d'avoir des répercussions sensibles sur la situation de la SE.

3. L'organe de surveillance peut demander à l'organe de direction les informations de toute nature nécessaires au contrôle qu'il exerce conformément à l'article 40, paragraphe 1. Un État membre peut prévoir que chaque membre de l'organe de surveillance peut également bénéficier de cette faculté.

4. L'organe de surveillance peut procéder ou faire procéder aux vérifications nécessaires à l'accomplissement de sa mission.

5. Chacun des membres de l'organe de surveillance peut prendre connaissance de toutes les informations transmises cet organe.

Art. 42. – L'organe de surveillance élit en son sein un président. Si la moitié des membres ont été désignés par les travailleurs, seul un membre désigné par l'assemblée générale des actionnaires peut être élu président.

Section II. – Système moniste

Art. 43. – 1. L'organe d'administration gère la SE. Un État membre peut prévoir qu'un directeur général ou des directeurs généraux sont responsables de la gestion courante dans les mêmes conditions que pour les sociétés anonymes ayant un siège statutaire sur son territoire.

2. Le nombre des membres de l'organe d'administration ou les règles pour sa détermination sont fixés par les statuts de la SE. Un État membre peut toutefois fixer un nombre minimal et, le cas échéant, maximal, de membres.

Néanmoins, cet organe doit être composé de trois membres au moins, lorsque la participation des travailleurs dans la SE est organisée conformément à la directive n° 2001/86/CE.

3. Le ou les membres de l'organe d'administration sont nommés par l'assemblée générale. Toutefois, les membres du premier organe d'administration peuvent être désignés par les statuts. La présente disposition vaut sans préjudice de l'article 47, paragraphe 4, ou, le cas échéant, des modalités de participation des travailleurs fixées conformément à la directive n° 2001/86/CE.

4. En l'absence de dispositions relatives à un système moniste en ce qui concerne les sociétés anonymes ayant un siège statutaire sur son territoire, un État membre peut adopter les mesures appropriées concernant les SE.

Art. 44. – 1. L'organe d'administration se réunit au moins tous les trois mois selon une périodicité fixée par les statuts pour délibérer de la marche des affaires de la SE et de leur évolution prévisible.

2. Chacun des membres de l'organe d'administration peut prendre connaissance de toutes les informations transmises à cet organe.

Art. 45. – L'organe d'administration élit en son sein un président. Si la moitié des membres ont été désignés par les travailleurs, seul un membre désigné par l'assemblée générale des actionnaires peut être élu président.

Section III. – Règles communes aux systèmes moniste et dualiste

Art. 46. – 1. Les membres des organes de la société sont nommés pour une période fixée par les statuts, qui ne peut excéder six ans.

2. Sauf restrictions prévues par les statuts, les membres peuvent être renommés une ou plusieurs fois pour la période fixée en application du paragraphe 1.

Art. 47. – 1. Les statuts de la SE peuvent prévoir qu'une société ou autre entité juridique peut être membre d'un de ses organes, à moins que la loi de l'État membre du siège de la SE applicable aux sociétés anonymes n'en dispose autrement.

La société ou autre entité juridique désigne une personne physique pour l'exercice des pouvoirs dans l'organe concerné.

2. Ne peuvent être membres d'un organe de la SE, ni représentants d'un membre au sens du paragraphe 1, les personnes qui :

a) ne peuvent faire partie, selon la loi de l'État membre du siège de la SE, de l'organe correspondant d'une société anonyme relevant du droit de cet État membre ;

b) ne peuvent faire partie de l'organe correspondant d'une société anonyme relevant du droit d'un État membre en raison d'une décision judiciaire ou administrative rendue dans un État membre.

3. Les statuts de la SE peuvent fixer, à l'instar de ce qui est prévu par la loi de l'État membre du siège de la SE pour les sociétés anonymes, des conditions particulières d'éligibilité pour les membres qui représentent les actionnaires.

4. Le présent règlement ne porte pas atteinte aux législations nationales qui permettent à une minorité d'actionnaires ou à d'autres personnes ou autorités de nommer une partie des membres des organes.

Art. 48. – 1. Les statuts de la SE énumèrent les catégories d'opérations qui donnent lieu à autorisation de l'organe de direction par l'organe de surveillance, dans le système dualiste, ou à décision expresse de l'organe d'administration, dans le système moniste.

Toutefois, un État membre peut prévoir que, dans le système dualiste, l'organe de surveillance peut soumettre lui-même à autorisation certaines catégories d'opérations.

2. Un État membre peut déterminer les catégories d'opérations devant au minimum figurer dans les statuts des SE immatriculées sur son territoire.

Art. 49. – Les membres des organes de la SE sont tenus de ne pas divulguer, même après la cessation de leurs fonctions, les informations dont ils disposent sur la SE et dont la divulgation serait susceptible de porter préjudice aux intérêts de la société, à l'exclusion des cas dans lesquels une telle divulgation est exigée ou admise par les dispositions du droit national applicables aux sociétés anonymes ou dans l'intérêt public.

Art. 50. – 1. Sauf dans les cas où le présent règlement ou les statuts en disposent autrement, les règles internes concernant le quorum et la prise de décision des organes de la SE sont les suivantes :

a) quorum : la moitié au moins des membres doivent être présents ou représentés ;

b) prise de décision : elle se fait à la majorité des membres présents ou représentés.

2. En l'absence de disposition statutaire en la matière, la voix du président de chaque organe est prépondérante en cas de partage des voix. Toutefois, aucune disposition statutaire contraire n'est possible lorsque l'organe de surveillance est composé pour moitié de représentants des travailleurs.

3. Lorsque la participation des travailleurs est organisée conformément à la directive n° 2001/86/CE, un État membre peut prévoir que le quorum et la prise de décision de l'organe de surveillance sont, par dérogation aux paragraphes 1 et 2, soumis aux règles applicables, dans les mêmes conditions, aux sociétés anonymes relevant du droit de l'État membre concerné.

Art. 51. – Les membres de l'organe de direction, de surveillance ou d'administration répondent, selon les dispositions de l'État membre du siège de la SE applicables aux sociétés anonymes, du préjudice subi par la SE par suite de la violation par eux des obligations égales, statutaires ou autres inhérentes à leurs fonctions.

Section IV. – L'assemblée générale

Art. 52. – L'assemblée générale décide dans les matières pour lesquelles une compétence spécifique lui est conférée par :

a) le présent règlement,

b) les dispositions de la législation de l'État membre où la SE a son siège statutaire, prises en application de la directive n° 2001/86/CE.

En outre, l'assemblée générale décide dans les matières pour lesquelles une compétence est conférée à l'assemblée générale d'une société anonyme relevant du droit de l'État membre où la SE a son siège statutaire, soit par la loi de cet État membre, soit par les statuts conformément à cette même loi.

Art. 53. – Sans préjudice des règles prévues par la présente section, l'organisation et le déroulement de l'assemblée générale ainsi que les procédures de vote sont régis par la loi de l'État membre statutaire de la SE applicable aux sociétés anonymes.

Art. 54. – 1. L'assemblée générale a lieu au moins une fois par année calendrier, dans les six mois de la clôture de l'exercice, à moins que la loi de l'État membre du siège applicable aux sociétés anonymes exerçant le même type d'activité que la SE ne prévoie une fréquence supérieure. Toutefois, un État membre peut prévoir que la première assemblée générale peut avoir lieu dans les dix-huit mois suivant la constitution de la SE.

2. L'assemblée générale peut être convoquée à tout moment par l'organe de direction, par l'organe d'administration, par l'organe de surveillance, ou par tout autre organe ou autorité compétente conformément à la loi nationale de l'État membre du siège statutaire de la SE applicable aux sociétés anonymes.

Art. 55. – 1. La convocation de l'assemblée générale et la fixation de l'ordre du jour peuvent être demandées par un ou plusieurs actionnaires disposant ensemble d'actions représentant 10 % au moins du capital souscrit, un pourcentage plus bas pouvant être prévu par les statuts ou par la loi nationale dans les mêmes conditions que celles applicables aux sociétés anonymes.

2. La demande de convocation doit préciser les points à faire figurer à l'ordre du jour.

3. Si, à la suite de la demande formulée selon le paragraphe 1, l'assemblée générale n'est pas tenue en temps utile et en tout cas dans un délai maximum de deux mois, l'autorité judiciaire ou administrative compétente du siège statutaire de la SE peut ordonner la convocation dans un délai déterminé ou donner l'autorisation de la convoquer, soit aux actionnaires qui en ont formulé la demande, soit à un mandataire de ceux-ci. Cela ne préjuge pas des dispositions nationales qui prévoient éventuellement la possibilité pour les actionnaires mêmes de procéder à la convocation de l'assemblée générale.

Art. 56. – Un ou plusieurs actionnaires disposant ensemble de 10 % au moins du capital souscrit peuvent demander l'inscription d'un ou plusieurs nouveaux points à l'ordre du jour de toute assemblée générale. Les procédures et délais applicables à cette demande sont fixés par la loi nationale de l'État membre du siège statutaire de la SE ou, à défaut, par les statuts de la SE. Le pourcentage visé ci-dessus peut être abaissé par les statuts ou par la loi de l'État membre du siège dans les mêmes conditions que celles applicables aux sociétés anonymes.

Art. 57. – Les décisions de l'assemblée générale sont prises à la majorité des voix valablement exprimées, à moins que le présent règlement ou, à défaut, la loi applicable aux sociétés anonymes dans l'État membre du siège statutaire de la SE ne requière une majorité plus élevée.

Art. 58. – Les voix exprimées ne comprennent pas celles attachées aux actions pour lesquelles l'actionnaire n'a pas pris part au vote ou s'est abstenu ou a voté blanc ou nul.

Art. 59. – 1. La modification des statuts requiert une décision de l'assemblée générale prise à une majorité qui ne peut être inférieure aux deux tiers des voix exprimées, à moins que la loi applicable aux sociétés anonymes relevant du droit de l'État membre du siège statutaire de la SE ne prévoie ou ne permette une majorité plus élevée.

2. Toutefois, un État membre peut prévoir que, lorsque la moitié au moins du capital souscrit est représentée, une majorité simple des voix indiquées au paragraphe 1 est suffisante.

3. Toute modification des statuts de la SE fait l'objet d'une publicité conformément à l'article 13.

Art. 60. – 1. Lorsqu'il existe plusieurs catégories d'actions, toute décision de l'assemblée générale est subordonnée à un vote séparé pour chaque catégorie d'actionnaires aux droits spécifiques desquels la décision porte atteinte.

2. Lorsque la décision de l'assemblée générale requiert la majorité des voix prévue à l'article 59, paragraphes 1 ou 2, cette majorité doit être également requise pour le vote séparé de chaque catégorie d'actionnaires aux droits spécifiques desquels la décision porte atteinte.

TITRE IV. – COMPTES ANNUELS ET COMPTES CONSOLIDÉS

Art. 61. – Sous réserve de l'article 62, la SE est assujettie, en ce qui concerne l'établissement de ses comptes annuels et, le cas échéant, de ses comptes consolidés, y compris le rapport de gestion les accompagnant, leur contrôle et leur publicité, aux règles applicables aux sociétés anonymes relevant du droit de l'État membre de son siège statutaire.

Art. 62. – 1. Les SE qui sont des établissements de crédit ou des établissements financiers sont assujetties, en ce qui concerne l'établissement de leurs comptes annuels et, le cas échéant, de leurs comptes consolidés, y compris le rapport de gestion les accompagnant, leur contrôle et leur publicité, aux règles prévues dans le droit national de l'État membre du siège en application de la directive n° 2000/12/CE du Parlement européen et du Conseil du 20 mars 2000 concernant l'accès à l'activité des établissements de crédit et son exercice *[JOCE n° L 126, 26 mai 2000, p. 1]*.

2. Les SE qui sont des entreprises d'assurances sont assujetties, en ce qui concerne l'établissement de leurs comptes annuels et, le cas échéant, de leurs comptes consolidés, y compris le rapport de gestion les accompagnant, leur contrôle et leur publicité, aux règles prévues dans le droit national de l'État membre du siège en application de la directive n° 91/674/CEE du Conseil, concernant les comptes annuels et les comptes consolidés des entreprises d'assurance *[JOCE n° L 374, 31 déc. 1991, p. 7]*.

TITRE V. – DISSOLUTION, LIQUIDATION,
INSOLVABILITÉ ET CESSATION DES PAIEMENTS

Art. 63. – En ce qui concerne la dissolution, la liquidation, l'insolvabilité, la cessation des paiements et les procédures analogues, la SE est soumise aux dispositions de loi qui s'appliqueraient à une société anonyme constituée selon le droit de l'État membre dans lequel la SE a son siège statutaire, y compris celles relatives à la prise de décision par l'assemblée générale.

Art. 64. – 1. Lorsqu'une SE ne remplit plus l'obligation de l'article 7, l'État membre dans lequel la SE a son siège statutaire prend les mesures appropriées pour obliger la SE à régulariser la situation dans un délai déterminé :

a) soit en rétablissant son administration centrale dans l'État membre du siège ;

b) soit en procédant au transfert du siège statutaire par la procédure prévue à l'article 8.

2. L'État membre du siège prend les mesures nécessaires pour assurer qu'une SE qui ne régulariserait pas sa situation, conformément au paragraphe 1, soit mise en liquidation.

3. L'État membre du siège statutaire institue un recours juridictionnel contre tout constat d'infraction à l'article 7. Ce recours a un effet suspensif sur les procédures prévues aux paragraphes 1 et 2.

4. Lorsqu'il est constaté, soit à l'initiative des autorités, soit à l'initiative de toute partie intéressée, qu'une SE a son administration centrale sur le territoire d'un État membre en infraction à l'article 7, les autorités de cet État membre en informent sans délai l'État membre où est situé le siège statutaire de la SE.

Art. 65. – L'ouverture d'une procédure de dissolution, de liquidation, d'insolvabilité ou de cessation des paiements, ainsi que sa clôture et la décision de poursuite de l'activité, font l'objet d'une publicité conformément à l'article 13, sans préjudice des dispositions de droit national imposant des mesures de publicité additionnelles.

Art. 66. – 1. La SE peut se transformer en société anonyme relevant du droit de l'État membre de son siège statutaire. La décision concernant la transformation ne peut être prise avant deux ans à partir de son immatriculation et avant que les deux premiers comptes annuels n'aient été approuvés.

2. La transformation d'une SE en société anonyme ne donne lieu ni à dissolution ni à création d'une personne morale nouvelle.

3. L'organe de direction ou d'administration de la SE établit un projet de transformation et un rapport expliquant et justifiant les aspects juridiques et économiques de la transformation et indiquant les conséquences pour les actionnaires et pour les travailleurs de l'adoption de la forme de société anonyme.

4. Le projet de transformation fait l'objet d'une publicité effectuée selon les modalités prévues par la loi de chaque État membre, conformément à l'article 3 de la directive n° 68/151/CEE, un mois au moins avant la date de la réunion de l'assemblée générale appelée à se prononcer sur la transformation.

5. Avant l'assemblée générale visée au paragraphe 6, un ou plusieurs experts indépendants désignés ou agréés, selon les dispositions nationales adoptées en application de l'article 10 de la directive n° 78/855/CEE, par une autorité judiciaire ou administrative de l'État membre dont relève la SE qui se transforme en société anonyme, attestent que la société dispose d'actifs au moins équivalents au capital.

6. L'assemblée générale de la SE approuve le projet de transformation ainsi que les statuts de la société anonyme. La décision de l'assemblée générale doit être prise dans les conditions prévues par les dispositions nationales adoptées en application de l'article 7 de la directive n° 78/855/CEE.

TITRE VI. – DISPOSITIONS COMPLÉMENTAIRES ET TRANSITOIRES

Art. 67. – 1. Chaque État membre peut, si et aussi longtemps que la troisième phase de l'Union économique et monétaire (UEM) ne lui est pas applicable, appliquer aux SE ayant leur siège statutaire sur son territoire les dispositions applicables aux sociétés anonymes relevant de son droit en ce qui concerne l'expression de leur capital. La SE peut en tout cas exprimer son capital également en euros. Dans ce cas, le taux de conversion entre la monnaie nationale et l'euro est celui du dernier jour du mois précédant la constitution de la SE.

2. Si et aussi longtemps que la troisième phase de l'UEM n'est pas applicable à l'État membre du siège statutaire de la SE, celle-ci peut cependant établir et publier ses comptes annuels et, le cas échéant, ses comptes consolidés en euros. L'État membre peut exiger que les comptes annuels et, le cas échéant, les comptes consolidés de la SE soient établis et publiés dans la monnaie nationale dans les mêmes conditions que celles prévues pour les sociétés anonymes relevant du droit de cet État membre. Ceci ne préjuge pas de la possibilité additionnelle pour la SE de publier, conformément à la directive n° 90/604/CEE *[Directive n° 90/604/CEE du Conseil du 8 novembre 1990 modifiant la directive n° 78/660/CEE sur les comptes annuels et la directive n° 83/349/CEE sur les comptes consolidés en ce qui concerne les dérogations en faveur des petites et moyennes sociétés ainsi que la publication des comptes en écus (JOCE n° L 317, 16 nov. 1990, p. 57)]*, ses comptes annuels et, le cas échéant, ses comptes consolidés en euros.

TITRE VII. – DISPOSITIONS FINALES

Art. 68. – 1. Les États membres prennent toute disposition appropriée pour assurer la mise en œuvre effective du présent règlement.

2. Chaque État membre désigne les autorités compétentes au sens des articles 8, 25, 26, 54, 55 et 64. Il en informe la Commission et les autres États membres.

Art. 69. – Au plus tard cinq ans après l'entrée en vigueur du présent règlement, la Commission présente au Conseil et au Parlement européen un rapport sur l'application du règlement et, le cas échéant, des propositions de modifications. Le rapport examine en particulier s'il convient :

a) de permettre à une SE d'avoir son administration centrale et son siège statutaire dans des États membres différents ;

b) d'élargir la définition de la fusion prévue à l'article 17, paragraphe 2, afin d'inclure également des types de fusion autres que ceux définis à l'article 3, paragraphe 1, et à l'article 4, paragraphe 1, de la directive n° 78/855/CEE ;

c) de réviser la règle de compétence figurant à l'article 8, paragraphe 16, à la lumière de toute disposition qui aura pu être insérée dans la convention de Bruxelles de 1968 ou de tout texte remplaçant cette convention qui serait adopté par les États membres ou par le Conseil ;

d) de permettre qu'un État membre autorise, dans la législation qu'il adopte conformément aux pouvoirs conférés par le présent règlement ou pour assurer l'application effective du présent règlement à une SE, l'insertion, dans les statuts de la SE, de dispositions qui dérogent à ladite législation ou qui la complètent, alors même que des dispositions de ce type ne seraient pas autorisées dans les statuts d'une société anonyme ayant son siège dans l'État membre en question.

Art. 70 *(Rect., Règl. (CE) n° 2157/2001 du Conseil du 8 oct. 2001 relatif au statut de la société européenne (SE) : JO 20 nov. 2003)*. **–** Le présent règlement entre en vigueur le 8 octobre 2004.

Le présent règlement est obligatoire dans tous ses éléments et directement applicable dans tout État membre.

TITRE III. – DISPOSITIONS COMMUNES AUX DIVERSES SOCIÉTÉS COMMERCIALES

CHAPITRE I. – DU CAPITAL VARIABLE

Bibliographie : J.-Ph. Dom, *Le domaine de la variabilité du capital après la mise en vigueur du nouveau Code de commerce : BJS* 2000, p. 1191. • P. Le Vey, *Le statut des associés dans les sociétés à capital variable non coopératives : Dr. sociétés* juill. 2008, p. 6.

Art. L. 231-1 *(Mod., L. n° 2003-7, 3 janv. 2003)*. – **Il peut être stipulé dans les statuts des sociétés qui n'ont pas la forme de société anonyme ainsi que dans toute société coopérative que le capital social est susceptible d'augmentation par des versements successifs des associés ou l'admission d'associés nouveaux et de diminution par la reprise totale ou partielle des apports effectués.**

Les sociétés dont les statuts contiennent la stipulation ci-dessus sont soumises, indépendamment des règles générales qui leur sont propres suivant leur forme spéciale, aux dispositions du présent chapitre.

Voir : SARL, sous C. com., art. L. 223-2, annot. n° 2, p. 188.

Application à une SICA. V. sous C. rur., art. L. 531-1, annot. n° 2, p. 2460.

Art. L. 231-2. – **Si la société a usé de la faculté accordée par l'article L. 231-1 cette circonstance doit être mentionnée dans tous les actes et documents émanant de la société et destinés aux tiers, par l'addition des mots « à capital variable ».**

Art. L. 231-3. – **Ne sont pas assujettis aux formalités de dépôt et de publication les actes constatant les augmentations ou les diminutions du capital social opérées dans les termes de l'article L. 231-1, ou les retraits d'associés, autres que les gérants ou administrateurs, qui auraient lieu conformément à l'article L. 231-6.**

Art. L. 231-4. – **Les actions ou coupons d'actions sont nominatifs, même après leur entière libération.**

Ils ne sont négociables qu'après la constitution définitive de la société.

La négociation ne peut avoir lieu que par voie de transfert sur les registres de la société, et les statuts peuvent donner, soit au conseil d'administration, soit à l'assemblée générale, le droit de s'opposer au transfert.

Art. L. 231-5 *(Mod., L. n° 2001-420, 15 mai 2001)*. – **Les statuts déterminent une somme au-dessous de laquelle le capital ne peut être réduit par les reprises des apports autorisés par l'article L. 231-1.**

Cette somme ne pourra être inférieure ni au dixième du capital social stipulé dans les statuts ni, pour les sociétés autres que coopératives, au montant minimal du capital exigé pour la forme de la société considérée par les dispositions législatives la régissant.

Les sociétés coopératives sont définitivement constituées après le versement du dixième.

Art. L. 231-6. – **Chaque associé peut se retirer de la société lorsqu'il le juge convenable à moins de conventions contraires et sauf application du premier alinéa de l'article L. 231-5.**

Il peut être stipulé que l'assemblée générale a le droit de décider, à la majorité fixée pour la modification des statuts, que l'un ou plusieurs des associés cessent de faire partie de la société.

L'associé qui cesse de faire partie de la société, soit par l'effet de sa volonté, soit par suite de décision de l'assemblée générale, reste tenu, pendant cinq ans, envers les associés et envers les tiers, de toutes les obligations existant au moment de sa retraite.

Loi n° 81-1162 du 30 décembre 1981

relative à la mise en harmonie du droit des sociétés commerciales avec la deuxième directive adoptée par le Conseil des Communautés européennes le 13 décembre 1976 (*JO* 31 déc. 1981 et rect. 3 mars 1982)

Art. 32 *(Mod., L. n° 83-1, 3 janv. 1983)*. – Dans les sociétés anonymes à capital variable, qui sont tenues d'harmoniser leurs statuts avec les dispositions de l'article 30 ci-dessus, la clause insérée dans les statuts en vertu de l'article 52, alinéas 1 et 2, de la loi du 24 juillet 1867 précitée demeure valable.

Les actions des associés qui cessent de faire partie de la société sont soit cédées à un autre associé ou à un salarié de la société, soit apportées à un fonds commun de placement comprenant exclusivement des actions de la société ; ce fonds commun de placement peut être géré par la société.

Le règlement du fonds commun de placement doit prévoir l'institution d'un conseil de surveillance composé des représentants des actionnaires désignés selon des conditions fixées par décret. Le conseil de surveillance exerce les droits de vote attachés aux actions comprises dans le fonds commun de placement et désigne à cet effet un ou plusieurs mandataires.

Les dispositions de l'article 3 et de l'article 7, alinéas 1, 2 et 4, de la loi n° 79-594 du 13 juillet 1979 relative aux fonds communs de placement ne sont pas applicables aux fonds communs de placement constitués en vertu du présent article ; le gérant n'est pas non plus tenu de demander la désignation d'un commissaire aux comptes.

Art. L. 231-7. – La société, quelle que soit sa forme, est valablement représentée en justice par ses administrateurs.

Art. L. 231-8. – La société n'est dissoute ni par la mort ou par le retrait d'un associé ni par un jugement de liquidation, ou par une mesure d'interdiction d'exercer une profession commerciale, ou par une mesure d'incapacité prononcée à l'égard de l'un des associés ou la déconfiture de l'un d'entre eux. Elle continue de plein droit entre les autres associés.

CHAPITRE II. – DES COMPTES SOCIAUX

Section I. – Des documents comptables

Bibliographie : F. Pasqualini, *Le principe de l'image fidèle en droit comptable*, Litec, 1992. • Chr. de Lauzainghein, J.-L. Navarro et D. Nechelis, *Droit comptable,* Dalloz, 3e éd. 2004.

Art. L. 232-1 *(Anc. L. n° 66-537, 24 juill. 1966 ; mod., L. n° 2009-1255, 19 oct. 2009 ; Ord. n° 2013-544, 27 juin 2013 ; Ord. n° 2015-900, 23 juill. 2015 ; Ord. n° 2017-1162, 12 juill. 2017 ; L. n° 2018-727, 10 août 2018).* **– I. – À la clôture de chaque exercice le conseil d'administration, le directoire ou les gérants dressent l'inventaire, les comptes annuels conformément aux dispositions de la section 2 du chapitre III du titre II du livre Ier et établissent un rapport de gestion écrit. Ils incluent dans l'annexe :**

1° Un état des cautionnements, avals et garanties donnés par la société. Cette disposition n'est pas applicable aux sociétés exploitant un établissement de crédit, une société de financement ou une entreprise d'assurance ;

2° Un état des sûretés consenties par elle.

II. – Le rapport de gestion expose la situation de la société durant l'exercice écoulé, son évolution prévisible, les événements importants survenus entre la date de la clôture de l'exercice et la date à laquelle il est établi, ses activités en matière de recherche et de développement. Il y est fait mention des succursales existantes.

III. – Les documents mentionnés au présent article sont, le cas échéant, mis à la disposition des commissaires aux comptes dans des conditions déterminées par décret en Conseil d'État.

IV. – Sont dispensées de l'obligation d'établir un rapport de gestion les sociétés commerciales qui sont des petites entreprises au sens de l'article L. 123-16. Cette dispense n'est pas applicable aux sociétés appartenant à l'une des catégories définies à l'article L. 123-16-2 ou dont l'activité consiste à gérer des titres de participations ou des valeurs mobilières.

Voir : C. com., art. R. 225-102, p. 652 et R. 232-1 et s., p. 687.

Rapport de gestion, C. com., art. L. 225-100, p. 316 et L. 225-102 et s., p. 318. – **Dispense de rapport de gestion (EURL et SASU)**, C. com., art. R. 232-1-1, p. 687. – **Sanctions pénales,** C. com., art. L. 241-4, p. 571, L. 242-8, p. 593 et L. 242-10, p. 594. – **Comptabilité des commerçants,** C. com., art. L. 123-12 et s., p. 883 et R. 123-172 et s., p. 888. – **Insertion des décisions du Conseil de la concurrence en cas de pratiques anticoncurrentielles,** C. com., art. L. 464-2, al. 5.

Bibliographie : G. Cosson, *L'information des actionnaires par l'inventaire : RF compt.* 1977, p. 237. • F. Marty, *La responsabilité pour publication de faux bilans semestriels peut-elle être retenue contre les commissaires aux comptes ? : BJS* 1997, p. 195. • R. Mortier, *Le sort des clauses statutaires portant obligation d'établir un rapport de gestion depuis la dispense légale : Dr. sociétés* 2019, 7. • Ch. Pinoteau, *De l'obligation de dresser un inventaire à la clôture de chaque exercice dans les sociétés et des conditions dans lesquelles il doit être établi : JCP* CI 1974, 11586.

L'inventaire doit être un tableau descriptif et estimatif des divers éléments de l'actif et du passif, de nature à permettre à chaque associé d'exercer son droit de regard et de critique sur la conduite des affaires sociales : ▪ Cass. com., 14 déc. 1960 : *Bull. civ.* III, n° 415 ; *D.* 1961, 402, note A. Dalsace.

Art. L. 232-2 *(Anc. L. n° 66-537, 24 juill. 1966).* **– Dans les sociétés commerciales qui répondent à l'un des critères définis par décret en Conseil d'État et tirés du nombre de salariés ou du chiffre d'affaires, compte tenu éventuellement de la nature de l'activité, le conseil d'administration, le directoire ou les gérants sont tenus d'établir une situation de l'actif réalisable et disponible, valeurs d'exploitation exclues, et du passif exigible, un compte de résultat prévisionnel, un tableau de financement en même temps que le bilan annuel et un plan de financement prévisionnel.**

Le décret en Conseil d'État ci-dessus mentionné précise la périodicité, les délais et les modalités d'établissement de ces documents.

Pour la détermination du nombre des salariés, sont assimilés aux salariés de la société, ceux des sociétés, quelle que soit leur forme, dont elle détient directement ou indirectement plus de la moitié du capital.

Voir : C. com., art. R. 232-2 et s., p. 687.

Art. L. 232-3 *(Anc. L. n° 66-537, 24 juill. 1966).* **– Dans les sociétés anonymes, les documents visés à l'article L. 232-2 sont analysés dans des rapports écrits sur l'évolution de la société, établis par le conseil d'administration ou le directoire. Les documents et rapports sont communiqués simultanément au conseil de surveillance, au commissaire aux comptes** *(Mots aj. à compter de la date prévue au II de l'article 20 de la loi n° 2019-486 du 22 mai 2019 et au plus tard le 1er septembre 2019, L. n° 2019-486, 22 mai 2019)* **« , s'il en existe, » et au comité d'entreprise.**

En cas de non-observation des dispositions de l'article L. 232-2 et de l'alinéa précédent, ou si les informations données dans les rapports visés à l'alinéa précédent appellent des observations de sa part, le commissaire aux comptes le signale dans un rapport au conseil d'administration ou au directoire, selon le cas. Le rapport du commissaire aux comptes est communiqué simultanément au comité d'entreprise. Il est donné connaissance de ce rapport à la prochaine assemblée générale.

Voir : C. com., art. R. 232-4 à R. 232-7, p. 688.

Art. L. 232-4 *(Anc. L. n° 66-537, 24 juill. 1966).* **– Dans les sociétés autres que les sociétés anonymes, les rapports prévus à l'article L. 232-3 sont établis par les gérants qui les communiquent au commissaire aux comptes, au comité d'entreprise et, le cas échéant, au conseil de surveillance lorsqu'il est institué dans ces sociétés.**

En cas de non-observation des dispositions de l'article L. 232-2 et de l'alinéa précédent, ou si les informations données dans les rapports visés à l'alinéa précédent appellent des observations de sa part, le commissaire aux comptes le signale dans un rapport au gérant ou dans le rapport annuel. Il peut demander que son rapport soit adressé aux associés ou qu'il en soit donné connaissance à l'assemblée des associés. Ce rapport est communiqué au comité d'entreprise.

Voir : C. com., art. R. 232-4 à R. 232-7, p. 688.

Art. L. 232-5 *(Anc. L. n° 66-537, 24 juill. 1966).* **– Les sociétés qui établissent des comptes consolidés conformément aux articles L. 233-18 à L. 233-26 peuvent, dans les conditions prévues à l'article L. 123-17 et par dérogation à l'article L. 123-18, inscrire les titres des sociétés qu'elles contrôlent de manière exclusive, au sens de l'article L. 233-16, à l'actif du bilan en fonction de la quote-part des capitaux propres déterminée d'après les règles de consolidation que ces titres représentent. Cette méthode d'évaluation, si elle est choisie, s'applique à l'ensemble des titres qui répondent aux conditions précédentes. Il est fait mention de l'option dans l'annexe.**

La contrepartie de la variation annuelle de la quote-part globale de capitaux propres représentative de ces titres ne constitue pas un élément de résultat ; elle est inscrite distinctement dans un poste de capitaux propres ; elle n'est pas distribuable et ne peut être utilisée à compenser les pertes. Néanmoins, si l'écart global devient négatif, il est inscrit au compte de résultat.

Si une société fait usage de la méthode prévue aux alinéas précédents, les sociétés qu'elle contrôle appliquent la même méthode lorsqu'elles contrôlent elles-mêmes d'autres sociétés dans les mêmes conditions.

Un décret en Conseil d'État fixe les modalités d'application du présent article.

Voir : C. com., art. R. 232-8, p. 688.

Absence d'incidence sur le résultat imposable, CGI, art. 38-9, 1°.

Art. L. 232-6 *(Abr., L. n° 2011-525, 17 mai 2011).*

Bibliographie : A. Dalsace, *La révision des bilans : RTD com.* 1960, p. 777. • Ch. Kalfon, *La réévaluation libre des bilans : JCP* CI 1972, II, 10721. • B. Micha, *La réévaluation légale des bilans : RF compt.* 1980, p. 380. • E. du Pontavice, *La réévaluation des bilans et l'affectation de l'écart de réévaluation libre à l'amortissement des pertes antérieures : JCP* CI 1975, II, 11659 ; *Réévaluation libre, mission du commissaire aux comptes : Bull. CNCC* juin 1972, p. 278. • F. Pasqualini, *Le droit comptable serait-il impérialiste ? : Mél. Mouly*, Litec, 1998, p. 237. • B. Starck, *La réévaluation des bilans : RTD com.* 1949, p. 48.

1) Constance des méthodes. *a)* Lorsqu'un groupe majoritaire soutenant les gérants en exercice s'oppose à la modification de la forme du compte de pertes et profits proposée par les associés minoritaires, les juges du fond peuvent déclarer ce refus **abusif** et ordonner les modifications sollicitées par un associé minoritaire, après avoir constaté que, pour être clair, complet et loyal, ce compte doit comporter les rubriques réclamées par la minorité : ▪ Cass. com., 14 déc. 1960 : *Bull. civ.* III, n° 415.

b) Le bilan doit refléter la situation exacte des valeurs actives et passives au jour de la clôture de l'exercice, établie **suivant des normes identiques** d'une année sur l'autre et il importe peu que l'équilibre ait été rétabli à l'occasion d'un exercice suivant, le bilan devant être la reproduction numérique de l'activité de l'exercice dont il exprime les résultats : ▪ T. corr. Seine, 31 oct. 1963 : *Gaz. Pal.* 1964, 1, p. 173.

c) La permanence des méthodes **ne s'impose pas** à l'assemblée générale des actionnaires : Rép. min. : *JOAN* Q, 5 avr. 1972, 819.

2) Évaluation et réévaluation. *a)* **Coûts historiques.** Voir C. civ., art. 1895 : « L'obligation qui résulte d'un prêt en argent n'est toujours que de la somme numérique énoncée au contrat ».

b) Les sociétés peuvent procéder **librement** à une réévaluation de leur bilan : ▪ CA Paris, 27 avr. 1971 : *BJS*, 1972, p. 51. ▪ CA Paris, 6 janv. 1977 : *JCP* 1977, II, 18689.

Section II. – Des documents propres aux sociétés faisant publiquement appel à l'épargne

Art. L. 232-7 *(Anc. L. n° 66-537, 24 juill. 1966 ; rempl., Ord. n° 2009-80, 22 janv. 2009 ; mod., L. n° 2014-1662, 30 déc. 2014).* **– Les sociétés dont les actions sont admises aux négociations sur un marché réglementé annexent à leurs comptes annuels un tableau relatif à la répartition et à l'affectation des sommes distribuables qui seront proposées à l'assemblée générale.**

Les I, III et VII de l'article L. 451-1-2 du Code monétaire et financier sont applicables aux sociétés mentionnées au premier alinéa, à l'exception des sociétés d'investissement à capital variable.

Voir : C. com., art. R. 232-13, p. 689.

Notion de sociétés dont les actions sont admises aux négociations sur un marché réglementé. L'expression « cote officielle », qui faisait autrefois référence au Premier Marché de la Bourse de Paris, fait désormais référence aux sociétés dont les actions sont admises aux négociations sur un marché réglementé ; il s'ensuit que sont applicables à une société cotée au second marché les dispositions relatives à la publication des comptes sociaux des sociétés dont les actions sont admises aux négociations sur un marché réglementé *[D. 23 mars 1967, art. 297-1]* : ▪ Cass. com., 28 mars 2006, n° 03-20.219 : *JurisData* n° 2006-032925 ; *BJS* 2006, p. 952, note G. Baranger ; *Dr. sociétés* août-sept. 2006, n° 130, obs. T. Bonneau.

Art. L. 232-8 *(Abr., Ord. n° 2009-80, 22 janv. 2009).*

Section III. – Des amortissements et des provisions

Art. L. 232-9 *(Anc. L. n° 66-537, 24 juill. 1966).* **– Sous réserve des dispositions du deuxième alinéa de l'article L. 232-15, les frais de constitution de la société sont amortis avant toute distribution de bénéfices et, au plus tard, dans un délai de cinq ans.**

Les frais d'augmentation de capital sont amortis au plus tard à l'expiration du cinquième exercice suivant celui au cours duquel ils ont été engagés. Ces frais peuvent être imputés sur le montant des primes d'émission afférentes à cette augmentation.

Toutefois, les sociétés dont l'objet exclusif est la construction et la gestion d'immeubles locatifs à usage principal d'habitation ou le crédit-bail immobilier, ainsi que les sociétés immobilières pour le commerce et l'industrie, peuvent amortir les frais de constitution de la société et les frais d'augmentation de capital dans les mêmes conditions que leurs immeubles. Les sociétés agréées pour le financement des télécommunications

peuvent amortir les frais de constitution et les frais d'augmentation de capital dans les mêmes conditions que leurs immeubles et leurs équipements.

Voir : C. com., art. R. 232-13, p. 689.

Section IV. – Des bénéfices

Bibliographie : F. Terré, *De la détermination des sommes distribuables, commentaire des articles 344 à 346 de la loi du 24 juillet 1966 sur les sociétés commerciales : Éco. et compt.* juin 1977, n° 118, p. 29. • *Adde* M. Petot-Fontaine, *JCl. Sociétés traité*, Fasc. 147-30 *(Gestion financière – Réserves)*.

Art. L. 232-10 *(Anc. L. n° 66-537, 24 juill. 1966)*. – **À peine de nullité de toute délibération contraire, dans les sociétés à responsabilité limitée et les sociétés par actions, il est fait sur le bénéfice de l'exercice, diminué, le cas échéant, des pertes antérieures, un prélèvement d'un vingtième au moins affecté à la formation d'un fonds de réserve dit « réserve légale ».**

Ce prélèvement cesse d'être obligatoire, lorsque la réserve atteint le dixième du capital social.

Art. L. 232-11 *(Anc. L. n° 66-537, 24 juill. 1966 ; mod., L. n° 2003-7, 3 janv. 2003)*. – **Le bénéfice distribuable est constitué par le bénéfice de l'exercice, diminué des pertes antérieures, ainsi que des sommes à porter en réserve en application de la loi ou des statuts, et augmenté du report bénéficiaire.**

En outre, l'assemblée générale peut décider la mise en distribution de sommes prélevées sur les réserves dont elle a la disposition. En ce cas, la décision indique expressément les postes de réserve sur lesquels les prélèvements sont effectués. Toutefois, les dividendes sont prélevés par priorité sur le bénéfice distribuable de l'exercice.

Hors le cas de réduction du capital, aucune distribution ne peut être faite aux actionnaires lorsque les capitaux propres sont ou deviendraient à la suite de celle-ci inférieurs au montant du capital augmenté des réserves que la loi ou les statuts ne permettent pas de distribuer.

L'écart de réévaluation n'est pas distribuable. Il peut être incorporé en tout ou partie au capital.

Art. L. 232-12 *(Anc. L. n° 66-537, 24 juill. 1966)*. – **Après approbation des comptes annuels et constatation de l'existence de sommes distribuables, l'assemblée générale détermine la part attribuée aux associés sous forme de dividendes.**

Toutefois, lorsqu'un bilan établi au cours ou à la fin de l'exercice et certifié par un commissaire aux comptes fait apparaître que la société, depuis la clôture de l'exercice précédent, après constitution des amortissements et provisions nécessaires, déduction faite s'il y a lieu des pertes antérieures ainsi que des sommes à porter en réserve en application de la loi ou des statuts et compte tenu du report bénéficiaire, a réalisé un bénéfice, il peut être distribué des acomptes sur dividendes avant l'approbation des comptes de l'exercice. Le montant de ces acomptes ne peut excéder le montant du bénéfice défini au présent alinéa. Ils sont répartis aux conditions et suivant les modalités fixées par décret en Conseil d'État.

Tout dividende distribué en violation des règles ci-dessus énoncées est un dividende fictif.

Voir : C. com., art. R. 232-17, p. 689.

Sanctions pénales, C. com., art. L. 241-3, 2°, p. 570 et L. 242-6, 1°, p. 573.

Bibliographie : G. Baranger, *Assemblée annuelle : modifications pour l'affectation des résultats : BJS* 2005, p. 323. • C. Barillon, *La nature juridique du report à nouveau : BJS* 2017, p. 345. • P. Cordonnier, *Des pouvoirs de l'assemblée générale ordinaire des actionnaires en matière de constitution de réserves : Journ. soc.* 1928, p. 64. • F. Goré, *Les réserves occultes dans les sociétés par actions : Journ. soc.* 1947, p. 149. • J.-P. Le Gall et A. Viandier, *Le « dividend access » : JCP* E 1991, I, 103. • V. Mercier, *Le droit des biens au secours du droit des sociétés : le régime de la répartition des dividendes : Dr. sociétés* 2008, n° 1. • F. Peltier, *L'attribution d'un dividende majoré à l'actionnaire stable : BJS* 1993, p. 551. • F. Pollaud-Dulian, *La querelle du dividende majoré, un aspect du principe d'égalité dans le droit des sociétés cotées en Bourse : JCP* 1993, I, 3697.

1) Abus du droit de vote. V. sous C. civ., art. 1833, annot. n° 14, p. 23.

2) Créance de dividendes. V. sous C. civ., art. 1844-1, annot. n° 2, p. 83.

3) Acomptes sur dividendes. Des associés minoritaires de sociétés en nom collectif, après avoir par leurs votes, refusé en assemblée générale ordinaire l'approbation des comptes annuels et l'affectation des bénéfices, sont irrecevables à solliciter des acomptes sur dividendes : ▪ CA Toulouse, 7 févr. 2002 : *JurisData* n° 2002-180804 ; *JCP* E 2002, n° 1538, p. 1700.

4) Cession d'actions et droit aux dividendes. V. sous C. com., art. L. 228-23, annot. n° 43, p. 428.

5) Nature juridique des dividendes. V. sous C. civ., art. 1844-1, annot. n° 2, p. 83.

Art. L. 232-13 *(Anc. L. n° 66-537, 24 juill. 1966).* – **Les modalités de mise en paiement des dividendes votés par l'assemblée générale sont fixées par elle ou, à défaut, par le conseil d'administration, le directoire ou les gérants, selon le cas.**

Toutefois, la mise en paiement des dividendes doit avoir lieu dans un délai maximal de neuf mois après la clôture de l'exercice. La prolongation de ce délai peut être accordée par décision de justice.

Voir : C. com., art. R. 232-18, p. 690.

Art. L. 232-14 *(Anc. L. n° 66-537, 24 juill. 1966 ; mod., Ord. n° 2009-80, 22 janv. 2009).* – **Une majoration de dividendes dans la limite de 10 % peut être attribuée par des statuts à tout actionnaire qui justifie, à la clôture de l'exercice, d'une inscription nominative depuis deux ans au moins et du maintien de celle-ci à la date de mise en paiement du dividende. Son taux est fixé par l'assemblée générale extraordinaire. Dans les sociétés dont les titres de capital sont admis aux négociations sur un marché réglementé, le nombre de titres éligibles à cette majoration de dividendes ne peut excéder, pour un même actionnaire, 0,5 % du capital de la société. La même majoration peut être attribuée, dans les mêmes conditions en cas de distribution d'actions gratuites.**

Cette majoration ne peut être attribuée avant la clôture du deuxième exercice suivant la modification des statuts.

Bibliographie : Ph. Engel et P. Troussière, *La prime de fidélité aux actionnaires par attribution d'une majoration du dividende : JCP* E 1995, I, 433. • Y. Guyon, *La loi du 12 juillet 1994 sur le dividende majoré : Rev. sociétés* 1995, p. 7. • F. Peltier, *L'attribution d'un dividende majoré à l'actionnaire stable : BJS* 1993, p. 551. • R. Routier, *Primes de fidélité : le revers de la médaille : BJS* 1996, p. 23. • A. Viandier et J.-J. Caussain, *Prime de fidélité, loi n° 94-578 du 12 juillet 1994 : JCP* E 1995, I, 392. • *Adde* Th. Granier, *JCl. Sociétés traité*, Fasc. 1805.

Art. L. 232-15 *(Anc. L. n° 66-537, 24 juill. 1966).* – **Il est interdit de stipuler un intérêt fixe ou intercalaire au profit des associés. Toute clause contraire est réputée non écrite.**

Les dispositions de l'alinéa précédent ne sont pas applicables, lorsque l'État a accordé aux actions la garantie d'un dividende minimal.

Voir : Rappr. C. civ., art. 1844-1, p. 83.

Bibliographie : J. Derruppé, *La clause d'intérêts fixes : Mél. Hamel*, Dalloz, 1961, p. 179 *[régime antérieur à la loi n° 66-537]*.

Portée. Le principe de la prohibition des clauses d'intérêt fixe ne s'applique pas à la stipulation d'intérêts insérée dans une promesse de cession d'actions, qui oblige le seul cessionnaire et non la société : ■ Cass. com., 27 sept. 2005, n° 02-14.009 : *JurisData* n° 2005-030027 ; *BJS* 2006, p. 92, note A. Couret ; *D.* 2005, p. 2682, note A. Lienhard ; *Dr. sociétés* déc. 2005, n° 210, obs. H. Lécuyer.

Art. L. 232-16 *(Anc. L. n° 66-537, 24 juill. 1966).* – **Les statuts peuvent prévoir l'attribution, à titre de premier dividende, d'un intérêt calculé sur le montant libéré et non remboursé des actions. Sauf disposition contraire des statuts, les réserves ne sont pas prises en compte pour le calcul du premier dividende.**

Art. L. 232-17 *(Anc. L. n° 66-537, 24 juill. 1966).* – **La société ne peut exiger des actionnaires ou porteurs de parts aucune répétition de dividendes, sauf lorsque les deux conditions suivantes sont réunies :**

1° Si la distribution a été effectuée en violation des dispositions des articles L. 232-11, L. 232-12 et L. 232-15 ;

2° Si la société établit que les bénéficiaires avaient connaissance du caractère irrégulier de cette distribution au moment de celle-ci ou ne pouvaient l'ignorer compte tenu des circonstances.

Art. L. 232-18 *(Anc. L. n° 66-537, 24 juill. 1966).* – **Dans les sociétés par actions, les statuts peuvent prévoir que l'assemblée statuant sur les comptes de l'exercice a la faculté d'accorder à chaque actionnaire, pour tout ou partie du dividende mis en distribution ou des acomptes sur dividende, une option entre le paiement du dividende ou des acomptes sur dividende en numéraire ou en actions.**

Lorsqu'il existe des catégories différentes d'actions, l'assemblée générale statuant sur les comptes de l'exercice a la faculté de décider que les actions souscrites seront de la même catégorie que les actions ayant donné droit au dividende ou aux acomptes sur dividende.

L'offre de paiement du dividende ou des acomptes sur dividende en actions doit être faite simultanément à tous les actionnaires.

Art. L. 232-19 *(Anc. L. n° 66-537, 24 juill. 1966).* – Le prix d'émission des actions émises dans les conditions prévues à l'article L. 232-18 ne peut être inférieur au nominal.

Dans les autres sociétés, le prix d'émission est fixé, au choix de la société, soit en divisant le montant de l'actif net calculé d'après le bilan le plus récent par le nombre de titres existants, soit à dire d'expert désigné en justice à la demande du conseil d'administration ou du directoire, selon le cas. L'application des règles de détermination du prix d'émission est vérifiée par le commissaire aux comptes *(Mots aj. à compter de la date prévue au II de l'article 20 de la loi n° 2019-486 du 22 mai 2019 et au plus tard le 1er septembre 2019, L. n° 2019-486, 22 mai 2019)* « , s'il en existe, » qui présente un rapport spécial à l'assemblée générale visée à l'article L. 232-18.

Dans les autres sociétés, le prix d'émission est fixé, au choix de la société, soit en divisant le montant de l'actif net calculé d'après le bilan le plus récent par le nombre de titres existants, soit à dire d'expert désigné en justice à la demande du conseil d'administration ou du directoire, selon le cas. L'application des règles de détermination du prix d'émission est vérifiée par le commissaire aux comptes qui présente un rapport spécial à l'assemblée générale visée à l'article L. 232-18.

Lorsque le montant des dividendes ou des acomptes sur dividende auquel il a droit ne correspond pas à un nombre entier d'actions, l'actionnaire peut recevoir le nombre d'actions immédiatement inférieur complété d'une soulte en espèces ou, si l'assemblée générale l'a demandé, le nombre d'actions immédiatement supérieur, en versant la différence en numéraire.

Art. L. 232-20 *(Anc. L. n° 66-537, 24 juill. 1966).* – La demande de paiement du dividende en actions, accompagnée, le cas échéant, du versement prévu au deuxième alinéa de l'article L. 232-19 doit intervenir dans un délai fixé par l'assemblée générale, sans qu'il puisse être supérieur à trois mois à compter de la date de ladite assemblée générale. L'augmentation de capital est réalisée du seul fait de cette demande, et, le cas échéant, de ce versement et ne donne pas lieu aux formalités prévues à l'article L. 225-142, au deuxième alinéa de l'article L. 225-144, et à l'article L. 225-146.

Toutefois, en cas d'augmentation du capital, le conseil d'administration ou le directoire, selon le cas, peut suspendre l'exercice du droit d'obtenir le paiement du dividende en actions pendant un délai qui ne peut excéder trois mois.

Lors de sa première réunion suivant l'expiration du délai fixé par l'assemblée générale en application du premier alinéa du présent article, le conseil d'administration ou, selon le cas, le directoire, constate le nombre des actions émises en application du présent article et apporte les modifications nécessaires aux clauses des statuts relatives au montant du capital social et au nombre des actions qui le représentent. Le président peut, sur délégation du conseil d'administration ou du directoire, procéder à ces opérations dans le mois qui suit l'expiration du délai fixé par l'assemblée générale.

Voir : la rédaction de cet article issue de l'ordonnance n° 2019-744 du 19 juillet 2019, en *addendum*, p. 3371.

Section V. – De la publicité des comptes

Art. L. 232-21 *(Anc. D. n° 67-236, 23 mars 1967 ; mod., L. n° 2012-387, 22 mars 2012).* – I. – Les sociétés en nom collectif dont tous les associés indéfiniment responsables sont des sociétés à responsabilité limitée ou des sociétés par actions sont tenues de déposer au greffe du tribunal, pour être annexés au registre du commerce et des sociétés, dans le mois suivant l'approbation des comptes annuels par l'assemblée ordinaire des associés ou dans les deux mois suivant cette approbation lorsque ce dépôt est effectué par voie électronique :

1° Les comptes annuels et, le cas échéant, les comptes consolidés, le rapport sur la gestion du groupe, les rapports des commissaires aux comptes sur les comptes annuels et les comptes consolidés, éventuellement complétés de leurs observations sur les modifications apportées par l'assemblée qui leur ont été soumis ;

2° La proposition d'affectation du résultat soumis à l'assemblée et la résolution d'affectation votée ou la décision d'affectation prise.

Le rapport de gestion doit être tenu à la disposition de toute personne qui en fait la demande, selon des conditions définies par décret en Conseil d'État.

II. – En cas de refus d'approbation ou d'acceptation, une copie de la délibération de l'assemblée est déposée dans le même délai.

III. – Les obligations définies ci-dessus s'imposent également aux sociétés en nom collectif dont tous les associés indéfiniment responsables sont des sociétés en nom collectif ou en commandite simple dont tous les associés indéfiniment responsables sont des sociétés à responsabilité limitée ou par actions.

IV. – Pour l'application du présent article, sont assimilées aux sociétés à responsabilité limitée ou par actions les sociétés de droit étranger d'une forme juridique comparable.

Voir : C. com., art. R. 232-19, R. 232-19-1, p. 690 et R. 247-3, p. 705.

Dépôt par voie électronique, C. com., art. R. 123-111, p. 821. – **Injonction de faire,** C. com., art. L. 123-5-1, p. 799. – C. com., art. L. 611-2, II, p. 1974. – **Sanctions pénales,** C. com., art. R. 247-3, p. 705.

Art. L. 232-22 ***(Mod., L. n° 2012-387, 22 mars 2012).*** **– I. – Toute société à responsabilité limitée est tenue de déposer au greffe du tribunal, pour être annexés au registre du commerce et des sociétés, dans le mois suivant l'approbation des comptes annuels par l'assemblée ordinaire des associés ou par l'associé unique ou dans les deux mois suivant cette approbation lorsque ce dépôt est effectué par voie électronique :**

1° Les comptes annuels et, le cas échéant, les comptes consolidés, le rapport sur la gestion du groupe, les rapports des commissaires aux comptes sur les comptes annuels et les comptes consolidés, éventuellement complétés de leurs observations sur les modifications apportées par l'assemblée ou l'associé unique aux comptes annuels qui leur ont été soumis ;

2° La proposition d'affectation du résultat soumise à l'assemblée ou à l'associé unique et la résolution d'affectation votée ou la décision d'affectation prise.

Le rapport de gestion doit être tenu à la disposition de toute personne qui en fait la demande, selon des conditions définies par décret en Conseil d'État.

II. – En cas de refus d'approbation ou d'acceptation, une copie de la délibération de l'assemblée ou de la décision de l'associé unique est déposée dans le même délai.

Voir : C. com., art. R. 232-20, p. 690 et R. 247-3, p. 705.

Dépôt par voie électronique, C. com., art. R. 123-111, p. 821. – **Injonction de faire,** C. com., art. L. 123-5-1, p. 799 et L. 611-2, II, p. 1974. – **Sanctions pénales,** C. com., art. R. 247-3, p. 705.

Bibliographie : N. Stolowy, *De nouvelles injonctions en matière de publication des comptes par les sociétés : Dr. sociétés* avr. 2006, p. 9 ; *JCP* E 2006, 1462.

1) État de nécessité. Cassation de l'arrêt ayant jugé que la publicité des comptes sociaux et documents annexes, qui comportent des indications utilisables par les malfaiteurs pour « cibler » leurs exactions, place la prévenue face à un danger actuel et imminent et qu'en s'abstenant de satisfaire à cette obligation, elle a accompli un acte nécessaire à la sauvegarde de ses biens *[C. pén, art. 122-7]* au motif qu'un danger simplement éventuel ne saurait justifier la commission de l'infraction : ▪ Cass. crim., 1er juin 2005 : *BJS* 2005, p. 1367, note V. Malabat ; *D.* 2005, p. 1777, obs. A. Lienhard ; *JCP* E 2005, 1133.

2) Dépénalisation ? L'article 53, en visant la répression des manquements aux dispositions de l'article 44-1 du décret du 23 mars 1967, abrogé, ne peut permettre de sanctionner le manquement à l'article L. 232-22 du Code de commerce, l'instauration d'une procédure de référé-injonction de faire *[C. com., art. L. 123-5-1]* confirmant l'intention du législateur de dépénaliser l'obligation de dépôt des comptes annuels : ▪ CA Douai, 3 déc. 2004 : *BJS* 2005, p. 486, note crit. C. Mascala ; *JCP* E 2005, 1238. – *Contra* : l'infraction de non-dépôt des comptes annuels est une infraction instantanée, qui se prescrit par un an à compter du jour prescrit pour le dépôt des comptes : ▪ CA Amiens, 31 août 2007, n° 06-01246 : *BJS* 2008, p. 191, note J. Lefebvre.

Art. L. 232-23 ***(Anc. D. n° 67-236, 23 mars 1967 ; mod., L. n° 2012-387, 22 mars 2012 ; L. n° 2016-1691, 9 déc. 2016 ; Ord. n° 2017-1142, 7 juill. 2017).*** **– I. – Toute société par actions est tenue de déposer au greffe du tribunal, pour être annexés au registre du commerce et des sociétés, dans le mois suivant l'approbation des comptes annuels par l'assemblée générale des actionnaires ou dans les deux mois suivant cette approbation lorsque ce dépôt est effectué par voie électronique :**

1° Les comptes annuels, le rapport de gestion, le rapport des commissaires aux comptes sur les comptes annuels ***(Mots aj. à compter de la date prévue au II de l'article 20 de la loi n° 2019-486 du 22 mai 2019 et au plus tard le 1er septembre 2019, L. n° 2019-486, 22 mai 2019)*** **« , le cas échéant, » éventuellement complété de leurs observations sur les modifications apportées par l'assemblée aux comptes annuels qui ont été soumis à cette dernière ainsi que, le cas échéant, les comptes consolidés, le rapport sur la gestion du**

groupe, le rapport des commissaires aux comptes sur les comptes consolidés et le rapport du conseil de surveillance ;

2° La proposition d'affectation du résultat soumise à l'assemblée et la résolution d'affectation votée.

Il est fait exception à l'obligation de déposer le rapport de gestion pour les sociétés mentionnées au premier alinéa autres que celles dont les titres sont admis aux négociations sur un marché réglementé ou sur un système multilatéral de négociation soumis aux dispositions du II de l'article L. 433-3 du Code monétaire et financier dans les conditions prévues par le règlement général de l'Autorité des marchés financiers. Le rapport de gestion doit toutefois être tenu à la disposition de toute personne qui en fait la demande, selon des conditions définies par décret en Conseil d'État.

II. – En cas de refus d'approbation des comptes annuels, une copie de la délibération de l'assemblée est déposée dans le même délai.

III. – Les sociétés qui déposent ou soumettent à l'enregistrement un document de référence dans les conditions prévues par le règlement général de l'Autorité des marchés financiers peuvent, dans les délais prévus au premier alinéa du I, le déposer également au greffe du tribunal.

Ce dépôt vaut dépôt des documents mentionnés aux 1° et au 2° du I, contenus dans le document de référence. Le document de référence comprend une table permettant au greffier de les identifier.

Les documents mentionnés aux 1° et 2° du I qui ne sont pas contenus dans le document de référence ou dont la table mentionnée au précédent alinéa ne permet pas l'identification sont déposés concomitamment à celui-ci au greffe du tribunal.

Voir : C. com., art. R. 232-20-1, p. 690, R. 232-21, R. 232-21-1, p. 690 et R. 247-3, p. 705.

Dépôt par voie électronique, C. com., art. R. 123-111, p. 821. – **Injonction de faire,** C. com., art. L. 123-5-1, p. 799 et L. 611-2, II, p. 1974. – **Sanctions pénales,** C. com., art. R. 247-3, p. 705.

1) Injonction de faire ou désignation d'un mandataire au titre de l'article L. 123-5-1. *a)* Intérêt pour agir.

– Principe. L'action est, sauf abus, ouverte à toute personne sans condition tenant à l'existence d'un intérêt particulier : ▪ Cass. com., 3 avr. 2012, n° 11-17.130, PB : *Dr. sociétés* 2012, n° 100, obs. D. Gallois-Cochet. – V. égal. : ▪ Cass. com., 15 juin 1999 : *JCP* E 2000, p. 30, obs. A. Viandier et J.-J. Caussain ; *Dr. sociétés* 1999, n° 133, obs. D. Vidal ; *BJS* 1999, p. 1013, note J.-M. Bahans. – Tout intéressé peut agir *[CPC, art. 31]*, sans que la désignation du mandataire puisse être subordonnée à des conditions qu'elle ne comporte pas : ▪ Cass. com., 6 déc. 2005, n° 04-13.873 : *BJS* 2006, p. 488, note P. Scholer ; *Rev. sociétés* 2006, p. 323, note F. Pasqualini. – *Adde* ▪ CA Paris, 26 juin 1998 : *RJDA* 8-9/1999, n° 944.

– Applications. Un syndicat professionnel est recevable dans son action civile tendant à voir condamner l'absence de dépôt au greffe des comptes sociaux : ▪ Cass. crim., 18 oct. 1993 : *JCP* E 1993, pan. 1414 ; *Rev. sociétés* 1994, p. 97, note B. Bouloc. – Même solution pour les anciens actionnaires de la société mère de la société défaillante : ▪ Cass. com., 6 déc. 2005, préc. *a)*.

b) Bien-fondé de la demande. Le risque d'atteinte aux intérêts de l'entreprise invoqué par le dirigeant, serait-il établi, n'apparaît pas suffisant pour justifier le non-dépôt des comptes, la demande en référé, injonction formée par le ministère public, étant dès lors fondée *[C. com., art. L. 123-5-1]* : ▪ TGI Avesne-sur-Helpe, 15 nov. 2007, n° 07-00.080 : *JCP* E 2008, 1282, note C. Delattre.

2) Dépôt du rapport spécial sur les procédures de contrôle interne. V. sous C. com., art. L. 225-37, annot. n° 7, p. 264.

Art. L. 232-24

Art. L. 232-24 *(L. n° 2012-387, 22 mars 2012 ; L. n° 2017-256, 28 févr. 2017).* **– Le greffier, lorsqu'il constate l'inexécution du dépôt prévu au I des articles L. 232-21 à L. 232-23, informe le président du tribunal de commerce pour qu'il puisse faire application** *(Mots aj., L. n° 2018-938, 30 oct. 2018)* **« de l'article L. 123-5-2 ou » du II de l'article L. 611-2 ainsi que le représentant de l'État dans le département.**

Art. L. 232-25

Art. L. 232-25 *(Ord. n° 2014-86, 30 janv. 2014).* **– Lors du dépôt prévu au I des articles L. 232-21 à L. 232-23, les sociétés répondant à la définition des microentreprises au sens de l'article L. 123-16-1, à l'exception des sociétés mentionnées à l'article L. 123-16-2 et de celles dont l'activité consiste à gérer des titres de participations et de valeurs mobilières, peuvent déclarer que les comptes annuels qu'elles déposent ne seront pas rendus publics.**

(L. n° 2015-990, 6 août 2015) **Lors de ce même dépôt, les sociétés répondant à la définition des petites entreprises, au sens de l'article L. 123-16, à l'exception des sociétés mentionnées à l'article L. 123-16-2,**

peuvent demander que le compte de résultat ne soit pas rendu public. Les sociétés appartenant à un groupe, au sens de l'article L. 233-16, ne peuvent faire usage de cette faculté.

(Al. créé, L. n° 2019-486, 22 mai 2019) (1) **Lors de ce même dépôt, les sociétés répondant à la définition des moyennes entreprises, au sens de l'article L. 123-16, à l'exception des sociétés mentionnées à l'article L. 123-16-2, peuvent demander que ne soit rendue publique qu'une présentation simplifiée de leur bilan et de leur annexe dans des conditions fixées par un règlement de l'Autorité des normes comptables. Dans ce cas, la présentation simplifiée n'a pas à être accompagnée du rapport des commissaires aux comptes. Les sociétés appartenant à un groupe, au sens de l'article L. 233-16, ne peuvent faire usage de cette faculté.**

(Al. créé, L. n° 2019-486, 22 mai 2019) (1) **Lorsqu'il est fait usage de la faculté prévue au troisième alinéa du présent article, la publication de la présentation simplifiée est accompagnée d'une mention précisant le caractère abrégé de cette publication, le registre auprès duquel les comptes annuels ont été déposés, si un avis sans réserve, un avis avec réserves ou un avis défavorable a été émis par les commissaires aux comptes, ou si ces derniers se sont trouvés dans l'incapacité d'émettre un avis, et si le rapport des commissaires aux comptes fait référence à quelque question que ce soit sur laquelle ils ont attiré spécialement l'attention sans pour autant émettre une réserve dans l'avis.**

Les autorités judiciaires, les autorités administratives au sens de l'article 1er de la loi n° 2000-321 du 12 avril 2000 relative aux droits des citoyens dans leurs relations avec les administrations ainsi que la Banque de France *(Mots aj., L. n° 2015-990, 6 août 2015)* « et les personnes morales, relevant de catégories définies par arrêté des ministres chargés de l'économie et des finances, qui financent ou investissent, directement ou indirectement, dans les entreprises ou fournissent des prestations au bénéfice de ces personnes morales » ont toutefois accès à *(Mot rempl., L. n° 2015-990, 6 août 2015)* « l'intégralité des » comptes.

Un décret en Conseil d'État fixe les modalités d'application du présent article.

Voir : C. com., art. R. 232-22, p. 690.

Art. L. 232-26 ***(Créé, L. n° 2019-486, 22 mai 2019).*** **– Lorsque les micro-entreprises font usage de la faculté prévue à l'article L. 232-25, le rapport des commissaires aux comptes n'est pas rendu public.**

Lorsque les petites et les moyennes entreprises font usage de la faculté prévue au même article L. 232-25, les documents rendus publics ne sont pas accompagnés du rapport des commissaires aux comptes. Ils comportent une mention précisant si les commissaires aux comptes ont certifié les comptes sans réserve, avec réserves, s'ils ont refusé de les certifier, s'ils ont été dans l'incapacité de les certifier ou si leur rapport fait référence à quelque question que ce soit sur laquelle ils ont attiré spécialement l'attention sans pour autant assortir la certification de réserves.

CHAPITRE III. – DES FILIALES, DES PARTICIPATIONS ET DES SOCIÉTÉS CONTRÔLÉES

Bibliographie : B. Brun, *La prise en compte toujours accrue des groupes de sociétés en droit de la concurrence : Dr. sociétés* juin 2006, p. 8. • Cl. Champaud, *Le pouvoir de concentration de la société par actions,* Sirey, 1962. • A. Couret, *Vers un nouveau droit des groupes : LPA* 18 avr. 1997. • J.-P. Dom, *Les dimensions du groupe de sociétés après les réformes de l'année 2001 : Rev. sociétés* 2002, p. 1. • J. Guyénot, *Les participations d'une société au capital d'une autre société : Études P. Azard,* 1980, 87. • Ch. Hannoun, *Le droit et les groupes de sociétés,* LGDJ, 1991. • Ph. Merle, *Les conventions au sein des groupes : LPA* 4 mai 2001, p. 49. • B. Oppetit et A. Sayag, *Méthodologie d'un droit des groupes de sociétés : Rev. sociétés* 1973, p. 577. • J. Paillusseau, *Faut-il en France un droit des groupes de sociétés ? : JCP* 1971, I, 2401 *bis* ; *Le groupe de sociétés : RTD com.* 1972, p. 813. • M. Pariente, *Les groupes de sociétés,* Litec, 1993 ; *Les groupes et la loi du 24 juillet 1966 : Rev. sociétés* 1996, p. 465 ; *Les actionnaires des sociétés liées du groupe : Rev. sociétés* 1999, p. 805. • M. Pelletier, *Les filiales,* thèse Paris II, 1980. • J.-P. Storck, *Définition légale du contrôle d'une société en droit français : Rev. sociétés* 1986, p. 385. • A. Supiot, *Groupes de sociétés et paradigme de l'entreprise : RTD com.* 1985, p. 621. • M. Verdier, *Concentrations économiques et droit des sociétés : Mél. J. Hamel,* Dalloz, 1961, p. 213. • L. Vogel, *Filiales et droit communautaire de la concurrence : JCP* E 1993, I, 254. • *Adde* M.-H. Montsérié-Bon, *JCl. Sociétés traité,* Fasc. 165-10 *(Régime juridique des groupes).*

(1) Dispositions applicables aux comptes afférents aux exercices clos à compter du 23 MAI [DATE du JO portant publication de la loi n° 2019-486 du 22 mai 2019], L. n° 2019-486, 22 mai 2019, art. 47, IV.

Art. L. 233-1 *(Anc. L. n° 66-537, 24 juill. 1966).* **– Lorsqu'une société possède plus de la moitié du capital d'une autre société, la seconde est considérée, pour l'application** *(Mots aj., Ord. n° 2015-900, 23 juill. 2015)* **« des sections 2 et 4 » du présent chapitre, comme filiale de la première.**

Voir : Non-prise en compte des actions à dividende prioritaire sans droit de vote, C. com., art. L. 228-35-11, p. 449. - **Consultation du comité d'entreprise en cas d'acquisition ou de cession de filiale,** C. trav., art. L. 2323-19, p. 1769. - **Comité de groupe,** C. trav., art. L. 2331-1 et s., p. 1805. - **Concentration économique,** C. com., art. L. 430-1 et s., p. 1681.

Bibliographie : *Sur les filiales communes.* J.-P. Brill, *Les filiales communes,* thèse Strasbourg, 1975. • M. Jeantin, *Les filiales communes,* thèse Tours, 1975. • D. Lamethe, *La procédure de séparation des partenaires d'une filiale commune : Gaz. Pal.* 1978, 2, doctr. p. 549. • V. Pironon, *Les joint-ventures,* thèse, Dalloz, 2004.

Voir : Cessions de contrôle, sous C. com., art. L. 228-23, annot. n° 1, p. 420.

I – GROUPE ET DROIT DES SOCIÉTÉS

Bibliographie : T. d'Ales et L. Terdjman, *L'écran sociétaire, rempart face à la mise en cause d'une société mère du fait de sa filiale : JCP* E 2014, 1584. – Cl. Armand et A. Viandier, *Réflexions sur l'exercice de l'action sociale dans les groupes de sociétés : transparence des personnalités et opacité des responsabilités ? : Rev. sociétés* 1986, p. 557. – B. Bedaride et P. Bisiris, *Comment organiser un groupe de sociétés à travers une holding : JCP* E 2014, 1407. – M. Bourgeois-Bertrel, *La holding, approche d'une notion fonctionnelle : Dr. sociétés* 2016, études, 4. – P.-H. Conac, *Vers une reconnaissance européenne de l'intérêt du groupe de sociétés, rapport au nom du groupe informel d'experts en droit des sociétés auprès de la Commission européenne : Rev. sociétés* 2017, p. 115. – R. Contin et H. Hovasse, *L'autonomie patrimoniale des sociétés : D.* 1971, chron. p. 197. – A. Couret, *Les obligations des sociétés mères à l'épreuve de vents contraires : BJS* 2017, p. 702. – C. D'Hoir-Laupetre, *L'émergence d'un droit des obligations adapté au phénomène des groupes de sociétés : D.* 1993, chron. p. 248. – B. Grimonprez, *Pour une responsabilité des sociétés mères du fait de leurs filiales : Rev. sociétés* 2009, p. 715. – N. Morelli, *Propos commercialistes sur la confusion d'intérêts, d'activité et de direction : JCP* E 2009, 2173. – Chr. Mouly, *Contrats bancaires et groupes de sociétés : Groupes de sociétés, contrats et responsabilités,* LGDJ, 1994, p. 15. – J.-Ch. Pagnucco et allii, *Les groupes de sociétés : quels pouvoirs ? Quelles responsabilités : Dr. sociétés* 2017, n° 7. – Q. Urban, *La « communauté d'intérêt », un outil de régulation et de fonctionnement du groupe de sociétés : RTD com.* 2000, p. 1.

1) Absence de personnalité morale du groupe. Les groupes de sociétés sont dépourvus de la personnalité morale et donc de la capacité de contracter ; en conséquence, ils ne peuvent ouvrir un compte bancaire : ▪ Cass. com., 2 avr. 1996 : *BJS* 1996, p. 510, note P. Le Cannu. – Lors même que les sociétés d'un groupe auraient été condamnées au titre de pratiques anticoncurrentielles par les juridictions européennes, le groupe, qui n'est pas doté de la personnalité morale, ne saurait être défendeur à une action en justice et faire l'objet d'une condamnation : ▪ Cass. com., 15 nov. 2011, n° 10-21.701 : *BJS* 2012, p. 395, note C. Priéto.

2) Autonomie juridique des filiales. Même si elle est intégrée dans un groupe, une société qui dispose de ses propres organes de direction et des moyens matériels et humains nécessaires à la réalisation de son objet, qui traite en son nom propre avec les tiers, doit être regardée comme **une société autonome,** sauf à démontrer qu'elle a été créée à des fins frauduleuses ou que la société mère s'ingère, volontairement ou non, d'une manière telle dans son fonctionnement que les tiers sont fondés à croire qu'en traitant avec elle, ils traitent en réalité avec la société mère : ▪ CA Versailles, 22 févr. 1996 : *BJS* 1996, p. 505, note M. Pariente. – Réciproquement, une société mère ne peut engager sa filiale à l'égard des tiers qu'en l'absence d'autonomie de celle-ci : ▪ CA Montpellier, 14 déc. 2010, n° 09-6383. – Sur le principe de pleine et souveraine **autonomie juridique** des personnes morales, appliqué aux filiales : ▪ CA Paris, 8 déc. 1989 : *BJS* 1990, p. 195.

3) Applications de l'autonomie juridique des filiales.

– Les engagements souscrits par une filiale n'engagent que celle-ci lors même qu'ils résultent d'un contrat nécessaire à la réalisation de l'opération contractuelle conclu entre la société mère et le tiers contractant : ▪ Cass. com., 14 sept. 2010, n° 09-14.564 : *Rev. sociétés* 2011, p. 284, note M. Pariente.

– Une société mère n'est **pas tenue de financer sa filiale** pour lui permettre de remplir ses obligations même si celle-ci est chargée d'un service public pouvant présenter un risque pour l'intérêt général : ▪ Cass. com., 26 mars 2008, n° 07-11.619 : *BJS* 2008, p. 908, note F.-G. Trébulle ; *Rev. sociétés* 2008, p. 812, note B. Rolland.

– La filiale ayant une personnalité juridique distincte, la **garantie** souscrite par la société mère quant aux engagements de la filiale exige l'autorisation du conseil d'administration de la société mère : ▪ Cass. com., 29 nov. 1982 : *Rev.*

sociétés 1983, p. 615, note J.-L. Sibon. – Rappr. ■ Cass. com., 11 févr. 1986 : *BJS* 1986, p. 237. – *Adde*, H. Hovasse, *La valeur des sûretés consenties entre sociétés groupées et le principe d'autonomie patrimoniale*, thèse Rennes, 1974.

– La clause de **non-concurrence** contenue dans un contrat de travail liant un salarié à une société d'un groupe ne concerne que la société à laquelle il appartient et non toutes les sociétés du groupe : ■ Cass. soc., 22 mai 1995 : *D.* 1996, p. 325, note Y. Picod ; *BJS* 1995, p. 749, note A. Arseguel et P. Fadeuilhe. – Comp. à propos d'un réseau de distribution : ■ Cass. soc., 16 mai 2012, n° 11-10.712, PB : *JCP* E 2012, 1466, note I. Beyneix.

– Une société mère ne peut, sauf à méconnaître la règle « nul ne plaide par procureur », **se substituer** à sa filiale pour intenter en ses lieu et place une action judiciaire pour la réparation du préjudice subi par la seule filiale : ■ Cass. com., 17 déc. 1991 : *Rev. sociétés* 1992, p. 323, note Y. Chartier ; *BJS* 1992, p. 186, note Ch. Hannoun.

– Une société fournisseur, dans un contrat de distribution agréé conclu en considération de la personne physique qui dirige et non en considération de structures juridiques abstraites, n'est pas fondée à invoquer la faute contractuelle commise par l'un de ses clients, dirigeant de société pris en sa qualité de gérant d'une autre société avec laquelle elle est en contact, car compte tenu de la **personnalité juridique distincte** des deux sociétés et **nonobstant l'unicité de dirigeant**, les juges n'ont pas à rechercher si la mauvaise foi du gérant n'est pas de nature à remettre en cause les contrats de distribution agréés par lui : ■ Cass. com., 29 juin 1993 : *JCP* E 1994, II, 562, note Ch. Hannoun ; *BJS* 1993, p. 1124, note A. Couret. – *Adde* ■ CA Colmar, 21 mars 1972 : *RTD com.* 1973, p. 357, n° 18, obs. R. Houin. ■ Cass. com., 18 juin 1991 : *BRDA* 30 sept. 1991, p. 13. ■ Cass. com., 19 oct. 1993 : *BJS* 1993, p. 1239, note J.-J. Daigre. ■ CA Paris, 14 déc. 1993 : *RJDA* 1994, p. 534.

– L'existence d'un groupe de sociétés ne permet pas au créancier de **compenser** sa dette à l'égard de la filiale avec la dette que la société mère aurait envers lui. En effet, les deux sociétés d'un même groupe sont des personnes morales distinctes avec des patrimoines distincts : ■ CA Paris, 12 juin 2001 : *BJS* 2001, p. 1098, note P. Scholer.

4) Exceptions à l'autonomie juridique des filiales.

a) **Fraude paulienne.** ■ CA Paris, 28 sept. 1993 : *BJS* 1994, p. 68. – Dès lors qu'une société a été créée dans le but de **frauder** le droit des créanciers de sociétés rendues insolvables, l'indépendance juridique de ces sociétés doit céder devant la fraude organisée constituant à faire obstacle à d'éventuelles poursuites desdits créanciers : ■ CA Aix-en-Provence, 12 févr. 1993 : *BJS* 1993, p. 1115. – Pour un exemple d'annulation pour fraude d'un acte à titre gratuit entre deux sociétés dirigées par la même personne : ■ Cass. com., 23 oct. 1990 : *BJS* 1990, p. 1059. – N'est pas recevable l'action paulienne exercée par un créancier de la société mère contre les actes d'une filiale, même contrôlée à 98 %, dès lors que ces deux sociétés sont des personnes morales distinctes dont la fictivité ou la confusion des patrimoines n'étaient pas invoquées et que la seule relation de contrôle de la société mère sur sa filiale ne peut créer un droit de créance envers cette dernière au profit des créanciers de la société mère : ■ Cass. com., 13 janv. 2009, n° 08-10.399 : *Bull. Joly* 2009, § 139, p. 690, note F.-X. Lucas.

b) **Fictivité.** Les diverses sociétés d'un groupe, auquel appartient une filiale chargée de l'exécution d'un contrat informatique demeuré inachevé, méritent d'être condamnées *in solidum* dès lors qu'elles se présentent à leur clientèle comme une **entité unique**, ayant les mêmes locaux, le même téléphone, le même logo et minimisent leurs désignations propres ; par ailleurs, les dirigeants de plusieurs sociétés étaient intervenus dans l'exécution du contrat qui n'avait pu être achevé en raison de la « décision de groupe » de mettre un terme aux activités de la filiale prestataire qui n'avait ainsi aucune autonomie et subissait l'immixtion des autres sociétés dans sa gestion : ■ Cass. com., 4 mars 1997 : *JurisData* n° 1997-000900 ; *JCP* E 1997, pan., 432-438 ; *BJS* 1997, p. 557, note J.-J. Daigre. – V. égal., sur l'acte de gestion par immixtion, ■ Cass. 3ᵉ civ., 14 oct. 1992 : *Dr. sociétés* 1992, n° 243, obs. Th. Bonneau. ■ Cass. 3ᵉ civ., 25 févr. 2004 : *D.* 2004, p. 703. – *Adde* ■ Cass. com., 18 oct. 1994 : *BJS* 1994, p. 1317, note A. Couret. – Dès lors qu'une société possède 99,96 % du capital d'une filiale étrangère, que les dirigeants sont les mêmes, que la société mère conclut des affaires au nom de la filiale et s'en sert comme d'un prolongement, il apparaît que la filiale, **ne disposant d'aucune autonomie,** doit être assimilée à une succursale et que la société mère se trouve engagée au titre d'un contrat d'agent commercial du fait de l'existence d'une **confusion** de patrimoine : ■ CA Toulouse, 18 oct. 1995 : *BJS* 1996, p. 384.

c) **Apparence de l'engagement de la société mère.**

– **Principe.** Doit être cassé pour manque de base légale l'arrêt qui retient que la société mère est obligée par le mandat contracté par sa filiale sans caractériser une immixtion de la société mère dans l'exécution de ce mandat de nature à créer pour les mandants une apparence trompeuse propre à leur permettre de croire légitimement qu'elle était aussi leur cocontractant : ■ Cass. ass. plén., 9 oct. 2006, nᵒˢ 06-11.056 et 06-11.307 : *BJS* 2007, p. 57, note F.-X. Lucas. – Il appartient au juge de constater non seulement l'immixtion de la société mère mais encore que cette immixtion a été de nature à créer pour le tiers contractant une apparence trompeuse propre à lui permettre de croire légitimement que la société mère était aussi son cocontractant : ▪ Cass. com., 12 juin 2012, n° 11-16.109, PB : *BJS* 2012, p. 611, note J.-F. Barbièri ; *D.* 2013, p. 584, note J. Schmeidler ; *Dr. sociétés* 2012, n° 157, obs. R. Mortier ; *Rev. sociétés* 2013, p. 95, note C. Tabourot-Hyest.

– **Apparence établie.** Dès lors qu'il est établi que les documents afférents à un contrat de transport portent les **mentions indicatives du groupe** sans qu'il soit précisé que la société contractante serait une société distincte, la société mère et la filiale se sont présentées en apparence comme les cocontractants du demandeur qui a pu, de bonne foi, légitimement croire que son interlocuteur était le mandataire des deux sociétés : ▪ CA Versailles, 21 avr. 2000 : *BJS* 2000, p. 914, note M. Pariente. – Les sociétés mères qui se sont comportées en **véritables parties au contrat** conclu par leurs filles et ont eu la volonté d'en assumer personnellement tous les engagements en découlant, ainsi que d'en respecter toutes les clauses, ont aussi accepté l'application de la clause attributive de compétence : ▪ Cass. com., 20 nov. 1990 : *BJS* 1991, p. 99, et p. 209, note J.-P. Laborde. – Pour une apparence de fusion, V. ▪ CA Lyon, 8 juin 1990 : *JCP* E 1991, 100, note Y. Reinhard. – Une société mère doit répondre du dommage subi par le cocontractant de sa filiale dès lors que celle-ci est apparue comme une agence de la société mère qui est d'ailleurs intervenue à plusieurs reprises dans la gestion du contrat : ▪ CA Versailles, 21 avr. 2000 : *JurisData* n° 2000-110362 ; *Dr. sociétés* 2000, n° 93, obs. D. Vidal.

– **Apparence non établie.** Dès lors qu'il est établi que la filiale disposait d'une trésorerie propre, exploitait un établissement propre et commercialisait sa production auprès d'une clientèle propre, qu'il ne peut être déduit de la centralisation des commandes passées par les sociétés mère et filiale la fictivité de la seconde, que la société créancière savait que les commandes étaient passées pour le compte de la filiale à laquelle elle livrait et facturait, il s'ensuit qu'aucune apparence trompeuse n'a été créée ; en conséquence, le créancier ne pouvait agir directement contre la société mère : ▪ Cass. com., 2 déc. 1997 : *BJS* 1998, p. 472, note J.-J. Daigre. – Un contractant n'est pas autorisé à croire légitimement que la filiale cocontractante était dépourvue d'autonomie de gestion du seul fait que la société mère s'est impliquée dans les démarches préparatoires à la conclusion d'un contrat de bail : ▪ Cass. 3e civ., 13 déc. 2006, n° 05-18.707 : *BJS* 2007, p. 485, note J.-F. Barbièri.

d) **Apparence de substitution de la société mère.** En l'absence d'immixtion dans la conclusion et l'exécution du contrat jusqu'à la mise en demeure, la société mère qui a négocié avec le cocontractant, à une époque où la filiale avait encore des actifs, le montant de la dette et recherché avec lui un arrangement amiable a par cette immixtion créé une apparence propre à faire croire qu'elle se substituait à sa filiale : ▪ Cass. com., 3 févr. 2015, n° 13-24.895, PB : *BJS* 2015, p. 128, note A. Couret ; *JCP* E 2015, 1159, note B. Dondero.

e) **Engagement conjoint de la mère et de la fille.** La société mère et la filiale sont engagées conjointement lorsque l'agent régional de la première et le mandataire de la seconde signent le contrat : ▪ Cass. com., 6 avr. 1993 : *RJDA* 1993, p. 773. – *Adde* ▪ Cass. com., 15 juin 1993 : *RJDA* 1993, p. 776. – Sur l'effet de la mention « bon pour accord » signée par la société mère pour une promesse de souscription par la filiale, V. ▪ T. com. Paris, 10 mars 1992 : *RJDA* 1992, p. 679.

5) Responsabilité civile de la société mère.

a) **Publicité trompeuse.** Sur la responsabilité de la société mère pour publicité trompeuse : V. ▪ Cass. com., 1er mars 1994 : *RJDA* 1994, p. 533.

b) **Lettre d'intention.** La société mère, unique actionnaire puis actionnaire majoritaire d'une filiale au profit de laquelle elle souscrit une lettre d'intention auprès d'une banque, ne respecte pas l'obligation de moyens de cet engagement lorsqu'elle réduit considérablement sa participation au capital de sa filiale sans en avertir la banque comme elle était tenue de le faire aux termes de la lettre d'intention, empêchant ainsi celle-ci de réagir utilement : ▪ Cass. com., 19 mars 1991 : *BJS* 1991, p. 523, note P. Le Cannu.

c) **Obligations environnementales.** S'agissant de l'inexécution par une filiale de son obligation d'assurer la réhabilitation d'un site pollué, la société mère, qui n'a pas commis de faute dans les suites qu'elle avait réservées à sa prise de participation, laquelle était intervenue peu de temps avant la cessation d'activité de la filiale, n'est pas tenue de financer celle-ci pour lui permettre de remplir ses obligations même si cette dernière est chargée d'un service public pouvant présenter un risque pour l'intérêt général : ▪ Cass. com., 26 mars 2008, n° 07-11.619 : *BJS* 2008, p. 908, note F.-G. Trébulle : *Rev. sociétés* 2008, p. 811, note B. Rolland.

d) **Rupture abusive de contrat.** En cas de rupture abusive d'un contrat par la filiale, la société mère, qui a été partie prenante à sa négociation et à son exécution, engage sa responsabilité et est tenue à réparation *in solidum* avec sa filiale : ▪ CA Angers, 27 sept. 2016, n° 15/00008 : *JCP* E 2016, act. 894.

g) **Information sur la filiale.** Une société mère peut engager sa responsabilité sur le fondement de l'article 1382 du Code civil à l'égard du sous-traitant ayant contracté avec sa filiale en cas de transmission au sous-traitant d'informations erronées sur la situation financière de la filiale : ▪ Cass. com., 18 mars 2008, n° 07-10.934 : *BJS* 2008, p. 606, note C. Hannoun.

f) **Sous dotation de la filiale.** V. écartant la responsabilité de la société mère sur le constat que la filiale n'avait pas été sous dotée : ▪ Cass. com., 12 mai 2015, n° 13-27.716 : *Dr. sociétés* 2015, n° 163, obs. R. Mortier.

II – GROUPE ET DROIT DE LA CONCURRENCE

6) Imputabilité à la société mère des agissements de la filiale. Considérant, d'une part, que la notion d'entreprise devant être comprise, au sens du droit communautaire de la concurrence, comme désignant une unité économique même si, du point de vue juridique, cette unité économique est constituée de plusieurs personnes physiques ou morales et, d'autre part, que le comportement d'une filiale peut être imputée à la société mère lorsque la première ne détermine pas de façon autonome son comportement sur le marché mais applique pour l'essentiel les instructions qui lui sont données par la société mère, il en résulte, dans le cas particulier où une société mère détient 100 % du capital de sa filiale ayant commis une infraction aux règles communautaires de la concurrence, qu'il existe une présomption réfragable selon laquelle la société mère exerce effectivement une influence déterminante sur le comportement de sa filiale : ▪ CJCE, 10 sept. 2009, n° C-97/08 : *BJS* 2010, p. 69, note C. Priéto. ▪ CJUE, 20 janv. 2011, aff. C-90/09 P : *JCP* E 2011, 45 ; *Rev. sociétés* 2011, p. 318, note G. Decocq. – La présomption étant réfragable, il incombe à la Commission lorsqu'elle prononce une sanction d'exposer les raisons pour lesquelles les éléments de fait et de droit invoqués n'ont pas suffi à renverser cette présomption dont la charge de la preuve contraire pèse sur les intéressés : ▪ CJUE, 2e ch., 29 sept. 2011, nos 520/09 P et 521/09 P. – V. sur la répartition des compétences entre le tribunal et la CJUE quant à l'appréciation des faits : ▪ CJUE, 3 mai 2012, n° C-289/11 P. – V. retenant cette présomption réfragable à l'égard d'une société mère détenant directement ou indirectement la totalité ou la quasi-totalité du capital de la filiale : ▪ Cass. com., 6 janv. 2015, n° 13-21.305, PB. – V. retenant une conception stricte de cette présomption réfragable à l'égard d'une holding non opérationnelle, et refusant notamment de l'écarter sur la considération de stratégies procédurales opposées : ▪ Cass. com., 18 oct. 2017, n° 16-19.120, PB : *BJS* 2017, p. 732, note E. Claudel ; *JCP* E 2018, 1051, note A. El Merjri.

7) Détermination du montant de la sanction. *a)* **Sanction contre la société mère.** Lorsque l'entreprise à laquelle est imputée l'infraction se trouve à la tête d'un groupe de sociétés constituant une unité économique, le chiffre d'affaires à prendre en compte pour le calcul de la limite supérieure du montant de l'amende visée à l'article 23, § 2, du règlement n° 1/2003 est celui de l'ensemble de ce groupe : ▪ CJUE, 26 nov. 2013, n° C-58/12 : *BJS* 2014, p. 172, note V. Pironon.

b) **Sanction contre la filiale.** S'agissant de la sanction pécuniaire prononcée en application de l'article L. 464-2 du Code de commerce, dès lors que la filiale s'est comportée de manière autonome sur le marché, d'une part, il ne peut être tenu compte du chiffre d'affaires du groupe pour apprécier sa capacité contributive que s'il est établi que la filiale a la faculté de mobiliser les fonds nécessaires au règlement de la sanction auprès du groupe auquel elle appartient, et, d'autre part, il ne peut être tenu compte du chiffre d'affaires du groupe pour apprécier le caractère dissuasif et proportionné du montant de la sanction que s'il est établi que l'appartenance de la filiale au groupe a joué un rôle dans la mise en œuvre des pratiques anticoncurrentielles ou a été de nature à influer sur l'appréciation de la gravité de ces pratiques : ▪ Cass. com., 18 févr. 2014, n° 12-27.643, PB. – Les sanctions pécuniaires prononcées en application de l'article L. 464-2 du Code de commerce sont déterminées individuellement pour chaque entreprise ou organisme sanctionné et de façon motivée pour chaque sanction, ce qui exclut, dès lors que l'autonomie de comportement d'une entreprise a été constatée, le relèvement automatique de la sanction en raison de sa seule appartenance à un groupe : ▪ Cass. com., 21 oct. 2014, nos 13-16.602, 13-16.696 et 13-16.905 : *BJS* 2015, p. 16, note J.-F. Barbièri.

8) Sursis à exécution. S'agissant d'une demande de sursis à exécution, le premier président, saisi en application de l'article L. 464-8, alinéa 2, du Code de commerce, peut tenir compte, s'il l'estime justifié par les circonstances de l'espèce, de l'appartenance de la personne morale sanctionnée à un groupe pour apprécier si l'exécution immédiate de la décision est susceptible d'entrainer des conséquences manifestement excessives : ▪ Cass. com., 22 oct. 2013, n° 12-23.486, PB.

9) Rupture de relations commerciales établies. *a)* **Délai de préavis.** S'agissant de la rupture simultanée par deux filiales d'un même groupe de relations commerciales établies, sauf à établir qu'elles ont agi de concert, il n'y a pas à appréhender globalement le chiffre d'affaires réalisé par ces deux filiales pour déterminer la durée du préavis dès lors que celles-ci, bien qu'appartenant à un même groupe et ayant la même activité, sont autonomes et ont entretenu avec le tiers contractant des relations commerciales distinctes : ▪ Cass. com., 6 oct. 2015, n° 14-19.499, PB : *BJS* 2015, p. 626, note A. Couret ; *Rev. sociétés* 2016, p. 519, note J.-B. Tap.

b) **Responsabilité civile de la société mère pour rupture abusive.** S'agissant d'une rupture de contrat décidée brutalement par les filiales détenues à 100 % sur les instructions de la société mère, les filiales et les franchisés ne disposant d'aucune autonomie dans la décision de nouer des relations commerciales avec le contractant puis dans celle de les rompre, la société mère engage sa responsabilité sur le fondement de l'article L. 442-6, I, 5° du Code de commerce : ▪ Cass. com., 5 juill. 2016, n° 14-27.030 : *JCP* E 2016, 1599, note N. Mathey.

III – GROUPE ET DROIT PÉNAL

Bibliographie : B. Bouloc, *Droit pénal et groupes d'entreprises* : *Rev. sociétés* 1988, p. 181.

10) Appréciation de l'intérêt d'une société faisant partie d'un groupe. *a)* **Abus de biens sociaux.** Voir sous C. com., art. L. 242-6, annot. n° 49, p. 585.

b) **Banqueroute.** Voir sous C. com., art. L. 654-2, annot. n° 4, p. 2117.

IV – GROUPE ET DROIT DU TRAVAIL

Bibliographie : G. Auzero, *De quelques difficultés des relations mère-fille : Semaine sociale Lamy*, 26 déc. 2011, p. 5 ; *Le droit du licenciement pour motif économique confronté au principe de l'autonomie des personnes morales : Mél. P. Le Cannu, Dalloz – LGDG* 2014, p. 656. – S. Beal et C. Terrenoire, *Coemploi et groupe de sociétés : des liaisons apaisées ?* : *JCP* E 2015, 1105. – M. Despax, *Groupes de sociétés et contrats de travail* : *Dr. soc.* 1961, p. 596 ; *Groupes de sociétés et institutions représentatives du personnel* : *JCP* 1972, I, 2465. – F. Dumont, *La nébuleuse du coemploi* : *JCP* E 2015, 1222. – Lyon-Caen, *Observations sur le licenciement dans les groupes internationaux de sociétés* : *Rev. crit. DIP* 1974, p. 439. – B. Oppetit, *Groupe de sociétés et droit du travail* : *Rev. sociétés* 1973, p. 69. – D. Plantamp, *L'originalité du groupe de sociétés au sens de l'article L. 439-1 du Code du travail* : *D.* 1991, chron. p. 69.

11) Autonomie des filiales. *a)* **Autonomie à l'égard de la société mère.** La demande en paiement d'une personne recrutée par la filiale contre la société mère doit être rejetée dès lors que la filiale a une activité réelle et distincte : ▪ Cass. com., 6 avr. 1993 : *RJDA* 1993, p. 623.

b) **Autonomie des filiales entre elles.** Un salarié étant employé par plusieurs filiales d'un même groupe, l'engagement souscrit par l'une de lui verser une indemnité de licenciement n'engage pas les autres filiales employeur : ▪ Cass. soc., 18 mai 2011, n° 10-14.311 : *BJS* 2011, p. 929, note B. Dondero.

12) Salarié dirigeant d'une filiale. V. sous C. com., art. L. 225-22, annot. n°s 11 et s., p. 247.

13) Cumul entre un contrat de travail et un mandat social. Un administrateur ne peut devenir salarié de la société qu'il administre, fût-ce à l'occasion du transfert de son contrat de travail d'une autre société appartenant au même groupe : ▪ Cass. soc., 6 oct. 1993 : *JCP* E 1994, I, 331, n° 13, obs. A. Viandier et J.-J. Caussain.

14) Éligibilité au comité d'établissement des salariés détachés auprès d'une filiale : ▪ Cass. soc., 12 janv. 1994 : *BJS* 1994, p. 276, note A. Arseguel.

15) Responsabilité de la société mère à l'égard des salariés de la filiale. E. Schlumberger, *La responsabilité délictuelle de l'entité dominante du groupe à l'égard de ses salariés licenciés* : *BJS* 2019, p. 46.

a) La société mère et la holding dont elle dépend peuvent être condamnées, sur le fondement de l'article 1382 du Code civil, à indemniser les salariés de la filiale dont la déconfiture a emporté la disparition de leur emploi, dès lors qu'elles ont pris des décisions dommageables pour la filiale en aggravant sa situation économique, ne répondant à aucune utilité pour elle, et n'étant profitables qu'à son actionnaire unique : ▪ Cass. soc., 8 juill. 2014, n° 13-15.573, PB : *BJS* 2014, p. 398, note E. Mouial-Bassilana ; *Rev. sociétés* 2014, p. 709, note A. Couret et M.-P. Schram. – La société mère qui a pris, par l'intermédiaire des sociétés du groupe, des décisions préjudiciables dans son seul intérêt d'actionnaire, lesquelles ont entraîné la liquidation partielle de sa filiale, a par sa faute concouru à la déconfiture de l'employeur et à la disparition des emplois qui en est résultée, et engage en conséquence sa responsabilité extracontractuelle à l'égard des salariés : ▪ Cass. com., 24 mai 2018, n° 16-22.881, 17-12.560, PB et 16-18.621, PB : *BJS* 2018, p. 522, note E. Mouial-Bassilana ; *Rev. sociétés* 2018, p. 604, note A. Couret. – V. également, retenant la responsabilité de la société mère après avoir écarté la qualification de coemploi : ▪ CA Douai, 31 janv. 2017, n° 13/03934 : *BJS* 2017, p. 626, note E. Mouial-Bassilana. – S'agissant d'une action extracontractuelle, et l'existence d'une situation de coemploi n'étant pas invoquée, l'action en responsabilité civile exercée par les salariés de la filiale à l'encontre de la société mère relève de la compétence du juge de droit commun et non du conseil des prud'hommes : ▪ Cass. soc., 13 juin 2018, n° 16-25.873, PB : *Rev. sociétés* 2018, p. 740, note A. Couret.

b) Une société mère est tenue de payer les engagements pris par sa filiale dans le cadre d'un plan de restructuration dès lors que l'une et l'autre avaient le même représentant légal, qu'un dirigeant de la seule société mère avait donné son accord au plan et que l'inexécution des engagements souscrits résultaient de l'arrêt, consécutif et non justifié par des difficultés économiques, de son soutien financier par la société mère, dont étaient ainsi caractérisés le comportement déloyal et la légèreté blâmable : ▪ CA Rouen, 22 mars 2005, n° 04-02545 : *BJS* 2006, p. 193, note B. Saintourens.

c) S'agissant de conventions de trésorerie intragroupe, les salariés de filiales en liquidation judiciaire par la faute de ces conventions peuvent engager la responsabilité de la société de tête afin d'obtenir la réparation du préjudice résultant de leur licenciement : ▪ T. com. Orléans, 1er juin 2012, n° 2012-11170 : *BJS* 2012, p. 646, note N. Pelletier ; *JCP* E 2012, 1494, note A. Couret et B. Dondero.

d) La société mère intervenue dans la dénonciation du régime complémentaire de retraite, sans avoir fait le nécessaire pour protéger les droits des salariés, commet une faute à l'égard de ceux-ci : ▪ Cass. com., 7 déc. 1993 : *RJDA* 1994, p. 320.

e) Manque à son obligation de loyauté la société mère qui n'intègre pas les salariés de sa filiale dans l'ordre des licenciements alors que cette filiale était d'ores et déjà destinée à être fusionnée avec la société mère : ▪ Cass. com., 8 oct. 2014, n° 13-14.973 : *BJS* 2015, p. 376, note B. Dondero.

16) Responsabilité du représentant permanent de la société mère à l'égard des salariés de la filiale. Le dirigeant de la filiale, représentant permanent de la société mère et détenant des participations importantes au sein du groupe, ne peut être tenu à des dommages et intérêts à l'égard des salariés du fait de la nullité du licenciement sans que soit caractérisée une situation de coemploi, laquelle supposerait d'établir une confusion d'intérêts, d'activités et de direction et détachables du mandat social exercé dans la filiale : ▪ Cass. soc., 24 juin 2014, n° 13-15.208, PB : *BJS* 2014, p. 394, note N. Pelletier.

17) Obligation de reclassement de la société mère. La société mère est tenue de l'obligation de rapatriement et de réemploi de l'article L. 1231-5 du Code du travail à l'égard du salarié licencié par la filiale étrangère qu'il avait été chargé de créer, peu important que le contrat avec cette dernière soit soumis à un droit étranger, et peu important qu'au moment du licenciement il n'existe plus de contrat de travail entre le salarié et la société mère : ▪ Cass. soc., 30 mars 2011, n° 09-70.306, PBR : *BJS* 2011, p. 519, note G. Auzero.

18) Licenciement du salarié d'une filiale et qualité de coemployeur de la société mère. *a)* Définition de la qualité de coemployeur.

– **Principes.** Dès lors qu'il existe entre la société mère et sa filiale une confusion d'intérêts, d'activités et de direction manifestée notamment par le fait que la première assure la direction opérationnelle et la gestion administrative de la seconde, doit être retenue la qualité de coemployeur de la société mère à l'égard du personnel de sa filiale, de sorte que ne saurait être fondé sur un motif économique le licenciement des salariés de la filiale suite à sa cessation d'activité, laquelle ne résultait que de choix stratégiques décidés au niveau du groupe sans que des difficultés économiques les justifient au niveau du secteur d'activité du groupe : ▪ Cass. soc., 18 janv. 2011, n° 09-69.199, PBR : *BJS* 2011, p. 215, note P. Morvan ; *JCP* E, 1291, note Fl. Aubonnet ; *Lexbase hebdo, éd. sociale*, 3 févr. 2011, n° 426, note G. Auzero ; *Rev. sociétés* 2011, p. 154, note A. Couret. – V. encore, retenant la confusion d'intérêts, d'activités et de direction résultant de l'immixtion de la société mère dans la gestion économique et sociale de la filiale : ▪ Cass. soc., 6 juill. 2016, n° 15-15.481, PB : *BJS* 2016, p. 597, note J.-P. Laborde ; *D.* 2016, p. 2096, note R. Dammann et S. François ; *Rev. sociétés* 2017, p. 149, note E. Schlumberger.

– **Conformité à la définition communautaire de l'employeur.** La conception du coemploi, reposant sur une confusion d'intérêts, d'activités et de direction entre sociétés d'un même groupe, est conforme à la définition communautaire de l'employeur : ▪ Cass. soc., 30 nov. 2011, n° 10-22.964, PBR : *BJS* 2012, p. 168, note G. Loiseau.

b) **Applications retenant la qualité de coemployeur en se fondant sur la confusion d'intérêts, d'activités et de direction.** En relevant spécialement la gestion du personnel ou la dépendance hiérarchique des cadres dirigeants de la filiale par la société mère : ▪ Cass. soc., 22 juin 2011, n° 09-69.021 : *BJS* 2011, p. 906, note N. Morelli. ▪ Cass. soc., 28 sept. 2011, n° 10-12.278 : *BJS* 2012, p. 59, note N. Morelli. ▪ Cass. soc., 12 sept. 2012, n° 11-12.351 : *BJS* 2012, p. 881, note G. Auzero. – En relevant que les deux sociétés ont le même gérant, des locaux et des sièges sociaux situés à la même adresse, des activités pour partie similaires et, pour le reste, complémentaires, et que les contrats de travail prévoient tous que le salarié doit rendre des comptes et recevoir des instructions des mêmes personnes : ▪ Cass. soc., 23 sept. 2015, n° 14-16.538 : *BJS* 2015, p. 631, note G. Auzero. – V. égal., ▪ CA Toulouse, 7 févr. 2013, n° 12/04150 : *BJS* 2013, p. 361, note B. Saintourens.

c) **Rejet.** Une société faisant partie d'un groupe ne peut être considérée comme un coemployeur à l'égard du personnel employé par une autre, hors l'existence d'un lien de subordination, que s'il existe entre elles, au-delà de la nécessaire coordination des actions économiques entre les sociétés appartenant à un même groupe et de l'état de domination économique que cette appartenance peut engendrer, une confusion d'intérêts, d'activités et de direction se manifestant par une immixtion dans la gestion économique et sociale de cette dernière, ce que ne suffisent pas à caractériser ni l'existence d'une direction de groupe ni les décisions prises par la société mère dans le cadre de la politique du groupe de cesser l'activité d'une filiale : ▪ Cass. soc., 9 juin 2015, n° 13-26.558 : *BJS* 2015, p. 489, note N. Pelletier. ▪ Cass. soc., 31 mars 2016, n° 14-17.834 : *BJS* 2016, p. 600, note B. Géniault ; V. rejetant la qualité de coemployeur faute d'une telle confusion : ▪ Cass. soc., 6 juill. 2011, n° 09-69.689, PB : *BJS* 2011, p. 1024, note G. Auzero. – Rejet dans l'hypothèse où le salarié était lié aux deux sociétés par des contrats de travail, ces deux contrats demeurant distincts dès lors que la société mère ne s'était pas immiscée dans les relations entre sa filiale et son salarié : ▪ Cass. soc., 3 nov. 2011, n° 10-17.533 : *BJS* 2012, p. 357, note G. Dedessus-Le-Moustier. – Rejet dans l'hypothèse où la preuve d'une gestion commune du personnel des deux sociétés n'était pas rapportée : ▪ Cass. soc., 16 mai 2013, n° 11-25.711 : *BJS* 2013, p. 581, note N. Pelletier. ▪ Cass. soc., 25 sept. 2013, n° 12-14.353 : *BJS* 2013, p. 824, note P. Morvan. – Rejet dans l'hypothèse où les dirigeants de la filiale proviennent du groupe et où la société mère a pris dans le cadre de la politique du groupe des décisions affectant le devenir de la filiale et s'est engagée à fournir les moyens nécessaires au financement des mesures sociales liées à la fermeture du site et la suppression des emplois : ▪ Cass. soc., 22 oct. 2015, n° 14-15.780 : *BJS* 2016, p. 87, note G. Auzero. ▪ Cass. soc., 2 juill. 2014, n° 13-15.773, PB : *BJS* 2014, p. 394, note N. Pelletier ; *Rev. sociétés* 2014, p. 709, note A. Couret et M.-P. Schram. ▪ Cass. soc., 10 déc. 2015, n° 14-19.316 : *BJS* 2016, p. 115, note B. Géniaut ; ▪ Cass. soc., 4 févr. 2016, n° 14-24.050 : *BJS* 2016, p. 209, note R. Dammann et S. François ; ▪ Cass. com., 12 févr. 2016, n° 14-19.723 : *BJS* 2016, p. 209, note R. Dammann et S. François. – Ne suffit pas à caractériser le coemploi le fait que les dirigeants de la filiale proviennent du groupe et agissent en étroite collaboration avec la société mère, que la politique du groupe déterminée par la société mère ait une incidence sur la politique de développement ou la stratégie commerciale et sociale de sa filiale et que la société mère se soit engagée au cours du redressement judiciaire à prendre en charge le financement du plan de sauvegarde de l'emploi : ▪ Cass. com., 6 juill. 2016, n° 14-26.541, PB : *BJS* 2016, p. 597, note J.-P. Laborde. – V. égal., dans le cas où la société mère a apporté à sa filiale d'importants soutiens financiers et où existaient entre les deux une convention de trésorerie et une convention d'assistance rémunérée : ▪ Cass. soc., 7 mars 2017, n° 15-16.865, PB : *BJS* 2017, p. 288, note P. Morvan ; *Rev. sociétés* 2018, p. 58, note E. Schlumberger. ▪ Cass. soc., 13 juill. 2017, n° 16-13.399 : *BJS* 2017, p. 668, note C. Neau-Leduc. – Ne suffit pas à caractériser le coemploi le fait que la politique du groupe déterminée par la société mère ait une incidence sur l'activité économique et sociale de sa filiale, et que la société mère ait pris dans le cadre de cette politique des décisions affectant le devenir de sa filiale et se soit engagée à garantir l'exécution des obligations de sa filiale liées à la fermeture du site et à la suppression des emplois : ▪ Cass. com., 6 juill. 2016, n° 14-27.266, PB : *BJS* 2016, p. 597, note J.-P. Laborde ; *D.* 2016, p. 2096, note R. Dammann et S. François. – V. rejetant la qualité de coemployeur des filiales à l'égard du salarié de la société mère : ▪ Cass. soc., 15 sept. 2015, n° 14-10.060 : *BJS* 2015, p. 579, note G. Auzero.

d) **Responsabilité de la société mère en dépit du rejet du coemploi.** V. retenant la faute de la société mère, et donc sa responsabilité, pour avoir contribué de manière significative à la déconfiture de sa filiale et à la disparition des emplois qui en a résulté en dépit du rejet de la qualification de coemployeur : ▪ CA Douai, 31 janv. 2017, n° 13/03934 : *BJS* 2017, p. 626, note E. Mouial-Bassilana.

e) **Compétence juridictionnelle en matière de coemploi.**

Les juridictions françaises sont compétentes s'agissant de l'action de salariés domiciliés dans des États tiers à l'encontre de sociétés ayant leur siège social en France dont ils allèguent la qualité de coemployeur : ▪ Cass. soc., 28 janv. 2015, n° 13-22.994, PB : *Rev. sociétés* 2015, p. 753, note T. Mastrullo ; *BJS* 2015, p. 222, note F. Jault-Seseke. – Il n'y a pas litispendance internationale lorsque l'instance pendante devant une juridiction étrangère ne concerne que la société mère et que l'instance dont est saisie la juridiction française vise aussi des filiales : ▪ Cass. soc., 28 janv. 2015, n° 13-22.994, PB : *Rev. sociétés* 2015, p. 753, note T. Mastrullo ; *BJS* 2015, p. 222, note F. Jault-Seseke. ▪ Cass. soc., 13 janv. 2016, n° 14-18.566 : *BJS* 2016, p. 250, note J.-P. Laborde.

19) Licenciement du salarié d'une filiale et faute de la société mère. Si la fermeture définitive et totale de l'entreprise ne permet pas en elle-même, en l'absence de difficultés économiques, de déduire une faute ou une légèreté blâmable de l'employeur, la décision de fermeture d'une filiale prise par le groupe, non pas pour sauvegarder sa compétitivité, mais afin de réaliser des économies et d'améliorer sa propre rentabilité, au détriment de la stabilité de l'emploi dans la filiale, peut être constitutive d'une légèreté blâmable de l'employeur, ce dont il résulte que les licenciements se trouvent alors dépourvus de cause réelle et sérieuse : ▪ Cass. soc., 1er févr. 2011, n° 10-30.045, PB : *BJS* 2011, p. 215, note P. Morvan ; *Lexbase hebdo, éd. sociale*, 17 févr. 2011, n° 428, note G. Auzero ; *Rev. sociétés* 2011, p. 154, note A. Couret.

20) Mandat pour licencier un salarié de la filiale. Le directeur des ressources humaines de la société mère, qui n'est pas une personne étrangère aux filiales, peut en conséquence recevoir mandat pour procéder à l'entretien préalable et au licenciement d'un salarié employé par ces filiales, sans qu'il soit nécessaire que la délégation de pouvoirs soit donnée par écrit : ▪ Cass. soc., 23 sept. 2009, n° 07-44.200 : *BJS* 2010, p. 20, note N. Ferrier ; *D.* 2009, p. 2351, note S. Maillard. – Même solution, tout en constatant que la décision de licencier avait été ratifiée par l'employeur : ▪ Cass. soc., 16 janv. 2013, n° 11-26.398 : *BJS* 2013, p. 275, note P. Le Cannu ; *JCP* E 2013, 1286, note D. Jacotot et V. Thomas. – V. égal., retenant la validité du licenciement prononcé par le supérieur hiérarchique salarié de la société mère dès lors qu'il existait une convention d'assistance portant notamment sur la gestion du personnel de la filiale par la société mère : ▪ Cass. soc., 25 oct. 2011, n° 10-24.054 : *BJS* 2012, p. 256, note B. Saintourens. – Le gérant d'une société holding associée majoritaire n'est pas une personne étrangère à l'entreprise et peut en conséquence recevoir délégation du pouvoir de licencier : ▪ Cass. soc., 24 avr. 2013, n° 11-19.737 : *BJS* 2013, p. 549, note N. Ferrier. – Peut valablement être investi d'une délégation de pouvoir par le représentant légal de la filiale à 100 %, en vue de signer la lettre de licenciement d'un salarié de cette dernière, le directeur financier de la société mère, lequel n'est pas une personne étrangère à l'entreprise : ▪ Cass. soc., 30 juin 2015, n° 13-28.146 : *BJS* 2015, p. 433, note N. Ferrier ; *D.* 2015, p. 2301, note S. Vernac. – Le directeur général de la société mère qui supervise l'activité du salarié de la filiale n'est pas une personne étrangère à celle-ci de sorte qu'il peut régulièrement procéder au licenciement quand bien même aucune délégation de pouvoir ne lui a été consentie par écrit : ▪ Cass. soc., 13 juin 2018, n° 16-23.701, PB : *BJS* 2018, p. 498, note N. Ferrier.

21) Plan de sauvegarde de l'emploi et obligation de reclassement. L'obligation de reclasser les salariés dont le licenciement est envisagé et d'établir un plan de sauvegarde de l'emploi répondant aux moyens du groupe n'incombe qu'à l'employeur, de sorte qu'une autre filiale relevant du même groupe que la filiale employeur n'est pas, en cette seule qualité, débitrice envers les salariés de cette dernière d'une obligation de reclassement et qu'elle ne répond pas, à leur égard, des conséquences d'une insuffisance des mesures de reclassement prévues dans un plan de sauvegarde de l'emploi : ▪ Cass. soc., 13 janv. 2010, n° 08-15.776, PB : *JCP* E 2010, 1332, note P. Mélin et F. Mélin. – *Adde* G. Auzero, *Plan de sauvegarde de l'emploi et groupe de sociétés : Rev. Lamy social*, 2009, n° 1416, p. 6. – S. Béal et A.-L. Dodet, *L'obligation de reclassement et d'établir un plan de sauvegarde de l'emploi dans un groupe de sociétés : JCP* E 2010, 1206. – A. Couret et D. Dondero, *Le reclassement des salariés, le groupe de sociétés et le FCPR : JCP* E 2010, 1915.

V – GROUPE ET PROCÉDURES COLLECTIVES

22) Confusion de patrimoine. V. sous C. com., art. L. 621-2, annot. n° 3 et s., p. 1990.

23) Faillite internationale. V. sous Règl. (UE) n° 2015/848, 20 mai 2015, relatif aux procédures d'insolvabilité, p. 2223.

Section I. – Définitions

Art. L. 233-2 *(Anc. L. n° 66-537, 24 juill. 1966).* – **Lorsqu'une société possède dans une autre société une fraction du capital comprise entre 10 et 50 %, la première est considérée, pour l'application** *(Mots aj., Ord. n° 2015-900, 23 juill. 2015)* **« des sections 2 et 4 » du présent chapitre, comme ayant une participation dans la seconde.**

Voir : Non-prise en compte des actions à dividende prioritaire sans droit de vote, C. com., art. L. 228-35-11, p. 449.

Art. L. 233-3 *(Anc. L. n° 66-537, 24 juill. 1966 ; mod., L. n° 2001-420, 15 mai 2001 ; rempl., L. n° 2001-1168, 11 déc. 2001 ; L. n° 2005-842, 26 juill. 2005 ; Ord. n° 2015-1576, 3 déc. 2015).* – **I. – Toute personne, physique ou morale, est considérée, pour l'application des sections 2 et 4 du présent chapitre, comme en contrôlant une autre :**

1° Lorsqu'elle détient directement ou indirectement une fraction du capital lui conférant la majorité des droits de vote dans les assemblées générales de cette société ;

2° Lorsqu'elle dispose seule de la majorité des droits de vote dans cette société en vertu d'un accord conclu avec d'autres associés ou actionnaires et qui n'est pas contraire à l'intérêt de la société ;

3° Lorsqu'elle détermine en fait, par les droits de vote dont elle dispose, les décisions dans les assemblées générales de cette société.

4° Lorsqu'elle est associée ou actionnaire de cette société et dispose du pouvoir de nommer ou de révoquer la majorité des membres des organes d'administration, de direction ou de surveillance de cette société.

II. – Elle est présumée exercer ce contrôle lorsqu'elle dispose directement ou indirectement, d'une fraction des droits de vote supérieure à 40 % et qu'aucun autre associé ou actionnaire ne détient directement ou indirectement une fraction supérieure à la sienne.

III. – Pour l'application des mêmes sections de présent chapitre, deux ou plusieurs personnes agissant de concert sont considérées comme en contrôlant conjointement une autre lorsqu'elles déterminent en fait les décisions prises en assemblée générale.

Voir : Action de concert, C. com., art. L. 233-10, p. 505.

I – CONVENTIONS DE VOTE

1) Concert. Il résulte de l'article 355-1 de la loi du 24 juillet 1966 *[C. com., art. L. 233-3]* que la situation de contrôle envisagée par le texte ne pèse que sur une société et que l'unique accord envisagé est celui de la convention de vote qui instaure un transfert des voix possédées par une société à la société cocontractante ; il n'est en revanche aucunement fait mention explicite à la notion de concert qui peut recouvrir outre untransfert des voix, une simple concertation ou un partage. Cette définition n'a intentionnellement pas été modifiée par la loi du 2 août 1989 qui a introduit la notion d'action de concert dans l'article 356-1-3 *[C. com., art. L. 233-10]* pour la détermination des franchissements de seuils et pour le déclenchement de l'offre publique obligatoire ; il s'ensuit que le contrôle défini par l'article 355-1 *[C. com., art. L. 233-3]* est exclusif de la notion de concert : ▪ CA Paris, 20 févr. 1998 : *JurisData*n° 1998-020716 ; *JCP* E 1998, p. 705, note A. Viandier ; *Dr. sociétés* 1998, n° 81, note H. Hovasse ; *D. affaires* 1998, p. 540, note M. B. ; *BJS* 1998, p. 622, note P. Le Cannu ; *D.* 1999, somm. p. 253, note Y. Reinhard ; *RJDA* 1998, p. 279, note A. Couret. ▪ T. com. Paris, 20 juin 2000 : *JurisData* n° 2000-13397. – Pour une application directe de l'article 355-1 de la loi de 1966 *[C. com., art. L. 233-3]*, V. ▪ CA Paris, 7 oct. 1997 : *JCP* E 1997, II, 1030, note A. Couret.

2) La constitution d'une personne morale ayant pour objet d'acquérir et de gérer la majorité des titres représentant le capital d'une autre société n'est pas en elle-même une opération illicite et aucune règle ne permet d'affirmer que la **création d'une société de portefeuille,** n'aurait-elle qu'une seule filiale, doive par principe être assimilée à une convention de vote prohibée : ▪ CA Paris, 20 oct. 1980 : *Rev. sociétés* 1980, p. 774, note A. Viandier. – Comp. ▪ T. com. Paris, 1er août 1974 : *Rev. sociétés* 1974, p. 684, note B. Oppetit. ▪ Cass. com., 2 juill. 1985 : *Dr. sociétés* 1985, n° 12. ▪ CA Paris, 18 juin 1986 : *JCP* E 1986, 15846, n° 29, obs. A. Viandier et J.-J. Caussain.

II – CONVENTIONS DE TRÉSORERIE

Bibliographie : A. Bienvenu, *Les conventions de trésorerie dans les groupes de sociétés*, Thèse, Bibl. Dr. de l'entreprise, 2011. – J.-Cl. Hallouin et P. Bouteiller, *Centralisation de trésorerie dans les groupes : Act. prat.* juill.-août 2006. – A. Viandier, *Les opérations financières au sein des groupes de sociétés : JCP* E 1985, 14447.

3) Conditions du contrôle effectif. Lorsqu'une personne physique dirige deux sociétés en détenant une participation majoritaire dans le capital de la première et une participation égalitaire dans le capital de la seconde, la condition d'un contrôle effectif, posée par l'article L. 511-7, I, 3° du Code monétaire et financier, est remplie entre ces deux sociétés sœurs, peu important que ce contrôle soit assuré par une personne physique en qualité d'entrepreneur individuel ou de dirigeant de société : ▪ Cass. com., 10 déc. 2003 : *D.* 2004, p. 2930, obs. J.-Cl. Hallouin ; *Rev. sociétés* 2004, p. 669, note J.-J. Daigre.

4) Convention de trésorerie et compte-courant. V. ▪ Cass. com., 22 mai 2013, n° 12-14.221.

III – CONTRÔLE CONJOINT

5) Définition. Le contrôle conjoint est caractérisé dès lors que deux ou plusieurs personnes déterminent en commun les décisions des assemblées générales d'une société, dans le cadre d'un accord relatif à l'exercice de leurs droits de vote et tendant à la mise en œuvre d'une politique commune à l'égard de cette société : CSA, 14 oct. 2015, n° 2015-367 : *JO* 20 oct. 2015 : *BJS* 2016, p. 253, note P. Kasparian. – V. égal., pour l'action de concert : C. com., art. L. 233-10, p. 505.

Code monétaire et financier

Art. L. 511-5 *(Rempl., Ord. n° 2013-544, 27 juin 2013).* **–** Il est interdit à toute personne autre qu'un établissement de crédit ou une société de financement d'effectuer des opérations de crédit à titre habituel.

Il est, en outre, interdit à toute personne autre qu'un établissement de crédit de recevoir à titre habituel des fonds remboursables du public ou de fournir des services bancaires de paiement.

....

Art. L. 511-7 *(L. n° 2003-706, 1er août 2003).* **–** I. – Les interdictions définies à l'article L. 511-5 ne font pas obstacle à ce qu'une entreprise, quelle que soit sa nature, puisse : [...]

3. Procéder à des opérations de trésorerie avec des sociétés ayant avec elle, directement ou indirectement, des liens de capital conférant à l'une des entreprises liées un pouvoir de contrôle effectif sur les autres ; [...]

Art. L. 233-4 *(Anc. L. n° 66-537, 24 juill. 1966).* **– Toute participation au capital même inférieure à 10 % détenue par une société contrôlée est considérée comme détenue indirectement par la société qui contrôle cette société.**

Bibliographie : H. Le Nabasque, *La notion de « participation indirecte » en droit des sociétés : BJS* 2016, p. 176.

Art. L. 233-5 *(Anc. L. n° 66-537, 24 juill. 1966 ; mod., L. n° 2003-706, 1er août 2003 ; Ord. n° 2009-80, 22 janv. 2009).* **– Le ministère public et l'Autorité des marchés financiers pour les sociétés dont les actions sont admises aux négociations sur un marché d'instruments financiers mentionné au II de l'article L. 233-7 sont habilités à agir en justice pour faire constater l'existence d'un contrôle sur une ou plusieurs sociétés.**

Art. L. 233-5-1 *(L. n° 2010-788, 12 juill. 2010).* **– La décision par laquelle une société qui possède plus de la moitié du capital d'une autre société au sens de l'article L. 233-1, qui détient une participation au sens de l'article L. 233-2 ou qui exerce le contrôle sur une société au sens de l'article L. 233-3 s'engage à prendre à sa charge, en cas de défaillance de la société qui lui est liée, tout ou partie des obligations de prévention et de réparation qui incombent à cette dernière en application des articles L. 162-1 à L. 162-9 du Code de l'environnement est soumise, selon la forme de la société, à la procédure mentionnée aux articles L. 223-19, L. 225-38, L. 225-86, L. 226-10 ou L. 227-10 du présent code.**

Voir : Voir sous C. com., art. L. 225-102-1, p. 319.

Section II. – Des notifications et des informations

Art. L. 233-6 *(Anc. L. n° 66-537, 24 juill. 1966).* **– Lorsqu'une société a pris, au cours d'un exercice, une participation dans une société ayant son siège social sur le territoire de la République française représentant plus du vingtième, du dixième, du cinquième, du tiers ou de la moitié du capital de cette société ou s'est assuré le contrôle d'une telle société, il en est fait mention dans le rapport présenté aux associés sur les opérations de l'exercice et, le cas échéant, dans le rapport des commissaires aux comptes.**

Le conseil d'administration, le directoire ou le gérant d'une société rend compte dans son rapport de l'activité et des résultats de l'ensemble de la société, des filiales de la société et des sociétés qu'elle contrôle par branche d'activité. Lorsque cette société établit et publie des comptes consolidés, le rapport ci-dessus mentionné peut être inclus dans le rapport sur la gestion du groupe mentionné à l'article L. 233-26.

1) **Obligation fondamentale.** La délégation de pouvoirs du président-directeur général imprécise ne saurait faire échec au délit de non-déclaration de franchissement de seuil à la baisse. Cette déclaration constitue « une obligation fondamentale destinée à assurer l'information et l'égalité des opérateurs » : ▪ T. com. Paris, 30 juin 1992 : *RJDA* 1993, p. 344. ▪ CA Paris, 15 mars 1993 : *JCP* E 1993, pan. 566 ; *Bull. Joly Bourse* 1993, p. 279.

2) **Sanctions.** À propos du caractère facultatif de la sanction du défaut de déclaration de seuil, V. ▪ CA Versailles, 9 avr. 1992 : *BJS* 1992, p. 631, note P. Le Cannu. – Sur la suspension des droits de vote pour non-respect des règles de franchissement de seuil, V. ▪ T. com. Nîmes, 26 févr. 1992 : *JCP* E 1992, I, 145, obs. A. Viandier et J.-J. Caussain.

Art. L. 233-7 *(Anc. L. n° 66-537, 24 juill. 1966 ; mod., L. n° 2001-420, 15 mai 2001 ; L. n° 2003-706, 1er août 2003 ; Ord. n° 2004-604, 24 juin 2004 ; L. n° 2004-1343, 9 déc. 2004 ; L. n° 2005-842, 26 juill. 2005 ; L. n° 2007-1174, 17 déc. 2007 ; Ord. n° 2009-15, 8 janv. 2009 ; Ord. n° 2009-105, 30 janv. 2009 ; L. n° 2012-387, 22 mars 2012 ; L. n° 2016-1691, 9 déc. 2016).* – I. – Lorsque les actions d'une société ayant son siège sur le territoire de la République sont admises aux négociations sur un marché réglementé d'un État partie à l'accord sur l'Espace économique européen ou sur un marché d'instruments financiers admettant aux négociations des actions pouvant être inscrites en compte chez un intermédiaire mentionné à l'article L. 211-3 du Code monétaire et financier, toute personne physique ou morale agissant seule ou de concert qui vient à posséder, directement ou indirectement, un nombre d'actions représentant plus du vingtième, du dixième, des trois vingtièmes, du cinquième, du quart, des trois dixièmes, du tiers, de la moitié, des deux tiers, des dix-huit vingtièmes ou des dix-neuf vingtièmes du capital ou des droits de vote informe la société dans un délai fixé par décret en Conseil d'État, à compter du franchissement du seuil de participation, du nombre total d'actions ou de droits de vote qu'elle possède.

L'information mentionnée à l'alinéa précédent est également donnée dans les mêmes délais lorsque la participation en capital ou en droits de vote devient inférieure aux seuils mentionnés par cet alinéa.

La personne tenue à l'information prévue au premier alinéa précise en outre dans sa déclaration :

a) Le nombre de titres qu'elle possède donnant accès à terme aux actions à émettre et les droits de vote qui y seront attachés ;

b) Les actions déjà émises que cette personne peut acquérir, en vertu d'un accord ou d'un instrument financier mentionné à l'article L. 211-1 du Code monétaire et financier, sans préjudice des dispositions des 4° et 4° *bis* du I de l'article L. 233-9 du présent code. Il en est de même pour les droits de vote que cette personne peut acquérir dans les mêmes conditions.

II. – La personne tenue à l'information mentionnée au I informe également l'Autorité des marchés financiers, dans un délai et selon des modalités fixés par son règlement général, à compter du franchissement du seuil de participation, lorsque les actions de la société sont admises aux négociations sur un marché réglementé ou sur un marché d'instruments financiers autre qu'un marché réglementé, à la demande de la personne qui gère ce marché d'instruments financiers. Dans ce dernier cas, l'information due à la société et à l'Autorité des marchés financiers peut ne porter que sur une partie des seuils mentionnés au I, dans les conditions fixées par le règlement général de l'Autorité des marchés financiers. Cette information est portée à la connaissance du public dans les conditions fixées par le règlement général de l'Autorité des marchés financiers.

Le règlement général précise également les modalités de calcul des seuils de participation.

III. – Les statuts de la société peuvent prévoir une obligation supplémentaire d'information portant sur la détention de fractions du capital ou des droits de vote inférieures à celle du vingtième mentionnée au I. L'obligation porte sur la détention de chacune de ces fractions, qui ne peuvent être inférieures à 0,5 % du capital ou des droits de vote.

IV. – Les obligations d'information prévues aux I, II et III du présent article ainsi que l'obligation d'information prévue au I de l'article L. 225-126 ne s'appliquent pas aux actions, accords et instruments financiers mentionnés au présent article ainsi qu'au I de l'article L. 233-9, et qui ont pour caractéristique d'être :

1° Acquis aux seules fins de la compensation, du règlement ou de la livraison d'instruments financiers, dans le cadre habituel du cycle de règlement à court terme défini par le règlement général de l'Autorité des marchés financiers ;

2° Détenus par les teneurs de comptes conservateurs dans le cadre de leur activité de tenue de compte et de conservation ;

3° Détenus par un prestataire de services d'investissement dans son portefeuille de négociation au sens de l'article 11 de la directive 2006/49/CE du Parlement et du Conseil du 14 juin 2006 sur l'adéquation des fonds propres des entreprises d'investissement et des établissements de crédit à condition que ces actions ne représentent pas une quotité du capital ou des droits de vote de l'émetteur de ces titres supérieure à un seuil fixé par le règlement général de l'Autorité des marchés financiers et que les droits de vote attachés à ces titres ne soient pas exercés ni autrement utilisés pour intervenir dans la gestion de l'émetteur ;

4° Remis aux membres du Système européen de banques centrales ou par ceux-ci dans l'exercice de leurs fonctions d'autorités monétaires, dans les conditions fixées par le règlement général de l'Autorité des marchés financiers ;

5° Acquis à des fins de stabilisation conformément au règlement (UE) n° 596/2014 du Parlement européen et du Conseil du 16 avril 2014 sur les abus de marché (règlement relatif aux abus de marché) et abrogeant la directive 2003/6/CE du Parlement européen et du Conseil et les directives 2003/124/CE, 2003/125/CE et 2004/72/CE de la Commission, pour autant que les droits de vote attachés auxdites actions ne soient pas exercés ni utilisés autrement pour intervenir dans la gestion de l'émetteur.

V. – Les obligations d'information prévues aux I, II et III ne s'appliquent pas :

1° Au teneur de marché lors du franchissement du seuil du vingtième du capital ou des droits de vote dans le cadre de la tenue de marché, à condition qu'il n'intervienne pas dans la gestion de l'émetteur dans les conditions fixées par le règlement général de l'Autorité des marchés financiers ;

2° Lorsque la personne mentionnée au I est contrôlée, au sens de l'article L. 233-3, par une entité soumise à l'obligation prévue aux I à III pour les actions détenues par cette personne ou que cette entité est elle-même contrôlée, au sens de l'article L. 233-3, par une entité soumise à l'obligation prévue aux I à III pour ces mêmes actions.

VI. – En cas de non-respect de l'obligation d'information mentionnée au III, les statuts de la société peuvent prévoir que les dispositions des deux premiers alinéas de l'article L. 233-14 ne s'appliquent qu'à la demande, consignée dans le procès-verbal de l'assemblée générale, d'un ou plusieurs actionnaires détenant une fraction du capital ou des droits de vote de la société émettrice au moins égale à la plus petite fraction du capital dont la détention doit être déclarée. Cette fraction ne peut toutefois être supérieure à 5 %.

VI *bis*. – Le règlement général de l'Autorité des marchés financiers précise les cas et conditions dans lesquels une modification de la répartition de la participation entre les différents types d'instruments mentionnés au I du présent article et de l'article L. 233-9 oblige la personne tenue à l'information mentionnée aux I et II du présent article à déclarer un franchissement d'un seuil prévu au I.

VII. – Lorsque les actions de la société sont admises aux négociations sur un marché réglementé, la personne tenue à l'information prévue au I est tenue de déclarer, à l'occasion des franchissements de seuil du dixième, des trois vingtièmes, du cinquième ou du quart du capital ou des droits de vote, les objectifs qu'elle a l'intention de poursuivre au cours des six mois à venir.

Cette personne précise dans sa déclaration :

a) Les modes de financement de l'acquisition ;

b) Si elle agit seule ou de concert ;

c) Si elle envisage d'arrêter ses achats ou de les poursuivre et d'acquérir ou non le contrôle de la société ;

d) La stratégie qu'elle envisage vis-à-vis de l'émetteur et les opérations pour la mettre en œuvre ;

e) Ses intentions quant au dénouement des accords et instruments mentionnés aux 4° et 4° *bis* du I de l'article L. 233-9, si elle est partie à de tels accords ou instruments ;

f) Tout accord de cession temporaire ayant pour objet les actions et les droits de vote ;

g) Si elle envisage de demander sa nomination ou celle d'une ou plusieurs personnes comme administrateur, membre du directoire ou du conseil de surveillance.

Le règlement général de l'Autorité des marchés financiers précise le contenu de ces éléments en tenant compte, le cas échéant, du niveau de la participation et des caractéristiques de la personne qui procède à la déclaration.

Cette déclaration est adressée à la société dont les actions ont été acquises et doit parvenir à l'Autorité des marchés financiers dans des délais fixés par décret en Conseil d'État. Cette information est portée à la connaissance du public dans les conditions fixées par le règlement général de l'Autorité des marchés financiers.

En cas de changement d'intention dans le délai de six mois à compter du dépôt de cette déclaration, une nouvelle déclaration motivée doit être adressée à la société et à l'Autorité des marchés financiers sans délai et portée à la connaissance du public dans les mêmes conditions. Cette nouvelle déclaration fait courir à nouveau le délai de six mois mentionné au premier alinéa.

Voir : C. com., art. R. 233-1, p. 691. – Règlement général de l'Autorité des marchés financiers, art. 223-11 et s., p. 509.
Notion d'action de concert, C. com., art. L. 233-10, p. 505. – **Privation ou suspension du droit de vote,** C. com., art. L. 233-14, p. 508. – **Sanctions pénales,** C. com., art. L. 247-2, p. 599.

Bibliographie : F. Bucher, *Le nouveau dispositif sur les franchissements de seuil après la loi Breton du 26 juillet 2005 : BJS* 2005, p. 1307. • P.-H. Conac, *Le nouveau régime des franchissements de seuils issu de l'ordonnance du 30 janvier 2009 et du règlement général de l'AMF : Rev. sociétés* 2009, p. 477. • A. Couret, *La méconnaissance des obligations de déclaration de franchissement de seuils : RJDA* 2004, 227. • H. Hovasse, *Pouvoir du bureau de l'assemblée des actionnaires, franchissement de seuil et action de concert : Dr. sociétés* août-sept. 2007, repère p. 8. • M. Lay, *La réforme juridique des déclarations de franchissement de seuils : JCP* E 2005, p. 1285. • F. Martin-Laprade, *Franchissement de seuil : plaidoyer en faveur d'une véritable réforme : BJS* 2011, p. 946. • A. Omaggio, *Ordonnance du 30 janvier 2009 : regard critique sur la réforme relative aux déclarations de franchissement de seuils et aux déclarations d'intention : Dr. sociétés* avr. 2009, n° 4. • F. Peltier et C. Maison-Blanche, *Déclarations de franchissement de seuils : JCP* E 2009, 1509. • A. Viandier, *La réforme du régime des franchissements de seuils et des déclarations d'intention par l'ordonnance n° 2009-105 du 30 janvier 2009 : JCP* E 2009, 1248.

1) Défaut de déclaration et régularisation. Le nombre d'actions et de droits de vote dont la loi impose la déclaration étant celui qui est détenu au jour du franchissement de seuils et non au jour de la déclaration, les déclarations intervenues à l'occasion d'un second franchissement de seuil ne peuvent valoir régularisation du défaut de déclaration de franchissement d'un seuil précédent dont le défaut de déclaration doit en conséquence emporter application des sanctions légalement prévues : ▪ Cass. com., 10 mai 2006, n° 04-10.696 : *JurisData* n° 2006-033534 ; *BJS* 2006, p. 1143, note J.-J. Daigre ; *D.* 2006, p. 1457, note A. Lienhard ; *JCP* E 2006, 1955.

2) Pouvoir de police du bureau. Aucun texte n'attribue au bureau de l'assemblée le pouvoir de priver des actionnaires de leurs droits de vote au motif qu'ils n'auraient pas satisfait à l'obligation de notifier le franchissement d'un seuil de participation dès lors que l'existence de l'action de concert d'où résulterait cette obligation est contestée : ▪ Cass. com., 15 mai 2012, n°s 10-23.389 et 11-11.633, PB : *BJS* 2012, p. 557, note H. Le Nabasque ; *JCP* E 2012, 1453, note A. Couret et B. Dondero ; *Rev. sociétés* 2012, p. 514, note Y. Paclot, rejetant le pourvoi contre : ▪ CA Versailles, 10 juin 2010, n° 09/02107 : *Rev. sociétés* 2011, p. 106, note Y. Paclot. – V. dans le même sens : ▪ T. com. Nanterre, 6 mai 2008 : *D.* 2008, p. 1479 ; *JCP* E 2008, act. 260 ; *Rev. sociétés* 2008, p. 842, note Y. Paclot ; confirmé par ▪ CA Versailles, 28 oct. 2010, n° 09/08083 : *BJS* 2011, p. 197, note D. Schmidt ; *Dr. sociétés* 2011, n° 95, obs. R. Mortier. – Même solution, ▪ Cass. com., 10 févr. 2015, n° 13-14.778, PB : *BJS* 2015, p. 182, note H. Le Nabasque ; *Dr. sociétés* 2015, n° 73, obs. M. Torck. – Néanmoins, en l'absence de contestation, le bureau a un pouvoir de police de l'assemblée et, notamment, le pouvoir et le devoir de contrôler l'exercice des droits de vote, ce qui l'autorise notamment, le bureau agissant comme un premier juge de l'évidence, à écarter du vote, en cas d'indices graves, précis et concordants, ceux des associés qui n'ont pas respecté les dispositions relatives au franchissement de seuil et à l'action de concert *[C. com., art. L. 233-7]* : ▪ CA Paris, 2 oct. 2012, n° 10/22201 : *JCP* E 2012, 1778, note Ph. Brunswick et A. Pottier. – V. égal. ▪ CA Versailles, 27 juin 2007, n° 07-04540 : *BJS* 2007, p. 1192, note M. Storck. – L'existence du concert étant invoquée devant le bureau de l'assemblée générale, et non contestée devant celui-ci, le bureau a compétence pour constater le concert et appliquer les limitations de droit de vote résultant du défaut de déclaration de franchissements de seuil : ▪ Cass. com., 27 juin 2018, n° 15-29.366 : *BJS* 2019, p. 562, note D. Schmidt ; *Dr. sociétés* 2018, n° 170, obs. R. Vabres ; rejetant le pourvoi contre, CA Paris, 5 nov. 2015, n° 15/03651 : *BJS* 2016, p. 258, note D. Schmidt ; *Dr. sociétés* 2016, n° 46, obs. R. Vabres. – *Adde* H. Hovasse, *Pouvoir du bureau de l'assemblée des actionnaires, franchissement de seuil et action de concert : Dr. sociétés* août-sept. 2007, repère p. 8. – J.-P. Valuet, *Le bureau de l'assemblée générale des actionnaires : Rev. sociétés* 2013, p. 543.

3) Fusion-absorption. La société absorbante, ayant cause universelle de la société absorbée, n'a pas à renouveler la déclaration de franchissement de seuil à laquelle a procédé la société absorbée au titre de l'acquisition des actions transmises par l'effet de la fusion : ▪ Cass. com., 26 mars 2008, n° 06-20.156 : *BJS* 2008, p. 489, note P. Le Cannu ; *Dr. sociétés* 2008, n° 188, obs. Th. Bonneau ; *Rev. sociétés* 2008, p. 834, note H. Le Nabasque.

Art. L. 233-7-1 *(L. n° 2009-1255, 19 oct. 2009 ; L. n° 2016-1691, 9 déc. 2016)*. – **Lorsque les actions de la société ont cessé d'être admises aux négociations sur un marché réglementé pour être admises aux négociations sur un système multilatéral de négociation soumis aux dispositions du II de l'article L. 433-3 du Code monétaire et financier, la personne tenue à l'information mentionnée au I de l'article L. 233-7 du présent code informe également l'Autorité des marchés financiers dans un délai et selon des modalités fixées par son règlement général, à compter du franchissement du seuil de participation, pendant une durée de trois ans à**

compter de la date à laquelle ces actions ont cessé d'être admises aux négociations sur un marché réglementé. Cette information est portée à la connaissance du public dans les conditions fixées par le règlement général de l'Autorité des marchés financiers.

L'alinéa précédent est applicable aux sociétés dont la capitalisation boursière est inférieure à un milliard d'euros.

Le VII de l'article L. 233-7 est également applicable à la personne mentionnée au premier alinéa du présent article.

Art. L. 233-8 *(Anc. L. n° 66-537, 24 juill. 1966 ; mod., L. n° 2003-706, 1er août 2003 ; rempl., L. n° 2005-842, 26 juill. 2005 ; mod., L. n° 2007-1774, 17 déc. 2007 ; L. n° 2010-1249, 22 oct. 2010 ; L. n° 2012-387, 22 mars 2012 ; L. n° 2016-1691, 9 déc. 2016)*. **– I. – Au plus tard dans les quinze jours qui suivent l'assemblée générale ordinaire, toute société par actions informe ses actionnaires du nombre total de droits de vote existant à cette date. Néanmoins, les sociétés dont les actions ne sont pas admises aux négociations sur un marché réglementé ne sont pas tenues à cette information lorsque le nombre de droits de vote n'a pas varié par rapport à celui de la précédente assemblée générale ordinaire. Dans la mesure où, entre deux assemblées générales ordinaires, le nombre de droits de vote varie d'un pourcentage fixé par arrêté du ministre chargé de l'économie, par rapport au nombre déclaré antérieurement, la société, lorsqu'elle en a connaissance, informe ses actionnaires.**

II. – Les sociétés mentionnées au I de l'article L. 233-7 dont des actions sont admises aux négociations sur un marché réglementé d'un État partie à l'accord sur l'Espace économique européen ou dont les actions sont admises aux négociations sur un système multilatéral de négociation soumis aux dispositions du II de l'article L. 433-3 du Code monétaire et financier dans les conditions déterminées par le règlement général de l'Autorité des marchés financiers publient chaque mois le nombre total de droits de vote et le nombre d'actions composant le capital de la société s'ils ont varié par rapport à ceux publiés antérieurement, dans des conditions et selon des modalités fixées par le règlement général de l'Autorité des marchés financiers. Ces sociétés sont réputées remplir l'obligation prévue au I.

Voir : C. com., art. R. 233-2, p. 691. - Règlement général de l'Autorité des marchés financiers, art. 223-16, p. 513.

Code de commerce

Partie Arrêtés

Art. A. 233-1 *(A. 14 janv. 2009)*. **–** Le pourcentage prévu à l'article L. 233-8 est fixé à 5 %.

Art. L. 233-9 *(Anc. L. n° 66-537, 24 juill. 1966 ; rempl., L. n° 2005-842, 26 juill. 2005 ; mod., Ord. n° 2009-105, 30 janv. 2009 ; L. n° 2012-387, 22 mars 2012 ; Ord. n° 2013-676, 25 juill. 2013)*. **– I. – Sont assimilés aux actions ou aux droits de vote** *(Mots rempl., Ord. n° 2015-1576, 3 déc. 2015)* **« mentionnés » au I de l'article L. 233-7 :**

1° Les actions ou les droits de vote possédés par d'autres personnes pour le compte de cette personne ;

2° Les actions ou les droits de vote possédés par les sociétés que contrôle cette personne au sens de l'article L. 233-3 ;

3° Les actions ou les droits de vote possédés par un tiers avec qui cette personne agit de concert ;

4° Les actions déjà émises que cette personne, ou l'une des personnes mentionnées aux 1° à 3° est en droit d'acquérir à sa seule initiative, immédiatement ou à terme, en vertu d'un accord ou d'un instrument financier mentionné à l'article L. 211-1 du Code monétaire et financier. Il en va de même pour les droits de vote que cette personne peut acquérir dans les mêmes conditions ;

4° *bis (Mod., Ord. n° 2015-1576, 3 déc. 2015)* **Les actions déjà émises sur lesquelles porte tout accord ou instrument financier mentionné à l'article L. 211-1 du Code monétaire et financier ayant pour cette personne ou l'une des personnes mentionnées aux 1° et 3° un effet économique similaire à la possession desdites actions, que cet accord ou instrument financier donne droit à un règlement physique ou à un règlement en espèces. Il en va de même pour les droits de vote sur lesquels porte, dans les mêmes conditions, tout accord ou instrument financier ;**

5° Les actions dont cette personne a l'usufruit ;

6° Les actions ou les droits de vote possédés par un tiers avec lequel cette personne a conclu un accord de cession temporaire portant sur ces actions ou droits de vote ;

7° Les actions déposées auprès de cette personne, à condition que celle-ci puisse exercer les droits de vote qui leur sont attachés comme elle l'entend en l'absence d'instructions spécifiques des actionnaires ;

8° Les droits de vote que cette personne peut exercer librement en vertu d'une procuration en l'absence d'instructions spécifiques des actionnaires concernés.

Le règlement général de l'Autorité des marchés financiers fixe les conditions *(Mots aj., Ord. n° 2015-1576, 3 déc. 2015)* « et modalités » d'application des 4° et 4° *bis*, en particulier les conditions dans lesquelles un accord ou instrument financier est considéré comme ayant un effet économique similaire à la possession d'actions.

II. – Ne sont pas assimilées aux actions ou aux droits de vote *(Mots rempl., Ord. n° 2015-1576, 3 déc. 2015)* « mentionnés » au I de l'article L. 233-7 :

1° Les actions détenues par les organismes de placement collectif en valeurs mobilières ou les placements collectifs relevant des paragraphes 1, 2 et 6 de la sous-section 2, du paragraphe 2 ou du sous-paragraphe 1 du paragraphe 1 de la sous-section 3, ou de la sous-section 4 de la section 2 du chapitre IV du titre Ier du livre II du Code monétaire et financier ou les SICAF gérés par une société de gestion de portefeuille contrôlée par cette personne au sens de l'article L. 233-3, dans les conditions fixées par le règlement général de l'Autorité des marchés financiers sauf exceptions prévues par ce même règlement ;

2° Les actions détenues dans un portefeuille géré par un prestataire de services d'investissement contrôlé par cette personne au sens de l'article L. 233-3, dans le cadre du service de gestion de portefeuille pour compte de tiers dans les conditions fixées par le règlement général de l'Autorité des marchés financiers, sauf exceptions prévues par ce même règlement.

3° *(Abr., Ord. n° 2015-1576, 3 déc. 2015).*

Voir : Règlement général de l'Autorité des marchés financiers, art. 223-11 et s., p. 509.

Notion d'action de concert, C. com., art. L. 233-10, p. 505.

Interprétation de l'article L. 239-9, I, 2°. Jugé que l'article L. 239-9, I, 2° n'est pas applicable à la détention exclusivement indirecte de titres et aux franchissements de seuils qui leur sont liés : ■ CA Paris, 24 juin 2014, n° 2013/06665 : *Dr. sociétés* 2014, n° 149, obs. S. Torck.

Art. L. 233-10 ***(Anc. L. n° 66-537, 24 juill. 1966 ; mod., L. n° 2001-420, 15 mai 2001 ; L. n° 2001-1168, 11 déc. 2001 ; L. n° 2003-7, 3 janv. 2003 ; L. n° 2007-211, 19 févr. 2007 ; L. n° 2010-1249, 22 oct. 2010).*** **– I. – Sont considérées comme agissant de concert les personnes qui ont conclu un accord en vue d'acquérir, de céder ou d'exercer des droits de vote, pour mettre en œuvre une politique commune vis-à-vis de la société ou pour obtenir le contrôle de cette société.**

II. – Un tel accord est présumé exister :

1° Entre une société, le président de son conseil d'administration et ses directeurs généraux ou les membres de son directoire ou ses gérants ;

2° Entre une société et les sociétés qu'elle contrôle au sens de l'article L. 233-3 ;

3° Entre des sociétés contrôlées par la même ou les mêmes personnes ;

4° Entre les associés d'une société par actions simplifiée à l'égard des sociétés que celle-ci contrôle.

5° Entre le fiduciaire et le bénéficiaire d'un contrat de fiducie, si ce bénéficiaire est le constituant.

III. – Les personnes agissant de concert sont tenues solidairement aux obligations qui leur sont faites par les lois et règlements.

Bibliographie : J.-J. Daigre, *De l'action de concert après la décision du Conseil des marchés financiers du 13 novembre 1998 : JCP* E 1999, p. 660. ● O. Dexant de Bailliencourt, *Le public statement de l'Autorité européenne des marchés financiers relatif à l'action de concert : Rev. sociétés* 2015, p. 7. ● Ch. Goyet, *Action de concert, encore un effort pour être européen : D.* 2011, p. 536. ● P. Le Cannu, *L'action de concert : Rev. sociétés* 1991, p. 675. ● C. Goyet, *Le critère de l'action de concert selon Dominique Schmidt : éléments de discussion : Mél. D. Schmidt*, éd. Joly, 2005, p. 294. ● D. Martin et A. Viandier, *Lexique de l'action de concert : RJDA* 1992, p. 239. ● D. Schmidt, *Contrôle et action de concert : évolutions : JCP* E 2002, p. 72. ● D. Schmidt et Cl. Baj, *Réflexions sur la notion d'action de concert : RD bancaire et bourse* 1991, p. 86. ● A. Viandier, *Sécurité et transparence du marché financier : JCP* E 1989, 15612, n° 85 et s.

1) Caractère d'ordre public de la définition de l'action de concert. La définition posée par l'article 356-1-3 de la loi du 24 juillet 1966 *[C. com., art. L. 233-10]* n'admet aucune interprétation contraire, même au regard des dispositions de l'article 33 de la loi du 2 juillet 1996 posant le principe des offres publiques obligatoires et des prescriptions du règlement général du Conseil des marchés financiers relative aux offres publiques d'acquisition : ▪ CA Paris, 20 oct. 1998 : *JurisData* n° 1998-022524.

2) Action de concert retenue. *a)* La concertation à l'occasion de **l'achat en commun** d'actions et de leur reclassement réalise une action de concert : ▪ CA Paris, 24 juin 1991 : *BJS* 1991 et 289, p. 771 et 806, note A. Viandier ; *RJ com.* 1991, p. 305, note Ch. Goyet.

b) **Affaire** ***Sacyr/Eiffage.*** Les textes n'exigeant pas que l'accord résulte d'un écrit, ni qu'il revête un caractère contraignant, est rapportée la preuve d'une action de concert dans l'hypothèse d'acquisitions successives d'actions de la société Eiffage par la société Sacyr et d'autres sociétés ayant procédé, non d'un simple parallélisme des comportements, mais d'une démarche collective organisée tendant à la poursuite d'une finalité commune consistant à se grouper pour apparaître en force afin d'imposer ensemble, par surprise, lors de l'assemblée générale de la société, une recomposition à leur avantage du conseil d'administration leur permettant ensuite d'opérer un rapprochement entre les deux sociétés ; les obligations d'information relatives aux prises de participation n'ayant pas été respectées *[C. monét. fin., art. L. 451-2, p. 967]*, le projet d'offre public d'échange présenté par la société Sacyr, qui ne respectait pas les principes de transparence et de loyauté, a pu à bon droit être déclaré non conforme par l'AMF *[Règlement général de l'Autorité des marchés financiers, art. 231-3, p. 1177]* : ▪ CA Paris, 2 avr. 2008, n° 2007-11675 : *BJS* 2008, p. 411, note H. Le Nabasque ; *D.* 2008, p. 1057, note A. Lienhard ; *Dr. sociétés* 2008, n° 212, obs. Th. Bonneau. – D. Bureau et H. Letréguilly, *L'affaire « Sacyr/Eiffage » devant les tribunaux : beaucoup de questions et peu de réponses : D.* 2008, p. 2882. – *Adde* Y. Paclot, *Action de concert et offre publique : JCP* E 2008, 1828. – En l'absence d'accord écrit, l'existence d'une action de concert peut être démontrée par un faisceau d'indices graves, précis et concordants : ▪ Cass. com., 15 mai 2012, n°s 10-23.389 et 11-11.633, PB : *BJS* 2012, p. 557, note H. Le Nabasque ; *JCP* E 2012, 1453, note A. Couret et B. Dondero ; *Rev. sociétés* 2012, p. 514, note Y. Paclot. – Voir dans la même affaire, pour le **pouvoir de police du bureau de l'assemblée**, sous C. com., art. L. 233-7, annot. n° 1, p. 503.

c) **Affaire** ***Gecina.*** L'accord de concert conclu par les actionnaires de référence constitue une action de concert dès lors qu'il est établi que les opérations réalisées en exécution de cet accord ne caractérisent pas des démarches individuelles, mais relèvent d'un comportement commun, solidaire et assorti d'une dimension contraignante forte, entre ces personnes, en vue d'acquérir et d'exercer des droits de vote de la société, étant observé que ces opérations ne peuvent être exécutées sans une concertation mutuelle et réitérée à chaque étape entre les actionnaires et que, ce faisant, pendant la durée de l'accord, les actionnaires mettent en œuvre solidairement une politique consistant à restructurer à leur profit l'actionnariat de la société : ▪ CA Paris, 24 juin 2008, n° 2007-21048 : *Dr. sociétés* 2009, n° 213, obs. Th. Bonneau ; *BJS* 2009, p. 135, note H. Le Nabasque ; *Rev. sociétés* 2008, p. 644, note F. Martin Laprade. – Décision confirmée, avec la précision que l'ensemble des opérations, incluant le projet d'offre public de rachat, visait à réaliser la séparation de l'ensemble constitué par les sociétés concernées par la répartition de leur patrimoine au profit des actionnaires de référence et que cette politique commune, par là même exclusive d'un accord ponctuel, s'inscrivait dans la stratégie explicitement annoncée par le préambule de cet accord, peu important qu'il ne soit mis en œuvre que de manière temporaire ; qu'en conséquence ces actionnaires se trouvaient en situation de dépôt obligatoire d'un projet d'offre publique, peu important que les seuils rendant obligatoire un tel dépôt ne soient atteints qu'à l'aboutissement de l'action de concert : ▪ Cass. com., 27 oct. 2009, n° 08-18.819, PBIR : *BJS* 2010, p. 154, note H. Le Nabasque ; *D.* 2009, p. 2836, note D. Schmidt ; *Dr. sociétés* 2009, n° 52, obs. R. Mortier ; *Rev. sociétés* 2010, p. 112, note F. Martin Laprade. ▪ Cass. com., 27 oct. 2009, n° 08-17.782 : *BJS* 2010, p. 154, note H. Le Nabasque.

3) Action de concert non retenue. *a)* La Caisse des dépôts et consignations **ne peut être regardée comme ayant agi de concert** avec l'État en déposant un projet d'offre public d'achat des actions du Crédit foncier de France dans la mesure où la note d'information conjointe des deux sociétés et le communiqué du ministre de l'Économie indiquaient que le déposant agissait à la demande et pour le compte de l'État et que les actions seraient reprises par un établissement public dénommé Caisse nationale de crédit foncier dont la création sera proposée au Parlement et dans le cadre législatif qu'il définira : ▪ Cass. com., 16 déc. 1997 : *JurisData* n° 1997-005106 ; *JCP* E 1998, p. 251 ; *D.* 1999, somm. p. 254, obs. Y. Reinhard.

b) Le protocole ayant le caractère d'une **obligation morale** n'est pas constitutif d'une action de concert : ▪ T. com. Nîmes, 26 févr. 1992 : *JCP* E 1992, I, 145, n° 14, obs. A. Viandier et J.-J. Caussain ; *BJS* 1992, p. 536, note P. Le Cannu.

c) La détention de la majorité du capital et des droits de vote de la société ainsi que le fait que les intéressés soient les seuls membres du groupe familial à exercer des fonctions opérationnelles au sein du groupe sont insuffisants à démontrer qu'ils avaient conclu un accord en vue d'exercer les droits de vote pour mettre en œuvre une politique commune vis-à-vis de la société ou pour obtenir le contrôle de celle-ci : ▪ Cass. com., 22 nov. 2016, n° 15-11.063 : *BJS* 2017, n° 173, note A. Gaudemet ; *Dr. sociétés* 2016, n° 47, obs. R. Vabres ; *Rev. sociétés* 2017, p. 230, note O. Dexant-de Bailliencourt.

4) Présomption d'action de concert. Après avoir rappelé qu'aux termes de l'article 356-1-3 de la loi de 1966 *[C. com., art. L. 233-10]*, l'action de concert est présumée exister entre une société, le président de son conseil d'administration et ses directeurs généraux ou les membres de son directoire ou ses gérants, entre une société et les sociétés qu'elle contrôle au sens de l'article 355-1 *[C. com., art. L. 233-3]* et entre les sociétés contrôlées par la même ou les mêmes personnes, la cour d'appel en déduit justement que les dirigeants d'une société concernée par la négociation d'un bloc de contrôle et soumise à la procédure de garantie des cours étaient présumés avoir agi de concert, non comme vendeurs d'actions, mais en leur qualité de dirigeants sociaux : ▪ Cass. com., 4 juill. 1995 : *D.* 1996, p. 440, note Ch. Hannoun.

5) Portée de l'obligation solidaire des concertistes. L'obligation dont sont solidairement tenus les membres d'un concert à la suite d'un franchissement de seuils consiste dans le dépôt d'un projet d'offre publique d'acquisition, mais ne s'étend pas aux modalités de l'offre : ▪ Cass. com., 25 nov. 2014, n° 13-21.715 : *Dr. sociétés* 2015, n° 54, note S. Torck ; *Rev. sociétés* 2015, p. 185, note H. Le Nabasque.

Art. L. 233-10-1 *(L. n° 2006-387, 31 mars 2006)*. **– En cas d'offre publique d'acquisition, sont considérées comme agissant de concert les personnes qui ont conclu un accord avec l'auteur d'une offre publique visant à obtenir le contrôle de la société qui fait l'objet de l'offre. Sont également considérées comme agissant de concert les personnes qui ont conclu un accord avec la société qui fait l'objet de l'offre afin de faire échouer cette offre.**

Art. L. 233-11 *(Anc. L. n° 66-537, 24 juill. 1966 ; rempl., L. n° 2001-420, 15 mai 2001 ; mod., L. n° 2003-706, 1er août 2003)*. **– Toute clause d'une convention prévoyant des conditions préférentielles de cession ou d'acquisition d'actions admises aux négociations sur un marché réglementé et portant sur au moins 0,5 % du capital ou des droits de vote de la société qui a émis ces actions doit être transmise dans un délai de cinq jours de bourse à compter de la signature de la convention ou de l'avenant introduisant la clause concernée, à la société et à l'Autorité des marchés financiers. À défaut de transmission, les effets de cette clause sont suspendus, et les parties déliées de leurs engagements, en période d'offre publique.**

La société et l'Autorité des marchés financiers doivent également être informées de la date à laquelle la clause prend fin.

Les clauses des conventions conclues avant la date de publication de la loi n° 2001-420 du 15 mai 2001 relative aux nouvelles régulations économiques qui n'ont pas été transmises « à l'Autorité des marchés financiers » à cette date doivent lui être transmises, dans les mêmes conditions et avec les mêmes effets que ceux mentionnés au premier alinéa, dans un délai de six mois.

Les informations mentionnées aux alinéas précédents sont portées à la connaissance du public dans les conditions fixées par le règlement général de l'Autorité des marchés financiers.

Voir : Règlement général de l'Autorité des marchés financiers, art. 223-18, p. 514.

Bibliographie : A. Couret, *Le régime des offres publiques issu de la loi sur les nouvelles régulations économiques : D.* 2001, p. 1178. • V. Medail et P. Vergnole, *La réforme des offres publiques par la loi sur les nouvelles régulations économiques : BJS* 2001, p. 766.

Art. L. 233-12 *(Anc. L. n° 66-537, 24 juill. 1966)*. **– Lorsqu'une société est contrôlée directement ou indirectement par une société par actions, elle notifie à cette dernière et à chacune des sociétés participant à**

ce contrôle le montant des participations qu'elle détient directement ou indirectement dans leur capital respectif ainsi que les variations de ce montant.

Les notifications sont faites dans le délai d'un mois à compter soit du jour où la prise de contrôle a été connue de la société pour les titres qu'elle détenait avant cette date, soit du jour de l'opération pour les acquisitions ou aliénations ultérieures.

Voir : Sanctions pénales, C. com., art. L. 247-2, p. 599.

Art. L. 233-13 ***(Anc. L. n° 66-537, 24 juill. 1966 ; mod., L. n° 2005-842, 26 juill. 2005 ; L. n° 2007-1774, 17 déc. 2007).*** **– En fonction des informations reçues en application des articles L. 233-7 et L. 233-12, le rapport présenté aux actionnaires sur les opérations de l'exercice mentionne l'identité des personnes physiques ou morales détenant directement ou indirectement plus du vingtième, du dixième, des trois vingtièmes, du cinquième, du quart, du tiers, de la moitié, des deux tiers, des dix-huit vingtièmes ou des dix-neuf vingtièmes du capital social ou des droits de vote aux assemblées générales. Il fait également apparaître les modifications intervenues au cours de l'exercice. Il indique le nom des sociétés contrôlées et la part du capital de la société qu'elles détiennent. Il en est fait mention, le cas échéant, dans le rapport des commissaires aux comptes.**

Voir : Sanctions pénales, C. com., art. L. 247-2, p. 599.

Art. L. 233-14 ***(Anc. L. n° 66-537, 24 juill. 1966 ; mod., L. n° 2003-7, 3 janv. 2003 ; Ord. n° 2004-604, 24 juin 2004 ; L. n° 2005-842, 26 juill. 2005 ; L. n° 2007-1774, 17 déc. 2007 ; Ord. n° 2009-15, 8 janv. 2009 ; Ord. n° 2009-105, 30 janv. 2009 ; L. n° 2012-387, 22 mars 2012).*** **– L'actionnaire qui n'aurait pas procédé régulièrement aux déclarations prévues aux I, II, VI *bis* et VII de l'article L. 233-7 auxquelles il était tenu est privé des droits de vote attachés aux actions excédant la fraction qui n'a pas été régulièrement déclarée pour toute assemblée d'actionnaires qui se tiendrait jusqu'à l'expiration d'un délai de deux ans suivant la date de régularisation de la notification.**

Dans les mêmes conditions, les droits de vote attachés à ces actions et qui n'ont pas été régulièrement déclarés ne peuvent être exercés ou délégués par l'actionnaire défaillant.

Le tribunal de commerce dans le ressort duquel la société a son siège social peut, le ministère public entendu, sur demande du président de la société, d'un actionnaire ou de l'Autorité des marchés financiers, prononcer la suspension totale ou partielle, pour une durée ne pouvant excéder cinq ans, de ses droits de vote à l'encontre de tout actionnaire qui n'aurait pas procédé aux déclarations prévues à l'article L. 233-7 ou qui n'aurait pas respecté le contenu de la déclaration prévue au VII de cet article pendant la période de six mois suivant sa publication dans les conditions fixées par le règlement général de l'Autorité des marchés financiers.

Bibliographie : Th. Bonneau, *Franchissement de seuils, privation des droits de vote et ayant cause : Mél. Didier*, Economica, 2008, p. 25. • A. Couret, *Sur quelques vicissitudes d'une sanction a priori exemplaire : La privation du droit de vote :* in Y. Chaput (dir.), *La sanction : la lecture des économistes et des juristes*, Bruylant 2011, p. 117.

1) Sur la conformité à la Constitution des alinéas 1 et 2 de l'article L. 233-14 : ▪ Cons. const., déc. n° 2013-369 QPC, 28 févr. 2014 : *JCP* E 2014, 1118, note A. Couret.

2) **Durée de la privation des droits de vote.** Sur l'application du délai : V. ▪ Cass. com., 27 juin 2018, n° 15-29.366 : *BJS* 2019, p. 562, note D. Schmidt ; *Dr. sociétés* 2018, n° 170, obs. R. Vabres.

3) **La mauvaise foi des actionnaires** défaillants est un élément de mesure de la suspension des droits de vote : ▪ T. com. Nîmes, 26 févr. 1992 : *JCP* E 1992, I, 145, n° 15, obs. A. Viandier et J.-J. Caussain. – V. aussi : ▪ T. com. Nanterre, 29 nov. 1991 : *JCP* E 1992, I, 3561, p. 102, n° 4, obs. A. Viandier et J.-J. Caussain.

4) **Pouvoir de police du bureau.** V. sous C. com., art. R. 225-101, annot. n° 1, p. 652.

Art. L. 233-15 ***(Anc. L. n° 66-537, 24 juill. 1966 ; mod., Ord. n° 2015-900, 23 juill. 2015).*** **– Le conseil d'administration, le directoire ou le gérant de toute société ayant des filiales ou des participations, inclut dans l'annexe de la société un tableau, en vue de faire apparaître la situation des dites filiales et participations au sens de la présente section.**

Voir : C. com., art. R. 233-3, p. 691.

Règlement général de l'Autorité des marchés financiers

Section II. – Franchissements de seuils, déclarations d'intention et changements d'intention

Paragraphe 1. – Dispositions communes

Art. 223-11 *(Mod., A. 3 déc. 2015)*. **–** I. – Pour le calcul des seuils de participation mentionnés à l'article L. 233-7 du Code de commerce, sont pris en compte les actions et les droits de vote détenus ainsi que, même si la personne concernée ne détient pas elle-même des actions ou des droits de vote par ailleurs, les actions et les droits de vote qui y sont assimilés en application de l'article L. 233-9 du Code de commerce, lesquels sont rapportés au nombre total d'actions composant le capital de la société et au nombre total de droits de vote attachés à ces actions.

Le nombre total de droits de vote est calculé sur la base de l'ensemble des actions auxquelles sont attachés des droits de vote, y compris les actions privées de droit de vote.

II. – Pour l'application du 4° du I de l'article L. 233-9 du Code de commerce, la personne tenue à l'information mentionnée au I prend en compte le nombre maximal d'actions déjà émises qu'elle est en droit d'acquérir à sa seule initiative, immédiatement ou à terme, en vertu d'un accord ou d'un instrument financier, sans compensation avec le nombre d'actions que cette personne est en droit de céder en vertu d'un autre accord ou instrument financier. Les instruments financiers mentionnés au 4° du I dudit article sont notamment :

1° Les obligations échangeables ou remboursables en actions ;

2° Les contrats à terme ;

3° Les options, qu'elles soient exerçables immédiatement ou à terme, et quel que soit le niveau du cours de l'action par rapport au prix d'exercice de l'option.

Lorsque l'option ne peut être exercée que sous condition que le cours de l'action atteigne un seuil précisé au contrat, elle est assimilée aux actions dès que ce seuil est atteint ; à défaut, elle relève, le cas échéant, de l'information mentionnée au troisième alinéa du I de l'article L. 233-7 du Code de commerce.

III. – Pour l'application du 4 *bis* du I de l'article L. 233-9 du Code de commerce, la personne tenue à l'information mentionnée au I prend en compte les actions déjà émises sur lesquelles porte tout accord ou instrument financier ayant pour cette personne un effet économique similaire à la possession desdites actions, que cet accord ou instrument financier donne droit à un règlement physique ou à un règlement en espèces.

Il en va ainsi notamment :

1° Des obligations échangeables ou remboursables en actions ;

2° Des contrats à terme ;

3° Des options, qu'elles soient exerçables immédiatement ou à terme, et quel que soit le niveau du cours de l'action par rapport au prix d'exercice de l'option ;

4° Des warrants ;

5° De la mise en pension de titres ;

6° Des accords de cession temporaire de titres ;

7° Des contrats financiers avec paiement d'un différentiel ;

8° Des contrats d'échange relatifs à des actions ;

9° De tout instrument financier exposé à un panier d'actions ou à un indice boursier. Le nombre d'actions et de droits de vote à prendre en compte par le déclarant en cas d'instruments financiers émis en référence à un panier d'actions ou à un indice boursier est calculé sur la base de l'importance relative de l'action dans ledit panier ou indice dès lors que l'une des conditions suivantes est remplie :

- les actions représentent 1 % ou plus d'une même classe d'actions émises par un émetteur ;
- les actions représentent 20 % ou plus de la valeur totale des titres du panier ou de l'indice boursier.

Lorsqu'un instrument financier est émis en référence à plusieurs paniers d'actions ou indices boursiers, les actions et droits de vote détenus par l'intermédiaire des différents paniers ou indices boursiers ne sont pas cumulés pour le calcul des seuils énoncés au paragraphe 1.

Le nombre d'actions et de droits de vote à prendre en compte par le déclarant détenteur d'accord ou d'instrument financier donnant droit à un règlement en espèces est calculé en multipliant le nombre maximal d'actions et de droits de vote sur lequel porte l'accord ou l'instrument financier par le delta de l'accord ou de l'instrument financier.

Le delta est calculé sur la base d'un modèle d'évaluation standard d'usage courant. Un modèle d'évaluation standard d'usage courant est un modèle utilisé de manière courante dans le secteur financier pour cet instrument financier et suffisamment robuste pour tenir compte des éléments pertinents pour ladite évaluation. Les éléments pertinents pour l'évaluation sont au minimum les suivants :

- le taux d'intérêt ;
- les dividendes versés ;
- l'échéance ;
- la volatilité ;
- le prix de l'action sous-jacente.

Lors de la détermination du delta, le déclarant veille à ce que :

- le modèle utilisé tienne compte de la complexité et du risque de chaque instrument financier ;
- le même modèle soit utilisé d'une manière constante pour calculer le nombre d'actions et de droits de vote à prendre en compte par le déclarant.

Les systèmes informatiques utilisés pour le calcul du delta doivent permettre d'assurer la cohérence, l'exactitude et le respect du délai prévu à l'article 223-14.

Le nombre d'actions et de droits de vote est calculé quotidiennement sur la base du dernier cours de clôture de l'action sous-jacente.

Il n'est effectué aucune compensation avec toute position courte détenue par le déclarant en vertu d'un autre accord ou instrument financier.

Art. 223-11-1 *(A. 27 sept. 2012)*. **–** I. – Lorsque le détenteur d'instruments financiers ou d'accords visés aux 4° et 4° *bis* du I de l'article L. 233-9 du Code de commerce entre en possession des actions sur lesquelles ils portent et vient à franchir de ce fait, seul ou de concert, en hausse, l'un des seuils visés au I de l'article L. 233-7 du même code, ces actions font l'objet d'une nouvelle déclaration dans les conditions prévues à l'article L. 233-7 dudit code. Il en va de même pour les droits de vote attachés à ces actions.

II. – Lorsque les mêmes actions et droits de vote peuvent faire l'objet d'une assimilation au titre de plusieurs cas visés au I de l'article L. 233-9 du Code de commerce, il n'y a lieu pour la personne tenue à l'information prévue au I de l'article L. 233-7 dudit code de les assimiler qu'une seule fois.

Art. 223-12 *(A. 18 mars 2008)*. **–** I. – En application du 2° du II de l'article L. 233-9 du Code de commerce, ne sont pas assimilées aux actions ou aux droits de vote possédés par la personne tenue à l'information prévue au I de l'article L. 233-7 dudit code les actions détenues dans un portefeuille géré par un prestataire de services d'investissement contrôlé par cette personne au sens de l'article L. 233-3 du Code de commerce dans le cadre du service de gestion de portefeuille pour compte de tiers, à condition que le prestataire ne puisse exercer les droits de vote attachés à ces actions que s'il a reçu des instructions de son mandant ou qu'il garantisse que l'activité de gestion de portefeuille pour compte de tiers est exercée indépendamment de toute autre activité.

II. – L'application du I du présent article et du 1° du II de l'article *(A. 5 août 2008)* « L. 233-9 » du Code de commerce est subordonnée à la transmission, sans délai, à l'AMF par la personne tenue à déclaration des informations suivantes :

1° La liste des sociétés de gestion ou des prestataires de services d'investissement en mentionnant leur autorité de contrôle compétente ou à défaut qu'aucune autorité n'est chargée de leur contrôle, mais sans mention des émetteurs concernés ;

2° Une déclaration selon laquelle, pour chaque société de gestion ou prestataire concerné, elle respecte les conditions prévues par le présent article.

Elle tient à jour la liste mentionnée au 1°.

III. – La personne mentionnée au II doit être en mesure de démontrer à l'AMF, lorsque celle-ci en fait la demande, que :

1° Ses structures organisationnelles, ainsi que celles de la société de gestion ou du prestataire de services d'investissement, sont telles que les droits de vote sont exercés de manière indépendante par le prestataire et que ce dernier ainsi qu'elle-même ont mis en place des procédures et des règles de conduite destinées à empêcher la circulation d'informations relatives à l'exercice des droits de vote entre elle-même et la société de gestion ou le prestataire ;

2° Les personnes qui décident des modalités de l'exercice des droits de vote agissent indépendamment ;

3° Si elle est un client de la société de gestion ou du prestataire ou détient une participation dans les actifs gérés par ce dernier, il existe un mandat écrit établissant clairement une relation d'indépendance mutuelle entre elle-même et la société de gestion ou le prestataire.

IV. – Les dispositions du II de l'article L. 233-9 du Code de commerce ne s'appliquent pas lorsque la société de gestion ou le prestataire de services d'investissement ne peut exercer les droits de vote que sur instruction directe ou indirecte de la personne tenue à l'information mentionnée au I de l'article L. 233-7 susmentionné ou de toute autre personne contrôlée par cette dernière au sens de l'article L. 233-3 susmentionné.

Pour l'application du présent paragraphe, on entend par :

1° « Instruction directe » : toute instruction donnée par la personne tenue à déclaration ou toute personne contrôlée par cette dernière au sens de l'article L. 233-3 du Code de commerce, précisant comment la société de gestion ou le prestataire doit exercer les droits de vote dans des circonstances déterminées ;

2° « Instruction indirecte » : toute instruction générale ou particulière, *(A. 5 août 2008)* « quelle » qu'en soit la forme, donnée par la personne tenue à déclaration ou toute personne contrôlée par cette dernière au sens de l'article L. 233-3 du Code de commerce, qui limite le pouvoir discrétionnaire de la société de gestion ou du prestataire dans l'exercice des droits de vote, afin de servir des intérêts commerciaux propres à la personne tenue à déclaration ou à la personne contrôlée.

Art. 223-12-1 *(A. 18 mars 2008)*. **–** Le II de l'article L. 233-9 du Code de commerce s'applique aux prestataires dont le siège se situe dans un État non partie à l'accord sur l'Espace économique européen et qui auraient dû être agréés conformément à l'article 5, paragraphe 1, de la directive 85/611/CEE ou, s'agissant de la gestion de portefeuille, en vertu de la section A, point 4, de l'annexe I de la directive 2004/39/CE si leur siège ou, uniquement dans le cas d'un prestataire de services d'investissement, leur siège central s'était trouvé dans un État partie à l'accord sur l'Espace économique européen, lorsqu'en application de la législation de cet État :

1° La société de gestion ou le prestataire de services d'investissement doit être libre, en toutes circonstances, d'exercer les droits de vote attachés aux actifs qu'il gère indépendamment de la personne qui le contrôle ;

2° La société de gestion ou le prestataire ne doit pas tenir compte des intérêts de la personne qui le contrôle ou de toute autre personne contrôlée par cette dernière en cas de conflits d'intérêts ;

3° La personne tenue à déclaration se conforme aux dispositions du 1° et du dernier alinéa du II de l'article 223-12 et dépose auprès de l'AMF une déclaration selon laquelle, pour chaque société de gestion ou prestataire de services d'investissement concerné, elle respecte les conditions mentionnées aux 1° et 2°. La personne tenue à déclaration est soumise aux dispositions prévues au III de l'article 223-12.

Art. 223-13 *(Mod., A. 3 déc. 2015)*. **–** I. – Les obligations d'information prévues aux I, II et III de l'article L. 233-7 du Code de commerce ne s'appliquent pas notamment aux actions :

1° Acquises aux seules fins de la compensation, du règlement ou de la livraison d'instruments financiers dans le cadre du cycle de règlement à court terme qui n'excède pas trois jours de négociation suivant la transaction ;

2° Détenues par un prestataire de services d'investissement dans son portefeuille de négociation au sens de la directive 2006/49/CE du Parlement et du Conseil du 14 juin 2006 sur l'adéquation des fonds propres des entreprises d'investissement et des établissements de crédit, à condition que :

a) Ces actions représentent une quotité du capital ou des droits de vote de l'émetteur inférieure ou égale à 5 % ;

b) Les droits de vote attachés à ces actions ne soient pas exercés ni autrement utilisés pour intervenir dans la gestion de l'émetteur.

Pour le calcul du seuil mentionné à l'alinéa précédent, sont pris en compte les actions et les droits de vote détenus ainsi que les actions et les droits de vote qui y sont assimilés en application de l'article L. 233-9 du Code de commerce, lesquels sont rapportés au nombre total d'actions composant le capital de la société et au nombre total de droits de vote attachés à ces actions.

II. – Les obligations d'information prévues aux I, II et III de l'article L. 233-7 du Code de commerce ne s'appliquent pas au teneur de marché lors du franchissement du seuil du vingtième du capital ou des droits de vote dans le cadre de la tenue de marché, à condition :

1° Qu'il n'intervienne pas dans la gestion de l'émetteur ;

2° Qu'il n'exerce aucune influence pour inciter l'émetteur à acquérir ces actions ou à en soutenir le prix.

III. – Le teneur de marché informe l'AMF, dans un délai de cinq jours de négociation à compter du commencement de son activité, qu'il mène ou a l'intention de mener des activités de tenue de marché vis-à-vis d'un émetteur déterminé. Lorsqu'il cesse d'exercer ces activités vis-à-vis de l'émetteur concerné, il en informe l'AMF dans le même délai.

Cette information prend la forme du modèle type défini dans une instruction de l'AMF.

IV. – Le teneur de marché communique à l'AMF sur demande de cette dernière :

1° Les moyens permettant d'identifier les actions ou instruments financiers concernés. Le teneur de marché les inscrit sur un compte séparé lorsqu'il ne peut les identifier autrement ;

2° Le cas échéant, tout accord entre le teneur de marché et l'entreprise de marché ou l'émetteur.

Art. 223-14 *(Mod., A. 3 déc. 2015).* **–** I. – Les personnes tenues à l'information mentionnée au I de l'article L. 233-7 du Code de commerce déposent leur déclaration auprès de l'AMF, avant la clôture des négociations, au plus tard le quatrième jour de négociation suivant le franchissement du seuil de participation.

Pour l'application de l'alinéa précédent, l'AMF publie sur son site le calendrier des jours de négociation des différents marchés réglementés établis ou opérant en France.

II. – L'information mentionnée au I comprend notamment :

1° L'identité du déclarant ;

2° Le cas échéant, l'identité de la personne physique ou morale habilitée à exercer les droits de vote pour le compte du déclarant ;

3° La date du franchissement du seuil de participation ;

4° L'origine du franchissement de seuil ;

5° La situation qui résulte de l'opération en termes d'actions et de droits de vote ;

6° Le cas échéant, la nature de l'assimilation aux actions ou aux droits de vote possédés par le déclarant résultant de l'article L. 233-9 du Code de commerce ainsi que, s'il y a lieu, les principales caractéristiques des instruments financiers et des accords mentionnés aux 4° et 4° *bis* du I de l'article L. 233-9 dudit code ;

7° Le cas échéant, l'ensemble des sociétés contrôlées au sens de l'article L. 233-3 du Code de commerce par l'intermédiaire desquelles les actions et les droits de vote sont détenus ;

8° Le cas échéant, le nombre d'actions acquises suite à une cession temporaire d'actions ;

9° La signature de la personne tenue à déclaration.

III. – La déclaration précise en outre :

1° Le nombre de titres donnant accès à terme aux actions à émettre et les droits de vote qui y seront attachés, notamment des bons de souscription d'actions, des bons d'option, des obligations convertibles en actions, ou des obligations convertibles ou échangeables en actions nouvelles ou existantes ;

2° Lorsque les conditions posées au 4° du I de l'article L. 233-9 du Code de commerce ne sont pas remplies, les actions déjà émises que le déclarant peut acquérir, en vertu d'un accord ou d'un instrument financier, notamment les options mentionnées au dernier alinéa du II de l'article 223-11, dans le cas prévu audit article ;

IV. – Lorsque le 4° du I de l'article L. 233-9 du Code de commerce est applicable ou dans les cas prévus au III, la déclaration comporte en outre une description de chaque type d'instrument financier ou de l'accord en précisant notamment :

1° La date d'échéance ou d'expiration de l'instrument ou de l'accord ;

2° Le cas échéant, la date à laquelle ou la période durant laquelle les actions seront ou pourront être acquises ;

3° La dénomination de l'émetteur de l'action concerné ;

4° Les principales caractéristiques de cet instrument ou de l'accord, notamment :

– les conditions dans lesquelles cet instrument ou accord donne le droit d'acquérir des actions ;

– le nombre maximal d'actions auquel l'instrument ou l'accord donne droit ou que le porteur ou bénéficiaire peut acquérir, sans compensation avec le nombre d'actions que cette personne est en droit de vendre en vertu d'un autre instrument financier ou d'un autre accord.

V. – Lorsque le 4° *bis* du I de l'article L. 233-9 du Code de commerce est applicable, la déclaration comporte en outre une description de chaque type d'accord ou d'instrument financier à règlement physique dans les conditions prévues au IV ainsi qu'une description de chaque type d'accord ou d'instrument financier réglé en espèces, précisant notamment :

1° La date d'échéance ou d'expiration de l'instrument ou de l'accord ;

2° La dénomination de l'émetteur de l'action concerné ;

3° Les principales caractéristiques de l'instrument ou de l'accord, notamment le nombre maximal d'actions sur lesquelles il est indexé ou référencé, sans compensation avec le nombre d'actions sur lesquelles la personne tenue à l'obligation de déclaration détient une position courte en vertu de tout accord ou instrument financier réglé en espèces ;

4° Le delta de l'instrument ou de l'accord, utilisé pour déterminer le nombre d'actions et de droits de vote assimilés par le déclarant.

VI. – La déclaration prend la forme du modèle type de déclaration prévu dans une instruction de l'AMF. Elle est déposée à l'AMF selon les modalités prévues dans une instruction de l'AMF. Elle est portée à la connaissance du public par l'AMF dans un délai de trois jours de négociation suivant la réception de la déclaration complète. Elle est rédigée en français ou dans une autre langue usuelle en matière financière.

Art. 223-15 *(A. 18 mars 2008)*. **–** Dans le cas prévu au 8° du I de l'article L. 233-9 du Code de commerce, la déclaration mentionnée à l'article 223-14 peut prendre la forme d'une déclaration unique, à condition qu'elle explique clairement quelle sera la situation en termes de droits de vote lorsque le mandataire cessera de pouvoir les exercer au terme de la procuration. Dans ce cas, le mandataire est dispensé de déclarer que sa participation devient inférieure aux seuils mentionnés à l'article L. 233-7 du Code de commerce au terme de la procuration.

Paragraphe 2. – Dispositions applicables aux systèmes multilatéraux de négociation organisée

Art. 223-15-1 *(A. 27 juill. 2009)*. **–** Les dispositions du paragraphe 1 de la présente sous-section sont applicables aux systèmes multilatéraux de négociation organisés mentionnés à l'article 524-1 lorsqu'une personne vient à posséder, dans les conditions prévues aux articles L. 233-7 et suivants du Code de commerce, plus de la moitié ou des dix-neuf vingtièmes du capital ou des droits de vote.

Art. 223-15-2 *(A. 4 nov. 2009)*. **–** Les dispositions de la présente sous-section sont applicables aux sociétés dont les instruments financiers ont cessé d'être admis aux négociations sur un marché réglementé pour être admis aux négociations sur un système multilatéral de négociation organisé au sens de l'article 524-1, pendant une durée de trois ans à compter de cette admission, dans les conditions prévues à l'article L. 233-7-1 du Code de commerce.

Sous-section 2. – Informations relatives au nombre total de droits de vote et d'actions composant le capital

Art. 223-16 *(Mod., A. 31 janv. 2011)*. **–** Les sociétés dont les actions sont admises aux négociations sur un marché réglementé d'un État partie à l'accord sur l'Espace économique européen *(A. 31 janv. 2011)* « ou sur un système multilatéral de négociation organisé au sens de l'article 524-1 » publient, chaque mois, selon les modalités fixées à l'article 221-3, le nombre total de droits de vote, déterminé dans les conditions mentionnées au deuxième alinéa de l'article 223-11, et le nombre d'actions composant le capital social s'ils ont varié par rapport à ceux publiés antérieurement.

Art. 223-16-1 *(Mod., A. 14 juin 2012)*. **–** Les dispositions de l'article 223-16 sont applicables lorsque l'émetteur a son siège statutaire dans un État non partie à l'accord sur l'Espace économique européen et relève de la compétence de l'AMF pour le contrôle du respect de l'obligation prévue à l'article L. 412-1 du Code monétaire et financier.

Un État tiers est réputé appliquer des exigences équivalentes à l'article 223-16 lorsque l'émetteur est tenu de rendre public le total du nombre de droits de vote et du capital dans un délai de trente jours calendaires suivant une variation de ce total.

Sous-section 3. – Déclarations d'intention et changements d'intention

Art. 223-17 *(Rempl., A. 27 juill. 2009)*. **–** I. – La déclaration prévue au VII de l'article L. 233-7 du Code de commerce précise :

1° Les modes de financement de l'acquisition et ses modalités : le déclarant précise notamment si l'acquisition a été réalisée par recours à des fonds propres ou à l'endettement, les modalités principales de cet endettement, ainsi que, le cas échéant, les garanties principales consenties ou dont bénéficie le déclarant. Le déclarant précise également la part éventuelle de sa participation obtenue à l'aide d'emprunts de titres ;

2° Si l'acquéreur agit seul ou de concert ;

3° S'il envisage d'arrêter ses achats ou de les poursuivre ;

4° S'il envisage d'acquérir le contrôle de la société ;

5° La stratégie qu'il envisage vis-à-vis de l'émetteur ;

6° Les opérations pour mettre en œuvre cette stratégie, notamment :

a) Tout projet de fusion, de réorganisation, de liquidation ou de transfert d'une partie substantielle des actifs de l'émetteur ou de toute personne qu'il contrôle au sens de l'article L. 233-3 du Code de commerce ;

b) Tout projet de modification de l'activité de l'émetteur ;

c) Tout projet de modification des statuts de l'émetteur ;

d) Tout projet de radiation des négociations d'une catégorie de titres financiers de l'émetteur ;

e) Tout projet d'émission de titres financiers de l'émetteur ;

7° *(A. 27 sept. 2012)* « Ses intentions quant au dénouement des accords et instruments mentionnés aux 4° et 4° *bis* du I de l'article L. 233-9 du Code de commerce, s'il est partie à de tels accords ou instruments. »

8° *(A. 27 sept. 2012)* « Tout accord de cession temporaire ayant pour objet les actions ou les droits de vote de l'émetteur ;

9° *(A. 27 sept. 2012)* « 9° S'il envisage de demander sa nomination ou celle d'une ou plusieurs personnes comme administrateur, membre du directoire ou du conseil de surveillance. »

II. – Toute personne qui fournit à titre habituel le service de gestion de portefeuille pour compte de tiers est dispensée de renseigner toutes les informations prévues au I sous réserve de répondre aux conditions suivantes :

1° Elle franchit le seuil du dixième ou des trois vingtièmes du capital ou des droits de vote de l'émetteur dans le cadre habituel de la poursuite de son activité ;

2° Elle déclare ne pas envisager d'acquérir le contrôle de la société ni de demander sa nomination ou celle d'une ou plusieurs personnes comme administrateur, membre du directoire ou du conseil de surveillance ;

3° Son activité est exercée indépendamment de toute autre activité.

Dans ce cas, la déclaration prend la forme d'une clause type figurant dans une instruction de l'AMF.

III. – L'initiateur d'une offre publique d'acquisition qui vient à posséder plus du dixième, des trois vingtièmes, du cinquième ou du quart du capital ou des droits de vote de la société visée au cours de la période d'offre ou à l'issue de l'offre est dispensé de l'application du VII de l'article L. 233-7 du Code de commerce dès lors que la note d'information visée à l'article 231-18 a été rendue publique.

IV. – Les informations mentionnées au VII de l'article L. 233-7 du Code de commerce sont portées à la connaissance du public par l'AMF.

Section III. – Pactes d'actionnaires

Art. 223-18. – Les informations mentionnées à l'article L. 233-11 du Code de commerce sont portées à la connaissance du public par l'AMF.

Section III. – Des comptes consolidés

Bibliographie : Chr. de Lauzainghein, J.-L. Navarro et D. Nechelis, *Droit comptable*, Dalloz, 3e éd. 2004. • F. Pasqualini, *Le principe de l'image fidèle en droit comptable*, Litec, 1992.

Art. L. 233-16 ***(Anc. L. n° 66-537, 24 juill. 1966 ; mod., L. n° 2003-706, 1er août 2003).*** **– I. – Les sociétés commerciales établissent et publient chaque année à la diligence du conseil d'administration, du directoire, du ou des gérants, selon le cas, des comptes consolidés ainsi qu'un rapport sur la gestion du groupe, dès lors qu'elles contrôlent de manière exclusive ou conjointe une ou plusieurs autres entreprises** ***(Mots suppr., Ord. n° 2015-900, 23 juill. 2015)*** **« ... », dans les conditions ci-après définies.**

II. – Le contrôle exclusif par une société résulte :

1° Soit de la détention directe ou indirecte de la majorité des droits de vote dans une autre entreprise ;

2° Soit de la désignation, pendant deux exercices successifs, de la majorité des membres des organes d'administration, de direction ou de surveillance d'une autre entreprise. La société consolidante est présumée avoir effectué cette désignation lorsqu'elle a disposé au cours de cette période, directement ou indirectement, d'une fraction supérieure à ***(Rect. JO 18 nov. 2000)*** **« 40 % » des droits de vote, et qu'aucun autre associé ou actionnaire ne détenait, directement ou indirectement, une fraction supérieure à la sienne ;**

3° Soit du droit d'exercer une influence dominante sur une entreprise en vertu d'un contrat ou de clauses statutaires, lorsque le droit applicable le permet.

III. – Le contrôle conjoint est le partage du contrôle d'une entreprise exploitée en commun par un nombre limité d'associés ou d'actionnaires, de sorte que les décisions résultent de leur accord.

IV. – ***(Abr., Ord. n° 2015-900, 23 juill. 2015).***

Voir : C. com., art. R. 233-3 et s., p. 691.

Art. L. 233-17 ***(Anc. L. n° 66-537, 24 juill. 1966 ; mod., Ord. n° 2015-900, 23 juill. 2015).*** **– Par dérogation aux dispositions de l'article L. 233-16, les sociétés mentionnées audit article sont exemptées, dans des conditions fixées par décret en Conseil d'État, de l'obligation d'établir et de publier des comptes consolidés et un rapport sur la gestion du groupe :**

1° Lorsqu'elles sont elles-mêmes sous le contrôle d'une entreprise qui les inclut dans ses comptes consolidés et publiés et qu'elles n'émettent pas des valeurs mobilières admises aux négociations sur un marché réglementé

ou des titres de créances négociables. En ce cas, toutefois, l'exemption est subordonnée à la condition qu'un ou plusieurs actionnaires ou associés de l'entreprise contrôlée représentant au moins le dixième de son capital social ne s'y opposent pas ;

2° Ou lorsque l'ensemble constitué par une société et les entreprises qu'elle contrôle ne dépasse pas pendant deux exercices successifs sur la base des derniers comptes annuels arrêtés, pour deux des trois critères mentionnés à l'article L. 123-16, un niveau fixé par décret et qu'aucune de ces société ou entreprises n'appartient à l'une des catégories définies à l'article L. 123-16-2.

Voir : C. com., art. R. 233-15, R. 233-16, p. 693.

Art. L. 233-17-1 *(L. n° 2012-387, 22 mars 2012 ; mod., Ord. n° 2015-900, 23 juill. 2015).* – Sous réserve d'en justifier dans l'annexe prévue à l'article L. 123-12, les sociétés mentionnées au I de l'article L. 233-16 sont exemptées de l'obligation d'établir et de publier des comptes consolidés et un rapport sur la gestion du groupe lorsque toutes les entreprises qu'elles contrôlent de manière exclusive ou conjointe, au sens du même article L. 233-16, présentent, tant individuellement que collectivement, un intérêt négligeable par rapport à l'objectif défini à l'article L. 233-21 ou qu'elles peuvent être exclues de la consolidation en vertu de l'article L. 233-19.

Art. L. 233-17-2 *(Ord. n° 2015-900, 23 juill. 2015).* – Sont comprises dans la consolidation les filiales ou participations contrôlées de manière exclusive ou conjointe ou sur lesquelles est exercée une influence notable.

L'influence notable sur la gestion et la politique financière d'une entreprise est présumée lorsqu'une société dispose, directement ou indirectement, d'une fraction au moins égale au cinquième des droits de vote de cette entreprise.

Art. L. 233-18 *(Anc. L. n° 66-537, 24 juill. 1966 ; mod., Ord. n° 2004-1382, 20 déc. 2004).* – Les comptes des entreprises placées sous le contrôle exclusif de la société consolidante sont consolidés par intégration globale.

Les comptes des entreprises contrôlées conjointement avec d'autres actionnaires ou associés par la société consolidante sont consolidés par intégration proportionnelle.

Les comptes des entreprises sur lesquelles la société consolidante exerce une influence notable sont consolidés par mise en équivalence.

Art. L. 233-19 *(Anc. L. n° 66-537, 24 juill. 1966).* – I. – Sous réserve d'en justifier dans l'annexe établie par la société consolidante, une filiale ou une participation est laissée en dehors de la consolidation lorsque des restrictions sévères et durables remettent en cause substantiellement le contrôle ou l'influence exercée par la société consolidante sur la filiale ou la participation ou les possibilités de transfert de fonds par la filiale ou la participation.

II. – Sous la même réserve, une filiale ou une participation peut être laissée en dehors de la consolidation lorsque :

1° Les actions ou parts de cette filiale ou participation ne sont détenues qu'en vue de leur cession ultérieure ;

2° La filiale ou la participation ne représente, seule ou avec d'autres, qu'un intérêt négligeable par rapport à l'objectif défini à l'article L. 233-21 ;

3° Les informations nécessaires à l'établissement des comptes consolidés ne peuvent être obtenues sans frais excessifs ou dans des délais compatibles avec ceux qui sont fixés en application des dispositions de l'article L. 233-27.

Art. L. 233-20 *(Anc. L. n° 66-537, 24 juill. 1966 ; mod., Ord. n° 2009-79, 22 janv. 2009).* – Les comptes consolidés comprennent le bilan et le compte de résultat consolidés ainsi qu'une annexe : ils forment un tout indissociable.

À cet effet, les entreprises comprises dans la consolidation sont tenues de faire parvenir à la société consolidante les informations nécessaires à l'établissement des comptes consolidés.

Les comptes consolidés sont établis et publiés selon des modalités fixées par un règlement de l'Autorité des normes comptables. Ce règlement détermine notamment le classement des éléments du bilan et du compte de résultat ainsi que les mentions à inclure dans l'annexe.

Voir : C. com., art. R. 233-3 et s., p. 691.

Art. L. 233-21 *(Anc. L. n° 66-537, 24 juill. 1966).* – Les comptes consolidés doivent être réguliers et sincères et donner une image fidèle du patrimoine, de la situation financière ainsi que du résultat de l'ensemble constitué par les entreprises comprises dans la consolidation.

Il est fait application, le cas échéant, des dispositions prévues aux premier et deuxième alinéas de l'article L. 123-14.

Art. L. 233-22 *(Anc. L. n° 66-537, 24 juill. 1966).* – Sous réserve des dispositions de l'article L. 233-23, les comptes consolidés sont établis selon les principes comptables et les règles d'évaluation du présent code compte tenu des aménagements indispensables résultant des caractéristiques propres aux comptes consolidés par rapport aux comptes annuels *(Mots aj., Ord. n° 2015-900, 23 juill. 2015)* « et de la présentation de l'ensemble consolidé comme une entité économique unique ».

Les éléments d'actif et de passif, les éléments de charge et de produit compris dans les comptes consolidés sont évalués selon des méthodes homogènes, sauf si les retraitements nécessaires sont de coût disproportionné et d'incidence négligeable sur le patrimoine, la situation financière et le résultat consolidés.

Art. L. 233-23 *(Anc. L. n° 66-537, 24 juill. 1966 ; mod., Ord. n° 2009-79, 22 janv. 2009 ; Ord. n° 2015-900, 23 juill. 2015).* – Sous réserve d'en justifier dans l'annexe, la société consolidante peut faire usage, dans les conditions prévues à l'article L. 123-17, de règles d'évaluation fixées par règlement de l'Autorité des normes comptables, et destinées :

1° À évaluer les biens fongibles en considérant que le premier bien sorti est le dernier bien rentré ;

2° À permettre la prise en compte de règles non conformes à celles fixées par les articles L. 123-18 à L. 123-21.

Voir : C. com., art. R. 233-10, p. 692.

Art. L. 233-24 *(Anc. L. n° 66-537, 24 juill. 1966 ; rempl., Ord. n° 2004-1382, 20 déc. 2004 ; mod., Ord. n° 2015-900, 23 juill. 2015).* – Lorsqu'elles utilisent les normes comptables internationales adoptées par règlement de la Commission européenne, les sociétés commerciales qui établissent et publient des comptes consolidés au sens de l'article L. 233-16 sont dispensées de se conformer aux règles comptables prévues par les articles L. 233-17-2 à L. 233-23 et L. 233-25 pour l'établissement et la publication de leurs comptes consolidés.

Bibliographie : J.-L. Navarro, *La neutralisation de l'article 357-8-1 de la loi du 24 juillet 1966 par le Comité de la réglementation comptable : D.* 2000, chron. p. 229.

Art. L. 233-25 *(Anc. L. n° 66-537, 24 juill. 1966 ; mod., Ord. n° 2015-900, 23 juill. 2015).* – Sous réserve d'en justifier dans l'annexe, les comptes consolidés peuvent être établis à une date différente de celle des comptes annuels de la société consolidante si cette date est retenue par la majorité des entreprises comprises dans la consolidation pour leurs comptes sociaux.

Dans ce cas, il est tenu compte, pour l'établissement des comptes consolidés, des événements importants qui ont concerné l'actif ou le passif des entreprises comprises dans la consolidation et qui sont survenus entre la date de clôture de leur bilan et la date de clôture du bilan consolidé.

Si la date de clôture de l'exercice d'une entreprise comprise dans la consolidation est antérieure ou postérieure de plus de trois mois à la date de clôture de l'exercice de consolidation, ceux-ci sont établis sur la base de comptes intérimaires contrôlés par un commissaire aux comptes ou, s'il n'en est point, par un professionnel chargé du contrôle des comptes.

Art. L. 233-26 *(Anc. L. n° 66-537, 24 juill. 1966).* – Le rapport sur la gestion du groupe expose la situation de l'ensemble constitué par les entreprises comprises dans la consolidation, son évolution prévisible, les événements importants survenus entre la date de clôture de l'exercice de consolidation et la date à laquelle les comptes consolidés sont établis ainsi que ses activités en matière de recherche et de développement. Ce rapport peut être inclus dans le rapport de gestion mentionné à l'article L. 232-1.

Art. L. 233-27 *(Anc. L. n° 66-537, 24 juill. 1966).* – Un décret en Conseil d'État fixe les conditions dans lesquelles les comptes consolidés et le rapport sur la gestion du groupe sont mis à la disposition des commissaires aux comptes.

Voir : C. com., art. R. 232-1, p. 687.

Art. L. 233-28. – **Les personnes morales ayant la qualité de commerçant qui, sans y être tenues en raison de leur forme juridique ou de la taille de l'ensemble du groupe, publient des comptes consolidés, se conforment aux dispositions des articles L. 233-16 et L. 233-18 à L. 233-27. En ce cas, lorsque leurs comptes annuels sont certifiés dans les conditions prévues au premier alinéa de l'article L. 823-9, leurs comptes consolidés le sont dans les conditions du deuxième alinéa de cet article.**

Section IV. – Des participations réciproques

Art. L. 233-29 *(Anc. L. n° 66-537, 24 juill. 1966).* – **Une société par actions ne peut posséder d'actions d'une autre société, si celle-ci détient une fraction de son capital supérieure à 10 %.**

À défaut d'accord entre les sociétés intéressées pour régulariser la situation, celle qui détient la fraction la plus faible du capital de l'autre doit aliéner son investissement. Si les investissements réciproques sont de la même importance, chacune des sociétés doit réduire le sien, de telle sorte qu'il n'excède pas 10 % du capital de l'autre.

Lorsqu'une société est tenue d'aliéner les actions d'une autre société, l'aliénation est effectuée dans le délai fixé par décret en Conseil d'État. La société ne peut exercer les droits de vote attachés à ces actions.

Voir : C. com., art. R. 233-17, p. 694 et R. 233-19, p. 694.

Sanctions pénales, C. com., art. L. 247-3, p. 599.

Bibliographie : A. Couret, *La mise en œuvre des nouvelles dispositions sur l'autocontrôle : BJS* 1991, p. 789.

1) **Sanction.** Les prescriptions de l'article 358 de la loi du 24 juillet 1966 *[C. com., art. L. 233-29]* ne sont pas sanctionnées par la nullité de la cession : ▪ Cass. com., 3 janv. 1996 : *JurisData* n° 1996-000167 ; *BJS* 1996, p. 285, note A. C.

2) **Portée de la suspension du droit de vote.** V. sous C. com., art. L. 228-11, annot. n° 1, p. 416.

3) La décision de **cession d'actions d'autocontrôle** n'est pas en soi contraire à l'intérêt social : ▪ CA Paris, 15 mars 2000 : *JCP* E 2000, p. 796, obs. A. Viandier et J.-J. Caussain.

Art. L. 233-30 *(Anc. L. n° 66-537, 24 juill. 1966).* – **Si une société autre qu'une société par actions compte parmi ses associés une société par actions détenant une fraction de son capital supérieure à 10 %, elle ne peut détenir d'actions émises par cette dernière.**

Si elle vient à en posséder, elle doit les aliéner dans le délai fixé par décret en Conseil d'État et elle ne peut, de leur chef, exercer le droit de vote.

Si une société autre qu'une société par actions compte parmi ses associés une société par actions détenant une fraction de son capital égale ou inférieure à 10 %, elle ne peut détenir qu'une fraction égale ou inférieure à 10 % des actions émises par cette dernière.

Si elle vient à en posséder une fraction plus importante, elle doit aliéner l'excédent dans le délai fixé par décret en Conseil d'État et elle ne peut, du chef de cet excédent, exercer le droit de vote.

Voir : C. com., art. R. 233-18, p. 694 et R. 233-19, p. 694.

Art. L. 233-31 *(Anc. L. n° 66-537, 24 juill. 1966).* – **Lorsque des actions ou des droits de vote d'une société sont possédés par une ou plusieurs sociétés dont elle détient directement ou indirectement le contrôle, les droits de vote attachés à ces actions ou ces droits de vote ne peuvent être exercés à l'assemblée générale de la société. Il n'en est pas tenu compte pour le calcul du quorum.**

Rappr. C. com., art. L. 233-8, p. 504.

1) Les délibérations prises lors d'une assemblée générale ayant notamment décidé la réalisation d'une augmentation de capital doivent être annulées quand un actionnaire a participé au vote alors qu'il faisait l'objet d'un contrôle conjoint de la part d'un concert auquel participait la société émettrice de sorte que n'auraient pas dû être exercés les droits de vote attachés à ses actions : ▪ CA Nancy, 17 juin 2009 : *Rev. sociétés* 2009, p. 790, note F. Martin-Laprade. Solution confirmée en cassation au motif, d'une part, qu'il résulte de l'article L. 233-3, III du Code de commerce que pour l'application de l'article L. 233-31 du même code, deux ou plusieurs personnes agissant de concert sont considérées comme en contrôlant conjointement une autre lorsqu'elles déterminent en fait les décisions prises en assemblées générales ; et, d'autre part, que le contrôle conjoint défini par

l'article L. 233-3, III du Code de commerce n'est pas exclu par la seule circonstance que l'un des concertistes dispose d'une majorité qui serait, en l'absence de l'accord conclu entre eux, de nature à lui permettre de déterminer seul les décisions prises en assemblée : ▪ Cass. com., 29 juin 2010, n° 09-16.112 : *BJS* 2010, p. 834, note H. Le Nabasque ; *D.* 2010, p. 2038, note D. Ohl ; *Dr. sociétés* 2010, n° 207, obs. R. Mortier ; *JCP* E 2010, 1778, note A. Viandier ; *Rev. sociétés* 2010, p. 446, note F. Martin-Laprade.

2) Procédure. L'action des actionnaires minoritaires visant à ce que les actions détenues par une société soient privées du droit de vote par l'application de l'article L. 233-31 relatif aux participations réciproques est irrecevable dès lors que la société détentrice des actions litigieuses n'a pas été mise en cause : ▪ CA Paris, 3 mai 2002 : *Juris-Data* n° 2002-183831 ; *JCP* E 2002, n° 1403, p. 1555.

Section V. – Des offres publiques d'acquisition

(L. n° 2006-387, 31 mars 2006)

Art. L. 233-32 *(L. n° 2006-387, 31 mars 2006).* **– I. –** *(Mod., L. n° 2014-384, 29 mars 2014)* **Pendant la période d'offre publique visant une société dont des actions sont admises aux négociations sur un marché réglementé, le conseil d'administration ou le directoire, après autorisation du conseil de surveillance de la société visée, peut prendre toute décision dont la mise en œuvre est susceptible de faire échouer l'offre, sous réserve des pouvoirs expressément attribués aux assemblées générales dans la limite de l'intérêt social de la société.**

II. – Sans préjudice des autres mesures permises par la loi, l'assemblée générale extraordinaire de la société visée, statuant dans les conditions de quorum et de majorité prévues à l'article L. 225-98, peut décider l'émission de bons permettant de souscrire, à des conditions préférentielles, à des actions de ladite société, et leur attribution gratuite à tous les actionnaires de cette société ayant cette qualité avant l'expiration de la période d'offre publique.

L'assemblée générale peut déléguer cette compétence au conseil d'administration ou au directoire. Elle fixe le montant maximum de l'augmentation de capital pouvant résulter de l'exercice de ces bons ainsi que le nombre maximum de bons pouvant être émis.

La délégation peut également prévoir la fixation de conditions relatives à l'obligation ou à l'interdiction, pour le conseil d'administration ou le directoire, de procéder à l'émission et à l'attribution gratuite de ces bons, d'y surseoir ou d'y renoncer. La société visée porte à la connaissance du public, avant la clôture de l'offre, son intention d'émettre ces bons.

Les conditions d'exercice de ces bons, qui doivent être relatives aux termes de l'offre ou de toute offre concurrente éventuelle, ainsi que les autres caractéristiques de ces bons, dont le prix d'exercice ou les modalités de détermination de ce prix, sont fixées par l'assemblée générale ou, sur délégation de celle-ci, par le conseil d'administration ou le directoire. Ces bons deviennent caducs de plein droit dès que l'offre et toute offre concurrente éventuelle échouent, deviennent caduques ou sont retirées.

III. – *(Abr., L. n° 2014-384, 29 mars 2014).*

Bibliographie : F. Barrière et C. de Reals, *La loi Florange : une loi anti-OPA : Rev. sociétés* 2014, p. 279. • H. Brillon, *L'état de la transposition de la directive OPA du 21 avril 2004 dans l'Union européenne : Dr. sociétés* mars 2007, focus 11. • A. Couret, *Les bons d'offre : D.* 2006, p. 1372. • M.-N. Dompé, *La transposition de la directive OPA et les principes directeurs des offres : Dr. sociétés* nov. 2006, p. 5. • K.-J. Hopt, *Les offres publiques d'acquisition en droits français et allemand après la 13e directive : D.* 2007, p. 462. • C. Malecki, *La loi du 31 mars 2006 relative aux OPA et l'information des actionnaires et des salariés : D.* 2006, p. 2314. • H. Le Nabasque, *Les mesures de défense anti-OPA depuis la loi n° 2006-387 du 31 mars 2006 : Rev. sociétés* 2006, p. 237. • M.-A. Noury, *Offre publique et abandon du principe de neutralité des dirigeants en période d'offre publique : JCP* E 1019. • D. Ohl, *Les bons d'offre : la fin des OPA hostiles : Bull. Joly Bourse* 2006, § 5, p. 527. • O. de Vilmorin et A. Berdou, *Des OPA « made in France » ? Retour sur la loi n° 2014-384* du 29 mars 2014 *visant à reconquérir l'économie réelle : Dr. sociétés* juin 2014, n° 10. • D. Schmidt, *Les droits des minoritaires et les offres publiques : D.* 2007, p. 1887. • A. Viandier, *OPA, OPE et autres offres publiques*, Fr. Lefebvre, 4e éd. 2010.

Voir : Sanction, C. com., art. L. 225-149-3, p. 350.

Art. L. 233-33 *(L. n° 2006-387, 31 mars 2006 ; rempl., L. n° 2014-384, 29 mars 2014).* **– I. – Par dérogation au I de l'article L. 233-32, les statuts d'une société dont des actions sont admises à la négociation sur un marché réglementé peuvent prévoir que, en période d'offre publique, les mesures prévues**

aux I et II du même article L. 233-32 doivent être autorisées préalablement par l'assemblée générale et que toute délégation d'une mesure dont la mise en œuvre est susceptible de faire échouer l'offre, hormis la recherche d'autres offres, accordée par l'assemblée générale avant la période d'offres, est suspendue en période d'offre publique.

II. – Par dérogation au I dudit article L. 233-32, les statuts d'une société dont des actions sont admises à la négociation sur un marché réglementé peuvent prévoir que, en période d'offre publique, toute décision du conseil d'administration, du directoire après autorisation du conseil de surveillance, du directeur général ou de l'un des directeurs généraux délégués, prise avant la période d'offres, qui n'est pas totalement ou partiellement mise en œuvre, qui ne s'inscrit pas dans le cours normal des activités de la société et dont la mise en œuvre est susceptible de faire échouer l'offre doit faire l'objet d'une approbation ou d'une confirmation par l'assemblée générale.

III. – Les statuts peuvent prévoir que les I et II du présent article s'appliquent à toute offre ou uniquement lorsque l'offre est engagée par des entités, agissant seules ou de concert au sens de l'article L. 233-10, ou qui sont respectivement contrôlées, au sens des II ou III de l'article L. 233-16, par des entités, dont le conseil d'administration, le conseil de surveillance, à l'exception de leur pouvoir de nomination, le directoire, le directeur général ou l'un des directeurs généraux délégués de la société visée doivent également obtenir l'approbation préalable de l'assemblée générale pour prendre toute mesure dont la mise en œuvre est susceptible de faire échouer l'offre, hormis la recherche d'autres offres.

Art. L. 233-34 *(L. n° 2006-387, 31 mars 2006).* **– Sauf lorsqu'elles résultent d'une obligation législative, les clauses des statuts d'une société dont des actions sont admises à la négociation sur un marché réglementé prévoyant des restrictions statutaires au transfert d'actions de la société sont inopposables à l'auteur d'une offre publique pour les titres qui lui seraient apportés dans le cadre de son offre.**

Art. L. 233-35 *(L. n° 2006-387, 31 mars 2006).* **– Les statuts d'une société dont des actions sont admises à la négociation sur un marché réglementé peuvent prévoir que les effets de toute clause d'une convention conclue après le 21 avril 2004 prévoyant des restrictions au transfert d'actions de la société sont inopposables à l'auteur de l'offre, en période d'offre publique.**

Voir : Règl. gén. AMF, art. 223-20, p. 520.

Art. L. 233-36 *(L. n° 2006-387, 31 mars 2006).* **– Les statuts d'une société dont des actions sont admises à la négociation sur un marché réglementé peuvent prévoir que les effets de toute clause d'une convention conclue après le 21 avril 2004 prévoyant des restrictions à l'exercice des droits de vote attachés à des actions de la société sont suspendus en période d'offre publique visant la société lors des assemblées réunies aux fins d'adopter ou d'autoriser toute mesure susceptible de faire échouer l'offre.**

Voir : Règl. gén. AMF, art. 223-20, p. 520.

Art. L. 233-37 *(L. n° 2006-387, 31 mars 2006).* **– Les statuts d'une société dont des actions sont admises à la négociation sur un marché réglementé peuvent prévoir que les effets des restrictions statutaires à l'exercice des droits de vote attachés à des actions de la société sont suspendus en période d'offre publique visant la société lors des assemblées réunies aux fins d'adopter ou d'autoriser toute mesure susceptible de faire échouer l'offre.**

Voir : Règl. gén. AMF, art. 223-20, p. 520.

Art. L. 233-38 *(L. n° 2006-387, 31 mars 2006).* **– Les statuts d'une société dont des actions sont admises à la négociation sur un marché réglementé peuvent prévoir que les effets des restrictions statutaires à l'exercice des droits de vote attachés à des actions de la société ainsi que les effets de toute clause d'une convention conclue après le 21 avril 2004 prévoyant des restrictions à l'exercice des droits de vote attachés à des actions de la société sont suspendus lors de la première assemblée générale suivant la clôture de l'offre lorsque l'auteur de l'offre, agissant seul ou de concert, vient à détenir, à l'issue de celle-ci, une fraction du capital ou des droits de vote supérieure à une quotité fixée par le règlement général de l'Autorité des marchés financiers, sans pouvoir atteindre le seuil prévu par le dernier alinéa de l'article L. 225-125.**

Voir : Règl. gén. AMF, art. 223-20, p. 520.

Art. L. 233-39 *(L. n° 2006-387, 31 mars 2006)*. – **Les statuts d'une société dont des actions sont admises à la négociation sur un marché réglementé peuvent prévoir que les droits extraordinaires de nomination ou révocation des administrateurs, membres du conseil de surveillance, membres du directoire, directeurs généraux, directeurs généraux délégués, détenus par certains actionnaires sont suspendus lors de la première assemblée générale suivant la clôture de l'offre lorsque l'auteur de l'offre, agissant seul ou de concert, détient à l'issue de celle-ci une fraction du capital ou des droits de vote supérieure à une quotité fixée par le règlement général de l'Autorité des marchés financiers.**

Voir : Règl. gén. AMF, art. 223-20, p. 520.

Art. L. 233-40 *(L. n° 2006-387, 31 mars 2006)*. – **Lorsqu'une société décide d'appliquer ou de mettre fin à l'application des dispositions prévues aux articles L. 233-35 à L. 233-39, elle en informe l'Autorité des marchés financiers, qui rend cette décision publique. Les conditions et modalités d'application du présent article sont fixées par le règlement général de l'Autorité des marchés financiers.**

Règlement général de l'Autorité des marchés financiers

Art. 223-20. – I. – Toute société dont le siège statutaire est situé en France et dont les actions sont admises aux négociations sur un marché réglementé français ou pour lesquelles une demande d'admission sur un tel marché a été présentée qui décide d'appliquer ou de mettre fin à l'application des dispositions prévues aux articles L. 233-35 à L. 233-39 du Code de commerce transmet à l'AMF, dès la modification de ses statuts, l'ensemble des modifications ainsi apportées aux fins de mise en ligne sur son site.

II. – Est également soumise aux dispositions du I :

1° Toute société dont le siège statutaire est situé en France et dont les actions sont admises aux négociations sur un marché réglementé d'un État membre *(A. 14 juin 2012, en vigueur le 1er juillet 2012)* « de l'Union » européenne ou partie à l'accord sur l'Espace économique européen, autre que la France, ou pour lesquelles une demande d'admission aux négociations sur un tel marché a été présentée ;

2° Toute société dont le siège statutaire est situé dans un État membre *(A. 14 juin 2012, en vigueur le 1er juillet 2012)* « de l'Union » européenne ou partie à l'accord sur l'Espace économique européen, autre que la France, et dont les actions sont admises aux négociations sur un marché réglementé français ou pour lesquelles une demande d'admission aux négociations sur un tel marché a été présentée.

CHAPITRE IV. – DE LA PROCÉDURE D'ALERTE

Art. L. 234-1 *(Anc. L. n° 66-537, 24 juill. 1966 ; mod., L. n° 2011-525, 17 mai 2011 ; L. n° 2016-1547, 18 nov. 2016)*. – **Lorsque le commissaire aux comptes d'une société anonyme relève, à l'occasion de l'exercice de sa mission, des faits de nature à compromettre la continuité de l'exploitation, il en informe le président du conseil d'administration ou du directoire dans des conditions fixées par décret en Conseil d'État.**

À défaut de réponse sous quinze jours ou si celle-ci ne permet pas d'être assuré de la continuité de l'exploitation, le commissaire aux comptes invite, par un écrit dont copie est transmise au président du tribunal de commerce, le président du conseil d'administration ou le directoire à faire délibérer le conseil d'administration ou le conseil de surveillance sur les faits relevés. Le commissaire aux comptes est convoqué à cette séance. La délibération du conseil d'administration ou du conseil de surveillance est communiquée au président du tribunal de commerce et au comité d'entreprise ou, à défaut, aux délégués du personnel. Le commissaire aux comptes peut demander à être entendu par le président du tribunal, auquel cas le second alinéa du I de l'article L. 611-2 est applicable.

Lorsque le conseil d'administration ou le conseil de surveillance n'a pas été réuni pour délibérer sur les faits relevés ou lorsque le commissaire aux comptes n'a pas été convoqué à cette séance ou si le commissaire aux comptes constate qu'en dépit des décisions prises la continuité de l'exploitation demeure compromise, une assemblée générale est convoquée dans des conditions et délais fixés par décret en Conseil d'État. Le commissaire aux comptes établit un rapport spécial qui est présenté à cette assemblée. Ce rapport est communiqué au comité d'entreprise ou, à défaut, aux délégués du personnel.

Si, à l'issue de la réunion de l'assemblée générale, le commissaire aux comptes constate que les décisions prises ne permettent pas d'assurer la continuité de l'exploitation, il informe de ses démarches le président du tribunal de commerce et lui en communique les résultats. Il peut demander à être entendu par le président du tribunal, auquel cas le second alinéa du I de l'article L. 611-2 est applicable.

Dans un délai de six mois à compter du déclenchement de la procédure d'alerte, le commissaire aux comptes peut en reprendre le cours au point où il avait estimé pouvoir y mettre un terme lorsque, en dépit des éléments ayant motivé son appréciation, la continuité de l'exploitation demeure compromise et que l'urgence commande l'adoption de mesures immédiates.

Voir : C. com., art. R. 234-1 à R. 234-4, p. 694.

1) Un commissaire aux comptes peut **reprendre** la procédure d'alerte initiée par son prédécesseur en établissant un rapport spécial dès lors que la certification des comptes est sans incidence sur cette procédure et que l'absence de saisine préalable du conseil d'administration ne peut être considérée comme fautive : ▪ CA Paris, 25 févr. 1998 : *JurisData* n° 1998-020502 ; *BJS* 1998, p. 617, note J.-F. Barbièri.

2) Les **honoraires** dus au commissaire aux comptes au titre d'une procédure d'alerte ne peuvent être considérés comme des frais privilégiés ; ce n'est que lorsque la procédure a été déclenchée suffisamment tôt, en permettant de sauvegarder la pérennité de l'entreprise dans l'intérêt de l'ensemble des créanciers, ce que le commissaire aux comptes doit établir, que les honoraires pourraient être considérés comme des frais de justice : ▪ CA Colmar, 2 mars 1999 : *BJS* 2000, p. 45, note J.-F. Barbièri.

Art. L. 234-2 *(Mod., L. n° 2011-525, 17 mai 2011 ; L. n° 2016-1547, 18 nov. 2016)*. **– Dans les autres sociétés que les sociétés anonymes, le commissaire aux comptes demande au dirigeant, dans des conditions fixées par décret en Conseil d'État, des explications sur les faits visés au premier alinéa de l'article L. 234-1. Le dirigeant est tenu de lui répondre sous quinze jours. La réponse est communiquée au comité d'entreprise ou, à défaut, aux délégués du personnel et, s'il en existe un, au conseil de surveillance. Dès réception de la réponse ou à défaut de réponse sous quinze jours, le commissaire aux comptes en informe le président du tribunal de commerce. Il peut demander à être entendu par le président du tribunal, auquel cas le second alinéa du I de l'article L. 611-2 est applicable.**

À défaut de réponse du dirigeant ou s'il constate qu'en dépit des décisions prises la continuité de l'exploitation demeure compromise, le commissaire aux comptes établit un rapport spécial et invite, par un écrit dont la copie est envoyée au président du tribunal de commerce, le dirigeant à faire délibérer sur les faits relevés une assemblée générale convoquée dans des conditions et délais fixés par décret en Conseil d'État.

Si, à l'issue de la réunion de l'assemblée générale, le commissaire aux comptes constate que les décisions prises ne permettent pas d'assurer la continuité de l'exploitation, il informe de ses démarches le président du tribunal de commerce et lui en communique les résultats. Il peut demander à être entendu par le président du tribunal, auquel cas le second alinéa du I de l'article L. 611-2 est applicable.

Le dernier alinéa de l'article L. 234-1 est applicable.

Voir : C. com., art. R. 234-5 à R. 234-7, p. 695.

Bibliographie : J. Paillusseau, *L'alerte du commissaire aux comptes dans la SAS : JCP* G 2000, 262.

Art. L. 234-3. – Le comité d'entreprise ou, à défaut, les délégués du personnel exercent dans les sociétés commerciales les attributions prévues aux articles L. 2313-14 *(Anc. art. L. 422-4, dénum., Ord. n° 2007-329, 12 mars 2007)* **et L. 2323-78 et s.** *(Anc. art. L. 432-5, dénum., Ord. n° 2007-329, 12 mars 2007)* **du Code du travail.**

Le président du conseil d'administration, le directoire ou les gérants, selon le cas, communiquent aux commissaires aux comptes les demandes d'explication formées par le comité d'entreprise ou les délégués du personnel, les rapports adressés au conseil d'administration ou au conseil de surveillance, selon le cas, ainsi que les réponses faites par ces organes, en application des articles L. 2313-14 *(Anc. art. L. 422-4, dénum., Ord. n° 2007-329, 12 mars 2007)* **et L. 2323-78 et s.** *(Anc. art. L. 432-5, dénum., Ord. n° 2007-329, 12 mars 2007)* **du Code du travail.**

Art. L. 234-4 *(L. n° 2005-845, 26 juill. 2005)*. **– Les dispositions du présent chapitre ne sont pas applicables lorsqu'une procédure de conciliation ou de sauvegarde a été engagée par les dirigeants conformément aux dispositions des titres I et II du livre VI.**

CHAPITRE V. – DES NULLITÉS

Art. L. 235-1 *(Anc. L. n° 66-537, 24 juill. 1966).* **– La nullité d'une société ou d'un acte modifiant les statuts ne peut résulter que d'une disposition expresse du présent livre ou des lois qui régissent la nullité des contrats. En ce qui concerne les sociétés à responsabilité limitée et les sociétés par actions, la nullité de la société ne peut résulter ni d'un vice de consentement ni de l'incapacité, à moins que celle-ci n'atteigne tous les associés fondateurs. La nullité de la société ne peut non plus résulter des clauses prohibées par l'article 1844-1 du Code civil.**

(Al. mod., L. n° 2019-486, 22 mai 2019) **La nullité d'actes ou délibérations autres que ceux prévus à l'alinéa précédent ne peut résulter que de la violation d'une disposition impérative du présent livre, à l'exception de la première phrase du premier alinéa de l'article L. 225-35 et de la troisième phrase du premier alinéa de l'article L. 225-64, ou des lois qui régissent les contrats, à l'exception du dernier alinéa de l'article 1833 du Code civil.**

Voir : bibliographie sous C. civ., art. 1844-10, p. 109.

Bibliographie : A. Charveriat, *De quelques difficultés relatives à la nullité d'une décision sociale irrégulière : Rev. sociétés* 2010, p. 212.

Directive n° 2017/1132 du 14 juin 2017

du Parlement européen et du Conseil relative à certains aspects du droit des sociétés *(JOUE n° L 258, 1er oct. 2009).*

Art. 11. – La législation des États membres ne peut organiser le régime des nullités des sociétés que dans les conditions suivantes :

a) la nullité doit être prononcée par décision judiciaire ;

b) la nullité ne peut être prononcée que dans les seuls cas visés aux points i) à vi) :

i) le défaut d'acte constitutif ou l'inobservation, soit des formalités de contrôle préventif, soit de la forme authentique,

ii) le caractère illicite ou contraire à l'ordre public de l'objet de la société,

iii) l'absence, dans l'acte constitutif ou dans les statuts, de toute indication au sujet soit de la dénomination de la société, soit des apports, soit du montant du capital souscrit, soit de l'objet social,

iv) l'inobservation des dispositions de la législation nationale relatives à la libération minimale du capital social,

v) l'incapacité de tous les associés fondateurs,

vi) le fait que, contrairement à la législation nationale régissant la société, le nombre des associés fondateurs est inférieur à deux.

En dehors de ces cas de nullité, les sociétés ne sont soumises à aucune cause d'inexistence, de nullité absolue, de nullité relative ou d'annulabilité.

1) Causes de nullité. Voir sous C. civ., art. 1844-10, annot. n° 1 s., p. 109.

a) **Règles générales.** Il n'est pas, en matière de sociétés commerciales, de nullité sans texte : ▪ CA Paris, 22 mars 1977 : *D.* 1978, p. 157, note G. Gourlay. – Les nullités visées à l'article 360 de la loi du 24 juillet 1966 *[C. com., art. L. 235-1]* ne peuvent résulter **que de la non-conformité à une disposition impérative de la loi ou des dispositions qui régissent les contrats,** et non d'une infraction au décret du 23 mars 1967 : ▪ CA Paris, 22 mai 1992 : *BJS* 1992, p. 1087. ▪ Cass. com., 12 déc. 1995 : *BJS* 1996, p. 207, note P. Le Cannu. – V. cependant pour un exemple d'annulation d'une assemblée pour violation d'une disposition du décret : ▪ CA Versailles, 19 nov. 1986 : *JCP* E 1987, 16644, n° 23, obs. A. Viandier et J.-J. Caussain. – En l'absence de disposition expresse de la loi, venant sanctionner par la nullité la **fictivité de l'apport,** celle-ci n'entraîne pas la nullité de la société, sauf à ce que celle-ci soit elle-même fictive : ▪ CA Paris, 21 sept. 2001 : *JurisData* n° 2001-161190 ; *Dr. sociétés* 2002, n° 78, obs. Th. Bonneau ; *BJS* 2002, p. 626, note M. Menjucq ; *RJ com.* 2002, n° 5, p. 219, note M. Luby. – V. toutefois *infra.*

b) **Droit de l'Union européenne.** F. Leclerc, *Que reste-t-il des nullités de sociétés en droit français après l'arrêt Marleasing ? : RJ com.* 1993, p. 321. – Y. Serra, *Nullité et inopposabilité au regard de la réception de la directive n° 69-151 du Conseil des communautés européennes : D.* 1973, chron. p. 97. – B. Saintourens, *Les causes de nullité des sociétés ; l'impact de la première directive européenne : BJS* 1991, p. 123.

– **Principe.** Le juge national, saisi d'un litige entrant dans le domaine d'application de la directive CEE n° 68-151 du 9 mars 1968 tendant à coordonner, pour les rendre équivalentes, les garanties qui sont exigées dans les États membres des sociétés pour protéger les intérêts des associés et des tiers, est tenu d'interpréter son droit national à la lumière du texte et de la finalité de cette directive, en vue d'empêcher la déclaration de nullité d'une société anonyme pour une cause autre que celles énumérées à son article 11 : ▪ CJCE, 13 nov. 1990, *Marleasing* : *BJS* 1991, p. 190 ; *JCP* G 1991, II, 21658, note P. Level ; *Rev. sociétés* 1991, p. 532, note Y. Chaput.

– **Exclusion du droit commun des contrats.** Il en résulte que, s'agissant d'une SA entrant dans le champ d'application de la directive, l'article L. 235-1, en ce qu'il se réfère au droit commun des contrats comme cause de nullité d'un contrat de société, n'est pas compatible avec les dispositions de la directive qui énumèrent de manière limitative les causes de nullité des sociétés, ce qui interdit de prononcer la nullité de la société sur le fondement du défaut d'objet et de la violation des articles 1832 et 1833 : ▪ CA Paris, 21 sept. 2001, préc.

– **Cas particulier de l'objet illicite.** V. sous C. civ., art. 1833, annot. n° 8, p. 20.

c) **Fraude.** L'annulation d'une SARL pour fraude exige que **tous les associés** aient concouru à la fraude : ▪ CA Dijon, 23 mars 1993 : *BJS* 1993, p. 917, note J. Vallansan ; *RJDA* 1994, p. 41. – La nullité d'une société pour fraude aux droits de l'épouse ne peut être obtenue si la participation des coassociés au concert frauduleux n'est pas démontrée : ▪ Cass. com., 28 janv. 1992 : *JCP* E 1992, II, 378, note A. Tisserand ; *BJS* 1992, p. 419, note P. Le Cannu. – V. toutefois, jugeant qu'un contrat peut être annulé pour cause illicite ou immorale, même lorsque l'une des parties n'a pas eu connaissance du motif déterminant de la conclusion du contrat : ▪ Cass. 1re civ., 7 oct. 1998 ; *D.* 1998, p. 563, concl. J. Sainte-Rose.

d) **Abus de majorité.** Voir sous C. civ., art. 1833, annot. n° 14, p. 23.

e) **Non-respect du principe du contradictoire.** Voir sous C. civ., art. 1844-7, annot. n° 10, p. 95.

f) **Divers.**

– La violation d'une disposition impérative, sanctionnée pénalement, est une cause de nullité : ▪ CA Montpellier, 7 janv. 1980 : *Rev. sociétés* 1980, p. 737.

– Viole les articles 5 et 360 de la loi du 24 juillet 1966 *[C. com., art. L. 210-6 et L. 235-1]* la cour d'appel qui, pour déclarer nulle et sans personnalité une société commerciale, se borne à constater que celle-ci **n'était pas immatriculée** au registre du commerce, alors que selon l'article 360 *[C. com., art. L. 235-1]* la nullité d'une société ne peut résulter que d'une disposition expresse de la loi du 24 juillet 1966 *[Code de commerce]* ou de celles qui régissent la nullité des contrats et que l'article 5 *[C. com., art. L. 210-6]* se borne à prévoir que les sociétés ne jouissent de la personnalité morale qu'à dater de leur immatriculation : ▪ Cass. com., 4 mai 1981 : *JCP* 1981, IV, 260.

– Une société, bien que volontairement dissoute avant l'introduction de la demande en nullité, peut être annulée : ▪ Cass. com., 28 juin 1976 : *Rev. sociétés* 1977, p. 237, note J. H.

– Le non-respect du **droit de communication** aux autres assemblées que l'assemblée annuelle ne peut entraîner la nullité des résolutions : ▪ CA Paris, 3 déc. 1993 : *RJDA* 1994, p. 245. – Les résolutions d'une assemblée **entachées d'erreurs** peuvent entraîner la nullité de celle-ci : ▪ T. com. Paris, 24 sept. 1991 : *JCP* E 1992, I, 3561, n° 11, obs. A. Viandier et J.-J. Caussain.

– L'existence de **manœuvres dolosives** destinées à obtenir de certains associés d'une société par actions leur souscription au capital ne saurait entraîner la nullité de la société : ▪ CA Metz, 6 févr. 1997 : *JurisData* n° 1997-057217.

2) Violation des statuts ou du règlement intérieur. *a)* **Principe.** Il résulte de l'article L. 235-1, al. 2, que la nullité des actes ou délibérations pris par les organes d'une société commerciale ne peut résulter que de la violation d'une disposition impérative du Livre II du Code de commerce ou des lois qui régissent les contrats et, qu'en conséquence, sous réserve des cas dans lesquels il a été fait usage de la faculté, ouverte par une disposition impérative, d'aménager conventionnellement la règle posée par celle-ci, le non-respect des stipulations contenues dans les statuts ou dans le règlement intérieur n'est pas sanctionné par la nullité : ▪ Cass. Com., 18 mai 2010, n° 09-14.855, PBRI : *BJS* 2010, p. 651, note H. Le Nabasque ; *D.* 2010, p. 2405, note F. Marmoz ; *Dr. sociétés* 2010, n° 156, obs. M.-L. Coquelet ; *JCP E* 2010, 1562, note A. Couret et B. Dondero et 1000, n° 2, obs. Fl. Deboissy et G. Wicker ; *Rev. sociétés* 2010, p. 374, note P. Le Cannu. ▪ Cass. 3e civ., 13 avr. 2010, n° 09-65.538 : *BJS* 2010, p. 821, note A. Couret et B. Dondero. V. pour une SAS, ▪ Cass. com., 26 avr. 2017, n° 14-13.554 : *Dr. sociétés* 2017, n° 141, obs. C. Coupet ; *Rev. sociétés* 2017, p. 422, note D. Schmidt. – *Contra*, ▪ CA Paris, 27 nov. 2018, n° 16/16446 : *Dr. sociétés* 2019, n° 61, obs. R. Mortier. – V. aussi sous C. civ., art. 1844-10, annot. n° 9, p. 112.

b) **Application.** L'article L. 223-30 du Code de commerce ne sanctionnant pas par la nullité l'inobservation des dispositions statutaires relatives à la majorité applicable aux décisions modifiant les statuts, le non-respect de la majorité qualifiée stipulée aux statuts ne constitue pas une cause de nullité : ▪ Cass. com., 30 mai 2012, n° 11-16.272, PB : *BJS* 2012, p. 615, note A. Gaudemet ; *D.* 2012, p. 1478, obs. A. Lienhard et p. 1581, note B. Dondero ; *Dr. sociétés* 2012, n° 140, obs. M. Roussille ; *JCP* E 2012, 1777, n° 1, obs. Fl. Deboissy et G. Wicker. – La violation de la règle statutaire fixant les règles de majorité en matière d'agrément de cession de parts de SARL doit être sanctionnée par la nullité car elle constitue un aménagement autorisé par la loi des dispositions impératives des articles L. 223-14 et L. 223-16 du Code de commerce : ▪ Cass. com., 10 févr. 2015, n° 13-25.588 : *BJS* 2015, p. 238, note J.-Chr. Pagnucco ; *Dr. sociétés* 2015, n° 67, obs. D. Gallois-Cochet. – V. dans le même sens pour la violation des règles statutaires de majorité dans une SARL : ▪ Cass. com., 20 févr. 2019, n° 17-12.050 : *Dr. sociétés* 2019, n° 82, obs. C. Coupet.

3) **Condition de la renonciation au bénéfice d'une obligation de non-concurrence prévue par les statuts.** S'agissant de l'obligation de non-concurrence mise à la charge du gérant démissionnaire par les statuts, les associés d'une SARL peuvent valablement renoncer à son bénéfice, dès lors que tous y consentent, sans qu'il soit nécessaire d'appliquer les dispositions statutaires relatives aux décisions collectives : ▪ Cass. com., 12 mai 2015, n° 14-13.744 : *BJS* 2015, p. 443, note F. Danos ; *Dr. sociétés* 2015, n° 148, obs. D. Gallois-Cochet ; *JCP* E 2015, 1338, note B. Dondero ; *Rev. sociétés* 2016, p. 99, note A. Lecourt.

4) **Nullités en cascade.** Suite à l'annulation de la décision ayant prononcé son exclusion, l'associé rétabli dans ses droits peut poursuivre la nullité des assemblées générales postérieures à la décision annulée sans que puisse lui être opposée une fin de non-recevoir tirée de l'autorité de la chose jugée : ▪ Cass. 2ᵉ civ., 26 sept. 2013, n° 12-23.129 : *BJS* 2014, p. 157, note O. Staes.

5) **Fictivité de la société.** V. sous C. civ., art. 1844-10, annot. n° 6, p. 110.

6) **Fictivité de l'apport.** Hors du champ d'application de la directive du 9 mars 1968, le défaut d'objet étant une cause de nullité du contrat au regard du régime général des conventions et la violation des articles 1832, 1832-1, alinéa 1ᵉʳ, et 1833 du Code civil pouvant entraîner la nullité du contrat de société, la **fictivité de l'apport** est susceptible d'être sanctionnée par la nullité de la société, lorsque celle-ci, faute d'objet, s'avère être une société fictive : ▪ CA Paris, 21 sept. 2001, préc.

7) **Qualité et intérêt à agir.** *a)* **Intérêt légitime.** L'action en nullité, comme toutes les actions en justice, exige du demandeur qu'il justifie d'un **intérêt légitime,** ▪ CA Lyon, 9 juill. 1951 : *D.* 1952, somm. p. 24. – Comp. ▪ Cass. com., 5 mai 1981 : *Rev. sociétés* 1982, p. 95, note A. V. ▪ CA Paris, 26 avr. 1990 : *Rev. sociétés* 1990, p. 425. ▪ Cass. com., 15 juill. 1992 : *JCP* E 1992, I, 172, n° 11, obs. A. Viandier et J.-J. Caussain ; *BJS* 1992, p. 1202, note J.-F. Barbièri. ▪ CA Paris, 23 oct. 1992 : *JCP* E 1993, I, 215, n° 6, obs. A. Viandier et J.-J. Caussain. ▪ CA Paris, 21 janv. 1994 : *Rev. sociétés* 1994, p. 375, note J.-F. Barbièri. – Est irrecevable pour défaut d'intérêt légitime à agir une société exerçant une action en nullité pour illicéité de l'objet social de l'un de ses actionnaires *[société de défense d'investisseurs]* dans la mesure où cette nullité serait sans incidence sur sa propre situation juridique : ▪ CA Paris, 14 févr. 2006 : *BJS* 2006, p. 954, note J.-F. Barbièri, confirmant ▪ T. com. Paris, 7 déc. 2004 ; *BJS* 2005, p. 746, note J.-F. Barbièri.

b) L'action en annulation d'une assemblée générale extraordinaire ayant approuvé un projet de fusion et fondée sur le dol est ouverte à tous les actionnaires ayant un intérêt légitime, **peu important par ailleurs qu'ils ne soient pas restés actionnaires** postérieurement à l'assemblée dont il s'agit : ▪ CA Paris, 16 janv. 1996 : *BJS* 1996, p. 500, note A. Couret. – De même, le demandeur qui agit en annulation d'une délibération du conseil d'administration **n'est pas tenu d'avoir eu la qualité d'actionnaire** au jour de la délibération contestée : ▪ Cass. com., 4 juill. 1995 : *D.* 1996, p. 186, note J.-Cl. Hallouin ; *BJS* 1995, p. 968, note J.-F. Barbièri.

c) L'action d'un actionnaire en nullité des délibérations du conseil d'administration est recevable dès lors que cette délibération est **entachée d'une fraude** tendant, par un coup de force, à prendre le contrôle de la société, la convocation adressée l'après-midi pour le lendemain matin par télégramme téléphoné et dont il n'est pas prouvé que le destinataire ait eu connaissance étant irrégulière : ▪ CA Versailles, 29 juin 2000 : *JurisData* n° 2000-126149.

d) Le demandeur en nullité d'une assemblée générale extraordinaire a manifesté de manière non équivoque sa volonté de **renoncer** à l'action en adoptant une résolution approuvant les comptes qu'il conteste : ▪ Cass. com., 19 nov. 1991 : *RJDA* 1992, p. 584. – Les cessionnaires de parts sociales ne peuvent invoquer la nullité de la cession dès lors qu'en commençant d'exécuter leurs obligations, ils ont renoncé par des actes positifs à s'en prévaloir : ▪ Cass. com., 11 févr. 1992 : *BJS* 1992, p. 442, note P. Le Cannu. – De même, un associé est irrecevable à solliciter la nullité d'une assemblée pour irrégularité de convocation dès lors qu'il était présent, **faute d'intérêt à agir** : ▪ CA Paris, 22 mai 1992 : *BJS* 1992, p. 1087. ▪ CA Versailles, 24 juin 1993 : *BJS* 1993, p. 1013.

Art. L. 235-2 *(Anc. L. n° 66-537, 24 juill. 1966).* – Dans les sociétés en nom collectif et en commandite simple, l'accomplissement des formalités de publicité est requis à peine de nullité de la société, de l'acte ou de la délibération, selon les cas, sans que les associés et la société puissent se prévaloir, à l'égard des tiers, de cette cause de nullité. Toutefois, le tribunal a la faculté de ne pas prononcer la nullité encourue, si aucune fraude n'est constatée.

Art. L. 235-2-1 *(L. n° 2003-706, 1er août 2003 ; rempl., L. n° 2006-387, 31 mars 2006).* – Les délibérations prises en violation des dispositions régissant les droits de vote attachés aux actions peuvent être annulées.

Art. L. 235-3 *(Anc. L. n° 66-537, 24 juill. 1966).* – L'action en nullité est éteinte lorsque la cause de la nullité a cessé d'exister le jour où le tribunal statue sur le fond en première instance, sauf si cette nullité est fondée sur l'illicéité de l'objet social.

Voir : Rappr. C. civ., art. 1844-11, p. 113.

Art. L. 235-4 *(Anc. L. n° 66-537, 24 juill. 1966).* – Le tribunal de commerce, saisi d'une action en nullité, peut, même d'office, fixer un délai pour permettre de couvrir les nullités. Il ne peut prononcer la nullité moins de deux mois après la date de l'exploit introductif d'instance.

Si, pour couvrir une nullité, une assemblée doit être convoquée ou une consultation des associés effectuée, et s'il est justifié d'une convocation régulière de cette assemblée ou de l'envoi aux associés du texte des projets de décision accompagné des documents qui doivent leur être communiqués, le tribunal accorde par jugement le délai nécessaire pour que les associés puissent prendre une décision.

Voir : Rappr. C. civ., art. 1844-13, p. 114.

Art. L. 235-5 *(Anc. L. n° 66-537, 24 juill. 1966).* – Si, à l'expiration du délai prévu à l'article L. 235-4, aucune décision n'a été prise, le tribunal statue à la demande de la partie la plus diligente.

Art. L. 235-6 *(Anc. L. n° 66-537, 24 juill. 1966).* – En cas de nullité d'une société ou d'actes et délibérations postérieurs à sa constitution, fondée sur un vice du consentement ou l'incapacité d'un associé, et lorsque la régularisation peut intervenir, toute personne y ayant intérêt peut mettre en demeure celui qui est susceptible de l'opérer, soit de régulariser, soit d'agir en nullité dans un délai de six mois à peine de forclusion. Cette mise en demeure est dénoncée à la société.

La société ou un associé peut soumettre au tribunal saisi dans le délai prévu à l'alinéa précédent, toute mesure susceptible de supprimer l'intérêt du demandeur, notamment par le rachat de ses droits sociaux. En ce cas, le tribunal peut, soit prononcer la nullité, soit rendre obligatoires les mesures proposées, si celles-ci ont été préalablement adoptées par la société aux conditions prévues pour les modifications statutaires. Le vote de l'associé dont le rachat des droits est demandé est sans influence sur la décision de la société.

En cas de contestation, la valeur des droits sociaux à rembourser à l'associé est déterminée conformément aux dispositions de l'article 1843-4 du Code civil. Toute clause contraire est réputée non écrite.

Voir : C. com., art. R. 235-1, p. 695.
Rappr. C. civ., art. 1844-12, p. 113.

Art. L. 235-7 *(Anc. L. n° 66-537, 24 juill. 1966).* – Lorsque la nullité d'actes et délibérations postérieurs à la constitution de la société est fondée sur la violation des règles de publicité, toute personne ayant intérêt à la régularisation de l'acte peut mettre la société en demeure d'y procéder, dans le délai fixé par décret en Conseil d'État. À défaut de régularisation dans ce délai, tout intéressé peut demander la désignation, par décision de justice, d'un mandataire chargé d'accomplir la formalité.

Voir : C. com., art. R. 235-1 et R. 235-2, p. 695.

Art. L. 235-8 *(Anc. L. n° 66-537, 24 juill. 1966).* – La nullité d'une opération de fusion ou de scission ne peut résulter que de la nullité de la délibération de l'une des assemblées qui ont décidé l'opération ou du défaut de dépôt de la déclaration de conformité mentionnée au troisième alinéa de l'article L. 236-6.

Lorsqu'il est possible de porter remède à l'irrégularité susceptible d'entraîner la nullité, le tribunal saisi de l'action en nullité d'une fusion ou d'une scission accorde aux sociétés intéressées un délai pour régulariser la situation.

Voir : C. com., art. L. 235-11, p. 527 et L. 236-1 et s., p. 528.

Dès lors que les modalités de la fusion envisagée ne révèlent aucune irrégularité flagrante et irrémédiable rendant probable un vice du consentement des actionnaires ou révélant un abus évident de majorité, **le juge des référés** ne peut ordonner la nomination d'un expert et le report de la date de l'assemblée générale extraordinaire : ▪ CA Paris, 28 déc. 1992 : *BJS* 1993, p. 434, note P. Le Cannu.

Art. L. 235-9 *(Anc. L. n° 66-537, 24 juill. 1966 ; mod., Ord. n° 2004-604, 24 juin 2004).* **– Les actions en nullité de la société ou d'actes et délibérations postérieurs à sa constitution se prescrivent par trois ans à compter du jour où la nullité est encourue, sous réserve de la forclusion prévue à l'article L. 235-6.**

Toutefois, l'action en nullité d'une fusion ou d'une scission de sociétés se prescrit par six mois à compter de la date de la dernière inscription au registre du commerce et des sociétés rendue nécessaire par l'opération.

L'action en nullité fondée sur l'article L. 225-149-3 se prescrit par trois mois à compter de la date de l'assemblée générale suivant la décision d'augmentation de capital.

Voir : Rappr. C. civ., art. 1844-14, p. 114.

Bibliographie : Ch. Hannoun, *Remarques sur la prescription de l'action en nullité en droit des sociétés : Rev. sociétés* 1991, p. 45. • J.-P. Brill, *Brèves réflexions sur le jeu de l'exception de nullité en droit des sociétés : Mél. D. Schmidt*, éd. Joly, 2005, p. 51.

1) Domaine de la prescription triennale. *a)* Selon la Cour de cassation, la prescription applicable à l'action en nullité pour défaut d'agrément en cas de **cession de parts** sociales à un tiers étranger est celle de trois ans et cette action se prescrit à compter du jour où la nullité est encourue : ▪ Cass. com., 9 nov. 1993 : *JCP* E 1994, I, 363, n° 8, obs. A. Viandier et J.-J. Caussain ; *BJS* 1994, p. 82 ; *D.* 1994, p. 435, note D. Velardocchio. – V. cependant, estimant que la prescription de trois ans ne peut s'appliquer à l'action en nullité d'une cession de parts sociales, car il ne s'agit pas d'un acte de la société : ▪ CA Paris, 7 janv. 1994 : *Rev. sociétés* 1994, p. 113, obs. Y. Guyon. ▪ CA Paris, 14 janv. 2000 : *JurisData* n° 2000-111875. ▪ CA Paris, 16 janv. 2001 : *BJS* 2001, p. 423, note P. Le Cannu. – V. aussi sous C. civ., art. 1844-14, annot. n° 4, p. 115.

b) S'agissant de la rémunération du gérant, le délai de prescription ne court pas seulement à compter de la première décision ayant fixé cette rémunération, mais au jour de chaque assemblée ayant décidé de la rémunération annuelle : ▪ Cass. com., 30 mai 2018, n° 16-21.022, PB : *BJS* 2018, p. 572, note A. Bugada.

2) Domaine de la prescription de six mois. L'action en nullité d'une délibération approuvant un **apport partiel d'actif** se prescrit par six mois, comme les actions en nullité d'une fusion ou d'une scission : ▪ CA Paris, 2 juill. 1999 : *JurisData* n° 1999-023714 ; *Dr. sociétés* 1999, § 157, obs. Th. Bonneau ; *BJS* 1999, p. 1099, note P. Le Cannu. ▪ Cass. com., 3 juin 2003 : *BJS* 2003, p. 933, note B. Saintourens ; *D.* 2003, p. 1695, obs. A. Lienhard ; *D.* 2004, somm. p. 273, obs. J.-Cl. Hallouin ; *Dr. sociétés* sept. 2003, n° 145, obs. H. Hovasse ; *JCP* E 2003, act., p. 1188. ▪ Cass. com., 30 nov. 2004 : *BJS* 2005, p. 241, note P. Le Cannu ; *JCP* E 2005, act., p. 14 ; *JCP* E 2005, 131, n° 2, obs. J.-J. Caussain, Fl. Deboissy et G. Wicker.

3) Interruption et suspension de la prescription. En l'absence de dispositions spéciales à la matière, la prescription est soumise aux causes d'interruption et de suspension de droit commun : Rép. min. : *JOAN Q*, 26 janv. 1981, p. 373. – Dans le cadre d'une action fondée sur un abus de majorité, la prescription ne peut être suspendue par les demandes judiciaires formées exclusivement contre la société avant l'expiration du délai de trois ans ; elle n'est suspendue qu'à la date de la demande formée contre les associés : ▪ CA Versailles, 1er févr. 2001 : *JurisData* n° 2001-140286.

4) Point de départ de la prescription. *a)* **Exception de dissimulation.** Il résulte de l'article L. 235-9 que l'action en nullité des délibérations sociales se prescrit par 3 ans à compter du jour où elles sont prises, sauf dissimulation entraînant une impossibilité d'agir : ▪ Cass. com., 26 sept. 2018, n° 16-13.917 : *Dr. sociétés* 2019, n° 7, obs. J. Heinich.

b) **Illicéité de l'objet social.** La loi ne prévoyant pas d'exception pour le cas où la nullité est fondée sur l'illicéité prétendue de l'objet social, la prescription court à compter de la date de constitution de la société : ▪ CA Paris, 14 févr. 2006 : *BJS* 2006, p. 954, note J.-F. Barbièri, confirmant ▪ T. com. Paris, 7 déc. 2004 : *BJS* 2005, p. 746, note J.-F. Barbièri.

c) **Nullité pour fraude.** S'agissant de la nullité de la société pour fraude, le délai de prescription court à compter de la constitution de la société, et non à compter du jour où la cause de nullité est connue par celui qui s'en prévaut : ▪ Cass. com., 18 juill. 2011, n° 09-65.187 : *Rev. sociétés* 2011, p. 683, note B. Dondero. – V. cependant, le point de départ du délai de la prescription de la nullité court à compter de la découverte de la cause de cette nullité : ▪ CA Paris, 1er déc. 1992 : *BJS* 1993, p. 323, note B. Saintourens.

d) **Défaut de convocation.** S'agissant de la nullité d'assemblées générales, à défaut de preuve de la convocation des associés comme de leur information *a posteriori* des délibérations, la prescription ne court à l'égard de celui-ci qu'à compter du jour où celui-ci a eu connaissance de ces délibérations : ▪ CA Bastia, 11 janv. 2012, n° 09/00392 : *BJS* 2012, p. 417, note E. Mouial Bassilana.

5) Exception de nullité. L'exception de nullité est perpétuelle, à la condition qu'elle soit invoquée pour faire échec à la demande d'exécution d'un acte juridique qui n'a pas encore été exécuté : ▪ Cass. com., 8 avr. 2014, n° 13-18.120 : *JCP E* 2014, 1262, note D. Gallois-Cochet. – V. égal., ▪ Cass. com., 15 févr. 1994 : *RJDA* 1994, p. 530. ▪ Cass. com., 28 mars 2006, n° 02-13.852 : *JurisData* n° 2006-033011 ; *BJS* 2006, p. 1029, note P. Le Cornu ; *Dr. sociétés* juill. 2006, n° 108, obs. J. Monnet. ▪ Cass. 3e civ., 23 oct. 2013, n° 12-30.129.

Art. L. 235-10 *(Anc. L. n° 66-537, 24 juill. 1966).* **– Lorsque la nullité de la société est prononcée, il est procédé à sa liquidation conformément aux dispositions des statuts et du chapitre VII du présent titre.**

Voir : C. com., art. R. 235-3, p. 695 *(tierce opposition).*

Art. L. 235-11 *(Anc. L. n° 66-537, 24 juill. 1966).* **– Lorsqu'une décision judiciaire prononçant la nullité d'une fusion ou d'une scission est devenue définitive, cette décision fait l'objet d'une publicité dont les modalités sont fixées par décret en Conseil d'État.**

Elle est sans effet sur les obligations nées à la charge ou au profit des sociétés auxquelles le ou les patrimoines sont transmis entre la date à laquelle prend effet la fusion ou la scission et celle de la publication de la décision prononçant la nullité.

Dans le cas de la fusion, les sociétés ayant participé à l'opération sont solidairement responsables de l'exécution des obligations mentionnées à l'alinéa précédent à la charge de la société absorbante. Il en est de même, dans le cas de scission, de la société scindée pour les obligations des sociétés auxquelles le patrimoine est transmis. Chacune des sociétés auxquelles le patrimoine est transmis répond des obligations à sa charge nées entre la date de prise d'effet de la scission et celle de la publication de la décision prononçant la nullité.

Art. L. 235-12 *(Anc. L. n° 66-537, 24 juill. 1966).* **– Ni la société ni les associés ne peuvent se prévaloir d'une nullité à l'égard des tiers de bonne foi. Cependant, la nullité résultant de l'incapacité ou d'un vice du consentement est opposable même aux tiers, par l'incapable et ses représentants légaux, ou par l'associé dont le consentement a été surpris par erreur, dol ou violence.**

Voir : Rappr. C. civ., art. 1844-16, p. 116.

1) Domaine. L'article 369 de la loi du 24 juillet 1966 *[C. com., art. L. 235-12]* est étranger aux rapports pouvant exister entre la société et les associés : ▪ CA Paris, 29 mars 1991 : *BJS* 1991, p. 534, note P. Le Cannu.

2) Mauvaise foi. *a)* **Mauvaise foi du tiers.** Le tiers est de mauvaise foi lorsqu'il **connaît** l'illicéité : ▪ Cass. req., 8 nov. 1880 : S. 1881, 1, p. 248.

b) **Bonne foi du tiers.** La nullité d'une société fictive, constituée dans l'intérêt exclusif d'un associé, pour défaut d'*affectio societatis*, est inopposable aux tiers créanciers qui **doivent être considérés comme de bonne foi** en l'absence de tout élément permettant d'affirmer qu'ils avaient connaissance de la fictivité ; dès lors, il ne peut être porté atteinte au gage général des créanciers de la liquidation judiciaire qui comprenait, au moment de la naissance des obligations de la société, outre la responsabilité indéfinie et solidaire des associés, la garantie que le redressement ou la liquidation judiciaires de la société produirait ses effets à l'égard des associés, ainsi tenus au passif social sur l'ensemble de leurs biens personnels : ▪ CA Grenoble, 20 juin 2002 : *JurisData* n° 2002-186306.

3) Cautionnement. Dès lors qu'il est constaté, non que l'engagement de caution consenti par une société n'avait pas été autorisé par le conseil d'administration, mais que l'autorisation donnée était entachée de nullité, la nullité ne peut être opposée au créancier dont la mauvaise foi n'était pas alléguée : ▪ Cass. com., 28 juin 2005 : *JurisData* n° 2005-029264.

4) Nullité d'un procès-verbal. V. sous C. com., art. R. 225-23, annot. n° 2, p. 634.

Art. L. 235-13 *(Anc. L. n° 66-537, 24 juill. 1966).* **– L'action en responsabilité fondée sur l'annulation de la société ou des actes et délibérations postérieurs à sa constitution se prescrit par trois ans à compter du jour où la décision d'annulation est passée en force de chose jugée.**

La disparition de la cause de nullité ne met pas obstacle à l'exercice de l'action en dommages intérêts tendant à la réparation du préjudice causé par le vice dont la société, l'acte ou la délibération était entaché. Cette action se prescrit par trois ans à compter du jour où la nullité a été couverte.

Voir : Rappr. C. civ., art. 1844-17, p. 116.

Responsabilité solidaire. Les administrateurs en fonction lors de la survenance de la cause de nullité sont solidairement responsables des conséquences dommageables de l'annulation : ■ Cass. civ., 26 nov. 1930 : *DH* 1931, p. 18.

Art. L. 235-14 *(Ord. n° 2004-274, 25 mars 2004).* **– Le fait pour le président des organes de direction et d'administration ou le président de séance de ces organes de ne pas constater les délibérations de ces organes par des procès-verbaux est sanctionné par la nullité des délibérations desdits organes.**

L'action est ouverte à tout administrateur, membre du directoire ou membre du conseil de surveillance.

Cette action en nullité peut être exercée jusqu'à l'approbation du procès-verbal de la deuxième réunion du conseil d'administration, du directoire ou du conseil de surveillance qui suit celle dont les délibérations sont susceptibles d'être annulées.

Elle est soumise aux articles L. 235-4 et L. 235-5.

CHAPITRE VI. – DE LA FUSION ET DE LA SCISSION

Bibliographie : F. Barrière, *La fusion-filialisation : Rev. sociétés* 2013, p. 667. • Y. Brochen et L. Dejoie, *DPU et fusions de sociétés : JCP* N 1993, I, 2804. • B. Caillaud et A. Bonnasse, *Les fusions faisant intervenir des sociétés de personnes : JCP* E 1998, p. 595. • M. Chadefaux, *Les fusions de sociétés : Régime juridique et fiscal*, éd. La Revue fiduciaire, 6e éd., 2008. • Y. Cheminade, *La nature juridique de la fusion : RTD com.* 1970, p. 15. • J.-J. Daigre, *Peut-on absorber une société ayant un actif net négatif ? : JCP* E 1992, I, 165. • C. Gerschel, *Le risque fiscal de la fusion-rapide entre la société holding et la société cible après une opération de LBO : Dr. fisc.* 1996, n° 39, p. 1172. • M. Jeantin, *Un nouveau champ d'application du droit des fusions : la loi du 13 juillet 1992 relative à la modernisation des entreprises coopératives : BJS* 1993, p. 295. • J. Martin, *La notion de fusion : RTD com.* 1978, p. 269. • V. Merat, *Fusions et sociétés de personnes : aspects pratiques : Dr. sociétés* 2002, chron. 9. • H. Le Nabasque, *L'incidence des normes européennes sur le droit français applicable aux fusions et au transfert de siège social : Rev. sociétés* 2005, p. 81. • S. Sylvestre, *Une société absorbante peut-elle avoir un actif net négatif ? : BJS* 2002, p. 1003. • A. De Waal, *Brèves réflexions sur la fusion rapide : Dr. fisc.* 1996, n° 4, p. 129. • *Adde* A. Bonnasse, *JCl. Sociétés traité*, Fasc. 161-10 *(Principes généraux)*, Fasc. 162-10 *(Réalisation)*.

Section I. – Dispositions générales

Art. L. 236-1 *(Anc. L. n° 66-537, 24 juill. 1966).* **– Une ou plusieurs sociétés peuvent, par voie de fusion, transmettre leur patrimoine à une société existante ou à une nouvelle société qu'elles constituent.**

Une société peut aussi, par voie de scission, transmettre son patrimoine à plusieurs sociétés existantes ou à plusieurs sociétés nouvelles.

Ces possibilités sont ouvertes aux sociétés en liquidation à condition que la répartition de leurs actifs entre les associés n'ait pas fait l'objet d'un début d'exécution.

Les associés des sociétés qui transmettent leur patrimoine dans le cadre des opérations mentionnées aux trois alinéas précédents reçoivent des parts ou des actions de la ou des sociétés bénéficiaires et, éventuellement, une soulte en espèces dont le montant ne peut dépasser 10 % de la valeur nominale des parts ou des actions attribuées.

Voir : Rappr. C. civ., art. 1844-4, al. 1 et 2, p. 89 et **Consultation du comité d'entreprise en cas de fusion ou de scission,** C. trav., art. L. 2323-19, p. 1769. – **Concentration économique,** C. com., art. L. 430-1 et s., p. 1681.

1) Notion de fusion. *a)* **Éléments constitutifs.** Il y a fusion lorsque deux sociétés se réunissent pour n'en former qu'une, soit par la création d'une société nouvelle, soit par absorption ; les éléments caractéristiques de la fusion sont la **transmission** de l'ensemble des éléments d'actif et de passif de la société absorbée à la société absorbante, la **dissolution** de la société absorbée et **l'échange de droits sociaux,** à savoir que les associés de la société absorbée deviennent associés de la société absorbante avec attribution de parts dans la mesure où il y a un actif net au niveau de la société absorbée ; s'il n'y a plus d'actif net, mais au contraire une situation négative, les conditions de la fusion ne sont pas remplies : ▪ CA Versailles, 24 juin 1993 : *BJS* 1993, p. 1013, note P. Le Cannu.

b) **Exclusion de la qualification d'apport.** L'opération de fusion-absorption, qui entraîne la dissolution sans liquidation de la société absorbée et la transmission universelle de son patrimoine à la société absorbante et n'a pas pour contrepartie l'attribution à la société absorbée de droits sociaux au sein de la société absorbante, ne constitue pas un apport fait par la première à la seconde, de sorte que ne trouve pas à s'appliquer le pacte de préférence consenti par la société absorbée relativement à un immeuble social : ▪ Cass. com., 9 nov. 2010, n° 09-70.726 : *BJS* 2011, p. 122, note P. Le Cannu ; *JCP* E 2011, 1073, note M. L. Coquelet ; *Rev. sociétés* 2011, p. 219, note Th. Massart.

c) L'opération consistant en une cession de l'actif social immobilier à une autre société, accompagnée du paiement du passif social et du remboursement des apports des actionnaires, ne réalise pas une fusion : ▪ Cass. com., 3 nov. 1975 : *Bull. civ.* IV, n° 248.

d) Sur la notion de **fusion apparente,** voir ▪ Cass. com., 2 juin 1992 : *RTD com.* 1992, p. 641, obs. Y. Reinhard.

2) Opposabilité aux tiers. *a)* Une fusion non publiée est **inopposable** aux tiers : ▪ Cass. com., 29 juin 1993 : *JCP* E 1993, I, 3715, n° 15, obs. A. Viandier et J.-J. Caussain ; *BJS* 1993, p. 914, note B. Saintourens.

b) **Publicité au RCS.** En cas de fusion-absorption, la dissolution de la société absorbée n'est opposable aux tiers que par sa mention au RCS avec l'indication de sa cause, ainsi que celle de sa raison sociale ou dénomination, forme juridique et siège des personnes morales ayant participé à l'opération (C. com., art. R. 123-69, 3°), la publication dans un journal légal, ainsi que la publication de la radiation au *BODACC* étant insuffisantes : ▪ Cass. com., 23 janv. 2007, n° 05-16.460 ; *Rev. sociétés* 2007, p. 531, note B. Saintourens. – V. égal., ▪ Cass. com., 31 mars 2015, n° 14-10.120 : *Rev. sociétés* 2016, p. 29, note J.-M. Moulin. – Est recevable l'action exercée par la société absorbée antérieurement à la publication de sa dissolution au RCS, quand bien même il y est mentionné une date de dissolution antérieure au jour de l'assignation : ▪ Cass. com., 24 mai 2011, n° 10-19.222, PB : *BJS* 2011, p. 855, note R. Raffray ; *Dr. sociétés* 2011, § 189, obs. R. Mortier.

c) **Publicité au** ***BODACC.*** Voir sous C. com., art. L. 210-5, annot. n° 2, p. 168.

3) Règles applicables. Pour l'affirmation que les prescriptions réglementaires régissant les marchés réglementés ne peuvent déroger à la loi du 24 juillet 1966 *[C. com.]* : ▪ Cass. com., 17 déc. 1991 : *BJS* 1992, p. 179, note J.-F. Barbièri.

4) Dol. Le silence des dirigeants sur un contrat important ne justifie pas nécessairement l'annulation d'une fusion dès lors que les commissaires à la fusion ont été mis en mesure de tenir compte dudit contrat : ▪ Cass. com., 3 juin 1998 : *JCP* E 1998, p. 1304, obs. A. Viandier et J.-J. Caussain.

5) Parité d'échange. Sur l'appréciation de la parité d'échange en fonction des besoins d'investissement des sociétés absorbantes et absorbées, dans la fusion Air France/UTA : V. ▪ CA Paris, 28 déc. 1992 : *BJS* 1993, p. 434, note P. Le Cannu. – Sur le rôle des commissaires à la fusion : ▪ CA Douai, 7 juill. 1994 : *BJS* 1994, p. 994, note P. Le Cannu.

6) Nature des titres nouveaux en régime de communauté. Les titres attribués dans la société absorbante à la suite d'une fusion, qui remplacent les titres propres détenus dans la société absorbée, sont des biens propres par subrogation de propres en application des articles 1406 et 1407 du Code civil : ▪ Cass. 1re civ., 13 déc. 2017 : *Dr. sociétés* 2018, n° 60, obs. R. Mortier.

7) Fraude paulienne. La fusion faite dans le but de frauder aux droits des créanciers peut être annulée par la voie de l'action paulienne : ▪ Cass. com., 10 juin 1963 : *D.* 1968, p. 116, note Cl. Lombois. – Voir aussi sous C. com., art. L. 236-3, annot. n° 16, p. 532.

8) Abus de majorité. V. sous C. civ., art. 1833, annot. n° 14, p. 23.

9) Divers. Les partenaires d'une fusion non encore officialisée peuvent le cas échéant être traités comme des associés de fait : ▪ CA Paris, 13 janv. 1987 : *JCP* E 1987, 16959, n° 28, obs. A. Viandier et J.-J. Caussain.

Art. L. 236-2 *(Anc. L. n° 66-537, 24 juill. 1966 ; mod., L. n° 2008-649, 3 juill. 2008).* **– Les opérations visées à l'article L. 236-1 peuvent être réalisées entre des sociétés de forme différente.**

Elles sont décidées, par chacune des sociétés intéressées, dans les conditions requises pour la modification de ses statuts.

Si l'opération comporte la création de sociétés nouvelles, chacune de celles-ci est constituée selon les règles propres à la forme de société adoptée.

Lorsque les opérations comportent la participation de sociétés anonymes et de sociétés à responsabilité limitée, les dispositions des articles L. 236-10, L. 236-11, L. 236-13, L. 236-14, L. 236-15, L. 236-18, L. 236-19, L. 236-20 et L. 236-21 sont applicables.

Voir : Droit commun des sociétés, C. civ., art. 1844, al. 3 à 5, p. 72. – **Nomination des administrateurs ou des membres du conseil de surveillance en cas de fusion ou de scission,** C. com., art. L. 225-18, p. 240 et L. 225-75, p. 303.

Art. L. 236-3 *(Anc. L. n° 66-537, 24 juill. 1966).* – **I. – La fusion ou la scission entraîne la dissolution sans liquidation des sociétés qui disparaissent et la transmission universelle de leur patrimoine aux sociétés bénéficiaires, dans l'état où il se trouve à la date de réalisation définitive de l'opération. Elle entraîne simultanément l'acquisition, par les associés des sociétés qui disparaissent, de la qualité d'associés des sociétés bénéficiaires, dans les conditions déterminées par le contrat de fusion ou de scission.**

II. – Toutefois, il n'est pas procédé à l'échange de parts ou d'actions de la société bénéficiaire contre des parts ou actions des sociétés qui disparaissent lorsque ces parts ou actions sont détenues :

1° Soit par la société bénéficiaire ou par une personne agissant en son propre nom mais pour le compte de cette société ;

2° Soit par la société qui disparaît ou par une personne agissant en son propre nom mais pour le compte de cette société.

Voir : la rédaction de cet article issue de l'ordonnance n° 2019-744 du 19 juillet 2019, en *addendum*, p. 3371.

Voir : Publicité de la dissolution de la société absorbée, C. com., art. R. 123-69, 3°, p. 808.

• Sommaire

I – TRANSMISSION DES TITRES PARTICULIERS 531
A – Détermination des titres particuliers transmis 531
B – Conditions de la transmission des titres particuliers 531
II – SÛRETÉS ET GARANTIES 532
A – Cautionnement 532
B – Garantie autonome 534
C – Sûretés réelles 534
D – Garantie de passif 534
III – RESPONSABILITÉS ET SANCTIONS 534
IV – CONSÉQUENCES PROCESSUELLES DE LA TRANSMISSION UNIVERSELLE 535
V – AGRÉMENT 536

1) Principes. *a)* **Substitution de la société absorbante à la société absorbée.** La société absorbante vient activement et passivement aux lieu et place de la société absorbée : ▪ Cass. com., 13 févr. 1963 : *Bull. civ.* III, n° 104. ▪ Cass. soc., 29 avr. 1980 : *JCP* 1980, IV, 263.

b) **Sort des actions de la société absorbée.** Est nulle pour défaut d'objet toute cession de parts, d'actions ou de droits conférés par ces titres, d'une société ayant disparu par l'effet d'une opération de fusion-absorption : ▪ Cass. com., 26 mai 2009, n° 08-12.691, PB : *BJS* 2009, p. 998, note X. Vamparys ; *Dr. sociétés* 2009, n° 152, obs. M.-M. Coquelet ; *JCP* E 2009, 1766, n° 4, obs. Fl. Deboissy et G. Wicker et 1908, note C. Youego.

2) Le patrimoine étant indissociablement lié à la personne, la **transmission universelle** à la personne morale absorbante du patrimoine de la personne morale absorbée *[association]* est **indissociable de la dissolution** de cette dernière et ne peut se réaliser tant que cette personne morale n'est pas dissoute : ▪ Cass. com., 12 juill. 2004 : *BJS* 2004, p. 1554, note C.-M. Bénard ; *D.* 2004, p. 2160 ; *D.* 2005, somm. p. 2959, obs. J.-Cl. Hallouin et E. Lamazerolles ; *Dr. sociétés* déc. 2004, n° 205, obs. F.-G. Trébulle ; *JCP* E 2004, act., p. 1521 ; *JCP* E 2005, 131, n° 8, obs. J.-J. Caussain, Fl. Deboissy et G. Wicker. ▪ Cass. com., 31 janv. 2006, n° 04-14.576 : *BJS* 2006, p. 814, note J.-J. Daigre.

3) Opposabilité aux tiers de la dissolution de la société absorbée. V. sous C. com., art. L. 236-1, annot. n° 2, p. 529.

4) Déclaration de franchissement de seuil. V. sous C. com., art. L. 233-7, annot. n° 3, p. 503.

5) Distinction de la transmission universelle et de la revente. La transmission universelle résultant d'une fusion-absorption ne peut être assimilée à une revente au sens de l'article 1115 du CGI, de sorte que la société absorbante se trouve tenue de respecter l'engagement de revente pris par la société absorbée à peine d'être déchue du bénéfice du régime de faveur institué par ce texte : ▪ Cass. com., 7 avr. 2010, n°s 09-65.899 et 09-65.900.

I – TRANSMISSION DES TITRES PARTICULIERS

A – Détermination des titres particuliers transmis

6) Conflits de lois. Si l'interprétation des contrats conclus par la société absorbée reste soumise à la loi applicable au contrat avant la fusion, la protection des créanciers – s'agissant en l'espèce de la protection des porteurs de titres assortis de droits spéciaux résultant de la directive 78/855/CEE – est déterminée par la loi de la société absorbée : ▪ CJUE, 7 avr. 2016, C-483-14 : *D.* 2016, p. 1404, note J. Chacornac.

7) Conventions *intuitu personae*. A. Viandier, *Les contrats conclus intuitu personae face à la fusion des sociétés : Mél. C. Mouly*, Litec, 1998, t. II, p. 193. – P.-Y. Bérard, *Les fusions à l'épreuve de l'intuitu personae : RTD com.* 2007, p. 279. – M. Dubertret, *L'intuitu personae dans les fusions : Rev. sociétés* 2006, p. 721.

a) **Principe.** Les conventions conclues *intuitu personae* ne sont pas transmissibles : ▪ CA Aix-en-Provence, 11 juin 1997 : *JCP* E 1997, I, 710, n° 10, obs. A. Viandier et J.-J. Caussain.

– **Bail rural.** ▪ Cass. 3e civ., 23 avr. 1976 : *Rev. sociétés* 1977, p. 69, note Y. Guyon.

– **Contrat de distribution sélective.** ▪ CA Paris, 2 nov. 1982 : *BRDA* 15 févr. 1983, p. 12.

– **Fonctions de syndic de copropriété.** ▪ Cass. 3e civ., 10 nov. 1998 : *JCP* E 1999, p. 328, note Djigo. ▪ Cass. com., 30 mai 2000 : *BJS* 2000, p. 841, note M.-L. Coquelet ; *JCP* E 2000, 10401, note A. Viandier. ▪ Cass. 3e civ., 29 févr. 2012, n° 10-27.259, PB.

– **Contrat d'agent revendeur excluant le transfert des droits du revendeur sans l'accord préalable et écrit du cessionnaire.** ▪ Cass. com., 13 déc. 2005, n° 03-16.878 : *BJS* 2006, p. 591, note X. Vamparys ; *D.* 2006, p. 149, obs. A. Lienhard ; *Dr. sociétés* févr. 2006, n° 23, obs. J. Monnet ; *JCP* E 2006, 1169, note H. Hovasse.

– **Contrat de franchise.** Le contrat de franchise conclu en considération de la personne du franchiseur, ne peut être transmis, en cas de fusion-absorption de ce dernier, sans l'accord du franchisé : ▪ Cass. com., 3 juin 2008, n° 06-18.007, PB : *D.* 2008, p. 1623, obs. A. Lienhard ; *BJS* 2008, p. 904, note B. Saintourens.

8) En cas de fusion, la **créance de *carry-back*** *[CGI, art. 220 quinquies]* n'est pas comprise dans la transmission universelle du patrimoine : ▪ CE, 6 nov. 2002 : *Dr. fisc.* 2003, n° 10, comm. 180 ; *RJF* 1/2003, n° 18.

9) Les engagements des **associés coopérateurs** sont maintenus lorsque les coopératives fusionnent : ▪ Cass. 1re civ., 9 oct. 1991 : *BJS* 1991, p. 1136, note M. Jeantin.

10) Autorisation de l'inspection du travail. S'agissant de l'autorisation donnée par l'inspection du travail d'un calcul dérogatoire de la durée du travail, la fusion-absorption de la société bénéficiaire ne remet pas en cause l'autorisation, laquelle continue de bénéficier à la nouvelle personne morale employeur jusqu'à son éventuel retrait par l'autorité administrative compétente : ▪ Cass. soc., 6 oct. 2010, n° 08-42.728, PB : *Rev. sociétés* 2011, p. 24, note A. Couret.

11) Accord de réduction du temps de travail. S'agissant d'un accord de réduction du temps de travail ouvrant droit au bénéfice d'un allègement de cotisations sociales, ce bénéfice figurant dans le patrimoine de la société absorbée est transmis à la société absorbante par l'effet de la transmission universelle de son patrimoine, de sorte que la société absorbante continue à en bénéficier : ▪ Cass. 2e civ., 16 déc. 2010, n° 08-21.985, PB : *D.* 2011, p. 74, obs. A. Lienhard.

12) Délégation de pouvoirs. V. ▪ Cass. crim., 20 juill. 2011, n° 10-87.348 : *BJS* 2011, p. 957, note N. Ferrier, dont la portée est incertaine.

13) Obligation de remise en état. L'obligation de remise en état d'un site pollué qui pesait sur la société absorbée exploitante du site est transmise à la société absorbante, peu important que les associés ou dirigeants n'aient pas déclaré à la préfecture l'activité polluante antérieurement à l'apport de l'exploitation à la société absorbée : ▪ Cass. 3e civ., 23 mai 2012, n° 10-25.414, PB : *BJS* 2012, p. 699, note H. Barbier.

B – Conditions de la transmission des titres particuliers

14) Transmission des créances. *a)* **Transfert de droits.** En raison de cette transmission universelle, il n'y a pas lieu d'observer les prescriptions de l'article 1690 du Code civil prévues en cas de **cession de créance** : ▪ Cass. 1re civ., 7 mars 1972 : *JCP* 1972, II, 17270, note Y. Guyon. ▪ Cass. 1re civ., 25 avr. 1974 : *Gaz. Pal.* 1974, 2, p. 635, note A. Plancqueel.

b) **Date de la créance transmise.** Peu important la publication du traité de fusion-absorption et la radiation de la société absorbée au RCS, la dette de remboursement de prêt de la société absorbée intègre le patrimoine de la société absorbante sans modification de sa date de naissance, de sorte que c'est cette date qui doit être prise en compte en cas de procédure collective de la société absorbante : ▪ Cass. com., 28 juin 2017, n° 15-27.605 : *BJE* 2017, p. 413, note M.-H. Monsèrié-Bon.

15) Retrait litigieux. La contestation de l'opposabilité de la fusion-absorption lors d'une action en paiement est une contestation de la qualité à agir de la société absorbante, de sorte que cette contestation ne porte pas sur le fond du droit au sens de l'article 1700 du Code civil : ▪ Cass. com., 19 juin 2012, n° 11-11.210, PB : *D.* 2012, p. 1737, obs. V. Avena-Robardet.

16) Transmission du fonds de commerce. *a)* **Exclusion du régime de la vente.** Une fusion par absorption ne constituant pas une cession de fonds de commerce, les dispositions concernant les mentions obligatoires en matière de **vente de fonds de commerce** ne s'appliquent pas. La société absorbante ne peut, par ailleurs, demander la résolution de la fusion dès lors qu'elle connaissait la situation de la société absorbée dont le patrimoine avait été dévolu en l'état selon l'article 371 de la loi du 24 juillet 1966 *[C. com., art. L. 236-1]* : ▪ CA Paris, 10 avr. 1986 : *JurisData* n° 1986-021173.

b) **Exclusion du régime des avantages particuliers.** L'attribution du fonds social ne peut être considérée comme un avantage particulier au sens de l'article 193 de la loi de 1966 *[C. com., art. L. 225-147]* lorsqu'elle s'opère au titre de la transmission universelle de la société absorbée à la société absorbante : T. com. Roubaix, 6 mai 1994 : *BJS* 1994, p. 651, note P. Le Cannu. ▪ CA Douai, 7 juill. 1994 : *RJDA* 1994, n° 1297.

17) Transmission des brevets. Les actes transmettant ou modifiant les **droits attachés à un brevet** devant être inscrits sur le registre national des brevets pour être opposables aux tiers *[CPI, art. L. 613-9]*, la société absorbante est irrecevable à agir en contrefaçon au titre d'un brevet dont était titulaire la société absorbée dès lors que la demande de transcription a été déposée par cette dernière à une époque où elle n'avait plus d'existence légale et non par un représentant de la société absorbante : ▪ Cass. com., 14 mars 2006, n°s 03-16.872, 03-16.919, 03-17.425 : *JurisData* n° 2006-032744 ; *Dr. sociétés* mai 2006, n° 76, obs. H. Hovasse, cassant ▪ CA Paris, 29 mai 2002 : *PIBD* 2002, 752, III, 499.

18) Transmission du bail commercial. Le bail commercial dont la société absorbée est titulaire est transféré de plein droit à la société absorbante sans qu'il s'agisse d'une cession : ▪ Cass. com., 1er juin 1993 : *JCP* E 1994, I, 363, n° 11, obs. A. Viandier et J.-J. Caussain.

19) Transfert de propriété de navire. Les formalités de la loi n° 67-5 du 3 janvier 1967 ne sont pas applicables en cas de transfert de la propriété d'un navire à l'occasion de la transmission universelle de patrimoine résultant d'une fusion : ▪ Cass. com., 11 déc. 2007, n° 06-17.260, PB : *BJS* 2008, p. 281, note Ph. Delebecque.

II – SÛRETÉS ET GARANTIES

A – Cautionnement

Bibliographie : G. Damy, *Le cautionnement et la transmission universelle du patrimoine : Dr. et patrimoine* sept. 2004, p. 46. – D. Houtcieff, *Contribution à l'étude de l'intuitu personae, remarques sur la considération de la personne du créancier par la caution : RTD civ.* 2003, p. 3. – Jaspar et T. Métais, *Les limites à la transmission universelle du patrimoine, les contrats intuitu personae : BJS* 1998, p. 447. – N. Morelli, *Le sort du cautionnement dans les opérations de fusion : BJS* 2004, p. 933 ; *Les restructurations de sociétés à l'épreuve du principe de personnalité des peines : JCP* E 2005, § 36, p. 203. – D. Pohé, *La distinction, obligation de règlement, obligation de couverture et la fusion-absorption : LPA* 25 sept. 2004, n° 191, p. 8. – A. Prüm, *Fusion de banques et survie des cautionnements consentis en faveur des établissements absorbés : RD bancaire et fin.* 2006, p. 1.

20) Fusion-absorption de la société créancière bénéficiaire de l'engagement de caution.

a) **Dettes postérieures à la fusion.** En cas de fusion de sociétés, par voie d'absorption d'une société par une autre, l'obligation de la caution qui s'était engagée envers la société absorbée n'est maintenue pour la garantie des dettes nées postérieurement à la fusion que dans le cas d'une manifestation expresse de volonté de la caution de s'engager envers la société absorbante, ce qui n'est pas le cas dans l'hypothèse où, avant réalisation de la fusion, le gérant caution de la société absorbée a, ès qualités de gérant, accepté l'offre de renouvellement de l'engagement garantie par la caution : ▪ Cass. com., 30 juin 2009, n° 08-10.719 : *D.* 2009, p. 2163, obs. A. Lienhard ; *BJS* 2009, p. 1049, note D. Houtcieff. ▪ Cass. com., 26 mai 2010, n° 09-15.367 : *Rev. sociétés* 2010, p. 302, obs. A. Lienhard. ▪ Cass. com., 8 mars 2011, n° 10-11.835. – V. pour la même solution, concernant l'obligation de la sous-caution, en cas de transmission par voie de scission d'une branche complète d'activité à une autre société : ▪ Cass. com., 8 mars 2017, n° 15-14.290 : *Dr. sociétés* 2017, n° 165, obs. C. Coupet. – L'engagement de caution disparaît pour l'avenir en cas de fusion-absorption de la société bénéficiaire de la garantie : ▪ CA Paris, 5 janv. 1987 : *JCP* E 1987, 16342, n° 20, obs. A. Viandier et J.-J. Caussain. ▪ Cass. com., 17 juill. 1990 : *JCP* E 1991, 143, note V. Grellière ; *Rev. sociétés* 1991, p. 67, note D. Randoux. – En cas de fusion-absorption réalisée entre banques, le cautionnement consenti au profit de la société absorbée ne peut, pour les dettes nées postérieurement à la fusion, être étendu à la société absorbante qui a une personne morale différente de celle de la société absorbée : ▪ CA Paris, 14 janv. 2000 : *JurisData* n° 2000-115980. ▪ Cass. com., 13 sept. 2011, n° 10-21.370 : *Dr. sociétés* 2011, n° 214, obs. D. Gallois-Cochet ; *Rev. sociétés* 2012, p. 500, note J.-F. Barbièri. ▪ Cass. com., 16 sept. 2014, n° 13-17.779, PB : *Dr. sociétés* 2014, n° 189, obs. D. Gallois-Cochet. – En cas de fusion, entraînant la création d'une personne morale nouvelle, d'une société bénéficiaire d'un engagement de caution, le cautionnement n'est maintenu pour les dettes postérieures à la fusion que si la caution s'est expressément manifestée en ce sens : ▪ Cass. com., 20 janv. 1987 : *JCP* E 1987, 16342, n° 20, obs. A. Viandier et J.-J. Caussain ; *JCP* G 1987, II, 20844, note M. Germain. ▪ Cass. 3e civ., 16 févr. 2000 : *JurisData* n° 2000-000645 ; *Dr. sociétés* 2000, n° 78, obs. D. Vidal. ▪ Cass. 1re civ., 28 sept. 2004 : *BJS* 2005, p. 587, note M.-L. Coquelet ; *D.* 2004, p. 2786 ; *JCP* E 2005, 569, note A.-S. Barthez ; *D.* 2005, somm. p. 2958, obs. J.-Cl. Hallouin et E. Lamazerolles ; *Rev. sociétés* 2005, p. 371, note D. Legeais. – Comp., la fusion-absorption entraînant la transmission universelle du patrimoine de la société absorbée à la société absorbante, dans l'état où il se trouve à la date de l'opération, le cautionnement garantissant le paiement des loyers au bénéfice d'une société absorbée propriétaire d'un immeuble donné à bail est transmis de plein droit, sauf stipulation contraire, à la société absorbante : ▪ Cass. com., 8 nov. 2005, n° 01-12.896 : *JurisData* n° 2005-030656 ; *BJS* 2006, p. 344, note P. Le Cannu ; *D.* 2006, p. 2875, obs. A. Lienhard ; *Dr. sociétés* févr. 2006, n° 16, obs. H. Lécuyer ; *JCP* E 2005, 1000, note D. Legeais ; *JCP* E 2006, 1753, n° 9, obs. Ph. Simler ; *JCP* G 2005, II, 10170, note D. Houtcieff ; *Rev. sociétés* 2006, p. 57, note M.-L. Coquelet.

b) **Dettes antérieures à la fusion.** En cas de fusion donnant lieu à la formation d'une personne morale nouvelle, l'obligation de la caution qui s'était engagée envers l'une des entreprises fusionnées demeure pour les créances dont la société était titulaire lors de la fusion : ▪ Cass. 1re civ., 12 janv. 1999 : *BJS* 1999, p. 537, note P. Le Cannu. – Quand la caution s'est engagée au titre d'un prêt qui constitue une obligation à terme, souscrit juste avant la fusion, la dette n'est pas née postérieurement à la fusion, même si elle ne devient exigible que plus tard ; en conséquence, la caution reste engagée sans avoir à manifester expressément sa volonté envers la personne morale nouvelle : ▪ Cass. com., 17 juill. 2001 : *BJS* 2001, p. 1249, note P. Scholer ; *D.* 2001, p. 2414, obs. A. Lienhard ; *Dr. sociétés* nov. 2001, n° 157. ▪ Cass. com., 14 mai 2008, n° 07-14.305 : *Dr. sociétés* 2008, n° 155, obs. H. Hovasse. ▪ Cass. com., 22 févr. 2017, n° 14-26.704 : *Dr. sociétés* 2017, n° 104, obs. C. Coupet.

c) **Date de référence.** Pour déterminer si l'engagement de caution concerne une dette née postérieurement ou non à la date de la fusion, la seule date à prendre en considération est celle de la publicité légale de la fusion : ▪ Cass. com., 4 juin 2013, n° 12-16.611 : *BJS* 2013, p. 812, note B. Dondero.

21) Fusion-absorption du débiteur.

a) **Principe.** En cas de fusion-absorption de la société cautionnée, l'engagement de caution garantissant le remboursement d'un prêt demeure pour les **obligations nées avant la dissolution** : ▪ Cass. com., 21 janv. 2003 : *D.* 2003, p. 496 ; *JCP* E 2003, act., p. 365. – En cas de fusion de sociétés par voie d'absorption d'une société par une autre, l'obligation de la caution qui s'était engagée à garantir les dettes de la société absorbée n'est maintenue, pour la garantie des **dettes** de la société absorbée **nées postérieurement à la fusion**, que dans le cas d'une manifestation expresse de volonté de la caution de s'engager à garantir de telles dettes : ▪ Cass. com., 17 mai 2017, n° 15-15.745 : *Rev. sociétés* 2017, p. 555, obs. P. Pisoni.

b) **Applications.** – En cas d'absorption par voie de fusion d'une SARL, loueur d'un fonds de commerce, par une SA créancier du locataire-gérant pour des **dettes nées à l'occasion de l'exploitation du fonds**, la caution constituée en faveur du loueur est déchargée de l'obligation au paiement de ses dettes : ▪ Cass. com., 24 mars 1992 : *RJDA* 1992, p. 47. – En cas de dissolution d'une société par voie de fusion-absorption par une autre société, l'engagement de la caution garantissant le paiement des loyers dus par la société absorbée demeure pour tous les loyers nés du contrat de bail, peu important que la dette n'ait pas été exigible antérieurement à la fusion : ▪ Cass. com., 8 nov. 2005, n° 02-18.449 : *JurisData* n° 2005-030654 ; *BJS* 2006, p. 345, note P. Le Cannu ; *D.* 2006, p. 2875, obs. A. Lienhard ; *Dr. sociétés* févr. 2006, n° 16, obs. H. Lécuyer ; *JCP* E 2005, 1000, note D. Legeais ; *JCP* E 2006, 1753, n° 9, obs. Ph. Simler ; *JCP* G 2005, II, 10170, note D. Houtcieff ; *Rev. sociétés* 2006, p. 57, note M.-L. Coquelet.

22) Fusion-absorption de la société caution. En cas d'absorption d'une société ayant souscrit un engagement de sous-caution, la société absorbante est tenue d'exécuter son engagement dans les termes de celui-ci dès lors qu'il a été contracté antérieurement à la fusion : ▪ Cass. com., 7 janv. 2014, n° 12-20.204, PBRI : *BJS* 2014, p. 98, note A. Couret et B. Dondero ; *D.* 2014, p. 1024, note N. Martial-Braz ; *Dr. sociétés* 2014, n° 45, obs. D. Gallois-Cochet ; *JCP* E 2014, 1033, note D. Legeais ; *Rev. sociétés* 2014, p. 291, note J.-J. Ansault.

23) Couverture des dettes de la société absorbée par la caution de la société absorbante. Le cautionnement de l'ensemble des engagements, présents ou futurs, de la société absorbante s'étend aux dettes de la société absorbée après transmission universelle de son patrimoine à la société absorbante : ▪ Cass. com., 28 févr. 2018, n° 16-18.692, PBI : *Dr. sociétés* 2018, n° 78, obs. R. Mortier ; *JCP* E 2018, 1285, note R. Marty.

24) Fraude. L'obligation de couverture ne survivra exceptionnellement que si la caution est « l'auteur principal » de la fusion : ▪ CA Paris, 5 janv. 1999 : *JurisData* n° 1999-020009 ; *Dr. sociétés* 1999, n° 168, obs. D. Vidal. – La solution est identique s'il est établi que la fusion a été réalisée pour permettre à la société caution de mettre fin à son engagement tout en continuant à conserver des intérêts dans la société absorbante, les sociétés absorbantes et absorbées ayant le même siège social, la même activité et les mêmes dirigeants ; la fusion est alors inopposable aux créanciers pour fraude : ▪ Cass. com., 10 janv. 2001 : *BJS* 2002, p. 594, note N. Morelli. ▪ Cass. com., 10 oct. 1995 : *BJS* 1995, p. 1058, note M.-L. Coquelet ; *LPA* 1995, n° 149, p. 15, note A. Couret et P. Le Cannu.

B – Garantie autonome

25) Sauf convention contraire, la garantie autonome, qui ne suit pas l'obligation garantie, n'est pas transmise en cas de scission de la société bénéficiaire de la garantie : ▪ Cass. com., 31 janv. 2017, n° 15-19.158, PBRI : *BJS* 2017, p. 234, note B. Dondero ; *Dr. sociétés* 2017, n° 63, obs. C. Coupet.

C – Sûretés réelles

26) Renouvellement d'inscription hypothécaire. L'omission dans le bordereau de renouvellement d'inscription de l'hypothèque initialement inscrite au nom de la société absorbée des modifications tenant à l'identité du créancier [société absorbante] n'emporte pas nullité du renouvellement, dès lors qu'il n'en résulte aucune aggravation de la situation du débiteur : ▪ Cass. 3e civ., 11 oct. 2006, n° 05-21.313 : *JurisData* n° 2006-035328 ; *BJS* 2007, p. 392, note N. Morelli. – V. égal. : ▪ Cass. 1re civ., 16 sept. 2010, n° 09-65.909, PB : *BJS* 2011, p. 12, obs. X. Vamparys ; *Rev. sociétés* 2011, p. 159, note B. Saintourens.

27) Nantissement. La société absorbante devenant l'ayant cause universel de la société absorbée, l'inscription du nantissement pris à l'égard de la seconde conserve ses effets à l'égard de la première, sans qu'il soit nécessaire que le créancier procède à une inscription modificative postérieure à la fusion : ▪ Cass. com., 2 déc. 2008, n° 07-19.325 : *Dr. sociétés* 2009, n° 47, obs. M.-L. Coquelet.

D – Garantie de passif

28) Garantie de passif. La société absorbante, étant par l'effet de la fusion-absorption substituée de plein droit dans l'ensemble des droits et obligations de la société absorbée, peut se prévaloir de la clause de garantie stipulée en faveur de l'absorbée même en l'absence de mention de cette clause dans le traité de fusion : ▪ Cass. com., 10 juill. 2007, n° 05-14.358 : *BJS* 2007, p. 1225, note A. Couret ; *D.* 2007, p. 2113, obs. A. Lienhard ; *Dr. sociétés* 2007, n° 181, obs. J. Monnet ; *JCP* E 2007, 1280, n° 4, obs. J.-J. Caussain, Fl. Deboissy et G. Wicker ; *Rev. sociétés* 2007, p. 798, note M. Dubertret. – Corrélativement, suite à la transmission à la société absorbante des actions auxquelles est attachée la garantie de passif, la société absorbée, bénéficiaire initiale de la garantie, n'est plus recevable à invoquer la garantie de passif : ▪ Cass. com., 9 juin 2009, n° 08-15.213 : *Dr. sociétés* 2009, n° 158, obs. H. Hovasse.

III – RESPONSABILITÉS ET SANCTIONS

29) Sanctions fiscales. La nécessité de préserver le caractère effectif et dissuasif des pénalités fiscales imposant d'appliquer le principe de personnalité des peines en tenant compte des spécificités des personnes morales, lesquelles peuvent notamment se transformer et poursuivre leurs activités sous une nouvelle forme juridique à l'occasion d'opérations de restructuration, le principe de la personnalité des peines ne fait pas obstacle à ce que, à l'occasion d'une opération de fusion ou de scission, les pénalités fiscales soient mises, compte tenu de la transmission universelle du patrimoine, à la charge de la société absorbante, d'une nouvelle société créée pour réaliser la fusion ou de sociétés issues de la scission, à raison des manquements commis, avant cette opération, par la société absorbée ou fusionnée ou par la société scindée : ▪ CE, avis, 4 déc. 2009, n° 329173 : *Dr. fisc.* 2010, n° 6, comm. 181, concl. E. Glaser, note J.-L. Pierre ; *JCP* E 2010, 1145, n° 3, obs. Fl. Deboissy et G. Wicker. – Fl. Deboissy et G. Wicker, *L'absence d'application du principe de personnalité des peines aux personnes morales en cas de transmission universelle du patrimoine : Dr. fisc.* 2010, n° 3, 18. – Ph. Serlooten, *Principe de personnalité des peines et personnes morales : BJS* 2010, p. 306.

30) Responsabilité pour infractions aux règlements de marché.

a) **Jurisprudence administrative.** L'absorption par fusion de la personne morale auteur d'un comportement répréhensible sur un marché réglementé conduit à la condamnation disciplinaire de la société absorbante : ▪ CE, 22 nov. 2000 : *RD* *bancaire et fin.* janv.-févr. 2001, p. 28, obs. M.-A. Frison-Roche, M. Germain, J.-Cl. Marin et Ch. Pénichon ; *D.* 2001, p. 1609, obs. A. Reygrobellet.

b) **Jurisprudence judiciaire.** S'agissant de sanctions prononcées par la COB à l'encontre des sept sociétés issues de la scission d'une société qui avaient commis des infractions à son règlement, le principe de la personnalité des poursuites et des sanctions s'oppose à ce qu'en l'absence de dispositions dérogatoires expresses, des personnes physiques ou morales, autres que l'auteur du manquement en cause, puissent se le voir imputer et faire l'objet de sanctions à caractère pénal, sauf à établir que la société auteur du manquement a procédé à sa scission et à sa dissolution dans le but avéré d'éluder toute poursuite, commettant ainsi une fraude à la loi susceptible de vicier cette opération : ▪ Cass. com., 15 juin 1999, n° 97-16.439 : *Bull. civ.* IV, n° 127.

31) Sanctions du droit de la concurrence. *a)* **Pratiques anticoncurrentielles.** Les dispositions de l'article L. 442-6 du Code de commerce s'appliquant à toute entreprise, indépendamment du statut juridique de celle-ci, et sans considération de la personne qui l'exploite, le principe de la personnalité des peines (DDHC, art. 8 et 9) ne fait pas obstacle au prononcé d'une amende civile à l'encontre de la personne morale à laquelle l'entreprise a été juridiquement transmise : ▪ Cass. com., 21 janv. 2014, n° 12-29.166, PB : *BJS* 2014, p. 180, note A. Couret. – La société absorbante peut être tenue des sanctions résultant des pratiques anticoncurrentielles de la société absorbée, quand bien même cette dernière aurait cédé les actifs ayant participé à la pratique anticoncurrentielle antérieurement à la fusion : ▪ Cass. com., 20 nov. 2001, n° 99-16.776 et 99-18.253 : *Bull. civ.* IV, n° 182. – V. s'agissant du transfert des activités d'un GIP à un établissement public : ▪ Cass. com., 28 févr. 2006, n° 05-12.138 : *Bull. civ.* IV, n° 49.

b) **Pratiques restrictives de concurrence.** Ne porte pas atteinte au principe de personnalité des peines l'article L. 441-6 du Code de commerce qui, tel qu'interprété par une jurisprudence constante, permet de prononcer une sanction pécuniaire non pénale à l'encontre de la personne morale à laquelle l'exploitation d'une entreprise a été transmise dans le cadre d'une fusion, pour des pratiques restrictives de concurrence commises par la société absorbée : ▪ Cons. const., 18 mai 2016, n° 2016-542 QPC : *BJS* 2016, p. 611, note B. Dondero ; *Dr. sociétés* 2016, n° 124, obs. M. Roussille.

32) Responsabilité pour infraction à la législation du travail. En application de l'article 19 de la directive n° 78-855, la fusion par absorption emporte la transmission à la société absorbante de l'obligation de payer une amende infligée après la fusion pour une infraction à la législation du travail commise avant cette fusion par la société absorbée : ▪ CJUE, 5 mars 2015, n° C-343/13 : *BJS* 2015, p. 200, note A. Couret ; *Dr. sociétés* 2015, n° 89, obs. M. Roussille ; *JCP* E 2015, 1234, note F. Barrière ; *Rev. sociétés* 2015, p. 677, note B. Lecourt. – *Adde* H. Le Nabasque, *Personnalité des délits et des peines et fusions : BJS* 2015, p. 393.

33) Liquidation de l'astreinte. Le caractère personnel de l'astreinte ne s'oppose pas à ce que sa liquidation, qui tend à une condamnation pécuniaire, puisse être poursuivie à l'encontre de la société absorbante pour des faits commis par la société absorbée antérieurement à la date de la publication de la fusion-absorption : ▪ Cass. 2e civ., 1er sept. 2016, n° 15-19.524, PB : *Dr. sociétés* 2016, n° 182, obs. R. Mortier ; *Rev. sociétés* 2017, p. 145, note B. Lecourt.

34) Responsabilité pénale des personnes morales. V. sous C. pén., art. 121-2, annot. n° 6, p. 2348.

IV – CONSÉQUENCES PROCESSUELLES DE LA TRANSMISSION UNIVERSELLE

Bibliographie : M.-L. Coquelet, *Le sort des actions en justice en cas de transmission universelle du patrimoine : BJS* 2007, p. 783.

35) Interruption des instances en cours. La publication au RCS de l'opération de fusion-absorption emporte interruption des instances en cours auxquelles étaient partie la société absorbée, ces instances pouvant être reprises par la société absorbante : ▪ CA Paris, 17 déc. 2010, n° 17/20747 : *BJS* 2011, p. 294, note M.-L. Coquelet.

36) Acquisition de partie à l'instance par la société absorbante. En sa qualité d'ayant cause universel de la société absorbée, la société absorbante acquiert de plein droit, à la date de la fusion, la qualité de partie aux instances antérieurement engagées par la société absorbée et peut se prévaloir des condamnations prononcées au profit de celle-ci, lors même que le jugement est intervenu au nom de la société absorbée à une date postérieure à celle de la fusion : ▪ Cass. com., 21 oct. 2008, n° 07-19.102, PB : *BJS* 2009, p. 114, note X. Vamparys ; *D.* 2008, p. 2792, obs. A. Lienhard ; *JCP* E 2545, n° 3, obs. Fl. Deboissy et G. Wicker.

37) Actes de procédure accomplis au nom de la société absorbée. *a)* Nullité ou irrecevabilité. Une demande de redressement judiciaire visant une société absorbée lors d'une fusion publiée est irrecevable : ▪ CA Paris, 7 déc. 1993 : *Rev. sociétés* 1994, p. 106, note Y. Chaput. – Une assignation lancée par une société absorbée est nulle : ▪ Cass. com., 7 déc. 1993 : *BJS* 1994, p. 282, note J. Mestre. – Il en est de même pour l'appel d'un jugement : ■ CA Besançon, 11 févr. 1993 : *BJS* 1993, p. 574, note J.-P. Bouère. ■ CA Paris, 30 juin 1998 : *BJS* 1999, p. 94, note P. Scholer. – Ayant perdu sa personnalité morale, la société absorbée ne peut interjeter appel d'un jugement postérieurement à la fusion : ■ Cass. com., 11 févr. 1986 : *BJS* 1986, p. 627. – Réciproquement, est irrecevable le pourvoi en cassation contre une personne morale radiée du RCS suite à son absorption : ■ Cass. com., 10 mai 2012, n° 11-14.887 : *BJS* 2012, p. 709, note O. Staes.

b) **Interdiction de se contredire au détriment d'autrui.** La société absorbante qui a elle-même formé et instruit le pourvoi contre l'arrêt préjudiciant à la société absorbée ne peut, sans se contredire au détriment d'autrui, se prévaloir devant la cour de renvoi du défaut de personnalité juridique de la société absorbée lors des instances ayant conduit à ces décisions : ■ Cass. com., 20 sept. 2011, n° 10-22.888, PB : *D.* 2012, p. 167, note C. Maréchal et p. 2942, note S. Pierre-Maurice ; *JCP* E 2012, 1075, note F. Meuris.

c) **Régularisation. L'intervention à l'instance** de la société absorbante ne couvre pas l'irrégularité : ■ Cass. com., 7 déc. 1993 : *BRDA* 15 janv. 1994, p. 3. – L'irrégularité d'une procédure tenant à l'**inexistence de la personne morale** *[société absorbée]* qui agit en justice ne peut être couverte : ■ Cass. com., 6 mai 2003 : *Dr. sociétés* déc. 2003, n° 203, obs. F.-G. Trébulle. – S'agissant d'un acte d'appel établi au nom d'une société absorbée à une date où celle-ci, radiée du RCS, n'avait plus d'existence, le vice affectant cet acte, et tenant à l'inexistence de la personne morale, ne peut être couvert par l'intervention de la société absorbante : ■ Cass. com., 22 févr. 2005 : *BJS* 2005, p. 868, note P. Scholer. – Le **défaut de capacité d'agir** d'une personne morale, qui n'a plus d'existence par suite d'une absorption suivie de sa radiation au RCS, constitue une irrégularité de fond qui ne peut être couverte par l'intervention en cours d'instance de la société absorbante : ■ Cass. com., 13 mars 2007, n° 05-21.594 : *BJS* 2007, p. 965, note J.-F. Barbièri. ■ Cass. com., 6 mars 2007, n° 06-12.055 : *BJS* 2007, p. 964, note J.-F. Barbièri. ■ Cass. com., 7 juill. 2009, n° 08-19.827 : *BJS* 2009, p. 1058, note O. Staes. ■ Cass. 2e civ., 27 sept. 2012, n° 11-22.278 : *BJS* 2013, p. 120, note O. Staes.

d) **Rectification.** La décision rendue à la requête de la société absorbée, identifiée par son numéro d'immatriculation au RCS et sa forme, n'est pas susceptible de faire l'objet d'une rectification, l'erreur invoquée n'étant pas une simple erreur matérielle sur le nom de la société mais une erreur substantielle portant sur des éléments déterminants la qualité et la capacité pour agir : ■ Cass. com., 29 janv. 2008, n° 07-14.709, PB : *BJS* 2008, p. 397, note J.-F. Barbièri.

38) Opposabilité d'une décision de justice. L'admission de la créance d'un salarié fixée dans le cadre de la vérification du passif de la société absorbée, mais par une décision postérieure à la fusion absorption, est opposable à la société absorbante dès lors que la société absorbée n'était pas dissoute et liquidée au jour de l'ouverture des débats devant la juridiction prud'homale : ■ Cass. soc., 13 mars 2014, n° 12-29.012 : *BJS* 2014, p. 392, note B. Dondero.

39) Opposabilité de la chose jugée. La société absorbante, qui recueille par l'effet de la fusion l'intégralité du patrimoine de la société absorbée, peut, en qualité d'ayant cause universel, se voir **opposer la chose jugée** à l'égard de cette société : ■ Cass. com., 18 févr. 2004 : *BJS* 2004, p. 671, note A. Constantin ; *Dr. sociétés* mai 2004, n° 84, obs. H. Hovasse ; *JCP* E 2004, 739, note F.-G. Trébulle.

40) Liquidation d'astreinte. Les décisions ayant liquidé l'astreinte à l'encontre de la seule société absorbée, à la suite d'une assignation postérieure à la date à laquelle son absorption était devenue opposable aux tiers, sont inopposables à la société absorbante : ■ Cass. com., 15 déc. 2009, n° 09-10.687 : *BJS* 2010, p. 361, note X. Vamparys.

41) Procédure fiscale. La société absorbante se trouvant substituée à la société absorbée, c'est elle qui est destinataire des actes de procédure concernant les impôts dus par la société absorbée : ■ CE, 18 mars 1994, nos 68799 et 70814 : *RJF* 1994, n° 532, concl. Ph. Martin. ■ Cass. com., 13 janv. 1998 : *RJF* 1998, n° 500. – Voir aussi sous C. com., art. L. 210-5, annot. n° 2, p. 168.

V – AGRÉMENT

Bibliographie : J.-P. Bertrel, *Fusions-acquisitions : une clause d'agrément est-elle applicable en cas de fusion ou de scission ? : Dr. et patrimoine* avr. 2003, p. 22. – A. Constantin, *L'application des clauses d'agrément en cas de fusion ou scission : le poids des mots, le choc des principes : BJS* 2003, p. 742. – B. Espesson-Vergeat, *Le clair-obscur de la clause d'agrément dans les opérations de fusion : LPA* 8 janv. 2004, p. 15. – M. Jeantin, *Clauses d'agrément et fusion de sociétés commerciales : Dr. sociétés* 1988, n° 5, p. 2. – I. Parléani, *La fusion-absorption à l'épreuve des clauses d'agrément : Mél. Guyon*, Dalloz, 2003, p. 1061.

42) Validité de la clause visant expressément une opération de fusion. Rien n'interdit d'étendre, par une mention expresse des statuts, l'application d'une clause d'agrément à des opérations de fusion : ▪ Cass. com., 15 mai 2007, n° 06-13.484 : *BJS* 2007, p. 1075, note M. Menjucq ; *JCP* E 2007, 1909. ▪ Cass. com., 3 juin 1986 : *JCP* E 1986, 15846, obs. A. Viandier et J.-J. Caussain. – *Contra*, ▪ Cass. com., 19 avr. 1972 : *Rev. sociétés* 1973, p. 105, note J. H *[décision rendue à propos d'une SARL]*.

43) Application de la clause d'agrément. La fusion-absorption ne figurant pas au nombre des actes pour lesquels la clause d'agrément est interdite par l'article L. 228-23 du Code de commerce, une cour d'appel peut, dans son pouvoir souverain d'interprétation, retenir que la clause d'agrément visant la transmission de toute action ou certificat d'investissement à un tiers non actionnaire s'applique au transfert des titres à l'absorbante suite à l'absorption de la société actionnaire : ▪ Cass. com., 6 mai 2003 : *D.* 2004, somm. p. 273, obs. J.-Cl. Hallouin ; *JCP* E 2003, 1327, note D. Cohen ; *JCP* E 2003, 1203, n° 8, obs. J.-J. Caussain, Fl. Deboissy et G. Wicker. – *Adde* ▪ CA Chambéry, 26 nov. 2002 : *D.* 2003, p. 1216, note B. Espesson-Vergeat. – Par une appréciation souveraine, une cour d'appel peut retenir que la clause des statuts d'une SCEA visant la cession à une personne étrangère à la société ne saurait s'appliquer à la transmission des parts par voie de fusion-absorption, dont le mécanisme est différent de la cession : ▪ Cass. com., 12 févr. 2008, n° 06-20.966 : *Dr. sociétés* 2008, n° 74, obs. R. Mortier ; *JCP* E 2008, 2209, note Y. Paclot. – V. refusant le jeu de la clause d'agrément en cas de fusion-absorption au motif que la clause statutaire visait « le transfert d'actions » alors que ce terme de transfert a un sens différent de celui de fusion-absorption : ▪ CA Rouen, 9 juin 2011, n° 10/05.530 : *BJS* 2011, p. 774, note Ph. Merle ; *Dr. sociétés* 2011, n° 171, obs. M. Roussille ; *JCP* E 2011, 1597, note Y. Paclot.

44) Sanction du défaut d'agrément. À défaut d'agrément de la société absorbante ayant recueilli, par l'effet de la fusion, les actions appartenant à la société absorbée, la sanction de la nullité étant impraticable du fait de la disparition de la société absorbée rendant impossible le retour à l'état antérieur, et l'allocation de dommages et intérêts ne répondant pas à l'objectif de la clause d'agrément, il y a lieu d'appliquer le dispositif de rachat prévu à l'article L. 228-24 en cas de refus d'agrément : ▪ CA Paris, 9 févr. 2006 : *JurisData* n° 2006-293485 ; *BJS* 2006, p. 766, note X. Vamparys ; *D.* 2006, p. 654, obs. A. Lienhard ; *JCP* E 2006, 1498 ; *Rev. sociétés* 2006, p. 431, obs. I. Urbain-Parléani. – Voir aussi, ▪ Cass. com., 6 mai 2003.

Art. L. 236-4 *(Anc. L. n° 66-537, 24 juill. 1966).* **– La fusion ou la scission prend effet :**

1° En cas de création d'une ou plusieurs sociétés nouvelles, à la date d'immatriculation, au registre du commerce et des sociétés, de la nouvelle société ou de la dernière d'entre elles ;

2° Dans les autres cas, à la date de la dernière assemblée générale ayant approuvé l'opération sauf si le contrat prévoit que l'opération prend effet à une autre date, laquelle ne doit être ni postérieure à la date de clôture de l'exercice en cours de la ou des sociétés bénéficiaires ni antérieure à la date de clôture du dernier exercice clos de la ou des sociétés qui transmettent leur patrimoine.

Bibliographie : J.-P. Bouère, *Le problème des résultats intercalaires : JCP* E 1992, I, 163. • B. Solle, *Traitement juridique de la perte subie par la société absorbée durant la période intercalaire : RJDA* 1992, p. 335. • A. Viandier, *La portée de l'effet rétroactif de la fusion : RJDA* 8-9/1999, p. 699.

1) Incidence comptable et fiscale de la clause de rétroactivité.

a) **Principe.** En cas de clause de rétroactivité stipulée dans un traité de fusion, rien ne s'oppose à ce que soient prises en compte toutes les conséquences de la rétroactivité pour la détermination des bénéfices imposables de la société absorbante dans le bilan de clôture de l'exercice au cours duquel la convention a été définitivement conclue, mais les effets de la fusion, **qui ne sauraient remonter à une date antérieure à l'ouverture de cet exercice,** restent sans influence sur le bilan de clôture du ou des exercices précédents, et donc sur les bénéfices imposables dégagés par chacune des sociétés concernées au cours de ces exercices : ▪ CE, 26 mai 1993 : *BJS* 1993, p. 790. – Une fois la rétroactivité stipulée dans le traité de fusion, il est impossible d'y renoncer : ▪ CE, 18 mars 1992 : *BJS* 1992, p. 563, note Ph. Derouin.

b) **Société nouvelle.** Lorsque l'apport partiel d'actif est consenti à une société créée à cette fin, la clause de rétroactivité stipulée dans la convention d'apport ne peut avoir d'incidence sur la détermination des bases d'imposition, seul trouvant à s'appliquer la règle de l'article 236-4 selon laquelle, en cas de création d'une société nouvelle, la fusion ou la scission prend effet à la date d'immatriculation au RCS de cette société : ▪ CAA Nancy, 10 avr. 2008 : *Dr. fisc.* 2008, n° 24, comm. 372.

2) Incidence de la clause de rétroactivité dans les rapports avec les tiers. *a)* La caution de la société absorbée ne peut se prévaloir de la date d'effet rétroactive de la fusion convenue entre les parties : ▪ Cass. com., 23 mars 1999 : *JurisData* n° 1999-001230 ; *JCP* E 1999, p. 1012, note A. Couret ; *Dr. sociétés* 1999, n° 110, obs. Th. Bonneau ; *BJS* 1999, p. 679, note R. Routier ; *D.* 1999, *Cah. dr. aff.*, p. 699, note S. Grataloup ; *RJDA* 1999, p. 699, note A. Viandier ; *Rev. sociétés* 1999, p. 339, note P. Le Cannu. ▪ Cass. com., 29 janv. 2002 : *BJS* 2002, p. 683, note M.-L. Coquelet.

b) **Actes de procédure.** Jugé que, dans le cas d'une clause de rétroactivité, la société absorbée ayant perdu la personnalité morale à compter de la date fixée par la clause, elle est à partir de cette date irrecevable à agir en justice, peu important la date à laquelle est intervenue sa radiation au RCS : ▪ Cass. 3e civ., 17 mai 2006, n° 05-10.936 : *D.* 2006, p. 1687, obs. A. Lienhard ; *BJS* 2007, p. 1450, note X. Vamparys ; *JCP* E 2007, 1049, n° 6, obs. J.-J. Caussain, Fl. Deboissy et G. Wicker.

Art. L. 236-5 *(Anc. L. n° 66-537, 24 juill. 1966).* **– Par dérogation aux dispositions du deuxième alinéa de l'article L. 236-2, si l'opération projetée a pour effet d'augmenter les engagements d'associés ou d'actionnaires de l'une ou de plusieurs sociétés en cause, elle ne peut être décidée qu'à l'unanimité desdits associés ou actionnaires.**

Voir : Rappr. **Augmentation des engagements des associés,** C. civ., art. 1836, al. 2, p. 35. – C. com., art. L. 225-96, al. 1, p. 314.

1) La fusion-absorption d'une **société anonyme par une société coopérative ouvrière** entraînant, pour les actionnaires, l'obligation d'exercer personnellement leur profession, exige une approbation unanime : ▪ CA Paris, 24 nov. 1980 : *Gaz. Pal.* 1981, 1, p. 117, note A. P. S.

2) Fusion-absorption d'une société par une SAS. V. sous C. com., art. L. 227-3, annot. n° 3, p. 393.

Art. L. 236-6 *(Anc. L. n° 66-537, 24 juill. 1966 ; mod., L. n° 2014-1545, 20 déc. 2014 ; L. n° 201486, 22 mai 2019).* **– Toutes les sociétés qui participent à l'une des opérations mentionnées à l'article L. 236-1 établissent un projet de fusion ou de scission.**

Ce projet est déposé au greffe du tribunal de commerce du siège desdites sociétés et fait l'objet d'une publicité dont les modalités sont fixées par décret en Conseil d'État.

À peine de nullité, les sociétés anonymes et les sociétés européennes participant à l'une des opérations mentionnées au premier et au deuxième alinéa de l'article L. 236-1 sont tenues de déposer au greffe une déclaration dans laquelle elles relatent tous les actes effectués en vue d'y procéder et par laquelle elles affirment que l'opération a été réalisée en conformité des lois et règlements. Le greffier, sous sa responsabilité, s'assure de la conformité de la déclaration aux dispositions du présent article.

La déclaration prévue au troisième alinéa du présent article est également établie par les sociétés participant à une opération de fusion transfrontalière au sein de l'Union européenne.

Voir : C. com., art. R. 236-1, p. 696, R. 236-2, p. 696 et R. 236-4, p. 697.

Est régulière la déclaration commune effectuée par la société absorbée et la société absorbante, et non par chacune des sociétés : ▪ Cass. com., 27 mai 2008, nos 07-11.428 et 07-11.530, PB.

Art. L. 236-6-1 *(L. n° 2012-387, 22 mars 2012).* **– La société qui apporte une partie de son actif à une autre société et la société qui bénéficie de cet apport peuvent décider d'un commun accord de soumettre l'opération aux dispositions des articles L. 236-1 à L. 236-6.**

Art. L. 236-7. – Les dispositions du présent chapitre relatives aux obligataires sont applicables aux titulaires de titres participatifs.

Voir : Titres participatifs, C. com., art. L. 228-36 et s., p. 449.

Section II. – Dispositions particulières aux sociétés anonymes

Art. L. 236-8 *(Anc. L. n° 66-537, 24 juill. 1966).* **– Les opérations visées à l'article L. 236-1 et réalisées uniquement entre sociétés anonymes sont soumises aux dispositions de la présente section.**

Art. L. 236-9 *(Anc. L. n° 66-537, 24 juill. 1966 ; mod., n° 2011-525, 17 mai 2011).* **– I. -** *(Numérotation créée, L. n° 2019-486, 22 mai 2019)* **La fusion est décidée par l'assemblée générale extraordinaire de chacune des sociétés qui participent à l'opération.**

La fusion est soumise, le cas échéant, dans chacune des sociétés qui participent à l'opération, à la ratification des assemblées spéciales d'actionnaires mentionnées aux articles L. 225-99 et L. 228-15.

Le projet de fusion est soumis aux assemblées spéciales des porteurs de certificats d'investissement statuant selon les règles de l'assemblée générale des actionnaires, à moins que la société absorbante n'acquière ces titres sur simple demande de leur part, dans les conditions de publicité dont les modalités sont fixées par décret en Conseil d'État, et que cette acquisition ait été acceptée par leur assemblée spéciale. Tout porteur de certificats d'investissement qui n'a pas cédé ses titres dans le délai fixé par décret en Conseil d'État le demeure dans la société absorbante aux conditions fixées par le contrat de fusion, sous réserve des dispositions du dernier alinéa de l'article L. 228-30.

Sauf si les actionnaires des sociétés participant à l'opération de fusion en décident autrement dans les conditions prévues au II de l'article L. 236-10, le conseil d'administration ou le directoire de chaque société participant à l'opération établit un rapport écrit qui est mis à la disposition des actionnaires.

Les conseils d'administration ou les directoires des sociétés participant à l'opération informent leurs actionnaires respectifs, avant la date de l'assemblée générale prévue au premier alinéa, de toute modification importante de leur actif et de leur passif intervenue entre la date de l'établissement du projet de fusion et la date de la réunion des assemblées générales mentionnées au même alinéa.

Ils en avisent également les conseils d'administration ou les directoires des autres sociétés participant à l'opération afin que ceux-ci informent leurs actionnaires de ces modifications.

Les modalités de mise en œuvre de ces informations sont déterminées par décret en Conseil d'État.

II *(II créé, L. n° 2019-486, 22 mai 2019)*. – Par dérogation au premier alinéa du I, l'assemblée générale extraordinaire de la société absorbante peut déléguer sa compétence au conseil d'administration ou au directoire, selon le cas, pour décider d'une fusion par absorption pendant une durée qu'elle fixe et qui ne peut excéder vingt-six mois. L'assemblée générale extraordinaire de la société absorbante qui décide une fusion par absorption peut également déléguer le pouvoir au conseil d'administration ou au directoire, selon le cas, de déterminer les modalités définitives du projet de fusion, pour une durée qu'elle fixe et qui ne peut excéder cinq ans.

Lorsqu'il sollicite l'une ou l'autre de ces délégations, le conseil d'administration ou le directoire établit un rapport écrit qui est mis à la disposition des actionnaires.

Lorsque l'assemblée générale extraordinaire fait usage d'une des facultés prévues au premier alinéa du présent II et que la fusion nécessite une augmentation de capital, elle délègue également, par une résolution particulière et dans les conditions prévues aux articles L. 225-129 à L. 225-129-5, son pouvoir ou sa compétence de décider de l'augmentation de capital permettant d'attribuer des titres de capital aux associés de la ou des sociétés absorbées.

Lorsque l'assemblée générale extraordinaire fait usage d'une des facultés prévues au premier alinéa du présent II, un ou plusieurs actionnaires de la société absorbante réunissant au moins 5 % du capital social peuvent demander en justice, dans un délai fixé par décret en Conseil d'État, la désignation d'un mandataire aux fins de convoquer l'assemblée générale extraordinaire de la société absorbante pour qu'elle se prononce sur l'approbation de la fusion ou du projet de fusion.

Voir : C. com., art. R. 236-5 et R. 236-5-1, p. 697.

Art. L. 236-10 *(Mod., L. n° 2008-649, 3 juill. 2008 ; L. n° 2008-776, 4 août 2008 ; L. n° 2016-1691, 9 déc. 2016)*. – I. – Sauf si les actionnaires des sociétés participant à l'opération de fusion en décident autrement dans les conditions prévues au II du présent article, un ou plusieurs commissaires à la fusion, désignés par décision de justice et soumis à l'égard des sociétés participantes aux incompatibilités prévues à l'article L. 822-11-3, établissent sous leur responsabilité un rapport écrit sur les modalités de la fusion.

Les commissaires à la fusion vérifient que les valeurs relatives attribuées aux actions des sociétés participant à l'opération sont pertinentes et que le rapport d'échange est équitable. Ils peuvent obtenir à cette fin, auprès de chaque société, communication de tous documents utiles et procéder à toutes vérifications nécessaires.

Le ou les rapports des commissaires à la fusion sont mis à la disposition des actionnaires. Ils indiquent :

1° La ou les méthodes suivies pour la détermination du rapport d'échange proposé ;

2° Le caractère adéquat de cette ou ces méthodes en l'espèce ainsi que les valeurs auxquelles chacune de ces méthodes conduit, un avis étant donné sur l'importance relative donnée à ces méthodes dans la détermination de la valeur retenue ;

3° Les difficultés particulières d'évaluation s'il en existe.

II. - La décision de ne pas faire désigner un commissaire à la fusion est prise, à l'unanimité, par les actionnaires de toutes les sociétés participant à l'opération. À cette fin, les actionnaires sont consultés avant que ne commence à courir le délai exigé pour la remise de ce rapport préalablement à l'assemblée générale appelée à se prononcer sur le projet de fusion *(Mots aj.,, L. n° 2019-486, 22 mai 2019)* « ou, le cas échéant, à la décision du conseil d'administration ou du directoire, selon le cas, de la société absorbante ».

III. – Lorsque l'opération de fusion comporte des apports en nature ou des avantages particuliers, le commissaire à la fusion ou, s'il n'en a pas été désigné en application du II, un commissaire aux apports désigné dans les conditions prévues à l'article L. 225-8 établit le rapport prévu à l'article L. 225-147.

Voir : C. com., art. R. 236-3, R. 236-6 et R. 236-7, p. 697.

Bibliographie : G. Chaudré et J. Pépin Foundoux, *Fusions internes (C. com., art. L. 236-10) : JCP* E 2008, 2500. • A. Guengant, *Aménagement du régime juridique des opérations nationales de fusions et scissions : JCP* E 2008, 1977. • H. Le Nabasque et A. Soilleux, *La réforme du droit commun des fusions : BJS* 2012, p. 261. • D. Pubellier et M. Suru, *Fusions : simplifier ce n'est pas faire simple : JCP* E 2008, 2501.

La loi **n'impose pas** la nomination d'un commissaire à la fusion dans le cas où l'une des sociétés participantes n'est pas une SA ou une SARL : ▪ CA Paris, 21 sept. 2001 : *BJS* 2002, p. 54, note J.-P. Bouère.

Art. L. 236-11 *(Mod., L. n° 2008-649, 3 juill. 2008 ; L. n° 2011-525, 17 mai 2011)*. **– Lorsque, depuis le dépôt au greffe du tribunal de commerce du projet de fusion et jusqu'à la réalisation de l'opération, la société absorbante détient en permanence la totalité des actions représentant la totalité du capital des sociétés absorbées, il n'y a lieu ni à approbation de la fusion par l'assemblée générale extraordinaire des sociétés alinéa de l'article L. 236-9, et à l'article L. 236-10.**

Toutefois, un ou plusieurs actionnaires de la société absorbante réunissant au moins 5 % du capital social peut demander en justice la désignation d'un mandataire aux fins de convoquer l'assemblée générale extraordinaire de la société absorbante pour qu'elle se prononce sur l'approbation de la fusion.

Voir : la rédaction de cet article issue de l'ordonnance n° 2019-744 du 19 juillet 2019, en *addendum*, p. 3371.

Bibliographie : H. Le Nabasque et A. Soilleux, *La réforme des fusions simplifiées : BJS* 2012, p. 265. • J.-F. Carré et S. Sol, *Les apports partiels d'actifs simplifiés : des apports partiels d'actifs sans augmentation de capital ? : JCP* E 2012, 1288. • M.-L. Coquelet, *Le nouveau visage des fusions simplifiées : Dr. sociétés* août-sept. 2011, p. 8.

Art. L. 236-11-1 *(L. n° 2011-525, 17 mai 2011 ; L. n° 2016-1691, 9 déc. 2016)*. **– Lorsque, depuis le dépôt au greffe du tribunal de commerce du projet de fusion et jusqu'à la réalisation de l'opération, la société absorbante détient en permanence au moins 90 % des droits de vote des sociétés absorbées, sans en détenir la totalité :**

1° Il n'y a pas lieu à approbation de la fusion par l'assemblée générale extraordinaire de la société absorbante. Toutefois, un ou plusieurs actionnaires de la société absorbante réunissant au moins 5 % du capital social peut demander en justice la désignation d'un mandataire aux fins de convoquer l'assemblée générale extraordinaire de la société absorbante pour qu'elle se prononce sur l'approbation de la fusion ;

2° Il n'y a pas lieu à l'établissement des rapports mentionnés aux articles L. 236-9 et L. 236-10 lorsque les actionnaires minoritaires de la société absorbée se sont vu proposer, préalablement à la fusion, le rachat de leurs actions par la société absorbante à un prix correspondant à la valeur de celles-ci, déterminé, selon le cas :

a) Dans les conditions prévues à l'article 1843-4 du Code civil, si les actions de la société absorbée ne sont pas admises aux négociations sur un marché réglementé ;

b) Dans le cadre d'une offre publique initiée dans les conditions et selon les modalités fixées par le règlement général de l'Autorité des marchés financiers, si les actions de la société absorbée sont admises aux négociations sur un marché réglementé ;

c) Dans le cadre d'une offre répondant aux conditions des *a* ou *b*, si les actions de la société absorbée sont admises aux négociations sur un système multilatéral de négociation soumis aux dispositions du II de l'article L. 433-3 du Code monétaire et financier.

Voir : la rédaction de cet article issue de l'ordonnance n° 2019-744 du 19 juillet 2019, en *addendum*, p. 3371.

Art. L. 236-12 *(Anc. L. n° 66-537, 24 juill. 1966)*. **– Lorsque la fusion est réalisée par voie de création d'une société nouvelle, celle-ci peut être constituée sans autres apports que ceux des sociétés qui fusionnent.**

Dans tous les cas, le projet de statuts de la société nouvelle est approuvé par l'assemblée générale extraordinaire de chacune des sociétés qui disparaissent. Il n'y a pas lieu à approbation de l'opération par l'assemblée générale de la société nouvelle.

Art. L. 236-13 *(Anc. L. n° 66-537, 24 juill. 1966 ; mod., L. n° 2003-7, 3 janv. 2003).* **– Le projet de fusion est soumis aux assemblées d'obligataires des sociétés absorbées, à moins que le remboursement des titres sur simple demande de leur part ne soit offert auxdits obligataires. L'offre de remboursement est soumise à publicité, dont les modalités sont fixées par décret en Conseil d'État.**

Lorsqu'il y a lieu à remboursement sur simple demande, la société absorbante devient débitrice des obligataires de la société absorbée.

Tout obligataire qui n'a pas demandé le remboursement dans le délai fixé par décret en Conseil d'État conserve sa qualité dans la société absorbante aux conditions fixées par le contrat de fusion.

Voir : C. com., art. R. 236-11 et R. 236-12, p. 699.

Protection des obligataires. En l'absence de proposition de remboursement des obligations et en l'absence d'information de l'assemblée des obligataires, la société absorbante doit être condamnée à rembourser l'obligataire qui en fait la demande : ▪ CA Orléans, 22 janv. 1998 : *Dr. sociétés* 1998, n° 95, note D. Vidal.

Art. L. 236-14 *(Anc. L. n° 66-537, 24 juill. 1966).* **– La société absorbante est débitrice des créanciers non obligataires de la société absorbée au lieu et place de celle-ci, sans que cette substitution emporte novation à leur égard.**

Les créanciers non obligataires des sociétés participant à l'opération de fusion et dont la créance est antérieure à la publicité donnée au projet de fusion peuvent former opposition à celui-ci dans le délai fixé par décret en Conseil d'État. Une décision de justice rejette l'opposition ou ordonne, soit le remboursement des créances, soit la constitution de garanties si la société absorbante en offre et si elles sont jugées suffisantes.

À défaut de remboursement des créances ou de constitution des garanties ordonnées, la fusion est inopposable à ce créancier.

L'opposition formée par un créancier n'a pas pour effet d'interdire la poursuite des opérations de fusion.

Les dispositions du présent article ne mettent pas obstacle à l'application des conventions autorisant le créancier à exiger le remboursement immédiat de sa créance en cas de fusion de la société débitrice avec une autre société.

Voir : C. com., art. R. 236-8 à R. 236-10, p. 698.
Voir : sous C. com., art. L. 236-3, annot. n° 1 s., p. 530.

1) **Qualité de l'opposant.** Seuls les titulaires d'une créance certaine, liquide et exigible, peuvent faire opposition à un projet de fusion : ▪ Cass. com., 16 juill. 1985 : *Express doc.* 13 déc. 1985, p. 16. Une astreinte non liquidée ne donne pas droit à l'opposition : ▪ Cass. com., 15 juill. 1992 : *JCP* E 1992, II, 1198 ; *BJS* 1992, p. 1111, note B. Caillaud et P. Le Cannu.

2) Pour une application du **décret du 30 septembre 1953** *[C. com., art. L. 145-16]*, V. ▪ CA Paris, 17 avr. 1976 : *Rev. sociétés* 1977, p. 69, note Y. Guyon.

3) **Annulation d'une fusion pour fraude aux droits d'un créancier.** V. sous C. com., art. L. 236-1, annot. n° 5, p. 529.

Code de commerce

Art. L. 145-16 *(Mod., L. n° 2012-387, 22 mars 2012 ; L. n° 2014-626, 18 juin 2014).* **–** Sont également réputées non écrites, quelle qu'en soit la forme, les conventions tendant à interdire au locataire de céder son bail ou les droits qu'il tient du présent chapitre à l'acquéreur de son fonds de commerce ou de son entreprise.

En cas de fusion ou de scission de sociétés, en cas de transmission universelle de patrimoine d'une société réalisée dans les conditions prévues à l'article 1844-5 du Code civil ou en cas d'apport d'une partie de l'actif d'une société réalisé dans les conditions prévues aux articles L. 236-6-1, L. 236-22 et L. 236-24 du présent code, la société issue de la fusion, la société désignée par le contrat de scission ou, à défaut, les sociétés issues de la scission, la société bénéficiaire de la transmission universelle de patrimoine ou la société bénéficiaire de l'apport sont, nonobstant toute stipulation contraire, substituées à celle au profit de laquelle le bail était consenti dans tous les droits et obligations découlant de ce bail.

En cas de cession ou dans les cas prévus au deuxième alinéa, si l'obligation de garantie ne peut plus être assurée dans les termes de la convention, le tribunal peut y substituer toutes garanties qu'il juge suffisantes.

Scission. Même si l'article L. 145-16 ne le vise pas expressément, la transmission du bail commercial prévue par ce texte joue également en cas de scission, y compris en matière d'apport partiel d'actif soumis au régime des scission : ▪ TGI Nanterre, 18 mai 2010, n° 07/14173 : *D.* 2011, p. 994, note G. Cavalier ; *Rev. sociétés* 2011, p. 556, note A. Reygrobellet ; confirmé par : ▪ CA Versailles, 22 sept. 2011, n° 10/04401 : *BJS* 2012, p. 47, note G. Cavalier ; *Dr. sociétés* 2012, n° 20, obs. R. Mortier.

Art. L. 236-15 *(Anc. L. n° 66-537, 24 juill. 1966 ; mod., Ord. n° 2004-604, 24 juin 2004).* **– Le projet de fusion n'est pas soumis aux assemblées d'obligataires de la société absorbante. Toutefois, l'assemblée générale des obligataires peut donner mandat aux représentants de la masse de former opposition à la fusion dans les conditions et sous les effets prévus aux alinéas deuxième et suivants de l'article L. 236-14.**

Voir : C. com., art. R. 236-8, p. 698.

Bibliographie : L. Faugérolas et P. Deval, *La protection des obligataires internationaux en cas de fusion ou de scission de la société émettrice : Mél. D. Schmidt*, éd. Joly, 2005, p. 239.

Art. L. 236-16 *(Mod., L. n° 2011-525, 17 mai 2011).* **– Les articles L. 236-9, L. 236-10 et L. 236-11 sont applicables à la scission.**

Voir : la rédaction de cet article issue de l'ordonnance n° 2019-744 du 19 juillet 2019, en *addendum*, p. 3371.

Bibliographie : P.-Y. Chabert, *La figure de la scission partielle en droit français : Rev. sociétés* 2004, p. 759. • H. Le Nabasque, *Le régime juridique de la répartition des titres entre les actionnaires dans la figure de la scission partielle : Rev. sociétés* 2004, p. 779.

Art. L. 236-17 *(Mod., L. n° 2011-525, 17 mai 2011).* **– Lorsque la scission doit être réalisée par apports à des sociétés anonymes nouvelles, chacune des sociétés nouvelles peut être constituée sans autre apport que celui de la société scindée.**

En ce cas, et si les actions de chacune des sociétés nouvelles sont attribuées aux actionnaires de la société scindée proportionnellement à leurs droits dans le capital de cette société, il n'y a pas lieu à l'établissement des rapports mentionnés aux articles L. 236-9 et L. 236-10.

Dans tous les cas, les projets de statuts des sociétés nouvelles sont approuvés par l'assemblée générale extraordinaire de la société scindée. Il n'y a pas lieu à approbation de l'opération par l'assemblée générale de chacune des sociétés nouvelles.

Art. L. 236-18 *(Anc. L. n° 66-537, 24 juill. 1966 ; mod., L. n° 2003-7, 3 janv. 2003).* **– Le projet de scission est soumis aux assemblées d'obligataires de la société scindée, conformément aux dispositions du 3° du I de l'article L. 228-65, à moins que le remboursement des titres sur simple demande de leur part ne soit offert auxdits obligataires. L'offre de remboursement est soumise à publicité, dont les modalités sont fixées par décret en Conseil d'État.**

Lorsqu'il y a lieu à remboursement sur simple demande, les sociétés bénéficiaires des apports résultant de la scission sont débitrices solidaires des obligataires qui demandent le remboursement.

Voir : C. com., art. R. 236-11, p. 699.

Art. L. 236-19 *(Anc. L. n° 66-537, 24 juill. 1966).* **– Le projet de scission n'est pas soumis aux assemblées d'obligataires des sociétés auxquelles le patrimoine est transmis. Toutefois, l'assemblée ordinaire des obligataires peut donner mandat aux représentants de la masse de former opposition à la scission, dans les conditions et sous les effets prévus aux alinéas deuxième et suivants de l'article L. 236-14.**

Art. L. 236-20 *(Anc. L. n° 66-537, 24 juill. 1966).* **– Les sociétés bénéficiaires des apports résultant de la scission sont débitrices solidaires des obligataires et des créanciers non obligataires de la société scindée, au lieu et place de celle-ci sans que cette substitution emporte novation à leur égard.**

Voir aussi : sous C. com., art. L. 236-3, annot. n° 1 s., p. 530.

1) Détermination des éléments d'actif soumis à la transmission universelle du patrimoine. *a)* Principe. Sauf dérogation expresse prévue par les parties, communauté ou confusion d'intérêts ou fraude, l'apport partiel d'actif emporte, lorsqu'il est placé sous le régime des scissions, transmission universelle, de la société apporteuse à la société bénéficiaire de tous les droits, biens et obligations dépendant de la branche d'activité apportée ; en conséquence une créance *[créance d'indemnité d'éviction]* ne peut être écartée de la transmission que s'il est constaté qu'elle est étrangère à la branche d'activité faisant l'objet de l'apport ou si elle a été exclue de celui-ci par la volonté expresse des parties : ▪ Cass. com., 23 juin 2004 : *Dr. sociétés* déc. 2004, n° 219, obs. H. Hovasse. – En étant soumise contractuellement au cadre des scissions, la cession d'une branche d'activité opère transmission universelle de tous les droits, biens et obligations relatifs à la branche d'activité en cause, de la société apporteuse au profit du bénéficiaire de l'apport : ▪ CA Paris, 24 juin 1998 : *JurisData* n° 1998-022365 ; *BJS* 1999, p. 79, note S. Noémi. – *Adde*, ▪ CA Paris, 24 mars 2006 : *JurisData* n° 2006-298651 ; *Dr. sociétés* juin 2006, n° 83, obs. H. Lécuyer.

b) **Éléments non mentionnés dans le traité.** Le fait qu'une dette n'ait pas été mentionnée dans les documents relatifs à la scission ne saurait dispenser les sociétés issues de la scission d'en supporter la charge : ▪ Cass. com., 7 déc. 1966 : *Bull. civ.* III, n° 474. – Sauf dérogation expresse dans le traité d'apport ou de scission, en cas d'apport partiel d'actif placé sous le régime des scissions, la transmission universelle des biens, droits et obligations s'opère de plein droit, dès lors qu'ils se rattachent à la branche d'activité apportée, quand bien même ils ne figureraient pas dans le traité à la suite d'une erreur, d'un oubli ou d'une autre cause : ▪ Cass. com., 4 févr. 2004 : *BJS* 2004, p. 649, note P. Le Cannu ; *D.* 2004, somm. p. 2929, obs. J.-Cl. Hallouin. – V. aussi, ▪ Cass. com., 10 déc. 2003 : *BJS* 2004, p. 518, note M.-L. Coquelet. – Le fait qu'une agence de la société apporteuse ne soit pas citée dans les différentes annexes du contrat comportant notamment la liste des agences apportées ne suffit pas à établir que l'agence non citée est étrangère à la branche d'activité apportée ou qu'elle a été exclue par la volonté expresse des parties : ▪ Cass. com., 7 oct. 2008, n° 07-17.731 : *BJS* 2009, p. 112, note X. Vamparys ; *Dr. sociétés* 2009, n° 256, obs. H. Hovasse. ▪ Cass. com., 24 nov. 2009, n° 08-16.428 : *BJS* 2010, p. 243, note X. Vamparys. – V. égal., pour l'exigence d'une exclusion expresse s'agissant d'une créance : ▪ Cass. com., 12 févr. 2003, n° 11-23.895 : *BJS* 2013, p. 5758, note B. Dondero ; *Dr. sociétés* 2013, n° 101, obs. D. Gallois-Cochet ; *Rev. sociétés* 2014, p. 27, note V. Thomas.

c) Contrats conclus *intuitu personae*.

– Le contrat d'**agence commerciale**, conclu en considération de la personne du contractant, ne peut être transmis, même par cession partielle d'actifs, qu'avec l'accord du cessionnaire et de l'agent commercial : ▪ Cass. com., 29 oct. 2002 : *BJS* 2003, p. 192, note D. Krajeski ; *D.* 2003, p. 2231, note J.-P. Brill et C. Koering. – V. aussi, ▪ Cass. com., 3 juin 2003 : *BJS* 2003, p. 1034, note D. Krajeski.

– Le contrat de **franchise**, conclu en considération de la personne du franchiseur, ne peut être transmis, en cas d'apport partiel d'actif consenti par ce dernier, sans l'accord du franchisé : ▪ Cass. com., 3 juin 2008, n° 06-13.761, PB : *BJS* 2008, p. 905, note B. Saintourens ; *D.* 2008, p. 1623, obs. A. Lienhard ; *JCP* E 2008, 2210, note H. Hovasse. – V. égal., ▪ Cass. com., 7 janv. 2014, n° 10-18.319 : *BJS* 2014, p. 335, note B. Dondero.

– Le contrat d'**ouverture de crédit**, qui est conclu en considération de la personne de l'emprunteur ne peut être transmis, sans l'accord de la banque créancière, dans le cadre d'un apport partiel d'actif : ▪ Cass. com., 15 mars 2011, n° 10-11.650 : *BJS* 2011, p. 497, note M. Thiberge. ▪ CA Pau, 31 déc. 2012, n° 12/5291 : *Rev. sociétés* 2013, p. 482, note A. Lecourt.

d) **Clause contractuelle réservant l'accord du cédé.** L'apport partiel d'actif soumis au régime des scissions n'emporte pas transfert du contrat de crédit-bail dès lors que ce contrat interdit au locataire de le céder sans l'accord préalable et écrit du bailleur : ▪ Cass. soc., 6 sept. 2011, n° 10-21.079 : *BJS* 2012, p. 54, note X. Vamparys.

2) Efficacité de la transmission universelle du patrimoine à l'égard des tiers. *a)* Principe. Le projet de scission ayant fait l'objet d'une publicité conforme aux textes est dès lors opposable au créancier qui n'a pas fait opposition dans les délais requis, ce dernier voyant sa créance reportée sur la société bénéficiaire de l'apport : ▪ CA Paris, 24 juin 1998, préc.

b) **Créances.** Lorsque l'apport partiel d'actif a été placé sous le régime des scissions, qu'il porte sur une universalité de biens et que les formalités légales de publicité ont été accomplies, les **dispositions de l'article 1690** relatives à la cession de créance ne sont **pas applicables,** ▪ Cass. 2e civ., 12 juill. 2001 : *JCP* E 2003, note J.-J. Daigre. ▪ Cass. com., 18 mai 2005 : *JurisData* n° 2005-028477 ; *Dr. sociétés* oct. 2005, n° 170, obs. H. Lécuyer. – De la même façon, les créances représentées par des copies exécutoires à ordre sont transmises à la société bénéficiaire de l'apport sans qu'il soit nécessaire de respecter les **formalités prévues par la loi du 15 juin 1976,** ▪ Cass. com., 5 oct. 2004 : *Dr. sociétés* janv. 2005, n° 10, obs. H. Hovasse. – Dès lors que l'apport partiel d'actif est placé sous le régime des scissions, la société bénéficiaire de l'apport n'a pas à faire la preuve de la cession à son profit d'une créance si celle-ci se rapporte à la branche d'activité ayant fait l'objet de l'apport : ▪ Cass. com., 26 mai 2009, n° 08-16.417 : *BJS* 2009, p. 992, note Th. Urlacher. – Rappr., sous C. com., art. L. 236-3, annot. n° 1, p. 530.

c) **Inopposabilité.** Il ressort de la combinaison de l'article L. 236-20 et du principe *fraus omnia corrumpit* que la transmission universelle des biens et obligations compris dans un apport partiel d'actif est inopposable, en raison de l'existence d'une fraude, à ceux des créanciers dont la créance n'a pas fait l'objet des formalités légales de publicité : ▪ Cass. com., 22 févr. 2005 : *JurisData* n° 2005-027206 ; *BJS* 2005, p. 852, note P. Le Cannu. – Rejetant, sur renvoi, l'existence d'une fraude : ▪ CA Versailles, 23 mai 2006, n° 05-02450 : *BJS* 2006, p. 1395, note P. Le Cannu.

3) Sort du cautionnement en cas d'apport partiel d'actif. L'engagement d'un associé qui s'est porté caution solidaire, sans limitation de durée, en garantie du remboursement des sommes dues par la société apporteuse subsiste pour les dettes existantes lors de l'opération, mais ne saurait être étendu aux avances et crédits consentis par le créancier cautionné à la société bénéficiaire de l'apport partiel d'actif : ▪ CA Paris, 24 sept. 1992 : *BJS* 1992, p. 1283, note Ph. Delebecque. – La substitution de débiteur résultant de l'apport partiel d'actif ne libère pas la caution de la société apporteuse, laquelle devient garante de la société bénéficiaire de l'apport au titre des sommes dues à la date de l'opération : ▪ CA ▪ Amiens, 17 févr. 2004 : *Dr. sociétés* juill. 2004, n° 129, obs. J. Monnet. – S'agissant du cautionnement des engagements résultant d'une convention d'escompte, la caution n'est tenue que des créances cédées à l'apporteur antérieurement à la réalisation de l'apport partiel d'actif et non des créances postérieures, quand bien même celles-ci viennent en exécution de la convention d'escompte conclue antérieurement à cet apport : ▪ Cass. com., 19 févr. 2013, n° 11-27.666, PB.

4) Sort des inscriptions hypothécaires. La société bénéficiaire de l'apport partiel d'actif recueille le droit hypothécaire inscrit par l'apporteur sans que puisse lui être opposé le non-respect des exigences de publicité de l'article 2149 du Code civil : ▪ Cass. 3e civ., 17 nov. 2010, n° 09-70.452, PB : *D.* 2010, p. 2835, obs. A. Lienhard ; *Dr. sociétés* 2011, n° 23, obs. M.-L. Coquelet et *JCP* E 2011, 1104.

5) Sort du passif. *a)* **Principe de solidarité de la société apporteuse et de la société bénéficiaire.** Dans le cas d'un apport partiel d'actif placé sous le régime des scissions, la **société apporteuse** reste, sauf dérogation prévue à l'article L. 236-21, **solidairement obligée avec la société bénéficiaire** au paiement des dettes transmises à cette dernière : ▪ Cass. com., 12 déc. 2006, n° 05-15.619 : *BJS* 2007, p. 492, note J.-Cl. Hallouin ; *Dr. sociétés* 2007, n° 50, obs. H. Hovasse ; *JCP* E 2007, 1877, n° 8, obs. J.-J. Caussain, Fl. Deboissy et G. Wicker ; *Rev. sociétés* 2007, p. 76, note D. Poracchia ; dans la même affaire, même solution : ▪ Cass. com., 8 févr. 2011, n° 10-12.273 : *BJS* 2011, p. 418, note P. Le Cannu ; *Dr. sociétés* 2011, n° 85, obs. M.-L. Coquelet ; *Rev. sociétés* 2012, p. 33, note L. Amiel-Cosme, cassant ▪ CA Paris, 3 déc. 2009, n° 07/8326 : *Rev. sociétés* 2010, p. 443, note D. Poracchia. – Le contrat d'apport partiel d'actif qui prévoit que la société bénéficiaire assumera l'intégralité des dettes et charges de l'apporteuse définit bien les engagements du bénéficiaire, mais ne saurait exclure la solidarité de l'apporteur : ▪ T. com. Paris, 5 oct. 1998 : *JurisData* n° 1998-055007.

b) **Obligation d'information en cas d'exclusion contractuelle de la solidarité.** À supposer que la société bénéficiaire de l'apport soit la seule débitrice de la dette en application de l'article L. 236-21, il y aurait une faute délictuelle de la part de la société apporteuse à s'abstenir de renvoyer en temps utile le créancier sur la société bénéficiaire, notamment lorsque cette dernière société a fait l'objet par la suite d'une procédure collective : ▪ Cass. com., 9 mars 2010, n° 09-65.534.

6) Dette de responsabilité.

a) **Principe.** Dans le cas d'un apport partiel d'actif placé sous le régime des scissions, la société apporteuse restant solidairement obligée avec la société bénéficiaire du paiement du passif objet de l'apport, les deux sociétés parties au traité d'apport sont tenues solidairement de la dette de responsabilité née antérieurement à ce traité : ▪ Cass. 2e civ., 19 févr. 2009, n° 05-22.044 : *BJS* 2009, p. 578, note H. Le Nabasque. – V. concernant le préjudice d'anxiété : ▪ Cass. soc., 9 nov. 2017, n° 16-17.899 : *Dr. sociétés* 2018, n° 47, obs. C. Coupet.

b) **Réserve de la clause contraire.** Sauf dérogation expresse prévue par les parties dans le contrat d'apport, dès lors que la branche d'activité à laquelle se rattache le contrat de travail d'où procède la dette de responsabilité a été transmise par un apport partiel d'actif soumis au régime des scissions, la société bénéficiaire de l'apport est tenue de la dette : ▪ Cass. soc., 18 juin 2014, n° 12-29.691, PB : *Rev. sociétés* 2015, p. 26, note J.-M. Moulin. ▪ Cass. soc., 19 nov. 2014, n° 13-19.263, PB : *BJS* 2015, p. 137, note B. Dondero ; *Rev. sociétés* 2015, p. 292, note V. Thomas. – Y compris pour les créances nées d'un contrat de travail rompu avant le traité d'apport : ▪ Cass. soc., 10 déc. 2014, n° 13-22.430 : *BJS* 2015, p. 137, note B. Dondero ; *Rev. sociétés* 2015, p. 292, note V. Thomas.

7) Faute inexcusable de l'employeur. L'opération de cession partielle d'actif ne faisant pas disparaître la personne morale qui a été l'employeur, lequel demeure responsable sur son patrimoine personnel des conséquences de sa faute inexcusable, le salarié peut agir en reconnaissance de faute inexcusable tant contre l'employeur auteur de la faute que contre le tiers cessionnaire des droits et obligations afférents à la branche d'activité constituée par l'établissement où travaillait le salarié lors de son exposition au risque : ▪ Cass. 2e civ., 17 mars 2011, n° 09-17.439, PB : *BJS* 2011, p. 726, note H. Le Nabasque ; *Rev. sociétés* 2011, p. 347, note C. Tabourot-Hyest. – V. égal. : ▪ Cass. 2e civ., 7 avr. 2011 : *BJS* 2011, p. 931, note G. Dedessus-Le-Moustier.

8) Passif environnemental. Est tenue du passif environnemental la société qui vient aux droits de la société qui en était initialement tenue, et dont elle apparaît comme le seul ayant-cause universel incontestable, cela quand bien même les terrains ou les activités à l'origine de ce passif ont fait l'objet d'un apport partiel d'actif placé sous le régime des scissions au profit d'autres sociétés dès lors qu'il n'est pas soutenu que le traité d'apport était assorti d'une clause de non solidarité : ▪ Cass. 3e civ., 2 déc. 2009, n° 08-16.563, PB : *Dr. sociétés* 2010, n° 24, obs. H. Hovasse.

9) Passif fiscal. La société bénéficiaire est seule redevable de la TVA due à raison des opérations effectuées par la société apporteuse : ▪ CE, 9e et 10e ss-sect., 4 août 2006, n° 260436 : *Dr. fisc.* 2007, comm. 285, concl. L. Vallée, note E. Meier. – En cas d'apport partiel d'actif placé sous le régime des scissions, la société apporteuse a la qualité de redevable légal pour les impositions afférentes au bien apporté [taxe foncière] établies à son nom antérieurement à la réalisation de l'apport ; par suite, la société bénéficiaire n'est pas recevable à contester ses impositions : ▪ CE, 8e et 3e ss-sect., 14 janv. 2008, n° 273169 ; *Dr. fisc.* 2008, n° 16, comm. 284, note J.-L. Pierre.

10) Actions en justice. *a)* **Irrecevabilité de l'action exercée par la société apporteuse.** S'agissant d'un apport partiel d'actif soumis au régime des scissions, la société apporteuse n'a plus, à compter de la date de réalisation de l'apport, ni intérêt ni qualité pour agir en appel, même si elle était partie en première instance : ▪ Cass. 2e civ., 9 nov. 2006, n° 05-18.047 : *D.* 2007, p. 702, note G. Kessler, rejetant le pourvoi contre, ▪ CA Paris, 13 mai 2005, n° 03-15.724 : *BJS* 2005, p. 1363, note J.-J. Daigre.

b) **Recevabilité de l'action exercée par la société bénéficiaire.** Dès lors que les sociétés ont conclu un traité d'apport partiel d'actif placé sous le régime des scissions, seule la société bénéficiaire a intérêt et qualité pour exercer les actions en justice afférentes à la branche apportée : ▪ Cass. com., 3 avr. 2007, n° 06-10.481 : *BJS* 2007, p. 963.

c) **Acquisition de plein droit de la qualité de partie par la société bénéficiaire.** La société bénéficiaire d'un apport partiel d'actif placé sous le régime des scissions acquérant de plein droit la qualité de partie aux instances précédemment engagées par la société apporteuse à laquelle elle se trouve ainsi substituée, notamment en ce que la société apporteuse a comparu, le délai de deux ans posé par l'article 528-1 du CPC pour faire appel d'un jugement non notifié lui est opposable même si cette société bénéficiaire n'a pas personnellement comparu, peu important que le jugement ait été rendu, après la réalisation de l'apport, au profit de la société apporteuse : ▪ Cass. 2e civ., 7 janv. 2010, n° 08-18.619, PB : *Dr. sociétés* 2010, n° 65, obs. M.-L. Coquelet ; *JCP* E 2010, 1145, n° 4, obs. Fl. Deboissy et G. Wicker ; *Rev. sociétés* 2010, p. 440, note V. Thomas. – Dès lors que l'apport partiel d'actif est placé sous le régime des scissions, la société bénéficiaire de l'apport acquiert de plein droit, aux lieu et place de la société apporteuse à laquelle elle se trouve ainsi substituée, la qualité de partie pour défendre à l'instance engagée par la société apporteuse : ▪ Cass. com., 26 févr. 2013, n° 12-14.998 : *BJS* 2013, p. 747, note B. Dondero.

11) Bail commercial. En cas d'apport partiel d'actif placé sous le régime des scissions, il appartient au bailleur de délivrer à la société bénéficiaire de l'apport, substituée dans tous les droits et obligations du bail consenti à la société apporteuse, des locaux conformes à la destination prévue par ce bail : ▪ Cass. 3e civ., 3 mai 2007, n° 06-11.092 : *BJS* 2007, p. 1229, note X. Vamparys ; *D.* 2007, p. 1430, obs. Y. Rouquet.

Art. L. 236-21 *(Anc. L. n° 66-537, 24 juill. 1966).* **– Par dérogation aux dispositions de l'article L. 236-20, il peut être stipulé que les sociétés bénéficiaires de la scission ne seront tenues que de la partie du passif de la société scindée mise à la charge respective et sans solidarité entre elles.**

En ce cas, les créanciers non obligataires des sociétés participantes peuvent former opposition à la scission dans les conditions et sous les effets prévus aux alinéas deuxième et suivants de l'article L. 236-14.

Voir : C. com., art. R. 236-8 et R. 236-9, p. 698.

Bibliographie : H. Hovasse et S. Robineau, *L'inadaptation des articles 385 et 386 de la loi du 24 juillet 1966 à la protection des créanciers dans une opération d'apport partiel d'actif : BJS* 1998, p. 203.

L'opposition formée par un créancier doit être rejetée lorsque celui-ci n'est pas en mesure de justifier de créances certaines dans leur existence, liquides et exigibles antérieures au projet de l'opération envisagée : ▪ Cass. com., 21 janv. 2004 : *JurisData* n° 2004-022182.

Art. L. 236-22 *(Anc. L. n° 66-537, 24 juill. 1966)*. **– La société qui apporte une partie de son actif à une autre société et la société qui bénéficie de cet apport peuvent décider d'un commun accord de soumettre l'opération aux dispositions des articles L. 236-16 à L. 236-21.**

Voir : la rédaction de cet article issue de l'ordonnance n° 2019-744 du 19 juillet 2019, en *addendum*, p. 3371.

Bibliographie : W. Bordet, *Apport et condition résolutoire peuvent-ils faire bon ménage ? : JCP* E 2006, 1213. • E. Loubet et E. Rapone, *La condition suspensive dans les apports partiels d'actifs : Dr. sociétés* 2017, n° 10.

1) Preuve de l'application du régime des scissions. Lorsque des traités d'apport comportent des clauses similaires prévoyant notamment une transmission intégrale et sans limitation des droits et actions de la société apporteuse aux sociétés bénéficiaires, ces apports partiels d'actifs sont tous soumis au régime des scissions, quoi que, pour l'un d'entre eux, il n'y ait pas eu de prévision expresse en ce sens : ▪ CA Paris, 13 mai 2005, n° 03-15.724 : *BJS* 2005, p. 1363, note J.-J. Daigre.

2) Absence de transmission universelle à défaut d'application du régime des scissions. La transmission universelle des biens, droits et obligations dépendant d'une branche d'activité transférée ne s'opère de plein droit qu'en cas d'apport partiel d'actif placé sous le régime des scissions, de sorte que, faute qu'il en ait été ainsi, l'action exercée contre la société apporteuse n'interrompt pas la prescription à l'égard de la société bénéficiaire de l'apport : ▪ Cass. com., 19 janv. 2016, n° 14-19.760 : *Dr. sociétés* 2016, n° 144, obs. M. Roussille.

3) Notion de branche autonome d'activité. N'est pas constitutif d'un apport partiel d'actif soumis en tant que tel au droit fixe d'enregistrement prévu par l'article 817 du Code général des impôts, faute qu'il y ait apport d'une branche complète et autonome d'activité, l'apport d'un fonds de commerce dès lors que les marques comprises dans le fonds n'étaient ni apportées ni mises à disposition de la société bénéficiaire de l'apport à laquelle n'était consenti qu'un droit d'usage précaire sur les noms commerciaux : ▪ Cass. com., 10 janv. 2006, n° 02-17.279 : *BJS* 2006, p. 945, note A. Couret et B. Dondero.

4) Principe et conséquences de l'application du régime des scissions. V. sous C. com., art. L. 236-20, p. 542.

5) Incidence de la clause de rétroactivité sur le calcul de la réserve de participation. V. R. Vatinet, note sous ▪ Cass. soc., 8 déc. 2010, n° 09-65.810, PB : *JCP* E 2011, 1141 et J.-M. Moulin, *BJS* 2011, p. 223.

Code monétaire et financier

Art. L. 512-1 *(Mod., Ord. n° 2009-80, 22 janv. 2009 ; L. n° 2016-1691, 9 déc. 2016)*. **–** Les banques mutualistes ou coopératives sont soumises au régime des fusions scissions et apports des sociétés anonymes prévues par le livre II du Code de commerce même si elles ne sont pas constituées sous une forme régie par cette loi.

Toutefois, les dispositions de l'article L. 236-10 du Code de commerce ne sont pas applicables à ceux de ces établissements qui n'ont pas émis de titres donnant un droit sur l'actif net.

Les banques mutualistes et coopératives peuvent procéder à une offre au public de titres financiers.

Elles peuvent également procéder à une offre au public, telle que définie pour les titres financiers par les articles L. 411-1 et suivants, de leurs parts sociales dans les conditions fixées par le règlement général de l'Autorité des marchés financiers.

Toutes les informations, y compris les communications à caractère publicitaire, relatives à des parts sociales présentent un contenu exact, clair et non trompeur. Les communications à caractère publicitaire sont clairement identifiées comme telles. Les souscripteurs reçoivent, préalablement à la souscription, les informations leur permettant raisonnablement de comprendre la nature des parts sociales proposées ainsi que les risques et inconvénients y afférents, afin d'être en mesure de prendre leurs décisions d'investissement en connaissance de cause.

Les banques mutualistes et coopératives s'enquièrent auprès des personnes auxquelles la souscription de parts sociales est proposée de leurs connaissances et de leur expérience en matière financière, ainsi que de leur situation financière et de leurs objectifs de souscription, de manière à pouvoir recommander à ces personnes une souscription adaptée à leur situation. Pour l'accomplissement de ces diligences, elles tiennent compte des caractéristiques des parts sociales et des montants de souscription envisagés. Lorsque ces personnes ne communiquent pas l'ensemble des éléments d'information mentionnés ci-dessus, les banques mutualistes et coopératives les mettent en garde préalablement à la souscription.

Les parts sociales des banques mutualistes et coopératives sont des parts de capital social.

Art. L. 236-32 *(L. n° 2008-649, 3 juill. 2008)*. **– Lorsque l'une des sociétés participant à l'opération mentionnée à l'article L. 236-25 est soumise à un régime de participation des salariés, et que tel est également le cas de la société issue de la fusion, cette dernière adopte une forme juridique permettant l'exercice de cette participation.**

Directive (UE) du Parlement européen et du Conseil n° 2017/1132 du 14 juin 2017
relative à certains aspects du droit des sociétés

CHAPITRE II. – Fusions transfrontalières de sociétés de capitaux

Art. 118. – *Dispositions générales.* – Le présent chapitre s'applique aux fusions de sociétés de capitaux constituées en conformité avec la législation d'un État membre et ayant leur siège statutaire, leur administration centrale ou leur principal établissement à l'intérieur de l'Union, si deux d'entre elles au moins relèvent de la législation d'États membres différents (ci-après dénommées « fusions transfrontalières »).

Art. 119. – *Définitions.* – Aux fins du présent chapitre, on entend par :

1. « société de capitaux », ci-après dénommée « société » :

a) une société ayant l'une des formes figurant à l'annexe II ; ou

b) une société avec un capital social, jouissant de la personnalité juridique, possédant un patrimoine séparé qui répond à lui seul des dettes de la société et soumise par sa législation nationale à des conditions de garanties telles qu'elles sont prévues par le titre I, chapitre II, section II et le titre I, chapitre III, section I, pour protéger les intérêts tant des associés que des tiers ;

2. « fusion », l'opération par laquelle :

a) une ou plusieurs sociétés transfèrent, par suite et au moment de leur dissolution sans liquidation, l'ensemble de leur patrimoine, actif et passif, à une autre société préexistante – la société absorbante –, moyennant l'attribution à leurs associés de titres ou de parts représentatifs du capital social de l'autre société et, éventuellement, d'une soulte en espèces ne dépassant pas 10 % de la valeur nominale ou, à défaut de valeur nominale, du pair comptable de ces titres ou parts ; ou

b) deux ou plusieurs sociétés transfèrent, par suite et au moment de leur dissolution sans liquidation, l'ensemble de leur patrimoine, actif et passif, à une société qu'elles constituent – la nouvelle société –, moyennant l'attribution à leurs associés de titres ou de parts représentatifs du capital social de cette nouvelle société et, éventuellement, d'une soulte en espèces ne dépassant pas 10 % de la valeur nominale ou, à défaut de valeur nominale, du pair comptable de ces titres ou parts ; ou

c) une société transfère, par suite et au moment de sa dissolution sans liquidation, l'ensemble de son patrimoine, actif et passif, à la société qui détient la totalité des titres ou des parts représentatifs de son capital social.

Art. 120. – *Autres dispositions concernant le champ d'application.* – 1. Nonobstant l'article 119, point 2), le présent chapitre s'applique également aux fusions transfrontalières lorsque la législation d'au moins un des États membres concernés permet que le versement de la soulte en espèces visée à l'article 119, point 2), *a)* et *b)*, dépasse 10 % de la valeur nominale ou, à défaut de valeur nominale, du pair comptable de ces titres ou parts représentant le capital de la société issue de la fusion transfrontalière.

2. Les États membres peuvent décider de ne pas appliquer le présent chapitre aux fusions transfrontalières auxquelles participe une société coopérative, même dans les cas où cette dernière entre dans la définition de société de capitaux énoncée à l'article 119, point 1).

3. Le présent chapitre ne s'applique pas aux fusions transfrontalières auxquelles participe une société dont l'objet est le placement collectif des capitaux recueillis auprès du public, dont le fonctionnement est soumis au principe de la répartition des risques et dont les parts sont, à la demande des porteurs, rachetées ou remboursées, directement ou indirectement, à charge des actifs de cette société. Est assimilé à de tels rachats ou remboursements le fait pour une société d'agir afin que la valeur de ses parts en bourse ne s'écarte pas sensiblement de leur valeur d'inventaire nette.

4. Les États membres veillent à ce que le présent chapitre ne s'applique pas aux sociétés qui font l'objet de l'utilisation d'instruments, de pouvoirs et de mécanismes de résolution prévus au titre IV de la directive 2014/59/UE.

Art. 121. – *Conditions applicables aux fusions transfrontalières.* – 1. Sauf disposition contraire du présent chapitre :

a) les fusions transfrontalières ne sont possibles qu'entre types de sociétés qui peuvent fusionner en vertu de la législation nationale des États membres concernés ;

b) une société participant à une fusion transfrontalière se conforme aux dispositions et aux formalités de la législation nationale dont elle relève. Lorsque la législation d'un État membre permet à ses autorités nationales de s'opposer, pour des raisons d'intérêt public, à une fusion au niveau national, cette législation s'applique également à une fusion transfrontalière lorsqu'au moins une des sociétés qui fusionnent relève de la législation de cet État membre. La présente disposition ne s'applique pas dans la mesure où l'article 21 du règlement (CE) n° 139/2004 est applicable.

2. Les dispositions et formalités visées au paragraphe 1, point *b)*, concernent en particulier le processus décisionnel relatif à la fusion et, compte tenu de la nature transfrontalière de la fusion, la protection des créanciers des sociétés qui fusionnent, des obligataires et des porteurs de titres ou de parts, ainsi que des travailleurs pour ce qui est des droits autres que ceux régis par l'article 133. Un État membre peut adopter, pour les sociétés participant à une fusion transfrontalière et relevant de sa législation, des dispositions destinées à assurer une protection appropriée aux associés minoritaires qui se sont prononcés contre la fusion transfrontalière.

Art. 122. – *Projet commun de fusion transfrontalière.* – Les organes de direction ou d'administration de chacune des sociétés qui fusionnent établissent un projet commun de fusion transfrontalière qui comprend au moins :

a) la forme, la dénomination et le siège statutaire des sociétés qui fusionnent et ceux envisagés pour la société issue de la fusion transfrontalière ;

b) le rapport d'échange des titres ou des parts représentatifs du capital social et, le cas échéant, le montant de toute soulte en espèces ;

c) les modalités d'attribution des titres ou des parts représentatifs du capital social de la société issue de la fusion transfrontalière ;

d) les effets probables de la fusion transfrontalière sur l'emploi ;

e) la date à partir de laquelle ces titres ou parts représentatifs du capital social donnent le droit de participer aux bénéfices ainsi que toute modalité particulière relative à ce droit ;

f) la date à partir de laquelle les opérations des sociétés qui fusionnent sont considérées du point de vue comptable comme accomplies pour le compte de la société issue de la fusion transfrontalière ;

g) les droits assurés par la société issue de la fusion transfrontalière aux associés ayant des droits spéciaux et aux porteurs de titres autres que des actions ou des parts représentatifs du capital social ou les mesures proposées à leur égard ;

h) tous avantages particuliers attribués aux experts qui examinent le projet de fusion transfrontalière, ainsi qu'aux membres des organes d'administration, de direction, de surveillance ou de contrôle des sociétés qui fusionnent ;

i) les statuts de la société issue de la fusion transfrontalière ;

j) le cas échéant, des informations sur les procédures selon lesquelles sont fixées, conformément à l'article 133, les modalités relatives à l'implication des travailleurs dans la définition de leurs droits de participation dans la société issue de la fusion transfrontalière ;

k) des informations concernant l'évaluation du patrimoine actif et passif transféré à la société issue de la fusion transfrontalière ;

l) les dates des comptes des sociétés qui fusionnent utilisés pour définir les conditions de la fusion transfrontalière.

Art. 123. – *Publicité.* – 1. Pour chacune des sociétés qui fusionnent, le projet commun de fusion transfrontalière est publié selon les modalités prévues par la législation de chaque État membre conformément à l'article 16, un mois au moins avant la date de l'assemblée générale qui doit se prononcer à ce sujet.

Une société qui fusionne est dispensée de l'obligation de publicité prévue par l'article 16 si, pendant une période continue commençant un mois au moins avant la date fixée pour l'assemblée générale appelée à se prononcer sur le projet commun de fusion transfrontalière et ne s'achevant pas avant la fin de cette assemblée, elle met gratuitement à la disposition du public ledit projet de fusion sur son site internet. Les États membres ne soumettent pas cette dispense à d'autres exigences ou contraintes que celles qui sont nécessaires pour garantir la sécurité du site internet et l'authenticité des documents et ils ne peuvent imposer de telles exigences ou contraintes que dans la mesure où elles sont proportionnées à la réalisation de ces objectifs.

Par dérogation au deuxième alinéa, les États membres peuvent exiger que la publicité soit assurée au moyen de la plate-forme électronique centrale visée à l'article 16, paragraphe 5. Les États membres peuvent, en tant que méthode de remplacement, exiger que cette publicité soit effectuée sur un autre site internet désigné par eux à cet effet. Lorsqu'ils ont recours à l'une de ces possibilités, les États membres veillent à ce qu'il ne soit pas demandé aux sociétés d'acquitter des frais spécifiques pour cette publicité.

En cas d'utilisation d'un autre site internet que la plate-forme électronique centrale, une référence permettant d'accéder à ce site internet est publiée sur la plate-forme électronique centrale, au moins un mois avant la date fixée pour l'assemblée générale. Ladite référence inclut la date de publication du projet commun de fusion transfrontalière sur le site internet et est accessible gratuitement au public. Il n'est pas demandé aux sociétés d'acquitter des frais spécifiques pour cette publicité.

L'interdiction de demander aux sociétés d'acquitter des frais spécifiques pour la publicité, prévue aux troisième et quatrième alinéas, ne porte pas atteinte à la faculté qu'ont les États membres de répercuter sur les sociétés les coûts liés à la plate-forme électronique centrale.

Les États membres peuvent exiger des sociétés qu'elles maintiennent ces informations, pendant une certaine période après l'assemblée générale, sur leur site internet ou, le cas échéant, sur la plate-forme électronique centrale ou sur l'autre site internet désigné par l'État membre concerné. Les États membres peuvent déterminer les conséquences d'une interruption temporaire, pour des raisons techniques ou autres, de l'accès au site internet ou à la plate-forme électronique centrale.

2. Pour chacune des sociétés qui fusionnent et sous réserve des exigences supplémentaires imposées par l'État membre dont relève la société concernée, les indications suivantes sont publiées dans le bulletin national de cet État membre :

a) la forme, la dénomination et le siège statutaire de chaque société qui fusionne ;

b) le registre auprès duquel les actes visés à l'article 16, paragraphe 3, ont été déposés pour chacune des sociétés qui fusionnent ainsi que le numéro d'inscription dans ce registre ;

c) une indication, pour chacune des sociétés qui fusionnent, des modalités d'exercice des droits des créanciers et, le cas échéant, des associés minoritaires des sociétés qui fusionnent ainsi que l'adresse à laquelle peut être obtenue, sans frais, une information exhaustive sur ces modalités.

Art. 124. – *Rapport de l'organe de direction ou d'administration.* – L'organe de direction ou d'administration de chacune des sociétés qui fusionnent établit un rapport à l'intention des associés expliquant et justifiant les aspects juridiques et économiques de la fusion transfrontalière et expliquant les conséquences de cette fusion transfrontalière pour les associés, les créanciers et les salariés.

Le rapport est mis à la disposition des associés et des représentants du personnel ou, s'il n'en existe pas, des salariés eux-mêmes, au plus tard un mois avant la date de l'assemblée générale visée à l'article 126.

Si l'organe de direction ou d'administration de l'une ou l'autre des sociétés qui fusionnent reçoit, à temps, un avis émis en vertu du droit national par les représentants de ses salariés, cet avis est annexé au rapport.

Art. 125. – *Rapport de l'expert indépendant.* – 1. Un rapport d'expert indépendant destiné aux associés et disponible un mois au moins avant la date de la réunion de l'assemblée générale visée à l'article 126 est établi pour chaque société qui fusionne. En fonction de la législation de chaque État membre, ces experts peuvent être des personnes physiques ou morales.

2. En lieu et place des experts agissant pour le compte de chacune des sociétés qui fusionnent, un ou plusieurs experts indépendants, désignés à cet effet sur demande conjointe de ces sociétés par une autorité judiciaire ou administrative de l'État membre dont relève l'une des sociétés qui fusionnent ou la société issue de la fusion transfrontalière, ou agréés par une telle autorité, peuvent examiner le projet de fusion transfrontalière et établir un rapport écrit unique destiné à l'ensemble des associés.

3. Le rapport d'expert contient au moins les mentions prévues à l'article 96, paragraphe 2. Les experts sont habilités à demander à chacune des sociétés qui fusionnent toutes les informations qu'ils jugent nécessaires pour l'exécution de leurs fonctions.

4. Ni un examen du projet de fusion transfrontalière par des experts indépendants ni un rapport d'expert ne sont requis si tous les associés de chacune des sociétés participant à la fusion transfrontalière en ont ainsi décidé.

Art. 126. – *Approbation par l'assemblée générale.* – 1. Après avoir pris connaissance des rapports visés aux articles 124 et 125, l'assemblée générale de chacune des sociétés qui fusionnent se prononce sur l'approbation du projet commun de fusion transfrontalière.

2. L'assemblée générale de chacune des sociétés qui fusionnent peut subordonner la réalisation de la fusion transfrontalière à la condition qu'elle entérine expressément les modalités décidées pour la participation des travailleurs dans la société issue de la fusion transfrontalière.

3. La législation d'un État membre peut ne pas imposer l'approbation de la fusion par l'assemblée générale de la société absorbante si les conditions prévues à l'article 94 sont remplies.

Art. 127. – *Certificat préalable à la fusion.* – 1. Chaque État membre désigne le tribunal, le notaire ou toute autre autorité compétente pour contrôler la légalité de la fusion transfrontalière pour la partie de la procédure relative à chacune des sociétés qui fusionnent et qui relèvent de sa législation nationale.

2. Dans chaque État membre concerné, l'autorité visée au paragraphe 1 délivre sans retard à chaque société qui fusionne et qui relève de sa législation nationale un certificat attestant de façon incontestable l'accomplissement correct des actes et des formalités préalables à la fusion.

3. Si le droit d'un État membre dont relève une société qui fusionne prévoit une procédure permettant d'analyser et de modifier le rapport d'échange des titres ou des parts, ou une procédure visant à indemniser les associés minoritaires, sans empêcher l'immatriculation de la fusion transfrontalière, cette procédure ne s'applique que si les autres sociétés qui fusionnent et qui sont situées dans un État membre ne prévoyant pas ce type de procédure acceptent explicitement, lorsqu'elles approuvent le projet de fusion transfrontalière conformément à l'article 126, paragraphe 1, la possibilité offerte aux associés de cette société qui fusionne d'avoir recours à cette procédure, à engager auprès du tribunal compétent pour cette société qui fusionne. Dans ce cas, l'autorité visée au paragraphe 1 peut délivrer le certificat visé au paragraphe 2, même si une procédure de ce type est engagée. Le certificat doit cependant indiquer que la procédure est en cours. La décision prise à l'issue de la procédure lie la société issue de la fusion transfrontalière et l'ensemble de ses associés.

Art. 128. – *Contrôle de la légalité de la fusion transfrontalière.* – 1. Chaque État membre désigne le tribunal, le notaire ou toute autre autorité compétente pour contrôler la légalité de la fusion transfrontalière pour la partie de la procédure relative à la réalisation de la fusion transfrontalière et, le cas échéant, à la constitution d'une nouvelle société issue de la fusion transfrontalière lorsque la société issue de la fusion transfrontalière relève de sa législation nationale. L'autorité en question contrôle en particulier que les sociétés qui fusionnent ont approuvé le projet commun de fusion transfrontalière dans les mêmes termes et, le cas échéant, que les modalités relatives à la participation des travailleurs ont été fixées conformément à l'article 133.

2. Aux fins du paragraphe 1, chaque société qui fusionne remet à l'autorité visée au paragraphe 1 le certificat visé à l'article 127, paragraphe 2, dans un délai de six mois à compter de sa délivrance, ainsi que le projet commun de fusion transfrontalière, approuvé par l'assemblée générale visée à l'article 126.

Art. 129. – *Date à laquelle la fusion transfrontalière prend effet.* – La législation de l'État membre dont relève la société issue de la fusion transfrontalière détermine la date à laquelle la fusion transfrontalière prend effet. Cette date doit être postérieure à l'exécution des contrôles visés à l'article 128.

Art. 130. – *Immatriculation.* – La législation de chacun des États membres dont relevaient les sociétés qui fusionnent détermine, en ce qui concerne le territoire de cet État et conformément à l'article 16, les modalités de la publicité de la réalisation de la fusion transfrontalière dans le registre public auprès duquel chacune de ces sociétés était tenue de procéder au dépôt des actes.

Le registre destiné à l'immatriculation de la société issue de la fusion transfrontalière notifie sans retard au registre auprès duquel chacune des sociétés était tenue de procéder au dépôt des actes, au moyen du système d'interconnexion des registres établi conformément à l'article 22, paragraphe 2, que la fusion transfrontalière a pris effet. La radiation de l'ancienne immatriculation s'effectue, s'il y a lieu, dès réception de la notification, et pas avant.

Art. 131. – *Effets d'une fusion transfrontalière.* – 1. La fusion transfrontalière réalisée conformément à l'article 119, point 2), *a)* et *c)*, entraîne, à partir de la date visée à l'article 129, les effets suivants :

a) l'ensemble du patrimoine actif et passif de la société absorbée est transféré à la société absorbante ;

b) les associés de la société absorbée deviennent associés de la société absorbante ;

c) la société absorbée cesse d'exister.

2. La fusion transfrontalière réalisée conformément à l'article 119, point 2) *b)*, entraîne, à partir de la date visée à l'article 129, les effets suivants :

a) l'ensemble du patrimoine actif et passif des sociétés qui fusionnent est transféré à la nouvelle société ;

b) les associés des sociétés qui fusionnent deviennent associés de la nouvelle société ;

c) les sociétés qui fusionnent cessent d'exister.

3. Lorsque la législation des États membres requiert, en cas de fusion transfrontalière de sociétés visées par le présent chapitre, des formalités particulières pour l'opposabilité aux tiers du transfert de certains biens, droits et obligations apportés par les sociétés qui fusionnent, ces formalités sont accomplies par la société issue de la fusion transfrontalière.

4. Les droits et obligations des sociétés qui fusionnent résultant de contrats de travail ou de relations de travail et existant à la date à laquelle la fusion transfrontalière prend effet sont transférés, du fait de la prise d'effet de cette fusion transfrontalière, à la société issue de la fusion transfrontalière à la date de prise d'effet de la fusion transfrontalière.

5. Aucune part détenue dans la société absorbante ne peut être échangée contre des parts détenues dans la société absorbée :

a) soit par la société absorbante elle-même ou par l'intermédiaire d'une personne agissant en son nom propre mais pour le compte de la société ;

b) soit par la société absorbée elle-même ou par l'intermédiaire d'une personne agissant en son nom propre mais pour le compte de la société.

Art. 132. – *Formalités simplifiées.* - 1. Lorsqu'une fusion transfrontalière par absorption est réalisée par une société qui détient toutes les parts et tous les autres titres conférant un droit de vote aux assemblées générales de la société ou des sociétés absorbées :

- l'article 122, points *b)*, *c)* et *e)*, l'article 125, et l'article 131, paragraphe 1, point *b)*, ne s'appliquent pas ;
- l'article 126, paragraphe 1, ne s'applique pas à la société ou aux sociétés absorbées.

2. Lorsqu'une fusion transfrontalière par absorption est réalisée par une société qui détient 90 % ou plus, mais non la totalité, des parts et des autres titres conférant un droit de vote aux assemblées générales de la société ou des sociétés absorbées, les rapports d'un ou des experts indépendants et les documents nécessaires pour le contrôle sont exigés uniquement dans la mesure où ils sont requis par la législation nationale dont relèvent la société absorbante ou la ou les sociétés absorbées, conformément au titre II, chapitre I.

Art. 133. – *Participation des travailleurs.* - 1. Sans préjudice du paragraphe 2, la société issue de la fusion transfrontalière est soumise aux règles éventuelles relatives à la participation des travailleurs qui sont en vigueur dans l'État membre où son siège statutaire est établi.

2. Toutefois, les règles éventuelles relatives à la participation des travailleurs qui sont en vigueur dans l'État membre où le siège statutaire de la société issue de la fusion est situé ne s'appliquent pas, si au moins une des sociétés qui fusionnent emploie, pendant la période de six mois précédant la publication du projet de fusion transfrontalière tel que visé à l'article 123, un nombre moyen de travailleurs supérieur à cinq cents et est gérée selon un régime de participation des travailleurs au sens de l'article 2, point *k)*, de la directive 2001/86/CE, ou si la législation nationale applicable à la société issue de la fusion transfrontalière :

a) ne prévoit pas au moins le même niveau de participation des travailleurs que celui qui s'applique aux sociétés qui fusionnent concernées, mesuré en fonction de la proportion des représentants des travailleurs parmi les membres du conseil d'administration, du conseil de surveillance, de leurs comités ou du groupe de direction qui gère les unités chargées d'atteindre des objectifs en termes de profit dans ces sociétés, à condition qu'il y ait une représentation des travailleurs ; ou

b) ne prévoit pas que les travailleurs des établissements de la société issue de la fusion transfrontalière situés dans d'autres États membres peuvent exercer les mêmes droits de participation que ceux dont bénéficient les travailleurs employés dans l'État membre où le siège statutaire de la société issue de la fusion transfrontalière est établi.

3. Dans les cas visés au paragraphe 2, la participation des travailleurs dans la société issue de la fusion transfrontalière et leur implication dans la définition des droits y afférents sont réglementées par les États membres, mutatis mutandis et sous réserve des paragraphes 4 à 7, conformément aux principes et aux modalités prévus à l'article 12, paragraphes 2, 3 et 4, du règlement (CE) n° 2157/2001 et aux dispositions suivantes de la directive 2001/86/CE :

a) article 3, paragraphes 1, 2 et 3, article 3, paragraphe 4, premier alinéa, premier tiret, article 3, paragraphe 4, deuxième alinéa, et article 3, paragraphes 5 et 7 ;

b) article 4, paragraphe 1, article 4, paragraphe 2, points *a)*, *g)* et *h)*, et article 4, paragraphe 3 ;

c) article 5 ;

d) article 6 ;

e) article 7, paragraphe 1, article 7, paragraphe 2, premier alinéa, point *b)*, article 7, paragraphe 2, deuxième alinéa, et article 7, paragraphe 3. Toutefois, aux fins du présent chapitre, les pourcentages requis au titre de l'article 7, paragraphe 2, premier alinéa, point *b)*, de la directive 2001/86/CE pour l'application des dispositions de référence prévues dans la partie 3 de l'annexe de cette directive sont portés de 25 % à 33 1/3 % ;

f) articles 8, 10 et 12 ;

g) article 13, paragraphe 4 ;

h) annexe, partie 3, point *b)*.

4. Lorsqu'ils réglementent les principes et les procédures visés au paragraphe 3, les États membres :

a) accordent aux organes compétents des sociétés qui fusionnent le droit de choisir sans négociation préalable d'être directement soumis aux dispositions de référence relatives à la participation visées au paragraphe 3, point *h)*, telles que fixées par la législation de l'État membre dans lequel le siège statutaire de la société issue de la fusion transfrontalière sera établi, et de respecter ces dispositions à compter de la date d'immatriculation ;

b) accordent à l'organe spécial de négociation le droit de décider, à la majorité des deux tiers de ses membres représentant au moins deux tiers des travailleurs, y compris les voix des membres représentant les travailleurs dans au moins deux États membres différents, de ne pas ouvrir de négociations, ou de mettre fin aux négociations déjà engagées, et de se fonder sur les règles de participation qui sont en vigueur dans l'État membre où le siège statutaire de la société issue de la fusion transfrontalière sera établi ;

c) peuvent, lorsque, à la suite de négociations préalables, les dispositions de référence relatives à la participation s'appliquent et nonobstant ces dispositions, décider de limiter la proportion de représentants des travailleurs au sein de l'organe d'administration de la société issue de la fusion transfrontalière. Toutefois, si, dans l'une des sociétés qui fusionnent, les représentants des travailleurs constituent au moins un tiers des membres du conseil d'administration ou de surveillance, cette limitation ne peut jamais avoir pour effet que la proportion de représentants des travailleurs au sein de l'organe d'administration soit inférieure à un tiers.

5. L'extension des droits de participation aux travailleurs de la société issue de la fusion transfrontalière employés dans d'autres États membres, visée au paragraphe 2, point *b)*, n'entraîne aucune obligation pour les États membres qui ont fait ce choix de prendre ces travailleurs en compte dans le calcul des seuils d'effectifs qui donnent lieu aux droits de participation en vertu de la législation nationale.

6. Si au moins une des sociétés qui fusionnent est gérée selon un régime de participation des travailleurs et si la société issue de la fusion transfrontalière est régie par un tel système conformément aux règles visées au paragraphe 2, cette dernière prend obligatoirement une forme juridique permettant l'exercice des droits de participation.

7. Lorsque la société issue de la fusion transfrontalière est gérée selon un régime de participation des travailleurs, cette société est tenue de prendre des mesures pour faire en sorte que les droits en matière de participation des travailleurs soient protégés en cas de fusions nationales ultérieures pendant un délai de trois ans après que la fusion transfrontalière a pris effet, en appliquant mutatis mutandis les règles fixées dans le présent article.

Art. 134. – *Validité.* – La nullité d'une fusion transfrontalière ayant pris effet conformément à l'article 129 ne peut être prononcée.

Bibliographie : M. Loy, *Les fusions transfrontalières : entre présent et avenir : JCP* E 2007, 1987. • M. Luby, *Impromptu sur la directive n° 2005/56 sur les fusions transfrontalières des sociétés de capitaux : Dr. sociétés* juin 2006, p. 5. • B. Lecourt, *Fusions transfrontalières : rapport sur l'application de la directive : Rev. sociétés* 2014, p. 135. • M. Menjucq et a., *Proposition modificative de la directive (UE) n° 2017/1132 : le droit des sociétés européen à l'heure de la mobilité transfrontalière et du numérique : BJS* 2018, p. 449 et s.

1) Liberté d'établissement. Porte atteinte à la liberté d'établissement le fait de refuser de manière générale dans un État membre *[Allemagne]* l'inscription d'une fusion entre une société établie dans un État membre et une société dont le siège est situé dans un autre État membre : ▪ CJCE, 13 déc. 2005, n° C-411/03 : *BJS* 2006, p. 771, note G. Baranger ; *D.* 2006, act. p. 148 ; *D.* 2006, p. 451, note M. Luby.

2) Rapport d'experts indépendants. La directive n° 2005/56 du 26 octobre 2005 autorisant l'ensemble des actionnaires à écarter l'obligation de faire examiner le projet de fusion par des experts indépendants, la directive n° 2007/63 du 13 novembre 2007 modifie les directives n° 78/855/CEE et n° 82/891/CEE afin d'autoriser un tel accord des actionnaires, la transposition devant intervenir avant le 31 décembre 2008.

CHAPITRE VII. – DE LA LIQUIDATION

Section I. – Dispositions générales

Art. L. 237-1 *(Anc. L. n° 66-537, 24 juill. 1966).* – **Sous réserve des dispositions du présent chapitre, la liquidation des sociétés est régie par les dispositions contenues dans les statuts.**

Voir : C. civ., art. 1844-8, p. 103.

Art. L. 237-2 *(Anc. L. n° 66-537, 24 juill. 1966).* – **La société est en liquidation dès l'instant de sa dissolution pour quelque cause que ce soit sauf dans le cas prévu au troisième alinéa de l'article 1844-5 du Code civil. Sa dénomination sociale est suivie de la mention « société en liquidation ».**

La personnalité morale de la société subsiste pour les besoins de la liquidation, jusqu'à la clôture de celle-ci.

La dissolution d'une société ne produit ses effets à l'égard des tiers qu'à compter de la date à laquelle elle est publiée au registre du commerce et des sociétés.

Voir : C. com., art. R. 237-1, p. 701 et R. 247-4, p. 705.
Rappr. C. civ., art. 1844-8.

Opposabilité aux tiers de la dissolution de la société absorbée. V. sous C. com., art. L. 236-1, annot. n° 2, p. 165.

Art. L. 237-3 *(Anc. L. n° 66-537, 24 juill. 1966 ; mod., L. n° 2012-387, 22 mars 2012).* – **L'acte de nomination du liquidateur est publié par celui-ci, dans les conditions et délais fixés par décret en Conseil d'État, qui détermine également les documents à déposer en annexe au registre du commerce et des sociétés.**

Le ministère public ou toute personne intéressée peut demander au président du tribunal compétent statuant en référé d'enjoindre au liquidateur, le cas échéant sous astreinte, de procéder à cette publication.

Voir : C. com., art. R. 237-2 et R. 237-3, p. 701. - **Injonction de faire,** C. com., art. L. 238-1, p. 562. - **Sanctions pénales,** C. com., art. L. 247-5, p. 599.

Art. L. 237-4 *(Anc. L. n° 66-537, 24 juill. 1966 ; mod., L. n° 2003-7, 3 janv. 2003).* – **Ne peuvent être nommées liquidateurs les personnes auxquelles l'exercice des fonctions de directeur général, d'administrateur, de gérant de société, de membre du directoire ou du conseil de surveillance est interdit ou qui sont déchues du droit d'exercer ces fonctions.**

Art. L. 237-5 *(Anc. L. n° 66-537, 24 juill. 1966).* – **La dissolution de la société n'entraîne pas de plein droit la résiliation des baux des immeubles utilisés pour son activité sociale, y compris des locaux d'habitation dépendant de ces immeubles.**

Si, en cas de cession du bail, l'obligation de garantie ne peut plus être assurée dans les termes de celui-ci, il peut y être substitué, par décision de justice, toute garantie offerte par le cessionnaire ou un tiers, et jugée suffisante.

Voir : C. com., art. R. 237-4, p. 701.

Art. L. 237-6 *(Anc. L. n° 66-537, 24 juill. 1966).* – **Sauf consentement unanime des associés, la cession de tout ou partie de l'actif de la société en liquidation à une personne ayant eu dans cette société la qualité d'associé en nom, de commandité, de gérant, d'administrateur, de directeur général, de membre du conseil de surveillance, de membre du directoire, de commissaire aux comptes ou de contrôleur, ne peut avoir lieu qu'avec l'autorisation du tribunal de commerce, le liquidateur et, s'il en existe, le commissaire aux comptes ou le contrôleur dûment entendus.**

Voir : Sanctions pénales, C. com., art. L. 247-8, 2°, p. 600.

Cession déguisée. Il n'y a pas cession déguisée de fonds de commerce lorsque, après la dissolution d'une SARL, l'ancienne gérante a créé une nouvelle société, ayant la même activité et exerçant dans les mêmes locaux, étant cessionnaire d'une partie du matériel de la SARL ; en effet, il n'y a pas de fonds de commerce à défaut de clientèle qui s'y trouve attachée et les juges du fond ont relevé qu'il n'est pas établi que la nouvelle société ait conservé la clientèle de la SARL : ▪ Cass. com., 2 déc. 1997 : *BJS* 1998, p. 126, note B. Saintourens.

Art. L. 237-7 *(Anc. L. n° 66-537, 24 juill. 1966).* – **La cession de tout ou partie de l'actif de la société en liquidation au liquidateur ou à ses employés ou à leurs conjoint, ascendants ou descendants est interdite.**

Voir : Sanctions pénales, C. com., art. L. 247-8, p. 600.

La **démission** du liquidateur est sans effet sur la prescription de l'article 395 de la loi du 24 juillet 1966 *[C. com., art. L. 237-7]* : Rép. min. : *JOAN Q*, 24 juill. 1971, p. 3791.

Art. L. 237-8 *(Anc. L. n° 66-537, 24 juill. 1966 ; mod., L. n° 2003-7, 3 janv. 2003).* – **La cession globale de l'actif de la société ou l'apport de l'actif à une autre société, notamment par voie de fusion, est autorisé :**

1° Dans les sociétés en nom collectif, à l'unanimité des associés ;

2° Dans les sociétés en commandite simple, à l'unanimité des commandités et à la majorité en nombre et en capital des commanditaires ;

3° Dans les sociétés à responsabilité limitée, à la majorité exigée pour la modification des statuts ;

4° Dans les sociétés par actions, aux conditions de quorum et de majorité prévues pour les assemblées extraordinaires et, en outre, dans les sociétés en commandite par actions, avec l'accord unanime des commandités.

Art. L. 237-9 *(Anc. L. n° 66-537, 24 juill. 1966).* **– Les associés, y compris les titulaires d'actions à dividende prioritaire sans droit de vote, sont convoqués en fin de liquidation pour statuer sur le compte définitif, sur le *quitus* de la gestion du liquidateur et la décharge de son mandat et pour constater la clôture de la liquidation.**

À défaut, tout associé peut demander en justice la désignation d'un mandataire chargé de procéder à la convocation.

Voir : C. com., art. R. 237-5 et R. 237-7, p. 701.

1) Tenue de deux assemblées distinctes. V. sous C. civ., art. 1844-8, annot. n° 2, p. 104.

2) Absence d'incidence du *quitus* sur l'action en responsabilité du liquidateur. V. sous C. com., art. L. 237-12, annot. n° 4, p. 557.

Art. L. 237-10 *(Anc. L. n° 66-537, 24 juill. 1966).* **– Si l'assemblée de clôture prévue à l'article L. 237-9 ne peut délibérer ou si elle refuse d'approuver les comptes du liquidateur, il est statué, par décision de justice, à la demande de celui-ci ou de tout intéressé.**

Voir : C. com., art. R. 237-6 à R. 237-9, p. 701.

Sanctions pénales, C. com., art. L. 247-6, 2°, p. 600.

Dans le silence de la loi du 3 janvier 1967 et de ses statuts, la copropriété quirataire d'un navire est soumise aux dispositions légales applicables aux sociétés commerciales, et spécialement à l'article L. 237-10 lorsque les quirataires refusent d'approuver les comptes du liquidateur : ▪ CA Rennes, 17 mars 2009 : *Dr. sociétés 2009*, n° 48, obs. D. Gallois-Cochet.

Art. L. 237-11 *(Anc. L. n° 66-537, 24 juill. 1966).* **– L'avis de clôture de la liquidation est publié selon les modalités fixées par décret en Conseil d'État.**

Voir : R. 123-75 (radiation), p. 809 et C. com., art. R. 237-8, p. 702.

Art. L. 237-12 *(Anc. L. n° 66-537, 24 juill. 1966).* **– Le liquidateur est responsable, à l'égard tant de la société que des tiers, des conséquences dommageables des fautes par lui commises dans l'exercice de ses fonctions.**

L'action en responsabilité contre les liquidateurs se prescrit dans les conditions prévues à l'article L. 225-254.

Voir : C. com., art. R. 237-3, p. 701.

Sanctions pénales, C. com., art. L. 247-8, p. 600.

Bibliographie : P. Rubellin, *La responsabilité civile du liquidateur : BJS* 2009, p. 297.

1) Domaine d'application. Les dispositions de l'article L. 237-12 ne s'appliquant qu'aux personnes investies de la qualité de liquidateurs d'une société dissoute, doit être cassé l'arrêt qui a retenu l'action en responsabilité dirigée contre l'ancien gérant, non désigné en qualité de liquidateur, et qui avait déclaré l'action irrecevable l'action fondée sur les articles 1382 et 1383 du Code civil : ▪ Cass. com., 23 mars 2010, n° 09-13.666, PB : *Dr. sociétés* 2010, n° 116, note M. Roussille ; *JCP* E 2010, 1616, note A. Ballot-Léna ; *Rev. sociétés* 2011, p. 30, note J.-F. Barbièri.

2) Compétence juridictionnelle. V. ss C. com., art. 721-3, annot. n° 7, p. 1954.

3) Rejet de l'exigence d'une faute détachable. La responsabilité du liquidateur n'est pas subordonnée à la démonstration d'une faute séparable de ses fonctions : ▪ Cass. com., 11 juin 2013, n° 12-18.853, PB : *BJS* 2013, p. 745, note F.-X. Lucas ; *Dr. sociétés* 2013, n° 180, obs. M. Roussille ; *JCP* E 2013, 989, note H. Wang-Foucher.

4) Nature de la faute. *a)* Abstention. Le liquidateur est responsable des fautes par lui commises dans l'exercice de ses fonctions ; il en est ainsi de la faute qui consiste à ne pas assumer, sinon formellement, les fonctions auxquelles il a été désigné : ▪ CA Paris, 28 mai 1993 : *BJS* 1993, p. 1115, note J.-F. Barbièri ; *RJDA* 1994, p. 243.

b) Faute de gestion.

– Non-prise en compte de l'intégralité du passif. V. ▪ Cass. com., 9 nov. 1993 : *JCP* E 1994, I, 331, n° 5, obs. A. Viandier et J.-J. Caussain ; *BJS* 1994,

p. 64, note J.-F. Barbièri. ▪ Cass. com., 7 déc. 1993 : *Dr. sociétés* 1994, n° 22, obs. Th. Bonneau ; *BJS* 1994, p. 166, note P. Le Cannu ; *RJDA* 1994, p. 319. ▪ Cass. com., 21 oct. 2014, n° 10-18.039.

– **Insuffisance d'actifs ou cessation des paiements.** Le liquidateur commet également une faute en procédant à la liquidation amiable d'une société anonyme alors que l'actif ne permettait pas un paiement intégral du passif : ▪ CA Douai, 12 sept. 2000 : *JurisData* n° 2000-067862. – La liquidation amiable d'une société imposant **l'apurement intégral du passif,** commet une faute le liquidateur qui ne procède pas à la déclaration de cessation du paiement à défaut de possibilité d'apurement du passif : ▪ Cass. com., 5 oct. 2004, n° 01-00.676. ▪ Cass. com., 6 déc. 2011, n° 10-25.720 : *BJS* 2012, p. 303, note G. Gil.

– **Non-réalisation de l'intégralité de l'actif.** Engage sa responsabilité pour faute le liquidateur qui clôture la liquidation sans réaliser la totalité de l'actif : ▪ Cass. com., 20 nov. 2007, n° 06-19286.

– **Créances litigieuses.** La liquidation amiable d'une société imposant l'apurement intégral du passif, et les créances litigieuses devant en conséquence être garanties par une provision jusqu'au terme des procédures en cours, il appartient au liquidateur, au cas où l'actif apparaîtrait insuffisant pour répondre de ces créances, de différer la clôture de la liquidation et de solliciter, le cas échéant, l'ouverture d'une procédure collective : ▪ Cass. com., 11 oct. 2005, n° 03-19.161 : *BJS* 2006, p. 491, note C. Régnault-Moutier ; *D.* 2005, p. 2807, obs. A. Lienhard. ▪ Cass. com., 26 juin 2007, n° 05-20.569 : *BJS* 2007, p. 1233, note P. Le Cannu ; *JCP* E 2007, 2131. ▪ Cass. com., 29 janv. 2008, n° 06-21.161. – Ainsi, en s'abstenant de constituer une provision pour faire face aux indemnités de licenciement auxquelles la société se trouvait exposée, le liquidateur commet une faute : ▪ CA Paris, 4 janv. 2000 : *JurisData* n° 2000-108754. ▪ CA Paris, 22 juin 2010, n° 09-10.457 : *BJS* 2010, p. 869, note P. Rubellin. – Également, le liquidateur engage sa responsabilité en clôturant les opérations de liquidation d'une SARL exploitant un fonds de commerce alors que le jugement la condamnant à garantir le bailleur pour trouble anormaux de voisinage est frappé d'appel, de sorte que le liquidateur doit être condamné à garantir le bailleur de la condamnation prononcée à son encontre : ▪ CA Dijon, 9 sept. 2008 : *JurisData* n° 2008-370035 ; *Dr. sociétés* 2009, n° 7, obs. D. Gallois-Cachet. – *Adde* ▪ Cass. com., 9 mai 2001 : *JurisData* n° 2001-009382 ; *Dr. sociétés* 2001, n° 126, obs. Th. Bonneau. – V. égal., pour la faute consistant à avoir clos les opérations de liquidation malgré une instance en paiement : ▪ Cass. com., 20 oct. 2015, n° 13-17.049 : *BJS* 2016, p. 18, note J.-F. Barbièri.

– **Dissimulation.** Commet une faute personnelle le liquidateur qui omet de prendre en compte une créance de façon délibérée (▪ CA Douai, 12 sept. 2000 : *JurisData* n° 2000-167862) ou en cachant à un créancier la dissolution de la société et en procédant à la clôture de la liquidation alors qu'il ne pouvait ignorer l'existence d'une procédure en paiement de factures en cours (▪ CA Aix-en-Provence, 13 nov. 2001 : *JurisData* n° 2001-166592).

– **Contrats en cours.** En sa double qualité d'ancien gérant et de liquidateur amiable de la société, l'intéressé ne pouvait ignorer le contrat de location de matériel de bureautique en cours ; ainsi, en s'abstenant d'informer la société bailleur de la liquidation amiable de la société locataire, nonobstant la publication légale de la liquidation, et en procédant à la clôture de la liquidation sans résilier le contrat de location ni restituer le matériel, de même qu'en s'abstenant de payer l'indemnité de résiliation, le liquidateur a privé le propriétaire de tout recours contre le débiteur et a commis de la sorte une faute : ▪ CA Paris, 3 mai 2002 : *JurisData* n° 2002-189012.

– **Créances fiscales.** Le liquidateur qui, en sa qualité d'ancien gérant, ne pouvait ignorer que la société s'était soustraite à ses obligations fiscales, et qui le jour même de la dissolution procède à la clôture des opérations de liquidation sur la base d'une comptabilité manifestement irrégulière, peut, au titre de sa responsabilité, être tenu de payer à l'administration fiscale le montant des impositions éludées : ▪ Cass. com., 29 sept. 2009, n° 08-14.146 : *BJS* 2010, p. 79, note P. Rubellin.

c) **Présomption de faute.** Le liquidateur qui, précédemment à la dissolution, a exercé la fonction de gérant, ne peut ignorer l'existence de la créance omise dans les comptes de liquidation dès lors que cette créance est importante : ▪ Cass. com., 29 sept. 2009, n° 08-18.182 : *Rev. sociétés* 2010, p. 34, note J.-F. Barbièri.

5) *Quitus*. Le *quitus* donné au liquidateur par l'assemblée pour sa gestion de la liquidation n'empêche pas l'action d'un créancier contre l'intéressé : ▪ CA Paris, 28 mai 1993, préc. ▪ CA Paris, 7 nov. 1997 : *JurisData* n° 1997-023308 ; *Dr. sociétés* 1998, n° 39, note Th. Bonneau.

6) Assignation du liquidateur. V. sous CPC, art. 117, annot. n° 10, p. 1949.

7) Prescription.

a) **Point de départ.** La prescription de l'action contre le liquidateur est de trois ans ; elle court à partir du jour de la décision de justice constatant l'existence de la créance : ▪ Cass. com., 23 mars 1993 : *RJDA* 1993, p. 874. – Le délai de prescription de l'action en responsabilité engagée à l'encontre du liquidateur court à compter du jour où les droits du demandeur ont été reconnus par une décision passée en force de chose jugée : ■ Cass. com., 25 juin 2013, n° 12-19.173, PB : *BJS* 2013, p. 542, note E. Mouial-Bassilini, concl. P. Mollard ; *Dr. sociétés* 2013, n° 181, obs. M. Roussille. – La date du fait dommageable ne doit pas être confondue avec celle à laquelle le dommage a été connu ou celle à laquelle la créance est devenue certaine : ■ Cass. com., 21 sept. 2004 : *JurisData* n° 2004-024937 ; *JCP* E 2004, act., p. 1617. ■ Cass. com., 11 oct. 2005, n° 03-19.161, préc.

b) **Non-application en cas de dissolution suivie d'une transmission universelle du patrimoine à l'associé unique.** Voir sous C. civ., art. 1844-5, annot. n° 6, p. 91.

8) Autres sanctions. *a)* Un associé est recevable à se constituer **partie civile** contre les mandataires d'une société en liquidation : ■ Cass. crim., 8 nov. 1993 : *BJS* 1994, p. 162, note J.-F. Barbièri.

b) La **révocation** pour faute d'un liquidateur amiable est possible : ■ Cass. com., 24 nov. 1992 : *BJS* 1993, p. 240, note P. Le Cannu ; *RJDA* 1993, p. 114.

Art. L. 237-13 ***(Anc. L. n° 66-537, 24 juill. 1966).*** **– Toutes actions contre les associés non liquidateurs ou leurs conjoint survivant, héritiers ou ayants cause, se prescrivent par cinq ans à compter de la publication de la dissolution de la société au registre du commerce et des sociétés.**

1) Société créée de fait. L'article 401 de la loi du 24 juillet 1966 *[C. com., art. L. 237-13]* est inapplicable en cas d'action contre les associés d'une société créée de fait : ■ Cass. com., 19 janv. 1981 : *JCP* 1982, II, 19816.

2) *Quitus* indu. L'action du créancier qui reproche aux anciens associés d'avoir indûment donné *quitus* au liquidateur tend à rechercher la responsabilité desdits associés et est soumise à la prescription de l'article 401 *[C. com., art. L. 237-13]* : ■ CA Paris, 7 nov. 1997 : *JurisData* n° 1997-023308 ; *Dr. sociétés* 1998, n° 39, note Th. Bonneau.

3) Non-application en cas de dissolution suivie d'une transmission universelle du patrimoine à l'associé unique. V. sous C. civ., art. 1844-5, annot. n° 9, p. 92.

Section II. – Dispositions applicables sur décision judiciaire

Art. L. 237-14 ***(Anc. L. n° 66-537, 24 juill. 1966 ; mod., L. n° 2001-420, 15 mai 2001).*** **– I. – À défaut de clauses statutaires ou de convention expresse entre les parties, la liquidation de la société dissoute est effectuée conformément aux dispositions de la présente section, sans préjudice de l'application de la première section du présent chapitre.**

II. – En outre, il peut être ordonné par décision de justice que cette liquidation sera effectuée dans les mêmes conditions à la demande :

1° De la majorité des associés, dans les sociétés en nom collectif ;

2° D'associés représentant au moins 5 % du capital, dans les sociétés en commandite simple, les sociétés à responsabilité limitée et les sociétés par actions ;

3° Des créanciers sociaux.

III. – Dans ce cas, les dispositions des statuts contraires à celles du présent chapitre sont réputées non écrites.

Voir : C. com., art. R. 237-10, p. 702.

Art. L. 237-15 ***(Anc. L. n° 66-537, 24 juill. 1966).*** **– Les pouvoirs du conseil d'administration, du directoire ou des gérants prennent fin à dater de la décision de justice prise en application de l'article L. 237-14 ou de la dissolution de la société si elle est postérieure.**

Appel interjeté contre un jugement de liquidation judiciaire. L'appel d'une SARL contre un jugement ayant prononcé sa liquidation judiciaire, formé par le gérant, est recevable et il ne peut être opposé que, conformément à l'article 1844-7, 7°, du Code civil et à l'article L. 237-15 du Code de commerce, le gérant a perdu le pouvoir de représenter la personne morale et la qualité pour agir en son nom. La liquidation judiciaire d'une société ne peut avoir pour effet d'interdire à son dirigeant, qui la représentait à l'ouverture de la procédure, de continuer à la représenter pour l'exercice des droits propres reconnus au débiteur en procédure collective. Les principes fondamentaux de la procédure civile, spécialement celui du double degré de juridiction, obligent à reconnaître au représentant de la personne morale le droit d'exercer un recours contre la décision qui, ayant pour effet de lui faire perdre ce statut, porte atteinte à ses droits. Au surplus, selon l'article 354 du Code de procédure civile, celui qui représentait légalement une partie peut, en cas de cessation de ses fonctions et s'il y a un intérêt personnel, exercer le recours en son nom. Le gérant a un intérêt personnel évident à continuer de représenter la société dans toutes les actions engagées dans le cadre de la procédure collective qui pourraient fonder la recherche de sa responsabilité personnelle en vue d'une sanction commerciale : ▪ CA Paris, 1er mars 2002, 2 arrêts : *JurisData* nos 2002-188927 et 2002-188937.

Art. L. 237-16 *(Anc. L. n° 66-537, 24 juill. 1966).* **– La dissolution de la société ne met pas fin aux fonctions du conseil de surveillance et des commissaires aux comptes.**

Art. L. 237-17 *(Anc. L. n° 66-537, 24 juill. 1966).* **– En l'absence de commissaires aux comptes, et même dans les sociétés qui ne sont pas tenues d'en désigner, un ou plusieurs contrôleurs peuvent être nommés par les associés dans les conditions prévues au I de l'article L. 237-27. À défaut, ils peuvent être désignés, par décision de justice, à la demande du liquidateur ou de tout intéressé.**

L'acte de nomination des contrôleurs fixe leurs pouvoirs, obligations et rémunérations ainsi que la durée de leurs fonctions. Ils encourent la même responsabilité que les commissaires aux comptes.

Voir : C. com., art. R. 237-11, p. 702.

Art. L. 237-18 *(Anc. L. n° 66-537, 24 juill. 1966).* **– I. – Un ou plusieurs liquidateurs sont désignés par les associés, si la dissolution résulte du terme statutaire ou si elle est décidée par les associés.**

II. – Le liquidateur est nommé :

1° Dans les sociétés en nom collectif, à l'unanimité des associés ;

2° Dans les sociétés en commandite simple, à l'unanimité des commandités et à la majorité en capital des commanditaires ;

3° Dans les sociétés à responsabilité limitée, à la majorité en capital des associés ;

4° Dans les sociétés anonymes, aux conditions de quorum et de majorité prévues pour les assemblées générales ordinaires ;

5° Dans les sociétés en commandite par actions, aux conditions de quorum et de majorité prévues pour les assemblées générales ordinaires, cette majorité devant comprendre l'unanimité des commandités ;

6° Dans les sociétés par actions simplifiées, à l'unanimité des associés, sauf clause contraire.

Voir : C. com., art. R. 237-14, p. 702. – **Incompatibilités,** C. com., art. L. 237-4, p. 555. – **Sanctions pénales,** C. com., art. L. 247-5, p. 599.

Art. L. 237-19 *(Anc. L. n° 66-537, 24 juill. 1966).* **– Si les associés n'ont pu nommer un liquidateur, celui-ci est désigné par décision de justice à la demande de tout intéressé, dans les conditions déterminées par décret en Conseil d'État.**

Voir : C. com., art. R. 237-2, p. 701, R. 237-12 et R. 237-14, p. 702.

Art. L. 237-20 *(Anc. L. n° 66-537, 24 juill. 1966).* **– Si la dissolution de la société est prononcée par décision de justice, cette décision désigne un ou plusieurs liquidateurs.**

Voir : C. com., art. R. 237-13, p. 702.

Art. L. 237-21 *(Anc. L. n° 66-537, 24 juill. 1966).* **– La durée du mandat du liquidateur ne peut excéder trois ans. Toutefois, ce mandat peut être renouvelé par les associés ou le président du tribunal de commerce, selon que le liquidateur a été nommé par les associés ou par décision de justice.**

Si l'assemblée des associés n'a pu être valablement réunie, le mandat est renouvelé par décision de justice, à la demande du liquidateur.

En demandant le renouvellement de son mandat, le liquidateur indique les raisons pour lesquelles la liquidation n'a pu être clôturée, les mesures qu'il envisage de prendre et les délais que nécessite l'achèvement de la liquidation.

Voir : C. com., art. R. 237-15, p. 703.

Injonction de faire, C. com., art. L. 238-2, p. 563.

1) Durée du mandat. Sauf renouvellement régulier, le liquidateur ne peut poursuivre son mandat au-delà de la durée de trois ans posée par le texte, lors même qu'il a été désigné en justice pour la durée de la liquidation : ▪ Cass. com., 3 mai 2016, n° 14-25.213 : *BJS* 2016, p. 491, note A. Reygrobellet ; *Dr. sociétés* 2016, n° 165, obs. M. Roussille ; *JCP* E 2016, 1386, note B. Dondero. – V. égal., ▪ Cass. com., 23 nov. 1993 : *RJDA* 1994, p. 150. – À défaut de durée prévue dans l'acte de désignation du liquidateur ou dans les statuts ou, encore, de renouvellement à leur terme, les fonctions du liquidateur prennent fin à l'expiration du délai de trois ans prévu par la loi : ▪ Cass. com., 23 mai 2006, n° 05-11.784. ▪ Cass. com., 18 janv. 2011, n° 09-14.617 : *BJS* 2011, p. 380, note F.-X. Lucas. – En conséquence, ne sont pas valables les actes passés plus de trois ans après la nomination du liquidateur : ▪ Cass. com., 21 juin 2011, n° 10-09.070 : *BJS*, p. 853, note P. Rubellin. – Et la décision de l'associé prise après ce terme ne peut opérer un renouvellement rétroactif : ▪ Cass. com., 4 oct. 2011, n° 09-16.793 : *BJS* 2012, p. 17, note L. Camensuli-Feuillard.

2) Extinction du mandat. La mission de liquidation amiable d'une société confiée à une personne morale ne prend pas fin en cas de liquidation amiable de cette dernière : ▪ Cass. com., 20 nov. 2001 : *JurisData* n° 2001-011858.

3) Renouvellement du mandat. *a)* **Règles de procédure.** Le renouvellement du liquidateur désigné par l'assemblée étant en principe de la compétence de celle-ci, la demande judiciaire de renouvellement en cas de refus de l'assemblée d'y procéder relève, non de la procédure sur requête de l'article 274 du décret du 23 mars 1967, mais de la procédure contradictoire de l'article 272, le juge pouvant alors, conformément à l'article L. 237-14, faire droit à la demande d'un actionnaire en renouvelant le liquidateur dans sa mission telle que définie initialement par l'assemblée : ▪ CA Paris, 1er juin 2005 : *JurisData* n° 2005-279507 ; *JCP* E 2005, 1589.

b) **Non-rétroactivité du renouvellement.** Jugé qu'est irrecevable, faute de qualité, l'action introduite par un liquidateur après l'expiration de son mandat initial et avant son renouvellement par l'assemblée des associés, les résolutions prises par celle-ci ne pouvant avoir pour effet de renouveler rétroactivement le liquidateur dans ses fonctions : ▪ Cass. com., 8 nov. 2005, n° 03-14.531 : *BJS* 2006, p. 386, note J.-Cl. Hallouin ; *D.* 2005, p. 3015, obs. A. Lienhard ; *Dr. sociétés* 2006, n° 1, obs. H. Lécuyer et *JCP* E 2006, 1412.

Art. L. 237-22 ***(Anc. L. n° 66-537, 24 juill. 1966).*** **– Le liquidateur est révoqué et remplacé selon les formes prévues pour sa nomination.**

Art. L. 237-23 ***(Anc. L. n° 66-537, 24 juill. 1966 ; mod., L. n° 2012-387, 22 mars 2012).*** **– Dans les six mois de sa nomination, le liquidateur convoque l'assemblée des associés à laquelle il fait rapport sur la situation active et passive de la société, sur la poursuite des opérations de liquidation et le délai nécessaire pour les terminer. Le délai dans lequel le liquidateur fait son rapport peut être porté à douze mois sur sa demande par décision de justice.**

À défaut, il est procédé à la convocation de l'assemblée soit par l'organe de contrôle, s'il en existe un, soit par un mandataire désigné, par décision de justice, à la demande de tout intéressé. Le juge déchoit le liquidateur qui n'a pas accompli ces diligences de tout ou partie de son droit à rémunération pour l'ensemble de sa mission. Il peut en outre le révoquer.

Si la réunion de l'assemblée est impossible ou si aucune décision n'a pu être prise, le liquidateur demande en justice les autorisations nécessaires pour aboutir à la liquidation.

Voir : C. com., art. R. 237-15, p. 703.

Sanctions pénales, C. com., art. L. 247-7, 1°, p. 600. – **Injonction de faire,** C. com., art. L. 238-2, p. 563.

Art. L. 237-24 ***(Anc. L. n° 66-537, 24 juill. 1966).*** **– Le liquidateur représente la société. Il est investi des pouvoirs les plus étendus pour réaliser l'actif, même à l'amiable. Les restrictions à ces pouvoirs, résultant des statuts ou de l'acte de nomination, ne sont pas opposables aux tiers.**

Il est habilité à payer les créanciers et répartir le solde disponible.

Il ne peut continuer les affaires en cours ou en engager de nouvelles pour les besoins de la liquidation que s'il y a été autorisé, soit par les associés, soit par décision de justice s'il a été nommé par la même voie.

Voir : C. com., art. R. 237-13, p. 702 et R. 237-15, p. 703.

1) Pluralité de liquidateurs. La répartition des tâches entre les liquidateurs ne supprime pas la possibilité pour ces derniers d'agir seuls : ▪ Cass. soc., 23 mai 1973 : *Bull. civ.* V, n° 332.

2) Représentation en justice. Le liquidateur d'une société commerciale, éventuellement remplacé s'il est inactif, a seul qualité pendant la durée de la liquidation pour représenter cette société en justice dans une instance concernant les besoins de la liquidation de la personne morale : ▪ Cass. com., 15 déc. 1977 : *Rev. sociétés* 1978, p. 725. – Voir aussi sous C. civ., art. 1844-8, annot. n° 2, p. 104.

3) **Qualité de tiers saisi.** S'agissant d'une saisie-attribution pratiquée entre les mains du liquidateur amiable pris ès qualité, celui-ci a la qualité de tiers saisi et peut le cas échéant être condamné pour défaut de réponse conformément aux articles 59 et 60 du décret du 31 juillet 1992 : ▪ Cass. 2e civ., 10 nov. 2010, n° 09-71.609 : *BJS* 2011, p. 99, note L. Camensuli-Feuillard.

4) **Défaut de pouvoir.** Seule la société et son représentant légal peuvent se prévaloir du défaut de pouvoir du liquidateur : ▪ Cass. 1re civ., 25 mai 1992 : *JCP* E 1992, I, 172, n° 2.

5) **Pouvoirs du liquidateur.** L'introduction d'une action en justice en vue du recouvrement d'une créance sociale participe de la réalisation de l'actif social et entre, en conséquence, dans les prévisions de l'alinéa 1er de l'article L. 237-24, et non dans celles de l'alinéa 3 relatif à la continuation des affaires en cours ou à l'engagement de nouvelles pour les besoins de la liquidation, de sorte que le liquidateur amiable peut, sans autorisation, agir en recouvrement d'une créance de dommages et intérêts au nom de la société : ▪ Cass. com., 8 juin 2010, n° 09-15550, PB : *BJS* 2010, p. 903, note F.-X. Lucas ; *Dr. sociétés* 2010, n° 168, obs. J.-P. Legros et *JCP* E 2010, 1664. – *Contra* s'agissant de l'action en responsabilité dirigée contre un ancien dirigeant, ▪ CA Paris, 2 nov. 2010, n° 09-15356 : *BJS* 2011, p. 8, note P. Le Cannu ; *Dr. sociétés* 2011, obs. 46. – Voir aussi sous C. civ., art. 1844-8, annot. n° 2, p. 104 et sous C. com., art. L. 228-24 *[agrément d'une cession d'actions]*, annot. n° 1, p. 440.

La recevabilité de la demande de révocation du liquidateur formée sur le fondement de l'article L. 237-25 du Code de commerce n'est pas subordonnée à la saisine préalable, aux fins d'injonction, du président du tribunal statuant en référé en application de l'article L. 238-2 du même code : ▪ Cass. com., 7 juill. 2015, n° 14-13.195, PB : *Dr. sociétés* 2015, n° 198, obs. D. Gallois-Cochet.

Art. L. 237-25 *(Anc. L. n° 66-537, 24 juill. 1966 ; mod., L. n° 2012-387, 22 mars 2012).* **– Le liquidateur, dans les trois mois de la clôture de chaque exercice, établit les comptes annuels au vu de l'inventaire qu'il a dressé des divers éléments de l'actif et du passif existant à cette date et un rapport écrit par lequel il rend compte des opérations de liquidation au cours de l'exercice écoulé.**

Sauf dispense accordée par décision de justice, le liquidateur convoque selon les modalités prévues par les statuts, au moins une fois par an et dans les six mois de la clôture de l'exercice l'assemblée des associés qui statue sur les comptes annuels, donne les autorisations nécessaires et éventuellement renouvelle le mandat des contrôleurs, commissaires aux comptes ou membres du conseil de surveillance.

Si l'assemblée n'est pas réunie, le rapport prévu au premier alinéa ci-dessus est déposé au greffe du tribunal de commerce et communiqué à tout intéressé.

À défaut d'accomplir ces diligences, le liquidateur peut être déchu de tout ou partie de son droit à rémunération pour l'ensemble de sa mission par le président du tribunal saisi en application de l'article L. 238-2. Il peut en outre être révoqué selon les mêmes formes.

Voir : C. com., art. R. 237-15, p. 703.

Sanctions pénales, C. com., art. L. 247-7, 2°, p. 600. – **Injonction de faire,** C. com., art. L. 238-2, p. 563.

Art. L. 237-26 *(Anc. L. n° 66-537, 24 juill. 1966).* **– En période de liquidation, les associés peuvent prendre communication des documents sociaux, dans les mêmes conditions qu'antérieurement.**

Voir : Injonction de faire, C. com., art. L. 238-1, p. 562.

Art. L. 237-27 *(Anc. L. n° 66-537, 24 juill. 1966).* **– I. – Les décisions prévues au deuxième alinéa de l'article L. 237-25 sont prises :**

1° À la majorité des associés en capital, dans les sociétés en nom collectif, en commandite simple et à responsabilité limitée ;

2° Dans les conditions de quorum et de majorité des assemblées ordinaires, dans les sociétés par actions ;

3° Sauf clause contraire, à l'unanimité des associés, dans les sociétés par actions simplifiée.

II. – Si la majorité requise ne peut être réunie, il est statué, par décision de justice, à la demande du liquidateur ou de tout intéressé.

III. – Lorsque la délibération entraîne modification des statuts, elle est prise dans les conditions prescrites à cet effet, pour chaque forme de société.

IV. – Les associés liquidateurs peuvent prendre part au vote.

Voir : C. com., art. R. 237-15, p. 703.

Art. L. 237-28 *(Anc. L. n° 66-537, 24 juill. 1966)*. – **En cas de continuation de l'exploitation sociale, le liquidateur est tenu de convoquer l'assemblée des associés, dans les conditions prévues à l'article L. 237-25. À défaut, tout intéressé peut demander la convocation, soit par les commissaires aux comptes, le conseil de surveillance ou l'organe de contrôle, soit par un mandataire désigné par décision de justice.**

Voir : C. com., art. R. 237-15, p. 703.

Art. L. 237-29 *(Anc. L. n° 66-537, 24 juill. 1966)*. – **Sauf clause contraire des statuts, le partage des capitaux propres subsistant après remboursement du nominal des actions ou des parts sociales est effectué entre les associés dans les mêmes proportions que leur participation au capital social.**

Voir : C. com., art. R. 237-16 à R. 237-18, p. 703.
Sanctions pénales, C. com., art. L. 247-7, 6°, p. 600.

1) Apport en jouissance. En cas d'apport en jouissance, l'apporteur reprend avant tout partage les objets apportés : ▪ CA Aix-en-Provence, 31 mai 1951 : *Gaz. Pal.* 1951, 2, p. 169.

2) Priorité au désintéressement des créanciers. Les partages antérieurs à la clôture de la liquidation ne produisent que des droits éventuels et ne peuvent pas porter atteinte au gage des créanciers sociaux : ▪ Cass. civ., 2 déc. 1885 : *DP* 1886, 1, p. 357.

3) Remise en cause du partage. Le partage peut être rescindé pour lésion (▪ Cass. com., 21 juill. 1969 : *Bull. civ.* IV, n° 275) ou annulé pour erreur sur les causes du partage (▪ Cass. civ., 27 janv. 1953 : *D.* 1953, p. 334, note M. F. *[décision rendue en matière de succession]*.

Art. L. 237-30 *(Anc. L. n° 66-537, 24 juill. 1966 ; mod., L. n° 2012-387, 22 mars 2012)*. – **Le remboursement des actions à dividende prioritaire sans droit de vote doit s'effectuer avant celui des actions ordinaires.**

Il en est de même pour le dividende prioritaire qui n'a pas été intégralement versé.

Peut être annulé le remboursement intégral ou partiel des actions ordinaires avant le remboursement intégral des actions à dividende prioritaire sans droit de vote.

Les actions à dividende prioritaire sans droit de vote ont, proportionnellement à leur montant nominal, les mêmes droits que les autres actions sur le boni de liquidation.

Toute clause contraire aux dispositions du présent article est réputée non écrite.

Voir : Actions à dividende prioritaire sans droit de vote, C. com., art. L. 228-35-2 et s., p. 446.

Art. L. 237-31 *(Anc. L. n° 66-537, 24 juill. 1966)*. – **Sous réserve des droits des créanciers, le liquidateur décide s'il convient de distribuer les fonds devenus disponibles en cours de liquidation.**

Après mise en demeure infructueuse du liquidateur, tout intéressé peut demander en justice qu'il soit statué sur l'opportunité d'une répartition en cours de liquidation.

La décision de répartition des fonds est publiée selon les modalités fixées par décret en Conseil d'État.

Voir : C. com., art. R. 237-15, p. 703 et R. 237-16, p. 703.

CHAPITRE VIII. – DES INJONCTIONS DE FAIRE

(L. n° 2001-420, 15 mai 2001)

Bibliographie : M. Avazant, *La sanction civile en droit des sociétés ou l'apport du droit commun au droit spécial : Rev. sociétés* 2003, p. 442. • E. Jeuland et F. Manin, *Les incertitudes du référé injonction de faire en droit des sociétés : Rev. sociétés* 2004, p. 1. • P. Le Cannu, *L'ordonnance n° 2004-604 du 24 juin 2004 et les sanctions civiles : RTD com.* 2004, p. 764. • N. Stolowy, *De nouvelles injonctions en matière de publication des comptes par les sociétés : Dr. sociétés* avr. 2006, p. 9 ; *JCP* E 2006, 1462. • S. Zeidenberg, *Le renouveau des injonctions de faire : Dr. et patrimoine* nov. 2001, p. 74.

Art. L. 238-1 *(Mod., Ord. n° 2004-274, 25 mars 2004 ; Ord. n° 2004-604, 24 juin 2004)*. – **Lorsque les personnes intéressées ne peuvent obtenir la production, la communication ou la transmission des documents visés aux articles L. 221-7, L. 223-26, L. 225-115, L. 225-116, L. 225-117, L. 225-118, L. 225-129, L. 225-129-5, L. 225-129-6, L. 225-135, L. 225-136, L. 225-138, L. 225-177, L. 225-184, L. 228-69, L. 237-3 et L. 237-26, elles peuvent demander au président du tribunal statuant en référé soit d'enjoindre sous astreinte au liquidateur ou aux administrateurs, gérants, et dirigeants de les communiquer, soit de désigner un mandataire chargé de procéder à cette communication.**

La même action est ouverte à toute personne intéressée ne pouvant obtenir du liquidateur, des administrateurs, gérants ou dirigeants communication d'une formule de procuration conforme aux prescriptions fixées par décret en Conseil d'État ou des renseignements exigés par ce décret en vue de la tenue des assemblées.

Lorsqu'il est fait droit à la demande, l'astreinte et les frais de procédure sont à la charge des administrateurs, des gérants, des dirigeants ou du liquidateur mis en cause.

1) **Qualité pour agir de l'associé.** La procédure d'injonction de faire organisée par l'article L. 238-1 n'étant pas soumise à d'autres conditions que celles posées par ce texte, celui dont les statuts de la société démontrent la qualité d'actionnaire, et dont cette qualité n'a été écartée par aucune décision judiciaire, est, au sens du texte, une personne intéressée qui a à ce titre qualité pour agir : ▪ Cass. com., 23 juin 2009, n° 08-14.117 : D. 2009, p. 1824, obs. A. Lienhard ; *Dr. sociétés* 2009, n° 160, obs. H. Hovasse ; *Rev. sociétés* 2009, p. 817, note J.-P. Mattout.

2) **Documents susceptibles de faire l'objet d'une communication forcée.** *a)* **Liste des actionnaires.** Doit être rejetée la demande ayant pour objet d'enjoindre aux dirigeants de communiquer la liste des actionnaires visée par l'article L. 225-116 du Code de commerce lorsque la demande de communication adressée aux dirigeants a été formée après la réunion de l'assemblée générale, alors que le texte prévoit qu'elle doit l'être dans les quinze jours qui précèdent la réunion de l'assemblée générale : ▪ Cass. com., 26 févr. 2008, n° 07-15.269 : *BJS* 2008, p. 581, note L. Godon ; *D.* 2008, p. 781 ; *Dr. sociétés* 2008, n° 104, obs. J. Monnet ; *JCP* E 2008, 1482.

b) **Liste des conventions courantes.** Si tout associé peut obtenir par voie d'injonction la liste des conventions courantes qui, en raison de leur objet ou de leurs implications financières, sont significatives pour les parties (C. com., art. L. 225-115 et R. 225-90), il n'entre pas dans les pouvoirs du juge des référés d'apprécier si cette dernière condition est remplie : ▪ Cass. com., 26 févr. 2008, n° 07-15.269 : *D.* 2008, p. 781 ; *JCP* E 2008, 1482.

c) **Exclusion des documents non visés par le texte.** L'article L. 238-1 énumérant limitativement les documents susceptibles d'une communication forcée, cette communication ne peut être demandée ni pour la copie des procès-verbaux des réunions du conseil d'administration, ni pour celle du registre de présence à ce conseil, ni pour celle ces convocations adressées aux administrateurs : ▪ Cass. com., 23 juin 2009, n° 08-14.117 : *D.* 2009, p. 1824, obs. A. Lienhard ; *Dr. sociétés* 2009, n° 160, obs. H. Hovasse ; *Rev. sociétés* 2009, p. 817, note J.-P. Mattout.

3) **Procédure.** La procédure d'injonction de faire organisée par le texte doit être dirigée comme les dirigeants, pris en leur nom personnel, auxquels incombent la communication des documents, et non contre la société qu'ils représentent : ▪ Cass. com., 1er juill. 2008, n° 07-20.643, PB.

Art. L. 238-2 *(L. n° 2003-706, 1er août 2003 ; mod., L. n° 2012-387, 22 mars 2012).* **– Tout intéressé peut demander au président du tribunal statuant en référé d'enjoindre sous astreinte au liquidateur de remplir les obligations prévues aux articles L. 237-21, L. 237-23 et L. 237-25.**

Art. L. 238-3 *(Rempl., L. n° 2012-387, 22 mars 2012).* **– Le ministère public ainsi que toute personne intéressée peuvent demander au président du tribunal compétent statuant en référé d'enjoindre, le cas échéant sous astreinte, au représentant légal d'une société à responsabilité limitée, d'une société anonyme, d'une société anonyme à participation ouvrière, d'une société par actions simplifiée, d'une société européenne ou d'une société en commandite par actions de porter sur tous les actes et documents émanant de la société :**

1° La dénomination sociale, précédée ou suivie immédiatement et lisiblement des mentions ou initiales suivantes, selon les cas : « société à responsabilité limitée » ou « SARL », « société anonyme » ou « SA », « société anonyme à participation ouvrière » ou « SAPO », « société par actions simplifiée » ou « SAS », « société européenne » ou « SE » ou « société en commandite par actions » ;

2° L'indication du capital social, sauf s'il s'agit d'une société à capital variable au sens de l'article L. 231-1. Dans ce dernier cas, le ministère public ou toute personne intéressée peut demander au président du tribunal de commerce statuant en référé d'enjoindre, le cas échéant sous astreinte, au représentant légal d'une société à capital variable de porter sur tous les actes et documents émanant de la société la dénomination sociale, précédée ou suivie immédiatement et lisiblement des mots : « à capital variable ».

Le ministère public ou toute personne intéressée peut demander au président du tribunal compétent statuant en référé d'enjoindre, le cas échéant sous astreinte, au représentant légal d'un groupement d'intérêt économique de

porter sur tous les actes et documents émanant de ce groupement la dénomination de celui-ci, suivie immédiatement et lisiblement de la mention ou des initiales : « groupement d'intérêt économique » ou « GIE ».

Art. L. 238-3-1 *(L. n° 2005-842, 26 juill. 2005)*. – Tout intéressé peut demander au président du tribunal statuant en référé d'enjoindre sous astreinte aux sociétés utilisant le sigle « SE » dans leur dénomination sociale en méconnaissance des dispositions de l'article 11 du règlement (CE) n° 2157/2001 du Conseil, du 8 octobre 2001, relatif au statut de la société européenne (SE), de modifier cette dénomination sociale.

Art. L. 238-4 *(Ord. n° 2004-274, 25 mars 2004)*. – Tout intéressé peut demander au président du tribunal statuant en référé d'enjoindre sous astreinte au président des organes de direction et d'administration de transcrire les procès-verbaux de ces réunions sur un registre spécial tenu au siège social.

Art. L. 238-5 *(Ord. n° 2004-274, 25 mars 2004)*. – Tout intéressé peut demander au président du tribunal statuant en référé d'enjoindre sous astreinte au président de l'assemblée générale des actionnaires ou des obligataires de transcrire les procès-verbaux de ces assemblées sur un registre spécial tenu au siège social.

Art. L. 238-6 *(Ord. n° 2004-604, 24 juin 2004)*. – Si l'assemblée spéciale des actionnaires à dividende prioritaire n'est pas consultée dans les conditions prévues aux articles L. 228-35-6, L. 228-35-7 et L. n° 228-35-10, le président du tribunal statuant en référé peut, à la demande de tout actionnaire, enjoindre sous astreinte aux gérants ou au président du conseil d'administration ou du directoire de convoquer cette assemblée ou désigner un mandataire chargé de procéder à cette convocation.

La même action est ouverte à tout actionnaire ou tout titulaire de valeurs mobilières donnant accès au capital lorsque l'assemblée générale ou spéciale à laquelle il appartient n'est pas consultée dans les conditions prévues à l'article L. 225-99, au deuxième alinéa de l'article L. n° 225-129-6 et aux articles L. 228-16 ou L. 228-103.

Voir : la rédaction de cet article issue de l'ordonnance n° 2019-744 du 19 juillet 2019, en *addendum*, p. 3371.

CHAPITRE IX. – DE LA LOCATION D'ACTIONS ET DE PARTS SOCIALES

(L. n° 2002-73, 17 janv. 2002 ; suspendu, L. n° 2003-6, 3 janv. 2003 ; abr., L. n° 2005-32, 18 janv. 2005 ; rétabli dans la version suivante, L. n° 2005-882, 2 août 2005)

Art. L. 239-1 *(L. n° 2002-73, 17 janv. 2002 ; suspendu, L. n° 2003-6, 3 janv. 2003 ; abr., L. n° 2005-32, 18 janv. 2005 ; rétabli dans la version suivante, L. n° 2005-882, 2 août 2005 ; mod., L. 2009-526, 12 mai 2009 ; Ord. n° 2011-915, 1er août 2011)*. – Les statuts peuvent prévoir que les actions des sociétés par actions ou les parts sociales des sociétés à responsabilité limitée soumises à l'impôt sur les sociétés de plein droit ou sur option peuvent être données à bail, au sens des dispositions de l'article 1709 du Code civil, au profit d'une personne physique.

La location d'actions ne peut porter que sur des titres nominatifs non négociables sur un marché réglementé, non inscrits aux opérations d'un dépositaire central et non soumis à l'obligation de conservation prévue à l'article L. 225-197-1 du présent code ou aux délais d'indisponibilité prévus aux chapitres II et III du titre IV du livre IV du Code du travail.

La location d'actions ou de parts sociales ne peut pas porter sur des titres :

1° Détenus par des personnes physiques dans le cadre de la gestion de leur patrimoine privé lorsque les produits et plus-values bénéficient d'un régime d'exonération en matière d'impôt sur le revenu ;

2° Inscrits à l'actif d'une société de capital-risque mentionnée à l'article 1er-1 de la loi n° 85-695 du 11 juillet 1985 portant diverses dispositions d'ordre économique et financier ou d'une société unipersonnelle d'investissement à risque mentionnée à l'article 208 D du Code général des impôts ;

3° Détenus par un fonds commun de placement à risques, un fonds commun de placement dans l'innovation ou un fonds d'investissement de proximité respectivement mentionnés aux articles L. 214-28, L. 214-30 et L. 214-31du Code monétaire et financier.

À peine de nullité, les actions ou parts louées ne peuvent faire l'objet d'une sous-location ou d'un prêt de titres au sens des articles L. 211-22 à L. 211-26 du même code.

Les actions des sociétés par actions ou les parts sociales des sociétés à responsabilité limitée, lorsque les unes ou les autres de ces sociétés sont constituées pour l'exercice des professions visées à l'article 1er de la loi n° 90-1258 du 31 décembre 1990 relative à l'exercice sous forme de sociétés des professions libérales soumises à un statut législatif ou réglementaire ou dont le titre est protégé et aux sociétés de participations financières de professions libérales, ne

peuvent pas faire l'objet du contrat de bail prévu au présent article, sauf au profit de professionnels salariés ou collaborateurs libéraux exerçant en leur sein *(Mots aj., L. n° 2014-1545, 20 déc. 2014)* « et, à l'exception des sociétés intervenant dans le domaine de la santé ou exerçant les fonctions d'officier public ou ministériel, de professionnels exerçant la profession constituant l'objet social de ces sociétés ».

Lorsque la société fait l'objet d'une « procédure de sauvegarde ou de redressement judiciaire » en application du titre III du livre VI du présent code, la location de ses actions ou parts sociales ne peut intervenir que dans les conditions fixées par le tribunal ayant ouvert cette procédure.

Bibliographie : Cl. Ferry, *La mise en place d'un crédit-bail de titres de sociétés : JCP* E 2007, 1709. • M. Roussille, *Loi de simplification des entreprises : dispositions relatives aux SEL : Dr. sociétés* 2015, n° 50. • B. Pichard, *La location d'actions, outil de stabilisation de l'actionnariat : Dr. sociétés* janv. 2006, p. 17 ; *JCP* E 2005, 1705.

Code monétaire et financier

Art. L. 313-7. – Les opérations de crédit-bail mentionnées par la présente sous-section sont :

[...]

4 *(L. n° 2005-882, 2 août 2005)* Les opérations de location de parts sociales ou d'actions prévues aux articles L. 239-1 à L. 239-5 du Code de commerce, assorties d'une promesse unilatérale de vente moyennant un prix convenu tenant compte, au moins pour partie, des versements effectués à titre de loyers.

Art. L. 239-2 *(L. n° 2002-73, 17 janv. 2002 ; suspendu, L. n° 2003-6, 3 janv. 2003 ; abr., L. n° 2005-32, 18 janv. 2005 ; rétabli dans la version suivante, L. n° 2005-882, 2 août 2005).* – **Le contrat de bail est constaté par acte authentique ou sous seing privé soumis à la procédure de l'enregistrement. Il comporte, à peine de nullité, des mentions dont la liste est fixée par décret en Conseil d'État.**

Il est rendu opposable à la société dans les formes prévues à l'article 1690 du Code civil.

La délivrance des actions ou parts est réalisée à la date à laquelle est inscrite, dans le registre des titres nominatifs de la société par actions ou dans les statuts de la société à responsabilité limitée, à côté du nom de l'actionnaire ou de l'associé, la mention du bail et du nom du locataire. À compter de cette date, la société doit adresser au locataire les informations dues aux actionnaires ou associés et prévoir sa participation et son vote aux assemblées conformément aux dispositions du deuxième alinéa de l'article L. 239-3.

Les actions ou parts louées font l'objet d'une évaluation en début et en fin de contrat, ainsi qu'à la fin de chaque exercice comptable lorsque le bailleur est une personne morale. Cette évaluation est effectuée sur la base de critères tirés des comptes sociaux. Elle est certifiée par un commissaire aux comptes.

Voir : C. com., art. R. 239-1, p. 703.

Art. L. 239-3 *(L. n° 2005-882, 2 août 2005).* – **Les dispositions légales ou statutaires prévoyant l'agrément du cessionnaire de parts ou d'actions sont applicables dans les mêmes conditions au locataire.**

Le droit de vote attaché à l'action ou à la part sociale louée appartient au bailleur dans les assemblées statuant sur les modifications statutaires ou le changement de nationalité de la société et au locataire dans les autres assemblées. Pour l'exercice des autres droits attachés aux actions et parts sociales louées, le bailleur est considéré comme le nu-propriétaire et le locataire comme l'usufruitier.

Pour l'application des dispositions du livre IV du présent code, le bailleur et le locataire sont considérés comme détenteurs d'actions ou de parts sociales.

Art. L. 239-4 *(L. n° 2005-882, 2 août 2005).* – **Le bail est renouvelé dans les mêmes conditions que la conclusion du bail initial.**

En cas de non-renouvellement du contrat de bail ou de résiliation, la partie la plus diligente fait procéder à la radiation de la mention portée dans le registre des titres nominatifs de la société par actions ou dans les statuts de la société à responsabilité limitée.

Art. L. 239-5 *(L. n° 2005-882, 2 août 2005).* – **Tout intéressé peut demander au président du tribunal statuant en référé d'enjoindre sous astreinte au représentant légal de la société par actions ou de la société à**

responsabilité limitée, en cas de signification ou d'arrivée à terme d'un contrat de bail portant sur des actions ou des parts sociales de la société, de modifier le registre des titres nominatifs ou les statuts et de convoquer l'assemblée des associés à cette fin.

Chapitre X. – De l'information des salariés en cas de cession de leur société

(L. n° 2014-856, 31 juill. 2014)

Bibliographie : A. Couret et V. Delage, *L'obligation pour le cédant d'informer les salariés de sa volonté de céder le contrôle de l'entreprise : JCP* E 2014, 1434. • B. Dondero, *L'information des salariés sur la cession d'entreprise issue de la loi ESS : BJS* 2014, p. 408 ; *Exercice d'interprétation sur la loi ESS et le droit d'information des salariés : D.* 2015, p. 2574.

Section 1. – De l'instauration d'un délai permettant aux salariés de présenter une offre en cas de vente des parts sociales, actions ou valeurs mobilières donnant accès à la majorité du capital dans les sociétés qui n'ont pas l'obligation de disposer d'un comité social et économique exerçant les attributions mentionnées au deuxième alinéa de l'article L. 2312-1 du Code du travail

(Intitulé mod., L. n° 2015-990, 6 août 2015 ; intitulé mod., L. n° 2019-486, 22 mai 2019)

Art. L. 23-10-1 *(L. n° 2014-856, 31 juill. 2014 ; mod. à compter à compter du 19 juillet 2015, Cons. const. n° 2015-476 QPC, 17 juill. 2015, art. 1er et 3 : JO 19 juill. 2015 ; JurisData n° 2015-017174 ; mod., L. n° 2015-990, 6 août 2015 ; L. n° 2019-486, 22 mai 2019).* **– Dans les sociétés qui n'ont pas l'obligation de disposer d'un comité social et économique exerçant les attributions mentionnées au deuxième alinéa de l'article L. 2312-1 du Code du travail, lorsque le propriétaire d'une participation représentant plus de 50 % des parts sociales d'une société à responsabilité limitée ou d'actions ou valeurs mobilières donnant accès à la majorité du capital d'une société par actions veut les vendre, les salariés en sont informés, et ce au plus tard deux mois avant la vente, afin de permettre à un ou plusieurs salariés de présenter une offre d'achat de cette participation.**

Lorsque le propriétaire n'est pas le chef d'entreprise, la notification est faite à ce dernier et le délai court à compter de cette notification. Le chef d'entreprise notifie sans délai aux salariés cette information, en leur indiquant qu'ils peuvent lui présenter une offre d'achat.

Le chef d'entreprise notifie sans délai au propriétaire toute offre d'achat présentée par un salarié.

Lorsque la participation est détenue par le chef d'entreprise, celui-ci notifie sa volonté de vendre directement aux salariés en les informant qu'ils peuvent lui présenter une offre d'achat, et le délai court à compter de la date de cette notification.

La vente peut intervenir avant l'expiration du délai de deux mois dès lors que chaque salarié a fait connaître sa décision de ne pas présenter d'offre.

Lorsqu'une action en responsabilité est engagée, la juridiction saisie peut, à la demande du ministère public, prononcer une amende civile dont le montant ne peut excéder 2 % du montant de la vente.

Voir : C. com., art. D. 23-10-1, p. 703.

Bibliographie : D. Gallois-Cochet, *Information des salariés en cas de transmission d'entreprise : en arrière, toute ! : Dr. sociétés* 2015, n° 171.

Art. L. 23-10-2 *(L. n° 2014-856, 31 juill. 2014).* **– À leur demande, les salariés peuvent se faire assister par un représentant de la chambre de commerce et de l'industrie régionale, de la chambre régionale d'agriculture, de la chambre régionale de métiers et de l'artisanat territorialement compétentes en lien avec les chambres régionales de l'économie sociale et solidaire et par toute personne désignée par les salariés, dans des conditions définies par décret.**

Voir : C. com., art. D. 23-10-3, p. 704.

Art. L. 23-10-3 *(L. n° 2014-856, 31 juill. 2014 ; mod., L. n° 2015-990, 6 août 2015 ; L. n° 201486, 22 mai 2019).* **– L'information des salariés peut être effectuée par tout moyen, précisé par voie réglementaire, de nature à rendre certaine la date de sa réception par ces derniers.**

Lorsque l'information est faite par lettre recommandée avec demande d'avis de réception, la date de réception de l'information est la date de la première présentation de la lettre.

Les salariés sont tenus à une obligation de discrétion s'agissant des informations reçues en application de la présente section, dans les mêmes conditions que celles prévues pour les membres de la délégation du personnel du comité social et économique à l'article L. 2315-3 du Code du travail, sauf à l'égard des personnes dont le concours est nécessaire pour leur permettre de présenter une offre d'achat.

Voir : C. com., art. D. 23-10-2, p. 703.

Art. L. 23-10-4 *(L. n° 2014-856, 31 juill. 2014).* – **Les articles L. 23-10-1 à L. 23-10-3 sont applicables à la** *(Mot rempl., L. n° 2015-990, 6 août 2015)* **« vente » d'une participation dans une société soumise à une réglementation particulière prescrivant que tout ou partie de son capital soit détenu par un ou plusieurs associés ou actionnaires répondant à certaines conditions en termes notamment de qualification professionnelle, sous réserve :**

1° Soit qu'un au moins des salariés pouvant présenter l'offre d'achat remplisse les conditions requises ;

2° Soit que la *(Mot rempl., L. n° 2015-990, 6 août 2015)* **« vente » ne porte pas sur la partie du capital soumise à la réglementation et détenue par l'associé ou l'actionnaire répondant aux conditions requises.**

Art. L. 23-10-5 *(L. n° 2014-856, 31 juill. 2014).* – **La** *(Mot rempl., L. n° 2015-990, 6 août 2015)* **« vente » intervient dans un délai maximal de deux ans après l'expiration du délai prévu à l'article L. 23-10-1. Au-delà de ce délai, toute** *(Mot rempl., L. n° 2015-990, 6 août 2015)* **« vente » est soumise aux articles L. 23-10-1 à L. 23-10-3.**

Art. L. 23-10-6 *(L. n° 2014-856, 31 juill. 2014).* – **La présente section n'est pas applicable :**

1° En cas de succession, de liquidation du régime matrimonial ou de *(Mot rempl., L. n° 2015-990, 6 août 2015)* **« vente » de la participation à un conjoint, à un ascendant ou à un descendant ;**

2° Aux sociétés faisant l'objet d'une procédure de conciliation, de sauvegarde, de redressement ou de liquidation judiciaires régie par le livre VI ;

3° *(Aj., L. n° 2015-990, 6 août 2015)* **Si, au cours des douze mois qui précèdent la vente, celle-ci a déjà fait l'objet d'une information en application de l'article 18 de la loi n° 2014-856 du 31 juillet 2014 relative à l'économie sociale et solidaire.**

Section 2. – De l'information des salariés leur permettant de présenter une offre en cas de vente des parts sociales ou actions ou valeurs mobilières donnant accès à la majorité du capital, dans les sociétés qui ont l'obligation de disposer d'un comité social et économique exerçant les attributions mentionnées au deuxième alinéa de l'article L. 2312-1 du Code du travail

(Intitulé mod. à compter du 1er janvier 2016, L. n° 2015-990, 6 août 2015 ; intitulé mod., L. n° 2019-486, 22 mai 2019)

Art. L. 23-10-7 *(L. n° 2014-856, 31 juill. 2014 ; mod., Cons. const. n° 2015-476 QPC, 17 juill. 2015 : JO 19 juill. 2015 ; JurisData n° 2015-017174 ; mod., L. n° 2015-990, 6 août 2015 ; L. n° 2015-994, 17 août 2015 ; mod., L. n° 2019-486, 22 mai 2019).* – **Dans les sociétés qui ont l'obligation de disposer d'un comité social et économique exerçant les attributions mentionnées au deuxième alinéa de l'article L. 2312-1 du Code du travail et employant moins de deux cent cinquante salariés au sens des articles L. 1111-2 et L. 1111-3 du même code, lorsqu'il veut vendre une participation représentant plus de 50 % des parts sociales d'une société à responsabilité limitée ou des actions ou valeurs mobilières donnant accès à la majorité du capital d'une société par actions, le propriétaire de la participation notifie sa volonté de vendre à la société. L'obligation de disposer du comité social et économique précédemment mentionnée et le seuil d'effectif salarié s'apprécient au premier jour du mois de la notification.**

Au plus tard en même temps qu'il procède, en application du 2° de l'article L. 2312-8 du Code du travail, à l'information et à la consultation du comité social et économique, le chef d'entreprise porte à la connaissance des salariés la notification prévue au premier alinéa du présent article et leur indique qu'ils peuvent lui présenter une offre d'achat.

Le chef d'entreprise notifie sans délai au propriétaire toute offre d'achat présentée par un salarié.

Lorsque la participation est détenue par le chef d'entreprise, celui-ci notifie sa volonté de vendre directement aux salariés, en les informant qu'ils peuvent lui présenter une offre d'achat.

Lorsqu'une action en responsabilité est engagée, la juridiction saisie peut, à la demande du ministère public, prononcer une amende civile dont le montant ne peut excéder 2 % du montant de la vente.

En cas d'absence du comité social et économique constatée conformément à l'article L. 2314-9 du Code du travail, la vente est soumise aux articles L. 23-10-1 à L. 23-10-6 du présent code.

Art. L. 23-10-8 *(L. n° 2014-856, 31 juill. 2014)*. – À leur demande, les salariés peuvent se faire assister par un représentant de la chambre de commerce et de l'industrie régionale, de la chambre régionale d'agriculture, de la chambre régionale de métiers et de l'artisanat territorialement compétentes en lien avec les chambres régionales de l'économie sociale et solidaire et par toute personne désignée par les salariés, dans des conditions définies par décret.

Voir : C. com., art. D. 23-10-3, p. 704.

Art. L. 23-10-9 *(L. n° 2014-856, 31 juill. 2014 ; mod., L. n° 2015-990, 6 août 2015 ; mod., L. n° 2019-486, 22 mai 2019)*. – L'information des salariés peut être effectuée par tout moyen, précisé par voie réglementaire, de nature à rendre certaine la date de sa réception par ces derniers.

Lorsque l'information est faite par lettre recommandée avec demande d'avis de réception, la date de réception de l'information est la date de la première présentation de la lettre.

Les salariés sont tenus à une obligation de discrétion s'agissant des informations reçues en application de la présente section, dans les mêmes conditions que celles prévues pour les membres de la délégation du personnel du comité social et économique à l'article L. 2315-3 du Code du travail, sauf à l'égard des personnes dont le concours est nécessaire pour leur permettre de présenter une offre d'achat.

Voir : C. com., art. D. 23-10-2, p. 703.

Art. L. 23-10-10 *(L. n° 2014-856, 31 juill. 2014)*. – Les articles L. 23-10-7 à L. 23-10-9 sont applicables à la *(Mot rempl., L. n° 2015-990, 6 août 2015)* « vente » d'une participation dans une société soumise à une réglementation particulière prescrivant que tout ou partie de son capital soit détenu par un ou plusieurs associés ou actionnaires répondant à certaines conditions en termes notamment de qualification professionnelle, sous réserve :

1° Soit qu'un au moins des salariés pouvant présenter l'offre d'achat remplisse les conditions requises ;

2° Soit que la *(Mot rempl., L. n° 2015-990, 6 août 2015)* « vente » ne porte pas sur la partie du capital soumise à la réglementation et détenue par l'associé ou l'actionnaire répondant aux conditions requises.

Art. L. 23-10-11 *(L. n° 2014-856, 31 juill. 2014 ; mod., L. n° 2015-990, 6 août 2015 ; L. n° 2015-994, 17 août 2015 ; mod., L. n° 2019-486, 22 mai 2019)*. – La vente est de nouveau soumise aux articles L. 23-10-7 à L. 23-10-9 lorsqu'elle intervient plus de deux ans après la date à laquelle tous les salariés ont été informés de la vente.

Si pendant cette période de deux ans le comité social et économique est consulté, en application du 2° de l'article L. 2312-8 du Code du travail, sur un projet de vente des éléments faisant l'objet de la notification prévue à l'article L. 23-10-7, le cours de ce délai de deux ans est suspendu entre la date de saisine du comité et la date où il rend son avis et, à défaut, jusqu'à la date où expire le délai imparti pour rendre cet avis.

Art. L. 23-10-12 *(L. n° 2014-856, 31 juill. 2014)*. – La présente section n'est pas applicable :

1° En cas de succession, de liquidation du régime matrimonial ou de *(Mot rempl., L. n° 2015-990, 6 août 2015)* « vente » de la participation à un conjoint, à un ascendant ou à un descendant ;

2° Aux sociétés faisant l'objet d'une procédure de conciliation, de sauvegarde, de redressement ou de liquidation judiciaires régie par le livre VI ;

3° *(L. n° 2015-990, 6 août 2015)* Si, au cours des douze mois qui précèdent la vente, celle-ci a déjà fait l'objet d'une information en application de l'article 18 de la loi n° 2014-856 du 31 juillet 2014 relative à l'économie sociale et solidaire.

CHAPITRE XI – Du partage des plus-values de cession de titres avec les salariés de société

(Chapitre créé, L. n° 2019-486, 22 mai 2019)

Art. L. 23-11-1 *(Créé, L. n° 2019-486, 22 mai 2019)*. – Tout détenteur de titres d'une société peut prendre, vis-à-vis de l'ensemble des salariés de celle-ci, l'engagement de partager avec eux une partie de la plus-value de cession ou de rachat de ses titres au jour où il en cédera ou rachètera tout ou partie.

L'engagement de partage des plus-values peut également être pris par une pluralité de détenteurs de titres, ceux-ci étant soit parties à un même contrat de partage des plus-values, soit parties à des contrats de partage des plus-values distincts.

L'engagement de partage des plus-values ne crée pas de solidarité entre un détenteur de titres signataire d'un contrat de partage et la société. Il ne crée pas non plus d'obligations pour les détenteurs de titres, directs ou indirects, qui ne sont pas parties à un tel engagement.

L'engagement de partage ne peut porter que sur des plus-values de cession de titres de sociétés mentionnées à la première phrase du *b* du 2° du I de l'article 150-0 B *ter* du Code général des impôts.

Lorsque la société concernée contrôle, au sens de l'article L. 233-3 du présent code, directement ou indirectement une ou plusieurs sociétés mentionnées à l'avant-dernier alinéa du présent article, l'engagement mentionné au premier alinéa est pris vis-à-vis de l'ensemble de leurs salariés. Il en est de même lorsque la société concernée est contrôlée, au sens de l'article L. 233-3, directement ou indirectement, par une ou plusieurs sociétés mentionnées à l'avant-dernier alinéa du présent article.

Art. L. 23-11-2 *(Créé, L. n° 2019-486, 22 mai 2019)*. – L'engagement de partage défini à l'article L. 23-11-1 est constaté dans un contrat conclu entre tout détenteur de titres et la société concernée qui s'engage à transférer aux salariés concernés le montant résultant de l'engagement de partage, dont elle déduira les charges fiscales et sociales que ce transfert engendre.

La signature du contrat de partage des plus-values est soumise à la condition de l'existence préalable, dans chaque entreprise mentionnée à l'article L. 23-11-1, d'un plan d'épargne entreprise défini aux articles L. 3332-1 et suivants du Code du travail.

Le contrat de partage des plus-values a pour objet de définir les conditions et modalités de la répartition entre les salariés des sommes résultant de l'engagement. Il définit notamment :

1° La période pour laquelle il est conclu, d'une durée minimale de cinq ans ;

2° Son champ d'application, sous réserve de l'article L. 23-11-3 du présent code ;

3° Les modalités de calcul des sommes versées aux salariés, qui tiennent compte de l'évolution de la valeur des titres cédés entre le jour de leur acquisition et celui de leur cession et qui ne peuvent excéder 10 % du montant de la plus-value mentionnée au premier alinéa de l'article L. 23-11-1 du présent code, déterminée dans les conditions prévues au premier alinéa du 1 de l'article 150-0 D du Code général des impôts, ce montant incluant, le cas échéant, le montant des compléments de prix afférents à cette même cession ;

4° Les conditions d'information des salariés ;

5° Les procédures convenues pour régler les différends qui peuvent surgir dans l'application de l'accord ;

6° La durée minimale entre la date de la conclusion du contrat de partage et la date de la cession des titres, qui ne peut être inférieure à trois ans.

Art. L. 23-11-3 *(Créé, L. n° 2019-486, 22 mai 2019)*. – Le contrat de partage mentionné à l'article L. 23-11-2 rend bénéficiaires l'ensemble des salariés présents dans la ou les sociétés mentionnées à l'article L. 23-11-1 pendant tout ou partie de la période comprise entre la date de sa signature et la date de la cession des titres de la société concernée et qui sont adhérents au plan d'épargne d'entreprise au jour de cette cession.

Sont assimilées à des périodes de présence :

1° Les périodes de congé de maternité prévu à l'article L. 1225-17 du Code du travail et de congé d'adoption prévu à l'article L. 1225-37 du même code ;

2° Les périodes de suspension du contrat de travail consécutives à un accident du travail ou à une maladie professionnelle en application de l'article L. 1226-7 dudit code.

Les sommes sont réparties entre les salariés bénéficiaires conformément au 2° de l'article L. 3332-11 du même code de manière uniforme, proportionnelle à la durée de présence dans l'entreprise au cours de la période écoulée entre la signature du contrat et la cession des titres ou proportionnelle aux salaires.

Les sommes réparties ne peuvent excéder 30 % du montant annuel du plafond mentionné à l'article L. 241-3 du Code de la sécurité sociale.

Le bénéfice du contrat de partage des plus-values est subordonné à une condition d'ancienneté dans la société pendant la période couverte par l'accord de partage des plus-values qui ne peut être ni inférieure à celle prévue à l'article L. 3342-1 du Code du travail ni supérieure à deux ans.

Art. L. 23-11-4 *(Créé, L. n° 2019-486, 22 mai 2019).* – Après la cession, le montant en résultant est versé, dans un délai d'un mois à compter de la date de la cession ou, le cas échéant, à compter de la date de perception d'un complément de prix afférent à cette cession, par le ou les détenteurs de titres cédants à la société dont les titres ont été cédés. Ce montant est insaisissable et incessible.

La société ayant reçu les sommes conformément au premier alinéa du présent article les répartit entre les salariés concernés conformément au contrat et les verse sur le plan d'épargne entreprise des bénéficiaires dans les conditions prévues à l'article L. 3332-11 du Code du travail. Elle prélève sur ce montant les sommes nécessaires à l'acquittement des charges fiscales et sociales induites.

Conformément au deuxième alinéa du présent article, la répartition et l'attribution aux bénéficiaires doivent avoir lieu dans les quatre-vingt-dix jours de la réception du versement. Le cas échéant, le dépassement de ce délai est sanctionné par la majoration des versements dus à chaque bénéficiaire au taux d'intérêt légal à compter de la date de ce dépassement ; cette majoration reste à la charge de la société.

TITRE IV. – DISPOSITIONS PÉNALES

Bibliographie : B. Bouloc, *Faut-il réformer le droit pénal des sociétés ? : Rev. sociétés* 2000, p. 130 ; *Brèves remarques sur les aspects de droit pénal de la loi NRE : Rev. sociétés* 2001, p. 645. • M. Haschke-Dournaux, *Les voies de la réforme du droit pénal des sociétés : BJS* 2003, p. 377. • C. Mascala, *Le dérapage de l'interprétation jurisprudentielle en droit pénal des affaires : D.* 2004, p. 3050. • H. Matsopoulou, *Un premier regard sur la dépénalisation de la vie des affaires : D.* 2008, p. 864. • G. Notté, *La dépénalisation de la vie des affaires (rapport Coulon) : JCP* E 2008, act., 149. • Y. Paclot, *De l'illégalité des dispositions pénales de l'ordonnance du 18 septembre 2002 relative à la partie législative du Code de commerce : JCP* E 2002, n° 1379, p. 1514. • J.-H. Robert, *Nouvelles dépénalisations éparses du droit des sociétés [Ord. n° 2004-274, 25 mars 2004] : JCP* E 2004, 94 ; *Tableau récapitulatif des dépénalisations opérées depuis 2003 dans le droit des sociétés par actions : Dr. sociétés* mars 2005, n° 3. • J.-Ch. Saint-Pau, *L'insécurité juridique de la détermination du responsable en droit pénal des affaires : Gaz. Pal.* 10 févr. 2005, p. 7. • A. Vitu, *Regards sur le droit pénal des sociétés : Études R. Roblot*, LGDJ, 1984, p. 247.

CHAPITRE I. – DES INFRACTIONS CONCERNANT LES SOCIÉTÉS À RESPONSABILITÉ LIMITÉE

Bibliographie : *Adde* A. Van der Elst, *JCl. Sociétés traité*, Fasc. 81-10.

Art. L. 241-1 *(Abr., L. n° 2012-387, 22 mars 2012).*

Art. L. 241-2 *(Anc. L. n° 66-537, 24 juill. 1966 ; mod., Ord. n° 2004-274, 25 mars 2004).* – Est puni d'un emprisonnement de six mois et d'une amende de 9 000 € le fait, pour des gérants, d'émettre, directement ou par personne interposée, pour le compte de la société des valeurs mobilières quelconques à l'exception des obligations émises dans les conditions déterminées par l'article L. 223-11.

Voir : C. com., art. L. 223-11, p. 191.

Art. L. 241-3 *(Anc. L. n° 66-537, 24 juill. 1966 ; mod., L. n° 2013-907, 11 oct. 2013 ; L. n° 2013-1117, 6 déc. 2013).* – Est puni d'un emprisonnement de cinq ans et d'une amende de 375 000 € :

1° Le fait, pour toute personne, de faire attribuer frauduleusement à un apport en nature une évaluation supérieure à sa valeur réelle ;

2° Le fait, pour les gérants, d'opérer entre les associés la répartition de dividendes fictifs, en l'absence d'inventaire ou au moyen d'inventaires frauduleux ;

3° Le fait, pour les gérants, même en l'absence de toute distribution de dividendes, de présenter aux associés des comptes annuels ne donnant pas, pour chaque exercice, une image fidèle du résultat des opérations de l'exercice, de la situation financière et du patrimoine à l'expiration de cette période en vue de dissimuler la véritable situation de la société ;

4° Le fait, pour les gérants, de faire, de mauvaise foi, des biens ou du crédit de la société, un usage qu'ils savent contraire à l'intérêt de celle-ci, à des fins personnelles ou pour favoriser une autre société ou entreprise dans laquelle ils sont intéressés directement ou indirectement ;

5° Le fait, pour les gérants, de faire, de mauvaise foi, des pouvoirs qu'ils possèdent ou des voix dont ils disposent, en cette qualité, un usage qu'ils savent contraire aux intérêts de la société, à des fins personnelles ou pour favoriser une autre société ou une autre entreprise dans laquelle ils sont intéressés directement ou indirectement.

Outre les peines complémentaires prévues à l'article L. 249-1, le tribunal peut également prononcer à titre de peine complémentaire, dans les cas prévus au présent article, l'interdiction des droits civiques, civils et de famille prévue à l'article 131-26 du Code pénal.

L'infraction définie au 4° est punie de sept ans d'emprisonnement et de 500 000 € d'amende lorsqu'elle a été réalisée ou facilitée au moyen soit de comptes ouverts ou de contrats souscrits auprès d'organismes établis à l'étranger, soit de l'interposition de personnes physiques ou morales ou de tout organisme, fiducie ou institution comparable établis à l'étranger.

Voir : C. com., art. L. 223-9, p. 190 et L. 223-26, p. 219.
Rappr. **SA,** C. com., art. L. 242-6, p. 573.

I – GÉNÉRALITÉS

1) EURL. Les dispositions pénales de la loi de 1966 *[du Code de commerce]* sont applicables aux gérants d'entreprises unipersonnelles à responsabilité limitée : ▪ Cass. crim., 14 juin 1993 : *BJS* 1993, p. 1139, note B. Saintourens. ▪ Cass. crim., 20 févr. 2002 : *JurisData* n° 2002-013481 ; *Rev. sociétés* 2002, p. 546, note B. Bouloc.

2) Dirigeants concernés. *a)* Dirigeant salarié. L'article 425 de la loi du 24 juillet 1966 *[C. com., art. L. 241-3]* n'exclut aucun dirigeant social, qu'il soit ou non salarié : ▪ Cass. crim., 28 juin 1993 : *BJS* 1993, p. 1111, note A. Cuisance.

b) **Dirigeants de fait.** Voir sous C. com., art. L. 241-9, annot. n° 1 s., p. 572.

II – PUBLICATION OU PRÉSENTATION DE COMPTES SOCIAUX NE DONNANT PAS UNE IMAGE FIDÈLE

Voir : sous C. com., art. L. 242-6, bibliographie et annot. n° 7 s., p. 575.

III – ABUS DES BIENS, DU CRÉDIT, DES POUVOIRS ET DES VOIX

Voir : sous C. com., art. L. 242-6, bibliographie et annot. n° 24 s., p. 579.

Art. L. 241-4 ***(Anc. L. n° 66-537, 24 juill. 1966 ; mod., L. n° 2001-420, 15 mai 2001).*** **– Est puni d'une amende de 9 000 € :**

1° Le fait, pour les gérants, de ne pas, pour chaque exercice, dresser l'inventaire, établir les comptes annuels et un rapport de gestion ;

2° et 3° ***(Abr., L. n° 2001-420, 15 mai 2001).***

Voir : C. com., art. L. 223-26, p. 219.
Rappr. **SA,** C. com., art. L. 242-6, p. 573.

Art. L. 241-5 ***(Anc. L. n° 66-537, 24 juill. 1966 ; rempl., L. n° 2012-387, 22 mars 2012).*** **– Est puni de 9 000 € d'amende le fait, pour les gérants, de ne pas soumettre à l'approbation de l'assemblée des associés ou de l'associé unique l'inventaire, les comptes annuels et le rapport de gestion établis pour chaque exercice.**

Voir : C. com., art. L. 223-26, p. 219.

Prolongation du délai. L'infraction est caractérisée du seul fait que l'assemblée des associés n'a pas été tenue dans les six mois de la clôture de l'exercice dès lors qu'aucune requête en prolongation n'a été présentée au juge compétent dans le même délai : ▪ Cass. crim., 4 juill. 1995 : *BJS* 1996, p. 218, note J.-F. Barbièri.

Art. L. 241-6 ***(Abr., L. n° 2012-387, 22 mars 2012).***

Art. L. 241-7 ***(Abr., L. n° 2003-721, 1er août 2003).***

Art. L. 241-8 ***(Abr., L. n° 2001-420, 15 mai 2001).***

Art. L. 241-9 *(Anc. L. n° 66-537, 24 juill. 1966 ; mod., L. n° 2003-721, 1er août 2003).* **– Les dispositions des articles L. 241-2 à L. 241-6 sont applicables à toute personne qui, directement ou par personne interposée, aura, en fait, exercé la gestion d'une société à responsabilité limitée sous le couvert ou au lieu et place de son gérant légal.**

Voir : Rappr. **SA,** C. com., art. L. 245-16, p. 598 et L. 246-2, p. 598.

Bibliographie : N. Dedessus-Le-Moustier, *La responsabilité du dirigeant de fait : Rev. sociétés* 1997, p. 499. • D. Tricot, *Les critères de la gestion de fait : Dr. et patrimoine* janv. 1996, p. 24.

1) Notion de gérant de fait. *a)* **Définition générale.** Peut être déclaré dirigeant de fait celui qui accomplit, en toute indépendance, des actes de direction, de gestion et d'administration de la société : ■ Cass. crim., 28 nov. 2007, n° 07-80.248.

b) L'article 431 de la loi du 24 juillet 1966 *[C. com., art. L. 241-9]* vise notamment l'individu qui, sans être gérant, dirige à son gré une SARL, traite avec les fournisseurs et les clients et oriente l'activité de la société : ■ Cass. crim., 25 nov. 1969 : *Bull. crim.* 1969, n° 314. – *Adde* ■ Cass. crim., 12 oct. 1995 : *Rev. sociétés* 1996, p. 319, note B. Bouloc.

2) Applications. *a)* A la qualité de dirigeant de fait :

– le **salarié** qui est l'interlocuteur privilégié des clients, des fournisseurs, de la banque et du personnel, et qui a procuration sur le compte bancaire de l'entreprise : ■ CA Paris, 29 mai 2001 : *JurisData* n° 2001-152173 ;

– la personne qui agit au travers de **prête-noms** et qui assure la gestion comptable et financière de la société : ■ Cass. crim., 18 nov. 1991 : *RJDA* 1992, p. 189 ;

– le **directeur commercial** qui est en réalité le seul à disposer d'une voiture de fonction, qui occupe le bureau directorial et prend les décisions importantes, qui fixe les salaires et décide des investissements et des prises de participation : ■ Cass. crim., 19 sept. 1994 : *BJS* 1994, p. 1309, note J.-F. Barbièri. – *Adde* ■ CA Bourges, 30 oct. 1997 : *JurisData* n° 1997-057535 ;

– l'**actionnaire prépondérant**, représentant le groupe familial majoritaire, ayant bénéficié de pouvoirs sur les comptes sociaux et désigné comme dirigeant de fait par les dirigeants de droit : ■ Cass. crim., 21 sept. 2011, n° 10-88.716 : *Dr. sociétés* 2011, n° 227, obs. R. Salomon ; *Rev. sociétés* 2012, p. 246, note B. Bouloc. – V. égal. pour un actionnaire tenant la comptabilité de la société : ■ Cass. crim., 17 déc. 2014, n° 13-87.968 : *Rev. sociétés* 2015, p. 386, note B. Bouloc.

b) **N'a pas la qualité de dirigeant de fait :**

– un salarié, **directeur des ventes,** s'occupant de la comptabilité quand le gérant de droit s'est éloigné de la gestion de la société en raison de sa participation à différentes compétitions sportives, ce qui n'emporte pas abandon des pouvoirs du gérant de droit, le salarié n'agissant pas en toute indépendance et souveraineté : ■ CA Paris, 3 nov. 2000 : *JurisData* n° 2000-128343 ;

– le **directeur commercial** d'une SARL dont il est constaté que son salaire est équivalent à la rémunération de la gérante ou qu'il s'est porté caution des dettes de la société, ce seul engagement ne traduisant pas sa volonté d'assumer la gestion de l'entreprise : ■ CA Paris, 11 mai 2001 : *JurisData* n° 2001-148667 ;

– un **prévenu** qui, sans disposer de la signature sociale sur les comptes bancaires, a, de façon isolée, tiré trois chèques sur un de ces comptes alors que le gérant de droit a exercé sans partage la plénitude de ses attributions : ■ Cass. crim., 8 mars 2006, n° 04-86.934 : *JurisData* n° 2006-033023 ;

– Pour d'autres exemples, V. ■ Cass. crim., 24 févr. 1992 : *RJDA* 1992, p. 581. ■ CA Paris, 12 févr. 1998 : *JurisData* n° 1998-020391.

CHAPITRE II. – DES INFRACTIONS CONCERNANT LES SOCIÉTÉS ANONYMES

Bibliographie : *Le droit pénal spécial des sociétés anonymes : Études de droit commercial*, ss dir. J. Hamel, Dalloz, 1955. • F. Barrière, *Ordre public et impérativité en droit pénal des sociétés anonymes : Rev. sociétés* 2007, p. 713. • B. Bouloc, *Qualité d'actionnaire et droit pénal : Rev. sociétés* 1999, p. 743.

Section I. – Des infractions relatives à la constitution

Bibliographie : *Adde* Ph. Conte et J.-Y. Maréchal, *JCl. Sociétés traité*, Fasc. 125-20 *(Infractions aux règles de constitution et d'augmentation de capital).* • W. Jeandidier, Fasc. 125-40 *(Émission et négociation illicites d'actions)* et 125-50 *(Infractions aux règles de publicité).*

Art. L. 242-1 *(Anc. L. n° 66-537, 24 juill. 1966 ; rempl., L. n° 2012-387, 22 mars 2012).* **– Est puni de 150 000 € d'amende le fait, pour les fondateurs, le président, les administrateurs ou les directeurs généraux d'une société anonyme, d'émettre ou négocier des actions ou des coupures d'actions sans que les actions de**

numéraire aient été libérées à la souscription de la moitié au moins ou sans que les actions d'apport aient été intégralement libérées avant l'immatriculation de la société au registre du commerce et des sociétés.

La peine prévue au présent article peut être portée au double lorsque les actions ou coupures d'actions ont fait l'objet d'une offre au public.

Doit être relaxé du chef de **fausse déclaration** dans la répartition du capital social le dirigeant qui n'a pas eu connaissance de l'origine des fonds versés par trois actionnaires de la société qui n'étaient que des prête-noms, le véritable apporteur ne voulant pas figurer au capital : ▪ CA Paris, 11 févr. 1998 : *JurisData* n° 1998-020224.

Art. L. 242-2 ***(Anc. L. n° 66-537, 24 juill. 1966).*** **– Est puni d'un emprisonnement de cinq ans et d'une amende de 9 000 € le fait, pour toute personne :**

1° à 3° ***(Abr., L. n° 2001-420, 15 mai 2001).***

4° De faire attribuer frauduleusement à un apport en nature une évaluation supérieure à sa valeur réelle.

1) **Souscriptions fictives** ***[C. com., art. L. 242-2-2°, aujourd'hui abrogé].*** L'affirmation par un président de conseil d'administration, dans une déclaration notariée *[décision rendue sous le régime antérieur à la loi n° 83-1 du 3 janv. 1983]*, de la sincérité d'apports qu'il sait être fictifs, autorise à condamner ce président sur le fondement de l'article 433, 1°, de la loi du 24 juillet 1966 *[C. com., art. L. 242-2, 1°]* : ▪ Cass. crim., 16 mars 1970 : *Bull. crim.* 1970, n° 107. – *Adde* ▪ Cass. crim., 28 mai 1979 : *Bull. crim.* 1979, n° 186. ▪ CA Paris, 26 mars 1981 : *JurisData* n° 1981-020959. – Le délit est également constitué en cas de souscription fictive, les souscripteurs n'étant intervenus que temporairement et d'une manière aléatoire : ▪ Cass. crim., 16 mars 1981 : *Bull. crim.* 1981, n° 94.

2) **Publication de faits faux** ***[C. com., art. L. 242-2-3°, aujourd'hui abrogé].*** Par publication, il faut entendre tous les modes d'information, écrits ou oraux : ▪ Cass. crim., 6 nov. 1947 : *Bull. crim.* 1947, n° 218. – Les faits faux peuvent concerner les perspectives d'avenir de la société : ▪ Cass. crim., 26 juin 1978 : *Bull. crim.* 1978, n° 212. – Le caractère optimiste et avantageux d'un prospectus financier ne suffit pas à incriminer son auteur sur le fondement de la publication de faits faux : ▪ CA Paris, 11 août 1891 : *Rev. sociétés* 1891, p. 484. – Pour une condamnation à l'occasion d'une émission d'obligations convertibles, V. ▪ T. corr. Paris, 6 mai 1986 : *JCP* E 1986, 15846, n° 28, obs. A. Viandier et J.-J. Caussain.

3) **Majoration frauduleuse d'apport.** Le délit de majoration frauduleuse d'apport en nature ne vise que l'évaluation de l'apport à l'exclusion du calcul des parités : ▪ CA Paris, 3 mai 1975 : *JCP* CI 1975, II, 11855, chron. J. Lacoste. – Est une majoration frauduleuse le fait de dissimuler volontairement le nantissement affectant le fonds de commerce apporté : ▪ Cass. crim., 22 janv. 1990 : *JurisData* n° 1990-000483. – Il n'est pas interdit, pour déterminer la valeur d'un apport, de prendre en considération des critères objectifs étrangers à la simple valeur marchande du bien apporté : ▪ Cass. crim., 12 avr. 1976 : *JCP* 1977, II, 18523, note Y. Guyon. – Les commissaires aux comptes qui ont attribué à l'apport une valeur supérieure à sa valeur réelle doivent être condamnés au titre **d'auteurs principaux** du délit de majoration frauduleuse : ▪ Cass. crim., 12 avr. 1976, préc. ▪ Cass. crim., 22 janv. 1990 : *JurisData* n° 1990-000483.

Art. L. 242-3 ***(Anc. L. n° 66-537, 24 juill. 1966 ; mod., L. n° 2001-420, 15 mai 2001 ; rempl., L. n° 2012-387, 22 mars 2012).*** **– Est puni de 150 000 € d'amende le fait, pour les titulaires ou porteurs d'actions, de négocier des actions de numéraire pour lesquelles le versement de la moitié n'a pas été effectué.**

Art. L. 242-4 ***(Abr., L. n° 2012-387, 22 mars 2012).***

Art. L. 242-5 ***(Anc. L. n° 66-537, 24 juill. 1966).*** **– Est puni d'un emprisonnement de six mois et d'une amende de 9 000 € le fait d'accepter ou de conserver les fonctions de commissaire aux apports, nonobstant les incompatibilités et interdictions légales.**

Section II. – Des infractions relatives à la direction et à l'administration

Art. L. 242-6 ***(Anc. L. n° 66-537, 24 juill. 1966 ; L. n° 2013-907, 11 oct. 2013 ; L. n° 2013-1117, 6 déc. 2013).*** **– Est puni d'un emprisonnement de cinq ans et d'une amende de 375 000 € le fait pour :**

1° Le président, les administrateurs ou les directeurs généraux d'une société anonyme d'opérer entre les actionnaires la répartition de dividendes fictifs, en l'absence d'inventaire, ou au moyen d'inventaires frauduleux ;

2° Le président, les administrateurs ou les directeurs généraux d'une société anonyme de publier ou présenter aux actionnaires, même en l'absence de toute distribution de dividendes, des comptes annuels ne donnant pas, pour chaque exercice, une image fidèle du résultat des opérations de l'exercice, de la situation financière et du patrimoine, à l'expiration de cette période, en vue de dissimuler la véritable situation de la société ;

3° Le président, les administrateurs ou les directeurs généraux d'une société anonyme de faire, de mauvaise foi, des biens ou du crédit de la société, un usage qu'ils savent contraire à l'intérêt de celle-ci, à des fins personnelles ou pour favoriser une autre société ou entreprise dans laquelle ils sont intéressés directement ou indirectement ;

4° Le président, les administrateurs ou les directeurs généraux d'une société anonyme de faire, de mauvaise foi, des pouvoirs qu'ils possèdent ou des voix dont ils disposent, en cette qualité, un usage qu'ils savent contraire aux intérêts de la société, à des fins personnelles ou pour favoriser une autre société ou entreprise dans laquelle ils sont intéressés directement ou indirectement.

Outre les peines complémentaires prévues à l'article L. 249-1, le tribunal peut également prononcer à titre de peine complémentaire, dans les cas prévus au présent article, l'interdiction des droits civiques, civils et de famille prévue à l'article 131-26 du Code pénal.

L'infraction définie au 3° est punie de sept ans d'emprisonnement et de 500 000 € d'amende lorsqu'elle a été réalisée ou facilitée au moyen soit de comptes ouverts ou de contrats souscrits auprès d'organismes établis à l'étranger, soit de l'interposition de personnes physiques ou morales ou de tout organisme, fiducie ou institution comparable établis à l'étranger.

Voir : Rappr. C. com., art. L. 241-3, p. 570.

• Sommaire

I – DIRIGEANTS 574

II – RÉPARTITION DE DIVIDENDES FICTIFS 575

III – PUBLICATION OU PRÉSENTATION DE COMPTES SOCIAUX NE DONNANT PAS UNE IMAGE FIDÈLE 575

A – Publication ou présentation aux associés 575

B – Comptes sociaux ne donnant pas une image fidèle 576

1° Élément matériel 576

2° Élément intentionnel 576

C – Mise en œuvre de l'action 577

1° Personnes punissables 577

2° Titulaires de l'action civile 577

3° Délai d'exercice de l'action 578

IV – ABUS DES BIENS, DU CRÉDIT, DES POUVOIRS ET DES VOIX 578

A – Domaine de l'incrimination 579

B – Actes constitutifs de l'usage abusif 579

1° Abus de biens sociaux 579

2° Abus de crédit 583

3° Abus de pouvoirs 583

C – Contrariété à l'intérêt social 584

1° Appréciation de la contrariété à l'intérêt social 584

2° Éléments inopérants 585

3° Groupe de sociétés 585

D – Mauvaise foi (élément moral) 586

E – Fins personnelles 586

F – Infractions et sanctions connexes 587

G – Exercice de l'action civile 588

1° Généralités 588

2° Personnes recevables à agir 589

3° Personnes non recevables à agir 589

H – Prescription 590

1° Règles générales 590

2° Révélations insuffisantes à faire courir la prescription 591

3° Hypothèses de dissimulation 592

4° Règles particulières à certaines conventions 592

I – Sanctions 593

J – Action civile 593

I – DIRIGEANTS

1) **Dirigeants de fait.** *a)* Sur l'application des règles définies pour les dirigeants de droit aux dirigeants de fait, V. C. com., art. L. 246-2, p. 598.

b) Le seul fait de ne pas disposer des moyens de paiement de la société est insuffisant à exclure la qualification de dirigeant de fait : ■ Cass. crim., 31 mai 2012, n° 11-86.234 : *Rev. sociétés* 2013, p. 47, note H. Matsopoulou.

c) Les articles 242-6, 3° et L. 246-2 ne subordonnent pas l'appréciation de la fraude à l'occasion de l'accomplissement de l'acte abusif à la réalité ou à l'absence de contrôle des actes du gérant de fait par les organes sociaux, le gérant de droit ou le commissaire aux comptes : ▪ Cass. crim., 16 mai 2018, n° 17-82.503 : *Dr. sociétés* 2018, n° 133, obs. R. Salomon.

2) Dirigeants de droit. Le dirigeant de droit d'une société ne saurait s'exonérer de sa responsabilité pénale par le seul fait qu'il n'exerce pas réellement ses fonctions : ▪ Cass. crim., 31 mai 2012, n° 11-86.234 : *Rev. sociétés* 2013, p. 47, note H. Matsopoulou.

3) Dirigeants décédés. La culpabilité d'un dirigeant déclarée après sa mort n'est conforme ni au principe du procès équitable ni à celui de la présomption d'innocence, les héritiers du défunt étant en droit d'en invoquer la violation : ▪ CEDH, 5e sect., 12 avr. 2012, n° 18851/07 : *Rev. sociétés* 2012, p. 517, note H. Matsopoulou.

II – RÉPARTITION DE DIVIDENDES FICTIFS

Bibliographie : M. Delmas-Marty, *Les délits financiers commis dans le cadre des sociétés commerciales : D.* 1978, chron. p. 87. – L. Mermillod, *Les délits d'ordre comptable : le droit pénal spécial des sociétés anonymes*, Dalloz, 1955, p. 311. – *Adde* W. Jeandidier, *JCl. Sociétés traité*, Fasc. 147-60.

4) Inventaire frauduleux. L'inventaire est frauduleux lorsqu'il a été élaboré à partir d'artifices comptables et qu'il présente à l'actif des constructions simplement en espérance ou des travaux dont les montants ne correspondent à rien de certain ni d'encaissable : ▪ CA Douai, 18 avr. 1929 : *Rev. sociétés* 1929, p. 421. – Il en va de même lorsqu'aucun amortissement n'a été effectué : ▪ Cass. crim., 6 oct. 1980 : *D.* 1981, inf. rap. p. 68.

5) Préservation du capital. Le fait que le capital n'ait pas été entamé par la répartition reprochée ne désarme pas la répression, dès lors que l'assemblée générale n'a pas expressément autorisé un prélèvement sur les réserves : ▪ Cass. crim., 22 janv. 1937 : *D.* 1937, 1, p. 71. ▪ Cass. crim., 4 mai 1954 : *JCP* 1954, II, 8239, note D. B.

6) Consommation du délit. La mise à la disposition des actionnaires du dividende fictif, par une décision leur conférant un droit privatif sur ce dividende, consomme le délit : ▪ Cass. crim., 28 mars 1936 : *DH* 1936, p. 27.

III – PUBLICATION OU PRÉSENTATION DE COMPTES SOCIAUX NE DONNANT PAS UNE IMAGE FIDÈLE

Bibliographie : J. Larguier, *Mauvaise foi et faux bilan : Mél. J. Hamel*, Dalloz, 1961, p. 291. – F. Marty, *La responsabilité pour publication de faux bilans semestriels peut-elle être retenue contre les commissaires aux comptes ? : BJS* 1997, p. 195. – J.-L. Medus, *Conventions de portage et information comptable et financière : Rev. sociétés* 1993, p. 509. – F. Pasqualini, *Le principe de l'image fidèle en droit comptable*, Litec, 1992. – M. Pitron et J.-P. Pham-Ba, *L'image fidèle de l'entreprise : JCP* E 2003, 105. – A. Robert, *Informations comptables et financières : quelles responsabilités ? : BJS* 2009, p. 1028. – N. Stolowy, *Interprétation stricte des lois pénales et image fidèle : JCP* 1999, I, 157. – A. Viandier et Chr. de Lauzainghein, *Droit comptable*, Dalloz, 2e éd. 1993. – *Adde* W. Jeandidier, *JCl. Sociétés traité*, Fasc. 147-40.

7) Principes. L'établissement du délit suppose de caractériser de la part du prévenu des actes positifs de présentation des comptes aux associés, ainsi que sa connaissance de l'inexactitude des comptes et la volonté qu'il aurait eue, en les présentant, de dissimuler la situation financière et patrimoniale exacte de la société : ▪ Cass. crim., 27 juin 2018, n° 17-82.048 : *Dr. sociétés* 2018, n° 176, obs. R. Salomon.

A – Publication ou présentation aux associés

8) Publication. Par publication, il faut entendre tout procédé ayant pour but et pour effet de faire connaître le bilan aux tiers : ▪ CA Paris, 12 juill. 1969 : *Gaz. Pal.* 1969, 2, p. 270 *[bilan reproduit au dos d'un bon de caisse]*.

9) Présentation. *a)* **Notion de présentation.** La présentation suppose la communication des comptes litigieux en assemblées générales : ▪ CA Paris, 23 mars 1995 : *Dr. sociétés* 1995, n° 149, obs. D. Vidal.

b) **Délits distincts.** La communication par le gérant de bilans erronés à l'occasion de la cession des parts d'une SARL, qui s'analyse en une information donnée à des tiers, ne constitue pas le délit de présentation aux associés de comptes infidèles, mais peut constituer le **délit d'usage de faux** *[C. pén., art. 441-1]* : ▪ Cass. crim., 30 juin 2004 : *Dr. sociétés* janv. 2005, n° 19, obs. R. Salomon.

– Le fait pour un président de conseil d'administration de présenter des bilans inexacts pour accréditer auprès d'un tiers la santé de sa société est constitutif d'une **escroquerie**, ▪ Cass. crim., 16 mars 1970 : *Bull. crim.* 1970, n° 107.

10) Caractère distinct du délit de publication et du délit de présentation. Sans en faire application à l'espèce qui lui était soumise, la Cour de cassation estime que si, après avoir présenté des comptes infidèles, des dirigeants sociaux en réalisent une publication, un nouveau délit est constitué par cet acte et il se prescrira indépendamment du premier : ▪ Cass. crim.,

31 oct. 2000 : *JurisData* n° 2000-007197 ; *JCP* E 2001, p. 807, note J.-H. Robert.

B – Comptes sociaux ne donnant pas une image fidèle

1° Élément matériel

11) Provisions. *a)* **Non-comptabilisation de provisions.** Constitue l'élément matériel du délit :

– l'absence de comptabilisation de provision pour dépréciation des stocks : ▪ CA Angers, 19 mars 1992 : *JurisData* n° 1992-043711, et ▪ Cass. crim., 9 nov. 1992 : *BJS* 1993, p. 432, note J.-F. Barbièri ;

– l'absence de comptabilisation de provision pour risque de dépréciation des titres : ▪ CA Paris, 13 déc. 2000 : *JurisData* n° 2000-135880 ;

– l'absence de constitution d'une provision en rapport avec le montant d'un redressement notifié par l'URSSAF, quand bien même ce redressement avait été contesté : ▪ Cass. crim., 25 févr. 2009, n° 08-85.596 : *BJS* 2009, p. 1010, note J.-F. Barbièri ;

– l'absence de comptabilisation de provision pour créances douteuses : ▪ Cass. crim., 10 mars 2004 : *JurisData* n° 2004-023351.

b) **Provisions insuffisantes.** Constitue l'élément matériel du délit l'insuffisance des provisions pour dépréciation, malgré les avertissements du commissaire aux comptes : ▪ TGI Paris, 17 déc. 1997 : *BJS* 1998, p. 485, note N. Rontchevsky. – *Adde* ▪ CA Angers, 19 mars 1992 : *JurisData* n° 1992-043711. ▪ Cass. crim., 9 nov. 1992 : *BJS* 1993, p. 317, note J.-F. Barbièri. ▪ Cass. crim., 17 mai 2006, n° 05-81.758 : *Dr. pén.* 2006, comm. 14 et *JCP* E 2006, 2509, note J.-H. Robert.

12) Autres charges. *a)* Le gérant de SARL qui, sciemment, présente des comptes annuels ne faisant pas mention des sommes dues au titre de l'occupation des locaux par la société, alors qu'il ne pouvait pas ignorer l'absence de provision pour loyer et alors qu'il avait reçu signification d'un commandement de payer, se rend coupable du délit de présentation de comptes infidèles : ▪ CA Paris, 21 févr. 2002 : *JurisData* n° 2002-181303.

b) **Fausse qualification de la charge.** Constitue l'élément matériel du délit la comptabilisation dans les frais de premier établissement d'importantes dépenses de publicité constituant de véritables charges : ▪ Cass. crim., 26 juin 1978 : *Bull. crim.* 1978, n° 212.

13) Inexactitude de l'actif. *a)* **Minoration de la valeur des stocks.** Constitue l'élément matériel du délit le fait de minorer la valeur des stocks : ▪ Cass. crim., 8 avr. 1991 : *Rev. sociétés* 1991, p. 776.

b) **Surévaluation de l'actif.** Constitue l'élément matériel du délit la surévaluation du poste créances de clients qui a pour effet de gonfler artificiellement l'actif et entraîne corrélativement l'augmentation des sommes dues au titre de l'impôt sur les sociétés : ▪ CA Aix-en-Provence, 6 sept. 2001 : *JurisData* n° 2001-156582.

14) Inexactitude du résultat. *a)* **Minoration des recettes.** Constitue l'élément matériel du délit le fait de minorer systématiquement les recettes : ▪ CA Paris, 29 avr. 1981 : *JurisData* n° 1981-022669.

b) **Manipulations informatiques.** Constitue l'élément matériel du délit les manipulations informatiques pour modifier de manière significative le résultat de l'exercice : ▪ Cass. crim., 26 mars 1990 : *Rev. sociétés* 1990, p. 631, note B. Bouloc.

c) **Travaux en cours.** Constitue l'élément matériel du délit le fait de mentionner des encours dans le résultat alors que la plupart des travaux concernaient des contrats non encore signés : ▪ Cass. crim., 10 sept. 2014, n° 13-85.428 : *Dr. sociétés* 2014, n° 176, obs. R. Salomon.

15) Manipulations comptables. *a)* **Changement de méthodes comptables.** Constitue l'élément matériel du délit le fait de changer de méthodes comptables, sans s'en expliquer dans le rapport de gestion, de manière à faire apparaître un bénéfice même symbolique, alors que les bilans dégageaient en réalité une perte de plusieurs millions de francs : ▪ CA Paris, 5 avr. 1995 : *Dr. sociétés* 1995, n° 141, obs. D. Vidal.

b) **Dissimulations comptables.** Constituent des manipulations comptables le fait de dissimuler des prélèvements injustifiés des associés en les enregistrant comme des créances de la société sur des tiers, ces écritures inexactes ayant affecté la fidélité et la sincérité des bilans : ▪ Cass. crim., 1er juill. 2009, n° 08-88.308 : *Dr. sociétés* 2009, n° 234, obs. R. Salomon ; *Rev. sociétés* 2009, p. 859, note B. Bouloc.

2° Élément intentionnel

16) Preuve de l'élément intentionnel. L'article 437 de la loi du 24 juillet 1966 *[C. com., art. L. 242-6]* n'institue pas une présomption de mauvaise foi et l'intention coupable doit être établie dans chaque cas : ▪ Cass. crim., 2 mars 1983 : *D.* 1983, inf. rap. p. 492. – Sur la possibilité que l'élément intentionnel puisse être déduit de la matérialité des faits constatés : ▪ Cass. crim., 1er déc. 2010, n° 09-86.125 : *Dr. sociétés* 2011, n° 79, obs. R. Salomon.

17) Indifférence des mobiles. Le mobile ayant animé les dirigeants sociaux est indifférent et il importe peu qu'ils aient uniquement agi dans un but de fraude fiscale : ▪ Cass. crim., 18 déc. 1956 : *Journ. soc.* 1957, p. 350. ▪ Cass. crim., 27 nov. 1978 : *Bull. crim.* 1978, n° 331. – Peu importe que les dirigeants aient agi pour tromper leurs coassociés et non des tiers : ▪ CA Paris, 14 déc. 1990 : *JurisData* n° 1990-025958.

18) Fausse affirmation au commissaire aux comptes. S'agissant du défaut de constitution d'une provision pour un redressement par l'URSSAF que le dirigeant contestait, caractérise l'élément intentionnel l'affirmation au commissaire aux comptes, peu de jours avant l'assemblée générale, qu'il n'avait connaissance d'aucune réclamation pouvant entraîner des indemnités importantes à la charge de la société et l'absence de litige ou contentieux significatif en cours : ▪ Cass. crim., 25 févr. 2009, n° 08-85.596 : *BJS* 2009, p. 1010, note J.-F. Barbièri.

19) Cas de l'administrateur. Ne peut être déclaré complice de l'infraction l'administrateur qui a participé à des décisions relatives à l'impact des provisions, sans que pour autant ressorte une décision finale d'adopter des provisions insuffisantes, qui n'avait pas accès à l'intégralité des dossiers utiles et n'apparaissait pas avoir eu conscience de sortir des marges d'appréciation tolérables pour la présentation de comptes sincères : ▪ Cass. crim., 23 mars 2011, n° 10-81.517.

C – Mise en œuvre de l'action

1° Personnes punissables

20) Auteur principal. *a)* L'absence d'un **administrateur** lors de la réunion du conseil, ayant arrêté les comptes, voire de celle de l'assemblée les ayant approuvés n'interdit pas de poursuivre : ▪ Cass. crim., 20 juill. 1977 : *Bull. crim.* 1977, n° 267.

b) Le lien de subordination dans lequel est placé le **directeur administratif** d'une société ne saurait avoir pour effet de le soustraire à l'application des sanctions pénales : ▪ Cass. crim., 14 janv. 1980 : *Bull. crim.* 1980, n° 21.

c) Cassation de l'arrêt ayant relaxé **l'administrateur représentant l'État** au sein du conseil d'administration d'un établissement de crédit sans rechercher si ce dernier, tenu à une obligation d'information, n'avait pas effectivement voté, lors du conseil d'administration, l'arrêté des comptes dans lesquels a été constatée une insuffisance des provisions pour risques et dépréciations : ▪ Cass. crim., 17 mai 2006, n° 05-81.758 : *Dr. pén.* 2006, comm. 14 et *JCP* E 2006, 2509, note J.-H. Robert.

21) Complice. *a)* Est complice du délit de présentation de comptes sociaux ne donnant pas une image fidèle l'**expert-comptable** qui, intervenant en tant que professionnel de la comptabilité, omet de faire mentionner dans les comptes annuels une provision pour dépréciation des stocks et y fait figurer une augmentation de capital n'ayant pas été certifiée par le commissaire aux comptes : ▪ Cass. crim., 9 nov. 1992 : *BJS* 1993, p. 432, note J.-F. Barbièri.

b) Est également complice le **commissaire aux comptes** qui, bien qu'ayant relevé des anomalies dans les comptes, propose à l'assemblée générale leur approbation afin de ne pas nuire à la bonne marche de l'entreprise : ▪ Cass. crim., 3 janv. 1983 : *Bull. crim.* 1983, n° 2.

c) Rejet de la complicité du directeur du Trésor dont il n'a pas été établi qu'il ait participé personnellement à l'arrêté des comptes : ▪ Cass. crim., 17 mai 2006, n° 05-81.758, préc., C. com., art. L. 242-6, annot. n° 19, p. 577.

2° Titulaires de l'action civile

22) Personnes recevables à agir. *a)* **L'acquéreur de la majorité des actions est recevable à se constituer partie civile**, peu important que le plaignant soit devenu actionnaire postérieurement à la présentation du bilan critiqué dès lors que celui-ci a servi de base à l'évaluation des actions achetées : ▪ Cass. crim., 5 nov. 1991 : *BJS* 1992, p. 163, note J.-F. Barbièri ; *RJDA* 1992, p. 114. – V. égal., déclarant recevable la constitution de partie civile de celui qui a acquis les titres postérieurement à la présentation des comptes infidèles, lequel est dans le même temps déclaré irrecevable à se constituer partie civile du chef d'abus de biens sociaux : ▪ Cass. crim., 16 avr. 2008, n° 07-84.713 (FD) : *Dr. sociétés* 2008, n° 135, obs. R. Salomon ; *BJS* 2009, p. 175, note D. Chilstein.

b) Est recevable la constitution de partie civile d'un **associé** ou d'un porteur de titres d'une société agissant à titre individuel dès lors que le délit de présentation ou publication de comptes infidèles peut lui causer un préjudice personnel direct et qu'il a acheté ses titres avant la publication des comptes sociaux : ▪ Cass. crim., 30 janv. 2002 : *JCP* E 2002, n° 1082, p. 1201, note J. Cellier et n° 1639, p. 1813, obs. J.-J. Caussain, Fl. Deboissy et G. Wicker ; *BJS* 2002, p. 798, note J.-F. Barbièri ; *Rev. sociétés* 2002, p. 350, note B. Bouloc. – L'actionnaire, qui a accepté un risque financier pour mener à bien un projet industriel qui lui semblait viable, a subi un préjudice qui découle de la sous-évaluation des pertes réelles de la société : ▪ CA Bordeaux, 1er avr. 2003 : *JCP* E 2004, act., p. 1140. – Néanmoins, un actionnaire ne peut obtenir des dommages et intérêts dès lors qu'il est établi que la publication des comptes inexacts n'a été déterminante ni de sa décision de prendre une participation dans la société, ni de l'évaluation des actions : ▪ Cass. crim., 5 mai 2004 : *BJS* 2004, p. 1250, note J.-F. Barbièri. – *Adde*, S. Schiller, *L'indemnisation du préjudice de l'actionnaire en cas de diffusion d'une information erronée* : *Dr. sociétés* août-sept. 2009, n° 12.

c) L'infraction de présentation de comptes annuels infidèles, à la supposer établie, est susceptible d'occasionner un préjudice personnel et direct à **l'établissement bancaire** qui a accordé un concours financier sur la base des comptes présentés, lequel est par conséquent recevable à agir : ▪ Cass. crim., 29 janv. 2019, n° 17-86.974 : *Dr. sociétés* 2019, n° 58, obs. R. Salomon. – Est recevable à agir une banque qui a accordé des concours financiers à une société dont la situation était irrémédiablement compromise, dès lors qu'il est établi que la présentation des comptes infidèles certifiés par le commissaire aux comptes a été déterminante dans la décision d'octroi de ces crédits : ▪ Cass. crim., 13 févr. 1997 : *JurisData* n° 1997-01658 ; *Rev. sociétés* 1997, p. 975, note B. Bouloc. – Même solution dans l'hypothèse où le délit de présentation de comptes inexacts s'est doublé du délit d'escroquerie au préjudice de la banque : ▪ Cass. crim., 14 déc. 2011, n° 10-88.663 : *Dr. sociétés* 2012, n° 54, note R. Salomon.

d) Est recevable à agir le **concédant** qui a maintenu des relations contractuelles au vu de comptes annuels infidèles présentés par son concessionnaire, le délit allégué étant de nature à lui avoir occasionné un préjudice direct et personnel : ▪ Cass. crim., 8 mars 2006, n° 05-81.153.

e) Est recevable à agir le **créancier** de la société lorsque les comptes annuels qui lui ont été présentés ont justifié le maintien des relations contractuelles avec la société : ▪ Cass. crim., 8 mars 2006, n° 05-81.153 : *Dr. sociétés* août-sept. 2006, n° 133, obs. R. Salomon ; *BJS* 2006, p. 1041, note H. Matsopoulou. – V. égal., ▪ Cass. crim., 16 juin 2011, n° 10-81.744 : *Dr. sociétés* 2011, n° 202, note R. Salomon. ▪ Cass. crim., 25 juin 2013, n° 12-86.659 : *Dr. sociétés* 2013, n° 214, obs. R. Salomon.

23) Personnes non recevables à agir. *a)* Est irrecevable la constitution de partie civile d'une **fédération de syndicats** au motif que le préjudice qui serait porté à l'intérêt collectif de la profession n'est pas distinct du préjudice qu'auraient pu subir les salariés de la société : ▪ Cass. crim., 29 nov. 2000 : *BJS* 2001, p. 407, note J.-D. Belot et E. Dezeuze ; *Rev. sociétés* 2001, p. 380, note B. Bouloc.

b) Pour la constitution de partie civile d'un **comité d'entreprise**, V. ▪ CA Paris, 29 mai 1986 : *Dr. sociétés* oct. 1986, p. 7.

3° *Délai d'exercice de l'action*

24) Point de départ du délai. Le délit de présentation de comptes annuels ne donnant pas une image fidèle se prescrit à compter de leur publication et non à compter de la découverte de la pratique frauduleuse : ▪ Cass. crim., 9 juill. 1996 : *JurisData* n° 1996-003580 ; *Bull. CNCC* 1996, 713, note Ph. Merle, *[décision rendue à propos d'une SARL]*. – Le délai de trois ans de la prescription commence à courir du jour de la publication ou de la présentation des comptes sociaux ne donnant pas une image fidèle et non à compter du moment où une victime normalement diligente aurait eu la possibilité de découvrir l'infraction : ▪ Cass. crim., 20 févr. 1997 : *Rev. sociétés* 1997, p. 572, note B. Bouloc.

IV – ABUS DES BIENS, DU CRÉDIT, DES POUVOIRS ET DES VOIX

Bibliographie : B. Bouloc, *Droit pénal et groupes d'entreprises : Rev. sociétés* 1988, p. 181. – M.-E. Boursier, *Le fait justificatif de groupe dans l'abus de biens sociaux : entre efficacité et clandestinité : Rev. sociétés* 2005, p. 273. – J.-P. Brouillaud, *Faut-il supprimer la notion d'intérêt personnel dans la définition de l'abus de biens sociaux ? : D.* 2008, p. 375. – J. Clara, *De l'abus de biens et de crédit en groupe de sociétés : JCP* E 1993, I, 247. – A. Dekeuwer, *Défense et illustration de l'incrimination d'abus de biens sociaux dans un système de corruption : JCP* E 1998, p. 310. – M. Dobkine, *Réflexions itératives à propos de l'abus de biens sociaux : D.* 1997, chron. p. 323. – Cl. Ducouloux-Favard, *Les déviances de la gestion dans nos grandes entreprises : D.* 1996, chron. p. 190 ; *Fausses factures et corruption : D.* 1996, chron. p. 352. – Ch. Freyria, *Imprescriptibilité du délit en droit pénal des affaires ? : JCP* E 1996, 563. – Ch. Freyria et J. Clara, *De l'abus de biens et de crédit en groupe de sociétés : JCP* E 1993, I, 247. – L. Godon, *Abus de confiance et abus de biens sociaux : Rev. sociétés* 1997, p. 285. – E. Joly et C. Joly-Baumgartner, *L'abus de biens sociaux à l'épreuve de la pratique*, Économica, 2002. – J. Larguier, *Le point de départ de la prescription en matière d'abus de biens sociaux : Mél. Secretan*, p. 159. – J. Leauté, *La reconnaissance de la notion de groupe en droit pénal des affaires : JCP* 1973, I, 2551. – H. Mattsopoulou, *Le retour en grâce de l'intérêt personnel dans l'abus de biens sociaux : D.* 2005, p. 2075. – Y. Mayaud, *Appel à la raison, ou pour une approche cohérente de la prescription de l'abus de biens sociaux : D.* 2004, p. 194. – A. Medina, *L'abus de biens sociaux : délit inutile ? : D. affaires* 2000, n° 16, p. III. – D. Poracchia, *Abus de biens sociaux et transfert des sportifs : D.* 2006, p. 304. – D. Rebut, *L'abus de biens sociaux par abstention : D.* 2005, p. 1290. – J.-F. Renucci, *Infractions d'affaires et prescription de l'action publique : D.* 1997, chron. p. 23. – X. de Roux et K. Bougartchev, *L'abus de biens : derniers excès : BJS* 1995, p. 1025. – M. Trochu, M. Jeantin et D. Lange, *De quelques applications particulières du droit pénal des sociétés au phénomène économique des groupes de sociétés : D.* 1975, chron. p. 8. – J.-M. Verdier, *L'abus de mandat social : abus des biens et du crédit de la société ; abus de pouvoir. Le droit pénal spécial des sociétés anonymes*, Dalloz, 1955, p. 181. – A. Viandier, *Les opérations* *financières au sein d'un groupe de sociétés* : *JCP* E 1985, 14447. – *Adde* W. Jeandidier, *JCl. Sociétés traité*, Fasc. 132-20.

A – Domaine de l'incrimination

25) Application aux seules sociétés visées par la loi. L'incrimination d'abus de biens sociaux ne peut être étendue à des sociétés que la loi n'a pas prévues, telle une **société de droit étranger,** et pour lesquelles seule la qualification d'abus de confiance est susceptible d'être retenue : ▪ Cass. crim., 3 juin 2004 : *BJS* 2004, p. 1373, note M. Menjucq ; *JCP* G 2004, 10151, II et *JCP* E 2004, 1600, note M. Raimon ; *D.* 2004, p. 2440 et p. 3213, note D. Caramalli ; *Rev. sociétés* 2004, p. 912, note B. Bouloc. ▪ Cass. crim., 3 nov. 2005, n° 05-80.363 : *JurisData* n° 2005-031495 ; *Dr. sociétés* févr. 2006, n° 30, obs. R. Salomon. – Mais doit être considérée comme une société de nationalité française la société dont le siège statutaire est à l'étranger mais le siège réel en France : ▪ Cass. crim., 31 janv. 2007, n°s 02-85.809 et 05-82.671 : *Dr. sociétés* 2007, n° 83, obs. R. Salomon. – S'agissant d'une société enregistrée en premier lieu à Hong-Kong puis, en second lieu, immatriculée à titre principal au RCS en France, la société est soumise aux lois françaises dès lors que son siège social peut être réputé situé en France, notamment parce que l'essentiel de son activité a tout d'abord été développée en France : ▪ Cass. crim., 10 mars 2010, n° 09-82.453 : *Dr. sociétés* 2010, n° 125 et *JCP* E 2010, 1617, obs. R. Salomon ; *Rev. sociétés* 2011, p. 114, note M. Menjucq.

26) Domaine respectif de l'abus de biens sociaux et d'autres infractions. *a)* **Banqueroute.**

– La qualification d'abus de biens sociaux ne peut être appliquée aux détournements commis, après la date de cessation des paiements, par les dirigeants d'une société soumise à une procédure collective, ces faits étaient constitutifs de banqueroute : ▪ Cass. crim., 30 juin 2004 : *Dr. sociétés* janv. 2005, n° 18, obs. R. Salomon.

– Les détournements d'éléments d'actifs opérés par le gérant d'une SARL et poursuivis sous la qualification d'abus de biens sociaux doivent être requalifiés en banqueroute par détournement d'actifs dès lors que les faits litigieux sont postérieurs à la date de cessation des paiements : ▪ CA Paris, 13 nov. 2000 : *JurisData* n° 2000-132649.

b) **Abus de confiance.** Est constitutif du délit d'abus de confiance le fait pour le dirigeant d'une société ayant une activité de gestion locative de détourner à son profit des loyers perçus par la société pour le compte de ses clients : ▪ Cass. crim., 7 sept. 2005, n° 05-80.163 : *JCP* E 2006, 1122, note J.-H. Robert ; *Dr. sociétés* déc. 2005, n° 228, obs. R. Salomon.

B – Actes constitutifs de l'usage abusif

27) Action ou abstention. Est constitutif d'un abus de pouvoir l'abstention délibérée de réclamer le paiement de livraisons à une société dans laquelle le dirigeant est intéressé : ▪ Cass. crim., 15 mars 1972 : *Bull. crim.* 1972, n° 107. – L'usage des biens ou du crédit de la société contraire à l'intérêt de celle-ci peut résulter non seulement d'une action, mais aussi d'une abstention volontaire, telle le défaut de réintégration d'une somme indûment débitée du compte bancaire de la société [SARL] : ▪ Cass. crim., 28 janv. 2004 : *JCP* E 2005, 736, n° 3, obs. Y. Muller ; *Rev. sociétés* 2004, p. 722, note B. Bouloc.

28) Participation personnelle. Est insuffisante à caractériser la participation personnelle à l'infraction la simple constatation qu'il appartenait au prévenu, directeur général de la société, de contrôler les actes de gestion du président auteur de l'infraction : ▪ Cass. crim., 23 mars 2005, n° 04-84.565 : *JCP* E 2005, 1230, note J.-H. Robert ; *Dr. sociétés* 2006, n° 11, obs. R. Salomon. – Le simple constat que le président avait le devoir de s'opposer aux agissements de son associé, directeur général de la société, est insuffisant à caractériser sa participation personnelle à l'infraction : ▪ Cass. crim., 7 sept. 2005, n° 05-80.163 : *JCP* E 2006, 1122, note J.-H. Robert ; *Dr. sociétés* déc. 2005, n° 228, obs. R. Salomon. ▪ Cass. crim., 9 mars 2016, n° 15-80.547 : *Dr. sociétés* 2016, n° 91, obs. R. Salomon.

29) Preuve. S'agissant de pièces remises aux enquêteurs par un salarié faisant l'objet d'une procédure de licenciement, ces pièces ne peuvent être écartées comme ayant été obtenues frauduleusement, aucune disposition légale ne permettant aux juges répressifs d'écarter des moyens de preuve remis par un particulier aux services d'enquête au motif qu'ils auraient été obtenus de façon illicite ou déloyale : ▪ Cass. crim., 27 janv. 2010, n° 09-83.395 : *Rev. sociétés* 2010, p. 241, note B. Bouloc. – Lors même que la décision de la commission des infractions fiscales a été de ne pas poursuivre les intéressés pour fraude fiscale, le juge pénal, qui n'est pas lié par cette décision, peut trouver dans les actes de l'enquête fiscale les éléments constitutifs de l'infraction distincte d'abus de biens sociaux : ▪ Cass. crim., 1er juin 2016, n° 15-81.187 : *Rev. sociétés* 2017, p. 311, note B. Bouloc.

1° Abus de biens sociaux

30) Rémunérations. *a)* **Rémunérations excessives.** Constitue l'élément matériel de l'abus de biens sociaux :

– le maintien d'une rémunération abusivement élevée en faveur d'un dirigeant social : ▪ Cass.

crim., 6 oct. 1980 : *Rev. sociétés* 1981, p. 133, note B. Bouloc. ▪ Cass. crim., 2 juill. 1998 : *JurisData* n° 1998-003655 ;

– le versement au président d'indemnités et de remboursements de frais correspondant à des prestations fictives, de telle sorte que sa rémunération devenait manifestement excessive au regard de son activité effective : ▪ Cass. crim., 12 déc. 1994 : *BJS* 1995, p. 427 ;

– le versement par les dirigeants sociaux au précédent président de rémunérations ne correspondant à aucun travail effectif, au prétexte qu'ils redoutaient que celui-ci ne nuise à leur action : ▪ Cass. crim., 28 mars 1996 : *Rev. sociétés* 1997, p. 141, note B. Bouloc ;

– le versement d'une rémunération élevée lorsque l'expert-comptable avait alerté le conseil d'administration sur le caractère excessif de la rémunération face à la précarité des capitaux propres de la société, la modicité des bénéfices liés aux prélèvements du dirigeant ayant entraîné la société vers la cessation des paiements : ▪ CA Nîmes, 26 janv. 2001 : *JurisData* n° 2001-141719 ;

– l'attribution d'une rémunération excessive, l'émission de factures fictives et le financement, par la société, de contrats d'assurance personnels : ▪ Cass. crim., 22 sept. 2004 : *BJS* 2005, p. 45, note J.-F. Barbièri ; *Rev. sociétés* 2005, p. 200, note B. Bouloc ;

– le renouvellement complet du conseil des rémunérations pour priver cet organe de son indépendance : ▪ CA Versailles, 19 mai 2011, n° 10/01523 : *D.* 2011, p. 1479 ; *Rev. sociétés* 2012, p. 99, note P. Le Cannu ;

– le prélèvement de fonds sociaux à titre de rémunérations au-delà d'un montant fixé par l'assemblée générale des associés : ▪ CA Chambéry, 10 oct. 2013, n° 13/00306 : *Rev. sociétés* 2014, p. 399, note B. Bouloc.

b) **Rémunérations justifiées.** Ne constituent pas un abus de biens sociaux :

– les rémunérations versées au gérant de SARL sous forme de règlement de factures dès lors que ces sommes ne paraissent pas excessives compte tenu de l'âge et de la qualification du dirigeant : ▪ Cass. crim., 23 mars 1992 : *BJS* 1992, p. 933 ;

– les rémunérations versées aux dirigeants sociaux, dès lors que ces sommes ne paraissent pas excessives compte tenu des fonctions exercées par les prévenus au sein de la société, de la taille de celle-ci et de la situation bénéficiaire au cours des exercices précédents : ▪ CA Douai, 19 mars 2002 : *JurisData* n° 2002-172637.

31) Avantages en nature. *a)* **Assurance-vie.** Constitue un abus de biens sociaux le fait, pour le dirigeant, de faire souscrire à son profit par la société une assurance vie, puis de racheter le contrat en se faisant ainsi remettre une importante somme d'argent placée à son nom : ▪ CA Grenoble, 6 oct. 1999 : *JurisData* n° 1999-111065.

b) **Loisirs – Voyages.** Constituent un abus de biens sociaux :

– le paiement par la société des frais de voyage personnels du président : ▪ Cass. crim., 6 nov. 1979 : *D.* 1980, inf. rap. p. 144. ▪ T. com. Lyon, 5 oct. 1992 : *JCP* E 1993, I, 215, n° 8, obs. A. Viandier et J.-J. Caussain ;

– le fait de profiter d'un voyage d'affaires pour s'offrir une « extension » touristique : ▪ T. com. Lyon, 5 oct. 1992 : *JurisData* n° 1992-043584 ; *JCP* E 1993, I, 215, n° 8, obs. A. Viandier et J.-J. Caussain ;

– le fait, pour un gérant de SARL, de faire supporter par la société la location d'un appartement dans une station de sports d'hiver ainsi que le paiement de billets d'avion pour lui-même et son épouse : ▪ CA Aix-en-Provence, 13 nov. 1997 : *JurisData* n° 2000-055205 ;

– le fait d'offrir à des tiers, en l'espèce des élus, des chasses en Afrique du Sud ou en Pologne, ce qui n'est pas lié à la promotion de l'image de la société et expose cette dernière à un risque important de sanctions pénales compte tenu de la corrélation entre les séjours de chasse et le choix de la société pour la réalisation de chantiers : ▪ CA Chambéry, 10 mai 2000 : *JurisData* n° 2000-118619.

c) **Véhicules.** Constituent un abus de biens sociaux :

– l'acquisition en crédit-bail d'une automobile dont les échéances sont payées par la société que dirige l'acquéreur : ▪ CA Aix-en-Provence, 7 déc. 1988 : *JurisData* n° 1988-051321 ;

– le fait pour un gérant de SARL de faire acheter sur le compte de la société un véhicule de luxe destiné à son usage personnel, tout en ayant conscience du caractère excessif de la dépense : ▪ Cass. crim., 15 mai 1997 : *JurisData* n° 1997-003226 ;

– le fait pour des dirigeants de faire acheter par la société plusieurs automobiles neuves destinées à leur usage personnel et de faire supporter par celle-ci l'achat de vins et spiritueux livrés à leur domicile ainsi que l'aménagement d'un appartement personnel : ▪ Cass. crim., 2 juill. 1998 : *JurisData* n° 1998-003655 ;

– l'usage exclusif d'un véhicule acheté et totalement entretenu par la société, tout en percevant des frais de déplacement : ▪ CA Toulouse, 11 mars 1999 : *JurisData* n° 1999-040205 ;

– le fait de financer sur les fonds sociaux des voyages et un véhicule au profit d'un tiers et de la famille du président : ▪ CA Grenoble, 6 juill. 2000 : *JurisData* n° 2000-126333.

d) **Logement.** Constitue un abus de biens sociaux le fait de faire supporter à la société l'aménagement d'un appartement personnel du dirigeant : ▪ Cass. crim., 2 juill. 1998 : *JurisData* n° 1998-003655, préc.

32) Usage des biens sociaux. Le caractère abusif de l'usage des biens sociaux (œuvres d'art) par le dirigeant ne peut être écarté au seul motif que ces biens n'ont pas été soustraits au patrimoine social car il convient de vérifier si cette utilisation du patrimoine social n'est pas contraire à l'intérêt social : ▪ Cass. crim., 27 juin 2018, n° 17-84.160 : *Dr. sociétés* 2018, n° 156, obs. R. Salomon.

33) Dépenses personnelles. *a)* Amendes. Constitue un abus de biens sociaux le règlement par la société des amendes personnelles du dirigeant : ▪ Cass. crim., 3 févr. 1992 : *BJS* 1992, p. 745 ; *RJDA* 1992, p. 582 ; *Rev. sociétés* 1992, p. 535, note B. Bouloc. ▪ CA Grenoble, 25 févr. 1998 : *JurisData* n° 1998-041141.

b) **Frais de détective.** Constitue un abus de biens sociaux le fait, pour le dirigeant d'une EURL, d'engager un détective pour surveiller son épouse, dont il ne supportait pas d'être séparé, et de régler la prestation au moyen d'un compte bancaire ouvert au nom de la société : ▪ Cass. crim., 20 févr. 2002, préc., sous C. com., art. L. 241-3, annot. n° 1, p. 571.

c) **Donation rémunératoire.** Est contraire à l'intérêt social la donation faite sans contrepartie à une association chargée d'effectuer des recherches historiques sur le nom de famille du dirigeant : ▪ Cass. crim., 5 mars 2014, n° 13-80.350 : *Rev. sociétés* 2014, p. 588, note B. Bouloc.

d) **Frais de mariage.** ▪ Cass. com., 19 mai 2016, n° 15-83.047 : *Dr. sociétés* 2016, n° 135, obs. R. Salomon ; *Rev. sociétés* 2017, p. 169, note B. Bouloc.

34) Détournement de recettes sociales. Constituent un abus de biens sociaux :

– l'encaissement des recettes sociales, à titre personnel, par le dirigeant : ▪ CA Paris, 8 juill. 1981 : *JurisData* n° 19811-024320 ;

– le fait pour un gérant de SARL de faire virer sur son compte bancaire personnel des commissions dues à la société et des sommes représentatives du capital social moins de deux mois après l'immatriculation de la société : ▪ Cass. crim., 3 oct. 1996 : *JurisData* n° 1996-004370 ;

– le fait pour un gérant de SARL d'endosser à son profit des traites émises à l'ordre de la société : ▪ Cass. crim., 9 juill. 1998 : *JurisData* n° 1998-003639 ; *BJS* 1998, p. 1257, note J.-F. Barbièri ;

– le fait pour un dirigeant d'encaisser à titre personnel des sommes dont la société était créancière, même s'il a été procédé tardivement à l'imputation des sommes litigieuses au débit du compte courant du prévenu : ▪ CA Paris, 20 janv. 1999 : *JurisData* n° 1999-020171 ;

– le fait, pour un président, de faire verser par les sociétés dont il est dirigeant, au profit d'une autre société non incluse dans le périmètre de consolidation et dont il est, avec son fils, le seul propriétaire, des redevances lui permettant de dégager un bénéfice substantiel : ▪ CA Versailles, 30 juin 2005 : *BJS* 2006, p. 54, note J.-F. Barbièri ; *D.* 2005, p. 1942, obs. A. Lienhard ; *Dr. sociétés* nov. 2005, n° 202, obs. R. Salomon ; *JCP E* 2005, 1130 ; rejetant le pourvoi : ▪ Cass. crim., 25 oct. 2006, n° 05-85.998 : *BJS* 2007, p. 243, note J.-F. Barbièri ; *Dr. sociétés* 2007, n° 16, obs. R. Salomon.

35) Détournement d'actifs sociaux.

a) **Constituent un abus de biens sociaux :**

– la reprise des camions et du matériel d'une société, à l'initiative de son gérant de fait, par une autre société dont l'intéressé est également gérant de droit : ▪ Cass. crim., 28 nov. 1996 : *JurisData* n° 1996-005291 ;

– le détournement, opéré sous couvert d'une déclaration de vol fictif, de biens de la société par l'un de ses dirigeants, au profit d'une autre entreprise dirigée par la même personne : ▪ Cass. crim., 29 sept. 1999 : *JurisData* n° 1999-004572 ;

– le rachat par le gérant, agissant au-delà de ses pouvoirs, de titres de participation sans l'accord des autres associés et en fixant lui-même le prix unilatéralement : ▪ Cass. crim., 20 mai 2015, n° 13-87.388 : *Rev. sociétés* 2015, p. 536, note B. Bouloc ;

– le fait pour les dirigeants non titulaires d'un contrat de travail de bénéficier de la réserve de participation à laquelle seuls les salariés ont droit : ▪ Cass. crim., 18 juill. 2017, n° 16-83.911 : *Dr. sociétés* 2018, n° 197, obs. R. Salomon.

b) **Ne constituent pas un abus de biens sociaux** l'utilisation occasionnelle et bénévole du personnel ainsi que l'usage d'un ordinateur une fois par semaine dans un temps limité, ce qui ne peut entraîner pour la société que des frais tout à fait minimes : ▪ CA Paris, 26 nov. 1998 : *JurisData* n° 1998-024004.

36) Contrats de vente conclus avec la société.

a) **Constituent un abus de biens sociaux :**

– la vente par le gérant, en réalisant une importante plus-value, d'un immeuble dont il était propriétaire à titre personnel à la société qu'il gère, alors que la plus-value n'est justifiée par aucune amélioration et que la construction est destinée à la destruction aux frais de la société : ▪ CA Paris, 7 mai 1999 : *JurisData* n° 1999-023848 ;

– la vente à la société d'un véhicule personnel du dirigeant pour un prix supérieur à sa valeur marchande : ▪ CA Paris, 25 mars 1981 : *JurisData* n° 1981-020960 ;

– le fait d'imposer à la société dirigée des ventes à perte au profit d'une tierce société dans laquelle le dirigeant est intéressé : ■ Cass. crim., 23 janv. 1984 : *BJS* 1984, p. 299 ;

– le paiement de loyers indus, indissociables du rachat à vil prix de l'immeuble litigieux qualifié d'abus de biens sociaux : ■ Cass. crim., 31 mai 2017, n° 16-82.135 : *Dr. sociétés* 2017, n° 34, obs. R. Salomon.

b) **Ne constitue pas** un abus de biens sociaux la vente, en l'absence de facture, de biens appartenant à la société à une société tierce par un dirigeant qui conserve la somme produite par cette transaction, dès lors qu'il n'est pas établi que ce dirigeant ait eu un intérêt dans la société acheteuse : ■ CA Rouen, 17 janv. 2000 : *JurisData* n° 2000-114891.

37) Charges fictives. *a)* Salaires fictifs. Constituent un abus de biens sociaux :

– le versement de salaires fictifs à des faux salariés tout en opérant d'importants prélèvements d'espèces non justifiés sur un compte courant d'associé et en faisant supporter des dépenses strictement personnelles par des fonds sociaux : ■ CA Paris, 12 janv. 1999 : *JurisData* n° 1999-020460. – Dans le même sens, ■ Cass. crim., 14 déc. 2000, n° 00-81.168 : *BJS* 2001, p. 488, note P. Le Cannu ;

– le fait, pour le président, de faire prendre en charge par la société les salaires d'une personne qui ne correspondaient à aucun travail effectif, mais qui constituaient la **rémunération occulte** du mari de cette personne qui exerçait son activité dans trois autres sociétés dirigées par le même président : ■ Cass. crim., 13 déc. 2000 : *BJS* 2001, p. 387, note J.-F. Barbièri ;

– la prise en charge, par des entreprises de droit privé, de la rémunération de personnes travaillant en réalité dans un parti politique : ■ Cass. crim., 21 sept. 2005, n° 04-87.682 : *JurisData* n° 2005-030017 ; *RJDA* déc. 2005, n° 1358.

b) **Prestations de services fictives.** Constituent un abus de biens sociaux :

– le fait, pour le président, de rémunérer fictivement une tierce personne par le moyen de conventions d'études de complaisance : ■ CA Aix-en-Provence, 1er oct. 1998 : *JurisData* n° 1998-045558 ;

– le paiement de factures n'ayant aucun rapport avec l'activité sociale, sans contrepartie pour la société, ce paiement procédant en réalité de la seule volonté pour le président d'obtenir de leur bénéficiaire des appuis ou des relations vraies ou supposées auprès des membres du gouvernement : ■ CA Paris, 19 mai 1998 : *JurisData* n° 1998-021406 ;

– le fait, pour les dirigeants d'un club de football devenu une société anonyme à objet sportif, d'utiliser les biens de cette société pour organiser la mise en place de procédés délictueux caractérisés par le paiement de prestations fictives lors du transfert de joueurs et la rémunération d'intermédiaires chargés de missions secrètes et contraires à l'éthique sportive, telles que l'achat de matchs et la corruption d'arbitres : ■ CA Aix-en-Provence, 4 juin 1998 : *JurisData* n° 1998-041412 ;

– le fait, pour le dirigeant, d'ordonner le paiement par la société de factures correspondant à des prestations fictives, tout en percevant de la part du facturier une partie de ces fonds en espèces destinée à un usage personnel : ■ CA Paris, 15 sept. 1999 : *JurisData* n° 1999-024868 ;

– le fait de verser à une société du même groupe une somme conséquente, sans contrepartie, dans la mesure où il n'était pas démontré qu'elle corresponde effectivement à la rémunération d'études réalisées pour le compte de la société dirigée par le prévenu : ■ Cass. crim., 21 nov. 2001 : *JurisData* n° 2001-012245 ;

– le fait de surfacturer des livraisons de biens ainsi que de payer des fausses factures à des sociétés dont les prévenus sont cogérants de fait : ■ CA Douai, 22 sept. 2005 : *BJS* 2006, p. 368 ;

– le fait, pour un dirigeant de fait, de rémunérer une autre société dont il est le dirigeant pour des prestations fictives de formation du personnel : ■ Cass. crim., 19 mai 2016, n° 14-88.387 : *Rev. sociétés* 2016, p. 685, note B. Bouloc.

38) Prélèvement dans les fonds sociaux. *a)* **Constituent un abus de biens sociaux :**

– le fait pour un gérant de SARL de prélever des fonds sociaux correspondant au capital social des sociétés, en toute connaissance de cause : ■ Cass. com., 18 juin 1998 : *JurisData* n° 1998-003434 ;

– le fait de transférer des fonds sociaux à une autre société dirigée par le prévenu en contrepartie de l'éventualité d'un avantage qui n'a jamais été obtenu : ■ Cass. crim., 24 févr. 1999 : *JurisData* n° 1999-001694 ;

– le fait pour un gérant de SARL de retirer du compte bancaire de sa société une partie des fonds remis à cette dernière par une banque en exécution d'un prêt, et de placer ces fonds sur des comptes ouverts à son nom, afin de s'approprier les revenus résultant de ces placements ainsi qu'une partie des fonds eux-mêmes : ■ CA Toulouse, 15 juin 2000 : *JurisData* n° 2000-130835 ;

– le défaut de réintégration d'une somme indûment débitée du compte bancaire de la société : ■ Cass. crim., 28 janv. 2004, préc., C. com., art. L. 242-6, annot. n° 26, p. 579.

b) **Ne constitue pas un abus de biens sociaux,** le fait pour le gérant de se rembourser du montant créditeur de son compte-courant dès lors que ce montant est équivalent à celui de la somme prélevée : ■ Cass. crim., 14 nov. 2013, n° 12-83.653 : *Rev. sociétés* 2014, p. 325, note B. Bouloc.

39) Groupes de sociétés. *a)* Rachat de la **société.** Constitue un abus de biens sociaux le fait, pour le président d'une société, de faire acquérir son entreprise par une autre société qu'il préside également, en obtenant le versement d'une commission à titre personnel, en faisant prendre en charge par l'une des sociétés des frais incombant à l'autre et en possédant dans les deux sociétés des comptes d'associé débiteur : ▪ CA Aix-en-Provence, 25 sept. 1997 : *JurisData* n° 1997-055204.

b) **Déconsolidation.** Constitue un abus de biens sociaux le fait, pour le président de la société mère d'un groupe, de surévaluer ses stocks afin de provoquer la déconsolidation fictive d'une filiale pour extraire les risques des comptes consolidés : ▪ CA Paris, 16 déc. 1998 : *JurisData* n° 1998-024110.

c) **Société interposée.** Constituent un abus de biens sociaux :

– la prise en charge, par une société anonyme d'assurances, du remboursement d'un emprunt contracté par une société tiers contrôlée par le dirigeant de la première, le transfert en Suisse sur le compte personnel du prévenu du portefeuille de titres de la société d'assurances, afin de garantir un emprunt personnel, qui n'a été rapatrié que sur ordre de la Commission de contrôle des assurances et dont les intérêts ont été en partie détournés par l'intéressé : ▪ Cass. crim., 19 sept. 1996 : *JurisData* n° 1996-004156 ;

– le fait, pour le dirigeant de fait de plusieurs sociétés d'un même groupe, de mettre à la charge d'une société du groupe des remboursements injustifiés de prêts et de convertir en emprunt des intérêts d'emprunts non dus, dès lors que les faits ont été commis au profit d'une société tierce dont le prévenu était le mandataire : ▪ CA Paris, 24 sept. 1998 : *JurisData* n° 1998-022477 ;

– le fait, pour des dirigeants, de maintenir un flux de trésorerie entre la société mère et des anciennes filiales rendues indépendantes par décision du conseil d'administration, alors que ces dirigeants étaient directement intéressés par la poursuite de l'activité de ces sociétés : ▪ CA Caen, 6 juill. 1999 : *JurisData* n° 1999-101573 ;

– la création d'une SARL dans le but unique de financer un groupe auquel la société reste étrangère, sans réelle contrepartie : ▪ CA Rouen, 30 sept. 1998 : *JurisData* n° 1998-045730.

2° *Abus de crédit*

40) Compte courant débiteur. Constituent un abus du crédit social :

– le fait, pour le président, de bénéficier de manière illicite d'un découvert sur son compte courant dans la société, ce qui aboutit à une confusion entre son patrimoine personnel et celui de la société : ▪ Cass. crim., 19 oct. 1978 : *Rev. sociétés* 1979, p. 872, note B. Bouloc ; *D.* 1979, p. 153. ▪ Cass. crim., 3 nov. 1980 : *BJS* 1980, p. 716. ▪ Cass. crim., 29 oct. 1998 : *JurisData* n° 1998-005133 ;

– les prélèvements effectués par le gérant sur son compte courant débiteur en ayant conscience de faire un usage personnel des sommes retirées : ▪ Cass. crim., 30 oct. 1997 : *JurisData* n° 1997-005084 ;

– le fait que le solde débiteur du compte courant soit contraire à l'intérêt social, le simple constat que le compte ait été intégralement apuré étant insuffisant à écarter l'infraction : ▪ Cass. crim., 8 janv. 2014, n° 13-80.087 : *Dr. sociétés* 2014, n° 73, obs. R. Salomon. V. égal., ▪ Cass. crim., 8 janv. 2014, n° 13-80.087 : *Dr. sociétés* 2014, n° 73, obs. R. Salomon.

41) Prêts consentis par la société. Constituent un abus du crédit social :

– le prêt à un ami, consenti sur les fonds sociaux dès lors que la cause du prêt est étrangère à l'intérêt social : ▪ CA Paris, 7 juin 1988 : *JurisData* n° 1988-025996 ;

– le fait, pour les prévenus, de consentir, sans autorisation préalable du conseil d'administration et sans la moindre garantie, deux prêts à des SNC leur appartenant, dans le but de satisfaire leurs propres besoins de trésorerie, ces sociétés étant sans structure, objet ou surface : ▪ Cass. crim., 26 sept. 2001 : *JurisData* n° 2001-011332 ; *BJS* 2002, p. 74.

42) Rachat des actions du dirigeant. Est coupable d'abus du crédit social le prévenu qui a tenté de faire du crédit de la société un usage contraire à l'intérêt social en lui faisant racheter ses actions pour son propre compte, à des fins purement personnelles : ▪ Cass. crim., 5 déc. 2001 : *JurisData* n° 2001-012611.

43) En revanche, **ne constituent pas un abus du crédit social :**

– l'octroi, par le président, d'avances et de crédits fournisseur à des sociétés tierces, dès lors que ces avances ont été consenties dans le cadre d'une politique de groupe et approuvées par le conseil d'administration : ▪ CA Paris, 14 sept. 1999 : *JurisData* n° 1999-024930 ;

– le fait d'accorder un prêt à une société tierce finalement insolvable, dès lors que le dirigeant ne pouvait pas prévoir cette insolvabilité s'agissant d'une société faisant partie du même groupe, et que, simple administrateur, il ne pouvait pas statutairement s'opposer à la décision du conseil d'administration sur le prêt : ▪ CA Paris, 14 déc. 2000 : *JurisData* n° 2000-136083.

3° *Abus de pouvoirs*

44) Sont constitutifs d'abus de pouvoirs :

– le fait pour le dirigeant d'une banque d'effectuer des opérations de banque, pour son seul profit, avec les clients de la société : ▪ Cass. crim., 19 nov. 1979 : *BJS* 1980, p. 69 ;

– l'organisation, par le président et actionnaire majoritaire d'une société anonyme, de la fusion-absorption de sa société et de ses filiales par une autre société dont il est également président, après que cette dernière eut avancé les fonds nécessaires à l'acquisition de ses propres actions par la première : ▪ Cass. crim., 10 juill. 1995 : *JCP* 1995, II, 22572, note J. Paillusseau ; *BJS* 1995, p. 1048, note A. Couret et P. Le Cannu ;

– le fait, pour les prévenus, comptables de profession et dirigeants d'une société anonyme, de conclure seuls, avec une société tierce qu'ils administrent, une convention portant sur des prestations de services et relevant par sa nature des dispositions prévoyant le nécessaire accord préalable de l'assemblée générale : ▪ CA Rouen, 10 juin 1999 : *JurisData* n° 1999-045122 ;

– le fait pour le gérant, à l'occasion de la constitution d'une nouvelle société, destinée à acquérir le fonds de commerce de la première, de s'attribuer 80 % des parts au détriment de ses anciens associés : ▪ CA Paris, 30 mai 2001 : *JurisData* n° 2001-159034 ;

– le fait pour le président et directeur général d'une SA d'user de son statut et de l'influence qui en découle pour évincer les membres du comité des rémunérations, hostile au déplafonnement de sa rémunération, et pour mettre en place un nouveau comité acquis à ses vœux, de façon que les propositions du comité soient entérinées par le conseil d'administration, lequel n'avait d'ailleurs pas été correctement informé de leurs conséquences : ▪ Cass. crim., 16 mai 2012, n° 11-85.150, PB : *BJS* 2012, p. 579, concl. X. Salvat, note B. Dondero ; *Dr. sociétés* 2012, n° 130, obs. R. Salomon ; *JCP* E 2012, 1396, note Cl. Ducouloux-Favard ; *Rev. sociétés* 2012, p. 697, note P. Le Cannu ; rejetant le pourvoi contre : ▪ CA Versailles, 19 mai 2011, n° 10/01523 : *BJS* 2011, p. 597, note B. Dondero.

45) N'est pas constitutif d'abus de pouvoirs le fait pour le gérant d'une SARL d'avoir fait céder par la société un avion à son fils pour une valeur sous-estimée dès lors que cette vente a été consentie en échange de l'abandon par l'acheteur de son compte courant dans les livres de la société : ▪ CA Paris, 28 mai 1998 : *JurisData* n° 1998-021405.

C – Contrariété à l'intérêt social

1° *Appréciation de la contrariété à l'intérêt social*

46) Contrariété à l'intérêt social des actes illicites. *a)* **Infraction pénale.** L'usage des biens d'une société [SARL] est nécessairement **contraire à l'intérêt social** lorsqu'il est réalisé dans un **but illicite**, comme la corruption d'un maire : ▪ Cass. crim., 22 avr. 1992 : *RJDA* 1992, p. 835. – Pour qualifier une opération d'abus de biens sociaux, il convient d'établir que celle-ci est **à la fois étrangère à l'objet de la société et contraire à son intérêt** ; la Cour de cassation casse, pour **insuffisance de motivation**, l'arrêt qui avait retenu la qualification d'abus de biens sociaux s'agissant de la démarche du président de la société, qui avait effectué des versements importants au profit d'une personne afin d'obtenir d'elle une intervention susceptible de faire éviter à la société le reversement au Trésor d'une aide à l'exportation ainsi qu'une imposition fiscale : ▪ Cass. crim., 6 févr. 1997 : *D.* 1997, p. 334, note J.-F. Renucci ; *BJS* 1997, p. 291, note J.-F. Barbièri ; *JCP* G 1998, II, 10017, note M. Pralus.

b) **Risque anormal de sanctions pénales ou fiscales.**

– Quel que soit l'avantage à court terme qu'elle peut procurer, l'utilisation des fonds sociaux ayant pour seul objet de commettre un délit tel que la corruption est contraire à l'intérêt social en ce qu'elle expose la personne morale au risque anormal de sanctions pénales ou fiscales contre elle-même ou ses dirigeants et porte atteinte à son crédit et à sa réputation : ▪ Cass. crim., 27 oct. 1997 : *JCP* 1998, II, 10017, note M. Pralus ; *D.* 1997, inf. rap. p. 251 ; *BJS* 1998, p. 11, note J.-F. Barbièri.

– Doit être condamné pour abus de biens sociaux le dirigeant qui a fait acquitter aux deux sociétés qu'il dirigeait des factures fictives pour se procurer des liquidités destinées à rémunérer des décideurs dans le but de favoriser l'obtention de marchés par ses entreprises ; en effet, en opérant ainsi des prélèvements occultes sur les fonds sociaux, il a préjudicié aux intérêts de ses sociétés qui se sont ainsi trouvées exposées à un double risque fiscal et pénal : ▪ CA Paris, 2 mai 2001 : *JurisData* n° 2001-148658.

– Est constitutif d'un abus de biens sociaux l'usage des fonds sociaux ayant eu pour effet d'exposer la personne morale et ses dirigeants à des poursuites pénales ou fiscales, sans qu'il soit nécessaire que leur utilisation ait eu lieu à des fins exclusivement personnelles : ▪ Cass. crim., 14 mai 2003 : *BJS* 2003, p. 1043, note J.-F. Barbièri ; *D.* 2003, p. 1766, obs. A. Lienhard ; *D.* 2004, somm. p. 319, obs. M. Segonds ; *JCP* E 2003, act., p. 1096 ; *Rev. sociétés* 2003, p. 910, note B. Bouloc. ▪ Cass. crim., 10 mars 2004 : *BJS* 2004, p. 952, note J.-F. Barbièri ; *D.* 2004, p. 1240 ; *JCP* E 2005, 736, n° 5, obs. Y. Muller *[voyage offert à un client potentiel en vue d'obtenir la conclusion d'un marché]*.

– Est constitutif d'un abus de biens sociaux le fait pour le dirigeant de faire participer la société à un système de fausse facturation l'exposant ainsi, dans son intérêt personnel, à un risque anormal de poursuites pénales ou fiscales : ▪ Cass.

crim., 17 déc. 2015, n° 14-86.602 : *Dr. sociétés* 2016, n° 39, obs. R. Salomon ; *Rev. sociétés* 2016, p. 187, note B. Bouloc.

– Est constitutif d'un abus de biens sociaux le fait pour le dirigeant de revendre sans facture des matériaux appartenant à la société dans la mesure où ces ventes dissimulées exposent la société à un risque anormal de sanctions pénales ou fiscales et où le produit de ces opérations, dont il n'est pas justifié qu'il ait été utilisé dans le seul intérêt de la société, l'a nécessairement été dans l'intérêt personnel du dirigeant qui a reçu les paiements en espèce : ▪ Cass. crim., 6 avr. 2016, n° 15-81.859 : *BJS* 2016, p. 472, note J.-Ch. Pagnucco.

c) **Contrariété à l'intérêt social non établie.** Ne constitue pas un abus de biens sociaux le fait pour des dirigeants de verser des sommes d'argent à la concubine d'un salarié licencié pour vol et à son syndicat dans le but d'éviter une grève générale des dockers dans un climat social particulièrement tendu, les dirigeants **ayant agi dans l'intérêt** de l'entreprise, quel que soit le jugement que l'on peut porter sur leurs actes : ▪ CA Rouen, 13 mars 1997 : *JurisData* n° 1997-210653 ; *BJS* 1997, p. 1043, note J.-F. Barbièri.

47) Contrariété à l'intérêt social non établie. Encourt la cassation la décision qui, pour condamner le dirigeant d'une société anonyme, ne précise pas en quoi le versement d'une somme correspondant à la réservation d'un appartement destiné au logement du prévenu, puis l'acquisition de parts représentatives de droits immobiliers auprès d'une autre société dont le prévenu était le gérant et qui avait acheté un appartement habité par sa mère, est contraire à l'intérêt social et ne s'explique pas sur les compensations reçues par la société au cours des différentes opérations litigieuses : ▪ Cass. crim., 24 oct. 1996 : *JurisData* n° 1996-004906 ; *JCP* E 1997, I, 639, n° 14, obs. A. Viandier et J.-J. Caussain ; *Dr. sociétés* 1997, n° 32, obs. D. Vidal ; *Rev. sociétés* 1997, p. 373, note B. Bouloc ; *BJS* 1997, p. 201, note J.-F. Barbièri. – V. pour une convention de trésorerie passée entre deux sociétés dont le prévenu était administrateur de l'une et gérant de l'autre : ▪ Cass. crim., 28 sept. 2016, n° 15-87.232 : *Dr. sociétés* 2016, n° 217, obs. R. Salomon. – V. sur l'exigence de relever la contrariété à l'intérêt social : ▪ Cass. crim., 25 oct. 2017, n° 16-85.221 : *Dr. sociétés* 2017, n° 216, obs. R. Salomon.

2° *Éléments inopérants*

48) Remboursement ultérieur. Le fait que le dirigeant ait ultérieurement remboursé les fonds détournés n'est pas de nature à l'exonérer de sa responsabilité pénale : ▪ Cass. crim., 19 mai 1999 : *JurisData* n° 1999-002210. ▪ Cass. crim., 7 juin 2000 : *JurisData* n° 2000-003160. – La **régularisation ultérieure** de prélèvements illégaux n'enlève pas aux faits leur caractère délictueux : ▪ Cass. crim., 22 sept. 2004 : *BJS* 2005, p. 45, note J.-F. Barbièri ; *Rev. sociétés* 2005, p. 200, note B. Bouloc.

49) Approbation du conseil d'administration. L'approbation donnée par le conseil d'administration à la perception d'une rémunération excessive, comme l'absence de réaction d'intervenants extérieurs, ne peuvent faire disparaître à eux seuls le caractère délictueux des détournements : ▪ Cass. crim., 22 sept. 2004, préc., C. com., art. L. 242-6, annot. n° 29, p. 579.

50) Respect de la procédure des conventions réglementées. Le respect purement formel de la procédure d'approbation des conventions réglementées ne peut, à lui seul, permettre d'exclure l'atteinte à l'intérêt social, en particulier lorsqu'il est avéré que le dirigeant détient tous les pouvoirs et qu'il est assuré du soutien inconditionnel de la majorité des actionnaires principaux : ▪ CA Versailles, 30 juin 2005, C. com., art. L. 242-6, annot. n° 32, p. 581.

3° *Groupe de sociétés*

51) Principe. Le concours financier apporté par le dirigeant d'une société à une autre entreprise dans laquelle il est intéressé n'échappe aux prévisions des textes incriminant le délit d'abus de biens sociaux que si, d'une part, l'existence d'un groupe de sociétés est établie, et si, d'autre part, ce concours est dicté par les intérêts de ce groupe appréciés au regard d'une politique commune, n'est pas dépourvu de contrepartie ou ne rompt pas l'équilibre entre les engagements respectifs des diverses sociétés, et n'excède pas la possibilité financière de celle qui en supporte la charge : ▪ Cass. crim., 4 sept. 1996 : *Bull. crim.* 1996, n° 314 ; *BJS* 1997, p. 107, note N. Rontchevsky. – Dans le même sens, ▪ Cass. crim., 20 mars 2007, n° 05-85.253, PFI : *Dr. sociétés* 2007, n° 141, obs. R. Salomon ; *BJS* 2007, p. 953, note J.-F. Barbièri. – *Adde* ▪ T. corr. Paris, 16 mai 1974 : *Rev. sociétés* 1975, p. 657. ▪ Cass. crim., 23 avr. 1991 : *BJS* 1991, p. 849, note A. Couret ; *RJDA* 1991, n° 602 *[convention de trésorerie]*. ▪ Cass. crim., 9 déc. 1991 : *RJDA* 1992, p. 366. ▪ Cass. crim., 2 déc. 1991 : *BJS* 1992, p. 424, note Ph. Delebecque. ▪ Cass. crim., 18 janv. 1993 : *RJDA* 1993, p. 437. ▪ Cass. crim., 14 avr. 1993 : *BJS* 1993, p. 771, note M. Jeantin. ▪ Cass. crim., 1er févr. 1996 : *JurisData* n° 1996-001541. ▪ Cass. crim., 5 mai 1997 : *JurisData* n° 1997-003021 ; *BJS* 1997, p. 953, note J.-F. Barbièri ; *Dr. et patrimoine* 2/1998, p. 78, obs. J.-P. Bertrel ; *JCP* E 1997, pan., 1049. ▪ CA Rennes, 6 janv. 2005 : *JurisData* n° 2005-269988 ; *Dr. sociétés* janv. 2006, n° 12, obs. R. Salomon *[avances de trésorerie]*. ▪ Cass. crim., 16 janv. 2013, n° 11-88.852 : *Dr. socié-*

tés 2013, n° 74, obs. R. Salomon. ▪ Cass. crim., 19 mars 2014, n° 12-83.188 : *Dr. sociétés* 2014, n° 92, obs. R. Salomon. ▪ Cass. crim., 25 oct. 2017, n° 16-80.238 : *BJS* 2018, p. 91, note H. Matsopoulou ; *Rev. sociétés* 2018, p. 520, note M.-E. Boursier. – V. pour une application de ces principes à l'abus de confiance : ▪ Cass. crim., 16 janv. 2013, n° 11-88852 : *Rev. sociétés* 2013, p. 710, p. M.-E. Boursier. – Le fait d'engager des frais en vue de l'implantation à l'étranger de sociétés appartenant à un même groupe ne peut être qualifié d'abus de biens sociaux sans qu'il soit constaté qu'ils ont été exposés en contrariété avec l'intérêt social : ▪ Cass. crim., 22 oct. 2014, n° 13-81.743 : *Dr. sociétés* 2015, n° 17, obs. R. Salomon. – L'existence d'un déséquilibre entre les sociétés, tenant à un transfert sans contrepartie de portefeuille, ne suffit pas à établir des faits d'abus de biens sociaux dès lors que ce déséquilibre résultait de la nouvelle organisation du groupe et non de la volonté délibérée des prévenus : ▪ Cass. crim., 6 avr. 2016, n° 15-80.150 : *Rev. sociétés* 2016, p. 539, note M.-E. Boursier.

52) Ne rentrent pas dans le cadre d'une politique de groupe :

– le cas où l'existence d'un groupe n'est pas démontrée : ▪ CA Paris, 27 oct. 1999 : *JurisData* n° 1999-107061 ;

– les avances de trésorerie consenties à des sociétés participant à une politique commune mais sans appartenir à un même groupe, et alors que le soutien financier apporté était contraire à l'intérêt social des sociétés ayant consenti les avances : ▪ Cass. crim., 19 mars 2014, n° 12-83.188 : *Rev. sociétés* 2014, p. 741, note M.-E. Boursier ;

– le fait, pour le gérant d'une SARL, mère de plusieurs sociétés concessionnaires automobiles, de consentir à l'une d'entre elles, dont il est par ailleurs le gérant, une avance de trésorerie sans la moindre contrepartie : ▪ CA Aix-en-Provence, 12 févr. 2001 : *JurisData* n° 2001-146322. – V. égal., ▪ Cass. crim., 10 févr. 2010, n° 09-83.691 : *Dr. sociétés* 2010, n° 103 et *JCP* E 2010, 1392, note R. Salomon ;

– des transferts de trésorerie consentis au sein d'un groupe de sociétés, en l'absence de convention de trésorerie, dans l'unique intérêt de la société bénéficiaire et sans contrepartie pour l'autre : ▪ Cass. crim., 1er févr. 2017, n° 15-85.199, PBIR : *BJS* 2017, p. 239, note E. Mouial-Bassilina.

D – Mauvaise foi (élément moral)

53) Mauvaise foi déduite de la réalisation des éléments matériels de l'infraction. La mauvaise foi de dirigeants ayant octroyé, en vue de satisfaire leurs propres besoins de trésorerie, des prêts à des sociétés dans lesquelles ils étaient intéressés est caractérisée par la confusion des pouvoirs, l'interposition de personnes morales et la passation d'écritures destinées à dissimuler la destination des fonds : ▪ Cass. crim., 26 sept. 2001 : *BJS* 2002, p. 74. – Le prévenu a nécessairement eu conscience d'accomplir un acte contraire aux intérêts de la société lorsqu'il en a transféré, sans contrepartie, la trésorerie à une autre société dans l'unique intérêt de cette dernière : ▪ Cass. crim., 1er févr. 2017, n° 15-85.199, n° PBIR : *Dr. sociétés* 2017, n° 71, obs. R. Salomon. – V. également, ▪ Cass. crim., 13 juin 2018, n° 17-84.518 : *Dr. sociétés* 2018, n° 157, obs. R. Salomon.

54) Connaissance du caractère délictueux des faits. La mauvaise foi est caractérisée lorsque le dirigeant a maintenu un système de redevances injustifiées supportées par les sociétés victimes alors que son attention avait été attirée par la COB et par le représentant de l'une des sociétés actionnaires sur la qualification d'abus de biens sociaux que pouvait revêtir un tel montage : ▪ CA Versailles, 30 juin 2005, préc., C. com., art. L. 242-6, annot. n° 32, p. 581.

E – Fins personnelles

55) Exigence d'un intérêt personnel. *a)* **Principe.** Doit être cassé pour absence de motif l'arrêt qui condamne un dirigeant pour abus de biens sociaux sans rechercher s'il avait pris un intérêt personnel, direct ou indirect, dans les faits litigieux, à savoir :

– le règlement de fausses factures : ▪ Cass. crim., 1er mars 2000 : *BJS* 2000, p. 710, note A. Médina ; *D.* 2000, p. 214, obs. A. Lienhard ; *Rev. sociétés* 2000, p. 576, note B. Bouloc ;

– le paiement d'un salaire fictif : ▪ Cass. crim., 4 nov. 2004 : *Dr. sociétés* 2005, n° 57, obs. R. Salomon ; *JCP* E 2005, 527, note J.-H. Robert.

b) **Intérêt non directement patrimonial.** L'intérêt personnel peut être un intérêt moral : ▪ Cass. crim., 17 juin 2015, n° 14-81.914 : *Dr. sociétés* 2015, n° 158, obs. R. Salomon. – La recherche d'un **prestige** ou d'une **notoriété**, fût-elle **politique**, est de nature à constituer les fins personnelles au sens de l'article 437 de la loi de 1966 *[C. com., art. L. 242-6]* : ▪ Cass. crim., 20 mars 1997 : *JurisData* n° 1997-002701 ; *BJS* 1997, p. 855, note J.-F. Barbièri ; *D.* 1999, p. 28, note D. Boccara. – Poursuit un intérêt personnel celui qui procède, sans aucune nécessité pour la société, à une embauche fictive à la demande du directeur général de la Police nationale, lequel relayait les instructions d'un conseiller à la Présidence de la République, le but poursuivi étant de maintenir de bonnes relations avec des tiers : ▪ Cass. crim., 14 nov. 2007, n° 06-87.378, PF : *Dr. sociétés* 2008, n° 17, obs. R. Salomon. ▪ Cass. crim., 15 sept. 1999 : *JurisData* n° 1999-003935 ; *BJS* 2000, p. 65, note C. Mascala ; *D.* 2000, p. 319, note A. Medina. ▪ CA Aix-en-Provence,

10 oct. 2001 : *JurisData* n° 2001-170308. – *Adde* ▪ Cass. crim., 15 oct. 1990 : *BJS* 1991, p. 73.

c) **Intérêt patrimonial.** Doit être regardé comme ayant agi dans son intérêt le gérant de SARL qui a tenu une comptabilité enregistrant des opérations inexactes et fictives et qui a accepté d'ordonner et de payer des dépenses contraires à l'intérêt social, bénéficiant à des tiers auxquels il était attaché par des liens patrimoniaux : ▪ Cass. crim., 14 déc. 2000 : *BJS* 2001, p. 488, note P. Le Cannu. – S'agissant de rémunérations occultes versées à l'occasion de transferts de joueurs de football pour permettre le recrutement de joueurs correspondant aux objectifs européens du club, poursuit néanmoins un intérêt personnel le président du club qui est également le président de la société qui a pris le contrôle du club dans le but notamment d'empêcher une société concurrente d'intervenir dans ce secteur d'activité : ▪ Cass. crim., 22 oct. 2008, n° 07-88.111 : *BJS* 2009, p. 178, note D. Poracchia. – Trouve un intérêt personnel le gérant de droit qui a émis sans raison des chèques tirés sur le compte social au profit du gérant de fait afin de conserver sa fonction de gérant rémunéré : ▪ Cass. crim., 28 sept. 2016, n° 15-85.049 : *Rev. sociétés* 2017, p. 511, note B. Bouloc.

56) Tempéraments à l'exigence d'un intérêt personnel. *a)* **Fins non exclusivement personnelles.** Aucun texte n'exigeant que l'usage des biens sociaux ait eu lieu à des fins exclusivement personnelles, est constitutif d'un abus de biens sociaux le montage juridique et financier consistant à facturer à des filiales des honoraires, ne correspondant à aucune prestation utile, au profit de la holding dont les ayants-cause exclusifs étaient le dirigeant des filiales et son fils : ▪ Cass. crim., 25 oct. 2006, n° 05-85.998 (PF) : *BJS* 2007, p. 243, note J.-F. Barbièri ; *Dr. sociétés* 2007, n° 16, obs. R. Salomon.

b) **Actes illicites.** Voir sous C. com., art. L. 242-6, annot. n° 44, p. 584.

c) **Présomption d'intérêt personnel.**

– **En cas de prélèvement occulte de fonds sociaux.** Selon l'article 425, 4° *[C. com., art. L. 241-3, 4°]*, s'il n'est pas justifié qu'ils ont été utilisés dans le seul intérêt de la société, les fonds sociaux prélevés de manière occulte par un dirigeant social l'ont nécessairement été dans son intérêt personnel : ▪ Cass. crim., 11 janv. 1996 : *Bull. crim.* 1996, n° 21 ; *JurisData* n° 1996-000702 ; *JCP* E 1996, pan., p. 446 ; *Rev. sociétés* 1996, p. 586, note B. Bouloc. – Lorsque le dirigeant prélève des fonds sociaux de façon occulte, il est présumé les avoir utilisés dans son intérêt personnel, à moins qu'il ne justifie de l'utilisation des sommes dans le seul intérêt de la société : ▪ Cass. crim., 20 juin 1996 : *Bull. crim.* 1996, n° 271 ; *JurisData* n° 1996-003203 ; *JCP* E 1996, I, 589, n° 16, obs. A. Viandier et J.-J. Caussain ; *BJS* 1997, p. 18, note J.-F. Barbièri. ▪ Cass. crim., 14 mai 1998 : *JurisData* n° 1998-003422. ▪ Cass. crim., 9 juill. 1998 : *JurisData* n° 1998-003659 ; *JCP* E 1998, p. 1762 ; *Dr. et patrimoine* 5/1999, p. 112, obs. J.-P. Bertrel. ▪ Cass. crim., 27 mars 2002 : *BJS* 2002, p. 794. ▪ Cass. crim., 14 juin 2006, n° 05-85.912 : *Dr. sociétés* oct. 2006, n° 152, obs. R. Salomon. ▪ Cass. crim., 29 juin 2016, n° 15-84.228 : *BJS* 2016, p. 648, note N. Bargue ; *Dr. sociétés* 2017, n° 155, obs. R. Salomon ; *Rev. sociétés* 2017, p. 307, note B. Bouloc. ▪ Cass. crim., 29 juin 2016, n° 15-84.228 : *Rev. sociétés* 2017, p. 307, note B. Bouloc. ▪ Cass. crim., 13 déc. 2016, n° 15-86.654 : *Dr. sociétés* 2017, n° 53, obs. R. Salomon.

– **En cas de cession de biens sociaux de manière occulte.** ▪ Cass. crim., 24 sept. 2008, n° 08-80.872 (PF) : *Dr. sociétés* 2008, n° 234, obs. R. Salomon.

F – Infractions et sanctions connexes

57) Complicité d'abus de biens sociaux.

a) **Directeur financier.** Se rend coupable de complicité d'abus de biens sociaux le directeur financier qui réglait les mensualités d'un bateau acquis par le dirigeant de la société en sachant que ce dernier en faisait un usage personnel, en connaissant l'existence de fausses factures de formation au profit du dirigeant coupable d'abus de biens sociaux, et en se désintéressant de la gestion de la société : ▪ CA Montpellier, 14 févr. 2001 : *JurisData* n° 2001-141842.

b) **Expert-comptable.** Se rend coupable de complicité d'abus de biens sociaux, abus de confiance et banqueroute l'expert-comptable qui a masqué, en toute connaissance de cause, les détournements de fonds sociaux et qui a établi des procès-verbaux d'assemblées générales autorisant certaines des opérations litigieuses : ▪ Cass. crim., 19 mai 1999 : *BJS* 1999, p. 959, note J.-F. Barbièri. – Ne peut en revanche être poursuivi pour complicité l'expert-comptable qui n'a fait que retranscrire fidèlement dans les écritures la réalité d'opérations qui mettaient en évidence les prélèvements opérés par le dirigeant : ▪ Cass. crim., 6 sept. 2000 : *BJS* 2001, p. 17, note C. Roca ; *RJDA* 1/2000, n° 39.

c) **Comptable.** Un comptable, fut-il salarié, peut être déclaré complice du délit d'abus de biens sociaux : ▪ Cass. crim., 17 févr. 2015, n° 13-87.948 : *Dr. sociétés* 2015, n° 78, obs. R. Salomon.

d) **Administrateur provisoire.** Ne peut être relaxé, sans qu'il ait été recherché s'il n'avait pas conscience de fournir aux auteurs principaux les moyens de commettre les détournements incriminés, l'administrateur provisoire qui, en violation de la mission à lui assignée par le juge, a maintenu à son poste le président et a mis en place un comité de direction, dans la mesure où toutes ces personnes ont participé à l'infraction : ▪ Cass.

crim., 22 sept. 2010, n° 09-87.363 : *BJS* 2011, p. 129, note B. Dondero ; *Dr. sociétés* 2011, n° 237, obs. R. Salomon ; *Rev. sociétés* 2011, p. 185, note B. Bouloc.

e) **Ministre.** Se rend coupable de complicité d'abus de biens sociaux et de complicité de recel le ministre qui est à l'origine de la désignation des dirigeants sociaux ayant commis ces délits, à leur profit et au profit des proches du ministre, et dont aucun des collaborateurs n'a eu pour mission de contrôler les activités de la société : ▪ Cass. crim., ▪ Cass. ass. plén., 23 juill. 2010, n° 10-85.505, PBRI.

f) Se rend coupable de complicité d'abus de biens sociaux la **personne chargée par un parti politique de solliciter de certaines entreprises** privées la prise en charge de salariés mis à la disposition du parti dès lors qu'elle n'a pas été une simple exécutante du parti mais aussi le « prospecteur du parti » : ▪ Cass. crim., 21 sept. 2005, préc., C. com., art. L. 242-6, annot. n° 35, p. 582.

g) **Président du conseil d'administration.** Se rend coupable de complicité de l'abus de biens sociaux commis par le directeur général, le président du conseil d'administration qui a présenté aux administrateurs l'argumentaire rédigé par l'intéressé en faveur de l'octroi à son profit d'une indemnité de départ, en présentant cet acte comme normal, et qui a autorisé le versement de cette indemnité, alors qu'il connaissait la situation financière de la société et le fait qu'elle n'avait pas été convenue lors du recrutement et était contraire à l'intérêt de la société et que, sans son intervention, l'abus de biens n'aurait pu être commis : ▪ Cass. com., 20 déc. 2017, n° 16-83.617 : *Dr. sociétés* 2017, n° 36, obs. R. Salomon.

58) Recel. *a)* **Éléments du recel d'abus de biens sociaux.** Le fait de s'approprier en connaissance de cause des actions dont la valeur patrimoniale se trouve améliorée par l'incorporation d'actifs provenant d'abus de biens constitue un recel d'abus de biens : ▪ Cass. crim., 3 mai 1982 : *Rev. sociétés* 1983, p. 811, note B. Bouloc. – Il en est de même du fait, pour un syndic, de faire effectuer en toute connaissance de cause des travaux dans sa résidence principale qui ont été réglés par la société dirigée par l'auteur principal : ▪ Cass. crim., 10 juill. 1995, préc., C. com., art. L. 242-6, annot. n° 42, p. 583.

b) **Prescription du recel d'abus de biens sociaux.** Le recel ne saurait se prescrire avant que l'infraction dont il procède soit apparue dans des conditions permettant l'exercice de l'action publique : ▪ Cass. crim., 19 mars 2008, n° 07-82.125 : *Dr. sociétés* 2008, n° 110, obs. R. Salomon.

c) Doit être **relaxé** du délit de recel d'abus de pouvoirs le prévenu qui a obtenu un prêt de la part d'un ami dirigeant d'une clinique sans connaître l'origine frauduleuse des fonds : ▪ CA Toulouse, 25 nov. 1999 : *JurisData* n° 1999-104652.

d) **Conjoint du dirigeant.** Se rend coupable de recel d'abus de biens sociaux le conjoint du dirigeant, mais également responsable administratif et financier de la société, qui a bénéficié, en connaissance de cause, du train de vie de son conjoint résultant des faits d'abus de biens sociaux : ▪ Cass. crim., 30 janv. 2019, n° 17-85.304, PB : *Dr. sociétés* 2019, n° 57, obs. R. Salomon.

59) Action en insuffisance d'actif social. Le dirigeant d'une société, déjà condamné pénalement pour abus de biens sociaux et civilement, au cours de l'instance pénale, au paiement de dommages et intérêts, peut être condamné à supporter une partie du passif de la société, sur le fondement de l'article 180 de la loi du 25 janvier 1985 *[C. com., art. L. 624-3 anc., désormais L. 651-2]* car, au-delà de la qualification pénale d'abus de biens sociaux du prêt consenti par le dirigeant à un ami personnel, la privation de trésorerie qui en est résultée pour la société a été à l'origine d'une faute de gestion : ▪ Cass. com., 29 févr. 2000 : *JCP* E 2000, p. 682.

60) Blanchiment. La qualification de blanchiment d'abus de biens sociaux suppose d'établir des faits distincts des versements pour lesquels a été retenue la qualification d'abus de biens sociaux : ▪ Cass. crim., 7 déc. 2016, n° 15-87.335, PB : *Dr. sociétés* 2017, n° 33, obs. R. Salomon.

G – Exercice de l'action civile

1° Généralités

61) Préjudice. La constitution de partie civile est recevable si les circonstances sur lesquelles elle s'appuie permettent au juge d'instruction d'admettre comme **possible** l'existence du préjudice allégué et sa relation directe avec l'infraction poursuivie : ▪ Cass. crim., 24 févr. 1987 : *JCP* E 1987, 16644, n° 18, obs. A. Viandier et J.-J. Caussain. ▪ Cass. crim., 8 oct. 2002 : *BJS* 2003, p. 64, note J.-F. Barbièri.

62) Transaction. La société n'est pas irrecevable à exercer l'action civile lorsque la transaction passée avec le dirigeant condamné avait seulement pour objet de régler les conséquences de sa démission, et ne portait pas sur les faits poursuivis, lesquels n'ont été révélés que postérieurement à cette transaction : ▪ Cass. crim., 20 juin 2007, n° 06-88.678 : *Dr. sociétés* 2007, n° 205, obs. R. Salomon. – L'appréciation de la validité et de la portée d'une transaction quant à l'extinction de l'action civile est souveraine dès lors qu'elle échappe à tout grief d'insuffisance ou de contradiction : ▪ Cass. crim., 27 oct. 1999 : *Rev. sociétés*

2000, p. 373, note B. Bouloc. ▪ Cass. crim., 2 avr. 2003 : *BJS* 2003, p. 928.

2° Personnes recevables à agir

63) La société. L'action civile est ouverte à la société elle-même : ▪ Cass. crim., 16 févr. 1999 : *BJS* 1999, p. 650, note D. Ohl ; *JCP* E 1999, p. 1633, note J.-H. Robert ; *Rev. sociétés* 1999, p. 646, note B. Bouloc. – V., après liquidation de la société, pour l'exercice de l'action par un mandataire *ad hoc* : ▪ Cass. crim., 29 juin 2005, n° 05-80.803 : *JurisData* n° 2005-029672 ; *Dr. sociétés* mars 2006, n° 47, obs. R. Salomon.

64) Liquidateur. Est également recevable à agir le liquidateur d'une société déclarée en liquidation judiciaire qui représente la société et non les créanciers : ▪ Cass. crim., 8 mars 2006, n° 05-82.865 : *BJS* 2006, p. 1048, note P. Scholer. ▪ Cass. crim., 12 juin 2012, n° 11-87.799 : *Dr. sociétés* 2012, n° 217, obs. R. Salomon. – Même solution tout en relevant que les dispositions de l'article L. 641-9 II du Code de commerce laissant les dirigeants sociaux en fonction après le prononcé de la liquidation judiciaire ne constitue pas un obstacle : ▪ Cass. crim., 5 déc. 2012, n° 11-85.838, PB : *Rev. sociétés* 2013, p. 305, note B. Bouloc.

65) Associé agissant *ut singuli*. *a)* L'action civile peut être exercée par l'actionnaire agissant *ut singuli* en réparation du préjudice social : ▪ Cass. crim., 12 déc. 2000 : *Rev. sociétés* 2001, p. 323, note A. Constantin. ▪ CA Versailles, 30 juin 2005, préc., C. com., art. L. 242-6, annot. n° 32, p. 581.

b) **L'actionnaire de la société mère** peut se constituer partie civile dans la poursuite d'un abus de biens sociaux commis au préjudice d'une filiale, dès lors qu'il est établi que les circonstances sur lesquelles s'appuie son action permettent d'admettre comme possible l'existence du préjudice allégué et sa relation directe avec l'infraction poursuivie : ▪ Cass. crim., 6 févr. 1996 : *BJS* 1996, p. 410, note J.-F. Barbièri ; *JCP* E 1996, 837, note J.-F. Renucci et O. Meyer. – L'action en responsabilité doit emprunter la voie de l'action sociale *ut singuli*, et non celle de l'action individuelle : ▪ Cass. crim., 4 avr. 2001 : *D.* 2002, p. 1475, note E. Scholastique.

c) La **société mère** peut, par la voie de l'action sociale, agir en réparation du préjudice subi par sa filiale à 100 % : ▪ Cass. crim., 13 déc. 2000 : *BJS* 2001, p. 387, note J.-F. Barbièri.

d) Est recevable l'action civile intentée par **l'actionnaire d'une société absorbante** demandant, par la voie de l'action sociale *ut singuli* la réparation du dommage résultant de délits commis au préjudice de la société absorbée et de ses filiales : ▪ Cass. crim., 2 avr. 2003 : *BJS* 2003, p. 929, note J.-F. Barbièri. ▪ Cass. crim., 2 avr. 1998 : *BJS* 1998, p. 969, note J.-F. Barbièri.

e) **Impossibilité pour les actionnaires de demander la désignation d'un mandataire *ad hoc* pour les représenter à l'action.** Voir C. civ., art. 1843-5, annot. n° 12 *e)*, p. 71.

f) **Mise en cause de la société.** Voir sous C. civ., art. 1843-5, annot. n° 11 *a)*, p. 70.

g) **Caractère subsidiaire.** Voir sous C. civ., art. 1843-5, annot. n° 10, p. 70.

66) Le **commissaire à l'exécution du plan** est recevable à se constituer partie civile dès lors que, le jugement arrêtant le plan de cession n'en ayant pas fixé la durée, la mission de celui-ci se poursuit jusqu'à la clôture, non alléguée en l'espèce, de la procédure collective : ▪ Cass. crim., 23 mars 2005 : *Dr. sociétés* juill. 2005, n° 145 ; *Rev. sociétés* 2005, p. 888, note B. Bouloc.

3° Personnes non recevables à agir

67) Associé agissant à titre individuel.
a) **Abus de biens sociaux.**

– **Principe.** L'abus de biens sociaux ne causant un préjudice direct qu'à la société et non à ses actionnaires, ces derniers sont irrecevables à agir en leur nom personnel : ▪ Cass. crim., 4 avr. 2001 : *D.* 2002, p. 1475, note E. Scholastique ; *JCP* E 2001, 1817, note J.-H. Robert. – V. dans le même sens : ▪ Cass. crim., 5 déc. 2001 : *BJS* 2002, p. 492, note H. Le Nabasque. ▪ Cass. crim., 18 sept. 2002 : *BJS* 2003, p. 63, note J.-F. Barbièri. ▪ Cass. crim., 9 mars 2005 : *BJS* 2005, p. 959, note P. Scholer ; *Rev. sociétés* 2005, p. 886, note B. Bouloc. ▪ CA Versailles, 30 juin 2005, préc. – C. com., art. L. 242-6, annot. n° 27, p. 573. – L'associé ne peut échapper à cette exigence en invoquant un prétendu préjudice moral : ▪ Cass. crim., 14 juin 2006, n° 05-86.306 : *JurisData* n° 2006-034771 ; *Dr. sociétés* oct. 2006, n° 151, obs. R. Salomon. V. égal., considérant l'allégation d'un préjudice moral personnel insuffisante dans la mesure où il appartient à l'associé de démontrer l'existence d'un préjudice propre, distinct du préjudice social, découlant directement de l'infraction : ▪ Cass. crim., 5 juin 2013, n° 12-80.387 : *Dr. sociétés* 2014, n° 168, obs. R. Salomon.

– **Applications.** Est irrecevable l'action d'un actionnaire en vue de la réparation d'un préjudice individuel dans la mesure où la **dépréciation des titres** d'une société découlant des agissements délictueux des dirigeants constitue non pas un dommage propre à chaque associé, mais un préjudice subi par la société elle-même : ▪ Cass. crim., 13 déc. 2000, 2 arrêts : *JurisData* n°s 2000-008065 et 2000-008066 ; *JCP* E 2001, p. 1138, note J.-H. Robert ; *BJS* 2001, p. 497 et 498, note J.-F. Barbièri. – **L'amoindrissement du patrimoine social** résultant de l'usage d'un bien contraire à l'intérêt de la société ne peut constituer le préjudice subi personnellement par l'associé, distinct du préjudice social : ▪ Cass. com., 21 sept. 2004 : *JurisData* n° 2004-024936 ; *JCP* E 2004, act., p. 1617. – Une commune est irrecevable à se constituer partie civile en raison du délit d'abus de biens sociaux commis au préjudice de la société d'économie mixte dont elle est associée : ▪ Cass. crim., 3 déc. 2014, n° 13-87.224, PB : *BJS* 2015, p. 226, note J.-H. Robert. – V. égal., déclarant irrecevable l'associé caution : ▪ Cass. crim., 23 mars 2016, n° 15-81.448, PB : *BJS* 2016, p. 395, note J.-F. Barbièri ; *Rev. sociétés* 2016, p. 688, note B. Bouloc. – V. pour des détournements de fonds : ▪ Cass. crim., 22 nov. 2017, n° 16-84.154 : *Dr. sociétés* 2018, n° 16, obs. R. Salomon.

b) **Abus de pouvoirs**, les associés, hors le cas d'exercice de l'action sociale *ut singuli*, ne peuvent se constituer partie civile pour demander réparation du préjudice résultant de la perte de la **baisse de valeur de leurs titres**, ou de la perte des gains escomptés : ▪ Cass. crim., 13 déc. 2000 : *D.* 2001, p. 926, obs. M. Boizard ; *BJS* 2001, p. 499, note J.-F. Barbièri ; *Dr. et patrimoine* 10/2001, p. 103, note D. Poracchia ; *JCP* E 2001, n° 27, p. 1138, obs. J.-H. Robert ; *Rev. sociétés* 2001, p. 399, note B. Bouloc. – Le délit d'abus de pouvoir commis par un dirigeant de société est la cause d'un préjudice subi par la société elle-même, et non d'un dommage propre à chaque associé, ce qui exclut l'exercice de l'action civile à titre individuel : ▪ Cass. crim., 11 déc. 2002 : *D.* 2003, p. 424. – Est irrecevable l'action de deux actionnaires invoquant la **réduction du capital** social intervenue et leur éviction de la société, car la dévalorisation du capital social découlant du délit d'abus de pouvoir commis par un dirigeant constitue non pas un dommage propre à chaque associé, mais un préjudice subi par la société elle-même : ▪ Cass. crim., 13 déc. 2000 : *BJS* 2001, p. 499, note J.-F. Barbièri. ▪ Cass. crim., 18 sept. 2002 : *BJS* 2003, p. 63, note J.-F. Barbièri.

68) Créancier. La constitution de partie civile des créanciers est irrecevable : ▪ Cass. crim., 24 avr. 1971 : *Rev. sociétés* 1971, p. 608, note B. Bouloc. ▪ Cass. crim., 9 nov. 1992 : *BJS* 1993, p. 317 ; *RJDA* 1993, p. 41. ▪ Cass. crim., 22 juin 1995 : *BJS* 1995, p. 1047, note P.L.C ; *RJDA* 1995, p. 960 ▪ Cass. crim., 20 mai 2009, n° 08-86.899 : *Dr. sociétés* 2009, n° 170 et *JCP* E 2009, 1977, note R. Salomon.

69) Comité d'établissement. Est irrecevable l'action civile d'un **comité d'établissement** faute de faire la preuve d'un préjudice personnel découlant directement des infractions : ▪ Cass. crim., 4 nov. 1988 : *Bull. crim.* 1988, n° 373 ; *BJS* 1989, note M. Jeantin. ▪ Cass. crim., 11 déc. 2002 : *BJS* 2003, p. 451, note P. Scholer.

70) Représentant des salariés. Est irrecevable la constitution de partie civile du **représentant des salariés** dans la procédure collective de la société : ▪ Cass. crim., 23 févr. 2005 : *BJS* 2005, p. 845, note P. Scholer.

71) Salarié. Sont irrecevables :

– l'action d'un directeur salarié se prétendant lésé en tant que bénéficiaire d'un intéressement aux résultats et du fait d'un licenciement économique dont il avait été l'objet ; en effet, il ne peut souffrir, à raison du délit d'abus de biens sociaux, que d'un préjudice qui serait indirect et dont la réparation ne pourrait être demandée qu'aux juridictions civiles : ▪ Cass. crim., 7 mars 2000 : *BJS* 2000, p. 720, note P. Scholer ;

– l'action civile d'un syndicat et d'un salarié, la diminution du montant des primes attribuées aux salariés au titre de la réserve spéciale de participation n'étant qu'une conséquence indirecte des délits commis : ▪ Cass. crim., 28 janv. 2004 : *BJS* 2004, p. 827, note G. Auzero ; *Rev. sociétés* 2004, p. 405, note B. Bouloc ;

– l'action civile d'anciens salariés, le délit d'abus de biens sociaux n'étant pas la cause directe du préjudice subi par ceux-ci : V. s'agissant d'un préjudice moral : ▪ Cass. crim., 23 mars 2005, n° 04-84.756 : *JurisData* n° 2005-028259 ; *JCP* E 2005, 1230, note J.-H. Robert ; *Dr. sociétés* janv. 2006, n° 11, obs. R. Salomon. – V. s'agissant du préjudice allégué par un salarié licencié : ▪ Cass. crim., 3 juin 2015, n° 13-88.608 : *Dr. sociétés* 2015, n° 159, obs. R. Salomon.

72) Syndicat. L'action d'un syndicat est irrecevable, le préjudice indirect à l'intérêt collectif de la profession ne se distinguant pas du préjudice indirect subi par les salariés : ▪ Cass. crim., 27 nov. 1991 : *BJS* 1992, p. 405, note Y. Streiff. ▪ Cass. crim., 11 mai 1999 : *BJS* 1999, p. 998, note J.-F. Barbièri. ▪ Cass. crim., 28 juill. 1999 : *BJS* 2000, p. 63, note J.-F. Barbièri. ▪ Cass. crim., 27 oct. 1999 : *Rev. sociétés* 2000, p. 364, note B. Bouloc.

73) Trésor public. Est irrecevable la constitution de partie civile de l'agent judiciaire du Trésor : ▪ Cass. crim., 28 févr. 2006, n° 05-83.461 : *JurisData* n° 2006-032884 ; *BJS* 2006, p. 1035, note C. Masala ; *D.* 2006, p. 1456, obs. A. Lienhard ; *D.* 2006, p. 2145, note S. Jacopin ; *Dr. sociétés* juin 2006, n° 95, obs. R. Salomon.

H – Prescription

1° Règles générales

74) Principe. *a)* **Contenu du principe.** La prescription de l'abus de biens, court, non pas du jour de la commission de l'infraction, mais du jour où le **délit** est **apparu** et a pu être **constaté dans des conditions permettant l'exercice de l'action**

publique : ▪ Cass. crim., 10 août 1981 : *Rev. sociétés* 1983, p. 369, note B. Bouloc.

b) **QPC.** La jurisprudence relative à la fixation du point de départ du délai de prescription de l'action publique ne contrevenant à aucun règle de valeur constitutionnelle, il n'y a pas lieu à ce qu'elle fasse l'objet d'une question prioritaire de constitutionnalité : ▪ Cass. ass. plén., 20 mai 2011, n° 11-90.025, 11-90.032, 11-90.033, 11-90.042, PBRI.

75) Interruption de la prescription. *a)* **Simple plainte.** Une plainte adressée au procureur de la République ne constitue pas un acte de poursuite ou d'instruction et n'a pas d'effet interruptif de la prescription de l'action publique : ▪ Cass. crim., 11 juill. 2012, n° 11-87.583, PB : *Rev. sociétés* 2012, p. 653, note B. Bouloc.

b) **Infractions connexes.** Lorsque des infractions sont connexes, tout acte interruptif de prescription concernant l'une d'elles a nécessairement le même effet à l'égard des autres : ▪ Cass. crim., 16 mai 2012, n° 11-83.299 : *Dr. sociétés* 2012, n° 191, obs. R. Salomon. ▪ Cass. com., 27 juin 2012, n° 11-86.197 : *Dr. sociétés* 2012, n° 191, obs. R. Salomon ; *Rev. sociétés* 2013, p. 172, note B. Bouloc. ▪ Cass. crim., 14 nov. 2013, n° 12-87.008 : *Rev. sociétés* 2014, p. 123, note B. Bouloc. – V. également, ▪ Cass. crim., 25 juill. 2018, n° 12-80.387 : *Dr. sociétés* 2018, n° 177, obs. R. Salomon.

76) Règle ordinaire de mise en œuvre. Lorsque les charges résultant des contrats constitutifs de l'infraction ont fait l'objet d'une inscription dans les comptes sociaux soumis à l'approbation des associés, la prescription de l'action publique du chef d'abus de biens sociaux court, **sauf dissimulation,** à compter de la **présentation des comptes annuels** par lesquels les dépenses litigieuses sont mises indûment à la charge de la société : ▪ Cass. crim., 5 mai 1997 : *Bull. crim.* 1997, n° 153. ▪ Cass. crim., 13 oct. 1999 : *JCP* E 2000, p. 1380, note D. Ohl ; *BJS* 2000, p. 182, note J.-F. Barbièri ; *Rev. sociétés* 2000, p. 360, note B. Bouloc. ▪ CA Paris, 5 mars 2002 : *D.* 2002, p. 1206, obs. A. Lienhard. ▪ Cass. crim., 27 juin 2001 : *JurisData* n° 2001-010665 ; *Dr. et patrimoine* 1/2002, p. 100, obs. D. Poracchia ; *Dr. pén.* nov. 2001, p. 16, obs. J.-H. Robert ; *JCP* E 2001, p. 1747 ; *BJS* 2001, p. 1117, note J.-F. Barbièri ; *Rev. sociétés* 2001, p. 873, note B. Bouloc. ▪ Cass. crim., 1er déc. 2004 : *BJS* 2005, p. 494, note J.-F. Barbièri ; *Rev. sociétés* 2005, p. 444, note B. Bouloc. ▪ Cass. crim., 6 avr. 2005, n° 04-82.926 : *Dr. sociétés* oct. 2005, n° 185, obs. R. Salomon. ▪ Cass. crim., 30 janv. 2013, n° 12-80.107 : *Dr. sociétés* 2013, n° 91, obs. R. Salomon. ▪ Cass. crim., 22 janv. 2014, n° 12-87.170 : *Dr. sociétés* 2014, n° 72, obs. R. Salomon ; *Rev. sociétés* 2014, p. 522, note B. Bouloc.

77) Nécessaire identification de la date de la révélation. Cassation de l'arrêt déclarant prescrit le délit d'abus de biens sociaux sans avoir recherché à quelle date le président et les actionnaires de la société avaient eu connaissance de l'opération délictueuse : ▪ Cass. crim., 19 mai. 2005, n° 04-82.056 : *BJS* 2005, p. 1378.

78) Exigence d'une révélation à un tiers n'ayant pas participé à l'infraction. *a)* **Principe.** Les abus de biens sociaux ne peuvent être prescrits dès lors que le ministère public et les associés, seuls susceptibles d'engager l'action publique, n'ont pu en avoir connaissance que moins de trois ans avant l'ouverture de l'enquête : ▪ Cass. crim., 30 avr. 2014, n° 13-82.912 : *Rev. sociétés* 2015, p. 56, note B. Bouloc.

b) **Applications.**

– Quand **l'auteur et le complice** du délit sont les **seuls associés** de la société victime *[SARL]*, aucun tiers ne peut être alerté sur l'irrégularité des opérations et le délai de prescription commence à courir au jour de la **saisie** au domicile du gérant **des documents établissant le délit** et non pas au jour de l'inscription en comptabilité des opérations délictueuses : ▪ Cass. crim., 23 mai 2002 : *BJS* 2002, p. 1048, note E. Deleuze.

– Un abus de biens sociaux tacitement accepté par l'ensemble des associés, lesquels avaient tous intérêt à sa dissimulation, ne se prescrit qu'à compter du jour où il est découvert par un tiers à la société, en l'espèce le **contrôleur de l'administration fiscale** : ▪ Cass. crim., 8 mars 2006, n° 04-86.648 : *JCP* E 2006, 1954, note J.-H. Robert ; *Rev. sociétés* 2006, p. 602, note B. Bouloc.

– S'agissant d'un emploi fictif le délai de prescription ne commence à courir qu'à compter du jour où une information judiciaire distincte a fait apparaître l'absence de prestation de travail correspondant aux rémunérations versées dans des conditions permettant l'exercice de l'action publique : ▪ Cass. crim., 14 nov. 2007, n° 06-87.378, PF : *Dr. sociétés* 2008, n° 17, obs. R. Salomon.

2° *Révélations insuffisantes à faire courir la prescription*

79) Autorisation du conseil de surveillance. Le point de départ du délai de prescription ne saurait être fixé à la date de l'autorisation de l'opération litigieuse par le conseil de surveillance dans la mesure où celui-ci **n'a pas eu d'informations sur l'opération envisagée** ; la prescription de l'action court donc, sauf dissimulation, à la date ultérieure de présentation des comptes annuels : ▪ Cass. crim., 20 oct. 2004 : *Dr. sociétés* mars 2005, n° 57, obs. R. Salomon.

80) La découverte **d'anomalies de gestion** ne constitue pas le point de départ de la prescription car elle n'implique pas nécessairement, de la part des dirigeants, un comportement entrant dans les prévisions de l'article L. 242-6 du Code de commerce : ▪ Cass. crim., 7 mai 2002 : *D.* 2002, p. 2336 ; *BJS* 2002, p. 937, note P. Scholer ; *Rev. sociétés* 2002, p. 741, note B. Bouloc.

3° Hypothèses de dissimulation

81) Absence d'inscription comptable. Le délai ne commence à courir que lorsque l'opération qui caractérise l'infraction est inscrite en comptabilité dans des conditions qui excluent la clandestinité ; quand les prélèvements de fonds frauduleux ont été décidés par le président et ses adjoints en dehors de toute information ou approbation du conseil d'administration, il est impossible aux organes de contrôle de pouvoir déceler une quelconque irrégularité : ▪ CA Aix-en-Provence, 10 oct. 2001 : *JurisData* n° 2001-170308.

82) Inscription comptable inexacte. La présentation des comptes annuels ne fait pas courir le délai de prescription lorsque ceux-ci ne sont pas fidèles et sincères ; il en est ainsi :

– lorsque des commissions ont été versées à des bureaux d'études en rémunération de prestations fictives : ▪ Cass. crim., 23 mai 2002 : *BJS* 2002, p. 1048, note E. Dezeuze ; *Rev. sociétés* 2002, p. 746, note B. Bouloc ;

– lorsque des factures ont été adressées à un prête-nom : ▪ Cass. crim., 14 mai 2003 : *BJS* 2003, p. 1043, note J.-F. Barbièri ; *D.* 2003, p. 1766, obs. A. Lienhard ; *JCP* E 2003, act., p. 1096 ;

– lorsqu'un contrat de travail fictif a été conclu : ▪ Cass. crim., 28 mai 2003 : *BJS* 2003, p. 1147, note J.-F. Barbièri ; *JCP* E 2003, act., p. 1186 ;

– lorsqu'ont été établies des factures destinées à justifier dans les comptes sociaux des opérations fictives : ▪ Cass. crim., 16 nov. 2005, n° 05-81.185 : *JurisData* n° 2005-031387 ; *Dr. sociétés* févr. 2006, n° 29, obs. R. Salomon ; *JCP* G 2006, II, 10110, note Ph. Conte ; *Rev. sociétés* 2006, p. 602, note B. Bouloc.

83) Inscription comptable non significative. *a)* Est caractérisée la dissimulation de dépenses correspondant au paiement d'un salaire fictif lorsque les comptes sociaux englobent, sans aucune distinction nominative, les salaires et charges de l'ensemble du personnel salarié et que leur lecture ne met pas le commissaire aux comptes ou les actionnaires en mesure d'avoir des informations suffisantes pour déceler l'existence de faits constitutifs d'abus de biens sociaux : ▪ Cass. crim., 4 nov. 2004, préc., sous C. com., art. L. 242-6, annot. n° 53, p. 586. ▪ Cass. crim., 22 mars 2017, n° 15-84.229 : *Dr. sociétés* 2017, n° 90, obs. R. Salomon ; *Rev. sociétés* 2017, p. 591, note B. Bouloc.

b) En revanche, le fait que les charges indues aient été noyées dans la masse des frais divers ou des charges salariales, bien qu'elles aient figuré dans les rubriques comptables où elles devaient trouver place, ne suffit pas à caractériser la dissimulation des opérations litigieuses : ▪ Cass. crim., 27 juin 2001, préc., sous C. com., art. L. 242-6, annot. n° 74, p. 591.

84) Information partielle et disséminée. Il y a dissimulation lorsque les détails de la convention litigieuse n'ont pas été communiqués aux actionnaires avant l'assemblée générale approuvant les comptes, lors même que des informations sur l'opération avaient été diffusées par voie de presse : ▪ Cass. crim., 28 juin 2006, n° 05-82.634 : *JCP* E 2006, 2727, note J.-H. Robert.

4° Règles particulières à certaines conventions

85) Conventions à exécution successive. Le délit d'abus de biens sociaux est une infraction instantanée consommée lors de chaque usage abusif des biens de la société ; par suite, en cas de convention à exécution successive aboutissant à mettre périodiquement à la charge de la société des dépenses indues, l'infraction est constituée chaque fois qu'un paiement est effectué ; aussi le point de départ de la prescription ne résulte-t-il pas de l'approbation initiale des conventions mais de l'approbation par les associés du rapport spécial des commissaires aux comptes établi chaque année sur ces conventions : ▪ Cass. crim., 8 oct. 2003 : *BJS* 2004, p. 54, note J.-F. Barbièri ; *D.* 2003, p. 2695, obs. A. Lienhard ; *JCP* E 2004, 29, n° 4, obs. J.-J. Caussain, Fl. Deboissy et G. Wicker, cassant : ▪ CA Paris, 25 janv. 2002 : *Rev. sociétés* 2002, p. 346, note B. Bouloc ; *JCP* E 2002, 851, n° 8, obs. A. Viandier et J.-J. Caussain ; renvoi devant, ▪ CA Versailles, 30 juin 2005, préc. sous C. com., art. L. 242-6, annot. n° 32, p. 581.

86) Conventions réglementées. *a)* Lorsque les conventions frauduleuses ayant pour parties la société victime, ses dirigeants et une société tierce participent du domaine des conventions réglementées, l'inobservation des règles légales constitue une dissimulation empêchant le cours de la prescription, laquelle se trouve suspendue jusqu'à ce que le formalisme légal ait été respecté : ▪ Cass. crim., 10 avr. 2002 : *BJS* 2002, p. 935, note P. Scholer ; *Dr. pén.* 2002, comm. 96, obs. J.-H. Robert. – Lorsque le fait constitutif de l'abus de biens sociaux est un contrat soumis à autorisation du conseil d'administration et à l'approbation de l'assemblée générale des actionnaires, le délai de prescription court à compter de cette assemblée, mais à la condition que la délibération ait été régulière ; tel n'est pas le cas lorsque le rapport spécial du commissaire aux comptes n'a pas été établi : ▪ Cass. crim., 23 mars 2005, n° 04-84.756, préc., sous C. com., art. L. 242-6, annot. n° 69, p. 590.

b) Lorsqu'elles participent du domaine des conventions réglementées, les **conventions à exécution successive** doivent faire l'objet, à la fin de chaque exercice, d'un rapport spécial des commissaires aux comptes *[D. 23 mars 1967, art. 92]* dont la présentation à l'assemblée générale constitue le point de départ du délai de prescription : ▪ Cass. crim., 8 oct. 2003, préc., sous C. com., art. L. 242-6, annot. n° 83, p. 592.

I – Sanctions

87) Sanction de l'auteur de l'abus – Principe d'interprétation stricte. En application du principe de légalité des délits et des peines, l'auteur d'un abus de biens sociaux ne peut être condamné qu'aux seules peines prévues par les articles L. 241-3 et L. 242-6 du Code de commerce [V. désormais, C. com., art. L. 249-1, p. 600] ; en conséquence, il ne peut être condamné :

– à une peine complémentaire d'**interdiction de gérer** : ▪ Cass. crim., 9 mai 2007, n° 07-81.298 : *Dr. sociétés* 2007, n° 165, obs. R. Salomon. ▪ Cass. crim., 21 sept. 2011, n° 11-84.568 : *Dr. sociétés* 2012, n° 89, obs. R. Salomon. – Cette peine ne peut être prononcée sur le fondement de l'article L. 249-1 résultant de la loi du 4 août 2008 pour des faits antérieurs à son entrée en vigueur : ▪ Cass. crim., 7 nov. 2012, n° 11-88.241 : *Dr. sociétés* 2013, n° 73, obs. R. Salomon ;

– à une peine complémentaire de **publication de la décision de condamnation dans les journaux** : ▪ Cass. crim., 25 janv. 2012, n° 11-80.291 : *Dr. sociétés* 2012, n° 89, obs. R. Salomon ; *Rev. sociétés* 2012, p. 318, note B. Bouloc ;

– à une peine complémentaire d'**interdiction d'exercer les professions d'expert-comptable et de commissaires aux comptes** : ▪ Cass. crim., 6 déc. 2006, n° 06-82.860 : *Dr. sociétés* 2007, n° 58, obs. R. Salomon ;

– de même, si le délit de corruption, en exposant la société à un risque anormal de sanction pénale, peut être sanctionné au titre de l'abus de biens sociaux, la personne physique coupable d'abus de biens sociaux et de corruption active ne peut, en l'absence de prévision des textes, être condamnée à l'**exclusion des marchés publics** pour une durée de cinq ans : ▪ Cass. crim., 19 sept. 2007, n° 07-80.533 : *JCP* E 2008, 1122, note J.-H. Robert.

88) Sanction des actes frauduleux. S'agissant d'un contrat dont la prestation était destinée à profiter tant au dirigeant qu'à la société, ce contrat n'étant pas contraire à l'intérêt de la société, ne peut être annulé pour cause illicite : ▪ Cass. com., 9 juin 2009, n° 08-15.270 : *Rev. sociétés* 2009, p. 856, note B. Bouloc.

J – Action civile

89) Prescription. La parution d'articles de presse évoquant des mises en examen pour des faits susceptibles de constituer un abus de biens sociaux ne caractérise pas la révélation à la victime de l'infraction permettant de faire courir le délai de prescription : ▪ Cass. 2e civ., 14 avr. 2016, n° 15-14.593 : *BJS* 2016, p. 469, note B. Saintourens.

90) Réparation. Le préjudice résultant d'une infraction devant être réparé dans son intégralité, sans perte ni profit pour aucune des parties, l'auteur de l'infraction tenant à une rémunération excessive n'est tenu à réparation qu'à concurrence de cet excès : ▪ Cass. crim., 7 déc. 2016, n° 15-86.731, PB : *BJS* 2017, p. 293, note N. Bargue. – De même, il n'y a pas lieu à condamner à réparation lorsque la somme litigieuse a été spontanément remboursée à la société : ▪ Cass. com., 19 mai 2016, n° 15-83.047 : *Dr. sociétés* 2016, n° 135, obs. R. Salomon ; *Rev. sociétés* 2017, p. 169, note B. Bouloc. – Le principe de l'autorité au civil de la chose jugée au pénal n'interdit pas au juge civil de retenir une évaluation du préjudice distincte de celle du juge pénal dans la limite des faits constatés qui constituent le soutien nécessaire de la condamnation pénale : ▪ Cass. crim., 1er juin 2016, n° 15-80.721, PB : *Rev. sociétés* 2017, p. 240, note B. Bouloc.

Art. L. 242-7 *(Abr., Ord. n° 2004-274, 25 mars 2004).*

Art. L. 242-8 *(Anc. L. n° 66-537, 24 juill. 1966).* **– Est puni d'une amende de 9 000 € le fait, pour le président, les administrateurs ou les directeurs généraux d'une société anonyme, de ne pas, pour chaque exercice, dresser l'inventaire et établir des comptes annuels et un rapport de gestion.**

Section III. – Des infractions relatives aux assemblées d'actionnaires

Art. L. 242-9 *(Anc. L. n° 66-537, 24 juill. 1966).* **– Est puni d'un emprisonnement de deux ans et d'une amende de 9 000 € :**

1° Le fait d'empêcher un actionnaire de participer à une assemblée d'actionnaires ;

2° *(Abr., L. n° 2003-706, 1er août 2003).*

3° Le fait de se faire accorder, garantir ou promettre des avantages pour voter dans un certain sens ou pour ne pas participer au vote, ainsi que le fait d'accorder, garantir ou promettre ces avantages.

Bibliographie : P. Didier, *Les conventions de vote : Mél. J. Foyer*, PUF, 1997, p. 341. • M. Jeantin, *Les conventions de vote : RJ com.* 1990, p. 124. • M. Germain, *Le transfert du droit de vote : RJ com.* 1990, p. 135. • B. Mercadal, *Pour la validité des conventions de vote entre actionnaires : RJDA* 1992, 727. • M. Riou, *La protection pénale du droit de vote des actionnaires : Le droit pénal spécial des sociétés anonymes*, Dalloz, 1955, p. 325. • A. Viandier, *Observations sur les conventions de vote : JCP* E 1986, 15405.

1) **Entrave.** L'article 440, 1°, de la loi du 24 juillet 1966 *[C. com., art. L. 242-9, 1°]* doit recevoir application lorsque le mandataire des copropriétaires indivis d'actions a été empêché de participer à une assemblée : ▪ Cass. crim., 3 oct. 1975 : *Rev. sociétés* 1976, p. 518, note B. Bouloc. – En revanche, l'existence de conditions anormales de convocation des assemblées ne suffit pas à condamner, faute de prouver à la charge du prévenu – en l'espèce un administrateur judiciaire – un acte d'entrave à la participation d'un actionnaire à une assemblée de la société : ▪ Cass. crim., 13 mars 1989 : *Bull. crim.* 1989, n° 121.

2) **Représentation d'une personne morale.** Une personne morale actionnaire peut être représentée aux assemblées générales par son représentant légal ou par un fondé de pouvoir désigné à cet effet, que ce dernier soit ou non actionnaire : ▪ Cass. crim., 26 mai 1994 : *BJS* 1994, p. 1076, note A. Couret ; *RJDA* 1994, p. 816.

3) Sur la **qualification de faux** en cas d'apposition de fausses signatures sur les feuilles de présence d'assemblée, voir ▪ Cass. crim., 16 mars 1970 : *Bull. crim.* 1970, n° 107.

4) **Nullité.** La mise en œuvre de l'action civile sur le fondement de l'article 440, 3°, de la loi de 1966 *[C. com., art. L. 242-9, 3°]* ne saurait aboutir au prononcé de la nullité des résolutions de l'assemblée concernée : ▪ Cass. com., 8 mai 1963 : *JCP* 1963, II, 13282, note J.R.

Art. L. 242-10 *(Anc. L. n° 66-537, 24 juill. 1966 ; mod., L. n° 2012-387, 22 mars 2012)*. **– Est puni d'un emprisonnement de six mois et d'une amende de 9 000 € le fait, pour le président ou les administrateurs d'une société anonyme, de ne pas soumettre à l'approbation de l'assemblée générale ordinaire les comptes annuels et le rapport de gestion prévus à l'article L. 232-1.**

1) **Pour des exemples de condamnation,** voir ▪ T. corr. Paris, 22 janv. 1981 : *Rev. sociétés* 1981, p. 813, note B. Bouloc. ▪ T. corr. Paris, 7 oct. 1981 : *Gaz. Pal.* 1982, 1, p. 28.

2) **Intention.** L'intention frauduleuse n'est pas un élément constitutif du délit prévu et réprimé par l'article 441 de la loi du 24 juillet 1966 *[C. com., art. L. 242-10]* : ▪ Cass. crim., 11 mai 1981 : *JCP* 1981, IV, 269 ; *D.* 1981, inf. rap. p. 486 ; *Rev. sociétés* 1982, p. 102, note J.-L. Sibon. ▪ Cass. crim., 9 janv. 1995 : *BJS* 1995, p. 677, note J.-F. Barbièri.

3) **Qualité de la victime.** Aucun texte n'exige la qualité d'actionnaire au moment du fait délictueux, mais les juges doivent constater que le préjudice personnel est la conséquence directe de l'infraction : ▪ Cass. crim., 4 nov. 1991 : *Rev. sociétés* 1992, p. 87, note B. Bouloc.

Art. L. 242-11 *(Abr., L. n° 2003-706, 1er août 2003).*

Art. L. 242-12 et L. 242-13 *(Abr., Ord. n° 2004-274, 25 mars 2004).*

Art. L. 242-14 *(Abr., L. n° 2001-420, 15 mai 2001).*

Art. L. 242-15 *(Abr., L. n° 2012-387, 22 mars 2012).*

Art. L. 242-16 *(Abr., L. n° 2003-706, 1er août 2003).*

Section IV. – Des infractions relatives aux modifications du capital social

Sous-section 1. – De l'augmentation du capital

Art. L. 242-17 *(Anc. L. n° 66-537, 24 juill. 1966 ; rempl., L. n° 2012-387, 22 mars 2012)*. **– Est puni de 150 000 € d'amende le fait, pour le président, les administrateurs ou les directeurs généraux d'une société anonyme, d'émettre des actions ou des coupures d'actions sans que le capital antérieurement souscrit de la société ait été intégralement libéré ou sans que les nouvelles actions d'apport aient été intégralement libérées avant l'inscription modificative au registre du commerce et des sociétés ou encore sans que les**

actions de numéraire nouvelles aient été libérées, lors de la souscription, du quart au moins de leur valeur nominale et, le cas échéant, de la totalité de la prime d'émission.

La peine prévue au présent article peut être doublée lorsque les actions ou coupures d'actions émises ont fait l'objet d'une offre au public.

Le présent article n'est applicable ni aux actions qui ont été régulièrement émises par conversion d'obligations convertibles à tout moment ou par utilisation des bons de souscription, ni aux actions émises dans les conditions prévues aux articles L. 232-18 à L. 232-20.

Voir : Rappr. C. com., art. L. 242-1, p. 572.

Art. L. 242-18 et L. 242-19 *(Abr., L. n° 2003-706, 1er août 2003).*

Art. L. 242-20 *(Anc. L. n° 66-537, 24 juill. 1966).* **– Est puni d'un emprisonnement de deux ans et d'une amende de 18 000 € le fait, pour le président, les administrateurs ou les commissaires aux comptes d'une société anonyme, de donner ou confirmer des indications inexactes dans les rapports présentés à l'assemblée générale appelée à décider de la suppression du droit préférentiel de souscription des actionnaires.**

1) **Omission ou inexactitude ?** L'omission d'un renseignement n'équivaut pas, en principe, à la communication d'une information inexacte : ▪ Cass. crim., 27 févr. 1978 : *Rev. sociétés* 1978, p. 496, note B. Bouloc.

2) Pour une application à une « note » établie à l'occasion d'une émission d'obligations convertibles, V. ▪ T. corr. Paris, 6 mai 1986 : *JCP* E 1986, 15846, n° 28, obs. A. Viandier et J.-J. Caussain. – *Adde* ▪ Cass. crim., 2 avr. 1990 : *BJS* 1990, p. 645.

Art. L. 242-21 *(Anc. L. n° 66-537, 24 juill. 1966).* **– Les dispositions des articles L. 242-2 à L. 242-5 relatives à la constitution des sociétés anonymes sont applicables en cas d'augmentation de capital.**

Abus de confiance. L'affectation par le président du conseil d'administration des fonds provenant d'une augmentation de capital aux besoins de la trésorerie sociale constitue un abus de confiance : ▪ Cass. crim., 7 mai 1969 : *Bull. crim.* 1969, n° 155.

Sous-section 2. – De l'amortissement du capital

Art. L. 242-22 *(Abr., L. n° 2001-420, 15 mai 2001).*

Sous-section 3. – De la réduction du capital

Art. L. 242-23 *(Anc. L. n° 66-537, 24 juill. 1966 ; rempl., L. n° 2012-387, 22 mars 2012).* **– Est puni de 30 000 € d'amende le fait, pour le président ou les administrateurs d'une société anonyme, de procéder à une réduction du capital social sans respecter l'égalité des actionnaires.**

Art. L. 242-24 *(Anc. L. n° 66-537, 24 juill. 1966 ; rempl., L. n° 2012-387, 22 mars 2012).* **– Est puni de 150 000 € d'amende le fait, pour le président, les administrateurs ou les directeurs généraux d'une société anonyme, d'utiliser des actions achetées par la société en application de l'article L. 225-208 afin de faire participer les salariés aux résultats, d'attribuer des actions gratuites ou de consentir des options donnant droit à l'achat d'actions à des fins autres que celles prévues au même article L. 225-208.**

Est passible de la même peine le fait, pour le président, les administrateurs ou les directeurs généraux d'une société anonyme, d'effectuer, au nom de celle-ci, les opérations interdites par le premier alinéa de l'article L. 225-216.

Section V. – Des infractions relatives au contrôle

Art. L. 242-25 à L. 242-28 *(Abr., L. n° 2001-420, 15 mai 2001).*

Voir : C. com., art. L. 820-4 à L. 820-7, p. 898.

Section VI. – Des infractions relatives à la dissolution

Art. L. 242-29 *(Abr., L. n° 2012-387, 22 mars 2012).*

Section VII. – Des infractions relatives aux sociétés anonymes comportant un directoire et un conseil de surveillance

Art. L. 242-30 *(Anc. L. n° 66-537, 24 juill. 1966 ; L. n° 2003-721, 1er août 2003 ; mod., L. n° 2012-387, 22 mars 2012).* – **Les peines prévues par les articles L. 242-1 à L. 242-24 pour les présidents, les directeurs généraux et les administrateurs des sociétés anonymes sont applicables, selon leurs attributions respectives, aux membres du directoire et aux membres du conseil de surveillance des sociétés anonymes régies par les dispositions des articles L. 225-57 à L. 225-93.**

Les dispositions de l'article L. 246-2 sont en outre applicables aux sociétés anonymes régies par les articles L. 225-57 à L. 225-93.

Section VIII. – Des infractions relatives aux sociétés anonymes à participation ouvrière

Art. L. 242-31 *(Abr., L. n° 2012-387, 22 mars 2012).*

CHAPITRE III. – DES INFRACTIONS CONCERNANT LES SOCIÉTÉS EN COMMANDITE PAR ACTIONS

Art. L. 243-1 *(Anc. L. n° 66-537, 24 juill. 1966).* – **Les articles L. 242-1 à L. 242-29 s'appliquent aux sociétés en commandite par actions.**

Les peines prévues pour les présidents, les administrateurs ou les directeurs généraux des sociétés anonymes sont applicables, en ce qui concerne leurs attributions, aux gérants des sociétés en commandite par actions.

Art. L. 243-2 *(Abr., L. n° 2001-420, 15 mai 2001).*

CHAPITRE IV. – DES INFRACTIONS CONCERNANT LES SOCIÉTÉS PAR ACTIONS SIMPLIFIÉES

Art. L. 244-1 *(Anc. L. n° 66-537, 24 juill. 1966 ; mod., L. n° 2012-387, 22 mars 2012).* – **Les articles L. 242-1 à L. 242-6, L. 242-8, L. 242-17 à L. 242-24 s'appliquent aux sociétés par actions simplifiées.**

Les peines prévues pour le président, les administrateurs ou les directeurs généraux des sociétés anonymes sont applicables au président et aux dirigeants des sociétés par actions simplifiées.

Les articles L. 242-20, L. 820-6 et L. 820-7 s'appliquent aux commissaires aux comptes des sociétés par actions simplifiées.

Art. L. 244-2 *(Anc. L. n° 66-537, 24 juill. 1966 ; mod., L. n° 2001-420, 15 mai 2001 ; L. n° 2003-721, 1er août 2003).* – **Le fait, pour un président ou un dirigeant de société par actions simplifiée de ne pas consulter les associés dans les conditions prévues par les statuts en cas d'augmentation, d'amortissement ou de réduction du capital, de fusion, de scission, de dissolution ou de transformation en une société d'une autre forme est puni de six mois d'emprisonnement et de 7 500 € d'amende.**

Art. L. 244-3 *(Anc. L. n° 66-537, 24 juill. 1966 ; Ord. n° 2009-80, 22 janv. 2009).* – **Est puni d'une amende de 18 000 € le fait, pour les dirigeants d'une société par actions simplifiée, de procéder à une offre au public de titres financiers ou de faire admettre des actions aux négociations sur un marché réglementé.**

Art. L. 244-4 *(Anc. L. n° 66-537, 24 juill. 1966).* – **Les dispositions des articles L. 244-1, L. 244-2 et L. 244-3 sont applicables à toute personne qui, directement ou par personne interposée, aura en fait exercé la direction d'une société par actions simplifiée sous le couvert ou au lieu et place du président et des dirigeants de cette société.**

CHAPITRE IV *BIS*. – DES INFRACTIONS CONCERNANT LES SOCIÉTÉS EUROPÉENNES

(L. n° 2005-842, 26 juill. 2005)

Art. L. 244-5 *(L. n° 2005-842, 26 juill. 2005).* – **Les articles L. 242-1 à L. 242-30 s'appliquent aux sociétés européennes.**

Les peines prévues pour le président, les administrateurs, les directeurs généraux, les membres du directoire ou les membres du conseil de surveillance des sociétés anonymes sont applicables au président, aux

administrateurs, aux directeurs généraux, aux membres du directoire ou aux membres du conseil de surveillance des sociétés européennes.

L'article L. 242-20 s'applique aux commissaires aux comptes des sociétés européennes.

Voir : Société européenne, C. com., art. L. 229-1 et s., p. 464.

CHAPITRE V. – DES INFRACTIONS RELATIVES AUX VALEURS MOBILIÈRES ÉMISES PAR LES SOCIÉTÉS PAR ACTIONS

Section I. – Des infractions relatives aux actions

Art. L. 245-1 et L. 245-2 *(Abr., L. n° 2001-420, 15 mai 2001).*

Art. L. 245-3 *(Abr., L. n° 2012-387, 22 mars 2012).*

Art. L. 245-4 *(Anc. L. n° 66-537, 24 juill. 1966 ; mod., Ord. n° 2004-604, 24 juin 2004 ; L. n° 2012-387, 22 mars 2012).* **– Le fait, pour le président et les administrateurs, les directeurs généraux, les membres du directoire et du conseil de surveillance d'une société anonyme, les gérants des sociétés en commandite par actions, de détenir, directement ou indirectement dans les conditions prévues par l'article L. 228-35-8, des actions à dividende prioritaire sans droit de vote de la société qu'ils dirigent est puni d'une amende de 150 000 €.**

Art. L. 245-5 *(Abr., L. n° 2012-387, 22 mars 2012).*

Section II. – Des infractions relatives aux parts de fondateurs

Art. L. 245-6 *(Abr., L. n° 2001-420, 15 mai 2001).*

Section III. – Des infractions relatives aux obligations

Art. L. 245-7 et L. 245-8 *(Abr., L. n° 2001-420, 15 mai 2001).*

Art. L. 245-9 *(Anc. L. n° 66-537, 24 juill. 1966 ; mod., Ord. n° 2004-274, 25 mars 2004).* **– Est puni d'une amende de 9 000 € le fait, pour le président, les administrateurs, les directeurs généraux ou les gérants d'une société par actions d'émettre, pour le compte de cette société, des obligations négociables qui, dans une même émission, ne confèrent pas les mêmes droits de créance pour une même valeur nominale. [...].**

1° et 2° *(Abr., Ord. n° 2004-274, 25 mars 2004).*

Art. L. 245-10 *(Abr., L. n° 2003-706, 1er août 2003).*

Art. L. 245-11 *(Anc. L. n° 66-537, 24 juill. 1966 ; mod., Ord. n° 2004-604, 24 juin 2004).* **– Est puni d'un emprisonnement de deux ans et d'une amende de 9 000 € le fait :**

1° D'empêcher un obligataire de participer à une assemblée générale d'obligataires ;

2° De se faire accorder, garantir ou promettre des avantages particuliers pour voter dans un certain sens ou pour ne pas participer au vote, ainsi que le fait d'accorder, garantir ou promettre ces avantages particuliers.

Art. L. 245-12 *(Anc. L. n° 66-537, 24 juill. 1966 ; mod., Ord. n° 2004-604, 24 juin 2004).* **– Est puni d'une amende de 6 000 € le fait :**

1° Pour le président, les administrateurs, les directeurs généraux, les gérants, les commissaires aux comptes, les membres du conseil de surveillance ou les employés de la société débitrice ou de la société garante de tout ou partie des engagements de la société débitrice ainsi que pour leurs ascendants, descendants ou conjoints de représenter des obligataires à leur assemblée générale, ou d'accepter d'être les représentants de la masse des obligataires ;

2° Pour le président, les administrateurs, les directeurs généraux ou les gérants de sociétés détenant au moins 10 % du capital des sociétés débitrices, de prendre part à l'assemblée générale des obligataires à raison des obligations détenues par ces sociétés.

Art. L. 245-13 *(Anc. L. n° 66-537, 24 juill. 1966 ; mod., Ord. n° 2004-274, 25 mars 2004).* **– Est puni d'une amende de 4 500 € le fait, pour le président de l'assemblée générale des obligataires, de ne pas procéder à la constatation des décisions de toute assemblée générale d'obligataires par procès-verbal, mentionnant la date et le lieu de la réunion, le mode de convocation, l'ordre du jour, la composition du**

bureau, le nombre d'obligataires participant au vote et le quorum atteint, les documents et rapports soumis à l'assemblée, un résumé des débats, le texte des résolutions mises aux voix et le résultat des votes.

Art. L. 245-14 *(Abr., L. n° 2003-706, 1er août 2003).*

Art. L. 245-15 *(Anc. L. n° 66-537, 24 juill. 1966 ; mod., L. n° 2003-706, 1er août 2003 ; Ord. n° 2004-604, 24 juin 2004).* **– Les infractions prévues aux articles L. 245-9, L. 245-12 et L. 245-13 sont punies de cinq ans d'emprisonnement et de 18 000 € d'amende lorsqu'elles ont été commises frauduleusement en vue de priver les obligataires ou certains d'entre eux d'une part des droits attachés à leur titre de créance.**

Section IV. – Dispositions communes

Art. L. 245-16 *(Anc. L. n° 66-537, 24 juill. 1966).* **– Les dispositions du présent chapitre visant le président, les administrateurs, les directeurs généraux et les gérants de sociétés par actions sont applicables à toute personne qui, directement ou par personne interposée, aura, en fait, exercé la direction, l'administration ou la gestion desdites sociétés sous le couvert ou au lieu et place de leurs représentants légaux.**

Voir : Rappr. C. com., art. L. 241-9, p. 572 et L. 246-2, p. 598.

Section V. – Des infractions relatives aux sociétés anonymes comportant un directoire et un conseil de surveillance

Art. L. 245-17 *(Anc. L. n° 66-537, 24 juill. 1966).* **– Les peines prévues par les articles L. 245-1 à L. 245-15 pour les présidents, les directeurs généraux et les administrateurs des sociétés anonymes sont applicables, selon leurs attributions respectives, aux membres du directoire et aux membres du conseil de surveillance des sociétés anonymes régies par les dispositions des articles L. 225-57 à L. 225-93.**

Les dispositions de l'article L. 245-16 sont en outre applicables aux sociétés anonymes régies par les articles L. 225-57 à L. 225-93.

Présentation de comptes infidèles. Le président du conseil de surveillance comme le président du directoire peuvent être poursuivis pour présentation de comptes ne donnant pas une image fidèle de la société lorsqu'il apparaît qu'ils ont codirigé la société : ▪ CA Paris, 17 mai 1999 : *RJDA* 6/2000, n° 672.

CHAPITRE VI. – DES INFRACTIONS COMMUNES AUX DIVERSES FORMES DE SOCIÉTÉS PAR ACTIONS

Art. L. 246-1 *(Abr., L. n° 2003-721, 1er août 2003).*

Art. L. 246-2 *(Anc. L. n° 66-537, 24 juill. 1966 ; mod., L. n° 2005-842, 26 juill. 2005).* **– Les dispositions des articles L. 242-1 à L. 242-29, L. 243-1 et L. 244-5 visant le président, les administrateurs ou les directeurs généraux de sociétés anonymes ou de sociétés européennes et les gérants de sociétés en commandite par actions sont applicables à toute personne qui, directement ou par personne interposée, a, en fait, exercé la direction, l'administration ou la gestion desdites sociétés sous le couvert ou au lieu et place de leurs représentants légaux.**

Rappr. C. com., art. L. 241-9, ainsi que la bibliographie et les annot. nos 1 et s., p. 572 ; C. com., art. L. 245-16, p. 598.

CHAPITRE VII. – DES INFRACTIONS COMMUNES AUX DIVERSES FORMES DE SOCIÉTÉS COMMERCIALES

Section I. – Des infractions relatives aux filiales, aux participations et aux sociétés contrôlées

Art. L. 247-1 *(Anc. L. n° 66-537, 24 juill. 1966).* **– I. – Est puni d'un emprisonnement de deux ans et d'une amende de 9 000 € le fait, pour les présidents, les administrateurs, les directeurs généraux ou les gérants de toute société :**

1° De ne pas faire mention dans le rapport annuel présenté aux associés sur les opérations de l'exercice, d'une prise de participation dans une société ayant son siège sur le territoire de la République française représentant

plus du vingtième, du dixième, du cinquième, du tiers, de la moitié ou des deux tiers du capital ou des droits de vote aux assemblées générales de cette société ou de la prise de contrôle d'une telle société ;

2° De ne pas, dans le même rapport, rendre compte de l'activité et des résultats de l'ensemble de la société, des filiales de la société et des sociétés qu'elle contrôle par branche d'activité ;

3° De ne pas *(Mots rempl., Ord. n° 2015-900, 23 juill. 2015)* **« inclure dans l'annexe » de la société le tableau prévu à l'article L. 233-15 et comportant les renseignements en vue de faire apparaître la situation desdites filiales et participations.**

II. – Est puni d'une amende de 9 000 € le fait, pour les membres du directoire, du conseil d'administration ou les gérants des sociétés visées à l'article L. 233-16, sous réserve des dérogations prévues à l'article L. 233-17, de ne pas établir et adresser aux actionnaires ou associés, dans les délais prévus par la loi, les comptes consolidés. Le tribunal peut en outre ordonner l'insertion du jugement, aux frais du condamné, dans un ou plusieurs journaux.

III. – Est puni des peines mentionnées au I le fait, pour le commissaire aux comptes, de ne pas faire figurer dans son rapport les mentions visées au 1° du I du présent article.

Art. L. 247-2 *(Anc. L. n° 66-537, 24 juill. 1966 ; L. n° 2003-7, 3 janv. 2003 ; L. n° 2003-706, 1er août 2003).* **– I. – Est puni d'une amende de 18 000 € le fait, pour les présidents, les administrateurs, les membres du directoire, les gérants ou les directeurs généraux des personnes morales, ainsi que pour les personnes physiques de s'abstenir de remplir les obligations d'informations auxquelles** *(Rect. JO 18 nov. 2000)* **« cette personne est tenue », en application de l'article L. 233-7, du fait des participations qu'elle détient.**

II. – Est puni de la même peine le fait, pour les présidents, les administrateurs, les membres du directoire, les gérants ou les directeurs généraux d'une société, de s'abstenir de procéder aux notifications auxquelles cette société est tenue, en application de l'article L. 233-12, du fait des participations qu'elle détient dans la société par actions qui la contrôle.

III. – Est puni de la même peine le fait, pour les présidents, les administrateurs, les membres du directoire, les gérants ou les directeurs généraux d'une société, d'omettre de faire mention dans le rapport présenté aux actionnaires sur les opérations de l'exercice de l'identité des personnes détenant des participations significatives dans cette société, des modifications intervenues au cours de l'exercice, du nom des sociétés contrôlées et de la part du capital de la société que ces sociétés détiennent, dans les conditions prévues par l'article L. 233-13.

IV. – Est puni de la même peine le fait, pour le commissaire aux comptes, d'omettre dans son rapport les mentions visées au III.

V. *(Rempl., Ord. n° 2009-80, 22 janv. 2009)* **– Pour les sociétés dont les actions sont admises aux négociations sur un marché d'instruments financiers mentionné au II de l'article L. 233-7, les poursuites sont engagées après que l'avis de l'Autorité des marchés financiers a été demandé.**

Art. L. 247-3 *(Anc. L. n° 66-537, 24 juill. 1966 ; mod., Ord. n° 2009-80, 22 janv. 2009).* **– Est puni d'une amende de 18 000 € le fait, pour les présidents, les administrateurs, les membres du directoire, les directeurs généraux ou les gérants de sociétés, de contrevenir aux dispositions des articles L. 233-29 à L. 233-31.**

Pour les sociétés dont les actions sont admises aux négociations sur un marché réglementé, les poursuites pour infraction aux dispositions de l'article L. 233-31 sont engagées après que l'avis de l'Autorité des marchés financiers a été demandé.

Section II. – Des infractions relatives à la publicité

Art. L. 247-4 *(Abr., L. n° 2012-387, 22 mars 2012).*

Section III. – Des infractions relatives à la liquidation

Art. L. 247-5 *(Anc. L. n° 66-537, 24 juill. 1966).* **– Est puni d'un emprisonnement de deux ans et d'une amende 9 000 € le fait de contrevenir à l'interdiction d'exercer les fonctions de liquidateur.**

Quiconque est condamné par application de l'alinéa précédent ne peut plus être employé, à quelque titre que ce soit, par la société dans laquelle il a exercé les fonctions prohibées. En cas d'infraction à cette interdiction, la personne condamnée et son employeur, si ce dernier en a eu connaissance, sont punis des peines prévues audit alinéa.

Art. L. 247-6 *(Abr., L. n° 2012-387, 22 mars 2012).*

Art. L. 247-7 *(Anc. L. n° 66-537, 24 juill. 1966 ; mod., L. n° 2001-420, 15 mai 2001 ; L. n° 2003-706 ; rempl., L. n° 2012-387, 22 mars 2012).* **– Est puni de 150 000 € d'amende le fait, pour un liquidateur en cas de liquidation judiciaire d'une société, de :**

1° Ne pas déposer sur un compte ouvert dans un établissement de crédit au nom de la société en liquidation, dans le délai de quinze jours à compter de la décision de répartition, les sommes réparties entre les associés et les créanciers ;

2° Ne pas déposer à la Caisse des dépôts et consignations, dans le délai d'un an à compter de la clôture de la liquidation, les sommes attribuées à des créanciers ou à des associés qui n'ont pas été réclamées.

Liquidation amiable. La sanction pénale de l'article 487, 5°, de la loi n° 66-537 du 24 juillet 1966 *[C. com., art. L. 247-7, 5°]* ne saurait être appliquée si les statuts excluent les règles de liquidation des articles 402 et suivants *[C. com., art. L. 237-14 et s.]* : ▪ Cass. crim., 9 mai 1977 : *Rev. sociétés* 1977, p. 719, note B. Bouloc. – *Adde* ▪ Cass. crim., 7 mars 1994 : *BJS* 1994, p. 631, note J.-F. Barbièri.

Art. L. 247-8 *(Anc. L. n° 66-537, 24 juill. 1966).* **– Est puni d'un emprisonnement de cinq ans et d'une amende de 9 000 € le fait, pour un liquidateur, de mauvaise foi :**

1° De faire des biens ou du crédit de la société en liquidation, un usage qu'il sait contraire à l'intérêt de celle-ci, à des fins personnelles ou pour favoriser une autre société ou entreprise dans laquelle il est intéressé directement ou indirectement ;

2° De céder tout ou partie de l'actif de la société en liquidation contrairement aux dispositions des articles L. 237-6 et L. 237-7.

Action civile. Un mandataire social, comme c'est le cas d'un liquidateur, doit répondre personnellement de ses agissements délictueux qui sont de nature à causer un préjudice direct non seulement à la société, mais également à ses associés ou actionnaires ; dans de telles circonstances, l'action civile appartient à tous ceux qui ont personnellement souffert du dommage découlant directement des faits, objet de la poursuite : ▪ Cass. crim., 8 nov. 1993 : *BJS* 1994, p. 162, note J.-F. Barbièri.

Section IV. – Des infractions relatives aux sociétés anonymes comportant un directoire et un conseil de surveillance

Art. L. 247-9 *(Anc. L. n° 66-537, 24 juill. 1966).* **– Les peines prévues par les articles L. 247-1 à L. 247-4 pour les présidents, les directeurs généraux et les administrateurs de sociétés anonymes, sont applicables, selon leurs attributions respectives, aux membres du directoire et aux membres du conseil de surveillance des sociétés anonymes régies par les dispositions des articles L. 225-57 à L. 225-93.**

Section V. – Des infractions relatives aux sociétés à capital variable

Art. L. 247-10 *(Abr., L. n° 2012-387, 22 mars 2012).*

CHAPITRE VIII. – DISPOSITIONS CONCERNANT LES DIRECTEURS GÉNÉRAUX DÉLÉGUÉS DES SOCIÉTÉS ANONYMES OU DES SOCIÉTÉS EUROPÉENNES

(L. n° 2001-420, 15 mai 2001 ; intitulé mod., L. n° 2005-842, 26 juill. 2005)

Art. L. 248-1 *(L. n° 2001-420, 15 mai 2001 ; mod., L. n° 2005-842, 26 juill. 2005).* **– Les dispositions du présent titre visant les directeurs généraux des sociétés anonymes ou des sociétés européennes sont applicables, selon leurs attributions respectives, aux directeurs généraux délégués.**

Voir : Société européenne, C. com., art. L. 229-1 et s., p. 464.

Chapitre IX – Peines complémentaires applicables aux personnes physiques

(L. n° 2008-776, 4 août 2008).

Art. L. 249-1 *(L. n° 2008-776, 4 août 2008).* **– Les personnes physiques coupables des infractions prévues aux chapitres Ier à VIII du présent titre encourent également à titre de peines complémentaires l'interdiction, suivant les modalités prévues par l'article 131-27 du Code pénal, soit d'exercer une fonction**

publique ou d'exercer l'activité professionnelle ou sociale dans l'exercice ou à l'occasion de l'exercice de laquelle l'infraction a été commise, soit d'exercer une profession commerciale ou industrielle, de diriger, d'administrer, de gérer ou de contrôler à un titre quelconque, directement ou indirectement, pour leur propre compte ou pour le compte d'autrui, une entreprise commerciale ou industrielle ou une société commerciale. Ces interdictions d'exercice peuvent être prononcées cumulativement.

1) Le texte limitant l'interdiction aux entreprises commerciales ou industrielles et aux sociétés commerciales, doit être cassée la décision ayant prononcé une interdiction de gérer toute entreprise ou toute société : ▪ Cass. crim., 29 juin 2016, n° 15-18.871 : *Dr. sociétés* 2016, n° 156, obs. R. Salomon ; *Rev. sociétés* 2017, p. 104, note B. Bouloc.

2) Sur l'impossibilité de prononcer cette sanction pour des faits antérieurs à l'entrée en vigueur de la loi du 4 août 2008 : V. sous C. com., art. L. 242-6, annot. n° 85, p. 593.

TITRE V. – DES GROUPEMENTS D'INTÉRÊT ÉCONOMIQUE

CHAPITRE I. – DU GROUPEMENT D'INTÉRÊT ÉCONOMIQUE DE DROIT FRANÇAIS

Bibliographie : J. Richard, *Un rêve baroque ou le GIE spéculateur : JCP* N 1993, I, p. 148.

Art. L. 251-1. – Deux ou plusieurs personnes physiques ou morales peuvent constituer entre elles un groupement d'intérêt économique pour une durée déterminée.

Le but du groupement est de faciliter ou de développer l'activité économique de ses membres, d'améliorer ou d'accroître les résultats de cette activité. Il n'est pas de réaliser des bénéfices pour lui-même.

Son activité doit se rattacher à l'activité économique de ses membres et ne peut avoir qu'un caractère auxiliaire par rapport à celle-ci.

1) Réunion de toutes les parts. La réunion de toutes les parts d'un GIE entre les mains d'une seule personne est une cause de dissolution judiciaire du groupement : Rép. min. : *JOAN* Q, 26 janv. 1981, p. 373. – *Adde* sur cette question : *BJS* 1980, p. 61.

2) Investissement étranger. La participation d'une ou plusieurs sociétés étrangères au financement d'un GIE, doté ou non d'un capital, a le caractère d'investissement étranger en France si la participation est supérieure à 20 % et si le GIE a un objet commercial : Rép. min. : *JOAN* Q, 14 nov. 1983, p. 4883.

3) Caractère auxiliaire. Doit être cassé pour violation de l'article L. 251-1 du Code de commerce un arrêt ayant refusé d'annuler un GIE réalisant des expertises en matière automobile pour le compte de compagnies d'assurance ; en effet, puisque ces deux activités ne sont pas compatibles, le GIE ne peut présenter un caractère auxiliaire : ▪ Cass. com., 13 nov. 2003 : *BJS* 2004, p. 407, note B. Lecourt ; *Dr. sociétés* 2004, n° 55, obs. F.-X. Lucas ; *JCP* E 2003, act., p. 306 ; *Rev. sociétés* 2004, p. 369, note P.-H. Conac. Voir sur renvoi ▪ CA Paris, 21 mars 2006 : *BJS* 2006, p. 1070, obs. P. Scholer.

4) Sont **conformes à l'objet social** d'un groupement d'intérêt économique de transporteurs les achats de matériels permettant d'améliorer les services rendus par celui-ci à ses membres : ▪ Cass. com., 8 janv. 1991 : *JCP* E 1992, I, 145, n° 12, obs. A. Viandier et J.-J. Caussain.

5) Réserves. Si le but du groupement d'intérêt économique n'est pas de réaliser des bénéfices pour lui-même, cette règle ne fait pas obstacle à ce qu'une partie des résultats provenant de ses activités soit mise en réserve dans les comptes du groupement pour les besoins de la réalisation de son objet légal, ce qui est le cas lorsqu'il s'agit d'anticiper les risques liés aux frais de fonctionnement : ▪ Cass. com., 6 mai 2014, n° 13-11.427, PB : *Dr. sociétés* 2014, n° 123, obs. H. Hovasse ; *JCP* E 2014, 1427 ; *Rev. sociétés* 2014, p. 574, note A.-C. Muller. – Même solution, mais ajoutant qu'il en résulte qu'à défaut de clause statutaire ou de décision d'assemblée en ce sens, le membre qui se retire du GIE ou en est exclu ne peut obtenir le remboursement de sa part dans les réserves régulièrement constituées : ▪ Cass. com., 19 janv. 2016, n° 14-19.796, PB : *BJS* 2016, p. 725, note P. Dupichot ; *Dr. sociétés* 2016, n° 55, obs. H. Hovasse ; *JCP* E 2016, 1314, note C. Lebel ; *Rev. sociétés* 2016, p. 307, note P. Le Cannu.

6) Adhésion forcée du preneur à un bail à un GIE. V. ▪ CA Versailles, 12e ch., 3 juill. 2018, n° 17/04936 : *BJS* 2019, p. 27, note M. Béhar-Touchais. – V. pour les associations, annot sous L. 1er juill. 1901, art. 2, annot. n° 1, p. 716.

Art. L. 251-2. – Les personnes exerçant une profession libérale soumise à un statut législatif ou réglementaire ou dont le titre est protégé peuvent constituer un groupement d'intérêt économique ou y participer.

Art. L. 251-3. – **Le groupement d'intérêt économique peut être constitué sans capital.**

Les droits de ses membres ne peuvent être représentés par des titres négociables. Toute clause contraire est réputée non écrite.

Art. L. 251-4. – **Le groupement d'intérêt économique jouit de la personnalité morale et de la pleine capacité à dater de son immatriculation au registre du commerce et des sociétés, sans que cette immatriculation emporte présomption de commercialité du groupement. Le groupement d'intérêt économique dont l'objet est commercial peut faire de manière habituelle et à titre principal tous actes de commerce pour son propre compte. Il peut être titulaire d'un bail commercial.**

>Les personnes qui ont agi au nom d'un groupement d'intérêt économique en formation avant qu'il ait acquis la jouissance de la personnalité morale sont tenues, solidairement et indéfiniment, des actes ainsi accomplis, à moins que le groupement, après avoir été régulièrement constitué et immatriculé, ne reprenne les engagements souscrits. Ces engagements sont alors réputés avoir été souscrits dès l'origine par le groupement.

Voir : Registre du commerce et des sociétés, C. com., art. R. 123-36, p. 800, et art. R. 123-60, p. 806. – Rappr., C. civ., art. 1843, p. 47.

Bibliographie : J.-J. Burst, *Une personnalité morale ambiguë : la personnalité morale du groupement d'intérêt économique : JCP* 1976, I, 2783.

1) **Personnalité morale.** *a)* Caractère propre de l'activité. Les GIE ont une personnalité distincte de celle de leurs membres et exercent, conformément à leur objet et dans les limites fixées par leurs statuts, une activité qui leur est propre : ▪ CE, 4 avr. 1997 : *JurisData* n° 1997-041747. – En conséquence, le GIE dont l'objet est seulement de fournir à ses membres des prestations purement administratives ne constitue pas une entreprise agricole lors même que tous ses membres relèvent du secteur agricole : ▪ Cass. 2e civ., 17 mars 2008, n° 09-11.963 : *Dr. sociétés* 2010, n° 111, obs. H. Hovasse.

b) **Représentation en justice de ses membres.** Doté de la personnalité morale, un GIE représente ses membres lorsqu'il intente une action ou est lui-même poursuivi en justice ; ses membres ne peuvent en conséquence être considérés comme des tiers recevables à former une tierce opposition à un jugement rendu dans une telle instance : ▪ CA Limoges, 20 mai 1999 : *JurisData* n° 1999-104627.

2) **Conséquences de l'absence de personnalité morale.** Le défaut d'immatriculation entraîne pour un GIE le défaut de personnalité morale et l'impossibilité d'agir en justice ; le groupement ne saurait, pour échapper à cette conséquence, prétendre constituer une société créée de fait, puisque même à supposer l'existence de celle-ci établie, elle n'a, pas plus que le GIE, la personnalité morale et le droit d'ester en justice : ▪ CA Versailles, 20 déc. 1995 : *BJS* 1996, p. 221, note C. Priéto. – En l'absence d'immatriculation, à défaut d'intention de créer une entreprise commune et en l'absence d'apports, la constitution d'un GIE de fait ne peut s'analyser comme la création d'une véritable société créée de fait au sens des articles 1873 et 1832 du Code civil : ▪ CA Colmar, 18 mars 2008 : *BJS* 2008, p. 597.

3) **Fondateur.** Dès lors que le fondateur d'un GIE qui a fait ouvrir, au nom de ce groupement en formation, des lignes téléphoniques, ne justifie d'aucun acte explicite de reprise de ces engagements par le groupement, ni même de la constitution de ce dernier, il est indéfiniment et solidairement tenu de ces engagements : ▪ CA Poitiers, 2 déc. 1997 : *JurisData* n° 1997-056960.

4) **Caractère civil ou commercial.** *a)* Objet **statutaire** L'immatriculation au registre du commerce et des sociétés n'emportant pas présomption de commercialité, le caractère civil ou commercial du groupement est déterminé par son objet : ▪ CA Orléans, 9 nov. 1972 : *JCP* 1973, II, 17508, note Y. Guyon. – Dès lors que les statuts d'un GIE autorisent celui-ci à effectuer toutes opérations commerciales se rattachant directement ou indirectement à la réalisation de son objet, il peut en être déduit que ce groupement effectue des actes de commerce et que son objet présente un caractère commercial : ▪ Cass. com., 15 juin 2010, n° 09-15.130 : *JCP* E 2010, 1966, note H. Hovasse.

b) Le caractère civil ou commercial d'un GIE doit être déterminé en fonction de son **activité réelle** : ▪ CA Paris, 21 févr. 1990 : *JCP* E 1990, 15784, n° 15, obs. A. Viandier et J.-J. Caussain. ▪ CA Paris, 13 nov. 1996 : *JurisData* n° 1996-023052 ; *BJS* 1997, p. 145, note D. Lepeltier.

5) **Clause attributive de compétence.** Un GIE est bien fondé à s'opposer à l'application de la clause attributive de compétence contenue dans ses statuts dès lors que son objet est civil et qu'il n'a donc pas la qualité de commerçant ; le fait que ses membres ont tous la qualité de commerçant est sans incidence : ▪ CA Paris, 11 juin 1997 : *JurisData* n° 1997-022096.

Art. L. 251-5 *(Mod., L. n° 2003-7, 3 janv. 2003).* **– La nullité du groupement d'intérêt économique ainsi que des actes ou délibérations de celui-ci ne peut résulter que de la violation des dispositions impératives du présent chapitre, ou de l'une des causes de nullité des contrats en général.**

L'action en nullité est éteinte lorsque la cause de la nullité a cessé d'exister le jour où le tribunal statue sur le fond en première instance, sauf si cette nullité est fondée sur l'illicéité de l'objet du groupement.

Les articles 1844-12 à 1844-17 du Code civil sont applicables aux groupements d'intérêt économique.

Voir : Rappr. C. civ., art. 1844-10, p. 109 et C. com., art. L. 235-1, p. 522.

1) **Causes de nullité.** Pour un exemple de nullité pour activité illicite – ramassage d'huiles usagées sans agrément administratif : ▪ Cass. com., 7 févr. 1989 : *JCP* E 1989, 15562, n° 13, obs. A. Viandier et J.-J. Caussain.

2) Les GIE sont soumis au **régime des nullités** applicables aux sociétés civiles énoncées aux articles 1844-12 à 1844-17 du Code civil, sur renvoi de l'article L. 251-5 du Code de commerce, la nouvelle codification n'ayant pas pu avoir pour effet de modifier les dispositions légales antérieures : ▪ CA Paris, 26 févr. 2002 : *BJS* 2002, p. 703 ; *D.* 2002, p. 1208.

3) **Violation d'une clause statutaire.** N'est pas sanctionné par la nullité le non-respect d'une clause des statuts relative à la convocation des membres du groupement : ▪ Cass. com., 14 juin 2005, n° 02-18.864 : *BJS* 2005, p. 1413, note P. Le Cannu ; *D.* 2005, p. 1777, obs. A. Lienhard ; *JCP* E 2005, 1232.

Art. L. 251-6. – Les membres du groupement sont tenus des dettes de celui-ci sur leur patrimoine propre. Toutefois, un nouveau membre peut, si le contrat le permet, être exonéré des dettes nées antérieurement à son entrée dans le groupement. La décision d'exonération doit être publiée. Ils sont solidaires, sauf convention contraire avec le tiers cocontractant.

Les créanciers du groupement ne peuvent poursuivre le paiement des dettes contre un membre qu'après avoir vainement mis en demeure le groupement par acte extrajudiciaire.

Voir : Redressement et liquidation judiciaires, C. com., art. L. 624-1, p. 2019.

1) **Obligations aux dettes sociales.** Les membres d'un GIE sont solidairement tenus, sauf convention contraire avec le tiers contractant, des dettes du GIE : ▪ Cass. com., 24 juin 2008, n° 07-10.886 (FD) : *BJS* 2009, p. 396, note Q. Urban ; *Dr. sociétés* 2008, n° 222, obs. R. Mortier. – La responsabilité des membres d'un GIE suppose l'immatriculation du groupement et l'inscription de ses membres au registre du commerce et des sociétés : ▪ Cass. com., 30 juin 1987 : *JCP* E 1987, 16959, n° 27, obs. A. Viandier et J.-J. Caussain.

2) **Solidarité et contribution au passif.** L'obligation solidaire au passif ne vaut qu'à l'égard des tiers : ▪ CA Bourges, 17 mars 1981 : *Rev. sociétés* 1981, p. 629, note Y. Guyon. – *Adde* pour le paiement d'une astreinte : ▪ CA Paris, 13 juin 1985 : *JurisData* n° 1985-023142. – La contribution au passif des membres du GIE doit être calculée selon les modalités du contrat constitutif : ▪ Cass. com., 17 mai 1989 : *JCP* E 1990, 15784, n° 16, obs. A. Viandier et J.-J. Caussain.

3) **Procédures collectives.** *a)* Le terme d'associé devant être interprété dans un **sens large**, il désigne, pour l'application des règles relatives aux procédures collectives, les membres d'un GIE : ▪ Cass. com., 12 mai 1975 : *Bull. civ.* IV, n° 126.

b) Le membre du groupement en règlement judiciaire *[redressement judiciaire]* déclaré responsable à l'égard de la masse ne saurait se prévaloir du fait que l'assemblée du groupement n'a jamais délibéré sur son admission, dès lors qu'il s'est **comporté**, pendant plusieurs années, comme un membre de ce groupement : ▪ Cass. com., 15 déc. 1977 : *Bull. civ.* IV, n° 297. – Rappr. ▪ Cass. com., 26 janv. 1988 : *JCP* E 1988, 15240, n° 10, obs. A. Viandier et J.-J. Caussain.

c) Le prononcé de la **nullité** du GIE ne fait pas obstacle à l'ouverture d'une procédure de redressement judiciaire : ▪ Cass. com., 5 avr. 1994 : *BJS* 1994, p. 662, note P. Le Cannu.

d) Même après son **retrait**, une société membre d'un GIE peut faire l'objet d'une mesure de règlement judiciaire *[redressement judiciaire]* puisqu'elle est indéfiniment et solidairement tenue des pertes sociales. En effet, à défaut de **publication** au registre du commerce, le retrait est inopposable aux tiers. D'autre part, il est sans importance que la société ait eu une activité agricole, dès lors qu'elle bénéficiait comme les autres des achats en commun effectués par le GIE qui poursuivait un but lucratif. Cependant, si la date de cessation des paiements est commune, les masses doivent demeurer **distinctes**, ▪ CA Paris, 23 oct. 1984 : *JurisData* n° 1984-025835. – Rappr. ▪ Cass. com., 10 mars 1987 : *JCP* E 1987, 16342, n° 18, obs. A. Viandier et J.-J. Caussain.

e) **GIE en redressement ou liquidation judiciaire.** En application de l'article L. 624-1 ancien du Code de commerce, l'**ouverture d'une procé-**

dure collective à l'égard de chacun des membres d'un GIE en redressement ou liquidation judiciaire n'est pas subordonnée à une faute du membre : ▪ Cass. com., 29 nov. 2005 : *JurisData* n° 2005-031067 ; *Dr. sociétés* févr. 2006, n° 21, obs. J.-P. Legros.

f) **Déclaration des créances.** Si l'ouverture d'une procédure collective à l'égard d'une personne morale produit ses effets à l'égard de toutes les personnes membres de la personne morale indéfiniment et solidairement responsables du passif social, il n'en demeure pas moins qu'il s'agit de procédures distinctes ; par conséquent, le créancier qui se prévaut de l'obligation au passif social [C. com., art. L. 624-1 anc.] des membres d'un GIE doit déclarer sa créance non seulement à la procédure suivie contre le GIE mais encore à chacune de celles suivies contre les membres : ▪ Cass. com., 20 févr. 2001 : *BJS* 2001, p. 605, note H. Le Nabasque.

g) Une procédure de redressement judiciaire ouverte à l'encontre des membres du GIE rend **sans objet** l'action en comblement de passif contre les mêmes personnes dans le cadre de la procédure affectant le GIE : ▪ Cass. com., 8 févr. 1994 : *RJDA* 1994, p. 664.

4) Titre exécutoire. Le titre délivré à l'encontre d'un GIE n'emporte pas le droit de saisir, entre les mains d'un tiers, par la voie de la saisie-attribution, les créances des membres du groupement, fussent-ils tenus solidairement des dettes de ce dernier, à défaut de titre exécutoire pris contre eux : ▪ Cass. 2e civ., 15 janv. 2004 : *BJS* 2004, p. 711, note F.-X. Lucas.

Art. L. 251-7. – **Le groupement d'intérêt économique peut émettre des obligations, aux conditions générales d'émission de ces titres par les sociétés, s'il est lui-même composé exclusivement de sociétés qui satisfont aux conditions prévues par le présent livre pour l'émission d'obligations.**

Le groupement d'intérêt économique peut également émettre des obligations aux conditions générales d'émission de ces titres prévues par la loi n° 85-698 du 11 juillet 1985 autorisant l'émission de valeurs mobilières par certaines associations s'il est lui-même composé exclusivement d'associations qui satisfont aux conditions prévues par cette loi pour l'émission d'obligations.

Voir : C. monét. fin., art. L. 213-7, p. 997, L. 213-20 *in fine*, p. 999 et D. 213-17, p. 1096.

Art. L. 251-8. – **I. – Le contrat de groupement d'intérêt économique détermine l'organisation du groupement, sous réserve des dispositions du présent chapitre. Il est établi par écrit et publié selon les modalités fixées par décret en Conseil d'État.**

II. – Le contrat contient notamment les indications suivantes :

1° La dénomination du groupement ;

2° Les nom, raison sociale ou dénomination sociale, la forme juridique, l'adresse du domicile ou du siège social et, s'il y a lieu, le numéro d'identification de chacun des membres du groupement, ainsi que, selon le cas, la ville où se situe le greffe où il est immatriculé ou la ville où se situe la chambre des métiers où il est inscrit ;

3° La durée pour laquelle le groupement est constitué ;

4° L'objet du groupement ;

5° L'adresse du siège du groupement.

III. – Toutes les modifications du contrat sont établies et publiées dans les mêmes conditions que le contrat lui-même. Elles ne sont opposables aux tiers qu'à dater de cette publicité.

Art. L. 251-9. – **Le groupement, au cours de son existence, peut accepter de nouveaux membres dans les conditions fixées par le contrat constitutif.**

Tout membre du groupement peut se retirer dans les conditions prévues par le contrat, sous réserve qu'il ait exécuté ses obligations.

1) Adhésion. Lors même que les statuts d'un GIE gérant un centre commercial prévoient l'adhésion obligatoire pour toute activité commerciale nouvelle ou déjà existante exercée dans le centre, la qualité de membre ne peut être acquise du seul fait de l'activité commerciale développée au sein du centre mais suppose que soit constatée l'existence d'un élément manifestant la volonté d'adhérer au GIE : ▪ Cass. com., 28 juin 2005 : *JurisData* n° 2005-029267 ; *BJS* 2006, p. 108, note J.-J. Daigre. – *Contra*, ▪ CA Rouen, 28 juill. 1999 : *JurisData* n° 1999-106277 estimant que la clause du contrat constitutif d'un GIE qui attribue de plein droit la qualité de membre à toute personne physique ou morale exploitant un magasin dans un centre commercial n'est pas contraire à l'article 7 de l'ordonnance *[C. com., art. L. 251-9]* et doit produire effet, s'agissant même d'un sous-locataire dont le contrat n'envisageait pas l'adhésion au GIE.

2) Retrait. *a)* **Liberté de retrait et clause d'adhésion forcée du bail commercial.** La stipulation d'un bail commercial par lequel le preneur s'engage à adhérer à un GIE pendant la durée du bail ne peut être invoquée par le GIE, tiers à ce contrat, de sorte que le preneur peut se retirer du GIE aux seules conditions légales et statutaires : ▪ Cass. com., 20 mars 2012, n° 11-11.097 : *Rev. sociétés* 2013, p. 35, note M.-L. Coquelet. – V. également, ▪ CA Versailles, 3 juill. 2018, n° 17/04936 : *BJS* 2019, p. 27, note M. Behar-Touchais. – Comp. s'agissant de l'adhésion forcée à une association de commerçants sous L. 1er juill. 1901, art. 2, annot. n° 1 *b)*, p. 716.

b) **Date de prise d'effet.** En l'absence, dans les statuts ou le règlement intérieur, de toute stipulation prévoyant un éventuel préavis en cas d'exercice du droit de retrait, le groupement est fondé à considérer que le retrait est d'effet immédiat, le membre n'étant pas autorisé à différer les effets de sa décision : ▪ Cass. com., 3 avr. 2007, n° 06-10.526 : *BJS* 2007, p. 1281, note D. Poracchia ; *Dr. sociétés* 2007, n° 110, obs. F.-X. Lucas.

c) **Opposabilité du retrait.** Le retrait n'est opposable aux tiers qu'à dater de sa publication : ▪ Cass. com., 15 juill. 1987 : *JCP* E 1988, 15168, n° 18, obs. A. Viandier et J.-J. Caussain.

d) **Responsabilité de l'ancien membre.** Le membre qui s'est retiré ne peut, pour échapper à sa responsabilité, faire valoir que le défaut de publication était imputable à une erreur du greffe : ▪ Cass. com., 6 mars 1990 : *JCP* E 1990, 15838, n° 13, obs. A. Viandier et J.-J. Caussain.

e) **Procédure collective.** V. sous C. com., art. L. 251-6, annot. n° 3, p. 603.

f) **Exclusion de l'article L. 442-6, I, 2° du Code de commerce.** Les modalités de retrait du membre d'un GIE, prévues par le contrat constitutif ou par une clause du règlement intérieur, sont exclues du champ d'application du texte : ▪ Cass. com., 11 mai 2017, n° 14-29.717, PBRI : *BJS* 2017, p. 455, note C. Grimaldi ; *Rev. sociétés* 2018, p. 250, note L. Godon.

3) Exclusion. *a)* **Principe du contradictoire.** La décision de l'assemblée des membres d'un GIE d'exclure l'un d'entre eux, votée sans que soient respectés les droits de la défense, peut être suspendue en référé dans l'attente d'une décision sur la validité : ▪ Cass. com., 7 juill. 1992 : *JCP* E 1993, I, 218, n° 16, obs. A. Viandier et J.-J. Caussain ; *BJS* 1992, p. 1100, note A. Couret.

b) **Procédure d'information.** Lorsque le règlement intérieur d'un GIE instaure, à peine d'exclusion, une procédure d'information du GIE en cas de changement de contrôle de l'un de ses membres, constitue un trouble manifestement illicite en ce qu'elle ne correspond pas à une exécution loyale du contrat l'exclusion d'un membre dont le capital social a été modifié, décidée par un GIE alors que ce membre a respecté la procédure d'information prévue par le règlement intérieur : ▪ Cass. com., 29 janv. 2008, n° 07-10.797.

c) **Motifs d'exclusion.** Sur une exclusion fondée sur le règlement intérieur du groupement, V. ▪ CA Paris, 14 avr. 1992 : *JCP* E 1992, pan., p. 1157 *[passage sous le contrôle d'un concurrent]*. – Pour l'exclusion d'un membre ayant créé un groupement dissident susceptible de provoquer une confusion dans l'esprit de la clientèle, V. ▪ CA Paris, 8 avr. 1992 : *RJDA* 1992, p. 685.

Art. L. 251-10. – **L'assemblée des membres du groupement est habilitée à prendre toute décision, y compris de dissolution anticipée ou de prorogation, dans les conditions déterminées par le contrat. Celui-ci peut prévoir que toutes les décisions ou certaines d'entre elles seront prises aux conditions de quorum et de majorité qu'il fixe. Dans le silence du contrat, les décisions sont prises à l'unanimité.**

Le contrat peut aussi attribuer à chaque membre un nombre de voix différent de celui attribué aux autres. À défaut, chaque membre dispose d'une voix.

L'assemblée est obligatoirement réunie à la demande d'un quart au moins des membres du groupement.

La résolution adoptée par l'assemblée générale d'un GIE **fait la loi** entre les membres : ▪ Cass. com., 8 janv. 1991 : *RJDA* 1991, p. 278.

Art. L. 251-11. – **Le groupement est administré par une ou plusieurs personnes. Une personne morale peut être nommée administrateur du groupement sous réserve qu'elle désigne un représentant permanent, qui encourt les mêmes responsabilités civile et pénale que s'il était administrateur en son nom propre. Le ou les administrateurs du groupement, et le représentant permanent de la personne morale nommée administrateur sont responsables individuellement ou solidairement selon le cas, envers le groupement ou envers les tiers, des infractions aux dispositions législatives et réglementaires applicables aux groupements, de la violation des statuts du groupement, ainsi que de leurs fautes de gestion. Si plusieurs administrateurs ont coopéré aux mêmes faits, le tribunal détermine la part contributive de chacun dans la réparation du dommage. Sous cette réserve, le contrat de groupement ou, à défaut, l'assemblée des membres organise librement l'administration**

du groupement et nomme les administrateurs dont il détermine les attributions, les pouvoirs et les conditions de révocation.

Dans les rapports avec les tiers, un administrateur engage le groupement par tout acte entrant dans l'objet de celui-ci. Toute limitation de pouvoirs est inopposable aux tiers.

1) **Révocation.** *a) Révocation ad nutum.* Les administrateurs des GIE sont révocables *ad nutum* : ▪ CA Paris, 6 déc. 1979 : *Rev. sociétés* 1981, p. 364, note J. H.

b) **Indemnisation.** Des dommages et intérêts peuvent être alloués à l'administrateur en cas de révocation intervenue dans des conditions vexatoires, et décidée sans qu'il ait pu présenter des observations : ▪ CA Paris, 29 janv. 2002 : *JCP* E 2002, 851, n° 6, obs. A. Viandier et J.-J. Caussain. – Un administrateur ne peut invoquer la violation du principe de la contradiction lorsqu'il a été invité à se présenter à l'assemblée générale après avoir été informé qu'y serait évoquée la question du renouvellement de son mandat et avoir disposé d'un délai suffisant pour préparer son intervention : ▪ Cass. com., 14 juin 2005, n° 02-18.864 : *BJS* 2005, p. 1413, note P. Le Cannu ; *D.* 2005, p. 1777, obs. A. Lienhard ; *JCP* E 2005, 1232.

2) **Responsabilité pénale.** Pour la condamnation d'un président pour abus de biens sociaux, V. ▪ Cass. crim., 27 janv. 1986 : *BJS* 1986, p. 629.

3) **Cumul du mandat d'administrateur avec un contrat de travail.** S'il est erroné de tenir nul par principe le contrat de travail consenti à l'administrateur d'un GIE, encore faut-il que la situation de l'intéressé soit compatible avec un lien de subordination à l'égard du GIE dont il est l'administrateur unique, ce qui n'est pas le cas lorsqu'il détient seul l'ensemble des pouvoirs au sein du GIE, qu'il procède seul aux licenciements et qu'il contracte seul avec les fournisseurs : ▪ Cass. soc., 17 sept. 2008, n° 07-41.344 : *JCP* E 2237, note I. Beyneix.

Art. L. 251-12. – **Le contrôle de la gestion, qui doit être confié à des personnes physiques, et le contrôle des comptes sont exercés dans les conditions prévues par le contrat constitutif du groupement.**

Toutefois, lorsqu'un groupement émet des obligations dans les conditions prévues à l'article L. 251-7, le contrôle de la gestion doit être exercé par une ou plusieurs personnes physiques nommées par l'assemblée. La durée de leurs fonctions et leurs pouvoirs sont déterminés dans le contrat.

Le contrôle des comptes dans les groupements visés à l'alinéa précédent et dans les groupements qui comptent cent salariés ou plus à la clôture d'un exercice doit être exercé par un ou plusieurs commissaires aux comptes choisis sur la liste visée à l'article L. 225-219 et nommés par l'assemblée pour une durée de six exercices. Les dispositions du présent code concernant les incompatibilités, les pouvoirs, les fonctions, les obligations, la responsabilité, la récusation, la révocation, la rémunération du commissaire aux comptes des sociétés anonymes ainsi que les sanctions prévues par l'article L. 242-27 sont applicables aux commissaires des groupements d'intérêt économique, sous réserve des règles propres à ceux-ci.

Dans les cas prévus aux deux alinéas précédents, les dispositions des articles L. 242-25, L. 242-26 et. L. 242-28, L. 245-8 à L. 245-17 sont applicables aux dirigeants du groupement, aux personnes physiques dirigeants des sociétés membres ou représentants permanents des personnes morales dirigeants de ces sociétés.

Mission. Il n'appartient pas au contrôleur de gestion d'un GIE d'ouvrir et de faire fonctionner le compte bancaire d'un tel groupement puisque ces fonctions l'excluent nécessairement de l'administration du groupement : ▪ CA Aix-en-Provence, 9 mars 1979 : *D.* 1980, inf. rap. p. 381, note M. Vasseur. – La banque qui rend possible de tels errements engage sa responsabilité *(ibid.)*.

Art. L. 251-13. – **Dans les groupements qui répondent à l'un des critères définis à l'article L. 232-2, les administrateurs sont tenus d'établir une situation de l'actif réalisable et disponible, valeurs d'exploitation exclues, et du passif exigible, un compte de résultat prévisionnel, un tableau de financement en même temps que le bilan annuel et un plan de financement prévisionnel.**

Un décret en Conseil d'État précise la périodicité, les délais et les modalités d'établissement de ces documents.

Voir : C. com., art. R. 251-2, p. 705.

Art. L. 251-14. – **Les documents visés à l'article L. 251-13 sont analysés dans des rapports écrits sur l'évolution du groupement établis par les administrateurs. Les documents et rapports sont communiqués au commissaire aux comptes et au comité d'entreprise.**

En cas de non-observation des dispositions de l'article L. 251-13 et de l'alinéa précédent, ou si les informations données dans les rapports visés à l'alinéa précédent appellent des observations de sa part, le commissaire aux comptes le signale dans un rapport aux administrateurs ou dans le rapport annuel. Il peut demander que son rapport soit adressé aux membres du groupement ou qu'il en soit donné connaissance à l'assemblée de ceux-ci. Ce rapport est communiqué au comité d'entreprise.

Art. L. 251-15. – Lorsque le commissaire aux comptes relève, à l'occasion de l'exercice de sa mission, des faits de nature à compromettre la continuité de l'exploitation du groupement, il en informe les administrateurs, dans des conditions qui sont fixées par décret en Conseil d'État. Ceux-ci sont tenus de lui répondre sous quinze jours. La réponse est communiquée au comité d'entreprise. Le commissaire aux comptes en informe le président du tribunal.

En cas d'inobservation de ces dispositions, ou s'il constate qu'en dépit des décisions prises la continuité de l'exploitation demeure compromise, le commissaire aux comptes établit un rapport spécial et invite par écrit les administrateurs à faire délibérer la prochaine assemblée générale sur les faits relevés. Ce rapport est communiqué au comité d'entreprise.

Si, à l'issue de la réunion de l'assemblée générale, le commissaire aux comptes constate que les décisions prises ne permettent pas d'assurer la continuité de l'exploitation, il informe de ses démarches le président du tribunal et lui en communique les résultats.

Voir : C. com., art. R. 251-3, p. 705.

Art. L. 251-16. – Le comité d'entreprise ou, à défaut, les délégués du personnel exercent dans les groupements d'intérêt économique, les attributions prévues aux articles L. 2323-14 *(Anc. art. L. 422-4, dénum., Ord. n° 2007-329, 12 mars 2007)* et L. 2323-78 et s. *(Anc. art. L. 432-5, dénum., Ord. n° 2007-329, 12 mars 2007)* du Code du travail.

Les administrateurs communiquent au commissaire aux comptes les demandes d'explication formées par le comité d'entreprise ou les délégués du personnel, les rapports qui leur sont adressés et les réponses qu'ils ont faites en application des articles L. 2323-14 *(Anc. art. L. 422-4, dénum., Ord. n° 2007-329, 12 mars 2007)* et L. 2323-78 et s. *(Anc. art. L. 432-5, dénum., Ord. n° 2007-329, 12 mars 2007)* du Code du travail.

Art. L. 251-17 *(Mod., L. n° 2012-387, 22 mars 2012)*. – Les actes et documents émanant du groupement et destinés aux tiers, notamment les lettres, factures, annonces et publications diverses, doivent indiquer lisiblement la dénomination du groupement suivie des mots : « groupement d'intérêt économique » ou du sigle : « GIE ».

Art. L. 251-18. – Toute société ou association dont l'objet correspond à la définition du groupement d'intérêt économique peut être transformée en un tel groupement sans donner lieu à dissolution ni à création d'une personne morale nouvelle.

Un groupement d'intérêt économique peut être transformé en société en nom collectif sans donner lieu à dissolution ni à création d'une personne morale nouvelle.

Voir : Transformation en groupement européen d'intérêt économique, C. com., art. L. 252-8, p. 609. – **Transformation en société coopérative artisanale,** L. n° 83-657, 20 juill. 1983, art. 30 et s., p. 2676.

1) Transformation d'un GIE. La Chancellerie n'est pas hostile à la modification de l'ordonnance de 1967 en vue de l'extension de cette règle à l'hypothèse inverse de transformation d'un GIE en société ou en association : Rép. min. : *JOAN* Q, 2 févr. 1981, p. 488. – *Adde* A. Viandier, obs. : *RF compt.* 1983, p. 57. – Mais en attendant cette extension, la transformation d'un GIE en société ou en association entraîne la création d'un êtremoral nouveau : Rép. min. : *JOAN* Q, 2 nov. 1987, p. 6090 ; *JCP* E 1987, 16959, n° 1, obs. A. Viandier et J.-J. Caussain.

2) Transformation en GIE. Une société qui a pour objet le développement économique de ses membres peut se transformer en GIE : ▪ Cass. com., 4 oct. 1994 : *Rev. sociétés* 1994, p. 762.

Art. L. 251-19. – Le groupement d'intérêt économique est dissous :

1° Par l'arrivée du terme ;

2° Par la réalisation ou l'extinction de son objet ;

3° Par la décision de ses membres dans les conditions prévues à l'article L. 251-10 ;

4° Par décision judiciaire, pour de justes motifs ;

5° Par le décès d'une personne physique ou par la dissolution d'une personne morale, membre du groupement, sauf stipulation contraire du contrat.

Art. L. 251-20 *(Mod., L. n° 2003-7, 3 janv. 2003)*. – Si l'un des membres est frappé d'incapacité, de faillite personnelle ou de l'interdiction de diriger, gérer, administrer ou contrôler une entreprise commerciale, quelle qu'en soit la forme, ou une personne morale de droit privé non commerçante, le groupement est dissous, à moins que sa continuation ne soit prévue par le contrat ou que les autres membres ne la décident à l'unanimité.

Art. L. 251-21. – La dissolution du groupement d'intérêt économique entraîne sa liquidation. La personnalité du groupement subsiste pour les besoins de la liquidation.

Art. L. 251-22. – La liquidation s'opère conformément aux dispositions du contrat. À défaut, un liquidateur est nommé par l'assemblée des membres du groupement ou, si l'assemblée n'a pu procéder à cette nomination, par décision de justice.

Après paiement des dettes, l'excédent d'actif est réparti entre les membres dans les conditions prévues par le contrat. À défaut, la répartition est faite par parts égales.

Art. L. 251-23 *(Mod., L. n° 2003-7, 3 janv. 2003 ; rempl., L. n° 2012-387, 22 mars 2012)*. – L'appellation : « groupement d'intérêt économique » et le sigle : « GIE » ne peuvent être utilisés que par les groupements soumis au présent chapitre. Le ministère public ou toute personne intéressée peut demander au président du tribunal compétent statuant en référé d'interdire, le cas échéant sous astreinte, l'emploi illicite de cette appellation.

Le président du tribunal peut, en outre, ordonner la publication de la décision, son affichage dans les lieux qu'il désigne, son insertion intégrale ou par extraits dans les journaux et sa diffusion par un ou plusieurs services de communication au public en ligne qu'il indique, le tout aux frais des dirigeants du groupement ayant illégalement utilisé cette appellation ou ce sigle.

CHAPITRE II. – DU GROUPEMENT EUROPÉEN D'INTÉRÊT ÉCONOMIQUE

Bibliographie : D. Lepeltier, E. Buttet, G. Lesguillier, *Les groupements d'intérêt économique : GIE, GEIE*, éd. Joly, 1990. • Ch. Gavalda, *L'acculturation dans la législation française de la formule du GIE : Mél. J. Derruppé*, Litec, 1991, p. 37.

Art. L. 252-1. – Les groupements européens d'intérêt économique immatriculés en France au registre du commerce et des sociétés ont la personnalité juridique dès leur immatriculation.

Voir : C. com., art. R. 252-1, p. 706.

Art. L. 252-2. – Les groupements européens d'intérêt économique ont un caractère civil ou commercial selon leur objet. L'immatriculation n'emporte pas présomption de commercialité d'un groupement.

Art. L. 252-3. – Les droits des membres du groupement ne peuvent être représentés par des titres négociables.

Art. L. 252-4. – Les décisions collégiales du groupement européen d'intérêt économique sont prises par l'assemblée des membres du groupement. Toutefois, les statuts peuvent stipuler que ces décisions, ou certaines d'entre elles, peuvent être prises sous forme de consultation écrite.

Art. L. 252-5. – Le ou les gérants d'un groupement européen d'intérêt économique sont responsables, individuellement ou solidairement selon le cas, envers le groupement ou envers les tiers, soit des infractions aux dispositions législatives ou réglementaires applicables au groupement, soit des violations des statuts, soit de leurs fautes de gestion. Si plusieurs gérants ont coopéré aux mêmes faits, le tribunal détermine la part contributive de chacun dans la réparation du dommage.

Art. L. 252-6. – Une personne morale peut être nommée gérant d'un groupement européen d'intérêt économique. Lors de sa nomination, elle est tenue de désigner un représentant permanent qui encourt les

mêmes responsabilités civile et pénale que s'il était gérant en son nom propre, sans préjudice de la responsabilité solidaire de la personne morale qu'il représente.

Art. L. 252-7. – Les dispositions du chapitre précédent applicables aux groupements d'intérêt économique de droit français relatives aux obligations comptables, au contrôle des comptes et à la liquidation sont applicables aux groupements européens d'intérêt économique.

Voir : C. com., art. L. 251-12 à L. 251-16, p. 606, L. 251-21, p. 608 et L. 251-22, p. 608. - **Pour les groupements de nature civile,** C. com., art. L. 612-1 et s., p. 1980.

Art. L. 252-8. – Toute société ou association, tout groupement d'intérêt économique peut être transformé en un groupement européen d'intérêt économique sans donner lieu à dissolution ni à création d'une personne morale nouvelle.

Un groupement européen d'intérêt économique peut être transformé en un groupement d'intérêt économique de droit français ou une société en nom collectif, sans donner lieu à dissolution ni à création d'une personne morale nouvelle.

Art. L. 252-9. – La nullité du groupement européen d'intérêt économique ainsi que des actes ou délibérations de celui-ci ne peut résulter que de la violation des dispositions impératives du règlement n° 2137/85 du 25 juillet 1985 du Conseil des Communautés européennes, ou des dispositions du présent chapitre ou de l'une des causes de nullité des contrats en général.

L'action en nullité est éteinte lorsque la cause de la nullité a cessé d'exister le jour où le tribunal statue sur le fond en première instance, sauf si cette nullité est fondée sur l'illicéité de l'objet du groupement.

Il est fait application des articles 1844-12 à 1844-17 du Code civil.

Art. L. 252-10 ***(Mod., Ord. n° 2009-80, 22 janv. 2009).*** **– Les groupements européens d'intérêt économique ne peuvent, à peine de nullité des contrats conclus ou des titres émis, procéder à une offre au public de titres financiers.**

Est puni d'un emprisonnement de deux ans et d'une amende de 300 000 € le fait, pour le ou les gérants d'un groupement européen d'intérêt économique ou le représentant permanent d'une personne morale gérant d'un groupement européen d'intérêt économique de procéder à une offre au public de titres financiers.

Voir : C. monét. fin., art. L. 412-4, p. 1244 et L. 461-1, p. 1321.

Art. L. 252-11 ***(Rempl., L. n° 2012-387, 22 mars 2012).*** **– L'utilisation dans les rapports avec les tiers de tous actes, lettres, notes et documents similaires ne comportant pas les mentions relatives au groupement européen d'intérêt économique prescrites à l'article 25 du règlement (CEE) n° 2137/85 du Conseil du 25 juillet 1985 relatif à l'institution d'un groupement européen d'intérêt économique (GEIE) peut faire l'objet d'une injonction, le cas échéant sous astreinte, dans les conditions prévues à l'article L. 238-3.**

Art. L. 252-12 ***(Rempl., L. n° 2012-387, 22 mars 2012).*** **– L'appellation : « groupement européen d'intérêt économique » et le sigle : « GEIE » ne peuvent être utilisés que par les groupements soumis au règlement (CEE) n° 2137/85 du Conseil du 25 juillet 1985 précité. Le ministère public ou toute personne intéressée peut demander au président du tribunal compétent statuant en référé d'interdire, le cas échéant sous astreinte, l'emploi illicite de cette appellation.**

Le président du tribunal peut, en outre, ordonner la publication de la décision, son affichage dans les lieux qu'il désigne, son insertion intégrale ou par extraits dans les journaux et sa diffusion par un ou plusieurs services de communication au public en ligne qu'il indique, le tout aux frais des dirigeants du groupement ayant illégalement utilisé cette appellation ou ce sigle.

Art. L. 252-13 ***(Abr., Ord. n° 2005-1126, 8 sept. 2005).***

Règlement CEE n° 2137-85 du 25 juillet 1985

relatif à l'institution d'un groupement européen d'intérêt économique (GEIE)
(JOCE n° L. 199, 31 juill. 1985)

Art. 1er. – 1. Les groupements européens d'intérêt économique sont constitués dans les conditions, selon les modalités et avec les effets prévus par le présent règlement.

À cette fin, ceux qui entendent constituer un groupement doivent conclure un contrat et faire procéder à l'immatriculation prévue à l'article 6.

2. Le groupement ainsi constitué a la capacité, en son propre nom, d'être titulaire de droits et d'obligations de toute nature, de passer des contrats ou d'accomplir d'autres actes juridiques et d'ester en justice, à dater de l'immatriculation prévue à l'article 6.

3. Les États membres déterminent si les groupements immatriculés à leurs registres en vertu de l'article 6 ont ou non la personnalité juridique.

Voir : C. com., art. L. 252-1, p. 608.

Art. 2. – 1. Sous réserve des dispositions du présent règlement, la loi applicable, d'une part au contrat de groupement, sauf pour les questions relatives à l'état et à la capacité des personnes physiques et à la capacité des personnes morales, d'autre part au fonctionnement interne du groupement, est la loi interne de l'État du siège fixé par le contrat de groupement.

2. Lorsqu'un État comprend plusieurs unités territoriales dont chacune a ses propres règles applicables aux matières visées au paragraphe 1, chaque unité territoriale est considérée comme un État aux fins de la détermination de la loi applicable selon le présent article.

Art. 3. – 1. Le but du groupement est de faciliter ou de développer l'activité économique de ses membres, d'améliorer ou d'accroître les résultats de cette activité ; il n'est pas de réaliser des bénéfices pour lui-même.

Son activité doit se rattacher à l'activité économique de ses membres et ne peut avoir qu'un caractère auxiliaire par rapport à celle-ci.

2. En conséquence, le groupement ne peut :

a) exercer, directement ou indirectement, le pouvoir de direction ou de contrôle des activités propres de ses membres ou des activités d'une autre entreprise, notamment dans les domaines relatifs au personnel, aux finances et aux investissements ;

b) détenir, directement ou indirectement, à quelque titre que ce soit, aucune part ou action, quelle qu'en soit la forme, dans une entreprise membre ; la détention de parts ou d'actions dans une autre entreprise n'est possible que dans la mesure où elle est nécessaire pour atteindre l'objectif du groupement et où elle a lieu pour le compte de ses membres ;

c) employer plus de cinq cents salariés ;

d) être utilisé par une société pour faire un prêt à un dirigeant d'une société, ou à toute personne liée à lui, lorsque de tels prêts sont sujets à restriction ou à contrôle selon les lois des États membres applicables aux sociétés ; un groupement ne doit pas non plus être utilisé pour le transfert d'un bien entre une société et un dirigeant, ou toute personne liée à lui, sauf dans la mesure permise par les lois des États membres applicables aux sociétés. Aux fins de la présente disposition, le prêt englobe toute opération d'effet similaire et le bien peut avoir un caractère mobilier ou immobilier ;

e) être membre d'un autre groupement européen d'intérêt économique.

Art. 4. – 1. Peuvent seules être membres d'un groupement :

a) les sociétés, au sens de l'article 58 *[devenu art. 48]* deuxième alinéa du traité, ainsi que les autres entités juridiques de droit public ou privé, constituées en conformité avec la législation d'un État membre, qui ont leur siège statutaire ou légal et leur administration centrale dans la Communauté ; lorsque, selon la législation d'un État membre, une société ou autre entité juridique n'est pas tenue d'avoir un siège statutaire ou légal, il suffit que cette société ou autre entité juridique ait son administration centrale dans la Communauté ;

b) les personnes physiques exerçant une activité industrielle, commerciale, artisanale, agricole, de profession libérale ou d'autres services dans la Communauté.

2. Un groupement doit être composé au moins :

a) de deux sociétés ou autres entités juridiques, au sens du paragraphe 1, ayant leur administration centrale dans des États membres différents ;

b) de deux personnes physiques, au sens du paragraphe 1, exerçant leur activité à titre principal dans des États membres différents ;

c) au sens du paragraphe 1, d'une société ou d'une autre entité juridique et d'une personne physique, dont la première a son administration centrale dans un État membre et la seconde exerce son activité à titre principal dans un État membre différent.

3. Un État membre peut prévoir que les groupements immatriculés à ses registres conformément à l'article 6 ne peuvent avoir plus de vingt membres. À cette fin, cet État membre peut prévoir que, conformément à sa législation, chaque membre d'une entité juridique constituée en conformité avec sa législation, autre qu'une société immatriculée, soit traité comme membre individuel du groupement.

4. Tout État membre est autorisé à exclure ou restreindre, pour des raisons tenant à son intérêt public, la participation de certaines catégories de personnes physiques, de sociétés ou d'autres entités juridiques à tout groupement.

Voir aussi : peuvent être membres d'un groupement européen d'intérêt économique : les avocats (L. n° 70-1130, 31 déc. 1970, art. 7 et 8, mod. L. n° 90-1259, 31 déc. 1990, art. 6 et 7) ; les administrateurs judiciaires et les mandataires judiciaires à la liquidation des entreprises (C. com., art. L. 811-7 et L. 812-5) ; les greffiers des tribunaux de commerce (COJ, art. L. 821-1, mod. L. n° 90-1259, 31 déc. 1990, art. 61) ; les notaires (Ord. n° 45-2590, 2 nov. 1945, art. 1er *bis*, réd. L. n° 90-1259, 31 déc. 1990, art. 45).

Art. 5. – Doivent figurer dans le contrat de groupement, au moins :

a) la dénomination du groupement précédée ou suivie, soit des mots « groupement européen d'intérêt économique », soit du sigle « GEIE », à moins que ces mots ou ce sigle ne figurent déjà dans la dénomination ;

b) le siège du groupement ;

c) l'objet en vue duquel le groupement est formé ;

d) les nom, raison ou dénomination sociale, la forme juridique, le domicile ou siège social et, le cas échéant, le numéro et le lieu d'immatriculation de chacun des membres du groupement ;

e) la durée du groupement, lorsqu'elle n'est pas indéterminée.

Art. 6. – Le groupement est immatriculé dans l'État du siège au registre désigné en vertu de l'article 39 paragraphe 1.

Art. 7. – Le contrat de groupement est déposé au registre visé à l'article 6.

Doivent également faire l'objet d'un dépôt à ce registre les actes et indications suivants :

a) toute modification du contrat de groupement, y compris tout changement dans la composition du groupement ;

b) la création et la suppression de tout établissement du groupement ;

c) la décision judiciaire constatant ou prononçant la nullité du groupement, conformément à l'article 15 ;

d) la nomination du ou des gérants du groupement, leur nom et tout autre renseignement d'identité exigé par la loi de l'État membre dans lequel le registre est tenu, l'indication qu'ils peuvent agir seuls ou doivent agir conjointement, ainsi que la cessation de leurs fonctions ;

e) toute cession par un membre de sa participation dans le groupement ou d'une fraction de celle-ci, conformément à l'article 22 paragraphe 1 ;

f) la décision des membres prononçant ou constatant la dissolution du groupement, conformément à l'article 31, ou la décision judiciaire prononçant cette dissolution, conformément aux articles 31 ou 32 ;

g) la nomination du ou des liquidateurs du groupement visés à l'article 35, leur nom et tout autre renseignement d'identité exigé par la loi de l'État membre dans lequel le registre est tenu, ainsi que la cessation de leurs fonctions ;

h) la clôture de la liquidation du groupement, visée à l'article 35 paragraphe 2 ;

i) le projet de transfert de siège, visé à l'article 14 paragraphe 1 ;

j) la clause exonérant un nouveau membre du paiement des dettes nées antérieurement à son entrée, conformément à l'article 26 paragraphe 2.

Art. 8. – Doivent faire l'objet d'une publication, dans les conditions prévues à l'article 39, au bulletin visé au paragraphe 1 de cet article :

a) les mentions devant obligatoirement figurer dans le contrat de groupement en vertu de l'article 5, ainsi que leurs modifications ;

b) le numéro, la date et le lieu d'immatriculation, ainsi que la radiation de l'immatriculation ;

c) les actes et indications visés à l'article 7 points *b)* à *j)*.

Les indications visées aux points *a)* et *b)* doivent faire l'objet d'une publication intégrale. Les actes et indications visés au point *c)* peuvent faire l'objet d'une publication soit intégrale, soit sous forme d'extrait ou de mention de leur dépôt au registre, selon la législation nationale applicable.

Art. 9. – 1. Les actes et indications soumis à publication par le présent règlement sont opposables aux tiers par le groupement dans les conditions prévues par le droit national applicable, conformément à l'article 3 paragraphes 5 et 7 de la directive n° 68/151/CEE du Conseil, du 9 mars 1968 *[JOCE n° L. 65, 14 mars 1968, p. 8]*, tendant à coordonner, pour les rendre équivalentes, les garanties qui sont exigées, dans les États membres, des sociétés au sens de l'article 58 *[devenu art. 48]* deuxième alinéa du traité, pour protéger les intérêts tant des associés que des tiers.

2. Si des actes ont été accomplis au nom d'un groupement avant son immatriculation conformément à l'article 6 et si le groupement ne reprend pas après son immatriculation les engagements résultant de tels actes, les personnes physiques, sociétés ou autres entités juridiques qui les ont accomplis en sont solidairement et indéfiniment responsables.

Art. 10. – Tout établissement du groupement situé dans un État membre autre que celui du siège fait l'objet d'une immatriculation dans cet État. En vue de cette immatriculation, le groupement dépose au registre compétent de ce dernier une copie des documents dont le dépôt au registre de l'État membre du siège est obligatoire, accompagnée, si nécessaire, d'une traduction établie conformément aux usages existant au registre d'immatriculation de l'établissement.

Art. 11. – La constitution et la clôture de la liquidation d'un groupement, avec indication du numéro, de la date et du lieu de l'immatriculation de celui-ci, ainsi que de la date, du lieu et du titre de la publication, sont publiées au *Journal officiel des Communautés européennes* après la publication au bulletin visé à l'article 39 paragraphe 1.

Art. 12. – Le siège mentionné par le contrat de groupement doit être situé dans la Communauté.

Ce siège doit être fixé :

a) soit au lieu où le groupement a son administration centrale ;

b) soit au lieu où l'un des membres du groupement a son administration centrale ou, lorsqu'il s'agit d'une personne physique, son activité à titre principal, à condition que le groupement y ait une activité réelle.

Art. 13. – Le siège du groupement peut être transféré à l'intérieur de la Communauté.

Lorsque ce transfert n'a pas pour conséquence un changement de la loi applicable en vertu de l'article 2, la décision de transfert est prise dans les conditions prévues au contrat de groupement.

Art. 14. – 1. Lorsque le transfert du siège a pour conséquence un changement de la loi applicable en vertu de l'article 2, un projet de transfert doit être établi et faire l'objet d'un dépôt et d'une publication dans les conditions prévues aux articles 7 et 8.

La décision de transfert ne peut intervenir que deux mois après la publication dudit projet. Elle doit être prise à l'unanimité des membres du groupement. Le transfert prend effet à la date à laquelle le groupement est immatriculé, conformément à l'article 6, au registre du nouveau siège. Cette immatriculation ne peut s'effectuer que sur preuve de la publication du projet de transfert du siège.

2. La radiation de l'immatriculation du groupement au registre du précédent siège ne peut s'effectuer que sur preuve de l'immatriculation du groupement au registre du nouveau siège.

3. La publication de la nouvelle immatriculation du groupement rend le nouveau siège opposable aux tiers dans les conditions visées à l'article 9 paragraphe 1 ; toutefois, tant que la publication de la radiation de l'immatriculation au registre du précédent siège n'a pas eu lieu, les tiers peuvent continuer de se prévaloir de l'ancien siège, à moins que le groupement ne prouve que les tiers avaient connaissance du nouveau siège.

4. La législation d'un État membre peut prévoir, en ce qui concerne les groupements immatriculés dans ce dernier conformément à l'article 6, qu'un transfert du siège, dont résulterait un changement de la loi applicable, ne prend pas effet si, dans le délai de deux mois visé au paragraphe 1, une autorité compétente de cet État s'y oppose. Cette opposition ne peut avoir lieu que pour des raisons d'intérêt public. Elle doit être susceptible de recours devant une autorité judiciaire.

Art. 15. – 1. Lorsque la loi applicable au groupement en vertu de l'article 2 prévoit la nullité du groupement, cette nullité doit être constatée ou prononcée par décision judiciaire. Toutefois, le tribunal saisi doit, lorsqu'une régularisation de la situation du groupement est possible, accorder un délai permettant de procéder à cette régularisation.

2. La nullité du groupement entraîne la liquidation de celui-ci dans les conditions prévues à l'article 35.

3. La décision constatant ou prononçant la nullité du groupement est opposable aux tiers dans les conditions visées à l'article 9 paragraphe 1.

Cette décision ne porte pas atteinte par elle-même à la validité des obligations nées à la charge ou au profit du groupement antérieurement à la date à laquelle elle devient opposable aux tiers dans les conditions visées à l'alinéa précédent.

Voir : C. com., art. L. 252-9, p. 609.

Art. 16. – 1. Les organes du groupement sont les membres agissant collégialement et le ou les gérants.

Le contrat de groupement peut prévoir d'autres organes ; il en détermine alors les pouvoirs.

2. Les membres du groupement, agissant en tant qu'organe, peuvent prendre toute décision en vue de la réalisation de l'objet du groupement.

Voir : C. com., art. L. 252-4, p. 608.

Art. 17. – 1. Chaque membre dispose d'une voix. Le contrat de groupement peut toutefois attribuer plusieurs voix à certains membres, à condition qu'aucun d'eux ne détienne la majorité des voix.

2. Les membres ne peuvent décider qu'à l'unanimité de :

a) modifier l'objet du groupement ;

b) modifier le nombre de voix attribué à chacun d'eux ;

c) modifier les conditions de la prise de décision ;

d) proroger la durée du groupement au-delà du terme fixé dans le contrat de groupement ;

e) modifier la part contributive de chacun des membres ou de certains d'entre eux au financement du groupement ;

f) modifier toute autre obligation d'un membre, à moins que le contrat de groupement n'en dispose autrement ;

g) procéder à toute modification du contrat de groupement non visée au présent paragraphe, à moins que ce contrat n'en dispose autrement.

3. Dans tous les cas où le présent règlement ne prévoit pas que les décisions doivent être prises à l'unanimité, le contrat de groupement peut déterminer les conditions de quorum et de majorité dans lesquelles les décisions, ou certaines d'entre elles, seront prises. Dans le silence du contrat, les décisions sont prises à l'unanimité.

4. À l'initiative d'un gérant ou à la demande d'un membre, le ou les gérants doivent organiser une consultation des membres afin que ces derniers prennent une décision.

Art. 18. – Chaque membre a le droit d'obtenir des gérants des renseignements sur les affaires du groupement et de prendre connaissance des livres et documents d'affaires.

Art. 19. – 1. Le groupement est géré par une ou plusieurs personnes physiques nommées dans le contrat de groupement ou par une décision des membres.

Ne peuvent être gérants d'un groupement les personnes qui :

- selon la loi qui leur est applicable,

ou

- selon la loi interne de l'État du siège du groupement,

ou

- à la suite d'une décision judiciaire ou administrative rendue ou reconnue dans un État membre,

ne peuvent faire partie de l'organe d'administration ou de direction d'une société, ne peuvent gérer une entreprise ou ne peuvent agir en qualité de gérant d'un groupement européen d'intérêt économique.

2. Un État membre peut prévoir, pour les groupements immatriculés à ses registres en vertu de l'article 6, qu'une personne morale peut être gérant, à condition qu'elle désigne un ou des représentants, personnes physiques, qui doivent faire l'objet de la mention prévue à l'article 7 point *d)*.

Si un État membre exerce cette option, il doit prévoir que ce ou ces représentants encourent la même responsabilité que s'ils étaient eux-mêmes gérants du groupement.

Les interdictions prévues au paragraphe 1 s'appliquent également à ces représentants.

3. Le contrat de groupement ou, à défaut, une décision unanime des membres détermine les conditions de nomination et de révocation du ou des gérants et fixe leurs pouvoirs.

Voir : C. com., art. L. 252-6, p. 608.

Art. 20. – 1. À l'égard des tiers, seul le gérant ou, s'ils sont plusieurs, chacun des gérants représente le groupement.

Chacun des gérants engage le groupement envers les tiers lorsqu'il agit au nom du groupement, même si ses actes ne relèvent pas de l'objet de celui-ci, à moins que le groupement ne prouve que le tiers savait que l'acte dépassait les limites de l'objet du groupement ou ne pouvait l'ignorer, compte tenu des circonstances, étant exclu que la seule publication de la mention visée à l'article 5 point *c)* suffise à constituer cette preuve.

Toute limitation, apportée par le contrat de groupement ou par une décision des membres, aux pouvoirs du ou des gérants est inopposable aux tiers, même si elle est publiée.

2. Le contrat de groupement peut prévoir que le groupement n'est valablement engagé que par deux ou plusieurs gérants agissant conjointement. Cette clause n'est opposable aux tiers, dans les conditions visées à l'article 9 paragraphe 1, que si elle est publiée conformément à l'article 8.

Art. 21. – 1. Les bénéfices provenant des activités du groupement sont considérés comme bénéfices des membres et répartis entre eux dans la proportion prévue au contrat de groupement ou, à défaut, par parts égales.

2. Les membres du groupement contribuent au règlement de l'excédent des dépenses sur les recettes dans la proportion prévue au contrat de groupement ou, à défaut, par parts égales.

Art. 22. – 1. Tout membre du groupement peut céder sa participation dans le groupement, ou une fraction de celle-ci, soit à un autre membre, soit à un tiers ; l'effet de la cession est subordonné à une autorisation donnée à l'unanimité par les autres membres.

2. Un membre du groupement ne peut constituer une sûreté sur sa participation dans le groupement qu'après autorisation donnée à l'unanimité par les autres membres, à moins que le contrat de groupement n'en dispose autrement. Le titulaire de la sûreté ne peut, à aucun moment, devenir membre du groupement du fait de cette sûreté.

Art. 23. – Le groupement ne peut faire publiquement appel à l'épargne.

Voir : C. com., art. L. 252-10, p. 609.

Art. 24. – 1. Les membres du groupement répondent indéfiniment et solidairement des dettes de toute nature de celui-ci. La loi nationale détermine les conséquences de cette responsabilité.

2. Jusqu'à la clôture de la liquidation du groupement, les créanciers du groupement ne peuvent poursuivre le paiement des dettes contre un membre, dans les conditions prévues au paragraphe 1, qu'après avoir demandé au groupement de payer et que si le paiement n'a pas été effectué dans un délai suffisant.

Voir : sur la responsabilité des gérants, C. com., art. L. 252-5, p. 608.

Art. 25. – Les lettres, notes de commande et documents similaires doivent indiquer lisiblement :

a) la dénomination du groupement précédée ou suivie, soit des mots « groupement européen d'intérêt économique », soit du sigle « GEIE », à moins que ces mots ou ce sigle ne figurent déjà dans la dénomination ;

b) le lieu du registre visé à l'article 6 où le groupement est immatriculé, ainsi que le numéro d'inscription du groupement à ce registre ;

c) l'adresse du siège du groupement ;

d) le cas échéant, la mention que les gérants doivent agir conjointement ;

e) le cas échéant, la mention que le groupement est en liquidation en vertu des articles 15, 31, 32 ou 36.

Tout établissement du groupement, lorsqu'il est immatriculé conformément à l'article 10, doit faire figurer les indications visées ci-dessus, accompagnées de celles relatives à sa propre immatriculation, sur les documents visés au premier alinéa du présent article qui émanent de cet établissement.

Voir : C. com., art. L. 252-11, p. 609.

Art. 26. – 1. La décision d'admettre de nouveaux membres est prise à l'unanimité des membres du groupement.

2. Tout nouveau membre répond, dans les conditions prévues à l'article 24, des dettes du groupement, y compris celles découlant de l'activité du groupement antérieure à son entrée.

Il peut toutefois être exonéré, par une clause du contrat de groupement ou de l'acte d'admission, du paiement des dettes nées antérieurement à son entrée. Cette clause n'est opposable aux tiers, dans les conditions visées à l'article 9 paragraphe 1, que si elle est publiée conformément à l'article 8.

Si l'admission d'un nouveau membre dans un GEIE ne peut être prise qu'à l'unanimité des membres du groupement, rien n'interdit qu'elle ait un effet **rétroactif** : ▪ CA Paris, 3 mars 2000 : *JurisData* n° 2000-120682.

Art. 27. – 1. La démission d'un membre du groupement est possible dans les conditions prévues au contrat de groupement ou, à défaut, avec l'accord unanime des autres membres.

Tout membre du groupement peut, en outre, démissionner pour juste motif.

2. Tout membre du groupement peut être exclu pour des motifs énumérés dans le contrat de groupement et, en tout cas, lorsqu'il contrevient gravement à ses obligations ou lorsqu'il cause ou menace de causer des troubles graves dans le fonctionnement du groupement.

Cette exclusion ne peut avoir lieu que sur décision du tribunal prise à la demande conjointe de la majorité des autres membres, à moins que le contrat de groupement n'en dispose autrement.

Art. 28. – 1. Tout membre du groupement cesse d'en faire partie au moment de son décès ou au moment où il ne répond plus aux conditions fixées à l'article 4 paragraphe 1.

En outre, un État membre peut prévoir, pour les besoins de sa législation en matière de liquidation, de dissolution, d'insolvabilité ou de cessation des paiements, qu'un membre d'un groupement cesse d'en faire partie au moment fixé par ladite législation.

2. En cas de décès d'une personne physique membre du groupement, nul ne peut prendre sa place dans le groupement si ce n'est dans les conditions prévues au contrat de groupement ou, à défaut, avec l'accord unanime des membres restants.

Art. 29. – Dès qu'un membre cesse de faire partie du groupement, le ou les gérants doivent notifier cette situation aux autres membres ; ils doivent également mettre en œuvre les obligations appropriées énoncées aux articles 7 et 8. En outre, tout intéressé peut mettre en œuvre lesdites obligations.

Art. 30. – Sauf disposition contraire du contrat de groupement et sans préjudice des droits acquis par une personne en vertu de l'article 22 paragraphe 1 ou de l'article 28 paragraphe 2, le groupement subsiste entre les membres restants, après qu'un membre a cessé d'en faire partie, dans les conditions prévues par le contrat de groupement ou déterminées par une décision unanime des membres considérés.

Art. 31. – 1. Le groupement peut être dissous par une décision de ses membres prononçant cette dissolution. Cette décision est prise à l'unanimité, à moins que le contrat de groupement n'en dispose autrement.

2. Le groupement doit être dissous par une décision de ses membres :

a) constatant l'arrivée du terme fixé dans le contrat de groupement ou de toute autre cause de dissolution prévue par ce contrat,

ou

b) constatant la réalisation de l'objet du groupement ou l'impossibilité de le poursuivre.

Si, trois mois après la survenance d'une des situations visées à l'alinéa précédent, la décision des membres constatant la dissolution du groupement n'a pas été prise, tout membre peut demander au tribunal de prononcer cette dissolution.

3. Le groupement doit également être dissous par une décision de ses membres ou du membre restant lorsque les conditions de l'article 4 paragraphe 2 ne sont plus remplies.

4. Après dissolution du groupement par une décision de ses membres, le ou les gérants doivent mettre en œuvre les obligations appropriées énoncées aux articles 7 et 8. En outre, tout intéressé peut mettre en œuvre lesdites obligations.

Art. 32. – 1. À la demande de tout intéressé ou d'une autorité compétente, le tribunal doit prononcer la dissolution du groupement en cas de violation des articles 3 ou 12 ou de l'article 31 paragraphe 3, à moins qu'une régularisation de la situation du groupement ne soit possible et n'intervienne avant qu'il ait été statué sur le fond.

2. Sur demande d'un membre, le tribunal peut prononcer la dissolution du groupement pour juste motif.

3. Un État membre peut prévoir que le tribunal peut, sur demande d'une autorité compétente, prononcer la dissolution d'un groupement ayant son siège dans l'État dont relève cette autorité dans tous les cas où le groupement, par son activité, contrevient à l'intérêt public de cet État, si une telle possibilité existe dans la législation de ce dernier pour des sociétés immatriculées ou d'autres entités juridiques soumises à cette législation.

Voir aussi : l'autorité compétente pour saisir le tribunal de grande instance ou le tribunal de commerce, selon le cas, en application de l'article 32-1, est le procureur de la République (D. n° 90-72, 17 janv. 1990, art. 1er).

Art. 33. – Lorsqu'un membre cesse de faire partie du groupement pour une cause autre que la cession de ses droits dans les conditions prévues à l'article 22 paragraphe 1, la valeur des droits qui lui reviennent ou des obligations qui lui incombent est déterminée sur la base du patrimoine du groupement tel qu'il se présente au moment où ce membre cesse d'en faire partie.

La valeur des droits et obligations du membre sortant ne peut être fixée forfaitairement à l'avance.

Art. 34. – Sans préjudice de l'article 37 paragraphe 1, tout membre qui cesse de faire partie du groupement reste tenu, dans les conditions prévues à l'article 24, des dettes découlant de l'activité du groupement antérieure à la cessation de sa qualité de membre.

Art. 35. – 1. La dissolution du groupement entraîne sa liquidation.

2. La liquidation du groupement et la clôture de cette liquidation sont régies par le droit national.

3. La capacité du groupement, au sens de l'article 1er paragraphe 2, subsiste jusqu'à la clôture de la liquidation.

4. Le ou les liquidateurs mettent en œuvre les obligations appropriées énoncées aux articles 7 et 8.

Art. 36. – Les groupements européens d'intérêt économique sont soumis aux dispositions du droit national régissant l'insolvabilité et la cessation des paiements. L'ouverture d'une procédure à l'encontre d'un groupement en raison de son insolvabilité ou de sa cessation des paiements n'entraîne pas d'elle-même l'ouverture d'une telle procédure à l'encontre des membres de ce groupement.

Art. 37. – 1. Est substitué à tout délai plus long éventuellement prévu par le droit national applicable, le délai de prescription de cinq ans à compter de la publication, conformément à l'article 8, du départ d'un membre du groupement pour les actions contre ce membre relatives aux dettes qui découlent de l'activité du groupement antérieure à la cessation de sa qualité de membre.

2. Est substitué à tout délai plus long éventuellement prévu par le droit national applicable, le délai de prescription de cinq ans à compter de la publication, conformément à l'article 8, de la clôture de la liquidation du groupement pour les actions contre un membre du groupement relatives aux dettes qui découlent de l'activité de ce groupement.

Art. 38. – Lorsqu'un groupement exerce, dans un État membre, une activité qui contrevient à l'intérêt public de cet État, une autorité compétente de celui-ci peut interdire cette activité. La décision de l'autorité compétente doit être susceptible de recours devant une autorité judiciaire.

Art. 39. – 1. Les États membres désignent le ou les registres compétents pour procéder à l'immatriculation visée aux articles 6 et 10 et déterminent les règles applicables à celle-ci. Ils fixent les conditions dans lesquelles s'effectue le dépôt des documents visés aux articles 7 et 10. Ils s'assurent que les actes et indications visés à l'article 8 sont publiés dans le bulletin officiel approprié de l'État membre où le groupement a son siège, et prévoient éventuellement les modes de publication des actes et indications visés à l'article 8 point *c)*.

En outre, les États membres s'assurent que chacun peut prendre connaissance, au registre compétent en vertu de l'article 6 ou, le cas échéant, de l'article 10, des documents visés à l'article 7 et en obtenir, même par la poste, copie intégrale ou partielle.

Les États membres peuvent prévoir le paiement des frais afférents aux opérations visées aux alinéas précédents, sans que le montant de ces frais puisse être supérieur au coût administratif.

2. Les États membres s'assurent que les indications qui doivent être publiées au *Journal officiel des Communautés européennes* en vertu de l'article 11 sont communiquées à l'Office des publications officielles des Communautés européennes dans le mois suivant la publication au bulletin officiel visé au paragraphe 1.

3. Les États membres prévoient les sanctions appropriées en cas de manquement aux dispositions des articles 7, 8 et 10 en matière de publicité et en cas de manquement aux dispositions de l'article 25.

Voir : C. com., art. L. 252-1, p. 608, L. 252-9, p. 609 et L. 252-11, p. 609.

Art. 40. – Le résultat provenant de l'activité du groupement n'est imposable qu'au niveau de ses membres.

Voir aussi : CGI, art. 239 *quater* C.

Art. 41. – 1. Les États membres prennent les mesures requises en vertu de l'article 39 avant le 1er juillet 1989. Ils les communiquent immédiatement à la Commission.

2. À titre d'information, les États membres communiquent à la Commission les catégories de personnes physiques, de sociétés et d'autres entités juridiques qu'ils excluent de la participation à un groupement conformément à l'article 4 paragraphe 4.

La Commission en informe les autres États membres.

Art. 42. – Institution auprès de la Commission d'un comité de contact.

Art. 43. – Le présent règlement entre en vigueur le troisième jour suivant celui de sa publication au *Journal officiel des Communautés européennes*.

Le présent règlement est applicable à partir du 1er juillet 1989, à l'exception des articles 39, 41 et 42 qui sont applicables dès l'entrée en vigueur du présent règlement.

Partie réglementaire

Bibliographie : Y. Guyon, *Commentaire du décret du 3 mai 2002 portant application aux sociétés de la loi NRE : Dr. et patrimoine* juill.-août 2002, p 18 ; *Dispositions du décret du 3 mai 2002 relatives aux assemblées générales d'actionnaires : Rev. sociétés* 2002, p. 421. • A. Lienhard, *Nouvelles régulations économiques : commentaire du décret n° 2002-803 du 3 mai 2002 : D.* 2002, p. 1649. • B. Saintourens, *Les dispositions du décret du 3 mai 2002 relatives aux organes de direction de la société anonyme : Rev. sociétés* 2002, p. 430. • R. Vatinet, *Les dispositions du décret du 3 mai 2002 relatives aux conventions réglementées : Rev. sociétés* 2002, p. 441. • J.-P. Valuet, *Les dispositions du décret du 3 mai 2002 relatives à l'identification et au vote des actionnaires non résidents des sociétés cotées : Rev. sociétés* 2002, p. 446 ; *Valeurs mobilières : commentaire du décret du 10 février 2005 : D.* 2005, p. 1362 ; *Le décret du 11 décembre 2006 sur les sociétés commerciales : Rev. sociétés* 2007, p. 227.

TITRE PREMIER. – DISPOSITIONS PRÉLIMINAIRES

Section I. – De la constitution de la société et de la modification de ses statuts

Sous-section 1. – De la constitution de la société

Art. R. 210-1. – Les sociétés commerciales sont immatriculées au registre du commerce et des sociétés dans les conditions définies par le livre I.

La demande d'immatriculation est présentée après accomplissement des formalités de constitution de la société.

Voir : C. com., art. L. 123-1 et s., p. 798 et R. 123-31 et s., p. 800.

Art. R. 210-2. – La durée de la société court à dater de l'immatriculation de celle-ci au registre du commerce et des sociétés.

Elle peut être prorogée une ou plusieurs fois, sans que chaque prorogation puisse excéder quatre-vingt-dix-neuf ans.

Art. R. 210-3. – Lorsque les autres formalités de constitution de la société ont été accomplies, un avis est inséré dans un journal habilité à recevoir les annonces légales dans le département du siège social.

Cet avis est signé par le notaire qui a reçu l'acte de société ou au rang des minutes duquel il a été déposé ; dans les autres cas, il est signé par l'un des fondateurs ou des premiers associés ayant reçu un pouvoir spécial à cet effet.

Art. R. 210-4. – L'avis mentionné à l'article R. 210-3 contient les indications suivantes :

1° La dénomination sociale suivie, le cas échéant, de son sigle ;

2° La forme de la société ;

3° Le montant du capital social ;

4° L'adresse du siège social ;

5° L'objet social, indiqué sommairement ;

6° La durée pour laquelle la société a été constituée ;

7° Les nom, prénom usuel et domicile des associés tenus indéfiniment des dettes sociales ;

8° Les nom, prénom usuel et domicile des associés ou des tiers ayant, dans la société, la qualité de gérant, administrateur, président du conseil d'administration, directeur général, membre du directoire, membre du conseil de surveillance ou commissaire aux comptes ;

9° Les nom, prénom usuel et domicile des personnes ayant le pouvoir général d'engager la société envers les tiers ;

10° L'indication du greffe du tribunal où la société sera immatriculée au registre du commerce et des sociétés.

S'il s'agit d'une société par actions, l'avis contient en outre les indications suivantes :

1° Les conditions d'admission aux assemblées d'actionnaires et d'exercice du droit de vote, notamment les conditions d'attribution du droit de vote double ;

2° Le cas échéant, l'existence de clauses relatives à l'agrément des cessionnaires d'actions et la désignation de l'organe social habilité à statuer sur les demandes d'agrément.

Si la société est à capital variable, l'avis en fait mention et indique le montant au-dessous duquel le capital ne peut être réduit.

Art. R. 210-5. – Lors de la constitution d'une société à responsabilité limitée, l'état des actes accomplis pour le compte de la société en formation, avec l'indication, pour chacun d'eux, de l'engagement qui en résulterait pour la société, est présenté aux associés avant la signature des statuts.

Cet état est annexé aux statuts, dont la signature emporte reprise des engagements par la société, lorsque celle-ci a été immatriculée au registre du commerce et des sociétés.

En outre, les associés peuvent, dans les statuts ou par acte séparé, donner mandat à l'un ou plusieurs d'entre eux ou au gérant non associé qui a été désigné de prendre des engagements pour le compte de la société. Sous réserve qu'ils soient déterminés et que les modalités en soient précisées par le mandat, l'immatriculation de la société au registre du commerce et des sociétés emporte reprise de ces engagements par la société.

1) **Relation entre le décret et la loi.** L'article 26 ne déroge pas à la règle générale édictée par l'article 5 de la loi n° 66-537 *[C. com., art. L. 210-6]*, aussi la reprise des engagements peut-elle résulter de leur ratification par les associés : ▪ CA Paris, 30 avr. 1980 : *BJS* 1980, p. 452.

2) **Associé gérant.** Le mandat de prendre des engagements au nom de la société en formation, qui peut être donné par les associés à l'un ou plusieurs d'entre eux ou au gérant non associé, peut également être donné à l'associé nommé aux fonctions de gérant : ▪ Cass. com., 9 oct. 2001 : *BJS* 2002, p. 71, note M. Menjucq.

3) **Imprécision du mandat.** Le mandat donné par les signataires des statuts au gérant ne répond pas aux exigences de l'article 26 lorsqu'il est général et manque de précision : ▪ Cass. com., 24 mars 1998 : *JurisData* n° 1998-001556 ; *BJS* 1998, p. 770, note P. Le Cannu.

Art. R. 210-6 ***(Mod. ; D. n° 2009-557, 19 mai 2009).*** **– Lors de la constitution d'une société par actions sans offre au public, l'état des actes accomplis pour le compte de la société en formation, avec l'indication, pour chacun d'eux, de l'engagement qui en résulterait pour la société, est tenu à la disposition des actionnaires dans les conditions prévues à l'article R. 225-14.**

Cet état est annexé aux statuts, dont la signature emporte reprise des engagements par la société, lorsque celle-ci a été immatriculée au registre du commerce.

En outre, les actionnaires peuvent, dans les statuts, ou par acte séparé, donner mandat à l'un ou plusieurs d'entre eux de prendre des engagements pour le compte de la société. Sous réserve qu'ils soient déterminés et que leurs modalités soient précisées par le mandat, l'immatriculation de la société au registre du commerce et des sociétés emporte reprise de ces engagements par la société.

Art. R. 210-7 ***(Mod., D. n° 2009-557, 19 mai 2009).*** **– Lors de la constitution d'une société par actions avec offre au public, les actes accomplis pour le compte de la société en formation conformément au deuxième alinéa de l'article L. 210-6 sont soumis à l'assemblée générale constitutive, après qu'ont été désignés les premiers membres du conseil d'administration ou du conseil de surveillance et les premiers commissaires aux comptes.**

Le rapport des fondateurs énumère chacun de ces actes et indique l'engagement qui en résulterait pour la société.

Si l'assemblée autorise la société à les reprendre à son compte, cette décision ne prend effet, dans les conditions prévues au deuxième alinéa de l'article L. 210-6, qu'après immatriculation de la société au registre du commerce et des sociétés.

L'assemblée peut également donner mandat à une ou plusieurs des personnes désignées en qualité de premiers membres du conseil d'administration ou du conseil de surveillance de prendre des engagements pour le compte de la société. Sous réserve qu'ils soient déterminés et que leurs modalités soient précisées par le mandat, l'immatriculation de la société au registre du commerce et des sociétés emporte reprise de ces engagements par la société.

Art. R. 210-8. – Après immatriculation au registre du commerce et des sociétés, la constitution de la société fait l'objet d'une publicité au *Bulletin officiel des annonces civiles et commerciales*, conformément à l'article R. 123-155.

Sous-section 2. – De la modification des statuts

Art. R. 210-9 ***(Mod., D. n° 2007-750, 9 mai 2007).*** **– Si l'une des mentions de l'avis prévu à l'article R. 210-3 est frappée de caducité par suite de la modification des statuts ou d'un autre acte, délibération ou décision, la modification intervenue est publiée dans les conditions prévues à l'article R. 210-3 :**

L'avis est signé par le notaire qui a reçu l'acte ou au rang des minutes duquel il a été déposé ; dans les autres cas, il est signé par les représentants légaux de la société.

Il contient les indications suivantes :

1° La raison sociale ou la dénomination sociale suivie, le cas échéant, de son sigle ;

2° La forme de la société ;

3° Le montant du capital social ;

4° L'adresse du siège social ;

5° Les mentions prévues aux 1° et 2° de l'article R. 123-237 et le numéro unique d'identification de la société à l'Institut national de la statistique et des études économiques ;

6° L'indication des modifications intervenues, reproduisant l'ancienne mention à côté de la nouvelle.

Le renouvellement aux fonctions de gestion, de direction, de surveillance et de contrôle n'entraîne pas de formalités de publicité : Rép. min. : *JOAN* Q, 17 mai 1972, p. 1561.

Art. R. 210-10. – Le nom des premiers gérants, administrateurs, membres du conseil de surveillance et commissaires aux comptes mentionnés dans les statuts peut être omis dans les statuts mis à jour et déposés en annexe au registre du commerce et des sociétés, sans qu'il y ait lieu, sauf dispositions statutaires contraires, de les remplacer par le nom des personnes qui leur ont succédé dans ces fonctions.

Les mentions prévues aux 4° et 8° de l'article R. 224-2 peuvent être également omises des statuts mis à jour, sous la condition que la société soit immatriculée au registre du commerce et des sociétés depuis plus de cinq ans.

Art. R. 210-11. – En cas de transfert du siège social hors du ressort du tribunal au greffe duquel la société a été immatriculée, l'avis, publié dans un journal habilité à recevoir des annonces légales du département du nouveau siège, indique que le siège social a été transféré et reproduit les mentions prévues aux 1°, 2°, 4° et 9° de l'article R. 210-4 et comporte en outre :

1° Les mentions prévues aux 1° et 2° de l'article R. 123-237, en ce qui concerne l'ancien siège social ;

2° L'indication du registre du commerce et des sociétés où la société sera immatriculée en raison de son nouveau siège social.

Sous-section 3. – De l'action en régularisation

Art. R. 210-12. – L'action en régularisation de la constitution de la société ou de la modification des statuts, prévue à l'article L. 210-7, est portée devant le tribunal de commerce.

Le tribunal territorialement compétent est celui dans le ressort duquel est situé le siège de la société.

Art. R. 210-13. – Si une ou plusieurs énonciations exigées par la loi ou les règlements ne figurent pas dans les statuts, le tribunal ordonne que ceux-ci soient complétés dans les mêmes conditions que celles requises lors de la constitution de la société.

Si une formalité prescrite par la loi ou les règlements pour la constitution de la société ou la modification des statuts a été omise ou irrégulièrement accomplie, le tribunal ordonne qu'elle soit accomplie ou refaite. Il peut en outre ordonner que toutes les formalités qui ont suivi celle omise ou entachée d'un vice, ou certaines d'entre elles seulement, soient également refaites.

Section II. – De la dissolution de la société

Art. R. 210-14. – L'associé ou l'actionnaire d'une société entre les mains duquel sont réunies toutes les parts ou actions peut dissoudre cette société à tout moment, par déclaration au greffe du tribunal de commerce, en vue de la mention de la dissolution au registre du commerce et des sociétés.

Le déclarant est liquidateur de la société, à moins qu'il ne désigne une autre personne pour exercer cette fonction.

Voir : C. civ., art. 1844-5, p. 89 et D. n° 78-704, 3 juill. 1978, art. 8, p. 157.

Art. R. 210-15. – La dissolution judiciaire de la société, pour quelque cause que ce soit, est de la compétence du tribunal de commerce.

Clause compromissoire. L'article 51 *[C. com. art. R. 210-15]* n'exclut en rien la compétence arbitrale en vertu d'une clause compromissoire : ▪ CA Colmar, 21 sept. 1993 : *RJ com.* 1994, p. 154, note Ch. Jarrosson.

Section III. – Des formalités de publicité

Art. R. 210-16. – **La publicité au moyen d'avis ou annonces est faite, selon le cas, par insertions au *Bulletin officiel des annonces civiles et commerciales* ou dans un journal habilité à recevoir les annonces légales dans le département du siège social ou au *Bulletin des annonces légales obligatoires*.**

Voir : Rappr. C. civ., art. 1839, p. 40, et D. n° 78-704, 3 juill. 1978, art. 4 et 5, p. 156.

Art. R. 210-17. – **La publicité par dépôt d'actes ou de pièces est faite au greffe du tribunal de commerce, en annexe au registre du commerce et des sociétés, dans les conditions prévues par la section 1 du chapitre III du titre II du livre I.**

Art. R. 210-18. – **Les formalités de publicité sont effectuées à la diligence et sous la responsabilité des représentants légaux des sociétés.**

Lorsqu'une formalité de publicité ne portant ni sur la constitution de la société ni sur la modification de ses statuts a été omise ou irrégulièrement accomplie et si la société n'a pas régularisé la situation dans le délai d'un mois à compter de la mise en demeure qui lui a été adressée, tout intéressé peut demander au président du tribunal de commerce, statuant en référé, de désigner un mandataire chargé d'accomplir la formalité.

Bibliographie : J.-P. Legros, *L'exécution forcée du dépôt au greffe des comptes de sociétés commerciales : Dr. sociétés* juill. 2013, n° 13.

Demandeur. En autorisant tout intéressé, et non pas seulement le juge commis à la surveillance du RCS, à se substituer à l'entreprise défaillante pour exiger le respect de la publicité légale sous le contrôle du juge des référés, l'article 283 *[C. com., art. R. 210-18]* ne soumet pas la communication des documents sociaux à la démonstration préalable d'un intérêt légitime quiserait apprécié par ce magistrat, la seule démarche effectuée en ce sens auprès de lui supposant nécessairement l'intérêt manifesté par le demandeur à la gestion et aux résultats de la société : ▪ CA Dijon, 23 oct. 2001 : *JurisData* n° 2001-157853 ; *JCP* E 2002, p. 351.

Voir : sous C. com., art. L. 232-22, p. 488.

Art. R. 210-19. – **Dans tous les cas où, en vertu du présent livre, il est statué par ordonnance du président du tribunal, soit sur requête, soit en référé, une copie de cette ordonnance est déposée par le greffier au dossier de la société, en annexe au registre du commerce et des sociétés.**

Art. R. 210-20 *(D. n° 2010-684, 23 juin 2010).* – **Les sociétés dont les actions sont admises aux négociations sur un marché réglementé sont tenues de disposer d'un site internet afin de satisfaire à leurs obligations d'information de leurs actionnaires.**

TITRE II. – DISPOSITIONS PARTICULIÈRES AUX DIVERSES SOCIÉTÉS COMMERCIALES

CHAPITRE I. – DES SOCIÉTÉS EN NOM COLLECTIF

Art. R. 221-1. – **Si les statuts sont établis par acte sous seing privé, il est dressé autant d'originaux qu'il est nécessaire pour le dépôt d'un exemplaire au siège social, l'exécution des diverses formalités requises et la remise d'un exemplaire à chaque associé.**

Art. R. 221-2. – **Toute délibération des associés est constatée par un procès-verbal qui indique la date et le lieu de réunion, les noms et prénoms des associés présents, les documents et rapports soumis à discussion, un résumé des débats, le texte des résolutions mises aux voix et le résultat des votes. Le procès-verbal est signé par chacun des associés présents.**

Lorsque tous les associés sont gérants, seules les délibérations dont l'objet excède les pouvoirs reconnus aux gérants sont soumises aux dispositions de l'alinéa précédent.

En cas de consultation écrite, il en est fait mention dans le procès-verbal, auquel est annexée la réponse de chaque associé et qui est signé par les gérants.

Art. R. 221-3. – Les procès-verbaux prévus à l'article R. 221-2 sont établis sur un registre spécial tenu au siège social et coté et paraphé soit par un juge du tribunal de commerce, soit par un juge du tribunal d'instance, soit par le maire de la commune du siège social ou un adjoint au maire, dans la forme ordinaire et sans frais.

Toutefois, les procès-verbaux peuvent être établis sur des feuilles mobiles numérotées sans discontinuité, paraphées dans les conditions prévues à l'alinéa précédent et revêtues du sceau de l'autorité qui les a paraphées. Dès qu'une feuille a été remplie, même partiellement, elle est jointe à celles précédemment utilisées. Toute addition, suppression, substitution ou interversion de feuilles est interdite.

Modalités de rédaction des procès-verbaux. La formule employée par les rédacteurs du décret prescrit la rédaction des procès-verbaux sur des feuilles mobiles non cotées ni paraphées, seraient-elles destinées à être ultérieurement collées sur un registre ayant cette double qualité : Rép. min. : *JOAN Q*, 5 nov. 1968, p. 3973.

Art. R. 221-4. – Les copies ou extraits des procès-verbaux des délibérations des associés sont certifiés conformes par un seul gérant. Au cours de la liquidation de la société, leur certification est effectuée par un seul liquidateur.

Art. R. 221-5. – Pour l'application du deuxième alinéa de l'article L. 221-9 relatif à la désignation d'un commissaire aux comptes, le total du bilan est fixé à 1 550 000 €, le montant hors taxe du chiffre d'affaires à 3 100 000 € et le nombre moyen de salariés à cinquante. Le total du bilan, le montant hors taxe du chiffre d'affaires et le nombre moyen de salariés sont déterminés conformément aux quatrième, cinquième et sixième alinéas de l'article R. 123-200.

La société n'est plus tenue de désigner un commissaire aux comptes dès lors qu'elle n'a pas dépassé les chiffres fixés pour deux de ces trois critères pendant les deux exercices précédant l'expiration du mandat du commissaire aux comptes.

Dans le cas prévu au troisième alinéa de l'article L. 221-9, le commissaire aux comptes est désigné par ordonnance du président du tribunal de commerce statuant en la forme des référés.

Responsabilité. Il ne peut être reproché à des banquiers de ne pas avoir exigé la désignation d'un commissaire aux comptes alors que l'entreprise avait dépassé les seuils légaux, car une telle responsabilité appartient aux associés et aux dirigeants, les banques ne pouvant présumer que la loi n'avait pas été respectée : ▪ CA Paris, 19 juin 2001 : *JurisData* n° 2001-155405.

Art. R. 221-6. – Les comptes annuels, le rapport de gestion ainsi que, le cas échéant, les comptes consolidés et le rapport sur la gestion du groupe sont tenus, au siège social, à la disposition des commissaires aux comptes un mois au moins avant la convocation de l'assemblée prévue à l'article L. 221-7.

Art. R. 221-7. – Les comptes annuels, le rapport de gestion, le texte des résolutions proposées ainsi que, le cas échéant, les comptes consolidés, le rapport sur la gestion du groupe et les rapports des commissaires aux comptes sur les comptes annuels et sur les comptes consolidés sont adressés aux associés quinze jours au moins avant la réunion de l'assemblée prévue à l'article L. 221-7.

Pendant le délai de quinze jours qui précède l'assemblée, l'inventaire est tenu, au siège social, à la disposition des associés, qui peuvent en prendre copie.

Les dispositions du présent article ne sont pas applicables lorsque tous les associés sont gérants.

Art. R. 221-7-1 *(D. n° 2015-1380, 29 oct. 2015)*. – Le rapport mentionné à l'article L. 221-7-1 est mis à disposition du public sur le site internet de la société dans un délai de huit mois à compter de la clôture de l'exercice et pendant une durée de cinq années.

Art. R. 221-8. – En application des dispositions de l'article L. 221-8, l'associé non gérant a le droit de prendre par lui-même, au siège social, connaissance des livres de commerce et de comptabilité, des contrats, factures, correspondances, procès-verbaux et plus généralement de tout document établi par la société ou reçu par elle.

Le droit de prendre connaissance emporte celui de prendre copie.

Dans l'exercice de ces droits, l'associé peut se faire assister d'un expert choisi sur une des listes établies par les cours et tribunaux.

Art. R. 221-9 *(Rempl. à compter du 1er juin 2015, D. n° 2015-545, 18 mai 2015).* **– En l'absence de publication des statuts modifiés au registre du commerce et des sociétés prescrite par l'alinéa 2 de l'article L. 221-14, le cédant ou le cessionnaire peut, après mise en demeure du gérant d'effectuer cette publication, restée vaine au terme d'un délai de huit jours, et en justifiant de la saisine du président du tribunal en application de l'article L. 123-5-1 ou de l'article L. 210-7, déposer contre récépissé l'acte de cession de parts sociales au registre du commerce et des sociétés. À titre conservatoire et jusqu'à la décision du tribunal, ce dépôt rend la cession opposable aux tiers, sous réserve de l'accomplissement des formalités prévues à l'alinéa premier de l'article L. 221-14.**

Art. R. 221-10. – Le créancier ne peut poursuivre un associé, à défaut de paiement ou de constitution de garanties par la société, que huit jours au moins après mise en demeure de celle-ci.

Ce délai peut être prolongé par ordonnance du président du tribunal de commerce statuant en référé.

Portée. L'article 15 *[C. com., art. R. 221-10]* a pour seul objet de préciser le délai minimum entre la mise en demeure adressée à la société et l'autorisation de poursuite des associés, de sorte que la société dispose d'un temps suffisant pour faire face à ses engagements en payant la dette ou en constituant une garantie afin de préserver l'intégralité des droits des créanciers : ▪ CA Versailles, 14 janv. 1999 : *BJS* 1999, p. 581, note C. Ginestet. – Voir aussi : ▪ CA Metz, 15 oct. 1998 : *JurisData* n° 1998-047037.

CHAPITRE II. – DES SOCIÉTÉS EN COMMANDITE SIMPLE

Art. R. 222-1. – Les dispositions du chapitre I sont applicables aux sociétés en commandite simple.

Art. R. 222-2. – Les avis et conseils, les actes de contrôle et de surveillance de l'associé commanditaire ne constituent pas des actes de gestion externe au sens de l'article L. 222-6.

Art. R. 222-3. – L'associé commanditaire exerce le droit ouvert par l'article L. 222-7 dans les conditions prévues à l'article R. 221-8.

CHAPITRE III. – DES SOCIÉTÉS À RESPONSABILITÉ LIMITÉE

Art. R. 223-1. – Si les statuts sont établis par acte sous seing privé, il est dressé autant d'originaux qu'il est nécessaire pour le dépôt d'un exemplaire au siège social et l'exécution des diverses formalités requises.

En outre, un exemplaire des statuts établi sur papier libre est remis à chaque associé.

Art. D. 223-2 *(Rempl., D. n° 2008-1419, 19 déc. 2008).* **– Un modèle de statuts types de la société à responsabilité limitée dont l'associé unique, personne physique, assume personnellement la gérance figure en annexe 2-1 au présent livre.**

Le centre de formalités des entreprises ou, dans le cas prévu au deuxième alinéa de l'article R. 123-5, le greffe du tribunal de commerce remet gratuitement ce modèle de statuts types au fondateur de la société.

Il l'informe de ce que ces statuts types s'appliquent à moins qu'il n'ait été joint des statuts différents lors de la demande d'immatriculation de la société.

Annexes de la partie réglementaire
Annexe 2-1

(Mod., D. n° 2008-1419, 19 déc. 2008)

Modèle de statuts types des sociétés à responsabilité limitée dont l'associé unique, personne physique, assume personnellement la gérance

Société : .... (dénomination sociale)
Société à responsabilité limitée :
Au capital de : .... (à compléter)
Siège social : .... (à compléter) :
Le soussigné :
M./Mme. (nom de naissance et, le cas échéant, nom d'usage, prénom, domicile, date et lieu de naissance) a établi ainsi qu'il suit les statuts d'une société à responsabilité limitée dont le gérant est l'associé unique.
Statuts

Art. 1er. – *Forme*. La société est à responsabilité limitée.

Art. 2. – *Objet*. La société a pour objet :..... (indiquer ici toutes les activités qui seront exercées par la société).

Et, plus généralement, toutes opérations, de quelque nature qu'elles soient, juridiques, économiques et financières, civiles et commerciales, se rattachant à l'objet sus indiqué ou à tous autres objets similaires ou connexes, de nature à favoriser, directement ou indirectement, le but poursuivi par la société, son extension ou son développement.

Art. 3. – *Dénomination*. Sa dénomination sociale est : .... (nom de la société).

Son sigle est : .... (facultatif).

Dans tous les actes et documents émanant de la société, cette dénomination doit être précédée ou suivie immédiatement des mots : société à responsabilité limitée ou des initiales : SARL et de l'énonciation du capital social.

Art. 4. – *Siège social*. Le siège social est fixé à : .... (indiquer ici l'adresse du siège social).

Il peut être transféré par décision de l'associé unique.

Art. 5. – *Durée*. La société a une durée de années (indiquer ici la durée, sans qu'elle puisse excéder quatre-vingt-dix-neuf ans) sauf dissolution anticipée ou prorogation.

Art. 6. – *Apports*. Apports en numéraire : .... (indiquer ici le montant des espèces en euros).

M./Mme .... apporte et verse à la société une somme totale de ....

La somme totale versée, soit, a été déposée le au crédit d'un compte ouvert au nom de la société en formation, à (indiquer ici les coordonnées de l'établissement financier).

Apports de biens communs (le cas échéant) :.... (Il s'agit des biens appartenant à la communauté des époux)

Cette somme provient de la communauté de biens existant entre l'apporteur et son conjoint : (nom, prénoms), qui a été préalablement averti de cet apport par lettre recommandée avec demande d'avis de réception reçue le....., comportant toutes précisions utiles quant aux finalités et modalités de l'opération d'apport.

Par lettre en date du , M./Mme, conjoint de l'apporteur, a renoncé expressément à la faculté d'être personnellement associé, pour la moitié des parts souscrites. L'original de cette lettre est demeuré annexé aux présents statuts.

Apports par une personne ayant contracté un PACS (le cas échéant) :

M./Mme réalise le présent apport pour son compte personnel et est en conséquence seul propriétaire des parts sociales qui lui sont attribuées en rémunération de son apport.

Art. 7. – *Capital social et parts sociales*. Le capital est fixé à la somme de : .... (indiquer le montant en euros).

Le capital est divisé en ..... (indiquer ici le nombre de parts sociales pour le montant du capital et, de manière facultative, le montant de ces parts) (parts égales d'un montant de chacune), intégralement libérées (ou : libérées chacune à concurrence du cinquième, du quart, de la moitié, etc.). La libération du surplus, à laquelle il s'oblige, interviendra en une ou plusieurs fois sur décision du gérant.

Art. 8. – *Gérance*. La société est gérée par son associé unique, M./Mme ....

Art. 9. – *Décisions de l'associé*. L'associé unique exerce les pouvoirs et prérogatives de l'assemblée générale dans la société pluripersonnelle. Ses décisions sont répertoriées sur un registre coté et paraphé. Il ne peut en aucun cas déléguer ses pouvoirs.

Art. 10. – *Exercice social*. Chaque exercice social a une durée de douze mois qui commence le et finit le (par exception, le premier exercice sera clos le...).

Art. 11. – *Comptes sociaux*. L'inventaire et les comptes annuels sont établis par l'associé unique gérant. Leur dépôt au registre du commerce et des sociétés dans le délai de six mois à compter de la clôture de l'exercice vaut approbation des comptes.

Le rapport de gestion est établi chaque année par l'associé unique gérant et tenu à la disposition de toute personne qui en fait la demande.

Art. 12. – *Actes accomplis pour le compte de la société en formation*. L'état des actes accomplis pour le compte de la société en formation a été annexé aux statuts. La signature de ceux-ci emportera reprise de ces engagements par la société, lorsque celle-ci aura été immatriculée au registre du commerce et des sociétés.

Art. 13. – *Frais et formalités de publicité*. Les frais afférents à la constitution des présents statuts et de leurs suites seront pris en charge par la société.

Tous pouvoirs sont donnés au porteur d'une copie des présentes à l'effet d'accomplir toutes les formalités légales de publicité.

Fait à ...., le ....

En exemplaires ....

Signature de l'associé

Art. R. 223-3. – Dans les huit jours de leur réception, les fonds provenant de la libération des parts sociales sont déposés pour le compte de la société en formation et par les personnes qui les ont reçus à la Caisse des dépôts et consignations, chez un notaire ou dans un établissement de crédit.

Mention de la libération des parts et du dépôt des fonds est portée dans les statuts.

Art. R. 223-4. – Le retrait des fonds est accompli par le mandataire de la société sur présentation du certificat du greffier attestant l'immatriculation de la société au registre du commerce et des sociétés.

Art. R. 223-5. – Pour l'application du deuxième alinéa de l'article L. 223-8 :

1° L'autorisation de retirer les fonds individuellement est donnée par le président du tribunal de commerce du lieu du siège social, statuant sur requête ;

2° Le mandataire justifie, en vue du retrait collectif des fonds, de l'autorisation écrite de tous les apporteurs.

Art. R. 223-6 *(Mod., D. n° 2014-1063, 18 sept. 2014 ; Ord. 2016-316, 17 mars 2016)*. – Le commissaire aux apports est choisi parmi les commissaires aux comptes inscrits sur la liste prévue au I de l'article L. 822-1 ou parmi les experts inscrits sur l'une des listes établies par les cours et tribunaux.

Il est désigné, le cas échéant, par ordonnance du président du tribunal de commerce statuant sur requête.

Art. D. 223-6-1 *(D. n° 2010-1669, 29 déc. 2010)*. – Pour l'application du deuxième alinéa de l'article L. 223-9, le montant de la valeur qu'aucun apport en nature ne doit excéder est fixé à 30 000 euros.

Art. R. 223-7. – Le document d'information mentionné à l'article L. 223-11 est établi préalablement à toute souscription. Il est remis ou envoyé à toute personne dont la souscription est sollicitée.

Il comprend toutes les mentions utiles à l'information des souscripteurs et au moins les renseignements suivants :

1° La dénomination sociale, précédée ou suivie immédiatement, conformément au deuxième alinéa de l'article L. 223-1, des mots « société à responsabilité limitée » ou des initiales « SARL » et suivie, le cas échéant, de son sigle, l'adresse du siège social, le montant du capital social ainsi que les mentions prévues aux 1° et 2° de l'article R. 123-237 ;

2° L'objet social, indiqué sommairement ;

3° La date d'expiration normale de la société ;

4° La description de son activité et de ses perspectives d'évolution ;

5° Le nom du ou des gérants ;

6° Le nom des commissaires aux comptes et de leurs suppléants ainsi que la date de leur nomination ;

7° Le montant des capitaux propres, le montant total et la ventilation par échéance des engagements autres que ceux résultant de l'émission et, le cas échéant, les sûretés constituées pour garantir le remboursement des titres précédemment émis ;

8° Les faits significatifs, notamment les affaires contentieuses, pouvant avoir une incidence sur l'activité ou la situation financière de la société.

Art. R. 223-8. – Sont annexés au document d'information mentionné à l'article R. 223-7 :

1° Une copie du dernier bilan approuvé par l'assemblée générale des associés, certifiée par le gérant ;

2° Si ce bilan a été arrêté à une date antérieure de plus de dix mois à celle du début de l'émission, un état de la situation active et passive de la société datant de dix mois au plus et établi sous la responsabilité du gérant ;

3° Des renseignements sur la marche des affaires sociales depuis le début de l'exercice en cours ainsi que sur le précédent exercice si l'assemblée appelée à statuer sur celui-ci n'a pas encore été réunie.

Art. R. 223-9. – La notice mentionnée à l'article L. 223-11 est établie préalablement à toute souscription. Elle est remise ou envoyée à toute personne dont la souscription est sollicitée.

Elle comprend les renseignements suivants :

1° Le but de l'émission ;

2° Le montant de l'émission ;

3° Le nombre d'obligations émises et leur valeur nominale, le produit brut et l'estimation du produit net de l'émission ;

4° Les conditions de l'émission, le taux, le mode de calcul et les modalités de paiement des intérêts, l'époque et les conditions de remboursement ;

5° Le cas échéant, les sûretés constituées pour garantir le remboursement des titres ainsi que les renseignements permettant d'identifier les garants et d'apprécier leur solvabilité ;

6° Les modalités de cession ainsi que, le cas échéant, de rachat des titres ;

7° L'existence et l'organisation de la masse des titulaires de titres ;

8° Le montant non amorti, au moment de l'émission, des obligations antérieurement émises ;

9° Le montant, au moment de l'émission, des emprunts obligataires garantis par la société et, le cas échéant, la fraction garantie de ces emprunts.

Art. R. 223-10. – L'article R. 228-60, sauf en tant qu'il détermine les conditions d'application *(Mots suppr., D. n° 2017-1165, 12 juill. 2017)* « ... » de l'article L. 228-51, et les articles R. 228-61 à R. 228-64 sont applicables aux représentants de la masse des obligataires.

Les articles R. 228-65 à R. 228-69 et R. 228-72 à R. 228-80 sont applicables aux assemblées d'obligataires.

(Mots rempl., D. n° 2017-1165, 12 juill. 2017) « L'article R. 228-83 est applicable » aux sûretés constituées pour garantir le remboursement des obligations.

Les articles R. 228-84 à R. 228-86 sont applicables en cas de procédure de sauvegarde ou de redressement ou liquidation judiciaire.

Art. R. 223-11. – La notification du projet de cession ou de nantissement de parts sociales, prévue au deuxième alinéa de l'article L. 223-14 et à l'article L. 223-15, est faite par acte extrajudiciaire ou par lettre recommandée avec demande d'avis de réception.

La désignation de l'expert prévue à l'article 1843-4 du Code civil est faite par le président du tribunal de commerce ; celui-ci statue par ordonnance sur requête dans le cas prévu au troisième alinéa de l'article L. 223-14 et par ordonnance de référé dans le cas prévu au quatrième alinéa du même article. Ces ordonnances ne sont pas susceptibles de recours.

Art. R. 223-12. – Dans le délai de huit jours à compter de la notification qui lui a été faite en application de l'article R. 223-11, le gérant convoque l'assemblée des associés pour qu'elle délibère sur le projet de cession des parts sociales ou, si les statuts le permettent, consulte les associés par écrit sur ce projet.

La décision de la société est notifiée au cédant par lettre recommandée avec demande d'avis de réception.

Art. R. 223-13 *(Rempl., D. n° 2015-545, 18 mai 2015)*. – Le cédant ou le cessionnaire de parts sociales peut procéder au dépôt de l'acte de cession dans les conditions prévues à l'article R. 221-9.

Art. R. 223-14. – Tout associé a le droit, à toute époque, d'obtenir, au siège social, la délivrance d'une copie certifiée conforme des statuts en vigueur au jour de la demande.

La société annexe à ce document la liste des gérants et, le cas échéant, des commissaires aux comptes en exercice et ne peut, pour cette délivrance, exiger le paiement d'une somme supérieure à 0,30 €.

Art. R. 223-15. – Tout associé a le droit, à toute époque, de prendre par lui-même connaissance des documents suivants au siège social : bilans, comptes de résultats, annexes, inventaires, rapports soumis aux assemblées et procès-verbaux de ces assemblées concernant les trois derniers exercices. Sauf en ce qui concerne l'inventaire, le droit de prendre connaissance emporte celui de prendre copie.

À cette fin, il peut se faire assister d'un expert inscrit sur une des listes établies par les cours et tribunaux.

1) **Documents communicables.** La communication du livre des fournisseurs, des balances fournisseurs et des comptes fournisseurs sera à bon droit refusée à l'associé, car ils ne sont pas des documents communicables, sauf disposition contraire des statuts, bien que faisant partie de la comptabilité générale de la société : ■ CA Besançon, 11 déc. 2001 : *JurisData* n° 2001-163009.

2) **Organisation de la communication.** Le droit de communication permanent ne permet pas à l'associé d'accéder librement au siège social et il n'y est pas porté atteinte lorsque pour l'exercice de ce droit la société choisit d'organiser la communication des documents : ■ CA Paris, 15 déc. 2016, n° 15/24772 : *Dr. sociétés* 2017, n° 44, obs. J. Heinich.

Art. R. 223-16. – Le gérant avise le commissaire aux comptes, s'il en existe un, des conventions mentionnées à l'article L. 223-19, dans le délai d'un mois à compter de la conclusion de ces conventions.

Lorsque l'exécution de conventions conclues au cours d'exercices antérieurs a été poursuivie au cours du dernier exercice, le commissaire aux comptes est informé de cette situation dans le délai d'un mois à compter de la clôture de l'exercice.

Art. R. 223-17. – Le rapport prévu au premier alinéa de l'article L. 223-19 contient :

1° L'énumération des conventions soumises à l'approbation de l'assemblée des associés ;

2° Le nom des gérants ou associés intéressés ;

3° La nature et l'objet de ces conventions ;

4° Les modalités essentielles de ces conventions, notamment l'indication des prix ou tarifs pratiqués, des ristournes et commissions consenties, des délais de paiement accordés, des intérêts stipulés, des sûretés conférées et, le cas échéant, de toutes autres indications permettant aux associés d'apprécier l'intérêt qui s'attachait à la conclusion des conventions analysées ;

5° L'importance des fournitures livrées ou des prestations de service fournies ainsi que le montant des sommes versées ou reçues au cours de l'exercice en exécution des conventions mentionnées au deuxième alinéa de l'article R. 223-16.

Art. R. 223-18. – Les comptes annuels, le rapport de gestion, le texte des résolutions proposées, ainsi que, le cas échéant, les comptes consolidés, le rapport sur la gestion du groupe et les rapports du commissaire aux comptes sur les comptes annuels et les comptes consolidés sont adressés aux associés quinze jours au moins avant la date de l'assemblée prévue par l'article L. 223-26.

Pendant le délai de quinze jours qui précède l'assemblée, l'inventaire est tenu, au siège social, à la disposition des associés, qui ne peuvent en prendre copie.

Art. R. 223-18-1 *(D. n° 2015-545, 18 mai 2015).* – Le délai de six mois prévu pour la réunion de l'assemblée des associés par l'article L. 223-26 peut être prolongé, à la demande du gérant, par ordonnance du président du tribunal de commerce, statuant sur requête.

Art. R. 223-18-2 *(D. n° 2015-1380, 29 oct. 2015).* – Les rapports mentionnés à l'article L. 223-26-1 sont mis à disposition du public sur le site internet de la société dans un délai de huit mois à compter de la clôture de l'exercice et pendant une durée de cinq années.

Art. R. 223-19. – En cas de convocation d'une assemblée autre que celle prévue au premier alinéa de l'article L. 223-26, le texte des résolutions proposées, le rapport des gérants ainsi que, le cas échéant, celui des commissaires aux comptes sont adressés aux associés quinze jours au moins avant la date de l'assemblée.

En outre, pendant le délai de quinze jours qui précède l'assemblée les mêmes documents sont tenus, au siège social, à la disposition des associés, qui peuvent en prendre connaissance ou copie.

Sanction. L'inobservation du droit de communication préalable aux assemblées générales n'est pas sanctionnée par la nullité : ■ CA Paris, 3 déc. 1993 : *BJS* 1994, p. 299, note B. Saintourens ; *RJDA* 1994, p. 245.

Art. R. 223-20. – *(Mod., D. n° 2018-146, 28 févr. 2018).* – Les associés sont convoqués, quinze jours au moins avant la réunion de l'assemblée, par lettre recommandée. Celle-ci indique l'ordre du jour. Toutefois, lorsque l'assemblée est convoquée, en raison du décès du gérant unique, par le commissaire aux comptes ou un associé, conformément aux dispositions du huitième alinéa de l'article L. 223-27, le délai est réduit à huit jours.

La société qui entend recourir à la communication électronique en lieu et place d'un envoi postal pour satisfaire aux formalités prévues aux articles R. 223-18 à R. 223-20, R. 223-20-2 et R. 223-20-3 en soumet la proposition aux associés soit par voie postale, soit par voie électronique. Chaque associé peut donner son accord écrit par lettre recommandée ou par voie électronique, au plus tard vingt jours avant la date de la prochaine assemblée des associés. En cas d'accord, la convocation et les documents et renseignements mentionnés aux dits articles sont transmis à l'adresse indiquée par l'associé.

En l'absence d'accord de l'associé, la société a recours à un envoi postal pour satisfaire aux formalités prévues aux articles R. 223-18 à R. 223-20, R. 223-20-2 et R. 223-20-3. Les associés qui ont consenti à l'utilisation de la voie électronique peuvent, par cette voie ou par lettre recommandée, demander le retour à un envoi postal vingt jours au moins avant la date de l'assemblée suivante.

Sous réserve des questions diverses, qui ne doivent présenter qu'une minime importance, les questions inscrites à l'ordre du jour sont libellées de telle sorte que leur contenu et leur portée apparaissent clairement, sans qu'il y ait lieu de se reporter à d'autres documents.

Le mandataire chargé de convoquer l'assemblée dans le cas prévu par le septième alinéa de l'article L. 223-27 est désigné par ordonnance du président du tribunal de commerce statuant en référé.

Bibliographie : A. Couret, *Décret du 28 février 2018 relatif à certaines modalités de participation des associés aux décisions collectives dans les SA et SARL : Rev. sociétés 2018, p. 283.* • J.-B. Lhuillier, *L'assemblée générale dématérialisée dans les SA non cotées et le vote électronique en droit des sociétés : Rev. sociétés 2018, p. 287.*

1) Délai de quinze jours. Le délai de convocation se calcule selon la règle générale des articles 640 et suivants du Code de procédure civile, c'est-à-dire que le jour qui fait courir le délai, en l'espèce l'expédition postale, ne compte pas, mais le jour de l'assemblée doit quant à lui être imputé dans ce délai : ▪ CA Versailles, 12 mars 1991 : *BJS* 1991, p. 525, note P. Le Cannu.

2) Mandataire *ad hoc*. Si le mandataire chargé de convoquer l'assemblée est normalement désigné par ordonnance du président du tribunal de commerce statuant en référé, la saisine sur requête du président de cette juridiction n'en demeure pas moins valable dans la mesure où tout intéressé peut en référer au juge ayant rendu l'ordonnance sur requête et instaurer un débat contradictoire de nature à régulariser la procédure : ▪ CA Paris, 24 sept. 1999 : *JurisData* n° 1999-104073.

Art. R. 223-20-1 *(D. n° 2009-234, 25 févr. 2009).* **– Afin de garantir, en vue de l'application du troisième alinéa de l'article L. 223-27, l'identification et la participation effective à l'assemblée des associés y participant par des moyens de visioconférence ou de télécommunication, ces moyens transmettent au moins la voix des participants et satisfont à des caractéristiques techniques permettant la retransmission continue et simultanée des délibérations.**

Les sociétés dont les statuts permettent aux associés de voter aux assemblées par des moyens électroniques de télécommunication aménagent un site exclusivement consacré à cette fin. Les associés ne peuvent accéder à ce site qu'après s'être identifiés au moyen d'un code fourni préalablement à la tenue de l'assemblée.

Les associés ne peuvent participer aux débats par conférence téléphonique et exercer leurs droits de vote qu'après s'être identifiés au moyen d'un code fourni préalablement à la tenue de l'assemblée.

Art. R. 223-20-2 *(D. n° 2018-146, 28 févr. 2018).* **– Lorsqu'un associé veut user de la faculté de requérir l'inscription de points ou de projets de résolution à l'ordre du jour d'une assemblée, en application du cinquième alinéa de l'article L. 223-27, il peut demander par lettre simple ou recommandée ou par courrier électronique à la société de l'aviser selon l'une de ces modalités, de la date prévue pour la réunion de l'assemblée.**

La société est tenue d'envoyer cet avis par lettre simple ou recommandée, si l'associé lui a adressé le montant des frais d'envoi de cette lettre, ou par un courrier électronique à l'adresse qu'il a indiquée.

Art. R. 223-20-3 *(D. n° 2018-146, 28 févr. 2018).* **– La demande d'inscription à l'ordre du jour de l'assemblée de points ou de projets de résolution par un ou plusieurs associés détenant au jour de l'envoi de cette demande au moins un vingtième des parts sociales est adressée à la société par lettre recommandée avec demande d'avis de réception ou courrier électronique avec accusé de réception, vingt-cinq jours au moins avant la date de l'assemblée.**

La demande d'inscription d'un point à l'ordre du jour est motivée.

La demande d'inscription de projets de résolution est accompagnée du texte de ces projets, lesquels peuvent être assortis d'un bref exposé des motifs.

Dès lors qu'il a été satisfait aux obligations prévues aux alinéas précédents, les points et les projets de résolution sont inscrits à l'ordre du jour et sont soumis, pour ce qui concerne les projets, au vote de l'assemblée.

Art. R. 223-21. – Le mandat de représentation d'un associé est donné pour une seule assemblée. Il peut cependant être donné pour deux assemblées tenues le même jour ou dans un délai de sept jours.

Le mandat donné pour une assemblée vaut pour les assemblées successives convoquées avec le même ordre du jour.

Art. R. 223-22. – En cas de consultation écrite, le texte des résolutions proposées ainsi que les documents nécessaires à l'information des associés sont adressés à chacun de ceux-ci par lettre recommandée.

Les associés disposent d'un délai minimal de quinze jours, à compter de la date de réception des projets de résolution, pour émettre leur vote par écrit.

Art. R. 223-23. – L'assemblée des associés est présidée par le gérant ou par l'un des gérants. Si aucun des gérants n'est associé ou en cas de décès de l'associé-gérant unique, elle est présidée par l'associé présent et acceptant qui possède ou représente le plus grand nombre de parts sociales.

Si deux associés qui possèdent ou représentent le même nombre de parts sont acceptants, la présidence de l'assemblée est assurée par le plus âgé.

Sanction. Cette disposition n'est pas prescrite à peine de nullité : ▪ CA Agen, 9 nov. 1989 : *Cah. jurispr. Aquitaine* 1/1990, p. 85, n° 2632.

Art. R. 223-24. – *(Mod., D. n° 2009-234, 25 févr. 2009)* Toute délibération de l'assemblée des associés est constatée par un procès-verbal qui indique la date et le lieu de réunion, les nom, prénoms et qualité du président, les nom et prénoms des associés présents, réputés présents au sens du troisième alinéa de l'article L. 223-27 ou représentés avec l'indication du nombre de parts sociales détenues par chacun, les documents et rapports soumis à l'assemblée, un résumé des débats, le texte des résolutions mises au voix et le résultat des votes. Ce procès-verbal fait état de la survenance éventuelle d'un incident technique relatif à la visioconférence ou à la télécommunication électronique lorsqu'il a perturbé le déroulement de l'assemblée.

En cas de consultation écrite, il en est fait mention dans le procès-verbal, auquel est annexée la réponse de chaque associé.

Les procès-verbaux sont établis et signés par les gérants et, le cas échéant, par le président de séance. Les dispositions des articles R. 221-3 et R. 221-4 leur sont applicables.

Art. R. 223-25. – Dans les sociétés qui comportent une seule personne et dont l'associé unique n'est pas le seul gérant, et en ce qui concerne les décisions d'approbation des comptes prises par l'associé unique en lieu et place de l'assemblée, le rapport de gestion, les comptes et, le cas échéant, le rapport des commissaires aux comptes sont adressés par le gérant à l'associé unique un mois au moins avant l'expiration du délai prévu au deuxième alinéa de l'article L. 223-31. Pendant ce délai, l'inventaire est tenu au siège social à la disposition de l'associé unique.

Art. R. 223-26. – Chaque décision prise par l'associé unique en lieu et place de l'assemblée est consignée par lui sur le registre prévu au troisième alinéa de l'article L. 223-31. Le registre est tenu au siège social. Il est coté et paraphé, soit par un juge du tribunal de commerce, soit par un juge du tribunal d'instance, soit par le maire de la commune du siège social ou un adjoint du maire, dans la forme ordinaire et sans frais. La certification des copies ou extraits du registre est faite conformément aux dispositions de l'article R. 221-4.

Les conventions mentionnées à l'article L. 223-19 sont portées au registre dans les mêmes conditions.

Pour l'application du deuxième alinéa de l'article L. 223-31, lorsque l'associé unique est seul gérant, il porte au registre, dans les mêmes conditions, le récépissé du dépôt au registre du commerce et des sociétés du rapport de gestion, de l'inventaire et des comptes annuels.

Art. R. 223-27. – Les dispositions de l'article R. 221-5 sont applicables à la désignation ou à la nomination d'un commissaire aux comptes dans les sociétés à responsabilité limitée.

Art. R. 223-28. – Les comptes annuels, le rapport de gestion et, le cas échéant, les comptes consolidés et le rapport sur la gestion du groupe sont tenus, au siège social, à la disposition des commissaires aux comptes un mois au moins avant, selon le cas :

1° La convocation de l'assemblée prévue à l'article L. 223-26 ;

2° La date limite prévue pour leur envoi à l'associé unique par l'article R. 223-25 ;

3° Le dépôt au registre du commerce et des sociétés, par l'associé unique seul gérant de la société, des documents mentionnés au deuxième alinéa de l'article L. 223-31.

Art. R. 223-29. – Le gérant répond par écrit dans le délai d'un mois aux questions qui lui sont posées en application de l'article L. 223-36. Dans le même délai, il transmet copie de la question et de sa réponse au commissaire aux comptes.

Art. R. 223-30. – L'expert chargé de présenter un rapport sur une ou plusieurs opérations de gestion dans les conditions prévues au premier alinéa de l'article L. 223-37 est désigné par le président du tribunal de commerce statuant en la forme des référés, après que le greffier a convoqué le gérant à l'audience par lettre recommandée avec demande d'avis de réception.

La demande d'expertise du procureur de la République est présentée par requête. Le greffier informe le procureur de la République de la date de l'audience.

Le rapport d'expertise est déposé au greffe. Le greffier en assure la communication.

Art. R. 223-31. – S'ils représentent au moins le dixième du capital social, des associés peuvent, dans un intérêt commun, charger à leurs frais un ou plusieurs d'entre eux de les représenter pour soutenir, tant en demande qu'en défense, l'action sociale contre les gérants.

Le retrait en cours d'instance d'un ou plusieurs des associés mentionnés à l'alinéa précédent, soit qu'ils aient perdu la qualité d'associé, soit qu'ils se soient volontairement désistés, est sans effet sur la poursuite de l'instance.

Art. R. 223-32. – Lorsque l'action sociale est intentée par un ou plusieurs associés, agissant soit individuellement, soit dans les conditions prévues à l'article R. 223-31, le tribunal ne peut statuer que si la société a été régulièrement mise en cause par l'intermédiaire de ses représentants légaux.

Le tribunal peut désigner un mandataire *ad hoc* pour représenter la société dans l'instance, lorsqu'il existe un conflit d'intérêt entre celle-ci et ses représentants légaux.

Art. R. 223-33. – Le projet de réduction du capital est communiqué aux commissaires aux comptes, s'il en existe, quarante-cinq jours au moins avant la date de réunion de l'assemblée des associés appelée à statuer sur ce projet.

Art. R. 223-34. – Lorsque la réduction du capital a été décidée dans les conditions prévues au quatrième alinéa de l'article L. 223-34, l'achat des parts sociales est réalisé dans le délai de trois mois à compter de l'expiration du délai d'opposition prévu à l'article R. 223-35. Cet achat emporte l'annulation des parts.

Art. R. 223-35. – Le délai d'opposition des créanciers à la réduction du capital est d'un mois à compter de la date du dépôt, au greffe du tribunal de commerce, du procès-verbal de la délibération qui a décidé la réduction.

L'opposition est signifiée à la société par acte extrajudiciaire et portée devant le tribunal de commerce.

Art. R. 223-36. – Dans le cas où, du fait de pertes constatées dans les documents comptables, les capitaux propres de la société deviennent inférieurs à la moitié du capital social, la décision des associés prévue à l'article L. 223-42 est publiée dans un journal habilité à recevoir les annonces légales dans le département du siège social, déposée au greffe du tribunal de commerce du lieu de ce siège et inscrite au registre du commerce et des sociétés.

CHAPITRE IV. – DISPOSITIONS GÉNÉRALES APPLICABLES AUX SOCIÉTÉS PAR ACTIONS

Art. R. 224-1. – Si les statuts sont établis par acte sous seing privé, il est dressé autant d'originaux qu'il est nécessaire pour le dépôt d'un exemplaire au siège social et l'exécution des diverses formalités requises.

Art. R. 224-2. – Outre les mentions énumérées à l'article L. 210-2, et sans préjudice de toutes autres dispositions utiles, les statuts de la société contiennent les indications suivantes :

1° Pour chaque catégorie d'actions émises, le nombre d'actions et la nature des droits particuliers attachés à celles-ci et, selon le cas, la part de capital social qu'elle représente ou la valeur nominale des actions qui la composent ;

2° La forme, soit exclusivement nominative, soit nominative ou au porteur, des actions ;

3° En cas de restriction à la libre négociation ou cession des actions, les conditions particulières auxquelles est soumis l'agrément des cessionnaires ;

4° L'identité des apporteurs en nature, l'évaluation de l'apport effectué par chacun de ceux-ci et le nombre d'actions remises en contrepartie de l'apport ;

5° L'identité des bénéficiaires d'avantages particuliers et la nature de ceux-ci ;

6° Les stipulations relatives à la composition, au fonctionnement et aux pouvoirs des organes de la société ;

7° Les dispositions relatives à la répartition du résultat, à la constitution de réserves et à la répartition du boni de liquidation ;

8° L'identité de toutes personnes physiques ou morales qui ont signé ou au nom de qui ont été signés les statuts ou le projet de statuts.

Art. R. 224-3. – Pour la mise en œuvre des dispositions de l'article L. 224-3, les commissaires à la transformation sont désignés et accomplissent leur mission dans les conditions prévues à l'article R. 225-7.

Le rapport des commissaires à la transformation atteste que le montant des capitaux propres est au moins égal au capital social. Il est tenu au siège social à la disposition des associés huit jours au moins avant la date de l'assemblée appelée à statuer sur la transformation. En cas de consultation écrite, le texte du rapport est adressé à chacun des associés et joint au texte des résolutions proposées.

Modalités de désignation. Malgré le renvoi de l'article 56-1 à l'article 64 du décret du 23 mars 1967 *[C. com., art. R. 224-3]*, lorsque la transformation recueille l'accord unanime des associés, la désignation du ou des commissaires à la transformation procède de cet accord : Rép. min. n° 1344 : *JOAN* Q, 4 nov. 2002, p. 4062 ; *D.* 2002, p. 3130.

CHAPITRE V. – DES SOCIÉTÉS ANONYMES

Section I. – De la constitution des sociétés anonymes

Sous-section 1. – De la constitution avec offre au public

(Intitulé rempl., D. n° 2009-557, 19 mai 2009)

Art. R. 225-1 *(Mod., L. n° 2009-557, 19 mai 2009)*. **– La publicité prescrite par les lois et règlements ne constitue pas, par elle-même, une offre au public au sens des articles L. 411-1 et L. 412-1 du Code monétaire et financier.**

Art. R. 225-2. – L'exemplaire du projet de statuts déposé au greffe du tribunal de commerce du lieu du siège social est établi sur papier libre et revêtu de la signature des fondateurs. Il est communiqué à tout requérant qui peut en prendre connaissance ou obtenir, à ses frais, la délivrance d'une copie.

Art. R. 225-3. – La notice prévue par l'alinéa deuxième de l'article L. 225-2 est publiée au *Bulletin des annonces légales obligatoires*, avant le début des opérations de souscription et préalablement à toute mesure de publicité.

Elle contient les indications suivantes :

1° La dénomination sociale de la société à constituer, suivie le cas échéant de son sigle ;

2° La forme de la société ;

3° Le montant du capital social à souscrire ;

4° L'adresse prévue du siège social ;

5° L'objet social, indiqué sommairement ;

6° La durée prévue de la société ;

7° La date et le lieu du dépôt du projet de statuts ;

8° Le nombre des actions à souscrire contre numéraire et la somme immédiatement exigible comprenant, le cas échéant, la prime d'émission ;

9° La valeur nominale des actions à émettre, que cette valeur figure ou non dans les statuts, distinction étant faite entre chaque catégorie, ainsi que les droits particuliers attachés aux actions de préférence ;

10° La description sommaire des apports en nature, leur évaluation globale et leur mode de rémunération, avec indication du caractère provisoire de cette évaluation et de ce mode de rémunération ;

11° Les avantages particuliers stipulés dans le projet de statuts au profit de toute personne ;

12° Les conditions d'admission aux assemblées d'actionnaires et d'exercice du droit de vote, avec, le cas échéant, indication des dispositions relatives à l'attribution du droit de vote double ;

13° Les clauses relatives à l'agrément des cessionnaires d'actions ;

14° Les dispositions relatives à la répartition du résultat, à la constitution de réserves et à la répartition du boni de liquidation ;

15° Le nom et la résidence du notaire ou la dénomination sociale et le siège de l'établissement de crédit qui recevra les fonds provenant de la souscription ; le cas échéant, l'indication que les fonds seront déposés à la Caisse des dépôts et consignations ;

16° Le délai ouvert pour la souscription, avec l'indication de la possibilité de clôture anticipée, en cas de souscription intégrale avant l'expiration de ce délai ;

17° Les modalités de convocation de l'assemblée générale constitutive et le lieu de réunion.

La notice est signée par les fondateurs, qui indiquent soit leur nom, prénom usuel, domicile et nationalité, soit leur dénomination, leur forme, leur siège social et le montant de leur capital social.

Voir : Sanctions pénales, C. com., art. R. 247-2, p. 704.

Art. R. 225-4. – Les prospectus et documents informant le public de l'émission d'actions reproduisent les énonciations de la notice prévue à l'article R. 225-3 et contiennent la mention de l'insertion de cette notice au *Bulletin des annonces légales obligatoires* avec référence au numéro dans lequel elle a été publiée. Ils exposent en outre sommairement les projets des fondateurs quant à l'emploi des fonds provenant de la libération des actions souscrites.

Les annonces dans les journaux reproduisent les mêmes énonciations ou au moins un extrait de ces énonciations, avec référence à la notice et indication du numéro du *Bulletin des annonces légales obligatoires* dans lequel elle a été publiée.

Art. R. 225-5. – Le bulletin de souscription est daté et signé par le souscripteur ou son mandataire qui écrit en toutes lettres le nombre de titres souscrits. Une copie sur papier libre lui est remise.

Le bulletin de souscription énonce :

1° La dénomination sociale de la société à constituer, suivie le cas échéant de son sigle ;

2° La forme de la société ;

3° Le montant du capital social à souscrire ;

4° L'adresse prévue du siège social ;

5° L'objet social, indiqué sommairement ;

6° La date et le lieu du dépôt du projet de statuts ;

7° Le cas échéant, la portion de capital à souscrire en numéraire et celle représentée par les apports en nature ;

8° Les modalités d'émission des actions souscrites en numéraire ;

9° Le nom ou la dénomination sociale et l'adresse de la personne qui reçoit les fonds ;

10° Les nom, prénom usuel et domicile du souscripteur et le nombre des titres souscrits par lui ;

11° La mention de la remise au souscripteur d'une copie du bulletin de souscription ;

12° La date de la publication au *Bulletin des annonces légales obligatoires* de la notice prévue à l'article R. 225-3.

Art. R. 225-6 *(Mod., D. n° 2009-295, 16 mars 2009).* – Les fonds provenant des souscriptions en numéraire et la liste comportant les nom, prénom usuel et domicile des souscripteurs, avec l'indication des sommes versées par chacun d'eux, sont déposés, pour le compte de la société en formation et par les personnes qui ont reçus les fonds, soit à la Caisse des dépôts et consignations, soit chez un notaire, soit auprès d'un établissement de crédit ou d'un intermédiaire mentionné aux 2° à 7° de l'article L. 542-1 du Code monétaire et financier, selon les indications portées à la notice.

Ce dépôt est fait dans le délai de huit jours à compter de la réception des fonds, à moins que ceux-ci ne soient reçus par des établissements de crédit ou des intermédiaires mentionnés à l'alinéa précédent.

Le dépositaire des fonds est tenu, jusqu'au retrait de ceux-ci, de communiquer la liste prévue au premier alinéa à tout souscripteur qui justifie de sa souscription. Le requérant peut en prendre connaissance et obtenir, à ses frais, la délivrance d'une copie.

Art. R. 225-7 *(Mod., D. n° 2014-1063, 18 sept. 2014 ; Ord. n° 2016-315, 17 mars 2016).* – Les commissaires aux apports sont choisis parmi les commissaires aux comptes inscrits sur la liste prévue au I de l'article L. 822-1 ou parmi les experts inscrits sur une des listes établies par les cours et tribunaux.

Ils sont désignés, le cas échéant, par le président du tribunal de commerce, statuant sur requête.

Ils peuvent se faire assister, dans l'accomplissement de leur mission, par un ou plusieurs experts de leur choix. Les honoraires de ces experts sont à la charge de la société.

Art. R. 225-8. – Le rapport des commissaires aux apports décrit chacun des apports, indique quel mode d'évaluation a été adopté et pourquoi il a été retenu et affirme que la valeur des apports correspond au moins à la valeur nominale des actions à émettre, augmentée éventuellement de la prime d'émission.

Art. R. 225-9. – Le rapport des commissaires aux apports est déposé huit jours au moins avant la date de l'assemblée générale constitutive à l'adresse prévue du siège social indiqué dans le bulletin de souscription et au greffe du tribunal de commerce dans le ressort duquel est situé ce siège.

Il est tenu à la disposition des souscripteurs qui peuvent en prendre connaissance ou obtenir la délivrance d'une copie intégrale ou partielle.

Art. R. 225-9-1 *(D. n° 2014-1063, 18 sept. 2014)*. – Pour l'application du I de l'article L. 225-8-1, la décision des fondateurs de ne pas recourir à la désignation d'un commissaire aux apports ainsi que tout document relatif à la description et à l'évaluation des apports, dont une attestation précisant qu'aucune circonstance nouvelle n'est venue modifier cette évaluation, sont déposés huit jours au moins avant la date de l'assemblée générale constitutive à l'adresse du siège social indiquée dans le bulletin de souscription et au greffe du tribunal de commerce dans le ressort duquel est situé ce siège.

Ces documents sont tenus à la disposition des souscripteurs qui peuvent en prendre connaissance ou obtenir la délivrance d'une copie intégrale ou partielle.

Art. R. 225-10. – L'assemblée générale constitutive est convoquée au lieu indiqué par la notice prévue à l'article R. 225-3.

L'avis de convocation indique la dénomination sociale et la forme de la société, l'adresse prévue du siège social, le montant du capital social, les jour, heure, lieu et ordre du jour de l'assemblée.

Il est inséré au *Bulletin des annonces légales obligatoires* et dans un journal habilité à recevoir les annonces légales dans le département du siège social, huit jours au moins avant la date de l'assemblée.

Art. R. 225-11. – Le retrait des fonds provenant des souscriptions en numéraire est effectué par le mandataire de la société, sur présentation du certificat du greffier attestant l'immatriculation de la société au registre du commerce et des sociétés.

Art. R. 225-12 *(Mod., D. n° 2017-630, 25 avr. 2017)*. – La société est réputée n'avoir pas été constituée dans le délai fixé par le deuxième alinéa de l'article L. 225-11, lorsque les formalités prévues au deuxième alinéa de l'article L. 225-7 n'ont pas été accomplies avant l'expiration dudit délai.

Dans ce cas, le mandataire chargé de retirer les fonds pour les restituer aux souscripteurs, en application de la première phrase du deuxième alinéa de l'article L. 225-11, est nommé par le président du tribunal de commerce du lieu du siège social, statuant en référé.

Lorsqu'un mandataire a été désigné par les souscripteurs en application de la deuxième phrase du deuxième alinéa de l'article L. 225-11, il justifie, en vue du retrait des fonds, de l'autorisation écrite donnée par l'ensemble des souscripteurs.

Sous-section 2. – De la constitution sans offre au public

(Intitulé rempl., D. n° 2009-557, 19 mai 2009)

Art. R. 225-13 *(Mod., D. n° 2009-557, 19 mai 2009)*. – Lorsque la société est constituée sans offre au public, sont seules applicables à la constitution de la société les dispositions des articles R. 225-6, R. 225-7, R. 225-8 et R. 225-11.

Art. R. 225-14. – Le rapport des commissaires aux apports est tenu, à l'adresse prévue du siège social, à la disposition des futurs actionnaires, qui peuvent en prendre copie, trois jours au moins avant la date de la signature des statuts.

Art. R. 225-14-1 *(D. n° 2014-1063, 18 sept. 2014)*. – **Pour l'application du I de l'article L. 225-8-1, la décision des fondateurs de ne pas recourir à la désignation d'un commissaire aux apports ainsi que tout document relatif à la description et à l'évaluation des apports, dont une attestation précisant qu'aucune circonstance nouvelle n'est venue modifier cette évaluation, sont tenus, à l'adresse prévue du siège social, à la disposition des futurs actionnaires, qui peuvent en prendre copie, trois jours au moins avant la date de la signature des statuts.**

Section II. – De la direction et de l'administration des sociétés anonymes

Sous-section 1. – Du conseil d'administration et de la direction générale

Paragraphe 1 – Dispositions générales

(D. n° 2015-606, 3 juin 2015)

Art. R. 225-15. – **Les fonctions d'un administrateur prennent fin à l'issue de la réunion de l'assemblée générale ordinaire des actionnaires ayant statué sur les comptes de l'exercice écoulé et tenue dans l'année au cours de laquelle expire le mandat de cet administrateur.**

Art. R. 225-16. – **Le mandat du représentant permanent désigné par une personne morale nommée administrateur lui est donné pour la durée du mandat de cette dernière.**

Si la personne morale révoque le mandat de son représentant permanent, elle notifie sans délai à la société, par lettre recommandée, cette révocation ainsi que l'identité de son nouveau représentant permanent. Il en est de même en cas de décès ou de démission du représentant permanent.

Art. R. 225-17. – **La désignation du représentant permanent ainsi que la cessation de son mandat sont soumises aux mêmes formalités de publicité que s'il était administrateur en son nom propre.**

Art. R. 225-18. – **Le mandataire prévu à l'article L. 225-24 est désigné par le président du tribunal de commerce, statuant sur requête.**

Art. R. 225-19. – **Sauf clause contraire des statuts, un administrateur peut donner, par écrit, mandat à un autre administrateur de le représenter à une séance du conseil d'administration.**

Chaque administrateur ne peut disposer, au cours d'une même séance, que d'une seule des procurations reçues par application de l'alinéa précédent.

Les dispositions des alinéas précédents sont applicables au représentant permanent d'une personne morale administrateur.

Collégialité. La présence au conseil d'administration d'une même société d'un administrateur agissant à la fois en son nom propre et pour le compte d'une autre société en qualité de représentant permanent met en jeu le principe de collégialité du conseil en cas d'application de l'article 83-1 ; le conseil pourrait alors fonctionner avec une seule personne : ▪ CA Nancy, 17 sept. 1998 : *Juris-Data* n° 1998-047896 ; *JCP* E 1999, p. 1828, note A. Couret.

Art. R. 225-20. – **Il est tenu un registre de présence qui est signé par les administrateurs participant à la séance du conseil d'administration et qui mentionne le nom des administrateurs réputés présents au sens du troisième alinéa de l'article L. 225-37.**

Forme du registre. Le registre de présence peut être constitué par des feuillets mobiles numérotés sans discontinuité et paraphés : Rép. min. : *JO* Sénat Q, 24 sept. 1987, p. 1517.

Art. R. 225-21. – **Afin de garantir, conformément aux dispositions du troisième alinéa de l'article L. 225-37, l'identification et la participation effective à la réunion du conseil des administrateurs y participant par des moyens de visioconférence ou de télécommunication, ces moyens transmettent au moins la voix des participants et satisfont à des caractéristiques techniques permettant la retransmission continue et simultanée des délibérations.**

Art. R. 225-22. – **Les délibérations du conseil d'administration sont constatées par des procès-verbaux établis sur un registre spécial tenu au siège social et coté et paraphé soit par un juge du tribunal de**

commerce, soit par un juge du tribunal d'instance, soit par le maire de la commune du siège social ou un adjoint au maire, dans la forme ordinaire et sans frais.

Toutefois, les procès-verbaux peuvent être établis sur des feuilles mobiles numérotées sans discontinuité, paraphées dans les conditions prévues à l'alinéa précédent et revêtues du sceau de l'autorité qui les a paraphées. Dès qu'une feuille a été remplie, même partiellement, elle est jointe à celles précédemment utilisées. Toute addition, suppression, substitution ou interversion de feuilles est interdite.

1) Preuve de la délibération. Le procès-verbal ne fait foi que jusqu'à preuve contraire : ▪ TGI Millau, 1er oct. 1970 : *Gaz. Pal.* 1971, 1, p. 87. – Dès lors qu'il est établi qu'une copie du procès-verbal du conseil d'administration, signé par les administrateurs, autorisant son président à souscrire un cautionnement a été remise à la société créancière et que la réalité de l'autorisation n'est pas contestée, cette dernière n'est tenue à aucune autre vérification : ▪ Cass. com., 13 févr. 2001 : *BJS* 2001, p. 608, note J.-F. Barbièri ; *Dr. sociétés* mai 2001, n° 86, obs. D. Vidal ; *RD bancaire et fin.* 2001, n° 111, obs. A. Cerles. – Voir C. com., art. R. 225-23, annot. n° 1, p. 634.

2) Procès-verbal irrégulier. Dès lors qu'il est établi que le procès-verbal du conseil d'administration est irrégulier, la délibération du conseil doit être annulée ainsi que la révocation du directeur général qui en était l'objet : ▪ CA Paris, 10 mars 2000 : *BJS* 2000, p. 933, note L. Grosclaude ; *RJDA* 5/2000, n° 544.

Art. R. 225-23. – **Le procès-verbal de la séance indique le nom des administrateurs présents, réputés présents au sens de l'article L. 225-37, excusés ou absents. Il fait état de la présence ou de l'absence des personnes convoquées à la réunion du conseil d'administration en vertu d'une disposition légale et de la présence de toute autre personne ayant assisté à tout ou partie de la réunion. Il fait également état de la survenance éventuelle d'un incident technique relatif à un moyen de visioconférence ou de télécommunication lorsqu'il a perturbé le déroulement de la séance.**

Le procès-verbal est revêtu de la signature du président de séance et d'au moins un administrateur. En cas d'empêchement du président de séance, il est signé par deux administrateurs au moins.

1) Force probante. Le procès-verbal de réunion du conseil d'administration doit seulement être signé du président de séance et d'au moins un administrateur pour faire foi des mentions qu'il contient : ▪ Cass. com., 23 juin 2004 : *JurisData* n° 2004-024444 ; *BJS* 2004, p. 1401, note L. Grosclaude ; *RTD com.* 2004, p. 546, note P. Le Cannu. – Les procès-verbaux d'un conseil d'administration font foi, sauf preuve contraire, de leur date et contenu, et doivent seulement être signés du président du conseil d'administration et d'un administrateur : ▪ Cass. 1re civ., 8 juin 2004 : *BJS* 2004, p. 1255, note A. Constantin ; *RTD com.* 2004, p. 546, note Le Cannu.

2) Indication du nom des administrateurs absents. Le fait que ne soit pas mentionné le nom d'un administrateur absent est une cause de nullité du procès-verbal dont la société ne peut se prévaloir à l'encontre d'un tiers de bonne foi : ▪ CA Paris, 15 févr. 2007 : *Dr. sociétés* 2007, n° 136, obs. H. Hovasse.

Art. R. 225-24. – **Les copies ou extraits de procès-verbaux des délibérations sont certifiés par le président du conseil d'administration, le directeur général, les directeurs généraux délégués, l'administrateur délégué temporairement dans les fonctions de président ou un fondé de pouvoir habilité à cet effet.**

Au cours de la liquidation de la société, ces copies ou extraits sont certifiés par un seul liquidateur.

Art. R. 225-25. – **Il est suffisamment justifié du nombre des administrateurs en exercice ainsi que de leur présence ou de leur représentation à une séance du conseil d'administration par la production d'une copie ou d'un extrait du procès-verbal.**

Art. R. 225-26. – **Les personnes désignées pour être administrateurs sont habilitées, dès leur nomination, à choisir l'une des modalités d'exercice de la direction générale prévues à l'article L. 225-51-1 et à désigner le président du conseil d'administration, le directeur général et, le cas échéant, les directeurs généraux délégués.**

Art. R. 225-27. – **L'extrait du procès-verbal contenant la décision du conseil d'administration relative au choix de l'une des deux modalités d'exercice de la direction générale prévues à l'article L. 225-51-1 fait l'objet d'un avis inséré dans un journal habilité à recevoir les annonces légales dans le département du siège social.**

Art. R. 225-28. – **Le conseil d'administration peut, dans la limite d'un montant total qu'il fixe, autoriser le directeur général à donner des cautions, avals ou garanties au nom de la société. Cette autorisation peut également fixer, par engagement, un montant au-delà duquel la caution, l'aval ou la garantie de la société ne peut être donné. Lorsqu'un engagement dépasse l'un ou l'autre des montants ainsi fixés, l'autorisation du conseil d'administration est requise dans chaque cas.**

La durée des autorisations prévues à l'alinéa précédent ne peut être supérieure à un an, quelle que soit la durée des engagements cautionnés, avalisés ou garantis.

Par dérogation aux dispositions du premier alinéa, le directeur général peut être autorisé à donner, à l'égard des administrations fiscales et douanières, des cautions, avals ou garanties au nom de la société, sans limite de montant.

Le directeur général peut déléguer le pouvoir qu'il a reçu en application des alinéas précédents.

Si les cautions, avals ou garanties ont été données pour un montant total supérieur à la limite fixée pour la période en cours, le dépassement ne peut être opposé aux tiers qui n'en ont pas eu connaissance, à moins que le montant de l'engagement invoqué n'excède, à lui seul, l'une des limites fixées par la décision du conseil d'administration prise en application du premier alinéa.

Ratification. À défaut d'autorisation préalable du conseil d'administration permettant de déterminer son montant et sa durée, la garantie donnée par le président n'est pas opposable à la société et, par suite, n'est pas susceptible de ratification : ▪ Cass. com., 15 oct. 1991 : *JCP* E 1992, II, 285, note J.-F. Barbièri ; *JCP* E 1992, I, 145, n° 9, obs. A. Viandier et J.-J. Caussain.

Art. R. 225-29. – **Le conseil d'administration peut conférer à un ou plusieurs de ses membres ou à des tiers, actionnaires ou non, tous mandats spéciaux pour un ou plusieurs objets déterminés.**

Il peut décider la création de comités chargés d'étudier les questions que lui-même ou son président soumet, pour avis, à leur examen. Il fixe la composition et les attributions des comités qui exercent leur activité sous sa responsabilité.

Bibliographie : J.-F. Bulle, *Les délégations de pouvoirs : JCP* E 1999, p. 1136. • J.-M. Calendini, *Les comités de direction : BJS* 1992, p. 851.

1) Mandats spéciaux. Sur les limites de tels mandats, voir ▪ Cass. com., 6 mai 1996 : *BJS* 1996, p. 821, note P. Le Cannu.

2) Comités. Les comités visés ne peuvent être des comités de direction : ▪ CA Aix-en-Provence, 28 sept. 1982 : *Rev. sociétés* 1983, p. 773, note J. Mestre.

Art. R. 225-29-1 *(D. n° 2017-340, 16 mars 2017)*. – **Les éléments composant la rémunération totale et les avantages de toute nature mentionnés à l'article L. 225-37-2 comprennent, le cas échéant :**

1° Les jetons de présence ;

2° La rémunération fixe annuelle ;

3° La rémunération variable annuelle ;

4° La rémunération variable pluriannuelle ;

5° Les attributions d'options de souscription ou d'achat d'actions ;

6° Les attributions gratuites d'actions ;

7° Les rémunérations exceptionnelles ;

8° Les rémunérations, indemnités ou avantages dus ou susceptibles d'être dus à raison de la prise de fonction ;

9° Les engagements mentionnés aux premier et sixième alinéas de l'article L. 225-42-1 ;

10° Les éléments de rémunération et des avantages de toute nature dus ou susceptibles d'être dus à l'une des personnes mentionnées au premier alinéa de l'article L. 225-37-2, au titre de conventions conclues, directement ou par personne interposée, en raison de son mandat, avec la société dans laquelle le mandat est exercé, toute société contrôlée par elle, au sens de l'article L. 233-16, toute société qui la contrôle, au sens du même article, ou encore toute société placée sous le même contrôle qu'elle, au sens de cet article ;

11° Tout autre élément de rémunération attribuable en raison du mandat ;

12° Les avantages de toute nature.

Le rapport mentionné au deuxième alinéa de l'article L. 225-37-2 fait apparaître les éléments de rémunération mentionnés au onzième alinéa de l'article L. 225-100. Les éléments mentionnés au 10° du présent article ne peuvent en faire partie.

Bibliographie : B. François, *Rémunération des dirigeants : publication du décret d'application de la loi Sapin 2 : Rev. sociétés* 2017, p. 257.

Art. R. 225-30 *(D. n° 2015-545, 18 mai 2015 ; D. n° 2017-630, 25 avr. 2017).* – Le président du conseil d'administration avise les commissaires aux comptes des conventions et engagements autorisés et conclus en application des articles L. 225-22-1, L. 225-38 ou L. 225-42-1, dans le délai d'un mois à compter de la conclusion de ces conventions et engagements. Il leur communique également, pour chaque convention et engagement autorisés et conclus, les motifs justifiant de leur intérêt pour la société, retenus par le conseil d'administration en application du dernier alinéa de l'article L. 225-38.

Lorsque l'exécution de conventions et engagements conclus et autorisés au cours d'exercices antérieurs a été poursuivie au cours du dernier exercice, les commissaires aux comptes sont informés de cette situation dans le délai d'un mois à compter de la clôture de l'exercice.

Art. R. 225-31 *(D. n° 2015-545, 18 mai 2015).* – Le rapport des commissaires aux comptes prévu au troisième alinéa de l'article L. 225-40 contient :

1° L'énumération des conventions et engagements soumis à l'approbation de l'assemblée générale ;

2° Le nom des administrateurs intéressés ;

3° Le nom du directeur général ou des directeurs généraux délégués intéressés ;

4° La désignation du ou des actionnaires intéressés disposant d'une fraction des droits de vote supérieure à 10 % et, s'il s'agit d'une société actionnaire, de la société la contrôlant au sens de l'article L. 233-3 ;

5° La nature et l'objet de ces conventions et engagements ;

6° Les modalités essentielles de ces conventions et engagements, notamment l'indication des prix ou tarifs pratiqués, des ristournes et commissions consenties, des délais de paiement accordés, des intérêts stipulés, des sûretés conférées, de la nature, du montant et des modalités d'octroi de chacun des avantages ou indemnités mentionnés aux articles L. 225-22-1 et L. 225-42-1 *(Mots aj. à compter du 1er juin 2015, D. n° 2015-545, 18 mai 2015)* « , les motifs justifiant de l'intérêt de ces conventions et engagements pour la société, retenus par le conseil d'administration en application du dernier alinéa de l'article L. 225-38 » et, le cas échéant, toutes autres indications permettant aux actionnaires d'apprécier l'intérêt qui s'attachait à la conclusion des conventions et engagements analysés ;

7° L'énumération des conventions et engagements conclus et autorisés au cours d'exercices antérieurs dont l'exécution a été poursuivie au cours du dernier exercice et qui ont été examinés par le conseil d'administration en application de l'article L. 225-40-1, ainsi que, le cas échéant, toutes indications permettant aux actionnaires d'apprécier l'intérêt qui s'attache au maintien des conventions et engagements énumérés pour la société, l'importance des fournitures livrées ou des prestations de service fournies et le montant des sommes versées ou reçues au cours de l'exercice, en exécution de ces conventions et engagements.

Art. R. 225-32 *(Abr., D. n° 2014-1063, 18 sept. 2014).*

Art. R. 225-33 *(D. n° 2017-340, 16 mars 2017).* – Le conseil d'administration répartit librement entre ses membres, le cas échéant dans les conditions prévues par l'article L. 225-37-2, les sommes globales allouées aux administrateurs sous forme de jetons de présence ; il peut notamment allouer aux administrateurs, membres des comités prévus par le deuxième alinéa de l'article R. 225-29, une part supérieure à celle des autres administrateurs.

Le conseil d'administration peut autoriser le remboursement des frais de voyage et de déplacement et des dépenses engagées par les administrateurs dans l'intérêt de la société.

1) **Tantièmes.** La loi n° 75-1347 du 31 décembre 1975 a supprimé les tantièmes.

2) Cette règle de répartition n'est pas prescrite à peine de nullité : ▪ CA Paris, 28 sept. 1990 : *BRDA* 15 avr. 1991, p. 14.

Art. R. 225-34 *(D. n° 2017-340, 16 mars 2017).* – Le conseil d'administration détermine la rémunération de la personne déléguée temporairement dans les fonctions du président pendant la durée de la délégation, dans les conditions prévues par l'article L. 225-37-2, et, le cas échéant, des membres non administrateurs des comités prévus par le deuxième alinéa de l'article R. 225-29.

Art. R. 225-34-1 *(D. n° 2008-448, 7 mai 2008).* – L'autorisation mentionnée au troisième alinéa de l'article L. 225-42-1 est publiée sur le site internet de la société concernée dans un délai maximum de cinq jours suivant la réunion du conseil d'administration au cours de laquelle elle a été délivrée. Elle y est consultable pendant toute la durée des fonctions du bénéficiaire.

La décision mentionnée au cinquième alinéa de l'article L. 225-42-1 se prononçant sur le respect des conditions prévues au deuxième alinéa de ce même article et sur le versement est publiée sur le site internet de la société concernée dans un délai maximum de cinq jours suivant la réunion du conseil d'administration au cours de laquelle elle a été prise. Elle y est consultable au moins jusqu'à la prochaine assemblée générale ordinaire.

Paragraphe 2. – Administrateurs élus ou désignés par les salariés

(D. n° 2015-606, 3 juin 2015)

Art. R. 225-34-2 *(D. n° 2015-606, 3 juin 2015)*. – Pour exercer leur mandat au sein du conseil d'administration et de ses comités, les administrateurs élus par les salariés ou désignés en application de l'article L. 225-27-1 disposent d'un temps de préparation qui ne peut être inférieur à quinze heures ni supérieur à la moitié de la durée légale de travail mensuel par réunion du conseil d'administration ou du comité considéré. Le conseil d'administration le détermine en tenant compte de l'importance de la société, de ses effectifs et de son rôle économique et, le cas échéant, de l'objet de la réunion.

Le temps consacré à l'exercice de leur mandat par les administrateurs élus par les salariés ou désignés en application de l'article L. 225-27-1 est considéré comme temps de travail effectif et rémunéré comme tel à l'échéance normale.

Art. R. 225-34-3 *(D. n° 2015-606, 3 juin 2015)*. – La formation prévue à l'article L. 225-30-2 assure aux administrateurs élus par les salariés ou désignés en application de l'article L. 225-27-1 l'acquisition et le perfectionnement des connaissances et techniques nécessaires à l'exercice de leur mandat.

Elle porte principalement sur le rôle et le fonctionnement du conseil d'administration, les droits et obligations des administrateurs et leur responsabilité ainsi que sur l'organisation et les activités de la société.

Le conseil d'administration détermine, pour la durée du mandat, le contenu du programme de formation après avis des administrateurs concernés.

Art. R. 225-34-4 *(D. n° 2015-606, 3 juin 2015)*. – Le temps consacré à la formation des administrateurs élus par les salariés ou désignés en application de l'article L. 225-27-1 est déterminé par le conseil d'administration, sans pouvoir être inférieur à vingt heures par an, au cours du mandat. Ce temps est pris sur le temps de travail effectif et rémunéré comme tel à l'échéance normale.

Un accord d'entreprise ou, selon le cas, de groupe peut comporter des dispositions plus favorables.

Art. R. 225-34-5 *(D. n° 2015-606, 3 juin 2015)*. – Le conseil d'administration, après avis des administrateurs concernés, détermine le ou les organismes ou centres de formation chargés de dispenser la formation.

L'organisme ou le centre de formation délivre, à la fin de la formation, une attestation d'assiduité que l'intéressé remet à son employeur.

Art. R. 225-34-6 *(D. n° 2015-606, 3 juin 2015)*. – Le coût de la formation, y compris les frais de déplacement au titre de celle-ci, sont à la charge de la société et ne sont pas pris en compte dans le calcul des sommes consacrées à la formation continue prévues au livre III de la sixième partie du Code du travail.

Sous-section 2. – Du directoire et du conseil de surveillance

Art. R. 225-35. – Le nombre des membres du directoire est fixé par les statuts ou, à défaut, par le conseil de surveillance.

Art. R. 225-36. – Si un siège de membre du directoire est vacant, le conseil de surveillance le pourvoit dans le délai de deux mois.

À défaut, tout intéressé peut demander au président du tribunal de commerce, statuant en référé, de procéder à cette nomination, à titre provisoire. La personne ainsi nommée peut, à tout moment, être remplacée par le conseil de surveillance.

Art. R. 225-37. – Si un membre du conseil de surveillance est nommé au directoire, son mandat au conseil prend fin dès son entrée en fonction.

Art. R. 225-38. – Les personnes désignées pour être membres du conseil de surveillance sont habilitées, dès leur nomination, à désigner les membres du directoire ou le directeur général unique.

Art. R. 225-39. – Sauf clause contraire des statuts, les membres du directoire peuvent, avec l'autorisation du conseil de surveillance, répartir entre eux les tâches de la direction. Toutefois, cette répartition ne peut en aucun cas avoir pour effet de retirer au directoire son caractère d'organe assurant collégialement la direction de la société.

Art. R. 225-40. – Lorsqu'une opération exige l'autorisation du conseil de surveillance et que celui-ci la refuse, le directoire peut soumettre le différend à l'assemblée générale des actionnaires qui décide de la suite à donner au projet.

Art. R. 225-41. – Les fonctions d'un membre du conseil de surveillance prennent fin à l'issue de la réunion de l'assemblée générale ordinaire des actionnaires ayant statué sur les comptes de l'exercice écoulé et tenue dans l'année au cours de laquelle expire le mandat de ce membre.

Art. R. 225-42. – Le mandat de représentant permanent désigné par une personne morale nommée au conseil de surveillance lui est donné pour la durée du mandat de cette dernière.

Si la personne morale révoque le mandat de son représentant permanent, elle notifie sans délai à la société, par lettre recommandée, cette révocation ainsi que l'identité de son nouveau représentant permanent. Il en est de même en cas de décès ou de démission du représentant permanent.

Art. R. 225-43. – La désignation du représentant permanent ainsi que la cessation de son mandat sont soumises aux mêmes formalités de publicité que s'il était membre du conseil de surveillance en son nom propre.

Art. R. 225-44. – Le mandataire prévu à l'article L. 225-78 est désigné par le président du tribunal de commerce, statuant sur requête.

Art. R. 225-45. – Les statuts de la société déterminent les règles relatives à la convocation et aux délibérations du conseil de surveillance.

Toutefois, le président du conseil de surveillance convoque le conseil à une date qui ne peut être postérieure à quinze jours lorsqu'un membre au moins du directoire ou le tiers au moins des membres du conseil de surveillance lui présentent une demande motivée en ce sens.

Si la demande est restée sans suite, ses auteurs peuvent procéder eux-mêmes à la convocation, en indiquant l'ordre du jour de la séance.

Irrégularité de convocation. La régularité de la convocation du conseil de surveillance ne peut être contestée que par ses membres et non par ceux du directoire : ▪ Cass. com., 12 déc. 1995 : *BJS* 1996, p. 207, note P. Le Cannu.

Art. R. 225-46. – Sauf clause contraire des statuts, un membre du conseil de surveillance peut donner, par écrit, mandat à un autre membre de le représenter à une séance du conseil.

Chaque membre du conseil de surveillance ne peut disposer, au cours d'une même séance, que d'une seule des procurations reçues par application de l'alinéa précédent.

Les dispositions des alinéas précédents sont applicables au représentant permanent d'une personne morale membre du conseil de surveillance.

Art. R. 225-47. – Il est tenu un registre de présence qui est signé par les membres du conseil de surveillance participant à la séance du conseil et qui mentionne le nom des membres du conseil de surveillance réputés présents au sens du troisième alinéa de l'article L. 225-82.

Art. R. 225-48. – Les dispositions de l'article R. 225-21 s'appliquent aux moyens de visioconférence ou de télécommunication mentionnés au troisième alinéa de l'article L. 225-82.

Art. R. 225-49. – Les délibérations du conseil de surveillance sont constatées par des procès-verbaux établis sur un registre spécial tenu au siège social et coté et paraphé soit par un juge du tribunal de commerce, soit par un juge du tribunal d'instance, soit par le maire de la commune du siège social ou un adjoint au maire, dans la forme ordinaire et sans frais.

Toutefois, les procès-verbaux peuvent être établis sur des feuilles mobiles numérotées sans discontinuité, paraphées dans les conditions prévues à l'alinéa précédent et revêtues du sceau de l'autorité qui les a paraphées. Dès qu'une feuille a été remplie, même partiellement, elle est jointe à celles précédemment utilisées. Toute addition, suppression, substitution ou interversion de feuilles est interdite.

Art. R. 225-50. – Le procès-verbal de la séance indique le nom des membres du conseil de surveillance présents, réputés présents au sens du troisième alinéa de l'article L. 225-82, excusés ou absents. Il fait état de la présence ou de l'absence des personnes convoquées à la réunion du conseil en vertu d'une disposition légale et de la présence de toute autre personne ayant assisté à tout ou partie de la réunion. Il fait également état de la survenance éventuelle d'un incident technique relatif à un moyen de visioconférence ou de télécommunication lorsqu'il a perturbé le déroulement de la séance.

Le procès-verbal est revêtu de la signature du président de séance et d'au moins un membre du conseil de surveillance. En cas d'empêchement du président de séance, il est signé par deux membres du conseil au moins.

Art. R. 225-51. – Les copies ou extraits de procès-verbaux des délibérations sont certifiés par le président du conseil de surveillance, le vice-président de ce conseil, un membre du directoire ou un fondé de pouvoir habilité à cet effet.

Au cours de la liquidation de la société, ces copies ou extraits sont certifiés par un seul liquidateur.

Art. R. 225-52. – Il est suffisamment justifié du nombre des membres du conseil de surveillance en exercice, ainsi que de leur présence ou de leur représentation à une séance du conseil, par la production d'une copie ou d'un extrait du procès-verbal.

Art. R. 225-53. – Le conseil de surveillance peut, dans la limite d'un montant total qu'il fixe, autoriser le directoire à donner des cautions, avals ou garanties au nom de la société. Cette autorisation peut également fixer, par engagement, un montant au-delà duquel la caution, l'aval ou la garantie de la société ne peut être donné. Lorsqu'un engagement dépasse l'un ou l'autre des montants ainsi fixés, l'autorisation du conseil de surveillance est requise dans chaque cas.

La durée des autorisations prévues à l'alinéa précédent ne peut être supérieure à un an, quelle que soit la durée des engagements cautionnés, avalisés ou garantis.

Par dérogation aux dispositions du premier alinéa, le directoire peut être autorisé à donner, à l'égard des administrations fiscales et douanières, des cautions, avals ou garanties au nom de la société, sans limite de montant.

Le directoire peut déléguer le pouvoir qu'il a reçu en application des alinéas précédents.

Si des cautions, avals ou garanties ont été donnés pour un montant total ou supérieur à la limite fixée pour la période en cours, le dépassement ne peut être opposé aux tiers qui n'en ont pas eu connaissance, à moins que le montant de l'engagement invoqué n'excède, à lui seul, l'une des limites fixées par la décision du conseil de surveillance prise en application du premier alinéa.

Art. R. 225-54 *(Abr., D. n° 2017-630, 25 avr. 2017).*

Art. R. 225-55. – Le délai mentionné au cinquième alinéa de l'article L. 225-68 est de trois mois à compter de la clôture de l'exercice.

Art. R. 225-56. – Le conseil de surveillance peut conférer à un ou plusieurs de ses membres tous mandats spéciaux pour un ou plusieurs objets déterminés.

Il peut décider la création en son sein de commissions dont il fixe la composition et les attributions et qui exercent leur activité sous sa responsabilité, sans que ces attributions puissent avoir pour objet de déléguer à une commission les pouvoirs qui sont attribués au conseil de surveillance lui-même par la loi ou les statuts ni pour effet de réduire ou de limiter les pouvoirs du directoire.

Art. R. 225-56-1 *(D. n° 2017-340, 16 mars 2017).* – Les éléments composant la rémunération totale et les avantages de toute nature mentionnés à l'article L. 225-82-2 comprennent, le cas échéant :

1° Les jetons de présence ;

2° La rémunération fixe annuelle ;

3° La rémunération variable annuelle ;

4° La rémunération variable pluriannuelle ;

5° Les attributions d'options de souscription ou d'achat d'actions ;

6° Les attributions gratuites d'actions ;

7° Les rémunérations exceptionnelles ;

8° Les rémunérations, indemnités ou avantages dus ou susceptibles d'être dus à raison de la prise de fonction ;

9° Les engagements mentionnés aux premier et sixième alinéas de l'article L. 225-90-1 ;

10° Les éléments de rémunération et des avantages de toute nature dus ou susceptibles d'être dus à l'une des personnes mentionnées au premier alinéa de l'article L. 225-82-2, au titre de conventions conclues, directement ou par personne interposée, en raison de son mandat, avec la société dans laquelle le mandat est exercé, toute société contrôlée par elle, au sens de l'article L. 233-16, toute société qui la contrôle, au sens du même article, ou encore toute société placée sous le même contrôle qu'elle, au sens de cet article ;

11° Tout autre élément de rémunération attribuable en raison du mandat ;

12° Les avantages de toute nature.

Le rapport mentionné au deuxième alinéa de l'article L. 225-82-2 fait apparaître les éléments de rémunération mentionnés au onzième alinéa de l'article L. 225-100. Les éléments mentionnés au 10° du présent article ne peuvent en faire partie.

Art. R. 225-57 *(D. n° 2015-545, 18 mai 2015 ; D. n° 2017-630, 25 avr. 2017).* – Le président du conseil de surveillance avise les commissaires aux comptes des conventions et engagements autorisés et conclus en application des articles L. 225-79-1, L. 225-86 ou L. 225-90-1, dans le délai d'un mois à compter de la conclusion de ces conventions et engagements. Il leur communique également, pour chaque convention et engagement autorisés et conclus, les motifs justifiant de l'intérêt de celui-ci pour la société, retenus par le conseil de surveillance en application du dernier alinéa de l'article L. 225-86.

Lorsque l'exécution des conventions et engagements conclus et autorisés au cours d'exercices antérieurs a été poursuivie au cours du dernier exercice, les commissaires aux comptes sont informés de cette situation dans le délai d'un mois à compter de la clôture de l'exercice.

Art. R. 225-58. – Le rapport des commissaires aux comptes, prévu au troisième alinéa de l'article L. 225-88, contient :

1° L'énumération des conventions et engagements soumis à l'approbation de l'assemblée générale ;

2° Le nom des membres du conseil de surveillance ou du directoire intéressés ;

3° La désignation du ou des actionnaires intéressés disposant d'une fraction des droits de vote supérieure à 10 % et, s'il s'agit d'une société actionnaire, de la société la contrôlant au sens de l'article L. 233-3 ;

4° La nature et l'objet de ces conventions et engagements ;

5° Les modalités essentielles de ces conventions et engagements, notamment l'indication des prix ou tarifs pratiqués, des ristournes et commissions consenties, des délais de paiement accordés, des intérêts stipulés, des sûretés conférées, de la nature, du montant et des modalités d'octroi de chacun des avantages ou indemnités mentionnés aux articles L. 225-79-1 et L. 225-90-1 *(Mots aj., D. n° 2015-545, 18 mai 2015)* « , les motifs justifiant de l'intérêt de ces conventions et engagements pour la société, retenus par le conseil d'administration en application du dernier alinéa de l'article L. 225-86 » et, le cas échéant, toutes autres indications permettant aux actionnaires d'apprécier l'intérêt qui s'attachait à la conclusion des conventions et engagements analysés ;

6° *(Rempl., D. n° 2015-545, 18 mai 2015)* L'énumération des conventions et engagements conclus et autorisés au cours d'exercices antérieurs dont l'exécution a été poursuivie au cours du dernier exercice et qui ont été examinés par le conseil de surveillance en application de l'article L. 225-88-1, ainsi que, le cas échéant, toutes indications permettant aux actionnaires d'apprécier l'intérêt qui s'attache au maintien des conventions et engagements énumérés pour la société, l'importance des fournitures livrées ou des prestations de service fournies et le montant des sommes versées ou reçues au cours de l'exercice, en exécution de ces conventions et engagements.

Art. R. 225-59 *(Abr., D. n° 2014-1063, 18 sept. 2014).*

Art. R. 225-60 *(Mod., D. n° 2007-1851, 26 déc. 2007 ; D. n° 2017-340, 16 mars 2017).* – Le conseil de surveillance répartit librement entre ses membres, dans les conditions prévues par l'article L. 225-82-2, les sommes globales allouées à ceux-ci sous forme de jetons de présence ; il peut notamment allouer aux membres du conseil qui font partie des commissions prévues par le deuxième alinéa de l'article R. 225-56 une part supérieure à celle des autres.

Le conseil de surveillance peut autoriser le remboursement des frais de voyage et de déplacement et des dépenses engagées par ses membres dans l'intérêt de la société.

Art. R. 225-60-1 *(D. n° 2008-448, 7 mai 2008).* – L'autorisation mentionnée au troisième alinéa de l'article L. 225-90-1 est publiée sur le site internet de la société concernée dans un délai maximum de cinq jours suivant la réunion du conseil de surveillance au cours de laquelle elle a été délivrée. Elle y est consultable pendant toute la durée des fonctions du bénéficiaire.

La décision mentionnée au cinquième alinéa de l'article L. 225-90-1 se prononçant sur le respect des conditions prévues au deuxième alinéa de ce même article et sur le versement est publiée sur le site internet de la société concernée dans un délai maximum de cinq jours suivant la réunion du conseil de surveillance au cours de laquelle elle a été prise. Elle y est consultable au moins jusqu'à la prochaine assemblée générale ordinaire.

Art. R. 225-60-2 *(D. n° 2015-606, 3 juin 2015).* – Les dispositions des articles R. 225-34-2 à R. 225-34-6 sont applicables aux membres représentant les salariés au conseil de surveillance. Pour l'application de ces dispositions le conseil de surveillance exerce les attributions dévolues au conseil d'administration.

Section III. – Des assemblées d'actionnaires

Art. R. 225-61. – Les sociétés dont les statuts permettent aux actionnaires de voter aux assemblées par des moyens électroniques de télécommunication aménagent un site exclusivement consacré à ces fins.

Art. R. 225-61-1 *(D. n° 2018-148, 28 févr. 2018).* – Les statuts prévoyant que les assemblées générales se tiennent exclusivement par visioconférence ou par des moyens de télécommunication, en application des dispositions du premier alinéa de l'article L. 225-103-1, précisent si le droit d'opposition mentionné au deuxième alinéa du même article s'exerce avant ou après les formalités de convocation.

Art. R. 225-61-2 *(D. n° 2018-148, 28 févr. 2018).* – Lorsque le droit d'opposition s'exerce avant les formalités de convocation, la société avise les actionnaires de la date prévue pour la réunion de l'assemblée trente-cinq jours au moins avant celle-ci, par lettre recommandée avec demande d'avis réception ou par courrier électronique avec avis de réception à l'adresse électronique indiquée par eux.

Cet avis précise la nature de l'assemblée et comporte les points ainsi que le texte des projets de résolution que la société entend inscrire à l'ordre du jour de cette assemblée.

L'avis rappelle également le droit d'opposition au recours exclusif à des moyens dématérialisés pour la tenue de l'assemblée générale, ainsi que les conditions d'exercice de ce droit.

L'opposition à la tenue d'une assemblée générale exclusivement par visioconférence ou par des moyens de télécommunication est adressée à la société par lettre recommandée avec demande d'avis de réception ou par courrier électronique avec avis de réception vingt-cinq jours au moins avant la date de la tenue de l'assemblée.

Les auteurs de l'opposition accompagnent cette dernière d'une attestation d'inscription en compte de nature à justifier qu'ils représentent au moins 5 % du capital social.

Art. R. 225-61-3 *(D. n° 2018-148, 28 févr. 2018).* – Lorsque le droit d'opposition s'exerce après les formalités de convocation, l'avis de convocation mentionné à l'article R. 225-66 rappelle le droit d'opposition au recours exclusif à des moyens dématérialisés pour la tenue de l'assemblée générale, ainsi que les conditions d'exercice de ce droit. Il indique également le lieu où l'assemblée se réunira s'il est fait opposition à sa tenue exclusivement par des moyens dématérialisés.

Le droit d'opposition s'exerce dans un délai de sept jours à compter de la publication de l'avis de convocation prévue à l'article R. 225-67 ou de l'envoi de cet avis dans les formes prévues à l'article R. 225-61-2.

En cas d'exercice de ce droit, la société avise les actionnaires par lettre simple ou par courrier électronique, au plus tard quarante-huit heures avant la tenue de l'assemblée, que celle-ci ne se tiendra pas exclusivement par des moyens dématérialisés.

Art. R. 225-62. – Sous réserve des dispositions des articles R. 225-66 à R. 225-70, les statuts de la société fixent les règles de convocation des assemblées d'actionnaires.

Art. R. 225-63 *(Rempl., D. n° 2011-1473, 9 nov. 2011 ; mod., D. n° 2018-148, 28 févr. 2018).* – Les sociétés qui entendent recourir à la communication électronique en lieu et place d'un envoi postal pour satisfaire aux formalités prévues aux articles R. 225-61-1, R. 225-61-2, R. 225-61-3, R. 225-67, R. 225-68, R. 225-72, R. 225-74, R. 225-88 et R. 236-3 soumettent une proposition en ce sens aux actionnaires inscrits au nominatif, soit par voie postale, soit par voie électronique. Les actionnaires intéressés peuvent donner leur accord par voie postale ou électronique.

En l'absence d'accord de l'actionnaire, au plus tard trente cinq jours avant la date de la prochaine assemblée générale, la société a recours à un envoi postal pour satisfaire aux formalités prévues aux articles R. 225-61-1, R. 225-61-2, R. 225-61-3, R. 225-67, R. 225-68, R. 225-72, R. 225-74, R. 225-88 et R. 236-3.

Les actionnaires qui ont consenti à l'utilisation de la voie électronique peuvent demander le retour à un envoi postal trente cinq jours au moins avant la date de l'insertion de l'avis de convocation mentionné à l'article R. 225-67, soit par voie postale, soit par voie électronique.

Art. R. 225-64. – Le délai de six mois prévu pour la réunion de l'assemblée générale ordinaire par l'article L. 225-100 peut être prolongé, à la demande du conseil d'administration ou du directoire, selon le cas, par ordonnance du président du tribunal de commerce, statuant sur requête.

Condition de la prolongation. Dès lors qu'une nouvelle présentation des comptes, rendue nécessaire par l'intention de se retirer manifestée par un actionnaire majoritaire, ne peut utilement intervenir dans les délais, l'assemblée générale ayant déjà été convoquée, le délai de prolongation accordé en référé doit être considéré comme raisonnable, dans la mesure où il tient compte de la seule obligation de présenter des comptes fidèles dans le cadre d'une perspective d'avenir de la société suffisamment définie : ▪ CA Paris, 2 août 2001 : *BJS* 2001, p. 1269, note D. Vidal.

Art. R. 225-65. – Les actionnaires peuvent à leurs frais charger l'un d'entre eux de demander au président du tribunal de commerce statuant en référé la désignation du mandataire mentionné à l'article L. 225-103.

L'ordonnance fixe l'ordre du jour de l'assemblée.

Art. R. 225-66 *(Mod., D. n° 2018-148, 28 févr. 2018).* – L'avis de convocation comporte la dénomination sociale, éventuellement suivie de son sigle, la forme de la société, le montant du capital social, l'adresse du siège social, les mentions prévues aux 1° et 2° de l'article R. 123-237, les jour, heure et lieu de l'assemblée, ainsi que sa nature, extraordinaire, ordinaire ou spéciale, et son ordre du jour.

Sous réserve des questions diverses qui ne doivent présenter qu'une minime importance, les questions inscrites à l'ordre du jour sont libellées de telle sorte que leur contenu et leur portée apparaissent clairement, sans qu'il y ait lieu de se reporter à d'autres documents. L'avis de convocation indique les conditions dans lesquelles les actionnaires peuvent voter par correspondance et les lieux et les conditions dans lesquelles ils peuvent obtenir les formulaires nécessaires et les documents qui y sont annexés et, le cas échéant, l'adresse électronique où peuvent être adressées les questions écrites.

Dans l'hypothèse où l'assemblée générale serait tenue selon les modalités fixées à l'article L. 225-103-1, l'avis de convocation précise en outre que les actionnaires participent à cette assemblée exclusivement par visioconférence ou moyens de télécommunication.

Art. R. 225-67. – L'avis de convocation est inséré dans un journal habilité à recevoir les annonces légales dans le département du siège social et, en outre, *(Mots rempl., D. n° 2009-557, 19 mai 2009)* « si les actions de la société sont admises aux négociations sur un marché réglementé » ou si toutes ses actions ne revêtent pas la forme nominative, au *Bulletin des annonces légales obligatoires*.

Si toutes les actions de la société sont nominatives, les insertions prévues à l'alinéa précédent peuvent être remplacées par une convocation faite, aux frais de la société, par lettre simple ou recommandée adressée à chaque actionnaire. Cette convocation peut également être transmise par un moyen électronique de

télécommunication mis en œuvre dans les conditions mentionnées à l'article R. 225-63, à l'adresse indiquée par l'actionnaire.

Pour **l'annulation** d'une assemblée pour inobservation de cette formalité, V. ▪ CA Versailles, 19 nov. 1986 : *JCP* E 1987, 16644, n° 23, obs. A. Viandier et J.-J. Caussain.

Art. R. 225-68. – Les actionnaires titulaires de titres nominatifs depuis un mois au moins à la date de l'insertion de l'avis de convocation prévue au premier alinéa de l'article R. 225-67 sont convoqués à toute assemblée par lettre ordinaire. Sous la condition d'adresser à la société le montant des frais de recommandation, ils peuvent demander à être convoqués par lettre recommandée. Cette convocation peut également être transmise par un moyen électronique de télécommunication mis en œuvre dans les conditions mentionnées à l'article R. 225-63, à l'adresse indiquée par l'actionnaire.

Tous les copropriétaires d'actions indivises sont convoqués dans les mêmes formes lorsque leurs droits sont constatés, dans le délai prévu à l'alinéa précédent, par une inscription nominative.

Lorsque les actions sont grevées d'un usufruit ou font l'objet d'un contrat de bail, le titulaire du droit de vote est convoqué dans les mêmes formes et sous les mêmes conditions.

Indivision. Un coïndivisaire est censé avoir reçu un mandat tacite de représentation à l'assemblée de la part de son coïndivisaire dans la mesure où il n'est pas prétendu que ce dernier ignorait la tenue des assemblées et en l'absence d'opposition de sa part. Dès lors que le nombre d'actions détenues par l'indivision ne lui permet pas de disposer d'une minorité de blocage aux assemblées, les irrégularités de convocation et de communication des documents à un coïndivisaire n'affectant ni le quorum, ni la majorité, ne sauraient entraîner la nullité des assemblées générales : ▪ CA Paris, 27 mars 2001 : *BJS* 2002, p. 89, note H. Le Nabasque.

Art. R. 225-69 ***(Mod., D. n° 2010-684, 23 juin 2010).*** **– Le délai entre la date soit de l'insertion ou de la dernière des insertions contenant un avis de convocation, soit de l'envoi des lettres, soit de la transmission de la convocation par télécommunication électronique, et la date de l'assemblée est au moins de quinze jours sur première convocation et de dix jours sur convocation suivante. Lorsque l'assemblée est convoquée en application des dispositions de l'article L. 233-32, ce délai est au moins de six jours sur première convocation et de quatre jours sur convocation suivante. En cas d'ajournement de l'assemblée par décision de justice, le juge peut fixer un délai différent.**

Art. R. 225-70. – Lorsqu'une assemblée n'a pu délibérer régulièrement, faute du quorum requis, la deuxième assemblée est convoquée dans les formes prévues à l'article R. 225-67 et l'avis de convocation rappelle la date de la première.

Il en est de même pour la convocation d'une assemblée générale extraordinaire ou d'une assemblée spéciale prorogée dans les conditions prévues au deuxième alinéa de l'article L. 225-96 et au troisième alinéa de l'article L. 225-99.

Art. R. 225-71 ***(Mod., D. n° 2009-295, 16 mars 2009 ; D. n° 2010-1619, 23 déc. 2010 ; D. n° 2014-1466, 8 déc. 2014).*** **– La demande d'inscription de points ou de projets de résolution à l'ordre du jour de l'assemblée, par des actionnaires représentant au moins 5 % du capital social, est adressée au siège social par lettre recommandée avec demande d'avis de réception ou par télécommunication électronique.**

Toutefois, lorsque le capital de la société est supérieur à 750 000 €, le montant du capital à représenter en application de l'alinéa précédent est, selon l'importance de ce capital, réduit ainsi qu'il suit :

a) **4 % pour les 750 000 premiers euros ;**

b) **2,50 % pour la tranche de capital comprise entre 750 000 et 7 500 000 € ;**

c) **1 % pour la tranche de capital comprise entre 7 500 000 et 15 000 000 € ;**

d) **0,50 % pour le surplus du capital.**

La demande d'inscription d'un point à l'ordre du jour est motivée.

La demande d'inscription de projets de résolution est accompagnée du texte des projets de résolution, qui peuvent être assortis d'un bref exposé des motifs.

Lorsque le projet de résolution porte sur la présentation d'un candidat au conseil d'administration ou de surveillance, il est accompagné des renseignements prévus au 5° de l'article R. 225-83.

Les auteurs de la demande justifient, à la date de leur demande, de la possession ou de la représentation de la fraction du capital exigée par l'inscription des titres correspondants soit dans les comptes de titres nominatifs tenus par la société, soit dans les comptes de titres au porteur tenus par un intermédiaire mentionné à l'article L. 211-3 du Code monétaire et financier. Ils transmettent avec leur demande une attestation d'inscription en compte.

L'examen du point ou de la résolution est subordonné à la transmission, par les auteurs de la demande, d'une nouvelle attestation justifiant de l'inscription des titres dans les mêmes comptes au deuxième jour ouvré précédant l'assemblée à zéro heure, heure de Paris.

Art. R. 225-72 *(Mod., D. n° 2009-557, 19 mai 2009 ; D. n° 2010-1619, 23 déc. 2010).* – Tout actionnaire d'une société dont toutes les actions revêtent la forme nominative qui veut user de la faculté de requérir l'inscription de points ou de projets de résolution à l'ordre du jour d'une assemblée peut demander à la société de l'aviser, par lettre recommandée ou par un moyen électronique de télécommunication mis en œuvre dans les conditions mentionnées à l'article R. 225-63, à l'adresse indiquée par lui, de la date prévue pour la réunion des assemblées ou de certaines d'entre elles. La société est tenue d'envoyer cet avis, si l'actionnaire lui a adressé le montant des frais d'envoi, ou de le lui adresser par un moyen électronique de télécommunication mis en œuvre dans les conditions mentionnées à l'article R. 225-63, à l'adresse indiquée par lui.

Les demandes d'inscription de points ou de projets de résolution à l'ordre du jour sont envoyées vingt-cinq jours au moins avant la date de l'assemblée réunie sur première convocation.

Les dispositions du présent article ne s'appliquent pas lorsque les actions de la société sont admises aux négociations sur un marché réglementé.

Art. R. 225-73 *(Mod., D. n° 2007-750, 9 mai 2007 ; D. n° 2009-557, 19 mai 2009 ; D. n° 2010-684, 23 juin 2010 ; D. n° 2010-1619, 23 déc. 2010).* – I. – Lorsque les actions de la société sont admises aux négociations sur un marché réglementé ou ne revêtent pas toutes la forme nominative, la convocation mentionnée à l'article R. 225-66 est précédée d'un avis publié au *Bulletin des annonces légales obligatoires*, trente-cinq jours au moins avant la tenue de l'assemblée générale. Ce délai est ramené à quinze jours lorsque l'assemblée générale est convoquée en application des dispositions de l'article L. 233-32.

L'avis mentionné à l'alinéa précédent comporte, outre les mentions requises au premier alinéa de l'article R. 225-66, les informations suivantes :

1° Une description claire et précise des procédures que les actionnaires doivent suivre pour participer et voter à l'assemblée, en particulier des modalités de vote par procuration, par correspondance ou par voie électronique ;

2° Une description claire et précise des modalités d'exercice des facultés définies au deuxième alinéa de l'article L. 225-105 et au troisième alinéa de l'article L. 225-108, en particulier l'adresse postale et, le cas échéant, l'adresse électronique où peuvent être adressés les points ou projets de résolutions et les questions écrites, le délai imparti pour leur transmission, la liste des pièces justificatives devant être adressées conformément aux dispositions de la présente section ;

3° Sauf dans les cas où la société adresse à tous ses actionnaires un formulaire de vote par procuration ou par correspondance ou le document unique prévu par le troisième alinéa de l'article R. 225-76, les lieux et les conditions, notamment de délais, dans lesquels ceux-ci peuvent être obtenus et retournés ;

4° L'adresse du site internet prévu à l'article R. 210-20 sur lequel sont diffusées les informations mentionnées à l'article R. 225-73-1 et, le cas échéant, celle du site internet prévu à l'article R. 225-61 ;

5° La date d'*(Mot rempl. à compter du 1er janvier 2015, D. n° 2014-1466, 8 déc. 2014)* « inscription en compte » définie à l'article R. 225-85, en précisant que seuls pourront participer à l'assemblée les actionnaires remplissant à cette date les conditions prévues par cet article ;

6° Le texte des projets de résolution qui seront présentés à l'assemblée par le conseil d'administration ou le directoire, selon le cas ;

7° Le lieu et la date de mise à disposition du texte intégral :

a) Des documents destinés à être présentés à l'assemblée, conformément notamment aux articles L. 225-115 et R. 225-83 ;

b) Des projets de résolution présentés, le cas échéant, par les actionnaires, ainsi que de la liste des points ajoutés, le cas échéant, à l'ordre du jour à leur demande ;

Lorsque la société a émis des actions à dividende prioritaire sans droit de vote ou des valeurs mobilières donnant accès au capital, les avis publiés mentionnent également l'obligation de soumettre les résolutions à l'avis, à l'accord ou à l'approbation, selon le cas, de l'assemblée spéciale des titulaires d'actions à dividende prioritaire sans droit de vote ou des assemblées des masses prévues à l'article L. 228-103.

II. – Les demandes d'inscription de points ou de projets de résolution à l'ordre du jour doivent parvenir à la société au plus tard le vingt-cinquième jour qui précède la date de l'assemblée, sans pouvoir être adressées plus de vingt jours après la date de l'avis mentionné au I.

Lorsque l'assemblée est convoquée en application des dispositions de l'article L. 233-32, ces demandes doivent parvenir à la société au plus tard le dixième jour avant l'assemblée.

L'avis mentionne le délai imparti pour l'envoi des demandes.

Art. R. 225-73-1 *(D. n° 2010-684, 23 juin 2010 ; D. n° 2010-1619, 23 déc. 2010)*. – Pendant une période ininterrompue commençant au plus tard le vingt et unième jour précédant l'assemblée, les sociétés dont les actions sont admises aux négociations sur un marché réglementé publient sur le site internet prévu à l'article R. 210-20 les informations et documents suivants :

1° L'avis mentionné à l'article R. 225-73 ;

2° Le nombre total de droits de vote existant et le nombre d'actions composant le capital de la société à la date de la publication de l'avis mentionné à l'article R. 225-73, en précisant, le cas échéant, le nombre d'actions et de droits de vote existant à cette date pour chaque catégorie d'actions ;

3° Les documents destinés à être présentés à l'assemblée, au regard notamment des dispositions des articles L. 225-115 et R. 225-83 ;

4° Le texte des projets de résolution qui seront présentés à l'assemblée par le conseil d'administration ou le directoire, selon le cas ;

5° Les formulaires de vote par correspondance et de vote par procuration ou le document unique prévu par le troisième alinéa de l'article R. 225-76, sauf dans les cas où la société adresse ces formulaires à tous ses actionnaires.

Lorsque, pour des raisons techniques, ces formulaires ne peuvent être rendus accessibles sur son site internet, la société indique sur celui-ci les lieux et conditions dans lesquels ils peuvent être obtenus. Elle les envoie à ses frais à tout actionnaire qui en fait la demande.

La société publie sans délai sur son site internet le texte des projets de résolution présentés par les actionnaires et la liste des points ajoutés à l'ordre du jour à leur demande.

Pour chaque point inscrit à l'ordre du jour, la société peut également publier un commentaire du conseil d'administration ou du directoire, selon le cas.

Lorsque l'assemblée est convoquée en application des dispositions de l'article L. 233-32, le délai fixé au premier alinéa du présent article est ramené au plus tard au quinzième jour précédant l'assemblée.

Art. R. 225-74 *(Rempl., D. n° 2010-1619, 23 déc. 2010)*. – Le président du conseil d'administration ou le directoire accuse réception des demandes d'inscription à l'ordre du jour de points ou de projets de résolution, par lettre recommandée, dans le délai de cinq jours à compter de cette réception. Cet accusé de réception peut également être transmis par un moyen électronique de télécommunication mis en œuvre dans les conditions mentionnées à l'article R. 225-63, à l'adresse indiquée par l'actionnaire.

Les points et les projets de résolution sont inscrits à l'ordre du jour.

Les projets de résolution sont soumis au vote de l'assemblée.

Art. R. 225-75. – À compter de la convocation de l'assemblée, tout actionnaire peut demander par écrit à la société de lui adresser, le cas échéant par voie électronique, dans les conditions définies à l'article R. 225-61, un formulaire de vote à distance. Cette demande doit être déposée ou parvenue au siège social au plus tard six jours avant la date de la réunion.

Art. R. 225-76. – Le formulaire de vote par correspondance permet un vote sur chacune des résolutions, dans l'ordre de leur présentation à l'assemblée ; il offre à l'actionnaire la possibilité d'exprimer sur chaque résolution un vote favorable ou défavorable à son adoption ou sa volonté de s'abstenir de voter.

Il informe l'actionnaire de manière très apparente que toute abstention exprimée dans le formulaire ou résultant de l'absence d'indication de vote sera assimilée à un vote défavorable à l'adoption de la résolution.

Le formulaire peut, le cas échéant, figurer sur le même document que la formule de procuration ; dans ce cas l'article R. 225-78 est applicable.

Le formulaire comporte le rappel des dispositions du deuxième alinéa de l'article R. 225-77 et l'indication de la date avant laquelle, conformément aux statuts, il est reçu par la société pour qu'il en soit tenu compte ; lorsqu'il a été convenu entre la société et les intermédiaires habilités par elle que ces derniers n'accepteraient plus de transmettre à la société des formulaires de vote reçus par eux après une date antérieure à celle fixée par la société, il est fait mention de cette date.

Sont annexés au formulaire :

1° Le texte des résolutions proposées accompagné d'un exposé des motifs et de l'indication de leur auteur ;

2° Une demande d'envoi des documents et renseignements mentionnés à l'article R. 225-83 et informant l'actionnaire qu'il peut demander à bénéficier des dispositions du troisième alinéa de l'article R. 225-88 ;

3° S'il s'agit de l'assemblée générale ordinaire prévue à l'article L. 225-100, l'exposé et les documents prévus à l'article R. 225-81.

Art. R. 225-77 *(Mod., D. n° 2009-295, 16 mars 2009 ; D. n° 2011-1473, 9 nov. 2011).* – La date après laquelle il ne sera plus tenu compte des formulaires de vote reçus par la société ne peut être antérieure de plus de trois jours à la date de la réunion de l'assemblée, sauf délai plus court prévu par les statuts. Toutefois, les formulaires électroniques de vote à distance peuvent être reçus par la société jusqu'à la veille de la réunion de l'assemblée générale, au plus tard à 15 heures, heure de Paris.

Les formulaires de vote par correspondance reçus par la société comportent :

1° Les nom, prénom usuel et domicile de l'actionnaire ;

2° L'indication de la forme, nominative ou au porteur, sous laquelle sont détenus les titres et du nombre de ces derniers, ainsi qu'une mention constatant l'inscription des titres soit dans les comptes de titres nominatifs tenus par un intermédiaire mentionné à l'article L. 211-3 du Code monétaire et financier. L'attestation de participation prévue à l'article R. 225-85 est annexée au formulaire ;

3° La signature, le cas échéant électronique, de l'actionnaire ou de son représentant légal ou judiciaire. Lorsque la société décide, conformément aux statuts, de permettre la participation des actionnaires aux assemblées générales par des moyens de communication électronique, cette signature électronique peut résulter d'un procédé fiable d'identification de l'actionnaire, garantissant son lien avec le formulaire de vote à distance auquel elle s'attache.

Le formulaire de vote par correspondance adressé à la société par une assemblée vaut pour les assemblées successives convoquées avec le même ordre du jour.

Art. R. 225-78. – Si la société utilise le document unique prévu au troisième alinéa de l'article R. 225-76, ce document comporte, outre les mentions prévues aux articles R. 225-76 et R. 225-77 et aux 5° et 6° de l'article R. 225-81, les indications suivantes :

1° Qu'il peut être utilisé pour chaque résolution soit pour un vote par correspondance, soit pour un vote par procuration ;

2° Qu'il peut être donné procuration pour voter au nom du signataire à un mandataire désigné dans les conditions de l'article L. 225-106 dont les dispositions sont reproduites sur ce document ;

3° Que, si des résolutions nouvelles étaient présentées à l'assemblée, le signataire a la faculté soit d'exprimer dans ce document sa volonté de s'abstenir, soit de donner mandat au président de l'assemblée générale ou à un mandataire désigné dans les conditions de l'article L. 225-106.

Art. R. 225-79 *(Mod., D. n° 2010-684, 23 juin 2010 ; D. n° 2011-1473, 9 nov. 2011).* – La procuration donnée par un actionnaire pour se faire représenter à une assemblée est signée par celui-ci, le cas échéant par un procédé de signature électronique, et indique ses nom, prénom usuel et domicile. Elle peut désigner nommément un mandataire, qui n'a pas la faculté de se substituer une autre personne.

Pour l'application du premier alinéa, lorsque la société décide, conformément aux statuts, de permettre la participation des actionnaires aux assemblées générales par des moyens de communication électronique, la signature de l'actionnaire ou de son représentant légal ou judiciaire peut résulter d'un procédé fiable d'identification de l'actionnaire, garantissant son lien avec le formulaire de vote à distance auquel elle s'attache.

Le mandat est donné pour une seule assemblée. Il peut cependant être donné pour deux assemblées, l'une ordinaire, l'autre extraordinaire, tenues le même jour ou dans un délai de quinze jours.

Le mandat donné pour une assemblée vaut pour les assemblées successives convoquées avec le même ordre du jour.

Il est révocable dans les mêmes formes que celles requises pour la désignation du mandataire.

Les sociétés dont les actions sont admises aux négociations sur un marché réglementé permettent la notification de la désignation et de la révocation du mandataire par voie électronique.

Art. R. 225-80. – Les instructions données par la voie électronique dans les conditions définies à l'article R. 225-61 comportant procuration ou pouvoir peuvent valablement parvenir à la société jusqu'à 15 heures, heure de Paris, la veille de la réunion de l'assemblée générale. Dès la réception par la société de ces instructions, celles-ci sont irrévocables, hors le cas des cessions de titres qui font l'objet de la notification prévue au IV de l'article R. 225-85.

Art. R. 225-81 *(Mod., D. n° 2010-1619, 23 déc. 2010 ; D. n° 2011-1473, 9 nov. 2011).* – Sont joints à toute formule de procuration adressée aux actionnaires par la société ou par le mandataire qu'elle a désigné à cet effet, le cas échéant par voie électronique dans les conditions définies à l'article R. 225-61 :

1° L'ordre du jour de l'assemblée ;

2° Le texte des projets de résolution présentés par le conseil d'administration ou le directoire, selon le cas, ainsi que le texte des projets de résolution présentés par des actionnaires et les points ajoutés le cas échéant à l'ordre du jour à leur demande dans les conditions prévues aux articles R. 225-71 à R. 225-74 ;

3° Un exposé sommaire de la situation de la société pendant l'exercice écoulé *(Mots suppr., D. n° 2014-1063, 18 sept. 2014)* « ... » ;

4° Une formule de demande d'envoi des documents et renseignements mentionnés à l'article R. 225-83, informant l'actionnaire qu'il peut demander à bénéficier des dispositions du troisième alinéa de l'article R. 225-88 ;

5° Un formulaire de vote par correspondance comportant le rappel des dispositions de l'article L. 225-107 ;

6° Le rappel de manière très apparente des dispositions des articles L. 225-106 à L. 225-106-3 ;

7° L'indication que l'actionnaire, à défaut d'assister personnellement à l'assemblée, peut choisir entre l'une des trois formules suivantes :

a) Donner une procuration dans les conditions de l'article L. 225-106 ;

b) Voter par correspondance ;

c) Adresser une procuration à la société sans indication de mandat ;

8° L'indication qu'en aucun cas l'actionnaire ne peut retourner à la société à la fois la formule de procuration et le formulaire de vote par correspondance.

En cas de retour de la formule de procuration et du formulaire de vote par correspondance en violation des dispositions du 8° du présent article, la formule de procuration est prise en considération, sous réserve des votes exprimés dans le formulaire de vote par correspondance.

Art. R. 225-82. – Les formulaires de procuration et de vote à distance transmis par voie électronique dans les conditions définies à l'article R. 225-61 respectent les règles fixées aux articles R. 225-76 à R. 225-81 et R. 225-95 pour les formulaires de procuration et de vote par correspondance.

Art. R. 225-82-1 *(D. n° 2010-1619, 23 déc. 2010).* – Pour l'application de l'article L. 225-106-1, l'information incombant au mandataire est délivrée par celui-ci à l'actionnaire par lettre recommandée avec demande d'avis de réception ou, si le mandataire a préalablement recueilli l'accord de l'actionnaire, par un moyen de communication électronique.

Art. R. 225-82-2 *(D. n° 2010-1619, 23 déc. 2010).* – La notification mentionnée au neuvième alinéa de l'article L. 225-106-1 est effectuée par le mandataire à la société par lettre recommandée avec demande d'avis de réception ou par un moyen de communication électronique.

Art. R. 225-82-3 *(D. n° 2010-1619, 23 déc. 2010).* – I. – Toute personne qui procède à une sollicitation active de mandats au sens de l'article L. 225-106-2 publie sur son site internet un document intitulé « politique de vote », régulièrement mis à jour. Ce document peut en outre être consulté à l'adresse du domicile ou du siège social qu'il mentionne.

II. – Il contient :

1° Pour une personne physique, ses nom, prénom, date et lieu de naissance, domicile ;

2° Pour une personne morale, sa forme juridique, sa raison ou dénomination sociale, le montant de son capital social, l'adresse de son siège social, son objet, ainsi que les organes chargés d'instruire et d'analyser les résolutions soumises et ceux chargés de décider des votes qui seront émis.

III. – Ce document décrit les principes auxquels le mandataire entend se référer à l'occasion de l'exercice des droits de vote correspondant à des procurations reçues sans instructions de vote.

Il présente la politique de vote de l'intéressé par rubrique correspondant aux différents types de résolutions soumises aux assemblées.

Les rubriques portent au moins sur :

1° Les décisions entraînant une modification des statuts ;

2° L'approbation des comptes et du résultat ;

3° La nomination et la révocation des organes sociaux ;

4° Les conventions mentionnées aux articles L. 225-38 et L. 225-40 à L. 225-42 et aux articles L. 225-86 et L. 225-88 à L. 225-90 ;

5° Les programmes d'émission et de rachat des titres de capital ;

6° La désignation des commissaires aux comptes.

Ce document décrit en outre les procédures destinées à déceler, prévenir et régler les conflits d'intérêts susceptibles d'affecter le libre exercice par l'intéressé des droits de vote.

IV. – La publicité des intentions de vote mentionnée au quatrième alinéa de l'article L. 225-106-2 est assurée sur le site internet de la personne qui procède à la sollicitation active de mandats.

Art. R. 225-83. – La société adresse aux actionnaires ou met à leur disposition, dans les conditions prévues aux articles R. 225-88 et R. 225-89, les renseignements suivants contenus dans un ou plusieurs documents :

1° Les nom et prénom usuel, soit des administrateurs et directeurs généraux, soit des membres du conseil de surveillance et du directoire, ainsi que, le cas échéant, l'indication des autres sociétés dans lesquelles ces personnes exercent des fonctions de gestion, de direction, d'administration ou de surveillance ;

2° Le texte des projets de résolution présentés par le conseil d'administration ou le directoire, selon le cas ;

3° Le cas échéant, le texte et l'exposé des motifs des projets de résolution présentés par des actionnaires *(Mots aj., D. n° 2010-1619, 23 déc. 2010)* « ainsi que la liste des points ajoutés à l'ordre du jour à leur demande » ;

4° Le rapport du conseil d'administration ou du directoire, selon le cas, qui sera présenté à l'assemblée ainsi que, le cas échéant, les observations du conseil de surveillance ;

5° Lorsque l'ordre du jour comporte la nomination d'administrateurs ou de membres du conseil de surveillance :

a) Les nom, prénom usuel et âge des candidats, leurs références professionnelles et leurs activités professionnelles au cours des cinq dernières années, notamment les fonctions qu'ils exercent ou ont exercées dans d'autres sociétés ;

b) Les emplois ou fonctions occupés dans la société par les candidats et le nombre d'actions de la société dont ils sont titulaires ou porteurs ;

6° *(Mod., D. n° 2014-1063, 18 sept. 2014)* S'il s'agit de l'assemblée générale ordinaire prévue à l'article L. 225-100 :

a) Les comptes annuels, les comptes consolidés, le rapport sur la gestion du groupe, un tableau des affectations de résultat précisant notamment l'origine des sommes dont la distribution est proposée ;

b) Les rapports des commissaires aux comptes prévus au troisième alinéa des articles L. 225-40 et L. 225-88 et aux articles L. 232-3, L. 234-1 et R. 823-7 ;

c) Les observations du conseil de surveillance, s'il y a lieu.

7° S'il s'agit d'une assemblée générale ordinaire prévue à l'article L. 225-101, le rapport des commissaires mentionnés audit article ;

8° S'il s'agit d'une assemblée générale extraordinaire ou d'une assemblée spéciale prévue à l'article L. 225-99, le rapport des commissaires aux comptes, qui sera, le cas échéant, présenté à l'assemblée.

Art. R. 225-84 *(Mod., D. n° 2009-295, 16 mars 2009).* – Les questions écrites mentionnées au troisième alinéa de l'article L. 225-108 sont envoyées, au siège social par lettre recommandée avec demande d'avis de réception adressée au président du conseil d'administration ou du directoire ou par voie de télécommunication électronique à l'adresse indiquée dans la convocation, au plus tard le quatrième jour ouvré précédant la date de l'assemblée générale.

Elles sont accompagnées d'une attestation d'inscription soit dans les comptes de titres nominatifs tenus par un intermédiaire mentionné à l'article L. 211-3 du Code monétaire et financier.

Art. R. 225-85 *(Mod., D. n° 2009-295, 16 mars 2009 ; D. n° 2014-1466, 8 déc. 2014).* – I. – Il est justifié du droit de participer aux assemblées générales des sociétés dont les titres sont admis aux négociations sur un marché réglementé ou aux opérations d'un dépositaire central par l'inscription en compte des titres au nom de l'actionnaire ou de l'intermédiaire inscrit pour son compte en application du septième alinéa de l'article L. 228-1, au deuxième jour ouvré précédant l'assemblée à zéro heure, heure de Paris, soit dans les comptes de titres nominatifs tenus par la société, soit dans les comptes de titres au porteur tenus par un intermédiaire mentionné à l'article L. 211-3 du Code monétaire et financier.

II. – L'inscription des titres dans les comptes de titres au porteur tenus par un intermédiaire mentionné à l'article L. 211-3 du Code monétaire et financier est constatée par une attestation de participation délivrée par ce dernier, le cas échéant par voie électronique dans les conditions prévues à l'article R. 225-61, en annexe au formulaire de vote à distance ou de procuration ou à la demande de carte d'admission établis au nom de l'actionnaire ou pour le compte de l'actionnaire représenté par l'intermédiaire inscrit. Une attestation est également délivrée à l'actionnaire souhaitant participer physiquement à l'assemblée et qui n'a pas reçu sa carte d'admission le deuxième jour ouvré précédant l'assemblée à zéro heure, heure de Paris.

III. – Lorsque l'actionnaire a déjà exprimé son vote à distance, envoyé un pouvoir ou demandé sa carte d'admission ou une attestation de participation dans les conditions prévues à la dernière phrase du II, il ne peut plus choisir un autre mode de participation à l'assemblée, sauf disposition contraire des statuts.

IV. – L'actionnaire qui a déjà exprimé son vote à distance, envoyé un pouvoir ou demandé sa carte d'admission ou une attestation de participation dans les conditions prévues à la dernière phrase du II peut à tout moment céder tout ou partie de ses actions.

Cependant, si le transfert de propriété intervient avant le deuxième jour ouvré précédant l'assemblée à zéro heure, heure de Paris, la société invalide ou modifie en conséquence, selon le cas, le vote exprimé à distance, le pouvoir, la carte d'admission ou l'attestation de participation. À cette fin, l'intermédiaire mentionné à l'article L. 211-3 du Code monétaire et financier notifie la cession à la société ou à son mandataire et lui transmet les informations nécessaires.

Aucun transfert de propriété réalisé après le deuxième jour ouvré précédant l'assemblée à zéro heure, heure de Paris, quel que soit le moyen utilisé, n'est notifié par l'intermédiaire mentionné à l'article L. 211-3 du Code monétaire et financier ou prise en considération par la société, nonobstant toute convention contraire.

Art. R. 225-86 *(Anc. D. n° 2014-1466, 8 déc. 2014 ; mod., D. n° 2018-1226, 24 déc. 2018).* – Il est justifié du droit de participer aux assemblées générales des sociétés dont les titres ne sont admis ni aux négociations sur une plate-forme de négociation ni aux opérations d'un dépositaire central par l'inscription des titres au nom de l'actionnaire, au jour de l'assemblée générale, dans les comptes de titres nominatifs tenus par la société ou dans un dispositif d'enregistrement électronique partagé. La société peut cependant, par une disposition spéciale de ses statuts, décider qu'il sera justifié du droit de participer aux assemblées par l'inscription des titres dans les mêmes comptes ou dans un dispositif d'enregistrement électronique partagé au deuxième jour ouvré précédant l'assemblée à zéro heure, heure de Paris.

L'actionnaire qui a déjà exprimé son vote à distance ou envoyé un pouvoir peut à tout moment céder tout ou partie de ses actions. En cas de transfert de propriété intervenant avant le jour de la séance ou la date fixée par les statuts en application de la dernière phrase du premier alinéa, et sauf dispositions statutaires particulières, la société invalide ou modifie en conséquence, avant l'ouverture de la séance de l'assemblée, le vote exprimé à distance ou le pouvoir de cet actionnaire.

Bibliographie : F. Barrière, *La dissociation du droit de vote et de la qualité d'actionnaire, confirmation d'une révolution juridique par la voie réglementaire : les records dates : BJS* 2007, p. 279 ; *L'incidence du nouveau régime de la record date sur le droit de vote des actionnaires : Rev. sociétés* 2015, p. 288.

Art. R. 225-87. – Le mandataire chargé de représenter les copropriétaires d'actions indivises dans les conditions prévues au deuxième alinéa de l'article L. 225-110 est désigné par ordonnance du président du tribunal de commerce, statuant en référé.

Art. R. 225-88 *(Mod., D. n° 2009-295, 16 mars 2009).* – À compter de la convocation de l'assemblée et jusqu'au cinquième jour inclusivement avant la réunion, tout actionnaire titulaire de titres nominatifs peut demander à la société de lui envoyer, à l'adresse indiquée, les documents et renseignements mentionnés aux articles R. 225-81 et R. 225-83. La société est tenue de procéder à cet envoi avant la réunion et à ses frais. Cet envoi peut être effectué par un moyen électronique de télécommunication mis en œuvre dans les conditions mentionnées à l'article R. 225-63, à l'adresse indiquée par l'actionnaire.

Le même droit est ouvert à tout actionnaire propriétaire de titres au porteur, qui justifie de cette qualité par la transmission d'une attestation d'inscription dans les comptes de titres au porteur tenus par un intermédiaire mentionné à l'article L. 211-13 du Code monétaire et financier.

Les actionnaires mentionnés au premier alinéa peuvent, par une demande unique, obtenir de la société l'envoi des documents et renseignements précités à l'occasion de chacune des assemblées d'actionnaires ultérieures.

Art. R. 225-89 *(Mod., D. n° 2007-1851, 26 déc. 2007 ; mod., D. n° 2011-1473, 9 nov. 2011).* – À compter de la convocation de l'assemblée générale ordinaire annuelle et au moins pendant le délai de quinze jours qui précède la date de la réunion, tout actionnaire a le droit de prendre connaissance, au siège social ou au lieu de la direction administrative, des documents et renseignements énumérés aux articles L. 225-115 et R. 225-83. Toutefois, il n'a le droit de prendre connaissance, aux mêmes lieux, du rapport des commissaires aux comptes, que pendant le même délai de quinze jours.

Il a également le droit, à compter de la convocation de l'assemblée générale extraordinaire ou de l'assemblée spéciale et au moins pendant le délai de quinze jours qui précède la date de la réunion, de prendre connaissance, aux mêmes lieux, du texte des résolutions présentées, du rapport du conseil d'administration ou du directoire, ainsi que, le cas échéant, du rapport des commissaires aux comptes.

Il peut aussi, à compter de la convocation de l'assemblée générale prévue à l'article L. 225-101, prendre connaissance dans les conditions prévues à l'alinéa précédent du texte des résolutions proposées, du rapport du conseil d'administration ou du directoire et du rapport des commissaires prévu à l'article L. 225-101.

Le droit de prendre connaissance emporte celui de prendre copie.

Art. R. 225-90. – En application des dispositions de l'article L. 225-116, l'actionnaire a le droit, pendant le délai de quinze jours qui précède la réunion de l'assemblée générale de prendre connaissance ou copie, aux lieux prévus à l'article R. 225-89, de la liste des actionnaires.

À cette fin, la liste des actionnaires est arrêtée par la société le seizième jour qui précède la réunion de l'assemblée. Elle contient les nom, prénom usuel et domicile de chaque titulaire d'actions nominatives. Le nombre d'actions dont chaque actionnaire est titulaire au porteur est en outre mentionné.

Injonction de faire. Voir sous C. com., art. L. 238-1, annot. n° 2, p. 563.

Art. R. 225-91. – L'actionnaire exerce les droits reconnus par les articles R. 225-89 et R. 225-90 par lui-même ou par le mandataire qu'il a désigné pour le représenter à l'assemblée.

Art. R. 225-92 *(Mod., D. n° 2011-1473, 9 nov. 2011).* – En application des dispositions de l'article L. 225-117, l'actionnaire a le droit de prendre connaissance par lui-même ou par mandataire, au siège social ou au lieu de la direction administrative, des documents mentionnés par cet article.

Le droit de prendre connaissance emporte celui de prendre copie.

Art. R. 225-93. – En application des dispositions du deuxième alinéa de l'article L. 225-51-1, l'actionnaire peut, par lui-même ou par mandataire, prendre connaissance, au siège social ou au lieu de la direction administrative, de l'extrait du procès-verbal contenant la décision du conseil d'administration relative au choix de l'une des deux modalités d'exercice de la direction générale.

Art. R. 225-94. – Tout actionnaire exerçant le droit d'obtenir communication de documents et renseignements auprès de la société peut se faire assister d'un expert inscrit sur une des listes établies par les cours et tribunaux.

Art. R. 225-95 *(Mod., D. n° 2011-1473, 9 nov. 2011 ; D. n° 2018-148, 28 févr. 2018)*. – La feuille de présence aux assemblées d'actionnaires contient les mentions suivantes :

1° Les nom, prénom usuel et domicile de chaque actionnaire présent ou réputé présent à raison de sa participation à l'assemblée selon les modalités prévues au II de l'article L. 225-107 ou à l'article L. 225-103-1, le nombre d'actions dont il est titulaire, ainsi que le nombre de voix attaché à ces actions ;

2° Les nom, prénom usuel et domicile de chaque actionnaire représenté, le nombre d'actions dont il est titulaire, ainsi que le nombre de voix attaché à ces actions ;

3° Les nom, prénom usuel et domicile de chaque mandataire, le nombre d'actions de ses mandants, ainsi que le nombre de voix attaché à ces actions ;

4° Les nom, prénom usuel et domicile de chaque actionnaire ayant adressé à la société un formulaire de vote par correspondance, ainsi que le nombre d'actions dont il est titulaire et le nombre de voix attaché à ces actions.

Le bureau de l'assemblée peut annexer à la feuille de présence, le cas échéant, sous format électronique ou numérisé la procuration ou le formulaire de vote par correspondance portant les nom, prénom usuel et domicile de chaque actionnaire mandant ou votant par correspondance, le nombre d'actions dont il est titulaire et le nombre de voix attaché à ces actions. Dans ce cas, le bureau de l'assemblée indique le nombre des pouvoirs et des formulaires de vote par correspondance annexés à cette feuille ainsi que le nombre des actions et des droits de vote correspondant aux procurations et aux formulaires. La feuille de présence, les pouvoirs et les formulaires de vote à distance sont consultables sous format papier, ou, le cas échéant, numérisé ou électronique.

La feuille de présence, dûment émargée par les actionnaires présents et les mandataires, est certifiée exacte par le bureau de l'assemblée.

Toutefois, lorsque l'assemblée se tient exclusivement par visioconférence ou par des moyens de télécommunication dans les conditions prévues à l'article L. 225-103-1, l'émargement par les actionnaires n'est pas requis.

Art. R. 225-96. – L'assemblée générale ne peut délibérer qu'après la fin de l'assemblée spéciale des titulaires d'actions à dividende prioritaire sans droit de vote prévue aux articles R. 228-40 à R. 228-48 lorsque celle-ci peut adopter un avis sur une résolution soumise à l'assemblée générale.

Art. R. 225-97 *(Mod., D. n° 2018-148, 28 févr. 2018)*. – Afin de garantir, en vue de l'application de l'article L. 225-103-1 et du II de l'article L. 225-107, l'identification et la participation effective à l'assemblée des actionnaires y participant par des moyens de visioconférence ou de télécommunication, ces moyens transmettent au moins la voix des participants et satisfont à des caractéristiques techniques permettant la retransmission continue et simultanée des délibérations.

Art. R. 225-98 *(Mod., D. n° 2009-234, 25 févr. 2009)*. – Les actionnaires exerçant leurs droits de vote en séance par voie électronique dans les conditions de l'article R. 225-61 ne peuvent accéder au site consacré à cet effet qu'après s'être identifiés au moyen d'un code fourni préalablement à la séance.

Art. R. 225-99 *(Mod., D. n° 2018-148, 28 févr. 2018)*. – Le procès-verbal des délibérations mentionné à l'article R. 225-106 fait état de la survenance éventuelle d'un incident technique relatif à la visioconférence ou à la télécommunication lorsqu'il a perturbé le déroulement de l'assemblée.

Art. R. 225-100. – Les assemblées d'actionnaires sont présidées par le président du conseil d'administration ou du conseil de surveillance, selon le cas, ou, en son absence, par la personne prévue par les statuts. À défaut, l'assemblée élit elle-même son président.

En cas de convocation par les commissaires aux comptes, par un mandataire de justice ou par les liquidateurs, l'assemblée est présidée par celui ou par l'un de ceux qui l'ont convoquée.

Art. R. 225-101. – **Sont scrutateurs de l'assemblée, les deux membres de l'assemblée disposant du plus grand nombre de voix et acceptant cette fonction.**

Le bureau de l'assemblée en désigne le secrétaire qui, sauf disposition contraire des statuts, peut être choisi en dehors des actionnaires.

Bibliographie : H. Hovasse, *Pouvoir du bureau de l'assemblée des actionnaires, franchissement de seuil et action de concert : Dr. sociétés* août-sept. 2007, repère p. 8. • J.-P. Valuet, *Le bureau de l'assemblée générale des actionnaires : Rev. sociétés* 2013, p. 543.

Pouvoir de police du bureau. Aucun texte n'attribue au bureau de l'assemblée le pouvoir de priver des actionnaires de leurs droits de vote au motif qu'ils n'auraient pas satisfait à l'obligation de notifier le franchissement d'un seuil de participation dès lors que l'existence de l'action de concert d'où résulterait cette obligation est contestée : ▪ Cass. com., 15 mai 2012, n°s 10-23.389 et 11-11.633, PB : *BJS* 2012, p. 557, note H. Le Nabasque ; *JCP* E 2012, 1453, note A. Couret et B. Dondero ; *Rev. sociétés* 2012, p. 514, note Y. Paclot, rejetant le pourvoi contre : ▪ CA Versailles, 10 juin 2010, n° 09/02107 : *Rev. sociétés* 2011, p. 106, note Y. Paclot. – V. dans le même sens : ▪ T. com. Nanterre, 6 mai 2008 : *D.* 2008, p. 1479 ; *JCP* E 2008, act. 260 ; *Rev. sociétés* 2008, p. 842, note Y. Paclot ; confirmé par ▪ CA Versailles, 28 oct. 2010, n° 09/08083 : *BJS* 2011, p. 197, note D. Schmidt ; *Dr. sociétés* 2011, n° 95, obs. R. Mortier. – Néanmoins, le bureau a un pouvoir de police de l'assemblée et, notamment, le pouvoir et le devoir de contrôler l'exercice des droits de vote, ce qui l'autorise notamment, le bureau agissant comme un premier juge de l'évidence, à écarter du vote, en cas d'indices graves, précis et concordants, ceux des associés qui n'ont pas respecté les dispositions relatives au franchissement de seuil et à l'action de concert *[C. com., art. L. 233-7]* : ▪ CA Versailles, 27 juin 2007, n° 07-04540 : *BJS* 2007, p. 1192, note M. Storck. – Même solution lorsque le dépassement de seuil est avéré, reconnu ou patent, étant précisé que le bureau de l'assemblée générale n'a pas le pouvoir de priver un actionnaire de ses droits de vote lorsque l'obligation de déclaration de franchissement de seuil est contestée ou litigieuse : ▪ CA Paris, 2 oct. 2012, n° 10/22201 : *JCP* E 2012, 1778, note Ph. Brunswick et A. Pottier. – *Adde* J.-P. Valuet, *Le bureau de l'assemblée générale des actionnaires : Rev. sociétés* 2012, p. 543.

Art. R. 225-102 *(Mod., D. n° 2017-1174, 18 juill. 2017).* – **Au rapport de gestion mentionné au deuxième alinéa de l'article L. 225-100 est obligatoirement joint un tableau, dont un modèle figure en annexe 2-2 au présent livre, faisant apparaître les résultats de la société au cours de chacun des cinq derniers exercices ou de chacun des exercices clos depuis la constitution de la société ou l'absorption par celle-ci d'une autre société, s'ils sont inférieurs à cinq.**

Art. R. 225-103. – **Les commissaires mentionnés à l'article L. 225-101 sont désignés et accomplissent leur mission dans les conditions prévues à l'article R. 225-7.**

Le rapport décrit les biens à acquérir, indique les critères retenus pour la fixation du prix et apprécie la pertinence de ces critères.

Art. R. 225-104 *(Rempl., D. n° 2012-557, 24 avr. 2012 ; mod., D. n° 2017-1265, 9 août 2017).* – **Les seuils prévus aux deuxième et troisième alinéas du I de l'article L. 225-102-1, évalués à la date de clôture de l'exercice, sont fixés :**

1° Pour les sociétés mentionnées au 1° du I de l'article L. 225-102-1, à 20 millions d'euros pour le total du bilan, à 40 millions d'euros pour le montant net du chiffre d'affaires et à 500 pour le nombre moyen de salariés permanents employés au cours de l'exercice ;

2° Pour les sociétés mentionnées au 2° du I de l'article L. 225-102-1, à 100 millions d'euros pour le total du bilan, à 100 millions d'euros pour le montant net du chiffre d'affaires et à 500 pour le nombre moyen de salariés permanents employés au cours de l'exercice.

Pour l'application du 6° de l'article L. 225-37-4, les sociétés concernées sont celles qui dépassent deux des trois seuils suivants : un total de bilan de 20 millions d'euros, un chiffre d'affaires net de 40 millions d'euros, un nombre moyen de salariés permanents de 250.

Le total du bilan, le montant net du chiffre d'affaires et le nombre moyen de salariés permanents employés au cours de l'exercice sont déterminés conformément aux quatrième, cinquième et sixième alinéas de l'article R. 123-200.

Bibliographie : B. François, *Reporting RSE : commentaire du décret n° 2012-557 du 24 avril 2012 : Rev. sociétés* 2012, p. 607. • C. Malecki, *Le décret du 24 avril 2012 relatif aux obligations de transparence des entreprises en matière sociale et environnementale : BJS* 2012, p. 590. • F. Verdun et S. Verniole Davet, *Obligations de transparence des entreprises en matière sociale et environnementale : JCP* E 2012, 1394.

Art. D. 225-104-1 *(D. n° 2016-182, 23 févr. 2016 ; mod., D. n° 2017-1174, 18 juill. 2017).* – I. – L'information donnée par la société sur les engagements de retraite, autres que les régimes de retraite de base et les régimes de retraites complémentaires obligatoires, ou autres avantages viagers pris par la société au bénéfice de ses mandataires sociaux en application de la deuxième phrase du troisième alinéa de l'article L. 225-37-3 précise pour chaque mandataire social les éléments constitutifs essentiels de ceux-ci, en particulier :

1° Pour ce qui concerne les engagements de retraites et assimilés, et tout autre avantage versé au titre de la cessation de fonctions en tout ou partie sous forme de rente, lorsque ces engagements sont à la charge de la société :

a) L'intitulé de l'engagement considéré ;

b) La référence aux dispositions légales permettant d'identifier la catégorie de régime correspondant ;

c) Les conditions d'entrée dans le régime et les autres conditions pour pouvoir en bénéficier ;

d) Les modalités de détermination de la rémunération de référence fixée par le régime concerné et servant à calculer les droits des bénéficiaires ;

e) Le rythme d'acquisition des droits ;

f) L'existence éventuelle d'un plafond, son montant ou les modalités de détermination de celui-ci ;

g) Les modalités de financement des droits ;

h) Le montant estimatif de la rente à la date de clôture de l'exercice ;

i) Les charges fiscales et sociales associées à la charge de la société ;

2° Pour ce qui concerne les autres avantages viagers :

a) L'intitulé de l'avantage viager considéré ;

b) Le montant estimatif de l'avantage viager, évalué sur une base annuelle à la date de clôture ;

c) Les modalités de financement de l'avantage viager ;

d) Les charges fiscales et sociales associées à la charge de la société.

II. – Le montant estimatif de la rente à la date de clôture mentionné au *h* du 1° du I du présent article est établi selon les modalités suivantes :

– la rente est estimée sur une base annuelle ;

– elle prend en compte l'ancienneté acquise par le mandataire dans ses fonctions à la date de clôture de l'exercice ;

– le cas échéant, elle est assise sur la base des rémunérations telles qu'elles ont été constatées au cours du ou des derniers exercices ;

– elle est calculée, indépendamment des conditions de réalisation de l'engagement, comme si le mandataire social pouvait en bénéficier à compter du lendemain de la clôture de l'exercice ;

– l'estimation de la rente distingue, le cas échéant, la part de celle-ci accordée dans le cadre d'un régime mentionné à l'article L. 137-11 du Code de la sécurité sociale de celle versée dans le cadre d'un autre régime mis en place par la société.

Art. R. 225-105 *(Rempl., D. n° 2012-557, 24 avr. 2012 ; mod., D. n° 2017-1265, 9 août 2017).* – I. – La déclaration de performance extra-financière mentionnée au I de l'article L. 225-102-1 et la déclaration consolidée de performance extra-financière mentionnée au II du même article présentent le modèle d'affaires de la société ou, le cas échéant, de l'ensemble de sociétés pour lesquelles la société établit des comptes consolidés.

Elles présentent en outre, pour chaque catégorie d'information mentionnée au III du même article :

1° Une description des principaux risques liés à l'activité de la société ou de l'ensemble de sociétés y compris, lorsque cela s'avère pertinent et proportionné, les risques créés par ses relations d'affaires, ses produits ou ses services ;

2° Une description des politiques appliquées par la société ou l'ensemble de sociétés incluant, le cas échéant, les procédures de diligence raisonnable mises en œuvre pour prévenir, identifier et atténuer la survenance des risques mentionnés au 1° ;

3° Les résultats de ces politiques, incluant des indicateurs clés de performance.

Lorsque la société n'applique pas de politique en ce qui concerne un ou plusieurs de ces risques, la déclaration comprend une explication claire et motivée des raisons le justifiant.

II. – La déclaration contient, lorsqu'elles sont pertinentes au regard des principaux risques ou des politiques mentionnées au I du présent article :

A. – Pour toutes les sociétés mentionnées au I de l'article L. 225-102-1, les informations suivantes :

1° Informations sociales :

***a)* Emploi :**

– l'effectif total et la répartition des salariés par sexe, par âge et par zone géographique ;

– les embauches et les licenciements ;

– les rémunérations et leur évolution ;

***b)* Organisation du travail :**

– l'organisation du temps de travail ;

– l'absentéisme ;

***c)* Santé et sécurité :**

– les conditions de santé et de sécurité au travail ;

– les accidents du travail, notamment leur fréquence et leur gravité, ainsi que les maladies professionnelles ;

***d)* Relations sociales :**

– l'organisation du dialogue social, notamment les procédures d'information et de consultation du personnel et de négociation avec celui-ci ;

– le bilan des accords collectifs, notamment en matière de santé et de sécurité au travail ;

***e)* Formation :**

– les politiques mises en œuvre en matière de formation, notamment en matière de protection de l'environnement ;

– le nombre total d'heures de formation ;

***f)* Égalité de traitement :**

– les mesures prises en faveur de l'égalité entre les femmes et les hommes ;

– les mesures prises en faveur de l'emploi et de l'insertion des personnes handicapées ;

– la politique de lutte contre les discriminations ;

2° Informations environnementales :

***a)* Politique générale en matière environnementale :**

– l'organisation de la société pour prendre en compte les questions environnementales et, le cas échéant, les démarches d'évaluation ou de certification en matière d'environnement ;

– les moyens consacrés à la prévention des risques environnementaux et des pollutions ;

– le montant des provisions et garanties pour risques en matière d'environnement, sous réserve que cette information ne soit pas de nature à causer un préjudice sérieux à la société dans un litige en cours ;

***b)* Pollution :**

– les mesures de prévention, de réduction ou de réparation de rejets dans l'air, l'eau et le sol affectant gravement l'environnement ;

– la prise en compte de toute forme de pollution spécifique à une activité, notamment les nuisances sonores et lumineuses ;

***c)* Économie circulaire :**

i) Prévention et gestion des déchets :

– les mesures de prévention, de recyclage, de réutilisation, d'autres formes de valorisation et d'élimination des déchets ;

– les actions de lutte contre le gaspillage alimentaire ;

ii) Utilisation durable des ressources :

– la consommation d'eau et l'approvisionnement en eau en fonction des contraintes locales ;

– la consommation de matières premières et les mesures prises pour améliorer l'efficacité dans leur utilisation ;

– la consommation d'énergie, les mesures prises pour améliorer l'efficacité énergétique et le recours aux énergies renouvelables ;

– l'utilisation des sols ;

***d)* Changement climatique :**

– les postes significatifs d'émissions de gaz à effet de serre générés du fait de l'activité de la société, notamment par l'usage des biens et services qu'elle produit ;

– les mesures prises pour l'adaptation aux conséquences du changement climatique ;

– les objectifs de réduction fixés volontairement à moyen et long terme pour réduire les émissions de gaz à effet de serre et les moyens mis en œuvre à cet effet ;

e) Protection de la biodiversité : les mesures prises pour préserver ou restaurer la biodiversité ;

3° Informations sociétales :

a) Engagements sociétaux en faveur du développement durable :

– l'impact de l'activité de la société en matière d'emploi et de développement local ;

– l'impact de l'activité de la société sur les populations riveraines ou locales ;

– les relations entretenues avec les parties prenantes de la société et les modalités du dialogue avec celles-ci ;

– les actions de partenariat ou de mécénat ;

b) Sous-traitance et fournisseurs :

– la prise en compte dans la politique d'achat des enjeux sociaux et environnementaux ;

– la prise en compte dans les relations avec les fournisseurs et les sous-traitants de leur responsabilité sociale et environnementale ;

c) Loyauté des pratiques : les mesures prises en faveur de la santé et de la sécurité des consommateurs ;

B. – Pour les sociétés mentionnées au 1° du I de l'article L. 225-102-1, les informations complémentaires suivantes :

1° Informations relatives à la lutte contre la corruption : les actions engagées pour prévenir la corruption ;

2° Informations relatives aux actions en faveur des droits de l'homme :

a) Promotion et respect des stipulations des conventions fondamentales de l'Organisation internationale du travail relatives :

– au respect de la liberté d'association et du droit de négociation collective ;

– à l'élimination des discriminations en matière d'emploi et de profession ;

– à l'élimination du travail forcé ou obligatoire ;

– à l'abolition effective du travail des enfants ;

b) Autres actions engagées en faveur des droits de l'homme.

Art. R. 225-105-1 *(D. n° 2012-557, 24 avr. 2012 ; D. n° 2016-1138, 19 août 2016 ; D. n° 2017-1265, 9 août 2017).* – I. – Les déclarations mentionnées au I et II de l'article L. 225-102-1 présentent les données observées au cours de l'exercice clos et, le cas échéant, au cours de l'exercice précédent, de façon à permettre une comparaison entre ces données. Elles comprennent, le cas échéant, des renvois aux montants indiqués dans les documents mentionnés à l'article R. 232-1 du présent code.

II. – Lorsqu'une société se conforme volontairement à un référentiel national ou international pour s'acquitter de ses obligations au titre du présent article, elle le mentionne en indiquant les préconisations de ce référentiel qui ont été retenues et les modalités de consultation de ce dernier.

III. – Sans préjudice des obligations de publicité applicables au rapport prévu à l'article L. 225-100, ces déclarations sont mises à la libre disposition du public et rendues aisément accessibles sur le site internet de la société dans un délai de huit mois à compter de la clôture de l'exercice et pendant une durée de cinq années.

Art. R. 225-105-2 *(D. n° 2012-557, 24 avr. 2012 ; D. n° 2016-1026, 26 juill. 2016 ; D. n° 2017-1265, 9 août 2017).* – I. – L'organisme tiers indépendant mentionné au V de l'article L. 225-102-1 est désigné, selon le cas, par le directeur général ou le président du directoire, pour une durée qui ne peut excéder six exercices, parmi les organismes accrédités à cet effet par le Comité français d'accréditation (COFRAC) ou par tout autre organisme d'accréditation signataire de l'accord de reconnaissance multilatéral établi par la coordination européenne des organismes d'accréditation.

L'organisme tiers indépendant est soumis aux incompatibilités prévues à l'article L. 822-11-3.

II. – Lorsque les informations sont publiées par les sociétés dont les seuils dépassent 100 millions d'euros pour le total du bilan ou 100 millions d'euros pour le montant net du chiffre d'affaires et 500 pour le nombre moyen de salariés permanents employés au cours de l'exercice, le rapport de l'organisme tiers indépendant comprend :

a) Un avis motivé sur la conformité de la déclaration aux dispositions prévues au I et au II de l'article R. 225-105, ainsi que sur la sincérité des informations fournies en application du 3° du I et du II de l'article R. 225-105 ;

b) Les diligences qu'il a mises en œuvre pour conduire sa mission de vérification.

III. – Un arrêté conjoint du garde des sceaux, ministre de la Justice, et des ministres chargés de l'écologie, de l'économie et du travail précise les modalités dans lesquelles l'organisme tiers indépendant conduit sa mission.

IV. – Lorsqu'une société se conforme volontairement au règlement (CE) n° 1221/2009 du Parlement européen et du Conseil du 25 novembre 2009 concernant la participation volontaire des organisations à un système communautaire de management environnemental et d'audit (EMAS), la déclaration signée par le vérificateur environnemental conformément aux dispositions des 8 et 9 de l'article 25 de ce règlement, annexée au rapport de gestion, vaut avis de l'organisme tiers indépendant sur les informations environnementales.

Les informations qui ne sont pas vérifiées par le vérificateur environnemental mentionné à l'alinéa précédent demeurent soumises à la vérification de l'organisme tiers indépendant selon les modalités définies aux I, II, III et IV.

Code de commerce

Art. A. 225-2 *(A. 13 juin 2013 ; mod., A. 14 sept. 2018)*. – Pour délivrer l'attestation mentionnée au *a* du II de l'article R. 225-105-2, l'organisme tiers indépendant prend connaissance des informations mentionnées au I de l'article R. 225-105. Le cas échéant, il signale les informations manquantes ainsi que les informations mentionnées aux 2° et 3° du I de l'article R. 225-105 qui ont été omises sans que soient fournies les explications prévues au sixième alinéa du I de ce même article.

Pour donner son avis sur les explications relatives à l'absence de certaines informations en application du sixième alinéa de l'article R. 225-105, l'organisme tiers indépendant prend en considération, le cas échéant, les bonnes pratiques professionnelles pouvant être formalisées dans un référentiel sectoriel.

Art. R. 225-105-3 *(D. n° 2015-1380, 29 oct. 2015)*. **– I. – Les seuils prévus au premier alinéa du I de l'article L. 225-102-3 sont fixés à 20 millions d'euros pour le total de bilan, à 40 millions d'euros pour le chiffre d'affaires net et à 250 pour le nombre moyen de salariés employés au cours de l'exercice.**

II. – Les sociétés mentionnées au I de l'article L. 225-102-3 mettent gratuitement le rapport sur les paiements à disposition du public sur leur site internet dans un délai de huit mois à compter de la clôture de l'exercice et pendant une durée de cinq années.

Art. R. 225-106. – *(Mod., D. n° 2018-148, 28 févr. 2018)*. **– Le procès-verbal des délibérations de l'assemblée indique la date et le lieu de réunion, le mode de convocation, l'ordre du jour, la composition du bureau, le nombre d'actions participant au vote et le quorum atteint, les documents et rapports soumis à l'assemblée, un résumé des débats, le texte des résolutions mises aux voix et le résultat des votes. Il est signé par les membres du bureau. En cas d'application de l'article L. 225-103-1, il peut être signé par signature électronique au moyen d'un procédé fiable d'identification de chacun de ses membres.**

Le procès-verbal mentionne, le cas échéant, que l'assemblée s'est tenue par recours exclusif à la visioconférence ou à des moyens de télécommunication dans les conditions prévues par l'article L. 225-103-1.

Les procès-verbaux sont établis sur un registre spécial tenu au siège social, dans les conditions prévues aux articles R. 225-22 et R. 225-49.

La rédaction d'un projet de procès-verbal non conforme à la réalité n'est pas constitutive d'un faux en écritures de commerce, de même que l'inexactitude contenue dans le procès-verbal d'une assemblée établie par un salarié de la société : ■ T. corr. Paris, 19 sept. 1989 : *JCP* E 1990, 15677, n° 15, obs. A. Viandier et J.-J. Caussain.

Art. R. 225-106-1 *(D. n° 2010-684, 23 juin 2010)*. **– Les sociétés dont les actions sont admises aux négociations sur un marché réglementé publient sur le site internet prévu à l'article R. 210-20, dans les quinze jours suivant la réunion de l'assemblée, un résultat des votes comprenant au moins les indications suivantes :**

1° Le nombre d'actionnaires présents ou représentés à l'assemblée ;

2° Le nombre de voix des actionnaires présents ou représentés à l'assemblée ;

3° Pour chaque résolution, le nombre total de voix exprimées en détaillant le nombre d'actions et la proportion du capital social qu'elles représentent, le nombre et le pourcentage de voix favorables à la résolution ainsi que le nombre et le pourcentage de voix défavorables à la résolution, y compris les abstentions.

Art. R. 225-107. **– Si, à défaut du quorum requis, une assemblée ne peut délibérer régulièrement, il en est dressé procès-verbal par le bureau de cette assemblée.**

Art. R. 225-108. – Les copies ou extraits de procès-verbaux des assemblées d'actionnaires sont certifiés, soit par le président du conseil d'administration ou par un administrateur exerçant les fonctions de directeur général, soit, le cas échéant, par le président ou le vice-président du conseil de surveillance ou par un membre du directoire. Ils peuvent également être certifiés par le secrétaire de l'assemblée.

En cas de liquidation de la société, ils sont certifiés par un seul liquidateur.

Art. R. 225-109. – Toute personne a le droit, à toute époque, d'obtenir, au siège social, la délivrance d'une copie certifiée conforme des statuts en vigueur au jour de la demande.

La société annexe à ce document la liste, comportant leur nom et prénom usuel, des administrateurs ou des membres du conseil de surveillance et du directoire, selon le cas, ainsi que des commissaires aux comptes en exercice.

Elle ne peut, pour cette délivrance, exiger le paiement d'une somme supérieure à 0,30 €.

Art. R. 225-110. – Les personnes mentionnées à l'article L. 225-109 sont tenues, dans le délai d'un mois à compter de la date à laquelle elles acquièrent la qualité au titre de laquelle elles sont soumises à l'obligation prévue à cet article, de faire mettre sous la forme nominative ou de déposer dans les conditions fixées par l'article R. 225-112 les actions visées à l'article L. 225-109 dont elles sont propriétaires ou qui appartiennent à leurs enfants mineurs non émancipés.

Art. R. 225-111. – Les personnes mentionnées à l'article L. 225-109 sont tenues, lorsqu'elles acquièrent des actions visées à cet article, de faire mettre ces actions sous la forme nominative, ou de les déposer dans les conditions fixées par l'article R. 225-112 dans le délai de vingt jours à compter de l'entrée en possession des titres.

Art. R. 225-112 *(Mod., D. n° 2009-295, 16 mars 2009).* – Le dépôt prévu à l'article L. 225-109 est fait auprès d'un intermédiaire mentionné à l'article L. 211-13 du Code monétaire et financier.

Section IV. – Des modifications du capital social et de l'actionnariat des salariés

Sous-section 1. – De l'augmentation du capital

Art. R. 225-113. – Le conseil d'administration ou le directoire donne, dans le rapport prévu à l'article L. 225-129, toutes indications utiles sur les motifs de l'augmentation du capital proposée ainsi que sur la marche des affaires sociales depuis le début de l'exercice en cours et, si l'assemblée générale ordinaire appelée à statuer sur les comptes n'a pas encore été tenue, pendant l'exercice précédent. Le cas échéant, le conseil d'administration ou le directoire indique le montant maximal de l'augmentation de capital.

Art. R. 225-114. – Le rapport du conseil d'administration ou du directoire prévu à l'article L. 225-135 indique le montant maximal et les motifs de l'augmentation de capital proposée, ainsi que les motifs de la proposition de suppression du droit préférentiel de souscription.

Il indique en outre :

1° Dans les cas prévus à l'article L. 225-136 et au II de l'article L. 225-138, les modalités de placement des nouveaux titres de capital ou des nouvelles valeurs mobilières donnant accès au capital et, avec leur justification, le prix d'émission ou les modalités de sa détermination ;

2° Dans le cas prévu au I de l'article L. 225-138, le nom des attributaires des nouveaux titres de capital ou des nouvelles valeurs mobilières donnant accès au capital, ou les caractéristiques des catégories de personnes concernées, et le nombre de titres attribués à chaque personne ou catégorie de personnes ou les modalités d'attribution des titres.

Le commissaire aux comptes donne son avis dans les cas prévus au 1° selon les modalités prévues au deuxième alinéa de l'article R. 225-115.

Art. R. 225-115. – Lorsque l'assemblée fixe elle-même toutes les modalités de l'augmentation de capital avec suppression du droit préférentiel de souscription, le rapport mentionné à l'article R. 225-114 indique également l'incidence de l'émission proposée sur la situation des titulaires de titres de capital et de valeurs mobilières donnant accès au capital, en particulier en ce qui concerne leur quote-part des capitaux propres à la clôture du dernier exercice. Si la clôture est antérieure de plus de six mois à l'opération envisagée, cette incidence est appréciée au vu d'une situation financière intermédiaire établie selon les mêmes méthodes et suivant la même présentation que le dernier bilan annuel. Dans les sociétés dont les titres sont admis aux négociations sur un marché réglementé, est en outre indiquée l'incidence théorique sur la valeur boursière actuelle de l'action telle qu'elle résulte de la moyenne des vingt séances de bourse précédentes. Ces informations sont également données en tenant compte de l'ensemble des titres émis susceptibles de donner accès au capital.

Le commissaire aux comptes donne son avis sur la proposition de suppression du droit préférentiel, sur le choix des éléments de calcul du prix d'émission et sur son montant, ainsi que sur l'incidence de l'émission sur la situation des titulaires de titres de capital et de valeurs mobilières donnant accès au capital appréciée par rapport aux capitaux propres et, le cas échéant, sur la valeur boursière de l'action. Il vérifie et certifie la sincérité des informations tirées des comptes de la société sur lesquelles il donne cet avis.

Art. R. 225-116. – Lorsque l'assemblée générale a délégué ses pouvoirs ou sa compétence dans les conditions prévues aux articles L. 225-129-1, L. 225-129-2, et L. 225-136 ou aux I et II de l'article L. 225-138, le conseil d'administration, ou le directoire, établit, au moment où il est fait usage de l'autorisation, un rapport complémentaire décrivant les conditions définitives de l'opération établies conformément à l'autorisation donnée par l'assemblée. Le rapport comporte, en outre, les informations prévues à l'article R. 225-115.

Le commissaire aux comptes vérifie notamment la conformité des modalités de l'opération au regard de l'autorisation donnée par l'assemblée et des indications fournies à celle-ci. Il donne également son avis sur le choix des éléments de calcul du prix d'émission et sur son montant définitif, ainsi que sur l'incidence de l'émission sur la situation des titulaires de titres de capital ou de valeurs mobilières donnant accès au capital telle que définie au deuxième alinéa de l'article R. 225-115.

Ces rapports complémentaires sont immédiatement mis à la disposition des actionnaires au siège social, au plus tard dans les quinze jours suivant la réunion du conseil d'administration ou du directoire, et portés à leur connaissance à la plus prochaine assemblée générale.

Art. R. 225-117. – Qu'il soit demandé ou non aux actionnaires et aux porteurs de certificats d'investissement de renoncer à leur droit préférentiel de souscription, le contenu des rapports du conseil d'administration ou du directoire et des commissaires aux comptes à l'assemblée générale appelée à autoriser une émission de valeurs mobilières mentionnées aux articles L. 228-91 et L. 228-93 est régi par les articles R. 225-113 et R. 225-114 ainsi que, selon les cas, par les articles R. 225-115 ou R. 225-116.

Sont en outre indiquées les caractéristiques des valeurs mobilières donnant droit à l'attribution de titres de créances ou donnant accès au capital, les modalités d'attribution des titres de créances ou de capital auxquels ces valeurs mobilières donnent droit, ainsi que les dates auxquelles peuvent être exercés les droits d'attribution. *(Mots suppr., D. n° 2015-545, 18 mai 2015)* « ... ».

Lorsque l'augmentation de capital a lieu avec maintien du droit préférentiel de souscription, le commissaire aux comptes donne son avis sur l'émission proposée et sur le choix des éléments de calcul du prix d'émission et son montant.

Art. R. 225-117-1 *(Créé à compter du 1er octobre 2016, D. n° 2015-545, 18 mai 2015)*. – Pour l'application du troisième alinéa de l'article L. 225-132, lorsque le droit préférentiel de souscription est détaché d'actions négociables, il est lui-même négociable à partir du deuxième jour ouvré avant l'ouverture de la période de souscription ou, si ce jour n'est pas un jour de négociation, le jour de négociation qui le précède, et jusqu'au deuxième jour ouvré avant la fin de la période de souscription ou, si ce jour n'est pas un jour de négociation, jusqu'au jour de négociation qui le précède.

Art. R. 225-118. – Pour l'application de l'article L. 225-135-1, l'assemblée peut prévoir que le nombre de titres pourra être augmenté dans les trente jours de la clôture de la souscription dans la limite de 15 % de l'émission initiale et au même prix que celui retenu pour l'émission initiale.

Art. R. 225-119. – Pour l'application du premier alinéa du 1° de l'article L. 225-136, le prix est au moins égal à la moyenne pondérée des cours des trois dernières séances de bourse précédant sa fixation, éventuellement diminuée d'une décote maximale de 5 %.

Art. R. 225-120 *(Mod., D. n° 2009-557, 19 mai 2009)*. – **Lorsqu'une émission d'actions nouvelles ou de valeurs mobilières donnant accès au capital est susceptible d'entraîner une augmentation de capital, les actionnaires sont informés de cette émission et de ses modalités par un avis contenant notamment les indications suivantes :**

1° La dénomination sociale, suivie le cas échéant de son sigle ;

2° La forme de la société ;

3° Le montant du capital social ;

4° L'adresse du siège social ;

5° Les mentions prévues aux 1° et 2° de l'article R. 123-237 ;

6° Le montant de l'augmentation du capital et, le cas échéant, le montant supplémentaire de l'augmentation de capital sur le fondement de l'article L. 225-135-1 ;

7° Les dates d'ouverture et de clôture de la souscription ;

8° L'existence, au profit des actionnaires, du droit préférentiel de souscription des nouvelles actions ou valeurs mobilières donnant accès au capital *(Mots rempl. à compter du 1er octobre 2016, D. n° 2015-545, 18 mai 2015)* **« , les conditions d'exercice de ce droit, ainsi que ses modalités de négociation lorsqu'il est détaché d'actions négociables » ;**

9° La valeur nominale des actions ou valeurs mobilières donnant accès au capital à souscrire en numéraire, que cette valeur figure ou non dans les statuts, et, le cas échéant, le montant de la prime d'émission ;

10° La somme immédiatement exigible par action ou valeur mobilière donnant accès au capital souscrite ;

11° Le nom ou la dénomination sociale, l'adresse de la résidence ou du siège social du dépositaire ;

12° Le cas échéant, la description sommaire, l'évaluation et le mode de rémunération des apports en nature compris dans l'augmentation de capital avec l'indication du caractère provisoire de cette évaluation et de ce mode de rémunération ;

13° L'indication que si les actions non souscrites représentent plus de 3 % de l'augmentation de capital, la souscription sera soit ouverte au public, soit limitée au montant des souscriptions reçues.

En cas d'émission de valeurs mobilières donnant accès au capital susceptible d'entraîner une augmentation de capital, l'avis mentionne également les principales caractéristiques des valeurs mobilières, notamment les modalités d'attribution des titres de capital auxquels elles donnent droit, ainsi que les dates auxquelles les droits d'attribution peuvent être exercés.

Les indications prévues au présent article sont portées à la connaissance des actionnaires par lettre recommandée avec demande d'avis de réception quatorze jours au moins avant la date prévue de clôture de la souscription.

Si toutes les actions ne revêtent pas la forme nominative ou si elles sont admises aux négociations sur un marché réglementé, l'avis contenant ces indications est inséré, dans le même délai, dans une notice publiée au *Bulletin des annonces légales obligatoires*.

Toutefois, si cette société procède à l'émission mentionnée au premier alinéa par une offre au public au sens de l'article L. 411-1 du Code monétaire et financier, elle rend publiques ces indications au moins quatorze jours avant la clôture de la souscription selon les modalités prévues par l'article L. 412-1 du même code et est dispensée des formalités prévues aux alinéas précédents.

Voir : Sanctions pénales, C. com., art. R. 247-2, p. 704.

Le défaut de communication aux actionnaires des éléments énumérés par le texte ne peut être sanctionné par l'annulation des émissions de valeurs mobilières donnant accès au capital qu'à la condition que soit rapportée la preuve d'un grief par celui-ci qui s'en prévaut : ■ CA Paris, 10 nov. 2015, n° 14/23492 : *Dr. sociétés* 2016, n° 80, obs. M. Roussille.

Art. R. 225-121. – **Lorsque l'assemblée générale a supprimé le droit préférentiel de souscription des actionnaires, les dispositions de l'article R. 225-120 ne sont pas applicables.**

Art. R. 225-122 *(Mod., D. n° 2009-295, 16 mars 2009)*. – **L'actionnaire qui renonce à titre individuel à son droit préférentiel de souscription en avise la société par lettre recommandée.**

Dans les sociétés dont les actions sont admises aux négociations sur un marché réglementé, la renonciation ne peut être faite au profit de bénéficiaires dénommés.

La renonciation sans indication de bénéficiaire est accompagnée pour les actions au porteur des coupons correspondants ou d'une attestation du dépositaire des titres ou de l'intermédiaire prévu par l'article R. 211-4 du Code monétaire et financier constatant la renonciation de l'actionnaire.

La renonciation faite au profit de bénéficiaires dénommés est accompagnée de l'acceptation de ces derniers.

Pour l'application des dispositions des articles L. 225-133 et L. 225-134, il est tenu compte pour le calcul du nombre d'actions non souscrites de celles qui correspondent aux droits préférentiels auxquels les actionnaires ont renoncé à titre individuel sans indication du nom des bénéficiaires. Toutefois, lorsque cette renonciation a été notifiée à la société au plus tard à la date de la décision de réalisation de l'augmentation de capital, les actions correspondantes sont mises à la disposition des autres actionnaires pour l'exercice de leur droit préférentiel de souscription.

Art. R. 225-123. – Le nu-propriétaire d'actions est réputé, à l'égard de l'usufruitier, avoir négligé d'exercer le droit préférentiel de souscription aux actions nouvelles émises par la société lorsqu'il n'a ni souscrit d'actions nouvelles ni vendu les droits de souscription, huit jours avant l'expiration du délai de souscription accordé aux actionnaires.

Il est réputé, à l'égard de l'usufruitier, avoir négligé d'exercer le droit à l'attribution d'actions gratuites lorsqu'il n'a pas demandé cette attribution ni vendu les droits, trois mois après le début des opérations d'attribution.

Art. R. 225-124. – La notice prévue au dernier alinéa de l'article R. 225-120 contient les indications suivantes :

1° L'objet social, indiqué sommairement ;

2° La date d'expiration normale de la société ;

3° Les catégories d'actions émises et leurs caractéristiques ;

4° Les avantages particuliers stipulés par les statuts au profit de toute personne ;

5° Les conditions d'admission aux assemblées d'actionnaires et d'exercice du droit de vote ainsi que, le cas échéant, les dispositions relatives à l'attribution du droit de vote double ;

6° Le cas échéant, les clauses statutaires restreignant la libre cession des actions ;

7° Les dispositions relatives à la répartition des bénéfices, à la constitution des réserves et à la répartition du boni de liquidation ;

8° Le cas échéant, le montant des obligations convertibles en actions antérieurement émises, les délais d'exercice de l'option accordée aux porteurs ou l'indication que la conversion peut avoir lieu à tout moment et les bases de la conversion ;

9° Le montant non amorti des autres obligations antérieurement émises et les garanties dont elles sont assorties ;

10° Le montant, lors de l'émission, des emprunts obligataires garantis par la société ainsi que, le cas échéant, la fraction garantie de ces emprunts.

La notice est revêtue de la signature sociale.

Art. R. 225-125. – Une copie du dernier bilan, certifiée conforme par le représentant légal de la société, est publiée en annexe à la notice prévue à l'article R. 225-124.

Si le dernier bilan a déjà été publié au *Bulletin des annonces légales obligatoires*, la copie de ce bilan peut être remplacée par l'indication de la référence de la publication antérieure.

Si aucun bilan n'a encore été établi, la notice en fait mention.

Art. R. 225-126 *(Mod., D. n° 2008-258, 13 mars 2008)*. – Les documents informant le public de l'émission d'actions reproduisent les énonciations de la notice prévue à l'article R. 225-124 et contiennent la mention de l'insertion de cette notice au *Bulletin des annonces légales obligatoires* avec référence au numéro dans lequel elle a été publiée.

Les annonces dans les journaux reproduisent les mêmes énonciations ou au moins un extrait de ces énonciations avec référence à la notice et indication du numéro du *Bulletin des annonces légales obligatoires* dans lequel elle a été publiée.

Art. R. 225-127. – Les formalités prévues par les articles R. 225-120, R. 225-124 et R. 225-125 en cas d'augmentation du capital par émission d'actions nouvelles à souscrire en numéraire sont accomplies par le mandataire du conseil d'administration ou du directoire, selon le cas.

Art. R. 225-128. – Le bulletin de souscription est daté et signé par le souscripteur ou son mandataire qui écrit en toutes lettres le nombre de titres souscrits. Une copie de ce bulletin établie sur papier libre lui est remise.

Le bulletin de souscription comporte :

1° La dénomination sociale, suivie le cas échéant de son sigle ;

2° La forme de la société ;

3° Le montant du capital social ;

4° L'adresse du siège social ;

5° Les mentions prévues aux 1° et 2° de l'article R. 123-237 ;

6° Le montant et les modalités de l'augmentation du capital ;

7° Le cas échéant, le montant à souscrire en actions de numéraire et le montant libéré par les apports en nature ;

8° Le nom ou la désignation sociale et l'adresse de la personne qui reçoit les fonds ;

9° Les nom, prénom usuel et domicile du souscripteur et le nombre des titres souscrits par lui ;

10° La mention de la remise au souscripteur d'une copie du bulletin de souscription.

Art. R. 225-129. – Les fonds provenant des souscriptions en numéraire sont déposés dans les conditions prévues à l'article R. 225-6.

Art. R. 225-130 *(Rempl., D. n° 2015-545, 18 mai 2015)*. – La vente prévue à l'article L. 225-130 des titres de capital qui n'ont pu être attribués individuellement et correspondant aux droits formant rompus ainsi que la répartition des sommes provenant de cette vente aux titulaires des droits interviennent dans un délai de trente jours à compter de la plus tardive des dates d'inscription, au compte des titulaires des droits, du nombre entier de titres de capital attribués.

Lorsque la vente porte sur des titres de capital admis aux négociations sur un marché réglementé ou aux opérations d'un dépositaire central, elle est réalisée suivant les modalités prévues, selon le cas, au deuxième, au troisième ou au quatrième alinéa de l'article R. 228-12.

Art. R. 225-131. – La durée minimale du délai de priorité de souscription prévu à l'article L. 225-135 est de trois jours de bourse.

Art. R. 225-132. – Le président du directoire ou le directeur général peut procéder aux opérations prévues au dernier alinéa de l'article L. 225-149 et au dernier alinéa *(Mots aj., D. n° 2015-545, 18 mai 2015)* « du I » de l'article L. 228-12 au plus tard dans le mois qui suit la clôture de l'exercice.

Art. R. 225-133 *(Mod., D. n° 2009-557, 19 mai 2009)*. – La durée maximale de suspension de la possibilité d'obtenir des titres de capital par l'exercice de droits attachés aux valeurs mobilières donnant accès au capital, prévue pour l'application de l'article L. 225-149-1, est de trois mois.

Les indications contenues dans l'avis par lequel le conseil d'administration, ou le directoire, suspend la possibilité d'obtenir des titres de capital sont portées à la connaissance des titulaires de valeurs mobilières donnant accès au capital par lettre recommandée avec demande d'avis de réception, sept jours au moins avant la date d'entrée en vigueur de la suspension. Si les valeurs mobilières de la société donnant accès au capital sont admises aux négociations sur un marché réglementé ou si toutes ses valeurs mobilières donnant accès au capital ne revêtent pas la forme nominative, l'avis contenant ces indications est inséré, dans le même délai, dans une notice publiée au *Bulletin des annonces légales obligatoires*.

Cet avis mentionne :

1° La dénomination sociale et, le cas échéant, le sigle de la société ;

2° La forme de la société ;

3° Le montant du capital social ;

4° L'adresse du siège social ;

5° Les mentions prévues aux 1° et 2° de l'article R. 123-237 ;

6° Les dates d'entrée en vigueur et de cessation de la suspension.

Art. R. 225-134. – En cas de libération d'actions par compensation de créances sur la société, ces créances font l'objet d'un arrêté de compte établi par le conseil d'administration ou le directoire et certifié exact par le commissaire aux comptes.

Art. R. 225-135. – L'augmentation de capital par émission d'actions à souscrire en numéraire est réalisée, selon le cas, à la date du certificat du dépositaire ou à la date de la signature du contrat de garantie conclu dans les conditions prévues à l'article L. 225-145.

Art. R. 225-136. – En cas d'apports en nature ou de stipulation d'avantages particuliers, les commissaires aux apports sont désignés et accomplissent leur mission dans les conditions prévues à l'article R. 225-7. Les dispositions de l'article R. 225-8 sont applicables en cas d'apports en nature.

En cas d'émission d'actions de préférence au profit d'actionnaires désignés, les commissaires aux apports mentionnés à l'article L. 228-15 sont désignés et accomplissent leur mission dans les conditions prévues aux deuxième et troisième alinéas de l'article R. 225-7.

En cas de stipulation d'avantages particuliers ou d'émission d'actions de préférence donnant lieu à l'application de l'article L. 228-15, le rapport décrit et apprécie chacun des avantages particuliers ou des droits particuliers attachés aux actions de préférence. S'il y a lieu, il indique, pour ces droits particuliers, quel mode d'évaluation a été retenu et pourquoi il a été retenu, et justifie que la valeur des droits particuliers correspond au moins à la valeur nominale des actions de préférence à émettre augmentée éventuellement de la prime d'émission.

Le rapport des commissaires aux apports est tenu, au siège social, à la disposition des actionnaires, huit jours au moins avant la date de l'assemblée générale extraordinaire ou avant la date de la réunion du conseil d'administration ou du directoire, en cas de délégation conformément au sixième alinéa de l'article L. 225-147. Dans ce cas, le rapport est porté à la connaissance des actionnaires à la prochaine assemblée générale.

En cas d'émission d'actions de préférence donnant lieu à l'application de l'article L. 228-15, ce délai peut être réduit si tous les actionnaires y consentent, par écrit, préalablement à la désignation du commissaire aux apports.

Art. R. 225-136-1 *(D. n° 2014-1063, 18 sept. 2014)*. – Pour l'application du I de l'article L. 225-147-1, la décision du conseil d'administration ou du directoire de ne pas recourir à la désignation d'un commissaire aux apports ainsi que tout document relatif à la description et à l'évaluation des apports, dont une attestation précisant qu'aucune circonstance nouvelle n'est venue modifier cette évaluation, sont tenus, à l'adresse du siège social et au greffe du tribunal de commerce dans le ressort duquel est situé ce siège, à la disposition des actionnaires, huit jours au moins avant la date de l'assemblée générale extraordinaire ou de la réunion du conseil d'administration ou du directoire en cas de délégation conformément au sixième alinéa de l'article L. 225-147. Dans ce cas, ces documents sont portés à la connaissance des actionnaires à la prochaine assemblée générale.

Sous-section 2. – De la souscription et de l'achat d'actions par les salariés

Art. R. 225-137. – Pour l'application, conformément à l'article L. 225-181, des dispositions du 3° de l'article L. 228-99 en vue de la protection des intérêts des bénéficiaires d'options de souscription ou d'achat d'actions, l'article R. 228-91 est applicable, sous réserve des dispositions de la présente sous-section.

Art. R. 225-138 *(Mod., D. n° 2007-750, 9 mai 2007)*. – Lorsqu'il existe des options de souscription ou d'achat d'actions, la société qui procède à l'achat de ses actions admises aux négociations sur un marché réglementé procède, lorsque le prix d'acquisition est supérieur au cours de bourse, à un ajustement du nombre d'actions que ces titres permettent d'obtenir.

Cet ajustement garantit, au centième d'action près, que la valeur des actions qui sont obtenues en cas de levée d'option après la réalisation de l'opération est identique à la valeur de celles qui auraient été obtenues en cas de levée d'option avant cette opération.

À cet effet, les nouveaux droits de souscription ou d'achat d'actions sont calculés en tenant compte du rapport entre, d'une part, le produit du pourcentage du capital racheté par la différence entre le prix de rachat et une moyenne pondérée des cours des trois dernières séances de bourse au moins qui précèdent le rachat ou la faculté de rachat et, d'autre part, cette moyenne. Les éventuels ajustements successifs sont effectués à partir de la parité qui précède immédiatement, arrondie comme il est dit à l'alinéa précédent.

Le conseil d'administration ou le directoire rend compte des éléments de calcul et des résultats de l'ajustement dans le rapport annuel suivant.

Art. R. 225-139. – Sans préjudice des dispositions du premier alinéa de l'article R. 228-91, lorsqu'une société procède à une augmentation de capital par incorporation de réserves, bénéfices ou primes d'émission et distribution d'actions gratuites, le prix de souscription ou d'achat des actions sous option, tel qu'il était fixé avant cette opération, est ajusté en faisant le produit de ce prix par le rapport entre le nombre des actions anciennes et le nombre total des actions anciennes et nouvelles ; pour l'établissement de ce rapport, il est tenu compte, le cas échéant, de l'existence de plusieurs catégories d'actions anciennes et nouvelles.

Art. R. 225-140. – Dans tous les cas mentionnés aux articles R. 225-138, R. 225-139 et R. 228-91, il est procédé à un ajustement du nombre des actions sous option, de telle sorte que le total des prix de souscription ou d'achat reste constant. Toutefois le nombre ajusté est arrondi à l'unité supérieure.

Art. R. 225-141. – L'ajustement du prix de souscription ne peut jamais avoir pour effet de ramener ce prix au-dessous du montant du nominal de l'action.

Art. R. 225-142. – Dans le cas d'une réduction du capital motivée par des pertes, le prix de souscription ou d'achat des actions sous option, fixé avant cette opération, est ajusté en faisant le produit de ce prix par le rapport entre le nombre des actions anciennes et le nombre des actions subsistant après réduction ; pour l'établissement de ce rapport il est tenu compte, le cas échéant, de l'existence de plusieurs catégories d'actions anciennes ou nouvelles.

Il est procédé à un ajustement du nombre des actions offertes de telle sorte que le total des prix de souscription ou d'achat reste constant. Toutefois, le nombre ajusté est arrondi à l'unité supérieure.

Dans le cas d'une réduction du capital sans modification du nombre d'actions, il n'y a pas lieu à ajustement.

Art. R. 225-143. – Sans préjudice de l'incidence des ajustements prévus aux articles R. 225-137 à R. 225-142, le montant total des options ouvertes et non encore levées ne peut donner droit à souscrire un nombre d'actions excédant le tiers du capital social.

Art. R. 225-144. – Le conseil d'administration ou le directoire, selon le cas, indique dans le rapport prévu à l'article L. 225-177 les motifs de l'ouverture des options de souscription ou d'achat d'actions ainsi que les modalités proposées pour la fixation du prix de souscription ou d'achat. Les noms des bénéficiaires éventuels des options et le nombre des titres sur lesquels portent ces options peuvent ne pas être précisés.

Les commissaires aux comptes, dans le rapport prévu au même article, donnent leur avis sur les modalités proposées pour la fixation du prix de souscription ou d'achat.

Art. R. 225-145. – Les augmentations du capital rendues nécessaires par les levées d'options de souscription d'actions sont réalisées sans publication de l'avis prévu à l'article R. 225-120 et de la notice prévue à l'article R. 225-124 et sans que les mentions prévues aux 6° et 7° de l'article R. 225-128 figurent sur les bulletins de souscription. Les articles R. 225-129 à R. 225-135 ne sont pas applicables.

Les modifications statutaires apportées en application de l'article L. 225-178 sont publiées dans le délai d'un mois dans les conditions prévues à l'article R. 210-9. Dans le même délai, la modification statutaire est déclarée au greffe du tribunal de commerce et publiée conformément à l'article R. 123-99.

Sous-section 3. – De l'amortissement du capital

Art. R. 225-146. – Les sommes prélevées sur les profits sociaux en application du deuxième alinéa de l'article L. 225-200 sont inscrites à un compte de réserve.

Il en est de même des sommes versées par les actionnaires en application de l'article L. 225-201.

Lorsque les actions sont inégalement amorties, il est ouvert un compte de réserve pour chacune des catégories d'actions également amorties.

Art. R. 225-147. – Lorsque le montant d'un compte de réserve prévu au premier alinéa de l'article R. 225-146 est égal au montant amorti des actions ou de la catégorie d'actions correspondante, la conversion des actions amorties en actions de capital est réalisée et les statuts de la société sont modifiés conformément aux dispositions de l'article L. 225-203.

Art. R. 225-148. – Lorsque la conversion des actions amorties en actions de capital a été réalisée dans les conditions prévues à l'article L. 225-201, il est procédé, au plus tard lors de la clôture de chaque exercice, à la modification des statuts correspondant aux conversions d'actions réalisées au cours de cet exercice.

Art. R. 225-149. – Les actions intégralement ou partiellement amorties dont la conversion en actions de capital a été décidée ont droit, pour chaque exercice, et jusqu'à réalisation de cette conversion, au premier dividende ou à l'intérêt en tenant lieu calculé sur le montant, à la clôture de l'exercice précédent, du compte de réserve prévu au premier alinéa de l'article R. 225-146.

En outre, les actions partiellement amorties continuent à bénéficier du premier dividende ou de l'intérêt en tenant lieu calculé sur le montant non amorti de ces actions.

Sous-section 4. – De la réduction du capital

Art. R. 225-150. – Quinze jours au moins avant la réunion de l'assemblée générale appelée à statuer sur l'opération envisagée en application des articles L. 225-204 ou L. 225-209, la société adresse aux actionnaires ou met à leur disposition dans les conditions prévues aux articles R. 225-88 et R. 225-89 le rapport des commissaires aux comptes sur cette opération.

Art. R. 225-151. – Pour la détermination du plafond prévu à l'article L. 225-209, l'assemblée générale fixe le nombre maximal de titres qui pourront être acquis ainsi que le montant maximal de l'opération.

Art. R. 225-152. – Pour l'application du premier alinéa de l'article L. 225-205, le délai d'opposition des créanciers à la réduction du capital est de vingt jours à compter de la date du dépôt au greffe du procès-verbal de délibération de l'assemblée générale qui a décidé ou autorisé la réduction.

L'opposition est portée devant le tribunal de commerce.

Art. R. 225-153 *(Mod., D. n° 2009-557, 19 mai 2009).* – Lorsque la société a décidé de procéder à l'achat de ses propres actions en vue de les annuler et de réduire son capital à due concurrence, elle fait cette offre d'achat à tous les actionnaires.

À cette fin, un avis d'achat est inséré dans un journal habilité à recevoir les annonces légales dans le département du siège social et, en outre, si les actions de la société sont admises aux négociations sur un marché réglementé ou si toutes ses actions ne revêtent pas la forme nominative, au *Bulletin des annonces légales obligatoires*.

Toutefois, si toutes les actions de la société sont nominatives, les insertions prévues à l'alinéa précédent peuvent être remplacées par un avis adressé, par lettre recommandée et aux frais de la société, à chaque actionnaire.

Art. R. 225-154. – L'avis prévu à l'article R. 225-153 indique la dénomination sociale et la forme de la société, l'adresse du siège social, le montant du capital social, le nombre d'actions dont l'achat est envisagé, le prix offert par action, le mode de paiement, le délai pendant lequel l'offre sera maintenue et le lieu où elle peut être acceptée.

Le délai prévu à l'alinéa précédent ne peut être inférieur à vingt jours.

Art. R. 225-155. – Si les actions présentées à l'achat excèdent le nombre d'actions à acheter, il est procédé, pour chaque actionnaire vendeur, à une réduction proportionnelle au nombre d'actions dont il justifie être propriétaire ou titulaire.

Si les actions présentées à l'achat n'atteignent pas le nombre d'actions à acheter, le capital social est réduit à due concurrence des actions achetées. Toutefois, le conseil d'administration ou le directoire, selon le cas, peut décider de renouveler l'opération, dans les conditions prévues aux articles R. 225-153 et R. 225-154, jusqu'à complet achat du nombre d'actions initialement fixé sous réserve d'y procéder dans le délai indiqué par la délibération de l'assemblée générale ayant autorisé la réduction du capital.

Art. R. 225-156. – Les dispositions des articles R. 225-153 à R. 225-155 ne sont pas applicables lorsque l'assemblée générale, pour faciliter une augmentation du capital, une émission de valeurs mobilières donnant accès au capital, une fusion ou une scission, a autorisé le conseil d'administration ou le directoire, selon le cas, à acheter un petit nombre d'actions en vue de les annuler.

L'achat réalisé dans les conditions prévues à l'alinéa précédent ne peut porter, au cours d'un même exercice, que sur un nombre d'actions représentant au plus 0,25 % du montant du capital social.

Les commissaires aux comptes donnent, dans leur rapport sur l'opération projetée, leur avis sur l'opportunité et les modalités de l'achat d'actions envisagé.

Art. R. 225-157. – Les dispositions des articles R. 225-153 à R. 225-155 ne sont pas applicables aux opérations réalisées en application de l'article L. 225-209.

Art. R. 225-158 *(Mod., D. n° 2009-295, 16 mars 2009)*. – Les actions achetées, en vue d'une réduction du capital social, par la société qui les a émises sont annulées, s'il s'agit de titres au nominatif, par apposition d'une mention sur le registre des actions nominatives de la société.

Lorsque les actions sont inscrites en compte conformément aux dispositions des articles R. 211-1 et suivants du Code monétaire et financier, l'annulation des actions est constatée par un virement à un compte d'ordre ouvert au nom de la société, soit chez elle, soit chez un intermédiaire mentionné à l'article L. 211-3 du même code.

Lorsque la réduction de capital est effectuée selon les modalités prévues à l'article L. 225-207, les actions achetées par la société qui les a émises sont annulées un mois au plus tard après l'expiration du délai fixé à l'article R. 225-154 ou après l'achat réalisé dans les conditions prévues à l'article R. 225-156.

Sous-section 5. – De la souscription, de l'achat ou de la prise en gage par les sociétés de leurs propres actions

Art. R. 225-159. – Le registre des achats tenu en application de l'article L. 225-211 pour relater les opérations effectuées en application de l'article L. 225-208 indique dans l'ordre des négociations réalisées :

1° La date de chaque opération ;

2° Le cours d'achat *(Mots aj., D. n° 2014-543, 26 mai 2014)* « ou, à défaut, le prix unitaire d'achat » ;

3° Le nombre des actions achetées à chaque cours ;

4° Le coût total de l'achat, incluant le montant des frais.

Il indique également le nombre des actions détenues à la fin de chaque exercice et leur coût global ainsi que le nombre des actions attribuées aux salariés et la date de chaque attribution.

Art. R. 225-160 *(Mod., D. n° 2007-750, 9 mai 2007 ; D. n° 2014-543, 26 mai 2014)*. – Le registre des achats et des ventes tenu en application de l'article L. 225-211 pour relater les opérations effectuées en application des articles L. 225-209 et L. 225-209-2 indique séparément les opérations d'achat et les opérations de vente.

Pour chacune de ces opérations, le registre indique, dans l'ordre des négociations réalisées :

1° La date de l'opération ;

2° Le cours d'achat ou de vente ou, à défaut, le prix unitaire d'achat ;

3° Le nombre des actions achetées ou vendues à chaque cours ;

4° Le coût total de l'achat, incluant le montant des frais, ou le produit net de la vente ;

5° Le nombre total des actions achetées et leur coût global ;

6° Le nom du prestataire de services d'investissements ayant exécuté l'ordre d'achat ou de vente ou le nom de l'établissement de crédit ou de l'établissement financier ayant transmis l'ordre ;

7° Le cas échéant, le nom de la personne ayant agi en son nom mais pour le compte de la société.

Le nombre et le coût total de l'achat des actions vendues sont déduits, au moins chaque semestre, du nombre des actions achetées et de leur coût global.

Art. R. 225-160-1 *(D. n° 2014-543, 26 mai 2014 ; D. n° 2016-1026, 26 juill. 2016)*. – L'expert mentionné à l'article L. 225-209-2 est désigné à l'unanimité des actionnaires ou, à défaut, par le président du tribunal de commerce statuant sur requête à la demande des dirigeants sociaux.

Il est choisi parmi les commissaires aux comptes inscrits sur la liste prévue au I de l'article L. 822-1 ou parmi les experts inscrits sur les listes établies par les cours et tribunaux.

Il ne doit pas présenter avec la société des liens portant atteinte à son indépendance au sens de l'article L. 822-11-3.

Art. R. 225-160-2 *(D. n° 2014-543, 26 mai 2014)*. – Le rapport de l'expert mentionne les actions faisant l'objet de l'offre de rachat en application du huitième alinéa de l'article L. 225-209-2.

Il indique les modalités d'évaluation adoptées pour déterminer la valeur minimale et la valeur maximale du prix de rachat de ces actions et les motifs pour lesquels elles ont été retenues.

Art. R. 225-160-3 *(D. n° 2014-543, 26 mai 2014)*. – Le rapport de l'expert est déposé au siège social quinze jours au moins avant la date de l'assemblée générale appelée à se prononcer sur le rachat.

Il est tenu à la disposition des actionnaires et des commissaires aux comptes qui peuvent en prendre connaissance ou obtenir la délivrance d'une copie intégrale ou partielle.

Art. R. 225-160-4 *(D. n° 2015-545, 18 mai 2015)*. – I. – Le registre des achats et des ventes prévu à l'article L. 225-211 pour relater les opérations effectuées en application du II de l'article L. 228-12 et du I de l'article L. 228-12-1 est tenu dans les conditions et suivant les modalités fixées aux articles *(Réf. rempl., D. n° 2015-606, 3 juin 2015)* « R. 225-15 à R. 225-34-1 et R. 225-35 à R. 225-60 ».

II. – Le registre des achats et des ventes prévu à l'article L. 225-211 pour relater les opérations effectuées en application du III de l'article L. 228-12 et du II de l'article L. 228-12-1 indique séparément les opérations d'achat et les opérations de vente.

Pour chacune de ces opérations, le registre indique, dans l'ordre des négociations réalisées :

1° La date de l'opération ;

2° Le cours d'achat ou de vente ou, à défaut, le prix unitaire d'achat ;

3° Le nombre des actions achetées ou vendues à chaque cours ou, à défaut, à chaque prix ;

4° Le coût total de l'achat, incluant le montant des frais, ou le produit net de la vente ;

5° Le nombre total des actions achetées et leur coût global ;

6° Le cas échéant, le nom du prestataire de services d'investissements ayant exécuté l'ordre d'achat ou de vente ou le nom de l'établissement de crédit ou de l'établissement financier ayant transmis l'ordre ;

7° Le cas échéant, le nom de la personne ayant agi en son nom mais pour le compte de la société ;

8° Le montant du bénéfice distribuable au sens de l'article L. 232-11 ou du produit de la nouvelle émission de titres de capital effectuée en vue de ce rachat ;

9° La valeur de la réserve visée au troisième alinéa de l'article L. 225-210 ;

10° Le cas échéant, le montant de la prime mentionnée au 3° du III de l'article L. 228-12 ainsi que le montant des sommes distribuables ou de la réserve sur lesquelles cette prime est prélevée.

Le nombre et le coût total de l'achat des actions vendues sont déduits, au moins chaque semestre, du nombre des actions achetées et de leur coût global.

Section V. – Du contrôle des sociétés anonymes

Art. R. 225-161. – Les commissaires aux comptes établissent et déposent au siège social le rapport spécial prévu au troisième alinéa des articles L. 225-40 et L. 225-88 quinze jours au moins avant la réunion de l'assemblée générale ordinaire.

Art. R. 225-162. – Le commissaire aux comptes ne peut convoquer l'assemblée des actionnaires qu'après avoir vainement requis sa convocation du conseil d'administration ou du directoire, selon le cas, par lettre recommandée avec demande d'avis de réception.

Lorsqu'il procède à cette convocation, il fixe l'ordre du jour et peut, pour des motifs déterminants, choisir un lieu de réunion autre que celui éventuellement prévu par les statuts, mais situé dans le même département. Il expose les motifs de la convocation dans un rapport lu à l'assemblée.

En cas de pluralité de commissaire aux comptes, ils agissent d'accord entre eux. S'ils sont en désaccord sur l'opportunité de convoquer l'assemblée, l'un d'eux peut demander au président du tribunal de commerce statuant en référé l'autorisation de procéder à cette convocation, les autres commissaires et le président du conseil d'administration ou du directoire dûment appelés. L'ordonnance du président, qui fixe l'ordre du jour, n'est susceptible d'aucune voie de recours.

Dans tous les cas, les frais entraînés par la réunion de l'assemblée sont à la charge de la société.

Art. R. 225-163. – L'expert chargé de présenter un rapport sur une ou plusieurs opérations de gestion, dans les conditions prévues à l'article L. 225-231, est désigné par le président du tribunal de commerce, statuant en la forme des référés, après que le greffier a convoqué le président du conseil d'administration ou du directoire à l'audience par lettre recommandée avec demande d'avis de réception.

Lorsque la demande d'expertise émane du procureur de la République, elle est présentée par requête ; lorsqu'elle émane de l'Autorité des marchés financiers, elle est faite par lettre recommandée avec demande d'avis de réception. Les parties autres que le procureur de la République sont convoquées à la diligence du greffier par lettre recommandée avec demande d'avis de réception.

Le rapport d'expertise est déposé au greffe. Le greffier en assure la communication.

Art. R. 225-164. – Le président du conseil d'administration ou le directoire répond par écrit dans le délai d'un mois aux questions qui lui sont posées en application de l'article L. 225-232. Dans le même délai, il adresse copie de la question et de sa réponse au commissaire aux comptes.

Section VI. – De la transformation des sociétés anonymes

Art. R. 225-165. – La transformation de la société fait l'objet de la publicité prévue en cas de modification des statuts.

Section VII. – De la dissolution des sociétés anonymes

Art. R. 225-166. – Dans le cas où, du fait de pertes constatées dans les documents comptables, les capitaux propres de la société deviennent inférieurs à la moitié du capital social, la décision de l'assemblée générale prévue au premier alinéa de l'article L. 225-248 est déposée au greffe du tribunal de commerce du lieu du siège social et inscrite au registre du commerce et des sociétés.

En outre, elle est publiée dans un journal habilité à recevoir des annonces légales conformément aux dispositions de l'article R. 210-11.

Section VIII. – De la responsabilité civile

Art. R. 225-167. – Les actionnaires qui, sur le fondement des dispositions des articles L. 225-251 et L. 225-256, entendent demander aux administrateurs, au directeur général ou aux membres du directoire la réparation du préjudice qu'ils ont subi personnellement en raison de mêmes faits peuvent donner à un ou plusieurs d'entre eux le mandat d'agir en leur nom devant les juridictions civiles, sous les conditions suivantes :

1° Le mandat est écrit et mentionne expressément qu'il donne au ou aux mandataires le pouvoir d'accomplir au nom du mandant tous les actes de procédure ; il précise, s'il y a lieu, qu'il emporte le pouvoir d'exercer les voies de recours ;

2° La demande en justice indique les nom, prénoms et adresse de chacun des mandants ainsi que le nombre des actions qu'ils détiennent. Elle précise le montant de la réparation réclamée par chacun d'eux.

Art. R. 225-168. – Les actes de procédure et de notification sont réputés valablement accomplis à l'égard du ou des seuls mandataires.

Art. R. 225-169. – S'ils représentent au moins le vingtième du capital social, des actionnaires peuvent, dans un intérêt commun, charger à leurs frais, un ou plusieurs d'entre eux de les représenter, pour soutenir, tant en demande qu'en défense, l'action sociale soit contre les administrateurs, soit contre le directeur général, soit contre les membres du directoire.

Toutefois, lorsque le capital de la société est supérieur à 750 000 €, le montant du capital à représenter en application de l'alinéa précédent est, selon l'importance de ce capital, réduit ainsi qu'il suit :

a) 4 % pour les 750 000 premiers euros ;

b) 2,50 % pour la tranche de capital comprise entre 750 000 et 7 500 000 € ;

c) 1 % pour la tranche de capital comprise entre 7 500 000 et 15 000 000 € ;

d) 0,50 % pour le surplus du capital.

Le retrait en cours d'instance d'un ou plusieurs des actionnaires mentionnés à l'alinéa précédent, soit qu'ils aient perdu la qualité d'actionnaire, soit qu'ils se soient volontairement désistés, est sans effet sur la poursuite de l'instance.

Inapplicabilité. L'article 200 *[C. com., art. R. 225-169]* est inapplicable quand le demandeur a cédé ses droits sociaux à une autre personne, car il n'y a alors aucun retrait au sens du texte : ■ CA Paris, 6 avr. 2001 : *BJS* 2002, p. 79, note P. Le Cannu.

Art. R. 225-170. – **Lorsque l'action sociale est intentée par un ou plusieurs actionnaires, agissant soit individuellement, soit dans les conditions prévues à l'article R. 225-169, le tribunal ne peut statuer que si la société a été régulièrement mise en cause par l'intermédiaire de ses représentants légaux.**

Le tribunal peut désigner un mandataire *ad hoc* pour représenter la société dans l'instance, lorsqu'il existe un conflit d'intérêt entre celle-ci et ses représentants légaux.

Mise en cause de la société. L'exercice de l'action civile pour abus de biens sociaux par la voie de l'action sociale *ut singuli* n'impose pas de mettre en cause la société devant la juridiction d'instruction, mais uniquement devant la juridiction de jugement : ■ Cass. crim., 3 oct. 2007, n° 06-87.849 : *D.* 2008, p. 2814 ; *JCP* E 2008, 1090, note J.-H. Robert ; *JCP* E 2008, 1280, n° 7, obs. J.-J. Caussain, Fl. Deboissy et G. Wicker.

Section IX. – Des sociétés anonymes à participation ouvrière

Art. R. 225-171 *(D. n° 2016-1026, 26 juill. 2016)*. – **Le président du tribunal de commerce du ressort du siège social de la société, statuant sur requête du président du conseil d'administration ou du directoire de la société anonyme à participation ouvrière, désigne l'expert indépendant chargé de présenter à l'assemblée générale des actionnaires le rapport sur le montant de l'indemnisation proposée aux participants et anciens participants mentionnés au deuxième alinéa de l'article L. 225-269.**

Cet expert est choisi parmi les commissaires aux comptes inscrits sur la liste prévue à au I de l'article L. 822-1.

Il est soumis aux incompatibilités prévues aux articles L. 822-10 à L. 822-14 et au Code de déontologie de la profession.

Art. R. 225-172. – **La requête du président du conseil d'administration ou du directoire de la société anonyme à participation ouvrière intervient trois mois au moins avant la date de l'assemblée générale extraordinaire appelée à statuer sur l'indemnisation.**

Le rapport de l'expert est déposé au siège social trente-cinq jours au moins avant la date de réunion de l'assemblée générale extraordinaire appelée à statuer sur l'indemnisation et est tenu à la disposition des actionnaires et des mandataires sociaux de la société coopérative de main-d'œuvre.

CHAPITRE VI. – DES SOCIÉTÉS EN COMMANDITE PAR ACTIONS

Art. R. 226-1. – **Dans la mesure où elles sont compatibles avec les dispositions particulières prévues par les articles L. 226-1 à L. 226-14, les règles édictées par le présent livre et concernant les sociétés en commandite simple et les sociétés anonymes, à l'exception des articles *(Réf. rempl., D. n° 2015-606, 3 juin 2015)* « R. 225-15 à R. 225-34-1 et R. 225-35 à R. 225-60 », sont applicables aux sociétés en commandite par actions.**

Art. R. 226-2. – **Les dispositions des articles R. 225-30 et R. 225-31 sont applicables aux conventions mentionnées à l'article L. 226-10.**

L'avis prévu au premier alinéa de l'article R. 225-30 est donné par le président du conseil de surveillance.

Art. R. 226-3. – **Les dispositions des articles R. 225-110 à R. 225-112 sont applicables aux gérants et membres du conseil de surveillance.**

CHAPITRE VII. – DES SOCIÉTÉS PAR ACTIONS SIMPLIFIÉES

Art. R. 227-1 *(D. n° 2009-234, 25 févr. 2009)*. – **Pour l'application de l'article L. 227-9-1 relatif à la désignation d'un commissaire aux comptes, le total du bilan est fixé à 1 000 000 €, le montant hors taxe du chiffre d'affaires à 2 000 000 € et le nombre moyen de salariés permanents employés au cours de l'exercice à vingt.**

Le total du bilan, le montant hors taxe du chiffre d'affaires et le nombre moyen de salariés sont déterminés conformément aux quatrième, cinquième et sixième alinéas de l'article R. 123-200.

La société n'est plus tenue de désigner un commissaire aux comptes dès lors qu'elle n'a pas dépassé les chiffres fixés pour deux de ces trois critères pendant les deux exercices précédant l'expiration du mandat du commissaire aux comptes.

Dans le cas prévu au quatrième alinéa de l'article L. 227-9-1, le commissaire aux comptes est désigné par ordonnance du président du tribunal de commerce statuant en la forme des référés.

Art. R. 227-2 *(D. n° 2014-1053, 16 sept. 2014)*. – Les articles R. 225-66 à R. 225-70 et l'article R. 225-83 sont applicables aux sociétés par actions simplifiées qui procèdent à une offre définie au I *bis* de l'article L. 411-2 du Code monétaire et financier.

Art. D. 227-3 *(D. n° 2017-630, 25 avr. 2017)*. – Pour l'application du cinquième alinéa de l'article L. 227-1, le montant de la valeur qu'aucun apport en nature ne doit excéder est fixé à 30 000 €.

CHAPITRE VIII. – DES VALEURS MOBILIÈRES ÉMISES PAR LES SOCIÉTÉS PAR ACTIONS

Section I. – Dispositions communes

Art. R. 228-1 *(Mod., D. n° 2009-295, 16 mars 2009)*. – L'intermédiaire mentionné aux septième et huitième alinéas de l'article L. 228-1 déclare sa qualité d'intermédiaire inscrit pour le compte de tiers, dès l'ouverture du compte, auprès de la société émettrice, auprès d'un intermédiaire mentionné à l'article L. 211-3 du Code monétaire et financier ou auprès d'un dépositaire central.

Art. R. 228-2 *(Mod., D. n° 2009-295, 16 mars 2009)*. – Lorsque les titres revêtent la forme de titres nominatifs administrés, l'intermédiaire mentionné à l'article L. 211-3 du Code monétaire et financier transmet immédiatement cette déclaration à la société émettrice.

Art. R. 228-3. – Lorsqu'en application des dispositions du II de l'article L. 228-2 et du I de l'article L. 228-3-1, la société émettrice demande directement des informations aux personnes figurant sur la liste transmise par le dépositaire central des titres ou par l'intermédiaire inscrit, ces personnes sont tenues de répondre soit directement à la société, soit au teneur de compte-conservateur habilité qui transmet à son tour la réponse à la société.

Art. R. 228-4. – Le délai donné aux teneurs de compte-conservateurs mentionnés au deuxième alinéa du I de l'article L. 228-2 est de dix jours ouvrables à compter de la demande.

Art. R. 228-5. – Le délai donné à l'intermédiaire inscrit en vertu du premier alinéa de l'article L. 228-3 est de dix jours ouvrables à compter de la demande.

Art. R. 228-6. – L'intermédiaire inscrit bénéficiaire d'un mandat mentionné à l'article L. 228-3-2 peut transmettre ou émettre sous sa signature les votes des propriétaires d'actions *(Mots aj., D. n° 2015-545, 18 mai 2015)* « ou d'obligations ». Les mandats et procurations sont conservés durant un délai de trois ans à compter de l'assemblée générale au cours de laquelle ont été exercés les droits de vote.

Art. R. 228-7. – La société tient à jour la liste des personnes titulaires *(Mots rempl., D. n° 2018-1226, 24 déc. 2018)* « de titres financiers nominatifs », avec l'indication du domicile déclaré par chacune d'elles.

Domicile des actionnaires. Il appartient à chaque actionnaire titulaire de titres nominatifs purs de signaler ses changements d'adresse à la société, l'article 152 ne faisant pas obligation à la société de rechercher les nouveaux domiciles de ses actionnaires : ▪ CA Paris, 10 mai 1995 : *BJS* 1995, p. 754, note D. Lepeltier.

Art. R. 228-8 *(Mod., D. 2018-1226, 24 déc. 2018)*. – Les registres de titres nominatifs émis par une société sont établis par cette société ou par une personne qu'elle habilite à cet effet.

Ces registres peuvent être tenus de manière chronologique sur support papier ou sur tout autre support durable, notamment au moyen d'un dispositif d'enregistrement électronique partagé.

En outre, il peut être tenu des fichiers contenant, par ordre alphabétique, les noms et adresses des titulaires de titres, ainsi que l'indication du nombre, de la catégorie et, le cas échéant, des numéros des titres de chaque titulaire. Les mentions de ces fichiers ne peuvent faire preuve contre celles contenues dans les registres.

Art. R. 228-9. – Les registres mentionnés à l'article R. 228-8 contiennent les indications relatives aux opérations de transfert et de conversion des titres, et notamment :

1° La date de l'opération ;

2° Les nom, prénoms et domicile de l'ancien et du nouveau titulaire des titres, en cas de transfert ;

3° Les nom, prénoms et domicile du titulaire des titres, en cas de conversion de titres au porteur en titres nominatifs ;

4° La valeur nominale et le nombre de titres transférés ou convertis. Toutefois, lorsque ces titres sont des actions, le capital social et le nombre de titres représenté par l'ensemble des actions de la même catégorie peuvent être indiqués en lieu et place de leur valeur nominale ;

5° Le cas échéant, si la société a émis des actions de différentes catégories et s'il n'est tenu qu'un seul registre des actions nominatives, la catégorie et les caractéristiques des actions transférées ou converties ;

6° Un numéro d'ordre affecté à l'opération.

En cas de transfert, le nom de l'ancien titulaire des titres peut être remplacé par un numéro d'ordre permettant de retrouver ce nom dans les registres.

Art. R. 228-10 *(Mod., D. n° 2018-1226, 24 déc. 2018).* – Pour l'application de la dernière phrase du neuvième alinéa de l'article L. 228-1, l'inscription au compte de l'acheteur ou dans un dispositif d'enregistrement électronique partagé est faite à la date fixée par l'accord des parties et notifiée à la société émettrice.

Art. R. 228-11 *(Rempl., D. n° 2015-545, 18 mai 2015).* – La mise en vente par la société des titres qui n'ont pu être attribués individuellement, prévue à l'article L. 228-6, est précédée de la publication d'un avis dans deux journaux à diffusion nationale ; cet avis met en demeure les titulaires des droits de faire valoir leurs droits dans un délai d'un an et les informe que la société procédera à la vente à l'expiration de ce délai.

Ce même avis les informe que la société tiendra le produit net de la vente des titres à leur disposition pendant dix ans sur un compte bloqué dans un établissement de crédit.

La vente peut être faite aux enchères publiques par un prestataire de services d'investissement ou par un notaire, conformément aux dispositions de l'article L. 211-21 du Code monétaire et financier.

Art. R. 228-12 *(Mod., D. n° 2009-295, 16 mars 2009 ; rempl., D. n° 2015-545, 18 mai 2015 ; D. n° 2017-1253, 9 août 2017).* – La vente prévue à l'article L. 228-6-1 des titres de capital qui n'ont pu être attribués individuellement et correspondant aux droits formant rompus ainsi que la répartition des sommes provenant de cette vente aux titulaires des droits interviennent dans un délai de trente jours à compter de la plus tardive des dates d'inscription, au compte des titulaires des droits, du nombre entier de titres de capital attribués.

Lorsque les titres sont admis à la négociation sur un marché réglementé, cette vente est réalisée par l'émetteur des titres ou par les intermédiaires mentionnés aux 2° à 7° de l'article L. 542-1 du Code monétaire et financier sur le marché réglementé à la négociation duquel les titres sont admis.

Lorsque les titres sont uniquement admis à la négociation sur un système multilatéral de négociation, cette vente est réalisée par l'émetteur des titres ou par les intermédiaires mentionnés aux 2° à 7° de l'article L. 542-1 du Code monétaire et financier sur le système multilatéral à la négociation duquel les titres sont admis.

Lorsque les titres ne sont pas admis à la négociation sur un marché réglementé ni sur un système multilatéral de négociation, la vente de ces titres est réalisée par la société émettrice ou peut être faite aux enchères publiques par un prestataire de services d'investissement autre qu'une société de gestion de portefeuille ou par un notaire, conformément aux dispositions de l'article L. 211-21 du Code monétaire et financier.

Les sommes provenant de la vente sont réparties proportionnellement aux droits formant rompus de chaque titulaire de droits.

Art. R. 228-13 *(Abr., D. n° 2015-545, 18 mai 2015).*

Art. R. 228-14 *(Mod., D. n° 2015-545, 18 mai 2015).* – Pour l'application de l'article L. 228-6-3, la vente a lieu à l'expiration d'un délai d'un an après la publicité effectuée dans les conditions et suivant les modalités prévues à l'article R. 228-11 si, pendant cette période, les personnes au nom desquelles l'inscription a été faite ou leurs ayants droit n'ont pu être atteintes par l'avis mentionné à l'article R. 228-11 adressé par lettre recommandée avec demande d'avis de réception.

Lorsque la vente porte sur des titres de capital admis aux négociations sur un marché réglementé, sur un système multilatéral de négociation ou aux opérations d'un dépositaire central, elle est réalisée, au terme d'un délai d'un an, suivant les modalités fixées, selon le cas, au deuxième, au troisième ou au quatrième alinéa de l'article R. 228-12.

Section II. – Des actions

Sous-section 1. – De l'émission, du rachat et de la conversion des actions de préférence

Art. R. 228-15. – En cas de conversion d'actions de préférence en actions aboutissant à une réduction de capital non motivée par des pertes, les dispositions de l'article R. 225-152 s'appliquent.

Une décision de justice rejette l'opposition ou ordonne soit le remboursement des créances, soit la constitution de garanties si la société en offre et si elles sont jugées suffisantes.

Si le juge de première instance accueille l'opposition, la procédure de conversion est immédiatement interrompue jusqu'à la constitution de garanties suffisantes ou jusqu'au remboursement des créances. S'il la rejette, les opérations de conversion peuvent commencer.

Art. R. 228-16. – L'assemblée spéciale, statuant dans les conditions prévues à l'article L. 225-99 sur les questions qui lui sont soumises pour approbation et composée des titulaires d'actions de préférence intéressés, est convoquée dans les mêmes formes et se tient au plus tard le même jour que l'assemblée générale.

Art. R. 228-17. – En cas d'émission d'actions de préférence dans les conditions prévues à l'article L. 228-12, le rapport du conseil d'administration ou du directoire indique les caractéristiques des actions de préférence et précise l'incidence de l'opération sur la situation des titulaires de titres de capital et de valeurs mobilières donnant accès au capital. Il est conforme aux règles posées par les articles R. 225-113 et R. 225-114, ainsi que, selon les cas, par les articles R. 225-115 ou R. 225-116.

Le commissaire aux comptes donne son avis sur l'augmentation de capital envisagée, les caractéristiques des actions de préférence et l'incidence de l'opération sur la situation des titulaires de titres de capital et de valeurs mobilières donnant accès au capital telle que définie au premier alinéa de l'article R. 225-115. Le cas échéant, ce rapport est conforme aux règles posées par l'article R. 225-114, ainsi que, selon les cas, par les articles R. 225-115 ou R. 225-116.

Art. R. 228-18. – Le rapport du conseil d'administration ou du directoire à l'assemblée générale extraordinaire appelée à se prononcer sur la conversion prévue aux articles L. 228-12, L. 228-14 et au second alinéa de l'article L. 228-15 indique les conditions de celle-ci, les modalités de calcul du rapport de conversion et les modalités de sa réalisation. Il précise l'incidence de l'opération sur la situation des titulaires de titres de capital et de valeurs mobilières donnant accès au capital telle que définie au premier alinéa de l'article R. 225-115. Le cas échéant, il indique les caractéristiques des actions de préférence issues de la conversion.

Le commissaire aux comptes donne son avis sur la conversion ainsi que sur l'incidence de l'opération sur la situation des titulaires de titres de capital et de valeurs mobilières donnant accès au capital telle que définie au premier alinéa de l'article R. 225-115 et indique si les modalités de calcul du rapport de conversion sont exactes et sincères.

Art. R. 228-19 *(Mod., D. n° 2007-750, 9 mai 2007 ; D. n° 2015-545, 18 mai 2015)*. – Pour l'application du premier alinéa du II de l'article L. 228-12, le rapport du conseil d'administration ou du directoire précise les conditions du rachat, ainsi que les justifications et les modalités de calcul du prix proposé.

Il précise l'incidence de l'opération sur la situation des titulaires de titres de capital et de valeurs mobilières donnant accès au capital telle que définie au premier alinéa de l'article R. 225-115.

Le commissaire aux comptes donne son avis sur l'offre de rachat ainsi que sur l'incidence de l'opération sur la situation des titulaires de titres de capital et de valeurs mobilières donnant accès au capital telle que définie au premier alinéa de l'article R. 225-115 et indique si les modalités de calcul du prix de rachat sont exactes et sincères.

Art. R. 228-20 *(Mod., D. n° 2015-545, 18 mai 2015)*. – Lorsque l'assemblée générale extraordinaire se prononce sur l'inscription dans les statuts des modalités de conversion des actions de préférence, le rapport du conseil d'administration ou du directoire indique les modalités de conversion ainsi que les modalités de mise à disposition des actionnaires des rapports du conseil d'administration ou du directoire et du commissaire aux comptes prévus à l'article R. 228-18. Ces indications sont portées dans les statuts.

Le commissaire aux comptes donne son avis sur ces modalités de conversion.

Art. R. 228-21. – Les rapports mentionnés aux articles R. 228-17 à R. 228-20 sont transmis aux assemblées spéciales des titulaires d'actions de préférence intéressés lorsqu'elles doivent approuver ces modifications. Ils sont tenus à la disposition de ces derniers au siège de la société à compter de la date de la convocation de l'assemblée spéciale dans les conditions prévues à l'article R. 225-88 et au deuxième alinéa de l'article R. 225-89.

Art. R. 228-22. – Le rapport spécial du commissaire aux comptes de la société établi en application de l'article L. 228-19 comprend son avis sur le respect par la société des droits particuliers attachés aux actions de préférence et indique, le cas échéant, la date à partir de laquelle ces droits ont été méconnus.

Les frais relatifs à l'établissement du rapport sont à la charge de la société.

Le rapport est tenu à la disposition des actionnaires, au siège social, quinze jours au moins avant la date de l'assemblée spéciale au cours de laquelle il est présenté.

Art. R. 228-22-1 *(D. n° 2015-545, 18 mai 2015)*. – Pour l'application du III de l'article L. 228-12, le conseil d'administration ou le directoire, ou sur délégation l'une des personnes mentionnées à l'article L. 225-129-4, dresse un avis de rachat tenu à la disposition des actionnaires, quinze jours au moins avant la réalisation de l'opération, à l'adresse du siège social et au greffe du tribunal de commerce dans le ressort duquel est situé ce siège.

Cet avis indique les modalités essentielles du rachat définies en conformité avec les stipulations statutaires, et notamment :

1° La ou les catégories d'actions de préférence concernées ;

2° Le nombre maximum d'actions de préférence susceptibles d'être rachetées ;

3° Le prix ou ses modalités de détermination ;

4° Le montant maximum des sommes distribuables au sens de l'article L. 232-11 susceptibles d'être affectées à ce rachat, ou, le cas échéant, le montant maximum du produit d'une nouvelle émission de titres de capital effectuée en vue de ce rachat ;

5° La valeur maximum de la réserve mentionnée au 2° du III de l'article L. 228-12 et constituée en vue de ce rachat ;

6° Le cas échéant, le montant maximum de la prime mentionnée au 3° du III de l'article L. 228-12, ainsi que le montant des sommes distribuables ou de la réserve sur lesquelles cette prime est prélevée.

Sous-section 2. – Des clauses d'agrément de la cession de titres de capital ou de valeurs mobilières donnant accès au capital

Art. R. 228-23. – La demande d'agrément du cessionnaire prévue au premier alinéa de l'article L. 228-24 est notifiée à la société par acte extrajudiciaire ou par lettre recommandée avec demande d'avis de réception.

La désignation de l'expert prévue à l'article 1843-4 du Code civil est faite par le président du tribunal de commerce ; celui-ci accorde par ordonnance de référé, l'actionnaire cédant et le cessionnaire dûment appelés, la prolongation de délai prévue au troisième alinéa de l'article L. 228-24. Ces ordonnances ne sont pas susceptibles de recours.

Il suffit pour qu'une **prolongation** soit accordée, que la demande ait été formée dans les trois mois à compter du refus d'agrément : ▪ Cass. com., 13 juin 1984 : *JCP* 1984, IV, 271 ; *JCP* E 1985, 14456, obs. A. Viandier.

Sous-section 3. – De la défaillance de l'actionnaire

Art. R. 228-24 *(Mod., D. n° 2009-295, 16 mars 2009 ; D. n° 2017-1253, 9 août 2017)*. – Pour l'application de l'article L. 228-27, l'actionnaire défaillant est mis en demeure par lettre recommandée avec demande d'avis de réception.

La vente des actions non admises aux négociations sur un marché réglementé est effectuée aux enchères publiques par un prestataire de services d'investissement autre qu'une société de gestion de portefeuille ou par un notaire dans les conditions prévues à l'article L. 211-21 du Code monétaire et financier. À cet effet, la société publie dans un journal habilité à recevoir les annonces légales dans le département du siège social, trente jours au moins après la mise en demeure prévue à l'alinéa précédent, le nombre d'actions mises en vente. Elle avise le débiteur et, le cas échéant, ses codébiteurs de la mise en vente, par lettre recommandée contenant l'indication de la date et du numéro du journal dans lequel la publication a été effectuée. Il ne peut être procédé à la mise en vente des actions moins de quinze jours après l'envoi de la lettre recommandée.

Art. R. 228-25. – L'inscription de l'actionnaire défaillant est rayée de plein droit dans le registre des actions nominatives de la société. Si les titres délivrés revêtent la forme nominative, l'acquéreur est inscrit et de nouveaux certificats indiquant la libération des versements appelés et portant la mention « duplicatum » sont délivrés.

Lorsque les actions étaient inscrites en compte chez l'émetteur conformément aux dispositions des articles R. 211-1 et R. 211-4 du Code monétaire et financier, l'inscription en compte de l'actionnaire défaillant est annulée de plein droit. L'acquéreur est inscrit et de nouvelles attestations indiquant la libération des versements appelés et portant la mention « duplicatum » sont délivrées.

Le produit net de la vente revient à la société à due concurrence et s'impute sur ce qui est dû en principal et intérêts par l'actionnaire défaillant et ensuite sur le remboursement des frais exposés par la société pour parvenir à la vente. L'actionnaire défaillant reste débiteur ou profite de la différence.

Art. R. 228-26. – Le délai mentionné au premier alinéa de l'article L. 228-29 est de trente jours à compter de la mise en demeure prévue par le premier alinéa de l'article L. 228-27.

Sous-section 4. – Du regroupement d'actions non admises aux négociations sur un marché réglementé

Art. R. 228-27. – Le montant prévu à l'article L. 228-29-1 est de 3,81 €.

Le montant prévu au deuxième alinéa de l'article L. 228-29-2 est de 15,25 €.

Art. R. 228-28. – Les décisions d'assemblées générales d'actionnaires, relatives au regroupement d'actions, prévues aux articles L. 228-29-1 et L. 228-29-2, sont prises, dans les conditions prévues pour la modification des statuts, sur la proposition d'un gérant ou du conseil d'administration ; cette proposition porte notamment sur le prix de négociation des rompus et les engagements relatifs à cette négociation prévus à l'article L. 228-29-2.

Le conseil de surveillance ou les commissaires aux comptes donnent, dans un rapport spécial à l'assemblée, leur avis sur les propositions du gérant ou du conseil d'administration ; ils indiquent si le prix proposé leur paraît réel et sérieux et si les engagements pris pour l'application de l'article L. 228-29-2 leur paraissent de nature à assurer en toute hypothèse la contrepartie prévue à cet article. L'assemblée générale fixe les bases du regroupement et arrête le prix prévu à l'article L. 228-29-2.

Art. R. 228-29. – Les engagements prévus à l'article L. 228-29-2 sont portés à la connaissance de l'assemblée générale par le gérant ou le conseil d'administration et reproduits dans le rapport du conseil de surveillance ou des commissaires aux comptes.

Art. R. 228-30. – Le délai prévu à l'alinéa premier de l'article L. 228-29-3 est de deux ans à compter de la date initiale des opérations de regroupement.

Les actionnaires qui ont pris l'engagement prévu par l'article L. 228-29-2 disposent, pour procéder au regroupement de leurs actions, d'un délai supplémentaire d'un mois à compter de l'expiration du délai prévu au premier alinéa.

Les dispositions du premier alinéa de l'article L. 228-29-3 ne sont pas applicables pendant ce délai supplémentaire aux actions qui leur appartiennent.

Art. R. 228-31. – Les décisions des assemblées générales d'actionnaires mentionnées à l'article R. 228-28 sont publiées au *Bulletin des annonces légales obligatoires*.

Cette publication indique la date à laquelle débuteront les opérations de regroupement ; cette date est postérieure de quinze jours au moins à celle de la publication.

Cette publication indique en outre :

1° La dénomination sociale et la forme de la société ;

2° Son siège social ;

3° Le montant de son capital social ;

4° Le nombre des actions soumises au regroupement et la valeur nominale de chacune d'elles ;

5° Le nombre des actions à provenir du regroupement et la valeur nominale de chacune d'elles ;

6° Les bases d'échange des actions soumises au regroupement contre les actions à provenir du regroupement ;

7° Le prix de négociation des actions anciennes formant rompus, arrêté par l'assemblée générale dans les conditions prévues à l'article R. 228-28 ;

8° Les noms et adresses du ou des actionnaires qui auront pris l'engagement prévu à l'article L. 228-29-2 ;

9° La date de l'assemblée générale ayant décidé le regroupement ;

10° La date à laquelle expire le délai prévu au premier alinéa de l'article R. 228-30 ;

11° Le ou les lieux où les actions anciennes devront être présentées aux fins de regroupement et où devront être déposées les demandes d'acquisition ou de cessions d'actions anciennes formant rompus.

Art. R. 228-32. – Les actions en nullité prévues par le deuxième alinéa de l'article L. 228-29-6 se prescrivent par cinq ans à compter de l'expiration du délai prévu au premier alinéa de l'article R. 228-30.

Section III. – Dispositions applicables aux catégories de titres en voie d'extinction

Sous-section 1. – Des certificats d'investissement

Art. R. 228-33 *(Mod., D. n° 2010-684, 23 juin 2010)*. – L'assemblée spéciale des titulaires de certificats d'investissement est convoquée en même temps et dans les mêmes formes que l'assemblée générale des actionnaires qui décide de l'augmentation de capital ou de l'émission de valeurs mobilières donnant accès au capital.

Les dispositions des articles R. 225-62, R. 225-63, R. 225-66 à R. 225-70, du I de l'article R. 225-73, et de l'article R. 225-87 sont applicables à la convocation des titulaires de certificats d'investissement en assemblée spéciale.

Art. R. 228-34. – L'assemblée spéciale des titulaires de certificats d'investissement appelée à statuer sur la proposition de suppression du droit préférentiel de souscription est réunie avant l'assemblée générale des actionnaires et, le cas échéant, avant l'assemblée spéciale des porteurs d'actions à dividende prioritaire sans droit de vote prévue à l'article R. 225-96 et avant les assemblées spéciales des porteurs d'actions de préférence.

Les dispositions des articles R. 225-95, R. 225-100, R. 225-101, R. 225-106 à R. 225-108, à l'exception de celles relatives à la visioconférence et au vote électronique, sont applicables aux assemblées spéciales des titulaires de certificats d'investissement.

Art. R. 228-35. – Le droit de participer à l'assemblée spéciale des titulaires de certificats d'investissement peut être subordonné aux mêmes conditions que celles qui peuvent être imposées par la société à ses actionnaires conformément à l'article R. 225-85, à l'exception des dispositions de cet article relatives au vote électronique.

Art. R. 228-36. – La représentation à l'assemblée spéciale d'un titulaire de certificats d'investissement est régie par les articles R. 225-79 et R. 225-81, à l'exception des dispositions de ces articles relatives au vote électronique. À toute formule de procuration adressée à un titulaire de certificats d'investissement par la société ou le mandataire qu'elle a désigné à cet effet sont joints l'ordre du jour de l'assemblée spéciale, le texte des résolutions qui y sont présentées et une formule de demande d'envoi des documents et renseignements prévus à l'article R. 225-83.

Art. R. 228-37. – Les titulaires de certificats d'investissement exercent leur droit de communication des documents sociaux dans les conditions prévues aux articles L. 225-115 à L. 225-118 et conformément aux dispositions des articles R. 225-88 à R. 225-94.

Art. R. 228-38. – Toute renonciation à une offre d'attribution d'action de préférence sans droit de vote et assortie des mêmes droits que les certificats d'investissement est effectuée dans le délai imparti à cet effet par la société et indiqué dans l'offre. À défaut de désignation des bénéficiaires, la renonciation est réputée faite au profit de l'ensemble des porteurs concernés par l'offre et les actions de préférence correspondantes sont attribuées aux porteurs qui n'ont pas renoncé à cette attribution complémentaire. Les rompus sont répartis selon les règles fixées par l'assemblée générale.

Art. R. 228-39. – La déclaration prévue au sixième alinéa de l'article L. 228-30 est faite par lettre simple ou recommandée.

Sous-section 2. – Les actions à dividende prioritaire sans droit de vote

Art. R. 228-40. – L'assemblée spéciale des titulaires d'actions à dividende prioritaire sans droit de vote, lorsqu'elle est réunie pour donner son avis sur toute décision des assemblées générales ordinaire ou extraordinaire, est convoquée en même temps que chacune de ces assemblées.

Art. R. 228-41. – L'assemblée spéciale est convoquée dans les mêmes formes que l'assemblée générale et se tient le même jour. Le conseil ou le directoire lui présente un rapport sur les résolutions soumises à l'assemblée générale.

Art. R. 228-42. – L'assemblée spéciale statuant dans les conditions prévues à l'article L. 225-99 sur les questions qui lui sont soumises pour approbation ou accord et composée, le cas échéant, des seuls titulaires d'actions prioritaires sans droit de vote concernés est réunie au plus tard dans le mois de la date de l'assemblée générale.

Art. R. 228-43. – Le rapport du conseil d'administration ou du directoire à l'assemblée spéciale appelée à se prononcer sur la conversion prévue à l'article L. 228-35-3 indique les conditions de celle-ci, les modalités de calcul du rapport de conversion et les modalités de sa réalisation.

Le commissaire aux comptes donne son avis sur l'offre de conversion et indique si les modalités de calcul du rapport de conversion sont exactes et sincères.

Art. R. 228-44. – Pour l'application du troisième alinéa de l'article L. 228-35-10, la société fournit aux actionnaires vendeurs, à l'appui de son offre de rachat, les justifications et les modalités de calcul du prix proposé.

Art. R. 228-45. – Les convocations aux assemblées d'actionnaires à dividende prioritaire sans droit de vote sont faites dans les conditions prévues aux articles R. 225-62, R. 225-63, R. 225-65 à R. 225-69 et, le cas échéant, R. 225-70.

L'ordre du jour figurant sur l'avis de convocation comprend l'indication qu'il pourra être procédé à la désignation du ou des mandataires prévus au quatrième alinéa de l'article L. 228-35-6.

Art. R. 228-46. – La représentation des actionnaires aux assemblées spéciales est régie par les articles R. 225-79 à R. 225-82.

Cependant, le mandat prévu à l'article R. 225-79 peut être donné pour toutes les assemblées spéciales dont l'ordre du jour se rattache à celui de l'assemblée générale qui a nécessité leur convocation.

Art. R. 228-47. – Les articles R. 225-83 à R. 225-94 sont applicables aux titulaires d'actions à dividende prioritaire sans droit de vote.

Art. R. 228-48. – Les assemblées des titulaires d'actions à dividende prioritaire sans droit de vote sont soumises en tant que de besoin aux dispositions des articles R. 225-95 à R. 225-101 et R. 225-106 à R. 225-108.

Section IV. – Des titres participatifs

Art. R. 228-49. – L'assiette de la partie variable de la rémunération des titres participatifs ne peut être supérieure à 40 % du montant nominal du titre.

Les éléments retenus pour le calcul de la partie variable de la rémunération sont tirés des comptes annuels approuvés ou, s'il y a lieu, des comptes consolidés.

Art. R. 228-50. – L'assemblée générale des porteurs de titres participatifs se réunit au moins une fois par an, le jour où se réunit l'assemblée générale des actionnaires ou, dans les entreprises publiques qui n'en sont pas pourvues, du conseil d'administration qui statue sur les comptes de l'exercice écoulé, ou dans les quinze jours qui précèdent.

Art. R. 228-51 *(Rempl., D. n° 2008-258, 13 mars 2008).* – La société qui émet des titres participatifs rend publiques, avant l'ouverture de leur souscription par le public, les conditions de l'émission, selon les modalités prévues à l'article L. 412-1 du Code monétaire et financier.

Voir : Sanctions pénales, C. com., art. R. 247-2, p. 704.

Art. R. 228-52. – Les titres participatifs remis aux souscripteurs contiennent les indications suivantes :

1° La dénomination sociale, suivie, le cas échéant, de son sigle ;

2° La forme de la société émettrice ;

3° Le montant du capital social ;

4° L'adresse du siège social ;

5° La date d'immatriculation de la société au registre du commerce et des sociétés et les mentions prévues aux 1° et 2° de l'article R. 123-237 ;

6° La date d'expiration normale de la société ;

7° Le montant, lors de l'émission, des titres garantis par la société ;

8° Le montant de l'émission ;

9° La valeur nominale du titre ;

10° Le taux et l'époque du paiement de l'intérêt et des autres produits ;

11° L'époque et les conditions de remboursement ainsi que les conditions de rachat du titre ;

12° Les garanties attachées aux titres, sauf lorsque les titres d'emprunt bénéficient de la garantie de l'État, de départements, de communes ou d'établissements publics, ou lorsqu'ils sont émis par le crédit foncier de France ou la société anonyme Natexis ou toute société qu'elle contrôle au sens de l'article L. 233-3 ;

13° Le montant non amorti, lors de l'émission, des titres d'emprunt antérieurement émis ;

14° S'il s'agit de titres convertibles en actions, le ou les délais d'exercice de l'option accordée aux porteurs pour convertir leurs titres ainsi que les bases de cette conversion ;

15° S'il s'agit de titres échangeables, les modalités et conditions fixées pour l'échange, avec l'indication des personnes qui se sont obligées à assurer cet échange ;

16° Le tableau d'amortissement de l'emprunt.

Art. R. 228-53. – Les articles R. 228-60 à R. 228-78 et R. 228-80 à R. 228-86 sont applicables en cas d'émission de titres participatifs. À cet effet, les règles prévues par ces articles et concernant la société débitrice de l'emprunt obligataire, l'émission des obligations et les obligataires sont applicables respectivement à la société émettrice des titres participatifs, à l'émission de tels titres et à leurs porteurs.

Art. R. 228-54. – Le droit des porteurs de titres participatifs d'obtenir la communication des documents sociaux s'exerce conformément aux articles R. 225-92 à R. 225-94.

Art. R. 228-55. – Une société peut racheter sur un marché réglementé les titres participatifs qu'elle a émis selon les modalités prévues aux articles R. 225-159 et R. 225-160. Ces titres sont cédés dans un délai d'un an. À l'expiration de ce délai, ils sont annulés.

Art. D. 228-56. – Lorsque la masse des porteurs prévue par l'article L. 228-37 est constituée de porteurs de titres émis par un établissement public de l'État à caractère industriel et commercial soumis aux règles de la comptabilité publique, le rapport sur les comptes de l'exercice et sur les éléments servant à la détermination de la rémunération des titres participatifs est établi par l'agent comptable de l'établissement.

Section V. – Des obligations

Art. R. 228-57 *(Abr., D. n° 2017-1165, 12 juill. 2017).*

> **Rédaction antérieure. Art. R. 228-57** *(Rempl., D. n° 2008-258, 13 mars 2008).* – La société mentionnée à l'article L. 228-43 rend publiques, avant l'ouverture de la souscription des obligations par le public, les conditions d'émission selon les modalités prévues à l'article L. 412-1 du Code monétaire et financier.

Voir : Sanctions pénales, C. com., art. R. 247-2, p. 704.

Art. R. 228-58 et R. 228-59 *(Abr., D. n° 2008-258, 13 mars 2008).*

Art. R. 228-60. – Dans les cas prévus par l'article L. 228-50 et par *(Mots suppr., D. n° 2017-1165, 12 juill. 2017)* « ... » l'article L. 228-51, les représentants de la masse sont désignés par le président du tribunal de grande instance statuant en référé.

Les fonctions des représentants de la masse désignés en application de l'alinéa précédent prennent fin lors de la première réunion de l'assemblée générale ordinaire des obligataires. Celle-ci peut nommer les mêmes représentants.

Art. R. 228-61 *(Mod., D. n° 2009-557, 19 mai 2009 ; D. n° 2018-229, 30 mars 2018).* – Toute décision de l'assemblée générale des obligataires relative à la désignation ou au remplacement des représentants de la masse est notifiée par ces derniers à la société débitrice et portée à la connaissance des obligataires, à la diligence de la société débitrice, dans le délai d'un mois à compter de la délibération de l'assemblée et selon les modalités prévues au contrat d'émission. Lorsque le contrat d'émission ne prévoit pas de telles modalités, la décision est publiée dans un journal habilité à recevoir des annonces légales du département du siège social de la société débitrice ainsi qu'au *Bulletin des annonces légales obligatoires*, si les obligations de cette société sont admises aux négociations sur un marché réglementé ou si toutes ses obligations ne revêtent pas la forme nominative.

L'ordonnance du président du tribunal de grande instance nommant un représentant de la masse est publiée dans les mêmes conditions et délais.

Lorsque le mandat de représentant de la masse est confié à une association ou à une société, les nom, prénoms et domicile des personnes habilitées à agir au nom de l'association ou de la société sont indiqués dans la notification et la publication prévues aux alinéas précédents.

Art. R. 228-62. – Le représentant de la masse notifie sa démission à la société débitrice par lettre recommandée avec demande d'avis de réception.

Art. R. 228-63. – Lorsqu'elle n'a été déterminée ni par le contrat d'émission ni par l'assemblée générale des obligataires, la rémunération des représentants de la masse est fixée par le président du tribunal de grande instance, statuant sur requête, à la demande de la société ou du représentant de la masse intéressé.

Le montant de la rémunération allouée par l'assemblée générale des obligataires peut être réduit, à la demande de la société, par le président du tribunal de grande instance statuant en référé.

Art. R. 228-64. – Tout intéressé a le droit d'obtenir, au siège de la société débitrice, les noms et adresses des représentants de la masse.

Art. R. 228-65. – La demande tendant à la convocation de l'assemblée générale des obligataires, dans les conditions prévues au deuxième alinéa de l'article L. 228-58, est effectuée par acte extrajudiciaire ou par lettre recommandée avec demande d'avis de réception. Elle indique l'ordre du jour à soumettre à l'assemblée.

Le délai mentionné au troisième alinéa de l'article L. 228-58 est de deux mois à compter de la demande de convocation. Le mandataire prévu au même alinéa est désigné par le président du tribunal de grande instance statuant en référé, qui fixe l'ordre du jour de l'assemblée.

Art. R. 228-66. – Outre les mentions prévues à l'article R. 225-66, l'avis de convocation de l'assemblée générale des obligataires contient les indications suivantes :

1° L'indication de l'emprunt souscrit par les obligataires dont la masse est convoquée en assemblée ;

2° Le nom et le domicile de la personne qui a pris l'initiative de la convocation et la qualité en laquelle elle agit ;

3° Le cas échéant, la date de la décision de justice désignant le mandataire chargé de convoquer l'assemblée.

Art. R. 228-67 *(mod. D. n° 2017-1165, 12 juill. 2017)*. – Les conditions dans lesquelles l'avis de convocation de l'assemblée générale des obligataires est porté à la connaissance des obligataires peuvent être fixées dans le contrat d'émission. Dans ce cas, l'organe chargé de convoquer les obligataires doit être en mesure de justifier à tout moment que l'avis a été délivré conformément aux stipulations du contrat d'émission. Cette communication est effectuée dans un délai suffisant avant la tenue de l'assemblée générale pour permettre aux obligataires d'analyser les points inscrits à l'ordre du jour.

À défaut de stipulation du contrat d'émission fixant les modalités de convocation des obligataires à l'assemblée générale des obligataires, celle-ci est réalisée par l'insertion d'un avis de convocation dans un journal habilité à recevoir les annonces légales dans le département du siège social de la société débitrice ainsi que, si les obligations de celle-ci sont admises aux négociations sur un marché réglementé ou si toutes ses obligations ne revêtent pas la forme nominative, au *Bulletin des annonces légales obligatoires*.

Si toutes les obligations émises par la société sont nominatives, les insertions prévues à l'alinéa précédent peuvent être remplacées par une convocation faite aux frais de la société, par lettre simple ou recommandée adressée à chaque obligataire. Cette convocation peut également être transmise par un moyen électronique de télécommunication mis en œuvre dans les conditions mentionnées à l'article R. 225-63 à l'adresse indiquée par l'obligataire. Dans le cas d'obligations indivises, les convocations sont adressées à tous les co-indivisaires. Lorsque les obligations sont grevées d'un usufruit, la convocation est adressée au nu-propriétaire.

Art. R. 228-68. – Les dispositions de la section 3 du chapitre V du titre II du présent livre relatives à la visioconférence, aux moyens de télécommunication, au vote électronique et au vote par correspondance sont applicables à la présente section.

Art. R. 228-69. – Les dispositions des articles R. 225-69 et R. 225-70 sont applicables aux convocations des assemblées générales d'obligataires.

Art. R. 228-70. – Les dispositions des articles R. 225-72 à R. 225-74 ne sont pas applicables aux assemblées d'obligataires.

Art. R. 228-71 *(Mod., D. n° 2009-295, 16 mars 2009 ; D. n° 2014-1466, 8 déc. 2014)*. – Il est justifié du droit de participer aux assemblées d'obligataires par l'inscription des obligations, au jour de l'assemblée générale, soit dans les comptes de titres nominatifs tenus par la société, soit dans les comptes de titres au porteur tenus par un intermédiaire mentionné à l'article L. 211-3 du Code monétaire et financier. Toutefois, il peut être prévu, par une disposition spéciale du contrat d'émission, qu'il sera justifié du droit de participer aux assemblées d'obligataires par l'inscription des obligations dans les mêmes comptes au deuxième jour ouvré précédant l'assemblée à zéro heure, heure de Paris.

L'obligataire qui a déjà exprimé son vote à distance ou envoyé un pouvoir peut à tout moment céder tout ou partie de ses obligations. En cas de transfert de propriété intervenant avant le jour de la séance ou la date fixée par le contrat d'émission en application de la dernière phrase du premier alinéa, et sauf dispositions particulières du contrat d'émission, la société invalide ou modifie en conséquence, avant l'ouverture de la séance de l'assemblée, le vote exprimé à distance ou le pouvoir de cet obligataire. Le cas échéant, l'intermédiaire teneur de compte notifie le transfert de propriété à la société ou à son mandataire et lui transmet les informations nécessaires à cette fin.

Art. R. 228-72. – Sauf clause contraire du contrat d'émission, l'assemblée générale des obligataires est réunie au siège de la société débitrice ou en tout autre lieu du même département.

(Al. rempl., D. n° 2012-1242, 8 nov. 2012) Toutefois, l'assemblée générale des seuls obligataires détenteurs de titres dont la valeur nominale unitaire est au moins égale à 100 000 euros ou, pour les titres libellés dans une devise autre que l'euro, dont la valeur nominale unitaire est, à la date d'émission, au moins égale à 100 000 euros, peut être réunie dans tout État membre de l'Union européenne ou partie à l'accord sur l'Espace économique européen, à la condition que tous les moyens et toutes les informations nécessaires pour permettre à ces obligataires d'exercer leurs droits soient disponibles dans cet État.

NB : Dispositions non applicables aux obligataires détenteurs de titres qui ont été admis à la négociation sur un marché réglementé de l'Union européenne avant le 31 décembre 2010 lorsque ces titres sont en cours, D. n° 2012-1242, 8 nov. 2012, art. 2.

Art. R. 228-73. – Les dispositions des articles R. 225-95, R. 225-101, R. 225-106 et R. 225-107 sont applicables aux assemblées d'obligataires.

Art. R. 228-74. – L'assemblée générale des obligataires fixe le lieu où sont déposés, avec la feuille de présence, les pouvoirs des obligataires représentés et les procès-verbaux.

Les copies ou extraits de procès-verbaux sont certifiés par un représentant de la masse ou par le secrétaire de l'assemblée.

Art. R. 228-75. – Les dispositions de l'article R. 225-79 sont applicables aux procurations données par les obligataires pour être représentés aux assemblées.

Art. R. 228-76. – En application des dispositions du premier alinéa de l'article L. 228-69, l'obligataire a le droit, pendant le délai de quinze jours qui précède la réunion de l'assemblée générale de la masse à laquelle il appartient, de prendre par lui-même ou par mandataire, au siège de la société débitrice, au lieu de la direction administrative ou, le cas échéant, en tout autre lieu fixé par la convocation, connaissance ou copie du texte des résolutions qui sont proposées et des rapports qui sont présentés à l'assemblée générale.

Le droit pour tout obligataire de prendre connaissance ou copie des procès-verbaux et feuilles de présence des assemblées générales de la masse à laquelle il appartient s'exerce au lieu de dépôt choisi par l'assemblée. L'obligataire exerce ce droit par lui-même ou par mandataire.

Art. R. 228-77. – Tout intéressé a le droit, à toute époque, d'obtenir de la société débitrice, l'indication du nombre des obligations émises et de celui des titres non encore remboursés.

Art. R. 228-78. – Dans le cas prévu par la deuxième phrase du premier alinéa de l'article L. 228-71, il est statué par ordonnance sur requête, non susceptible de recours, du président du tribunal de grande instance.

Art. R. 228-79 *(Mod., D. n° 2009-557, 19 mai 2009 ; D. n° 2018-229, 30 mars 2018)*. – Dans le cas prévu à l'article L. 228-72, la décision du conseil d'administration, du directoire ou du représentant légal de la société de passer outre au refus d'approbation par l'assemblée générale des obligataires est portée à la connaissance des obligataires selon les modalités prévues au contrat d'émission. Lorsque le contrat d'émission ne prévoit pas de telles modalités, la décision est publiée dans le journal habilité à recevoir des annonces légales dans lequel a été, le cas échéant, inséré l'avis de convocation de l'assemblée ainsi qu'au *Bulletin des annonces légales obligatoires*, si les obligations de la société sont admises aux négociations sur un marché réglementé ou si toutes ses obligations ne revêtent pas la forme nominative. Cette dernière insertion mentionne le titre et le lieu de publication du journal habilité à recevoir des annonces légales dans lequel a été effectuée la première insertion, ainsi que la date de celle-ci.

Le remboursement est demandé par l'obligataire dans le délai de trois mois à compter de l'insertion ou de la dernière des insertions prévues à l'alinéa précédent.

La société rembourse les obligations dans le délai de trente jours à compter de la demande de chaque obligataire.

Art. R. 228-80. – Dans les cas prévus à l'article L. 228-73, la décision du conseil d'administration, du directoire ou des gérants de passer outre est publiée dans les conditions prévues au premier alinéa de l'article R. 228-79.

Art. R. 228-81. – À la diligence de la société, et dans le délai de trente jours à compter de la date de l'acte authentique mentionné au deuxième alinéa de l'article L. 228-79, il est fait mention en marge de l'inscription de la sûreté soit de la souscription intégrale, soit de la souscription partielle des obligations émises et de la réduction des effets de la sûreté au montant effectivement souscrit, soit de la non-réalisation de l'émission pour défaut ou insuffisance de souscription. Cette dernière mention fait cesser les effets de l'inscription et entraîne sa radiation définitive.

Art. R. 228-82. – Le renouvellement de l'inscription prise est effectué aux frais de la société, sous la responsabilité du président du conseil d'administration, du directoire ou des gérants, selon le cas.

Art. R. 228-83 *(Mod., D. n° 2017-1165, 12 juill. 2017)*. – La mainlevée des inscriptions émane des représentants de la masse intéressée.

Hors les cas prévus au contrat d'émission, les représentants de la masse peuvent donner mainlevée des inscriptions, même sans constatation du remboursement de l'emprunt, s'ils ont été habilités à cet effet par une décision de l'assemblée générale des obligataires.

Hors le cas prévu à l'alinéa précédent, la mainlevée totale ou partielle des inscriptions ne peut être donnée par les représentants de la masse, qu'au cas de remboursement ou de versement entre leurs mains de l'intégralité du prix d'aliénation des biens à dégrever.

Les représentants de la masse ne sont tenus de donner mainlevée partielle des garanties en cas d'amortissement normal par tirage au sort ou rachat des obligations.

Art. R. 228-84. – En cas de sauvegarde, de redressement ou de liquidation judiciaire de la société débitrice, les avis et convocations destinés aux obligataires sont adressés aux représentants de la masse, selon le cas, par le représentant légal de la société ou l'administrateur ou le mandataire judiciaire.

Art. R. 228-85. – Le mandataire chargé d'assurer la représentation de la masse dans le cas prévu à l'article L. 228-85 est désigné par le président du tribunal de commerce statuant sur requête.

Il produit la créance de la masse, dans le délai de quinze jours à compter de sa désignation.

Art. R. 228-86. – En cas de liquidation judiciaire, les attestations d'inscription en compte des obligations au porteur ou, le cas échéant, les documents matérialisant ces obligations sont déposés entre les mains du liquidateur dans le délai imparti par le juge-commissaire.

Section VI. – Des valeurs mobilières donnant accès au capital ou donnant droit à l'attribution de titres de créances

Art. R. 228-87. – Pour l'application du 1° de l'article L. 228-99, lorsqu'il existe des valeurs mobilières donnant accès au capital, la société qui émet de nouveaux titres de capital avec droit préférentiel de souscription réservé à ses actionnaires, si les droits attachés aux valeurs mobilières donnant accès au capital ne peuvent s'exercer qu'à certaines dates, ouvre une période exceptionnelle pour permettre aux titulaires des droits attachés à des valeurs mobilières donnant accès au capital qui exerceraient ces droits de souscrire des titres nouveaux.

Elle prend, si l'exercice des droits attachés aux valeurs mobilières donnant accès au capital peut être exercé à tout moment, les dispositions nécessaires pour permettre aux titulaires qui exerceraient ces droits de souscrire des titres nouveaux.

Art. R. 228-88. – Pour l'application du 2° de l'article L. 228-99, lorsqu'il existe des valeurs mobilières donnant accès au capital, la société qui procède à l'attribution d'actions gratuites vire à un compte de réserve indisponible la somme nécessaire pour attribuer les actions gratuites aux titulaires des droits attachés aux valeurs mobilières donnant accès au capital qui exerceraient leur droit ultérieurement en nombre égal à celui qu'ils auraient reçu s'ils avaient été actionnaires au moment de l'attribution principale.

Art. R. 228-89. – Pour l'application du 2° de l'article L. 228-99, lorsqu'il existe des valeurs mobilières donnant accès au capital, la société qui procède à la distribution de réserves, en espèces ou en nature, ou de primes d'émission, vire à un compte de réserve indisponible la somme et, le cas échéant, conserve les biens en nature nécessaires pour remettre aux titulaires des droits attachés aux valeurs mobilières donnant accès au capital qui exerceraient leur droit ultérieurement la somme ou les biens qu'ils auraient reçus s'ils avaient été actionnaires au moment de la distribution.

Art. R. 228-90. – Lorsqu'il existe des valeurs mobilières donnant accès au capital, la société qui procède à l'achat de ses actions admises aux négociations sur un marché réglementé procède, lorsque le prix d'acquisition est supérieur au cours de bourse, à un ajustement du nombre d'actions que ces titres permettent d'obtenir.

Cet ajustement garantit, au centième d'action près, que la valeur des actions qui sont obtenues en cas d'exercice des droits attachés aux valeurs mobilières donnant accès au capital après la réalisation de l'opération est identique à la valeur de celles qui auraient été obtenues en cas d'exercice des droits avant cette opération.

À cet effet, les nouvelles bases d'exercice des droits sont calculées en tenant compte du rapport entre, d'une part, le produit du pourcentage du capital racheté par la différence entre le prix de rachat et une moyenne pondérée des cours des trois dernières séances de bourse au moins qui précèdent le rachat ou la faculté de rachat et, d'autre part, cette moyenne. Les éventuels ajustements successifs sont effectués à partir de la parité qui précède immédiatement, arrondie comme il est dit à l'alinéa précédent.

Le conseil d'administration ou le directoire rend compte des éléments de calcul et des résultats de l'ajustement dans le rapport annuel suivant

Art. R. 228-91. – Pour l'application du 3° de l'article L. 228-99, l'ajustement égalise, au centième d'action près, la valeur des titres qui sont obtenus en cas d'exercice des droits attachés aux valeurs mobilières donnant accès au capital après la réalisation de l'opération et la valeur des titres qui auraient été obtenus en cas d'exercice de ces droits avant la réalisation de l'opération.

À cet effet, les nouvelles bases d'exercice des droits attachés aux valeurs mobilières donnant accès au capital sont calculées en tenant compte :

1° En cas d'opération comportant un droit préférentiel de souscription et selon les stipulations du contrat d'émission :

a) Soit du rapport entre, d'une part, la valeur du droit préférentiel de souscription et, d'autre part, la valeur de l'action après détachement de ce droit telles qu'elles ressortent de la moyenne des premiers cours cotés pendant toutes les séances de bourse incluses dans la période de souscription ;

b) Soit du nombre de titres émis auxquels donne droit une action ancienne, du prix d'émission de ces titres et de la valeur des actions avant détachement du droit de souscription. Cette valeur est égale à la moyenne pondérée des cours des trois dernières séances de bourse au moins qui précèdent le jour du début de l'émission ;

2° En cas d'attribution d'actions gratuites, du nombre d'actions auquel donne droit une action ancienne ;

3° En cas de distribution de réserves, en espèces ou en nature, ou de primes d'émission, du rapport entre le montant par action de la distribution et la valeur de l'action avant la distribution. Cette valeur est égale à la moyenne pondérée des cours des trois dernières séances de bourse au moins qui précèdent le jour de la distribution ;

4° En cas de modification de la répartition des bénéfices, du rapport entre la réduction par action du droit aux bénéfices et la valeur de l'action avant cette modification. Cette valeur est égale à la moyenne pondérée des cours des trois dernières séances de bourse au moins qui précèdent le jour de la modification ;

5° En cas d'amortissement du capital, du rapport entre le montant par action de l'amortissement et la valeur de l'action avant l'amortissement. Cette valeur est égale à la moyenne pondérée des cours des trois dernières séances de bourse au moins qui précèdent le jour de l'amortissement.

Lorsque les actions de la société ne sont pas admises aux négociations sur un marché réglementé, le contrat d'émission prévoit les modalités d'ajustement, et notamment les modalités de détermination de la valeur de l'action à prendre en compte pour l'application des alinéas ci-dessus.

Le conseil d'administration ou le directoire rend compte des éléments de calcul et des résultats de l'ajustement dans le rapport annuel suivant.

Art. R. 228-92 *(Mod., D. n° 2009-557, 19 mai 2009).* – Si une société procède à une opération nécessitant l'application de l'article L. 228-99, elle en informe les titulaires des droits attachés aux valeurs mobilières donnant accès au capital intéressées par un avis.

Cet avis mentionne :

1° La dénomination sociale et, le cas échéant, le sigle de la société ;

2° La forme de la société ;

3° Le montant du capital social ;

4° L'adresse du siège social ;

5° Les mentions prévues aux 1° et 2° de l'article R. 123-237 ;

6° La nature de l'opération et, le cas échéant, de la catégorie des titres à émettre, le prix de souscription, la quotité du droit de souscription et les conditions de son exercice, les dates d'ouverture et de clôture de la souscription ;

7° Les dispositions prises par la société en application des articles R. 228-87 à R. 228-91.

Les indications prévues au présent article sont portées à la connaissance des titulaires des droits attachés à ces valeurs mobilières donnant accès au capital, par lettre recommandée avec demande d'avis de réception, quatorze jours au moins avant la date prévue de clôture de la souscription, en cas d'émission de titres, ou dans les quinze jours suivant la décision relative à l'opération envisagée, dans les autres cas.

Si les valeurs mobilières de la société donnant accès au capital sont admises aux négociations sur un marché réglementé ou si toutes ses valeurs mobilières donnant accès au capital ne revêtent pas la forme nominative, l'avis contenant ces indications est inséré, dans le même délai, dans une notice publiée au *Bulletin des annonces légales obligatoires*.

Art. R. 228-93. – Les augmentations de capital rendues nécessaires par l'exercice de droits attachés à des valeurs mobilières donnant accès au capital ne donnent pas lieu à la publicité prévue à l'article R. 225-120. Les bulletins de souscription sont établis selon les modalités de l'article R. 225-128, à l'exception des mentions prévues aux 6° et 7°. Les articles R. 225-129 à R. 225-135 ne sont pas applicables aux augmentations de capital réalisées par exercice de droits attachés à des valeurs mobilières donnant accès au capital.

La publication prévue à l'article R. 210-9 intervient dans le délai d'un mois.

Art. R. 228-94. – Lorsque, conformément à l'article L. 225-149, l'exercice des droits attachés aux valeurs mobilières donnant accès au capital fait apparaître un rompu, celui-ci est versé en espèces. Ce versement est égal au produit de la fraction d'action formant rompu par la valeur de l'action.

Dans les sociétés dont les actions sont admises aux négociations sur un marché réglementé, cette valeur est celle du cours coté lors de la séance de bourse du jour qui précède celui du dépôt de la demande d'exercice des droits.

Dans les autres sociétés, cette valeur est fixée conformément aux stipulations du contrat d'émission, soit sur la base des cours figurant au relevé quotidien des valeurs non admises aux négociations sur un marché réglementé, soit sur la base des capitaux propres de la société.

Le contrat d'émission peut prévoir que le titulaire des droits attachés aux valeurs mobilières donnant accès au capital a le droit de demander la délivrance du nombre entier d'actions à condition de verser à la société la valeur de la fraction d'action supplémentaire demandée, fixée conformément aux règles posées dans les deux alinéas précédents.

Art. R. 228-95. – Le droit de communication prévu à l'article L. 228-105 s'exerce dans les mêmes conditions que celles prévues par les articles R. 225-92 à R. 225-94.

Art. R. 228-96. – Les cours de bourse à retenir pour l'application du présent titre sont les derniers cours cotés.

CHAPITRE IX. – DE LA SOCIÉTÉ EUROPÉENNE

Section I. – Dispositions générales

Art. R. 229-1. – Les sociétés européennes immatriculées en France sont régies par les dispositions du présent chapitre et par celles applicables aux sociétés anonymes qui ne leur sont pas contraires.

Art. R. 229-2 *(Mod., D. n° 2009-11, 5 janv. 2009)*. – Le notaire qui procède aux contrôles prévus au dernier alinéa de l'article L. 229-2 et au deuxième alinéa de l'article L. 229-3 ne peut avoir ni instrumenté, ni rédigé d'actes sous seing privé, ni donné des consultations juridiques à l'occasion de l'opération pour laquelle le contrôle est effectué. Il ne peut davantage exercer dans une société ou dans un office qui aurait instrumenté, rédigé des actes sous seing privé ou donné des consultations juridiques à l'occasion de cette opération.

Section II. – Du transfert du siège social

Sous-section 1. – De la publicité et de la protection des droits des tiers

Art. R. 229-3 *(Mod., D. n° 2009-557, 19 mai 2009).* – **Le projet de transfert dans un autre État membre de la Communauté européenne du siège social d'une société européenne immatriculée en France, prévu au premier alinéa de l'article L. 229-2, fait l'objet d'un avis inséré dans un journal habilité à recevoir des annonces légales dans le département du siège social ainsi qu'au *Bulletin des annonces légales obligatoires* lorsque les actions de la société sont admises aux négociations sur un marché réglementé ou lorsque ses actions ne revêtent pas toutes la forme nominative.**

Cet avis comporte, outre les mentions prévues pour la modification des statuts, les indications suivantes :

1° La dénomination sociale suivie, le cas échéant, de son sigle, l'adresse du siège social, le montant du capital social ainsi que les mentions prévues aux 1° et 2° de l'article R. 123-237 ;

2° L'État dans lequel le transfert est envisagé ainsi que l'adresse prévisible du siège social ;

3° Le calendrier prévisible du transfert ;

4° Les modalités d'exercice des droits relatifs au rachat d'actions et à l'opposition des créanciers ;

5° La date du projet ainsi que la date et le lieu de son dépôt au greffe du tribunal dans le ressort duquel la société est immatriculée.

Il est procédé à ce dépôt et à la publicité prévue par le présent article au moins deux mois avant la date de la première assemblée générale appelée à statuer sur le transfert.

Art. R. 229-4. – **Les dispositions de l'article R. 210-11 ne sont pas applicables au transfert du siège d'une société européenne immatriculée en France dans un autre État membre de la Communauté européenne.**

Art. R. 229-5 *(Mod., D. n° 2009-557, 19 mai 2009).* – **La décision de l'assemblée générale extraordinaire prise en application du deuxième alinéa de l'article L. 229-2 fait l'objet d'un avis inséré dans un journal habilité à recevoir des annonces légales dans le département du siège social ainsi qu'au *Bulletin des annonces légales obligatoires* lorsque les actions de la société sont admises aux négociations sur un marché réglementé ou lorsque ses actions ne revêtent pas toutes la forme nominative.**

Cet avis comporte la date de l'assemblée générale extraordinaire et l'adresse du siège social.

Art. R. 229-6. – **L'opposition des actionnaires et leur demande de rachat, prévues au troisième alinéa de l'article L. 229-2, sont formées dans un délai d'un mois à compter de la dernière en date des publications prescrites par l'article R. 229-5.**

Elles sont portées à la connaissance de la société par lettre recommandée avec demande d'avis de réception.

Art. R. 229-7. – **La société adresse à chacun des actionnaires mentionnés à l'article précédent, dans un délai de quinze jours suivant la réception de sa demande, une offre de rachat par lettre recommandée avec demande d'avis de réception.**

Le prix proposé par la société aux actionnaires détenant des actions d'une même catégorie doit être identique.

Cette offre comporte le prix offert par action et le mode de paiement proposé ainsi que le délai pendant lequel l'offre est maintenue et le lieu où elle peut être acceptée.

Le délai mentionné à l'alinéa précédent ne peut être inférieur à vingt jours.

Lorsque les titres de la société européenne sont admis aux négociations sur un marché réglementé, leur évaluation est faite conformément au II de l'article L. 433-4 du Code monétaire et financier.

Art. R. 229-8. – **Toute contestation sur le prix offert est portée devant le tribunal dans le ressort duquel est situé le siège de la société, dans le délai mentionné au troisième alinéa de l'article R. 229-7.**

Tous les actionnaires intéressés par le rachat des actions sont mis en cause par la société dans les conditions prévues à l'article 331 du Nouveau Code de procédure civile ; ils procèdent alors conformément à l'article 333 de ce code.

Le prix est fixé selon les modalités prévues aux articles 1843-4 du Code civil et 17 du décret n° 78-704 du 3 juillet 1978 relatif à l'application de la loi n° 78-9 du 4 janvier 1978 modifiant le titre IX du livre III du Code civil.

Art. R. 229-9 *(Mod., D. n° 2009-557, 19 mai 2009).* – **L'offre d'acquisition des certificats d'investissement, prévue au quatrième alinéa de l'article L. 229-2, fait l'objet d'un avis inséré dans un journal**

habilité à recevoir des annonces légales dans le département du siège social ainsi qu'au *Bulletin des annonces légales obligatoires* lorsque les actions de la société sont admises aux négociations sur un marché réglementé ou lorsque ses actions ne revêtent pas toutes la forme nominative.

Cet avis comporte :

1° La dénomination sociale et la forme de la société, l'adresse du siège social et le montant du capital social ;

2° Le nombre de certificats d'investissement dont l'acquisition est envisagée ;

3° Le prix offert par certificat d'investissement et accepté par l'assemblée spéciale des porteurs de certificats d'investissement ;

4° Le délai pendant lequel l'offre d'acquisition est maintenue ainsi que le lieu où elle peut être acceptée. Ce délai ne peut être inférieur à vingt jours.

La publicité prévue au premier alinéa est remplacée pour les porteurs de certificats d'investissement nominatifs par l'envoi à chacun d'eux d'une lettre recommandée avec demande d'avis de réception, aux frais de la société. Cette lettre comporte les mêmes mentions que celles de l'avis.

Le délai dans lequel les porteurs de certificats d'investissement peuvent céder leurs titres est de trente jours à compter de la dernière en date des formalités de publicité.

Art. R. 229-10 *(Mod., D. n° 2009-557, 19 mai 2009)*. – L'offre de remboursement des obligataires, prévue au cinquième alinéa de l'article L. 229-2, fait l'objet d'un avis donnant lieu à deux insertions successives, espacées d'au moins dix jours, dans deux journaux d'annonces légales du département du siège social ainsi qu'au *Bulletin des annonces légales obligatoires* lorsque les actions de la société sont admises aux négociations sur un marché réglementé ou lorsque ses obligations ou que ses obligations ne revêtent pas toutes la forme nominative.

La publicité prévue à l'alinéa précédent est remplacée, pour les titulaires d'obligations nominatives, par l'envoi à chacun d'eux d'une lettre recommandée avec demande d'avis de réception, aux frais de la société.

Le délai dans lequel les obligataires peuvent demander le remboursement de leurs titres est de trois mois à compter, selon le cas, de la dernière en date des formalités de publicité ou de la réception de la dernière lettre recommandée.

Ce délai est indiqué dans l'avis et dans la lettre mentionnés aux premier et deuxième alinéas.

Art. R. 229-11. – L'opposition d'un créancier non obligataire, prévue au sixième alinéa de l'article L. 229-2, est formée dans un délai de trente jours à compter de la dernière en date des publications de l'insertion mentionnée à l'article R. 229-3.

Sous-section 2. – Du contrôle de légalité du transfert de siège social

Art. R. 229-12. – Aux fins de délivrance du certificat mentionné au septième alinéa de l'article L. 229-2, la société européenne produit au notaire chargé d'effectuer le contrôle de légalité un dossier contenant au moins les éléments suivants :

1° Les statuts de la société ;

2° Le projet de transfert du siège social ;

3° Une copie des avis relatifs aux publicités prévues par la présente section ;

4° Une copie du procès-verbal des assemblées mentionnées au quatrième alinéa de l'article L. 229-2 ;

5° Des indications relatives aux conséquences du transfert sur l'implication des travailleurs au sens des articles L. 2351-1 *(Anc. art. L. 439-25, dénum., Ord. n° 2007-329, 12 mars 2007)* à L. 2354-1 *(Anc. art. L. 439-50, dénum., ord. n° 2007-329, 12 mars 2007)* du Code du travail.

Section III. – De la constitution de la société européenne

Sous-section 1. – De la constitution par fusion

Art. D. 229-13. – *(Anc. art. R. 229-13 ; rempl., D. n° 2009-1559, 14 déc. 2009)* Le greffier dispose d'un délai de huit jours à compter du dépôt de la déclaration de conformité pour délivrer l'attestation de conformité des actes et formalités préalables à la fusion prévue à l'article L. 229-3.

Art. D. 229-13-1 *(D. n° 2009-1559, 14 déc. 2009).* – Aux fins d'immatriculation de la société européenne constituée par voie de fusion, chaque société qui participe à l'opération remet au notaire ou au greffier du tribunal dans le ressort duquel la société issue de la fusion sera immatriculée, qui a été chargé du contrôle de la légalité, outre le certificat mentionné au troisième alinéa de l'article L. 229-3 datant de moins de six mois, un dossier contenant au moins les documents suivants :

1° Les statuts de la société européenne ;

2° Le projet commun de fusion ;

3° Une copie des avis relatifs aux publicités prévues par le présent livre ;

4° Une copie du procès-verbal des assemblées mentionnées aux articles L. 236-9 et L. 236-13 ;

5° Un document attestant que les sociétés qui fusionnent ont approuvé le projet de fusion dans les mêmes termes et qu'ont été fixées les modalités relatives à l'implication des travailleurs conformément aux articles L. 2351-1 à L. 2354-4 du Code du travail.

Art. D. 229-13-2 *(D. n° 2009-1559, 14 déc. 2009).* – Le contrôle de légalité mentionné à l'article L. 229-3 est accompli dans un délai de quinze jours à compter de la réception de l'ensemble des documents mentionnés à l'article D. 229-13-1.

Art. R. 229-14 *(Mod., D. n° 2009-557, 19 mai 2009).* – La dissolution de la société européenne pour l'un des motifs mentionnés au sixième alinéa de l'article L. 229-3 peut être demandée en justice par tout intéressé.

La publicité de la décision judiciaire qui prononce la dissolution de la société européenne est faite par insertion au *Bulletin officiel des annonces civiles et commerciales* et dans un journal habilité à recevoir des annonces légales dans le département du siège social ainsi qu'au *Bulletin des annonces légales obligatoires* lorsque les actions de la société sont admises aux négociations sur un marché réglementé ou lorsque ses actions ne revêtent pas toutes la forme nominative.

Sous-section 2. – De la constitution d'une société européenne holding

Art. R. 229-15 *(Mod., D. n° 2009-557, 19 mai 2009).* – Le projet de constitution d'une société européenne holding fait l'objet, par chaque société immatriculée en France qui participe à l'opération, d'un avis inséré dans un journal habilité à recevoir des annonces légales dans le département du siège social ainsi qu'au *Bulletin des annonces légales obligatoires* lorsque les actions de l'une au moins de ces sociétés sont admises aux négociations sur un marché réglementé ou lorsque les actions de l'une au moins de ces sociétés ne revêtent pas toutes la forme nominative.

Cet avis comporte les indications suivantes :

1° La dénomination de la société promotrice suivie, le cas échéant, de son sigle, l'adresse de son siège social, le montant de son capital social, les mentions prévues aux 1° et 2° de l'article R. 123-237 et, le cas échéant, son numéro d'immatriculation dans l'État où elle a son siège ;

2° La dénomination sociale suivie, le cas échéant, de son sigle, l'adresse du siège social et le montant du capital envisagés de la société européenne holding ;

3° La mention du pourcentage minimal des actions ou parts de chacune des sociétés promouvant l'opération que les actionnaires ou porteurs devront apporter pour que la société soit constituée ;

4° Le rapport d'échange de parts sociales ou d'actions et, le cas échéant, le montant de la soulte due ;

5° La date du projet ainsi que la date et le lieu de son dépôt au greffe du tribunal dans le ressort duquel chaque société promotrice est immatriculée.

Il est procédé à ce dépôt et à la publicité prévue au premier alinéa un mois au moins avant la date de la première assemblée appelée à statuer sur l'opération.

Art. R. 229-16. – Les commissaires à la constitution de la société européenne holding sont désignés et accomplissent leur mission dans les conditions prévues par l'article R. 225-7.

Art. R. 229-17. – Outre les mentions du paragraphe 5 de l'article 32 du règlement (CE) n° 2157/2001 du Conseil du 8 octobre 2001 relatif au statut de la société européenne, les commissaires à la constitution précisent, dans le rapport mentionné au troisième alinéa de l'article L. 229-5, la date à laquelle ont été arrêtés les comptes qui ont servi à l'évaluation des parts ou actions concourant à la formation de la société européenne holding.

Art. R. 229-18 *(Mod., D. n° 2009-557, 19 mai 2009)*. – La décision de l'assemblée générale de chaque société immatriculée en France qui participe à la constitution de la société européenne holding fait l'objet d'un avis inséré, par chacune d'entre elles, dans un journal habilité à recevoir des annonces légales dans le département de leur siège respectif ainsi qu'au *Bulletin des annonces légales obligatoires* lorsque les actions de la société sont admises aux négociations sur un marché réglementé ou lorsque ses actions ne revêtent pas toutes la forme nominative.

Cet avis comporte les indications suivantes :

1° La date de l'assemblée générale extraordinaire ;

2° L'adresse du siège social ;

3° Les modalités suivant lesquelles les actionnaires et porteurs de parts communiquent aux sociétés promotrices leur intention d'apporter leurs actions ou parts en vue de la constitution de la société européenne et le délai de trois mois qui leur est conféré à compter de la publication de l'avis pour y procéder.

Art. R. 229-19. – Lorsque les conditions de constitution de la société européenne holding sont réunies, chaque société immatriculée en France qui participe à l'opération fait insérer un avis le constatant dans un journal habilité à recevoir des annonces légales au niveau national ainsi qu'au *Bulletin officiel des annonces civiles et commerciales*.

Cet avis comporte, pour la société promotrice, les indications suivantes :

1° La date du projet et de sa publication ;

2° La date de l'assemblée générale ayant approuvé le projet de constitution ;

3° La date à laquelle les actionnaires ou associés ont apporté le pourcentage de parts ou d'actions en vue de la constitution de la société européenne.

Sous-section 3. – De la constitution par transformation d'une société anonyme

Art. R. 229-20 *(Mod., D. n° 2009-557, 19 mai 2009)*. – Le projet de transformation de la société anonyme, prévu au deuxième alinéa de l'article L. 225-245-1, fait l'objet d'un avis inséré dans un journal habilité à recevoir des annonces légales dans le département du siège social ainsi qu'au *Bulletin des annonces légales obligatoires* lorsque les actions de la société sont admises aux négociations sur un marché réglementé ou lorsque ses actions ne revêtent pas toutes la forme nominative.

Cet avis comporte les indications suivantes :

1° La dénomination sociale suivie, le cas échéant, de son sigle, l'adresse du siège social, le montant du capital social et les mentions prévues aux 1° et 2° de l'article R. 123-237 ;

2° La mention que la société anonyme envisage de se transformer en société européenne ;

3° La date du projet ainsi que la date et le lieu de son dépôt au greffe du tribunal dans le ressort duquel la société est immatriculée.

Il est procédé à ce dépôt et à la publicité prévue au premier alinéa un mois au moins avant la date de la première assemblée appelée à statuer sur l'opération.

Art. R. 229-21. – Les commissaires à la transformation sont désignés et accomplissent leur mission dans les conditions prévues par l'article R. 225-7.

Art. R. 229-22. – La transformation d'une société anonyme en société européenne immatriculée en France est publiée dans les conditions prévues par l'article R. 225-165.

Section IV. – De l'administration de la société européenne

Art. R. 229-23. – Le membre du conseil de surveillance, qui assure, en application du deuxième alinéa de l'article L. 229-7, les fonctions de membre du directoire en cas de vacance au sein de celui-ci, est nommé pour le temps restant à courir jusqu'au renouvellement du directoire, sans que ce délai puisse excéder six mois.

Section V. – De la transformation de la société européenne en société anonyme

Art. R. 229-24 *(Mod., D. n° 2009-557, 19 mai 2009)*. – Le projet de transformation de la société européenne, prévu au deuxième alinéa de l'article L. 229-10, fait l'objet d'un avis inséré dans un journal

habilité à recevoir des annonces légales dans le département du siège social ainsi qu'au *Bulletin des annonces légales obligatoires* lorsque les actions de la société sont admises aux négociations sur un marché réglementé ou lorsque ses actions ne revêtent pas toutes la forme nominative.

Cet avis comporte les indications suivantes :

1° La dénomination sociale suivie, le cas échéant, de son sigle, l'adresse du siège social, le montant du capital social et les mentions prévues aux 1° et 2° de l'article R. 123-237 ;

2° La mention que la société européenne envisage de se transformer en société anonyme ;

3° La date du projet ainsi que la date et le lieu de son dépôt au greffe du tribunal dans le ressort duquel la société est immatriculée.

Il est procédé à ce dépôt et à la publicité prévue au premier alinéa un mois au moins avant la date de la première assemblée appelée à statuer sur l'opération.

Art. R. 229-25. – Les commissaires à la transformation sont désignés et accomplissent leur mission dans les conditions prévues par l'article R. 225-7.

Art. R. 229-26. – La transformation d'une société européenne immatriculée en France en société anonyme est publiée dans les conditions prévues à l'article R. 225-165.

TITRE III. – DISPOSITIONS COMMUNES AUX DIVERSES SOCIÉTÉS COMMERCIALES

CHAPITRE I. – DU CAPITAL VARIABLE

Le présent chapitre ne comprend pas de dispositions réglementaires.

CHAPITRE II. – DES COMPTES SOCIAUX

Section I. – Des documents comptables

Art. R. 232-1. – Les comptes annuels, le rapport de gestion ainsi que, le cas échéant, les comptes consolidés et le rapport sur la gestion du groupe sont tenus, au siège social, à la disposition des commissaires aux comptes un mois au moins avant la convocation de l'assemblée des associés ou des actionnaires appelés à statuer sur les comptes annuels de la société.

Les documents mentionnés à l'alinéa précédent sont délivrés, en copie, aux commissaires aux comptes qui en font la demande.

Art. R. 232-1-1 *(Abr., D. n° 2015-903, 23 juill. 2015).*

> **Rédaction antérieure.** Art. R. 232-1-1 *(D. n° 2011-55, 13 janv. 2011).* – Pour l'application du IV de l'article L. 232-1 relatif à l'établissement du rapport de gestion, le total du bilan est fixé à 1 000 000 €, le montant hors taxe du chiffre d'affaires à 2 000 000 € et le nombre moyen de salariés permanents employés au cours de l'exercice à vingt.
>
> Le total du bilan, le montant hors taxe du chiffre d'affaires et le nombre moyen de salariés sont déterminés conformément aux quatrième, cinquième et sixième alinéas de l'article R. 123-200.

Art. R. 232-2. – Les sociétés commerciales qui, à la clôture d'un exercice social, comptent trois cents salariés ou plus ou dont le montant net du chiffre d'affaires, à la même époque, est égal ou supérieur à 18 000 000 €, sont tenues d'établir les documents mentionnés à l'article L. 232-2.

Elles cessent d'être assujetties à cette obligation lorsqu'elles ne remplissent aucune de ces conditions pendant deux exercices successifs.

Les salariés pris en compte sont ceux qui, par un contrat de travail à durée indéterminée, sont liés à la société et aux sociétés dont cette dernière détient directement ou indirectement plus de la moitié du capital. Le nombre de salariés est égal à la moyenne arithmétique des effectifs à la fin de chaque trimestre de l'année civile ou de l'exercice comptable lorsque celui-ci ne coïncide pas avec l'année civile.

Le montant net du chiffre d'affaires est égal au montant des ventes de produits et services liés à l'activité courante diminué des réductions sur ventes, de la taxe sur la valeur ajoutée et des taxes assimilées.

Art. R. 232-3. – Le conseil d'administration, le directoire ou les gérants des sociétés mentionnées à l'article R. 232-2, selon le cas, établissent :

1° Semestriellement, dans les quatre mois qui suivent la clôture de chacun des semestres de l'exercice, la situation de l'actif réalisable et disponible, valeurs d'exploitation exclues, et du passif exigible ;

2° Annuellement :

a) Le tableau de financement en même temps que les comptes annuels dans les quatre mois qui suivent la clôture de l'exercice écoulé ;

b) Le plan de financement prévisionnel ;

c) Le compte de résultat prévisionnel.

Le plan de financement et le compte de résultat prévisionnels sont établis au plus tard à l'expiration du quatrième mois qui suit l'ouverture de l'exercice en cours ; le compte de résultat prévisionnel est, en outre, révisé dans les quatre mois qui suivent l'ouverture du second semestre de l'exercice.

Art. R. 232-4. – Les rapports prévus aux articles L. 232-3 et L. 232-4 sont joints aux documents mentionnés à l'article R. 232-3.

Ces rapports complètent et commentent l'information donnée par ces documents. Ils décrivent les conventions comptables, les méthodes utilisées et les hypothèses retenues et en justifient la pertinence et la cohérence.

Art. R. 232-5. – Les règles de présentation et les méthodes utilisées pour l'élaboration des documents mentionnés à l'article R. 232-3 ne peuvent être modifiées d'une période à l'autre sans qu'il en soit justifié dans les rapports mentionnés à l'article R. 232-4. Ces derniers décrivent l'incidence de ces modifications.

Les postes du tableau de financement, du plan de financement prévisionnel et du compte de résultat prévisionnel comportent l'indication du chiffre relatif au poste correspondant de l'exercice précédent.

Les postes de la situation de l'actif réalisable et disponible, valeurs d'exploitation exclues, et du passif exigible comportent l'indication des chiffres relatifs aux postes correspondants des deux semestres précédents.

Les documents mentionnés à l'article R. 232-3 font apparaître, chacun en ce qui le concerne, la situation de trésorerie de la société, ses résultats prévisionnels ainsi que ses moyens et prévisions de financement. S'il y a lieu, des informations complémentaires sont fournies en vue de permettre le rapprochement des données qu'ils contiennent de celles des comptes annuels.

Le compte de résultat prévisionnel peut comporter une ou plusieurs variantes lorsque des circonstances particulières le justifient.

Art. R. 232-6. – Dans les huit jours de leur établissement, les documents et rapports mentionnés aux articles R. 232-3 et R. 232-4 sont communiqués au commissaire aux comptes, au comité d'entreprise et au conseil de surveillance.

Art. R. 232-7. – Lorsqu'en application des articles L. 232-3 et L. 232-4, le commissaire aux comptes formule des observations, il les consigne dans un rapport écrit adressé au conseil d'administration, au directoire ou aux gérants ainsi qu'au comité d'entreprise dans le mois qui suit l'expiration des délais prévus à l'article R. 232-3.

Lorsqu'en application de l'article L. 232-4, le commissaire aux comptes demande que son rapport soit communiqué aux associés, les gérants procèdent à cette communication dans le délai de huit jours à compter de la réception du rapport.

Art. R. 232-8. – Une société consolidante au sens du premier alinéa de l'article L. 232-5 effectue, lorsqu'elle exerce l'option prévue à cet article, les retraitements conformes aux règles de la consolidation sur les éléments des comptes des sociétés qu'elle contrôle directement ou indirectement.

Ces retraitements peuvent être effectués, pour l'application du troisième alinéa de l'article L. 232-5, sous la responsabilité de la société consolidante par les sociétés contrôlées.

Pour l'application de cette méthode, la société inscrit distinctement, à l'actif du bilan, la somme des quotes-parts des capitaux propres avant répartition du résultat, qu'elles soient positives ou négatives, et du montant net de l'écart non affecté de première consolidation.

La différence entre cette somme et le prix d'acquisition des titres est portée dans les capitaux propres à un poste d'écart d'équivalence.

Lors de la première application de cette méthode d'évaluation, les provisions portées en déduction des valeurs des titres sont transférées au poste d'écart d'équivalence.

Si l'écart d'équivalence devient négatif, une dépréciation globale du portefeuille est dotée par le débit du compte de résultat.

Section II. – Dispositions particulières aux sociétés dont les actions sont admises à la négociation sur un marché réglementé et à certaines de leurs filiales

Art. R. 232-9 et R. 232-10 *(Abr., D. n° 2008-258, 13 mars 2008).*

Art. R. 232-11 *(Mod., D. n° 2008-258, 13 mars 2008).* **– Les sociétés dont les actions sont admises, en tout ou partie, aux négociations sur un marché réglementé publient au *Bulletin des annonces légales obligatoires* dans les quarante-cinq jours qui suivent l'approbation des comptes par l'assemblée générale ordinaire des actionnaires les documents suivants :**

1° Les comptes annuels approuvés, revêtus de l'attestation des commissaires aux comptes ;

2° La décision d'affectation des résultats ;

3° Les comptes consolidés revêtus de l'attestation des commissaires aux comptes. Les informations prévues aux 5°, 6°, 7° et 8° de l'article R. 233-14 peuvent être omises si elles figurent dans les comptes consolidés déposés au greffe du tribunal à la clôture de l'exercice.

Lorsque la publicité des comptes consolidés, effectuée soit en application des dispositions du I de l'article L. 451-1-2 du Code monétaire et financier, soit en application du présent article, n'inclut pas les 5°, 6°, 7° et 8° de l'article R. 233-14, il est fait mention du dépôt au greffe du tribunal des comptes consolidés comprenant ces informations.

Les sociétés intéressées sont dispensées de la publication des documents mentionnés à l'alinéa précédent si les projets correspondants ont été approuvés sans modification par l'assemblée générale ordinaire des actionnaires, et si elles font insérer dans le même délai au *Bulletin des annonces légales obligatoires* un avis mentionnant la référence de la publication effectuée en application des dispositions du I de l'article L. 451-1-2 du Code monétaire et financier et contenant l'attestation des commissaires aux comptes.

Voir : Sanctions pénales, C. com., art. R. 247-1, p. 704.

Art. R. 232-12 *(Abr., D. n° 2008-258, 13 mars 2008).*

Art. R. 232-13 *(Rempl., D. n° 2008-258, 13 mars 2008).* **– Dans les quatre mois qui suivent la fin du premier semestre de leur exercice, les sociétés dont les actions sont admises, en tout ou partie, aux négociations sur un marché réglementé, annexent et déposent auprès de l'Autorité des marchés financiers le rapport semestriel prévu au troisième alinéa de l'article L. 232-7. Ce rapport contient les mêmes informations que celles prévues au III de l'article L. 451-1-2 du Code monétaire et financier.**

Voir : Sanctions pénales, C. com., art. R. 247-1, p. 704.

Application aux sociétés cotées au second marché. Sous C. com., art. L. 232-7, annot., p. 484.

Art. R. 232-14 à R. 232-16 *(Abr., D. n° 2008-258, 13 mars 2008).*

Section III. – Des bénéfices

Art. R. 232-17. – Dans le cas prévu au deuxième alinéa de l'article L. 232-12, le conseil d'administration, le directoire ou les gérants, selon le cas, ont qualité pour décider de répartir un acompte à valoir sur le dividende et pour fixer le montant et la date de la répartition.

Pouvoirs. L'article L. 232-12 du Code de commerce et l'article 245-1 du décret du 23 mars 1967 *[C. com., art. R. 232-17]* qui confèrent au gérant de la société la faculté de distribuer un acompte sur dividendes à une époque où l'assemblée ne s'est pas encore prononcée, ne peuvent permettre la remise en cause des délibérations de l'assemblée générale sur l'affectation des résultats. La décision des associés est souveraine et s'impose au gérant, peu important que les comptes annuels aient été clôturés au sens comptable ou fiscal et qu'il existe des bénéfices. Des associés ne sauraient de plus exercer au lieu et place du gérant une faculté qui est exclusivement la sienne, ni demander à la justice d'imposer à la société une décision s'opposant à celle de l'assemblée générale : ▪ CA Toulouse, 7 févr. 2002 : *JurisData* n° 2002-180804.

Art. R. 232-18. – Le délai de neuf mois à compter de la clôture de l'exercice, prévu à l'article L. 232-13, peut être prolongé par ordonnance du président du tribunal de commerce statuant sur requête, à la demande des gérants, du conseil d'administration ou du directoire, selon le cas.

Section IV. – De la publicité des comptes

Art. R. 232-19. – Dès le dépôt prévu à l'article L. 232-21, le greffier du tribunal de commerce fait insérer au *Bulletin officiel des annonces civiles et commerciales* un avis ainsi rédigé :

« La SNC ... ayant son siège à ..., dont le numéro unique d'identification est ..., a déposé au greffe du tribunal de commerce de ..., où elle est immatriculée au registre du commerce et des sociétés, les comptes annuels (les comptes consolidés) et les rapports de l'exercice clos le ... en application des dispositions de l'article L. 232-21 ».

Art. R. 232-19-1 *(D. n° 2014-1063, 18 sept. 2014)*. – Pour l'application des dispositions du dernier alinéa du I de l'article L. 232-21, une copie du rapport de gestion est délivrée à toute personne, à ses frais, au siège de la société sur simple demande. Les frais de délivrance ne peuvent excéder le coût de la reproduction. L'intéressé est avisé, lors de sa demande, du montant total des frais à acquitter dont le paiement préalable peut être exigé.

Art. R. 232-20. – Dès le dépôt prévu à l'article L. 232-22, le greffier du tribunal de commerce fait insérer au *Bulletin officiel des annonces civiles et commerciales* un avis ainsi rédigé :

« La SARL... ayant son siège à..., dont le numéro unique d'identification est..., a déposé au greffe du tribunal de commerce de..., où elle est immatriculée au registre du commerce et des sociétés, les comptes annuels (les comptes consolidés) et les rapports de l'exercice clos le... en application des dispositions de l'article L. 232-22 ».

Art. R. 232-20-1 *(D. n° 2014-1063, 18 sept. 2014)*. – Pour l'application des dispositions du dernier alinéa du I de l'article L. 232-22, une copie du rapport de gestion est délivrée à toute personne, à ses frais, au siège de la société sur simple demande. Les frais de délivrance ne peuvent excéder le coût de la reproduction. L'intéressé est avisé, lors de sa demande, du montant total des frais à acquitter dont le paiement préalable peut être exigé.

Art. R. 232-21 *(Mod., D. n° 2014-1189, 15 oct. 2014)*. – Dès le dépôt prévu à l'article L. 232-23, le greffier du tribunal de commerce, fait insérer au *Bulletin officiel des annonces civiles et commerciales* un avis ainsi rédigé :

« La SA (ou la SCA ou la SAS ou la SE)... ayant son siège social à..., dont le numéro unique d'identification est..., a déposé au greffe du tribunal de commerce de..., où elle est immatriculée au registre du commerce et des sociétés, les comptes annuels (les comptes consolidés) et les rapports de l'exercice clos le... en application des dispositions des articles L. 232-23. »

Art. R. 232-21-1 *(D. n° 2014-1063, 18 sept. 2014)*. – Pour l'application des dispositions du dernier alinéa du I de l'article L. 232-23, une copie du rapport de gestion est délivrée à toute personne, à ses frais, au siège de la société sur simple demande. Les frais de délivrance ne peuvent excéder le coût de la reproduction. L'intéressé est avisé, lors de sa demande, du montant total des frais à acquitter dont le paiement préalable peut être exigé.

Art. R. 232-22 *(Mod., D. n° 2014-1189, 15 oct. 2014)*. – Lorsque le dépôt des documents comptables est accompagné d'une déclaration de confidentialité des comptes annuels en application de l'article R. 123-111-1, le greffier du tribunal de commerce complète la demande d'insertion de l'avis au *Bulletin officiel des annonces civiles et commerciales* faite en application des articles R. 232-19 à R. 232-22, comme suit :

Les comptes annuels sont accompagnés d'une déclaration de confidentialité en application du premier *(Mots aj., D. n° 2016-296, 11 mars 2016)* « ou deuxième » alinéa de l'article L. 232-25.

CHAPITRE III. – DES FILIALES, DES PARTICIPATIONS ET DES SOCIÉTÉS CONTRÔLÉES

Section I. – Des notifications et des informations

Art. R. 233-1 *(Rempl., D. n° 2009-557, 19 mai 2009).* – **Pour l'application du VII de l'article L. 233-7, l'information est adressée à la société et doit parvenir à l'Autorité des marchés financiers au plus tard avant la clôture des négociations du cinquième jour de bourse suivant le jour du franchissement du seuil de participation donnant lieu à l'application de cet article.**

Art. R. 233-1-1 *(D. n° 2009-557, 19 mai 2009).* – **Pour l'application du VII de l'article L. 233-7, l'information est adressée à la société et doit parvenir à l'Autorité des marchés financiers au plus tard avant la clôture des négociations du cinquième jour de bourse suivant le jour du franchissement du seuil de participation donnant lieu à l'application de cet article.**

Art. R. 233-2. – **L'information des actionnaires prévue au I de l'article L. 233-8 prend la forme d'un avis publié dans un journal habilité à recevoir les annonces légales dans le département où la société a son siège avant l'expiration d'un délai de quinze jours à compter de la date de l'assemblée générale ordinaire annuelle ou de la date à laquelle la société a eu connaissance, entre deux assemblées générales, d'une variation du nombre total des droits de vote au moins égale au pourcentage fixé par l'arrêté ministériel mentionné au I du même article.**

Section II. – Des comptes consolidés

Art. R. 233-3. – **L'établissement des comptes consolidés prévu par le présent livre s'effectue par intégration globale, par intégration proportionnelle ou par mise en équivalence.**

Dans l'intégration globale, le bilan consolidé reprend les éléments du patrimoine de la société consolidante, à l'exception des titres des sociétés consolidées à la valeur comptable desquels est substitué l'ensemble des éléments actifs et passifs constitutifs des capitaux propres de ces sociétés déterminés d'après les règles de consolidation.

Dans l'intégration proportionnelle est substituée à la valeur comptable de ces titres la fraction représentative des intérêts de la société ou des sociétés détentrices dans les éléments actifs et passifs constitutifs des capitaux propres de ces sociétés déterminés d'après les règles de consolidation.

Dans la mise en équivalence est substituée à la valeur comptable de ces titres la part des capitaux propres de ces sociétés déterminés d'après les règles de consolidation.

Art. R. 233-4. – **Le compte de résultat consolidé reprend :**

1° Les éléments constitutifs :

***a)* Du résultat de la société consolidante ;**

***b)* Du résultat des sociétés consolidées par intégration globale ;**

***c)* De la fraction du résultat des sociétés consolidées par intégration proportionnelle représentative des intérêts de la société ou des sociétés détentrices ;**

2° La fraction du résultat des sociétés consolidées par mise en équivalence, représentative soit des intérêts directs ou indirects de la société consolidante, soit des intérêts de la société ou des sociétés détentrices.

Art. R. 233-5 *(Rempl., D. n° 2015-903, 23 juill. 2015).* – **L'écart de première consolidation d'une société est réparti dans les postes appropriés du bilan consolidé ; la partie non affectée de cet écart est inscrite au poste « écart d'acquisition » à l'actif ou au passif du bilan consolidé.**

L'écart d'acquisition comptabilisé à l'actif est rapporté au résultat sur sa durée d'utilisation. Dans des cas exceptionnels, lorsque sa durée d'utilisation ne peut être déterminée de façon fiable, il est amorti sur une période de dix ans.

Que sa durée d'utilisation soit limitée ou non, l'écart d'acquisition comptabilisé à l'actif fait l'objet d'une dépréciation lorsque sa valeur d'inventaire est inférieure à sa valeur comptable si l'on prévoit que la perte de valeur sera durable. Ces dépréciations ne sont jamais reprises.

Un règlement de l'Autorité des normes comptables fixe les critères permettant de déterminer la durée d'utilisation, limitée ou non, de l'écart d'acquisition comptabilisé à l'actif et les conditions selon lesquelles l'écart d'acquisition comptabilisé au passif est rapporté au résultat.

Art. R. 233-6. – Les titres représentatifs du capital de la société consolidante détenus par les sociétés consolidées sont classés selon la destination qui leur est donnée dans ces sociétés.

Les titres immobilisés sont portés distinctement en diminution des capitaux propres consolidés.

Les titres de placement sont maintenus dans l'actif consolidé.

Art. R. 233-7. – Le chiffre d'affaires consolidé est égal au montant des ventes de produits et services liés aux activités courantes de l'ensemble constitué par les sociétés consolidées par intégration. Il comprend, après élimination des opérations internes :

1° Le montant net, après retraitements éventuels, du chiffre d'affaires réalisé par les sociétés consolidées par intégration globale ;

2° La quote-part de la société ou des sociétés détentrices dans le montant net, après retraitements éventuels, du chiffre d'affaires réalisé par les sociétés consolidées par intégration proportionnelle.

Art. R. 233-8. – La consolidation impose :

1° Le classement des éléments d'actif et de passif ainsi que des éléments de charge et de produit des entreprises consolidées par intégration selon le plan de classement retenu pour la consolidation ;

2° L'évaluation au moyen des retraitements nécessaires des éléments d'actif et de passif ainsi que des éléments de charge et de produit des entreprises consolidées selon les méthodes d'évaluation retenues pour la consolidation ;

3° L'élimination de l'incidence sur les comptes des écritures passées pour la seule application des législations fiscales et notamment pour ce qui concerne les subventions d'investissement, les provisions réglementées et l'amortissement des immobilisations ;

4° L'élimination des résultats internes à l'ensemble consolidé, y compris les dividendes ;

5° La constatation de charges lorsque les impositions afférentes à certaines distributions prévues entre des entreprises consolidées par intégration ne sont pas récupérables ainsi que la prise en compte de réductions d'impôt lorsque des distributions prévues en font bénéficier des entreprises consolidées par intégration ;

6° L'élimination des comptes réciproques des entreprises consolidées par intégration.

Toutefois, par dérogation au 6° ci-dessus et sous réserve d'en justifier dans l'annexe, un actif immobilisé peut-être maintenu à la nouvelle valeur résultant d'une opération entre les sociétés consolidées par intégration lorsque cette opération a été conclue conformément aux conditions normales du marché et que l'élimination du supplément de valeur d'actif entraînerait des frais disproportionnés ; dans ce cas, l'écart qui en résulte est inscrit directement dans les réserves.

La société consolidante peut omettre d'effectuer certaines des opérations décrites au présent article, lorsqu'elles sont d'incidence négligeable sur le patrimoine, la situation financière et le résultat de l'ensemble constitué par les entreprises comprises dans la consolidation.

Art. R. 233-9. – L'écart constaté d'un exercice à l'autre et qui résulte de la conversion en euros des comptes d'entreprises libellés dans une autre monnaie est inscrit distinctement soit dans les capitaux propres consolidés, soit au compte de résultat consolidé, selon la méthode de conversion retenue.

Art. R. 233-10 *(Mod., D. n° 2015-903, 23 juill. 2015).* – L'établissement des comptes consolidés peut s'effectuer en utilisant, outre les méthodes d'évaluation prévues aux articles L. 123-18 à L. 123-21, les méthodes d'évaluation fixées par un règlement de l'Autorité des normes comptables.

Les biens détenus par des organismes qui sont soumis à des règles d'évaluation fixées par des lois particulières peuvent être maintenus dans les comptes consolidés à la valeur qui résulte de l'application de ces règles.

Art. R. 233-11 *(Mod., D. n° 2015-903, 23 juill. 2015).* – Le bilan consolidé établi selon un modèle fixé par un règlement de l'Autorité des normes comptables est présenté soit sous forme de tableau, soit sous forme de liste. Il fait au moins apparaître de façon distincte :

1° Au titre de l'actif immobilisé, les immobilisations incorporelles, les immobilisations corporelles, les immobilisations financières ;

1° *bis* Au titre de l'actif circulant : les stocks, les créances, les valeurs mobilières de placement et les disponibilités ;

2° Les capitaux propres, les provisions et les dettes ;

3° La part des actionnaires ou associés minoritaires.

Art. R. 233-12. – Le compte de résultat consolidé *(Mots aj., D. n° 2015-903, 23 juill. 2015)* « établi selon un modèle fixé par un règlement de l'Autorité des normes comptables » fait au moins apparaître le montant net du chiffre d'affaires consolidé, le résultat après impôts de l'ensemble des entreprises consolidées par intégration, la quote-part des résultats des entreprises consolidées par mise en équivalence. La part des actionnaires ou associés minoritaires et la part de l'entreprise consolidante apparaissent distinctement.

Les produits et les charges sont classés selon leur nature ou leur destination. Ils sont présentés soit sous forme de tableau, soit sous forme de liste.

Art. R. 233-13. – Sont enregistrées au bilan et au compte de résultat consolidés les impositions différées résultant :

1° Du décalage temporaire entre la constatation comptable d'un produit ou d'une charge et son inclusion dans le résultat fiscal d'un exercice ultérieur ;

2° Des aménagements et éliminations imposés à l'article R. 233-8, des retraitements prévus au c de cet article et notamment de ceux induits par l'utilisation des règles d'évaluation de l'article R. 233-10 ;

3° De déficits fiscaux reportables des entreprises comprises dans la consolidation dans la mesure où leur imputation sur des bénéfices fiscaux futurs est probable.

Art. R. 233-14 *(Mod., D. n° 2009-267, 9 mars 2009 ; D. n° 2015-903, 23 juill. 2015)*. – Outre les informations prévues par les articles L. 233-19, L. 233-23, L. 233-25 et par l'article R. 233-8, l'annexe comporte toutes les informations d'importance significative permettant aux lecteurs d'avoir une juste appréciation du patrimoine, de la situation financière et du résultat de l'ensemble constitué par les entreprises comprises dans la consolidation.

Art. R. 233-15 *(Mod., D. n° 2007-1851, 26 déc. 2007)*. – Sous réserve d'en justifier dans l'annexe prévue à l'article L. 123-12, les sociétés mentionnées au 1° de l'article L. 233-17 sont exemptées de l'obligation d'établir des comptes consolidés et un rapport sur la gestion du groupe lorsque sont réunies les conditions suivantes :

1° Les comptes consolidés de l'ensemble plus grand d'entreprises, dans lequel ces sociétés sont incluses, sont établis en conformité avec les articles L. 233-16 à L. 233-28 ou, pour les entreprises relevant de la législation nationale d'un autre État membre de la Communauté européenne, avec les dispositions prises par cet État pour l'application *(Réf. rempl., D. n° 2015-903, 23 juill. 2015)* « directive n° 2013/34/UE du 26 juin 2013 » du Conseil des communautés européennes ;

2° Ils sont, selon la législation applicable à la société qui les établit, certifiés par les professionnels indépendants chargés du contrôle des comptes et publiés ;

3° Ils sont mis à la disposition des actionnaires ou des associés de la société exemptée dans les conditions et dans les délais prévus aux articles R. 225-88 et R. 225-89 ; s'ils sont établis dans une langue autre que le français, ils sont accompagnés de leur traduction en langue française.

Lorsque les comptes consolidés sont établis par une entreprise qui a son siège en dehors d'un État membre de la Communauté européenne ou partie à l'accord sur l'Espace économique européen, ceux-ci sont complétés de toutes les informations d'importance significative concernant la situation patrimoniale et financière ainsi que le résultat de l'ensemble constitué par la société exemptée, ses filiales et ses participations ; ces informations portent notamment sur le montant de l'actif immobilisé, le montant net du chiffre d'affaires, le résultat de l'exercice, le montant des capitaux propres et le nombre des membres du personnel employés en moyenne au cours de l'exercice ; ces informations sont données soit dans l'annexe des comptes consolidés mentionnés au 1°, soit dans l'annexe des comptes annuels de la société exemptée. Dans ce dernier cas, elles sont établies selon les principes et les méthodes prévues par les articles L. 233-16 à L. 233-25.

Art. R. 233-16 *(Mod., D. n° 2015-903, 23 juill. 2015)*. – Pour l'application du 2° de l'article L. 233-17, les seuils que ne doit pas dépasser, dans les conditions fixées à cet article, l'ensemble constitué par une société et les entreprises qu'elle contrôle sont fixées ainsi qu'il suit :

1° Total du bilan : 24 000 000 € ;

2° Montant net du chiffre d'affaires : 48 000 000 € ;

3° Nombre moyen de salariés : 250.

Ces chiffres sont calculés globalement pour l'ensemble des entreprises concernées selon la méthode définie aux quatrième, cinquième et sixième alinéas de l'article D. 123-200.

Section III. – Des participations réciproques

Art. R. 233-17. – Le délai prévu au dernier alinéa de l'article L. 233-29 est d'un an à compter de l'information faite en application du I de l'article L. 233-7.

Art. R. 233-18. – Les délais prévus aux deuxième et quatrième alinéas de l'article L. 233-30 sont d'un an à compter de la date à laquelle les actions que la société est tenue d'aliéner sont entrées dans son patrimoine.

Art. R. 233-19. – L'avis adressé à une société, en application de l'article R. 233-17, est porté à la connaissance des actionnaires par le rapport du conseil d'administration, du directoire ou des gérants, selon le cas, et par celui des commissaires aux comptes, lors de l'assemblée générale ordinaire suivante.

Toute aliénation d'actions, effectuée par une société en application des articles L. 233-29 et L. 233-30, est portée à la connaissance des associés ou des actionnaires, par les rapports mentionnés à l'alinéa précédent, lors de l'assemblée suivante.

CHAPITRE IV. – DE LA PROCÉDURE D'ALERTE

Art. R. 234-1. – Dans les sociétés anonymes, l'information prévue au premier alinéa de l'article L. 234-1 porte sur tout fait que le commissaire aux comptes relève lors de l'examen des documents qui lui sont communiqués ou sur tout fait dont il a connaissance à l'occasion de l'exercice de sa mission. Cette information est faite sans délai, par lettre recommandée avec demande d'avis de réception.

Le président du conseil d'administration ou le directoire répond par lettre recommandée avec demande d'avis de réception dans les quinze jours qui suivent la réception de l'information mentionnée ci-dessus.

Art. R. 234-2. – L'invitation du commissaire aux comptes à faire délibérer le conseil d'administration ou le conseil de surveillance prévue au deuxième alinéa de l'article L. 234-1 est formulée par lettre recommandée avec demande d'avis de réception dans les huit jours qui suivent la réponse du président du conseil d'administration ou du directoire, ou la constatation de l'absence de réponse dans les délais prévus au deuxième alinéa de l'article R. 234-1. Une copie de cette invitation est adressée sans délai par le commissaire aux comptes au président du tribunal par lettre recommandée avec demande d'avis de réception.

Le président du conseil d'administration ou le directoire convoque, dans les huit jours qui suivent la réception de la lettre du commissaire aux comptes, le conseil d'administration ou le conseil de surveillance, en vue de le faire délibérer sur les faits relevés. Le commissaire aux comptes est convoqué à cette séance dans les mêmes conditions. La délibération intervient dans les quinze jours qui suivent la réception de cette lettre.

Un extrait du procès-verbal des délibérations du conseil d'administration ou du conseil de surveillance est adressé au président du tribunal, au commissaire aux comptes, au comité d'entreprise ou, à défaut, aux délégués du personnel, par lettre recommandée avec demande d'avis de réception, dans les huit jours qui suivent la réunion du conseil.

Art. R. 234-3. – À défaut de réponse par le président du conseil d'administration ou du directoire ou lorsque la continuité de l'exploitation demeure compromise en dépit des décisions arrêtées, le commissaire aux comptes les invite à faire délibérer une assemblée générale sur les faits relevés. Cette invitation est faite par lettre recommandée avec demande d'avis de réception dans le délai de quinze jours à compter de la réception de la délibération du conseil ou de l'expiration du délai imparti pour celle-ci. Elle est accompagnée du rapport spécial du commissaire aux comptes, qui est communiqué au comité d'entreprise ou, à défaut, aux délégués du personnel, par le président du conseil d'administration ou du directoire, dans les huit jours qui suivent sa réception.

Le conseil d'administration ou le directoire procède à la convocation de l'assemblée générale dans les huit jours suivant l'invitation faite par le commissaire aux comptes, dans les conditions prévues par les articles R. 225-62 et suivants. L'assemblée générale doit, en tout état de cause, être réunie au plus tard dans le mois suivant la date de notification faite par le commissaire aux comptes.

En cas de carence du conseil d'administration ou du directoire, le commissaire aux comptes convoque l'assemblée générale dans un délai de huit jours à compter de l'expiration du délai imparti au conseil d'administration ou au directoire et en fixe l'ordre du jour. Il peut, en cas de nécessité, choisir un lieu de réunion autre que celui éventuellement prévu par les statuts, mais situé dans le même département. Dans tous les cas, les frais entraînés par la réunion de l'assemblée sont à la charge de la société.

Art. R. 234-4. – Lorsque, en application du dernier alinéa de l'article L. 234-1, le commissaire aux comptes informe de ses démarches le président du tribunal, cette information est faite sans délai par lettre recommandée avec demande d'avis de réception. Elle comporte la copie de tous les documents utiles à l'information du président du tribunal ainsi que l'exposé des raisons qui l'ont conduit à constater l'insuffisance des décisions prises.

Art. R. 234-5. – Dans les sociétés autres que les sociétés anonymes, la demande d'explications prévue à l'article L. 234-2 porte sur tout fait que le commissaire aux comptes relève lors de l'examen des documents qui lui sont communiqués ou sur tout fait dont il a connaissance à l'occasion de l'exercice de sa mission. Cette demande est adressée sans délai par lettre recommandée avec demande d'avis de réception.

Le dirigeant répond par lettre recommandée avec demande d'avis de réception dans les quinze jours qui suivent la réception de la demande d'explication et adresse copie de la demande et de sa réponse, dans les mêmes formes et les mêmes délais, au comité d'entreprise ou, à défaut, aux délégués du personnel et au conseil de surveillance, s'il en existe. Dans sa réponse, il donne une analyse de la situation et précise, le cas échéant, les mesures envisagées. Le commissaire aux comptes informe sans délai le président du tribunal de l'existence de cette procédure par lettre recommandée avec demande d'avis de réception.

Art. R. 234-6. – L'invitation à faire délibérer l'assemblée sur les faits relevés prévue au deuxième alinéa de l'article L. 234-2 est adressée par le commissaire aux comptes au dirigeant, par lettre recommandée avec demande d'avis de réception, dans les quinze jours qui suivent la réception de la réponse du dirigeant ou la date d'expiration du délai imparti pour celle-ci. Elle est accompagnée du rapport spécial du commissaire aux comptes. Une copie de cette invitation est adressée sans délai au président du tribunal, par lettre recommandée avec demande d'avis de réception.

Dans les huit jours de leur réception, le dirigeant communique l'invitation et le rapport du commissaire aux comptes au comité d'entreprise ou, à défaut, aux délégués du personnel et procède à la convocation de l'assemblée générale. Celle-ci doit, en tout état de cause, être réunie au plus tard dans le mois suivant la date de l'invitation faite par le commissaire aux comptes.

En cas de carence du dirigeant, le commissaire aux comptes convoque l'assemblée générale dans un délai de huit jours à compter de l'expiration du délai imparti au dirigeant. Il fixe l'ordre du jour de l'assemblée et peut, en cas de nécessité, choisir un lieu de réunion autre que celui éventuellement prévu par les statuts, mais situé dans le même département. Dans tous les cas, les frais entraînés par la réunion de l'assemblée sont à la charge de la société.

Art. R. 234-7. – Lorsque, dans les conditions prévues au dernier alinéa de l'article L. 234-2, le commissaire aux comptes informe de ses démarches le président du tribunal, cette information est faite sans délai par lettre recommandée avec demande d'avis de réception. Elle comporte la copie de tous les documents utiles à l'information du président du tribunal ainsi que l'exposé des raisons qui l'ont conduit à constater l'insuffisance des décisions prises.

CHAPITRE V. – DES NULLITÉS

Art. R. 235-1. – Les mises en demeure prévues par le premier alinéa de l'article L. 235-6 et par l'article L. 235-7 sont faites par acte extrajudiciaire ou par lettre recommandée avec demande d'avis de réception.

Art. R. 235-2. – Le délai prévu à l'article L. 235-7 est de trente jours à compter de la mise en demeure.

Le mandataire chargé d'accomplir la formalité de publicité dans les conditions prévues à l'article L. 235-7 est désigné par le président du tribunal de commerce, statuant en référé.

Art. R. 235-3. – La tierce opposition contre les décisions prononçant la nullité d'une société n'est recevable que pendant un délai de six mois à compter de la publication de la décision judiciaire au *Bulletin officiel des annonces civiles et commerciales*.

CHAPITRE VI. – DE LA FUSION ET DE LA SCISSION

(Mod., D. n° 2007-750, 9 mai 2007)

Section I. – Dispositions générales

(Intitulé créé, D. n° 2099-11, 5 janv. 2009)

Art. R. 236-1 *(Mod., D. n° 2011-1473, 9 nov. 2011).* – Le projet de fusion ou de scission est arrêté par le conseil d'administration, le directoire, le ou les gérants de chacune des sociétés participant à l'opération de fusion ou de scission projetée.

Il contient les indications suivantes :

1° La forme, la dénomination et le siège social de toutes les sociétés participantes ;

2° Les motifs, buts et conditions de la fusion ou de la scission ;

3° La désignation et l'évaluation de l'actif et du passif dont la transmission aux sociétés absorbantes ou nouvelles est prévue ;

4° Les modalités de remise des parts ou actions et la date à partir de laquelle ces parts ou actions donnent droit aux bénéfices, ainsi que toute modalité particulière relative à ce droit, et la date à partir de laquelle les opérations de la société absorbée ou scindée seront, du point de vue comptable, considérées comme accomplies par la ou les sociétés bénéficiaires des apports ;

5° Les dates auxquelles ont été arrêtés les comptes des sociétés intéressées utilisés pour établir les conditions de l'opération ;

6° Le rapport d'échange des droits sociaux et, le cas échéant, le montant de la soulte ;

7° Le montant prévu de la prime de fusion ou de scission ;

8° Les droits accordés aux associés ayant des droits spéciaux et aux porteurs de titres autres que des actions ainsi que, le cas échéant, tous avantages particuliers.

Pour les opérations mentionnées à l'article L. 236-11, le projet de fusion ne mentionne ni les modalités de remise des parts ou actions, ni la date à partir de laquelle ces parts ou actions donnent droit aux bénéfices, ni aucune modalité particulière relative à ce droit, ni aucune des indications prévues 6° et 7° du présent article.

Art. R. 236-2 *(Mod., D. n° 2009-557, 19 mai 2009 ; D. n° 2011-1473, 9 nov. 2011).* – Le projet de fusion ou de scission fait l'objet d'un avis inséré, par chacune des sociétés participant à l'opération, *Bulletin officiel des annonces civiles et commerciales*, dans un journal habilité à recevoir des annonces légales du département du siège social. Au cas où les actions de l'une au moins de ces sociétés sont admises aux négociations sur un marché réglementé ou si toutes les actions de l'une d'entre elles au moins ne revêtent pas la forme nominative, un avis est en outre inséré au *Bulletin des annonces légales obligatoires*.

Cet avis contient les indications suivantes :

1° La raison sociale ou la dénomination sociale suivie, le cas échéant, de son sigle, la forme, l'adresse du siège, le montant du capital et les mentions prévues aux 1° et 2° de l'article R. 123-237 pour chacune des sociétés participant à l'opération ;

2° La raison sociale ou la dénomination sociale suivie, le cas échéant, de son sigle, la forme, l'adresse du siège et le montant du capital des sociétés nouvelles qui résultent de l'opération ou le montant de l'augmentation du capital des sociétés existantes ;

3° L'évaluation de l'actif et du passif dont la transmission aux sociétés absorbantes ou nouvelles est prévue ;

4° Le rapport d'échange des droits sociaux ;

5° Le montant prévu de la prime de fusion ou de scission ;

6° La date du projet ainsi que les date et lieu des dépôts prescrits par le premier alinéa de l'article L. 236-6.

Le dépôt au greffe prévu à l'article L. 236-6 et la publicité prévue au présent article ont lieu trente jours au moins avant la date de la première assemblée générale appelée à statuer sur l'opération ou, le cas échéant, pour les opérations mentionnées à l'article L. 236-11, trente jours au moins avant que l'opération ne prenne effet.

Bibliographie : A. Maitre et C. Boillot, *Fusions et confusions, À propos du décret du 9 novembre 2011 : JCP* E 2011, 654.

Art. R. 236-2-1 *(D. n° 2011-1473, 9 nov. 2011).* – L'insertion prévue à l'article R. 236-2 n'est pas requise lorsque, pendant une période ininterrompue commençant au plus tard trente jours avant la date fixée pour l'assemblée générale appelée à se prononcer sur le projet de fusion ou de scission, la société publie sur son site internet le projet de fusion ou de scission, dans des conditions de nature à garantir la sécurité et l'authenticité des documents.

Cet avis contient les mêmes mentions que pour celui prévu à l'article R. 236-2 et peut être consulté sans frais.

Lorsque le site internet n'est plus accessible pendant une période ininterrompue d'au moins vingt-quatre heures, le projet de fusion ou de scission fait l'objet d'un avis publié, sans délai, selon les modalités de l'article R. 236-2. Dans ce cas, le délai mentionné au neuvième alinéa de l'article L. 236-2 est suspendu jusqu'à cette publication.

Art. R. 236-3 *(Mod., D. n° 2011-1473, 9 nov. 2011)*. – Toute société par actions participant à une opération de fusion ou de scission met à la disposition de ses actionnaires, au siège social, trente jours au moins avant la date de l'assemblée générale appelée à se prononcer sur le projet, les documents suivants :

1° Le projet de fusion ou de scission ;

2° Le cas échéant, les rapports mentionnés aux articles L. 236-9 et L. 236-10 lorsque l'opération est réalisée entre sociétés anonymes ;

3° Les comptes annuels approuvés par les assemblées générales ainsi que les rapports de gestion des trois derniers exercices des sociétés participant à l'opération ;

4° Un état comptable établi selon les mêmes méthodes et suivant la même présentation que le dernier bilan annuel, arrêté à une date qui, si les derniers comptes annuels se rapportent à un exercice dont la fin est antérieure de plus de six mois à la date du projet de fusion ou de scission, doit être antérieure de moins de trois mois à la date de ce projet ou, le cas échéant, le rapport financier semestriel prévu à l'article L. 451-1-2 du Code monétaire et financier, lorsque celui-ci est publié.

Pour l'application du 3°, si l'opération est décidée avant que les comptes annuels du dernier exercice clos aient été approuvés, ou moins trente jours après leur approbation, sont mis à la disposition des actionnaires les comptes arrêtés et certifiés relatifs à cet exercice et les comptes annuels approuvés des deux exercices précédents ainsi que les rapports de gestion. Dans le cas où le conseil d'administration ne les a pas encore arrêtés, l'état comptable mentionné au 4° et les comptes annuels approuvés des deux exercices précédents ainsi que les rapports de gestion sont mis à la disposition des actionnaires.

Tout actionnaire peut obtenir sur simple demande et sans frais copie totale ou partielle des documents susmentionnés.

En outre, toute société à responsabilité limitée à laquelle l'article L. 236-10 est applicable met à la disposition de ses associés, dans les conditions prévues ci-dessus, le rapport prévu à cet article. En cas de consultation par écrit, ce rapport est adressé aux associés avec le projet de résolution qui leur est soumis.

Art. R. 236-3-1 *(D. n° 2011-1473, 9 nov. 2011)*. – La mise à disposition au siège social des documents prévue à l'article R. 236-3 n'est pas requise lorsque, pendant une période ininterrompue commençant au plus tard trente jours avant la date fixée pour l'assemblée générale appelée à se prononcer sur le projet de fusion ou de scission et ne s'achevant pas avant la fin de cette assemblée, la société les publie sur son site internet, dans des conditions de nature à garantir la sécurité et l'authenticité des documents.

Lorsque le site internet n'est plus accessible pendant une durée ininterrompue d'au moins vingt-quatre heures, les dispositions de l'article R. 236-3 sont applicables. Dans ce cas, le délai mentionné au premier alinéa de l'article L. 236-3 est suspendu jusqu'à cette mise à disposition.

Aucune copie des documents mentionnés à l'article R. 236-3 ne peut être obtenue lorsque le site internet des sociétés participant à l'opération de fusion ou de scission permet sans frais aux actionnaires de les télécharger et de les imprimer.

Art. R. 236-4. – La déclaration prévue à l'article L. 236-6 est déposée avec la demande d'inscription modificative au registre du commerce et des sociétés du siège de l'une des sociétés bénéficiaires.

Elle est signée par au moins un membre du directoire, administrateur ou gérant de chacune des sociétés participantes ayant reçu mandat à cet effet.

Une copie est déposée au greffe du siège social de chaque société participante qui fait l'objet d'une inscription modificative.

Art. R. 236-5. – Le rapport du conseil d'administration ou du directoire prévu à l'article L. 236-9 explique et justifie le projet de manière détaillée, du point de vue juridique et économique, notamment en ce qui concerne le rapport d'échange des actions et les méthodes d'évaluation utilisées, qui doivent être concordantes pour les sociétés concernées ainsi que, le cas échéant, les difficultés particulières d'évaluation.

En cas de scission, pour les sociétés bénéficiaires du transfert de patrimoine, il mentionne également l'établissement du rapport prévu à l'article L. 225-147 et indique qu'il sera déposé au greffe du tribunal de commerce du siège de ces sociétés.

La publicité de l'offre d'acquisition des certificats d'investissement est faite conformément aux dispositions de l'article R. 225-153.

Le porteur de certificats d'investissement conserve cette qualité dans la société absorbante s'il n'a pas cédé ses titres dans les trente jours de la dernière mesure de publicité.

Art. R. 236-5-1 *(D. n° 2011-1473, 9 nov. 2011).* – Sauf si les actionnaires de chacune des sociétés participant à l'opération de fusion en décident autrement dans les conditions prévues au II de l'article L. 236-10, l'information des actionnaires prévue au cinquième alinéa de l'article L. 236-9 leur est communiquée selon les formes prévues à l'article R. 236-2 ou, le cas échéant, à l'article R. 236-2-1, à compter du jour où les conseils d'administration ou les directoires des sociétés participant à l'opération en ont eu connaissance.

Cette information est en outre transmise, sans délai, aux conseils d'administration ou aux directoires des autres sociétés participant à l'opération, par tous moyens contre accusé de réception. Ceux-ci en informent leurs actionnaires selon les formes prévues à l'alinéa premier.

Cette modification fait également l'objet d'une information lors des assemblées générales de chacune des sociétés participant à l'opération.

Art. R. 236-6. – Les commissaires à la fusion ou à la scission sont désignés et accomplissent leur mission dans les conditions prévues à l'article R. 225-7.

S'il n'est établi qu'un seul rapport pour l'ensemble de l'opération, la désignation a lieu sur requête conjointe de toutes les sociétés participantes.

Art. R. 236-7. – Les commissaires aux apports vérifient notamment que le montant de l'actif net apporté par les sociétés absorbées est au moins égal au montant de l'augmentation du capital de la société absorbante ou au montant du capital de la société nouvelle issue de la fusion.

La même vérification est faite en ce qui concerne le capital des sociétés bénéficiaires de la scission.

Pouvoirs des commissaires aux apports. Selon ce texte, les commissaires aux apports sont fondés à étendre leurs investigations à la valeur des actions attribuées en rémunération des apports, ce qui rend nécessaire la vérification comptable de la situation financière de l'absorbante : ▪ CA Aix-en-Provence, 14 mars 1984 : *Bull. CNCC* sept. 1984, n° 55.

Art. R. 236-8 *(Mod., D. n° 2011-1473, 9 nov. 2011).* – L'opposition d'un créancier à la fusion ou à la scission, dans les conditions prévues par les articles L. 236-14 et L. 236-21, est formée dans le délai de trente jours à compter de la dernière insertion ou de la mise à disposition du public du projet de fusion ou de scission sur le site internet de chacune des sociétés prescrites par l'article R. 236-2 ou, le cas échéant, par l'article R. 236-2-1.

L'opposition des représentants de la masse des obligataires à la fusion, prévue à l'article L. 236-15, est formée dans le même délai.

Dans tous les cas, l'opposition est portée devant le tribunal de commerce.

Délai de forclusion. Ayant constaté que l'irrégularité consistant dans la mention d'une adresse erronée du siège social de la société apporteuse dans un journal d'annonces légales avait empêché les créanciers de la société absorbée d'être directement mis en mesure d'assigner celle-ci afin de faire statuer le tribunal de commerce sur leur opposition, la cour d'appel a légalement justifié sa décision selon laquelle l'insertion n'avait pas fait courir le délai de forclusion : ▪ Cass. com., 4 juin 1996 : *JurisData* n° 1996-002212 ; *JCP* 1996, IV, 1733 ; *BJS* 1996, p. 923, note P. Le Cannu.

Art. R. 236-9. – Dans le cas prévu au troisième alinéa de l'article L. 228-73, l'opposition des représentants de la masse des obligataires à la fusion ou à la scission est formée dans le délai de trente jours à compter de la publication prévue à l'article R. 228-80.

L'opposition est portée devant le tribunal de commerce.

Art. R. 236-10. – Les bailleurs de locaux loués aux sociétés absorbées ou scindées peuvent également former opposition à la fusion ou à la scission, dans les conditions prévues au premier alinéa de l'article R. 236-8.

Voir : C. com., art. L. 145-16, p. 541, sous L. 236-14, p. 541.

Art. R. 236-11 *(Mod., D. n° 2018-229, 30 mars 2018)*. – L'offre de remboursement des titres sur simple demande des obligataires prévue au premier alinéa des articles L. 236-13 et L. 236-18 est portée à la connaissance des obligataires selon les modalités prévues au contrat d'émission. Lorsque le contrat d'émission ne prévoit pas ces modalités, l'offre est publiée au *Bulletin des annonces légales obligatoires* et, à deux reprises, dans deux journaux habilités à recevoir des annonces légales du département du siège social de la société débitrice. Le délai entre les deux insertions est de dix jours au moins.

Les titulaires d'obligations nominatives sont informés de l'offre de remboursement selon les modalités prévues au contrat d'émission ou, à défaut, par lettre simple ou recommandée. Si toutes les obligations sont nominatives, la publicité prévue à l'alinéa précédent est facultative.

Art. R. 236-12. – Le délai prévu au troisième alinéa de l'article L. 236-13 est de trois mois à compter de la dernière formalité de publicité ou de l'envoi de la lettre simple ou recommandée prévue à l'article R. 236-11.

Section II – Dispositions particulières aux fusions transfrontalières

(D. n° 2099-11, 5 janv. 2009)

Art. R. 236-13 *(D. n° 2009-11, 5 janv. 2009)*. – Les opérations de fusions transfrontalières sont régies par les dispositions de la présente section, ainsi que par celles non contraires de la section I du présent chapitre.

Art. R. 236-14 *(D. n° 2009-11, 5 janv. 2009)*. – Un projet commun de fusion est arrêté par l'organe de gestion, d'administration ou de direction de chacune des sociétés participant à l'opération de fusion transfrontalière.

Il contient les indications suivantes :

1° La forme, la dénomination et le siège social des sociétés participantes, ainsi que ceux de la société issue de la fusion transfrontalière ;

2° Le rapport d'échange des titres, parts ou actions représentatifs du capital social et, le cas échéant, le montant de la soulte ;

3° Les modalités de remise des titres, parts ou actions de la société issue de la fusion transfrontalière, la date à partir de laquelle ces titres, parts ou actions donnent droit aux bénéfices ainsi que toute modalité particulière relative à ce droit ;

4° La date à partir de laquelle les opérations des sociétés qui fusionnent seront, du point de vue comptable, considérées comme accomplies pour le compte de la société issue de la fusion transfrontalière ;

5° Les droits accordés par la société issue de la fusion transfrontalière aux associés ayant des droits spéciaux et aux porteurs de titres autres que des actions ou des parts représentatifs du capital social ou les mesures proposées à leur égard ;

6° Tous avantages particuliers attribués aux experts qui examinent le projet de fusion transfrontalière ainsi qu'aux membres des organes d'administration, de direction, de surveillance ou de contrôle des sociétés qui fusionnent ;

7° Des informations concernant l'évaluation du patrimoine actif et passif transféré à la société issue de la fusion transfrontalière ;

8° Les dates des comptes des sociétés qui fusionnent utilisés pour définir les conditions de la fusion transfrontalière ;

9° Les statuts de la société issue de la fusion transfrontalière ;

10° Le cas échéant, des informations sur les procédures selon lesquelles sont fixées les modalités relatives à l'implication des travailleurs dans la définition de leurs droits de participation dans la société issue de la fusion transfrontalière ;

11° Les effets probables de la fusion transfrontalière sur l'emploi.

Art. R. 236-15 *(D. n° 2009-11, 5 janv. 2009).* – Les sociétés participant à l'opération de fusion qui sont immatriculées en France publient, dans un journal habilité à recevoir des annonces légales du département de leur siège social ainsi qu'au *Bulletin officiel des annonces civiles et commerciales*, un avis relatif au projet de fusion transfrontalière.

L'avis contient les indications suivantes :

1° La raison sociale ou la dénomination sociale de chaque société participante suivie, le cas échéant, de son sigle, sa forme, l'adresse de son siège où peut être consulté le projet de fusion, du montant de son capital ainsi que, pour les sociétés participantes immatriculées en France, des mentions prévues aux 1° et 2° de l'article R. 123-237 ;

2° Le registre auprès duquel chaque société participante a procédé à la publicité requise par l'article L. 236-6 ou les dispositions équivalentes de sa loi nationale, ainsi que le numéro d'inscription de la société dans ce registre ;

3° La raison sociale ou la dénomination sociale de la société nouvelle qui résulte de l'opération de fusion transfrontalière suivie, le cas échéant, de son sigle, de sa forme, de l'adresse de son siège, du montant de son capital ou du montant de l'augmentation du capital des sociétés existantes ;

4° L'évaluation de l'actif et du passif de chaque société participante dont la transmission à la société nouvelle ou absorbante est prévue ;

5° Le rapport d'échange des droits sociaux dans chaque société participante ;

6° Le montant prévu de la prime de fusion pour chaque société participante ;

7° La date du projet commun de fusion transfrontalière ainsi que, pour les sociétés participantes immatriculées en France, la date et le lieu du dépôt au registre du commerce et des sociétés prévu au deuxième alinéa de l'article L. 236-6 ;

8° L'indication, pour chaque société participante, des modalités d'exercice des droits des créanciers et, le cas échéant, des associés minoritaires ainsi que l'adresse à laquelle peut être obtenue sans frais une information exhaustive sur ces modalités.

Le dépôt au greffe du projet commun de fusion transfrontalière prévu à l'article L. 236-6 et la publicité prévue au présent article sont réalisés au moins un mois avant la date de l'assemblée générale appelée à statuer sur l'opération.

Art. R. 236-16 *(D. n° 2009-11, 5 janv. 2009).* – Le rapport de l'organe de direction ou d'administration établi en application du premier alinéa de l'article L. 236-27 par chaque société participante explique et justifie le projet de fusion transfrontalière de manière détaillée, en ses aspects juridiques et économiques, notamment en ce qui concerne le rapport d'échange des actions et les méthodes d'évaluation utilisées, qui doivent être concordantes pour les sociétés concernées, ainsi que les conséquences du projet de fusion pour les associés, les salariés et les créanciers.

La mise à la disposition des associés ainsi que des délégués du personnel ou des salariés du rapport mentionné au premier alinéa est opéré un mois au moins avant la date de l'assemblée générale appelée à se prononcer sur le projet de fusion transfrontalière.

Lorsqu'il est transmis un mois au moins avant l'assemblée générale mentionnée à l'alinéa précédent, l'avis du comité d'entreprise ou, à défaut, des délégués du personnel est annexé au rapport.

Art. R. 236-17 *(D. n° 2009-11, 5 janv. 2009).* – Le greffier dispose d'un délai de huit jours à compter du dépôt de la déclaration de conformité pour délivrer l'attestation de conformité des actes et formalités préalables à la fusion prévue à l'article L. 236-29.

Art. R. 236-18 *(D. n° 2009-11, 5 janv. 2009).* – Le notaire qui procède au contrôle prévu à l'article L. 236-30 ne doit avoir ni instrumenté, ni rédigé d'actes sous seing privé, ni donné des consultations juridiques à l'occasion de l'opération pour laquelle le contrôle est effectué. Il ne doit pas exercer dans une société ou dans un office qui aurait instrumenté, rédigé des actes sous seing privé ou donné des consultations juridiques à l'occasion de cette opération.

Art. R. 236-19 *(D. n° 2009-11, 5 janv. 2009).* – Chaque société participant à la fusion transfrontalière remet au notaire ou au greffier chargé du contrôle de légalité un dossier contenant, outre l'attestation de conformité délivrée par le greffier et datant de moins de six mois, les documents suivants :

– le projet commun de fusion transfrontalière ;

– les statuts de la société issue de la fusion transfrontalière ;

– une copie des avis relatifs aux publicités prévues par la présente section ;

– une copie du procès-verbal des assemblées mentionnées aux articles L. 236-9 et L. 236-13 ;
– un document attestant que les sociétés qui fusionnent ont approuvé le projet de fusion dans les mêmes termes et que les modalités relatives à la participation des salariés ont été fixées conformément au titre VII du livre III de la deuxième partie du Code du travail.

Art. R. 236-20 *(D. n° 2009-11, 5 janv. 2009)*. – Le contrôle de légalité mentionné à l'article L. 236-30 est accompli dans un délai de quinze jours à compter de la réception de l'ensemble des documents mentionnés à l'article R. 236-19.

CHAPITRE VII. – DE LA LIQUIDATION

Section I. – Dispositions générales

Art. R. 237-1. – La mention « société en liquidation » ainsi que le nom du ou des liquidateurs doivent figurer sur tous les actes et documents émanant de la société et destinés aux tiers, notamment sur toutes lettres, factures, annonces et publications diverses.

Art. R. 237-2 *(Mod., D. n° 2009-557, 19 mai 2009)*. – L'acte de nomination des liquidateurs, quelle que soit sa forme, est publié, dans le délai d'un mois, dans un journal habilité à recevoir les annonces légales dans le département du siège social et, si les actions de la société sont admises aux négociations sur un marché réglementé ou si toutes ses actions ne revêtent pas la forme nominative, au *Bulletin des annonces légales obligatoires*.

Il contient les indications suivantes :

1° La dénomination sociale suivie, le cas échéant, de son sigle ;
2° La forme de la société, suivie de la mention « en liquidation » ;
3° Le montant du capital social ;
4° L'adresse du siège social ;
5° Les mentions prévues aux 1° et 2° de l'article R. 123-237 ;
6° La cause de la liquidation ;
7° Les nom, prénom usuel et domicile des liquidateurs ;
8° Le cas échéant, les limitations apportées à leurs pouvoirs.

Sont en outre indiqués dans la même insertion :

1° Le lieu où la correspondance est adressée et celui où les actes et documents concernant la liquidation sont notifiés ;
2° Le tribunal de commerce au greffe duquel est effectué, en annexe au registre du commerce et des sociétés, le dépôt des actes et pièces relatifs à la liquidation.

À la diligence du liquidateur, les mêmes indications sont portées, par simple lettre, à la connaissance des porteurs d'actions et d'obligations nominatives.

Art. R. 237-3. – Au cours de la liquidation de la société, le liquidateur accomplit, sous sa responsabilité, les formalités de publicité incombant aux représentants légaux de la société.

Notamment, toute décision entraînant modification des mentions publiées en application de l'article R. 237-2 est publiée dans les conditions prévues par cet article.

Art. R. 237-4. – Dans le cas prévu par le deuxième alinéa de l'article L. 237-5, il est statué, en référé, par le président du tribunal de grande instance du lieu de la situation de l'immeuble.

Art. R. 237-5. – Le mandataire prévu par le deuxième alinéa de l'article L. 237-9 est désigné par le président du tribunal de commerce, statuant en référé.

Art. R. 237-6. – Dans le cas prévu à l'article L. 237-10, le liquidateur dépose ses comptes au greffe du tribunal de commerce où tout intéressé peut en prendre connaissance et obtenir à ses frais délivrance d'une copie.

Le tribunal de commerce statue sur ces comptes et, le cas échéant, sur la clôture de la liquidation aux lieu et place de l'assemblée des associés ou des actionnaires.

Art. R. 237-7. – **Les comptes définitifs établis par le liquidateur sont déposés au greffe du tribunal de commerce en annexe au registre du commerce et des sociétés. Il y est joint la décision de l'assemblée des associés statuant sur ces comptes, sur le *quitus* de la gestion et la décharge de son mandat, ou, à défaut, la décision de justice prévue à l'article R. 237-6.**

Art. R. 237-8 *(Mod., D. n° 2009-557, 19 mai 2009).* – **L'avis de clôture de la liquidation, signé par le liquidateur, est publié, à la diligence de celui-ci, dans le journal habilité à recevoir des annonces légales ayant reçu la publicité prescrite par le premier alinéa de l'article R. 237-2 et, si les actions de la société sont admises aux négociations sur un marché réglementé ou si toutes ses actions ne revêtent pas la forme nominative, au *Bulletin des annonces légales obligatoires*.**

Il contient les indications suivantes :

1° La dénomination sociale suivie, le cas échéant, de son sigle ;

2° La forme de la société, suivie de la mention « en liquidation » ;

3° Le montant du capital social ;

4° L'adresse du siège social ;

5° Les mentions prévues aux 1° et 2° de l'article R. 123-237 ;

6° Les nom, prénom usuel et domicile des liquidateurs ;

7° La date et le lieu de réunion de l'assemblée de clôture, si les comptes des liquidateurs ont été approuvés par elle, ou, à défaut, la date de la décision de justice prévue par l'article R. 237-6, ainsi que l'indication du tribunal qui l'a prononcée ;

8° L'indication du greffe du tribunal où sont déposés les comptes des liquidateurs.

Art. R. 237-9. – **La société est radiée du registre du commerce et des sociétés sur justification de l'accomplissement des formalités prévues par les articles R. 237-7 et R. 237-8.**

Section II. – Dispositions applicables sur décision judiciaire

Art. R. 237-10. – **La liquidation de la société dans les conditions prévues aux articles L. 237-15 à L. 237-31 est ordonnée par le président du tribunal de commerce, statuant en référé, à la demande des personnes mentionnées au deuxième alinéa de l'article L. 237-14.**

Art. R. 237-11 *(Ord. n° 2016-315, 17 mars 2016).* – **Les contrôleurs de la liquidation sont désignés par le président du tribunal de commerce, statuant sur requête, à la demande du liquidateur, ou en référé, à la demande de tout intéressé, le liquidateur dûment appelé.**

Les contrôleurs peuvent être choisis parmi les commissaires aux comptes inscrits sur la liste prévue au I de l'article L. 822-1.

Dans tous les cas, l'acte de nomination des contrôleurs est publié dans les mêmes conditions et délais, prévus à l'article R. 237-2, que celui des liquidateurs.

Art. R. 237-12. – **Dans le cas prévu à l'article L. 237-19, le liquidateur est désigné par ordonnance du président du tribunal de commerce, statuant sur requête.**

Tout intéressé peut former opposition à l'ordonnance dans le délai de quinze jours à dater de sa publication dans les conditions prévues à l'article R. 237-2. Cette opposition est portée devant le tribunal de commerce qui peut désigner un autre liquidateur.

Désignation du liquidateur et dérogation aux statuts. Le gérant statutaire ne peut s'opposer à la désignation d'un liquidateur dès lors que les associés ont décidé à l'unanimité de déroger aux dispositions statutaires selon lesquelles la fonction de liquidateur serait confiée au gérant statutaire : ▪ CA Paris, 6 juill. 1993 : *RJDA* 1993, p. 870.

Art. R. 237-13. – **Sauf disposition contraire de l'acte de nomination, si plusieurs liquidateurs ont été nommés, ils peuvent exercer leurs fonctions séparément. Toutefois, ils établissent et présentent un rapport commun.**

Art. R. 237-14. – **La rémunération des liquidateurs est fixée par la décision qui les nomme. À défaut, elle l'est postérieurement, par le président du tribunal de commerce, statuant sur requête, à la demande du liquidateur intéressé.**

Art. R. 237-15. – Le président du tribunal de commerce, statuant sur requête, est compétent pour prendre les décisions prévues au deuxième alinéa de l'article L. 237-21, à l'article L. 237-23, au troisième alinéa de l'article L. 237-24, au deuxième alinéa de l'article L. 237-25, ainsi qu'au II de l'article L. 237-27.

Le président du tribunal de commerce, statuant en référé, est compétent pour prendre les décisions prévues par l'article L. 237-28 et par le deuxième alinéa de l'article L. 237-31.

Art. R. 237-16 *(Mod., D. n° 2009-557, 19 mai 2009).* – Toute décision de répartition de fonds est publiée dans le journal habilité à recevoir des annonces légales dans lequel a été effectuée la publicité prévue à l'article R. 237-2 et, si les actions de la société sont admises aux négociations sur un marché réglementé ou si toutes ses actions ne revêtent pas la forme nominative, au *Bulletin des annonces légales obligatoires*.

La décision est notifiée individuellement aux titulaires de titres nominatifs.

Art. R. 237-17. – Les sommes affectées aux répartitions entre les associés et les créanciers sont déposées, dans le délai de quinze jours à compter de la décision de répartition, à un compte ouvert dans un établissement de crédit au nom de la société en liquidation. Elles peuvent être retirées sur la signature d'un seul liquidateur et sous sa responsabilité.

Art. R. 237-18. – Si les sommes attribuées à des créanciers ou à des associés n'ont pu leur être versées, elles sont déposées, à l'expiration du délai d'un an à compter de la clôture de la liquidation, à la Caisse des dépôts et consignations.

CHAPITRE VIII. – DES INJONCTIONS DE FAIRE

Le présent chapitre ne comprend pas de dispositions réglementaires.

CHAPITRE IX. – DE LA LOCATION D'ACTIONS ET DE PARTS SOCIALES

Art. R. 239-1. – En application de l'article L. 239-2, le contrat de bail d'actions ou de parts sociales comporte, à peine de nullité, les mentions suivantes :

1° La nature, le nombre et l'identification des actions ou des parts sociales louées ;

2° La durée du contrat et du préavis de résiliation ;

3° Le montant, la périodicité et, le cas échéant, les modalités de révision du loyer ;

4° Si les actions ou parts sociales louées sont cessibles par le bailleur en cours de contrat, les modalités de cette cession ;

5° Les conditions de répartition du boni de liquidation, dans le respect des règles légales applicables à l'usufruit.

En l'absence de mentions relatives à la révision du loyer et à la cession des titres en cours de bail, le loyer est réputé fixe et les titres incessibles pendant la durée du contrat.

Chapitre X. – De l'information des salariés en cas de cession de leur société

Bibliographie : G. Auzero, *Information des salariés en cas de vente de l'entreprise : nouvelles précisions réglementaires* : BJS 2016, p. 66.

Art. D. 23-10-1 *(D. n° 2014-1254, 28 oct. 2014 ; mod., D. n° 2015-1811, 28 déc. 2015 ; annulé dans sa seule rédaction issue du décret n° 2014-1254 du 28 octobre 2014, CE, 8 juill. 2016, n° 386792, SARL Holding Désile : JurisData n° 2016).* – Le délai de deux mois mentionné au premier alinéa de l'article L. 23-10-1 s'apprécie au regard de la date de cession, entendue comme étant la date de conclusion du contrat.

Art. D. 23-10-2 *(D. n° 2014-1254, 28 oct. 2014).* – L'information des salariés mentionnée aux articles L. 23-10-3 et L. 23-10-9 peut être effectuée selon les modalités suivantes :

1° Au cours d'une réunion d'information des salariés à l'issue de laquelle ces derniers signent le registre de présence à cette réunion ;

2° Par un affichage. La date de réception de l'information est celle apposée par le salarié sur un registre accompagnée de sa signature attestant qu'il a pris connaissance de cet affichage ;

3° Par courrier électronique, à la condition que la date de réception puisse être certifiée ;

4° Par remise en main propre, contre émargement ou récépissé, d'un document écrit mentionnant les informations requises ;

5° *(Mod., D. n° 2015-1811, 28 déc. 2015)* Par lettre recommandée avec demande d'avis de réception ;

6° Par acte extrajudiciaire ;

7° Par tout autre moyen de nature à rendre certaine la date de réception.

Art. D. 23-10-3 *(D. n° 2014-1254, 28 oct. 2014)*. – Le salarié informe dans les meilleurs délais et par tout moyen le chef d'entreprise lorsqu'il se fait assister conformément aux articles L. 23-10-2 et L. 23-10-8. La personne qui assiste le salarié est tenue à une obligation de confidentialité en ce qui concerne les informations qu'elle reçoit.

TITRE IV. – DISPOSITIONS PÉNALES

CHAPITRE I. – DES INFRACTIONS CONCERNANT LES SOCIÉTÉS À RESPONSABILITÉ LIMITÉE

Le présent chapitre ne comprend pas de dispositions réglementaires.

CHAPITRE II. – DES INFRACTIONS CONCERNANT LES SOCIÉTÉS ANONYMES

Le présent chapitre ne comprend pas de dispositions réglementaires.

CHAPITRE III. – DES INFRACTIONS CONCERNANT LES SOCIÉTÉS EN COMMANDITES PAR ACTIONS

Le présent chapitre ne comprend pas de dispositions réglementaires.

CHAPITRE IV. – DES INFRACTIONS CONCERNANT LES SOCIÉTÉS PAR ACTIONS SIMPLIFIÉES

Le présent chapitre ne comprend pas de dispositions réglementaires.

CHAPITRE V. – DES INFRACTIONS RELATIVES AUX VALEURS MOBILIÈRES ÉMISES PAR LES SOCIÉTÉS PAR ACTIONS

Le présent chapitre ne comprend pas de dispositions réglementaires.

CHAPITRE VI. – INFRACTIONS COMMUNES AUX DIVERSES FORMES DE SOCIÉTÉS PAR ACTIONS

Le présent chapitre ne comprend pas de dispositions réglementaires.

CHAPITRE VII. – DES INFRACTIONS COMMUNES AUX DIVERSES FORMES DE SOCIÉTÉS COMMERCIALES

Art. R. 247-1. – *(Rempl., D. n° 2008-258, 13 mars 2008)* Est puni de l'amende prévue par le 5° de l'article 131-13 du Code pénal pour les contraventions de la cinquième classe le fait, pour le président, l'administrateur, le directeur général ou le gérant d'une société dont les actions sont admises, en tout ou partie, à la négociation sur un marché réglementé de n'avoir pas procédé aux publications prévues aux articles R. 232-11 et R. 232-13.

En cas de récidive, l'amende applicable est celle prévue par le 5° de l'article 131-13 du Code pénal pour la récidive des contraventions de la cinquième classe.

Art. R. 247-2 *(Mod., D. n° 2008-258, 13 mars 2008)*. – Est puni de l'amende prévue par le 5° de l'article 131-13 du Code pénal pour les contraventions de la cinquième classe le fait, pour le président, l'administrateur, le directeur général ou le gérant d'une société, d'émettre des valeurs mobilières offertes au public :

1° Sans que soit insérée au *Bulletin des annonces légales obligatoires*, préalablement à toute mesure de publicité, une notice établie conformément à l'article R. 225-3 concernant l'émission d'actions lors de la constitution de la société ou, au troisième alinéa de l'article R. 225-120 concernant les augmentations de capital ;

2° Sans que les documents reproduisent les énonciations de la notice prévue au 1° ci-dessus et contiennent la mention de l'insertion de cette notice au *Bulletin des annonces légales obligatoires* avec référence au numéro dans lequel elle a été publiée ;

3° Sans que les annonces dans les journaux reproduisent les mêmes énonciations, ou tout au moins un extrait de ces énonciations avec référence à cette notice, et indication du numéro du *Bulletin des annonces légales obligatoires* dans lequel elle a été publiée ;

4° Sans que les prospectus et documents mentionnent la signature de la personne ou du représentant de la société dont l'offre émane et précisent si les valeurs offertes sont admises ou non à la négociation sur un marché réglementé, et dans l'affirmative, sur quel marché.

Le fait de servir d'intermédiaire à l'occasion de la cession de valeurs mobilières sans respecter les prescriptions mentionnées aux 1° à 4° est puni de la même amende.

En cas de récidive, l'amende applicable est celle prévue par le 5° de l'article 131-13 du Code pénal pour la récidive des contraventions de la cinquième classe.

Art. R. 247-3. – Le fait de ne pas satisfaire aux obligations de dépôt prévues aux articles L. 232-21 à L. 232-23 est puni de l'amende prévue par le 5e de l'article 131-13 du Code pénal pour les contraventions de la cinquième classe. En cas de récidive, la peine applicable est celle prévue par le 5e de l'article 131-13 du Code pénal pour les contraventions de la cinquième classe commises en récidive.

Art. R. 247-4. – Toute infraction aux dispositions de l'article R. 237-1 est punie de l'amende prévue par le 5° de l'article 131-13 du Code pénal pour les contraventions de la cinquième classe.

CHAPITRE VIII. – DISPOSITIONS CONCERNANT LES DIRECTEURS GÉNÉRAUX DÉLÉGUÉS DES SOCIÉTÉS ANONYMES OU DES SOCIÉTÉS EUROPÉENNES

Le présent chapitre ne comprend pas de dispositions réglementaires.

TITRE V. – DES GROUPEMENTS D'INTÉRÊTS ÉCONOMIQUE

CHAPITRE I. – DES GROUPEMENTS D'INTÉRÊTS ÉCONOMIQUE DE DROIT FRANÇAIS

Art. R. 251-1. – Le groupement d'intérêt économique cesse d'être assujetti à l'obligation de désigner un commissaire aux comptes en application des dispositions du troisième alinéa de l'article L. 251-12 dès lors qu'il compte moins de cent salariés pendant les deux exercices précédant l'expiration de son mandat.

Art. R. 251-2. – Les dispositions des articles R. 232-2 à R. 232-7 sont applicables au groupement d'intérêt économique. Toutefois, les documents mentionnés à l'article R. 232-3 ainsi que les rapports mentionnés à l'article R. 232-4 sont établis par les administrateurs auxquels le commissaire aux comptes communique, le cas échéant, ses observations.

Lorsque le commissaire aux comptes demande par lettre recommandée avec demande d'avis de réception que son rapport prévu à l'article R. 232-7 soit communiqué aux membres du groupement, les administrateurs procèdent à cette communication dans les huit jours de la réception de la demande. Le rapport est communiqué au comité d'entreprise dans le même délai.

Art. R. 251-3. – L'information prévue à l'article L. 251-15 que le commissaire aux comptes adresse aux administrateurs porte sur tout fait qu'il relève lors de l'examen des documents qui lui sont communiqués ou sur tout fait dont il a connaissance à l'occasion de l'exercice de sa mission.

Les administrateurs répondent par lettre recommandée avec demande d'avis de réception dans les quinze jours qui suivent la réception de l'information mentionnée ci-dessus et adressent copie de la demande et de sa réponse, dans les mêmes formes et les mêmes délais, au comité d'entreprise. Dans leur réponse, ils donnent une analyse de la situation et précisent, le cas échéant, les mesures envisagées. Le commissaire aux comptes informe immédiatement le président du tribunal compétent de l'existence de cette procédure par lettre remise en mains propres contre récépissé au président ou à son délégataire, ou par lettre recommandée avec demande d'avis de réception.

La demande du commissaire aux comptes de communication du rapport qu'il a rédigé conformément au deuxième alinéa de l'article L. 251-15 est formulée par lettre recommandée avec demande d'avis de réception dans les quinze jours qui suivent la réception de la réponse des administrateurs. La demande du commissaire aux comptes et son rapport sont communiqués par les administrateurs au comité d'entreprise dans les quinze jours qui suivent la réception de cette demande.

Lorsque, dans les conditions prévues au dernier alinéa de l'article L. 251-15, le commissaire aux comptes informe de ses démarches le président du tribunal compétent, cette information est faite immédiatement par lettre recommandée avec demande d'avis de réception. Cette information comporte la copie de tous les documents utiles à l'information du président du tribunal ainsi que l'exposé des raisons qui l'ont conduit à constater l'insuffisance des décisions prises.

CHAPITRE II. – DES GROUPEMENTS EUROPÉENS D'INTÉRÊTS ÉCONOMIQUE

Art. R. 252-1. – Le procureur de la République est compétent pour saisir le tribunal de grande instance ou le tribunal de commerce, selon le cas, en application de l'article 32-1 du règlement (CEE) n° 2137/85 du Conseil des Communautés européennes du 25 juillet 1985 relatif à l'institution d'un groupement européen d'intérêt économique.

LIVRE DEUXIÈME. – AUTRES GROUPEMENTS DE DROIT COMMUN

2.1. – DE L'INDIVISION

2.1.1. – De l'indivision et de l'action en partage

(Section I du Chapitre VI du Titre I du Livre III du Code civil)

Code civil

(Chapitre VII et section II du chapitre VIII du titre premier du Livre troisième)

Rédaction en vigueur à compter du 1er janvier 2007

CHAPITRE VII. – DU RÉGIME LÉGAL DE L'INDIVISION

(Anc. chap. VI, dénum. et mod., L. n° 2006-728, 23 juin 2006)

Art. 815 ***(Rempl., L. n° 2006-728, 23 juin 2006).*** **– Nul ne peut être contraint à demeurer dans l'indivision et le partage peut toujours être provoqué, à moins qu'il n'y ait été sursis par jugement ou convention.**

Art. 815-1 ***(Rempl., L. n° 2006-728, 23 juin 2006).*** **– Les indivisaires peuvent passer des conventions relatives à l'exercice de leurs droits indivis, conformément aux articles 1873-1 à 1873-18.**

Section I. – Des actes relatifs aux biens indivis

(L. n° 2006-728, 23 juin 2006)

§ 1. – Des actes accomplis par les indivisaires

(L. n° 2006-728, 23 juin 2006)

Art. 815-2 ***(Mod., L. n° 2006-728, 23 juin 2006).*** **– Tout indivisaire peut prendre les mesures nécessaires à la conservation des biens indivis même si elles ne présentent pas un caractère d'urgence.**

Il peut employer à cet effet les fonds de l'indivision détenus par lui et il est réputé en avoir la libre disposition à l'égard des tiers.

À défaut de fonds de l'indivision, il peut obliger ses coïndivisaires à faire avec lui les dépenses nécessaires. Lorsque des biens indivis sont grevés d'un usufruit, ces pouvoirs sont opposables à l'usufruitier dans la mesure où celui-ci est tenu des réparations.

Art. 815-3 ***(Mod., L. n° 2006-728, 23 juin 2006).*** **– Le ou les indivisaires titulaires d'au moins deux tiers des droits indivis peuvent, à cette majorité :**

1° Effectuer les actes d'administration relatifs aux biens indivis ;

2° Donner à l'un ou plusieurs des indivisaires ou à un tiers un mandat général d'administration ;

3° Vendre les meubles indivis pour payer les dettes et charges de l'indivision ;

4° Conclure et renouveler les baux autres que ceux portant sur un immeuble à usage agricole, commercial, industriel ou artisanal.

Ils sont tenus d'en informer les autres indivisaires. À défaut, les décisions prises sont inopposables à ces derniers.

Toutefois, le consentement de tous les indivisaires est requis pour effectuer tout acte qui ne ressortit pas à l'exploitation normale des biens indivis et pour effectuer tout acte de disposition autre que ceux visés au 3°.

Si un indivisaire prend en main la gestion des biens indivis, au su des autres et néanmoins sans opposition de leur part, il est censé avoir reçu un mandat tacite, couvrant les actes d'administration mais non les actes de disposition ni la conclusion ou le renouvellement des baux.

§ 2. – Des actes autorisés en justice

(L. n° 2006-728, 23 juin 2006)

Art. 815-4 *(L. n° 76-1286, 31 déc. 1976).* – Si l'un des indivisaires se trouve hors d'état de manifester sa volonté, un autre peut se faire habiliter par justice à le représenter, d'une manière générale ou pour certains actes particuliers, les conditions et l'étendue de cette représentation étant fixées par le juge.

À défaut de pouvoir légal, de mandat ou d'habilitation par justice, les actes faits par un indivisaire en représentation d'un autre ont effet à l'égard de celui-ci, suivant les règles de la gestion d'affaires.

Art. 815-5 *(L. n° 76-1286, 31 déc. 1976 ; mod., L. n° 87-498, 6 juill. 1987).* – Un indivisaire peut être autorisé par justice à passer seul un acte pour lequel le consentement d'un coïndivisaire serait nécessaire, si le refus de celui-ci met en péril l'intérêt commun.

Le juge ne peut, à la demande d'un nu-propriétaire, ordonner la vente de la pleine propriété d'un bien grevé d'usufruit contre la volonté de l'usufruitier.

L'acte passé dans les conditions fixées par l'autorisation de justice est opposable à l'indivisaire dont le consentement a fait défaut.

Art. 815-5-1 *(L. n° 2009-526, 12 mai 2009).* – Sauf en cas de démembrement de la propriété du bien ou si l'un des indivisaires se trouve dans l'un des cas prévus à l'article 836, l'aliénation d'un bien indivis peut être autorisée par le tribunal de grande instance, à la demande de l'un ou des indivisaires titulaires d'au moins deux tiers des droits indivis, suivant les conditions et modalités définies aux alinéas suivants.

Le ou les indivisaires titulaires d'au moins deux tiers des droits indivis expriment devant un notaire, à cette majorité, leur intention de procéder à l'aliénation du bien indivis.

Dans le délai d'un mois suivant son recueil, le notaire fait signifier cette intention aux autres indivisaires.

Si l'un ou plusieurs des indivisaires s'opposent à l'aliénation du bien indivis ou ne se manifestent pas dans un délai de trois mois à compter de la signification, le notaire le constate par procès-verbal.

Dans ce cas, le tribunal de grande instance peut autoriser l'aliénation du bien indivis si celle-ci ne porte pas une atteinte excessive aux droits des autres indivisaires.

Cette aliénation s'effectue par licitation. Les sommes qui en sont retirées ne peuvent faire l'objet d'un remploi sauf pour payer les dettes et charges de l'indivision.

L'aliénation effectuée dans les conditions fixées par l'autorisation du tribunal de grande instance est opposable à l'indivisaire dont le consentement a fait défaut, sauf si l'intention d'aliéner le bien du ou des indivisaires titulaires d'au moins deux tiers des droits indivis ne lui avait pas été signifiée selon les modalités prévues au troisième alinéa.

Art. 815-6 *(L. n° 76-1286, 31 déc. 1976).* – Le président du tribunal de grande instance peut prescrire ou autoriser toutes les mesures urgentes que requiert l'intérêt commun.

Il peut, notamment, autoriser un indivisaire à percevoir des débiteurs de l'indivision ou des dépositaires de fonds indivis une provision destinée à faire face aux besoins urgents, en prescrivant, au besoin, les conditions de l'emploi. Cette autorisation n'entraîne pas prise de qualité pour le conjoint survivant ou pour l'héritier.

Il peut également soit désigner un indivisaire comme administrateur en l'obligeant s'il y a lieu à donner caution, soit nommer un séquestre. Les articles 1873-5 à 1873-9 du présent code s'appliquent en tant que de raison aux pouvoirs et aux obligations de l'administrateur, s'ils ne sont autrement définis par le juge.

Art. 815-7 *(L. n° 76-1286, 31 déc. 1976).* – Le président du tribunal peut aussi interdire le déplacement des meubles corporels sauf à spécifier ceux dont il attribue l'usage personnel à l'un ou à l'autre des ayants droit, à charge pour ceux-ci de donner caution s'il l'estime nécessaire.

Art. 815-7-1 *(L. n° 2009-594, 27 mai 2009).* – En Guadeloupe, en Guyane, en Martinique, à La Réunion et à Saint-Martin, lorsqu'un immeuble indivis à usage d'habitation ou à usage mixte d'habitation et professionnel est vacant ou n'a pas fait l'objet d'une occupation effective depuis plus de deux années civiles, un indivisaire peut être autorisé en justice, dans les conditions prévues aux articles 813-1 à 813-9, à exécuter les travaux d'amélioration, de réhabilitation et de restauration de l'immeuble ainsi qu'à accomplir les actes d'administration et formalités de publicité, ayant pour seul objet de le donner à bail à titre d'habitation principale.

Section II. – Des droits et des obligations des indivisaires
(L. n° 2006-728, 23 juin 2006)

Art. 815-8 *(L. n° 76-1286, 31 déc. 1976).* – Quiconque perçoit des revenus ou expose des frais pour le compte de l'indivision doit en tenir un état qui est à la disposition des indivisaires.

Art. 815-9 *(L. n° 76-1286, 31 déc. 1976).* – Chaque indivisaire peut user et jouir des biens indivis conformément à leur destination, dans la mesure compatible avec le droit des autres indivisaires et avec l'effet des actes régulièrement passés au cours de l'indivision. À défaut d'accord entre les intéressés, l'exercice de ce droit est réglé, à titre provisoire, par le président du tribunal.

L'indivisaire qui use ou jouit privativement de la chose indivise est, sauf convention contraire, redevable d'une indemnité.

Art. 815-10 *(L. n° 76-1286, 31 déc. 1976 ; mod., L. n° 2006-728, 23 juin 2006).* – Sont de plein droit indivis, par l'effet d'une subrogation réelle, les créances et indemnités qui remplacent des biens indivis, ainsi que les biens acquis, avec le consentement de l'ensemble des indivisaires, en emploi ou remploi des biens indivis.

Les fruits et les revenus des biens indivis accroissent à l'indivision, à défaut de partage provisionnel ou de tout autre accord établissant la jouissance divise.

Aucune recherche relative aux fruits et revenus ne sera, toutefois, recevable plus de cinq ans après la date à laquelle ils ont été perçus ou auraient pu l'être.

Chaque indivisaire a droit aux bénéfices provenant des biens indivis et supporte les pertes proportionnellement à ses droits dans l'indivision.

Art. 815-11 *(L. n° 76-1286, 31 déc. 1976).* – Tout indivisaire peut demander sa part annuelle dans les bénéfices, déduction faite des dépenses entraînées par les actes auxquels il a consenti ou qui lui sont opposables.

À défaut d'autre titre, l'étendue des droits de chacun dans l'indivision résulte de l'acte de notoriété ou de l'intitulé d'inventaire établi par le notaire.

En cas de contestation, le président du tribunal de grande instance peut ordonner une répartition provisionnelle des bénéfices sous réserve d'un compte à établir lors de la liquidation définitive.

À concurrence des fonds disponibles, il peut semblablement ordonner une avance en capital sur les droits de l'indivisaire dans le partage à intervenir.

Art. 815-12 *(L. n° 76-1286, 31 déc. 1976).* – L'indivisaire qui gère un ou plusieurs biens indivis est redevable des produits nets de sa gestion. Il a droit à la rémunération de son activité dans les conditions fixées à l'amiable, ou, à défaut, par décision de justice.

Art. 815-13 *(L. n° 76-1286, 31 déc. 1976 ; mod., L. n° 2009-526, 12 mai 2009).* – Lorsqu'un indivisaire a amélioré à ses frais l'état d'un bien indivis, il doit lui en être tenu compte selon l'équité, eu égard à ce dont la valeur du bien se trouve augmentée au temps du partage ou de l'aliénation. Il doit lui être pareillement tenu compte des dépenses nécessaires qu'il a faites de ses deniers personnels pour la conservation desdits biens, encore qu'elles ne les aient point améliorés.

Inversement, l'indivisaire répond des dégradations et détériorations qui ont diminué la valeur des biens indivis par son fait ou par sa faute.

Art. 815-14 *(L. n° 76-1286, 31 déc. 1976 ; mod., L. n° 2006-728, 23 juin 2006).* – L'indivisaire qui entend céder, à titre onéreux, à une personne étrangère à l'indivision, tout ou partie de ses droits dans les biens indivis ou dans un ou plusieurs de ces biens est tenu de notifier par acte extrajudiciaire aux autres indivisaires le prix et les conditions de la cession projetée ainsi que les nom, domicile et profession de la personne qui se propose d'acquérir.

Tout indivisaire peut, dans le délai d'un mois qui suit cette notification, faire connaître au cédant, par acte extrajudiciaire, qu'il exerce un droit de préemption aux prix et conditions qui lui ont été notifiés.

En cas de préemption, celui qui l'exerce dispose pour la réalisation de l'acte de vente d'un délai de deux mois à compter de la date d'envoi de sa réponse au vendeur. Passé ce délai, sa déclaration de préemption est nulle de plein droit, quinze jours après une mise en demeure restée sans effet, et sans préjudice des dommages-intérêts qui peuvent lui être demandés par le vendeur.

Si plusieurs indivisaires exercent leur droit de préemption, ils sont réputés, sauf convention contraire, acquérir ensemble la portion mise en vente en proportion de leur part respective dans l'indivision. Lorsque des délais de paiement ont été consentis par le cédant, l'article 828 est applicable.

Art. 815-15 *(Mod., Ord. n° 2006-461, 21 avr. 2006)*. – S'il y a lieu à l'adjudication de tout ou partie des droits d'un indivisaire dans les biens indivis ou dans un ou plusieurs de ces biens, l'avocat ou le notaire doit en informer les indivisaires par notification un mois avant la date prévue pour la vente. Chaque indivisaire peut se substituer à l'acquéreur dans un délai d'un mois à compter de l'adjudication, par déclaration au greffe ou auprès du notaire.

Le cahier des conditions de vente établi en vue de la vente doit faire mention des droits de substitution.

Art. 815-16 *(L. n° 76-1286, 31 déc. 1976)*. – Est nulle toute cession ou toute licitation opérée au mépris des dispositions des articles 815-14 et 815-15. L'action en nullité se prescrit par cinq ans. Elle ne peut être exercée que par ceux à qui les notifications devaient être faites ou par leurs héritiers.

Section III. – Du droit de poursuite des créanciers

(L. n° 2006-728, 23 juin 2006)

Art. 815-17 *(L. n° 76-1286, 31 déc. 1976)*. – Les créanciers qui auraient pu agir sur les biens indivis avant qu'il y eût indivision, et ceux dont la créance résulte de la conservation ou de la gestion des biens indivis, seront payés par prélèvement sur l'actif avant le partage. Ils peuvent en outre poursuivre la saisie et la vente des biens indivis.

Les créanciers personnels d'un indivisaire ne peuvent saisir sa part dans les biens indivis, meubles ou immeubles.

Ils ont toutefois la faculté de provoquer le partage au nom de leur débiteur ou d'intervenir dans le partage provoqué par lui. Les coïndivisaires peuvent arrêter le cours de l'action en partage en acquittant l'obligation au nom et en l'acquit du débiteur. Ceux qui exerceront cette faculté se rembourseront par prélèvement sur les biens indivis.

Section IV. – De l'indivision en usufruit

(L. n° 2006-728, 23 juin 2006)

Art. 815-18 *(L. n° 76-1286, 31 déc. 1976)*. – Les dispositions des articles 815 à 815-17 sont applicables aux indivisions en usufruit en tant qu'elles sont compatibles avec les règles de l'usufruit.

Les notifications prévues par les articles 815-14, 815-15 et 815-16 doivent être adressées à tout nu-propriétaire et à tout usufruitier. Mais un usufruitier ne peut acquérir une part en nue-propriété que si aucun nu-propriétaire ne s'en porte acquéreur ; un nu-propriétaire ne peut acquérir une part en usufruit que si aucun usufruitier ne s'en porte acquéreur.

2.1.2. – Des conventions relatives à l'exercice des droits indivis

(Titre IX *bis* du Livre III du Code civil)

Code civil

(Titre IX *bis*)

Art. 1873-1 *(L. n° 76-1286, 31 déc. 1976)*. – Ceux qui ont des droits à exercer sur des biens indivis, à titre de propriétaires, de nus-propriétaires ou d'usufruitiers peuvent passer des conventions relatives à l'exercice de ces droits.

CHAPITRE I. – DES CONVENTIONS RELATIVES À L'EXERCICE DES DROITS INDIVIS EN L'ABSENCE D'USUFRUITIER

(L. n° 76-1286, 31 déc. 1976)

Art. 1873-2 *(L. n° 76-1286, 31 déc. 1976).* – Les coïndivisaires, s'ils y consentent tous, peuvent convenir de demeurer dans l'indivision.

À peine de nullité, la convention doit être établie par un écrit comportant la désignation des biens indivis et l'indication des quotes-parts appartenant à chaque indivisaire. Si les biens indivis comprennent des créances, il y a lieu aux formalités de l'article 1690 ; s'ils comprennent des immeubles, aux formalités de la publicité foncière.

Art. 1873-3 *(L. n° 76-1286, 31 déc. 1976).* – La convention peut être conclue pour une durée déterminée qui ne saurait être supérieure à cinq ans. Elle est renouvelable par une décision expresse des parties. Le partage ne peut être provoqué avant le terme convenu qu'autant qu'il y en a de justes motifs.

La convention peut également être conclue pour une durée indéterminée. Le partage peut, en ce cas, être provoqué à tout moment, pourvu que ce ne soit pas de mauvaise foi ou à contretemps.

Il peut être décidé que la convention à durée déterminée se renouvellera par tacite reconduction pour une durée déterminée ou indéterminée. À défaut d'un pareil accord, l'indivision sera régie par les articles 815 et suivants à l'expiration de la convention à durée déterminée.

Art. 1873-4 *(L. n° 76-1286, 31 déc. 1976 ; mod., L. n° 78-627, 10 juin 1978).* – La convention tendant au maintien de l'indivision requiert la capacité ou le pouvoir de disposer des biens indivis.

Elle peut, toutefois, être conclue au nom d'un mineur, par son représentant légal seul ; mais, dans ce cas, le mineur devenu majeur peut y mettre fin, quelle qu'en soit la durée, dans l'année qui suit sa majorité.

Art. 1873-5 *(L. n° 76-1286, 31 déc. 1976).* – Les coïndivisaires peuvent nommer un ou plusieurs gérants, choisis ou non parmi eux. Les modalités de désignation et de révocation du gérant peuvent être déterminées par une décision unanime des indivisaires.

À défaut d'un tel accord, le gérant pris parmi les indivisaires ne peut être révoqué de ses fonctions que par une décision unanime des autres indivisaires.

Le gérant, qui n'est pas indivisaire, peut être révoqué dans les conditions convenues entre ses mandants ou, à défaut, par une décision prise à la majorité des indivisaires en nombre et en parts.

Dans tous les cas, la révocation peut être prononcée par le tribunal à la demande d'un indivisaire lorsque le gérant, par ses fautes de gestion, met en péril les intérêts de l'indivision.

Si le gérant révoqué est un indivisaire, la convention sera réputée conclue pour une durée indéterminée à compter de sa révocation.

Art. 1873-6 *(L. n° 76-1286, 31 déc. 1976 ; mod., L. n° 85-1372, 23 déc. 1985).* – Le gérant représente les indivisaires dans la mesure de ses pouvoirs, soit pour les actes de la vie civile, soit en justice tant en demandant qu'en défendant. Il est tenu d'indiquer, à titre purement énonciatif, le nom de tous les indivisaires dans le premier acte de procédure.

Le gérant administre l'indivision et exerce, à cet effet, les pouvoirs attribués à chaque époux sur les biens communs. Il ne peut, toutefois, disposer des meubles corporels que pour les besoins d'une exploitation normale des biens indivis, ou encore s'il s'agit de choses difficiles à conserver ou sujettes à dépérissement. Toute clause extensive des pouvoirs du gérant est réputée non écrite.

Art. 1873-7 *(L. n° 76-1286, 31 déc. 1976).* – Le gérant exerce les pouvoirs qu'il tient de l'article précédent lors même qu'il existe un incapable parmi les indivisaires.

Néanmoins, l'article 456, alinéa 3, est applicable aux baux consentis au cours de l'indivision.

Art. 1873-8 *(L. n° 76-1286, 31 déc. 1976).* – Les décisions qui excèdent les pouvoirs du gérant sont prises à l'unanimité, sauf au gérant, s'il est lui-même indivisaire, à exercer les recours prévus par les articles 815-4, 815-5 et 815-6.

S'il existe des incapables mineurs ou majeurs parmi les indivisaires, les décisions dont il est parlé à l'alinéa précédent donnent lieu à l'application des règles de protection prévues en leur faveur.

Il peut être convenu entre les indivisaires qu'en l'absence d'incapables certaines catégories de décisions seront prises autrement qu'à l'unanimité. Toutefois, aucun immeuble indivis ne peut être aliéné sans l'accord de tous les indivisaires, si ce n'est en application des articles 815-4 et 815-5 ci-dessus.

Art. 1873-9 *(L. n° 76-1286, 31 déc. 1976).* – La convention d'indivision peut régler le mode d'administration en cas de pluralité de gérants. À défaut de stipulations spéciales, ceux-ci détiennent séparément les pouvoirs prévus à l'article 1873-6, sauf le droit pour chacun de s'opposer à toute opération avant qu'elle ne soit conclue.

Art. 1873-10 *(L. n° 76-1286, 31 déc. 1976).* – Le gérant a droit, sauf accord contraire, à la rémunération de son travail. Les conditions en sont fixées par les indivisaires, à l'exclusion de l'intéressé, ou, à défaut par le président du tribunal de grande instance statuant à titre provisionnel.

Le gérant répond comme un mandataire, des fautes qu'il commet dans sa gestion.

Art. 1873-11 *(L. n° 76-1286, 31 déc. 1976).* – Chaque indivisaire peut exiger la communication de tous les documents relatifs à la gestion. Le gérant doit, une fois par an, rendre compte de sa gestion aux indivisaires. À cette occasion, il indique par écrit les bénéfices réalisés et les pertes encourues ou prévisibles.

Chaque indivisaire est tenu de participer aux dépenses de conservation des biens indivis. À défaut d'accord particulier, les articles 815-9, 815-10 et 815-11 du présent code sont applicables à l'exercice du droit d'usage et de jouissance, ainsi qu'à la répartition des bénéfices et des pertes.

Art. 1873-12 *(L. n° 76-1286, 31 déc. 1976).* – En cas d'aliénation de tout ou partie des droits d'un indivisaire dans les biens indivis, ou dans un ou plusieurs de ces biens, les coïndivisaires bénéficient des droits de préemption et de substitution prévus par les articles 815-14 à 815-16 et 815-18 du présent code.

La convention est réputée conclue pour une durée indéterminée lorsque, pour quelque cause que ce soit, une part indivise est dévolue à une personne étrangère à l'indivision.

Art. 1873-13 *(L. n° 76-1286, 31 déc. 1976 ; mod., L. n° 78-627, 10 juin 1978 ; L. n° 2006-728, 23 juin 2006).* – Les indivisaires peuvent convenir qu'au décès de l'un d'eux, chacun des survivants pourra acquérir la quote-part du défunt, ou que le conjoint survivant, ou tout autre héritier désigné, pourra se la faire attribuer à charge d'en tenir compte à la succession d'après sa valeur à l'époque de l'acquisition ou de l'attribution.

Si plusieurs indivisaires ou plusieurs héritiers exercent simultanément leur faculté d'acquisition ou d'attribution, ils sont réputés, sauf convention contraire, acquérir ensemble la part du défunt à proportion de leurs droits respectifs dans l'indivision ou la succession.

Les dispositions du présent article ne peuvent préjudicier à l'application des dispositions des articles 831 à 832-2.

Art. 1873-14 *(L. n° 76-1286, 31 déc. 1976 ; mod., L. n° 2006-728, 23 juin 2006).* – La faculté d'acquisition ou d'attribution est caduque si son bénéficiaire ne l'a pas exercée par une notification faite aux indivisaires survivants et aux héritiers du prédécédé dans le délai d'un mois à compter du jour où il aura été mis en demeure de prendre parti. Cette mise en demeure ne peut elle-même avoir lieu avant l'expiration du délai prévu au titre « Des successions » pour faire inventaire et délibérer.

Lorsqu'il n'a pas été prévu de faculté d'acquisition ou d'attribution, ou que celle-ci est caduque, la quote-part du défunt échoit à ses héritiers ou légataires. En pareil cas, la convention d'indivision sera réputée conclue pour une durée indéterminée à compter de l'ouverture de la succession.

Art. 1873-15 *(L. n° 76-1286, 31 déc. 1976).* – L'article 815-17 est applicable aux créanciers de l'indivision, ainsi qu'aux créanciers personnels des indivisaires.

Toutefois, ces derniers ne peuvent provoquer le partage que dans les cas où leur débiteur pourrait lui-même le provoquer. Dans les autres cas, ils peuvent poursuivre la saisie et la vente de la quote-part de leur débiteur dans l'indivision en suivant les formes prévues par le Code de procédure civile. Les dispositions de l'article 1873-2 sont alors applicables.

CHAPITRE II. – DES CONVENTIONS RELATIVES À L'EXERCICE DES DROITS INDIVIS EN PRÉSENCE D'UN USUFRUITIER

(L. n° 76-1286, 31 déc. 1976)

Art. 1873-16 *(L. n° 76-1286, 31 déc. 1976)*. – **Lorsque les biens indivis sont grevés d'un usufruit, des conventions, soumises en principe aux dispositions du chapitre précédent, peuvent être conclues, soit entre les nus-propriétaires, soit entre les usufruitiers, soit entre les uns et les autres. Il peut y avoir pareillement convention entre ceux qui sont en indivision pour la jouissance et celui qui est nu-propriétaire de tous les biens, de même qu'entre l'usufruitier universel et les nus-propriétaires.**

Art. 1873-17 *(L. n° 76-1286, 31 déc. 1976)*. – **Lorsque les usufruitiers n'ont pas été parties à la convention, les tiers qui ont traité avec le gérant de l'indivision ne peuvent se prévaloir au préjudice des droits d'usufruit des pouvoirs qui lui auraient été conférés par les nus-propriétaires.**

Art. 1873-18 *(L. n° 76-1286, 31 déc. 1976)*. – **Lorsque la convention passée entre usufruitiers et nus-propriétaires prévoit que des décisions seront prises à la majorité en nombre et en parts, le droit de vote afférent aux parts est divisé par moitié entre l'usufruit et la nue-propriété, à moins que les parties n'en soient autrement convenues.**

Toute dépense excédant les obligations de l'usufruitier, telles qu'elles sont définies par les articles 582 et suivants, ne l'engage qu'avec son consentement donné dans la convention elle-même ou par un acte ultérieur.

L'aliénation de la pleine propriété des biens indivis ne peut être faite sans l'accord de l'usufruitier, sauf le cas où elle est provoquée par les créanciers habiles à poursuivre la vente.

2.2. – DE L'ASSOCIATION

Loi du 1er juillet 1901

relative au contrat d'association

(JO 2 juill. 1901 et rect. JO 5 juill. 1901)

Bibliographie : E. Alfandari, *Le patrimoine de l'entreprise sous forme associative : Mél. J. Derruppé*, Litec, 1991, p. 265. • A. Becquart, *La lucrativité ou la non-lucrativité : un choix libre ou une nécessité vitale : Gaz. Pal.* 16 déc. 2001, p. 7 ; *Sectorisation, fiscalisation globale ou filialisation : quelle stratégie pour quel objectif associatif ? : RF fin. publ.* 2002, n° 78, p. 39. • M. Bini et A. Roth, *La création de sociétés filiales par une association : BJS* 1996, p. 657. • R. Brichet, *La loi de 1901 : succès et dévoiements d'une alerte centenaire : Dr. sociétés* 2001, chron. 12. • A. Condomines, *L'application du droit de la concurrence aux associations professionnelles : JCP* E 2005, 130. • G. Damy, *La nécessaire mutation de l'association, agent économique et social : BJS* 2004, p. 597. • X. Delsol, *L'évolution du droit associatif depuis vingt ans : Gaz. Pal.* 16 déc. 2001, p. 8. • A. Feuillet, *L'utilité sociale, une notion dérivée de celle d'intérêt général : RD sanit. soc.* 2002, p. 207. • Ch. Gerschel, *La filialisation par une association de son activité lucrative : Rev. sociétés* 1998, p. 741. • Y. Guyon, *Les groupes d'associations : Mél. Cabrillac*, Litec, 1995, p. 585. • C. Laronde-Clérac, *Régime des associations : les suites de la loi ESS du 31 juillet 2014 : Dr. sociétés* 2015, études, 18. • D. Lepeltier, *Apports et reprise d'apports dans les associations : BJS* 1997, p. 401. • D. Lepeltier et Y. Streiff, *Associations, fondations, congrégations*, Joly, 1994. • G. Liet-Veaux, *Les associations de personnes et les associations de biens : JCP* G 2002, I, 154, p. 1389. • P. Macqueron, *La responsabilité de l'association professionnelle : LPA* 11 juill. 2001, n° 137, p. 9. • J. Mestre, *Cent ans d'association en droit français : bilan et perspectives : Gaz. Pal.* 16 déc. 2001, p. 55. • M. Peltier, *Loi sur les nouvelles régulations économiques et direction des sociétés anonymes sportives : BJS* 2001, p. 971. • K. Rodriguez, *La pertinence en 2006 du droit des associations : pour un statu quo, un toilettage ou une refonte ? : BJS* 2006, p. 449. • F. Teitgen, *Vive les associations : Gaz. Pal.* 16 déc. 2001, p. 5. • F. Villerov de Galhau, *L'association est-elle un acteur fiscal comme les autres ? : RF fin. publ.* 2002, n° 78, p. 7. • F. Terré, *La distinction de la société et de l'association : Mél. P. Secrétan*, p. 325. • Rapport public du Conseil d'État pour 2000, *Les associations et la loi de 1901, cent ans après :* La Documentation française, p. 393. • *Adde*, C. Laronde-Clerac, *JCl. Sociétés Traité*, Fasc. 174-10 *(Associations-généralités)*, Fasc. 174-20 *(Constitution – Capacité)*, Fasc. 174-30 *(Fonctionnement – Contrôle)*, Fasc. 174-40 *(Disparition – Transformation)* ; A. Bougnoux, Fasc. 175-60 *(Congrégations religieuses)*. • M. Revillard, *JCl. Sociétés traité*, Fasc. 174-60 *(Associations en droit international privé)*.

Art. 1er. – L'association est la convention par laquelle deux ou plusieurs personnes mettent en commun d'une façon permanente leurs connaissances ou leur activité dans un but autre que de partager des bénéfices. Elle est régie, quant à sa validité, par les principes généraux du droit applicables aux contrats et obligations.

Voir : D. 16 août 1901, art. 1er, p. 728 et 15, p. 730.

I – NATURE DE L'ASSOCIATION

1) Nature contractuelle de l'engagement sociétaire.

a) **Nature contractuelle de l'adhésion.** Une association est un contrat qui suppose une rencontre des volontés et non seulement un acte unilatéral d'un candidat ; le fait d'en être salarié ou collaborateur bénévole n'établit pas d'une façon certaine le désir d'en devenir membre et la postulation à cette qualité : ▪ CA Poitiers, 15 mai 1985 : *BJS* 1986, p. 625.

b) **Devoir d'information préalable pesant sur l'association.** L'association, qui ne démontre pas avoir informé ses adhérents qu'ils ne pourraient obtenir les subventions ayant motivé leur adhésion dans les délais correspondant à leur attente, manque à son devoir d'information préalable, justifiant ainsi que soit prononcée la résiliation de l'engagement : ▪ CA Nîmes, 17 août 2004 : *Juris-Data* n° 2004-251271 ; *Dr. sociétés* déc. 2004, n° 209, obs. F.-X. Lucas.

c) L'adhésion à une association antérieurement au jugement ayant ouvert le redressement judiciaire du sociétaire constitue un **contrat en cours** dont l'administrateur peut exiger la continuation : ▪ Cass. com., 19 mai 2004 : *JurisData* n° 2004-023854 ; *Dr. sociétés* janv. 2005, n° 4, obs. F.-X. Lucas. – En conséquence, si, postérieurement au jugement d'ouverture du redressement judiciaire, le sociétaire a bénéficié de prestations fournies par l'association en contrepartie des cotisations dues au titre de la période considérée, ces cotisations sont des créances nées régulièrement après le jugement d'ouverture : ▪ Cass. com., 9 nov. 2004 : *JurisData* n° 2004-025707 ; *Dr. sociétés* avr. 2005, n° 64, obs. F.-X. Lucas.

2) Personnalité morale de l'association.

a) **Personne morale de droit privé.** Une association est, quelles que soient les modalités de son fonctionnement et l'origine de ses ressources, une **personne morale de droit privé** ; les contrats passés par cette association, fût-ce pour l'exécution d'un service public, sont des contrats de droit privé : ▪ Cass. soc., 26 juin 1991 : *BJS* 1991, p. 1024, note M. Jeantin.

b) **Autonomie de l'association affiliée à une fédération.** Sauf disposition contraire, et sans préjudice des sanctions possibles, l'indépendance des personnalités juridiques respectives fait obstacle à l'application directe, dans les statuts d'une association affiliée, de modifications types décidées par la fédération nationale, nonobstant l'obligation contractuelle de les adopter : ▪ Cass. 1re civ., 7 mai 2008, n° 05-18.532, PB : *JCP* E 2008, act. 1785.

3) Apports.

a) **Distinction de l'apport et de la donation.** Constitue une donation et non un apport l'acte transférant à une association une somme d'argent dès lors que les charges imposées à l'association étaient des plus générales, que le bien transmis n'était pas affecté à une utilisation préalablement définie et que l'auteur du transfert ne bénéficiait en contrepartie que de la qualité de membre bienfaiteur et qu'il renonçait en outre à la reprise de son apport, de sorte que l'intention libérale étant ainsi caractérisée l'opération devait être assujettie aux droits de mutation à titre gratuit : ▪ Cass. com., 7 juill. 2009, n° 07-21.957.

b) **Interdiction du partage des bénéfices et reprise des apports.** Si le principe du nominalisme monétaire n'est pas d'ordre public, la mise en œuvre de la clause d'actualisation permettant la réévaluation des apports lors de leur reprise, portant sur des sommes non provisionnées, contrevient à l'article 15 du décret du 16 août 1901 interdisant d'attribuer aux associés, en dehors de la reprise des apports, une part quelconque des biens de l'association ; en conséquence, la clause doit être déclarée nulle et sa mise en œuvre réalise un détournement d'actif *[C. com., art. L. 624-5, 6° anc.]*. ▪ Cass. com., 5 juill. 2005 : *JurisData* n° 2005-029367 ; *Dr. sociétés* 2005, n° 172, obs. F.-X. Lucas.

c) **Apports et requalification en société.** V. ▪ Cass. com., 20 nov. 2012, n° 11-19.938 : *Dr. sociétés* 2013, n° 25, obs. H. Hovasse.

II – ORGANISATION ET FONCTIONNEMENT

A – Cadre légal et statutaire

4) Statuts.

a) **Principe de liberté contractuelle.** La loi ne fixe de limite à la liberté contractuelle des associations qu'au regard de leur cause ou de leur objet ; par conséquent dans la mesure où elles ne comportent aucune disposition sur leur fonctionnement interne, qui est librement déterminé par les statuts, ceux-ci peuvent valablement conférer un droit de véto à un membre de droit, car cette stipulation ne porte pas atteinte au principe selon lequel une association ne peut être constituée ou dirigée par une personne seule mais vient seulement limiter le pouvoir de la majorité en obligeant à ce qu'un accord soit trouvé : ▪ Cass. 1re civ., 17 févr. 2016, n° 15-11.304, PB. – Les statuts font la loi des parties, et la liberté contractuelle laisse à celles-ci le soin de fixer comme elles l'entendent le contenu des statuts : ▪ Cass. 1re civ., 25 juin 2002 : *BJS* 2002, p. 1064, note P. Neau-Leduc ; *D.* 2002, p. 2359, note Y. Chartier. – V. Rép. min. : *JOAN* Q, 7 avr. 1997, p. 1804, à propos de la tenue des assemblées générales, et Rép. min. : *JOAN* Q, 21 août 1997, p. 2175, au sujet des pouvoirs des assemblées générales.

b) **Modification statutaire et augmentation des engagements d'un associé.** Dans le silence des statuts, seules les modifications statutaires ayant pour effet d'augmenter les engagements des associés doivent être adoptées à l'unanimité, ce qui n'est pas le cas de la modification ayant eu pour effet de permettre l'exclusion d'un adhérent sans motif disciplinaire : ▪ Cass. 1re civ., 1er févr. 2017, n° 16-11.979 : *D.* 2017, p. 743, note D. Gallois-Cochet ; *Dr. sociétés* 2017, n° 58, obs. H. Hovasse ; *Rev. sociétés* 2018, p. 43, note K. Rodriguez.

c) **Sanction de la violation des statuts.** S'agissant de la violation de la règle statutaire de convocation du conseil d'administration, il n'y a lieu à nullité que si les statuts prévoient cette sanction pour les irrégularités constatées ou si les irrégularités ont eu une incidence sur le déroulement de la sincérité des délibérations : ▪ Cass. 1re civ., 20 mars 2019, n° 18-11.653 : *Dr. sociétés* 2019, n° 83, obs. H. Hovasse.

5) Application subsidiaire du droit commun des SA.

a) **Principe.** Les dispositions du Code civil, et à défaut du Code de commerce, régissant les sociétés ont vocation à s'appliquer subsidiairement dans le silence des textes et des statuts relatifs au fonctionnement d'une association : ▪ Cass. 1re civ., 3 mai 2006, n° 03-18.229 : *JurisData* n° 2006-033290 ; *D.* 2006, p. 1456, obs. A. Lienhard ; *JCP* E 2006, 2014 ; *Rev. sociétés* 2006, p. 855, note D. Randoux.

b) **Applications.**

– **Incidents de séance.** Application de l'article L. 225-105, alinéa 3 du Code de commerce, voir sous L. 1er juill. 1901, art. 1er, annot. n° 7, p. 715.

– **Pouvoirs du président.** Application de l'article L. 225-56 du Code de commerce au président d'une association : voir sous L. 1er juill. 1901, art. 5, annot. n° 11, p. 723.

6) Règlement intérieur.

a) **Effet obligatoire.** Le règlement intérieur d'une association a pour vocation de s'intégrer au pacte social formé par les statuts, en les complétant ou en les précisant. Aussi y a-t-il lieu de rechercher la commune intention des parties en présence d'une contradiction entre les statuts et le règlement intérieur portant sur l'exercice du droit de vote aux assemblées générales : ▪ CA Paris, 17 sept. 1996 : *BJS* 1997, p. 24, note P. Le Cannu.

b) **Opposabilité.** S'agissant d'un règlement intérieur élaboré par le conseil d'administration, ce règlement n'est opposable aux sociétaires, y compris à ceux dont l'adhésion est antérieure à son adoption, qu'à charge pour l'association de prouver qu'il a été porté à leur connaissance : ▪ CA Montpellier, 2 juin 2004 : *JurisData* n° 2004-250252 ; *Dr. sociétés* déc. 2004, n° 209, obs. F.-X. Lucas.

B – Assemblées

7) Ordre du jour.

a) **Caractère précis de l'ordre du jour.** Lors même que la question inscrite à l'ordre du jour ne précise pas les implications de la décision soumise à la délibération des sociétaires, sa validité ne peut être remise en cause si, compte tenu du retentissement bien connu du conflit en cours que la délibération avait à trancher, la question inscrite à l'ordre du jour apparaissait suffisamment précise pour les sociétaires : ▪ Cass. 1re civ., 7 mai 2008, n° 05-18.522 (PB) : *Dr. sociétés* 2008, n° 200, obs. R. Mortier.

b) **Incidents de séance.** L'assemblée peut, comme le prévoit l'article L. 225-105, alinéa 3 du Code de commerce pour les sociétés anonymes, révoquer et remplacer les dirigeants sociaux dès lors que cette décision, bien que n'étant pas prévue à l'ordre du jour, est justifiée par les incidents survenus lors de la tenue de l'assemblée : ▪ Cass. 1re civ., 29 nov. 1994, n° 92-18.018 : *Rev. sociétés* 1995, p. 318, note Y. Guyon ; *RTD com.* 1996, p. 86, obs. E. Alfandari ; *Dr. sociétés* 1995, n° 48, obs. T. Bonneau, confirmant ▪ CA Nancy, 26 mai 1992 : *RJDA* 1993, p. 348.

c) **Désignation du président.** Viole l'article 1134 du Code civil l'arrêt qui valide l'élection du président d'une association au motif qu'il a été désigné à la majorité des membres présents à l'assemblée générale, alors que l'élection d'un nouveau président ne figurait pas à l'ordre du jour de cette assemblée : ▪ Cass. 1re civ., 5 mars 2009, n° 08-11.643 : *Dr. sociétés* 2009, n° 112, obs. R. Mortier.

8) Pratique des pouvoirs en blanc. La pratique des pouvoirs en blanc ne viole aucun principe d'ordre public régissant les associations en droit privé dès lors que leur utilisation et leurs effets sont clairement décrits dans les statuts, de sorte que l'adhérent signataire d'un tel pouvoir ait parfaitement conscience du sens de son vote : ▪ Cass. 2e civ., 21 mai 2015, n° 14-16.098.

9) Abus de majorité. Est entachée d'abus de majorité pour atteinte à l'intérêt collectif, et doit en conséquence être annulée, la délibération d'assemblée modifiant la répartition des charges entre les sociétaires dans l'unique dessein de favoriser les membres fondateurs majoritaires dont la charge se trouve considérablement limitée quand celle des autres adhérents s'en trouve notoirement aggravée : ▪ Cass. 1re civ., 4 avr. 2006, n° 03-13.894 : *JurisData* n° 2006-033039 ; *BJS* 2006, p. 1064, note V. Grelière ; *JCP* E 2006, 2441, note F.-X. Lucas ; *Dr. sociétés* août-sept. 2006, n° 119, obs. H. Lécuyer.

10) Annulation d'une délibération d'assemblée.

a) **Condition de l'annulation.** À défaut de sanction expressément prévue dans les statuts, la nullité des délibérations de l'assemblée générale n'est encourue que si l'irrégularité des formalités accomplies pour l'information des sociétaires convoqués a une incidence sur le déroulement et la sincérité de la consultation : ▪ Cass. 1re civ., 27 févr. 2013, n° 11-29.039 : *BJS* 2013, p. 497, note M. Julienne ; *Dr. sociétés* 2013, n° 117, obs. H. Hovasse. – Jugé que les statuts qui fixent les compétences de chaque organe et les règles de fonctionnement de l'association ne précisant pas la sanction du non-respect de ces règles, et les formalités qu'ils édictent répondant à la protection des intérêts privés des membres de l'association et ne pouvant donner lieu qu'à une nullité relative selon le droit commun des contrats, il s'ensuit que la nullité des délibérations irrégulières n'a lieu d'être prononcée que si la violation des règles statutaires a eu pour objectif de prendre les décisions contraires au but de l'association ou de favoriser des intérêts particuliers : ▪ CA Pau, 15 mai 2007 : *JurisData* n° 2007-339845 ; *Dr. sociétés* 2007, n° 213, obs. R. Mortier.

b) **Portée de l'annulation.** À défaut de stipulation législative, réglementaire ou statutaire contraire, l'annulation d'une délibération d'assemblée ne peut avoir d'effet rétroactif, l'annulation ne pouvant porter atteinte aux droits des associés de participer aux décisions collectives : ▪ Cass. 1re civ., 19 nov. 1991 : *Dr. sociétés* janv. 1992, p. 25.

Art. 2. – Les associations de personnes pourront se former librement sans autorisation ni déclaration préalable, mais elles ne jouiront de la capacité juridique que si elles se sont conformées aux dispositions de l'article 5.

Convention de sauvegarde des droits de l'homme et des libertés fondamentales du 4 novembre 1950

Rome, 4 novembre 1950, telle qu'amendée par le protocole n° 11

Art. 11. – *Liberté de réunion et d'association.* 1. Toute personne a droit à la liberté de réunion pacifique et à la liberté d'association, y compris le droit de fonder avec d'autres des syndicats et de s'affilier à des syndicats pour la défense de ses intérêts.

2. L'exercice de ces droits ne peut faire l'objet d'autres restrictions que celles qui, prévues par la loi, constituent des mesures nécessaires, dans une société démocratique, à la sécurité nationale, à la sûreté publique, à la défense de l'ordre et à la prévention du crime, à la protection de la santé ou de la morale, ou à la protection des droits et libertés d'autrui. Le présent article n'interdit pas que des restrictions légitimes soient imposées à l'exercice de ces droits par les membres des forces armées, de la police ou de l'administration de l'État.

1) Liberté d'association. E. Arnoult-Brill, *La liberté de s'associer : un droit en mouvement* : *Gaz. Pal.* 16 déc. 2001, p. 7. – L. Pavia, *La liberté d'association est-elle un droit constitutionnel et fondamental ?* : *Gaz. Pal.* 16 déc. 2001, p. 19.

a) **Association de chasse agréée.** Si l'État français peut, dans l'intérêt général, apporter des atteintes à la liberté d'association *[CEDH, art. 11]* et au droit de propriété, ces atteintes sont disproportionnées par rapport au but poursuivi dans le cas d'une association de chasse agréée *[adhésion forcée, apports forcés, absence de contrepartie pour les non-chasseurs]* : ▪ CEDH, 29 avr. 1999, *Chassagnou* : *D.* 2000, p. 141, note E. Alfandari. – Tel n'est plus le cas cependant depuis la loi du 26 juillet 2000 qui a organisé un droit de retrait des propriétaires de sorte qu'il existe désormais un juste équilibre entre l'intérêt général et l'intérêt des propriétaires : ▪ CEDH, 22 sept. 2011, n° 29953/08 : *D.* 2011, p. 2335. – Par conséquent, dès lors que le requérant n'est pas un opposant éthique à la chasse, l'obligation qui lui est faite d'inclure son fonds dans le périmètre d'une association communale de chasse agréée n'est pas discriminatoire et ne viole pas le droit au respect des biens : CEDH, gde ch., 4 oct. 2012, n° 57412/08 : *D.* 2012, p. 2391.

b) **Adhésion forcée du preneur à bail à une association de commerçants.** R. Rodriguez, *Les clauses d'adhésion forcée à une association figurant dans les baux commerciaux* : *JCP* E 2012, 669.

– **Principe de la nullité de plein droit.** Jugé qu'est entachée de nullité absolue comme portant atteinte à la liberté d'association *[CEDH, art. 11]* et au droit, pour tout membre d'une association qui n'est pas formée pour un temps déterminé, de s'en retirer en tout temps, après payement des cotisations échues et de l'année courante, nonobstant toute clause contraire *[L. 1er juill. 1901, art. 4]*, la clause d'un bail commercial faisant obligation au preneur d'adhérer à une association de commerçants et à maintenir son adhésion pendant la durée du bail : ▪ Cass. 3e civ., 12 juin 2003 : *D.* 2003, p. 1694, obs. Y. Rouquet ; *D.* 2004, p. 367, note C.-M. Benard ; *JCP* E 2003, 1791, note M. Boutonnet. – Sur le même fondement, et sans que puisse être invoquée la qualification de dédit, ne peut recevoir exécution la clause des statuts imposant le paiement d'une « participation financière » pour l'année entière dès lors que la somme réclamée comporte, outre une cotisation, le coût des services bénéficiant aux adhérents en cours d'exercice : ▪ Cass. 1re civ., 27 juin 2006, n° 04-20.180 : *JurisData* n° 2006-034238. – *Adde*, ▪ CA Grenoble, 31 oct. 2007 et ▪ CA Pau, 8 oct. 2007 : *Dr. sociétés* 2008, n° 72, obs. R. Mortier. ▪ Cass. 1re civ., 27 sept. 2017, n° 16-19.878 : *Dr. sociétés* 2017, n° 205, obs. H. Hovasse. ▪ Cass. 3e civ., 11 oct. 2018, n° 17-23.211 : *JCP* E 2018, 1627, note N. Dissaux.

– **Conséquence de la nullité.** Dès lors qu'a été constatée la nullité de plein droit de la clause du bail et de la clause des statuts de l'association faisant obligation au preneur d'adhérer et de maintenir son adhésion à cette association jusqu'au terme du bail, violent les articles 6, § 1, 11 et 13 de la CEDH les juges qui condamnent le preneur, sur le seul fondement de l'article 1371 du Code civil et des principes gouvernant l'enrichissement sans cause, à payer une somme équivalente à toutes les cotisations qui auraient dû être versées à l'association pendant toute la durée du bail : ▪ Cass. 1re civ., 20 mai 2010, n° 09-65.045, PBI : *BJS* 2010, p. 727, note R. Libchaber ; *JCP* E 2010, 1692, note J. Raynaud et 1993, n° 5, obs. Fl. Deboissy et G. Wicker ; *Rev. sociétés* 2011, p. 182, note J.-F. Barbièri. – En revanche, le preneur peut être condamné à restituer en équivalent les prestations qui lui ont été servies par l'association, l'annulation à raison de l'atteinte à la liberté fondamentale de ne pas s'associer ne faisant pas échec au principe des restitutions réciproques que peut impliquer l'annulation d'un contrat exécuté : ▪ Cass. 3e civ., 23 nov. 2011, n° 10-23.928, PB : *D.* 2011, p. 2928, obs. Y. Rouquet. – La nullité de la clause d'adhésion ayant pour effet de remettre les parties dans leur situation initiale, le preneur doit restituer en valeur les services dont il a bénéficié à ce titre : ▪ Cass. 1re civ., 12 juill. 2012, n° 11-17.587, PBI : *BJS* 2012, p. 797, note M.-P. Dumont-Lefrand ; *Rev. sociétés* 2013, p. 301, note K. Rodriguez. ▪ Cass. com., 16 sept. 2014, n° 13-22.898 : *Rev. sociétés* 2015, p. 532, note K. Rodriguez.

c) **Syndicat d'auteurs.** Le fait de subordonner la réduction de la redevance des droits d'auteur à l'adhésion à un syndicat professionnel ne constitue pas une violation de la liberté d'association dès lors qu'aucune obligation d'affiliation ne s'ensuit et qu'il ne s'agit pas d'une pénalisation du refus d'adhérer, lequel demeure sans incidence sur la faculté d'exercer l'activité considérée : ▪ Cass. 1re civ., 17 sept. 2003 : *Rev. sociétés* 2004, p. 891, note M.-L. Coquelet.

d) **Liberté de l'objet associatif.** Voir sous L. 1er juill. 1901, art. 3, annot. n° 1, p. 718.

2) Capacité commerciale. Voir sous L. 1er juill. 1901, art. 5, annot. n° 5, p. 722.

3) Représentation de l'association à l'égard des tiers. V. L. 1er juill. 1901, art. 5, annot. n° 11, p. 723.

Art. 2 *bis* ***(L. n° 2011-893, 28 juill. 2011 ; L. n° 2017-86, 27 janv. 2017)*. – Tout mineur peut librement devenir membre d'une association dans les conditions définies par la présente loi.**

Tout mineur âgé de moins de seize ans, sous réserve d'un accord écrit préalable de son représentant légal, peut participer à la constitution d'une association et être chargé de son administration dans les conditions prévues à l'article 1990 du Code civil. Il peut également accomplir, sous réserve d'un accord écrit préalable de son représentant légal, tous les actes utiles à l'administration de l'association, à l'exception des actes de disposition.

Tout mineur âgé de seize ans révolus peut librement participer à la constitution d'une association et être chargé de son administration dans les conditions prévues à l'article 1990 du Code civil. Les représentants légaux du mineur en sont informés sans délai par l'association, dans des conditions fixées par décret. Sauf opposition expresse du représentant légal, le mineur peut accomplir seul tous les actes utiles à l'administration de l'association, à l'exception des actes de disposition.

Art. 3. – Toute association fondée sur une cause ou en vue d'un objet illicite, contraire aux lois, aux bonnes mœurs, ou qui aurait pour but de porter atteinte à l'intégrité du territoire national et à la forme républicaine du gouvernement, est nulle et de nul effet.

1) Liberté de l'objet associatif.

a) **Principe.** L'exercice de la liberté d'association, à laquelle a droit toute personne, ne peut faire l'objet d'autres restrictions que celles qui, prévues par la loi, constituent des mesures nécessaires, dans une société démocratique, à la sûreté publique, à la défense de l'ordre et à la prévention du crime, à la protection de la santé ou de la morale, ou à la protection des droits d'autrui, sous la seule réserve des restrictions légitimes imposées à l'exercice de ce droit par les membres de l'armée, de la police ou de l'administration de l'État ; en conséquence, ne peut être annulée l'association de protestation ayant pour objet l'investiture d'un candidat autre que l'actuel président pour les prochaines présidentielles : ▪ Cass. 1re civ., 3 avr. 2001 : *BJS* 2001, p. 1026, note P. Néau-Leduc.

b) **Limite.** L'association, dont il ressort de l'ensemble des statuts qu'elle considère que la France est toujours une royauté dont le trône est seulement vacant, est nulle en ce qu'elle porte atteinte à la forme républicaine du gouvernement : ▪ CA Pau, 23 janv. 2006 : *JurisData* n° 2006-295277 ; *Dr. sociétés* déc. 2006, n° 177, obs. F.-X. Lucas. – Décision cassée au motif que ces éléments n'établissent pas que l'association litigieuse se donnait pour but de renverser la république : ▪ Cass. 1re civ., 2 oct. 2007, n° 06-13.732 : *BJS* 2008, p. 107, note Chr. Boutin ; *Dr. sociétés* 2008, n° 212, obs. R Mortier.

2) L'association, qui a pour seul but déclaré d'exercer une **action en justice**, n'est pas dépourvue d'objet et ne peut en conséquence être annulée : ▪ Cass. 1re civ., 3 avr. 2001 : *Bull. civ.* I, n° 91.

3) Activité économique.

a) Constituent une activité économique, qui permet d'appliquer à son **dirigeant** les dispositions relatives à l'**extension de la liquidation judiciaire**, la création, l'équipement et la gestion d'un centre de loisirs : ▪ Cass. com., 6 juill. 1993 : *RJDA* 1993, p. 878.

b) Une association qui, pour réaliser son objet d'accompagnement de personnes handicapées, emploie une quinzaine de salariés, facture ses prestations et verse une certaine somme chaque année à sa directrice pour son hébergement à son domicile, doit être considérée comme ayant une activité économique ; son **président** peut par suite être soumis à une **interdiction de gérer** : ▪ CA Paris, 9 avr. 2002 : *BJS* 2002, p. 889, note V. Grellière.

c) Présente un caractère économique l'activité d'une association employant 37 personnes ; l'existence d'une entreprise se trouve par suite caractérisée au sens de l'article **L. 313-22 du Code monétaire et financier** *[information annuelle de la caution lorsqu'un concours financier a été accordé par un établissement de crédit à une entreprise]* : ▪ Cass. 1re civ., 12 mars 2002 : *D.* 2002, p. 1199, obs. A. Lienhard. – Dans le même sens, au motif que l'association exploitant un musée et vendant des marchandises tenait une comptabilité de type commerciale : ▪ CA Paris, 13 mars 2001 : *D.* 2001, p. 1796.

d) **Contrôle des associations ayant une activité économique.** Voir C. com., art. L. 612-1 à L. 612-5, p. 1980.

4) Droit de libre expression. S'agissant de faits portant atteinte aux activités et services d'autrui, n'abuse pas de son droit de libre expression l'association qui agit conformément à son objet dans un but d'intérêt général et de santé publique par des moyens proportionnés à cette fin : ▪ Cass. 1re civ., 8 avr. 2008, n° 07-11.251, PBI : *Bull. civ.* 2008, I, n° 104 ; *D.* 2008, p. 2402, note L. Neyret ; *JCP* 2008, II, 10106, note C. Hugon ; *RTD civ.* 2008, p. 487, note P. Jourdain.

Art. 4 ***(Mod., L. n° 2012-387, 22 mars 2012).*** **– Tout membre d'une association peut s'en retirer en tout temps, après payement des cotisations échues et de l'année courante, nonobstant toute clause contraire.**

I – ADHÉSION ET RENOUVELLEMENT DE LA QUALITÉ DE SOCIÉTAIRE

1) Refus de renouvellement. S'agissant de l'association dont la qualité de membre confère le droit d'utiliser la marque « Gîtes de France », dès lors qu'il ressort des statuts que l'adhésion est limitée à une année et que le renouvellement ne peut être tacite mais est subordonné à un accord tant de l'adhérant que de l'association, cette dernière est en droit, en vertu de la liberté contractuelle, de refuser le renouvellement au terme du contrat initial sans avoir à justifier des motifs de son refus, cet exercice de sa liberté ne constituant nullement une exclusion disciplinaire : ▪ Cass. 1re civ., 6 mai 2010, n° 09-66.969, PB : *D.* 2010, p. 2413, note G. Helleringer ; *BJS* 2010, p. 723, note P. Rubellin ; *JCP* E 2010, 1692, note J. Raynaud et 1993, n° 6, obs. Fl. Deboissy et G. Wicker ; *Rev. sociétés* 2010, p. 511, note D. Randoux.

II – DROIT DE RETRAIT D'UN MEMBRE

2) Principe. Hormis les cas où la loi en décide autrement, nul n'est tenu d'adhérer à une association ou, y ayant adhéré, d'en demeurer membre : ▪ Cass. ass. plén., 9 févr. 2001 : *JurisData* n° 2001-008043 ; *D.* 2001, p. 1493, note E. Alfandari ; *JCP* E 2001, p. 586 ; *Rev. sociétés* 2001, p. 358, note Y. Guyon. – Les statuts d'une association ne peuvent exiger d'un membre retrayant le paiement d'une participation financière due pour l'année entière : ▪ Cass. 1re civ., 27 juin 2006, nos 04-20.180 à 04-10.185 : *Dr. sociétés* 2007, n° 4, obs. F.-X. Lucas. – Il résulte de l'article 1134 du Code civil, ensemble les articles 11 de la Convention européenne des droits de l'homme et 4 de la loi du 1er juillet 1901 que nul n'est tenu d'adhérer à une association ou, y ayant adhéré, d'en demeurer membre, et que tout membre d'une association, qui n'est pas formée pour un temps déterminé, peut s'en retirer en tout temps après paiement des cotisations échues et de l'année courante, nonobstant toute clause contraire, les dispositions statutaires entravant la liberté de ne pas adhérer à une association ou de s'en retirer en tout temps étant entachées d'une nullité absolue : ▪ Cass. com., 11 mars 2014, n° 13-14.341, PB : *Dr. sociétés* 2014, n° 98, obs. H. Hovasse ; *Rev. sociétés* 2015, p. 46, note K. Rodrigues. ▪ Cass. 1re civ., 3 juin 2015, n° 13-24.823 : *Dr. sociétés* 2015, n° 192, obs. H. Hovasse. – V. égal. sous L. 1er juill. 1901, art. 2, annot. n° 1, p. 716.

3) Mise en œuvre. Le membre qui cesse de payer ses cotisations manifeste par ce refus de paiement sa volonté de ne plus faire partie de l'association : ▪ Cass. 3e civ., 20 déc. 2006, n° 05-20.689 : *BJS* 2007, p. 509, note P. Scholer ; *D.* 2007, p. 305.

4) Centre de gestion agréé. Si l'adhérent d'un centre de gestion agréé est libre de s'en retirer à tout moment, après paiement des cotisations échues et de l'année courante, nonobstant toute clause contraire, il ne peut en revanche dénoncer le contrat confiant par ailleurs au centre une mission comptable sans encourir les sanctions contractuelles prévues par ce contrat : ▪ Cass. 1re civ., 9 juin 2011, n° 10-20.206, PBI.

III – EXCLUSION D'UN MEMBRE

5) Organe compétent. Lorsque les statuts d'une association donnent compétence au conseil d'administration pour prononcer la radiation de l'un de ses membres, il n'y a pas violation des statuts lorsque la sanction est prononcée par l'assemblée générale, le conseil d'administration n'étant que l'émanation de l'assemblée générale, à laquelle il pouvait donc soumettre une décision déjà prise à l'unanimité des membres du conseil : ▪ Cass. 1re civ., 14 déc. 2004 : *JurisData* n° 2004-026152 ; *BJS* 2005, p. 515, note Ph. Néau-Leduc ; *Dr. sociétés* mars 2005, n° 43, obs. F.-X. Lucas ; *JCP* E 2005, 198 ; *Rev. sociétés* 2005, p. 853, note P. Hoang.

6) Cause d'exclusion. Dès lors qu'une association et deux sociétés constituent trois structures contractuelles juxtaposées, qui sont interdépendantes et constituent le soutien nécessaire du « mouvement Leclerc », dont l'adhésion à l'association et les contrats de panonceaux assurent la cohésion, l'existence de cet ensemble contractuel voulu indivisible implique que la résiliation du contrat de panonceau, qui est le pivot de l'activité recherchée, en application de la clause résolutoire stipulée dans ce contrat, suffit à justifier les exclusions prononcées ultérieurement, quand bien même la procédure disciplinaire suivie au sein de l'association ne permettait pas à l'intéressé une défense appropriée : ▪ Cass. 1re civ., 13 nov. 2008, n° 06-12.920 (PB) : *BJS* 2009, p. 572, note P. Rubellin ; *Dr. sociétés* 2009, n° 25, obs. R. Mortier ; *JCP* E 2009, nos 31-34, n° 2, obs. Fl. Deboissy et G. Wicker.

7) Garanties procédurales.

a) **Absence d'incidence en cas d'exclusion de plein droit.** Voir ▪ Cass. 1re civ., 13 nov. 2008 : préc., L. 1er juill. 1901, art. 4, annot. n° n° 2, p. 718.

b) **Garanties jugées suffisantes.** Lorsque le sociétaire exclu n'a pas reçu conseil de recourir à l'assistance d'un avocat, mais que son audition préalable a été suivie d'un délibéré après la clôture des débats, la décision d'exclusion justifiée par des manquements répétés aux statuts et au règlement intérieur ne saurait être annulée au motif que le membre n'a pu bénéficier des garanties procédurales prévues par l'article 6, § 1 de la CEDH, celles-ci n'étant pas applicables par elles-mêmes aux séances des conseils d'administration de groupements examinant la violation d'engagements contractuels : ▪ Cass. 1re civ., 16 mars 2004 : *BJS* 2004, p. 1109, note E. Garaud ; *Dr. sociétés* juill. 2004, n° 121, obs. F.-X. Lucas ; *JCP* E 2004, 1899, note A. Pauget-Beydon. – V. égal., ▪ Cass. 1re civ., 21 nov. 2006, n° 05-14.630 : *JurisData* n° 2006-036015. – Lorsque le sociétaire connaissait la sanction à laquelle il était exposé et avait été en mesure de se faire entendre par les organes chargés d'arrêter la sanction, il ne saurait y avoir violation des principes de la contradiction et d'impartialité qui s'imposent dans le droit associatif, les dispositions de l'article 6 de la CEDH étant sans application aux conseils d'administration ou aux assemblées générales d'associations examinant la violation d'engagements contractuels : ▪ Cass. 1re civ., 14 déc. 2004, préc., L. 1er juill. 1901, art. 4, annot. n° n° 2, p. 718. ▪ Cass. com., 10 mai 2006 : *Rev. sociétés* 2007, p. 70, note L. Godon. ▪ Cass. com., 21 nov. 2006, n° 05-14.630 : *Dr. sociétés* 2007, n° 66, obs. F.-X. Lucas. – Dans le même sens, excluant l'application de l'article 6 de la CEDH et exigeant seulement que le sociétaire ait eu connaissance des griefs précis nourris à son endroit, de la sanction encourue et ait été mis à même d'être préalablement entendu par l'organe chargé de statuer : ▪ Cass. 1re civ., 28 juin 2007, n° 05-13.982 (FD).

c) **Garanties jugées insuffisantes.** Viole la loi du 1er juillet 1901 et le principe du respect des droits de la défense, la cour d'appel qui considère comme justifiée l'exclusion d'un membre d'une association alors que la lettre de convocation de celui-ci devant l'organe disciplinaire ne faisait pas apparaître les griefs précis formulés à son encontre, condition nécessaire pour lui permettre de présenter utilement sa défense : ■ Cass. 1re civ., 19 mars 2002 : *Rev. sociétés* 2002, p. 333, note Y. Guyon ; *RTD civ.* 2002, p. 534, obs. P.-Y. Gauthier.

8) Droit à réparation.

a) **Fait générateur.** Doit être rejetée la demande en réparation du préjudice allégué par un membre du fait de son exclusion de l'association dès lors qu'il n'y a eu ni violation de la procédure d'exclusion, ni méconnaissance tant des droits de la défense que du principe du contradictoire : ■ CA Paris, 13 juin 2000 : *Rev. sociétés* 2000, p. 584, obs. Y. Guyon. ■ CA Paris, 21 juin 2000 : *Rev. sociétés* 2000, p. 760, obs. Y. Guyon. ■ CA Paris, 17 mars 2004 : *JurisData* n° 2004-242360 ; *Dr. sociétés* 2004, n° 165, obs. F.-X. Lucas.

b) **Lien de causalité.** Dès lors qu'il est établi que le préjudice invoqué consistant dans le défaut d'obtention des subventions versées par l'association étant sans lien avec la faute relevée au titre du non-respect de la procédure statutaire d'exclusion, doit être rejetée la demande en réparation du sociétaire exclu : ■ Cass. com., 28 avr. 2004 : *Dr. sociétés* oct. 2004, n° 164, obs. F.-X. Lucas.

IV – ÉGALITÉ ENTRE SOCIÉTAIRES

9) Sur le caractère erroné de l'allégation d'un principe constitutionnel d'égalité applicable entre sociétaires : ■ Cass. 1re civ., 21 nov. 2006, n° 05-19.229 : *JurisData* n° 2006-036021.

10) L'article 1er de la loi du 1er juillet 1901 et le principe du respect des droits de la défense commande qu'en cas d'exclusion d'un sociétaire, laquelle constitue une rupture unilatérale du contrat d'association à son endroit, l'intéressé ait reçu notification personnelle des griefs nourris contre lui et ait été mis à même, préalablement à la décision, de faire valoir ses observations : ■ Cass. 1re civ., 21 nov. 2006, n° 05-13.041 : *JurisData* n° 2006-036014.

Art. 5 ***(L. n° 71-604, 20 juill. 1971 ; L. n° 81-909, 9 oct. 1981 ; Ord. n° 2005-856, 28 juill. 2005).*** **– Toute association qui voudra obtenir la capacité juridique prévue par l'article 6 devra être rendue publique par les soins de ses fondateurs.**

La déclaration préalable en sera faite *(Mots rempl., Ord. n° 2015-904, 23 juill. 2015)* « au représentant de l'État dans le département » où l'association aura son siège social. Elle fera connaître le titre et l'objet de l'association, le siège de ses établissements et les noms, professions, domiciles et nationalités de ceux qui, à un titre quelconque, sont chargés de son administration. Un exemplaire des statuts est joint à la déclaration. Il sera donné récépissé de celle-ci dans le délai de cinq jours.

Lorsque l'association aura son siège social à l'étranger, la déclaration préalable prévue à l'alinéa précédent sera faite *(Mots rempl., Ord. n° 2015-904, 23 juill. 2015)* « au représentant de l'État dans le département » où est situé le siège de son principal établissement.

L'association n'est rendue publique que par une insertion au *Journal officiel*, sur production de ce récépissé.

Les associations sont tenues de faire connaître, dans les trois mois, tous les changements survenus dans leur administration, ainsi que toutes les modifications apportées à leurs statuts.

Ces modifications et changements ne sont opposables aux tiers qu'à partir du jour où ils auront été déclarés.

(Al. abr., Ord. n° 2015-904, 23 juill. 2015).

Voir : D. 16 août 1901, art. 1er et s., p. 728.

I – PERSONNALITÉ MORALE ET CAPACITÉ DE L'ASSOCIATION

1) Portée de l'exigence de déclaration.

a) **Association étrangère.** V. annot. n° 3 *c)*, p. 714.

b) **Absence de personnalité morale.** Le prêt contracté au nom d'une association non déclarée et dépourvue comme telle de la capacité juridique n'engage que celui qui se dit son représentant : ■ Cass. 1re civ., 5 mai 1998 : *JurisData* n° 1998-001913.

2) Irrecevabilité de l'action dirigée contre une association dépourvue de la personnalité morale. V. ■ Cass. soc., 12 juill. 2010, n° 09-41.402.

3) Autonomie de la personne morale.

a) **Individualité de la personne morale.** Deux associations ayant une dénomination différente constituent une seule et même personne morale, à laquelle s'applique indifféremment le titre exécutoire délivré à l'une d'elle, dès lors qu'elles ont la même adresse, le même compte postal, le même représentant, lequel a accepté de recevoir les actes de procédure, et utilisent les mêmes bulletins de paye : ■ Cass. 2e civ., 17 nov. 2005, n° 04-14.604 : *JurisData* n° 2005-030730 ; *Dr. sociétés* janv. 2006, n° 2, obs. F.-X. Lucas.

b) **Association affiliée.** Sauf disposition contraire et sans préjudice des sanctions possibles, l'indépendance des personnalités juridiques respectives fait obstacle à l'applicabilité directe, dans les statuts d'une association affiliée, de modifications types décidées par la fédération nationale, nonobstant l'obligation contractuelle de l'association affiliée de les adopter : ▪ Cass. 1re civ., 7 mai 2008, n° 05-18.522, PB : *Dr. sociétés* 2008, n° 200, obs. R. Mortier.

4) Droit d'agir en justice.

a) **Défense d'intérêts collectifs d'ordre général.**

– **Objet social.** Hors habilitation législative, une association ne peut agir en justice au nom d'intérêts collectifs qu'autant que ceux-ci entrent dans son objet social : ▪ Cass. 2e civ., 27 mai 2004 : *D.* 2004, somm. p. 2931, obs. E. Lamazerolles. – V. égal. dans le même sens, ▪ Cass. 1re civ., 18 sept. 2008, n° 06-22.038, PB. – Au motif qu'une association peut agir en justice au nom d'intérêts collectifs dès lors que ceux-ci entrent dans son intérêt social, une association est déclarée recevable à agir en défense de l'environnement, la cour d'appel ayant relevé que l'objet de son action était conforme à son objet social et à l'agrément dont bénéficiait l'association : ▪ Cass. 3e civ., 26 sept. 2007, n° 04-20.636 (PBIR) : *D.* 2007, p. 2535, obs. A. Vincent. V. retenant la même solution même en l'absence de prévision statutaire expresse quant à l'emprunt des voies judiciaires : ▪ Cass. 1re civ., 2 oct. 2013, n° 12-21.152 : *BJS* 2014, p. 94, note A. Tadros.

– **Préjudice réparable.** Suite à une infraction commise à des dispositions législatives ou réglementaires relatives à la protection de l'environnement, lors même qu'une mise en conformité est déjà intervenue, une association ayant pour objet la défense de l'environnement peut demander réparation de son préjudice moral indirect et de l'atteinte portée aux intérêts collectifs qu'elle a pour objet de défendre : ▪ Cass. 3e civ., 9 juin 2010, n° 09-11.738, PB : *D.* 2010, p. 2614, obs. F. N. – V. égal. : ▪ Cass. 3e civ., 8 juin 2011, n° 10-15.500, PB : *D.* 2011, p. 2635, note B. Parence ; *JCP* E 2011, 1762, note H. Hovasse.

– **Habilitation légale.** L'organisation professionnelle constituée sous la forme d'une association est recevable à agir en justice sans autorisation expresse de son conseil d'administration dès lors que, son existence et son immatriculation n'étant pas discutées de même que la possibilité donnée par ses statuts d'agir pour la défense des intérêts professionnels de ses adhérents, l'article L. 470-7 du Code de commerce prévoit la possibilité pour une organisation professionnelle d'introduire une action devant une juridiction civile ou commerciale pour des faits portant un préjudice direct ou indirect à l'intérêt collectif de la profession qu'elle représente ou à la loyauté de la concurrence : ▪ Cass. com., 30 sept. 2008, n° 07-16.594.

b) **Défense de l'intérêt collectif des membres de l'association.** Une association pouvant agir en justice au nom d'intérêts collectifs dès lors que ceux-ci entrent dans son objet social, l'action d'une association ne peut être rejetée sans qu'il eût été recherché si celle-ci, conformément à son objet social, était recevable à agir pour la défense des intérêts collectifs de ses membres : ▪ Cass. 2e civ., 5 oct. 2006, n° 05-17.602 (PB) : *BJS* 2007, p. 266, note Ph. Néau-Leduc.

c) **Association étrangère non déclarée en France.** En exigeant la déclaration prévue à l'article 5 de la loi de 1901 pour une association étrangère n'ayant pas de « principal établissement » en France et souhaitant agir en diffamation afin de lui permettre d'ester en justice, les autorités françaises imposent une véritable restriction, au demeurant non suffisamment prévisible, qui porte atteinte à la substance du droit d'accès à un tribunal, en violation de l'article 6 de la Convention : ▪ CEDH, 15 janv. 2009, n° 36497 : *BJS* 2009, p. 481, note P. Rubellin. – La subordination de la reconnaissance en France de la personnalité morale, et donc de la capacité juridique, des associations ayant leur siège social à l'étranger à une déclaration préalable de leur part à la préfecture du département où est situé le siège de leur principal établissement n'est pas inconstitutionnelle, sous réserve que cela ne prive pas les associations ayant leur siège à l'étranger, dotées de la personnalité morale en vertu de la législation dont elles relèvent, mais ne disposant d'aucun établissement en France, de la qualité pour agir devant les juridictions françaises : ▪ Cons. const., 7 nov. 2014, déc. n° 2014-424, QPC. – Toute personne morale étrangère, qui se prétend victime d'une infraction, est habilitée à se constituer partie civile, devant une juridiction française, dans les conditions prévues par l'article 2 du CPP, même si elle n'a pas d'établissement en France, et n'a pas fait de déclaration préalable à la préfecture : ▪ Cass. crim., 8 déc. 2009, n° 09-81.607, PBI : *Dr. sociétés* 2010, n° 43, obs. H. Hovasse ; *BJS* 2010, p. 577, note S. Bollée. – V. antérieurement, exigeant qu'une association étrangère non déclarée remplisse les formalités exigées par l'article 5 de la loi du 1er juillet 1901 : ▪ Cass. crim., 12 avr. 2005 : *D.* 2005, inf. rap. p. 1447.

d) **Modification de l'objet statutaire.**

– **Défaut de déclaration de la modification.** Dès lors que la modification de l'objet social a été valablement décidée par l'assemblée générale extraordinaire de l'association antérieurement à l'exercice de l'action, l'absence de déclaration de cette modification des statuts ne fait pas obstacle à l'action de l'association visant à contester la légalité des actes administratifs faisant grief aux intérêts qu'elle a, à la suite de cette modification, pour objet de défendre : ■ CE, 27 juill. 2009, n° 306946 : *BJS* 2009, p. 1097, note Ph. Neau-Leduc.

– **Conséquence sur l'agrément**. En dépit de l'élargissement de son objet, une association est recevable à agir sur la base de l'agrément qui lui a été antérieurement accordé dès lors que la modification des statuts n'a affecté aucun des éléments constitutifs de l'objet social en considération desquels cet agrément lui avait été accordé : ■ Cass. 1re civ., 20 oct. 2011, n° 10-25.402, PBI : *BJS* 2012, p. 143, note B. Dondero ; *D.* 2011, p. 2910, note E. Bazin ; *JCP* E 2011, 1834, note N. Dupont.

5) Capacité commerciale. R. Brichet, *Une association peut-elle être une personne morale commerçante ? : JCP* 1988, éd. N, I, p. 335. – J.-M. Do Carmo Silva, *Une association peut-elle devenir une personne commerçante : LPA* 5 mai 1997, n° 54, p. 9. – V. Grellière, *De l'illicéité ou non de l'association commerçante : RTD com.* 1997, p. 537.

a) Une association ne saurait consentir une **location-gérance** : ■ Cass. com., 19 janv. 1988 : *Rev. sociétés* 1988, p. 565.

b) **Inscription au RCS.** Une association ne peut prétendre à s'inscrire au registre du commerce et des sociétés : ■ Cass. com., 1er mars 1994 : *BJS* 1994, p. 529, note M. Jeantin.

c) **Compétence juridictionnelle.** La juridiction commerciale est compétente s'agissant d'une association qui effectue des opérations d'intermédiaire pour l'achat et la vente d'immeubles en offrant de façon permanente aux particuliers un site internet visant à favoriser les échanges d'immeubles, ce qui constitue une prestation permettant la rencontre de l'offre et de la demande en vue de la vente et de l'achat d'immeubles : ■ Cass. com., 14 févr. 2006, n° 03-13.453 : *JurisData* n° 2006-032194 ; *D.* 2006, p. 783, obs. E. Chevrier ; *JCP* E 2006, 1719 ; *Dr. sociétés* 2008, n° 1, obs. J.-P. Legros.

II – DIRECTION ET ADMINISTRATION DE L'ASSOCIATION

6) Administration provisoire. Pour une tentative de désignation d'un administrateur provisoire, V. ■ Cass. 1re civ., 8 avr. 1986 : *BJS* 1986, p. 623. – La mission de convoquer une assemblée générale confiée à un auxiliaire de justice peut être transformée en administration provisoire d'une association, sans qu'il soit besoin de rapporter la preuve de faits d'une particulière gravité, de nature à porter atteinte à l'existence de l'association elle-même : ■ Cass. 1re civ., 9 janv. 1996 : *BJS* 1996, p. 398, note P. Scholer. – La mise en examen du président de l'association et de plusieurs administrateurs, sans aucune mesure de contrôle judiciaire, et notamment sans aucune interdiction de gestion, ne constitue nullement une reconnaissance de culpabilité de ceux-ci et ne saurait caractériser l'**impossibilité de fonctionner** de l'association justifiant la désignation d'un administrateur provisoire : ■ CA Paris, 19 sept. 2003 : *Dr. sociétés* 2004, n° 20, obs. F.-X. Lucas ; *Rev. sociétés* 2004, p. 167, obs. Y. Guyon.

7) Nomination et révocation du président.

a) **Compétence.** S'agissant d'une association cultuelle, dès lors que la nomination du président est de la compétence non de l'assemblée mais de l'archevêque, le parallélisme des formes impose que sa révocation soit également de la compétence de l'archevêque dont la décision n'a pas à être motivée, sauf abus de droit : ■ CA Pau, 12 févr. 2008 : *BJS* 2008, p. 898, note P. Rubellin.

b) **Ordre du jour.** V. sous L. 1er juill. 1901, art. 1er, annot. n° 7, p. 715.

c) **Opposabilité aux tiers de la nomination.** La production aux débats d'un récépissé de déclaration de modifications délivré par la préfecture mentionnant le président de l'association établit de la sorte l'opposabilité aux tiers de sa désignation : ■ Cass. 1re civ., 19 nov. 2009, n° 08-16.132.

8) Révocation d'un membre du conseil d'administration.

a) **Organe compétent.**

– Le président d'une association n'a pas le pouvoir de démettre un membre du conseil d'administration de ses fonctions d'administrateur, ce qui relève de la seule compétence de l'assemblée générale dont il tient son mandat, ni de sa fonction de secrétaire général, compétence relevant du conseil d'administration qui l'a élu à cette fonction : ■ CA Pau, 1er avr. 2003 : *Dr. sociétés* déc. 2003, n° 206, obs. F.-X. Lucas.

– Le membre fondateur d'une association auxquels les statuts donnent le pouvoir de désigner la moitié des administrateurs n'est pas pour autant le mandant de ses administrateurs, de sorte que la révocation de ceux-ci est soumise aux règles statutaires prévues pour la révocation des administrateurs : ■ CA Paris, 20 mars 2009, n° 08/01180 : *BJS* 2009, p. 987, note P. Le Cannu.

b) **Application de la théorie des incidents de séance.** V. L. 1er juill. 1901, art. 1er, annot. n° 7, p. 715.

9) Délibérations du conseil d'administration : licéité du droit de veto. Conformément au principe de liberté contractuelle, un droit de veto peut être librement prévu par les statuts, ne serait-ce qu'au profit d'un seul membre, son exercice ne portant pas atteinte au principe selon lequel une association ne peut être constituée ou dirigée par une personne seule : ■ Cass. 1re civ., 17 févr. 2016, n° 15-11.304, PB : *BJS* 2016, p. 342, note J. Couard ; *Dr. sociétés* 2016, n° 76, obs. H. Hovasse.

10) Pouvoir de licencier du conseil d'administration. Le conseil d'administration, qui est investi par les statuts d'attributions très étendues en matière de direction et de gestion, dispose des pouvoirs requis pour licencier, l'entretien préalable pouvant être décidé par le bureau de l'association qui n'en est qu'une émanation : ▪ Cass. soc., 12 janv. 2012, n° 10-23.484 : *BJS* 2012, p. 421, note C.-M. Bénard.

11) Pouvoirs du président.

a) **Absence de qualité de représentant légal du président d'une association.** La loi n'ayant pas institué de représentant légal de l'association, le président ne peut la représenter en justice, à défaut de clause statutaire, qu'à la condition d'avoir reçu un mandat spécial : ▪ Cass. 1re civ., 19 nov. 2002 : *BJS* 2003, p. 219, note L. Grosclaude ; *D.* 2003, p. 21, concl. J. Sainte-Rose ; *JCP* E 2003, 586, note E. Debily ; *JCP* E 2003, 627, n° 12, obs. J.-J. Caussain, Fl. Deboissy et G. Wicker. – V. semblant retenir la solution contraire sur le fondement d'un mandat apparent : ▪ CA Orléans, 23 juin 2011, n° 10/03830 : *BJS* 2012, p. 324, note C.-M. Bénard.

b) **Compétence naturelle.**

– **Actes conservatoires.** Dans le silence des textes et des statuts, il entre dans l'attribution du président, conformément à l'article L. 225-56, alinéa 1er, de prendre, au nom et dans l'intérêt de l'association, à titre conservatoire et dans l'attente de la décision du conseil d'administration statutairement habilité ou de l'assemblée générale, les mesures urgentes que requièrent les circonstances : ▪ Cass. 1re civ., 3 mai 2006, n° 03-18.229 : *BJS* 2006, p. 1165 ; *D.* 2006, p. 1456, obs. A. Lienhard ; *D.* 2006, p. 2037, note K. Rodriguez ; *JCP* E 2006, 2014 ; *JCP* E 2006, 2675, note F.-X. Lucas et *Dr. sociétés* nov. 2006, p. 158.

– **Pouvoir d'ester en justice.** Il ne suffit pas pour établir la recevabilité de l'action d'une association de constater qu'elle a été déclarée et que cette déclaration a été publiée au *Journal officiel*, encore faut-il rechercher si son président a été habilité à engager l'action au nom de l'association : ▪ Cass. 3e civ., 11 mars 2009, n° 07-19.173 : *Dr. sociétés* 2009, n° 91, obs. R. Mortier. – Pour la reconnaissance de la capacité du président à ester en justice, dans le cas où les statuts lui octroient expressément un pouvoir général de représentation en justice, sans qu'ils comportent aucune disposition restrictive du droit d'agir du président au nom de l'association, alors même que les statuts donnaient au conseil d'administration les pouvoirs les plus étendus pour tous les cas non prévus par les statuts : ▪ Cass. 1re civ., 8 avr. 2010, n° 09-13.378 : *Dr. sociétés* 2010, n° 113, obs. H. Hovasse. – En l'absence dans les statuts d'une association ou d'un syndicat de stipulations réservant expressément à un autre organe la capacité de décider de former une action devant le juge administratif, celle-ci est régulièrement engagée par l'organe tenant des mêmes statuts le pouvoir de représenter en justice cette association ou ce syndicat, de sorte que cette capacité appartient au président dès lors que les statuts lui donnent l'essentiel des pouvoirs en matière d'action judiciaire : ▪ CE, 3 juill. 2009, n° 316689 : *Dr. sociétés* 2009, n° 220, obs. R. Mortier.

– **Pouvoir de licencier.** En l'absence de disposition statutaire contraire attribuant cette compétence à un autre organe, il entre dans les attributions d'un président de mettre en œuvre la procédure de licenciement d'un salarié, alors même que ni les statuts, ni le règlement intérieur ne lui ont attribué ce pouvoir : ▪ Cass. soc., 29 sept. 2004 : *BJS* 2005, p. 290, note C.-M. Bénard ; *D.* 2004, inf. rap. p. 2620 ; *JCP* E 2004, act., p. 1711. – Néanmoins, dès lors qu'en est invoquée la violation par le salarié, il appartient au juge de rechercher si la décision de licencier a été prise ou non dans le respect des règles de compétence et de procédure fixées par le règlement intérieur : ▪ Cass. soc., 9 janv. 2013, n° 09-40.605 : *BJS* 2013, p. 277, note B. Dondero. – Dès lors que le règlement intérieur donne compétence au conseil d'administration pour nommer le secrétaire général, ce dernier ne peut être démis de ses fonctions que sur décision du conseil d'administration : ▪ Cass. soc., 5 nov. 2014, n° 13-16.020 : *JCP* E 2015, 1147, note B. Dondero.

c) **Pouvoirs statutaires.**

– **Pouvoir d'ester en justice.** Le président, auquel les statuts ont conféré la qualité nécessaire pour ester en justice au nom de l'association, a le pouvoir d'apprécier l'opportunité de toute action, sauf délibération contraire : ▪ Cass. 1re civ., 7 nov. 1995 : *Bull. civ.* I, n° 389. – Dès lors que les statuts de l'association autorisent le président à la représenter en justice, il appartient au juge de rechercher s'il n'en résulte pas pour le président, en l'absence de stipulation contraire, le pouvoir d'agir en justice : ▪ Cass. crim., 2 déc. 2008, n° 08-83.759, FP : *Dr. sociétés* 2009, n° 91, obs. R. Mortier.

– **Pouvoir de licencier.** Dispose du pouvoir de licencier un salarié le président dont une clause des statuts prévoit qu'il est le représentant légal de l'association auprès des tiers pour tous les actes de la vie sociale : ▪ Cass. soc., 25 nov. 2003 : *BJS* 2004, p. 422, note C.-M. Bénard ; *D.* 2004, inf. rap. p. 31. – Lorsque les statuts prévoient seulement que le conseil d'administration, sur proposition du président, désigne le directeur, ce dernier ne peut être démis de ses fonctions que sur décision du conseil d'administration, et le manquement à cette règle, insusceptible de régularisation, rend le licenciement sans cause réelle et sérieuse : ▪ Cass. soc., 17 mars 2015, n° 13-20.452, PB : *BJS* 2015, p. 589, note C.-M. Bénard. – *Adde* S. Tourneaux, *La délicate question du pouvoir de licencier dans les associations : RDT* 2015, p. 325. – Le licenciement est également sans cause réelle et sérieuse et insusceptible de régularisation lorsque le mandat du président est arrivé à expiration sans que les statuts n'ai prévu la prorogation : ▪ Cass. soc., 16 juin 2016, n° 14-29.719, p. 672, note C.-M. Bénard.

12) Délégation des pouvoirs du président. *a)* **Validité.** La délégation de pouvoir d'ester en justice attribuée par le président à un salarié en violation des statuts de l'association est dépourvue d'efficacité de sorte que l'acte d'appel est entaché d'une irrégularité de fond qui en affecte la validité : *BJS* 2016, p. 407, note F. Tadros.

b) **Modalités de la délégation.** S'agissant d'une association dont les statuts autorisaient le président à déléguer ses pouvoirs dans les conditions fixées par le règlement intérieur, le mandat à caractère général consenti par le président alors qu'aucun règlement intérieur n'avait été établi n'est pas valable, de sorte que le licenciement prononcé en exécution de ce mandat est dépourvu de cause réelle et sérieuse : ▪ Cass. soc., 19 sept. 2012, n° 11-14.547 : *BJS* 2012, p. 860, note N. Ferrier.

c) **Étendue de la délégation.** La délégation de ses pouvoirs valablement consentie par le président à un directeur général de recruter et de signer un contrat de travail n'emporte pas délégation du pouvoir de licencier : ▪ Cass. soc., 2 mars 2011, n° 08-45.422, PB : *BJS* 2011, p. 489, note L. Bougerol-Prud'homme.

13) Responsabilité des dirigeants. G. Chabat, *Réflexions sur la responsabilité civile de l'association et de ses dirigeants : Defrénois* 1999, art. 37015, p. 769. – D. Delot, *La responsabilité fiscale des dirigeants d'association : RF fin. publ.* 2002, n° 78, p. 55.

a) **Conditions de la responsabilité civile à l'égard des tiers.** La responsabilité personnelle des administrateurs d'une association n'est engagée à l'égard des tiers que s'ils ont commis une faute détachable de leurs fonctions : ▪ Cass. 2e civ., 7 oct. 2004 : *BJS* 2005, p. 100, note J.-F. Barbièri ; *D.* 2004, p. 2792 ; inf. rap. p. 2688. ; *JCP* E 2004, 1648 ; *Rev. sociétés* 2005, p. 2, note D. Randoux. ▪ Cass. 2e civ., 19 févr. 1997 : *Rev. sociétés* 1997, p. 816, obs. Y. Guyon ; *RTD civ.* 1998, p. 113, obs. P. Jourdain. ▪ Cass. 2e civ., 17 févr. 2011, n° 10-14.574. – *Adde* Rép. min. n° 45898 : *JOAN* Q 3 mai 2005, p. 4659 ; *BJS* 2005, p. 657, estimant que la solution jurisprudentielle concilie de façon satisfaisante les intérêts d'une vie associative fructueuse avec la nécessaire responsabilité qui s'attache à toute prise de décision au nom d'une personne morale de droit privé. – Le président d'une association peut voir sa responsabilité mise en jeu par un tiers s'il a commis une faute intentionnelle d'une particulière gravité qui lui serait imputable et serait séparable de ses fonctions : ▪ CA Paris, 2 mars 2010, n° 09-15.336 : *BJS* 2010, p. 662, note P. Rubellin.

b) **Commune.**

– **Responsabilité pour insuffisance d'actif.** Condamnation d'une commune, dirigeant de fait, à combler le passif d'une association en liquidation judiciaire : ▪ Cass. com., 13 mai 2003 : *D.* 2003, somm. p. 2537, obs. J.-P. Karaquillo. – *Adde* ▪ Cass. com., 23 mai 2000 : *BJS* 2000, p. 789, note A. Couret.

– **Compétence des juridictions judiciaires.** L'application de l'article 99 de la loi du 13 juillet 1967 sur le règlement judiciaire et la liquidation des biens à des communes, membres du conseil d'administration d'une association de restauration immobilière, relève de la compétence des tribunaux judiciaires : ▪ T. confl., 2 juill. 1984 : *D.* 13 sept. 1984, n° 29, flash. – Quant à la compétence juridictionnelle, judiciaire ou administrative, pour connaître d'une action en comblement de passif contre une commune dirigeant une association : ▪ Cass. 1re civ., 11 févr. 2003 : *D.* 2003, p. 623, obs. A. Lienhard.

c) **Dirigeants de fait.** Peut être condamné à combler l'insuffisance d'actif d'une association, celui qui exerce en qualité de directeur général, et sans aucun contrôle du conseil d'administration, une activité positive de direction de l'association en toute indépendance, peu important que l'association exerce une mission d'intérêt public, sa nature de personne de droit privé n'étant pas contestée : ▪ Cass. com., 27 juin 2006, nos 04-16.298 et 04-16.296 : *Dr. sociétés* oct. 2006, n° 139, obs. F.-X. Lucas. – V. égal., ▪ Cass. com., 24 juin 2008, n° 07-13431 : *Dr. sociétés* 2009, n° 14, obs. J.-P. Legros.

Voir : C. com., art. L. 651-2, p. 2093.

III – REPRÉSENTATION EN JUSTICE DE L'ASSOCIATION

14) Président de l'association.

a) **Absence de pouvoir légal de représentation.** V. sous L. 1er juill. 1901, art. 5, annot. n° 11 *a)*, p. 723.

b) **Compétence naturelle.** V. sous L. 1er juill. 1901, art. 5, annot. n° 11 *b)*, p. 723.

c) **Pouvoir statutaire d'ester en justice.** V. sous L. 1er juill. 1901, art. 5, annot. n° 11 *c)*, p. 723.

d) **Autorisation du conseil d'administration.** Le président d'une association, bien qu'habilité par les statuts à représenter en justice l'association, est néanmoins sans pouvoir pour faire appel dès lors qu'il résulte de l'interprétation des statuts que cette décision doit être autorisée par une délibération du conseil d'administration dont il n'est pas justifié à l'espèce : ▪ Cass. soc., 5 déc. 2007, nos 06-43.365 et 06-43.366 (FD) : *Dr. sociétés* 2008, n° 73, obs. R. Mortier.

15) **Directeur général.** Le directeur général d'une association est sans pouvoir pour représenter celle-ci en justice dès lors qu'il ne bénéficie d'aucune habilitation des statuts ou d'une délibération de l'assemblée générale seule compétente pour décider de cette habilitation dans le silence des statuts : ▪ Cass. soc., 16 janv. 2008, n° 07-60.126, PB : *D.* 2008, p. 2051, note K. Rodriguez ; *Dr. sociétés* 2008, n° 71, obs. R. Mortier ; *BJS* 2008, p. 405, note P. Le Cannu.

16) **Représentation extrastatutaire.** Un président d'association ne présente pas de qualité pour agir en justice au nom de l'organisme qu'il préside s'il ne produit pas au soutien de sa requête une délégation pour ester en justice consentie régulièrement par le seul organe statutairement compétent dans ce domaine, le conseil d'administration de l'association : ▪ CAA Lyon, 15 juin 2000 : *JurisData* n° 2000-134114.

Art. 6 *(L. 23 juin 1948 ; L. n° 87-571, 23 juill. 1987 ; Ord. n° 2000-916, 19 sept. 2000 ; Ord. n° 2005-856, 28 juill. 2005 ; L. n° 2012-387, 22 mars 2012 ; L. 31 juill. 2014).* **– Toute association régulièrement déclarée peut, sans aucune autorisation spéciale, ester en justice, recevoir des dons manuels ainsi que des dons des établissements d'utilité publique, acquérir à titre onéreux, posséder et administrer, en dehors des subventions de l'État, des régions, des départements, des communes et de leurs établissements publics :**

1° Les cotisations de ses membres ;

2° Le local destiné à l'administration de l'association et à la réunion de ses membres ;

3° Les immeubles strictement nécessaires à l'accomplissement du but qu'elle se propose.

Les associations déclarées depuis trois ans au moins et dont l'ensemble des activités est mentionné au *b* du 1 de l'article 200 du Code général des impôts peuvent en outre :

***a)* Accepter les libéralités entre vifs ou testamentaires, dans des conditions fixées à l'article 910 du Code civil ;**

***b)* Posséder et administrer tous immeubles acquis à titre gratuit.**

Les cinquième à septième alinéas du présent article s'appliquent sans condition d'ancienneté aux associations ayant pour but exclusif l'assistance, la bienfaisance ou la recherche scientifique ou médicale déclarées avant la date de promulgation de la loi n° 2014-856 du 31 juillet 2014 relative à l'économie sociale et solidaire et qui avaient, à cette même date, accepté une libéralité ou obtenu une réponse favorable à une demande faite sur le fondement du V de l'article 111 de la loi n° 2009-526 du 12 mai 2009 de simplification et de clarification du droit et d'allégement des procédures.

Voir : Des libéralités au profit des personnes morales de droit privé, C. civ., art. 910, p. 2363

1) Bien qu'une association puisse légalement acquérir à titre onéreux les **immeubles strictement nécessaires à l'accomplissement de son objet**, l'association, ayant pour but la défense des intérêts matériels de ses adhérents, ne peut pas acquérir un immeuble appartenant à l'un de ceux-ci, en difficulté financière, pour lui éviter d'en être dépossédé, car cet intérêt est distinct du sien propre : ▪ Cass. 1re civ., 1er juill. 1997 : *BJS* 1997, p. 971, note D. Lepeltier.

2) Le fait qu'une association non déclarée ait été instituée légataire, le testament précisant que les sommes lui incombant seraient perçues en premier par une organisme reconnu d'utilité publique, révèle la conscience du testateur de l'incapacité de jouissance la frappant et sa volonté corrélative de la faire bénéficier du legs en posant le principe de la perception par une association disposant d'une telle capacité, de sorte qu'il n'y a pas eu libéralité par personne interposée ; par suite, la confédération à laquelle l'association s'est affiliée postérieurement au décès du testateur est apte à recevoir le legs dès lors qu'elle a été déclarée d'utilité publique antérieurement au décès : ▪ Cass. com., 15 mai 2008, n° 07-14.930, FD.

Art. 7 *(D.- L. 23 oct. 1935 ; L. n° 71-604, 20 juill. 1971 ; L. n° 2012-387, 22 mars 2012).* **– En cas de nullité prévue par l'article 3, la dissolution de l'association est prononcée par le tribunal de grande instance, soit à la requête de tout intéressé, soit à la diligence du ministère public. Celui-ci peut assigner à jour fixe et le tribunal, sous les sanctions prévues à l'article 8, ordonner par provision et nonobstant toute voie de recours, la fermeture des locaux et l'interdiction de toute réunion des membres de l'association.**

Art. 8 *(Mod., L. n° 2001-504, 12 juin 2001).* **– Seront punis d'une amende de seize à deux cent [anciens] francs et, en cas de récidive, d'une amende double, ceux qui auront contrevenu aux dispositions de l'article 5.**

Seront punis de trois ans d'emprisonnement et de 45 000 € d'amende, les fondateurs, directeurs ou administrateurs de l'association qui se serait maintenue ou reconstituée illégalement après le jugement de dissolution.

Seront punies de la même peine toutes les personnes qui auront favorisé la réunion des membres de l'association dissoute, en consentant l'usage d'un local dont elles disposent.

Art. 9. – En cas de dissolution volontaire, statutaire ou prononcée par justice, les biens de l'association seront dévolus conformément aux statuts, ou, à défaut de disposition statutaire, suivant les règles déterminées en assemblée générale.

Voir : D. 16 août 1901, art. 14 et 15, p. 730.

1) Causes de dissolution.

a) **Défaut d'exercice de l'objet social.** Le fait qu'une association ne remplisse plus l'objet qui était le sien caractérise l'existence de justes motifs permettant de prononcer sa dissolution : ▪ Cass. 1re civ., 13 mars 2007, n° 05-21.658 : *BJS* 2007, p. 873, note F. Sauvage ; *Dr. sociétés* 2007, n° 91, obs. F.-X. Lucas ; *JCP* E 2007, 2032, note Fl. Deboissy et G. Wicker.

b) **Liquidation judiciaire.** Une association ne prend pas fin par l'effet du jugement ordonnant sa liquidation judiciaire ; il en résulte que l'appel est valablement formé par l'association, représentée par son président, laquelle peut exercer, en vertu de son droit propre, un recours contre l'ordonnance du juge-commissaire : ▪ Cass. com., 8 juill. 2003 : *BJS* 2004, p. 103, note Ph. Neau-Leduc ; *JCP* E 2004, 151, n° 7, obs. M. Cabrillac. – L'article 1844-7, 7° du Code civil ne lui étant pas applicable, une association ne prend pas fin par l'effet du jugement ordonnant sa liquidation judiciaire et n'a donc pas besoin de désigner un mandataire *ad hoc* : ▪ Cass. com., 14 déc. 2004 : *JurisData* n° 2004-026303 ; *Dr. sociétés* 2005, n° 67, obs. J.-P. Legros ; *JCP* E 2005, 640, note F.-X. Lucas. – V. égal., ▪ Cass. com., 19 oct. 2010, n° 09-14.971 : *BJS* 2011, p. 118, note F.-X. Lucas ; *Dr. sociétés* 2011, n° 3, obs. H. Hovasse.

c) **Arrivée du terme.** Voir L. 1er juill. 1901, art. 9, annot. n° 2, p. 726.

d) **« Mise en sommeil ».** Dès lors que l'association a respecté les obligations déclaratives prévues par l'article 5 de la loi, le fait que son activité ait été « mise en sommeil » et qu'elle n'ait perçu aucune cotisation depuis plusieurs années ne constitue aucune des causes de dissolution énoncées aux articles 3 et 5 : ▪ CA Paris, 13 mai 1996 : *BJS* 1996, p. 521.

e) **Association devenue unipersonnelle.** Voir L. 1er juill. 1901, art. 9, annot. n° 3, p. 726.

2) Prorogation tardive et résurrection de l'association. Si l'expiration du temps pour lequel elle a été constituée emporte dissolution de l'association et perte de sa personnalité morale, cette dernière est rétablie pour l'avenir en cas de nouvelle déclaration en préfecture, effectuée conformément à la prévision statutaire initiale d'une prorogation possible du groupement sur décision de l'assemblée générale, de sorte que l'association peut recueillir l'apport immobilier dont elle avait été primitivement gratifiée : ▪ Cass. 1re civ., 28 juin 2007, n° 06-18.687 (FD).

3) Association devenue unipersonnelle. En cas de dissolution d'une association au motif qu'elle ne comprend plus qu'un seul membre, la liquidation et la dévolution des biens s'opèrent dans les conditions prévues par les statuts. À défaut de précision statutaire ou en cas de carence du sociétaire unique, il appartient au tribunal de constater la dissolution et de désigner, le cas échéant, un liquidateur. En revanche, il n'est pas possible, sous réserve de l'appréciation souveraine des juridictions, d'admettre un nouveau membre en vue d'assurer la poursuite de l'activité, dès lors que la réduction du nombre des membres à une seule personne opère dissolution immédiate et de plein droit de l'association : Rép. min. : *JO* Sénat Q, 24 févr. 2000, p. 27 ; *JCP* E 2000, p. 392 ; *Dr. sociétés* 2000, n° 84, obs. Th. Bonneau.

4) Survie de la personnalité morale de l'association pour les besoins de sa liquidation. Une association dissoute conserve la personnalité morale et le droit d'ester en justice pour les besoins de sa liquidation : ▪ Cass. 2e civ., 3 janv. 1985, n° 83-13.421 : *Bull. civ.* II, n° 2, p. 2. ▪ Cass. 3e civ., 4 oct. 1995, n° 94-10.299 : *Bull. civ.* III, n° 214. ▪ Cass. 1re civ., 13 mars 2007, n° 05-21.658 : *BJS* 2007, p. 873, note F. Sauvage ; *Dr. sociétés* 2007, n° 91, obs. F.-X. Lucas ; *JCP* E 2007, 2032, note Fl. Deboissy et G. Wicker. – V. égal., déclarant applicable l'article 1844-8, al. 2 du Code civil au cas de dissolution d'une association : ▪ CA Lyon, 20 janv. 2012, n° 11/02295 : *Dr. sociétés* 2012, n° 59, obs. H. Hovasse.

Art. 9 *bis* ***(L. n° 2014-856, 31 juill. 2014).*** **– I. – La fusion de plusieurs associations est décidée par des délibérations concordantes adoptées dans les conditions requises par leurs statuts pour leur dissolution. Lorsque la fusion est réalisée par voie de création d'une nouvelle association, le projet de statuts de la**

nouvelle association est approuvé par délibérations concordantes de chacune des associations qui disparaissent et il n'y a pas lieu à approbation de l'opération par la nouvelle association.

La scission d'une association est décidée dans les conditions requises par ses statuts pour sa dissolution. Lorsque la scission est réalisée par apport à une nouvelle association, le projet de statuts de la nouvelle association est approuvé par délibération de l'association scindée et il n'y a pas lieu à approbation de l'opération par la nouvelle association.

L'apport partiel d'actif entre associations est décidé par des délibérations concordantes adoptées dans les conditions requises par leurs statuts.

Les associations qui participent à l'une des opérations mentionnées aux trois premiers alinéas établissent un projet de fusion, de scission ou d'apport partiel d'actif, qui fait l'objet d'une publication sur un support habilité à recevoir des annonces légales, dans des conditions et délais fixés par voie réglementaire.

Lorsque la valeur totale de l'ensemble des apports est d'un montant au moins égal à un seuil fixé par voie réglementaire, les délibérations prévues aux trois premiers alinéas sont précédées de l'examen d'un rapport établi par un commissaire à la fusion, à la scission ou aux apports, désigné d'un commun accord par les associations qui procèdent à l'apport. Le rapport se prononce sur les méthodes d'évaluation et sur la valeur de l'actif et du passif des associations concernées et expose les conditions financières de l'opération. Pour l'exercice de sa mission, le commissaire peut obtenir, auprès de chacune des associations, communication de tous documents utiles et procéder aux vérifications nécessaires.

II. – La fusion ou la scission entraîne la dissolution sans liquidation des associations qui disparaissent et la transmission universelle de leur patrimoine aux associations bénéficiaires, dans l'état où il se trouve à la date de réalisation définitive de l'opération. L'apport partiel d'actif n'entraîne pas la dissolution de l'association qui apporte une partie de son actif.

Les membres des associations qui disparaissent acquièrent la qualité de membres de l'association résultant de la fusion ou de la scission.

Les articles L. 236-14, L. 236-20 et L. 236-21 du Code de commerce sont applicables aux fusions ou aux scissions d'associations.

III. – Sauf stipulation contraire du traité d'apport, la fusion, la scission ou l'apport partiel d'actif prend effet :

1° En cas de création d'une ou de plusieurs associations nouvelles, à la date de publication au *Journal officiel* de la déclaration de la nouvelle association ou de la dernière d'entre elles ;

2° Lorsque l'opération entraîne une modification statutaire soumise à une approbation administrative, à la date d'entrée en vigueur de celle-ci ;

3° Dans les autres cas, à la date de la dernière délibération ayant approuvé l'opération.

IV. – Lorsqu'une association bénéficiant d'une autorisation administrative, d'un agrément, d'un conventionnement ou d'une habilitation participe à une fusion, à une scission ou à un apport partiel d'actif et qu'elle souhaite savoir si l'association résultant de la fusion ou de la scission ou bénéficiaire de l'apport bénéficiera de l'autorisation, de l'agrément, du conventionnement ou de l'habilitation pour la durée restant à courir, elle peut interroger l'autorité administrative, qui se prononce sur sa demande :

1° Si elles existent, selon les règles prévues pour autoriser la cession de l'autorisation, de l'agrément, du conventionnement ou de l'habilitation ;

2° Dans les autres cas, dans les conditions et délais prévus pour accorder l'autorisation, l'agrément, le conventionnement ou l'habilitation.

Le présent IV n'est pas applicable à la reconnaissance d'utilité publique.

V. – Un décret en Conseil d'État fixe les modalités d'application du présent article.

Voir : D. 16 août 1901, art. 15-1 à 15-7, p. 730. -C. com., art. L. 236-14, p. 541, art. L. 236-20, p. 542 et art. L. 236-21, p. 545. - **Fusion et scission d'associations reconnues d'utilité publiques** : L. 1er juill. 1901, art. 12, p. 728.

Bibliographie : P. Hoang, *Les opérations de restructuration des associations après la loi ESS : BJS* 2015, p. 44. • C. Laronde-Clairac, *Loi n° 2014-856 relative à l'économie sociale et solidaire : principales dispositions relatives aux associations : Dr. sociétés* nov. 2014, n° 21.

Art. 10 *(Rempl., L. n° 87-571, 23 juill. 1987).* **– Les associations peuvent être reconnues d'utilité publique par décret en Conseil d'État à l'issue d'une période probatoire de fonctionnement d'une durée au moins égale à trois ans.**

La reconnaissance d'utilité publique peut être retirée dans les mêmes formes.

La période probatoire de fonctionnement n'est toutefois pas exigée si les ressources prévisibles sur un délai de trois ans de l'association demandant cette reconnaissance sont de nature à assurer son équilibre financier.

Voir : D. 16 août 1901, art. 8 à 13-1, p. 729.

Art. 11 *(L. 2 juill. 1913 ; mod., D. n° 66-388, 13 juin 1966 ; L. n° 87-571, 23 juill. 1987 ; L. n° 2003-709, 1er août 2003 ; Ord. n° 2005-856, 28 juill. 2005 ; L. n° 2014-856, 31 juill. 2014).* **– Les associations reconnues d'utilité publique peuvent faire tous les actes de la vie civile qui ne sont pas interdits par leurs statuts.**

Les actifs éligibles aux placements des fonds de ces associations sont ceux autorisés par le Code de la sécurité sociale pour la représentation des engagements réglementés des institutions et unions exerçant une activité d'assurance.

Les associations reconnues d'utilité publique peuvent accepter les libéralités entre vifs et testamentaires, dans les conditions fixées à l'article 910 du Code civil.

Voir : Des libéralités au profit des personnes morales de droit privé, C. civ., art. 910, p. 2363.

Art. 12 *(Abr., D.-L. 12 avr. 1939 ; rétabli, L. n° 2014-856, 31 juill. 2014).* **– La dissolution sans liquidation de l'association reconnue d'utilité publique qui disparaît du fait d'une fusion ou d'une scission est approuvée par décret en Conseil d'État. Ce même décret abroge le décret de reconnaissance d'utilité publique de l'association absorbée.**

Décret du 16 août 1901

portant règlement d'administration publique pour l'exécution de la loi du 1er juillet 1901
relative au contrat d'association
(JO 17 août)

TITRE PREMIER. – DES ASSOCIATIONS

CHAPITRE I. – ASSOCIATIONS DÉCLARÉES

Art. 1er *(Mod., D. n° 81-404, 24 avr. 1981 ; D. n° 2007-807, 11 mai 2007).* **– La déclaration prévue par l'article 5, paragraphe 2, de la loi du 1er juillet 1901 est faite par ceux qui, à un titre quelconque, sont chargés de l'administration de l'association.**

Dans le délai d'un mois, elle est rendue publique par leurs soins, au moyen de l'insertion au *Journal officiel* d'un extrait contenant la date de la déclaration, le titre et l'objet de l'association, ainsi que l'indication de son siège social.

Art. 2 *(Mod., D. n° 2007-807, 11 mai 2007).* **– Toute personne a droit de prendre communication sans déplacement,** *(Mots rempl., D. n° 2017-908, 6 mai 2017)* **« auprès du préfet de département », des statuts et déclarations ainsi que des pièces faisant connaître les modifications de statuts et les changements survenus dans l'administration. Elle peut même s'en faire délivrer à ses frais expédition ou extrait.**

Art. 3 *(Mod., D. n° 81-404, 24 avr. 1981 ; D. n° 2007-807, 11 mai 2007).* **– Les déclarations relatives aux changements survenus dans l'administration de l'association mentionnent :**

1° Les changements de personnes chargées de l'administration ;

2° Les nouveaux établissements fondés ;

3° Le changement d'adresse du siège social ;

4° Les acquisitions ou aliénations du local et des immeubles spécifiés à l'article 6 de la loi du 1er juillet 1901 ; un état descriptif, en cas d'acquisition, et l'indication des prix d'acquisition ou d'aliénation doivent être joints à la déclaration.

Art. 4 *(D. n° 81-404, 24 avr. 1981).* **– Pour les associations dont le siège est à Paris, les déclarations et les dépôts de pièces annexées sont faits à la préfecture de police.**

Art. 5 *(D. n° 81-404, 24 avr. 1981).* – Le récépissé de toute déclaration contient l'énumération des pièces annexées ; il est daté et signé par le *(Mots rempl., D. n° 2017-908, 6 mai 2017)* « préfet de département ».

Art. 6 *(Abr., D. n° 2017-908, 6 mai 2017).*

Art. 7 *(Mod., D. n° 2007-807, 11 mai 2007).* – Les unions d'associations ayant une administration centrale sont soumises aux dispositions qui précèdent. Elles déclarent, en outre, le titre, l'objet et le siège des associations qui les composent. Elles font connaître dans les trois mois les nouvelles associations adhérentes.

CHAPITRE II. – ASSOCIATIONS RECONNUES D'UTILITÉ PUBLIQUE

Art. 8. – Les associations qui sollicitent la reconnaissance d'utilité publique doivent avoir rempli au préalable les formalités imposées aux associations déclarées.

Art. 9. – La demande en reconnaissance d'utilité publique est signée de toutes les personnes déléguées à cet effet par l'assemblée générale.

Art. 10. – Il est joint à la demande :

1° Un exemplaire du *Journal officiel* contenant l'extrait de la déclaration ;

2° Un exposé indiquant l'origine, le développement, le but d'intérêt public de l'œuvre ;

3° Les statuts de l'association en double exemplaire ;

4° La liste de ses établissements avec indication de leur siège ;

5° La liste des membres de l'association avec l'indication de leur âge, de leur nationalité, de leur profession et de leur domicile, ou, s'il s'agit d'une union, la liste des associations qui la composent avec l'indication de leur titre, de leur objet et de leur siège ;

6° Le compte financier du dernier exercice ;

7° Un état de l'actif mobilier et immobilier et du passif ;

8° Un extrait de la délibération de l'assemblée générale autorisant la demande en reconnaissance d'utilité publique.

Ces pièces sont certifiées sincères et véritables par les signataires de la demande.

Art. 11 *(Mod., D. n° 2007-807, 11 mai 2007).* – Les statuts contiennent :

1° L'indication du titre de l'association, de son objet, de sa durée et de son siège social ;

2° Les conditions d'admission et de radiation de ses membres ;

3° Les règles d'organisation et de fonctionnement de l'association et de ses établissements, ainsi que la détermination des pouvoirs conférés aux membres chargés de l'administration, les conditions de modification des statuts et de la dissolution de l'association

4° *(4° rempl., D. n° 2017-908, 6 mai 2017)* L'engagement de faire connaître dans les trois mois auprès du préfet de département tous les changements survenus dans l'administration et de présenter sans déplacement les registres et pièces de comptabilité, sur toute réquisition du préfet de département ;

5° Les règles suivant lesquelles les biens seront dévolus en cas de dissolution volontaire, statutaire, prononcée en justice ou par décret ;

6° Le prix maximum des rétributions qui seront perçues à un titre quelconque dans les établissements de l'association où la gratuité n'est pas complète.

Art. 12 *(D. n° 81-404, 24 avr. 1981).* – La demande est adressée au ministre de l'Intérieur ; il en est donné récépissé daté et signé avec indication des pièces jointes.

Le ministre fait procéder, s'il y a lieu, à l'instruction de la demande. Il peut provoquer l'avis du conseil municipal de la commune où l'association a son siège et demander un rapport au préfet.

Après avoir consulté les ministres intéressés, il transmet le dossier au Conseil d'État.

Art. 13. – Une copie du décret de reconnaissance d'utilité publique est transmise au *(Mots rempl., D. n° 2017-908, 6 mai 2017)* « préfet de département » pour être jointe au dossier de la déclaration ; ampliation du décret est adressée par ses soins à l'association reconnue d'utilité publique.

Art. 13-1 *(D. n° 80-1074, 17 déc. 1980).* – Les modifications apportées aux statuts ou la dissolution volontaire d'une association reconnue d'utilité publique prennent effet après approbation donnée par décret en Conseil d'État pris sur le rapport du ministre de l'Intérieur.

Toutefois, l'approbation peut être donnée par arrêté du ministre de l'Intérieur à condition que cet arrêté soit pris conformément à l'avis du Conseil d'État.

Par dérogation aux dispositions qui précèdent, la modification des statuts portant sur le transfert à l'intérieur du territoire français du siège de l'association prend effet après approbation du ministre de l'Intérieur.

CHAPITRE III. – DISPOSITIONS COMMUNES AUX ASSOCIATIONS DÉCLARÉES ET AUX ASSOCIATIONS RECONNUES D'UTILITÉ PUBLIQUE

Art. 14. – Si les statuts n'ont pas prévu les conditions de liquidation et de dévolution des biens d'une association en cas de dissolution, par quelque mode que ce soit, ou si l'assemblée générale qui a prononcé la dissolution volontaire n'a pas pris de décision à cet égard, le tribunal, à la requête du ministère public, nomme un curateur. Ce curateur provoque, dans le délai déterminé par le tribunal, la réunion d'une assemblée générale dont le mandat est uniquement de statuer sur la dévolution des biens ; il exerce les pouvoirs conférés par l'article 813 du Code civil aux curateurs des successions vacantes.

Art. 15. – Lorsque l'assemblée générale est appelée à se prononcer sur la dévolution des biens, quel que soit le mode de dévolution, elle ne peut, conformément aux dispositions de l'article 1er de la loi du 1er juillet 1901, attribuer aux associés, en dehors de la reprise des apports, une part quelconque des biens de l'association.

Voir : Interdiction du partage des bénéfices et reprise des apports. L. 1er juill. 1901, art. 1er, annot. n° 3, p. 714.

Chapitre IV. – Opérations de fusion, de scission et d'apport partiel d'actif entre associations

(D. n° 2015-832, 7 juill. 2015)

Bibliographie : P. Hoang, *Les dispositions réglementaires encadrant les opérations de restructuration des associations : libre copie ou fidèle adaptation ? : BJS* 2015, p. 439.

Art. 15-1 *(D. n° 2015-832, 7 juill. 2015).* – Les opérations, mentionnées à l'article 9 *bis* de la loi du 1er juillet 1901, de fusion, de scission et d'apport partiel d'actif entre associations sont régies par les articles 15-2 à 15-7 ci-après.

Art. 15-2 *(D. n° 2015-832, 7 juill. 2015).* – Le projet de fusion, de scission ou d'apport partiel d'actif est arrêté par les personnes chargées de l'administration des associations participant à l'opération au moins deux mois avant la date des délibérations prévues aux trois premiers alinéas de l'article 9 *bis* de la loi du 1er juillet 1901.

Il contient les éléments suivants :

1° Le titre, l'objet, le siège social, une copie des statuts en vigueur et, le cas échéant, le dernier rapport annuel d'activités, de l'ensemble des associations participantes ;

2° Un extrait de la publication au *Journal officiel* de la République française de la déclaration des associations à la préfecture ; une copie du décret de reconnaissance d'utilité publique, le cas échéant ;

3° Les motifs, buts et conditions de l'opération ;

4° Le cas échéant, le titre, l'objet, le siège social et les statuts envisagés de la nouvelle association résultant de l'opération de fusion, de scission, d'apport partiel d'actif, ou les statuts modifiés des associations participantes ;

5° Le cas échéant, une copie des demandes tendant à la poursuite d'une autorisation administrative, d'un agrément, d'un conventionnement, ou d'une habilitation dans les conditions mentionnées au IV de l'article 9 *bis* de la loi du 1er juillet 1901 ;

6° La désignation et l'évaluation de l'actif et du passif ainsi que des engagements souscrits, dont la transmission aux associations bénéficiaires ou nouvelles est prévue, et les méthodes d'évaluation retenues.

Le projet de fusion, de scission, ou d'apport partiel d'actif ainsi que, le cas échéant, le rapport du commissaire à l'opération mentionné au cinquième alinéa de l'article 9 *bis* de la loi du 1er juillet 1901 sont joints à la convocation statutaire en vue des délibérations des assemblées générales des associations participantes appelées à statuer sur l'opération prévues aux trois premiers alinéas du même article. Cette convocation mentionne les documents mis à disposition au siège social ou sur le site internet des associations dans les conditions de l'article 15-4.

Art. 15-3 *(D. n° 2015-832, 7 juill. 2015).* – Le projet de fusion, de scission ou d'apport partiel d'actif fait l'objet de la publication par chacune des associations participantes d'un avis inséré dans un journal du département du siège social habilité à recevoir des annonces légales, aux frais des associations participantes.

L'avis contient les indications suivantes :

1° Pour chaque association participante, le titre, l'objet, le siège social, la date de déclaration à la préfecture, le département de parution de l'avis, et, le cas échéant, l'identifiant au répertoire national des associations et l'identifiant au Système d'Identification du Répertoire des Entreprises (numéro Siren) ;

2° Le cas échéant, le titre, l'objet et le siège social envisagés de la nouvelle association résultant de l'opération de fusion, de scission, d'apport partiel d'actif ;

3° La date d'arrêté du projet et la date prévue pour la réunion des organes délibérants devant statuer sur l'opération ;

4° La désignation et l'évaluation de l'actif et du passif ainsi que des engagements souscrits, dont la transmission aux associations bénéficiaires ou nouvelles est prévue.

La publicité prévue au présent article a lieu trente jours au moins avant la date de la première réunion des organes délibérants appelés à statuer sur l'opération.

Un avis complémentaire doit être inséré dans le même délai au *Bulletin des annonces légales obligatoires* lorsque l'opération de fusion, de scission, ou d'apport partiel d'actif concerne une ou plusieurs associations qui ont émis des obligations dans les conditions mentionnées à l'article L. 213-8 du Code monétaire et financier.

Art. 15-4 *(D. n° 2015-832, 7 juill. 2015).* – I. – Toute association participant à une opération de fusion, de scission ou d'apport partiel d'actif met à la disposition des membres, au siège social ou sur le site internet de l'association, trente jours au moins avant la date des délibérations appelées à statuer sur le projet et au plus tard le jour de la publication de l'avis mentionné à l'article 15-3, les documents suivants :

1° Les documents mentionnés à l'article 15-2 ainsi que, le cas échéant, le rapport du commissaire à la fusion, à la scission ou aux apports, mentionné au cinquième alinéa de l'article 9 *bis* de la loi du 1er juillet 1901 susvisée ;

2° Le cas échéant, la liste des établissements des associations participantes avec indication de leur siège ;

3° La liste des membres chargés de l'administration de chaque association participante, à l'exception des indications relatives à la nationalité, profession et domicile ;

4° *(Mots rempl., D. n° 2017-908, 6 mai 2017)* « Un extrait des décisions prises par les personnes chargées de l'administration » de toutes les associations participantes arrêtant le projet de fusion, scission ou apport partiel d'actif, avec indication du nombre des membres présents, du nombre des membres représentés et du résultat des votes ;

5° Pour les trois derniers exercices ou si l'association a moins de trois ans depuis sa date de création : les comptes annuels, le budget de l'exercice courant, les dates auxquelles ont été arrêtés les comptes des associations participantes utilisés pour établir les conditions de l'opération ainsi que, le cas échéant, le rapport du commissaire aux comptes et le rapport de gestion ;

6° Si les derniers comptes annuels se rapportent à un exercice dont la clôture est antérieure de plus de six mois à la date du projet de fusion, de scission ou d'apport partiel d'actif, la situation comptable intermédiaire établie selon les mêmes méthodes et suivant la même présentation que les comptes annuels. Cette situation comptable intermédiaire est arrêtée à une date antérieure de moins de trois mois à la date de ce projet. Si l'opération est décidée avant l'approbation des comptes annuels du dernier exercice clos ou moins de trente jours après cette approbation, sont insérés dans le projet de l'opération les comptes arrêtés et, le cas échéant certifiés par le commissaire aux comptes, relatifs à cet exercice ainsi que les comptes annuels approuvés des deux exercices précédents et les rapports de gestion. Dans le cas où l'organe compétent ne les a pas encore arrêtés, la situation comptable intermédiaire mentionnée au précédent alinéa et les comptes annuels approuvés des exercices précédents ainsi que les rapports de gestion sont insérés dans le projet de l'opération ;

7° Les conditions dans lesquelles les contrats de travail des associations concernées par l'opération de fusion, de scission ou d'apport partiel d'actif sont transférés à la ou aux nouvelles personnes morales résultant de l'opération, conformément aux articles L. 1224-1 et L. 1224-2 du Code du travail ;

8° Le cas échéant, l'avis du comité d'entreprise se prononçant sur le projet de l'opération de chaque association participant à l'opération, dans les conditions mentionnées à l'article L. 2323-19 du Code du travail.

II. – La mise à disposition au siège social des documents prévue au I n'est pas requise lorsque, pendant une période ininterrompue commençant au plus tard trente jours avant la date fixée par l'assemblée générale appelée à se prononcer sur le projet de fusion, de scission ou d'apport partiel d'actif et ne s'achevant pas avant la fin de cette assemblée, l'association les publie sur son site internet, dans des conditions de nature à garantir la sécurité et l'authenticité des documents.

Lorsque le site internet n'est plus accessible pendant une durée ininterrompue d'au moins vingt-quatre heures, le délai mentionné au premier alinéa du présent article est suspendu jusqu'à la mise à disposition des documents au siège social ou jusqu'au rétablissement de l'accès au site internet.

Aucune copie des documents ne peut être obtenue lorsque le site internet des associations participant à l'opération de fusion, de scission ou d'apport partiel d'actif permet sans frais aux tiers de les télécharger et de les imprimer.

Art. 15-5 *(D. n° 2015-832, 7 juill. 2015).* – Pour l'application du troisième alinéa du II de l'article 9 *bis* de la loi du 1er juillet 1901, l'opposition d'un créancier à la fusion ou à la scission est formée dans le délai de trente jours à compter de la dernière insertion prescrite par l'article 15-3. Le tribunal compétent pour recevoir les oppositions formées en application de ces articles est le tribunal de grande instance.

Art. 15-6 *(D. n° 2015-832, 7 juill. 2015 ; Ord. n° 2016-315, 17 mars 2016).* – Les commissaires aux apports sont choisis par les associations participant à l'opération parmi les commissaires aux comptes inscrits sur la liste prévue au I de l'article L. 822-1 du Code de commerce ou parmi les experts inscrits sur une des listes établies par les cours et tribunaux.

Ils sont désignés *(Mots aj., D. n° 2017-908, 6 mai 2017)* « , le cas échéant, » par le président du tribunal de grande instance, statuant sur requête.

Ils peuvent se faire assister, dans l'accomplissement de leur mission, par un ou plusieurs experts de leur choix. Les honoraires de ces experts sont à la charge des associations.

Art. 15-7 *(D. n° 2015-832, 7 juill. 2015).* – Pour les associations cultuelles mentionnées aux articles 18 et 19 de la loi du 9 décembre 1905, le montant de la valeur totale de l'ensemble des apports au-delà duquel les délibérations prévues aux trois premiers alinéas de l'article 9 *bis* de la loi du 1er juillet 1901 sont, en application de l'alinéa 5 du même article, précédées de l'examen d'un rapport établi par un commissaire à la fusion, à la scission ou aux apports, intègre notamment les biens attribués aux associations cultuelles dans les conditions définies par le titre II de la loi du 9 décembre 1905 ; il n'intègre pas les biens affectés aux associations cultuelles dans les conditions définies par l'article 13 de la même loi.

....

TITRE III. – DISPOSITIONS GÉNÉRALES ET DISPOSITIONS TRANSITOIRES

Art. 27 *(Abr., D. n° 2017-908, 6 mai 2017).*

Art. 28. – Les actions en nullité ou en dissolution formées d'office par le ministère public en vertu de la loi du 1er juillet 1901 sont introduites au moyen d'une assignation donnée à ceux qui sont chargés de la direction ou de l'administration de l'association ou de la congrégation.

Tout intéressé, faisant ou non partie de l'association ou de la congrégation, peut intervenir dans l'instance.

Art. 29 *(Abr. et codifié, D. n° 2008-263, 14 mars 2008).* – V. C. éduc., art. R. 442-1.

Art. 30. – Les dispositions des *(Mots rempl., D. n° 2017-908, 6 mai 2017)* « articles 2 à 5 » du présent règlement sont applicables aux associations reconnues d'utilité publique et aux congrégations religieuses.

Art. 31 *(Rempl., D. n° 2017-908, 6 mai 2017).* – Le registre prévu à l'article 26 est coté et paraphé sur chaque feuille par la personne habilitée à représenter la congrégation. Les inscriptions sont faites de suite et sans aucun blanc.

Art. 32. – Pour les associations déclarées depuis la promulgation de la loi du 1er juillet 1901, le délai d'un mois prévu à l'article 1er du présent règlement ne court que du jour de la promulgation dudit règlement.

Art. 33. – Les associations ayant déposé une demande en reconnaissance d'utilité publique antérieurement au 1er juillet 1901 devront compléter les dossiers conformément aux dispositions des articles 10 et 11.

Toutefois, les formalités de déclarations et de publicité au *Journal officiel* ne seront pas exigées d'elles.

Art. 34 *(D. n° 2015-832, 7 juill. 2015)*. – I. - L'article 15-7 n'est pas applicable en Guyane et dans le Département de Mayotte.

II. - Pour l'application du présent décret au Département de Mayotte :

1° La référence au département est remplacée par la référence au Département de Mayotte ;

2° À l'article 15-4, les mots « conformément aux articles L. 1224-1 et L. 1224-2 du Code du travail » sont supprimés.

III. - Pour l'application du présent décret à Saint-Barthélemy, à Saint-Martin et à Saint-Pierre-et-Miquelon :

1° La référence au département est remplacée par la référence à la collectivité territoriale ;

2° À Saint-Pierre-et-Miquelon, la référence au tribunal de grande instance est remplacée par la référence au tribunal de première instance.

IV *(IV créé, D. n° 2017-908, 6 mai 2017)*. - Pour l'application du présent décret en Guyane et en Martinique, la référence au département est remplacée par la référence à la collectivité territoriale.

2.3. – DE LA FONDATION

Loi n° 87-571 du 23 juillet 1987

sur le développement du mécénat

(JO 24 juill. 1987)

Art. 4-1 *(L. n° 2003-709, 1er août 2003 ; rempl., Ord. n° 2005-856, 28 juill. 2005 ; mod., L. n° 2009-526, 12 mai 2009 ; L. fin. rect. n° 2009-1674, 30 déc. 2009)*. – Tout organisme bénéficiaire de dons de personnes physiques ou morales ouvrant droit, au bénéfice des donateurs, à un avantage fiscal, doit assurer, dans des conditions déterminées par décret en Conseil d'État, la publicité par tous moyens et la certification de ses comptes annuels au-dessus d'un montant de dons de 153 000 euros par an.

Les dispositions de l'alinéa qui précède ne sont pas applicables aux associations et fondations. Lorsque le montant annuel des dons reçus excède un seuil fixé par décret, celles-ci sont soumises aux prescriptions de l'article L. 612-4 du Code de commerce.

Voir : C. com., art. L. 612-4, p. 1981 et D. n° 2009-540, 14 mai 2009, p. 1982.

Art. 5. – I. – (V. CGI, art. 238 *bis*).

II. – Les établissements d'utilité publique autorisés à recevoir des versements pour le compte d'œuvres ou d'organismes mentionnés au 1 de l'article 238 *bis* du Code général des impôts, ainsi que les œuvres et organismes qui reçoivent les versements par l'intermédiaire de ces établissements, doivent établir des comptes annuels selon les principes définis au Code de commerce.

Les peines prévues par l'article 439 de la loi n° 66-537 du 24 juillet 1966 précitée sont applicables aux dirigeants des personnes morales visées à l'alinéa précédent qui n'auront pas établi les comptes annuels précités.

(Al. rempl., L. n° 2019-486, 22 mai 2019) Les établissements d'utilité publique mentionnés au premier alinéa du présent II sont tenus de nommer au moins un commissaire aux comptes et, lorsque les conditions définies au deuxième alinéa du I de l'article L. 823-1 du Code de commerce sont réunies, un suppléant, choisis sur la liste mentionnée au I de l'article L. 822-1 du même code, qui exercent leurs fonctions dans les conditions prévues par ladite loi sous réserve des règles qui sont propres à ces établissements. Les dispositions de l'article L. 820-7 du Code de commerce sont applicables aux commissaires aux comptes ainsi nommés ; les dispositions de l'article L. 820-4 du même code sont applicables aux dirigeants de ces établissements.

L'autorisation accordée aux établissements d'utilité publique de recevoir des versements pour le compte d'œuvres ou d'organismes est rapportée par décret en Conseil d'État en cas de non-observation de l'obligation d'établir des comptes annuels ou de nommer au moins un commissaire aux comptes.

....

Art. 7. – Les entreprises qui achètent, à compter du 1er juillet 1987, des œuvres originales d'artistes vivants et les inscrivent à un compte d'actif immobilisé peuvent déduire du résultat imposable de l'exercice d'acquisition et des dix-neuf années suivantes, par fractions égales, une somme égale au prix d'acquisition.

La déduction ainsi effectuée au titre de chaque exercice ne peut excéder la limite de 3 p. 1000 du chiffre d'affaires, minorée du total des déductions mentionnées à l'article 238 *bis* AA du Code général des impôts.

Pour bénéficier de la déduction prévue au premier alinéa, l'entreprise doit exposer au public le bien qu'elle a acquis.

L'entreprise doit inscrire à un compte de réserve spéciale au passif du bilan une somme égale à la déduction opérée en application du premier alinéa. Cette somme est réintégrée au résultat imposable en cas de changement d'affectation ou de cession de l'œuvre ou de prélèvement sur le compte de réserve.

L'entreprise peut constituer une provision pour dépréciation lorsque la dépréciation de l'œuvre excède le montant des déductions déjà opérées au titre des alinéas qui précèdent.

Art. 18 *(Mod., L. n° 90-559, 4 juill. 1990).* – La fondation est l'acte par lequel une ou plusieurs personnes physiques ou morales décident l'affectation irrévocable de biens, droits ou ressources à la réalisation d'une œuvre d'intérêt général et à but non lucratif.

Lorsque l'acte de fondation a pour but la création d'une personne morale, la fondation ne jouit de la capacité juridique qu'à compter de la date d'entrée en vigueur du décret en Conseil d'État accordant la reconnaissance d'utilité publique. Elle acquiert alors le statut de fondation reconnue d'utilité publique.

La reconnaissance d'utilité publique peut être retirée dans les mêmes formes.

Lorsqu'une fondation reconnue d'utilité publique est créée à l'initiative d'une ou plusieurs sociétés commerciales ou d'un ou plusieurs établissements publics à caractère industriel et commercial, la raison sociale ou la dénomination d'au moins l'une ou l'un d'entre eux peut être utilisée pour la désignation de cette fondation.

Les dispositions des trois premiers alinéas du II de l'article 5 de la présente loi sont étendues à toutes les fondations reconnues d'utilité publique.

Voir aussi : Fondation de coopération scientifique, Code de la recherche, art. L. 344-1, L. 344-2 et L. 344-11 à L. 344-16.

1) Pouvoirs du président de la fondation. En l'absence, dans les statuts d'une fondation reconnue d'utilité publique, de stipulations réservant expressément à un autre organe la capacité de décider d'introduire une action en justice, celle-ci est régulièrement engagée par la personne tenant de ses statuts le pouvoir de la représenter en justice, en l'espèce son président, dont l'irrégularité de la nomination ne peut être invoquée par les tiers à l'occasion de cette action : ▪ Cass. 1re civ., 20 sept. 2017, n° 16-18.442, PBI : *BJS* 2017, p. 681, note G. Rabu ; *JCP* E 2018, 1174, n° 4, obs. Fl. Deboissy et G. Wicker : *Rev. sociétés* 2018, p. 119, note Ph. Didier.

2) Mandats des administrateurs. Dans la mesure où la modification des statuts d'une fondation emporte **cessation anticipée** des mandats des administrateurs, cette modification doit s'analyser en une révocation, de sorte qu'aurait dû être mise en œuvre la procédure de révocation pour juste motif prévue par les statuts : ▪ Cass. 1re civ., 12 mai 2011, n° 10-11.813, PBI : *BJS* 2011, p. 675, note P. Rubellin ; *Rev. sociétés* 2011, p. 491, note A. Couret.

Art. 18-1 *(L. n° 90-559, 4 juill. 1990 ; mod., L. n° 2003-709, 1er août 2003).* – La dotation initiale d'une fondation reconnue d'utilité publique peut être versée en plusieurs fractions sur une période maximum de dix ans à compter de la date de publication au *Journal officiel* du décret qui lui accorde la reconnaissance d'utilité publique.

Art. 18-2 *(L. n° 90-559, 4 juill. 1990).* – Un legs peut être fait au profit d'une fondation qui n'existe pas au jour de l'ouverture de la succession sous la condition qu'elle obtienne, après les formalités de constitution, la reconnaissance d'utilité publique.

La demande de reconnaissance d'utilité publique doit, à peine de nullité du legs, être déposée auprès de l'autorité administrative compétente dans l'année suivant l'ouverture de la succession.

Par dérogation aux dispositions du deuxième alinéa de l'article 18, la personnalité morale de la fondation reconnue d'utilité publique rétroagit au jour de l'ouverture de la succession.

À défaut de désignation par le testateur des personnes chargées de constituer la fondation et d'en demander la reconnaissance d'utilité publique, il est procédé à ces formalités par une fondation reconnue d'utilité publique désignée par le représentant de l'État dans la région du lieu d'ouverture de la succession.

Pour l'accomplissement de ces formalités, les personnes mentionnées à l'alinéa précédent ont la saisine sur les meubles et immeubles légués. Elles disposent à leur égard d'un pouvoir d'administration à moins que le testateur ne leur ait conféré des pouvoirs plus étendus.

Art. 18-3 *(L. n° 2005-882, 2 août 2005 ; rempl., L. n° 2019-486, 22 mai 2019).* – Une fondation reconnue d'utilité publique peut recevoir et détenir des parts sociales ou des actions d'une société ayant une activité industrielle ou commerciale, sans limitation de seuil de capital ou de droits de vote.

Lorsque ces parts ou ces actions confèrent à la fondation le contrôle de la société au sens de l'article L. 233-3 du Code de commerce, les statuts de la fondation indiquent comment, en application du principe de spécialité, cette dernière assure la gestion de ces parts ou actions sans s'immiscer dans la gestion de la société et les conditions dans lesquelles la fondation se prononce notamment sur l'approbation des comptes de la société, la distribution de ses dividendes, l'augmentation ou la réduction de son capital ainsi que sur les décisions susceptibles d'entraîner une modification de ses statuts.

Art. 19 *(Rempl., L. n° 90-559, 4 juill. 1990 ; mod., L. n° 2001-420, 15 mai 2001 ; L. n° 2002-5, 4 janv. 2002).* – Les sociétés civiles ou commerciales, les établissements publics à caractère industriel et commercial, les coopératives, les institutions de prévoyance ou les mutuelles peuvent créer, en vue de la réalisation d'une œuvre d'intérêt général, une personne morale, à but non lucratif, dénommée fondation d'entreprise. Lors de la constitution de la fondation d'entreprise, le ou les fondateurs s'engagent à effectuer les versements mentionnés à l'article 19-7 de la présente loi.

Art. 19-1 *(L. n° 90-559, 4 juill. 1990 ; mod., L. n° 2002-5, 4 janv. 2002).* – La fondation d'entreprise jouit de la capacité juridique à compter de la publication au *Journal officiel* de l'autorisation administrative qui lui confère ce statut.

Cette autorisation est réputée acquise à l'expiration d'un délai de quatre mois à compter du dépôt de la demande. Elle fait alors l'objet de la publication prévue à l'alinéa ci-dessus.

La fondation d'entreprise fait connaître à l'autorité administrative toute modification apportée à ses statuts ; ces modifications sont autorisées dans les mêmes formes que les statuts initiaux. La majoration du programme d'action pluriannuel est déclarée sous la forme d'un avenant aux statuts.

Art. 19-2 *(L. n° 90-559, 4 juill. 1990 ; mod., L. n° 2002-5, 4 janv. 2002 ; L. n° 2014-856, 31 juill. 2014).* – La fondation d'entreprise est créée pour une durée déterminée qui ne peut être inférieure à cinq ans. Aucun fondateur ne peut s'en retirer s'il n'a pas payé intégralement les sommes qu'il s'est engagé à verser. À l'expiration de cette période, les fondateurs ou certains d'entre eux seulement peuvent décider la prorogation de la fondation pour une durée au moins égale à trois ans. Lors de la prorogation, le fondateurs s'engagent sur un nouveau programme d'action pluriannuel au sens de l'article 19-7 ci-dessous et complètent, si besoin est, la dotation définie à l'article 19-6.

La prorogation est déclarée à l'autorité administrative. Cette déclaration est assortie du nouveau programme d'action pluriannuel ainsi que, le cas échéant, des noms des fondateurs supplémentaires. Toute autre modification des statuts est autorisée dans les mêmes formes que les statuts initiaux. La déclaration de prorogation est également assortie du dépôt de la caution bancaire prévue au dernier alinéa de l'article 19-7. Elle est publiée au *Journal officiel*.

Art. 19-3 *(L. n° 90-559, 4 juill. 1990).* – La fondation d'entreprise peut, sous réserve des dispositions de l'article 19-8, faire tous les actes de la vie civile qui ne sont pas interdits par ses statuts mais elle ne peut acquérir ou posséder d'autres immeubles que ceux nécessaires au but qu'elle se propose. Toutes les valeurs mobilières doivent être placées en titres nominatifs, en titres pour lesquels est établi le bordereau de références nominatives prévu à l'article 55 de la loi n° 87-416 du 17 juin 1987 sur l'épargne ou en valeurs admises par la Banque de France en garanties d'avances. Lorsque la fondation d'entreprise détient des actions des sociétés fondatrices ou de sociétés contrôlées par elles, la fondation ne peut exercer les droits de vote attachés à ces actions.

Art. 19-4 *(L. n° 90-559, 4 juill. 1990).* – La fondation d'entreprise est administrée par un conseil d'administration composé pour les deux tiers au plus des fondateurs ou de leurs représentants et de représentants du personnel, et pour un tiers au moins de personnalités qualifiées dans ses domaines

d'intervention. Les personnalités sont choisies par les fondateurs ou leurs représentants et nommées lors de la première réunion constitutive du conseil d'administration.

Les statuts déterminent les conditions de nomination et de renouvellement des membres du conseil.

Les membres du conseil exercent leur fonction à titre gratuit.

La cessation des fonctions d'un administrateur résultant, en application des statuts, du retrait du mandat confié par le fondateur, entraîne automatiquement la révocation des fonctions de président : ▪ Cass. com., 28 sept. 2010, n° 09-69.850 : *Dr. sociétés* 2010, n° 222, obs. H. Hovasse.

Art. 19-5 *(L. n° 90-559, 4 juill. 1990).* – **Le conseil d'administration prend toutes décisions dans l'intérêt de la fondation d'entreprise. Il décide des actions en justice, vote le budget, approuve les comptes ; il décide des emprunts.**

Le président représente la fondation en justice et dans les rapports avec les tiers.

Art. 19-6 *(L. n° 90-559, 4 juill. 1990 ; rempl., L. n° 2002-5, 4 janv. 2002).* – **À compter de la date de publication de la loi n° 2002-5 du 4 janvier 2002 relative aux musées de France, les fondations d'entreprise créées antérieurement dont les fondateurs auront décidé la prorogation sont autorisées à consacrer les fonds de leur dotation initiale aux dépenses prévues par leur nouveau programme d'action pluriannuel.**

Art. 19-7 *(L. n° 90-559, 4 juill. 1990).* – **Les statuts de la fondation d'entreprise comprennent un programme d'action pluriannuel dont le montant ne peut être inférieur à une somme fixée par voie réglementaire.**

Les sommes correspondantes peuvent être versées en plusieurs fractions sur une période maximale de cinq ans.

Les sommes que chaque membre fondateur s'engage à verser sont garanties par une caution bancaire.

Art. 19-8 *(L. n° 90-559, 4 juill. 1990 ; mod., L. n° 2002-5, 4 janv. 2002 ; L. n° 2003-709, 1er août 2003 ; L. n° 2014-856, 31 juill. 2014).* – **Les ressources de la fondation d'entreprise comprennent :**

1° Les versements des fondateurs à l'exception de la dotation initiale si celle-ci a été constituée et n'a pas fait l'objet de l'affectation prévue à l'article 19-6 ;

2° Les subventions de l'État, des collectivités territoriales et de leurs établissements publics ;

3° Le produit des rétributions pour services rendus ;

4° Les revenus de la dotation initiale si celle-ci a été constituée et n'a pas fait l'objet de l'affectation prévue à l'article 19-6 et des ressources mentionnés aux 1°, 2° et 3° ci-dessus.

Sous peine de retrait de l'autorisation administrative prévue à l'article 19-1, la fondation d'entreprise ne peut faire appel à la générosité publique ; elle ne peut recevoir de dons ni de legs. Elle peut toutefois recevoir des dons effectués par les salariés, mandataires sociaux, sociétaires, adhérents ou actionnaires de l'entreprise fondatrice ou des entreprises du groupe, au sens de l'article 223 A du Code général des impôts, auquel appartient l'entreprise fondatrice.

Art. 19-9 *(L. n° 90-559, 4 juill. 1990 ; mod., L. n° 2002-5, 4 janv. 2002 ; Ord. n° 2016-315, 17 mars 2016).* – *(Al. rempl., L. n° 2019-486, 22 mai 2019)* **Les fondations d'entreprise établissent chaque année un bilan, un compte de résultats et une annexe. Elles nomment au moins un commissaire aux comptes et, lorsque les conditions définies au deuxième alinéa du I de l'article L. 823-1 du Code de commerce sont réunies, un suppléant, choisis sur la liste mentionnée au I de l'article L. 822-1 du même code, qui exercent leurs fonctions dans les conditions prévues par cette loi ; les dispositions de l'article L. 820-7 du Code de commerce leur sont applicables. Les peines prévues à l'article L. 242-8 du même code sont applicables au président et aux membres des conseils de fondations d'entreprise qui n'auront pas, chaque année, établi un bilan, un compte de résultat et une annexe. Les dispositions de l'article L. 820-4 dudit code leur sont également applicables.**

Le commissaire aux comptes peut appeler l'attention du président ou des membres du conseil de la fondation d'entreprise sur tout fait de nature à compromettre la continuité de l'activité qu'il a relevé au cours de sa mission ; il peut demander au conseil d'administration d'en délibérer ; il assiste à la réunion ; en cas d'inobservation de ces dispositions ou si, en dépit des décisions prises, il constate que la continuité de l'activité reste compromise, le commissaire aux comptes établit un rapport spécial qu'il adresse à l'autorité administrative.

Art. 19-10 *(L. n° 90-559, 4 juill. 1990).* – L'autorité administrative s'assure de la régularité du fonctionnement de la fondation d'entreprise ; à cette fin, elle peut se faire communiquer tous documents et procéder à toutes investigations utiles.

La fondation d'entreprise adresse, chaque année, à l'autorité administrative un rapport d'activité auquel sont joints le rapport du commissaire aux comptes et les comptes annuels.

Art. 19-11 *(L. n° 90-559, 4 juill. 1990).* – Lorsque la fondation est dissoute, soit par l'arrivée du terme, soit à l'amiable par le retrait de l'ensemble des fondateurs, sous réserve qu'ils aient intégralement payé les sommes qu'ils se sont engagés à verser, un liquidateur est nommé par le conseil d'administration. Si le conseil n'a pu procéder à cette nomination ou si la dissolution résulte du retrait de l'autorisation, le liquidateur est désigné par l'autorité judiciaire.

La nomination du liquidateur est publiée au *Journal officiel*.

Art. 19-12 *(L. n° 90-559, 4 juill. 1990 ; mod., L. n° 2002-5, 4 janv. 2002).* – En cas de dissolution d'une fondation d'entreprise, les ressources non employées et la dotation si celle-ci a été constituée et n'a pas fait l'objet de l'affectation prévue à l'article 19-6 sont attribuées par le liquidateur à un ou plusieurs établissements publics ou reconnus d'utilité publique dont l'activité est analogue à celle de la fondation d'entreprise dissoute.

Art. 19-13 *(L. n° 90-559, 4 juill. 1990).* – Un décret en Conseil d'État fixe les modalités d'application des articles 18 à 19-12 de la présente loi.

Art. 20 *(Rempl., L. n° 90-559, 4 juill. 1990 ; mod., L. n° 2009-526, 12 mai 2009).* – Seules les fondations reconnues d'utilité publique peuvent faire usage, dans leur intitulé, leurs statuts, contrats, documents ou publicité, de l'appellation de fondation. Toutefois, peut également être dénommée fondation l'affectation irrévocable, en vue de la réalisation d'une œuvre d'intérêt général et à but non lucratif, de biens, droits ou ressources à une fondation reconnue d'utilité publique dont les statuts ont été approuvés à ce titre, dès lors que ces biens, droits ou ressources sont gérés directement par la fondation affectataire, et sans que soit créée à cette fin une personne morale distincte.

Seules les fondations d'entreprise répondant aux conditions prévues aux articles 19-1 à 19-10 de la présente loi peuvent faire usage, dans leur intitulé, leurs statuts, contrats, documents ou publicité, de l'appellation de fondation d'entreprise. Elle peut être accompagnée du ou des noms des fondateurs.

Les groupements constitués avant la publication de la présente loi, qui utilisent dans leur dénomination les termes de fondation ou de fondation d'entreprise, doivent se conformer à ses dispositions avant le 31 décembre 1991.

Les présidents, administrateurs ou directeurs des groupements qui enfreindront les dispositions du présent article seront punis d'une amende de 3 750 €.

Art. 20-1 *(Abr., L. n° 2002-5, 4 janv. 2002 ; rétabli L. n° 2014-856, 31 juill. 2014).* – I. – La fusion de plusieurs fondations dotées de la personnalité morale est décidée par des délibérations concordantes adoptées dans les conditions requises par leurs statuts pour leur dissolution. Lorsque la fusion est réalisée par voie de création d'une nouvelle fondation, le projet de statuts de la nouvelle fondation est approuvé par délibérations concordantes de chacune des fondations qui disparaissent et il n'y a pas lieu à approbation de l'opération par la nouvelle fondation.

La scission d'une fondation dotée de la personnalité morale est décidée dans les conditions requises par ses statuts pour sa dissolution. Lorsque la scission est réalisée par apport à une nouvelle fondation, le projet de statuts de la nouvelle fondation est approuvé par délibération de la fondation scindée et il n'y a pas lieu à approbation de l'opération par la nouvelle fondation.

L'apport partiel d'actif entre fondations dotées de la personnalité morale est décidé par des délibérations concordantes adoptées dans les conditions requises par leurs statuts.

Les fondations qui participent à l'une des opérations mentionnées aux trois premiers alinéas établissent un projet de fusion, de scission ou d'apport partiel d'actif, qui fait l'objet d'une publication sur un support habilité à recevoir des annonces légales, dans des conditions et délais fixés par voie réglementaire.

Lorsque la valeur totale de l'ensemble des apports est d'un montant au moins égal à un seuil fixé par voie réglementaire, les délibérations prévues aux trois premiers alinéas sont précédées de l'examen d'un rapport établi par un commissaire à la fusion, à la scission ou aux apports, désigné d'un commun accord par la ou les fondations qui procèdent à l'apport. Le rapport se prononce sur les méthodes d'évaluation et sur la valeur de l'actif et du passif des fondations concernées et expose les conditions financières de l'opération. Pour l'exercice de sa mission, le commissaire peut obtenir auprès de chacune des fondations communication de tous documents utiles et procéder aux vérifications nécessaires.

II. – La fusion ou la scission entraîne la dissolution sans liquidation des fondations qui disparaissent et la transmission universelle de leur patrimoine aux fondations bénéficiaires, dans l'état où il se trouve à la date de réalisation définitive de l'opération. L'apport partiel d'actif n'entraîne pas la dissolution de la fondation qui apporte une partie de son actif.

Les articles L. 236-14, L. 236-20 et L. 236-21 du Code de commerce sont applicables aux fusions et aux scissions de fondations.

III. – Sauf stipulation contraire du traité d'apport, la fusion, la scission ou l'apport partiel d'actif prend effet :

1° En cas de création d'une ou de plusieurs fondations nouvelles, à la date d'entrée en vigueur de l'acte nécessaire à la constitution de la nouvelle fondation ou de la dernière d'entre elles ;

2° Lorsque l'opération entraîne une modification statutaire soumise à une approbation administrative, à la date d'entrée en vigueur de celle-ci ;

3° Dans les autres cas, à la date de la dernière délibération ayant approuvé l'opération.

IV. – Lorsqu'une fondation bénéficiant d'une autorisation administrative, d'un agrément, d'un conventionnement ou d'une habilitation participe à une fusion, à une scission ou à un apport partiel d'actif et qu'elle souhaite savoir si la fondation résultant de la fusion ou de la scission ou bénéficiaire de l'apport bénéficiera de l'autorisation, de l'agrément, du conventionnement ou de l'habilitation pour la durée restant à courir, elle peut interroger l'autorité administrative, qui se prononce sur sa demande :

1° Si elles existent, selon les règles prévues pour autoriser la cession de l'autorisation, de l'agrément, du conventionnement ou de l'habilitation ;

2° Pour les autres cas, dans les conditions et délais prévus pour accorder le conventionnement, l'autorisation, l'agrément ou l'habilitation.

Le présent IV n'est pas applicable à la reconnaissance d'utilité publique.

V. – La dissolution sans liquidation d'une fondation reconnue d'utilité publique qui disparaît du fait d'une fusion ou d'une scission est approuvée par décret en Conseil d'État. Ce même décret abroge le décret de reconnaissance d'utilité publique de la fondation dissoute.

VI. – Le présent article est applicable aux opérations intervenant entre une ou plusieurs fondations dotées de la personnalité morale et une ou plusieurs associations. La dissolution sans liquidation d'une association reconnue d'utilité publique qui disparaît du fait d'une fusion est approuvée par décret en Conseil d'État. Ce même décret abroge le décret de reconnaissance d'utilité publique de l'association absorbée.

VII. – Un décret en Conseil d'État fixe les modalités d'application du présent article.

Art. 20-2 *(L. n° 2014-856, 31 juill. 2014)*. – Une association régie par la loi du 1er juillet 1901 relative au contrat d'association ou par les articles 21 à 79 du Code civil local applicable aux départements du Bas-Rhin, du Haut-Rhin et de la Moselle peut être transformée en une fondation reconnue d'utilité publique sans donner lieu à dissolution ni à création d'une personne morale nouvelle.

La transformation de l'association est décidée par une délibération adoptée dans les conditions requises par ses statuts pour sa dissolution.

La transformation prend effet à la date d'entrée en vigueur du décret en Conseil d'État accordant la reconnaissance d'utilité publique. Le cas échéant, ce décret abroge le décret de reconnaissance d'utilité publique de l'association transformée.

Art. 20-3 *(Ord. n° 2015-904, 23 juill. 2015)*. – Une fondation dotée de la personnalité morale peut être transformée en une fondation reconnue d'utilité publique, sans donner lieu à dissolution ni à création d'une personne morale nouvelle.

La transformation de la fondation est décidée par une délibération adoptée dans les conditions requises par ses statuts pour sa dissolution.

La transformation prend effet à la date d'entrée en vigueur du décret en Conseil d'État accordant la reconnaissance d'utilité publique.

Art. 21 *(L. n° 56-1205, 29 nov. 1956 ; mod., L. n° 87-571, 23 juill. 1987).* – Nonobstant les clauses de leurs statuts, les établissements d'utilité publique constitués sous forme d'associations régies par le titre II de la loi du 1er juillet 1901 ou de fondations pourront placer leurs capitaux en valeurs admises par la Banque de France en garantie d'avances.

Art. 23. – Lorsque la valeur d'un legs fait à l'État et portant sur un bien qui présente un intérêt pour le patrimoine historique, artistique ou culturel de la nation excède la quotité disponible, l'État peut, quel que soit cet excédent, réclamer en totalité le bien légué, sauf à récompenser préalablement les héritiers en argent.

2.4. – DU FONDS DE DOTATION

Loi n° 2008-776 du 4 août 2008
de modernisation de l'économie

Art. 140. – I. – Le fonds de dotation est une personne morale de droit privé à but non lucratif qui reçoit et gère, en les capitalisant, des biens et droits de toute nature qui lui sont apportés à titre gratuit et irrévocable et utilise les revenus de la capitalisation en vue de la réalisation d'une œuvre ou d'une mission d'intérêt général ou les redistribue pour assister une personne morale à but non lucratif dans l'accomplissement de ses œuvres et de ses missions d'intérêt général.

Le fonds de dotation est créé par une ou plusieurs personnes physiques ou morales pour une durée déterminée ou indéterminée.

II. – Le fonds de dotation est déclaré à la préfecture du département dans le ressort duquel il a son siège social. Cette déclaration est assortie du dépôt de ses statuts.

Le fonds de dotation jouit de la personnalité morale à compter de la date de publication au Journal officiel de la déclaration faite à la préfecture.

Les modifications des statuts du fonds sont déclarées et rendues publiques selon les mêmes modalités ; elles ne sont opposables aux tiers qu'à compter de leur publication.

Toute personne a droit de prendre connaissance, sans déplacement, des statuts du fonds de dotation et peut s'en faire délivrer, à ses frais, une copie ou un extrait.

III. – Le fonds de dotation est constitué par les dotations en capital qui lui sont apportées auxquelles s'ajoutent les dons et legs qui lui sont consentis. L'article 910 du Code civil n'est pas applicable à ces libéralités.

Les fondateurs apportent une dotation initiale au moins égale à un montant fixé par voie réglementaire, qui ne peut excéder 30 000 €.

Aucun fonds public, de quelque nature qu'il soit, ne peut être versé à un fonds de dotation. Il peut être dérogé à cette interdiction, à titre exceptionnel, pour une œuvre ou un programme d'actions déterminé, au regard de son importance ou de sa particularité. Les dérogations sont accordées par arrêté conjoint des ministres chargés de l'économie et du budget.

Les ressources du fonds sont constituées des revenus de ses dotations, des produits des activités autorisées par les statuts et des produits des rétributions pour service rendu.

Le fonds peut faire appel à la générosité publique après autorisation administrative dont les modalités sont fixées par décret. Les dons issus de la générosité publique peuvent être joints à la dotation en capital du fonds de dotation.

Le fonds de dotation dispose librement de ses ressources dans la limite de son objet social.

Il ne peut disposer des dotations en capital dont il bénéficie ni les consommer et ne peut utiliser que les revenus issus de celles-ci.

Toutefois, par dérogation aux dispositions du premier alinéa du I et de l'alinéa précédent, les statuts peuvent fixer les conditions dans lesquelles la dotation en capital peut être consommée.

Les modalités de gestion financière du fonds de dotation sont fixées par décret en Conseil d'État.

IV. – Un legs peut être fait au profit d'un fonds de dotation qui n'existe pas au jour de l'ouverture de la succession à condition qu'il acquière la personnalité morale dans l'année suivant l'ouverture de celle-ci. Dans ce cas, la personnalité morale du fonds de dotation rétroagit au jour de l'ouverture de la succession.

À défaut de désignation par le testateur des personnes chargées de constituer le fonds de dotation, il est procédé à cette constitution par une fondation reconnue d'utilité publique, un fonds de dotation ou une association reconnue d'utilité publique. Pour l'accomplissement des formalités de constitution du fonds, les personnes chargées de cette mission ou le fonds de dotation désigné à cet effet ont la saisine sur les meubles et immeubles légués. Ils disposent à leur égard d'un pouvoir d'administration, à moins que le testateur ne leur ait conféré des pouvoirs plus étendus.

V. – Le fonds de dotation est administré par un conseil d'administration qui comprend au minimum trois membres nommés, la première fois, par le ou les fondateurs.

Les statuts déterminent la composition ainsi que les conditions de nomination et de renouvellement du conseil d'administration.

VI. – Le fonds de dotation établit chaque année des comptes qui comprennent au moins un bilan et un compte de résultat. Ces comptes sont publiés au plus tard dans un délai de six mois suivant l'expiration de l'exercice. Le fonds nomme au moins un commissaire aux comptes et, lorsque les conditions définies au deuxième alinéa du I de l'article L. 823-1 du Code de commerce sont remplies, un suppléant, choisis sur la liste mentionnée au I de l'article L. 822-1 du Code de commerce, dès lors que le montant total de ses ressources dépasse 10 000 euros en fin d'exercice.

Le fonds de dotation alimenté par des dons issus de la générosité du public établit chaque année des comptes qui comprennent un bilan, un compte de résultat et une annexe. L'annexe comporte le compte d'emploi annuel des ressources collectées auprès du public.

Les peines prévues par l'article L. 242-8 du même code sont applicables au président et aux membres du conseil d'administration du fonds de dotation qui ne produisent pas, chaque année, des comptes dans les conditions prévues au premier alinéa du présent VI. L'article L. 820-4 du même code leur est également applicable.

Lorsque le commissaire aux comptes relève, à l'occasion de l'exercice de sa mission, des faits de nature à compromettre la continuité de l'activité, il demande des explications au président du conseil d'administration, dans des conditions fixées par décret. Le président du conseil d'administration est tenu de lui répondre sous quinze jours. Le commissaire aux comptes en informe l'autorité administrative. En cas d'inobservation de ces dispositions ou s'il constate qu'en dépit des décisions prises la continuité de l'activité demeure compromise, le commissaire aux comptes établit un rapport spécial et invite, par un écrit dont la copie est envoyée à l'autorité administrative, le président à faire délibérer sur les faits relevés le conseil d'administration convoqué dans des conditions et délais fixés par décret. Si, à l'issue de la réunion du conseil d'administration, le commissaire aux comptes constate que les décisions prises ne permettent pas d'assurer la continuité de l'activité, il informe de ses démarches l'autorité administrative et lui en communique les résultats.

VII. – L'autorité administrative s'assure de la régularité du fonctionnement du fonds de dotation. À cette fin, elle peut se faire communiquer tous documents et procéder à toutes investigations utiles.

Le fonds de dotation adresse chaque année à l'autorité administrative un rapport d'activité auquel sont joints le rapport du commissaire aux comptes et les comptes annuels.

Si l'autorité administrative constate des dysfonctionnements graves affectant la réalisation de l'objet du fonds de dotation, elle peut, après mise en demeure non suivie d'effet, décider, par un acte motivé qui fait l'objet d'une publication au Journal officiel, de suspendre l'activité du fonds pendant une durée de six mois au plus ou, lorsque la mission d'intérêt général n'est plus assurée, de saisir l'autorité judiciaire aux fins de sa dissolution.

Les modalités d'application du présent VII sont fixées par décret en Conseil d'État.

VIII. – La dissolution du fonds de dotation peut être statutaire ou volontaire. Elle peut également être judiciaire, notamment dans le cas prévu au troisième alinéa du VII. Elle fait l'objet de la publication prévue au même alinéa.

Il est procédé à la liquidation dans les conditions prévues par les statuts ou, à défaut, à l'initiative du liquidateur désigné par l'autorité judiciaire.

À l'issue de la liquidation du fonds, l'ensemble de son actif net est transféré à un autre fonds de dotation ou à une fondation reconnue d'utilité publique.

Un décret en Conseil d'État prévoit les conditions d'application du présent VIII et, notamment, les limites dans lesquelles un fonds de dotation à durée déterminée peut utiliser sa dotation à l'expiration du délai prévu pour la réalisation de son objet.

PARTIE RÉGLEMENTAIRE

Décret n° 2009-158 du 11 février 2009 relatif aux fonds de dotation

TITRE IER : DES MODALITÉS DE GESTION FINANCIÈRE DU FONDS DE DOTATION

Art. 1. – Le conseil d'administration du fonds de dotation définit la politique d'investissement du fonds, dans des conditions précisées par les statuts. Ces conditions incluent des règles de dispersion par catégories de placement, et de limitation par émetteur.

Les actifs éligibles aux placements du fonds de dotation sont ceux qu'énumère l'article R. 931-10-21 du Code de la sécurité sociale.

Art. 2. – Lorsque le montant de la dotation excède un million d'euros, les statuts du fonds de dotation prévoient la création, auprès du conseil d'administration, d'un comité consultatif, composé de personnalités qualifiées extérieures à ce conseil, et chargé de lui faire des propositions de politique d'investissement et d'en assurer le suivi. Ce comité peut proposer des études et des expertises.

Art. 2 *bis* *(D. n° 2015-49, 22 janv. 2015)*. – Le montant de la dotation initiale mentionné au III de l'article 140 de la loi du 4 août 2008 susvisée doit être versé en numéraire et ne peut être inférieur à 15 000 euros.

TITRE II : DE LA MISSION DU COMMISSAIRE AUX COMPTES

Art. 3. – Les comptes annuels d'un fonds de dotation tenu d'avoir un commissaire aux comptes en vertu du VI de l'article 140 de la loi du 4 août 2008 susvisée sont mis à la disposition de celui-ci au moins quarante-cinq jours avant la date de la réunion du conseil d'administration convoquée pour leur approbation. Leur est joint le rapport d'activité prévu au VII du même article de la même loi.

Le commissaire aux comptes certifie les comptes annuels du fonds de dotation et vérifie leur concordance avec le rapport d'activité prévu à l'article 8.

Art. 4 *(Mod., D. n° 2010-31, 11 janv. 2010)*. – Les comptes annuels et le rapport du commissaire aux comptes sont adressés à l'autorité administrative par lettre recommandée avec demande d'avis de réception dans un délai de six mois à compter de la clôture de l'exercice.

Le fonds de dotation assure la publication de ses comptes annuels, telle qu'elle est prévue au VI de l'article 140 de la loi du 4 août 2008 susvisée, y compris, le cas échéant, de l'annexe mentionnée au deuxième alinéa du VI de cet article, sur le site internet de la direction de l'information légale et administrative dans les mêmes conditions que les associations ou fondations soumises aux prescriptions du premier alinéa de l'article L. 612-4 du Code de commerce.

Art. 5. – Les démarches du commissaire aux comptes auprès du président du fonds de dotation prévues par le quatrième alinéa du VI de l'article 140 de la loi du 4 août 2008 susvisée sont faites par lettre recommandée avec demande d'avis de réception.

Lorsque le commissaire aux comptes constate des faits de nature à compromettre l'activité du fonds de dotation, il engage ces démarches sans délai.

Lorsque le commissaire aux comptes invite le président du fonds de dotation à faire délibérer le conseil d'administration sur les faits ainsi relevés, il fixe la date, dans un délai qui ne peut excéder huit jours, l'ordre du jour et, le cas échéant, le lieu de la réunion du conseil d'administration. Les frais de cette réunion sont à la charge du fonds de dotation.

TITRE III : DU CONTRÔLE DE L'AUTORITÉ ADMINISTRATIVE

Art. 6. – L'autorité administrative mentionnée au VII de l'article 140 de la loi du 4 août 2008 susvisée et dans le présent décret est le préfet du département dans lequel le fonds de dotation a son siège social.

Art. 7. – La déclaration de création du fonds de dotation ainsi que la déclaration de modification des statuts prévues au II de l'article 140 de la loi du 4 août 2008 susvisée mentionnent les noms, prénoms,

dates de naissance, lieux de naissance, professions, domiciles et nationalités de ceux qui sont chargés, à un titre quelconque, de son administration. L'autorité administrative en délivre récépissé dans un délai de cinq jours.

La publication de ces déclarations au Journal officiel de la République française incombe aux fondateurs du fonds de dotation. Elles sont faites à leurs frais. Elles mentionnent :

a) La dénomination et le siège social du fonds de dotation ;

b) L'objet du fonds de dotation ;

c) La durée pour laquelle le fonds de dotation est créé ;

d) La date de la déclaration.

Le fonds de dotation est tenu de faire connaître, dans les trois mois, à l'autorité administrative tous les changements survenus dans son administration, notamment les changements de membres et les changements d'adresse du siège social.

Art. 8 *(D. n° 2017-908, 6 mai 2017)*. – Le fonds de dotation établit chaque année un rapport d'activité, qui est soumis à l'approbation du conseil d'administration, et qu'il adresse à l'autorité administrative dans un délai de six mois à compter de la clôture de l'exercice.

Ce rapport contient les éléments suivants :

a) Un compte rendu de l'activité du fonds de dotation, qui porte tant sur son fonctionnement interne que sur ses rapports avec les tiers ;

b) La liste des actions d'intérêt général financées par le fonds de dotation, et leurs montants ;

c) La liste des personnes morales bénéficiaires des redistributions prévues au I de l'article 140 de la loi du 4 août 2008 susvisée, et leurs montants ;

d) Si le fonds de dotation fait appel public à la générosité, le compte d'emploi des ressources collectées auprès du public prévu à l'article 4 de la loi du 7 août 1991 susvisée, qui précise notamment l'affectation des dons par type de dépenses et qui mentionne les informations relatives à son élaboration ;

e) La liste des libéralités reçues.

Lorsque le rapport d'activité n'a pas été notifié dans le délai mentionné au premier alinéa, ou lorsque le rapport est incomplet, l'autorité administrative peut mettre en demeure le fonds de dotation de se conformer à ses obligations dans un délai d'un mois.

Art. 9 *(Mod., D. n° 2015-49, 22 janv. 2015)*. – Constituent des dysfonctionnements graves, dès lors qu'ils affectent la réalisation de l'objet du fonds de dotation :

a) La violation des règles de gestion financière prévues au titre Ier ;

b) La violation des dispositions du VI de l'article 140 de la loi du 4 août 2008 susvisée et du titre II du présent décret relatives à l'établissement et à la publicité des comptes annuels, et à la mission du commissaire aux comptes ;

c) Le fait, pour le fonds de dotation, de disposer ou de consommer tout ou partie de la dotation en capital dont il bénéficie dans le cas où les statuts n'autorisent pas à consommer cette dotation, et, dans le cas où les statuts prévoient cette possibilité, le fait de disposer ou de consommer tout ou partie de la dotation en violation des conditions fixées par les clauses statutaires ou pour une cause étrangère à la réalisation des œuvres ou des missions d'intérêt général prévues au premier alinéa du I de l'article 140 de la loi du 4 août 2008 susvisée ;

d) La consommation par un fonds de dotation à durée déterminée de sa dotation au-delà du terme statutaire d'activité du fonds, en violation des dispositions de l'article 15 du présent décret ;

e) Le fait, pour le fonds de dotation, de ne pas avoir adressé les rapports d'activité à l'autorité administrative ou d'avoir adressé des rapports d'activité incomplets, durant deux exercices consécutifs, malgré la mise en demeure qui lui a été faite en application de l'article 8 du présent décret ;

f) Le fait, pour le fonds de dotation, de n'avoir pas respecté l'obligation de disposer de la dotation initiale prévue au III de l'article 140 de la loi du 4 août 2008 susvisée.

Art. 10. – La suspension de l'activité du fonds de dotation est notifiée au président du fonds de dotation et au commissaire aux comptes par l'autorité administrative, qui procède également à la publication de sa décision au Journal officiel de la République française, aux frais du fonds. La décision mentionne les motifs, la durée et les modalités d'exécution de la suspension.

TITRE IV : DE L'AUTORISATION D'APPEL À LA GÉNÉROSITÉ PUBLIQUE

Art. 11 *(Mod., D. n° 2017-908, 6 mai 2017).* **– La demande d'autorisation de faire appel public à la générosité prévue au III de l'article 140 de la loi du 4 août 2008 susvisée est adressée à l'autorité administrative par lettre recommandée avec demande d'avis de réception.**

Le dossier de la demande doit indiquer pour une ou, le cas échéant, plusieurs durées d'appel, les objectifs poursuivis par appel.

Art. 12. – L'autorité administrative peut refuser l'autorisation prévue à l'article 11 pour un motif d'ordre public ou dans les cas suivants :

a) Lorsque l'objet de l'appel n'entre pas dans les prévisions de l'article 3 de la loi du 7 août 1991 susvisée ;

b) Lorsqu'un membre du conseil d'administration a fait l'objet, depuis moins de cinq ans, d'une condamnation définitive pour l'une des infractions prévues par les articles 222-38, 222-40, 313-1 à 313-3, 314-1 à 314-3, 324-1 à 324-6, 432-15, 433-1, 434-9, 435-1 à 435-4, 435-7 à 435-10, 441-1 à 441-9, 445-1 à 445-4 et 450-1 du Code pénal, par l'article 1741 du Code général des impôts, et par les articles L. 241-3 (4°), L. 242-6, L. 242-30, L. 243-1, L. 244-1 et L. 654-1 à L. 654-6 du Code de commerce ;

c) Lorsque, en application des dispositions du troisième alinéa du VII de l'article 140 de la loi du 4 août 2008 susvisée, l'autorité administrative a suspendu l'activité du fonds de dotation ou a saisi l'autorité judiciaire en vue de sa dissolution.

Art. 13 *(Mod., D. n° 2017-908, 6 mai 2017).* **– Le silence conservé par l'autorité administrative à l'expiration d'un délai de deux mois à compter du dépôt du dossier complet de demande d'autorisation d'appel public à la générosité vaut autorisation tacite.**

TITRE V : DE LA DISSOLUTION DU FONDS DE DOTATION

Art. 14. – La dissolution du fonds de dotation fait l'objet d'une publication au Journal officiel de la République française, aux frais du fonds. En cas de dissolution statutaire ou volontaire, cette publication incombe au président du fonds, après accord du conseil d'administration. En cas de dissolution judiciaire, elle incombe au liquidateur désigné par l'autorité judiciaire.

Art. 15. – À l'expiration du délai prévu pour la réalisation de son objet, un fonds de dotation à durée déterminée peut, par délibération de son conseil d'administration notifiée à l'autorité administrative par lettre recommandée avec demande d'avis de réception, utiliser l'actif net restant à l'issue de la liquidation du fonds pendant un délai qui ne peut excéder six mois.

Si l'utilisation projetée n'est pas conforme à l'objet du fonds, l'autorité administrative dispose d'un délai de sept jours à compter de la réception de la délibération pour s'y opposer.

En cas d'opposition de l'autorité administrative, ou à l'expiration du délai de six mois prévu à l'alinéa précédent, l'actif net restant à l'issue de la liquidation du fonds de dotation à durée déterminée est transféré dans les conditions prévues au troisième alinéa du VIII de l'article 140 de la loi du 4 août 2008 susvisée.

TITRE VI : DISPOSITIONS FINALES

Art. 16. – Les dispositions des articles 3, 4, 5, 7, 11 et 12 du présent décret peuvent être modifiées par décret.

2.5. – DU FONDS DE PERENNITÉ

Loi n° 2019-486 du 22 mai 2019

Art. 177. – I. – Le fonds de pérennité est constitué par l'apport gratuit et irrévocable des titres de capital ou de parts sociales d'une ou de plusieurs sociétés exerçant une activité industrielle, commerciale, artisanale ou agricole, ou détenant directement ou indirectement des participations dans une ou plusieurs sociétés exerçant une telle activité, réalisé par un ou plusieurs fondateurs afin que ce fonds gère ces titres ou parts, exerce les

droits qui y sont attachés et utilise ses ressources dans le but de contribuer à la pérennité économique de cette ou de ces sociétés et puisse réaliser ou financer des œuvres ou des missions d'intérêt général.

II. – Les statuts doivent être établis par écrit. Ils déterminent notamment la dénomination, l'objet, le siège et les modalités de fonctionnement du fonds de pérennité ainsi que la composition, les conditions de nomination et de renouvellement du conseil d'administration et du comité de gestion mentionné au VII.

L'objet comprend l'indication des principes et objectifs appliqués à la gestion des titres ou parts de la ou des sociétés mentionnées au I, à l'exercice des droits qui y sont attachés et à l'utilisation des ressources du fonds, ainsi que l'indication des actions envisagées dans ce cadre.

Il comprend également, le cas échéant, l'indication des œuvres ou des missions d'intérêt général qu'il entend réaliser ou financer.

Les statuts définissent les modalités selon lesquelles ils peuvent être modifiés. Toutefois, la modification de l'objet ne peut être décidée qu'après deux délibérations du conseil d'administration, réunissant au moins les deux tiers des membres, prises à deux mois au moins et six mois au plus d'intervalle et à la majorité des deux tiers des membres. Pour le calcul du quorum, ne sont pas pris en compte les membres représentés.

III. – Le fonds de pérennité est déclaré à la préfecture du département dans le ressort duquel il a son siège social. Cette déclaration est assortie du dépôt de ses statuts, auxquels est annexée l'indication des titres ou parts rendus inaliénables par application du IV. Ces documents font l'objet d'une publication dans des conditions fixées par décret.

Le fonds de pérennité jouit de la personnalité morale à compter de la date de publication au Journal officiel de la déclaration faite en préfecture.

Les modifications des statuts du fonds de pérennité et de leur annexe sont déclarées et rendues publiques selon les mêmes modalités ; elles ne sont opposables aux tiers qu'à compter de leur publication.

IV. – La dotation du fonds de pérennité est composée des titres ou parts apportés par le ou les fondateurs lors de sa constitution, ainsi que des biens et droits de toute nature qui peuvent lui être apportés à titre gratuit et irrévocable. L'article 910 du Code civil n'est pas applicable à ces libéralités.

Les titres de capital ou parts sociales de la ou des sociétés mentionnées au I du présent article sont inaliénables. Toutefois, lorsque le fonds de pérennité contrôle, au sens de l'article L. 233-3 du Code de commerce, par l'effet de la libéralité ou d'une acquisition ou de la situation antérieure à ces dernières, l'une ou plusieurs de ces sociétés, l'apporteur ou le testateur, lors de la libéralité, ou le conseil d'administration, lors d'une acquisition, peut décider que cette inaliénabilité ne frappe pas tout ou partie des titres ou parts, dans la limite de la fraction du capital social qui n'est pas nécessaire à l'exercice de ce contrôle.

Dans les conditions du deuxième alinéa de l'article 900-4 du Code civil, le fonds de pérennité peut être judiciairement autorisé à disposer des titres ou parts frappés d'inaliénabilité s'il advient que la pérennité économique de la ou des sociétés l'exige.

Aucun fonds public, de quelque nature qu'il soit, ne peut être versé à un fonds de pérennité.

Les ressources du fonds de pérennité sont constituées des revenus et produits de sa dotation, des produits des activités autorisées par les statuts et des produits des rétributions pour service rendu.

Le fonds de pérennité dispose librement de ses ressources dans la limite de son objet.

Sous réserve des dispositions des deuxième et troisième alinéas du présent article, les statuts fixent les conditions dans lesquelles la dotation en capital peut être consommée.

V. – Un legs peut être fait au profit d'un fonds de pérennité qui n'existe pas au jour de l'ouverture de la succession à condition que le testateur ait désigné une ou plusieurs personnes chargées de le constituer et qu'il acquière la personnalité morale dans l'année suivant l'ouverture de la succession. Dans ce cas, la personnalité morale du fonds de pérennité rétroagit au jour de l'ouverture de la succession. À défaut, le legs est nul.

Pour l'accomplissement des formalités de constitution du fonds de pérennité, les personnes chargées de cette mission ont la saisine sur les titres, meubles et immeubles légués. Ils disposent à leur égard d'un pouvoir d'administration, à moins que le testateur ne leur ait conféré des pouvoirs plus étendus.

VI. – Le fonds de pérennité est administré par un conseil d'administration qui comprend au moins trois membres nommés, la première fois, par le ou les fondateurs ou, dans le cas prévu au V, les personnes désignées par le testateur pour le constituer.

Le conseil d'administration est investi des pouvoirs les plus étendus pour agir en toute circonstance au nom du fonds de pérennité, dans la limite de son objet. Les clauses statutaires limitant les pouvoirs du conseil d'administration qui résultent du présent alinéa sont inopposables aux tiers.

Dans les rapports avec les tiers, le conseil d'administration engage le fonds de pérennité par les actes entrant dans son objet. Les actes réalisés en dehors de cet objet sont nuls, sans que cette nullité ne soit opposable aux tiers de bonne foi.

VII. – Les statuts du fonds de pérennité prévoient la création, auprès du conseil d'administration, d'un comité de gestion, composé d'au moins un membre du conseil d'administration et de deux membres non membres de ce conseil. Ce comité est chargé du suivi permanent de la ou des sociétés mentionnées au I et formule des recommandations au conseil d'administration portant sur la gestion financière de la dotation, sur l'exercice des droits attachés aux titres ou parts détenus ainsi que sur les actions, et les besoins financiers associés, permettant de contribuer à la pérennité économique de ces sociétés. Ce comité peut également proposer des études et des expertises.

VIII. – Le fonds de pérennité établit chaque année des comptes qui comprennent au moins un bilan et un compte de résultat. Ces comptes sont publiés dans un délai de six mois suivant la clôture de l'exercice. Le fonds de pérennité nomme au moins un commissaire aux comptes, choisi sur la liste mentionnée au I de l'article L. 822-1 du Code de commerce, dès lors que le montant total de ses ressources dépasse 10 000 € à la clôture du dernier exercice.

Les peines prévues à l'article L. 242-8 du même code sont applicables aux membres du conseil d'administration du fonds de pérennité en cas de défaut d'établissement des comptes.

Lorsque le commissaire aux comptes relève, à l'occasion de l'exercice de sa mission, des faits de nature à compromettre la continuité de l'activité du fonds, il informe le conseil d'administration et recueille ses explications. Le conseil d'administration est tenu de lui répondre dans un délai fixé par décret. À défaut de réponse ou si les mesures prises lui apparaissent insuffisantes, il établit un rapport spécial qu'il remet au conseil d'administration et dont la copie est communiquée au comité de gestion et à l'autorité administrative, et invite le conseil à délibérer sur les faits relevés, dans des conditions et délais fixés par décret.

IX. – L'autorité administrative s'assure de la régularité du fonctionnement du fonds de pérennité. À cette fin, elle peut se faire communiquer tous documents et procéder à toutes investigations utiles.

Le fonds de pérennité adresse chaque année à l'autorité administrative un rapport d'activité auquel sont joints le rapport du commissaire aux comptes et les comptes annuels.

Si l'autorité administrative constate des dysfonctionnements graves affectant la réalisation de l'objet du fonds de pérennité, elle peut, après mise en demeure non suivie d'effet, décider, par un acte motivé qui fait l'objet d'une publication au Journal officiel, de saisir l'autorité judiciaire aux fins de sa dissolution.

Les modalités d'application du présent article sont fixées par décret.

X. – Le fonds de pérennité peut être dissous dans les conditions définies par ses statuts. Il peut également être dissous judiciairement, notamment dans le cas prévu au troisième alinéa du IX. La décision de dissolution fait l'objet de la publication prévue au même troisième alinéa.

La dissolution du fonds entraîne sa liquidation dans les conditions prévues par ses statuts ou, à défaut, à l'initiative du liquidateur désigné par l'autorité judiciaire.

À l'issue des opérations de liquidation, l'actif net du fonds est transféré à un bénéficiaire désigné par les statuts, à un autre fonds de pérennité, une fondation reconnue d'utilité publique ou un fonds de dotation.

2.6. – DE LA FIDUCIE

2.6.1. – Dispositions civiles

2.6.1.1. – Dispositions générales

Code civil

(Titre XIV du Livre III du Code civil)

Bibliographie : F. Barrière, *La fiducie* : *BJS* 2007, p. 441 et 557 ; *Le fiduciaire actionnaire* : *Rev. sociétés* 2018, p. 428. • P. Bouteiller, *Loi n° 2007-211 du 19 février 2007 instituant la fiducie* : *JCP* E 2007, 1404. • J.-Ph. Dom, *La fiducie gestion et le contrat de société : éléments de comparaison* : *Rev. sociétés* 2007, p. 481. • L. Kaczmarek, *Propriété fiduciaire et droits* *des intervenants à l'opération : D.* 2009, p. 1845. • R. Libchaber, *Les aspects civils de la fiducie dans la loi du 19 février 2007 : Defrénois* 2007, p. 1195. • F.-X. Lucas et M. Sénéchal, *Fiducie ou sauvegarde, il faut choisir : D.* 2008, p. 29. • M. Grimaldi et R. Dammann, *La fiducie sur ordonnances : D.* 2009, p. 670. • B. Saintourens, Fl. Deboissy et G. Wicker, *La fiducie dans le courant des réformes : Actes. prat. ing. sociétaire* 2008, n° 102, p. 93. • *La fiducie, Dossier spécial : D.* 2007, p. 1346. • *La fiducie, révolution juridique et pratique des affaires : JCP E* 2007, 2050. *Adde* • P. Bouteiller, *JCl. Civ. Code*, art. 2011 à 2031, fasc. 10 (régime juridique). • D. Legeais, *JCl. Commercial*, fasc. 375 (fiducie-sûreté).

Art. 2011 ***(Mod., Ord. n° 2006-346, 23 mars 2006 ; rempl., L. n° 2007-211, 19 févr. 2007).*** **– La fiducie est l'opération par laquelle un ou plusieurs constituants transfèrent des biens, des droits ou des sûretés, ou un ensemble de biens, de droits ou de sûretés, présents ou futurs, à un ou plusieurs fiduciaires qui, les tenant séparés de leur patrimoine propre, agissent dans un but déterminé au profit d'un ou plusieurs bénéficiaires.**

Art. 2012 ***(Mod., Ord. n° 2006-346, 23 mars 2006 ; rempl., L. n° 2007-211, 19 févr. 2007 ; Ord. n° 2009-112, 30 janv. 2009).*** **– La fiducie est établie par la loi ou par contrat. Elle doit être expresse.**

Si les biens, droits ou sûretés transférés dans le patrimoine fiduciaire dépendent de la communauté existant entre les époux ou d'une indivision, le contrat de fiducie est établi par acte notarié à peine de nullité.

Code civil

Art. 408-1. – *(L. n° 2008-776, 4 août 2008)* Les biens ou droits d'un mineur ne peuvent être transférés dans un patrimoine fiduciaire.

Art. 468. – *(L. n° 64-1230, 14 déc. 1964 ; rempl., L. n° 2007-308, 5 mars 2007)*

(...)

La personne en curatelle ne peut, sans l'assistance du curateur, *(Mod., L. n° 2008-776, 4 août 2008)* « conclure un contrat de fiducie ni » faire emploi de ses capitaux.

(...)

Art. 509. – *(L. n° 68-5, 3 janv. 1968 ; rempl., L. n° 2007-308, 5 mars 2007).*

Le tuteur ne peut, même avec une autorisation :

(...)

5° *(L. n° 2008-776, 4 août 2008)* Transférer dans un patrimoine fiduciaire les biens ou droits d'un majeur protégé.

Art. 1424. – *(L. n° 65-570, 13 juill. 1965 ; rempl., L. n° 85-1372, 23 déc. 1985)*

Les époux ne peuvent, l'un sans l'autre, aliéner ou grever de droits réels les immeubles, fonds de commerce et exploitations dépendant de la communauté, non plus que les droits sociaux non négociables et les meubles corporels dont l'aliénation est soumise à publicité. Ils ne peuvent, sans leur conjoint, percevoir les capitaux provenant de telles opérations.

(L. n° 2008-776, 4 août 2008) De même, ils ne peuvent, l'un sans l'autre, transférer un bien de la communauté dans un patrimoine fiduciaire.

Art. 2013 ***(Mod., Ord. n° 2006-346, 23 mars 2006 ; rempl., L. n° 2007-211, 19 févr. 2007).*** **– Le contrat de fiducie est nul s'il procède d'une intention libérale au profit du bénéficiaire. Cette nullité est d'ordre public.**

Art. 2014 ***(Abr., L. n° 2008-776, 4 août 2008).***

Art. 2015 ***(Mod., Ord. n° 2006-346, 23 mars 2006 ; rempl., L. n° 2007-211, 19 févr. 2007 ; L. n° 2008-776, 4 août 2008).*** **– Seuls peuvent avoir la qualité de fiduciaires les établissements de crédit mentionnés *(Mots rempl., Ord. n° 2013-544, 27 juin 2013)* « au I de l'article L. 511-1 du Code monétaire et financier », les institutions et services énumérés à l'article L. 518-1 du même code, les entreprises d'investissement mentionnées à l'article L. 531-4 du même code *(Mots aj. à compter du 3 janvier 2018, Ord. n° 2017-1107, 22 juin 2017)* « les sociétés de gestion de portefeuille » ainsi que les entreprises d'assurance régies par l'article L. 310-1 du Code des assurances.**

Les membres de la profession d'avocat peuvent également avoir la qualité de fiduciaire.

Loi n° 71-1130 du 31 décembre 1971

portant réforme de certaines professions judiciaires et juridiques

Art. 53 *(Mod., L. n° 85-772, 25 juill. 1985 ; L. n° 89-906, 19 déc. 1989 ; L. n° 90-1259, 31 déc. 1990 ; L. n° 98-388, 14 mai 1998 ; L. n° 2004-130, 11 févr. 2004).* **–** Dans le respect de l'indépendance de l'avocat, de l'autonomie des conseils de l'ordre et du caractère libéral de la profession, des décrets en Conseil d'État fixent les conditions d'application du présent titre.

Ils précisent notamment :

[...] ;

9° Les conditions d'application de l'article 27 et, notamment, les conditions des garanties, les modalités du contrôle et les conditions dans lesquelles les avocats reçoivent des fonds, effets ou valeurs pour le compte de leurs clients, les déposent *(Mod., Ord. n° 2009-112, 30 janv. 2009)* « , sauf lorsqu'ils agissent en qualité de fiduciaire, » dans une caisse créée obligatoirement à cette fin par chaque barreau ou en commun par plusieurs barreaux et en effectuent le règlement ;

[...].

....

Art. 66-5 *(L. n° 90-1259, 31 déc. 1990 ; rempl., L. n° 93-2, 4 janv. 1993 ; L. n° 97-308, 7 avr. 1997 ; mod., L. n° 2004-130, 11 févr. 2004).* **–** En toutes matières, que ce soit dans le domaine du conseil ou dans celui de la défense, les consultations adressées par un avocat à son client ou destinées à celui-ci, les correspondances échangées entre le client et son avocat, entre l'avocat et ses confrères à l'exception pour ces dernières de celles portant la mention « officielle », les notes d'entretien et, plus généralement, toutes les pièces du dossier sont couvertes par le secret professionnel.

Ces dispositions ne font pas obstacle, à compter de la conclusion d'un contrat de fiducie, à l'application à l'avocat qui a la qualité de fiduciaire, de la réglementation spécifique à cette activité, sauf pour les correspondances, dépourvues de la mention « officielle », adressées à cet avocat par un confrère non avisé qu'il agit en cette qualité.

(L. n° 2011-331, 28 mars 2011) Le présent article ne fait pas obstacle à l'obligation pour un avocat de communiquer les contrats mentionnés à l'article L. 222-7 du Code du sport et le contrat par lequel il est mandaté pour représenter l'une des parties intéressées à la conclusion de l'un de ces contrats aux fédérations sportives délégataires et, le cas échéant, aux ligues professionnelles qu'elles ont constituées, dans les conditions prévues à l'article L. 222-18 du même code.

Décret n° 91-1197 du 27 novembre 1991

organisant la profession d'avocat

Art. 123 *(Rempl., D. n° 2009-1627, 23 déc. 2009).* **–** L'avocat qui souhaite exercer en qualité de fiduciaire en informe par écrit, avant d'accomplir tout acte relatif à cette activité, le conseil de l'ordre dont il relève.

Il joint à sa déclaration une attestation de souscription des assurances spéciales *(Mots aj., D. n° 2011-1319, 18 oct. 2011)* « et, le cas échéant, des garanties financières » prévues par le quatrième alinéa de l'article 27 de la loi [n° 71-1130] du 31 décembre 1971 susvisée.

Chaque attestation spécifie le montant de la couverture accordée et sa période de validité. Elle est transmise, par l'avocat, au constituant et, le cas échéant, au bénéficiaire.

Pendant la durée de l'activité fiduciaire, les attestations sont adressées chaque année par l'avocat au conseil de l'ordre.

Elles sont adressées au constituant et, le cas échéant, au bénéficiaire dans le délai d'un mois à compter du renouvellement ou de toute modification des contrats d'assurance *(Mots aj., D. n° 2011-1319, 18 oct. 2011)* « ou des garanties financières ».

En cas de cessation de la garantie pour quelque cause que ce soit, l'assureur doit immédiatement en informer par lettre recommandée avec demande d'avis de réception le constituant, le bénéficiaire s'il y a lieu, ainsi que le bâtonnier.

....

Art. 205 *(D. n° 2009-1627, 23 déc. 2009).* **–** Tout avocat exerçant en qualité de fiduciaire doit être couvert contre les conséquences pécuniaires de sa responsabilité civile professionnelle, en raison des négligences et fautes commises dans l'exercice de ces fonctions, par la souscription, à titre personnel, d'une assurance propre à cette activité.

....

Art. 209-1 *(D. n° 2009-1627, 23 déc. 2009)*. – *(Mod., D. n° 2011-1319, 18 oct. 2011)* S'il n'a pas choisi de contracter les garanties financières mentionnées au quatrième alinéa de l'article 27 de la loi du 31 décembre 1971 susvisée, tout avocat exerçant en qualité de fiduciaire doit avoir souscrit une assurance au profit de qui il appartiendra, propre à son activité, et garantissant la restitution des biens, droits ou sûretés concernés.

Les contrats d'assurance ne doivent pas comporter une limite de garantie inférieure à 5 % de la valeur des biens immeubles et à 20 % de la valeur des autres biens, droits ou sûretés *(Mots aj., D. n° 2011-1319, 18 oct. 2011)* « , appréciée au jour de leur transmission ». Ces seuils ne préjudicient pas à la souscription volontaire, par l'avocat fiduciaire, d'une garantie financière supplémentaire.

Art. 210 *(Mod., D. n° 2017-801, 5 mai 2017)*. – Tout avocat, s'il n'est membre d'un barreau qui a souscrit l'assurance prévue à l'article 207 et sans préjudice des dispositions de l'article 226, doit justifier de la garantie mentionnée par le deuxième alinéa de l'article 27 de la loi du 31 décembre 1971 précitée.

Les obligations de garantie financière prévues au présent chapitre incombent aux sociétés et autres entités dotées de la personnalité morale à l'exception des formes juridiques qui confèrent à leurs associés la qualité de commerçant, aux avocats exerçant la profession à titre individuel ou dans le cadre d'une association ou d'une société en participation ainsi qu'aux avocats exerçant la profession en qualité de collaborateur dans la mesure où ils exercent en même temps la profession pour leur propre compte.

Art. 210-1 *(D. n° 2011-1319, 18 oct. 2011)*. – Tout avocat exerçant en qualité de fiduciaire, s'il n'a pas choisi de souscrire l'assurance prévue à l'article 209-1, doit justifier des garanties mentionnées au quatrième alinéa de l'article 27 de la loi [n° 71-1130] du 31 décembre 1971 susvisée.

Art. 211 *(Mod., D. n° 2011-1319, 18 oct. 2011)*. – Les garanties prévues aux articles 210 et 210-1 ne peuvent valablement résulter que d'un engagement de caution pris par une banque, un établissement de crédit *(Mots aj., D. n° 2014-1315, 3 nov. 2014)* « , une société de financement », une entreprise d'assurances ou une société de caution mutuelle, habilités à donner caution.

La caution résulte d'une convention écrite qui en fixe les conditions générales et précise, notamment, le montant de la garantie accordée, les conditions de rémunération, les modalités de contrôle comptable ainsi que les contre-garanties éventuellement exigées par le garant.

Art. 212. – La garantie prévue à l'article 210 est affectée au remboursement des fonds, effets ou valeurs reçus pour le compte de qui il appartiendra par l'avocat à l'occasion de l'exercice de son activité professionnelle.

(D. n° 2011-1319, 18 oct. 2011) Les garanties financières prévues à l'article 210-1 sont affectées à la restitution, au profit de qui il appartiendra, des biens, droits ou sûretés transférés dans le cadre du contrat de fiducie.

Art. 216-1 *(D. n° 2011-1319, 18 oct. 2011)*. – Le montant des garanties financières accordées à un avocat exerçant en qualité de fiduciaire ne peut être inférieur à 5 % de la valeur des biens immeubles et à 20 % de la valeur des autres biens, droits ou sûretés, appréciée au jour de leur transmission. Ces seuils ne préjudicient pas à la souscription volontaire, par l'avocat fiduciaire, de garanties financières supplémentaires ou d'une assurance complémentaire souscrite dans les conditions prévues par le premier alinéa de l'article 209-1.

Les articles 213, 214 et 216 ne sont pas applicables aux garanties financières accordées dans les conditions mentionnées au premier alinéa.

Art. 218 *(Mod., D. n° 2011-1319, 18 oct. 2011)*. – Le garant peut demander à consulter tous registres et documents comptables ainsi que le relevé intégral, pour l'année écoulée, du compte affecté à la réception des fonds de la clientèle.

Il peut également demander à l'avocat de produire la justification de l'assurance prévue à l'article 205.

Ces demandes sont adressées à l'avocat par l'intermédiaire du bâtonnier sauf lorsque l'avocat exerce en qualité de fiduciaire.

Art. 223 *(Mod., D. n° 2011-1319, 18 oct. 2011)*. – En cas de cessation de garantie pour quelque cause que ce soit, le garant est tenu d'en informer immédiatement, par lettre recommandée avec demande d'avis de réception ou par remise d'avis contre récépissé, le bâtonnier et l'établissement dans lequel est ouvert le compte affecté à la réception des fonds.

Le bâtonnier avise sans délai, dans les mêmes formes, les personnes dont les noms et adresses figurent dans les documents comptables et qui sont soit les auteurs de versements ou de remises, soit les destinataires éventuels de ces versements ou remises.

Le garant de l'avocat exerçant en qualité de fiduciaire informe directement, par lettre recommandée avec demande d'avis de réception, le constituant et le bénéficiaire de la cessation de la garantie.

Art. 227 *(Mod., D. n° 2011-1319, 18 oct. 2011)*. – Un avocat n'est autorisé à conclure des conventions de garantie avec plusieurs garants pour l'ensemble des activités prévues au premier alinéa de l'article 212 que dans le cas où le montant des sommes qu'il envisage de recevoir est supérieur au montant de la garantie que chacun des garants peut lui accorder.

En ce cas, chaque garant doit avoir été avisé de toutes les conventions passées avec les autres garants et doit être avisé, le cas échéant, de toute modification qui aurait pour effet de réduire, de suspendre ou de supprimer tout ou partie des garanties initialement accordées par les autres garants.

L'ordre dans lequel interviendront les garants en cas de mise en œuvre de la garantie et le montant maximal de chaque garantie, indiqués dans un document distinct, portent la signature de tous les garants.

Les dispositions du deuxième alinéa sont applicables lorsqu'une garantie complémentaire portant sur une opération déterminée a été consentie par une banque, un établissement de crédit *(Mots aj., D. n° 2014-1315, 3 nov. 2014)* « , une société de financement », une entreprise d'assurances ou une société de caution mutuelle autre que celui qui garantit l'ensemble des activités de l'avocat.

Dans tous les cas, l'intéressé et le garant doivent informer le bâtonnier par lettre recommandée avec demande d'avis de réception des garanties complémentaires qui ont été consenties et des modalités de leur mise en œuvre.

Art. 231 *(Mod., D. n° 2009-1627, 23 déc. 2009)*. – Lorsqu'il exerce en qualité de fiduciaire, l'avocat tient une comptabilité distincte, propre à cette activité. Il ouvre un compte spécialement affecté à chacune des fiducies exercées.

Art. 233 *(Mod., D. n° 2009-1627, 23 déc. 2009)*. – Tous les versements de fonds ou remises d'effets et valeurs à un avocat, sauf lorsqu'il agit en qualité de fiduciaire, donnent lieu à la délivrance ou à l'envoi d'un accusé de réception s'il n'en a pas été donné quittance.

Art. 235-3 *(D. n° 2009-1627, 23 déc. 2009)*. – L'assureur auprès duquel est souscrite l'assurance prévue à *(Mots rempl., D. n° 2011-1319, 18 oct. 2011)* « l'article 209-1 et le garant auprès duquel sont souscrites les garanties financières prévues à l'article 210-1 ont » communication, sur simple demande, par l'avocat fiduciaire, de la comptabilité et, le cas échéant, du rapport du commissaire aux comptes afférent aux opérations de la fiducie. Il en est de même de la liste et des adresses des dépositaires.

Art. 2016 ***(Mod., Ord. n° 2006-346, 23 mars 2006 ; rempl., L. n° 2007-211, 19 févr. 2007)*. – Le constituant ou le fiduciaire peut être le bénéficiaire ou l'un des bénéficiaires du contrat de fiducie.**

Art. 2017 ***(Mod., Ord. n° 2006-346, 23 mars 2006 ; rempl., L. n° 2007-211, 19 févr. 2007 ; Ord. n° 2009-112, 30 janv. 2009)*. – Sauf stipulation contraire du contrat de fiducie, le constituant peut, à tout moment, désigner un tiers chargé de s'assurer de la préservation de ses intérêts dans le cadre de l'exécution du contrat et qui peut disposer des pouvoirs que la loi accorde au constituant.**

Lorsque le constituant est une personne physique, il ne peut renoncer à cette faculté.

Art. 2018 ***(Mod., Ord. n° 2006-346, 23 mars 2006 ; rempl., L. n° 2007-211, 19 févr. 2007 ; L. n° 2008-776, 4 août 2008)*. – Le contrat de fiducie détermine, à peine de nullité :**

1° Les biens, droits ou sûretés transférés. S'ils sont futurs, ils doivent être déterminables ;

2° La durée du transfert, qui ne peut excéder quatre-vingt-dix-neuf à compter de la signature du contrat ;

3° L'identité du ou des constituants ;

4° L'identité du ou des fiduciaires ;

5° L'identité du ou des bénéficiaires ou, à défaut, les règles permettant leur désignation ;

6° La mission du ou des fiduciaires et l'étendue de leurs pouvoirs d'administration et de disposition.

Art. 2018-1 *(L. n° 2008-776, 4 août 2008).* **– Lorsque le contrat de fiducie prévoit que le constituant conserve l'usage ou la jouissance d'un fonds de commerce ou d'un immeuble à usage professionnel transféré dans le patrimoine fiduciaire, la convention conclue à cette fin n'est pas soumise aux chapitres IV et V du titre IV du livre I du Code de commerce, sauf stipulation contraire.**

Art. 2018-2 *(L. n° 2008-776, 4 août 2008).* **– La cession de créances réalisée dans le cadre d'une fiducie est opposable aux tiers à la date du contrat de fiducie ou de l'avenant qui la constate. Elle ne devient opposable au débiteur de la créance cédée que par la notification qui lui en est faite par le cédant ou le fiduciaire.**

Art. 2019 *(Mod., Ord. n° 2006-346, 23 mars 2006 ; rempl., L. n° 2007-211, 19 févr. 2007).* **– À peine de nullité, le contrat de fiducie et ses avenants sont enregistrés dans le délai d'un mois à compter de leur date au service des impôts du siège du fiduciaire ou au service des impôts des non-résidents si le fiduciaire n'est pas domicilié en France.**

Lorsqu'ils portent sur des immeubles ou des droits réels immobiliers, ils sont, sous la même sanction, publiés dans les conditions prévues aux articles 647 et 657 du Code général des impôts.

La transmission des droits résultant du contrat de fiducie et, si le bénéficiaire n'est pas désigné dans le contrat de fiducie, sa désignation ultérieure doivent, à peine de nullité, donner lieu à un acte écrit enregistré dans les mêmes conditions.

Art. 2020 *(Mod., Ord. n° 2006-346, 23 mars 2006 ; rempl., L. n° 2007-211, 19 févr. 2007).* **– Un registre national des fiducies est constitué selon des modalités précisées par décret en Conseil d'État.**

Décret n° 2010-219 du 2 mars 2010

relatif au traitement automatisé de données à caractère personnel dénommé « Registre national des fiducies »

Art. 1er. – Un traitement automatisé de données à caractère personnel dénommé « Registre national des fiducies » est mis en œuvre par le ministre chargé du budget (direction générale des finances publiques).

Ce traitement a pour finalité de centraliser les informations relatives aux contrats de fiducie nécessaires pour faciliter les contrôles permettant la lutte contre l'évasion fiscale, le blanchiment des capitaux et le financement du terrorisme.

Art. 2. – Les informations traitées sont les suivantes :

1° Nom, prénoms, adresse, date et lieu de naissance des personnes physiques ayant la qualité de constituant, de fiduciaire et, le cas échéant, des personnes physiques désignées dans le contrat de fiducie comme bénéficiaires ;

2° Dénomination sociale, numéro SIREN et adresse du siège social ou de l'établissement des personnes morales ayant la qualité de constituant, de fiduciaire et, le cas échéant, des personnes morales désignées dans le contrat de fiducie comme bénéficiaires ;

3° Date et numéro de l'enregistrement du contrat de fiducie et de ses avenants et identification du service des impôts auprès duquel la formalité a été accomplie ;

4° Le cas échéant, date d'accomplissement des formalités de la publicité foncière, numéro de publication et identification du service auprès duquel les formalités ont été accomplies.

Art. 3. – Les informations sont conservées dix ans après l'extinction du contrat de fiducie.

Art. 4. – Sont autorisés à accéder aux données mentionnées à l'article 2 les agents de la direction générale des finances publiques chargés de la mise en œuvre du traitement individuellement désignés et spécialement habilités à cette fin.

Art. 5. – Sont destinataires des informations faisant l'objet du traitement, pour l'exercice des missions qui leur sont confiées, le juge d'instruction, le procureur de la République, les officiers de police judiciaire, les agents des douanes mentionnés à l'article 28-1 du Code de procédure pénale, les agents du service TRACFIN et les agents habilités de la direction générale des finances publiques chargés du contrôle et du recouvrement en matière fiscale.

Art. 6. – Les consultations du traitement automatisé aux fins d'accéder aux données traitées font l'objet d'un enregistrement comprenant l'identification du consultant, la date, l'heure et l'objet de la consultation. Ces informations sont conservées pendant un délai de trois ans.

Art. 7. – Le droit d'accès et le droit de rectification, prévus par la loi [n° 78-17] du 6 janvier 1978 susvisée, s'exercent auprès du service des impôts auprès duquel le contrat de fiducie a été enregistré.
Le droit d'opposition prévu par l'article 38 de la même loi ne s'applique pas au présent traitement.

Art. 2021 *(Mod., Ord. n° 2006-346, 23 mars 2006 ; rempl., L. n° 2007-211, 19 févr. 2007).* – **Lorsque le fiduciaire agit pour le compte de la fiducie, il doit en faire expressément mention.**
De même, lorsque le patrimoine fiduciaire comprend des biens ou des droits dont la mutation est soumise à publicité, celle-ci doit mentionner le nom du fiduciaire ès qualités.

Art. 2022 *(Mod., Ord. n° 2006-346, 23 mars 2006 ; rempl., L. n° 2007-211, 19 févr. 2007 ; mod., L. n° 2008-776, 4 août 2008).* – **Le contrat de fiducie définit les conditions dans lesquelles le fiduciaire rend compte de sa mission au constituant.**
Toutefois, lorsque pendant l'exécution du contrat le constituant fait l'objet d'une mesure de tutelle, le fiduciaire rend compte de sa mission au tuteur à la demande de ce dernier au moins une fois par an, sans préjudice de la périodicité fixée par le contrat. Lorsque pendant l'exécution du contrat le constituant fait l'objet d'une mesure de curatelle, le fiduciaire rend compte de sa mission, dans les mêmes conditions, au constituant et à son curateur.
Le fiduciaire rend compte de sa mission au bénéficiaire et au tiers désigné en application de l'article 2017, à leur demande, selon la périodicité fixée par le contrat.

Art. 2023 *(Mod., Ord. n° 2006-346, 23 mars 2006 ; rempl., L. n° 2007-211, 19 févr. 2007).* – **Dans ses rapports avec les tiers, le fiduciaire est réputé disposer des pouvoirs les plus étendus sur le patrimoine fiduciaire, à moins qu'il ne soit démontré que les tiers avaient connaissance de la limitation de ses pouvoirs.**

Art. 2024 *(Mod., Ord. n° 2006-346, 23 mars 2006 ; rempl., L. n° 2007-211, 19 févr. 2007).* – **L'ouverture d'une procédure de sauvegarde, de redressement judiciaire ou de liquidation judiciaire au profit du fiduciaire n'affecte pas le patrimoine fiduciaire.**

Art. 2025 *(Mod., Ord. n° 2006-346, 23 mars 2006 ; rempl., L. n° 2007-211, 19 févr. 2007).* – **Sans préjudice des droits des créanciers du constituant titulaires d'un droit de suite attaché à une sûreté publiée antérieurement au contrat de fiducie et hors les cas de fraude aux droits des créanciers du constituant, le patrimoine fiduciaire ne peut être saisi que par les titulaires de créances nées de la conservation ou de la gestion de ce patrimoine.**
En cas d'insuffisance du patrimoine fiduciaire, le patrimoine du constituant constitue le gage commun de ces créanciers, sauf stipulation contraire du contrat de fiducie mettant tout ou partie du passif à la charge du fiduciaire.
Le contrat de fiducie peut également limiter l'obligation au passif fiduciaire au seul patrimoine fiduciaire. Une telle clause n'est opposable qu'aux créanciers qui l'ont expressément acceptée.

Art. 2026 *(Mod., Ord. n° 2006-346, 23 mars 2006 ; rempl., L. n° 2007-211, 19 févr. 2007).* – **Le fiduciaire est responsable, sur son patrimoine propre, des fautes qu'il commet dans l'exercice de sa mission.**

Art. 2027 *(Mod., Ord. n° 2006-346, 23 mars 2006 ; rempl., L. n° 2007-211, 19 févr. 2007 ; mod., L. n° 2008-776, 4 août 2008).* – **En l'absence de stipulations contractuelles prévoyant les conditions de son remplacement, si le fiduciaire manque à ses devoirs ou met en péril les intérêts qui lui sont confiés ou encore s'il fait l'objet d'une procédure de sauvegarde ou de redressement judiciaire, le constituant, le bénéficiaire ou le tiers désigné en application de l'article 2017 peut demander en justice la nomination d'un fiduciaire provisoire ou solliciter le remplacement du fiduciaire. La décision judiciaire faisant droit à la demande emporte de plein droit dessaisissement du fiduciaire originaire et transfert du patrimoine fiduciaire en faveur de son remplaçant.**

Art. 2028 *(Mod., Ord. n° 2006-346, 23 mars 2006 ; rempl., L. n° 2007-211, 19 févr. 2007).* – **Le contrat de fiducie peut être révoqué par le constituant tant qu'il n'a pas été accepté par le bénéficiaire.**
Après acceptation par le bénéficiaire, le contrat ne peut être modifié ou révoqué qu'avec son accord ou par décision de justice.

Art. 2029 *(Mod., Ord. n° 2006-346, 23 mars 2006 ; rempl., L. n° 2007-211, 19 févr. 2007 ; L. n° 2008-776, 4 août 2008).* **– Le contrat de fiducie prend fin par le décès du constituant personne physique, par la survenance du terme ou par la réalisation du but poursuivi quand celle-ci a lieu avant le terme.**

Lorsque la totalité des bénéficiaires renonce à la fiducie, il prend également fin de plein droit, sauf stipulations du contrat prévoyant les conditions dans lesquelles il se poursuit. Sous la même réserve, il prend fin lorsque le fiduciaire fait l'objet d'une liquidation judiciaire ou d'une dissolution ou disparaît par suite d'une cession ou d'une absorption et, s'il est avocat, en cas d'interdiction temporaire, de radiation ou d'omission du tableau.

Art. 2030 *(Mod., Ord. n° 2006-346, 23 mars 2006 ; rempl., L. n° 2007-211, 19 févr. 2007 ; L. n° 2008-776, 4 août 2008).* **– Lorsque le contrat de fiducie prend fin en l'absence de bénéficiaire, les droits, biens ou sûretés présents dans le patrimoine fiduciaire font de plein droit retour au constituant.**

Lorsqu'il prend fin par le décès du constituant, le patrimoine fiduciaire fait de plein droit retour à la succession.

Art. 2031 *(Abr., L. n° 2008-776, 4 août 2008).*

2.6.1.2. – Dispositions spéciales aux meubles affectés à une fiducie constituée à titre de garantie

Code civil

(Chapitre IV du sous-titre II du titre II du Livre quatrième)

Section II. – De la propriété cédée à titre de garantie
(Ord. n° 2009-112, 30 janv. 2009)

Art. 2372-1 *(Ord. n° 2009-112, 30 janv. 2009 ; rempl., L. n° 2009-526, 12 mai 2009).* **– La propriété d'un bien mobilier ou d'un droit peut être cédée à titre de garantie d'une obligation en vertu d'un contrat de fiducie conclu en application des articles 2011 à 2030 du Code civil.**

Par dérogation à l'article 2029, le décès du constituant personne physique ne met pas fin au contrat de fiducie constitué en application de la présente section.

Art. 2372-2 *(Ord. n° 2009-112, 30 janv. 2009).* **– En cas de fiducie conclue à titre de garantie, le contrat mentionne à peine de nullité, outre les dispositions prévues à l'article 2018, la dette garantie et la valeur estimée du bien ou du droit transféré dans le patrimoine fiduciaire.**

Art. 2372-3 *(Ord. n° 2009-112, 30 janv. 2009).* **– À défaut de paiement de la dette garantie et sauf stipulation contraire du contrat de fiducie, le fiduciaire, lorsqu'il est le créancier, acquiert la libre disposition du bien ou du droit cédé à titre de garantie.**

Lorsque le fiduciaire n'est pas le créancier, ce dernier peut exiger de lui la remise du bien, dont il peut alors librement disposer, ou, si le contrat de fiducie le prévoit, la vente du bien ou du droit cédé et la remise de tout ou partie du prix.

La valeur du bien ou du droit cédé est déterminée par un expert désigné à l'amiable ou judiciairement, sauf si elle résulte d'une cotation officielle sur un marché organisé au sens du Code monétaire et financier ou si le bien est une somme d'argent. Toute clause contraire est réputée non écrite.

Art. 2372-4 *(Ord. n° 2009-112, 30 janv. 2009).* **– Si le bénéficiaire de la fiducie a acquis la libre disposition du bien ou du droit cédé en application de l'article 2372-3, il verse au constituant, lorsque la valeur mentionnée au dernier alinéa de cet article excède le montant de la dette garantie, une somme égale à la différence entre cette valeur et le montant de la dette, sous réserve du paiement préalable des dettes nées de la conservation ou de la gestion du patrimoine fiduciaire.**

Sous la même réserve, si le fiduciaire procède à la vente du bien ou du droit cédé en application du contrat de fiducie, il restitue au constituant la part du produit de cette vente excédant, le cas échéant, la valeur de la dette garantie.

Art. 2372-5 *(Ord. n° 2009-112, 30 janv. 2009 ; L. n° 2009-526, 12 mai 2009).* – La propriété cédée en application de l'article 2372-1 peut être ultérieurement affectée à la garantie de dettes autres que celles mentionnées par l'acte constitutif pourvu que celui-ci le prévoie expressément.

Le constituant peut l'offrir en garantie, non seulement au créancier originaire, mais aussi à un nouveau créancier, encore que le premier n'ait pas été payé. Lorsque le constituant est une personne physique, le patrimoine fiduciaire ne peut alors être affecté en garantie d'une nouvelle dette que dans la limite de sa valeur estimée au jour de la recharge.

À peine de nullité, la convention de rechargement établie selon les dispositions de l'article 2372-2 est enregistrée sous la forme prévue à l'article 2019. La date d'enregistrement détermine, entre eux, le rang des créanciers.

Les dispositions du présent article sont d'ordre public et toute clause contraire à celles-ci est réputée non écrite.

2.6.1.3. – Dispositions spéciales aux immeubles affectés à une fiducie constituée à titre de garantie

Code civil

(Sous-titre III du titre II du Livre quatrième)

CHAPITRE VIII. – DE LA PROPRIÉTÉ CÉDÉE À TITRE DE GARANTIE

(Ord. n° 2009-112, 30 janv. 2009)

Art. 2488-1 *(Ord. n° 2009-112, 30 janv. 2009 ; rempl., L. n° 2009-526, 12 mai 2009).* – La propriété d'un bien immobilier peut être cédée à titre de garantie d'une obligation en vertu d'un contrat de fiducie conclu en application des articles 2011 à 2030 du Code civil.

Par dérogation à l'article 2029, le décès du constituant personne physique ne met pas fin au contrat de fiducie constitué en application du présent chapitre.

Art. 2488-2 *(Ord. n° 2009-112, 30 janv. 2009).* – En cas de fiducie conclue à titre de garantie, le contrat mentionne à peine de nullité, outre les dispositions prévues à l'article 2018, la dette garantie et la valeur estimée de l'immeuble transféré dans le patrimoine fiduciaire.

Art. 2488-3 *(Ord. n° 2009-112, 30 janv. 2009).* – À défaut de paiement de la dette garantie et sauf stipulation contraire du contrat de fiducie, le fiduciaire, lorsqu'il est le créancier, acquiert la libre disposition du bien cédé à titre de garantie.

Lorsque le fiduciaire n'est pas le créancier, ce dernier peut exiger de lui la remise du bien, dont il peut alors librement disposer, ou, si la convention le prévoit, la vente du bien et la remise de tout ou partie du prix.

La valeur du bien est déterminée par un expert désigné à l'amiable ou judiciairement. Toute clause contraire est réputée non écrite.

Art. 2488-4 *(Ord. n° 2009-112, 30 janv. 2009).* – Si le bénéficiaire de la fiducie a acquis la libre disposition du bien en application de l'article 2488-3, il verse au constituant, lorsque la valeur mentionnée au dernier alinéa de cet article excède le montant de la dette garantie, une somme égale à la différence entre cette valeur et le montant de la dette, sous réserve du paiement préalable des dettes nées de la conservation ou de la gestion du patrimoine fiduciaire.

Sous la même réserve, si le fiduciaire procède à la vente du bien en application du contrat de fiducie, il restitue au constituant la part du produit de cette vente excédant, le cas échéant, la valeur de la dette garantie.

Art. 2488-5 *(Ord. n° 2009-112, 30 janv. 2009 ; L. n° 2009-526, 12 mai 2009).* – La propriété cédée en application de l'article 2488-1 peut être ultérieurement affectée à la garantie de dettes autres que celles mentionnées par l'acte constitutif pourvu que celui-ci le prévoie expressément.

Le constituant peut l'offrir en garantie, non seulement au créancier originaire, mais aussi à un nouveau créancier, encore que le premier n'ait pas été payé. Lorsque le constituant est une personne physique, le patrimoine fiduciaire ne peut alors être affecté en garantie d'une nouvelle dette que dans la limite de sa valeur estimée au jour de la recharge.

À peine de nullité, la convention de rechargement établie selon les dispositions de l'article 2488-2 est publiée sous la forme prévue à l'article 2019. La date de publication détermine, entre eux, le rang des créanciers.

Les dispositions du présent article sont d'ordre public et toute clause contraire à celles-ci est réputée non écrite.

Art. 2488-6 ancien *(Abr., L. n° 2009-526, 12 mai 2009).*

2.6.2. – Dispositions fiscales

Bibliographie : G. Blanluet et J.-P. Le Gall, *La fiducie, une œuvre inachevée : Dr. sociétés* juill. 2007, p. 9 et août-sept. 2007, p. 10. • A. de Bissy, *Aspects fiscaux de la fiducie : Dr. fisc.* 2007, 1516. • Ph. Neau-Leduc, *La neutralité fiscale au service de la fiducie : RD bancaire et fin.* mai-juin 2007, p. 73. • J.-L. Pierre, *Quelle neutralité fiscale pour la fiducie : Dr. patrimoine* 2009, p. 95. • J. Turot, *Fiducie : être ou ne pas être neutre, voici la question : Dr. fisc.* 2007, 433.

2.6.2.1. – Impôt sur le revenu et impôt sur les sociétés

Code général des impôts

Art. 238 *quater* A *(Rétabli, Ord. n° 2009-112, 30 janv. 2009).* – Pour l'application des dispositions du présent code, le constituant s'entend de la personne titulaire des droits représentatifs des biens ou droits transférés dans le patrimoine fiduciaire.

Art. 238 *quater* B *(Anc. CGI, art. 223 V, dénum. et mod., Ord. n° 2009-112, 30 janv. 2009).* – I. – Les profits ou les pertes ainsi que les plus ou moins-values résultant du transfert, réalisé en application d'une opération de fiducie définie à l'article 2011 du Code civil, dans un patrimoine fiduciaire de biens et droits inscrits à l'actif du bilan du constituant de la fiducie ne sont pas compris dans le résultat imposable de l'exercice de transfert si les conditions suivantes sont réunies :

1° Le constituant exerce une activité relevant des articles 34 ou 35, une activité agricole au sens de l'article 63, une activité professionnelle au sens du 1 de l'article 92 ou une activité civile soumise à l'impôt sur les sociétés ;

2° Le constituant est désigné comme le ou l'un des bénéficiaires dans le contrat de fiducie. Les droits du constituant représentatifs des biens ou droits transférés dans le patrimoine fiduciaire sont inscrits au bilan du constituant ;

3° Le fiduciaire doit respecter les engagements, pris dans le contrat de fiducie, suivants :

a) inscrire dans les écritures du patrimoine fiduciaire les biens ou droits transférés ainsi que les amortissements et provisions de toute nature y afférents ;

b) se substituer au constituant pour la réintégration des provisions et résultats afférents aux biens ou droits transférés dont la prise en compte avait été différée pour l'imposition de ce dernier ;

c) calculer les plus-values réalisées ultérieurement à l'occasion de la cession des immobilisations non amortissables qui ont été transférées dans le patrimoine fiduciaire d'après la valeur qu'elles avaient, du point de vue fiscal, dans les écritures du constituant ;

d) réintégrer dans les bénéfices imposables au titre du patrimoine fiduciaire les plus ou moins-values dégagées lors du transfert de biens amortissables. La réintégration des plus-values est effectuée par parts égales, dans la limite de la durée initiale du contrat de fiducie, sur une période de quinze ans pour les constructions et les droits qui se rapportent à des constructions ainsi que pour les plantations et les agencements et aménagements des terrains amortissables sur une période au moins égale à cette durée. Cette période est de cinq ans dans les autres cas.

Toutefois, la cession d'un bien amortissable entraîne l'imposition immédiate de la fraction de la plus-value afférente à ce bien qui n'a pas encore été réintégrée.

En contrepartie, les amortissements et les plus-values ultérieurs afférents aux éléments amortissables sont calculés d'après la valeur d'inscription dans les écritures du patrimoine fiduciaire ;

4° Les éléments autres que les immobilisations transférés dans le patrimoine fiduciaire doivent être inscrits dans les écritures du patrimoine fiduciaire pour la valeur qu'ils avaient, du point de vue fiscal, dans les écritures du constituant.

À défaut, le profit correspondant à la différence entre la valeur d'inscription dans les écritures du patrimoine fiduciaire de ces éléments et la valeur qu'ils avaient, du point de vue fiscal, dans les écritures du constituant est compris dans le résultat imposable de ce dernier au titre de l'exercice au cours duquel intervient le transfert dans le patrimoine fiduciaire.

II. – Les droits afférents à un contrat de crédit-bail conclu dans les conditions prévues aux 1 et 2 de l'article L. 313-7 du Code monétaire et financier sont assimilés à des éléments de l'actif immobilisé, amortissables ou non amortissables dans les conditions prévues à l'article 39 *duodecies* A.

Pour l'application du *c* du 3° du I, en cas de cession ultérieure des droits mentionnés au premier alinéa qui sont assimilés à des éléments non amortissables ou de cession du terrain, la plus-value est calculée d'après la valeur que ces droits avaient, du point de vue fiscal, dans les écritures du constituant.

Ces dispositions s'appliquent aux droits afférents aux contrats de crédit-bail portant sur des éléments incorporels amortissables d'un fonds de commerce ou assimilé.

III. – Pour l'application du présent article, les titres du portefeuille dont le résultat de cession est exclu du régime des plus ou moins-values à long terme conformément à l'article 219 sont assimilés à des éléments non amortissables de l'actif immobilisé.

IV. – Un décret précise, en tant que de besoin, les modalités d'application du présent article, notamment lorsque le constituant exerce une activité dont les résultats sont imposables à l'impôt sur le revenu dans la catégorie des bénéfices non commerciaux.

Art. 238 *quater* C *(Ord. n° 2009-112, 30 janv. 2009).* – Le transfert dans un patrimoine fiduciaire de l'ensemble des éléments d'actif et de passif du constituant n'entraîne pas la cessation de son activité au sens des articles 201 et 202 lorsque ce transfert bénéficie des dispositions de l'article 238 *quater* B.

Art. 238 *quater* D *(Ord. n° 2009-112, 30 janv. 2009).* – Lorsque le transfert dans un patrimoine fiduciaire de biens ou droits bénéficie des dispositions de l'article 238 *quater* B, les reports d'imposition afférents aux biens ou droits transférés prévus à l'article 41, à l'article 93 *quater*, aux articles 151 *octies*, 151 *octies* A, 151 *octies* B et 151 *nonies* sont maintenus jusqu'à la date de cession des biens ou droits transférés ou jusqu'à la date de fin de l'opération de fiducie au sens de l'article 238 *quater* I.

Art. 238 *quater* E *(Ord. n° 2009-112, 30 janv. 2009).* – Les dispositions de l'article 238 *quater* B sont applicables au transfert dans un patrimoine fiduciaire de droit ou parts considérés, en application du I de l'article 151 *nonies*, comme des éléments d'actif affectés à l'exercice de la profession.

Art. 238 *quater* F *(Ord. n° 2009-112, 30 janv. 2009).* – Lorsque les droits du constituant représentatifs des biens ou droits transférés dans le patrimoine fiduciaire sont inscrits à son bilan, la part de bénéfice correspondant à ces droits est déterminée selon les règles applicables au bénéfice réalisé par le constituant.

Le constituant demeure personnellement soumis à l'impôt sur le revenu ou à l'impôt sur les sociétés pour la part de bénéfice correspondant à ses droits représentatifs des biens ou droits transférés dans le patrimoine fiduciaire, proportionnellement à la valeur réelle de ces biens ou droits mis à la date du transfert dans le patrimoine fiduciaire.

Un décret précise, en tant que de besoin, les modalités d'application du présent article, notamment lorsque le constituant exerce une activité dont les résultats sont imposables à l'impôt sur le revenu dans la catégorie des bénéfices non commerciaux.

Art. 238 *quater* G *(Ord. n° 2009-112, 30 janv. 2009).* – Toute variation ou dépréciation du montant des droits du constituant représentatifs des biens ou droits transférés dans le patrimoine fiduciaire demeure sans incidence sur le résultat imposable du constituant.

Art. 238 *quater* H *(Anc. CGI, art. 223 VD, dénum. et mod., Ord. n° 2009-112, 30 janv. 2009).* – Lorsque la détermination du régime d'imposition des résultats ou l'application des régimes d'exonération dépend du montant du chiffre d'affaires, le chiffre d'affaires provenant de la gestion du patrimoine fiduciaire s'ajoute à celui réalisé par le constituant.

En cas de pluralité de constituants, le chiffre d'affaires est réparti proportionnellement à la valeur réelle du ou des biens ou droits mis en fiducie par chacun des constituants à la date à laquelle celui-ci a transféré des éléments dans le patrimoine fiduciaire.

Art. 238 *quater* I *(Anc. CGI, art. 223 VE, dénum. et mod., Ord. n° 2009-112, 30 janv. 2009).* – I. – En cas de cession ou d'annulation de tout ou partie des droits du constituant représentatifs des biens ou droits transférés dans le patrimoine fiduciaire, les résultats du patrimoine fiduciaire sont déterminés, à la date de cession ou d'annulation, dans les conditions prévues aux articles 201 et suivants et imposés au nom du cédant.

La différence entre le prix de cession et le prix de revient de ces droits n'a pas d'incidence sur le résultat imposable du cédant.

II. – Les dispositions du I s'appliquent également en cas de décès, de cessation ou de dissolution du constituant, en cas de résiliation ou d'annulation du contrat de fiducie ou lorsqu'il prend fin.

Art. 238 *quater* J *(Anc. CGI, art. 223 VF, dénum. et mod., Ord. n° 2009-112, 30 janv. 2009).* – I. – Les dispositions de l'article 238 *quater* I ne s'appliquent pas en cas de transfert des droits du constituant représentatifs des biens ou droits transférés dans le patrimoine fiduciaire réalisé dans le cadre d'une opération bénéficiant des dispositions prévues aux articles 41, 151 *octies*, 151 *octies* A ou 210 A.

II. – Les dispositions de l'article 238 *quater* I ne s'appliquent pas lorsque, en l'absence de création d'une personne morale nouvelle, le constituant :

1° Société ou organisme placé sous le régime des sociétés de personnes défini aux articles 8 à 8 *ter* cesse totalement ou partiellement d'être soumis à l'impôt sur le revenu, ou s'il change son objet social ou son activité réelle ;

2° Personne morale mentionnée aux articles 238 *ter*, 239 *quater* A, 239 *quater* B, 239 *quater* C, 239 *quater* D, 239 *septies* et au I des articles 239 *quater* et 239 *quinquies* devient passible de l'impôt sur les sociétés ;

3° Cesse totalement ou partiellement d'être soumis à l'impôt sur les sociétés.

Les dispositions du présent II s'appliquent à la double condition qu'aucune modification ne soit apportée aux écritures comptables relatives aux droits dans la fiducie et que l'imposition des profits et des plus-values définis à l'article 238 *quater* B demeure possible sous le nouveau régime fiscal applicable au constituant.

Art. 238 *quater* K *(Anc. CGI, art. 223 VG, dénum. et mod., Ord. n° 2009-112, 30 janv. 2009).* – I. – Par exception aux dispositions de l'article 238 *quater* I, lorsque le contrat de fiducie prend fin, les profits ou les pertes ainsi que les plus ou moins-values résultant du transfert des biens ou droits du patrimoine fiduciaire au constituant ne sont pas compris dans le résultat imposable de l'exercice de transfert si les conditions suivantes sont réunies :

1° Le contrat de fiducie prend fin sans liquidation du patrimoine fiduciaire ;

2° Le constituant doit respecter les engagements suivants :

a) inscrire à son bilan les biens ou droits transférés ainsi que les amortissements et provisions de toute nature y afférents ;

b) se substituer au fiduciaire pour la réintégration des provisions et résultats afférents aux biens et droits transférés dont la prise en compte avait été différée pour l'imposition du patrimoine fiduciaire ;

c) calculer les plus-values réalisées ultérieurement à l'occasion de la cession des immobilisations non amortissables qui lui ont été transférées d'après la valeur qu'elles avaient, du point de vue fiscal, dans les écritures du patrimoine fiduciaire ;

d) réintégrer dans ses bénéfices imposables les plus ou moins-values dégagées lors du transfert de biens amortissables. La réintégration des plus-values est effectuée par parts égales sur une période de quinze ans pour les constructions et les droits qui se rapportent à des constructions ainsi que pour les plantations et les agencements et aménagements des terrains amortissables sur une période au moins égale à cette durée. Cette période est de cinq ans dans les autres cas.

Toutefois, la cession d'un bien amortissable entraîne l'imposition immédiate de la fraction de la plus-value afférente à ce bien qui n'a pas encore été réintégrée.

En contrepartie, les amortissements et les plus-values ultérieurs afférents aux éléments amortissables sont calculés d'après la valeur d'inscription à son bilan ;

3° Les éléments autres que les immobilisations doivent être inscrits au bilan du constituant pour la valeur qu'ils avaient, du point de vue fiscal, dans les écritures du patrimoine fiduciaire. À défaut, le profit correspondant à la différence entre la valeur d'inscription au bilan du constituant de ces éléments et la valeur qu'ils avaient, du point de vue fiscal, dans les écritures du patrimoine fiduciaire est compris dans le résultat imposable de ce dernier au titre de l'exercice au cours duquel intervient le retour des biens au constituant.

II. – Pour l'application du I, les engagements mentionnés au 2° du I sont pris dans l'acte constatant le transfert des biens ou droits du patrimoine fiduciaire au constituant ou, à défaut, dans un acte sous seing privé ayant date certaine, établi à cette occasion.

III. – Les droits afférents à un contrat de crédit-bail conclu dans les conditions prévues aux 1 et 2 de l'article L. 313-7 du Code monétaire et financier sont assimilés à des éléments de l'actif immobilisé, amortissables ou non amortissables dans les conditions prévues à l'article 39 *duodecies* A.

Pour l'application du *c* du 2° du I, en cas de cession ultérieure des droits mentionnés au premier alinéa qui sont assimilés à des éléments non amortissables ou de cession du terrain, la plus-value est calculée d'après la valeur que ces droits avaient, du point de vue fiscal, dans les écritures du patrimoine fiduciaire.

Ces dispositions s'appliquent aux droits afférents aux contrats de crédit-bail portant sur des éléments incorporels amortissables d'un fonds de commerce ou assimilé.

IV. – Pour l'application du présent article, les titres du portefeuille dont le résultat de cession est exclu du régime des plus ou moins-values à long terme conformément à l'article 219 sont assimilés à des éléments non amortissables de l'actif immobilisé.

V. – Un décret précise, en tant que de besoin, les modalités d'application du présent article, notamment lorsque le constituant exerce une activité dont les résultats sont imposables à l'impôt sur le revenu dans la catégorie des bénéfices non commerciaux.

Art. 238 *quater* L *(Anc. CGI, art. 223 VH, dénum. et mod., Ord. n° 2009-112, 30 janv. 2009).* **– La fiducie fait l'objet d'une déclaration d'existence par le fiduciaire dans des conditions et délais fixés par décret.**

Code général des impôts – Annexe III

Art. 344 M *(D. n° 2007-725, 7 mai 2007).* **–** La déclaration d'existence de la fiducie prévue à l'article 238 *quater* L du Code général des impôts est déposée dans les quinze jours de sa création auprès du service des impôts des entreprises du siège ou du lieu du principal établissement du fiduciaire ou, en cas de pluralité de fiduciaires, de celui expressément désigné dans le contrat de fiducie pour agir pour le compte de la fiducie. Lorsque le fiduciaire n'est pas domicilié en France, la déclaration d'existence est déposée auprès du service des impôts des non-résidents.

La déclaration d'existence est établie sur un formulaire homologué conformément aux articles 371 AL et 371 AM de l'annexe II au Code général des impôts. Elle comporte la dénomination exacte de la fiducie, les nom et adresse du fiduciaire ou, en cas de pluralité de fiduciaires, de celui expressément désigné dans le contrat de fiducie pour agir pour le compte de la fiducie, les noms et adresses des constituants de la fiducie, l'objet de la fiducie, et la date d'effet de l'événement objet de la formalité.

La déclaration est signée par le fiduciaire ou, en cas de pluralité de fiduciaires, par celui expressément désigné dans le contrat de fiducie pour agir pour le compte de la fiducie ou de son mandataire.

Art. 238 *quater* M *(Anc. CGI, art. 223 VI, dénum. et mod., Ord. n° 2009-112, 30 janv. 2009).* **– Le fiduciaire est tenu aux obligations déclaratives qui incombent normalement aux sociétés soumises au régime fiscal des sociétés de personnes défini à l'article 8.**

Art. 238 *quater* N *(Ord. n° 2009-112, 30 janv. 2009).* **– Lorsque le constituant d'une fiducie définie à l'article 2011 du Code civil n'exerce pas une activité relevant des articles 34 ou 35, une activité agricole au sens de l'article 63, une activité professionnelle au sens du 1 de l'article 92 ou une activité civile soumise à l'impôt sur les sociétés, le transfert de biens ou droits dans un patrimoine fiduciaire n'est pas un fait générateur d'impôt sur le revenu si les conditions suivantes sont réunies :**

1° Le constituant est désigné comme le ou l'un des bénéficiaires dans le contrat de fiducie ;

2° Le fiduciaire inscrit, dans les écritures du patrimoine fiduciaire, les biens ou droits transférés pour leur prix ou valeur d'acquisition par le constituant.

Art. 238 *quater* O *(Ord. n° 2009-112, 30 janv. 2009).* **– Lorsque les droits du constituant représentatifs des biens ou droits transférés dans le patrimoine fiduciaire ne sont pas inscrits au bilan d'une entreprise, le résultat de la fiducie est imposé au nom de chaque constituant pour la part de résultat correspondant à ses droits représentatifs des biens ou droits transférés dans le patrimoine fiduciaire, proportionnellement à la valeur vénale des biens ou droits mis en fiducie, appréciée à la date du transfert dans le patrimoine fiduciaire et la part de résultat correspondant aux droits du constituant est déterminée et imposée en tenant compte de la nature de l'activité de la fiducie.**

Art. 238 *quater* P *(Ord. n° 2009-112, 30 janv. 2009)*. – I. – En cas de transmission à titre onéreux de tout ou partie des droits du constituant représentatifs des biens ou droits transférés dans le patrimoine fiduciaire qui ne sont pas inscrits au bilan d'une entreprise, les résultats du patrimoine fiduciaire sont déterminés, à la date de la transmission, dans les conditions prévues aux articles 201 et suivants et imposés au nom du cédant selon les règles prévues à l'article 238 *quater* N.

La différence entre le prix de cession et le prix d'acquisition de ces droits n'a pas d'incidence sur les revenus imposables du cédant.

II. – Le I s'applique également en cas de décès du constituant, de résiliation ou d'annulation de l'opération de fiducie ou lorsqu'elle prend fin.

Art. 238 *quater* Q *(Ord. n° 2009-112, 30 janv. 2009)*. – Lorsque le constituant n'exerce pas une activité relevant des articles 34 ou 35, une activité agricole au sens de l'article 63, une activité professionnelle au sens du 1 de l'article 92 ou une activité civile soumise à l'impôt sur les sociétés, et par exception aux dispositions du II de l'article 238 *quater* P, le transfert de biens ou droits du patrimoine fiduciaire dans le patrimoine du constituant n'est pas un fait générateur d'impôt sur le revenu, lorsque l'opération de fiducie prend fin sans liquidation du patrimoine fiduciaire et que le constituant prend, dans l'acte constatant le transfert, l'engagement de déterminer, en cas de cession ultérieure des biens ou droits concernés, les plus ou moins-values et, plus généralement, les gains ou pertes par référence :

1° Si le titulaire des droits représentatifs des biens ou droits du patrimoine fiduciaire est le constituant initial, au prix ou à la valeur d'acquisition par ce dernier des biens ou droits, lorsque ces biens ou droits ont fait l'objet d'un transfert dans le patrimoine fiduciaire dans les conditions prévues à l'article 238 *quater* N, et au prix d'acquisition du ou des biens ou droits par la fiducie pour les autres biens ou droits ;

2° Si le titulaire des droits représentatifs des biens ou droits du patrimoine fiduciaire n'est pas le constituant initial, à la valeur des biens ou droits à la date d'acquisition de ses droits au titre de la fiducie ou, pour les biens ou droits qui sont entrés dans le patrimoine fiduciaire après l'acquisition de ses droits, au prix d'acquisition de ces biens ou droits par la fiducie.

2.6.2.2. – Taxe sur la valeur ajoutée

Code général des impôts

Art. 256. – I. – Sont soumises à la taxe sur la valeur ajoutée les livraisons de biens et les prestations de services effectuées à titre onéreux par un assujetti agissant en tant que tel.

[...].

IV. – 1° Les opérations autres que celles qui sont définies au II, notamment la cession ou la concession de biens meubles incorporels, le fait de s'obliger à ne pas faire ou à tolérer un acte ou une situation, les opérations de façon, les travaux immobiliers et l'exécution des obligations du fiduciaire, sont considérés comme des prestations de services.

Art. 257 *(Rempl., L. fin. rect., n° 2010-237, 9 mars 2010)*. – I. – Les opérations concourant à la production ou à la livraison d'immeubles sont soumises à la taxe sur la valeur ajoutée dans les conditions qui suivent.

1. Sont assimilés à des biens corporels et suivent le régime du bien immeuble auquel ils se rapportent :

...

4° Les droits au titre d'un contrat de fiducie représentatifs d'un bien immeuble.

……………………………………………………………………………………

Art. 266. – 1. La base d'imposition est constituée :

[...] ;

f bis) (L. n° 2007-211, 19 févr. 2007) pour les prestations effectuées par un fiduciaire, par la rémunération versée par le constituant ou retenue sur les recettes de l'exploitation des droits et biens du patrimoine fiduciaire ;

[...]

……………………………………………………………………………………

Art. 268 *(Rempl., L. fin. rect. n° 2010-637, 9 mars 2010)*. – S'agissant de la livraison d'un terrain à bâtir, ou d'une opération mentionnée au 2° du 5 de l'article 261 pour laquelle a été formulée l'option prévue au 5° *bis* de l'article 260, si l'acquisition par le cédant n'a pas ouvert droit à déduction de la taxe sur la valeur ajoutée, la base d'imposition est constituée par la différence entre :

1° D'une part, le prix exprimé et les charges qui s'y ajoutent ;

2° D'autre part, selon le cas :

a) (D. codification n° 2011-645, 9 juin 2011) soit les sommes que le cédant a versées, à quelque titre que ce soit, pour l'acquisition du terrain ou de l'immeuble ;

b) (D. codification n° 2011-645, 9 juin 2011) soit la valeur nominale des actions ou parts reçues en contrepartie des apports en nature qu'il a effectués.

Lorsque l'opération est réalisée par un fiduciaire, les sommes mentionnées aux *a* et *b* du 2° s'apprécient, le cas échéant, chez le constituant.

....

Art. 285 A *(L. n° 2007-211, 19 févr. 2007)*. – Pour les opérations relatives à l'exploitation des biens ou droits d'un patrimoine fiduciaire, le fiduciaire est considéré comme un redevable distinct pour chaque contrat de fiducie, sauf pour l'appréciation des limites de régimes d'imposition et de franchises, pour lesquelles est retenu le chiffre d'affaires réalisé par l'ensemble des patrimoines fiduciaires ayant un même constituant.

2.6.2.3. – Droits6 d'enregistrement, taxe de publicité foncière et impôt de solidarité sur la fortune

Code général des impôts

....

Art. 635. – Doivent être enregistrés dans le délai d'un mois à compter de leur date :

1. Sous réserve des dispositions des articles 637 et 647 :

[...] ;

8° *(L. n° 2007-211, 19 févr. 2007)* Les actes constatant la formation, la modification ou l'extinction d'un contrat de fiducie, et le transfert de biens ou droits supplémentaires au fiduciaire dans les conditions prévues par l'article 2019 du Code civil.

....

Art. 668 *bis* *(L. n° 2007-211, 19 févr. 2007)*. – Pour la liquidation des droits d'enregistrement et de la taxe de publicité foncière, la valeur de la créance détenue sur une fiducie est évaluée à la valeur vénale réelle nette des biens mis en fiducie ou des biens acquis en remploi, à la date du fait générateur de l'impôt.

Art. 668 *ter* *(Anc. CGI, art. 1378 septies, dénum., D. codification n° 2008-294, 1er avr. 2008)*. – Pour l'application des droits d'enregistrement, les droits du constituant résultant du contrat de fiducie sont réputés porter sur les biens formant le patrimoine fiduciaire. Lors de la transmission de ces droits, les droits de mutation sont exigibles selon la nature des biens et droits transmis.

....

Art. 766 *bis* *(Ord. n° 2009-112, 30 janv. 2009)*. – Pour la liquidation des droits de mutation par décès, les biens ou droits transférés dans un patrimoine fiduciaire ou ceux éventuellement acquis en remploi, ainsi que les fruits tirés de l'exploitation de ces biens ou droits, qui font de plein droit retour à la succession du constituant, sont compris dans son patrimoine pour leur valeur vénale nette à la date du décès.

....

Art. 792 *bis* *(L. n° 2007-211, 19 févr. 2007)*. – Lorsqu'il est constaté une transmission dans une intention libérale de biens ou droits faisant l'objet d'un contrat de fiducie ou des fruits tirés de l'exploitation de ces biens ou droits, les droits de mutation à titre gratuit s'appliquent sur la valeur des biens, droits ou fruits ainsi

transférés, appréciée à la date de ce transfert. Ils sont liquidés selon le tarif applicable entre personnes non parentes mentionné au tableau III de l'article 777.

Pour l'application des dispositions mentionnées au premier alinéa, l'intention libérale est notamment caractérisée lorsque la transmission est dénuée de contrepartie réelle ou lorsqu'un avantage en nature ou résultant d'une minoration du prix de cession est accordé à un tiers par le fiduciaire dans le cadre de la gestion du patrimoine fiduciaire. Dans ce dernier cas, les droits de mutation à titre gratuit s'appliquent sur la valeur de cet avantage.

Livre des procédures fiscales

Art. L. 64 C *(L. n° 2007-211, 19 févr. 2007)*. – Sans préjudice de la sanction de nullité prévue à l'article 2013 du Code civil, les contrats de fiducie consentis dans une intention libérale au sens de l'article 792 *bis* du Code général des impôts et qui conduisent à une minoration des droits au titre de tous impôts et taxes dus par l'une quelconque des personnes parties au contrat ou en tenant des droits ne peuvent être opposés à l'Administration qui est en droit de restituer son véritable caractère à l'opération litigieuse.

Art. 885 G *bis* *(Abr. à compter du 1er janvier 2018, L. fin. n° 2017-1837, 30 déc. 2017).*

Rédaction antérieure. Art. 885 G *bis* *(Ord. n° 2009-112, 30 janv. 2009)*. – Les biens ou droits transférés dans un patrimoine fiduciaire ou ceux éventuellement acquis en remploi, ainsi que les fruits tirés de l'exploitation de ces biens ou droits, sont compris dans le patrimoine du constituant pour leur valeur vénale nette.

Art. 1115 *(Mod., L. n° 2007-211, 19 févr. 2007 ; L. fin. rect. n° 2010-237, 9 mars 2010)*. **– Sous réserve des dispositions de l'article 1020, les acquisitions d'immeubles, de fonds de commerce ainsi que d'actions ou parts de sociétés immobilières réalisées par des personnes assujetties au sens de l'article 256 A sont exonérées des droits et taxes de mutation quand l'acquéreur prend l'engagement de revendre dans un délai de cinq ans.**

En cas d'acquisitions successives par des personnes mentionnées au premier alinéa, le délai imparti au premier acquéreur s'impose à chacune de ces personnes.

Pour l'application de l'engagement de revendre, les transferts de droits ou de biens dans un patrimoine fiduciaire et les apports purs et simples effectués à compter du 1er janvier 1996 ne sont pas considérés comme des ventes.

Art. 1133 *quater* *(L. n° 2007-211, 19 févr. 2007)*. **– Sous réserve des dispositions de l'article 1020, les actes constatant la formation, la modification ou l'extinction d'un contrat de fiducie ou constatant le transfert de biens ou droits supplémentaires au fiduciaire sont soumis à un droit fixe de 125 €.**

Toutefois, l'article 1020 ne s'applique pas aux actes constatant le retour de tout ou partie du patrimoine fiduciaire au constituant.

2.6.2.4. – Taxe foncière et contribution économique territoriale

Code général des impôts

Art. 1400. – I. – Sous réserve des dispositions des articles 1403 et 1404, toute propriété, bâtie ou non bâtie, doit être imposée au nom du propriétaire actuel.

[...].

IV *(L. n° 2007-211, 19 févr. 2007)*. **– Lorsqu'un immeuble a été transféré en application d'un contrat de fiducie, la taxe foncière est établie au nom du fiduciaire.**

[...].

Art. 1476. – I ***(L. fin. n° 2010-1657, 29 déc. 2010).*** **– La cotisation foncière des entreprises est établie au nom des personnes qui exercent l'activité imposable, dans les conditions prévues en matière de contributions directes, sous les mêmes sanctions ou recours.**

II ***(L. fin. n° 2010-1657, 29 déc. 2010).*** **– Par exception aux dispositions du I, la cotisation foncière des entreprises est établie :**

[...]

b) **Lorsque l'activité est exercée en vertu d'un contrat de fiducie, au nom du fiduciaire.**

2.6.3. – Dispositions comptables

Loi n° 2007-211 du 19 février 2007

instituant la fiducie

CHAPITRE IV. – DISPOSITIONS COMPTABLES

Art. 12 ***(Mod., L. n° 2008-776, 4 août 2008).*** **– I. – Les éléments d'actif et de passif transférés dans le cadre de l'opération mentionnée à l'article 2011 du Code civil forment un patrimoine d'affectation. Les opérations affectant ce dernier font l'objet d'une comptabilité autonome chez le fiduciaire.**

II. – Les personnes mentionnées à l'article 2015 du Code civil établissent des comptes annuels conformément aux dispositions des articles L. 123-12 à L. 123-15 du Code de commerce.

III. – Le contrôle de la comptabilité autonome mentionnée au I est exercé par un ou plusieurs commissaires aux comptes nommés par le fiduciaire lorsque le ou les constituants sont eux-mêmes tenus de désigner un commissaire aux comptes. Le rapport du commissaire aux comptes est présenté au fiduciaire. Le commissaire aux comptes est délié du secret professionnel à l'égard des commissaires aux comptes des parties au contrat de fiducie.

IV. – Les dispositions des I et II sont précisées par un règlement du comité de la réglementation comptable.

Traitement comptable des opérations de fiducie. V. Avis du Conseil national de la comptabilité n° 2008-03, 7 février 2008.

2.6.4. – Dispositions communes

Loi n° 2007-211 du 19 février 2007

instituant la fiducie

CHAPITRE V. – DISPOSITIONS COMMUNES

Art. 13. – Le constituant et le fiduciaire doivent être résidents d'un État de la Communauté européenne ou d'un État ou territoire ayant conclu avec la France une convention fiscale en vue d'éliminer les doubles impositions qui contient une clause d'assistance administrative en vue de lutter contre la fraude ou l'évasion fiscale.

Art. 14. – Lorsque le contrat de fiducie a pour objet de couvrir des risques d'assurance ou de réassurance, la présente loi s'applique sous réserve des dispositions du Code des assurances.

Art. 15. – Les documents relatifs au contrat de fiducie sont transmis, à leur demande et sans que puisse leur être opposé le secret professionnel, au service institué à l'article L. 562-4 du Code monétaire et financier, aux services des douanes et aux officiers de police judiciaire, aux autorités de contrôle compétentes en matière de lutte contre le blanchiment de capitaux, à l'administration fiscale et au juge, par le fiduciaire, le constituant, le bénéficiaire ou par toute personne physique ou morale exerçant, de quelque manière que ce soit, un pouvoir de décision direct ou indirect sur la fiducie.

Ces documents sont exigibles pendant une durée de dix ans après la fin du contrat de fiducie.

2.7. – DE L'ENTREPRISE INDIVIDUELLE

2.7.1. – De la déclaration d'insaisissabilité

Code de commerce

PARTIE LÉGISLATIVE

CHAPITRE VI. – De la protection de l'entrepreneur individuel et du conjoint

(L. n° 2003-721, 1er août 2003)

Section 1. – De l'insaisissabilité de la résidence principale

(Division créée, L. n° 2010-658, 15 juin 2010 ; mod., L. n° 2015-990, 6 août 2015)

Art. L. 526-1 ***(L. n° 2003-721, 1er août 2003 ; mod., L. n° 2008-776, 4 août 2008 ; L. n° 2013-1117, 6 déc. 2013 ; rempl., L. n° 2015-990, 6 août 2015).*** **– Par dérogation aux articles 2284 et 2285 du Code civil, les droits d'une personne physique immatriculée à un registre de publicité légale à caractère professionnel ou exerçant une activité professionnelle agricole ou indépendante sur l'immeuble où est fixée sa résidence principale sont de droit insaisissables par les créanciers dont les droits naissent à l'occasion de l'activité professionnelle de la personne. Lorsque la résidence principale est utilisée en partie pour un usage professionnel, la partie non utilisée pour un usage professionnel est de droit insaisissable, sans qu'un état descriptif de division soit nécessaire. La domiciliation de la personne dans son local d'habitation en application de l'article L. 123-10 du présent code ne fait pas obstacle à ce que ce local soit de droit insaisissable, sans qu'un état descriptif de division soit nécessaire.**

Par dérogation aux articles 2284 et 2285 du Code civil, une personne physique immatriculée à un registre de publicité légale à caractère professionnel ou exerçant une activité professionnelle agricole ou indépendante peut déclarer insaisissables ses droits sur tout bien foncier, bâti ou non bâti, qu'elle n'a pas affecté à son usage professionnel. Cette déclaration, publiée au fichier immobilier ou, dans les départements du Bas-Rhin, du Haut-Rhin et de la Moselle, au livre foncier, n'a d'effet qu'à l'égard des créanciers dont les droits naissent, après sa publication, à l'occasion de l'activité professionnelle du déclarant. Lorsque le bien foncier n'est pas utilisé en totalité pour un usage professionnel, la partie non affectée à un usage professionnel ne peut faire l'objet de la déclaration qu'à la condition d'être désignée dans un état descriptif de division.

L'insaisissabilité mentionnée aux deux premiers alinéas du présent article n'est pas opposable à l'administration fiscale lorsque celle-ci relève, à l'encontre de la personne, soit des manœuvres frauduleuses, soit l'inobservation grave et répétée de ses obligations fiscales, au sens de l'article 1729 du Code général des impôts.

Art. L. 526-2 ***(L. n° 2003-721, 1er août 2003 ; mod., L. n° 2008-776, 4 août 2008 ; Ord. n° 2010-638, 10 juin 2010 ; L. n° 2015-990, 6 août 2015).*** **– La déclaration prévue au deuxième alinéa de l'article L. 526-1, reçue par notaire sous peine de nullité, contient la description détaillée des biens et l'indication de leur caractère propre, commun ou indivis. L'acte est publié au fichier immobilier ou, dans les départements du Bas-Rhin, du Haut-Rhin et de la Moselle, au livre foncier, de sa situation.**

Lorsque la personne est immatriculée dans un registre de publicité légale à caractère professionnel, la déclaration doit y être mentionnée.

Lorsque la personne n'est pas tenue de s'immatriculer dans un registre de publicité légale, un extrait de la déclaration doit être publié ***(Mots rempl., L. n° 2019-486, 22 mai 2019)*** **« support habilité à recevoir des annonces légales dans le » département dans lequel est exercée l'activité professionnelle pour que cette personne puisse se prévaloir du bénéfice du deuxième alinéa de l'article L. 526-1.**

L'établissement de l'acte prévu au premier alinéa et l'accomplissement des formalités donnent lieu au versement aux notaires d'émoluments fixes dans le cadre d'un plafond déterminé par décret.

Art. L. 526-3 ***(L. n° 2003-721, 1er août 2003 ; mod., L. n° 2008-776, 4 août 2008 ; rempl., L. n° 2015-990, 6 août 2015).*** **– En cas de cession des droits immobiliers sur la résidence principale, le prix**

obtenu demeure insaisissable, sous la condition du remploi dans le délai d'un an des sommes à l'acquisition par la personne mentionnée au premier alinéa de l'article L. 526-1 d'un immeuble où est fixée sa résidence principale.

L'insaisissabilité des droits sur la résidence principale et la déclaration d'insaisissabilité portant sur tout bien foncier, bâti ou non bâti, non affecté à l'usage professionnel peuvent, à tout moment, faire l'objet d'une renonciation soumise aux conditions de validité et d'opposabilité prévues à l'article L. 526-2. La renonciation peut porter sur tout ou partie des biens ; elle peut être faite au bénéfice d'un ou de plusieurs créanciers mentionnés à l'article L. 526-1 désignés par l'acte authentique de renonciation. Lorsque le bénéficiaire de cette renonciation cède sa créance, le cessionnaire peut se prévaloir de celle-ci. La renonciation peut, à tout moment, être révoquée dans les conditions de validité et d'opposabilité prévues à l'article L. 526-2. Cette révocation n'a d'effet qu'à l'égard des créanciers mentionnés à l'article L. 526-1 dont les droits naissent postérieurement à sa publication.

Les effets de l'insaisissabilité et ceux de la déclaration subsistent après la dissolution du régime matrimonial lorsque la personne mentionnée au premier alinéa de l'article L. 526-1 ou le déclarant mentionné au deuxième alinéa du même article L. 526-1 est attributaire du bien. Ils subsistent également en cas de décès de la personne mentionnée au premier alinéa dudit article L. 526-1 ou du déclarant mentionné au deuxième alinéa du même article L. 526-1 jusqu'à la liquidation de la succession.

Art. L. 526-4 *(L. n° 2003-721, 1er août 2003).* – Lors de sa demande d'immatriculation à un registre de publicité légale à caractère professionnel, la personne physique mariée sous un régime de communauté légale ou conventionnelle doit justifier que son conjoint a été informé des conséquences sur les biens communs des dettes contractées dans l'exercice de sa profession.

Un décret en Conseil d'État précise en tant que de besoin les modalités d'application du présent article.

Art. L. 526-5 *(Ord. n° 2006-346, 23 mars 2006).* – Les dispositions des articles L. 313-14 à L. 313-14-2 du Code de la consommation sont applicables aux opérations de prêt consenties à toute personne physique immatriculée à un registre de publicité légale à caractère professionnel, à toute personne physique exerçant une activité professionnelle agricole ou indépendante ainsi qu'au gérant associé unique d'une société à responsabilité limitée, et garanties par une hypothèque rechargeable inscrite sur l'immeuble où l'intéressé a fixé sa résidence principale.

PARTIE RÉGLEMENTAIRE

CHAPITRE VI. – De la protection de l'entrepreneur individuel et du conjoint

Art. R. 526-1 *(Mod., D. n° 2008-1488, 30 déc. 2008 ; rempl., D. n° 2016-296, 11 mars 2016).* – Conformément à l'article R. 123-37, sont indiqués dans la demande d'immatriculation au registre du commerce et des sociétés de la personne physique :

1° La déclaration d'insaisissabilité de ses droits sur tout bien foncier non affecté à son usage professionnel, prévue à l'article L. 526-1 ;

2° La renonciation à l'insaisissabilité de ses droits sur la résidence principale prévue à l'article L. 526-3 ;

3° Dans tous les cas, le lieu de la publication de ces déclarations.

Art. R. 526-2 *(Mod., D. n° 2007-750, 9 mai 2007 ; rempl., D. n° 2008-1488, 30 déc. 2008 ; mod., D. n° 2016-296, 11 mars 2016).* – Conformément aux dispositions de l'article R. 123-45 et du 2° de l'article R. 123-46, doivent, dans un délai d'un mois, faire l'objet d'une demande d'inscription modificative au registre du commerce et des sociétés :

1° La renonciation à l'insaisissabilité des droits sur la résidence principale de la personne physique immatriculée ou sa révocation, prévues à l'article L. 526-3 ;

2° La déclaration d'insaisissabilité des droits de la personne physique immatriculée sur tout bien foncier non affecté à son usage professionnel, prévue à l'article L. 526-1, ou sa révocation prévue à l'article L. 526-3.

2.7.2. – De l'entrepreneur individuel à responsabilité limitée (EIRL)

2.7.2.1. – Dispositions du Code de commerce

Bibliographie : Cl. Champaud et D. Danet, *Sociétés ou pas sociétés ? Patrimoine affecté à une entreprise individuelle. Projet d'EIRL : RTD com.* 2010, p. 349 ; *Apports en société et affectations patrimoniales entrepreneuriales : RTD com.* 2010, p. 353 ; *Sociétés et entreprises personnelles à responsabilité limitée au regard de la responsabilité des dettes de l'entreprise : RTD com.* 2010, p. 361 ; *Petites et moyennes sociétés et entrepreneurs à responsabilité limitée au regard des besoins de financements et des pratiques bancaires : RTD com.* 2010, p. 365. • E. Dinh, *L'EIRL, un hybride en droit français : JCP* E 2010, n° 46, p. 9. • B. Dondéro, *L'EIRL ou l'entrepreneur fractionné : JCP* G 2010, act. 379 ; *Duo in carne una. À propos de l'ordonnance du 9 décembre 2010 : JCP* G 2010, n° 51, p. 2372. • C. d'Hoir-Lauprêtre : *L'EIRL, un patrimoine affecté voué à... une désaffection certaine ! : LPA* 14 janv. 2011, n° 10. • C. Lebel, *Adoption de l'EIRL et autres mesures relatives à l'entreprise individuelle : JCP* E 2010, act. 362 ; *Entrée en application de l'EIRL : les mesures réglementaires de la loi du 15 juin 2010 : JCP* E 2011, n° 5, p. 9. • V. Legrand, *L'après-EIRL : la mise en société... : D.* 2011, n° 14, p. 966 ; *EIRL : lancement des opérations et premier « casse-tête » à l'intention des aspirants (composition du patrimoine affecté) : LPA* 3 janv. 2011, n° 1. • J. Prieur et D. Coiffard, *Le patrimoine professionnel affecté : l'EIRL : JCP* N 2010, n° 51-52, p. 68. • B. Saintourens, *L'entrepreneur individuel à responsabilité limitée : commentaire de la loi n° 2010-658 du 15 juin 2010 : Rev. sociétés* 2010, p. 351 ; *L'instauration du statut d'entrepreneur individuel à responsabilité limitée par la loi du 15 juin 2010 : RTD com.* 2010, p. 681. • F. Terré, *La personne et ses patrimoines ou l'EIRL : JCP* E 2011, n° 1-2, p. 43 ; *La personne et ses patrimoines : des pépins par milliers : JCP* G 2010, n° 52, p. 2458. • F. Vauvillé, *Commentaire de la loi du 15 juin 2010 relative à l'entrepreneur individuel à responsabilité limitée : Defrénois* 2010, p. 1649. • D. Viguier, *Du patrimoine d'affectation et de la loi relative à l'entrepreneur individuel à responsabilité limitée : Dr. et patrimoine* 2010, n° 195, p. 24. • *Adde L'entrepreneur individuel à responsabilité limitée : quel avenir ? : LPA* 28 avr. 2011, n° 84, p. 2 ; *L'EIRL : la nouvelle donne pour l'entrepreneur : Dr. et patrimoine* 2011, n° 202, p. 42 ; *EIRL, nouveaux regards : BJS* 2011, p. 227 ; *L'EIRL : la consécration du patrimoine d'affectation : Defrénois* 2011, n° 6, p. 529 ; *EIRL*, Litec, 2010, ss dir. F. Terré.

Voir : EIRL et procédures collectives, sous C. com., art. L. 680-1, p. 2133.

Code de commerce

PARTIE LÉGISLATIVE

CHAPITRE VI. – De la protection de l'entrepreneur individuel et du conjoint

(L. n° 2003-721, 1er août 2003)

Section 2. – De l'entrepreneur individuel à responsabilité limitée

(Créée à compter de la publication de l'ordonnance prévue au I de l'article 8 de la loi n° 2010-658 du 15 juin 2010, L. n° 2010-658, 15 juin 2010)

Art. L. 526-6 ***(L. n° 2010-658, 15 juin 2010 ; mod., L. n° 2010-874, 27 juill. 2010 ; L. n° 2011-525, 17 mai 2011 ; L. n° 2019-486, 22 mai 2019).*** **– Pour l'exercice de son activité en tant qu'entrepreneur individuel à responsabilité limitée, l'entrepreneur individuel affecte à son activité professionnelle un patrimoine séparé de son patrimoine personnel, sans création d'une personne morale, dans les conditions prévues à l'article L. 526-7.**

Ce patrimoine est composé de l'ensemble des biens, droits, obligations ou sûretés dont l'entrepreneur individuel est titulaire, nécessaires à l'exercice de son activité professionnelle. Il peut comprendre également les biens, droits, obligations ou sûretés dont l'entrepreneur individuel est titulaire, utilisés pour l'exercice de son activité professionnelle, qu'il décide d'y affecter et qu'il peut ensuite décider de retirer du patrimoine affecté. Un même bien, droit, obligation ou sûreté ne peut entrer dans la composition que d'un seul patrimoine affecté.

Par dérogation à l'alinéa précédent, l'entrepreneur individuel exerçant une activité agricole au sens de l'article L. 311-1 du Code rural et de la pêche maritime peut ne pas affecter les terres utilisées pour l'exercice de son exploitation à son activité professionnelle. Cette faculté s'applique à la totalité des terres dont l'exploitant est propriétaire.

Pour l'exercice de l'activité professionnelle à laquelle le patrimoine est affecté, l'entrepreneur individuel utilise une dénomination incorporant son nom, précédé ou suivi immédiatement des mots : « Entrepreneur individuel à responsabilité limitée » ou des initiales : « EIRL ».

Voir : C. com., art. R. 526-3-1, p. 771.

1) Sanction du défaut d'indication des biens affectés. Constitue un manquement grave de nature à justifier la réunion des patrimoines (C. com., art. L. 621-2, al. 3) le dépôt d'une déclaration d'affectation ne comportant aucune indication sur les biens affectés, alors que l'entrepreneur a intentionnellement utilisé le sigle EIRL pour ouvrir un compte bancaire et immatriculé un véhicule en vue de l'exercice de son activité professionnelle : ▪ Cass. com., 7 févr. 2018, n° 16-24.481, PBI : *Bull. Joly Sociétés* 2018, p. 226, note B. Saintourens ; *JCP* E 2018, 1276, note C. Lebel ; *Rev. sociétés* 2018, p. 311, note G. Grundeler.

2) Sanction du défaut d'indication de la qualité d'EIRL. La procédure collective ouverte sans que le tribunal précise qu'elle ne vise que les éléments du seul patrimoine affecté et sans que les publications faites du jugement, et qui déterminent son opposabilité aux tiers, ne mentionnent l'activité d'entrepreneur individuel à responsabilité limitée, ni ces derniers mots ou les initiales EIRL, permet à tous les créanciers, même non professionnels, de déclarer leur créance : ▪ Cass. com., 6 mars 2019, n° 17-26.605 : *BJS* 2019, p. 34, note F. Reille.

3) EIRL et procédure de surendettement. Le fait que le patrimoine affecté de l'EIRL relève des procédures instituées par le Code de commerce relative aux difficultés des entreprises n'exclut pas que le patrimoine non affecté du débiteur soit soumis à la procédure de surendettement : ▪ Cass. 2e civ., 27 sept. 2018, n° 17-22.013, PBI : *JCP* E 2018, 1528, note J.-D. Pellier.

Code civil

(Chapitre Ier du Titre X du Livre Ier)

Art. 388-1-2 *(Ord. n° 2015-1288, 15 oct. 2015).* – Un mineur âgé de seize ans révolus peut être autorisé, par son ou ses administrateurs légaux, à accomplir seul les actes d'administration nécessaires à la création et à la gestion d'une entreprise individuelle à responsabilité limitée ou d'une société unipersonnelle. Les actes de disposition ne peuvent être effectués que par son ou ses administrateurs légaux.

L'autorisation mentionnée au premier alinéa revêt la forme d'un acte sous seing privé ou d'un acte notarié et comporte la liste des actes d'administration pouvant être accomplis par le mineur.

Voir : C. com., art. R. 526-3 et s., p. 770.

Bibliographie : V. Legrand. *Le mineur non émancipé et l'EIRL : quelle perspective pour les parents ? : LPA* 2010, n° 234, p. 7. • C. Michelet-Quinquis, *Heurts et bonheurs de la loi relative à l'EIRL : le « mineur-entrepreneur »*, Lexbase Hebdo, 7 oct. 2010, n° 411.

Art. 401 *(L. n° 64-1230, 14 déc. 1964 ; rempl., L. n° 2007-308, 5 mars 2007).* – [...].

(L. n° 2010-658, 15 juin 2010) Le conseil de famille autorise le mineur *(Mots aj., L. n° 2012-387, 22 mars 2012)* « âgé de seize ans révolus » à accomplir seul les actes d'administration nécessaires pour les besoins de la création et de la gestion d'une entreprise individuelle à responsabilité limitée ou d'une société unipersonnelle.

(L. n° 2010-658, 15 juin 2010) L'autorisation visée à l'alinéa précédent revêt la forme d'un acte sous seing privé ou d'un acte notarié et comporte la liste des actes d'administration pouvant être accomplis par le mineur.

....

Art. 408 *(L. n° 64-1230, 14 déc. 1964 ; rempl., L. n° 2007-308, 5 mars 2007).* – [...].

(L. n° 2010-658, 15 juin 2010) Le tuteur, après autorisation du conseil de famille, effectue les actes de disposition nécessaires pour les besoins de la création et de la gestion d'une entreprise individuelle à responsabilité limitée ou d'une société unipersonnelle.

Art. L. 526-7 *(L. n° 2010-658, 15 juin 2010 ; mod., L. n° 2010-874, 27 juill. 2010 ; mod., L. n° 2014-626, 18 juin 2014 et L. n° 2014-626, 18 juin 2014 ; L. n° 2019-486, 22 mai 2019).* – **La constitution du patrimoine affecté résulte d'une déclaration effectuée :**

1° Soit au registre de publicité légale auquel l'entrepreneur individuel est tenu de s'immatriculer ;

2° Soit au registre de publicité légale choisi par l'entrepreneur individuel en cas de double immatriculation ; dans ce cas, mention en est portée à l'autre registre ;

3° Soit, pour les personnes physiques qui ne sont pas tenues de s'immatriculer à un registre de publicité légale, à un registre tenu au greffe du tribunal statuant en matière commerciale du lieu de leur établissement principal ;

4° Soit, pour les exploitants agricoles, au registre de l'agriculture tenu par la chambre d'agriculture compétente.

Lorsque l'entrepreneur individuel est transféré dans le ressort d'un autre registre ou rattaché à un autre registre en cours d'activité, les mentions inscrites et l'ensemble des documents publics déposés sont transférés par le précédent organisme teneur de registre à celui nouvellement compétent. Dans ce cas, mention du transfert est portée au premier registre. Le transfert s'effectue par voie dématérialisée et ne donne pas lieu à émolument ou redevance.

Voir : C. com., art. R. 526-3, p. 770, R. 526-15 et R. 526-16 à R. 526-24, p. 772.

Bibliographie : *Instauration du registre spécial des entrepreneurs individuels à responsabilité limitée (RSEIRL) : JCP* N 2011, n° 2, p. 8.

Art. L. 526-8 *(Rempl., L. n° 2019-486, 22 mai 2019).* – I. - Lors de la constitution du patrimoine affecté, l'entrepreneur individuel mentionne la nature, la qualité, la quantité et la valeur des biens, droits, obligations ou sûretés qu'il affecte à son activité professionnelle sur un état descriptif déposé au registre où est effectuée la déclaration prévue à l'article L. 526-7 pour y être annexé.

En l'absence de bien, droit, obligation ou sûreté affectés en application du deuxième alinéa de l'article L. 526-6, aucun état descriptif n'est établi.

II. - La valeur inscrite est la valeur vénale ou, en l'absence de marché pour le bien considéré, la valeur d'utilité.

Sans préjudice du respect des règles d'affectation prévues à la présente section, l'entrepreneur individuel qui exerçait son activité professionnelle antérieurement à la déclaration mentionnée à l'article L. 526-7 peut présenter en qualité d'état descriptif le bilan de son dernier exercice, à condition que celui-ci soit clos depuis moins de quatre mois à la date de la déclaration. Dans ce cas, l'ensemble des éléments figurant dans le bilan compose l'état descriptif et les opérations intervenues depuis la date du dernier exercice clos sont comprises dans le premier exercice de l'entrepreneur individuel à responsabilité limitée.

Lorsque l'entrepreneur individuel n'a pas opté pour l'assimilation à une entreprise unipersonnelle à responsabilité limitée ou à une exploitation agricole à responsabilité limitée au sens de l'article 1655 *sexies* du Code général des impôts, la valeur des éléments constitutifs du patrimoine affecté correspond à leur valeur nette comptable telle qu'elle figure dans les comptes du dernier exercice clos à la date de constitution du patrimoine affecté s'il est tenu à une comptabilité commerciale, ou à la valeur d'origine de ces éléments telle qu'elle figure au registre des immobilisations du dernier exercice clos, diminuée des amortissements déjà pratiqués, si l'entrepreneur n'est pas tenu à une telle comptabilité.

Voir : C. com., art. R. 526-16, p. 772.

Art. L. 526-8-1 *(Créé, L. n° 2019-486, 22 mai 2019).* – Postérieurement à la constitution du patrimoine affecté, l'inscription ou le retrait en comptabilité d'un bien, droit, obligation ou sûreté emporte affectation à l'activité professionnelle ou retrait du patrimoine affecté.

Sont de plein droit affectés, par l'effet d'une subrogation réelle, les créances et indemnités qui remplacent des biens affectés ainsi que les biens acquis en emploi ou remploi des biens affectés.

La comptabilité régulièrement tenue fait preuve à l'égard des tiers sous réserve des formalités prévues aux articles L. 526-9 et L. 526-11 et du respect des règles prévues au deuxième alinéa de l'article L. 526-6.

Art. L. 526-9 *(L. n° 2010-658, 15 juin 2010 ; mod., L. n° 2014-626, 18 juin 2014 ; L. n° 2019-486, 22 mai 2019).* – L'affectation d'un bien immobilier ou d'une partie d'un tel bien est reçue par acte notarié et publiée au bureau des hypothèques ou, dans les départements du Bas-Rhin, du Haut-Rhin et de la Moselle, au livre foncier de la situation du bien. L'entrepreneur individuel qui n'affecte qu'une partie d'un ou de plusieurs biens immobiliers désigne celle-ci dans un état descriptif de division.

L'établissement de l'acte notarié et l'accomplissement des formalités de publicité donnent lieu au versement d'émoluments fixes dans le cadre d'un plafond déterminé par décret.

L'affectation ou le retrait d'un bien immobilier ou d'une partie d'un tel bien intervenant après la constitution du patrimoine affecté donne lieu aux formalités prévues au premier alinéa et au dépôt du document attestant de l'accomplissement de ces formalités au registre dont relève l'entrepreneur individuel à responsabilité limitée en application de l'article L. 526-7.

Le non-respect des règles prévues au présent article entraîne l'inopposabilité de l'affectation ou du retrait.

Voir : C. com., art. R. 526-3, p. 770.

Art. L. 526-10 *(Abr., L. n° 2019-486, 22 mai 2019).*

Rédaction antérieure. Art. L. 526-10 *(L. n° 2010-658, 15 juin 2010 ; L. n° 2016-1691, 9 déc. 2016).* – Sauf dans les cas prévus au dernier alinéa de l'article L. 526-8, tout élément d'actif du patrimoine affecté, autre que des liquidités, d'une valeur déclarée supérieure à un montant fixé par décret fait l'objet d'une évaluation au vu d'un rapport annexé à la déclaration et établi sous sa responsabilité par un commissaire aux comptes, un expert-comptable, une association de gestion et de comptabilité ou un notaire désigné par l'entrepreneur individuel. L'évaluation par un notaire ne peut concerner qu'un bien immobilier.

Lorsque l'affectation d'un bien visé au premier alinéa est postérieure à la constitution du patrimoine affecté, elle fait l'objet d'une évaluation dans les mêmes formes et donne lieu au dépôt d'une déclaration complémentaire au registre où est déposée la déclaration prévue à l'article L. 526-7. L'article L. 526-8 est applicable, à l'exception des 1° et 2°.

Lorsque la valeur déclarée est supérieure à celle proposée par le commissaire aux comptes, l'expert-comptable, l'association de gestion et de comptabilité ou le notaire, l'entrepreneur individuel est responsable, pendant une durée de cinq ans, à l'égard des tiers sur la totalité de son patrimoine, affecté et non affecté, à hauteur de la différence entre la valeur proposée par le commissaire aux comptes, l'expert-comptable, l'association de gestion et de comptabilité ou le notaire et la valeur déclarée.

En l'absence de recours à un commissaire aux comptes, à un expert-comptable, à une association de gestion et de comptabilité ou à un notaire, l'entrepreneur individuel est responsable, pendant une durée de cinq ans, à l'égard des tiers sur la totalité de son patrimoine, affecté et non affecté, à hauteur de la différence entre la valeur réelle du bien au moment de l'affectation et la valeur déclarée.

Voir : C. com., art. R. 526-3, p. 770, D. 526-5, p. 771 et R. 526-6, p. 771.

Art. L. 526-11 *(Créé à compter du 10 décembre 2010, L. n° 2010-658, 15 juin 2010 ; mod., L. n° 2014-626, 18 juin 2014 ; L. n° 2019-486, 22 mai 2019).* – **Lorsque tout ou partie des biens affectés sont des biens communs ou indivis, l'entrepreneur individuel justifie de l'accord exprès de son conjoint ou de ses coïndivisaires et de leur information préalable sur les droits des créanciers mentionnés au 1° du I de l'article L. 526-12 sur le patrimoine affecté. Un même bien commun ou indivis ou une même partie d'un bien immobilier commun ou indivis ne peut entrer dans la composition que d'un seul patrimoine affecté.**

Lorsque l'affectation ou le retrait d'un bien commun ou indivis est postérieure à la constitution du patrimoine affecté, il donne lieu au dépôt au registre dont relève l'entrepreneur individuel à responsabilité limitée en application de l'article L. 526-7 du document attestant de l'accomplissement des formalités mentionnées au premier alinéa du présent article.

Le non-respect des règles prévues au présent article entraîne l'inopposabilité de l'affectation.

Voir : C. com., art. R. 526-3, p. 770, R. 526-7, p. 771 et A. 526-2, p. 774.

Bibliographie : Ph. Simler, *EIRL et communauté de biens entre époux : JCP* G 2011, n° 1-2, p. 11.

Art. L. 526-12 *(Rempl., L. n° 2019-486, 22 mai 2019).* – **I. - La composition du patrimoine affecté est opposable de plein droit aux créanciers dont les droits sont nés postérieurement à la déclaration mentionnée à l'article L. 526-7.**

Par dérogation aux articles 2284 et 2285 du Code civil :

1° Les créanciers auxquels la déclaration est opposable et dont les droits sont nés à l'occasion de l'exercice de l'activité professionnelle à laquelle le patrimoine est affecté ont pour seul gage général le patrimoine affecté ;

2° Les autres créanciers auxquels la déclaration est opposable ont pour seul gage général le patrimoine non affecté.

Lorsque l'affectation procède d'une inscription en comptabilité en application de l'article L. 526-8-1 du présent code, elle est opposable aux tiers à compter du dépôt du bilan de l'entrepreneur individuel à responsabilité limitée ou, le cas échéant, du ou des documents résultant des obligations comptables simplifiées prévues au deuxième alinéa de l'article L. 526-13 auprès du registre où est immatriculé l'entrepreneur.

II. - Lorsque la valeur d'un élément d'actif du patrimoine affecté, autre que des liquidités, mentionnée dans l'état descriptif prévu à l'article L. 526-8 ou en comptabilité, est supérieure à sa valeur réelle au moment de son affectation, l'entrepreneur individuel à responsabilité limitée est responsable, pendant une durée de cinq ans, à l'égard des tiers sur la totalité de son patrimoine, affecté et non affecté, à hauteur de la différence entre la valeur réelle du bien au moment de l'affectation et la valeur mentionnée dans l'état descriptif ou en comptabilité.

Il est également responsable sur la totalité de ses biens et droits en cas de fraude ou en cas de manquement grave aux obligations prévues à l'article L. 526-13.

En cas d'insuffisance du patrimoine non affecté, le droit de gage général des créanciers mentionnés au 2° du I du présent article peut s'exercer sur le bénéfice réalisé par l'entrepreneur individuel à responsabilité limitée lors du dernier exercice clos.

Voir : C. com., art. R. 526-8, art. D. 526-9 et art. R. 526-10.

Décision du Conseil constitutionnel n° 2010-607 DC du 10 juin 2010

Loi relative à l'entrepreneur individuel à responsabilité limitée
– Réserve d'interprétation
(JO 16 juin)

[...]

– SUR L'ARTICLE L. 526-12 DU CODE DE COMMERCE :

7. Considérant que l'article 1er de la loi déférée insère dans le chapitre VI du titre II du livre V du Code de commerce une section intitulée « De l'entrepreneur individuel à responsabilité limitée », comprenant les articles L. 526-6 à L. 526-21 ; que ces dispositions permettent à tout entrepreneur individuel d'affecter à son activité, au moyen d'une déclaration faite à un registre de publicité, un patrimoine séparé de son patrimoine personnel ; qu'elles déterminent les conditions et les modalités de la déclaration d'affectation, organisent sa publicité, définissent ses effets et fixent les obligations des entrepreneurs ayant opté pour ce régime juridique ;

8. Considérant que le deuxième alinéa de l'article L. 526-12 du Code de commerce dispose que la déclaration d'affectation du patrimoine « est opposable aux créanciers dont les droits sont nés antérieurement à son dépôt à la condition que l'entrepreneur individuel à responsabilité limitée le mentionne dans la déclaration d'affectation et en informe les créanciers dans des conditions fixées par voie réglementaire » ; que ces créanciers peuvent toutefois « former opposition à ce que la déclaration leur soit opposable » ;

9. Considérant qu'en vertu des alinéas 6 à 8 de l'article L. 526-12 de ce code, la déclaration d'affectation du patrimoine soustrait le patrimoine affecté du gage des créanciers personnels de l'entrepreneur et le patrimoine personnel du gage de ses créanciers professionnels ; que s'il était loisible au législateur de rendre la déclaration d'affectation opposable aux créanciers dont les droits sont nés antérieurement à son dépôt, c'est à la condition que ces derniers soient personnellement informés de la déclaration d'affectation et de leur droit de former opposition ; que, sous cette réserve, le deuxième alinéa de l'article L. 526-12 du Code de commerce ne porte pas atteinte aux conditions d'exercice du droit de propriété des créanciers garanti par les articles 2 et 4 de la Déclaration des droits de l'homme et du citoyen de 1789 ;

[...]

DÉCIDE :

[...]

Article 2. – Sous la réserve énoncée au considérant 9, l'article L. 526-12 du Code de commerce, tel que résultant de l'article 1er de la même loi, n'est pas contraire à la Constitution.

Art. L. 526-13 *(L. n° 2010-658, 15 juin 2010).* **– L'activité professionnelle à laquelle le patrimoine est affecté fait l'objet d'une comptabilité autonome, établie dans les conditions définies aux articles L. 123-12 à L. 123-23 et L. 123-25 à L. 123-27.**

(Al. mod., L. n° 2019-486, 22 mai 2019) **Par dérogation à l'article L. 123-28 et au premier alinéa du présent article, l'activité professionnelle des personnes bénéficiant des régimes définis aux articles 50-0, 64 *bis* et 102 *ter* du Code général des impôts fait l'objet d'obligations comptables simplifiées.**

L'entrepreneur individuel à responsabilité limitée est tenu de faire ouvrir dans un établissement de crédit un ou plusieurs comptes bancaires exclusivement dédiés à l'activité à laquelle le patrimoine a été affecté.

Voir : C. com., art. R. 526-10-1 et R. 526-10-2, p. 771, art. R. 526-11, p. 771.

Art. L. 526-14 *(L. n° 2010-658, 15 juin 2010 ; mod., L. n° 2014-626, 18 juin 2014 ; L. n° 2014-626, 18 juin 2014 ; L. n° 2016-1691, 9 déc. 2016 ; L. n° 2019-486, 22 mai 2019).* **– Le bilan de l'entrepreneur individuel à responsabilité limitée ou, le cas échéant, le ou les documents résultant des obligations comptables simplifiées prévues au deuxième alinéa de l'article L. 526-13 sont déposés chaque année au registre dont relève l'entrepreneur individuel à responsabilité limitée en application de l'article L. 526-7 pour y être annexés.**

En cas de non-respect de l'obligation mentionnée au premier alinéa, le président du tribunal, statuant en référé, peut, à la demande de tout intéressé ou du ministère public, enjoindre sous astreinte à l'entrepreneur individuel à responsabilité limitée de procéder au dépôt de son bilan ou, le cas échéant, du ou des documents résultant des obligations comptables simplifiées prévues au deuxième alinéa de l'article L. 526-13.

Voir : C. com., art. R. 526-19, p. 773.

Art. L. 526-15 *(L. n° 2010-658, 15 juin 2010 ; mod., L. n° 2014-626, 18 juin 2014 ; L. n° 2019-486, 22 mai 2019).* – En cas de renonciation de l'entrepreneur individuel à responsabilité limitée à l'affectation ou en cas de décès de celui-ci, la déclaration mentionnée à l'article L. 526-7 cesse de produire ses effets. Toutefois, en cas de cessation, concomitante à la renonciation, de l'activité professionnelle à laquelle le patrimoine est affecté ou en cas de décès, les créanciers mentionnés aux 1° et 2° du I de l'article L. 526-12 conservent pour seul gage général celui qui était le leur au moment de la renonciation ou du décès.

En cas de renonciation, l'entrepreneur individuel en fait porter la mention au registre dont il relève en application de l'article L. 526-7. En cas de décès, un héritier, un ayant droit ou toute personne mandatée à cet effet en fait porter la mention au même registre.

Voir : C. com., art. R. 526-12, p. 771, R. 526-16, p. 772, R. 526-22 p. 774 et R. 526-23, p. 774.

Art. L. 526-16 *(L. n° 2010-658, 15 juin 2010 ; mod., L. n° 2014-626, 18 juin 2014 ; mod., L. n° 2019-486, 22 mai 2019).* – Par dérogation à l'article L. 526-15, l'affectation ne cesse pas dès lors que l'un des héritiers ou ayants droit de l'entrepreneur individuel décédé, sous réserve du respect des dispositions successorales, manifeste son intention de poursuivre l'activité professionnelle à laquelle le patrimoine était affecté. La personne ayant manifesté son intention de poursuivre l'activité professionnelle en fait porter la mention au registre dont relève l'entrepreneur individuel à responsabilité limitée en application de l'article L. 526-7 dans un délai de trois mois à compter de la date du décès.

La reprise du patrimoine affecté, le cas échéant après partage et vente de certains des biens affectés pour les besoins de la succession, est subordonnée au dépôt d'une déclaration de reprise au registre dont relève l'entrepreneur individuel à responsabilité limitée en application de l'article L. 526-7.

Voir : C. com., art. R. 526-16, p. 772, R. 526-21, R. 526-22, R. 526-23 et R. 526-24, p. 773.

Art. L. 526-17 *(L. n° 2010-658, 15 juin 2010 ; mod., L. n° 2014-626, 18 juin 2014 ; L. n° 2019-486, 22 mai 2019).* – I. - L'entrepreneur individuel à responsabilité limitée peut céder à titre onéreux, transmettre à titre gratuit entre vifs ou apporter en société l'intégralité de son patrimoine affecté et en transférer la propriété dans les conditions prévues aux II et III du présent article sans procéder à sa liquidation.

II. - La cession à titre onéreux ou la transmission à titre gratuit entre vifs du patrimoine affecté à une personne physique entraîne sa reprise avec maintien de l'affectation dans le patrimoine du cessionnaire ou du donataire. Elle donne lieu au dépôt par le cédant ou le donateur d'une déclaration de transfert au registre dont relève l'entrepreneur individuel à responsabilité limitée en application de l'article L. 526-7 et fait l'objet d'une publicité. La reprise n'est opposable aux tiers qu'après l'accomplissement de ces formalités.

La cession du patrimoine affecté à une personne morale ou son apport en société entraîne transfert de propriété dans le patrimoine du cessionnaire ou de la société, sans maintien de l'affectation. Elle donne lieu à publication d'un avis. Le transfert de propriété n'est opposable aux tiers qu'après l'accomplissement de cette formalité.

III. - La déclaration ou l'avis mentionnés au II sont accompagnés d'un état descriptif des biens, droits, obligations ou sûretés composant le patrimoine affecté.

Les articles L. 141-1 à L. 141-22 ne sont pas applicables à la cession ou à l'apport en société d'un fonds de commerce intervenant par suite de la cession ou de l'apport en société d'un patrimoine affecté.

Le cessionnaire, le donataire ou le bénéficiaire de l'apport est débiteur des créanciers de l'entrepreneur individuel à responsabilité limitée mentionnés au 1° du I de l'article L. 526-12 en lieu et place de celui-ci, sans que cette substitution emporte novation à leur égard.

Les créanciers de l'entrepreneur individuel à responsabilité limitée mentionnés au 1° du I de l'article L. 526-12 dont la créance est antérieure à la date de la publicité mentionnée au II du présent article, ainsi que les créanciers auxquels la déclaration n'est pas opposable et dont les droits sont nés antérieurement à la déclaration mentionnée à l'article L. 526-7 lorsque le patrimoine affecté fait l'objet d'une donation entre vifs, peuvent former opposition à la transmission du patrimoine affecté dans un délai fixé par voie réglementaire. Une décision de justice rejette l'opposition ou ordonne soit le remboursement des créances, soit la constitution de garanties, si le cessionnaire ou le donataire en offre et si elles sont jugées suffisantes.

À défaut de remboursement des créances ou de constitution des garanties ordonnées, la transmission du patrimoine affecté est inopposable aux créanciers dont l'opposition a été admise.

L'opposition formée par un créancier n'a pas pour effet d'interdire la transmission du patrimoine affecté.

Voir : la rédaction de cet article issue de l'ordonnance n° 2019-744 du 19 juillet 2019, en *addendum*, p. 3371.

Voir : C. com., art. R. 526-13 et R. 526-14, p. 771, R. 526-17, p. 773, R. 526-22 et R. 526-23, p. 774.

Bibliographie : Ph. Davy, *Cession isolée d'un bien immobilier d'une EIRL : Defrénois* 2010, n° 21, p. 1189. • S. Lacroix de Souza, *La cession du patrimoine de l'EIRL : D.* 2012, p. 620.

Art. L. 526-18 *(L. n° 2010-658, 15 juin 2010).* – L'entrepreneur individuel à responsabilité limitée détermine les revenus qu'il verse dans son patrimoine non affecté.

Art. L. 526-19 *(L. n° 2010-658, 15 juin 2010 ; mod., L. n° 2014-626, 18 juin 2014 ; L. n° 2014-626, 18 juin 2014). – (Mots aj. à compter du 1er janvier 2020, L. fin. n° 2018-1317, 28 déc. 2018)* « Sous réserve des dispositions de l'article 19-2 de la loi n° 96-603 du 5 juillet 1996 relative au développement et à la promotion du commerce et de l'artisanat, » [l]e tarif des formalités de dépôt et de transfert des déclarations et d'inscription des mentions visées à la présente section ainsi que de dépôt et de transfert du bilan ou du ou des documents résultant des obligations comptables simplifiées prévues au deuxième alinéa de l'article L. 526-13 est fixé par décret.

La formalité de dépôt de la déclaration visée à l'article L. 526-7 est gratuite lorsque la déclaration est déposée simultanément à la demande d'immatriculation au registre de publicité légale.

Art. L. 526-20 *(L. n° 2010-658, 15 juin 2010).* – Le ministère public ainsi que tout intéressé peuvent demander au président du tribunal statuant en référé d'enjoindre sous astreinte à un entrepreneur individuel à responsabilité limitée de porter sur tous ses actes et documents sa dénomination, précédée ou suivie immédiatement et lisiblement des mots : « Entrepreneur individuel à responsabilité limitée » ou des initiales : « EIRL ».

Voir : C. com., art. R. 526-20, p. 773.

Art. L. 526-21 *(L. n° 2010-658, 15 juin 2010).* – Les conditions d'application de la présente section sont fixées par décret en Conseil d'État.

Voir : C. com., art. R. 526-3 et s., p. 770.

PARTIE RÉGLEMENTAIRE

Section II. – De l'entrepreneur individuel à responsabilité limitée

(D. n° 2010-1706, 29 déc. 2010)

Sous-section 1. – Dispositions communes

Art. R. 526-3 *(D. n° 2010-1706, 29 déc. 2010 ; mod., D. n° 2012-122, 30 janv. 2012 ; D. n° 2017-630, 25 avr. 2017).* – La déclaration d'affectation mentionnée à l'article L. 526-7 contient les informations suivantes :

1° Les nom, nom d'usage, prénoms, date, lieu de naissance et domicile de l'entrepreneur individuel ;

2° La dénomination utilisée pour l'exercice de l'activité professionnelle à laquelle le patrimoine est affecté, comprenant au moins son nom ou son nom d'usage ; lorsque l'entrepreneur a procédé à plusieurs déclarations d'affectation, les dénominations utilisées pour chaque affectation de patrimoine doivent être distinctes ;

3° L'adresse de l'établissement principal où est exercée l'activité professionnelle à laquelle le patrimoine est affecté ou à défaut d'établissement l'adresse du local d'habitation où l'entreprise est fixée ;

4° L'objet de l'activité professionnelle à laquelle le patrimoine est affecté ;

5° La date de clôture de l'exercice comptable ;

6° Un état descriptif des biens, droits, obligations ou sûretés affectés à l'activité professionnelle en nature, qualité, quantité et valeur ;

7° Le numéro unique d'identification de l'entreprise délivré conformément à l'article D. 123-235 si la personne est déjà immatriculée ;

8° Les documents attestant de l'accomplissement des formalités mentionnées aux articles L. 526-9 à L. 526-11.

La déclaration mentionnée au premier alinéa est accompagnée des pièces justifiant de l'identité de l'entrepreneur individuel et de l'obtention des autorisations prévues à l'article 389-8 du Code civil.

Art. R. 526-3-1 *(D. n° 2012-122, 30 janv. 2012)*. – Pour l'application du deuxième alinéa de l'article L. 526-6, les biens, droits, obligations et sûretés nécessaires à l'exercice de l'activité professionnelle s'entendent de ceux qui, par nature, ne peuvent être utilisés que dans le cadre de cette activité.

Art. R. 526-4 *(D. n° 2010-1706, 29 déc. 2010)*. – Un modèle type facultatif de déclaration d'affectation est approuvé par arrêté conjoint du garde des Sceaux, ministre de la Justice, et du ministre chargé de l'économie.

Le centre de formalités des entreprises ou, dans le cas prévu au deuxième alinéa de l'article R. 123-5, le greffe du tribunal de commerce remet gratuitement ce modèle de déclaration type à l'entrepreneur individuel.

Voir : C. com., art. A. 526-1, p. 774 et Annexe 5, p. 2567.

Art. D. 526-5 *(D. n° 2010-1706, 29 déc. 2010)*. – Pour l'application de l'article L. 526-10, le montant de la valeur déclarée est fixé à 30 000 euros.

Art. R. 526-6 *(D. n° 2010-1706, 29 déc. 2010)*. – La personne chargée de procéder à l'évaluation mentionnée à l'article L. 526-10 décrit et justifie dans son rapport le mode d'évaluation qu'elle a retenu.

Art. R. 526-7 *(D. n° 2010-1706, 29 déc. 2010)*. – Un modèle type facultatif d'accord du conjoint commun en biens ou des coïndivisaires donné en application de l'article L. 526-11 est approuvé par arrêté conjoint du garde des Sceaux, ministre de la Justice, et du ministre chargé de l'économie.

Le centre de formalités des entreprises ou, dans les cas prévus au deuxième alinéa de l'article R. 123-5, le greffe du tribunal de commerce remet gratuitement ce modèle à l'entrepreneur individuel.

Voir : C. com., art. A. 526-2, p. 774 et Annexe 5, p. 2567.

Art. R. 526-8 *(Abr., D. n° 2017-630, 25 avr. 2017)*.

Art. D. 526-9 *(Abr., D. n° 2017-630, 25 avr. 2017)*.

Art. R. 526-10 *(Abr., D. n° 2017-630, 25 avr. 2017)*.

Art. R. 526-10-1 *(D. n° 2010-1706, 29 déc. 2010)*. – Les personnes ayant effectué une déclaration d'affectation en application de l'article L. 526-7 et bénéficiant des régimes prévus aux articles 50-0,64 et 102 *ter* du Code général des impôts tiennent :

1° Un livre des recettes et, lorsque la nature de leur activité le requiert, un registre des achats, tels que prévus à l'article L. 123-28 ;

2° En date du 31 décembre de chaque année, un relevé actualisant la déclaration d'affectation, selon un modèle type approuvé par arrêté conjoint du garde des Sceaux, ministre de la Justice, et du ministre chargé de l'économie. Ce relevé fait l'objet d'un dépôt annuel au registre, dans les conditions prévues à l'article L. 526-14, dans le délai de six mois à compter de son établissement.

Voir : C. com., art. A. 526-3, p. 774.

Art. R. 526-10-2 *(Abr., D. n° 2017-630, 25 avr. 2017)*.

Art. R. 526-11 *(D. n° 2010-1706, 29 déc. 2010)*. – Chaque compte bancaire ouvert par l'entrepreneur pour les besoins de l'activité professionnelle à laquelle un patrimoine a été affecté doit contenir dans son intitulé la dénomination prévue au 2° de l'article R. 526-3 ainsi que les mots : « entrepreneur individuel à responsabilité limitée » ou les initiales : « EIRL ».

Art. R. 526-12 *(D. n° 2010-1706, 29 déc. 2010)*. – Dans le mois suivant la renonciation à l'affectation prévue à l'article L. 526-15, l'entrepreneur individuel en fait porter la mention au registre auquel a été effectuée la déclaration mentionnée à l'article L. 526-7. Dans les deux mois suivant la renonciation, il dépose audit registre un état descriptif actualisé des biens, droits, obligations ou sûretés affectés à l'activité professionnelle en nature, qualité, quantité et valeur.

Art. R. 526-13 *(D. n° 2010-1706, 29 déc. 2010)*. – La cession à titre onéreux à une personne physique ou la transmission à titre gratuit entre vifs du patrimoine affecté la cession de ce patrimoine à une personne morale ou son apport en société sont publiés dans le mois de leur date à la diligence du cédant, du donateur ou de l'apporteur, sous forme d'avis au *Bulletin officiel des annonces civiles et commerciales*.

Cet avis contient les indications suivantes :

1° S'agissant du cédant, du donateur ou de l'apporteur ainsi que du cessionnaire ou du donataire, personnes physiques : les nom, nom d'usage, prénoms, le cas échéant nom commercial ou professionnel, l'objet de l'activité professionnelle à laquelle le patrimoine est affecté, l'adresse de l'établissement principal où est exercée cette activité ou à défaut d'établissement l'adresse du local d'habitation où l'entreprise est fixée, le registre auquel a été déposée la déclaration d'affectation mentionnée à l'article L. 526-7 et le numéro unique d'identification de l'entreprise délivré conformément à l'article D. 123-235 ;

2° S'agissant du cessionnaire ou du bénéficiaire de l'apport, personnes morales : la raison sociale ou la dénomination sociale suivie, le cas échéant, du sigle, de la forme, de l'adresse du siège, du montant du capital et du numéro unique d'identification de l'entreprise délivré conformément à l'article D. 123-235, ainsi qu'un état descriptif indiquant la valeur de l'actif, du passif et des sûretés composant le patrimoine affecté, actualisé à la date de la clôture du dernier exercice comptable, établi dans des formes prévues par arrêté conjoint du garde des Sceaux, ministre de la Justice, et du ministre chargé de l'économie ;

3° La date et le lieu du dépôt des déclarations mentionnées au II de l'article L. 526-17.

Voir : C. com., art. A. 526-4, p. 774.

Art. R. 526-14 *(D. n° 2010-1706, 29 déc. 2010)*. – Les créanciers mentionnés au quatrième alinéa du III de l'article L. 526-17 saisissent le tribunal compétent selon les règles de droit commun de leur opposition dans le mois suivant la publication mentionnée à l'article R. 526-13.

Art. R. 526-14-1 *(D. n° 2015-913, 24 juill. 2015)*. – Lorsque l'entrepreneur individuel à responsabilité limitée modifie l'activité professionnelle au titre de laquelle il a déposé une déclaration d'affectation de patrimoine et que cette modification lui impose de s'immatriculer à un autre registre ou répertoire, il demande une nouvelle immatriculation et déclare, conjointement à cette demande, le lieu et le registre de dépôt de la déclaration d'affectation et des autres documents prévus au sixième alinéa de l'article L. 526-7 aux fins du transfert prévu à cet article. Si la modification de son activité professionnelle le justifie, l'entrepreneur individuel à responsabilité limitée procède, auprès de l'organisme nouvellement compétent, à la modification, prévue par le 2° de l'article L. 526-8, de l'objet de l'activité professionnelle mentionné dans la déclaration d'affectation du patrimoine et, le cas échéant, à la modification du patrimoine affecté.

L'organisme nouvellement compétent demande, dans le délai d'un jour franc ouvrable à compter de la nouvelle immatriculation, à l'organisme antérieurement compétent de procéder au transfert dans le délai d'un jour franc ouvrable à compter de la réception de sa demande. L'organisme antérieurement compétent procède d'office à la modification ou à la radiation de l'immatriculation de l'entrepreneur individuel de son registre et informe, par tous moyens, ce dernier des diligences accomplies.

Sous-section 2. – Du registre spécial des entrepreneurs individuels à responsabilité limitée

Art. R. 526-15 *(D. n° 2010-1706, 29 déc. 2010)*. – Les entrepreneurs individuels à responsabilité limitée qui ne sont pas tenus de s'immatriculer à un registre de publicité légale déposent la déclaration d'affectation mentionnée à l'article L. 526-7 au registre spécial tenu au greffe du tribunal de commerce ou du tribunal de grande instance statuant commercialement dans le ressort duquel se trouve l'adresse de leur établissement principal ou à défaut d'établissement l'adresse du local d'habitation où l'entreprise est fixée.

Dans les départements du Bas-Rhin, du Haut-Rhin et de la Moselle, le registre spécial mentionné à l'alinéa précédent est tenu pour l'étendue du ressort de chaque tribunal de grande instance au greffe des tribunaux d'instance de Colmar, Metz, Mulhouse, Sarreguemines, Saverne, Strasbourg et Thionville.

Art. R. 526-16 *(D. n° 2010-1706, 29 déc. 2010 ; D. n° 2017-630, 25 avr. 2017)*. – Lors de l'immatriculation de l'entrepreneur individuel à responsabilité limitée au registre spécial mentionné à l'article R. 526-15, le greffier indique au registre les informations prévues aux 1° à 5° et 7° de l'article R. 526-3.

Sont également mentionnés dans ce registre les événements et décisions prévus par les articles L. 526-8 (2°), L. 526-15, L. 526-16 et L. 526-17.

Une demande d'inscription modificative est présentée dans le délai d'un mois suivant l'événement rendant nécessaire une rectification ou une adjonction aux énonciations prévues aux deux alinéas précédents. La demande est présentée par la personne immatriculée au registre ou par les personnes mentionnées aux articles L. 526-15, L. 526-16, premier alinéa, et L. 526-17. Le dépôt de la déclaration de reprise mentionnée au second alinéa de l'article L. 526-16 est effectué par la personne reprenant le patrimoine affecté. La demande relative à la cession du patrimoine affecté à une personne morale ou à son apport en société est présentée par le cédant ou l'apporteur.

Art. R. 526-17 *(D. n° 2010-1706, 29 déc. 2010).* **– Le lieu et le numéro d'immatriculation au registre spécial, définis dans des conditions prévues par arrêté conjoint du garde des Sceaux, ministre de la Justice, et du ministre chargé de l'économie, ainsi que l'objet de l'activité professionnelle à laquelle le patrimoine est affecté et la dénomination incorporant le nom ou nom d'usage précédé ou suivi immédiatement des mots : « entrepreneur individuel à responsabilité limitée » ou des initiales : « EIRL » figurent sur les documents et correspondances à usage professionnel de l'intéressé.**

Voir : C. com., art. A. 526-5, p. 774.

Art. R. 526-18 *(D. n° 2010-1706, 29 déc. 2010).* **– Le dépôt au registre spécial mentionné à l'article R. 526-15 de la déclaration d'affectation dans les formes prévues à l'article R. 526-3, des actes ou décisions modifiant cette déclaration ainsi que des documents attestant de l'accomplissement des formalités prévues aux articles L. 526-9 à L. 526-11 en cas d'affectation de biens nouveaux postérieurement à la constitution du patrimoine affecté est régi par les dispositions des articles R. 123-121-2 et R. 123-121-3.**

Art. R. 526-19 *(D. n° 2010-1706, 29 déc. 2010).* **– L'entrepreneur individuel à responsabilité limitée dépose au registre spécial mentionné à l'article R. 526-15, dans le délai de six mois suivant la clôture de l'exercice, les documents comptables mentionnés à l'article L. 526-14.**

Art. R. 526-20 *(D. n° 2010-1706, 29 déc. 2010 ; D. n° 2016-1278, 29 déc. 2016 ; D. n° 2017-1416, 28 sept. 2017).* **– Les déclarations et dépôts au registre spécial mentionné à l'article R. 526-15 peuvent être effectués par voie électronique sous réserve qu'ils puissent être transmis et reçus par cette voie.**

Pour toutes les transmissions par voie électronique mentionnées à l'alinéa précédent, il est fait usage d'une signature électronique sécurisée dans les conditions prévues à l'article 1367 du Code civil et par le décret n° 2017-1416 du 28 septembre 2017 relatif à la signature électronique. Toutefois, pour les déclarations relatives à l'immatriculation des intéressés, cette signature électronique peut résulter de l'usage d'un procédé répondant aux conditions définies à la première phrase du second alinéa de l'article 1367 du Code civil.

Le greffier accuse réception de toute transmission qui lui est faite dès que celle-ci lui parvient.

Art. R. 526-20-1 *(D. n° 2015-913, 24 juill. 2015).* **– Lorsque l'entrepreneur individuel à responsabilité limitée transfère dans le ressort d'un autre tribunal l'établissement où est exercée l'activité professionnelle au titre de laquelle il a déposé une déclaration d'affectation de patrimoine ou, à défaut d'établissement, le local d'habitation où l'entreprise est fixée, il demande une nouvelle immatriculation et déclare, conjointement à cette demande, le lieu et le registre de dépôt de la déclaration d'affectation et des autres documents prévus au sixième alinéa de l'article L. 526-7 aux fins du transfert prévu à cet article.**

Le greffier nouvellement compétent demande, dans le délai d'un jour franc ouvrable à compter de la nouvelle immatriculation, au greffier du tribunal dans le ressort duquel était exercée l'activité de procéder au transfert dans le délai d'un jour franc ouvrable à compter de la réception de sa demande. Le greffier antérieurement compétent procède d'office à la modification ou à la radiation de l'immatriculation de l'entrepreneur individuel de son registre et informe, par tous moyens, ce dernier des diligences accomplies.

Art. R. 526-21 *(D. n° 2010-1706, 29 déc. 2010).* **– En cas de décès de la personne immatriculée, il incombe à ses héritiers ou ayants cause à titre universel de demander sa radiation du registre spécial s'ils n'entendent pas poursuivre l'activité professionnelle à laquelle le patrimoine est affecté dans les conditions prévues à l'article L. 526-16.**

Lorsque le greffier a reçu la preuve du décès d'une personne immatriculée, et faute par les héritiers ou ayants cause à titre universel de se conformer aux dispositions de l'alinéa précédent, il procède d'office à la radiation de cette personne un an après la date du décès.

Art. R. 526-22 *(D. n° 2010-1706, 29 déc. 2010).* – Dans le délai d'un mois avant la cessation totale de son activité professionnelle ou dans le délai d'un mois à compter de celle-ci, l'entrepreneur individuel à responsabilité limitée demande sa radiation du registre spécial mentionné à l'article R. 526-15 en indiquant la date de cessation.

Art. R. 526-23 *(D. n° 2010-1706, 29 déc. 2010).* – Lorsque la mention de la renonciation de l'entrepreneur individuel à responsabilité limitée à l'affectation, de la cession à titre onéreux ou de la transmission à titre gratuit entre vifs du patrimoine affecté à une personne physique, de la cession de ce patrimoine à une personne morale ou de son apport en société a été portée au registre spécial prévu à l'article R. 526-15, le greffier procède d'office et sans délai à la radiation de la personne immatriculée.

Art. R. 526-24 *(D. n° 2010-1706, 29 déc. 2010).* – En cas de non-respect des dispositions du troisième alinéa de l'article R. 526-16 *(Mots aj. à compter du 1er juillet 2015, D. n° 2015-417, 14 avr. 2015)* « et de l'article R. 526-22 », le juge commis à la surveillance du registre du commerce et des sociétés du ressort rend soit d'office, soit à la requête du procureur de la République ou de toute personne justifiant y avoir intérêt une ordonnance enjoignant à l'intéressé de faire procéder à la mention et, s'il y a lieu, à sa radiation.

L'ordonnance du juge est notifiée à l'intéressé dans les conditions prévues à l'article *(Réf. rempl., D. n° 2015-417, 14 avr. 2015)* « R. 123-140 ». Les voies de recours sont exercées conformément aux dispositions des articles R. 123-141 et R. 123-142.

L'ordonnance est exécutée dans le délai de quinze jours à compter du jour où elle est devenue définitive. À défaut, le greffier procède d'office à la mention et s'il y a lieu à la radiation à l'expiration de ce délai.

....

Art. A. 526-1 *(A. 29 déc. 2010).* – Le modèle type de déclaration d'affectation de patrimoine figurant en annexe 5-1 est approuvé.

Art. A. 526-2 *(A. 29 déc. 2010).* – Les modèles types d'accords du conjoint ou du coïndivisaire, donnés, en application de l'article L. 526-11, à l'affectation par l'entrepreneur individuel à responsabilité limitée d'un bien commun ou indivis à son activité professionnelle, figurant en annexe 5-1 sont approuvés.

Art. A. 526-3 *(A. 28 sept. 2011).* – Le modèle type du relevé d'actualisation de la déclaration d'affectation prévu à l'article R. 526-10-1 figurant en annexe 5-2 est approuvé.

Art. A. 526-4 *(Anc. art. A. 526-3, dénum., A. 28 sept. 2011).* – L'état descriptif du patrimoine affecté prévu au 2° de l'article R. 526-13 et destiné à être publié au *Bulletin officiel des annonces civiles et commerciales* contient les informations suivantes, fournies par le cédant ou l'apporteur :

1° La valeur globale de l'actif ;

2° La liste des sûretés dont bénéficie l'entrepreneur individuel à responsabilité limitée et les montants des créances garanties par elles ;

3° La valeur globale du passif ;

4° La liste des biens du patrimoine grevés d'une sûreté et, pour chacun des biens concernés, la nature de la sûreté et le montant de la créance garantie.

Les valeurs mentionnées aux 1° et 3° sont celles figurant dans les comptes de l'entrepreneur individuel à responsabilité limitée du dernier exercice clos précédant la date de la cession ou de l'apport en société.

Art. A. 526-5 *(Anc. art. A. 526-4, dénum., A. 28 sept. 2011).* – Le lieu de dépôt de la déclaration d'affectation du patrimoine au registre spécial mentionné à l'article R. 526-17 est le greffe du tribunal de commerce ou du tribunal de grande instance statuant commercialement dans le ressort duquel se trouve l'adresse de l'établissement principal ou, à défaut d'établissement, du local d'habitation où l'entreprise est fixée de l'entrepreneur individuel à responsabilité limitée. L'obligation de faire figurer ce lieu sur les documents et correspondances à usage professionnel de l'intéressé est remplie lorsque y sont mentionnés les mots et initiales « registre spécial des entrepreneurs individuels à responsabilité limitée de », « registre spécial des EIRL de » ou « RSEIRL de » suivis du nom de la ville où est situé ce tribunal.

Le numéro d'immatriculation au registre spécial des entrepreneurs individuels à responsabilité limitée, mentionné au même texte, est constitué du numéro unique d'identification délivré conformément à l'article D. 123-235.

Annexes de la partie réglementaire

Annexe 5-1. – (annexe aux articles A. 526-1 et A. 526-2)

(A. 29 déc. 2010)

Annexe I. – Modèle type de déclaration d'affectation du patrimoine à son activité professionnelle

Modèle de déclaration d'affectation par un entrepreneur individuel à responsabilité limitée

I. – Renseignements généraux

Nom : .... ;
Nom d'usage : .... ;
Prénom : .... ;
Né(e) le : .... ;
à : .... ;
Domicile : .... ;
Objet de l'activité professionnelle de l'EIRL : .... ;
Adresse où est exercée l'activité professionnelle de l'EIRL : .... ;
Dénomination de l'EIRL : .... ;
Date de clôture des comptes : .... ;
N° SIREN, s'il a déjà été attribué : .... ;
Le cas échéant, registre de publicité légale où est déjà immatriculé le déposant *(indiquer le lieu)* :
□ Registre du commerce et des sociétés (RCS) de .... ;
□ Répertoire des métiers (RM) de .... ;
□ Registre spécial des agents commerciaux (RSAC) de .... ;
Situation matrimoniale :
□ Marié(e) □ Pacsé(e) ou en concubinage □ Autre
En cas de mariage, précisez le régime matrimonial .... ;
□ Création □ Passage d'**entrepreneur individuel** en EIRL
Lieu de dépôt de la déclaration
□ RCS de .... ;
□ RSAC de .... ;
□ Registre spécial des EIRL du tribunal de commerce ou du tribunal de grande instance statuant en matière commerciale de .... ;
□ Répertoire des métiers de .... ;
□ Registre de l'agriculture de .... ;
□ Opposabilité de la déclaration d'affectation aux créanciers dont les droits sont nés antérieurement au dépôt de la déclaration *(à cocher uniquement si l'option pour l'opposabilité aux créanciers antérieurs est exercée)* :

II. – État descriptif des biens, droits, obligations, sûretés affectés à l'exercice de l'activité professionnelle

A. – Éléments d'actif

Fiche signalétique	Description	Valeur déclarée	Sûretés grevant le bien (le cas échéant)	Documents à annexer
A1				
A2				
A3				
…	…	…	…	
Total		–	–	–

A. – Éléments de passif

Fiche signalétique	Description	Encours
B1		
B2		
B3		
		…
Total		–

Fait le, ... ;
À .... ;
Signature de la personne

Modèle de fiche signalétique par élément figurant dans le tableau II-A

Description (et localisation si bien immobilier) : bien (meuble, immeuble, liquidités...), droit (droit d'usage...), obligations (créance, avance et acompte versé sur commande...), sûreté bénéficiant à l'EIRL (caution, gage, nantissement, hypothèque... en faveur de l'EIRL).

Nature (élément détenu en pleine propriété, en nue-propriété ou en usufruit, bien indivis, bien commun...).

Qualité (élément neuf ou d'occasion...).

Quantité.

Valeur déclarée : .... ;

Modèle de fiche signalétique par élément figurant dans le tableau II-B

Détail de chaque emprunt *(né antérieurement au dépôt de la déclaration)* :
N° 1.. ;
Identité du créancier.. ;
Encours restant dû.. ;
Terme prévu pour le remboursement.. ;
N° 2.. ;
Identité du créancier.. ;
Encours restant dû.. ;
Terme prévu pour le remboursement.. ;
Détail des autres dettes *(nées antérieurement au dépôt de la déclaration)* :
Dettes fournisseurs :
Identité du créancier.. ;
Montant dû.. ;
Date d'échéance.. ;
Dettes sociales :
Identité du créancier.. ;
Nature de la dette.. ;
Montant total dû.. ;
Date d'échéance.. ;
Dettes fiscales :
Identité du créancier.. ;
Nature de la dette.. ;
Montant total dû.. ;
Date d'échéance.. ;

Annexe II. – Modèle type d'accord du conjoint à l'affectation par l'entrepreneur individuel à responsabilité limitée d'un bien commun à son activité professionnelle

Modèle d'accord du conjoint en cas d'affectation de biens communs par un entrepreneur individuel à responsabilité limitée

Je soussigné *(nom et prénom, date et lieu de naissance, domicile)*,

conjoint de M./Mme *(rayer la mention inutile) (nom et prénom de l'****entrepreneur individuel*** *à responsabilité limitée)*, relevant d'un régime matrimonial prévoyant une communauté de biens entre époux,

déclare, conformément à l'article L. 526-11 du Code de commerce :

– donner mon accord à l'affectation par M./Mme *(rayer la mention inutile) (nom et prénom de l'****entrepreneur individuel*** *à responsabilité limitée)*, **entrepreneur individuel** à responsabilité limitée exerçant sous la dénomination EIRL *(à compléter)*, du (des) bien(s) commun(s) suivant(s) à son activité professionnelle :*(lister le[s] bien[s] commun[s] affecté[s])*

– avoir été informé(e) que les créanciers auxquels la déclaration d'affectation est opposable et dont les droits sont nés à l'occasion de l'exercice de l'activité professionnelle à laquelle un patrimoine comprenant le(s) bien(s) commun(s) susmentionné(s) est affecté ont pour seul gage général le patrimoine affecté ;

– avoir été informé(e) qu'un même bien commun ne peut entrer dans la composition que d'un seul patrimoine affecté.

Fait à .... ;

Le .... ;

Signature du conjoint

Annexe III – Modèle type d'accord du coïndivisaire à l'affectation par l'entrepreneur individuel à responsabilité limitée d'un bien indivis à son activité professionnelle

Modèle d'accord du coïndivisaire en cas d'affectation de bien indivis par un entrepreneur individuel à responsabilité limitée

Je soussigné *(nom et prénom, date et lieu de naissance, domicile)*,

propriétaire indivis avec M./Mme *(rayer la mention inutile) (nom et prénom de l'****entrepreneur individuel*** *à responsabilité limitée)* du (des) bien(s) suivants :

(lister le[s] bien[s] indivis affecté[s])

déclare, conformément à l'article L. 526-11 du Code de commerce :

– donner mon accord à l'affectation par M./Mme *(rayer la mention inutile) (nom et prénom de l'****entrepreneur individuel*** *à responsabilité limitée)* **entrepreneur individuel** à responsabilité limitée exerçant sous la dénomination EIRL *(à compléter)*, du (des) bien(s) indivis susmentionné(s), à son activité professionnelle ;

– avoir été informé(e) que les créanciers auxquels la déclaration d'affectation est opposable et dont les droits sont nés à l'occasion de l'exercice de l'activité professionnelle à laquelle un patrimoine comprenant le(s) bien(s) indivis susmentionné(s) est affecté ont pour seul gage général le patrimoine affecté ;

– avoir été informé(e) qu'un même bien indivis ne peut entrer dans la composition que d'un seul patrimoine affecté.

Fait à .... ;

Le .... ;

Signature du coïndivisaire

Annexe 5-2. – (annexe à l'article A. 526-3)

(A. 28 sept. 2011)

Modèle type de relevé d'actualisation

Modèle type de relevé d'actualisation de la déclaration d'affectation du patrimoine correspondant aux obligations comptables simplifiées auxquelles est soumise l'activité professionnelle des personnes bénéficiant des régimes définis aux articles 50-0, 64 et 102 *ter* du Code général des impôts (régime fiscal de la microentreprise)

I. – Renseignements généraux

Nom :

Prénom :

Dénomination de l'EIRL :

N° SIREN

Date d'établissement du présent relevé d'actualisation (1) :

31 décembre....

(1) Le relevé d'actualisation de la déclaration d'affectation prévu à l'article R. 526-10-1 du Code de commerce doit être établi le 31 décembre de chaque année et faire l'objet d'un dépôt au même registre que celui où est déposée la déclaration d'affectation du patrimoine, dans le délai de six mois suivant son établissement.

II. – Actualisation de l'état descriptif des biens, droits, obligations, sûretés affectés à l'exercice de l'activité professionnelle à la clôture de l'exercice

A. – Éléments d'actif (1)

FICHE signalétique (2)	DESCRIPTION (3)	DATE d'acquisition	VALEUR DÉCLARÉE ou prix d'acquisition (4)	SÛRETÉS GREVANT LE BIEN (5) (le cas échéant)
A1				
A2				
A3				
....	....		....	....
Total	X	X		X

B. – Éléments de passif

FICHE signalétique	DESCRIPTION	ENCOURS (6)
B1		
B2		
B3		
....	....	....
Total	X	

(1) Il s'agit de :

– l'ensemble des biens, droits, obligations et sûretés dont bénéficie l'EIRL, nécessaires à son activité professionnelle ou utilisés pour l'exercice de celle-ci, qui ont fait l'objet d'une affectation à l'activité professionnelle lors de la déclaration initiale d'affectation du patrimoine ou d'une déclaration complémentaire ;

– l'ensemble des actifs acquis au cours de l'exercice ou des exercices antérieurs à l'occasion de l'activité de l'EIRL, et notamment le montant de l'avoir en caisse et le solde créditeur du ou des comptes bancaires ouverts par l'EIRL, comprenant l'ensemble des revenus perçus au cours de l'exercice ou des exercices antérieurs que l'EIRL a choisi de ne pas reverser dans son patrimoine non affecté.

(2) Pour les éléments qui figuraient déjà dans la déclaration d'affectation de patrimoine ou dans le relevé d'actualisation de l'exercice précédent : joindre une copie de la fiche signalétique correspondante.

Pour les éléments affectés ou acquis au cours de l'exercice, établir une nouvelle fiche signalétique selon le même modèle (V. modèle type de déclaration d'affectation du patrimoine se trouvant en annexe 5-1 (3) du Code de commerce (partie : Arrêtés).

(3) Description : la description doit être sommaire : il y a lieu de globaliser les biens de même nature ou relevant d'un même ensemble dont la valeur unitaire n'excède pas 500 euros. La description doit préciser la localisation si le bien concerné est un bien immobilier.

(4) Pour les éléments qui étaient déjà affectés ou acquis au 1er janvier : la valeur est celle comptabilisée dans la déclaration d'affectation.

Pour les éléments affectés au cours de l'exercice, la valeur est la valeur vénale ou, en l'absence de marché, la valeur d'utilité.

Pour les éléments acquis (d'une tierce partie) au cours de l'exercice, la valeur est :

– le coût d'acquisition pour les biens acquis à titre onéreux ;
– la valeur vénale pour les biens acquis à titre gratuit ou, en l'absence de marché, la valeur d'utilité ;
– le coût de production pour les biens produits par l'EIRL ;
– le montant des sommes à recevoir pour les créances clients.

Pour les sûretés dont l'EIRL bénéficie, indiquer le montant de l'engagement garanti.

(5) Préciser la nature des sûretés grevant le bien et le montant de la créance garantie.

(6) Il s'agit de l'ensemble des emprunts et dettes affectés à l'activité professionnelle de l'EIRL ou nés au cours de l'exercice ou des exercices antérieurs à l'occasion de cette activité ; préciser s'il s'agit d'emprunts, de dettes fournisseurs, avec le solde restant dû, ou d'un passif de nature fiscale ou sociale.

C. – Évolution

	EXERCICE N - 1	EXERCICE N (au 31 décembre...., date d'établissement du présent relevé d'actualisation)
Total de l'actif		
Total du passif		

Fait le ....

À ....

Signature de la personne

Décret n° 2010-1648 du 28 décembre 2010

relatif au tarif des actes déposés par l'entrepreneur individuel à responsabilité limitée au répertoire des métiers

(JO 29 déc. 2010 ; mod., D. n° 2015-810, 2 juill. 2015)

Art. 1er. – Les redevances dues aux établissements du réseau des chambres de métiers et de l'artisanat pour l'établissement et le contrôle de conformité des actes déposés au répertoire des métiers mentionné à l'article 19 de la loi [n° 96-603] du 5 juillet 1996 susvisée par l'entrepreneur individuel à responsabilité limitée en application des articles L. 526-6 à L. 526-21 du Code de commerce sont déterminées et fixées conformément aux dispositions qui suivent.

Elles comprennent la rémunération de tous travaux, soins, diligences et formalités afférents à l'acte ou à la procédure considérée.*(Tableau mod., D. n° 2015-810, 2 juill. 2015)*

NUMÉROS	NATURE DES ACTES	REDEVANCES
Registre des entrepreneurs individuels à responsabilité limitée		
1	Dépôt de la déclaration d'affectation du patrimoine comprenant le coût de la radiation (1)	42 €
2	Inscriptions modificatives de la déclaration d'affectation du patrimoine et mentions	21 €
3	Dépôt du bilan ou du document comptable simplifié (2)	6,50 €
4	Notification à un autre registre en cas de double immatriculation	8 €
5	Copie du bilan, du document comptable simplifié ou de la déclaration d'affectation	6 €

(1) Il n'est perçu aucune redevance pour le dépôt de la déclaration d'affectation du patrimoine lorsqu'elle intervient simultanément à la demande d'immatriculation au répertoire.

(2) Il s'agit du document comptable simplifié prévu par l'article R. 123-208 *bis* du Code de commerce.

2.7.2.2. – Dispositions fiscales et sociales

Bibliographie : S. Dubost, *Régime fiscal de l'EIRL : une EURL sans personnalité : Les Nouvelles Fiscales* 1er avr. 2011, n° 1065, p. 4. • F. Girard de Barros, *Le statut fiscal de l'avocat/entrepreneur individuel à responsabilité limitée : un nouveau « sac d'embrouilles » ? Lexbase Hebdo édition Profession*, 17 mars 2011, n° 68. • S. Jambort, *Les lacunes du régime fiscal de l'EIRL : BJS* 2011, p. 261. • J.-L. Pierre, *L'entreprise à patrimoine affecté, la résurgence d'un serpent de mer : JCP* E 2009, 2184 ; *Régime fiscal de l'entrepreneur individuel à responsabilité limitée : Dr. sociétés* 2010, n° 10. • P. Serlooten, *Brèves observations (et interrogations) sur le projet de création de l'entreprise individuelle à responsabilité limitée : Dr. fisc.* 2010, n° 14, comm. 225.

Code général des impôts

Art. 1655 *sexies* (*Mod., L. fin. rect. n° 2011-900, 29 juill. 2011 ; L. n° 2015-1786, 29 déc. 2015 ; L. n° 2018-1317, 28 déc. 2018*). – 1. Pour l'application du présent code et de ses annexes, à l'exception du 2 de l'article 206, du 5° du 1 de l'article 635 et de l'article 638 A, l'entrepreneur individuel qui exerce son activité dans le cadre d'une entreprise individuelle à responsabilité limitée ne bénéficiant pas des régimes définis aux articles 50-0, 64 *bis* et 102 *ter* peut opter pour l'assimilation à une entreprise unipersonnelle à responsabilité limitée ou à une exploitation agricole à responsabilité limitée dont la personne mentionnée à l'article L. 526-6 du Code de commerce tient lieu d'associé unique. Lorsque l'option est exercée, l'article 151 *sexies* s'applique aux biens nécessaires à l'exercice de son activité professionnelle. La liquidation de l'entreprise individuelle à responsabilité limitée emporte alors les mêmes conséquences fiscales que la cessation d'entreprise et l'annulation des droits sociaux d'une entreprise unipersonnelle à responsabilité limitée ou d'une exploitation agricole à responsabilité limitée.

2. L'option mentionnée au 1, exercée dans des conditions fixées par décret, est irrévocable et vaut option pour l'impôt sur les sociétés.

L'entreprise peut cependant renoncer à l'option pour l'impôt sur les sociétés dans les conditions mentionnées au troisième alinéa du 1 de l'article 239. Sous réserve des dispositions de l'article 221 *bis*, la révocation de cette option emporte les conséquences fiscales prévues au deuxième alinéa du 2 de l'article 221.

Code général des impôts - Annexe III

(Rétabli, D. n° 2012-398, 22 mars 2012)

Art. 350 *bis*. – Pour l'exercice de l'option prévue à l'article 1655 *sexies* du Code général des impôts, l'entreprise individuelle à responsabilité limitée adresse une notification au service des impôts du lieu de son principal établissement.

La notification de l'option indique la dénomination et l'adresse de l'entreprise individuelle à responsabilité limitée, ainsi que les nom, prénom, l'adresse et la signature de l'entrepreneur individuel qui exerce son activité dans le cadre d'une entreprise individuelle à responsabilité limitée. Le service des impôts en délivre un récépissé.

L'option est notifiée avant la fin du troisième mois de l'exercice au titre duquel l'entrepreneur individuel, qui exerce son activité dans le cadre d'une entreprise individuelle à responsabilité limitée, souhaite être assimilé à une entreprise unipersonnelle à responsabilité limitée ou à une exploitation agricole à responsabilité limitée.

En cas de transformation d'une entreprise individuelle en une entreprise individuelle à responsabilité limitée, l'option est notifiée dans les trois mois suivant cette transformation.

Art. 846 *bis* (*Mod., L. n° 2010-658, 15 juin 2010 ; L. n° 2014-626, 18 juin 2014*). – Les procurations, mainlevées d'hypothèques et actes de notoriété autres que ceux constatant l'usucapion sont soumis à une taxe fixe de publicité foncière ou, le cas échéant, à un droit fixe d'enregistrement de 25 €.

Le tarif mentionné au premier alinéa s'applique également aux déclarations et états descriptifs de division établis en vue de l'application des articles L. 526-1 à L. 526-3 et du Code de commerce.

Livre des procédures fiscales

Art. L. 273 B (*L. n° 2010-658, 15 juin 2010*). – I. – Lorsque dans l'exercice de son activité professionnelle, l'entrepreneur individuel à responsabilité limitée dont le statut est défini aux articles L. 526-6 à L. 526-21 du Code de commerce a, par des manœuvres frauduleuses ou à la suite de l'inobservation grave et répétée de ses

obligations fiscales, rendu impossible le recouvrement des impositions et pénalités dont il est redevable au titre de cette activité, le recouvrement de ces sommes peut être recherché sur le patrimoine non affecté à cette activité dès lors que le tribunal compétent a constaté la réalité de ces agissements.

II. – Lorsqu'une personne physique ayant constitué un patrimoine affecté dans les conditions prévues aux articles L. 526-6 à L. 526-21 du Code de commerce a, par des manœuvres frauduleuses ou à la suite de l'inobservation grave et répétée de ses obligations fiscales, rendu impossible le recouvrement des impositions et pénalités étrangères à son activité professionnelle dont elle est redevable ou dont son foyer fiscal est redevable, leur recouvrement peut être recherché sur le patrimoine affecté dès lors que le tribunal compétent a constaté la réalité de ces agissements.

Aux fins des I et II, le comptable de la direction générale des finances publiques assigne l'entrepreneur individuel à responsabilité limitée devant le président du tribunal de grande instance.

Art. R.* 273 B-1 *(D. n° 2013-65, 18 janv. 2013).* – Pour l'application du troisième alinéa de l'article L. 273 B, le président du tribunal statue selon la procédure à jour fixe prévue aux articles 788 à 792 du Code de procédure civile sans qu'il y ait lieu pour le demandeur d'établir l'urgence.

Code de la sécurité sociale

Art. L. 133-4-7 *(L. n° 2010-658, 15 juin 2010).* – Lorsque dans l'exercice de son activité professionnelle l'entrepreneur individuel à responsabilité limitée dont le statut est défini aux articles L. 526-6 à L. 526-21 du Code de commerce a, par des manœuvres frauduleuses ou à la suite de l'inobservation grave et répétée des prescriptions de la législation de la sécurité sociale, rendu impossible le recouvrement des cotisations et contributions sociales et des pénalités et majorations afférentes dont il est redevable au titre de cette activité, le recouvrement de ces sommes peut être recherché sur la totalité de ses biens et droits dès lors que le tribunal compétent a constaté la réalité de ces agissements.

Voir : CSS, art. R. 131-3. - C. rur., art. L. 731-14-1, p. 1937 et art. R. 731-32-1, p. 1937.

DEUXIÈME PARTIE

ENVIRONNEMENT JURIDIQUE ET FISCAL COMMUN AUX SOCIÉTÉS ET AUTRES GROUPEMENTS

Livre premier	- De la publicité des entreprises	785
Livre deuxième	- Droit comptable	883
Livre troisième	- Droit monétaire et financier	975
Livre quatrième	- Concurrence. Concentration	1671
Livre cinquième	- Droit fiscal	1703
Livre sixième	- Droit du travail	1721
Livre septième	- Droit de la sécurité sociale	1925
Livre huitième	- Procédure civile et voies d'exécution	1941
Livre neuvième	- Conflits et difficultés des entreprises	1967
Livre dixième	- Droit pénal et procédure pénale	2343
Livre onzième	- Des libéralités au profit des personnes morales de droit privé	2363
Livre douzième	- Incompatibilités des fonctions dirigeantes avec les mandats	2381

LIVRE PREMIER. – DE LA PUBLICITÉ DES ENTREPRISES

1.1. – DES CENTRES DE FORMALITÉS DES ENTREPRISES

Code de commerce

Partie réglementaire

CHAPITRE I. – DES OBLIGATIONS GÉNÉRALES DES COMMERÇANTS

Section préliminaire. – Des centres de formalités des entreprises

Sous-section 1. – Dispositions générales et applicables aux entreprises établies en France

(Sous-section créée à compter du 1er janvier 2017, D. n° 2016-1030, 26 juill. 2016)

Art. R. 123-1 *(Rempl., D. n° 2010-210, 1er mars 2010 ; mod., D. n° 2016-1030, 26 juill. 2016).* **– I. – Les centres de formalités des entreprises permettent aux entreprises de souscrire en un même lieu l'ensemble des formalités et procédures nécessaires à l'accès et à l'exercice de leur activité.**

Ils reçoivent à cet effet le dossier unique prévu à l'article 2 de la loi n° 94-126 du 11 février 1994 relative à l'initiative et à l'entreprise individuelle. Ce dossier comporte :

1° Les déclarations relatives à la création, aux modifications de la situation ou à la cessation d'activité, que les entreprises sont tenues de remettre aux administrations, personnes ou organismes mentionnés à l'annexe 1-1 à l'article R. 123-30 ;

2° Les demandes d'autorisation que les entreprises sont tenues de remettre aux autorités compétentes pour la délivrance de ces autorisations sauf si le déclarant souhaite déposer ces demandes directement auprès des autorités compétentes.

Les centres de formalités des entreprises reçoivent également les notifications effectuées par les greffes des tribunaux de commerce ou des tribunaux de grande instance statuant en matière commerciale, en application de l'article R. 123-83.

II. – Les centres de formalités des entreprises transmettent les renseignements ou pièces à chacun des organismes destinataires et, le cas échéant et selon leur compétence, à chacune des autorités habilitées à délivrer les autorisations.

Sous réserve des dispositions du dernier alinéa de l'article L. 711-3, il leur est interdit de communiquer à des tiers les renseignements contenus dans les déclarations.

Les organismes et les autorités compétents pour statuer sur les déclarations et les demandes d'autorisation dont ils sont saisis par les centres de formalités des entreprises informent ces derniers de leurs décisions.

Art. R. 123-2 *(Rempl., D. n° 2010-210, 1er mars 2010 ; D. n° 2010-1706, 29 déc. 2010).* **– Les centres de formalités des entreprises mettent à disposition des personnes intéressées une documentation précisant les obligations du centre ainsi que les éléments que doit contenir le dossier de déclaration et, le cas échéant, le dossier de demandes d'autorisation.**

Art. R. 123-3 *(Mod., D. n° 2008-1488, 30 déc. 2008 ; D. n° 2010-210, 1er mars 2010 ; D. n° 2015-731, 24 juin 2015 ; mod., D. n° 2018-1240, 26 déc. 2018).* **– 1° Sous réserve des dispositions des 2° et 3°, les chambres de commerce et d'industrie territoriales créent et gèrent les centres de formalités des entreprises compétents pour :**

***a)* Les commerçants ;**

***b)* Les sociétés commerciales.**

2° Les chambres de métiers et de l'artisanat de région créent et gèrent les centres compétents pour les personnes physiques et les sociétés assujetties à l'immatriculation au répertoire des métiers, à l'exclusion des personnes mentionnées au 3° du présent article.

3° La chambre nationale de la batellerie artisanale crée et gère le centre compétent pour les personnes physiques et les sociétés assujetties à l'immatriculation au registre des entreprises de la batellerie artisanale.

4° Les greffes des tribunaux de commerce ou des tribunaux de grande instance statuant commercialement créent et gèrent les centres compétents pour :

a) Les sociétés civiles et autres que commerciales ;

b) Les sociétés d'exercice libéral ;

c) Les personnes morales assujetties à l'immatriculation au registre du commerce et des sociétés autres que celles mentionnées aux 1°, 2° et 3° ;

d) Les établissements publics industriels et commerciaux ;

e) Les agents commerciaux ;

f) Les groupements d'intérêt économique et les groupements européens d'intérêt économique.

5° Les unions de recouvrement des cotisations de sécurité sociale et d'allocations familiales (URSSAF) ou les caisses générales de sécurité sociale créent et gèrent les centres compétents pour :

a) Les personnes exerçant, à titre de profession habituelle, une activité indépendante réglementée ou non autre que commerciale, artisanale ou agricole ;

b) Les employeurs dont les entreprises ne sont pas immatriculées au registre du commerce et des sociétés, au répertoire des métiers ou au registre des entreprises de la batellerie artisanale, et qui ne relèvent pas des centres mentionnés au 6°.

6° Les chambres d'agriculture créent et gèrent les centres compétents pour les personnes physiques et morales exerçant à titre principal des activités agricoles.

7° Les services des impôts créent et gèrent les centres compétents pour les assujettis et les redevables ayant des obligations fiscales dès lors que ceux-ci exercent leur activité à titre de profession habituelle, qu'ils ne relèvent pas des dispositions des 1° à 6° et qu'ils n'ont pas d'autres obligations déclaratives que statistiques et fiscales.

La compétence des centres de formalités des entreprises des services des impôts pour les activités exercées par les assujettis ou les redevables susmentionnés peut être transférée aux organismes mentionnés aux 1° à 6° par convention conclue entre le directeur général des finances publiques et le représentant de la personne morale placée à la tête du réseau des organismes destinataires de ce transfert. Cette convention est approuvée par arrêté conjoint du ministre chargé du budget et du ministre assurant la tutelle des organismes destinataires de ce transfert.

Les personnes souhaitant exercer ou exerçant une activité de restauration à titre principal relèvent des centres de formalités des entreprises gérés par les chambres de commerce et d'industrie territoriales mentionnés au 1°.

NB : Aux termes du II de l'article 6 du décret n° 2015-731 du 24 juin 2015, ces dispositions entrent en vigueur à une date fixée par arrêté des ministres chargés de l'économie et de la sécurité sociale et au plus tard le 1er janvier 2016.

Art. R. 123-4 *(Mod., D. n° 2010-210, 1er mars 2010).* – Chaque centre de formalités des entreprises est compétent à l'égard des entreprises dont le siège social, l'établissement principal, un établissement secondaire ou l'adresse est situé dans le ressort territorial de l'administration, personne ou organisme qui le crée.

Art. R. 123-5 *(Mod., D. n° 2010-210, 1er mars 2010).* – Le dépôt des déclarations prévues à l'annexe 1-2 au présent livre est obligatoirement effectué dans les centres de formalités des entreprises au terme d'un délai d'un an à compter de la création du centre.

Toutefois, lorsque la déclaration comporte une demande d'immatriculation au registre du commerce et des sociétés, d'inscription modificative ou de radiation, le déclarant a la faculté de déposer le dossier de déclaration directement auprès du greffe du tribunal compétent pour y procéder, soit sur support papier, soit par voie électronique. Il peut, lorsqu'il utilise le support papier, joindre également à sa déclaration le dossier des demandes d'autorisation. Le greffe, qui conserve la demande d'inscription, transmet sans délai le dossier au centre de formalités des entreprises compétent.

Lorsque la déclaration est effectuée par voie électronique, il est fait application des dispositions particulières prévues aux articles R. 123-20 à R. 123-27.

Conformité à l'objectif d'accessibilité et d'intelligibilité du droit. Ne méconnaissent pas l'objectif d'accessibilité et d'intelligibilité du droit les dispositions de l'article R. 123-5, alinéa 2 du Code de commerce, ouvrant la faculté pour les entreprises dont le dossier comporte une demande d'immatriculation, d'inscription modificative ou de radiation du RCS, de déposer celui-ci au greffe du tribunal compétent : ▪ CE, 3e et 8e ss-sect., 21 janv. 2008, n° 296162, *CCI de Bordeaux et de Toulouse : BJS* juin 2008, p. 467, note A. Lecourt.

Art. R. 123-5-1 *(D. n° 2015-731, 24 juin 2015).* **– Les déclarations de création d'entreprise des personnes relevant du régime prévu à l'article L. 133-6-8 du Code de la sécurité sociale sont effectuées par voie électronique dans les conditions prévues à l'article L. 133-6-7-2 du même code.**

Art. R. 123-6 *(Mod., D. n° 2010-210, 1er mars 2010).* **– Les déclarations, et le cas échéant les demandes d'autorisation, sont présentées au centre compétent en application des articles R. 123-3 et R. 123-4. Si plusieurs centres se trouvent compétents, les déclarations sont présentées à l'un d'eux au choix du déclarant, le centre choisi étant tenu d'accepter le dossier.**

Art. R. 123-7 *(Mod., D. n° 2008-1488, 30 déc. 2008 ; D. n° 2010-210, 1er mars 2010).* **– Le dossier unique comprend :**

I. – Pour le dossier de déclarations mentionné au 1° du I de l'article R. 123-1 :

1° Les déclarations signées du déclarant ou de son mandataire, accompagnées, le cas échéant, du pouvoir du mandataire ;

2° Les pièces justificatives prescrites, selon les dispositions législatives ou réglementaires en vigueur ;

3° Les actes qui sont remis aux organismes destinataires, dans la forme dans laquelle ce dépôt doit être effectué ;

4° Le titre de paiement des frais, droits ou redevances prescrits par les dispositions législatives ou réglementaires en vigueur.

Les formulaires de déclaration et la liste des pièces justificatives font l'objet d'une homologation par l'autorité désignée à l'article 3 du décret n° 98-1083 du 2 décembre 1998 relatif aux simplifications administratives.

II. – Pour le dossier de demandes d'autorisation mentionné au 2° du I de l'article R. 123-1 :

1° Les demandes d'autorisation ou déclarations préalables ;

2° Les pièces justificatives prescrites, selon les dispositions législatives ou réglementaires en vigueur ;

3° Le titre de paiement des frais, droits ou redevances prescrits par les dispositions législatives ou réglementaires en vigueur.

Voir : C. com., art. A. 123-1, p. 796.

Art. R. 123-8 *(Mod., D. n° 2010-210, 1er mars 2010 ; D. n° 2016-1030, 26 juill. 2016).* **– Le centre de formalités des entreprises est réputé saisi du dossier visé à l'article R. 123-1 lorsque les déclarations et, le cas échéant, les demandes d'autorisation, qui lui sont remises directement ou adressées par voie postale ou électronique, répondent aux conditions suivantes :**

I. – Les déclarations visées au 1° du I de l'article R. 123-1 sont établies sur les formulaires homologués prévus à l'article R. 123-7, signées du déclarant ou de son mandataire. Elles comportent les énonciations indispensables pour identifier :

1° Pour les créations d'entreprises :

***a)* Les nom, nom d'usage et prénoms du déclarant pour les personnes physiques, la dénomination ou la raison sociale pour les personnes morales ;**

***b)* La forme juridique de l'entreprise ;**

***c)* Le siège de l'entreprise, le domicile du déclarant ou l'adresse de l'établissement ;**

***d)* L'objet de la formalité ;**

***e)* Les activités générales de l'entreprise ou de l'établissement ;**

***f)* L'existence de salariés dans l'entreprise ou dans l'établissement et, le cas échéant, leur nombre ;**

***g)* La date d'effet de l'événement objet de la formalité ;**

***h)* Les date et lieu de naissance des déclarants personnes physiques ;**

***i)* S'il en dispose, le numéro de sécurité sociale du déclarant personne physique ;**

j) L'existence d'une activité exercée simultanément à l'activité faisant l'objet de la déclaration et, le cas échéant, la désignation de cette activité ;

k) La nature de la gérance, lorsque l'entreprise est une société à responsabilité limitée ;

2° Pour les modifications de la situation de l'entreprise ainsi que pour sa cessation d'activité :

a) Les nom, nom d'usage, prénoms, pseudonyme et numéro de sécurité sociale du déclarant pour les personnes physiques, la dénomination ou la raison sociale pour les personnes morales ;

b) Le numéro unique d'identification de l'entreprise et, le cas échéant, le nom de la ville où se trouve le greffe où elle est immatriculée, ou la chambre de métiers et de l'artisanat de région où elle est inscrite au répertoire des métiers ;

c) L'objet de la formalité, ainsi que la date d'effet de l'événement la justifiant.

Le centre ne peut refuser les déclarations respectant les conditions ci-dessus énumérées, ni en apprécier le bien-fondé.

II. – Les demandes d'autorisation visées au 2° du I de l'article R. 123-1 mentionnent l'identité du demandeur et l'objet de la demande.

Le centre ne peut refuser les déclarations et demandes d'autorisation respectant les conditions ci-dessus énumérées ni en apprécier le bien-fondé.

Art. R. 123-9 *(Rempl., D. n° 2010-210, 1er mars 2010)*. – Le centre de formalités des entreprises compétent, saisi du dossier complet conformément aux dispositions de l'article R. 123-7, transmet le jour même aux organismes destinataires, et le cas échéant aux autorités habilitées à délivrer les autorisations, les informations et pièces les concernant.

Art. R. 123-10 *(Rempl., D. n° 2010-210, 1er mars 2010)*. – Le centre de formalités des entreprises saisi remet ou transmet, lors du dépôt, un récépissé au déclarant ou à son mandataire. Si le dépôt est effectué par voie postale, le récépissé est envoyé le jour même ou le premier jour ouvrable suivant.

1° Dans le cas d'une déclaration mentionnée au 1° du I de l'article R. 123-1 :

a) Lorsque le dossier est complet conformément aux dispositions de l'article R. 123-7, le récépissé indique les organismes auxquels il a été transmis le jour même. Ce récépissé prend le nom de récépissé de dossier de création d'entreprise en application de l'article R. 123-16 ;

b) Lorsque le dossier est incomplet, sous réserve des dispositions du *c* du 2°, ou lorsque la ou les autorisations mentionnées au 2° du I de l'article R. 123-1 doivent être obtenues préalablement à la déclaration mentionnée au 1° du I de l'article R. 123-1, le récépissé indique les compléments qui doivent être apportés par le déclarant dans un délai de quinze jours ouvrables à compter de la réception du récépissé ou de la délivrance de la ou des autorisations. Dans ce cas, le récépissé ne vaut pas récépissé de dossier de création d'entreprise.

2° Dans le cas d'une demande d'autorisation mentionnée au 2° du I de l'article R. 123-1 :

a) Lorsque le dossier contient toutes les pièces nécessaires à la délivrance de la ou des autorisations requises, conformément à l'article R. 123-7, le récépissé se substitue à l'accusé de réception des demandes présentées aux autorités. Il indique le ou les délais prévus par les textes législatifs ou réglementaires en vigueur pour la délivrance de la ou des autorisations requises pour exercer l'activité qui fait l'objet de la demande ainsi que les délais et voies de recours pour contester la ou les décisions d'octroi des autorisations.

b) Lorsque le dossier est incomplet, sous réserve des dispositions du c ci-dessous, le récépissé indique les compléments qui doivent être apportés par le déclarant dans un délai de quinze jours ouvrables à compter de la réception du récépissé.

c) Lorsqu'un document attestant de l'accomplissement de la formalité de création prévue au 1° du I de l'article R. 123-1 est nécessaire préalablement à la délivrance de la ou des autorisations requises ou à la délivrance de pièces elles-mêmes nécessaires à la délivrance de la ou des autorisations requises, le dossier de demande d'autorisation fait l'objet d'un récépissé provisoire attestant la réception des pièces remises par le déclarant et la date de la remise.

Un second récépissé est adressé au déclarant lorsque le centre de formalités des entreprises reçoit directement de l'autorité compétente le document attestant de l'accomplissement de la formalité prévue au 1° du I de l'article R. 123-1. Ce récépissé vaut accusé de réception des demandes présentées aux autorités administratives dans les conditions prévues au *a*.

Si le demandeur doit accomplir des démarches personnelles pour compléter son dossier de demande d'autorisation, le centre de formalités des entreprises l'informe qu'il dispose d'un délai de quinze jours ouvrables, le cas échéant renouvelable une fois, à compter de la remise du document attestant de l'accomplissement de la formalité prévue au 1° du I de l'article R. 123-1 pour déposer les pièces résultant de ses démarches. Au vu de ces pièces, il lui est délivré un récépissé qui vaut accusé de réception des demandes présentées aux autorités administratives dans les conditions prévues au *a*.

3° Lorsque le centre s'estime incompétent, le récépissé indique le centre auquel le dossier est transmis le jour même.

Art. R. 123-11 *(Mod., D. n° 2010-210, 1er mars 2010)*. – I. – Si les éléments demandés ont été transmis par le déclarant avant l'expiration des délais mentionnés à l'article R. 123-10, le centre transmet le jour même :

1° *(1° mod., D. n° 2014-1063, 18 sept. 2014)* Aux organismes destinataires la déclaration ainsi que, le cas échéant, les pièces annexées qui leur sont destinées. Dans ce cas, le délai prévu au premier alinéa est porté à deux mois ;

2° Aux organismes habilités à délivrer les autorisations, qui en accusent réception, les demandes d'autorisation ainsi que, le cas échéant, les pièces annexées qui leur sont destinées.

II. – Si, à l'expiration des délais mentionnés à l'article R. 123-10, les éléments demandés n'ont pas été transmis, le centre de formalités des entreprises procède de la manière suivante :

1° Pour les déclarations visées au 1° du I de l'article R. 123-1, il avise le déclarant des organismes destinataires auxquels le dossier est transmis en l'état ;

2° Pour les demandes d'autorisation visées au 2° du I de l'article R. 123-1, il renvoie le dossier au déclarant et informe ce dernier qu'il lui appartient de saisir directement les autorités habilitées à délivrer ces autorisations.

Art. R. 123-12 *(Mod., D. n° 2010-210, 1er mars 2010)*. – À défaut de transmission par le centre de formalités des entreprises à l'expiration des délais prévus aux articles R. 123-10 et R. 123-11, le déclarant peut obtenir la restitution immédiate de son dossier afin d'en saisir directement les organismes destinataires ou, le cas échéant, les autorités habilitées à délivrer les autorisations.

Art. R. 123-13 *(Mod., D. n° 2010-210, 1er mars 2010)*. – Le centre de formalités des entreprises transmet le jour même aux organismes destinataires compétents les notifications et les informations mentionnées à l'article R. 123-1.

Art. R. 123-14 *(Mod., D. n° 2010-210, 1er mars 2010)*. – Le centre de formalités des entreprises peut transmettre par voie électronique aux organismes destinataires et aux autorités habilitées à délivrer les autorisations, les informations et pièces les concernant.

Art. R. 123-15. – La commission de coordination instituée par l'article R. 123-28 veille au respect de la confidentialité et de la sécurité des échanges, ainsi qu'à la compatibilité des systèmes de communication par voie électronique.

Art. R. 123-16 *(Mod., D. n° 2010-210, 1er mars 2010)*. – I. – Dans les cas prévus à l'article L. 123-9-1 et à l'article 19-1 de la loi n° 96-603 du 5 juillet 1996 relative au développement et à la promotion du commerce et de l'artisanat, le récépissé prévu au *a* de l'article R. 123-10 prend, lorsque le dossier est réputé complet par le centre compétent, le nom de récépissé de dépôt de dossier de création d'entreprise. Délivré gratuitement et sans délai, ce récépissé est valable jusqu'à la notification au déclarant de son immatriculation et, au plus tard, jusqu'à l'expiration d'une durée d'un mois à compter de sa délivrance. Il indique :

1° Le nom et l'adresse du centre ;

2° La date de saisine du centre ;

3° La date de délivrance du récépissé et la date d'expiration de sa validité ;

4° La mention : « en attente d'immatriculation » ;

5° Les mentions prévues aux *a*, *b* et *c* du 1° du I de l'article R. 123-8 ;

6° Les organismes auxquels le dossier est transmis le jour même ;

7° Le numéro unique d'identification de l'entreprise.

Le centre de formalités des entreprises indique sur le récépissé de dépôt de dossier de création d'entreprise le numéro unique d'identification que l'INSEE lui communique ainsi qu'au greffier du tribunal compétent, lorsque la déclaration comporte une demande d'immatriculation au registre du commerce et des sociétés.

Lorsque la déclaration comporte une demande d'immatriculation au registre du commerce et des sociétés, une copie du récépissé de dépôt de dossier de création d'entreprise est transmise au greffier compétent avec le dossier du déclarant.

Dans le cas prévu au deuxième alinéa de l'article R. 123-5, le greffier adresse copie du récépissé de création d'entreprise au centre de formalités des entreprises.

II. – Lorsqu'il est délivré en application de l'article L. 311-2-1 du Code rural, le récépissé de dépôt de dossier de création d'entreprise, délivré gratuitement et sans délai, indique :

1° Le nom et l'adresse du centre ;

2° La date de saisine du centre ;

3° La date de délivrance du récépissé ;

4° Les mentions prévues aux *a*, *b* et *c* du 1° du I de l'article R. 123-8 ;

5° Les organismes auxquels le dossier est transmis le jour même ;

6° La mention : « en attente d'immatriculation », lorsque la demande concerne une société.

Art. R. 123-17. – La déclaration présentée ou transmise au centre de formalités des entreprises compétent vaut déclaration auprès de l'organisme destinataire, dès lors qu'elle est régulière et complète à l'égard de ce dernier. Elle interrompt les délais à l'égard de cet organisme.

Art. R. 123-18 *(Mod., D. n° 2010-210, 1er mars 2010)*. – Les organismes destinataires des déclarations et des demandes d'autorisation sont seuls compétents pour en contrôler la régularité ou en apprécier la validité. Leur transmission à ces organismes dessaisit le centre en ce qui concerne les formalités à accomplir.

Art. R. 123-19 *(Mod., D. n° 2010-210, 1er mars 2010 ; D. n° 2016-1030, 26 juill. 2016)*. – Le centre ne peut conserver au-delà des délais nécessaires à la transmission prévue à l'article R. 123-18 le support de la déclaration, les renseignements qu'elle contient, les pièces relatives à celle-ci ainsi que, le cas échéant, les pièces relatives aux procédures d'autorisations requises. Toutefois, les renseignements destinés à être portés sur un registre de publicité légale peuvent être conservés par le centre pendant un délai de trois ans. Les données nécessaires aux autres usages définis à l'article L. 711-3 sont conservées par les chambres de commerce et d'industrie territoriales et départementales d'Île-de-France pendant la durée d'existence de l'entreprise et tant que son siège social reste fixé dans leur circonscription.

Art. R. 123-20. – Les dispositions des articles R. 123-1 à R. 123-19 sont applicables à la déclaration d'entreprise par voie électronique, sous réserve des dispositions des articles R. 123-21 à R. 123-27.

Art. R. 123-21 *(Mod., D. n° 2010-210, 1er mars 2010 ; D. n° 2015-731, 24 juin 2015)*. – Un service informatique accessible par l'internet, sécurisé et gratuit, permet au déclarant, selon son choix, de :

1° Transmettre un dossier unique tel que défini à l'article R. 123-23 dès lors qu'il respecte les dispositions de l'article R. 123-24 ;

2° Préparer un tel dossier de manière interactive et le transmettre.

3° *(3° créé, D. n° 2017-696, 2 mai 2017)* Avoir accès aux informations suivantes :

a) La liste de toutes les professions réglementées en France, avec les coordonnées des autorités compétentes pour chacune d'entre elles et des centres d'assistance ;

b) La liste des professions réglementées pour lesquelles une carte professionnelle européenne, mentionnée à l'article 1er de l'ordonnance n° 2016-1809 du 22 décembre 2016 relative à la reconnaissance des qualifications professionnelles de professions réglementées, est mise en œuvre, avec l'indication des modalités de délivrance et d'utilisation de la carte, des autorités compétentes pour sa délivrance et des frais en découlant mis à la charge des professionnels ;

c) La liste des professions réglementées pour lesquelles les autorités compétentes françaises procèdent à une vérification des qualifications professionnelles du prestataire avant la première prestation de services ;

d) La liste des formations réglementées en France ;

e) Les exigences et procédures requises en France pour l'exercice de professions réglementées, notamment les documents à présenter aux autorités compétentes et les frais à acquitter ;

f) Les voies de recours contre les décisions des autorités compétentes françaises en matière de reconnaissance des qualifications professionnelles.

Ce service informatique permet également au déclarant d'être informé de la transmission de son dossier aux organismes et autorités compétents ainsi que des décisions prises par eux.

La gestion de ce service informatique constitue une mission de service public assurée par l'État.

Les centres de formalités des entreprises, les services que les organismes gestionnaires de centres de formalités des entreprises mettent en commun à cette fin, et les greffes, en application de l'article R. 123-5, peuvent, en outre, fournir au déclarant des services informatiques de même nature.

Voir : C. com., art. A. 123-4, p. 796.

Art. R. 123-22 *(Mod., D. n° 2010-210, 1er mars 2010).* **– I. – Lorsque la déclaration appelle inscription au registre du commerce et des sociétés en application de l'article L. 123-1, le service informatique mentionné à l'article R. 123-21 permet, conjointement :**

1° Au déclarant de procéder à l'acquittement des frais légaux induits par cette inscription au registre du commerce et des sociétés auprès du greffe ;

2° Au greffe compétent de recevoir, par voie électronique, la partie du dossier unique qui lui est nécessaire pour procéder à cette inscription. Il en accuse réception, par voie électronique, au déclarant ;

3° Au centre de formalités des entreprises de recevoir, par voie électronique, le dossier unique.

II. – Lorsque le déclarant dépose des demandes d'autorisation en application de l'article R. 123-1, le service informatique mentionné à l'article R. 123-21 permet, conjointement :

1° Au déclarant de procéder à l'acquittement éventuel des frais légaux induits par ces demandes ;

2° À chaque autorité habilitée à délivrer une autorisation de recevoir, par voie électronique, la partie du dossier unique qui lui est nécessaire pour procéder à cette délivrance. Elle en accuse réception, par voie électronique, au demandeur ;

3° Au centre de formalités des entreprises de recevoir, par voie électronique, le dossier unique.

Art. R. 123-23 *(Mod., D. n° 2010-210, 1er mars 2010).* **– Lorsqu'il est établi et transmis par voie électronique aux centres de formalités des entreprises, le dossier mentionné à l'article 2 de la loi n° 94-126 du 11 février 1994 relative à l'initiative et à l'entreprise individuelle comprend les documents suivants :**

1° Le formulaire électronique contenant l'ensemble des données déclarées ;

2° Le cas échéant, les demandes d'autorisation mentionnées au 2° du I de l'article R. 123-1 nécessaires à l'exercice de l'activité ;

3° Les pièces numériques ou numérisées exigées, sauf s'il s'agit de pièces devant être fournies en original et établies sur support papier ;

4° Lorsque la déclaration de création ou de modification de situation et, le cas échéant, les demandes d'autorisation donnent lieu à la perception de frais légaux, le justificatif de règlement de ces frais, selon des moyens communiqués au déclarant.

Un arrêté ministériel fixe les caractéristiques électroniques des documents énumérés au présent article.

Voir : C. com., art. A. 123-3, p. 796.

Art. R. 123-24 *(Mod., D. n° 2010-1706, 29 déc. 2010 ; D. n° 2017-1416, 28 sept. 2017).* **– Lorsqu'une signature est requise, le recours à une signature électronique sécurisée est exigé dans les conditions prévues à l'article 1316-4 du Code civil et au décret n° 2017-1416 du 28 septembre 2017 relatif à la signature électronique. Toutefois, pour la transmission par voie électronique des dossiers de création d'entreprise ou des déclarations prévues à l'article L. 526-7, est autorisé, y compris pour les demandes d'immatriculation au registre du commerce et des sociétés, le recours à une signature électronique présentant les caractéristiques prévues par la première phrase du second alinéa de l'article 1316-4 du Code civil.**

NB : L'ordonnance n° 2016-131 du 10 février 2016, en son article 4, a substitué, en ce qui concerne la définition de la signature électronique, l'article 1367 du Code civil à l'article 1316-4 du même code.

Conformément au II de l'article 2 du décret n° 2017-1416 du 28 septembre 2017 relatif à la signature électronique, les références au décret n° 2001-272 du 30 mars 2001, contenues dans des dispositions de nature réglementaire, sont remplacées par les références à ce même décret n° 2017-1416 du 28 septembre 2017.

Art. R. 123-25. – Dès réception d'un dossier conforme aux dispositions des articles R. 123-23 et R. 123-24, le centre de formalités des entreprises compétent en accuse réception par voie électronique au déclarant ou à son mandataire.

Lorsqu'il doit déposer des actes authentiques ou actes sous seing privé en original ou s'il souhaite fournir sur support papier tout ou partie des pièces et justificatifs exigés, le déclarant joint à ces pièces une édition de l'accusé de réception électronique prévu à l'alinéa premier.

Le centre de formalités des entreprises est responsable de la transmission aux organismes et administrations destinataires des éléments du dossier de déclaration d'entreprise qu'il a reçus par voie électronique.

Voir : C. com., art. A. 123-6, p. 797.

Art. R. 123-26 *(Mod., D. n° 2017-1416, 28 sept. 2017)*. – Lorsque le dossier mentionné à l'article R. 123-21 est réputé complet, la transmission au déclarant ou à son mandataire des récépissés prévus aux articles R. 123-10 et R. 123-16 s'effectue par voie électronique, sauf si le déclarant ou son mandataire en demande la transmission par voie postale.

En cas de transmission électronique, le récépissé prévu à l'article R. 123-16 comporte la signature électronique sécurisée de celui qui l'émet dans les conditions prévues par le décret n° 2017-1416 du 28 septembre 2017.

Un arrêté ministériel fixe les modalités de délivrance de l'accusé de réception électronique prévu au présent article.

NB : Conformément au II de l'article 2 du décret n° 2017-1416 du 28 septembre 2017 relatif à la signature électronique, les références au décret n° 2001-272 du 30 mars 2001, contenues dans des dispositions de nature réglementaire, sont remplacées par les références à ce même décret n° 2017-1416 du 28 septembre 2017.

Art. R. 123-27 *(Mod., D. n° 2010-210, 1er mars 2010)*. – Si le déclarant utilise un service de conservation provisoire des données proposé par le service de déclaration dans des conditions conformes à la loi n° 78-17 du 6 janvier 1978 relative à l'informatique, aux fichiers et aux libertés, il est procédé, à l'issue de la période de conservation provisoire d'une durée maximale de douze mois, à l'effacement de toutes les données et de tous les fichiers concernant le déclarant sur les supports informatiques où ils figurent. Le déclarant en est avisé préalablement par voie électronique ou, à défaut, par lettre simple.

Art. R. 123-28. – La coordination des centres de formalités des entreprises est assurée par une commission qui veille à l'harmonisation de l'application des dispositions de la présente section.

Cette commission donne son avis sur toutes questions relatives au fonctionnement des centres, dont elle est saisie par ceux-ci ou par les organismes destinataires des formalités. Elle peut se saisir d'office.

Elle fait rapport aux ministres compétents des difficultés ou anomalies dont elle a connaissance. Elle propose les modifications de textes et les réformes de procédure qui en découlent.

La commission comprend un représentant de chacun des ministres assurant la tutelle des centres de formalités des entreprises et des organismes destinataires. La commission pour les simplifications administratives, représentée par son rapporteur général, participe en tant que de besoin aux réunions de la commission de coordination des centres de formalités des entreprises.

Un arrêté du Premier ministre fixe les conditions de fonctionnement de la commission, ainsi que les modalités de publication de ses avis.

Voir : C. com., art. A. 123-7, p. 797.

Art. R. 123-29. – En cas de difficulté grave de fonctionnement d'un centre, le Premier ministre prend, par arrêté, toutes mesures de nature à assurer la continuité du service.

Art. R. 123-30 *(Mod., D. n° 2010-210, 1er mars 2010)*. – Les annexes 1-1 et 1-2 au présent livre précisent les déclarations visées au 1° du I de l'article R. 123-1 devant être déposées aux centres de formalités des entreprises et les administrations, personnes ou organismes destinataires de ces formalités selon leur compétence.

Ces annexes peuvent être complétées par arrêté des ministres chargés de la justice, des transports, des affaires sociales, du travail, de l'économie, de l'industrie, de l'agriculture, du commerce et de l'artisanat, de la réforme administrative et du budget.

Sous-section 2. – Dispositions particulières applicables aux prestataires de services transfrontaliers

(Sous-section créée à compter du 1er janvier 2017, D. n° 2016-1030, 26 juill. 2016)

Art. R. 123-30-1 *(Créé à compter du 1er janvier 2017, D. n° 2016-1030, 26 juill. 2016)*. – Les personnes légalement établies dans un autre État membre de l'Union européenne ou partie à l'accord sur l'Espace

économique européen qui souhaitent exercer sur le territoire national de façon temporaire ou occasionnelle une activité entrant dans le champ d'application de la directive 2006/123/ CE du Parlement européen et du Conseil du 12 décembre 2006 relative aux services dans le marché intérieur et qui choisissent d'accomplir auprès d'un centre de formalités des entreprises les procédures et les formalités nécessaires à l'accès et à l'exercice de leur activité dans le cadre du dossier unique prévu à l'article 2 de la loi n° 94-126 du 11 février 1994 relative à l'initiative et à l'entreprise individuelle sont ci-après dénommées « prestataires de services transfrontaliers ».

Art. R. 123-30-2 *(Créé à compter du 1er janvier 2017, D. n° 2016-1030, 26 juill. 2016).* **– Les prestataires de services transfrontaliers adressent aux centres de formalités des entreprises, selon leur situation :**

1° Les déclarations d'inscription destinées aux services des impôts et aux organismes de sécurité sociale ;

2° Les demandes d'autorisation ou les déclarations préalables à l'exercice de l'activité que ces prestataires sont tenus de remettre aux autorités compétentes pour la délivrance de ces autorisations ou pour la réception de ces déclarations, sauf s'ils souhaitent déposer ces demandes ou ces déclarations directement auprès des autorités compétentes.

Les centres de formalités des entreprises transmettent les renseignements ou pièces à chacun des organismes destinataires et, le cas échéant et selon leur compétence, à chacune des autorités habilitées à délivrer les autorisations ou à recevoir les déclarations préalables à l'exercice de l'activité.

Sous réserve des dispositions du dernier alinéa de l'article L. 711-3, il est interdit aux centres de formalités des entreprises de communiquer à des tiers les renseignements contenus dans les demandes d'autorisation ou les déclarations.

Les organismes et les autorités compétents pour statuer sur les déclarations ou les demandes d'autorisation ou pour recevoir les déclarations préalables à l'exercice de l'activité dont ils sont saisis par les centres de formalités des entreprises informent ces derniers de leurs décisions.

Les dispositions de l'article R. 123-2 sont applicables à la libre prestation de services.

Art. R. 123-30-3 *(Créé à compter du 1er janvier 2017, D. n° 2016-1030, 26 juill. 2016).* **– Les prestataires de service transfrontaliers accomplissent leurs démarches, selon les modalités prévues à l'article R. 123-3, auprès du centre de formalités des entreprises matériellement compétent.**

Relèvent des centres de formalités des entreprises gérés par les chambres de métiers et de l'artisanat de région les prestataires de services transfrontaliers qui n'emploient pas plus de dix salariés et qui exercent à titre principal ou secondaire une activité professionnelle indépendante de production, de transformation, de réparation ou de prestation de service figurant sur la liste prévue au I de l'article 19 de la loi n° 96-603 du 5 juillet 1996 relative au développement et à la promotion du commerce et de l'artisanat.

Par dérogation au *b* du 5° de l'article R. 123-3, relèvent des centres de formalités des entreprises mentionnés à ce 5° les employeurs légalement établis dans un autre État membre de l'Union européenne ou partie à l'accord sur l'Espace économique européen qui exercent sur le territoire national de façon temporaire ou occasionnelle une activité entrant dans le champ d'application de la directive 2006/123/ CE du Parlement européen et du Conseil du 12 décembre 2006 relative aux services dans le marché intérieur et qui ne relèvent pas des centres de formalités des entreprises mentionnés aux 1°, 2°, 4° et 6° de l'article R. 123-3.

Art. R. 123-30-4 *(Créé à compter du 1er janvier 2017, D. n° 2016-1030, 26 juill. 2016).* **– Le centre de formalités des entreprises territorialement compétent est celui dans le ressort duquel les prestataires de services transfrontaliers réalisent leur prestation de services impliquant une déclaration d'inscription ou une demande d'autorisation ou déclaration préalable à l'exercice de l'activité.**

Art. R. 123-30-5 *(Créé à compter du 1er janvier 2017, D. n° 2016-1030, 26 juill. 2016).* **– Les déclarations d'inscription et les demandes d'autorisation ou déclarations préalables à l'exercice de l'activité sont présentées au centre compétent en application des articles R. 123-30-3 et R. 123-30-4. Si plusieurs centres se trouvent compétents, les déclarations et les demandes d'autorisation ou déclarations préalables sont présentées à l'un d'eux au choix du déclarant, le centre choisi étant tenu d'accepter le dossier.**

Art. R. 123-30-6 *(Créé à compter du 1er janvier 2017, D. n° 2016-1030, 26 juill. 2016).* **– Pour le traitement des déclarations d'inscription et des demandes d'autorisation ou déclarations préalables à**

l'exercice de l'activité, sont applicables les dispositions de l'article R. 123-7 à l'exception du I, de l'article R. 123-8 à l'exception du I, de l'article R. 123-9, de l'article R. 123-10 à l'exception du 1°, des articles R. 123-11 à R. 123-15 et des articles R. 123-17 à R. 123-19.

Art. R. 123-30-7 *(Créé à compter du 1er janvier 2017, D. n° 2016-1030, 26 juill. 2016).* – Les dispositions des articles R. 123-30-1 à R. 123-30-6 sont applicables au traitement des déclarations d'inscription et des demandes d'autorisation ou déclarations préalables à l'exercice de l'activité transmises par voie électronique, sous réserve des dispositions de l'article R. 123-21, du II de l'article R. 123-22 et des articles R. 123-23 à R. 123-27.

Sous-section 3. – Dispositions particulières relatives à la reconnaissance par voie électronique des qualifications professionnelles de professions réglementées

(D. n° 2017-696, 2 mai 2017)

Art. R. 123-30-8 *(D. n° 2017-696, 2 mai 2017).* – Les ressortissants mentionnés à l'article 9 de l'ordonnance n° 2016-1809 du 22 décembre 2016 relative à la reconnaissance des qualifications professionnelles de professions réglementées n'entrant pas dans le champ d'application des articles R. 123-1 à R. 123-30-7 peuvent effectuer une demande de reconnaissance de leurs qualifications professionnelles selon la procédure prévue par les dispositions des articles R. 123-30-9 à R. 123-30-13.

Art. R. 123-30-9 *(D. n° 2017-696, 2 mai 2017).* – Un service informatique accessible par l'internet, sécurisé et gratuit, permet aux ressortissants mentionnés à l'article R. 123-30-8 :

1° D'avoir accès aux informations mentionnées au 3° de l'article R. 123-21 ;

2° De préparer un dossier de demande de reconnaissance de qualification professionnelle à l'intention de l'autorité compétente pour statuer sur cette demande ;

3° D'acquitter, le cas échéant, les frais légaux afférents à cette demande ;

4° D'être informés de la transmission de leur dossier à l'autorité compétente ainsi que de la décision prise par celle-ci.

La gestion de ce service informatique constitue une mission de service public assurée par l'État.

Art. R. 123-30-10 *(D. n° 2017-696, 2 mai 2017).* – Le dossier mentionné au 2° de l'article R. 123-30-9 comprend :

1° Le formulaire électronique contenant l'ensemble des données déclarées ;

2° Les pièces justificatives requises selon les dispositions législatives ou réglementaires en vigueur qui ont fait l'objet d'une numérisation ;

3° Lorsque la demande de reconnaissance de qualification professionnelle donne lieu à la perception de frais, le justificatif de leur règlement.

Lorsqu'une signature est requise, le recours à une signature électronique présentant les garanties énoncées à la première phrase du second alinéa de l'article 1367 du Code civil est autorisé.

Un arrêté du ministre chargé de l'économie fixe les caractéristiques électroniques des documents énumérés au présent article.

Art. R. 123-30-11 *(D. n° 2017-696, 2 mai 2017).* – L'autorité administrative chargée de mettre en œuvre le service informatique mentionné à l'article R. 123-30-9 transmet au demandeur, lors du dépôt du dossier par ce dernier, un accusé d'enregistrement électronique établi conformément aux dispositions du premier alinéa de l'article R. 112-11-2 du Code des relations entre le public et l'administration. Elle transmet le même jour ce dossier à l'autorité compétente pour statuer sur la demande de reconnaissance de qualification professionnelle. Cette dernière est seule compétente pour vérifier la complétude du dossier ainsi que la régularité ou la validité des éléments le composant.

Lorsque l'autorité compétente a pris sa décision, elle en informe sans délai l'autorité administrative chargée de mettre en œuvre le service informatique.

Art. R. 123-30-12 *(D. n° 2017-696, 2 mai 2017).* – Si le demandeur conserve, à titre provisoire, des données sur des supports informatiques d'attente mis à sa disposition par le service informatique mentionné à l'article R. 123-30-9, l'autorité administrative chargée de mettre en œuvre ce service procède, à l'issue de la période de conservation d'une durée maximale de douze mois, à l'effacement de toutes les données et de tous les fichiers ainsi stockés. Le demandeur en est avisé préalablement par voie électronique.

Art. R. 123-30-13 *(D. n° 2017-696, 2 mai 2017)*. – L'autorité administrative chargée de mettre en œuvre le service informatique ne peut conserver au-delà d'un délai de deux mois, à compter de la transmission du dossier à l'autorité compétente prévue à l'article R. 123-30-11, les renseignements et pièces contenus dans ce dossier.

Loi n° 94-126 du 11 février 1994

relative à l'initiative et à l'entreprise individuelle

(JO 13 févr.)

TITRE PREMIER. – SIMPLIFICATION DE FORMALITÉS ADMINISTRATIVES IMPOSÉES AUX ENTREPRISES

(Abr. à compter de la date fixée par décret en Conseil d'État et au plus tard le 1er janvier 2023, L. n° 2019-486, 22 mai 2019)

Art. 1er *(Mod., L. n° 2010-853, 23 juill. 2010 ; abr. à compter de la date fixée par décret en Conseil d'État et au plus tard le 1er janvier 2023, L. n° 2019-486, 22 mai 2019)*. – Les dispositions du présent titre sont applicables aux relations entre, d'une part, les entreprises et, d'autre part, les administrations de l'État, les établissements publics de l'État à caractère administratif, les collectivités locales, leurs groupements et leurs établissements publics à caractère administratif, les personnes privées chargées d'un service public administratif, à l'exception des ordres professionnels, sauf pour l'application du dernier alinéa de l'article 2, les organismes gérant des régimes de protection sociale relevant du Code de la sécurité sociale et du Code rural ou visés aux articles L. 223-16 et L. 351-21 du Code du travail et les organismes chargés de la tenue d'un registre de publicité légale, y compris les greffes.

Art. 2 *(Mod., L. n° 2008-776, 4 août 2008 ; abr. à compter de la date fixée par décret en Conseil d'État et au plus tard le 1er janvier 2023, L. n° 2019-486, 22 mai 2019)*. – Sous réserve de l'application des dispositions relatives à l'exercice des professions ou activités réglementées, l'obligation pour une entreprise de déclarer sa création, la modification de sa situation ou la cessation de ses activités auprès d'une administration, personne ou organisme visés à l'article 1er est légalement satisfaite par le dépôt d'un seul dossier comportant les diverses déclarations que ladite entreprise est tenue de remettre aux administrations, personnes ou organismes visés à l'article 1er.

Ce dossier unique est déposé auprès d'un organisme désigné à cet effet, dans des conditions définies par décret en Conseil d'État, et vaut déclaration près du destinataire dès lors qu'il est régulier et complet à l'égard de celui-ci.

Tout prestataire de services entrant dans le champ d'application de la directive 2006/123/CE du Parlement européen et du Conseil, du 12 décembre 2006, relative aux services dans le marché intérieur peut accomplir l'ensemble des formalités et procédures nécessaires à l'accès et à l'exercice de son activité auprès des centres de formalités des entreprises, dans des conditions prévues par décret en Conseil d'État.

Art. 3 *(Abr. à compter de la date fixée par décret en Conseil d'État et au plus tard le 1er janvier 2023, L. n° 2019-486, 22 mai 2019)*. – Dans ses relations avec les administrations, personnes ou organismes visés à l'article 1er, une entreprise ne peut être tenue d'indiquer un numéro d'identification autre que le numéro unique attribué dans des conditions fixées par décret. Un identifiant spécifique peut être utilisé à titre complémentaire, notamment pour certaines activités soumises à déclaration ou autorisation préalables, dans des conditions fixées par décret.

L'entreprise ne peut être tenue de mentionner un autre numéro dans ses papiers d'affaires tels que factures, notes de commandes, tarifs, documents publicitaires et récépissés concernant ses activités.

Art. 4 *(Mod., L. n° 2003-721, 1er août 2003 ; rempl., Ord. n° 2005-1516, 8 déc. 2005 ; abr. à compter de la date fixée par décret en Conseil d'État et au plus tard le 1er janvier 2023, L. n° 2019-486, 22 mai 2019)*. – Lorsqu'elles sont transmises par voie électronique, les déclarations relatives à la création de l'entreprise, à la modification de sa situation ou à la cessation de son activité sont faites dans des conditions fixées par décret en Conseil d'État. Il en va de même des dépôts de documents comptables.

Art. 4-1 *(Ord. n° 2005-43, 20 janv. 2005 ; abr. à compter de la date fixée par décret en Conseil d'État et au plus tard le 1er janvier 2023, L. n° 2019-486, 22 mai 2019)*. – Le présent titre est applicable à Mayotte, sous réserve du remplacement, à l'article 1er, des mots : « les organismes gérant des régimes de protection sociale relevant du Code de la sécurité sociale et du Code rural ou visés aux articles L. 223-16 et L. 351-21 du Code du travail » par les mots : « les organismes gérant des régimes de protection sociale à Mayotte ou visés par l'article L. 327-7 du Code du travail applicable à Mayotte ».

Code de commerce

Partie Arrêtés

(A. 14 janv. 2009)

Art. A. 123-1. – Les formulaires liés aux déclarations de création ou de modification de situation ou à la cessation d'activité de l'entreprise et la liste des pièces justificatives homologués par la direction chargée de la réforme de l'État en application du dernier alinéa de l'article R. 123-7 sont accessibles gratuitement à partir du portail de l'administration française « service-public.fr ».

Art. A. 123-2. – Il ne peut être demandé au déclarant une information ou une pièce qui n'ait pas été prescrite par les dispositions législatives et réglementaires.

Art. A. 123-3. – I. – Les documents mentionnés à l'article R. 123-23 sont conformes aux caractéristiques techniques suivantes :

1° Formulaire électronique contenant l'ensemble des données nécessaires à la formalité :

Le formulaire de déclaration électronique est établi en message formé écrit en langage XML (extensible markup language) dont les spécifications sont consultables sur internet sur le site public http://www.pme.gouv.fr ;

2° Les pièces numérisées exigibles :

Ces pièces sont numérisées dans les formats de fichiers électroniques images suivants :

JPEG (joint photography expert group ISO 10918) ;

PDF/A (portable document format ISO 19005-1) ;

PDF (portable document format, version propriétaire Adobe).

La compression et la résolution graphique des images permettent une qualité de restitution des caractères garantissant la lisibilité des pièces numérisées ;

3° Les pièces numériques exigibles :

Les documents numériques sont établis dans les formats suivants :

Open document format (bureautique, format ouvert ISO 26300) ;

Rich text format (texte enrichi, format propriétaire Microsoft dans leur version 97/2000/XP) ;

TXT (texte unicode) ;

DOC et XLS (bureautique, formats propriétaires Microsoft dans leur version 97/2000/XP) ;

PDF/A (portable document format ISO 19005-1) ;

PDF (portable document format, version propriétaire Adobe).

II. – Les fichiers des documents électroniques mentionnés au I du présent article peuvent être rassemblés et compressés dans une archive au format ZIP conformément aux spécifications courantes au 1er avril 2007.

Art. A. 123-4. – Une déclaration électronique effectuée par une entreprise est acceptée par les organismes mentionnés à l'article R. 123-21 lorsque les conditions suivantes sont remplies :

I) En ce qui concerne la création :

1° Les fichiers qui la composent sont conformes aux prescriptions de l'article A. 123-3 ;

2° Les documents qui la composent ont fait l'objet d'une numérisation. La copie du justificatif d'identité est numérisée après avoir été préalablement revêtue d'une mention manuscrite d'attestation sur l'honneur de conformité à l'original, d'une date et de la signature manuscrite de la personne qui effectue la déclaration ;

3° En cochant la case informatique prévue à cet effet, le déclarant déclare sur l'honneur l'exactitude des éléments déclarés conformément à la formule suivante : « Je déclare sur l'honneur l'exactitude des informations de la formalité et signe la présente déclaration n° ..., faite à..., le.... ».

II) En ce qui concerne les autres formalités :

La liste des certificats et procédés de signature électronique qui peuvent alors être utilisés pour la signature électronique des documents à l'occasion d'une modification de situation, de la cessation de l'activité ou de la radiation d'une entreprise est consultable à l'adresse suivante : http://www.telecom.gouv.fr/rubriques-menu/entreprises-economie-numerique/certificats-references-pris-v1/categories-familles-certificats-references-pris-v-1-506.html.

III) Lorsque la déclaration comporte une demande d'inscription au registre du commerce et des sociétés ou au répertoire des métiers, l'acquittement des frais d'inscription correspondants est effectué au moyen d'une carte bancaire dont la personne qui effectue la déclaration est titulaire.

Art. A. 123-5. – Chaque centre de formalités des entreprises indique les coordonnées électroniques auxquelles l'ensemble des fichiers constituant le dossier de déclaration est transmis lorsque le déclarant fait usage d'une transmission par voie d'échange de données informatiques. La transmission est effectuée au centre compétent par l'intermédiaire soit d'une messagerie électronique Atlas 400, soit par une messagerie électronique utilisant le réseau internet à condition que le dossier unique de déclaration soit compressé et signé dans les conditions fixées à l'article A. 123-4.

Art. A. 123-6. – L'accusé de réception prévu à l'article R. 123-25, délivré par les centres de formalités des entreprises, leurs services communs ou les greffiers dans les conditions prévues à l'article R. 123-22, comporte les mentions suivantes :

1° Le nom, l'adresse postale et électronique ainsi que le numéro de téléphone du centre de formalités destinataire ;

2° Les formules suivantes :

« Le dossier de déclaration d'entreprise que vous avez adressé au centre de formalités des entreprises/au greffe de... a été reçu le... à.... » ;

« Le présent accusé de réception vous est adressé automatiquement. Si votre dossier est complet, vous recevrez prochainement un récépissé de dépôt de dossier de création d'entreprise par voie postale ou électronique. Si votre dossier est incomplet, il vous sera demandé de le compléter dans un délai qui vous sera alors précisé. »

Art. A. 123-7 *(Mod., A. 18 déc. 2009).* – La commission prévue à l'article R. 123-28 comprend un représentant de chacun des ministres assurant la tutelle des organismes gestionnaires de centres de formalité des entreprises et des organismes destinataires, en qualité de membre de droit :

1° Le directeur des affaires civiles et du Sceau ;

2° Le directeur général des finances publiques ;

3° Le directeur de la sécurité sociale ;

4° Le directeur général de la compétitivité, de l'industrie et des services ;

5° Le directeur général des infrastructures, des transports et de la mer ;

6° Le directeur général des politiques agricole, agroalimentaire et des territoires ;

7° Le directeur général de l'Institut national de la statistique et des études économiques ;

8° *(Abr., A. 18 déc. 2009).*

Le président du comité de coordination du registre du commerce et des sociétés mentionné à l'article R. 123-81 ou son représentant participe aux réunions de la commission, sans voix délibérative.

Les membres de droit de la commission peuvent se faire représenter par une ou plusieurs personnes désignées au sein de leur administration.

La commission désigne en son sein un président et un vice-président. Leur mandat est d'un an renouvelable.

Le secrétariat de la commission est assuré par la direction générale de la compétitivité, de l'industrie et des services.

La commission fixe son règlement intérieur.

Art. A. 123-8. – La commission se réunit, au moins une fois par an, sur décision de son président. Le cas échéant, il peut être fait appel sur une question particulière à toute personnalité qualifiée, qui siège alors avec voix consultative.

La commission procède à l'examen des questions inscrites à l'ordre du jour et dont elle est saisie conformément à l'article A. 123-10.

Elle peut, en outre, à la demande de l'un de ses membres, délibérer sur toute autre question relative au fonctionnement des centres de formalités des entreprises et à l'application des dispositions législatives et réglementaires ayant des incidences sur ce fonctionnement.

Elle examine les projets de formulaires permettant aux entreprises de déclarer leur création ou la modification de leur situation et propose ces formulaires à l'homologation.

Art. A. 123-9. – Lorsque la commission estime qu'une question relative aux centres de formalités des entreprises doit faire l'objet d'une étude particulière, elle peut constituer un groupe de travail. Ce groupe est présidé par un des membres de la commission.

Les groupes ainsi constitués sont ouverts à des représentants des centres de formalités des entreprises et de leurs réseaux, aux organismes destinataires des déclarations d'entreprise et à toute personne susceptible d'apporter une contribution à leurs travaux.

Art. A. 123-10. – La commission est saisie par les organismes gestionnaires des centres de formalités des entreprises, par les organismes destinataires des formalités, ainsi que par ses membres de droit. Le président peut également décider de l'inscription d'un point à l'ordre du jour.

Les lettres de saisine sont adressées au secrétariat de la commission qui les communique au président en vue de la désignation d'un rapporteur et de la fixation d'une date de réunion.

Lorsque la commission de coordination est saisie d'une question qui relève de la compétence du comité de coordination du registre du commerce et des sociétés, le secrétariat de la commission la transfère au président du comité.

Art. A. 123-11. – Les avis rendus par la commission sont communiqués au demandeur. Ils sont transmis au comité de coordination du registre du commerce et des sociétés. La commission décide, le cas échéant, leur publication. Cette publication se fait en ligne, sur le site internet du ministère chargé du commerce et de l'artisanat.

La commission établit un rapport annuel destiné aux ministres mentionnés à l'article A. 123-7. Elle peut formuler toute proposition, y compris de disposition législative ou réglementaire, de nature à remédier aux difficultés ou anomalies dont elle a eu à connaître.

1.2. – DU REGISTRE DU COMMERCE ET DES SOCIÉTÉS

1.2.1. – Des personnes tenues à immatriculation

Code de commerce

Partie législative

(Section I du chapitre III du titre II du livre premier)

Sous-section 1. – Des personnes tenues à l'immatriculation

Art. L. 123-1. – I. – Il est tenu un registre du commerce et des sociétés auquel sont immatriculés, sur leur déclaration :

1° Les personnes physiques ayant la qualité de commerçant, même si elles sont tenues à immatriculation au répertoire des métiers ;

2° Les sociétés et groupements d'intérêt économique ayant leur siège dans un département français et jouissant de la personnalité morale conformément à l'article 1842 du Code civil ou à l'article L. 251-4 ;

3° Les sociétés commerciales dont le siège est situé hors d'un département français et qui ont un établissement dans l'un de ces départements ;

4° Les établissements publics français à caractère industriel ou commercial ;

5° Les autres personnes morales dont l'immatriculation est prévue par les dispositions législatives ou réglementaires ;

6° Les représentations commerciales ou agences commerciales des États, collectivités ou établissements publics étrangers établis dans un département français.

II. – Figurent au registre, pour être portés à la connaissance du public, les inscriptions et actes ou pièces déposés prévus par décret en Conseil d'État.

Voir aussi : Immatriculation des groupements européens d'intérêt économique, A. 20 juin 1989 (*JO* 30 juin 1989), mod. A. 9 avr. 1990 (*JO* 18 avr. 1990).

Jugé que doit s'immatriculer au RCS une société étrangère disposant au domicile français de son dirigeant d'une représentation permanente pour les besoins de son activité commerciale : ■ Cass. crim., 20 juin 2017, n° 14-85.879, P +B : *JurisData* n° 2017-012225 ; *Dr. sociétés* 2017, comm. 175, note R. Salomon.

Art. L. 123-1-1 *(Abr., L. n° 2014-626, 18 juin 2014).*

Art. L. 123-2. – Nul ne peut être immatriculé au registre s'il ne remplit les conditions nécessaires à l'exercice de son activité. Les personnes morales doivent, en outre, avoir accompli les formalités prescrites par la législation et la réglementation en vigueur les concernant.

Pour des exemples de contrôle, lors de l'immatriculation, des autorisations requises pour la conduite de certaines activités, V. ■ T. com. Paris, 3 août 1971 : *Rev. sociétés* 1975, p. 447, note P. Mabilat *[entreprise de spectacles]*. ■ T. com. Strasbourg, 28 juin 1973 : *ibid. [centre de rééducation et de régénération psychosomatique]*. ■ Cass. com., 11 févr. 1986 : *Bull. civ.* IV, n° 212 *[opticien lunetier]*.

Art. L. 123-3 *(Mod., L. n° 2012-387, 22 mars 2012).* **– Faute par un commerçant personne physique de requérir son immatriculation dans le délai prescrit, le juge commis soit d'office, soit à la requête du procureur de la République ou de toute personne justifiant y avoir intérêt, rend une ordonnance lui enjoignant, le cas échéant sous astreinte, de demander son immatriculation.**

Dans les mêmes conditions, le juge peut enjoindre, le cas échéant sous astreinte, à toute personne immatriculée au registre du commerce et des sociétés qui ne les aurait pas requises dans les délais prescrits, de faire procéder soit aux mentions complémentaires ou rectifications qu'elle doit y faire porter, soit aux mentions ou rectifications nécessaires en cas de déclarations inexactes ou incomplètes, soit à la radiation.

Le greffier d'une juridiction qui rend une décision impliquant l'obligation pour une personne de s'immatriculer doit notifier cette décision au greffier du tribunal de commerce dans le ressort duquel l'intéressé a son siège ou son établissement principal. Le greffier du tribunal de commerce destinataire de la décision saisit le juge commis à la surveillance du registre.

Art. L. 123-4 *(Abr., L. n° 2012-387, 22 mars 2012).*

Art. L. 123-5 *(Mod., L. n° 2012-387, 22 mars 2012).* **– Le fait de donner, de mauvaise foi, des indications inexactes ou incomplètes en vue d'une immatriculation, d'une radiation ou d'une mention complémentaire ou rectificative au registre du commerce et des sociétés est puni d'une amende de 4 500 euros et d'un emprisonnement de six mois.**

Le tribunal compétent peut, en outre, priver l'intéressé, pendant un temps qui n'excède pas cinq ans, du droit de vote et d'éligibilité aux élections des tribunaux de commerce, chambres de commerce et d'industrie et conseils de prud'hommes.

Art. L. 123-5-1 *(L. n° 2001-420, 15 mai 2001).* **– À la demande de tout intéressé ou du ministère public, le président du tribunal, statuant en référé, peut enjoindre sous astreinte au dirigeant de toute personne morale de procéder au dépôt des pièces et actes au registre du commerce et des sociétés auquel celle-ci est tenue par des dispositions législatives ou réglementaires. Le président peut, dans les mêmes conditions et à cette même fin, désigner un mandataire chargé d'effectuer ces formalités.**

Voir : sous C. com., art. L. 232-23, annot. n° 1, p. 489.

Art. L. 123-5-2 *(L. n° 2018-938, 30 oct. 2018).* **– Lorsque les dirigeants d'une société commerciale transformant des produits agricoles, commercialisant des produits alimentaires, exploitant, directement ou indirectement, un ou plusieurs magasins de commerce de détail de produits de grande consommation ou intervenant dans le secteur de la distribution comme centrale de référencement ou d'achat d'entreprises de commerce de détail ne procèdent pas au dépôt des comptes dans les conditions et délais prévus aux articles L. 232-21 à L. 232-23, le président du tribunal de commerce peut adresser à cette société une injonction de le faire à bref délai sous astreinte. Le montant de cette astreinte ne peut excéder 2 % du chiffre d'affaires journalier moyen hors taxes réalisé en France par la société au titre de cette activité, par jour de retard à compter de la date fixée par l'injonction.**

Partie réglementaire

§ 1. – De l'obligation d'immatriculation

Art. R. 123-31. – L'immatriculation au registre du commerce et des sociétés a un caractère personnel. Nul ne peut être immatriculé plusieurs fois à un même registre.

Sous-paragraphe 1. – De l'obligation d'immatriculation des personnes physiques

Art. R. 123-32 *(Mod., D. n° 2017-1522, 2 nov. 2017)*. **– Dans le mois qui précède la date déclarée du début de l'activité commerciale et, au plus tard, dans le délai de quinze jours à compter de la date du début de cette activité, toute personne physique ayant la qualité de commerçant demande son immatriculation au greffe du tribunal dans le ressort duquel est situé :**

1° Soit son principal établissement ;

2° Soit, dans les cas prévus aux deuxième et troisième alinéas de l'article L. 123-10, son local d'habitation ;

3° Soit, à défaut d'établissement ou de local d'habitation déclaré dans les cas prévus à l'article L. 123-10, l'organisme auprès duquel elle a fait élection de domicile dans les conditions prévues à l'article L. 264-1 du Code de l'action sociale et des familles.

Art. R. 123-32-1 *(Abr., D. n° 2015-731, 24 juin 2015)*.

Art. R. 123-33. – La demande d'immatriculation est faite par le notaire dans le cas prévu à l'article R. 123-89.

Art. R. 123-34. – Il n'y a pas lieu à immatriculation distincte de celle de la société en ce qui concerne les associés en nom.

Sous-paragraphe 2. – De l'obligation d'immatriculation des personnes morales

Art. R. 123-35 *(Mod., D. n° 2017-1522, 2 nov. 2017)*. **– Toute personne morale tenue à immatriculation dont le siège est situé dans un département demande cette immatriculation au greffe du tribunal dans le ressort duquel est situé son siège.**

Lorsque le siège est situé hors d'un département ou lorsqu'il est situé à l'étranger, l'immatriculation est demandée au greffe du tribunal dans le ressort duquel est ouvert le premier établissement ou dans le ressort duquel est située la commune mentionnée à la première phrase du quatrième alinéa de l'article R. 123-208-2.

Art. R. 123-36. – L'immatriculation des sociétés et des groupements d'intérêt économique est demandée sitôt accomplies les formalités de constitution, publicité comprise.

L'immatriculation des autres personnes morales est demandée dans les quinze jours de l'ouverture du siège ou de l'établissement.

§ 2. – Des déclarations incombant aux personnes tenues à l'immatriculation

Sous-paragraphe 1. – Des déclarations incombant aux personnes physiques

Sous-sous-paragraphe 1.0. – Des déclarations aux fins d'immatriculation

Art. R. 123-37 *(Mod., D. n° 2007-750, 9 mai 2007 ; D. n° 2008-1488, 30 déc. 2008 ; D. n° 2010-1706, 29 déc. 2010 ; D. n° 2016-296, 11 mars 2016)*. **– Dans sa demande d'immatriculation, la personne physique déclare :**

1° Ses nom, nom d'usage, pseudonyme, prénoms et domicile personnel ;

2° Ses date et lieu de naissance ;

3° Sa nationalité ;

4° Le cas échéant, qu'elle a effectué une déclaration d'insaisissabilité de ses droits sur tout bien foncier non affecté à son usage professionnel ou qu'elle a renoncé à l'insaisissabilité de ses droits sur sa résidence principale, en application des articles L. 526-1 et suivants, en précisant le lieu de publication de cette déclaration ;

5° Le cas échéant, qu'elle affecte à son activité professionnelle, en application de l'article L. 526-6, un patrimoine séparé de son patrimoine personnel, en précisant la dénomination utilisée pour l'exercice de l'activité incorporant son nom ou nom d'usage, l'objet de l'activité professionnelle à laquelle le patrimoine est affecté, l'adresse de l'établissement principal où est exercée cette activité ou, à défaut d'établissement, l'adresse du local d'habitation où l'entreprise est fixée et la date de clôture de l'exercice comptable ;

6° Le cas échéant, qu'elle est immatriculée ou en cours d'immatriculation au répertoire des métiers à raison de l'activité professionnelle au titre de laquelle elle dépose au registre du commerce et des sociétés la déclaration d'affectation mentionnée au 5°, en indiquant le lieu et, si elle est déjà immatriculée, le numéro d'immatriculation au répertoire ;

7° Le cas échéant, qu'elle est bénéficiaire d'un contrat d'appui au projet d'entreprise pour la création ou la reprise d'une activité économique conclu dans les conditions prévues au chapitre VII du titre II du présent livre, en précisant la dénomination sociale de la personne morale responsable de l'appui, l'adresse de son siège social ainsi que, si elle est immatriculée dans un registre public, le lieu d'immatriculation et le numéro unique d'identification ;

8° Les nom, nom d'usage, pseudonyme, prénoms, date et lieu de naissance, domicile, lorsqu'il est différent du sien, et nationalité de son conjoint, ou de la personne qui lui est liée par un pacte civil de solidarité, qui collabore effectivement à son activité commerciale dans les conditions définies par l'article R. 121-1 ;

9° Le cas échéant, qu'elle est autorisée à être commerçant en application de l'article L. 121-2 ;

10° Les références des immatriculations secondaires éventuellement souscrites et, le cas échéant, des établissements principaux ou secondaires situés et immatriculés dans un autre État membre de la Communauté européenne ou partie à l'accord sur l'Espace économique européen. En outre, la personne peut déclarer les mentions relatives à l'adresse et à l'activité principale de ces établissements sur présentation des justificatifs définis par l'arrêté prévu à l'article R. 123-166.

(Al. abr., D. n° 2015-731, 24 juin 2015).

Bibliographie : J. Leprovaux et F. Petit, *L'indication de la situation matrimoniale du commerçant au registre du commerce et des sociétés après le décret du 9 mai 2007 : JCP* E 2008, 1855.

Art. R. 123-38 ***(Mod., D. n° 2012-928, 31 juill. 2012).*** **– La personne physique déclare, en outre, en ce qui concerne son activité et son établissement :**

1° La ou les activités exercées correspondant à la nomenclature d'activités définie par décret, éventuellement précisée par le déclarant ;

2° L'adresse de l'établissement ;

3° À défaut d'établissement, l'adresse de l'entreprise fixée au local d'habitation déclaré au titre de l'article L. 123-10 et, pour les ressortissants de la Communauté européenne ou d'un État partie à l'accord sur l'Espace économique européen non domiciliés en France qui exercent une activité ambulante, la commune où s'exerce le principal de l'activité ;

4° La date de commencement d'activité ;

5° S'il en est utilisé, le nom commercial et l'enseigne ;

6° Qu'il s'agit soit de la création d'un fonds de commerce, soit de l'acquisition d'un fonds existant, soit d'une modification du régime juridique sous lequel il était exploité, ou, à défaut, l'origine de l'activité. Sont indiqués : en cas de reprise, les nom, nom d'usage, pseudonyme et prénoms du précédent exploitant et son numéro unique d'identification ; en cas d'achat, de licitation ou de partage d'un fonds de commerce, le titre et la date du journal d'annonces légales dans lequel a été publiée l'insertion prescrite par l'article L. 141-12 ;

7° En cas de propriété indivise des éléments d'exploitation, les nom, nom d'usage, pseudonyme, prénoms et domicile des personnes physiques ou dénomination sociale et adresse des personnes morales indivisaires ;

8° En cas de location-gérance, les nom, nom d'usage, pseudonyme, prénoms et domicile ou dénomination sociale et adresse du siège du loueur de fonds ; les dates du début et du terme de la location-gérance avec, le cas échéant, l'indication que le contrat est renouvelable par tacite reconduction ;

9° Les nom, nom d'usage, pseudonyme, prénoms, date et lieu de naissance, domicile et nationalité des personnes ayant le pouvoir d'engager à titre habituel par leur signature sa responsabilité ;

10° En cas de gérance-mandat : les nom, nom d'usage, prénoms et domicile ou la dénomination sociale et l'adresse du siège social du gérant-mandataire de l'établissement ainsi que les mentions prévues aux 1° et 2° de l'article R. 123-237 ; les nom, nom d'usage, prénoms, domicile ou la dénomination sociale et l'adresse du siège

social du mandant ainsi que les mentions prévues aux 1° et 2° de l'article R. 123-237 ; les dates du début et du terme du contrat de gérance-mandat avec, le cas échéant, l'indication que le contrat est renouvelable par tacite reconduction.

Elle peut déclarer en outre le nom de domaine de son site internet.

Art. R. 123-39 *(Rempl., D. n° 2007-750, 9 mai 2007).* **– S'il a été arrêté un plan de cession, le cessionnaire déclare que la gestion de l'entreprise cédée lui a été confiée dans l'attente de l'accomplissement des actes nécessaires à la réalisation de la cession. La déclaration comporte la désignation du cédant.**

Sous-sous-paragraphe 2. – Des déclarations aux fins d'immatriculation secondaire hors du ressort de l'établissement principal

Art. R. 123-40. – Est un établissement secondaire au sens de la présente section tout établissement permanent, distinct du siège social ou de l'établissement principal et dirigé par la personne tenue à l'immatriculation, un préposé ou une personne ayant le pouvoir de lier des rapports juridiques avec les tiers.

Établissement. Le bureau de liaison ouvert par une entreprise étrangère en France constitue un établissement justifiant l'immatriculation de la société quand il est permanent et quand son activité, bien que préparatoire, a pour objet de lier des rapports juridiques avec des tiers, concourant ainsi à l'activité commerciale de la société : ■ CA Paris, 30 nov. 2001 : *Bull. Joly Sociétés* 2002, p. 406, note J.-M. Bahans.

Art. R. 123-41. – Tout commerçant immatriculé qui ouvre un établissement secondaire dans le ressort d'un tribunal où il n'est pas immatriculé demande au greffe de ce tribunal, dans le délai d'un mois avant ou après cette ouverture, une immatriculation secondaire.

Art. R. 123-42 *(Mod., D. n° 2007-750, 9 mai 2007 ; D. n° 2010-1706, 29 déc. 2010).* **– Sont déclarés dans la demande d'immatriculation secondaire les renseignements prévus à l'article R. 123-38.**

Cette demande rappelle en outre les nom, nom d'usage, pseudonyme et prénoms du commerçant, ainsi que les renseignements prévus aux 1° et 2° de l'article R. 123-237.

La demande rappelle, le cas échéant, que l'intéressé a affecté à son activité professionnelle, en application de l'article L. 526-6, un patrimoine séparé de son patrimoine personnel, en précisant la dénomination utilisée pour l'exercice de l'activité à laquelle le patrimoine est affecté et le lieu du dépôt de la déclaration d'affectation du patrimoine.

Sous-sous-paragraphe 3. – Des déclarations d'inscription modificative ou complémentaire

Art. R. 123-43. – Tout commerçant immatriculé qui ouvre un établissement secondaire dans le ressort d'un tribunal où il est déjà immatriculé demande au greffe de ce tribunal, dans le délai d'un mois avant ou après cette ouverture, une inscription complémentaire.

Art. R. 123-44. – Sont déclarés dans la demande d'inscription complémentaire les renseignements prévus à l'article R. 123-38.

Art. R. 123-45 *(Mod., D. n° 2007-750, 9 mai 2007 ; D. n° 2010-1706, 29 déc. 2010).* **– Toute modification rendant nécessaire une rectification ou une adjonction aux énonciations prévues aux articles R. 123-37, R. 123-38, R. 123-42 et R. 123-44 fait, dans le délai d'un mois, l'objet d'une demande d'inscription modificative.**

Sous réserve des dispositions de l'article R. 123-89, cette demande est présentée par le commerçant ou, en cas de décès, par les personnes mentionnées à l'article R. 123-46.

La demande relative à un patrimoine affecté à une activité professionnelle est présentée par la personne immatriculée au registre ou par les personnes mentionnées aux articles L. 526-15, L. 526-16, premier alinéa, et L. 526-17. Le dépôt de la déclaration de reprise mentionnée au second alinéa de l'article L. 526-16 est effectué par la personne reprenant le patrimoine affecté. La demande relative à la cession du patrimoine affecté à une personne morale ou à son apport en société est présentée par le cédant ou l'apporteur.

Art. R. 123-46 *(Mod., D. n° 2007-750, 9 mai 2007 ; D. n° 2008-1488, 30 déc. 2008 ; D. n° 2010-1706, 29 déc. 2010 ; D. n° 2016-296, 11 mars 2016).* – Sont soumises à l'obligation prévue à l'article R. 123-45 :

1° Les décisions définitives plaçant un majeur sous tutelle ou sous curatelle au sens de l'article 440 du Code civil et celles qui en donnent mainlevée ou qui les rapportent ; lorsqu'il est fait application de cet article, l'obligation de déclaration incombe au tuteur ou au curateur ;

2° La déclaration d'insaisissabilité des droits de la personne physique immatriculée sur tout bien foncier non affecté à son usage professionnel prévue à l'article L. 526-1, la renonciation à la déclaration d'insaisissabilité ou à l'insaisissabilité de ses droits sur la résidence principale ou la révocation de la renonciation à l'insaisissabilité de ses droits sur la résidence principale prévues à l'article L. 526-3 ;

3° Les événements et décisions mentionnés par les articles L. 526-7, L. 526-8 (2°), L. 526-15, L. 526-16 et L. 526-17 ;

4° La désignation et la cessation de fonctions de la personne ayant le pouvoir d'engager à titre habituel par sa signature la personne immatriculée ;

5° La cessation partielle de l'activité exercée ;

6° La cessation totale d'activité, qu'elle soit temporaire ou définitive, avec possibilité de déclarer le maintien de l'immatriculation pour une période qui, lorsque la cessation est définitive, ne peut dépasser un an ;

7° Le décès de la personne immatriculée avec possibilité de déclarer le maintien provisoire, pendant un délai maximum d'un an, de l'immatriculation, et, si l'exploitation se poursuit, les conditions d'exploitation, nom, nom d'usage, pseudonyme, prénoms, domicile personnel et qualité des héritiers et ayants cause à titre universel, date et lieu de naissance, nationalité et qualité des personnes assurant l'exploitation ; dans ce dernier cas, la déclaration est faite par la ou les personnes poursuivant l'exploitation ;

8° Le renouvellement, limité à une période supplémentaire d'un an, du maintien provisoire de l'immatriculation dans les cas prévus aux 6° et 7°.

Art. R. 123-47. – Les dispositions de l'article R. 123-45 ne sont pas applicables :

1° À la mise à jour des références faites, dans l'immatriculation principale, aux immatriculations secondaires : la mention rectificative est dans ce cas effectuée d'office par le greffier de l'immatriculation principale sur notification du greffier de l'immatriculation secondaire ayant procédé à cette dernière ou à sa radiation ;

2° À la mise à jour des renseignements relatifs à la situation personnelle de l'assujetti figurant dans l'immatriculation secondaire : la mention rectificative ou complémentaire est dans ce cas effectuée par le greffier de l'immatriculation secondaire sur notification du greffier ayant procédé à l'inscription modificative correspondante.

Art. R. 123-48 *(Mod., D. n° 2012-122, 30 janv. 2012).* – En cas de transfert, dans le ressort d'un autre tribunal, de l'établissement principal ou secondaire, ou de changement, au profit d'une adresse située dans le ressort d'un autre tribunal, de l'adresse de l'entreprise fixée au local d'habitation, déclaré au titre de l'article L. 123-10, les personnes physiques immatriculées demandent, dans le délai d'un mois à compter du transfert ou du changement d'adresse :

1° Une nouvelle immatriculation dans le ressort de ce tribunal si elles n'y étaient pas déjà immatriculées à titre principal ou secondaire ;

2° Dans le cas contraire, la transformation de leur immatriculation, avec indication en tant que de besoin des renseignements prévus aux articles R. 123-37 et R. 123-38 ;

3° *(Abr., D. n° 2015-913, 24 juill. 2015).*

Art. R. 123-49 *(Mod., D. n° 2007-750, 9 mai 2007).* – Dans les quinze jours de la nouvelle immatriculation ou de la transformation, celle-ci est notifiée, par le greffier du tribunal dans le ressort duquel est situé le nouvel établissement ou la nouvelle adresse de l'entreprise fixée au local d'habitation, au greffier de l'ancien établissement ou de l'ancienne adresse. Ce dernier procède d'office, dans le dossier en sa possession, soit à la radiation, soit à la mention correspondante. Il notifie l'accomplissement de la formalité à la personne immatriculée et au greffier du nouvel établissement ou de la nouvelle adresse.

En cas de transfert d'un établissement secondaire, le greffier du nouvel établissement ou de la nouvelle adresse procède à la notification prévue au 1o de l'article R. 123-47.

Art. R. 123-50. – Lorsque la cessation totale de l'activité commerciale dans le ressort d'un tribunal résulte du transfert de celle-ci dans le ressort d'un autre tribunal, la radiation est effectuée d'office sur notification du greffier ayant procédé à la nouvelle immatriculation.

Sous-sous-paragraphe 4. – De la déclaration aux fins de radiation

Art. R. 123-51 *(Mod., D. n° 2007-750, 9 mai 2007).* – Tout commerçant immatriculé demande, dans le délai d'un mois avant la cessation totale de son activité commerciale dans le ressort d'un tribunal ou dans le délai d'un mois à compter de celle-ci, sa radiation en indiquant la date de cessation, sauf lorsqu'il est fait usage de la possibilité prévue au 5° de l'article R. 123-46.

Art. R. 123-52 *(Mod., D. n° 2007-750, 9 mai 2007 ; D. n° 2010-1706, 29 déc. 2010).* – En cas de décès du commerçant, la demande de radiation est présentée par les héritiers ou ayants cause à titre universel de celui-ci, sauf lorsqu'il est fait usage de la possibilité prévue à l'article R. 123-46.

Sous-paragraphe 2. – Des déclarations incombant aux personnes morales

Sous-sous-paragraphe 1. – Des déclarations aux fins d'immatriculation

Art. R. 123-53 *(Mod., D. n° 2012-928, 31 juill. 2012 ; D. n° 2015-1219, 1er oct. 2015).* – Dans sa demande d'immatriculation, la société déclare, en ce qui concerne la personne morale :

1° Sa raison sociale ou sa dénomination suivie, le cas échéant, de son sigle ;

2° Sa forme juridique en précisant, s'il y a lieu, le fait que la société est constituée d'un associé unique et, le cas échéant, l'indication du statut légal particulier auquel la société est soumise ;

3° Le montant de son capital social ; si le capital est variable, le montant au-dessous duquel il ne peut être réduit ;

4° L'adresse de son siège social ;

5° Le cas échéant, que la personne morale, dont le représentant légal a installé le siège social à son domicile, use de la faculté ouverte par les dispositions du deuxième alinéa de l'article L. 123-11-1 ;

6° Ses activités principales ;

7° Sa durée fixée par les statuts ;

8° S'il s'agit d'une société soumise à publicité de ses comptes et bilans annuels, la date de clôture de l'exercice social ;

9° Les références des immatriculations secondaires éventuellement souscrites et, le cas échéant, des établissements principaux ou secondaires situés et immatriculés dans un autre État membre de la Communauté européenne ou partie à l'accord sur l'Espace économique européen. En outre, la personne morale peut déclarer les mentions relatives à l'adresse et à l'activité principale de ces établissements sur présentation des justificatifs définis par l'arrêté prévu à l'article R. 123-166 ;

10° Le cas échéant, qu'elle est bénéficiaire d'un contrat d'appui au projet d'entreprise pour la création ou la reprise d'une activité économique conclu dans les conditions prévues au chapitre VII du titre II du présent livre, en précisant la dénomination sociale de la personne morale responsable de l'appui, l'adresse de son siège social, ainsi que, si elle est immatriculée dans un registre public, le lieu d'immatriculation et le numéro unique d'identification ;

11° Le cas échéant, s'il s'agit d'une société commerciale, sa qualité d'entreprise de l'économie sociale et solidaire.

Elle peut déclarer en outre le nom de domaine de son ou de ses sites internet.

Art. R. 123-54 *(Mod., D. n° 2007-750, 9 mai 2007 ; D. n° 2012-607, 30 avr. 2012).* – La société déclare en outre :

1° Les nom, nom d'usage, pseudonyme, prénoms et domicile personnel des associés tenus indéfiniment ou tenus indéfiniment et solidairement des dettes sociales, leurs date et lieu de naissance, ainsi que leur nationalité ;

2° Les nom, nom d'usage, pseudonyme, prénoms, date et lieu de naissance, domicile personnel et nationalité des :

a) Directeurs généraux, directeurs généraux délégués, membres du directoire, président du directoire ou, le cas échéant, directeur général unique, associés et tiers ayant le pouvoir de diriger, gérer ou engager à titre habituel la

société avec l'indication, pour chacun d'eux lorsqu'il s'agit d'une société commerciale, qu'ils engagent seuls ou conjointement la société vis-à-vis des tiers ;

b) **Le cas échéant, administrateurs, président du conseil d'administration, président du conseil de surveillance, membres du conseil de surveillance et commissaire aux comptes. En ce qui concerne le commissaire aux comptes, l'adresse professionnelle peut être déclarée en lieu et place du domicile ;**

3° Lorsque les personnes mentionnées aux *a* et *b* ci-dessus sont des personnes morales, la dénomination sociale, la forme juridique, l'adresse du siège, le cas échéant leur représentant permanent ainsi que :

a) **Pour les personnes morales de droit français immatriculées au registre, les renseignements mentionnés aux 1° et 2° de l'article R. 123-237 ;**

b) **Pour les sociétés relevant de la législation d'un autre État membre de la Communauté européenne ou partie à l'accord sur l'Espace économique européen, le numéro et le lieu d'immatriculation dans un registre public ;**

c) **Pour les personnes morales non immatriculées ou relevant de la législation d'un État non membre de la Communauté européenne ou partie à l'accord sur l'Espace économique européen, les nom, nom d'usage, pseudonyme, prénoms et domicile des personnes ayant le pouvoir de les diriger, gérer ou engager à titre habituel.**

1) **SAS avec conseil de surveillance.** Sans remettre en cause les dispositions de l'article L. 227-6 du Code de commerce sur la représentation de la SAS, celles relatives au RCS posées à l'article R. 123-54 n'opèrent pas de distinction selon la forme sociale choisie, de sorte que les dispositions de cet article ne s'imposent pas simplement aux SA à directoire et à conseil de surveillance mais également à l'ensemble des sociétés commerciales ayant décidé de se doter d'un conseil de surveillance, et donc en l'espèce à une SAS : ▪ T. com. Paris, 2 oct. 2009 : *Bull. Joly Sociétés* 2010, p. 45, note P. Le Cannu.

2) **Mention du représentant permanent d'un représentant légal personne morale de SAS.** Bien que le seul titre de représentant permanent d'un représentant légal personne morale de SAS ne donne pas vocation aux intéressés à être mentionnés au RCS, celui-ci doit être en revanche déclaré s'il dispose du pouvoir de diriger, gérer ou engager à titre habituel la SAS vis-à-vis des tiers : CCRCS, avis n° 2015-04, 5 févr. 2015 : *JurisData* n° 2015-011995 ; *Bull. Joly Sociétés* 2015, p. 348, note P.-L. Périn ; *Dr. sociétés* 2015, n° 131, obs. D. Gallois-Cochet). – *Comp.* ▪ CA Paris, 1er juill. 2014, n° 14-04237, ayant jugé que si aucun texte n'imposait la mention, dans l'extrait K-*bis* du registre du commerce et des sociétés d'une société par actions simplifiée, du représentant permanent de la personne qui la préside, aucun texte ne prohibait une telle mention qui ne peut qu'être protectrice des intérêts des tiers, de la société elle-même et de la personne morale assurant sa présidence : *JurisData* n° 2014-018705 ; *Dr. sociétés* 2014, comm. 165, note D. Gallois-Cochet ; *Bull. Joly Sociétés* 2014, p. 436, § 1126, note P.-L. Périn ; *Rev. sociétés* 2015, p. 108, note L. Godon.

3) **Droit à l'oubli des données personnelles (non).** Jugé par la CJUE qu'il ne saurait y avoir de droit à l'oubli pour les données à caractère personnel figurant dans le RCS, en raison notamment du caractère limité du nombre de données personnelles inscrites, dont la publication ne constitue pas une atteinte disproportionnée aux droits fondamentaux des personnes concernées. Est cependant reconnue la possibilité pour les États de prévoir un accès restreint aux tiers justifiant d'un intérêt spécifique à la consultation à l'expiration d'un certain délai après dissolution de la société : ▪ CJUE, 9 mars 2017, aff. C-398/15 : *Bull. Joly Sociétés* 2017, p. 445, note A. Sotiropoulou ; *Rev. sociétés* 2018, p. 79, note A. Reygrobellet.

Art. R. 123-55 *(Rempl., D. n° 2008-1488, 30 déc. 2008)*. **– Le conjoint du gérant associé unique ou du gérant associé majoritaire d'une société à responsabilité limitée ou d'une société d'exercice libéral à responsabilité limitée, ou la personne qui lui est liée par un pacte civil de solidarité, fait l'objet d'une mention au registre du commerce et des sociétés dans les conditions définies par le présent livre.**

Art. R. 123-56. – Sont en outre déclarés dans la demande d'immatriculation :

1° Pour les sociétés résultant d'une fusion ou d'une scission, les raison sociale ou dénomination, forme juridique et siège social de toutes les sociétés y ayant participé, ainsi que, en ce qui concerne chacune d'entre elles, les renseignements prévus aux 1° et 2° de l'article R. 123-237 ;

2° Pour les sociétés européennes issues d'une fusion, les dénomination sociale, forme juridique et siège social de toutes les sociétés y ayant participé, ainsi que, en ce qui concerne chacune d'entre elles, les renseignements prévus aux 1° et 2° de l'article R. 123-237, ou, en ce qui concerne celles ayant leur siège dans un autre État membre de la Communauté européenne ou partie à l'accord sur l'Espace économique européen, les lieu et numéro de leur immatriculation sur un registre public.

Art. R. 123-57. – Lorsqu'une société commerciale dont le siège est situé à l'étranger est soumise à la législation d'un autre État membre de la Communauté européenne ou partie à l'accord sur l'Espace économique européen et revêt une des formes juridiques dont la liste figure en annexe 1-3 au présent livre, sont seuls déclarés les renseignements prévus aux 1°, 2°, 8° et 9° de l'article R. 123-53 et à l'article R. 123-54, ainsi que le lieu et le numéro d'immatriculation de cette société sur un registre public.

Art. R. 123-58. – Lorsqu'une société commerciale dont le siège est à l'étranger n'est pas soumise à la législation d'un État membre de la Communauté européenne ou partie à l'accord sur l'Espace économique européen, mais revêt une forme juridique comparable à celles énoncées à l'annexe 1-3 au présent livre, sont déclarés, outre les renseignements prévus aux articles R. 123-53 à R. 123-56, la législation qui lui est applicable, ainsi que le lieu et le numéro de son immatriculation sur un registre public si la loi étrangère à laquelle cette société est soumise le prévoit.

Art. R. 123-59. – Sont déclarés dans la demande d'immatriculation d'une société, en ce qui concerne son activité et son établissement, ou son siège si elle n'a pas d'établissement :

1° S'il s'agit d'une société commerciale, les renseignements prévus à l'article R. 123-38 ;

2° S'il s'agit d'une société commerciale dont le siège est à l'étranger au sens de l'article R. 123-57, les renseignements prévus à l'article R. 123-38, à l'exception de ceux prévus aux 4°, 6° et 8° ;

3° S'il s'agit d'une société non commerciale ou d'une société civile, les renseignements prévus à l'article R. 123-38, à l'exception de ceux prévus au 8°.

1) Vie privée. L'adresse personnelle d'un dirigeant peut ne plus apparaître au registre du commerce et être remplacée par la mention du siège social de la firme afin de sauvegarder la sécurité d'un administrateur dont la famille figure parmi les deux cent premières fortunes mondiales et a déjà été inquiétée par des tentatives d'extorsion de fond : ▪ CA Paris, 21 mars 2000 : *JurisData* n° 2000-119778 ; *JCP* E 2001, p. 800, obs. E. Garaud ; *Bull. Joly Sociétés* 2000, p. 732, note J.-M. Bahans.

2) SAS. Lorsque les associés d'une société par actions simplifiée ont désigné un « directeur général » investi des mêmes pouvoirs que le président, celui-ci doit être déclaré au RCS non pas en cette qualité, mais en tant qu'associé ou tiers ayant le pouvoir de diriger, de gérer ou d'engager à titre habituel la société, en application de [l'article R. 123-54, 2° *a)* du Code de commerce] : Avis CCRCS, n° 00.64 : *JCP* E 2001, p. 898, obs. A. Viandier et J.-J. Caussain. – V. : C. com., art. L. 227-6, al. 3, p. 397.

3) Associés de sociétés civiles. G. Baranger, *Révélation au K bis des associés de société civile : Bull. Joly Sociétés* 2005, p. 441 ; *Sociétés civiles : le point sur les formalités : Bull. Joly Sociétés* 2006, p. 299.

a) **Règles générales.** À défaut d'avoir déclaré spontanément les noms des associés, les sociétés civiles, déjà immatriculées au 1er février 2005 peuvent régulariser leur situation à l'occasion d'inscriptions modificatives ou de dépôts d'actes : Avis CCRCS, 17 oct. 2005, n° 05-33.

b) **Associés mineurs non émancipés.** L'information des tiers résultant suffisamment de l'indication de la date de naissance des associés, il n'est pas nécessaire de faire mention du représentant légal : Avis CCRCS, 12 sept. 2005, n° 05-26. – Également, aucune formalité n'est nécessaire à l'obtention de la majorité : Avis CCRCS, n° 05-27 : *BPAT* 2/2006, n° 56, p. 14.

4) Vice-président du conseil de surveillance. Le vice-président du conseil de surveillance, déclaré au RCS et figurant sur l'extrait K *bis* en qualité de membre du conseil n'a pas à être déclaré en sa qualité de vice-président : Avis CCRCS, 15 déc. 2005, n° 05-93. – *Adde* G. Baranger, *Mention au K Bis du vice-président du conseil de surveillance : Bull. Joly Sociétés* 2006, p. 662.

Art. R. 123-60 *(Mod., D. n° 2007-750, 9 mai 2007)*. – Dans sa demande d'immatriculation, le groupement d'intérêt économique déclare :

1° En ce qui concerne la personne :

a) La dénomination du groupement, suivie, le cas échéant, de son sigle ;

b) L'adresse du siège ;

c) Ses activités principales et si leur nature est civile ou commerciale ;

d) Sa durée ;

e) Pour chaque personne physique membre du groupement, les renseignements prévus aux 1°, 2° et 3° de l'article R. 123-37 et, le cas échéant, les numéros d'identification de ces personnes avec l'indication du nom du greffe ou de la chambre de métiers et de l'artisanat où elles sont immatriculées, ainsi que l'indication des personnes exonérées des dettes nées antérieurement à leur entrée dans le groupement ;

f) Pour chaque personne morale membre du groupement, les renseignements prévus aux 1°, 2° et 4° de l'article R. 123-53 et, le cas échéant, les numéros d'identification de ces personnes avec l'indication du nom du greffe ou de la chambre de métiers et de l'artisanat où elles sont immatriculées, ainsi que l'indication des personnes exonérées des dettes nées antérieurement à leur entrée dans le groupement ;

g) Pour les administrateurs et les personnes chargées du contrôle de la gestion et du contrôle des comptes, leurs nom, nom d'usage, pseudonyme, prénoms, date et lieu de naissance, domicile personnel et nationalité ;

h) Les références des immatriculations secondaires éventuellement souscrites et, le cas échéant, des établissements principaux ou secondaires situés et immatriculés dans un autre État membre de la Communauté européenne ou partie à l'accord sur l'Espace économique européen. En outre, la personne morale peut déclarer les mentions relatives à l'adresse et à l'activité principale de ces établissements sur présentation des justificatifs définis par l'arrêté prévu à l'article R. 123-166 ;

2° En ce qui concerne l'activité et l'établissement, les renseignements prévus à l'article R. 123-38, exception faite de son 8°, s'il s'agit d'un groupement à objet non commercial.

Art. R. 123-61. – Dans leur demande d'immatriculation, les établissements publics français à caractère industriel et commercial déclarent :

1° En ce qui concerne la personne :

a) Les renseignements prévus aux 1°, 4° et 6° de l'article R. 123-53 et au 2° de l'article R. 123-54 ;

b) La forme de l'entreprise et la collectivité par laquelle ou pour le compte de laquelle elle est exploitée ;

c) Le cas échéant, la date de publication au *Journal officiel* de l'acte qui a autorisé sa création, des actes qui ont modifié son organisation et des règlements ou des statuts qui déterminent les conditions de son fonctionnement ;

2° En ce qui concerne l'activité et l'établissement, les renseignements prévus à l'article R. 123-38.

Art. R. 123-62. – Les autres personnes morales dont l'immatriculation est prévue par les dispositions du 5° de l'article L. 123-1 déclarent les renseignements prévus aux articles R. 123-54 à R. 123-59. Les renseignements exigés peuvent faire l'objet d'adaptations par arrêté du garde des Sceaux, ministre de la Justice, du ministre chargé de la propriété industrielle et du ministre chargé du contrôle de la personne morale.

Voir : C. com., art. A. 123-12, p. 811 et art. A. 123-18, p. 811.

Sous-sous-paragraphe 2. – Des déclarations aux fins d'immatriculation secondaire hors du ressort de l'établissement principal

Art. R. 123-63. – Toute personne morale immatriculée qui ouvre un établissement secondaire demande son immatriculation secondaire dans les conditions prévues à l'article R. 123-41.

Toutefois, cette obligation n'est pas applicable aux personnes morales mentionnées aux 4° et 5° de l'article L. 123-1 qui sont désignées par arrêté du garde des Sceaux, ministre de la Justice, du ministre chargé de la propriété industrielle et du ministre chargé du contrôle de la personne morale.

Voir : C. com., art. A. 123-20 et A. 123-21, p. 812.

Art. R. 123-64. – Sont déclarés dans la demande d'immatriculation secondaire des personnes morales les renseignements relatifs à l'établissement prévus à l'article R. 123-38, exception faite de ceux prévus au 8° pour les personnes morales à objet non commercial.

Art. R. 123-65. – La demande d'immatriculation secondaire rappelle les renseignements mentionnés aux 1° et 2° de l'article R. 123-237, ainsi que :

1° Pour les sociétés, les renseignements prévus aux 1°, 2° et 4° de l'article R. 123-53 ;

2° Pour les groupements d'intérêt économique, les renseignements prévus aux *b* et *c* du 1° de l'article R. 123-60 ;

3° Pour les autres personnes morales, les renseignements prévus aux 1° et 4° de l'article R. 123-53 et au *b* du 1° de l'article R. 123-61.

Sous-sous-paragraphe 3. – Des déclarations aux fins d'inscriptions modificatives et complémentaires

Art. R. 123-66. – Toute personne morale immatriculée demande une inscription modificative dans le mois de tout fait ou acte rendant nécessaire la rectification ou le complément des énonciations prévues aux articles R. 123-53 et suivants.

Art. R. 123-67. – Toute personne morale immatriculée qui ouvre un établissement secondaire demande son inscription complémentaire dans les conditions prévues à l'article R. 123-41.

Toutefois, cette obligation n'est pas applicable aux personnes morales mentionnées aux 4° et 5° de l'article L. 123-1 qui sont désignées par arrêté du garde des Sceaux, ministre de la Justice, du ministre chargé de la propriété industrielle et du ministre chargé du contrôle de la personne morale.

Voir : C. com., art. A. 123-22 et A. 123-23, p. 812.

Art. R. 123-68 ***(Mod., D. n° 2007-750, 9 mai 2007).*** **– Sont déclarés dans la demande d'inscription complémentaire des personnes morales les renseignements relatifs à l'établissement prévus à l'article R. 123-38, exception faite de ceux prévus au 8° pour les personnes morales à objet non commercial, et à l'article R. 123-39.**

Art. R. 123-69 ***(Mod., D. n° 2007-750, 9 mai 2007).*** **– L'obligation prévue à l'article R. 123-66 inclut :**

1° La cessation totale ou partielle d'activité dans le ressort du tribunal de l'immatriculation principale, même en l'absence de dissolution ;

2° La cessation totale ou partielle d'activité d'un établissement dans le ressort du tribunal d'une immatriculation secondaire ;

3° En cas de fusion ou de scission de société, l'indication de la cause de dissolution ou d'augmentation de capital, ainsi que celle de la raison sociale ou dénomination, de la forme juridique et du siège des personnes morales ayant participé à l'opération ;

4° Les décisions définitives plaçant l'une des personnes mentionnées aux 1° et 2° de l'article R. 123-54 sous tutelle ou sous curatelle au sens de l'article 440 du Code civil, et celles qui en donnent mainlevée ou qui les rapportent ; lorsqu'il est fait application de cet article, l'obligation de déclaration incombe au tuteur ou au curateur.

Voir : C. com., art. L. 236-1, annot. n° 2, p. 529.

Art. R. 123-70. – L'obligation prévue à l'article R. 123-66 inclut également la dissolution ou la décision prononçant la nullité de la personne morale pour quelque cause que ce soit avec indication des nom, nom d'usage, pseudonyme, prénoms et domicile des liquidateurs, de l'étendue des pouvoirs de ceux-ci s'il s'agit d'une des sociétés mentionnées aux articles R. 123-53 à R. 123-58, et de la référence du journal d'annonces légales dans lequel leur nomination a été publiée ainsi que de l'adresse de la liquidation.

Art. R. 123-71. – Les dispositions de l'article R. 123-66 ne sont pas applicables :

1° À la mise à jour des références faites, dans l'immatriculation principale, aux immatriculations secondaires : la mention rectificative est dans ce cas effectuée d'office par le greffier de l'immatriculation principale sur notification du greffier de l'immatriculation secondaire ayant procédé à cette dernière ou à sa radiation ;

2° À la mise à jour des renseignements relatifs à la situation personnelle de l'assujetti figurant dans l'immatriculation secondaire : la mention rectificative ou complémentaire est, dans ce cas, effectuée par le greffier de l'immatriculation secondaire sur notification du greffier ayant procédé à l'inscription modificative correspondante.

Art. R. 123-72. – En cas de transfert de leur siège, de leur établissement principal ou d'un établissement secondaire dans le ressort d'un autre tribunal, les personnes morales immatriculées demandent, dans le délai d'un mois à compter du transfert :

1° Une nouvelle immatriculation dans le ressort de ce tribunal si elles n'y étaient pas déjà immatriculées à titre principal ou secondaire ;

2° Dans le cas contraire, la transformation de leur immatriculation, avec indication en tant que de besoin des renseignements prévus selon le cas aux articles R. 123-53 à R. 123-61.

Art. R. 123-73 *(Mod., D. n° 2007-750, 9 mai 2007).* – Le greffier du nouveau siège ou du nouvel établissement notifie la nouvelle immatriculation ou la transformation prévue à l'article R. 123-72, dans les quinze jours de celle-ci, au greffier de l'ancien siège ou de l'ancien établissement.

Ce dernier procède d'office, dans le dossier en sa possession, soit à la radiation, soit à la mention correspondante selon le cas.

Il notifie l'accomplissement de la formalité à la personne concernée et au greffier du nouveau siège ou du nouvel établissement.

En cas de transfert d'un établissement secondaire, le greffier du nouvel établissement procède à la notification prévue au 1° de l'article R. 123-71.

Art. R. 123-74. – En cas de transfert en France du siège d'une société européenne immatriculée dans un autre État membre de la Communauté européenne ou partie à l'accord sur l'Espace économique européen, les dispositions de l'article R. 123-72 s'appliquent.

Le greffier dans le ressort duquel le siège a été transféré notifie la nouvelle immatriculation, dans les quinze jours de celle-ci, à l'autorité chargée de l'immatriculation dans l'État où elle avait son siège.

1) Réunion de toutes les parts en une seule main. Dès lors que la société est radiée du registre à la suite de la réunion de toutes les parts en une seule main, il s'ensuit qu'à cette date, le transfert de patrimoine a été réalisé et que la personnalité morale de la société a disparu, sans qu'il y ait lieu d'appliquer les dispositions relatives à la fusion : ▪ Cass. com., 12 janv. 1999 : *Bull. Joly Sociétés* 1999, p. 504, note M.-L. Coquelet. – V. sous C. civ., art. 1844-5, annot. n° 4, p. 90.

2) Sort du passif après la radiation de la société. V. sous C. civ., art. 1844-8, annot. n° 3, p. 105.

3) Radiation d'office. V. sous C. civ., art. 1844-8, annot. n° 5, p. 107.

Art. R. 123-74-1 *(D. n° 2009-11, 5 janv. 2009).* – Le greffier du tribunal dans le ressort duquel est immatriculée la société issue de la fusion transfrontalière notifie sans délai la prise d'effet de la fusion au greffier ou à l'autorité compétente du siège de chaque société ayant participé à l'opération.

Le greffier de chaque tribunal dans le ressort duquel est immatriculée une société ayant participé à la fusion et dont le siège était situé en France procède à la radiation de son immatriculation dès réception de la notification de la prise d'effet de la fusion transfrontalière dans l'État membre considéré.

Sous-sous-paragraphe 4. – Des déclarations aux fins de radiation

Art. R. 123-75 *(Mod., D. n° 2015-417, 14 avr. 2015).* – La radiation de l'immatriculation principale des personnes morales qui font l'objet d'une dissolution est requise par le liquidateur dans le délai d'un mois à compter de la publication de la clôture de la liquidation.

La radiation de l'immatriculation principale des autres personnes morales est demandée dans le mois de la cessation d'activité dans le ressort du tribunal.

La radiation de l'immatriculation secondaire de toute personne morale est demandée dans le mois de la cessation d'activité dans le ressort du tribunal.

En cas d'application des dispositions du troisième alinéa de l'article 1844-5 du Code civil, la radiation de l'immatriculation est requise par l'associé unique dans le délai d'un mois à compter de la réalisation du transfert du patrimoine. À l'issue du délai d'opposition mentionné au troisième alinéa de l'article 1844-5 du Code civil, le greffier délivre sur demande un certificat de non-opposition constatant que le tribunal n'a pas été saisi dans ce délai d'une opposition enrôlée.

Sous-sous-paragraphe 5. – De la langue des déclarations
(D. n° 2007-1851, 26 déc. 2007)

Art. R. 123-75-1 *(D. n° 2007-1851, 26 déc. 2007).* – Lorsque la société a son siège dans l'un des États membres de la Communauté européenne ou parties à l'accord sur l'Espace économique européen, les indications relatives :

1° À la nomination, la cessation des fonctions ainsi que l'identité des personnes qui ont le pouvoir d'engager la société à l'égard des tiers et de la représenter en justice ou qui participent à l'administration, à la surveillance ou au contrôle de la société ;

2° Au montant du capital souscrit ;
3° À tout transfert du siège social ;
4° À la dissolution de la société ;
5° À la décision judiciaire prononçant la nullité de la société ;
6° À la nomination et l'identité des liquidateurs ainsi qu'à leurs pouvoirs respectifs ;
7° À la clôture de la liquidation et la radiation du registre, peuvent, à sa demande, être déclarées au registre dans toute langue officielle de la Communauté. Dans tous les cas, l'une de ces langues doit être le français. Lorsque les déclarations sont également faites dans une autre langue, leur traduction en langue française doit être certifiée conforme par les déclarants. Seule la publicité obligatoire en langue française fait foi. Les tiers peuvent toutefois se prévaloir de la traduction volontairement publiée, à moins que la société ne prouve qu'ils ont eu connaissance de la version publiée obligatoirement en français.

Sous-paragraphe 3. – Des déclarations incombant aux représentations ou agences commerciales des États, collectivités ou établissements publics étrangers

Art. R. 123-76. – Les déclarations incombant aux États, collectivités ou établissements publics étrangers qui établissent une représentation ou une agence commerciale dans un département français sont soumises aux dispositions des articles R. 123-61 et R. 123-63 à R. 123-75.

Sous-paragraphe 4. – Dispositions communes

Art. R. 123-77 *(Mod., D. n° 2007-750, 9 mai 2007 ; D. n° 2010-1706, 29 déc. 2010 ; D. n° 2016-1278, 29 sept. 2016 ; D. n° 2018-284, 18 avr. 2018).* – Une demande d'inscription ou un dépôt d'acte ou de pièce au registre du commerce et des sociétés peut être effectué par la voie électronique dès lors qu'il peut être transmis et reçu par cette voie, à l'exception toutefois du dépôt des actes et pièces dont l'original doit être fourni et qui ont été établis sur support papier. Il peut néanmoins être suppléé, lors de la première immatriculation, à la production de l'original d'actes ou pièces sous seing privé par la remise d'une copie.

Pour toutes les transmissions par voie électronique mentionnées au premier alinéa, il est fait usage d'une signature électronique sécurisée dans les conditions prévues à l'article 1367 du Code civil et par le décret n° 2017-1416 du 28 septembre 2017 relatif à la signature électronique. Toutefois, pour les demandes d'immatriculation, les dépôts des déclarations prévues à l'article L. 526-7 et le dépôt du document prévu au deuxième alinéa de l'article L. 561-46 du Code monétaire et financier, cette signature électronique peut résulter de l'usage d'un procédé répondant aux conditions définies à la première phrase du deuxième alinéa de l'article 1367 du Code civil.

Le greffier accuse réception, selon les modalités fixées par l'arrêté prévu à l'article R. 123-166, de toute transmission qui lui est faite dès que celle-ci lui parvient.

NB : Conformément au II de l'article 2 du décret n° 2017-1416 du 28 septembre 2017 relatif à la signature électronique, les références au décret n° 2001-272 du 30 mars 2001, contenues dans des dispositions de nature réglementaire, sont remplacées par les références à ce même décret n° 2017-1416 du 28 septembre 2017.

Une demande d'inscription ou un dépôt d'acte ou de pièce au registre du commerce et des sociétés peut être effectué par la voie électronique dès lors qu'il peut être transmis et reçu par cette voie, à l'exception toutefois du dépôt des actes et pièces dont l'original doit être fourni et qui ont été établis sur support papier. Il peut néanmoins être suppléé, lors de la première immatriculation, à la production de l'original d'actes ou pièces sous seing privé par la remise d'une copie.

Pour toutes les transmissions par voie électronique mentionnées au premier alinéa, il est fait usage d'une signature électronique sécurisée dans les conditions prévues à l'article 1367 du Code civil et par le décret n° 2001-272 du 30 mars 2001 pris pour son application. Toutefois, pour les demandes d'immatriculation et les dépôts des déclarations prévues à l'article L. 526-7, cette signature électronique peut résulter de l'usage d'un procédé répondant aux conditions définies à la première phrase du deuxième alinéa de l'article 1367 du Code civil.

Le greffier accuse réception, selon les modalités fixées par l'arrêté prévu à l'article R. 123-166, de toute transmission qui lui est faite dès que celle-ci lui parvient.

NB : Conformément au décret n° 2016-1278 du 29 septembre 2016, article 1er, l'article 1316-4 du Code civil est devenu l'article 1367 dudit code.

Art. R. 123-78 *(Abr., D. n° 2007-750, 9 mai 2007).*

....

Partie Arrêtés

(A. 14 janv. 2009)

Sous-paragraphe 2. – Des déclarations incombant aux personnes morales

Sous-sous-paragraphe 1. – Des déclarations aux fins d'immatriculation

Art. A. 123-12. – Dans sa demande d'immatriculation, la caisse d'épargne et de prévoyance déclare, en application de l'article R. 123-62, en ce qui concerne la personne morale :

1° Sa dénomination suivie, le cas échéant, de son sigle ;

2° Le montant de sa dotation statutaire ;

3° L'adresse de son siège social ;

4° La date de clôture de l'exercice social ;

5° La date du dépôt au greffe des statuts ;

6° La liste des établissements secondaires.

Art. A. 123-13. – La caisse d'épargne et de prévoyance déclare, en outre, les nom, nom d'usage, pseudonyme, prénoms, domicile personnel, date et lieu de naissance et renseignements relatifs à la nationalité prévus à l'article R. 123-37 des :

1° Personnes ayant le pouvoir général d'engager la caisse d'épargne et de prévoyance vis-à-vis des tiers ;

2° Membres du conseil d'orientation et de surveillance et commissaire aux comptes.

Art. A. 123-14. – Sont, en outre, déclarés dans la demande d'immatriculation pour les caisses d'épargne et de prévoyance résultant d'une fusion ou d'une scission les dénominations, forme juridique ou siège social de toutes les caisses d'épargne y ayant participé.

Art. A. 123-15. – Sont déclarés dans la demande d'immatriculation d'une caisse d'épargne et de prévoyance, en ce qui concerne son établissement, les renseignements prévus à l'article R. 123-38, exception faite de ceux prévus aux 6°, 7° et 8°.

Art. A. 123-16. – Dans leur demande d'immatriculation, les associations mentionnées à l'article L. 213-8 du Code monétaire et financier déclarent, en application de l'article R. 123-62 :

1° Le titre de l'association, suivi, le cas échéant, du sigle ;

2° L'adresse de son siège ;

3° Son objet, indiqué sommairement ;

4° La date de clôture de l'exercice ;

5° La date de la déclaration préalable à la préfecture ou à la sous-préfecture ou de l'inscription au registre du tribunal d'instance pour les associations d'Alsace-Moselle, la date du *Journal officiel* où a eu lieu l'insertion qui a rendu publique l'association ;

6° La date du dépôt au greffe des statuts ;

7° La date de la décision de l'assemblée générale d'émettre des obligations.

Art. A. 123-17. – Les associations mentionnées à l'article A. 123-16 déclarent, en outre, dans leur demande d'immatriculation les nom, nom d'usage, pseudonyme, prénoms, domicile personnel, date et lieu de naissance et renseignements concernant la nationalité prévus à l'article R. 123-37 pour les personnes chargées de la direction, de l'administration et du contrôle et les commissaires aux comptes.

Art. A. 123-18. – Dans sa demande d'immatriculation, le groupement européen d'intérêt économique déclare, en application de l'article R. 123-62 :

1° En ce qui concerne le groupement :

_a)_ Sa dénomination, son nom commercial, s'il en est utilisé un ;

_b)_ L'adresse du siège ;

_c)_ Son objet ;

_d)_ Sa durée, lorsqu'elle n'est pas indéterminée ;

_e)_ Le montant de la participation dans le groupement de chacun de ses membres ;

f) Pour chaque personne physique membre du groupement, les renseignements prévus aux 1°, 2° et 3° de l'article R. 123-37 ainsi que, s'il y a lieu, les numéros d'identification de ces personnes avec l'indication du nom du greffe ou de la chambre de métiers et de l'artisanat où elles sont immatriculées ou du registre de l'État où elles sont établies ; le cas échéant, l'indication des personnes exonérées des dettes nées antérieurement à leur entrée dans le groupement ;

g) Pour chaque personne morale membre du groupement, les renseignements prévus aux 1°, 2° et 4° de l'article R. 123-53 et, le cas échéant, les numéros d'identification de ces personnes avec l'indication du nom du greffe ou de la chambre de métiers et de l'artisanat où elles sont immatriculées, ou du registre de l'État où elles ont leur siège ; s'il y a lieu, l'indication des personnes exonérées des dettes nées antérieurement à leur entrée dans le groupement ;

h) Pour les gérants et les personnes chargées du contrôle de la gestion et du contrôle des comptes, leurs nom, nom d'usage, pseudonyme, prénoms, date et lieu de naissance, domicile personnel et renseignements relatifs à la nationalité prévus à l'article R. 123-37 ;

2° En ce qui concerne son établissement, les renseignements prévus à l'article R. 123-38, exception faite de ceux prévus aux 6°, 7° et 8° s'il s'agit d'un groupement à objet non commercial.

Art. A. 123-19. – L'ouverture en France d'un établissement par un groupement européen d'intérêt économique ayant son siège hors de France donne lieu, par application de l'article 10 du règlement CEE n° 2137-85 du Conseil des Communautés européennes du 25 juillet 1985 relatif à l'institution d'un groupement européen d'intérêt économique, aux formalités prévues aux articles A. 123-18, A. 123-58 et A. 123-75.

Sont déposés au plus tard en même temps que la demande d'immatriculation, outre les documents prévus à l'article A. 123-58, les documents dont le dépôt au registre de l'État membre du siège est obligatoire. Ces documents sont déposés conformément aux prescriptions de l'article R. 123-120-1.

Sous-sous-paragraphe 2. – Des déclarations aux fins d'immatriculation secondaire hors du ressort de l'établissement principal

Art. A. 123-20. – En vertu de la dérogation prévue au deuxième alinéa de l'article R. 123-63, les caisses d'épargne et de prévoyance ne sont pas tenues de demander une immatriculation secondaire au registre du commerce et des sociétés quand elles ouvrent un établissement secondaire.

Art. A. 123-21. – En vertu de la dérogation prévue au deuxième alinéa de l'article R. 123-63, les associations mentionnées à l'article L. 213-8 du Code monétaire et financier et qui sont immatriculées au registre du commerce et des sociétés sont dispensées de demander leur immatriculation secondaire.

Sous-sous-paragraphe 3. – Des déclarations aux fins d'inscriptions modificatives et complémentaires

Art. A. 123-22. – En vertu de la dérogation prévue au deuxième alinéa de l'article R. 123-67, les caisses d'épargne et de prévoyance ne sont pas tenues de demander une inscription complémentaire au registre du commerce et des sociétés quand elles ouvrent un établissement secondaire.

Art. A. 123-23. – En vertu de la dérogation prévue au deuxième alinéa de l'article R. 123-67, les associations mentionnées à l'article L. 213-8 du Code monétaire et financier et qui sont immatriculées au registre du commerce et des sociétés sont dispensées de demander leur inscription complémentaire.

Art. A. 123-24. – En cas de modification intervenue entre la date d'immatriculation et celle du remboursement de toutes les obligations, dans les statuts, l'administration ou la direction des associations mentionnées à l'article A. 123-23, cette modification est mentionnée au registre du commerce et des sociétés sur justification de l'accomplissement des formalités de déclaration à la préfecture ou la sous-préfecture ou d'inscription au tribunal d'instance pour les associations d'Alsace-Moselle.

Art. A. 123-25. – La cession par un membre d'un groupement européen d'intérêt économique de sa participation dans celui-ci, ou d'une fraction de celle-ci, donne lieu à l'inscription modificative prévue à l'article R. 123-66.

Art. A. 123-26. – La nomination du ou des liquidateurs d'un groupement européen d'intérêt économique donne lieu à l'inscription modificative prévue à l'article R. 123-66.

1.2.2. – Tenue du registre et effets attachés à l'immatriculation

Code de commerce

Partie législative

Sous-section 2. – Tenue du registre et effets attachés à l'immatriculation

Art. L. 123-6 *(Mod., L. n° 2015-990, 6 août 2015 ; Ord. n° 2016-1635, 1er déc. 2016)*. – **Le registre du commerce et des sociétés est tenu par le greffier de chaque tribunal de commerce, sous la surveillance du président ou d'un juge commis à cet effet, qui sont compétents pour toutes contestations entre l'assujetti et le greffier et pour autoriser l'accès au document relatif au bénéficiaire effectif mentionné à l'article L. 561-46 du Code monétaire et financier.**

Le greffier transmet à l'Institut national de la propriété industrielle, par voie électronique et sans frais, un document valant original des inscriptions effectuées au greffe et des actes et pièces qui y sont déposés, dans un délai et selon des modalités fixées par décret.

Il lui transmet également, par voie électronique, sans frais ni délai, les résultats des retraitements des informations contenues dans les inscriptions, actes et pièces mentionnés au deuxième alinéa, dans un format informatique ouvert de nature à favoriser leur interopérabilité et leur réutilisation, au sens du titre II du livre III du Code des relations entre le public et l'administration, et à assurer leur compatibilité avec le registre national dont l'Institut national de la propriété industrielle assure la centralisation dans le cadre de sa mission prévue au 2° de l'article L. 411-1 du Code de la propriété intellectuelle. Le décret mentionné au deuxième alinéa du présent article précise également les modalités de cette transmission, notamment le format des données informatiques.

Dans les départements d'outre-mer et dans les collectivités d'outre-mer de Saint-Martin et de Saint-Barthélemy, le ministre de la Justice peut déléguer, lorsque le fonctionnement normal des registres du commerce et des sociétés est compromis, par convention, leur gestion matérielle à la chambre de commerce et d'industrie de ces départements ou à la chambre consulaire interprofessionnelle à Saint-Martin ou à la chambre économique multiprofessionnelle à Saint-Barthélemy. Le greffe reste compétent pour le contrôle des actes et des extraits du registre ainsi que pour toute contestation entre l'assujetti et la chambre compétente. La durée maximale de la convention est de vingt-quatre mois, renouvelable dans les mêmes conditions.

Par dérogation à l'avant-dernier alinéa et à titre expérimental pour une durée n'excédant pas trois ans, dans les départements d'outre-mer de la Guadeloupe, de la Martinique et de La Réunion, la gestion matérielle des registres du commerce et des sociétés est déléguée à la chambre de commerce et d'industrie compétente. Cette délégation de gestion s'opère dans les conditions déterminées au même alinéa. Pour le bon déroulement de l'expérimentation, la convention mentionnée audit alinéa porte sur toute sa durée. Les expérimentations débutent le 1er janvier 2016 au plus tard. Un rapport est remis, au terme de la deuxième année, sur les conditions d'exécution de la délégation.

NB : Aux termes du IV de l'article 60 de la loi n° 2015-990 du 6 août 2015, ces dispositions entrent en vigueur à la même date que le premier arrêté fixant les tarifs des prestations des greffiers des tribunaux de commerce en application de l'article 50 de la présente loi, et au plus tard à l'expiration du douzième mois suivant la promulgation de la même loi. L'arrêté susvisé a été publié le 1er mars 2016.

Voir : C. com., art. R. 123-79, p. 814.

Art. L. 123-7. – **L'immatriculation d'une personne physique emporte présomption de la qualité de commerçant. Toutefois, cette présomption n'est pas opposable aux tiers et administrations qui apportent la preuve contraire. Les tiers et administrations ne sont pas admis à se prévaloir de la présomption s'ils savaient que la personne immatriculée n'était pas commerçante.**

Art. L. 123-8. – **La personne assujettie à immatriculation qui n'a pas requis cette dernière à l'expiration d'un délai de quinze jours à compter du commencement de son activité, ne peut se prévaloir, jusqu'à immatriculation, de la qualité de commerçant tant à l'égard des tiers que des administrations publiques. Toutefois, elle ne peut invoquer son défaut d'inscription au registre pour se soustraire aux responsabilités et aux obligations inhérentes à cette qualité.**

Sans préjudice de l'application de l'article L. 144-7, le commerçant inscrit qui cède son fonds ou qui en concède l'exploitation notamment sous forme de location-gérance ne peut opposer la cessation de son activité commerciale, pour se soustraire aux actions en responsabilité dont il est l'objet du fait des obligations contractées par son successeur dans l'exploitation du fonds, qu'à partir du jour où a été opérée la radiation ou la mention correspondante.

Art. L. 123-9. – La personne assujettie à immatriculation ne peut, dans l'exercice de son activité, opposer ni aux tiers ni aux administrations publiques, qui peuvent toutefois s'en prévaloir, les faits et actes sujets à mention que si ces derniers ont été publiés au registre.

En outre, la personne assujettie à un dépôt d'actes ou de pièces en annexe au registre ne peut les opposer aux tiers ou aux administrations, que si la formalité correspondante a été effectuée. Toutefois, les tiers ou les administrations peuvent se prévaloir de ces actes ou pièces.

Les dispositions des alinéas précédents sont applicables aux faits ou actes sujets à mention ou à dépôt même s'ils ont fait l'objet d'une autre publicité légale. Ne peuvent toutefois s'en prévaloir les tiers et administrations qui avaient personnellement connaissance de ces faits et actes.

1) **Hypothèse d'une fusion.** La fusion n'ayant pas fait l'objet d'une inscription modificative au registre du commerce est inopposable au tiers : ▪ Cass. com., 29 juin 1993 : *JCP* E 1993, I, 288, n° 15, obs. A. Viandier et J.-J. Caussain.

2) **Publicité de la cessation des fonctions de dirigeant.** Une société peut se prévaloir à l'égard des tiers de la **cessation de fonction de ses dirigeants** si celle-ci a été régulièrement publiée : ▪ Cass. com., 4 mai 1993 : *JCP* E 1994, I, 331, n° 8, obs. A. Viandier et J.-J. Caussain ; *RJDA* 1993, p. 868. – Un nouveau dirigeant dont la nomination n'a pas été publiée au RCS peut cependant **représenter la société en matière de procédure pénale** à compter de sa nomination : ▪ Cass. com., 11 juill. 2012, n° 11-21.395, F-P+B : *BJS* 2013, p. 97, note Ph. Gourlaouen.

3) **Opposabilité au nouvel associé de la modification antérieure non publiée.** S'agissant de la modification des règles statutaires relatives à la répartition de la charge entre les associés de la redevance destinée à assurer le remboursement des services rendus par la société, cette modification est opposable à celui qui a acquis la qualité d'associé postérieurement à la décision de l'assemblée générale extraordinaire dès lors qu'il avait une connaissance personnelle de la modification intervenue, quand bien même il n'y aurait eu ni mise à jour ni publication des statuts modifiés : ▪ Cass. com., 9 mars 2010, n° 09-13.036 : *Dr. sociétés* 2010, n° 88, obs. H. Hovasse.

4) **Influence des autres mesures de publicité légale.** La disparition de la personnalité juridique d'une société n'est rendue opposable aux tiers que par la publication au registre du commerce et des sociétés des actes ou événements l'ayant entraînée, même si ceux-ci ont fait l'objet d'une autre publicité légale : ▪ Cass. com., 11 sept. 2012, n° 11-19.726, F-D : *BJS* 2013, p. 95, note J.-M. Bahans.

Art. L. 123-9-1 *(L. n° 2003-721, 1er août 2003 ; abr. à compter d'une date fixée par décret en Conseil d'État, et au plus tard le 1er janvier 2023, L. n° 2019-486, 22 mai 2019).* – Le greffier du tribunal ou l'organisme mentionné au dernier alinéa de l'article 2 de la loi n° 94-126 du 11 février 1994 relative à l'initiative et à l'entreprise individuelle délivre gratuitement un récépissé de dépôt de dossier de création d'entreprise à toute personne assujettie à l'immatriculation au registre, dès que celle-ci a déposé un dossier de demande d'immatriculation complet. Ce récépissé permet d'accomplir, sous la responsabilité personnelle de la personne physique ayant la qualité de commerçant ou qui agit au nom de la société en formation, les démarches nécessaires auprès des organismes publics et des organismes privés chargés d'une mission de service public. Il comporte la mention : « En attente d'immatriculation ».

Les conditions d'application du présent article sont définies par décret en Conseil d'État.

....

Partie réglementaire

Sous-section 2. – De la tenue du registre et des effets attachés à l'immatriculation

§ 1. – Dispositions générales

Art. R. 123-79. – Les attributions relatives à la surveillance du registre du commerce et des sociétés et aux contestations afférentes, prévues à l'article L. 123-6, sont exercées, pour les personnes morales n'ayant pas la

qualité de commerçant au sens des 2° et 5° du I de l'article L. 123-1, par le président du tribunal de grande instance ou un juge commis à cet effet.

Art. R. 123-80 *(Mod., D. n° 2012-928, 31 juill. 2012 ; D. n° 2016-296, 11 mars 2016).* **– Un registre national tenu par l'Institut national de la propriété industrielle centralise les documents valant originaux des registres du commerce et des sociétés tenus dans chaque greffe.**

NB : Conformément aux dispositions de l'article 21 du décret n° 2016-296 du 11 mars 2016, les présentes dispositions entrent en vigueur à la date prévue au IV de l'article 60 de la loi du 6 août 2015 susvisée. L'arrêté du 26 février 2016 fixant les tarifs réglementés des greffiers des tribunaux de commerce entre en vigueur le 1er mars 2016.

Art. D. 123-80-1 *(Créé à compter de la date prévue à l'article 7 du décret n° 2015-1905 du 30 décembre 2015 et au plus tard le 31 août 2016, D. n° 2015-1905, 30 déc. 2015).* **– I. – La transmission prévue au deuxième alinéa de l'article L. 123-6 du Code de commerce est réalisée selon un procédé garantissant l'authenticité des documents, dans un délai de cinq jours ouvrables suivant l'inscription dans le registre chronologique prévue à l'article R. 123-98 ou l'établissement du procès-verbal prévu à l'article R. 123-102. Chaque document transmis est indexé et le format des documents est conforme à une norme. Ces modalités d'indexation et cette norme sont fixées par arrêté conjoint du garde des Sceaux, ministre de la Justice, et du ministre chargé de la propriété industrielle.**

II. – La transmission prévue au troisième alinéa de l'article L. 123-6 du Code de commerce est réalisée dès le retraitement des informations contenues dans les inscriptions, actes et pièces mentionnés au deuxième alinéa de l'article L. 123-6. Cette transmission est réalisée préalablement à toute diffusion ou mise à disposition de ces informations à des tiers, sans préjudice de la communication prévue aux articles R. 123-150 à R. 123-154-1. Les informations sont transmises quotidiennement sous la forme de fichiers de rediffusion et de métadonnées. Les fichiers de rediffusion sont transmis au format texte ou au format image, selon des dispositions et conformément à des normes définies par arrêté conjoint du garde des Sceaux, ministre de la Justice, et du ministre chargé de la propriété industrielle.

III. – Les transmissions mentionnées aux I et II du présent article consistent en la mise à disposition des documents et informations sur un serveur désigné par l'Institut national de la propriété industrielle.

IV. – Lorsque le dépôt des documents comptables est accompagné d'une déclaration de confidentialité des comptes annuels en application de l'article R. 123-111-1, le greffier signale, dans les transmissions visées aux I et II du présent article, l'existence de ce dépôt et son caractère confidentiel, selon des modalités définies par arrêté conjoint du garde des Sceaux, ministre de la Justice, et du ministre chargé de la propriété industrielle.

(Al. créé à compter du 1er août 2017, D. n° 2017-1094, 12 juin 2017) **En cas de dépôt prévu au deuxième alinéa de l'article L. 561-46 du Code monétaire et financier, le greffier signale, dans les transmissions prévues aux I et II du présent article, l'existence de ce dépôt et son caractère confidentiel, selon des modalités définies par arrêté conjoint du garde des Sceaux, ministre de la Justice et du ministre chargé de la propriété industrielle.**

V. – Préalablement à leur transmission prévue au II du présent article, les informations sont contrôlées et, le cas échéant, complétées, notamment avec le numéro SIREN, et corrigées.

VI. – Lorsque les greffiers se sont associés au sein d'un groupement conformément à l'article L. 743-12, ou lorsque ceux-ci ont confié à un tiers l'exécution de leurs obligations de diffusion des données des registres de publicité légale dont ils ont la charge, ce groupement ou ce tiers est chargé de l'application des dispositions du présent article.

Art. D. 123-80-2 *(Créé à compter de la date prévue à l'article 7 du décret n° 2015-1905 du 30 décembre 2015 et au plus tard le 31 août 2016, D. n° 2015-1905, 30 déc. 2015).* **– Aux fins de vérifier et d'assurer la complétude et la cohérence du registre national du commerce et des sociétés, une extraction des documents mentionnés au deuxième alinéa de l'article L. 123-6 et des résultats des retraitements des informations mentionnés au troisième alinéa du même article est transmise par le greffier sur demande de l'Institut national de la propriété industrielle, deux fois par an et dans un délai maximal de six semaines. Cette transmission est réalisée selon les modalités prévues à l'article D. 123-80-1.**

Art. R. 123-81. – Un comité de coordination veille à l'harmonisation de l'application des dispositions législatives et réglementaires applicables en matière de registre du commerce et des sociétés.

Il délivre des avis sur les questions dont il est saisi dans les conditions fixées par l'arrêté prévu à l'article R. 123-166. Il peut en outre, à la demande de l'un de ses membres, délibérer sur toute autre question relative

au fonctionnement du registre et à l'application des dispositions législatives et réglementaires ayant des incidences sur ce fonctionnement. Le cas échéant, il peut faire appel à tout sachant sur une question particulière. Il fait rapport au ministre compétent des difficultés ou anomalies dont il a connaissance.

Ce comité est présidé par un magistrat de l'ordre judiciaire ; il comprend, outre le directeur des affaires civiles et du Sceau et le directeur de l'Institut national de la propriété industrielle ou leurs représentants, deux personnes chargées de la tenue du registre conformément aux articles L. 123-6, R. 123-79 et R. 123-80, dont au moins un greffier de tribunal de commerce, dans des conditions fixées par l'arrêté prévu à l'article R. 123-166. Le comité fixe son règlement intérieur.

Voir : C. com., art. A. 123-24, p. 812.

Art. R. 123-82 *(D. n° 2007-750, 9 mai 2007)*. – **Le registre du commerce et des sociétés comprend :**

1° Un fichier alphabétique des personnes immatriculées ;

2° Le dossier individuel constitué par la demande d'immatriculation, complétée, le cas échéant, par les inscriptions subséquentes ;

3° Un dossier annexe où figurent les actes et pièces qui doivent être déposés au registre du commerce et des sociétés, en vertu du présent code et de toutes autres dispositions législatives ou réglementaires.

Art. R. 123-83 *(Mod., D. n° 2010-1706, 29 déc. 2010)*. – **Hormis les mentions d'office intervenant au cours des procédures de sauvegarde ou de redressement ou liquidation judiciaires, le greffier qui procède à toute inscription, sur déclaration ou d'office, concernant le début ou la cessation d'activité, les modifications de la situation ou la radiation d'une personne physique ou morale en avise sans délai le centre de formalités des entreprises compétent.**

Il avise le même centre de tout refus d'immatriculation ou d'enregistrement de déclarations modificatives.

Dans le cas prévu au 6° de l'article R. 123-37, le greffier qui procède à l'inscription au registre du commerce et des sociétés d'une déclaration d'affectation effectuée en application de l'article L. 526-7 en avise sans délai le président de la chambre de métiers et de l'artisanat compétente aux fins de mention au répertoire des métiers, dans des formes prévues par arrêté conjoint du garde des Sceaux, ministre de la Justice, et du ministre chargé de l'économie.

§ 2. – Des inscriptions sur déclaration

Sous-paragraphe 1. – De la présentation des déclarations

Art. R. 123-84 *(Mod., D. n° 2012-928, 31 juill. 2012)*. – **Sous réserve de la procédure prévue aux articles R. 123-1 et suivants, les demandes sont présentées au greffe du tribunal compétent sur des formulaires définis par l'arrêté prévu à l'article R. 123-166.**

Elles sont accompagnées des actes et pièces mentionnés aux articles R. 123-102 à R. 123-110 ainsi que des pièces répondant aux prescriptions de l'article L. 123-2.

La liste des pièces justificatives est fixée par l'arrêté mentionné au premier alinéa.

Toutefois, dispense d'une pièce peut être accordée par le juge, soit définitivement, soit provisoirement. Dans ce dernier cas, il est procédé à la radiation d'office si la pièce n'est pas produite dans le délai imparti.

Art. R. 123-85. – **Sous réserve des dispositions des articles R. 123-87 à R. 123-91, les demandes d'inscription sont revêtues de la signature de la personne tenue à l'immatriculation ou de son mandataire qui justifie de son identité et, en ce qui concerne le mandataire, d'une procuration signée de la personne tenue à l'immatriculation. La procuration peut être fournie en copie lorsqu'il est recouru à une transmission par voie électronique dans les conditions de l'article R. 123-77.**

Cette procuration n'est pas nécessaire lorsqu'il résulte des actes ou pièces déposés à l'appui de la demande que le mandataire dispose du pouvoir d'effectuer la déclaration.

Immatriculation par mandataire ou délégataire. Doit en principe justifier d'une procuration originale le mandataire signant une demande d'inscription au RCS, doit en principe. Peut cependant être admise une exception lorsque la transmission s'opère par voie électronique, la procuration pouvant alors être évidemment fournie sous forme de copie. Peuvent également être effectuées sous la signature d'un préposé les formalités d'immatriculation, dès lors que celui-ci dispose d'une délégation de pouvoir du représentant légal, incluant expressément ou implicitement les formalités en cause. Si le délégataire ne compte pas au nombre des personnes mentionnées dans l'immatriculation de la société comme disposant du pouvoir de l'engager à titre habituel, éventuellement au titre d'un de ses établissements, il doit justifier de sa délégation pour laquelle peut être fournie une photocopie de l'acte correspondant : Avis CCRS, 4 févr. 2016 n° 2016-001 : *Dr. sociétés* 2016, comm. 61.

Art. R. 123-86. – Toute demande d'inscription complémentaire, d'inscription modificative et de radiation rappelle :

1° Pour les personnes physiques, leurs nom, nom d'usage, pseudonyme, prénoms et date et lieu de naissance, ainsi que les renseignements prévus aux 1° et 2° de l'article R. 123-237 ;

2° Pour les personnes morales, leur raison sociale ou dénomination, leur forme juridique et l'adresse de leur siège ainsi que les renseignements prévus aux 1° et 2° de l'article R. 123-237.

Art. R. 123-87. – Les demandes d'inscription modificative et de radiation peuvent être signées par toute personne justifiant y avoir intérêt.

Le greffier en informe la personne immatriculée.

Art. R. 123-88 *(D. n° 2007-750, 9 mai 2007)*. – La demande d'inscription comme conjoint collaborateur est faite par la personne tenue à l'immatriculation dans les termes prévus au 6° de l'article R. 123-37.

Art. R. 123-89. – Le notaire qui rédige un acte comportant, pour les parties intéressées, une incidence quelconque en matière de registre est tenu de procéder aux formalités correspondantes à peine d'une amende civile de 15 à 750 € prononcée par le tribunal de grande instance, sans préjudice de l'application de sanctions disciplinaires et de l'engagement de sa responsabilité, garantie dans les conditions prévues au chapitre III du décret n° 55-604 du 20 mai 1955 relatif aux officiers publics ou ministériels et à certains auxiliaires de justice.

Art. R. 123-90. – Les demandes formées sur le fondement des articles 1426 ou 1429 du Code civil sont présentées au greffe par le conjoint demandeur dans le délai de trois jours. Le tribunal saisi de l'une de ces demandes ne peut statuer que s'il est justifié que cette mention a été portée au registre.

Art. R. 123-91 *(mod. D. n° 2018-452, 5 juin 2018)*. – Les demandes d'inscription de la décision rendue par une juridiction d'un État membre de la Communauté européenne soumis à l'application du règlement n° 1346/2000 du 29 mai 2000 du Conseil relatif aux procédures d'insolvabilité ou à l'application du règlement (UE) n° 2015/848 du Parlement européen et du Conseil du 20 mai 2015 relatif aux procédures d'insolvabilité, ouvrant une procédure d'insolvabilité en application de l'article 3, paragraphe 1, de l'un ou l'autre de ces règlements, à l'égard d'une personne physique ou morale, immatriculée au registre du commerce et des sociétés et dont le centre des intérêts principaux ou le domicile est situé dans cet État, sont présentées par la personne qui est désignée comme syndic, ou comme praticien de l'insolvabilité, au sens de ces règlements, et qui justifie de ses pouvoirs.

Sous-paragraphe 2. – Du contrôle et de l'enregistrement des demandes

Art. R. 123-92. – Le dépôt de toute demande d'inscription, qu'elle concerne l'immatriculation, la modification ou la radiation, est mentionné par le greffier dans un registre d'arrivée indiquant la date d'arrivée ou de dépôt au greffe, la nature de la demande, les nom, nom d'usage, pseudonyme, prénoms et raison sociale ou dénomination du demandeur.

Mention de la suite donnée y est faite ultérieurement par le greffier.

Art. R. 123-93. – Lorsque le dossier de demande d'immatriculation est complet, le greffier, saisi en application du deuxième alinéa de l'article R. 123-5, délivre gratuitement le récépissé de dépôt de dossier de création d'entreprise institué par l'article L. 123-9-1, dans les conditions prévues aux articles R. 123-10 et R. 123-11.

Art. R. 123-94. – Le greffier, sous sa responsabilité, s'assure de la régularité de la demande.

Art. R. 123-95. – Il vérifie que les énonciations sont conformes aux dispositions législatives et réglementaires, correspondent aux pièces justificatives et actes déposés en annexe et sont compatibles, dans le cas d'une demande de modification ou de radiation, avec l'état du dossier.

Il vérifie en outre que la constitution ou les modifications statutaires des sociétés commerciales sont conformes aux dispositions législatives et réglementaires qui les régissent.

(Al. créé à compter du 1er janvier 2016, D. n° 2015-194, 19 févr. 2015) **Le greffier vérifie également que la personne physique tenue à l'immatriculation au registre ou, s'il s'agit d'une personne morale, son représentant légal n'est pas inscrit au fichier national mentionné à l'article L. 128-1.**

La vérification par le greffier de l'existence des déclaration, autorisation, titre ou diplôme requis par la réglementation applicable pour l'exercice de l'activité n'est effectuée que si les conditions d'exercice doivent être remplies personnellement par la personne tenue à l'immatriculation ou par l'une des personnes mentionnées au registre en application de la présente section.

Modification statutaire. En matière de publicité dans un journal d'annonces légales, le contrôle du greffier prévu par l'article R. 123-95 du Code de commerce diffère selon la forme de la société. Pour une société en nom collectif ou une société en commandite simple, il appartient au greffier de vérifier que les avis comportent bien toutes les mentions exigées par les textes. En cas de modification statutaire frappant de caducité une des mentions précédemment publiées, il devra vérifier que l'indication des modifications intervenues reproduit l'ancienne mention à côté de la nouvelle. Pour les autres formes de société, le greffier doit seulement s'assurer de la réalité de l'insertion et non de son contenu. Il ne lui appartient pas de vérifier que l'indication des modifications intervenues reproduit l'ancienne mention à côté de la nouvelle : CCRCS, avis n° 2015-017, 10 nov. 2015 : *JCP* E 2016, somm., act. 57.

Art. R. 123-96. – **Lorsque la réglementation particulière à l'activité exercée prévoit que la déclaration ou la demande d'autorisation est effectuée après l'immatriculation au registre, la pièce justificative est fournie au greffe dans les quinze jours de sa délivrance par l'autorité compétente. Faute pour la personne concernée de respecter ce délai, le greffier procède comme il est dit au deuxième alinéa de l'article R. 123-100.**

Art. R. 123-97 ***(Mod., D. n° 2010-1042, 1er sept. 2010 ; D. n° 2015-913, 24 juill. 2015).*** – **Le greffier procède à l'inscription dans le délai d'un jour franc ouvrable après réception de la demande.**

Toutefois, lorsque le dossier est incomplet, il réclame dans ce délai les renseignements ou pièces manquants qui sont fournis dans un délai de quinze jours à compter de cette réclamation. À la réception de ces renseignements ou pièces, le greffier procède à l'immatriculation dans le délai mentionné au premier alinéa.

À défaut de régularisation de la demande dans les conditions indiquées ci-dessus ou lorsque le greffier estime que la demande n'est pas conforme aux dispositions applicables, le greffier prend une décision de refus d'inscription qu'il doit, dans le délai mentionné au premier alinéa, soit remettre au demandeur contre récépissé, soit adresser à celui-ci par lettre recommandée avec demande d'avis de réception. La décision de refus est motivée. Dans le même délai, le greffier informe, par voie électronique, l'Institut national de la statistique et des études économiques de ce refus d'inscription.

Lorsque la complexité du dossier exige un examen particulier de celui-ci, le greffier avise le déclarant, dans le délai prévu au premier alinéa et par lettre motivée, que l'inscription sera faite ou que la décision de refus d'inscription sera remise ou notifiée au demandeur dans le délai de cinq jours francs ouvrables après réception de la demande.

Les notifications adressées par le greffier mentionnent la possibilité pour le demandeur de former les recours prévus, selon les cas, par les articles R. 123-139 à R. 123-142 et R. 123-143 à R. 123-149 et en précisent les modalités.

Faute par le greffier de respecter les délais qui lui sont impartis par le présent article, le demandeur peut saisir le juge commis à la surveillance du registre.

Art. R. 123-98 ***(Mod., D. n° 2012-928, 31 juill. 2012).*** – **Le greffier mentionne l'inscription dans un registre chronologique indiquant dans l'ordre ses date et numéro d'ordre, nom, prénom, et raison sociale ou dénomination de l'assujetti et la nature de la formalité ; il appose son visa sur chaque demande et en délivre une copie au demandeur.**

Art. R. 123-99. – **Le numéro d'identité de l'entreprise attribué par l'Institut national de la statistique et des études économiques en application de l'article R. 123-221 est notifié au requérant par le greffe, dans les conditions fixées par l'arrêté prévu à l'article R. 123-166.**

Art. R. 123-100. – Le greffier peut, à tout moment, vérifier la permanence de la conformité des inscriptions effectuées aux dispositions mentionnées aux articles R. 123-95 et R. 123-96.

En cas de non-conformité, invitation est faite à la personne immatriculée d'avoir à régulariser son dossier. Faute par celle-ci de déférer à cette invitation dans le délai d'un mois à compter de la date de cette dernière, le greffier saisit le juge commis à la surveillance du registre.

Art. R. 123-101. – Toute inscription effectuée par le greffier et entachée d'erreur matérielle peut être rapportée par lui sur ordonnance du juge commis à la surveillance du registre.

Art. R. 123-101-1 *(D. n° 2009-1150, 25 sept. 2009).* – Le greffier certifie l'identité des informations enregistrées sur support électronique pour la tenue du registre avec celles reçues conformément aux articles R. 123-92 à R. 123-98.

Un arrêté du garde des Sceaux, ministre de la Justice, précise les modalités de cette certification.

§ 3. – Des dépôts en annexe au registre

Sous-paragraphe 1. – Des dépôts incombant aux personnes morales dont le siège est sur le territoire français

Art. R. 123-102. – Tout dépôt d'acte ou pièce en annexe au registre du commerce et des sociétés pour le compte d'une personne morale dont le siège social est situé sur le territoire français est fait au greffe du tribunal dans le ressort duquel est situé le siège social. *(Mots rempl., D. n° 2012-928, 31 juill. 2012)* « Lorsque l'acte ou la pièce déposé est une copie, celle-ci est certifiée conforme » par le représentant légal ou par toute personne habilitée par les textes régissant la forme de société en cause à effectuer cette certification.

Le dépôt est constaté par un procès-verbal établi par le greffier et donne lieu à la délivrance par celui-ci d'un récépissé indiquant la raison sociale ou la dénomination, l'adresse du siège, pour les sociétés, leur forme, le nombre et la nature des actes et pièces déposés ainsi que la date du dépôt. Si le dépôt est effectué par une personne déjà immatriculée, le procès-verbal mentionne les renseignements prévus aux 1° et 2° de l'article R. 123-237.

Sous-sous-paragraphe 1. – Du dépôt des actes constitutifs

Art. R. 123-103 *(Mod., D. n° 2007-750, 9 mai 2007 ; D. n° 2009-557, 19 mai 2009 ; D. n° 2012-928, 31 juill. 2012 ; D. n° 2014-1063, 18 sept. 2014).* – Les actes constitutifs des personnes morales dont le siège social est situé sur le territoire français sont déposés au plus tard en même temps que la demande d'immatriculation. Ces actes sont :

1° Pour les sociétés ou groupements d'intérêt économique :

a) Une expédition des statuts ou du contrat de groupement, s'ils sont établis par acte authentique, ou un original, s'ils sont établis par acte sous seing privé ; celui-ci indique le cas échéant le nom et la résidence du notaire au rang des minutes duquel il a été déposé ;

b) Une copie des actes de nomination des organes de gestion, d'administration, de direction, de surveillance et de contrôle ;

2° En outre pour les sociétés :

a) Le cas échéant, un exemplaire du rapport du commissaire aux apports sur l'évaluation des apports en nature ou de la décision et des documents mentionnés aux articles R. 225-9-1 et R. 225-14-1 ;

b) S'il s'agit d'une société par actions, un exemplaire du certificat du dépositaire des fonds auquel est jointe la liste des souscripteurs mentionnant le nombre d'actions souscrites et les sommes versées par chacun d'eux ;

c) S'il s'agit d'une société constituée par offre au public, une copie du procès-verbal des délibérations de l'assemblée générale constitutive.

Pour les personnes morales mentionnées au 5° de l'article L. 123-1 qui, en vertu des textes qui les régissent, sont tenues au dépôt de certains actes, une adaptation des règles fixées au présent article est faite par arrêté du garde des Sceaux, ministre de la Justice, du ministre chargé de la propriété industrielle et du ministre chargé du contrôle de la personne morale.

Art. R. 123-104 *(Mod., D. n° 2012-928, 31 juill. 2012)*. – Les actes constitutifs des personnes morales non immatriculées ou relevant de la législation d'un État non membre de la Communauté européenne ou non partie à l'accord sur l'Espace économique européen concernées par le dernier alinéa de l'article R. 123-54 sont déposés au plus tard en même temps que la demande d'immatriculation ou, le cas échéant, d'inscription modificative.

Est déposée pour satisfaire à la formalité prévue au premier alinéa une copie des statuts en vigueur au jour du dépôt, traduite le cas échéant en langue française et certifiée conforme par le représentant légal de la société ou par la personne ayant le pouvoir d'engager la société en France.

Sous-sous-paragraphe 2. – Du dépôt des actes modificatifs

Art. R. 123-105 *(Mod., D. n° 2012-928, 31 juill. 2012)*. – Les actes, délibérations ou décisions modifiant les pièces déposées lors de la constitution sont déposées dans le délai d'un mois à compter de leur date après, le cas échéant, publication de l'avis prévu à l'article R. 210-9 ou à l'article 24 du décret n° 78-704 du 3 juillet 1978 relatif à l'application de la loi n° 78-9 du 4 janvier 1978 modifiant le titre IX du livre III du Code civil.

Y est joint un exemplaire mis à jour des statuts ou du contrat de groupement établi sur papier libre et certifié conforme par le représentant légal ou par toute personne habilitée par les textes régissant la forme de la société en cause à effectuer cette certification.

Le rapport du commissaire à la transformation, ou selon le cas du commissaire aux comptes, relatif à la transformation d'une société en société par actions est déposé huit jours au moins avant la date de l'assemblée appelée à statuer sur la transformation ou, en cas de consultation écrite, huit jours avant la date limite prévue pour la réponse des associés.

Art. R. 123-106. – Le dépôt prévu au premier alinéa de l'article R. 123-105 inclut pour les sociétés à responsabilité limitée :

1° En cas d'augmentation ou de réduction du capital social, la copie du procès-verbal de la délibération des associés ;

2° En cas d'augmentation du capital par apports en nature, le rapport des commissaires aux apports ; ce rapport est déposé au moins huit jours avant la date de l'assemblée des associés appelée à décider l'augmentation.

Art. R. 123-107 *(Mod., D. n° 2009-557, 19 mai 2009)*. – Le dépôt prévu au premier alinéa de l'article R. 123-105 inclut pour les sociétés par actions et les sociétés civiles constituées par offre au public :

1° La copie du procès-verbal de l'assemblée générale des actionnaires ou des associés ayant décidé ou autorisé soit une augmentation, soit une réduction du capital ;

2° La copie de la décision du conseil d'administration, du directoire ou des gérants, selon le cas, de réaliser une augmentation ou une réduction du capital autorisée par l'assemblée générale des actionnaires ou des associés ;

3° *(Rempl., D. n° 2014-1063, 18 sept. 2014)* En cas d'augmentation du capital par apports en nature, le rapport du commissaire aux apports ou la décision et les documents mentionnés à l'article R. 225-136-1 ; ces pièces sont déposées au moins huit jours avant la date de l'assemblée des actionnaires ou des associés appelés à décider l'augmentation ;

4° *(D. n° 2014-1063, 18 sept. 2014)* Une attestation précisant qu'aucune circonstance nouvelle n'est venue modifier l'évaluation figurant dans les documents mentionnés à l'article R. 225-136-1.

Art. R. 123-108. – Le dépôt prévu au premier alinéa de l'article R. 123-105 inclut également pour les seules sociétés par actions :

1° La copie du procès-verbal de l'assemblée générale des actionnaires ayant autorisé l'émission d'obligations avec bon de souscription d'actions, d'obligations convertibles en actions, d'obligations échangeables contre des actions ou de certificats d'investissement ;

2° La copie du procès-verbal de l'assemblée générale des actionnaires instituant un droit de vote double ;

3° La copie du procès-verbal de l'assemblée générale des actionnaires décidant le rachat des parts de fondateurs ou bénéficiaires ou leur conversion en actions et de l'assemblée générale des porteurs de ces parts ayant, le cas échéant, consenti à ce rachat ou à cette conversion ;

4° *(Créé à compter du 1er juin 2015, D. n° 2015-545, 18 mai 2015)* **La copie du procès-verbal de l'assemblée générale des actionnaires, ayant prévu le principe et organisé les modalités du rachat d'actions de préférence conformément aux dispositions du III de l'article L. 228-12.**

Art. R. 123-109. – Pour les sociétés anonymes à conseil d'administration, l'extrait du procès-verbal contenant la décision du conseil d'administration relative au choix de l'une des deux modalités d'exercice de la direction générale prévues à l'article L. 225-51-1 fait l'objet d'un dépôt conformément aux dispositions de l'article R. 123-105.

Art. R. 123-110 *(Mod., D. n° 2012-928, 31 juill. 2012)*. **– En cas de transfert du siège hors du ressort du tribunal au greffe duquel la personne morale a été immatriculée, un exemplaire des statuts ou du contrat de groupement est déposé au greffe du tribunal du nouveau siège dans les conditions et délais prévus aux deux premiers alinéas de l'article R. 123-105.**

Mention est faite, dans une pièce annexée aux statuts ou au contrat, des sièges antérieurs et des greffes où sont classés, en annexe au registre, les actes mentionnés aux articles R. 123-102 à R. 123-105 avec l'indication de la date du dernier transfert du siège.

Notification du dépôt est faite dans les quinze jours par le greffier du nouveau siège au greffier de l'ancien siège, qui porte une mention correspondante au dossier.

Sous-sous-paragraphe 3. – Du dépôt des documents comptables et de la déclaration de confidentialité des comptes annuels

(Intitulé mod., D. n° 2014-1189, 15 oct. 2014)

Art. R. 123-111 *(Mod., D. n° 2007-750, 9 mai 2007 ; D. n° 2012-928, 31 juill. 2012 ; D. n° 2014-1063, 18 sept. 2014)*. **– Les sociétés commerciales sont tenues de déposer, dans le délai d'un mois à compter de leur approbation par l'assemblée ordinaire, les documents comptables prévus aux articles L. 232-21 à L. 232-23.**

Le dépôt des documents comptables que les personnes morales sont tenues de publier en annexe au registre peut être effectué par voie électronique dans les conditions prévues à l'article R. 123-77. Dans ce cas, le délai prévu au premier alinéa est porté à deux mois.

Voir : C. com., art. A. 123-61, p. 838.

Art. R. 123-111-1 *(D. n° 2014-1189, 15 oct. 2014 ; mod., D. n° 2016-296, 11 mars 2016)*. **– Lorsque les sociétés commerciales constituant les microentreprises mentionnées au premier alinéa de l'article L. 232-25 choisissent de ne pas communiquer aux tiers leurs comptes annuels en vertu de ce texte, les documents comptables déposés en application de l'article R. 123-111 sont accompagnés d'une déclaration de confidentialité des comptes annuels établie conformément à un modèle défini par arrêté du garde des Sceaux, ministre de la Justice.**

L'obligation prévue à l'alinéa précédent est applicable aux sociétés commerciales mentionnées au deuxième alinéa de l'article L. 232-25 qui choisissent de ne pas communiquer aux tiers leurs comptes de résultat en application des dispositions de ce texte.

Le greffier constate le dépôt des documents comptables accompagnés de la déclaration de confidentialité des comptes annuels.

NB : Conformément aux dispositions de l'article 21 du décret n° 2016-296 du 11 mars 2016, les présentes dispositions s'appliquent aux comptes afférents aux exercices clos à compter du 31 décembre 2015 et déposés à compter du 7 août 2016.

Sous-paragraphe 2. – Des dépôts incombant aux sociétés dont le siège est à l'étranger

Sous-sous-paragraphe 1. – Des sociétés ouvrant un premier établissement en France

Art. R. 123-112 *(Mod., D. n° 2012-928, 31 juill. 2012)*. **– Toute société commerciale dont le siège est situé à l'étranger et qui ouvre en France un premier établissement est tenue de déposer au greffe du tribunal de commerce dans le ressort duquel est situé cet établissement, au plus tard en même temps que la**

demande d'immatriculation, une copie de ses statuts en vigueur au jour du dépôt ; elle dépose en outre, chaque année, les documents comptables qu'elle a établis, fait contrôler et publier dans l'État où elle a son siège.

Le dépôt des documents comptables est effectué dans le délai prévu par la législation dont relève le siège de la société.

Tous actes ultérieurs modifiant les statuts sont déposés dans les conditions prévues à l'alinéa précédent.

Les pièces déposées sont le cas échéant traduites en langue française et les copies sont certifiées conformes par le représentant légal de la société ou par la personne ayant le pouvoir d'engager la société en France.

Art. R. 123-113 *(Mod., D. n° 2012-928, 31 juill. 2012)*. – Les actes constitutifs des personnes morales non immatriculées ou relevant de la législation d'un État non membre de la Communauté européenne ou non partie à l'accord sur l'Espace économique européen concernées par le dernier alinéa de l'article R. 123-54 sont déposés au plus tard en même temps que la demande d'immatriculation ou, le cas échéant, de l'inscription modificative.

Est déposée pour satisfaire à la formalité prévue au premier alinéa une copie des statuts en vigueur au jour du dépôt, traduite le cas échéant en langue française et certifiée conforme par le représentant légal de la société ou par la personne ayant le pouvoir d'engager la société en France.

Art. R. 123-114. – En cas de transfert du premier établissement dans le ressort d'un autre tribunal, les statuts mis à jour sont déposés dans les conditions prévues aux articles R. 123-112 et R. 123-113.

Sous-sous-paragraphe 2. – Des sociétés faisant appel public à l'épargne en France
(Abr., D. n° 2009-557, 19 mai 2009)

Art. R. 123-115 à R. 123-117 *(Abr., D. n° 2009-557, 19 mai 2009).*

Sous-sous-paragraphe 3. – Des sociétés européennes

Art. R. 123-118 *(Mod., D. n° 2012-928, 31 juill. 2012)*. – Outre les obligations prévues par le présent titre, les sociétés européennes doivent déposer, au plus tard dans les quinze jours de leur demande d'immatriculation, les actes et pièces suivants :

1° En cas de constitution par fusion, un exemplaire du certificat délivré par le notaire chargé du contrôle de légalité en application du deuxième alinéa de l'article L. 229-3 ;

2° En cas de société européenne holding, la copie du projet de constitution et du rapport des commissaires à la constitution mentionnés aux deuxième et troisième alinéas de l'article L. 229-5.

Art. R. 123-119. – En cas de transfert en France du siège d'une société européenne immatriculée dans un autre État membre de la Communauté européenne ou partie à l'accord sur l'Espace économique européen, les dispositions de l'article R. 123-110 s'appliquent à l'exception du troisième alinéa.

En outre, est déposé au greffe du nouveau siège social, dans les conditions et délais prévus au premier alinéa de l'article R. 123-105, le certificat délivré par le notaire chargé du contrôle de légalité en application du septième alinéa de l'article L. 229-2.

Le greffier du nouveau siège social notifie le dépôt dans les quinze jours à l'autorité chargée du registre public des sociétés dans l'État où la société était immatriculée.

Art. R. 123-120. – En cas de transfert dans un autre État membre de la Communauté européenne ou partie à l'accord sur l'Espace économique européen du siège d'une société européenne immatriculée en France, l'article R. 123-110 n'est pas applicable.

Voir : C. com., art. A. 123-87, p. 871.

Sous-sous-paragraphe 4. – De la langue des dépôts

Art. R. 123-120-1 *(D. n° 2007-1851, 26 déc. 2007)*. – Lorsque la société a son siège dans l'un des États membres de la Communauté européenne ou parties à l'accord sur l'Espace économique européen, les actes et pièces peuvent, à sa demande, être déposés dans toute langue officielle de la Communauté. Dans tous les cas,

l'une de ces langues doit être le français. Lorsque les actes et pièces sont également déposés dans une autre langue, leur traduction en langue française doit être certifiée conforme par les déclarants. Seul le dépôt obligatoire en langue française fait foi. Les tiers peuvent toutefois se prévaloir de la traduction volontairement déposée, à moins que la société ne prouve qu'ils ont eu connaissance de la version obligatoirement déposée en français.

Sous-paragraphe 3. – Dispositions communes

Art. R. 123-121. – Une copie du contrat d'appui au projet d'entreprise pour la création ou la reprise d'une activité économique conclu dans les conditions prévues au chapitre VII du titre II du présent livre est déposée dans les formes prévues à l'article R. 123-102.

Sous-paragraphe 4. – Dispositions propres aux personnes physiques
(D. n° 2007-750, 9 mai 2007)

Sous-sous-paragraphe 1. – De l'information du conjoint commun en biens

Art. R. 123-121-1 *(D. n° 2007-750, 9 mai 2007).* **– Sous sa responsabilité, la personne physique dépose dans les formes prévues à l'article R. 123-102, lors de sa demande d'immatriculation, une attestation de délivrance de l'information donnée à son conjoint commun en biens sur les conséquences des dettes contractées dans l'exercice de sa profession sur les biens communs, établie conformément à un modèle défini par arrêté du garde des Sceaux, ministre de la Justice.**

....

§ 4. – Des inscriptions d'office

Sous-paragraphe 1. – Des inscriptions modificatives

Art. R. 123-122 *(Mod., D. n° 2007-750, 9 mai 2007 ; D. n° 2014-736, 30 juin 2014 ; mod. D. n° 2018-452, 5 juin 2018).* **– I. – Sont mentionnées d'office au registre :**

1° Les décisions, intervenues dans les procédures de sauvegarde ou de redressement ou liquidation judiciaires des entreprises ouvertes à compter du 1er janvier 2006 :

***a)* Ouvrant la procédure de sauvegarde ou de redressement judiciaire avec l'indication du nom des mandataires de justice désignés et, le cas échéant, des pouvoirs conférés à l'administrateur ;**

***b)* Convertissant la procédure de sauvegarde en procédure de redressement judiciaire avec l'indication des pouvoirs conférés à l'administrateur ;**

***c)* Prolongeant la période d'observation ;**

***d)* Désignant un administrateur ou modifiant les pouvoirs de l'administrateur ;**

***e)* Ordonnant la cessation partielle de l'activité en application des articles L. 622-10 ou L. 631-15 ;**

***f)* Arrêtant le plan de sauvegarde ou de redressement, avec l'indication du nom du commissaire à l'exécution du plan ;**

***g)* Modifiant le plan de sauvegarde ou de redressement ;**

***h)* Prononçant la résolution du plan de sauvegarde ou de redressement ;**

***i)* Mettant fin à la procédure de sauvegarde ou de redressement judiciaire ou clôturant l'une de ces procédures ;**

***j)* Modifiant la date de cessation des paiements ;**

***k)* Ouvrant ou prononçant la liquidation judiciaire, avec l'indication du nom du liquidateur ;**

***l)* Autorisant une poursuite d'activité en liquidation judiciaire, avec, le cas échéant, le nom de l'administrateur désigné ;**

***m)* Appliquant à la procédure les règles de la liquidation judiciaire simplifiée ;**

***n)* Mettant fin à l'application des règles de la liquidation judiciaire simplifiée ;**

***o)* Arrêtant le plan de cession de l'entreprise au cours d'une procédure de redressement ou de liquidation judiciaire ;**

***p)* Modifiant le plan de cession ;**

***q)* Prononçant la résolution du plan de cession ;**

r) Prononçant la clôture de la procédure pour extinction du passif ou insuffisance d'actif avec, le cas échéant, l'indication de l'autorisation de la reprise des actions individuelles de tout créancier à l'encontre du débiteur ;

s) Autorisant la reprise des actions individuelles de tout créancier à l'encontre du débiteur postérieurement au jugement prononçant la clôture de la procédure de liquidation judiciaire ;

t) Prononçant la faillite personnelle ou l'interdiction prévue à l'article L. 653-8 avec l'indication de la durée pour laquelle ces mesures ont été prononcées ;

u) Remplaçant les mandataires de justice ;

v) Décidant la reprise de la procédure de liquidation judiciaire ;

2° Les décisions intervenues dans les procédures de coordination collective en application de la section 2 du chapitre V du règlement (UE) n° 2015/848 du 20 mai 2015 relatif aux procédures d'insolvabilité ;

3° La décision prononçant la clôture de la procédure de rétablissement professionnel et l'effacement des dettes.

II. – S'agissant des décisions d'ouverture de procédures de sauvegarde ou de redressement ou liquidation judiciaires ouvertes à compter du 26 juin 2018, sans préjudice du 1° du I, sont également mentionnés d'office au registre :

1° La nature principale, secondaire ou territoriale de la procédure d'insolvabilité au sens des paragraphes 1, 2 ou 4 de l'article 3 du règlement (UE) n° 2015/848 du 20 mai 2015 relatif aux procédures d'insolvabilité ;

2° La juridiction compétente pour connaître du recours à l'encontre de la décision d'ouverture de la procédure d'insolvabilité pour un motif de compétence internationale et le délai pour former ce recours ;

3° Le délai de déclaration des créances avec les références électroniques du portail prévu par les articles L. 814-2 et L. 814-13.

Art. R. 123-123. – Lorsque la juridiction qui a prononcé une des décisions mentionnées à l'article R. 123-122 n'est pas celle dans le ressort de laquelle est tenu le registre où figure l'immatriculation principale, le greffier de la juridiction qui a statué notifie la décision par lettre recommandée dans le délai de trois jours à compter de cette décision au greffier chargé de la tenue du registre. Celui-ci procède à la mention d'office.

Art. R. 123-124. – Sont mentionnés d'office au registre :

1° Les mesures d'incapacité ou d'interdiction d'exercer une activité commerciale ou professionnelle, de gérer, d'administrer ou de diriger une personne morale résultant d'une décision juridictionnelle passée en force de chose jugée ou d'une décision administrative définitive ;

2° Les décisions judiciaires prononçant la dissolution ou la nullité de la personne morale ;

3° Le décès d'une personne immatriculée ;

4° *(Créé à compter du 1er juillet 2015, D. n° 2015-417, 14 avr. 2015)* La dissolution d'une société par la survenance du terme statutaire, sauf en cas de prorogation effectuée conformément aux dispositions de l'article 1844-6 du Code civil.

Le greffier est informé par le ministère public ou, le cas échéant, l'autorité administrative des décisions mentionnées aux 1° et 2° ci-dessus. En ce qui concerne le décès d'une personne immatriculée, il en reçoit la preuve par tous moyens.

Art. R. 123-125 *(D. n° 2007-750, 9 mai 2007)*. – Lorsque le greffier est informé qu'une personne immatriculée aurait cessé son activité à l'adresse déclarée, il lui rappelle par lettre recommandée avec demande d'avis de réception, transmise à cette même adresse, ses obligations déclaratives. Si la lettre est retournée avec une mention précisant que la personne ne se trouve plus à l'adresse indiquée, le greffier porte la mention de la cessation d'activité sur le registre.

Lorsque le greffier est informé, en application du 1° de l'article R. 123-168, que la personne domiciliée n'a pas pris connaissance de son courrier depuis trois mois, il envoie au domicile de celle-ci ou de son responsable légal et, le cas échéant, à l'adresse du siège ou de l'établissement une lettre indiquant que, sans nouvelle de sa part, il sera porté mention de sa cessation d'activité sur le registre.

Art. R. 123-126. – Lorsque le greffier est informé par une autorité administrative ou judiciaire du changement de l'une des adresses déclarées par la personne immatriculée, il mentionne d'office ces modifications et en avise la personne à la nouvelle adresse.

Le greffier procède de même s'il est informé d'un changement, résultant d'une décision de l'autorité administrative compétente, dans le libellé de l'une des adresses déclarées ; toutefois, il n'est pas, dans ce cas, tenu d'en aviser la personne immatriculée.

Art. R. 123-126-1 *(D. n° 2010-1706, 29 déc. 2010)*. **– Lorsque le greffier est avisé par le président de la chambre de métiers et de l'artisanat du dépôt au répertoire des métiers, par une personne physique également immatriculée au registre du commerce et des sociétés, d'une déclaration d'affectation effectuée en application de l'article L. 526-7, il procède d'office à la mention de cette déclaration.**

Sous-paragraphe 2. – Des radiations

Art. R. 123-127. – En cas de transfert dans un autre État membre de la Communauté européenne ou partie à l'accord sur l'Espace économique européen du siège d'une société européenne immatriculée en France, le greffier de l'ancien siège social procède d'office à la radiation, dès la notification de la nouvelle immatriculation par l'autorité chargée de la nouvelle immatriculation dans l'État où le siège a été transféré.

Cette radiation est notifiée à l'autorité chargée de la nouvelle immatriculation dans l'État où le siège a été transféré.

Art. R. 123-128 *(D. n° 2007-750, 9 mai 2007)*. **– Est radié d'office tout commerçant :**

1° Frappé d'une interdiction d'exercer une activité commerciale en vertu d'une décision judiciaire passée en force de chose jugée ou d'une décision administrative exécutoire ;

2° Décédé depuis plus d'un an, sauf déclaration faite dans les conditions prévues aux 6° et 7° de l'article R. 123-46. Dans ce dernier cas, la radiation est faite dans le délai d'un an à compter de la mention de la déclaration ou de son renouvellement ; notification en est faite à l'exploitant avec invitation d'avoir à requérir son immatriculation.

Art. R. 123-129. – Est radié d'office tout commerçant ou personne morale :

1° À compter de la clôture d'une procédure, soit de faillite, soit de liquidation des biens pour insuffisance d'actif ou dissolution de l'union, soit de liquidation judiciaire pour insuffisance d'actif ;

2° Au terme du délai d'un an après la mention au registre de la cessation totale de son activité, sauf en ce qui concerne les personnes morales pouvant faire l'objet d'une dissolution.

Art. R. 123-130 *(Mod. à compter du 1er septembre 2012, D. n° 2012-928, 31 juill. 2012)*. **– Lorsque le greffier qui a procédé à l'immatriculation principale d'une personne morale pouvant faire l'objet d'une dissolution constate, au terme d'un délai de deux ans après la mention au registre de la cessation totale d'activité de cette personne, l'absence de toute inscription modificative relative à une reprise d'activité, il peut procéder, après en avoir informé la personne morale par lettre recommandée avec demande d'avis de réception adressée à son siège social, à la radiation d'office de l'intéressée.**

Toute radiation d'office effectuée en vertu du présent article est portée à la connaissance du ministère public.

Art. R. 123-131. – Est radiée d'office toute personne morale, après mention au registre de sa dissolution, au terme du délai fixé par les statuts pour la durée de la liquidation ou, à défaut, au terme d'un délai de trois ans après la date de cette mention.

Toutefois, le liquidateur peut demander la prorogation de l'immatriculation par voie d'inscription modificative pour les besoins de la liquidation ; cette prorogation est valable un an sauf renouvellement d'année en année.

Bibliographie : B. Bouloc, *La disparition des sociétés commerciales et le registre du commerce : Rev. sociétés* 1978, p. 419.

Radiation et survie de la personne morale. La radiation du registre du commerce et des sociétés n'a aucune incidence sur la survie de la personnalité morale d'une société : ■ Cass. com., 30 mai 1978 : *JCP* 1979, II, 19087 ; *Rev. sociétés* 1979, p. 361, note J.-Cl. Bousquet. ■ CA Paris, 13 mars 1979 : *D.* 1980, inf. rap. p. 161 ; *Rev. sociétés* 1980, p. 94. ■ Cass. com., 20 févr. 2001 : *JurisData* n° 2001-008283 ; *JCP* E 2001, p. 687. – Une société radiée d'office ne saurait donc être qualifiée de société de fait et peut voir ouvrir à son encontre une procédure de redressement ou de liquidation judiciaires : ■ CA Paris, 13 sept. 1994 : *JCP* E 1995, II, 655, note Th. Bonneau. – V. sous C. civ., art. 1844-8, annot. n° 5, p. 107.

Art. R. 123-132. – Le greffier qui procède à la radiation d'une immatriculation requiert sans délai :

1° S'il s'agit d'une immatriculation principale, la radiation des immatriculations secondaires correspondantes, sauf en cas de transfert du principal établissement pour les commerçants, du siège ou du premier établissement dans un département pour les personnes morales ;

2° S'il s'agit d'une immatriculation secondaire, la modification des mentions correspondantes portées à l'immatriculation principale.

Art. R. 123-133 *(D. n° 2007-750, 9 mai 2007).* – Les mentions prévues par le 1° de l'article R. 123-124 sont radiées d'office :

1° Lorsque intervient une décision de réhabilitation, de relevé d'incapacité ou d'amnistie faisant disparaître l'incapacité ou l'interdiction ;

2° Lorsque arrive le terme de l'interdiction fixé par la juridiction en application de l'article L. 653-11 ;

3° Lorsque le dirigeant qui fait l'objet d'une incapacité ou d'une interdiction n'exerce plus ses fonctions.

Art. R. 123-134 *(D. n° 2007-750, 9 mai 2007).* – Les radiations prévues aux articles R. 123-132 et R. 123-133 sont également effectuées d'office aux lieux des immatriculations secondaires sur notification par le greffier de l'immatriculation principale ; cette notification est faite dans le délai de quinze jours à compter de la date de la radiation à titre principal.

Art. R. 123-135 *(Mod., D. n° 2011-1836, 7 déc. 2011 ; D. n° 2016-1851, 23 déc. 2016).* – Sont radiées d'office les mentions relatives aux décisions mentionnées à l'article R. 123-122 lorsque :

1° Il a été mis fin à une procédure de sauvegarde en application de l'article L. 622-12 ;

2° Il a été mis fin à une procédure de redressement en application de l'article L. 631-16 ;

3° Il a été constaté l'achèvement de l'exécution du plan de sauvegarde ou de redressement en application de l'article L. 626-28 ;

4° Le plan de sauvegarde est toujours en cours à l'expiration d'un délai de trois ans à compter de son arrêté ;

5° Le plan de redressement est toujours en cours à l'expiration d'un délai de cinq ans à compter de son arrêté ;

6° Il a été mis fin à une procédure de liquidation judiciaire pour extinction du passif en application de l'article L. 643-9.

Les radiations prévues aux 4° et 5° font obstacle à toute nouvelle mention intéressant l'exécution du plan de sauvegarde ou de redressement, sauf si celle-ci est relative à une mesure d'inaliénabilité décidée par le tribunal ou à une décision prononçant la résolution du plan.

Art. R. 123-135-1 *(Abr., D. n° 2011-1836, 7 déc. 2011).*

Art. R. 123-136. – Lorsque le greffier a porté au registre une mention de cessation d'activité en application de l'article R. 123-125, il radie d'office la personne qui n'a pas régularisé sa situation, à l'expiration d'un délai de trois mois à compter de l'inscription de cette mention.

Art. R. 123-137. – Est rapportée par le greffier toute inscription d'office effectuée au vu de renseignements qui se révèlent erronés.

Art. R. 123-138 *(Rempl., D. n° 2012-928, 31 juill. 2012).* – Lorsqu'une personne a été radiée d'office en application de la présente section, elle peut, dès lors qu'elle démontre qu'elle a régularisé sa situation, demander au greffier de rapporter cette radiation.

Dans le délai de quinze jours à compter de la demande, il procède au rapport ou remet une décision motivée de refus au demandeur contre récépissé ou la lui adresse par lettre recommandée avec demande d'avis de réception.

Le demandeur peut saisir le juge commis à la surveillance du registre du refus ou de l'absence de réponse du greffier dans les quinze jours suivant la notification prévue à l'alinéa précédent.

§ 5. – Du contentieux

Art. R. 123-139. – Sous réserve des dispositions des articles R. 123-143 à R. 123-149, toute contestation entre la personne tenue à l'immatriculation et le greffier est portée devant le juge commis à la surveillance du registre, qui statue par ordonnance.

Art. R. 123-140 *(Mod., D. n° 2014-543, 26 mai 2014)*. – Les ordonnances rendues par le juge commis à la surveillance du registre sont notifiées à l'assujetti par lettre recommandée avec demande d'avis de réception.

La notification indique la forme et le délai du recours ainsi que les modalités suivant lesquelles il doit être exercé.

Le greffier informe en outre par lettre simple la personne tenue à l'immatriculation, à son adresse de correspondance, de la décision rendue et du délai de recours.

Art. R. 123-141 *(Mod., D. n° 2012-634, 3 mai 2012)*. – L'appel des ordonnances est formé, instruit et jugé comme en matière gracieuse selon les dispositions des articles 950 à 953 du Code de procédure civile. Toutefois, la partie est dispensée du ministère d'avocat.

Le greffier de la cour d'appel adresse une copie de l'arrêt au greffier chargé de la tenue du registre.

Art. R. 123-142. – Il est déféré à l'ordonnance du juge commis à la surveillance du registre du commerce et des sociétés ou à l'arrêt de la cour d'appel dans le délai de quinze jours à compter de la date à laquelle la décision est devenue définitive.

Lorsque la personne tenue à l'immatriculation ne défère pas à une décision lui enjoignant de procéder à une formalité, le greffier en avise le procureur de la République et lui adresse une expédition de la décision.

La juridiction ayant rendu une décision de radiation peut enjoindre au greffier d'y procéder d'office à l'expiration du délai d'un mois à compter de l'envoi de la lettre recommandée notifiant l'ordonnance ou l'arrêt.

Art. R. 123-143. – La décision de refus d'immatriculation ou d'enregistrement de modifications statutaires prise par le greffier en application du deuxième alinéa de l'article R. 123-95 peut être contestée dans le délai de quinze jours à compter de sa notification.

La demande est adressée par lettre recommandée avec demande d'avis de réception au président de la juridiction à laquelle est attaché le greffier qui a refusé l'immatriculation ou l'enregistrement des modifications statutaires. Elle est formée, selon le cas, par les fondateurs et les premiers membres des organes de gestion, d'administration, de direction et de surveillance ou l'un d'entre eux, ou par la société ou son représentant.

Elle est motivée et accompagnée de toutes pièces utiles.

Art. R. 123-144. – Le président de la juridiction ou le magistrat délégué à cet effet statue en urgence par ordonnance, au vu de la décision et de tous autres documents utiles.

Toutefois, il a la faculté de renvoyer la demande à une audience du tribunal dont il fixe la date.

Lorsqu'il est fait usage de la faculté mentionnée à l'alinéa précédent, le tribunal statue en urgence après avoir recueilli les observations du demandeur à la contestation ou les lui avoir demandées.

Art. R. 123-145. – La décision juridictionnelle est revêtue sur l'expédition de la formule exécutoire.

Elle est notifiée au requérant par lettre recommandée avec demande d'avis de réception.

Art. R. 123-146. – La notification d'une décision juridictionnelle de refus d'immatriculation ou d'enregistrement de modifications statutaires indique la forme et le délai du recours ainsi que les modalités suivant lesquelles il doit être exercé.

Art. R. 123-147. – La décision juridictionnelle autorisant l'immatriculation ou l'enregistrement est immédiatement portée à la connaissance du greffe compétent pour y procéder.

Art. R. 123-148 *(Mod., D. n° 2012-634, 3 mai 2012)*. – La décision de refus d'immatriculation ou d'enregistrement rendue en première instance est susceptible d'appel par la société, dans les quinze jours de sa notification.

L'appel est formé, instruit et jugé comme en matière gracieuse selon les dispositions des articles 950 à 953 du Code de procédure civile. Toutefois, la société appelante est dispensée du ministère d'avocat.

Art. R. 123-149. – Le greffier de la cour d'appel adresse une copie de l'arrêt au greffier chargé de la tenue du registre.

§ 6. – De la publicité du registre

Sous-paragraphe 1. – De la communication et de l'inscription des actes

Art. R. 123-150. – Les greffiers et l'Institut national de la propriété industrielle sont astreints et seuls habilités à délivrer à toute personne qui en fait la demande des certificats, copies ou extraits des inscriptions portées au registre et actes déposés en annexe, sauf en ce qui concerne les inscriptions radiées et les documents comptables, qui sont communiqués dans des conditions fixées par l'arrêté prévu à l'article R. 123-166.

Art. R. 123-151. – Les demandes présentées aux greffiers ou à l'Institut national de la propriété industrielle peuvent porter :

1° Sur des dossiers individuels ou un ensemble de dossiers ; elles correspondent dans le second cas aux critères de recherche définis par l'arrêté prévu à l'article R. 123-166 ;

2° Sur des inscriptions et des actes déposés, ou sur l'état futur des dossiers ; elles donnent lieu dans le second cas à délivrance de renseignements selon une périodicité définie par l'arrêté précité.

Art. R. 123-152 *(Mod., D. n° 2009-1150, 25 sept. 2009)*. – Les greffiers satisfont aux demandes prévues à l'article R. 123-150 par la délivrance soit de la copie intégrale des inscriptions portées au registre concernant une même personne ou d'un ou plusieurs actes déposés, soit d'un extrait indiquant l'état de l'immatriculation à la date à laquelle cet extrait est délivré, soit d'un certificat attestant qu'une personne n'est pas immatriculée. La copie, l'extrait ou le certificat est établi aux frais du demandeur et fait foi jusqu'à preuve du contraire.

Les extraits ou certificats portant la date de leur délivrance et revêtus du nom, de la signature et du Sceau du greffier qui les a délivrés ainsi que de la mention du lieu dans lequel ce dernier exerce ses attributions font foi jusqu'à inscription de faux. Toute surcharge, interligne ou addition contenu dans le corps de ces documents est nul.

Art. R. 123-152-1 *(D. n° 2009-1150, 25 sept. 2009)*. – Les copies, extraits ou certificats peuvent être délivrés par les greffiers par voie électronique dans les conditions prévues à l'article R. 741-5.

Art. R. 123-152-2 *(D. n° 2009-1150, 25 sept. 2009 ; mod., D. n° 2017-1416, 28 sept. 2017)*. – Les extraits ou certificats mentionnés au dernier alinéa de l'article R. 123-152 sont délivrés par les greffiers sur support électronique dans les conditions suivantes :

1° Ils sont établis au moyen d'un système de traitement, de conservation et de transmission de l'information garantissant l'intégrité de leur contenu et agréé par le Conseil national des greffiers des tribunaux de commerce ;

2° Les systèmes de communication d'informations mis en œuvre par les greffiers doivent être interopérables entre eux ainsi qu'avec les organismes auxquels ils doivent transmettre ces données ;

3° Les extraits ou certificats sont revêtus de la signature électronique sécurisée du greffier qui les a dressés, telle que définie par le décret n° 2017-1416 du 28 septembre 2017 relatif à la signature électronique ;

4° Ils doivent être conservés dans des conditions de nature à en préserver l'intégrité et la lisibilité ;

5° Les greffiers conservent également l'ensemble des informations relatives aux extraits et certificats délivrés, telles que les données permettant de les identifier, de déterminer leurs propriétés et d'en assurer la traçabilité ;

6° Ils tiennent en outre, jour par jour, un répertoire sur support électronique de tous les extraits et certificats qu'ils établissent ;

7° Ce répertoire mentionne la date, la nature, le nom des destinataires des extraits et certificats, le support sur lequel ils ont été établis et toutes autres informations prescrites par les lois et règlements ;

8° L'image du sceau du greffier doit figurer sur les extraits ou certificats délivrés.

Un arrêté du garde des Sceaux, ministre de la Justice, précise, en tant que de besoin, les modalités d'application du présent article.

NB : Conformément au II de l'article 2 du décret n° 2017-1416 du 28 septembre 2017 relatif à la signature électronique, les références au décret n° 2001-272 du 30 mars 2001, contenues dans des dispositions de nature réglementaire, sont remplacées par les références à ce même décret n° 2017-1416 du 28 septembre 2017.

Les extraits ou certificats mentionnés au dernier alinéa de l'article R. 123-152 sont délivrés par les greffiers sur support électronique dans les conditions suivantes :

1° Ils sont établis au moyen d'un système de traitement, de conservation et de transmission de l'information garantissant l'intégrité de leur contenu et agréé par le Conseil national des greffiers des tribunaux de commerce ;

2° Les systèmes de communication d'informations mis en œuvre par les greffiers doivent être interopérables entre eux ainsi qu'avec les organismes auxquels ils doivent transmettre ces données ;

3° Les extraits ou certificats sont revêtus de la signature électronique sécurisée du greffier qui les a dressés, telle que définie par le décret n° 2001-272 du 30 mars 2001 pris pour l'application de l'article 1316-4 du Code civil et relatif à la signature électronique ;

4° Ils doivent être conservés dans des conditions de nature à en préserver l'intégrité et la lisibilité ;

5° Les greffiers conservent également l'ensemble des informations relatives aux extraits et certificats délivrés, telles que les données permettant de les identifier, de déterminer leurs propriétés et d'en assurer la traçabilité ;

6° Ils tiennent en outre, jour par jour, un répertoire sur support électronique de tous les extraits et certificats qu'ils établissent ;

7° Ce répertoire mentionne la date, la nature, le nom des destinataires des extraits et certificats, le support sur lequel ils ont été établis et toutes autres informations prescrites par les lois et règlements ;

8° L'image du sceau du greffier doit figurer sur les extraits ou certificats délivrés.

Art. R. 123-153. – L'Institut national de la propriété industrielle satisfait moyennant le paiement de redevances aux demandes mentionnées à l'article R. 123-150 par certificat, copie ou communication des renseignements figurant au registre national.

Des copies telles que figurant au registre peuvent être diffusées à titre de renseignement par voie électronique.

L'Institut national de la propriété industrielle peut délivrer des certificats attestant qu'au jour de la demande une personne ne figure pas dans les immatriculations portées au registre national.

Art. R. 123-154. – Pour les procédures ouvertes à compter du 1er janvier 2006, ne peuvent être communiqués :

1° Les jugements rendus en matière de sauvegarde en cas de clôture de la procédure en application de l'article L. 622-12 et en cas d'exécution du plan constaté en application de l'article L. 626-28 ;

2° Les jugements rendus en matière de redressement judiciaire en cas de clôture de la procédure en application de l'article L. 631-16 et en cas d'exécution du plan constaté en application des articles L. 631-21 et L. 626-28 ;

3° Les jugements rendus en matière de liquidation judiciaire en cas de clôture pour extinction du passif ;

4° Les jugements ayant décidé que les dettes de la personne morale seront supportées en tout ou partie par les dirigeants de celle-ci ou certains d'entre eux en application des articles L. 651-2 ou L. 652-1, en cas de paiement par ceux-ci du passif mis à leur charge ;

5° Les jugements prononçant la faillite personnelle ou l'interdiction prévue à l'article L. 653-8 en cas de clôture pour extinction du passif, relèvement total des déchéances ou amnistie.

Art. R. 123-154-1 *(D. n° 2014-1189, 15 oct. 2014 ; mod., D. n° 2016-296, 11 mars 2016)*. **– Les comptes annuels qui sont accompagnés d'une déclaration de confidentialité des comptes annuels en application de l'article R. 123-111-1 ne peuvent être délivrés qu'aux sociétés les ayant déposés et aux autorités, personnes morales et institutions visées au troisième alinéa de l'article L. 232-25.**

Lorsqu'ils ne délivrent pas les comptes annuels en application du premier alinéa, les greffiers et l'Institut national de la propriété industrielle délivrent, dans les conditions prévues aux articles R. 123-152 à R. 123-153, un certificat attestant que les comptes annuels ont été déposés mais qu'ils ne sont pas communicables aux tiers en application de l'article L. 232-25.

NB : Conformément aux dispositions de l'article 21 du décret n° 2016-296 du 11 mars 2016, les présentes dispositions s'appliquent aux comptes afférents aux exercices clos à compter du 31 décembre 2015 et déposés à compter du 7 août 2016.

Sous-paragraphe 2. – De la publication au *Bulletin officiel des annonces civiles et commerciales*

Art. R. 123-155 *(Mod., D. n° 2008-1488, 30 déc. 2008)*. **– Toute immatriculation donne lieu à l'insertion d'un avis au *Bulletin officiel des annonces civiles et commerciales*.**

Toutefois, l'insertion d'un avis n'est pas requise en cas d'immatriculation d'une société à responsabilité limitée dont l'associé unique, personne physique, assume personnellement la gérance ou d'une société par actions simplifiées dont l'associé unique, personne physique, assume personnellement la présidence.

Cette dispense d'insertion d'un avis au BODACC ne peut bénéficier à la SARL dont l'associé unique, personne physique, n'est pas le seul gérant : Comité de coordination du Registre du commerce et des sociétés (CCRCS), avis n° 2012-012 du 27 mars 2013 : *Dr. sociétés* déc. 2013, comm. 205, note D. Gallois-Cochet.

Art. R. 123-156. – L'avis au *Bulletin officiel des annonces civiles et commerciales* contient pour les personnes physiques :

1° Les références de l'immatriculation ;

2° Les nom, nom d'usage, pseudonyme et prénoms de la personne immatriculée ;

3° La ou les activités effectivement exercées, le lieu d'exercice, la date du commencement d'exploitation ;

4° Le nom commercial.

Art. R. 123-157 *(D. n° 2007-750, 9 mai 2007)*. **– L'avis au *Bulletin officiel des annonces civiles et commerciales* contient pour les sociétés et les groupements d'intérêt économique :**

1° Les références de l'immatriculation ;

2° La raison sociale ou la dénomination suivie, le cas échéant, du sigle et du nom commercial ;

3° Le montant du capital et, pour les sociétés à capital variable, le montant au-dessous duquel le capital ne peut être réduit ;

4° L'adresse du siège ;

5° La ou les activités exercées et, le cas échéant, la date du commencement d'activité ;

6° S'il s'agit d'une société, la forme juridique, les nom, nom d'usage, pseudonyme et prénoms des associés tenus indéfiniment et solidairement des dettes sociales, les nom, nom d'usage, pseudonyme et prénoms des associés ou des tiers ayant dans la société la qualité de gérant, administrateur, président du conseil d'administration, directeur général, membre du directoire, membre du conseil de surveillance ou commissaire aux comptes ; les nom, nom d'usage, pseudonyme et prénoms des autres personnes ayant le pouvoir d'engager à titre habituel la société envers les tiers ;

7° S'il s'agit d'un groupement d'intérêt économique, les noms, nom d'usage, pseudonyme et prénoms des administrateurs, des personnes chargées du contrôle de la gestion et de celles chargées du contrôle des comptes, ainsi que, le cas échéant, des membres exonérés des dettes nées antérieurement à leur entrée dans le groupement.

Art. R. 123-158. – Pour les autres personnes morales, un arrêté du garde des Sceaux, ministre de la Justice, du ministre chargé de la propriété industrielle et du ministre chargé du contrôle de la personne morale adapte les indications prévues à l'article R. 123-157.

Art. R. 123-159 *(D. n° 2007-750, 9 mai 2007)*. **– Si l'une des mentions prévues aux articles R. 123-156 à R. 123-158 est modifiée, un avis modificatif est inséré au *Bulletin officiel des annonces civiles et commerciales*.**

L'avis contient :

1° Pour les personnes physiques :

***a)* Les références de l'immatriculation ;**

***b)* Les nom, nom d'usage, pseudonyme et prénoms de la personne immatriculée ;**

***c)* L'indication des modifications intervenues.**

2° Pour les personnes morales :

***a)* Les références de l'immatriculation ;**

***b)* La raison sociale ou la dénomination suivie, le cas échéant, de son sigle ;**

***c)* S'il s'agit d'une société, la forme juridique ;**

***d)* En cas de fusion ou de scission de société, l'indication de l'opération qui est à l'origine de ces modifications ainsi que celle des raison sociale, dénomination, forme juridique et siège des personnes morales ayant participé à cette opération ;**

***e)* L'indication des modifications intervenues.**

Le présent article est applicable à la dissolution et la nullité d'une personne morale. Il n'est pas applicable aux sociétés mentionnées au second alinéa de l'article R. 123-155.

L'opération visée à l'article R. 123-159 *d)* n'est pas la date de l'assemblée générale ayant approuvé le traité de fusion mais l'opération même de fusion ou de scission : ■ Cass. com., 15 déc. 2009, n° 09-11.348.

Art. R. 123-160. – Toute radiation donne lieu à l'insertion d'un avis au *Bulletin officiel des annonces civiles et commerciales*.

L'avis contient :

1° Pour les personnes physiques :

a) Les références de l'immatriculation ;

b) Les nom, nom d'usage, pseudonyme et prénoms de la personne immatriculée ;

c) Le lieu de l'exploitation ;

d) Le nom commercial ;

e) La date de la cessation de l'activité.

2° Pour les personnes morales :

a) Les références de l'immatriculation ;

b) La raison sociale ou la dénomination suivie, le cas échéant, de son sigle ;

c) S'il s'agit d'une société la forme juridique ;

d) L'adresse du siège.

Art. R. 123-161. – Les avis prévus aux articles R. 123-155 et suivants sont établis et adressés par le greffier au *Bulletin officiel des annonces civiles et commerciales* dans les huit jours de l'inscription correspondante ou, s'il s'agit d'une immatriculation principale, dès la notification du numéro d'identification par l'Institut national de la statistique et des études économiques.

Ces avis sont établis selon un modèle défini par arrêté du garde des Sceaux, ministre de la Justice.

Art. R. 123-162 *(Mod., D. n° 2014-1189, 15 oct. 2014)*. – Le dépôt des documents comptables prévus au premier alinéa de l'article R. 123-111, accompagnés, le cas échéant, d'une déclaration de confidentialité des comptes annuels en application de l'article R. 123-111-1 donne lieu à l'insertion d'un avis au *Bulletin officiel des annonces civiles et commerciales* conformément aux dispositions des articles R. 232-19 à R. 232-22.

§ 7. – Dispositions diverses

Art. R. 123-163. – Les taxes, émoluments et dépens afférents aux formalités effectuées en application de la présente section sont à la charge des requérants.

En sus de leurs émoluments réglementés par les articles R. 743-140 et suivants, les greffiers perçoivent, pour le compte de l'Institut national de la propriété industrielle, les taxes instituées en faveur de cet établissement. Ils envoient à l'institut les fonds perçus par eux à ce titre dans les délais fixés par l'arrêté prévu à l'article R. 123-166.

Art. R. 123-164. – Lorsque les décisions et les notifications prévues dans les procédures définies aux articles L. 123-3 et R. 123-139 à R. 123-142 donnent lieu à des frais, ceux-ci sont avancés par le greffier.

Le montant en est remboursé par la personne tenue à l'immatriculation lors des opérations de régularisation de sa situation.

Si la personne tenue à l'immatriculation est insolvable, s'il est impossible de la joindre ou s'il n'a pas été déféré à l'injonction du juge commis à la surveillance du registre, le montant des frais avancés par le greffier est remboursé à ce dernier par le Trésor public sur ordonnance du juge commis à la surveillance du registre rendue à la requête du greffier.

Art. R. 123-165. – Les frais remboursés au greffier par le Trésor public en vertu du troisième alinéa de l'article R. 123-164 et ceux afférents aux procédures diligentées d'office par le procureur de la République ou le juge commis à la surveillance du registre sont assimilés à ceux qui résultent des poursuites d'office en matière civile au sens du 4° de l'article R. 93 du Code de procédure pénale.

Art. R. 123-166. – Un arrêté conjoint du garde des Sceaux, ministre de la Justice, et du ministre chargé de la propriété industrielle détermine les modalités d'application de la présente section. Il précise notamment :

1° Les pièces à fournir à l'appui des demandes aux fins d'immatriculation, d'immatriculation secondaire, d'inscription modificative et de radiation ou de dépôt d'actes de sociétés ;

2° Les pièces justificatives habilitant à séjourner sur le territoire français les personnes qui doivent en justifier et, le cas échéant, les autorisant à exercer l'activité considérée.

....

Partie Arrêtés

(A. 14 janv. 2009)

Sous-section 2. – De la tenue du registre et des effets attaches à l'immatriculation

§ 1 – Dispositions générales

Art. A. 123-28 ***(Mod., A. 31 juill. 2012).*** **– Le registre national du commerce et des sociétés comprend** ***(Mots suppr. à compter de la date prévue à l'article 10 de l'arrêté du 30 décembre 2015 et au plus tard le 31 août 2016, A. 30 déc. 2015) « ... »*** **:**

1° L'ensemble des inscriptions des registres du commerce et des sociétés tenus dans chaque greffe ;

2° L'ensemble des actes et pièces déposés à ces registres.

Le registre national du commerce et des sociétés ne comprend pas les pièces justificatives versées aux dossiers des registres à l'appui des demandes d'inscription ou de dépôt.

Ces dossiers sont conservés et mis à jour dans les mêmes conditions que ceux tenus par les greffiers.

Art. A. 123-29. – Le greffier appose sur chaque dossier d'immatriculation et pour la seule gestion de ces dossiers un numéro de gestion composé des chiffres de l'année en cours, suivi de la lettre A s'il s'agit d'une personne physique, de la lettre B s'il s'agit d'une société commerciale, de la lettre C s'il s'agit d'un groupement d'intérêt économique et d'un groupement européen d'intérêt économique, de la lettre D s'il s'agit d'une société civile, de la lettre E s'il s'agit d'une société européenne, de la lettre F s'il s'agit d'une société d'exercice libéral, de la lettre G s'il s'agit d'un EPIC, de la lettre H s'il s'agit d'une autre personne morale ; et d'un numéro d'ordre chronologique annuel.

Le numéro de gestion est porté sur les formulaires d'inscription modificative ou de radiation constituant le dossier, sur les actes des personnes physiques et des personnes morales classés en annexe ainsi que sur le fichier du registre du commerce et des sociétés.

Ce numéro est utilisé dans les rapports entre les greffes et l'Institut national de la propriété industrielle.

Art. A. 123-30 ***(Rempl., A. 31 juill. 2012 ; mod. à compter de la date prévue à l'article 10 de l'arrêté du 30 décembre 2015 et au plus tard le 31 août 2016, A. 30 déc. 2015 ; mod., D. n° 2016-1278, 29 sept. 2016 ; A. 18 sept. 2017).*** **– Les fichiers transmis à l'Institut national de la propriété industrielle au titre du I de l'article D. 123-80-1 sont conformes à la norme ISO 19005-1 et au standard d'échange de données pour l'archivage (SEDA).**

En plus des données imposées par ce standard, ces fichiers sont accompagnés des métadonnées essentielles à leur indexation, notamment la dénomination sociale, le numéro SIREN, l'adresse, la date d'inscription ou du dépôt au greffe, le type d'acte, la date de clôture et l'année de clôture des comptes annuels, le type d'évènement, le type de document, la nature du document, le code du greffe, le numéro de gestion, le numéro du dépôt, les nom, type, taille et nombre de pages des fichiers, la cote archivistique fournie par l'Institut national de la propriété industrielle, le mode de transmission, l'indicateur de confidentialité correspondant au document relatif au bénéficiaire effectif en cas de dépôt prévu au deuxième alinéa de l'article L. 561-46 du Code monétaire et financier et, pour les comptes annuels ayant fait l'objet d'une déclaration de confidentialité en application des premier et deuxième alinéas de l'article R. 123-111-1, l'indicateur de confidentialité correspondant à la déclaration de la société.

Chaque document transmis par le greffier est visé par ses soins.

Le visa du greffier est matérialisé par une signature électronique répondant aux conditions prévues à l'article 1367 du Code civil ; la transmission est accompagnée d'un bordereau attestant l'exactitude des informations transmises.

Le bordereau électronique prévu à l'alinéa précédent mentionne :

a) **Le greffe du lieu d'inscription ou de dépôt ;**

b) **La date de l'inscription ou du dépôt ;**

c) **Le numéro de gestion prévu à l'article A. 123-29 dans le cas des inscriptions ou le numéro du dépôt des actes et pièces, les documents comptables faisant l'objet d'une série distincte de celle des autres actes (A les actes des sociétés, B les documents comptables, R les ordonnances rendues en matière de sociétés, P les actes des personnes physiques, E les documents relatifs au bénéficiaire effectif) ;**

d) Les mentions prévues aux 1° et 2° de l'article R. 123-237 du Code de commerce, sauf pour les actes se rapportant à des sociétés non immatriculées ;

e) La mention : « DÉCLARATION DE CONFIDENTIALITÉ JOINTE : comptes annuels (compte de résultat) non communicables (communicable) aux tiers en application de l'article R. 123-111-1 du Code de commerce » dans le cas du dépôt de comptes annuels accompagné d'une déclaration de confidentialité en application du premier ou du deuxième alinéa de l'article R. 123-111-1 ;

f) La mention : « DOCUMENT RELATIF AU BÉNÉFICIAIRE EFFECTIF JOINT : document communicable aux personnes habilitées en application des articles R. 561-57 à R. 561-59 du Code monétaire et financier » dans le cas du dépôt prévu au deuxième alinéa de l'article L. 561-46 du Code monétaire et financier.

Lorsqu'une déclaration d'immatriculation est accompagnée du dépôt de statuts ou d'actes, le greffier mentionne la date du dépôt sur l'exemplaire de la déclaration d'immatriculation destiné à l'Institut national de la propriété industrielle ou sur le bordereau électronique mentionné à l'alinéa précédent.

Art. A. 123-31 *(Rempl., A. 31 juill. 2012 ; mod., A. 15 oct. 2014 ; A. 18 sept. 2017).* – I. – Les fichiers de rediffusion prévus au II de l'article D. 123-80-1 sont transmis au format texte pour les résultats des retraitements des informations contenues dans les inscriptions ainsi que, s'ils existent dans ce format, pour les résultats des retraitements des actes et pièces, dont les comptes annuels. Ces fichiers sont conformes à la norme ISO/ CEI-8859-1. Ils sont accompagnés de leurs empreintes MD5 ainsi que de la documentation technique associée complète et à jour.

Ces fichiers intègrent l'ensemble des informations saisies, notamment la dénomination sociale, le numéro SIREN, l'adresse, la date d'inscription ou du dépôt au greffe, le type d'acte, la date de clôture et l'année de clôture des comptes annuels, le type d'évènement, le type de document, la nature du document, le code du greffe, le numéro de gestion, le numéro du dépôt, les nom, type, taille et nombre de pages des fichiers, l'indicateur de confidentialité correspondant au document relatif au bénéficiaire effectif en cas de dépôt prévu au deuxième alinéa de l'article L. 561-46 du Code monétaire et financier et, pour les comptes annuels faisant l'objet d'une déclaration de confidentialité en application des premier et deuxième alinéas de l'article R. 123-111-1, l'indicateur de confidentialité correspondant à la déclaration de la société.

II. – Les fichiers de rediffusion prévus au II de l'article D. 123-80-1 sont transmis au format image pour les résultats des retraitements des informations contenues dans les inscriptions, actes et pièces. Ces fichiers sont conformes à la norme ISO 19005-1.

Ils sont accompagnés des métadonnées essentielles à leur indexation, notamment la dénomination sociale, le numéro SIREN, l'adresse, la date d'inscription ou du dépôt au greffe, le type d'acte, la date de clôture et l'année de clôture des comptes annuels, le type d'évènement, le type de document, la nature du document, le code du greffe, le numéro de gestion, le numéro du dépôt, les nom, type, taille et nombre de pages des fichiers, l'indicateur de confidentialité correspondant au document relatif au bénéficiaire effectif en cas de dépôt prévu au deuxième alinéa de l'article L. 561-46 du Code monétaire et financier et, pour les comptes annuels ayant fait l'objet d'une déclaration de confidentialité en application des premier et deuxième alinéas de l'article R. 123-111-1, l'indicateur de confidentialité correspondant à la déclaration de la société.

Art. A. 123-32 *(Rempl., A. 31 juill. 2012).* – Le greffier envoie à l'Institut national de la propriété industrielle, dans le délai de quinze jours prévu aux articles A. 123-30 et A. 123-31, les redevances perçues au titre de ces dispositions pour le compte de cet établissement.

Art. A. 123-33 *(Mod., A. 31 juill. 2012 ; rempl. à compter de la date prévue à l'article 10 de l'arrêté du 30 décembre 2015 et au plus tard le 31 août 2016, A. 30 déc. 2015).* – Les mentions et radiations faites d'office sur le registre du commerce et des sociétés ainsi que les inscriptions rapportées par le greffier font l'objet d'une transmission à l'Institut national de la propriété industrielle, réalisée selon les modalités prévues à l'article D. 123-80-1.

Art. A. 123-34. – Le président du comité de coordination prévu à l'article R. 123-81 ainsi que les deux personnes chargées de la tenue du registre proposés par le président du Conseil national des greffiers des tribunaux de commerce sont nommés par le garde des Sceaux, ministre de la Justice, pour une période de cinq ans renouvelable. Des suppléants peuvent leur être désignés.

Le directeur des affaires civiles et du Sceau, le directeur général de l'Institut national de la propriété industrielle peuvent se faire représenter par une ou plusieurs personnes.

Le comité se réunit sur décision de son président, en présence de l'ensemble de ses membres ou de leurs suppléants. Le président a la faculté de désigner un secrétaire général choisi parmi des personnes qualifiées pour leur expérience *(Mots suppr., A. 31 juill. 2012)* « ... ».

La direction des affaires civiles et du Sceau en assure le secrétariat dont elle peut toutefois confier la charge à l'un de ses membres *(Mots aj., A. 31 juill. 2012)* « ou au secrétaire général du comité ».

Art. A. 123-35. – Les greffiers, les centres de formalités des entreprises, les professionnels mandatés, les administrations ou organismes destinataires des formalités peuvent saisir le comité. Le comité ne peut être valablement saisi que par une demande écrite adressée au secrétariat. Chaque demande est instruite par un rapporteur désigné à cet effet. Le projet de rapport est présenté en réunion plénière du comité.

Art. A. 123-36. – Le comité rend des avis qui sont communiqués au demandeur et décide s'ils sont publiés.

Les avis sont publiés sur le site internet du ministère de la Justice.

Le comité peut, en outre, établir un rapport au ministre compétent, suggérant des solutions pour remédier aux difficultés ou anomalies dont il a eu à connaître ou des propositions de modification des dispositions législatives ou réglementaires applicables.

Art. A. 123-37. – La tenue du registre par le greffier comprend la conservation et la mise à jour :

1° Du fichier alphabétique des personnes physiques et morales immatriculées dans le ressort du tribunal ;

2° De la collection des dossiers individuels ;

3° De la collection des dossiers annexes.

Le fichier alphabétique est tenu selon un procédé informatique.

Art. A. 123-38. – Le fichier alphabétique indique :

1° Pour les personnes physiques, leurs nom de naissance, nom d'usage, prénoms, date et lieu de naissance, l'activité exercée et l'adresse de l'établissement ou, à défaut, du local d'habitation. Le cas échéant, la commune de rattachement administratif pour les personnes sans domicile ni résidence fixe sur le territoire français, le marché principal pour les personnes ressortissantes de l'Union européenne ou d'un État partie à l'accord sur l'Espace économique européen, non domiciliées en France et exerçant une activité ambulante sur le territoire français ;

2° Pour les sociétés, la raison ou la dénomination sociale, la forme juridique, le cas échéant, que la société est constituée d'un associé unique, le statut légal particulier et l'activité exercée, l'adresse du siège social, si ce siège n'est pas situé dans le ressort du tribunal, celui du premier établissement dans son ressort ;

3° Pour les groupements d'intérêt économique et les autres personnes morales, la dénomination, l'objet et l'adresse du siège.

Art. A. 123-39. – Chaque dossier individuel comprend un original, sous forme papier ou électronique, des inscriptions faites soit sur déclaration, soit d'office, ainsi que les pièces sous forme papier ou électronique conservées au greffe.

Art. A. 123-40 *(Mod., A. 31 juill. 2012)*. – Chaque dossier annexe ouvert au nom d'une personne physique ou morale comprend un exemplaire des actes et pièces déposés en application des articles R. 123-82, R. 123-102 et R. 123-121-1 à R. 123-121-4.

Art. A. 123-41 *(Mod., A. 29 déc. 2010)*. – Les notifications faites aux centres de formalités des entreprises en application de l'article R. 123-83 précisent le nom de la personne tenue à l'immatriculation, ou la raison ou la dénomination sociale, le numéro unique d'identification, la date de l'inscription et son motif.

L'avis mentionné au troisième alinéa de l'article R. 123-83 est constitué d'un écrit, formalisé le cas échéant par voie électronique, qui mentionne :

1° Les nom, nom d'usage, prénoms et domicile de l'entrepreneur individuel ;

2° La dénomination utilisée pour l'exercice de l'activité professionnelle à laquelle le patrimoine est affecté ;

3° L'adresse de l'établissement principal où est exercée l'activité professionnelle à laquelle le patrimoine est affecté ou, à défaut d'établissement, l'adresse du local d'habitation où l'entreprise est fixée ;

4° L'objet de l'activité professionnelle à laquelle le patrimoine est affecté ;
5° La date de clôture de l'exercice comptable ;
6° Le numéro unique d'identification de l'entreprise délivré conformément à l'article D. 123-235 ;
7° La date, le lieu et le registre de dépôt de la déclaration d'affectation.

§ 2. – Des inscriptions sur déclaration

Sous-paragraphe 1. – De la présentation des déclarations

Art. A. 123-42. – Toute demande d'immatriculation à titre principal ou secondaire au registre du commerce et des sociétés, d'inscription complémentaire, modificative ou de radiation est établie dans les conditions prévues aux articles R. 123-84, R. 123-85, R. 123-87, R. 123-88, R. 123-89, R. 123-90 sur les documents mentionnés à l'article A. 123-44.

Art. A. 123-43. – Lorsque plusieurs inscriptions modificatives sont connexes et concernent la même immatriculation, elles peuvent être effectuées sur la même déclaration, dans la mesure où elles sont réalisées dans le délai réglementaire d'un mois.

Une même déclaration peut comprendre une inscription complémentaire et des inscriptions modificatives connexes déclarées dans les délais réglementaires.

Art. A. 123-44. – Les déclarations sont faites *(Mots suppr., A. 31 juill. 2012)* « ... » sur des documents conformes aux modèles enregistrés par la direction chargée de la réforme de l'État. Les déclarations transmises par voie électronique sont établies à partir du même modèle.

Art. A. 123-45. – Toute demande d'immatriculation principale ou secondaire, d'inscription modificative et, le cas échéant, de radiation est accompagnée des pièces justifiant les mentions contenues dans la demande.

Les pièces justificatives sont définies à l'annexe 1-1 au présent livre.

Elles sont conservées par le greffe.

Elles ne font pas partie du registre public et ne peuvent être communiquées aux tiers.

La validité des pièces justificatives est appréciée à la date du dépôt du dossier unique.

Art. A. 123-46. – Lors d'une demande d'immatriculation résultant du transfert du siège d'un établissement ou du changement d'adresse de l'entreprise fixée au local d'habitation dans le ressort d'un autre tribunal, le requérant est dispensé de la production des pièces justificatives concernant les mentions non modifiées de la nouvelle immatriculation qui figure sur l'extrait de la précédente immatriculation fournie.

(A. 31 juill. 2012) Dans le cas prévu à l'alinéa précédent, si l'adresse ou le siège antérieurs et la nouvelle adresse ou le nouveau siège se trouvent tous les deux dans le ressort d'un tribunal dont la gestion du greffe est assurée selon les modalités fixées aux articles L. 741-1 et suivants, le requérant est également dispensé de la production de l'extrait d'immatriculation du siège ou de l'adresse antérieurs dont le greffier du nouveau registre est chargé de l'obtention. La transmission de l'extrait entre les greffes est faite par voie électronique et sans frais pour le requérant.

En cas d'événements modificatifs concomitants à la décision de transfert de siège ou de l'établissement relatifs à ceux-ci, la déclaration est faite au lieu de la nouvelle immatriculation.

À la réception de la notification mentionnée aux derniers alinéas des articles R. 123-49 et R. 123-110, le greffier de l'ancien siège ou de l'établissement mentionne d'office sur l'extrait du registre de la personne immatriculée la date, la nature et l'objet des actes déposés au greffe du nouveau siège ou du nouvel établissement.

Art. A. 123-47. – Lors d'une demande d'inscription modificative, le requérant fournit les pièces prévues à l'annexe 1-1 au présent livre, strictement nécessaires à la justification des changements et des adjonctions intervenus.

Art. A. 123-48. – Les déclarations des caisses d'épargne et de prévoyance sont faites *(Mots suppr., A. 31 juill. 2012)* « ... » sur des documents conformes aux modèles utilisés pour les déclarations des personnes morales au registre du commerce et des sociétés.

Art. A. 123-49. – Les demandes d'immatriculation des caisses d'épargne et de prévoyance ou, le cas échéant, d'inscription modificative sont accompagnées des pièces justificatives suivantes :

1° Le récépissé du dépôt des actes et pièces si la formalité n'est pas concomitante au dépôt ;

2° En cas de fusion ou de scission, un extrait d'immatriculation de chacune des caisses d'épargne participant à l'opération de fusion ou de scission ;

3° Pour les personnes physiques ayant le pouvoir général d'engager les caisses d'épargne et de prévoyance, pour les membres du conseil d'orientation et de surveillance, tous documents officiels justificatifs de l'identité et de la nationalité et, s'ils sont étrangers, les titres qui les habilitent à séjourner sur le territoire français ;

4° Pour les personnes morales, membres du conseil d'orientation et de surveillance, un extrait de l'immatriculation au registre du commerce et des sociétés ou le titre justifiant leur capacité juridique et pour le représentant permanent qui n'est pas le président du conseil d'administration ou le gérant de la personne morale, une copie de la décision lui conférant cette qualité ;

5° Pour les commissaires aux comptes, la justification de leur inscription sur la liste des commissaires aux comptes.

Art. A. 123-50. – Les demandes d'immatriculation et d'inscription modificative des groupements européens d'intérêt économique sont accompagnées des pièces justificatives prévues par l'annexe 1-1 au présent livre.

Sous-paragraphe 2. – Du contrôle et de l'enregistrement des demandes

Art. A. 123-51. – Le juge commis à la surveillance du registre du commerce et des sociétés demande le bulletin n° 2 du casier judiciaire :

1° Des personnes physiques soumises à immatriculation et des personnes physiques ayant le pouvoir d'engager à titre habituel la personne tenue à l'immatriculation ;

2° Des personnes physiques mentionnées à l'article R. 123-54, mentionnées au registre du commerce et des sociétés en vertu de l'immatriculation des sociétés commerciales, à l'exclusion des commissaires aux comptes ;

3° Des gérants des groupements européens d'intérêt économique, des personnes physiques membres des groupements d'intérêt économique, administrateurs et personnes chargées du contrôle de la gestion et du contrôle des comptes de ces groupements, à l'exclusion des commissaires aux comptes ;

4° Des gérants des sociétés civiles ;

5° Des personnes physiques mentionnées au registre du commerce et des sociétés, par suite de l'immatriculation d'une coopérative agricole, à l'exclusion des commissaires aux comptes ;

6° Des personnes ayant le pouvoir général d'engager les caisses d'épargne et de prévoyance vis-à-vis des tiers et des membres des conseils d'orientation et de surveillance.

Ces personnes attestent, au préalable, qu'elles n'ont été l'objet d'aucune condamnation pénale ni de sanction civile ou administrative de nature à leur interdire de gérer, d'administrer ou diriger une personne morale et, s'il s'agit d'un commerçant, de nature à lui interdire d'exercer une activité commerciale.

Au cas où le casier judiciaire révèle l'existence d'une interdiction d'exercer le commerce ou d'une condamnation de nature à interdire l'exercice de l'activité entreprise, le juge ordonne la radiation de l'immatriculation ou de l'inscription après en avoir préalablement avisé la personne concernée.

Lorsque la personne physique concernée par la radiation est l'une de celles mentionnées aux 2°, 3°, 4° et 5° ci-dessus, le juge avise également la personne morale et lui demande de régulariser le cas échéant sa situation.

Lorsqu'une autorisation administrative est accordée à titre provisoire et ne devient définitive qu'après l'immatriculation au registre du commerce et des sociétés, le greffier adresse à l'autorité administrative compétente un extrait de l'immatriculation dès vérification du casier judiciaire.

Art. A. 123-52. – Le déclarant peut demander au greffier la délivrance d'une attestation précisant la date inscrite au registre d'arrivée prévu à l'article R. 123-92.

Art. A. 123-53 *(Mod., A. 20 avr. 2010 ; D. n° 2017-1416, 28 sept. 2017)*. – Le registre chronologique prévu à l'article R. 123-98 est tenu selon un procédé informatique.

Pour l'application de l'article R. 123-101-1, le greffier certifie l'identité des informations enregistrées sur support électronique pour la tenue du registre du commerce et des sociétés avec celles reçues conformément

aux articles R. 123-92 à R. 123-98 en apposant au moins une fois par jour, sur le registre mentionné au premier alinéa, sa signature électronique sécurisée, telle que définie par le décret n° 2017-1416 du 28 septembre 2017 relatif à la signature électronique.

NB : Conformément au II de l'article 2 du décret n° 2017-1416 du 28 septembre 2017 relatif à la signature électronique, les références au décret n° 2001-272 du 30 mars 2001, contenues dans des dispositions de nature réglementaire, sont remplacées par les références à ce même décret n° 2017-1416 du 28 septembre 2017.

Art. A. 123-54. – Le greffier notifie au requérant le numéro unique d'identification délivré par l'Institut national de la statistique et des études économiques dès sa réception.

Il rappelle au requérant l'obligation de porter sur ses papiers d'affaires, outre les mentions obligatoires découlant des textes particuliers régissant la forme juridique de l'entreprise, les mentions prévues à l'article R. 123-237.

§ 3. – Des dépôts en annexe au registre

Sous-paragraphe 1. – Des dépôts incombant aux personnes morales dont le siège est sur le territoire français

Sous-sous-paragraphe 1. – Du dépôt des actes constitutifs

Art. A. 123-55. – Les caisses d'épargne et de prévoyance déposent les actes énumérés au 1° de l'article R. 123-103 suivant les modalités prévues par les articles R. 123-102 et suivants.

Art. A. 123-56. – Les statuts des caisses d'épargne et de prévoyance déposés en annexe au registre du commerce et des sociétés sont visés au préalable par la Caisse nationale des caisses d'épargne et de prévoyance.

Art. A. 123-57 *(Mod., A. 31 juill. 2012)*. **– Les associations mentionnées à l'article A. 123-16 déposent en annexe au registre du commerce et des sociétés, au plus tard en même temps que leur demande d'immatriculation, en application du dernier alinéa de l'article R. 123-103 :**

1° Une copie de leurs statuts ;

2° Une copie de la déclaration ou de l'inscription pour les associations d'Alsace-Moselle ou du *Journal officiel* qui a rendu publique l'association ;

3° Une copie d'extraits des procès-verbaux de délibération des instances ayant désigné les organes de direction et de contrôle ou le conseil d'administration ;

4° Une copie du procès-verbal des délibérations de l'assemblée générale constatant la décision d'émettre des obligations.

Art. A. 123-58 *(Mod., A. 31 juill. 2012)*. **– Les groupements européens d'intérêt économique mentionnés à l'article A. 123-18 déposent au plus tard en même temps que leur demande d'immatriculation :**

1° Une expédition du contrat de groupement, s'il a été établi par acte authentique, ou l'original, s'il a été établi par acte sous seing privé ; celui-ci indique, le cas échéant, le nom et la résidence du notaire au rang des minutes duquel il a été déposé ;

2° Une copie des actes de nomination des gérants du groupement, avec l'indication qu'ils peuvent agir seuls ou qu'ils agissent conjointement.

Sous-sous-paragraphe 2. – Du dépôt des actes modificatifs

Art. A. 123-59. – Le projet de transfert hors de France du siège d'un groupement européen d'intérêt économique, établi par le ou les gérants, est déposé au greffe du tribunal où le groupement est immatriculé.

Art. A. 123-60. – La décision constatant la clôture de la liquidation d'un groupement européen d'intérêt économique est déposée par le liquidateur *(Mots suppr., A. 31 juill. 2012)* **« ... » au greffe du tribunal où le groupement est immatriculé.**

Sous-sous-paragraphe 3. – Du dépôt des documents comptables et de la déclaration de confidentialité des comptes annuels
(Intitulé mod., A. 15 oct. 2014)

Art. A. 123-61 *(Mod., A. 15 oct. 2014)*. – **Pour effectuer la transmission électronique des documents comptables prévue au second alinéa de l'article R. 123-111, accompagnés le cas échéant de la déclaration de confidentialité des comptes annuels, la société conclut un accord avec le greffe territorialement compétent.**

Le modèle de cet accord est établi par le directeur des services judiciaires, le président du Conseil national des greffiers des tribunaux de commerce et le directeur général de l'Institut national de la propriété industrielle.

L'accord prévoit les formats d'échanges, l'ordre de transmission des documents aux greffes.

La réception des documents est constatée par un récépissé électronique.

Si l'envoi est incomplet, son contenu ne peut être diffusé et le déclarant est invité par le greffe à fournir les pièces manquantes dans les conditions prévues aux alinéas précédents.

Le dépôt est validé par le greffe lorsqu'il a constaté que l'envoi est complet et régulier. Le greffe adresse un certificat de dépôt électronique au déclarant. Les documents sont alors transmis par voie électronique à l'Institut national de la propriété industrielle.

Art. A. 123-61-1 *(A. 15 oct. 2014 ; rempl., A. 30 mai 2016)*. – **Un modèle type de déclaration de confidentialité des comptes annuels prévue au premier alinéa de l'article R. 123-111-1 figure à l'annexe 1-5 au présent livre.**

Un modèle type de déclaration de confidentialité des comptes annuels prévue au deuxième alinéa de l'article R. 123-111-1 figure à l'annexe 1-5-1.

Art. A. 123-62. – **Les caisses d'épargne et de prévoyance déposent les comptes annuels, la décision d'affectation des résultats, le rapport annuel du directeur général ou du directoire, le rapport annuel des commissaires aux comptes suivant les modalités prévues par les articles R. 123-102 et suivants.**

Sous-paragraphe 4. – Dispositions propres aux personnes physiques

Art. A. 123-63. – **Un modèle d'attestation de délivrance de l'information, donnée par la personne physique qui s'immatricule, à son conjoint commun en biens sur les conséquences des dettes contractées dans l'exercice de sa profession sur les biens communs figure à l'annexe 1-2 au présent livre.**

§ 4. – Des inscriptions d'office

Sous-paragraphe 1. – Des inscriptions modificatives

Le présent sous-paragraphe ne comprend pas de dispositions pour les arrêtés.

Sous-paragraphe 2. – Des radiations

Art. A. 123-64. – **Si l'activité entreprise ne peut être exercée sans autorisation administrative, à l'exception du cas de non-renouvellement de cette autorisation, le greffier informe l'autorité administrative compétente des radiations d'office auxquelles il procède.**

§ 5. – Du contentieux

Le présent paragraphe ne comprend pas de dispositions pour les arrêtés.

§ 6. – De la publicité du registre

Sous-paragraphe 1. – De la communication et de l'inscription des actes

Art. A. 123-65. – **Les extraits du registre du commerce et des sociétés sont délivrés par les greffiers conformément à un modèle approuvé par le comité de coordination et disponible sur le site du ministère de la Justice.**

Ils peuvent être soit imprimés, soit édités automatiquement avec les mêmes rubriques que l'imprimé disposées dans le même ordre, soit résulter de la duplication de la demande d'immatriculation et comporter, en tout état de cause, la signature du greffier.

Art. A. 123-66. – Les copies du registre du commerce et des sociétés peuvent être délivrées par voie électronique. Il est alors précisé que seul un document signé fait foi.

Pour cette délivrance les greffiers se conforment aux dispositions de l'article R. 741-5 et l'Institut national de la propriété industrielle à celles de l'article R. 123-153.

Art. A. 123-67. – Sous réserve des dispositions de l'article R. 123-154, les greffiers et l'Institut national de la propriété industrielle sont habilités à répondre à des demandes relatives à des inscriptions radiées.

Toutefois, au terme d'un délai de cinq ans, l'Institut national de la propriété industrielle peut ne conserver les documents que sur un support de substitution fiable et durable.

Art. A. 123-68 *(A. 15 oct. 2014)*. – Sous réserve des dispositions de l'article R. 123-154-1, l'Institut national de la propriété industrielle et les greffes délivrent les renseignements sur les documents comptables sous forme de copie ou en communication.

Toutefois, pour les documents comptables antérieurs à ceux établis au titre des cinq derniers exercices, ces renseignements ne sont délivrés par l'Institut national de la propriété industrielle que sous forme d'extraits.

Art. A. 123-68-1 *(A. 23 juin 2016)*. – I. – Pour l'application du deuxième alinéa de l'article L. 232-25, les catégories de personnes morales qui financent ou investissent, directement ou indirectement, dans les entreprises, ou fournissent des prestations au bénéfice de ces personnes morales sont les suivantes :

1° Pour les personnes morales qui financent ou investissent :

a) Les établissements de crédit et sociétés de financement mentionnés à l'article L. 511-1 du Code monétaire et financier ainsi que les personnes mentionnées aux articles L. 511-22 et L. 511-23 du même code ;

b) Les compagnies financières holding et entreprises mères de société de financement mentionnées à l'article L. 517-1 du Code monétaire et financier ;

c) Les entreprises d'investissement mentionnées à l'article L. 531-4 du Code monétaire et financier ainsi que les personnes mentionnées aux articles L. 532-18 et L. 532-18-1 du même code ;

d) Les sociétés de gestion de placements collectifs mentionnées à l'article L. 543-1 du Code monétaire et financier ;

e) Les sociétés de libre partenariat mentionnées à l'article L. 214-162-1 du Code monétaire et financier ;

f) L'établissement mentionné à l'article L. 518-2 du Code monétaire et financier ;

g) Les entreprises d'assurance et de réassurance mentionnées aux articles L. 310-1 et L. 310-1-1 du Code des assurances ainsi que les personnes mentionnées à l'article L. 310-3-1 du même code ;

h) Les institutions de prévoyance et leurs unions régies par le titre III du livre IX du Code de la sécurité sociale ;

i) Les mutuelles et leurs unions régies par le livre II du Code de la mutualité ;

j) Les intermédiaires en assurance ou en réassurance mentionnés à l'article L. 511-1 du Code des assurances ainsi que les personnes mentionnées à l'article L. 515-2 du même code ;

k) Les sociétés exerçant à titre habituel la location de biens professionnels sans être agréées en tant qu'établissement de crédit ou société de financement ;

2° Pour les prestataires fournissant des services aux personnes morales qui financent ou investissent :

a) Les dépositaires centraux mentionnés à l'article L. 441-1 du Code monétaire et financier et les gestionnaires de systèmes de règlement interbancaires mentionnés au I de l'article L. 330-1 du même code ;

b) Les entreprises de marché mentionnées à l'article L. 421-2 du Code monétaire et financier ou les personnes qui opèrent un marché réglementé mentionné à l'article L. 422-1 du même code ;

c) Les établissements de paiement mentionnés à l'article L. 522-1 du Code monétaire et financier ainsi que les personnes mentionnées à l'article L. 522-13 du même code ;

d) Les intermédiaires en opérations de banque et en services de paiement mentionnées à l'article L. 519-1 du Code monétaire et financier ;

e) Les établissements de monnaie électronique mentionnés à l'article L. 526-1 du Code monétaire et financier ainsi que les personnes mentionnées aux articles L. 526-25 et L. 526-26 du même code ;

f) Les conseillers en investissements financiers mentionnés à l'article L. 541-1 du Code monétaire et financier ;

g) Les prestataires de service en recherche en investissement et d'analyse financière au sens de l'article L. 544-1 du Code monétaire et financier ;

h) Les agences de notation de crédit mentionnées à l'article L. 544-4 du Code monétaire et financier ;

i) Les agents liés à un prestataire de services d'investissement mentionnés à l'article L. 545-1 du Code monétaire et financier ;

j) Les conseillers en investissements participatifs mentionnés à l'article L. 547-1 du Code monétaire et financier ;

k) Les intermédiaires en financement participatif mentionnés à l'article L. 548-2 du Code monétaire et financier ;

l) Les sociétés spécialisées en information de solvabilité et de prévention de défaillance.

II. – Les personnes mentionnées au I du présent article accompagnent leur demande d'accès aux comptes annuels d'une société en vertu du premier alinéa de l'article R. 123-154-1 d'une attestation établie conformément au modèle type figurant à l'annexe 1-6 du présent livre.

NB : Conformément à l'article 3 de l'arrêté du 23 juin 2016, le présent arrêté s'applique aux comptes afférents aux exercices clos à compter du 31 décembre 2015 et déposés à compter du 7 août 2016.

Art. A. 123-69. – Pour l'application de l'article R. 123-151 ne peuvent être utilisés comme critères de recherche :

1° La capacité des personnes ;

2° Les décisions intervenues dans les procédures de sauvegarde, de redressement et de liquidation judiciaire prononçant des sanctions personnelles ou patrimoniales à l'égard des commerçants ou des dirigeants de personne morale ;

3° Les mesures d'incapacité ou d'interdiction d'exercer une activité commerciale ou professionnelle de gérer, d'administrer ou de diriger une personne morale résultant d'une décision judiciaire ou administrative ;

4° Les actes de poursuite pénale et les sanctions pénales.

Art. A. 123-70. – Les demandes de renseignements relatives à l'état futur des dossiers peuvent être exécutées sur abonnement. Elles entraînent la délivrance d'un extrait ou d'une copie, soit à intervalle régulier dont la périodicité ne peut être inférieure à quinze jours, soit à l'occasion de toute inscription qu'elle soit portée d'office ou sur déclaration.

Art. A. 123-71. – Les greffiers et l'Institut national de la propriété industrielle sont habilités à répondre à toute demande statistique.

Art. A. 123-72. – L'Institut national de la propriété industrielle ne délivre pas de renseignements sur les immatriculations et autres inscriptions effectuées avant le 1er mars 1954.

Art. A. 123-73. – L'Institut national de la propriété industrielle délivre les renseignements sur les immatriculations et autres opérations s'y rapportant concernant les registres du commerce d'Algérie jusqu'au 30 juin 1962.

Sous-paragraphe 2. – De la publication au *Bulletin officiel des annonces civiles et commerciales*

Art. A. 123-74. – L'avis au *Bulletin officiel des annonces civiles et commerciales* prévu à l'article R. 123-155 contient pour les caisses d'épargne et de prévoyance :

1° Les références de l'immatriculation ;

2° La dénomination suivie, le cas échéant, du sigle ;

3° Le montant de la dotation statutaire ;

4° L'adresse du siège ;

5° La forme juridique ;

6° Les nom, nom d'usage, pseudonyme et prénoms des :

a) Personnes ayant le pouvoir général d'engager la caisse d'épargne et de prévoyance vis-à-vis des tiers ;

b) Membres du conseil d'orientation et de surveillance, et commissaires aux comptes.

Art. A. 123-75. – L'avis d'immatriculation au *Bulletin officiel des annonces civiles et commerciales*, prévu à l'article R. 123-155, contient pour les groupements européens d'intérêt économique :

1° Les références de l'immatriculation ;

2° La dénomination ;

3° L'adresse du siège ;

4° L'objet ;

5° La durée du groupement lorsqu'elle n'est pas indéterminée ;

6° Les nom ou raison ou dénomination sociale, la forme juridique, le domicile ou siège social et, le cas échéant, les références d'immatriculation de chacun des membres du groupement ;

7° Les établissements secondaires ;

8° Les noms, nom d'usage, pseudonyme et prénoms des gérants avec l'indication qu'ils peuvent agir seuls ou qu'ils agissent conjointement ;

9° La clause exonérant un nouveau membre du paiement des dettes nées antérieurement à son entrée dans le groupement.

Art. A. 123-76. – Le dépôt du projet de transfert hors de France d'un groupement européen d'intérêt économique mentionné à l'article A. 123-59 donne lieu à l'insertion d'un avis au *Bulletin officiel des annonces civiles et commerciales*. L'avis est établi et adressé par le greffier au bulletin dans les huit jours à compter du dépôt du projet de transfert du siège. Il contient les références de l'immatriculation, la dénomination, l'adresse du siège du groupement ainsi que le lieu où le transfert du siège est envisagé.

Art. A. 123-77. – La cession par un membre de sa participation dans un groupement d'intérêt économique européen, ou d'une fraction de celle-ci, donne lieu à l'insertion au *Bulletin officiel des annonces civiles et commerciales* d'un avis établi par le greffier. L'avis contient la dénomination du groupement, les références de l'immatriculation et l'indication de la cession intervenue.

Art. A. 123-78. – La nomination du ou des liquidateurs d'un groupement européen d'intérêt économique donne lieu à l'insertion au *Bulletin officiel des annonces civiles et commerciales* d'un avis établi par le greffier. L'avis contient la dénomination du groupement, ses références d'immatriculation, les nom, prénoms et domicile du ou des liquidateurs.

Lorsque la nomination du ou des liquidateurs intervient en même temps que la décision prononçant la dissolution ou la nullité, l'avis prévu à l'article R. 123-159 est seul publié. Il indique dans ce cas les nom, nom d'usage, pseudonyme, prénoms et domicile du ou des liquidateurs.

Art. A. 123-79. – La décision constatant la clôture de la liquidation d'un groupement européen d'intérêt économique donne lieu à la publication au *Bulletin officiel des annonces civiles et commerciales* d'un avis établi et adressé par le greffier au bulletin dans les huit jours du dépôt.

L'avis contient :

1° La dénomination du groupement ;

2° L'adresse du siège ;

3° Les références d'immatriculation au registre du commerce et des sociétés ;

4° Les nom, nom d'usage, pseudonyme et prénoms et domicile des liquidateurs ;

5° La date de réunion de l'assemblée de clôture, si les comptes des liquidateurs ont été approuvés par elle ou, à défaut, la date de la décision de justice constatant la clôture de la liquidation, avec l'indication du tribunal.

Art. A. 123-80. – Dans le mois suivant la publication au *Bulletin officiel des annonces civiles et commerciales* de l'avis de constitution ou de clôture de la liquidation d'un groupement, le greffier établit et adresse un avis à l'Office des publications officielles des Communautés européennes.

L'avis contient la dénomination du groupement, les références d'immatriculation, la date et le lieu de son immatriculation, la date et le numéro du bulletin dans lequel a été publié l'avis de constitution ou de clôture de la liquidation.

Annexe 1-1 (Annexe aux articles A. 123-45, A. 123-47, A. 123-50, A. 134-2)

Article Annexe 0

(Mod., D. n° 2012-634, 3 mai 2012)

Dispositions générales applicables à toutes les demandes

1. Lorsque le déclarant n'est pas en mesure de produire une ou plusieurs des pièces justificatives prévues par les annexes suivantes, il peut saisir par requête le juge commis à la surveillance du registre aux fins d'être dispensé, le cas échéant, de produire ces pièces.

2. Lorsque la personne tenue à l'immatriculation n'est pas en mesure de justifier de son identité par la pièce prescrite aux annexes, il peut en justifier par tout document officiel.

3. Dans tous les cas où les formalités sont effectuées par mandataire, celui-ci justifie d'une procuration.

4. Des justificatifs complémentaires peuvent être demandés au déclarant en cas de nécessité dûment justifiée par une situation particulière, lorsque la pièce produite est insuffisante ; des justificatifs complémentaires peuvent être nécessaires en application de textes spécifiques.

5. Lorsque la pièce mentionnée aux annexes suivantes est une décision définitive, il peut s'agir d'une ordonnance, d'un jugement ou d'un arrêt, et une copie de celui-ci est fournie accompagnée :

– d'un certificat de l'avocat attestant son caractère définitif ; ou

– d'un certificat de non-appel ou de non-pourvoi.

6. Les pièces et actes produits sont traduits en langue française et certifiés conformes, lorsque le greffier n'est pas en mesure de les comprendre dans leur langue d'origine.

Article Annexe I

(Mod., A. 21 janv. 2010 ; A. 11 oct. 2016)

DEMANDE D'IMMATRICULATION DES PERSONNES PHYSIQUES

1. Renseignements relatifs à la personne

1.1. Identification de la personne tenue à l'immatriculation.

1.1.1. Français et ressortissants d'un État membre de l'UE.

Copie de la carte nationale d'identité ou du passeport en cours de validité.

1.1.2. Personne ressortissant d'un État membre de l'Espace économique européen ou d'un État avec lequel ont été conclus des accords.

Copie de la carte nationale d'identité ou du passeport en cours de validité.

1.1.3. Étrangers.

1.1.3.1. Personne ne résidant pas en France :

Copie de la carte nationale d'identité ou du passeport en cours de validité.

1.1.3.2. Personne résidant en France :

– copie du visa de long séjour valant titre de séjour (VLS/TS) portant la mention « passeport talent » délivré sur le fondement du 5°, 6°, 7°, 8° ou 10° de l'article L. 313-20 du Code de l'entrée et du séjour des étrangers et du droit d'asile ;

– ou copie du visa de long séjour valant titre de séjour (VLS/TS) portant les mentions « entrepreneur/ profession libérale » ou « vie privée et familiale » ;

– ou copie de la carte séjour temporaire ou pluriannuelle ou certificat de résidence algérien, portant la mention « vie privée et familiale » (ou copie de son récépissé de renouvellement) ;

– ou copie de la carte de séjour temporaire ou pluriannuelle portant la mention « entrepreneur/ profession libérale », ou certificat de résidence algérien portant la mention « commerçant » (ou copie de leur récépissé de première demande) ;

– ou copie de la carte de séjour « compétence et talent » ;

– ou copie de la carte de séjour pluriannuelle portant la mention « passeport talent » délivrée sur le fondement du 5° de l'article L. 313-20 du Code de l'entrée et du séjour des étrangers et du droit d'asile (ou copie de son récépissé de première demande) ;

– ou copie de la carte de séjour pluriannuelle portant la mention « passeport talent » délivrée sur le fondement du 6°, 7°, 8° ou 10° de l'article L. 313-20 du Code de l'entrée et du séjour des étrangers et du droit d'asile ;

– ou copie de la carte de résident (ou copie de son récépissé de renouvellement).

1.2. Identification du conjoint qui a opté pour un statut en application de l'article L. 121-4.

Conjoint collaborateur, conjoint salarié : justificatif d'identité faisant état du mariage.

1.3. Conditions d'exercice.

1.3.1. Pour toutes les personnes mentionnées au 1.1, attestation sur l'honneur, sur papier libre, relative à l'absence de condamnation ou de sanction civile ou administrative de nature à interdire l'exercice d'une activité commerciale, faisant apparaître la filiation.

1.3.2. Activité commerciale non sédentaire.

1.3.2.1. *(Supprimé).*

1.3.2.2. Forains.

Copie de l'attestation valant titre provisoire de circulation délivrée par l'autorité préfectorale.

1.3.3. Activité réglementée.

Copie de l'autorisation provisoire ou définitive, du diplôme ou du titre, conformément à l'article R. 123-95.

1.3.4. Personne ayant le pouvoir d'engager l'assujetti.

Personnes ayant le pouvoir dans l'établissement d'engager à titre habituel par leur signature l'assujetti : pièces prescrites par les rubriques 1.1, 1.3 et, le cas échéant, 1.3.3 de la présente annexe.

1.4. Déclaration d'insaisissabilité.

Attestation notariée relative à l'insaisissabilité.

2. Renseignements relatifs à l'établissement

2.1. Justificatif de la jouissance des locaux ou justificatif de l'adresse de l'entreprise fixée au local d'habitation, par tout document établi au nom de la personne tenue à l'immatriculation permettant de justifier la réalité de l'adresse déclarée.

2.2. Origine d'un fonds de commerce acquis ou reçu :

– par achat, licitation, attribution par voie de partage : copie de l'acte enregistré et attestation de parution dans un journal d'annonces légales ou copie de celui-ci ;

– par voie de donation : copie de l'acte de donation ;

– par dévolution successorale, sans partage ni licitation : copie de l'acte de notoriété ou de l'intitulé d'inventaire ;

– par location-gérance : pour le locataire-gérant, copie du contrat de location-gérance et attestation de parution dans un journal d'annonces légales ou copie de celui-ci ;

– par gérance-mandat : pour le mandataire, copie du contrat de gérance-mandat et attestation de parution dans un journal d'annonces légales ou copie de celui-ci ;

– dans le cadre d'un plan de cession, pour la gestion d'un fonds de commerce cédé : copie du jugement ordonnant le plan de cession.

2.3. Établissement situé dans un État membre de l'Union européenne.

Extrait d'immatriculation ou document équivalent.

Article Annexe II

(Mod., A. 21 janv. 2010 ; A. 11 oct. 2016)

DEMANDE D'IMMATRICULATION DES SOCIÉTÉS DE DROIT FRANÇAIS

1. Renseignements relatifs à la personne

1.1. Identification de la société.

Attestation de parution dans un journal d'annonces légales ou copie de celui-ci ; pour les sociétés en nom collectif ou en commandite simple, copie de l'insertion.

Le cas échéant, copie du récépissé de dépôt des actes constitutifs de la société déposés au greffe avant la demande d'immatriculation.

1.2. Identification des dirigeants.

1.2.1. Pour les personnes physiques, associés et tiers, ayant le pouvoir de diriger, de gérer ou d'engager à titre habituel la société, ainsi que les administrateurs, les membres du directoire, les membres du conseil de surveillance.

1.2.1.1. Si la personne est immatriculée au RCS à titre personnel :

– extrait de l'immatriculation datant de moins de trois mois ou carte nationale d'identité ;

– attestation sur l'honneur, sur papier libre, relative à l'absence de condamnation ou de sanction civile ou administrative de nature à interdire l'exercice d'une activité commerciale, faisant apparaître la filiation.

1.2.1.2. Si la personne est mentionnée au RCS en qualité de dirigeant de personne morale :

– extrait de l'immatriculation datant de moins de trois mois ou carte nationale d'identité ;

– attestation sur l'honneur, sur papier libre, relative à l'absence de condamnation ou de sanction civile ou administrative de nature à interdire l'exercice d'une activité commerciale, faisant apparaître la filiation.

1.2.1.3. Si la personne n'est pas immatriculée au RCS :

1.2.1.3.1. Français et ressortissants d'un État membre de l'Union européenne :

– copie de la carte nationale d'identité ou du passeport en cours de validité ;

– attestation sur l'honneur, sur papier libre, relative à l'absence de condamnation ou de sanction civile ou administrative de nature à interdire l'exercice d'une activité commerciale, faisant apparaître la filiation.

1.2.1.3.2. Personnes ressortissantes d'un État membre de l'Espace économique européen ou d'un État avec lequel ont été conclus des accords :

– copie de la carte nationale d'identité ou passeport en cours de validité ;

– attestation sur l'honneur, sur papier libre, relative à l'absence de condamnation ou de sanction civile ou administrative de nature à interdire l'exercice d'une activité commerciale, faisant apparaître la filiation.

1.2.1.3.3. Étrangers.

1.2.1.3.3.1. Personne ne résidant pas en France :

– copie de la carte nationale d'identité ou du passeport en cours de validité ;

– récépissé du dépôt de déclaration préalable délivré par la préfecture du lieu d'exercice de l'activité (uniquement pour les sociétés commerciales et/ou artisanales).

1.2.1.3.3.2. Personne résidant en France :

– pièces prescrites par la rubrique 1.1.3.2 de l'annexe I ; pour une société civile, tout document justifiant de l'identité du déclarant ;

– attestation sur l'honneur, sur papier libre, relative à l'absence de condamnation ou de sanction civile ou administrative de nature à interdire l'exercice d'une activité commerciale, faisant apparaître la filiation.

1.2.2. Pour les personnes morales.

Extrait de l'immatriculation au RCS datant de moins de trois mois ou, pour les personnes morales non immatriculées au RCS, titre justifiant leur existence, le cas échéant traduit en langue française.

Le cas échéant, dans les cas où il y a une obligation légale de désigner un représentant permanent de la personne morale : pièces prescrites par la rubrique 1.2.1 et copie de la décision lui conférant cette qualité.

Pour les personnes relevant de la législation d'un État non membre de la Communauté européenne ou partie à l'accord sur l'Espace économique européen ou pour les personnes non immatriculées : pièces prescrites par la rubrique 1.2.1 ci-dessus.

1.2.3. Pour les commissaires aux comptes :

– lettre d'acceptation de la mission ;

– si le commissaire aux comptes n'est pas encore mentionné sur la liste publiée, attestation d'inscription sur la liste.

1.2.4. Pour les associés indéfiniment et solidairement responsables.

1.2.4.1. Français et ressortissants d'un État membre de l'Union européenne :

– copie de la carte nationale d'identité ou du passeport en cours de validité ;

– attestation sur l'honneur, sur papier libre, relative à l'absence de condamnation ou de sanction civile ou administrative de nature à interdire l'exercice d'une activité commerciale, faisant apparaître la filiation.

1.2.4.2. Personnes ressortissantes d'un État membre de l'Espace économique européen ou d'un État avec lequel ont été conclus des accords :

– copie de la carte nationale d'identité ou du passeport en cours de validité ;

– attestation sur l'honneur, sur papier libre, relative à l'absence de condamnation ou de sanction civile ou administrative de nature à interdire l'exercice d'une activité commerciale, faisant apparaître la filiation.

1.2.4.3. Étrangers.

1.2.4.3.1. Personne ne résidant pas en France :

– copie de la carte nationale d'identité ou du passeport en cours de validité ;

– récépissé du dépôt de déclaration préalable délivré par la préfecture du lieu d'exercice de l'activité (uniquement pour les activités commerciales, industrielles ou artisanales).

1.2.4.3.2. Personne résidant en France :

– pièces prescrites par la rubrique 1.1.3.2 de l'annexe I ; pour une société civile dont les associés sont indéfiniment et solidairement responsables, tout document justifiant de l'identité du déclarant ;

– attestation sur l'honneur, sur papier libre, relative à l'absence de condamnation ou de sanction civile ou administrative de nature à interdire l'exercice d'une activité commerciale, faisant apparaître la filiation.

1.2.4.4. Personnes morales :

– extrait de l'immatriculation au RCS datant de moins de trois mois ou pour les personnes morales non immatriculées : titre justifiant leur existence, traduit le cas échéant en langue française.

1.2.5. Pour les associés indéfiniment responsables :

– pour une personne physique : copie de la carte nationale d'identité ou du passeport en cours de validité ;

– pour les personnes morales : extrait de l'immatriculation datant de moins de trois mois ou, pour les personnes morales non immatriculées, titre justifiant leur existence, traduit le cas échéant en langue française.

1.2.6. Identification des personnes ayant le pouvoir de diriger, de gérer ou d'engager à titre habituel par leur signature :

– copie de la carte nationale d'identité ou du passeport en cours de validité ;

– le cas échéant, pour un étranger, les pièces prescrites par la rubrique 1.1.3.2 de l'annexe I ;

– attestation sur l'honneur, sur papier libre, relative à l'absence de condamnation ou de sanction civile ou administrative de nature à interdire l'exercice d'une activité commerciale, faisant apparaître la filiation.

1.2.7. Identification du conjoint qui a opté pour un statut en application de l'article L. 121-4.

Conjoint collaborateur, conjoint associé : justificatif d'identité faisant état du mariage.

1.3. Conditions d'exercice.

1.3.1. *(Supprimé)*.

1.3.2. Activité réglementée.

Copie de l'autorisation provisoire ou définitive, du diplôme ou du titre conformément à l'article R. 123-95.

2. Renseignements relatifs au siège

2.1. Justificatif de la jouissance des locaux où est installé le siège par tout document établi au nom de la société permettant de justifier la réalité de l'adresse déclarée.

2.2. Si le représentant légal use de la faculté d'installer le siège à son domicile pour une durée limitée, justificatif de son domicile par tout document établi à son nom permettant de justifier la réalité de l'adresse déclarée.

2.3. Occupation de locaux en commun : si le siège social est situé dans les locaux occupés en commun par une ou plusieurs entreprises, copie du contrat de domiciliation mentionné aux articles R. 123-167 et suivants indiquant les références de l'agrément préfectoral prévu par l'article L. 123-11-3 et extrait du RCS ou du répertoire des métiers du domiciliataire, sauf si celui-ci est immatriculé dans le même greffe ou s'il est une personne morale française de droit public ou une association regroupant des personnes morales françaises de droit public.

3. Renseignements relatifs à l'établissement

3.1. Acquisition d'un fonds de commerce.

Par achat, licitation : copie de l'acte et attestation de parution dans un journal d'annonces légales ou copie de celui-ci.

Par donation : copie de l'acte.

Par apport : copie de l'acte et attestation de parution dans un journal d'annonces légales ou copie de celui-ci.

3.2. Location-gérance d'un fonds de commerce.

Copie du contrat de location-gérance et attestation de parution dans un journal d'annonces légales ou copie de celui-ci.

3.3. Gérance-mandat d'un fonds de commerce.

Copie du contrat de gérance-mandat et attestation de parution dans un journal d'annonces légales ou copie de celui-ci.

3.4. Gestion d'un fonds de commerce cédé dans le cadre d'un plan de cession.

Copie du jugement ordonnant un plan de cession.

3.5. Fusion par création d'une société nouvelle, scission au profit de sociétés nouvelles, apport partiel d'actif, régime fusion/scission.

Extrait du RCS des sociétés participant avec mention de l'opération et attestation de parution dans un journal d'annonces légales ou copie de celui-ci.

3.6. Mention des établissements immatriculés dans un pays de la Communauté européenne.

Extrait d'immatriculation.

Article Annexe III

(Mod., A. 31 juill. 2012)

Demande d'immatriculation des sociétés de droit français

1. Renseignements relatifs à la personne

1.1. Identification de la société.

Attestation de parution dans un journal d'annonces légales ou copie de celui-ci ; pour les sociétés en nom collectif ou en commandite simple, copie de l'insertion.

Le cas échéant, copie du récépissé de dépôt des actes constitutifs de la société déposés au greffe avant la demande d'immatriculation.

1.2. Identification des dirigeants.

1.2.1. Pour les personnes physiques, associés et tiers, ayant le pouvoir de diriger, de gérer ou d'engager à titre habituel la société, ainsi que les administrateurs, les membres du directoire, les membres du conseil de surveillance.

1.2.1.1. Si la personne est immatriculée au RCS à titre personnel :

– extrait de l'immatriculation datant de moins de trois mois ou carte nationale d'identité ;

– attestation sur l'honneur, sur papier libre, relative à l'absence de condamnation ou de sanction civile ou administrative de nature à interdire l'exercice d'une activité commerciale, faisant apparaître la filiation.

1.2.1.2. Si la personne est mentionnée au RCS en qualité de dirigeant de personne morale :

– extrait de l'immatriculation datant de moins de trois mois ou carte nationale d'identité ;

– attestation sur l'honneur, sur papier libre, relative à l'absence de condamnation ou de sanction civile ou administrative de nature à interdire l'exercice d'une activité commerciale, faisant apparaître la filiation.

1.2.1.3. Si la personne n'est pas immatriculée au RCS :

1.2.1.3.1. Français et ressortissants d'un État membre de l'Union européenne :

– copie de la carte nationale d'identité ou du passeport en cours de validité ;

– attestation sur l'honneur, sur papier libre, relative à l'absence de condamnation ou de sanction civile ou administrative de nature à interdire l'exercice d'une activité commerciale, faisant apparaître la filiation.

1.2.1.3.2. Personnes ressortissantes d'un État membre de l'Espace économique européen ou d'un État avec lequel ont été conclus des accords :

– copie de la carte nationale d'identité ou passeport en cours de validité ;

– attestation sur l'honneur, sur papier libre, relative à l'absence de condamnation ou de sanction civile ou administrative de nature à interdire l'exercice d'une activité commerciale, faisant apparaître la filiation.

1.2.1.3.3. Étrangers.

1.2.1.3.3.1. Personne ne résidant pas en France :

– copie de la carte nationale d'identité ou du passeport en cours de validité ;

– récépissé du dépôt de déclaration préalable délivré par la préfecture du lieu d'exercice de l'activité (uniquement pour les sociétés commerciales et/ou artisanales) ;

– attestation sur l'honneur, sur papier libre, relative à l'absence de condamnation ou de sanction civile ou administrative de nature à interdire l'exercice d'une activité commerciale, faisant apparaître la filiation.

1.2.1.3.3.2. Personne résidant en France :

– copie du titre ou récépissé du titre de séjour portant mention de l'activité commerciale, industrielle ou artisanale autorisée, du titre de séjour vie privée et familiale ou de la carte de séjour portant la mention compétences et talents ;

– ou copie de la carte de résident ; pour une société civile, tout document justifiant de l'identité du déclarant ;

– attestation sur l'honneur, sur papier libre, relative à l'absence de condamnation ou de sanction civile ou administrative de nature à interdire l'exercice d'une activité commerciale, faisant apparaître la filiation.

1.2.2. Pour les personnes morales.

Extrait de l'immatriculation au RCS datant de moins de trois mois ou, pour les personnes morales non immatriculées au RCS, titre justifiant leur existence, le cas échéant traduit en langue française.

Le cas échéant, dans les cas où il y a une obligation légale de désigner un représentant permanent de la personne morale : pièces prescrites par la rubrique 1.2.1 et copie de la décision lui conférant cette qualité.

Pour les personnes relevant de la législation d'un État non membre de la Communauté européenne ou partie à l'accord sur l'Espace économique européen ou pour les personnes non immatriculées : pièces prescrites par la rubrique 1.2.1 ci-dessus.

1.2.3. Pour les commissaires aux comptes :

– lettre d'acceptation de la mission ;

– si le commissaire aux comptes n'est pas encore mentionné sur la liste publiée, attestation d'inscription sur la liste.

1.2.4. Pour les associés indéfiniment et solidairement responsables.

1.2.4.1. Français et ressortissants d'un État membre de l'Union européenne :

– copie de la carte nationale d'identité ou du passeport en cours de validité ;

– attestation sur l'honneur, sur papier libre, relative à l'absence de condamnation ou de sanction civile ou administrative de nature à interdire l'exercice d'une activité commerciale, faisant apparaître la filiation.

1.2.4.2. Personnes ressortissantes d'un État membre de l'Espace économique européen ou d'un État avec lequel ont été conclus des accords :

– copie de la carte nationale d'identité ou du passeport en cours de validité ;

– attestation sur l'honneur, sur papier libre, relative à l'absence de condamnation ou de sanction civile ou administrative de nature à interdire l'exercice d'une activité commerciale, faisant apparaître la filiation.

1.2.4.3. Étrangers.

1.2.4.3.1. Personne ne résidant pas en France :

– copie de la carte nationale d'identité ou du passeport en cours de validité ;

– récépissé du dépôt de déclaration préalable délivré par la préfecture du lieu d'exercice de l'activité (uniquement pour les activités commerciales, industrielles ou artisanales) ;

– attestation sur l'honneur, sur papier libre, relative à l'absence de condamnation ou de sanction civile ou administrative de nature à interdire l'exercice d'une activité commerciale, faisant apparaître la filiation.

1.2.4.3.2. Personne résidant en France :

– copie du titre ou récépissé du titre de séjour portant mention de l'activité commerciale, industrielle ou artisanale autorisée, du titre de séjour vie privée et familiale ou de la carte de séjour portant la mention compétences et talents ;

– ou copie de la carte de résident ; pour une société civile dont les associés sont indéfiniment et solidairement responsables, tout document justifiant de l'identité du déclarant ;

– attestation sur l'honneur, sur papier libre, relative à l'absence de condamnation ou de sanction civile ou administrative de nature à interdire l'exercice d'une activité commerciale, faisant apparaître la filiation.

1.2.4.4. Personnes morales :

– extrait de l'immatriculation au RCS datant de moins de trois mois ou pour les personnes morales non immatriculées : titre justifiant leur existence, traduit le cas échéant en langue française.

1.2.5. Pour les associés indéfiniment responsables :

– pour une personne physique : copie de la carte nationale d'identité ou du passeport en cours de validité ;

– pour les personnes morales : extrait de l'immatriculation datant de moins de trois mois ou, pour les personnes morales non immatriculées, titre justifiant leur existence, traduit le cas échéant en langue française.

1.2.6. Identification des personnes ayant le pouvoir de diriger, de gérer ou d'engager à titre habituel par leur signature :

– copie de la carte nationale d'identité ou du passeport en cours de validité ;

– le cas échéant, pour un étranger, le titre de séjour en cours de validité ;

– attestation sur l'honneur, sur papier libre, relative à l'absence de condamnation ou de sanction civile ou administrative de nature à interdire l'exercice d'une activité commerciale, faisant apparaître la filiation.

1.2.7. Identification du conjoint qui a opté pour un statut en application de l'article L. 121-4.

Conjoint collaborateur, conjoint associé : justificatif d'identité faisant état du mariage.

1.3. Conditions d'exercice.

1.3.1. *(Supprimé).*

1.3.2. Activité réglementée.

Copie de l'autorisation provisoire ou définitive, du diplôme ou du titre conformément à l'article R. 123-95.

2. Renseignements relatifs au siège

2.1. Justificatif de la jouissance des locaux où est installé le siège par tout document établi au nom de la société permettant de justifier la réalité de l'adresse déclarée.

2.2. Si le représentant légal use de la faculté d'installer le siège à son domicile pour une durée limitée, justificatif de son domicile par tout document établi à son nom permettant de justifier la réalité de l'adresse déclarée.

2.3. Occupation de locaux en commun : si le siège social est situé dans les locaux occupés en commun par une ou plusieurs entreprises, copie du contrat de domiciliation mentionné aux articles R. 123-167 et suivants indiquant les références de l'agrément préfectoral prévu par l'article L. 123-11-3 et extrait du RCS ou du répertoire des métiers du domiciliataire, sauf si celui-ci est immatriculé dans le même greffe ou s'il est une personne morale française de droit public ou une association regroupant des personnes morales françaises de droit public.

3. Renseignements relatifs à l'établissement

3.1. Acquisition d'un fonds de commerce.

Par achat, licitation : copie de l'acte et attestation de parution dans un journal d'annonces légales ou copie de celui-ci.

Par donation : copie de l'acte.

Par apport : copie de l'acte et attestation de parution dans un journal d'annonces légales ou copie de celui-ci.

3.2. Location-gérance d'un fonds de commerce.

Copie du contrat de location-gérance et attestation de parution dans un journal d'annonces légales ou copie de celui-ci.

3.3. Gérance-mandat d'un fonds de commerce.

Copie du contrat de gérance-mandat et attestation de parution dans un journal d'annonces légales ou copie de celui-ci.

3.4. Gestion d'un fonds de commerce cédé dans le cadre d'un plan de cession.

Copie du jugement ordonnant un plan de cession.

3.5. Fusion par création d'une société nouvelle, scission au profit de sociétés nouvelles, apport partiel d'actif, régime fusion/scission.

Extrait du RCS des sociétés participant avec mention de l'opération et attestation de parution dans un journal d'annonces légales ou copie de celui-ci.

3.6. Mention des établissements immatriculés dans un pays de la Communauté européenne.

Extrait d'immatriculation.

Article Annexe IV

(Mod., A. 31 juill. 2012)

Demande d'inscription modificative des sociétés de droit français

Lors de la demande d'inscription modificative, les pièces devant être présentées sont celles demandées dans l'annexe précédente et établissant les changements et adjonctions intervenus.

Le cas échéant, attestation de parution dans un journal d'annonces légales ou copie de celui-ci, ou, pour les sociétés en nom collectif ou en commandite simple, copie de l'insertion.

1. Renseignements relatifs à la personne

1.1. Lorsque le dépôt au greffe des actes a été effectué avant la déclaration de modification, copie du récépissé du dépôt.

1.2. Extrait d'immatriculation datant de moins de trois mois de chacune des sociétés participant à l'opération de fusion et de scission.

1.3. Identification des dirigeants : pièces établissant les modifications de situation prévues à l'annexe précédente ou au 1 de l'annexe II.

2. Renseignements relatifs à l'établissement

2.1. Ouverture d'un établissement sur transfert dans le ressort du même greffe.

2.1.1. Transfert du siège.

2.1.1.1. Justificatif de la jouissance des locaux où est installé le siège par tout document établi au nom de la société permettant de justifier la réalité de l'adresse déclarée.

2.1.1.2. Si le représentant légal use de la faculté d'installer le siège à son domicile pour une durée limitée, justificatif de son domicile par tout document permettant de justifier la réalité de l'adresse déclarée.

2.1.1.3. Occupation de locaux en commun : si le siège social est situé dans les locaux occupés en commun par une ou plusieurs entreprises, copie du contrat de domiciliation mentionné aux articles R. 123-167 et suivants indiquant les références de l'agrément préfectoral prévu par l'article L. 123-11-3 et extrait du RCS ou du répertoire des métiers du domiciliataire, sauf si celui-ci est immatriculé dans le même greffe ou s'il est une personne morale française de droit public ou une association regroupant des personnes morales françaises de droit public.

2.1.2. Transfert de l'établissement principal.

Origine d'un fonds de commerce acquis ou reçu :

– par achat, licitation, attribution par voie de partage : copie de l'acte enregistré et attestation de parution dans un journal d'annonces légales ou copie de celui-ci ;

– par voie de donation : copie de l'acte de donation ;

– par apport : copie du traité d'apport et attestation de parution dans un journal d'annonces légales ou copie de celui-ci ; pour l'apport à une société en nom collectif ou en commandite simple, copie de l'insertion ;

– par location-gérance : pour le locataire-gérant, copie du contrat de location-gérance et attestation de parution dans un journal d'annonces légales ou copie de celui-ci ;

– par gérance-mandat : pour le mandataire, copie du contrat de gérance-mandat et attestation de parution dans un journal d'annonces légales ou copie de celui-ci ;

– dans le cadre d'un plan de cession, pour la gestion du fonds de commerce cédé : copie du jugement ordonnant le plan de cession.

2.2. Inscriptions complémentaires.

2.2.1. Ouverture d'un établissement secondaire.

Origine du fonds de commerce acquis ou reçu :

– par achat, licitation, attribution par voie de partage : copie de l'acte enregistré et attestation de parution dans un journal d'annonces légales ou copie de celui-ci ;

– par voie de donation : copie de l'acte de donation ;

– par apport : copie du traité d'apport et attestation de parution dans un journal d'annonces légales ou copie de celui-ci ;

– par location-gérance : pour le locataire-gérant, copie du contrat de location-gérance et attestation de parution dans un journal d'annonces légales ou copie de celui-ci ;

– par gérance-mandat : pour le mandataire, copie du contrat de gérance-mandat et attestation de parution dans un journal d'annonces légales ou copie de celui-ci ;

– dans le cadre d'un plan de cession, pour la gestion du fonds de commerce cédé : copie du jugement ordonnant le plan de cession.

2.2.2. Transfert d'un établissement secondaire.

Origine du fonds de commerce acquis ou reçu :

– par achat, licitation, attribution par voie de partage : copie de l'acte enregistré et attestation de parution dans un journal d'annonces légales ou copie de celui-ci ;

– par voie de donation : copie de l'acte de donation ;

– par apport : copie du traité d'apport et attestation de parution dans un journal d'annonces légales ou copie de celui-ci ;

– par location-gérance : pour le locataire-gérant, copie du contrat de location-gérance et attestation de parution dans un journal d'annonces légales ou copie de celui-ci ;

– par gérance-mandat : pour le mandataire, copie du contrat de gérance-mandat et attestation de parution dans un journal d'annonces légales ou copie de celui-ci ;

– dans le cadre d'un plan de cession, pour la gestion du fonds de commerce cédé : copie du jugement ordonnant le plan de cession.

2.3. Mention d'un établissement immatriculé dans un État membre de la Communauté européenne.

Extrait d'immatriculation.

Article Annexe V

(A. 31 juill. 2012)

Demande d'immatriculation dans le ressort d'un nouveau greffe d'une personne physique ou morale déjà immatriculée au RCS

1. Immatriculation principale suite au transfert

1.1. Transfert du siège d'une personne morale :

– extrait d'immatriculation du précédent siège datant de moins de trois mois sauf application du deuxième alinéa de l'article A. 123-46 ;

– justificatif de la jouissance des locaux où est installé le siège par tout document établi au nom de la société permettant de justifier la réalité de l'adresse déclarée ;

– si le représentant légal use de la faculté d'installer le siège à son domicile pour une durée limitée, justificatif de son domicile par tout document établi à son nom permettant de justifier la réalité de l'adresse déclarée ;

– occupation de locaux en commun : si le siège social est situé dans les locaux occupés en commun par une ou plusieurs entreprises, copie du contrat de domiciliation mentionné aux articles R. 123-167 et suivants indiquant les références de l'agrément préfectoral prévu par l'article L. 123-11-3 et extrait du RCS ou du répertoire des métiers du domiciliataire, sauf si celui-ci est immatriculé dans le même greffe ou s'il est une personne morale française de droit public ou une association regroupant des personnes morales françaises de droit public ;

– lorsque le dépôt des actes décidant le transfert a été effectué avant la déclaration de modification, copie du récépissé de dépôt ;

– le cas échéant, attestation de parution dans un journal d'annonces légales ou copie de celui-ci.

1.2. Transfert de l'établissement principal pour une personne physique :

– extrait de la précédente immatriculation principale datant de moins de trois mois sauf application du deuxième alinéa de l'article A. 123-46 ;

– justificatif de la jouissance des locaux ou justificatif de l'adresse de l'entreprise fixée au local d'habitation, par tout document établi au nom de la personne tenue à l'immatriculation permettant de justifier la réalité de l'adresse déclarée ;

– origine d'un fonds de commerce acquis ou reçu :

– par achat, licitation, attribution par voie de partage : copie de l'acte enregistré et attestation de parution dans un journal d'annonces légales ou copie de celui-ci ;

– par voie de donation : copie de l'acte de donation ;

– par dévolution successorale, sans partage ni licitation, copie de l'acte de notoriété ou de l'intitulé d'inventaire ;

– par location-gérance : pour le locataire-gérant, copie du contrat de location-gérance et attestation de parution dans un journal d'annonces légales ou copie de celui-ci ;

– par gérance-mandat : pour le mandataire, copie du contrat de gérance-mandat et attestation de parution dans un journal d'annonces légales ou copie de celui-ci ;

– dans le cadre d'un plan de cession, pour la gestion du fonds de commerce cédé, copie du jugement ordonnant le plan de cession.

2. Immatriculation secondaire

2.1. Ouverture d'un établissement secondaire :

– extrait de l'immatriculation principale datant de moins de trois mois ;

– origine du fonds de commerce acquis ou reçu :

– par achat, licitation, attribution par voie de partage : copie de l'acte enregistré et attestation de parution dans un journal d'annonces légales ou copie de celui-ci ;

– par voie de donation : copie de l'acte de donation ;

– par dévolution successorale, sans partage ni licitation ; copie de l'acte de notoriété ou de l'intitulé d'inventaire ;

– par location-gérance : pour le locataire-gérant, copie du contrat de location-gérance et attestation de parution dans un journal d'annonces légales ou copie de celui-ci ;

– par gérance-mandat : pour le mandataire, copie du contrat de gérance-mandat et attestation de parution dans un journal d'annonces légales ou copie de celui-ci ;

– dans le cadre d'un plan de cession, pour la gestion du fonds de commerce cédé : copie du jugement ordonnant le plan de cession.

2.2. Ouverture d'un établissement sur transfert.

2.2.1. Transfert d'un établissement principal :

– extrait d'immatriculation du précédent établissement principal datant de moins de trois mois ;

– origine du fonds de commerce acquis ou reçu :

– par achat, licitation, attribution par voie de partage : copie de l'acte enregistré et attestation de parution dans un journal d'annonces légales ou copie de celui-ci ;

– par voie de donation : copie de l'acte de donation ;

– par dévolution successorale, sans partage ni licitation : copie de l'acte de notoriété ou de l'intitulé d'inventaire ;

– par location-gérance : pour le locataire-gérant, copie du contrat de location-gérance et attestation de parution dans un journal d'annonces légales ou copie de celui-ci ;

– par gérance-mandat : pour le mandataire, copie du contrat de gérance-mandat et attestation de parution dans un journal d'annonces légales ou copie de celui-ci ;

– dans le cadre d'un plan de cession, pour la gestion du fonds de commerce cédé : copie du jugement ordonnant le plan de cession.

2.2.2. Transfert d'un établissement secondaire :

– extrait de l'immatriculation du précédent établissement secondaire datant de moins de trois mois ;

– origine du fonds de commerce acquis ou reçu :

– par achat, licitation, attribution par voie de partage : copie de l'acte enregistré et attestation de parution dans un journal d'annonces légales ou copie de celui-ci ;

– par voie de donation : copie de l'acte de donation ;

– par apport : copie de l'acte et attestation de parution dans un journal d'annonces légales ou copie de celui-ci ;

– par location-gérance : pour le locataire-gérant, copie du contrat de location-gérance et attestation de parution dans un journal d'annonces légales ou copie de celui-ci ;

– par gérance-mandat : pour le mandataire, copie du contrat de gérance-mandat et attestation de parution dans un journal d'annonces légales ou copie de celui-ci ;

– dans le cadre d'un plan de cession, pour la gestion du fonds de commerce cédé : copie du jugement ordonnant le plan de cession.

Article Annexe VI

(A. 31 juill. 2012 ; A. 11 oct. 2016)

DEMANDE D'IMMATRICULATION ET D'INSCRIPTION MODIFICATIVE DES SOCIÉTÉS COMMERCIALES DONT LE SIÈGE EST SITUÉ À L'ÉTRANGER

1. Renseignements relatifs à la personne

1.1. Identification de la société.

Lorsque le dépôt au greffe des statuts traduits en langue française a été effectué avant la demande d'immatriculation, copie du récépissé du dépôt.

Extrait de l'immatriculation au registre des sociétés étranger ou titre justifiant l'existence, traduit, le cas échéant, en langue française.

1.2. Identification des personnes ayant le pouvoir d'engager la société en France.

1.2.1. Français et ressortissants d'un État membre de l'Union européenne :

– copie de la carte nationale d'identité ou du passeport en cours de validité ;

– attestation sur l'honneur relative à l'absence de condamnation ou de sanction civile ou administrative de nature à interdire l'exercice d'une activité commerciale, faisant apparaître la filiation.

1.2.2. Personnes ressortissantes d'un État membre de l'Espace économique européen ou d'un État avec lequel ont été conclus des accords particuliers :

– copie de la carte nationale d'identité ou passeport en cours de validité ;

– attestation sur l'honneur, sur papier libre, relative à l'absence de condamnation ou de sanction civile ou administrative de nature à interdire l'exercice d'une activité commerciale, faisant apparaître la filiation.

1.2.3. Étrangers.

1.2.3.1. Personne ne résidant pas en France :

– copie de la carte nationale d'identité ou du passeport en cours de validité ;

– récépissé du dépôt de déclaration préalable.

1.2.3.2. Personne résidant en France :

– pièces prescrites par la rubrique 1.1.3.2 de l'annexe I ;

– attestation sur l'honneur, sur papier libre, relative à l'absence de condamnation ou de sanction civile ou administrative de nature à interdire l'exercice d'une activité commerciale, faisant apparaître la filiation.

1.3. Conditions d'exercice.

1.3.1. *(Supprimé).*

1.3.2. Activité réglementée.

Copie de l'autorisation provisoire ou définitive du diplôme ou du titre conformément à l'article R. 123-95.

1.3.3. Personne ayant le pouvoir d'engager l'assujetti.

Pour les personnes ayant le pouvoir dans l'établissement d'engager à titre habituel par leur signature l'assujetti : pièces prescrites au 1.2 ci-dessus.

2. Renseignements relatifs au premier établissement en France

2.1. Justificatif de la jouissance des locaux ou justificatif de l'adresse de l'entreprise fixée au local d'habitation, par tout document établi au nom de la personne tenue à l'immatriculation permettant de justifier la réalité de l'adresse déclarée.

2.2. Origine du fonds de commerce acquis ou reçu :

– par achat, licitation, attribution par voie de partage : copie de l'acte enregistré et attestation de parution dans un journal d'annonces légales ou copie de celui-ci ;

– par voie de donation : copie de l'acte de donation ;

– par apport : copie de l'acte et attestation de parution dans un journal d'annonces légales ou copie de celui-ci ;

– par location-gérance : pour le locataire-gérant, copie du contrat de location-gérance et attestation de parution dans un journal d'annonces légales ou copie de celui-ci ;

– par gérance-mandat : pour le mandataire, copie du contrat de gérance-mandat et attestation de parution dans un journal d'annonces légales ou copie de celui-ci ;

– dans le cadre d'un plan de cession, pour la gestion du fonds de commerce cédé : copie du jugement ordonnant le plan de cession.

3. Ouverture d'un établissement dans le ressort d'un nouveau greffe

3.1. Immatriculation principale suite au transfert du premier établissement :

– extrait d'immatriculation de la précédente immatriculation datant de moins de trois mois ;

– justificatif de la jouissance des locaux où est installé le siège par tout document établi au nom de la société permettant de justifier la réalité de l'adresse déclarée ;

– si le représentant légal use de la faculté d'installer le siège à son domicile pour une durée limitée, justificatif de son domicile par tout document établi à son nom permettant de justifier la réalité de l'adresse déclarée ;

– occupation de locaux en commun : si le siège social est situé dans les locaux occupés en commun par une ou plusieurs entreprises : copie du contrat de domiciliation mentionné aux articles R. 123-167 et suivants indiquant les références de l'agrément préfectoral prévu par l'article L. 123-11-3 et extrait du RCS ou du répertoire des métiers du domiciliataire, sauf si celui-ci est immatriculé dans le même greffe ou s'il est une personne morale française de droit public ou une association regroupant des personnes morales françaises de droit public ;

– origine du fonds de commerce acquis ou reçu :

– par achat, licitation, attribution par voie de partage : copie de l'acte enregistré et attestation de parution dans un journal d'annonces légales ou copie de celui-ci ;

– par voie de donation : copie de l'acte de donation ;

– par apport : copie de l'acte et attestation de parution dans un journal d'annonces légales ou copie de celui-ci ;

– par location-gérance : pour le locataire-gérant, copie du contrat de location-gérance et attestation de parution dans un journal d'annonces légales ou copie de celui-ci ;

– par gérance-mandat : pour le mandataire, copie du contrat de gérance-mandat et attestation de parution dans un journal d'annonces légales ou copie de celui-ci ;
– dans le cadre d'un plan de cession, pour la gestion du fonds de commerce cédé : copie du jugement ordonnant le plan de cession.
3.2. Immatriculation secondaire suite à l'ouverture d'un nouvel établissement :
– extrait de l'immatriculation principale datant de moins de trois mois ;
– origine du fonds de commerce acquis ou reçu :
– par achat, licitation, attribution par voie de partage : copie de l'acte enregistré et attestation de parution dans un journal d'annonces légales ou copie de celui-ci ;
– par voie de donation : copie de l'acte de donation ;
– par apport : copie de l'acte et attestation de parution dans un journal d'annonces légales ou copie de celui-ci ;
– par location-gérance : pour le locataire-gérant, copie du contrat de location-gérance et attestation de parution dans un journal d'annonces légales ou copie de celui-ci ;
– par gérance-mandat : pour le mandataire, copie du contrat de gérance-mandat et attestation de parution dans un journal d'annonces légales ou copie de celui-ci ;
– dans le cadre d'un plan de cession, pour la gestion du fonds de commerce cédé : copie du jugement ordonnant le plan de cession.

Article Annexe VII

(Mod., A. 31 juill. 2012 ; A. 11 oct. 2016)

DEMANDE D'IMMATRICULATION DES GROUPEMENTS D'INTÉRÊT ÉCONOMIQUE ET DES GROUPEMENTS EUROPÉENS D'INTÉRÊT ÉCONOMIQUE

1. Renseignements relatifs à la personne

1.1. Identification du groupement.
Lorsque le dépôt au greffe des actes constitutifs du groupement a été effectué avant la demande d'immatriculation, copie du récépissé de dépôt.
1.2. Membres du groupement.
1.2.1. Personnes physiques.
1.2.1.1. Immatriculées au RCS.
Extrait de l'immatriculation datant de moins de trois mois.
1.2.1.2. Non immatriculées au RCS.
1.2.1.2.1. Français et ressortissants d'un État membre de l'UE.
Copie de la carte nationale d'identité ou du passeport en cours de validité.
1.2.1.2.2. Personne ressortissant d'un État membre de l'Espace économique européen ou d'un État avec lequel ont été conclus des accords particuliers.
Copie de la carte nationale d'identité ou du passeport en cours de validité.
1.2.1.2.3. Étrangers.
1.2.1.2.3.1. Personne ne résidant pas en France :
– copie de la carte nationale d'identité ou du passeport en cours de validité.
1.2.1.2.1.3.2. Personne résidant en France :
– Pièces prescrites par la rubrique 1.1.3.2 de l'annexe I.
1.2.2. Personnes morales.
Immatriculées au RCS : extrait de l'immatriculation datant de moins de trois mois.
Non immatriculées au RCS : titre établissant leur existence.
1.3. Personnes chargées d'administrer ou de contrôler la gestion et les comptes du groupement.
1.3.1. Personnes immatriculées au RCS.
Extrait d'immatriculation datant de moins de trois mois.
1.3.2. Personnes non immatriculées au RCS.
1.3.2.1. Personnes physiques.
1.3.2.1.1. Français et ressortissants d'un État membre de l'Union européenne.
Copie de la carte nationale d'identité ou du passeport en cours de validité.
1.3.2.1.2. Personnes ressortissants d'un État membre de l'Espace économique européen ou d'un État avec lequel ont été conclus des accords particuliers :
Copie de la carte nationale d'identité ou du passeport en cours de validité.
1.3.2.1.3. Étrangers.

1.3.2.1.3.1. Personnes ne résidant pas en France.

Copie de la carte nationale d'identité ou du passeport en cours de validité.

1.3.2.1.3.2. Personne résidant en France :

Pièces prescrites par la rubrique 1.1.3.2 de l'annexe I.

1.3.2.2. Personnes morales :

– titre établissant leur existence ;

– copie de la pièce portant désignation du représentant permanent.

1.4. Conditions d'exercice.

1.4.1. Attestation sur l'honneur, sur papier libre, relative à l'absence de condamnation ou de sanction civile ou administrative de nature à interdire l'exercice d'une activité commerciale, faisant apparaître la filiation pour les personnes mentionnées à l'article A. 123-50.

1.4.2. Activité réglementée : copie de l'autorisation provisoire ou définitive, du diplôme ou du titre, conformément à l'article R. 123-95.

2. Renseignements relatifs au siège

2.1. Justificatif de la jouissance des locaux où est installé le siège par tout document établi au nom du groupement permettant de justifier la réalité de l'adresse déclarée.

2.2. Si le représentant légal use de la faculté d'installer le siège à son domicile pour une durée limitée, justificatif de son domicile par tout document établi à son nom permettant de justifier la réalité de l'adresse déclarée.

2.3. Occupation de locaux en commun : si le siège social est situé dans les locaux occupés en commun par une ou plusieurs entreprises, copie du contrat de domiciliation mentionné aux articles R. 123-167 et suivants indiquant les références de l'agrément préfectoral prévu par l'article L. 123-11-3 et extrait du RCS ou du répertoire des métiers du domiciliataire, sauf si celui-ci est immatriculé dans le même greffe ou s'il est une personne morale française de droit public ou une association regroupant des personnes morales françaises de droit public.

3. Renseignements relatifs à l'établissement

3.1. Acquisition d'un fonds de commerce par un groupement à objet commercial :

– par achat, licitation : copie de l'acte et attestation de parution dans un journal d'annonces légales ou copie de celui-ci ;

– par donation : copie de l'acte ;

– par apport : copie de l'acte et attestation de parution dans un journal d'annonces légales ou copie de celui-ci.

3.2. Location-gérance d'un fonds de commerce par un groupement à objet commercial.

Copie du contrat de location-gérance et attestation de parution dans un journal d'annonces légales ou copie de celui-ci.

3.3. Gérance-mandat d'un fonds de commerce par un groupement à objet commercial.

Copie du contrat de gérance-mandat et attestation de parution dans un journal d'annonces légales ou copie de celui-ci.

3.4. Gestion d'un fonds de commerce cédé dans le cadre d'un plan de cession.

Copie du jugement ordonnant un plan de cession.

4. Immatriculation secondaire

Extrait de l'immatriculation principale datant de moins de trois mois.

Origine du fonds de commerce acquis ou reçu par le groupement à objet commercial :

– par achat, licitation, attribution par voie de partage : copie de l'acte enregistré et attestation de parution dans un journal d'annonces légales ou copie de celui-ci ;

– par voie de donation : copie de l'acte de donation ;

– par location-gérance : pour le locataire-gérant, copie du contrat de location-gérance et attestation de parution dans un journal d'annonces légales ou copie de celui-ci ;

– par gérance-mandat : pour le mandataire, copie du contrat de gérance-mandat et attestation de parution dans un journal d'annonces légales ou copie de celui-ci ;

– dans le cadre d'un plan de cession, pour la gestion du fonds de commerce cédé : copie du jugement ordonnant le plan de cession.

Article Annexe VIII

(Mod., A. 31 juill. 2012)

Demande d'inscription modificative des groupements d'intérêt économique et des groupements européens d'intérêt économique

Lors de la demande d'inscription modificative, les pièces devant être présentées sont celles demandées dans l'annexe précédente et établissant les changements ou adjonctions intervenus.

1. Renseignements relatifs à la personne

Lorsque le dépôt au greffe des actes modificatifs du groupement a été effectué avant la demande d'inscription modificative, copie du récépissé de dépôt.

1.1. Identification des dirigeants.

Pièces établissant les modifications de situations prévues à l'annexe précédente ou au 1 de l'annexe II.

2. Renseignements relatifs au siège et à l'établissement

2.1. Justificatif de la jouissance des locaux où est installé le siège par tout document établi au nom du groupement permettant de justifier la réalité de l'adresse déclarée.

2.2. Si le représentant légal use de la faculté d'installer le siège à son domicile pour une durée limitée, justificatif de son domicile par tout document établi à son nom permettant de justifier la réalité de l'adresse déclarée.

2.3. Occupation de locaux en commun : si le siège du groupement est situé dans les locaux occupés en commun par une ou plusieurs entreprises : copie du contrat de domiciliation mentionné aux articles R. 123-167 et suivants indiquant les références de l'agrément préfectoral prévu par l'article L. 123-11-3 et extrait du RCS ou du répertoire des métiers du domiciliataire, sauf si celui-ci est immatriculé dans le même greffe ou s'il est une personne morale française de droit public ou une association regroupant des personnes morales françaises de droit public.

2.4. Fonds de commerce acquis ou reçu par un groupement à objet commercial.

Par achat, licitation : copie de l'acte et attestation de parution dans un journal d'annonces légales ou copie de celui-ci.

Par voie de donation : copie de l'acte de donation.

Par apport : copie de l'acte et attestation de parution dans un journal d'annonces légales ou copie de celui-ci.

Par location-gérance : copie du contrat de location-gérance et attestation de parution dans un journal d'annonces légales ou copie de celui-ci.

Par gérance-mandat : copie du contrat de gérance-mandat et attestation de parution dans un journal d'annonces légales ou copie de celui-ci.

Dans le cadre d'un plan de cession, pour la gestion du fonds de commerce cédé : copie du jugement ordonnant un plan de cession.

2.5. Transfert du siège ou d'un établissement.

2.5.1. Dans tous les cas pour le siège :

– justificatif de la jouissance des locaux où est installé le siège ou justificatif du domicile du représentant légal où est fixé le siège, par tout document établi au nom de la personne tenue à l'immatriculation ou de son représentant permettant de justifier la réalité de l'adresse déclarée ;

– occupation de locaux en commun : si le siège du groupement est situé dans les locaux occupés en commun par une ou plusieurs entreprises, copie du contrat de domiciliation mentionné aux articles R. 123-167 et suivants indiquant les références de l'agrément préfectoral prévu par l'article L. 123-11-3 et extrait du RCS ou du répertoire des métiers du domiciliataire, sauf si celui-ci est immatriculé dans le même greffe ou s'il est une personne morale française de droit public ou une association regroupant des personnes morales françaises de droit public.

2.5.2. Transfert dans le ressort d'un autre greffe.

S'il s'agit du transfert du siège : pièces prévues au 1.1 de l'annexe V et copie du récépissé de dépôt au greffe du nouveau siège, des actes décidant le transfert du siège si la formalité n'est pas concomitante au dépôt.

S'il s'agit du transfert d'un établissement : pièces prévues au 1.2 ou 2.2 de l'annexe V.

2.6. Immatriculation secondaire :

– extrait de l'immatriculation principale datant de moins de trois mois ;

– origine du fonds de commerce acquis ou reçu par le groupement à objet commercial :

– par achat, licitation, attribution par voie de partage : copie de l'acte enregistré et attestation de parution dans un journal d'annonces légales ou copie de celui-ci ;

– par voie de donation : copie de l'acte de donation ;

– par dévolution successorale, sans partage ni licitation : copie de l'acte de notoriété ou de l'intitulé d'inventaire ;

– par location-gérance : pour le locataire-gérant, copie du contrat de location-gérance et attestation de parution dans un journal d'annonces légales ou copie de celui-ci ;

– par gérance-mandat : pour le mandataire, copie du contrat de gérance-mandat et attestation de parution dans un journal d'annonces légales ou copie de celui-ci ;

– dans le cadre d'un plan de cession, pour la gestion du fonds de commerce cédé : copie du jugement ordonnant le plan de cession.

2.7. Activité réglementée.

Copie de l'autorisation provisoire ou définitive du diplôme ou du titre conformément à l'article R. 123-95.

Article Annexe IX

(Mod., A. 31 juill. 2012)

Demande d'immatriculation et d'inscription modificative des autres personnes morales

1. Renseignements relatifs à la personne

1.1. Établissement public français.

1.1.1. Situation juridique.

1.1.1.1. Immatriculation :

– copie du *Journal officiel* mentionnant l'acte qui a autorisé sa création ou copie de l'acte ayant créé l'établissement ;

– copie de la décision nommant les personnes chargées de le représenter ou de l'administrer.

1.1.1.2. Inscription modificative.

Copie du Journal officiel mentionnant l'acte qui en a modifié l'organisation ou son fonctionnement ou copie du ou des actes ayant décidé les modifications.

1.1.2. Personnes chargées de le représenter ou de l'administrer.

Pièces identiques à celles exigées pour un dirigeant de société, à l'exception de l'attestation de non-condamnation.

1.2. Représentation ou agence commerciale des États, collectivités ou établissements publics étrangers.

Personnes chargées de le représenter : certificat de l'autorité diplomatique ou consulaire dont elles relèvent attestant la réalité et le caractère officiel de la représentation ou de l'agence indiquant les nom, prénoms et domicile des personnes physiques ayant le pouvoir général de l'engager.

1.3. Autres personnes morales.

1.3.1. Titre établissant leur existence.

1.3.2. Pour les personnes ayant le pouvoir de les engager à titre habituel :

– copie de la carte nationale d'identité ou du passeport en cours de validité accompagnée d'une déclaration de l'intéressé faisant connaître sa filiation si celle-ci ne figure pas sur le document fourni ;

– ou document équivalent pour les étrangers, s'il y a lieu tout document justifiant la nationalité et sa traduction en langue française.

2. Renseignements relatifs à l'établissement

2.1. Justificatif de la jouissance des locaux où est installé le siège par tout document établi au nom de la société permettant de justifier la réalité de l'adresse déclarée.

2.2. Si le représentant légal use de la faculté d'installer le siège à son domicile pour une durée limitée, justificatif de son domicile par tout document établi à son nom permettant de justifier la réalité de l'adresse déclarée.

2.3. Occupation de locaux en commun : si le siège social est situé dans les locaux occupés en commun par une ou plusieurs entreprises, copie du contrat de domiciliation mentionné aux articles R. 123-167 et suivants indiquant les références de l'agrément préfectoral prévu par l'article L. 123-11-3 et extrait du RCS ou du répertoire des métiers du domiciliataire, sauf si celui-ci est immatriculé dans le même greffe ou s'il est une personne morale française de droit public ou une association regroupant des personnes morales françaises de droit public.

2.4. Acquisition d'un fonds de commerce.

Par achat, licitation : copie de l'acte

Par voie de donation : copie de l'acte de donation.

2.5. Activité réglementée.

Copie de l'autorisation provisoire ou définitive du diplôme ou du titre conformément à l'article R. 123-95.

2.6. Autres personnes morales.

Pièces justifiant les renseignements exigés par la législation particulière.

Article Annexe X

(A. 14 janv. 2009)

Demandes de radiation

1. Radiation des personnes physiques

En cas de décès de la personne immatriculée : extrait de l'acte de décès.

Pour les ambulants ainsi que pour les forains n'ayant en France ni domicile ni résidence fixe : original de la carte de commerçant ambulant ou du titre de circulation sur lequel le greffe porte la mention de la radiation ainsi que sa date.

2. Radiation des personnes morales

Si la formalité n'est pas concomitante au dépôt : récépissé du dépôt d'actes de nullité, de clôture des comptes de liquidation ou de fusion.

En cas de demande de radiation d'une immatriculation secondaire par suite de fusion et de scission : extrait du registre du commerce et des sociétés du siège portant mention de l'opération.

Le cas échéant, attestation de parution dans un journal d'annonces légales ou copie de celui-ci.

1.2.3. – Domiciliation des personnes immatriculées

Code de commerce

Partie législative

Sous-section 3. – Domiciliation des personnes immatriculées

§ 1. – Dispositions applicables aux personnes physiques

Art. L. 123-10 *(Rempl., L. n° 2003-721, 1er août 2003 ; mod., L. n° 2008-776, 4 août 2008).* **– Les personnes physiques demandant leur immatriculation au registre du commerce et des sociétés ou au répertoire des métiers doivent déclarer l'adresse de leur entreprise et en justifier la jouissance. Elles peuvent notamment domicilier leur entreprise dans des locaux occupés en commun par plusieurs entreprises dans des conditions fixées par décret en Conseil d'État. Ce décret précise, en outre, les équipements ou services requis pour justifier la réalité de l'installation de l'entreprise domiciliée.**

Les personnes physiques peuvent déclarer l'adresse de leur local d'habitation et y exercer une activité, dès lors qu'aucune disposition législative ou stipulation contractuelle ne s'y oppose.

Lorsqu'elles ne disposent pas d'un établissement, les personnes physiques peuvent, à titre exclusif d'adresse de l'entreprise, déclarer celle de leur local d'habitation. Cette déclaration n'entraîne ni changement d'affectation des locaux, ni application du statut des baux commerciaux.

§ 2. – Dispositions applicables aux personnes morales

Art. L. 123-11 *(Rempl., L. n° 2003-721, 1er août 2003 ; mod., L. n° 2005-1579, 19 déc. 2005 ; Ord. n° 2009-104, 30 janv. 2009).* **– Toute personne morale demandant son immatriculation au registre du commerce et des sociétés doit justifier de la jouissance du ou des locaux où elle installe, seule ou avec d'autres, le siège de l'entreprise, ou, lorsque celui-ci est situé à l'étranger, l'agence, la succursale ou la représentation établie sur le territoire français.**

La domiciliation d'une personne morale dans des locaux occupés en commun par plusieurs entreprises est autorisée dans des conditions fixées par décret en Conseil d'État. Ce décret précise, en outre, les équipements ou services requis pour justifier la réalité du siège de l'entreprise domiciliée.

Voir : sous C. com., art. L. 123-11-1, annot. n° 1, p. 857.

Art. L. 123-11-1 *(L. n° 2003-721, 1er août 2003 ; L. n° 2005-882, 2 août 2005).* **– Toute personne morale est autorisée à installer son siège au domicile de son représentant légal et y exercer une activité, sauf dispositions législatives ou stipulations contractuelles contraires.**

Lorsque la personne morale est soumise à des dispositions législatives ou stipulations contractuelles mentionnées à l'alinéa précédent, son représentant légal peut en installer le siège à son domicile, pour une durée ne pouvant ni excéder cinq ans à compter de la création de celle-ci, ni dépasser le terme légal, contractuel ou judiciaire de l'occupation des locaux.

Dans ce cas, elle doit, préalablement au dépôt de sa demande d'immatriculation ou de modification d'immatriculation, notifier par écrit au bailleur, au syndicat de la copropriété ou au représentant de l'ensemble immobilier son intention d'user de la faculté ainsi prévue.

Avant l'expiration de la période mentionnée au deuxième alinéa, la personne doit, sous peine de radiation d'office, communiquer au greffe du tribunal les éléments justifiant son changement de situation, selon les modalités fixées par décret en Conseil d'État.

Il ne peut résulter des dispositions du présent article ni le changement de destination de l'immeuble, ni l'application du statut des baux commerciaux.

Bibliographie : Ch. Atias, *La domiciliation d'une entreprise dans un local d'habitation : JCP* 1985, I, 3190. • J.-H. Brault, *La domiciliation d'entreprise et la loi du 1er août 2003 : Gaz. Pal.* 18 oct. 2003, p. 4. • F. Pasqualini, *La domiciliation des sociétés, un espace de liberté placé sous surveillance : Rev. sociétés* 1987, 569. • Y. Reboul, *L'opération de domiciliation des sociétés : Rev. sociétés* 1975, p. 391.

Voir : Siège social, C. civ., art. 1837, p. 37. – **Contrat de domiciliation**, C. com., art. R. 123-167 à R. 123-170, p. 860.

1) Domiciliation et fictivité du siège social. Le domicile d'une société est en principe au siège social fixé par les statuts ; le seul fait qu'il s'agisse d'une domiciliation commerciale n'a pas pour effet d'établir la fictivité du siège social, alors qu'aux termes du contrat de domiciliation la société dispose d'un bureau permettant la réunion de ses organes et donne mandat à la société domiciliataire de recevoir les assignations : ▪ CA Paris, 7 mars 2001 : *JurisData* n° 2001-136806.

2) Lorsque le siège social est installé au domicile du représentant légal depuis un temps excédant la durée légale autorisée, le siège social ne peut être transféré au nouveau domicile du représentant : ▪ CA Paris, 24 sept. 1999 : *JurisData* n° 1999-104066 ; *Bull. Joly Sociétés* 2000, p. 543, note M. Storck.

3) La société civile ayant pour objet la constitution et l'administration d'un patrimoine immobilier **n'est pas une entreprise** au sens des dispositions restrictives de l'article L. 123-11 et ce texte n'est, en conséquence, pas applicable à la SCI : ▪ CA Paris, 12 janv. 2001 : *JurisData* n° 2001-138558 ; *JCP* E 2001, p. 783.

4) Une société de domiciliation ne saurait limiter son activité à celle de **boîte aux lettres** en se contentant de transmettre le courrier aux dirigeants sociaux, telle une entreprise hébergeant 58 sociétés dans une seule pièce où seules deux personnes pouvaient prendre place sans se gêner ; la société a par suite été condamnée à supprimer du registre du commerce et des sociétés la mention relative à son activité de domiciliation : ▪ CA Paris, 25 oct. 2002 : *BRDA* 5/2003, n° 1. – V. aussi, ▪ CA Paris, 31 janv. 2003 : *Bull. Joly Sociétés* 2003, p. 660, note J.-M. Bahans.

5) Domiciliation et changement de destination. N'entraîne pas un changement de la destination des lieux la domiciliation d'une personne morale dans les locaux à usage d'habitation pris à bail par son représentant légal si aucune activité n'y est exercée. À ce titre, ayant relevé que la société avait fixé son siège à l'adresse des lieux loués mais que son dirigeant n'y accueillait ni secrétariat, ni clientèle, qu'il n'y avait aucune machine ni activité commerciale et qu'aucun trouble lié à une telle activité n'avait été constaté par les voisins, la cour d'appel a justement pu en déduire que la preuve d'une violation de la clause d'habitation bourgeoise n'était pas rapportée : ▪ Cass. 3e civ., 25 févr. 2016, n° 15-13.856, FS-P+B : *JurisData* n° 2016-003202 ; *JCP* E 2016, act. 200 ; *ibid.*, 1273, note J. Monéger.

§ 3 – Dispositions communes

(Ord. n° 2009-104, 30 janv. 2009)

Art. L. 123-11-2 *(Ord. n° 2009-104, 30 janv. 2009)*. **– L'activité de domiciliation ne peut être exercée dans un local à usage d'habitation principale ou à usage mixte professionnel.**

Art. L. 123-11-3 *(Ord. n° 2009-104, 30 janv. 2009)*. **– I. – Nul ne peut exercer l'activité de domiciliation s'il n'est préalablement agréé par l'autorité administrative, avant son immatriculation au registre du commerce et des sociétés.**

II. – L'agrément n'est délivré qu'aux personnes qui satisfont aux conditions suivantes :

1° Justifier la mise à disposition des personnes domiciliées de locaux dotés d'une pièce propre à assurer la confidentialité nécessaire et à permettre une réunion régulière des organes chargés de la direction, de l'administration ou de la surveillance de l'entreprise ainsi que la tenue, la conservation et la consultation des livres, registres et documents prescrits par les lois et règlements ;

2° Justifier être propriétaire des locaux mis à la disposition de la personne domiciliée ou titulaire d'un bail commercial de ces locaux ;

3° N'avoir pas fait l'objet d'une condamnation définitive :

***a)* Pour crime ;**

b) À une peine d'au moins trois mois d'emprisonnement sans sursis pour :

– l'une des infractions prévues au titre Ier du livre III du Code pénal et pour les délits prévus par des lois spéciales et punis des peines prévues pour l'escroquerie et l'abus de confiance ;

– recel ou l'une des infractions assimilées au recel ou voisines de celui-ci, prévues à la section II du chapitre Ier du titre II du livre III du Code pénal ;

– blanchiment ;

– corruption active ou passive, trafic d'influence, soustraction et détournement de biens ;

– faux, falsification de titres ou autres valeurs fiduciaires émises par l'autorité publique, falsification des marques de l'autorité ;

– participation à une association de malfaiteurs ;

– trafic de stupéfiants ;

– proxénétisme ou l'une des infractions prévues par les sections II et II *bis* du chapitre V du titre II du livre II du Code pénal ;

– l'une des infractions prévues à la section III du chapitre V du titre II du livre II du Code pénal ;

– l'une des infractions à la législation sur les sociétés commerciales prévues au titre IV du livre II du présent code ;

– banqueroute ;

– pratique de prêt usuraire ;

– l'une des infractions prévues par la loi du 21 mai 1836 portant prohibition des loteries, par la loi du 15 juin 1907 relative aux casinos et par la loi n° 83-628 du 12 juillet 1983 relative aux jeux de hasard ;

– infraction à la législation et à la réglementation des relations financières avec l'étranger ;

– fraude fiscale ;

– l'une des infractions prévues aux articles L. 115-16 et L. 115-18, L. 115-24, L. 115-30, L. 121-6, L. 121-28, L. 122-8 à L. 122-10, L. 213-1 à L. 213-5, L. 217-1 à L. 217-3 et L. 217-6 à L. 217-10 du Code de la consommation ;

– l'une des infractions prévues aux articles L. 8221-1 et L. 8221-3 du Code du travail ;

4° N'avoir pas été l'auteur de faits ayant donné lieu, depuis moins de cinq ans, à une sanction disciplinaire ou administrative de retrait de l'agrément de l'activité de domiciliation ;

5° N'avoir pas été frappé de faillite personnelle ou de l'une des mesures d'interdiction ou de déchéance prévues au livre VI du présent code.

Voir : C. com., art. R. 123-166-1 et s., p. 859.

Art. L. 123-11-4 *(Ord. n° 2009-104, 30 janv. 2009).* – L'agrément n'est délivré aux personnes morales que si les actionnaires ou associés détenant au moins 25 % des voix, des parts ou des droits de vote et les dirigeants satisfont aux conditions posées aux 3°, 4° et 5° de l'article L. 123-11-3.

Lorsqu'une personne exploite un ou plusieurs établissements secondaires, elle justifie que les conditions posées au 1° et 2° de l'article L. 123-11-3 sont réalisées pour chacun des établissements exploités.

Tout changement important dans l'activité, l'installation, l'organisation ou la direction de la personne soumise à agrément doit être porté à la connaissance de l'autorité administrative.

Art. L. 123-11-5 *(Ord. n° 2009-104, 30 janv. 2009).* – Les personnes exerçant l'activité de domiciliation mettent en œuvre les obligations relatives à la lutte contre le blanchiment des capitaux et le financement du terrorisme définies au chapitre Ier du titre VI du livre V du Code monétaire et financier.

Art. L. 123-11-6 *(Ord. n° 2009-104, 30 janv. 2009 ; mod., Ord. n° 2017-303, 9 mars 2017).* – *(Num. aj., L. n° 2014-344, 17 mars 2014)* I. – Sont qualifiés pour procéder, dans le cadre de leurs compétences respectives, à la recherche et à la constatation des infractions aux dispositions des articles de la présente sous-section et des règlements pris pour leur application :

1° Les agents mentionnés à l'article L. 243-7 du Code de la sécurité sociale ;

2° Les inspecteurs du travail et les contrôleurs du travail et fonctionnaires de contrôle assimilés au sens de l'article L. 8113-7 du Code du travail ;

3° Les agents des caisses de mutualité sociale agricole mentionnés à l'article L. 724-7 du Code rural et de la pêche maritime.

À cet effet, ils agissent, chacun pour ce qui le concerne, conformément aux règles de recherche et de constatation des infractions déterminées par les dispositions du Code rural et de la pêche maritime, du Code de la sécurité sociale et du Code du travail qui leur sont applicables.

Les infractions sont constatées par des procès-verbaux faisant foi jusqu'à preuve du contraire et transmis directement au parquet.

II. – Les infractions aux dispositions du I de l'article L. 123-11-3 sont recherchées, constatées et poursuivies par les agents mentionnés au II de l'article L. 450-1 dans les conditions fixées par les articles L. 450-2 à L. 450-7, L. 450-8, L. 470-1, L. 490-1 et L. 490-8.

Art. L. 123-11-7 *(Ord. n° 2009-104, 30 janv. 2009).* – Les conditions d'application du présent paragraphe sont déterminées par décret en Conseil d'État.

Art. L. 123-11-8 *(Ord. n° 2009-104, 30 janv. 2009).* – Est puni d'un emprisonnement de six mois et d'une amende de 7 500 € le fait, pour toute personne, d'exercer l'activité de domiciliation mentionnée à l'article L. 123-11-2 sans avoir préalablement obtenu l'agrément prévu à l'article L. 123-11-3 ou après le retrait ou la suspension de cet agrément.

Partie réglementaire

Sous-section 3. – De la domiciliation des personnes physiques et morales immatriculées

(Intitulé mod., D. n° 2008-1488, 30 déc. 2008)

Art. R. 123-166-1 *(D. n° 2009-1695, 30 déc. 2009).* – L'agrément prévu à l'article L. 123-11-3 est délivré par le préfet du département où est situé le siège de l'entreprise de domiciliation. À Paris, cet agrément est délivré par le préfet de police.

Art. R. 123-166-2 *(D. n° 200-1695, 30 déc. 2009).* – Le dossier de la demande d'agrément comprend :

1° S'agissant d'une entreprise individuelle, une déclaration indiquant sa dénomination, son activité, son adresse, l'adresse de ses établissements secondaires ainsi que l'état civil, le domicile, la profession et la qualité de son exploitant, accompagnée de la copie d'une pièce d'identité en cours de validité de ce dernier ;

2° S'agissant d'une personne morale, une déclaration indiquant sa raison sociale ou sa dénomination, sa forme juridique, son activité, son siège social, l'adresse de ses établissements secondaires ainsi que l'état civil, le domicile, la profession et la qualité de ses légaux ou statutaires, de ses dirigeants ainsi que des actionnaires ou associés détenant au moins 25 % des voix, des parts ou des droits de vote, accompagnée de la copie d'une pièce d'identité en cours de validité de ces personnes ;

3° Tous justificatifs de ce qu'il est satisfait par l'entreprise de domiciliation et, le cas échéant, par ses établissements secondaires, aux conditions prévues aux 1° et 2° du II de l'article L. 123-11-3 ;

4° Une attestation sur l'honneur de ce qu'il est satisfait aux conditions prévues aux 3°, 4° et 5° du II de l'article L. 123-11-3.

Art. R. 123-166-3 *(D. n° 2009-1695, 30 déc. 2009).* – Le préfet saisi d'une demande d'agrément dispose de deux mois pour l'instruire, à compter de sa réception.

Le défaut de réponse du préfet dans le délai mentionné à l'alinéa précédent vaut rejet de la demande.

Lorsque le domiciliataire satisfait aux conditions prévues aux articles L. 123-11-3, L. 123-11-4 et R. 123-166-2, l'agrément est accordé pour une durée de six ans.

Art. R. 123-166-4 *(D. n° 2009-1695, 30 déc. 2009).* – Tout changement substantiel dans les indications prévues à l'article R. 123-166-2 doit être déclaré dans un délai de deux mois au préfet qui a délivré l'agrément.

Lorsque l'entreprise de domiciliation crée un ou plusieurs établissements secondaires, elle justifie dans les deux mois auprès du préfet qui l'a agréée de ce que les conditions posées aux 1° et 2° de l'article L. 123-11-3 sont réalisées pour chacun des établissements exploités.

Le préfet délivre, le cas échéant, un nouvel agrément.

Art. R. 123-166-5 *(D. n° 2009-1695, 30 déc. 2009).* – L'agrément peut être suspendu pour une durée de six mois au plus ou retiré par le préfet lorsque l'entreprise de domiciliation ne remplit plus les conditions prévues au II de l'article L. 123-11-3 ou n'a pas effectué la déclaration prévue à l'article R. 123-166-4.

Lorsque l'entreprise de domiciliation fait l'objet d'une procédure devant la Commission nationale des sanctions instituée à l'article L. 561-38 du Code monétaire et financier, son agrément peut être suspendu par le préfet, à titre conservatoire, pour une durée de six mois au plus, renouvelable par décision spécialement motivée. La décision de suspension ne peut être prise qu'après que le domiciliataire a été mis en mesure de présenter ses observations. Elle cesse de plein droit de produire des effets dès que la commission a rendu sa décision.

La décision de suspension ou de retrait peut être prise pour un seul établissement.

Art. R. 123-167 *(Rempl., D. n° 2008-1488, 30 déc. 2008).* – Toute personne physique ou morale qui installe le siège de son entreprise dans des locaux qu'elle occupera en commun avec une ou plusieurs entreprises présente à l'appui de sa demande d'immatriculation le contrat de domiciliation conclu à cet effet avec le propriétaire ou le titulaire du bail de ces locaux.

Les dispositions du précédent alinéa sont également applicables à toute personne morale dont le siège est situé à l'étranger et qui installe son agence, sa succursale ou sa représentation en France dans des locaux qu'elle occupera en commun avec une ou plusieurs entreprises.

Art. R. 123-168 *(Mod., D. n° 2007-750, 9 mai 2007 ; D. n° 2012-928, 31 juill. 2012).* – Le contrat de domiciliation est rédigé par écrit. Il est conclu pour une durée d'au moins trois mois renouvelable par tacite reconduction, sauf préavis de résiliation. Les parties s'engagent à respecter les conditions suivantes :

1° Le domiciliataire doit, durant l'occupation des locaux, être immatriculé au registre du commerce et des sociétés ; toutefois, cette condition n'est pas requise si le domiciliataire est une personne morale française de droit public ou une association regroupant des personnes morales françaises de droit public. Le domiciliataire met à la disposition de la personne domiciliée des locaux dotés d'une pièce propre à assurer la confidentialité nécessaire et à permettre une réunion régulière des organes chargés de la direction, de l'administration ou de la surveillance de l'entreprise ainsi que la tenue, la conservation et la consultation des livres, registres et documents prescrits par les lois et règlements.

Le domiciliataire détient, pour chaque personne domiciliée, un dossier contenant les pièces justificatives relatives, s'agissant des personnes physiques, à leur domicile personnel et à leurs coordonnées téléphoniques et, s'agissant des personnes morales, au domicile et aux coordonnées téléphoniques de leur représentant légal. Ce dossier contient également les justificatifs relatifs à chacun des lieux d'activité des entreprises domiciliées et au lieu de conservation des documents comptables lorsqu'ils ne sont pas conservés chez le domiciliataire.

Il informe le greffier du tribunal, à l'expiration du contrat ou en cas de résiliation anticipée de celui-ci, de la cessation de la domiciliation de l'entreprise dans ses locaux. Lorsque la personne domiciliée dans ses locaux n'a pas pris connaissance de son courrier depuis trois mois, il en informe également le greffier du tribunal de commerce ou la chambre des métiers.

Il communique aux huissiers de justice munis d'un titre exécutoire les renseignements propres à permettre de joindre la personne domiciliée.

Il fournit, chaque trimestre, au centre des impôts et aux organismes de recouvrement des cotisations et contributions de sécurité sociale compétents une liste des personnes qui se sont domiciliées dans ses locaux au cours de cette période ou qui ont mis fin à leur domiciliation ainsi que chaque année, avant le 15 janvier, une liste des personnes domiciliées au 1er janvier ;

2° La personne domiciliée prend l'engagement d'utiliser effectivement et exclusivement les locaux, soit comme siège de l'entreprise, soit, si le siège est situé à l'étranger, comme agence, succursale ou représentation. Elle se déclare tenue d'informer le domiciliataire de toute modification concernant son activité. Elle prend en outre l'engagement de déclarer, s'agissant d'une personne physique, tout changement de son domicile personnel ou, s'agissant d'une personne morale, tout changement relatif à sa forme juridique et à son objet, ainsi qu'au nom et au domicile personnel des personnes ayant le pouvoir de l'engager à titre habituel. La personne domiciliée donne mandat au domiciliataire qui l'accepte de recevoir en son nom toute notification.

Le contrat de domiciliation mentionne les références de l'agrément prévu par l'article L. 123-11-3.

Art. R. 123-169. – Le contrat de domiciliation prévu aux articles R. 123-167 et R. 123-168 est mentionné au registre du commerce et des sociétés, avec l'indication du nom ou de la dénomination sociale et des références de l'immatriculation principale sur un registre public de l'entreprise domiciliataire.

Art. R. 123-169-1 *(D. n° 2007-750, 9 mai 2007)*. **– Est puni de l'amende prévue pour les contraventions de la 5e classe le fait de ne pas respecter les obligations mentionnées au 1° de l'article R. 123-168.**

Est puni de la même peine le fait pour une entreprise exerçant l'activité de domiciliataire de ne pas s'être assurée que la personne domiciliée respecte les obligations mentionnées au 2° de l'article R. 123-168.

Les personnes, physiques ou morales, coupables des contraventions prévues au présent article encourent la peine complémentaire de confiscation de la chose qui a servi ou était destinée à commettre l'infraction ou de la chose qui en est le produit, dans les conditions prévues aux articles 131-21 et 131-48 du Code pénal.

Art. R. 123-170. – Les sociétés et leurs filiales qui installent leur siège dans le même local dont l'une a la jouissance ne sont pas tenues de conclure entre elles un contrat de domiciliation.

Art. R. 123-171. – Lorsque la personne morale immatriculée a installé son siège au domicile de son représentant légal en usant de la faculté ouverte par les dispositions des deuxième et quatrième alinéas de l'article L. 123-11-1, le greffier lui adresse trois mois avant l'expiration du délai de cinq ans prévu par cet article une lettre l'invitant à lui communiquer l'adresse de son nouveau siège.

Faute pour l'assujetti d'avoir régularisé sa situation au regard des deuxième et quatrième alinéas de l'article L. 123-11-1 dans le délai imparti, le greffier procède à la radiation.

Décret n° 84-406 du 30 mai 1984

relatif au registre du commerce et des sociétés
(JO 31 mai)

TITRE II. – DES INSCRIPTIONS AU REGISTRE

CHAPITRE II. – INSCRIPTIONS D'OFFICE

Section I. – Inscriptions modificatives

Art. 35. – Sont mentionnées d'office au registre les déclarations de cessation des paiements et les décisions intervenues dans les procédures de règlement judiciaire et de liquidation des biens en application de la loi n° 67-563 du 13 juillet 1967 :

1° Prononçant le règlement judiciaire ou la liquidation des biens ;

2° Autorisant la continuation de l'activité ou de l'exploitation ou révoquant cette autorisation ;

3° Modifiant la date de cessation des paiements ;

4° Statuant sur l'homologation du concordat ;

5° Prononçant l'annulation ou la résolution du concordat ;

6° Convertissant le règlement judiciaire en liquidation des biens ;

7° Prononçant la faillite personnelle ou autres sanctions prévues au chapitre I du titre II de la loi du 13 juillet 1967 susvisée ;

8° Prononçant la mise de tout ou partie du passif social à la charge des personnes mentionnées à l'article 99 de la loi précitée ;

9° Clôturant pour extinction du passif les opérations du règlement judiciaire et de la liquidation des biens, ou pour insuffisance d'actif celles de la liquidation des biens ; il en est de même du procès-verbal prévu à l'article 89 du décret [n° 67-1120] du 22 décembre 1967 susvisé ;

10° Rapportant un jugement déclaratif de règlement judiciaire ou de liquidation des biens ou rapportant un jugement de clôture ;

11° Prononçant la réhabilitation ;

12° Subordonnant l'homologation du concordat au remplacement d'un ou plusieurs dirigeants.

Sont également mentionnées d'office les décisions correspondantes intervenues dans les procédures relatives à la faillite et au règlement judiciaire antérieures au 1er janvier 1968.

Art. 36. – Sont mentionnées d'office au registre les décisions intervenues dans les procédures ouvertes en application de l'ordonnance n° 67-820 du 23 septembre 1967 tendant à faciliter le redressement économique et financier de certaines entreprises et prononçant, sans préjudice des mesures mentionnées à l'article 35 ci-dessus :

1° La suspension provisoire des poursuites ;

2° Le dépôt du plan de redressement économique et financier et du plan d'apurement collectif du passif proposé par le débiteur ou le curateur avec, le cas échéant, l'indication de délais et remises accordés ainsi que le nom et l'adresse du commissaire à l'exécution du plan ;

3° Le rejet du plan de redressement économique et financier et du plan d'apurement du passif proposé par le débiteur ou le curateur avec, le cas échéant, le nom et l'adresse de l'administrateur provisoire nommé en application de l'article 29 de l'ordonnance du 23 septembre 1967 ;

4° La décision prise en application de l'article 31 de l'ordonnance du 23 septembre 1967 augmentant la durée de la période prévue à l'article 29 de la loi du 13 juillet 1967 ;

5° La modification du plan d'apurement du passif en vue d'en abréger ou d'en favoriser l'exécution, prévue à l'article 37 de l'ordonnance du 23 septembre 1967 ;

6° La résolution du plan d'apurement du passif et, le cas échéant, la mesure prévue à l'article 38 (alinéa 2) de l'ordonnance du 23 septembre 1967 ;

7° Les décisions subordonnant le plan au remplacement d'un ou plusieurs dirigeants.

Art. 36-1 *(D. n° 85-1388, 27 déc. 1985 ; D. n° 88-430, 21 avr. 1988 ; D. n° 95-374, 10 avr. 1995 ; D. n° 2005-1677, 28 déc. 2005)*. – Sont mentionnées d'office au registre les déclarations de cessation des paiements et les décisions suivantes intervenues dans les procédures de redressement ou de liquidation judiciaires des entreprises ouvertes avant le 1er janvier 2006 en application de la loi n° 85-98 du 25 janvier 1985 susvisée :

1° Ouvrant la procédure de redressement judiciaire avec l'indication des pouvoirs conférés à l'administrateur ;

2° Prolongeant la période d'observation ;

3° Modifiant la date de cessation des paiements ;

4° Modifiant les pouvoirs de l'administrateur ;

5° Décidant la poursuite d'activité en vue de l'élaboration d'un plan de redressement en application de l'article 142 de la loi du 25 janvier 1985 précitée ;

6° Autorisant la conclusion d'un contrat de location-gérance au cours de la période d'observation ;

7° Autorisant des prêts ou accordant des délais de paiement en application de l'article 40-3° de la loi du 25 janvier 1985 précitée ;

8° Subordonnant l'adoption d'un plan de redressement au remplacement d'un ou de plusieurs dirigeants ;

9° Ordonnant la cessation totale ou partielle de l'activité ;

10° Arrêtant le plan de continuation ou de cession ;

11° Modifiant le jugement qui arrête le plan de continuation ou de cession ;

12° Prononçant la liquidation judiciaire ;

13° Prononçant la clôture de la procédure pour extinction du passif ou insuffisance d'actif ;

14° Prononçant la clôture de la procédure en cas de cession totale de l'entreprise en application de l'article 92 de la loi du 25 janvier 1985 précitée ;

15° Décidant que les dettes de la personne morale seront supportées en tout ou en partie par ses dirigeants ou certains d'entre eux ;

16° Prononçant la faillite personnelle ou l'interdiction prévue à l'article 192 de la loi du 25 janvier 1985 précitée avec l'indication de la durée pour laquelle ces mesures ont été prononcées ;

17° Modifiant les organes de la procédure ;

18° Décidant la reprise de la procédure de liquidation ;

19° Prononçant la suspension provisoire des poursuites en application de l'article 36 de la loi n° 84-148 du 1er mars 1984 modifiée précitée. Cette mention est radiée d'office à l'expiration de la durée de la suspension.

Sont radiées d'office les mentions des décisions énumérées ci-dessus, lorsqu'il a été constaté l'achèvement de l'exécution du plan de redressement *(Mot rempl., D. n° 2011-1836, 7 déc. 2011)* « ou lorsque ce plan est toujours en cours à l'expiration d'un délai de cinq ans à compter de son arrêté. Dans le second de ces cas, la radiation fait obstacle à toute nouvelle mention intéressant l'exécution du plan de redressement, sauf si celle-ci est relative à une mesure d'inaliénabilité décidée par le tribunal ou à une décision prononçant la résolution du plan ».

Sont en outre radiées d'office les mentions des décisions prévues au 16° lorsque, selon le cas :

1° Intervient une décision de réhabilitation, de relevé d'incapacité ou d'amnistie faisant disparaître l'incapacité ou l'interdiction ;

2° Arrive le terme de l'interdiction fixé par la juridiction en application de l'article L. 653-11 du Code de commerce ;

3° Le dirigeant qui en fait l'objet n'exerce plus ses fonctions.

Ces radiations sont également effectuées d'office aux lieux des immatriculations secondaires sur notification par le greffier de l'immatriculation principale ; cette notification doit être faite dans le délai de quinze jours à compter de la date de la radiation à titre principal.

Art. 36-1-1 et 36-2 *(Abr. et codifiés, D. n° 2007-431, 25 mars 2007)*. **–** V. C. com., art. R. 123-122 et art. R. 123-91.

Art. 37 *(D. n° 85-1388, 27 déc. 1985 ; mod., D. n° 2005-1677, 28 déc. 2005 ; abr. et codifié sauf en ce qui concerne les articles 35 à 36-1 du présent décret, D. n° 2007-431, 25 mars 2007. – V. C. com., art. R. 123-123)*. **–** Lorsque la juridiction qui a prononcé une des décisions mentionnées aux articles 35, 36, 36-1 et 36-1-1 ci-dessus n'est pas celle dans le ressort de laquelle est tenu le registre où figure l'immatriculation principale, le greffier de la juridiction qui a statué notifie la décision par lettre recommandée dans le délai de trois jours à compter de cette décision au greffier chargé de la tenue du registre. Celui-ci procède à la mention d'office.

....

Art. 42 *(D. n° 85-1388, 27 déc. 1985 ; abr. et codifié, D. n° 2007-431, 25 mars 2007. – V. C. com., art. R. 123-129)*. **–** Est radié d'office tout commerçant ou personne morale :

1° À compter de la clôture d'une procédure, soit de faillite, soit de liquidation des biens pour insuffisance d'actif ou dissolution de l'union, soit de liquidation judiciaire pour insuffisance d'actif, soit de règlement judiciaire par un concordat avec abandon total de l'actif de l'intéressé ;

2° Au terme du délai d'un an après la mention au registre de la cessation totale de son activité, sauf en ce qui concerne les personnes morales pouvant faire l'objet d'une dissolution ;

3° et 4° *(Abr. et rempl., D. n° 98-550, 2 juill. 1998)*.

....

Art. 71 *(D. n° 85-1388, 27 déc. 1985)*. **–** Ne peuvent être communiqués :

1° *(Abr. et codifié, D. n° 2007-431, 25 mars 2007)* V. C. com., art. R. 123-154 ;

2° *(Anc. 1°, dénum. et al. rempl., D. n° 2005-1677, 28 déc. 2005)* Pour les procédures ouvertes entre le 2 janvier 1986 et le 31 décembre 2005 :

a) Les jugements rendus en matière de redressement et de liquidation judiciaires en cas de clôture pour extinction du passif ;

b) Les jugements rendus en matière de redressement judiciaire en cas d'exécution du plan de continuation et d'apurement collectif du passif et en cas de clôture de la procédure en application de l'article 92 de la loi n° 85-98 du 25 janvier 1985 précitée ;

c) Les jugements ayant décidé que les dettes de la personne morale seront supportées en tout ou en partie par les dirigeants de celle-ci ou certains d'entre eux, en cas de paiement par ceux-ci du passif mis à leur charge ;

d) Les jugements prononçant la faillite personnelle ou l'interdiction prévue à l'article 192 de la loi du 25 janvier 1985 précitée en cas de clôture pour extinction du passif, relèvement total des déchéances ou amnistie ;

3° *(Anc. 2°, dénum., D. n° 2005-1677, 28 déc. 2005)* Pour les procédures ouvertes entre le 1er janvier 1968 et le 1er janvier 1986 :

a) Les jugements rendus en matière de règlement judiciaire, liquidation des biens, ceux ayant prononcé la faillite personnelle ou d'autres sanctions prévues au chapitre premier du titre III de la loi n° 67-563 du 13 juillet 1967 en cas de clôture par extinction du passif, exécution du concordat, réhabilitation ou amnistie ;

b) Les jugements ayant mis tout ou partie du passif social à la charge des dirigeants sociaux, en cas de paiement par ceux-ci du passif mis à leur charge ;

c) Les jugements rendus en matière de suspension provisoire des poursuites en cas d'exécution du plan de redressement et d'apurement collectif du passif ;

4° *(Anc. 3°, dénum., D. n° 2005-1677, 28 déc. 2005)* Pour les procédures antérieures au 1er janvier 1968 : les jugements rendus en matière de faillite, liquidation judiciaire, règlement judiciaire lorsqu'il y a eu clôture pour défaut d'intérêt de la masse, exécution du concordat, réhabilitation ou amnistie ;

5° *(Anc. 4°, dénum., D. n° 2005-1677, 28 déc. 2005)* Les jugements autres que ceux prévus aux 1°, 2° et 3° ci-dessus et entraînant l'incapacité ou l'interdiction soit d'exercer une activité commerciale ou professionnelle, soit de gérer, d'administrer ou de diriger une personne morale lorsque l'intéressé a été relevé de cette incapacité ou a bénéficié d'une réhabilitation ou d'une amnistie ;

6° *(Anc. 5°, dénum., D. n° 2005-1677, 28 déc. 2005)* Les jugements d'interdiction ou de nomination de conseil judiciaire lorsque ces mesures ont été rapportées ;

7° *(Anc. 6°, mod., D. n° 2005-530, 24 mai 2005 ; dénum., D. n° 2005-1677, 28 déc. 2005)* Les demandes formées sur le fondement de l'article 1426 ou de l'article 1429 du Code civil lorsqu'elles ont été rejetées ainsi que les jugements de rejet de ces demandes.

Arrêté du 9 février 1988

relatif au registre du commerce et des sociétés

(JO 12 févr. 1988 ; mod., A. 18 oct. 1988 : JO 27 oct. 1988 et A. 2 juill. 1998 : JO 4 juill. 1998 ; abr. et codifié, A. 14 janv. 2009, à l'exception de la disposition ci-après reproduite)

Art. 18. – Pour l'application de l'article 71 du décret relatif au registre du commerce et des sociétés précité, l'assujetti doit produire :

1° En cas d'exécution du concordat, une attestation du commissaire à l'exécution du concordat, s'il en a été nommé un, ou, à défaut, une ordonnance du juge commis à la surveillance du registre ;

2° *(Rempl., A. 2 juill. 1998)* En cas de paiement du passif mis à la charge des dirigeants d'une société, une attestation du syndic ou du liquidateur judiciaire ;

3° *(Rempl., A. 2 juill. 1998)* En cas d'exécution du plan de redressement et d'apurement collectif du passif, une attestation du commissaire à l'exécution du plan, ou, lorsque la mission de ce dernier a pris fin, la preuve par tous moyens du règlement de tous les créanciers dans les conditions fixées au jugement arrêtant le plan.

1.3. – DES AUTRES PUBLICITÉS ET SYSTÈMES D'IDENTIFICATION

1.3.1. – Du *Bulletin officiel des annonces civiles ou commerciales*

Code de commerce

Partie réglementaire

Section III. – Dispositions diverses

Sous-section 1. – Du *Bulletin officiel des annonces civiles et commerciales*

Art. R. 123-209 ***(Mod., D. n° 2016-296, 11 mars 2016).*** **– Il est institué un bulletin annexe au *Journal officiel de la République française* sous le titre de *Bulletin officiel des annonces civiles et commerciales*.**

Le *Bulletin officiel des annonces civiles et commerciales* est publié sous forme électronique, dans des conditions de nature à garantir son authenticité et son accessibilité permanente et gratuite.

Sont insérés dans ce bulletin les avis prévus par le présent code et par tous autres textes législatifs ou réglementaires.

Art. R. 123-210. – L'avis concernant l'immatriculation au registre du commerce et des sociétés contient les indications prévues aux articles R. 123-156 à R. 123-158.

Art. R. 123-211 ***(Mod., D. n° 2008-1488, 30 déc. 2008 ; D. n° 2016-296, 11 mars 2016).*** **– L'avis concernant une déclaration afférente à la vente, à la cession, à l'apport en société, à l'attribution par partage ou par licitation d'un fonds de commerce contient :**

1° Les indications exigées à l'article L. 141-13 ;

2° Le cas échéant, en ce qui concerne l'ancien propriétaire, les références de son immatriculation au registre du commerce et des sociétés ;

3° En ce qui concerne le nouveau propriétaire, les indications exigées aux articles R. 123-156 et suivants.

Art. R. 123-212 ***(Mod., D. n° 2016-296, 11 mars 2016).*** **– La publication de l'avis prévu à l'article R. 123-211 est requise du greffier par le nouveau propriétaire du fonds de commerce.**

Lorsque cette publication est requise en même temps que celle de l'avis relatif à l'immatriculation du nouveau propriétaire du fonds de commerce au registre du commerce et des sociétés ou à des inscriptions modificatives de cette immatriculation consécutives à la vente ou à la cession du fonds de commerce, un avis unique est publié. Cet avis comprend l'ensemble des indications que contiennent les avis qu'il remplace.

Lorsque l'immatriculation au registre est faite postérieurement à la demande de publication de l'avis afférent à la vente ou cession du fonds de commerce, le greffier fait publier l'avis conformément aux articles R. 123-155 et suivants en mentionnant le premier avis.

Art. R. 123-213. – **L'avis relatif à la nouvelle immatriculation du donataire, du légataire, de l'héritier unique du titulaire d'un fonds de commerce comporte les indications exigées aux articles R. 123-155 et suivants et, en outre, le nom de l'ancien exploitant et son numéro d'immatriculation au registre du commerce et des sociétés.**

Art. R. 123-214. – **L'avis relatif à la nouvelle immatriculation, faisant suite à la mise d'un fonds de commerce ou d'un établissement artisanal en location-gérance comporte les mêmes indications concernant respectivement l'ancien et le nouvel exploitant.**

Art. R. 123-215. – **Dans le cas où l'immatriculation serait requise pour toute autre cause que la création de l'établissement ou le changement de l'exploitant, mention en est faite dans l'avis qui indique la raison de la nouvelle immatriculation ainsi que le numéro antérieur.**

Art. R. 123-216. – **L'avis relatif à une déclaration de radiation comporte les indications exigées à l'article R. 123-160.**

Art. R. 123-217. – **Les inscriptions modificatives ainsi que la dissolution et la décision prononçant la nullité de la personne morale sont publiées dans les conditions prévues à l'article R. 123-159.**

Art. R. 123-218. – **Les insertions sont faites aux frais du nouvel exploitant du fonds de commerce ou de l'entreprise artisanale, à la diligence et sous la responsabilité du greffier qui reçoit les déclarations.**

Art. R. 123-219. – **Un service gratuit du *Bulletin officiel des annonces civiles et commerciales* est fait par l'administration des *Journaux officiels* aux greffes des tribunaux de commerce et des tribunaux de grande instance statuant en matière commerciale.**

Décret n° 67-238 du 23 mars 1967

instituant le *Bulletin officiel des annonces civiles et commerciales*
(JO 24 mars et rect. 1er juin 1967) (Intitulé mod., D. n° 78-705, 3 juill. 1978)

Art. 8 *(Abr. et codifié à l'exception des dispositions ci-après reproduites, D. n° 2007-431, 25 mars 2007. - V. C. com., art. R. 123-217)*. – Les inscriptions modificatives concernant les jugements relatifs à des procédures de règlement judiciaire et de liquidation des biens sont, dans tous les cas, publiées au bulletin par application des articles 13, 14, 100 et 104 du décret n° 67-1120 du 22 décembre 1967. Les inscriptions modificatives concernant les jugements relatifs à des procédures de suspension provisoire des poursuites et d'apurement collectif du passif sont, dans tous les cas, publiées par application des articles 12 et 13 du décret n° 67-1255 du 31 décembre 1967.

1.3.2. – Du système national d'identification et du répertoire des entreprises et de leurs établissements

Code de commerce

Partie réglementaire

Sous-section 2. – Du système national d'identification et du répertoire des entreprises et de leurs établissements

Art. R. 123-220 *(Mod., D. n° 2008-1488, 30 déc. 2008 ; D. n° 2010-1042, 1er sept. 2010 ; D. n° 2015-731, 24 juin 2015)*. – **L'Institut national de la statistique et des études économiques est chargé de tenir un répertoire national des personnes physiques exerçant de manière indépendante une profession non salariée, des personnes morales de droit public ou de droit privé, des institutions et services de l'État et** des collectivités territoriales, ainsi que de leurs établissements, lorsqu'ils relèvent du registre du commerce et des sociétés, du répertoire des métiers ou qu'ils emploient du personnel salarié, sont soumis à des obligations fiscales ou bénéficient de transferts financiers publics.

Les personnes morales en formation sont inscrites au répertoire national mentionné au premier alinéa.

Les modalités de leur inscription au répertoire et d'attribution d'un numéro d'identité unique sont définies par arrêté des ministres intéressés.

Art. R. 123-221. – Le numéro d'identité attribué à chaque personne inscrite est un numéro d'ordre composé de neuf chiffres.

Le numéro d'identité attribué à chaque établissement est composé des neuf chiffres du numéro de la personne inscrite qui y exerce son activité, suivis d'un numéro complémentaire de deux à cinq chiffres propre à cet établissement.

Art. R. 123-222 *(Mod., D. n° 2015-1219, 1er oct. 2015).* – Sont portés au répertoire les renseignements d'identification suivants :

1° Les nom, nom d'usage, prénoms, adresse légale, date et lieu de naissance des personnes physiques ainsi que leur éventuelle cessation d'activité ; les raison ou dénomination sociale, sigle le cas échéant, forme juridique, qualité d'entreprise de l'économie sociale et solidaire, numéro au répertoire national des associations le cas échéant et siège social des personnes morales de droit privé ; les dénomination, sigle le cas échéant, forme juridique, et adresse du lieu principal d'activité des personnes morales de droit public et des institutions et services mentionnés à l'article R. 123-220 ;

2° Pour chaque établissement, sa dénomination usuelle, son adresse, et si nécessaire la date et l'origine de sa création ;

3° Dans tous les cas le numéro d'identité.

Art. R. 123-223 *(Rempl., D. n° 2008-551, 11 juin 2008 ; mod., D. n° 2015-1469, 13 nov. 2015).* – Sont également portés au répertoire les renseignements suivants :

1° Les numéros de la nomenclature d'activités française en vigueur caractérisant les activités exercées, approuvée par décret ;

2° Les codes complémentaires précisant les formes particulières d'activités. Ces codes et leurs liens avec la nomenclature d'activités française en vigueur sont fixés par un arrêté du ministre chargé de l'économie ;

3° Le Code complémentaire de la nomenclature française du secteur des métiers et de l'artisanat en vigueur, lorsque l'activité exercée en relève. Par dérogation à l'article R. 123-220, ce code est attribué par les chambres des métiers et de l'artisanat ;

4° Les catégories correspondant à l'importance de l'effectif salarié civil total et par établissement ;

5° La mention de la compétence territoriale des personnes morales de droit public et des institutions et services de l'État, ainsi que la mention de leurs rapports administratifs avec d'autres personnes ou services inscrits au répertoire.

Art. R. 123-224 *(Rempl., D. n° 2008-1488, 30 déc. 2008 ; mod., D. n° 2015-731, 24 juin 2015).* – L'attribution des numéros d'identité, par l'Institut national de la statistique et des études économiques, aux personnes inscrites et à leurs établissements est effectuée :

1° Soit à l'occasion de la demande d'immatriculation au registre du commerce et des sociétés ou de la déclaration au répertoire des métiers ;

2° *(Abrogé)* ;

3° Soit à la demande des administrations ou organismes dont la liste est fixée par arrêté du Premier ministre.

Art. R. 123-225. – La modification des renseignements d'identification mentionnés au répertoire concernant les personnes inscrites ou leurs établissements est effectuée soit à l'occasion de demandes d'inscription modificatives au registre du commerce et des sociétés ou au répertoire des métiers, soit à la demande des administrations ou organismes mentionnés à l'article R. 123-224, soit à la demande des personnes inscrites.

Art. R. 123-226. – Lorsque les renseignements d'identification énumérés à l'article R. 123-222 sont fournis, en vertu des articles R. 123-224 et R. 123-225, soit par les administrations ou organismes mentionnés à l'article R. 123-224, soit par les personnes inscrites elles-mêmes, l'Institut national de la statistique et des études économiques vérifie la concordance de ces renseignements avec ceux qui ressortent des demandes d'immatriculation ou d'inscription modificative au registre du commerce et des sociétés ou au répertoire des métiers ; en cas de non-concordance, seuls ces derniers renseignements sont pris en considération au répertoire institué par la présente section.

Lorsque la modification des renseignements d'identification énumérés à l'article R. 123-222 est demandée, en application de l'article R. 123-225, par la personne inscrite elle-même, et que celle-ci n'est pas assujettie à l'immatriculation au registre du commerce et des sociétés ou au répertoire des métiers, l'Institut national de la statistique et des études économiques procède à la modification en accord avec l'administration ou organisme ayant sollicité l'inscription de la personne concernée.

Art. R. 123-227 *(Mod., D. n° 2010-1042, 1er sept. 2010 ; D. n° 2015-417, 14 avr. 2015).* – Sous réserve des articles R. 123-228 à R. 123-230, une personne inscrite est radiée du répertoire et son numéro d'identité est supprimé en cas de dissolution s'il s'agit d'une personne morale, et en cas de décès, de décision définitive de radiation du régime social des indépendants en application de l'article L. 133-6-7-1 du Code de la sécurité sociale ou lors de la cessation de toute activité mentionnée à l'article R. 123-220 s'il s'agit d'une personne physique.

Une personne morale en formation est radiée et son numéro d'identification est supprimé lorsqu'elle fait l'objet d'une décision de refus d'inscription au registre du commerce et des sociétés.

Un établissement est radié et son numéro d'identité est supprimé lors de la cessation définitive de l'activité de la personne inscrite dans cet établissement.

Lors de la radiation d'une personne inscrite, ses établissements sont également radiés et leurs numéros d'identité supprimés.

Art. R. 123-228 *(Mod., D. n° 2015-417, 14 avr. 2015).* – La radiation des commerçants, personnes physiques ou morales, soumis à l'immatriculation au registre du commerce et des sociétés, des agents commerciaux, personnes physiques ou morales, soumis à l'immatriculation au registre spécial mentionné à l'article R. 134-6 et des entrepreneurs individuels à responsabilité limitée immatriculés au registre spécial mentionné à l'article R. 526-15, ne peut intervenir que lorsque la radiation de ces registres a été faite.

Art. R. 123-228-1 *(D. n° 2015-417, 14 avr. 2015).* – La radiation des agriculteurs soumis à l'immatriculation au registre de l'agriculture ne peut intervenir que lorsque la radiation du registre de l'agriculture a été faite.

Art. R. 123-229. – Lorsqu'une entreprise au sens des textes qui régissent le répertoire des métiers est soumise à l'immatriculation à ce répertoire, la radiation du chef de l'entreprise ne peut intervenir que postérieurement, selon les cas, à la radiation de l'entreprise du répertoire des métiers ou à la radiation de la mention concernant le chef d'entreprise.

Art. R. 123-230 *(D. n° 2015-417, 14 avr. 2015).* – En cas de pluralité d'immatriculations au registre du commerce et des sociétés, au registre spécial des agents commerciaux, au registre de l'agriculture, au registre spécial des entrepreneurs individuels à responsabilité limitée ou au répertoire des métiers, la radiation ne peut intervenir que postérieurement à la radiation de tous les registres ou du répertoire en cause.

Art. R. 123-231. – Aucun effet juridique ne s'attache à l'identification ou à la non-identification d'une personne inscrite au répertoire. Celle-ci demeure soumise à toute obligation législative, réglementaire ou contractuelle afférente à l'exercice de son activité.

Art. R. 123-232. – Sous réserve des dispositions des articles L. 123-1 à L. 123-11-1 et R. 123-31 à R. 123-153, en ce qui concerne le registre du commerce et des sociétés, et de celles du décret n° 98-247 du 2 avril 1998 relatif à la qualification artisanale et au répertoire des métiers, les numéros d'identité au répertoire sont communiqués aux personnes inscrites et à leurs établissements par l'Institut national de la statistique et des études économiques.

Les renseignements contenus dans le répertoire et énumérés aux articles R. 123-222 et R. 123-223 sont communiqués, sur leur demande, aux greffiers des tribunaux de commerce, des tribunaux de grande instance statuant commercialement et des tribunaux d'instance du ressort de la cour d'appel de Colmar chargés de la tenue du registre du commerce et des sociétés, à l'Institut national de la propriété industrielle chargé de la tenue du Registre national du commerce et des sociétés, aux chambres de métiers, ainsi qu'aux administrations ou organismes prévus à l'article R. 123-224. Les mêmes renseignements sont communiqués aux personnes inscrites, en tant que ces renseignements les concernent.

Les dispositions des deux alinéas précédents sont applicables aux institutions et services définis à l'article R. 123-220 ainsi qu'à leurs établissements.

L'Institut national de la statistique et des études économiques peut communiquer aux personnes ou organismes qui en font la demande les renseignements prévus à l'alinéa précédent, à l'exception de ceux concernant la date et le lieu de naissance des personnes physiques. Un arrêté du Premier ministre précise en tant que de besoin les conditions et limites d'application de la présente disposition.

Art. R. 123-233. – Indépendamment des administrations ou organismes mentionnés à l'article R. 123-224, les administrations publiques sont tenues d'utiliser exclusivement le numéro d'identité au répertoire lors de toute correspondance, si l'objet de cette correspondance nécessite de désigner par des numéros d'immatriculation les personnes inscrites et leurs établissements tels qu'ils sont définis à l'article R. 123-220.

Art. R. 123-234. – Conformément à l'article R. 123-220 toute personne physique ou morale, toute institution ou service mentionne dans sa correspondance avec les administrations ou organismes énumérés à l'article R. 123-224, le numéro d'identité dès sa notification et, lorsque la correspondance concerne plus particulièrement un ou plusieurs de ses établissements, le ou les numéros de ces derniers.

Sous-section 3. – Du numéro unique d'identification des entreprises

Art. D. 123-235. – Le numéro unique d'identification qui seul peut être exigé d'une entreprise dans ses relations avec les administrations, personnes ou organismes énumérés à l'article 1er de la loi n° 94-126 du 11 février 1994 relative à l'initiative et à l'entreprise individuelle est le numéro d'identité qui lui est attribué lors de son inscription au répertoire des entreprises et de leurs établissements en application de la sous-section 2.

Art. D. 123-236. – Les dispositions de l'article D. 123-235 ne font pas obstacle à ce qu'une entreprise puisse être tenue de porter, en complément du numéro unique d'identification et à titre d'identifiant spécifique :

1° Pour les activités soumises à immatriculation au registre du commerce et des sociétés, les mentions prévues par les articles R. 123-237 et suivants ;

2° Pour les relations avec une administration, personne ou organisme concernant plus particulièrement un des établissements de l'entreprise, le numéro complémentaire attribué à cet établissement dans les conditions prévues à l'article R. 123-221 ;

3° Pour les activités soumises à l'article 256 A du Code général des impôts l'indication du numéro de TVA intracommunautaire, selon les modalités arrêtées par le ministre chargé du budget et par le ministre chargé de la simplification des formalités incombant aux entreprises ;

4° Pour les activités soumises à une inscription à un autre registre ou répertoire que celui du commerce et des sociétés ou à une autorisation ou déclaration préalable, une mention afférente à l'accomplissement de la formalité dans les conditions prévues par un acte réglementaire conjoint du ministre concerné et du ministre chargé de la simplification des formalités incombant aux entreprises, imposant l'accomplissement et la mention de formalités nouvelles ;

5° Une mention afférente à l'accomplissement d'une formalité administrative, lorsque cette obligation résulte d'un arrêté conjoint du ministre concerné et du ministre chargé de la simplification des formalités incombant aux entreprises.

Sous-section 4. – Des mentions sur les papiers d'affaires

Art. R. 123-237 *(Rempl., D. n° 2007-750, 9 mai 2007 ; mod., D. n° 2007-1851, 26 déc. 2007 ; D. n° 2010-1706, 29 déc. 2010).* – Toute personne immatriculée indique sur ses factures, notes de commande, tarifs et documents publicitaires ainsi que sur toutes correspondances et tous récépissés concernant son activité et signés par elle ou en son nom :

1° Le numéro unique d'identification de l'entreprise délivré conformément à l'article R. 123-235 ;

2° La mention RCS suivie du nom de la ville où se trouve le greffe où elle est immatriculée ;

3° Le lieu de son siège social ;

4° Le cas échéant, qu'elle est en état de liquidation ;

5° Si elle est une société commerciale dont le siège est à l'étranger, outre les renseignements mentionnés aux 3° et 4°, sa dénomination, sa forme juridique et le numéro d'immatriculation dans l'État où elle a son siège, s'il en existe un ;

6° Le cas échéant, la qualité de locataire-gérant ou de gérant-mandataire ;

7° Si elle est bénéficiaire d'un contrat d'appui au projet d'entreprise pour la création ou la reprise d'une activité économique au sens du chapitre VII du titre II du livre I du Code de commerce, la dénomination sociale de la personne morale responsable de l'appui, le lieu de son siège social, ainsi que son numéro unique d'identification ;

8° Si elle a constitué un patrimoine affecté en application de l'article L. 526-6, l'objet de l'activité professionnelle à laquelle le patrimoine est affecté et la dénomination utilisée pour l'exercice de l'activité professionnelle incorporant son nom ou nom d'usage précédé ou suivi immédiatement des mots : « entrepreneur individuel à responsabilité limitée » ou des initiales : « EIRL ».

Toute personne immatriculée indique en outre sur son site internet la mention RCS suivie du nom de la ville où se trouve le greffe où elle est immatriculée, ainsi que des renseignements mentionnés aux 1°, 3° et 5° et 8°.

Toute contravention aux dispositions des alinéas précédents est punie de l'amende prévue pour les contraventions de la 4e classe.

Art. R. 123-237-1 *(Abr. à compter du 19 décembre 2015, D. n° 2015-731, 24 juin 2015).*

Rédaction antérieure. Art. R. 123-237-1 *(D. n° 2008-1488, 30 déc. 2008 ; mod., D. n° 2010-1706, 29 déc. 2010).* – Toute personne qui a déclaré son activité en application de l'article L. 123-1-1 indique sur ses factures, notes de commande, tarifs et documents publicitaires ainsi que sur toutes correspondances et tous récépissés concernant son activité et signés par elle ou en son nom :

1° Le numéro unique d'identification de l'entreprise délivré conformément à l'article D. 123-235, suivi immédiatement et lisiblement des mots : « dispensé d'immatriculation en application de l'article L. 123-1-1 du Code de commerce » ;

2° Son adresse ;

3° Si elle est bénéficiaire d'un contrat d'appui au projet d'entreprise pour la création ou la reprise d'une activité économique au sens de l'article L. 127-1 du Code de commerce, la dénomination sociale de la personne morale responsable de l'appui, le lieu de son siège social, ainsi que son numéro unique d'identification ;

4° Si elle a constitué un patrimoine affecté en application de l'article L. 526-6, l'objet de l'activité commerciale à laquelle le patrimoine est affecté et sa dénomination incorporant son nom ou son nom d'usage précédé ou suivi immédiatement des mots : « entrepreneur individuel à responsabilité limitée » ou des initiales : « EIRL ».

Toute personne ayant déclaré son activité en application de l'article L. 123-1-1 et disposant d'un site internet y fait figurer les renseignements mentionnés aux 1°, 2° et 4°.

Art. R. 123-238. – Les actes et documents émanant de la société et destinés aux tiers, notamment les lettres, factures, annonces et publications diverses, indiquent la dénomination sociale, précédée ou suivie immédiatement et lisiblement :

1° Pour les sociétés en nom collectif, des mots « société en nom collectif » ou des initiales « SNC » ;

2° Pour les sociétés en commandite simple, des mots « société en commandite simple » ou des initiales « SCS » ;

3° Pour les sociétés à responsabilité limitée, des mots « société à responsabilité limitée » ou des initiales « SARL » et de l'énonciation du montant du capital social ;

4° Pour les sociétés par action :

a) Selon le cas, des mots :

– « société anonyme » ou des initiales « SA ». En outre, si la société anonyme est dotée d'un directoire et d'un conseil de surveillance, la forme sociale est indiquée par les mots : « société anonyme à directoire et conseil de surveillance » ;

– « société par actions simplifiées » ou des initiales « SAS » ;
– « société en commandite par action » ou des initiales « SCA » ;
– « société européenne » ou des initiales « SE » ;

b) De l'énonciation du montant du capital social qui peut être arrondi à la valeur entière inférieure. Dans le cas d'augmentation de capital résultant de l'exercice, pouvant avoir lieu à tout moment, des droits attachés à des valeurs mobilières donnant accès au capital, de levées d'option de souscription d'actions possibles à tout moment ou du paiement de dividende en actions, et sauf si l'augmentation du capital dépasse 10 % de son montant antérieur, la société n'est tenue de mentionner le nouveau montant du capital dans les actes et documents énumérés à l'alinéa premier qu'à l'expiration d'un délai de trois ans à compter de la constatation de l'augmentation.

Chapitre IV. – Des sociétés coopératives de commerçants détaillants

Art. R. 124-1 *(D. n° 2015-800, 1er juill. 2015).* – Les sociétés coopératives de commerçants détaillants sont tenues de se soumettre à la révision coopérative lorsqu'elles dépassent, à chaque clôture de deux exercices consécutifs, les seuils fixés ci-dessous pour un des deux critères suivants :

1° Cent pour le nombre moyen d'associés ; les associés pris en compte pour chaque exercice sont ceux existants à la date de la convocation en vue de l'assemblée générale ordinaire ;

2° 3 000 000 euros pour le montant hors taxes du chiffre d'affaires.

Partie Arrêtés
(A. 14 janv. 2009)

Sous-section 2. – Du système national d'identification et du répertoire des entreprises et de leurs établissements

Art. A. 123-81 *(Mod., A. 14 avr. 2010).* – Sont habilités à demander l'inscription au répertoire national des personnes physiques exerçant de manière indépendante une profession non salariée, des personnes morales de droit public ou de droit privé, des institutions et services de l'État et des collectivités territoriales et de leurs établissements :

1° Les greffiers des tribunaux de commerce, les greffiers des tribunaux de grande instance statuant en matière commerciale, les greffiers des tribunaux d'instance du ressort des cours d'appel de Colmar et Metz spécialement chargés de la tenue du registre du commerce en ce qui concerne toute personne soumise à immatriculation au registre du commerce et des sociétés ;

2° Les chambres de métiers et de l'artisanat en ce qui concerne toute personne soumise à inscription au répertoire des métiers ;

3° Les unions de recouvrement des cotisations de sécurité sociale et d'allocations familiales, les caisses régionales d'assurance maladie et tout organisme gérant un régime obligatoire de sécurité sociale en ce qui concerne les professions libérales, les travailleurs indépendants, les non-salariés agricoles et tout employeur de personnel salarié, à l'exclusion des employeurs de personnel domestique ;

4° Les services départementaux de la direction générale des impôts en ce qui concerne toute personne, institution ou service soumis à une des catégories d'obligations fiscales définies par l'article A. 123-84 ;

5° Le service de la statistique et de la prospective du ministère chargé de l'agriculture en ce qui concerne toute personne exploitant une unité de production agricole ;

6° Les centres de formalité des entreprises.

Art. A. 123-82. – Sont de plus habilités à demander l'inscription au répertoire les administrations et services suivants :

1° Le secrétariat général du Gouvernement en ce qui concerne les services d'administration centrale de l'État et les établissements publics nationaux ;

2° Les préfectures en ce qui concerne les collectivités locales, les établissements publics locaux, les services de l'État implantés dans leur circonscription, ainsi que toute personne morale, non soumise à déclaration au registre du commerce et des sociétés, rentrant dans une des catégories définies par arrêté conjoint du ministre chargé de l'intérieur et de la décentralisation et du ministre chargé de l'économie, des finances et du budget ;

3° Les trésoriers-payeurs généraux en ce qui concerne toute personne morale de droit public, institution ou service de l'État ;

4° Les directions départementales des services fiscaux et autres services de la direction générale des impôts à attributions domaniales en ce qui concerne les institutions, services et établissements publics de l'État assujettis à la réglementation relative au tableau général des propriétés de l'État, à l'exclusion des services et établissements publics relevant du ministère de la Défense et du ministre chargé des PTT ;

5° Le service de l'informatique de gestion et des statistiques du ministre chargé de l'éducation nationale et les services académiques en ce qui concerne toute personne, institution ou service gérant un établissement d'enseignement agréé ;

6° Les directions régionales des affaires sanitaires et sociales pour toute personne, institution ou service gérant un établissement réglementé à caractère sanitaire ou social ;

7° La direction de la comptabilité et du budget du ministère chargé des PTT en ce qui concerne les services et établissements de ce ministère.

Art. A. 123-83. – Dans le cadre des opérations de mise à jour du répertoire, l'INSEE peut procéder à des enquêtes administratives sous réserve des dispositions prévues aux articles R. 123-228 à R. 123-230.

Art. A. 123-84. – Les personnes physiques ou morales susceptibles d'être inscrites immédiatement au répertoire national des entreprises et des établissements sont celles visées par au moins une des dispositions prévues ci-après :

1° Les personnes morales passibles de l'impôt sur les sociétés ou qui rentrent dans le champ d'application des articles 238 *ter*, 239 *ter*, 239 *quater*, 239 *quater* A, 239 *quinquies* et 239 *septies* du Code général des impôts ;

2° Les assujettis aux taxes sur le chiffre d'affaires ou à la taxe sur les salaires ;

3° Les personnes physiques ou morales dont les revenus appartiennent à la catégorie des bénéfices non commerciaux ;

4° Les personnes physiques ou morales dont les revenus appartiennent à la catégorie des bénéfices industriels et commerciaux ;

5° Les personnes physiques ou morales dont les revenus appartenant à la catégorie des bénéfices agricoles sont déterminés d'après le bénéfice réel.

Art. A. 123-85 *(Mod., A. 14 avr. 2010)*. – Sont susceptibles d'être inscrits au répertoire national des entreprises et de leurs établissements, à la demande des unions de recouvrement des cotisations de sécurité sociale et d'allocations familiales ou des organismes en faisant fonction et éventuellement des caisses régionales d'assurance maladie, les employeurs et travailleurs indépendants des professions non agricoles assujetties au versement des cotisations de sécurité sociale et d'allocations familiales dans les conditions prévues par le Code de la sécurité sociale.

Sont également susceptibles d'être inscrits au répertoire national des entreprises et de leurs établissements, à la demande du service de la statistique et de la prospective du ministère chargé de l'agriculture, les personnes physiques et morales exploitant une unité de production entrant dans le champ défini par l'arrêté du 11 mai 2009 fixant les unités de production concernées par le recensement général de l'agriculture en 2010.

Art. A. 123-86. – Aucun établissement dépendant du ministère de la Défense ne peut faire l'objet d'une inscription au répertoire en dehors des modalités d'inscription qui sont définies par un arrêté conjoint du ministre chargé de la défense et du ministre chargé de l'économie, des finances et du budget.

Art. A. 123-87. – Le traitement informatisé du système national d'identification et du répertoire des entreprises et établissements (SIRENE) régi par les articles R. 123-220 et suivants est mis en œuvre par l'Institut national de la statistique et des études économiques en liaison avec les administrations et organismes mentionnés à l'article R. 123-224.

L'objet de ce traitement est :

1° L'identification des personnes physiques exerçant de manière indépendante une profession non salariée, des personnes morales de droit public ou de droit privé, des institutions et services de l'État et des collectivités territoriales, ainsi que de leurs établissements, lorsqu'ils relèvent du registre du commerce et des sociétés, du répertoire des métiers, ou qu'ils emploient du personnel salarié (non compris les personnels domestiques), sont soumis à des obligations fiscales ou bénéficient de transferts financiers publics ;

2° La production de statistiques concernant ces unités ;

3° La coordination des systèmes d'information des administrations et des organismes mentionnés au deuxième alinéa de l'article R. 123-232 ;

4° La communication à toutes personnes ou organismes qui en font la demande des informations figurant au répertoire dans les conditions et limites définies à l'article A. 123-89.

Art. A. 123-88. – Les catégories d'informations nominatives enregistrées sont, en ce qui concerne les personnes physiques, les suivantes :

1° Les nom, nom d'usage, prénoms, l'adresse légale, la date et le lieu de naissance, le numéro d'identification SIREN, ainsi que l'éventuelle cessation d'activité ;

2° Pour chacun de leurs établissements : sa dénomination usuelle, son adresse, son numéro d'identification SIRET et si nécessaire la date et l'origine de sa création ;

3° Les numéros de la nomenclature d'activités définie par le décret n° 2007-1888 du [26 décembre 2007] portant approbation des nomenclatures d'activités et de produits françaises, attribués par l'INSEE pour caractériser leur activité (y compris celle de chacun des établissements) ;

4° Les catégories correspondant à l'importance de l'effectif salarié total et par établissement.

Art. A. 123-89. – Les destinataires de ces informations sont :

1° Les administrations et les organismes mentionnés à l'article R. 123-224 ;

2° Les personnes ou organismes qui en font la demande, sauf en ce qui concerne les dates et lieux de naissance des personnes physiques, dans les conditions définies aux articles A. 123-91 à A. 123-96.

Art. A. 123-90. – Le droit d'accès prévu par l'article 39 de la loi [n° 78-17] du 6 janvier 1978 s'exerce auprès du directeur régional de l'Institut national de la statistique et des études économiques.

Art. A. 123-91. – L'accès au service public d'information à vocation générale créé par le dernier alinéa de l'article R. 123-232 donne lieu au paiement d'une redevance dont les tarifs sont fixés par arrêté du ministre chargé de l'économie et des finances.

Art. A. 123-92. – L'INSEE peut passer avec des sociétés ou organismes spécialisés des conventions les chargeant de la diffusion du répertoire pour son compte et sous son contrôle.

Art. A. 123-93. – Les acquéreurs des informations du répertoire ne peuvent, sauf en cas de convention particulière passée avec l'INSEE, ni rediffuser à des tiers, à titre gratuit ou onéreux, ni transférer hors du territoire national les informations nominatives.

Art. A. 123-94. – Les acquéreurs des informations nominatives issues du répertoire SIRENE ne peuvent les utiliser qu'à des fins administratives, statistiques ou économiques. En particulier, les candidats et partis politiques ne peuvent les utiliser dans un but de propagande électorale ou de recherche de financement.

Art. A. 123-95. – La diffusion des renseignements inscrits dans SIRENE concernant les établissements du ministère de la Défense est soumise à un accord préalable du ministre chargé de la défense.

Art. A. 123-96 *(Mod., A. 30 juill. 2015)*. – Toute personne physique peut demander soit directement lors de ses formalités de création ou de modification, soit par lettre adressée au directeur général de l'Institut national de la statistique et des études économiques, que les informations du répertoire la concernant ne puissent être utilisées par des tiers autres que les organismes habilités au titre de l'article R. 123-224 ou les administrations, à des fins de prospection, notamment commerciale.

1.3.3. – Du Bulletin des annonces légales obligatoires

Décret n° 2005-582 du 27 mai 2005
relatif au Bulletin des annonces légales obligatoires
(JO 29 mai)

Art. 2 *(Mod., D. n° 2010-31, 11 janv. 2010).* **– Le *Bulletin des annonces légales obligatoires* est publié sous forme électronique, par la direction de l'information légale et administrative, dans des conditions de nature à garantir son authenticité et son accessibilité permanente et gratuite.**

Les insertions au *Bulletin des annonces légales obligatoires* sont publiées dans les trois jours qui suivent leur réception par la direction de l'information légale et administrative, à qui elles sont transmises par voie électronique, selon des modalités définies par arrêté du Premier ministre. Chaque insertion mentionne la date de sa publication.

Les insertions sont à la charge des annonceurs. Leur tarif est fixé par décret.

Arrêté du 27 mai 2005
fixant les modalités de transmission des insertions
au Bulletin des annonces légales obligatoires
(JO 29 mai)

Art. 1er. – Le présent arrêté, pris pour l'application de l'article 2 du décret relatif au *Bulletin des annonces légales obligatoires* du 27 mai 2005 susvisé fixe les modalités de transmission à la Direction des Journaux officiels des insertions à paraître dans ce bulletin.

Les annonceurs transmettent leurs annonces par voie électronique en joignant un fichier normalisé au formulaire d'enregistrement disponible sur le site de la Direction des Journaux officiels spécialement consacré au *Bulletin des annonces légales obligatoires*.

Ce fichier normalisé répond aux caractéristiques suivantes :

– il est issu d'un logiciel de traitement de texte standard disponible sur le marché, converti au format RTF ;

– il ne contient qu'une seule annonce ;

– les éléments contenus dans l'annonce figurent dans leur version définitive et sont présentés dans l'ordre de diffusion prévu ;

– le texte est rédigé en caractères minuscules accentués, avec la ponctuation et les majuscules requises par la présentation du *Bulletin des annonces légales obligatoires* en usage à la date d'entrée en vigueur du présent arrêté. Cette présentation figure dans une notice explicative disponible en ligne sur le site de la Direction des *Journaux officiels* ;

– les tableaux contenus dans le fichier ne doivent ni dépasser douze colonnes ni être transmis par fichier image.

Art. 2. – Le présent arrêté entre en vigueur le 1er juillet 2005.

1.3. – DES AUTRES PUBLICITÉS ET SYSTÈMES D'IDENTIFICATION

1.3.1. – Du *Bulletin officiel des annonces civiles ou commerciales*

Code de commerce

Partie réglementaire

Section III. – Dispositions diverses

Sous-section 1. – Du *Bulletin officiel des annonces civiles et commerciales*

Art. R. 123-209 *(Mod., D. n° 2016-296, 11 mars 2016).* **– Il est institué un bulletin annexe au *Journal officiel de la République française* sous le titre de *Bulletin officiel des annonces civiles et commerciales*.**

***Le Bulletin officiel des annonces civiles et commerciales* est publié sous forme électronique, dans des conditions de nature à garantir son authenticité et son accessibilité permanente et gratuite.**

Sont insérés dans ce bulletin les avis prévus par le présent code et par tous autres textes législatifs ou réglementaires.

Art. R. 123-210. – L'avis concernant l'immatriculation au registre du commerce et des sociétés contient les indications prévues aux articles R. 123-156 à R. 123-158.

Art. R. 123-211 *(Mod., D. n° 2008-1488, 30 déc. 2008 ; D. n° 2016-296, 11 mars 2016).* – L'avis concernant une déclaration afférente à la vente, à la cession, à l'apport en société, à l'attribution par partage ou par licitation d'un fonds de commerce contient :

1° Les indications exigées à l'article L. 141-13 ;

2° Le cas échéant, en ce qui concerne l'ancien propriétaire, les références de son immatriculation au registre du commerce et des sociétés ;

3° En ce qui concerne le nouveau propriétaire, les indications exigées aux articles R. 123-156 et suivants.

Art. R. 123-212 *(Mod., D. n° 2016-296, 11 mars 2016).* – La publication de l'avis prévu à l'article R. 123-211 est requise du greffier par le nouveau propriétaire du fonds de commerce.

Lorsque cette publication est requise en même temps que celle de l'avis relatif à l'immatriculation du nouveau propriétaire du fonds de commerce au registre du commerce et des sociétés ou à des inscriptions modificatives de cette immatriculation consécutives à la vente ou à la cession du fonds de commerce, un avis unique est publié. Cet avis comprend l'ensemble des indications que contiennent les avis qu'il remplace.

Lorsque l'immatriculation au registre est faite postérieurement à la demande de publication de l'avis afférent à la vente ou cession du fonds de commerce, le greffier fait publier l'avis conformément aux articles R. 123-155 et suivants en mentionnant le premier avis.

Art. R. 123-213. – L'avis relatif à la nouvelle immatriculation du donataire, du légataire, de l'héritier unique du titulaire d'un fonds de commerce comporte les indications exigées aux articles R. 123-155 et suivants et, en outre, le nom de l'ancien exploitant et son numéro d'immatriculation au registre du commerce et des sociétés.

Art. R. 123-214. – L'avis relatif à la nouvelle immatriculation, faisant suite à la mise d'un fonds de commerce ou d'un établissement artisanal en location-gérance comporte les mêmes indications concernant respectivement l'ancien et le nouvel exploitant.

Art. R. 123-215. – Dans le cas où l'immatriculation serait requise pour toute autre cause que la création de l'établissement ou le changement de l'exploitant, mention en est faite dans l'avis qui indique la raison de la nouvelle immatriculation ainsi que le numéro antérieur.

Art. R. 123-216. – L'avis relatif à une déclaration de radiation comporte les indications exigées à l'article R. 123-160.

Art. R. 123-217. – Les inscriptions modificatives ainsi que la dissolution et la décision prononçant la nullité de la personne morale sont publiées dans les conditions prévues à l'article R. 123-159.

Art. R. 123-218. – Les insertions sont faites aux frais du nouvel exploitant du fonds de commerce ou de l'entreprise artisanale, à la diligence et sous la responsabilité du greffier qui reçoit les déclarations.

Art. R. 123-219. – Un service gratuit du *Bulletin officiel des annonces civiles et commerciales* est fait par l'administration des *Journaux officiels* aux greffes des tribunaux de commerce et des tribunaux de grande instance statuant en matière commerciale.

Décret n° 67-238 du 23 mars 1967

instituant le *Bulletin officiel des annonces civiles et commerciales*
(JO 24 mars et rect. 1er juin 1967)
(Intitulé mod., D. n° 78-705, 3 juill. 1978)

Art. 8 *(Abr. et codifié à l'exception des dispositions ci-après reproduites, D. n° 2007-431, 25 mars 2007. – V. C. com., art. R. 123-217).* – Les inscriptions modificatives concernant les jugements relatifs à des procédures de règlement judiciaire et de liquidation des biens sont, dans tous les cas, publiées au bulletin par application des articles 13, 14, 100 et 104 du décret n° 67-1120 du 22 décembre 1967. Les inscriptions modificatives concernant les jugements relatifs à des procédures de suspension provisoire des poursuites et d'apurement collectif du passif sont, dans tous les cas, publiées par application des articles 12 et 13 du décret n° 67-1255 du 31 décembre 1967.

1.3.2. – Du système national d'identification et du répertoire des entreprises et de leurs établissements

Code de commerce

Partie réglementaire

Sous-section 2. – Du système national d'identification et du répertoire des entreprises et de leurs établissements

Art. R. 123-220 *(Mod., D. n° 2008-1488, 30 déc. 2008 ; D. n° 2010-1042, 1er sept. 2010 ; D. n° 2015-731, 24 juin 2015)*. – **L'Institut national de la statistique et des études économiques est chargé de tenir un répertoire national des personnes physiques exerçant de manière indépendante une profession non salariée, des personnes morales de droit public ou de droit privé, des institutions et services de l'État et des collectivités territoriales, ainsi que de leurs établissements, lorsqu'ils relèvent du registre du commerce et des sociétés, du répertoire des métiers ou qu'ils emploient du personnel salarié, sont soumis à des obligations fiscales ou bénéficient de transferts financiers publics.**

Les personnes morales en formation sont inscrites au répertoire national mentionné au premier alinéa.

Les modalités de leur inscription au répertoire et d'attribution d'un numéro d'identité unique sont définies par arrêté des ministres intéressés.

Art. R. 123-221. – **Le numéro d'identité attribué à chaque personne inscrite est un numéro d'ordre composé de neuf chiffres.**

Le numéro d'identité attribué à chaque établissement est composé des neuf chiffres du numéro de la personne inscrite qui y exerce son activité, suivis d'un numéro complémentaire de deux à cinq chiffres propre à cet établissement.

Art. R. 123-222 *(Mod., D. n° 2015-1219, 1er oct. 2015)*. – **Sont portés au répertoire les renseignements d'identification suivants :**

1° Les nom, nom d'usage, prénoms, adresse légale, date et lieu de naissance des personnes physiques ainsi que leur éventuelle cessation d'activité ; les raison ou dénomination sociale, sigle le cas échéant, forme juridique, qualité d'entreprise de l'économie sociale et solidaire, numéro au répertoire national des associations le cas échéant et siège social des personnes morales de droit privé ; les dénomination, sigle le cas échéant, forme juridique, et adresse du lieu principal d'activité des personnes morales de droit public et des institutions et services mentionnés à l'article R. 123-220 ;

2° Pour chaque établissement, sa dénomination usuelle, son adresse, et si nécessaire la date et l'origine de sa création ;

3° Dans tous les cas le numéro d'identité.

Art. R. 123-223 *(Rempl., D. n° 2008-551, 11 juin 2008 ; mod., D. n° 2015-1469, 13 nov. 2015)*. – **Sont également portés au répertoire les renseignements suivants :**

1° Les numéros de la nomenclature d'activités française en vigueur caractérisant les activités exercées, approuvée par décret ;

2° Les codes complémentaires précisant les formes particulières d'activités. Ces codes et leurs liens avec la nomenclature d'activités française en vigueur sont fixés par un arrêté du ministre chargé de l'économie ;

3° Le Code complémentaire de la nomenclature française du secteur des métiers et de l'artisanat en vigueur, lorsque l'activité exercée en relève. Par dérogation à l'article R. 123-220, ce code est attribué par les chambres des métiers et de l'artisanat ;

4° Les catégories correspondant à l'importance de l'effectif salarié civil total et par établissement ;

5° La mention de la compétence territoriale des personnes morales de droit public et des institutions et services de l'État, ainsi que la mention de leurs rapports administratifs avec d'autres personnes ou services inscrits au répertoire.

Art. R. 123-224 *(Rempl., D. n° 2008-1488, 30 déc. 2008 ; mod., D. n° 2015-731, 24 juin 2015)*. – L'attribution des numéros d'identité, par l'Institut national de la statistique et des études économiques, aux personnes inscrites et à leurs établissements est effectuée :

1° Soit à l'occasion de la demande d'immatriculation au registre du commerce et des sociétés ou de la déclaration au répertoire des métiers ;

2° *(Abrogé)* ;

3° Soit à la demande des administrations ou organismes dont la liste est fixée par arrêté du Premier ministre.

Art. R. 123-225. – La modification des renseignements d'identification mentionnés au répertoire concernant les personnes inscrites ou leurs établissements est effectuée soit à l'occasion de demandes d'inscription modificatives au registre du commerce et des sociétés ou au répertoire des métiers, soit à la demande des administrations ou organismes mentionnés à l'article R. 123-224, soit à la demande des personnes inscrites.

Art. R. 123-226. – Lorsque les renseignements d'identification énumérés à l'article R. 123-222 sont fournis, en vertu des articles R. 123-224 et R. 123-225, soit par les administrations ou organismes mentionnés à l'article R. 123-224, soit par les personnes inscrites elles-mêmes, l'Institut national de la statistique et des études économiques vérifie la concordance de ces renseignements avec ceux qui ressortent des demandes d'immatriculation ou d'inscription modificative au registre du commerce et des sociétés ou au répertoire des métiers ; en cas de non-concordance, seuls ces derniers renseignements sont pris en considération au répertoire institué par la présente section.

Lorsque la modification des renseignements d'identification énumérés à l'article R. 123-222 est demandée, en application de l'article R. 123-225, par la personne inscrite elle-même, et que celle-ci n'est pas assujettie à l'immatriculation au registre du commerce et des sociétés ou au répertoire des métiers, l'Institut national de la statistique et des études économiques procède à la modification en accord avec l'administration ou organisme ayant sollicité l'inscription de la personne concernée.

Art. R. 123-227 *(Mod., D. n° 2010-1042, 1er sept. 2010 ; D. n° 2015-417, 14 avr. 2015)*. – Sous réserve des articles R. 123-228 à R. 123-230, une personne inscrite est radiée du répertoire et son numéro d'identité est supprimé en cas de dissolution s'il s'agit d'une personne morale, et en cas de décès, de décision définitive de radiation du régime social des indépendants en application de l'article L. 133-6-7-1 du Code de la sécurité sociale ou lors de la cessation de toute activité mentionnée à l'article R. 123-220 s'il s'agit d'une personne physique.

Une personne morale en formation est radiée et son numéro d'identification est supprimé lorsqu'elle fait l'objet d'une décision de refus d'inscription au registre du commerce et des sociétés.

Un établissement est radié et son numéro d'identité est supprimé lors de la cessation définitive de l'activité de la personne inscrite dans cet établissement.

Lors de la radiation d'une personne inscrite, ses établissements sont également radiés et leurs numéros d'identité supprimés.

Art. R. 123-228 *(Mod., D. n° 2015-417, 14 avr. 2015)*. – La radiation des commerçants, personnes physiques ou morales, soumis à l'immatriculation au registre du commerce et des sociétés, des agents commerciaux, personnes physiques ou morales, soumis à l'immatriculation au registre spécial mentionné à l'article R. 134-6 et des entrepreneurs individuels à responsabilité limitée immatriculés au registre spécial mentionné à l'article R. 526-15, ne peut intervenir que lorsque la radiation de ces registres a été faite.

Art. R. 123-228-1 *(D. n° 2015-417, 14 avr. 2015).* – La radiation des agriculteurs soumis à l'immatriculation au registre de l'agriculture ne peut intervenir que lorsque la radiation du registre de l'agriculture a été faite.

Art. R. 123-229. – Lorsqu'une entreprise au sens des textes qui régissent le répertoire des métiers est soumise à l'immatriculation à ce répertoire, la radiation du chef de l'entreprise ne peut intervenir que postérieurement, selon les cas, à la radiation de l'entreprise du répertoire des métiers ou à la radiation de la mention concernant le chef d'entreprise.

Art. R. 123-230 *(D. n° 2015-417, 14 avr. 2015).* – En cas de pluralité d'immatriculations au registre du commerce et des sociétés, au registre spécial des agents commerciaux, au registre de l'agriculture, au registre spécial des entrepreneurs individuels à responsabilité limitée ou au répertoire des métiers, la radiation ne peut intervenir que postérieurement à la radiation de tous les registres ou du répertoire en cause.

Art. R. 123-231. – Aucun effet juridique ne s'attache à l'identification ou à la non-identification d'une personne inscrite au répertoire. Celle-ci demeure soumise à toute obligation législative, réglementaire ou contractuelle afférente à l'exercice de son activité.

Art. R. 123-232. – Sous réserve des dispositions des articles L. 123-1 à L. 123-11-1 et R. 123-31 à R. 123-153, en ce qui concerne le registre du commerce et des sociétés, et de celles du décret n° 98-247 du 2 avril 1998 relatif à la qualification artisanale et au répertoire des métiers, les numéros d'identité au répertoire sont communiqués aux personnes inscrites et à leurs établissements par l'Institut national de la statistique et des études économiques.

Les renseignements contenus dans le répertoire et énumérés aux articles R. 123-222 et R. 123-223 sont communiqués, sur leur demande, aux greffiers des tribunaux de commerce, des tribunaux de grande instance statuant commercialement et des tribunaux d'instance du ressort de la cour d'appel de Colmar chargés de la tenue du registre du commerce et des sociétés, à l'Institut national de la propriété industrielle chargé de la tenue du Registre national du commerce et des sociétés, aux chambres de métiers, ainsi qu'aux administrations ou organismes prévus à l'article R. 123-224. Les mêmes renseignements sont communiqués aux personnes inscrites, en tant que ces renseignements les concernent.

Les dispositions des deux alinéas précédents sont applicables aux institutions et services définis à l'article R. 123-220 ainsi qu'à leurs établissements.

L'Institut national de la statistique et des études économiques peut communiquer aux personnes ou organismes qui en font la demande les renseignements prévus à l'alinéa précédent, à l'exception de ceux concernant la date et le lieu de naissance des personnes physiques. Un arrêté du Premier ministre précise en tant que de besoin les conditions et limites d'application de la présente disposition.

Art. R. 123-233. – Indépendamment des administrations ou organismes mentionnés à l'article R. 123-224, les administrations publiques sont tenues d'utiliser exclusivement le numéro d'identité au répertoire lors de toute correspondance, si l'objet de cette correspondance nécessite de désigner par des numéros d'immatriculation les personnes inscrites et leurs établissements tels qu'ils sont définis à l'article R. 123-220.

Art. R. 123-234. – Conformément à l'article R. 123-220 toute personne physique ou morale, toute institution ou service mentionne dans sa correspondance avec les administrations ou organismes énumérés à l'article R. 123-224, le numéro d'identité dès sa notification et, lorsque la correspondance concerne plus particulièrement un ou plusieurs de ses établissements, le ou les numéros de ces derniers.

Sous-section 3. – Du numéro unique d'identification des entreprises

Art. D. 123-235. – Le numéro unique d'identification qui seul peut être exigé d'une entreprise dans ses relations avec les administrations, personnes ou organismes énumérés à l'article 1er de la loi n° 94-126 du 11 février 1994 relative à l'initiative et à l'entreprise individuelle est le numéro d'identité qui lui est attribué lors de son inscription au répertoire des entreprises et de leurs établissements en application de la sous-section 2.

Art. D. 123-236. – Les dispositions de l'article D. 123-235 ne font pas obstacle à ce qu'une entreprise puisse être tenue de porter, en complément du numéro unique d'identification et à titre d'identifiant spécifique :

1° Pour les activités soumises à immatriculation au registre du commerce et des sociétés, les mentions prévues par les articles R. 123-237 et suivants ;

2° Pour les relations avec une administration, personne ou organisme concernant plus particulièrement un des établissements de l'entreprise, le numéro complémentaire attribué à cet établissement dans les conditions prévues à l'article R. 123-221 ;

3° Pour les activités soumises à l'article 256 A du Code général des impôts l'indication du numéro de TVA intracommunautaire, selon les modalités arrêtées par le ministre chargé du budget et par le ministre chargé de la simplification des formalités incombant aux entreprises ;

4° Pour les activités soumises à une inscription à un autre registre ou répertoire que celui du commerce et des sociétés ou à une autorisation ou déclaration préalable, une mention afférente à l'accomplissement de la formalité dans les conditions prévues par un acte réglementaire conjoint du ministre concerné et du ministre chargé de la simplification des formalités incombant aux entreprises, imposant l'accomplissement et la mention de formalités nouvelles ;

5° Une mention afférente à l'accomplissement d'une formalité administrative, lorsque cette obligation résulte d'un arrêté conjoint du ministre concerné et du ministre chargé de la simplification des formalités incombant aux entreprises.

Sous-section 4. – Des mentions sur les papiers d'affaires

Art. R. 123-237 *(Rempl., D. n° 2007-750, 9 mai 2007 ; mod., D. n° 2007-1851, 26 déc. 2007 ; D. n° 2010-1706, 29 déc. 2010).* – Toute personne immatriculée indique sur ses factures, notes de commande, tarifs et documents publicitaires ainsi que sur toutes correspondances et tous récépissés concernant son activité et signés par elle ou en son nom :

1° Le numéro unique d'identification de l'entreprise délivré conformément à l'article R. 123-235 ;

2° La mention RCS suivie du nom de la ville où se trouve le greffe où elle est immatriculée ;

3° Le lieu de son siège social ;

4° Le cas échéant, qu'elle est en état de liquidation ;

5° Si elle est une société commerciale dont le siège est à l'étranger, outre les renseignements mentionnés aux 3° et 4°, sa dénomination, sa forme juridique et le numéro d'immatriculation dans l'État où elle a son siège, s'il en existe un ;

6° Le cas échéant, la qualité de locataire-gérant ou de gérant-mandataire ;

7° Si elle est bénéficiaire d'un contrat d'appui au projet d'entreprise pour la création ou la reprise d'une activité économique au sens du chapitre VII du titre II du livre I du Code de commerce, la dénomination sociale de la personne morale responsable de l'appui, le lieu de son siège social, ainsi que son numéro unique d'identification.

8° Si elle a constitué un patrimoine affecté en application de l'article L. 526-6, l'objet de l'activité professionnelle à laquelle le patrimoine est affecté et la dénomination utilisée pour l'exercice de l'activité professionnelle incorporant son nom ou nom d'usage précédé ou suivi immédiatement des mots : « entrepreneur individuel à responsabilité limitée » ou des initiales : « EIRL ».

Toute personne immatriculée indique en outre sur son site internet la mention RCS suivie du nom de la ville où se trouve le greffe où elle est immatriculée, ainsi que des renseignements mentionnés aux 1°, 3° et 5° et 8°.

Toute contravention aux dispositions des alinéas précédents est punie de l'amende prévue pour les contraventions de la 4e classe.

Art. R. 123-237-1 *(Abr. à compter du 19 décembre 2015, D. n° 2015-731, 24 juin 2015).*

> **Rédaction antérieure. Art. R. 123-237-1** *(D. n° 2008-1488, 30 déc. 2008 ; mod., D. n° 2010-1706, 29 déc. 2010).* – Toute personne qui a déclaré son activité en application de l'article L. 123-1-1 indique sur ses factures, notes de commande, tarifs et documents publicitaires ainsi que sur toutes correspondances et tous récépissés concernant son activité et signés par elle ou en son nom :
>
> 1° Le numéro unique d'identification de l'entreprise délivré conformément à l'article D. 123-235, suivi immédiatement et lisiblement des mots : « dispensé d'immatriculation en application de l'article L. 123-1-1 du Code de commerce » ;
>
> 2° Son adresse ;

3° Si elle est bénéficiaire d'un contrat d'appui au projet d'entreprise pour la création ou la reprise d'une activité économique au sens de l'article L. 127-1 du Code de commerce, la dénomination sociale de la personne morale responsable de l'appui, le lieu de son siège social, ainsi que son numéro unique d'identification.

4° Si elle a constitué un patrimoine affecté en application de l'article L. 526-6, l'objet de l'activité commerciale à laquelle le patrimoine est affecté et sa dénomination incorporant son nom ou son nom d'usage précédé ou suivi immédiatement des mots : « entrepreneur individuel à responsabilité limitée » ou des initiales : « EIRL ».

Toute personne ayant déclaré son activité en application de l'article L. 123-1-1 et disposant d'un site internet y fait figurer les renseignements mentionnés aux 1°, 2° et 4°.

Art. R. 123-238. – Les actes et documents émanant de la société et destinés aux tiers, notamment les lettres, factures, annonces et publications diverses, indiquent la dénomination sociale, précédée ou suivie immédiatement et lisiblement :

1° Pour les sociétés en nom collectif, des mots « société en nom collectif » ou des initiales « SNC » ;

2° Pour les sociétés en commandite simple, des mots « société en commandite simple » ou des initiales « SCS » ;

3° Pour les sociétés à responsabilité limitée, des mots « société à responsabilité limitée » ou des initiales « SARL » et de l'énonciation du montant du capital social ;

4° Pour les sociétés par action :

***a)* Selon le cas, des mots :**

– « société anonyme » ou des initiales « SA ». En outre, si la société anonyme est dotée d'un directoire et d'un conseil de surveillance, la forme sociale est indiquée par les mots : « société anonyme à directoire et conseil de surveillance » ;

– « société par actions simplifiées » ou des initiales « SAS » ;

– « société en commandite par action » ou des initiales « SCA » ;

– « société européenne » ou des initiales « SE » ;

***b)* De l'énonciation du montant du capital social qui peut être arrondi à la valeur entière inférieure. Dans le cas d'augmentation de capital résultant de l'exercice, pouvant avoir lieu à tout moment, des droits attachés à des valeurs mobilières donnant accès au capital, de levées d'option de souscription d'actions possibles à tout moment ou du paiement de dividende en actions, et sauf si l'augmentation du capital dépasse 10 % de son montant antérieur, la société n'est tenue de mentionner le nouveau montant du capital dans les actes et documents énumérés à l'alinéa premier qu'à l'expiration d'un délai de trois ans à compter de la constatation de l'augmentation.**

Chapitre IV. – Des sociétés coopératives de commerçants détaillants

Art. R. 124-1 *(D. n° 2015-800, 1er juill. 2015)*. **– Les sociétés coopératives de commerçants détaillants sont tenues de se soumettre à la révision coopérative lorsqu'elles dépassent, à chaque clôture de deux exercices consécutifs, les seuils fixés ci-dessous pour un des deux critères suivants :**

1° Cent pour le nombre moyen d'associés ; les associés pris en compte pour chaque exercice sont ceux existants à la date de la convocation en vue de l'assemblée générale ordinaire ;

2° 3 000 000 euros pour le montant hors taxes du chiffre d'affaires.

Partie Arrêtés

(A. 14 janv. 2009)

Sous-section 2. – Du système national d'identification et du répertoire des entreprises et de leurs établissements

Art. A. 123-81 *(Mod., A. 14 avr. 2010)*. **– Sont habilités à demander l'inscription au répertoire national des personnes physiques exerçant de manière indépendante une profession non salariée, des personnes morales de droit public ou de droit privé, des institutions et services de l'État et des collectivités territoriales et de leurs établissements :**

1° Les greffiers des tribunaux de commerce, les greffiers des tribunaux de grande instance statuant en matière commerciale, les greffiers des tribunaux d'instance du ressort des cours d'appel de Colmar et Metz spécialement

chargés de la tenue du registre du commerce en ce qui concerne toute personne soumise à immatriculation au registre du commerce et des sociétés ;

2° Les chambres de métiers et de l'artisanat en ce qui concerne toute personne soumise à inscription au répertoire des métiers ;

3° Les unions de recouvrement des cotisations de sécurité sociale et d'allocations familiales, les caisses régionales d'assurance maladie et tout organisme gérant un régime obligatoire de sécurité sociale en ce qui concerne les professions libérales, les travailleurs indépendants, les non-salariés agricoles et tout employeur de personnel salarié, à l'exclusion des employeurs de personnel domestique ;

4° Les services départementaux de la direction générale des impôts en ce qui concerne toute personne, institution ou service soumis à une des catégories d'obligations fiscales définies par l'article A. 123-84 ;

5° Le service de la statistique et de la prospective du ministère chargé de l'agriculture en ce qui concerne toute personne exploitant une unité de production agricole.

6° Les centres de formalité des entreprises.

Art. A. 123-82. – Sont de plus habilités à demander l'inscription au répertoire les administrations et services suivants :

1° Le secrétariat général du Gouvernement en ce qui concerne les services d'administration centrale de l'État et les établissements publics nationaux ;

2° Les préfectures en ce qui concerne les collectivités locales, les établissements publics locaux, les services de l'État implantés dans leur circonscription, ainsi que toute personne morale, non soumise à déclaration au registre du commerce et des sociétés, rentrant dans une des catégories définies par arrêté conjoint du ministre chargé de l'intérieur et de la décentralisation et du ministre chargé de l'économie, des finances et du budget ;

3° Les trésoriers-payeurs généraux en ce qui concerne toute personne morale de droit public, institution ou service de l'État ;

4° Les directions départementales des services fiscaux et autres services de la direction générale des impôts à attributions domaniales en ce qui concerne les institutions, services et établissements publics de l'État assujettis à la réglementation relative au tableau général des propriétés de l'État, à l'exclusion des services et établissements publics relevant du ministère de la Défense et du ministre chargé des PTT ;

5° Le service de l'informatique de gestion et des statistiques du ministre chargé de l'éducation nationale et les services académiques en ce qui concerne toute personne, institution ou service gérant un établissement d'enseignement agréé ;

6° Les directions régionales des affaires sanitaires et sociales pour toute personne, institution ou service gérant un établissement réglementé à caractère sanitaire ou social ;

7° La direction de la comptabilité et du budget du ministère chargé des PTT en ce qui concerne les services et établissements de ce ministère.

Art. A. 123-83. – Dans le cadre des opérations de mise à jour du répertoire, l'INSEE peut procéder à des enquêtes administratives sous réserve des dispositions prévues aux articles R. 123-228 à R. 123-230.

Art. A. 123-84. – Les personnes physiques ou morales susceptibles d'être inscrites immédiatement au répertoire national des entreprises et des établissements sont celles visées par au moins une des dispositions prévues ci-après :

1° Les personnes morales passibles de l'impôt sur les sociétés ou qui rentrent dans le champ d'application des articles 238 *ter*, 239 *ter*, 239 *quater*, 239 *quater* A, 239 *quinquies* et 239 *septies* du Code général des impôts ;

2° Les assujettis aux taxes sur le chiffre d'affaires ou à la taxe sur les salaires ;

3° Les personnes physiques ou morales dont les revenus appartiennent à la catégorie des bénéfices non commerciaux ;

4° Les personnes physiques ou morales dont les revenus appartiennent à la catégorie des bénéfices industriels et commerciaux ;

5° Les personnes physiques ou morales dont les revenus appartenant à la catégorie des bénéfices agricoles sont déterminés d'après le bénéfice réel.

Art. A. 123-85 *(Mod., A. 14 avr. 2010)*. – Sont susceptibles d'être inscrits au répertoire national des entreprises et de leurs établissements, à la demande des unions de recouvrement des cotisations de sécurité sociale et d'allocations familiales ou des organismes en faisant fonction et éventuellement des caisses régionales d'assurance maladie, les employeurs et travailleurs indépendants des professions non agricoles assujetties au versement des cotisations de sécurité sociale et d'allocations familiales dans les conditions prévues par le Code de la sécurité sociale.

Sont également susceptibles d'être inscrits au répertoire national des entreprises et de leurs établissements, à la demande du service de la statistique et de la prospective du ministère chargé de l'agriculture, les personnes physiques et morales exploitant une unité de production entrant dans le champ défini par l'arrêté du 11 mai 2009 fixant les unités de production concernées par le recensement général de l'agriculture en 2010.

Art. A. 123-86. – Aucun établissement dépendant du ministère de la Défense ne peut faire l'objet d'une inscription au répertoire en dehors des modalités d'inscription qui sont définies par un arrêté conjoint du ministre chargé de la défense et du ministre chargé de l'économie, des finances et du budget.

Art. A. 123-87. – Le traitement informatisé du système national d'identification et du répertoire des entreprises et établissements (SIRENE) régi par les articles R. 123-220 et suivants est mis en œuvre par l'Institut national de la statistique et des études économiques en liaison avec les administrations et organismes mentionnés à l'article R. 123-224.

L'objet de ce traitement est :

1° L'identification des personnes physiques exerçant de manière indépendante une profession non salariée, des personnes morales de droit public ou de droit privé, des institutions et services de l'État et des collectivités territoriales, ainsi que de leurs établissements, lorsqu'ils relèvent du registre du commerce et des sociétés, du répertoire des métiers, ou qu'ils emploient du personnel salarié (non compris les personnels domestiques), sont soumis à des obligations fiscales ou bénéficient de transferts financiers publics ;

2° La production de statistiques concernant ces unités ;

3° La coordination des systèmes d'information des administrations et des organismes mentionnés au deuxième alinéa de l'article R. 123-232 ;

4° La communication à toutes personnes ou organismes qui en font la demande des informations figurant au répertoire dans les conditions et limites définies à l'article A. 123-89.

Art. A. 123-88. – Les catégories d'informations nominatives enregistrées sont, en ce qui concerne les personnes physiques, les suivantes :

1° Les nom, nom d'usage, prénoms, l'adresse légale, la date et le lieu de naissance, le numéro d'identification SIREN, ainsi que l'éventuelle cessation d'activité ;

2° Pour chacun de leurs établissements : sa dénomination usuelle, son adresse, son numéro d'identification SIRET et si nécessaire la date et l'origine de sa création ;

3° Les numéros de la nomenclature d'activités définie par le décret n° 2007-1888 du [26 décembre 2007] portant approbation des nomenclatures d'activités et de produits françaises, attribués par l'INSEE pour caractériser leur activité (y compris celle de chacun des établissements) ;

4° Les catégories correspondant à l'importance de l'effectif salarié total et par établissement.

Art. A. 123-89. – Les destinataires de ces informations sont :

1° Les administrations et les organismes mentionnés à l'article R. 123-224 ;

2° Les personnes ou organismes qui en font la demande, sauf en ce qui concerne les dates et lieux de naissance des personnes physiques, dans les conditions définies aux articles A. 123-91 à A. 123-96.

Art. A. 123-90. – Le droit d'accès prévu par l'article 39 de la loi [n° 78-17] du 6 janvier 1978 s'exerce auprès du directeur régional de l'Institut national de la statistique et des études économiques.

Art. A. 123-91. – L'accès au service public d'information à vocation générale créé par le dernier alinéa de l'article R. 123-232 donne lieu au paiement d'une redevance dont les tarifs sont fixés par arrêté du ministre chargé de l'économie et des finances.

Art. A. 123-92. – L'INSEE peut passer avec des sociétés ou organismes spécialisés des conventions les chargeant de la diffusion du répertoire pour son compte et sous son contrôle.

Art. A. 123-93. – Les acquéreurs des informations du répertoire ne peuvent, sauf en cas de convention particulière passée avec l'INSEE, ni rediffuser à des tiers, à titre gratuit ou onéreux, ni transférer hors du territoire national les informations nominatives.

Art. A. 123-94. – Les acquéreurs des informations nominatives issues du répertoire SIRENE ne peuvent les utiliser qu'à des fins administratives, statistiques ou économiques. En particulier, les candidats et partis politiques ne peuvent les utiliser dans un but de propagande électorale ou de recherche de financement.

Art. A. 123-95. – La diffusion des renseignements inscrits dans SIRENE concernant les établissements du ministère de la Défense est soumise à un accord préalable du ministre chargé de la défense.

Art. A. 123-96 *(Mod., A. 30 juill. 2015)*. – Toute personne physique peut demander soit directement lors de ses formalités de création ou de modification, soit par lettre adressée au directeur général de l'Institut national de la statistique et des études économiques, que les informations du répertoire la concernant ne puissent être utilisées par des tiers autres que les organismes habilités au titre de l'article R. 123-224 ou les administrations, à des fins de prospection, notamment commerciale.

1.3.3. – Du *Bulletin des annonces légales obligatoires*

Décret n° 2005-582 du 27 mai 2005

relatif au *Bulletin des annonces légales obligatoires*

(JO 29 mai)

Art. 2 *(Mod., D. n° 2010-31, 11 janv. 2010)*. – Le *Bulletin des annonces légales obligatoires* est publié sous forme électronique, par la direction de l'information légale et administrative, dans des conditions de nature à garantir son authenticité et son accessibilité permanente et gratuite.

Les insertions au *Bulletin des annonces légales obligatoires* sont publiées dans les trois jours qui suivent leur réception par la direction de l'information légale et administrative, à qui elles sont transmises par voie électronique, selon des modalités définies par arrêté du Premier ministre. Chaque insertion mentionne la date de sa publication.

Les insertions sont à la charge des annonceurs. Leur tarif est fixé par décret.

Arrêté du 27 mai 2005

fixant les modalités de transmission des insertions au *Bulletin des annonces légales obligatoires*

(JO 29 mai)

Art. 1er. – Le présent arrêté, pris pour l'application de l'article 2 du décret relatif au *Bulletin des annonces légales obligatoires* du 27 mai 2005 susvisé fixe les modalités de transmission à la Direction des Journaux officiels des insertions à paraître dans ce bulletin.

Les annonceurs transmettent leurs annonces par voie électronique en joignant un fichier normalisé au formulaire d'enregistrement disponible sur le site de la Direction des Journaux officiels spécialement consacré au *Bulletin des annonces légales obligatoires*.

Ce fichier normalisé répond aux caractéristiques suivantes :

– il est issu d'un logiciel de traitement de texte standard disponible sur le marché, converti au format RTF ;

– il ne contient qu'une seule annonce ;

– les éléments contenus dans l'annonce figurent dans leur version définitive et sont présentés dans l'ordre de diffusion prévu ;

– le texte est rédigé en caractères minuscules accentués, avec la ponctuation et les majuscules requises par la présentation du *Bulletin des annonces légales obligatoires* en usage à la date d'entrée en vigueur du présent arrêté. Cette présentation figure dans une notice explicative disponible en ligne sur le site de la Direction des *Journaux officiels* ;

– les tableaux contenus dans le fichier ne doivent ni dépasser douze colonnes ni être transmis par fichier image.

Art. 2. – Le présent arrêté entre en vigueur le 1er juillet 2005.

LIVRE DEUXIÈME. – DROIT COMPTABLE

2.1. – DE LA COMPTABILITÉ DES COMMERÇANTS

Bibliographie : G. Augustin, *Principes et conventions comptables sont-ils intangibles ? : RF compt.* nov. 1983, p. 409. • B. Bouloc, *L'incidence des normes européennes sur les normes comptables : Rev. sociétés* 2005, p. 31. • D. Boussard, *Enquête sur un principe comptable : les clairs-obscurs de la continuité d'exploitation : RF compt.* févr. 1987, p. 32. • B. Caspar et G. Enselme, *Manuel de comptabilité approfondie et révision*, Litec, 12e éd. 2009. • M. Cozian et P.-J. Gaudel, *La comptabilité racontée aux juristes*, LexisNexis 2e éd., 2017. • J. Clara, *Les répercussions de la 4e directive sur la réglementation comptable en France : Journal UEC* 1979, p. 484. • H. F. A. Cordoliani, *Les nouvelles obligations comptables des entreprises (loi du 30 avr. 1983) : JCP* CI 1983, II, 14060. • S. Doyen, *La fiabilité des comptes sociaux. Réflexions sur la notion de fidélité : Gaz. Pal.* 1981, 1, p. 55. • P. Feuillet, *Les grands principes de la nouvelle législation comptable française : application aux entreprises et aux sociétés : Rev. sociétés* 1984, p. 463. • D. Gallois-Cochet, *Allègement des obligations comptables des petites entreprises : JCP* E 2014, étude 12. • F. Gore, *Vers un droit de la comptabilité : RF compt.* oct. 1970, p. 12 ; *Les notions de régularité et de sincérité des comptes : RF compt.* avr. 1973, p. 167. • J. Lacombe, *Régularité et sincérité des comptes et image fidèle de l'entreprise : la quadrature du cercle : Études offertes à R. Roblot*, LGDJ, 1984, p. 311. • Chr. de Lauzainghein, J.-L. Navarro et D. Nechelis, *Droit comptable*, Dalloz, 3e éd. 2004. • J.-M. Matt et A. Mikol, *L'image fidèle, la doctrine et la loi : RF compt.* déc. 1986, p. 39. • A. Mikol, *Principes comptables et écritures comptables : RF compt.* déc. 1987, p. 25. • J.-L. Mullenbach, *Problèmes pratiques d'application du nouveau droit comptable : l'élaboration de l'annexe : RF compt.* oct. 1984, p. 415. • OECCA, *Les principes comptables fondamentaux*, éd. OECCA, 1981. • OECCA et CNCC, *Les enjeux de la comptabilité*, éd. CNCC, 1989. • F. Pasqualini, *Le principe de l'image fidèle en droit comptable*, préf. E. du Pontavice, Litec, 1992 ; *Le droit à l'heure de l'information : de la réglementation à la communication : RD compt.* déc. 1993, p. 99 ; *Autonomie comptable et qualifications juridiques : Nouvelles orientations en droit comptable*, éd. Coll. scientifique de la Faculté de droit de Liège, 1994, p. 39. • F. Pasqualini et R. Castell, *Le dixième anniversaire de la loi comptable : RD compt.* mars 1993, p. 5. • E. du Pontavice, *Comptabilité et droit : RD compt.* mars 1987, p. 75. • M. Petitjean, *L'internationalisation de la comptabilité française en 2005 : JCP* G 2004, p. 2015 ; *Vers de nouvelles normes comptables pour les PME : JCP* E 2006, 2594. • F. Terré, *Les sources du droit comptable : Éco. et compt.* mars 1978, p. 3. • A. Viandier, *À propos du droit comptable : Éco. et compt.* juin 1981, p. 3 ; *La loi d'harmonisation comptable et le droit des sociétés : Rev. sociétés* 1984, p. 1 ; *Publier l'annexe comptable ? : JCP* E 1985, II, 14548. • D. Vidal, *La vérité et le droit comptable : RD compt.* juin 1987, p. 66. • D. Villermot, O. Dufour et E. Filiberti, *Introduire les IFRS dans les comptes sociaux, une révolution juridique et fiscale : LPA* 8 avr. 2005, p. 3. • Y. Salaun, T. Delorme et S. Belin-Zerbib : *IFRS et droit : BJS* 2005, p. 449.

2.1.1. – Obligations comptables applicables à tous les commerçants

Code de commerce

Partie législative

(Section II du chapitre III du titre II du livre premier)

Sous-section 1. – Des obligations comptables applicables à tous les commerçants

Art. L. 123-12. – Toute personne physique ou morale ayant la qualité de commerçant doit procéder à l'enregistrement comptable des mouvements affectant le patrimoine de son entreprise. Ces mouvements sont enregistrés chronologiquement.

Elle doit contrôler par inventaire, au moins une fois tous les douze mois, l'existence et la valeur des éléments actifs et passifs du patrimoine de l'entreprise.

Elle doit établir des comptes annuels à la clôture de l'exercice au vu des enregistrements comptables et de l'inventaire. Ces comptes annuels comprennent le bilan, le compte de résultat et une annexe, qui forment un tout indissociable.

Voir : Obligations comptables des personnes physiques relevant du réel simplifié, C. com., art. L. 123-25, p. 893 et L. 123-27, p. 894. - **Obligations comptables des microentreprises,** C. com., art. L. 123-28, p. 894.

Modification de la durée de l'exercice. L'article L. 123-12 déterminant la durée de l'exercice social a pour finalité de permettre, suivant une périodicité fixe, d'apprécier les résultats de l'activité par la comparaison notamment des résultats financiers de chaque exercice. Aussi, pour la lisibilité des comptes annuels, la modification statutaire visant à introduire, de façon permanente, une date variable de clôture de l'exercice ne constitue pas une dérogation possible au principe posé par l'article L. 123-12 : ▪ CA Paris, 21 mars 2000 : *BJS* 2000, p. 966, note J.-M. Bahans et D. Lencou.

Art. L. 123-13 *(Mod., Ord. n° 2015-900, 23 juill. 2015)*. – **Le bilan décrit séparément les éléments actifs et passifs de l'entreprise, et fait apparaître, de façon distincte, les capitaux propres.**

Le compte de résultat récapitule les produits et les charges de l'exercice, sans qu'il soit tenu compte de leur date d'encaissement ou de paiement. Il fait apparaître par différence, après déduction des amortissements, des dépréciations et des provisions, le bénéfice ou la perte de l'exercice. Les produits et les charges, classés par catégorie, doivent être présentés soit sous forme de tableaux, soit sous forme de liste.

Le montant des engagements de l'entreprise en matière de pension, de compléments de retraite, d'indemnités et d'allocations en raison du départ à la retraite ou avantages similaires des membres ou associés de son personnel et de ses mandataires sociaux est indiqué dans l'annexe. Par ailleurs, les entreprises peuvent décider d'inscrire au bilan, sous forme de provision, le montant correspondant à tout ou partie de ces engagements.

L'annexe complète et commente l'information donnée par le bilan et le compte de résultat.

Art. L. 123-14. – **Les comptes annuels doivent être réguliers, sincères et donner une image fidèle du patrimoine, de la situation financière et du résultat de l'entreprise.**

Lorsque l'application d'une prescription comptable ne suffit pas pour donner l'image fidèle mentionnée au présent article, des informations complémentaires doivent être fournies dans l'annexe.

Si, dans un cas exceptionnel, l'application d'une prescription comptable se révèle impropre à donner une image fidèle du patrimoine, de la situation financière ou du résultat, il doit y être dérogé. Cette dérogation est mentionnée à l'annexe et dûment motivée, avec l'indication de son influence sur le patrimoine, la situation financière et le résultat de l'entreprise.

Voir : C. com., art. R. 123-194 à R. 123-98, p. 892.

A. 22 juin 1999 (*JO* 21 sept. 1999) portant homologation du règlement n° 99-03 du Comité de la réglementation comptable relatif à la réécriture du Plan comptable général.

Code général des impôts

Art. 1743 *(Mod., L. n° 2003-660, 21 juill. 2003)*. – Est également puni des peines prévues à l'article 1741 :

1° Quiconque a sciemment omis de passer ou de faire passer des écritures ou a passé ou fait passer des écritures inexactes ou fictives au livre-journal prévu par les articles L. 123-12 à L. 123-14 du Code de commerce, ou dans les documents qui en tiennent lieu.

La présente disposition ne met pas obstacle à l'application des peines de droit commun ;

2° Quiconque, en vue de faire échapper à l'impôt tout ou partie de la fortune d'autrui, s'entremet, soit en favorisant les dépôts de titres à l'étranger, soit en transférant ou faisant transférer des coupons à l'étranger pour y être encaissés ou négociés, soit en émettant ou en encaissant des chèques ou tous autres instruments créés pour le paiement des dividendes, intérêts, arrérages ou produits quelconques de valeurs mobilières.

Quiconque, dans le même but, a tenté d'effectuer l'une quelconque des opérations visées au premier alinéa est puni des mêmes peines ;

3° Quiconque a fourni sciemment des renseignements inexacts en vue de l'obtention des agréments prévus aux articles 199 *undecies* A, 199 *undecies* B, 217 *undecies*, 217 *duodecies*, 244 *quater* W et 244 *quater* X ou de l'autorisation préalable prévue à l'article 199 *undecies* A.

Art. L. 123-15 *(Mod., Ord. n° 2009-79, 22 janv. 2009)*. – **Le bilan, le compte de résultat et l'annexe doivent comprendre autant de rubriques et de postes qu'il est nécessaire pour donner une image fidèle du patrimoine, de la situation financière et du résultat de l'entreprise. Chacun des postes du bilan et du compte de résultat comporte l'indication du chiffre relatif au poste correspondant de l'exercice précédent.**

Les éléments composant les capitaux propres sont fixés par décret. Le classement des éléments du bilan et du compte de résultat ainsi que les mentions à inclure dans l'annexe sont fixés par un règlement de l'Autorité des normes comptables.

Voir : C. com., art. R. 123-80 et s., R. 123-200, p. 815.

Voir aussi : Communication à l'administration fiscale par les commerçants des livres dont la tenue est obligatoire, LPF, art. L. 85 et R. 85-1.

Loi n° 85-11 du 3 janvier 1985

relative aux comptes consolidés de certaines sociétés commerciales et entreprises publiques
(JO 4 janv.)

Art. 13. – Toutefois, cette obligation ne s'impose pas lorsque l'ensemble constitué par l'établissement public et les personnes morales qu'il contrôle ne dépasse pas pendant deux exercices successifs sur la base des derniers comptes annuels arrêtés une taille déterminée par référence à deux des trois critères mentionnés à l'article L. 123-16 dudit code, selon des modalités fixées par décret en Conseil d'État.

Art. 14. – (abr.)

Art. 15 *(Mod., L. n° 85-1321, 14 déc. 1985)*. **–** L'article 3 s'applique dès la publication du décret prévu audit article et au plus tard dans les deux mois de la promulgation de la présente loi. L'article 13 s'applique, au plus tard, à compter du premier exercice ouvert après le 31 décembre 1985. Sous réserve des dispositions de l'article 16, les autres dispositions de la présente loi s'appliquent au plus tard :

1° En ce qui concerne les sociétés qui émettent des valeurs mobilières inscrites à la cote officielle des bourses de valeurs ou des titres de créances négociables, à compter du premier exercice ouvert après le 31 décembre 1985 ;

2° En ce qui concerne les autres personnes morales, à compter du premier exercice ouvert après le 31 décembre 1989.

Art. 16. – Les sociétés qui, antérieurement à la promulgation de la présente loi, publiaient et faisaient certifier des comptes consolidés suivant des méthodes différentes de celles définies par la présente loi, pourront continuer à utiliser leurs méthodes dans des conditions et pour une période fixées par décret en Conseil d'État qui ne pourra excéder trois ans.

Art. 17. – V. C. com., art. L. 123-21.

Décret n° 86-221 du 17 février 1986

pris pour l'application de la loi n° 85-11 du 3 janvier 1985 relative aux comptes consolidés de certaines sociétés commerciales et entreprises publiques et portant dispositions diverses relatives à l'établissement des comptes annuels
(JO 19 févr. 1986)

CHAPITRE II. – DISPOSITIONS PARTICULIÈRES AUX ENTREPRISES D'ASSURANCE ET DE CAPITALISATION AINSI QU'AUX ENTREPRISES AYANT EXCLUSIVEMENT POUR OBJET LA RÉASSURANCE

Art. 10. – Les règles fixées aux articles R. 345-2, R. 345-3 et R. 345-5 à R. 345-9 du Code des assurances sont applicables pour la consolidation des comptes des entreprises ayant exclusivement pour objet la réassurance.

Les documents comptables consolidés mentionnés aux articles R. 345-7 et R. 345-8 du même code comprennent les postes, éventuellement agrégés, définis par la réglementation relative à la comptabilité de ces entreprises.

....

CHAPITRE IV. – DISPOSITIONS DIVERSES ET TRANSITOIRES

Art. 13 *(Mod., L. n° 96-597, 2 juill. 1996 ; D. n° 2001-373, 27 avr. 2001 ; D. n° 2002-312, 26 févr. 2002 ; rempl., D. n° 2005-747, 1er juill. 2005)*. **–** L'établissement et la publication de comptes consolidés en application de l'article 13 de la loi n° 85-11 du 3 janvier 1985 relative aux comptes consolidés de certaines sociétés commerciales et entreprises publiques sont obligatoires dès lors que les seuils de deux des trois critères mentionnés à l'article L. 123-16 du Code de commerce dépassent les chiffres suivants :

a) Nombre moyen de salariés permanents : 250 ;

b) Montant hors taxes du chiffre d'affaires : 30 000 000 euros ;

c) Total du bilan : 15 000 000 euros.

d) Ces chiffres sont calculés globalement pour l'ensemble des entités concernées selon la méthode définie aux alinéas 4, 5 et 6 de l'article 17 du décret n° 83-1020 du 29 novembre 1983 pris en application de la loi n° 83-353 du 30 avril 1983 et relatif aux obligations comptables des commerçants.

Art. 14. – Les compagnies financières mentionnées à l'article 73 de la loi n° 84-46 du 24 janvier 1984 suivent pour la publication de leurs comptes consolidés les règles fixées par le Comité de la réglementation bancaire et financière pour les établissements de crédit et les établissements mentionnés à l'article 99 de la même loi lorsque le sous-ensemble le plus important défini à l'article 248-2 du décret n° 67-236 du 23 mars 1967 est constitué d'établissements ayant le statut d'établissements de crédit.

Art. 15. – Les sociétés financières qui ont pour objet essentiel le contrôle d'entreprises régies par le Code des assurances suivent, pour l'établissement de leurs comptes consolidés, les règles fixées au chapitre V du titre IV du livre III dudit code.

Art. 16. – Les sociétés mentionnées à l'article 16 de la loi n° 85-11 du 3 janvier 1985 pourront user de la faculté ouverte par cet article pour l'établissement des comptes consolidés des exercices clos au plus tard le 31 décembre 1987, à condition de respecter le principe de permanence des méthodes prescrit à l'article 11 du Code de commerce.

Pendant cette période, ces sociétés établissent une annexe conforme aux dispositions de l'article 248-12 du décret n° 67-236 du 23 mars 1967 sur les sociétés commerciales. Elles indiquent dans le rapport sur la gestion du groupe, d'une part, la date à laquelle elles prévoient de se conformer aux dispositions des articles 357-1 à 357-9 de la loi n° 66-537 du 24 juillet 1966 et aux dispositions du décret pris pour leur application, d'autre part, les mesures prises pour s'y conformer dans les délais fixés.

Art. L. 123-16 *(Mod., L. n° 2011-525, 17 mai 2011 ; Ord. n° 2014-86, 30 janv. 2014).* – **Les petites entreprises peuvent, dans des conditions fixées par un règlement de l'Autorité des normes comptables, adopter une présentation simplifiée de leurs comptes annuels.**

(Al. créé, L. n° 2019-486, 22 mai 2019) **Les moyennes entreprises peuvent, dans des conditions fixées par un règlement de l'Autorité des normes comptables, adopter une présentation simplifiée de leur compte de résultat.**

Sont des petites entreprises au sens du présent article les commerçants, personnes physiques ou personnes morales, pour lesquels, au titre du dernier exercice comptable clos et sur une base annuelle, deux des trois seuils suivants, dont le niveau et les modalités de calcul sont fixés par décret, ne sont pas dépassés : le total du bilan, le montant net du chiffre d'affaires ou le nombre moyen de salariés employés au cours de l'exercice.

(Al. créé, L. n° 2019-486, 22 mai 2019) **Sont des moyennes entreprises au sens du présent article les commerçants, personnes physiques ou personnes morales, pour lesquels, au titre du dernier exercice comptable clos et sur une base annuelle, deux des trois seuils suivants, dont le niveau et les modalités de calcul sont fixés par décret, ne sont pas dépassés : le total du bilan, le montant net du chiffre d'affaires ou le nombre moyen de salariés employés au cours de l'exercice.**

Lorsqu'une entreprise dépasse ou cesse de dépasser deux de ces trois seuils, cette circonstance n'a d'incidence que si elle se produit pendant deux exercices consécutifs.

Voir : C. com., art. D. 123-200 à R. 123-202, p. 892.

Art. L. 123-16-1 *(L. n° 2011-525, 17 mai 2011 ; Ord. n° 2014-86, 30 janv. 2014).* – **Par dérogation aux dispositions du troisième alinéa de l'article L. 123-12, les microentreprises, à l'exception de celles dont l'activité consiste à gérer des titres de participations et de valeurs mobilières, ne sont pas tenues d'établir d'annexe.**

Sont des microentreprises au sens du présent article les commerçants, personnes physiques ou personnes morales, pour lesquels, au titre du dernier exercice comptable clos et sur une base annuelle, deux des trois seuils suivants, dont le niveau et les modalités de calcul sont fixés par décret, ne sont pas dépassés : le total du bilan, le montant net du chiffre d'affaires ou le nombre moyen de salariés employés au cours de l'exercice.

Lorsqu'une entreprise dépasse ou cesse de dépasser deux de ces trois seuils, cette circonstance n'a d'incidence que si elle se produit pendant deux exercices consécutifs.

Art. L. 123-16-2 *(Ord. n° 2014-86, 30 janv. 2014 ; mod., Ord. n° 2017-484, 6 avr. 2017).* – Les dispositions des articles L. 123-16 et L. 123-16-1 ne sont pas applicables :

1° Aux établissements de crédit et sociétés de financement mentionnés à l'article L. 511-1 du Code monétaire et financier et aux établissements de paiement et établissements de monnaie électronique mentionnés à l'article L. 521-1 du même code ;

2° Aux entreprises d'assurance et de réassurance mentionnées aux articles L. 310-1 et L. 310-1-1 du Code des assurances, aux fonds de retraite professionnelle supplémentaire mentionnés à l'article L. 381-1 du même code, aux institutions de retraite professionnelle supplémentaire mentionnées à l'article L. 942-1 du Code de la sécurité sociale, aux mutuelles ou unions mentionnées à l'article L. 214-1 du Code de la mutualité, aux organismes de sécurité sociale mentionnés à l'article L. 114-8 du Code de la sécurité sociale, aux institutions de prévoyance et à leurs unions régies par le titre III du livre IX du Code de la sécurité sociale et aux mutuelles et unions de mutuelles régies par le livre II du Code de la mutualité ;

3° Aux personnes et entités dont les titres financiers sont admis aux négociations sur un marché réglementé ;

4° Aux personnes et entités qui font appel à la générosité publique au sens de la loi n° 91-772 du 7 août 1991 relative au congé de représentation en faveur des associations et des mutuelles et au contrôle des comptes des organismes faisant appel à la générosité publique.

Art. L. 123-17 *(Mod., L. n° 2011-525, 17 mai 2011 ; Ord. n° 2015-900, 23 juill. 2015).* – Sauf dans des cas exceptionnels, afin de donner une image fidèle du patrimoine, de la situation financière et du résultat de l'entreprise et dans les conditions prévues par un règlement de l'Autorité des normes comptables, les méthodes comptables retenues et la structure du bilan et du compte de résultat ne peuvent être modifiées d'un exercice à l'autre. Si des modifications interviennent, elles sont décrites et justifiées dans l'annexe et signalées, le cas échéant, dans le rapport des commissaires aux comptes.

Art. L. 123-18. – À leur date d'entrée dans le patrimoine de l'entreprise, les biens acquis à titre onéreux sont enregistrés à leur coût d'acquisition, les biens acquis à titre gratuit à leur valeur vénale et les biens produits à leur coût de production.

Pour les éléments d'actif immobilisés, les valeurs retenues dans l'inventaire doivent, s'il y a lieu, tenir compte des plans d'amortissement. Si la valeur d'un élément de l'actif devient inférieure à sa valeur nette comptable, cette dernière est ramenée à la valeur d'inventaire à la clôture de l'exercice, que la dépréciation soit définitive ou non.

Les biens fongibles sont évalués soit à leur coût moyen pondéré d'acquisition ou de production, soit en considérant que le premier bien sorti est le premier bien entré.

La plus-value constatée entre la valeur d'inventaire d'un bien et sa valeur d'entrée n'est pas comptabilisée. S'il est procédé à une réévaluation de l'ensemble des immobilisations corporelles et financières, l'écart de réévaluation entre la valeur actuelle et la valeur nette comptable ne peut être utilisé à compenser les pertes ; il est inscrit distinctement au passif du bilan.

Voir : Personnes physiques relevant du réel simplifié, C. com., art. L. 123-27, p. 894. – **Microentreprises,** C. com., art. L. 123-28, p. 894.

Bibliographie : E. du Pontavice, *De quelques effets sur le droit comptable et le droit des sociétés de l'inflation et du renchérissement du coût des matières premières : Rev. sociétés* 1974, p. 29. • F. Pasqualini, *Le droit comptable serait-il impérialiste ? : Mél. Ch. Mouly*, t. II, Litec, 1998, p. 237. • J.-E. Cros et *alii*, *Le traitement comptable des fusions et opérations assimilées et ses incidences fiscales : Dr. et patrimoine* avr. 2005, p. 48.

Art. L. 123-19 *(Mod., Ord. n° 2015-900, 23 juill. 2015).* – Les éléments d'actif et de passif doivent être évalués séparément.

Aucune compensation ne peut être opérée entre les postes d'actif et de passif du bilan ou entre les postes de charges et de produits du compte de résultat, sauf dans des cas exceptionnels prévus par un règlement de l'Autorité des normes comptables.

Le bilan d'ouverture d'un exercice doit correspondre au bilan de clôture de l'exercice précédent.

Art. L. 123-20 *(Mod., Ord. n° 2015-900, 23 juill. 2015).* – Les comptes annuels doivent respecter le principe de prudence. Pour leur établissement, le commerçant, personne physique ou morale, est présumé poursuivre ses activités.

Même en cas d'absence ou d'insuffisance du bénéfice, il doit être procédé aux amortissements, dépréciations et provisions nécessaires.

Il doit être tenu compte des passifs qui ont pris naissance au cours de l'exercice ou d'un exercice antérieur, même s'ils sont connus entre la date de la clôture de l'exercice et celle de l'établissement des comptes.

Art. L. 123-21. – **Seuls les bénéfices réalisés à la date de clôture d'un exercice peuvent être inscrits dans les comptes annuels. Peut être inscrit, après inventaire, le bénéfice réalisé sur une opération partiellement exécutée et acceptée par le cocontractant lorsque sa réalisation est certaine et qu'il est possible, au moyen de documents comptables prévisionnels, d'évaluer avec une sécurité suffisante le bénéfice global de l'opération.**

Art. L. 123-22 ***(Mod., L. n° 2003-7, 3 janv. 2003).*** – **Les documents comptables sont établis en euros et en langue française.**

Les documents comptables et les pièces justificatives sont conservés pendant dix ans.

Les documents comptables relatifs à l'enregistrement des opérations et à l'inventaire sont établis et tenus sans blanc ni altération d'aucune sorte, dans des conditions fixées par décret en Conseil d'État.

Voir : C. com., art. R. 123-172 et s., p. 888.

Dérogation à l'obligation d'établir les comptes en euros pour les SICAV et les fonds communs de placement, C. monét. fin., art. L. 214-11, p. 1010.

Bibliographie : G. Baranger, *L'adaptation du droit des sociétés à l'euro : BJS* 1998, p. 893. ■ D. Lepeltier, *L'euro et le capital des sociétés : que faire lors du passage définitif à la monnaie unique ? : JCP* E 2002, p. 311.

1) Expression du capital social en écus *[euros]*. La fixation du capital social d'une société en écus **n'est pas incompatible** avec la règle édictée par l'article 16 du Code de commerce *[art. L. 123-22]* dès lors que dans les comptes la contre-valeur en francs français de ce capital est indiquée pour assurer notamment l'information des tiers : ■ CA Paris, 3 juin 1994 : *JCP* E 1994, II, 619, note Y. Guyon ; *Rev. sociétés* 1994, p. 701, note G. Parléani ; *BJS* 1994, p. 791, note D. Fasquelle ; *Dr. sociétés* 1994, n° 158, obs. H. Le Nabasque ; *LPA* 19 oct. 1994, p. 19, note Chr. Gavalda ; *RF compt.* oct. 1994, p. 43, note Ph. Reigné. – V. l'ordonnance confirmée : ■ TGI Paris, réf., 29 juin 1993 : *BJS* 1993, p. 901, note Ch. Gavalda. – *Contra*, au motif que l'article 14 de la loi n° 92-666 du 16 juillet 1992 relative au plan d'épargne en actions, qui prévoit que les obligations peuvent être libellées et payées en écus, ne déroge pas à l'article 16 du Code de commerce *[art. L. 123-22]* : Rép. min. : *JO* Sénat Q, 9 sept. 1993, p. 1587.

2) Conservation des documents comptables. Sur l'obligation de conservation décennale, V. ■ CA Paris, 10 mars 1986 : *Banque* 1986, p. 505, obs. J.-L. Rives-Lange. – Le juge peut en outre ordonner la présentation de documents conservés au-delà du délai légal de dix ans : ■ CA Dijon, 29 févr. 1876 : *DP* 1877, 2, p. 94.

Art. L. 123-23. – **La comptabilité régulièrement tenue peut être admise en justice pour faire preuve entre commerçants pour faits de commerce.**

Si elle a été irrégulièrement tenue, elle ne peut être invoquée par son auteur à son profit.

La communication des documents comptables ne peut être ordonnée en justice que dans les affaires de succession, communauté, partage de société et en cas de redressement ou de liquidation judiciaires.

Voir aussi : Code civil, article 1329 et s. - Code de commerce, article 110-3.

Art. L. 123-24 ***(Mod., L. n° 2003-7, 3 janv. 2003).*** – **Tout commerçant est tenu de se faire ouvrir un compte dans un établissement de crédit ou dans un bureau de chèques postaux.**

....

Partie réglementaire

§ 1. – Des livres, documents et pièces comptables obligatoires

Art. R. 123-172. – **Un document décrivant les procédures et l'organisation comptables est établi par le commerçant dès lors que le document est nécessaire à la compréhension du système de traitement et à la réalisation des contrôles.**

Ce document est conservé aussi longtemps qu'est exigée la présentation des documents comptables auxquels il se rapporte.

Art. R. 123-173 *(Mod., D. n° 2014-1063, 18 sept. 2014 ; D. n° 2015-903, 23 juill. 2015).* – Tout commerçant tient obligatoirement un livre-journal et un grand-livre.

Le livre-journal et le grand-livre peuvent, à la demande du commerçant, être cotés et paraphés, dans la forme ordinaire et sans frais, par le greffier du tribunal dans le ressort duquel le commerçant est immatriculé. Chaque livre reçoit un numéro d'identification répertorié par le greffier sur un registre spécial.

Des documents sous forme électronique peuvent tenir lieu de livre-journal et de grand-livre ; dans ce cas, ils sont identifiés et datés dès leur établissement par des moyens offrant toute garantie en matière de preuve.

Art. R. 123-174. – Les mouvements affectant le patrimoine de l'entreprise sont enregistrés opération par opération et jour par jour pour le livre-journal.

Tout enregistrement comptable précise l'origine, le contenu et l'imputation de chaque donnée ainsi que les références de la pièce justificative qui l'appuie.

Les opérations de même nature, réalisées en un même lieu et au cours d'une même journée, peuvent être récapitulées sur une pièce justificative unique.

Les pièces justificatives sont classées dans un ordre défini au document mentionné à l'article R. 123-172.

Art. R. 123-175. – Les écritures du livre-journal sont portées sur le grand livre et ventilées selon le plan comptable.

Art. R. 123-176. – Le livre-journal et le grand livre sont détaillés en autant de journaux auxiliaires et de livres auxiliaires que les besoins du commerce l'exigent.

Les écritures portées sur les journaux et les livres auxiliaires sont centralisées une fois par mois au moins sur le livre-journal et le grand livre.

Art. R. 123-177 *(Mod., D. n° 2015-903, 23 juill. 2015).* – L'inventaire est le contrôle annuel de l'existence et de la valeur de tous les éléments d'actif et de passif à la date de clôture.

Les données d'inventaire sont conservées dans les conditions prévues à l'article L. 123-22 et organisées de manière à justifier le contenu et le mode d'évaluation de chacun des postes du bilan.

§ 2. – Des méthodes d'évaluation des éléments chiffrés

Art. R. 123-178. – Pour l'application de l'article L. 123-18 :

1° Le coût d'acquisition est égal au prix d'achat majoré des frais accessoires nécessaires à la mise en état d'utilisation du bien ;

2° Le coût de production est égal au coût d'acquisition des matières consommées augmenté des charges directes et d'une fraction des charges indirectes de production : les intérêts des capitaux empruntés pour financer la fabrication d'une immobilisation peuvent être inclus dans le coût de production lorsqu'ils concernent la période de fabrication. En ce qui concerne les éléments de l'actif circulant tel qu'il est défini au 2° de l'article R. 123-182, cette faculté est limitée à ceux dont le cycle de production dépasse nécessairement la durée de l'exercice. La justification et le montant de ces inclusions figurent à l'annexe ;

3° La valeur vénale d'un bien acquis à titre gratuit correspond au prix qui aurait été acquitté dans des conditions normales de marché ;

4° La valeur actuelle est une valeur d'estimation qui s'apprécie en fonction du marché et de l'utilité du bien pour l'entreprise ;

5° La valeur d'inventaire est égale à la valeur actuelle ; toutefois, lorsque la valeur d'inventaire d'une immobilisation non financière n'est pas jugée notablement inférieure à sa valeur comptable nette, celle-ci est retenue comme valeur d'inventaire.

§ 3. – Des amortissements, dépréciations et provisions

(Intitulé rempl., D. n° 2015-903, 23 juill. 2015)

Art. R. 123-179 *(Mod., D. n° 2015-903, 23 juill. 2015).* – Les éléments de l'actif immobilisé dont la durée d'utilisation est limitée sont amortis sur cette durée selon un plan d'amortissement. Un règlement de

l'Autorité des normes comptables peut toutefois prévoir des modalités d'amortissement différentes pour ceux des commerçants qui ne dépassent pas, à la clôture de l'exercice, deux des trois critères fixés par le 2° de l'article D. 123-200.

Toute modification significative des conditions d'utilisation du bien justifie la révision du plan en cours d'exécution.

Que leur durée d'utilisation soit limitée ou non, les éléments de l'actif immobilisé font l'objet d'une dépréciation lorsque leur valeur d'inventaire est inférieure à la valeur comptable et si l'on prévoit que la perte de valeur sera durable.

Les amortissements et les dépréciations sont inscrits distinctement à l'actif en diminution de la valeur des éléments correspondants.

Les risques et charges, nettement précisés quant à leur objet, que des événements survenus ou en cours rendent probables, entraînent la constitution de provisions.

Les dépréciations et provisions sont rapportées au résultat quand les raisons qui les ont motivées ont cessé d'exister. Par exception, les dépréciations afférentes au fonds commercial ne sont jamais rapportées au résultat.

§ 4. – De la constitution des comptes

Art. R. 123-180 ***(Mod., D. n° 2015-903, 23 juill. 2015).*** **– Le classement des éléments du bilan et du compte de résultat ainsi que la liste des informations contenues dans l'annexe peuvent être adaptés par secteurs d'activité par un règlement de l'Autorité des normes comptables.**

Les comptes annuels peuvent être présentés en négligeant les centimes.

Sous-paragraphe 1. – Du bilan

Art. R. 123-181 ***(Mod., D. n° 2015-903, 23 juill. 2015).*** **– Les éléments du patrimoine de l'entreprise sont classés à l'actif et au passif du bilan suivant leur destination et leur provenance. Les éléments destinés à servir de façon durable à l'activité de l'entreprise constituent l'actif immobilisé.**

Art. R. 123-182 ***(Mod., D. n° 2015-903, 23 juill. 2015).*** **– L'actif du bilan dont le modèle est établi par un règlement de l'Autorité des normes comptables fait apparaître successivement les rubriques suivantes :**

1° Au titre de l'actif immobilisé : les immobilisations incorporelles, les immobilisations corporelles et les immobilisations financières ;

2° Au titre de l'actif circulant : les stocks et en-cours, les avances et acomptes versés sur commandes, les créances, les valeurs mobilières de placement et les disponibilités ;

2° *bis* Les primes de remboursement des obligations ;

3° Les comptes de régularisation ;

4° Les écarts de conversion.

La contrepartie du capital souscrit non appelé figure distinctement comme premier poste de l'actif.

Art. R. 123-183 ***(Abr., D. n° 2015-903, 23 juill. 2015).***

Rédaction antérieure. Art. R. 123-183. – Les postes de l'actif distinguent notamment :

1° Parmi les immobilisations incorporelles : les frais d'établissement, les frais de recherche et de développement, les concessions, brevets, licences, marques, procédés, droits et valeurs similaires, le fonds commercial ainsi que les avances et acomptes ;

2° Parmi les immobilisations corporelles : les terrains, les constructions, les installations techniques, matériels et outillages, les avances et acomptes ainsi que les immobilisations corporelles en cours ;

3° Parmi les immobilisations financières : les participations, les créances rattachées à des participations, les autres titres immobilisés et les prêts ;

4° Parmi les stocks et en-cours : les matières premières et autres approvisionnements, les en-cours de production, les produits intermédiaires et finis ainsi que les marchandises ;

5° Parmi les créances : les créances clients, le capital souscrit, appelé et non versé ;

6° Parmi les valeurs mobilières de placement : les actions que la société a émises et dont elle est propriétaire.

Art. R. 123-184 ***(Mod., D. n° 2015-903, 23 juill. 2015).*** **– Constituent des participations les droits dans le capital d'autres personnes morales, matérialisés ou non par des titres, qui, en créant un lien durable avec**

celles-ci, sont destinés à contribuer à l'activité de la société détentrice. Sont présumés être des participations les titres représentant une fraction du capital supérieure à 10 %.

Art. R. 123-185. – Le montant des primes de remboursement d'emprunts est porté à l'actif du bilan au poste à intitulé correspondant. Il est amorti systématiquement sur la durée de l'emprunt selon des modalités indiquées à l'annexe. Les primes afférentes à la fraction d'emprunts remboursée ne peuvent en aucun cas y être maintenues.

Art. R. 123-186 *(Mod., D. n° 2015-903, 23 juill. 2015)*. – Les dépenses engagées à l'occasion d'opérations qui conditionnent l'existence ou le développement de l'entreprise mais dont le montant ne peut être rapporté à des productions de biens et de services déterminées peuvent figurer à l'actif du bilan au poste « frais d'établissement ».

Les frais de développement peuvent être inscrits à l'actif du bilan, au poste correspondant, à la condition de se rapporter à des projets nettement individualisés, ayant des sérieuses chances de rentabilité commerciale.

Les éléments acquis du fonds de commerce qui ne peuvent figurer à d'autres postes du bilan sont inscrits au poste « fonds commercial ».

Art. R. 123-187 *(Mod., D. n° 2015-903, 23 juill. 2015)*. – Un règlement de l'Autorité des normes comptables fixe les conditions de détermination de la durée d'utilisation, limitée ou non, des actifs incorporels. Les frais d'établissement sont amortis selon un plan et dans un délai maximal de cinq ans. Les frais de développement sont amortis sur la durée d'utilisation estimée des projets et cette durée est justifiée dans l'annexe. Si leur durée d'utilisation ne peut pas être déterminée de manière fiable, les frais de développement sont amortis sur une durée maximale de 5 ans.

Tant que les postes « frais d'établissement » et « frais de développement » ne sont pas apurés, il ne peut être procédé à aucune distribution de dividendes sauf si le montant des réserves libres est au moins égal à celui des frais non amortis.

Dans des cas exceptionnels, lorsque la durée d'utilisation des éléments du fonds de commerce inscrits au poste « fonds commercial » ne peut être déterminée de façon fiable, ces éléments sont amortis sur une période de 10 ans.

Art. R. 123-188. – Les frais d'exploration minière assimilés à des frais *(Mots suppr., D. n° 2015-903, 23 juill. 2015)* « ... » de développement peuvent être inscrits à l'actif du bilan sous ce poste. Le point de départ du plan d'amortissement correspondant peut être différé jusqu'au terme des recherches sous réserve de l'application éventuelle des dispositions de l'article R. 123-179. Dans ce cas, par dérogation aux dispositions du deuxième alinéa de l'article R. 123-187, une société filiale au sens de l'article L. 233-1 peut procéder à une distribution anticipée de dividendes si la société mère gage cette distribution par la constitution des réserves nécessaires.

Art. R. 123-189 *(Abr., D. n° 2015-903, 23 juill. 2015)*.

> **Rédaction antérieure. Art. R. 123-189.** – Les charges comptabilisées pendant l'exercice qui concernent un exercice ultérieur figurent à l'actif du bilan au poste « Comptes de régularisation ».
> Les produits comptabilisés pendant l'exercice qui concernent un exercice ultérieur figurent au passif du bilan au poste « Comptes de régularisation ».
> Ces postes font l'objet d'une information explicative à l'annexe.
> Les produits à recevoir et les charges à payer, rattachés aux postes de créances et de dettes, sont détaillés à l'annexe.

Art. R. 123-190 *(Mod., D. n° 2014-1315, 3 nov. 2014 ; D. n° 2015-903, 23 juill. 2015)*. – Le passif du bilan fait apparaître successivement les rubriques suivantes : les capitaux propres, les autres fonds propres, les provisions, les dettes, les comptes de régularisation et les écarts de conversion.

Les postes du passif distinguent parmi les capitaux propres : le capital, les primes d'émission et primes assimilées, les écarts de réévaluation, le résultat de l'exercice, les subventions d'investissement et les provisions réglementées, ainsi que les réserves en isolant la réserve légale, les réserves statutaires ou contractuelles et les réserves réglementées.

Art. R. 123-191. – Les capitaux propres correspondent à la somme algébrique des apports, des écarts de réévaluation, des bénéfices autres que ceux pour lesquels une décision de distribution est intervenue, des pertes, des subventions d'investissement et des provisions réglementées.

Sous-paragraphe 2. – Du compte de résultat

Art. R. 123-192. – Les produits et les charges de l'exercice sont classés au compte de résultat de manière à faire apparaître par différence les éléments du résultat courant et le résultat exceptionnel dont la réalisation n'est pas liée à l'exploitation courante de l'entreprise.

Art. R. 123-193 *(Mod., D. n° 2015-903, 23 juill. 2015)*. – Le compte de résultat dont le modèle est établi par un règlement de l'Autorité des normes comptables fait apparaître successivement, outre les variations de stocks :

1° Au titre des charges : les charges d'exploitation, les charges financières, les charges exceptionnelles ainsi que la participation des salariés aux fruits de l'expansion et l'impôt sur le bénéfice ;

2° Au titre des produits : les produits d'exploitation, les produits financiers et les produits exceptionnels ;

3° Le résultat de l'exercice.

Art. R. 123-194. – Le compte de résultat de l'exercice présenté sous forme de liste conformément aux dispositions du deuxième alinéa de l'article L. 123-13 permet également de dégager successivement le résultat d'exploitation, le résultat financier, le résultat courant avant impôt et le résultat exceptionnel.

Sous-paragraphe 3. – De l'annexe

Art. R. 123-195 *(Mod., D. n° 2015-903, 23 juill. 2015)*. – Outre les informations obligatoires prévues aux articles L. 123-13 à L. 123-21, L. 232-1 à L. 232-23, R. 123-179 à R. 123-189 du présent code et à l'article R. 313-14 du Code monétaire et financier et les informations prévues par règlement de l'Autorité des normes comptables, l'annexe comporte toutes les informations d'importance significative sur la situation patrimoniale et financière et sur le résultat de l'entreprise.

Art. R. 123-197-1 *(D. n° 2009-267, 9 mars 2009 ; mod., D. n° 2015-903, 23 juill. 2015)*. – Les sociétés anonymes qui adoptent une présentation simplifiée en application de l'article L. 123-16 mentionnent dans l'annexe la liste des transactions effectuées entre, d'une part, la société et ses principaux actionnaires et, d'autre part, la société et les membres de ses organes d'administration et de surveillance, si ces transactions présentent une importance significative et n'ont pas été conclues aux conditions normales du marché. Les modalités d'élaboration de cette liste sont précisées par un règlement de l'Autorité des normes comptables.

Art. R. 123-199. – Les éléments chiffrés de l'annexe sont, sauf exception dûment justifiée, déterminés selon les mêmes principes et les mêmes méthodes que pour l'établissement du bilan et du compte de résultat. Ils concernent l'ensemble des activités de l'entreprise quel que soit le lieu de leur exercice. Ils sont vérifiables par rapprochement avec des documents justificatifs.

Les éléments chiffrés qui figurent déjà au bilan ou au compte de résultat peuvent être omis dans l'annexe.

Art. R. 123-199-1 *(D. n° 2009-267, 9 mars 2009 ; mod., D. n° 2015-903, 23 juill. 2015)*. – Les mots : « partie liée » et « transactions entre parties liées » ont le même sens que celui défini par les normes comptables internationales adoptées par le règlement (CE) n° 2238/2004 de la Commission du 29 décembre 2004, notamment la partie de son annexe IAS 24 intitulée « objet des informations relatives aux parties liées », ainsi que par tout règlement communautaire qui viendrait le modifier.

§ 5. – De la présentation comptable simplifiée

Art. D. 123-200 *(D. n° 2014-136, 17 févr. 2014)*. – Pour l'application des articles L. 123-16 et L. 123-16-1 :

1° En ce qui concerne les microentreprises, le total du bilan est fixé à 350 000 euros, le montant net du chiffre d'affaires à 700 000 euros et le nombre moyen de salariés employés au cours de l'exercice à 10 ;

2° En ce qui concerne les petites entreprises, le total du bilan est fixé à 4 000 000 euros, le montant net du chiffre d'affaires à 8 000 000 euros et le nombre moyen de salariés employés au cours de l'exercice à 50.

Le total du bilan est égal à la somme des montants nets des éléments d'actif.

Le montant net du chiffre d'affaires est égal au montant des ventes de produits et services liés à l'activité courante, diminué des réductions sur ventes, de la taxe sur la valeur ajoutée et des taxes assimilées.

Le nombre moyen de salariés employés au cours de l'exercice est égal à la moyenne arithmétique des effectifs à la fin de chaque trimestre de l'année civile, ou de l'exercice comptable lorsque celui-ci ne coïncide pas avec l'année civile, liés à l'entreprise par un contrat de travail.

Art. R. 123-201 *(Abr., D. n° 2015-903, 23 juill. 2015).*

> **Rédaction antérieure. Art. R. 123-201.** – Le bilan simplifié prévu à l'article L. 123-16 fait apparaître successivement les éléments suivants :
>
> 1° Au titre de l'actif immobilisé : les immobilisations incorporelles en distinguant le fonds commercial, les immobilisations corporelles et les immobilisations financières ;
>
> 2° Au titre de l'actif circulant : les stocks et en-cours, les avances et acomptes versés sur commandes, les créances en distinguant les clients, les valeurs mobilières de placement et les disponibilités ;
>
> 3° Les charges constatées d'avance ;
>
> 4° Les capitaux propres détaillés comme il est indiqué à l'article R. 123-190, à l'exception des réserves qui peuvent être regroupées ;
>
> 5° Les provisions ;
>
> 6° Les dettes en distinguant : les emprunts et dettes assimilées, les avances et acomptes sur commandes en cours et les fournisseurs ;
>
> 7° Les produits constatés d'avance.

Art. R. 123-202 *(Abr., D. n° 2015-903, 23 juill. 2015).*

> **Rédaction antérieure. Art. R. 123-202.** – Le compte de résultat simplifié prévu à l'article L. 123-16 fait apparaître successivement, outre les variations de stocks, les éléments suivants :
>
> 1° Les charges d'exploitation en distinguant les achats, les autres charges externes, les impôts, taxes et versements assimilés, à l'exception de l'impôt sur le bénéfice, les rémunérations du personnel et des dirigeants, les charges sociales ainsi que les dotations aux amortissements, aux dépréciations et aux provisions qui se rapportent à l'exploitation ;
>
> 2° Les charges financières ;
>
> 3° Les charges exceptionnelles ;
>
> 4° L'impôt sur le bénéfice ;
>
> 5° Les produits d'exploitation en distinguant les ventes de marchandises, la production vendue et les subventions d'exploitation ;
>
> 6° Les produits financiers ;
>
> 7° Les produits exceptionnels.

2.1.2. – Obligations comptables applicables à certains commerçants personnes physiques

Code de commerce

Partie législative

Sous-section 2. – Des obligations comptables applicables à certains commerçants

(Intitulé mod., L. n° 2011-525, 17 mai 2011)

Art. L. 123-25 *(Mod., L. n° 2011-525, 17 mai 2011 ; Ord. n° 2014-86, 30 janv. 2014).* **– Par dérogation aux dispositions des premier et troisième alinéas de l'article L. 123-12, les personnes physiques placées sur option ou de plein droit sous le régime réel simplifié d'imposition peuvent n'enregistrer les créances et les dettes qu'à la clôture de l'exercice et ne pas établir d'annexe.**

Les personnes morales ayant la qualité de commerçant et placées sur option ou de plein droit sous le régime simplifié d'imposition peuvent présenter une annexe abrégée établie selon un modèle fixé par un règlement de l'Autorité des normes comptables.

Par dérogation aux dispositions du premier alinéa de l'article L. 123-12, ces mêmes personnes, à l'exception de celles contrôlées par une société qui établit des comptes en application de l'article L. 233-16, peuvent enregistrer leurs créances et leurs dettes à la clôture de l'exercice.

Art. L. 123-26. – Par dérogation aux dispositions du deuxième alinéa de l'article L. 123-13, les personnes physiques placées sur option ou de plein droit sous le régime réel simplifié d'imposition peuvent inscrire au compte de résultat, en fonction de leur date de paiement, les charges dont la périodicité n'excède pas un an, à l'exclusion des achats.

Art. L. 123-27 *(Mod., Ord. n° 2009-79, 22 janv. 2009)*. – Par dérogation aux dispositions du troisième alinéa de l'article L. 123-18, les personnes physiques placées sur option ou de plein droit sous le régime réel simplifié d'imposition peuvent procéder à une évaluation simplifiée des stocks et des productions en cours, selon une méthode fixée par règlement de l'Autorité des normes comptables.

Art. L. 123-28 *(Rempl., L. n° 2008-776, 4 août 2008)*. – Par dérogation aux dispositions des articles L. 123-12 à L. 123-23, les personnes physiques bénéficiant du régime défini à l'article 50-0 du Code général des impôts peuvent ne pas établir de comptes annuels. Elles tiennent un livre mentionnant chronologiquement le montant et l'origine des recettes qu'elles perçoivent au titre de leur activité professionnelle. Elles tiennent également, lorsque leur commerce principal est de vendre des marchandises, objets, fournitures et denrées à emporter ou à consommer sur place, ou de fournir le logement, un registre récapitulé par année, présentant le détail de leurs achats. Un décret fixe les conditions dans lesquelles ce livre et ce registre sont tenus.

Art. L. 123-28-1 *(L. n° 2015-990, 6 août 2015)*. – Par dérogation aux articles L. 123-12 à L. 123-23, les personnes physiques mentionnées au deuxième alinéa de l'article L. 123-16-1 peuvent ne pas établir de bilan et de compte de résultat lorsqu'elles n'emploient aucun salarié et qu'elles ont effectué une inscription de cessation totale et temporaire d'activité au registre du commerce et des sociétés. La dérogation n'est plus applicable en cas de reprise de l'activité et au plus tard à l'issue du deuxième exercice suivant la date de l'inscription. La dérogation ne s'applique pas lorsqu'il est procédé à des opérations modifiant la structure du bilan au cours de l'exercice considéré. Les modalités d'application du présent article sont fixées par décret.

Art. L. 123-28-2 *(L. n° 2015-990, 6 août 2015)*. – Par dérogation aux articles L. 123-12 à L. 123-23, les personnes morales mentionnées au deuxième alinéa de l'article L. 123-16-1 peuvent établir un bilan abrégé et un compte de résultat abrégé lorsqu'elles n'emploient aucun salarié et qu'elles ont effectué une inscription de cessation totale et temporaire d'activité au registre du commerce et des sociétés. La dérogation n'est plus applicable en cas de reprise de l'activité et au plus tard à l'issue du deuxième exercice suivant la date de l'inscription. La dérogation ne s'applique pas lorsqu'il est procédé à des opérations modifiant la structure du bilan au cours de l'exercice considéré. Les modalités d'application du présent article sont fixées par décret.

Partie réglementaire

Art. R. 123-203. – Par dérogation à l'article R. 123-174, les personnes mentionnées aux articles L. 123-25 et L. 123-28 peuvent procéder à l'enregistrement comptable des encaissements et des paiements en retenant la date de l'opération figurant sur le relevé qui leur est adressé par un établissement de crédit.

Art. R. 123-204 *(Mod., D. n° 2015-903, 23 juill. 2015)*. – Par dérogation à l'article R. 123-176, les personnes mentionnées aux articles L. 123-25 à L. 123-27 et au deuxième alinéa de l'article L. 123-16-1 peuvent centraliser ces écritures tous les trois mois.

Art. R. 123-205 *(Abr., D. n° 2009-234, 25 févr. 2009)*.

Art. D. 123-205-1 *(D. n° 2008-1405, 19 déc. 2008)*. – Le livre mentionné à l'article L. 123-28 distingue les règlements en espèce des autres règlements et indique les références des pièces justificatives.

Le registre mentionné à ce même article présente chronologiquement le détail des achats, en distinguant les règlements en espèces et en indiquant les références des pièces justificatives.

Art. R. 123-206 *(Abr., D. n° 2009-234, 25 févr. 2009)*.

Art. R. 123-207. – Les personnes mentionnées aux articles L. 123-25 à L. 123-28 sont dispensées de produire les justificatifs des frais généraux accessoires lorsqu'une telle dispense est accordée en matière fiscale. Elles peuvent, en outre, enregistrer forfaitairement, selon un barème publié chaque année par l'administration fiscale, les frais relatifs aux carburants consommés lors des déplacements professionnels.

Art. R. 123-208. – **Par dérogation aux dispositions des 1° à 5° de l'article R. 123-178, les personnes physiques placées sur option ou de plein droit sous le régime réel simplifié d'imposition prévu à l'article 302 *septies* A *bis* du Code général des impôts peuvent déterminer :**

1° La valeur d'inventaire des biens en stocks en pratiquant sur le prix de vente de ces biens à la date du bilan un abattement correspondant à la marge pratiquée par l'entreprise sur chaque catégorie de biens ;

2° La valeur d'inventaire des travaux en cours en retenant le montant des acomptes réclamés avant facturation.

Art. D. 123-208-01 *(D. n° 2016-120, 5 févr. 2016)*. – **I. – Les opérations modifiant la structure du bilan mentionnées à l'article L. 123-28-1 sont :**

1° L'entrée ou la sortie significative de trésorerie ;

2° La dotation ou la reprise d'une provision pour risques et charges.

II. – Les opérations modifiant la structure du bilan mentionnées à l'article L. 123-28-2 incluent les opérations mentionnées au I ainsi que les opérations suivantes :

1° L'augmentation et la réduction du capital ;

2° La distribution de dividendes.

III. – La dérogation prévue aux articles L. 123-28-1 et L. 123-28-2 est applicable aux deux premiers exercices clos après la date d'inscription de cessation totale et temporaire d'activité. La condition d'absence de salarié prévue à ces mêmes articles s'apprécie à la date de clôture du dernier exercice précédant la date d'inscription de la cessation totale et temporaire d'activité. L'embauche d'un salarié après cette date de clôture met fin à la dérogation. Le commerçant est tenu d'établir le bilan et le compte de résultat à la clôture de l'exercice au cours duquel la dérogation a pris fin.

2.2. – DES COMMISSAIRES AUX COMPTES

2.2.1. – Dispositions législatives et réglementaires

2.2.1.1. – Dispositions générales

Code de commerce

Partie législative

(titre II du livre huitième)

Bibliographie : H. Alvès, *Le point sur le statut des commissaires aux comptes : Rev. Lamy dr. aff.* 2006, n° 3, p. 7. • R. Augustin, *Le contrôle légal des comptes : la proposition de directive du 16 mars 2004 au regard du droit français après la loi de sécurité financière : BJS* 2004, p. 1295. • J.-F. Barbièri, *Commissaires aux comptes : Traité Joly Sociétés*, 2009 ; *Les réformes du commissariat aux comptes : de la régulation interne à la réglementation professionnelle : LPA* 8 juill. 2004, p. 6 ; *Nouvel aggiornamento du commissariat aux comptes par ordonnance n° 2005-1126 du 8 septembre 2005 : BJS* 2005, p. 1289. • B. Bouloc, *Le renforcement de l'efficacité des contrôles effectués par le commissaire aux comptes : Rev. sociétés* 2003, p. 807. • R. Castell et F. Pasqualini, *Le commissaire aux comptes*, Economica, 1995. • *Commissaire aux comptes, mission et responsabilités*, (ss dir.) M. Domingo, Économica, 2001. • Y. Chaput, *Le commissaire aux comptes partenaire de l'entreprise* : Paris Presses de sciences Po/ Creda, (La Bibliothèque du décideur), 1999. • A. Coulier, *Le statut professionnel des commissaires aux comptes après le décret du 7 décembre 1976 : Rev. sociétés* 1977, p. 221. • R. Contin, *Le contrôle de la gestion des sociétés anonymes*, Litec, 1975, n°s 236 et s. • I. Dusart, *L'utilisation par le commissaire aux comptes des déclarations écrites de la direction : JCP* E 2005, 619. • Th. Granier, *Le commissaire aux comptes dans les sociétés qui font appel public à l'épargne : Mél. Y. Guyon*, Dalloz, 2003, p. 457 ; *Le rôle des commissaires aux comptes : Rev. sociétés* 2004, p. 557 ; *Le commissaire aux comptes dans la société par actions simplifiée : BJS* 2008, n° 3, p. 252 ; *La responsabilité disciplinaire des commissaires aux comptes* : Compagnie nationale des commissaires aux comptes, département éditions, sept. 2008. • Y. Guyon et G. Coquereau, *Le commissariat aux comptes, aspects juridiques et techniques*, Librairies techniques, 1971. • C. Jasson, *Blanchiment de capitaux et déclaration de soupçon : de la nécessité d'une adaptation conjointe de la législation et du comportement du commissaire aux comptes : BJS* 2005, p. 162. • W. Jeandidier, *La responsabilité pénale des commissaires aux comptes* : CNCC, département éditions, juin 2008. • Chr. de Lauzainghein, J.-L. Navarro et D. Nechelis, *Droit comptable*, Dalloz, 3e éd. 2004. • B. Lecourt, *Proportionnalité entre capital et contrôle dans* *les sociétés cotées, in 5e conférence du droit des sociétés et du gouvernement d'entreprise, Berlin, 28 juin 2007, Remise de l'étude externe réalisée pour la Commission européenne, Rapport de la Chambre de commerce et d'industrie de Paris, mai 2007 : Rev. sociétés* 2007, p. 642. • D. Lencou, *Le rôle du commissaire aux comptes et du commissaire aux apports dans l'augmentation de capital depuis la réforme du décret du 23 mars 1967 sur les sociétés commerciales : BJS* 2007, n° 12, p. 1305. • P. Mabilat, *Le nouveau statut professionnel des commissaires aux comptes : Rev. sociétés* 1970, p. 1. • H. Matsopoulou, *Le contrôle légal des comptes sociaux : Rev. sociétés* 2005, p. 45. • P. Merle, *Les nouvelles obligations des commissaires aux comptes après la loi NRE du 15 mai 2001 : D.* 2001, chron. p. 3516 ; *La responsabilité civile du commissaire aux comptes* : CNCC, département édition, mars 2007. • J. Monéger et Th. Granier, *Le commissaire aux comptes*, Dalloz, 1995. • J.-L. Navarro, *L'intérêt bien exagéré du législateur français pour le commissaire aux comptes : JCP* E 2012, 1390. • E. du Pontavice, *Les tâches du commissaire aux comptes depuis la loi du 24 juillet 1966 : Rev. sociétés* 1968, p. 1. • D. Poracchia, *La loi de sécurité financière et la réforme du commissariat aux comptes : Dr. et patrimoine* 1/2004, p. 62 ; *Regard sur l'évolution de la profession de commissaire aux comptes : LPA* 30 sept. 2004, p. 3 ; *La nomination et la cessation des fonctions du commissaire aux comptes* : CNCC, département édition, oct. 2008. A. Robert, *Responsabilité des commissaires aux comptes* : Dalloz référence, 2008/2009. • A. Sayag (ss dir.), *Le commissariat aux comptes. Renforcement ou dérive ?*, Litec, coll. « CREDA », 1989. • A. Sayag et A. Palmade, *Le commissariat aux comptes en proie aux réformes : Rev. sociétés* 1985, p. 339. • A. Viandier, *L'évolution du commissariat aux comptes : Études R. Roblot*, LGDJ, 1984, p. 325. • D. Vidal, *Le commissaire aux comptes dans la société anonyme*, LGDJ, 1985. • *Adde* Y. Guyon et B. François, *JCl. Sociétés traité*, Fasc. 134-10 *(Statut général et conditions d'exercice du contrôle)*. • D. Langé, *JCl. Sociétés traité*, Fasc. 134-20 *(Missions)* et 134-25 *(Responsabilité civile)*.

CHAPITRE PRÉLIMINAIRE. – DISPOSITIONS GÉNÉRALES

Art. L. 820-1 ***(Rempl. à compter du 17 juin 2016, Ord. n° 2016-315, 17 mars 2016 ; mod., Ord. n° 2017-484, 6 avr. 2017).*** **– I. - Nonobstant toute disposition contraire, les dispositions du présent titre sont applicables aux commissaires aux comptes *(Mots rempl., L. n° 2019-486, 22 mai 2019)* « dans l'exercice de leur activité professionnelle, quelle que soit la nature des missions ou des prestations qu'ils fournissent ». Elles sont également applicables à ces personnes et entités, sous réserve des règles propres à celles-ci, quel que soit leur statut juridique.**

II. – Pour l'application du présent titre, le terme : « entité » désigne notamment les fonds mentionnés aux articles L. 214-8, L. 214-24-34 et L. 214-169 du Code monétaire et financier.

III. – Pour l'application du présent titre les termes : « entité d'intérêt public » désignent :

1° Les établissements de crédit mentionnés au I de l'article L. 511-1 du Code monétaire et financier ayant leur siège social en France ;

2° Les entreprises d'assurance et de réassurance mentionnées aux articles L. 310-1 et L. 310-1-1 du Code des assurances, à l'exception des sociétés d'assurance mutuelles dispensées d'agrément administratif en application de l'article R. 322-117-1 du Code des assurances ;

3° Les institutions de prévoyance et leurs unions régies par le titre III du livre IX du Code de la sécurité sociale, à l'exception de celles mentionnées au 3° de l'article L. 931-6-1 du Code de la sécurité sociale ;

4° Les mutuelles et unions de mutuelles régies par le livre II du Code de la mutualité, à l'exception de celles mentionnées au 3° de l'article L. 211-11 du Code de la mutualité ;

5° Les personnes et entités dont les titres financiers sont admis aux négociations sur un marché réglementé ;

6° Lorsque le total de leur bilan consolidé ou combiné excède un seuil fixé par décret : (1)

a) **Les compagnies financières holdings au sens de l'article L. 517-1 du Code monétaire et financier dont l'une des filiales est un établissement de crédit ;**

b) **Les compagnies financières holdings mixtes au sens de l'article L. 517-4 du Code monétaire et financier dont l'une des filiales est une entité d'intérêt public au sens du présent article ;**

c) **Les sociétés de groupe d'assurance au sens de l'article L. 322-1-2 du Code des assurances ;**

d) **Les sociétés de groupe d'assurance mutuelle au sens de l'article L. 322-1-3 du Code des assurances ;**

e) **Les unions mutualistes de groupe au sens de l'article L. 111-4-2 du Code de la mutualité ;**

f) **Les sociétés de groupe assurantiel de protection sociale au sens de l'article L. 931-2-2 du Code de la sécurité sociale ;**

(1) NOTA : Conformément à l'article 53 1° de l'ordonnance n° 2016-315 du 17 mars 2016, les dispositions du 6° du III de l'article L. 820-1 du Code de commerce dans sa rédaction issue de ladite ordonnance, entrent en vigueur à compter du premier exercice ouvert postérieurement au 31 décembre 2017.

7° Les fonds de retraite professionnelle supplémentaire mentionnés à l'article L. 381-1 du Code des assurances ;

8° Les mutuelles ou unions de retraite professionnelle supplémentaire mentionnées à l'article L. 214-1 du Code de la mutualité ;

9° Les institutions de retraite professionnelle supplémentaire mentionnées à l'article L. 942-1 du Code de la sécurité sociale.

Art. L. 820-1-1 *(Créé, L. n° 2019-486, 22 mai 2019).* – L'exercice de la profession de commissaire aux comptes consiste en l'exercice, par le commissaire aux comptes, de missions de contrôle légal et d'autres missions qui lui sont confiées par la loi ou le règlement.

Un commissaire aux comptes peut, en dehors ou dans le cadre d'une mission légale, fournir des services et des attestations, dans le respect des dispositions du présent code, de la règlementation européenne et des principes définis par le code de déontologie de la profession.

Art. L. 820-2 *(L. n° 2001-420, 15 mai 2001 ; mod., L. n° 2003-706, 1er août 2003 ; Ord. n° 2005-1126, 8 sept. 2005).* – Nul ne peut se prévaloir du titre de commissaire aux comptes s'il ne remplit pas les conditions visées aux dispositions du présent titre.

Art. L. 820-3 *(Rempl. à compter du 17 juin 2016, Ord. n° 2016-315, 17 mars 2016 ; mod., L. n° 2016-1691, 9 déc. 2016).* – I. – En vue de sa désignation, le commissaire aux comptes informe par écrit la personne ou l'entité dont il se propose de certifier les comptes de son affiliation à un réseau, national ou international, qui n'a pas pour activité exclusive le contrôle légal des comptes et dont les membres ont un intérêt économique commun. Le cas échéant, il l'informe également du montant global des honoraires perçus par ce réseau au titre des services autres que la certification des comptes ainsi que de la nature de ces services fournis par ce réseau à la personne ou à l'entité dont ledit commissaire aux comptes se propose de certifier les comptes, aux personnes ou entités qui la contrôlent ou qui sont contrôlées par elle, au sens des I et II de l'article L. 233-3. Les informations relatives au montant global des honoraires perçus sont intégrées aux documents mis à la disposition des actionnaires en application de l'article L. 225-108. Actualisées chaque année par le commissaire aux comptes, elles sont mises à la disposition, au siège de la personne dont il certifie les comptes, des associés et actionnaires et, pour les associations, des adhérents et donateurs.

L'information sur le montant des honoraires versés à chacun des commissaires aux comptes est mise, au siège de la personne ou de l'entité contrôlée, à la disposition des associés et actionnaires et, pour les associations, des adhérents et donateurs.

Pour les entités d'intérêt public, le détail des prestations fournies au titre des services autres que la certification des comptes peut être communiqué, à sa demande, au comité spécialisé mentionné à l'article L. 823-19 ou, selon le cas, à l'organe chargé de l'administration ou à l'organe de surveillance.

II. – Avant d'accepter le mandat ou son renouvellement, le commissaire aux comptes vérifie et consigne :

1° Les éléments relatifs au respect des conditions de son indépendance prévues par l'article L. 822-11-3 et par le Code de déontologie mentionné à l'article L. 822-16, et, le cas échéant, les mesures de sauvegarde nécessaires pour atténuer les risques pesant sur son indépendance ;

2° Les éléments établissant qu'il dispose des ressources humaines et matérielles nécessaires à la bonne exécution de la mission de certification des comptes.

III. – Lorsque le commissaire aux comptes certifie les comptes d'une entité d'intérêt public, il se conforme aux dispositions de l'article 6 du règlement (UE) n° 537/2014 du Parlement européen et du Conseil du 16 avril 2014 relatif aux exigences spécifiques applicables au contrôle légal des comptes des entités d'intérêt public et abrogeant la décision 2005/909/CE de la Commission.

Art. L. 820-3-1 *(Ord. n° 2005-1126, 8 sept. 2005).* – Les délibérations de l'organe mentionné au premier alinéa *(Mots aj. à compter du 17 juin 2016, Ord. n° 2016-315, 17 mars 2016)* « du I » de l'article L. 823-1 prises à défaut de désignation régulière de commissaires aux comptes ou sur le rapport de commissaires aux comptes nommés ou demeurés en fonctions contrairement aux dispositions du présent titre ou à d'autres dispositions applicables à la personne ou à l'entité en cause sont nulles.

L'action en nullité est éteinte si ces délibérations sont expressément confirmées par l'organe compétent sur le rapport de commissaires aux comptes régulièrement désignés.

Bibliographie : F. Barrière, *Nouvelles dispositions relatives au commissariat aux comptes et incohérences en matière de nullité :* *BJS* 2006, p. 989. • J.-P. Legros, *De la nullité des délibérations de sociétés commerciales après l'ordonnance du 8 septembre 2005 : Dr. sociétés* juin 2006, p. 1.

Art. L. 820-4 *(L. n° 2001-420, 15 mai 2001 ; mod., L. n° 2011-525, 17 mai 2011).* **– Nonobstant toute disposition contraire :**

1° Est puni d'un emprisonnement de deux ans et d'une amende de 30 000 € le fait, pour tout dirigeant de personne ou de l'entité tenue d'avoir un commissaire aux comptes, de ne pas en provoquer la désignation. Est puni des mêmes peines le fait pour tout dirigeant d'une personne ou entité ayant un commissaire aux comptes de ne pas le convoquer à toute assemblée générale ;

2° Est puni d'un emprisonnement de cinq ans et d'une amende de 75 000 € le fait, pour les dirigeants d'une personne morale ou toute personne ou entité au service d'une personne ou entité ayant un commissaire aux comptes, de mettre obstacle aux vérifications ou contrôles des commissaires aux comptes ou des experts nommés en exécution des articles L. 223-37 et L. 225-231, ou de leur refuser la communication sur place de toutes les pièces utiles à l'exercice de leur mission et, notamment, de tous contrats, livres, documents comptables et registres de procès-verbaux.

Voir : Application aux dirigeants des GEIE, aux personnes physiques dirigeants de sociétés membres des GEIE ou représentants permanents des personnes morales dirigeants de ces sociétés, C. com., art. L. 252-13, p. 609.

1) Défaut de désignation. Pour des exemples de condamnation pénale à raison d'un défaut de désignation, V. ▪ T. corr. Paris, 2 nov. 1979 : *Rev. sociétés* 1980, p. 796, note B. Bouloc *[désignation fictive, car non portée à la connaissance de l'intéressé].*▪ Cass. crim., 11 mai 1981 : *D.* 1982, jurispr. p. 653, note B. Bouloc ; *Rev. sociétés*, 1982, p. 102, note Sibon. ▪ CA Paris, 9ᵉ ch. A, 19 févr. 2007 : *JurisData* n° 2007-329889 ; *Dr. sociétés*, 2007, comm. 142, note R. Salomon. – A également été jugé en dehors de toute condamnation pénale, que le défaut de désignation d'un commissaire aux comptes, en cas de liquidation judiciaire, peut constituer une faute de gestion ayant contribué à l'insuffisance d'actif (en faisant perdre à la société une chance de redressement) et ainsi entraîner la condamnation des dirigeants à supporter tout ou partie du passif : ▪ CA Paris, 3ᵉ ch. A, 18 nov. 1997 : *JurisData* n° 1998-210143 ; *BJS* 1998, p. 250, note J.-F. Barbièri.

2) Défaut de convocation. L'omission des formalités de convocation des commissaires aux comptes caractérise l'infraction : ▪ T. corr. Lyon, 7 juill. 1971 : *BJS* 1972, p. 165. – V. plus généralement sur les éléments constitutifs du délit ▪ CA Paris, 19 févr. 2007 : *Dr. sociétés* 2007, n° 142, note R. Salomon.

3) Entrave.

a) **Éléments du délit.** Le délit de refus de communication peut être commis par tous moyens et notamment par refus de communiquer au commissaire aux comptes, en original ou en copie, toutes pièces nécessaires à l'exercice de ses fonctions : ▪ Cass. crim., 11 mai 1981 : *JCP* 1981, IV, 269 ; *D.* 1981, inf. rap. p. 486. – De même, le refus d'accès aux locaux est constitutif du délit d'entrave aux fonctions de commissaire aux comptes : ▪ Cass. crim., 8 juin 1992 : *BJS* 1993, p. 906, note J.-F. Barbièri. – La simple **réticence** à fournir des explications comme l'atermoiement inexcusable à produire des pièces caractérisent le refus de communication : ▪ CA Rennes, 30 sept. 1974 : *Rev. sociétés* 1976, p. 521, note P. Mabilat. – De façon générale, se rend coupable du délit d'entrave aux fonctions du commissaire aux comptes le dirigeant d'une entité contrôlée qui fait **sciemment obstacle** aux vérifications ou contrôles des commissaires aux comptes ou qui **refuse de leur communiquer sur place** toutes pièces utiles à l'exercice de leur mission : ▪ CA Paris, 9ᵉ ch., sect. A., 24 sept. 2008 : *JurisData* n° 2008-022101 ; *Dr. sociétés* févr. 2009, comm. 41, note R. Salomon. – Commet également le délit d'entrave aux fonctions de commissaire aux comptes le directeur général d'une SICAV qui reconnaît avoir autorisé des **manipulations de comptes et pièces**, comportant des valeurs liquidatives fictives, **dans le but de tromper les commissaires aux comptes** en leur dissimulant la réalité des pertes et la surévaluation de l'actif de la société d'investissement dont ils avaient pour mission de certifier les comptes : ▪ Cass. crim., 6 mai 2009, n° 08-83.212 : *JurisData* n° 2009-049041 ; *Dr. sociétés* nov. 2009, comm. 212, note R. Salomon. – Toutefois, si le commissaire a clairement exprimé son intention de ne pas effectuer les contrôles qui lui incombent, le fait que le président ne lui ait pas adressé un ou plusieurs documents ne saurait être regardé comme un obstacle à ses vérifications : ▪ Cass. crim., 29 janv. 1992 : *BJS* 1992, p. 764, note J.-F. Barbièri.

b) **Soumission du commissaire.** Pour des exemples de condamnation d'un commissaire qui s'était soumis aux volontés du président : ▪ CA Paris, 30 juin 1983 : *Bull. CNCC* déc. 1983, n° 52, p. 470. ▪ CA Paris, 1ᵉʳ déc. 1986 : *JurisData* n° 1986-028161.

c) **Fait justificatif ?** Un gérant de société avait demandé en justice le relèvement de fonctions du commissaire aux comptes. Ce relèvement avait été prononcé en première instance, puis annulé par la cour d'appel. Le gérant ne peut se prévaloir de ce litige pour refuser de communiquer au commissaire des documents comptables, malgré les nombreuses demandes de ce dernier. Aussi le dirigeant se rend-il coupable du délit d'entrave aux fonctions du commissaire aux comptes : ▪ Cass. crim., 12 sept. 2001 : *JurisData* n° 2001-011245 ; *BJS* 2002, p. 35, note J.-F. Barbièri.

Art. L. 820-5 *(L. n° 2001-420, 15 mai 2001)*. **– Est puni d'un an d'emprisonnement et de 15 000 € d'amende le fait, pour toute personne :**

1° De faire usage du titre de commissaire aux comptes ou de titres quelconques tendant à créer une similitude ou une confusion avec celui-ci, sans être régulièrement inscrite sur la liste prévue au I de l'article L. 225-219 et avoir prêté serment dans les conditions prévues à l'article L. 225-223 ;

2° D'exercer illégalement la profession de commissaire aux comptes, en violation des dispositions du I de l'article L. 225-219 et de l'article L. 225-223 ou d'une mesure d'interdiction ou de suspension temporaire.

Les articles 226-13 et 226-14 du Code pénal relatifs au secret professionnel sont applicables aux commissaires aux comptes.

Voir : Application du dernier alinéa de l'article L. 820-5 aux commissaires aux comptes des GEIE, C. com., art. L. 252-13, p. 609.

Code pénal

Art. 226-13. – La révélation d'une information à caractère secret par une personne qui en est dépositaire soit par état ou par profession, soit en raison d'une fonction ou d'une mission temporaire, est punie d'un an d'emprisonnement et de 15 000 euros d'amende.

Art. 226-14 *(Mod., L. n° 98-468, 17 juin 1998 ; L. n° 2002-73, 17 janv. 2002 ; L. n° 2003-239, 18 mars 2003 ; rempl., L. n° 2004-1, 2 janv. 2004 ; mod., L. n° 2006-399, 4 avr. 2006, L. n° 2007-297, 5 mars 2007)*. **–** L'article 226-13 n'est pas applicable dans les cas où la loi impose ou autorise la révélation du secret. En outre, il n'est pas applicable :

1° À celui qui informe les autorités judiciaires, médicales ou administratives de privations ou de sévices, y compris lorsqu'il s'agit d'atteintes ou mutilations sexuelles, dont il a eu connaissance et qui ont été infligées à un mineur ou à une personne qui n'est pas en mesure de se protéger en raison de son âge ou de son incapacité physique ou psychique ;

2° *(2° mod., L. n° 2015-1402, 5 nov. 2015)* Au médecin ou à tout autre professionnel de santé qui, avec l'accord de la victime, porte à la connaissance du procureur de la République ou de la cellule de recueil, de traitement et d'évaluation des informations préoccupantes relatives aux mineurs en danger ou qui risquent de l'être, mentionnée au deuxième alinéa de l'article L. 226-3 du Code de l'action sociale et des familles, les sévices ou privations qu'il a constatés, sur le plan physique ou psychique, dans l'exercice de sa profession et qui lui permettent de présumer que des violences physiques, sexuelles ou psychiques de toute nature ont été commises. Lorsque la victime est un mineur ou une personne qui n'est pas en mesure de se protéger en raison de son âge ou de son incapacité physique ou psychique, son accord n'est pas nécessaire ;

3° Aux professionnels de la santé ou de l'action sociale qui informent le préfet et, à Paris, le préfet de police du caractère dangereux pour elles-mêmes ou pour autrui des personnes qui les consultent et dont ils savent qu'elles détiennent une arme ou qu'elles ont manifesté leur intention d'en acquérir une.

(Al. rempl., L. n° 2015-1402, 5 nov. 2015) Le signalement aux autorités compétentes effectué dans les conditions prévues au présent article ne peut engager la responsabilité civile, pénale ou disciplinaire de son auteur, sauf s'il est établi qu'il n'a pas agi de bonne foi.

Art. L. 820-6 *(L. n° 2001-420, 15 mai 2001)*. **– Est puni d'un emprisonnement de six mois et d'une amende de 7 500 € le fait, pour toute personne d'accepter, d'exercer ou de conserver les fonctions de commissaire aux comptes, nonobstant les incompatibilités légales, soit en son nom personnel, soit au titre d'associé dans une société de commissaires aux comptes.**

Voir : Application de l'article L. 820-6 aux commissaires aux comptes des GEIE, C. com., art. L. 252-13, p. 609. **– Incompatibilités,** C. com., art. L. 822-10, p. 931.

Incompatibilités. Ont été condamnés :

– le commissaire aux comptes qui était resté le conseil juridique de la société dont il contrôlait les comptes : ▪ TGI Paris, 23 oct. 1978 : *Rev. sociétés* 1979, p. 352 ;

– le commissaire aux comptes qui était également l'associé gérant de la société civile professionnelle de conseil juridique, dont la société contrôlée était cliente : ▪ CA Paris, 17 janv. 1980 : *Bull. CNCC* sept. 1980, n° 39, p. 299 ;

– le commissaire aux comptes percevant, indirectement, une rémunération de la filiale de la société contrôlée, extérieure à sa mission censoriale : ▪ TGI Nanterre, 25 sept. 1981 : *Rev. sociétés* 1981, p. 775, note Y. Guyon ;

– le commissaire aux comptes d'une filiale qui exerce la fonction d'expert-comptable au sein de la société mère : ▪ T. corr. Paris, 10 sept. 2004 : *JurisData* n° 2004-292977 ; *Dr. sociétés* mars 2006, n° 48, obs. R. Salomon.

Art. L. 820-7 ***(L. n° 2001-420, 15 mai 2001 ; mod., L. n° 2011-525, 17 mai 2011).*** **– Est puni d'un emprisonnement de cinq ans et d'une amende de 75 000 € le fait, pour toute personne exerçant les fonctions de commissaire aux comptes, de donner ou confirmer des informations mensongères sur la situation de la personne morale ou de ne pas révéler au procureur de la République les faits délictueux dont elle a eu connaissance.**

Voir : Application de l'article L. 820-7 aux commissaires aux comptes des GEIE, C. com., art. L. 252-13, p. 609. – **Obligation de révélation des faits délictueux,** C. com., art. L. 823-12, p. 955.

Bibliographie : V. Baillot, *Les infractions liées au contrôle de la comptabilité : avant-propos*, in *La comptabilité dans l'entreprise et la responsabilité pénale (actes de colloque) : LPA* 12 avr. 2007, n° 74, p. 25. • Ch. Delattre, *L'obligation de révélation des faits délictueux des commissaires aux comptes : Dr. sociétés* août 2014, alerte 27. • W. Jeandidier, *La responsabilité pénale des commissaires aux comptes* : CNCC, département éditions, juin 2008. • F. Salomon, *Le commissaire aux comptes et le droit pénal : Dr. sociétés* avr. 2004, p. 7 (1re partie) ; *Dr. sociétés* mai 2004, p. 6 (2e partie). • N. Stolowy, *La responsabilité pénale des commissaires aux comptes : réflexions à propos des délits de confirmation d'informations mensongères et de non-révélation de faits délictueux : Rev. sociétés* 1998, p. 521. • B.-H. Dumortier, *JCl. Sociétés traité*, Fasc. 134-30 (Infractions).

I – INFORMATIONS MENSONGÈRES

Bibliographie : D. Lecomte, *Le délit d'information mensongère par le commissaire aux comptes*, in *La comptabilité dans l'entreprise et la responsabilité pénale (actes de colloque) : LPA* 12 avr. 2007, n° 74, p. 32.

1) Approbation d'un bilan inexact. Le délit de confirmation d'informations mensongères est réalisé lorsque deux commissaires aux comptes **« approuvent » un bilan qu'ils savent être inexact** dans un rapport présenté aux actionnaires qui, bien que soustrait au dernier moment, a servi de base aux délibérations de l'assemblée : ▪ Cass. crim., 12 janv. 1981 : *Rev. sociétés* 1981, p. 612, note B. Bouloc ; *D.* 1981, p. 348, note J. Cosson.

2) Autres exemples de condamnation :

– **diffusion d'une notice de présentation d'un emprunt obligataire** visé par la COB *[AMF]* : ▪ Cass. crim., 2 avr. 1990 : *BJS* 1990, p. 645 ;

– **certification sans réserve des comptes** alors que le livre d'inventaire était incomplet et que le commissaire avait été informé que les comptes étaient faux : ▪ Cass. crim., 8 avr. 1991 : *BJS* 1991, p. 710, note D. Baraderie ;

– **incitation des victimes à acquérir d'autres actions de la société** : ▪ CA Paris, 12 févr. 1998 : *JurisData* n° 1998-020392 ;

– certification de comptes sociaux indiquant des provisions inférieures à la réalité et mentionnant en conséquence un exercice bénéficiaire, alors qu'il était très largement déficitaire, dans le cadre d'une société de cautionnement dont le dirigeant avait mis en place un mécanisme destiné à masquer la réalité économique des opérations en transférant de manière fictive les engagements sur des sociétés tierces incapables de les assumer : ▪ CA Paris, 30 avr. 1998 : *JurisData* n° 1998-021319 ;

– **absence de mention de surévaluations de créances** dans un rapport établi à la demande de l'administrateur judiciaire puis transmis au procureur de la République : ▪ Cass. crim., 2 févr. 2000 : *BJS* 2000, p. 595, note F. Pasqualini et V. Pasqualini-Salerno ; *Rev. sociétés* 2000, p. 743, note B. Bouloc.

II – NON-RÉVÉLATION DE FAITS DÉLICTUEUX

Bibliographie : J.-F. Barbièri, *Les risques encourus par le commissaire aux comptes dans sa mission en matière de blanchiment : BJS* 2003, p. 365. – J.-Ch. Boulay, *L'obligation du commissaire aux comptes de révéler les faits délictueux : Rev. sociétés* 1980, p. 443. – F. Delesalle, *Objectif d'image fidèle et droit comptable sont-ils incompatibles ? : LPA* 28 nov. 2000, p. 4. – Ch. Goyet, *La révélation des faits délictueux : JCP* 1989, I, 3370. – E. du Pontavice, *Délit de non-révélation des faits délictueux et preuve de la connaissance des faits : Bull. CNCC* déc. 1974, n° 16. – A.-C. Muller, *Interprétation du délit de non-révélation de faits délictueux : Dr. pén.* 2007, n° 11, étude 24, p. 24. – F. Terré, *L'obligation* *de révélation des faits délictueux* : *Éco. et compt.* juin 1973, p. 27. – A. Viandier, *Sur les limites de l'obligation de révélation des faits délictueux* : *JCP* CI 1982, II, 13682.

3) Exemples de condamnation. Le délit de non-révélation des faits délictueux suppose la **mauvaise foi** de son auteur (▪ CA Angers, 22 nov. 1979 : *Bull. CNCC* sept. 1980, p. 296) qui, par exemple, ne dénonce pas des faits d'abus de biens sociaux et de faux en écriture privée pourtant patents (▪ CA Dijon, 28 mai 1998 : *JurisData* n° 1998-043679). – Cassation pour contradiction de motifs de l'arrêt ayant écarté le délit de non révélation de faits délictueux et de confirmation d'informations mensongères alors que les comptes ont été certifiés sans aucune réserve par les commissaires aux comptes en connaissance de l'*insuffisance des provisions pour risques et dépréciations* : ▪ Cass. crim., 17 mai 2066, n° 05-81.758 : *Dr. pén.* 2006 ; *JCP* E 2006, 2509, note J.-H. Robert.

4) Éléments inopérants. Le **secret des affaires** ne saurait être invoqué par le commissaire aux comptes pour limiter son devoir de révélation : ▪ T. civ. Lille, 14 déc. 1955 : *D.* 1956, 670.

5) Délit non caractérisé.

a) Ne commet pas de faute le commissaire qui révèle au procureur de la République les faits délictueux dont il a eu connaissance **sans avertir préalablement** les dirigeants sociaux et qui refuse d'exécuter sa mission en raison de l'impossibilité matérielle dans laquelle il se trouve, faute d'avoir été payé de ses honoraires : ▪ TI Saint-Pierre-et-Miquelon, 19 nov. 1991 : *BJS* 1992, p. 751, note J.-F. Barbièri.

b) Aucune absence de révélation ne peut être reprochée au commissaire aux comptes qui **n'avait pas connaissance** des faits constitutifs de l'abus de biens sociaux, sa mission ne l'autorisant pas à s'immiscer dans la gestion de la société contrôlée : ▪ CA Besançon, 11 avr. 2000 : *BJS* 2000, p. 899, note J.-F. Barbièri.

c) La négligence du commissaire aux comptes à s'informer et son incompétence manifeste, dès l'instant où elles sont exclusives de toute mauvaise foi, ne suffisent pas à caractériser le délit qui est **d'interprétation stricte** : ▪ CA Lyon, 13 déc. 2000 : *BJS* 2001, p. 147, note J.-F. Barbièri.

d) Dès lors que le **dirigeant est relaxé** du chef de banqueroute, le commissaire aux comptes ne peut se voir reprocher d'avoir omis de révéler des faits qui ne revêtent pas un caractère délictueux : ▪ CA Lyon, 13 déc. 2000, préc.

6) Dénonciation calomnieuse. Le commissaire aux comptes qui révèle les faits délictueux, **sans les déformer**, ni les interpréter, ne se rend pas coupable de **dénonciation calomnieuse**, ▪ CA Paris, 26 juin 1984 : *Bull. CNCC* sept. 1984, n° 55, p. 342. – Jugé cependant que le commissaire aux comptes, tenu de révéler les faits délictueux appris dans l'exercice de sa mission au procureur de la République, constitue une autorité au sens de l'article 226-10 du Code pénal. À ce titre, se rend coupable de dénonciation calomnieuse le directeur administratif et financier d'une société qui signale au commissaire aux comptes des abus de biens sociaux alors qu'en raison de ses fonctions, il ne pouvait ignorer le caractère inexact et erroné des faits dénoncés : ▪ Cass. crim., 26 mai 2010, n° 10-80.392 : *JurisData* n° 2010-009381 ; *JCP* E 2010, 1822, n° 8, p. 46, note J.-L. Navarro ; *Rev. sociétés* 2011, p. 237, note B. Bouloc ; *D.* 2010, 1630. – Si la révélation au procureur de la République, par un commissaire aux comptes, de faits délictueux dont il a connaissance, ne peut engager sa responsabilité, cette immunité cède lorsque la révélation procède d'une intention malveillante : ▪ Cass. com., 15 mars 2017, n° 14-26.970 : *Bull. Joly Sociétés* 2017, p. 329, note J.-P. Barbièri.

7) Rémunération. Si le commissaire aux comptes doit être rémunéré par la société pour les heures consacrées à la révélation de faits délictueux, c'est à la condition qu'il en ait eu connaissance dans le **cadre de sa mission** ; n'entrant pas dans la mission du commissaire aux comptes, les heures consacrées à la recherche d'incompatibilités frappant la société désignée en qualité de second commissaire aux comptes ne peuvent par suite donner lieu à facturation : ▪ Cass. com., 18 mai 2005 : *BJS* 2005, n° 291, p. 1341, note T. Granier ; *D.* 2005, p. 1556, obs. A. Lienhard ; *JCP* E 2005, 1049 ; *Rev. sociétés* 2006, p. 871, note J.-F. Barbièri.

8) Secret professionnel. Voir C. com., art. L. 822-15, p. 934.

9) Action civile. Les actionnaires ne sont pas recevables à se constituer **partie civile** à raison de l'absence de révélation, dès lors qu'ils ne justifient que d'un préjudice indirect : ▪ Cass. crim., 24 janv. 1978 : *Bull. crim.* 1978, n° 28. – Le délit de non révélation de faits délictueux par un commissaire aux comptes peut occasionner aux **créanciers** de la société victime un préjudice direct dès lors que les comptes annuels qui leur ont été présentés ont justifié le maintien de relations contractuelles avec celle-ci : ▪ Cass. crim., 8 mars 2006, n° 05-81.153 : *BJS* 2006, p. 1041, note H. Matsopoulou ; *Dr. sociétés* août-sept. 2006, n° 133, obs. R. Salomon.

10) Prescription. Le délai de **prescription** court à compter du jour où le commissaire aux comptes a eu connaissance des faits délictueux (▪ Cass. crim., 24 mars 1999 : *JurisData* n° 1999-001469 ; *Dr. sociétés* 1999, n° 117, obs. D. Vidal ; *D.* 1999, inf. rap. p. 145) et, au plus tard, du jour de la certification des comptes (■ Cass. crim., 9 mars 1999 : *BJS* 1999, p. 622, note J.-F. Barbièri).

III – RESPONSABILITÉ PÉNALE DE DROIT COMMUN

11) Complicité. Se rend coupable de complicité d'escroquerie le commissaire aux comptes, qui a certifié en connaissance de cause et sur plusieurs exercices des comptes dont la sincérité et la conformité avaient été attestées par un expert-comptable auquel ne pouvait échapper le caractère fictif desdits comptes, en ce qu'il fournit alors sciemment à l'auteur principal les **moyens de réitérer le délit** : ■ Cass. crim., 31 janv. 2007, n° 06-81.258 : *Bull. crim.* 2007, n° 25, p. 84 ; *Rev. sociétés* 2007, p. 351, note H. Matsopolou ; *ibid.*, p. 584, note B. Bouloc ; *BJS* 2007, p. 685, note Th. Granier ; *LPA* 2007, n° 136, p. 9, note J.-F. Barbièri ; *RTD com.* 2007, p. 617, note B. Bouloc ; *D.* 2007, p. 588, et p. 1629, obs. C. Mascala ; *D.* 2007, p. 1843, note B. Bouloc ; *Bull. CNCC* juin 2007, n° 146, p. 313, note Ph. Merle ; *RJDA* 5/2007, p. 475, n° 498. – Doit être cassé l'arrêt qui, pour relaxer le commissaire aux comptes d'une société, poursuivi pour complicité de banqueroute et de confirmation d'informations mensongères, retient que le **fait d'avoir certifié les comptes sociaux sans vérification comptable** ne constitue pas un acte positif de complicité et que l'**incompétence professionnelle** du prévenu, **son manque de curiosité** et sa **passivité** ne constituent pas davantage cette **complicité** : ■ Cass. crim., 18 mai 2011, n° 10-87.768 : *JurisData* n° 2011-012377 ; *JCP* E 2011, 1761, note R. Salomon ; *BJS* 2011, p. 900 ; *Dr. sociétés* 2011, comm. 182, note R. Salomon.

CHAPITRE I. – DE L'ORGANISATION ET DU CONTRÔLE DE LA PROFESSION

(L. n° 2003-706, 1er août 2003)

Section I. – De l'organisation de la profession

Art. L. 821-1 ***(L. n° 2003-706, 1er août 2003 ; mod., Ord. n° 2005-1126, 8 sept. 2005 ; L. fin. n° 2007-1822, 24 déc. 2007 ; Ord. n° 2008-1278, 8 déc. 2008 ; L. n° 2016-1691, 9 déc. 2016 ; L. n° 2017-55, 20 janv. 2017).*** **– I. – Le Haut Conseil du commissariat aux comptes est une autorité publique indépendante.**

Le Haut conseil exerce les missions suivantes :

1° Il procède à l'inscription des commissaires aux comptes et des contrôleurs de pays tiers mentionnés au I de l'article L. 822-1-5 et à la tenue des listes prévues à l'article L. 822-1 ;

2° Il adopte, dans les conditions prévues à l'article L. 821-14, les normes relatives à la déontologie des commissaires aux comptes, au contrôle interne de qualité et à l'exercice professionnel ;

3° Il définit les orientations générales et les différents domaines sur lesquels l'obligation de formation continue peut porter et veille au respect des obligations des commissaires aux comptes dans ce domaine ;

4° Il prend les mesures mentionnées aux III et V de l'article L. 823-3-1 et au III de l'article L. 823-18 ;

5° Il définit le cadre et les orientations des contrôles prévus à l'article L. 821-9 ; il en supervise la réalisation et peut émettre des recommandations dans le cadre de leur suivi ;

6° Il diligente des enquêtes portant sur les manquements aux dispositions du présent titre et à celles du règlement (UE) n° 537/2014 du 16 avril 2014 ;

7° Il prononce des sanctions dans les conditions prévues au chapitre IV du présent titre ;

8° *(8° rempl., L. n° 2019-486, 22 mai 2019)* **Il statue sur les litiges relatifs à la rémunération des commissaires aux comptes, conformément à l'article L. 823-18-1 ;**

9° Il coopère avec les autorités d'autres États exerçant des compétences analogues, les autorités de l'Union européenne chargées de la supervision des entités d'intérêt public, les banques centrales, le Système européen de banques centrales, la Banque centrale européenne et le Comité européen du risque systémique ;

10° Il suit l'évolution du marché de la réalisation des missions de contrôle légal des comptes des entités d'intérêt public, dans les conditions définies à l'article 27 du règlement (UE) n° 537/2014 du 16 avril 2014.

Sauf dispositions contraires, les missions confiées au Haut conseil sont exercées par le collège.

II. – Le Haut conseil peut déléguer à la Compagnie nationale des commissaires aux comptes la réalisation des missions suivantes ou de certaines d'entre elles :

1° L'inscription et la tenue de la liste mentionnée au I de l'article L. 822-1 ;

2° Le suivi du respect des obligations de formation continue des commissaires aux comptes ;

3° Les contrôles effectués dans les conditions prévues à la section II du présent chapitre.

Les conditions de la délégation sont fixées par une convention homologuée par arrêté du garde des Sceaux, ministre de la Justice.

Voir : C. com., art. R. 821-2 à R. 821-14, p. 908.

Bibliographie : J.-F. Barbièri, *Premières identifications des « bonnes pratiques professionnelles » par le Haut Conseil du commissariat aux comptes : quelques observations sur le rôle respectif de la Compagnie nationale et du Haut conseil : BJS* 2004, p. 1155. • B. Bouloc, *Le renforcement de l'efficacité des contrôles effectués par le commissaire aux comptes : Rev. sociétés* 2003, p. 807. • A. Couret et M. Tudel, *Le nouveau contrôle légal des comptes : D.* 2003, p. 2290.

Art. L. 821-2 *(Mod., Ord. n° 2010-76, 21 janv. 2010 ; L. n° 2013-672, 26 juill. 2013 ; L. n° 2017-55, 20 janv. 2017)*. – **I. – Le collège du Haut conseil du commissariat aux comptes comprend :**

1° Quatre magistrats, dont :

a) Un membre de la Cour de cassation, président du Haut conseil ;

b) Deux magistrats de l'ordre judiciaire dont l'un est président de la formation restreinte prévue au II ;

c) Un magistrat de la Cour des comptes ;

2° Le président de l'Autorité des marchés financiers ou son représentant, le président de l'Autorité de contrôle prudentiel et de résolution ou son représentant, le directeur général du Trésor ou son représentant ;

3° Un professeur des universités spécialisé en matière juridique, économique ou financière ;

4° Quatre personnes qualifiées en matière économique et financière ; la première est choisie pour ses compétences dans les domaines des offres au public et des sociétés dont les titres sont admis aux négociations sur un marché réglementé, la deuxième pour ses compétences dans le domaine de la banque ou de l'assurance, la troisième pour ses compétences dans le domaine des petites et moyennes entreprises, des personnes morales de droit privé ayant une activité économique ou des associations, la quatrième pour ses compétences en matière de comptabilité nationale et internationale ;

5° Deux personnes ayant exercé la profession de commissaire aux comptes.

Les membres mentionnés au 1° comprennent un nombre égal de femmes et d'hommes. Parmi les autres membres, à l'exception des membres de droit mentionnés au 2°, l'écart entre le nombre de femmes et d'hommes ne peut être supérieur à un.

Le bureau est composé du président du Haut conseil et de deux membres titulaires et de leurs suppléants, élus par le collège en son sein. Il est chargé d'exercer les attributions mentionnées au 4° du I de l'article L. 821-1.

Le président du Haut conseil est nommé par décret du Président de la République pour une durée de six ans. Il exerce ses fonctions à plein temps. En cas d'empêchement, il est suppléé par le magistrat de l'ordre judiciaire qui ne préside pas la formation restreinte.

Les membres du Haut conseil, autres que les membres de droit, sont nommés par décret pour six ans renouvelables une fois, à l'exception des membres mentionnés au 5° dont le mandat n'est pas renouvelable. Le mandat n'est pas interrompu par les règles de limite d'âge éventuellement applicables aux intéressés.

Lors de la désignation d'un nouveau membre appelé à remplacer un membre dont le mandat a pris fin avant le terme normal, le nouveau membre est de même sexe que celui qu'il remplace.

II. – En matière de sanctions, et pour connaître du contentieux des honoraires, le Haut conseil du commissariat aux comptes statue en formation restreinte.

La formation restreinte est composée du magistrat de l'ordre judiciaire qui en est le président et de quatre autres membres élus par le collège en son sein, à l'exception des membres du bureau et du directeur général du Trésor ou de son représentant.

En cas d'empêchement du président, il est suppléé par le membre de la formation restreinte le plus âgé.

Les membres de la formation restreinte ne participent pas aux délibérations du collège portant sur des cas individuels.

III. – Une commission composée à parité de membres du collège et de commissaires aux comptes est placée auprès du Haut conseil afin d'élaborer le projet des normes prévues au 2° du I de l'article L. 821-1. Le nombre et les modalités de désignation de ses membres ainsi que les règles relatives à son organisation et à son fonctionnement sont fixés par le règlement intérieur du Haut conseil.

Art. L. 821-3 *(L. n° 2003-706, 1er août 2003 ; mod., Ord. n° 2008-1278, 8 déc. 2008 ; L. n° 2010-1249, 22 oct. 2010 ; Ord. n° 2015-948, 31 juill. 2015)*. – **Le Haut Conseil du commissariat aux comptes comprend :**

1° Trois magistrats, dont un membre ou ancien membre de la Cour de cassation, président, un second magistrat de l'ordre judiciaire et un magistrat de la Cour des comptes ;

2° Le président de l'Autorité des marchés financiers ou son représentant, le directeur général du Trésor ou son représentant et un professeur des universités spécialisé en matière juridique, économique ou financière ;

3° Trois personnes qualifiées dans les matières économique et financière ; deux de celles-ci sont choisies pour leurs compétences dans les domaines des offres au public et des sociétés dont les titres financiers sont admis aux négociations sur un marché réglementé ; la troisième est choisie pour ses compétences dans le domaine des petites et moyennes entreprises, des personnes morales de droit privé ayant une activité économique ou des associations ;

4° Trois commissaires aux comptes, dont deux ayant une expérience du contrôle des comptes des personnes ou des entités qui procèdent à des offres au public ou qui font appel à la générosité publique.

Les membres mentionnés au 1° comprennent au moins une femme et un homme. Parmi les autres membres, à l'exception des deux membres de droit mentionnés au 2°, l'écart entre le nombre de femmes et d'hommes ne peut être supérieur à un.

Le président exerce ses fonctions à plein temps. En cas d'empêchement, il est suppléé par le second magistrat de l'ordre judiciaire.

Les décisions sont prises à la majorité des voix. En cas de partage égal des voix, la voix du président est prépondérante.

Le président et les membres du Haut Conseil du commissariat aux comptes sont nommés par décret pour six ans renouvelables, sous réserve du sixième alinéa. Le Haut Conseil du commissariat aux comptes est renouvelé par moitié tous les trois ans.

Le Haut Conseil constitue des commissions consultatives spécialisées en son sein pour préparer ses décisions et avis. Celles-ci peuvent s'adjoindre, le cas échéant, des experts.

Art. L. 821-3-1 *(Rempl. à compter du 17 juin 2016, Ord. n° 2016-315, 17 mars 2016)*. – Le Haut conseil dispose d'un service chargé de procéder aux enquêtes préalables à l'ouverture des procédures prévues au chapitre IV du présent titre. Ce service est dirigé par un rapporteur général et composé d'enquêteurs habilités par ce dernier.

Les enquêteurs ainsi que toute personne participant à une mission d'enquête sont désignés dans des conditions propres à éviter tout conflit d'intérêt avec les commissaires aux comptes ou les personnes ou entités qui font l'objet de l'enquête.

Art. L. 821-3-2 *(Abr., L. n° 2017-55, 20 janv. 2017)*.

Art. L. 821-3-3 *(L. n° 2017-55, 20 janv. 2017)*. – I. – Sans préjudice des dispositions prévues à l'article L. 821-12-5 du présent code et au I de l'article L. 631-1 du Code monétaire et financier, les personnels du Haut conseil, ainsi que toutes les personnes physiques ou morales qui, à quelque titre que ce soit, participent, même occasionnellement, à l'activité de celui-ci sont tenus au secret professionnel pour les faits, actes et renseignements dont ils ont pu avoir connaissance en raison de leurs fonctions.

Ce secret n'est pas opposable à l'autorité judiciaire.

II. – Le secret professionnel n'est pas opposable au Haut conseil et à ses services dans l'exercice de leurs missions, sauf par les auxiliaires de justice.

Art. L. 821-4 *(L. n° 2003-706, 1er août 2003 ; mod. à compter du 17 juin 2016, Ord. n° 2016-315, 17 mars 2016)*. – Un commissaire du Gouvernement auprès du Haut conseil du commissariat aux comptes est désigné par le garde des sceaux, ministre de la justice. Il siège avec voix consultative. Le commissaire du Gouvernement n'assiste pas aux délibérations du Haut conseil statuant en formation restreinte. Il peut demander une seconde délibération quand le Haut conseil ne statue pas en formation restreinte.

Art. L. 821-5 *(L. n° 2003-706, 1er août 2003 ; rempl., L. fin. n° 2007-1822, 24 déc. 2007 ; mod., Ord. n° 2009-80, 22 janv. 2009 ; L. fin. rect. n° 2009-1674, 30 déc. 2009 ; L. n° 2016-1691, 9 déc. 2016 ; L. n° 2017-55, 20 janv. 2017 ; L. n° 2017-1837, 30 déc. 2017)*. – I. – Dans la limite du plafond prévu au I de l'article 46 de la loi n° 2011-1977 du 28 décembre 2011 de finances pour 2012, le Haut Conseil du commissariat aux comptes perçoit le produit des cotisations mentionnées à l'article L. 821-6-1 pour assurer le financement des missions définies à l'article L. 821-1.

II. – Les personnes qui sollicitent leur inscription sur la liste mentionnée au II de l'article L. 822-1 sont assujetties à une contribution forfaitaire dont le montant, fixé par décret, n'excède pas 5 000 €. Cette contribution est recouvrée par le Haut Conseil, selon des modalités fixées par décret en Conseil d'État.

III. – Un décret en Conseil d'État fixe le régime comptable du Haut Conseil, ainsi que le régime indemnitaire de ses membres, de son président, de son directeur général et du rapporteur général.

....

Art. L. 821-6. – Il est institué auprès du garde des Sceaux, ministre de la Justice, une Compagnie nationale des commissaires aux comptes, établissement d'utilité publique doté de la personnalité morale, chargée de représenter la profession de commissaire aux comptes auprès des pouvoirs publics.

Elle concourt au bon exercice de la profession, à sa surveillance ainsi qu'à la défense de l'honneur et de l'indépendance de ses membres.

Il est institué une compagnie régionale des commissaires aux comptes, dotée de la personnalité morale, par ressort de cour d'appel. Toutefois, le garde des sceaux, ministre de la justice, peut procéder à des regroupements, *(Mots rempl., L. n° 2019-486, 22 mai 2019)* « après avis » de la compagnie nationale et après consultation, par cette dernière, des compagnies régionales intéressées.

Les ressources de la compagnie nationale et des compagnies régionales sont constituées notamment par une cotisation annuelle à la charge des commissaires aux comptes.

Art. L. 821-6-1 *(Mod., Ord. n° 2013-544, 27 juin 2013 ; L. n° 2017-1837, 30 déc. 2017).* – I. – Les commissaires aux comptes inscrits sur la liste mentionnée au I de l'article L. 822-1 sont assujettis à une cotisation assise sur le montant total des honoraires qu'ils ont facturés au cours de l'année civile précédente aux personnes ou entités dont ils certifient les comptes. Le taux de cette cotisation, déterminé par décret, est compris entre 0,5 % et 0,7 %.

II. – Les commissaires aux comptes inscrits sur la liste mentionnée au I de l'article L. 822-1 sont également assujettis à une cotisation assise sur le montant total des honoraires qu'ils ont facturés au cours de l'année civile précédente aux entités d'intérêt public dont ils certifient les comptes. Le taux de cette cotisation, déterminé par décret, est compris entre 0,2 % et 0,3 %.

III. – Les cotisations mentionnées aux I et II sont exigibles le 31 mars de chaque année. Elles sont acquittées auprès de l'agent comptable du Haut Conseil du commissariat aux comptes.

IV. – Le Haut Conseil peut déléguer, par convention homologuée par arrêté du ministre de la justice, à la Compagnie nationale des commissaires aux comptes le recouvrement des cotisations prévues au présent article. Dans ce cas, les recettes collectées par la Compagnie nationale pour le compte du Haut Conseil font l'objet d'une comptabilité distincte retraçant l'ensemble des opérations liées à cette convention. Elles sont versées sur un compte spécifique et ne peuvent donner lieu à aucun placement par la Compagnie nationale. La Compagnie nationale met à la disposition du Haut Conseil les informations lui permettant de contrôler l'exactitude des sommes qui lui sont reversées. Le Haut Conseil demeure seul compétent pour engager les actions en recouvrement forcé des cotisations impayées.

Art. L. 821-7 *(Mod., L. n° 2017-1837, 30 déc. 2017).* – La contribution mentionnée à l'article L. 821-5 et les cotisations mentionnées à l'article L. 821-6-1 sont liquidées, ordonnancées et recouvrées selon les modalités prévues pour les recettes des établissements publics administratifs de l'État. Les contestations relatives à ces contributions et cotisations sont portées devant le tribunal administratif.

Elles sont acquittées dans des conditions fixées par décret en Conseil d'État. Le délai de paiement est de trente jours à compter de la date d'exigibilité des cotisations. Le montant est majoré du taux d'intérêt légal mensualisé par mois de retard à compter du trente et unième jour suivant la date d'exigibilité, tout mois entamé étant compté en entier.

Lorsqu'un redevable ne donne pas les renseignements demandés nécessaires à la détermination de l'assiette des cotisations et de leur mise en recouvrement, le montant des cotisations est majoré de 10 %.

La majoration peut être portée à 40 % lorsque le document contenant les renseignements n'a pas été déposé dans les trente jours suivant la réception d'une mise en demeure, notifiée par pli recommandé, d'avoir à le produire dans ce délai, et à 80 % lorsque ce document n'a pas été déposé dans les trente jours suivant la réception d'une deuxième mise en demeure notifiée dans les mêmes formes que la première.

Les majorations prévues aux troisième et quatrième alinéas du présent article ne peuvent être prononcées avant l'expiration d'un délai de trente jours à compter de la notification du document indiquant au redevable la majoration qu'il est envisagé de lui appliquer, les motifs de celle-ci et la possibilité dont dispose l'intéressé de présenter dans ce délai ses observations.

Les agents désignés à cet effet par le président du Haut Conseil du commissariat aux comptes contrôlent les cotisations. À cette fin, ils peuvent demander aux redevables tous renseignements, justifications ou éclaircissements relatifs aux déclarations souscrites.

Le droit de reprise des cotisations par le Haut Conseil s'exerce jusqu'à la fin de la sixième année qui suit celle au titre de laquelle les cotisations sont dues.

Section II. – Du contrôle de la profession

Art. L. 821-9 *(L. n° 2003-706, 1er août 2003 ; rempl., Ord. n° 2008-1278, 8 déc. 2008 ; mod., Ord. n° 2009-80, 22 janv. 2009 ; L. n° 2012-387, 22 mars 2012 ; Ord. n° 2013-676, 25 juill. 2013 ; Ord. n° 2016-315, 17 mars 2016)*. – Lorsqu'ils concernent des commissaires aux comptes exerçant des missions auprès d'entités d'intérêt public, les contrôles de leur activité professionnelle sont effectués par des contrôleurs du Haut conseil du commissariat aux comptes, dans des conditions conformes aux dispositions de l'article 26 du règlement (UE) n° 537/2014 du 16 avril 2014.

Lorsqu'ils concernent des commissaires aux comptes n'exerçant pas de missions auprès d'entités d'intérêt public, les contrôles de leur activité professionnelle peuvent être effectués par des contrôleurs du Haut conseil. Ils peuvent également être délégués par le Haut conseil à la Compagnie nationale des commissaires aux comptes, en application d'une convention homologuée par arrêté du garde des Sceaux, ministre de la Justice. La convention détermine le cadre, les orientations et les modalités des contrôles.

Les contrôles prévus au présent article peuvent être effectués avec le concours de l'Autorité des marchés financiers ou de l'Autorité de contrôle prudentiel et de résolution.

Art. L. 821-10 *(L. n° 2003-706, 1er août 2003 ; mod., Ord. n° 2016-315, 17 mars 2016)*. – Les contrôleurs et toute personne participant à une mission de contrôle sont désignés de façon à éviter tout conflit d'intérêt avec les commissaires aux comptes qui font l'objet des contrôles.

Art. L. 821-12 *(L. n° 2003-706, 1er août 2003 ; mod., Ord. n° 2016-315, 17 mars 2016)*. – Pour la réalisation des contrôles, les agents du Haut conseil sont habilités à :

1° Obtenir du commissaire aux comptes tout document ou toute information, sous quelque forme que ce soit, concernant la mission de certification des comptes ou toute autre prestation fournie par lui aux personnes ou entités dont il certifie les comptes. Ils peuvent en exiger une copie ;

2° Obtenir de toute autre personne des informations liées à la mission de certification des comptes ou à toute autre prestation fournie par le commissaire aux comptes aux personnes ou entités dont il certifie les comptes ;

3° Procéder à des contrôles sur place ;

4° Avoir recours à des experts, afin notamment de procéder à des vérifications.

Les commissaires aux comptes sont tenus de fournir tous les renseignements et documents qui leur sont demandés à l'occasion des contrôles, sans pouvoir opposer le secret professionnel.

Art. L. 821-12-1 *(Ord. n° 2009-104, 30 janv. 2009 ; mod., Ord. n° 2016-315, 17 mars 2016)*. – Lorsqu'elles constatent des faits susceptibles d'être liés au blanchiment de capitaux ou au financement du terrorisme, les personnes réalisant les contrôles prévus à l'article L. 821-9 en informent le service mentionné à l'article L. 561-23 du Code monétaire et financier.

Art. L. 821-12-2 *(L. n° 2016-1691, 9 déc. 2016)*. – I. – Aux fins mentionnées au 9° du I de l'article L. 821-1, le Haut conseil communique, à leur demande, les informations ou les documents qu'il détient ou qu'il recueille aux autorités des États membres de l'Union européenne exerçant des compétences analogues aux siennes.

II. – Le Haut conseil peut faire diligenter par les contrôleurs mentionnés à l'article L. 821-9 les opérations de contrôle qu'il détermine, afin de répondre aux demandes d'assistance des autorités mentionnées au I.

Lorsqu'une de ces autorités le demande, le Haut conseil autorise les agents de cette autorité à assister aux opérations de contrôle.

Art. L. 821-12-3 *(L. n° 2016-1691, 9 déc. 2016)*. – Aux fins mentionnées au 9° du I de l'article L. 821-1, le Haut conseil peut communiquer des informations ou des documents aux autorités d'États non membres de l'Union européenne exerçant des compétences analogues aux siennes, sous réserve de réciprocité et à la condition que l'autorité concernée soit soumise au secret professionnel avec les mêmes garanties qu'en France.

Il peut, sous les mêmes réserve et condition, faire diligenter par les contrôleurs mentionnés à l'article L. 821-9 les opérations de contrôle qu'il détermine afin de répondre aux demandes d'assistance des autorités mentionnées au premier alinéa.

Le Haut conseil peut, à titre exceptionnel, autoriser les agents des autorités des États non membres de l'Union européenne à assister aux contrôles mentionnés à l'article L. 821-9. Lors de ces contrôles, effectués sous la direction du Haut conseil, les agents de ces autorités ne peuvent solliciter directement du commissaire aux comptes la communication d'informations ou de documents.

Art. L. 821-12-4 *(Ord. n° 2016-315, 17 mars 2016)*. – Aux fins mentionnées aux deux articles précédents, le Haut conseil est dispensé de l'application des dispositions de la loi n° 68-678 du 26 juillet 1968 relative à la communication de documents et renseignements d'ordre économique, commercial, industriel, financier ou technique à des personnes physiques ou morales étrangères.

Art. L. 821-12-5 *(Ord. n° 2016-315, 17 mars 2016)*. – Le Haut conseil peut communiquer des informations confidentielles à l'Autorité des marchés financiers, à l'Autorité de contrôle prudentiel et de résolution, à l'Autorité de la concurrence, à la Banque de France, au Système européen de banques centrales, à la Banque centrale européenne et au Comité européen du risque systémique, lorsque ces informations sont destinées à l'exécution de leurs tâches au titre du règlement (UE) du 16 avril 2014.

Il peut demander à ces mêmes autorités de lui communiquer toute information nécessaire à l'accomplissement de ses missions.

Les informations transmises sont couvertes par le secret professionnel dans les conditions applicables à l'autorité qui les a communiquées et à l'autorité destinataire.

Ces renseignements ne peuvent être utilisés par l'autorité destinataire que pour l'accomplissement de ses missions. Lorsque l'autorité destinataire communique, dans le cadre de ses missions, les renseignements ainsi obtenus à des tiers, elle tient compte de l'intérêt légitime des entreprises à la protection de leurs secrets d'affaires, sans préjudice de l'article L. 463-4 du Code de commerce.

Art. L. 821-13 *(Ord. n° 2008-1278, 8 déc. 2008 ; mod., Ord. n° 2016-315, 17 mars 2016)*. – I. – Le commissaire aux comptes exerce sa mission conformément aux normes d'audit internationales adoptées par la Commission européenne dans les conditions définies par l'article 26 de la directive 2006/43/CE du 17 mai 2006 concernant les contrôles légaux des comptes annuels et des comptes consolidés et modifiant les directives 78/660/CEE et 83/349/CEE du Conseil, et abrogeant la directive 84/253/CEE du Conseil, ainsi que, le cas échéant, aux normes françaises venant compléter ces normes adoptées selon les conditions fixées au troisième alinéa du présent article.

En l'absence de norme d'audit internationale adoptée par la Commission, il se conforme aux normes adoptées par le Haut conseil du commissariat aux comptes et homologuées par arrêté du garde des Sceaux, ministre de la Justice.

II. – Lorsqu'une norme d'audit internationale a été adoptée par la Commission européenne dans les conditions définies au premier alinéa du I, le Haut conseil peut, dans les conditions prévues à l'article L. 821-14, imposer des procédures ou des exigences supplémentaires, si elles sont nécessaires pour donner effet aux obligations légales nationales concernant le champ d'application du contrôle légal des comptes ou pour renforcer la crédibilité et la qualité des documents comptables.

Ces procédures et exigences supplémentaires sont communiquées à la Commission européenne au moins trois mois avant leur entrée en vigueur. Si elles sont déjà en vigueur à la date de l'adoption de la norme internationale qu'elles complètent, la Commission européenne en est informée dans les trois mois suivant cette date.

III. – Pour la certification des comptes des petites entreprises, au sens du 2 de l'article 3 de la directive 2013/34/UE du Parlement européen et du Conseil du 26 juin 2013 relative aux états financiers annuels, aux états financiers consolidés et aux rapports y afférents de certaines formes d'entreprises, modifiant la

directive 2006/43/CE du Parlement européen et du Conseil et abrogeant les directives 78/660/CEE et 83/349/CEE du Conseil, le commissaire aux comptes applique les normes de manière proportionnée à la taille de la personne ou de l'entité et à la complexité de ses activités dans des conditions fixées par le Haut conseil.

Art. L. 821-14 *(Ord. n° 2016-315, 17 mars 2016 ; mod., L. n° 2019-486, 22 mai 2019)*. **– Le Haut conseil, de sa propre initiative ou à la demande du garde des sceaux, ministre de la justice, de l'Autorité des marchés financiers, de l'Autorité de contrôle prudentiel et de résolution ou de la Compagnie nationale des commissaires aux comptes, adopte les normes prévues au 2° de l'article L. 821-1.**

Les projets de normes sont élaborés par la commission prévue au III de l'article L. 821-2 dans un délai fixé par décret. À défaut d'élaboration par la commission d'un projet de norme dans ce délai, le garde des sceaux, ministre de la justice, peut demander au Haut conseil de procéder à son élaboration.

Les normes sont adoptées par le Haut conseil, après avis de la Compagnie nationale des commissaires aux comptes rendu dans un délai fixé par décret. Elles sont homologuées par arrêté du garde des sceaux, ministre de la justice.

NB : (1) Conformément à l'article 53 3° de l'ordonnance n° 2016-315 du 17 mars 2016, les dispositions de l'article L. 822-14 du Code de commerce dans sa rédaction issue de la présente ordonnance sont applicables aux entités d'intérêt public mentionnées aux 1° à 5° du III de l'article L. 820-1 du Code de commerce tel que modifié par la présente ordonnance, à compter du premier exercice ouvert postérieurement au 31 décembre 2016.

Art. L. 821-15 *(Ord. n° 2016-315, 17 mars 2016)*. **– Les conditions d'application du présent chapitre sont fixées par décret en Conseil d'État.**

....

Partie réglementaire

Chapitre Ier. – De l'organisation et du contrôle de la profession

Section I. – De l'organisation de la profession

Sous-section 1. – Du Haut conseil du commissariat aux comptes

Paragraphe 1. – De l'organisation et du fonctionnement du Haut conseil

Art. R. 821-1 *(Mod., D. n° 2008-876, 29 août 2008 ; D. n° 2008-1487, 30 déc. 2008 ; D. n° 2016-1026, 26 juill. 2016 ; D. n° 2017-540, 12 avr. 2017)*. **– Le Haut conseil délibère sur :**

1° Le budget annuel et ses modifications en cours d'année ;

2° Le compte financier et l'affectation des résultats ;

3° Le règlement comptable et financier, qui est transmis au garde des sceaux, ministre de la justice, et au ministre chargé du budget ;

4° Les conditions générales de recrutement, d'emploi et de rémunération du personnel ainsi que sur les conditions et les modalités de remboursement des frais de déplacement et de séjour des membres et agents du Haut conseil ;

5° Les conditions générales de passation des conventions et marchés ;

6° Les conditions générales d'emploi des fonds disponibles et de placement des réserves ;

7° Les acquisitions, échanges et aliénations de biens immobiliers ;

8° Les emprunts ;

9° Les transactions au-delà d'un montant qu'il fixe, sur proposition du président ;

10° Les dons et legs ;

11° Le règlement intérieur.

Art. R. 821-2 *(D. n° 2016-1026, 26 juill. 2016)*. **– Pour l'organisation et le fonctionnement du Haut conseil, son président :**

1° Représente le Haut conseil en justice et agit en son nom ;

2° Nomme aux emplois, fixe les rémunérations et les indemnités sous réserve des dispositions des articles R. 821-10 et R. 821-13 ; pour l'application du Code du travail, il exerce les compétences du chef d'entreprise ;

3° À autorité sur l'ensemble des personnels des services. Il fixe l'organisation des services ;

4° Signe tous les actes relatifs à la compétence du Haut conseil ;

5° Peut transiger dans les conditions fixées au 9° de l'article R. 821-1 et par les articles 2044 à 2058 du Code civil, et accorder des remises gracieuses dans les conditions fixées par l'article R. 821-14-11 ;

6° Est ordonnateur des recettes et des dépenses ;

7° Peut créer des régies de recettes et de dépenses dans les conditions fixées par l'article R. 821-14-16 ;

8° Passe au nom du Haut conseil les contrats, conventions et marchés ;

9° Tient la comptabilité des engagements de dépenses dans les conditions définies par le règlement comptable et financier ;

10° Gère les disponibilités et décide des placements.

Art. R. 821-3 *(Mod., D. n° 2016-1026, 26 juill. 2016).* – I. – Le Haut conseil se réunit au moins une fois par trimestre, sur convocation de son président, à l'initiative de celui-ci ou à la demande de quatre de ses membres ou du commissaire du Gouvernement.

Le délai de convocation est de quinze jours. Il peut être réduit à huit jours en cas d'urgence.

L'ordre du jour est fixé par le président, qui inscrit notamment toute question présentée par le commissaire du Gouvernement ou par quatre membres au moins.

Le Haut conseil ne délibère valablement que si sept de ses membres au moins sont présents. Ce quorum est ramené à cinq membres lorsque le Haut conseil statue *(Mots rempl. à compter du 1er juin 2017, D. n° 2017-540, 12 avr. 2017)* « sur des cas individuels hors les membres de la formation restreinte ».

Lorsque le quorum n'est pas atteint, le Haut conseil délibère valablement dans un délai minimal de huit jours quel que soit le nombre des membres présents, après une nouvelle convocation portant sur le même ordre du jour.

II. – Le bureau du Haut conseil se réunit sur convocation de son président. Il ne délibère valablement que si tous ses membres sont présents.

Art. R. 821-4 *(Mod., D. n° 2016-1026, 26 juill. 2016).* – Le Haut conseil et le bureau peuvent, dans les conditions définies par le règlement intérieur, recourir aux formes de délibérations collégiales à distance prévues par l'ordonnance n° 2014-1329 du 6 novembre 2014 relative aux délibérations à distance des instances administratives à caractère collégial.

Les délibérations du Haut conseil et du bureau sont notifiées au commissaire du Gouvernement. Celui-ci peut, en application de l'article L. 821-4, demander une seconde délibération, par décision motivée, dans un délai de cinq jours ouvrables à compter de la notification.

Art. R. 821-5 *(Mod., D. n° 2009-557, 19 mai 2009 ; D. n° 2016-1026, 26 juill. 2016).* – Lorsqu'il statue en formation restreinte, le Haut conseil se réunit sur convocation du président de cette formation. Le délai de convocation est de quinze jours. Il peut être réduit à huit jours en cas d'urgence.

L'ordre du jour est fixé par le président de la formation restreinte. Le secrétariat est assuré par le secrétaire du Haut conseil.

La formation ne délibère valablement que si trois de ses membres au moins sont présents.

Art. R. 821-6 *(Mod., D. n° 2010-131, 10 févr. 2010 ; D. n° 2016-1026, 26 juill. 2016).* – I. – Lorsque, en application de l'article L. 822-16, le Haut conseil du commissariat aux comptes est saisi d'une demande d'avis portant sur le Code de déontologie de la profession de commissaire aux comptes, il rend son avis dans un délai d'un mois.

II. – Le Haut conseil peut être saisi de toute question entrant dans ses compétences par le garde des Sceaux, ministre de la Justice, le ministre chargé de l'économie, le procureur général près la Cour des comptes, le président de la Compagnie nationale des commissaires aux comptes, l'Autorité des marchés financiers ou l'Autorité de contrôle prudentiel et de résolution. Il peut également se saisir d'office.

Art. R. 821-7 *(Mod., D. n° 2016-1026, 26 juill. 2016).* – Le Haut conseil rend compte de son activité dans un rapport annuel. Le cas échéant, les observations du commissaire du Gouvernement sont annexées à ce rapport.

Le rapport est adressé au garde des Sceaux, ministre de la Justice. Il est publié sur le site internet du Haut conseil.

Le Haut conseil publie, dans son rapport annuel ou sur tout autre support, les informations mentionnées à l'article 28 du règlement (UE) n° 537/2014.

Art. R. 821-8 *(Mod., D. n° 2016-1026, 26 juill. 2016).* – Les fonctions de commissaire du Gouvernement sont exercées par le directeur des affaires civiles et du sceau ou son représentant.

Paragraphe 2. – Des membres et des services du Haut conseil

Art. R. 821-9 *(Mod., D. n° 2016-1026, 26 juill. 2016).* – Les fonctions de membre du Haut conseil sont incompatibles avec toute fonction au sein de la Compagnie nationale des commissaires aux comptes ou d'une compagnie régionale.

Art. R. 821-9-1 *(Abr. à compter du 1er juin 2017, D. n° 2017-540, 12 avr. 2017).*

Art. R. 821-10 *(D. n° 2016-1026, 26 juill. 2016).* – I. – Le président du Haut conseil reçoit une indemnité forfaitaire de fonction cumulable avec sa rémunération de membre de la Cour de cassation ou, le cas échéant, avec les droits et pensions auxquels il peut prétendre.

Le président de la formation restreinte reçoit une indemnité forfaitaire de fonction cumulable avec sa rémunération de magistrat ou, lorsqu'il s'agit d'un ancien magistrat, avec les droits et pensions auxquels il peut prétendre.

Les membres du Haut conseil autres que le président du Haut conseil et les membres mentionnés au 2° du I de l'article L. 821-2 reçoivent une indemnité forfaitaire pour chaque séance du collège, du bureau ou de la formation restreinte ainsi qu'une indemnité forfaitaire, dans la limite d'un plafond annuel, pour les travaux préparatoires des délibérations du Haut conseil auxquels ils participent. Ils peuvent également percevoir une indemnité complémentaire au titre de leur participation aux travaux de la commission prévue au III de l'article L. 821-2.

Les montants de ces indemnités et du plafond annuel sont fixés par arrêté du garde des Sceaux, ministre de la Justice. Ils sont publiés au *Journal officiel* de la République française.

II. – Le président, les membres et les agents du Haut conseil ont droit au remboursement de leurs frais de déplacement et de séjour dans les conditions prévues par le règlement intérieur.

Art. R. 821-11 *(Mod., D. n° 2016-1026, 26 juill. 2016).* – Sous réserve des dispositions de l'article L. 821-3-1, les services du Haut conseil sont dirigés, sous l'autorité du président, par un directeur général.

Le directeur général est nommé par le président pour une durée de trois ans renouvelable parmi les magistrats de la Cour des comptes, les magistrats, les administrateurs de l'Assemblée nationale ou du Sénat ou les fonctionnaires de catégorie A. Le président peut également nommer directeur général un agent contractuel de droit public mis à disposition par un autre employeur public.

Le président peut donner délégation au directeur général pour signer tous actes relatifs au fonctionnement, à l'exercice des missions et à la représentation du Haut conseil en justice et dans les actes de la vie civile et, dans la limite de ses attributions, à tout agent du Haut conseil placé sous l'autorité du directeur général.

Dans les matières relevant de sa compétence, le directeur général peut déléguer sa signature dans les limites qu'il détermine et désigner les agents habilités à le représenter. Le directeur général peut, par délégation du président, tenir la comptabilité des engagements de dépenses dans les conditions définies par le règlement comptable et financier.

Art. R. 821-12 *(Mod., D. n° 2016-1026, 26 juill. 2016).* – Le directeur général assiste aux délibérations du Haut conseil ne statuant pas en formation restreinte.

Art. R. 821-13 *(Mod., D. n° 2008-876, 29 août 2008 ; D. n° 2016-1026, 26 juill. 2016).* – Le directeur général reçoit, en sus de sa rémunération fixée contractuellement avec le Haut conseil, une indemnité forfaitaire de fonction qui est fixée par arrêté du garde des Sceaux, ministre de la Justice.

Art. R. 821-14 *(Mod., D. n° 2008-876, 29 août 2008 ; rempl., D. n° 2009-159, 11 févr. 2009 ; mod., D. n° 2016-1026, 26 juill. 2016).* – Le rapporteur général est nommé par le président du Haut conseil parmi les magistrats de l'ordre judiciaire pour une durée de trois ans renouvelable. *(Mots aj. à compter du 1er juin 2017, D. n° 2017-540, 12 avr. 2017)* « Il reçoit, en sus de sa rémunération fixée contractuellement avec le Haut conseil, une indemnité forfaitaire de fonction qui est fixée par arrêté du garde des sceaux, ministre de la justice ».

Art. R. 821-14-1 *(D. n° 2008-876, 29 août 2008 ; D. n° 2016-1026, 26 juill. 2016)*. – Les emplois civils permanents du Haut conseil sont occupés par :

1° Des magistrats, des fonctionnaires, détachés ou mis à disposition contre remboursement, dans les conditions prévues par leurs statuts respectifs ;

2° Des militaires affectés, en position d'activité dans les conditions prévues au 2° de l'article L. 4138-2 du Code de la défense ;

3° Des agents non titulaires de droit public recrutés par contrat soumis aux dispositions de la loi n° 84-16 du 11 janvier 1984 portant dispositions statutaires relatives à la fonction publique de l'État et à celles du décret n° 86-83 du 17 janvier 1986 relatif aux dispositions générales applicables aux agents non titulaires de l'État pris pour l'application de l'article 7 de la même loi, à l'exception de ses articles 1er, 1-2, 4 à 8, 28, 28-1 et 29.

Les magistrats et les fonctionnaires sont détachés ou mis à disposition pour une durée de trois ans renouvelable. Les militaires sont affectés pour cette même durée renouvelable dans les mêmes conditions.

Le règlement des services précise les conditions d'emploi des personnels du Haut conseil.

Le Haut conseil peut mettre à disposition des agents contractuels de droit public et des salariés de droit privé auprès d'un autre employeur public, d'un organisme de l'Union européenne ou international, ou se voir mettre à disposition du personnel par un autre employeur public. Ces mises à disposition font l'objet d'une convention conclue entre le Haut conseil et l'autre employeur.

Art. R. 821-14-2 *(D. n° 2008-876, 29 août 2008 ; mod., D. n° 2016-1026, 26 juill. 2016)*. – Les agents contractuels de droit public, les salariés de droit privé ainsi que les agents publics détachés ou mis à disposition auprès du Haut conseil, qui composent le personnel de ses services, sont électeurs et éligibles aux institutions représentatives du personnel dans les conditions prévues par le Code du travail.

Ces institutions représentatives exercent leurs compétences à l'égard de l'ensemble de ces personnels.

Paragraphe 3. – Du régime budgétaire et comptable du Haut conseil

Art. R. 821-14-3 *(D. n° 2008-876, 29 août 2008 ; mod., D. n° 2016-1026, 26 juill. 2016)*. – L'exercice budgétaire et comptable débute le 1er janvier et s'achève le 31 décembre.

Le Haut conseil arrête le budget chaque année avant le début de l'exercice. Le budget comporte la prévision des recettes attendues et des dépenses nécessitées par l'exercice des missions confiées au Haut conseil. Il peut être modifié en cours d'année. Les crédits inscrits au budget n'ont pas un caractère limitatif.

Les délibérations du Haut conseil relatives au budget et à ses modifications sont exécutoires de plein droit à l'issue du délai dont dispose le commissaire du Gouvernement pour demander une seconde délibération.

Art. R. 821-14-4 *(D. n° 2008-876, 29 août 2008 ; D. n° 2010-1270, 25 oct. 2010 ; mod., D. n° 2016-1026, 26 juill. 2016 ; D. n° 2018-196, 21 mars 2018)*. – Le Haut conseil est doté d'un comptable public dénommé « agent comptable », nommé par arrêté conjoint du garde des Sceaux, ministre de la Justice, et du ministre chargé du budget.

L'agent comptable est responsable personnellement et pécuniairement dans les conditions de l'article 60 de la loi n° 63-156 du 23 février 1963 de finances pour 1963 et du décret n° 2008-228 du 5 mars 2008 relatif à la constatation et à l'apurement des débets des comptables publics et assimilés.

Il est chargé :

a) De la tenue de la comptabilité du Haut conseil ;

b) Du recouvrement de la contribution forfaitaire instituée au II de l'article L. 821-5, ainsi que des cotisations instituées aux I et II de l'article L. 821-6-1 ;

c) Du recouvrement de toutes les autres recettes du Haut conseil ;

d) Du paiement des dépenses et du maniement des fonds et des mouvements de comptes de disponibilités.

L'agent comptable peut se voir confier, à la demande du président, la comptabilité analytique.

L'agent comptable peut nommer des mandataires qui sont agréés par le président du Haut conseil.

Art. R. 821-14-5 *(D. n° 2008-876, 29 août 2008 ; mod., D. n° 2016-1026, 26 juill. 2016)*. – Les comptes du Haut conseil sont établis selon les règles du plan comptable général. Celui-ci peut faire l'objet d'adaptations proposées par le président du Haut conseil après avis du Haut conseil et approuvées par le ministre chargé du budget et par le garde des Sceaux, ministre de la Justice.

L'agent comptable établit un compte financier au terme de chaque exercice. Le compte financier comprend le compte de résultat, le bilan, l'annexe, la balance générale des comptes à la clôture de l'exercice, le tableau de rapprochement des prévisions et des réalisations effectives et, le cas échéant, la balance des comptes spéciaux.

Le compte financier du Haut conseil est préparé par l'agent comptable et soumis par le président du Haut conseil au Haut conseil qui entend l'agent comptable. Le compte financier arrêté par le Haut conseil est transmis à la Cour des comptes par le président du Haut conseil, accompagné des délibérations du Haut conseil relatives au budget, à ses modifications et au compte financier, et de tous les autres documents demandés par les ministres ou par la cour, dans les quatre mois qui suivent la clôture de l'exercice.

Le rapport annuel fait une présentation du compte financier et reproduit le compte de résultat et le bilan.

Art. R. 821-14-6 *(D. n° 2008-876, 29 août 2008 ; D. n° 2016-1026, 26 juill. 2016 ; mod., D. n° 2018-196, 21 mars 2018).* – La contribution forfaitaire prévue au II de l'article L. 821-5 est acquittée par les personnes qui sollicitent leur inscription sur la liste mentionnée au II de l'article L. 822-1 auprès de l'agent comptable du Haut Conseil au moment du dépôt de leur demande d'inscription.

Art. R. 821-14-7 *(D. n° 2008-876, 29 août 2008 ; mod., D. n° 2010-1270, 25 oct. 2010 ; D. n° 2016-1026, 26 juill. 2016 ; D. n° 2018-196, 21 mars 2018).* – I. – Les commissaires aux comptes inscrits sur la liste mentionnée au I de l'article L. 822-1 sont tenus de déclarer au Haut Conseil du commissariat aux comptes avant le 31 mars de chaque année le montant total des honoraires qu'ils ont facturés au cours de l'année civile précédente aux personnes ou entités dont ils certifient les comptes, en distinguant le montant des honoraires facturés aux entités d'intérêt public.

Les modalités de cette déclaration sont fixées par le Haut Conseil du commissariat aux comptes.

II. – Le Haut Conseil du commissariat aux comptes liquide les cotisations mentionnées aux I et II de l'article L. 821-6-1 sur la base des déclarations mentionnées au I du présent article.

Art. R. 821-14-8 *(D. n° 2008-876, 29 août 2008 ; mod., D. n° 2010-1270, 25 oct. 2010 ; D. n° 2016-1026, 26 juill. 2016 ; D. n° 2018-196, 21 mars 2018).* – L'agent comptable est tenu de faire diligence pour assurer le recouvrement de toutes les ressources du Haut conseil. Les recettes sont recouvrées par l'agent comptable soit spontanément, soit en exécution des instructions du président. À l'exception de la contribution mentionnée au II de l'article L. 821-5 et des cotisations mentionnées aux I et II de l'article L. 821-6-1, dont le recouvrement relève de la procédure de l'état exécutoire, l'agent comptable adresse aux débiteurs les factures correspondantes et reçoit leurs règlements. Tous les droits acquis au cours d'un exercice doivent être pris en compte au titre de cet exercice.

Art. R. 821-14-9 *(D. n° 2008-876, 29 août 2008 ; mod., D. n° 2016-1026, 26 juill. 2016 ; D. n° 2018-196, 21 mars 2018).* – Lorsque les créances du Haut conseil, autres que la contribution mentionnée au II de l'article L. 821-5 et les cotisations mentionnées aux I et II de l'article L. 821-6-1, n'ont pu être recouvrées à l'amiable, les poursuites sont conduites conformément aux usages du commerce ou peuvent faire l'objet d'états rendus exécutoires par le président. Les états exécutoires peuvent être notifiés aux débiteurs par lettre recommandée avec accusé de réception. Leur recouvrement est poursuivi jusqu'à opposition devant la juridiction compétente.

Art. R. 821-14-10 *(D. n° 2008-876, 29 août 2008 ; mod., D. n° 2016-1026, 26 juill. 2016 ; D. n° 2018-196, 21 mars 2018).* – L'agent comptable procède aux poursuites. Celles-ci peuvent, à tout moment, être suspendues sur ordre écrit du président si la créance est l'objet d'un litige. Le président suspend également les poursuites si, en accord avec l'agent comptable, il estime que la créance est irrécouvrable ou que l'octroi d'un délai par l'agent comptable est conforme à l'intérêt du Haut conseil.

Art. R. 821-14-11 *(D. n° 2008-876, 29 août 2008 ; mod., D. n° 2010-1270, 25 oct. 2010 ; D. n° 2016-1026, 26 juill. 2016 ; D. n° 2018-196, 21 mars 2018).* – Le président du Haut conseil peut décider, après l'avis conforme de l'agent comptable :

1° En cas de gêne des débiteurs, d'accorder une remise gracieuse des créances du Haut conseil, sauf pour la contribution mentionnée au II l'article L. 821-5 et les cotisations mentionnées aux I et II à l'article L. 821-6-1 ;

1° *bis* Sur demande justifiée des débiteurs, d'accorder la remise totale ou partielle de l'intérêt de retard ou des majorations dus en application de l'article L. 821-7 ;

2° Une admission en non-valeur des créances du Haut conseil, en cas d'irrécouvrabilité avérée ou d'insolvabilité des débiteurs.

Le Haut conseil fixe le montant au-delà duquel les remises mentionnées aux 1° et 1° *bis* sont soumises à son approbation.

Lorsque la remise gracieuse, totale ou partielle, concerne une dette de l'agent comptable, l'avis prévu par l'article 9 du décret n° 2008-228 du 5 mars 2008 relatif à la constatation et à l'apurement des débets des comptables publics et assimilés est rendu par le Haut conseil.

Art. R. 821-14-12 *(D. n° 2008-876, 29 août 2008 ; mod., D. n° 2016-1026, 26 juill. 2016 ; D. n° 2018-196, 21 mars 2018).* – L'agent comptable est tenu d'exercer :

1° En matière de recettes, le contrôle :
– de l'autorisation de percevoir les recettes ;
– de la mise en recouvrement des créances et de la régularité des réductions et des annulations des ordres de recettes, dans la limite des éléments dont il dispose ;
– de l'exacte liquidation des recettes ;

2° En matière de dépenses, le contrôle :
– de la qualité de l'ordonnateur ou de son délégué ;
– de la disponibilité des crédits ;
– de l'exacte imputation des dépenses aux chapitres qu'elles concernent selon leur nature ou leur objet ;
– de la validité de la créance dans les conditions prévues au 4° ;
– du caractère libératoire du règlement ;

3° En matière de patrimoine, le contrôle :
– de la conservation des droits, privilèges et hypothèques ;
– de la conservation des biens dont il tient la comptabilité matière ;

4° En ce qui concerne la validité de la créance, le contrôle :
– de la justification du service fait et de l'exactitude des calculs de liquidation ;
– des pièces justificatives mentionnées à l'article R. 821-14-15 ;
– de l'application des règles de prescription et de déchéance.

Art. R. 821-14-13 *(D. n° 2008-876, 29 août 2008 ; mod., D. n° 2016-1026, 26 juill. 2016).* – L'agent comptable suspend le paiement des dépenses lorsqu'il constate, à l'occasion de l'exercice de ses contrôles, des irrégularités ou que les certifications délivrées par le président du Haut conseil sont inexactes. Il en informe le président du Haut conseil.

Lorsque l'agent comptable a suspendu le paiement des dépenses, le président du Haut conseil peut, par écrit et sous sa responsabilité, requérir l'agent comptable de payer. L'agent comptable défère à la réquisition et rend compte au ministre chargé du budget, qui transmet l'ordre de réquisition à la Cour des comptes.

Par dérogation aux dispositions du deuxième alinéa, l'agent comptable doit refuser de déférer à l'ordre de réquisition lorsque la suspension du paiement est motivée par :

1° L'absence de justification du service fait ;
2° Le caractère non libératoire du règlement ;
3° Le manque de fonds disponibles.

Dans les cas de refus de la réquisition, l'agent comptable rend immédiatement compte au ministre chargé du budget.

Art. R. 821-14-14 *(D. n° 2008-876, 29 août 2008 ; mod., D. n° 2016-1026, 26 juill. 2016).* – Toutes les dépenses doivent être liquidées et ordonnancées au cours de l'exercice auquel elles se rattachent. Les ordres de dépenses sont appuyés des pièces justificatives nécessaires. Le président matérialise l'acceptation de la dépense en apposant sa signature sur les bordereaux de mandats, les mandats certifiant le service fait et les mandats de payer.

L'agent comptable peut payer sans ordonnancement préalable certaines catégories de dépenses dans les conditions prévues par le règlement comptable et financier.

Art. R. 821-14-15 *(D. n° 2008-876, 29 août 2008 ; mod., D. n° 2016-1026, 26 juill. 2016 ; D. n° 2018-196, 21 mars 2018).* – La liste des pièces justificatives de recettes et de dépenses est préparée par l'agent comptable et proposée par le président à l'agrément du ministre chargé du budget. En cas de perte, destruction ou vol des justifications remises à l'agent comptable, le ministre chargé du budget peut autoriser ce dernier à pourvoir à leur remplacement. Les pièces justificatives sont conservées dans les archives de l'agent comptable pendant dix ans au moins à partir de la date de clôture de l'exercice auquel elles se rapportent.

Art. R. 821-14-16 *(D. n° 2008-876, 29 août 2008 ; D. n° 2016-1026, 26 juill. 2016).* – Des régies de recettes et de dépenses peuvent être créées auprès du Haut conseil par décision de son président sur avis conforme de l'agent comptable dans les conditions fixées par le décret n° 92-681 du 20 juillet 1992 relatif aux régies de recettes et aux régies d'avances des organismes publics et par le règlement comptable et financier.

Art. R. 821-14-17 *(D. n° 2008-876, 29 août 2008 ; mod., D. n° 2016-1026, 26 juill. 2016).* – Le Haut conseil dépose ses fonds au Trésor. Il peut également ouvrir des comptes auprès d'un établissement de crédit ou d'un établissement mentionné au titre Ier du livre V du Code monétaire et financier. Les fonds du Haut conseil peuvent donner lieu à rémunération et faire l'objet de placements selon les conditions générales définies par le Haut conseil.

Art. R. 821-14-18 *(D. n° 2008-876, 29 août 2008 ; mod., D. n° 2016-1026, 26 juill. 2016).* – Les comptes de l'agent comptable du Haut conseil sont jugés directement par la Cour des comptes. Le contrôle de la gestion de l'agent comptable est également assuré par le receveur général des finances.

Art. R. 821-14-19 *(D. n° 2008-876, 29 août 2008 ; mod., D. n° 2010-406, 26 avr. 2010 ; D. n° 2016-1026, 26 juill. 2016).* – Le Haut conseil est soumis aux dispositions de l'ordonnance n° 2015-899 du 23 juillet 2015 relative aux marchés publics.

Paragraphe 4. – Des relations du Haut conseil avec ses homologues étrangers

Art. R. 821-16 *(Mod., D. n° 2016-1026, 26 juill. 2016).* – Lorsque, dans le cadre de la coopération avec les autorités des autres États membres de l'Union européenne exerçant des compétences analogues aux siennes ou avec les autorités européennes mentionnées au 9° du I de l'article L. 821-1, le Haut conseil est saisi par l'une de ces autorités d'une demande d'information, de documents ou d'assistance, son président prend sans délai les mesures nécessaires à la collecte des informations et documents ou à la réalisation des opérations de contrôle qui sont l'objet de la demande.

Lorsque la demande requiert la réalisation d'une enquête, le président saisit le rapporteur général à cette fin. Le rapporteur général informe le président des suites données à cette demande.

Sous réserve des dispositions de l'article R. 821-17, les éléments recueillis sont communiqués sans délai à l'autorité requérante, selon le cas, par le président ou par le rapporteur général.

En cas d'empêchement, le président du Haut conseil ou, le cas échéant, le rapporteur général, en informe sans délai l'autorité requérante, en précisant la nature des difficultés rencontrées.

Art. R. 821-17 *(Mod., D. n° 2016-1026, 26 juill. 2016).* – Le président du Haut conseil ou le rapporteur général refuse de donner suite à une demande d'information, de documents ou d'assistance mentionnée à l'article R. 821-16 lorsque :

a) Des personnes employées ou ayant été employées par l'autorité requérante ne sont pas soumises au secret professionnel ;

b) La demande est motivée par des fins étrangères à l'accomplissement des missions de l'autorité requérante, à la surveillance et au contrôle des personnes en charge du contrôle légal des comptes ou à la mise en œuvre de procédures se rapportant à l'exercice du commissariat aux comptes ;

c) Il existe un risque sérieux que les informations ou documents requis soient divulgués à d'autres personnes ou autorités qu'à l'autorité requérante, à moins que cette divulgation ne soit autorisée dans le cadre de procédures établies par des dispositions législatives, réglementaires ou administratives se rapportant à l'exercice du contrôle légal des comptes ;

d) La communication des éléments demandés serait de nature à porter atteinte à la souveraineté, à la sécurité ou à l'ordre public français ;

e) Une procédure pénale a déjà été engagée en France sur la base des mêmes faits et contre les mêmes personnes ;

f) Les personnes visées par la requête ont déjà été sanctionnées pour les mêmes faits par une décision définitive.

Le président du Haut conseil ou le rapporteur général peut aussi refuser de donner suite à une demande d'information, de documents ou d'assistance lorsqu'une procédure civile ou une procédure de sanction a déjà été engagée en France sur la base des mêmes faits et contre les mêmes personnes.

Art. R. 821-18 *(Mod., D. n° 2016-1026, 26 juill. 2016)*. – Les informations et documents reçus par le Haut conseil dans le cadre de la coopération avec les autorités compétentes d'autres États membres de l'Union européenne exerçant des compétences analogues aux siennes ne peuvent être utilisés qu'aux fins de l'exercice de ses missions ou dans le cadre de procédures se rapportant à l'exercice du commissariat aux comptes.

Art. R. 821-19 *(Mod., D. n° 2016-1026, 26 juill. 2016)*. – I. – Lorsque le Haut conseil conclut que des actes contraires au statut régissant les commissaires aux comptes ou aux règles gouvernant l'exercice du commissariat aux comptes ont été commis sur le territoire d'un autre État membre de l'Union européenne, son président en informe l'autorité compétente de cet État en précisant les motifs qui l'ont conduit à cette conclusion et les éléments de fait qui en sont à l'origine.

Lorsque le Haut conseil est informé par une autorité compétente que de tels actes ont été commis sur le territoire français, il prend les mesures appropriées et informe cette autorité des suites données à sa demande.

II. – Le rapporteur général peut demander à l'autorité d'un État membre exerçant des compétences analogues à celles du Haut conseil d'effectuer une enquête sur le territoire de cet État. Il peut également demander que des agents du Haut conseil soient autorisés à accompagner ceux de l'autorité compétente de cet État au cours de l'enquête.

Il informe le président du Haut conseil de cette demande.

Art. R. 821-19-1 *(Mod., D. n° 2016-1026, 26 juill. 2016)*. – Le Haut conseil informe l'organe mentionné au paragraphe 2 de l'article 30 du règlement (UE) n° 537/2014 de l'ensemble des mesures administratives et des sanctions prononcées conformément aux dispositions du présent titre.

Art. R. 821-20 *(Mod., D. n° 2015-545, 18 mai 2015 ; D. n° 2016-1026, 26 juill. 2016)*. – Le Haut conseil peut, dans les conditions prévues aux articles L. 821-12-3 et L. 824-15, conclure des conventions de coopération avec des autorités d'États non membres de l'Union européenne exerçant des compétences analogues aux siennes et qui ont été reconnues par la Commission comme répondant aux critères d'adéquation mentionnés au 3 de l'article 47 de la directive 2006/43/CE du 17 mai 2006 du Parlement européen et du Conseil modifiée par la directive 2014/56/UE.

Ces conventions ne peuvent porter que sur des échanges d'informations et de documents relatifs au contrôle légal des comptes, ainsi que de rapports de contrôle ou d'enquête, de personnes ou d'entités émettant des valeurs mobilières sur les marchés de capitaux de l'État concerné ou entrant dans le périmètre de consolidation de ces personnes ou entités.

Ces conventions comportent des stipulations assurant le respect, dans les échanges avec les autorités des États tiers, des prescriptions fixées par les articles R. 821-17 et R. 821-18. Elles précisent les modalités de la coopération envisagée. Elles garantissent notamment :

a) La communication des informations et documents d'autorité compétente à autorité compétente ;

b) L'exposé par l'autorité requérante des motifs de sa demande de coopération ;

c) Le respect des dispositions relatives à la protection des données personnelles ;

d) L'utilisation des informations et documents communiqués aux seules fins de la supervision publique des personnes en charge de fonctions de contrôle légal des comptes ;

e) La protection des intérêts commerciaux des personnes ou entités contrôlées, y compris leurs droits de propriété industrielle et intellectuelle.

Art. R. 821-21 *(Mod., D. n° 2016-1026, 26 juill. 2016)*. – Le projet de convention est communiqué aux membres du Haut conseil ainsi qu'au commissaire du Gouvernement un mois au moins avant la séance au cours de laquelle il sera examiné.

La délibération du Haut conseil approuvant le projet de convention est notifiée au garde des Sceaux, ministre de la Justice, et au commissaire du Gouvernement.

Le garde des Sceaux, ministre de la Justice, peut former un recours contre cette délibération devant le Conseil d'État dans le délai d'un mois à compter de sa notification.

Une fois la délibération définitive, la convention est signée par le président du Haut conseil.

Elle est publiée par le Haut conseil, notamment par voie électronique.

Art. R. 821-21-1 *(D. n° 2016-1026, 26 juill. 2016).* – I. – Lorsque le Haut conseil communique des informations ou documents confidentiels à une autorité d'un État non membre de l'Union européenne, il exige que ces informations ou documents ne puissent être divulgués à des tiers qu'avec son consentement exprès et sous réserve que cette divulgation réponde aux seules fins pour lesquelles le Haut conseil a donné son consentement, ou qu'elle soit requise par le droit de l'Union ou le droit national, ou qu'elle soit nécessaire dans le cadre de procédures judiciaires dans l'État concerné.

II. – Le Haut conseil ne divulgue les informations ou documents confidentiels reçus de l'autorité compétente d'un État non membre de l'Union européenne que si cette divulgation est requise par le droit de l'Union européenne ou le droit national ou, si elle est prévue par une convention de coopération, à la condition d'avoir recueilli le consentement exprès de l'autorité en question.

Art. R. 821-22 *(Mod., D. n° 2016-1026, 26 juill. 2016).* – Les modalités selon lesquelles le président du Haut conseil ou le rapporteur général exercent les compétences prévues aux articles R. 821-16 à R. 821-19 et celles résultant des conventions prévues à l'article R. 821-20 sont précisées par le Haut conseil dans son règlement intérieur.

Sous-section 2. – De l'organisation professionnelle

Art. R. 821-23 *(Mod., D. n° 2016-1026, 26 juill. 2016).* – La Compagnie nationale des commissaires aux comptes instituée par l'article L. 821-6 regroupe tous les commissaires aux comptes ainsi que toutes les sociétés de commissaires aux comptes inscrits sur la liste conformément à la section I du chapitre II du présent titre.

Art. R. 821-24 *(Mod., D. n° 2012-607, 30 avr. 2012 ; D. n° 2016-1026, 26 juill. 2016).* – Les compagnies régionales de commissaires aux comptes instituées par l'article L. 821-6 regroupent les commissaires aux comptes qui leur sont rattachés en application de l'article R. 822-1.

Art. R. 821-25 *(Mod., D. n° 2012-607, 30 avr. 2012 ; D. n° 2016-1026, 26 juill. 2016).* – La Compagnie nationale et les compagnies régionales, dans la limite de leur ressort, concourent à la réalisation des objectifs fixés par l'article L. 821-6 pour le bon exercice de la profession par ses membres.

La Compagnie nationale et les compagnies régionales représentent la profession et défendent ses intérêts moraux et matériels.

Elles contribuent à la formation et au perfectionnement professionnel de leurs membres, ainsi qu'à la formation des candidats aux fonctions de commissaires aux comptes.

Art. R. 821-26 *(Mod., D. n° 2009-557, 19 mai 2009 ; D. n° 2014-1315, 3 nov. 2014 ; D. n° 2016-1026, 26 juill. 2016).* – La Compagnie nationale communique chaque année au Haut conseil, avant le 30 septembre, les déclarations d'activité mentionnées au V de l'article R. 823-10. En cas de non-respect de cette obligation, le Haut conseil peut, après mise en demeure infructueuse de la Compagnie nationale, demander aux commissaires aux comptes et sociétés de commissaires aux comptes de lui adresser directement leurs déclarations d'activité selon les formes et modalités qu'il détermine.

Lorsque les contrôles mentionnés à l'article L. 821-9 font l'objet d'une convention de délégation par le Haut conseil à la Compagnie nationale, celle-ci transmet au directeur général, à sa demande, les documents retraçant les opérations menées.

La Compagnie nationale adresse chaque année au Haut conseil un rapport sur les contrôles réalisés en application de l'article L. 821-9 qui détaille la nature, l'objet et les résultats de ces contrôles ainsi que les suites auxquelles ils ont donné lieu.

La Compagnie nationale peut présenter aux ministres intéressés toute proposition relative aux intérêts de ses membres.

Art. R. 821-27 *(Mod., D. n° 2016-1026, 26 juill. 2016).* – La Compagnie nationale des commissaires aux comptes comprend un département institué pour concourir à l'exercice de ses missions, qui regroupe les commissaires aux comptes et les représentants des sociétés de commissaires aux comptes exerçant des fonctions de contrôle légal des comptes auprès d'entités d'intérêt public.

Le président et le vice-président de ce département siègent au bureau avec voix consultative.

Il adopte son règlement intérieur.

Art. R. 821-28 *(D. n° 2016-1026, 26 juill. 2016).* – Les membres de la compagnie régionale se réunissent une fois par an en assemblée, sur la convocation du président de la compagnie. L'accès de l'assemblée est interdit à ceux qui ne sont pas à jour du paiement de leurs cotisations professionnelles un mois avant la date de ladite assemblée.

Art. R. 821-29 *(D. n° 2016-1026, 26 juill. 2016).* – Lorsqu'il exerce en société, chaque commissaire aux comptes associés, actionnaire, membre des organes de gestion, de direction, d'administration ou de surveillance de la société participe à l'assemblée de la compagnie régionale à laquelle il appartient personnellement.

Art. R. 821-30 *(D. n° 2016-1026, 26 juill. 2016).* – L'assemblée de la compagnie régionale est présidée par le président de la compagnie, assisté des autres membres du bureau du conseil régional.

Elle délibère à la majorité des membres présents. En cas de partage égal des voix, celle du président est prépondérante.

Art. R. 821-31 *(D. n° 2016-1026, 26 juill. 2016).* – L'assemblée élit pour deux ans deux censeurs choisis parmi les personnes physiques membres de la compagnie et chargés de lui faire ultérieurement rapport sur la gestion financière du conseil régional au cours des exercices pendant lesquels ils auront été en fonction.

Les membres du conseil régional ne peuvent être censeurs. Les fonctions de censeur sont gratuites, mais leurs titulaires peuvent prétendre au remboursement des frais de déplacement et de séjour.

Art. R. 821-32 *(D. n° 2016-1026, 26 juill. 2016).* – L'assemblée entend le rapport moral et financier du conseil régional pour l'exercice écoulé et le rapport des censeurs sur la gestion financière du conseil régional. Elle statue sur ces rapports.

Art. R. 821-33 *(D. n° 2016-1026, 26 juill. 2016).* – L'assemblée ne peut débattre que des questions inscrites à son ordre du jour par le conseil régional.

Celui-ci est tenu d'inscrire à l'ordre du jour les questions qui lui sont soumises à cet effet quinze jours au moins avant la date fixée pour la réunion, soit par le quart au moins des membres de la compagnie ayant droit de vote, soit par le procureur général près la cour d'appel.

Art. R. 821-34 *(D. n° 2016-1026, 26 juill. 2016).* – Le vote a lieu, à la date fixée par le conseil avant la date d'expiration des fonctions des membres sortants. Les votes par correspondance et par voie électronique sont admis.

Sont proclamés élus au premier tour de scrutin, dans l'ordre déterminé par le nombre de suffrages obtenu et dans la limite du nombre de sièges à pourvoir, les candidats ayant obtenu la majorité absolue des suffrages.

Si un second tour de scrutin est nécessaire, les candidats qui ont obtenu le plus grand nombre de suffrages sont élus.

À égalité de voix entre deux personnes, la plus âgée est élue.

Art. R. 821-35 *(D. n° 2016-1026, 26 juill. 2016).* – Le règlement intérieur de chaque compagnie fixe les modalités de la publicité à donner aux candidatures, de l'organisation des élections, du dépouillement du scrutin, du règlement des contestations et de la publication des résultats.

Paragraphe 2. – Du Conseil national

Art. R. 821-36 *(Mod., D. n° 2016-1026, 26 juill. 2016).* – Le Conseil national des commissaires aux comptes siège à Paris.

Art. R. 821-37 *(Mod., D. n° 2016-1026, 26 juill. 2016).* – Le Conseil national est composé de commissaires aux comptes délégués par les compagnies régionales.

Les délégués sont élus dans son sein par le conseil régional, au scrutin secret, pour une durée de quatre ans, à raison d'un délégué par deux cents membres, personnes physiques ou fraction de deux cents membres, personnes physiques, sans pouvoir excéder quinze élus. Sont seules éligibles les personnes physiques à jour de leurs cotisations professionnelles, exerçant des fonctions de commissaire aux comptes à la date du scrutin.

Le Conseil national est renouvelé par moitié tous les deux ans.

Art. R. 821-38 *(Mod., D. n° 2016-1026, 26 juill. 2016)*. – Si un siège du Conseil national devient vacant avant la date normale du renouvellement, il est pourvu dans le délai de trois mois. Les fonctions du nouveau délégué expirent à la même date que celles de son prédécesseur.

Les dispositions de l'article R. 821-67 sont applicables aux membres du Conseil national.

Art. R. 821-39 *(Mod., D. n° 2016-1026, 26 juill. 2016)*. – En même temps que les délégués titulaires, les conseils régionaux élisent dans les mêmes conditions et pour la même durée, un nombre égal de délégués suppléants qui siègent au Conseil national en cas d'absence ou d'empêchement des titulaires.

Les deuxième, troisième et quatrième alinéas de l'article R. 821-34 sont applicables à l'élection des délégués titulaires et suppléants.

Art. R. 821-40 *(Mod., D. n° 2016-1026, 26 juill. 2016)*. – Le Conseil national élit en son sein, selon les modalités fixées à l'article R. 821-58 et pour deux ans, un président, trois vice-présidents et six membres qui constituent le bureau. Quatre au moins des personnes siégeant au bureau doivent exercer effectivement des fonctions de contrôle légal des comptes auprès d'entités d'intérêt public.

Sont seules éligibles en qualité de président les personnes qui ont exercé les fonctions de délégué au Conseil national pendant une durée d'au moins deux ans ou qui ont été membres du bureau national pendant une durée d'au moins un an.

Si un siège du bureau du Conseil national devient vacant, il est pourvu par le conseil dans le délai de trois mois. Les fonctions du nouveau membre expirent à la même date que celles de son prédécesseur.

Art. R. 821-41 *(Mod., D. n° 2016-1026, 26 juill. 2016)*. – Le Conseil national crée en son sein des commissions spécialisées qui lui rendent compte et ne peuvent représenter la Compagnie nationale.

Il en fixe la compétence, la composition et le fonctionnement.

Art. R. 821-42 *(Mod., D. n° 2016-1026, 26 juill. 2016)*. – Le Conseil national se réunit au moins une fois par semestre. Il peut être convoqué aussi souvent qu'il est nécessaire, par le président, après avis du bureau.

Il doit être convoqué, à la demande du garde des Sceaux, ministre de la Justice.

Art. R. 821-43 *(Mod., D. n° 2016-1026, 26 juill. 2016)*. – Le bureau du Conseil national se réunit sur la convocation du président, d'un vice-président ou de la moitié de ses membres.

Art. R. 821-44 *(Mod., D. n° 2016-1026, 26 juill. 2016)*. – Le Conseil national et le bureau du Conseil national ne délibèrent valablement que si la moitié au moins de leurs membres sont présents.

Les membres peuvent se faire représenter.

Un membre ne peut disposer de plus de deux mandats.

Les décisions sont prises à la majorité des membres présents ou représentés.

En cas de partage égal des voix, la voix du président est prépondérante.

Art. R. 821-45 *(Mod., D. n° 2016-1026, 26 juill. 2016)*. – Le Conseil national et le bureau tiennent un registre de leurs délibérations.

Le procès-verbal de chaque séance est signé par le président et le secrétaire.

Art. R. 821-46 *(Mod., D. n° 2016-1026, 26 juill. 2016)*. – Le Conseil national est chargé de l'administration de la Compagnie nationale et de la gestion de ses biens.

Il donne son avis, lorsqu'il y est invité par le garde des Sceaux, ministre de la Justice, sur les projets de loi et de décret qui lui sont soumis, ainsi que sur les questions entrant dans ses attributions.

Il soumet aux pouvoirs publics toutes propositions utiles relatives à l'organisation professionnelle et à la mission des commissaires aux comptes.

Il prend les décisions qui sont de la compétence de la Compagnie nationale en vertu du présent titre, et notamment de ses articles R. 821-25 et R. 821-26.

Sur proposition du bureau, il adopte le budget de la Compagnie nationale, en répartit la charge entre les compagnies régionales et adopte son règlement intérieur.

Art. R. 821-47 *(Mod., D. n° 2016-1026, 26 juill. 2016).* – Sur délégation du Conseil national auquel il rend compte semestriellement, le bureau assure l'administration courante de la Compagnie nationale.

Dans les mêmes conditions :

1° Il coordonne l'action des conseils régionaux, notamment en ce qui concerne la défense des intérêts moraux et matériels de la profession et la discipline générale des commissaires aux comptes ;

2° Il examine les suggestions des conseils régionaux, en leur donnant la suite qu'elles comportent ;

3° Il prévient et concilie les différends d'ordre professionnel entre les conseils régionaux ou entre les commissaires aux comptes n'appartenant pas à une même compagnie régionale.

Art. R. 821-48 *(Mod., D. n° 2016-1026, 26 juill. 2016).* – Le bureau prépare les délibérations du Conseil national dont le président fixe l'ordre du jour.

Il prépare l'avis du Conseil national sur les projets de normes qui lui sont soumis par le Haut conseil en application de l'article L. 821-14.

Il transmet au Haut conseil les informations figurant dans les déclarations d'activité mentionnées au V de l'article R. 823-10.

Art. R. 821-49 *(Mod., D. n° 2016-1026, 26 juill. 2016).* – Le Conseil national peut conférer au bureau les pouvoirs qu'il juge convenables pour l'exécution de ses décisions.

Art. R. 821-50 *(Mod., D. n° 2016-1026, 26 juill. 2016).* – Le président élu par le Conseil national représente la Compagnie nationale dans tous les actes de la vie civile et este en justice en son nom. Il porte le titre de président de la Compagnie nationale des commissaires aux comptes.

Il représente la Compagnie nationale auprès des pouvoirs publics.

Il ne peut être membre d'aucune commission régionale de discipline.

Il cesse d'être délégué du conseil régional qui pourvoit à son remplacement.

Paragraphe 3. – Des conseils régionaux

Art. R. 821-51 *(D. n° 2016-1026, 26 juill. 2016).* – Le conseil régional des commissaires aux comptes siège au chef-lieu de la cour d'appel et est désigné par le nom de ce chef-lieu.

Il peut, à titre exceptionnel, siéger dans un autre lieu du ressort de la cour d'appel dont il dépend, avec l'accord des chefs de cour.

Art. R. 821-52 *(D. n° 2016-1026, 26 juill. 2016).* – Le conseil régional est composé de :

1° Six membres si la compagnie régionale comprend moins de cent membres personnes physiques ;

2° Douze membres si la compagnie régionale comprend de cent à deux cent quarante-neuf membres personnes physiques ;

3° Quatorze membres si la compagnie régionale comprend de deux cent cinquante à quatre cent quatre-vingt-dix-neuf membres personnes physiques ;

4° Seize membres si la compagnie régionale comprend de cinq cents à sept cent quarante-neuf membres personnes physiques ;

5° Dix-huit membres si la compagnie régionale comprend de sept cent cinquante à neuf cent quatre-vingt-dix-neuf membres personnes physiques ;

6° Vingt-deux membres si la compagnie régionale comprend de mille à mille neuf cent quatre-vingt-dix-neuf membres personnes physiques ;

7° Vingt-six membres si la compagnie régionale comprend au moins deux mille membres personnes physiques.

Cette composition est définie sur la base de l'effectif de la liste arrêté au 1er janvier de l'année des élections.

Art. R. 821-53 *(D. n° 2016-1026, 26 juill. 2016).* – Le conseil régional ne peut comprendre plus de la moitié de membres appartenant à une même société.

Art. R. 821-54 *(D. n° 2016-1026, 26 juill. 2016).* – Les membres du conseil régional sont élus au scrutin secret, pour une durée de quatre ans.

Le conseil régional est renouvelé par moitié tous les deux ans.

Sont électeurs les personnes physiques membres de la compagnie régionale, à jour de leurs cotisations professionnelles.

Sont éligibles les personnes physiques, à jour de leurs cotisations professionnelles, exerçant des fonctions de commissaire aux comptes à la date du scrutin.

Art. R. 821-55 *(D. n° 2016-1026, 26 juill. 2016).* – Si l'effectif du conseil régional est réduit de plus de moitié, il est procédé, dans le délai de deux mois, à une élection partielle pour pourvoir les sièges vacants. Le mandat des membres ainsi élus expire à la même date que celui de leurs prédécesseurs.

Il n'y a pas lieu à élection partielle, si la prochaine élection biennale doit intervenir dans le délai de six mois.

Les sièges vacants, non soumis à renouvellement, sont pourvus à cette occasion et le mandat des membres élus expire à la même date que celui de leurs prédécesseurs.

Art. R. 821-56 *(D. n° 2016-1026, 26 juill. 2016).* – Tout candidat à une élection de membre d'un conseil régional adresse sa candidature au siège du conseil, par lettre recommandée avec demande d'avis de réception, un mois au moins avant la date fixée pour cette élection.

Les membres sortants d'un conseil ne sont immédiatement rééligibles qu'une seule fois.

Art. R. 821-57 *(D. n° 2016-1026, 26 juill. 2016).* – Si plusieurs sièges pourvus lors d'une élection partielle comportent pour leur titulaire des mandats de durée différente ou si des sièges vacants, pourvus lors d'une élection biennale, sont soumis à renouvellement avant l'expiration de la durée normale du mandat, il est procédé, au cours de la première séance du conseil suivant les élections, à l'affectation de chacun des membres nouvellement élus à l'un de ces sièges, par voie de tirage au sort.

Il en est de même après l'élection du premier conseil régional pour désigner les membres soumis à réélection après deux années de mandat seulement.

Art. R. 821-58 *(D. n° 2016-1026, 26 juill. 2016).* – Le conseil régional élit parmi ses membres au scrutin secret, pour un mandat de deux ans, un président, un ou deux vice-présidents, un secrétaire et un trésorier, qui constituent le bureau. Le nombre de membres du bureau peut être porté à sept ou neuf si l'effectif de la compagnie régionale est supérieur respectivement à cinq cents ou à mille.

Le mandat du président est renouvelable une fois.

Les désignations ont lieu à la majorité absolue des voix au premier tour, à la majorité relative au second.

Art. R. 821-59 *(D. n° 2016-1026, 26 juill. 2016).* – Le conseil régional ne délibère valablement que si la moitié au moins de ses membres sont présents.

En cas d'absence ou d'empêchement d'un ou plusieurs membres et dans la mesure nécessaire pour atteindre le quorum, le conseil régional peut appeler à siéger les membres de la compagnie les plus anciens dans l'ordre d'inscription sur la liste et, à égalité de date d'inscription, les plus âgés.

Les décisions sont prises à la majorité des membres présents. En cas de partage, la voix du président est prépondérante.

Art. R. 821-60 *(D. n° 2016-1026, 26 juill. 2016).* – Le conseil régional tient un registre de ses délibérations. Le procès-verbal de chaque séance est signé par le président et le secrétaire.

Art. R. 821-61 *(D. n° 2016-1026, 26 juill. 2016).* – Le conseil régional est convoqué par le président lorsque cela est nécessaire et au moins une fois par semestre.

Il est obligatoirement convoqué par le président à la demande de la moitié au moins des membres du conseil. La réunion intervient dans les quinze jours de la réception de la demande par le président.

Art. R. 821-62 *(D. n° 2016-1026, 26 juill. 2016).* – Le conseil régional agit dans le cadre des délibérations de l'assemblée de compagnie régionale conformément aux articles R. 821-28 à R. 821-35.

Art. R. 821-63 *(D. n° 2016-1026, 26 juill. 2016).* – Le conseil régional a pour mission, outre l'administration de la compagnie régionale et la gestion de son patrimoine :

1° De prendre les décisions qui sont de la compétence de la compagnie régionale en vertu du présent titre, et notamment de l'article R. 821-25 ;

2° De surveiller l'exercice de la profession de commissaire aux comptes dans la circonscription ;

3° D'adopter le règlement intérieur de la compagnie régionale ;

4° D'examiner toutes réclamations de la part des tiers contre les commissaires aux comptes membres de la compagnie régionale, à l'occasion de l'exercice de la profession ;

5° De donner son avis, s'il y est invité par l'une des parties ou par le ministère public, sur l'action en responsabilité intentée contre un commissaire aux comptes en raison d'actes professionnels ;

6° De fixer et de recouvrer le montant des cotisations dues par les membres de la compagnie régionale pour couvrir les frais de ladite compagnie, y compris les sommes dues à la Compagnie nationale conformément à l'article R. 821-46 ;

7° De saisir le Conseil national de toutes requêtes ou suggestions concernant la profession ;

8° De mettre à la disposition de ses membres les services d'intérêt commun qui apparaîtraient nécessaires au bon exercice de la profession.

Art. R. 821-64 *(D. n° 2016-1026, 26 juill. 2016)*. – Le conseil régional transmet au Conseil national les informations mentionnées au V de l'article R. 823-10.

Art. R. 821-65 *(D. n° 2016-1026, 26 juill. 2016)*. – Le président élu par le conseil régional porte le titre de président de la compagnie régionale des commissaires aux comptes.

Il représente la compagnie régionale dans tous les actes de la vie civile et pour ester en justice. Il assure l'exécution des décisions du conseil régional ainsi que le respect des décisions du Conseil national dans le ressort de la compagnie régionale et veille au fonctionnement régulier de la compagnie régionale.

Il réunit périodiquement le bureau du conseil régional et le tient informé des décisions et mesures prises dans l'accomplissement de ses fonctions.

Il prévient et concilie, si possible, tout conflit ou toute contestation d'ordre professionnel entre commissaires aux comptes membres de la compagnie régionale.

Il saisit le Haut conseil de toute question entrant dans les compétences de celui-ci et en avise immédiatement le président de la Compagnie nationale des commissaires aux comptes.

Art. R. 821-66 *(D. n° 2016-1026, 26 juill. 2016)*. – Les vice-présidents assistent le président et le remplacent en cas de démission, d'absence ou d'empêchement. À défaut du président ou des vice-présidents, les fonctions du président sont exercées par le doyen d'âge du conseil régional.

Art. R. 821-67 *(D. n° 2016-1026, 26 juill. 2016)*. – Tout membre d'un conseil qui cesse de remplir les conditions requises pour être éligible cesse de plein droit de faire partie dudit conseil.

Section II. – Du contrôle de la profession

Art. R. 821-68 *(D. n° 2016-1026, 26 juill. 2016)*. – Les dossiers et documents établis par le commissaire aux comptes en application de l'article R. 823-10 sont conservés pendant six ans, même après la cessation des fonctions. Ils sont, pour les besoins des contrôles et des enquêtes, tenus à la disposition des autorités de contrôle, qui peuvent requérir du commissaire aux comptes les explications et les justifications qu'elles estiment nécessaires concernant ces pièces et les opérations qui doivent y être mentionnées.

Art. R. 821-69 *(D. n° 2016-1026, 26 juill. 2016)*. – Peuvent être désignées contrôleurs les personnes qui justifient d'une formation en matière comptable ou financière, d'une expérience professionnelle d'au moins trois années dans le domaine de la certification des comptes et de l'information financière et qui ont suivi une formation spécifique en matière de contrôle de la qualité dans ces domaines.

Art. R. 821-70 *(D. n° 2016-1026, 26 juill. 2016)*. – Avant de procéder aux opérations de contrôle, les contrôleurs déclarent au Haut conseil ou, en cas de délégation, à la Compagnie nationale des commissaires aux comptes, qu'ils ne sont pas dans une situation de conflit d'intérêts avec le commissaire aux comptes qu'ils sont chargés de contrôler.

Ils ne peuvent contrôler un commissaire aux comptes si, au cours des trois années précédentes, ils ont été associés, salariés ou collaborateurs de celui-ci.

Art. R. 821-71 *(D. n° 2016-1026, 26 juill. 2016).* – Les contrôles mentionnés à l'article L. 821-9 sont réalisés en fonction d'une analyse des risques. Ils portent notamment :

1° Sur les missions de certification sélectionnées par le contrôleur. Celui-ci vérifie notamment le respect des règles d'indépendance, la conformité aux normes mentionnées au I de l'article L. 821-13, l'adéquation des ressources affectées à la réalisation des missions ainsi que les honoraires perçus par le commissaire aux comptes ;

2° Sur le système de contrôle de qualité interne mis en place par le commissaire aux comptes, sauf lorsqu'il s'agit d'une société de commissaires aux comptes inscrite en application de l'article L. 822-1-4.

Les contrôles sont proportionnés à l'ampleur et à la complexité de l'activité du commissaire aux comptes concerné.

Art. R. 821-72 *(D. n° 2016-1026, 26 juill. 2016).* – Les contrôles prévus à l'article L. 821-9 sont effectués sur pièces ou sur place.

Sans préjudice des dispositions de l'article L. 821-12, les contrôleurs peuvent se faire communiquer par le commissaire aux comptes et vérifier sur pièces ou sur place, quel qu'en soit le support, tous documents ou pièces. Ils peuvent également exiger toutes explications sur les dossiers et documents établis en application de l'article R. 823-10, sur les conditions d'exécution par le commissaire aux comptes de sa mission au sein des personnes et entités contrôlées, et sur l'organisation et l'activité globale de la structure d'exercice professionnel, du réseau auquel elle appartient et des personnes ou groupements qui lui sont liés.

Le commissaire aux comptes justifie en outre des diligences accomplies en vue de garantir le respect des règles relatives à son indépendance et aux incompatibilités prévues par les dispositions de l'article L. 822-11-3 et du Code de déontologie, et fournit tous renseignements permettant d'apprécier le respect des prescriptions de l'article L. 822-11-3, notamment à raison des prestations réalisées par un membre du réseau auquel il appartient.

Les contrôleurs peuvent obtenir copie des pièces et documents mentionnés au présent article, quel qu'en soit le support. Un bordereau des copies des pièces et documents qui leur sont remis est établi.

À l'issue des opérations de contrôle, les pièces et documents communiqués aux contrôleurs sont restitués.

Art. R. 821-73 *(D. n° 2016-1026, 26 juill. 2016).* – Le contrôleur communique au commissaire aux comptes un pré-rapport exposant les opérations de contrôle réalisées et leurs résultats afin que celui-ci présente ses observations dans un délai d'un mois.

Il établit ensuite un rapport définitif qui expose les principales conclusions du contrôle et les observations du commissaire aux comptes.

Le cas échéant, les recommandations formulées par le Haut conseil sont notifiées au commissaire aux comptes par lettre recommandée avec demande d'accusé de réception ou par tout autre moyen permettant de s'assurer de la date de sa réception. Le commissaire aux comptes donne suite aux recommandations dans le délai fixé par celles-ci.

Art. R. 821-74 *(D. n° 2016-1026, 26 juill. 2016).* – Le président de la Compagnie nationale des commissaires aux comptes ou, lorsque les contrôles sont mis en œuvre par le Haut conseil en application de l'article L. 821-9, le directeur général du Haut conseil, conserve copie des pièces et documents pendant une durée de six ans dans des conditions permettant d'assurer le maintien de leur confidentialité. À l'issue de ce délai, il est procédé à leur destruction.

Art. R. 821-75 *(D. n° 2016-1026, 26 juill. 2016).* – Les contrôles mentionnés à l'article L. 821-9 sont réalisés au moins tous les six ans, selon les orientations, le cadre et les modalités définis par le Haut conseil du commissariat aux comptes.

Ce délai est ramené à trois ans pour les commissaires aux comptes exerçant des missions de certification des comptes auprès des entités d'intérêt public mentionnées au i du paragraphe 2 de l'article 26 du règlement (UE) n° 537/2014 du 16 avril 2014.

Des conventions définissent les conditions dans lesquelles le Haut conseil peut avoir recours au concours de l'Autorité de contrôle prudentiel et de résolution ou de l'Autorité des marchés financiers pour effectuer les contrôles mentionnés à l'article L. 821-9.

Art. R. 821-76 *(D. n° 2016-1026, 26 juill. 2016).* – Lorsque le contrôle porte sur la certification de comptes consolidés, le commissaire aux comptes met à la disposition des contrôleurs la documentation pertinente qu'il conserve sur les contrôles qui ont été effectués sur les comptes des personnes ou entités entrant dans le périmètre de consolidation par les commissaires aux comptes ou les contrôleurs légaux inscrits dans d'autres États.

Lorsqu'un professionnel, inscrit dans un État avec lequel aucun accord de coopération n'a été conclu par le Haut conseil, a certifié les comptes de l'une des personnes ou entités entrant dans le périmètre de consolidation, les commissaires aux comptes veillent à ce que les documents de travail établis par ce professionnel soient dûment fournis, sur leur demande, aux personnes en charge des contrôles mentionnés à l'article L. 821-9.

Ils conservent à cet effet une copie de ces documents ou conviennent avec le contrôleur légal de la personne ou de l'entité concernée qu'ils y auront accès, ou prennent toute autre mesure appropriée pour les obtenir sans restriction et sur demande.

En cas d'empêchement, les commissaires aux comptes joignent à leur dossier tous les éléments de nature à établir les démarches et procédures engagées pour y accéder, ainsi que la réalité des difficultés rencontrées.

Art. D. 821-77 *(D. n° 2019-514, 24 mai 2019)*. – Le délai défini au deuxième alinéa de l'article L. 821-14 est fixé à quatre mois à compter de la demande ou de l'initiative mentionnées au premier alinéa du même article.

« Le délai mentionné au troisième alinéa de l'article L. 821-14 est fixé à un mois à compter de la réception du projet de norme par la compagnie nationale des commissaires aux comptes. A l'expiration de ce délai, l'avis est réputé rendu.

2.2.1.2. – Du statut des commissaires aux comptes

Code de commerce

Partie législative

CHAPITRE II. – DU STATUT DES COMMISSAIRES AUX COMPTES

(L. n° 2003-706, 1er août 2003)

Bibliographie : H. Alvès, *Le point sur le statut des commissaires aux comptes : Rev. Lamy dr. aff.* 2006, n° 3, p. 10. • R. Castell et F. Pasqualini, *Le commissaire aux comptes*, Économica, 1995. • J. Monéger et Th. Granier, *Le commissaire aux comptes*, Dalloz, 1995. • Y. Guyon et G. Coquereau, *Le nouveau statut des commissaires aux comptes : JCP* CI 1970, 87348. • P. Mabilat, *Le nouveau statut professionnel des commissaires aux comptes : Rev. sociétés* 1970, p. 1. • A. Viandier et Chr. de Lauzainghein, *Droit comptable*, Dalloz, 2e éd. 1993. • *Adde* Y. Guyon et B. François, *JCl. Sociétés traité*, Fasc. 134-10 *(Statut général et conditions d'exercice du contrôle)*.

Section I. – De l'inscription

(Intitulé rempl. et section mod. à compter du 17 juin 2016, Ord. n° 2016-315, 17 mars 2016)

Art. L. 822-1 *(L. n° 2003-706, 1er août 2003 ; rempl. à compter du 17 juin 2016, Ord. n° 2016-315, 17 mars 2016)*. – I. - Les fonctions de commissaire aux comptes sont exercées par des personnes physiques ou par des sociétés inscrites sur une liste établie par le Haut conseil du commissariat aux comptes, dans les conditions prévues aux articles L. 822-1-1 à L. 822-1-4.

II. - Une liste établie par le Haut conseil énumère les contrôleurs de pays tiers mentionnés au I de l'article L. 822-1-5.

Art. L. 822-1-1 *(Ord. n° 2005-1126, 8 sept. 2005 ; mod. à compter du 17 juin 2016, Ord. n° 2016-315, 17 mars 2016)*. – Pour être inscrite sur la liste des commissaires aux comptes, une personne physique doit remplir les conditions suivantes :

1° Être française, ressortissante d'un État membre de l'Union européenne, d'un État partie à l'accord sur l'Espace économique européen ou d'un autre État étranger lorsque celui-ci admet les nationaux français à exercer le contrôle légal des comptes ;

2° N'avoir pas été l'auteur de faits contraires à l'honneur ou à la probité ayant donné lieu à condamnation pénale ;

3° N'avoir pas été l'auteur de faits de même nature ayant donné lieu à une sanction disciplinaire de radiation ;

4° N'avoir pas été frappée de faillite personnelle ou de l'une des mesures d'interdiction ou de déchéance prévues au livre VI ;

5° Avoir accompli un stage professionnel, jugé satisfaisant, d'une durée fixée par voie réglementaire, chez un commissaire aux comptes ou une personne agréée par un État membre de l'Union européenne pour exercer le contrôle légal des comptes ;

6° Avoir subi avec succès les épreuves du certificat d'aptitude aux fonctions de commissaire aux comptes ou être titulaire du diplôme d'expertise comptable.

Art. L. 822-1-2 *(Ord. n° 2005-1126, 8 sept. 2005 ; mod. à compter du 17 juin 2016, Ord. n° 2016-315, 17 mars 2016).* – Par dérogation aux dispositions de l'article L. 822-1-1, les personnes physiques remplissant des conditions de compétence et d'expérience professionnelle peuvent être dispensées de tout ou partie du stage professionnel visé au 5° du même article, sur décision du garde des sceaux, ministre de la justice.

Sont dispensées des conditions de diplôme, de stage et d'examen prévues aux 5° et 6° de l'article L. 822-1-1, les personnes physiques qui justifient avoir acquis, dans un État membre de l'Union européenne ou dans un autre État admettant les nationaux français à exercer le contrôle légal des comptes, une qualification suffisante pour l'exercice du contrôle légal des comptes, sous réserve de subir un examen d'aptitude.

Art. L. 822-1-3 *(Ord. n° 2008-1278, 8 déc. 2008 ; rempl. à compter du 17 juin 2016, Ord. n° 2016-315, 17 mars 2016).* – Pour être inscrite sur la liste des commissaires aux comptes, une société doit remplir les conditions suivantes :

1° La majorité des droits de vote de la société sont détenus par des commissaires aux comptes ou des sociétés de commissaires aux comptes inscrits sur la liste prévue au I de l'article L. 822-1 ou des contrôleurs légaux des comptes régulièrement agréés dans un autre État membre de l'Union européenne. Lorsqu'une société de commissaires aux comptes détient une participation dans le capital d'une autre société de commissaires aux comptes, les actionnaires ou associés non commissaires aux comptes ne peuvent détenir plus de la majorité de l'ensemble des droits de vote des deux sociétés ;

2° Les fonctions de gérant, de président du conseil d'administration ou du directoire, de président du conseil de surveillance et de directeur général sont assurées par des commissaires aux comptes inscrits sur la liste prévue au I de l'article L. 822-1 ou régulièrement agréés dans un autre État membre de l'Union européenne pour l'exercice du contrôle légal des comptes ;

3° La majorité au moins des membres des organes de gestion, d'administration, de direction ou de surveillance doivent être des commissaires aux comptes inscrits sur la liste prévue au I de l'article L. 822-1 ou régulièrement agréés dans un autre État membre de l'Union européenne pour l'exercice du contrôle légal des comptes. Les représentants permanents des sociétés de commissaires aux comptes associés ou actionnaires doivent être des commissaires aux comptes inscrits sur la liste prévue au I de l'article L. 822-1 ou régulièrement agréés dans un autre État membre de l'Union européenne pour l'exercice du contrôle légal des comptes.

Voir : la rédaction de cet article issue de l'ordonnance n° 2019-744 du 19 juillet 2019, en *addendum*, p. 3371.

Art. L. 822-1-4 *(Créé à compter du 17 juin 2016, Ord. n° 2016-315, 17 mars 2016).* – Par dérogation aux dispositions de l'article L. 822-1-3, une société de contrôle légal régulièrement agréée dans un État membre de l'Union européenne peut être inscrite sur la liste mentionnée au I de l'article L. 822-1.

Les fonctions de commissaire aux comptes ne peuvent être exercées au nom de cette société que par des personnes physiques inscrites sur la liste mentionnée au I de l'article L. 822-1.

Art. L. 822-1-5 *(Créé à compter du 17 juin 2016, Ord. n° 2016-315, 17 mars 2016 ; mod., L. n° 2016-1691, 9 déc. 2016).* – I. – S'inscrivent sur la liste prévue au II de l'article L. 822-1 les contrôleurs de pays tiers agréés dans un État non membre de l'Union européenne ou non partie à l'accord sur l'Espace économique européen qui exercent le contrôle légal des comptes annuels ou des comptes consolidés de personnes ou d'entités n'ayant pas leur siège social dans un État membre de l'Union européenne ou dans un autre État partie à l'accord sur l'Espace économique européen et émettant des valeurs mobilières admises à la négociation sur un marché réglementé en France.

Toutefois, l'inscription n'est pas requise lorsque ces personnes ou entités sont dans l'une des situations suivantes :

1° Elles ont, antérieurement au 31 décembre 2010, émis uniquement des titres de créances admis à la négociation sur un marché réglementé en France dont la valeur nominale unitaire à la date d'émission est au moins égale à 50 000 € ou, pour les titres de créances libellés dans une devise autre que l'euro, au moins équivalente à 50 000 € à la date d'émission ;

2° Elles ont, à compter du 31 décembre 2010, émis uniquement des titres de créances admis à la négociation sur un marché réglementé en France dont la valeur nominale unitaire à la date d'émission est au moins égale à 100 000 € ou, pour les titres de créances libellés dans une devise autre que l'euro, au moins équivalente à 100 000 € à la date d'émission.

II. – Pour être inscrits sur la liste prévue au II de l'article L. 822-1, les contrôleurs de pays tiers, personnes morales, mentionnés au I doivent remplir les conditions suivantes :

1° La majorité des membres de l'organe d'administration ou de direction respecte les conditions mentionnées aux 2° à 6° de l'article L. 822-1-1 ou à des exigences équivalentes ;

2° La personne physique qui exerce les fonctions de contrôleur de légal au nom de la personne morale satisfait aux 2° à 6° de l'article L. 822-1-1 ou à des exigences équivalentes ;

3° Le contrôle légal des comptes doit être réalisé conformément aux normes mentionnées à l'article L. 821-13 ou à des normes équivalentes ;

4° Le contrôle légal des comptes doit être effectué conformément aux dispositions de la section II du présent chapitre ou à des exigences équivalentes ;

5° Les honoraires du contrôle légal des comptes sont conformes aux dispositions du Code de déontologie ou à des exigences équivalentes.

Pour être inscrits sur la liste prévue au II de l'article L. 822-1, les contrôleurs de pays tiers, personnes physiques, mentionnés au I doivent remplir les conditions mentionnées aux 2° à 5° du II.

III. – Le Haut conseil du commissariat aux comptes apprécie le respect des conditions mentionnées au II.

Lorsque la Commission européenne a adopté une décision d'équivalence ou a fixé des critères d'équivalence généraux pour l'appréciation des exigences mentionnées aux 2°, 3° et 4° du II, le Haut conseil s'y conforme.

IV. – Les commissaires aux comptes inscrits sur la liste prévue au II de l'article L. 822-1 ou dispensés d'inscription en application de l'article L. 822-1-6 sont soumis aux contrôles définis à la section 2 du chapitre Ier et au régime de sanctions défini au chapitre IV du présent titre.

Art. L. 822-1-6 *(Créé à compter du 17 juin 2016, Ord. n° 2016-315, 17 mars 2016 ; mod., L. n° 2016-1691, 9 déc. 2016).* – Sous réserve de réciprocité, les contrôleurs de pays tiers mentionnés au I de l'article L. 822-1-5 peuvent être dispensés de l'obligation d'inscription sur la liste mentionnée au II de l'article L. 822-1 par décision du Haut conseil du commissariat aux comptes.

Cette dispense est accordée si le contrôleur de pays tiers est agréé par une autorité compétente d'un État dont le système de supervision publique, d'assurance qualité, d'enquête et de sanctions, a fait l'objet d'une décision d'équivalence de la Commission européenne sur le fondement de l'article 46 de la directive 2006/43/ CE du 17 mai 2006.

En l'absence de décision de la Commission européenne, le Haut conseil apprécie cette équivalence au regard des exigences prévues aux articles L. 820-1 et suivants. Lorsque la Commission a défini des critères généraux d'appréciation, le Haut conseil les applique.

Art. L. 822-1-7 *(Créé à compter du 17 juin 2016, Ord. n° 2016-315, 17 mars 2016).* – L'inscription ou la dispense d'inscription accordée en application des articles L. 822-1-5 et L. 822-1-6 conditionne la validité en France des rapports de certification signés par les contrôleurs mentionnés au I de l'article L. 822-1-5. Elles ne confèrent pas le droit de conduire des missions de certification des comptes auprès de personnes ou d'entités dont le siège est situé sur le territoire français.

Art. L. 822-2 *(Abr. à compter du 17 juin 2016, Ord. n° 2016-315, 17 mars 2016).*

Art. L. 822-3 *(L. n° 2003-706, 1er août 2003).* – Tout commissaire aux comptes doit prêter, devant la cour d'appel dont il relève, le serment de remplir les devoirs de sa profession avec honneur, probité et indépendance, respecter et faire respecter les lois.

Art. L. 822-4 *(L. n° 2003-706, 1er août 2003 ; rempl. à compter du 17 juin 2016, Ord. n° 2016-315, 17 mars 2016).* – I. - Les commissaires aux comptes inscrits sur la liste mentionnée au I de l'article L. 822-1 sont tenus de suivre une formation professionnelle continue leur permettant d'entretenir et de perfectionner leurs connaissances.

II. - Toute personne inscrite sur la liste mentionnée au I qui n'a pas exercé des fonctions de commissaire aux comptes pendant trois ans et qui n'a pas respecté durant cette période l'obligation mentionnée au I est tenue de suivre une formation particulière avant d'accepter une mission de certification.

Art. L. 822-5 à L. 822-8 *(Abr. à compter du 17 juin 2016, Ord. n° 2016-315, 17 mars 2016).*

Partie réglementaire

Section I. – De l'inscription et de la discipline

Sous-section 1. – De l'inscription

Art. R. 822-1 *(Mod., D. n° 2012-607, 30 avr. 2012 ; D. n° 2016-1026, 26 juill. 2016).* **– Les commissaires aux comptes inscrits sur la liste mentionnée au I de l'article L. 822-1 sont rattachés à la compagnie régionale de la cour d'appel dans le ressort de laquelle se trouve :**

1° Pour les personnes physiques, leur domicile ou l'établissement dans lequel elles exercent leur activité ;

2° Pour les sociétés, leur siège social ou, lorsque celui-ci est situé à l'étranger, le premier établissement ouvert sur le territoire national.

Les commissaires aux comptes inscrits sur la liste mentionnée au I de l'article L. 822-1 peuvent exercer leur profession sur l'ensemble du territoire national.

§ 1.– Des conditions d'inscription sur la liste

Art. R. 822-2 *(D. n° 2013-192, 5 mars 2013).* **– Sont admises à se présenter au certificat d'aptitude aux fonctions de commissaire aux comptes, sous réserve de la délivrance de l'attestation de fin de stage mentionnée au sixième alinéa de l'article R. 822-3, les personnes titulaires d'un diplôme national de master ou d'un titre ou d'un diplôme conférant le grade de master délivré en France ou d'un diplôme obtenu dans un État étranger et jugé de niveau comparable au diplôme national de master par le garde des sceaux, ministre de la justice, et qui, selon le cas :**

1° Ont subi avec succès les épreuves du certificat préparatoire aux fonctions de commissaire aux comptes ;

2° Sont titulaires du diplôme d'études comptables supérieures régi par le décret n° 81-537 du 12 mai 1981 relatif au diplôme d'études comptables supérieures ou du diplôme d'études supérieures comptables et financières ou ont validé au moins quatre des sept épreuves obligatoires du diplôme supérieur de comptabilité et de gestion dans les conditions définies à l'article 50 du décret n° 2012-432 du 30 mars 2012 ;

3° Sont titulaires de diplômes jugés d'un niveau équivalent à ceux mentionnés au 2° par le garde des sceaux, ministre de la justice ;

Le programme et les modalités du certificat d'aptitude aux fonctions de commissaire aux comptes et du certificat préparatoire aux fonctions de commissaire aux comptes sont fixés par un arrêté conjoint du garde des sceaux, ministre de la justice, et du ministre chargé de l'enseignement supérieur.

Les épreuves du certificat d'aptitude et du certificat préparatoire aux fonctions de commissaire aux comptes ont lieu au moins une fois par an, à une date fixée par arrêté du garde des sceaux, ministre de la justice, publié au *Journal officiel* de la République française.

Art. R. 822-3 *(D. n° 2013-192, 5 mars 2013).* **– Le stage professionnel prévu au 5° de l'article L. 822-1-1 est d'une durée de trois ans.**

Il est ouvert aux personnes qui remplissent les conditions pour se présenter au certificat d'aptitude aux fonctions de commissaire aux comptes en application de l'article R. 822-2.

Il est accompli chez une personne physique ou dans une société inscrite sur la liste prévue à l'article L. 822-1 et habilitée à cet effet. Il peut être également accompli :

1° Dans la limite de deux ans, chez une personne agréée par un État membre de l'Union européenne pour exercer le contrôle légal des comptes ;

2° Dans la limite d'un an, chez toute personne autre que celles qui exercent le contrôle légal des comptes en France et dans les autres États membres de l'Union européenne et offrant des garanties suffisantes quant à la formation des stagiaires.

Le stage professionnel régulièrement accompli donne lieu à la délivrance d'une attestation de fin de stage portant les appréciations du président du conseil régional établies au vu du rapport du maître de stage. Lorsque le stage a été accompli dans le ressort de plusieurs conseils régionaux ou en tout ou partie à l'étranger, le président du conseil régional compétent est désigné dans des conditions fixées par arrêté du garde des sceaux, ministre de la justice.

Un arrêté du même ministre détermine l'autorité compétente au sein de la profession pour autoriser le stagiaire à effectuer tout ou partie du stage à l'étranger ou chez une personne autre que celles qui sont agréées pour exercer le contrôle légal des comptes ainsi que les modalités d'accomplissement de stage et de délivrance de l'attestation de fin de stage.

Les modalités de l'habilitation à recevoir des stagiaires sont définies par arrêté du garde des sceaux, ministre de la justice, sur proposition de la compagnie nationale des commissaires aux comptes.

Les stagiaires disposent d'un délai de six ans après la date de délivrance de l'attestation de fin de stage pour obtenir le certificat d'aptitude aux fonctions de commissaire aux comptes. Au-delà de ce délai, l'attestation de fin de stage est caduque.

Les personnes ayant effectué la totalité de leur stage professionnel prévu au 5° de l'article L. 822-1-1 mais dont l'attestation de fin de stage est devenue caduque dans les conditions prévues à l'alinéa précédent accomplissent un nouveau stage dont la durée est d'un an.

Art. R. 822-4 *(D. n° 2013-192, 5 mars 2013).* – Lorsque le candidat à l'inscription est titulaire du diplôme d'expertise comptable, les deux tiers au moins du stage prévu par l'article 67 du décret n° 2012-432 du 30 mars 2012 relatif à l'exercice de l'activité d'expertise comptable doivent avoir été accomplis soit chez une personne inscrite sur la liste des commissaires aux comptes et habilitée à recevoir des stagiaires dans les conditions fixées au huitième alinéa de l'article R. 822-3, soit, sous réserve d'une autorisation donnée au stagiaire, dans des conditions fixées par arrêté du garde des sceaux, ministre de la justice, et du ministre chargé du budget, chez une personne agréée dans un État membre de l'Union européenne pour exercer le contrôle légal des comptes.

Le candidat à l'inscription, titulaire du diplôme d'expertise comptable, qui ne répond pas aux conditions prévues au premier alinéa peut être autorisé à effectuer deux années de stage supplémentaires pour se conformer à ces conditions. Les dispositions du sixième alinéa de l'article R. 822-3 sont applicables.

Art. R. 822-5 *(D. n° 2013-192, 5 mars 2013).* – Peuvent être admises à se présenter aux épreuves du certificat d'aptitude aux fonctions de commissaire aux comptes et sont dispensées de tout ou partie du stage professionnel, en application du premier alinéa de l'article L. 822-1-2, les personnes physiques ayant exercé pendant une durée de quinze ans au moins une activité publique ou privée qui leur a permis d'acquérir dans les domaines financier, comptable et juridique intéressant les sociétés commerciales une expérience jugée suffisante par le garde des sceaux, ministre de la justice.

Les conditions de délivrance de la dispense mentionnée au premier alinéa sont fixées par un arrêté du garde des sceaux, ministre de la justice.

Peuvent également être admis à subir l'examen d'aptitude aux fonctions de commissaire aux comptes les anciens syndics et administrateurs judiciaires et les anciens administrateurs judiciaires et mandataires judiciaires ayant exercé leurs fonctions pendant sept ans au moins. Le stage effectué auprès de ces professions est pris en compte pour une durée n'excédant pas un an en ce qui concerne l'accomplissement du stage prévu à l'article R. 822-3.

Art. R. 822-6 *(D. n° 2013-192, 5 mars 2013 ; mod., D. n° 2016-1026, 26 juill. 2016).* – Peuvent être inscrites sur la liste des commissaires aux comptes mentionnée au I de l'article L. 822-1, en application des dispositions du deuxième alinéa de l'article L. 822-1-2, les personnes déjà agréées par les autorités compétentes d'un autre État membre de l'Union européenne pour l'exercice du contrôle légal des comptes, sous réserve d'avoir subi avec succès une épreuve d'aptitude démontrant une connaissance adéquate des lois, règlements, normes et règles professionnelles nécessaires pour l'exercice du contrôle légal des comptes en France.

Les modalités de cette épreuve sont fixées par arrêté du garde des Sceaux, ministre de la Justice.

Les candidats sont admis à se présenter à l'épreuve d'aptitude par décision du garde des Sceaux, ministre de la Justice.

À cette fin, l'intéressé adresse son dossier au garde des Sceaux, ministre de la Justice. À la réception du dossier complet, un récépissé lui est délivré.

La décision du garde des Sceaux, ministre de la Justice, précise les matières sur lesquelles le candidat doit être interrogé compte tenu de sa formation initiale. Elle doit être motivée et intervenir dans un délai de quatre mois à compter de la délivrance du récépissé. Le défaut de réponse dans ce délai vaut acceptation de la demande d'inscription à l'épreuve d'aptitude.

Les dispositions du présent article sont également applicables aux personnes qui, quoique non agréées dans un autre État membre de l'Union européenne, réunissent les conditions de titre, de diplôme et de formation pratique permettant d'obtenir un tel agrément conformément aux dispositions de la directive 2006/43/CE du Parlement européen et du Conseil, du 17 mai 2006 concernant les contrôles légaux des comptes annuels et des comptes consolidé.

Art. R. 822-7 *(D. n° 2013-192, 5 mars 2013 ; D. n° 2016-1026, 26 juill. 2016).* – Peuvent également être inscrites sur la liste des commissaires aux comptes mentionnée au I de l'article L. 822-1, en application des dispositions du deuxième alinéa de l'article L. 822-1-2 les personnes qui ont suivi avec succès un cycle d'études d'une durée minimale de trois ans ou d'une durée équivalente à temps partiel dans une université ou un établissement d'enseignement supérieur ou dans un autre établissement de même niveau de formation, ainsi que la formation professionnelle requise en plus de ce cycle d'études, et qui justifient :

a) D'un diplôme ou d'un titre jugé de même niveau que le certificat d'aptitude aux fonctions de commissaire aux comptes ou le diplôme d'expertise comptable, par le garde des Sceaux, ministre de la Justice, et permettant l'exercice de la profession dans un État non membre de l'Union européenne admettant les nationaux français à exercer le contrôle légal des comptes ;

b) D'une expérience professionnelle de trois ans jugée suffisante par le garde des Sceaux, ministre de la Justice, dans le domaine du contrôle légal des comptes.

L'intéressé doit subir une épreuve d'aptitude dans les conditions prévues à l'article R. 822-6.

Art. D. 822-7-1 *(D. n° 2013-192, 5 mars 2013).* – Les candidats au certificat préparatoire aux fonctions de commissaire aux comptes, au certificat d'aptitude aux fonctions de commissaire aux comptes, ainsi qu'à l'épreuve d'aptitude mentionnée à l'article R. 822-6, qui présentent un handicap au sens de l'article L. 114 du Code de l'action sociale et des familles bénéficient des aménagements rendus nécessaires par leur situation.

Ces aménagements peuvent porter sur :

a) Les conditions de déroulement des épreuves, de nature à permettre aux candidats de bénéficier des conditions matérielles, des aides techniques ou des aides humaines appropriées à leur situation ;

b) Une majoration du temps imparti pour une ou plusieurs épreuves, qui ne peut excéder le tiers du temps normalement prévu pour chacune d'elles, sauf demande du médecin motivée par la situation exceptionnelle du candidat et formulée dans l'avis mentionné au huitième alinéa du présent article ;

c) La conservation, au choix du candidat, durant cinq ans, des notes non éliminatoires obtenues ;

d) L'étalement sur plusieurs sessions du passage des épreuves.

Les candidats sollicitant le bénéfice de ces dispositions adressent leur demande à l'un des médecins désignés par la commission mentionnée à l'article L. 146-9 du Code de l'action sociale et des familles pour les épreuves se déroulant en métropole, dans les départements d'outre-mer, à Saint-Pierre-et-Miquelon, à Saint-Martin ou à Saint-Barthélemy, ou désignés par le représentant de l'État, pour les épreuves se déroulant à Mayotte, en Nouvelle-Calédonie ou à Wallis-et-Futuna.

Le médecin rend un avis, qui est adressé au candidat et au président du jury, dans lequel il propose des aménagements. Le président du jury décide des aménagements accordés et notifie sa décision au candidat.

Le président du jury s'assure de l'accessibilité aux personnes handicapées des locaux prévus pour le déroulement des épreuves ainsi que de la mise en place, le cas échéant, des aménagements autorisés pour le candidat.

Sous-section 2. – De l'établissement et de la tenue des listes

Paragraphe 1. – De l'établissement et de la tenue des listes de commissaires aux comptes

Art. R. 822-8 *(Mod., D. n° 2016-1026, 26 juill. 2016).* – L'inscription ainsi que l'établissement et la tenue de la liste mentionnée au I de l'article L. 822-1 sont réalisés par le Haut conseil du commissariat aux comptes ou son délégataire.

Art. R. 822-9 *(Mod., D. n° 2016-1026, 26 juill. 2016).* – La demande d'inscription est déposée ou adressée par lettre recommandée avec demande d'avis de réception au Haut conseil. Elle est accompagnée des pièces justificatives. Le candidat indique, le cas échéant, s'il exerce dans une société.

La demande peut également être présentée par voie électronique, au moyen d'un service informatique accessible par internet, sécurisé et gratuit, permettant au demandeur d'accompagner la demande des pièces justificatives sous forme numérisée. Le Haut conseil en accuse réception par la même voie.

À réception du dossier complet, le Haut conseil délivre au candidat ou à son mandataire un récépissé, qui l'informe que l'absence de réponse dans un délai de quatre mois à compter de la délivrance du récépissé vaut décision d'inscription.

Art. R. 822-10 *(Mod., D. n° 2016-1026, 26 juill. 2016).* – La demande d'inscription d'une société est en outre régie par les dispositions des articles R. 822-40 et suivants.

Art. R. 822-11 *(Mod., D. n° 2016-1026, 26 juill. 2016).* – Le Haut conseil vérifie si le candidat remplit les conditions requises pour être inscrit. Le Haut conseil ou son délégataire recueille sur le candidat tous renseignements utiles et demande le bulletin n° 2 du casier judiciaire.

Il peut convoquer le candidat afin de procéder à son audition.

Lorsque, à la date de sa demande d'inscription le candidat se trouve dans l'un des cas d'incompatibilité prévus à l'article L. 822-10, son inscription peut être décidée sous condition suspensive de régularisation de sa situation dans un délai de six mois. L'intéressé justifie auprès du Haut conseil de la fin de cette incompatibilité.

Art. R. 822-12 *(Mod., D. n° 2016-1026, 26 juill. 2016).* – La formulation de la prestation de serment prévue à l'article L. 822-3 est la suivante : « Je jure d'exercer ma profession avec honneur, probité et indépendance, de respecter et faire respecter les lois. »

Le serment est prêté, par oral ou par écrit, devant le premier président de la cour d'appel dans le ressort de laquelle se situe la compagnie régionale à laquelle le commissaire aux comptes est rattaché.

Art. R. 822-13 *(Mod., D. n° 2016-1026, 26 juill. 2016).* – La liste mentionnée au I de l'article L. 822-1 est publiée sur le site internet du Haut conseil. Elle est mise à jour mensuellement compte tenu des nouvelles inscriptions, des suppressions des noms résultant des décès ou des démissions, des omissions, des suspensions, des interdictions temporaires, des radiations et de toute autre modification des mentions figurant sur la liste.

Les compagnies régionales et la Compagnie nationale informent le Haut conseil de toute circonstance justifiant une révision de la liste.

Art. R. 822-14 *(Mod., D. n° 2016-1026, 26 juill. 2016).* – La liste mentionnée au I de l'article L. 822-1 est établie par ordre alphabétique avec indication, pour chaque commissaire aux comptes ou société de commissaires aux comptes, de l'année d'inscription initiale et du numéro d'inscription.

Elle est divisée en deux sections : la première pour les personnes physiques, la seconde pour les sociétés.

Sont mentionnés dans la première section :

1° Les nom, prénoms et numéro d'inscription de l'intéressé ;

2° Son adresse professionnelle et ses coordonnées téléphoniques ainsi que, le cas échéant, l'adresse de son site internet ;

3° Lorsque l'intéressé est associé ou salarié d'une personne morale ou exerce ses fonctions pour le compte d'une personne morale, la dénomination sociale, la forme juridique, l'adresse du siège social, le numéro d'inscription et, le cas échéant, l'adresse du site internet de celle-ci ;

4° La compagnie régionale de rattachement ;

5° Les coordonnées de la commission régionale de discipline compétente.

Sont mentionnés dans la seconde section :

1° La dénomination sociale, la forme juridique et le numéro d'inscription de la société ;

2° L'adresse du siège social et les coordonnées téléphoniques de la société ainsi que, le cas échéant, l'adresse de son site internet ;

3° Les noms et adresses professionnelles des associés ou actionnaires, des membres des organes de gestion, de direction, d'administration ou de surveillance de la société ;

4° Les noms et numéros d'inscription des commissaires aux comptes associés de la société ou salariés par elle, ainsi que la liste et l'adresse de ses établissements ;

5° Le cas échéant, l'appartenance de la société à un réseau national ou international dont les membres ont un intérêt économique commun, ainsi que les noms et adresses des cabinets membres de ce réseau et des personnes et entités qui lui sont affiliées, ou l'indication de l'endroit où ces informations sont accessibles au public ;

6° La compagnie régionale de rattachement ;

7° Les coordonnées de la commission régionale de discipline compétente ;

8° Lorsque la société est agréée dans un autre État membre de l'Union européenne, la liste fait état de cette inscription en mentionnant, le cas échéant, le nom de l'autorité étrangère d'inscription et le numéro d'enregistrement attribué par cette dernière.

Art. R. 822-15 *(Mod., D. n° 2016-1026, 26 juill. 2016)*. – Les commissaires aux comptes ou sociétés de commissaires aux comptes informent sans délai le Haut conseil, par lettre recommandée avec demande d'avis de réception ou par voie électronique, de tout changement intervenu dans leur situation au regard des informations nécessaires à leur inscription. Ils produisent les pièces justificatives relatives à ces changements.

Le Haut conseil procède aux modifications justifiées.

Art. R. 822-16 *(Mod., D. n° 2016-1026, 26 juill. 2016)*. – Les sociétés de contrôle légal mentionnées à l'article L. 822-1-4 déposent ou adressent, par lettre recommandée avec demande d'avis de réception, une demande d'inscription auprès du Haut conseil du commissariat aux comptes. La demande comprend les pièces justificatives, datant de moins de trois mois, de leur agrément par une autorité compétente d'un autre État membre de l'Union européenne. Lorsqu'elles sont agréées dans plusieurs autres États membres de l'Union, elles communiquent les pièces justificatives relatives à leur premier agrément.

La demande d'inscription peut également être présentée par voie électronique, au moyen d'un service informatique accessible par internet, sécurisé et gratuit, permettant au demandeur d'accompagner la demande des pièces justificatives sous forme numérisée. Le Haut conseil en accuse réception par la même voie.

Le Haut conseil communique sa décision au demandeur et à l'autorité compétente de l'État membre dans lequel la société est agréée.

La société de contrôle légal est rattachée à la compagnie régionale de Paris lorsqu'elle n'a pas d'établissement sur le territoire français.

Paragraphe 2. – De la liste des contrôleurs de pays tiers

Art. R. 822-17 *(Mod., D. n° 2016-1026, 26 juill. 2016)*. – Les contrôleurs de pays tiers mentionnés au I de l'article L. 822-1-5 sont inscrits par le Haut conseil sur la liste mentionnée au II de l'article L. 822-1. Cette liste comprend les informations mentionnées à l'article R. 822-14, à l'exception de l'indication de la compagnie régionale de rattachement.

La demande d'inscription est accompagnée des pièces justificatives de leur agrément par les autorités compétentes de leur État d'origine ainsi que de tous documents permettant d'attester du respect des conditions prévues au II et au III de l'article L. 822-1-5. Ils justifient également de la publication sur leur site internet du rapport annuel de transparence incluant les informations mentionnées à l'article R. 823-21.

Les dispositions de la deuxième et de la troisième sous-sections de la présente section leur sont applicables, à l'exception des articles R. 822-11 et R. 822-12.

Art. R. 822-18 *(Mod., D. n° 2016-1026, 26 juill. 2016)*. – Le Haut conseil publie sur son site internet la liste mentionnée au II de l'article L. 822-1. Elle est mise à jour mensuellement compte tenu des nouvelles inscriptions et de toute autre modification des mentions qui y figurent.

Sous-section 3. – Des recours contre les décisions d'inscription

Art. R. 822-19 *(Mod., D. n° 2016-1026, 26 juill. 2016)*. – Les décisions rendues en matière d'inscription sont susceptibles de recours devant la juridiction administrative.

2.2.1.3. – De la déontologie et de l'indépendance des commissaires aux comptes

Code de commerce

Partie législative

Section II. – De la déontologie et de l'indépendance des commissaires aux comptes
(L. n° 2003-706, 1er août 2003)

Bibliographie : R. Dammann, *L'indépendance des commissaires aux comptes, une réflexion sur le décret du 16 novembre 2005 et l'arrêt du Conseil d'État du 24 mars 2006 : D.* 2006, n° 18, p. 226. • Th. Granier, *Le H3 C : premier bilan : Rev. sociétés* 2009, p. 747. • Y. Guyon, *L'indépendance du commissaire aux comptes : JCP* 1977, I, 2831. • N. Morelli, *Commissaires aux comptes : trois avis du H3 C sur l'indépendance : LPA* 13 juill. 2007, n° 140, p. 8.

Art. L. 822-9 ***(Créé par transfert des deuxième à sixième alinéas de l'article L. 225-218 et mod., L. n° 2003-706, 1er août 2003 ; mod., Ord. n° 2008-1278, 8 déc. 2008 ; mod. à compter du 17 juin 2016, Ord. n° 2016-315, 17 mars 2016).*** **– Dans les sociétés de commissaires aux comptes inscrites, les fonctions de commissaire aux comptes sont exercées, au nom de la société, par les commissaires aux comptes personnes physiques associés, actionnaires ou dirigeants de cette société qui signent le rapport destiné à l'organe appelé à statuer sur les comptes. Ces personnes ne peuvent exercer les fonctions de commissaire aux comptes qu'au sein d'une seule société de commissaires aux comptes. Les membres du conseil d'administration ou du conseil de surveillance peuvent être salariés de la société sans limitation de nombre ni condition d'ancienneté au titre de la qualité de salarié.**

En cas de décès d'un actionnaire ou associé commissaire aux comptes, ses ayants droit disposent d'un délai de deux ans pour céder leurs actions ou parts à un commissaire aux comptes.

L'admission de tout nouvel actionnaire ou associé est subordonnée à un agrément préalable qui, dans les conditions prévues par les statuts, peut être donné soit par l'assemblée des actionnaires ou des porteurs de parts, soit par le conseil d'administration ou le conseil de surveillance ou les gérants selon le cas.

Par dérogation au premier alinéa, l'exercice de ces fonctions est possible simultanément au sein d'une société de commissaires aux comptes et d'une autre société de commissaires aux comptes dont la première détient plus de la moitié du capital social ou dans le cas où les associés des deux entités sont communs pour au moins la moitié d'entre eux.

Art. L. 822-10 ***(Anc. art. L. 225-222 transféré, L. n° 2003-706, 1er août 2003).*** **– Les fonctions de commissaire aux comptes sont incompatibles :**

1° Avec toute activité ou tout acte de nature à porter atteinte à son indépendance ;

2° Avec tout emploi salarié ; toutefois, un commissaire aux comptes peut dispenser un enseignement se rattachant à l'exercice de sa profession ou occuper un emploi rémunéré chez un commissaire aux comptes ou chez un expert-comptable ;

3° Avec toute activité commerciale, qu'elle soit exercée directement ou par personne interposée ***(Mots aj., L. n° 2019-486, 22 mai 2019)*** **« , à l'exception, d'une part, des activités commerciales accessoires à la profession d'expert-comptable, exercées dans le respect des règles de déontologie et d'indépendance des commissaires aux comptes et dans les conditions prévues au troisième alinéa de l'article 22 de l'ordonnance n° 45-2138 du 19 septembre 1945 portant institution de l'ordre des experts-comptables et réglementant le titre et la profession d'expert-comptable et, d'autre part, des activités commerciales accessoires exercées par la société pluri-professionnelle d'exercice dans les conditions prévues à l'article 31-5 de la loi n° 90-1258 du 31 décembre 1990 relative à l'exercice sous forme de sociétés des professions libérales soumises à un statut législatif ou réglementaire ou dont le titre est protégé et aux sociétés de participations financières de professions libérales ».**

Voir : Sanctions pénales, C. com., art. L. 820-6, p. 899.

1) Activité commerciale. Si l'exercice de toute activité commerciale, même ponctuelle, constitue une violation des règles d'incompatibilité s'imposant aux commissaires aux comptes, cet agissement, dès lors qu'il est survenu à l'occasion d'une opération relative à son patrimoine privé, qu'il est resté isolé et qu'il n'a pas comporté d'autres irrégularités, ne peut être regardé comme étant de nature à entraîner dans l'esprit du public une « confusion et une interrogation sur le rôle des commissaires aux comptes » et comme étant contraire à l'honneur et à la probité, et ne peut en conséquence priver l'intéressé du bénéfice d'une amnistie : ▪ CE, 6e et 1re ss-sect., 2 nov. 2005, n° 268102 : *JurisData* n° 2005-069160 ; *JCP E* 2006, 1706.

2) Manquement aux obligations déontologiques d'indépendance. Commet un manquement à ses obligations déontologiques d'indépendance justifiant son relèvement le commissaire aux comptes qui sollicite auprès de la société qu'il contrôle le paiement d'une facture d'honoraires correspondant à une prestation d'assistance réalisée auprès d'un tiers, cocontractant de la société contrôlée : ▪ Cass. com., 10 juill. 2007, n° 06-13.423 : *JurisData* n° 2007-040135 : *Bull. civ.* IV, n° 958 ; *BJS* 2007, n° 12, p. 1321, note D. Vidal ; *D.* 2007, somm. p. 2172 ; *Rev. sociétés* 2008, p. 146, note Th. Granier. – En revanche, doit être cassé l'arrêt qui, sur le fondement de l'article L. 822-10, 1° du Code de commerce, déclare un commissaire aux comptes coupable d'exercice de ses fonctions malgré une incompatibilité légale, au seul motif que ce dernier aurait bénéficié gracieusement de séjours en thalassothérapie dans un hôtel exploité par une filiale de la société dont il était chargé de certifier les comptes, alors que le fait, pour un commissaire aux comptes, de prendre, recevoir ou conserver un intérêt auprès d'une personne qui est contrôlée par celle dont il est chargé de certifier les comptes **n'est constitutif d'une incompatibilité légale**, au sens de l'article L. 820-6 du Code de commerce, **que dans les conditions prévues à l'article L. 822-11, I, du même code** : ▪ Cass. com., 16 juin 2010, n° 09-81.813 : *Rev. sociétés* 2011, p. 50, note H. Matsopoulou ; *Dr. pén.* 2010, comm. 109, note J.-H. Robert ; *D.* 2010, act. p. 1866. – Doit être accueillie favorablement l'action en relèvement d'un commissaire aux comptes exercée par un actionnaire isolé détenant 5 % du capital social, dès lors qu'il est justifié que ce dernier n'avait **respecté ni les règles déontologiques**, en n'ayant pas soumis au client les modifications d'honoraires consécutives aux prestations complémentaires accomplies par rapport à celles initialement prévues dans la lettre de mission, **ni l'article R. 823-7 du Code de commerce**, en n'ayant pas établi son rapport annuel sur les comptes de l'exercice 2008 sans expliciter les raisons qui le conduisaient à refuser leur certification, **ni encore le secret professionnel** en ayant adressé une lettre ouverte à tous les actionnaires individuellement pour exposer les circonstances du déroulement de la séance du conseil d'administration du 25 mai 2009 : ▪ CA Paris, pôle 5, 9e ch., 13 sept. 2012, n° 12/07702 : *JurisData* n° 2012-021426 ; *Dr. sociétés* 2013, n° 2, comm. 31.

Loi n° 84-148 du 1er mars 1984

relative à la prévention et au règlement amiable des difficultés des entreprises

(JO 2 mars 1984)

(Mod., Ord. n° 2000-912, 18 sept. 2000 : JO 21 sept.)

Art. 57. – Les dispositions de l'article L. 225-219, troisième alinéa, du Code de commerce précité ne sont pas applicables aux personnes occupant un emploi salarié qui étaient inscrites sur la liste des commissaires aux comptes à la date de la promulgation de la présente loi.

Art. L. 822-11 *(L. n° 2003-706, 1er août 2003 ; mod., Ord. n° 2005-1126, 8 sept. 2005 ; rempl., Ord. n° 2016-315, 17 mars 2016 ; mod., L. n° 2016-1691, 9 déc. 2016 ; L. n° 2019-486, 22 mai 2019).* **– I. - Il est interdit au commissaire aux comptes d'accepter une mission de certification auprès d'une entité d'intérêt public, lorsqu'au cours de l'exercice précédant celui dont les comptes doivent être certifiés, ce dernier ou tout membre du réseau auquel il appartient a fourni, directement ou indirectement, à l'entité d'intérêt public, ou aux personnes ou entités qui la contrôlent ou qui sont contrôlées par elle dans l'Union européenne, au sens des I et II de l'article L. 233-3, les services mentionnés au e du paragraphe 1 de l'article 5 du règlement (UE) n° 537/2014 du 16 avril 2014.**

II. - Il est interdit au commissaire aux comptes et aux membres du réseau auquel il appartient de fournir directement ou indirectement à l'entité d'intérêt public dont il certifie les comptes, et aux personnes ou entités qui la contrôlent ou qui sont contrôlées par elle au sens des I et II de l'article L. 233-3 et dont le siège social est situé dans l'Union européenne, les services mentionnés au paragraphe 1 de l'article 5 du règlement (UE) n° 537/2014 du 16 avril 2014.

Par dérogation au premier alinéa du présent II, lorsqu'un membre du réseau auquel il appartient et qui est établi dans un État membre fournit à une personne ou entité qui contrôle ou qui est contrôlée par l'entité d'intérêt public,

au sens des I et II de l'article L. 233-3, et dont le siège social est situé dans l'Union européenne, des services interdits par le code de déontologie en application du 2 de l'article 5 du règlement (UE) n° 537/2014 du 16 avril 2014 précité ou des services mentionnés aux i et iv à vii du *a* et au *f* du 1 du même article 5 dans un État membre qui les autorise, le commissaire aux comptes analyse les risques pesant sur son indépendance et applique les mesures de sauvegarde appropriées.

III. - Il est interdit au commissaire aux comptes d'accepter ou de poursuivre une mission de certification auprès d'une personne ou d'une entité qui n'est pas une entité d'intérêt public lorsqu'il existe un risque d'autorévision ou que son indépendance est compromise et que des mesures de sauvegarde appropriées ne peuvent être mises en œuvre.

Art. L. 822-11-1 *(Créé à compter du 17 juin 2016, Ord. n° 2016-315, 17 mars 2016).* – I. - Le commissaire aux comptes d'une entité d'intérêt public met en œuvre les mesures mentionnées au paragraphe 5 de l'article 5 du règlement (UE) n° 537/2014 du 16 avril 2014, lorsqu'un membre du réseau auquel il appartient fournit un des services mentionnés au II de l'article L. 822-11 à une personne ou une entité qui est contrôlée par l'entité d'intérêt public, au sens des I et II de l'article L. 233-3, dont le siège est situé hors de l'Union européenne.

II *(II abr., L. n° 2019-486, 22 mai 2019).*

Art. L. 822-11-2 *(Créé à compter du 17 juin 2016, Ord. n° 2016-315, 17 mars 2016).* – Les services autres que la certification des comptes qui ne sont pas mentionnés au II de l'article L. 822-11 et au I de l'article L. 822-11-1 peuvent être fournis par le commissaire aux comptes ou les membres du réseau auquel il appartient à l'entité d'intérêt public dont il certifie les comptes, ou aux personnes ou entités qui la contrôlent ou qui sont contrôlées par elle au sens des I et II de l'article L. 233-3, à condition d'être approuvés par le comité spécialisé mentionné à l'article L. 823-19. Ce comité se prononce après avoir analysé les risques pesant sur l'indépendance du commissaire aux comptes et les mesures de sauvegarde appliquées par celui-ci.

Art. L. 822-11-3 *(Créé à compter du 17 juin 2016, Ord. n° 2016-315, 17 mars 2016).* – I. - Le commissaire aux comptes ne peut prendre, recevoir ou conserver, directement ou indirectement, un intérêt auprès de la personne ou de l'entité dont il est chargé de certifier les comptes, ou auprès d'une personne qui la contrôle ou qui est contrôlée par elle, au sens des I et II de l'article L. 233-3.

Sans préjudice des dispositions contenues dans le présent livre ou dans le livre II, le code de déontologie prévu à l'article L. 822-16 définit les liens personnels, financiers et professionnels, concomitants ou antérieurs à la mission du commissaire aux comptes, incompatibles avec l'exercice de celle-ci. Il précise en particulier les situations dans lesquelles l'indépendance du commissaire aux comptes est affectée, lorsqu'il appartient à un réseau pluridisciplinaire, national ou international, dont les membres ont un intérêt économique commun, par la fourniture de prestations de services à une personne ou à une entité contrôlée ou qui contrôle, au sens des I et II de l'article L. 233-3, la personne ou l'entité dont les comptes sont certifiés par ledit commissaire aux comptes. Le code de déontologie précise également les restrictions à apporter à la détention d'intérêts financiers par les personnes mentionnées au II dans les sociétés dont les comptes sont certifiés par lui.

II. - Les associés et les salariés du commissaire aux comptes qui participent à la mission de certification, toute autre personne participant à la mission de certification ainsi que les personnes qui leur sont étroitement liées ou qui sont étroitement liées au commissaire aux comptes au sens de l'article 3, paragraphe 26, du règlement (UE) n° 596/2014 du 16 avril 2014, ne peuvent détenir d'intérêt substantiel et direct dans la personne ou l'entité dont les comptes sont certifiés, ni réaliser de transaction portant sur un instrument financier émis, garanti ou autrement soutenu par cette personne ou entité, sauf s'il s'agit d'intérêts détenus par l'intermédiaire d'organismes de placement collectif diversifiés, y compris de fonds gérés tels que des fonds de pension ou des assurances sur la vie.

Art. L. 822-12 *(L. n° 2003-706, 1er août 2003 ; mod., Ord. n° 2005-1126, 8 sept. 2005 ; mod. à compter du 17 juin 2016, Ord. n° 2016-315, 17 mars 2016).* – Les commissaires aux comptes et, au sein des sociétés de commissaires aux comptes, les personnes exerçant les fonctions de commissaire aux comptes mentionnées au premier alinéa de l'article L. 822-9 ne peuvent être nommés dirigeants, administrateurs, membres du conseil de surveillance ou occuper un poste de direction au sein des personnes ou entités qu'ils contrôlent, moins de trois ans après la cessation de leurs fonctions.

Pendant ce même délai, ils ne peuvent exercer les mêmes fonctions dans une personne ou entité contrôlée ou qui contrôle au sens des I et II de l'article L. 233-3 la personne ou entité dont ils ont certifié les comptes.

Cette interdiction s'applique également à toutes personnes autres que celles mentionnées au premier alinéa du présent article, inscrites sur la liste mentionnée au I de l'article L. 822-1 pendant une durée d'un an suivant leur participation à la mission de certification.

Art. L. 822-13 ***(L. n° 2003-706, 1er août 2003 ; mod., Ord. n° 2005-1126, 8 sept. 2005).*** **– Les personnes ayant été dirigeants ou salariés d'une personne ou entité morale ne peuvent être nommées commissaires aux comptes de cette personne ou entité morale moins de cinq années après la cessation de leurs fonctions.**

Pendant le même délai, elles ne peuvent être nommées commissaires aux comptes des personnes ou entités morales possédant au moins 10 % du capital de la personne morale dans laquelle elles exerçaient leurs fonctions, ou dont celle-ci possédait au moins 10 % du capital lors de la cessation de leurs fonctions.

Les interdictions prévues au présent article pour les personnes ou entités mentionnées au premier alinéa sont applicables aux sociétés de commissaires aux comptes dont lesdites personnes ou entités sont associées, actionnaires ou dirigeantes.

Art. L. 822-14 ***(L. n° 2003-706, 1er août 2003 ; mod., Ord. n° 2005-1126, 8 sept. 2005 ; Ord. n° 2008-1278, 8 déc. 2008 ; Ord. n° 2009-80, 22 janv. 2009 ; L. n° 2009-526, 12 mai 2009 ; rempl. à compter du 17 juin 2016, Ord. n° 2016-315, 17 mars 2016).*** **– I. - Le commissaire aux comptes, personne physique, et, dans les sociétés de commissaires aux comptes, les personnes mentionnées au premier alinéa de l'article L. 822-9 ne peuvent certifier durant plus de six exercices consécutifs, dans la limite de sept années, les comptes des entités d'intérêt public, des personnes et entités mentionnées à l'article L. 612-1 et des associations mentionnées à l'article L. 612-4 dès lors qu'elles font appel public à la générosité au sens de l'article 3 de la loi n° 91-772 du 7 août 1991. Ils peuvent à nouveau participer à une mission de contrôle légal des comptes de ces personnes ou entités à l'expiration d'un délai de trois ans à compter de la date de clôture du sixième exercice qu'ils ont certifié.**

II. - Les dispositions du I sont applicables à la certification des comptes des filiales importantes d'une entité d'intérêt public lorsque l'entité d'intérêt public et sa filiale ont désigné le même commissaire aux comptes.

Bibliographie : AMF, communiqué 8 déc. 2006 : *Rotation des signataires de mandats de commissariat aux comptes* : *JCP* E 2007, act., p. 44.

Art. L. 822-15 ***(L. n° 2003-706, 1er août 2003 ; mod., L. n° 2005-845, 26 juill. 2005 ; Ord. n° 2008-1278, 8 déc. 2008).*** **– Sous réserve des dispositions de l'article L. 823-12 et des dispositions législatives particulières, les commissaires aux comptes, ainsi que leurs collaborateurs et experts, sont astreints au secret professionnel pour les faits, actes et renseignements dont ils ont pu avoir connaissance à raison de leurs fonctions. Toutefois, ils sont déliés du secret professionnel à l'égard du président du tribunal de commerce ou du tribunal de grande instance lorsqu'ils font application des dispositions du chapitre IV du titre III du livre II ou du chapitre II du titre Ier du livre VI.**

Lorsqu'une personne morale établit des comptes consolidés, les commissaires aux comptes de la personne morale consolidante et les commissaires aux comptes des personnes consolidées sont, les uns à l'égard des autres, libérés du secret professionnel. Ces dispositions s'appliquent également lorsqu'une personne établit des comptes combinés.

(Al. créé, L. n° 2019-486, 22 mai 2019) **Les commissaires aux comptes des personnes et entités mentionnées au premier alinéa de l'article L. 823-2-2 et les commissaires aux comptes des sociétés qu'elles contrôlent au sens de l'article L. 233-3 sont, les uns à l'égard des autres, libérés du secret professionnel.**

Les commissaires aux comptes procédant à une revue indépendante ou contribuant au dispositif de contrôle de qualité interne sont astreints au secret professionnel.

Voir : la rédaction de cet article issue de l'ordonnance n° 2019-744 du 19 juillet 2019, en *addendum*, p. 3371.

Bibliographie : J.-F. Barbièri, *De quelques aspects du secret professionnel des commissaires aux comptes* : *BJS* 1997, p. 935 ; *Le secret des commissaires aux comptes : opposabilité aux autorités étrangères* : *BJS* 2011, p. 454. • B. Bouloc, *Le secret professionnel des commissaires aux comptes* : *Rev. sociétés* 2009, p. 291. • A. Couret, *Le secret professionnel des commissaires aux comptes à l'épreuve des mesures d'infraction civiles* : *BJS* 1996, p. 7. • G. Daïeff, *Les secrets professionnels résistent-ils à l'enquête pénale ?* : *BJS* mai 2009, p. 237. • M. Delhomme, *Le secret professionnel : l'exemple* *des commissaires aux comptes et des experts comptables : BJS* mai 2009, p. 229. • C. Jasson, *Blanchiment de capitaux et déclaration de soupçon : de la nécessité d'une adaptation conjointe de la législation et du comportement du commissaire aux comptes : BJS* 2005, n° 1, p. 162. • F. Terré, *Le secret professionnel du commissaire aux comptes : Éco. et compt.* déc. 1973.

1) La notion de **partage** du secret professionnel entre les commissaires des sociétés appartenant à un groupe apparaît souhaitable et mérite d'être approuvée : Rép. min. : *JOAN Q*, 14 juill. 1979, p. 6159.

2) Nonobstant le secret professionnel auquel les commissaires aux comptes sont tenus dans l'intérêt de la société bénéficiaire, la production de documents relatifs à leurs diligences et contrôles au sein d'une société constitue un mode de **preuve légalement admissible** dans un litige portant sur la mise en cause de leur responsabilité à l'égard d'un tiers créancier de la société : ▪ Cass. com., 14 nov. 1995 : *BJS* 1996, p. 37 ; *Rev. sociétés* 1996, p. 286, note Th. Granier. – Dans le même sens : ▪ CA Paris, 14 oct. 1998 : *BJS* 1999, p. 37, note J.-F. Barbièri ; *Bull. CNCC* 1999, n° 113, p. 129, note Ph. Merle.

3) Dès lors qu'elle a retenu que rien ne laissant prévoir, dans les informations financières optimistes publiées avec l'aval des commissaires aux comptes, la chute des cours des actions de la société concernée, les actionnaires avaient un motif légitime de vérifier les conditions dans lesquelles les commissaires avaient exercé leurs fonctions pour éventuellement engager leur responsabilité par une expertise sur le fondement de *l'article 145 du Code de procédure civile*, la cour d'appel a pu décider à bon droit que les commissaires ne pouvaient invoquer le secret professionnel auquel ils sont tenus dans l'intérêt de la société bénéficiaire pour faire obstacle à toute action en responsabilité, la mesure d'instruction qui leur enjoignait de produire les documents permettant de rechercher s'ils avaient assuré leurs fonctions avec la diligence et la prudence requises étant légalement admissible : ▪ Cass. com., 14 nov. 1995 : *BJS* 1996, p. 38 ; *LPA* 3 avr. 1996, p. 19, note F. Pasqualini et V. Pasqualini-Salerno.

4) Le commissaire aux comptes qui fait état devant l'assemblée générale, d'une consultation commandée par lui, ne peut invoquer le secret professionnel pour ne pas la communiquer au directoire de la société dans le cadre d'une demande d'instruction *in futurum*. En effet, le secret professionnel n'est pas opposable aux dirigeants de l'entreprise contrôlée, pour le compte de laquelle la consultation, payée par l'entreprise elle-même, a été demandée : ▪ TGI Toulouse, 21 juin 2000 : *JurisData* n° 2000-124326 ; *BJS* 2000, p. 783, note crit. J.-F. Barbièri. – Dans le même ordre d'idées, un commissaire aux comptes ne saurait invoquer le secret pour refuser de fournir des éléments relatifs à sa responsabilité civile à l'égard de la société ou de l'entité qu'il contrôle : ▪ Cass. com., 14 nov. 1995, n° 94-13.361 : *JurisData* n° 1995-002958 ; *Bull. civ.* 1995, IV, n° 26 ; *Rev. sociétés* 1996, p. 286, note Th. Granier. ▪ CA Paris, 1re ch., sect. A, 24 mars 2009 : *JurisData* n° 2009-006460 ; *BJS* 2009, p. 487, note J.-F. Barbièri. – Par ailleurs, il est à noter que le commissaire aux comptes est délié de cette obligation lorsqu'il s'agit d'assurer sa défense : ▪ CA Paris, 1re ch. A, 14 oct. 1998 : *JurisData* n° 1999-213341 ; *BJS* 1999, p. 37, note J.-F. Barbièri.

Art. L. 822-16 ***(L. n° 2003-706, 1er août 2003 ; mod., Ord. n° 2005-1126, 8 sept. 2005 ; Ord. n° 2009-80, 22 janv. 2009 ; rempl. à compter du 17 juin 2016, Ord. n° 2016-315, 17 mars 2016).*** **– Les règles composant le Code de la déontologie de la profession de commissaire aux comptes sont fixées par décret en Conseil d'État, après avis du Haut conseil du commissariat aux comptes. Les avis de l'Autorité des marchés financiers et de l'Autorité de contrôle prudentiel et de résolution sont également requis pour les dispositions qui s'appliquent aux commissaires aux comptes intervenant auprès des personnes et entités soumises à la supervision de ces autorités.**

Voir : Code de déontologie des commissaires aux comptes, C. com., art. R. 822-60, p. 2967.

Les dispositions de la loi du 1er août 2003 de sécurité financière relatives à la déontologie et à l'indépendance des commissaires aux comptes, dont la mise en œuvre est assurée par le Code de déontologie, ont vocation, en raison des impératifs d'ordre public sur lesquelles elles reposent, à s'appliquer immédiatement aux membres de la profession sans attendre l'expiration des mandats en cours ; doit être annulé le décret du 16 novembre 2005 portant approbation du Code de déontologie en tant qu'il viole le principe de sécurité juridique en ne prévoyant pas de mesures transitoires relatives aux mandats de commissaires aux comptes en cours à la date de son entrée en vigueur ; l'application immédiate du texte présente en effet des perturbations excessives au regard de l'objectif poursuivi : ▪ CE, ass. cont., 24 mars 2006, n° 288460 : *BJS* 2006, p. 711, concl. Y. Aguila, note J.-F. Barbièri ; *D.* 2006, p. 1224 ; *Rev. sociétés* 2006, p. 583, note Ph. Merle – *Adde* Y. Aguila, *Le principe de sécurité juridique consacré par le Conseil d'État :*

RJDA 2006, p. 545. – P. Cassia, *La sécurité juridique, un nouveau principe général de droit aux multiples facettes* : *D.* 2006, p. 1190. – R. Dammann, *L'indépendance des commissaires aux comptes : une réflexion sur le décret du 16 novembre 2005 et l'arrêt du 24 mars 2006* : *D.* 2006, p. 1226. – M. Petitjean, *L'accroissement des interdits et des incompatibilités déontologiques des commissaires aux comptes* : *JCP* E 2006, 1076. – D. Simon, *Le principe de confiance légitime est-il soluble dans la sécurité juridique ?* : *Europe* 2006, comm. 142.

Partie réglementaire

Section II. – De la déontologie et de l'indépendance des commissaires aux comptes

Art. R. 822-20 *(Mod., D. n° 2016-1026, 26 juill. 2016).* **– Le Code de déontologie de la profession de commissaire aux comptes est annexé à la section II du chapitre II du titre II du présent livre.**

Art. R. 822-21 *(Mod., D. n° 2016-1026, 26 juill. 2016).* **– La nature et la durée des activités susceptibles d'être validées au titre de l'obligation prévue à l'article L. 822-4 sont déterminées par arrêté du garde des Sceaux, ministre de la Justice, sur proposition de la Compagnie nationale et après avis du Haut conseil. Le commissaire aux comptes rend compte au Haut conseil ou à son délégataire de la mise en œuvre de cette formation.**

Art. R. 822-22 *(Mod., D. n° 2016-1026, 26 juill. 2016).* **– La formation continue particulière prévue à l'article L. 822-4 est de quarante heures. Elle doit être accomplie, par sessions continues ou discontinues, dans les dix-huit mois qui précèdent l'acceptation d'une mission et assure l'actualisation des connaissances et des compétences du commissaire aux comptes concerné.**

L'obligation de formation continue particulière est satisfaite par :

1° La participation obligatoire, à raison de vingt heures, au programme spécifique mis en œuvre par la compagnie nationale et les compagnies régionales des commissaires aux comptes ; et

2° La participation volontaire, pour un minimum de vingt heures, à des séminaires de formation, des programmes d'autoformation encadrée ou des formations ou enseignements à distance, selon des modalités définies par arrêté du garde des Sceaux, ministre de la Justice.

Le programme de formation continue particulière mentionné au 1° et ses modalités de mise en œuvre sont fixés par la compagnie nationale des commissaires aux comptes.

Les heures de formation continue particulière suivies au titre du présent article sont éligibles à l'obligation de formation continue prévue par l'article R. 822-21.

Art. R. 822-23 *(Mod., D. n° 2016-1026, 26 juill. 2016).* **– Les commissaires aux comptes qui n'ont pas exercé de mission pendant trois années consécutives et qui n'ont pas respecté durant cette période l'obligation prévue au I de l'article L. 822-4 déclarent à la compagnie régionale des commissaires aux comptes dont ils relèvent, préalablement à l'acceptation d'une nouvelle mission, les conditions dans lesquelles ils ont satisfait à l'obligation de formation continue particulière mentionnée à l'article L. 822-4.**

Ils conservent pendant six ans à compter de l'acceptation de la nouvelle mission les justificatifs relatifs au respect de cette obligation.

Les compagnies régionales des commissaires aux comptes rendent annuellement compte à la Compagnie nationale du respect par les commissaires aux comptes de leur ressort de leur obligation déclarative.

Art. R. 822-24 *(Mod., D. n° 2016-1026, 26 juill. 2016).* **– Les personnes physiques membres de la compagnie qui exercent la profession à titre individuel doivent agir sous leur nom de famille, à l'exclusion de tout pseudonyme ou titre impersonnel.**

Art. R. 822-25 *(Mod., D. n° 2016-1026, 26 juill. 2016).* **– Tout membre d'un conseil régional ou du conseil national qui, sans motif valable, refuse ou s'abstient de remplir les obligations ou d'effectuer les travaux que nécessite le fonctionnement normal du conseil ou de la compagnie, est réputé démissionnaire du conseil dont il est membre, sans préjudice de l'action disciplinaire dont il peut être l'objet pour le même motif.**

Art. R. 822-26 *(Anc. art. R. 822-64 rempl., D. n° 2010-1270, 25 oct. 2010 ; mod., D. n° 2012-607, 30 avr. 2012 ; dénum. et mod., D. n° 2016-1026, 26 juill. 2016 ; mod., D. n° 2018-196, 21 mars 2018).* – I. - Lorsqu'un commissaire aux comptes inscrit sur la liste mentionnée au I de l'article L. 822-1 n'a pas payé à leur échéance les cotisations dont il est redevable au titre de l'article L. 821-6-1, le Haut Conseil met en demeure l'intéressé d'avoir à respecter ses obligations dans un délai de trente jours à compter de la réception de l'acte.

Faute de régularisation dans ce délai, le Haut Conseil du commissariat aux comptes convoque le commissaire aux comptes par lettre recommandée avec demande d'avis de réception et l'entend dans un délai de deux mois. L'intéressé peut se faire assister par un commissaire aux comptes ou un avocat ou représenter par un avocat.

En l'absence de motif légitime, le Haut Conseil procède à son omission.

II. - Lorsqu'un commissaire aux comptes inscrit sur la liste mentionnée au I de l'article L. 822-1 n'a pas payé à leur échéance les cotisations, dont il est redevable envers la Compagnie nationale ou les compagnies régionales au titre de l'article L. 821-6, le conseil régional met en demeure l'intéressé d'avoir à respecter ses obligations dans un délai de trente jours à compter de la réception de l'acte.

Faute de régularisation dans ce délai, il saisit le Haut Conseil du commissariat aux comptes qui procède conformément aux deuxième et troisième alinéas du I du présent article.

III. - L'omission emporte interdiction de faire état de la qualité de commissaire aux comptes. Les dispositions des articles R. 824-25 et R. 824-27 sont applicables.

Les décisions en matière d'omission sont prises dans les mêmes formes et donnent lieu aux mêmes recours qu'en matière d'inscription.

La réitération de ce comportement constitue un manquement passible de poursuites disciplinaires.

Art. R. 822-27 *(Mod., D. n° 2016-1026, 26 juill. 2016).* – Tout membre de la compagnie peut demander à cesser d'en faire partie provisoirement.

La demande, adressée au conseil régional par lettre recommandée avec demande d'avis de réception, doit être motivée et indiquer notamment la nouvelle activité que l'intéressé se propose d'exercer ainsi que la date à laquelle il souhaite se retirer provisoirement de la compagnie.

Le conseil régional transmet la demande au Haut conseil, qui statue selon la procédure prévue à la section I du chapitre II du présent titre.

L'intéressé a la faculté d'entreprendre sa nouvelle activité, même si la décision du Haut conseil n'est pas encore intervenue, à la condition d'en informer le conseil régional dans les conditions prévues au deuxième alinéa, au moins huit jours à l'avance, d'être à jour de ses cotisations professionnelles et de cesser préalablement son activité de commissaire aux comptes.

Art. R. 822-28 *(Mod., D. n° 2016-1026, 26 juill. 2016).* – Le Haut conseil fait droit à la demande, en omettant l'intéressé de la liste, s'il apparaît que sa nouvelle activité ou son comportement n'est pas de nature à porter atteinte aux intérêts moraux de la profession.

À compter de la notification de la décision prononçant l'omission de la liste, l'intéressé n'est plus membre de la profession. Il ne peut exercer en son nom et sous sa responsabilité la profession de commissaire aux comptes ni faire usage de ce titre. Toutefois, la décision n'a pas pour effet d'éteindre l'action disciplinaire en raison de faits commis antérieurement.

Le règlement intérieur de la profession détermine les conditions dans lesquelles il peut continuer, sur sa demande, à bénéficier des avantages réservés aux membres de la profession.

Art. R. 822-29 *(Mod., D. n° 2016-1026, 26 juill. 2016).* – Le commissaire aux comptes omis de la liste en application des articles R. 822-25, R. 822-26 et R. 822-28 peut demander sa réinscription selon la procédure prévue à la section 1 du chapitre II du présent titre, à condition d'être à jour des cotisations dues à la date de son omission. Les conditions d'aptitude professionnelle s'apprécient conformément aux dispositions en vigueur au jour de sa première inscription.

Art. R. 822-30 *(Mod., D. n° 2016-1026, 26 juill. 2016).* – Le titre de commissaire aux comptes honoraire peut être conféré par le conseil régional aux membres de la compagnie dont la démission a été acceptée, qui ont été inscrits sur la liste pendant vingt ans au moins et qui ont eu pendant la durée de leur inscription une activité professionnelle jugée suffisante.

Les commissaires aux comptes honoraires restent soumis à la juridiction disciplinaire.
Leurs droits et leurs devoirs sont déterminés par le Code de déontologie.

Art. R. 822-31 *(Mod., D. n° 2016-1026, 26 juill. 2016)*. – L'activité de commissaire aux comptes exercée à titre individuel dans les conditions prévues par le présent titre entraîne l'affiliation de celui qui l'exerce à l'organisation autonome d'allocations vieillesse des professions libérales instituées par l'article L. 621-3 du Code de la sécurité sociale.

Section II *bis*. – De l'organisation de l'exercice professionnel

Art. R. 822-32 *(D. n° 2016-1026, 26 juill. 2016)*. – Les modalités d'organisation et de fonctionnement des structures d'exercice du commissariat aux comptes, qu'elles soient en nom propre ou sous forme de société, doivent permettre au commissaire aux comptes d'être en conformité avec les exigences légales et réglementaires et celles du Code de déontologie et d'assurer au mieux la prévention des risques et la bonne exécution de sa mission.

Elles tiennent compte de l'ampleur et de la complexité des activités exercées au sein de ces structures.

Art. R. 822-33 *(D. n° 2016-1026, 26 juill. 2016)*. – Chaque structure d'exercice du commissariat aux comptes doit satisfaire aux exigences suivantes :

1° Disposer des moyens permettant au commissaire aux comptes :

a) D'adapter, en fonction de l'ampleur de la mission, le temps et les ressources humaines qui y sont consacrés ainsi que les techniques mises en œuvre ;

b) De contrôler le respect des règles applicables à la profession et de procéder à une appréciation régulière des risques ;

c) De garantir la continuité et la régularité de ses activités de certification des comptes, notamment par l'utilisation de systèmes, de ressources et de procédures appropriés ;

2° Mettre en œuvre :

a) Des procédures assurant que les conditions d'exercice de chaque mission de certification des comptes respectent les exigences déontologiques, notamment en matière d'indépendance vis-à-vis de la personne ou de l'entité contrôlée et permettant de décider rapidement des mesures de sauvegarde si celles-ci s'avèrent nécessaires ;

b) Des procédures assurant l'absence de toute intervention des actionnaires ou dirigeants de la société de commissaires aux comptes et, le cas échéant, du réseau pouvant compromettre l'indépendance et l'objectivité de la personne mentionnée au premier alinéa de l'article L. 822-9 ;

c) Des procédures assurant le contrôle et la protection de ses systèmes de traitement de l'information ;

d) Des mécanismes assurant le respect des décisions et des procédures définies au sein de la structure d'exercice ;

e) Des procédures assurant que le recours à des tiers, collaborateurs ou experts, pour la réalisation des travaux requis au titre de la mission de certification, ne porte pas atteinte à la qualité du contrôle de qualité interne prévu au *j*, ni à la capacité du Haut conseil à surveiller le respect, par le commissaire aux comptes, de la réglementation en vigueur ;

f) Des procédures assurant la gestion et l'enregistrement des incidents qui ont ou peuvent avoir une conséquence grave sur la qualité de ses activités de certification des comptes ;

g) Des procédures assurant une politique de rémunération appropriée notamment par des incitations à la performance garantes de la qualité de la mission de certification. Les revenus issus des services autres que la certification ne sont pas pris en compte pour l'évaluation de la performance et la rémunération des personnes participant à la mission de certification ou en mesure d'en influencer le déroulement ;

h) Des procédures permettant aux salariés de signaler tous les manquements à la réglementation applicable à la profession ainsi qu'au règlement (UE) n° 537/2014 ;

i) Des procédures permettant l'exécution des missions de certification des comptes et l'organisation du dossier mentionné à l'article R. 823-10 et assurant la formation des salariés ainsi que l'encadrement et le contrôle de leurs activités ;

j) Un dispositif de contrôle de qualité interne, placé sous la responsabilité d'un commissaire aux comptes, personne physique, inscrit sur la liste mentionnée au I de l'article L. 822-1, assurant notamment le respect des exigences prévues au *i*. Ce dispositif est évalué annuellement et les conclusions de cette évaluation ainsi que toute mesure proposée en vue de modifier le dispositif sont conservées pendant un délai de six ans ;

3° Les commissaires aux comptes soumis aux obligations de l'article L. 822-14 mettent en place un mécanisme de rotation progressive conformément au paragraphe 7 de l'article 17 du règlement (UE) n° 537/2014 ;

4° Constituer une documentation appropriée sur la manière dont elle satisfait aux exigences du présent article et la diffuser à ses salariés ;

5° Conserver pendant une durée d'au moins six ans une mention de tous les manquements à la réglementation applicable à la profession, à l'exception des manquements mineurs, et de leurs conséquences ainsi que des mesures prises pour y remédier. Ces mesures font l'objet d'un rapport annuel communiqué aux personnes appropriées au sein de la structure. Lorsque le commissaire aux comptes demande conseil à des tiers, il conserve une copie de cette demande et de la réponse obtenue ;

6° Conserver toute réclamation écrite portant sur la réalisation d'une mission de certification des comptes pendant un délai de six ans.

Art. R. 822-34 *(D. n° 2016-1026, 26 juill. 2016)*. – Une norme d'exercice professionnel peut simplifier les exigences prévues à l'article R. 822-33 pour la certification des comptes des petites entreprises, au sens du 2 de l'article 3 de la directive 2013/34/UE du Parlement européen et du Conseil du 26 juin 2013 relative aux états financiers annuels, aux états financiers consolidés et aux rapports y afférents de certaines formes d'entreprises, modifiant la directive 2006/43/CE du Parlement européen et du Conseil et abrogeant les directives 78/660/CEE et 83/349/CEE du Conseil.

Art. R. 822-35 *(D. n° 2016-1026, 26 juill. 2016)*. – Les travaux du commissaire aux comptes relatifs à la certification des comptes d'une entité d'intérêt public font l'objet d'une revue indépendante avant la signature des rapports prévus au dernier alinéa de l'article L. 823-9 et au III de l'article L. 823-16. La revue indépendante a pour objet de vérifier que le signataire pouvait raisonnablement parvenir aux conclusions qui figurent dans les projets de rapport.

La revue indépendante est réalisée par un commissaire aux comptes inscrit sur la liste mentionnée au I de l'article L. 822-1 qui ne participe pas à la mission de certification sur laquelle elle porte.

Lorsque tous les commissaires aux comptes de la société ont participé à la réalisation de la mission, ou lorsque le commissaire aux comptes exerce à titre individuel, la revue indépendante est réalisée par un commissaire aux comptes extérieur à la structure d'exercice.

La transmission de documents ou d'informations au réviseur indépendant aux fins du présent article ne constitue pas une violation du secret professionnel. Les documents ou informations transmis au réviseur aux fins du présent article sont couverts par le secret professionnel.

Lors de la mise en œuvre de la revue indépendante, le réviseur indépendant consigne les éléments mentionnés au paragraphe 4 de l'article 8 du règlement (UE) n° 537/2014.

Le réviseur indépendant évalue les éléments mentionnés au paragraphe 5 de l'article 8 du règlement (UE) n° 537/2014.

Le réviseur échange avec la personne mentionnée au premier alinéa de l'article L. 822-9 ou avec le commissaire aux comptes personne physique sur les conclusions de la revue.

La société de commissaires aux comptes met en place une procédure de règlement des désaccords entre le réviseur indépendant et la personne mentionnée au premier alinéa de l'article L. 822-9.

Le commissaire aux comptes ou la société de commissaires aux comptes et le réviseur indépendant consignent les résultats de la revue indépendante ainsi que les considérations qui sous-tendent ces résultats.

2.2.1.4. – De la responsabilité civile

Code de commerce

Partie législative

Section III. – De la responsabilité civile

(Ord. n° 2005-1126, 8 sept. 2005)

Art. L. 822-17 *(Ord. n° 2005-1126, 8 sept. 2005)*. – Les commissaires aux comptes sont responsables, tant à l'égard de la personne ou de l'entité que des tiers, des conséquences dommageables des fautes et négligences par eux commises dans l'exercice de leurs fonctions.

Leur responsabilité ne peut toutefois être engagée à raison des informations ou divulgations de faits auxquelles ils procèdent en exécution de leur mission.

Ils ne sont pas civilement responsables des infractions commises par les dirigeants et mandataires sociaux, sauf si, en ayant eu connaissance, ils ne les ont pas signalées dans leur rapport à l'assemblée générale ou à l'organe compétent mentionnés à l'article L. 823-1.

Bibliographie : J.-F. Barbièri, *Quelques observations sur le fondement, la nature et le domaine de la responsabilité civile des commissaires aux comptes : BJS* 2004, p. 618. • B. Dondero, *La responsabilité du commissaire aux comptes pour refus de certification des comptes : JCP* E 2014, 1298. • F. Garron, *La répartition des responsabilités encourues dans le contrôle et la surveillance des sociétés : RRJ* 2002, n° 1, p. 311. • F. Marty, *La responsabilité pour publication de faux bilans semestriels peut-elle être retenue contre les commissaires aux comptes ? : BJS* 1997, p. 195. • Ph. Merle, *Vers un plafonnement de la responsabilité civile des commissaires aux comptes ? : Mél. G. Goubeaux*, Dalloz 2009, p. 365 et s. • A. Robert, *Le commissaire aux comptes devant la Commission des sanctions de l'Autorité des marchés financiers : JCP* E 2009, 1510. • *Adde* D. Langé, *JCl. Sociétés traité*, Fasc. 134-25.

I – PRINCIPES

1) Étendue de la mission de contrôle. Voir sous C. com., art. L. 823-9, annot. n° 1, p. 954.

2) Responsabilité de la société de commissaires aux comptes et du commissaire aux comptes associé. a) **Responsabilité personnelle du commissaire aux comptes associé.** Le commissaire aux comptes agissant en qualité d'associé, d'actionnaire ou de dirigeant d'une société titulaire d'un mandat de commissaire aux comptes répond personnellement des actes professionnels qu'il accomplit au nom de cette société, quelle qu'en soit la forme : ▪ Cass. com., 23 mars 2010, n° 09-10.791, PBRI : *D.* 2010, p. 889 ; *Dr. sociétés* juin 2010, comm. 115, obs. D. Gallois-Cochet ; *JCP* G 2010, somm. 351 ; *JCP* E 2010, 1822, n° 9, p. 46, note J.-L. Navarro ; *Rev. sociétés* 2010, p. 174, note J.-J. Daigre. – *Adde* B. Saintourens, *Responsabilité personnelle du commissaire aux comptes associé pour les actes accomplis au nom de la société titulaire du mandat : Lexbase* 2010, n° 393 ; sur cet arrêt, Voir aussi sous C. com., art. L. 822-17, annot. n° 8, p. 943. – V. cependant ▪ CA Paris, 20 mai 2010, n° 09-1254 : *JCP* E 2010, 1993, n° 2, p. 37, note Fl. Deboissy et G. Wicker ; *Rev. sociétés* 2010, p. 391, note Ph. Merle, réaffirmant le principe selon lequel les actes accomplis par un commissaire aux comptes personne physique l'étant au nom et pour le compte de la personne morale dont il est associé, seule la responsabilité civile de celle-ci peut être recherchée. – Pour l'affirmation selon laquelle la responsabilité civile professionnelle d'une société de commissariat aux comptes **n'exclut pas** la responsabilité personnelle du professionnel qui est intervenu au nom et pour le compte de la société : ▪ CA Versailles, 11 avr. 2002 : *BJS* 2002, p. 919, note J.-J. Daigre.

b) **Responsabilité *in solidum* de la société de commissaires aux comptes et du commissaire aux comptes personne physique.** En cas de faute dans l'accomplissement de leur mission, la société anonyme investie de la qualité de commissaire aux comptes et les commissaires aux comptes personnes physiques ayant accompli les contrôles sont tenus *in solidum* : ▪ CA Paris, 14 mai 2003 : *BJS* 2003, p. 1250 note Ph. Merle ; *JCP* E 2004, 601, n° 8, obs. J.-J. Caussain, Fl. Deboissy et G. Wicker.

c) **Responsabilité du commissaire aux comptes en qualité de personne physique et non de professionnel.** Engage sa responsabilité civile en qualité de personne physique, et non pas en tant que professionnel, à la suite d'un redressement fiscal signifié à l'entreprise par l'administration, le commissaire aux comptes qui, profitant du prestige de sa mission, utilise la société dont il contrôle les comptes comme un moyen afin de s'enrichir personnellement et pour permettre à ses proches de s'enrichir en proposant et en supervisant la conclusion d'une transaction intracommunautaire fictive : ▪ Cass. com., 16 févr. 2010, n° 08-22.115 : *Rev. sociétés* 2011, p. 112, note F. Pasqualini.

3) Responsabilité de droit commun. L'alinéa 2 de l'article 234 de la loi du 24 juillet 1966 *[désormais, C. com., art. L. 822-17]* ne fait pas obstacle à l'action en responsabilité civile de droit commun que peut engager une société sur le fondement des fautes contractuelles commises par le commissaire dans l'exercice de sa mission de vérification et de contrôle des comptes : ▪ CA Paris, 30 juin 1994 : *BJS* 1994, p. 1114, note J.-F. Barbièri. – À noter : Comm. CE, recomm. n° C(2008) 2274, 5 juin 2008 relative à la limitation de la responsabilité civile des contrôleurs légaux et des cabinets d'audit : *JOUE* n° L 162, 21 juin 2008, p. 39 : *RD bancaire et fin.* 2008, comm. 150, obs. A.-C. Muller.

II – FAUTE

4) Sur la **distinction** éventuelle entre la faute au sens de l'article L. 225-241 *[désormais, C. com., art. L. 822-17]* et celle prévue par l'article L. 225-233 *[désormais, C. com., art. L. 823-7]* sur le relèvement judiciaire de fonctions du commissaire aux comptes, V. F. Pasqualini, note sous ▪ Cass.

com., 3 déc. 1991 : *RJ com.* 1992, n° 1350, p. 296, spéc. p. 305.

5) Objet de la preuve. Le constat du défaut de régularité ou de sincérité des comptes ne suffit pas, par lui-même, à établir que le commissaire aux comptes a manqué à ses obligations professionnelles ; il faut prouver **qu'il ne s'est pas comporté en professionnel normalement diligent** et que cette faute a entraîné un préjudice : ▪ CA Paris, 20 mars 2000 : *BJS* 2000, p. 685, note J.-F. Barbièri. – *Adde* ▪ TGI Nanterre, 12 mai 1999 : *Bull. CNCC* 1999, n° 115, p. 489. ▪ CA Orléans, 28 févr. 2002 : *JurisData* n° 2002-183858. – N'engage pas sa responsabilité le commissaire aux comptes qui, s'abstenant de consulter le Bodacc, n'a pas découvert que le dirigeant d'une société était frappé d'une interdiction de gérer, qui n'a pas décelé que la société serait en cessation des paiements après la date à laquelle les comptes ont été certifiés et qui, plus généralement, n'a pas à faire porter sa certification sur les perspectives de réussite ou de l'échec de la stratégie d'investissement de la société : ▪ CA Paris, 13 sept. 2018, n° 16/24867 : *JurisData* n° 2018-015463 : *Dr. sociétés* 2019, comm. 50, n° 3 ; *Rev. sociétés* 2019, p. 203, note Ph. Merle ; *BJS* 2019, p.34, obs. J.-F. Barbièri ; *BRDA* 25/2018, p. 5.

6) Comportements fautifs.

a) **Incohérences comptables.**

– Absence de réaction alors que les écritures comptables d'inventaire relatives à la clôture des exercices sociaux n'ont pas toutes été enregistrées dans les livres de la société, tandis que les totalisations des soldes débiteurs et créditeurs des balances et des grands livres présentent des différences, mettant ainsi en lumière des incohérences graves dans les procédures comptables : ▪ CA Orléans, 28 févr. 2002 : *JurisData* n° 2002-183858.

– Non-vérification de la cohérence des résultats et de leurs principales composantes, au moins par sondage, afin de s'assurer de la cohérence et de la vraisemblance des comptes : ▪ CA Paris, 13 févr. 2004 : *BJS* 2004, p. 769, note M. Delhomme.

b) **Absence de tout contrôle.** Le commissaire aux comptes commet une faute et engage sa responsabilité quand :

– il se contente d'entériner les chiffres donnés par les dirigeants sociaux (▪ CA Lyon, 23 nov. 1972 : *BJS* 1973, p. 107) ou par l'expert-comptable de la société (▪ CA Paris, 6 janv. 1976 : *BJS* 1976, p. 84) ;

– il certifie des comptes dont il n'a pas vérifié la régularité : ▪ CA Paris, 13 nov. 1998 : *BJS* 1999, p. 347, note J.-F. Barbièri ;

– il n'a pas vérifié les comptes pendant neuf mois : ▪ CA Paris, 16 oct. 1979 : *Rev. sociétés* 1980, p. 715, note E. du Pontavice ;

– il a omis de procéder aux contrôles physiques des immobilisations, fût-ce par voie de sondages : ▪ CA Paris, 2 juin 2003 : *JCP* E 2003, act., p. 1382 ;

– il n'a pas contrôlé le bien-fondé de l'exonération fiscale et la conformité des charges fiscales figurant au bilan avec la législation en vigueur, manquant ainsi à son obligation légale d'assurer le contrôle de la régularité et de la sincérité des comptes : ▪ Cass. com., 28 mars 2006, n° 04-16.659 : *JurisData* n° 2006-033009 ; *BJS* 2006, p. 901, note Th. Granier ; *JCP* E 2006, 1670.

c) **Absence de contrôle sérieux.** Le commissaire aux comptes commet une faute et engage sa responsabilité quand :

– il a uniquement procédé à un contrôle de régularité mathématique des comptes et à un simple contrôle de régularité d'apparence : ▪ CA Paris, 6 janv. 1976 : *BJS* 1976, p. 85 ;

– il a passé une seule journée à examiner le bilan, ce qui ne lui a pas permis de s'assurer de la régularité des comptes : ▪ Cass. com., 27 oct. 1992 : *JCP* E 1993, II, 403, note M. Jeantin ;

– il s'est contenté d'un examen rapide de la justification des factures inscrites sur le journal des achats avec le livre fournisseurs : ▪ CA Bordeaux, 17 oct. 1990 : *BRDA* 15 avr. 1991, p. 12 ;

– il n'a pas décelé les irrégularités et les falsifications comptables : ▪ CA Paris, 23 févr. 1978 : *Rev. sociétés* 1979, p. 92. – *Adde* ▪ CA Paris, 29 sept. 1983 : *Bull. CNCC* 1983, n° 52, p. 481. ▪ Cass. com., 17 oct. 1984 : *JCP* 1985, II, 20458, note A. Viandier ;

– il n'a pas contrôlé de manière assez approfondie des comptes comportant des anomalies et il n'a pas suffisamment informé les actionnaires des anomalies et incertitudes qu'il connaissait : ▪ CA Paris, 26 janv. 1996 : *BJS* 1996, p. 288, note J.-F. Barbièri ;

– il a accompli ses certifications **sans vérifications sérieuses**, entraînant ainsi un défaut d'information qui n'a pas mis les participants à une augmentation de capital en mesure de prendre une décision éclairée : ▪ Cass. com., 18 mai 2010, n° 09-14.281 : *Rev. sociétés* 2010, p. 590, note Th. Granier.

d) **Sondages.** Le commissaire aux comptes commet une faute et engage sa responsabilité quand :

– il a procédé à des sondages ne répondant pas aux normes en matière de solde comptable de la banque faute de procéder au pointage qui lui incombait : ▪ Cass. com., 12 juill. 2005, n° 04-10.536 : *JurisData* n° 2005-029576 ; *JCP* E 2005, 1481 ;

– les documents de travail et le temps passé semblent insuffisants pour manifester le caractère sérieux des vérifications accomplies, alors que les contrôles effectués par sondage auraient dû inciter le commissaire à une vigilance accrue : ▪ CA

Paris, 13 nov. 1998 : *BJS* 1999, p. 347, note J.-F. Barbièri.

e) **Absence de réaction suffisante.** Le commissaire aux comptes commet une faute et engage sa responsabilité quand il ne cherche pas à vaincre la résistance des dirigeants sociaux ou du chef comptable de la société : ▪ CA Paris, 16 oct. 1979, préc.

f) **Absence d'information ou d'observation.** Le commissaire aux comptes commet une faute et engage sa responsabilité quand :

– il n'a pas informé la société du renouvellement de l'option pour le régime de l'intégration fiscale : ▪ CA Versailles, 11 avr. 2002 : *BJS* 2002, p. 919, note J.-J. Daigre ;

– il n'a pas signalé des anomalies comptables : ▪ Cass. com., 23 avr. 2003 : *Dr. sociétés* avr. 2004, n° 53 ;

– il s'abstient de toute observation quant à la perte des 3/4 du capital social : ▪ Cass. com., 12 nov. 1992 : *Rev. sociétés* 1993, p. 408, note D. Vidal ; *BJS* 1993, p. 93.

g) **Non-requalification des opérations comptables.** Le commissaire aux comptes commet une faute et engage sa responsabilité quand il ne fait pas état dans son rapport de la véritable nature des avances faites par une société à d'autres sociétés du même groupe ; en effet, ces avances n'ont pas servi à financer à court terme la trésorerie des emprunteuses mais ont été utilisées pour investir dans le démarrage et le développement de l'activité de filiales ; il s'agit donc de financement à long terme, dont le commissaire aux comptes devait constater le risque de non-recouvrement et, en conséquence, exiger la constitution d'une provision : ▪ T. com. Paris, 3 avr. 2001 : *JurisData* n° 2001-151195.

h) **Spécificité du dossier.** Le commissaire aux comptes commet une faute et engage sa responsabilité quand :

– il n'a pas pris en compte, au-delà des diligences classiques, les spécificités du dossier, car il connaissait la situation financière très dégradée d'une société rachetée et aurait dû faire preuve d'une plus grande prudence : ▪ TGI Paris, 22 janv. 1997 : *BJS* 1997, p. 432, note J.-F. Barbièri. ▪ CA Paris, 8 sept. 1999 : *BJS* 1999, p. 1162, note J.-F. Barbièri ;

– il n'a pas adapté ses procédures de contrôle, se contentant d'un programme de base, alors que l'organisation du service comptable de la société et le contrôle interne constituaient une « aberration voyante », dont le commissaire aurait au demeurant dû demander la modification : ▪ Cass. com., 22 nov. 2005 : *JurisData* n° 2005-030930 ; *Dr. sociétés* avr. 2006, n° 58, obs. H. Hovasse.

i) **Dépôt tardif du rapport.** Le commissaire aux comptes commet une faute et engage sa responsabilité quand il a déposé tardivement son rapport en vue de l'assemblée annuelle : ▪ CA Paris, 8 avr. 2005 : *Dr. sociétés* août-sept. 2005, n° 159, obs. H. Hovasse.

j) **Convocation irrégulière de l'assemblée générale.** Le commissaire aux comptes ne pouvant convoquer une assemblée générale qu'à défaut de convocation par les dirigeants, et après l'avoir vainement demandé au conseil d'administration, il commet une faute, quand bien même il existait un conflit entre actionnaires, en se substituant aux dirigeants, à la demande des majoritaires, avant même la réunion prévue du conseil d'administration : ▪ CA Versailles, 19 janv. 2006, n° 04-01448 : *BJS* 2006, p. 705, note J.-F. Barbièri.

k) **Éléments inopérants.** Le fait que la **comptabilité globale** était **inadaptée** est impropre à caractériser l'absence de faute du commissaire aux comptes : ▪ Cass. com., 6 oct. 1992 : *RJDA* 1992, p. 913 ; *BJS* 1992, p. 1291, note J.-F. Barbièri.

l) **Refus de certification des comptes (non).** Ne revêt pas un caractère fautif le refus temporaire du commissaire aux comptes de certifier les comptes d'une société, dès lors que ce dernier avait eu des doutes sur la régularité d'une opération de cession immobilière qui avait notamment pour effet de priver l'une des sociétés en cause d'une plus-value qu'elle s'était engagée auprès de l'Administration à réinvestir dans de nouveaux logements sociaux et que l'annulation de cette opération aurait nécessairement eu une incidence sur les comptes des sociétés en cause, et que ces doutes n'ont été levés qu'ultérieurement à la suite d'une lettre d'un avocat aux Conseils : ▪ Cass. com., 18 févr. 2014, n° 12-29.075 : *JurisData* n° 2014-002701 ; *JCP* E 2014, 1298, note B. Dondero.

III – PRÉJUDICE

7) Preuve rapportée.

a) **Perte d'une chance.** Encourt la cassation l'arrêt ayant rejeté l'action en responsabilité civile introduite par une **caution** dirigeante pour n'avoir pas recherché si les négligences du commissaire aux comptes n'ont pas permis à la banque de croire à la solvabilité de la société contrôlée et **privé** en conséquence le demandeur d'une **chance** de ne pas avoir à s'engager comme caution : ▪ Cass. com., 24 sept. 2003 : *BJS* 2003, p. 1260, note J.-F. Barbièri ; *JCP* E 2004, 203, note G. Lamoril ; *Rev. sociétés* 2004, p. 379, note Th. Granier. – Le préjudice direct causé à la société du fait de la non-révélation des faits délictueux par le commissaire au procureur de la République consiste en la perte de la chance de mettre un terme aux agissements frauduleux des dirigeants : ▪ Cass. crim., 15 sept. 1999 : *BJS* 2000, p. 25, note J.-F. Barbièri. – Doit être rejeté le pourvoi formé contre l'arrêt de la cour d'appel qui a condamné la société de commissaires aux comptes à plus d'un million d'euros de dommages et intérêts dans la mesure où, le commissaire aux comptes n'étant pas tenu à une obligation précontractuelle d'information, il ne pouvait être soutenu que le poids de la condamnation qui avait été prononcée à son égard en raison des manquements constatés dans l'accomplissement de sa mission aurait dû être limité à la prise en compte de la perte de chance d'avoir contracté à des conditions plus avantageuses et ne pouvait être égal à celui des gains escomptés ou des pertes subies : *Rev. sociétés* 2019, p. 120, note Ph. Merle ; *BJS* 2018, p. 697, obs. J.-F. Barbièri.

b) Le dommage des **créanciers** est suffisamment individualisé dès lors que, une faute ayant été relevé comme les commissaires aux comptes, la production d'un bilan falsifié a été à l'origine de l'ignorance dans laquelle ils ont été tenus de la situation de la société débitrice alors que, informés de la situation réelle, ils n'auraient pas conclu de nouveaux contrats avec celle-ci : ▪ Cass. com., 20 juin 2006, n° 05-11.815 : *JurisData* n° 2006-034366.

IV – LIEN DE CAUSALITÉ

8) Principe. La responsabilité du commissaire aux comptes ne peut être engagée que si l'existence **d'un lien de causalité** entre le préjudice subi et la faute du commissaire est démontrée : ▪ CA Paris, 12 févr. 1999 : *JurisData* n° 1999-020257 ; *Dr. sociétés* 1999, n° 79, obs. D. Vidal. – Dans le cadre d'une procédure collective, **a bien caractérisée l'existence d'un lien de causalité entre les fautes imputées à une société d'expertise comptable** – condamnée à payer des dommages-intérêts au commissaire à l'exécution du plan d'une société dont elle était chargée d'une mission de présentation des comptes annuels – et **le préjudice subi par les créanciers** de la société débitrice la cour d'appel qui relève que **les fautes de la société d'expertise comptable sont à l'origine directe de la présentation fallacieuse des comptes de la société débitrice**, laquelle a induit en erreur les créanciers de la société ainsi que les banques qui ont continué à accorder leur crédit et une société de caution qui avalisait les effets sur des stocks inexacts, ces fautes ayant par ailleurs entraîné la poursuite de l'exploitation avec des moyens ruineux et l'accroissement final du passif : ▪ Cass. com., 23 mars 2010, n° 09-10.791, PBRI : *JCP* G 2010, somm. 351 ; *Dr. sociétés* juin 2010, comm. 115, obs. D. Gallois-Cochet ; *D.* 2010, p. 889 ; *Rev. sociétés* 2010, p. 174, note J.-J. Daigre. – Est également établi le lien de causalité entre la faute du commissaire aux comptes et le préjudice subi par les participants à une augmentation de capital à la suite de la mise en cessation de paiements de la société dès lors que l'absence de sérieux des vérifications opérées par le commissaire aux comptes a entraîné un défaut d'information des parties prenantes à l'opération : ▪ Cass. com., 18 mai 2010, n° 09-14.281 : *Rev. sociétés* 2010, p. 590, note Th. Granier. – N'est cependant pas établi le lien de causalité entre le préjudice subi et la faute commise par le commissaire dans la certification des comptes lorsque ladite certification est intervenue plus d'un an avant la cession de contrôle litigieuse, à une époque où le repreneur dirigeait déjà la société cible, de sorte qu'il avait une connaissance personnelle et directe de la situation de l'entreprise : ▪ Cass. com., 8 févr. 2011, n° 09-17.177 : *BJS* 2011, p. 412, note F.-X. Lucas. – Jugé qu'à les supposer démontrés, **les manquements dans la présentation de son rapport spécial**, reprochés au commissaire aux comptes – consistant à ne pas avoir fourni une information suffisante à propos d'une convention réglementée conclue par une SAS – dont il n'était pas soutenu qu'ils étaient à l'origine de la perte d'une chance de ne pas approuver les conventions litigieuses, **n'ont pu être la cause du préjudice né de la conclusion de ces conventions** : ▪ Cass. com., 26 févr. 2013, n° 11-22.531, FS-P+B : *JurisData* n° 2013-003228 ; *JCP* E 2013, 1182, note B. Dondero.

9) L'absence de déclenchement de la procédure d'alerte *[C. com., art. L. 234-1]* à une date où tous les actionnaires connaissaient la situation de la société est sans incidence sur le retard apporté au dépôt de bilan et l'éventuelle aggravation de passif en résultant : ▪ Cass. com., 3 mars 2003 : *Dr. sociétés* déc. 2004, n° 218, obs. H. Hovasse.

10) Distinction de la responsabilité du commissaire aux comptes et de celle de la société. En s'abstenant d'exercer sur l'activité du chef comptable un contrôle dont la nécessité est apparue immédiatement après l'arrivée de celui-ci au sein de la société, la société a commis une faute en l'absence de laquelle les détournements auraient pu être évités, cette **faute** ayant **absorbé, au regard du lien de causalité**, celle retenue à l'encontre du commissaire aux comptes puisque celle-ci n'aurait pu être commise en l'absence de celle-là : ▪ Cass. com., 14 déc. 2004 : *JurisData* n° 2004-026295.

11) Distinction de la responsabilité du commissaire aux comptes et de celle des dirigeants sociaux. La faute personnelle du commissaire – contrôle négligent –, distincte des détournements opérés par les dirigeants, est à l'origine d'un préjudice distinct de celui résultant des détournements eux-mêmes dont le commissaire n'est pas responsable et qu'il n'a pas à réparer : ▪ CA Paris, 7 févr. 1997 : *BJS* 1997, p. 445, note F. Pasqualini et V. Pasqualini-Salerno.

V - EXERCICE DE L'ACTION

12) Recevabilité de l'action. Les associés **d'une société ayant racheté les titres** de la société contrôlée ont un intérêt légitime à agir contre les commissaires aux comptes au titre du préjudice subi tant par la *holding* que par eux-mêmes : ▪ Cass. com., 11 févr. 2003 : *BJS* 2003, p. 549, note J.-F. Barbièri.

13) Tiers subrogé. Le tiers subrogé dans l'action en responsabilité civile intentée par des cessionnaires n'a d'autre preuve à rapporter que celle de la réalité de la créance de ceux-ci : ▪ Cass. com., 3 nov. 2004 : *JurisData* n° 2004-025484.

Art. L. 822-18 *(Ord. n° 2005-1126, 8 sept. 2005).* **– Les actions en responsabilité contre les commissaires aux comptes se prescrivent dans les conditions prévues à l'article L. 225-254.**

1) Domaine de la prescription triennale.

a) **Missions légales.** La prescription triennale s'applique à toutes les **missions des commissaires aux comptes**, y compris lorsqu'elles s'exercent auprès de personnes physiques, et quel que soit leur cadre temporel, annuel ou bien seulement trimestriel : ▪ CA Versailles, 3 févr. 2005 : *BJS* 2005, p. 839, note J.-F. Barbièri. – Ainsi, il ne peut faire grief à un arrêt d'avoir déclaré irrecevable comme étant prescrite la demande émanant d'un mandataire judiciaire à la liquidation des entreprises, victime de détournements de fonds commis par l'un de ses salariés agissant en paiement de dommages et intérêts contre le commissaire aux comptes pour fautes commises dans l'exercice de sa mission de contrôle de la comptabilité spéciale des fonds détenus, dès lors que le régime de responsabilité dérogatoire de la prescription triennale est applicable à toutes les actions engagées à l'encontre des commissaires aux comptes **à l'occasion de toute mission légale de contrôle** : ▪ Cass. com., 15 mai 2007, n° 05-14.283 : *JurisData* n° 2007-038950 ; *JCP* E 2007, 2078, note Y. Paclot ; *D.* 2007, p. 1435, obs. A. Lienhard ; *Rev. sociétés* 2007, p. 863, note Th. Granier ; *BJS* 2007, p. 1053, note J.-F. Barbièri. – L'action en responsabilité pour insuffisance d'actif exercée par les organes de la procédure collective contre le commissaire aux comptes de la société est bien soumise à la prescription triennale édictée par les articles L. 225-242 et L. 225-254 du Code de commerce : ▪ Cass. com., 13 févr. 2007, n° 03-13.577 : *JurisData* n° 2007-037365 ; *Bull. civ.* IV, n° 299 ; *D.* 2007, p. 736, obs. A. Lienhard ; *BJS* 2007, p. 811, note F.-X. Lucas ; *Dr. sociétés* 2007, comm. 116, note H. Hovasse ; *LPA* 2007, n° 80, p. 8, note J.-F. Barbièri ; *RJDA* 6/2007, n° 627. – V. cependant : l'action en responsabilité à l'encontre du **commissaire aux apports** est soumise à la prescription trentenaire : ▪ CA Amiens, 15 juin 1981 : *Bull. CNCC* 1981, n° 43, p. 359, note E. Du Pontavice.

b) **Missions contractuelles.** La prescription triennale, qui s'applique uniquement en cas de fautes commises à l'occasion des missions prévues par la loi, ne concerne pas les **missions exercées en application d'un accord contractuel**, qui restent soumises aux règles de prescription de droit commun : ▪ CA Paris, 30 juin 2006, n° 04-23203 : *JurisData* n° 2006-322141 ; *JCP* E 2007, 1239, note Y. Paclot, p. 2243, obs. A. Lienhard. – V. également en ce sens ▪ Cass. com., 24 nov. 2015, n° 14-17.014 : *JurisData* n° 2015-026625 ; *Dr. sociétés* 2016, comm. 28, note M. Roussille ; *Bull. Joly Bourse* 2016, 113 c1, note J.-J. Daigre ayant jugé que la prescription triennale ne s'appliquait pas aux actions fondées sur des fautes contractuelles commises dans l'exécution de missions afférentes au prospectus d'une offre de titres au public ou d'une introduction en bourse, qui se distinguent de celles de commissaire aux comptes.

2) Point de départ de la prescription.

a) **Fait dommageable.** En l'absence de dissimulation, le fait dommageable résulte de la **certification erronée** des comptes : ▪ CA Orléans, 21 mars 2002 : *JurisData* n° 2002-176579 ; *Dr. sociétés* 2002, n° 158, obs. D. Vidal. ▪ CA Paris, 21 janv. 2003 : *BJS* 2003, p. 543, note J.-F. Barbièri. – Le délai de prescription de l'action en responsabilité engagée contre le commissaire aux comptes courant à compter de la certification des comptes litigieux, chaque erreur doit être considérée comme une faute nouvelle lorsque la même erreur a été réitérée d'exercice en exercice : ▪ Cass. com., 27 sept. 2017, n° 16-17.725 : *Dr. sociétés* janv. 2018, comm. 5, note C. Coupet.

b) **Dissimulation.**

– **Notion.** La dissimulation implique la volonté du commissaire aux comptes de cacher des faits dont il a connaissance par la certification des comptes : ▪ Cass. com., 17 déc. 2002 : *BJS* 2003, p. 267, note J.-F. Barbièri ; *Dr. sociétés* 2003, n° 120, obs. F.-G. Trébulle. ▪ Cass. com., 11 oct. 2005, n° 03-17.382 : *JurisData* n° 2005-030409 ; *Dr. sociétés* avr. 2006, n° 59, obs. H. Hovasse. ▪ Cass. com., 14 févr. 2006, n° 04-11.969 : *JurisData* n° 2006-032239 ; *BJS* 2006, p. 897, note J.-F. Barbièri ; *Dr. sociétés* avr. 2006, n° 59, obs. H. Hovasse. – La dissimulation, dont la preuve doit être rapportée par la société qui l'allègue, doit s'appliquer au fait dommageable commis par le commissaire aux comptes, ce fait ne pouvant être qu'une faute et non sa conséquence : ▪ CA Paris, 21 janv. 2002 : *BJS* 2002, p. 673, note J.-F. Barbièri.

– **Dissimulation non établie.** La simple négligence ne saurait à elle seule être regardée comme une dissimulation qui implique la volonté du commissaire de cacher des faits dont il a connaissance par la certification des comptes : ▪ CA Paris, 6 oct. 1999 : *JurisData* n° 1999-024644 ; *BJS* 2000, p. 34, note F. Pasqualini et V. Pasqualini-Salerno. – V. égal. en ce sens ▪ Cass. com., 15 sept. 2009, n° 08-18.876 : *JurisData* n° 2009-049505 : *Dr. sociétés* déc. 2009, comm. 222, note H. Hovasse. Ainsi, dès lors qu'une entreprise, victime de détournements de fonds opérés par sa comptable salariée, a été informée de tels agissements par sa banque, organisant dès le lendemain de l'information une réunion avec les dirigeants et le commissaire aux comptes, la preuve est rapportée que les dirigeants avaient dès cette date eu connaissance de l'absence de sincérité du rapport déposé par le commissaire et des négligences fautives de ce dernier. Ils ne sauraient donc faire état d'une quelconque dissimulation : ▪ CA Lyon, 3 oct. 2002 : *JurisData* n° 2002-187705. – De même, bien que le fait dommageable, imputable au commissaire aux comptes contre lequel est diligentée une action en responsabilité pour insuffisance d'actif ne puisse résulter que de la certification des comptes à laquelle les commissaires aux comptes ont procédé et que l'insuffisance de diligences et de contrôles qui lui est imputée puisse constituer, si elle est établie, une faute engageant sa responsabilité, ces négligences ne sauraient à elles seules être regardées comme une dissimulation, laquelle doit nécessairement impliquer la volonté du commissaire aux comptes de cacher les faits dont il a connaissance, de nature à retarder le point de départ de la prescription : ▪ Cass. com., 13 févr. 2007, n° 03-13.577 : *JurisData* n° 2007-037365 ; *Bull. civ.* IV n° 299 ; *D.* 2007, p. 736, obs. A. Lienhard ; *BJS* 2007, p. 811, note F.-X. Lucas ; *Dr. sociétés* 2007, comm. 116, note H. Hovasse ; *LPA* 2007, n° 80, p. 8, note J.-F. Barbièri ; *RJDA* 6/2007, n° 627. – Le fait que le commissaire aux comptes ait inexactement déclaré dans son rapport spécial que la cession d'actions litigieuses avait fait l'objet de l'autorisation exigée par l'article L. 225-38 et qu'il n'ait pas attiré l'attention des actionnaires sur la sous-évaluation du prix de cession est insuffisant à établir qu'il ait eu la volonté de cacher ces faits aux actionnaires de la société cédante : ▪ Cass. com., 1er juill. 2008, n° 07-17.729 : *BJS* 2008, p. 982, note D. Vidal.

c) **Révélation de la dissimulation.** La prescription triennale applicable en matière de responsabilité du commissaire aux comptes court à compter du fait dommageable ou, s'il a été dissimulé, de sa révélation ; la révélation s'entend de la connaissance du fait dommageable et non de son exploitation complète par les autorités de poursuites et de jugement (▪ CA Paris, 7 nov. 1995 : *BJS* 1996, p. 125, note J.-F. Barbièri), peu important que la dissimulation soit imputable au commissaire aux comptes (▪ CA Paris, 13 nov. 1998 : *BJS* 1999, p. 347, note J.-F. Barbièri). – La dissimulation par le commissaire aux comptes d'une situation gravement négative sous couvert d'une fausse situation nette positive, révélée à l'occasion d'une expertise préventive exécutée sur le fondement de l'article 145 du Code de procédure civile, ne fait courir les délais de l'action en responsabilité qu'à compter de sa révélation : ▪ Cass. com., 18 févr. 1997 : *JurisData* n° 1997-000674 ; *BJS* 1997, p. 441, note F. Pasqualini et V. Pasqualini-Salerno. – Dans l'hypothèse d'une dissimulation, la révélation de celle-ci résulte du **procès-verbal du conseil d'administration** faisant état de la nécessité de dotations en provisions complémentaires : ▪ Cass. com., 28 juin 2005, n° 03-13.112 : *JurisData* n° 2005-029182 ; *D.* 2005, p. 1941, obs. A. Lienhard ; *Dr. sociétés* oct. 2005, n° 179, obs. H. Hovasse.

3) Interruption de la prescription. La constitution de partie civile contre le commissaire aux comptes, personne physique, et les actes de poursuite subséquents devant la juridiction pénale n'ont pas interrompu la prescription civile concernant l'action contre la société de commissariat aux comptes dès lors que l'action publique n'a pas été mise en mouvement : ▪ CA Paris, 7 nov. 1995, préc. – De même, le fait pour le commissaire aux comptes d'adresser à sa compagnie d'assurance professionnelle une déclaration de sinistre précisant que sa responsabilité civile était susceptible d'être mise en cause, bien que des sondages effectués sur les pièces litigieuses n'aient pas conduit à révéler d'anomalies, à raison de détournements opérés par le comptable de la société contrôlée, ne vaut pas reconnaissance de responsabilité pouvant interrompre le cours de la prescription : ▪ CA Paris, 22 janv. 1999 : *JurisData* n° 1999-020123.

Art. L. 822-19 ***(Créé à compter du 17 juin 2016, Ord. n° 2016-315, 17 mars 2016).*** **– Les conditions d'application du présent chapitre sont fixées par décret en Conseil d'État.**

Partie réglementaire

Section III. – De la responsabilité civile

Art. R. 822-36 *(Mod., D. n° 2016-1026, 26 juill. 2016)*. – **Pour être membre de la compagnie tout commissaire aux comptes doit être couvert par une assurance garantissant la responsabilité prévue à l'article L. 822-17, dans les limites et conditions fixées par arrêté conjoint du garde des Sceaux, ministre de la Justice, et du ministre chargé de l'économie.**

Art. R. 822-37 *(Mod., D. n° 2016-1026, 26 juill. 2016)*. – **L'obligation d'assurance prévue à l'article R. 822-36 est applicable aux sociétés de commissaires aux comptes dans les conditions prévues à l'article R. 822-60.**

2.2.1.5. – De l'exercice du contrôle légal

Code de commerce

Partie législative

CHAPITRE III. – DE L'EXERCICE DU CONTRÔLE LÉGAL

(Ord. n° 2005-1126, 8 sept. 2005)

Section I. – De la nomination, de la récusation et de la révocation des commissaires aux comptes

Art. L. 823-1 *(Ord. n° 2005-1126, 8 sept. 2005 ; mod., L. n° 2016-1691, 9 déc. 2016)*. – **I. – En dehors des cas de nomination statutaire, les commissaires aux comptes sont désignés par l'assemblée générale ordinaire dans les personnes morales qui sont dotées de cette instance ou par l'organe exerçant une fonction analogue compétent en vertu des règles qui s'appliquent aux autres personnes ou entités.**

Lorsque le commissaire aux comptes ainsi désigné est une personne physique ou une société unipersonnelle, un ou plusieurs commissaires aux comptes suppléants, appelés à remplacer les titulaires en cas de refus, d'empêchement, de démission ou de décès sont désignés dans les mêmes conditions.

Les fonctions du commissaire aux comptes suppléant appelé à remplacer le titulaire prennent fin à la date d'expiration du mandat confié à ce dernier, sauf si l'empêchement n'a qu'un caractère temporaire. Dans ce dernier cas, lorsque l'empêchement a cessé, le titulaire reprend ses fonctions après l'approbation des comptes par l'assemblée générale ou l'organe compétent.

Lorsque le commissaire aux comptes a vérifié, au cours des deux derniers exercices, les opérations d'apports ou de fusion de la société ou des sociétés que celle-ci contrôle au sens des I et II de l'article L. 233-16, le projet de résolution le désignant en fait état.

Toute clause contractuelle qui limite le choix de l'assemblée générale ou de l'organe mentionné au premier alinéa à certaines catégories ou listes de commissaires aux comptes est réputée non écrite.

II. – Dans les entités d'intérêt public, les commissaires aux comptes sont en outre désignés conformément aux dispositions de l'article 16 du règlement (UE) n° 537/2014 du 16 avril 2014.

Les paragraphes 2 à 5 de l'article 16 du règlement précité ne s'appliquent pas aux désignations statutaires exigées en vue de l'immatriculation des sociétés ni aux désignations réalisées en application des articles L. 823-4 du Code de commerce et L. 214-7-2, L. 214-24-31, L. 214-133, L. 214-162-5 et L. 612-43 du Code monétaire et financier. Dans ces cas, l'entité d'intérêt public informe le Haut conseil du commissariat aux comptes des modalités de cette désignation.

Voir : C. com., art. R. 823-3, p. 952.

Bibliographie : J. Guyénot, *La cessation des fonctions de commissaire aux comptes et la publicité requise dans un journal d'annonces légales et au registre du commerce et des sociétés : Gaz. Pal.* 1979, 1, doctr. p. 166. • F. Terré, *La démission du commissaire aux comptes : Éco. et compt.* juin 1971.

1) **Relations entre le suppléant et le titulaire.** Le suppléant accède de plein droit, lors du décès du titulaire, à la qualité de commissaire titulaire et il demeure en fonctions jusqu'à l'expiration

du mandat de son prédécesseur : ▪ Cass. com., 9 janv. 1979 : *Bull. civ.* IV, n° 13 ; *JCP* 1979, IV, 91 ; *Rev. sociétés* 1979, p. 552 ; *Gaz. Pal.* 1979, 1, p. 246. – S'il est privé de ses fonctions avant ce terme, il se trouve implicitement et abusivement révoqué : ▪ CA Paris, 21 janv. 1977 : *Rev. sociétés* 1977, p. 501, note P. Mabilat. – Le titulaire dont l'empêchement a cessé ne peut reprendre ses fonctions qu'après la tenue de l'assemblée générale qui a approuvé les comptes de l'exercice : ▪ Cass. com., 27 juin 1996 : *JurisData* n° 1996-003577. – L'existence d'un lien matrimonial entre le commissaire aux comptes et sa suppléante ne constitue pas un empêchement justifiant le relèvement des fonctions de cette dernière *[C. com., art. L. 225-233]* : ▪ CA Nîmes, 16 sept. 2004 : *BJS* 2004, p. 1389, note J.-F. Barbièri.

2) Indépendance.

a) L'indépendance implique que les deux commissaires désignés dans les sociétés astreintes à publier des comptes consolidés n'appartiennent pas au même cabinet ; on peut même considérer que l'indépendance nécessaire des commissaires s'oppose à ce qu'ils appartiennent, directement ou par l'intermédiaire de la société dont ils seraient associés, au même réseau : Rép. min. : *JO Sénat* Q, 21 oct. 1993, p. 1960.

b) Dès lors qu'il existe une identité de personne entre la société d'expertise titulaire révoquée et le commissaire aux comptes suppléant, que ce dernier était par ailleurs devenu président du conseil d'administration de la société sans qu'un nouveau commissaire n'ait été désigné, la société d'expertise ne pouvait s'opposer à la nomination d'un nouveau commissaire : ▪ Cass. com., 28 janv. 1992 : *BJS* 1992, p. 412, note J.-F. Barbièri.

3) Démission. Le commissaire aux comptes est en droit de donner sa démission pour simple convenance personnelle à condition de ne pas exercer ce droit d'une manière préjudiciable pour la société, que ce soit par malice ou par simple légèreté blâmable : ▪ CA Nîmes, 27 mars 1973 : *Rev. sociétés* 1974, p. 327, note E. du Pontavice.

Art. L. 823-2 *(Ord. n° 2005-1126, 8 sept. 2005).* **– Les personnes et entités astreintes à publier des comptes consolidés désignent au moins deux commissaires aux comptes.**

Art. L. 823-2-1 *(Créé, L. n° 2019-486, 22 mai 2019).* **– Les entités d'intérêt public nomment au moins un commissaire aux comptes.**

Art. L. 823-3 *(Ord. n° 2005-1126, 8 sept. 2005 ; mod., Ord. n° 2008-1278, 8 déc. 2008 ; mod. à compter du 17 juin 2016, Ord. n° 2016-315, 17 mars 2016).* **– Le commissaire aux comptes est nommé pour un mandat de six exercices. Ses fonctions expirent après la délibération de l'assemblée générale ou de l'organe compétent qui statue sur les comptes du sixième exercice.**

Le commissaire aux comptes nommé en remplacement d'un autre ne demeure en fonction que jusqu'à l'expiration du mandat de son prédécesseur.

Le commissaire aux comptes dont le mandat est expiré, qui a été révoqué, relevé de ses fonctions, suspendu, interdit temporairement d'exercer, radié, omis ou a donné sa démission permet au commissaire aux comptes lui succédant d'accéder à toutes les informations et à tous les documents pertinents concernant la personne ou l'entité dont les comptes sont certifiés, notamment ceux relatifs à la certification des comptes la plus récente.

Lorsque cette personne ou cette entité est une entité d'intérêt public, les dispositions de l'article 18 du règlement (UE) n° 537/2014 du Parlement européen et du Conseil [du 16 avril 2014] sont en outre applicables.

Impossibilité de radiation en l'absence de successeur. La SAS ayant désigné le 1er janvier 2009 un commissaire aux comptes et un commissaire aux comptes suppléant pour la durée légale de six exercices et les intéressées ayant ultérieurement démissionné, il ne pouvait être procédé à la radiation de leur inscription du registre du commerce et des sociétés à défaut de leur remplacement pour la durée du mandat restant à courir. ▪ Cass. com., 6 nov. 2012, n° 11-30.648, FS-P+B : *JurisData* n° 2012-024929 ; *JCP* E 2013, 1012, note D. Gallois-Cochet ; *Dr. sociétés* 2013, comm. 7, note D. Gallois-Cochet ; *BJS* 2013, p. 37, note Ph. Merle.

Art. L. 823-3-1 *(Créé à compter du 17 juin 2016, Ord. n° 2016-315, 17 mars 2016 ; mod., L. n° 2016-1691, 9 déc. 2016).* **– I. – Lorsqu'une entité d'intérêt public désigne un commissaire aux comptes unique, celui-ci ne peut procéder à la certification des comptes de l'entité d'intérêt public pendant une période supérieure à dix ans.**

Toutefois, au terme de cette période, il peut être nommé pour un nouveau mandat d'une durée de six exercices, à la condition que soient respectées les conditions définies aux paragraphes 2 à 5 de l'article 16 du règlement (UE) n° 537/2014 du 16 avril 2014.

II. – La durée du mandat prévue au premier alinéa du I peut être prolongée jusqu'à une durée maximale de vingt-quatre ans lorsque, au terme de cette période, l'entité d'intérêt public, de manière volontaire ou en application d'une obligation légale, recourt à plusieurs commissaires aux comptes, dans les conditions prévues au *b* du 4 de l'article 17 du règlement (UE) n° 537/2014, dès lors qu'ils présentent un rapport conjoint sur la certification des comptes.

III. – À l'issue des mandats mentionnés aux I et II, le Haut conseil du commissariat aux comptes peut, à titre exceptionnel et si les conditions définies au paragraphe 6 de l'article 17 du règlement (UE) n° 537/2014 sont remplies, autoriser l'entité d'intérêt public qui en fait la demande à prolonger le mandat du commissaire aux comptes pour une durée supplémentaire qui ne peut excéder deux années.

IV. – Le commissaire aux comptes ou, le cas échéant, un membre de son réseau au sein de l'Union européenne ne peut accepter de mandat auprès de l'entité d'intérêt public dont il a certifié les comptes avant l'expiration d'une période de quatre ans suivant la fin de son mandat.

V. – Pour l'application du présent article la durée de la mission est calculée conformément aux prescriptions de l'article 17 du règlement (UE) n° 537/2014 précité. Le Haut conseil peut être saisi par tout commissaire aux comptes d'une question relative à la détermination de la date de départ du mandat initial.

NB : Conformément à l'article 53 4° de l'ordonnance n° 2016-315 du 17 mars 2016, les dispositions de l'article L. 823-3-1 du Code de commerce dans sa rédaction issue de la présente ordonnance entrent en application conformément aux dispositions de l'article 41 du règlement (UE) n° 537/2014 du 16 avril 2014 susvisé.

Art. L. 823-4 ***(Ord. n° 2005-1126, 8 sept. 2005).*** **– Si l'assemblée ou l'organe compétent omet de désigner un commissaire aux comptes, tout membre de l'assemblée ou de l'organe compétent peut demander en justice la désignation d'un commissaire aux comptes, le représentant légal de la personne ou de l'entité dûment appelé. Le mandat ainsi conféré prend fin lorsqu'il a été pourvu par l'assemblée ou l'organe compétent à la nomination du ou des commissaires.**

1) **Application.** Dans la mesure où il résulte des articles L. 823-4 et R. 823-3 du Code de commerce que le président du tribunal de commerce est compétent pour désigner un commissaire aux comptes à la demande d'un actionnaire minoritaire de la société anonyme, dès lors que celle-ci s'est trouvée dépourvue de commissaire aux comptes en contradiction avec l'article L. 225-218 du Code de commerce, rien ne s'oppose à ce que, sur la suggestion du demandeur, le président désigne le commissaire aux comptes précédemment titulaire : ▪ CA Lyon, ch. 8, 1er avr. 2014, n° 12/08447 : *JurisData* n° 2014-007589 ; *Dr. sociétés* juill. 2014, n° 7, comm. 116, note D. Gallpos-Cochet.

2) **Cas de la désignation d'un cocommissaire aux comptes.** Jugé que la désignation d'un cocommissaire aux comptes en exécution d'une stipulation d'un pacte d'actionnaires ne visant pas à réparer l'omission d'une nomination légalement obligatoire, les dispositions de l'article L. 823-4 du Code de commerce ne lui sont pas applicables : ▪ Cass. com., 12 oct. 2010, n° 09-13.006 : *JurisData* n° 2010-018414 ; *Dr. sociétés* janv. 2011, 6, note D. Gallois-Cochet ; *D.* 2010, act. p. 2514.

Art. L. 823-5 ***(Ord. n° 2005-1126, 8 sept. 2005).*** **– Lorsqu'une société de commissaires aux comptes est absorbée par une autre société de commissaires aux comptes, la société absorbante poursuit le mandat confié à la société absorbée jusqu'à la date d'expiration de ce dernier.**

Toutefois, par dérogation aux dispositions ***(Mots rempl. à compter du 17 juin 2016, Ord. n° 2016-315, 17 mars 2016)*** **« des articles L. 823-3 et L. 823-3-1 », l'assemblée générale ou l'organe compétent de la personne ou de l'entité contrôlée peut, lors de sa première réunion postérieure à l'absorption, délibérer sur le maintien du mandat, après avoir entendu le commissaire aux comptes.**

Art. L. 823-6 ***(Ord. n° 2005-1126, 8 sept. 2005 ; mod., Ord. n° 2009-80, 22 janv. 2009 ; mod. à compter du 17 juin 2016, Ord. n° 2016-315, 17 mars 2016).*** **– Un ou plusieurs actionnaires ou associés représentant au moins 5 % du capital social, le comité d'entreprise, le ministère public, l'Autorité des marchés financiers pour les personnes et entités dont les titres financiers sont admis aux négociations sur un marché réglementé peuvent, dans le délai et les conditions fixées par décret en Conseil d'État, demander en justice la récusation pour juste motif d'un ou plusieurs commissaires aux comptes.**

Les dispositions de l'alinéa précédent sont applicables, en ce qui concerne les personnes autres que les sociétés commerciales, sur demande du cinquième des membres de l'assemblée générale ou de l'organe compétent.

Une divergence d'appréciation sur un traitement comptable ou sur une procédure de contrôle ne peut constituer un motif fondé de récusation.

S'il est fait droit à la demande, un nouveau commissaire aux comptes est désigné en justice. Il demeure en fonctions jusqu'à l'entrée en fonctions du commissaire aux comptes désigné par l'assemblée ou l'organe compétent.

Voir : C. com., art. R. 823-5, p. 952.

Exercice de l'action par une association d'actionnaires, C. com., art. L. 225-230, p. 370.

Motifs de récusation. La récusation ne peut être motivée que par une circonstance permettant de suspecter sérieusement la compétence, l'honorabilité, l'impartialité ou l'indépendance du commissaire aux comptes : ▪ CA Paris, 11 juill. 1969 : *D.* 1969, 517, note A. Dalsace ; *Gaz. Pal.* 1969, 2, p. 128. – Comp. ▪ CA Colmar, 1re ch., 23 févr. 1983, *JurisData* n° 1983-040861 ; *Rev. sociétés* 1983, p. 583, note J. Guyénot ; *Bull. CNCC*, 1983, n° 51, p. 352, note E. du Pontavice, ayant jugé que le fait pour un commissaire d'avoir, antérieurement à sa nomination, exercé des fonctions de conseiller de la société et, à ce titre, d'avoir assisté le président de cette société lors d'un conflit qu'il avait avec un actionnaire minoritaire, ne constituait pas un motif suffisant de récusation, en l'absence de preuve objective permettant de douter de l'indépendance et de l'impartialité du commissaire qui n'avait, à cette occasion, jamais transgressé son rôle de conseiller.

Art. L. 823-7 ***(Ord. n° 2005-1126, 8 sept. 2005 ; mod., Ord. n° 2009-80, 22 janv. 2009).*** **– En cas de faute ou d'empêchement, les commissaires aux comptes peuvent, dans les conditions fixées par décret en Conseil d'État, être relevés de leurs fonctions avant l'expiration normale de celles-ci, sur décision de justice, à la demande de l'organe collégial chargé de l'administration, de l'organe chargé de la direction, d'un ou plusieurs actionnaires ou associés représentant au moins 5 % du capital social, du comité d'entreprise, du ministère public ou de l'Autorité des marchés financiers pour les personnes dont les titres financiers sont admis aux négociations sur un marché réglementé et entités.**

Les dispositions de l'alinéa précédent sont applicables, en ce qui concerne les personnes autres que les sociétés commerciales, sur demande du cinquième des membres de l'assemblée générale ou de l'organe compétent.

Voir : C. com., art. R. 823-5, p. 952, L. 225-233, p. 374 et C. monét. fin., art. L. 214-14.

Bibliographie : R. Passemard et A. Aubigeon, *La mauvaise foi dans le comportement du commissaire aux comptes justifiant sa révocation : BJS* 1996, p. 270.

1) Causes du relèvement judiciaire de fonctions.

a) **Principe.** Le relèvement des fonctions d'un commissaire aux comptes ne peut être ordonné qu'en présence d'une faute commise de mauvaise foi et empêchant la poursuite de sa mission jusqu'à son terme normal : ▪ CA Paris, 3 juill. 1998 : *JurisData* n° 1998-022062. – Seule peut justifier le relèvement la faute du commissaire aux comptes démontrant un manquement délibéré à ses obligations légales, réglementaires ou déontologiques, voire son incurie : ▪ CA Limoges, 6 oct. 2005, n° 05-00.594 : *BJS* 2006, p. 461, note A.-F. Bouvier et F. Pouch. – V. égal. ▪ CA Lyon, 3e ch. civ., sect. B, 15 nov. 2007 : *JurisData* n° 2007-370059. – V. aussi, ▪ CA Nîmes, 16 sept. 2004, n° 01-03.836 : *JurisData* n° 2004-262180 ; *BJS* 2004. p. 1385, note J.-F. Barbièri. – En conséquence, de simples erreurs d'appréciations commises par le commissaire dans le contrôle de conventions litigieuses ou dans la procédure d'alerte sont insuffisantes pour justifier son relèvement : ▪ Cass. com., 31 mai 2000 : *JurisData* n° 2000-132518 ; *BJS* 2000, p. 1037, note J.-F. Barbièri. – Doit être rejetée l'action en relèvement contre le commissaire aux comptes d'une société, régulièrement exercée dès lors que la société était présente au procès car représentée par son représentant légal, et considérée comme caduque la même action diligentée contre son suppléant, dès lors que le commissaire titulaire a accompli sa mission dans les conditions de diligence requises : ▪ Cass. com., 21 mars 2018, n° 16-18.697 : *Bull. Joly Sociétés* 2018, p. 291, note J.-F. Barbièri.

b) **Contrôle insuffisant.**

– La **carence fautive** d'un commissaire aux comptes justifie son relèvement (▪ Cass. com., 6 févr. 1990 : *BJS* 1990, p. 367), de même que le fait de ne pas saisir lui-même l'assemblée après avoir relevé des inexactitudes et des irrégularités dans les comptes, et de déposer son rapport avec un grand retard (▪ CA Paris, 28 sept. 1989 : *JCP* E 1989, I, 19061. ▪ Cass. com., 22 oct. 1991 : *BJS* 1992, p. 46, note J.-F. Barbièri ; *RJDA* 1991, p. 876).

– Le relèvement pour faute est justifié lorsque le commissaire aux comptes n'a pas fait les investigations nécessaires qui lui auraient permis de découvrir les anomalies comptables qui ne pouvaient ni ne devaient échapper à un praticien averti et qui sont apparues rapidement aux comptables du nouvel actionnaire : ▪ Cass. com., 28 janv. 1992, n° 90-15.837 : *JurisData* n° 1992-001032, *BJS* 1992, p. 412, note J.-F. Barbièri ; *Rev. sociétés* 1992, p. 727, note D. Vidal; *Dr. sociétés* 1992, comm. 82, obs. H. Le Nabasque.

– De la même façon, est justifié le relèvement pour faute du commissaire qui n'a accompli aucune des diligences normalement à la charge d'un commissaire aux comptes jusqu'à l'assemblée générale devant statuer sur les comptes de l'exercice, pour avoir rendu son rapport en retard et s'être finalement abstenu de participer à ladite assemblée, le procès-verbal le mentionnant « absent et non-excusé » : ▪ Cass. com., 6 mai 2002 : *JurisData* n° 2002-014367 ; *Bull. CNCC* 2002, n° 127, p. 337, note Ph. Merle ; *Dr. sociétés* 2002, comm. 138, note D. Vidal. – Comp. ▪ CA Colmar, 6 févr. 2002 : *JurisData* n° 2002-189291 ; *Dr. sociétés* 2003, comm. 12, note H. Hovasse.

– Plus généralement, le manque **de sérieux, le défaut de vigilance** et la **négligence professionnelle** du commissaire aux comptes expliquent son incapacité à détecter la fraude commise, alors que de simples recoupements auraient permis de détecter immédiatement les nombreuses anomalies comptables : ▪ CA Nîmes, 16 sept. 2004 : *BJS* 2004, p. 1389, note J.-F. Barbièri. – V. déjà, ▪ Cass. com., 6 févr. 1990, n° 88-15.536 : *JurisData* n° 1990-000350 ; *Bull. CNCC* 1990, n° 79, p. 281, note E. du Pontavice. – V. égal., ▪ CA Versailles, 16 oct. 2009 : *JurisData* n° 2009-379319).

c) **Contrôle excessif.** – Le relèvement du commissaire aux comptes qui nuit **de manière délibérée** à l'autorité d'un dirigeant de société et s'immisce dans la gestion des affaires sociales est justifié : ▪ CA Paris, 24 juin 1992 : *JCP* E 1993, I, 215, n° 7, obs. A. Viandier et J.-J. Caussain. – V. déjà en ce sens, ▪ Cass. com., 3 déc. 1991, n° 90-14.592 : *JurisData* n° 1991-003028 ; *Bull. civ.* 1991, IV, n° 376 ; *BJS* 1992, p. 171, note J.-F. Barbièri. – V. égal., ▪ Cass. com., 14 nov. 1995, n° 93-16.724 : *JurisData* n° 1995-002957 ; *BJS* 1996, p. 382, note J.-F. Barbièri ; *Dr. sociétés* 1996, comm. 42, obs. D. Vidal ; *Bull. CNCC* 1996, n° 101, p. 99, obs. Ph. Merle.

– Le déclenchement à tort, mais de bonne foi, d'une **procédure d'alerte** ne justifie pas la révocation du commissaire aux comptes : ▪ Cass. com., 3 déc. 1991 : *BJS* 1992, p. 171, note J.-F. Barbièri ; *RJ com.* 1992, p. 296, note F. Pasqualini ; *Bull. CNCC* 1992, 142, note E. du Pontavice ; *RJDA* 1992, p. 193. ▪ CA Paris, 31 mai 2000, préc. – Pour un exemple de mauvaise foi dans lequel le commissaire avait en plus adressé dix-neuf lettres au Parquet, ayant abouti à un classement sans suite, et avait fait état de difficultés rencontrées dans l'exercice de sa mission, alors qu'il n'avait été victime d'aucune entrave, V. ▪ CA Paris, 19 févr. 1993 : *JCP* E 1993, II, 485, note J.-F. Barbièri ; *Bull. CNCC* 1994, 568, note Ph. Merle. ▪ Cass. com., 14 nov. 1995 : *BJS* 1996, p. 286 ; *Rev. sociétés* 1996, p. 279, note F. Pasqualini et V. Pasqualini-Salerno. ▪ CA Paris, 3 juill. 1998, préc.

– Manque à son obligation d'objectivité le commissaire qui adresse à la société contrôlée une lettre faisant état de rumeurs visant son président, sans en préciser la nature et l'origine ; ces propos propres à jeter le discrédit sur le dirigeant sont incompatibles avec la poursuite de relations professionnelles impliquant la confiance réciproque et justifient le relèvement du commissaire : ▪ CA Paris, 25 févr. 1998 : *JurisData* n° 1998-210287 ; *BJS* 1998, p. 617, note J.-F. Barbièri.

– Pour un exemple de relèvement fondé sur le non-respect des règles **d'incompatibilité** : V. ▪ TGI Paris, 16 févr. 1993 : *BJS* 1993, p. 1003, note J.-F. Barbièri.

– Retenant qu'un commissaire exerçait son mandat dans les diverses sociétés d'un groupe, soit en son nom propre, soit au nom de la société d'audit dont il était le président, et que l'administrateur du groupe avec lequel il était en conflit assumait des responsabilités dans chacune des filiales du groupe, la situation conflictuelle créée au sein de l'équipe dirigeante par le commissaire aux comptes, qui avait outrepassé les limites de son mandat au lieu de s'en tenir à l'impartialité et à l'objectivité requises, affectait autant la société *holding* que les filiales, et justifiait que le commissaire soit relevé de ses fonctions dans toutes les sociétés : ▪ Cass. com., 18 oct. 1994 : *BJS* 1994, p. 1305, note J.-F. Barbièri ; *LPA* 21 juin 1995, p. 31, note F. Pasqualini et V. Pasqualini-Salerno.

d) **Non-révélation d'un lien de dépendance. Le fait de ne pas révéler un lien de dépendance** avec un collaborateur de la société est un motif de relèvement de fonctions : ▪ T. com. Paris, 17 févr. 1999 : *JurisData* n° 1999-213550 : *JCP* E 1999, p. 667, obs. A. Viandier et J.-J. Caussain ; *Dr. sociétés* 1999, n° 118, obs. D. Vidal ; *BJS* 1999, p. 445, note J.-F. Barbièri. – Il a ainsi été jugé qu'une société de commissaires aux comptes qui a sollicité de la société qu'elle contrôle le paiement d'une facture d'honoraires concernant une prestation d'assistance à un tiers cocontractant de la société contrôlée, a commis un manquement à ses obligations déontologiques d'indépendance, justifiant ainsi le relèvement : ▪ Cass. com., 10 juill. 2007, n° 06-13.423 : *JurisData* n° 2007-040135 ; *Rev. sociétés* 2008, p. 146, note Th. Granier ; *Bull. CNCC*, 2007, n° 147, p. 466, obs. Ph. Merle ; *BJS* 2007, n° 12, p. 1321, note D. Vidal ; *D.* 2007, somm. p. 2172).

e) **Absence de faute.** La faute du commissaire aux comptes ne peut être retenue lorsque les détournements, qu'il n'a pas relevés, ont été rendus possibles par une anomalie du logiciel utilisé dans le cadre du réseau de franchise auquel appartenait la société contrôlée et qui permettait des modifications *a posteriori*, alors qu'il n'est pas d'usage que, dans les entreprises dotées d'un logiciel rendant impossible de telles modifications, les commissaires aux comptes remontent aux livres de caisse : ▪ Cass. com., 14 févr. 2006, n° 04-15.334 : *JurisData* n° 2006-032235 ; *BJS* 2006, p. 997, note D. Vidal ; *Dr. sociétés* avr. 2006, n° 58, obs. H. Hovasse. – Ne caractérisent la mauvaise foi dans l'exercice de sa mission, ni la circonstance que la procédure d'alerte déclenchée par le commissaire aux comptes soit restée sans effet, ni la demande d'honoraires justifiée par des diligences supplémentaires nécessaires : ▪ CA Limoges, 6 oct. 2005, préc. *a)*.

2) Pouvoir pour agir. Si le conseil d'administration peut demander le relèvement des fonctions de commissaires aux comptes, il ne peut, faute de personnalité morale, agir lui-même à peine de nullité de l'acte introductif d'instance et doit intenter l'action par l'intermédiaire du représentant légal de la société, cette irrégularité de fond n'était pas susceptible d'être couverte : ▪ CA Toulouse, 13 janv. 2005 : *BJS* 2005, p. 359, note J.-F. Barbièri ; *Dr. sociétés* août-sept. 2005, n° 160, obs. H. Hovasse. ; confirmé par : ▪ Cass. com., 3 oct. 2006, n° 05-12.410 ; *JurisData* n° 2006-035332 ; *Bull. civ.* 2006, IV, n° 205 ; *BJS* 2007, p. 33, note J.-F. Barbièri ; *JCP* E 2007, 1049, n° 7, obs. J.-J. Caussain, F. Deboissy et G. Wicker ; *Bull. CNCC*, 2008, n° 152, p. 704, obs. Ph. Merle ; *D.* 2006, p. 2670, note A. Lienhard ; *Rev. sociétés* 2007, p. 117, note Ph. Merle.

3) Juridiction compétente. Le président du tribunal de commerce du lieu du siège social de la société auprès de laquelle le professionnel exerce son mandat, statuant en la forme des référés, est seul compétent pour se prononcer sur la demande en relèvement de fonctions d'un commissaire aux comptes, quel que soit le domicile de ce dernier : ▪ CA Versailles, 1er févr. 1996 : *BJS* 1996, p. 382, note J.-F. Barbièri. ▪ Cass. com., 24 mars 1998 : *JurisData* n° 1998-001338 ; *BJS* 1998, p. 764, note J.-F. Barbièri. ▪ Cass. com., 24 mars 1998, n° 93-13.942 : *JurisData* n° 1998-001338 ; *JCP* E 1998, act. p. 578 ; *Bull. civ.* 1998, IV, 119 ; *BJS* 1998, 764, note J.-F. Barbièri.

4) Champ d'application. Les dispositions de l'article L. 823-7, alinéa 1, du Code de commerce, qui prévoient notamment que les commissaires aux comptes peuvent être relevés de leurs fonctions, sur décision de justice, à la demande de l'organe collégial chargé de l'administration, sont applicables à l'ensemble des personnes ou entités dotées d'un commissariat aux comptes. L'application ne saurait donc en être refusée à une entité autre qu'une société commerciale : ▪ Cass. com., 18 oct. 2016, n° 14-28.850 : *Bull. Joly Sociétés* 2016, p. 731, note J.-F. Barbièri.

Art. L. 823-8 *(Ord. n° 2005-1126, 8 sept. 2005)*. **– Lorsque, à l'expiration des fonctions d'un commissaire aux comptes, il est proposé à l'assemblée ou à l'organe compétent de ne pas le renouveler, le commissaire aux comptes doit, sous réserve des dispositions de l'article L. 822-14 et s'il le demande, être entendu par l'assemblée ou l'organe compétent.**

Art. L. 823-8-1 *(L. n° 2012-387, 22 mars 2012)*. **– L'assemblée générale ordinaire, dans les sociétés commerciales qui sont dotées de cette instance, ou l'organe exerçant une fonction analogue compétent en vertu des règles qui s'appliquent peut autoriser, sur proposition de l'organe collégial chargé de l'administration ou de l'organe chargé de la direction de la société, les commissaires aux comptes à adresser directement au greffe du tribunal, dans les délais qui s'imposent à la société, les rapports devant faire l'objet d'un dépôt et les documents qui y sont joints, ainsi que la copie des documents afférents à leur acceptation de mission ou à leur démission. Il peut être mis un terme à cette autorisation selon les mêmes formes.**

Partie réglementaire

Section I. – De la nomination, de la récusation et de la révocation des commissaires aux comptes

Art. D. 823-1 *(D. n° 2019-514, 24 mai 2019)*. **– Les seuils mentionnés au premier alinéa de l'article L. 823-2-2 relatif à la désignation d'un commissaire aux comptes sont ceux définis à l'article D. 221-5.**

« Le total cumulé du bilan, le montant cumulé hors taxe du chiffre d'affaires et le nombre moyen cumulé de salariés sont déterminés en additionnant le total du bilan, le montant hors taxe du chiffre d'affaires et le nombre moyen de salariés définis conformément aux quatrième, cinquième et sixième alinéas de l'article D. 123-200, des entités comprises dans l'ensemble mentionné au premier alinéa de l'article L. 823-2-2.

« La personne ou l'entité n'est plus tenue de désigner un commissaire aux comptes dès lors que l'ensemble qu'elle forme avec les sociétés qu'elle contrôle n'a pas dépassé les chiffres cumulés fixés pour deux de ces trois critères pendant les deux exercices précédant l'expiration du mandat du commissaire aux comptes. »

Art. D. 823-1-1 *(D. n° 2019-514, 24 mai 2019)*. – Pour l'application du troisième alinéa de l'article L. 823-2-2 relatif à la désignation d'un commissaire aux comptes, le total du bilan est fixé à 2 000 000 €, le montant du chiffre d'affaires hors taxes à 4 000 000 € et le nombre moyen de salariés employés au cours de l'exercice à vingt-cinq.

« La société n'est plus tenue de désigner un commissaire aux comptes dès lors qu'elle n'a pas dépassé les chiffres fixés pour un de ces deux critères pendant les deux exercices précédant l'expiration du mandat du commissaire aux comptes.

Art. R. 823-2 *(Mod., D. n° 2016-1026, 26 juill. 2016)*. – Tout commissaire aux comptes chargé d'une mission de certification des comptes auprès d'une personne ou entité notifie dans le délai de huit jours sa nomination au conseil régional de la compagnie dont il est membre, soit par lettre recommandée avec demande d'avis de réception soit par voie électronique. Dans ce dernier cas, le conseil régional accuse sans délai réception de la notification en mentionnant la date de la réception. Le conseil régional communique l'information au Conseil national.

Si le commissaire aux comptes ou la société de commissaire aux comptes à laquelle il appartient transfère son domicile ou son siège hors du ressort de la cour d'appel près de laquelle se trouve la compagnie régionale à laquelle il est rattaché, il renouvelle cette déclaration de mandat au conseil régional de sa nouvelle compagnie régionale de rattachement, dans les formes prévues à l'alinéa précédent.

Art. R. 823-3. – Dans les cas prévu par l'article L. 823-4, le commissaire aux comptes est désigné par le président du tribunal de commerce, statuant en référé.

Art. R. 823-4. – La communication aux commissaires aux comptes des documents détenus par les tiers, prévue à l'article L. 823-14, est autorisée par le président du tribunal de commerce, statuant en référé.

Art. R. 823-5 *(Mod., D. n° 2016-1026, 26 juill. 2016)*. – Dans les cas prévus aux articles L. 823-6 et L. 823-7, le tribunal de commerce statue en la forme des référés sur la récusation ou le relèvement de fonctions d'un commissaire aux comptes. La demande de récusation ou de relèvement de fonctions est formée contre le commissaire aux comptes et la personne ou l'entité auprès de laquelle il a été désigné. La demande de récusation du commissaire aux comptes est présentée dans les trente jours de sa désignation.

Lorsque la demande émane du procureur de la République, elle est présentée par requête ; lorsqu'elle émane de l'Autorité des marchés financiers ou de l'Autorité de contrôle prudentiel et de résolution, elle est faite par lettre recommandée avec demande d'avis de réception.

Le délai d'appel est de quinze jours. L'appel est formé et jugé selon les règles applicables à la procédure prévue à l'article 905 du Code de procédure civile ou à la procédure à jour fixe.

Lorsque le commissaire aux comptes est relevé de ses fonctions, il est remplacé par le commissaire aux comptes suppléant.

1) **Mise en cause de la société.** Dès lors que le conseil d'administration représenté par son président agissait au nom de la société, l'obligation faite au demandeur de mettre en cause la société ne s'applique pas, car celle-ci est déjà partie au procès : ▪ Cass. com., 18 oct. 1994 : *BJS* 1995, p. 34, note F. Pasqualini.

2) **Forme de la procédure.** À l'occasion d'une action en relèvement de fonctions d'un commissaire aux comptes, le tribunal qui siège « en l'état de référé » et qui a réservé les droits et moyens des parties statue comme juge des référés et non comme juge principal « en la forme des référés » ; est donc irrecevable la demande de la société présentée au tribunal statuant comme juge des référés et non comme juge du principal « en la forme des référés » et cette fin de non-recevoir peut être soulevée à tout moment de la procédure : ▪ Cass. com., 15 nov. 1994 : *BJS* 1995, p. 41, note J.-F. Barbièri.

Art. R. 823-6 *(Mod., D. n° 2016-1026, 26 juill. 2016)*. – Si un membre de la compagnie est relevé de ses fonctions de commissaire aux comptes en application de l'article L. 823-7, le greffier de la juridiction qui a rendu la décision en informe le Haut conseil, dans le délai de huit jours par lettre recommandée avec demande d'avis de réception et lui adresse une copie du jugement.

Le Haut conseil la transmet sans délai à la Compagnie nationale et au conseil régional compétent. Il en informe les personnes contrôlées et les commissaires aux comptes suppléants.

Il en va de même en cas de récusation prononcée sur le fondement de l'article L. 823-6.

Art. R. 823-6-1 *(D. n° 2016-1026, 26 juill. 2016)*. – L'entité d'intérêt public qui sollicite du bureau du Haut conseil l'autorisation de prolonger le mandat de son commissaire aux comptes, en application du III de l'article L. 823-3-1, lui adresse par lettre recommandée avec demande d'avis de réception ou par tout autre moyen permettant de s'assurer de la date de sa réception, au plus tard six mois avant l'expiration du mandat, une demande comprenant :

1° Les documents relatifs à la désignation initiale du commissaire aux comptes concerné et aux précédents renouvellements de son mandat ;

2° Les éléments établissant que les conditions prévues au 4 de l'article 17 du règlement (UE) n° 537/2014 du 16 avril 2014 sont remplies ;

3° Les raisons justifiant la nécessité de prolonger le mandat au-delà de la durée maximale applicable ;

4° Une déclaration du commissaire aux comptes indiquant qu'il accepte la prolongation de son mandat, certifiant que la prolongation demandée ne porte pas atteinte à son indépendance et exposant les mesures de sauvegarde mises en place.

À réception du dossier complet, un accusé de réception est délivré à l'auteur de la demande.

Le bureau peut solliciter de l'entité d'intérêt public ou du commissaire aux comptes toute information ou document complémentaire de nature à éclairer sa décision. Il peut entendre les représentants de l'entité d'intérêt public ou le commissaire aux comptes concerné. Il peut faire appel à des experts.

Le bureau se prononce par décision motivée dans un délai de trois mois à compter de la réception du dossier complet. Le silence gardé pendant ce délai vaut acceptation.

La décision du bureau est notifiée à l'entité d'intérêt public qui a formulé la demande par lettre recommandée avec demande d'avis de réception ou par tout autre moyen permettant de s'assurer de la date de sa réception. Une copie de la décision est adressée au commissaire aux comptes concerné.

Art. R. 823-6-2 *(D. n° 2016-1026, 26 juill. 2016)*. – Le commissaire aux comptes d'une entité d'intérêt public peut interroger le bureau du Haut conseil sur la détermination de la date de départ de son mandat initial, en application du V de l'article L. 823-3-1. Il joint à sa demande :

1° Les documents relatifs à sa désignation initiale et, le cas échéant, aux précédents renouvellements de son mandat ;

2° Un exposé des circonstances de droit et de fait qui le conduisent à s'interroger sur la date de départ du mandat initial.

Le bureau du Haut conseil accuse réception de la demande et indique à l'intéressé le délai envisagé de traitement de sa question.

Le bureau peut solliciter de l'entité d'intérêt public ou du commissaire aux comptes toute information ou document complémentaire nécessaire à l'examen de la question.

Il peut entendre les représentants de l'entité d'intérêt public ou le commissaire aux comptes concerné. Il peut faire appel à des experts.

La réponse du bureau est adressée au commissaire aux comptes qui a formulé la demande, par lettre recommandée avec demande d'avis de réception.

Partie législative

Section II. – De la mission du commissaire aux comptes

Art. L. 823-9 *(Ord. n° 2005-1126, 8 sept. 2005)*. – Les commissaires aux comptes certifient, en justifiant de leurs appréciations, que les comptes annuels sont réguliers et sincères et donnent une image fidèle du résultat des opérations de l'exercice écoulé ainsi que de la situation financière et du patrimoine de la personne ou de l'entité à la fin de cet exercice.

Lorsqu'une personne ou une entité établit des comptes consolidés, les commissaires aux comptes certifient, en justifiant de leurs appréciations, que les comptes consolidés sont réguliers et sincères et donnent une image fidèle du patrimoine, de la situation financière ainsi que du résultat de l'ensemble constitué par les personnes et entités comprises dans la consolidation.

Sans préjudice des dispositions de l'article L. 823-14, la certification des comptes consolidés est délivrée notamment après examen des travaux des commissaires aux comptes des personnes et entités comprises dans la consolidation ou, s'il n'en est point, des professionnels chargés du contrôle des comptes desdites personnes et entités.

(Al. créé à compter du 17 juin 2016, Ord. n° 2016-315, 17 mars 2016) **Le contenu du rapport du commissaire destiné à l'organe appelé à statuer sur les comptes est fixé par décret en Conseil d'État.**

Voir : C. com., art. R. 823-7 et R. 823-8, p. 955.

Bibliographie : M.-C. Desdevises, *L'immixtion dans la gestion d'une société : Éco. et compt.* déc. 1980. • F. Pasqualini, *Le principe de l'image fidèle en droit comptable*, Litec, 1992. • M. Petitjean, *Quelle nouvelle rédaction pour le rapport général du commissaire aux comptes : JCP* E 2006, 2036. • E. du Pontavice, *La certification : Mél. A. Jauffret*, Aix 1974, p. 561 ; *Le principe de non-immixtion des commissaires aux comptes dans la gestion à l'épreuve des faits : Rev. sociétés* 1973, p. 599. • A. Viandier, *La loi d'harmonisation comptable et le droit des sociétés : Rev. sociétés* 1984, p. 1.

1) Étendue de la mission de contrôle.

a) Les commissaires aux comptes ne sont tenus que d'une **obligation de moyens** dans leur mission de contrôle : ▪ CA Rennes, 27 mai 1975 : *Rev. sociétés* 1976, p. 120, note Y. Guyon. ▪ CA Bordeaux, 9 févr. 1976 : *Bull. CNCC* 1976, 170, obs. E. Du Pontavice. ▪ CA Aix-en-Provence, 7 juin 1985 : *Bull. CNCC* 1985, 487, note E. du Pontavice. ▪ Cass. com., 28 janv. 1992 : *BJS* 1992, p. 412, note J.-F. Barbièri. ▪ Cass. com., 6 oct. 1992 : *BJS* 1992, p. 1291, note J.-F. Barbièri ; *RDC* déc. 1992, p. 76, note F. Pasqualini. – La certification ne saurait être assimilée à une garantie : ▪ CA Poitiers, 14 sept. 1994 : *JurisData* n° 1994-053870. – En revanche, le commissaire est tenu à une **obligation de résultat** lorsqu'il doit certifier exactement le montant global des rémunérations versées aux personnes les mieux rémunérées, cette mission ne laissant aucune place à un aléa : ▪ CA Bordeaux, 7 mars 1990 : *Dr. sociétés* 1991, n° 225. ▪ Cass. com., 2 juill. 1973 : *D.* 1973, 674, note Y. Guyon *[décision rendue sous l'empire de la loi de 1867 à propos de l'établissement d'un rapport sur une convention réglementée].*

b) L'article 228 de la loi du 24 juillet 1966 *[C. com., art. L. 225-235]* ayant conféré aux commissaires aux comptes une mission **permanente** de vérification, ceux-ci assurent la responsabilité de la sincérité des informations contenues dans les documents qui leur sont soumis avant l'émission publique d'actions ou d'obligations : ▪ Cass. crim., 2 avr. 1990 : *Rev. sociétés* 1990, p. 461, note B. Bouloc. – Si le commissaire peut se limiter à des contrôles par sondages, le fait pour lui de constater de fréquentes minorations de comptes fournisseurs et une majoration de l'actif doit l'inciter à une vigilance accrue et à des vérifications plus systématiques : ▪ CA Paris, 13 nov. 1998 : *JurisData* n° 1998-022808.

c) La **permanence** de la mission a pour conséquence que celle-ci n'est pas limitée à un contrôle *a posteriori* : ▪ Cass. com., 19 oct. 1999 : *BJS* 2000, p. 43, note F. Pasqualini et V. Pasqualini-Salerno. ▪ Cass. com., 15 janv. 2002 : *Dr. sociétés* 2002, n° 94, obs. D. Vidal. – La mission se poursuit après l'ouverture de la procédure collective à l'égard de la société lorsque la certification des comptes de l'exercice antérieur à la date du jugement déclaratif n'a pas eu lieu : ▪ CA Paris, 23 oct. 1998 : *BJS* 1999, p. 345, note F. Pasqualini.

2) Immixtion dans la gestion. Le commissaire aux comptes défend l'intérêt de l'ensemble des actionnaires et non l'intérêt personnel de l'actionnaire majoritaire, président du conseil d'administration. Aussi ne doit-il pas s'arroger une autorité qui ne lui a jamais été conférée pour combattre celle de l'un des dirigeants du groupe, favoriser la nomination d'un membre de l'équipe de direction, créer une situation conflictuelle en son sein et provoquer une rupture entre les dirigeants, une telle immixtion dans la gestion étant fautive : ▪ CA Paris, 24 juin 1992 : *BJS* 1992, p. 1195, note J.-F. Barbièri. ▪ Cass. com., 18 oct. 1994 : *BJS* 1994, p. 1305, note J.-F. Barbièri ; *LPA* 21 juin 1995, p. 31, note F. Pasqualini et V. Pasqualini-Salerno.

Art. L. 823-10 ***(Ord. n° 2005-1126, 8 sept. 2005 ; mod., Ord. n° 2017-1180, 19 juill. 2017).*** **– Les commissaires aux comptes ont pour mission permanente, à l'exclusion de toute immixtion dans la gestion, de vérifier les valeurs et les documents comptables de la personne ou de l'entité dont ils sont chargés de certifier les comptes et de contrôler la conformité de sa comptabilité aux règles en vigueur.**

Ils vérifient également la sincérité et la concordance avec les comptes annuels des informations données dans le rapport de gestion du conseil d'administration, du directoire ou de tout organe de direction, et dans les

documents adressés aux actionnaires ou associés sur la situation financière et les comptes annuels. Ils attestent spécialement l'exactitude et la sincérité des informations relatives aux rémunérations et aux avantages de toute nature versés à chaque mandataire social.

Ils vérifient, le cas échéant, la sincérité et la concordance avec les comptes consolidés des informations données dans le rapport sur la gestion du groupe.

Lorsque la personne ou l'entité est soumise aux dispositions de l'article L. 225-102-1, les commissaires aux comptes attestent que les déclarations prévues par cet article figurent, selon le cas, dans le rapport de gestion ou dans le rapport sur la gestion du groupe. Les informations contenues dans ces déclarations ne font pas l'objet des vérifications prévues aux deux alinéas précédents.

NB : Conformément à l'article 15 de l'ordonnance n° 2017-1180 du 19 juillet 2017, ces dispositions sont applicables aux rapports afférents aux exercices ouverts à compter du 1er août 2017.

Art. L. 823-10-1 *(Créé à compter du 17 juin 2016, Ord. n° 2016-315, 17 mars 2016).* – Sans préjudice des obligations d'information résultant du rapport mentionné au dernier alinéa de l'article L. 823-9 et, le cas échéant, du rapport complémentaire prévu au III de l'article L. 823-16, ainsi que des dispositions des articles L. 234-1 à L. 234-4 du présent code et des articles L. 212-14, L. 214-14, L. 621-23 et L. 612-44 du Code monétaire et financier, la mission de certification des comptes du commissaire aux comptes ne consiste pas à garantir la viabilité ou la qualité de la gestion de la personne ou entité contrôlée.

Art. L. 823-11 *(Ord. n° 2005-1126, 8 sept. 2005).* – Les commissaires aux comptes s'assurent que l'égalité a été respectée entre les actionnaires, associés ou membres de l'organe compétent.

Art. L. 823-12 *(Ord. n° 2005-1126, 8 sept. 2005 ; mod., Ord. n° 2009-104, 30 janv. 2009).* – Les commissaires aux comptes signalent à la plus prochaine assemblée générale ou réunion de l'organe compétent les irrégularités et inexactitudes relevées par eux au cours de l'accomplissement de leur mission *(Mots aj. à compter du 17 juin 2016, Ord. n° 2016-315, 17 mars 2016)* « , et, lorsqu'ils interviennent auprès d'une entité d'intérêt public, l'invitent à enquêter conformément aux dispositions de l'article 7 du règlement (UE) n° 537/2014 du Parlement européen et du Conseil [du 16 avril 2014] ».

Ils révèlent au procureur de la République les faits délictueux dont ils ont eu connaissance, sans que leur responsabilité puisse être engagée par cette révélation.

Sans préjudice de l'obligation de révélation des faits délictueux mentionnée à l'alinéa précédent, ils mettent en œuvre les obligations relatives à la lutte contre le blanchiment des capitaux et le financement du terrorisme définies au chapitre Ier du titre VI du livre V du Code monétaire et financier.

Partie réglementaire

Section II. – De la mission du commissaire aux comptes

Art. R. 823-7 *(Mod., D. n° 2016-1026, 26 juill. 2016).* – Dans leur rapport à l'assemblée générale ordinaire, les commissaires aux comptes précisent, outre les mentions prévues à l'article R. 822-56 :

1° L'identité de la personne ou de l'entité dont ils certifient les comptes en précisant l'organe à qui le rapport est destiné ;

2° Les comptes annuels ou consolidés qui font l'objet du rapport et l'exercice auquel ils se rapportent ;

3° Les règles et méthodes comptables appliquées pour établir les comptes ;

4° L'étendue de leur mission, ainsi que les normes d'exercice professionnel conformément auxquelles elle a été accomplie ;

5° Le cas échéant, les incertitudes significatives liées à des événements ou à des circonstances susceptibles de mettre en cause la continuité de l'exploitation.

Ils formulent s'il y a lieu toute observation utile.

Les commissaires aux comptes déclarent :

1° Soit certifier que les comptes annuels ou consolidés sur lesquels porte le rapport sont réguliers et sincères et qu'ils donnent une image fidèle du résultat des opérations de l'exercice écoulé ainsi que de la situation financière et du patrimoine de la personne ou de l'entité ou de l'ensemble des personnes et entités comprises dans la consolidation à la fin de l'exercice ;

2° Soit assortir la certification de réserves ;
3° Soit refuser la certification des comptes ;
4° Soit être dans l'impossibilité de certifier les comptes.

Ils justifient de leurs appréciations et précisent les motifs de leurs réserves, de leur refus ou de leur impossibilité de certifier.

Lorsque la mission de certification porte sur les comptes d'une entité d'intérêt public, la justification des appréciations consiste en une description des risques d'anomalies significatives les plus importants, y compris lorsque ceux-ci sont dus à une fraude, et indique les réponses apportées pour faire face à ces risques.

Les commissaires aux comptes font état de leurs observations sur la sincérité et la concordance avec les comptes annuels des informations données dans le rapport de gestion de l'exercice et dans les documents adressés aux actionnaires sur la situation financière de la société et de l'ensemble des entreprises comprises dans la consolidation ainsi que sur les comptes annuels et les comptes consolidés.

Ils attestent spécialement l'exactitude et la sincérité des informations mentionnées aux trois premiers alinéas de l'article L. 225-102-1.

Ils respectent, lorsque la certification concerne les comptes d'une entité d'intérêt public, les exigences prévues à l'article 10 du règlement (UE) n° 537/2014 du Parlement européen et du Conseil du 16 avril 2014.

Le rapport est signé par le commissaire aux comptes, personne physique, ou, lorsque le mandat est confié à une société de commissaires aux comptes, par la personne mentionnée au premier alinéa de l'article L. 822-9.

NB : Conformément à l'article 94 II du décret n° 2016-1026 du 26 juillet 2016, les dispositions de l'article R. 823-7 dans sa rédaction issue du présent décret sont applicables au rapport du commissaire aux comptes portant sur la certification des comptes des exercices ouverts postérieurement à l'entrée en vigueur du présent décret.

Art. D. 823-7-1 *(D. n° 2008-1492, 30 déc. 2008 ; mod., D. n° 2015-1553, 27 nov. 2015).* – Pour l'application du deuxième alinéa de l'article L. 441-6-1, les commissaires aux comptes attestent, dans le rapport mentionné à l'article R. 823-7, de la sincérité des informations mentionnées à l'article D. 441-4 et de leur concordance avec les comptes annuels et présentent leurs observations, le cas échéant.

....

Partie législative

Section III. – Des modalités d'exercice de la mission

Art. L. 823-12-1 *(Rempl. à compter du 1er septembre 2019, L. n° 2019-486, 22 mai 2019)*. – Lorsque la durée de son mandat est limitée à trois exercices, outre le rapport mentionné à l'article L. 823-9, le commissaire aux comptes établit, à destination des dirigeants, un rapport identifiant les risques financiers, comptables et de gestion auxquels est exposée la société. Lorsque le commissaire aux comptes est nommé en application du premier alinéa de l'article L. 823-2-2, le rapport identifiant les risques financiers, comptables et de gestion porte sur l'ensemble que la société mentionnée au même premier alinéa forme avec les sociétés qu'elle contrôle.

Le commissaire aux comptes est dispensé de la réalisation des diligences et rapports mentionnés aux articles L. 223-19, L. 223-27, L. 223-34, L. 223-42, L. 225-40, L. 225-42, L. 225-88, L. 225-90, L. 225-103, L. 225-115, L. 225-135, L. 225-235, L. 225-244, L. 226-10-1, L. 227-10, L. 232-3, L. 232-4, L. 233-6, L. 233-13, L. 237-6 et L. 239-2.

Voir : C. com., art. R. 823-7, p. 955.
Sanctions pénales, C. com., art. L. 820-7, p. 900.

Art. L. 823-12-2 *(Créé, L. n° 2019-486, 22 mai 2019).* – Des normes d'exercice professionnel homologuées par arrêté du ministre de la justice déterminent les diligences à accomplir par le commissaire aux comptes et le formalisme qui s'attache à la réalisation de sa mission, lorsque celui-ci exécute sa mission en application du premier alinéa de l'article L. 823-2-2, vis-à-vis notamment des sociétés contrôlées qui n'ont pas désigné un commissaire aux comptes, ainsi qu'en application des deuxième et dernier alinéas de l'article L. 823-3-2.

Art. L. 823-13 *(Ord. n° 2005-1126, 8 sept. 2005).* – À toute époque de l'année, les commissaires aux comptes, ensemble ou séparément, opèrent toutes vérifications et tous contrôles qu'ils jugent opportuns et

peuvent se faire communiquer sur place toutes les pièces qu'ils estiment utiles à l'exercice de leur mission et notamment tous contrats, livres, documents comptables et registres des procès-verbaux.

Pour l'accomplissement de leurs contrôles, les commissaires aux comptes peuvent, sous leur responsabilité, se faire assister ou représenter par tels experts ou collaborateurs de leur choix, qu'ils font connaître nommément à la personne ou à l'entité dont ils sont chargés de certifier les comptes. Ces experts ou collaborateurs ont les mêmes droits d'investigation que les commissaires aux comptes.

Voir : C. com., art. R. 225-161, p. 666, R. 823-4, p. 952, R. 823-8, p. 961.

Sanctions pénales pour les dirigeants sociaux ayant fait obstacle au contrôle des commissaires aux comptes, C. com., art. L. 820-4, 2°, p. 898.

Bibliographie : J.-F. Barbièri, *Les missions du commissaire aux comptes en cas de cessation de ses fonctions en cours d'exercice social liée à un événement juridique survenant dans la société : BJS* 1997, p. 753.

1) Droit de communication.

a) Le droit de communication du commissaire s'exerce sur **tout document** existant au jour de l'intervention, le document serait-il postérieur à la clôture des comptes soumis à sa certification : Rép. min. : *JOAN* Q, 21 janv. 1980, p. 209. – Les relevés bancaires privés des dirigeants ne pouvant pas être considérés comme liés à l'exploitation sociale, leur communication ne paraît pas pouvoir être exigée par le commissaire : Rép. min. : *JOAN* Q, 10 mars 1979, p. 1479.

b) Par tiers ayant **« accompli des opérations pour le compte de la société »**, il faut entendre les auxiliaires ou les mandataires de la société, ce qui exclut les fournisseurs : Rép. min. : *JO* Sénat Q, 14 oct. 1975, p. 2904.

2) Opposabilité du secret professionnel. Les agents de l'administration fiscale et les auxiliaires de justice peuvent opposer le secret professionnel au commissaire aux comptes : agents du fisc : Rép. min. : *JOAN* Q, 7 oct. 1971, p. 4355. – Auxiliaires de justice en général : Rép. min. : *JOAN* Q, 25 nov. 1969, p. 4356. – Avocats : Rép. min. : *JO* Sénat Q, 8 janv. 1981, p. 36. – En revanche, il « ne semble pas » qu'un notaire puisse opposer le secret professionnel au commissaire aux comptes d'une société dont il a enregistré l'augmentation de capital et reçu les fonds en dépôt : Rép. min. : *JOAN* Q, 25 nov. 1969, p. 4356.

Art. L. 823-14 *(Ord. n° 2005-1126, 8 sept. 2005).* **– Les investigations prévues à l'article L. 823-13 peuvent être faites tant auprès de la personne ou de l'entité dont les commissaires aux comptes sont chargés de certifier les comptes que des personnes ou entités qui la contrôlent ou qui sont contrôlées par elle** *(Mots rempl. à compter du 17 juin 2016, Ord. n° 2016-315, 17 mars 2016)* **« au sens des I et II et de l'article L. 233-3 ». Elles peuvent également être faites, pour l'application du deuxième alinéa de l'article L. 823-9, auprès de l'ensemble des personnes ou entités comprises dans la consolidation.**

Les commissaires aux comptes peuvent également recueillir toutes informations utiles à l'exercice de leur mission auprès des tiers qui ont accompli des opérations pour le compte de la personne ou de l'entité. Toutefois, ce droit d'information ne peut s'étendre à la communication des pièces, contrats et documents quelconques détenus par des tiers, à moins qu'ils n'y soient autorisés par une décision de justice.

Le secret professionnel ne peut être opposé aux commissaires aux comptes dans le cadre de leur mission, sauf par les auxiliaires de justice.

Art. L. 823-15 *(Ord. n° 2005-1126, 8 sept. 2005 ; mod., L. n° 2016-1691, 9 déc. 2016).* **– Lorsque la personne ou l'entité est astreinte à désigner deux commissaires aux comptes, ceux-ci se livrent ensemble à un examen contradictoire des conditions et des modalités d'établissement des comptes, selon les prescriptions énoncées par une norme d'exercice professionnel établie conformément au 2° du I de l'article L. 821-1. Une norme d'exercice professionnel détermine les principes de répartition des diligences à mettre en œuvre par chacun des commissaires aux comptes pour l'accomplissement de leur mission.**

Art. L. 823-16 *(Ord. n° 2005-1126, 8 sept. 2005 ; mod., Ord. n° 2008-1278, 8 déc. 2008 ; mod. à compter du 17 juin 2016, Ord. n° 2016-315, 17 mars 2016 ; mod., L. n° 2016-1691, 9 déc. 2016).* **– I. – Les commissaires aux comptes portent à la connaissance, selon le cas, de l'organe collégial chargé de l'administration ou de l'organe chargé de la direction et de l'organe de surveillance, ainsi que, le cas échéant, du comité spécialisé mentionné à l'article L. 823-19 agissant sous la responsabilité de ces organes :**

1° Leur programme général de travail mis en œuvre ainsi que les différents sondages auxquels ils ont procédé ;

2° Les modifications qui leur paraissent devoir être apportées aux comptes devant être arrêtés ou aux autres documents comptables, en faisant toutes observations utiles sur les méthodes d'évaluation utilisées pour leur établissement ;

3° Les irrégularités et les inexactitudes qu'ils auraient découvertes ;

4° Les conclusions auxquelles conduisent les observations et rectifications ci-dessus sur les résultats de la période comparés à ceux de la période précédente.

II. – Lorsqu'ils interviennent auprès de personnes ou d'entités soumises aux dispositions de l'article L. 823-19 ou qui se sont volontairement dotées d'un comité spécialisé au sens dudit article, ils examinent en outre avec le comité spécialisé mentionné à cet article les risques pesant sur leur indépendance et les mesures de sauvegarde prises pour atténuer ces risques. Ils portent à la connaissance de ce comité les faiblesses significatives du contrôle interne, pour ce qui concerne les procédures relatives à l'élaboration et au traitement de l'information comptable et financière, et lui communiquent chaque année :

1° Une déclaration d'indépendance ;

2° Une actualisation des informations mentionnées à l'article L. 820-3 détaillant les prestations fournies par les membres du réseau auquel les commissaires aux comptes sont affiliés ainsi que les services autres que la certification des comptes qu'ils ont eux-mêmes fournis.

III. – Lorsqu'ils interviennent auprès de personnes ou d'entités soumises aux dispositions de l'article L. 823-19, les commissaires aux comptes remettent au comité spécialisé au sens dudit article un rapport complémentaire conforme aux dispositions de l'article 11 du règlement (UE) n° 537/2014 du 16 avril 2014. Ce rapport est remis à l'organe chargé de l'administration ou à l'organe de surveillance lorsque celui-ci remplit les fonctions du comité spécialisé. (1)

Art. L. 823-16-1 *(L. n° 2011-900, 29 juill. 2011)*. – Les commissaires aux comptes sont déliés du secret professionnel à l'égard du comptable public d'un organisme public lorsqu'ils sont chargés de la certification des comptes dudit organisme.

Les commissaires aux comptes adressent copie de leurs rapports de certification des comptes des organismes publics dotés d'un comptable public à ce dernier.

Art. L. 823-17 *(Ord. n° 2005-1126, 8 sept. 2005)*. – Les commissaires aux comptes sont convoqués à toutes les réunions du conseil d'administration ou du directoire et du conseil de surveillance, ou de l'organe collégial d'administration ou de direction et de l'organe de surveillance qui examinent ou arrêtent des comptes annuels ou intermédiaires, ainsi qu'à toutes les assemblées d'actionnaires ou d'associés ou à toutes les réunions de l'organe compétent mentionné à l'article L. 823-1.

Voir : C. com., art. R. 823-9, p. 961.

Sanctions pénales, C. com., art. L. 820-4, 1°, p. 898.

1) **Le défaut de convocation** du commissaire aux comptes à la réunion du conseil d'administration appelée à arrêter les comptes de l'exercice engage la responsabilité civile des dirigeants de la société contrôlée : Rép. min. : *JO* Sénat Q, 12 mai 1976, p. 989.

2) Mais le commissaire n'a **aucune obligation** d'assister aux assemblées générales de la société qu'il contrôle dès lors qu'il a bien accompli les missions légalement dévolues et qu'il a établi les rapports prévus ; aussi une société ne peut invoquer une telle absence pour justifier son refus de paiement des honoraires facturés par le professionnel : ▪ CA Rennes, 5 avr. 2000 : *JurisData* n° 2000-129153 ; *JCP* E 2001, p. 613, obs. F. Pasqualini et V. Pasqualini-Salerno.

Art. L. 823-18 *(Ord. n° 2005-1126, 8 sept. 2005 ; rempl. à compter du 17 juin 2016, Ord. n° 2016-315, 17 mars 2016)*. – I. - Les honoraires du commissaire aux comptes sont supportés par la personne ou l'entité dont il est chargé de certifier les comptes.

Ces honoraires sont fixés selon des modalités déterminées par décret en Conseil d'État.

II. - Lorsque le commissaire aux comptes fournit à une entité d'intérêt public dont il est chargé de certifier les comptes, ou à la personne qui la contrôle ou qui est contrôlée par elle au sens des I et II de l'article L. 233-3, des

(1) NOTA : Conformément à l'article 53 5° de l'ordonnance n° 2016-315 du 17 mars 2016, les dispositions du III de l'article L. 823-16 du Code de commerce dans sa rédaction issue de la présente ordonnance entrent en vigueur à compter du premier exercice ouvert postérieurement au 16 juin 2016.

services autres que la certification des comptes, le total des honoraires facturés pour ces autres services se limite à 70 % de la moyenne des honoraires facturés au cours des trois derniers exercices pour le contrôle légal des comptes et des états financiers consolidés de l'entité d'intérêt public et, le cas échéant, de la personne qui la contrôle ou qui est contrôlée par elle.

Les services autres que la certification des comptes qui sont requis par la législation de l'Union ou par une disposition législative ou règlementaire sont exclus de ce calcul.

Le commissaire aux comptes respecte en outre les dispositions du paragraphe 3 de l'article 4 du règlement (UE) n° 537/2014 du 16 avril 2014.

III. - Le Haut conseil peut, à la demande du commissaire aux comptes, autoriser ce dernier, à titre exceptionnel, à dépasser le plafond prévu au II pendant une période n'excédant pas deux exercices.

Voir : C. com., art. R. 823-11 et s., p. 962.

Bibliographie : AMF, communiqué 3 juill. 2007 : *Honoraires versés aux commissaires aux comptes et à leur réseau par les groupes français du CAC 40 : JCP* E 2007, act., p. 352. • J.-F. Barbièri, *Contentieux de la rémunération des commissaires aux comptes : problèmes de procédure : BJS* 1998, p. 293. • A. Robert, *Les honoraires du commissaire aux comptes : fixation et recouvrement : JCP* E 2011, 1781. • S. Trassoudaine, *La rémunération des commissaires aux comptes : Rev. sociétés* 1981, p. 273.

1) Compétence. Le président du tribunal de grande instance n'est pas compétent pour apprécier le montant d'honoraires réclamés par un commissaire aux comptes : ▪ CA Paris, 15 mars 1989 : *JCP* E 1989, I, 18403. ▪ CA Versailles, 19 oct. 1995 : *BJS* 1996, p. 57, note J.-F. Barbièri ; *LPA* 17 avr. 1996, p. 20, note F. Pasqualini et V. Pasqualini-Salerno. – La chambre régionale de discipline, seule compétente, est soumise à des règles de procédure contradictoire analogues à celles qui régissent le fonctionnement des juridictions de droit commun ; il s'ensuit que la chambre régionale constitue une juridiction : ▪ CA Paris, 4 déc. 1996 : *Dr. sociétés* 1997, n° 31, obs. D. Vidal ; *BJS* 1997, p. 229, note J.-F. Barbièri. – Les recours contre la chambre nationale de discipline pour les litiges relatifs à la détermination des honoraires relèvent de la compétence de la juridiction judiciaire : ▪ T. confl., 18 mai 1994 : *BRDA* 15/1994, p. 4. – *Contra*, ▪ CA Versailles, 19 oct. 1995, préc. – La juridiction de droit commun est compétente pour statuer sur la demande en recouvrement des honoraires formée par un commissaire aux comptes à l'encontre de la personne ou de l'entité contrôlée mais doit, en cas de contestation portant sur le montant de ces honoraires, surseoir à statuer dans l'attente de la décision de la chambre régionale des commissaires aux comptes : ▪ Cass. com., 9 mars 2010, n° 09-12.247 : *JurisData* n° 2010-001481 : *BJS* 2010, p. 556, note J.-F. Barbièri ; *Rev. sociétés* 2010, p. 521, note Th. Granier.

2) Recevabilité. Doit être approuvée la décision du Haut conseil du Commissariat aux comptes d'avoir **déclarée irrecevable la demande d'une société en contestation des honoraires** payés au commissaire aux comptes, dans la mesure où, cette demande ayant été formée devant le président de la compagnie régionale des commissaires aux comptes **le jour même de la tentative de conciliation** et **sans avoir été communiquée préalablement à la partie adverse,** elle n'avait pas fait l'objet d'une tentative de conciliation préalable (▪ Cass. com., 15 déc. 2009, n° 09-13.145 : *JurisData* n° 2009-050878 ; *Dr. sociétés* 2010 comm. 94 obs. M. Roussille ; *Rev. sociétés* 2010, p. 238, note Th. Granier ; *D.* 2010, 149, obs. A. Lienhard).

3) Rémunération des heures consacrées à la recherche de faits délictueux. Voir sous C. com., art. L. 820-7, annot. n° 7, p. 901.

4) Exception d'inexécution. Compte tenu de la nature institutionnelle des fonctions du commissaire aux comptes et de leur indépendance, une société ne peut refuser de verser ses honoraires à un commissaire aux comptes en arguant des manquements retenus contre lui en première instance, seule une action en responsabilité civile pouvant être envisagée : ▪ CA Paris, 10 mars 2006, n° 04-13651 : *BJS* 2006, p. 1001, note J.-F. Barbièri.

Art. L. 823-18-1 ***(Créé à compter du 17 juin 2016, Ord. n° 2016-315, 17 mars 2016).*** **– Les litiges relatifs à la rémunération des commissaires aux comptes sont portés devant** ***(Mots suppr., L. n° 2019-486, 22 mai 2019)*** **« ... » le Haut conseil du commissariat aux comptes, sans préjudice de l'application des dispositions du cinquième alinéa du 2° du II de l'article L. 824-1.**

Section IV. – Du comité spécialisé

Art. L. 823-19 ***(Ord. n° 2008-1278, 8 déc. 2008 ; mod., L. n° 2010-1249, 22 oct. 2010 ; Ord. n° 2013-544, 27 juin 2013 ; Ord. n° 2016-315, 17 mars 2016).*** **– I. – Au sein des entités d'intérêt public**

au sens de l'article L. 820-1 et des sociétés de financement au sens du II de l'article L. 511-1 du Code monétaire et financier, un comité spécialisé agissant sous la responsabilité, selon le cas, de l'organe chargé de l'administration ou de l'organe de surveillance, assure le suivi des questions relatives à l'élaboration et au contrôle des informations comptables et financières.

II. – La composition de ce comité est fixée, selon le cas, par l'organe chargé de l'administration ou de la surveillance. Elle ne peut comprendre que des membres de l'organe chargé de l'administration ou de la surveillance en fonction dans la société, à l'exclusion de ceux exerçant des fonctions de direction. Un membre au moins du comité doit présenter des compétences particulières en matière financière, comptable ou de contrôle légal des comptes et être indépendant au regard de critères précisés et rendus publics par l'organe chargé de l'administration ou de la surveillance.

Sans préjudice des compétences des organes chargés de l'administration, de la direction et de la surveillance, ce comité est notamment chargé des missions suivantes :

1° Il suit le processus d'élaboration de l'information financière et, le cas échéant, formule des recommandations pour en garantir l'intégrité ;

2° Il suit l'efficacité des systèmes de contrôle interne et de gestion des risques, ainsi que le cas échéant de l'audit interne, en ce qui concerne les procédures relatives à l'élaboration et au traitement de l'information comptable et financière, sans qu'il soit porté atteinte à son indépendance ;

3° Il émet une recommandation sur les commissaires aux comptes proposés à la désignation par l'assemblée générale ou l'organe exerçant une fonction analogue. Cette recommandation adressée à l'organe chargé de l'administration ou l'organe de surveillance est élaborée conformément aux dispositions de l'article 16 du règlement (UE) n° 537/2014 précité ; il émet également une recommandation à cet organe lorsque le renouvellement du mandat du ou des commissaires est envisagé dans les conditions définies à l'article L. 823-3-1 ;

4° Il suit la réalisation par le commissaire aux comptes de sa mission ; en ce qui concerne les entités d'intérêt public, il tient compte des constatations et conclusions du Haut conseil du commissariat aux comptes consécutives aux contrôles réalisés en application des articles L. 821-9 et suivants ;

5° Il s'assure du respect par le commissaire aux comptes des conditions d'indépendance définies à la section 2 du chapitre II du présent titre ; en ce qui concerne les entités d'intérêt public, le cas échéant, il prend les mesures nécessaires à l'application du paragraphe 3 de l'article 4 du règlement (UE) n° 537/2014 précité et s'assure du respect des conditions mentionnées à l'article 6 du même règlement ;

6° Il approuve, pour les entités d'intérêt public, la fourniture des services mentionnés à l'article L. 822-11-2 ;

7° Il rend compte régulièrement à l'organe collégial chargé de l'administration ou à l'organe de surveillance de l'exercice de ses missions. Il rend également compte des résultats de la mission de certification des comptes, de la manière dont cette mission a contribué à l'intégrité de l'information financière et du rôle qu'il a joué dans ce processus. Il l'informe sans délai de toute difficulté rencontrée.

Bibliographie : J.-F. Barbièri, *Les comités spécialisés : quelques interrogations pratiques* : *BJS* 2009, p. 116. • P. Le Cannu et B. Dondero, *La consécration des comités d'audit par l'ordonnance du 8 décembre 2008* : *RTDF* mai 2009, 187. • B. Lecourt, *Adaptation des règles du commissariat aux comptes au droit communautaire, in Chronique de droit européen des sociétés* : *Rev. sociétés* 2009, 191. • D. Mangenet, J.-Y. Martin et D. Robine, *Comités d'audit : une consécration entourée d'incertitudes* : *RD. bancaire et fin.* nov. 2009, étude 33. • Ph. Merle, *Les nouvelles responsabilités des comités d'audit* : *BJS* févr. 2009, p. 216.

Art. L. 823-20 *(Ord. n° 2016-315, 17 mars 2016)*. **– Ne sont pas tenus de se doter du comité spécialisé mentionné à l'article L. 823-19 :**

1° Les établissements de crédit et les sociétés de financement dont les titres ne sont pas admis à la négociation sur un marché réglementé et qui n'ont émis, de manière continue ou répétée, que des titres obligataires, à condition que le montant total nominal de ces titres reste inférieur à 100 millions d'euros et qu'ils n'aient pas publié de prospectus ;

2° Les organismes de titrisation, s'ils expliquent publiquement les raisons pour lesquelles ils ne jugent pas opportun de disposer d'un comité spécialisé ou de confier les missions du comité spécialisé à un organe d'administration ou de surveillance ;

3° Les organismes de placements collectifs mentionnés au chapitre IV du titre Ier du livre II du Code monétaire et financier, à l'exception des organismes mentionnés au 2° ;

4° Les personnes et entités disposant d'un autre organe exerçant les missions de ce comité spécialisé, sous réserve d'identifier cet organe, qui peut être l'organe chargé de l'administration ou l'organe de surveillance, et de rendre publique sa composition ;

5° *(5° mod., L. n° 2016-1691, 9 déc. 2016)* Les personnes et entités contrôlées par une autre personne ou entité au sens des I et II de l'article L. 233-3, lorsque cette dernière est elle-même soumise aux dispositions de l'article L. 823-19 et comporte un organe exerçant les missions de ce comité spécialisé. Les personnes et entités qui décident de se doter d'un comité spécialisé peuvent demander à l'organe chargé de l'administration ou à l'organe de surveillance de la personne ou entité qui la contrôle, au sens des I et II du même article L. 233-3, que la mission mentionnée au 6° du II de l'article L. 823-19 soit exercée par l'organe exerçant en son sein les missions de ce comité spécialisé. Dans ce cas, ce dernier organe rend compte régulièrement des décisions ainsi adoptées à l'organe chargé de l'administration ou à l'organe de surveillance de la société contrôlée.

Dans les entités d'intérêt public autres que celles mentionnées au 4° et au 5° *(Mots aj., L. n° 2019-486, 22 mai 2019)* « et les sociétés de financement, » qui ne sont pas tenues de désigner un comité spécialisé en application du présent article, les missions de ce comité sont exercées, le cas échéant, par l'organe d'administration ou de surveillance ou par l'organe remplissant des fonctions équivalentes.

Lorsque les missions confiées au comité spécialisé sont exercées par l'organe chargé de l'administration ou par l'organe remplissant des fonctions équivalentes, il ne peut, pour l'exercice de ces missions, être présidé par le président de cet organe si ce dernier exerce les fonctions de direction générale.

Art. L. 823-21 *(Ord. n° 2016-315, 17 mars 2016)*. – Le comité spécialisé ou l'organe qui en exerce les fonctions est tenu à une obligation de confidentialité à l'égard des informations relatives :

1° Aux services fournis par les membres du réseau auquel appartient le commissaire aux comptes, mentionnées au I de l'article L. 820-3 ;

2° Aux constatations et conclusions du Haut conseil mentionnées au 4° du II de l'article L. 823-19.

Partie réglementaire

Section 3. – Des modalités d'exercice de la mission

Art. R. 823-8. – Si plusieurs commissaires aux comptes sont en fonction, ils peuvent procéder séparément à leurs investigations, vérifications et contrôles, mais ils établissent un rapport commun.

En cas de désaccord entre les commissaires, le rapport indique les différentes opinions exprimées.

Art. R. 823-9. – Les commissaires aux comptes sont convoqués à toute assemblée d'actionnaires ou d'associés ou à toutes réunions de l'organe compétent au plus tard lors de la convocation des actionnaires, associés ou membres de cet organe.

Ils sont convoqués, s'il y a lieu, aux réunions des organes collégiaux d'administration ou de direction et de l'organe de surveillance, selon le cas, en même temps que ces organes.

La convocation des commissaires aux comptes est faite par lettre recommandée avec demande d'avis de réception.

Art. R. 823-10 *(Mod., D. n° 2016-1026, 26 juill. 2016)*. – I. – Le commissaire aux comptes tient à jour la liste des personnes et des entités auprès desquelles il exerce ses fonctions. Les sociétés de commissaires aux comptes tiennent cette liste par commissaire aux comptes exerçant le commissariat aux comptes en leur nom.

II. – Le commissaire aux comptes constitue pour chaque personne ou entité contrôlée un dossier contenant :

1° Le nom, l'adresse, le siège social de la personne ou de l'entité concernée ;

2° Le cas échéant, les noms des commissaires aux comptes personnes physiques associés, actionnaires ou dirigeants de la société de commissaires aux comptes qui signent le rapport mentionné à l'article R. 823-7 ;

3° Pour chaque exercice, le montant des honoraires facturés au titre de la mission de certification des comptes ainsi que ceux facturés au titre d'autres services.

III. – Le commissaire aux comptes constitue pour chaque mission de certification des comptes un dossier de travail qui comprend :

1° Les éléments consignés en application du II de l'article L. 820-3 du Code de commerce ;

2° L'ensemble des documents reçus de la personne ou l'entité contrôlée, ainsi que ceux qui sont établis par lui et notamment le plan de mission, le programme de travail, la date, la durée, le lieu, l'objet de son intervention, ainsi que toutes autres indications permettant d'étayer les rapports prévus aux articles R. 823-7 et R. 823-21-1.

Ce dossier est clôturé au plus tard 60 jours après la signature du rapport prévu à l'article R. 823-7.

IV. – Le commissaire aux comptes établit une comptabilité spéciale de l'ensemble des rémunérations. Cette comptabilité fait ressortir pour chaque personne ou entité contrôlée le montant des sommes facturées en distinguant les honoraires, le remboursement des frais de déplacement et de séjour et la rémunération pour les activités professionnelles à l'étranger.

Elle fait ressortir, pour les entités d'intérêt public dont les comptes sont certifiés, le montant total des sommes facturées en distinguant :

1° Les honoraires facturés au titre de la mission de certification des comptes ;

2° Les honoraires facturés au titre de services autres que la certification dont la réalisation est confiée au commissaire aux comptes par une disposition législative ou réglementaire ;

3° Les honoraires facturés au titre de services autres que la certification fournis à la demande de l'entité d'intérêt public ;

4° Le remboursement des frais de déplacement et de séjour et la rémunération pour les activités professionnelles à l'étranger.

L'information donnée en application des 2° et 3° distingue les honoraires facturés à l'entité d'intérêt public dont le commissaire aux comptes certifie les comptes, et ceux facturés à l'entité qui la contrôle et à celles qu'elle contrôle au sens des I et II de l'article L. 233-3, ainsi que le pays tiers ou l'État membre d'origine des honoraires.

V. – Le commissaire aux comptes établit chaque année une déclaration d'activité comportant les informations mentionnées aux alinéas 2 à 6 du IV et les informations suivantes :

1° Les personnes et entités dont il est commissaire aux comptes ;

2° Le total du bilan, des produits d'exploitation et des produits financiers de ces personnes et entités, ainsi que le nombre d'heures de travail correspondant ;

3° La liste de ses salariés, leurs mandats, les missions auxquelles ils participent, ainsi que le nombre d'heures qu'ils ont effectuées et, s'agissant des personnes morales, la liste de leurs associés.

Il adresse la déclaration d'activité, le cas échéant par voie électronique, à la compagnie régionale, laquelle transmet un exemplaire à la Compagnie nationale.

Art. R. 823-11 *(Mod., D. n° 2016-1026, 26 juill. 2016)*. – Les travaux du ou des commissaires aux comptes font l'objet d'un plan de mission et d'un programme de travail annuels, établis par écrit, qui tiennent compte de la forme juridique de la personne ou de l'entité contrôlée, de sa taille, de la nature de ses activités, du contrôle éventuellement exercé par l'autorité publique, de la complexité de la mission, de la méthodologie et des technologies spécifiques utilisées par le ou les commissaires aux comptes.

Le plan de mission décrit l'approche générale des travaux.

Le programme de travail définit la nature et l'étendue des diligences estimées nécessaires, au cours de l'exercice, à la mise en œuvre du plan, compte tenu des prescriptions légales et des normes d'exercice professionnel ; il indique le nombre d'heures de travail affectées à l'accomplissement de ces diligences.

Le plan de mission et le programme de travail sont versés au dossier prévu au II de l'article R. 823-10.

Art. R. 823-12. – Les diligences estimées nécessaires à l'exécution du programme de travail doivent comporter pour un exercice, en fonction du montant du bilan de la personne ou de l'entité, augmenté du montant des produits d'exploitation et des produits financiers, hors TVA, un nombre d'heures de travail normalement compris entre les chiffres suivants :

Montant total du bilan et des produits d'exploitation et des produits financiers, hors taxes, et nombre normal d'heures de travail :

- jusqu'à 305000 : 20 à35 heures ;
- de 305000 à 760000 : 30 à 50 heures ;
- de 760000 à 1525000 : de 40 à 60 heures ;
- de 1525000 à 3050000 : 50 à 80 heures ;
- de 3050000 à 7622000 : 70 à 120 heures ;
- de 7622000 à 15245000 : 100 à 200 heures ;
- de 15245000 à 45735000 : 180 à 360 heures ;
- de 45735000 à 122000000 : 300 à 700 heures.

Art. R. 823-13. – Lorsqu'au cours de la procédure d'alerte l'appréciation par le commissaire aux comptes du caractère satisfaisant de la réponse des dirigeants ou des décisions prises par eux rend nécessaires des diligences particulières, le nombre d'heures prévu par le programme de travail peut être augmenté au plus d'un tiers.

Art. R. 823-14 *(Mod., D. n° 2016-1026, 26 juill. 2016)*. – Si le nombre d'heures de travail normalement nécessaires à la réalisation du programme de travail du ou des commissaires aux comptes apparaît excessif ou insuffisant, le président de la compagnie régionale est saisi par la partie la plus diligente d'une demande de dérogation aux nombres indiqués à l'article R. 823-12. Cette demande indique le nombre d'heures estimées nécessaires et les motifs de la dérogation demandée. Elle est présentée préalablement à la réalisation de la mission. L'autre partie fait connaître son avis.

Le président de la compagnie régionale rend sa décision dans les quinze jours de la demande. Cette décision peut faire l'objet d'un recours devant la commission régionale de discipline qui est saisie et statue dans les conditions prévues à l'article R. 823-18.

Cette procédure ne s'applique pas si le dépassement des limites fixées aux articles R. 823-12 et R. 823-13 recueille l'accord des parties.

Art. R. 823-15. – Le montant de la vacation horaire est fixé d'un commun accord entre le ou les commissaires aux comptes et la personne ou l'entité contrôlée, préalablement à l'exercice de la mission.

Les frais de déplacement et de séjour engagés par les commissaires aux comptes dans l'exercice de leurs fonctions sont remboursés par la personne ou l'entité, sur justification.

Art. R. 823-16. – Les dispositions de l'article R. 823-12 ne s'appliquent pas à la rémunération de chaque activité ou mission prévue au deuxième alinéa de l'article L. 823-9.

Art. R. 823-17 *(Mod., D. n° 2009-1664, 28 déc. 2009 ; D. n° 2014-1315, 3 nov. 2014)*. – Les dispositions des articles R. 823-12 et R. 823-13 ne sont pas applicables aux :

1° Personnes et entités dont le montant du bilan augmenté du montant des produits d'exploitation et des produits financiers, hors taxes, excède 122 000 000 euros ;

2° Personnes et entités qui émettent des valeurs mobilières admises aux négociations sur un marché réglementé ;

3° Entreprises régies par le Code des assurances et le Code de la mutualité ;

4° Établissements de crédit, sociétés de financement, compagnies financières holding et entreprises mères de société de financement régis par le Code monétaire et financier ;

5° Sociétés d'investissement régies par l'ordonnance n° 45-2710 du 2 novembre 1945 relative aux sociétés d'investissement ;

6° Sociétés de développement régional régies par l'article R. 513-2 du Code monétaire et financier ;

7° Associations et fondations lorsqu'elles sont tenues ou lorsqu'elles décident d'avoir un commissaire aux comptes ;

8° Sociétés d'économie mixte de construction régies par l'article L. 321-1 du Code de l'urbanisme ;

9° Organismes d'habitation à loyer modéré soumis aux règles de la comptabilité des entreprises de commerce régis par les articles L. 411-2 et suivants du Code de la construction et de l'habitation ;

10° Organismes mentionnés à l'article L. 114-8 du Code de la sécurité sociale ;

11° Institutions et organismes régis par le livre IX du Code de la sécurité sociale ;

12° Administrateurs et mandataires judiciaires ;

13° Syndicats professionnels de salariés ou d'employeurs et leurs unions, et associations de salariés ou d'employeurs mentionnés à l'article L. 2135-1 du Code du travail.

14° *(14° créé, D. n° 2015-357, 27 mars 2015) Comités d'entreprise et comités centraux d'entreprise régis par le titre II du livre III de la deuxième partie du Code du travail.*

Le montant des honoraires est alors fixé d'un commun accord entre le commissaire aux comptes et la personne ou l'entité, eu égard à l'importance effective du travail nécessaire à l'accomplissement de la mission légale de contrôle.

Art. R. 823-18 *(Mod., D. n° 2012-607, 30 avr. 2012 ; D. n° 2016-1026, 26 juill. 2016)*. – En cas de désaccord entre le ou les commissaires aux comptes et les dirigeants de la personne ou de l'entité contrôlée sur le montant de la rémunération, le président de la compagnie régionale, saisi par écrit par la partie intéressée, s'efforce de concilier les parties.

Lorsque les commissaires aux comptes sont rattachés à des compagnies régionales distinctes, la tentative de conciliation est conduite par le président de la compagnie régionale qui a été saisi le premier.

Le président de la compagnie régionale dispose d'un délai de trois mois pour parvenir à une conciliation. À défaut, il notifie aux parties l'échec de la conciliation par lettre recommandée avec demande d'avis de réception.

La partie la plus diligente dispose d'un délai d'un mois à compter de cette notification pour saisir du litige la commission régionale de discipline par lettre recommandée avec demande d'avis de réception adressée au président de cette commission. Elle peut également saisir la commission régionale de discipline si, à l'expiration du délai de trois mois mentionné à l'alinéa précédent, l'avis d'échec de la conciliation ne lui a pas été notifié.

Le secrétaire de la commission cite les parties à comparaître devant la commission régionale quinze jours au moins avant l'audience par lettre recommandée avec demande d'avis de réception. Il avise, le cas échéant, les avocats des parties de la date d'audience par lettre simple.

Dès réception de la citation à comparaître devant la commission régionale, les parties peuvent prendre connaissance du dossier. Elles peuvent se faire assister ou représenter par un avocat. Les parties et leur avocat peuvent se faire délivrer copie de tout ou partie des pièces du dossier pour l'usage exclusif de la procédure.

Les débats devant la commission sont publics. Toutefois, la commission peut décider que les débats ne seront pas publics si les parties en font expressément la demande ou s'il doit résulter de la publicité une atteinte à l'ordre public, à un secret protégé par la loi ou au secret des affaires.

Le secrétaire notifie la décision aux intéressés par lettre recommandée avec demande d'avis de réception.

Le cas échéant, les avocats des parties reçoivent copie de la décision par lettre simple.

Art. R. 823-19 *(Mod., D. n° 2012-607, 30 avr. 2012 ; D. n° 2016-1026, 26 juill. 2016)*. – La formation restreinte du Haut conseil du commissariat aux comptes statuant sur l'appel des décisions rendues par la commission régionale de discipline en application des articles R. 823-14 et R. 823-18 est saisie dans le délai d'un mois à compter de la notification de la décision attaquée, par lettre recommandée avec demande d'avis de réception adressée au secrétaire du Haut conseil.

Dès réception de l'acte d'appel, le secrétaire du Haut conseil sollicite du secrétaire de la commission régionale de discipline la transmission des pièces de la procédure que celui-ci lui adresse sans délai.

L'appel est suspensif.

Le secrétaire du Haut conseil cite les parties à comparaître devant la formation restreinte quinze jours au moins avant l'audience, par lettre recommandée avec demande d'avis de réception. Le cas échéant, les avocats des parties sont avisés de la date d'audience par le secrétaire du Haut conseil par lettre simple.

Dès réception de la citation à comparaître, les parties peuvent prendre connaissance du dossier. Elles peuvent se faire assister ou représenter par un avocat. Les parties et leur avocat peuvent se faire délivrer copie de tout ou partie des pièces du dossier pour l'usage exclusif de la procédure.

Les débats devant le Haut conseil sont publics. Toutefois, le Haut conseil peut décider que les débats ne seront pas publics si les parties en font expressément la demande ou s'il doit résulter de la publicité une atteinte à l'ordre public, à un secret protégé par la loi ou au secret des affaires.

Le secrétaire notifie la décision aux intéressés par lettre recommandée avec demande d'avis de réception.

Le cas échéant, les avocats des parties reçoivent copie de la décision par lettre simple.

Art. R. 823-20 *(Mod., D. n° 2016-1026, 26 juill. 2016)*. – La décision rendue par la formation restreinte du Haut conseil en matière d'honoraires peut faire l'objet d'un pourvoi devant la Cour de cassation à l'initiative des intéressés, dans les conditions fixées aux articles 612 et suivants du Code de procédure civile.

Art. R. 823-21 *(Mod., D. n° 2009-557, 19 mai 2009 ; D. n° 2014-1315, 3 nov. 2014 ; D. n° 2016-1026, 26 juill. 2016)*. – Le commissaire aux comptes désigné auprès d'une entité d'intérêt public ou d'une société de financement publie sur son site internet un rapport de transparence, relatif notamment à sa propre structure, établi conformément aux dispositions de l'article 13 du règlement (UE) n° 537/2014 du 16 avril 2014, dans les quatre mois suivant la clôture de l'exercice.

Le commissaire aux comptes informe le Haut conseil de cette publication et, le cas échéant, de la mise à jour du rapport.

Il en informe également l'Autorité des marchés financiers ou l'Autorité de contrôle prudentiel et de résolution lorsqu'il est désigné auprès d'une personne ou d'une entité assujettie à leur contrôle.

Le rapport doit pouvoir être consulté sur le site Internet pendant au moins cinq ans à compter du jour de sa publication.

Si le commissaire aux comptes est associé ou salarié d'une société de commissaires aux comptes, l'établissement et la publication du rapport de transparence incombent à celle-ci.

NB : Conformément à l'article 94 III du décret n° 2016-1026 du 26 juillet 2016, les dispositions de l'article R. 823-21 dans sa rédaction issue du présent décret sont applicables aux exercices ouverts postérieurement à l'entrée en vigueur du présent décret.

Art. R. 823-21-1 *(D. n° 2016-1026, 26 juill. 2016).* **– Le rapport complémentaire établi en application du III de l'article L. 823-16 est remis au comité spécialisé mentionné à l'article L. 823-19 ou à l'organe exerçant les fonctions de ce comité, au plus tard à la date de signature du rapport mentionné à l'article R. 823-7.**

À la demande du Haut conseil, le commissaire aux comptes lui communique sans délai ce rapport.

À la demande de l'Autorité des marchés financiers ou de l'Autorité de contrôle prudentiel et de résolution, le commissaire aux comptes leur communique sans délai ce rapport lorsqu'il a trait à la certification des comptes d'une personne ou d'une entité soumise au contrôle d'une de ces autorités.

Art. R. 823-21-2 *(D. n° 2016-1026, 26 juill. 2016).* **– Le commissaire aux comptes qui, en application du III de l'article L. 823-18, demande à être autorisé à dépasser le plafond d'honoraires prévu au II du même article adresse au bureau du Haut conseil une demande comprenant :**

1° Les documents relatifs aux honoraires facturés, au cours des trois derniers exercices, pour sa mission de certification des comptes annuels et consolidés de l'entité d'intérêt public dont il est chargé de certifier les comptes et, le cas échéant, de la personne qui la contrôle et des personnes qui sont contrôlées par elle, au sens des I et II de l'article L. 233-3 ;

2° Les documents relatifs aux honoraires facturés, pour les trois mêmes exercices, au titre de services autres que la certification des comptes à l'entité d'intérêt public dont il est chargé de certifier les comptes et, le cas échéant, à la personne qui la contrôle et aux personnes qui sont contrôlées par elle, au sens des I et II de l'article L. 233-3 ;

3° Un exposé de la nature et du montant des prestations envisagées qui entraîneraient un dépassement du plafond ;

4° Un exposé établi par le comité spécialisé de l'entité d'intérêt public mentionné à l'article L. 823-19 des raisons qui justifient qu'à titre exceptionnel ces prestations doivent être fournies par le commissaire aux comptes.

Un accusé de réception est délivré à l'intéressé à réception du dossier complet.

Le bureau peut solliciter du commissaire aux comptes ou de l'entité d'intérêt public toute information ou document complémentaire de nature à éclairer sa décision. Il peut entendre le commissaire aux comptes ou les membres du comité spécialisé de l'entité d'intérêt public. Il peut faire appel à des experts.

Le bureau se prononce par décision motivée dans un délai d'un mois à compter de la réception du dossier complet. Le silence gardé pendant ce délai vaut acceptation de la demande.

La décision du bureau est notifiée au demandeur par lettre recommandée avec demande d'avis de réception.

Art. R. 823-21-3 *(D. n° 2016-1026, 26 juill. 2016).* **– Le commissaire aux comptes d'une entité d'intérêt public communique à la demande du comité spécialisé mentionné à l'article L. 823-19 ou de l'organe exerçant les fonctions de ce comité les constatations et conclusions du Haut conseil du commissariat aux comptes consécutives aux contrôles réalisés en application de l'article L. 821-9 qui concernent :**

1° L'évaluation de la conception du système de contrôle interne de qualité ;

2° L'évaluation du contenu du dernier rapport de transparence ;

3° Le contrôle de la mission de certification des comptes de l'entité d'intérêt public concernée.

NB : Conformément à l'article 94 IV du décret n° 2016-1026 du 26 juillet 2016, les dispositions de l'article R. 823-21-3 dans sa rédaction issue du présent décret sont applicables aux contrôles engagés postérieurement à l'entrée en vigueur du présent décret.

Art. R. 823-22 *(Anc. art. R. 823-7-1 créé, D. n° 2009-234, 25 févr. 2009 ; dénum. à compter du 1er juillet 2013, D. n° 2013-192, 5 mars 2013).* **– Pour l'application de l'article L. 823-12-1 relatif à la norme d'exercice professionnel spécifique aux sociétés en nom collectif, aux sociétés en commandite simple, aux sociétés à**

responsabilité limitée et aux sociétés par actions simplifiées, le total du bilan est fixé à 1 550 000 €, le montant hors taxe du chiffre d'affaires à 3 100 000 € et le nombre moyen de salariés permanents employés au cours de l'exercice à cinquante.

Le total du bilan, le montant hors taxe du chiffre d'affaires et le nombre moyen de salariés sont déterminés conformément aux quatrième, cinquième et sixième alinéas de l'article R. 123-200.

2.2.2. – Code de déontologie de la profession de commissaire aux comptes

(D. n° 2005-1412, 16 nov. 2005 ; mod., D. n° 2006-1566, 11 déc. 2006)

(Annexe 8-1 du livre VIII du Code de commerce)

Bibliographie : Ph. Merle et F. Bobet, *Toilettage du Code de déontologie des commissaires aux comptes : Rev. sociétés* 2010, p. 207. • J.-L. Navarro, *Le Code de déontologie des commissaires aux comptes : de la banalité au tumulte : Rev. Lamy dr. aff.* 2007 n° 12, p. 89 ; *Assouplissement du Code de déontologie des commissaires aux comptes (D. n° 2010-131, 10 févr. 2010) : une victoire pour les « Big Four » : JCP* E 2010, 1822, n° 6, p. 43.

Art. 1er. – Le commissaire aux comptes exerce une mission d'intérêt général dans les conditions fixées par la loi.

Le présent code définit la déontologie à laquelle est soumis le commissaire aux comptes dans l'accomplissement de sa mission. Ses dispositions s'imposent à tout commissaire aux comptes, quel que soit son mode d'exercice.

Le respect des dispositions du présent code fait l'objet de vérifications lors des inspections et des contrôles auxquels sont soumis les commissaires aux comptes.

Art. 2. – Le commissaire aux comptes doit se conformer aux lois et règlements ainsi qu'aux dispositions du présent code.

TITRE PREMIER. – PRINCIPES FONDAMENTAUX DE COMPORTEMENT

Art. 3. – *Intégrité*. – Le commissaire aux comptes exerce sa profession avec honnêteté et droiture. Il s'abstient, en toutes circonstances, de tout agissement contraire à l'honneur et à la probité.

Art. 4. – *Impartialité*. – Dans l'exercice de ses missions, le commissaire aux comptes conserve en toutes circonstances une attitude impartiale. Il fonde ses conclusions et ses jugements sur une analyse objective de l'ensemble des données dont il a connaissance, sans préjugé ni parti pris.

Il évite toute situation qui l'exposerait à des influences susceptibles de porter atteinte à son impartialité.

Art. 5 *(Mod., D. n° 2017-540, 12 avr. 2017)*. – *Indépendance et prévention des conflits d'intérêts*. – I. – Le commissaire aux comptes doit être indépendant de la personne ou de l'entité dont il est appelé à certifier les comptes. Cette exigence s'applique durant l'exercice contrôlé, la réalisation des travaux de contrôle des comptes et jusqu'à la date d'émission de son rapport.

Toute personne qui serait en mesure d'influer directement ou indirectement sur le résultat de la mission de certification des comptes est soumise aux exigences d'indépendance mentionnées au précédent alinéa.

II. – L'indépendance du commissaire aux comptes s'apprécie en réalité et en apparence. Elle se caractérise par l'exercice en toute objectivité des pouvoirs et des compétences qui sont conférés par la loi. Elle garantit qu'il émet des conclusions exemptes de tout parti pris, conflit d'intérêts, risque d'autorévision ou influence liée à des liens personnels, financiers ou professionnels.

III. – Le commissaire aux comptes veille à ce que son indépendance ne soit pas compromise par un conflit d'intérêts, une relation d'affaires ou une relation directe ou indirecte, existante ou potentielle, entre ses associés, salariés ou toute autre personne qui serait en mesure d'influer directement ou indirectement sur la mission de certification, ainsi que les membres de son réseau, d'une part, et la personne ou l'entité dont il est chargé de certifier les comptes d'autre part.

IV. – Tant à l'occasion qu'en dehors de l'exercice de sa mission, le commissaire aux comptes évite de se placer dans une situation qui compromettrait son indépendance à l'égard de la personne ou de l'entité dont il est appelé à certifier les comptes ou qui pourrait être perçue comme de nature à compromettre l'exercice impartial de cette mission.

Art. 6 *(Mod., D. n° 2017-540, 12 avr. 2017).* – *Scepticisme professionnel et esprit critique.* – Le commissaire aux comptes, tout au long de sa mission, adopte une attitude caractérisée par un esprit critique, en étant attentif aux éléments qui pourraient révéler l'existence d'éventuelles anomalies significatives dues à une erreur ou à une fraude et en procédant à une évaluation critique des éléments probants pour la certification des comptes.

Art. 7. – *Compétence.* – Le commissaire aux comptes doit posséder les connaissances théoriques et pratiques nécessaires à l'exercice de ses missions. Il maintient un niveau élevé de compétence, notamment par la mise à jour régulière de ses connaissances et la participation à des actions de formation.

Le commissaire aux comptes veille à ce que ses collaborateurs disposent des compétences appropriées à la bonne exécution des tâches qu'il leur confie et à ce qu'ils reçoivent et maintiennent un niveau de formation approprié.

Lorsqu'il n'a pas les compétences requises pour réaliser lui-même certains contrôles indispensables à l'exercice de sa mission, le commissaire aux comptes fait appel à des experts indépendants de la personne ou de l'entité pour les comptes de laquelle leur concours est requis.

Art. 8. – *Confraternité.* – Dans le respect des obligations de la mission de contrôle légal, les commissaires aux comptes entretiennent entre eux des rapports de confraternité. Ils se gardent de tout acte ou propos déloyal à l'égard d'un confrère ou susceptible de ternir l'image de la profession.

Ils s'efforcent de résoudre à l'amiable leurs différends professionnels. Si nécessaire, ils recourent à la conciliation du président de leur compagnie régionale ou, s'ils appartiennent à des compagnies régionales distinctes, des présidents de leur compagnie respective.

Art. 9 *(Mod., D. n° 2017-540, 12 avr. 2017).* – *Secret professionnel et discrétion.* – Le commissaire aux comptes respecte le secret professionnel auquel la loi le soumet. Il ne communique les informations qu'il détient qu'aux personnes légalement qualifiées pour en connaître.

Il fait preuve de prudence et de discrétion dans l'utilisation des informations qui concernent des personnes ou entités à l'égard desquelles il n'a pas de mission légale.

TITRE II. – INTERDICTIONS, SITUATIONS À RISQUE ET MESURES DE SAUVEGARDE

Section I. – Interdictions

Art. 10 *(Mod., D. n° 2017-540, 12 avr. 2017).* – *Services interdits pour la certification des comptes d'une entité d'intérêt public.* – Outre les services mentionnés au II de l'article L. 822-11, regardés comme portant atteinte à l'indépendance du commissaire aux comptes et comme tels interdits, sont également interdits dans les mêmes conditions :

1° Les services ayant pour objet l'élaboration d'une information ou d'une communication financière ;

2° La prestation de conseil en matière juridique ainsi que les services qui ont pour objet la rédaction des actes ou la tenue du secrétariat juridique ;

3° Les missions de commissariat aux apports et à la fusion ;

4° La prise en charge, même partielle, d'une prestation d'externalisation ;

5° Le maniement ou le séquestre de fonds.

Art. 10-1 *(D. n° 2017-540, 12 avr. 2017).* – *Services interdits pour la certification des comptes d'une personne ou d'une entité qui n'est pas une entité d'intérêt public.* – I. – Pour l'application du 1er alinéa du III de l'article L. 822-11, sont interdits les services mentionnés à l'article 10.

II. – Pour l'application de la première phrase du second alinéa du III de l'article L. 822-11 sont interdits les services mentionnés à l'article 10.

III. – Pour l'application de la deuxième phrase du second alinéa du III de l'article L. 822-11, l'indépendance du commissaire aux comptes est affectée par la fourniture, par un membre de son réseau à la personne qui contrôle ou qui est contrôlée par la personne dont les comptes sont certifiés, de l'une des prestations suivantes :

1° Les services ayant pour objet la tenue de la comptabilité, la préparation et l'établissement des comptes et l'élaboration d'une information ou une communication financière, lorsqu'ils sont inclus dans les comptes consolidés soumis à la certification du commissaire aux comptes ;

2° La conception et la mise en œuvre de procédures de contrôle interne ou de gestion des risques relatives à l'élaboration ou au contrôle des informations comptables ou financières incluses dans les comptes consolidés soumis à la certification du commissaire aux comptes ;

3° Les services qui supposent d'être associé à la gestion ou à la prise de décision de l'entité dont les comptes sont certifiés.

Art. 10-2 *(D. n° 2017-540, 12 avr. 2017). – Interdiction des sollicitations et cadeaux.* – Il est interdit au commissaire aux comptes, à la société de commissaires aux comptes à laquelle il appartient, le cas échéant, aux membres de la direction de ladite société et aux personnes mentionnées au II de l'article L. 822-11-3 de solliciter ou d'accepter des cadeaux sous forme pécuniaire ou non pécuniaire ou des faveurs de la personne ou de l'entité dont les comptes sont certifiés ou de toute personne ou entité qui la contrôle ou qui est contrôlée par elle au sens des I et II de l'article L. 233-3 du Code de commerce, sauf si leur valeur n'excède pas un plafond fixé par arrêté du ministre de la Justice.

Section II. – Situations à risque et mesures de sauvegarde

Art. 11 *(Mod., D. n° 2010-131, 10 févr. 2010 ; D. n° 2017-540, 12 avr. 2017). – Identification et traitement des risques.* – I. – Le commissaire aux comptes identifie les risques de nature à affecter d'une quelconque façon la formation, l'expression de son opinion ou l'exercice de sa mission.

Il tient compte, en particulier, des risques et contraintes qui résultent, le cas échéant, de son appartenance à un réseau, notamment lorsqu'il se trouve dans l'une des situations mentionnées à l'article L. 822-11-1 du Code de commerce.

Il tient compte également des risques d'autorévision le conduisant à se prononcer ou à porter une appréciation sur des éléments résultant de prestations de service fournies par lui-même, la société à laquelle il appartient, un membre de son réseau ou toute autre personne qui serait en mesure d'influer sur le résultat de la mission de certification.

II. – Lorsqu'il se trouve exposé à des situations à risque, le commissaire aux comptes prend immédiatement les mesures de sauvegarde appropriées en vue, soit d'en éliminer la cause, soit d'en réduire les effets à un niveau qui permette l'acceptation ou la poursuite de la mission en conformité avec les exigences légales, réglementaires, et celles du présent code.

Le commissaire aux comptes doit pouvoir justifier qu'il a procédé à l'analyse de la situation et des risques et, le cas échéant, qu'il a pris les mesures appropriées.

Il ne peut accepter une mission ou la poursuivre que s'il est en mesure de justifier que son jugement professionnel, l'expression de son opinion ou l'exercice de sa mission ne sont pas affectés.

III. – En cas de doute sérieux ou de difficulté d'interprétation, le commissaire aux comptes saisit, pour avis, le Haut Conseil du commissariat aux comptes.

Art. 12 *(Mod., D. n° 2009-557, 19 mai 2009 ; D. n° 2017-540, 12 avr. 2017). – Risques liés aux fusions ou acquisitions intéressant la personne ou l'entité dont les comptes sont certifiés.* – Lorsqu'au cours de la période couverte par les états financiers, une personne ou entité dont les comptes sont certifiés fusionne, acquiert ou est acquise par une autre personne ou entité, le commissaire aux comptes apprécie si, à la date de prise d'effet de la fusion ou de l'acquisition, les intérêts ou relations actuels ou récents entretenus avec cette personne ou entité, notamment les prestations de service autres que la certification des comptes qui lui ont été fournies, sont de nature à compromettre son indépendance.

Il prend toutes mesures de sauvegarde nécessaires pour mettre fin à la situation compromettant son indépendance, dans les plus brefs délais et au plus tard dans un délai de trois mois à compter de la date de prise d'effet de la fusion ou de l'acquisition. Lorsque les mesures de sauvegarde sont insuffisantes à garantir son indépendance, il met fin à son mandat.

TITRE III. – ACCEPTATION, CONDUITE ET MAINTIEN DE LA MISSION DU COMMISSAIRE AUX COMPTES

Art. 13 *(Mod., D. n° 2017-540, 12 avr. 2017). – Acceptation d'une mission.* – Avant d'accepter une mission de certification, le commissaire aux comptes vérifie que son accomplissement est compatible avec les exigences légales et réglementaires et celles du présent code.

À cet effet, il vérifie et consigne les éléments prévus à l'article L. 820-3 du Code de commerce et réunit les informations nécessaires :

a) Sur la structure de la personne ou entité dont les comptes seront certifiés, son actionnariat et son domaine d'activité ;

b) Sur son mode de direction et sur la politique de ses dirigeants en matière de contrôle interne et d'information financière.

Lorsque la mission de certification concerne une personne ou une entité qui établit des comptes consolidés, le commissaire aux comptes s'efforce en outre d'obtenir les informations nécessaires sur les commissaires aux comptes ou contrôleurs légaux des personnes ou entités incluses dans le périmètre de consolidation, et sur le cadre réglementaire auquel ces derniers sont soumis.

Art. 14 *(Mod., D. n° 2017-540, 12 avr. 2017). – Identification et prévention des risques liés aux missions antérieures.* – I. Avant d'accepter sa nomination, le commissaire aux comptes analyse la nature des missions que lui-même ou le cas échéant le réseau auquel il appartient auraient réalisées antérieurement pour la personne ou l'entité intéressée ou pour la personne qui la contrôle ou qui est contrôlée par elle, au sens des I et II de l'article L. 233-3, afin d'identifier, notamment, les risques d'autorévision qui pourraient résulter de la poursuite de leurs effets dans le temps. Il apprécie leur importance au regard des comptes et met en place les mesures de sauvegarde appropriées.

Dans un tel cas, il communique à la personne ou à l'entité dont il sera chargé de certifier les comptes, pour mise à disposition des actionnaires et associés, les renseignements concernant les prestations antérieures à sa nomination.

II. Le commissaire aux comptes ne peut accepter une mission de certification auprès d'une entité d'intérêt public lorsque, au cours de l'exercice précédant celui dont les comptes doivent être certifiés, lui ou tout membre de son réseau a fourni, directement ou indirectement à l'entité d'intérêt public, aux personnes ou entités qui la contrôlent ou qui sont contrôlées par elle dans l'Union européenne, au sens des I et II de l'article L. 233-3 du Code de commerce, les services qui sont mentionnés au e du 1 de l'article 5 du règlement UE n° 537/2014.

Art. 15 *(Mod., D. n° 2017-540, 12 avr. 2017). – Conduite de la mission.* – Le commissaire aux comptes accomplit sa mission en respectant les normes d'audit mentionnées aux articles L. 821-13 et L. 821-14 du Code de commerce.

Art. 16 *(Mod., D. n° 2017-540, 12 avr. 2017). – Recours à des collaborateurs et experts.* – Le commissaire aux comptes peut se faire assister ou représenter par des collaborateurs ou des experts. Il ne peut leur déléguer ses pouvoirs. Il conserve toujours l'entière responsabilité de sa mission. Il s'assure que les collaborateurs ou experts auxquels il confie des travaux respectent les règles applicables à la profession et sont indépendants de la personne ou entité qui fait l'objet d'une certification des comptes à laquelle ils participent.

Il consigne par écrit la demande qu'il a formulée aux experts et les conclusions qu'il a reçues.

Art. 17 *(Mod., D. n° 2017-540, 12 avr. 2017). – Exercice de la mission par plusieurs commissaires aux comptes.* – Lorsque les comptes d'une personne ou d'une entité sont certifiés par plusieurs commissaires aux comptes, ceux-ci doivent appartenir à des structures d'exercice professionnel distinctes, c'est-à-dire qui n'ont pas de dirigeants communs, n'entretiennent pas entre elles de liens capitalistiques ou financiers et n'appartiennent pas à un même réseau.

Les commissaires aux comptes se communiquent réciproquement les propositions de services autres que la certification des comptes faites à la personne ou entité dont les comptes sont certifiés.

Lorsque les commissaires aux comptes, partageant une même mission, ne parviennent pas à s'entendre sur leurs contributions respectives, ils saisissent le président de leur compagnie régionale ou, s'ils appartiennent à des compagnies régionales distinctes, le président de leur compagnie respective.

Art. 18. – *Poursuite et renouvellement du mandat.* – En cours de mandat, le commissaire aux comptes veille à ce que les exigences légales et réglementaires et celles du présent code, remplies lors de l'acceptation de la mission, soient toujours respectées ; en particulier, il procède à cette vérification avant d'accepter le renouvellement de son mandat.

Art. 19 *(Mod., D. n° 2017-540, 12 avr. 2017). – Démission.* – I. – Le commissaire aux comptes exerce sa mission jusqu'à son terme. Il a cependant le droit de démissionner pour des motifs légitimes.

Constitue un motif légitime de démission :

a) La cessation définitive d'activité ;

b) Un motif personnel impérieux, notamment l'état de santé ;

c) Les difficultés rencontrées dans l'accomplissement de la mission, lorsqu'il n'est pas possible d'y remédier ;

d) La survenance d'un événement de nature à compromettre le respect des règles applicables à la profession, et notamment à porter atteinte à l'indépendance ou à l'objectivité du commissaire aux comptes.

Le commissaire aux comptes joint à son dossier les différents éléments qui justifient sa démission.

II. – Le commissaire aux comptes ne peut démissionner pour se soustraire à ses obligations légales relatives notamment :

1° À la procédure d'alerte et à la procédure de signalement prévue à l'article 12 du règlement (UE) n° 537/2014 du 16 avril 2014 ;

2° À la révélation de faits délictueux au procureur de la République ;

3° À la déclaration de sommes ou d'opérations soupçonnées d'être d'origine illicite ;

4° À l'émission de son opinion sur les comptes.

Il ne peut non plus démissionner dans des conditions génératrices de préjudice pour la personne ou l'entité concernée. Il doit pouvoir justifier qu'il a procédé à l'analyse de la situation.

III. – Le commissaire aux comptes qui démissionne en informe le Haut Conseil du commissariat aux comptes et indique les motifs de sa décision.

Il en informe également l'Autorité des marchés financiers et l'Autorité de contrôle prudentiel et de résolution lorsque la personne ou l'entité concernée relève de ces autorités.

Art. 20 *(Mod., D. n° 2017-540, 12 avr. 2017). – Succession entre confrères.* – Le commissaire aux comptes appelé à succéder en tant que titulaire à un commissaire aux comptes dont le mandat venant à expiration ne sera pas renouvelé doit, avant d'accepter cette nomination, s'assurer auprès de ce confrère que le non-renouvellement de son mandat n'est pas motivé par une volonté de la personne ou de l'entité contrôlée de contourner les obligations légales.

La même obligation s'impose au commissaire aux comptes suppléant appelé à succéder de plein droit au commissaire aux comptes titulaire qui démissionne ou est empêché, avant la date normale d'expiration de son mandat.

Art. 21 *(Mod., D. n° 2017-540, 12 avr. 2017). – Information sur la date de fin de mandat.* – Le commissaire aux comptes dont le mandat ne pourra se poursuivre jusqu'à son échéance par l'application des dispositions de l'article L. 823-3-1 en informe sans délai la personne ou l'entité lors de sa désignation ou de son renouvellement.

TITRE IV. – EXERCICE EN RÉSEAU

Art. 22 *(Mod., D. n° 2008-674, 2 juill. 2008 ; D. n° 2017-540, 12 avr. 2017). – Appartenance à un réseau.* – Préalablement à toute acceptation d'une mission de certification des comptes et au cours de son mandat, le commissaire aux comptes doit pouvoir justifier qu'il appartient ou non à un réseau national ou international, qui n'a pas pour activité exclusive le contrôle légal des comptes et dont les membres ont un intérêt économique commun et qu'il a procédé à l'analyse de la situation.

Constituent des indices de son appartenance à un tel réseau :

a) Une direction ou une coordination communes au niveau national ou international ;

b) Tout mécanisme conduisant à un partage des revenus ou des résultats ou à des transferts de rémunération ou de coûts en France ou à l'étranger ;

c) La possibilité de commissions versées en rétribution d'apports d'affaires ;

d) Une dénomination ou un signe distinctif communs ;

e) Une clientèle habituelle commune ;

f) L'édition ou l'usage de documents destinés au public présentant le réseau ou chacun de ses membres et faisant mention de compétences pluridisciplinaires ;

g) L'élaboration ou le développement d'outils techniques communs.

Toutefois, ne constituent pas de tels indices l'élaboration ou le développement d'outils techniques communs lorsqu'ils s'inscrivent dans le cadre d'une association technique ayant pour unique objet l'élaboration ou le développement de ces outils, le partage de connaissances ou l'échange d'expériences.

En cas de doute sur son appartenance à un réseau, le commissaire aux comptes saisit pour avis le Haut Conseil du commissariat aux comptes.

Art. 23 *(Mod., D. n° 2017-540, 12 avr. 2017). – Organisation spécifique du commissaire aux comptes membre d'un réseau.* – Lorsqu'un commissaire aux comptes appartient à un réseau national ou international, qui n'a pas pour activité exclusive le contrôle légal des comptes et dont les membres ont un intérêt économique commun, il doit mettre en place une organisation et des procédures lui permettant d'être informé de la nature et du prix des prestations fournies ou susceptibles d'être fournies par l'ensemble des membres du réseau à toute personne ou entité dont il certifie les comptes, ainsi qu'aux personnes ou entités qui la contrôlent ou qui sont contrôlées par elle, au sens des I et II de l'article L. 233-3.

Art. 24 *(Mod., D. n° 2017-540, 12 avr. 2017). – Membres de la direction et personnes réputées exercer des fonctions dites sensibles.* – Pour l'application du présent code, est considérée comme membre de la direction d'une société de commissaires aux comptes toute personne pouvant influer sur les opinions exprimées dans le cadre de la mission de contrôle légal ou qui dispose d'un pouvoir décisionnel en ce qui concerne la gestion, la rémunération, la promotion ou la supervision des membres de l'équipe chargée de cette mission.

Pour l'application de ces mêmes dispositions, est réputé exercer des fonctions dites « sensibles » au sein de la personne dont les comptes sont certifiés :

a) Toute personne ayant la qualité de mandataire social ;

b) Tout préposé de la personne ou entité chargé de tenir les comptes ou d'élaborer les états financiers et les documents de gestion ;

c) Tout cadre dirigeant pouvant exercer une influence sur l'établissement de ces états et documents.

TITRE V. – LIENS PERSONNELS, FINANCIERS ET PROFESSIONNELS

Art. 25 *(Mod., D. n° 2017-540, 12 avr. 2017). – Incompatibilités résultant de liens personnels.* – I. – Pour l'application du présent code, constitue un lien personnel, le lien entre :

1° Ascendant et descendant au premier degré ;

2° Les collatéraux au premier degré ;

3° Les conjoints, les personnes liées par un pacte civil de solidarité, ou les concubins au sens de l'article 515-8 du Code civil.

II. – Est incompatible avec l'exercice de la mission de commissaire aux comptes tout lien personnel entre, d'une part, une personne occupant une fonction sensible au sein de la personne ou entité dont les comptes sont certifiés et, d'autre part :

1° Le commissaire aux comptes ;

2° L'un des membres de la direction de la société de commissaires aux comptes.

III. – Les liens définis au I sont incompatibles avec l'exercice de la mission de commissaire aux comptes lorsqu'ils sont établis entre, d'une part, une personne occupant une fonction sensible au sein de la personne ou de l'entité dont les comptes sont certifiés par le commissaire aux comptes et, d'autre part, un associé ou un salarié du commissaire aux comptes, toute autre personne qui participe à la mission de certification, ou un membre du réseau auquel appartient le commissaire aux comptes, si l'existence de ces liens amènerait un tiers objectif, raisonnable et informé à conclure que, malgré les mesures de sauvegarde appliquées, l'indépendance du commissaire aux comptes est compromise.

Art. 26 *(Mod., D. n° 2017-540, 12 avr. 2017). – Incompatibilités résultant de liens financiers.* – I. – Sont incompatibles avec l'exercice de la mission de commissaire aux comptes, les liens financiers qui sont établis entre, d'une part, la personne ou l'entité dont les comptes sont certifiés ou une personne ou entité qui la contrôle ou qui est contrôlée par elle au sens des I et II de l'article L. 233-3 du Code de commerce et, d'autre part, le commissaire aux comptes, la société de commissaires aux comptes à laquelle il appartient, les associés et les salariés du commissaire aux comptes qui participent à la mission de certification, ou toute autre personne participant à la mission de certification ainsi que les personnes qui leur sont liées au sens du 3° du I de l'article 25 du présent code et au sens du paragraphe 26 de l'article 3 du règlement (UE) n° 596/2014 du 16 avril 2014 et portant sur les opérations suivantes :

1° L'acquisition ou la détention, directe ou indirecte, d'actions ou de tous autres titres donnant ou pouvant donner accès, directement ou indirectement, au capital ou aux droits de vote de la personne ou entité dont les comptes sont certifiés.

2° L'acquisition ou la détention, directe ou indirecte, d'instruments financiers définis par l'article L. 211-1 du Code monétaire et financier.

Par dérogation au premier alinéa, n'est pas incompatible avec l'exercice d'une mission de commissaire aux comptes la détention d'actions, de titres ou d'instruments financiers par l'intermédiaire d'organismes de placement collectif diversifiés, y compris de fonds gérés tels que des fonds de pension ou d'assurance sur la vie pour lesquels le détenteur n'a pas le pouvoir d'influer sur la gestion des investissements.

II. – Sont incompatibles avec l'exercice de la mission de commissaire aux comptes les liens financiers qui sont établis entre les mêmes personnes que celles mentionnées au I lorsque les opérations n'ont pas été réalisées, ou souscrites aux conditions habituelles du marché et qu'elles portent sur :

1° Tout dépôt de fonds à terme ;

2° L'octroi ou le maintien de tout prêt ou avance ;

3° La souscription d'un contrat d'assurance sur la vie ;

4° L'octroi ou l'obtention de sûretés et garanties.

Ces liens sont également incompatibles avec l'exercice de la mission de commissaire aux comptes lorsqu'ils sont établis entre la personne ou l'entité dont les comptes sont certifiés et le commissaire aux comptes postérieurement à sa nomination ou sa désignation.

III. – Sont incompatibles avec l'exercice de la mission de commissaire aux comptes les liens financiers mentionnés au 1° et au 2° du I et aux 1° à 4° du II et établis entre d'une part la personne ou l'entité dont les comptes sont certifiés et, d'autre part, les membres du réseau auquel appartient le commissaire aux comptes, les personnes qui contrôlent la société de commissaire aux comptes ou qui sont contrôlées par elle, au sens des I et II de l'article L. 233-3 du Code de commerce, si l'existence de ces liens peut amener un tiers objectif, raisonnable et informé à conclure que, malgré les mesures de sauvegarde appliquées, l'indépendance du commissaire aux comptes est compromise.

Art. 27 *(Mod., D. n° 2017-540, 12 avr. 2017).* – *Incompatibilités résultant de liens professionnels.* – I. – Il existe un lien professionnel entre deux personnes lorsqu'elles sont liées par un contrat de travail ou une relation d'affaires qui n'est pas une opération courante conclue à des conditions habituelles de marché.

II. – Est incompatible avec l'exercice de la mission de commissaire aux comptes tout lien professionnel entre, d'une part, la personne ou entité dont les comptes sont certifiés ou ses dirigeants et, d'autre part, le commissaire aux comptes ou l'un des membres de la direction de la société de commissaires aux comptes, ainsi que les personnes qui leur sont étroitement liées au sens du paragraphe 26 de l'article 3 du règlement (UE) n° 596/2014 du 16 avril 2014.

III. – Est incompatible avec l'exercice de la mission de commissaire aux comptes tout lien professionnel entre, d'une part, la personne ou entité dont les comptes sont certifiés ou ses dirigeants et, d'autre part, les associés et salariés du commissaire aux comptes qui participent à la mission de certification, toute autre personne participant à la mission de certification, ainsi que les personnes qui leur sont étroitement liées au sens du paragraphe 26 de l'article 3 du règlement (UE) n° 596/2014 du 16 avril 2014, si l'existence de ce lien amène un tiers objectif, raisonnable et informé à conclure que, malgré les mesures de sauvegarde appliquées, l'indépendance du commissaire aux comptes est compromise.

Art. 28 *(Mod., D. n° 2017-540, 12 avr. 2017).* – La survenance en cours de mission de l'une des situations mentionnées aux articles 25, 26 et 27 conduit le commissaire aux comptes à en tirer sans délai les conséquences.

TITRE VI. – HONORAIRES

Art. 29 *(Mod., D. n° 2017-540, 12 avr. 2017).* – *Principe général.* – La rémunération du commissaire aux comptes est en rapport avec l'importance des diligences à mettre en œuvre, compte tenu de la taille, de la nature et de la complexité des activités de la personne ou de l'entité dont les comptes sont certifiés.

Le commissaire aux comptes ne peut accepter un niveau d'honoraires qui risque de compromettre la qualité de ses travaux.

Une disproportion entre le montant des honoraires perçus et l'importance des diligences à accomplir affecte l'indépendance et l'objectivité du commissaire aux comptes. Celui-ci doit alors mettre en œuvre les mesures de sauvegarde prévues à l'article 12.

Le mode de calcul des honoraires relatifs à des travaux ou diligences non prévus lors de l'acceptation de la mission, mais qui apparaîtraient nécessaires à son exécution, doit être convenu lors de l'acceptation de la mission ou, à défaut, au moment où il apparaît que des travaux ou diligences complémentaires doivent être réalisés.

Art. 30 *(Mod., D. n° 2017-540, 12 avr. 2017). – Honoraires subordonnés.* - Un commissaire aux comptes ne peut accepter aucune forme de rémunération proportionnelle ou conditionnelle.

Art. 31 *(Mod., D. n° 2017-540, 12 avr. 2017). – Indépendance financière.* - I. - Le total des honoraires reçus d'une personne ou entité dont les comptes sont certifiés et, le cas échéant, d'une personne ou entité qui la contrôle ou qui est contrôlée par elle, au sens des I et II de l'article L. 233-3 du Code de commerce ne doit pas créer de dépendance financière du commissaire aux comptes à l'égard de la personne ou de l'entité dont les comptes sont certifiés.

Il existe un risque de dépendance financière lorsque le total des honoraires reçus au cours de la mission de certification des comptes représente une part significative du total des revenus professionnels du commissaire aux comptes lorsqu'il s'agit d'une personne physique ou du total du chiffre d'affaires lorsqu'il s'agit d'une personne morale.

Lorsqu'il existe un risque de dépendance financière, le commissaire aux comptes met en place les mesures de sauvegarde appropriées.

En cas de difficulté sérieuse, le commissaire aux comptes saisit pour avis le Haut conseil.

II. - Lorsque le commissaire aux comptes exerce sa mission auprès d'une entité d'intérêt public, il respecte en outre les dispositions du paragraphe 3 de l'article 4 du règlement (UE) n° 537/2014.

Art. 32 *(Mod., D. n° 2017-540, 12 avr. 2017). – Information sur les honoraires.* - I. - Le commissaire aux comptes informe la personne ou entité dont il est chargé de certifier les comptes du montant de l'ensemble des honoraires :

a) qu'il a perçu au titre de sa mission de contrôle légal ;

b) qu'il a perçu au titre des services autres que de certification des comptes ;

c) Que le réseau, auquel il appartient, s'il n'a pas pour activité exclusive le contrôle légal des comptes, a reçu au titre des prestations de service autres que la certification des comptes, fournies à une personne contrôlée ou qui contrôle, au sens des I et II de l'article L. 233-3, la personne ou entité dont les comptes sont certifiés.

II. - Lorsque la mission du commissaire aux comptes porte sur le contrôle de comptes consolidés, les informations communiquées doivent porter sur les honoraires perçus par le réseau au titre des prestations qui ne sont pas directement liées à la mission de commissaire aux comptes et qui ont été fournies aux sociétés entrant dans le périmètre de consolidation de la personne ou entité dont les comptes sont certifiés ou, le cas échéant, à la personne ou entité qui la contrôle, au sens des I et II de l'article L. 233-3.

Il appartient également au commissaire aux comptes de prendre toutes les mesures requises pour satisfaire aux obligations de déclaration d'honoraires, pour les prestations fournies tant par lui-même que par le réseau auquel il appartient, à une personne ou entité contrôlée ou qui contrôle, au sens des I et II de l'article L. 233-3, la personne ou entité dont les comptes sont certifiés.

Art. 33 *(Mod., D. n° 2017-540, 12 avr. 2017). – Publicité.* - La publicité est permise au commissaire aux comptes dans la mesure où elle procure au public une nécessaire information. Les moyens auxquels il est recouru à cet effet sont mis en œuvre, de façon à ne pas porter atteinte à l'indépendance, à la dignité et à l'honneur de la profession, pas plus qu'aux règles du secret professionnel, à la loyauté envers les clients et les autres membres de la profession.

Les commissaires aux comptes utilisent le titre de commissaire aux comptes et le font suivre de l'indication de la compagnie régionale dont ils sont membres.

Lorsqu'il présente son activité professionnelle à des tiers, par quelque moyen que ce soit, le commissaire aux comptes ne doit adopter aucune forme d'expression qui soit de nature à compromettre la dignité de sa fonction ou l'image de la profession.

La publicité est exempte de tout élément comparatif.

LIVRE TROISIÈME. – DROIT MONÉTAIRE ET FINANCIER

3.1. – DROIT MONÉTAIRE

Code monétaire et financier

(extraits)

Partie législative

Bibliographie : Th. Bonneau, *Brèves observations sur le nouveau Code monétaire et financier : Bull. Joly Bourse* 2001, § 1, p. 1. • T. Bonneau, P. Pailler, A.-C. Rouaud, A. Tehrani et R. Vabres, *Droit financier* : LGDJ/Montchrestien, 2017. • H. Causse, J. Stoufflet et S. Durox, *Après la crise financière, quelle rénovation du droit bancaire et financier ? : RD bancaire et fin.* nov. 2008, étude 23. • E. Chardoillet, M. Salvat et H. Tournyol du Clos, *L'essentiel des marchés financiers, front office, post marché et gestion des risques*, éd. Organisation, 2010. • A. Couret et C. Malecki (ss dir.), *Les défis actuels du droit financier*, Joly éd. Lextenso, 2010. • D. Ogien, *Pratique des marchés financiers*, Dunod, 3e éd., 2010. • J. Paillusseau, *Respect des équilibres, choix de société et gestion du risque financier systémique : RD bancaire et fin.* nov.-déc. 2010, p. 71. • H. Synvet, *Le droit financier : un droit des forts : Bull. Joly Bourse* 2014, p. 125.

LIVRE DEUXIÈME. – LES PRODUITS

TITRE PREMIER. – LES INSTRUMENTS FINANCIERS

Bibliographie : Th. Bonneau, *Commentaire de l'ordonnance n° 2009-15 du 8 janvier 2009 relative aux instruments financiers : JCP* E 2009, 1105 ; *Efficacité et avenir de la régulation financière : RD bancaire et fin.* nov.-déc. 2010, p. 67. • A. Colin, *La transmission des instruments financiers à terme : Gaz. Pal.* 23-27 déc. 2007, p. 9. • J.-J. Daigre et P. Pailler, *Commentaire de l'ordonnance du 8 janvier 2009 relative aux instruments financiers : Rev. sociétés* 2009, p. 37. • Ph. Goutay, *La notion d'instrument financier : Dr. et patrimoine* 2000, p. 68. • A.-V. Le Fur, *La protection de l'investisseur par le droit des biens. La notion de bien financier : RD bancaire et fin.* nov.-déc. 2010, p. 47. • H. Le Nabasque, *Ordonnance n° 2009-15 du 8 janvier 2009 portant réforme des instruments financiers : RD bancaire et fin.* mars 2009, comm. 71. • H. Le Nabasque et Ph. Portier, *La nouvelle nomenclature des instruments financiers issue de la directive MIF du 21 avril 2004 : Bull. Joly Bourse* 2004, n° 5, p. 551. • G. Petit, *Présentation et orientation de la réforme du droit des instruments financiers : RTDF* janv. 2009, 42. • A. Reygrobellet, Le *nouveau paysage juridique des instruments financiers en droit français : RTDF* janv. 2009, 169. • M. Roussille, *La commercialisation des instruments financiers : Bull. Joly Bourse* 2014, p. 159. • M. Storck, *Le rôle et la portée de la publicité dans la commercialisation d'instruments financiers : Bull. Joly Bourse* 2014, p. 175.

CHAPITRE I. – DÉFINITION ET RÈGLES GÉNÉRALES

Section I. – Définitions

Art. L. 211-1 ***(Mod., L. n° 2003-706, 1er août 2003 ; Ord. n° 2004-330, 15 avr. 2004 ; Ord. n° 2005-1278, 13 oct. 2005 ; Ord. n° 2007-544, 12 avr. 2007 ; Ord. n° 2008-556, 13 juin 2008 ; rempl., Ord. n° 2009-15, 8 janv. 2009).*** **– I. – Les instruments financiers sont les titres financiers et les contrats financiers.**

II. – Les titres financiers sont :

1. Les titres de capital émis par les sociétés par actions ;

2. Les titres de créance *(Mots suppr. à compter du 1er octobre 2016, Ord. n° 2016-520, 28 avr. 2016)* « ... » ;

3. Les parts ou actions d'organismes de placement collectif.

III. – Les contrats financiers, également dénommés « instruments financiers à terme », sont les contrats à terme qui figurent sur une liste fixée par décret.

IV *(IV créé à compter du 1er octobre 2016, Ord. n° 2016-520, 28 avril 2016)* Les effets de commerce et les bons de caisse ne sont pas des instruments financiers.

Bibliographie : S. Arnaud, S. Ginon et F. Petit, *Le transfert de propriété des valeurs mobilières : Dr. sociétés* 2012, étude 14. • Th. Bonneau, *Valeurs mobilières et titres financiers en droit français : RD bancaire et fin.* mars 2009, dossier 10. • J.-J. Daigre, *De la frontière entre le Code monétaire et financier et le Code de commerce à propos des titres financiers : RTDF* janv. 2009, 200. • E. Le Dolley, Th. Bonneau, B. Haar, B. Mojuvé et S. Rousseau, *Le concept de titre, Redéfinitions et perspectives : RD bancaire et fin.* mars 2009, dossier 9 à 14. • A. Reygrobellet, *Variétés sur le régime des titres financiers composés : RTDF* 2010, n° 2, p. 90.

Voir : C. monét. fin., art. D. 211-1 A, p. 1089.

Section II. – Les titres financiers

Sous-section 1. – Conditions d'émission

(Ord. n° 2004-604, 24 juin 2004)

Art. L. 211-2 ***(Mod., Ord. n° 2005-1278, 13 oct. 2005 ; Ord. n° 2008-556, 13 juin 2008 ; rempl., Ord. n° 2009-15, 8 janv. 2009 ; mod., Ord. n° 2017-1432, 4 oct. 2017).*** **– Les titres financiers, qui comprennent les valeurs mobilières au sens du deuxième alinéa de l'article L. 228-1 du Code de commerce, ne peuvent être émis que par l'État, une personne morale, un fonds commun de placement, un fonds de placement immobilier, un fonds professionnel de placement immobilier, un fonds de financement spécialisé, ou un fonds commun de titrisation.**

Voir : bibliographie sous C. com., art. L. 228-1, p. 404.

Sous-section 2. – Inscription en compte

§ 1. – Dispositions générales

Art. L. 211-3 ***(Rempl., Ord. n° 2004-604, 24 juin 2004 ; Ord. n° 2009-15, 8 janv. 2009 ; mod., Ord. n° 2017-1674, 8 déc. 2017).*** **– Les titres financiers, émis en territoire français et soumis à la législation française, sont inscrits soit dans un compte-titres tenu par l'émetteur ou par l'un des intermédiaires mentionnés aux 2° à 7° de l'article L. 542-1, soit, dans le cas prévu au second alinéa de l'article L. 211-7, dans un dispositif d'enregistrement électronique partagé.**

L'inscription dans un dispositif d'enregistrement électronique partagé tient lieu d'inscription en compte.

Un décret en Conseil d'État fixe les conditions dans lesquelles les titres financiers peuvent être inscrits dans un dispositif d'enregistrement électronique partagé mentionné ci-dessus, présentant des garanties, notamment en matière d'authentification, au moins équivalentes à celles présentées par une inscription en compte-titres.

Voir aussi : Règl. AMF, 12 oct. 2004, art. 211-4.

Art. L. 211-4 ***(Rect. JO 17 mars 2001 ; mod., Ord. n° 2004-604, 24 juin 2004 ; Ord. n° 2005-1278, 13 oct. 2005 ; rempl., Ord. n° 2009-15, 8 janv. 2009 ; mod., Ord. n° 2013-676, 25 juill. 2013 ; L. n° 2016-1691, 9 déc. 2016 ; Ord. n° 2017-1674, 8 déc. 2017).*** **– Le compte-titres est ouvert ou l'inscription dans un dispositif d'enregistrement électronique partagé est réalisée, au nom d'un ou de plusieurs titulaires, propriétaires des titres financiers qui y sont inscrits.**

Par dérogation, le compte-titres peut être ouvert ou, dans les cas mentionnés aux 1 et 3 ci-après, l'inscription dans un dispositif d'enregistrement électronique partagé peut être réalisée :

1. Au nom d'un fonds commun de placement, d'un fonds de placement immobilier, d'un fonds professionnel de placement immobilier, un fonds de financement spécialisé, ou un fonds commun de titrisation, la désignation du fonds pouvant être valablement substituée à celle de tous les copropriétaires ;

2. Au nom d'un intermédiaire inscrit agissant pour le compte du propriétaire des titres financiers, mentionné au septième alinéa de l'article L. 228-1 du Code de commerce et dans les conditions prévues par ce même code ;

3. Au nom d'un intermédiaire inscrit agissant pour le compte d'un ou de plusieurs propriétaires de parts ou d'actions d'organismes de placement collectif, lorsque ces propriétaires n'ont pas leur domicile sur le territoire français au sens de l'article 102 du Code civil.

L'intermédiaire inscrit est tenu, au moment de l'ouverture de son compte-titres ou de son inscription dans un dispositif d'enregistrement électronique partagé, de déclarer sa qualité d'intermédiaire détenant des titres pour le compte d'autrui.

Un décret précise les modalités et conditions d'application du présent 3.

Voir : C. monét. fin., art. R. 211-1 à R. 211-8, p. 1090. - C. com., art. L. 228-1, p. 404 et aussi C. monét. fin., art. L. 211-19, p. 983.

Bibliographie : V. Allegaert, *De la propriété des valeurs mobilières : BJS* 2005, p. 339. • G. Blanluet, *Le transfert de propriété des actions : Dr. et patrimoine* oct. 2004, p. 81. • Th. Bonneau, *La diversification des valeurs mobilières, ses implications en droit des sociétés : RTD com.* 1988, p. 535 ; *Valeurs mobilières et titres financiers en droit français : RD bancaire et fin.* mars 2009, dossier 10. • J.-P. Bouere et H. de Vauplane, *Réflexions sur les conséquences apportées par la dématérialisation sur la portée de l'inscription en compte et la nature juridique de la relation entre le teneur de comptes et son client : BJS* 1997, p. 617. • H. de Vauplane, *Transfert de propriété des titres non cotés : une réforme dévoyée : Banque* 2007, n° 692, p. 81. • Ch. de Watrigant, *La réforme du transfert de propriété des titres : Actes prat. ing. sociétaire* 2007, n° 91, p. 41. • M.-A. Frison-Roche et M. Jockey, *Pourquoi existe-t-il encore des titres au porteur ? : JCP* E 1994, I, 344. • Ph. Goutay, *La dématérialisation des valeurs mobilières : BJS* 1999, p. 415 ; *Titres au porteur et dématérialisation : réfutation d'une théorie : BJS* 2001, p. 475. • J. Granotier, *Le transfert de propriété des valeurs mobilières*, Economica, 2010. • H. Hovasse, *La diversification des valeurs mobilières émises par les sociétés : Dr. sociétés* 2000, n° 181 ; *Innovations dans le régime des valeurs mobilières : Dr. sociétés* mai 2005, n° 5 ; *À propos du décret n° 2006-1566 du 11 décembre 2006 : Transfert de propriété : Dr. sociétés* 2007, comm. 31, p. 23. • J. Foyer, *La dématérialisation des valeurs mobilières en France : Mél. G. Flattet*, Lausanne, 1985, p. 21 et s. • Ph. Goutay, *La notion de valeur mobilière : D.* 1999, chron. p. 226 ; *Le transfert de propriété des valeurs mobilières : de l'aboutissement d'une réforme décennale : RD bancaire et fin.* 2005, n° 5, Analyse 16, p. 47. • Ph. Grosjean, *La réforme du régime des valeurs mobilières non cotées : assouplissement du critère d'obligation de nominativité et unification des règles de transfert de propriété : LPA* 16 févr. 2005, p. 7. • Y. Guyon, *Les aspects juridiques de la dématérialisation des valeurs mobilières : Rev. sociétés* 1984, p. 451. • H. Le Nabasque et A. Reygrobellet, *L'inscription en compte des valeurs mobilières : RD bancaire et fin.* 2000, p. 261. • C. Lassalas, *L'inscription en compte des valeurs : la notion de propriété scripturale*, LGDJ, 1997. • P. Le Cannu, *L'ambiguïté d'un concept négatif : les valeurs mobilières : BJS* 1993, p. 395. • F.-X. Lucas, *Retour sur la notion de valeurs mobilières : BJS* 2000, p. 765. • D.-R. Martin, *De l'inscription en compte d'actifs scripturaux : D.* 1998, p. 15. • D. Martin, *Du titre et de la négociabilité : D.* 1993, chron. p. 20 ; *De la nature corporelle des valeurs mobilières : D.* 1996, p. 47. • D.-R. Martin, *Valeurs mobilières : défense d'une théorie : D.* 2001, chron. p. 1228. • H. Meau-Latour, *La dématérialisation à l'épreuve du don manuel d'actions : Mél. Y. Guyon*, Dalloz, 2003, p. 797. • F. Nizard, *Le transfert de propriété des valeurs mobilières : une réforme inachevée : Rev. sociétés* 2004, p. 619. • H. Poulet-Gouffard, *La dématérialisation et les principales opérations réalisables sur les valeurs mobilières : Dr. sociétés* 1994, p. 3. • A. Reygrobellet, *La notion de valeur mobilière*, thèse Paris II, 1995. • F. Roussel et Ch. Vernières, *À propos du décret n° 2006-1556 du 11 décembre 2006 : Le transfert de propriété des valeurs mobilières non cotées : JCP* E 2007, 1840, p. 34. • R. Roblot, *La dématérialisation des valeurs mobilières : Brochure ANSA*, n° 185, 1984. • P. Sousi, *Droit européen des valeurs mobilières : silence on recodifie ! : D.* 2003, p. 2218. • *Adde* F. Auckenthaler, *JCl. Sociétés traité*, Fasc. 2115 *(Tenue de compte de titres)*.

1) Inscription en compte et information des tiers. Dans la mesure où l'inscription en compte des valeurs mobilières au nom de leur titulaire n'a pas pour fonction d'informer les tiers des imperfections susceptibles d'affecter les droits de celui-ci, celle-ci ne saurait être assortie d'aucune mention ayant un tel objet. Doit en conséquence être cassée la décision ayant admis que rien n'interdisait à un émetteur, tenu d'agir au seul vu d'un ordre de mouvement émanant d'un actionnaire inscrit en compte sans pouvoir porter d'appréciation sur cet ordre ni en modifier les données, de mentionner de façon objective toute information en sa possession relative au droit de propriété sur les actions en cause : ▪ Cass. com., 29 janv. 2008, n° 06-19.624 : *BJS* mai 2008, p. 408, note H. Le Nabasque ; *Rev. sociétés* 2008, p. 589 ; *D.* 2008, p. 888, note M. Dubertret ; *Dr. sociétés* avr. 2008, p. 28, n° 79.

2) Preuve de la propriété des actions en l'absence de comptes titres. Aucun registre des transferts de titres n'ayant été tenu au sein d'une SA lors de la cession de titres litigieux et, ainsi, aucune présomption de propriété de titre ne pouvant être retenue en faveur de celui qui revendiquait la propriété des titres en question, c'est dans l'exercice de son pouvoir souverain d'appréciation des éléments de preuve qui lui étaient soumis que la cour d'appel a retenu que ce dernier avait établi sa possession de bonne foi des actions litigieuses avant le décès : ▪ Cass. com., 5 mai 2009, n° 08-18.165, F-P+B : *JurisData* n° 2009-048048 ; *Dr. sociétés* juill. 2009, comm. 137, note H. Hovasse ; *Rev. sociétés* 2009, p. 580, note M. Dubertret ; *RTD com.* 2009, n° 8, p. 770, note P. Le Cannu et B. Dondero ; *Dr. et patrimoine* mai 2010, p. 10, note F. Danos.

JURISPRUDENCE ANTÉRIEURE À L'ORDONNANCE N° 2004-604 DU 24 JUIN 2004 (C. COM., ART. L. 228-1)

A – Actions dématérialisées

3) Inscription en compte et validité de la convention de cession. Les dispositions de l'article L. 211-4 et celles des deux premiers articles du décret du 2 mai 1983, relatives aux modalités selon lesquelles sont matérialisés et transférés les titres de valeurs mobilières émis en territoire français et soumis à la législation française, sont sans portée quant au transfert de la propriété entre les parties à la vente de titres, lequel s'opère par l'effet de la convention de cession dès l'accord des parties sur les titres et sur leur prix : ▪ Cass. com., 22 nov. 1988 : *Bull. civ.* IV, n° 322 ; *Bull. Joly Bourse* 1989, § 84.

▪ Cass. com., 23 nov. 1993 : *Bull. civ.* IV, n° 431 ; *BJS* 1994, p. 93, note D. Lepeltier ; *Dr. sociétés* 1994, n° 41, obs. H. Hovasse. – En conséquence, le droit de propriété du cessionnaire sur des actions litigieuses est, dans les rapports entre les parties, subordonné à la validité des conventions par lesquelles ces titres lui ont été cédés. N'est donc pas propriétaire, bien qu'inscrit en compte, le cessionnaire dont la vente est annulée pour défaut de prix : ▪ Cass. com., 22 nov. 1988 : *Bull. civ.* IV, n° 322 ; *BJS* 1989.

4) Inscription en compte et preuve de la propriété des actions. L'inscription de la cession d'actions sur le registre des mouvements n'entraîne qu'une présomption simple de propriété des titres au profit de la personne inscrite : ▪ Cass. com., 10 juin 1997 : *Bull. civ.* IV, n° 186 ; *Bull. Joly Bourse* 1997, 859, note J.-J. Daigre ; *Dr. sociétés* 1997, n° 134, note H. Hovasse ; *D.* 1999, p. 89, note H. Causse. – V. égal. en ce sens ▪ Cass. com., 22 oct. 2002 : *JCP* E 2003, n° 11, p. 471, note A. Danis-Fatôme ; *BJS* 2003, 50, note H. Le Nabasque ; *Bull. Joly Bourse* 2003, note Ph. Goutay ; *RTD com.* 2003, p. 324, obs. J.-P. Chazal et Y. Reinhard ; *Rev. sociétés* 2003, p. 511, note M. Dubertret.

5) Inscription en compte et preuve de la qualité d'actionnaire. N'est pas considéré comme actionnaire celui qui apporte des preuves matérielles de la cession d'actions, sans toutefois pouvoir établir qu'il a formulé une demande d'agrément (comme le prévoient les statuts) et qu'à cette cession ait correspondu un transfert sur le registre des mouvements de titres de la société :▪ CA Pau, 19 mai 1992 : *Dr. sociétés* 1992, n° 230, obs. H. Le Nabasque. – V. égal. en ce sens ▪ CA▪ Versailles, 28 mai 1998 : *JCP* E 1998, n° 38, p. 1430 ; *BJS* 1998, 1050, note F.-X. Lucas ; *JCP* E 1999, n° 1, p. 31, obs. A. Viandier et J.-J. Caussain.

6) Inscription en compte et don manuel de titres au porteur. Les titres au porteur peuvent faire l'objet d'un don manuel, ce dont il résulte que, de la circonstance qu'ils sont dématérialisés et désormais inscrits en compte, ils se transmettent par virement de compte à compte :▪ Cass. com., 19 mai 1998 : *BJS* 1998, 1093, note D. Martin ; *D.* 1998, p. 551, note D. Martin ; *D. affaires* 1998, 1219, obs. M. B. ; *Dr. sociétés* 1998, n° 108, note H. Hovasse ; *JCP* E 1999, n° 1, p. 31, obs. A. Viandier et J.-J. Caussain. – Le don manuel supposant une tradition antérieure au décès du donateur, le retrait de titres au porteur du compte d'une personne, qui en avait donné l'ordre de son vivant, mais qui n'a été opéré que postérieurement à son décès, ne peut constituer un don manuel au profit de celui à qui la banque a remis les titres :▪ Cass. 1re civ., 6 mars 1996 : *Bull. civ.* I, n° 119 ; *RD bancaire et bourse* 1997, p. 238, obs. M. Germain et M.-A. Frison-Roche.

B – Actions non dématérialisées

7) Inscription en compte et opposabilité de la cession. Le transfert de propriété de titres nominatifs s'effectuant entre les parties, par le seul effet de la convention, l'inscription sur les registres de la sociétés n'a pour effet que de rendre ce transfert opposable aux tiers et à elle-même ; lorsqu'une cession d'actions a été annulée, le cessionnaire ne peut céder plus de droits qu'il n'en a, les personnes à qui il les a cédés ne pouvant se prévaloir des actions dont il a été ainsi privé : ▪ Cass. com., 24 janv. 1989 : *Bull. civ.* IV, n° 39 ; *BJS* 1989, 504, note D. Lepeltier.

8) Inscription en compte et preuve de la cession. Le bénéficiaire d'un bordereau de transfert d'actions nominatives, inscrit sur les registres de la société, qui a exercé pendant plusieurs années les prérogatives s'attachant à la propriété des actions avec l'accord des cédants restés actionnaires, peut invoquer le don de ces actions sans avoir à rapporter la preuve de l'intention libérale :▪ CA Paris, 13 juill. 1990 : *BJS* 1990, 944, note D. Lepeltier. – Le seul bordereau incomplet de transfert de titres nominatifs antérieur à la dématérialisation des valeurs mobilières ne constitue qu'une pièce d'accompagnement qui, en l'absence du dépôt des titres, n'a pas d'effet translatif de propriété : ▪ Cass. com., 4 déc. 1990 : *BJS* 1991, p. 179, note D. L.

Décret n° 83-359 du 2 mai 1983

pris pour l'application de l'article 94-II de la loi de finances pour 1982 et relatif au régime des valeurs mobilières

(JO 3 mai et rect. 17 juin)

(Abr. et partiellement codifié, D. n° 2005-1007, 2 août 2005)

Voir : C. monét. fin., art. R. 211-1, p. 1090 à R. 211-8, p. 1091, R. 213-16, p. 1095.

Art. 20. – Les emprunts d'État amortissables par tirage de tranches et les emprunts des PTT amortissables par tirage de finales de numéros sont assimilés à des obligations amortissables par tirage au sort de numéros de titres.

Dix-huit mois à dater de la publication du présent décret, les dispositions du décret susvisé du 21 février 1948 ne seront plus applicables qu'à ces emprunts.

Art. 21. – Les articles 1er, 10 à 22 et 45 à 48 du décret susvisé du 7 décembre 1955 sont abrogés.
Dix-huit mois à dater de la publication du présent décret, les articles 3 à 9, 23 à 44, 49 à 61 du même décret ne seront plus applicables qu'aux obligations françaises amortissables par tirage au sort de numéros de titres ou assimilées.

Art. 22. – Dix-huit mois à dater de la publication du présent décret, les articles 5, alinéas 2, 3, 7, 9 à 13, 15, 16, 17, alinéa 2 et 18 à 35 du décret susvisé du 4 août 1949 ne seront plus applicables qu'aux obligations amortissables par tirage au sort de numéros de titres ou assimilés et aux valeurs étrangères admises aux opérations de la Sicovam.
L'article 4 de ce même décret est remplacé par les dispositions suivantes : V. *D. n° 49-1105, 4 août 1949.*

Art. 23. – Cinq ans après la publication du présent décret, les dispositions du décret susvisé du 11 janvier 1956 ne seront plus applicables qu'aux obligations françaises amortissables par tirage au sort de numéros de titres et aux valeurs mobilières étrangères.
À l'expiration de ce même délai, les dispositions du décret susvisé du 27 novembre 1964 ne seront plus applicables qu'aux emprunts d'État et des PTT non soumis aux dispositions du présent décret.

Art. 23-1 *(D. n° 2001-265, 27 mars 2001 ; abr. et codifié, D. n° 2005-1007, 2 août 2005)*. – V. C. monét. fin., art. R. 732-1, R. 742-1, R. 752-1 et R. 762-1.
Le présent décret est applicable en Nouvelle-Calédonie, dans les territoires d'outre-mer et à Mayotte, à l'exception du premier alinéa de l'article 14, des articles 17 et 19, du second alinéa de l'article 20 ainsi que des articles 21 à 23, et sous réserve des adaptations suivantes :
– au premier alinéa de l'article 13, les mots : « à l'exception de ceux frappés d'opposition, soit en vertu du décret du 11 janvier 1956 susvisé, soit en vertu du décret du 27 novembre 1964 » sont supprimés ;
– aux articles 1er, 10 et 12, les mots : « dix-huit mois après la publication du présent décret » sont remplacés par les mots : « à compter du 1er juillet 2001 » ;
– le délai de cinq ans prévu au premier alinéa de l'article 13 est remplacé par un délai expirant au 1er janvier 2002 ;
– à l'article 6, la référence au décret n° 49-1105 du 4 août 1949 est supprimée.

Art. L. 211-4-1 ***(Ord. n° 2005-429, 6 mai 2005 ; implicitement abr., Ord. n° 2009-15, 8 janv. 2009).***

Art. L. 211-5 ***(Rempl., Ord. n° 2009-15, 8 janv. 2009 ; mod., Ord. n° 2009-107, 30 janv. 2009).*** **– La procédure d'identification des propriétaires de titres de capital est fixée aux articles L. 228-2 à *(Réf. rempl. à compter d'une date fixée par décret, et au plus tard le 10 juin 2019, L. n° 2019-486, 22 mai 2019)* « L. 228-3-6 » du Code de commerce.**
La procédure d'identification mentionnée au premier alinéa est applicable aux organismes de placement collectif, qu'ils aient ou non la forme de société par actions, et peut être exercée par leur société de gestion. Pour l'ensemble de ces organismes, cette procédure est applicable, nonobstant l'absence de stipulations spécifiques dans les statuts ou le règlement. La demande d'identification est exercée soit directement auprès des établissements teneurs de compte-conservateurs, soit par l'intermédiaire du dépositaire central.

Code du domaine de l'État

Art. L. 27 *(D. n° 70-1159, 11 déc. 1970 ; abr. et partiellement recodifié, Ord. n° 2006-460, 21 avr. 2006 ; et D. n° 2011-1612, 22 nov. 2011. – V. CGPPP, art. L. 1126-1, L. 2222-21, L. 2222-22 et R. 1126-1).*

....

Art. R. 46 *(Abr. et codifié, Ord. n° 2006-460, 21 avr. 2006)*. – V. CGPPP, art. L. 1126-2.

Art. R. 47 *(D. n° 79-894, 15 oct. 1979 ; partiellement abr. et recodifié, Ord. n° 2006-460, 21 avr. 2006 ; abrogé et partiellement recodifié, D. n° 2011-1612, 22 nov. 2011. – V. CGPPP, art. R. 1126-2).*

Art. R.* 47-1 *(D. n° 79-894, 15 oct. 1979 ; abr. et partiellement recodifié, D. n° 2011-1612, 22 nov. 2011. – V. CGPPP, art. R. 1126-4 et R. 1126-5).*

Art. R.* 48 *(D. n° 79-894, 15 oct. 1979 ; abr. et partiellement recodifié, D. n° 2011-1612, 22 nov. 2011. – V. CGPPP, art. R. 1126-2).*

Art. R. 49 *(D. n° 79-894, 15 oct. 1979 ; abr. et partiellement recodifié, D. n° 2011-1612, 22 nov. 2011. - V. CGPPP, art. R. 1126-6).*

Art. R. 50 *(D. n° 79-894, 15 oct. 1979 ; abr. et partiellement recodifié, D. n° 2011-1612, 22 nov. 2011. - V. CGPPP, art. R. 2222-34).*

Art. R. 51 *(Abr., D. n° 2011-1612, 22 nov. 2011).*

§ 2. – Tenue de compte-conservation

Art. L. 211-6 *(Anc. art. L. 431-6, dénum., Ord. n° 2005-429, 6 mai 2005 ; mod., Ord. n° 2005-429, 6 mai 2005 ; rempl., Ord. n° 2009-15, 8 janv. 2009).* **– Le compte-titres est tenu par l'émetteur lorsque la loi l'exige ou lorsque l'émetteur le décide. Dans les autres cas, il est tenu au choix du propriétaire des titres par l'émetteur ou par un intermédiaire mentionné à l'article L. 211-3.**

Un décret en Conseil d'État précise les conditions d'application du présent article.

Art. L. 211-7 *(Ord. n° 2009-15, 8 janv. 2009 ; mod., Ord. n° 2017-1674, 8 déc. 2017).* **– Les titres financiers admis aux opérations d'un dépositaire central peuvent être inscrits dans un compte-titres tenu par un intermédiaire mentionné à l'article L. 211-3, sauf décision contraire de l'émetteur.**

Les titres financiers qui ne sont pas admis aux opérations d'un dépositaire central doivent être inscrits, au nom du propriétaire des titres, dans un compte-titres tenu par l'émetteur ou, sur décision de l'émetteur, dans un dispositif d'enregistrement électronique partagé mentionné à l'article L. 211-3. Toutefois, sauf lorsque la loi ou l'émetteur l'interdit, les parts ou actions d'organismes de placement collectif peuvent être inscrites dans un compte-titres tenu par un intermédiaire mentionné à l'article L. 211-3.

Art. L. 211-8 *(Ord. n° 2009-15, 8 janv. 2009).* **– Le teneur de compte-conservateur de titres financiers peut, dans les conditions fixées par le règlement général de l'Autorité des marchés financiers, confier à un tiers tout ou partie de ses tâches.**

§ 3. – Protection du titulaire du compte

Art. L. 211-9 *(Ord. n° 2009-15, 8 janv. 2009).* **– Le teneur de compte-conservateur sauvegarde les droits des titulaires des comptes sur les titres financiers qui y sont inscrits. Il ne peut utiliser ces titres pour son propre compte que dans les conditions prévues au** *(Mots rempl. à compter du 3 janvier 2018, Ord. n° 2016-827, 23 juin 2016)* **« 4° du II de l'article L. 533-10 ».**

Art. L. 211-10 *(Ord. n° 2009-15, 8 janv. 2009 ; mod., L. n° 2013-672, 26 juill. 2013).* **– En cas d'ouverture d'une procédure de redressement ou de liquidation judiciaire d'un intermédiaire mentionné à l'article L. 211-3, l'administrateur judiciaire ou le liquidateur, conjointement avec l'administrateur provisoire ou le liquidateur nommé, le cas échéant, par l'Autorité de contrôle prudentiel et de résolution, vérifie titre financier par titre financier que l'ensemble des titres financiers figurant en compte chez un dépositaire central ou chez un autre intermédiaire au nom de l'intermédiaire défaillant, quelle que soit la nature des comptes ouverts chez ces derniers, sont en nombre suffisant pour que l'intermédiaire puisse remplir ses obligations vis-à-vis des titulaires de compte.**

En cas d'insuffisance du nombre de ces titres, il est procédé titre financier par titre financier à une répartition proportionnelle entre les titulaires de compte concernés ; ceux-ci peuvent faire virer à un compte-titres tenu par un autre intermédiaire ou par l'émetteur les titres dont ils obtiennent restitution.

Pour la créance correspondant aux titres financiers qui, faute d'une encaisse suffisante chez le dépositaire central ou chez un autre intermédiaire, n'auront pu être restitués aux titulaires de compte, ceux-ci sont dispensés de la déclaration prévue à l'article L. 622-24 du Code de commerce.

Le juge commissaire est informé du résultat de la vérification opérée par l'administrateur judiciaire ou le liquidateur et, le cas échéant, de la répartition proportionnelle des titres financiers ainsi que des virements effectués à la demande des titulaires de compte.

Art. L. 211-11 *(Ord. n° 2009-15, 8 janv. 2009).* **– Aucune saisie, même à titre conservatoire, n'est admise sur les comptes ouverts auprès d'un dépositaire central.**

Aucune mesure d'exécution forcée ou conservatoire menée à l'encontre d'un intermédiaire mentionné à l'article L. 211-3 n'est admise sur les titres financiers inscrits sur un compte, ouvert à son nom dans les livres d'un autre intermédiaire mentionné au même article, lorsqu'ils ne sont pas la propriété du premier intermédiaire.

Art. L. 211-12 *(Ord. n° 2009-15, 8 janv. 2009 ; mod., Ord. n° 2011-1895, 19 déc. 2011).* **– Sous réserve des dispositions de l'article L. 211-11, les saisies de titres financiers sont régies par les dispositions de la partie législative du Code des procédures civiles d'exécution.**

§ 4. – Dispositions transitoires

Art. L. 211-13 *(Ord. n° 2009-15, 8 janv. 2009).* **– Les dispositions de la présente sous-section ne concernent pas les obligations émises avant le 3 novembre 1984, amortissables par tirage au sort de numéros. Elles ne concernent pas non plus les rentes perpétuelles sur l'État, détenues sous forme nominative, émises avant cette date.**

Les détenteurs de titres financiers émis avant la même date ne peuvent exercer les droits attachés à leurs titres que si ceux-ci ont été inscrits en compte par l'émetteur ou présentés à un intermédiaire mentionné à l'article L. 211-3 en vue de leur inscription en compte. Dans des conditions définies par décret, les émetteurs ou les intermédiaires doivent procéder à la vente des droits correspondant aux titres financiers non présentés ou dont les titulaires sont inconnus ou n'ont pas été atteints depuis la même date du 3 novembre 1984. Le produit de la vente est consigné jusqu'à restitution éventuelle aux ayants droit.

Sous-section 3. – Transmissions

§ 1. – Négociabilité

Art. L. 211-14 *(Ord. n° 2009-15, 8 janv. 2009 ; mod., Ord. n° 2013-676, 25 juill. 2013).* **– À l'exception des parts des sociétés civiles de placement immobilier mentionnées à l'article L. 214-114 et des parts des sociétés d'épargne forestière mentionnées à l'article L. 214-121, les titres financiers sont négociables.**

Art. L. 211-15 *(Ord. n° 2009-15, 8 janv. 2009 ; mod., Ord. n° 2017-1674, 8 déc. 2017).* **– Les titres financiers se transmettent par virement de compte à compte ou par inscription dans un dispositif d'enregistrement électronique partagé mentionné à l'article L. 211-3.**

Art. L. 211-16 *(Ord. n° 2009-15, 8 janv. 2009 ; mod., Ord. n° 2017-1674, 8 déc. 2017).* **– Nul ne peut revendiquer pour quelque cause que ce soit un titre financier dont la propriété a été acquise de bonne foi par le titulaire du compte-titres dans lequel ces titres sont inscrits ou par la personne identifiée par le dispositif d'enregistrement électronique partagé mentionné à l'article L. 211-3.**

§ 2. – Transfert de propriété

Bibliographie : antérieure à l'Ord. n° 2009-15, 8 janv. 2009 • Th. Bonneau, *Note sous l'ordonnance n° 2005-203, portant simplification des règles de transfert de propriété des instruments financiers admis aux opérations d'un dépositaire central ou livrés dans un système de règlement et de livraison, art. 1 et 2 : Dr. sociétés* juill. 2005, p. 42. • A. Colin, *La transmissibilité des instruments financiers à terme : Gaz. Pal.* 23-27 déc. 2007, p. 9. • H. de Vauplane, *Transfert de propriété des titres non cotés : la réforme dévoyée : Banque* 2007, n° 692, p. 81. • P. Gissinger et A. Gauvin, *Bréviaire sur le régime juridique du transfert de propriété d'instruments financiers : RD bancaire et bourse* 1999, p. 132. • Ph. Goutay, *Le transfert de propriété des instruments financiers : de l'aboutissement d'une réforme décennale : RD bancaire et fin.* 2005, n° 5, analyse 16, p. 47. • Ph. Goutay et M. Germain, *Le transfert de propriété des titres cotés : Actes prat. ing. sociétaire* 2003, p. 5. • H. de Vauplane, *Transfert de propriété des titres cotés : la réforme achevée... ou presque : Banque* mai 2005, p. 87. • H. de Vauplane et J.-J. Daigre, *Note sous l'ordonnance n° 2005-203, portant simplification des règles de transfert de propriété des instruments financiers admis aux opérations d'un dépositaire central ou livrés dans un système de règlement et de livraison : Banque et droit* mai 2005, p. 50. • Ch. de Watrigant, *La réforme du transfert de propriété des titres : Actes prat. ing. sociétaire* 2007, n° 91, p. 41. • J. Prieur et A. Bienvenu-Perrot, *Le transfert de propriété dans la cession d'instruments financiers : Dr. et patrimoine* mai 2000, p. 79. • M. Roncin, *Place financière française : l'harmonisation des règles de transfert de propriété des titres : Banque* 2006, n° 679, p. 55.

Art. L. 211-17 *(Ord. n° 2009-15, 8 janv. 2009 ; mod., Ord. n° 2015-1686, 17 déc. 2015 ; Ord. n° 2017-1674, 8 déc. 2017)*. – I. – Le transfert de propriété de titres financiers résulte de l'inscription de ces titres au compte-titres de l'acquéreur ou de l'inscription de ces titres au bénéfice de l'acquéreur dans un dispositif d'enregistrement électronique partagé mentionné à l'article L. 211-3.

II. – Lorsque les titres financiers sont admis aux opérations d'un dépositaire central ou livrés dans un système de règlement et de livraison d'instruments financiers mentionné à l'article L. 330-1, l'inscription prévue au I a lieu à la date et dans les conditions définies par le règlement général de l'Autorité des marchés financiers.

Par dérogation à ce qui précède, le transfert n'intervient au profit de l'acquéreur que lorsque celui-ci a réglé le prix. Tant que l'acquéreur n'a pas réglé le prix, l'intermédiaire qui a reçu les titres financiers en est le propriétaire. Le règlement général de l'Autorité des marchés financiers précise les modalités particulières de transfert de propriété applicables dans le cas prévu au présent alinéa.

III. – Lorsque des transactions sur des titres financiers sont conclues sur un marché réglementé ou un système multilatéral de négociation et que le compte du teneur de compte-conservateur de l'acheteur, ou le compte du mandataire de ce teneur de compte-conservateur, est crédité dans les livres du dépositaire central, l'inscription prévue au I a lieu à la date de dénouement effectif de la négociation mentionnée dans les règles de fonctionnement du système de règlement et de livraison.

Cette date intervient au plus tard le deuxième jour d'ouverture du système de règlement et de livraison après la négociation, à l'exception des cas prévus au point 2 de l'article 5 du règlement (UE) n° 909/2014 du Parlement européen et du Conseil du 23 juillet 2014 concernant l'amélioration du règlement de titres dans l'Union européenne et les dépositaires centraux de titres.

Cette même date s'applique lorsque les titres financiers de l'acheteur et du vendeur sont inscrits dans les livres d'un teneur de compte-conservateur commun.

Art. L. 211-17-1 *(L. n° 2010-1249, 22 oct. 2010 ; mod., Ord. n° 2015-1686, 17 déc. 2015)*. – I. – L'acheteur et le vendeur d'instruments financiers mentionnés au I de l'article L. 211-1 sont, dès l'exécution de l'ordre, définitivement engagés, le premier à payer, le second à livrer, à la date mentionnée au III de l'article L. 211-17.

Sans préjudice du règlement (UE) n° 236/2012 du Parlement européen et du Conseil, du 14 mars 2012, sur la vente à découvert et certains aspects des contrats d'échange sur risque de crédit, il est interdit à un vendeur d'instruments financiers mentionnés au I de l'article L. 211-1 et admis à la négociation sur un marché réglementé d'émettre un ordre de vente s'il ne dispose pas sur son compte des instruments financiers appelés à être cédés, ou s'il n'a pas pris les mesures nécessaires auprès d'une tierce partie afin de disposer d'assurances raisonnables sur sa capacité à livrer ces instruments financiers, au plus tard à la date prévue pour la livraison consécutive à la négociation.

Il peut être dérogé au présent article dans des conditions prévues par décret après avis motivé du collège de l'Autorité des marchés financiers.

Le prestataire auquel l'ordre est transmis peut exiger, lors de la réception de l'ordre ou dès son exécution, la constitution dans ses livres, à titre de couverture, d'une provision en espèces en cas d'achat, en instruments financiers objets de la vente en cas de vente.

II. – L'Autorité des marchés financiers peut prononcer les sanctions prévues aux II et III de l'article L. 621-15 à l'encontre de toute personne physique ou morale qui exécute une opération ayant pour objet ou pour effet de contrevenir aux dispositions du présent article et du III de l'article L. 211-17.

Art. L. 211-18 *(Ord. n° 2009-15, 8 janv. 2009)*. – En cas de livraison de titres financiers contre règlement d'espèces, le défaut de livraison ou de règlement constaté à la date et dans les conditions définies dans le règlement général de l'Autorité des marchés financiers ou, à défaut, par une convention entre les parties délie de plein droit de toute obligation la partie non défaillante vis-à-vis de la partie défaillante, nonobstant toute disposition législative contraire.

Lorsqu'un intermédiaire mentionné à l'article L. 211-3 procède à la livraison des titres ou au paiement du prix en se substituant à son client défaillant, il acquiert la pleine propriété des titres financiers ou des espèces reçus de la contrepartie. Les dispositions du livre VI du Code de commerce ne font pas obstacle à l'application du présent article. Aucun créancier du client défaillant ne peut opposer un droit quelconque sur ces titres financiers ou espèces.

Art. L. 211-19 *(Ord. n° 2009-15, 8 janv. 2009 ; mod., Ord. n° 2015-1686, 17 déc. 2015).* **– Pour chaque ordre de négociation, cession ou mutation d'un titre financier inscrit dans un compte tenu par l'émetteur et admis aux opérations d'un dépositaire central, ou pour toute autre modification affectant l'inscription en compte dudit titre financier, l'intermédiaire mentionné à l'article L. 211-3 établit un bordereau de références nominatives. Ce bordereau indique les éléments d'identification du donneur d'ordre, la nature juridique de ses droits et les restrictions dont le titre financier peut être frappé et porte un code permettant de déterminer l'opération à laquelle il se rattache.**

Le règlement général de l'Autorité des marchés financiers détermine les modalités et les délais de circulation du bordereau de références nominatives entre l'intermédiaire, le dépositaire central et l'émetteur.

Sous-section 4. – Nantissement de comptes-titres

Bibliographie : antérieure à l'Ord. n° 2009-15, 8 janv. 2009 • F. Auckenthaler, *Le gage de compte d'instruments financiers après l'ordonnance du 24 février 2005 : JCP* E 2005, 1728. • G. Blanluet, *La cession d'actions nanties : D.* 1999, chron. p. 109. • D. Bureau, *L'art législatif sur le vif. À propos du nantissement de compte d'instruments financiers : D.* 1997, chron. p. 73. • A. Cerles, *Incidence de l'ordonnance n° 2009-15 du 8 janvier 2009 et du décret n° 2009-297 du 16 mars 2009 : RD bancaire et fin.* mai 2009, comm. 92. • J.-J. Daigre, *Précisions relatives au gage de compte d'instruments financiers : Dr. sociétés* 1997, p. 4. • J.-M. Gaillard et M. Baffreau, *L'assiette du nantissement de compte d'instruments financiers : RD bancaire et fin.* 1998, p. 125. • Ph. Delebecque, *Nantissement et saisie : Rev. sociétés* 1999, p. 599. • D. Legeais, *Gage de comptes d'instruments financiers : RD bancaire et bourse* 1997, p. 225. • G. Ferreira, *Le nantissement de second rang sur compte d'instruments financiers : JCP* E 2005, p. 76. • P.-G. Marly, *De quelques avatars du gage sur compte d'instruments financiers : à propos de l'ordonnance du 24 février 2005 sur les contrats de garantie financière : Banque et droit* sept. 2005, p. 32. • D. Martin, *Du gage d'actifs scripturaux : D.* 1996, chron. p. 263. • P. Minor et C. Coatalem, *De la souplesse du gage d'instruments financiers : RD bancaire et fin.* 2004, p. 469. • D. Robine, *Le gage de compte d'instruments financiers : Dr. et patrimoine* juill. 2002, p. 70 ; *La réforme du gage de compte d'instruments financiers par l'ordonnance n° 2005-171 du 24 février 2005 : Bull. Joly Bourse* 2005, 113. • Y. Sexer, *Gage sur titres de compte d'instruments financiers et procédure collective du débiteur : BJS* 1997, p. 285. • S. Mouy et H. de Vauplane, *Nantissement de comptes d'instruments financiers : Banque* 1997, p. 55. • H. Synvet, *L'objet du gage de compte d'instruments financiers : Études J. Béguin*, Litec, 2005, p. 719. • *Adde* F. Auckenthaler, *JCl. Sociétés traité*, Fasc. 2130.

Art. L. 211-20 *(Ord. n° 2009-15, 8 janv. 2009 ; mod., Ord. n° 2009-107, 30 janv. 2009 ; Ord. n° 2013-544, 27 juin 2013 ; Ord. n° 2017-1674, 8 déc. 2017).* **– I. – Le nantissement d'un compte-titres est réalisé, tant entre les parties qu'à l'égard de la personne morale émettrice et des tiers, par une déclaration signée par le titulaire du compte. Cette déclaration comporte les énonciations fixées par décret. Les titres financiers figurant initialement dans le compte nanti, ceux qui leur sont substitués ou les complètent en garantie de la créance initiale du créancier nanti, de quelque manière que ce soit, ainsi que leurs fruits et produits en toute monnaie, sont compris dans l'assiette du nantissement. Les titres financiers et les sommes en toute monnaie postérieurement inscrits au crédit du compte nanti, en garantie de la créance initiale du créancier nanti, sont soumis aux mêmes conditions que ceux y figurant initialement et sont considérés comme ayant été remis à la date de déclaration de nantissement initiale. Le créancier nanti peut obtenir, sur simple demande au teneur de compte, une attestation de nantissement de compte-titres, comportant inventaire des titres financiers et sommes en toute monnaie inscrits en compte nanti à la date de délivrance de cette attestation.**

II. – Le compte nanti prend la forme d'un compte spécial ouvert au nom du titulaire et tenu par un intermédiaire mentionné à l'article L. 211-3, un dépositaire central ou, le cas échéant, l'émetteur.

À défaut d'un compte spécial, sont réputés constituer le compte nanti les titres financiers mentionnés au premier alinéa, ainsi que les sommes en toute monnaie ayant fait l'objet d'une identification à cet effet par un procédé informatique.

III. – Lorsque les titres financiers figurant dans le compte nanti sont inscrits dans un compte tenu par l'émetteur et que celui-ci n'est pas une personne autorisée à recevoir des fonds remboursables du public au sens de l'article L. 312-2, les fruits et produits mentionnés au I versés en toute monnaie doivent être inscrits au crédit d'un compte spécial ouvert au nom du titulaire du compte nanti dans les livres d'un intermédiaire mentionné à l'article L. 211-3 ou d'un établissement de crédit. Ce compte spécial est réputé faire partie intégrante du compte nanti à la date de signature de la déclaration de nantissement. Le créancier nanti peut obtenir, sur simple demande au teneur du compte spécial, une attestation comportant l'inventaire des sommes en toute monnaie inscrites au crédit de ce compte à la date de la délivrance de cette attestation.

IV. – Le créancier nanti définit avec le titulaire du compte-titres les conditions dans lesquelles ce dernier peut disposer des titres financiers et des sommes en toute monnaie figurant dans le compte nanti. Le créancier nanti bénéficie en toute hypothèse d'un droit de rétention sur les titres financiers et sommes en toute monnaie figurant au compte nanti.

V. – Le créancier nanti titulaire d'une créance certaine, liquide et exigible peut, pour les titres financiers, français ou étrangers, négociés sur un marché réglementé, les parts ou actions d'organismes de placement collectif, ainsi que pour les sommes en toute monnaie, réaliser le nantissement, civil ou commercial, huit jours – ou à l'échéance de tout autre délai préalablement convenu avec le titulaire du compte – après mise en demeure du débiteur remise en mains propres ou adressée par courrier recommandé. Cette mise en demeure du débiteur est également notifiée au constituant du nantissement lorsqu'il n'est pas le débiteur ainsi qu'au teneur de compte lorsque ce dernier n'est pas le créancier nanti. La réalisation du nantissement intervient selon des modalités fixées par décret.

Pour les instruments financiers autres que ceux mentionnés à l'alinéa précédent, la réalisation du nantissement intervient conformément aux dispositions de l'article L. 521-3 du Code de commerce.

VI. – Les dispositions du V du présent article relatives à la réalisation du nantissement s'appliquent aux nantissements de titres financiers constitués antérieurement au 4 juillet 1996.

VII. – Un décret en Conseil d'État précise les modalités d'application du présent article au nantissement de titres financiers inscrits dans un dispositif d'enregistrement électronique partagé mentionné à l'article L. 211-3.

1) Constitution du gage. Les formalités prévues par l'ancien article 29 de la loi du 3 janvier 1983 *[V. désormais C. monét. fin., art. L. 211-20]* ne constituant pas des conditions de validité du contrat de gage, l'absence de certaines d'entre elles n'interdit pas au juge de vérifier l'existence d'un tel contrat, en recherchant si les valeurs mobilières, dont il est allégué qu'elles ont été données en gage, ont été effectivement conservées par un tiers convenu entre les parties : ▪ Cass. com., 7 avr. 1995 : *Bull. civ.* IV, n° 73 ; *JCP* E 1995, II, 695, note H. Hovasse. – Voir aussi ▪ Cass. com., 3 mars 2004 : *BJS* 2004, 988, note F.-X. Lucas ; RJDA 2004, n° 834. – L'indisponibilité d'une valeur mobilière, quand elle est simplement temporaire, ne fait pas obstacle à son affectation en nantissement : ▪ Cass. com., 30 sept. 2008, n° 07-12.768, F-P+B : *JurisData* n° 2008-045192 ; *D.* 2008, act. jurispr. p. 2596, ndlr X. Delpech ; *JCP* E 2008, 2353, note S. Piédelièvre ; *Banque et droit* 2008, n° 122, p. 48, obs. N. Rontchevsky ; *RD bancaire et fin.* 2009, n° 1, comm. 33, obs. Th. Bonneau ; *Rev. sociétés* 2009, p. 151, note A. Reygrobellet.

2) Mise en demeure. L'omission des indications devant impérativement figurer dans une mise en demeure préalable à la réalisation d'un gage sur compte d'instruments financiers *[D. 21 mai 1997, art. 2]* frappant de nullité le contenu même de la mise en demeure et non uniquement sa notification, cette nullité n'est pas soumise au régime applicable à la nullité des notifications : ▪ Cass. com., 28 mars 2006 : *Bull. Joly Bourse* 2006, 75, note D. Robine et J. Marotte : *Dr. sociétés* 2006, comm. 146, p. 24, note Th. Bonneau. – Le défaut de mise en demeure du constituant par le créancier bénéficiaire d'un gage de compte d'instruments financiers est une cause de nullité de l'opération et oblige ce créancier à restituer l'intégralité des titres gagés : ▪ Cass. com., 18 nov. 2008, n° 07-21.975, F-P+B : *JurisData* n° 2008-045896 ; *RD bancaire et fin.* 2009, n° 1, comm. 25, note A. Cerles ; *ibid.*, comm. 34, note Th. Bonneau.

Sous-section 5. – Formes particulières de transmission

§ 1. – Adjudication

Art. L. 211-21 *(Ord. n° 2009-15, 8 janv. 2009)*. – **Les adjudications publiques volontaires ou forcées de titres financiers sont faites, si ces titres sont admis aux négociations sur un marché réglementé, par les prestataires de services d'investissement membres du marché réglementé où ces titres sont négociés et, dans le cas contraire, par un prestataire de services d'investissement ou par un notaire.**

Même en cas de dispositions statutaires contraires, les dispositions du présent article s'appliquent aux adjudications pour défaut de libération d'actions.

Les dispositions du présent article ne sont pas applicables aux adjudications de titres de la dette publique effectuées pour le compte de l'État.

§ 2. – Prêts de titres financiers

Bibliographie : antérieure à l'Ord. n° 2009-15, 9 janv. 2009 • F. Auckenthaler, *Les transferts temporaires des titres : RJDA* 1993, p. 243 et 315 ; • *La pension, le prêt de titres et la loi sur les nouvelles régulations économiques : Bull. Joly Bourse* 2002, p. 387. • G. Baffoy, *Le prêt de consommation de titres de sociétés : RD bancaire et bourse* 1998, n° 67, p. 77. • H. Causse, *Prêts de titres et titres de créances négociables après la loi du 26 juillet 1991 : JCP* E 1992, I, 125. • M. Jeantin, *Les prêts de titres : Rev. sociétés* 1992, p. 465. • A. Lunel-Jurgensen et F. Guéranguer, *Le réméré, la pension et le prêt de titres : Banque* 1992, p. 361. • A. Perrot, *La vente à réméré de valeurs mobilières : RTD com.* 1993, p. 1.

Art. L. 211-22 *(Ord. n° 2009-15, 8 janv. 2009)*. – Les dispositions de l'article L. 211-24 sont applicables aux prêts de titres financiers qui remplissent les conditions suivantes :

1° Le prêt porte sur des titres financiers ;

2° Le prêt porte sur des titres financiers qui ne sont pas susceptibles de faire l'objet, pendant la durée du prêt, du détachement d'un droit à dividende ou du paiement d'un intérêt soumis à la retenue à la source prévue au 1° de l'article 119 *bis* ou à l'article 1678 *bis* du Code général des impôts ou ouvrant droit au crédit impôt prévu au *b* du 1 de l'article 220 du même code, d'un amortissement, d'un tirage au sort pouvant conduire au remboursement ou d'un échange ou d'une conversion prévus par le contrat d'émission ;

3° Le prêt est soumis aux dispositions des articles 1892 à 1904 inclus du Code civil ;

4° Les titres financiers sont empruntés par une personne morale soumise de plein droit à un régime réel d'imposition, par un organisme de placement collectif, ou par une personne, société ou institution non résidente ayant un statut comparable.

Les parties peuvent convenir de remises complémentaires, en pleine propriété, d'espèces ou de titres financiers, pour tenir compte de l'évolution de la valeur des titres financiers prêtés.

Art. L. 211-23 *(Ord. n° 2009-15, 8 janv. 2009)*. – Le régime de la rémunération allouée en paiement de prêts de titres financiers est fixé par les dispositions du 2 du I de l'article 38 *bis* du Code général des impôts.

Art. L. 211-24 *(Ord. n° 2009-15, 8 janv. 2009)*. – Lorsque les titres financiers sont prêtés par une entreprise, ils sont prélevés par priorité sur les titres de même nature acquis ou souscrits à la date la plus récente.

La créance représentative des titres financiers prêtés est inscrite distinctement au bilan à la valeur d'origine de ces titres.

À l'expiration du prêt, les titres financiers restitués sont inscrits au bilan à cette même valeur.

La provision pour dépréciation constituée antérieurement, le cas échéant, sur les titres financiers prêtés n'est pas réintégrée lors du prêt. Elle doit figurer sur une ligne distincte au bilan et demeurer inchangée jusqu'à la restitution de ces titres.

Art. L. 211-25 *(Ord. n° 2009-15, 8 janv. 2009)*. – Les titres financiers empruntés et la dette représentative de l'obligation de restitution de ces titres sont inscrits distinctement au bilan de l'emprunteur au prix du marché au jour du prêt.

Art. L. 211-26 *(Ord. n° 2009-15, 8 janv. 2009)*. – Lorsque l'emprunteur cède des titres financiers, ceux-ci sont prélevés par priorité sur les titres de même nature empruntés à la date la plus ancienne. Les achats ultérieurs de titres de même nature sont affectés par priorité au remplacement des titres empruntés.

À la clôture de l'exercice, les titres financiers empruntés qui figurent au bilan de l'emprunteur et la dette représentative de l'obligation de restitution qui résulte des contrats en cours sont inscrits au prix que ces titres ont sur le marché à cette date.

À l'expiration du prêt, les titres financiers empruntés sont réputés restitués à la valeur pour laquelle la dette représentative de l'obligation de restitution figure au bilan.

§ 3. – Pension

Bibliographie : antérieure à l'Ord. n° 2009-15, 8 janv. 2009 • F. Auckenthaler, *La pension, le prêt de titres et la loi sur les nouvelles régulations économiques : Bull. Joly Bourse* 2002, p. 387. • C. Ferry et J. Cl. Bignon, *Les opérations de pension : JCP* E 1994, I, 389. • O. Chéneau et F. Trussant-Puel, *Guide pratique d'un contrat de pension ; le TBMA ISMA GMRA 2000 : Banque et droit* janv. 2003, p. 17.

Art. L. 211-27 *(Ord. n° 2009-15, 8 janv. 2009 ; mod., Ord. n° 2013-676, 25 juill. 2013 ; Ord. n° 2017-1432, 4 oct. 2017).* – La pension est l'opération par laquelle une personne morale, un fonds commun de placement, un fonds de placement immobilier, un fonds professionnel de placement immobilier, un fonds de financement spécialisé, ou un fonds commun de titrisation cède en pleine propriété à une autre personne morale, à un fonds commun de placement, à un fonds de placement immobilier, un fonds professionnel de placement immobilier ou à un fonds commun de titrisation, moyennant un prix convenu, des titres financiers et par laquelle le cédant et le cessionnaire s'engagent respectivement et irrévocablement, le premier à reprendre les titres, le second à les rétrocéder pour un prix et à une date convenus.

Art. L. 211-28 *(Ord. n° 2009-15, 8 janv. 2009).* – La pension porte sur des titres financiers qui ne sont pas susceptibles de faire l'objet, pendant toute la durée de l'opération :

1° Du détachement d'un droit à dividende, ouvrant droit au crédit d'impôt prévu au *b* du 1 de l'article 220 du Code général des impôts ;

2° Du paiement d'un intérêt soumis à la retenue à la source prévue au 1 de l'article 119 *bis* ou à l'article 1678 *bis* du Code général des impôts ou ouvrant droit à un crédit d'impôt prévu au *b* du 1 de l'article 220 du même code.

L'amortissement, le tirage au sort conduisant au remboursement, l'échange, la conversion ou l'exercice d'un bon de souscription mettent fin à l'opération de pension.

Art. L. 211-29 *(Ord. n° 2009-15, 8 janv. 2009).* – La pension devient opposable aux tiers dès la livraison, dont les modalités sont fixées par décret, des titres financiers.

Art. L. 211-30 *(Ord. n° 2009-15, 8 janv. 2009).* – Au terme fixé pour la rétrocession, le cédant paye le prix convenu au cessionnaire et ce dernier rétrocède les titres financiers au cédant ; si le cédant manque à son obligation de payer le prix de la rétrocession, les titres restent acquis au cessionnaire et si le cessionnaire manque à son obligation de rétrocéder les titres, le montant de la cession reste acquis au cédant.

Art. L. 211-31 *(Ord. n° 2009-15, 8 janv. 2009).* – La rémunération du cessionnaire, quelle qu'en soit la forme, constitue un revenu de créance. Elle est traitée sur le plan comptable comme des intérêts.

Lorsque la durée de la pension couvre la date de paiement des revenus attachés aux titres financiers donnés en pension, le cessionnaire les reverse au cédant qui les comptabilise parmi les produits de même nature.

Art. L. 211-32 *(Ord. n° 2009-15, 8 janv. 2009).* – La pension entraîne, chez le cédant, d'une part, le maintien à l'actif de son bilan des titres financiers mis en pension et, d'autre part, l'inscription au passif du bilan du montant de sa dette vis-à-vis du cessionnaire ; ces titres et cette dette sont individualisés à une rubrique spécifique dans la comptabilité du cédant. En outre, le montant des titres financiers mis en pension, ventilé selon la nature des actifs concernés, doit figurer dans les documents annexés aux comptes annuels.

Art. L. 211-33 *(Ord. n° 2009-15, 8 janv. 2009).* – Les titres financiers reçus en pension ne sont pas inscrits au bilan du cessionnaire ; celui-ci enregistre à l'actif de son bilan le montant de sa créance sur le cédant.

Lorsque le cessionnaire cède des titres financiers qu'il a lui-même reçus en pension, il constate au passif de son bilan le montant de cette cession représentatif de sa dette de titres financiers qui, à la clôture de l'exercice, est évaluée au prix de marché de ces actifs. Les écarts de valeur constatés sont retenus pour la détermination du résultat imposable de cet exercice.

Lorsque le cessionnaire donne en pension des titres financiers qu'il a lui-même reçus en pension, il inscrit au passif de son bilan le montant de sa dette à l'égard du nouveau cessionnaire.

Les montants représentatifs des créances et dettes mentionnées au présent article sont individualisés dans la comptabilité du cessionnaire.

Art. L. 211-34 *(Ord. n° 2009-15, 8 janv. 2009 ; mod., Ord. n° 2013-544, 27 juin 2013).* – Pour l'application des articles L. 211-27 à L. 211-33, les effets publics ou privés sont assimilés à des titres financiers.

Toutefois, seuls les établissements de crédit et les sociétés de financement peuvent prendre ou mettre en pension les effets privés.

Section III. – Contrats financiers

Art. L. 211-35 *(Ord. n° 2009-15, 8 janv. 2009).* – **Nul ne peut, pour se soustraire aux obligations qui résultent de contrats financiers, se prévaloir de l'article 1965 du Code civil, alors même que ces opérations se résoudraient par le paiement d'une simple différence.**

Section IV. – Règles communes applicables aux opérations sur instruments financiers

§ 1. – Compensation et cessions de créances

Bibliographie : antérieure à l'Ord. n° 2009-15, 8 janv. 2009 • F. Auckenthaler, *Compensation, garantie, cession : le nouveau régime des obligations financières (Ordonnance n° 2005-171 du 24 février 2005 simplifiant les procédures de constitution et de réalisation des contrats de garanties financières) : JCP* E 2005, 1519. • Th. Bonneau, *Note sous ordonnance n° 2005-171, 24 février 2005, simplifiant les procédures de constitution et de réalisation des contrats de garantie financière : Dr. sociétés* juin 2005, p. 32. • H. Boucheta, *Compensation et règlement, Livraison dans l'Union européenne : Banque et droit* 2006, n° 106, p. 24. • J.-J. Daigre, *Le domaine matériel de la compensation des dettes et créances afférentes aux transferts temporaires de propriété d'instruments financiers (article L. 431-7, al. 1er du Code monétaire et financier)*, in *Mél. en l'honneur d'Yves Guyon – Aspects actuels du droit des affaires*, Dalloz, 2003, p. 271. • S. Praicheux, *La transposition en droit français de la directive européenne sur les contrats de garantie financière (commentaire de l'ordonnance n° 205-171 du 24 février 2005) : RD bancaire et fin.* mai 2005, p. 56. • D. Robine, *La réforme du droit spécial des garanties financières par l'ordonnance n° 2005-171 du 24 février 2005 : Bull. Joly Bourse* 2005, 139. • M. Storck, *Note sous ordonnance n° 2005-171, 24 février 2005, simplifiant les procédures de constitution et de réalisation des contrats de garantie financière : RTD com.* 2005, p. 375.

Art. L. 211-36 *(Ord. n° 2009-15, 8 janv. 2009 ; mod., Ord. n° 2009-107, 30 janv. 2009 ; L. n° 2010-1249, 22 oct. 2010 ; Ord. n° 2013-544, 27 juin 2013 ; L. n° 2016-1691, 9 déc. 2016 ; Ord. n° 2017-1107, 22 juin 2017).* – **I. – Les dispositions du présent paragraphe sont applicables :**

1° Aux obligations financières résultant d'opérations sur instruments financiers *(Mots aj., L. n° 2019-486, 22 mai 2019)* **« ou sur des unités mentionnées à l'article L. 229-7 du Code de l'environnement, d'opérations de change au comptant ou d'opérations de vente, d'achat ou de livraison d'or, d'argent, de platine, de palladium ou d'autres métaux précieux »** *(Mots aj., L. n° 2019-486, 22 mai 2019)* **« ou aux marchandises représentées par un reçu d'entreposage mentionné à l'article L. 522-37-1 du Code de commerce, » lorsque l'une au moins des parties à l'opération est un établissement de crédit, une société de financement, un prestataire de services d'investissement autre qu'une société de gestion de portefeuille, un établissement public, une collectivité territoriale, une institution, une personne ou entité bénéficiaire des dispositions de l'article L. 531-2** *(Mots aj., L. n° 2019-486, 22 mai 2019)* **« du présent code », une chambre de compensation, un établissement non résident ayant un statut comparable, une organisation ou organisme financier international dont la France ou l'Union européenne est membre ;**

2° Aux obligations financières résultant de tout contrat donnant lieu à un règlement en espèces ou à une livraison d'instruments financiers lorsque toutes les parties appartiennent à l'une des catégories de personnes mentionnées à l'alinéa précédent, à l'exception des personnes mentionnées aux alinéas *c* à *n* du 2° de l'article L. 531-2 ;

3° Aux obligations financières résultant de tout contrat conclu dans le cadre d'un système mentionné à l'article L. 330-1 ;

4° Aux obligations financières résultant de contrats conclus entre une ou plusieurs chambres de compensation et un de leurs adhérents, entre cet adhérent et un client auquel il fournit, directement ou indirectement, un service de compensation, et entre ce client et la ou les chambres de compensation mentionnées au présent 4°.

Pour l'application du 4° du présent I, le mot « client » désigne, si les parties en sont convenues, l'ensemble des personnes morales faisant partie d'un même périmètre de consolidation.

II. – Pour l'application de la présente section, sont également des instruments financiers les contrats d'option, contrats à terme ferme, contrats d'échange et tous autres contrats à terme autres que ceux mentionnés au III de l'article L. 211-1, à condition que, lorsque ces instruments doivent être réglés par livraison physique, ils fassent l'objet d'un enregistrement par une chambre de compensation reconnue ou d'appels de couverture périodiques.

Art. L. 211-36-1 *(Ord. n° 2009-15, 8 janv. 2009 ; mod., Ord. n° 2009-107, 30 janv. 2009 ; L. n° 2016-1691, 9 déc. 2016).* – **I. – Les conventions relatives aux obligations financières mentionnées à l'article L. 211-36 sont résiliables, et les dettes et les créances y afférentes sont compensables entre toutes les parties. Les parties peuvent prévoir l'établissement d'un solde unique, que ces obligations financières soient régies par une ou plusieurs conventions ou conventions-cadres.**

II. – Les modalités de résiliation, d'évaluation et de compensation des opérations et obligations mentionnées à l'article L. 211-36 et au I du présent article sont opposables aux tiers. Ces modalités peuvent être notamment prévues par des conventions ou conventions-cadres. Toute opération de résiliation, d'évaluation ou de compensation faite en raison d'une procédure civile d'exécution ou de l'exercice d'un droit d'opposition est réputée être intervenue avant cette procédure.

Art. L. 211-37 *(Ord. n° 2009-15, 8 janv. 2009).* **– La cession de créances afférentes aux obligations financières mentionnées à l'article L. 211-36 est opposable aux tiers du fait de la notification de la cession au débiteur. La cession de contrats afférents aux obligations financières mentionnées à l'article L. 211-36 est opposable aux tiers du fait de l'accord écrit des parties.**

§ 2. – Garantie des obligations financières

Bibliographie : antérieure à l'Ord. n° 2009-15, 8 janv. 2009 • L. Aynès, *L'évolution des garanties financières : LPA* 2005, p. 8. • Th. Bonneau, *Réforme opérée par l'ordonnance du 25 février 2005 : Dr. sociétés* juin 2005, n° 120. • Ch. Cafard et J. L'Homme, *Garanties financières et gestion collective*, in *Les garanties financières (dossier) : RD bancaire et fin.* 2007, n° 1, p. 91. • Th. Cremers, *Rehypothécation et substitution de garanties financières : Banque et droit* 2006, n° 107, p. 3. • H. de Vauplane, *Cadre juridique des garanties financières*, in *Les garanties financières (dossier) : RD bancaire et fin.* 2007, n° 1, p. 82. • S. Economou, *La proposition de directive européenne sur les contrats de garantie financière : Bull. Joly Bourse* janv.-févr. 2002, § 1, p. 1. • B. Gelpi, *Le droit de réutilisation*, in *Les garanties financières (dossier) : RD bancaire et fin.* 2007, n° 1, p. 87. • S. Gillet-Brossier, *Les contrats de garantie financière avec droit de réutilisation ont un régime comptable : Banque* 2006, n° 683, p. 103. • Ph. Gissinger, *Garanties financières et opérations de marché*, in *Les garanties financières (dossier) : RD bancaire et fin.* 2007, n° 1, p. 91. • D. Robine, *La réforme du droit spécial des garanties financières par l'ordonnance n° 2005-171 du 24 février 2005 : Bull. Joly Bourse* 2005, p. 521. • J. Soinne, *Les garanties du financement des entreprises, la publicité des garanties financières de l'entreprise : gage d'efficacité ? : LPA* 26 mai 2005, n° 104, p. 19. • H. Synvet, *Les garanties financières : RD bancaire et fin.* 2007, n° 1, p. 81.

Art. L. 211-38 *(Ord. n° 2009-15, 8 janv. 2009 ; mod., L. n° 2009-526, 12 mai 2009 ; L. n° 2016-1691, 9 déc. 2016).* **– I. - À titre de garantie des obligations financières présentes ou futures mentionnées à l'article L. 211-36, les parties peuvent prévoir des remises en pleine propriété, opposables aux tiers sans formalités, d'instruments financiers** *(Mots aj., L. n° 2019-486, 22 mai 2019)* **« marchandises représentées par un reçu d'entreposage », effets, créances, contrats ou sommes d'argent, ou la constitution de sûretés sur de tels biens ou droits, réalisables, même lorsque l'une des parties fait l'objet d'une des procédures prévues par le livre VI du Code de commerce, ou d'une procédure judiciaire ou amiable équivalente sur le fondement d'un droit étranger, ou d'une procédure civile d'exécution ou de l'exercice d'un droit d'opposition.**

Les remises et sûretés mentionnées au premier alinéa du présent I peuvent être effectuées ou constituées par les parties elles-mêmes ou par des tiers.

Les dettes et créances relatives à ces garanties et celles afférentes à ces obligations sont alors compensables conformément au I de l'article L. 211-36-1.

II. – Lorsque les garanties mentionnées au I sont relatives aux obligations financières mentionnées aux 2°, 3° et 4° du I de l'article L. 211-36 :

1° La constitution de telles garanties et leur opposabilité ne sont subordonnées à aucune formalité. Elles résultent du transfert des biens et droits en cause, de la dépossession du constituant ou de leur contrôle par le bénéficiaire ou par une personne agissant pour son compte ;

2° L'identification des biens et droits en cause, leur transfert, la dépossession du constituant ou le contrôle par le bénéficiaire doivent pouvoir être attestés par écrit ;

3° La réalisation de telles garanties intervient à des conditions normales de marché, par compensation, appropriation ou vente, sans mise en demeure préalable, selon les modalités d'évaluation prévues par les parties dès lors que les obligations financières couvertes sont devenues exigibles.

III. – L'acte prévoyant la constitution des sûretés mentionnées au I peut définir les conditions dans lesquelles le bénéficiaire de ces sûretés peut utiliser ou aliéner les biens ou droits en cause, à charge pour lui de restituer au constituant des biens ou droits équivalents. Les sûretés concernées portent alors sur les biens ou droits équivalents ainsi restitués comme si elles avaient été constituées dès l'origine sur ces biens ou droits

équivalents. Cet acte peut permettre au bénéficiaire de compenser sa dette de restitution des biens ou droits équivalents avec les obligations financières au titre desquelles les sûretés ont été constituées, lorsqu'elles sont devenues exigibles.

Par biens ou droits équivalents, on entend :

1° Lorsqu'il s'agit d'espèces, une somme de même montant et dans la même monnaie ;

2° Lorsqu'il s'agit d'instruments financiers, des instruments financiers ayant le même émetteur ou débiteur, faisant partie de la même émission ou de la même catégorie, ayant la même valeur nominale, libellés dans la même monnaie et ayant la même désignation, ou d'autres actifs, lorsque les parties le prévoient, en cas de survenance d'un fait concernant ou affectant les instruments financiers constitués en sûreté.

Lorsqu'il s'agit d'autres biens ou droits que ceux mentionnés aux 1° et 2°, la restitution porte sur ces mêmes biens ou droits.

IV. – Les modalités de réalisation et de compensation des garanties mentionnées au I et des obligations mentionnées à l'article L. 211-36 sont opposables aux tiers. Toute réalisation ou compensation effectuée en raison d'une procédure civile d'exécution ou de l'exercice d'un droit d'opposition est réputée être intervenue avant cette procédure.

Art. L. 211-38-1 *(L. n° 2016-1691, 9 déc. 2016)*. **– Aucun créancier du bénéficiaire autre que le constituant de garanties financières mentionnées à l'article L. 211-38 et constituées à titre de marge initiale en application de l'article 11 du règlement (UE) n° 648/2012 du Parlement européen et du Conseil du 4 juillet 2012 sur les produits dérivés de gré à gré, les contreparties centrales et les référentiels centraux ne peut se prévaloir d'un droit quelconque sur les biens ou droits sur lesquels portent ces garanties, même sur le fondement du livre VI du Code de commerce ou d'une procédure équivalente sur le fondement d'un droit étranger.**

Art. L. 211-39 *(Ord. n° 2009-15, 8 janv. 2009)*. **– Les droits ou obligations du constituant, du bénéficiaire ou de tout tiers relatifs aux garanties mentionnées au I de l'article L. 211-38 portant sur des titres financiers sont déterminés par la loi de l'État où est situé le compte dans lequel ces titres sont remis ou constitués en garantie.**

§ 3. – Dispositions communes

Art. L. 211-40 *(Ord. n° 2009-15, 8 janv. 2009)*. **– Les dispositions du livre VI du Code de commerce, ou celles régissant toutes procédures judiciaires ou amiables équivalentes ouvertes sur le fondement de droits étrangers, ne font pas obstacle à l'application des dispositions de la présente section.**

(Al. créé, L. n° 2019-486, 22 mai 2019) **L'article 1343-2 du Code civil ne fait pas obstacle à ce que la capitalisation des intérêts dus en application d'une convention ou d'une convention-cadre mentionnée à l'article L. 211-36-1 du présent code soit prévue par celles-ci.**

Section V. – Régime des instruments financiers étrangers

Art. L. 211-41 *(Ord. n° 2009-15, 8 janv. 2009)*. **– Sont assimilés aux titres financiers mentionnés à l'article L. 211-1 tous les instruments équivalents ou droits représentatifs d'un placement financier dans une entité émis sur le fondement de droits étrangers.**

CHAPITRE II. – TITRES DE CAPITAL

(Intitulé rempl., Ord. n° 2009-15, 8 janv. 2009)

Art. L. 212-1 A *(Ord. n° 2009-15, 8 janv. 2009)*. **– Les titres de capital émis par les sociétés par actions comprennent les actions et les autres titres donnant ou pouvant donner accès au capital ou aux droits de vote.**

Section I. – Les actions

(Intitulé rempl., Ord. n° 2009-15, 8 janv. 2009)

Bibliographie : M. Jeantin, *Observations sur la notion de catégories d'actions : D.* 1995, chron. p. 88.

Sous-section 1. – Actions de numéraire et d'apport

Art. L. 212-1. – Les différentes formes d'actions sont définies par l'article L. 228-7 du Code de commerce reproduit ci-après :

Art. L. 228-7. – Les actions de numéraire sont celles dont le montant est libéré en espèces ou par compensation, celles qui sont émises par suite d'une incorporation au capital de réserves, bénéfices ou primes d'émission, et celles dont le montant résulte pour partie d'une incorporation de réserves, bénéfices ou primes d'émission et pour partie d'une libération en espèces. Ces dernières doivent être intégralement libérées lors de la souscription.

Toutes autres actions sont des actions d'apport.

Sous-section 2. – Actions à forme nominative obligatoire

Art. L. 212-2 *(Mod., L. n° 2012-387, 22 mars 2012)*. **– Les actions de numéraire relèvent des dispositions de l'article L. 228-9 du Code de commerce, reproduit ci-après :**

Art. L. 228-9 *(Mod., L. n° 2012-387, 22 mars 2012)*. – L'action de numéraire est nominative jusqu'à son entière libération.

Le non-respect du premier alinéa peut entraîner l'annulation de ladite action.

Art. L. 212-3 *(Mod., Ord. n° 2004-604, 24 juin 2004 ; Ord. n° 2005-1278, 13 oct. 2005 ; Ord. n° 2009-15, 8 janv. 2009 ; Ord. n° 2013-676, 25 juill. 2013 ; L. n° 2017-1837, 30 déc. 2017)*. **– I. – Sous réserve des dispositions de l'article L. 211-7, les actions émises en territoire français et soumises à la législation française, des sociétés par actions, autres que les SICAV, les sociétés de placement à prépondérance immobilière à capital variable ou les sociétés professionnelles de placement à prépondérance immobilière à capital variable, qui ne sont pas admises aux négociations sur un marché réglementé revêtent la forme nominative.**

II. – Cette obligation doit être satisfaite dans un délai de six mois à compter de la date d'émission des actions concernées ou de la date à laquelle celles-ci ont cessé d'être admises aux opérations d'un dépositaire central.

Passé ce délai, les détenteurs d'actions qui ne satisfont pas à l'obligation prévue au I, ne peuvent exercer les droits attachés à ces titres, que si ceux-ci ont été présentés à la société émettrice ou un intermédiaire habilité en vue de leur mise sous forme nominative.

III. – Les sociétés émettrices doivent, dans un délai d'un an, à partir de l'expiration du délai prévu au II, procéder à la vente des droits correspondant aux actions non présentées, dans des conditions fixées par décret. Le produit de la vente est consigné jusqu'à restitution éventuelle aux ayants droit.

IV. – Lorsqu'ils ne justifient pas avoir effectué toute diligence pour assurer l'application effective des présentes dispositions, les gérants, le président du conseil d'administration ou du directoire de la société émettrice sont, pour l'application des droits de mutation par décès et de l'impôt sur la fortune immobilière présumés, sauf preuve contraire, être les propriétaires des actions qui ne revêtiraient pas la forme nominative ou qui n'auraient pas été vendues dans les conditions prévues au III.

NB : Conformément aux dispositions des 1 et 2 du B du IX de l'article 31 de la loi n° 2017-1837 du 30 décembre 2017, les dispositions de l'article L. 212-3 résultant des dispositions du 1° du IV du même article 31 s'appliquent au titre de l'impôt sur la fortune immobilière dû à compter du 1er janvier 2018. Les dispositions modifiées par ledit 1° du IV de l'article 31 précité continuent de s'appliquer, dans leur rédaction en vigueur au 31 décembre 2017, à l'impôt de solidarité sur la fortune dû jusqu'au titre de l'année 2017 incluse.

Mise au nominatif. Le lien de causalité entre les agissements fautifs du président du conseil d'administration d'une société et le préjudice subi par les actionnaires est caractérisé dès l'instant où le dirigeant a omis d'aviser les associés avant le 1er octobre 1982 d'avoir à présenter leurs titres en vue de leur mise au nominatif et qu'à la date à laquelle ils ont été finalement informés, ils avaient déjà perdu leurs droits puisque leurs actions avaient été cédées par un agent de change : ▪ Cass. com., 19 mai 1992 : *BJS* 1992, p. 775, note D. Lepeltier. – Si les actions de la société, nominatives depuis sa création, ont été dès l'origine inscrites au compte tenu par l'émetteur comme l'exige l'article L. 211-4 *[supra]*, les actionnaires n'avaient pas à présenter à la société leurs titres en vue de leur inscription en compte pour pouvoir continuer à exercer les droits attachés à ces titres : ▪ Cass. com., 13 janv. 1998 : *Juris-Data* n° 1998-000205.

Art. L. 212-4. – **L'obligation imposée à certaines actions de revêtir la forme nominative est réputée satisfaite lorsque sont réalisées les conditions définies à l'article L. 228-2 du Code de commerce.**

Sous-section 3. – Actions de préférence
(Intitulé rempl., Ord. n° 2004-604, 24 juin 2004)

Art. L. 212-5 *(Rempl., Ord. n° 2004-604, 24 juin 2004).* – **Les règles relatives à la création des actions de préférence sont fixées par les articles L. 228-11 à L. 228-20 du Code de commerce.**

Voir : bibliographie sous C. com., art. L. 228-11, p. 415.

Sous-section 4. – Dispositions applicables aux catégories de titres en voie d'extinction
(Intitulé rempl., Ord. n° 2004-604, 24 juin 2004)

Art. L. 212-6 *(Rempl., Ord. n° 2004-604, 24 juin 2004).* – **Les règles relatives à la création d'actions de priorité sont fixées par les articles L. 228-29-8 à L. 228-29-10 et L. 228-35-1 du Code de commerce.**

Art. L. 212-6-1 *(Ord. n° 2004-604, 24 juin 2004).* – **Les règles relatives à la création d'actions à dividende prioritaire sans droit de vote sont fixées par les articles L. 228-29-8 à L. 228-29-10 et L. 228-35-2 à L. 228-35-11 du Code de commerce.**

Art. L. 212-6-2 *(Ord. n° 2004-604, 24 juin 2004).* – **Les règles relatives aux certificats d'investissement et aux certificats de droit de vote sont fixées par les dispositions des articles L. 228-29-8 à L. 228-35 du Code de commerce.**

Art. L. 212-6-3 *(Ord. n° 2004-604, 24 juin 2004).* – **Afin d'assurer l'égalité des porteurs de certificats d'investissement ou de certificats de droit de vote et la transparence du marché, le règlement général de l'Autorité des marchés financiers détermine :**

1° Les conditions applicables aux procédures d'offre publique et de demande de retrait portant sur des certificats d'investissement ou des certificats de droit de vote admis aux négociations sur un marché réglementé ou qui ont cessé d'être négociés sur un marché réglementé, lorsque le ou les actionnaires majoritaires de la société émettrice de ces certificats détiennent seul ou de concert au sens des dispositions de l'article L. 233-10 du Code de commerce une fraction déterminée du capital et des droits de vote ;

2° Les conditions dans lesquelles, à l'issue d'une procédure d'offre publique ou de demande de retrait, les certificats d'investissement ou les certificats de droit de vote non présentés par leurs porteurs, dès lors qu'ils ne représentent pas plus de 5 % du capital ou des droits de vote, sont transférés aux actionnaires majoritaires à leur demande, et les détenteurs indemnisés.

Art. L. 212-6-4 *(Ord. n° 2004-604, 24 juin 2004).* – **En cas de mise en œuvre du 2° de l'article L. 212-6-3, l'évaluation des titres est faite selon les méthodes objectives pratiquées en cas de cession d'actifs et tient compte, selon une pondération appropriée à chaque cas, de la valeur des actifs, des bénéfices réalisés, de la valeur boursière, de l'existence de filiales et des perspectives d'activité. L'indemnisation est égale, par titre, au résultat de l'évaluation précitée ou, s'il est plus élevé, au prix proposé lors de l'offre ou de la demande de retrait. Le montant de l'indemnisation revenant aux détenteurs non identifiés est consigné.**

Section II. – Les autres titres donnant ou pouvant donner accès au capital ou aux droits de vote
(Intitulé rempl., Ord. n° 2009-15, 8 janv. 2009)

Sous-section 1. – Obligations avec bons de souscription d'actions
(Abr., Ord. n° 2004-604, 24 juin 2004)

Art. L. 212-7 *(Rempl. des articles L. 212-7 à L. 212-12, Ord. n° 2004-604, 24 juin 2004).* – **Les règles relatives à l'émission de titres donnant accès au capital et aux titulaires de ces titres sont fixées par les articles L. 228-91 à L. 228-106 du Code de commerce relatifs aux valeurs mobilières donnant accès au capital.**

Art. L. 212-8 à L. 212-12 *(Rempl., art. L. 212-7, Ord. n° 2004-604, 24 juin 2004).*

Section III. – Régimes particuliers d'accès au capital en faveur du personnel salarié

Sous-section 1. – Intéressement et participation des salariés aux résultats de l'entreprise

Art. L. 212-13. – Les règles relatives à l'intéressement des salariés à l'entreprise figurent au chapitre I du titre IV du livre IV du Code du travail.

Art. L. 212-14. – Les règles relatives à la participation des salariés aux résultats de l'entreprise figurent au chapitre II du titre IV du livre IV du Code du travail.

Sous-section 2. – Opérations d'augmentation de capital

Art. L. 212-15. – Les sociétés peuvent procéder à des augmentations de capital par émission d'actions réservées à des salariés dans les conditions et selon les modalités fixées soit aux articles L. 225-187 à L. 225-197 du Code de commerce soit aux articles L. 443-5 du Code du travail et *(Réf. rempl., Ord. n° 2005-429, 6 mai 2005)* « L. 225-138-1 » du Code de commerce.

Sous-section 3. – Options de souscription ou d'achat d'actions

Art. L. 212-16. – Des options donnant droit à la souscription ou à l'achat d'actions peuvent être consenties dans les conditions et selon les modalités fixées par les articles L. 225-177 à L. 225-186 du Code de commerce.

Sous-section 4. – Les bons de souscription de parts de créateurs d'entreprise

Art. L. 212-17. – Les bons de souscription de parts de créateur d'entreprise peuvent être attribuées dans les conditions et selon les modalités prévues à l'article 163 *bis* G du Code général des impôts.

Bibliographie : Ph. Engel, *Remarques polémiques sur le droit préférentiel de souscription et les bons de souscription de parts de créateurs d'entreprise : JCP E* 2000, p. 1804. • E. Le Dolley, *Les bons de souscription de parts de créateurs d'entreprise. Écueils juridiques et fiscaux d'application : BJS* 2001, p. 953 ; *À quelles procédures de contrôle est soumise l'émission de bons de souscription des parts de créateurs d'entreprise ? : JCP* E 2002, n° 1249, p. 1370. • J.-L. Pierre, *Bons de souscription de parts de créateur d'entreprise (BSPCE) : Dr. sociétés* oct. 2008, comm. 215.

Code général des impôts

Art. 163 *bis* G *(Mod., Ord. n° 2013-676, 25 juill. 2013 ; L. n° 2015-990, 6 août 2015 ; L. n° 2017-1837, 30 déc. 2017)*. – I. – Le gain net réalisé lors de la cession des titres souscrits en exercice des bons attribués dans les conditions définies aux II à III est imposé dans les conditions prévues à l'article 150-0 A et aux 1 ou 2 de l'article 200 A.

(Al. mod., L. n° 2019-486, 22 mai 2019) Par dérogation aux dispositions du premier alinéa, le gain net précité est imposé dans les conditions prévues à l'article 150-0 A et au taux de 30 % lorsque le bénéficiaire exerce son activité ou, le cas échéant, son mandat dans la société dans laquelle il a bénéficié de l'attribution des bons depuis moins de trois ans à la date de la cession. Pour l'appréciation du respect de cette durée, il est tenu compte, pour les bénéficiaires mentionnés au premier alinéa du II, de la période d'activité éventuellement effectuée ou, le cas échéant, de la durée du mandat éventuellement exercé au sein d'une filiale, au sens du deuxième alinéa du même II, et, pour les bénéficiaires mentionnés au même deuxième alinéa, de la période d'activité éventuellement effectuée ou, le cas échéant, de la durée du mandat éventuellement exercé au sein de la société mère.

II. - *(Al. mod., L. n° 2019-486, 22 mai 2019)* Les sociétés par actions peuvent attribuer des bons de souscription de parts de créateur d'entreprise, incessibles et émis dans les conditions prévues aux articles L. 228-91 et L. 228-92 du Code de commerce, aux membres de leur personnel salarié, à leurs dirigeants soumis au régime fiscal des salariés et aux membres de leur conseil d'administration, de leur conseil de surveillance ou, en ce qui concerne les sociétés par actions simplifiées, de tout organe statutaire équivalent.

(Al. mod., L. n° 2019-486, 22 mai 2019) Elles peuvent également attribuer ces bons aux membres du personnel salarié, aux dirigeants soumis au régime fiscal des salariés et aux membres du conseil d'administration, du conseil de surveillance ou, en ce qui concerne les sociétés par actions simplifiées, de tout organe statutaire équivalent des sociétés dont elles détiennent au moins 75 % du capital ou des droits de vote.

Pour l'application des deux premiers alinéas du présent II, les sociétés mentionnées au premier alinéa doivent respecter les conditions prévues aux 1 à 5. Les filiales mentionnées au deuxième alinéa doivent respecter ces mêmes conditions à l'exception de celle prévue au 2.

1. La société doit être passible en France de l'impôt sur les sociétés ;

2. Le capital de la société doit être détenu directement et de manière continue pour 25 % au moins par des personnes physiques ou par des personnes morales elles-mêmes directement détenues pour 75 % au moins de leur capital par des personnes physiques. Pour la détermination de ce pourcentage, les participations des sociétés de capital-risque, des sociétés de développement régional et des sociétés financières d'innovation ne sont pas prises en compte à la condition qu'il n'existe pas de lien de dépendance au sens du 12 de l'article 39 entre la société bénéficiaire de l'apport et ces dernières sociétés. De même, ce pourcentage ne tient pas compte des participations des fonds communs de placement à risques, des fonds professionnels spécialisés relevant de l'article L. 214-37 du Code monétaire et financier dans sa rédaction antérieure à l'ordonnance n° 2013-676 du 25 juillet 2013 modifiant le cadre juridique de la gestion d'actifs, des fonds professionnels de capital investissement, des sociétés de libre partenariat, des fonds d'investissement de proximité ou des fonds communs de placement dans l'innovation. Il en est de même, dans les mêmes conditions, des participations détenues par des structures équivalentes aux sociétés ou fonds mentionnés aux deuxième et troisième phrases, établies dans un autre État membre de l'Union européenne ou dans un État ou territoire ayant conclu avec la France une convention fiscale qui contient une clause d'assistance administrative en vue de lutter contre la fraude ou l'évasion fiscale ;

3. La société n'a pas été créée dans le cadre d'une concentration, d'une restructuration, d'une extension ou d'une reprise d'activités préexistantes, sauf si elle répond aux conditions prévues par le I de l'article 39 *quinquies* H ;

4. Pour les sociétés dont les titres sont admis aux négociations sur un marché d'instruments financiers français ou étranger dont le fonctionnement est assuré par une entreprise de marché ou un prestataire de services d'investissement autre qu'une société de gestion de portefeuille ou tout autre organisme similaire étranger, ou sont admis aux négociations sur un tel marché d'un État partie à l'accord sur l'Espace économique européen, la capitalisation boursière de la société, évaluée selon des modalités fixées par décret en Conseil d'État, notamment en cas de première cotation ou d'opération de restructuration d'entreprises, par référence à la moyenne des cours d'ouverture des soixante jours de bourse précédant celui de l'émission des bons, est inférieure à 150 millions d'euros ;

5. La société est immatriculée au registre du commerce et des sociétés depuis moins de quinze ans.

II *bis*. – Par dérogation aux dispositions du II :

1° Lorsqu'elles ne remplissent plus les conditions mentionnées au II en raison du seul dépassement du seuil de capitalisation boursière de 150 millions d'euros, les sociétés concernées peuvent, pendant les trois ans suivant la date de ce dépassement et sous réserve de remplir l'ensemble des autres conditions précitées, continuer à attribuer des bons ;

2° En cas de décès du bénéficiaire, ses héritiers peuvent exercer les bons dans un délai de six mois à compter du décès ;

3° Une société créée dans le cadre d'une concentration, d'une restructuration, d'une extension ou d'une reprise d'activités préexistantes peut attribuer des bons, sous réserve des conditions suivantes :

a) Toutes les sociétés prenant part à l'opération répondent aux conditions prévues aux 1 à 5 du II ;

b) Le respect de la condition mentionnée au 4 du II est apprécié, à la suite de l'opération, en faisant masse de la capitalisation de l'ensemble des sociétés issues de l'opération qui répondent aux conditions du présent article ;

c) Le respect de la condition mentionnée au 5 du II est apprécié, pour les sociétés issues de l'opération, en tenant compte de la date d'immatriculation de la plus ancienne des sociétés ayant pris part à l'opération ;

4° Dans le cas où une société attribue des bons aux personnes mentionnées au deuxième alinéa du II, le respect de la condition mentionnée au 4 du même II est apprécié en faisant masse de la capitalisation de la société attributrice et de celle de ses filiales dont le personnel a bénéficié de distributions de la part de la société attributrice au cours des douze derniers mois.

III. – Le prix d'acquisition du titre souscrit en exercice du bon est fixé au jour de l'attribution par l'assemblée générale extraordinaire, sur le rapport du conseil d'administration ou du directoire et sur le rapport spécial des commissaires aux comptes, ou, sur délégation de l'assemblée générale extraordinaire, par le conseil d'administration ou le directoire selon le cas. Il est au moins égal, lorsque la société émettrice a procédé dans les six mois précédant l'attribution du bon à une augmentation de capital par émission de titres conférant des droits équivalents à ceux résultant de l'exercice du bon, au prix d'émission des titres concernés alors fixé.

L'assemblée générale extraordinaire, qui détermine le délai pendant lequel les bons peuvent être exercés, peut déléguer selon le cas, au conseil d'administration ou au directoire, le soin de fixer la liste des bénéficiaires de bons de souscription de parts de créateurs d'entreprise. Dans ce cas, le conseil d'administration ou le directoire indique le nom des attributaires desdits bons et le nombre de titres attribués à chacun d'eux.

IV. – Un décret précise les modalités d'application du présent article, notamment les obligations déclaratives incombant aux titulaires des bons et aux sociétés émettrices.

NB : Aux termes du II de l'article 141 de la loi n° 2015-990 du 6 août 2015, ces dispositions s'appliquent aux bons attribués à compter de la publication de ladite loi.

CHAPITRE III. – TITRES DE CRÉANCES

Art. L. 213-0-1 *(Anc. art. L. 213-1 A créé, Ord. n° 2009-15, 8 janv. 2009 ; mod., L. n° 2010-1249, 22 oct. 2010 ; Ord. n° 2016-131, 10 févr. 2016 ; L. n° 2016-1691, 9 déc. 2016 ; rempl. par l'article L. 213-0-1, Ord. n° 2017-970, 10 mai 2017).* **– Les titres de créance représentent chacun un droit de créance sur la personne morale ou le fonds commun de titrisation qui les émet.**

Par dérogation à l'article 1349 du Code civil et à l'article L. 228-74 du Code de commerce, peuvent être acquis et conservés par leurs émetteurs aux fins de favoriser leur liquidité et, pour les titres mentionnés au 3° ci-dessous, peuvent être souscrits ou acquis et conservés par leurs émetteurs lorsque ces émetteurs ont le statut d'établissement de crédit, d'entreprise d'investissement ou de société de financement :

1° Les titres de créances négociables ;

2° Les titres de créance ne donnant pas accès au capital admis aux négociations sur un marché réglementé ou sur un système multilatéral de négociation qui se soumet aux dispositions législatives et réglementaires visant à protéger les investisseurs contre les opérations d'initiés, les manipulations de cours et la diffusion de fausses informations dans les conditions déterminées par le règlement général de l'Autorité des marchés financiers ;

3° Les obligations ne donnant pas accès au capital émises par des émetteurs ayant le statut d'établissement de crédit, d'entreprise d'investissement ou de société de financement.

Pendant le temps de leur conservation par l'émetteur, tous les droits attachés aux titres de créance mentionnés aux 2° et 3° sont suspendus.

Le règlement général de l'Autorité des marchés financiers détermine les conditions dans lesquelles l'émetteur rend public le rachat d'une quantité de titres de créance mentionnés au 2°.

Un décret détermine la durée maximale de détention des titres de créance mentionnés aux 2° et 3°, souscrits ou acquis, et conservés par l'émetteur.

Un émetteur ne peut détenir plus de 15 % d'une même émission d'un titre de créance mentionné aux 2° et 3°. Toutefois, cette limite n'est pas applicable pour les titres mentionnés au 3° souscrits ou acquis pour les besoins du placement par l'émetteur de ces titres.

Un décret détermine les conditions dans lesquelles l'émetteur peut racheter des titres de créances négociables qu'il a émis et informe la Banque de France de ces rachats.

Section I. – Les titres de créances négociables

Bibliographie : D. Martin, *Du titre et de la négociabilité : D.* 1993, chron. 20. • H. Causse, *Prêts de titres et titres de créances négociables après la loi du 26 juillet 1991 : JCP* E 1992, 125. • Ph. Portier, *La réforme des titres de créances négociables : RD bancaire et fin.* mai 2005, p. 45.

Voir : Règl. AMF, 12 oct. 2004, art. 411-1 et s.

Art. L. 213-1 *(Mod., Ord. n° 2009-15, 8 janv. 2009).* **– Les titres de créances négociables sont des titres financiers émis au gré de l'émetteur, négociables sur** *(Mots rempl., L. n° 2019-486, 22 mai 2019)* **« une plateforme de négociation mentionnée à l'article L. 420-1 » ou de gré à gré, qui représentent chacun un droit de créance.**

Voir : C. monét. fin., art. D. 213-1 et s., p. 1092.

Art. L. 213-2 *(Rempl., Ord. n° 2009-15, 8 janv. 2009 ; mod., Ord. n° 2017-1674, 8 déc. 2017).* **– Les titres de créances négociables sont inscrits dans un compte-titres tenu par un intermédiaire mentionné à l'article L. 211-3 ou dans un dispositif d'enregistrement électronique partagé mentionné au même article.**

Art. L. 213-3 *(Mod., L. n° 2001-420, 15 mai 2001 ; L. n° 2003-706, 1er août 2003 ; L. n° 2006-1640, 21 déc. 2006 ; Ord. n° 2008-556, 13 juin 2008 ; Ord. n° 2009-80, 22 janv. 2009 ; Ord. n° 2013-544, 27 juin 2013 ; Ord. L. n° 2013-672, 26 juill. 2013 ; Ord. n° 2014-158, 20 févr. 2014 ; Ord. n° 2017-1432, 4 oct. 2017).* – Sont habilités à émettre des titres de créances négociables :

1. Les établissements de crédit, les entreprises d'investissement et la caisse des dépôts et consignations, sous réserve de respecter les conditions fixées à cet effet par le ministre chargé de l'économie ;

1 *bis*. Les sociétés de financement, sous réserve de respecter les conditions fixées à cet effet par le ministre chargé de l'économie et à condition que le produit de ces émissions ne constitue pas des fonds remboursables du public au sens de l'article L. 312-2 ;

2. Les entreprises autres que celles mentionnées aux 1 et 1 *bis*, sous réserve de remplir les conditions de forme juridique, de capital et de contrôle des comptes requises pour procéder à une offre au public de titres financiers ou à une admission de titres financiers aux négociations sur un marché réglementé et dont le capital social est précisé par décret, ou des conditions équivalentes pour les entreprises ayant un siège social à l'étranger ;

3. Les entreprises du secteur public dès lors qu'elles remplissent les conditions fixées au 2 ;

4. Les entreprises du secteur public ne disposant pas de capital social mais qui sont autorisées à procéder à une offre au public ;

5. Les groupements d'intérêt économique et les sociétés en nom collectif, composés exclusivement de sociétés par actions satisfaisant aux conditions prévues au 2 ;

6. Les institutions de l'Union européenne et les organisations internationales ;

7. La caisse d'amortissement de la dette sociale instituée par l'article 1er de l'ordonnance n° 96-50 du 24 janvier 1996 relative au remboursement de la dette sociale ;

8. Les collectivités locales et leurs groupements ;

9. Les associations régies par la loi du 1er juillet 1901 relative au contrat d'association ou par les articles 21 à 79 du Code civil local applicable dans les départements du Bas-Rhin, du Haut-Rhin et de la Moselle et répondant aux conditions prévues pour l'émission d'obligations par appel public à l'épargne ;

10. Les États ;

11. Les organismes de titrisation ou de financement spécialisé ;

12. L'Agence centrale des organismes de sécurité sociale ;

13. Les centres hospitaliers régionaux dont la liste est fixée par décret, dans la limite d'un plafond global d'émissions fixé pour chacun d'entre eux par le même décret.

Un décret précise les conditions que doivent remplir les émetteurs mentionnés aux 2 à 13 et fixe les conditions d'émission des titres de créances négociables.

Voir : C. monét. fin., art. D. 213-8, p. 1094.

Art. L. 213-4 *(Anc. L. n° 91-716, 26 juill. 1991 ; rempl., L. n° 2003-706, 1er août 2003).* – Les émetteurs de titres de créances négociables établissent préalablement à leur première émission de tels titres une documentation financière, qui porte sur leur activité, leur situation économique et financière ainsi que sur le programme d'émission. Cette documentation financière, rédigée en français, est déposée auprès de la Banque de France, qui est chargée de veiller au respect par les émetteurs des conditions d'émission prévues à l'article L. 213-3. Un décret fixe les conditions d'application du présent article ainsi que les cas et conditions dans lesquels la documentation financière peut être rédigée dans une langue usuelle en matière financière autre que le français.

Décret n° 92-137 du 13 février 1992

relatif aux titres de créances négociables

(JO 14 févr.)

(Abr. et codifié, D. n° 2005-1006, 2 août 2005 ; D. n° 2005-1007, 2 août 2005)

Voir : C. monét. fin., art. D. 213-1, p. 1092 à D. 213-14, p. 1095.

Art. L. 213-4-1 *(L. n° 2010-1249, 22 oct. 2010).* – L'émetteur ne peut constituer un gage quelconque sur ses propres titres de créances négociables.

Section II. – Les obligations

Sous-section 1. – Règles générales

Art. L. 213-5 *(Anc. L. n° 66-537, 24 juill. 1966).* **– Les obligations sont des titres négociables qui, dans une même émission, confèrent les mêmes droits de créance pour une même valeur nominale.**

Art. L. 213-6 *(Anc. L. n° 66-537, 24 juill. 1966 ; L. n° 2003-706, 1er août 2003).* **– L'émission d'obligations à lots doit être autorisée par la loi.**

Toute émission faite en violation des dispositions du présent article est nulle. Sans préjudice de l'action en responsabilité contre les mandataires sociaux, le ministère public ainsi que tout intéressé peut exercer l'action en nullité.

Voir : **Sanctions pénales,** C. monét. fin., art. L. 231-1, p. 1195.

Art. L. 213-6-1 *(L. n° 2006-387, 31 mars 2006).* **– Tout acte qui interrompt la prescription des intérêts à l'égard de l'un des porteurs d'obligations émises en France par toute collectivité privée ou publique, société commerciale ou civile, française ou étrangère, profite aux autres obligataires du même emprunt.**

Ce même acte interrompt également au profit du Trésor la prescription des impôts et taxes qui peuvent lui être dus sur les intérêts visés au premier alinéa.

Art. L. 213-6-2 *(L. n° 2006-387, 31 mars 2006).* **– La décision judiciaire définitive rendue en faveur de l'un des porteurs d'obligations émises en France par toute collectivité privée ou publique, ou par toute société commerciale ou civile, française ou étrangère, et concernant les droits communs des obligataires, peut acquérir force exécutoire au profit de tout obligataire qui n'a pas figuré dans l'instance par une ordonnance du président du tribunal de grande instance dans la circonscription duquel l'affaire a été portée en première instance.**

Art. L. 213-6-3 *(Ord. n° 2017-970, 10 mai 2017).* **– I. – Sous réserve des dispositions du III, le contrat d'émission des obligations dont la valeur nominale à l'émission est au moins égale à un montant fixé par décret en Conseil d'État peut prévoir que tout ou partie des dispositions législatives et réglementaires relatives à la masse des obligataires, aux représentants de la masse et aux assemblées générales d'obligataires ne leur sont pas applicables. Dans cette hypothèse, le contrat d'émission des obligations organise la représentation des obligataires et prévoit les règles de quorum et de majorité applicables à leurs décisions.**

Les dispositions de l'alinéa précédent sont également applicables lorsque les obligations émises ne peuvent être acquises que pour un montant par investisseur et par opération au moins égal à un montant fixé par décret en Conseil d'État.

Dans les cas prévus aux deux alinéas précédents et lorsque l'émission ne constitue pas une offre au public au sens de l'article L. 411-1, le contrat d'émission ainsi que tout autre document contractuel afférent à l'émission des obligations, à leur service financier ou à leur couverture peuvent être rédigés dans une langue, autre que le français, usuelle en matière financière.

II. – Le contrat d'émission peut également prévoir les conditions dans lesquelles les obligataires peuvent voter avec d'autres créanciers, sous réserve d'un accord préalablement convenu avec eux.

III. – Lorsque le contrat d'émission prévoit la nomination d'un ou plusieurs représentants des obligataires ou du mandataire mentionné au IV, les dispositions des articles L. 228-49, L. 228-62 et L. 228-63 du Code de commerce sont applicables.

IV. – En l'absence de masse et d'un représentant, lorsque l'émetteur participe à une opération de fusion, de scission, de réduction de capital non motivée par des pertes ou, s'il est constitué sous forme de société européenne, de transfert du siège social dans un autre État membre, les obligataires bénéficient des mêmes droits que les créanciers non obligataires.

Le contrat d'émission peut prévoir que les obligataires désignent un mandataire chargé de les représenter lorsque l'émetteur fait l'objet d'une des procédures du livre VI du Code de commerce ou des procédures similaires de droit étranger. Ce mandataire procède à la déclaration des créances obligataires.

V. – L'émetteur a la faculté de modifier le contrat d'émission des obligations mentionnées au I sans le consentement des obligataires afin de corriger une erreur matérielle.

VI. – Les dispositions du présent article ne sont pas applicables aux obligations donnant accès à des titres de capital à émettre, ni aux titres émis par l'État.

Sous-section 2. – Obligations émises par les groupements d'intérêt économique

Art. L. 213-7. – Le groupement d'intérêt économique peut émettre des obligations dans les conditions fixées par l'article L. 251-7 du Code de commerce.

Sous-section 3. – Obligations émises par les associations

Art. L. 213-8 *(Anc. L. n° 85-698, 11 juill. 1985 ; mod., L. n° 2014-856, 31 juill. 2014).* **– Les associations régies par la loi du 1er juillet 1901 relative au contrat d'association ou par les articles 21 à 79 du Code civil local applicable dans les départements du Bas-Rhin, du Haut-Rhin et de la Moselle peuvent, lorsqu'elles exercent, exclusivement ou non, une activité économique effective depuis au moins deux années, émettre des obligations dans les conditions prévues à la présente sous-section.**

Les obligations émises par les associations sont inscrites en compte, dans les conditions posées à l'article L. 211-7 du présent code.

Voir : Sanctions pénales, C. monét. fin., art. L. 231-2, p. 1195 et C. com., art. A. 123-16, p. 811.

Art. L. 213-9 *(Anc. L. n° 85-698, 11 juill. 1985 ; mod., L. n° 2014-856, 31 juill. 2014).* **– Les contrats d'émission d'obligations mentionnées à l'article L. 213-8 peuvent prévoir que celles-ci ne sont remboursables qu'à l'initiative de l'émetteur ou à une échéance conditionnée à la constitution, depuis la date de l'émission, d'excédents dépassant le montant nominal de l'émission, nets des éventuels déficits constitués durant la même période.**

Ces obligations constituent alors des créances de dernier rang, émises sous forme nominative, et ne sont remboursables qu'à l'issue d'un délai minimal de sept ans. Elles prennent la dénomination de titres associatifs. Si plusieurs émissions de titres associatifs coexistent, l'application de la condition relative à la constitution d'excédents suffisants mentionnée au premier alinéa se fait suivant leur ordre chronologique.

Les excédents nets non affectés au remboursement d'un titre associatif sont reportables aux titres associatifs non encore remboursés.

Art. L. 213-10 *(Anc. L. n° 85-698, 11 juill. 1985).* **– Préalablement à l'émission d'obligations, l'association doit :**

1° Être immatriculée au registre du commerce et des sociétés dans des conditions et selon des modalités fixées par décret ;

2° Prévoir dans ses statuts les conditions dans lesquelles seront désignées les personnes chargées de la diriger, de la représenter et de l'engager vis-à-vis des tiers, ainsi que la constitution d'un organe collégial chargé de contrôler les actes de ces personnes.

Si les statuts prévoient la nomination d'un conseil d'administration, l'association n'est pas tenue de constituer l'organe collégial mentionné ci-dessus.

L'organe collégial ou le conseil d'administration sont composés de trois personnes au moins élues parmi les membres.

Voir : Sanctions pénales, C. monét. fin., art. L. 231-2, p. 1195.

Art. L. 213-11 *(Anc. L. n° 85-698, 11 juill. 1985).* **– Lors de chaque émission d'obligations, l'association doit mettre à la disposition des souscripteurs une notice relative aux conditions de l'émission et un document d'information. Ce document porte notamment sur l'organisation, le montant atteint par les fonds propres à la clôture de l'exercice précédent, la situation financière et l'évolution de l'activité de l'association.**

Les mentions qui doivent figurer sur ces documents sont fixées par décret, leurs éléments chiffrés sont visés par un commissaire aux comptes choisi sur la liste prévue par le I de l'article L. 225-219 du Code de commerce.

Voir : C. monét. fin., art. D. 213-7 à D. 213-20, p. 1093.

Art. L. 213-12 *(Mod., L. fin. rect. n° 2001-1276, 28 déc. 2001 ; L. n° 2003-706, 1er août 2003 ; L. n° 2008-776, 4 août 2008 ; Ord. n° 2009-80, 22 janv. 2009).* **– L'émission d'obligations par les associations mentionnées à l'article L. 213-8 peut être effectuée par offre au public. Elle est alors soumise au contrôle de l'Autorité des marchés financiers dans les conditions prévues par le présent code.**

Art. L. 213-13 *(Mod., L. n° 2008-776, 4 août 2008 ; L. n° 2014-856, 31 juill. 2014).* – Le taux d'intérêt stipulé dans le contrat d'émission ne peut être supérieur au taux moyen du marché obligataire du trimestre précédant l'émission, majoré d'une rémunération définie par arrêté du ministre chargé de l'économie, qui ne peut excéder trois points.

S'agissant des titres associatifs mentionnés à l'article L. 213-9 dont le remboursement est conditionné à la réalisation d'excédents, ce taux majoré plafond est lui-même majoré d'une rémunération définie par arrêté du ministre chargé de l'économie, qui ne peut excéder deux points et demi. Dans cette limite, le contrat d'émission peut prévoir une rémunération variable. Les titres pour lesquels une telle rémunération est prévue ne peuvent être souscrits ou acquis que par des investisseurs qualifiés, à l'exclusion des membres de l'association.

Art. L. 213-14 *(Anc. L. n° 85-698, 11 juill. 1985 ; mod., L. n° 2014-856, 31 juill. 2014 ; L. n° 2015-990, 6 août 2015).* – Les obligations émises par les associations dans les conditions prévues à la présente sous-section ont pour but de répondre à des besoins de développement et de financement et non de distribuer à leurs souscripteurs des excédents de gestion constitués par les associations émettrices.

Les souscriptions et transferts d'obligations intervenus en violation du premier alinéa sont frappés de nullité absolue.

Art. L. 213-15 *(Mod., Ord. n° 2009-80, 22 janv. 2009).* – L'émission d'obligations par une association entraîne, pour celle-ci, l'application des articles L. 612-1 et L. 612-3 du Code de commerce, quels que soient le nombre de ses salariés, le montant de son chiffre d'affaires ou de ses ressources ou le total de son bilan.

L'émission entraîne également l'obligation pour l'association de réunir ses membres en assemblée générale au moins une fois par an dans les six mois de la clôture de l'exercice en vue notamment de l'approbation des comptes annuels qui sont publiés dans des conditions fixées par décret.

Lorsque, du fait des résultats déficitaires cumulés constatés dans les documents comptables, les fonds propres ont diminué de plus de la moitié par rapport au montant atteint à la fin de l'exercice précédant celui de l'émission, l'assemblée générale doit être également réunie dans les quatre mois qui suivent l'approbation des comptes ayant fait apparaître ces résultats déficitaires, à l'effet de décider s'il y a lieu de continuer l'activité de l'association ou de procéder à sa dissolution.

Si la dissolution n'est pas décidée, l'association est tenue, au plus tard à la clôture du deuxième exercice suivant celui au cours duquel la constatation des résultats déficitaires cumulés est intervenue, de reconstituer ses fonds propres.

Dans les deux cas, la résolution adoptée par l'assemblée générale est publiée au registre du commerce et des sociétés.

À défaut de réunion de l'assemblée générale, comme dans le cas où celle-ci n'a pu délibérer valablement, l'association perd le droit d'émettre de nouveaux titres et tout porteur de titres déjà émis peut demander en justice le remboursement immédiat de la totalité de l'émission. Ces dispositions s'appliquent également dans le cas où l'association qui n'a pas décidé la dissolution ne satisfait pas à l'obligation de reconstituer ses fonds propres dans les délais prescrits par le cinquième alinéa du présent article.

Le tribunal peut accorder à l'association un délai de six mois pour régulariser la situation ; il ne peut prononcer le remboursement immédiat si, au jour où il statue sur le fond, cette régularisation a eu lieu.

Art. L. 213-16 *(Anc. L. n° 85-698, 11 juill. 1985).* – La décision d'émettre est prise par l'assemblée générale des membres de l'association sur la proposition motivée des dirigeants. L'assemblée se prononce également sur le montant de l'émission, l'étendue de sa diffusion, le prix de souscription des titres et leur rémunération ou les modalités de détermination de ces éléments. Elle peut déléguer aux dirigeants, pour une période qui ne peut excéder cinq ans, le pouvoir d'arrêter les autres modalités de l'émission qui, sauf décision contraire, pourra être réalisée en une ou plusieurs fois.

L'assemblée délibère sur toutes les questions relatives à l'émission dans les conditions requises pour la modification des statuts.

Art. L. 213-17 *(Anc. L. n° 85-698, 11 juill. 1985 ; mod., Ord. n° 2004-604, 24 juin 2004).* – Les dispositions des articles L. 213-5 et L. 213-6 du présent code, des articles L. 228-1, L. 228-5, L. 228-43 à L. 228-89, L. 242-10, L. 245-9 à L. 245-12 (1°), L. 245-13 à L. 245-17 du Code de commerce s'appliquent aux obligations émises par les associations.

Les dispositions mentionnées à l'alinéa précédent, relatives aux conseil d'administration, directoire ou gérants de société sont applicables aux associations émettant des obligations et régissent les personnes ou organes qui sont chargés de l'administration conformément aux statuts.

Celles qui sont relatives au conseil de surveillance d'une société ou à ses membres s'appliquent, s'il en existe, à l'organe collégial de contrôle et aux personnes qui le composent.

Art. L. 213-18 *(Anc. L. n° 85-698, 11 juill. 1985)*. – Les dispositions prévues par les articles L. 237-1 à L. 237-31 du Code de commerce sont applicables en cas de dissolution de l'association émettrice, sous réserve des dispositions de la loi du 1er juillet 1901 relative au contrat d'association et des articles 21 à 79 du Code civil local applicable dans les départements du Bas-Rhin, du Haut-Rhin et de la Moselle.

Art. L. 213-18-1 *(Ord. n° 2005-429, 6 mai 2005)*. – Les dirigeants d'associations émettant des obligations sont soumis aux incapacités prévues à l'article L. 500-1.

Art. L. 213-19 *(Rect. JO 17 mars 2001)*. – La responsabilité des membres des organes chargés de la direction, de l'administration ou du contrôle des associations est celle définie, selon les cas, par l'article L. 225-251, le deuxième alinéa de l'article L. 225-253, les articles L. 225-254 et L. 225-257 du Code de commerce.

(Rempl., Ord. n° 2009-80, 22 janv. 2009) Lorsqu'une association émet des obligations et remplit les critères posés par l'article L. 612-2 du Code de commerce, les dispositions de l'article L. 642-3 du présent code sont applicables à ses dirigeants.

Art. L. 213-20 *(Mod., L. n° 2012-387, 22 mars 2012)*. – Les associations immatriculées au registre du commerce et des sociétés dans les conditions prévues par la présente sous-section peuvent se grouper pour émettre des obligations.

Le groupement s'effectue dans le cadre d'un groupement d'intérêt économique dans les conditions prévues par le deuxième alinéa de l'article L. 251-7 du Code de commerce.

Les groupements d'intérêt économique constitués par des associations en vue de l'émission d'obligations sont tenus au remboursement et au paiement des rémunérations de ces obligations. Ces groupements d'intérêt économique disposent, à l'égard des associations qui les constituent et ont bénéficié d'une fraction du produit de l'émission, des mêmes droits que ceux conférés aux porteurs d'obligations émises par les associations par les articles L. 213-15, L. 213-17 et L. 213-19.

L'article L. 213-19 est applicable aux dirigeants de groupements d'intérêt économique constitués par des associations en vue de l'émission d'obligations.

Les dispositions des articles L. 213-8 et L. 213-10, du premier alinéa de l'article L. 213-15 et de l'article L. 213-17 sont applicables à ces groupements.

Art. L. 213-20-1 *(L. n° 2012-387, 22 mars 2012)*. – Le ministère public ou toute personne intéressée peut demander au tribunal compétent la dissolution de l'association ou du groupement émetteur d'obligations en violation des articles L. 213-8 et L. 213-10 et le remboursement sans délai des obligations émises.

Voir aussi : C. monét. fin., art. R. 213-21 à R. 213-24, p. 1097 et C. monét. fin., art. R. 231-2, p. 1198.

Art. L. 213-21. – Un décret en Conseil d'État fixe, en tant que de besoin, les conditions d'application de la présente sous-section.

Sous-section 4. – Obligations émises par les fondations

(Sous-section créée, L. n° 2014-856, 31 juill. 2014)

Art. L. 213-21-1 A *(L. n° 2014-856, 31 juill. 2014)*. – La sous-section 3, à l'exception de l'article L. 213-20-1 et du dernier alinéa de l'article L. 213-10, s'applique aux fondations dotées de la personnalité morale, sous réserve des dispositions qui suivent.

À l'article L. 213-18, la référence à la loi du 1er juillet 1901 relative au contrat d'association et au Code civil local applicable dans les départements du Bas-Rhin, du Haut-Rhin et de la Moselle est remplacée par la référence à la loi n° 87-571 du 23 juillet 1987 sur le développement du mécénat.

Les dispositions relatives aux conseils d'administration, assemblée générale, directoire ou gérants de société s'appliquent aux personnes ou organes chargés de l'administration de la fondation conformément à ses statuts.

Celles relatives au conseil de surveillance d'une société ou à ses membres s'appliquent, s'il existe, à l'organe de contrôle de la fondation et aux personnes qui le composent.

Section III. – Les titres émis par l'État

Art. L. 213-21-1 *(L. n° 2006-387, 31 mars 2006 ; rempl., Ord. n° 2009-15, 8 janv. 2009).* – Tout propriétaire de titres financiers émis par l'État faisant partie d'une émission comprenant à la fois des titres financiers inscrits dans un compte-titres tenu par un intermédiaire mentionné à l'article L. 211-3 et des titres financiers inscrits dans un compte-titres tenu par l'État a la faculté de demander le changement du mode d'inscription en compte de ses titres.

Sous-section 1. – Emprunts d'État

Art. L. 213-22. – Les porteurs de titres d'emprunts amortis, émis ou gérés par l'État ne peuvent se voir réclamer le montant des coupons échus qui ont été détachés avant la présentation au remboursement.

Seuls les intérêts correspondant aux coupons manquants venus à échéance après la date de présentation sont déduits du capital remboursé.

Sous-section 2. – Bons du Trésor

Art. L. 213-23 *(L. fin. rect. n° 2001-1276, 28 déc. 2001 ; mod., Ord. n° 2013-544, 27 juin 2013).* – Les établissements de crédit, les sociétés de financement et les entreprises d'investissement doivent déposer à la Banque de France les bons du Trésor leur appartenant, si le montant nominal de ces bons dépasse au total 750 €.

Art. L. 213-24. – La Banque de France ouvre sur ses livres, au nom de chaque établissement ou personne dépositaire, un compte courant de bons tenu par échéances.

Art. L. 213-25. – La Banque de France ouvre sur ses livres, au nom de chaque établissement ou personne dépositaire, un compte courant de bons tenu par échéances.

Les souscriptions effectuées par les titulaires de comptes courants donnent lieu à une inscription à leur compte d'un crédit égal au montant des bons souscrits, sans délivrance matérielle de formules.

Art. L. 213-26. – La Banque de France ouvre sur ses livres, au nom de chaque établissement ou personne dépositaire, un compte courant de bons tenu par échéances.

Le Trésor ouvre sur ses livres, au nom de la Banque de France, un compte courant de bons, où sont inscrites globalement, les opérations de dépôt et de retrait de bons, ainsi que les opérations de souscription et de remboursement de bons réalisées au moyen des comptes courants tenus par la Banque de France.

Art. L. 213-27. – La Banque de France ouvre sur ses livres, au nom de chaque établissement ou personne dépositaire, un compte courant de bons tenu par échéances.

Les inscriptions de bons en compte courant peuvent faire l'objet des mêmes opérations que les bons.

Les cessions d'inscriptions sont faites librement par voie de virement.

Art. L. 213-28. – Les ordres de virement sont exonérés des droits de timbre.

Art. L. 213-29. – Aucune opposition n'est admise sur les comptes courants de bons.

Art. L. 213-30. – La liste des établissements ou des personnes visées à l'article L. 213-23 peut être complétée par décret pris sur le rapport du ministre chargé de l'économie.

La Banque de France peut accorder à des établissements ou personnes non mentionnés par l'article L. 213-23 la faculté d'obtenir l'ouverture sur ses livres d'un compte courant de bons. Ces comptes sont soumis de plein droit aux dispositions des articles L. 213-23 à L. 213-31.

Art. L. 213-31 *(Mod., Ord. n° 2010-76, 21 janv. 2010).* **– Sans préjudice des sanctions qui peuvent être appliquées par l'Autorité de contrôle prudentiel comme en matière d'infractions à la réglementation bancaire, tout manquement aux obligations prévues par l'article L. 213-23 entraîne la perte des intérêts courus pendant la période de détention irrégulière sur le montant des bons qui n'ont pas été déposés.**

Section IV. – Les titres participatifs

Bibliographie : J. La Fourcade, *L'originalité des titres participatifs : Gaz. Pal.* 12 juill. 1985, p. 3 ; *L'appréciation des titres participatifs : Gaz. Pal.* 13 août 1987, p. 4.

Art. L. 213-32 *(Anc. L. n° 85-695, 11 juill. 1985 ; mod., L. n° 2018-1021, 23 nov. 2018).* **– Les sociétés par actions appartenant au secteur public, les sociétés anonymes coopératives, les sociétés de coordination au sens de l'article L. 423-1-1 du Code de la construction et de l'habitation, les offices publics de l'habitat mentionnés à l'article L. 411-2 du même code, les sociétés anonymes d'habitations à loyer modéré mentionnées à l'article L. 422-2 dudit code, les banques mutualistes ou coopératives et les établissements publics de l'État à caractère industriel et commercial peuvent émettre des titres participatifs dans des conditions fixées par les articles L. 228-36 et L. 228-37 du Code de commerce.**

Art. L. 213-33. – Les règles relatives à l'émission des titres participatifs par les entreprises d'assurances sont fixées par l'article L. 322-2-1 du Code des assurances.

Voir aussi : C. assur., art. L. 322-2-1.

Art. L. 213-34. – Les règles relatives à l'émission de titres participatifs par les sociétés coopératives agricoles et leurs unions sont fixées par l'article L. 523-8 du Code rural.

Voir : C. rur., art. L. 523-8, p. 2627.

Art. L. 213-35 *(Anc. L. n° 85-695, 11 juill. 1985).* **– Un décret fixe, en tant que de besoin, les dispositions concernant l'émission et la rémunération des titres émis par les banques mutualistes ou coopératives et les établissements publics à caractère industriel et commercial.**

Voir aussi : C. monét. fin., art. D. 213-27 et D. 228-56.

CHAPITRE IV. – PLACEMENTS COLLECTIFS

Bibliographie : F. Bussière, *L'intérêt des porteurs dans la gestion collective pour le compte d'un tiers : Mél. D. Schmidt*, éd. Joly, 2005, p. 109 ; *Droit de la responsabilité et gestion collective : Bull. Joly Bourse* 2007, n° 3, p. 98. • A. Gauberty, *Bilan du développement du supermarché de fonds en France : JCP* E 2004, p. 20. • Y. Guyon, *Le cas des organismes de placement collectif en valeurs mobilières : Rev. sociétés* 1999, p. 551. • J. Le Calvez, *L'usufruit des valeurs mobilières de capitalisation : D.* 1994, chron. p. 125. • R. Mortier, *À propos de l'ordonnance n° 2005-1278, le renouveau de l'investissement immobilier : les OPCI : Dr. et patrimoine* 2006, n° 150, p. 20. • F. Nouel, *Les nouveaux organismes de placement collectif immobilier : Act. prat. ing. sociétaire* 2005, 81, 3-2. • B. Pays, *OPCI, le placement pierre en gestation : Ann. loyers* 2005, n° 5, p. 795. • *Rapport Delmas-Marty relatif à la commercialisation des produits financiers : Banque et droit* 2006, p. 43. • M. Storck, *Gouvernement d'entreprise et gestion collective*, in *Droit et actualité : Études offertes à J. Béguin*, Dalloz, 2005, p. 701. • H. Synvet, *La gestion collective : à l'aube d'une ère nouvelle : RD bancaire et fin.* janv.-févr. 2011, étude 5, p. 36. • *Adde* A. Bougnoux, *JCl. Sociétés traité*, Fasc. 2236, 2237 et 2238.

Art. L. 214-1 *(Mod., L. n° 2003-706, 1er août 2003 ; partiellement transféré à l'article L. 543-1, Ord. n° 2005-429, 6 mai 2005 ; mod., Ord. n° 2005-1278, 13 oct. 2005 ; L. n° 2006-387, 31 mars 2006 ; Ord. n° 2008-556, 13 juin 2008 ; D. n° 2008-1077, 23 oct. 2008 ; Ord. n° 2008-1081, 23 oct. 2008 ; Ord. n° 2009-107, 30 janv. 2009 ; Ord. n° 2011-915, 1er août 2011 ; rempl., Ord. n° 2013-676, 25 juill. 2013).* **– I. – Constituent des placements collectifs :**

1° Les organismes de placement collectif en valeurs mobilières agréés conformément à la directive 2009/65/CE du Parlement européen et du Conseil du 13 juillet 2009 portant coordination des dispositions législatives, réglementaires et administratives concernant certains organismes de placement collectif en valeurs mobilières, dits « OPCVM » ;

2° Les fonds relevant de la directive 2011/61/UE du Parlement européen et du Conseil du 8 juin 2011 sur les gestionnaires de fonds d'investissement alternatifs, dits « FIA » ;

3° Les placements collectifs autres que ceux mentionnés aux 1° et 2°, dits « Autres placements collectifs ».

II. – Constituent des organismes de placement collectif :

1° Les OPCVM ;

2° Les FIA mentionnés au II de l'article L. 214-24.

Voir : *infra,* Les **sociétés d'épargne forestière**, créées par la loi n° 2001-602 du 9 juillet 2001 d'orientation sur la forêt *[C. monét. fin., art. L. 214-121 à L. 214-126]*, doivent être ajoutées à la liste des organismes de placement collectif dressée à l'article L. 214-1.

Art. L. 214-1-1 *(Ord. n° 2011-915, 1er août 2011 ; rempl., Ord. n° 2013-676, 25 juill. 2013 ; mod., L. n° 2014-1, 2 janv. 2014).* – Tout fonds d'investissement constitué sur le fondement d'un droit étranger autre que de type fermé, à l'exclusion d'un OPCVM ou d'un FIA, fait l'objet, préalablement à la commercialisation de ses parts ou actions en France, d'une autorisation délivrée par l'Autorité des marchés financiers.

Un décret définit les conditions de délivrance de cette autorisation.

Art. L. 214-1-2 *(Créé, L. n° 2019-486, 22 mai 2019).* – Les parts ou actions d'OPCVM ou de FIA constitués sur le fondement d'un droit étranger ayant fait l'objet de la notification prévue, selon le cas, à l'article L. 214-2-2 ou à l'article L. 214-24-1, peuvent faire l'objet d'une admission aux négociations sur un marché réglementé d'instruments financiers défini à l'article L. 421-1 ou sur un système multilatéral de négociation défini à l'article L. 424-1 dans des conditions fixées par décret.

Voir : C. monét. fin., art. D. 214-0, p. 1098.

Section I. – Les organismes de placement collectif en valeurs mobilières

(Rempl., Ord. n° 2011-915, 1er août 2011)

Bibliographie : F. Bussière, *Brefs propos sur 20 ans de gestion d'actifs : Bull. Joly Bourse* 2012, § 244, p. 529. • A. Constantin, *Les outils contractuels de gestion des risques financiers : RD bancaire et fin.* nov.-déc. 2010, p. 32. • Y. Guyon, *L'actionnariat indirect : le cas des OPCVM : Rev. sociétés* 1999, p. 551. • J.-B. Lenhof, *La réforme des organismes de placement collectif : LPA* 14 nov. 2003, p. 31. • I. Riassetto, *L'ordonnance n° 2011-915 du 1er août 2011 et les dépositaires d'OPCVM : RD bancaire et fin.* sept. 2011, comm. 178. • I. Riassetto et M. Storck, *OPCVM*, éd. Joly, 2002 ; *L'ordonnance n° 2011-915 du 1er août 2011 relative aux organismes de placement collectif en valeurs mobilières et à la modernisation du cadre juridique de la gestion d'actifs. – Quels impacts sur les produits ? : RD bancaire et fin.* sept. 2011, étude 28. • R. Roblot, *Les organismes de placement collectif en valeurs mobilières*, ANSA, 1980.

Art. L. 214-2 *(Mod., L. n° 2003-706, 1er août 2003 ; Ord. n° 2013-676, 25 juill. 2013).* – Les OPCVM sont des organismes de placement collectif agréés conformément à la directive 2009/65/CE du Parlement européen et du Conseil du 13 juillet 2009.

Art. L. 214-2-1 *(Ord. n° 2013-676, 25 juill. 2013).* – I. – Tout OPCVM de droit français qui se propose de commercialiser ses parts ou actions et, le cas échéant, des catégories de parts ou d'actions, dans un autre État membre de l'Union européenne ou partie à l'accord sur l'Espace économique européen, adresse au préalable à l'autorité compétente de l'État d'accueil, par l'intermédiaire de l'Autorité des marchés financiers, un dossier de notification précisant les modalités prévues pour la commercialisation, dans cet État, de ces parts ou actions et, le cas échéant, de ces catégories de parts ou d'actions.

II. – L'Autorité des marchés financiers notifie sans délai à l'OPCVM la transmission par ses soins du dossier mentionné au I à l'autorité compétente de l'État d'accueil.

Les parts ou actions de l'OPCVM peuvent être commercialisées dans l'État d'accueil à compter de la date de la notification mentionnée à l'alinéa précédent.

III. – En cas de modification des modalités de commercialisation indiquées dans le dossier de notification ou des catégories de parts ou d'actions destinées à être commercialisées, l'OPCVM en informe préalablement, par l'intermédiaire de l'Autorité des marchés financiers, l'autorité compétente de l'État d'accueil.

Art. L. 214-2-2 *(Ord. n° 2013-676, 25 juill. 2013).* – Tout OPCVM constitué sur le fondement d'un droit étranger fait l'objet, préalablement à la commercialisation de ses parts ou actions en France, d'une notification à l'Autorité des marchés financiers par l'autorité compétente de l'État membre d'origine de cet organisme.

Le règlement général de l'Autorité des marchés financiers précise les conditions d'application du présent article.

Sous-section 1. – Agrément

Art. L. 214-3 *(Mod., L. n° 2003-706, 1er août 2003 ; rempl., Ord. n° 2011-915, 1er août 2011 ; mod., Ord. n° 2013-676, 25 juill. 2013).* – **La constitution, la transformation ou la liquidation d'un OPCVM ou d'un compartiment d'OPCVM sont soumises à l'agrément de l'Autorité des marchés financiers.**

L'Autorité des marchés financiers peut retirer son agrément à tout OPCVM ou compartiment d'OPCVM.

Est constitutive d'une infraction aux lois et règlements applicables aux OPVCM, en ce qu'elle contrevient à l'obligation d'agir dans l'intérêt exclusif du souscripteur et à l'obligation d'indépendance de l'organisme gestionnaire, édictées à l'article L. 214-3 du Code monétaire et financier, **la stipulation contractuelle** prévoyant la cession, selon des modalités fixées à l'avance et pour un prix déterminable par référence à un cours de bourse, de toutes les actions détenues par des OPVCM gérées par une filiale à 100 % de l'établissement cédé : ▪ CE, 23 mars 2005 : *Dr. sociétés* nov. 2005, 199, p. 38, note Th. Bonneau ; *Bull. Joly Bourse* 2005, 78, note M. Guyomar.

Voir : Agrément par l'AMF, Règl. AMF, 12 oct. 2004, art. 411-3 et s., et art. 411-7.

Voir : pour **les sanctions pénales**, C. monét. fin., art. L. 231-3, p. 1195.

Règlement général de l'Autorité des marchés financiers
(Règlement homologué, A. 23 févr. 2004 ; A. 12 oct. 2004 ; A. 12 nov. 2004 ; mod., A. 3 oct. 2011 ; A. 15 oct. 2012)

Art. 411-6. – I. – L'agrément d'une SICAV, prévu à l'article L. 214-3 du Code monétaire et financier et, le cas échéant, l'agrément de chaque compartiment prévu au même article sont subordonnés au dépôt préalable auprès de l'AMF du dossier comportant les éléments précisés par une instruction de l'AMF.

Sans préjudice des dispositions du III, la SICAV est informée par l'AMF, dans un délai d'un mois suivant la présentation de la demande, de l'octroi ou du refus de son agrément.

Le silence gardé par l'AMF pendant un délai d'un mois à compter de l'accusé de réception de la demande par l'AMF vaut décision d'agrément.

Lorsque l'AMF demande des informations complémentaires nécessitant en retour l'envoi par la société de gestion d'une fiche complémentaire d'informations, l'AMF le notifie par écrit en précisant que les éléments demandés doivent lui parvenir dans un délai de soixante jours. À défaut de réception de ces éléments dans ce délai, la demande d'agrément est réputée rejetée. À réception de l'intégralité des informations demandées, l'AMF en accuse réception par écrit. Cet accusé de réception mentionne un nouveau délai d'agrément qui ne peut excéder celui mentionné à l'alinéa précédent.

II. – Le délai mentionné au I est ramené à huit jours ouvrés à compter de l'accusé de réception du dossier, l'agrément par l'AMF, lorsque la SICAV qui sollicite l'agrément est analogue à un OPCVM *(A. 11 déc. 2013)* « ou FIA » déjà agréé par l'AMF.

Le caractère analogue de la SICAV qui sollicite l'agrément, appelée « SICAV analogue », et de l'OPCVM *(A. 11 déc. 2013)* « ou du FIA » déjà agréé par l'AMF, *(A. 11 déc. 2013)* « appelé "OPCVM ou FIA de référence" », est apprécié par l'AMF, notamment au vu de chacun des éléments suivants :

1° L'OPCVM *(A. 11 déc. 2013)* « ou le FIA » de référence et la SICAV analogue sont gérés par la même société de gestion ou un même délégataire de la gestion financière, ou par des sociétés de gestion ou des délégataires de la gestion financière appartenant à un même groupe et sous réserve de l'appréciation de l'AMF des informations transmises par la société de gestion de la SICAV analogue dans les conditions fixées dans une instruction de l'AMF ;

2° L'OPCVM *(A. 11 déc. 2013)* « ou le FIA » de référence a été agréé par l'AMF et constitué au cours des dix-huit mois précédant la date de réception du dossier d'agrément de la SICAV analogue par l'AMF. Sur demande motivée de la société de gestion de la SICAV analogue, l'AMF peut accepter que l'OPCVM *(A. 11 déc. 2013)* « ou le FIA » de référence ait été agréé et créé plus de dix-huit mois avant la date de réception du dossier de SICAV analogue ;

3° L'OPCVM *(A. 11 déc. 2013)* « ou le FIA » de référence n'a pas subi de changements autres que ceux mentionnés dans une instruction de l'AMF.

Sur demande motivée de la société de gestion de la SICAV analogue, l'AMF peut accepter qu'un OPCVM *(A. 11 déc. 2013)* « ou un FIA » ayant subi des changements autres que ceux mentionnés dans l'instruction soit un OPCVM *(A. 11 déc. 2013)* « ou un FIA » de référence ;

4° Les souscripteurs de la SICAV analogue répondent aux conditions de souscription et d'acquisition de l'OPCVM *(A. 11 déc. 2013)* « ou du FIA » de référence ;

5° La stratégie d'investissement, le profil de risque, les règles de fonctionnement et les statuts de la SICAV analogue sont similaires à ceux de l'OPCVM *(A. 11 déc. 2013)* « ou du FIA » de référence.

Lorsque l'un des éléments des documents constitutifs de la SICAV analogue diffère de celui de l'OPCVM *(A. 11 déc. 2013)* « ou du FIA » de référence, il est clairement identifié dans le dossier d'agrément de la SICAV analogue selon des modalités précisées par une instruction de l'AMF.

Le dossier d'agrément de la SICAV analogue est déposé sous format électronique.

Lorsque l'AMF demande des informations complémentaires nécessitant en retour l'envoi d'une fiche complémentaire d'informations, elle le notifie en précisant que les éléments demandés doivent lui parvenir dans un délai de soixante jours. À défaut de réception de ces éléments dans ce délai, la demande d'agrément est réputée rejetée. À réception de l'intégralité des informations demandées, l'AMF en accuse réception par écrit. Cet accusé de réception mentionne un nouveau délai d'agrément qui ne peut excéder huit jours ouvrés.

Lorsque la SICAV analogue ou l'OPCVM *(A. 11 déc. 2013)* « ou le FIA » de référence ne respectent pas les conditions mentionnées au présent article, l'AMF le notifie en précisant que les informations complémentaires, de façon à constituer un dossier d'agrément selon les modalités décrites au I, doivent lui parvenir dans un délai de soixante jours. À défaut de réception de l'ensemble de ces informations complémentaires dans ce délai, la demande d'agrément est réputée rejetée. À réception de l'ensemble de ces informations complémentaires, l'AMF en accuse réception par écrit et examine le dossier d'agrément de la SICAV dans les conditions et selon la procédure mentionnées au I. Cet accusé de réception mentionne un nouveau délai d'agrément qui ne peut excéder un mois.

(A. 11 déc. 2013) « III. – Lorsque la SICAV n'a désigné aucune société de gestion, elle est informée, dans les trois mois suivant le dépôt du dossier complet, que l'agrément est octroyé ou refusé. L'AMF peut prolonger ce délai d'une durée pouvant aller jusqu'à trois mois supplémentaires lorsqu'elle le juge nécessaire en raison des circonstances spécifiques de l'espèce et après l'avoir notifié à la SICAV. »

Art. 411-9. – La commercialisation des actions d'une SICAV et, le cas échéant, d'un ou plusieurs compartiments ne peut intervenir qu'après notification de son agrément par l'AMF. Cette notification est adressée à la société de gestion ou, le cas échéant, à la SICAV elle-même dans les conditions fixées par une instruction de l'AMF.

Sous-section 2. – Régime général des organismes de placement collectif en valeurs mobilières

Art. L. 214-4 *(Mod., Ord. n° 2013-676, 25 juill. 2013).* – **Les OPCVM prennent la forme soit de sociétés d'investissement à capital variable dites « SICAV », soit de fonds communs de placement.**

Les OPCVM peuvent comprendre différentes catégories de parts ou d'actions dans des conditions fixées par le règlement du fonds ou les statuts de la société d'investissement à capital variable, selon les prescriptions du règlement général de l'Autorité des marchés financiers.

Voir : C. monét. fin., art. D. 214-1 à R. 214-19, p. 1098 ; R. 214-23 à R. 214-56, p. 1107.

Art. L. 214-5 *(Mod., Ord. n° 2013-676, 25 juill. 2013).* – **I. – Un OPCVM peut comporter un ou plusieurs compartiments si ses statuts ou son règlement le prévoient. Chaque compartiment donne lieu à l'émission d'une catégorie de parts ou d'actions représentative des actifs de l'OPCVM qui lui sont attribués. Par dérogation à l'article 2285 du Code civil et sauf stipulation contraire des documents constitutifs de l'OPCVM, les actifs d'un compartiment déterminé ne répondent que des dettes, engagements et obligations et ne bénéficient que des créances qui concernent ce compartiment.**

L'Autorité des marchés financiers définit les conditions dans lesquelles la constitution de chaque compartiment est soumise à son agrément, ainsi que les conditions dans lesquelles est déterminée, en fonction de la valeur nette des actifs attribués au compartiment correspondant, la valeur liquidative de chaque catégorie de parts ou d'actions.

II. – Chaque compartiment fait l'objet, au sein de la comptabilité de l'OPCVM, d'une comptabilité distincte qui peut être tenue en toute unité monétaire dans les conditions fixées par le décret prévu à l'article L. 214-17-3.

Voir : C. monét. fin., art. D. 214-1, p. 1098.

Art. L. 214-6 *(Mod., Ord. n° 2013-676, 25 juill. 2013 ; Ord. n° 2016-312, 17 mars 2016).* – **Les créanciers dont le titre résulte de la conservation ou de la gestion des actifs d'un OPCVM n'ont d'action que sur ces actifs.**

Les créanciers du dépositaire ou du tiers auquel la conservation des actifs de l'OPCVM a été déléguée ne peuvent poursuivre le paiement de leurs créances sur les actifs d'un OPCVM conservés par ce dépositaire ou ce tiers.

Art. L. 214-7 *(Rempl., L. n° 2003-706, 1er août 2003 ; Ord. n° 2011-915, 1er août 2011 ; mod., Ord. n° 2017-1432, 4 oct. 2017)*. – La SICAV est une société anonyme ou une société par actions simplifiée qui a pour seul objet la gestion d'un portefeuille d'instruments financiers et de dépôts.

Le siège social et l'administration centrale de la SICAV sont situés en France.

Sous réserve des dispositions de l'article L. 214-7-4, les actions de la SICAV sont émises et rachetées par la société à la demande, selon le cas, des souscripteurs ou des actionnaires et à la valeur liquidative majorée ou diminuée, selon le cas, des frais et commissions.

Lorsque la SICAV est une société anonyme, ses actions peuvent être admises aux négociations sur un marché réglementé *(Mots aj., L. n° 2019-486, 22 mai 2019)* « ou un système multilatéral de négociation » dans des conditions fixées par décret.

Le montant du capital est égal à tout moment à la valeur de l'actif net de la société, déduction faite des sommes distribuables définies à l'article L. 214-17-2.

Le capital initial d'une SICAV ne peut être inférieur à un montant fixé par décret.

Le règlement général de l'Autorité des marchés financiers fixe les conditions de souscription, de cession et de rachat des actions émises par la SICAV.

Art. L. 214-7-1 *(Ord. n° 2011-915, 1er août 2011 ; mod., Ord. n° 2016-312, 17 mars 2016)*. – Une SICAV peut déléguer globalement à une société de gestion la gestion de son portefeuille telle que mentionnée à l'article L. 214-7.

Le siège social et l'administration centrale de la société de gestion sont situés en France.

Ils peuvent toutefois être situés dans un autre État membre de l'Union européenne ou un autre État partie à l'accord sur l'Espace économique européen lorsque la société de gestion exerce en France son activité en libre établissement ou en libre prestation de services en application de l'article L. 532-20-1.

Lorsque la SICAV ne délègue pas globalement la gestion de son portefeuille telle que mentionnée au premier alinéa, elle doit remplir l'ensemble des conditions applicables aux sociétés de gestion d'OPCVM et se conformer aux obligations applicables à ces sociétés, sous réserve des dispositions de l'article L. 214-7.

Art. L. 214-7-2 *(Ord. n° 2011-915, 1er août 2011)*. – Par dérogation aux dispositions des titres II et III du livre II et du titre II du livre VIII du Code de commerce, les dispositions suivantes s'appliquent aux SICAV :

1° Les actions sont intégralement libérées dès leur émission ;

2° Tout apport en nature est apprécié par le commissaire aux comptes sous sa responsabilité ;

3° L'assemblée générale ordinaire peut se tenir sans qu'un quorum soit requis ; il en est de même, sur deuxième convocation, de l'assemblée générale extraordinaire ;

4° Une même personne physique peut exercer simultanément cinq mandats de directeur général, de membre du directoire ou de directeur général unique de SICAV ayant leur siège sur le territoire français. Les mandats de directeur général, de membre du directoire ou de directeur général unique exercés au sein d'une SICAV ne sont pas pris en compte pour les règles de cumul visées au livre II du Code de commerce ;

5° Les mandats de représentant permanent d'une personne morale au conseil d'administration ou de surveillance d'une SICAV ne sont pas pris en compte pour l'application des dispositions des articles L. 225-21, L. 225-77 et L. 225-94-1 du Code de commerce ;

6° *(6° mod. à compter du 17 juin 2016, Ord. n° 2016-315, 17 mars 2016)* Le conseil d'administration, le directoire ou, lorsque la SICAV est une société par actions simplifiée, les dirigeants de cette société désignent le commissaire aux comptes pour six exercices, après accord de l'Autorité des marchés financiers. La désignation d'un commissaire aux comptes suppléant n'est pas requise. Les dispositions de l'article L. 823-3-1 du Code de commerce sont applicables à la SICAV relevant des dispositions du III de l'article L. 820-1 du même code ;

7° La mise en paiement des produits distribuables doit avoir lieu dans le délai d'un mois après la tenue de l'assemblée générale ayant approuvé les comptes de l'exercice ;

8° L'assemblée générale extraordinaire qui décide une transformation, fusion ou scission, donne pouvoir au conseil d'administration, au directoire ou, lorsque la SICAV est une société par actions simplifiée, aux dirigeants de cette société, d'évaluer les actifs et de déterminer la parité de l'échange à une date qu'elle fixe ; ces opérations s'effectuent sous le contrôle du commissaire aux comptes sans qu'il soit nécessaire de désigner un commissaire à la fusion ; l'assemblée générale est dispensée d'approuver les comptes si ceux-ci sont certifiés par le commissaire aux comptes ;

9° En cas d'augmentation de capital, les actionnaires n'ont pas de droit préférentiel de souscription aux actions nouvelles ;

10° Les statuts contiennent l'évaluation des apports en nature. Il y est procédé au vu d'un rapport qui leur est annexé et qui est établi sous sa responsabilité par le commissaire aux comptes ; les statuts ne peuvent prévoir d'avantages particuliers ;

11° L'assemblée générale annuelle est réunie dans les quatre mois de la clôture de l'exercice.

Art. L. 214-7-3 *(Mod., L. n° 2012-387, 22 mars 2012 ; L. n° 2016-1691, 9 déc. 2016)*. – Les dispositions des articles L. 224-1, L. 224-2, du deuxième alinéa de l'article L. 225-2, des articles L. 225-3 à L. 225-16, L. 225-25, L. 225-26, L. 225-258 à L. 225-270, du quatrième alinéa de l'article L. 227-1, des articles L. 227-13 à L. 227-16, L. 227-18, L. 228-23, L. 231-1 à L. 231-8, L. 233-8, et L. 441-6-1 du Code de commerce ne sont pas applicables aux SICAV. Les SICAV ne peuvent pas prévoir de clauses d'inaliénabilité.

Les fusions transfrontalières des SICAV ne sont pas régies par les articles L. 236-25 à L. 236-32 du Code de commerce.

Voir : la rédaction de cet article issue de l'ordonnance n° 2019-698 du 3 juillet 2019, en *addendum*, p. 3371.

Art. L. 214-7-4 *(Ord. n° 2011-915, 1er août 2011 ; mod., L. n° 2016-1691, 9 déc. 2016)*. – Le rachat par la SICAV de ses actions comme l'émission d'actions nouvelles peuvent être suspendus, à titre provisoire, par le conseil d'administration, le directoire ou les dirigeants de la société par actions simplifiée, quand des circonstances exceptionnelles l'exigent et si l'intérêt des actionnaires ou du public le commande, dans des conditions fixées par les statuts de la société.

(Al. mod., L. n° 2019-486, 22 mai 2019) Dans les mêmes circonstances, lorsque la cession de certains actifs ne serait pas conforme à l'intérêt des actionnaires, les autres actifs peuvent être transférés à une nouvelle SICAV. Conformément à l'article L. 236-16 du Code de commerce, la scission est décidée par l'assemblée générale extraordinaire des actionnaires de la SICAV. Par dérogation aux dispositions de l'article L. 225-96 du Code de commerce et du 3° de l'article L. 214-7-2 du présent code, cette assemblée peut se tenir, dès la première convocation, sans qu'un quorum soit requis. Par dérogation à l'article L. 214-15, cette scission n'est pas soumise à l'agrément de l'Autorité des marchés financiers mais lui est déclarée sans délai. Chaque actionnaire reçoit un nombre d'actions de la nouvelle SICAV égal à celui qu'il détient dans l'ancienne. L'ancienne SICAV est mise en liquidation dès que le transfert des actifs a été effectué. Les conditions d'application du présent alinéa sont définies par décret.

Le règlement général de l'Autorité des marchés financiers fixe les autres cas et les conditions dans lesquels les statuts de la SICAV prévoient, le cas échéant, que l'émission des actions est interrompue de façon provisoire ou définitive.

Il prévoit également les cas et les conditions dans lesquels les statuts de la SICAV peuvent prévoir que le rachat d'actions est plafonné à titre provisoire quand des circonstances exceptionnelles l'exigent et si l'intérêt des actionnaires ou du public le commande.

Art. L. 214-8 *(Anc. L. n° 88-1201, 23 déc. 1988 ; Rempl., Ord. n° 2011-915, 1er août 2011 ; mod., Ord. n° 2017-1432, 4 oct. 2017)*. – Sous réserve des dispositions de l'article L. 214-8-7, le fonds commun de placement, qui n'a pas la personnalité morale, est une copropriété d'instruments financiers et de dépôts dont les parts sont émises et rachetées à la demande, selon le cas, des souscripteurs ou des porteurs et à la valeur liquidative majorée ou diminuée, selon les cas, des frais et commissions. Ne s'appliquent pas au fonds commun de placement les dispositions du Code civil relatives à l'indivision ni celles des articles 1871 à 1873 du même code relatives aux sociétés en participation.

Les parts peuvent être admises aux négociations sur un marché réglementé *(Mots aj., L. n° 2019-486, 22 mai 2019)* « , partiellement ou totalement, » dans des conditions fixées par décret.

Le règlement général de l'Autorité des marchés financiers fixe les conditions de souscription, de cession et de rachat des parts émises par le fonds commun de placement.

Art. L. 214-8-1 *(Ord. n° 2011-915, 1er août 2011)*. – Le fonds commun de placement est constitué à l'initiative d'une société de gestion, chargée de sa gestion, laquelle choisit un dépositaire des actifs du fonds. Cette société établit le règlement du fonds.

Le siège social et l'administration centrale de la société de gestion sont situés en France.

Ils peuvent toutefois être situés dans un autre État membre de l'Union européenne ou un autre État partie à l'accord sur l'Espace économique européen lorsque la société de gestion exerce en France son activité en libre établissement ou en libre prestation de services en application de l'article L. 532-20-1.

La souscription ou l'acquisition de parts d'un fonds commun de placement emporte acceptation de son règlement.

Art. L. 214-8-2 *(Ord. n° 2011-915, 1er août 2011).* – Le montant minimum des actifs que le fonds doit réunir lors de sa constitution est fixé par décret.

Ces actifs sont évalués, au vu d'un rapport établi par le commissaire aux comptes, dans des conditions fixées par décret. Tout apport en nature est apprécié par le commissaire aux comptes sous sa responsabilité.

Art. L. 214-8-3 *(Ord. n° 2011-915, 1er août 2011).* – Dans tous les cas où des dispositions relatives aux sociétés et aux titres financiers exigent l'indication des nom, prénoms et domicile du titulaire du titre ainsi que pour toutes les opérations faites pour le compte des copropriétaires, la désignation du fonds commun de placement peut être valablement substituée à celle de tous les copropriétaires.

Art. L. 214-8-4 *(Ord. n° 2011-915, 1er août 2011).* – Sauf stipulations contraires du règlement du fonds, les porteurs de parts ou leurs ayants droit ne peuvent pas provoquer le partage du fonds commun de placement.

Art. L. 214-8-5 *(Ord. n° 2011-915, 1er août 2011).* – Les porteurs de parts ne sont tenus des dettes de la copropriété qu'à concurrence de l'actif du fonds et proportionnellement à leur quote-part.

Art. L. 214-8-6 *(Ord. n° 2011-915, 1er août 2011).* – Le gérant, le conseil d'administration ou le directoire de la société de gestion désigne le commissaire aux comptes du fonds pour six exercices, après accord de l'Autorité des marchés financiers. La désignation d'un commissaire aux comptes suppléant n'est pas requise.

Les porteurs de parts du fonds exercent les droits reconnus aux actionnaires par les articles L. 823-6 et L. 823-7 du Code de commerce.

Le commissaire aux comptes porte à la connaissance de l'assemblée générale de la société de gestion les irrégularités et inexactitudes qu'il a relevées dans l'accomplissement de sa mission.

Art. L. 214-8-7 *(Ord. n° 2011-915, 1er août 2011 ; mod., L. n° 2016-1691, 9 déc. 2016).* – Le rachat par le fonds de ses parts et l'émission de parts nouvelles peuvent être suspendus à titre provisoire par la société de gestion quand des circonstances exceptionnelles l'exigent et si l'intérêt des porteurs de parts ou du public le commande, dans des conditions fixées par le règlement du fonds.

(Al. mod., L. n° 2019-486, 22 mai 2019) Dans les mêmes circonstances, lorsque la cession de certains actifs ne serait pas conforme à l'intérêt des porteurs de parts, les autres actifs peuvent être transférés à un nouveau fonds. La scission est décidée par la société de gestion. Par dérogation à l'article L. 214-15, elle n'est pas soumise à l'agrément de l'Autorité des marchés financiers mais lui est déclarée sans délai. Chaque porteur reçoit un nombre de parts du nouveau fonds égal à celui qu'il détient dans l'ancien. L'ancien fonds est mis en liquidation dès que le transfert des actifs a été effectué. Les conditions d'application du présent alinéa sont définies par décret.

Le règlement général de l'Autorité des marchés financiers fixe les autres cas et les conditions dans lesquels le règlement du fonds prévoit, le cas échéant, que l'émission des parts est interrompue de façon provisoire ou définitive.

Il prévoit également les cas et les conditions dans lesquels le règlement du fonds peut prévoir que le rachat de parts est plafonné à titre provisoire quand des circonstances exceptionnelles l'exigent et si l'intérêt des porteurs de parts ou du public le commande.

(Al. créé à compter du 3 janvier 2018, Ord. n° 2017-1432, 4 oct. 2017) Le règlement général de l'Autorité des marchés financiers fixe les autres cas dans lesquels le règlement du fonds prévoit, le cas échéant, que l'émission de parts est interrompue, partiellement ou totalement, de façon provisoire ou définitive.

Art. L. 214-8-8 *(Ord. n° 2011-915, 1er août 2011).* – Le fonds commun de placement est représenté à l'égard des tiers par la société chargée de sa gestion. Cette société peut agir en justice pour défendre ou faire valoir les droits ou intérêts des porteurs de parts.

Art. L. 214-8-9 *(Ord. n° 2011-915, 1er août 2011).* **– La société de gestion est tenue d'effectuer les déclarations prévues aux articles L. 225-126 et L. 233-7 du Code de commerce, pour l'ensemble des actions détenues par les fonds communs de placement qu'elle gère.**

Les dispositions du II et du III de l'article L. 225-126 et des articles L. 233-14 et L. 247-2 du Code de commerce sont applicables.

Sous-section 3. – Obligations de la société de gestion, du dépositaire et de l'entité responsable de la centralisation et du commissaire aux comptes

§ 1. – Dispositions communes à l'OPCVM, à la société de gestion de portefeuille et au dépositaire

Art. L. 214-9 *(Rempl., Ord. n° 2011-915, 1er août 2011 ; mod., Ord. n° 2013-676, 25 juill. 2013 ; Ord. n° 2016-312, 17 mars 2016).* **– L'OPCVM, le dépositaire et la société de gestion agissent de manière honnête, loyale, professionnelle, indépendante et dans le seul intérêt de l'OPCVM et des porteurs de parts ou actionnaires de l'OPCVM. Ils doivent présenter des garanties suffisantes en ce qui concerne leur organisation, leurs moyens techniques et financiers, l'honorabilité et l'expérience de leurs dirigeants.**

Aucune SICAV ni aucune société de gestion ne peut exercer l'activité de dépositaire.

Art. L. 214-9-1 *(Ord. n° 2016-312, 17 mars 2016).* **– Pour l'application des dispositions de la présente section, on entend par organe de direction de l'OPCVM, du dépositaire ou de la société de gestion l'organe qui :**

1° Est investi du pouvoir ultime de décision au sein de l'OPCVM, du dépositaire ou de la société de gestion ;

2° Remplit les fonctions de gestion et de surveillance, ou uniquement la fonction de gestion lorsque ces deux fonctions sont séparées.

§ 2. – Dépositaire

Art. L. 214-10 *(Rempl., Ord. n° 2011-915, 1er août 2011 ; mod., Ord. n° 2013-676, 25 juill. 2013 ; Ord. n° 2016-312, 17 mars 2016).* **– La SICAV ou la société de gestion de l'OPCVM veille à ce qu'un dépositaire unique soit désigné.**

Dans les conditions fixées par le règlement général de l'Autorité des marchés financiers, la désignation du dépositaire est matérialisée par un contrat écrit.

Ce contrat définit notamment les informations nécessaires pour permettre au dépositaire de remplir ses fonctions.

Art. L. 214-10-1 *(Rempl., Ord. n° 2011-915, 1er août 2011 ; mod., Ord. n° 2013-676, 25 juill. 2013 ; Ord. n° 2016-312, 17 mars 2016).* **– I. – Seuls peuvent exercer l'activité de dépositaire d'OPCVM :**

1° La Banque de France ;

2° La Caisse des dépôts et consignations ;

3° Les établissements de crédit ayant leur siège social en France ;

4° Les établissements de crédit ayant leur siège social dans un État membre de l'Union européenne ou partie à l'accord sur l'Espace économique européen autre que la France, par l'intermédiaire de leurs succursales établies sur le territoire français exerçant leur activité de dépositaire dans les mêmes conditions que les établissements de crédit mentionnés au 3° ;

5° Les entreprises d'investissement ayant leur siège social en France, dont les fonds propres ne sont pas inférieurs aux exigences calculées en fonction de l'approche choisie conformément à l'article 315 ou à l'article 317 du règlement (UE) n° 575/2013 du Parlement et du Conseil du 26 juin 2013.

Pour exercer l'activité de dépositaire d'OPCVM, les entités mentionnées aux 3° à 5° doivent être habilitées à exercer l'activité de tenue de compte conservation d'instruments financiers en application de l'article L. 542-1.

II. – Pour exercer l'activité de dépositaire d'OPCVM, les entités mentionnées au 3° et au 4° du I établissent un cahier des charges qui précise les conditions dans lesquelles elles envisagent d'exécuter leurs missions dans le respect des obligations qui leur incombent en application des paragraphes 1 et 2 de la présente sous-section et indique la structure de leur organisation.

L'Autorité des marchés financiers approuve le cahier des charges et ses modifications ultérieures selon la procédure prévue au deuxième alinéa de l'article L. 532-1.

III. – Pour exercer l'activité de dépositaire d'OPCVM, les entreprises d'investissement mentionnées au 5° du I doivent :

1° Établir un programme d'activité de dépositaire d'OPCVM approuvé par l'Autorité des marchés financiers. Pour approuver un programme d'activité de dépositaire, cette autorité vérifie que l'entreprise d'investissement concernée remplit les conditions suivantes :

a) Elle a mis en place des politiques et procédures adéquates suffisantes pour garantir le respect par l'entité, y compris par ses dirigeants et son personnel, des obligations qui incombent aux dépositaires d'OPCVM ;

b) Elle dispose de procédures administratives et comptables saines, de mécanismes de contrôle interne, de procédures d'évaluation des risques efficaces et de dispositifs efficaces de contrôle et de sauvegarde de ses systèmes de traitement de l'information pour l'exercice de l'activité de dépositaire d'OPCVM ;

c) Elle maintient et applique des dispositions organisationnelles et administratives efficaces, en vue de prendre toute mesure raisonnable destinée à prévenir les conflits d'intérêts pour l'exercice de l'activité de dépositaire d'OPCVM ;

d) Elle veille à conserver un enregistrement de tout service qu'elle fournit, de toute activité qu'elle exerce et de toute transaction qu'elle effectue, permettant à l'Autorité des marchés financiers d'exercer ses tâches de surveillance et ses activités de contrôle des activités de dépositaire d'OPCVM ;

e) Elle prend des mesures raisonnables pour garantir la continuité et la régularité de l'exercice de ses fonctions de dépositaire en utilisant des systèmes, ressources et procédures appropriés et proportionnés, y compris en vue de l'exercice de ses activités de dépositaire d'OPCVM ;

f) Tous les membres de son organe de direction et de sa direction générale possèdent des connaissances, des compétences et une expérience suffisantes ;

g) Son organe de direction possède collectivement les connaissances, les compétences et l'expérience appropriées nécessaires à la compréhension des activités du dépositaire, y compris des principaux risques y afférents ;

2° Obtenir un agrément délivré par l'Autorité de contrôle prudentiel et de résolution. Pour délivrer son agrément, cette autorité s'assure que l'entreprise d'investissement dispose d'un programme d'activité approuvé par l'Autorité des marchés financiers conformément au 1° et respecte les conditions mentionnées aux deux derniers alinéas du I. Cet agrément et ses modifications ultérieures sont délivrés selon les mêmes procédures que celles prévues aux articles L. 532-1 à L. 532-5 pour les demandes portant sur les services d'investissement mentionnés au 4 ou 5 de l'article L. 321-1.

IV. – Les dépositaires d'OPCVM doivent satisfaire à tout moment aux conditions d'accès à l'activité de dépositaire prévues au présent article.

Art. L. 214-10-2 *(Ord. n° 2016-312, 17 mars 2016).* – Le dépositaire ne peut exercer d'activités qui concernent l'OPCVM ou la société de gestion agissant pour son compte, qui seraient susceptibles d'engendrer des conflits d'intérêts entre l'OPCVM, les porteurs de parts ou actionnaires de cet OPCVM, la société de gestion et le dépositaire lui-même, à moins que le dépositaire n'ait séparé, sur le plan fonctionnel et hiérarchique, l'exécution de ses tâches de dépositaire et ses autres tâches et que les conflits d'intérêts potentiels aient été identifiés, gérés, suivis et révélés aux porteurs de parts ou actionnaires de l'OPCVM de manière appropriée.

Art. L. 214-10-3 *(Ord. n° 2016-312, 17 mars 2016).* – I. – Les actifs conservés par le dépositaire ne sont pas réutilisés par le dépositaire, ou par tout tiers auquel la fonction de conservation a été déléguée, pour leur propre compte.

Une réutilisation est toute opération portant sur les actifs conservés notamment, leur transfert, leur engagement, leur vente et leur prêt.

II. – Les actifs conservés par le dépositaire ne peuvent être réutilisés que si :

1° La réutilisation des actifs a lieu pour le compte de l'OPCVM ;

2° Le dépositaire exécute les instructions de la SICAV ou de la société de gestion de l'OPCVM ;

3° La réutilisation profite à l'OPCVM et est dans l'intérêt des porteurs de parts ou actionnaires ;

4° L'opération est couverte par une garantie financière liquide de haute qualité reçue par l'OPCVM en vertu d'un arrangement de transfert de propriété.

III. – La valeur de marché de la garantie financière correspond, à tout moment, au moins à la valeur de marché des actifs réutilisés majorée d'une prime.

Art. L. 214-10-4 *(Ord. n° 2016-312, 17 mars 2016).* – Le dépositaire d'un OPCVM de droit français a son siège social ou est établi en France.

Art. L. 214-10-5 *(Ord. n° 2016-312, 17 mars 2016).* – I. – Le dépositaire d'un OPCVM :

1° Veille à ce que tous les paiements effectués par des porteurs de parts ou actionnaires, ou en leur nom, lors de la souscription de parts ou d'actions d'OPCVM, aient été reçus et que toutes les liquidités aient été comptabilisées ;

2° Veille de façon générale au suivi adéquat des flux de liquidités de l'OPCVM.

II. – Le dépositaire à qui est confiée la garde des actifs d'un OPCVM :

1° Assure, dans les conditions fixées par le règlement général de l'Autorité des marchés financiers, la conservation des instruments financiers enregistrés sur un compte d'instruments financiers ouvert dans ses livres et des instruments financiers qui lui sont physiquement livrés ;

2° Pour les autres actifs, vérifie qu'ils sont la propriété de l'OPCVM et en tient le registre.

Le dépositaire fournit régulièrement à la société de gestion ou à la SICAV un inventaire complet de tous les actifs de l'OPCVM.

III. – Le dépositaire d'un OPCVM :

1° S'assure que la vente, l'émission, le rachat, le remboursement et l'annulation des parts ou actions de l'OPCVM se font conformément aux dispositions législatives ou réglementaires, au règlement ou aux documents constitutifs de l'OPCVM ainsi qu'à son prospectus ;

2° S'assure que le calcul de la valeur des parts ou actions de l'OPCVM est effectué conformément aux dispositions législatives ou réglementaires, au règlement ou aux documents constitutifs de l'OPCVM ainsi qu'à son prospectus ;

3° Exécute les instructions de la SICAV ou de la société de gestion de l'OPCVM sauf si elles sont contraires aux dispositions législatives ou réglementaires, au règlement ou aux documents constitutifs de l'OPCVM ainsi qu'à son prospectus ;

4° S'assure que, dans les opérations portant sur les actifs de l'OPCVM, la contrepartie est remise à l'OPCVM dans les délais d'usage ;

5° S'assure que les produits de l'OPCVM reçoivent une affectation conforme aux dispositions législatives ou réglementaires, au règlement ou aux documents constitutifs de l'OPCVM ainsi qu'à son prospectus.

IV. – Les conditions d'application du présent article sont précisées par le règlement général de l'Autorité des marchés financiers.

Art. L. 214-10-6 *(Ord. n° 2016-312, 17 mars 2016).* – Le dépositaire ne peut déléguer à des tiers les fonctions qui lui sont conférées par les I et III de l'article L. 214-10-5.

Le dépositaire peut déléguer à des tiers les fonctions de garde des actifs mentionnées au II de l'article L. 214-10-5 dans les conditions fixées par le règlement général de l'Autorité des marchés financiers.

Art. L. 214-11 *(Rempl., Ord. n° 2011-915, 1er août 2011 ; mod., Ord. n° 2013-676, 25 juill. 2013 ; Ord. n° 2016-312, 17 mars 2016).* – Le dépositaire de l'OPCVM est responsable à l'égard de l'OPCVM ou à l'égard des porteurs de parts ou actionnaires de la perte par le dépositaire, ou par un tiers auquel la conservation a été déléguée, des instruments financiers conservés conformément au II de l'article L. 214-10-5.

En cas de perte d'instruments financiers conservés, le dépositaire restitue à l'OPCVM des instruments financiers, y compris des instruments du marché monétaire, de type identique ou leur équivalent en valeur monétaire sans retard inutile.

La responsabilité du dépositaire n'est pas engagée s'il prouve que la perte résulte d'un événement extérieur échappant à son contrôle raisonnable et dont les conséquences auraient été inévitables malgré tous les efforts raisonnables déployés pour les éviter.

Le dépositaire est responsable à l'égard de l'OPCVM ou à l'égard des porteurs de parts ou actionnaires de l'OPCVM, de toute autre perte résultant de sa négligence ou de la mauvaise exécution intentionnelle de ses obligations.

Bibliographie : Th. Bonneau, *Conservation et responsabilité des dépositaires : Dr. sociétés* 2009, repère 5. • Ph. Goutay, *Responsabilité du dépositaire, le débat est-il clos ? : Banque et droit* 2010, n° 132, p. 9. • M. Karlin, *Responsabilité des teneurs de compte conservateurs : RD bancaire et fin.* 2010, étude 8. • A. Prüm, *La directive AIFM : nouveau paradigme pour la responsabilité des dépositaires : RD bancaire et fin.* 2011, p. 3.

1) Obligation de restitution immédiate. Le dépositaire, qui a reçu pour mission d'assurer la conservation des actifs de l'OPCVM dont il a la garde, est tenu, en toutes circonstances, même s'il en a confié la sous-conservation à un tiers, d'une obligation de restitution immédiate de ces actifs en vertu de dispositions d'ordre public destinées à assurer la protection de l'épargne investie dans les produits financiers et tous autres placements donnant lieu à un appel public à l'épargne et le bon fonctionnement des marchés d'instruments financiers. La loi interdisant toute dérogation contractuelle à cette obligation pesant sur le dépositaire, les accords éventuellement conclus entre le dépositaire et un sous-conservateur ne saurait permettre à celui-ci de s'exonérer de cette obligation ou même d'en limiter la portée : ▪ CA Paris, 1re ch. sect. H, 8 avr. 2009, n° 2008/22218 : *Bull. Joly Bourse* 2009, p. 191, note I. Riasetto et A. Prüm ; *RTD com.* 2009, p. 169, obs. M. Storck ; *RD bancaire et fin.* 2009, comm. 143, note I. Riassetto. – Pour la confirmation de l'obligation de restitution absolue et immédiate en toutes circonstances des actifs en sous-conservation pesant sur le dépositaire d'OPCVM : ▪ Cass. com., 4 mai 2010, nos 09-14.187 et 09-14.975 : *JurisData* nos 2010-005324 et 2010-005323 ; *RD bancaire et fin.* 2010, 161, p. 86, note I. Riassetto ; *ibid.* 2011, étude 8, p. 46, note A. Maffei ; *Dr. sociétés* 2010, n° 187, note R. Mortier ; *Banque et droit* 2010, n° 132, p. 24, note H. de Vauplane, J.-J. Daigre, B. de Saint-Mars et J.-P. Bornet ; *RTD com.* 2010, p. 573, note M. Storck ; *D.* 2010, act. p. 1207.

2) Dépréciation de la valeur des parts et responsabilité du gestionnaire. En l'absence de vente des actions concernées, ne peuvent se prévaloir d'un préjudice en lien avec la faute alléguée de la banque les actionnaires concernés, dans la mesure où le remboursement des actions d'une SICAV par le seul prélèvement sur compte incluant des liquidités, isolé au sein de cet OPCVM, sans que cela ait entraîné la vente d'actions détenues en portefeuille par la SICAV n'a aucun impact sur la valeur liquidative de celle-ci, laquelle est le reflet de celle des actions détenues en portefeuille : ▪ Cass. com., 23 sept. 2014, nos 13-14.328 et 13-50.018 : *RD bancaire et fin.* 2014, comm. 220, note I. Riassetto.

Art. L. 214-11-1 *(Ord. n° 2016-312, 17 mars 2016)*. – **La délégation à un tiers de la garde des actifs de l'OPCVM mentionnée au II de l'article L. 214-10-5 n'exonère pas le dépositaire de sa responsabilité.**

Art. L. 214-11-2 *(Ord. n° 2016-312, 17 mars 2016)*. – **La responsabilité du dépositaire mentionnée à l'article L. 214-11 ne peut pas être exclue ou limitée contractuellement.**

Tout accord contraire est nul.

Art. L. 214-11-3 *(Ord. n° 2016-312, 17 mars 2016)*. – **La responsabilité du dépositaire à l'égard des porteurs de parts ou actionnaires de l'OPCVM peut être mise en cause directement, ou indirectement par l'intermédiaire de la société de gestion ou de la SICAV, dans la limite du préjudice subi et sous réserve du respect de l'égalité de traitement des porteurs de parts ou actionnaires.**

Art. L. 214-11-4 *(Ord. n° 2016-312, 17 mars 2016)*. – **L'Autorité des marchés financiers et l'Autorité de contrôle prudentiel et de résolution peuvent obtenir du dépositaire sur simple demande toutes les informations obtenues dans l'exercice de ses fonctions nécessaires à l'exercice de leurs missions respectives.**

Si l'OPCVM ou la société de gestion est agréé par une autre autorité que celle du dépositaire, l'Autorité des marchés financiers et l'Autorité de contrôle prudentiel et de résolution communiquent sans délai les informations reçues aux autorités compétentes dont relève l'OPCVM ou la société de gestion.

§ 3. – Autres dispositions

Art. L. 214-12 *(L. n° 2016-1691, 9 déc. 2016)*. – **Sans préjudice des dispositions du titre III du livre II du Code de commerce, les conditions de liquidation ainsi que les modalités de répartition des actifs sont déterminées par le règlement ou les statuts de l'OPCVM. La société de gestion assume les fonctions de liquidateur ; à défaut, le liquidateur est désigné en justice à la demande de toute personne intéressée.**

Toutefois, par dérogation aux mêmes dispositions du Code de commerce, lorsque la société de gestion peut justifier de graves difficultés à exercer ces fonctions de liquidateur, celles-ci sont assumées par une tierce personne désignée par le président du tribunal de grande instance de Paris à la demande du président de l'Autorité des marchés financiers.

Art. L. 214-13 *(Mod., Ord. n° 2017-1107, 22 juin 2017)*. – **Dans les conditions définies par le règlement général de l'Autorité des marchés financiers, la responsabilité à l'égard des tiers de la centralisation des ordres de souscription et de rachat des parts ou actions d'OPCVM est confiée par l'OPCVM ou, le cas échéant, la**

société de gestion de portefeuille qui le représente soit audit organisme, soit au dépositaire, soit à une société de gestion de portefeuille, soit à un autre prestataire de services d'investissement agréé pour fournir l'un des services mentionnés à l'article L. 321-1. L'entité à qui est confiée cette responsabilité dispose de moyens adaptés et suffisants.

Un ordre de souscription ou de rachat transmis à l'entité responsable de la centralisation des ordres est irrévocable, à la date et dans les conditions définies par le règlement général de l'Autorité des marchés financiers.

Art. L. 214-14. – Le commissaire aux comptes est tenu de signaler dans les meilleurs délais à l'Autorité des marchés financiers tout fait ou toute décision concernant l'OPCVM dont il a eu connaissance dans l'exercice de sa mission, de nature :

1° À constituer une violation des dispositions législatives ou réglementaires applicables à cet organisme et susceptible d'avoir des effets significatifs sur la situation financière, le résultat ou le patrimoine ;

2° À porter atteinte aux conditions ou à la continuité de son exploitation ;

3° À entraîner l'émission de réserves ou le refus de la certification des comptes.

Le commissaire aux comptes est délié du secret professionnel à l'égard de l'Autorité des marchés financiers.

La responsabilité du commissaire aux comptes ne peut être engagée pour les informations ou divulgations de faits auxquelles il procède en exécution des obligations imposées par le présent article.

L'Autorité des marchés financiers peut également transmettre aux commissaires aux comptes de l'organisme des informations nécessaires à l'accomplissement de leur mission. Les informations transmises sont couvertes par la règle du secret professionnel.

Sous-section 4. – Règles de fonctionnement

Art. L. 214-15 *(Mod., L. n° 2003-706, 1er août 2003 ; rempl., Ord. n° 2011-915, 1er août 2011 ; mod., Ord. n° 2013-676, 25 juill. 2013).* – La fusion, la scission ou l'absorption concernant un OPCVM ou un compartiment est soumise à l'agrément de l'Autorité des marchés financiers.

Art. L. 214-16 *(Mod., L. n° 2003-706, 1er août 2003 ; rempl., Ord. n° 2011-915, 1er août 2011 ; mod., Ord. n° 2013-676, 25 juill. 2013).* – Par dérogation aux dispositions de l'article L. 214-15, lorsque, dans le cadre d'une fusion, un OPCVM de droit étranger agréé conformément à la directive 2009/65/CE du Parlement européen et du Conseil du 13 juillet 2009 est absorbé par un OPCVM de droit français relevant de la présente section, cette fusion n'est pas soumise à l'agrément de l'Autorité des marchés financiers mais fait l'objet d'une information à son intention dans les conditions définies par son règlement général.

Les dispositions du premier alinéa sont applicables, dans les mêmes conditions, aux fusions entre compartiments de tels OPCVM.

Art. L. 214-17 *(Mod., L. n° 2002-1303, 29 oct. 2002 ; L. n° 2003-706, 1er août 2003 ; Ord. n° 2005-1126, 8 sept. 2005 ; D. n° 2008-1077, 23 oct. 2008 ; Ord. n° 2008-1081, 23 oct. 2008 ; rempl., Ord. n° 2011-915, 1er août 2011).* – Les statuts d'une SICAV et le règlement d'un fonds commun de placement fixent la durée des exercices comptables qui ne peut excéder douze mois. Toutefois, le premier exercice peut s'étendre sur toute durée n'excédant pas dix-huit mois.

Dans un délai de six semaines à compter de la fin de chaque semestre de l'exercice, la SICAV et la société de gestion, pour chacun des fonds que celle-ci gère, établissent l'inventaire de l'actif sous le contrôle du dépositaire.

Ces sociétés sont tenues de publier, dans un délai de huit semaines à compter de la fin de chacun des semestres de l'exercice, la composition de l'actif. Le commissaire aux comptes contrôle la composition de l'actif avant publication. À l'issue de ce délai, tout actionnaire ou porteur de parts qui en fait la demande a droit à la communication du document.

Trente jours au moins avant la réunion de l'assemblée générale qui doit les approuver, la SICAV est, en outre, tenue de publier son compte de résultats et son bilan. Elle est dispensée de les publier à nouveau après l'assemblée générale, à moins que cette dernière ne les ait modifiés.

Art. L. 214-17-1 *(Ord. n° 2011-915, 1er août 2011 ; mod., Ord. n° 2013-676, 25 juill. 2013).* – *(Phrase créée, L. n° 2019-486, 22 mai 2019)* « Le résultat d'un OPCVM comprend le revenu net, les plus et moins-values réalisées nettes de frais et les plus et moins-values latentes nettes. » Le *(Mots rempl., L. n° 2019-486, 22 mai 2019)* « revenu net » est égal au montant des intérêts, arrérages, primes et lots, dividendes, *(Mots* *rempl., L. n° 2019-486, 22 mai 2019)* « rémunération prévue à l'article L. 225-45 du Code de commerce » et tous autres produits relatifs aux titres constituant le portefeuille, majoré du produit des sommes momentanément disponibles et diminué du montant des frais de gestion et de la charge des emprunts.

Art. L. 214-17-2 *(Ord. n° 2011-915, 1er août 2011 ; mod., L. n° 2019-486, 22 mai 2019)*. – I. - Les sommes distribuables par un OPCVM sont constituées par :

1° Le revenu net augmenté du report à nouveau et majoré ou diminué du solde du compte de régularisation des revenus ;

2° Les plus-values réalisées, nettes de frais, diminuées des moins-values réalisées, nettes de frais, constatées au cours de l'exercice, augmentées des plus-values nettes de même nature constatées au cours d'exercices antérieurs n'ayant pas fait l'objet d'une distribution ou d'une capitalisation et diminuées ou augmentées du solde du compte de régularisation des plus-values.

Les sommes mentionnées aux 1° et 2° peuvent être distribuées, en tout ou partie, indépendamment l'une de l'autre.

La mise en paiement des sommes distribuables est effectuée dans un délai maximal de cinq mois suivant la clôture de l'exercice.

II. - Lorsque l'OPCVM est agréé au titre du règlement (UE) n° 2017/1131 du Parlement européen et du Conseil du 14 juin 2017 sur les fonds monétaires :

1° Par dérogation aux dispositions du I, les sommes distribuables peuvent aussi intégrer les plus-values latentes ;

2° Par dérogation aux dispositions de l'article L. 232-12 du Code de commerce, la certification préalable des comptes par le commissaire aux comptes n'est pas imposée pour pouvoir distribuer des acomptes avant l'approbation des comptes annuels.

Art. L. 214-17-3 *(Mod., L. n° 2003-706, 1er août 2003 ; rempl., Ord. n° 2011-915, 1er août 2011 ; mod., Ord. n° 2013-676, 25 juill. 2013)*. – Par dérogation aux dispositions du premier alinéa de l'article L. 123-22 du Code de commerce, la comptabilité d'un OPCVM peut être tenue en toute unité monétaire, selon des modalités fixées par décret.

Art. L. 214-18 *(Mod., L. n° 2008-649, 3 juill. 2008 ; D. n° 2008-1077, 23 oct. 2008 ; Ord. n° 2008-1081, 23 oct. 2008 ; L. n° 2011-525, 17 mai 2011 ; rempl., Ord. n° 2011-915, 1er août 2011 ; mod., Ord. n° 2013-676, 25 juill. 2013)*. – Lorsqu'elle a connaissance d'une infraction aux dispositions du présent code commise par un commissaire aux comptes d'une société de gestion ou d'un OPCVM ou lorsqu'elle considère que les conditions d'indépendance nécessaires au bon déroulement de la mission de ce commissaire aux comptes ne sont pas remplies, l'Autorité des marchés financiers peut demander au tribunal compétent de relever celui-ci de ses fonctions selon les modalités mentionnées à l'article L. 823-7 du Code de commerce.

L'Autorité des marchés financiers peut également dénoncer l'infraction à l'autorité disciplinaire compétente et lui communiquer à cette fin tous les renseignements nécessaires à sa bonne information.

Art. L. 214-19 *(Mod., L. n° 2003-706, 1er août 2003 ; rempl., Ord. n° 2011-915, 1er août 2011 ; mod., Ord. n° 2013-676, 25 juill. 2013)*. – Les OPCVM doivent communiquer à la Banque de France les informations nécessaires à l'élaboration des statistiques monétaires.

Sous-section 5. – Règles d'investissement

§ 1. – Règles générales de composition de l'actif

Art. L. 214-20 *(Mod., L. n° 2003-706, 1er août 2003 ; Ord. n° 2007-544, 12 avr. 2007 ; rempl., Ord. n° 2011-915, 1er août 2011 ; mod., Ord. n° 2013-676, 25 juill. 2013)*. – I. – Dans des conditions et limites fixées par décret en Conseil d'État, l'actif d'un OPCVM comprend :

1° Des titres financiers au sens des 1 et 2 du II de l'article L. 211-1 dénommés « titres financiers éligibles » ;

2° Des instruments du marché monétaire habituellement négociés sur un marché monétaire, qui sont liquides et dont la valeur peut être déterminée à tout moment ;

3° Des parts ou actions d'organismes de placement collectif de droit français ou étranger ou de fonds d'investissement constitués sur le fondement d'un droit étranger, qui sont proposées au rachat à la demande des porteurs ou actionnaires ;

4° Des dépôts effectués auprès d'établissements de crédit français ou étrangers ;

5° Des contrats financiers au sens du III de l'article L. 211-1 ;

6° À titre accessoire, des liquidités.

Les SICAV peuvent acquérir les biens meubles et immeubles nécessaires à l'exercice direct de leur activité.

II. – Sont assimilées à des titres financiers mentionnés au 1° du I les parts ou actions d'organismes de placement collectif ou de fonds d'investissement de type fermé qui satisfont aux critères définis par décret en Conseil d'État.

Un fonds commun de placement n'ayant pas de personnalité morale, ne peut pas ester en justice, ▪ CA Paris, 30 nov. 1993 : *Bull. Joly Bourse* 1994, p. 379.

§ 2. – Règles applicables aux contrats financiers, aux acquisitions et cessions temporaires d'instruments financiers et aux garanties

Art. L. 214-21 *(Mod., L. n° 2003-706, 1er août 2003 ; Ord. n° 2007-544, 12 avr. 2007 ; rempl., Ord. n° 2011-915, 1er août 2011 ; mod., Ord. n° 2013-676, 25 juill. 2013).* – Dans des conditions et limites fixées par décret en Conseil d'État, un OPCVM peut procéder à des acquisitions et cessions temporaires d'instruments financiers et à des emprunts d'espèces.

Voir : C. monét. fin., art. R. 214-21 et R. 214-22, p. 1106.

Sous-section 6. – OPCVM maîtres et nourriciers

Art. L. 214-22 *(Anc. L. n° 88-1201, 23 déc. 1988 ; rempl., Ord. n° 2011-915, 1er août 2011 ; mod., Ord. n° 2013-676, 25 juill. 2013).* – I. – Les statuts ou le règlement d'un OPCVM dit nourricier prévoient qu'au moins 85 % de son actif est investi en actions ou parts d'un même OPCVM, ou d'un compartiment de celui-ci, dit maître. Un OPCVM nourricier peut investir jusqu'à 15 % de son actif dans les éléments suivants :

1° Des liquidités à titre accessoire ;

2° Des contrats financiers mentionnés au 5° du I de l'article L. 214-20, qui peuvent être utilisés uniquement à des fins de couverture ;

3° Les biens meubles et immeubles nécessaires à l'exercice direct de son activité, lorsque cet OPCVM nourricier est une SICAV.

Le compartiment d'un OPCVM peut être régi par les dispositions relatives aux OPCVM nourriciers prévues au présent article.

II. – Un OPCVM maître est un OPCVM de droit français ou étranger agréé conformément à la directive 2009/65/CE du Parlement européen et du Conseil du 13 juillet 2009 qui satisfait aux conditions suivantes :

1° Il compte au moins un OPCVM nourricier parmi ses porteurs de parts ou actionnaires ;

2° Il n'est pas lui-même un OPCVM nourricier ;

3° Il ne détient pas de parts ou d'actions d'un OPCVM nourricier.

Art. L. 214-22-1 *(Ord. n° 2011-915, 1er août 2011 ; mod., Ord. n° 2013-676, 25 juill. 2013).* – L'OPCVM nourricier conclut un accord d'échange d'informations avec l'OPCVM maître. Cet accord peut toutefois être remplacé par des règles de conduite internes lorsque les deux organismes sont gérés par la même société de gestion.

Lorsque l'OPCVM maître suspend à titre provisoire les souscriptions ou les rachats de ses parts ou actions en application des articles L. 214-7-4 ou L. 214-8-7, l'OPCVM nourricier peut suspendre les souscriptions ou les rachats de ses propres parts ou actions pendant une durée identique à celle de l'OPCVM maître.

Le règlement général de l'Autorité des marchés financiers précise les conditions d'application du présent article.

Art. L. 214-22-2 *(Ord. n° 2011-915, 1er août 2011 ; mod., Ord. n° 2013-676, 25 juill. 2013).* – I. – Lorsque l'OPCVM nourricier et l'OPCVM maître n'ont pas le même dépositaire, les dépositaires de chacun de ces deux organismes concluent un accord d'échange d'informations afin d'assurer l'accomplissement de leurs obligations respectives.

L'OPCVM nourricier communique à son dépositaire, pour que celui-ci puisse accomplir ses obligations, toute information nécessaire concernant l'OPCVM maître.

II. – Le dépositaire de l'OPCVM maître agréé par l'Autorité des marchés financiers informe immédiatement celle-ci ainsi que l'OPCVM nourricier et son dépositaire de toute irrégularité qu'il constate de la part de l'OPCVM maître et qu'il regarde comme ayant une incidence négative sur l'OPCVM nourricier.

Le règlement général de l'Autorité des marchés financiers précise les conditions d'application du présent article.

Art. L. 214-22-3 *(Ord. n° 2011-915, 1er août 2011 ; mod., Ord. n° 2013-676, 25 juill. 2013).* – Les commissaires aux comptes et les autres contrôleurs légaux des comptes de l'OPCVM nourricier et de l'OPCVM maître échangent les informations nécessaires à l'accomplissement de leurs obligations respectives.

Le règlement général de l'Autorité des marchés financiers précise les conditions d'application du présent article.

Art. L. 214-22-4 *(Ord. n° 2011-915, 1er août 2011 ; mod., Ord. n° 2013-676, 25 juill. 2013).* – L'OPCVM nourricier contrôle l'activité de l'OPCVM maître. Afin de satisfaire à cette obligation, il peut se fonder sur les informations et les documents reçus de l'OPCVM maître ou, le cas échéant, de la société de gestion, du dépositaire et du commissaire aux comptes de cet organisme maître, sauf s'il a des raisons de douter de l'exactitude de ces informations et documents.

Le règlement général de l'Autorité des marchés financiers précise les conditions d'application du présent article.

Art. L. 214-22-5 *(Ord. n° 2011-915, 1er août 2011 ; mod., Ord. n° 2013-676, 25 juill. 2013).* – L'OPCVM maître agréé par l'Autorité des marchés financiers informe immédiatement celle-ci de l'identité de tout OPCVM nourricier qui investit dans ses parts ou actions. Lorsque l'OPCVM nourricier est établi dans un État membre de l'Union européenne ou dans un autre État partie à l'accord sur l'Espace économique européen, l'Autorité des marchés financiers informe immédiatement les autorités compétentes de cet État membre ou État partie de l'investissement par cet OPCVM nourricier dans un OPCVM maître agréé par l'Autorité des marchés financiers.

Le règlement général de l'Autorité des marchés financiers précise les conditions d'application du présent article.

Art. L. 214-22-6 *(Ord. n° 2011-915, 1er août 2011 ; mod., Ord. n° 2013-676, 25 juill. 2013).* – I. – Lorsque l'OPCVM maître et l'OPCVM nourricier sont agréés par l'Autorité des marchés financiers, celle-ci communique immédiatement à l'OPCVM nourricier toute décision, mesure ou observation relative au non-respect de leurs obligations par l'OPCVM maître, sa société de gestion, son dépositaire ou son commissaire aux comptes.

II. – Lorsque seul l'OPCVM maître est agréé par l'Autorité des marchés financiers, celle-ci communique immédiatement aux autorités compétentes de l'État membre de l'Union européenne ou de l'État partie à l'accord sur l'Espace économique européen dans lequel est établi l'OPCVM nourricier toute décision, mesure ou observation relative au non-respect de leurs obligations par l'OPCVM maître, sa société de gestion, son dépositaire ou son commissaire aux comptes.

Lorsque l'Autorité des marchés financiers reçoit des autorités compétentes de l'État membre de l'Union européenne ou de l'État partie à l'accord sur l'Espace économique européen dans lequel est établi l'OPCVM maître des informations relatives au non-respect de leurs obligations par l'OPCVM maître, sa société de gestion, son dépositaire ou son contrôleur légal des comptes, elle transmet immédiatement ces informations à l'OPCVM nourricier.

Sous-section 7. – Information des investisseurs

Art. L. 214-23 *(Anc. L. n° 88-1201, 23 déc. 1988 ; rempl., Ord. n° 2011-915, 1er août 2011 ; mod., Ord. n° 2013-676, 25 juill. 2013).* – I. – La SICAV et la société de gestion, pour chacun des OPCVM que celle-ci gère, publient :

1° Un prospectus comprenant notamment les statuts de la SICAV ou le règlement du fonds commun de placement ;

2° Un rapport annuel par exercice ;

3° Un rapport semestriel couvrant les six premiers mois de l'exercice.

II. – Les rapports annuel et semestriel sont publiés dans des délais fixés par décret.

Le prospectus et les derniers rapports annuel et semestriel publiés sont fournis sans frais aux investisseurs qui le demandent.

III. – La SICAV et la société de gestion, pour chacun des OPCVM que celle-ci gère, établissent un document d'information clé pour l'investisseur, comprenant les informations appropriées sur les caractéristiques essentielles de l'OPCVM concerné. Ce document est fourni aux investisseurs préalablement à la souscription.

Les informations contenues dans ce document sont claires, correctes et non trompeuses et sont cohérentes avec les parties correspondantes du prospectus.

Art. L. 214-23-1 *(Ord. n° 2011-915, 1er août 2011 ; mod., Ord. n° 2013-676, 25 juill. 2013).* – L'Autorité des marchés financiers définit les conditions dans lesquelles les OPCVM doivent informer leurs souscripteurs et peuvent faire l'objet de publicité, en particulier audiovisuelle, ou de démarchage.

Les statuts ou le règlement des OPCVM ainsi que les documents destinés à l'information de leurs porteurs de parts ou actionnaires sont rédigés en français. Toutefois, dans des conditions et limites fixées par le règlement général de l'Autorité des marchés financiers, ils peuvent être rédigés dans une langue usuelle en matière financière autre que le français.

Art. L. 214-23-2 *(L. n° 2013-672, 26 juill. 2013).* – I. – Les OPCVM transmettent, directement ou par la société de gestion qui les gère, les informations les concernant à un organisme agréé doté de la personnalité morale chargé de la gestion d'un référentiel de place unique. Cet organisme a pour mission de recueillir, de traiter et de diffuser ces informations. Il regroupe les professions participant à la gestion des OPCVM. Cet organisme est agréé, au vu de ses statuts, par arrêté du ministre chargé de l'économie.

Un arrêté du ministre chargé de l'économie fixe la liste des informations mentionnées au présent I qui sont rendues publiques et sont opposables aux tiers et, parmi elles, de celles dont la mise à disposition ou la diffusion au profit des investisseurs, des tiers ou de l'Autorité des marchés financiers sur le référentiel de place unique visé au présent I a un caractère libératoire pour l'OPCVM ou la société de gestion qui le gère.

II. – L'enregistrement des OPCVM et de leurs catégories de parts ou d'actions donne lieu au paiement, par les OPCVM, auprès de l'organisme agréé mentionné au I, de frais d'inscription annuels fixés par arrêté du ministre chargé de l'économie au vu des éléments transmis par cet organisme agréé, dans une limite de 500 € applicable à chaque catégorie de parts ou d'actions.

III. – Le conseil d'administration de l'organisme agréé mentionné au I peut décider que les OPCVM ou les sociétés de gestion qui les gèrent transmettent au référentiel de place unique d'autres informations que celles prévues par l'arrêté mentionné au même I. La liste de ces informations est rendue publique.

Section II. – FIA

Art. L. 214-24 *(Anc. L. n° 88-1201, 23 déc. 1988 ; mod., L. n° 2003-706, 1er août 2003 ; rempl., Ord. n° 2011-915, 1er août 2011 ; Ord. n° 2013-676, 25 juill. 2013 ; mod., L. n° 2016-1691, 9 déc. 2016 ; mod., Ord. n° 2017-1432, 4 oct. 2017).* – I. – Les fonds d'investissement relevant de la directive 2011/61/UE du Parlement européen et du Conseil du 8 juin 2011, dits « FIA » :

1° Lèvent des capitaux auprès d'un certain nombre d'investisseurs en vue de les investir, dans l'intérêt de ces investisseurs, conformément à une politique d'investissement que ces FIA ou leurs sociétés de gestion définissent ;

2° Ne sont pas des OPCVM.

Lorsque le FIA ne délègue pas globalement la gestion des capitaux levés, et sous réserve des dispositions du dernier alinéa du II et des dispositions des 2°, 3° et du dernier alinéa du III du présent article, du second alinéa du III de l'article L. 532-9 et du I de l'article L. 214-167, il doit remplir les conditions applicables aux sociétés de gestion de portefeuille et respecter les dispositions applicables à ces sociétés.

II. – Sont régis par la présente section :

1° Les FIA ouverts à des investisseurs non professionnels régis par la sous-section 2 ;

2° Les FIA ouverts à des investisseurs professionnels régis par la sous-section 3 ;

3° Les fonds d'épargne salariale régis par la sous-section 4 ;

4° Les organismes de titrisation ou de financement régis par la sous-section 5.

Lorsqu'une société de gestion de portefeuille gère un ou plusieurs FIA relevant des 1° à 4° du présent II dont la valeur totale des actifs, combinée avec les autres actifs qu'elle gère et calculée conformément à l'article 2 du règlement délégué (UE) n° 231/2013 de la Commission du 19 décembre 2012 est inférieure aux seuils mentionnés au IV de l'article L. 532-9, ces FIA n'appliquent pas les dispositions des paragraphes 1, 3, 4 et 5 de la sous-section 1 et leur société de gestion est soumise aux obligations d'information prévues par le règlement général de l'Autorité des marchés financiers. Leur société de gestion de portefeuille peut choisir de soumettre ces FIA aux dispositions des paragraphes 1 à 5 de la sous-section 1.

III. – Les FIA qui ne sont pas mentionnés au II sont appelés : « Autres FIA ».

Lorsqu'une personne morale gère un ou plusieurs « Autres FIA » dont la valeur totale des actifs, combinée avec les autres actifs qu'elle gère et calculée conformément à l'article 2 du règlement délégué (UE) n° 231/2013 de la Commission du 19 décembre 2012 :

1° Est supérieure aux seuils mentionnés au IV de l'article L. 532-9, ces « Autres FIA » désignent un dépositaire et sont gérés par une société de gestion de portefeuille. Ces « Autres FIA » appliquent les dispositions des paragraphes 1 à 5 de la sous-section 1 et leur société de gestion est soumise aux obligations d'information prévues par le règlement général de l'Autorité des marchés financiers ;

2° Est inférieure aux seuils mentionnés au IV de l'article L. 532-9, ces « Autres FIA » désignent un dépositaire et sont gérés par une société de gestion de portefeuille lorsqu'ils ont au moins un porteur de parts ou actionnaire non professionnel. Ces « Autres FIA » n'appliquent pas les dispositions des paragraphes 1, 3, 4 et 5 de la sous-section 1 et leur société de gestion de portefeuille est soumise aux obligations d'information prévues par le règlement général de l'Autorité des marchés financiers. Leur société de gestion de portefeuille peut choisir de soumettre ces « Autres FIA » au régime décrit au 1° ;

3° Est inférieure aux seuils mentionnés au IV de l'article L. 532-9, ces « Autres FIA » ne sont pas tenus de désigner un dépositaire et d'être gérés par une société de gestion de portefeuille lorsqu'ils n'ont que des porteurs de parts ou actionnaires professionnels. Ces « Autres FIA » n'appliquent pas les dispositions du VI du présent article et des paragraphes 1 à 5 de la sous-section 1. La personne morale qui gère ces « Autres FIA » est enregistrée auprès de l'Autorité des marchés financiers et est soumise aux obligations d'information prévues par le règlement général de l'Autorité des marchés financiers. Elle peut choisir de soumettre ces « Autres FIA » au régime décrit au 1°.

Lorsqu'une société de gestion de portefeuille gère un ou plusieurs FIA relevant du II du présent article ainsi qu'un ou plusieurs « Autres FIA » relevant du présent III, dont la valeur totale des actifs, combinée avec les autres actifs qu'elle gère et calculée conformément à l'article 2 du règlement délégué (UE) n° 231/2013 de la Commission du 19 décembre 2012 est inférieure aux seuils mentionnés au IV de l'article L. 532-9, ces FIA n'appliquent pas les dispositions des paragraphes 1, 3, 4 et 5 de la sous-section 1 et leur société de gestion est soumise aux obligations d'information prévues par le règlement général de l'Autorité des marchés financiers. Leur société de gestion de portefeuille peut choisir de soumettre ces FIA au régime décrit au 1°.

IV. – Un « FIA nourricier au sens de la directive 2011/61/UE du Parlement européen et du Conseil du 8 juin 2011 » est un FIA qui remplit l'une des conditions suivantes :

1° Être investi à hauteur d'au moins 85 % de son actif dans les parts ou actions d'un FIA maître au sens de la directive 2011/61/UE du Parlement européen et du Conseil du 8 juin 2011 ;

2° Être investi à hauteur d'au moins 85 % de son actif dans plusieurs FIA maîtres lorsque ces FIA maîtres ont des stratégies d'investissement identiques ;

3° Être exposé pour au moins 85 % de ses actifs à un FIA maître.

Un FIA maître au sens de la directive 2011/61/UE du Parlement européen et du Conseil du 8 juin 2011 est un FIA dans lequel un autre FIA investit ou auquel un autre FIA est exposé conformément au 1°, 2° ou 3°.

V. – Le siège social et l'administration centrale d'un FIA ou de la société de gestion de portefeuille qui gère un FIA sont situés en France. Ceux de la société de gestion peuvent toutefois être situés dans un autre État membre de l'Union européenne ou un pays tiers lorsqu'elle exerce en France son activité en libre établissement ou en libre prestation de services en application de l'article L. 532-21-3 ou de l'article L. 532-30.

VI. – Un FIA qui n'a pas délégué globalement la gestion de son portefeuille à une société de gestion de portefeuille dispose d'un capital initial d'au moins 300 000 €.

VII. – Le « courtier principal » est un établissement de crédit, une entreprise d'investissement réglementée ou une autre entité soumise à une réglementation prudentielle et à une surveillance adéquate offrant des services aux investisseurs professionnels essentiellement pour financer et exécuter des transactions sur des instruments financiers à titre de contrepartie et qui peut également fournir d'autres services tels que la compensation et le règlement de transactions, des services de conservation, le prêt de titres, les services techniques et le soutien opérationnel sur mesure.

VIII. – La société de gestion de portefeuille peut déléguer ses fonctions dans les conditions fixées par le règlement général de l'Autorité des marchés financiers.

IX. – Les I à IV sont applicables aux compartiments tels que définis à l'article L. 214-24-26.

X. *(X créé, L. n° 2019-486, 22 mai 2019)* Aux fins de l'application de la présente section, la référence aux États membres de l'Union européenne et à l'Union européenne doit s'entendre comme incluant les autres États parties à l'accord sur l'Espace économique européen.

Sous-section 1. – Dispositions communes

§ 1. – Procédure de commercialisation de FIA

Art. L. 214-24-1 *(Ord. n° 2011-915, 1er août 2011 ; mod., L. n° 2012-1559, 31 déc. 2012 ; mod. puis rempl., Ord. n° 2013-676, 25 juill. 2013).* – I. – *(Mod., L. n° 2014-1, 2 janv. 2014)* Toute société de gestion de portefeuille française, toute société de gestion établie dans un État membre de l'Union européenne ou tout gestionnaire établi dans un pays tiers transmet, préalablement à la commercialisation en France de parts ou actions de FIA établis dans un État membre de l'Union européenne ou dans un pays tiers auprès de clients professionnels, avec ou sans passeport, une notification à l'Autorité des marchés financiers pour chaque FIA qu'il ou qu'elle a l'intention de commercialiser. Les conditions de cette commercialisation sont fixées par décret. Le règlement général de l'Autorité des marchés financiers fixe les modalités de notification.

(Abr., L. n° 2014-1, 2 janv. 2014).

II. – Lorsque la commercialisation auprès de clients professionnels concerne un FIA nourricier au sens du IV de l'article L. 214-24, établi dans un État membre de l'Union européenne et géré par une société de gestion de portefeuille, cette commercialisation est soumise à la condition que le FIA maître au sens du IV de l'article L. 214-24 soit également un FIA établi dans un État membre de l'Union européenne, géré par une société de gestion agréée établie dans un État membre de l'Union européenne.

Une société de gestion de portefeuille française peut, dans les conditions définies par décret, commercialiser en France, auprès de clients professionnels, avec ou sans passeport, des parts ou des actions de FIA de pays tiers ou FIA nourriciers au sens du IV de l'article L. 214-24 établis dans un État membre de l'Union européenne, qui ne remplissent pas les exigences mentionnées au premier alinéa du II.

III. – *(Mod., L. n° 2014-1, 2 janv. 2014)* Toute société de gestion de portefeuille française, toute société de gestion agréée établie dans un État membre de l'Union européenne, ou tout gestionnaire établi dans un pays tiers, peut commercialiser en France, auprès de clients non professionnels, des parts ou actions de FIA qu'elle ou il gère établis dans un État membre de l'Union européenne ou dans un pays tiers dans les conditions définies par le règlement général de l'Autorité des marchés financiers.

Voir : C. monét. fin., art. D. 214-32 à D. 214-32-2, p. 1110.

Sous-paragraphe 2. – Procédure de commercialisation de FIA dans un État membre de l'Union européenne autre que la France

Art. L. 214-24-2 *(Ord. n° 2011-915, 1er août 2011 ; rempl., Ord. n° 2013-676, 25 juill. 2013).* – I. – Toute société de gestion de portefeuille française ou tout gestionnaire établi dans un pays tiers *(Mots aj., L. n° 2014-1, 2 janv. 2014)* « dont l'État membre de référence est la France », qui se propose de commercialiser, avec un passeport, auprès de clients professionnels, des parts ou actions d'un FIA établi dans un État membre de l'Union européenne ou un pays tiers, dans un État membre de l'Union européenne autre que la France, transmet au préalable à l'Autorité des marchés financiers un dossier de notification pour chaque FIA concerné.

II. – Lorsque la commercialisation auprès de clients professionnels concerne des parts ou actions d'un FIA nourricier au sens du IV de l'article L. 214-24, établi dans un État membre de l'Union européenne, cette commercialisation est soumise à la condition que le FIA maître au sens du IV de l'article L. 214-24 soit également un FIA établi dans un État membre de l'Union européenne, géré par une société de gestion agréée établie dans un État membre de l'Union européenne.

Une société de gestion de portefeuille française peut, dans les conditions définies par décret, commercialiser dans un État membre de l'Union européenne, avec un passeport, auprès de clients professionnels, des parts ou actions de FIA de pays tiers ou des FIA nourriciers au sens du IV de l'article L. 214-24 établis dans l'Union européenne et qui ne remplissent pas les exigences mentionnées au précédent alinéa.

III. – L'Autorité des marchés financiers notifie sans délai au FIA ou à son gestionnaire la transmission par ses soins du dossier mentionné au I à l'autorité compétente de l'État d'accueil. Elle joint une attestation indiquant que le gestionnaire du FIA concerné est agréé pour gérer le FIA selon une stratégie d'investissement spécifique.

Les parts ou actions du FIA peuvent être commercialisées dans l'État d'accueil à compter de la date de la notification mentionnée à l'alinéa précédent.

IV. – Pour la commercialisation de parts ou actions d'un FIA établi dans l'Union européenne, lorsque le FIA relève d'une autorité compétente autre que l'Autorité des marchés financiers, celle-ci informe également les autorités compétentes dont relève le FIA de la possibilité pour la société de gestion de portefeuille française ou le gestionnaire de commencer la commercialisation des parts ou actions du FIA dans l'État membre d'accueil.

Lorsque la commercialisation concerne des parts ou actions d'un FIA établi dans un pays tiers géré par une société de gestion de portefeuille française, ou des parts ou actions d'un FIA établi dans un État membre de l'Union européenne géré par un gestionnaire établi dans un pays tiers dont la France est l'État membre de référence, ou des parts ou actions d'un FIA établi dans un pays tiers géré par un gestionnaire établi dans un pays tiers dont la France est l'État membre de référence, l'Autorité des marchés financiers informe l'Autorité européenne des marchés financiers que cette société de gestion de portefeuille ou ce gestionnaire peut commencer la commercialisation des parts ou actions du FIA dans les États membres d'accueil.

V. – En cas de modification substantielle des informations communiquées dans le dossier de notification, la société de gestion de portefeuille française ou le gestionnaire du FIA concerné en avertit par écrit l'Autorité des marchés financiers au moins un mois avant de mettre en œuvre ladite modification, ou immédiatement après une modification imprévue.

Si une modification prévue conduit à ce que la gestion des parts ou actions du FIA par la société de gestion de portefeuille française ou le gestionnaire ne soit plus conforme aux dispositions législatives et réglementaires applicables aux sociétés de gestion de portefeuille, l'Autorité des marchés financiers informe sans délai cette société de gestion de portefeuille ou ce gestionnaire qu'il ne doit pas procéder à cette modification.

Si une modification prévue est mise en œuvre en méconnaissance des premier et deuxième alinéas, ou si une modification imprévue a pour conséquence que la gestion des parts ou actions du FIA n'est plus conforme à la présente section ou que la société de gestion de portefeuille ou le gestionnaire ne respecte plus les dispositions législatives et réglementaires applicables aux sociétés de gestion de portefeuille, l'Autorité des marchés financiers prend les mesures nécessaires, y compris, le cas échéant, l'interdiction de commercialiser le FIA.

L'Autorité des marchés financiers informe sans délai les autorités compétentes de l'État membre d'accueil de la société de gestion de portefeuille ou du gestionnaire des modifications n'affectant pas la conformité de la gestion des parts ou actions du FIA avec la présente section ou le respect par la société de gestion de portefeuille ou le gestionnaire des dispositions législatives et réglementaires applicables aux sociétés de gestion de portefeuille.

VI. – La lettre de notification du gestionnaire mentionnée au I et l'attestation mentionnée au III sont fournies dans une langue usuelle en matière financière.

VII. – Le règlement général de l'Autorité des marchés financiers précise les conditions d'application du présent article.

Voir : C. monét. fin., art. D. 214-32-3 à D. 214-32-4-1, p. 1111.

§ 2. – Dépositaire

Art. L. 214-24-3 *(Ord. n° 2011-915, 1er août 2011 ; mod., Ord. n° 2013-676, 25 juill. 2013).* – Dans le cadre de leurs rôles respectifs, la société de gestion de portefeuille et le dépositaire agissent de manière honnête, loyale, professionnelle, indépendante et dans l'intérêt du FIA et des porteurs de parts ou actionnaires du FIA.

Art. L. 214-24-4 *(Ord. n° 2011-915, 1er août 2011 ; rempl., Ord. n° 2013-676, 25 juill. 2013).* – Le FIA ou sa société de gestion veille à ce qu'un dépositaire unique soit désigné.

Dans les conditions fixées par le règlement général de l'Autorité des marchés financiers, la désignation du dépositaire est matérialisée par un contrat écrit. Ce contrat définit notamment les informations nécessaires pour permettre au dépositaire de remplir ses fonctions.

Art. L. 214-24-5 *(Ord. n° 2013-676, 25 juill. 2013).* – Le dépositaire est choisi sur une liste d'entités arrêtée par le ministre chargé de l'économie. Le dépositaire de FIA peut déléguer ses fonctions dans les conditions fixées par le règlement général de l'Autorité des marchés financiers.

Le dépositaire est choisi sur une liste d'entités arrêtée par le ministre chargé de l'économie. Le dépositaire de FIA peut déléguer ses fonctions dans les conditions fixées par le règlement général de l'Autorité des marchés financiers.

Art. L. 214-24-6 *(Ord. n° 2013-676, 25 juill. 2013)*. – Pour éviter les conflits d'intérêts entre le dépositaire, la société de gestion, le FIA et ses porteurs de parts ou actionnaires :

1° Le FIA ou sa société de gestion n'agit pas en tant que dépositaire ;

2° Un courtier principal agissant comme contrepartie au FIA ne peut en être le dépositaire, sauf s'il a séparé, sur le plan fonctionnel et hiérarchique, l'exécution de ses fonctions de dépositaire et ses tâches de courtier principal et que les conflits d'intérêts potentiels sont identifiés, gérés, suivis et révélés aux investisseurs du FIA de manière appropriée. La délégation, par le dépositaire, de ses tâches de conservation des actifs à un tel courtier principal est autorisée sous réserve que ce dernier remplisse les conditions fixées par le règlement général de l'Autorité des marchés financiers ;

3° Un dépositaire ne peut exercer d'activités qui concernent le FIA ou la société de gestion agissant pour son compte, qui seraient susceptibles d'engendrer des conflits d'intérêts entre le FIA, les porteurs de parts ou actionnaires de ce FIA, la société de gestion et le dépositaire lui-même, à moins que le dépositaire n'ait séparé, sur le plan fonctionnel et hiérarchique, l'exécution de ses tâches de dépositaire et ses autres tâches et que les conflits d'intérêts potentiels aient été identifiés, gérés, suivis et révélés aux porteurs de parts ou actionnaires du FIA de manière appropriée.

Les actifs du FIA gardés par le dépositaire ne sont pas réutilisés par celui-ci sauf accord préalable du FIA ou de sa société de gestion.

Art. L. 214-24-7 *(Ord. n° 2013-676, 25 juill. 2013)*. – Un FIA établi en France désigne un dépositaire ayant son siège social ou une succursale en France.

Lorsque le FIA est établi dans un pays tiers et que sa société de gestion est agréée par l'Autorité des marchés financiers, le dépositaire peut être établi en France ou dans l'État d'origine du FIA.

Lorsque le FIA est établi dans un pays tiers et qu'il a pour État membre de référence la France, son dépositaire peut être établi en France, dans l'État d'origine du FIA ou dans l'État membre d'origine ou de référence de la société de gestion.

La liste des entités pouvant être dépositaires de FIA de pays tiers est fixée par arrêté du ministre chargé de l'économie.

Voir : C. monét. fin., art. D. 214-32-4-2, p. 1112.

Art. L. 214-24-8 *(Ord. n° 2013-676, 25 juill. 2013)*. – I. – Dans les conditions fixées par le règlement général de l'Autorité des marchés financiers, le dépositaire veille :

1° À ce que tous les paiements effectués par des porteurs de parts ou actionnaires, ou en leur nom, lors de la souscription de parts ou d'actions de FIA, aient été reçus et que toutes les liquidités aient été comptabilisées ;

2° Et de façon générale au suivi adéquat des flux de liquidités du FIA.

II. – Le dépositaire à qui est confiée la garde des actifs d'un FIA :

1° Assure, dans les conditions fixées par le règlement général de l'Autorité des marchés financiers, la conservation des instruments financiers enregistrés sur un compte d'instruments financiers ouvert dans ses livres et des instruments financiers qui lui sont physiquement livrés ;

2° Pour les autres actifs, vérifie qu'ils sont la propriété du FIA et en tient le registre.

III. – Le dépositaire :

1° S'assure que la vente, l'émission, le rachat, le remboursement et l'annulation des parts ou actions effectués par le FIA ou pour son compte sont conformes aux dispositions législatives ou réglementaires, au règlement et aux documents constitutifs ainsi qu'au prospectus du FIA ;

2° S'assure que le calcul de la valeur des parts ou actions du FIA est effectué conformément aux dispositions législatives ou réglementaires, au règlement et aux documents constitutifs ainsi qu'au prospectus du FIA ;

3° Exécute les instructions du FIA ou de sa société de gestion sous réserve qu'elles ne soient pas contraires aux dispositions législatives ou réglementaires, au règlement et aux documents constitutifs ainsi qu'au prospectus du FIA ;

4° S'assure que, dans les opérations portant sur les actifs du FIA, la contrepartie lui est remise dans les délais d'usage ;

5° S'assure que les produits du FIA reçoivent une affectation conforme aux dispositions législatives ou réglementaires, au règlement et aux documents constitutifs ainsi qu'au prospectus du FIA.

Les conditions d'application du présent article sont précisées par le règlement général de l'Autorité des marchés financiers.

Art. L. 214-24-9 *(Ord. n° 2013-676, 25 juill. 2013).* – Le dépositaire ne peut déléguer à des tiers les fonctions qui lui sont conférées par les I et III de l'article L. 214-24-8.

Le dépositaire peut déléguer à des tiers les fonctions de garde des actifs dans les conditions fixées par le règlement général de l'Autorité des marchés financiers.

Art. L. 214-24-10 *(Ord. n° 2013-676, 25 juill. 2013 ; mod., L. n° 2014-1, 2 janv. 2014).* – I. – Le dépositaire du FIA est responsable à l'égard du FIA ou à l'égard des porteurs de parts ou actionnaires de la perte par le dépositaire, ou par un tiers auquel la conservation a été déléguée, des instruments financiers conservés conformément au II de l'article L. 214-24-8.

En cas de perte d'instruments financiers conservés, le dépositaire restitue au FIA des instruments financiers, y compris des instruments du marché monétaire, de type identique ou leur équivalent en valeur monétaire sans retard inutile. La responsabilité du dépositaire n'est pas engagée s'il prouve que la perte résulte d'un événement extérieur et que l'ensemble des conditions de l'article 101 du règlement délégué de la Commission du 19 décembre 2012 sont remplies.

Le dépositaire est responsable à l'égard du FIA ou à l'égard des porteurs de parts ou actionnaires du FIA, de toute autre perte résultant de la négligence ou de la mauvaise exécution intentionnelle de ses obligations.

II. – La délégation à un tiers de la garde des actifs du FIA mentionnée au II de l'article L. 214-24-8 n'exonère pas le dépositaire de sa responsabilité.

III. – Par dérogation au II, le dépositaire est exonéré de sa responsabilité s'il est en mesure de prouver que :

1° Toutes les obligations concernant la délégation de ses tâches de conservation mentionnées à l'article L. 214-24-9 sont remplies ;

2° Un contrat écrit entre le dépositaire et le tiers transfère expressément la responsabilité du dépositaire à ce tiers et permet au FIA ou à sa société de gestion de déposer une plainte contre le tiers au titre de la perte d'instruments financiers ou au dépositaire de déposer plainte en leur nom ;

3° Un contrat écrit entre le dépositaire et le FIA ou sa société de gestion autorise expressément une décharge de la responsabilité du dépositaire et établit la raison objective justifiant une telle décharge.

IV. – Par dérogation au II, lorsque la législation d'un pays tiers exige que certains instruments financiers soient conservés par une entité locale et qu'aucune entité locale ne satisfait aux exigences relatives à la délégation telles qu'elles sont définies au deuxième alinéa de l'article L. 214-24-9, le règlement général de l'Autorité des marchés financiers prévoit les conditions dans lesquelles le dépositaire peut se décharger de sa responsabilité.

Art. L. 214-24-11 *(Ord. n° 2013-676, 25 juill. 2013).* – La responsabilité du dépositaire à l'égard des porteurs de parts ou actionnaires du FIA peut être mise en cause directement, ou indirectement par l'intermédiaire de la société de gestion, selon la nature juridique des rapports existants entre le dépositaire, la société de gestion et les porteurs de parts ou actionnaires.

Art. L. 214-24-12 *(Ord. n° 2013-676, 25 juill. 2013).* – L'Autorité des marchés financiers peut obtenir du dépositaire, sur simple demande, toutes les informations obtenues dans l'exercice de ses fonctions et nécessaires à l'exercice des missions de cette autorité.

Si le FIA est agréé ou enregistré auprès d'une autre autorité ou si la société de gestion a son siège social dans un autre État membre ou un pays tiers, l'Autorité des marchés financiers communique sans délai les informations reçues aux autorités compétentes dont relève le FIA ou la société de gestion.

§ 3. – Évaluation

Art. L. 214-14-13 *(Ord. n° 2013-676, 25 juill. 2013).* – Le FIA ou sa société de gestion est responsable de l'évaluation correcte des actifs du FIA ainsi que du calcul et de la publication de sa valeur liquidative. La désignation d'un expert externe en évaluation par le FIA ou la société de gestion n'exonère pas ces derniers de leur responsabilité respective.

L'expert externe en évaluation est responsable à l'égard du FIA ou de sa société de gestion de tout préjudice subi par ces derniers et résultant de sa négligence ou de l'inexécution intentionnelle de ses tâches. Tout arrangement contractuel en disposant autrement est réputé nul et non écrit.

Art. L. 214-24-14 *(Ord. n° 2013-676, 25 juill. 2013).* – Le FIA ou sa société de gestion veille à l'établissement de procédures permettant l'évaluation appropriée et indépendante des actifs du FIA et le calcul de la valeur liquidative de ses parts ou actions, conformément aux dispositions législatives et réglementaires.

Le règlement général de l'Autorité des marchés financiers précise les règles d'évaluation des actifs et de calcul de la valeur liquidative des parts ou actions des FIA.

Art. L. 214-24-15 *(Ord. n° 2013-676, 25 juill. 2013).* – Dans les conditions fixées par le règlement général de l'Autorité des marchés financiers, les FIA ou leurs sociétés de gestion veillent à ce que la fonction d'évaluation soit effectuée par :

1° Un expert externe en évaluation, qui est soit une personne physique ou morale indépendante du FIA ou de sa société de gestion et de toute autre personne ayant des liens étroits avec le FIA ou la société de gestion ;

2° Le FIA ou sa société de gestion, à condition :

a) Que la tâche d'évaluation soit indépendante, sur le plan fonctionnel, de la gestion de portefeuille pour le compte de tiers et de placements collectifs, et de la politique de rémunération ;

b) Qu'ils adoptent des mesures garantissant l'absence de conflits d'intérêts et d'influences sur les salariés de la société de gestion.

Le dépositaire désigné pour un FIA ne peut être désigné comme expert externe en évaluation de ce FIA que s'il a séparé, sur le plan fonctionnel et hiérarchique, l'exécution de ses fonctions de dépositaire et ses tâches d'évaluation externe et que les conflits d'intérêts potentiels sont identifiés, gérés, suivis et révélés aux porteurs de parts ou actionnaires du FIA de manière appropriée.

Art. L. 214-24-16 *(Ord. n° 2013-676, 25 juill. 2013 ; mod., L. n° 2014-1, 2 janv. 2014).* – I. – Lorsque le FIA ou sa société de gestion délègue la fonction d'évaluation à un expert externe en évaluation, le FIA ou sa société de gestion doit être en mesure de démontrer à l'Autorité des marchés financiers que :

1° Cet expert fait l'objet d'un enregistrement professionnel obligatoire reconnu par des dispositions législatives ou est soumis à des dispositions législatives ou réglementaires ou à des règles de conduite professionnelles ;

2° Cet expert offre des garanties professionnelles suffisantes pour exercer efficacement sa fonction d'évaluation.

II. – L'expert externe en évaluation désigné ne délègue pas sa fonction d'évaluation à un tiers.

III. – Le FIA ou sa société de gestion notifie l'identité de l'expert externe en évaluation qu'il a désigné à l'Autorité des marchés financiers. Cette autorité peut exiger la désignation d'un autre expert externe en évaluation si les conditions énoncées au I ne sont pas respectées.

Les conditions d'application du présent article sont fixées par le règlement général de l'Autorité des marchés financiers.

Art. L. 214-24-17 *(Ord. n° 2013-676, 25 juill. 2013).* – L'évaluation est effectuée de manière impartiale et avec la compétence, le soin et la diligence requis.

Art. L. 214-24-18 *(Ord. n° 2013-676, 25 juill. 2013).* – Lorsque l'évaluation est réalisée conformément au 2° de l'article L. 214-24-15, l'Autorité des marchés financiers peut exiger que les procédures d'évaluation mises en place par le FIA ou sa société de gestion, ainsi que les évaluations effectuées, soient vérifiées par un expert externe en évaluation ou, le cas échéant, par un commissaire aux comptes.

§ 4. – Information

Sous-paragraphe 1. – Information des investisseurs

Art. L. 214-24-19 *(Ord. n° 2013-676, 25 juill. 2013).* – La société de gestion publie un rapport annuel par exercice pour chaque FIA de l'Union européenne qu'elle gère et pour chaque FIA qu'elle commercialise dans l'Union européenne dans le délai fixé par décret. Ce rapport annuel est communiqué aux porteurs ou actionnaires du FIA sur leur demande. Il est mis à la disposition de l'Autorité des marchés financiers et, le cas échéant, de l'État membre d'origine du FIA.

Le FIA ou sa société de gestion établit des comptes annuels comprenant un bilan, un compte de résultat et une annexe conformément aux prescriptions comptables fixées par règlement de l'Autorité des normes comptables ou conformément aux normes comptables du pays tiers dans lequel le FIA est établi.

Lorsqu'il est géré ou commercialisé dans l'Union européenne, le FIA ou sa société de gestion met à la disposition des investisseurs, conformément au règlement ou aux statuts du FIA, les informations prévues par le règlement général de l'Autorité des marchés financiers, avant qu'ils n'investissent dans le FIA, ainsi que tout changement substantiel concernant ces informations.

Sous-paragraphe 2. – Information de l'Autorité des marchés financiers

Art. L. 214-24-20 *(Ord. n° 2013-676, 25 juill. 2013)*. – I. – Le FIA ou sa société de gestion rend régulièrement compte à l'Autorité des marchés financiers des principaux marchés sur lesquels il ou elle opère, des principaux instruments qu'il ou elle négocie.

Il communique des informations sur les principaux instruments qu'il négocie, sur les marchés sur lesquels il opère, sur ses principales expositions et sur ses concentrations les plus importantes.

II. – Lorsqu'il est géré ou commercialisé dans l'Union européenne, le FIA ou sa société de gestion communique à l'Autorité des marchés financiers les éléments décrits par le règlement général de cette autorité.

III. – Le FIA ou sa société de gestion fournit, sur demande, à l'Autorité des marchés financiers les éléments décrits par le règlement général de cette autorité.

IV. – Lorsqu'il recourt, de manière substantielle, à l'effet de levier défini au VI, le FIA ou sa société de gestion transmet à l'Autorité des marchés financiers des informations sur le niveau général de levier utilisé, sur la ventilation de l'effet de levier selon qu'il résulte de l'emprunt de liquidités, d'instruments financiers ou de contrats financiers, et sur le remploi des actifs du FIA dans le cadre d'aménagements relatifs à l'effet de levier.

Sont notamment transmises l'identité des cinq principales sources de liquidités ou d'instruments financiers empruntés, y compris les instruments du marché monétaire, et le montant de l'effet levier pour chacune de ces sources.

Lorsque la société de gestion est établie dans un pays tiers, les obligations en matière de comptes rendus prévues par le présent IV sont limitées aux FIA de l'Union européenne qu'elle gère et aux FIA de pays tiers qu'elle commercialise dans l'Union européenne.

V. – Lorsque cela est nécessaire pour le suivi efficace du risque systémique, l'Autorité des marchés financiers peut exiger des informations supplémentaires à celles décrites au présent article, de manière régulière ou sur demande. L'Autorité des marchés financiers informe l'Autorité européenne des marchés financiers des informations supplémentaires exigées.

Dans des circonstances exceptionnelles, et lorsque cela est nécessaire pour assurer la stabilité et l'intégrité du système financier ou pour promouvoir une croissance durable à long terme, l'Autorité des marchés financiers peut, à la demande de l'Autorité européenne des marchés financiers, imposer des exigences supplémentaires en matière de comptes rendus.

VI. – L'effet de levier est toute méthode par laquelle l'exposition du FIA est accrue, que ce soit par l'emprunt de liquidités ou d'instruments financiers, par des positions dérivées ou par tout autre moyen.

§ 5. – Participation et contrôle

Art. L. 214-24-21 *(Ord. n° 2013-676, 25 juill. 2013)*. – I. – Le présent paragraphe est applicable, sous réserve des conditions prévues à l'article 6 de la directive 2002/14/ CE du 11 mars 2002 :

1° À un ou plusieurs FIA gérés par la même société de gestion qui, soit séparément, soit conjointement en application d'un accord conclu à cet effet, acquièrent le contrôle d'une société ou d'un émetteur mentionné à l'article L. 214-24-23 ;

2° Aux FIA ou à leurs sociétés de gestion coopérant avec un ou plusieurs autres FIA ou leurs sociétés de gestion en application d'un accord prévoyant qu'ils ou elles acquièrent, conjointement, le contrôle d'une société ou d'un émetteur mentionné au L. 214-24-23.

II. – Le présent paragraphe n'est pas applicable lorsque l'entité faisant l'objet d'une prise de participation ou d'une prise de contrôle est :

1° Une petite ou moyenne entreprise au sens du règlement (CE) n° 800/2008 de la Commission du 6 août 2008 déclarant certaines catégories d'aides compatibles avec le marché commun en application des articles 87 et 88 du traité ;

2° Ou une entité à vocation particulière créée en vue de l'acquisition, de la détention ou de la gestion d'actifs immobiliers.

Art. L. 214-24-22 *(Ord. n° 2013-676, 25 juill. 2013 ; mod., L. n° 2014-1, 2 janv. 2014)*. – Lorsque le FIA acquiert, cède ou détient des actions d'une société dont le siège statutaire est établi dans un État membre de l'Union européenne et dont les actions ne sont pas admises à la négociation sur un marché réglementé d'un État membre de l'Union européenne, le FIA ou sa société de gestion notifie à l'Autorité des marchés financiers, dans un délai fixé par décret, la part de droits de vote de la société détenue par le FIA dans tous les cas où cette part atteint ou franchit, à la hausse ou à la baisse, les seuils de 10 %, 20 %, 30 %, 50 % et 75 %.

Le I de l'article L. 214-24-21 est applicable au FIA ou à sa société de gestion qui acquiert, sans contrôle, une participation dans une société mentionnée à l'alinéa précédent.

Voir : C. monét. fin., art. D. 214-32-6 à D. 214-32-8, p. 1113.

Art. L. 214-24-23 *(Ord. n° 2013-676, 25 juill. 2013)*. – Un décret fixe les conditions dans lesquelles les FIA ou leurs sociétés de gestion mentionnés au I de l'article L. 214-24-1 acquièrent le contrôle :

1° D'une société dont le siège statutaire est établi dans un État membre de l'Union européenne et dont les actions ne sont pas admises à la négociation sur un marché réglementé d'un État membre de l'Union européenne. Par dérogation à l'article L. 233-3 du Code de commerce, le contrôle s'entend de la détention de plus de 50 % des droits de vote de la société concernée ;

2° D'un émetteur au sens du *d* du paragraphe 1er de l'article 2 de la directive 2004/109 du 15 décembre 2004, dont le siège statutaire est établi dans un État membre de l'Union européenne et dont les actions sont admises à la négociation sur un marché réglementé d'un État membre de l'Union européenne. Le contrôle est alors déterminé conformément au droit en vigueur dans l'État dans lequel le siège social de l'émetteur est établi.

Sous-section 2. – Fonds ouverts à des investisseurs non professionnels

§ 1. – Fonds d'investissement à vocation générale

Sous-paragraphe 1. – Agrément

Art. L. 214-24-24 *(Ord. n° 2013-676, 25 juill. 2013)*. – La constitution, la transformation ou la liquidation d'un fonds d'investissement à vocation générale ou d'un compartiment de fonds d'investissement à vocation générale sont soumises à l'agrément de l'Autorité des marchés financiers.

L'Autorité des marchés financiers peut retirer son agrément à tout fonds d'investissement à vocation générale ou compartiment de fonds d'investissement à vocation générale.

Sous-paragraphe 2. – Régime général des fonds d'investissement à vocation générale

Art. L. 214-24-25 *(Ord. n° 2013-676, 25 juill. 2013)*. – Les fonds d'investissement à vocation générale prennent la forme soit de sociétés d'investissement à capital variable dites « SICAV », soit de fonds communs de placement.

Les fonds d'investissement à vocation générale peuvent comprendre différentes catégories de parts ou d'actions dans des conditions fixées par le règlement du fonds ou les statuts de la SICAV, selon les prescriptions du règlement général de l'Autorité des marchés financiers.

Art. L. 214-24-26 *(Ord. n° 2013-676, 25 juill. 2013)*. – I. – Un fonds d'investissement à vocation générale peut comporter un ou plusieurs compartiments si ses statuts ou son règlement le prévoient. Chaque compartiment donne lieu à l'émission d'une catégorie de parts ou d'actions représentative des actifs du fonds d'investissement à vocation générale qui lui sont attribués. Par dérogation à l'article 2285 du Code civil et sauf stipulation contraire des statuts ou du règlement du fonds d'investissement à vocation générale, les actifs d'un compartiment déterminé ne répondent que des dettes, engagements et obligations et ne bénéficient que des créances qui concernent ce compartiment.

L'Autorité des marchés financiers définit les conditions dans lesquelles la constitution de chaque compartiment est soumise à son agrément, ainsi que les conditions dans lesquelles est déterminée, en fonction de la valeur nette des actifs attribués au compartiment correspondant, la valeur liquidative de chaque catégorie de parts ou d'actions.

II. – Chaque compartiment fait l'objet, au sein de la comptabilité du fonds d'investissement à vocation générale, d'une comptabilité distincte qui peut être tenue en toute unité monétaire dans les conditions fixées par le décret prévu à l'article L. 214-24-52.

Art. L. 214-24-27 *(Ord. n° 2013-676, 25 juill. 2013)*. – Les créanciers dont le titre résulte de la conservation ou de la gestion des actifs d'un fonds d'investissement à vocation générale n'ont d'action que sur ces actifs.

Les créanciers du dépositaire ne peuvent poursuivre le paiement de leurs créances sur les actifs d'un fonds d'investissement à vocation générale conservés par lui.

Art. L. 214-24-28 *(Ord. n° 2013-676, 25 juill. 2013)*. – Lorsque le fonds d'investissement à vocation générale est ouvert à des investisseurs non professionnels, les III et IV de l'article L. 214-24-10 ne sont pas applicables.

Art. L. 214-24-29 *(Ord. n° 2013-676, 25 juill. 2013 ; mod., Ord. n° 2017-1432, 4 oct. 2017)*. – La SICAV est une société anonyme ou une société par actions simplifiée, autre qu'une société par actions simplifiée instituée par une seule personne et dont les statuts interdisent expressément la pluralité d'associés, qui a pour seul objet la gestion d'un portefeuille d'instruments financiers et de dépôts.

Le siège social et l'administration centrale de la SICAV sont situés en France.

Sous réserve de l'article L. 214-24-33, les actions de la SICAV sont émises et rachetées par la société à la demande, selon le cas, des souscripteurs ou des actionnaires et à la valeur liquidative majorée ou diminuée, selon le cas, des frais et commissions.

Lorsque la SICAV est une société anonyme, ses actions peuvent être admises aux négociations sur un marché réglementé *(Mots aj., L. n° 2019-486, 22 mai 2019)* « ou un système multilatéral de négociation » dans des conditions fixées par décret.

Le montant du capital est égal à tout moment à la valeur de l'actif net de la société, déduction faite des sommes distribuables définies à l'article L. 214-24-51.

Le règlement général de l'Autorité des marchés financiers fixe les conditions de souscription, de cession et de rachat des actions émises par la SICAV.

Voir : C. monét. fin., art. D. 214-32-10, p. 1116.

Art. L. 214-24-30 *(Ord. n° 2013-676, 25 juill. 2013)*. – Une SICAV peut déléguer globalement la gestion de son portefeuille à une société de gestion de portefeuille. Le capital initial d'une SICAV qui fait usage de cette possibilité ne peut être inférieur à un montant fixé par décret.

Art. L. 214-24-31 *(Ord. n° 2013-676, 25 juill. 2013 ; mod., Ord. n° 2016-312, 17 mars 2016)*. – Par dérogation aux titres II et III du livre II et du titre II du livre VIII du Code de commerce, les dispositions suivantes s'appliquent aux SICAV :

1° Les actions sont intégralement libérées dès leur émission ;

2° Tout apport en nature est apprécié par le commissaire aux comptes sous sa responsabilité ;

3° L'assemblée générale ordinaire peut se tenir sans qu'un *quorum* soit requis ; il en est de même, sur deuxième convocation, de l'assemblée générale extraordinaire ;

4° Une même personne physique peut exercer simultanément cinq mandats de directeur général, de membre du directoire ou de directeur général unique de SICAV ayant la forme de société anonyme ayant leur siège sur le territoire français. Les mandats de directeur général, de membre du directoire ou de directeur général unique exercés au sein d'une SICAV ne sont pas pris en compte pour les règles de cumul mentionnées au livre II du Code de commerce ;

5° Les mandats de représentant permanent d'une personne morale au conseil d'administration ou de surveillance d'une SICAV ne sont pas pris en compte pour l'application des articles L. 225-21, L. 225-77 et L. 225-94-1 du Code de commerce ;

6° Le conseil d'administration, le directoire ou, lorsque la SICAV est une société par actions simplifiée, les dirigeants de cette société désignent le commissaire aux comptes pour six exercices, après accord de l'Autorité des marchés financiers. La désignation d'un commissaire aux comptes suppléant n'est pas requise. Les dispositions de l'article L. 823-3-1 du Code de commerce sont applicables à la SICAV relevant des dispositions du III de l'article L. 820-1 du même code ;

7° La mise en paiement des produits distribuables a lieu dans le délai d'un mois après la tenue de l'assemblée générale ayant approuvé les comptes de l'exercice ;

8° L'assemblée générale extraordinaire qui décide une transformation, fusion ou scission, donne pouvoir au conseil d'administration, au directoire ou, lorsque la SICAV est une société par actions simplifiée, les dirigeants de cette société, d'évaluer les actifs et de déterminer la parité de l'échange à une date qu'elle fixe ; ces opérations s'effectuent sous le contrôle du commissaire aux comptes sans qu'il soit nécessaire de désigner un commissaire à la fusion ; l'assemblée générale est dispensée d'approuver les comptes si ceux-ci sont certifiés par le commissaire aux comptes ;

9° En cas d'augmentation de capital, les actionnaires n'ont pas de droit préférentiel de souscription aux actions nouvelles ;

10° Les statuts contiennent l'évaluation des apports en nature. Il y est procédé au vu d'un rapport qui leur est annexé et qui est établi sous sa responsabilité par le commissaire aux comptes ; les statuts ne peuvent prévoir d'avantages particuliers ;

11° L'assemblée générale annuelle est réunie dans les cinq mois de la clôture de l'exercice.

Art. L. 214-24-32 *(Ord. n° 2013-676, 25 juill. 2013 ; mod., L. n° 2016-1691, 9 déc. 2016).* – Les dispositions des articles L. 224-1, L. 224-2, du deuxième alinéa de l'article L. 225-2, des articles L. 225-3 à L. 225-16, L. 225-25, L. 225-26, L. 225-258 à L. 225-270, du quatrième alinéa de l'article L. 227-1, des articles L. 227-13 à L. 227-16, L. 227-18, L. 228-23, L. 231-1 à L. 231-8, L. 233-8, et L. 441-6-1 du Code de commerce ne sont pas applicables aux SICAV. Les SICAV ne peuvent pas prévoir de clauses d'inaliénabilité.

Les fusions transfrontalières des SICAV ne sont pas régies par les articles L. 236-25 à L. 236-32 du Code de commerce.

Voir : la rédaction de cet article issue de l'ordonnance nº 2019-698 du 3 juillet 2019, en *addendum*, p. 3371.

Art. L. 214-24-33 *(Ord. n° 2013-676, 25 juill. 2013 ; mod., L. n° 2016-1691, 9 déc. 2016).* – Le rachat par la SICAV de ses actions comme l'émission d'actions nouvelles peuvent être suspendus, à titre provisoire, par le conseil d'administration, le directoire ou les dirigeants de la société par actions simplifiée, quand des circonstances exceptionnelles l'exigent et si l'intérêt des actionnaires ou du public le commande, dans des conditions fixées par les statuts de la société.

(Al. mod., L. n° 2019-486, 22 mai 2019) Dans les mêmes circonstances, lorsque la cession de certains actifs ne serait pas conforme à l'intérêt des actionnaires, les autres actifs peuvent être transférés à une nouvelle SICAV. Conformément à l'article L. 236-16 du Code de commerce, la scission est décidée par l'assemblée générale extraordinaire des actionnaires de la SICAV. Par dérogation à l'article L. 225-96 du Code de commerce et au 3° de l'article L. 214-24-31 du présent code, cette assemblée peut se tenir, dès la première convocation, sans qu'un quorum soit requis. Par dérogation à l'article L. 214-24-48, cette scission n'est pas soumise à l'agrément de l'Autorité des marchés financiers mais lui est déclarée sans délai. Chaque actionnaire reçoit un nombre d'actions de la nouvelle SICAV égal à celui qu'il détient dans l'ancienne. L'ancienne SICAV est mise en liquidation dès que le transfert des actifs a été effectué.. Les conditions d'application du présent alinéa sont définies par décret.

Le règlement général de l'Autorité des marchés financiers fixe les autres cas et les conditions dans lesquels les statuts de la SICAV prévoient, le cas échéant, que l'émission des actions est interrompue *(Mots aj., L. n° 2019-486, 22 mai 2019)* « , partiellement ou totalement, » de façon provisoire ou définitive.

Il prévoit également les cas et les conditions dans lesquels les statuts de la SICAV peuvent prévoir que le rachat d'actions est plafonné à titre provisoire quand des circonstances exceptionnelles l'exigent et si l'intérêt des actionnaires ou du public le commande.

Art. L. 214-24-34 *(Ord. n° 2013-676, 25 juill. 2013).* – Sous réserve de l'article L. 214-24-41, le fonds commun de placement, qui n'a pas la personnalité morale, est une copropriété d'instruments financiers et de dépôts dont les parts sont émises et rachetées à la demande, selon le cas, des souscripteurs ou des porteurs et à la valeur liquidative majorée ou diminuée, selon les cas, des frais et commissions. Ne s'appliquent pas au fonds commun de placement les dispositions du Code civil relatives à l'indivision ni celles des articles 1871 à 1873 du même code relatives aux sociétés en participation.

Les parts peuvent être admises aux négociations sur un marché réglementé *(Mots aj., L. n° 2019-486, 22 mai 2019)* « ou un système multilatéral de négociation » dans des conditions fixées par décret.

(Al. créé à compter du 3 janvier 2018, Ord. n° 2017-1432, 4 oct. 2017) Le règlement général de l'Autorité des marchés financiers fixe les conditions de souscription, de cession et de rachat des parts émises par le fonds commun de placement.

Art. L. 214-24-35 *(Ord. n° 2013-676, 25 juill. 2013).* – Le fonds commun de placement est constitué à l'initiative d'une société de gestion, qui en assure la gestion. Cette société établit le règlement du fonds.

La souscription ou l'acquisition de parts d'un fonds commun de placement emporte acceptation de son règlement.

Art. L. 214-24-36 *(Ord. n° 2013-676, 25 juill. 2013).* – Le montant minimum des actifs que le fonds doit réunir lors de sa constitution est fixé par décret.

Ces actifs sont évalués, au vu d'un rapport établi par le commissaire aux comptes, dans des conditions fixées par décret. Tout apport en nature est apprécié par le commissaire aux comptes sous sa responsabilité.

Voir : C. monét. fin., art. D. 214-32-13, p. 1116.

Art. L. 214-24-37 *(Ord. n° 2013-676, 25 juill. 2013).* – Dans tous les cas où des dispositions relatives aux sociétés et aux titres financiers exigent l'indication des nom, prénoms et domicile du titulaire du titre ainsi que pour toutes les opérations faites pour le compte des copropriétaires, la désignation du fonds commun de placement peut être valablement substituée à celle de tous les copropriétaires.

Art. L. 214-24-38 *(Ord. n° 2013-676, 25 juill. 2013).* – Sauf stipulations contraires du règlement du fonds, les porteurs de parts ou leurs ayants droit ne peuvent pas provoquer le partage du fonds commun de placement.

Art. L. 214-24-39 *(Ord. n° 2013-676, 25 juill. 2013).* – Les porteurs de parts ne sont tenus des dettes de la copropriété qu'à concurrence de l'actif du fonds et proportionnellement à leur quote-part.

Art. L. 214-24-40 *(Ord. n° 2013-676, 25 juill. 2013).* – Le gérant, le conseil d'administration ou le directoire de la société de gestion désigne le commissaire aux comptes du fonds pour six exercices, après accord de l'Autorité des marchés financiers. La désignation d'un commissaire aux comptes suppléant n'est pas requise.

Les porteurs de parts du fonds exercent les droits reconnus aux actionnaires par les articles L. 823-6 et L. 823-7 du Code de commerce.

Le commissaire aux comptes porte à la connaissance de l'assemblée générale de la société de gestion les irrégularités et inexactitudes qu'il a relevées dans l'accomplissement de sa mission.

Art. L. 214-24-41 *(Ord. n° 2013-676, 25 juill. 2013 ; mod., L. n° 2016-1691, 9 déc. 2016 ; Ord. n° 2017-1432, 4 oct. 2017).* – Le rachat par le fonds de ses parts et l'émission de parts nouvelles peuvent être suspendus à titre provisoire par la société de gestion quand des circonstances exceptionnelles l'exigent et si l'intérêt des porteurs de parts ou du public le commande, dans des conditions fixées par le règlement du fonds.

(Al. mod., L. n° 2019-486, 22 mai 2019) Dans les mêmes circonstances, lorsque la cession de certains actifs ne serait pas conforme à l'intérêt des porteurs de parts, les autres actifs peuvent être transférés à un nouveau fonds. La scission est décidée par la société de gestion. Par dérogation à l'article L. 214-24-48, elle n'est pas soumise à l'agrément de l'Autorité des marchés financiers mais lui est déclarée sans délai. Chaque porteur reçoit un nombre de parts du nouveau fonds égal à celui qu'il détient dans l'ancien. L'ancien fonds est mis en liquidation dès que le transfert des actifs a été effectué. Les conditions d'application du présent alinéa sont définies par décret.

Le règlement général de l'Autorité des marchés financiers fixe les autres cas dans lesquels le règlement du fonds prévoit, le cas échéant, que l'émission de parts est interrompue, partiellement ou totalement, de façon provisoire ou définitive.

Il prévoit également les cas et les conditions dans lesquels le règlement du fonds peut prévoir que le rachat de parts est plafonné à titre provisoire quand des circonstances exceptionnelles l'exigent et si l'intérêt des porteurs de parts ou du public le commande.

Voir : C. monét. fin., art. D. 214-32-15, p. 1116.

Art. L. 214-24-42 *(Ord. n° 2013-676, 25 juill. 2013).* – Le fonds commun de placement est représenté à l'égard des tiers par la société chargée de sa gestion. Cette société peut agir en justice pour défendre ou faire valoir les droits ou intérêts des porteurs de parts.

Art. L. 214-24-43 *(Ord. n° 2013-676, 25 juill. 2013).* – La société de gestion est tenue d'effectuer les déclarations prévues aux articles L. 225-126 et L. 233-7 du Code de commerce, pour l'ensemble des actions détenues par les fonds communs de placement qu'elle gère.

Les II et III de l'article L. 225-126 et les articles L. 233-14 et L. 247-2 du Code de commerce sont applicables.

Lorsque la société de gestion satisfait à l'obligation de notification de franchissement de seuils mentionnée à l'article L. 214-24-22, elle n'est pas tenue à l'obligation d'information mentionnée au II de l'article L. 233-7 du Code de commerce pour les mêmes seuils.

Sous-paragraphe 3. – Obligations de la société de gestion, de l'entité responsable de la centralisation et du commissaire aux comptes

Art. L. 214-24-44 *(Ord. n° 2013-676, 25 juill. 2013).* – Les fonds d'investissement à vocation générale et leurs sociétés de gestion agissent de façon indépendante et dans le seul intérêt des porteurs de parts ou actionnaires. Ils présentent des garanties suffisantes en ce qui concerne leur organisation, leurs moyens techniques et financiers, l'honorabilité et l'expérience de leurs dirigeants.

Art. L. 214-24-45 *(Ord. n° 2013-676, 25 juill. 2013 ; mod., L. n° 2016-1691, 9 déc. 2016).* – Sans préjudice des dispositions du titre III du livre II du Code de commerce, les conditions de liquidation ainsi que les modalités de répartition des actifs sont déterminées par le règlement ou les statuts du fonds d'investissement à vocation générale. La société de gestion assume les fonctions de liquidateur ; à défaut, le liquidateur est désigné en justice à la demande de toute personne intéressée.

Toutefois, par dérogation aux dispositions du titre III du livre II du Code de commerce, lorsque la société de gestion ou le dépositaire peut justifier de graves difficultés à exercer ces fonctions de liquidateur, celles-ci sont assumées par une tierce personne désignée par le président du tribunal de grande instance de Paris à la demande du président de l'Autorité des marchés financiers.

Art. L. 214-24-46 *(Ord. n° 2013-676, 25 juill. 2013).* – Dans les conditions définies par le règlement général de l'Autorité des marchés financiers, la responsabilité à l'égard des tiers de la centralisation des ordres de souscription et de rachat des parts ou actions de fonds d'investissement à vocation générale est confiée par le fonds d'investissement à vocation générale ou, le cas échéant, par la société de gestion de portefeuille qui le représente soit à ce fonds d'investissement, soit au dépositaire, soit à une société de gestion, soit à un prestataire de services d'investissement agréé pour fournir l'un des services mentionnés à l'article L. 321-1. L'entité à qui est confiée cette responsabilité dispose de moyens adaptés et suffisants pour assurer cette fonction.

Un ordre de souscription ou de rachat transmis à l'entité responsable de la centralisation des ordres est irrévocable, à la date et dans les conditions définies par le règlement général de l'Autorité des marchés financiers.

Art. L. 214-24-47 *(Ord. n° 2013-676, 25 juill. 2013).* – Le commissaire aux comptes est tenu de signaler dans les meilleurs délais à l'Autorité des marchés financiers tout fait ou toute décision concernant le fonds d'investissement à vocation générale dont il a eu connaissance dans l'exercice de sa mission, de nature :

1° À constituer une violation des dispositions législatives ou réglementaires applicables à ce fonds d'investissement à vocation générale et susceptible d'avoir des effets significatifs sur sa situation financière, son résultat ou son patrimoine ;

2° À porter atteinte aux conditions ou à la continuité de son exploitation ;

3° À entraîner l'émission de réserves ou le refus de la certification des comptes.

Le commissaire aux comptes est délié du secret professionnel à l'égard de l'Autorité des marchés financiers.

La responsabilité du commissaire aux comptes ne peut être engagée pour les informations ou divulgations de faits auxquelles il procède en exécution des obligations imposées par le présent article.

L'Autorité des marchés financiers peut également transmettre au commissaire aux comptes du fonds d'investissement à vocation générale des informations nécessaires à l'accomplissement de sa mission. Les informations transmises sont couvertes par le secret professionnel.

Sous-paragraphe 4. – Règles de fonctionnement

Art. L. 214-24-48 *(Ord. n° 2013-676, 25 juill. 2013).* – La fusion, la scission ou l'absorption affectant un fonds d'investissement à vocation générale ou un compartiment est soumise à l'agrément de l'Autorité des marchés financiers.

Art. L. 214-24-49 *(Ord. n° 2013-676, 25 juill. 2013).* – Les statuts d'une SICAV ou le règlement d'un fonds commun de placement fixent la durée des exercices comptables qui ne peut excéder douze mois. Toutefois, le premier exercice peut s'étendre sur toute durée n'excédant pas dix-huit mois.

Dans un délai de six semaines à compter de la fin de chaque semestre de l'exercice, la SICAV et la société de gestion, pour chacun des fonds que celle-ci gère, établit l'inventaire de l'actif sous le contrôle du dépositaire.

Ces sociétés sont tenues de publier, dans un délai de huit semaines à compter de la fin de chacun des semestres de l'exercice, la composition de l'actif. Le commissaire aux comptes contrôle la composition de l'actif avant publication. À l'issue de ce délai, tout actionnaire ou porteur de parts qui en fait la demande a droit à la communication du document.

Trente jours au moins avant la réunion de l'assemblée générale qui doit les approuver, la SICAV est, en outre, tenue de publier son compte de résultats et son bilan. Elle est dispensée de les publier à nouveau après l'assemblée générale, à moins que cette dernière ne les ait modifiés.

Art. L. 214-24-50 *(Ord. n° 2013-676, 25 juill. 2013). – (Phrase créée, L. n° 2019-486, 22 mai 2019)* Le résultat d'un fonds d'investissement à vocation générale comprend le revenu net, les plus et moins-values réalisées nettes de frais et les plus et moins-values latentes nettes. Le *(Mots rempl., L. n° 2019-486, 22 mai 2019)* « revenu net » est égal au montant des intérêts, arrérages, primes et lots, dividendes, *(Mots rempl., L. n° 2019-486, 22 mai 2019)* « rémunération prévue à l'article L. 225-45 du Code de commerce » et tous autres produits relatifs aux titres constituant le portefeuille, majoré du produit des sommes momentanément disponibles et diminué du montant des frais de gestion et de la charge des emprunts.

Art. L. 214-24-51 *(Ord. n° 2013-676, 25 juill. 2013 ; mod., L. n° 2019-486, 22 mai 2019).* – I. -Les sommes distribuables par un fonds d'investissement à vocation générale sont constituées par :

1° Le revenu net augmenté du report à nouveau et majoré ou diminué du solde du compte de régularisation des revenus ;

2° Les plus-values réalisées, nettes de frais, diminuées des moins-values réalisées, nettes de frais, constatées au cours de l'exercice, augmentées des plus-values nettes de même nature constatées au cours d'exercices antérieurs n'ayant pas fait l'objet d'une distribution ou d'une capitalisation et diminuées ou augmentées du solde du compte de régularisation des plus-values.

Les sommes mentionnées aux 1° et 2° peuvent être distribuées, en tout ou partie, indépendamment l'une de l'autre.

La mise en paiement des sommes distribuables est effectuée dans un délai maximal de cinq mois suivant la clôture de l'exercice.

II. - Lorsque le fonds d'investissement à vocation générale est agréé au titre du règlement sur les fonds monétaires (UE) n° 2017/1131 du Parlement européen et du Conseil du 14 juin 2017 :

1° Par dérogation aux dispositions du I, les sommes distribuables peuvent aussi intégrer les plus-values latentes ;

2 Par dérogation aux dispositions de l'article L. 232-12 du Code de commerce, la certification préalable des comptes par le commissaire aux comptes n'est pas imposée pour pouvoir distribuer des acomptes avant l'approbation des comptes annuels.

Art. L. 214-24-52 *(Ord. n° 2013-676, 25 juill. 2013).* – Par dérogation aux dispositions du premier alinéa de l'article L. 123-22 du Code de commerce, la comptabilité d'un fonds d'investissement à vocation générale peut être tenue en toute unité monétaire, selon des modalités fixées par décret.

Art. L. 214-24-53 *(Ord. n° 2013-676, 25 juill. 2013).* – Lorsqu'elle a connaissance d'une infraction aux dispositions du présent code commise par un commissaire aux comptes d'une société de gestion ou d'un fonds d'investissement à vocation générale ou lorsqu'elle considère que les conditions d'indépendance nécessaires au bon déroulement de la mission de ce commissaire aux comptes ne sont pas remplies, l'Autorité des marchés financiers peut demander au tribunal compétent de relever celui-ci de ses fonctions selon les modalités mentionnées à l'article L. 823-7 du Code de commerce.

L'Autorité des marchés financiers peut également dénoncer l'infraction à l'autorité disciplinaire compétente et lui communiquer à cette fin tous les renseignements nécessaires à sa bonne information.

Art. L. 214-24-54 *(Ord. n° 2013-676, 25 juill. 2013)*. – Les fonds d'investissement à vocation générale communiquent à la Banque de France les informations nécessaires à l'élaboration des statistiques monétaires.

Sous-paragraphe 5. – Règles d'investissement

Art. L. 214-24-55 *(Ord. n° 2013-676, 25 juill. 2013)*. – I. – Dans des conditions fixées par décret en Conseil d'État, l'actif d'un fonds d'investissement à vocation générale comprend :

1° Des titres financiers au sens des 1 et 2 du II de l'article L. 211-1 dénommés : titres financiers éligibles ;

2° Des instruments du marché monétaire habituellement négociés sur un marché monétaire, qui sont liquides et dont la valeur peut être déterminée à tout moment ;

3° Des parts ou actions de placements collectifs de droit français, d'organismes de placement collectif en valeurs mobilières constitués sur le fondement d'un droit étranger, de FIA établis dans un autre État membre de l'Union européenne, ou de fonds d'investissement constitués sur le fondement d'un droit étranger, qui sont proposées au rachat à la demande des porteurs ou actionnaires ;

4° Des dépôts effectués auprès d'établissements de crédit français ou étrangers ;

5° Des contrats financiers au sens du III de l'article L. 211-1 ;

5° *bis* Des bons de souscription, des bons de caisse, des billets à ordre et des billets hypothécaires ;

6° À titre accessoire, des liquidités ;

7° Des créances.

Les SICAV peuvent acquérir les biens meubles et immeubles nécessaires à l'exercice direct de leur activité.

II. – Sont assimilées à des titres financiers mentionnés au 1° du I les parts ou actions de placements collectifs ou de fonds d'investissement de type fermé qui satisfont aux critères définis par décret en Conseil d'État.

Voir : C. monét. fin., art. R. 214-32-16 à R. 214-32-22, p. 1117, art. R. 214-32-24-1, p. 1122.

Art. L. 214-24-56 *(Ord. n° 2013-676, 25 juill. 2013)*. – Dans des conditions fixées par décret en Conseil d'État, un fonds d'investissement à vocation générale peut procéder à des acquisitions et cessions temporaires d'instruments financiers, ainsi qu'à des emprunts d'espèces.

Sous-paragraphe 6. – Fonds d'investissement à vocation générale maîtres et nourriciers

Art. L. 214-24-57 *(Ord. n° 2013-676, 25 juill. 2013)*. – I. – Les statuts ou le règlement d'un fonds d'investissement à vocation générale dit « fonds d'investissement à vocation générale nourricier » peuvent prévoir que son actif est investi en totalité en actions ou parts d'un seul FIA, dit « FIA maître », ou d'un seul OPCVM dit « OPCVM maître », et, à titre accessoire, en liquidités.

Un fonds d'investissement à vocation générale nourricier peut conclure des contrats financiers dans les conditions fixées par décret en Conseil d'État.

Le compartiment d'un fonds d'investissement à vocation générale peut être régi par les dispositions relatives aux fonds d'investissement à vocation générale nourriciers prévues au présent article.

II. – Dans les conditions fixées par le règlement général de l'Autorité des marchés financiers, un fonds d'investissement à vocation générale nourricier peut avoir pour FIA maître ou OPCVM maître :

1° Soit un OPCVM relevant de la section 1 du présent chapitre ;

2° Soit un fonds d'investissement à vocation générale relevant du présent paragraphe ou un fonds commun de placement à risques relevant du sous-paragraphe 1 du paragraphe 2 de la présente sous-section ;

3° Soit un fonds de fonds alternatif relevant du paragraphe 6 de la présente sous-section ou un fonds professionnel à vocation générale relevant du sous-paragraphe 1 du paragraphe 1 de la sous-section 3 de la présente section ;

4° Soit un fonds déclaré relevant du paragraphe 2 de la sous-section 3 de la présente section ;

5° Soit un fonds commun d'intervention sur les marchés à terme mentionné à l'article L. 214-42 dans sa rédaction antérieure à la date de publication de l'ordonnance n° 2011-915 du 1er août 2011 relative aux organismes de placement collectif en valeurs mobilières et à la modernisation du cadre juridique de la gestion d'actifs ;

6° Soit un OPCVM de droit étranger ;

7° Soit un FIA établi dans un autre État membre de l'Union européenne, géré par une société de gestion agréée établie dans un autre État de l'Union européenne, dans les conditions précisées par le règlement général de l'Autorité des marchés financiers.

III. – Un FIA ou un OPCVM maître satisfait aux conditions suivantes :

1° Ne pas être lui-même un OPCVM ou un fonds d'investissement à vocation générale nourricier ;

2° Et ne pas détenir de parts d'un FIA ou d'un OPCVM nourricier.

Art. L. 214-24-58 *(Ord. n° 2013-676, 25 juill. 2013).* – Le fonds d'investissement à vocation générale nourricier conclut un accord d'échange d'informations avec le FIA ou l'OPCVM maître. Cet accord peut toutefois être remplacé par des règles de conduite internes lorsque le FIA ou l'OPCVM maître et le fonds d'investissement à vocation générale nourricier sont gérés par la même société de gestion.

Lorsque le FIA ou l'OPCVM maître suspend à titre provisoire les souscriptions ou les rachats de ses parts ou actions en application des articles L. 214-24-33 ou L. 214-24-41, le fonds d'investissement à vocation générale nourricier peut suspendre les souscriptions ou les rachats de ses propres parts ou actions pendant une durée identique à celle du FIA ou de l'OPCVM maître.

Le règlement général de l'Autorité des marchés financiers précise les conditions d'application du présent article.

Art. L. 214-24-59 *(Ord. n° 2013-676, 25 juill. 2013).* – I. – Lorsque le fonds d'investissement à vocation générale nourricier et le FIA ou l'OPCVM maître n'ont pas le même dépositaire, leurs dépositaires concluent un accord d'échange d'informations afin d'assurer l'accomplissement de leurs obligations respectives.

Le fonds d'investissement à vocation générale nourricier communique à son dépositaire, pour que celui-ci puisse accomplir ses obligations, toute information nécessaire concernant le FIA ou l'OPCVM maître.

II. – Le dépositaire du FIA ou de l'OPCVM maître agréé par l'Autorité des marchés financiers informe immédiatement celle-ci ainsi que le fonds d'investissement à vocation générale nourricier et son dépositaire de toute irrégularité qu'il constate de la part du FIA ou de l'OPCVM maître et qu'il considère comme susceptible d'avoir une incidence négative sur le fonds d'investissement à vocation générale nourricier.

Le règlement général de l'Autorité des marchés financiers précise les conditions d'application du présent article.

Art. L. 214-24-60 *(Ord. n° 2013-676, 25 juill. 2013).* – Les commissaires aux comptes du fonds d'investissement à vocation générale nourricier, du FIA ou de l'OPCVM maître échangent les informations nécessaires à l'accomplissement de leurs obligations respectives.

Le règlement général de l'Autorité des marchés financiers précise les conditions d'application du présent article.

Art. L. 214-24-61 *(Ord. n° 2013-676, 25 juill. 2013).* – Le fonds d'investissement à vocation générale nourricier contrôle l'activité du FIA ou de l'OPCVM maître. Afin de satisfaire à cette obligation, il peut se fonder sur les informations et les documents reçus du FIA ou de l'OPCVM maître ou, le cas échéant, de la société de gestion, du dépositaire et du commissaire aux comptes de ce FIA ou de cet OPCVM, à moins qu'il n'ait des raisons de douter de l'exactitude des informations et documents fournis.

Le règlement général de l'Autorité des marchés financiers précise les conditions d'application du présent article.

Sous-paragraphe 7. – Information des investisseurs

Art. L. 214-24-62 *(Ord. n° 2013-676, 25 juill. 2013).* – I. – La SICAV et la société de gestion, pour chacun des fonds d'investissement à vocation générale que celle-ci gère, publient :

1° Un prospectus comprenant notamment les statuts de la SICAV ou le règlement du fonds commun de placement ;

2° Un rapport annuel dans les conditions prévues à l'article L. 214-24-19 ;

3° Un rapport semestriel couvrant les six premiers mois de l'exercice.

II. – Les rapports annuel et semestriel sont publiés dans des délais fixés par décret.

Le prospectus et les derniers rapports annuel et semestriel publiés sont fournis sans frais aux investisseurs qui le demandent.

Voir : C. monét. fin., art. D. 214-33, p. 1128.

Art. L. 214-25 *(Mod., Ord. n° 2013-676, 25 juill. 2013).* – L'Autorité des marchés financiers définit les conditions dans lesquelles les fonds d'investissement à vocation générale doivent informer les investisseurs et peuvent faire l'objet de publicité, en particulier audiovisuelle, ou de démarchage.

Les statuts ou le règlement des fonds d'investissement à vocation générale ainsi que les documents destinés à l'information de leurs porteurs de parts ou actionnaires sont rédigés en français. Toutefois, dans des conditions fixées par le règlement général de l'Autorité des marchés financiers, ils peuvent être rédigés dans une langue usuelle en matière financière autre que le français.

Sous-paragraphe 8. – Dispositions diverses

Art. L. 214-26 *(Ord. n° 2013-676, 25 juill. 2013).* – Lorsqu'un ou plusieurs compartiments sont constitués au sein d'un fonds d'investissement à vocation générale, ils sont soumis individuellement aux dispositions du présent code qui régissent ce fonds.

Art. L. 214-26-1 *(Ord. n° 2013-676, 25 juill. 2013).* – Dans les conditions fixées par le règlement général de l'Autorité des marchés financiers, le règlement ou les statuts des fonds d'investissement à vocation générale peuvent réserver la souscription ou l'acquisition de leurs parts ou actions à vingt investisseurs au plus ou à une catégorie d'investisseurs dont les caractéristiques sont précisément définies par le prospectus.

Le dépositaire ou la personne désignée à cet effet par le règlement ou les statuts du fonds d'investissement à vocation générale s'assure que le souscripteur ou l'acquéreur est un investisseur mentionné au premier alinéa.

Art. L. 214-26-2 *(Ord. n° 2013-676, 25 juill. 2013).* – Par dérogation à l'article L. 214-24-8, le dépositaire du fonds d'investissement à vocation générale ne conserve que les actifs mentionnés aux 1° à 6° du I de l'article L. 214-24-55. Pour les autres actifs, il conserve la preuve de l'existence de ceux-ci apportée dans des conditions fixées par décret.

§ 2. – Fonds de capital investissement

Sous-paragraphe 1. – Dispositions générales

Art. L. 214-27 *(Rempl., Ord. n° 2011-915, 1er août 2011 ; mod., Ord. n° 2013-676, 25 juill. 2013).* – Sauf dispositions contraires, les articles L. 214-24-24 à L. 214-26-2 sont applicables aux fonds de capital investissement.

Sous-paragraphe 2. – Fonds communs de placement à risques

Art. L. 214-28 *(Rempl., Ord. n° 2011-915, 1er août 2011 ; mod., Ord. n° 2013-676, 25 juill. 2013 ; L. n° 2014-856, 31 juill. 2014 ; Ord. n° 2017-1107, 22 juin 2017).* – I. – L'actif d'un fonds commun de placement à risques doit être constitué, pour 50 % au moins, de titres associatifs, de titres participatifs ou de titres de capital de sociétés, ou donnant accès au capital de sociétés, qui ne sont pas admis aux négociations sur un marché d'instruments financiers français ou étranger, dont le fonctionnement est assuré par une entreprise de marché ou un prestataire de services d'investissement autre qu'une société de gestion de portefeuille ou tout autre organisme similaire étranger, ou, par dérogation à l'article L. 214-24-34, de parts de sociétés à responsabilité limitée ou de sociétés dotées d'un statut équivalent dans l'État où elles ont leur siège.

II. – L'actif peut également comprendre :

1° Dans la limite de 15 %, les avances en compte courant consenties, pour la durée de l'investissement réalisé, à des sociétés dans lesquelles le fonds détient au moins 5 % du capital. Ces avances sont prises en compte pour le calcul du quota prévu au I, lorsqu'elles sont consenties à des sociétés remplissant les conditions pour être retenues dans ce quota ;

2° Des droits représentatifs d'un placement financier dans une entité constituée dans un État membre de l'Organisation de coopération et de développement économiques dont l'objet principal est d'investir dans des sociétés dont les titres de capital ne sont pas admis aux négociations sur un marché mentionné au I. Ces droits ne sont retenus dans le quota d'investissement de 50 % du fonds qu'à concurrence du pourcentage d'investissement direct de l'actif de l'entité concernée dans les sociétés éligibles à ce même quota.

III *(III rempl., L. n° 2019-486, 22 mai 2019)* Sont également éligibles au quota d'investissement prévu au I, dans la limite de 20 % de l'actif du fonds :

1° Les titres de capital, ou donnant accès au capital, admis aux négociations sur un marché mentionné au même I d'un État membre de l'Union européenne ou d'un autre État partie à l'accord sur l'Espace économique européen, émis par des sociétés dont la capitalisation boursière est inférieure à 150 millions d'euros. La capitalisation boursière est évaluée selon la moyenne des cours d'ouverture des soixante jours de bourse précédant celui de l'investissement. Un décret en Conseil d'État détermine les modalités d'application de cette évaluation, notamment en cas de première cotation ou d'opération de restructuration d'entreprises ;

2° Les titres de créance, autres que ceux mentionnés audit I, émis par des sociétés dont les titres de capital ne sont pas admis aux négociations sur un marché d'instruments financiers français ou étranger, dont le fonctionnement est assuré par une entreprise de marché ou un prestataire de services d'investissement autre qu'une société de gestion de portefeuille ou que tout autre organisme similaire étranger, ou les titres de créance émis par des sociétés à responsabilité limitée ou de sociétés dotées d'un statut équivalent dans l'État où elles ont leur siège, ou des créances sur ces entités.

IV. – Lorsque les titres d'une société détenus par un fonds commun de placement à risques sont admis aux négociations sur un marché d'instruments financiers français ou étrangers dont le fonctionnement est assuré par une entreprise de marché ou un prestataire de services d'investissement autre qu'une société de gestion de portefeuille ou tout autre organisme similaire étranger, ils continuent à être pris en compte dans le quota d'investissement de 50 % pendant une durée de cinq ans à compter de leur admission. Le délai de cinq ans n'est toutefois pas applicable si les titres de la société admis à la cotation répondent aux conditions du III à la date de cette cotation et si le fonds respecte, compte tenu de ces titres, la limite de 20 % mentionnée à ce III.

V. – Le quota d'investissement de 50 % doit être respecté au plus tard lors de l'inventaire de clôture de l'exercice suivant l'exercice de la constitution du fonds commun de placement à risques et jusqu'à la clôture du cinquième exercice du fonds.

VI. – Un décret en Conseil d'État fixe les modalités d'application du quota prévu au V dans le cas où le fonds procède à des appels complémentaires de capitaux ou à des souscriptions nouvelles. Il fixe également les règles d'appréciation du quota ainsi que les règles spécifiques relatives aux conditions d'acquisition et de cession ainsi qu'aux limites de la détention des actifs.

VII. – Les porteurs de parts ne peuvent demander le rachat de celles-ci avant l'expiration d'une période qui ne peut excéder dix ans. Au terme de ce délai, les porteurs de parts peuvent exiger la liquidation du fonds si leurs demandes de remboursement n'ont pas été satisfaites dans le délai d'un an.

VIII. – Les parts peuvent donner lieu à des droits différents sur l'actif net ou sur les produits du fonds dans des conditions fixées par le règlement du fonds. Les parts peuvent également être différenciées selon les dispositions prévues au deuxième alinéa de l'article L. 214-24-25.

IX. – Le règlement d'un fonds commun de placement à risques peut prévoir une ou plusieurs périodes de souscription à durée déterminée. La société de gestion ne peut procéder à la distribution d'une fraction des actifs qu'à l'expiration de la dernière période de souscription et dans des conditions fixées par décret.

X. – La cession des parts d'un fonds commun de placement à risques est possible dès leur souscription. Lorsque les parts n'ont pas été entièrement libérées, le souscripteur et les cessionnaires successifs sont tenus solidairement du montant non libéré de celles-ci. À défaut pour le porteur de parts de libérer, aux époques fixées par la société de gestion, les sommes restant à verser sur le montant des parts détenues, la société de gestion lui adresse une mise en demeure. Un mois après cette mise en demeure et si celle-ci est restée sans effet, la société de gestion peut procéder, sans aucune autorisation de justice, à la cession de ces parts. Toutefois, le souscripteur ou cessionnaire qui a cédé ses parts cesse d'être tenu des versements non encore appelés par la société de gestion, deux ans après le virement de compte à compte des parts cédées.

XI. – Le règlement du fonds peut prévoir qu'à la liquidation du fonds, une fraction des actifs est attribuée à la société de gestion dans des conditions fixées par décret en Conseil d'État.

XII *(XII créé, L. n° 2019-486, 22 mai 2019)*. - **Un fonds commun de placement à risques qui prévoit dans son actif au moins 5 % d'instruments financiers liquides tels que définis par décret en Conseil d'État peut le mentionner dans tous les actes et documents destinés aux tiers.**

Voir : C. monét. fin., art. R. 214-35 à R. 214-46, p. 1128.

Art. L. 214-29 *(Rempl., Ord. n° 2011-915, 1er août 2011 ; mod., Ord. n° 2013-676, 25 juill. 2013)*. – **Lorsqu'un fonds commun de placement à risques est un FIA maître, les organismes de placement collectif nourriciers sont alors soumis aux règles de détention, de commercialisation, de publicité et de démarchage applicables au fonds maître.**

Bibliographie : J. Proffit et A. Aoudjhane, *Vide juridique autour des FCPR à dominante obligataire : Dr. sociétés* 2013, étude 17.

Sous-paragraphe 3. – Fonds communs de placement dans l'innovation

Art. L. 214-30 *(Mod., L. n° 2003-706, 1er août 2003 ; rempl., Ord. n° 2011-915, 1er août 2011 ; L. fin. rect. n° 2011-1978, 28 déc. 2011 ; mod., Ord. n° 2013-676, 25 juill. 2013 ; L. n° 2015-1786, 29 déc. 2015 ; L. n° 2017-1837, 30 déc. 2017)*. – I. – **Les fonds communs de placement dans l'innovation sont des fonds communs de placement à risques dont l'actif est constitué, pour 70 % au moins, de titres financiers, parts de société à responsabilité limitée et avances en compte courant, tels que définis au I et au 1° du II de l'article L. 214-28, qui confèrent aux souscripteurs de titres de capital les seuls droits résultant de la qualité d'actionnaire ou d'associé, à l'exclusion de toute autre contrepartie notamment sous la forme de garantie en capital, de tarifs préférentiels ou d'accès prioritaire aux biens produits ou aux services rendus par la société, et qui sont émis par des sociétés ayant leur siège dans un État membre de l'Union européenne ou dans un autre État partie à l'accord sur l'Espace économique européen ayant conclu avec la France une convention d'assistance administrative en vue de lutter contre la fraude et l'évasion fiscales, qui sont soumises à l'impôt sur les sociétés dans les conditions de droit commun ou en seraient passibles dans les mêmes conditions si l'activité était exercée en France, dont le capital n'est pas détenu majoritairement, directement ou indirectement, par une ou plusieurs personnes morales ayant des liens de dépendance avec une autre personne morale au sens du VI, qui respectent les conditions définies aux *c*, *e* et *i* du 1 *bis* du I de l'article 885-0 V *bis* du Code général des impôts dans sa rédaction en vigueur au 31 décembre 2017, qui n'ont pas procédé au cours des douze derniers mois au remboursement, total ou partiel, d'apports et qui remplissent les conditions suivantes :**

1° Au moment de l'investissement initial par le fonds :

a) **Être une petite et moyenne entreprise au sens de l'annexe I du règlement (UE) n° 651/2014 de la Commission du 17 juin 2014 déclarant certaines catégories d'aides compatibles avec le marché intérieur en application des articles 107 et 108 du traité ;**

b) **Ne pas avoir de titres admis aux négociations sur un marché réglementé ou un système multilatéral de négociation français ou étranger au sens des articles L. 421-1 ou L. 424-1, sauf si ce marché est un système multilatéral de négociation où la majorité des instruments admis à la négociation sont émis par des petites et moyennes entreprises ;**

c) **Remplir l'une des deux conditions suivantes :**

– avoir réalisé des dépenses de recherche définies aux *a* à *g* et aux *j* et *k* du II de l'article 244 *quater* B du Code général des impôts représentant au moins 10 % des charges d'exploitation de l'un au moins des trois exercices précédant celui au cours duquel intervient la souscription.

Pour l'application aux entreprises n'ayant jamais clos d'exercice, les dépenses de recherche sont estimées pour l'exercice courant à la date de souscription et certifiées par un expert-comptable ou par un commissaire aux comptes ;

– être capable de démontrer qu'elle développe ou développera dans un avenir prévisible des produits, services ou procédés neufs ou substantiellement améliorés par rapport à l'état de la technique dans le secteur considéré et qui présentent un risque d'échec technologique ou industriel. Cette appréciation est effectuée pour une période de trois ans par un organisme chargé de soutenir l'innovation et désigné par décret ;

d) **Remplir l'une des trois conditions suivantes :**

– n'exercer son activité sur aucun marché ;

– exercer son activité sur un marché, quel qu'il soit, depuis moins de dix ans après sa première vente commerciale. Si l'entreprise a fait appel à l'organisme mentionné au dernier alinéa du *c* du présent 1°, celui-ci est également chargé de définir la date de première vente commerciale. À défaut, celle-ci est définie comme au troisième alinéa du *d* du 1 *bis* du I de l'article 885-0 V *bis* du Code général des impôts dans sa rédaction en vigueur au 31 décembre 2017 ;

– avoir un besoin d'investissement initial en faveur du financement des risques qui, sur la base d'un plan d'entreprise établi en vue d'intégrer un nouveau marché géographique ou de produits, est supérieur à 50 % de son chiffre d'affaires annuel moyen des cinq années précédentes ;

2° Lors de chaque investissement par le fonds dans la société :

a) Ne pas être qualifiable d'entreprise en difficulté au sens du 18 de l'article 2 du règlement (UE) n° 651/2014 de la Commission du 17 juin 2014 précité ;

b) Respecter la condition mentionnée au *j* du 1 *bis* du I de l'article 885-0 V *bis* du Code général des impôts dans sa rédaction en vigueur au 31 décembre 2017.

Les dispositions du V de l'article L. 214-28 s'appliquent dans les mêmes conditions aux fonds communs de placement dans l'innovation sous réserve du quota d'investissement de 70 % qui leur est propre.

II. – Lorsque les titres d'une société respectant initialement les conditions prévues au I du présent article détenus par un fonds commun de placement dans l'innovation sont, postérieurement à l'investissement initial, admis aux négociations sur un marché réglementé ou sur un système multilatéral de négociation français ou étranger, ils continuent à être pris en compte dans le quota d'investissement de 70 % pendant une durée de cinq ans à compter de leur admission.

III. – A. – L'actif du fonds est constitué, pour le respect du quota mentionné au I :

1° De titres ou parts reçus en contrepartie de souscriptions au capital, d'obligations dont le contrat d'émission prévoit obligatoirement le remboursement en actions, de titres reçus en contrepartie d'obligations converties, d'obligations convertibles ou d'avances en compte courant de sociétés respectant les conditions définies au I. Les titres ou parts reçus en contrepartie de souscriptions au capital, les titres reçus en remboursement d'obligations et les titres reçus en contrepartie d'obligations converties doivent représenter au moins 40 % de l'actif du fonds ;

2° De titres ou parts d'une société qui ont fait l'objet d'un rachat si l'une des deux conditions suivantes est vérifiée :

a) Leur valeur est inférieure à la valeur des titres ou parts de cette société mentionnés au 1° du présent A détenus par le fonds ;

b) Au moment du rachat de titres ou parts, le fonds s'engage à souscrire pendant sa durée de vie des titres ou parts mentionnés au 1° du présent A, dont l'émission est prévue au plan d'entreprise, pour une valeur au moins équivalente au rachat.

La réalisation de cette condition est appréciée sur la durée de vie du fonds.

B. – Les titres ou parts acquis à l'occasion d'investissements de suivi dans les entreprises dont les titres ou parts sont déjà présents à l'actif du fonds au titre du quota mentionné au I du présent article peuvent être comptabilisés dans ce quota si les conditions prévues au 6 de l'article 21 du règlement (UE) n° 651/2014 de la Commission du 17 juin 2014 précité sont remplies.

IV. – 1. Les titres de capital mentionnés au I de l'article L. 214-28 et, dans la limite de 20 % de l'actif du fond, au III du même article L. 214-28 sont également éligibles au quota d'investissement mentionné au I du présent article lorsqu'ils sont émis par les sociétés qui remplissent les conditions suivantes :

a) La société répond aux conditions mentionnées au I. La condition prévue au dernier alinéa du *c* du 1 du I est appréciée par l'organisme mentionné au même dernier alinéa au niveau de la société, au regard de son activité et de celle de ses filiales mentionnées au *c*, dans des conditions fixées par décret ;

b) La société a pour objet social la détention de participations remplissant les conditions mentionnées au *c* et peut exercer une activité industrielle ou commerciale au sens de l'article 34 du Code général des impôts ;

c) La société détient exclusivement des participations représentant au moins 75 % du capital de sociétés :

– dont les titres sont de la nature de ceux mentionnés aux I et III de l'article L. 214-28 ;

– qui remplissent les conditions mentionnées au premier alinéa du I, à l'exception de celles tenant à l'effectif et au capital ;

– et qui remplissent les conditions prévues aux I, II et III du présent article ou ont pour objet l'exercice d'une activité industrielle ou commerciale au sens de l'article 34 du Code général des impôts ;

d) La société détient, au minimum, une participation dans une société mentionnée au c qui remplit les conditions prévues aux I, II et III du présent article.

2. Un décret en Conseil d'État précise les modalités de calcul de la condition relative à l'effectif prévue au I pour la société mentionnée au 1 et d'appréciation de la condition d'exclusivité de la détention des participations prévue au *c* de ce 1.

V. – Les conditions relatives au nombre de salariés et à la reconnaissance, par un organisme chargé de soutenir l'innovation ou à raison de leurs dépenses cumulées de recherche, du caractère innovant de sociétés dont les titres figurent à l'actif d'un fonds commun de placement dans l'innovation s'apprécient lors de la première souscription ou acquisition de ces titres par ce fonds.

En cas de cession par une société mère mentionnée au premier alinéa du IV de titres de filiales mentionnées au d de ce même IV remettant en cause le seuil de détention de 75 %, les titres de cette société mère cessent d'être pris en compte dans le quota d'investissement de 70 %.

VI. – Pour l'appréciation, pour le I, des liens de dépendance existant entre deux sociétés, ces liens sont réputés exister :

1° Lorsque l'une détient directement ou par personne interposée la majorité du capital social de l'autre ou y exerce de fait le pouvoir de décision ;

2° Ou bien lorsqu'elles sont placées l'une et l'autre dans les conditions définies à l'alinéa précédent sous le contrôle d'une même tierce société.

VII. – L'Autorité des marchés financiers refuse d'agréer la constitution d'un fonds commun de placement dans l'innovation lorsque, au cours d'une période fixée par décret, chacun des fonds communs de placement dans l'innovation et des fonds d'investissement de proximité constitués par la société de gestion concernée présente un montant total de souscriptions inférieur à un seuil fixé par décret et lorsque l'ensemble des fonds de capital investissement, mentionnés aux articles L. 214-27 et suivants, et des fonds professionnels de capital investissement, mentionnés à l'article L. 214-159, gérés par la société de gestion représente un montant total des actifs sous gestion inférieur à un seuil fixé par décret (1).

NB : (1) Conformément à l'article 18 III B de la loi n° 2013-1279 du 29 décembre 2013 de finances rectificative pour 2013, ces dispositions, telles qu'issues du 2° du A du II du même article, s'appliquent aux demandes d'agrément de constitution de fonds déposées à compter du 1er janvier 2017.

Voir : C. monét. fin., art. R. 214-47 à R. 214-64, p. 1133.

Art. L. 214-30-1 *(Rempl., Ord. n° 2011-915, 1er août 2011 ; mod., Ord. n° 2013-676, 25 juill. 2013).* – Les fonds communs de placement dans l'innovation adressent chaque année à l'Autorité des marchés financiers, avant le 30 avril de l'année suivante et dans des conditions définies par arrêté conjoint des ministres chargés de l'économie et du budget, un état récapitulatif des sociétés financées, des titres détenus ainsi que des montants investis durant l'année. Les informations qui figurent sur cet état sont celles arrêtées au 31 décembre de l'année.

L'Autorité des marchés financiers transmet les informations mentionnées au premier alinéa aux ministres chargés de l'économie et du budget.

Sous-paragraphe 4. – Fonds d'investissement de proximité

Art. L. 214-31 *(Anc. L. n° 88-1201, 23 déc. 1988 ; rempl., Ord. n° 2011-915, 1er août 2011 ; mod., Ord. n° 2013-79, 25 janv. 2013 ; L. n° 2013-1279, 29 déc. 2013 ; L. n° 2014-1655, 29 déc. 2014 ; L. n° 2015-1786, 29 déc. 2015 ; L. n° 2017-1837, 30 déc. 2017).* – I. – Les fonds d'investissement de proximité sont des fonds communs de placement à risques dont l'actif est constitué, pour 70 % au moins, de titres financiers, parts de société à responsabilité limitée et avances en compte courant, tels que définis par le I et le 1° du II de l'article L. 214-28, qui confèrent aux souscripteurs de titres de capital les seuls droits résultant de la qualité d'actionnaire ou d'associé, à l'exclusion de toute autre contrepartie, notamment sous la forme de garantie en capital, de tarifs préférentiels ou d'accès prioritaire aux biens produits ou aux services rendus par la société, émis par des sociétés ayant leur siège dans un État membre de l'Union européenne ou dans un autre État partie à l'accord sur l'Espace économique européen ayant conclu avec la France une convention d'assistance administrative en vue de lutter contre la fraude et l'évasion fiscales, qui sont soumises à l'impôt sur les sociétés dans les conditions de droit commun ou en seraient passibles dans les mêmes conditions si l'activité était exercée en France, et qui remplissent les conditions suivantes :

1° Exercer leurs activités principalement dans des établissements situés dans *(Mots rempl., L. n° 2019-486, 22 mai 2019)* « les régions choisies par le fonds », ou, lorsque cette condition ne trouve pas à s'appliquer, y avoir établi leur siège social. Le fonds peut également choisir une zone géographique constituée d'un ou de plusieurs départements d'outre-mer, ou du Département de Mayotte ainsi que de Saint-Barthélemy et de Saint-Martin ;

2° Être, au moment de l'investissement initial par le fonds, une petite ou moyenne entreprise au sens de l'annexe I du règlement (UE) n° 651/2014 de la Commission du 17 juin 2014 déclarant certaines catégories d'aides compatibles avec le marché intérieur en application des articles 107 et 108 du traité ;

3° Ne pas avoir pour objet la détention de participations financières, sauf à détenir exclusivement des titres donnant accès au capital de sociétés dont l'objet n'est pas la détention de participations financières et qui répondent aux conditions d'éligibilité du premier alinéa du présent I, et des 1°, 2°, 4°, 5° et 6° ;

4° a) Respecter les conditions définies au *c* du 1 *bis* du I de l'article 885-0 V *bis* du Code général des impôts dans sa rédaction en vigueur au 31 décembre 2017, sous réserve du 3° du présent I, et aux *d* et *e* du 1 *bis* du I du même article 885-0 V *bis* dans cette même rédaction ;

b) Respecter, au moment de l'investissement initial par le fonds, la condition prévue au *g* du même 1 *bis* ;

c) Respecter, lors de chaque investissement par le fonds, les conditions prévues aux *b* et *j* dudit 1 *bis* ;

5° Compter au moins deux salariés. Cette condition ne s'applique pas aux sociétés mentionnées au 3° du présent I ;

6° Ne pas avoir procédé au cours des douze derniers mois au remboursement, total ou partiel, d'apports.

Les conditions fixées aux 1° à 6° s'apprécient à la date à laquelle le fonds réalise ses investissements.

II. – Lorsque les titres d'une société respectant initialement les conditions prévues au I du présent article détenus par un fonds d'investissement de proximité sont admis aux négociations sur un marché réglementé ou sur un système multilatéral de négociation français ou étranger, ils continuent à être pris en compte dans le quota d'investissement de 70 % pendant une durée de cinq ans à compter de leur admission.

III. – A. – L'actif du fonds est constitué, pour le respect du quota mentionné au I :

1° De titres ou parts reçus en contrepartie de souscriptions au capital, d'obligations dont le contrat d'émission prévoit obligatoirement le remboursement en actions, de titres reçus en contrepartie d'obligations converties, d'obligations convertibles ou d'avances en compte courant de sociétés respectant les conditions définies au I. Les titres ou parts reçus en contrepartie de souscriptions au capital, les titres reçus en remboursement d'obligations et les titres reçus en contrepartie d'obligations converties doivent représenter au moins 40 % de l'actif du fonds ;

2° De titres ou parts d'une société qui ont fait l'objet d'un rachat si l'une des deux conditions suivantes est vérifiée :

a) Leur valeur est inférieure à la valeur des titres ou parts de cette société mentionnés au 1° du présent A détenus par le fonds ;

b) Au moment du rachat de titres ou parts, le fonds s'engage à souscrire, pendant sa durée de vie, des titres ou parts mentionnés au même 1°, dont l'émission est prévue au plan d'entreprise, pour une valeur au moins équivalente au rachat.

La réalisation de cette condition est appréciée sur la durée de vie du fonds.

B. – Les titres ou parts acquis à l'occasion d'investissements de suivi dans les entreprises dont les titres ou parts sont déjà présents à l'actif du fonds au titre du quota mentionné au I du présent article peuvent être comptabilisés dans ce quota si les conditions mentionnées au 6 de l'article 21 du règlement (UE) n° 651/2014 de la Commission du 17 juin 2014 précité sont cumulativement remplies.

IV. - L'actif du fonds ne peut être constitué à plus de *(Taux rempl., L. n° 2019-486, 22 mai 2019)* « 25 % »de titres financiers, parts de société à responsabilité limitée et avances en compte courant de sociétés exerçant leurs activités principalement dans des établissements situés dans une même région ou ayant établi leur siège social dans cette région. Lorsque le fonds a choisi une zone géographique constituée d'un ou de plusieurs départements d'outre-mer, du Département de Mayotte, de Saint-Barthélemy ou de Saint-Martin, cette limite s'applique à chacune des collectivités de la zone géographique.

V. – A. – Les dispositions du V de l'article L. 214-28 s'appliquent aux fonds d'investissement de proximité sous réserve du respect du quota de 70 % et des conditions d'éligibilité tels que définis au I et au II du présent article.

B. – Le respect des conditions précisées au 1° du I et au IV du présent article est examiné au regard de la délimitation des régions en vigueur au jour de l'agrément du fonds par l'Autorité des marchés financiers.

VI. – Les parts d'un fonds d'investissement de proximité ne peuvent pas être détenues :

1° À plus de 20 % par un même investisseur ;

2° À plus de 10 % par un même investisseur personne morale de droit public ;

3° À plus de 30 % par des personnes morales de droit public prises ensemble.

VII. – Un décret en Conseil d'État fixe les modalités d'application du quota prévu au I dans le cas où le fonds procède à des appels complémentaires de capitaux ou à des souscriptions nouvelles. Il fixe également les règles d'appréciation du quota ainsi que les règles spécifiques relatives aux cessions et aux limites de la détention des actifs.

VIII. – L'Autorité des marchés financiers refuse d'agréer la constitution d'un fonds d'investissement de proximité lorsque, au cours d'une période fixée par décret, chacun des fonds communs de placement dans l'innovation et des fonds d'investissement de proximité constitués par la société de gestion concernée présente un montant total de souscriptions inférieur à un seuil fixé par décret et lorsque l'ensemble des fonds de capital investissement, mentionnés aux articles L. 214-27 et suivants, et des fonds professionnels de capital investissement, mentionnés à l'article L. 214-159, gérés par la société de gestion représente un montant total des actifs sous gestion inférieur à un seuil fixé par décret (1).

NB : (1) Conformément à l'article 18 III B de la loi n° 2013-1279 du 29 décembre 2013 de finances rectificative pour 2013, ces dispositions, telles qu'issues du 2° du B du II du même article, s'appliquent aux demandes d'agrément de constitution de fonds déposées à compter du 1er janvier 2017.

Voir : C. monét. fin., art. R. 214-65 à R. 214-79, p. 1138.

Art. L. 214-32 *(Anc. L. n° 88-1201, 23 déc. 1988 ; rempl., Ord. n° 2011-915, 1er août 2011 ; mod., Ord. n° 2013-676, 25 juill. 2013).* – Les fonds d'investissement de proximité ne peuvent pas bénéficier des dispositions de l'article L. 214-24-26.

Art. L. 214-32-1 *(Ord. n° 2011-915, 1er août 2011 ; mod., Ord. n° 2013-676, 25 juill. 2013).* – Les fonds d'investissement de proximité adressent chaque année à l'Autorité des marchés financiers, avant le 30 avril de l'année suivante et dans des conditions définies par arrêté conjoint des ministres chargés de l'économie et du budget, un état récapitulatif des sociétés financées, des titres détenus ainsi que des montants investis durant l'année. Les informations qui figurent sur cet état sont celles arrêtées au 31 décembre de l'année.

L'Autorité des marchés financiers transmet les informations mentionnées au premier alinéa aux ministres chargés de l'économie et du budget.

§ 3. – Organismes de placement collectif immobilier

Bibliographie : I. Riassetto, *Modification du régime juridique des OPCI : RD bancaire et fin.* 2011, comm. 179.

Sous-paragraphe 1. – Dispositions communes

Art. L. 214-33 *(Anc. L. n° 88-1201, 23 déc. 1988 ; mod., L. n° 2003-706, 1er août 2003 ; rempl., Ord. n° 2011-915, 1er août 2011 ; mod., Ord. n° 2013-676, 25 juill. 2013).* – Les organismes de placement collectif immobilier prennent la forme soit de sociétés de placement à prépondérance immobilière à capital variable, soit de fonds de placement immobilier.

Art. L. 214-34 *(Anc. L. n° 88-1201, 23 déc. 1988 ; mod., L. n° 2003-706, 1er août 2003 ; rempl., Ord. n° 2011-915, 1er août 2011 ; mod., L. n° 2014-366, 24 mars 2014 ; L. n° 2015-990, 6 août 2015).* – Les organismes de placement collectif immobilier ont pour objet l'investissement dans des immeubles destinés à la location ou qu'ils font construire exclusivement en vue de leur location, qu'ils détiennent directement ou indirectement, y compris en l'état futur d'achèvement, toutes opérations nécessaires à leur usage ou à leur revente, la réalisation de travaux de toute nature dans ces immeubles, notamment les opérations afférentes à leur construction, leur rénovation et leur réhabilitation en vue de leur location et accessoirement la gestion d'instruments financiers et de dépôts. À titre accessoire, les organismes de placement collectif immobilier peuvent acquérir, directement ou indirectement, en vue de leur location, des meubles meublants, des biens d'équipement ou tous biens meubles affectés aux immeubles détenus et nécessaires au fonctionnement, à l'usage ou à l'exploitation de ces derniers par un tiers. Les actifs immobiliers ne peuvent être acquis exclusivement en vue de leur revente. Toutefois, les organismes de placement collectif immobilier peuvent céder à tout moment les actifs immobiliers à usage d'habitation acquis en nue-propriété et relevant du chapitre III du titre V du livre II du Code de la construction et de l'habitation.

Les organismes de placement collectif immobilier peuvent comprendre différentes catégories de parts ou d'actions dans les conditions fixées respectivement par le règlement du fonds de placement immobilier ou les statuts de la société de placement à prépondérance immobilière à capital variable selon les prescriptions du règlement général de l'Autorité des marchés financiers.

Art. L. 214-35 *(Rempl., L. n° 2003-706, 1er août 2003 ; Ord. n° 2011-915, 1er août 2011 ; mod., Ord. n° 2013-676, 25 juill. 2013).* – I. – La constitution, la transformation, la fusion, la scission ou la liquidation d'un organisme de placement collectif immobilier sont soumises à l'agrément de l'Autorité des marchés financiers. Le dossier d'agrément, dont le contenu est fixé par le règlement général de l'Autorité des marchés financiers, décrit notamment la politique d'investissement qu'entend mener l'organisme de placement collectif immobilier ainsi que ses choix de financement, notamment le recours à l'endettement.

II. – Dans les conditions fixées par le règlement général de l'Autorité des marchés financiers, le règlement ou les statuts de l'organisme de placement collectif immobilier peuvent réserver la souscription ou l'acquisition de leurs parts ou actions à vingt investisseurs au plus ou à une catégorie d'investisseurs dont les caractéristiques sont définies par le document d'information prévu au III.

Le dépositaire ou la personne désignée à cet effet par le règlement ou les statuts de l'organisme de placement collectif immobilier s'assure que le souscripteur ou l'acquéreur est un investisseur mentionné ci-dessus.

III. – L'Autorité des marchés financiers définit les conditions dans lesquelles les organismes de placement collectif immobilier doivent informer leurs souscripteurs et peuvent faire l'objet de publicité, en particulier audiovisuelle, ou de démarchage. Le règlement général de l'Autorité des marchés financiers précise le contenu du document d'information devant être établi par ces organismes.

IV. – L'Autorité des marchés financiers peut retirer son agrément à tout organisme de placement collectif immobilier.

Art. L. 214-36 *(Anc. L. n° 88-1201, 23 déc. 1988 ; mod., L. fin. n° 2004-1484, 30 déc. 2004 ; L. fin. n° 2001-1275, 28 déc. 2001 ; rempl., Ord. n° 2011-915, 1er août 2011 ; mod., L. n° 2014-1, 2 janv. 2014 ; L. n° 2015-990, 6 août 2015).* – I. – Dans les conditions fixées par décret en Conseil d'État, l'actif d'un organisme de placement collectif immobilier est exclusivement constitué :

1° Des immeubles construits ou acquis, en vue de la location, ainsi que des meubles meublants, biens d'équipement ou biens meubles affectés à ces immeubles et nécessaires au fonctionnement, à l'usage ou à l'exploitation de ces derniers par un tiers, des droits réels portant sur de tels biens et énumérés par le décret en Conseil d'État mentionné à l'alinéa précédent et des droits détenus en qualité de crédit-preneur afférents à des contrats de crédit-bail portant sur de tels biens ;

2° Des parts de sociétés de personnes qui ne sont pas admises aux négociations sur un marché mentionné aux articles L. 421-1, L. 422-1 et L. 423-1 et qui satisfont aux conditions suivantes :

a) Les associés répondent du passif au-delà de leurs apports sauf dans les cas où, en application de l'article L. 214-89 ou d'une disposition équivalente de droit étranger, ils ne sont tenus du passif que dans la limite de leurs apports ;

b) L'actif est principalement constitué d'immeubles acquis ou construits en vue de la location, ainsi que des meubles meublants, biens d'équipement ou biens meubles affectés à ces immeubles et nécessaires au fonctionnement, à l'usage ou à l'exploitation de ces derniers par un tiers, de droits réels portant sur de tels biens, de droits détenus en qualité de crédit-preneur afférents à des contrats de crédit-bail portant sur des immeubles en vue de leur location, ou de participations directes ou indirectes dans des sociétés répondant aux conditions du présent 2° ;

c) Les autres actifs sont des avances en compte courant consenties à des sociétés mentionnées aux 2° et 3°, des créances résultant de leur activité principale, des liquidités mentionnées au 9° ou des instruments financiers à caractère liquide mentionnés au 8° ;

d) Les instruments financiers qu'elles émettent ne sont pas admis aux négociations sur un marché mentionné aux articles L. 421-1, L. 422-1 et L. 423-1 ;

3° Des parts de sociétés de personnes autres que celles mentionnées au 2°, des parts ou des actions de sociétés autres que des sociétés de personnes qui ne sont pas admises aux négociations sur un marché mentionné aux articles L. 421-1, L. 422-1 et L. 423-1. Ces sociétés satisfont aux conditions suivantes :

a) La responsabilité des associés ou actionnaires est limitée au montant de leurs apports ;

b) L'actif est principalement constitué d'immeubles acquis ou construits en vue de la location, ainsi que des meubles meublants, biens d'équipement ou biens meubles affectés à ces immeubles et nécessaires au fonctionnement, à l'usage ou à l'exploitation de ces derniers par un tiers, de droits réels portant sur de tels biens, de droits détenus en qualité de crédit-preneur afférents à des contrats de crédit-bail portant sur des immeubles en vue de leur location ou de participations directes ou indirectes dans des sociétés répondant aux conditions des *a*, *b* et *d* du 2° ou du présent 3° ou d'avances en compte courant consenties à des sociétés mentionnées au 2° ou au présent 3° ;

c) Les instruments financiers qu'elles émettent ne sont pas admis aux négociations sur un marché mentionné aux articles L. 421-1, L. 422-1 et L. 423-1 ;

4° Des actions négociées sur un marché mentionné aux articles L. 421-1, L. 422-1 et L. 423-1 et émises par une société dont l'actif est principalement constitué d'immeubles acquis ou construits en vue de la location, de droits réels portant sur de tels biens, de droits détenus en qualité de crédit-preneur afférents à des contrats de crédit-bail portant sur des immeubles en vue de leur location ou de participations directes ou indirectes dans des sociétés dont l'actif répond aux mêmes conditions ;

5° Des parts ou actions d'organisme de placement collectif immobilier et d'organismes de placement collectif immobilier professionnel et de parts, actions ou droits détenus dans des organismes de droit étranger ayant un objet équivalent, quelle que soit leur forme ;

6° Des titres financiers mentionnés au II de l'article L. 211-1 et à l'article L. 211-41 admis aux négociations sur un marché mentionné aux articles L. 421-1, L. 422-1 et L. 423-1 ainsi que des instruments financiers à terme dans les conditions fixées à l'article L. 214-38 ;

7° Des parts ou actions d'organismes de placement collectif en valeurs mobilières relevant de la section 1 du présent chapitre ou de FIA relevant de l'article L. 214-24-24 ou autorisés à la commercialisation en France ;

8° Des dépôts et des instruments financiers liquides définis par décret en Conseil d'État ;

9° Des liquidités définies par décret en Conseil d'État ;

10° Des avances en compte courant consenties en application de l'article L. 214-42.

Un décret en Conseil d'État définit les règles de dispersion et de plafonnement des risques, notamment en matière de construction, applicables à l'organisme de placement collectif immobilier.

II. – Un organisme de placement collectif immobilier et les sociétés mentionnées au 2° du I ne peuvent détenir d'actions, parts, droits financiers ou droits de vote dans une entité, quelle que soit sa forme, dont les associés ou membres répondent indéfiniment et solidairement des dettes de l'entité.

Voir : C. monét. fin., art. R. 214-81 et s., p. 1146.

Art. L. 214-37 *(Anc. L. n° 88-1201, 23 déc. 1988 ; mod., L. n° 2003-706, 1er août 2003 ; rempl., Ord. n° 2011-915, 1er août 2011 ; mod., Ord. n° 2013-676, 25 juill. 2013).* – Dans les conditions fixées par décret en Conseil d'État, l'actif d'un organisme de placement collectif immobilier est composé :

1° À hauteur de 60 % au moins d'actifs immobiliers. Dans le cas de la société de placement à prépondérance immobilière à capital variable, ces actifs immobiliers sont ceux mentionnés aux 1° à 5° du I de l'article L. 214-36, les actifs mentionnés aux 1° à 3° et au 5° du I de l'article précité devant représenter au minimum 51 % de l'actif. Dans le cas du fonds de placement immobilier, ces actifs sont ceux mentionnés aux 1° et 2° du I de l'article L. 214-36 et, sous réserve qu'il s'agisse d'une participation contrôlée, les parts de fonds de placement immobilier et de fonds professionnels de placement immobilier et de parts ou droits dans des organismes de droit étranger ayant un objet équivalent et de forme similaire mentionnés au 5° du même I ;

2° À hauteur de 5 % au moins d'actifs mentionnés au 8° et au 9° du I de l'article L. 214-36. Ces actifs doivent être libres de toutes sûretés ou droits au profit de tiers.

Voir : C. monét. fin., art. R. 214-89 et s., p. 1148.

Art. L. 214-38 *(Rempl., Ord. n° 2011-915, 1er août 2011).* – Un organisme de placement collectif immobilier peut, dans des limites et conditions fixées par décret, conclure des contrats financiers au sens du III de l'article L. 211-1.

Art. L. 214-39 *(Mod., L. n° 2001-152, 19 févr. 2001 ; L. n° 2003-775, 21 août 2003 ; L. n° 2006-1770, 30 déc. 2006 ; rempl., Ord. n° 2011-915, 1er août 2011 ; mod., Ord. n° 2013-676, 25 juill. 2013).* – Un organisme de placement collectif immobilier peut contracter des emprunts dans la limite de 40 % de la valeur des actifs immobiliers mentionnés aux 1° à 3° et au 5° du I de l'article L. 214-36.

Pour l'appréciation de cette limite, il est tenu compte de l'ensemble des emprunts et dettes souscrits par l'organisme de placement collectif immobilier, par les sociétés mentionnées aux 2° et 3° du I de l'article L. 214-36 et par les organismes mentionnés au 5° du même I, à concurrence du pourcentage de participation détenue directement ou indirectement par l'organisme de placement collectif immobilier dans ces sociétés ou organismes.

Les obligations relatives à l'information des actionnaires et des porteurs de parts sur les conditions dans lesquelles l'organisme de placement collectif immobilier peut recourir à l'endettement sont précisées par le règlement général de l'Autorité des marchés financiers.

Les conditions d'application du présent article, notamment en ce qui concerne la capacité et la nature de l'endettement, sont fixées par décret en Conseil d'État.

Voir : C. monét. fin., art. R. 214-103 et s., p. 1151.

Art. L. 214-40 *(Mod., L. n° 2001-152, 19 févr. 2001 ; L. n° 2003-706, 1er août 2003 ; rempl., Ord. n° 2011-915, 1er août 2011 ; mod., Ord. n° 2013-676, 25 juill. 2013).* – Un organisme de placement collectif immobilier peut procéder à des emprunts d'espèces dans la limite de 10 % de la valeur de ses actifs autres que ceux mentionnés à l'article L. 214-39.

Les conditions d'application de la limite mentionnée à l'alinéa précédent sont fixées par décret en Conseil d'État.

Voir : C. monét. fin., art. R. 214-106, p. 1152.

Art. L. 214-41 *(Mod., L. fin. n° 2001-1275, 28 déc. 2001 ; L. n° 2003-721, 1er août 2003 ; L. fin. n° 2004-1484, 30 déc. 2004 ; Ord. n° 2005-722, 29 juin 2005 ; L. fin. rect. n° 2005-1720, 30 déc. 2005 ; L. n° 2006-450, 18 avr. 2006 ; L. fin. n° 2006-1666, 21 déc. 2006 ; rempl., Ord. n° 2011-915, 1er août 2011 ; mod., Ord. n° 2013-676, 25 juill. 2013).* – Dans des limites et conditions fixées par un décret en Conseil d'État, un organisme de placement collectif immobilier peut consentir sur ses actifs des garanties nécessaires à la conclusion des contrats relevant de son activité, notamment ceux relatifs à la mise en place des emprunts mentionnés aux articles L. 214-39 et L. 214-40 et ceux mentionnés à l'article L. 214-38.

Voir : C. monét. fin., art. R. 214-109 et s., p. 1153.

Art. L. 214-42 *(Ord. n° 2013-676, 25 juill. 2013).* – Dans des limites et conditions fixées par décret en Conseil d'État, un organisme de placement collectif immobilier peut consentir des avances en compte courant aux sociétés mentionnées aux 2° et 3° du I de l'article L. 214-36 dont il détient directement ou indirectement au moins 5 % du capital social.

Art. L. 214-43 *(Mod., L. n° 2003-706, 1er août 2003 ; Ord. n° 2005-429, 6 mai 2005 ; L. n° 2005-842, 26 juill. 2005 ; rempl., Ord. n° 2008-556, 13 juin 2008 ; L. n° 2010-1249, 22 oct. 2010 ; mod., Ord. n° 2013-676, 25 juill. 2013).* – Les règles de dispersion et de plafonnement des risques et les quotas mentionnés respectivement aux articles L. 214-36 et L. 214-37 doivent être respectés au plus tard trois ans après la date de création de l'organisme de placement collectif immobilier, dans les conditions définies par le règlement général de l'Autorité des marchés financiers.

Un décret en Conseil d'État détermine les seuils, les cas et les modalités dans lesquels il peut, à titre exceptionnel et pour une durée limitée, être dérogé aux quotas prévus à l'article L. 214-37.

Voir : C. monét. fin., art. R. 214-88, p. 1148.

Art. L. 214-44 *(Rempl., L. n° 2003-706, 1er août 2003 ; Ord. n° 2008-556, 13 juin 2008 ; mod., L. n° 2014-1, 2 janv. 2014).* – Dans les conditions et selon les modalités fixées par le règlement général de l'Autorité des marchés financiers, tout porteur ou actionnaire informe la personne mentionnée dans le document d'information prévu au III de l'article L. 214-35 dès lors qu'il franchit le seuil de 10 % des parts ou actions de l'organisme de placement collectif immobilier.

L'article L. 214-24-46 est applicable aux FIA relevant du présent article.

Art. L. 214-45 *(Rempl., Ord. n° 2008-556, 13 juin 2008 ; mod., Ord. n° 2013-676, 25 juill. 2013).* – Lorsqu'un porteur de parts ou un actionnaire, qui détient plus de 20 % et moins de 99 % des parts ou actions de l'organisme de placement collectif immobilier, demande le rachat de parts ou d'actions, ce rachat peut être suspendu à titre provisoire dans les conditions prévues par le règlement général de l'Autorité des marchés financiers dès lors qu'il excède un pourcentage du nombre de parts ou d'actions de l'organisme de placement collectif immobilier fixé par ce règlement.

Pour le calcul des quotités mentionnées à l'alinéa précédent, sont prises en compte les parts ou actions détenues par les entités qui contrôlent, au sens de l'article L. 233-16 du Code de commerce, la personne qui demande le rachat ou qui sont contrôlées dans les mêmes conditions par celle-ci, ainsi que les parts ou actions des entités qui sont contrôlées dans les mêmes conditions par l'entité qui contrôle cette personne.

Art. L. 214-46 *(Mod., L. n° 2003-706, 1er août 2003 ; rempl., Ord. n° 2008-556, 13 juin 2008 ; mod., Ord. n° 2013-676, 25 juill. 2013).* – Les créanciers dont le titre résulte de toute opération relative aux actifs d'un organisme de placement collectif immobilier n'ont d'action que sur ces actifs, à l'exception des actifs mentionnés au 2° de l'article L. 214-37.

Les créanciers du dépositaire ne peuvent poursuivre le paiement de leurs créances sur les actifs d'un organisme de placement collectif immobilier conservés par lui.

Art. L. 214-47 *(Mod., L. n° 2003-706, 1er août 2003 ; rempl., Ord. n° 2008-556, 13 juin 2008 ; mod., Ord. n° 2013-676, 25 juill. 2013).* – Le montant minimum de l'actif net de l'organisme de placement collectif immobilier, tel que défini par le règlement général de l'Autorité des marchés financiers, est fixé par décret.

S'il n'est pas satisfait à cette obligation dans un délai de trois ans à compter de la date de création de l'organisme de placement collectif immobilier, celui-ci est dissous et les porteurs de parts ou actionnaires sont remboursés à concurrence de leurs droits dans le fonds ou dans la société dans les conditions prévues par le règlement général de l'Autorité des marchés financiers.

Art. L. 214-48 *(Mod., L. n° 2003-706, 1er août 2003 ; Ord. n° 2005-1126, 8 sept. 2005 ; rempl., Ord. n° 2008-556, 13 juin 2008 ; mod., Ord. n° 2013-676, 25 juill. 2013).* – Le règlement général de l'Autorité des marchés financiers fixe les conditions d'émission, de souscription, de cession et de rachat des parts ou des actions émises par des organismes de placement collectif immobilier.

Art. L. 214-49 *(Rempl., Ord. n° 2008-556, 13 juin 2008 ; mod., Ord. n° 2013-676, 25 juill. 2013).* – L'organisme de placement collectif immobilier souscrit un contrat d'assurance garantissant sa responsabilité civile du fait des immeubles dont il est propriétaire.

Art. L. 214-50 *(Anc. L. n° 70-1300, 31 déc. 1970 ; mod., Ord. n° 2013-676, 25 juill. 2013).* – Le règlement d'un fonds de placement immobilier ou les statuts d'une société de placement à prépondérance immobilière à capital variable fixent la durée des exercices comptables qui ne peut excéder douze mois. Toutefois, le premier exercice peut s'étendre sur toute durée n'excédant pas dix-huit mois.

Dans un délai de six semaines à compter de la fin de chaque semestre de l'exercice, la société de placement à prépondérance immobilière à capital variable ou la société de gestion du fonds établissent l'inventaire de l'actif de l'organisme de placement collectif immobilier sous le contrôle du dépositaire.

La société de placement à prépondérance immobilière à capital variable ou la société de gestion du fonds établit les comptes annuels de l'organisme de placement collectif immobilier et un rapport écrit sur la gestion de l'organisme de placement collectif immobilier dont le contenu, défini par décret en Conseil d'État, expose notamment la situation de l'endettement et de la liquidité de l'organisme de placement collectif immobilier. Ce rapport est mis à la disposition des actionnaires ou des porteurs de parts dans des conditions précisées par le règlement général de l'Autorité des marchés financiers.

Par dérogation aux dispositions du premier alinéa de l'article L. 123-22 du Code de commerce, la comptabilité d'un organisme de placement collectif immobilier peut être tenue en toute unité monétaire selon des modalités fixées par décret.

Les documents mentionnés au présent article sont mis à la disposition du commissaire aux comptes dans les conditions fixées par décret en Conseil d'État.

Voir : C. monét. fin., art. R. 214-123, p. 1156.

Art. L. 214-51 *(Mod., L. n° 2003-706, 1er août 2003 ; Ord. n° 2009-80, 22 janv. 2009 ; L. n° 2014-1, 2 janv. 2014 ; L. n° 2015-990, 6 août 2015).* – Le résultat net de l'exercice d'un organisme de placement collectif immobilier est égal à la somme :

1° Des produits relatifs aux actifs immobiliers, y compris les loyers issus de biens meublés, mentionnés aux 1° à 3° et au 5° du I de l'article L. 214-36 pour la société de placement à prépondérance immobilière à capital variable et aux 1°, 2° et 5° du I du même article pour le fonds de placement immobilier, diminués du montant des frais et charges correspondant ;

2° Des produits et rémunérations dégagés par la gestion des autres actifs diminués du montant des frais et charges correspondant ;

3° Des autres produits, diminués des frais de gestion et des autres frais et charges, qui ne peuvent être directement rattachés aux actifs mentionnés aux 1° et 2°.

Les modalités d'affectation des frais et charges des 1° à 3° sont définies par décret.

Pour l'application du présent article, les produits et plus-values réalisés par une société mentionnée au 2° du I de l'article L. 214-36 et par un fonds de placement immobilier, un fonds professionnel de placement immobilier ou un organisme de droit étranger, tels que mentionnés à la dernière phrase du 1° de l'article L. 214-37, sont réputés avoir été réalisés par le fonds de placement immobilier à concurrence de ses droits directs ou indirects dans cette société ou dans ce fonds.

Voir : C. monét. fin., art. D. 214-124, p. 1156.

Art. L. 214-52 *(Rempl., Ord. n° 2009-80, 22 janv. 2009 ; mod., Ord. n° 2013-676, 25 juill. 2013).* – La mise en paiement des sommes distribuables et définies aux articles L. 214-69 et L. 214-81 est effectuée dans un délai maximal de cinq mois suivant la clôture de l'exercice.

Art. L. 214-53 *(Anc. L. n° 70-1300, 31 déc. 1970 ; Ord. n° 2000-916, 19 sept. 2000 ; mod., Ord. n° 2013-676, 25 juill. 2013).* – Dans les conditions et selon une périodicité prévues par le règlement général de l'Autorité des marchés financiers, les sociétés de placement à prépondérance immobilière à capital variable et les sociétés de gestion du fonds de placement immobilier établissent un document d'information qui est porté à la connaissance des actionnaires et des porteurs de parts.

Voir : C. monét. fin., art. R. 214-127, p. 1157.

Art. L. 214-54 *(Anc. L. n° 70-1300, 31 déc. 1970 ; mod., Ord. n° 2013-676, 25 juill. 2013).* – I. – Le commissaire aux comptes certifie les comptes annuels de l'organisme de placement collectif immobilier. Dans des conditions définies par décret en Conseil d'État, il établit un rapport destiné, selon le cas, à l'assemblée générale de la société de placement à prépondérance immobilière à capital variable ou à la société de gestion du fonds de placement immobilier, sur les opérations de fusion, d'apports en nature, de distribution d'acomptes, de scission, de dissolution et de liquidation de l'organisme de placement collectif immobilier.

Dans des conditions fixées par décret en Conseil d'État, il certifie, avant publication ou diffusion, l'exactitude de l'information périodique mentionnée à l'article L. 214-53.

II. – Les dispositions de l'article L. 214-24-53 s'appliquent dans les mêmes conditions au commissaire aux comptes de l'organisme de placement collectif immobilier.

Art. L. 214-55 *(Anc. L. n° 70-1300, 31 déc. 1970 ; mod., L. n° 2003-706, 1er août 2003 ; L. n° 2012-387, 22 mars 2012 ; Ord. n° 2013-676, 25 juill. 2013).* – Dans les conditions fixées par le règlement général de l'Autorité des marchés financiers, les immeubles, droits réels et les droits détenus en qualité de crédit-preneur afférents à des contrats de crédit-bail portant sur de tels biens détenus directement ou indirectement par l'organisme de placement collectif immobilier et par les sociétés mentionnées aux 2° et 3° du I de l'article L. 214-36 sont évalués par deux experts externes en évaluation qui agissent de manière indépendante l'un par rapport à l'autre. Ils établissent conjointement, sous leur responsabilité, un rapport de synthèse écrit sur l'accomplissement de leur mission.

La société de placement à prépondérance immobilière à capital variable ou la société de gestion du fonds prend toutes les dispositions nécessaires pour permettre aux experts externes en évaluation de remplir leur mission.

Le règlement général de l'Autorité des marchés financiers fixe la mission des experts externes en évaluation, notamment la répartition des tâches entre eux, les règles d'évaluation et les conditions d'élaboration du rapport.

Ce rapport est communiqué à la société de placement à prépondérance immobilière à capital variable, à la société de gestion du fonds, au dépositaire et au commissaire aux comptes ainsi qu'à tout porteur de parts ou actionnaire de l'organisme de placement collectif immobilier en faisant la demande dans des conditions fixées par décret en Conseil d'État.

Voir : C. monét. fin., art. R. 214-128, p. 1157.

Art. L. 214-55-1 *(Ord. n° 2013-676, 25 juill. 2013).* – **Préalablement à sa désignation, tout expert externe en évaluation informe la société de placement à prépondérance immobilière à capital variable ou la société de gestion du fonds de l'existence ou non d'un contrat d'assurance couvrant les conséquences pécuniaires de sa responsabilité civile professionnelle.**

Cette information figure dans le rapport de gestion établi par la société de placement à prépondérance immobilière à capital variable ou par la société de gestion du fonds. Ce rapport mentionne, le cas échéant, le niveau des garanties apportées par l'assurance en responsabilité civile professionnelle.

Art. L. 214-56 *(Ord. n° 2009-80, 22 janv. 2009 ; mod., Ord. n° 2013-676, 25 juill. 2013 ; L. n° 2013-672, 26 juill. 2013).* – **L'expert externe en évaluation, tout membre d'un organe de direction ou toute personne qui, à un titre quelconque, participe à la direction ou à la gestion d'un expert externe en évaluation ou qui est employée par celui-ci est tenu au secret professionnel dans les conditions et sous les peines prévues aux articles 226-13 et 226-14 du Code pénal.**

Dans le cadre de leur mission, les experts externes en évaluation sont déliés de l'obligation de secret professionnel envers le commissaire aux comptes de l'organisme de placement collectif immobilier, l'Autorité des marchés financiers, l'Autorité de contrôle prudentiel et de résolution et l'administration fiscale.

Art. L. 214-57 *(Mod., Ord. n° 2009-80, 22 janv. 2009 ; Ord. n° 2013-676, 25 juill. 2013).* – **Dans les conditions précisées par le règlement général de l'Autorité des marchés financiers, chaque expert externe en évaluation est désigné par la société de placement à prépondérance immobilière à capital variable ou la société de gestion du fonds pour une durée de quatre ans.**

L'identité des experts externes en évaluation désignés est mentionnée sur le document d'information, prévu par le règlement général de l'Autorité des marchés financiers, de l'organisme de placement collectif immobilier.

Art. L. 214-58 *(Anc. L. n° 70-1300, 31 déc. 1970 ; mod., Ord. n° 2013-676, 25 juill. 2013).* – **Les sociétés de placement à prépondérance immobilière à capital variable ou les sociétés de gestion du fonds fournissent aux experts externes en évaluation qu'elles ont désignés tous les documents, informations et moyens d'investigation utiles à l'exercice de leur mission.**

Art. L. 214-59 *(Anc. L. n° 70-1300, 31 déc. 1970 ; rempl., L. n° 2001-602, 9 juill. 2001 ; mod., Ord. n° 2013-676, 25 juill. 2013).* – **Les dispositions de l'article L. 214-24-28 sont applicables aux FIA relevant du présent paragraphe.**

Art. L. 214-60 *(Anc. L. n° 70-1300, 31 déc. 1970 ; rempl., L. n° 2001-602, 9 juill. 2001 ; mod., L. n° 2014-1, 2 janv. 2014).* – **Le dépositaire assure pour le compte de l'ensemble des porteurs de parts, le cas échéant, le paiement, dans les conditions prévues par le Code général des impôts, de l'impôt sur les plus-values immobilières réalisées directement ou indirectement par le fonds de placement immobilier.**

Art. L. 214-61 *(Ord. n° 2013-676, 25 juill. 2013 ; mod., L. n° 2016-1691, 9 déc. 2016).* – **La gestion des organismes de placement collectif immobilier est assurée par une société de gestion de portefeuille mentionnée à l'article L. 532-9 et désignée dans les statuts ou le règlement de l'organisme de placement collectif immobilier.**

La société de gestion d'organismes de placement collectif immobilier peut être dirigeante des sociétés dans lesquelles l'organisme de placement collectif immobilier qu'elle gère détient les participations mentionnées aux 2°, 3° et 5° du I de l'article L. 214-36.

Art. L. 214-61-1 *(Ord. n° 2013-676, 25 juill. 2013).* – **Les statuts d'une société de placement à prépondérance immobilière à capital variable ou le règlement du fonds de placement immobilier peuvent prévoir une libération fractionnée du montant des parts ou actions souscrites. Ces parts sont nominatives.**

Lorsque les parts ou actions n'ont pas été entièrement libérées, le souscripteur et les cessionnaires successifs sont tenus solidairement du montant non libéré de celles-ci. À défaut pour le porteur de parts ou actionnaire de libérer, aux époques fixées par la société de gestion du fonds ou la société de placement à prépondérance immobilière à capital variable, les sommes restant à verser sur le montant des parts ou actions détenues, une mise en demeure lui est adressée.

Un mois après l'envoi d'une mise en demeure resté sans effet, la société de gestion du fonds ou la société de placement à prépondérance immobilière à capital variable peut procéder, de plein droit, à la cession de ces parts ou actions ou, dans les conditions prévues par les statuts ou le règlement de l'organisme, à la suspension du droit au versement des sommes distribuables mentionnées à l'article L. 214-69.

Après paiement des sommes dues, en principal et intérêt, l'actionnaire ou le porteur de parts peut demander le versement des sommes distribuables non prescrites. Toutefois, le souscripteur ou cessionnaire qui a cédé ses parts ou actions cesse d'être tenu des versements non encore appelés par la société de gestion du fonds ou la société de placement à prépondérance immobilière à capital variable, deux ans après le virement de compte à compte des parts ou actions cédées.

Le règlement du fonds de placement immobilier ou les statuts de la société de placement à prépondérance immobilière à capital variable peut n'autoriser le rachat des parts ou actions de l'organisme de placement collectif immobilier qu'à l'échéance d'un délai qui ne peut excéder dix ans après la constitution de l'organisme.

Les parts ou actions d'un organisme de placement collectif immobilier peuvent donner lieu à des droits différents sur l'actif net ou les produits de l'organisme. Les modalités d'émission, de cession, ou de rachat des parts ou actions d'organismes de placement collectif immobilier sont définies par les statuts de la société à placement à prépondérance immobilière à capital variable ou le règlement du fonds de placement immobilier.

Sous-paragraphe 2. – Règles particulières relatives aux sociétés de placement à prépondérance immobilière à capital variable

Art. L. 214-62 *(Anc. L. n° 70-1300, 31 déc. 1970 ; rempl. et mod., L. n° 2001-602, 9 juill. 2001 ; mod., Ord. n° 2013-676, 25 juill. 2013).* – La société de placement à prépondérance immobilière à capital variable est une société anonyme ou une société par actions simplifiée à capital variable sous forme de société par actions simplifiée, autre qu'une société par actions simplifiée instituée par une seule personne et dont les statuts interdisent expressément la pluralité d'associés, soumise aux règles du présent sous-paragraphe.

Le siège social et l'administration centrale de la société de placement à prépondérance immobilière à capital variable sont situés en France.

Sous réserve de l'article L. 214-45 et dans les conditions fixées par le règlement général de l'Autorité des marchés financiers, les actions de la société de placement à prépondérance immobilière à capital variable sont émises et rachetées à la demande des actionnaires à la valeur liquidative majorée ou diminuée, selon le cas, des frais et commissions.

Le montant du capital est égal à tout moment à la valeur de l'actif net de la société de placement à prépondérance immobilière à capital variable, déduction faite des sommes distribuables définies au I de l'article L. 214-69.

Le capital initial d'une société de placement à prépondérance immobilière à capital variable ne peut être inférieur à un montant fixé par décret.

Art. L. 214-63 *(Anc. L. n° 70-1300, 31 déc. 1970 ; rempl., L. n° 2001-602, 9 juill. 2001 ; mod., Ord. n° 2013-676, 25 juill. 2013).* – Par exception au premier alinéa de l'article L. 225-51-1, au premier alinéa de l'article L. 225-53 et au troisième alinéa de l'article L. 225-59 du Code de commerce, les fonctions de directeur général, celles de directeur général délégué, celles de président du directoire ou de directeur général unique sont exercées par la société de gestion.

La société de gestion désigne un représentant permanent soumis aux mêmes conditions et obligations et encourant les mêmes responsabilités que s'il exerçait en son nom propre l'une des fonctions mentionnées au premier alinéa, sans préjudice de la responsabilité solidaire de cette société qu'il représente.

Lorsqu'elle met fin aux fonctions de son représentant, la société de gestion est tenue de pourvoir en même temps à son remplacement.

Art. L. 214-64 *(Anc. L. n° 70-1300, 31 déc. 1970 ; mod., Ord. n° 2013-676, 25 juill. 2013).* – La société de placement à prépondérance immobilière à capital variable et la société de gestion sont responsables, chacune individuellement ou solidairement selon le cas, envers les tiers ou envers les actionnaires, soit des infractions aux dispositions législatives ou réglementaires applicables aux sociétés de placement à prépondérance immobilière à capital variable, soit de la violation des statuts de la société, soit de leurs fautes.

Art. L. 214-65 *(Anc. L. n° 70-1300, 31 déc. 1970 ; mod., Ord. n° 2013-676, 25 juill. 2013).* – Les dispositions des 3° à 9° et 11° de l'article L. 214-24-31 et l'article L. 214-24-47 s'appliquent dans les mêmes conditions aux sociétés de placement à prépondérance immobilière à capital variable.

Art. L. 214-66 *(Anc. L. n° 70-1300, 31 déc. 1970 ; mod., Ord. n° 2013-676, 25 juill. 2013).* – Une société de placement à prépondérance immobilière à capital variable peut être constituée par apports en numéraire, apports en nature d'actifs immobiliers mentionnés à l'article L. 214-36, fusion ou scission. Elle peut aussi être constituée par fusion, scission ou transformation de sociétés civiles de placement immobilier.

Des apports en nature peuvent être effectués dans une société de placement à prépondérance immobilière à capital variable après sa constitution, notamment en cas de fusion avec une société civile de placement immobilier ou une autre société de placement à prépondérance immobilière à capital variable, ou lorsqu'une société civile de placement immobilier lui transmet une partie de son patrimoine, par voie de scission.

La libération des apports et, après la constitution de la société, les souscriptions d'actions ne peuvent s'effectuer par compensation avec des créances liquides et exigibles détenues sur la société.

Le commissaire aux comptes apprécie, sous sa responsabilité, la valeur de tout apport en nature, au vu de l'estimation réalisée par deux experts externes en évaluation désignés par la société de gestion. Le rapport du commissaire aux comptes est joint aux statuts et déposé au greffe du tribunal. Les statuts contiennent l'évaluation des apports en nature effectués lors de la constitution de la société de placement à prépondérance immobilière à capital variable. Les apports en nature effectués au cours de la vie de la société font l'objet d'une information des actionnaires dans les conditions définies par le règlement général de l'Autorité des marchés financiers. Les statuts ne peuvent prévoir d'avantages particuliers. Un décret en Conseil d'État détermine les conditions d'application du présent alinéa.

Le règlement général de l'Autorité des marchés financiers fixe, le cas échéant par dérogation au deuxième alinéa de l'article L. 225-128 du Code de commerce, les conditions des apports effectués tant à la constitution qu'au cours de la vie de la société.

Art. L. 214-67 *(Mod., Ord. n° 2000-916, 19 sept. 2000 ; Ord. n° 2005-1278, 13 oct. 2005 ; D. n° 2008-1077, 23 oct. 2008 ; Ord. n° 2008-1081, 23 oct. 2008 ; Ord. n° 2013-676, 25 juill. 2013).* – Les articles L. 224-1, L. 224-2, le deuxième alinéa de l'article L. 225-2, les articles L. 225-3 à L. 225-16, L. 225-25, L. 225-26, L. 225-258 à L. 225-270, le quatrième alinéa de l'article L. 227-1, les articles L. 227-13 à L. 227-16, L. 227-18, L. 231-1 à L. 231-8, L. 233-8 et L. 441-6-1 du Code de commerce ne sont pas applicables aux sociétés de placement à prépondérance immobilière à capital variable.

Les fusions transfrontalières des sociétés mentionnées au présent sous-paragraphe ne sont pas régies par les articles L. 236-25 à L. 236-32 du Code de commerce.

Voir : la rédaction de cet article issue de l'ordonnance n° 2019-698 du 3 juillet 2019, en *addendum*, p. 3371.

Art. L. 214-67-1 *(Ord. n° 2013-676, 25 juill. 2013 ; mod., L. n° 2016-1691, 9 déc. 2016).* – Le rachat par la société de ses actions peut être suspendu, à titre provisoire, par le conseil d'administration ou le directoire, quand des circonstances exceptionnelles l'exigent et si l'intérêt de l'ensemble des actionnaires le commande, dans des conditions fixées par le règlement général de l'Autorité des marchés financiers.

Le règlement général de l'Autorité des marchés financiers fixe les cas et les conditions dans lesquelles les statuts de la société de placement à prépondérance immobilière à capital variable prévoient, le cas échéant, que l'émission des actions est suspendue de façon provisoire.

Il prévoit également les cas et les conditions dans lesquels les statuts de la société de placement à prépondérance immobilière à capital variable peuvent prévoir, sans préjudice des dispositions de l'article L. 214-61-1, que le rachat d'actions est plafonné à titre provisoire quand des circonstances exceptionnelles l'exigent et si l'intérêt des actionnaires ou du public le commande.

Art. L. 214-68 *(Anc. L. n° 70-1300, 31 déc. 1970 ; mod., Ord. n° 2013-676, 25 juill. 2013).* – Trente jours au moins avant la réunion de l'assemblée générale qui doit les approuver, la société de placement à prépondérance immobilière à capital variable publie son compte de résultats et son bilan. Elle est dispensée de les publier à nouveau après l'assemblée générale à moins que cette dernière ne les ait modifiés.

Art. L. 214-69 *(Anc. L. n° 70-1300, 31 déc. 1970 ; mod., Ord. n° 2013-676, 25 juill. 2013).* – I. – Les sommes distribuables par une société de placement à prépondérance immobilière à capital variable au titre d'un exercice sont constituées par :

1° Le résultat distribuable afférent aux produits réalisés par la société qui est égal au résultat net mentionné à l'article L. 214-51, augmenté du report à nouveau, majoré ou diminué du solde des comptes de régularisation définis par décret ;

2° Les plus-values de cession d'actifs réalisées au cours de l'exercice, nettes de frais et diminuées des moins-values nettes de frais réalisées au cours du même exercice, augmentées des plus-values nettes réalisées au cours d'exercices antérieurs n'ayant pas fait l'objet d'une distribution et majorées ou diminuées du solde des comptes de régularisation définis par décret.

II. – En application du I, la société distribue :

1° À hauteur de 85 % au moins, la fraction du résultat distribuable afférent aux produits des actifs mentionnés au 1° du I de l'article L. 214-36, au titre de l'exercice de leur réalisation. Pour la détermination du montant à distribuer, les produits nets sont diminués d'un abattement forfaitaire égal à 1,5 % du prix de revient des immeubles mentionnés au 1° du I de l'article L. 214-36 détenus directement par la société ;

2° À hauteur de 50 % au moins, les plus-values réalisées lors de la cession des actifs mentionnés au 1° du I de l'article L. 214-36, des parts de sociétés mentionnées aux 2° ou 3° du même I qui ne sont pas passibles de l'impôt sur les sociétés ou d'un impôt équivalent, des parts ou actions de sociétés mentionnées au 3° du même I lorsqu'elles bénéficient d'un régime d'exonération d'impôt sur les sociétés sur leur activité immobilière et des parts ou actions d'organismes mentionnées au 5° du même I, au plus tard au titre de l'exercice suivant leur réalisation. Pour la détermination du montant à distribuer, les plus-values nettes réalisées sur les immeubles mentionnés au 1° du I de l'article L. 214-36 détenus directement par la société sont augmentées de l'abattement forfaitaire pratiqué conformément au 1° du présent II depuis leur acquisition ;

3° L'intégralité de la fraction du résultat distribuable afférent aux produits distribués par les sociétés mentionnée au 3° du I de l'article L. 214-36 lorsqu'elles bénéficient d'un régime d'exonération d'impôt sur les sociétés sur leur activité immobilière au titre de l'exercice de leur réalisation.

III. – Pour l'application des 1° et 2° du II, les produits et plus-values réalisés par une société mentionnée au 2° ou au 3° du I de l'article L. 214-36 et qui n'est pas passible de l'impôt sur les sociétés ou d'un impôt équivalent ainsi que les produits et plus-values réalisés par les organismes mentionnés au 5° du même I sont réputés réalisés, à concurrence de ses droits, par la société de placement à prépondérance immobilière à capital variable au titre de l'exercice qui suit celui au cours duquel la société mentionnée au 2° ou au 3° du I de l'article L. 214-36 ou l'organisme mentionné au 5° du même I a réalisé les produits ou les plus-values.

Ne sont pas pris en compte pour la détermination des montants à distribuer les produits et les plus-values relatifs à des actifs immobiliers situés hors de France lorsque les conventions fiscales conclues avec la France en vue d'éviter les doubles impositions en matière d'impôt sur les revenus prévoient l'imposition de ces produits et plus-values au lieu de situation des actifs.

Art. L. 214-70 *(Anc. L. n° 70-1300, 31 déc. 1970 ; mod., Ord. n° 2013-676, 25 juill. 2013).* – Par dérogation aux dispositions du Code de commerce, les conditions de liquidation ainsi que les modalités de la répartition des actifs sont déterminées par les statuts de la société. La société de gestion assume les fonctions de liquidateur, sous le contrôle du dépositaire. À défaut, le liquidateur est désigné en justice à la demande de tout actionnaire, parmi les sociétés de gestion de portefeuille agréées.

Sous-paragraphe 3. – Règles particulières relatives aux fonds de placement immobilier

Art. L. 214-71 *(Mod., Ord. n° 2013-676, 25 juill. 2013).* – Sous réserve des dispositions des articles L. 214-45 et L. 214-77, le fonds de placement immobilier, qui n'a pas la personnalité morale, est une copropriété composée d'actifs immobiliers, d'instruments financiers et autres actifs tels que définis à l'article L. 214-36, dont les parts sont, dans les conditions fixées par le règlement général de l'Autorité des marchés financiers, émises et rachetées à la demande des porteurs à la valeur liquidative majorée ou diminuée, selon le cas, des frais et commissions.

Ne s'appliquent pas au fonds de placement immobilier les dispositions du Code civil relatives à l'indivision ni celles des articles 1871 à 1873 du même code relatives aux sociétés en participation.

Art. L. 214-72 *(Anc. L. n° 70-1300, 31 déc. 1970 ; mod., Ord. n° 2013-676, 25 juill. 2013)*. – Dans tous les cas où des dispositions relatives à la propriété immobilière ou aux sociétés et aux instruments financiers exigent l'indication des nom, prénoms et domicile du titulaire de l'actif ou du titre ainsi que pour toutes les opérations faites pour le compte des copropriétaires, la désignation du fonds de placement immobilier ou, le cas échéant, d'un compartiment du fonds peut être valablement substituée à celle de tous les copropriétaires.

Art. L. 214-73 *(Anc. L. n° 70-1300, 31 déc. 1970 ; mod., L. n° 2012-387, 22 mars 2012 ; Ord. n° 2013-676, 25 juill. 2013)*. – Le fonds de placement immobilier est, dans les conditions prévues par le règlement général de l'Autorité des marchés financiers, constitué par une société de gestion de portefeuille chargée de sa gestion.

La société de gestion établit le règlement du fonds.

Ce règlement prévoit l'institution d'un conseil de surveillance composé uniquement de représentants des porteurs de parts. Ce conseil est composé de deux membres au moins et de neuf membres au plus, dont un président élu par les membres, tenus à la discrétion sur les informations présentant un caractère confidentiel. Le président rappelle aux autres membres du conseil que ces informations revêtent un caractère confidentiel. Le conseil ne peut s'immiscer dans la gestion du fonds. Le règlement général de l'Autorité des marchés financiers fixe les conditions dans lesquelles il exerce sa mission, les conditions et les modalités de désignation de ses membres ainsi que les moyens mis à leur disposition. Les membres du conseil de surveillance sont responsables des fautes personnelles commises dans l'exécution de leur mandat. Ils n'encourent aucune responsabilité à raison des actes de la gestion et de leur résultat. Le règlement général de l'Autorité des marchés financiers fixe les règles relatives au cumul de mandats au sein des conseils de surveillance et détermine les règles d'incompatibilité.

Chaque fois qu'il le juge nécessaire et au moins une fois par an, le conseil de surveillance établit un rapport rendant compte de sa mission. Le règlement général de l'Autorité des marchés financiers fixe les conditions dans lesquelles ce rapport est porté à la connaissance des porteurs de parts.

L'alinéa précédent ne s'applique pas lorsque le document d'information prévu au III de l'article L. 214-35 prévoit que le fonds de placement immobilier est réservé à vingt porteurs de parts au plus ou à une catégorie d'investisseurs dont les caractéristiques sont définies par le règlement général de l'Autorité des marchés financiers.

La souscription ou l'acquisition de parts d'un fonds de placement immobilier emporte acceptation du règlement de ce fonds.

Art. L. 214-74 *(Anc. L. n° 70-1300, 31 déc. 1970 ; mod., Ord. n° 2013-676, 25 juill. 2013)*. – Le fonds de placement immobilier est représenté à l'égard des tiers par la société chargée de sa gestion. Cette société peut agir en justice pour défendre ou faire valoir les droits ou intérêts des porteurs de parts.

L'administration centrale du fonds de placement immobilier est située en France.

Art. L. 214-75 *(Anc. L. n° 70-1300, 31 déc. 1970 ; mod., Ord. n° 2013-676, 25 juill. 2013)*. – La société de gestion est responsable envers les tiers ou les porteurs de parts soit des infractions aux dispositions législatives ou réglementaires applicables aux fonds de placement immobilier soit de la violation du règlement du fonds, soit de ses fautes.

Art. L. 214-76 *(Anc. L. n° 70-1300, 31 déc. 1970 ; mod., Ord. n° 2013-676, 25 juill. 2013)*. – Un fonds de placement immobilier peut être constitué par apports en numéraire, apports en nature d'actifs immobiliers mentionnés à l'article L. 214-36, fusion ou scission. Il peut aussi être constitué par fusion, scission ou transformation de sociétés civiles de placement immobilier.

Des apports en nature peuvent être effectués dans un fonds de placement immobilier après sa constitution, notamment en cas de fusion avec une société civile de placement immobilier, avec un autre fonds de placement immobilier, avec un fonds professionnel de placement immobilier ou lorsqu'une société civile de placement immobilier lui transmet, par voie de scission, une partie de son patrimoine.

La libération des apports et, après la constitution du fonds, les souscriptions de parts ne peuvent s'effectuer par compensation avec des créances liquides et exigibles détenues sur le fonds.

Le règlement général de l'Autorité des marchés financiers fixe les conditions et limites des apports au fonds.

La création de fonds de placement immobilier par voie de fusion ou de scission de sociétés civiles de placement immobilier, de même que la transformation de sociétés civiles de placement immobilier en fonds de placement immobilier entraînent la dissolution des sociétés concernées et la transmission universelle de leur patrimoine au fonds sans qu'il y ait lieu à liquidation.

Le commissaire aux comptes apprécie la valeur de tout apport en nature, au vu de l'estimation réalisée par les experts externes en évaluation désignés par la société de gestion. Lorsque l'apport en nature est effectué lors de la constitution du fonds de placement immobilier, le règlement contient l'évaluation de ces apports. Le rapport du commissaire aux comptes est joint au règlement. Il est mis à la disposition des porteurs de parts. Les apports en nature effectués après la constitution du fonds de placement immobilier font l'objet d'une information des porteurs dans les conditions définies par le règlement général de l'Autorité des marchés financiers.

Un décret en Conseil d'État fixe les conditions d'application de cet article.

Art. L. 214-77 *(Anc. L. n° 70-1300, 31 déc. 1970 ; mod., Ord. n° 2013-676, 25 juill. 2013 ; L. n° 2016-1691, 9 déc. 2016).* – Le rachat par le fonds de placement immobilier de ses parts peut être suspendu à titre provisoire par la société de gestion quand des circonstances exceptionnelles l'exigent et si l'intérêt de l'ensemble des porteurs de parts le commande, dans des conditions fixées par le règlement général de l'Autorité des marchés financiers.

Le règlement général de l'Autorité des marchés financiers fixe notamment les cas et les conditions dans lesquelles le règlement du fonds prévoit, le cas échéant, que l'émission des parts est suspendue de façon provisoire.

Il prévoit également les cas et les conditions dans lesquels le règlement du fonds peut prévoir, sans préjudice des dispositions de l'article L. 214-61-1, que le rachat de parts est plafonné à titre provisoire quand des circonstances exceptionnelles l'exigent et si l'intérêt des porteurs de parts ou du public le commande.

Art. L. 214-78 *(Mod., Ord. n° 2013-676, 25 juill. 2013).* – Les dispositions de l'article L. 214-24-40 sont applicables au fonds de placement immobilier.

Art. L. 214-79 *(Anc. L. n° 70-1300, 31 déc. 1970 ; mod., Ord. n° 2005-1126, 8 sept. 2005 ; Ord. n° 2013-676, 25 juill. 2013).* – I. – La société de gestion est tenue de souscrire les déclarations prévues à l'article L. 233-7 du Code de commerce, pour l'ensemble des actions détenues par les organismes de placement collectif immobilier qu'elle gère.

II. – Les dispositions des articles L. 233-14 et L. 247-2 du Code de commerce sont applicables à la société de gestion.

Art. L. 214-80 *(Anc. L. n° 70-1300, 31 déc. 1970 ; mod., Ord. n° 2005-1278, 13 oct. 2005 ; mod., Ord. n° 2013-676, 25 juill. 2013).* – Les sociétés mentionnées au 2° du I de l'article L. 214-36 dans lesquelles le fonds de placement immobilier détient une participation directe ou indirecte relèvent de l'article 8 du Code général des impôts, ne sont pas passibles, de droit ou sur option, de l'impôt sur les sociétés ou d'un impôt équivalent, et ne peuvent pas détenir, directement ou indirectement, de droits détenus en qualité de crédit-preneur afférents à des contrats de crédit-bail.

Art. L. 214-81 *(Anc. L. n° 70-1300, 31 déc. 1970 ; mod., Ord. n° 2013-676, 25 juill. 2013 ; L. n° 2014-1, 2 janv. 2014).* – I. – Les sommes distribuables par un fonds de placement immobilier au titre d'un exercice sont constituées par :

1° Le résultat distribuable afférent aux produits réalisés par le fonds, qui est égal au résultat net mentionné à l'article L. 214-51, augmenté du report à nouveau, majoré ou diminué du solde des comptes de régularisation tels que définis par décret ;

2° Les plus-values de cession d'actifs mentionnés aux 1° et 2° du I de l'article L. 214-36 et au 5° du même I tels que définis à la dernière phrase du 1° de l'article L. 214-37, réalisées au cours de l'exercice, nettes de frais, majorées des plus-values de même nature réalisées au cours d'exercices antérieurs n'ayant pas fait l'objet d'une distribution et, le cas échéant, diminuées ou augmentées du solde des comptes de régularisation tels que définis par décret ;

3° Les plus-values de cession d'actifs autres que ceux mentionnés aux 1° et 2° du I de l'article L. 214-36 réalisées au cours de l'exercice, nettes de frais et diminuées des moins-values nettes de frais réalisées au cours du même exercice, majorées des plus-values de même nature réalisées au cours d'exercices antérieurs n'ayant pas fait l'objet d'une distribution et, le cas échéant, diminuées ou augmentées du solde des comptes de régularisation tels que définis par décret.

Pour l'application du I, les produits et plus-values réalisés par une société mentionnée au 2° du I de l'article L. 214-36 et par un fonds de placement immobilier, un fonds professionnel de placement immobilier, ou un organisme de droit étranger, tels que mentionnés à la dernière phrase du 1° de l'article L. 214-37, sont réputés réalisés par le fonds de placement immobilier à concurrence de ses droits directs ou indirects dans cette société ou dans ce fonds.

II. – Le fonds de placement immobilier distribue :

1° À hauteur de 85 % au moins, la fraction du résultat distribuable au sens du 1° du I relative aux actifs suivants :

a) Actifs immobiliers mentionnés au 1° du I de l'article L. 214-36 que le fonds détient directement ou par l'intermédiaire, selon le cas, d'une société mentionnée à l'article L. 214-80 ou d'un fonds de placement immobilier, d'un fonds professionnel de placement immobilier, ou d'un organisme de droit étranger similaire mentionné à la dernière phrase du 1° de l'article L. 214-37, au titre de l'année de leur réalisation. Pour la détermination du montant à distribuer, les produits nets sont diminués d'un abattement forfaitaire égal à 1,5 % du prix de revient des immeubles détenus directement par le fonds ;

b) Autres actifs que le fonds détient directement ou par l'intermédiaire d'une société mentionnée à l'article L. 214-80 au titre de l'exercice de leur réalisation ;

2° À hauteur de 85 % au moins, les plus-values distribuables, mentionnées au 2° du I, réalisées aux cours de l'exercice, diminuées le cas échéant de l'abattement prévu au I de l'article 150 VC du Code général des impôts, réalisées par le fonds ou par l'intermédiaire d'une société mentionnée à l'article L. 214-80 :

a) Lors de la cession des actifs immobiliers mentionnés au 1° du I de l'article L. 214-36 au titre de l'année de cession ;

b) Lors de la cession des parts de sociétés mentionnées au 2° du I de l'article L. 214-36, au titre de l'année de cession ;

c) Lors de la cession des parts de fonds de placement immobilier, de fonds professionnel de placement immobilier, ou d'organismes de droit étranger, tels que mentionnés à la dernière phrase du 1° de l'article L. 214-37 ;

3° À hauteur de 85 % au moins, les plus-values réalisées directement par le fonds et par l'intermédiaire, selon le cas, d'une société mentionnée à l'article L. 214-80, d'un fonds de placement immobilier, d'un fonds professionnel de placement immobilier, ou d'un organisme de droit étranger, tels que mentionnés à la dernière phrase du 1° de l'article L. 214-37, lors de la cession des actifs autres que ceux mentionnés au 2°, au titre de l'exercice de leur réalisation.

Art. L. 214-82 *(Anc. L. n° 70-1300, 31 déc. 1970 ; mod., Ord. n° 2013-676, 25 juill. 2013).* – Par dérogation aux dispositions de l'article L. 214-52, la mise en paiement des sommes distribuables au titre des plus-values mentionnées au 2° du II de l'article L. 214-81 doit intervenir avant le dernier jour du sixième mois qui suit la cession des actifs mentionnés ci-avant.

Art. L. 214-83 *(Anc. L. n° 70-1300, 31 déc. 1970 ; mod., Ord. n° 2013-676, 25 juill. 2013).* – Les porteurs de parts ou leurs ayants droit ne peuvent provoquer le partage du fonds de placement immobilier.

Les porteurs de parts ne sont tenus des dettes de la copropriété qu'à concurrence de l'actif du fonds et proportionnellement à leur quote-part.

Art. L. 214-84 *(Ord. n° 2013-676, 25 juill. 2013).* – Les conditions de liquidation ainsi que les modalités de la répartition des actifs sont déterminées par le règlement du fonds de placement immobilier. La société de gestion assume les fonctions de liquidateur sous le contrôle du dépositaire. À défaut, le liquidateur est désigné en justice à la demande de tout porteur de parts.

Sous-paragraphe 4. – Organismes de placement collectif immobilier à compartiments

Art. L. 214-85 *(Rempl., L. n° 2001-602, 9 juill. 2001 ; Ord. n° 2013-676, 25 juill. 2013).* – **I. – Un organisme de placement collectif immobilier peut comporter plusieurs compartiments si le règlement du fonds de placement immobilier ou les statuts de la société de placement à prépondérance immobilière à capital variable le prévoient. Chaque compartiment donne lieu à l'émission d'une ou plusieurs catégories de parts ou actions représentatives des actifs de l'organisme de placement collectif immobilier qui lui sont attribués. Par dérogation à l'article 2285 du Code civil et sauf stipulation contraire des documents constitutifs de l'organisme de placement collectif immobilier, les actifs d'un compartiment déterminé ne répondent que des dettes, engagements et obligations et ne bénéficient que des créances qui concernent ce compartiment.**

Lorsque des compartiments sont constitués au sein d'un organisme de placement collectif immobilier, ils sont tous soumis individuellement aux dispositions du présent code qui régissent cet organisme.

L'Autorité des marchés financiers définit les conditions dans lesquelles la constitution de chaque compartiment est soumise à son agrément, ainsi que les conditions dans lesquelles est déterminée, en fonction de la valeur nette des actifs attribués au compartiment correspondant, la valeur liquidative de chaque catégorie de parts ou actions.

II. – Chaque compartiment fait l'objet, au sein de la comptabilité de l'organisme de placement collectif immobilier, d'une comptabilité distincte qui peut être tenue en toute unité monétaire dans les conditions fixées par le décret prévu au quatrième alinéa de l'article L. 214-50.

III. – L'Autorité des marchés financiers agrée, dans des conditions qu'elle définit, la transformation, la fusion, la scission et la liquidation des compartiments.

§ 4. – Sociétés civiles de placement immobilier et les sociétés d'épargne forestière

Sous-paragraphe 1. – Régime général

Art. L. 214-86 *(L. n° 2001-602, 9 juill. 2001 ; mod., Ord. n° 2013-676, 25 juill. 2013 ; Ord. n° 2017-1432, 4 oct. 2017).* – **Les groupements forestiers d'investissement mentionnés au II de l'article L. 331-4-1 du Code forestier sont soumis aux articles L. 214-86 à L. 214-113 du présent code.**

Les sociétés civiles de placement immobilier ou sociétés d'épargne forestière peuvent procéder à une offre au public de leurs parts sociales, sous réserve que les parts détenues par les membres fondateurs représentent une valeur totale au moins égale au capital social minimal tel que celui-ci est fixé à l'article L. 214-88 et qu'elles justifient d'une garantie bancaire, approuvée par l'Autorité des marchés financiers et destinée à faire face au remboursement prévu à l'article L. 214-116.

Les parts ainsi détenues par les fondateurs sont inaliénables pendant trois ans à compter de la délivrance du visa de l'Autorité des marchés financiers.

Pour les groupements forestiers d'investissement mentionnés au II de l'article L. 331-4-1 du Code forestier, un décret en Conseil d'État fixe les conditions et limites de la détention et de la gestion des actifs mentionnés au 3° du II du même article.

Art. L. 214-87 *(L. n° 2001-602, 9 juill. 2001 ; mod., Ord. n° 2013-676, 25 juill. 2013).* – **Le projet de statut constitutif d'une société civile de placement immobilier ou d'une société d'épargne forestière qui se constitue par offre au public est établi et signé par un ou plusieurs fondateurs.**

Le capital initial doit être intégralement souscrit.

Art. L. 214-88 *(L. n° 2001-602, 9 juill. 2001 ; mod., Ord. n° 2013-676, 25 juill. 2013).* – **Le capital social minimum ne peut être inférieur à 760 000 €. Les parts sont nominatives et d'un montant nominal minimum de 150 €.**

Art. L. 214-89 *(Ord. n° 2005-1278, 13 oct. 2005 ; mod., Ord. n° 2013-676, 25 juill. 2013 ; Ord. n° 2017-1432, 4 oct. 2017).* – **La responsabilité des associés ne peut être mise en cause que si la société civile ou la société d'épargne forestière a été préalablement et vainement poursuivie en justice. La responsabilité de chaque associé à l'égard des tiers est engagée en fonction de sa part dans le capital et**

dans la limite de deux fois le montant de cette part. Les statuts de la société civile ou société d'épargne forestière peuvent prévoir que la responsabilité de chaque associé est limitée au montant de sa part dans le capital de la société.

Par dérogation à l'alinéa précédent, dans le cas des groupements forestiers d'investissement mentionnés au premier alinéa de l'article L. 214-86, la responsabilité de chaque associé ne peut dépasser le montant de sa part dans le capital.

Pour l'application des articles L. 341-1 à L. 341-17, les parts des groupements forestiers d'investissement mentionnés au premier alinéa de l'article L. 214-86 sont assimilées à des instruments financiers mentionnés au 1° de l'article L. 341-1.

La société doit obligatoirement souscrire un contrat d'assurance garantissant sa responsabilité civile du fait des immeubles dont elle est propriétaire.

En cas de non-respect du deuxième alinéa, la responsabilité personnelle des dirigeants de la société chargée de la gestion de la société civile de placement immobilier ou la société d'épargne forestière peut être engagée solidairement avec celle de cette dernière.

Art. L. 214-90 *(Ord. n° 2005-1278, 13 oct. 2005 ; mod., Ord. n° 2013-676, 25 juill. 2013).* – En cas de faillite personnelle, liquidation, redressement ou sauvegarde judiciaires d'un des associés d'une société civile ou d'une société d'épargne forestière dont les parts sociales ont été offertes au public, il est procédé à l'inscription de l'offre de cession des parts de l'associé sur le registre de la société mentionné à l'article L. 214-93.

Art. L. 214-91 *(Ord. n° 2005-1278, 13 oct. 2005 ; mod., Ord. n° 2009-15, 8 janv. 2009 ; Ord. n° 2011-915, 1er août 2011 ; Ord. n° 2013-676, 25 juill. 2013).* – En cas d'apports en nature comme en cas de stipulation d'avantages particuliers au profit de personnes associées ou non, un commissaire aux apports est désigné par décision de justice, à la demande des fondateurs ou de l'un d'entre eux, ou de la société de gestion. Ce commissaire apprécie la valeur des apports en nature et les avantages particuliers. Son rapport, annexé au projet de statut, est tenu à la disposition des souscripteurs dans des conditions déterminées par décret.

L'assemblée générale constitutive, ou en cas d'augmentation de capital, l'assemblée générale extraordinaire, statue sur l'évaluation des apports en nature et l'octroi d'avantages particuliers. Elle ne peut les réduire qu'à l'unanimité de tous les souscripteurs. À défaut d'approbation expresse des apporteurs et des bénéficiaires d'avantages particuliers, mentionnée au procès-verbal, la société n'est pas constituée ni l'augmentation de capital réalisée.

Toute société civile de placement immobilier ou société d'épargne forestière constituée sans offre au public, qui entend ultérieurement y recourir, doit faire procéder, avant cette opération, à la vérification de son actif et de son passif ainsi que, le cas échéant, des avantages consentis, conformément aux premier et deuxième alinéas.

Aucun apport en industrie ne peut être représenté par des parts sociales.

Voir : C. monét. fin., art. R. 214-130 et s., p. 1158.

Art. L. 214-92 *(Ord. n° 2005-1278, 13 oct. 2005 ; mod., L. fin. rect. n° 2006-1771, 30 déc. 2006 ; Ord. n° 2007-544, 12 avr. 2007 ; Ord. n° 2007-1490, 18 oct. 2007 ; Ord. n° 2009-15, 8 janv. 2009 ; Ord. n° 2011-915, 1er août 2011 ; Ord. n° 2013-676, 25 juill. 2013).* – Les dispositions du second alinéa de l'article 1865 du Code civil relatives à la publication des cessions de parts sociales ne sont pas applicables aux sociétés civiles de placement immobilier et aux sociétés d'épargne forestière.

Sous-paragraphe 2. – Souscription des parts

Art. L. 214-93 *(Ord. n° 2005-1278, 13 oct. 2005 ; mod., L. fin. rect. n° 2006-1771, 30 déc. 2006 ; Ord. n° 2013-676, 25 juill. 2013).* – I. – Les ordres d'achat et de vente sont, à peine de nullité, inscrits sur un registre tenu au siège de la société. Le prix d'exécution résulte de la confrontation de l'offre et de la demande. Il est établi et publié par la société de gestion au terme de chaque période d'enregistrement des ordres.

Toute transaction donne lieu à une inscription sur le registre des associés qui est réputée constituer l'acte de cession écrit prévu par l'article 1865 du Code civil. Le transfert de propriété qui en résulte est opposable, dès cet instant, à la société et aux tiers. La société de gestion garantit la bonne exécution de ces transactions.

Le règlement général de l'Autorité des marchés financiers fixe les modalités de mise en œuvre du présent I et, en particulier, les conditions d'information sur le marché secondaire des parts et de détermination de la période d'enregistrement des ordres.

II. – Lorsque la société de gestion constate que les ordres de vente inscrits depuis plus de douze mois sur le registre mentionné au I représentent au moins 10 % des parts émises par la société, elle en informe sans délai l'Autorité des marchés financiers. La même procédure est applicable au cas où les demandes de retrait non satisfaites dans un délai de douze mois représentent au moins 10 % des parts.

Dans les deux mois à compter de cette information, la société de gestion convoque une assemblée générale extraordinaire et lui propose la cession partielle ou totale du patrimoine et toute autre mesure appropriée. De telles cessions sont réputées conformes à l'article L. 214-114.

Art. L. 214-94 *(Ord. n° 2005-1278, 13 oct. 2005 ; mod., Ord. n° 2013-676, 25 juill. 2013).* – Le prix de souscription des parts est déterminé sur la base de la valeur de reconstitution définie à l'article L. 214-109.

Tout écart entre le prix de souscription et la valeur de reconstitution des parts supérieur à 10 % doit être justifié par la société de gestion et notifié à l'Autorité des marchés financiers dans des conditions fixées par arrêté du ministre chargé de l'économie.

Art. L. 214-95 *(Ord. n° 2005-1278, 13 oct. 2005 ; L. n° 2006-1770, 30 déc. 2006 ; L. fin. rect. n° 2006-1771, 30 déc. 2006 ; mod., Ord. n° 2013-676, 25 juill. 2013).* – La société de gestion propose à l'assemblée générale, après audition du rapport des commissaires aux comptes, soit la diminution du prix de la part sous réserve que celui-ci ne soit pas diminué de plus de 30 %, soit la cession partielle ou totale du patrimoine. De telles cessions sont réputées répondre aux conditions définies par l'article L. 214-114.

Les rapports de la société de gestion, des commissaires aux comptes ainsi que les projets de résolution de l'assemblée générale sont transmis à l'Autorité des marchés financiers un mois avant la date de l'assemblée générale.

Art. L. 214-96 *(Ord. n° 2005-1278, 13 oct. 2005 ; mod., Ord. n° 2013-676, 25 juill. 2013).* – Toute souscription de parts est constatée par un bulletin établi dans des conditions déterminées par décret.

Les parts souscrites en numéraire sont libérées, lors de la souscription, d'un quart au moins de leur valeur nominale et, le cas échéant, de la totalité de la prime d'émission. La libération du surplus doit intervenir, en une ou plusieurs fois, dans le délai de cinq ans à compter de la souscription.

Il ne peut être procédé à la création de parts nouvelles en vue d'augmenter le capital social tant que le capital initial n'a pas été intégralement libéré et tant que n'ont pas été satisfaites les offres de cession de parts figurant sur le registre prévu à l'article L. 214-93 depuis plus de trois mois pour un prix inférieur ou égal à celui demandé aux nouveaux souscripteurs.

La réduction du capital non motivée par des pertes n'est pas opposable aux créanciers dont la créance est antérieure à cette réduction. En cas de non-paiement, ces créanciers peuvent exiger le reversement à la société des sommes remboursées aux associés.

Art. L. 214-97 *(Ord. n° 2005-1278, 13 oct. 2005 ; mod., Ord. n° 2013-676, 25 juill. 2013).* – Sauf en cas de succession, de liquidation de communauté de biens entre époux, ou de cession soit à un conjoint, soit à un ascendant ou à un descendant, la cession de parts à un tiers, à quelque titre que ce soit, peut être soumise à l'agrément de la société par une clause figurant dans ses statuts.

Si une clause d'agrément est stipulée, la demande d'agrément indiquant les nom, prénoms et adresse du cessionnaire, le nombre des parts dont la cession est envisagée et le prix offert, est notifiée à la société. L'agrément résulte soit d'une notification, soit du défaut de réponse dans le délai de deux mois à compter de la demande.

Si la société n'agrée pas le cessionnaire proposé, la société de gestion est tenue, dans le délai d'un mois à compter de la notification du refus, de faire acquérir les parts soit par un associé ou par un tiers, soit, avec le consentement du cédant, par la société en vue d'une réduction de capital. À défaut d'accord entre les parties, le prix des parts est déterminé dans les conditions prévues à l'article 1843-4 du Code civil. Toute clause contraire à l'article 1843-4 est réputée non écrite.

Si, à l'expiration du délai prévu à l'alinéa précédent, l'achat n'est pas réalisé, l'agrément est considéré comme donné. Toutefois, ce délai peut être prolongé par décision de justice à la demande de la société.

Si la société a donné son consentement à un projet de nantissement de parts dans les conditions prévues ci-dessus, ce consentement emportera agrément en cas de réalisation forcée des parts nanties selon les dispositions du premier alinéa de l'article 2346 du Code civil, à moins que la société ne préfère, après la cession, racheter sans délai les parts, en vue de réduire son capital.

Sous-paragraphe 3. – Gestion

Art. L. 214-98 *(Ord. n° 2005-1278, 13 oct. 2005 ; mod., Ord. n° 2013-676, 25 juill. 2013)*. – La gérance des sociétés civiles de placement immobilier et sociétés d'épargne forestière est assurée par une société de gestion mentionnée à l'article L. 532-9 du Code monétaire et financier.

La société de gestion des sociétés civiles de placement immobilier et des sociétés d'épargne forestière est désignée dans les statuts ou par l'assemblée générale à la majorité des voix dont disposent les associés présents ou représentés. La société de gestion, quelles que soient les modalités de sa désignation, peut être révoquée par l'assemblée générale à la même majorité. Toute clause contraire est réputée non écrite. Si la révocation est décidée sans juste motif, elle peut donner lieu à dommages-intérêts.

En outre, la société de gestion est révocable par les tribunaux pour cause légitime, à la demande de tout associé.

Art. L. 214-99 *(Ord. n° 2005-1278, 13 oct. 2005 ; mod., Ord. n° 2013-676, 25 juill. 2013)*. – Un conseil de surveillance est chargé d'assister la société de gestion. Il est composé de sept associés au moins de la société civile de placement immobilier ou de la société d'épargne forestière qui sont désignés par l'assemblée générale ordinaire de la société civile de placement immobilier ou société d'épargne forestière. Il opère les vérifications et les contrôles qu'il juge opportun à tout moment. Il peut se faire communiquer tout document ou demander à la société de gestion un rapport sur la situation de la société civile de placement immobilier ou de la société d'épargne forestière sur la gestion de laquelle il présente un rapport à l'assemblée ordinaire.

Les statuts peuvent subordonner à son autorisation préalable la conclusion des opérations qu'ils énumèrent.

À l'égard des tiers, la société civile de placement immobilier ou la société d'épargne forestière ne peut se prévaloir des limitations ou restrictions résultant du présent article.

Art. L. 214-100 *(Ord. n° 2005-1278, 13 oct. 2005 ; mod., Ord. n° 2013-676, 25 juill. 2013)*. – Toute personne qui, directement ou par personne interposée, exerce en fait la direction, l'administration ou la gestion sous le couvert ou au lieu et place des représentants légaux de la société est soumise aux mêmes obligations et éventuellement passible des mêmes sanctions que ces représentants eux-mêmes.

Art. L. 214-101 *(Ord. n° 2005-1278, 13 oct. 2005 ; mod., Ord. n° 2013-676, 25 juill. 2013)*. – La société de gestion peut, au nom de la société civile de placement immobilier ou de la société d'épargne forestière qu'elle gère, contracter des emprunts, assumer des dettes ou procéder à des acquisitions payables à terme, dans la limite d'un maximum fixé par l'assemblée générale.

Cette limite tient compte de l'endettement des sociétés mentionnées au 2° du I de l'article L. 214-115.

À l'égard des tiers, la société ne peut se prévaloir des limitations ou restrictions de pouvoirs résultant du présent article.

Art. L. 214-102 *(Ord. n° 2005-1278, 13 oct. 2005 ; mod., Ord. n° 2013-676, 25 juill. 2013)*. – I. – Dans les limites et conditions fixées par décret en Conseil d'État, une société civile de placement immobilier ou une société d'épargne forestière peut consentir sur ses actifs des garanties nécessaires à la conclusion des contrats relevant de son activité, notamment ceux relatifs à la mise en place des emprunts mentionnés à l'article L. 214-101.

II. – Dans des limites et conditions fixées par décret en Conseil d'État, une société civile de placement immobilier ou une société d'épargne forestière peut consentir des avances en compte courant aux sociétés mentionnées aux 2° et 3° du I de l'article L. 214-115 dont elle détient directement ou indirectement au moins 5 % du capital social.

Art. L. 214-102-1 *(Ord. n° 2005-1278, 13 oct. 2005 ; mod., Ord. n° 2013-676, 25 juill. 2013)*. – Les dispositions de l'article L. 214-24-28 sont applicables aux FIA relevant du présent paragraphe.

Sous-paragraphe 4. – Assemblée générale

Art. L. 214-103 *(Ord. n° 2005-1278, 13 oct. 2005 ; mod., Ord. n° 2013-676, 25 juill. 2013).* – L'assemblée générale ordinaire est réunie dans un délai de six mois à compter de la clôture de l'exercice pour l'approbation des comptes. Le ministère public ou tout associé peut saisir le président du tribunal compétent statuant en référé afin d'enjoindre aux dirigeants, le cas échéant sous astreinte, de convoquer cette assemblée ou de désigner un mandataire pour y procéder.

Chaque associé dispose d'un nombre de voix proportionnel à sa part du capital social. Les décisions sont prises à la majorité des voix dont disposent les associés présents ou représentés. L'assemblée générale ne délibère valablement sur première convocation que si les associés présents ou représentés détiennent au moins le quart du capital, et au moins la moitié s'il s'agit de modifier les statuts. Sur deuxième convocation, aucun quorum n'est requis.

Les documents communiqués aux associés préalablement à la tenue des assemblées générales ainsi que les formes et délais dans lesquels les associés sont convoqués à ces assemblées sont déterminés par décret. Toute personne intéressée peut demander au président du tribunal compétent statuant en référé d'enjoindre aux dirigeants, le cas échéant sous astreinte, de communiquer ces documents aux associés.

L'assemblée détermine le montant des bénéfices distribués aux associés à titre de dividende. En outre, l'assemblée peut décider la mise en distribution des sommes prélevées sur les réserves dont elle a la disposition. Dans ce cas, la décision indique expressément les postes de réserve sur lesquels les prélèvements sont exercés.

Tout dividende distribué en l'absence d'inventaire ou au moyen d'inventaire frauduleux constitue un dividende fictif.

Toutefois, ne constituent pas des dividendes fictifs les acomptes à valoir sur les dividendes d'exercices clos ou en cours, répartis avant que les comptes de ces exercices aient été approuvés, lorsqu'un bilan établi au cours ou à la fin de l'exercice et certifié par un des commissaires aux comptes mentionnés à l'article L. 214-110 fait apparaître que la société a réalisé, au cours de l'exercice, après constitution des amortissements et provisions nécessaires, déduction faite, s'il y a lieu, des pertes antérieures et compte tenu du report bénéficiaire, des bénéfices nets supérieurs au montant des acomptes.

La société de gestion a qualité pour décider de répartir un acompte à valoir sur le dividende et pour fixer le montant et la date de la répartition.

Voir : C. monét. fin., art. R. 214-136 et s., p. 1159.

Art. L. 214-104 *(Ord. n° 2005-1278, 13 oct. 2005 ; mod., Ord. n° 2013-676, 25 juill. 2013).* – Tout associé peut recevoir les pouvoirs émis par d'autres associés en vue d'être représentés à une assemblée, sans autres limites que celles qui résultent des dispositions légales ou statutaires fixant le nombre maximal des voix dont peut disposer une même personne, tant en son nom personnel que comme mandataire.

Les clauses contraires aux dispositions de l'alinéa précédent sont réputées non écrites.

Pour toute procuration d'un associé sans indication de mandataire, le président de l'assemblée générale émet un avis favorable à l'adoption des projets de résolution présentés ou agréés par la société de gestion et un vote défavorable à l'adoption de tous autres projets de résolution. Pour émettre tout autre vote, l'associé doit choisir un mandataire qui accepte de voter dans le sens indiqué par le mandant.

Art. L. 214-105 *(Ord. n° 2005-1278, 13 oct. 2005 ; mod., Ord. n° 2013-676, 25 juill. 2013).* – Tout associé peut voter par correspondance, au moyen d'un formulaire dont les mentions sont fixées par arrêté du ministre chargé de l'économie. Les clauses contraires des statuts sont réputées non écrites.

Pour le calcul du quorum, il n'est tenu compte que des formulaires reçus par la société avant la réunion de l'assemblée, dans un délai fixé par le même arrêté. Les formulaires ne donnant aucun sens de vote ou exprimant une abstention sont considérés comme des votes négatifs.

Art. L. 214-106 *(Ord. n° 2005-1278, 13 oct. 2005 ; mod., Ord. n° 2011-915, 1er août 2011 ; Ord. n° 2013-676, 25 juill. 2013).* – Toute convention intervenant entre la société et la société de gestion, ou tout associé de cette dernière est approuvée par l'assemblée générale des associés de la société, sur les rapports du conseil de surveillance et des commissaires aux comptes.

Même en l'absence de fraude, les conséquences préjudiciables à la société des conventions désapprouvées sont mises à la charge de la société de gestion responsable ou de tout associé de cette dernière.

Art. L. 214-107 *(Ord. n° 2005-1278, 13 oct. 2005 ; mod., L. fin. rect. n° 2006-1771, 30 déc. 2006 ; Ord. n° 2013-676, 25 juill. 2013).* – Hors les cas de réunion de l'assemblée générale prévus par le présent sous-paragraphe, les statuts peuvent prévoir que certaines décisions sont prises par voie de consultation écrite des associés sous réserve que la participation des associés respecte les conditions de quorum sur première convocation d'une assemblée.

Art. L. 214-108 *(Ord. n° 2005-1278, 13 oct. 2005 ; mod., Ord. n° 2013-676, 25 juill. 2013).* – Chaque assemblée fait l'objet d'un procès-verbal et d'une feuille de présence, à laquelle doivent être annexés les pouvoirs donnés à chaque mandataire. Les modalités d'établissement de ces documents sont déterminées par décret en Conseil d'État.

En l'absence de procès-verbal, les délibérations de l'assemblée peuvent être annulées.

Sous-paragraphe 5. – Dispositions comptables

Art. L. 214-109 *(Ord. n° 2005-1278, 13 oct. 2005 ; mod., Ord. n° 2013-676, 25 juill. 2013).* – À la clôture de chaque exercice, la société de gestion dresse l'inventaire des divers éléments de l'actif et du passif existant à cette date.

Elle dresse également les comptes annuels et établit un rapport de gestion écrit.

Elle est tenue d'appliquer le plan comptable général adapté aux besoins et aux moyens desdites sociétés, compte tenu de la nature de leur activité, suivant les modalités fixées par un règlement de l'Autorité des normes comptables.

Le rapport de gestion expose la situation de la société durant l'exercice écoulé, son évolution prévisible ainsi que les événements importants intervenus entre la date de la clôture de l'exercice et la date à laquelle il est établi.

La société de gestion mentionne, dans un état annexe au rapport de gestion, la valeur comptable, la valeur de réalisation et la valeur de reconstitution de la société civile de placement immobilier ou de la société d'épargne forestière qu'ils gèrent. La valeur de réalisation est égale à la somme de la valeur vénale des immeubles et de la valeur nette des autres actifs de la société. La valeur de reconstitution de la société est égale à la valeur de réalisation augmentée du montant des frais afférents à une reconstitution de son patrimoine.

Ces valeurs font l'objet de résolutions soumises à l'approbation de l'assemblée générale. En cours d'exercice, et en cas de nécessité, le conseil de surveillance prévu à l'article L. 214-99 peut autoriser la modification de ces valeurs, sur rapport motivé de la société de gestion.

Les documents mentionnés au présent article sont mis à la disposition des commissaires aux comptes dans des conditions déterminées par décret.

Voir : C. monét. fin., art. R. 214-150 et s., p. 1161.

Art. L. 214-110 *(Ord. n° 2005-1278, 13 oct. 2005 ; mod., Ord. n° 2011-915, 1er août 2011 ; Ord. n° 2013-676, 25 juill. 2013).* – Le contrôle est exercé par un ou plusieurs commissaires aux comptes.

Les commissaires aux comptes portent à la connaissance de l'Autorité des marchés financiers les irrégularités et inexactitudes relevées par eux dans l'accomplissement de leur mission.

Ils sont responsables dans les conditions prévues à l'article L. 822-17 du Code de commerce. Ils ne sont pas civilement responsables des infractions commises par les personnes qui gèrent, dirigent ou administrent la société, sauf si, en ayant eu connaissance, ils ne les ont pas révélées dans leur rapport à l'assemblée générale.

Les actions en responsabilité contre les commissaires aux comptes se prescrivent dans les conditions prévues à l'article L. 225-254 du Code de commerce.

Aucune réévaluation d'actif ne peut être effectuée sans qu'un rapport spécial à l'assemblée générale ait été préalablement présenté par les commissaires aux comptes et approuvé par celle-ci.

Sous-paragraphe 6. – Fusion

Art. L. 214-111 *(Ord. n° 2005-1278, 13 oct. 2005 ; mod., Ord. n° 2013-676, 25 juill. 2013).* – L'opération de fusion s'effectue sous le contrôle des commissaires aux comptes de chacune des sociétés concernées. Le projet de fusion leur est communiqué au moins quarante-cinq jours avant les assemblées générales extraordinaires appelées à se prononcer sur l'opération.

Les commissaires aux comptes établissent un rapport sur les conditions de réalisation de l'opération de fusion.

La mission des commissaires aux comptes s'exerce dans les mêmes conditions que celles prévues pour les commissaires à la fusion en application de l'article L. 236-10 du Code de commerce.

Voir : C. monét. fin., art. R. 214-152, p. 1162.

Art. L. 214-112 *(Ord. n° 2005-1278, 13 oct. 2005 ; mod., Ord. n° 2013-676, 25 juill. 2013).* – **L'opération de fusion est approuvée par l'assemblée générale extraordinaire de chacune des sociétés concernées.**

Art. L. 214-113 *(Ord. n° 2005-1278, 13 oct. 2005 ; mod., Ord. n° 2013-676, 25 juill. 2013).* – **L'assemblée générale extraordinaire de la société absorbante statue sur l'évaluation des apports en nature, conformément aux dispositions de l'article L. 214-91.**

Sous-paragraphe 7. – Règles de bonne conduite

Ce sous-paragraphe ne comprend pas pour l'heure de dispositions légales.

Sous-paragraphe 8. – Dispositions particulières aux sociétés civiles de placement immobilier

Bibliographie : P. Bezard, *La réglementation des sociétés civiles autorisées à faire publiquement appel à l'épargne : JCP* 1971, I, 2418 ; *La situation des associés des sociétés civiles autorisées à faire publiquement appel à l'épargne : RTD com.* 1983, p. 369. • F. Luang et S. Hamis, *SIIC : fluctuat nec mergitur : Dr. et patrimoine* 2007, n° 64, p. 30. • R. Maurice, *Réflexions sur les sociétés civiles autorisées à faire publiquement appel à l'épargne : D.* 1974, p. 205. • R. Mortier, *Le marché de parts de SCPI depuis la réforme de 2002 : Dr. et patrimoine* juin 2003, p. 29 ; *L'investissement immobilier par appel public à l'épargne : Mél. AEDBF*, France, 2004, p. 261. • *Adde* C. Pénichon, *JCl. Sociétés traité*, Fasc. 2220 et 2222.

Art. L. 214-114 *(Ord. n° 2005-1278, 13 oct. 2005 ; mod., L. n° 2014-366, 24 mars 2014).* – **Les sociétés civiles de placement immobilier ont pour objet l'acquisition directe ou indirecte, y compris en l'état futur d'achèvement, et la gestion d'un patrimoine immobilier affecté à la location.**

Dans les conditions fixées par décret en Conseil d'État, les sociétés civiles de placement immobilier ont également pour objet l'acquisition et la gestion d'immeubles qu'elles font construire exclusivement en vue de leur location.

Pour les besoins de cette gestion, elles peuvent procéder à des travaux de toute nature dans ces immeubles, notamment les opérations afférentes à leur construction, leur rénovation, leur entretien, leur réhabilitation, leur amélioration, leur agrandissement, leur reconstruction ou leur mise aux normes environnementales ou énergétiques. Elles peuvent acquérir des équipements ou installations nécessaires à l'utilisation des immeubles.

Elles peuvent, en outre, céder des éléments de patrimoine immobilier dès lors qu'elles ne les ont pas achetés en vue de les revendre et que de telles cessions ne présentent pas un caractère habituel, cette double exigence ne s'appliquant pas toutefois aux actifs immobiliers à usage d'habitation acquis en nue-propriété et relevant du chapitre III du titre V du livre II du Code de la construction et de l'habitation.

Voir : C. monét. fin., art. R. 214-155 et s., p. 1162.
Voir : Sanctions pénales, C. monét. fin., art. L. 231-8, p. 1196 et C. civ., art. 1841, p. 40.

1) Objet de la SCPI. Une société civile dont l'objet réel est l'acquisition et la gestion de baux commerciaux n'entre pas dans la catégorie des sociétés civiles autorisée par la loi du 31 décembre 1970 *[désormais codifiée au sein du Code monétaire et financier]* à faire appel public à l'épargne : ▪ Cass. crim., 6 oct. 1980 : *Rev. sociétés* 1982, p. 327, note B. Bouloc. – De même, une SCI dont l'objet social consiste en l'acquisition et la gestion de toute participation dans des sociétés immobilières existantes ou à créer, et généralement toutes opérations immobilières pourvu qu'elles aient un caractère civil, ne peut bénéficier du régime dérogatoire institué par l'article *[C. monét. fin., art. L. 214-50]* ; elle demeure par conséquent soumise aux dispositions de l'article 1841 du Code civil : ▪ CA Caen, 13 mai 2003 : *JCP* E 2003, n°s 28-29, p. 1173 ; *Dr. sociétés* 2003, n° 139, note F.-G. Trébulle.

Voir : Règl. AMF, 12 oct. 2004, art. 423-1.

JURISPRUDENCE RENDUE ANTÉRIEUREMENT
A L'ORDONNANCE N° 2009-80
DU 22 JANVIER 2009

2) Notion d'appel public à l'épargne. Fait publiquement appel à l'épargne la société civile qui organise une publicité par voie de presse, diffusion de brochures et en recourant au service de conseillers financiers : ▪ Cass. crim., 6 oct. 1980, préc., sous C. monét. fin., art. L. 214-114, annot. n° 1, p. 1057.

3) Cession de parts dans le cadre d'un appel public à l'épargne. Une cession de parts sociales d'une SCI dans le cadre d'un appel public à l'épargne n'étant valable qu'à la condition que ladite société puisse être soumise au régime dérogatoire institué *[par les art. L. 214-50 et s., C. monét. fin.]*, elle doit être considérée comme nulle dans l'hypothèse où l'objet de la SCI ne lui permet pas d'en bénéficier, et où la société demeure soumise à l'article 1841 du Code civil : ▪ CA Caen, 13 mai 2003, préc., sous C. monét. fin., art. L. 214-50, annot. n° 1. – V., rejetant le pourvoi, ▪ Cass. com., 8 mars 2005 : *Banque et droit* 2005, 43, obs. H. de Vauplane et J.-J. Daigre.

4) Démarchage. Les parts sociales de SCPI n'étant pas des titres négociables selon les procédés usuels du droit commercial et n'étant pas susceptibles d'être cotées en bourse, ne peuvent être considérées comme des valeurs mobilières, au sens de la loi n° 72-6 du 3 janvier 1972 relative au démarchage financier ; le démarchage en vue du placement de ces parts est donc régi par les articles 9 et suivants de la loi n° 66-1010 du 28 décembre 1966 : ▪ CA Versailles, 13 avr. 1995 : *Bull. Joly Bourse* 1995, 402, note P. Le Cannu. – V. aussi ▪ Cass. com., 21 oct. 1997 : *Bull. civ.* IV, n° 283 ; *BJS* 1998, 137, note F. Peltier ; *Rev. sociétés* 1998, p. 117, note F.-X. Lucas ; *Banque et droit* nov.-déc. 1997, 35, obs. H. de Vauplane ; *RD bancaire et bourse* 1997, 222, obs. F.-J. Crédot et Y. Gérard. – **Depuis la loi n° 2003-706 du 1er août 2003**, le démarchage des parts de SCPI est régi par l'article L. 341-10 du Code monétaire et financier (V. *infra*).

Art. L. 214-115 ***(Ord. n° 2005-1278, 13 oct. 2005 ; mod., L. n° 2014-366, 24 mars 2014 ; Ord. n° 2017-1432, 4 oct. 2017).*** **– I. – Dans les conditions fixées par décret en Conseil d'État, l'actif d'une société civile de placement immobilier est exclusivement constitué :**

1° Des immeubles construits ou acquis, en vue de la location et des droits réels portant sur de tels biens et énumérés par le décret en Conseil d'État mentionné à l'alinéa précédent ;

2° Des parts de sociétés de personnes qui ne sont pas admises aux négociations sur un marché mentionné aux articles L. 421-4, L. 422-1 et L. 423-1 et qui satisfont aux conditions suivantes :

a) **Les associés répondent du passif au-delà de leurs apports ;**

b) **L'actif est principalement constitué d'immeubles acquis ou construits en vue de la location ou de droits réels portant sur de tels biens ;**

c) **Les autres actifs sont des avances en compte courant mentionnés à l'article L. 214-102, des créances résultant de leur activité principale ou des liquidités mentionnées au 4° ;**

d) **Les instruments financiers qu'elles émettent ne sont pas admis aux négociations sur un marché mentionné aux articles L. 421-4, L. 422-1 et L. 423-1 ;**

3° Des parts de sociétés civiles de placement immobilier, des parts ou actions d'organismes de placement collectif immobilier, d'organismes de placement collectif immobilier professionnels et de parts, actions ou droits détenus dans des organismes de droit étranger ayant un objet équivalent quelle que soit leur forme ;

4° Des dépôts et des liquidités définis par décret en Conseil d'État ;

5° Des avances en compte courant consenties en application de l'article L. 214-101 ;

6° Des instruments financiers à terme mentionnés au III de l'article L. 211-1.

II. – Une société civile de placement immobilier et les sociétés mentionnées au 2° du I ne peuvent détenir d'actions, parts, droits financiers ou droits de vote dans une entité, quelle que soit sa forme, dont les associés ou membres répondent indéfiniment et solidairement des dettes de l'entité.

Voir : C. monét. fin., art. R. 214-155 et s., p. 1162.

Art. L. 214-116 ***(Ord. n° 2005-1278, 13 oct. 2005 ; mod., Ord. n° 2013-676, 25 juill. 2013).*** **– À concurrence de 15 % au moins, le capital maximum des sociétés civiles de placement immobilier, tel qu'il est fixé par leurs statuts, est souscrit par le public dans un délai d'une année après la date d'ouverture de la souscription.**

S'il n'est pas satisfait à cette obligation, la société est dissoute et les associés sont remboursés du montant de leur souscription.

Art. L. 214-117 ***(Ord. n° 2005-1278, 13 oct. 2005 ; mod., Ord. n° 2013-676, 25 juill. 2013).*** **– À l'exception des cas prévus aux articles L. 214-66 et L. 214-76, une société civile de placement immobilier ne peut fusionner qu'avec une autre société civile de placement immobilier gérant un patrimoine de composition comparable.**

Les conditions d'application du présent article sont fixées par le décret mentionné à l'article L. 214-121.

Art. L. 214-118 ***(Ord. n° 2005-1278, 13 oct. 2005 ; mod., D. n° 2008-1077, 23 oct. 2008 ; Ord. n° 2008-1081, 23 oct. 2008 ; Ord. n° 2013-676, 25 juill. 2013).*** **– Dans les conditions fixées par décret en**

Conseil d'État, une société civile de placement immobilier peut transmettre son patrimoine par voie de scission à des organismes de placement collectif immobilier quelle qu'en soit la forme.

Préalablement à la scission, les sociétés civiles de placement immobilier sont, par dérogation à l'article L. 214-114, autorisées, le cas échéant, à faire apport de tout ou partie de leur patrimoine à des sociétés civiles nouvelles, afin que les parts de ces dernières soient transmises dès que possible aux organismes de placement collectif immobilier dans le cadre de la scission.

Art. L. 214-119 *(Ord. n° 2005-1278, 13 oct. 2005 ; mod., Ord. n° 2011-915, 1er août 2011 ; Ord. n° 2013-676, 25 juill. 2013).* – Les sociétés civiles de placement immobilier disposent d'un délai de cinq ans, à compter de l'homologation des dispositions du règlement général de l'Autorité des marchés financiers relatives aux organismes de placement collectif immobilier, pour tenir l'assemblée générale extraordinaire des associés afin qu'elle se prononce sur la question inscrite à l'ordre du jour relative à la possibilité de se transformer en organisme de placement collectif immobilier.

Cette assemblée opte, dans les conditions de quorum et de majorité fixées par les statuts de la société à la date de publication de l'ordonnance n° 2005-1278 du 13 octobre 2005 définissant le régime juridique des organismes de placement collectif immobilier et les modalités de transformation des sociétés civiles de placement immobilier en organismes de placement collectif immobilier, pour l'une des deux formes de l'organisme de placement collectif immobilier mentionnées au premier alinéa de l'article L. 214-33 qu'elle souhaite voir adoptée à l'issue de la transformation.

Si l'organisme de placement collectif immobilier est constitué sous forme de fonds de placement immobilier, le règlement du fonds prévoit la mise en place du conseil de surveillance prévu à l'article L. 214-73.

Lorsqu'une société civile de placement immobilier opte pour le régime des organismes de placement collectif immobilier, cette opération se fait sans frais directs ou indirects pour les porteurs de parts.

Art. L. 214-120 *(Ord. n° 2005-1278, 13 oct. 2005 ; mod., Ord. n° 2011-915, 1er août 2011 ; Ord. n° 2013-676, 25 juill. 2013).* – Dans les conditions définies par le règlement général de l'Autorité des marchés financiers, les sociétés de gestion des sociétés civiles de placement immobilier informent du régime des organismes de placement collectif immobilier défini au paragraphe 3 de la présente sous-section :

1° Les souscripteurs de parts de sociétés civiles de placement immobilier préalablement à leur souscription ou acquisition conformément aux dispositions des articles L. 214-93 et suivants ;

2° Les associés de sociétés civiles de placement immobilier au plus tard dans les douze mois à compter de la publication de l'ordonnance n° 2005-1278 du 13 octobre 2005 définissant le régime juridique des organismes de placement collectif immobilier et les modalités de transformation des sociétés civiles de placement immobilier en organismes de placement collectif immobilier.

Cette information porte en particulier sur l'obligation qui est faite aux sociétés civiles de placement immobilier de convoquer une assemblée générale dans les conditions prévues à l'article L. 214-119 pour soumettre au vote des associés la possibilité de se placer sous ce régime.

Cette information est sincère, complète et claire et est rédigée en des termes aisément accessibles et compréhensibles afin de permettre aux souscripteurs de parts ou aux associés de disposer des renseignements essentiels et nécessaires à la prise de leurs décisions en toute connaissance de cause.

Sous-paragraphe 9. – Dispositions particulières aux sociétés d'épargne forestière

Bibliographie : F. Forgues et S. Puel, *Les sociétés d'épargne forestière : Bull. Joly Bourse* 2004, p. 159. • Ph. Portier, *Note sous Règlement COB n° 2003-05 relatif aux sociétés d'épargne forestière : RD bancaire et fin.* 2004, p. 124.

Art. L. 214-121 *(Ord. n° 2005-1278, 13 oct. 2005 ; mod., Ord. n° 2013-676, 25 juill. 2013 ; L. n° 2017-1837, 30 déc. 2017).* – Les sociétés d'épargne forestière ont pour objet principal l'acquisition et la gestion d'un patrimoine forestier. Leur actif est constitué, d'une part, pour 60 % au moins de bois ou forêts, de parts d'intérêt de groupements forestiers ou de sociétés dont l'objet exclusif est la détention de bois et forêts et, d'autre part, de liquidités ou valeurs assimilées.

Les bois et forêts détenus par ces sociétés doivent être gérés conformément à un plan simple de gestion agréé.

Les parts des sociétés d'épargne forestière sont assimilées aux parts d'intérêt détenues dans un groupement forestier pour l'application de la loi fiscale, à l'exception de l'article 976 du Code général des impôts.

NB : Conformément aux dispositions des 1 et 2 du B du IX de l'article 31 de la loi n° 2017-1837 du 30 décembre 2017, les dispositions de l'article L. 214-21 résultant des dispositions du 2° du IV du même article 31 s'appliquent au titre de l'impôt sur la fortune immobilière dû à compter du 1er janvier 2018. Les dispositions modifiées par ledit 2° du IV de l'article 31 précité continuent de s'appliquer, dans leur rédaction en vigueur au 31 décembre 2017, à l'impôt de solidarité sur la fortune dû jusqu'au titre de l'année 2017 incluse.

Voir : C. monét. fin., art. R. 214-161 et s., p. 1165.

Bibliographie : Ph. Portier, *Titres et marchés, opérations sur le marché, SEF, constitution et gestion des sociétés d'épargne forestière faisant appel public à l'épargne : RD bancaire et fin.* 2004, n° 99, act. p. 24.

Art. L. 214-122 *(Ord. n° 2005-1278, 13 oct. 2005 ; mod., Ord. n° 2013-544, 27 juin 2013 ; Ord. n° 2013-676, 25 juill. 2013).* **– La part de l'actif des sociétés d'épargne forestière constituée de bois et forêts est fixée à 51 % lorsque ces sociétés consacrent, dans des conditions définies par décret en Conseil d'État, une fraction de leur actif à la bonification ou à la garantie de prêts accordés par des établissements de crédit ou des sociétés de financement agréés par l'autorité administrative pour financer des opérations d'investissement, de valorisation ou d'exploitation des bois et forêts.**

Art. L. 214-123 *(Ord. n° 2005-1278, 13 oct. 2005 ; mod., Ord. n° 2011-915, 1er août 2011 ; L. n° 2012-1559, 31 déc. 2012 ; Ord. n° 2013-676, 25 juill. 2013).* **– À concurrence de 15 % au moins, le capital maximal des sociétés d'épargne forestière, tel qu'il est fixé par leurs statuts, doit être souscrit par le public dans un délai de deux ans après la date d'ouverture de la souscription.**

S'il n'est pas satisfait à cette obligation, la société est dissoute et les associés sont remboursés du montant de leur souscription.

Art. L. 214-124 *(Ord. n° 2005-1278, 13 oct. 2005 ; mod., Ord. n° 2013-676, 25 juill. 2013).* **– L'agrément de la société de gestion est soumis à l'avis préalable du Centre national de la propriété forestière.**

Art. L. 214-125 *(Ord. n° 2005-1278, 13 oct. 2005 ; mod., Ord. n° 2011-915, 1er août 2011 ; L. n° 2012-387, 22 mars 2012 ; Ord. n° 2013-676, 25 juill. 2013).* **– Par dérogation au premier alinéa de l'article L. 214-101, un décret en Conseil d'État fixe les échanges, aliénations ou constitutions de droits réels portant sur le patrimoine forestier des sociétés d'épargne forestière qui relèvent des opérations normales de gestion et ne sont pas soumises à l'autorisation de l'assemblée générale ordinaire des associés.**

Par dérogation au premier alinéa de l'article L. 214-117, une société d'épargne forestière peut également fusionner avec un groupement forestier gérant un patrimoine dont les forêts sont soumises à des plans simples de gestion agréés. La fusion est alors soumise à l'agrément de l'Autorité des marchés financiers.

En outre, l'assemblée générale des associés approuve les plans simples de gestion des bois et forêts détenus par la société.

Art. L. 214-126 *(Abr. à compter du 3 janvier 2018, Ord. n° 2017-1432, 4 oct. 2017).*

§ 5. – Sociétés d'investissement à capital fixe

Bibliographie : Th. Bonneau, *Rénovation du régime des SICAF : Dr. sociétés* 2009, comm. 79.

Sous-paragraphe 1. – Dispositions communes

Art. L. 214-127 *(Ord. n° 2005-1278, 13 oct. 2005 ; mod., Ord. n° 2013-676, 25 juill. 2013).* **– La société d'investissement à capital fixe, dite : « SICAF », est une société anonyme qui a pour objet la gestion d'un portefeuille d'instruments financiers, de dépôts et de liquidités, en permettant une diversification directe ou indirecte des risques d'investissement, dans le but de faire bénéficier ses actionnaires des résultats de cette gestion.**

Sauf dans les cas prévus par les statuts, les actions ne peuvent être rachetées par la SICAF à la demande de ses actionnaires.

Elle peut procéder à des opérations d'acquisition ou de cession temporaires de titres et à des emprunts d'espèces.

Pour la réalisation de son objectif de gestion, elle peut octroyer les garanties mentionnées à l'article L. 211-38 ou en bénéficier, dans les conditions définies à ce même article, ainsi que bénéficier des cautions solidaires ou garanties à première demande.

Elle peut conclure des contrats financiers mentionnés à l'article L. 211-1 dans des conditions fixées par décret en Conseil d'État.

La société doit faire figurer sur tous les actes et documents destinés aux tiers sa dénomination sociale et sa qualité de société d'investissement à capital fixe.

Le capital initial d'une SICAF ne peut être inférieur à un montant fixé par décret.

Les actions d'une SICAF peuvent être admises aux négociations sur un marché réglementé d'instruments financiers mentionné à l'article L. 421-1 ou un système multilatéral de négociation mentionné à l'article L. 424-1, dans les conditions prévues à la sous-section 2. L'actif net par action de la SICAF est alors calculé et communiqué dans des conditions fixées par décret en Conseil d'État.

Voir : C. monét. fin., art. R. 214-177 et s., p. 1171.

Art. L. 214-127-1 *(Ord. n° 2013-676, 25 juill. 2013)*. – Les dispositions de l'article L. 214-24-28 sont applicables aux FIA relevant du présent paragraphe.

Art. L. 214-128 *(Ord. n° 2005-1278, 13 oct. 2005 ; mod., L. fin. rect. n° 2006-1771, 30 déc. 2006 ; Ord. n° 2013-676, 25 juill. 2013)*. – Le conseil d'administration ou le directoire de la SICAF fixe sa stratégie d'investissement dans des conditions définies par décret. Cette stratégie et la politique prévue en matière de distribution sont présentées dans les statuts de la SICAF et reproduites dans le rapport annuel mentionné à l'article L. 225-100 du Code de commerce. La stratégie d'investissement doit être respectée à tout moment. Elle peut prévoir que l'actif de la SICAF sera investi en tout ou partie en actions ou parts d'un autre placement collectif ou fonds d'investissement étranger relevant de la présente section et en droits représentatifs d'un placement dans une entité n'ayant pas la personnalité morale émis sur le fondement d'un droit étranger, sous réserve que l'investissement soit compatible avec l'objectif de répartition des risques mentionné à l'article L. 214-127 du présent code.

Les documents destinés à l'information du public mentionnent de manière claire que, sauf dans les cas prévus par les statuts, les actions ne peuvent être rachetées par la SICAF à la demande de ses actionnaires.

Voir : C. monét. fin., art. D. 214-179, p. 1171.

Art. L. 214-129 *(Ord. n° 2005-1278, 13 oct. 2005 ; mod., Ord. n° 2013-676, 25 juill. 2013)*. – La gestion d'une SICAF est assurée par une société de gestion de portefeuille relevant de l'article L. 532-9.

Art. L. 214-130 *(Ord. n° 2005-1278, 13 oct. 2005 ; mod., Ord. n° 2013-676, 25 juill. 2013)*. – La SICAF ne peut procéder à une offre au public que si le montant nominal des actions émises est supérieur à un montant fixé par décret.

Voir : C. monét. fin., art. D. 214-182, p. 1171.

Art. L. 214-131 *(Ord. n° 2005-1278, 13 oct. 2005 ; mod., Ord. n° 2013-676, 25 juill. 2013)*. – Par dérogation aux articles L. 225-127 à L. 225-149-3 du Code de commerce, le président du conseil d'administration ou du directoire de la SICAF peut procéder à tout moment à une augmentation de capital dans les conditions fixées par les statuts de la société.

Une SICAF ne peut émettre d'actions à un prix inférieur à l'actif net par action sans les proposer en priorité à ses actionnaires existants.

Art. L. 214-132 *(Ord. n° 2005-1278, 13 oct. 2005 ; mod., L. n° 2006-1770, 30 déc. 2006 ; Ord. n° 2011-915, 1er août 2011 ; Ord. n° 2013-676, 25 juill. 2013)*. – Lorsque leur montant nominal est inférieur au seuil mentionné à l'article L. 214-130, les parts ou actions émises par la SICAF ou un fonds d'investissement de type fermé constitué sur le fondement d'un droit étranger ne peuvent faire l'objet de démarchage sauf auprès d'investisseurs qualifiés mentionnés au II de l'article L. 411-2.

Toutefois, lorsque la souscription ou l'acquisition d'actions de SICAF est réalisée par un non-résident français à l'occasion d'un acte de commercialisation à l'étranger, les investisseurs auxquels la souscription ou l'acquisition de ces SICAF est réservée sont régis par le droit de l'État de commercialisation.

Art. L. 214-133 *(Ord. n° 2005-1278, 13 oct. 2005 ; mod., Ord. n° 2013-676, 25 juill. 2013).* – Par dérogation aux dispositions des titres II et III du livre II et du titre II du livre VIII du Code de commerce :

1° Les actions sont intégralement libérées dès leur émission ;

2° Tout apport en nature est apprécié sous sa responsabilité par le commissaire aux comptes ;

3° L'assemblée générale ordinaire peut se tenir sans qu'un quorum soit requis. Il en est de même, sur deuxième convocation, de l'assemblée générale extraordinaire ;

4° Une même personne physique peut exercer simultanément cinq mandats de directeur général, de membre du directoire ou de directeur général unique de SICAF. Les mandats de directeur général, de membre du directoire ou de directeur général unique exercés au sein d'une SICAF ne sont pas pris en compte pour les règles de cumul mentionnées au livre II du Code de commerce ;

5° Les mandats de représentant permanent d'une personne morale au conseil d'administration ou de surveillance d'une SICAF ne sont pas pris en compte pour l'application des dispositions des articles L. 225-21, L. 225-77 et L. 225-94-1 du Code de commerce ;

6° *(Al. mod. à compter du 17 juin 2016, Ord. n° 2016-315, 17 mars 2016)* Le commissaire aux comptes est désigné pour six exercices par le conseil d'administration ou le directoire, après accord de l'Autorité des marchés financiers. Les dispositions de l'article L. 823-3-1 du Code de commerce sont applicables à la SICAF relevant des dispositions du III de l'article L. 820-1 du même code. La désignation d'un commissaire aux comptes suppléant n'est pas requise. Le commissaire aux comptes est délié du secret professionnel à l'égard de l'Autorité des marchés financiers.

Le commissaire aux comptes signale dans les meilleurs délais à l'Autorité des marchés financiers tout fait ou décision concernant une SICAF dont il a eu connaissance dans l'exercice de sa mission, de nature :

a) À constituer une violation des dispositions législatives ou réglementaires applicables à cette société et susceptible d'avoir des effets significatifs sur la situation financière, le résultat ou le patrimoine ;

b) À porter atteinte à la continuité de son exploitation ;

c) À entraîner l'émission de réserves ou le refus de la certification des comptes.

La responsabilité du commissaire aux comptes ne peut être engagée pour les informations ou divulgations de faits auxquelles il procède en exécution des obligations imposées par le présent article.

L'Autorité des marchés financiers peut également transmettre aux commissaires aux comptes des SICAF les informations nécessaires à l'accomplissement de leur mission. Les informations transmises sont couvertes par la règle du secret professionnel.

Art. L. 214-134 *(Ord. n° 2005-1278, 13 oct. 2005 ; mod., Ord. n° 2013-676, 25 juill. 2013).* – Les articles L. 224-1, L. 224-2, le deuxième alinéa de l'article L. 225-68, le deuxième alinéa de l'article L. 225-131, les articles L. 225-258 à L. 225-270, L. 232-2 et L. 232-10 du Code de commerce ne sont pas applicables aux SICAF.

Art. L. 214-135 *(Ord. n° 2005-1278, 13 oct. 2005 ; mod., L. n° 2006-1770, 30 déc. 2006 ; Ord. n° 2013-676, 25 juill. 2013).* – Les statuts de la SICAF fixent la durée des exercices comptables qui ne peut excéder douze mois. Toutefois, le premier exercice peut s'étendre sur une durée différente sans excéder dix-huit mois.

Dans un délai de six semaines à compter de la fin de chaque semestre de l'exercice, la SICAF établit l'inventaire de l'actif sous le contrôle du dépositaire.

La SICAF publie, dans un délai de huit semaines à compter de la fin de chacun des semestres de l'exercice, la composition de l'actif et l'actif net par action. Le commissaire aux comptes en certifie l'exactitude avant publication. La SICAF publie dans les mêmes conditions une description de l'exposition aux différents risques financiers. À l'issue de ce délai, tout actionnaire qui en fait la demande a droit à la communication de ce document.

Sous-paragraphe 2. – Sociétés d'investissement à capital fixe dont les actions sont négociées sur un marché d'instruments financiers

Art. L. 214-136 *(Ord. n° 2005-1278, 13 oct. 2005 ; mod., L. n° 2010-1249, 22 oct. 2010 ; Ord. n° 2013-676, 25 juill. 2013).* – Les dispositions de la présente sous-section s'appliquent aux SICAF dont les actions sont admises à la négociation sur un marché réglementé d'instruments financiers mentionné à l'article L. 421-1, ou à un système multilatéral de négociation mentionné à l'article L. 424-1.

Art. L. 214-137 *(Ord. n° 2005-1278, 13 oct. 2005 ; mod., Ord. n° 2011-915, 1er août 2011 ; Ord. n° 2013-676, 25 juill. 2013).* – Les articles L. 225-209, le premier alinéa de l'article L. 225-210 et les articles L. 225-211 et L. 225-212 du Code de commerce ne sont pas applicables aux SICAF relevant du présent sous-paragraphe.

Une SICAF relevant du présent sous-paragraphe est autorisée à racheter ses actions, sans obtenir l'autorisation de l'assemblée générale, jusqu'à une limite de 10 % de son capital par an. Cette limite est toutefois portée à 25 % lorsque le cours des actions est inférieur de plus de 10 % à l'actif net par action. Le nombre d'actions pris en compte pour le calcul de ces limites correspond au nombre d'actions achetées, déduction faite du nombre d'actions revendues pendant l'année. L'assemblée générale extraordinaire de la SICAF peut autoriser le rachat d'actions au-delà de cette limite de 25 %.

Une SICAF relevant du présent sous-paragraphe ne peut posséder, directement ou par l'intermédiaire d'une personne agissant en son propre nom, mais pour le compte de la SICAF, plus de 10 % du total de ses propres actions.

Les SICAF relevant du présent sous-paragraphe rendent compte chaque mois à l'Autorité des marchés financiers des acquisitions, cessions, annulations et transferts qu'elles ont effectués. Elles publient trimestriellement ces mêmes informations.

Le conseil d'administration ou le directoire de la SICAF, selon le cas, indique, dans le rapport prévu à l'article L. 225-100 du Code de commerce, le nombre des actions achetées et vendues au cours de l'exercice, les cours moyens des achats et des ventes, le montant des frais de négociation, le nombre des actions détenues à la clôture de l'exercice et leur valeur évaluée au cours d'achat ainsi que leur valeur nominale, pour chacune des finalités, le nombre des actions utilisées ainsi que les éventuelles réallocations dont elles ont fait l'objet et la fraction du capital qu'elles représentent.

Sous-paragraphe 3. – Fonds fermés de droit étranger dont les parts ou actions sont négociées sur un marché d'instruments financiers

Art. L. 214-138 *(Ord. n° 2005-1278, 13 oct. 2005 ; mod., Ord. n° 2013-676, 25 juill. 2013).* – Lorsque sont admises à la négociation sur un marché d'instruments financiers mentionné à l'article L. 421-1 ou un système multilatéral de négociation mentionné à l'article L. 424-1, les parts ou actions d'un fonds d'investissement de type fermé constitué sur le fondement d'un droit étranger, l'entreprise de marché ou le gestionnaire du système vérifie que ce fonds est soumis à des règles permettant d'assurer la sécurité des opérations et garantissant l'intérêt des investisseurs ainsi qu'à des règles de rachat et de détention de ses propres parts ou actions au moins équivalentes à celles fixées par le présent paragraphe.

§ 6. – Fonds de fonds alternatifs

Art. L. 214-139 *(Ord. n° 2005-1278, 13 oct. 2005 ; mod., Ord. n° 2013-676, 25 juill. 2013).* – Sauf dispositions contraires, les dispositions des articles L. 214-24-24 à L. 214-24-27 et L. 214-24-29 à L. 214-26-2 sont applicables aux FIA relevant du présent paragraphe.

Art. L. 214-140 *(Ord. n° 2005-1278, 13 oct. 2005 ; mod., L. fin. rect. n° 2006-1771, 30 déc. 2006 ; Ord. n° 2013-676, 25 juill. 2013).* – Un fonds de fonds alternatifs peut investir dans les actifs mentionnés à l'article L. 214-24-55 dans les conditions fixées par un décret en Conseil d'État.

Voir : C. monét. fin., art. R. 214-183 et s., p. 1171.

Art. L. 214-141 *(Ord. n° 2005-1278, 13 oct. 2005 ; mod., Ord. n° 2013-676, 25 juill. 2013).* – Le règlement général de l'Autorité des marchés financiers fixe les conditions de souscription, de cession et de rachat des parts ou des actions émises par un tel fonds.

Par dérogation au troisième alinéa de l'article L. 214-24-29 et au premier alinéa de l'article L. 214-24-34, règlement ou les statuts du fonds de fonds alternatifs peuvent prévoir que le rachat des parts ou actions peut être plafonné, à chaque date d'établissement de la valeur liquidative, à une fraction des parts ou actions émises par le fonds.

Art. L. 214-142 *(Ord. n° 2005-1278, 13 oct. 2005 ; mod., Ord. n° 2013-676, 25 juill. 2013).* – Lorsqu'un fonds de fonds alternatifs est un FIA maître, les règles de détention d'investissement, de démarchage et de commercialisation du FIA nourricier sont celles du FIA maître.

Sous-section 3. – Fonds ouverts à des investisseurs professionnels

§ 1. – Fonds agréés

Sous-paragraphe 1. – Fonds professionnels à vocation générale

Art. L. 214-143 *(Ord. n° 2005-1278, 13 oct. 2005 ; mod., Ord. n° 2013-676, 25 juill. 2013).* **– Sauf dispositions contraires, les articles L. 214-24-24 à L. 214-24-27 et L. 214-24-29 à L. 214-26-2 sont applicables aux FIA relevant du présent sous-paragraphe.**

Voir : C. monét. fin., art. R. 214-187 et s., p. 1173.

Art. L. 214-144 *(Ord. n° 2005-1278, 13 oct. 2005 ; mod., Ord. n° 2013-676, 25 juill. 2013).* **– La souscription et l'acquisition des parts ou actions d'un fonds professionnel à vocation générale sont réservées aux clients professionnels mentionnés à l'article L. 533-16 ainsi qu'aux investisseurs étrangers appartenant à une catégorie équivalente sur le fondement du droit du pays dont ils relèvent.**

Le règlement général de l'Autorité des marchés financiers fixe les conditions dans lesquelles la souscription et l'acquisition des parts ou actions de ces fonds sont ouvertes à d'autres investisseurs en fonction, en particulier, de la nature de ceux-ci et du niveau de risque pris par le fonds.

Le dépositaire ou la personne désignée à cet effet par le règlement ou les statuts du FIA s'assure que le souscripteur ou l'acquéreur est un investisseur tel que défini au premier alinéa. Il s'assure également que le souscripteur ou l'acquéreur a effectivement déclaré avoir été informé de ce que ce FIA était régi par les dispositions du présent sous-paragraphe.

Art. L. 214-145 *(Ord. n° 2005-1278, 13 oct. 2005 ; mod., Ord. n° 2011-915, 1er août 2011 ; Ord. n° 2013-676, 25 juill. 2013).* **– Un fonds professionnel à vocation générale peut investir dans les actifs mentionnés à l'article L. 214-24-55 dans les conditions et limites fixées par un décret en Conseil d'État.**

Art. L. 214-146 *(Ord. n° 2005-1278, 13 oct. 2005 ; mod., Ord. n° 2013-676, 25 juill. 2013).* **– Le règlement général de l'Autorité des marchés financiers fixe les conditions de souscription, de cession et de rachat des parts ou des actions émises par un tel FIA.**

Par dérogation au troisième alinéa de l'article L. 214-24-29 et au premier alinéa de l'article L. 214-24-34, le règlement ou les statuts du fonds professionnel à vocation générale peuvent prévoir que le rachat des parts ou actions peut être plafonné, à chaque date d'établissement de la valeur liquidative, à une fraction des parts ou actions émises par le FIA. Un décret détermine les conditions d'application du présent alinéa.

Voir : C. monét. fin., art. D. 214-188, p. 1173.

Art. L. 214-147 *(Ord. n° 2009-107, 30 janv. 2009 ; mod., Ord. n° 2013-676, 25 juill. 2013).* **– Lorsqu'un fonds professionnel à vocation générale est un FIA maître, les règles de détention d'investissement, de démarchage et de commercialisation du FIA nourricier sont celles du FIA maître.**

Sous-paragraphe 2. – Organismes professionnels de placement collectif immobilier

Bibliographie : I. Riassetto, *Modification du régime juridique des OPCI : RD bancaire et fin.* 2011, comm. 179.

Art. L. 214-148 *(Ord. n° 2009-107, 30 janv. 2009 ; mod., Ord. n° 2013-676, 25 juill. 2013).* **– Sauf dispositions contraires, les articles L. 214-33 à L. 214-85 sont applicables aux organismes professionnels de placement collectif immobilier.**

Voir : C. monét. fin., art. R. 214-194 et s., p. 1175.

Art. L. 214-149 *(Ord. n° 2009-107, 30 janv. 2009 ; mod., Ord. n° 2013-676, 25 juill. 2013).* **– Par dérogation à l'article L. 214-55 et dans les conditions fixées par le règlement général de l'Autorité des marchés financiers, les immeubles, droits réels et droits détenus en qualité de crédit-preneur afférents à des contrats de crédit-bail portant sur de tels biens détenus directement ou indirectement par l'organisme professionnel de placement collectif immobilier et par les sociétés mentionnées aux 2° et 3° du I de l'article L. 214-36 sont évalués par un seul expert externe en évaluation qui agit de manière indépendante. Celui-ci établit, sous sa**

responsabilité, un rapport de synthèse écrit sur l'accomplissement de sa mission. La société professionnelle de placement à prépondérance immobilière à capital variable ou la société de gestion du fonds prend toutes les dispositions nécessaires pour permettre à l'expert externe en évaluation de remplir sa mission.

Le règlement général de l'Autorité des marchés financiers fixe la mission de l'expert externe en évaluation, notamment ses tâches, les règles d'évaluation et les conditions d'élaboration du rapport.

Ce rapport est communiqué à la société professionnelle de placement à prépondérance immobilière à capital variable, à la société de gestion du fonds, au dépositaire et au commissaire aux comptes ainsi qu'à tout porteur de parts ou actionnaire de l'organisme professionnel de placement collectif immobilier qui en fait la demande, dans des conditions fixées par décret en Conseil d'État.

Voir : C. monét. fin., art. R. 214-201, p. 1175.

Art. L. 214-150 *(Ord. n° 2009-107, 30 janv. 2009 ; mod., L. n° 2009-1255, 19 oct. 2009 ; Ord. n° 2013-676, 25 juill. 2013).* – La souscription et l'acquisition de parts ou d'actions d'un organisme professionnel de placement collectif immobilier sont réservées aux clients professionnels mentionnés à l'article L. 533-16 ainsi qu'aux investisseurs étrangers appartenant à une catégorie équivalente sur le fondement du droit du pays dans lequel est situé leur siège.

Le règlement général de l'Autorité des marchés financiers fixe les conditions dans lesquelles la souscription et l'acquisition des parts ou actions de ces organismes sont ouvertes à d'autres investisseurs en fonction, en particulier, de la nature de ceux-ci et du niveau de risque pris par l'organisme.

Le dépositaire ou la personne désignée à cet effet par le règlement ou les statuts de l'organisme s'assure que le souscripteur ou l'acquéreur est un investisseur tel que défini à l'alinéa précédent. Il s'assure également que le souscripteur ou l'acquéreur a effectivement déclaré avoir été informé de ce que cet organisme était régi par les dispositions du présent sous-paragraphe.

Art. L. 214-151 *(Ord. n° 2009-107, 30 janv. 2009 ; mod., L. n° 2014-1, 2 janv. 2014).* – Un organisme professionnel de placement collectif immobilier peut, dans des conditions et limites fixées par décret en Conseil d'État, déroger aux limites prévues aux articles L. 214-37 à L. 214-41.

§ 2. – Fonds déclarés

Art. L. 214-152 *(Ord. n° 2009-107, 30 janv. 2009 ; mod., Ord. n° 2013-676, 25 juill. 2013).* – Sauf dispositions contraires, les articles L. 214-24-24 à L. 214-24-27 et L. 214-24-29 à L. 214-26-2 sont applicables aux FIA relevant du présent paragraphe.

Art. L. 214-153 *(Ord. n° 2009-107, 30 janv. 2009 ; mod., Ord. n° 2013-676, 25 juill. 2013).* – Par dérogation à l'article L. 214-24-24, la constitution, la transformation, la fusion, la scission ou la liquidation d'un fonds déclaré relevant du présent paragraphe ne sont pas soumises à l'agrément de l'Autorité des marchés financiers mais lui sont déclarées, dans le mois qui suit leur réalisation, dans les conditions définies par son règlement général.

Art. L. 214-153-1 *(L. n° 2014-856, 31 juill. 2014).* – Les investisseurs mentionnés à l'article L. 214-144 peuvent investir dans des fonds professionnels spécialisés mentionnés à l'article L. 214-154 ou des fonds professionnels de capital investissement mentionnés à l'article L. 214-159 qui ont reçu l'autorisation d'utiliser la dénomination « EuSEF » en application du règlement (UE) n° 346/2013 du Parlement européen et du Conseil, du 17 avril 2013, relatif aux fonds d'entrepreneuriat social européens, dans des conditions fixées par décret.

Sous-paragraphe 1. – Fonds professionnels spécialisés

Art. L. 214-154 *(Anc. L. n° 70-1300, 31 déc. 1970 ; mod., Ord. n° 2013-676, 25 juill. 2013 ; L. n° 2015-1786, 29 déc. 2015 ; L. n° 2016-1691, 9 déc. 2016).* – Un fonds professionnel spécialisé prend la forme d'une SICAV, d'un fonds commun de placement ou d'une société en commandite simple. Selon le cas, sa dénomination est alors, respectivement, celle de « société d'investissement professionnelle spécialisée », de « fonds d'investissement professionnel spécialisé » ou de « société de libre partenariat ». La société de libre partenariat est soumise au sous-paragraphe 3 du présent paragraphe.

Par dérogation aux articles L. 214-24-29, L. 214-24-34 et L. 214-24-55, un fonds professionnel spécialisé peut investir dans des biens s'ils satisfont aux règles suivantes :

1° La propriété du bien est fondée soit sur une inscription, soit sur un acte authentique, soit sur un acte sous seing privé dont la valeur probante est reconnue par la loi française. *(Phrase créée, L. n° 2019-486, 22 mai 2019)* « Cette condition est réputée satisfaite pour les biens qui font l'objet d'une inscription dans un dispositif d'enregistrement électronique partagé » ;

2° Le bien ne fait l'objet d'aucune sûreté autre que celles éventuellement constituées pour la réalisation de l'objectif de gestion du fonds professionnel spécialisé ;

3° Le bien fait l'objet d'une valorisation fiable sous forme d'un prix calculé de façon précise et établi régulièrement, qui est soit un prix de marché, soit un prix fourni par un système de valorisation permettant de déterminer la valeur à laquelle l'actif pourrait être échangé entre des parties avisées et contractant en connaissance de cause dans le cadre d'une transaction effectuée dans des conditions normales de concurrence ;

4° La liquidité du bien permet au fonds professionnel spécialisé de respecter ses obligations en matière d'exécution des rachats vis-à-vis de ses porteurs et actionnaires définies par ses statuts ou son règlement.

Les fonds professionnels spécialisés peuvent consentir des prêts aux entreprises, dans les conditions fixées par le règlement (UE) n° 2015/760 du Parlement européen et du Conseil du 29 avril 2015 relatif aux fonds européens d'investissement à long terme, lorsqu'ils ont reçu l'autorisation d'utiliser la dénomination « ELTIF » en application de ce même règlement.

Ces fonds peuvent également accorder des prêts aux entreprises non financières dans des conditions et limites fixées par décret en Conseil d'État. Les prêts ainsi accordés ont une maturité inférieure à la durée de vie résiduelle du fonds, dont les rachats de parts ou actions et le recours à l'effet de levier font l'objet de limitations.

(Al. créé, L. n° 2019-486, 22 mai 2019) Les fonds professionnels spécialisés peuvent consentir des avances en compte courant aux sociétés dans lesquelles ils détiennent une participation pour la durée de l'investissement réalisé dans ces sociétés.

Voir : C. monét. fin., art. R. 214-202 et s., p. 1175.

Art. L. 214-155 *(Ord. n° 2009-107, 30 janv. 2009 ; mod., L. n° 2009-1255, 19 oct. 2009 ; Ord. n° 2013-676, 25 juill. 2013).* – L'article L. 214-144 est applicable aux fonds professionnels spécialisés. La souscription et l'acquisition des parts ou actions peut être également le fait des investisseurs dirigeants, salariés ou personnes physiques agissant pour le compte de la société de gestion du fonds ainsi que de la société de gestion elle-même.

Art. L. 214-156 *(Ord. n° 2009-107, 30 janv. 2009 ; mod., Ord. n° 2013-676, 25 juill. 2013).* – Le règlement général de l'Autorité des marchés financiers détermine notamment les conditions dans lesquelles les souscripteurs sont informés des règles d'investissement particulières à ce fonds professionnel spécialisé, les modalités selon lesquelles celui-ci peut déroger à l'article L. 214-24-55 ainsi que la périodicité minimale et les modalités d'établissement de la valeur liquidative.

Art. L. 214-157 *(Ord. n° 2009-107, 30 janv. 2009 ; mod., Ord. n° 2013-676, 25 juill. 2013 ; L. n° 2016-1691, 9 déc. 2016).* – I. – Par dérogation au troisième alinéa de l'article L. 214-24-29 et au premier alinéa de l'article L. 214-24-34, le règlement ou les statuts du fonds professionnel spécialisé prévoient les conditions et les modalités d'émission, de souscription, de cession et de rachat des parts ou des actions.

Le règlement ou les statuts du fonds professionnel spécialisé prévoient la valeur liquidative en deçà de laquelle il est procédé à sa dissolution.

Par dérogation aux articles L. 214-24-55 et L. 214-24-56, le règlement ou les statuts du fonds professionnel spécialisé fixent les règles d'investissement et d'engagement.

Le règlement ou les statuts du fonds professionnel spécialisé précisent les conditions et les modalités de leur modification éventuelle. À défaut, toute modification requiert l'unanimité des actionnaires ou porteurs de parts.

Le règlement ou les statuts du fonds professionnel spécialisé peuvent prévoir des parts ou actions donnant lieu à des droits différents sur tout ou partie de l'actif du fonds ou de ses produits.

La société de gestion ou le fonds n'ayant pas délégué globalement sa gestion peuvent procéder à la distribution d'une fraction des actifs dans les conditions fixées par le règlement ou les statuts du fonds.

II. – Par dérogation au 1° de l'article L. 214-24-31, le règlement ou les statuts du fonds professionnel spécialisé peuvent prévoir une libération fractionnée des parts ou actions souscrites. Ces parts ou actions sont nominatives. Lorsque les parts ou actions sont cédées, le souscripteur et les cessionnaires successifs sont tenus solidairement du montant non libéré de celles-ci. À défaut pour le porteur de parts ou l'actionnaire de libérer, aux époques fixées par la société de gestion et, le cas échéant, par la SICAV, les sommes restant à verser sur le montant des parts ou actions détenues, la société de gestion lui adresse une mise en demeure. Un mois après cette mise en demeure et si celle-ci est restée sans effet, la société de gestion et, le cas échéant, la SICAV peuvent procéder de plein droit à la cession de ces parts ou actions ou, dans les conditions prévues par les statuts ou le règlement du fonds professionnel spécialisé, à la suspension du droit au versement des sommes distribuables mentionnées à l'article L. 214-24-51. Après paiement des sommes dues, en principal et intérêts, l'actionnaire ou le porteur de parts peut demander le versement des sommes distribuables non prescrites.

Le règlement ou les statuts du fonds professionnel spécialisé peuvent prévoir qu'en cas de liquidation de celui-ci une fraction des actifs est attribuée à la société de gestion ou à un tiers dans des conditions fixées par le règlement ou les statuts.

III. – Par dérogation à l'article L. 214-24-32, une société d'investissement professionnelle spécialisée peut prévoir dans ses statuts des clauses d'agrément ou des clauses d'inaliénabilité.

Art. L. 214-158 *(Ord. n° 2009-107, 30 janv. 2009 ; mod., Ord. n° 2013-676, 25 juill. 2013)*. – Lorsqu'un fonds professionnel spécialisé est un FIA maître, les règles de détention d'investissement, de démarchage et de commercialisation du FIA nourricier sont celles du FIA maître.

Sous-paragraphe 2. – Fonds professionnels de capital investissement

Art. L. 214-159 *(Ord. n° 2009-107, 30 janv. 2009 ; mod., Ord. n° 2013-676, 25 juill. 2013)*. – I. – Sauf dispositions contraires, les fonds professionnels de capital investissement sont des fonds de capital investissement régis par les articles L. 214-27 à L. 214-32-1.

II. – Les fonds professionnels de capital investissement prennent la forme soit de fonds communs de placement, soit de sociétés d'investissement à capital variable dénommées « sociétés de capital investissement ».

Les articles L. 214-24-29 à L. 214-24-33, à l'exception du troisième alinéa de l'article L. 214-24-29 et des 1° et 9° de l'article L. 214-24-31, sont applicables à la société de capital investissement.

Les dispositions applicables au règlement et aux parts du fonds professionnel de capital investissement sont applicables aux statuts et aux actions de la société de capital investissement.

Voir : C. monét. fin., art. R. 214-204 et s., p. 1179.

Art. L. 214-160 *(Ord. n° 2013-676, 25 juill. 2013 ; mod., L. n° 2015-1786, 29 déc. 2015 ; L. n° 2016-1691, 9 déc. 2016)*. – La souscription et l'acquisition des parts de fonds professionnels de capital investissement sont réservées aux investisseurs mentionnés à l'article L. 214-144 ainsi qu'aux investisseurs dirigeants, salariés ou personnes physiques agissant pour le compte de la société de gestion du fonds et à la société de gestion elle-même.

Le dépositaire ou la personne désignée à cet effet par le règlement du fonds professionnel de capital investissement s'assure que le souscripteur ou l'acquéreur est un investisseur tel que défini à l'alinéa précédent. Il s'assure également que le souscripteur ou l'acquéreur a effectivement déclaré avoir été informé de ce que ce fonds relevait du présent sous-paragraphe.

II. – Le fonds professionnel de capital investissement peut détenir des créances, dans la limite de 10 % de son actif. Les fonds professionnels de capital investissement peuvent consentir des prêts aux entreprises, dans les conditions fixées par le règlement (UE) n° 2015/760 du Parlement européen et du Conseil du 29 avril 2015 relatif aux fonds européens d'investissement à long terme, lorsqu'ils ont reçu l'autorisation d'utiliser la dénomination « ELTIF » en application de ce même règlement.

Ces fonds peuvent également accorder des prêts aux entreprises non financières dans des conditions et limites fixées par décret en Conseil d'État. Les prêts ainsi accordés ont une maturité inférieure à la durée de vie résiduelle du fonds, dont les rachats de parts ou actions et le recours à l'effet de levier font l'objet de limitations.

(Al. créé, L. n° 2019-486, 22 mai 2019) Ces fonds peuvent également détenir des actifs numériques mentionnés à l'article L. 54-10-1 du présent code, dans la limite de 20% de leur actif.

L'actif du fonds professionnel de capital investissement peut également comprendre :

1° Dans la limite de 15 % mentionnée au 1° du II de l'article L. 214-28, des avances en compte courant consenties, pour la durée de l'investissement réalisé, à des sociétés dans lesquelles le fonds professionnel de capital investissement détient une participation. Ces avances sont prises en compte pour le calcul du quota prévu au I de l'article L. 214-28 lorsqu'elles sont consenties à des sociétés remplissant les conditions pour être retenues dans ce quota ;

L'actif d'un fonds professionnel de capital investissement ou d'une société de libre partenariat peut également comprendre des avances en compte courant, qui ne sont retenues dans le quota d'investissement mentionné au I de l'article L. 214-28 qu'à concurrence de 30 % du total de l'actif, dès lors que les conditions suivantes sont vérifiées :

a) L'objet principal du fonds est de financer directement ou indirectement des actifs d'infrastructure, entendus comme tout actif physique, installation, système ou réseau contribuant à fournir ou fournissant directement des services publics, notamment des services énergétiques, de transport, de santé ou contribuant à la transition énergétique ;

b) Le fonds a reçu l'autorisation d'utiliser la dénomination « ELTIF » en application du règlement (UE) n° 2015/760 du Parlement européen et du Conseil du 29 avril 2015 précité.

Ces avances en compte courant peuvent être consenties directement à une société appartenant au groupe dans lequel le fonds détient une participation. Les titres émis par la société bénéficiaire de l'avance en compte courant d'associé ne sont pas admis à la négociation sur un marché réglementé ou sur un système multilatéral de négociation ;

2° Des droits représentatifs d'un placement financier émis sur le fondement du droit français ou étranger dans une entité qui a pour objet principal d'investir directement ou indirectement dans des sociétés dont les titres de capital ne sont pas admis aux négociations sur un marché d'instruments financiers mentionné au I de l'article L. 214-28. Ces droits ne sont retenus dans le quota d'investissement de 50 % du fonds prévu au même I qu'à concurrence du pourcentage d'investissement direct ou indirect de l'actif de l'entité concernée dans les sociétés éligibles à ce même quota.

Un décret en Conseil d'État fixe les règles propres aux fonds professionnels de capital investissement relatives aux conditions et limites de la détention des actifs.

III. – Le règlement du fonds professionnel de capital investissement peut prévoir des parts donnant lieu à des droits différents sur tout ou partie de l'actif du fonds ou des produits du fonds.

Par dérogation au VII de l'article L. 214-28, le règlement du fonds professionnel de capital investissement peut prévoir que le rachat des parts à la demande des porteurs peut être bloqué pendant une période excédant dix ans.

Dans des conditions fixées par décret, le règlement du fonds professionnel de capital investissement peut prévoir une ou plusieurs périodes de souscription à durée déterminée y compris lorsque la société de gestion a procédé à la distribution d'une fraction des actifs.

IV. – Par dérogation à l'article L. 214-24-32, une société de capital investissement peut prévoir dans ses statuts des clauses d'agrément ou des clauses d'inaliénabilité.

Art. L. 214-161 *(Ord. n° 2013-676, 25 juill. 2013)*. – Les fonds communs de placement à risques qui ne font pas l'objet de publicité ou de démarchage et qui existaient au 30 juin 1999 suivent les règles applicables aux fonds professionnels de capital investissement, à l'exception des règles relatives à la qualité des investisseurs et de celles applicables aux transformations, fusions, scissions ou liquidations, sauf accord exprès de chaque porteur de parts du fonds acceptant de placer ces événements sous le régime du fonds professionnel de capital investissement.

Art. L. 214-162 *(Ord. n° 2013-676, 25 juill. 2013)*. – Un fonds professionnel de capital investissement ne peut se placer sous le régime des fonds professionnels spécialisés qu'avec l'accord exprès de chaque porteur de parts.

Sous-paragraphe 3. – Société de libre partenariat

Bibliographie : I. Riassetto, *La société de libre partenariat, un nouveau fonds d'investissement professionnel dans le paysage de la gestion collective française : Bull. Joly Bourse* 2015, 112 v2.

Art. L. 214-162-1 *(L. n° 2015-990, 6 août 2015 ; mod., L. n° 2016-1691, 9 déc. 2016 ; Ord. n° 2017-1432, 4 oct. 2017)*. – I. – Les articles L. 221-3, L. 221-7 et L. 221-12, le second alinéa de l'article L. 221-16 et les articles L. 222-4, L. 222-5, L. 222-7 à L. 222-9, L. 222-12, L. 231-1 à L. 231-8, L. 232-21 et L. 233-16 à L. 233-28 du Code de commerce ne sont pas applicables aux sociétés de libre partenariat.

Les autres dispositions concernant la société en commandite simple sont applicables à la société de libre partenariat sous réserve du présent sous-paragraphe. Le livre VI du Code de commerce et les articles L. 214-155 et L. 214-157 du présent code ne sont pas applicables aux sociétés de libre partenariat.

II. – La dénomination sociale de la société de libre partenariat est précédée ou suivie immédiatement des mots : « société de libre partenariat » ou « SLP ».

III. – Un ou plusieurs gérants, associés ou non, sont désignés ou révoqués dans les conditions prévues par les statuts.

IV. – Les parts des associés commandités peuvent être souscrites et acquises par toute personne physique ou morale ou entité autorisée par les statuts.

V. – Les articles L. 214-24-29, à l'exception de son avant-dernier alinéa, à L. 214-24-42, L. 214-24-45 et L. 214-24-46, L. 214-24-48, L. 214-24-49, L. 214-24-62 et L. 214-25 ne s'appliquent pas aux sociétés de libre partenariat.

VI. – La souscription et l'acquisition des parts des commanditaires sont réservées :

1° Aux investisseurs mentionnés à l'article L. 214-144 ;

2° Au gérant, à la société de gestion et aux commandités ou à toute société réalisant des prestations liées à la gestion investissant directement ou indirectement, ainsi qu'à leurs dirigeants, à leurs salariés ou à toute personne physique ou morale agissant pour leur compte ;

3° Aux investisseurs dont la souscription initiale ou l'acquisition est d'au moins 100 000 €.

VII. – Le dépositaire ou la personne désignée à cet effet par les statuts de la société de libre partenariat s'assure que le souscripteur ou l'acquéreur des parts est un investisseur défini au VI.

Il s'assure également que le souscripteur ou l'acquéreur a effectivement déclaré avoir été informé de ce que cette société relevait du présent sous-paragraphe.

Art. L. 214-162-2 *(L. n° 2015-990, 6 août 2015 ; mod., L. n° 2016-1691, 9 déc. 2016).* – Une société de libre partenariat peut, dans les conditions prévues par les statuts, déléguer globalement la gestion de son portefeuille à une société de gestion de portefeuille. Cette mission seule ne confère pas à cette société ou à ce gestionnaire la qualité de gérant de la société de libre partenariat.

La société de gestion de portefeuille a le pouvoir de prendre toute décision relative à la gestion du portefeuille, y compris le pouvoir de représentation de la société de libre partenariat à cet effet.

Lors de l'immatriculation de la société de libre partenariat au registre du commerce et des sociétés ou postérieurement à cette immatriculation, la société de gestion peut être déclarée en tant qu'associée ou tiers ayant le pouvoir de gérer et d'engager à titre habituel la société de libre partenariat pour toute décision relative à la gestion du portefeuille. Cette déclaration précise que le pouvoir de la société de gestion est limité aux actes relatifs à la gestion du portefeuille.

Art. L. 214-162-3 *(L. n° 2015-990, 6 août 2015 ; mod., L. n° 2016-1691, 9 déc. 2016).* – I. – Un associé commanditaire ne peut faire aucun acte de gestion externe, hormis le cas où il est gérant ou société de gestion de la société, et en cette seule qualité. Dans ce cas, l'article L. 222-6 du Code de commerce ne s'applique pas. Ne constituent pas des actes de gestion, notamment, l'exercice des prérogatives d'associé, les avis et les conseils donnés à la société, à ses entités affiliées ou à leurs gérants ou à leurs dirigeants, les actes de contrôle et de surveillance, l'octroi de prêts, de garanties ou de sûretés ou toute autre assistance à la société ou à ses entités affiliées, ainsi que les autorisations données aux gérants ou à la société de gestion dans les cas prévus par les statuts pour les actes qui excèdent leurs pouvoirs.

II. – Le ou les gérants sont responsables soit des infractions aux dispositions législatives ou réglementaires applicables à la société, soit des violations des statuts, soit des fautes commises dans leur gestion.

Art. L. 214-162-4 *(L. n° 2015-990, 6 août 2015 ; mod., Ord. n° 2017-1107, 22 juin 2017).* – Dans les conditions définies par les statuts, la responsabilité à l'égard des tiers de la centralisation des ordres de souscription et de rachat des parts de la société de libre partenariat est confiée soit au gérant, soit à la société de gestion de portefeuille, soit au dépositaire, soit à un prestataire de services d'investissement autre qu'une société de gestion de portefeuille agréé pour fournir l'un des services mentionnés à l'article L. 321-1. L'entité à qui cette responsabilité est confiée dispose de moyens adaptés et suffisants pour assurer cette fonction.

Art. L. 214-162-5 *(L. n° 2015-990, 6 août 2015).* – Le gérant désigne le commissaire aux comptes de la société de libre partenariat pour six exercices, conformément à l'article L. 823-1 du Code de commerce, après accord de l'Autorité des marchés financiers. La désignation d'un commissaire aux comptes suppléant n'est pas requise.

Les associés de la société de libre partenariat exercent les droits reconnus aux actionnaires par les articles L. 823-6 et L. 823-7 du même code.

Le commissaire aux comptes porte à la connaissance du gérant les irrégularités et inexactitudes qu'il a relevées dans l'exercice de sa mission.

Art. L. 214-162-6 *(L. n° 2015-990, 6 août 2015).* – I. – Les statuts de la société de libre partenariat sont publiés par extrait au registre du commerce et des sociétés. Les mentions devant y figurer sont définies par décret.

II. – Les statuts de la société de libre partenariat ainsi que les documents destinés à l'information des associés sont rédigés en français. Toutefois, dans des conditions et limites fixées par le règlement général de l'Autorité des marchés financiers, et à l'exception de l'extrait mentionné au I, ils peuvent être rédigés dans une langue usuelle en matière financière autre que le français.

Art. L. 214-162-7 *(L. n° 2015-990, 6 août 2015).* – Par dérogation aux articles L. 214-24-55 et L. 214-24-56, les statuts déterminent les règles d'investissement et d'engagement de la société de libre partenariat.

La société de libre partenariat peut détenir des biens, dans les conditions définies à l'article L. 214-154.

L'actif peut également comprendre des droits représentatifs d'un placement financier émis sur le fondement du droit français ou étranger, ainsi que des avances en compte courant consenties, pour la durée de l'investissement réalisé, à des sociétés dans lesquelles la société de libre partenariat détient une participation.

Art. L. 214-162-8 *(L. n° 2015-990, 6 août 2015 ; mod., L. n° 2016-1691, 9 déc. 2016).* – I. – Par dérogation aux titres II et III du livre II et au titre II du livre VIII du Code de commerce, les dispositions suivantes s'appliquent à la société de libre partenariat :

1° Les statuts de la société de libre partenariat prévoient les modalités d'émission, de souscription, de libération, de cession et de rachat des parts et des titres. Les parts émises par la société sont nominatives.

À défaut pour l'associé de libérer les sommes à verser sur le montant des parts détenues dans les conditions prévues par les statuts, le gérant peut, un mois après une mise en demeure, procéder de plein droit à la cession de ces parts ou à la suspension de toute distribution.

Dans les conditions qu'ils déterminent, les statuts peuvent prévoir à l'encontre de l'associé défaillant la suspension de ses droits non pécuniaires jusqu'au complet paiement des sommes dues.

Les statuts peuvent prévoir que, lorsque les parts sont cédées, le souscripteur et les cessionnaires successifs sont tenus solidairement du montant non libéré de celles-ci ;

2° Tout apport en nature est apprécié par le commissaire aux comptes sous sa responsabilité ;

3° Les statuts de la société de libre partenariat déterminent les décisions qui doivent être prises collectivement par les associés ou par une partie des associés dans les formes et conditions qu'ils prévoient. La prorogation de la société est décidée dans les conditions prévues par ces statuts.

Toutefois, toutes décisions emportant modification de l'objet social, la fusion, l'absorption, la scission, la transformation ou la liquidation de la société sont adoptées collectivement par les associés commanditaires, dans les conditions prévues par les statuts et avec l'accord du ou des associés commandités.

Les décisions prises en violation du deuxième alinéa du présent 3° peuvent être annulées en justice à la demande de tout intéressé ;

4° Chaque associé dispose d'un nombre de voix en proportion des parts qu'il possède, sauf stipulation contraire des statuts.

II. – Les statuts de la société de libre partenariat peuvent prévoir des parts donnant lieu à des droits différents sur tout ou partie de l'actif de la société ou de ses produits. Les parts peuvent également être différenciées selon les dispositions prévues au second alinéa de l'article L. 214-24-25 ou dans les conditions prévues par les statuts.

III. – Les statuts de la société de libre partenariat déterminent :

1° La périodicité minimale et les modalités d'établissement de la valeur liquidative ;

2° Les conditions et modalités de modification des statuts.

IV. – Par dérogation aux dispositions applicables à la société commandite simple, les parts des associés commanditaires sont des titres financiers négociables.

Par dérogation à l'article L. 211-14 du présent code, les parts des associés commandités ne sont pas négociables. La cession des parts des associés commandités doit être constatée par écrit. Elle est rendue opposable à la société par le dépôt d'un original ou d'une copie certifiée conforme de l'acte de cession au siège social contre remise par le gérant d'une attestation de ce dépôt, ou dans les formes prévues à l'article 1690 du Code civil. Elle est opposable aux tiers après accomplissement de ces formalités.

Les statuts de la société peuvent prévoir des clauses d'agrément, d'inaliénabilité, de préférence, de retrait ou de cession forcée et des clauses prévoyant la suspension des droits non pécuniaires des associés selon les conditions et modalités, notamment de prix, prévues par les statuts. Toute cession effectuée en violation des clauses statutaires est nulle. Ces clauses sont adoptées ou modifiées par une décision collective des associés dans les conditions prévues par les statuts.

V. – Sans préjudice du titre III du livre II du Code de commerce, les conditions de liquidation, y compris, le cas échéant, sa durée, ainsi que les modalités de répartition du boni de liquidation sont déterminées librement par les statuts de la société de libre partenariat. Le gérant ou toute personne désignée à cet effet conformément aux statuts assume les fonctions de liquidateur ; à défaut, le liquidateur est désigné en justice à la demande de toute personne intéressée.

Bibliographie : Ch. Baert, *Exemples de clauses statutaires spécifiques à la société de libre partenariat : JCP* E 2015, 1462.

Art. L. 214-162-9 *(L. n° 2015-990, 6 août 2015)*. – I. – Une société de libre partenariat peut comporter un ou plusieurs compartiments si ses statuts le prévoient. Lorsqu'un ou plusieurs compartiments sont constitués au sein d'une société de libre partenariat, ils sont soumis individuellement aux dispositions applicables aux sociétés de libre partenariat.

II. – Par dérogation à l'article 2285 du Code civil et sauf stipulation contraire des statuts de la société de libre partenariat, les actifs d'un compartiment déterminé ne répondent que des dettes, engagements et obligations et ne bénéficient que des créances qui concernent ce compartiment.

III. – Chaque compartiment fait l'objet d'une comptabilité distincte, qui peut être tenue en toute unité monétaire dans des conditions fixées par décret.

Art. L. 214-162-10 *(L. n° 2015-990, 6 août 2015)*. – Les statuts de la société de libre partenariat fixent la durée des exercices comptables, qui ne peut excéder douze mois. Toutefois, le premier exercice peut s'étendre sur toute durée n'excédant pas dix-huit mois.

Dans un délai de huit semaines à compter de la fin de chaque semestre de l'exercice, le gérant de la société de libre partenariat établit l'inventaire de l'actif sous le contrôle du dépositaire.

La société est tenue de communiquer aux associés, à leur demande, la composition de l'actif dans un délai de huit semaines à compter de la fin de chacun des semestres de l'exercice. Le commissaire aux comptes contrôle la composition de l'actif avant publication.

Le ou les gérants doivent, au moins une fois dans l'année, rendre compte de leur gestion aux associés, le cas échéant dans les conditions fixées dans les statuts.

La société de libre partenariat établit un rapport annuel dans les conditions prévues à l'article L. 214-24-19 et un rapport semestriel couvrant les six premiers mois de l'exercice.

Ces rapports sont mis à la disposition des associés, sans frais, dans des délais fixés par décret.

Le prospectus est composé des statuts de la société de libre partenariat selon les modalités précisées par le règlement général de l'Autorité des marchés financiers.

Art. L. 214-162-11 *(L. n° 2015-990, 6 août 2015)*. – Les statuts fixent librement les conditions de répartition de tout ou partie des actifs de la société de libre partenariat, y compris le remboursement d'apports aux associés ainsi que les conditions dans lesquelles la société de libre partenariat peut en demander la restitution totale ou partielle.

Art. L. 214-162-12 *(L. n° 2015-990, 6 août 2015)*. – Les FIA régis par le présent paragraphe peuvent se transformer sans dissolution en société de libre partenariat dans les conditions définies par les statuts ou par le règlement du FIA.

Les porteurs de parts ou actionnaires existants deviennent associés commanditaires.

Sous-section 4. – Fonds d'épargne salariale

Art. L. 214-163 *(Ord. n° 2013-676, 25 juill. 2013).* – I. – Sauf dispositions contraires, les articles L. 214-24-24 à L. 214-26-2 sont applicables aux FIA relevant de la présente sous-section.

II. – Les fonds communs de placement d'entreprise et les sociétés d'investissement à capital variable d'actionnariat salarié peuvent comporter des compartiments, dans des conditions précisées par décret en Conseil d'État.

§ 1. – Fonds communs de placement d'entreprise

Art. L. 214-164 *(Ord. n° 2013-676, 25 juill. 2013 ; mod., L. n° 2015-990, 6 août 2015).* – I. - Le règlement du fonds constitué en vue de gérer les sommes investies en application du titre III du livre III de la troisième partie du Code du travail relatif aux plans d'épargne salariale prévoit l'institution d'un conseil de surveillance et les cas où la société de gestion doit recueillir l'avis de ce conseil.

Le conseil de surveillance est composé, pour moitié au moins, de salariés représentant les porteurs de parts, eux-mêmes porteurs de parts et de représentants de l'entreprise. Lorsque le fonds réunit les valeurs acquises avec des sommes provenant de réserves de participation ou versées dans des plans d'épargne d'entreprise constitués dans plusieurs entreprises, le règlement détermine, dans des conditions fixées par décret en Conseil d'État, les modalités de représentation des entreprises dans le conseil de surveillance et de désignation de leurs représentants.

Le règlement précise les modalités de désignation des représentants des porteurs de parts soit par élection, soit par choix opéré par le ou les comités d'entreprise intéressés ou par les organisations syndicales représentatives au sens de l'article L. 2231-1 du Code du travail.

Le président du conseil de surveillance est choisi parmi les représentants des porteurs de parts.

Lorsqu'il est fait application de l'avant-dernier alinéa de l'article L. 3332-15 du même code, le règlement du fonds fait référence aux dispositions précisées par le règlement du plan d'épargne.

Le conseil de surveillance exerce les droits de vote attachés aux valeurs comprises dans le fonds et décide de l'apport des parts ou titres. Toutefois, le règlement peut prévoir que les droits de vote relatifs à ces parts ou titres soient exercés par la société de gestion, et que celle-ci puisse décider de l'apport des parts ou titres, à l'exception des parts ou titres de l'entreprise ou de toute entreprise qui lui est liée dans les conditions prévues aux articles L. 3344-1 et L. 3344-2 du Code du travail.

Le conseil de surveillance est chargé notamment de l'examen de la gestion financière, administrative et comptable. Il peut demander à entendre la société de gestion, le dépositaire et le commissaire aux comptes du fonds qui sont tenus de déférer à sa convocation. Il décide des fusions, scissions ou liquidations. Le règlement du fonds précise quelles sont les modifications du règlement qui ne peuvent être décidées sans l'accord du conseil de surveillance. Sans préjudice des compétences de la société de gestion mentionnées à l'article L. 214-24-35 du présent code et de celles du liquidateur prévues à l'article L. 214-24-45, le conseil de surveillance peut agir en justice pour défendre ou faire valoir les droits ou intérêts des porteurs.

Le conseil de surveillance adopte un rapport annuel mis à la disposition de chaque porteur de parts et dont le contenu est précisé par le règlement général de l'Autorité des marchés financiers.

II. - Le règlement du fonds peut prévoir que les produits des actifs du fonds sont réinvestis dans celui-ci.

III. - Le fonds ne peut être dissous que si sa dissolution n'entraîne pas la perte des avantages accordés aux salariés dans les conditions prévues aux articles L. 3323-4, L. 3324-10, L. 3325-1 à L. 3325-4, L. 3332-14, L. 3332-25 et L. 3332-26 du Code du travail.

IV. - Le présent article est également applicable aux fonds dont l'actif comprend au plus un tiers de parts ou titres émis par l'entreprise ou par toute entreprise qui lui est liée dans les conditions prévues aux articles L. 3344-1 et L 3344-2 du Code du travail.

V. - Le règlement du fonds précise, le cas échéant, les considérations sociales, environnementales ou éthiques ainsi que celles tenant aux types d'entreprises financées que doit respecter la société de gestion dans l'achat ou la vente des parts ou titres ainsi que dans l'exercice des droits qui leur sont attachés. Le rapport annuel du fonds rend compte de leur application, dans des conditions définies par le règlement général de l'Autorité des marchés financiers.

Lorsque l'entreprise est régie par les dispositions de la loi n° 47-1775 du 10 septembre 1947 portant statut de la coopération, le fonds commun de placement d'entreprise peut investir dans les parts ou titres de capital qu'elle émet, dans des conditions fixées par décret en Conseil d'État et sans préjudice des dispositions spécifiques qui régissent, le cas échéant, la souscription de ces parts ou titres par les salariés.

Le présent article est également applicable aux fonds solidaires qui peuvent être souscrits dans le cadre d'un plan d'épargne salariale mentionné au titre III du livre III de la troisième partie du Code du travail. L'actif de ces fonds solidaires est composé :

a) Pour une part comprise entre 5 et 10 %, de parts ou titres émis par des entreprises solidaires agréées en application de l'article L. 3332-17-1 du même code ou par des sociétés de capital-risque mentionnées à l'article 1er-I de la loi n° 85-695 du 11 juillet 1985 portant diverses dispositions d'ordre économique et financier ou par des fonds communs de placements à risque mentionnés à l'article L. 214-28 du présent code, sous réserve que l'actif de ces fonds soit composé d'au moins 40 % de parts ou titres émis par des entreprises solidaires mentionnées à l'article L. 3332-17-1 du Code du travail ;

b) Pour le surplus de parts ou titres financiers admis aux négociations sur un marché réglementé, de parts d'OPCVM ou de FIA relevant des paragraphes 1,2 et 6 de la sous-section 2, du sous-paragraphe 1 du paragraphe 1 ou du paragraphe 2 de la sous-section 3 de la présente section, investies dans ces mêmes parts ou titres et, à titre accessoire, de liquidités.

L'actif des fonds solidaires peut, dans les conditions fixées à l'article L. 214-24-57 du présent code, être investi en actions ou parts d'un seul OPCVM ou FIA mentionné au *b* ci-dessus respectant la composition des fonds solidaires.

(Al. mod., L. n° 2015-990, 6 août 2015) Les fonds qui peuvent être souscrits dans le cadre d'un plan d'épargne pour la retraite collectif ne peuvent détenir plus de 10 % departs ou titres non admis aux négociations sur un marché réglementé, sans préjudice des dispositions du *a* ci-dessus, ou plus de 10 % de parts ou titres de l'entreprise qui a mis en place le plan ou d'entreprises qui lui sont liées dans les conditions prévues aux articles L. 3344-1 et L. 3344-2 du Code du travail. Cette limitation ne s'applique pas aux parts et actions d'OPCVM *(Mots rempl., L. n° 2019-486, 22 mai 2019)* « , de FIA mentionné au *b* du présent V ou d'organisme de placement collectif immobilier mentionné au paragraphe 3 de la sous-section 2 de la section 2 du chapitre IV du titre Ier du livre II du présent code » détenues par le fonds.

Voir : C. monét. fin., art. R. 214-211 et s., p. 1181.

Art. L. 214-165 *(Ord. n° 2013-676, 25 juill. 2013 ; mod., L. n° 2015-994, 17 août 2015)*. – I. - Sont soumis au présent article les fonds communs de placement d'entreprise dont plus du tiers de l'actif est composé de parts ou titres émis par l'entreprise ou par toute entreprise qui lui est liée dans les conditions prévues à l'article L. 3344-1 du Code du travail.

II. - Le règlement du fonds précise la composition et les modalités de désignation de son conseil de surveillance, qui peut être effectuée soit par élection sur la base du nombre de parts détenues par chaque porteur de parts, soit dans les conditions prévues au deuxième alinéa du I de l'article L. 214-164. *(Phrase créée à compter du 1er janvier 2021, L. n° 2019-486, 22 mai 2019)* Dans ce dernier cas, les salariés représentant les porteurs de parts sont élus parmi l'ensemble des salariés porteurs de parts sur la base du nombre de parts détenues par chaque porteur et, pour l'exercice des droits de vote attachés aux titres émis par l'entreprise, après discussion en présence des représentants de l'entreprise, les opérations de vote ont lieu hors la présence de ces derniers.

Lorsque les membres du conseil de surveillance sont exclusivement des représentants des porteurs de parts, élus sur la base du nombre de parts détenues et eux-mêmes salariés de l'entreprise et porteurs de parts du fonds, le conseil exerce les droits de vote attachés aux parts ou titres émis par l'entreprise ou par toute autre société qui lui est liée. Il rend compte de ses votes, de façon motivée, aux porteurs de parts.

Lorsque la composition et la désignation du conseil sont régies par le deuxième alinéa du I de l'article L. 214-164, le règlement du fonds prévoit que le conseil de surveillance exerce les droits de vote attachés aux parts ou titres émis par l'entreprise ou par toute autre société qui lui est liée et qu'il rend compte de ses votes, de façon motivée, aux porteurs de parts. Toutefois, le règlement peut prévoir que les droits de vote relatifs à ces parts ou titres sont exercés individuellement par les porteurs de parts et, pour les fractions de parts formant rompus, par le conseil de surveillance. Le conseil met alors à la disposition des porteurs les informations économiques et financières qu'il détient sur l'entreprise, portant sur les trois derniers exercices.

Dans les entreprises qui disposent d'un comité d'entreprise, sont transmises au conseil de surveillance les informations communiquées à ce comité, en application des articles L. 2323-10, L. 2323-12, L. 2323-13, L. 2323-15, L. 2323-17, L. 2323-28, L. 2323-60 et L. 2325-35 à L. 2325-42 du Code du travail, ainsi que, le cas échéant, copie du rapport de l'expert-comptable désigné en application des mêmes articles L. 2325-35 à L. 2325-42.

Dans les entreprises qui n'ont pas mis en place de comité d'entreprise, le conseil de surveillance peut se faire assister d'un expert-comptable dans les conditions précisées aux articles L. 2325-35 à L. 2325-42 du Code du travail ou convoquer les commissaires aux comptes de l'entreprise pour recevoir leurs explications sur les comptes de l'entreprise. Il peut également inviter le chef d'entreprise à expliquer les événements ayant eu une influence significative sur la valorisation des parts ou titres.

Le conseil de surveillance décide de l'apport des parts ou titres aux offres d'achat ou d'échange. Le règlement du fonds précise les cas où le conseil doit recueillir l'avis préalable des porteurs.

Le conseil de surveillance est notamment chargé de l'examen de la gestion financière, administrative et comptable du fonds. Il peut demander à entendre la société de gestion, le dépositaire et le commissaire aux comptes du fonds, qui sont tenus de déférer à sa convocation. Il décide des fusions, scissions ou liquidations. Le règlement du fonds précise quelles sont les modifications du règlement qui ne peuvent être décidées sans l'accord du conseil de surveillance. Sans préjudice des compétences de la société de gestion mentionnées à l'article L. 214-24-35 du présent code et de celles du liquidateur prévues à l'article L. 214-24-45, le conseil de surveillance peut agir en justice pour défendre ou faire valoir les droits ou intérêts des porteurs.

Le conseil de surveillance adopte un rapport annuel mis à la disposition de chaque porteur de parts et dont le contenu est précisé par le règlement général de l'Autorité des marchés financiers. Il s'assure de la diffusion régulière par l'entreprise de l'information aux porteurs de parts.

III. - Les porteurs de parts peuvent opter pour un rachat en espèces des parts du fonds.

Le règlement du fonds prévoit, le cas échéant, différentes catégories de parts.

Dans une société dont les actions sont admises aux négociations sur un marché réglementé, un fonds rassemblant en majorité les actions de cette société détenues par des salariés ou anciens salariés doit être géré par un intermédiaire indépendant.

Le conseil de surveillance de ce fonds ou un groupe de salariés ou d'anciens salariés ayant des droits sur au moins 1 % de ses actifs peut demander en justice la récusation de la société de gestion au motif du défaut d'indépendance vis-à-vis de la société dont les actions sont admises aux négociations sur un marché réglementé ou des dirigeants de cette société. La récusation prononcée à la suite d'une action judiciaire ouvre droit à des dommages et intérêts au profit de la copropriété.

Dans la limite de 20 % des droits de vote, les fractions de ces droits résultant de rompus peuvent être exercées par la société de gestion.

IV. - Lorsque l'entreprise est régie par la loi n° 47-1775 du 10 septembre 1947 portant statut de la coopération, le fonds commun de placement d'entreprise peut investir dans les parts ou titres de capital qu'elle émet, dans des conditions fixées par décret en Conseil d'État et sans préjudice des dispositions spécifiques qui régissent, le cas échéant, la souscription de ces parts ou titres par les salariés.

Lorsque les parts ou titres émis par l'entreprise ou par toute entreprise qui lui est liée dans les conditions prévues aux articles L. 3344-1 et L. 3344-2 du Code du travail ne sont pas admis aux négociations sur un marché mentionné aux articles L. 421-1, L. 422-1 ou L. 423-1 du présent code, le fonds commun de placement d'entreprise peut être partie à un pacte d'actionnaires afin de favoriser la transmission de l'entreprise, la stabilité de l'actionnariat ou la liquidité du fonds.

Voir : C. monét. fin., art. R. 214-211 et s., p. 1181.

Art. L. 214-165-1 *(Ord. n° 2017-1432, 4 oct. 2017).* – I. – 1° Sont soumis aux dispositions du présent article les fonds communs de placement d'entreprise qui ne sont pas soumis aux dispositions du livre III de la troisième partie du Code du travail et dont plus du tiers de l'actif est composé de titres émis par une entreprise de droit étranger ou par toute autre entreprise de droit étranger appartenant au même groupe.

Pour l'application du présent article, le groupe mentionné à l'alinéa précédent s'entend comme l'ensemble des entreprises entrant dans le même périmètre de consolidation au sens des articles 2 et 22 de la directive 2013/34/UE du Parlement Européen et du Conseil du 26 juin 2013 relative aux états financiers annuels, aux états financiers consolidés et aux rapports y *(Mot rempl., L. n° 2019-486, 22 mai 2019)* « afférents » de certaines formes d'entreprises ;

2° Sont également soumis aux dispositions du présent article les fonds communs de placement d'entreprise, constitués en application d'un plan d'épargne salariale régi par les titres III et IV du livre III de la troisième partie du Code du travail, mis en place par une entreprise de droit français appartenant à un groupe au sens de l'article L. 3344-1 du Code du travail, ouverts aux travailleurs des entreprises de droit étranger du groupe par application d'un accord régi par un droit étranger, et dont plus du tiers de l'actif est composé de titres émis par les entreprises de ce groupe.

II. – Les dispositions des II, III et du second alinéa du IV de l'article L. 214-165 s'appliquent aux fonds commun de placement d'entreprise mentionnés au I du présent article à l'exception de celles renvoyant au Code du travail.

III. – Les titres des entreprises composant l'actif des fonds mentionnés au I sont évalués de la manière suivante :

1° Lorsque les titres émis sont admis aux négociations sur une plate-forme de négociation d'un État de l'Espace économique européen ou une plate-forme de négociation d'un pays tiers reconnue équivalente, le prix de cession est fixé d'après le cours de bourse ;

2° Lorsque les titres émis ne sont pas admis aux négociations sur une plate-forme de négociation d'un État de l'Espace économique européen ou sur une plate-forme de négociation d'un pays tiers reconnue équivalente, le prix de cession est déterminé conformément aux méthodes objectives retenues en matière d'évaluation d'actions en tenant compte, selon une pondération appropriée à chaque cas, de la situation nette comptable, de la rentabilité et des perspectives d'activité de l'entreprise. Ces critères sont appréciés, le cas échéant, sur une base consolidée ou, à défaut, en tenant compte des éléments financiers issus de filiales significatives.

À défaut, le prix de cession est déterminé en divisant par le nombre de titres existants le montant de l'actif net réévalué d'après le bilan le plus récent. Celui-ci est ainsi déterminé à chaque exercice sous le contrôle du commissaire aux comptes.

À compter du troisième exercice clos, le prix de cession des titres émis par des entreprises employant moins de cinq cents travailleurs peut être déterminé, au choix de l'entreprise, selon l'une des méthodes décrites aux deux alinéas précédents ;

3° Lorsque les titres émis sont des obligations qui sont admises aux négociations sur une plate-forme de négociation d'un État de l'Espace économique européen ou sur une plate-forme de négociation d'un pays tiers reconnue équivalente, ces titres sont évalués à leur valeur de marché ;

4° Lorsque les titres émis sont des obligations qui ne sont pas admises aux négociations sur une plate-forme de négociation d'un État de l'Espace économique européen ou sur une plate-forme de négociation d'un pays tiers reconnue équivalente, ces titres sont évalués à leur valeur nominale augmentée du coupon couru.

IV. – Lorsqu'un fonds mentionné au I est investi en titres d'une entreprise et que ceux-ci ne sont pas admis aux négociations sur une plate-forme de négociation d'un État de l'Espace économique européen ou sur une plate-forme de négociation d'un pays tiers reconnue équivalente, l'actif de ce fonds doit comporter au moins un tiers de titres liquides.

Cette condition n'est pas exigée dans l'un des cas suivants :

1° Lorsqu'il est instauré un mécanisme garantissant la liquidité de ces valeurs ;

2° Lorsque l'entreprise, l'entreprise qui la contrôle ou toute entreprise contrôlée par elle au sens des articles 2 et 22 de la directive 2013/34/ UE du Parlement européen et du Conseil du 26 juin 2013 relative aux états financiers annuels, aux états financiers consolidés et aux rapports y afférant de certaines formes d'entreprises, s'est engagée à racheter, dans la limite de 10 % de son capital social, les titres non admis aux négociations sur une plate-forme de négociation d'un État de l'Espace économique européen ou sur une plate-forme de négociation d'un pays tiers reconnue équivalente détenus par le fonds mentionné au I.

Dans ce dernier cas, la valeur liquidative du fonds est publiée au moins une fois par an. Après communication de la valeur d'expertise de l'entreprise, les travailleurs disposent d'un délai de deux mois avant la publication de la valeur liquidative du fonds pour présenter leur demande de souscription, de rachat ou d'arbitrage de leurs avoirs.

V. – La souscription et l'acquisition des parts des fonds mentionnés aux I sont réservées à des travailleurs d'une entreprise mentionnée au I, dans les conditions qu'elle a fixées, constituée sur le fondement d'un droit étranger lorsque ces travailleurs sont liés à cette entreprise par un contrat de travail de droit étranger ou lorsqu'ils l'ont quittée à la suite d'un départ à la retraite.

VI. – Un décret en Conseil d'État détermine les conditions d'application du présent article.

§ 2. – Sociétés d'investissement à capital variable d'actionnariat salarié

Art. L. 214-166 *(Ord. n° 2013-676, 25 juill. 2013)*. – Une SICAV peut avoir pour objet la gestion d'un portefeuille de titres financiers émis par l'entreprise ou par toute entreprise qui lui est liée dans les conditions prévues aux articles L. 3344-1 et L. 3344-2 du Code du travail. Les quatrième et cinquième alinéas du II de l'article L. 214-165 du présent code s'appliquent à son conseil d'administration.

Les statuts prévoient que les dividendes et les coupons attachés aux titres compris à l'actif de la société sont distribués aux actionnaires, à leur demande expresse, suivant des modalités qu'ils déterminent. Ils prévoient, le cas échéant, différentes catégories d'actions.

Les modalités de gestion de l'actif de la société sont précisées par décret en Conseil d'État.

Voir : C. monét. fin., art. R. 214-215 et R. 214-216, p. 1184.

Sous-section 5. – Organismes de financement

Bibliographie : P. Agboyibor et Th. Granier, *Un nouveau décret pour les opérations de titrisation (Décret n° 2004-1255 du 24 novembre 2004) : D.* 2005, p. 570. • A. Bienvenu-Perrot, *La modernisation de la titrisation par la loi de sécurité financière du 1er août 2003 : Bull. Joly Bourse* 2003, p. 739. • Th. Bonneau, *Les fonds communs de placement, les fonds communs de créances et le droit civil : RTD civ.* 1991, p. 1 ; *Réforme du cadre juridique des fonds communs de créances : RD bancaire et fin.* 2008, comm. 127. • L. Deruy, *Titrisation des créances détenues par ou sur les personnes publiques : RD bancaire et fin.* 2006, n° 4, p. 53. • J.-Y. Durance et N. Fournier, *Vers un développement de la titrisation des crédits des PME*, in *Titrisation en voie de développement : Banque* 2005, n° 668, p. 37. • C. Gavalda, *Les fonds communs de créances bancaires : un exemple de phénomène de titrisation financière : Rev. sociétés* 1989, p. 187. • H. Hovasse et A.-M. Toledo-Wolfsohn, *L'art de la titrisation : à la recherche de nouveaux moyens de financement : CDE* 2005, n° 5, table ronde 3, p. 11. • X. de Kergommeaux, *Fonds commun de créance, un cadre juridique élargi et précisé*, in *Titres en voie de développement : Banque* 2005, n° 668, p. 28. • F. Lacroix, *L'utilisation des fonds communs de créance dans les titrisations synthétiques : RD bancaire et fin.* 2006, n° 4, p. 58. • N. Malaterre, *Émancipation de la titrisation à la française*, in *Titrisation en voie de développement : Banque* 2005, n° 668, p. 30. • G. Marraud des Grottes, *Du nouveau sur la titrisation : LPA* 8 déc. 2004, p. 3. • P. Minor, *La titrisation, mécanisme décrié mais toujours utilisé : JCP E* 2009, 1572. • C. Valentin et L. Geneston, *Fiscalité des opérations de titrisation : les principales problématiques : RD bancaire et fin.* 2012, n° 6, étude 28. • Z. Sekfali et *alii*, *La titrisation et les financements d'entreprises à valeur ajoutée : des financements traditionnels... aux financements structurés : RD bancaire et fin.* 2006, n° 4, p. 47 et s. • J. Terray et Ph. Derouin, *La titrisation des crédits : BJS* 1989, p. 7. • *Adde* H. Hovasse et N. Martial-Braz, *JCl. Sociétés traité*, Fasc. 2260 *(Titrisation)*.

§ 1. – Dispositions communes aux organismes de financement

Art. L. 214-166-1 *(Ord. n° 2017-1432, 4 oct. 2017)*. **– Les organismes de financement au sens de la présente sous-section comprennent les organismes de titrisation et les organismes de financement spécialisé.**

Art. L. 214-166-2 *(Ord. n° 2017-1432, 4 oct. 2017)*. **– Les organismes de financement et les fonds professionnels spécialisés répondant à des caractéristiques définies par un décret en Conseil État prennent le nom de « fonds de prêt à l'économie » et peuvent faire figurer cette qualité sur tous les actes et documents destinés aux tiers.**

Art. L. 214-167 *(Ord. n° 2013-676, 25 juill. 2013 ; mod., L. n° 2014-1, 2 janv. 2014 ; Ord. n° 2017-1432, 4 oct. 2017)*. **– I. – La présente section ne s'applique pas aux organismes de titrisation, à l'exception de la présente sous-section et des I et II de l'article L. 214-24.**

II. – Par dérogation au I, les organismes de titrisation qui répondent à des caractéristiques définies par décret sont soumis à la présente section, à l'exception des sous-sections 2 à 4.

III. – Les organismes de financement spécialisé mentionnés à l'article L. 214-166-1 sont soumis à la présente section, à l'exception des sous-sections 2 à 4.

Art. L. 214-168 *(Ord. n° 2013-676, 25 juill. 2013 ; mod., L. n° 2015-1786, 29 déc. 2015 ; Ord. n° 2017-1432, 4 oct. 2017)*. **– I. – Les organismes de titrisation ont pour objet, d'une part, d'être exposés aux risques, y compris les risques d'assurance, mentionnés à l'article L. 214-175-1 et, d'autre part, d'en assurer en totalité le financement ou la couverture, dans les conditions prévues par cet article.**

Ils prennent la forme soit de fonds communs de titrisation, soit de sociétés de titrisation.

II. – Les organismes de financement spécialisé ont pour objet, d'une part, d'investir directement ou indirectement dans un ou plusieurs des actifs mentionnés à l'article L. 214-190-1 et, d'autre part, d'en assurer le financement, dans les conditions prévues à cet article.

Ils prennent la forme soit de fonds de financement spécialisé, soit de sociétés de financement spécialisé.

III. – La gestion des organismes de financement est assurée par une société de gestion de portefeuille mentionnée à l'article L. 532-9. Cette société est désignée, selon les cas, dans le règlement ou les statuts de l'organisme.

Art. L. 214-169 *(Ord. n° 2013-676, 25 juill. 2013 ; mod., L. n° 2015-1786, 29 déc. 2015 ; L. n° 2016-1691, 9 déc. 2016 ; Ord. n° 2017-1432, 4 oct. 2017).* – I. – L'organisme de financement peut comporter des compartiments si les statuts de la société ou le règlement du fonds le prévoient. Chaque compartiment donne lieu à l'émission de parts ou d'actions et, le cas échéant, de titres de créance. Par dérogation à l'article 2285 du Code civil et sauf stipulation contraire des documents constitutifs de l'organisme, les actifs d'un compartiment déterminé ne répondent que des dettes, engagements et obligations et ne bénéficient que des droits et actifs qui concernent ce compartiment.

II. – Les conditions dans lesquelles l'organisme ou, le cas échéant, les compartiments de l'organisme peuvent emprunter et conclure des contrats constituant des instruments financiers à terme sont fixées par décret en Conseil d'État. Ce décret fixe également les règles que respecte la composition de l'actif de l'organisme.

Les actifs de l'organisme de financement ne peuvent faire l'objet de mesures civiles d'exécution que dans le respect des règles d'affectation définies par le règlement ou les statuts de l'organisme.

Les règles d'affectation des sommes reçues par l'organisme de financement s'imposent aux porteurs de parts, aux actionnaires, aux détenteurs de titres de créance de toutes catégories ainsi qu'aux autres créanciers ayant acceptées ces règles, nonobstant l'ouverture à leur encontre, le cas échéant, d'une procédure mentionnée au livre VI du Code de commerce ou d'une procédure équivalente sur le fondement d'un droit étranger. Elles sont applicables même en cas de liquidation de l'organisme.

Le règlement ou les statuts de l'organisme peuvent également prévoir des règles relatives aux décisions de la société de gestion. Ces règles et les décisions qui en résultent, s'imposent aux porteurs de parts, aux actionnaires, aux détenteurs de titres de créance de toutes catégories, ainsi qu'aux créanciers les ayant acceptées.

Sous réserve du troisième alinéa du IV de l'article L. 214-190-1, les parts ou actions ne peuvent donner lieu, par leurs détenteurs, à demande de rachat par l'organisme.

III. – Un organisme de financement peut, dans des conditions définies par décret en Conseil d'État et celles définies par son règlement ou ses statuts, octroyer ou recevoir tout type de garantie ou de sûreté.

La réalisation ou la constitution des garanties ou des sûretés consenties au bénéfice de l'organisme entraîne pour celui-ci la faculté d'acquérir la possession ou la propriété des actifs qui en sont l'objet.

IV. *(Al. mod., L. n° 2019-486, 22 mai 2019)* Dans les conditions définies par son règlement ou ses statuts et sous réserve respectivement de l'application de l'article L. 214-177 et de l'article L. 214-183, l'organisme ou, le cas échéant, ses compartiments peuvent céder ou transférer les créances qu'ils acquièrent et les éléments d'actif qu'ils détiennent et dénouer ou liquider les contrats constituant des instruments financiers à terme.

Les éléments d'actif et de passif d'un compartiment peuvent être cédés ou transférés à un autre compartiment du même organisme conformément et en application du premier alinéa.

V. – 1° L'acquisition ou la cession de créances par un organisme de financement s'effectue par la seule remise d'un bordereau dont les énonciations et le support sont fixés par décret, ou par tout autre mode d'acquisition, de cession ou de transfert de droit français ou étranger.

Par dérogation à l'alinéa précédent, la cession de créances qui ont la forme d'instruments financiers s'effectue conformément aux règles spécifiques applicables au transfert de ces instruments. Le cas échéant, l'organisme peut souscrire directement à l'émission de ces instruments ;

2° Lorsqu'elle est réalisée par voie du bordereau mentionné au 1°, l'acquisition ou la cession des créances prend effet entre les parties et devient opposable aux tiers à la date apposée sur le bordereau lors de sa remise, quelle que soit la date de naissance, d'échéance ou d'exigibilité des créances, sans qu'il soit besoin d'autre formalité, et ce quelle que soit la loi applicable aux créances et la loi du pays de résidence des débiteurs ;

3° La remise du bordereau entraîne de plein droit le transfert des sûretés, des garanties et des autres accessoires attachés à chaque créance, y compris les sûretés hypothécaires et les créances professionnelles cédées à titre de garantie ou nanties dans les conditions prévues par les articles L. 313-23 et suivants, de même que l'opposabilité de ce transfert aux tiers sans qu'il soit besoin d'autre formalité.

Nonobstant toute disposition législative ou réglementaire contraire, l'organisme de financement peut également, à titre principal et dans les conditions prévues par les articles L. 313-23 et suivants, être cessionnaire de créances professionnelles cédées à titre d'escompte ou de garantie, ou bénéficiaire d'un nantissement de telles créances professionnelles.

L'organisme de financement a, de plein droit, le bénéfice des actes d'acceptation mentionnés aux articles L. 313-29 et L. 313-29-1 et relatifs aux créances professionnelles acquises par l'organisme à titre principal ou faisant l'objet d'une cession à titre de garantie ou d'un nantissement à son profit.

Lorsque l'organisme de financement acquiert ou détient en pleine propriété ou à titre de garantie une créance professionnelle, il peut également demander aux débiteurs, y compris s'il s'agit d'une personne morale de droit public, de s'engager envers lui à le payer directement, par le moyen d'un acte écrit dont les énonciations et le support sont fixés par décret, dans les termes prévus par les articles L. 313-29 et L. 313-29-1 et emportant les mêmes effets ;

4° L'acquisition ou la cession de créances ou la constitution de toute sûreté ou garantie au bénéfice de l'organisme de financement conserve ses effets nonobstant l'état de cessation des paiements du cédant ou constituant au moment de cette acquisition, cession ou constitution et nonobstant l'ouverture éventuelle d'une procédure mentionnée au livre VI du Code de commerce ou d'une procédure équivalente sur le fondement d'un droit étranger à l'encontre du cédant postérieurement à cette acquisition, cession ou constitution.

VI. – Lorsque la créance cédée à l'organisme résulte d'un contrat de location avec ou sans option d'achat ou de crédit-bail, ni l'ouverture d'une procédure mentionnée au livre VI du Code de commerce ou d'une procédure équivalente sur le fondement d'un droit étranger à l'encontre du loueur ou du crédit-bailleur, ni la cession ou le transfert des biens mobiliers ou immobiliers objets du contrat dans le cadre ou à l'issue d'une telle procédure ne peuvent remettre en cause la poursuite du contrat de location ou de crédit-bail.

Lorsque l'organisme a acquis ou s'est engagé à acquérir une créance à naître de la mise à disposition de fonds à une personne morale de droit privé ou de droit public, ou à une personne physique dans l'exercice par celle-ci de son activité professionnelle au titre d'un contrat déjà intervenu ou à intervenir, l'organisme et le cédant de la créance peuvent, de convention écrite expresse, convenir que l'organisme sera tenu de mettre à disposition du débiteur de la créance, originelle ou à naître, les fonds correspondant et, si le débiteur l'accepte, ou est partie à ladite convention, que le cédant n'aura plus d'obligation à ce titre envers le débiteur à compter de la date convenue entre eux. Dans ce cas l'engagement net maximal de l'organisme résultant de l'ensemble de ces contrats de prêts ne doit à aucun moment être supérieur à la valeur de son actif, et le cas échéant, au montant non appelé des souscriptions.

La convention de cession peut prévoir, au profit du cédant, une créance sur tout ou partie du boni de liquidation éventuel de l'organisme ou, le cas échéant, d'un compartiment de l'organisme.

Les dispositions de l'article L. 632-2 du Code de commerce ne sont pas applicables aux paiements *(Mot rempl., L. n° 2019-486, 22 mai 2019)* « reçus » par un organisme de financement, ni aux actes à titre onéreux accomplis par un organisme de financement ou à son profit, dès lors que ces *(Mot rempl., L. n° 2019-486, 22 mai 2019)* « paiements » ou ces actes sont directement relatifs aux opérations prévues à l'article L. 214-168.

Voir : C. monét. fin., art. R. 214-218 et s., p. 1185 ; art. D. 214-227, p. 1187.

Voir : Règl. AMF, 12 oct. 2004, art. 421-1 et s.

1) **Rôle du bordereau dans le transfert des sûretés attachées aux créances.** La cession de créances à un fonds commun de créances s'effectuant, selon l'article L. 214-43 du Code monétaire et financier, par la seule remise d'un bordereau conditionnant l'opposabilité de la cession aux tiers et entraînant de plein droit le transfert des sûretés, garanties et accessoires attachés à chaque créance, n'a pas qualité pour agir en paiement contre la caution du débiteur cédé l'établissement bancaire chargé du recouvrement des créances se trouvant dans l'impossibilité de produire le bordereau en question, quand bien même la preuve de la cession ou du mandat de recouvrement serait rapportée : ▪ Cass. com., 13 févr. 2007, n° 03-11.025 : *JurisData* n° 2007-037370. ▪ Cass. com., 16 oct. 2007, n° 06-13.122 : *JurisData* n° 2007-040942 ; *JCP* E 2008, 1104, comm. groupée F. Bangi. – V. égal. ▪ Cass. com., 13 févr. 2007, n° 03-11.025 : *Bull. civ.* IV, n° 33 ; *JurisData* n° 2007-037370 ; *Dr. sociétés* août 2007, comm. 163, note Th. Bonneau ; *D.* 2007, act. jurispr. 652, obs. Delpech ; *RTDF* 2007, n° 2, p. 92, obs. Th. Granier.

2) **Possibilité d'exercice du droit au retrait litigieux prévu à l'article 1699 du Code civil.** La circonstance que la cession des créances litigieuses se réalise au profit d'un fonds commun de créances, aux conditions prévues par la loi n° 88-1201 du 23 décembre 1988, codifiées aux articles L. 214-43 et suivants du Code monétaire et financier, ne fait pas obstacle à l'exercice du droit au retrait litigieux prévu à l'article 1699 du Code civil : ▪ Cass. com., 15 avr. 2008, n° 03-15.969, F P +B : *JurisData* n° 2008-043662 ; *JCP* E 2008, 1702 ; *RD bancaire et fin.* 2008, comm. 104, obs. F.-J. Crédot et Th. Samin.

3) **Information quant à la possibilité d'exercer un retrait litigieux.** Jugé qu'aucune notification de la cession n'est requise et qu'il n'existe aucune obligation d'informer le cessionnaire de la possibilité d'exercer un retrait litigieux en cas de cession de créance au profit d'un fonds commun de créances, devenu fonds commun de titrisation : ▪ Cass. 2e civ., 7 juin 2012, n° 10-25.820, FS-D : *JurisData* n° 2012-012474 ; *RD bancaire et fin.* 2012, comm. 167, note Th. Bonneau.

Art. L. 214-170 *(Ord. n° 2013-676, 25 juill. 2013 ; rempl., Ord. n° 2017-1432, 4 oct. 2017 ; mod., L. n° 2019-486, 22 mai 2019)*. – Lorsque les parts, actions ou titres de créance émis par l'organisme de financement font l'objet d'une offre au public au sens du règlement (UE) 2017/1129 et que ledit règlement impose l'établissement d'un prospectus à raison de cette offre au public, un document contenant une appréciation des caractéristiques des parts ou des actions et, le cas échéant, des titres de créance que cet organisme est appelé à émettre, de ses principaux éléments d'actifs et de passif et des contrats qu'il se propose de conclure et évaluant les risques qu'ils présentent est établi par une personne figurant sur une liste arrêtée par le ministre chargé de l'économie après avis de l'Autorité des marchés financiers.

Voir : A. 31 déc. 1992 (*JO* 6 janv. 1993) et **Sanctions pénales,** C. monét. fin., art. L. 231-5, p. 1196 et art. L. 231-6, p. 1196.

Art. L. 214-171 *(Ord. n° 2013-676, 25 juill. 2013 ; mod., Ord. n° 2017-1432, 4 oct. 2017)*. – Les organismes de financement communiquent à la Banque de France les informations nécessaires à l'élaboration des statistiques monétaires, dans des conditions précisées par décret en Conseil d'État.

Voir : C. monét. fin., art. R. 214-230, p. 1189.

Art. L. 214-172 *(Ord. n° 2013-676, 25 juill. 2013 ; rempl., Ord. n° 2017-1432, 4 oct. 2017 ; mod., L. n° 2019-486, 22 mai 2019)*. – Lorsque des créances, autres que des instruments financiers, sont transférées à l'organisme de financement, leur recouvrement continue d'être assuré par le cédant ou par l'entité qui en était chargée avant leur transfert dans des conditions définies soit par une convention passée avec la société de gestion de l'organisme, soit par l'acte dont résultent les créances transférées lorsque l'organisme devient partie à cet acte du fait du transfert desdites créances. Toutefois, à tout moment, tout ou partie du recouvrement de ces créances peut être assuré directement par la société de gestion en tant que représentant légal de l'organisme ou peut être confié par elle, par voie de convention, à une autre entité désignée à cet effet.

La société de gestion, en tant que représentant légal de l'organisme, peut également recouvrer directement toute créance résultant d'un prêt consenti par lui ou en confier, à tout moment, tout ou partie du recouvrement par voie de convention à une autre entité désignée à cet effet.

En cas de changement de toute entité chargée du recouvrement en application des premier et deuxième alinéas, chaque débiteur concerné est informé de ce changement par tout moyen, y compris par acte judiciaire ou extrajudiciaire.

De la même manière, la société de gestion peut confier par voie de convention à toute entité désignée à cet effet la gestion et le recouvrement de tout élément d'actif autre que les créances et les prêts mentionnés aux mêmes premier et deuxième alinéas ou s'en charger directement.

Les créances qui constituent des instruments financiers sont gérées et recouvrées conformément aux règles applicables aux instruments financiers concernés.

Par dérogation au premier alinéa de l'article L. 214-183, dans tous les cas où tout ou partie de la gestion ou du recouvrement de tout élément d'actif n'est pas effectué directement par la société de gestion mais par une entité tierce en application du présent article, cette entité peut représenter directement l'organisme dans toutes les actions en justice liées à la gestion et au recouvrement de l'actif, y compris toute déclaration de créance et toute mesure d'exécution, sans qu'il soit besoin qu'elle obtienne un mandat spécial à cet effet ni qu'elle mentionne la société de gestion dans les actes. La société de gestion, en sa qualité de représentant légal de l'organisme, conserve la faculté d'agir au nom et pour le compte de l'organisme, en demande ou en défense, au titre de ces actions ou d'accomplir tout acte ou de signer tout document avec tout tiers, y compris les débiteurs ou les emprunteurs, en relation avec la gestion ou le recouvrement sans qu'il soit nécessaire de résilier ou de dénoncer au préalable le mandat de gestion ou de recouvrement ou d'en informer quelque tiers que ce soit.

Les dispositions du présent code et du Code des procédures civiles d'exécution relatives au recouvrement amiable pour compte d'autrui ainsi que, les cas échéant, celles qui sont relatives aux services de paiement, ne sont pas applicables.

Le règlement général de l'Autorité des marchés financiers précise les modalités d'application du présent article.

Art. L. 214-173 *(Ord. n° 2013-676, 25 juill. 2013 ; mod., Ord. n° 2017-1432, 4 oct. 2017)*. – La société de gestion de l'organisme et toute entité chargée de l'encaissement de sommes dues ou bénéficiant directement ou indirectement à l'organisme peuvent convenir que ces sommes seront portées au crédit d'un compte spécialement affecté au profit d'un ou plusieurs organismes ou, le cas échéant, compartiments, sur lequel les créanciers de l'entité chargée de l'encaissement ne peuvent poursuivre le paiement de leurs créances, même en cas de procédure ouverte à l'encontre de cette entité sur le fondement du livre VI du Code de commerce ou d'une procédure équivalente sur le fondement d'un droit étranger. Les modalités de création et de fonctionnement de ce compte sont fixées par décret.

Lorsque la société de gestion est chargée de l'encaissement de sommes dues ou bénéficiant directement ou indirectement à l'organisme dans les cas prévus au deuxième alinéa de l'article L. 214-172, elle est tenue de porter ces sommes au crédit d'un compte spécialement affecté au profit d'un ou plusieurs organismes ou, le cas échéant, compartiments, sur lequel les créanciers de la société de gestion ne peuvent poursuivre le paiement de leurs créances, même en cas de procédure ouverte à son encontre sur le fondement du livre VI du Code de commerce ou d'une procédure équivalente sur le fondement d'un droit étranger.

Aucune résiliation de la convention régissant le compte mentionné aux alinéas ci-dessus ni aucune clôture de ce compte ne peuvent résulter de l'ouverture d'une procédure mentionnée au livre VI du Code de commerce ou d'une procédure équivalente sur le fondement d'un droit étranger à l'encontre du cédant ou, le cas échéant, de l'entité chargée du recouvrement ou de l'encaissement des sommes dues ou bénéficiant directement ou indirectement à l'organisme.

Voir : C. monét. fin., art. D. 214-228, p. 1187.

Voir : Sanctions pénales, C. monét. fin., art. L. 231-6 et L. 231-7, p. 1196.

Art. L. 214-174 *(Ord. n° 2013-676, 25 juill. 2013 ; mod., Ord. n° 2017-1432, 4 oct. 2017).* – Un décret fixe la nature et les caractéristiques des créances que peuvent acquérir les organismes de financement.

Voir : C. monét. fin., art. D. 214-219, p. 1185.

Art. L. 214-175 *(Ord. n° 2013-676, 25 juill. 2013 ; mod., Ord. n° 2017-1432, 4 oct. 2017).* – I. – Le règlement ou les statuts de l'organisme prévoient la durée des exercices comptables, qui ne peut excéder douze mois. Toutefois, le premier exercice peut s'étendre sur une durée supérieure, sans excéder dix-huit mois.

II. – Chaque compartiment de l'organisme fait l'objet, au sein de la comptabilité de l'organisme, d'une comptabilité distincte.

Dans un délai de six semaines à compter de la fin de chaque semestre de l'exercice, la société de gestion dresse, pour chacun des organismes qu'elle gère, l'inventaire de l'actif sous le contrôle du dépositaire.

III. – Le livre VI du Code de commerce n'est pas applicable aux organismes de financement.

L'organisme de financement ou, le cas échéant, un compartiment de l'organisme n'est tenu de ses dettes, y compris envers les porteurs de titres de créance, qu'à concurrence de son actif et selon le rang de ses créanciers défini par la loi ou tel qu'il résulte, en application du troisième alinéa du II de l'article L. 214-169, des statuts ou du règlement de l'organisme ou des contrats conclus par lui.

La société de titrisation, la société de financement spécialisé ou, le cas échéant, la société de gestion du fonds commun de titrisation ou du fonds de financement spécialisé établit des comptes annuels comprenant un bilan, un compte de résultat et une annexe conformément aux prescriptions comptables fixées par règlement de l'Autorité des normes comptables.

IV. – La société de gestion procède à la liquidation de l'organisme de financement ou d'un de ses compartiments dans les conditions prévues par son règlement ou ses statuts.

Voir : C. monét. fin., art. R. 214-217, p. 1184.

Paragraphe 2. – Dispositions spécifiques aux organismes de titrisation

Art. L. 214-175-1 *(Ord. n° 2013-676, 25 juill. 2013 ; mod., Ord. n° 2017-1432, 4 oct. 2017).* – I. – L'exposition aux risques mentionnée au I de l'article L. 214-168 peut résulter de l'acquisition, la souscription ou la détention de créances ou d'autres éléments d'actif mentionnés au III ci-dessous, l'octroi de prêts ou la conclusion de contrats constituant des instruments financiers à terme ou transférant des risques d'assurance, de garanties, de sûretés, ou de sous-participations en risque ou en trésorerie.

Le financement ou la couverture des risques mentionnée au I de l'article L. 214-168 peut résulter de l'émission de parts ou d'actions ou de titres de créance, de la conclusion de contrats constituant des instruments financiers à terme, de garanties, de sûretés, de sous-participations en risque ou en trésorerie ou transférant des risques d'assurance, ou encore par le recours à l'emprunt ou à d'autres formes de ressources, de dettes ou d'engagements.

(Al. créé, L. n° 2019-486, 22 mai 2019) Les parts, actions et titres de créance que l'organisme est appelé à émettre ne peuvent faire l'objet de démarchage, sauf auprès d'investisseurs qualifiés mentionnés au II de l'article L. 411-2.

II. – Les parts ou actions et les titres de créance émis par l'organisme de titrisation peuvent donner lieu à des droits différents, en particulier sur le capital ou les intérêts. Le règlement ou les statuts de l'organisme et tout contrat conclu par lui peuvent prévoir que les droits de certaines catégories de porteurs de parts, actionnaires, détenteurs de titres de créance ou de certains créanciers de l'organisme sont subordonnés aux droits ou intérêts d'autres catégories de porteurs de parts, actionnaires, détenteurs de titres de créance ou d'autres créanciers de l'organisme.

III. – Un organisme de titrisation peut détenir des titres de capital reçus par conversion, échange ou remboursement de titres de créance ou de titres donnant accès au capital, ou par l'exercice des droits attachés à de tels titres.

IV. – *(IV rempl., L. n° 2019-486, 22 mai 2019)* Lorsque le règlement ou les statuts de l'organisme de titrisation le prévoient, cet organisme peut, par dérogation au III de l'article L. 214-168, être établi et géré par un sponsor au sens du 5 de l'article 2 du règlement (UE) 2017/2402 du Parlement européen et du Conseil du 12 décembre 2017 créant un cadre général pour la titrisation ainsi qu'un cadre spécifique pour les titrisations simples, transparentes et standardisées et modifiant les directives 2009/65/ CE, 2009/138/ CE et 2011/61/ UE et les règlements (CE) n° 1060/2009 et (UE) n° 648/2012, si ce sponsor délègue la gestion du portefeuille de cet organisme à une société de gestion de portefeuille mentionnée à l'article L. 532-9 du présent code agréée pour la gestion d'organismes de titrisation. Dans le cadre de l'exercice de cette délégation, la société de gestion de portefeuille respecte l'ensemble des exigences applicables à la gestion d'un organisme de titrisation telles qu'elles résultent de la présente section et du titre III du livre V du présent code.

V. – *(V mod., L. n° 2019-486, 22 mai 2019)* Dans des conditions et limites fixées par décret en Conseil d'État, un organisme de titrisation pour lequel ... le recours à l'effet de levier fait l'objet de limitations peut accorder des prêts aux entreprises non financières. Les prêts ainsi accordés ont une maturité inférieure à la durée de vie résiduelle de l'organisme.

VI. - La perte ou l'engagement net maximal pris par un organisme de titrisation, évalués à tout moment en tenant compte des couvertures dont il bénéficie, au titre des tirages d'un prêt octroyé ou de l'acquisition de créances à naître de tirages provenant de prêts, d'instruments financier à terme, de garanties ou de sous-participation en risque *(Mots aj., L. n° 2019-486, 22 mai 2019)* « ou en trésorerie » ne peuvent excéder la valeur de son actif et le cas échéant du montant non appelé des souscriptions.

Art. L. 214-175-2 *(Ord. n° 2017-1432, 4 oct. 2017).* – I. – Un organisme de titrisation désigne un dépositaire ayant son siège social ou une succursale en France. Cette désignation est matérialisée par un contrat écrit. Ce contrat contient notamment les informations nécessaires pour permettre au dépositaire de remplir ses fonctions.

Le dépositaire est un établissement de crédit établi dans un État partie à l'Espace économique européen, ou tout autre établissement choisi sur une liste d'entités arrêtée par le ministre chargé de l'économie.

Le dépositaire est en charge de la garde des actifs de l'organisme dans les conditions définies au II de l'article L. 214-175-4 et s'assure de la régularité des décisions de la société de gestion pour ce qui concerne cet organisme.

Le règlement général de l'Autorité des marchés financiers précise les modalités d'application du présent I, notamment les conditions et modalités de désignation du dépositaire, et les conditions dans lesquelles celui-ci exerce ses missions.

II. – Dans le cadre de leurs rôles respectifs, la société de gestion de portefeuille et le dépositaire agissent de manière honnête, loyale, professionnelle, indépendante et dans l'intérêt de l'organisme de titrisation et des porteurs de parts, d'actions ou de titres de créance émis par l'organisme.

III. – L'organisme de titrisation ou, le cas échéant, la société de gestion de l'organisme de titrisation veille à ce qu'un dépositaire unique soit désigné.

Art. L. 214-175-3 *(Ord. n° 2017-1432, 4 oct. 2017).* – Pour éviter les conflits d'intérêts entre le dépositaire, la société de gestion et, le cas échéant, le sponsor mentionné au IV de l'article L. 214-175-1, l'organisme de titrisation et ses porteurs de parts, de titres de créance ou ses actionnaires respectent les dispositions suivantes :

1° L'organisme de titrisation, sa société de gestion et, le cas échéant, le sponsor lorsque le règlement ou les statuts de l'organisme le prévoient, n'agit pas en tant que dépositaire ;

2° Un dépositaire ne peut exercer d'activités qui concernent l'organisme de titrisation, la société de gestion agissant pour son compte ou son sponsor, qui seraient susceptibles d'engendrer des conflits d'intérêts entre l'organisme de titrisation, les porteurs de parts, les porteurs de titres de créance ou les actionnaires de cet organisme de titrisation, la société de gestion et le dépositaire lui-même, à moins que le dépositaire n'ait séparé, sur le plan fonctionnel et hiérarchique, l'exécution de ses tâches de dépositaire et ses autres tâches et que les conflits d'intérêts potentiels aient été identifiés, gérés, suivis et révélés aux porteurs de parts, de titres de créance ou aux actionnaires de l'organisme de titrisation de manière appropriée.

Les actifs de l'organisme de titrisation gardés par le dépositaire dans les conditions fixées par le II de l'article L. 214-175-4 ne peuvent être réutilisés par celui-ci.

Art. L. 214-175-4 *(Ord. n° 2017-1432, 4 oct. 2017).* – I. – Dans les conditions fixées par le règlement général de l'Autorité des marchés financiers, le dépositaire :

1° Veille à ce que tous les paiements effectués par des porteurs de parts ou d'actions ou de titres de créance émis par l'organisme de titrisation, ou en leur nom, lors de la souscription de ces parts, titres de créance ou actions, aient été reçus et que toutes les liquidités aient été comptabilisées ;

2° Veille de façon générale au suivi adéquat des flux de liquidités de l'organisme de titrisation.

II. – Au titre de la garde des actifs d'un organisme de titrisation mentionnée au I de l'article L. 214-175-2, le dépositaire :

1° Assure, dans les conditions fixées par le règlement général de l'Autorité des marchés financiers, la conservation des instruments financiers enregistrés sur un compte ouvert dans ses livres et de ceux qui lui sont physiquement livrés ;

2° Détient les bordereaux de cession de créance mentionnés au 2° du V de l'article L. 214-169 ou à l'article L. 313-23, effectue la tenue de registre des créances cédées par ce moyen, vérifie l'existence de ces mêmes créances sur la base d'échantillons et, sous réserve des dispositions de l'article L. 214-175-5, détient les actes dont résultent les créances. Lorsque la transmission des créances s'opère par un procédé informatique permettant d'identifier les créances, le bordereau est conservé sous forme électronique ;

3° Tient le registre des autres actifs et procède à des contrôles portant sur la réalité des actifs cédés ou acquis et des sûretés, garanties et accessoires qui y sont attachés.

III. – Le dépositaire effectue en outre les tâches suivantes :

1° Il s'assure que la vente, l'émission, le remboursement et l'annulation des parts, des actions ou des titres de créance, effectués par l'organisme de titrisation ou pour son compte sont conformes aux dispositions législatives ou réglementaires, et aux documents constitutifs ainsi qu'au document mentionné au premier alinéa du I de l'article L. 412-1 ;

2° Il s'assure que le calcul de la valeur des parts, des actions ou des titres de créance de l'organisme de titrisation est effectué conformément aux dispositions législatives ou réglementaires, aux documents constitutifs ainsi qu'au document mentionné au premier alinéa du I de l'article L. 412-1 ;

3° Il exécute les instructions de l'organisme de titrisation ou de sa société de gestion sous réserve qu'elles ne soient contraires aux dispositions législatives ou réglementaires et aux documents constitutifs ainsi qu'au document mentionné au premier alinéa du I de l'article L. 412-1 ;

4° Il s'assure que, dans les opérations portant sur les actifs de l'organisme de titrisation, la contrepartie lui est remise dans les délais d'usage ;

5° Il s'assure que les produits de l'organisme de titrisation reçoivent une affectation conforme aux dispositions législatives ou réglementaires, au règlement et aux documents constitutifs ainsi qu'au document mentionné au premier alinéa du I de l'article L. 412-1.

Les conditions d'application du présent article sont précisées par le règlement général de l'Autorité des marchés financiers.

Art. L. 214-175-5 *(Ord. n° 2017-1432, 4 oct. 2017).* – Le dépositaire ne peut déléguer à des tiers les fonctions qui lui sont conférées par les I et III de l'article L. 214-175-4.

Dans les conditions fixées par le règlement général de l'Autorité des marchés financiers le dépositaire peut déléguer à des tiers les fonctions de garde des actifs mentionnées au II de l'article L. 214-175-4, à l'exception du 2°.

La détention des actes dont résultent les créances peut être assurée, sous sa responsabilité, par le cédant ou l'entité chargée du recouvrement des créances dans des conditions fixées par décret.

Art. L. 214-175-6 *(Ord. n° 2017-1432, 4 oct. 2017).* – I. – Le dépositaire de l'organisme de titrisation est responsable à l'égard de l'organisme ou à l'égard des porteurs de parts ou de titres de créance ou des actionnaires de la perte, par lui-même ou par un tiers auquel la conservation a été déléguée, des instruments financiers conservés conformément au II de l'article L. 214-175-4. Sa responsabilité n'est pas engagée s'il prouve, dans les conditions définies par le règlement général de l'Autorité des marchés financières, que la perte résulte d'un événement extérieur.

En cas de perte d'instruments financiers, le dépositaire restitue sans retard inutile à l'organisme de titrisation des instruments financiers, y compris des instruments du marché monétaire, de type identique ou leur équivalent en valeur monétaire.

Le dépositaire est responsable à l'égard de l'organisme de titrisation ou à l'égard des porteurs de parts, de titres de créance ou d'actions de l'organisme de titrisation, de toute autre perte résultant de la négligence ou de la mauvaise exécution intentionnelle de ses obligations.

II. – La délégation à un tiers de la garde des actifs de l'organisme de titrisation mentionnée au II de l'article L. 214-175-4 n'exonère pas le dépositaire de sa responsabilité.

III. – Par dérogation au II, le dépositaire est exonéré de sa responsabilité s'il est en mesure de prouver que :

1° Toutes les obligations concernant la délégation de ses tâches de conservation mentionnées au II de l'article L. 214-175-4 sont remplies ;

2° Un contrat écrit conclu avec le tiers transfère expressément la responsabilité du dépositaire à ce tiers et prévoit la possibilité pour l'organisme de titrisation ou sa société de gestion de déposer une plainte contre le tiers au titre de la perte d'instruments financiers, ou au dépositaire de déposer plainte en leur nom ;

3° Un contrat écrit entre le dépositaire et l'organisme de titrisation ou sa société de gestion autorise expressément une décharge de la responsabilité du dépositaire et mentionne les raisons objectives justifiant une telle décharge.

Art. L. 214-175-7 *(Ord. n° 2017-1432, 4 oct. 2017).* – La responsabilité du dépositaire à l'égard des porteurs de parts, de titres de créance ou d'actions émis par l'organisme de titrisation peut être mise en cause directement, ou indirectement par l'intermédiaire de la société de gestion.

Art. L. 214-175-8 *(Ord. n° 2017-1432, 4 oct. 2017).* – L'Autorité des marchés financiers peut obtenir du dépositaire, sur simple demande, toutes les informations obtenues par celui-ci dans l'exercice de ses fonctions et nécessaires à l'exercice des missions de cette autorité.

Sous-paragraphe 1. – Dispositions particulières aux sociétés de titrisation

Art. L. 214-176 *(Ord. n° 2013-676, 25 juill. 2013).* – La société de titrisation est un organisme de titrisation constitué sous la forme de société anonyme ou de société par actions simplifiée.

La société fait figurer sur tous les actes et documents destinés aux tiers sa qualité de société de titrisation.

Art. L. 214-177 *(Ord. n° 2013-676, 25 juill. 2013 ; mod., Ord. n° 2017-1432, 4 oct. 2017).* – Lorsque les statuts de la société de titrisation prévoient le recours à des instruments financiers à terme en vue d'exposer la société, ou la cession de créances non échues ou déchues de leur terme, la société de gestion mentionnée au premier alinéa soumet à l'approbation de l'Autorité des marchés financiers un programme d'activité spécifique dans des conditions prévues par le règlement général de cette autorité. Cette approbation n'est cependant pas requise pour certaines cessions de créances non échues ou déchues de leur terme, ces cas dérogatoires étant définis par décret en Conseil d'État.

Art. L. 214-178 *(Ord. n° 2013-676, 25 juill. 2013 ; abr. à compter du 1er janvier 2019, Ord. n° 2017-1432, 4 oct. 2017)*

Art. L. 214-179 *(Ord. n° 2013-676, 25 juill. 2013)*. – I. – Lorsque la société de titrisation est constituée sous forme de société anonyme, par dérogation aux titres II et III du livre II du Code de commerce :

1° L'assemblée générale ordinaire peut se tenir sans qu'aucun quorum ne soit requis ; il en est de même, sur deuxième convocation, de l'assemblée générale extraordinaire ;

2° Une même personne physique peut exercer simultanément cinq mandats de directeur général, de membre du directoire ou de directeur général unique de société de titrisation. Les mandats de directeur général, de membre du directoire ou de directeur général unique exercés au sein d'une société de titrisation ne sont pas pris en compte pour les règles de cumul mentionnées au livre II du Code de commerce ;

3° Les mandats de représentant permanent d'une personne morale au conseil d'administration ou de surveillance d'une société de titrisation ne sont pas pris en compte pour l'application des dispositions des articles L. 225-21, L. 225-77 et L. 225-94-1 du Code de commerce ;

4° Le conseil d'administration ou le directoire désigne le commissaire aux comptes de la société de titrisation. La désignation d'un commissaire aux comptes suppléant n'est pas requise. Le commissaire aux comptes signale aux dirigeants de la société de titrisation ainsi qu'à l'Autorité des marchés financiers les irrégularités et inexactitudes qu'il relève dans l'accomplissement de sa mission ;

5° L'assemblée générale extraordinaire qui décide de la transformation, de la fusion ou de la scission donne pouvoir au conseil d'administration ou au directoire d'évaluer les actifs et de déterminer la parité de l'échange à une date qu'elle fixe. Ces opérations s'effectuent sous le contrôle du commissaire aux comptes sans qu'il soit nécessaire de désigner un commissaire à la fusion. L'assemblée générale est dispensée d'approuver les comptes si ceux-ci sont certifiés par le commissaire aux comptes ;

6° Le montant minimal du capital social est égal à celui fixé par l'article L. 224-2 du Code de commerce.

II. – Le livre VI ainsi que les articles L. 224-1 et L. 225-4 à L. 225-7, les troisième et quatrième alinéas de l'article L. 225-8 et les articles L. 225-9, L. 225-10, L. 225-13, L. 225-25, L. 225-26, L. 225-258 à L. 225-270 et L. 228-39 du Code de commerce ne sont pas applicables aux sociétés de titrisation.

Sous-paragraphe 2. – Dispositions particulières aux fonds communs de titrisation

Bibliographie : J. Sutour et G. Benteux, *Fonds commun de titrisation et OPCVM contractuel : frontières et convergences : RD bancaire et fin.* 2010, prat. 1.

Art. L. 214-180 *(Ord. n° 2013-676, 25 juill. 2013)*. – Le fonds commun de titrisation est un organisme de titrisation constitué sous la forme de copropriété.

Le fonds n'a pas la personnalité morale. Ne s'appliquent pas aux fonds communs de titrisation les dispositions du Code civil relatives à l'indivision ni celles des articles 1871 à 1873 du même code relatives aux sociétés en participation.

Le montant minimal d'une part émise par un fonds commun de titrisation est défini par décret.

Pour toutes les opérations faites pour le compte des copropriétaires, la désignation du fonds ou, le cas échéant, d'un compartiment du fonds peut être valablement substituée à celle des copropriétaires.

Voir : C. monét. fin., art. R. 214-232 et s., p. 1189.

Jugé que, bien qu'un fonds commun de titrisation soit, à l'égard des tiers et dans toute action en justice, représenté par sa société de gestion, il incombe au cédant qui lui transfère des créances par bordereau de continuer à en assurer le recouvrement et, pour ce faire, d'exercer les actions en justice nécessaires : ▪ Cass. com., 13 déc. 2017, n°s 16-19.681 et 16-24.853 : *JurisData* n° 2017-025665 ; *RD. bancaire et fin.* 2018, comm. 21, note M. Storck ; *JCP* E 2018, act. 15.

Art. L. 214-181 *(Ord. n° 2013-676, 25 juill. 2013 ; Ord. n° 2017-1432, 4 oct. 2017)*. – Le fonds commun de titrisation est constitué à l'initiative de la société de gestion mentionnée au III de l'article L. 214-168 ou, le cas échéant, d'un sponsor mentionné au IV de l'article L. 214-175-1.

Lorsque les parts ou les titres de créance émis par le fonds sont admis à la négociation sur un marché réglementé ou font l'objet d'une offre au public, la société de gestion établit le document mentionné au premier alinéa du I de l'article L. 412-1.

Art. L. 214-182 *(Ord. n° 2013-676, 25 juill. 2013)*. – Les conditions dans lesquelles le fonds peut émettre de nouvelles parts après émission initiale des parts sont définies par son règlement.

Le fonds peut émettre des titres de créance négociables et des obligations ou des titres de créance émis sur le fondement d'un droit étranger.

Les conditions dans lesquelles le fonds émet des titres de créance sont définies par son règlement.

Art. L. 214-183 *(Ord. n° 2013-676, 25 juill. 2013 ; mod., L. n° 2019-486, 22 mai 2019).* – La société chargée de la gestion mentionnée à l'article L. 214-181 est une société de gestion de portefeuille relevant de l'article L. 532-9. Cette société est désignée dans le règlement du fonds. Elle représente le fonds à l'égard des tiers et dans toute action en justice.

Lorsque les statuts du fonds de titrisation prévoient le recours à des instruments financiers à terme en vue d'exposer le fonds, ou la cession de créances non échues ou déchues de leur terme, la société de gestion mentionnée au premier alinéa soumet à l'approbation de l'Autorité des marchés financiers un programme d'activité spécifique dans des conditions prévues par le règlement général de cette autorité. Cette approbation n'est cependant pas requise pour certaines cessions de créances non échues ou déchues de leur terme, ces cas dérogatoires étant définis par décret en Conseil d'État.

II. – La personne morale dépositaire de la trésorerie et des créances du fonds mentionnée à l'article L. 214-181 est un établissement de crédit établi dans un État partie à l'accord sur l'Espace économique européen ou un établissement de crédit établi dans un État figurant sur une liste définie par arrêté du ministre chargé de l'économie, ou tout autre établissement agréé par ce ministre. Elle est dépositaire de la trésorerie et des créances acquises par le fonds et s'assure de la régularité des décisions de la société de gestion pour ce qui concerne ce fonds selon des modalités prévues par le règlement général de l'Autorité des marchés financiers.

La conservation des créances peut toutefois être assurée, sous leur responsabilité, par le cédant ou l'entité chargée du recouvrement de la créance dans des conditions fixées par décret.

Rédaction future. Art. L. 214-183 *(Ord. n° 2013-676, 25 juill. 2013 ; rempl. à compter du 1er janvier 2020, Ord. n° 2017-1432, 4 oct. 2017).* – I. - La société de gestion du fonds commun de titrisation représente le fonds à l'égard des tiers et dans toute action en justice.

Lorsque le règlement du fonds de titrisation prévoit le recours à des instruments financiers à terme en vue d'exposer le fonds, ou la cession de créances non échues ou déchues de leur terme, la société de gestion mentionnée au premier alinéa soumet à l'approbation de l'Autorité des marchés financiers un programme d'activité spécifique dans des conditions prévues par le règlement général de cette autorité. Toutefois, dans les cas définis par décret en Conseil d'État cette approbation n'est pas requise pour certaines cessions de créances non échues ou déchues de leur terme.

Art. L. 214-184 *(Ord. n° 2013-676, 25 juill. 2013).* – Les porteurs de parts ne sont tenus des dettes du fonds et, le cas échéant, du compartiment, qu'à concurrence de la valeur d'émission de ces parts.

Art. L. 214-185 *(Ord. n° 2013-676, 25 juill. 2013).* – Le conseil d'administration, le gérant ou le directoire de la société de gestion désigne le commissaire aux comptes du fonds.

Le commissaire aux comptes signale aux dirigeants de la société de gestion ainsi qu'à l'Autorité des marchés financiers les irrégularités et inexactitudes qu'il relève dans l'accomplissement de sa mission.

Les porteurs de parts du fonds exercent les droits reconnus aux actionnaires par les articles L. 225-231 et L. 823-6 du Code de commerce.

Art. L. 214-186 *(Ord. n° 2013-676, 25 juill. 2013).* – La société de gestion procède à la liquidation du fonds ou d'un de ses compartiments dans les conditions prévues par le règlement du fonds.

§ 3. – Dispositions particulières aux organismes de titrisation ou aux compartiments d'organismes de titrisation supportant des risques d'assurance

Art. L. 214-187 *(Ord. n° 2013-676, 25 juill. 2013).* – Le présent paragraphe s'applique aux organismes de titrisation ou aux compartiments d'organismes de titrisation qui supportent des risques d'assurance par la conclusion d'un ou de plusieurs contrats transférant ces risques avec un organisme d'assurance ou de réassurance ou un organisme de titrisation relevant du présent paragraphe ou un véhicule de titrisation étranger mentionné à l'article L. 310-1-2 du Code des assurances.

Voir : C. monét. fin., art. D. 214-236, p. 1191.

Art. L. 214-188 *(Ord. n° 2013-676, 25 juill. 2013).* – Un décret fixe les conditions dans lesquelles un organisme ou, le cas échéant, un compartiment relevant du présent paragraphe conclut des contrats transférant des risques d'assurance mentionnés à l'article L. 214-187 et la nature des risques d'assurance sur lesquels portent ces contrats.

Les organismes ou compartiments relevant du présent paragraphe peuvent céder ou dénouer les contrats transférant des risques d'assurance mentionnés à l'article L. 214-187 dans des conditions et limites définies par décret.

Le remboursement des parts, actions ou titres de créance émis par un organisme relevant du présent paragraphe ainsi que ses obligations au titre des autres mécanismes de financement auxquels il a recours sont subordonnés à ses engagements au titre des contrats transférant des risques d'assurance mentionnés à l'article L. 214-187.

Voir : C. monét. fin., art. D. 214-237, p. 1191.

Art. L. 214-189 *(Ord. n° 2013-676, 25 juill. 2013)*. **– La création d'un organisme de titrisation ou d'un compartiment d'organisme de titrisation relevant du présent paragraphe ou la transformation d'un organisme ou compartiment existant en organisme de titrisation relevant du présent paragraphe est soumise à l'agrément de l'Autorité de contrôle prudentiel et de résolution.**

Pour délivrer l'agrément, l'Autorité de contrôle prudentiel et de résolution vérifie que :

1° Les statuts ou le règlement de l'organisme sont conformes aux dispositions de la présente sous-section ;

2° Les personnes chargées de la gestion de l'organisme disposent de l'honorabilité et des qualifications professionnelles appropriées ;

3° L'organisme dispose de procédures administratives et comptables saines et de mécanismes de contrôle interne et de gestion des risques appropriés.

L'Autorité de contrôle prudentiel et de résolution peut, par décision motivée, retirer son agrément à la demande de l'organisme ou si celui-ci ne remplit plus les conditions auxquelles était subordonné son agrément.

Les modalités d'application du présent article sont précisées par décret en Conseil d'État.

Voir : C. monét. fin., art. L. 214-167 à L. 214-186, p. 1076.

Art. L. 214-190 *(Ord. n° 2013-676, 25 juill. 2013)*. **– Pour l'exercice de ses missions et dans les limites de celles-ci, notamment celles qui lui sont confiées par l'article L. 214-189, l'Autorité de contrôle prudentiel et de résolution peut mener des investigations sur pièces et sur place à l'égard d'une société de gestion d'un organisme de titrisation relevant de la présente sous-section.**

Elle peut demander communication par la société de gestion de l'organisme de titrisation de toutes les informations et pièces mentionnées aux premier et deuxième alinéas de l'article L. 612-24.

Elle peut également faire appel aux commissaires aux comptes de cette société de gestion dans les conditions prévues à l'article L. 612-44.

§ 4. – Dispositions spécifiques aux organismes de financement spécialisé

Art. L. 214-190-1 *(Ord. n° 2017-1432, 4 oct. 2017)*. **– I. – Les actifs mentionnés au II de l'article L. 214-168 sont des instruments financiers, des créances ou tout autre bien au sens de l'article L. 214-154, ou des sous-participations en risque ou en trésorerie.**

L'investissement direct ou indirect dans un ou plusieurs actifs mentionnés au II de l'article L. 214-168 peut résulter de l'émission de parts, d'actions ou de titres de créance, de la conclusion de contrats constituant des instruments financiers à terme, ou encore du recours à l'emprunt ou à toute autre forme de ressources, de dettes ou d'engagements.

Les conditions dans lesquelles un organisme de financement spécialisé peut émettre des titres de créance sont définies par décret. *(Phrase aj., L. n° 2019-486, 22 mai 2019)* **« Le règlement général de l'Autorité des marchés financiers fixe les conditions de souscription, de cession et de rachat des parts, actions ou titres de créance émis par un organisme de financement spécialisé. »**

L'article L. 214-144 s'applique à la souscription et l'acquisition de parts, actions ou titres de créance émis par un organisme de financement spécialisé. La souscription et l'acquisition des parts ou actions peut également être le fait des investisseurs dirigeants, salariés ou personnes physiques agissant pour le compte de la société de gestion de l'organisme, ainsi que de la société de gestion elle-même.

II. – Dans les conditions fixées par son règlement ou ses statuts, un organisme de financement spécialisé peut souscrire, acquérir ou détenir des instruments de capital, de capitaux propres ou de quasi-capitaux propres

notamment lorsque ces instruments sont reçus par conversion, échange ou remboursement de titres de créance ou de titres donnant accès au capital ou par l'exercice des droits attachés à de tels titres.

III. – Par dérogation au III de l'article L. 214-168, un organisme de financement spécialisé peut être géré par une société de gestion ayant son siège social dans un autre État membre de l'Union européenne, agréée conformément à la directive 2011/61/UE du Parlement européen et du Conseil du 8 juin 2011 et autorisée par son autorité compétente à gérer des FIA.

IV. – Dans des conditions fixées par le règlement général de l'Autorité des marchés financiers et précisées par leur règlement ou leurs statuts, les organismes de financement spécialisé peuvent comprendre différentes catégories de parts ou d'actions.

Les parts ou actions et les titres de créance émis par l'organisme de financement spécialisé peuvent donner lieu à des droits différents sur le capital et les intérêts dès lors que le risque de crédit associé à la détention de ces parts, actions ou titres de créance ne fait l'objet d'aucune règle de subordination.

Par dérogation au II de l'article L. 214-169 et dans des conditions fixées par décret, les parts ou actions et les titres de créance émis par l'organisme de financement spécialisé peuvent être rachetées par l'organisme à la demande des porteurs de parts, actionnaires ou titulaires de titres de créance, si son règlement ou ses statuts le prévoient. Dans ce cas, l'article L. 214-170 ne s'applique pas à l'émission de parts ou actions par l'organisme.

V. – Un organisme de financement spécialisé peut consentir des prêts dans les conditions fixées par le règlement (UE) n° 2015/760 du Parlement européen et du Conseil du 29 avril 2015 relatif aux fonds européens d'investissement à long terme, lorsqu'il a reçu l'autorisation d'utiliser la dénomination « ELTIF » en application de ce même règlement.

Un organisme de financement spécialisé dont les rachats de parts ou actions et le recours à l'effet de levier font l'objet de limitations peut également accorder des prêts aux entreprises non financières dans des conditions et limites fixées par décret en Conseil d'État. Les prêts ainsi accordés ont une maturité inférieure à la durée de vie résiduelle de l'organisme.

VI. – La perte ou l'engagement net maximal pris par un organisme de financement spécialisé, évalué à tout moment en tenant compte des couvertures dont il bénéficie, au titre des tirages d'un prêt octroyé ou de l'acquisition de créances à naître de tirages provenant de prêts, d'instruments financier à terme, de garanties ou de sous-participation en risque ne peuvent excéder la valeur de son actif et le cas échéant du montant non appelé des souscriptions.

VII. *(VII créé, L. n° 2019-486, 22 mai 2019)* Dans les conditions définies par le règlement général de l'Autorité des marchés financiers, la responsabilité à l'égard des tiers de la centralisation des ordres de souscription et de rachat des parts, actions ou titres de créance d'un organisme de financement spécialisé est confiée par la société de gestion de portefeuille qui le représente soit à cet organisme de financement spécialisé, soit au dépositaire, soit à une société de gestion, soit à un prestataire de services d'investissement agréé pour fournir l'un des services mentionnés à l'article L. 321-1. L'entité à qui est confiée cette responsabilité dispose de moyens adaptés et suffisants pour assurer cette fonction. Un ordre de souscription ou de rachat transmis à l'entité responsable de la centralisation des ordres est irrévocable, à la date et dans les conditions définies par le règlement général de l'Autorité des marchés financiers.

VIII. *(VIII créé, L. n° 2019-486, 22 mai 2019)* L'Autorité des marchés financiers définit les conditions dans lesquelles les organismes de financement spécialisé informent les investisseurs et peuvent faire l'objet de publicité, en particulier audiovisuelle, ou de démarchage.

Les statuts ou le règlement des organismes de financement spécialisé ainsi que les documents destinés à l'information de leurs porteurs de parts, actionnaires ou porteurs de titres de créance sont rédigés en français. Toutefois, dans des conditions fixées par le règlement général de l'Autorité des marchés financiers, ils peuvent être rédigés dans une langue usuelle en matière financière autre que le français.

IX. *(IX créé, L. n° 2019-486, 22 mai 2019)* Dans les conditions fixées par le règlement général de l'Autorité des marchés financiers, le règlement ou les statuts des organismes de financement spécialisé peuvent réserver la souscription ou l'acquisition de leurs parts, actions ou titres de créance à vingt investisseurs au plus ou à une catégorie d'investisseurs dont les caractéristiques sont précisément définies par le prospectus.

Le dépositaire ou la personne désignée à cet effet par le règlement ou les statuts de l'organisme de financement spécialisé s'assure que le souscripteur ou l'acquéreur est un investisseur mentionné au premier alinéa du présent IX.

X. *(X créé, L. n° 2019-486, 22 mai 2019)* Les articles L. 214-24-57 à L. 214-24-61 sont applicables aux organismes de financement spécialisé. Pour l'application des dispositions du deuxième alinéa de l'article L. 214-24-58, l'organisme de financement spécialisé nourricier peut suspendre les souscriptions ou les rachats de ses propres parts, actions ou titres de créance pendant une durée identique à celle du FIA ou de l'OPCVM maître.

Sous-paragraphe 1. – Dispositions particulières aux sociétés de financement spécialisé

Art. L. 214-190-2 *(Ord. n° 2017-1432, 4 oct. 2017).* – La société de financement spécialisé est un organisme de financement spécialisé constitué sous la forme de société anonyme ou de société par actions simplifiée.

La société fait figurer sur tous les actes et documents destinés aux tiers sa qualité de société de financement spécialisé.

Les articles L. 214-177 à L. 214-179 s'appliquent aux sociétés de financement spécialisé.

(Al. créé, L. n° 2019-486, 22 mai 2019) Pour l'établissement de leurs comptes annuels, les sociétés de financement spécialisé ne sont pas soumises aux articles L. 123-12 à L. 123-21 du Code de commerce. Leurs comptes annuels sont établis selon un règlement de l'Autorité des normes comptables.

(Al. créé, L. n° 2019-486, 22 mai 2019) Les statuts de la société de financement spécialisé sont publiés par extrait au registre du commerce et des sociétés. Les mentions devant y figurer sont définies par décret.

(Al. créé, L. n° 2019-486, 22 mai 2019) Les statuts de la société de financement spécialisé ainsi que les documents destinés à l'information des investisseurs sont rédigés en français. Toutefois, dans les conditions et limites fixées par le règlement général de l'Autorité des marchés financiers, et à l'exception de l'extrait mentionné au cinquième alinéa, ils peuvent être rédigés dans une langue usuelle en matière financière autre que le français.

Art. L. 214-190-2-1 *(Créé, L. n° 2019-486, 22 mai 2019).* – Le rachat par la société de financement spécialisé de ses actions ou titres de créance comme l'émission d'actions ou titres de créance nouveaux peuvent être suspendus, à titre provisoire, par le conseil d'administration, le directoire ou les dirigeants de la société, quand des circonstances exceptionnelles l'exigent et si l'intérêt des investisseurs ou du public le commande, dans des conditions fixées par les statuts de la société.

Dans les mêmes circonstances, lorsque la cession de certains actifs ne serait pas conforme à l'intérêt des investisseurs, les autres actifs peuvent être transférés à une nouvelle société de financement spécialisé. Conformément à l'article L. 236-16 du Code de commerce, la scission est décidée par l'assemblée générale extraordinaire des actionnaires de la société de financement spécialisé. Par dérogation à l'article L. 225-96 du même code et au 3° de l'article L. 214-24-31 du présent code, cette assemblée peut se tenir, dès la première convocation, sans qu'un quorum soit requis. Cette scission est déclarée à l'Autorité des marchés financiers sans délai. Chaque investisseur reçoit un nombre d'actions et, le cas échéant, de titres de créance de la nouvelle société de financement spécialisé égal à celui qu'il détient dans l'ancienne. L'ancienne société de financement spécialisé est mise en liquidation dès que le transfert des actifs a été effectué. Les conditions d'application du présent alinéa sont définies par décret.

Le règlement général de l'Autorité des marchés financiers fixe les autres cas et les conditions dans lesquels les statuts de la société de financement spécialisé prévoient, le cas échéant, que l'émission d'actions ou de titres de créance est interrompue, partiellement ou totalement, de façon provisoire ou définitive.

Il prévoit également les cas et les conditions dans lesquels les statuts de la société de financement spécialisé peuvent prévoir que le rachat d'actions ou de titres de créance est plafonné à titre provisoire quand des circonstances exceptionnelles l'exigent et si l'intérêt des actionnaires ou du public le commande.

Sous-paragraphe 2. – Dispositions particulières aux fonds de financement spécialisé

Art. L. 214-190-3 *(Ord. n° 2017-1432, 4 oct. 2017).* – Le fonds de financement spécialisé est un organisme de financement spécialisé constitué sous la forme de copropriété.

Le fonds n'a pas la personnalité morale. Ne s'appliquent pas aux fonds de financement spécialisé les dispositions du Code civil relatives à l'indivision ni celles des articles 1871 à 1873 du même code relatives aux sociétés en participation.

Le montant minimal d'une part émise par un fonds de financement spécialisé est défini par décret.

Pour toutes les opérations faites pour le compte des copropriétaires, la désignation du fonds ou, le cas échéant, d'un compartiment du fonds peut être valablement substituée à celle des copropriétaires.

Les articles L. 214-182 à L. 214-186 s'appliquent aux fonds de financement spécialisé.

Art. L. 214-190-3-1 *(Créé, L. n° 2019-486, 22 mai 2019)*. – Le rachat par le fonds de ses parts et l'émission de parts ou titres de créance nouveaux peuvent être suspendus à titre provisoire par la société de gestion quand des circonstances exceptionnelles l'exigent et si l'intérêt des investisseurs ou du public le commande, dans des conditions fixées par le règlement du fonds.

Dans les mêmes circonstances, lorsque la cession de certains actifs ne serait pas conforme à l'intérêt des investisseurs, les autres actifs peuvent être transférés à un nouveau fonds de financement spécialisé. La scission est décidée par la société de gestion. Cette scission est déclarée à l'Autorité des marchés financiers sans délai. Chaque investisseur reçoit un nombre de parts et, le cas échéant, de titre de créances du nouveau fonds égal à celui qu'il détient dans l'ancien. L'ancien fonds de financement spécialisé est mis en liquidation dès que le transfert des actifs a été effectué. Les conditions d'application du présent alinéa sont définies par décret.

Le règlement général de l'Autorité des marchés financiers fixe les autres cas dans lesquels le règlement du fonds prévoit, le cas échéant, que l'émission de parts ou de titres de créance est interrompue, partiellement ou totalement, de façon provisoire ou définitive.

Il prévoit également les cas et les conditions dans lesquels le règlement du fonds peut prévoir que le rachat de parts ou de titres de créance est plafonné à titre provisoire quand des circonstances exceptionnelles l'exigent et si l'intérêt des porteurs de parts ou du public le commande.

Section III. – Autres placements collectifs

Art. L. 214-191 *(Ord. n° 2013-676, 25 juill. 2013)*. – I. – Les placements collectifs ne relevant pas des sections 1 et 2 du présent chapitre sont dénommés : « Autres placements collectifs ». Il s'agit notamment :

1° D'une SICAV constituée sous forme de société par actions simplifiée instituée par une seule personne et dont les statuts interdisent expressément la pluralité d'associés ;

2° D'une société de placement à prépondérance immobilière à capital variable constituée sous forme de société par actions simplifiée instituée par une seule personne et dont les statuts interdisent expressément la pluralité d'associés.

II. – La sous-section 1, excepté son paragraphe 1, les paragraphes 1 et 6 de la sous-section 2 de la section 2, ou, lorsque cet « Autre placement collectif » est ouvert à des investisseurs professionnels, le sous-paragraphe 1 du paragraphe 1 et le sous-paragraphe 1 du paragraphe 2 de la sous-section 3 de la section 2 sont applicables aux SICAV relevant du 1° du I du présent article.

III. – La sous-section 1, excepté son paragraphe 1, le paragraphe 3 de la sous-section 2 de la section 2 ou, lorsque cet « Autre placement collectif » est ouvert à des investisseurs professionnels, le sous-paragraphe 2 du paragraphe 1 de la sous-section 3 de la section 2 sont applicables aux sociétés de placement à prépondérance immobilière à capital variable relevant du 2° du I du présent article.

Partie réglementaire

Section I. – Définitions

Art. D. 211-1 A *(D. n° 2009-297, 16 mars 2009 ; mod., D. n° 2017-1324, 6 sept. 2017)*. – I. – Les contrats financiers mentionnés au III de l'article L. 211-1 sont :

1. Les contrats d'option, contrats à terme fermes, contrats d'échange, accords de taux futurs et tous autres contrats à terme relatifs à des instruments financiers, des devises, des taux d'intérêt, des rendements, des unités mentionnées à l'article L. 229-7 du Code de l'environnement, à des indices financiers ou des mesures financières qui peuvent être réglés par une livraison physique ou en espèces ;

2. Les contrats d'option, contrats à terme fermes, contrats d'échange, accords de taux futurs et tous autres contrats à terme relatifs à des matières premières qui doivent être réglés en espèces ou peuvent être réglés en espèces à la demande d'une des parties pour des raisons autres qu'une défaillance ou d'autre incident conduisant à la résiliation ;

3. Les contrats d'option, contrats à terme fermes, contrats d'échange et tous autres contrats à terme relatif à des matières premières qui peuvent être réglés par livraison physique, à condition qu'ils soient négociés sur un marché réglementé un système multilatéral de négociation ou un système organisé de négociation, à l'exception des produits énergétiques de gros, au sens du point 4 de l'article 2 du règlement (UE) n° 1227/2011 du Parlement européen et du Conseil du 25 octobre 2011 concernant l'intégrité et la transparence du marché de gros de l'énergie, qui sont négociés sur un système organisé de négociation et qui doivent être réglés par livraison physique ;

4. Les contrats d'options, contrats à terme fermes, contrats d'échange et tous autres contrats à terme relatifs à des matières premières qui peuvent être réglés par livraison physique, non mentionnés par ailleurs au 3, et non destinés à des fins commerciales, qui présentent les caractéristiques d'autres instruments financiers à terme ;

5. Les contrats à terme servant au transfert du risque de crédit ;

6. Les contrats financiers avec paiement d'un différentiel ;

7. Les contrats d'options, contrats à terme fermes, contrats d'échanges, accords de taux futurs et tous autres contrats à terme relatifs à des variables climatiques, à des tarifs de fret ou à des taux d'inflation ou d'autres statistiques économiques officielles qui doivent être réglés en espèces ou peuvent être réglés en espèces à la demande d'une des parties pour des raisons autres qu'une défaillance ou d'autre incident amenant la résiliation ;

8. Tout autre contrat à terme concernant des actifs, des droits, des obligations, des indices et des mesures, non mentionné par ailleurs aux 1 à 7 ci-dessus, qui présente les caractéristiques d'autres instruments financiers à terme, en tenant compte de ce que, notamment, il est négocié sur un marché réglementé un système multilatéral de négociation ou un système organisé de négociation.

II. – Dans cet article, une matière première est un bien ayant les caractéristiques mentionnées au paragraphe 6 de l'article 2 du règlement délégué (UE) 2017/565 de la Commission du 25 avril 2016.

Section II. – Règles générales applicables aux valeurs mobilières

....

Sous-section 2. – Inscription en compte

Art. R. 211-1 *(Rempl., D. n° 2009-295, 16 mars 2009 ; mod., D. n° 2018-1226, 24 déc. 2018).* **– Les titres financiers ne sont matérialisés que par une inscription dans le compte-titres du ou des propriétaires ou au bénéfice du ou des propriétaires dans un dispositif d'enregistrement électronique partagé.**

Bibliographie : S. Blémus et Cl. Pion, *Blockchain, minibons et titres financiers : Des règles ad hoc pour les chaînes de bloc : RD bancaire et fin.* 2019, étude 2, n° 1. • Th. Caharel et P. Monteil, *Représentation et transmission des titres financiers au temps de la blockchain : RD. bancaire et fin.* 2018, prat. 4, n° 4. • Th. Cremers, *La Blockchain et les titres nominatifs : RD bancaire et fin.* 2019, étude 4, n° 1. • Ph. Goutay, *De la dématérialisation à la blockchain : un nouveau saut conceptuel pour le droit des titres ?* : in *Mél. AEDBF*, t. VII : *Banque éd.*, 2018, p. 225. • M. Julienne, *L'inscription des titres financiers en blockchain : Bull. Joly Bourse* 2019, p. 58. • D. Legeais, *Blockchain et actifs numériques : le droit français va-t-il devenir réellement attractif ? : RD bancaire et fin.* 2019, repère 2, n° 2. • D. Legeais, *Utilisation d'un dispositif d'enregistrement électronique partagé pour la représentation et la transmission de titres financiers : JCP* E 2018, act. 58. • S. Schiller, *Représentation et transmission des titres financiers par une blockchain. À propos de l'ordonnance n° 2017-1674 du 8 décembre 2017 : JCP* G 2018, 40. • *Blockchain et crypto-actifs : état des lieux : RTD com.* 2018, p. 754. • H. de Vauplane, *Après la dématérialisation des titres, leur digitalisation via la blockchain ? : RTDF* 2017-4, p. 99 ; *Des titres papiers aux titres digitaux*, in *Blockchain et droit des sociétés*, 2019, Société de législation comparée, coll. Trans Europe Experts, ss dir. V. Magnier et P. Barban, à paraître.

Art. R. 211-2 *(Rempl., D. n° 2009-295, 16 mars 2009 ; mod., D. n° 2018-1226, 24 déc. 2018).* **– Lorsque le compte-titres est tenu par l'émetteur ou que les titres financiers sont inscrits par l'émetteur dans un dispositif d'enregistrement électronique partagé, les titres financiers revêtent la forme nominative. Lorsque le compte-titres est tenu par un intermédiaire mentionné à l'article L. 211-3, les titres financiers revêtent la forme au porteur.**

Art. R. 211-3 *(Rempl., D. n° 2009-295, 16 mars 2009 ; mod., D. n° 2018-1226, 24 déc. 2018).* **– Lorsque la tenue des comptes-titres ou l'inscription de titres dans un dispositif d'enregistrement électronique partagé incombe à l'émetteur et que ce dernier désigne un mandataire à cet effet, il publie au Bulletin des annonces légales obligatoires la dénomination et l'adresse de son mandataire, ainsi que la catégorie de titres financiers qui fait l'objet du mandat.**

2° Les titres négociables à moyen terme, d'une durée initiale supérieure à un an, émis par l'ensemble des émetteurs mentionnés à l'article L. 213-3, à l'exception de celui mentionné au 12 du même article.

II. – La rémunération des titres de créances négociables est libre. Lorsque la rémunération varie en application d'une clause d'indexation qui ne porte pas sur un taux usuel du marché interbancaire, du marché monétaire ou du marché obligataire, cette clause est portée à la connaissance de la Banque de France.

Art. D. 213-2 *(Mod, D. n° 2011-180, 15 févr. 2011 ; D. n° 2016-707, 30 mai 2016)*. – La Banque de France veille au respect par les émetteurs de titres de créances négociables des conditions d'émission prévues par les articles L. 213-1 à L. 213-4, par la présente sous-section et par l'arrêté mentionné à l'article D. 213-7.

Pour l'exercice de cette mission, les nouveaux émetteurs informent la Banque de France, dans un délai déterminé par celle-ci avant leur première émission, de leur intention d'entrer sur ce marché, par l'envoi de la documentation financière établie selon les modalités définies aux articles D. 213-9 à D. 213-12.

Elle reçoit communication immédiate par l'ensemble des émetteurs des documents établis en application de leurs obligations d'information conformément à l'article L. 213-4 et prévus par les articles D. 213-1-A et D. 213-9 à D. 213-12.

La Banque de France peut suspendre ou interdire d'émission un émetteur qui manque au respect de ces dispositions.

Art. D. 213-3 *(Mod., D. n° 2006-817, 7 juill. 2006 ; D. n° 2014-361, 20 mars 2014 ; D. n° 2016-707, 30 mai 2016)*. – Les émetteurs rendent publique une notation de leur programme d'émission, obtenue auprès d'une agence spécialisée qui répond aux conditions arrêtées par l'autorité administrative compétente ou, le cas échéant, disposent d'un garant remplissant les conditions fixées par arrêté et bénéficiant d'une telle notation.

Sont exemptés de cette obligation :

1° Les établissements de crédit et les entreprises d'investissement établis dans l'Espace économique européen ;

2° La Caisse des dépôts et consignations ;

3° Les émetteurs dont des titres sont admis aux négociations sur un marché réglementé de l'Espace économique européen, ou sur un marché hors de l'Espace économique européen reconnu comme équivalent par la Commission européenne ;

4° Les organismes de titrisation qui émettent des titres de créances conférant tous des droits de même rang. Ces titres sont intégralement adossés à des créances éligibles de manière non temporaire au refinancement octroyé par l'Eurosystème dans le cadre de sa politique monétaire, à l'exclusion de tout critère de montant nominal minimum. Lorsqu'un organisme de titrisation comporte plusieurs compartiments, l'ensemble des compartiments est soumis aux critères précédemment définis, l'absence de subordination des droits entre les titres émis étant appréciée au sein de chaque compartiment. Ces organismes figurent sur une liste fixée par arrêté du ministre chargé de l'économie, sur avis conforme de la Banque de France.

Art. D.* 213-4. – L'autorité administrative compétente mentionnée à l'article D. 213-3 est le ministre chargé de l'économie.

Art. D. 213-5 *(Mod., D. n° 2016-707, 30 mai 2016)*. – L'ensemble des titres de créances négociables émis dans le cadre d'un même programme peut bénéficier d'une garantie à première demande dans les conditions fixées par arrêté du ministre chargé de l'économie.

Lorsque les titres de créances négociables bénéficient d'une telle garantie, la documentation financière en fait mention et fournit, pour le garant, les mêmes renseignements que pour l'émetteur.

Art. D. 213-6 *(Mod., D. n° 2016-707, 30 mai 2016)*. – Les titres de créances négociables peuvent être émis en euros ou en toute devise.

La Banque de France peut suspendre pour un délai qu'elle détermine des émissions de titres libellés dans une devise déterminée.

Art. D. 213-7 *(Mod., D. n° 2006-1655, 22 déc. 2006 ; D. n° 2014-511, 20 mai 2014 ; D. n° 2015-353, 27 mars 2015 ; D. n° 2016-707, 30 mai 2016)*. – Les conditions d'émission des titres de créances négociables prévues aux articles L. 213-1 A à L. 213-4-1 et à la présente sous-section sont précisées par arrêté du ministre chargé de l'économie.

Sous-section 2. – Règles applicables à certains émetteurs

Art. D. 213-8 *(Mod., D. n° 2009-558, 19 mai 2009 ; D. n° 2016-313, 16 mars 2016 ; D. n° 2016-707, 30 mai 2016).* – **Pour être habilitées à émettre des titres de créances négociables, les entreprises mentionnées au 2 de l'article L. 213-3 doivent appartenir à l'une des catégories suivantes :**

1° Les entreprises revêtant la forme de sociétés par actions ou, pour celles dont le siège social est situé à l'étranger, une forme reconnue comme équivalente par l'autorité mentionnée à l'article D. 213-2, et disposant d'un capital social dont la partie libérée est au moins égale à 37 000 euros ou la contre-valeur de ce montant en devises ;

2° Les entreprises du secteur public dès lors qu'elles remplissent les conditions fixées au 1° ;

3° Les entreprises du secteur public qui ne disposent pas de capital social mais qui ont été autorisées à procéder à une offre au public de titres financiers ;

4° Les sociétés coopératives agricoles et leurs unions disposant d'un capital social dont la partie libérée est au moins égale à 37 000 euros ;

5° Les sociétés coopératives par actions disposant d'un capital social dont la partie libérée est au moins égale à 37 000 euros.

Sous-section 3. – Documentation financière et informations statistiques

Art. D. 213-9 *(Mod., D. n° 2016-707, 30 mai 2016).* – **Préalablement à l'émission, l'émetteur de titres de créances négociables dépose auprès de la Banque de France une documentation financière qui comprend :**

1° Une présentation du ou des programmes d'émission contenant les éléments fixés par arrêté du ministre chargé de l'économie ;

2° Une présentation de la situation juridique et financière de l'émetteur ;

3° Les documents mis à disposition de l'assemblée générale des actionnaires, ou de l'organe qui en tient lieu, relatifs aux deux derniers exercices, incluant notamment les comptes annuels et, le cas échéant, les comptes consolidés, les rapports du conseil d'administration ou du directoire et du conseil de surveillance, selon le cas, et les rapports des commissaires aux comptes, ou des personnes qui en tiennent lieu, sur la sincérité des informations comptables données. Ces documents sont incorporés par référence ou sont insérés directement dans la documentation financière.

Les données comptables, consolidées, ou à défaut, sociales, sont établies selon les normes internationales d'information financière, selon des normes comptables reconnues comme équivalentes par la Commission européenne, selon les normes comptables locales des pays de l'Espace économique européen ou selon les normes comptables françaises.

En outre, lorsque l'émetteur a son siège social en dehors de l'Espace économique européen, il dispose de données comptables faisant l'objet d'un contrôle légal dont le système de supervision publique est reconnu comme équivalent par la Commission européenne.

Lorsque l'émetteur est une société chargée, au sein d'un groupe, de gérer la trésorerie, ces mêmes renseignements sont fournis pour l'ensemble du groupe sur la base des comptes consolidés de la société consolidante ;

4° Une attestation des personnes physiques, avec indication de leur identité et de leur fonction dans la société, ou des personnes morales, avec indication de leur dénomination et de leur siège, qui assurent la responsabilité de la documentation financière et certifient qu'à leur connaissance l'information donnée par l'émetteur est exacte, précise et qu'elle ne comporte pas d'omissions de nature à en altérer la portée ni d'indications fausses ou de nature à induire en erreur.

La Banque de France peut demander toute information complémentaire à l'émetteur.

Art. D. 213-10. – **Un arrêté du ministre chargé de l'économie précise les mentions obligatoires du dossier de présentation financière. Il peut prévoir des modalités spécifiques adaptées aux différentes catégories d'émetteurs.**

Art. D. 213-11 *(Mod., D. n° 2012-1243, 8 nov. 2012 ; D. n° 2016-707, 30 mai 2016).* – **La documentation financière remise à la Banque de France est rédigée en français ou dans une langue usuelle en matière financière autre que le français, dans le cas où les titres ne peuvent être souscrits ou acquis que**

pour un montant au moins équivalent à 200 000 euros ou la contre-valeur de ce montant en devises et à condition que l'émetteur fasse figurer un avertissement en français dans sa documentation financière invitant l'investisseur, le cas échéant, à recourir à une traduction en français de cette documentation, dans les conditions précisées par un arrêté du ministre chargé de l'économie.

Art. D. 213-12 *(Mod., D. n° 2016-707, 30 mai 2016)*. – L'émetteur communique chaque année à la Banque de France la documentation financière actualisée du programme dans un délai de quarante-cinq jours après la tenue de l'assemblée générale des actionnaires, ou de l'organe qui en tient lieu, statuant sur les comptes du dernier exercice.

Toutefois, l'émetteur met à jour sans délai la documentation financière sur toute modification relative au plafond de son encours, à l'identité des agences spécialisées attribuant une notation au programme d'émission lorsqu'une telle notation est requise, à la notation du programme d'émission si elle figure expressément dans sa documentation financière, à l'identité du garant ou aux termes et modalités de la garantie, ainsi que sur tout fait nouveau rendu public susceptible d'avoir une incidence significative sur l'évaluation des titres émis ou sur la bonne fin du programme d'émission.

Art. D. 213-13 *(Mod., D. n° 2006-817, 7 juill. 2006 ; D. n° 2016-707, 30 mai 2016)*. – L'émetteur de titres de créances négociables communique sans délai et sans frais la documentation financière de son programme d'émission et ses mises à jour aux établissements domiciliataires des titres émis dans le cadre du programme, et à toute personne qui en fait la demande.

La Banque de France met en ligne sur son site internet tout ou partie de la documentation financière remise par l'émetteur, comprenant au moins la présentation du programme d'émission et de l'émetteur, et ses mises à jour.

Art. D. 213-14 *(Mod., D. n° 2006-817, 7 juill. 2006 ; D. n° 2016-707, 30 mai 2016)*. – L'émetteur de titres de créances négociables communique à la Banque de France des informations statistiques sur les titres émis dans le cadre du programme, dans les conditions définies par l'arrêté mentionné à l'article D. 213-7.

La Banque de France fixe la fréquence de la fourniture de ces informations et en assure régulièrement la diffusion.

L'émetteur de titres de créances négociables rend également compte à la Banque de France des remboursements anticipés des titres émis dans le cadre du programme.

Section II. – Les obligations

Sous-section 1. – Règles générales

Art. R. 213-15. – Les règles relatives aux obligations émises par les sociétés commerciales sont définies par les articles 211 à 241 du décret n° 67-236 du 23 mars 1967 sur les sociétés commerciales.

Art. R. 213-16. – Lorsqu'une émission obligataire est amortie selon un tableau qui indique le nombre de titres à amortir à chaque période et que les titres ne sont pas groupés en séries identifiées, le choix des titres amortis s'opère comme suit :

1° À une date de référence précédant le remboursement et fixée par le contrat d'émission, le teneur de comptes établit la liste des titulaires des comptes où figurent les titres. Les titulaires y sont classés dans l'ordre croissant de leur numéro de compte, ou dans tout autre ordre préalablement établi par le teneur de compte et notifié au dépositaire central chez qui l'émission a été déposée, et le nombre de leurs titres y est indiqué. La liste est datée et certifiée le jour même par la personne habilitée à cet effet par l'adhérent ;

2° Le lendemain de la date de référence, l'émetteur communique au dépositaire central le nombre de titres à amortir. Le dépositaire central calcule alors, jusqu'à la cinquième décimale, le rapport, dit d'amortissement, qui est le rapport du nombre de titres à amortir au nombre de titres en circulation. Pour déterminer le nombre de titres amortis à attribuer à chaque adhérent, il applique le rapport d'amortissement au nombre de titres inscrits au compte de chaque adhérent en arrondissant le résultat à l'unité inférieure et en répartissant le solde éventuel selon la règle du plus fort reste. Il notifie alors à chaque adhérent le rapport d'amortissement et le nombre de titres amortis qui lui est attribué ;

3° Au reçu de cette notification, l'adhérent procède à une première répartition des titres à amortir. Il applique le rapport d'amortissement au nombre de titres figurant dans chaque compte. Le résultat arrondi à l'unité inférieure est le nombre de titres amortis affecté au compte considéré au cours de cette première répartition ;

4° L'adhérent procède ensuite à une deuxième répartition. Il détermine sur la liste des titulaires de comptes un point de départ en multipliant le nombre total des titres de la liste par le nombre de cent-millièmes formé par la suite des cinq décimales du rapport d'amortissement et en l'arrondissant au nombre entier immédiatement supérieur. À partir du rang du titre correspondant à ce point de départ, l'adhérent affecte les titres à répartir aux titulaires figurant sur la liste dans l'ordre d'inscription, abstraction faite de ceux qui ont bénéficié de la première répartition ;

5° L'adhérent affecte le solde éventuel aux titulaires ayant bénéficié de la première répartition en suivant la règle du plus fort reste ;

6° L'adhérent conserve pendant dix ans la liste visée au 1° et l'indication du nombre de titres amortis au compte des titulaires y figurant.

Art. R. 213-16-1 *(D. n° 2017-1165, 12 juill. 2017)*. – Le montant mentionné au premier et au deuxième alinéa du I de l'article L. 213-6-3 est fixé à 100 000 euros.

Sous-section 3. – Obligations émises par les associations

Art. D. 213-17. – Le document d'information mentionné à l'article L. 213-11 est établi préalablement à toute émission.

Il est remis ou adressé à toute personne dont la souscription est sollicitée.

Art. D. 213-18 *(Mod., D. n° 2009-558, 19 mai 2009)*. – Sous réserve des dispositions de l'article D. 213-19, lorsque l'association émettrice procède à une offre au public pour le placement des titres mentionnés aux articles L. 213-8 et L. 213-9, les dispositions des articles 211, 212 et 213 du décret n° 67-236 du 23 mars 1967 sur les sociétés commerciales sont applicables à la notice mentionnée à l'article L. 213-11 pour autant qu'elles sont compatibles avec le régime juridique des associations.

Art. D. 213-19. – I. – Le document d'information comporte toutes les indications utiles à l'information des souscripteurs. Il contient les renseignements suivants concernant l'émission :

1° Le but de l'émission ;

2° Les décisions des organes habilités qui sont à l'origine de l'opération et leur durée de validité ;

3° Le nombre, la valeur nominale et la forme des titres ainsi que le produit brut et l'estimation du produit net de l'émission ;

4° Les conditions de l'émission et les caractéristiques financières des titres, ainsi que, le cas échéant, les garanties. Lorsque la rémunération des titres est inférieure aux conditions du marché lors de l'émission, le document en fait mention ;

5° Les modalités de cession et, le cas échéant, les conditions de cotation des titres ;

6° L'existence et l'organisation de la masse des titulaires de titres ;

7° La liste des établissements de crédit chargés du service financier de l'opération, le cas échéant.

II. – Le même document contient les renseignements suivants concernant l'émetteur :

1° Des renseignements concernant l'organisation et le contrôle de l'association :

a) L'identité des dirigeants et celles des membres de l'organe de contrôle ou du conseil d'administration ;

b) Le montant des rémunérations allouées à raison de leurs fonctions de façon globale pour chacune des catégories de personnes énumérées ci-dessus ;

c) Les mandats que ces mêmes personnes exercent dans d'autres entreprises ;

d) La mention des conventions entre l'association et toute personne morale ayant des dirigeants communs avec celle-ci ;

e) Le nom des commissaires aux comptes et de leurs suppléants, ainsi que la date de leur nomination ;

2° Le montant des fonds propres non susceptibles de reprise à la clôture de l'exercice précédent, le montant total et la ventilation par échéance des engagements autres que ceux résultant de l'émission, l'indication des sûretés accordées aux titres précédemment émis ;

3° Le bilan, le compte de résultats et les éléments significatifs de l'annexe des trois derniers exercices ainsi que, lorsque l'émission a lieu en cours d'exercice, des éléments significatifs extraits des comptes provisoires et une évaluation de la tendance de l'activité ;

4° L'objet social de l'association, une description de son activité et de ses perspectives d'évolution ;

5° Les faits significatifs ou affaires contentieuses pouvant avoir une incidence sur l'activité et la situation financière de l'association ;

6° Des renseignements concernant les garants de l'émission.

Art. D. 213-20. – Toute publicité ou formulaire concernant l'émission mentionne l'existence du document d'information et précise les moyens de l'obtenir sans frais.

Art. R. 213-21. – L'immatriculation au registre du commerce et des sociétés des associations mentionnées à l'article L. 213-8 ne peut intervenir qu'après qu'une décision d'émettre des obligations a été régulièrement prise par l'assemblée générale.

Art. R. 213-22. – La radiation de l'immatriculation est demandée par l'association émettrice d'obligations dans l'année qui suit le remboursement de toutes les obligations émises.

La radiation est également demandée si, un an après la décision de l'assemblée générale d'émettre des obligations, aucune émission n'est intervenue.

Art. R. 213-23. – Faute par une association de requérir sa radiation dans les délais prescrits, il est procédé conformément au deuxième alinéa de l'article L. 123-3 du Code de commerce.

Art. R. 213-24 *(Mod., D. n° 2012-928, 31 juill. 2012)*. – Toute association émettrice d'obligations dépose au greffe du tribunal, pour être annexés au registre du commerce et des sociétés, dans le mois qui suit leur approbation par l'assemblée générale, les comptes annuels, le rapport de gestion et le rapport des commissaires aux comptes de l'exercice écoulé, éventuellement complété des observations de ceux-ci sur les modifications apportées par l'assemblée aux comptes annuels qui leur ont été soumis. En cas de refus d'approbation, une copie de la délibération est déposée dans le même délai.

Art. R. 213-25. – Sous réserve des dispositions de l'article D. 213-19, les dispositions des articles 214 à 242 du décret n° 67-236 du 23 mars 1967 sur les sociétés commerciales, pour autant qu'elles soient compatibles avec le régime juridique des associations, s'appliquent aux obligations émises par les associations.

....

Section IV. – Les titres participatifs

Art. D. 213-26. – Les règles relatives aux titres participatifs émis par des sociétés par actions appartenant au secteur public et les sociétés coopératives constituées sous la forme de sociétés anonymes ou de sociétés à responsabilité limitée sont définies par les articles R. 228-49 à R. 228-55 du Code de commerce.

Art. D. 213-27. – Lorsque la masse des porteurs prévue par l'article L. 228-37 du Code de commerce est constituée de porteurs de titres émis par un établissement public de l'État à caractère industriel et commercial soumis aux règles de la comptabilité publique, le rapport sur les comptes de l'exercice et sur les éléments servant à la détermination de la rémunération des titres participatifs est établi par l'agent comptable de l'établissement.

Art. R. 213-28. – Les règles relatives aux titres participatifs émis par les sociétés d'assurance mutuelles et les caisses d'assurances et de réassurances mutuelles agricoles soumises à l'agrément administratif sont prévues à l'article R. 322-79 du Code rural et de la pêche maritime.

Art. R. 213-29. – Les règles relatives aux titres participatifs émis par les entreprises d'assurance sont prévues à l'article R. 322-79 du Code des assurances.

CHAPITRE IV. – PLACEMENTS COLLECTIFS

Art. D. 214-0 *(D. n° 2013-687, 25 juill. 2013).* – L'Autorité des marchés financiers ne délivre l'autorisation de commercialisation mentionnée à l'article L. 214-1-1 qu'à la condition que le fonds concerné soit soumis à des règles de sécurité et de transparence équivalentes aux règles françaises et qu'un instrument d'échange d'information et d'assistance mutuelle dans le domaine de la gestion d'actifs pour le compte de tiers ait été mis en place entre cette autorité et l'autorité de surveillance de ce fonds.

Section I. – OPCVM

Art. D. 214-1 *(D. n° 2006-1542, 6° déc. 2006 ; rempl., D. n° 2011-923, 1er août 2011 ; mod., D. n° 2013-687, 25 juill. 2013).* – L'Autorité des marchés financiers s'assure que le dossier prévu à l'article L. 214-2-1 est complet.

Elle transmet le dossier de notification aux autorités compétentes de l'État d'accueil dans lequel l'OPCVM se propose de commercialiser ses parts ou actions, au plus tard dix jours ouvrables à compter de la date de réception de la lettre de notification et de l'ensemble des documents constituant le dossier.

Sous-section 1. – Régime général des organismes de placement collectif en valeurs mobilières

Art. R. 214-2 *(Mod., D. n° 2006-1542, 6 déc. 2006 ; D. n° 2006-1726, 23 déc. 2006 ; rempl., D. n° 2011-922, 1er août 2011 ; mod., D. n° 2013-687, 25 juill. 2013).* – Pour l'application des paragraphes 2 et 3, lorsqu'un OPCVM est formé d'un ou de plusieurs compartiments d'investissement, chaque compartiment est considéré comme un OPCVM distinct.

Sous-section 2. – Règles de fonctionnement

Art. D. 214-3 *(D. n° 2011-923, 1er août 2011).* – Le capital initial d'une société d'investissement à capital variable ne peut être inférieur à 300 000 euros.

Art. R. 214-4 *(Mod., D. n° 2006-1542, 6 déc. 2006 ; rempl., D. n° 2011-922, 1er août 2011).* – Il est procédé à la convocation à l'assemblée générale des actionnaires d'une société d'investissement à capital variable et à l'information de ceux-ci sur les projets de fusion ou de scission selon les mêmes modalités que celles prévues respectivement par les articles R. 225-67 et R. 236-2 du Code de commerce pour les sociétés dont les titres financiers ne sont pas admis aux négociations sur un marché réglementé ou dont toutes les actions revêtent la forme nominative.

Les articles R. 225-73 et R. 225-73-1 du Code de commerce ne sont pas applicables aux sociétés d'investissement à capital variable.

Art. D. 214-5 *(D. n° 2011-923, 1er août 2011 ; mod., D. n° 2013-687, 25 juill. 2013).* – La SICAV destinée à recevoir les actifs dont la cession ne serait pas conforme à l'intérêt des actionnaires, en application de l'article L. 214-7-4, prend la forme de société d'investissement professionnelle spécialisée. En application du troisième alinéa de l'article L. 214-36-3, ses statuts prévoient que son activité correspond à la gestion extinctive de tout actif qui lui est transféré lors de la scission. Par dérogation à l'article D. 214-3, son capital initial peut être inférieur à 300 000 euros sans toutefois pouvoir être inférieur à 1 euro. En application de l'article L. 214-7-4, la SICAV ne peut procéder au rachat de ses actions.

La SICAV destinée à recevoir les actifs autres que ceux mentionnés au premier alinéa est de la même nature que la SICAV objet de la scission.

Le dépositaire et le commissaire aux comptes des deux SICAV issues de la scission sont, lors de la création de celles-ci, les mêmes que ceux de la SICAV objet de la scission.

La SICAV objet de la scission informe immédiatement les actionnaires et leur transmet notamment un rapport justifiant la décision de scission et en détaillant les modalités. Les prospectus et, le cas échéant, les documents d'information clé pour l'investisseur des deux SICAV issues de la scission sont également mis à leur disposition.

Les frais de gestion de la SICAV mentionnée au premier alinéa doivent être adaptés à une gestion de type extinctive.

Art. D. 214-6 *(D. n° 2011-923, 1er août 2011).* – Le montant minimum des actifs que les fonds communs de placement doivent réunir lors de leur constitution est de 300 000 euros.

Art. D. 214-7 *(D. n° 2011-923, 1er août 2011).* – Les apports en nature à la constitution d'un fonds commun de placement sont évalués dans les mêmes conditions que les apports de titres ultérieurs et selon des modalités fixées par le règlement du fonds.

Art. D. 214-8 *(D. n° 2011-923, 1er août 2011 ; mod., D. n° 2013-687, 25 juill. 2013).* – Le fonds destiné à recevoir les actifs dont la cession ne serait pas conforme à l'intérêt des porteurs, en application de l'article L. 214-8-7, prend la forme de fonds professionnel spécialisé. En application du troisième alinéa de l'article L. 214-157, son règlement prévoit que son activité correspond à la gestion extinctive de tout actif qui lui est transféré lors de la scission. Par dérogation à l'article D. 214-6, le montant initial de ses actifs peut être inférieur à 300 000 euros sans toutefois pouvoir être inférieur à 1 euro. En application de l'article L. 214-8-7, le fonds ne peut procéder au rachat de ses parts.

Le fonds destiné à recevoir les actifs autres que ceux mentionnés au premier alinéa est de la même nature que le fonds objet de la scission.

Le dépositaire, le commissaire aux comptes et la société de gestion des deux fonds issus de la scission sont, lors de la création de ceux-ci, les mêmes que ceux du fonds objet de la scission.

La société de gestion informe immédiatement les porteurs du fonds objet de la scission et leur transmet notamment un rapport justifiant la décision de scission et en détaillant les modalités. Elle met également à leur disposition les prospectus et, le cas échéant, les documents d'information clé pour l'investisseur des deux fonds issus de la scission.

Au plus tard dans les huit jours qui suivent la réalisation de la scission, les contrôleurs légaux établissent un rapport fixant la liste des actifs transférés lors de la scission. Ce rapport est tenu à la disposition des porteurs par la société de gestion.

Les frais de gestion du fonds mentionné au premier paragraphe doivent être adaptés à une gestion de type extinctive.

Sous-section 3. – Règles d'investissement

§ 1. – Règles générales de composition de l'actif

Art. R. 214-9 *(Mod., D. n° 2006-1542, 6 déc. 2006 ; D. n° 2007-1206, 10 août 2007 ; rempl., D. n° 2011-922, 1er août 2011 ; mod., D. n° 2013-687, 25 juill. 2013).* – I. – Les titres financiers éligibles mentionnés au 1° du I de l'article L. 214-20 satisfont aux conditions suivantes :

1° La perte potentielle à laquelle leur détention expose l'OPCVM est limitée au montant qu'il a versé pour les acquérir ;

2° Leur liquidité ne compromet pas la capacité de l'OPCVM de se conformer aux dispositions des articles L. 214-7 et L. 214-8 ;

3° Une évaluation fiable les concernant est disponible, sous la forme suivante :

a) Dans le cas des titres financiers relevant des 1° à 4° du I de l'article R. 214-11, sous la forme de prix exacts, fiables et établis régulièrement, qui sont soit des prix de marché soit des prix fournis par des systèmes d'évaluation indépendants des émetteurs ;

b) Dans le cas des titres financiers relevant du II de l'article R. 214-11, sous la forme d'une évaluation établie périodiquement, à partir d'informations émanant de l'émetteur ou provenant d'un service d'analyse financière mentionné à l'article L. 544-1 ;

4° Des informations appropriées les concernant sont disponibles, sous la forme suivante :

a) Dans le cas des titres financiers relevant des 1° à 4° du I de l'article R. 214-11, sous la forme d'informations précises, complètes et régulièrement fournies au marché sur le titre financier concerné ou, le cas échéant, sur les actifs sous-jacents à cet instrument ;

b) Dans le cas des titres financiers relevant du II de l'article R. 214-11, sous la forme d'informations précises et régulièrement fournies à l'OPCVM sur l'instrument financier concerné ou, le cas échéant, sur les actifs sous-jacents à cet instrument ;

5° Ils sont négociables ;

6° Leur acquisition est compatible avec les objectifs de gestion ou la politique d'investissement de l'OPCVM, tels qu'exposés dans les documents d'information destinés aux souscripteurs ;

7° Les risques qu'ils comportent sont pris en considération de manière appropriée par le processus de gestion des risques de l'OPCVM.

Pour l'application du 2° et du 5° du présent I, les instruments financiers relevant des 1° à 3° du I de l'article R. 214-11 sont présumés ne pas compromettre la capacité de l'OPCVM de se conformer aux dispositions des articles L. 214-7 et L. 214-8 et ils sont présumés être négociables, sauf si l'OPCVM dispose d'informations conduisant à des conclusions différentes.

II. – Sont assimilées à des titres financiers éligibles les parts ou actions d'organismes de placement collectif de droit français, d'OPCVM de droit étranger, de FIA établis dans d'autres États membres de l'Union européenne ou de fonds d'investissement de droit étranger de type fermé qui satisfont aux critères suivants :

1° Ces parts ou actions respectent les conditions mentionnées au I ;

2° L'organisme de placement collectif, l'OPCVM, le FIA ou le fonds d'investissement est soumis aux mécanismes de gouvernement d'entreprise appliqués aux sociétés ;

3° Lorsque la gestion financière est exercée par une autre entité pour le compte de l'organisme de placement collectif, de l'OPCVM, du FIA ou du fonds d'investissement, cette entité est soumise à une réglementation nationale visant à garantir la protection des investisseurs ;

III. – Sont assimilés à des titres financiers éligibles les instruments financiers qui satisfont aux critères suivants :

1° Ils respectent les conditions mentionnées au I ;

2° Ils sont adossés à d'autres actifs ou liés à la performance d'autres actifs, qui peuvent être différents de ceux mentionnés à l'article L. 214-20.

Art. R. 214-10 *(Rempl., D. n° 2011-922, 1er août 2011 ; mod., D. n° 2013-687, 25 juill. 2013).* – Les instruments du marché monétaire mentionnés au 2° du I de l'article L. 214-20 satisfont aux conditions suivantes :

1° Ils respectent au moins l'un des critères suivants :

a) Ils ont une échéance à l'émission pouvant aller jusqu'à 397 jours ;

b) Ils ont une maturité résiduelle pouvant aller jusqu'à 397 jours ;

c) Leur rendement fait l'objet d'ajustements réguliers, au moins tous les 397 jours, conformément aux conditions du marché monétaire ;

d) Leur profil de risque, notamment en ce qui concerne le risque de crédit et le risque de taux d'intérêt, correspond à celui d'instruments qui ont une échéance ou une maturité résiduelle conforme respectivement à celle mentionnée aux *a* et *b* ou dont le rendement fait l'objet d'ajustements conformes à ceux mentionnés au *c* ;

2° Ils peuvent être cédés à coût limité dans un délai court et approprié, compte tenu de l'obligation de l'OPCVM de racheter ou de rembourser ses parts ou actions à la demande de tout porteur ou actionnaire ;

3° Il existe des systèmes d'évaluation précis et fiables, qui remplissent les critères suivants :

a) Ils permettent à l'OPCVM de calculer une valeur d'inventaire nette correspondant à la valeur à laquelle l'instrument financier détenu en portefeuille pourrait être échangé entre des parties bien informées et consentantes, dans le cadre d'une transaction réalisée dans des conditions de concurrence normale ;

b) Ils sont fondés soit sur des données de marché soit sur des modèles d'évaluation, y compris des systèmes fondés sur le coût amorti. Ces modèles ne doivent pas conduire à des écarts significatifs par rapport à la valeur de marché de l'instrument.

Les conditions mentionnées aux 2° et 3° sont réputées satisfaites pour les instruments du marché monétaire relevant des 1° à 3° du I de l'article R. 214-11 sauf si l'OPCVM dispose d'informations conduisant à des conclusions différentes.

Art. R. 214-11 *(Mod., D. n° 2006-1542, 6 déc. 2006 ; rempl., D. n° 2008-711, 17 juill. 2008 ; D. n° 2011-922, 1er août 2011 ; mod., D. n° 2013-687, 25 juill. 2013).* – I. – Les titres financiers éligibles et instruments du marché monétaire mentionnés au I de l'article L. 214-20 sont :

1° Soit des titres financiers éligibles et des instruments du marché monétaire admis à la négociation sur un marché réglementé au sens de l'article L. 422-1 ;

2° Soit des titres financiers éligibles et des instruments du marché monétaire admis à la négociation sur un autre marché réglementé, en fonctionnement régulier, reconnu, ouvert au public et dont le siège est situé dans un État membre de l'Union européenne ou dans un autre État partie à l'accord sur l'Espace économique européen ;

3° Soit des titres financiers éligibles et des instruments du marché monétaire admis à la cote officielle d'une bourse de valeurs d'un pays tiers ou négociés sur un autre marché d'un pays tiers, réglementé, en fonctionnement régulier, reconnu et ouvert au public, pour autant que cette bourse ou ce marché ne figure pas sur une liste établie par l'Autorité des marchés financiers ou que le choix de cette bourse ou de ce marché soit prévu par la loi ou par le règlement ou les statuts de l'OPCVM ;

4° Soit des titres financiers éligibles nouvellement émis sous réserve que :

a) Les conditions d'émission comportent l'engagement qu'une demande d'admission à la cotation officielle d'une bourse de valeurs ou à un autre marché réglementé, en fonctionnement régulier, reconnu et ouvert au public, sera introduite, pour autant que cette bourse ou ce marché ne figure pas sur une liste établie par l'Autorité des marchés financiers ou que le choix de cette bourse ou de ce marché soit prévu par la loi ou par le règlement ou les statuts de l'OPCVM ;

b) L'admission mentionnée au *a* soit obtenue dans un délai d'un an à compter de l'émission.

5° Soit des instruments du marché monétaire mentionnés au 2° du I de l'article L. 214-20, autres que ceux négociés sur les marchés réglementés relevant des 1° à 3°, dès lors que l'émission ou l'émetteur de ces instruments sont soumis eux-mêmes à une réglementation visant à protéger les investisseurs et l'épargne et que ces instruments respectent en outre les conditions mentionnées à l'article R. 214-12.

Sont assimilés à des titres admis à la négociation sur un marché relevant du présent I les titres de créance négociables émis par un émetteur mentionné au 1° du I de l'article R. 214-12, dès lors que ces titres respectent la condition prévue au V de cet article.

II. – Un OPCVM ne peut employer plus de 10 % de ses actifs dans des titres financiers éligibles ou des instruments du marché monétaire ne répondant pas aux conditions mentionnées au I.

Il ne peut acquérir des certificats représentatifs de métaux précieux.

Art. R. 214-12 *(Mod., D. n° 2006-1542, 6 déc. 2006 ; D. n° 2007-1206, 10 août 2007 ; D. n° 2008-726, 22 juill. 2008 ; D. n° 2009-295, 16 mars 2009 ; rempl., D. n° 2011-922, 1er août 2011).* – Les instruments du marché monétaire mentionnés au 5° du I de l'article R. 214-11 sont :

1° Émis ou garantis par :

a) Un État membre de l'Union européenne ou un autre État partie à l'accord sur l'Espace économique européen ou, pour l'un de ces États, dans le cas d'un État fédéral, un des membres composant la Fédération ;

b) Une collectivité régionale ou locale d'un État membre de l'Union européenne ou d'un autre État partie à l'accord sur l'Espace économique européen ;

c) La Banque centrale européenne ;

d) La Banque centrale d'un État membre ou d'un autre État partie ;

e) L'Union européenne ;

f) La Banque européenne d'investissement ;

g) Ou un organisme public international dont font partie un ou plusieurs États membres ou autres États parties ;

2° Émis par une entreprise dont des titres sont négociés sur les marchés mentionnés aux 1° à 3° du I de l'article R. 214-11 ;

3° Émis ou garantis par un établissement soumis à une surveillance prudentielle dont le siège est situé dans un État membre de l'Union européenne ou par un établissement qui satisfait à l'un des critères suivants :

a) Il est situé dans l'Espace économique européen ;

b) Il est situé dans un pays figurant sur une liste fixée par arrêté du ministre chargé de l'économie ;

c) Il bénéficie d'une évaluation externe d'une agence mentionnée à l'article L. 544-4, répondant à des conditions fixées par ce même arrêté ;

d) Il est soumis et se conforme à des règles prudentielles au moins aussi strictes que celles prévues pour les établissements relevant du présent 3° et dont le siège est situé dans un État membre de l'Union européenne ;

4° Émis par une autre entité soumise à des règles de protection des investisseurs équivalentes à celles prévues aux 1° à 3° du présent I et ayant le statut soit d'une société dont le capital augmenté des réserves s'élève au moins à 10 millions d'euros et présentant ses comptes annuels conformément à la directive 78/660/ CEE du Conseil du 25 juillet 1978 concernant les comptes annuels de certaines formes de sociétés, transposée par les articles L. 123-12 à L. 123-24 du Code de commerce, soit d'une entité se consacrant au financement d'un groupe au sens de la directive 83/349/ CEE du Conseil du 13 juin 1983 concernant les comptes consolidés, comportant au moins une société dont les titres sont admis aux négociations sur un marché réglementé au sens de l'article

R. 214-11, soit d'une entité de titrisation bénéficiant d'une ligne de financement bancaire octroyée par un établissement mentionné au présent 3°.

II. – Les instruments du marché monétaire mentionnés au 5° du I de l'article R. 214-11 satisfont aux critères suivants :

1° Ils remplissent l'une des conditions prévues au 1° de l'article R. 214-10 et les critères énoncés au 2° et au 3° de ce même article ;

2° Des informations appropriées les concernant sont disponibles, y compris des informations permettant d'évaluer correctement les risques de crédit liés à un placement dans ces instruments, compte tenu des III, IV et V du présent article ;

3° Ils sont librement négociables.

III. – Pour les instruments du marché monétaire qui relèvent du 2° et du 4° du I du présent article ou pour ceux émis par les collectivités régionales ou locales mentionnées au *b* du 1° du I ou par un organisme public international sans être garantis par un État ou par un des membres d'un État fédéral mentionnés au *a* du 1° du I, les informations appropriées, qui doivent permettre d'apprécier correctement le risque de crédit lié à l'instrument, comprennent les informations suivantes :

1. Des informations concernant tant l'émission ou le programme d'émission que la situation juridique et financière de l'émetteur avant l'émission de l'instrument du marché monétaire ;

2. Les informations mentionnées au 1°, actualisées régulièrement et chaque fois qu'un événement notable se produit et vérifiées par des tiers qualifiés qui ne reçoivent pas d'instructions de l'émetteur ;

3. Des statistiques disponibles et fiables sur l'émission ou le programme d'émission.

IV. – Pour les instruments du marché monétaire qui relèvent du 3° du I du présent article, les informations appropriées qui doivent permettre d'apprécier correctement le risque de crédit lié à l'instrument, comprennent les informations suivantes :

1° Des informations concernant l'émission ou le programme d'émission ou concernant la situation juridique et financière de l'émetteur avant l'émission de l'instrument du marché monétaire ;

2° Les informations mentionnées au 1°, actualisées régulièrement et chaque fois qu'un événement notable se produit ;

3° Des statistiques disponibles et fiables sur l'émission ou le programme d'émission ou d'autres données permettant d'évaluer correctement les risques de crédit liés à un placement dans ces instruments.

V. – Pour les instruments du marché monétaire qui relèvent du 1° du I, à l'exception de ceux qui relèvent du III et de ceux émis par la Banque centrale européenne ou par une banque centrale mentionnée au *d* du 1° du I, les informations appropriées qui doivent permettre d'apprécier correctement le risque de crédit lié à l'instrument comprennent les informations concernant l'émission ou le programme d'émission ou concernant la situation juridique et financière de l'émetteur avant l'émission de l'instrument du marché monétaire.

Art. R. 214-13 *(Mod., D. n° 2007-1206, 10 août 2007 ; D. n° 2008-726, 22 juill. 2008 ; rempl., D. n° 2011-922, 1er août 2011 ; mod., D. n° 2013-687, 25 juill. 2013).* – Les parts ou actions d'organismes de placement collectif et de fonds d'investissement mentionnées au 3° du I de l'article L. 214-20 comprennent les parts ou actions d'OPCVM de droit français ou étranger ou les parts ou actions de FIA de droit français ou de FIA établis dans d'autres États membres de l'Union européenne ou de fonds d'investissement constitués sur le fondement d'un droit étranger, à condition que :

1° Ces autres FIA ou fonds d'investissement de droit étranger soient soumis à une surveillance équivalente à celle applicable aux OPCVM et que la coopération entre l'Autorité des marchés financiers et l'autorité de surveillance de cet organisme ou de ce fonds soit suffisamment garantie ;

2° Le niveau de la protection garantie aux porteurs de parts de ces autres FIA ou fonds d'investissement de droit étranger soit équivalent à celui prévu pour les porteurs de parts d'un d'OPCVM et, en particulier, que les règles relatives à la division des actifs, aux emprunts, aux prêts et aux ventes à découvert de valeurs mobilières et d'instruments du marché monétaire soient équivalentes aux exigences de ladite directive ;

3° Leur activité fasse l'objet de rapports semestriels et annuels permettant une évaluation de l'actif et du passif, des bénéfices et des opérations sur la période considérée ;

4° Les OPCVM, les FIA ou les fonds d'investissement dont l'acquisition est envisagée ne peuvent, aux termes de leur règlement ou de leurs statuts, investir globalement plus de 10 % de leur actif dans des parts ou actions d'autres OPCVM, FIA ou fonds d'investissement.

Art. R. 214-14 *(Mod., D. n° 2006-1542, 6 déc. 2006 ; D. n° 2007-1206, 10 août 2007 ; D. n° 2009-295, 16 mars 2009 ; rempl., D. n° 2011-922, 1er août 2011).* – Les dépôts mentionnés au 4° du I de l'article L. 214-20 sont les dépôts effectués auprès d'un établissement de crédit remboursables sur demande ou pouvant être retirés et ayant une échéance inférieure ou égale à douze mois, à condition que l'établissement de crédit ait son siège statutaire dans un État membre de l'Union européenne ou dans un autre État partie à l'accord sur l'Espace économique européen ou, s'il a son siège statutaire dans un pays tiers, qu'il soit soumis à des règles prudentielles d'un niveau équivalent à celles en vigueur dans l'Union européenne et respecte un des critères prévus aux *b* à *d* du 3° du I de l'article R. 214-12.

§ 2. – Règles applicables aux contrats financiers, aux acquisitions et cessions temporaires d'instruments financiers et aux garanties

Art. R. 214-15 *(Mod., D. n° 2006-1542, 6 déc. 2006 ; rempl., D. n° 2007-1206, 10 août 2007 ; D. n° 2011-922, 1er août 2011 ; mod., D. n° 2013-687, 25 juill. 2013 ; D. n° 2017-1253, 9 août 2017).* – Un OPCVM peut conclure des contrats financiers mentionnés au 5° du I de l'article L. 214-20 conclus sur les marchés mentionnés aux 1°, 2° ou 3° du I de l'article R. 214-11 ou négociés de gré à gré, aux conditions suivantes :

1° Ceux-ci portent sur un ou plusieurs des éléments suivants :

a) Des actifs mentionnés à l'article L. 214-20, y compris les instruments présentant une ou plusieurs caractéristiques de ces actifs ;

b) Des taux d'intérêt ;

c) Des taux de change ou devises ;

d) Des indices financiers, satisfaisant aux conditions prévues au I de l'article R. 214-16 ;

2° Les contreparties des opérations sur contrats financiers de gré à gré sont des personnes mentionnées au deuxième alinéa du II de l'article R. 214-19 ;

3° Ils peuvent, à l'initiative de l'OPCVM, être à tout moment vendus, liquidés ou clôturés par une opération symétrique, à leur valeur de marché, et font l'objet d'une évaluation fiable et vérifiable sur une base journalière, qui ne se fonde pas uniquement sur les prix de marché donnés par la contrepartie et qui satisfait aux critères suivants :

a) L'évaluation se fonde sur une valeur de marché actuelle, qui a été établie de manière fiable pour l'instrument ou, si une telle valeur n'est pas disponible, sur un modèle de valorisation utilisant une méthode reconnue et appropriée ;

b) La vérification de l'évaluation est effectuée par l'une des entités suivantes :

i) Un tiers approprié, indépendant du cocontractant, qui procède à la vérification selon une fréquence adéquate et des modalités telles que l'OPCVM peut le contrôler ;

ii) Un service de l'OPCVM qui est indépendant des fonctions opérationnelles et en mesure de procéder à cette vérification.

Les contrats financiers visés au présent article s'entendent comme excluant les contrats relatifs à des matières première.

Art. R. 214-15-1 *(D. n° 2011-922, 1er août 2011 ; mod., D. n° 2013-687, 25 juill. 2013).* – Un OPCVM peut conclure les contrats financiers prévus au 5° du I de l'article L. 214-20 et conclus sur les marchés mentionnés aux 1°, 2° ou 3° du I de l'article R. 214-11 ou négociés de gré à gré, sous réserve que, globalement, l'exposition aux actifs sous-jacents n'excède pas les limites d'investissement prévues aux articles R. 214-21, R. 214-24 et R. 214-25.

Lorsque ces contrats financiers sont fondés sur des indices répondant aux conditions définies au I de l'article R. 214-16, il peut être dérogé aux dispositions du premier alinéa.

Art. R. 214-15-2 *(D. n° 2011-922, 1er août 2011).* – I. – Lorsqu'un titre financier éligible ou un instrument du marché monétaire mentionné à l'article L. 214-20 comporte un contrat financier répondant simultanément aux trois conditions ci-après mentionnées, ce dernier est pris en compte pour l'application des articles R. 214-15-1 et R. 214-30. Ces conditions sont les suivantes :

1° Du fait de sa présence, tout ou partie des flux de trésorerie qu'impliquerait autrement l'instrument financier dans lequel le contrat financier est inclus, peut être modifié en fonction d'un taux d'intérêt, du prix d'un instrument financier, d'un taux de change, d'un indice de prix ou de taux, d'une notation ou d'un indice de crédit, ou d'une autre variable déterminée et varie en conséquence d'une manière similaire à un dérivé autonome ;

2° Ses caractéristiques économiques et les risques que le contrat financier comporte ne sont pas étroitement liés aux caractéristiques économiques de l'instrument financier dans lequel il est inclus, ni au profil de risque de ce dernier ;

3° Le contrat financier a une incidence notable sur le profil de risque et la valorisation de l'instrument financier dans lequel il est inclus.

II. – Le titre financier éligible ou l'instrument du marché monétaire n'est pas réputé comporter un contrat financier lorsqu'il comporte une composante qui est contractuellement négociable indépendamment du titre financier éligible ou de l'instrument du marché monétaire. Une telle composante est réputée constituer un instrument financier distinct.

Art. R. 214-16 *(Mod., D. n° 2007-1206, 10 août 2007 ; D. n° 2009-295, 16 mars 2009 ; rempl., D. n° 2011-922, 1er août 2011).* – I. – Les indices financiers mentionnés à l'article R. 214-15 satisfont aux conditions suivantes :

1° Leur composition est suffisamment diversifiée, en ce sens que les critères suivants sont remplis :

a) L'indice est composé de telle manière que les mouvements de prix ou les activités de négociation affectant l'une de ses composantes n'influencent pas de façon anormale sa performance globale ;

b) Lorsque l'indice est composé d'instruments mentionnés à l'article L. 214-20, sa composition respecte les règles de diversification mentionnées au I et au II de l'article R. 214-22 ;

c) Lorsque l'indice est composé d'autres actifs, sa composition est diversifiée selon des règles équivalentes à celles prévues au I et au II de l'article R. 214-22 ;

2° Ils constituent un étalon représentatif du marché auquel ils se réfèrent, en ce sens que les critères suivants sont remplis :

a) L'indice mesure, d'une manière pertinente et appropriée, la performance d'un ensemble représentatif de sous-jacents ;

b) L'indice est revu ou pondéré à nouveau à intervalles réguliers, de manière à ce qu'il continue de refléter les marchés auxquels il se réfère, conformément à des critères accessibles au public ;

c) Les sous-jacents sont suffisamment liquides pour permettre aux utilisateurs de reproduire l'indice, le cas échéant ;

3° Ils font l'objet d'une publication appropriée, en ce sens que les critères suivants sont remplis :

a) Leur publication repose sur des procédures adéquates de collecte des prix et de calcul et de publication subséquente de la valeur de l'indice, y compris les procédures de valorisation applicables aux composantes pour lesquelles aucun prix de marché n'est disponible ;

b) Les informations pertinentes sur des questions telles que le calcul de l'indice, les méthodologies de pondération de l'indice, les modifications apportées à l'indice ou toute difficulté opérationnelle rencontrée dans la fourniture d'informations actuelles ou précises, sont diffusées largement et en temps utile.

II. – Lorsque la composition d'actifs servant de sous-jacents à des contrats financiers ne satisfait pas aux critères énoncés au I, ces contrats financiers sont considérés, lorsqu'ils remplissent les critères énoncés à l'article R. 214-15, comme des contrats financiers fondés sur une combinaison des actifs visés aux *a* à *c* du 1° de l'article R. 214-15.

Art. R. 214-17 *(Abr., D. n° 2007-1206, 10 août 2007 ; rétabli dans la version suivante, D. n° 2011-922, 1er août 2011 ; mod., D. n° 2013-687, 25 juill. 2013).* – Un OPCVM peut conclure des contrats financiers répondant aux caractéristiques des dérivés de crédit qui satisfont aux critères suivants :

1° Ils permettent de transférer le risque de crédit lié à un actif mentionné au 1° de l'article R. 214-15 indépendamment des autres risques liés à cet actif ;

2° Ils donnent lieu à la livraison ou au transfert d'actifs mentionnés à l'article L. 214-20, y compris sous forme d'espèces ;

3° Ils remplissent les critères applicables aux contrats financiers de gré à gré, mentionnés au 2° et au 3° de l'article R. 214-15 ;

4° Les risques qu'ils comportent sont pris en considération de manière appropriée par le processus de gestion des risques de l'OPCVM, ainsi que par ses mécanismes de contrôle interne en cas de risque d'asymétrie de l'information entre l'OPCVM et le cocontractant, résultant de l'accès éventuel de celui-ci à des informations non accessibles au public concernant des entités dont les actifs servent de sous-jacents à des dérivés de crédit.

Le règlement général de l'Autorité des marchés financiers précise les conditions d'application du présent article.

Art. R. 214-18 *(Mod., D. n° 2006-1542, 6 déc. 2006 ; D. n° 2007-1206, 10 août 2007 ; rempl., D. n° 2011-922, 1er août 2011 ; mod., D. n° 2013-687, 25 juill. 2013)*. – I. – Un OPCVM peut recourir aux techniques et aux instruments qui portent sur des titres financiers éligibles et des instruments du marché monétaire, et notamment à des opérations de pension, à des opérations assimilées d'acquisition ou de cession temporaire de titres, pour autant que ces techniques et ces instruments soient employés aux fins d'une gestion efficace du portefeuille.

En aucun cas, ces techniques et instruments n'amènent l'OPCVM à s'écarter de ses objectifs d'investissement tels qu'exposés dans le règlement du fonds, les statuts de la SICAV, ou dans le prospectus de l'OPCVM.

II. – Les techniques et instruments mentionnés au I satisfont aux critères suivants :

1° Ils sont économiquement appropriés, en ce sens que leur mise en œuvre est rentable ;

2° Ils sont utilisés en vue d'atteindre un ou plusieurs des objectifs suivants :

a) Réduction des risques ;

b) Réduction des coûts ;

c) Création de capital ou de revenus supplémentaires pour l'OPCVM ;

3° Les risques qu'ils comportent sont pris en considération de manière appropriée par le processus de gestion des risques de l'OPCVM.

III. – Les opérations mentionnées au I satisfont en outre aux critères suivants :

1° Elles sont réalisées avec une personne mentionnée au deuxième alinéa du II de l'article R. 214-19 ;

2° Elles sont régies par une convention cadre mentionnée aux articles L. 211-36 et L. 211-36-1 ;

3° Elles doivent respecter les règles de dénouement fixées au 3° de l'article R. 214-15.

Elles doivent être prises en compte pour l'application des règles générales de composition de l'actif, des ratios d'emprise, et des règles de calcul du risque global définies à la présente sous-section ; en outre l'exposition de l'organisme au risque de contrepartie sur un même cocontractant résultant de ces opérations est cumulée avec celle résultant des contrats financiers de gré à gré conclus avec ce même cocontractant pour l'appréciation des limites prévues au III de l'article R. 214-21.

Art. R. 214-19 *(Mod., D. n° 2007-1206, 10 août 2007 ; rempl., D. n° 2011-922, 1er août 2011 ; mod., D. n° 2013-687, 25 juill. 2013 ; D. n° 2014-1315, 3 nov. 2014)*. – I. – Un OPCVM ne peut octroyer de crédits ou se porter garant pour le compte de tiers.

Il peut toutefois acquérir des instruments financiers mentionnés à l'article L. 214-20 non entièrement libérés.

II. – Un OPCVM peut, pour la réalisation de son objectif de gestion, recevoir ou octroyer les garanties mentionnées à l'article L. 211-38, dans les conditions définies à ce même article ainsi que recevoir des cautions solidaires ou garanties à première demande.

L'OPCVM ne peut recevoir des garanties que si elles lui sont octroyées par un établissement ayant la qualité de dépositaire d'OPCVM, un établissement de crédit dont le siège est établi dans un État membre de l'Organisation de coopération et de développement économique ou une entreprise d'investissement dont le siège est situé dans un État membre de l'Union européenne ou dans un autre État partie à l'accord sur l'Espace économique européen et qui est habilitée à fournir le service mentionné au 1 de l'article L. 321-2 et dont le montant des fonds propres, au sens du règlement (UE) n° 575/2013 du Parlement européen et du Conseil du 26 juin 2013, est au moins égal à 3,8 millions d'euros.

Lorsque les garanties octroyées par un OPCVM sont des sûretés, l'acte constitutif de ces sûretés définit :

1° La nature des biens ou droits que le bénéficiaire des sûretés peut utiliser ou aliéner. À défaut de cette indication, le bénéficiaire ne peut utiliser ou aliéner que des dépôts, des liquidités ou des instruments financiers mentionnés au 1°, 2° ou 3° du I de l'article L. 214-20 ;

2° Le montant maximal des biens ou droits que le bénéficiaire des sûretés peut utiliser ou aliéner. Ce montant maximal ne peut excéder 100 % de la créance du bénéficiaire sur l'organisme. Le règlement général de l'Autorité des marchés financiers précise les modalités de calcul de la créance du bénéficiaire sur l'organisme.

Les modalités d'évaluation des biens ou droits remis en garantie par un OPCVM sont définies dans l'acte constitutif des garanties ou dans un contrat annexe conclu entre les parties. À défaut d'avoir prévu ces modalités d'évaluation, la réalisation des garanties ne peut concerner que des dépôts, des liquidités ou des instruments financiers mentionnés au 1°, 2° ou 3° du I de l'article L. 214-20. Le règlement général de l'Autorité des marchés financiers précise les modalités d'évaluation des biens ou droits remis en garantie par l'organisme.

Lorsque les garanties prennent la forme de dépôts, ceux-ci sont effectués auprès d'un établissement de crédit mentionné à l'article R. 214-14. Les autres dispositions de l'article R. 214-14 ne s'appliquent pas à ces dépôts, dans la limite des besoins de couverture du risque de contrepartie.

Art. R. 214-20 *(Anc. art. D. 214-20, rempl., D. n° 2011-922, 1er août 2011 ; mod., D. n° 2013-687, 25 juill. 2013)*. – Un OPCVM ne peut effectuer de ventes à découvert d'instruments financiers mentionnés à l'article L. 214-20.

§ 3. – Ratios d'investissement

Art. R. 214-21 *(Anc. art. D. 214-21, rempl., D. n° 2011-922, 1er août 2011 ; mod., D. n° 2013-687, 25 juill. 2013)*. – I. – Un OPCVM ne peut investir plus de :

1° 5 % de ses actifs dans des titres financiers éligibles ou des instruments du marché monétaire émis par le même émetteur ;

2° 20 % de ses actifs dans des titres financiers éligibles ou des instruments du marché monétaire émis par la même entité ;

3° 20 % de ses actifs dans des dépôts placés auprès de la même entité.

Le risque de contrepartie de l'OPCVM sur un même cocontractant résultant de contrats financiers de gré à gré ne peut excéder 10 % de ses actifs lorsque le cocontractant est un établissement de crédit mentionné au deuxième alinéa du II de l'article R. 214-19 et 5 % dans les autres cas.

II. – Par dérogation à la limite de 5 % fixée au 1° du I, un OPCVM peut investir jusqu'à 10 % de ses actifs dans des titres financiers éligibles ou des instruments du marché monétaire émis par le même émetteur. Toutefois, la valeur totale des titres financiers éligibles et des instruments du marché monétaire détenus par l'OPCVM auprès des émetteurs dans chacun desquels il investit plus de 5 % de ses actifs ne dépasse pas 40 % de la valeur de ses actifs.

III. – Nonobstant les limites individuelles fixées aux I et II, un OPCVM ne peut combiner, lorsque cela l'amènerait à investir plus de 20 % de ses actifs dans une même entité, plusieurs éléments parmi les suivants :

1° Des investissements dans des titres financiers éligibles ou des instruments du marché monétaire émis par ladite entité ;

2° Des dépôts auprès de ladite entité ; ou

3° Des risques découlant de transactions sur contrats financiers de gré à gré avec ladite entité.

IV. – Par dérogation aux limites fixées aux 1° et 2° du I, un OPCVM :

1° Peut employer en titres financiers éligibles et instruments du marché monétaire mentionnés aux 1° ou 2° du I de l'article L. 214-20 émis ou garantis par une même entité jusqu'à 35 % de son actif si ces titres ou ces instruments sont émis ou garantis par un État membre de l'Union européenne ou un autre État partie à l'accord sur l'Espace économique européen, par ses collectivités publiques territoriales, par un pays tiers ou par des organismes publics internationaux dont font partie un ou plusieurs États membres de l'Union européenne ou autres États parties à l'accord sur l'Espace économique européen ou s'il s'agit de titres émis par la caisse d'amortissement de la dette sociale ;

2° Peut employer en obligations émises par une même entité jusqu'à 25 % de son actif si ces titres sont des obligations foncières émises par les sociétés de crédit foncier en application du 2° du I de l'article L. 513-2 ou des obligations émises par un établissement de crédit qui a son siège statutaire dans un État membre de l'Union européenne ou dans un autre État partie à l'accord sur l'Espace économique européen et qui est légalement soumis à une surveillance spéciale des autorités publiques destinée à protéger les détenteurs d'obligations. En particulier, les sommes découlant de l'émission de ces obligations sont investies, conformément à la législation, dans des actifs qui, durant toute la période de validité des obligations, peuvent couvrir les créances résultant des obligations et qui sont affectés par privilège au remboursement du capital et au paiement des intérêts courus en cas de défaillance de l'émetteur. La dérogation prévue au présent 2° s'applique également aux obligations émises par un établissement de crédit dont l'objet exclusif est de refinancer les billets à ordre répondant aux dispositions des articles L. 313-42 à L. 313-49, émis pour mobiliser des créances de long terme représentatives de prêts au logement, à la condition que ces obligations aient des caractéristiques identiques à celle des billets.

V. – Lorsqu'un OPCVM investit plus de 5 % de ses actifs dans les obligations mentionnées au 2° du IV et émises par un même émetteur, la valeur totale de ces investissements ne dépasse pas 80 % de la valeur des actifs de l'OPCVM.

VI. – Les titres financiers éligibles et les instruments du marché monétaire mentionnés au IV ne sont pas pris en compte pour l'application de la limite de 40 % prévue au II.

VII. – Les limites prévues aux I à V ne peuvent être combinées et, par conséquent, les investissements dans des titres financiers éligibles ou des instruments du marché monétaire émis par la même entité ou dans des dépôts ou des contrats financiers conclus avec cette entité conformément aux I à IV du présent article ne peuvent en aucun cas dépasser au total 35 % des actifs de l'OPCVM.

VIII. – Les sociétés qui sont regroupées aux fins de la consolidation des comptes, au sens de la directive 83/349/ CEE du 13 juin 1983 ou conformément aux règles comptables internationales reconnues, sont considérées comme une seule entité pour le calcul des limites prévues par le présent article.

Art. R. 214-22 *(Anc. art. D. 214-22, rempl., D. n° 2011-922, 1er août 2011 ; mod., D. n° 2013-687, 25 juill. 2013).* – I. – Par dérogation à la limite de 10 % fixée au II de l'article R. 214-21, un OPCVM peut employer jusqu'à 20 % de son actif en actions et titres de créance d'un même émetteur lorsque, conformément au règlement du fonds ou aux statuts de la SICAV, la politique d'investissement de l'OPCVM a pour but de reproduire la composition d'un indice d'actions ou de titres de créance, y compris par l'utilisation de techniques et instruments mentionnés à l'article R. 214-18 et de contrats financiers, qui respecte les conditions suivantes, vérifiées par l'Autorité des marchés financiers :

1° La composition de l'indice est suffisamment diversifiée ;

2° L'indice constitue un étalon représentatif du marché auquel il se réfère : le fournisseur utilise une méthode reconnue qui n'aboutit pas, en règle générale, à exclure un grand émetteur du marché auquel l'indice se réfère ;

3° Le mode d'établissement et de diffusion de cet indice satisfait aux conditions suivantes :

a) Il est accessible au public ;

b) Son fournisseur est indépendant de l'OPCVM qui reproduit sa composition. Lorsque le fournisseur de l'indice et l'OPCVM font partie du même groupe au sens de l'article L. 233-16 du Code de commerce, toute disposition est prise afin d'éviter les conflits d'intérêts.

II. – Par dérogation au I, un OPCVM peut porter la limite de 20 % de son actif à 35 % pour un même émetteur lorsque cela se révèle justifié par des conditions exceptionnelles sur le marché, notamment sur des marchés réglementés où certaines valeurs mobilières ou certains instruments du marché monétaire sont largement dominants. L'investissement jusqu'à cette limite n'est permis que pour un seul émetteur.

Art. D. 214-22-1 *(D. n° 2011-923, 1er août 2011 ; mod., D. n° 2014-87, 30 janv. 2014).* – I. – Peuvent faire l'objet d'une admission aux négociations sur un marché d'instruments financiers réglementé défini à l'article L. 421-1 ou sur un système multilatéral de négociation défini à l'article L. 424-1 les actions ou parts d'organismes de placement collectif en valeurs mobilières de droit français commercialisées en France ou celles d'organismes de placement collectif en valeurs mobilières de droit étranger ayant fait l'objet de la notification prévue par l'article L. 214-2-2, à condition que cette admission soit demandée par ces organismes ou par leur société de gestion et que les parts ou actions de ces organismes soient négociées à leur valeur liquidative, majorée ou diminuée, selon les cas, d'une quote-part des frais ou commissions liés à l'émission ou au rachat de ces parts ou actions.

II. – Peuvent également faire l'objet d'une admission aux négociations sur un marché d'instruments financiers réglementé défini à l'article L. 421-1 les actions ou parts d'organismes de placement collectif en valeurs mobilières de droit français commercialisées en France ou celles d'organismes de placement collectif en valeurs mobilières de droit étranger ayant fait l'objet de la notification prévue par l'article L. 214-2-2, dont l'objectif de gestion est fondé sur un indice, à la condition que ces organismes aient mis en place un dispositif permettant de s'assurer que le cours de leurs actions ou parts ne s'écarte pas sensiblement de leur valeur liquidative. L'Autorité des marchés financiers apprécie l'écart maximum acceptable au regard des caractéristiques des actifs de ces organismes et des marchés sur lesquels ils sont cotés. Cet écart ne peut être supérieur à 5 %.

Voir : la rédaction de cet article issue du décret n° 2019-673 du 27 juin 2019, en *addendum*, p. 3371.

Art. R. 214-23 *(Rempl., D. n° 2011-922, 1er août 2011 ; mod., D. n° 2013-687, 25 juill. 2013).* – Par dérogation à l'article R. 214-21, un OPCVM peut placer, selon le principe de la répartition des risques, jusqu'à 100 % de ses actifs dans différents titres financiers éligibles et instruments du marché monétaire mentionnés au 1° du IV de l'article R. 214-21.

Ces titres financiers éligibles et instruments du marché monétaire appartiennent à six émissions différentes au moins, sans que les valeurs appartenant à une même émission n'excèdent 30 % du montant total de l'actif de l'OPCVM.

Art. R. 214-24 *(Mod., D. n° 2006-1542, 6 déc. 2006 ; D. n° 2007-1206, 10 août 2007 ; rempl., D. n° 2011-922, 1er août 2011 ; mod., D. n° 2013-687, 25 juill. 2013).* – Un OPCVM peut employer jusqu'à 20 % de son actif en parts ou actions d'un même OPCVM de droit français ou étranger ou FIA de droit français ou établi dans un autre État membre de l'Union européenne ou fonds d'investissement constitué sur le fondement d'un droit étranger mentionnées au 3° du I de l'article L. 214-20.

Art. R. 214-25 *(Mod., D. n° 2006-1542, 6 déc. 2006 ; D. n° 2007-1206, 10 août 2007 ; D. n° 2008-726, 22 juill. 2008 ; rempl., D. n° 2011-922, 1er août 2011 ; mod., D. n° 2013-687, 25 juill. 2013).* – I. – Les placements dans des parts ou actions de FIA de droit français ou établis dans d'autres États membres de l'Union européenne ou de fonds d'investissement de droit étranger ne peuvent dépasser, au total, 30 % des actifs de l'OPCVM.

II. – Lorsqu'un OPCVM a acquis des parts ou actions d'un autre OPCVM de droit français ou étranger, d'un autre FIA de droit français ou établi dans un autre État membre de l'Union européenne ou d'un fonds d'investissement de droit étranger, il ne combine pas les actifs de ces OPCVM, de ces FIA ou de ces fonds d'investissement pour l'application des limites prévues à l'article R. 214-21.

Art. R. 214-26 *(Mod., D. n° 2006-1542, 6 déc. 2006 ; D. n° 2007-1206, 10 août 2007 ; D. n° 2008-726, 22 juill. 2008 ; rempl., D. n° 2011-922, 1er août 2011 ; mod., D. n° 2013-687, 25 juill. 2013).* – I. – Une société d'investissement à capital variable ou une société de gestion agissant pour l'ensemble des OPCVM qu'elle gère, n'acquiert pas d'actions assorties du droit de vote lui permettant d'exercer une influence notable sur la gestion d'un émetteur.

II. – Un OPCVM ne peut détenir plus de :

1° 10 % de titres de capital sans droit de vote d'un même émetteur ;

2° 10 % de titres de créance d'un même émetteur ;

3° 25 % des parts ou actions d'un même organisme de placement collectif de droit français ou étranger ou d'un même fonds d'investissement de droit étranger ;

4° 10 % d'instruments du marché monétaire émis par un même émetteur.

Les limites prévues aux 2°, 3° et 4° peuvent ne pas être respectées au moment de l'acquisition si, à ce moment-là, le montant brut des titres de créance ou des instruments du marché monétaire, ou le montant net des titres émis, ne peut être calculé.

III. – Il peut être dérogé au I et au II du présent article en qui concerne :

1° Les titres financiers éligibles et les instruments du marché monétaire émis ou garantis par un État membre ou par ses collectivités publiques territoriales ;

2° Les titres financiers éligibles et les instruments du marché monétaire émis ou garantis par un pays tiers ;

3° Les titres financiers éligibles et les instruments du marché monétaire émis par un organisme public international dont un ou plusieurs États membres font partie ;

4° Les actions détenues par un OPCVM dans le capital d'une société constituée dans un pays tiers investissant ses actifs essentiellement en titres d'émetteurs ayant leur siège statutaire dans ce pays lorsque, en vertu de la législation de celui-ci, une telle participation constitue pour l'OPCVM la seule possibilité d'investir en titres d'émetteurs de ce pays ;

5° Les actions détenues par une ou plusieurs sociétés d'investissement dans le capital de sociétés filiales exerçant uniquement des activités de gestion, de conseil ou de commercialisation dans le pays où la filiale est établie, en ce qui concerne le rachat de parts à la demande des porteurs exclusivement pour son compte ou pour leur compte.

La dérogation visée au 4° n'est applicable qu'à la condition que la société du pays tiers respecte dans sa politique de placement les limites établies par les articles R. 214-21, R. 214-24, R. 214-25 et par le I et le II du présent article.

Art. R. 214-27 *(Mod., D. n° 2007-1206, 10 août 2007 ; rempl., D. n° 2011-922, 1er août 2011 ; mod., D. n° 2013-687, 25 juill. 2013 ; D. n° 2017-1253, 9 août 2017).* – I. – Les règles de composition de l'actif et les règles de division des risques doivent être respectées à tout moment. Toutefois :

1° Les OPCVM ne sont pas tenus de se conformer aux limites prévues par le présent sous-paragraphe lors de l'exercice de droits de souscription afférents à des titres financiers ou à des instruments du marché monétaire qui font partie de leurs actifs ;

2° Les OPCVM nouvellement agréés peuvent déroger aux R. 214-21, R. 214-22, R. 214-23, R. 214-24 et R. 214-25 pendant une période de six mois suivant la date de leur agrément.

II. – Si un dépassement des limites prévues au présent sous-paragraphe intervient indépendamment de la volonté de l'OPCVM ou à la suite de l'exercice de droits de souscription, celui-ci doit, dans ses opérations de vente, avoir pour objectif prioritaire de régulariser cette situation en tenant compte de l'intérêt des actionnaires ou porteurs de parts.

Art. R. 214-28 *(Mod., D. n° 2006-1542, 6 déc. 2006 ; D. n° 2007-1206, 10 août 2007 ; D. n° 2008-726, 22 juill. 2008 ; rempl., D. n° 2011-922, 1er août 2011 ; mod., D. n° 2013-687, 25 juill. 2013).* – I. – Un OPCVM à formule est un OPCVM répondant aux deux conditions suivantes :

1° Il est géré de façon passive et son objectif de gestion est d'atteindre, à l'expiration d'une période déterminée, un montant déterminé par application mécanique d'une formule de calcul prédéfinie, faisant référence à des indicateurs de marchés financiers ou à des instruments financiers, ainsi que, le cas échéant, de distribuer les rémunérations prédéfinies dans les documents réglementaires ;

2° Il détient à tout moment les actifs nécessaires à la réalisation de son objectif de gestion.

II. – Pour les OPCVM relevant du présent article, le respect des limites fixées à l'article R. 214-15-1 s'apprécie à la date de conclusion des contrats financiers.

III. – Les dispositions de l'article R. 214-22 sont applicables à un OPCVM relevant du présent article dont l'actif réplique la composition d'un indice.

Art. R. 214-29 *(Mod., D. n° 2006-1542, 6 déc. 2006 ; mod., D. n° 2007-1206, 10 août 2007 ; rempl., D. n° 2011-922, 1er août 2011 ; mod., D. n° 2013-687, 25 juill. 2013).* – I. – Un OPCVM ne peut recourir à l'emprunt.

Il peut toutefois acquérir des devises au moyen de prêts croisés en devises.

II. – Par dérogation au I, un OPCVM peut procéder à des emprunts pour autant que ces emprunts :

1° Soient employés de manière temporaire et représentent au maximum 10 % de ses actifs ; ou

2° Permettent l'acquisition de biens immobiliers nécessaires à l'exercice direct de ses activités et représentent, dans le cas d'une société d'investissement à capital variable, au maximum 10 % de ses actifs.

Lorsqu'un OPCVM procède à des emprunts au titre du 1° ou du 2°, ces emprunts ne dépassent pas, au total, 15 % de ses actifs.

§ 4. – Calcul du risque global

Art. R. 214-30 *(Mod., D. n° 2006-1542, 6 déc. 2006 ; D. n° 2007-1206, 10 août 2007 ; D. n° 2008-726, 22 juill. 2008 ; rempl., D. n° 2011-922, 1er août 2011 ; mod., D. n° 2013-687, 25 juill. 2013).* – L'OPCVM veille à ce que son risque global lié aux contrats financiers n'excède pas la valeur nette totale de son portefeuille.

Le risque global est calculé en tenant compte de la valeur courante des actifs sous-jacents, du risque de contrepartie, de l'évolution future des marchés et du temps disponible pour liquider les positions.

Pour les OPCVM nourriciers, ce calcul tient également compte du risque global de l'OPCVM maître par rapport aux contrats financiers.

Le règlement général de l'Autorité des marchés financiers précise les conditions de calcul du risque global.

Sous-section 4. – Organismes de placement collectif en valeurs mobilières maîtres et nourriciers

Art. R. 214-31 *(Mod., D. n° 2006-1542, 6 déc. 2006 ; rempl., D. n° 2011-922, 1er août 2011 ; mod., D. n° 2013-687, 25 juill. 2013).* – L'investissement d'un OPCVM dans un autre OPCVM de droit français ou étranger ne peut dépasser la limite fixée à l'article R. 214-24 que s'il a été autorisé par l'Autorité des marchés financiers à se constituer sous forme d'OPCVM nourricier.

Art. R. 214-31-1 *(D. n° 2011-922, 1er août 2011 ; mod., D. n° 2013-687, 25 juill. 2013).* – I. – Par dérogation aux articles R. 214-24 et R. 214-26, un OPCVM nourricier peut employer jusqu'à 100 % de son actif en parts ou actions d'un même OPCVM maître de droit français ou étranger et détenir jusqu'à 100 % des parts ou actions de celui-ci.

II. – La condition mentionnée au 4° de l'article R. 214-13 n'est pas applicable à l'OPCVM maître de droit français ou étranger dont l'acquisition est envisagée par l'OPCVM nourricier.

Sous-section 5. – Information des investisseurs
(D. n° 2011-923, 1er août 2011)

Art. D. 214-31-2 *(D. n° 2011-923, 1er août 2011)*. **– Les rapports annuel et semestriel sont publiés dans les délais suivants, à compter de la fin des périodes auxquelles ils se réfèrent :**

1° Quatre mois pour le rapport annuel ;

2° Deux mois pour le rapport semestriel.

Section II. – FIA

Sous-section 1. – Dispositions communes

§ 1. – Procédure de commercialisation de FIA

Art. D. 214-32 *(D. n° 2013-687, 25 juill. 2013 ; mod., D. n° 2014-485, 14 mai 2014)*. **– En application du I de l'article L. 214-24-1, la commercialisation en France de parts ou actions d'un FIA établi dans un pays tiers géré par une société de gestion établie dans un État membre de l'Union européenne ou une société de gestion de portefeuille ainsi que la commercialisation en France de parts ou actions d'un FIA établi dans un État membre de l'Union européenne ou dans un pays tiers géré par un gestionnaire établi dans un pays tiers, dite « sans passeport » est subordonnée :**

1° Au respect par la société de gestion de portefeuille, la société de gestion établie dans un État membre de l'Union européenne ou le gestionnaire établi dans un pays tiers des dispositions législatives et réglementaires applicables aux sociétés de gestion relevant de la directive 2011/61/ UE du Parlement européen et du Conseil du 8 juin 2011 à l'exception des articles L. 214-24-4 à L. 214-24-11. Les missions mentionnées à l'article L. 214-24-8 sont exécutées par une ou plusieurs entités désignées par la société de gestion de portefeuille, la société de gestion ou le gestionnaire, qui ne peut s'en acquitter lui-même. Il ou elle renseigne l'Autorité des marchés financiers sur l'identité de la ou des entités chargées de ces missions ;

2° À l'existence de modalités de coopération appropriées, destinées au suivi du risque systémique et conformes aux normes internationales, entre l'Autorité des marchés financiers et les autorités compétentes du FIA de l'Union européenne concernées ou les autorités compétentes du pays tiers où le FIA ou son gestionnaire est établi, afin d'assurer un échange d'informations permettant à l'Autorité des marchés financiers d'exécuter les missions qui lui incombent en vertu des livres V et VI ;

3° Lorsque le FIA ou son gestionnaire est établi dans un pays tiers, à l'absence d'inscription de ce pays tiers sur les listes publiées par les instances internationales intervenant en matière de lutte contre le blanchiment de capitaux ou le financement du terrorisme, des États ou territoires dont la législation ou les pratiques font obstacle à la bonne exécution des missions du Groupe d'action financière.

Art. D. 214-32-1 *(D. n° 2013-687, 25 juill. 2013 ; mod., D. n° 2014-485, 14 mai 2014)*. **– En application du I de l'article L. 214-24-1, la commercialisation avec passeport, en France, par un gestionnaire agréé établi dans un pays tiers dont la France est l'État membre de référence, de parts ou actions de FIA établis dans un pays tiers, est subordonnée :**

1° Au respect par le gestionnaire des dispositions législatives et réglementaires applicables aux sociétés de gestion de portefeuille ;

2° À l'existence de modalités de coopération appropriées, destinées au suivi du risque systémique et conformes aux normes internationales, entre l'Autorité des marchés financiers et l'Autorité de surveillance du pays tiers où le FIA est établi, afin d'assurer un échange d'informations permettant à l'Autorité des marchés financiers d'exécuter les missions qui lui incombent en vertu des livres V et VI ;

3° À l'absence d'inscription du pays tiers dans lequel le gestionnaire ou le FIA est établi sur les listes publiées par les instances internationales intervenant en matière de lutte contre le blanchiment de capitaux ou le financement du terrorisme des États ou territoires dont la législation ou les pratiques font obstacle à la bonne exécution des missions du Groupe d'action financière ;

4° À la signature, entre le pays tiers dans lequel est établi le FIA et la France ainsi que tout autre État membre dans lequel il est prévu que les parts ou actions du FIA de pays tiers soient commercialisées, d'un accord qui respecte les normes énoncées à l'article 26 du modèle OCDE de convention fiscale concernant le revenu et la fortune et garantissant un échange d'informations en matière fiscale, y compris tout accord multilatéral en matière fiscale.

Art. D. 214-32-2 *(D. n° 2013-687, 25 juill. 2013)*. – En application *(Mots aj., D. n° 2014-485, 14 mai 2014)* « second alinéa » du II de l'article L. 214-24-1, la commercialisation en France, avec passeport, auprès de clients professionnels, de parts ou actions de FIA de pays tiers ou de FIA nourriciers qui ne remplissent pas les exigences mentionnées au premier alinéa du II de l'article L. 214-24-1 par une société de gestion de portefeuille est subordonnée :

1° *(Mots rempl., D. n° 2014-485, 14 mai 2014)* « Au respect par la société de gestion de portefeuille des dispositions législatives et réglementaires applicables aux sociétés de gestion relevant de la directive 2011/61/UE du Parlement européen et du Conseil du 8 juin 2011 », à l'exception des dispositions applicables à la commercialisation de parts ou actions de FIA dans l'Union européenne, en France ou dans un autre État membre, ou à la gestion de FIA de l'Union européenne dans un État membre autre que la France ;

2° Lorsque le FIA est établi dans un pays tiers, à l'existence de modalités de coopération appropriées entre l'Autorité des marchés financiers et les autorités de surveillance de ce pays tiers, afin d'assurer un échange d'informations permettant à l'Autorité des marchés financiers d'exécuter les missions qui leur incombent en vertu des livres V et VI ;

3° Lorsque le FIA est établi dans un pays tiers, à l'absence d'inscription de ce pays tiers sur les listes publiées par les instances internationales intervenant en matière de lutte contre le blanchiment de capitaux ou le financement du terrorisme des États ou territoires dont la législation ou les pratiques font obstacle à la bonne exécution des missions du Groupe d'action financière ;

4° Lorsque le FIA est établi dans un pays tiers, à la signature, avec la France et avec tout autre État membre de l'Union européenne dans lequel il est prévu que les parts ou actions du FIA de pays tiers soient commercialisées, d'un accord conforme aux normes énoncées à l'article 26 du modèle de convention fiscale de l'OCDE concernant le revenu et la fortune et garantissant un échange d'informations en matière fiscale, y compris tout accord multilatéral en matière fiscale.

Lorsque l'Autorité des marchés financiers est en désaccord avec l'appréciation portée par l'autorité compétente d'un autre État membre de l'Union européenne sur l'application des 1° et 2°, elle peut saisir l'Autorité européenne des marchés financiers.

Art. D. 214-32-3 *(D. n° 2013-687, 25 juill. 2013)*. – En application du second alinéa du II de l'article L. 214-24-2, la commercialisation, avec passeport, dans un État membre de l'Union européenne autre que la France, auprès de clients professionnels, de parts ou actions de FIA de pays tiers ou de FIA nourriciers qui ne remplissent pas les conditions prévues au premier alinéa du II de l'article L. 214-24-2 est subordonnée :

1° À l'existence de modalités de coopération appropriées entre l'Autorité des marchés financiers et les autorités de surveillance du pays tiers où le FIA est établi, afin d'assurer un échange d'informations permettant à l'Autorité des marchés financiers d'exécuter les missions qui lui incombent en vertu des livres V et VI ;

2° Lorsque le FIA est établi dans un pays tiers, à l'absence d'inscription sur les listes publiées par les instances internationales intervenant en matière de lutte contre le blanchiment de capitaux ou le financement du terrorisme des États ou territoires dont la législation ou les pratiques font obstacle à la bonne exécution des missions du Groupe d'action financière ;

3° Lorsque le FIA est établi dans un pays tiers, à la signature entre ce pays et la France ainsi que tout autre État membre dans lequel il est prévu que les parts ou actions du FIA soient commercialisées, d'un accord conforme aux normes énoncées à l'article 26 du modèle OCDE de convention fiscale concernant le revenu et la fortune et garantissant un échange d'informations en matière fiscale, y compris tout accord multilatéral en matière fiscale.

4° *(4° créé, D. n° 2014-485, 14 mai 2014)* Au respect par la société de gestion des dispositions législatives et réglementaires applicables aux sociétés de gestion relevant de la directive 2011/61/UE du Parlement européen et du Conseil du 8 juin 2011, à l'exception des dispositions applicables à la commercialisation de parts ou actions de FIA dans l'Union européenne, en France ou dans un autre État membre, ou à la gestion de FIA de l'Union européenne dans un État membre autre que la France.

Lorsque l'Autorité des marchés financiers est en désaccord avec l'appréciation portée par les autorités compétentes d'un autre État membre de l'Union européenne sur l'application des 1° et 2°, elle peut saisir l'Autorité européenne des marchés financiers.

Art. D. 214-32-4 *(D. n° 2013-687, 25 juill. 2013)*. – En application du premier alinéa du I de l'article L. 214-24-2, la commercialisation avec passeport dans un État membre de l'Union européenne, autre que la

France, de parts ou actions de FIA établis dans un pays tiers par un gestionnaire agréé établi dans un pays tiers dont la France est l'État membre de référence est subordonnée :

1° Au respect par le gestionnaire des dispositions législatives et réglementaires applicables aux sociétés de gestion de portefeuille ;

2° À l'existence de modalités de coopération appropriées, destinées au suivi du risque systémique et conformes aux normes internationales, entre l'Autorité des marchés financiers et l'Autorité de surveillance du pays tiers où le FIA est établi, afin d'assurer un échange d'informations permettant à l'Autorité des marchés financiers d'exécuter les missions qui lui incombent en vertu des livres V et VI ;

3° À l'absence d'inscription du pays tiers dans lequel le gestionnaire ou le FIA est établi sur les listes publiées par les instances internationales intervenant en matière de lutte contre le blanchiment de capitaux ou le financement du terrorisme des États ou territoires dont la législation ou les pratiques font obstacle à la bonne exécution des missions du Groupe d'action financière ;

4° À la signature, entre le pays tiers dans lequel est établi le FIA et la France ainsi que tout autre État membre dans lequel il est prévu que les parts ou actions du FIA de pays tiers soient commercialisées, d'un accord qui respecte les normes énoncées à l'article 26 du modèle OCDE de convention fiscale concernant le revenu et la fortune et garantissant un échange d'informations en matière fiscale, y compris tout accord multilatéral en matière fiscale.

Art. D. 214-32-4-1 *(D. n° 2013-687, 25 juill. 2013).* – L'Autorité des marchés financiers s'assure que le dossier de notification prévu à l'article L. 214-24-2 est complet.

Elle transmet le dossier aux autorités compétentes de l'État membre d'accueil dans lequel il est prévu que les parts ou actions du FIA soit commercialisées, au plus tard vingt jours ouvrables après la date de réception de la lettre de notification et de l'ensemble des documents constituant le dossier.

§ 2. – Dépositaire

Art. D. 214-32-4-2 *(D. n° 2013-687, 25 juill. 2013).* – En application de l'article L. 214-24-7, la désignation d'un dépositaire établi dans un pays tiers est subordonnée :

1° À l'existence de modalités de coopération et d'échange d'informations entre les autorités compétentes des États membres dans lesquels il est prévu que les parts ou actions du FIA de pays tiers soient commercialisées, les autorités compétentes de l'État membre d'origine de la société de gestion et les autorités compétentes à l'égard du dépositaire ;

2° Au respect par le dépositaire d'une réglementation prudentielle efficace, notamment en ce qui concerne les exigences minimales de fonds propres et l'existence d'une surveillance adéquate ;

3° À l'absence d'inscription du pays tiers dans lequel le dépositaire a son siège social ou une succursale sur les listes publiées par les instances internationales intervenant en matière de lutte contre le blanchiment de capitaux ou le financement du terrorisme, des États ou territoires dont la législation ou les pratiques font obstacle à la bonne exécution des missions du Groupe d'action financière ;

4° À la conclusion, avec le pays tiers dans lequel le dépositaire est établi, par les États membres dans lesquels il est prévu que les parts ou actions du FIA de pays tiers soient commercialisées et, pour autant qu'il soit différent, l'État membre d'origine de la société de gestion, d'un accord conforme aux normes énoncées dans l'article 26 du modèle OCDE de convention fiscale concernant le revenu et la fortune et garantissant un échange d'informations en matière fiscale, y compris tout accord multilatéral en matière fiscale ;

5° À ce que le dépositaire soit contractuellement responsable à l'égard du FIA ou des porteurs de parts ou actionnaires de ce FIA, dans les mêmes conditions que celles prévues aux I et II de l'article L. 214-24-10 et à l'article L. 214-24-11 et déclare s'abstenir de déléguer à des tiers les fonctions prévues aux I et III de l'article L. 214-24-8.

Lorsque l'Autorité des marchés financiers est en désaccord avec l'appréciation portée par les autorités compétentes de l'État membre d'origine de la société de gestion sur l'application des 1°, 2° et 3° du présent article, elle peut saisir l'Autorité européenne des marchés financiers.

§ 3. – Évaluation

Ce paragraphe ne contient aucune disposition réglementaire.

§ 4. – Information

Art. D. 214-32-5 *(D. n° 2013-687, 25 juill. 2013).* – Le rapport annuel du FIA est publié au plus tard dans les six mois suivant la fin de l'exercice.

Toutefois, lorsque le FIA publie un rapport financier annuel conformément au I de l'article L. 451-1-2, ce rapport est publié au plus tard quatre mois après la fin de l'exercice.

§ 5. – Participation et contrôle

Art. D. 214-32-6 *(D. n° 2013-687, 25 juill. 2013).* – La notification prévue à l'article L. 214-24-22 intervient dans les meilleurs délais et au plus tard dix jours ouvrables à compter de la date à laquelle le FIA a soit atteint, soit franchi, à la hausse ou à la baisse, l'un des seuils mentionnés à cet article.

Art. D. 214-32-7 *(D. n° 2013-687, 25 juill. 2013).* – Pour le calcul du pourcentage de droits de vote détenus par le FIA, sont pris en compte, outre les droits de vote qu'il détient directement, les droits de vote d'une entreprise qu'il contrôle ou ceux d'une personne physique ou morale agissant en son nom propre, mais pour le compte du FIA ou pour le compte d'une entreprise que ce FIA contrôle.

Le pourcentage des droits de vote est calculé en fonction de l'ensemble des actions auxquelles sont attachés des droits de vote, même si l'exercice de ceux-ci est suspendu.

Art. D. 214-32-7-1 *(D. n° 2013-687, 25 juill. 2013).* – Le FIA ou sa société de gestion notifie la prise de contrôle :

1° À la société concernée ;

2° Aux actionnaires de la société concernée dont l'identité et les coordonnées sont mises à la disposition du FIA ou de sa société de gestion, ou peuvent lui être communiquées par la société concernée elle-même, ou figurent sur un registre auquel le FIA ou sa société de gestion peut avoir accès ;

3° À l'Autorité des marchés financiers.

Art. D. 214-32-7-2 *(D. n° 2013-687, 25 juill. 2013).* – La notification mentionnée à l'article D. 214-32-7-1 contient les renseignements suivants :

1° Les conséquences de l'opération sur les droits de vote ;

2° Les conditions de la prise de contrôle, notamment des informations sur l'identité des différents actionnaires impliqués, sur toute personne physique ou morale habilitée à exercer les droits de vote pour leur compte et, le cas échéant, l'ensemble des sociétés par l'intermédiaire desquelles les droits de vote sont effectivement détenus ;

3° La date de la prise de contrôle.

Art. D. 214-32-7-3 *(D. n° 2013-687, 25 juill. 2013).* – Dans sa notification à la société concernée, le FIA ou sa société de gestion demande au conseil d'administration de la société concernée ou à son équivalent, d'informer sans délai les représentants des salariés ou, à défaut, les salariés eux-mêmes, de la prise de contrôle par le FIA et des informations mentionnées à l'article D. 214-32-7-2. Le FIA ou sa société de gestion s'assure que tel est bien le cas.

Art. D. 214-32-7-4 *(D. n° 2013-687, 25 juill. 2013).* – La notification mentionnée à l'article D. 214-32-7-1 intervient dans les meilleurs délais et au plus tard dix jours ouvrables à compter de la prise de contrôle.

Art. D. 214-32-7-5 *(D. n° 2013-687, 25 juill. 2013).* – Le FIA ou sa société de gestion transmet les informations mentionnées à l'article D. 214-32-7-6 :

1° À la société concernée ;

2° Aux actionnaires de la société concernée dont l'identité et les coordonnées sont mises à la disposition du FIA ou de sa société de gestion, ou peuvent lui être communiquées par la société concernée elle-même, ou figurent sur un registre auquel le FIA ou sa société de gestion peut avoir accès ;

3° À l'Autorité des marchés financiers ;

4° Aux autorités compétentes à l'égard de la société concernée désignées à cet effet par l'Autorité des marchés financiers, si celle-ci en fait la demande.

Art. D. 214-32-7-6 *(D. n° 2013-687, 25 juill. 2013).* – Le FIA ou sa société de gestion informe les personnes mentionnées à l'article D. 214-32-7-5 :

1° De l'identité des FIA ou de leurs sociétés de gestion qui, soit individuellement, soit du fait d'un accord conclu avec d'autres FIA ou leurs sociétés de gestion, ont acquis le contrôle de la société concernée ;

2° De la politique en matière de prévention et de gestion des conflits d'intérêts, notamment entre le FIA ou sa société de gestion et la société concernée, y compris les informations relatives aux mesures garantissant que tout accord entre le FIA ou sa société de gestion et la société concernée est conclu dans des conditions de concurrence normales ;

3° De la politique en matière de communication externe et interne de la société concernée, notamment celle relative aux salariés.

Art. D. 214-32-7-7 *(D. n° 2013-687, 25 juill. 2013).* – Dans sa notification à la société concernée, le FIA ou sa société de gestion demande au conseil d'administration de la société ou à son équivalent, de transmettre sans délai aux représentants des salariés ou, à défaut, aux salariés eux-mêmes, les informations mentionnées à l'article D. 214-32-7-6.

Art. D. 214-32-7-8 *(D. n° 2013-687, 25 juill. 2013).* – Le FIA ou sa société de gestion informe de ses intentions relatives à l'activité de la société concernée et aux possibles répercussions sur l'emploi, notamment tout changement important des conditions d'emploi :

1° La société concernée ;

2° Les actionnaires de la société concernée dont l'identité et les coordonnées sont mises à la disposition du FIA ou de sa société de gestion ou peuvent être obtenues auprès de la société concernée ou figurent sur un registre auquel le FIA ou sa société de gestion peut avoir accès.

En outre, le FIA ou sa société de gestion demande et s'assure que le conseil d'administration de la société concernée, ou son équivalent, mette à la disposition des représentants des salariés ou, à défaut, des salariés eux-mêmes, les informations mentionnées au premier alinéa.

Art. D. 214-32-7-9 *(D. n° 2013-687, 25 juill. 2013).* – Le FIA ou sa société de gestion fournit à l'Autorité des marchés financiers et aux porteurs de parts ou actionnaires du FIA les informations relatives au financement de l'acquisition de la société concernée.

Art. D. 214-32-7-10 *(D. n° 2013-687, 25 juill. 2013).* – Le FIA ou sa société de gestion :

1° Demande et s'assure que le rapport annuel de la société concernée, rédigé conformément à l'article D. 214-32-7-11 et établi dans le délai prévu par la réglementation en vigueur, soit mis, par son conseil d'administration ou son équivalent, à la disposition des représentants des salariés ou, à défaut, des salariés eux-mêmes ; ou

2° Inclut dans le rapport annuel mentionné à l'article L. 214-24-19 les informations mentionnées à l'article D. 214-32-7-11 relatives à la société concernée.

Art. D. 214-32-7-11 *(D. n° 2013-687, 25 juill. 2013).* – Les informations supplémentaires figurant dans le rapport annuel de la société concernée ou du FIA, conformément à l'article D. 214-32-7-10, comportent un exposé fidèle sur le développement des activités de la société concernée reflétant la situation à la fin de la période couverte par le rapport annuel.

Ce rapport mentionne en outre :

1° Les événements importants survenus après la clôture de l'exercice ;

2° L'évolution prévisible de la société concernée ;

3° Les informations mentionnées au paragraphe 2 de l'article 22 de la directive 77/91/ CEE du Conseil du 13 décembre 1976 tendant à coordonner pour les rendre équivalentes les garanties qui sont exigées dans les États membres des sociétés au sens de l'article 58, deuxième alinéa, du traité, en vue de la protection des intérêts tant des associés que des tiers, en ce qui concerne la constitution de la société anonyme ainsi que le maintien et les modifications de son capital, en ce qui concerne les acquisitions d'actions propres.

Art. D. 214-32-7-12 *(D. n° 2013-687, 25 juill. 2013).* – Le FIA ou sa société de gestion :

1° Demande et s'assure que le conseil d'administration de la société concernée ou son équivalent mette à la disposition des représentants des salariés, ou à défaut, des salariés eux-mêmes les informations relatives à la société concernée mentionnées au 2° de l'article D. 214-32-7-10, dans le délai mentionné à l'article D. 214-32-5 ; ou

2° Met à la disposition des porteurs ou actionnaires du FIA les informations mentionnées au 1° de l'article D. 214-32-7-10, sous réserve qu'elles soient déjà disponibles, dans le délai mentionné à l'article D. 214-32-5, et au plus tard à la date de rédaction du rapport annuel de la société concernée.

Art. D. 214-32-7-13 *(D. n° 2013-687, 25 juill. 2013)*. – Pendant une période de vingt-quatre mois suivant la prise de contrôle de la société par le FIA, celui-ci ou sa société de gestion :

1° N'est pas autorisé à faciliter, à soutenir ou à ordonner la distribution définie aux D. 214-32-7-14 et D. 214-32-7-15, la réduction de capital, le rachat d'actions ou l'acquisition de ses propres actions par la société ;

2° Ne vote pas, au sein des organes directeurs de la société concernée, en faveur d'une distribution, d'une réduction de capital, d'un rachat d'actions ou d'une acquisition de ses propres actions par la société concernée ;

3° Met tout en œuvre pour prévenir les distributions, les réductions de capital, les rachats d'actions ou l'acquisition de ses propres actions par la société concernée.

Art. D. 214-32-7-14 *(D. n° 2013-687, 25 juill. 2013)*. – Les obligations imposées au FIA ou à la société de gestion en vertu de l'article D. 214-32-7-13 ont trait :

1° À toute distribution faite aux actionnaires lorsque, à la date de clôture du dernier exercice, la valeur nette d'inventaire telle que définie dans les comptes annuels de la société concernée est, ou deviendrait à la suite d'une telle distribution, inférieure au montant du capital souscrit, augmenté des réserves qui ne peuvent pas être distribuées en vertu de la loi ou des statuts de la société. Lorsque le montant du capital souscrit non appelé n'est pas inclus dans les actifs figurant dans le bilan annuel, ce montant est déduit du montant du capital souscrit ;

2° À toute distribution faite aux actionnaires dont le montant excéderait le montant des bénéfices à la clôture du dernier exercice financier, augmenté des bénéfices reportés ainsi que des prélèvements effectués sur des réserves disponibles à cet effet et diminué des pertes reportées ainsi que des sommes portées en réserve conformément à la loi ou aux statuts de la société ;

3° Aux acquisitions d'actions propres par la société concernée, dans la mesure où celles-ci sont autorisées, y compris les actions précédemment acquises et détenues par elle ainsi que les actions acquises par une personne agissant en son nom propre mais pour le compte de la société, qui auraient pour effet d'abaisser la valeur nette d'inventaire sous le montant mentionné au 1°.

Art. D. 214-32-7-15 *(D. n° 2013-687, 25 juill. 2013)*. – Pour l'application de l'article D. 214-32-7-14 :

1° L'expression : « distribution » inclut notamment le paiement de dividendes et d'intérêts relatifs aux actions ;

2° Les dispositions relatives aux réductions de capital ne s'appliquent pas à une réduction du capital souscrit dont le but est de neutraliser les pertes encourues ou d'inclure des sommes d'argent dans une réserve non distribuable à condition que, à l'issue de cette opération, le montant de ladite réserve ne soit pas supérieur à 10 % du capital souscrit réduit ;

3° La restriction mentionnée au 3° de l'article D. 214-32-7-14 est soumise aux *b* à *h* du paragraphe 1 de l'article 20 de la directive 77/91/ CEE du Conseil du 13 décembre 1976 susmentionnée lorsque le siège statutaire de la société concernée est établi dans un État membre ayant exercé l'option prévue par ces dispositions.

Art. D. 214-32-8 *(D. n° 2013-687, 25 juill. 2013)*. – Pour l'application du 2° de l'article L. 214-24-23, les articles D. 214-32-5 à D. 214-32-7-7 et les articles D. 214-32-7-13 à D. 214-32-7-15 sont applicables au FIA ou à sa société de gestion.

Sous-section 2. – Fonds ouverts à des investisseurs non professionnels

§ 1. – Fonds d'investissement à vocation générale

Sous-paragraphe 1. – Régime général des fonds d'investissement à vocation générale

Art. R. 214-32-9 *(D. n° 2013-687, 25 juill. 2013)*. – Pour l'application des sous-paragraphes 2 et 3, lorsqu'un fonds d'investissement à vocation générale est formé de plusieurs compartiments, chaque compartiment est considéré comme un fonds d'investissement à vocation générale distinct.

Sous-paragraphe 2. – Règles de fonctionnement

Art. D. 214-32-10 *(D. n° 2013-687, 25 juill. 2013).* – Le capital initial d'une SICAV ne peut être inférieur à 300 000 €.

Art. D. 214-32-11 *(D. n° 2013-687, 25 juill. 2013).* – Il est procédé à la convocation à l'assemblée générale des actionnaires d'une SICAV et à l'information de ceux-ci sur les projets de fusion ou de scission selon les mêmes modalités que celles prévues respectivement par les articles R. 225-67 et R. 236-2 du Code de commerce pour les sociétés dont les titres financiers ne sont pas admis aux négociations sur un marché réglementé ou dont toutes les actions revêtent la forme nominative.

Les articles R. 225-73 et R. 225-73-1 du Code de commerce ne sont pas applicables aux SICAV.

Art. D. 214-32-12 *(D. n° 2013-687, 25 juill. 2013).* – La SICAV destinée à recevoir les actifs dont la cession ne serait pas conforme à l'intérêt des actionnaires, en application de l'article L. 214-24-32, prend la forme de société professionnelle d'investissement spécialisée.

En application du troisième alinéa de l'article L. 214-157, ses statuts prévoient que son activité correspond à la gestion extinctive de tout actif qui lui est transféré lors de la scission.

Par dérogation à l'article D. 214-32-10, son capital initial peut être inférieur à 300 000 € sans toutefois pouvoir être inférieur à 1 €.

En application de l'article L. 214-24-33, la SICAV ne peut procéder au rachat de ses actions.

La SICAV destinée à recevoir les actifs autres que ceux mentionnés au premier alinéa est de la même nature que la SICAV objet de la scission.

Le dépositaire et le commissaire aux comptes des deux SICAV issues de la scission sont, lors de la création de celles-ci, les mêmes que ceux de la SICAV objet de la scission.

La SICAV objet de la scission informe immédiatement les actionnaires et leur transmet notamment un rapport justifiant la décision de scission et en détaillant les modalités. Les prospectus et, le cas échéant, les documents d'information clé pour l'investisseur des deux SICAV issues de la scission sont également mis à leur disposition.

Les frais de gestion de la SICAV mentionnée au premier alinéa doivent être adaptés à une gestion de type extinctive.

Art. D. 214-32-13 *(D. n° 2013-687, 25 juill. 2013).* – Le montant minimal des actifs que les fonds communs de placement doivent réunir lors de leur constitution est de 300 000 €.

Art. D. 214-32-14 *(D. n° 2013-687, 25 juill. 2013).* – Les apports en nature à la constitution d'un fonds commun de placement sont évalués dans les mêmes conditions que les apports de titres ultérieurs et selon des modalités fixées par le règlement du fonds.

Art. D. 214-32-15 *(D. n° 2013-687, 25 juill. 2013).* – Le fonds destiné à recevoir les actifs dont la cession ne serait pas conforme à l'intérêt des porteurs, en application de l'article L. 214-24-41, prend la forme de fonds professionnel spécialisé.

En application du troisième alinéa de l'article L. 214-157, son règlement prévoit que son activité correspond à la gestion extinctive de tout actif qui lui est transféré lors de la scission.

Par dérogation à l'article D. 214-32-13, le montant initial de ses actifs peut être inférieur à 300 000 € sans toutefois pouvoir être inférieur à 1 €.

En application de l'article L. 214-24-41, le fonds ne peut procéder au rachat de ses parts.

Le fonds destiné à recevoir les actifs autres que ceux mentionnés au premier alinéa est de la même nature que le fonds objet de la scission.

Le dépositaire, le commissaire aux comptes et la société de gestion des deux fonds issus de la scission sont, lors de la création de ceux-ci, les mêmes que ceux du fonds objet de la scission.

La société de gestion informe immédiatement les porteurs du fonds objet de la scission et leur transmet notamment un rapport justifiant la décision de scission et en détaillant les modalités. Elle met également à leur disposition les prospectus et, le cas échéant, les documents d'information clé pour l'investisseur des deux fonds issus de la scission.

Au plus tard dans les huit jours qui suivent la réalisation de la scission, les commissaires aux comptes établissent un rapport fixant la liste des actifs transférés lors de la scission. Ce rapport est tenu à la disposition des porteurs de parts par la société de gestion.

Les frais de gestion du fonds mentionné au premier alinéa doivent être adaptés à une gestion de type extinctive.

Sous-paragraphe 3. – Règles d'investissement.

Art. R. 214-32-16 *(D. n° 2013-687, 25 juill. 2013).* – I. – Les titres financiers éligibles mentionnés au 1° du I de l'article L. 214-24-55 satisfont aux conditions suivantes :

1° La perte potentielle à laquelle leur détention expose le fonds d'investissement à vocation générale est limitée au montant qu'il a versé pour les acquérir ;

2° Leur liquidité ne compromet pas la capacité du fonds d'investissement à vocation générale de se conformer aux dispositions des articles L. 214-24-29 et L. 214-24-34 ;

3° Une évaluation fiable les concernant est disponible, sous la forme suivante :

a) Dans le cas des titres financiers relevant des 1° à 4° du I de l'article R. 214-32-18, sous la forme de prix exacts, fiables et établis régulièrement, qui sont soit des prix de marché soit des prix fournis par des systèmes d'évaluation indépendants des émetteurs ;

b) Dans le cas des titres financiers relevant du II de l'article R. 214-32-18, sous la forme d'une évaluation établie périodiquement, à partir d'informations émanant de l'émetteur ou provenant d'un service d'analyse financière mentionné à l'article L. 544-1 ;

4° Des informations appropriées les concernant sont disponibles, sous la forme suivante :

a) Dans le cas des titres financiers relevant des 1° à 4° du I de l'article R. 214-32-18, sous la forme d'informations précises, complètes et régulièrement fournies au marché sur le titre financier concerné ou, le cas échéant, sur les actifs sous-jacents à cet instrument ;

b) Dans le cas des titres financiers relevant du II de l'article R. 214-32-18, sous la forme d'informations précises et régulièrement fournies au fonds d'investissement à vocation générale sur l'instrument financier concerné ou, le cas échéant, sur les actifs sous-jacents à cet instrument ;

5° Ils sont négociables ;

6° Leur acquisition est compatible avec les objectifs de gestion ou la politique d'investissement du fonds d'investissement à vocation générale, tels qu'exposés dans les documents d'information destinés aux investisseurs ;

7° Les risques qu'ils comportent sont pris en considération de manière appropriée par le processus de gestion des risques du fonds d'investissement à vocation générale.

Pour l'application du 2° et du 5° du présent I, les instruments financiers relevant des 1° à 3° du I de l'article R. 214-32-18 sont présumés ne pas compromettre la capacité du fonds d'investissement à vocation générale de se conformer aux dispositions des articles L. 214-24-29 et L. 214-24-34. Ils sont également présumés négociables, sauf si le fonds d'investissement à vocation générale dispose d'informations conduisant à des conclusions différentes.

II. – Sont assimilées à des titres financiers éligibles les parts ou actions de placements collectifs de droit français, d'OPCVM de droit étranger, de FIA établis dans d'autres États membres de l'Union européenne ou de fonds d'investissement de droit étranger de type fermé qui satisfont aux règles suivantes :

1° Ces parts ou actions respectent les conditions mentionnées au I ;

2° Dans le cas où le placement collectif ou le fonds d'investissement est constitué sous forme de société, il est soumis aux mécanismes de gouvernement d'entreprise appliqués aux sociétés ;

3° Lorsque la gestion financière est exercée par une autre entité pour le compte du placement collectif ou du fonds d'investissement, cette entité est soumise à une réglementation nationale visant à garantir la protection des investisseurs.

III. – Sont assimilés à des titres financiers éligibles les instruments financiers qui satisfont aux règles suivantes :

1° Ils respectent les conditions mentionnées au I ;

2° Ils sont adossés à d'autres actifs ou liés à la performance d'autres actifs, qui peuvent être différents de ceux mentionnés à l'article L. 214-24-55.

Art. R. 214-32-17 *(D. n° 2013-687, 25 juill. 2013).* – Les instruments du marché monétaire mentionnés au 2° du I de l'article L. 214-24-55 satisfont aux règles suivantes :

1° Ils respectent au moins l'un des critères suivants :

a) Ils ont une échéance à l'émission pouvant aller jusqu'à 397 jours ;

b) Ils ont une maturité résiduelle pouvant aller jusqu'à 397 jours ;

c) Leur rendement fait l'objet d'ajustements réguliers, au moins tous les 397 jours, conformément aux conditions du marché monétaire ;

d) Leur profil de risques, notamment en ce qui concerne le risque de crédit et le risque de taux d'intérêt, correspond à celui d'instruments qui ont une échéance ou une maturité résiduelle conforme respectivement à celle mentionnée aux *a* et *b* ou dont le rendement fait l'objet d'ajustements conformes à ceux mentionnés au *c* ;

2° Ils peuvent être cédés à coût limité dans un délai court et approprié, compte tenu de l'obligation du fonds d'investissement à vocation générale de racheter ou de rembourser ses parts ou actions à la demande de tout porteur ou actionnaire ;

3° Il existe des systèmes d'évaluation précis et fiables, qui remplissent les critères suivants :

a) Ils permettent au fonds d'investissement à vocation générale de calculer une valeur d'inventaire nette correspondant à la valeur à laquelle l'instrument financier détenu en portefeuille pourrait être échangé entre des parties bien informées et consentantes, dans le cadre d'une transaction réalisée dans des conditions de concurrence normale ;

b) Ils sont fondés soit sur des données de marché, soit sur des modèles d'évaluation, y compris des systèmes fondés sur le coût amorti. Ces modèles ne doivent pas conduire à des écarts significatifs par rapport à la valeur de marché de l'instrument.

Les conditions mentionnées aux 2° et 3° sont réputées satisfaites pour les instruments du marché monétaire relevant des 1° à 3° du I de l'article R. 214-32-18 sauf si le fonds d'investissement à vocation générale dispose d'informations conduisant à des conclusions différentes.

Art. R. 214-32-18 *(D. n° 2013-687, 25 juill. 2013)*. – I. – Les titres financiers éligibles et instruments du marché monétaire mentionnés au I de l'article L. 214-24-55 sont :

1° Soit des titres financiers éligibles et des instruments du marché monétaire admis à la négociation sur un marché réglementé au sens de l'article L. 422-1 ;

2° Soit des titres financiers éligibles et des instruments du marché monétaire admis à la négociation sur un autre marché réglementé, en fonctionnement régulier, reconnu, ouvert au public et dont le siège est situé dans un État membre de l'Union européenne ou dans un autre État partie à l'accord sur l'Espace économique européen ;

3° Soit des titres financiers éligibles et des instruments du marché monétaire admis à la cote officielle d'une bourse de valeurs d'un pays tiers ou négociés sur un autre marché d'un pays tiers, réglementé, en fonctionnement régulier, reconnu et ouvert au public, pour autant que cette bourse ou ce marché ne figure pas sur une liste établie par l'Autorité des marchés financiers ou que le choix de cette bourse ou de ce marché soit prévu par la loi ou par le règlement ou les statuts du fonds d'investissement à vocation générale ;

4° Soit des titres financiers éligibles nouvellement émis, sous réserve que :

a) Les conditions d'émission comportent l'engagement qu'une demande d'admission à la cotation officielle d'une bourse de valeurs ou à un autre marché réglementé, en fonctionnement régulier, reconnu et ouvert au public, sera introduite, pour autant que cette bourse ou ce marché ne figure pas sur une liste établie par l'Autorité des marchés financiers ou que le choix de cette bourse ou de ce marché soit prévu par la loi ou par le règlement ou les statuts du fonds d'investissement à vocation générale ;

b) L'admission mentionnée au *a* soit obtenue dans un délai d'un an à compter de la date d'émission ;

5° Soit des instruments du marché monétaire mentionnés au 2° du I de l'article L. 214-24-55, autres que ceux négociés sur les marchés réglementés relevant des 1° à 3°, dès lors que l'émission ou l'émetteur de ces instruments sont soumis eux-mêmes à une réglementation visant à protéger les investisseurs et l'épargne et que ces instruments respectent en outre les conditions mentionnées à l'article R. 214-32-20.

Sont assimilés à des titres admis à la négociation sur un marché relevant du présent I les titres de créance négociables émis par un émetteur mentionné au 1° du I de l'article R. 214-32-20, dès lors que ces titres respectent la condition prévue au V de cet article.

II. – Un fonds d'investissement à vocation générale ne peut employer plus de 10 % de ses actifs dans des titres financiers éligibles ou des instruments du marché monétaire ne répondant pas aux conditions mentionnées au I. Il ne peut acquérir des certificats représentatifs de métaux précieux.

Art. R. 214-32-19 *(D. n° 2013-687, 25 juill. 2013)*. – I. – L'actif d'un fonds d'investissement à vocation générale peut également comprendre, dans la limite de 10 % prévue au II de l'article R. 214-32-18 :

1° Des bons de souscription ;

2° Des bons de caisse ;

3° Des billets à ordre ;

4° Des billets hypothécaires ;

5° Des actions ou parts de FIA établis dans un autre État membre de l'Union européenne ou de fonds d'investissement de droit étranger répondant aux critères fixés par le règlement général de l'Autorité des marchés financiers ;

6° Des actions ou parts de FIA ou organismes de placement collectifs en valeurs mobilières suivants :

a) Organismes de placement collectifs nourriciers mentionnés aux articles L. 214-22 et L. 214-24-57 ;

b) OPCVM bénéficiant d'une procédure allégée mentionnés à l'article L. 214-35 dans sa rédaction antérieure au 2 août 2003 ;

c) OPCVM et FIA relevant des paragraphes 1, 2 et 6 de la sous-section 2, du paragraphe 2 ou du sous-paragraphe 1 du paragraphe 1 de la sous-section 3 de la présente section qui investissent plus de 10 % de leurs actifs en actions ou parts de placements collectifs ou de fonds d'investissement ;

d) Fonds professionnels à vocation générale mentionnés à l'article L. 214-144 ;

e) Fonds professionnels spécialisés mentionnés à l'article L. 214-154 ;

f) Fonds communs de placement à risques mentionnés à l'article L. 214-28, fonds communs de placement dans l'innovation mentionnés à l'article L. 214-30, fonds d'investissement de proximité mentionnés à l'article L. 214-31 et fonds professionnels de capital investissement mentionnés à l'article L. 214-160 ;

g) Fonds communs d'intervention sur les marchés à terme mentionnés à l'article L. 214-42 dans sa rédaction antérieure à la date de publication de l'ordonnance n° 2011-915 du 1er août 2011 ;

7° Des titres financiers éligibles et instruments du marché monétaire ne répondant pas aux conditions mentionnées au I de l'article R. 214-32-18 ;

8° Des parts ou actions d'organismes de placement collectif immobilier, d'organismes professionnels de placement collectif immobilier ou d'organismes étrangers mentionnées au 5° du I de l'article L. 214-36.

En outre, sont incluses dans la limite de 10 % mentionnée au premier alinéa les parts ou actions d'OPCVM, de FIA relevant des paragraphes 1, 2 et 6 de la sous-section 2 du paragraphe 2 ou du sous-paragraphe 1 du paragraphe 1 de la sous-section 3 de la présente section, de FIA relevant d'un autre État membre de l'Union européenne ou de fonds d'investissement étrangers eux-mêmes investis à plus de 10 % en parts ou actions d'OPCVM, de FIA relevant des paragraphes 1, 2 et 6 de la sous-section 2, du paragraphe 2 ou du sous-paragraphe 1 du paragraphe 1 de la sous-section 3 de la présente section, de FIA relevant d'un autre État membre de l'Union européenne ou de fonds d'investissement étrangers.

Pour l'application du présent paragraphe, les actions de sociétés de placement à prépondérance immobilière à capital variable mentionnées à l'article L. 214-62 relèvent du seul 8°.

II. – L'actif d'un fonds d'investissement à vocation générale peut également comprendre, dans la limite de 10 % prévue au I, des créances, si ces dernières satisfont aux règles suivantes :

1° La propriété de la créance est fondée, soit sur une inscription, soit sur un acte authentique, soit sur un acte sous seing privé dont la valeur probante est reconnue par la loi française ;

2° La créance ne fait l'objet d'aucune sûreté autre que celles éventuellement constituées pour la réalisation de l'objectif de gestion du fonds d'investissement à vocation générale ;

3° La créance fait l'objet d'une valorisation fiable sous forme d'un prix calculé de façon précise et établi régulièrement, qui est soit un prix de marché, soit un prix fourni par un système de valorisation permettant de déterminer la valeur à laquelle l'actif pourrait être échangé entre des parties avisées et contractant en connaissance de cause dans le cadre d'une transaction effectuée dans des conditions normales de concurrence ;

4° La liquidité de la créance permet au fonds d'investissement à vocation générale de respecter ses obligations en matière d'exécution des rachats vis-à-vis de ses porteurs et actionnaires, telles que définies par ses statuts ou son règlement.

Art. R. 214-32-20 *(D. n° 2013-687, 25 juill. 2013)*. – I. – Les instruments du marché monétaire mentionnés au 5° du I de l'article R. 214-32-18 sont :

1° Émis ou garantis par :

a) Un État membre de l'Union européenne ou un autre État partie à l'accord sur l'Espace économique européen ou, pour l'un de ces États, dans le cas d'un État fédéral, un des membres composant la Fédération ;

b) Une collectivité régionale ou locale d'un État membre de l'Union européenne ou d'un autre État partie à l'accord sur l'Espace économique européen ;

c) La Banque centrale européenne ;

d) La Banque centrale d'un État membre ou d'un autre État partie ;

e) L'Union européenne ;

f) La Banque européenne d'investissement ; ou

g) Un organisme public international dont font partie un ou plusieurs États membres ou autres États parties ;

2° Émis par une entreprise dont des titres sont négociés sur les marchés mentionnés aux 1° à 3° du I de l'article R. 214-32-18 ;

3° Émis ou garantis par un établissement soumis à une surveillance prudentielle, dont le siège est situé dans un État membre de l'Union européenne, ou par un établissement qui satisfait à l'un des critères suivants :

a) Il est situé dans l'Espace économique européen ;

b) Il est situé dans un pays figurant sur une liste fixée par arrêté du ministre chargé de l'économie ;

c) Il bénéficie d'une évaluation externe d'une agence mentionnée à l'article L. 544-4, répondant à des conditions fixées par ce même arrêté ;

d) Il est soumis et se conforme à des règles prudentielles au moins aussi strictes que celles prévues pour les établissements relevant du présent 3° et dont le siège est situé dans un État membre de l'Union européenne ;

4° Émis par une autre entité soumise à des règles de protection des investisseurs équivalentes à celles prévues aux 1° à 3° du présent I et ayant soit le statut d'une société dont le capital augmenté des réserves s'élève au moins à 10 millions d'euros et présentant ses comptes annuels conformément à la directive 78/660/ CEE du Conseil du 25 juillet 1978 concernant les comptes annuels de certaines formes de sociétés, transposée par les articles L. 123-12 à L. 123-24 du Code de commerce, soit le statut d'une entité se consacrant au financement d'un groupe au sens de la directive 83/349/ CEE du Conseil du 13 juin 1983 concernant les comptes consolidés, comportant au moins une société dont les titres sont admis aux négociations sur un marché réglementé au sens de l'article R. 214-32-18, soit le statut d'une entité de titrisation bénéficiant d'une ligne de financement bancaire octroyée par un établissement mentionné au présent 3°.

II. – Les instruments du marché monétaire mentionnés au 5° du I de l'article R. 214-32-18 satisfont aux critères suivants :

1° Ils remplissent l'une des conditions prévues au 1° de l'article R. 214-32-17 et les critères énoncés au 2° et au 3° de ce même article ;

2° Des informations appropriées les concernant sont disponibles, y compris des informations permettant d'évaluer correctement les risques de crédit liés à un placement dans ces instruments, compte tenu des III, IV et V du présent article ;

3° Ils sont librement négociables.

III. – Pour les instruments du marché monétaire qui relèvent du 2° et du 4° du I du présent article ou pour ceux émis par les collectivités régionales ou locales mentionnées au *b* du 1° du I ou par un organisme public international sans être garantis par un État ou par un des membres d'un État fédéral mentionnés au *a* du 1° du I, les informations appropriées, qui doivent permettre d'apprécier correctement le risque de crédit lié à l'instrument, comprennent les informations suivantes :

1° Des informations concernant tant l'émission ou le programme d'émission que la situation juridique et financière de l'émetteur avant l'émission de l'instrument du marché monétaire. Ces informations sont actualisées régulièrement, en particulier chaque fois qu'un événement notable se produit et elles sont vérifiées par des tiers qualifiés qui ne reçoivent pas d'instructions de l'émetteur ;

2° Les informations mentionnées au 1°, actualisées régulièrement et chaque fois qu'un événement notable se produit et vérifiées par des tiers qualifiés qui ne reçoivent pas d'instructions de l'émetteur ;

3° Des statistiques disponibles et fiables sur l'émission ou le programme d'émission.

IV. – Pour les instruments du marché monétaire qui relèvent du 3° du I du présent article, les informations appropriées qui doivent permettre d'apprécier correctement le risque de crédit lié à l'instrument, comprennent les informations suivantes :

1° Des informations concernant l'émission ou le programme d'émission ou concernant la situation juridique et financière de l'émetteur avant l'émission de l'instrument du marché monétaire. Ces informations sont actualisées régulièrement et chaque fois qu'un événement notable se produit ;

2° Les informations mentionnées au 1°, actualisées régulièrement et chaque fois qu'un événement notable se produit ;

3° Des statistiques disponibles et fiables sur l'émission ou le programme d'émission ou d'autres données permettant d'évaluer correctement les risques de crédit liés à un placement dans ces instruments.

V. – Pour les instruments du marché monétaire qui relèvent du 1° du I, à l'exception de ceux qui relèvent du III et de ceux émis par la Banque centrale européenne ou par une banque centrale mentionnée au *d* du 1° du I, les informations appropriées qui doivent permettre d'apprécier correctement le risque de crédit lié à l'instrument comprennent les informations concernant l'émission ou le programme d'émission ou concernant la situation juridique et financière de l'émetteur avant l'émission de l'instrument du marché monétaire.

Art. R. 214-32-21 *(D. n° 2013-687, 25 juill. 2013).* – Les dépôts mentionnés au 4° du I de l'article L. 214-24-55 sont les dépôts effectués auprès d'un établissement de crédit remboursables sur demande ou pouvant être retirés et ayant une échéance inférieure ou égale à douze mois, à condition que l'établissement de crédit ait son siège statutaire dans un État membre de l'Union européenne ou dans un autre État partie à l'accord sur l'Espace économique européen ou, s'il a son siège statutaire dans un pays tiers, qu'il soit soumis à des règles prudentielles d'un niveau équivalent à celles en vigueur dans l'Union européenne et qu'il respecte un des critères prévus aux *b* à *d* du 3° du I de l'article R. 214-32-20.

Art. R. 214-32-22 *(D. n° 2013-687, 25 juill. 2013).* – Un fonds d'investissement à vocation générale peut conclure des contrats financiers mentionnés au 5° du I de l'article L. 214-24-55 sur les marchés mentionnés aux 1°, 2° ou 3° du I de l'article R. 214-32-18 ou négociés de gré à gré, dans les conditions suivantes :

1° Ces contrats portent sur un ou plusieurs des éléments suivants :

a) Des actifs mentionnés à l'article L. 214-24-55, y compris les instruments présentant une ou plusieurs caractéristiques de ces actifs ;

b) Des taux d'intérêt ;

c) Des taux de change ou devises ;

d) Des indices financiers satisfaisant aux conditions prévues au I de l'article R. 214-32-25 ;

2° Les contreparties des opérations sur contrats financiers de gré à gré sont des personnes mentionnées au deuxième alinéa du II de l'article R. 214-32-28 ;

3° Les contrats financiers peuvent, à l'initiative du fonds d'investissement à vocation générale, être à tout moment vendus, liquidés ou clôturés par une opération symétrique, à leur valeur de marché, et font l'objet d'une évaluation fiable et vérifiable sur une base journalière, qui ne se fonde pas uniquement sur les prix de marché donnés par la contrepartie. Cette évaluation satisfait aux critères suivants :

a) Elle se fonde sur une valeur de marché actuelle, qui a été établie de manière fiable pour l'instrument ou, si une telle valeur n'est pas disponible, sur un modèle de valorisation utilisant une méthode reconnue et appropriée ;

b) Elle fait l'objet d'une vérification par l'une des entités suivantes :

i) Un tiers approprié, indépendant du cocontractant, qui y procède selon une fréquence adéquate et des modalités telles que le fonds d'investissement à vocation générale peut le contrôler ;

ii) Un service du fonds d'investissement à vocation générale qui est indépendant des fonctions opérationnelles et qui est en mesure de procéder à cette vérification.

Art. R. 214-32-23 *(D. n° 2013-687, 25 juill. 2013 ; mod., D. n° 2017-1253, 9 août 2017).* – Les contrats conclus par un fonds d'investissement à vocation générale peuvent porter :

a) Sur des matières premières. L'exposition à un même contrat relatif à des matières premières ne peut excéder 10 % de l'actif. Les corrélations significatives entre les contrats relatifs à des matières premières conclus par le fonds d'investissement à vocation générale sont prises en compte pour l'appréciation de cette limite selon les modalités prévues dans le règlement général de l'Autorité des marchés financiers. Le dénouement de ces contrats ne peut donner lieu qu'au transfert d'éléments éligibles à l'actif d'un fonds d'investissement à vocation générale ;

b) Par dérogation à la limite de 10 % fixée au a, un fonds d'investissement à vocation générale peut porter la limite d'exposition à un même contrat jusqu'à 20 % lorsque, conformément au règlement ou aux statuts du fonds d'investissement à vocation générale, la politique d'investissement de ce fonds a pour objectif de reproduire la composition d'un indice financier satisfaisant aux conditions prévues au I de l'article R. 214-32-25.

Un fonds d'investissement à vocation générale peut porter la limite de 20 % mentionnée à l'alinéa précédent à 35 % lorsque cela est justifié par des conditions exceptionnelles sur le marché, notamment s'agissant des marchés sur lesquels certaines marchandises sont largement dominantes. L'investissement jusqu'à cette limite n'est permis que pour un seul contrat ;

c) Sur des actifs mentionnés à l'article R. 214-32-19.

Art. R. 214-32-24 *(D. n° 2013-687, 25 juill. 2013).* – L'investissement sous-jacent aux contrats financiers est pris en compte pour l'application des dispositions des I et II de l'article R. 214-32-29 et de l'article R. 214-32-33. Lorsque ces contrats financiers sont fondés sur des indices répondant aux conditions définies au I de l'article R. 214-32-25, il peut être dérogé aux dispositions du premier alinéa.

Art. R. 214-32-24-1 *(D. n° 2013-687, 25 juill. 2013).* – I. – Lorsqu'un titre financier éligible ou un instrument du marché monétaire mentionné à l'article L. 214-24-55 comporte un contrat financier répondant simultanément aux trois conditions ci-après mentionnées, ce dernier est pris en compte pour l'application des articles R. 214-32-24 et R. 214-32-41. Ces conditions sont les suivantes :

1° Du fait de sa présence, tout ou partie des flux de trésorerie qu'impliquerait autrement l'instrument financier dans lequel le contrat financier est inclus peut être modifié en fonction d'un taux d'intérêt, du prix d'un instrument financier, d'un taux de change, d'un indice de prix ou de taux, d'une notation ou d'un indice de crédit, ou d'une autre variable déterminée et varie en conséquence d'une manière similaire à un dérivé autonome ;

2° Ses caractéristiques économiques et les risques que le contrat financier comporte ne sont pas étroitement liés aux caractéristiques économiques de l'instrument financier dans lequel il est inclus ni au profil de risque de ce dernier ;

3° Le contrat financier a une incidence notable sur le profil de risque et la valorisation de l'instrument financier dans lequel il est inclus.

II. – Le titre financier éligible ou l'instrument du marché monétaire n'est pas réputé comporter un contrat financier lorsque l'une de ses composantes est contractuellement négociable indépendamment du titre financier éligible ou de l'instrument du marché monétaire. Une telle composante est réputée constituer un instrument financier distinct.

Art. R. 214-32-25 *(D. n° 2013-687, 25 juill. 2013).* – I. – Les indices financiers mentionnés à l'article R. 214-32-22 satisfont aux conditions suivantes :

1° Leur composition est suffisamment diversifiée, en ce sens que les critères suivants sont remplis :

a) L'indice est composé de telle manière que les mouvements de prix ou les activités de négociation affectant l'une de ses composantes n'influencent pas de façon anormale sa performance globale ;

b) Lorsque l'indice est composé d'instruments mentionnés à l'article L. 214-24-55, sa composition respecte les règles de diversification mentionnées au I et au II de l'article R. 214-32-30 ;

c) Lorsque l'indice est composé d'autres actifs, sa composition est diversifiée selon des règles équivalentes à celles prévues au I et au II de l'article R. 214-32-30 ;

2° Ils constituent un étalon représentatif du marché auquel ils se réfèrent, en ce sens que les critères suivants sont remplis :

a) L'indice mesure, d'une manière pertinente et appropriée, la performance d'un ensemble représentatif de sous-jacents ;

b) L'indice est revu ou pondéré à nouveau à intervalles réguliers, de manière qu'il continue de refléter les marchés auxquels il se réfère, conformément à des critères accessibles au public ;

c) Les sous-jacents sont suffisamment liquides pour permettre aux utilisateurs de reproduire l'indice, le cas échéant ;

3° Ils font l'objet d'une publication appropriée, en ce sens que les critères suivants sont remplis :

a) Leur publication repose sur des procédures adéquates de collecte des prix et de calcul et de publication subséquente de la valeur de l'indice, y compris les procédures de valorisation applicables aux composantes pour lesquelles aucun prix de marché n'est disponible ;

b) Les informations pertinentes sur des questions telles que le calcul de l'indice, les méthodologies de pondération de l'indice, les modifications apportées à l'indice ou toute difficulté opérationnelle rencontrée dans la fourniture d'informations actuelles ou précises sont diffusées largement et en temps utile.

II. – Lorsque la composition d'actifs servant de sous-jacents à des contrats financiers ne satisfait pas aux critères énoncés au I, ces contrats financiers sont considérés, lorsqu'ils remplissent les critères énoncés à l'article R. 214-32-22, comme des contrats financiers fondés sur une combinaison des actifs mentionnés aux *a* à *c* du 1° de l'article R. 214-32-22.

Art. R. 214-32-26 *(D. n° 2013-687, 25 juill. 2013).* – Un fonds d'investissement à vocation générale peut conclure des contrats financiers répondant aux caractéristiques des dérivés de crédit qui satisfont aux critères suivants :

1° Ils permettent de transférer le risque de crédit lié à un actif mentionné au 1° de l'article R. 214-32-22 indépendamment des autres risques liés à cet actif ;

2° Ils donnent lieu à la livraison ou au transfert d'actifs mentionnés à l'article L. 214-24-55, y compris sous forme d'espèces ;

3° Ils remplissent les critères applicables aux contrats financiers de gré à gré, mentionnés au 2° et au 3° de l'article R. 214-32-22 ;

4° Les risques qu'ils comportent sont pris en considération de manière appropriée par le processus de gestion des risques du fonds d'investissement à vocation générale, ainsi que par ses mécanismes de contrôle interne en cas de risque d'asymétrie de l'information entre le fonds d'investissement à vocation générale et le cocontractant, résultant de l'accès éventuel de celui-ci à des informations non accessibles au public concernant des entités dont les actifs servent de sous-jacents à des dérivés de crédit.

Le règlement général de l'Autorité des marchés financiers précise les conditions d'application du présent article.

Art. R. 214-32-27 *(D. n° 2013-687, 25 juill. 2013).* – I. – Un fonds d'investissement à vocation générale peut recourir aux techniques et aux instruments qui portent sur des titres financiers éligibles et des instruments du marché monétaire, et notamment à des opérations de pension, à des opérations assimilées d'acquisition ou de cession temporaire de titres, pour autant que ces techniques et ces instruments soient employés aux fins d'une gestion efficace du portefeuille.

En aucun cas, ces techniques et instruments n'amènent le fonds d'investissement à vocation générale à s'écarter de ses objectifs d'investissement tels qu'exposés dans le règlement du fonds, les statuts de la SICAV ou dans le prospectus du fonds d'investissement à vocation générale.

II. – Les techniques et instruments mentionnés au I satisfont aux critères suivants :

1° Ils sont économiquement appropriés, en ce sens que leur mise en œuvre est rentable ;

2° Ils sont utilisés en vue d'atteindre un ou plusieurs des objectifs suivants :

a) La réduction des risques ;

b) La réduction des coûts ;

c) La création de capital ou de revenus supplémentaires pour le fonds d'investissement à vocation générale ;

3° Les risques qu'ils comportent sont pris en considération de manière appropriée par le processus de gestion des risques du fonds d'investissement à vocation générale.

III. – Les opérations mentionnées au I satisfont en outre aux critères suivants :

1° Elles sont réalisées avec une personne mentionnée au deuxième alinéa du II de l'article R. 214-32-28 ;

2° Elles sont régies par une convention cadre mentionnée aux articles L. 211-36 et L. 211-36-1 ;

3° Elles doivent respecter les règles de dénouement fixées au 3° de l'article R. 214-32-22.

Elles doivent être prises en compte pour l'application des règles générales de composition de l'actif, des ratios d'emprise et des règles de calcul du risque global définies au présent paragraphe. En outre l'exposition du fonds d'investissement à vocation générale au risque de contrepartie sur un même cocontractant résultant de ces opérations est cumulée avec celle résultant des contrats financiers de gré à gré conclus avec ce même cocontractant pour l'appréciation des limites prévues au III de l'article R. 214-32-29.

Art. R. 214-32-28 *(D. n° 2013-687, 25 juill. 2013 ; mod., D. n° 2014-1315, 3 nov. 2014).* – I. – Un fonds d'investissement à vocation générale ne peut octroyer de crédits ou se porter garant pour le compte de tiers.

Il peut toutefois acquérir des instruments financiers mentionnés à l'article L. 214-24-55 non entièrement libérés.

II. – Un fonds d'investissement à vocation générale peut, pour la réalisation de son objectif de gestion, recevoir ou octroyer les garanties mentionnées à l'article L. 211-38, dans les conditions définies à ce même article ainsi que recevoir des cautions solidaires ou garanties à première demande.

Le fonds d'investissement à vocation générale ne peut recevoir des garanties que si elles lui sont octroyées par un établissement ayant la qualité de dépositaire d'organisme de placement collectif, un établissement de crédit dont le siège est établi dans un État membre de l'Organisation de coopération et de développement économiques ou une entreprise d'investissement dont le siège est situé dans un État membre de l'Union européenne ou dans un autre État partie à l'accord sur l'Espace économique européen et qui est habilitée à fournir le service mentionné au 1 de l'article L. 321-2 et dont le montant des fonds propres, au sens du règlement (UE) n° 575/2013 du Parlement européen et du Conseil du 26 juin 2013, est au moins égal à 3,8 millions d'euros.

Lorsque les garanties octroyées par un fonds d'investissement à vocation générale sont des sûretés, l'acte constitutif de ces sûretés définit :

1° La nature des biens ou droits que le bénéficiaire des sûretés peut utiliser ou aliéner. À défaut de cette indication, le bénéficiaire ne peut utiliser ou aliéner que des dépôts, des liquidités ou des instruments financiers mentionnés au 1°, 2° ou 3° du I de l'article L. 214-24-55 ;

2° Le montant maximal des biens ou droits que le bénéficiaire des sûretés peut utiliser ou aliéner. Ce montant maximal ne peut excéder 100 % de la créance du bénéficiaire sur le fonds d'investissement à vocation générale. Le règlement général de l'Autorité des marchés financiers précise les modalités de calcul de la créance du bénéficiaire sur le fonds d'investissement à vocation générale.

Les modalités d'évaluation des biens ou droits remis en garantie par un fonds d'investissement à vocation générale sont définies dans l'acte constitutif des garanties ou dans un contrat annexe conclu entre les parties. À défaut d'avoir prévu ces modalités d'évaluation, la réalisation des garanties ne peut concerner que des dépôts, des liquidités ou des instruments financiers mentionnés au 1°, 2° ou 3° du I de l'article L. 214-24-55. Le règlement général de l'Autorité des marchés financiers précise les modalités d'évaluation des biens ou droits remis en garantie par le fonds d'investissement à vocation générale.

Lorsque les garanties prennent la forme de dépôts, ceux-ci sont effectués auprès d'un établissement de crédit mentionné à l'article R. 214-32-21. Les autres dispositions de l'article R. 214-32-21 ne s'appliquent pas à ces dépôts, dans la limite des besoins de couverture du risque de contrepartie.

Art. R. 214-32-29 *(D. n° 2013-687, 25 juill. 2013)*. – I. – Un fonds d'investissement à vocation générale ne peut investir plus de :

1° 5 % de ses actifs dans des titres financiers éligibles ou des instruments du marché monétaire émis par le même émetteur ;

2° 20 % de ses actifs dans des titres financiers éligibles ou des instruments du marché monétaire émis par la même entité ;

3° 20 % de ses actifs dans des dépôts placés auprès de la même entité.

Le risque de contrepartie du fonds d'investissement à vocation générale sur un même cocontractant résultant de contrats financiers de gré à gré ne peut excéder 10 % de ses actifs lorsque le cocontractant est un établissement de crédit mentionné au deuxième alinéa du II de l'article R. 214-32-28 et 5 % dans les autres cas.

II. – Par dérogation à la limite de 5 % fixée au 1° du I, un fonds d'investissement à vocation générale peut investir jusqu'à 10 % de ses actifs dans des titres financiers éligibles ou des instruments du marché monétaire émis par le même émetteur. Toutefois, la valeur totale des titres financiers éligibles et des instruments du marché monétaire détenus par le fonds d'investissement à vocation générale auprès des émetteurs dans chacun desquels il investit plus de 5 % de ses actifs ne dépasse pas 40 % de la valeur de ses actifs.

III. – Nonobstant les limites individuelles fixées aux I et II, un fonds d'investissement à vocation générale ne peut combiner, lorsque cela aboutirait à ce qu'il investisse plus de 20 % de ses actifs dans une même entité, plusieurs éléments parmi les suivants :

1° Des investissements dans des titres financiers éligibles ou des instruments du marché monétaire émis par ladite entité ;

2° Des dépôts auprès de ladite entité ;

3° Des risques découlant de transactions sur contrats financiers de gré à gré avec ladite entité.

IV. – Par dérogation aux limites fixées aux 1° et 2° du I, un fonds d'investissement à vocation générale :

1° Peut employer en titres financiers éligibles et instruments du marché monétaire mentionnés aux 1° ou 2° du I de l'article L. 214-24-55 émis ou garantis par une même entité jusqu'à 35 % de son actif si ces titres ou ces instruments sont émis ou garantis par un État membre de l'Union européenne ou un autre État partie à l'accord sur l'Espace économique européen, par ses collectivités publiques territoriales, par un pays tiers ou par des organismes publics internationaux dont font partie un ou plusieurs États membres de l'Union européenne ou autres États parties à l'accord sur l'Espace économique européen ou s'il s'agit de titres émis par la caisse d'amortissement de la dette sociale ;

2° Peut employer en obligations émises par une même entité jusqu'à 25 % de son actif si ces titres sont des obligations foncières émises par les sociétés de crédit foncier en application du 2° du I de l'article L. 515-13 ou des obligations émises par un établissement de crédit qui a son siège statutaire dans un État membre de l'Union européenne ou dans un autre État partie à l'accord sur l'Espace économique européen et qui est légalement soumis à une surveillance spéciale des autorités publiques destinée à protéger les détenteurs d'obligations.

En particulier, les sommes découlant de l'émission de ces obligations sont investies, conformément à la législation, dans des actifs qui, durant toute la période de validité des obligations, peuvent couvrir les créances résultant des obligations et qui sont affectés par privilège au remboursement du capital et au paiement des intérêts courus en cas de défaillance de l'émetteur.

La dérogation prévue au présent 2° s'applique également aux obligations émises par un établissement de crédit dont l'objet exclusif est de refinancer les billets à ordre répondant aux dispositions des articles L. 313-42 à L. 313-49, émis pour mobiliser des créances de long terme représentatives de prêts au logement, à la condition que ces obligations aient des caractéristiques identiques à celle des billets.

V. – Lorsqu'un fonds d'investissement à vocation générale investit plus de 5 % de ses actifs dans les obligations mentionnées au 2° du IV et émises par un même émetteur, la valeur totale de ces investissements ne dépasse pas 80 % de la valeur des actifs du fonds d'investissement à vocation générale.

VI. – Les titres financiers éligibles et les instruments du marché monétaire mentionnés au IV ne sont pas pris en compte pour l'application de la limite de 40 % prévue au II.

VII. – Les limites prévues aux I à V ne peuvent être combinées et, par conséquent, les investissements dans des titres financiers éligibles, des créances ou des instruments du marché monétaire émis par la même entité ou dans des dépôts ou des contrats financiers conclus avec cette entité conformément aux I à V du présent article ne peuvent en aucun cas dépasser au total 35 % des actifs du fonds d'investissement à vocation générale.

VIII. – Les sociétés qui sont regroupées aux fins de la consolidation des comptes au sens de la directive 83/349/CEE du 13 juin 1983 ou conformément aux règles comptables internationales reconnues sont considérées comme une seule entité pour le calcul des limites prévues par le présent article.

Art. R. 214-32-30 *(D. n° 2013-687, 25 juill. 2013)*. – I. – Par dérogation à la limite de 10 % fixée au II de l'article R. 214-32-29, un fonds d'investissement à vocation générale peut employer jusqu'à 20 % de son actif en actions et titres de créance d'un même émetteur lorsque, conformément au règlement du fonds ou aux statuts de la SICAV, la politique d'investissement du fonds d'investissement à vocation générale a pour but de reproduire la composition d'un indice d'actions ou de titres de créance, y compris par l'utilisation de techniques et instruments mentionnés à l'article R. 214-32-27 et de contrats financiers, respectant les conditions suivantes, vérifiées par l'Autorité des marchés financiers :

1° La composition de l'indice est suffisamment diversifiée ;

2° L'indice constitue un étalon représentatif du marché auquel il se réfère et le fournisseur utilise une méthode reconnue qui n'aboutit pas, en règle générale, à exclure un grand émetteur du marché auquel l'indice se réfère ;

3° Le mode d'établissement et de diffusion de cet indice répond aux critères suivants :

a) Il est accessible au public ;

b) Le fournisseur de cet indice est indépendant du fonds d'investissement à vocation générale. Lorsque le fournisseur de l'indice et le fonds d'investissement à vocation générale font partie du même groupe au sens de l'article L. 233-16 du Code de commerce, toute disposition est prise afin d'éviter les conflits d'intérêts.

II. – Par dérogation au I, un fonds d'investissement à vocation générale peut porter la limite de 20 % de son actif à 35 % pour un même émetteur lorsque cela se révèle justifié par des conditions exceptionnelles sur le marché, notamment sur des marchés réglementés où certaines valeurs mobilières ou certains instruments du marché monétaire sont largement dominants. L'investissement jusqu'à cette limite n'est permis que pour un seul émetteur.

Art. D. 214-32-31 *(D. n° 2013-687, 25 juill. 2013 ; rempl., D. n° 2014-87, 30 janv. 2014)*. – I. – Peuvent faire l'objet d'une admission aux négociations sur un marché d'instruments financiers réglementé défini à l'article L. 421-1 ou sur un système multilatéral de négociation défini à l'article L. 424-1 les actions ou parts de fonds d'investissements à vocation générale, autres que ceux visés à l'article L. 214-26-1, commercialisées en France, ainsi que les parts ou actions des FIA de droit étranger commercialisées en France dans les conditions prévues à l'article L. 214-24-1, à condition que cette admission soit demandée par ces FIA ou par leur société de gestion de portefeuille française, ou leur société de gestion agréée établie dans un État membre de l'Union européenne ou leur gestionnaire établi dans un pays tiers et que les parts ou actions de ces FIA soient négociées à leur valeur liquidative, majorée ou diminuée, d'une quote-part des frais ou commissions liés à l'émission ou au rachat de ces parts ou actions.

II. – Peuvent également faire l'objet d'une admission aux négociations sur un marché d'instruments financiers réglementé défini à l'article L. 421-1 les actions ou parts de fonds d'investissements à vocation générale commercialisées en France, ainsi que les parts ou actions des FIA de droit étranger commercialisées en France dans les conditions prévues à l'article L. 214-24-1, dont l'objectif de gestion est fondé sur un indice, à la condition que ces FIA aient mis en place un dispositif permettant de s'assurer que le cours de leurs actions ou parts ne s'écarte pas sensiblement de leur valeur liquidative. L'Autorité des marchés financiers apprécie l'écart maximum acceptable au regard des caractéristiques des actifs de ces FIA et des marchés sur lesquels ils sont cotés. Cet écart ne peut être supérieur à 5 %.

Voir : la rédaction de cet article issue du décret n° 2019-673 du 27 juin 2019, en *addendum*, p. 3371.

Art. R. 214-32-32 *(D. n° 2013-687, 25 juill. 2013)*. – Par dérogation à l'article R. 214-32-29, un fonds d'investissement à vocation générale peut placer, selon le principe de la répartition des risques, jusqu'à 100 % de ses actifs dans différents titres financiers éligibles et instruments du marché monétaire mentionnés au 1° du IV de l'article R. 214-32-29.

Ces titres financiers éligibles et instruments du marché monétaire appartiennent à six émissions différentes au moins, sans que les valeurs appartenant à une même émission n'excèdent 30 % du montant total de l'actif du fonds d'investissement à vocation générale.

Art. R. 214-32-33 *(D. n° 2013-687, 25 juill. 2013)*. – Un fonds d'investissement à vocation générale régi par le présent paragraphe peut employer jusqu'à 50 % de son actif en parts ou actions d'un même placement collectif, OPCVM ou FIA de droit étranger, ou fonds d'investissement de droit étranger mentionné à l'article R. 214-32-42.

Art. R. 214-32-34 *(D. n° 2013-687, 25 juill. 2013)*. – Lorsqu'un fonds d'investissement à vocation générale a acquis des parts ou actions d'un placement collectif de droit français, d'un OPCVM constitué sur le fondement d'un droit étranger, d'un FIA établi dans un autre État membre de l'Union européenne ou d'un fonds d'investissement de droit étranger, il ne combine pas les actifs de ces FIA, de ces placements collectifs ou de ces fonds pour l'application des limites prévues à l'article R. 214-32-29.

Art. R. 214-32-35 *(D. n° 2013-687, 25 juill. 2013)*. – I. – Une SICAV ou une société de gestion agissant pour l'ensemble des fonds d'investissement à vocation générale qu'elle gère n'acquiert pas d'actions assorties du droit de vote lui permettant d'exercer une influence notable sur la gestion d'un émetteur.

II. – Un fonds d'investissement à vocation générale ne peut détenir plus de :

1° 10 % de titres de capital sans droit de vote d'un même émetteur ;

2° 10 % de titres de créance d'un même émetteur ;

3° 10 % d'instruments du marché monétaire émis par un même émetteur.

Les limites prévues aux 2° et 3° peuvent ne pas être respectées au moment de l'acquisition si, à ce moment-là, le montant brut des titres de créance ou des instruments du marché monétaire ou le montant net des titres émis ne peut être calculé.

III. – Un fonds d'investissement à vocation générale peut détenir jusqu'à 100 % des parts ou actions d'un même placement collectif, OPCVM ou FIA de droit étranger ou fonds d'investissement mentionné à l'article R. 214-32-42.

IV. – Il peut être dérogé au I et au II du présent article en ce qui concerne :

1° Les titres financiers éligibles et les instruments du marché monétaire émis ou garantis par un État membre de l'Union européenne ou par ses collectivités publiques territoriales ;

2° Les titres financiers éligibles et les instruments du marché monétaire émis ou garantis par un pays tiers ;

3° Les titres financiers éligibles et les instruments du marché monétaire émis par un organisme public international dont un ou plusieurs États membres font partie ;

4° Les actions détenues par un fonds d'investissement à vocation générale dans le capital d'une société constituée dans un pays tiers investissant ses actifs essentiellement en titres d'émetteurs ayant leur siège statutaire dans ce pays lorsque, en vertu de la législation de celui-ci, une telle participation constitue pour le fonds d'investissement à vocation générale la seule possibilité d'investir en titres d'émetteurs de ce pays ;

5° Les actions détenues par une ou plusieurs SICAV dans le capital de sociétés filiales exerçant uniquement des activités de gestion, de conseil ou de commercialisation dans le pays où la filiale est établie, en ce qui concerne le rachat de parts à la demande des porteurs exclusivement pour son compte ou pour leur compte.

La dérogation mentionnée au 4° n'est applicable qu'à la condition que la société du pays tiers respecte, dans sa politique de placement, les limites établies par les I et II et par les articles R. 214-32-29, R. 214-32-33, et R. 214-32-34.

V. – Un fonds d'investissement à vocation générale ne peut détenir plus de 10 % de créances d'une même entité.

Art. R. 214-32-36 *(D. n° 2013-687, 25 juill. 2013).* – Un fonds d'investissement à vocation générale peut détenir jusqu'à 25 % d'une même catégorie de titres financiers d'un même émetteur lorsque ce dernier est une entreprise solidaire mentionnée à l'article L. 3332-17-1 du Code du travail.

Art. R. 214-32-37 *(D. n° 2013-687, 25 juill. 2013).* – I. – Un fonds d'investissement à vocation générale nourricier peut employer jusqu'à 100 % de son actif en parts ou actions d'un même OPCVM ou d'un FIA maître et détenir jusqu'à 100 % des parts ou actions de celui-ci.

II. – Les fonds d'investissement à vocation générale nourriciers peuvent conclure des contrats financiers aux conditions fixées aux articles R. 214-32-22 à R. 214-32-26 et au dernier alinéa du I de l'article R. 214-32-29.

Art. R. 214-32-38 *(D. n° 2013-687, 25 juill. 2013 ; mod., D. n° 2017-1253, 9 août 2017).* – I. – Les règles de composition de l'actif et les règles de division des risques doivent être respectées à tout moment. Toutefois :

1° Les fonds d'investissement à vocation générale ne sont pas tenus de se conformer aux limites prévues par les articles R. 214-32-29 à R. 214-32-40 lors de l'exercice de droits de souscription afférents à des titres financiers ou à des instruments du marché monétaire qui font partie de leurs actifs ;

2° Les fonds d'investissement à vocation générale nouvellement agréés peuvent déroger aux articles R. 214-32-29, R. 214-32-30, R. 214-32-32 et R. 214-32-33 et au 2° de l'article R. 214-32-42 pendant une période de six mois suivant la date de leur agrément.

II. – Si un dépassement des limites prévues aux articles R. 214-32-29 à R. 214-32-35, R. 214-32-38 et R. 214-32-39 intervient indépendamment de la volonté du fonds d'investissement à vocation générale ou à la suite de l'exercice de droits de souscription, celui-ci doit, dans ses opérations de vente, avoir pour objectif prioritaire de régulariser cette situation en tenant compte de l'intérêt des actionnaires ou des porteurs de parts.

Art. R. 214-32-39 *(D. n° 2013-687, 25 juill. 2013).* – I. – Un fonds d'investissement à vocation générale à formule est un fonds d'investissement à vocation générale répondant aux deux conditions suivantes :

1° Il est géré de façon passive et son objectif de gestion est d'atteindre, à l'expiration d'une période déterminée, un montant déterminé par application mécanique d'une formule de calcul prédéfinie faisant référence à des indicateurs de marchés financiers ou à des instruments financiers ainsi que, le cas échéant, de distribuer les rémunérations prédéfinies dans les documents réglementaires ;

2° Il détient à tout moment les actifs nécessaires à la réalisation de son objectif de gestion.

II. – Pour les fonds d'investissement à vocation générale relevant du présent article, le respect des limites fixées à l'article R. 214-32-24 s'apprécie à la date de conclusion des contrats financiers.

III. – Les dispositions de l'article R. 214-32-30 sont applicables à un fonds d'investissement à vocation générale relevant du présent article dont l'actif réplique la composition d'un indice.

Art. R. 214-32-40 *(D. n° 2013-687, 25 juill. 2013).* – I. – Un fonds d'investissement à vocation générale ne peut recourir à l'emprunt.

Il peut toutefois acquérir des devises au moyen de prêts croisés en devises.

II. – Par dérogation au I, un fonds d'investissement à vocation générale peut procéder à des emprunts pour autant que ces emprunts :

1° Soient employés de manière temporaire et représentent au maximum 10 % de ses actifs ;

2° Permettent l'acquisition de biens immobiliers nécessaires à l'exercice direct de ses activités et représentent, dans le cas d'une SICAV, au maximum 10 % de ses actifs.

Lorsqu'un fonds d'investissement à vocation générale procède à des emprunts au titre du 1° ou du 2°, ces emprunts ne dépassent pas, au total, 15 % de ses actifs.

Art. R. 214-32-41 *(D. n° 2013-687, 25 juill. 2013).* – Le fonds d'investissement à vocation générale veille à ce que son risque global lié aux contrats financiers n'excède pas la valeur nette totale de son portefeuille.

Le risque global est calculé en tenant compte de la valeur courante des actifs sous-jacents, du risque de contrepartie, de l'évolution future des marchés et du temps disponible pour liquider les positions.

Pour les fonds d'investissement à vocation générale nourriciers, ce calcul tient également compte du risque global du FIA ou de l'OPCVM maître par rapport aux contrats financiers.

Le règlement général de l'Autorité des marchés financiers précise les conditions de calcul du risque global.

Art. R. 214-32-42 *(D. n° 2013-687, 25 juill. 2013).* – Un fonds d'investissement à vocation générale régi par le présent paragraphe peut investir :

1° Jusqu'à la totalité de son actif en :

a) Parts ou actions d'OPCVM de droit français ou de droit étranger ;

b) Parts ou actions de fonds d'investissement à vocation générale relevant du présent paragraphe ou de fonds professionnels à vocation générale mentionnés à l'article R. 214-190 qui n'ont pas recours aux dérogations prévues au V de l'article R. 214-192 et à l'article R. 214-193 ;

c) Parts ou actions de FIA établis dans d'autres États membres de l'Union européenne ou de fonds d'investissement régis par un droit étranger sous réserve que ces fonds aient fait l'objet d'un accord bilatéral entre l'Autorité des marchés financiers et leur autorité de surveillance relatif à l'équivalence des règles de sécurité et de transparence aux règles françaises et qu'un instrument d'échange d'informations et d'assistance mutuelle ait été mis en place dans le domaine de la gestion d'actifs pour le compte de tiers ;

2° Jusqu'à 30 % de son actif en parts ou actions de placements collectifs de droit français, de FIA établis dans d'autres État membres de l'Union européenne ou de fonds d'investissement, autres que ceux relevant du 1°, remplissant les conditions prévues aux 1° à 4° de l'article R. 214-13.

Sous-paragraphe 4. – Information des investisseurs

Art. D. 214-33 *(D. n° 2013-687, 25 juill. 2013).* – Le rapport semestriel est publié dans les deux mois à compter de la fin de la période à laquelle il se réfère.

§ 2. – Fonds de capital investissement

Art. R. 214-34 *(D. n° 2013-687, 25 juill. 2013).* – Sauf dispositions contraires, les dispositions des articles R. 214-32-9 à D. 214-33 sont applicables aux fonds de capital investissement.

Art. D. 214-34-1 *(D. n° 2014-87, 30 janv. 2014).* – Le II de l'article D. 214-32-31 n'est pas applicable aux fonds de capital investissement.

Sous-paragraphe 1. – Fonds commun de placement à risques

Art. R. 214-35 *(D. n° 2013-687, 25 juill. 2013).* – I. – Pour l'appréciation du quota de 50 % figurant au I de l'article L. 214-28 :

1° Le numérateur est constitué par le prix de souscription ou d'acquisition des titres ou droits du portefeuille et la valeur comptable des autres actifs.

Le dénominateur est constitué par le montant libéré des souscriptions dans le fonds. Ce montant est diminué des rachats de parts demandés par les porteurs et réalisés dans des conditions telles que le règlement du fonds ne permet pas d'opposer à ceux-ci les dispositions du VII de l'article L. 214-28 et augmenté des sommes réinvesties par les porteurs de parts en exécution de l'obligation de réinvestissement prévue à l'article 163 *quinquies* B du Code général des impôts ;

2° Lorsqu'une société dont les titres ou droits sont inclus dans le quota de 50 % fait l'objet d'une liquidation judiciaire, les titres ou droits annulés sont réputés maintenus à l'actif pour leur prix de souscription ou d'acquisition pendant cinq ans à compter du jugement de clôture de liquidation. Lorsqu'une société dont les titres ou droits sont inclus dans le quota de 50 % connaît des difficultés de nature à compromettre la continuité de l'exploitation au sens de l'article L. 234-1 du Code de commerce et fait l'objet d'une liquidation amiable dans les conditions définies aux articles L. 237-1 à L. 237-13 du Code de commerce ou d'une réduction de capital suivie d'une augmentation de capital dans les conditions définies à l'article L. 224-2 du Code de commerce, les titres ou droits annulés sont réputés maintenus à l'actif pour leur prix de souscription et d'acquisition pendant cinq ans à compter de la décision des organes compétents de la société ;

3° Lorsque des titres ou droits inclus dans le quota de 50 % font l'objet d'une cession, les titres ou droits cédés sont réputés maintenus à l'actif pour leur prix de souscription ou d'acquisition pendant une durée de deux ans à compter de la date de la cession. Au-delà de ce délai, lorsque le fonds procède à une distribution ou à un rachat de parts à hauteur du produit de la cession, le montant de la distribution ou du rachat qui n'a pas été déduit en application des dispositions du 1° est déduit du dénominateur dans la limite du prix de souscription ou d'acquisition des titres ou droits cédés. À compter de la date à laquelle le fonds peut entrer en période de préliquidation telle que définie aux articles R. 214-40 et R. 214-41, le dénominateur peut, le cas échéant, être diminué du montant de la distribution du prix de cession des titres ou droits non inclus dans le quota de 50 % dans la limite du prix de souscription ou d'acquisition de ces mêmes titres ou droits, sous réserve que le quota de 50 % ait été atteint avant cette date et que toute nouvelle libération de souscriptions à laquelle le fonds procède serve à couvrir des frais ou à réaliser des investissements complémentaires en titres ou droits déjà inscrits à l'actif ;

4° Lorsque des titres ou droits reçus en échange de titres ou droits inclus dans le quota de 50 % ne sont pas eux-mêmes éligibles à ces quotas, les titres ou droits remis à l'échange sont réputés maintenus à l'actif pour leur prix de souscription ou d'acquisition pendant deux ans à compter de la date de l'échange ou jusqu'à la fin de la période pendant laquelle la société de gestion s'est engagée à conserver les titres ou droits dans l'actif du fonds si cette durée est supérieure ;

5° Les souscriptions nouvelles dans un fonds commun de placement à risques sont prises en compte à compter de l'inventaire de clôture de l'exercice suivant celui au cours duquel elles ont été libérées ;

6° En cas de non-respect du quota de 50 % lors d'un inventaire semestriel, le fonds n'est pas déchu de son régime s'il régularise sa situation au plus tard lors de l'inventaire suivant sous réserve, d'une part, que la société de gestion informe le service des impôts auprès duquel elle dépose sa déclaration de résultats dans le mois suivant l'inventaire ayant fait apparaître que le quota n'a pas été respecté et, d'autre part, qu'il s'agisse du premier manquement.

II. – 1° Pour l'application du III de l'article L. 214-28, la capitalisation boursière d'une société est déterminée par le produit du nombre de ses titres de capital admis à la négociation à l'ouverture du jour de négociation précédant celui de l'investissement par la moyenne des cours d'ouverture des soixante jours de négociation précédant celui de l'investissement.

Toutefois, lorsque durant ces soixante jours les titres de capital de la société sont pour la première fois admis à la négociation, la moyenne retenue est celle des cours d'ouverture des jours de négociation depuis le jour de l'admission à la négociation jusqu'au jour précédant celui de l'investissement. Il en est de même en cas d'augmentation de capital ou d'opération de fusion, scission ou apport partiel d'actif réalisée durant ces soixante jours et emportant admission à la négociation de nouveaux titres de capital de la société absorbante ou bénéficiaire.

2° Par dérogation aux dispositions du 1°, en cas d'investissement le jour de la première cotation des titres de capital d'une société, sa capitalisation boursière est déterminée par le produit du nombre de titres de capital ainsi admis à la négociation par le prix auquel ces titres sont placés dans le public, à savoir le prix auquel ces titres sont vendus au public avant la première cotation.

De même, en cas d'investissement le jour où de nouveaux titres de capital de la société sont admis à la négociation à la suite d'une augmentation de capital ou à une opération de fusion, scission ou apport partiel d'actif, sa capitalisation boursière est déterminée par le produit du nombre total des titres de capital de la société absorbante ou bénéficiaire admis à la négociation à l'issue de l'opération par le cours de clôture du dernier jour de négociation précédant l'admission à la négociation de ces nouveaux titres de capital.

3° Le jour de l'investissement mentionné aux 1° et 2° s'entend du jour d'acquisition ou de souscription des titres de capital admis à la négociation.

Art. R. 214-36 *(D. n° 2013-687, 25 juill. 2013)*. – I. – Les dispositions des articles R. 214-32-18 à R. 214-32-21, R. 214-32-29, R. 214-32-32 à R. 214-32-36, R. 214-32-38 à R. 214-32-40 et R. 214-32-42 ne sont pas applicables aux fonds communs de placement à risques.

II. – L'actif d'un fonds commun de placement à risques peut être employé à :

1° 10 % au plus en titres d'un même émetteur ;

2° 35 % au plus en actions ou parts d'un même OPCVM ou FIA relevant des paragraphes 1, 2 et 6 de la sous-section 2 du paragraphe 2 ou du sous-paragraphe 1 du paragraphe 1 de la sous-section 3 de la présente section ;

3° 10 % au plus en actions ou parts de fonds professionnels à vocation générale ou de fonds de fonds alternatifs ;

4° 10 % au plus en titres ou en droits d'une même entité mentionnée au 2° du II de l'article L. 214-28 ne relevant pas des autres dispositions de l'article L. 214-28, ni de l'article L. 214-30, ni de l'article L. 214-31.

III. – Les fonds communs de placement à risques ne sont pas pris en compte pour l'application du I de l'article R. 214-32-35.

IV. – Un fonds commun de placement à risques doit respecter les dispositions du présent article à l'expiration d'un délai de deux exercices à compter de son agrément par l'Autorité des marchés financiers.

Art. R. 214-36-1 *(D. n° 2013-687, 25 juill. 2013).* – Un fonds commun de placement à risques peut procéder à des emprunts dans la limite de 10 % de ses actifs.

Art. R. 214-37 *(D. n° 2013-687, 25 juill. 2013).* – Pour l'appréciation des limites fixées à l'article R. 214-36 :

1° Lorsque les titres détenus par le fonds ne sont pas admis aux négociations sur un marché d'instruments financiers au sens du I de l'article L. 214-28, ils sont retenus pour leur valeur d'acquisition ou de souscription ;

2° Lorsque des titres détenus par le fonds font l'objet d'un échange avec des titres non admis aux négociations sur un marché d'instruments financiers au sens du I de l'article L. 214-28, les titres reçus à l'échange par le fonds sont pris en compte à l'actif pour le prix de souscription ou d'acquisition des titres remis à l'échange ;

3° Lorsque des titres détenus par le fonds sont admis aux négociations sur un marché d'instruments financiers au sens du I de l'article L. 214-28 ou lorsqu'ils font l'objet d'un échange avec des titres admis aux négociations sur un marché d'instruments financiers au sens du I de l'article L. 214-28, les titres détenus ou remis à l'échange par le fonds sont réputés maintenus à l'actif pour leur prix de souscription ou d'acquisition pendant douze mois à compter de la date d'admission ou d'échange ou jusqu'à la fin de la période pendant laquelle la société de gestion s'est engagée, le cas échéant, à conserver les titres dans l'actif du fonds si sa durée est supérieure à douze mois. À l'issue de cette période, le ratio prévu au 1° du II de l'article R. 214-36 est porté à 20 % et s'apprécie par rapport aux titres détenus ou reçus à l'échange comme tout autre titre admis aux négociations sur un marché d'instruments financiers au sens du I de l'article L. 214-28 ;

4° Lorsque les titres ou droits détenus par le fonds sont émis par une entité mentionnée au 2° du II de l'article L. 214-28, l'engagement contractuel de souscription ou d'acquisition pris par le fonds est inscrit pour son montant au numérateur ;

5° Est inscrit au dénominateur le plus élevé des deux montants suivants : l'actif net du fonds ou le montant total des engagements contractuels de souscription ou d'acquisition reçus par le fonds.

Art. R. 214-38 *(D. n° 2013-687, 25 juill. 2013).* – Pour l'appréciation de la limite de 15 % mentionnée au 1° du II de l'article L. 214-28, est inscrit au dénominateur le plus élevé des deux montants suivants : l'actif net du fonds ou le montant libéré des souscriptions dans le fonds.

Art. R. 214-39 *(D. n° 2013-687, 25 juill. 2013).* – Un fonds commun de placement à risques :

1° Ne peut détenir plus de 35 % du capital ou des droits de vote d'un même émetteur. Toutefois, du fait de l'exercice de droits d'échange, de souscription ou de conversion et dans l'intérêt des porteurs de parts, cette limite peut être dépassée temporairement. En ce cas, la société de gestion communique à l'Autorité des marchés financiers, au dépositaire et au commissaire aux comptes du fonds les raisons de ce dépassement et le calendrier prévisionnel de régularisation. La régularisation doit intervenir au plus tard dans l'année suivant le dépassement ;

2° Ne peut détenir ni s'engager à souscrire ou acquérir plus de 20 % du montant total des titres ou droits et des engagements contractuels de souscription d'une même entité mentionnée au 2° du II de l'article L. 214-28 ne relevant pas des autres dispositions de l'article L. 214-28, ni de l'article L. 214-30, ni de l'article L. 214-31 ;

3° Ne peut détenir plus de 10 % des actions ou parts d'un OPCVM ou d'un FIA relevant des paragraphes 1, 2 et 6 de la sous-section 2, du paragraphe 2 ou du sous-paragraphe 1 du paragraphe 1 de la sous-section 3 de la présente section ne relevant pas du 2° du II de l'article L. 214-28.

Art. R. 214-40 *(D. n° 2013-687, 25 juill. 2013)*. – Après déclaration à l'Autorité des marchés financiers et au service des impôts auprès duquel sa société de gestion dépose sa déclaration de résultats, un fonds commun de placement à risques peut entrer en période de préliquidation :

1° À compter de l'ouverture de l'exercice suivant la clôture de son cinquième exercice si, depuis l'expiration d'une période de souscription de dix-huit mois au plus qui suit immédiatement la date de sa constitution, il n'a pas été procédé à des souscriptions de parts autres que celles effectuées auprès de ses porteurs de parts ayant souscrit au cours de la période de dix-huit mois précitée :

a) Pour lui permettre de réinvestir en parts, actions, obligations remboursables, obligations convertibles ou titres participatifs ainsi qu'en avances en comptes courants dans des sociétés non admises aux négociations sur un marché d'instruments financiers au sens du I de l'article L. 214-28 ou dans des entités mentionnées au 2° du II de l'article L. 214-28 dont les titres ou droits figurent à son actif ; ou

b) Pour satisfaire l'obligation de réinvestissement prévue à l'article 163 *quinquies* B du Code général des impôts ;

2° À compter de l'ouverture de l'exercice suivant la clôture du cinquième exercice qui suit celui au cours duquel sont intervenues les dernières souscriptions, dans les autres cas.

À compter de l'exercice pendant lequel la déclaration mentionnée au premier alinéa est déposée, le quota de 50 % figurant au I de l'article L. 214-28 peut ne plus être respecté et les II et III de l'article R. 214-36 ne s'appliquent pas.

Art. R. 214-41 *(D. n° 2013-687, 25 juill. 2013)*. – Pendant la période de préliquidation, le fonds :

1° Ne peut plus faire procéder à de nouvelles souscriptions de parts autres que celles de ses porteurs de parts à la date de son entrée en période de préliquidation pour réinvestir en parts, actions, obligations remboursables, obligations convertibles ou titres participatifs ainsi qu'en avances en comptes courants dans des sociétés non admises aux négociations sur un marché d'instruments financiers au sens du I de l'article L. 214-28, ou dans des entités mentionnées au 2° du II de l'article L. 214-28 dont les titres ou droits figurent à son actif ;

2° Peut, par dérogation à l'article R. 214-43, céder à une entreprise liée des titres de capital ou de créance détenus depuis plus de douze mois. Dans ce cas, les cessions sont évaluées par un expert indépendant sur rapport du commissaire aux comptes du fonds ; ces cessions ainsi que le rapport y afférent sont communiqués à l'Autorité des marchés financiers ;

3° Ne peut détenir à son actif à compter de l'ouverture de l'exercice qui suit celui au cours duquel est ouverte la période de préliquidation que :

a) Des titres ou droits de sociétés non admises aux négociations sur un marché financier d'instruments financiers au sens du I de l'article L. 214-28 ou des titres ou droits de sociétés admises aux négociations sur un marché d'instruments financiers lorsque ces titres ou droits auraient été pris en compte pour l'appréciation des quotas mentionnés à l'article R. 214-35 si le fonds n'était pas entré en période de préliquidation, des avances en comptes courants à ces mêmes sociétés ainsi que des droits dans des entités mentionnées au 2° du II de l'article L. 214-28 dont les titres ou droits figurent à son actif ;

b) Des investissements réalisés aux fins du placement des produits de cession de ses actifs et autres produits en instance de distribution au plus tard jusqu'à la clôture de l'exercice suivant celui au cours duquel la cession a été effectuée ou les produits réalisés, et du placement de sa trésorerie à hauteur de 20 % de la valeur liquidative du fonds.

Art. R. 214-42 *(D. n° 2013-687, 25 juill. 2013)*. – Lorsqu'il est procédé par la société de gestion d'un fonds à des opérations d'achat ou de vente à terme portant sur des titres qui ne sont pas admis à la négociation sur un marché d'instruments financiers au sens du I de l'article L. 214-28, les conventions concernant ces opérations sont conclues dans les limites et sous les conditions précisées par le règlement du fonds.

Art. R. 214-43 *(D. n° 2013-687, 25 juill. 2013)*. – La société de gestion ne peut, pour le compte d'un fonds, procéder, pour ses éléments d'actifs qui ne sont pas négociés sur un marché d'instruments financiers au sens du I de l'article L. 214-28, à d'autres opérations que celles d'achat ou de vente à terme ou au comptant dans les limites fixées par la présente sous-section ni procéder pour ces mêmes éléments d'actifs à des cessions ou acquisitions à une entreprise qui lui est liée de titres en capital ou de créances détenus depuis plus de douze mois. Est présumée entreprise liée toute entreprise contrôlée par la société de gestion de manière exclusive ou conjointe au sens de l'article L. 233-16 du Code de commerce, toute entreprise contrôlant la société de gestion de manière exclusive ou conjointe au sens de ce même article L. 233-16, toute entreprise filiale de la même société mère ainsi que toute entreprise avec laquelle la société de gestion a des mandataires sociaux ou des dirigeants communs et qui exercent des fonctions de gestion de participations pour le compte de l'entreprise, ou de gestion au sens du 4 de l'article L. 321-1 et de l'article L. 214-24-35, ou de conseil au sens du 4 de l'article L. 321-2.

Art. R. 214-44 *(D. n° 2013-687, 25 juill. 2013)*. – I. – Lorsque le règlement du fonds prévoit un appel progressif des capitaux, ceux-ci sont libérés par les porteurs de parts à la demande de la société de gestion avant la fin de la période de blocage prévue au VII de l'article L. 214-28.

Le règlement du fonds définit les modalités selon lesquelles les sommes non versées à la date d'exigibilité fixée par la société de gestion portent intérêt.

II. – Lorsque les conditions du rachat des parts du fonds sont réunies, ce rachat s'effectue en numéraire.

Toutefois, à la dissolution du fonds, le rachat des parts peut s'effectuer en titres de sociétés dans lesquelles le fonds détient une participation si le règlement du fonds le prévoit, qu'aucune disposition ou clause particulière ne limite la libre cessibilité de ces titres et que le porteur de parts en fait expressément la demande.

Les rachats sont exécutés et réglés par l'établissement dépositaire dans les conditions fixées par le règlement du fonds, lequel prescrit également les délais qui ne peuvent excéder au total un an après le dépôt de la demande de rachat.

Lorsque la société de gestion d'un fonds ou ses actionnaires ou ses dirigeants ou les personnes physiques ou morales chargées de la gestion de ce fonds détiennent des parts leur conférant des droits particuliers en application des dispositions du VIII de l'article L. 214-28, ils ne peuvent en obtenir le rachat qu'à la liquidation du fonds ou après que les autres parts émises ont été rachetées ou amorties à concurrence du montant auquel ces autres parts ont été libérées.

La fraction attribuée à la société de gestion prévue au XI de l'article L. 214-28 ne peut excéder 20 % du boni de liquidation.

III. – À l'issue de la ou des périodes de souscription mentionnées au IX de l'article L. 214-28, la société de gestion peut procéder à la distribution en numéraire d'une fraction des actifs du fonds.

Toutefois, cette distribution peut s'effectuer en instruments financiers admis à la négociation sur un marché réglementé au sens de l'article R. 214-32-18 si le règlement du fonds le prévoit, qu'aucune disposition ou clause particulière ne limite la libre cessibilité de ces titres et qu'il est accordé à tous les porteurs de parts une option entre le paiement de la distribution en numéraire ou en actions.

Les sommes ou valeurs ainsi distribuées sont affectées en priorité à l'amortissement des parts.

Un rapport spécial est établi par les commissaires aux comptes lorsque la distribution est effectuée au profit des porteurs de parts auxquelles sont attachés des droits particuliers.

Art. R. 214-45 *(D. n° 2013-687, 25 juill. 2013)*. – La société de gestion rend compte aux porteurs de parts des nominations de ses mandataires sociaux et salariés à des fonctions de gérants, d'administrateurs, de membres du directoire ou du conseil de surveillance des sociétés dans lesquelles le fonds détient des participations.

Art. R. 214-46 *(D. n° 2013-687, 25 juill. 2013)*. – I. – Les entités mentionnées au 2° du II de l'article L. 214-28 dans lesquelles les fonds communs de placement à risques peuvent investir sont celles qui limitent la responsabilité de leurs investisseurs au montant de leurs apports.

II. – Pour l'appréciation du numérateur du quota de 50 % prévu au I de l'article L. 214-28, les droits représentatifs d'un placement financier dans des entités mentionnées au I sont pris en compte dans la proportion de l'investissement direct de ces entités dans des titres éligibles à ce même quota de 50 % à l'exclusion des droits dans d'autres entités de même nature.

Cette proportion d'investissement direct est calculée par référence :

1° Soit au dernier inventaire de l'actif desdites entités ;

2° Soit aux engagements statutaires ou contractuels d'investissement direct en titres éligibles pris par lesdites entités dans la mesure où ces dernières ne sont pas entrées dans la période de préliquidation mentionnée aux articles R. 214-40 et R. 214-41 lors de la souscription du fonds.

La proportion s'applique aux engagements contractuels de souscription donnés par le fonds auxdites entités à condition que ces engagements aient un caractère irrévocable.

Sous-paragraphe 2. – Fonds communs de placement dans l'innovation

Art. R. 214-47 *(Rempl., D. n° 2011-922, 1er août 2011 ; mod., D. n° 2013-687, 25 juill. 2013).* – Pour l'appréciation du quota de 60 % figurant au I de l'article L. 214-30 :

1° Le numérateur est constitué par le prix de souscription ou d'acquisition des titres ou droits du portefeuille et la valeur comptable des autres actifs.

Le dénominateur est constitué par le montant libéré des souscriptions dans le fonds. Ce montant est diminué des rachats de parts demandés par les porteurs et réalisés dans des conditions telles que le règlement du fonds ne permet pas d'opposer à ceux-ci les dispositions du VII de l'article L. 214-28 et augmenté des sommes réinvesties par les porteurs de parts en exécution de l'obligation de réinvestissement prévue à l'article 163 *quinquies* B du Code général des impôts ;

2° Lorsqu'une société dont les titres ou droits sont inclus dans le quota de 60 % fait l'objet d'une liquidation judiciaire, les titres ou droits annulés sont réputés maintenus à l'actif pour leur prix de souscription ou d'acquisition pendant cinq ans à compter du jugement de clôture de liquidation. Lorsqu'une société dont les titres ou droits sont inclus dans le quota de 60 % connaît des difficultés de nature à compromettre la continuité de l'exploitation au sens de l'article L. 234-1 du Code de commerce et fait l'objet d'une liquidation amiable dans les conditions définies aux articles L. 237-1 à L. 237-13 du Code de commerce ou d'une réduction de capital suivie d'une augmentation de capital dans les conditions définies à l'article L. 224-2 du Code de commerce, les titres ou droits annulés sont réputés maintenus à l'actif pour leur prix de souscription et d'acquisition pendant cinq ans à compter de la décision des organes compétents de la société ;

3° Lorsque des titres ou droits inclus dans le quota de 60 % font l'objet d'une cession, les titres ou droits cédés sont réputés maintenus à l'actif pour leur prix de souscription ou d'acquisition pendant une durée de deux ans à compter de la date de la cession. Au-delà de ce délai, lorsque le fonds procède à une distribution ou à un rachat de parts à hauteur du produit de la cession, le montant de la distribution ou du rachat qui n'a pas été déduit en application des dispositions du 1° est déduit du dénominateur dans la limite du prix de souscription ou d'acquisition des titres ou droits cédés. À compter de la date à laquelle le fonds peut entrer en période de préliquidation telle que mentionnée aux articles R. 214-53 et R. 214-54, le dénominateur peut, le cas échéant, être diminué du montant de la distribution du prix de cession des titres ou droits non inclus dans le quota de 60 % dans la limite du prix de souscription ou d'acquisition de ces mêmes titres ou droits, sous réserve que le quota de 60 % ait été atteint avant cette date et que toute nouvelle libération de souscriptions à laquelle le fonds procède serve à couvrir des frais ou à réaliser des investissements complémentaires en titres ou droits déjà inscrits à l'actif ;

4° Lorsque des titres ou droits reçus en échange de titres ou droits inclus dans le quota de 60 % ne sont pas eux-mêmes éligibles à ces quotas, les titres ou droits remis à l'échange sont réputés maintenus à l'actif pour leur prix de souscription ou d'acquisition pendant deux ans à compter de la date de l'échange ou jusqu'à la fin de la période pendant laquelle la société de gestion s'est engagée à conserver les titres ou droits dans l'actif du fonds si cette durée est supérieure ;

5° Les souscriptions nouvelles dans un fonds commun de placement dans l'innovation sont prises en compte à compter de l'inventaire de clôture de l'exercice suivant celui au cours duquel elles ont été libérées ;

6° En cas de non-respect du quota de 60 % lors d'un inventaire semestriel, le fonds n'est pas déchu de son régime s'il régularise sa situation au plus tard lors de l'inventaire suivant sous réserve, d'une part, que la société de gestion informe le service des impôts auprès duquel elle dépose sa déclaration de résultats dans le mois suivant l'inventaire ayant fait apparaître que le quota n'a pas été respecté et, d'autre part, qu'il s'agisse du premier manquement.

Art. R. 214-48 *(Rempl., D. n° 2011-922, 1er août 2011 ; mod., D. n° 2013-687, 25 juill. 2013).* – I. – Les dispositions des articles R. 214-32-18 à R. 214-32-21, R. 214-32-29, R. 214-32-32 à R. 214-32-36, R. 214-32-38 à R. 214-32-40 et R. 214-32-42 ne sont pas applicables aux fonds communs de placement dans l'innovation.

II. – L'actif d'un fonds commun de placement dans l'innovation peut être employé à :

1° 10 % au plus en titres d'un même émetteur ;

2° 35 % au plus en actions ou parts d'un même OPCVM ou FIA relevant des paragraphes 1, 2 et 6 de la sous-section 2, du paragraphe 2 ou du sous-paragraphe 1 du paragraphe 1 de la sous-section 3 de la présente section ;

3° 10 % au plus en actions ou parts de fonds professionnels à vocation générale ou de fonds de fonds alternatifs ;

4° 10 % au plus en titres ou en droits d'une même entité mentionnée au 2° du II de l'article L. 214-28 ne relevant pas des autres dispositions de l'article L. 214-28 ni de l'article L. 214-30, ni de l'article L. 214-31.

III. – Les fonds communs de placement dans l'innovation ne sont pas pris en compte pour l'application du I de l'article R. 214-32-35.

IV. – Un fonds commun de placement dans l'innovation doit respecter les dispositions du présent article à l'expiration d'un délai de deux exercices à compter de son agrément par l'Autorité des marchés financiers.

Art. R. 214-48-1 *(D. n° 2011-922, 1er août 2011 ; mod., D. n° 2013-687, 25 juill. 2013).* – Un fonds commun de placement dans l'innovation peut procéder à des emprunts dans la limite de 10 % de ses actifs.

Art. R. 214-49 *(Rempl., D. n° 2011-922, 1er août 2011 ; mod., D. n° 2013-687, 25 juill. 2013).* – Un fonds commun de placement dans l'innovation ne peut pas employer plus de 10 % de son actif en droits représentatifs d'un placement financier dans des entités mentionnées au 2° du II de l'article L. 214-28 ne relevant pas des autres dispositions de cet article L. 214-28 ni du II de l'article L. 214-1, ni des articles L. 214-30 et L. 214-38.

Art. R. 214-50 *(Rempl., D. n° 2011-922, 1er août 2011 ; mod., D. n° 2013-687, 25 juill. 2013).* – Pour l'appréciation des limites fixées aux articles R. 214-48 et R. 214-49 :

1° Lorsque les titres détenus par le fonds ne sont pas admis aux négociations sur un marché d'instruments financiers au sens du I de l'article L. 214-28, ils sont retenus pour leur valeur d'acquisition ou de souscription ;

2° Lorsque des titres détenus par le fonds font l'objet d'un échange avec des titres non admis aux négociations sur un marché d'instruments financiers au sens du I de l'article L. 214-28, les titres reçus à l'échange par le fonds sont pris en compte à l'actif pour le prix de souscription ou d'acquisition des titres remis à l'échange ;

3° Lorsque des titres détenus par le fonds sont admis aux négociations sur un marché d'instruments financiers au sens du I de l'article L. 214-28 ou lorsqu'ils font l'objet d'un échange avec des titres admis aux négociations sur un marché d'instruments financiers au sens du I de l'article L. 214-28, les titres détenus ou remis à l'échange par le fonds sont réputés maintenus à l'actif pour leur prix de souscription ou d'acquisition pendant douze mois à compter de la date d'admission ou d'échange ou jusqu'à la fin de la période pendant laquelle la société de gestion s'est engagée, le cas échéant, à conserver les titres dans l'actif du fonds si sa durée est supérieure à douze mois. À l'issue de cette période, le ratio prévu au 1° du II de l'article R. 214-48 est porté à 20 % et s'apprécie par rapport aux titres détenus ou reçus à l'échange comme tout autre titre admis aux négociations sur un marché d'instruments financiers au sens du I de l'article L. 214-28 ;

4° Lorsque les titres ou droits détenus par le fonds sont émis par une entité mentionnée au 2° du II de l'article L. 214-28, l'engagement contractuel de souscription ou d'acquisition pris par le fonds est inscrit pour son montant au numérateur ;

5° Est inscrit au dénominateur le plus élevé des deux montants suivants : l'actif net du fonds ou le montant total des engagements contractuels de souscription ou d'acquisition reçus par le fonds.

Art. R. 214-51 *(Rempl., D. n° 2011-922, 1er août 2011 ; mod., D. n° 2013-687, 25 juill. 2013).* – Pour l'appréciation de la limite de 15 % mentionnée au 1° du II de l'article L. 214-28 est inscrit au dénominateur le plus élevé des deux montants suivants : l'actif net du fonds ou le montant libéré des souscriptions dans le fonds.

Art. R. 214-52 *(Rempl., D. n° 2011-922, 1er août 2011 ; mod., D. n° 2013-687, 25 juill. 2013).* – Un fonds commun de placement dans l'innovation :

1° Ne peut détenir plus de 35 % du capital ou des droits de vote d'un même émetteur. Toutefois, du fait de l'exercice de droits d'échange, de souscription ou de conversion et dans l'intérêt des porteurs de parts, cette limite peut être dépassée temporairement. En ce cas, la société de gestion communique à l'Autorité des marchés financiers, au dépositaire et au commissaire aux comptes du fonds les raisons de ce dépassement et le calendrier prévisionnel de régularisation. La régularisation doit intervenir au plus tard dans l'année suivant le dépassement ;

2° Ne peut détenir ni s'engager à souscrire ou acquérir plus de 20 % du montant total des titres ou droits et des engagements contractuels de souscription d'une même entité mentionnée au 2° du II de l'article L. 214-28 ne relevant pas des autres dispositions de l'article L. 214-28 ni de l'article L. 214-30, ni de l'article L. 214-31 ;

3° Ne peut détenir plus de 10 % des actions ou parts d'un OPCVM ou d'un FIA relevant des paragraphes 1, 2 et 6 de la sous-section 2, du paragraphe 2 ou du sous-paragraphe 1 du paragraphe 1 de la sous-section 3 de la présente section ne relevant pas du 2° du II de l'article L. 214-28.

Art. R. 214-53 *(Mod., D. n° 2006-1542, 6 déc. 2006 ; rempl., D. n° 2011-922, 1er août 2011 ; mod., D. n° 2013-687, 25 juill. 2013).* – Après déclaration à l'Autorité des marchés financiers et au service des impôts auprès duquel sa société de gestion dépose sa déclaration de résultats, un fonds commun de placement dans l'innovation peut entrer en période de préliquidation :

1° À compter de l'ouverture de l'exercice suivant la clôture de son cinquième exercice si, depuis l'expiration d'une période de souscription de dix-huit mois au plus qui suit immédiatement la date de sa constitution, il n'a pas été procédé à des souscriptions de parts autres que celles effectuées auprès de ses porteurs de parts ayant souscrit au cours de la période de dix-huit mois précitée :

a) Pour lui permettre de réinvestir en parts, actions, obligations remboursables, obligations convertibles ou titres participatifs ainsi qu'en avances en comptes courants dans des sociétés non admises aux négociations sur un marché d'instruments financiers au sens du I de l'article L. 214-28 ou dans des entités mentionnées au 2° du II de l'article L. 214-28 dont les titres ou droits figurent à son actif ; ou

b) Pour satisfaire l'obligation de réinvestissement prévue à l'article 163 *quinquies* B du Code général des impôts ;

2° À compter de l'ouverture de l'exercice suivant la clôture du cinquième exercice qui suit celui au cours duquel sont intervenues les dernières souscriptions, dans les autres cas.

À compter de l'exercice pendant lequel la déclaration mentionnée au premier alinéa est déposée, le quota de 60 % figurant au I de l'article L. 214-30 peut ne pas être respecté.

Art. R. 214-54 *(Rempl., D. n° 2011-922, 1er août 2011 ; mod., D. n° 2013-687, 25 juill. 2013).* – Pendant la période de préliquidation, le fonds :

1° Ne peut plus faire procéder à de nouvelles souscriptions de parts autres que celles de ses porteurs de parts à la date de son entrée en période de préliquidation pour réinvestir en parts, actions, obligations remboursables, obligations convertibles ou titres participatifs ainsi qu'en avances en comptes courants dans des sociétés non admises aux négociations sur un marché d'instruments financiers au sens du I de l'article L. 214-28 ou dans des entités mentionnées au 2° du II de l'article L. 214-28 dont les titres ou droits figurent à son actif ;

2° Peut, par dérogation à l'article R. 214-56, céder à une entreprise liée des titres de capital ou de créance détenus depuis plus de douze mois. Dans ce cas, les cessions sont évaluées par un expert indépendant sur rapport du commissaire aux comptes du fonds. Ces cessions ainsi que le rapport y afférent sont communiqués à l'Autorité des marchés financiers ;

3° Ne peut détenir à son actif à compter de l'ouverture de l'exercice qui suit celui au cours duquel est ouverte la période de préliquidation que :

a) Des titres ou droits de sociétés non admises aux négociations sur un marché financier au sens du I de l'article L. 214-28 ou des titres ou droits de sociétés admises aux négociations sur un marché financier au sens du I de l'article L. 214-28 lorsque ces titres ou droits auraient été pris en compte pour l'appréciation des quotas mentionnés à l'article R. 214-47 si le fonds n'était pas entré en période de préliquidation, des avances en comptes courants à ces mêmes sociétés ainsi que des droits dans des entités mentionnées au 2° du II de l'article L. 214-28 dont les titres ou droits figurent à son actif ;

b) Des investissements réalisés aux fins du placement des produits de cession de ses actifs et autres produits en instance de distribution au plus tard jusqu'à la clôture de l'exercice suivant celui au cours duquel la cession a été effectuée ou les produits réalisés et du placement de sa trésorerie à hauteur de 20 % de la valeur liquidative du fonds.

Art. R. 214-55 *(Rempl., D. n° 2011-922, 1er août 2011 ; mod., D. n° 2013-687, 25 juill. 2013).* – Lorsqu'il est procédé, par la société de gestion d'un fonds, à des opérations d'achat ou de vente à terme portant sur des titres qui ne sont pas admis à la négociation sur un marché d'instruments financiers au sens du I de l'article L. 214-28, les conventions concernant ces opérations sont conclues dans les limites et sous les conditions précisées par le règlement du fonds.

Art. R. 214-56 *(Rempl., D. n° 2011-922, 1er août 2011 ; mod., D. n° 2013-687, 25 juill. 2013)*. – La société de gestion ne peut, pour le compte d'un fonds, procéder, pour ses éléments d'actifs qui ne sont pas négociés sur un marché d'instruments financiers au sens de l'article R. 214-32-18, à d'autres opérations que celles d'achat ou de vente à terme ou au comptant dans les limites fixées par la présente section ni procéder pour ces mêmes éléments d'actifs à des cessions ou acquisitions à une entreprise qui lui est liée de titres en capital ou de créances détenus depuis plus de douze mois. Est présumée entreprise liée toute entreprise contrôlée par la société de gestion de manière exclusive ou conjointe au sens de l'article L. 233-16 du Code de commerce, toute entreprise contrôlant la société de gestion de manière exclusive ou conjointe au sens de ce même article L. 233-16, toute entreprise filiale de la même société mère ainsi que toute entreprise avec laquelle la société de gestion a des mandataires sociaux ou des dirigeants communs et qui exercent des fonctions de gestion de participations pour le compte de l'entreprise, ou de gestion au sens du 4 de l'article L. 321-1 et de l'article L. 214-24-35, ou de conseil au sens du 4 de l'article L. 321-2.

Art. R. 214-57 *(Rempl., D. n° 2011-922, 1er août 2011 ; mod., D. n° 2013-687, 25 juill. 2013)*. – I. – Lorsque le règlement du fonds prévoit un appel progressif des capitaux, ceux-ci sont libérés par les porteurs de parts à la demande de la société de gestion avant la fin de la période de blocage prévue au VII de l'article L. 214-28.

Le règlement du fonds définit les modalités selon lesquelles les sommes non versées à la date d'exigibilité fixée par la société de gestion portent intérêt.

II. – Lorsque les conditions du rachat des parts du fonds sont réunies, ce rachat s'effectue en numéraire.

Toutefois, à la dissolution du fonds, le rachat des parts peut s'effectuer en titres de sociétés dans lesquelles le fonds détient une participation si le règlement du fonds le prévoit, qu'aucune disposition ou clause particulière ne limite la libre cessibilité de ces titres et que le porteur de parts en fait expressément la demande.

Les rachats sont exécutés et réglés par l'établissement dépositaire dans les conditions fixées par le règlement du fonds, lequel prescrit également les délais qui ne peuvent excéder au total un an après le dépôt de la demande de rachat.

Lorsque la société de gestion d'un fonds ou ses actionnaires ou ses dirigeants ou les personnes physiques ou morales chargées de la gestion de ce fonds détiennent des parts leur conférant des droits particuliers en application des dispositions du VIII de l'article L. 214-28, ils ne peuvent en obtenir le rachat qu'à la liquidation du fonds ou après que les autres parts émises ont été rachetées ou amorties à concurrence du montant auquel ces autres parts ont été libérées. La fraction attribuée à la société de gestion prévue au XI de l'article L. 214-28 ne peut excéder 20 % du boni de liquidation.

III. – À l'issue de la ou des périodes de souscription mentionnées au IX de l'article L. 214-28, la société de gestion peut procéder à la distribution en numéraire d'une fraction des actifs du fonds.

Toutefois, cette distribution peut s'effectuer en instruments financiers admis à la négociation sur un marché réglementé au sens de l'article R. 214-32-18 si le règlement du fonds le prévoit, qu'aucune disposition ou clause particulière ne limite la libre cessibilité de ces titres et qu'il est accordé à tous les porteurs de parts une option entre le paiement de la distribution en numéraire ou en actions.

Les sommes ou valeurs ainsi distribuées sont affectées en priorité à l'amortissement des parts.

Un rapport spécial est établi par les commissaires aux comptes lorsque la distribution est effectuée au profit des porteurs de parts auxquelles sont attachés des droits particuliers.

Art. R. 214-58 *(Anc. art. D. 214-58, rempl., D. n° 2011-922, 1er août 2011 ; mod., D. n° 2013-687, 25 juill. 2013)*. – La société de gestion rend compte aux porteurs de parts des nominations de ses mandataires sociaux et salariés à des fonctions de gérants, d'administrateurs, de membres du directoire ou du conseil de surveillance des sociétés dans lesquelles le fonds détient des participations.

Art. D. 214-59 *(D. n° 2011-923, 1er août 2011 ; mod., D. n° 2013-687, 25 juill. 2013)*. – Les demandes établies par les entreprises afin d'obtenir la reconnaissance du caractère innovant de leurs produits, procédés ou techniques, mentionnée à l'article L. 214-30, sont déposées auprès de la société anonyme OSEO.

Elles doivent être accompagnées :

1° D'un dossier technique faisant apparaître le caractère innovant du projet et ses perspectives de développement économique ;

2° D'un dossier comptable et financier comportant les éléments de calcul annuel du montant des dépenses de recherche et développement, le résultat net augmenté des dotations aux amortissements et aux provisions des trois exercices précédents ou des exercices clos depuis la création de la société lorsque celle-ci n'a pas clos trois exercices ainsi que leur évolution prévisionnelle pour les trois années suivantes ;

3° Du bilan et du compte de résultats relatifs au dernier exercice clos par l'entreprise ;

4° Du plan de financement du projet ainsi que des bilans et des comptes de résultats prévisionnels de l'entreprise pour les trois premières années où il sera mis en œuvre. Ces demandes sont instruites dans les mêmes conditions que les demandes d'aides à l'innovation attribuées par la société anonyme OSEO. Elles font l'objet d'une décision du directeur général de l'agence ou de son délégué prise après avis de la commission territoriale d'attribution des aides à l'innovation.

Pour l'instruction des demandes déposées par les sociétés mentionnées au premier alinéa du 1° du IV de l'article L. 214-30, la société anonyme OSEO peut demander en tant que de besoin à ces dernières de lui produire les documents prévus aux 1° à 4° pour chaque filiale mentionnée au *d* du 1° du IV précité ainsi que les documents prévus aux 3° et 4° pour chacune des autres sociétés mentionnées à ce même 1° du IV.

Art. D. 214-60 *(D. n° 2011-923, 1er août 2011 ; mod., D. n° 2013-687, 25 juill. 2013)*. – À chaque inventaire semestriel, la société de gestion d'un fonds commun de placement dans l'innovation ou le dépositaire des actifs de ce fonds agissant pour le compte de la société de gestion s'assure que les sociétés dont les titres ou avances en compte courant sont retenus pour le calcul de la proportion mentionnée au premier alinéa de l'article L. 214-30 remplissent, à la date de clôture de leur dernier exercice précédant l'inventaire, les conditions posées à l'article L. 214-30.

Art. D. 214-61 *(D. n° 2011-923, 1er août 2011 ; mod., D. n° 2013-687, 25 juill. 2013)*. – Le nombre maximum de salariés mentionné à l'article L. 214-30 s'apprécie conformément aux dispositions de l'article 235 *ter* E du Code général des impôts.

Art. R. 214-62 *(Rempl., D. n° 2011-922, 1er août 2011 ; mod., D. n° 2013-687, 25 juill. 2013)*. – Pour les sociétés mentionnées au premier alinéa du 1° du IV de l'article L. 214-30, l'effectif est déterminé par la somme de l'effectif de la société et de l'effectif de chacune des sociétés mentionnées au c du 1° du même IV.

Art. R. 214-63 *(Rempl., D. n° 2011-922, 1er août 2011 ; mod., D. n° 2013-687, 25 juill. 2013)*. – Pour les sociétés mentionnées au premier alinéa du 1° du IV de l'article L. 214-30, la condition relative à l'exclusivité des participations détenues est remplie lorsque les titres participatifs, les titres de capital ou donnant accès au capital émis par des sociétés autres que les sociétés filiales mentionnées au *c* du 1° du même IV ainsi que les avances en compte courant consenties à ces sociétés représentent au plus 10 % de leur actif brut comptable.

Art. R. 214-64 *(Rempl., D. n° 2011-922, 1er août 2011 ; mod., D. n° 2013-687, 25 juill. 2013)*. – Les entités mentionnées au 2° du II de l'article L. 214-28 dans lesquelles les fonds communs de placement dans l'innovation peuvent investir sont celles qui limitent la responsabilité de leurs investisseurs au montant de leurs apports.

Art. D. 214-64-1 *(D. n° 2016-1532, 15 nov. 2016)*. – L'Autorité des marchés financiers refuse d'agréer la constitution d'un fonds commun de placement dans l'innovation lorsque, au cours d'une période de trois ans, chacun des fonds communs de placement dans l'innovation et des fonds d'investissement de proximité constitués par la société de gestion concernée présente un montant total de souscriptions inférieur à 5 millions d'euros et lorsque l'ensemble des fonds de capital investissement, mentionnés aux articles L. 214-27 et suivants, et des fonds professionnels de capital investissement, mentionnés à l'article L. 214-159, gérés par la société de gestion représente un montant total des actifs sous gestion inférieur à 50 millions d'euros.

NB : Conformément à l'article 3 du décret n° 2016-1532 du 15 novembre 2016, la période de trois ans mentionnée à l'article D. 214-64-1 est prise en compte à compter du lendemain de la publication dudit décret.

Sous-paragraphe 3. – Fonds d'investissement de proximité

Art. R. 214-65 *(Rempl., D. n° 2011-922, 1er août 2011 ; mod., D. n° 2013-687, 25 juill. 2013)*. – Pour l'appréciation du quota de 60 % figurant au I de l'article L. 214-31 :

1° Le numérateur est constitué par le prix de souscription ou d'acquisition des titres ou droits du portefeuille et la valeur comptable des autres actifs.

Le dénominateur est constitué par le montant libéré des souscriptions dans le fonds. Ce montant est diminué des rachats de parts demandés par les porteurs et réalisés dans des conditions telles que le règlement du fonds ne permet pas d'opposer à ceux-ci les dispositions du VII de l'article L. 214-28 et augmenté des sommes réinvesties par les porteurs de parts en exécution de l'obligation de réinvestissement prévue à l'article 163 *quinquies* B du Code général des impôts ;

2° Lorsqu'une société dont les titres ou droits sont inclus dans le quota de 60 % fait l'objet d'une liquidation judiciaire, les titres ou droits annulés sont réputés maintenus à l'actif pour leur prix de souscription ou d'acquisition pendant cinq ans à compter du jugement de clôture de liquidation ; lorsqu'une société dont les titres ou droits sont inclus dans le quota de 60 % connaît des difficultés de nature à compromettre la continuité de l'exploitation au sens de l'article L. 234-1 du Code de commerce et fait l'objet d'une liquidation amiable dans les conditions définies aux articles L. 237-1 à L. 237-13 du Code de commerce ou d'une réduction de capital suivie d'une augmentation de capital dans les conditions définies à l'article L. 224-2 du Code de commerce, les titres ou droits annulés sont réputés maintenus à l'actif pour leur prix de souscription et d'acquisition pendant cinq ans à compter de la décision des organes compétents de la société ;

3° Lorsque des titres ou droits inclus dans le quota de 60 % font l'objet d'une cession, les titres ou droits cédés sont réputés maintenus à l'actif pour leur prix de souscription ou d'acquisition pendant une durée de deux ans à compter de la date de la cession. Au-delà de ce délai, lorsque le fonds procède à une distribution ou un rachat de parts à hauteur du produit de la cession, le montant de la distribution ou du rachat qui n'a pas été déduit en application des dispositions du 1° est déduit du dénominateur dans la limite du prix de souscription ou d'acquisition des titres ou droits cédés. À compter de la date à laquelle le fonds peut entrer en période de préliquidation telle que mentionnée aux articles R. 214-71 et R. 214-72, le dénominateur peut, le cas échéant, être diminué du montant de la distribution du prix de cession des titres ou droits non inclus dans le quota de 60 % dans la limite du prix de souscription ou d'acquisition de ces mêmes titres ou droits, sous réserve que le quota de 60 % ait été atteint avant cette date et que toute nouvelle libération de souscriptions à laquelle le fonds procède serve à couvrir des frais ou à réaliser des investissements complémentaires en titres ou droits déjà inscrits à l'actif ;

4° Lorsque des titres ou droits reçus en échange de titres ou droits inclus dans le quota de 60 % ne sont pas eux-mêmes éligibles à ces quotas, les titres ou droits remis à l'échange sont réputés maintenus à l'actif pour leur prix de souscription ou d'acquisition pendant deux ans à compter de la date de l'échange ou jusqu'à la fin de la période pendant laquelle la société de gestion s'est engagée à conserver les titres ou droits dans l'actif du fonds si cette durée est supérieure ;

5° Les souscriptions nouvelles dans un fonds d'investissement de proximité sont prises en compte à compter de l'inventaire de clôture de l'exercice suivant celui au cours duquel elles ont été libérées ;

6° En cas de non-respect du quota de 60 % lors d'un inventaire semestriel, le fonds n'est pas déchu de son régime s'il régularise sa situation au plus tard lors de l'inventaire suivant sous réserve, d'une part, que la société de gestion informe le service des impôts auprès duquel elle dépose sa déclaration de résultats dans le mois suivant l'inventaire ayant fait apparaître que le quota n'a pas été respecté et, d'autre part, qu'il s'agisse du premier manquement.

Art. R. 214-66 *(Rempl., D. n° 2011-922, 1er août 2011 ; mod., D. n° 2013-687, 25 juill. 2013)*. – I. – Les dispositions des articles R. 214-32-18 à R. 214-32-21, R. 214-32-29, R. 214-32-32 à R. 214-32-36, R. 214-32-38 à R. 214-32-40 et R. 214-32-42 ne sont pas applicables aux fonds d'investissement de proximité.

II. – L'actif d'un fonds d'investissement de proximité peut être employé à :

1° 10 % au plus en titres d'un même émetteur ;

2° 35 % au plus en actions ou parts d'un même OPCVM ou FIA relevant des paragraphes 1, 2 et 6 de la sous-section 2, du paragraphe 2 ou du sous-paragraphe 1 du paragraphe 1 de la sous-section 3 de la présente section ;

3° 10 % au plus en actions ou parts de fonds professionnels à vocation générale ou de fonds de fonds alternatifs ;

4° 10 % au plus en titres ou en droits d'une même entité mentionnée au 2° du II de l'article L. 214-28 ne relevant pas des autres dispositions de l'article L. 214-28 ni de l'article L. 214-30, ni de l'article L. 214-31.

III. – Les fonds d'investissement de proximité ne sont pas pris en compte pour l'application du I de l'article R. 214-32-35.

IV. – Un fonds d'investissement de proximité doit respecter les dispositions du présent article à l'expiration d'un délai de deux exercices à compter de son agrément par l'Autorité des marchés financiers.

Art. R. 214-66-1 *(D. n° 2011-922, 1er août 2011 ; mod., D. n° 2013-687, 25 juill. 2013)*. – Un fonds d'investissement de proximité peut procéder à des emprunts dans la limite de 10 % de ses actifs.

Art. R. 214-67 *(Rempl., D. n° 2011-922, 1er août 2011 ; mod., D. n° 2013-687, 25 juill. 2013)*. – Un fonds d'investissement de proximité ne peut pas employer plus de 10 % de son actif en droits représentatifs d'un placement financier dans des entités mentionnées au 2° du II de l'article L. 214-28 ne relevant pas des autres dispositions de l'article L. 214-28 ni du II de l'article L. 214-1 et des articles L. 214-30 et L. 214-38.

Art. R. 214-68 *(Rempl., D. n° 2011-922, 1er août 2011 ; mod., D. n° 2013-687, 25 juill. 2013)*. – Pour l'appréciation des limites fixées aux articles R. 214-66 et R. 214-67 :

1° Lorsque les titres détenus par le fonds ne sont pas admis aux négociations sur un marché d'instruments financiers au sens du I de l'article L. 214-28, ils sont retenus pour leur valeur d'acquisition ou de souscription ;

2° Lorsque des titres détenus par le fonds font l'objet d'un échange avec des titres non admis aux négociations sur un marché d'instruments financiers au sens du I de l'article L. 214-28, les titres reçus à l'échange par le fonds sont pris en compte à l'actif pour le prix de souscription ou d'acquisition des titres remis à l'échange ;

3° Lorsque des titres détenus par le fonds sont admis aux négociations sur un marché d'instruments financiers au sens du I de l'article L. 214-28 ou lorsqu'ils font l'objet d'un échange avec des titres admis aux négociations sur un marché d'instruments financiers au sens du I de l'article L. 214-28, les titres détenus ou remis à l'échange par le fonds sont réputés maintenus à l'actif pour leur prix de souscription ou d'acquisition pendant douze mois à compter de la date d'admission ou d'échange ou jusqu'à la fin de la période pendant laquelle la société de gestion s'est engagée, le cas échéant, à conserver les titres dans l'actif du fonds si sa durée est supérieure à douze mois. À l'issue de cette période, le ratio prévu au 1° du II de l'article R. 214-66 est porté à 20 % et s'apprécie par rapport aux titres détenus ou reçus à l'échange comme tout autre titre admis aux négociations sur un marché d'instruments financiers au sens du I de l'article L. 214-28 ;

4° Lorsque les titres ou droits détenus par le fonds sont émis par une entité mentionnée au 2° du II de l'article L. 214-28, l'engagement contractuel de souscription ou d'acquisition pris par le fonds est inscrit pour son montant au numérateur ;

5° Est inscrit au dénominateur le plus élevé des deux montants suivants : l'actif net du fonds ou le montant total des engagements contractuels de souscription ou d'acquisition reçus par le fonds.

Art. R. 214-69 *(Rempl., D. n° 2011-922, 1er août 2011 ; mod., D. n° 2013-687, 25 juill. 2013)*. – Pour l'appréciation de la limite de 15 % mentionnée au 1° du II de l'article L. 214-28, est inscrit au dénominateur le plus élevé des deux montants suivants : l'actif net du fonds ou le montant libéré des souscriptions dans le fonds.

Art. R. 214-70 *(Rempl., D. n° 2011-922, 1er août 2011 ; mod., D. n° 2013-687, 25 juill. 2013)*. – Un fonds d'investissement de proximité :

1° Ne peut détenir plus de 35 % du capital ou des droits de vote d'un même émetteur. Toutefois, du fait de l'exercice de droits d'échange, de souscription ou de conversion et dans l'intérêt des porteurs de parts, cette limite peut être dépassée temporairement. En ce cas, la société de gestion communique à l'Autorité des marchés financiers, au dépositaire et au commissaire aux comptes du fonds les raisons de ce dépassement et le calendrier prévisionnel de régularisation. La régularisation doit intervenir au plus tard dans l'année suivant le dépassement ;

2° Ne peut détenir ni s'engager à souscrire ou acquérir plus de 20 % du montant total des titres ou droits et des engagements contractuels de souscription d'une même entité mentionnée au 2° du II de l'article L. 214-28 ne relevant pas des autres dispositions de l'article L. 214-28, ni de l'article L. 214-30, ni de l'article L. 214-31 ;

3° Ne peut détenir plus de 10 % des actions ou parts d'un OPCVM ou d'un FIA relevant des paragraphes 1, 2 et 6 de la sous-section 2, du paragraphe 2 ou du sous-paragraphe 1 du paragraphe 1 de la sous-section 3 de la présente section ne relevant pas du 2° du II de l'article L. 214-28.

Art. R. 214-71 *(Mod., D. n° 2006-1414, 20 nov. 2006 ; L. n° 2010-1249, 22 oct. 2010 ; rempl., D. n° 2011-922, 1er août 2011 ; mod., D. n° 2013-687, 25 juill. 2013).* – Après déclaration à l'Autorité des marchés financiers et au service des impôts auprès duquel sa société de gestion dépose sa déclaration de résultats, un fonds d'investissement de proximité peut entrer en période de préliquidation :

1° À compter de l'ouverture de l'exercice suivant la clôture de son cinquième exercice si, depuis l'expiration d'une période de souscription de dix-huit mois au plus qui suit immédiatement la date de sa constitution, il n'a pas été procédé à des souscriptions de parts autres que celles effectuées auprès de ses porteurs de parts ayant souscrit au cours de la période de dix-huit mois précitée :

a) Pour lui permettre de réinvestir en parts, actions, obligations remboursables, obligations convertibles ou titres participatifs ainsi qu'en avances en comptes courants dans des sociétés non admises aux négociations sur un marché d'instruments financiers au sens du I de l'article L. 214-28 ou dans des entités mentionnées au 2° du II de l'article L. 214-28 ou dans des fonds communs de placement à risques mentionnés à l'article L. 214-28 ou dans des sociétés de capital-risque régies par l'article 1er-1 de la loi n° 85-695 du 11 juillet 1985 portant diverses dispositions d'ordre économique et financier dont les titres ou droits figurent à son actif ; ou

b) Pour satisfaire l'obligation de réinvestissement prévue à l'article 163 *quinquies* B du Code général des impôts ;

2° À compter de l'ouverture de l'exercice suivant la clôture du cinquième exercice qui suit celui au cours duquel sont intervenues les dernières souscriptions, dans les autres cas.

À compter de l'exercice pendant lequel la déclaration mentionnée au premier alinéa est déposée, le quota de 60 % figurant au I de l'article L. 214-31 peut ne pas être respecté.

Art. R. 214-72 *(Anc. art. D. 214-72, rempl., D. n° 2011-922, 1er août 2011 ; mod., D. n° 2013-687, 25 juill. 2013).* – Pendant la période de préliquidation, le fonds :

1° Ne peut plus faire procéder à de nouvelles souscriptions de parts autres que celles de ses porteurs de parts à la date de son entrée en période de préliquidation pour réinvestir en parts, actions, obligations remboursables, obligations convertibles ou titres participatifs ainsi qu'en avances en comptes courants dans des sociétés non admises aux négociations sur un marché d'instruments financiers au sens du I de l'article L. 214-28 ou dans des entités mentionnées au 2° du II de l'article L. 214-28 ou dans des fonds communs de placement à risques mentionnés à l'article L. 214-28 ou dans des sociétés de capital-risque régies par l'article 1er-1 de la loi n° 85-695 du 11 juillet 1985 portant diverses dispositions d'ordre économique et financier dont les titres ou droits figurent à son actif ;

2° Peut, par dérogation à l'article R. 214-74, céder à une entreprise liée des titres de capital ou de créance détenus depuis plus de douze mois. Dans ce cas, les cessions sont évaluées par un expert indépendant sur rapport du commissaire aux comptes du fonds. Ces cessions ainsi que le rapport y afférent sont communiqués à l'Autorité des marchés financiers ;

3° Ne peut détenir à son actif à compter de l'ouverture de l'exercice qui suit celui au cours duquel est ouverte la période de préliquidation que :

a) Des titres ou droits de sociétés non admises aux négociations sur un marché d'instruments financiers au sens du I de l'article L. 214-28 ou des titres ou droits de sociétés admises aux négociations sur un marché d'instruments financiers au sens du I de l'article L. 214-28 lorsque ces titres ou droits auraient été pris en compte pour l'appréciation des quotas mentionnés à l'article R. 214-65 si le fonds n'était pas entré en période de préliquidation, des avances en comptes courants à ces mêmes sociétés ainsi que des droits dans des entités mentionnées au 2° du II de l'article L. 214-28 ou dans des fonds communs de placement à risques mentionnés à l'article L. 214-28 ou dans des sociétés de capital-risque régies par l'article 1er-1 de la loi n° 85-695 du 11 juillet 1985 portant diverses dispositions d'ordre économique et financier dont les titres ou droits figurent à son actif ;

b) Des investissements réalisés aux fins du placement des produits de cession de ses actifs et autres produits en instance de distribution au plus tard jusqu'à la clôture de l'exercice suivant celui au cours duquel la cession a été effectuée ou les produits réalisés, et du placement de sa trésorerie à hauteur de 20 % de la valeur liquidative du fonds.

Art. R. 214-73 *(Anc. art. D. 214-73, rempl., D. n° 2011-922, 1er août 2011 ; mod., D. n° 2013-687, 25 juill. 2013)*. – Lorsqu'il est procédé par la société de gestion d'un fonds à des opérations d'achat ou de vente à terme portant sur des titres qui ne sont pas admis à la négociation sur un marché d'instruments financiers au sens du I de l'article L. 214-28, les conventions concernant ces opérations sont conclues dans les limites et sous les conditions précisées par le règlement du fonds.

Art. R. 214-74 *(Rempl., D. n° 2011-922, 1er août 2011 ; mod., D. n° 2013-687, 25 juill. 2013)*. – La société de gestion ne peut, pour le compte d'un fonds, procéder, pour ses éléments d'actifs qui ne sont pas négociés sur un marché réglementé au sens de l'article R. 214-32-18, à d'autres opérations que celles d'achat ou de vente à terme ou au comptant dans les limites fixées par la présente section, ni procéder pour ces mêmes éléments d'actifs à des cessions ou acquisitions à une entreprise qui lui est liée de titres en capital ou de créances détenus depuis plus de douze mois. Est présumée entreprise liée toute entreprise contrôlée par la société de gestion de manière exclusive ou conjointe au sens de l'article L. 233-16 du Code de commerce, toute entreprise contrôlant la société de gestion de manière exclusive ou conjointe au sens de ce même article L. 233-16, toute entreprise filiale de la même société mère ainsi que toute entreprise avec laquelle la société de gestion a des mandataires sociaux ou des dirigeants communs et qui exercent des fonctions de gestion de participations pour le compte de l'entreprise, ou de gestion au sens du 4 de l'article L. 321-1 et de l'article L. 214-24-35, ou de conseil au sens du 4 de l'article L. 321-2.

Art. R. 214-75 *(Rempl., D. n° 2011-922, 1er août 2011 ; mod., D. n° 2013-687, 25 juill. 2013)*. – I. – Lorsque le règlement du fonds prévoit un appel progressif des capitaux, ceux-ci sont libérés par les porteurs de parts à la demande de la société de gestion avant la fin de la période de blocage prévue au VII de l'article L. 214-28.

Le règlement du fonds définit les modalités selon lesquelles les sommes non versées à la date d'exigibilité fixée par la société de gestion portent intérêt.

II. – Lorsque les conditions du rachat des parts du fonds sont réunies, ce rachat s'effectue en numéraire.

Toutefois, à la dissolution du fonds, le rachat des parts peut s'effectuer en titres de sociétés dans lesquelles le fonds détient une participation si le règlement du fonds le prévoit qu'aucune disposition ou clause particulière ne limite la libre cessibilité de ces titres et que le porteur de parts en fait expressément la demande.

Les rachats sont exécutés et réglés par l'établissement dépositaire dans les conditions fixées par le règlement du fonds, lequel prescrit également les délais qui ne peuvent excéder au total un an après le dépôt de la demande de rachat.

Lorsque la société de gestion d'un fonds ou ses actionnaires ou ses dirigeants ou les personnes physiques ou morales chargées de la gestion de ce fonds détiennent des parts leur conférant des droits particuliers en application des dispositions du VIII de l'article L. 214-28, ils ne peuvent en obtenir le rachat qu'à la liquidation du fonds ou après que les autres parts émises ont été rachetées ou amorties à concurrence du montant auquel ces autres parts ont été libérées. La fraction attribuée à la société de gestion prévue au XI de l'article L. 214-28 ne peut excéder 20 % du boni de liquidation.

III. – À l'issue de la ou des périodes de souscription mentionnées au IX de l'article L. 214-28, la société de gestion peut procéder à la distribution, en numéraire, d'une fraction des actifs du fonds.

Toutefois, cette distribution peut s'effectuer en instruments financiers admis à la négociation sur un marché réglementé au sens de l'article R. 214-32-18 si le règlement du fonds le prévoit, qu'aucune disposition ou clause particulière ne limite la libre cessibilité de ces titres et qu'il est accordé à tous les porteurs de parts une option entre le paiement de la distribution en numéraire ou en actions.

Les sommes ou valeurs ainsi distribuées sont affectées en priorité à l'amortissement des parts.

Un rapport spécial est établi par les commissaires aux comptes lorsque la distribution est effectuée au profit des porteurs de parts auxquelles sont attachés des droits particuliers.

Art. R. 214-76 *(Rempl., D. n° 2011-922, 1er août 2011)*. – La société de gestion rend compte aux porteurs de parts des nominations de ses mandataires sociaux et salariés à des fonctions de gérants, d'administrateurs, de membres du directoire ou du conseil de surveillance des sociétés dans lesquelles le fonds détient des participations.

Art. R. 214-77 *(Rempl., D. n° 2011-922, 1er août 2011 ; mod., D. n° 2013-687, 25 juill. 2013).* **– Pour l'application du 1° du I de l'article L. 214-31, une entreprise est regardée comme exerçant ses activités principalement dans les établissements situés dans la zone géographique choisie par un fonds d'investissement de proximité lorsqu'à la clôture de leur exercice précédant le premier investissement du fonds dans cette entreprise :**

1° Soit ces établissements répondent à deux des trois conditions suivantes :

***a)* Leurs chiffres d'affaires cumulés représentent au moins 30 % du chiffre d'affaires total de l'entreprise ;**

***b)* Leurs effectifs permanents cumulés représentent au moins 30 % de l'effectif total de l'entreprise ;**

***c)* Leurs immobilisations brutes utilisées représentent au moins 30 % du total des immobilisations brutes utilisées de l'entreprise ;**

2° Soit ces établissements exercent, au regard de deux des trois données économiques mentionnées au 1°, une activité plus importante que celle exercée par ceux des autres établissements de l'entreprise qui sont situés dans une autre zone géographique choisie par un fonds d'investissement de proximité. La situation respective de ces établissements est appréciée soit au 1er janvier de l'année d'investissement, soit trois mois avant la date de celui-ci.

Art. R. 214-78 *(Rempl., D. n° 2011-922, 1er août 2011 ; mod., D. n° 2013-687, 25 juill. 2013).* **– Pour les sociétés mentionnées au 3° du I de l'article L. 214-31, la condition de détention exclusive est satisfaite lorsque les titres donnant accès au capital de sociétés dont l'objet n'est pas la détention de participations financières et qui répondent aux conditions d'éligibilité fixées au premier alinéa et aux 1° et 2° du même I représentent 90 % de leur actif.**

Art. R. 214-79 *(Rempl., D. n° 2011-922, 1er août 2011 ; mod., D. n° 2013-687, 25 juill. 2013).* **– Les entités mentionnées au 2° du II de l'article L. 214-28 dans lesquelles les fonds d'investissement de proximité peuvent investir sont celles qui limitent la responsabilité de leurs investisseurs au montant de leurs apports.**

Art. D. 214-79-1 *(D. n° 2016-1532, 15 nov. 2016).* **– L'Autorité des marchés financiers refuse d'agréer la constitution d'un fonds d'investissement de proximité lorsque, au cours d'une période de trois ans, chacun des fonds communs de placement dans l'innovation et des fonds d'investissement de proximité constitués par la société de gestion concernée présente un montant total de souscriptions inférieur à 5 millions d'euros et lorsque l'ensemble des fonds de capital investissement, mentionnés aux articles L. 214-27 et suivants, et des fonds professionnels de capital investissement, mentionnés à l'article L. 214-159, gérés par la société de gestion représente un montant total des actifs sous gestion inférieur à 50 millions d'euros.**

NB : Conformément à l'article 3 du décret n° 2016-1532 du 15 novembre 2016, la période de trois ans mentionnée à l'article D. 214-79-1 est prise en compte à compter du lendemain de la publication dudit décret.

Sous-paragraphe 4. – Frais et commissions de gestion et de commercialisation supportés par les souscripteurs de parts de fonds communs de placement mentionnés au 1 du VI, au VI *bis* et au VI *ter* de l'article 199 *terdecies*-0 A du Code général des impôts ainsi qu'au 1 du III de l'article 885-0 V *bis* du même code

Art. D. 214-80 *(Rempl., D. n° 2012-465, 10 avr. 2012 ; mod., D. n° 2013-687, 25 juill. 2013).* **– Le prélèvement de frais et commissions supportés par les souscripteurs des parts de fonds communs de placement mentionnés au 1 du VI, au VI *bis* et au VI *ter* de l'article 199 *terdecies*-0 A du Code général des impôts ainsi qu'au 1 du III de l'article 885-0 V *bis* du même code est autorisé sous réserve du respect des conditions suivantes :**

1° Le document d'information clé pour l'investisseur décrit les prestations que rémunèrent ces frais et commissions. Ces frais et commissions sont répartis, par type, dans les catégories agrégées mentionnées à l'article D. 214-80-1 du présent code. Ce document identifie les frais et commissions de commercialisation et de placement de manière clairement séparée des frais et commissions de gestion prélevés par les fonds mentionnés au présent article ;

2° Ces frais et commissions sont consentis par le souscripteur selon les modalités prévues à l'article D. 214-80-2 ;

3° Le total des frais et commissions de commercialisation et de placement, calculé en moyenne annuelle non actualisée sur la durée de vie du fonds, y compris ses éventuelles prorogations, n'excède pas un

pourcentage, dénommé « taux maximal de frais annuel moyen distributeur », du montant des souscriptions initiales totales. Ce montant est calculé selon des modalités précisées par arrêté du ministre chargé de l'économie. Le respect de ce plafond s'apprécie également sur la durée de vie du fonds, y compris ses éventuelles prorogations ;

4° Le total des frais et commissions de commercialisation, de placement et de gestion, calculé en moyenne annuelle non actualisée sur la durée de vie du fonds, y compris ses éventuelles prorogations, n'excède pas un pourcentage, dénommé « taux maximal de frais annuel moyen gestionnaire et distributeur », du montant des souscriptions initiales totales, fixé par la société de gestion. Le respect de ce plafond s'apprécie également sur la durée de vie du fonds, y compris ses éventuelles prorogations ;

5° Pour chaque type de frais et commissions mentionné à l'article D. 214-80-1, le total des frais et commissions, calculé en moyenne annuelle non actualisée, n'excède pas un pourcentage, dénommé « taux maximal de frais annuel moyen par type », du montant des souscriptions initiales totales, fixé par la société de gestion.

Art. D. 214-80-1 *(Rempl., D. n° 2012-465, 10 avr. 2012 ; mod., D. n° 2013-687, 25 juill. 2013)*. – Les frais et commissions prélevés en vue de la gestion, de la commercialisation et du placement des fonds mentionnés à l'article D. 214-80 sont répartis, selon les types définis par l'Autorité des marchés financiers, au sein des catégories agrégées suivantes :

1° Droits d'entrée et de sortie ;

2° Frais récurrents de gestion et de fonctionnement comprenant, le cas échéant, les frais et commissions prélevés directement ou indirectement auprès des entreprises cibles des investissements. Un arrêté du ministre chargé de l'économie précise les types de frais et commissions entrant nécessairement dans cette catégorie ;

3° Frais de constitution ;

4° Frais de fonctionnement non récurrents liés à l'acquisition, au suivi et à la cession des participations ;

5° Frais de gestion indirects.

Au sein de chaque catégorie agrégée mentionnée au présent article, un même type de frais et commissions concerne exclusivement soit des frais et commissions de gestion, soit des frais et commissions de commercialisation et de placement.

Art. D. 214-80-2 *(Rempl., D. n° 2012-465, 10 avr. 2012 ; mod., D. n° 2013-687, 25 juill. 2013 ; D. n° 2018-229, 30 mars 2018)*. – I. – Le bulletin de souscription rédigé en vue de la commercialisation des parts des fonds mentionnés au 1 du VI, au VI *bis* et au VI *ter* de l'article 199 *terdecies-0* A du Code général des impôts ainsi qu'au 1 du III de l'article 885-0 V *bis* du même code comporte notamment les éléments suivants, sous forme de tableau :

1° Le montant total du versement initial effectivement versé, y compris les droits d'entrée, exprimé en euros ;

2° Le pourcentage maximal de la souscription dans le fonds, susceptible d'être prélevé lors de la souscription, correspondant à des droits d'entrée. Ce pourcentage maximal, défini avant la constitution du fonds, est identique pour l'ensemble des souscripteurs d'un même fonds ;

3° Le montant des droits d'entrée effectivement prélevé lors de la souscription ;

4° Le nombre maximal d'années pendant lesquelles des frais et commissions de commercialisation et de placement peuvent être prélevés ;

5° Le taux maximal de frais annuel moyen gestionnaire et distributeur, mentionné au 4° de l'article D. 214-80 ;

6° Le taux maximal de frais annuel moyen distributeur mentionné au 3° de l'article D. 214-80.

II. – Si le règlement du fonds mentionné à l'article D. 214-80 prévoit que les parts de ce fonds peuvent donner lieu à des droits différents sur l'actif net ou sur les produits de ce fonds, le document d'information clé pour l'investisseur comporte les éléments suivants :

1° Le pourcentage des produits et plus-values nets de charges du fonds attribué à ces parts dotées de droits différenciés dès lors que le nominal des parts ordinaires aura été remboursé au souscripteur ;

2° Le pourcentage minimal du montant des souscriptions initiales totales dans le fonds, selon des modalités définies par arrêté du ministre chargé de l'économie, que les titulaires de parts dotées de droits différenciés doivent souscrire pour bénéficier du pourcentage mentionné au 1° ;

3° Lorsqu'elles sont prévues, les conditions de rentabilité du fonds qui doivent être réunies pour que les titulaires de parts dotées de droits différenciés puissent bénéficier du pourcentage mentionné au 1.

III. – Dans le bulletin de souscription aux parts ordinaires des fonds mentionnés à l'article D. 214-80, le souscripteur confirme qu'il a pris connaissance des frais de commercialisation, de placement et de gestion susceptibles d'être appliqués et consent à ce que ces frais soient prélevés, dans la limite de la durée maximale mentionnée au 4° du I du présent article et des taux maximaux mentionnés aux 5° et 6° de ce même I.

Il est également précisé, dans le bulletin de souscription, que les droits d'entrée sont négociables par le souscripteur auprès du distributeur.

Art. D. 214-80-3 *(Rempl., D. n° 2012-465, 10 avr. 2012 ; mod., D. n° 2013-687, 25 juill. 2013).* – Le document d'information clé pour l'investisseur présente les informations suivantes :

1° Un tableau qui regroupe les éléments suivants :

a) Figurent, en lignes, les catégories agrégées mentionnées à l'article D. 214-80-1, suivies du total de ces catégories ;

b) Figurent, en colonnes, les taux suivants :

i) Taux maximal de frais annuel moyen gestionnaire et distributeur, calculé sur la période mentionnée au 3° de l'article D. 214-80 ;

ii) Taux maximal de frais annuel moyen distributeur, calculé sur la période mentionnée au 3° de l'article D. 214-80 ;

2° Les éléments relatifs aux modalités spécifiques de partage de la plus-value, dès lors que le règlement du fonds prévoit des droits différents sur l'actif net ou sur les produits de ce fonds tels que mentionnés au II de l'article D. 214-80-2 ;

3° Un tableau qui regroupe les éléments suivants :

a) En lignes, les trois scénarios de performance suivants :

i) Un scénario pessimiste : à l'issue d'une période correspondant à la durée de vie du fonds, y compris ses éventuelles prorogations, le montant des parts ordinaires souscrites avant prélèvement des frais est égal à 50 % du montant initial des parts ordinaires souscrites ;

ii) Un scénario moyen : à l'issue de la période mentionnée au i) du *a* du présent 3°, le montant des parts ordinaires souscrites avant prélèvement des frais est égal à 150 % du montant initial des parts ordinaires souscrites ;

iii) Un scénario optimiste : à l'issue de la période mentionnée au i) du *a* du présent 3°, le montant des parts ordinaires souscrites avant prélèvement des frais est égal à 250 % du montant initial des parts ordinaires souscrites ;

b) En colonnes, les valeurs suivantes :

i) Montant initial des parts ordinaires souscrites ;

ii) Frais de gestion et de distribution, hors droits d'entrée ;

iii) Impact pour le souscripteur, à l'issue de la période mentionnée au i) du *a* du présent 3°, du montant correspondant au pourcentage mentionné au 1° du II de l'article D. 214-80-2, calculé selon une méthode normalisée ;

iv) Total des distributions au bénéfice des parts ordinaires à l'issue de la période mentionnée au i) du *a* du présent 3.

Le tableau mentionné au 3° du présent article comporte l'avertissement suivant : « Les scénarios de performance ne sont donnés qu'à titre indicatif et leur présentation ne constitue en aucun cas une garantie quant à leur réalisation effective ».

Art. D. 214-80-4 *(Rempl., D. n° 2012-465, 10 avr. 2012 ; mod., D. n° 2013-687, 25 juill. 2013).* – Les règlements des fonds mentionnés au 1 du VI, au VI *bis* et au VI *ter* de l'article 199 *terdecies*-0 A du Code général des impôts ainsi qu'au 1 du III de l'article 885-0 V *bis* du même code présentent les informations suivantes :

1° Un tableau qui regroupe les éléments suivants :

a) En lignes, les catégories agrégées mentionnées à l'article D. 214-80-1. Ces catégories sont subdivisées, ligne par ligne, par types de frais mentionnés au même article, distingués selon que le destinataire est le distributeur ou le gestionnaire ;

b) En colonnes, les éléments suivants :

i) Description de la catégorie agrégée de frais et commissions ;

ii) Description du type de frais et commissions prélevés ;

iii) Règles de plafonnement des frais et commissions, telles qu'elles découlent de l'application de l'article D. 214-80. Ces règles se déclinent en un pourcentage et, le cas échéant, en une description de ce pourcentage ;

iv) Règles de calcul et de plafonnement des frais et commissions prévues dans le règlement du fonds mentionné à l'article D. 214-80, lorsque ces règles sont exprimées en proportion d'assiettes différentes de celles mentionnées au iii) du *b*. Ces règles se déclinent en une assiette, un taux ou un barème et, le cas échéant, en une description de ces assiette, taux ou barème ;

v) Destinataire des frais et commissions. Ce destinataire est désigné soit comme le gestionnaire, soit comme le distributeur, même dans les cas où ces deux catégories de destinataires reversent ces frais à d'autres catégories de bénéficiaires finaux ;

2° Une description exhaustive des modalités spécifiques de partage de la plus-value. Cette présentation suit immédiatement le tableau prévu au 1°.

Art. D. 214-80-5 *(Rempl., D. n° 2012-465, 10 avr. 2012 ; mod., D. n° 2013-687, 25 juill. 2013).* – Les fonds mentionnés à l'article D. 214-80 adressent au souscripteur une lettre d'information, dans les mêmes délais que ceux applicables à la mise à disposition du rapport annuel. Cette lettre présente, pour chaque fonds, ainsi que, lorsqu'il existe des millésimes antérieurs de ces fonds, pour chaque millésime antérieur, et pour chaque année de souscription depuis la création du fonds, un ou plusieurs tableaux qui regroupent les valeurs suivantes :

1° En lignes, les éléments suivants, répartis par millésime de fonds :

a) La somme des valeurs liquidatives des parts souscrites et des distributions effectuées ;

b) Le montant des frais de gestion et de distribution réellement prélevés, rattachables à ces parts selon une méthode de calcul normalisée ;

2° En colonnes, les éléments suivants :

a) Description du millésime du fonds ;

b) Année de création de ce millésime ;

c) Description des grandeurs constatées, telles que mentionnées au 1° ;

d) Valeurs constatées, à la fin de chaque exercice écoulé depuis l'année mentionnée au *b* du 2°, des grandeurs mentionnées au 1°.

Art. D. 214-80-6 *(Rempl., D. n° 2012-465, 10 avr. 2012 ; mod., D. n° 2013-687, 25 juill. 2013).* – Les informations suivantes, présentées sous forme de tableau, sont mentionnées dans le rapport de gestion des fonds mentionnés à l'article D. 214-80 :

1° En lignes, les éléments suivants :

a) Un rappel du taux maximal de frais annuel moyen gestionnaire et distributeur mentionné au 5° du I de l'article D. 214-80-2 ;

b) Le taux de frais annuel moyen réellement constaté, présenté ligne par ligne pour chaque exercice écoulé depuis l'exercice au cours duquel a eu lieu la souscription mentionnée à l'article D. 214-80 ;

c) Le taux de frais annuel moyen réellement constaté, en moyenne non actualisée, sur la durée écoulée depuis cet exercice de souscription ;

2° En colonnes, les éléments suivants :

a) Chacune des catégories agrégées mentionnées à l'article D. 214-80-1 ;

b) Le total de taux de frais annuel moyen pour l'ensemble des catégories prévues au *a* du 2°.

Art. D. 214-80-7 *(Rempl., D. n° 2012-465, 10 avr. 2012 ; mod., D. n° 2013-687, 25 juill. 2013).* – Un arrêté du ministre chargé de l'économie définit le format de présentation et précise les modalités de calcul des éléments mentionnés aux articles D. 214-80 à D. 214-80-6.

Art. D. 214-80-8 *(Rempl., D. n° 2012-465, 10 avr. 2012 ; mod., D. n° 2013-687, 25 juill. 2013).* – Si les fonds mentionnés à l'article D. 214-80 sont commercialisés par plusieurs distributeurs, les éléments relatifs aux frais de commercialisation et de placement figurant dans le document d'information clé pour l'investisseur, le règlement, la lettre d'information annuelle et le rapport annuel peuvent figurer sous forme de fourchettes dont les bornes constituent les valeurs correspondant aux distributeurs exigeant les niveaux respectivement les moins et les plus élevés de frais. Les valeurs portées dans le bulletin de souscription et se rapportant à des montants individualisés par souscripteur, ainsi que le pourcentage maximal du montant de la souscription dans le fonds correspondant à des droits d'entrée, mentionné au 1° du I de l'article D. 214-80-2, ne peuvent figurer sous forme de telles fourchettes.

Art. D. 214-80-9 *(Rempl., D. n° 2012-465, 10 avr. 2012 ; mod., D. n° 2013-687, 25 juill. 2013).* – Tout manquement aux dispositions des articles D. 214-80 à D. 214-80-8 est passible des sanctions prévues au sixième alinéa de l'article 1763 C du Code général des impôts.

Art. D. 214-80-10 *(D. n° 2016-1794, 21 déc. 2016).* – Le montant des frais et commissions mentionnés au deuxième alinéa du VII de l'article 885-0 V *bis* du Code général des impôts imputés au titre d'un même versement mentionné aux 1 à 3 du I ou au 1 du III du même article ne peut excéder l'un des plafonds suivants exprimés en pourcentage du versement :

a) 30 % au total sur la durée de l'investissement ;

b) 5 % perçus directement ou indirectement auprès des entreprises cibles des investissements et auprès de toute personne physique ou morale qui leur est liée, au sens des articles L. 233-3, L. 233-4 et L. 233-10 du Code de commerce ;

c) 12 % pendant les trois premières années suivant le versement ;

d) 3 % par an à compter de la quatrième année suivant le versement.

NB : Conformément à l'article 2 du décret n° 2016-1794 du 21 décembre 2016, le présent article s'applique aux versements mentionnés aux 1 à 3 du I de l'article 885-0 V *bis* du Code général des impôts effectués à compter du lendemain de la publication dudit décret et aux versements mentionnés au 1 du III du même article effectués au titre de souscriptions à des parts de fonds communs de placement dans l'innovation ou de fonds d'investissement de proximité qui ont reçu l'agrément délivré par l'Autorité des marchés financiers postérieurement à la publication du même décret.

§ 3. – Organismes de placement collectif immobilier

Sous-paragraphe 1. – Dispositions communes

Art. R. 214-81 *(D. n° 2011-923, 1er août 2011 ; mod., D. n° 2013-687, 25 juill. 2013).* – Les immeubles mentionnés au 1° du I de l'article L. 214-36 éligibles à l'actif d'un organisme de placement collectif immobilier sont :

1° *(1° mod., D. n° 2014-1011, 5 sept. 2014)* Les immeubles loués ou offerts à la location à la date de leur acquisition par l'organisme ou par toute personne morale ayant conclu une convention d'usufruit conformément au chapitre III du titre V du livre II du Code de la construction et de l'habitation ;

2° *(2° rempl., D. n° 2014-1011, 5 sept. 2014)* Les immeubles que l'organisme fait construire, réhabiliter ou rénover en vue de leur location par lui-même ou par toute personne morale ayant conclu une convention d'usufruit conformément au chapitre III du titre V du livre II du Code de la construction et de l'habitation ;

3° Les terrains nus situés dans une zone urbaine ou à urbaniser délimitée par un document d'urbanisme.

Les immeubles mentionnés au 2° peuvent être acquis par des contrats de vente à terme, de vente en l'état futur d'achèvement ou de vente d'immeubles à rénover ou à réhabiliter.

(Al. créé, D. n° 2014-1011, 5 sept. 2014) Les immeubles mentionnés au 1°, lorsqu'ils font l'objet d'une convention d'usufruit conformément au chapitre III du titre V du livre II du Code de la construction et de l'habitation, ne peuvent avoir été acquis auprès de l'un des organismes mentionnés aux articles L. 365-2, L. 411-2 ou L. 481-1 du même code.

L'organisme de placement collectif immobilier peut conclure des contrats de promotion immobilière en vue de la construction d'immeubles mentionnés au 2°.

Art. R. 214-82 *(Rempl., D. n° 2011-922, 1er août 2011 ; mod., D. n° 2013-687, 25 juill. 2013).* – Les droits réels mentionnés au *a* du I de l'article L. 214-92 sont :

1° La propriété, la nue-propriété et l'usufruit ;

2° L'emphytéose ;

3° Les servitudes ;

4° Les droits du preneur d'un bail à construction ou d'un bail à réhabilitation ;

5° Tout droit réel conféré par un titre ou par un bail emphytéotique à raison de l'occupation d'une dépendance du domaine public de l'État, d'une collectivité territoriale, ou d'un établissement public sur les ouvrages, constructions et installations de caractère immobilier réalisés sur cette dépendance ;

6° Les autres droits de superficie ;

7° Tout droit relevant d'un droit étranger et comparable à l'un des droits mentionnés aux 1° à 6.

Art. R. 214-83 *(Rempl., D. n° 2011-922, 1er août 2011 ; mod., D. n° 2013-687, 25 juill. 2013).* – Les participations directes ou indirectes dans des sociétés mentionnées aux 2° et 3° du I de l'article L. 214-36 ne sont éligibles à l'actif d'un organisme de placement collectif immobilier que si les trois conditions suivantes sont satisfaites :

1° Ces sociétés établissent des comptes annuels et des comptes intermédiaires d'une fréquence au moins semestrielle ;

2° Les immeubles et droits réels à l'actif de ces sociétés satisfont aux conditions énoncées aux articles R. 214-81 et R. 214-82 ;

3° Les relations entre l'organisme de placement collectif immobilier et ces sociétés correspondent à l'un des cas suivants :

a) L'organisme de placement collectif immobilier détient directement ou indirectement la majorité des droits de vote dans ces sociétés ;

b) L'organisme de placement collectif immobilier ou sa société de gestion désigne, pendant deux exercices successifs, la majorité des membres des organes d'administration, de direction ou de surveillance de ces sociétés. L'organisme de placement collectif immobilier est présumé avoir effectué cette désignation lorsqu'il a disposé au cours de cette période, directement ou indirectement, d'une fraction supérieure à 40 % des droits de vote, et qu'aucun autre associé ou actionnaire ne détenait, directement ou indirectement, une fraction supérieure à la sienne ;

c) L'organisme de placement collectif immobilier ou sa société de gestion dispose du droit d'exercer une influence dominante sur ces sociétés en vertu d'un contrat ou de clauses statutaires, lorsque le droit applicable le permet ;

d) L'organisme de placement collectif immobilier ou sa société de gestion exerce l'un des droits ou pouvoirs mentionnés aux *a* à *c* conjointement avec d'autres organismes mentionnés au 5° du I de l'article L. 214-36 qui sont gérés soit par la société de gestion de l'organisme de placement collectif immobilier, soit, au sens de l'article L. 233-3 du Code de commerce, par une société qui est contrôlée par elle, par une société qui la contrôle ou par une société contrôlée par une société qui la contrôle ;

e) Ces sociétés s'engagent, par un accord écrit avec l'organisme de placement collectif immobilier ou sa société de gestion, à transmettre à la société de gestion de l'organisme les informations qui lui sont nécessaires, en vue notamment de l'évaluation des actifs et passifs de ces sociétés, au calcul des limites et quotas d'investissement en actifs immobiliers de l'organisme, de la limite d'endettement mentionnée à l'article L. 214-39 et à la détermination et la mise à disposition des sommes distribuables par l'organisme, définies aux articles L. 214-69 et L. 214-81.

Art. R. 214-84 *(Rempl., D. n° 2011-922, 1er août 2011 ; mod., D. n° 2013-687, 25 juill. 2013).* – I. – Les participations directes ou indirectes dans des organismes de droit étranger mentionnés au 5° du I de l'article L. 214-36 ne sont éligibles à l'actif d'un organisme de placement collectif immobilier que si ces organismes établissent des comptes annuels et des comptes intermédiaires d'une fréquence au moins semestrielle.

II. – Les participations directes ou indirectes détenues par un fonds de placement immobilier dans des fonds de placement immobilier, des fonds de placement immobilier professionnels ou dans des organismes de droit étranger ayant un objet équivalent et de forme similaire mentionnés à la dernière phrase du 1° de l'article L. 214-37 satisfont aux conditions prévues à l'article R. 214-83.

Art. R. 214-85 *(Rempl., D. n° 2011-922, 1er août 2011 ; mod., D. n° 2013-687, 25 juill. 2013).* – Par dérogation à l'article R. 214-83, l'actif d'une société de placement à prépondérance immobilière à capital variable peut également comprendre des participations directes ou indirectes dans des sociétés mentionnées aux 2° et 3° du I de l'article L. 214-36 qui ne répondent pas aux conditions fixées aux 2° et 3° de l'article R. 214-83, dans la limite de 20 % des actifs immobiliers mentionnés aux 1° à 3° et au 5° du I de l'article L. 214-36.

Par dérogation à l'article R. 214-83, l'actif d'un fonds de placement immobilier peut également comprendre des participations directes ou indirectes dans des sociétés mentionnées au 3° du I de l'article L. 214-36 qui ne répondent pas aux conditions fixées aux 2° et 3° de l'article R. 214-83, dans la limite de 20 % des actifs immobiliers mentionnés aux 1° à 3° et au 5° du I de l'article L. 214-36.

Art. R. 214-86 *(Rempl., D. n° 2011-922, 1er août 2011 ; mod., D. n° 2013-687, 25 juill. 2013).* – L'organisme de placement collectif immobilier doit employer au moins 20 % de ses actifs immobiliers en immeubles construits, loués ou offerts à la location. Les conditions d'appréciation de ce ratio de 20 % sont celles prévues au I et III de l'article R. 214-87.

Art. R. 214-87 *(Rempl., D. n° 2011-922, 1er août 2011 ; mod., D. n° 2013-687, 25 juill. 2013).* – I. – Pour l'appréciation de la limite de 20 % mentionnée à l'article R. 214-85 et du ratio de 20 % mentionné à l'article R. 214-86, il est tenu compte, au dénominateur :

1° Des actifs mentionnés au 1° du I de l'article L. 214-36 détenus directement par l'organisme de placement collectif immobilier ;

2° Des immeubles, droits réels mentionnés à l'article R. 214-82 et, le cas échéant, droits de crédit-preneur, détenus directement par les sociétés mentionnées au 2° ou au 3° du I de l'article L. 214-36 dont l'organisme détient des participations répondant aux conditions fixées à l'article R. 214-83, au prorata des participations directes et indirectes de l'organisme dans ces sociétés ;

3° Des participations directes relevant de l'article R. 214-85 ainsi que des participations directes détenues par les sociétés mentionnées au 2° du présent article dans des sociétés mentionnées à l'article R. 214-85, au prorata des participations directes et indirectes de l'organisme de placement collectif immobilier dans lesdites sociétés mentionnées au 2° du présent article ;

4° Des participations directes dans des organismes mentionnés au 5° du I de l'article L. 214-36, ainsi que des participations directes détenues par les sociétés mentionnées au 2° du présent article dans les organismes mentionnés à ce 5°, au prorata des participations directes et indirectes de l'organisme de placement collectif immobilier dans lesdites sociétés mentionnées au 2° du présent article.

II. – Pour l'appréciation de la limite de 20 % mentionnée à l'article R. 214-85, il est tenu compte, au numérateur, des participations mentionnées au 3° du I.

III. – Pour l'appréciation du ratio de 20 % mentionné à l'article R. 214-86, il est tenu compte, au numérateur, des immeubles construits, loués ou offerts à la location détenus directement par l'organisme de placement collectif immobilier et des immeubles construits offerts à la location détenus directement par les sociétés dont l'organisme détient des participations satisfaisant aux conditions fixées à l'article R. 214-83, au prorata des participations directes et indirectes de l'organisme dans ces sociétés.

Art. R. 214-88 *(Rempl., D. n° 2011-922, 1er août 2011 ; mod., D. n° 2013-687, 25 juill. 2013).* – La limite de 20 % mentionnée à l'article R. 214-85 et le ratio de 20 % mentionné à l'article R. 214-86 sont respectés le 30 juin et le 31 décembre de chaque exercice, à l'issue de la période de trois ans mentionnée à l'article L. 214-43.

La société de gestion de l'organisme de placement collectif immobilier informe immédiatement le dépositaire de l'organisme du non-respect de cette limite ou de ce ratio. Elle en informe également, sans délai et au plus tard dans les quinze jours suivant sa constatation, l'Autorité des marchés financiers. Elle indique les raisons du non-respect et décrit les mesures qu'elle entend mettre en œuvre afin de régulariser sa situation dans un délai maximal d'un an.

Art. R. 214-89 *(Rempl., D. n° 2011-922, 1er août 2011 ; mod., D. n° 2013-687, 25 juill. 2013).* – I. – Pour l'appréciation des quotas de 60 % et 51 % mentionnés au 1° de l'article L. 214-37, il est tenu compte, au dénominateur :

1° Des actifs mentionnés aux 1°, 4° et 6° à 9° du I de l'article L. 214-36 détenus directement par l'organisme de placement collectif immobilier ;

2° Des actifs détenus directement par les sociétés mentionnées au 2° ou au 3° du I de l'article L. 214-36 dont l'organisme détient des participations répondant aux conditions fixées à l'article R. 214-83, au prorata des participations directes et indirectes de l'organisme dans ces sociétés ;

3° Des participations directes relevant de l'article R. 214-85 ;

4° Des participations directes dans des organismes mentionnés au 5° du I de l'article L. 214-36.

II. – Pour l'appréciation du quota de 60 % mentionné au 1° de l'article L. 214-37 s'appliquant à la société de placement à prépondérance immobilière à capital variable, il est tenu compte, au numérateur :

1° Des actifs mentionnés au 1° du I de l'article L. 214-36 détenus directement par la société de placement à prépondérance immobilière à capital variable ;

2° Des immeubles, droits réels mentionnés à l'article R. 214-82 et, le cas échéant, droit de crédit-preneur, détenus directement par les sociétés mentionnées au 2° ou au 3° du I de l'article L. 214-36 dont la société de placement à prépondérance immobilière à capital variable détient des participations répondant aux conditions fixées à l'article R. 214-83, au prorata des participations directes et indirectes de la société de placement à prépondérance immobilière à capital variable dans ces sociétés ;

3° Des participations directes relevant de l'article R. 214-85 ainsi que des participations directes détenues par les sociétés mentionnées au 2° dans des sociétés mentionnées à l'article R. 214-85, au prorata des participations directes et indirectes de l'organisme de placement collectif immobilier dans lesdites sociétés mentionnées au 2° ;

4° Des actions mentionnées au 4° du I de l'article L. 214-36 détenues directement par la société de placement à prépondérance immobilière à capital variable ;

5° Des participations directes dans des organismes mentionnés au 5° du I de l'article L. 214-36 ainsi que des participations directes détenues par les sociétés mentionnées au 2° du présent article dans les organismes mentionnés à ce 5°, au prorata des participations directes et indirectes de l'organisme de placement collectif immobilier dans ces sociétés mentionnées au 2° du présent article.

Pour l'appréciation du quota de 51 % mentionné au 1° de l'article L. 214-37, il est tenu compte, au numérateur, des actifs mentionnés aux 1° à 3° et au 5° du présent II.

III. – Pour l'appréciation du quota de 60 % mentionné au 1° de l'article L. 214-37 s'appliquant au fonds de placement immobilier, il est tenu compte, au numérateur :

1° Des actifs mentionnés au 1° du I de l'article L. 214-36 détenus directement par le fonds de placement immobilier ;

2° Des immeubles et droits réels mentionnés à l'article R. 214-82 détenus directement par les sociétés mentionnées au 2° du I de l'article L. 214-36 dont le fonds de placement immobilier détient des participations répondant aux conditions fixées à l'article R. 214-83, au prorata des participations directes et indirectes du fonds de placement immobilier dans ces sociétés ;

3° Des immeubles et droits réels mentionnés à l'article R. 214-82 détenus directement par les organismes mentionnés au 5° du I de l'article L. 214-36 dont le fonds de placement immobilier détient des participations répondant aux conditions fixées à la dernière phrase du 1° de l'article L. 214-37, au prorata des participations directes et indirectes du fonds de placement immobilier dans ces organismes.

Art. R. 214-90 *(Rempl., D. n° 2011-922, 1er août 2011 ; mod., D. n° 2013-687, 25 juill. 2013).* – Les quotas de 60 % et 51 % mentionnés au 1° de l'article L. 214-37 sont respectés le 30 juin et le 31 décembre de chaque exercice, à l'issue de la période de trois ans mentionnée à l'article L. 214-42.

En cas de non-respect de l'un de ces quotas, la société de gestion de l'organisme de placement collectif immobilier doit régulariser la situation dans des délais raisonnables et de telle manière que chaque quota soit respecté au moins sept fois par période fixe de cinq ans à compter de la période de trois ans mentionnée à l'article L. 214-42. La société de gestion informe immédiatement le dépositaire de l'organisme du non-respect de l'un de ces quotas. Elle en informe également, dans les plus brefs délais et au plus tard dans les quinze jours suivant sa constatation, l'Autorité des marchés financiers et le service des impôts auprès duquel elle dépose sa déclaration de résultats ou celui auprès duquel l'organisme de placement collectif immobilier dépose la sienne. La société de gestion indique les raisons du non-respect et décrit les mesures qu'elle entend mettre en œuvre pour régulariser la situation.

Art. R. 214-91 *(Anc. art. D. 214-91, rempl., D. n° 2011-922, 1er août 2011 ; mod., D. n° 2013-687, 25 juill. 2013).* – À compter de la date d'agrément de la dissolution de l'organisme de placement collectif immobilier par l'Autorité des marchés financiers, la limite de 20 % mentionnée à l'article R. 214-85 ainsi que le ratio de 20 % mentionnés à l'article R. 214-86 et les quotas de 60 % et 51 % mentionnés au 1° de l'article L. 214-37 ne sont plus applicables.

Art. R. 214-92 *(Rempl., D. n° 2008-711, 17 juill. 2008 ; mod., D. n° 2013-687, 25 juill. 2013).* – Les dépôts mentionnés au 8° du I de l'article L. 214-36 sont des dépôts à terme satisfaisant aux quatre conditions suivantes :

1° Ils sont effectués auprès d'un établissement de crédit avec lequel est passée une convention écrite. Le siège de cet établissement est établi dans un État membre de l'Union européenne ou partie à l'accord sur l'Espace économique européen, ou dans un autre État, dans la mesure où cet établissement est soumis à une surveillance prudentielle et respecte un des critères prévus aux *b* à *d* du 3° du I de l'article R. 214-32-20 ;

2° Leur terme est inférieur ou égal à douze mois ;

3° Ils peuvent être remboursés ou retirés à tout moment à la demande de l'organisme de placement collectif immobilier ;

4° La somme versée en réponse à une demande de remboursement, diminuée des éventuels frais ou pénalités de remboursement anticipé, mais augmentée des intérêts éventuels, est au moins égale à la valeur initiale du dépôt.

Art. R. 214-93 *(Rempl., D. n° 2008-711, 17 juill. 2008 ; mod., D. n° 2013-687, 25 juill. 2013).* – Les instruments financiers à caractère liquide mentionnés au 8° du I de l'article L. 214-36 sont :

1° Les bons du Trésor ;

2° Les instruments du marché monétaire mentionnés au 2° du I de l'article L. 214-24-55 dont la rémunération ne dépend pas, directement ou indirectement, de la valeur d'un ou plusieurs contrats financiers ;

3° Les obligations négociées sur un marché mentionné aux articles L. 421-1, L. 422-1 et L. 423-1 qui sont émises ou garanties par un État membre de l'Organisation de coopération et de développement économiques, par les collectivités territoriales d'un État membre de l'Union européenne ou partie à l'accord sur l'Espace économique européen, ou par un organisme international à caractère public dont un ou plusieurs États membres de l'Union européenne ou parties à l'accord sur l'Espace économique européen font partie ou qui sont émises par la caisse d'amortissement de la dette sociale ;

4° Les parts ou actions d'OPCVM et de FIA qui satisfont aux deux conditions suivantes :

a) Être des OPCVM de droit français relevant de la section 1 ou des FIA relevant du paragraphe 1 de la sous-section 2 de la section 2 du chapitre IV du titre Ier du livre II ou des OPCVM de droit étranger agréés conformément à la directive 2009/65/ CE du Parlement européen et du Conseil du 13 juillet 2009 ;

b) Être investis et exposés à plus de 90 % de leur actif net sur des titres mentionnés aux 1° à 3° ou sur des dépôts ou liquidités mentionnés aux 4° et 6° du I de l'article L. 214-24-55.

Art. R. 214-94 *(D. n° 2008-711, 17 juill. 2008 ; mod., D. n° 2013-687, 25 juill. 2013).* – Les liquidités mentionnées au 9° du I de l'article L. 214-36 sont :

1° Les dépôts à vue effectués auprès du dépositaire de l'organisme de placement collectif immobilier, qui satisfont aux conditions 3° et 4° de l'article R. 214-92 et dont la rémunération ne dépend pas, directement ou indirectement, de la valeur d'un ou plusieurs instruments financiers à terme. Ces dépôts à vue sont effectués par l'organisme dans la stricte limite des besoins liés à la gestion de ses flux ;

2° Les créances d'exploitation de l'organisme de placement collectif immobilier.

Art. R. 214-95 *(Rempl., D. n° 2008-711, 17 juill. 2008 ; mod., D. n° 2013-687, 25 juill. 2013).* – Les parts ou actions d'organismes mentionnées au 5° du I de l'article L. 214-36 peuvent représenter plus de 10 % de l'actif de l'organisme de placement collectif immobilier, sous réserve de respecter les conditions mentionnées à l'article R. 214-120.

Les conditions d'appréciation du ratio de 20 % mentionné à l'article R. 214-86 sont celles prévues au I de l'article R. 214-87 et au premier alinéa du II de l'article R. 214-120.

Art. R. 214-96 *(Rempl., D. n° 2008-711, 17 juill. 2008 ; mod., D. n° 2013-687, 25 juill. 2013).* – I. – Les instruments financiers mentionnés aux 6° et 7° du I de l'article L. 214-36 et à l'article R. 214-93 émis par une même entité ne peuvent représenter plus de 10 % de l'actif de l'organisme de placement collectif immobilier.

La limite mentionnée au premier alinéa ne s'applique pas :

1° Aux obligations mentionnées au 3° de l'article R. 214-93 ;

2° Aux obligations relevant du 6° du I de l'article L. 214-36 constituant des obligations foncières émises par les sociétés de crédit foncier en application du 2° du I de l'article L. 515-13 ou des obligations émises par un établissement de crédit ayant son siège social dans un État membre de l'Union européenne ou partie à l'accord sur l'Espace économique européen et soumis à un contrôle public particulier visant à protéger les détenteurs de ces obligations. Les sommes provenant de l'émission de ces obligations doivent être investies dans des actifs qui couvrent, à suffisance, pendant toute la durée de validité des obligations, les engagements en découlant et qui sont affectés, par privilège, au remboursement du capital et au paiement des intérêts courus en cas de défaillance de l'émetteur ;

3° Aux obligations relevant du 6° du I de l'article L. 214-36 émises par un établissement de crédit dont l'objet exclusif est de refinancer les billets à ordre mentionnés aux articles L. 313-42 à L. 313-49, émis pour mobiliser des créances de long terme représentatives de prêts au logement, à la condition que ces obligations aient des caractéristiques identiques à celles des billets.

II. – Les obligations mentionnées aux 2° et 3° du I du présent article et les actions mentionnées au 4° du I de l'article L. 214-36 émises par une même société ne peuvent représenter plus de 10 % de l'actif d'un organisme de placement collectif immobilier.

Art. R. 214-97 *(Rempl., D. n° 2008-711, 17 juill. 2008 ; mod., D. n° 2009-295, 16 mars 2009 ; D. n° 2013-687, 25 juill. 2013).* – Un organisme de placement collectif immobilier ne peut détenir plus de 20 % d'une même catégorie d'instruments financiers mentionnés aux 4°, 6° et 7° du I de l'article L. 214-36 et à l'article R. 214-93 d'une même entité.

Pour l'appréciation de cette limite, chacun des instruments financiers suivants constitue une catégorie :

1° Les actions ou parts d'une même entité ;

2° Les valeurs mobilières donnant directement ou indirectement accès au capital d'une même entité ;

3° Les titres de créances conférant directement ou indirectement un droit de créance général sur le patrimoine d'une même entité.

Art. R. 214-98 *(Rempl., D. n° 2008-711, 17 juill. 2008 ; mod., D. n° 2013-687, 25 juill. 2013).* – Dans des limites et conditions définies dans le règlement général de l'Autorité des marchés financiers, les limites définies aux articles R. 214-96 et R. 214-97 ne sont pas applicables aux parts ou actions d'OPCVM de droit français relevant de la sous-section 1 ou de FIA du paragraphe 1 de la sous-section 2 de la section 2 du chapitre IV du titre Ier du livre II ou d'OPCVM de droit étranger agréés conformément à la directive 2009/65/CE du Parlement européen et du Conseil du 13 juillet 2009.

Art. R. 214-99 *(Rempl., D. n° 2008-711, 17 juill. 2008 ; mod., D. n° 2013-687, 25 juill. 2013).* – Les dépôts à terme mentionnés à l'article R. 214-92 effectués auprès d'un même établissement de crédit par l'organisme de placement collectif immobilier ne peuvent représenter plus de 20 % de son actif. Ce ratio ne s'applique pas aux dépôts à terme effectués auprès du dépositaire de l'organisme.

Art. R. 214-100 *(Rempl., D. n° 2008-711, 17 juill. 2008 ; mod., D. n° 2013-687, 25 juill. 2013).* – Pour l'appréciation du quota mentionné au 2° de l'article L. 214-37, il est tenu compte :

1° Des dépôts mentionnés à l'article R. 214-92 et au 1° de l'article R. 214-94 effectués par l'organisme de placement collectif immobilier ;

2° Des instruments financiers à caractère liquide mentionnés à l'article R. 214-93 détenus par l'organisme.

Art. R. 214-101 *(Rempl., D. n° 2008-711, 17 juill. 2008 ; mod., D. n° 2013-687, 25 juill. 2013).* – En cas de non-respect du quota mentionné au 2° de l'article L. 214-37 à l'issue de la période de trois ans mentionnée à l'article L. 214-42, la société de gestion de l'organisme de placement collectif immobilier doit régulariser la situation dans les plus brefs délais et dans la limite d'un mois. Toutefois, lorsque l'organisme de placement collectif immobilier ne dispose pas à son actif d'une valeur d'instruments financiers suffisante pour combler ce quota, le délai de régularisation est de six mois.

La société de gestion doit informer immédiatement le dépositaire de l'organisme du non-respect de ce quota. Elle doit également en informer, dans les plus brefs délais et au plus tard dans les quinze jours suivant sa constatation, l'Autorité des marchés financiers. Cette information explique les raisons du non-respect, décrit les mesures que la société de gestion met en œuvre pour régulariser la situation et précise, en le justifiant, le délai de régularisation envisagé.

Art. R. 214-102 *(D. n° 2008-711, 17 juill. 2008 ; mod., D. n° 2013-687, 25 juill. 2013).* – À compter de la date d'agrément de la dissolution de l'organisme de placement collectif immobilier par l'Autorité des marchés financiers, le quota mentionné au 2° de l'article L. 214-37 et les limites et ratios prévus aux articles R. 214-92 à R. 214-101 ne sont plus applicables.

Art. R. 214-103 *(D. n° 2008-711, 17 juill. 2008 ; mod., D. n° 2013-687, 25 juill. 2013).* – Pour l'application de l'article L. 214-39 et indépendamment de l'application du 1 de l'article L. 312-2, l'organisme de placement collectif immobilier souscrit des emprunts auprès *(Mots aj., D. n° 2014-1315, 3 nov. 2014)* « de sociétés de financement ou » d'établissements de crédit dont le siège est établi dans un État membre de l'Union européenne ou partie à l'accord sur l'Espace économique européen ou dans un État membre de l'Organisation de coopération et de développement économiques.

Ces emprunts ont pour objet de financer les opérations mentionnées à l'article L. 214-34. Ils peuvent également lui permettre de faire face, à titre temporaire, à des demandes de rachat de parts ou actions par les porteurs ou actionnaires de l'organisme.

Art. R. 214-104 *(D. n° 2008-711, 17 juill. 2008 ; mod., D. n° 2013-687, 25 juill. 2013)*. – Pour l'appréciation de la limite mentionnée à l'article L. 214-39, il est tenu compte :

1° Au dénominateur, des actifs mentionnés aux 1° à 4° du I de l'article R. 214-87 ;

2° Au numérateur :

a) De la dette de l'organisme de placement collectif immobilier résultant des emprunts mentionnés à l'article L. 214-39 qu'il contracte directement ;

b) Des dettes des sociétés mentionnées aux 2° et 3° du I de l'article L. 214-36 dont l'organisme détient des participations directes ou indirectes satisfaisant aux conditions fixées à l'article R. 214-83, au prorata des participations directes et indirectes de l'organisme dans ces sociétés ainsi que des dettes des organismes mentionnés au 5° du même I, au prorata des participations directes et indirectes de l'organisme de placement collectif immobilier dans ces organismes. Ces dettes résultent des emprunts, autres que les avances en compte courant mentionnées au *c* du 2°, au *b* du 3° et au 10° du I de l'article L. 214-36, que ces sociétés ou organismes contractent directement.

Art. R. 214-105 *(Rempl., D. n° 2008-711, 17 juill. 2008 ; mod., D. n° 2013-687, 25 juill. 2013)*. – I. – La limite mentionnée à l'article L. 214-39 doit être respectée le 30 juin et le 31 décembre de chaque exercice, à l'issue de la période de trois ans mentionnée à l'article L. 214-43.

La société de gestion de l'organisme de placement collectif immobilier informe immédiatement le dépositaire de l'organisme du non-respect de cette limite. Elle en informe également, dans les plus brefs délais et au plus tard dans les quinze jours suivant sa constatation, l'Autorité des marchés financiers. Elle indique les raisons du non-respect et décrit les mesures qu'elle entend mettre en œuvre afin de régulariser sa situation dans un délai maximum d'un an.

II. – À compter de la date d'agrément de la dissolution de l'organisme de placement collectif immobilier par l'Autorité des marchés financiers, la limite mentionnée à l'article L. 214-39 n'est plus applicable.

Art. R. 214-106 *(Rempl., D. n° 2008-711, 17 juill. 2008 ; mod., D. n° 2013-687, 25 juill. 2013)*. – I. – Pour l'appréciation de la limite mentionnée à l'article L. 214-40, il est tenu compte :

1° Au dénominateur, des actifs mentionnés aux 4° et aux 6° à 10° du I de l'article L. 214-36 détenus par l'organisme ;

2° Au numérateur, de la dette de l'organisme de placement collectif immobilier résultant des emprunts d'espèces qu'il souscrit directement, autres que ceux mentionnés à l'article L. 214-39.

II. – À compter de la date d'agrément de la dissolution de l'organisme de placement collectif immobilier par l'Autorité des marchés financiers, la limite mentionnée à l'article L. 214-40 n'est plus applicable.

Art. R. 214-107 *(Rempl., D. n° 2008-711, 17 juill. 2008 ; mod., D. n° 2013-687, 25 juill. 2013)*. – Un organisme de placement collectif immobilier peut recevoir ou octroyer des sûretés réelles sur les immeubles ou droits réels mentionnés au 1° du I de l'article L. 214-36 ou sur les parts ou actions de sociétés mentionnées aux 2° et 3° du I de ce même article ainsi que des sûretés personnelles afférentes à ces mêmes actifs.

Art. R. 214-108 *(Rempl., D. n° 2008-711, 17 juill. 2008 ; mod., D. n° 2013-687, 25 juill. 2013)*. – Dans le cadre de la gestion de participations dans des sociétés mentionnées aux 2° et 3° du I de l'article L. 214-36, un organisme de placement collectif immobilier peut conclure avec des tiers des conventions de garanties d'actif et de passif ainsi que toute convention faisant peser sur l'organisme un engagement financier autre qu'un engagement d'achat ou de vente de telles participations, lorsque les conditions suivantes sont remplies :

1° Le montant des engagements correspondants doit être déterminable ;

2° La société de gestion ne peut conclure des conventions par l'effet desquelles pèseraient sur l'actif de l'organisme des engagements à hauteur, globalement, de plus de 50 % ;

3° La société de gestion tient à la disposition des porteurs de parts ou d'actions de l'organisme une liste de ces engagements indiquant leur nature et leur montant estimé.

Art. R. 214-109 *(Rempl., D. n° 2008-711, 17 juill. 2008 ; mod., D. n° 2013-687, 25 juill. 2013).* – Un organisme de placement collectif immobilier peut recevoir les garanties mentionnées à l'article L. 211-38 aux conditions définies à ce même article, les garanties relevant de cautions solidaires ou les garanties à première demande.

L'organisme de placement collectif immobilier ne peut recevoir ces garanties qu'à la condition qu'elles lui soient octroyées par un établissement ayant la qualité de dépositaire d'OPCVM ou de FIA, par un établissement de crédit dont le siège est établi dans un État membre de l'Organisation de coopération et de développement économiques ou par une entreprise d'investissement dont le siège est situé dans un État membre de l'Union européenne ou partie à l'accord sur l'Espace économique européen, habilitée à fournir le service mentionné au 1 de l'article L. 321-2 et dont le montant des fonds propres, au sens *(Mots rempl., D. n° 2014-1315, 3 nov. 2014)* « du règlement (UE) n° 575/2013 du Parlement européen et du Conseil du 26 juin 2013 », est au moins égal à 3,8 millions d'euros.

Art. R. 214-110 *(D. n° 2008-711, 17 juill. 2008 ; mod., D. n° 2013-687, 25 juill. 2013).* – Un organisme de placement collectif immobilier peut octroyer les garanties mentionnées à l'article L. 211-38 aux conditions définies à ce même article et aux conditions supplémentaires suivantes :

1° Les garanties octroyées par l'organisme portent sur les instruments financiers mentionnés aux 4° à 7° du I de l'article L. 214-36 détenus par l'organisme ou sur les instruments financiers et dépôts mentionnés aux 8° et 9° du I de l'article L. 214-36 détenus par l'organisme au-delà du quota de 5 % mentionné au 2° de l'article L. 214-37 ;

2° Lorsque les garanties octroyées par l'organisme sont des sûretés, l'acte constitutif de ces sûretés définit :

a) La nature des biens ou droits que le bénéficiaire des sûretés peut utiliser ou aliéner ;

b) Le montant maximal des biens ou droits que le bénéficiaire des sûretés peut utiliser ou aliéner. Ce montant maximal ne peut excéder 100 % de la créance du bénéficiaire sur l'organisme. Le règlement général de l'Autorité des marchés financiers précise les modalités de calcul de la créance du bénéficiaire sur l'organisme ;

3° Les modalités d'évaluation des biens ou droits remis en garantie par l'organisme sont définies dans l'acte constitutif des garanties ou dans un contrat annexe conclu entre les parties. Le règlement général de l'Autorité des marchés financiers précise les modalités d'évaluation des biens ou droits remis en garantie par l'organisme.

Art. R. 214-111 *(D. n° 2008-711, 17 juill. 2008 ; mod., D. n° 2013-687, 25 juill. 2013).* – I. – Le risque de contrepartie sur un même cocontractant est le risque que celui-ci manque à une de ses obligations et dont il résulterait une perte financière pour l'organisme de placement collectif immobilier. Le montant de ce risque est égal à la valeur de marché des contrats diminuée des garanties constituées, le cas échéant, au profit de l'organisme.

II. – L'exposition d'un organisme de placement collectif immobilier au risque de contrepartie sur un même cocontractant résultant des contrats d'instruments financiers à terme mentionnés aux articles D. 214-113 et R. 214-114 et des opérations d'acquisition et de cession temporaires de titres mentionnés à l'article R. 214-116 ne doit pas excéder 10 % de son actif net.

III. – Le recours par un organisme de placement collectif immobilier à des instruments financiers à terme, des opérations de pension ainsi que toute autre opération assimilée d'acquisition ou de cession temporaire de titres ne doit pas amener cet organisme à s'écarter des objectifs d'investissements exposés dans les documents d'information destinés aux souscripteurs.

Art. R. 214-112 *(D. n° 2008-711, 17 juill. 2008 ; mod., D. n° 2013-687, 25 juill. 2013).* – L'engagement d'un organisme de placement collectif immobilier sur des instruments financiers à terme est constitué par le montant le plus élevé entre :

– la perte potentielle de l'organisme évaluée à tout moment ; et

– le produit de l'effet de levier que ces instruments procurent à l'organisme, par l'actif de l'organisme.

Les modalités de calcul de l'engagement sont définies par le règlement général de l'Autorité des marchés financiers.

Art. D. 214-113 *(Rempl., D. n° 2008-711, 17 juill. 2008 ; mod., D. n° 2013-687, 25 juill. 2013).* – I. – Les instruments financiers à terme mentionnés au 6° du I de l'article L. 214-36 et à l'article L. 214-38 sont ceux mentionnés aux 1, 5 et 6 du I de l'article D. 211-1 A.

II. – Un organisme de placement collectif immobilier peut conclure des contrats constituant des instruments financiers à terme mentionnés au I, en vue de protéger ses actifs ou de réaliser son objectif de gestion, aux conditions définies à l'article R. 214-111 et aux conditions supplémentaires suivantes :

1° L'engagement de l'organisme sur les instruments financiers à terme, défini à l'article R. 214-112, n'est pas supérieur à la valeur de son actif net ;

2° Les contrats présentent les caractéristiques suivantes :

a) Ils portent sur des instruments mentionnés à l'article L. 214-24-55, y compris sur une ou plusieurs caractéristiques de ces actifs, ou sur des taux d'intérêt, des taux de change ou des devises, sur une combinaison des éléments précédents ou encore sur des indices financiers se rapportant, le cas échéant, à des prix immobiliers et répondant aux conditions fixées à l'article R. 214-32-25 ;

b) Ils sont conclus sur les marchés à terme réglementés dont la liste est fixée par arrêté du ministre chargé de l'économie ou répondent aux critères suivants :

i) Ils peuvent être dénoués ou liquidés à tout moment, à leur valeur de marché mentionnée au présent iii, à l'initiative de l'organisme de placement collectif immobilier ;

ii) Ils sont conclus avec une personne mentionnée au deuxième alinéa du II de l'article R. 214-32-28 ;

iii) Ils font l'objet d'une valorisation effectuée par l'organisme de placement collectif immobilier, qui ne se fonde pas uniquement sur des prix de marché donnés par la contrepartie et qui satisfait aux critères suivants :

1° Se fonder sur une valeur de marché actuelle établie de manière fiable pour l'instrument ou, si une telle valeur n'est pas disponible, sur un modèle de valorisation utilisant une méthode reconnue et adéquate ;

2° Être vérifiée par un tiers indépendant de la contrepartie à l'instrument financier, de façon régulière et selon des modalités telles que l'organisme de placement collectif immobilier puisse le contrôler, ou par un service de l'organisme de placement collectif immobilier indépendant des fonctions opérationnelles et équipé à cet effet ;

3° À l'exception des contrats constituant des instruments financiers à terme fondés sur des indices répondant aux conditions définies à l'article R. 214-32-30, l'investissement sous-jacent à ces contrats est nécessairement pris en compte pour l'application des dispositions prévues aux articles R. 214-95 à R. 214-99.

Art. R. 214-114 *(Rempl., D. n° 2008-711, 17 juill. 2008 ; mod., D. n° 2013-687, 25 juill. 2013).* – Un organisme de placement collectif immobilier peut conclure des contrats constituant des instruments financiers à terme mentionnés à l'article L. 214-38 répondant aux caractéristiques des dérivés de crédit définis par les conventions mentionnées aux articles L. 211-36 et L. 211-36-1, dans les conditions fixées aux articles R. 214-111 et D. 214-113.

Ces instruments financiers à terme permettent de transférer le risque de crédit lié à un instrument mentionné à l'article L. 214-24-55, indépendamment des autres risques liés à cet instrument, et respectent les critères suivants :

1° Dans des conditions fixées par le règlement général de l'Autorité des marchés financiers, l'organisme de placement collectif immobilier prend en compte de façon appropriée le risque que son cocontractant détienne des informations auxquelles il n'a pas accès ;

2° Les émetteurs sur lesquels repose le risque de crédit peuvent être :

a) Un ou plusieurs États ;

b) Un ou plusieurs organismes publics internationaux dont un ou plusieurs États membres de l'Union européenne sont membres ;

c) Une ou plusieurs collectivités territoriales de l'Union européenne ;

d) Une ou plusieurs personnes morales ayant émis au moins :

i) Soit des titres de créance répondant aux critères définis à l'article R. 214-32-20 ou des titres de créance admis aux négociations sur un marché réglementé au sens du I de l'article R. 214-32-18 et ayant rendu publique, pour au moins une émission de tels titres de créance, au moins une notation obtenue auprès d'un organisme figurant sur une liste arrêtée par le ministre chargé de l'économie ;

ii) Soit des titres de capital admis aux négociations sur un marché réglementé au sens du I de l'article R. 214-32-18 ;

e) Plusieurs entités relevant des catégories a à d ci-dessus ;

3° Le dénouement des engagements créés par ces contrats ne peut donner lieu qu'à la livraison ou au transfert d'actifs, y compris des espèces, éligibles à l'actif d'un organisme de placement collectif immobilier.

Art. R. 214-115 *(D. n° 2013-687, 25 juill. 2013).* – Lorsqu'un instrument financier mentionné au 6° du I de l'article L. 214-36 comporte, conformément à l'article R. 214-32-24-1, un contrat financier, ce dernier est pris en compte pour l'application des articles R. 214-111 à R. 214-114.

Art. R. 214-116 *(Mod., D. n° 2013-687, 25 juill. 2013).* – I. – Un organisme de placement collectif immobilier peut effectuer, dans la limite de 30 % de son actif, des opérations de cession temporaire d'instruments financiers mentionnés aux 4° à 7° du I de l'article L. 214-36.

II. – Un organisme de placement collectif immobilier peut effectuer, dans la limite de 40 % de son actif, des opérations d'acquisition temporaire d'instruments financiers mentionnés aux 4° à 7° du I de l'article L. 214-36 ou à l'article R. 214-93.

Les valeurs liquidatives des actions ou parts d'un organisme de placement collectif immobilier sont déterminées en tenant compte des variations de valeur des titres cédés temporairement.

III. – Un organisme de placement collectif immobilier ne peut réaliser les opérations mentionnées aux I et II qu'à la condition que ces dernières présentent les caractéristiques suivantes :

1° Être réalisées avec un établissement mentionné au deuxième alinéa de l'article R. 214-109 ;

2° Être régies par une convention-cadre mentionnée aux articles L. 211-36 et L. 211-36-1 ;

3° Être prises en compte pour l'application des dispositions prévues aux articles R. 214-95 à R. 214-100, des règles d'exposition au risque de contrepartie définies à l'article R. 214-111 et de la règle d'engagement définie au 1° de l'article D. 214-113 ;

4° Pouvoir être dénouées ou liquidées à tout moment, à leur valeur de marché ou à une valeur prédéterminée, à l'initiative de l'organisme.

Art. R. 214-117 *(Mod., D. n° 2013-687, 25 juill. 2013).* – Pour l'appréciation des limites et ratios prévus aux articles R. 214-107 à R. 214-116, les créances d'exploitation de l'organisme de placement collectif immobilier ne sont pas prises en compte à l'actif de l'organisme.

Art. R. 214-118 *(Mod., D. n° 2013-687, 25 juill. 2013).* – Le montant minimum de l'actif net d'un organisme de placement collectif immobilier s'élève à 500 000 €.

Art. R. 214-119 *(Mod., D. n° 2013-687, 25 juill. 2013).* – L'organisme ne peut consentir des avances en compte courant mentionnées à l'article L. 214-42 à des sociétés ne répondant pas aux conditions fixées aux 2° et 3° de l'article R. 214-85 que dans la limite de 10 % de son actif.

Art. R. 214-120 *(Mod., D. n° 2013-687, 25 juill. 2013).* – Un organisme de placement collectif immobilier dont le document d'information des souscripteurs prévu au III de l'article L. 214-35 prévoit que l'organisme est réservé à vingt porteurs de parts ou actions au plus ou à une catégorie d'investisseurs dont les caractéristiques sont définies dans le règlement général de l'Autorité des marchés financiers conformément au cinquième alinéa de l'article L. 214-73 peut, conformément à l'article R. 214-95 et dans les conditions prévues par cet article, comprendre des parts ou actions d'organismes mentionnées au 5° du I de l'article L. 214-36 représentant plus de 10 % de l'actif de l'organisme de placement collectif immobilier, sous réserve du respect des conditions suivantes :

1° Le document d'information des souscripteurs de l'organisme fait mention de l'usage de cette dérogation ;

2° Les titres mentionnés au 5° du I de l'article L. 214-36 émis par un même organisme ne peuvent excéder 10 % de l'actif de l'organisme de placement collectif immobilier, à l'exclusion des créances d'exploitation de l'organisme.

Art. R. 214-121 *(Mod., D. n° 2013-687, 25 juill. 2013).* – Pour l'appréciation du ratio de 20 % mentionné à l'article R. 214-86 aux organismes de placement collectif immobilier mentionnés à l'article R. 214-120, il est également tenu compte pour l'application du III de l'article R. 214-87 des immeubles construits, loués ou offerts à la location, détenus directement par les organismes mentionnés au 5° du I de l'article L. 214-36, au prorata des participations directes ou indirectes de l'organisme de placement collectif immobilier dans ces organismes.

Art. R. 214-122 *(Mod., D. n° 2013-687, 25 juill. 2013)*. – I. – Un organisme de placement collectif immobilier issu de la transformation ou de la scission d'une société civile de placement immobilier peut déroger aux dispositions de l'article R. 214-86.

Lorsqu'il est fait usage de cette dérogation, le document d'information des souscripteurs prévu au III de l'article L. 214-35 en fait mention.

II. – Lorsqu'un organisme mentionné au I fusionne avec une autre société civile de placement immobilier, avec un autre organisme de placement collectif immobilier ou avec un organisme professionnel de placement collectif immobilier, ou bénéficie d'un apport en nature d'actifs immobiliers mentionnés à l'article L. 214-36 d'une autre société civile de placement immobilier, d'un autre organisme de placement collectif immobilier ou d'un organisme professionnel de placement collectif immobilier, les dispositions de l'article R. 214-86 sont applicables à l'expiration d'un délai de trois ans suivant la fusion ou l'apport en nature.

Art. R. 214-123 *(Mod., D. n° 2013-687, 25 juill. 2013)*. – Le rapport annuel de gestion d'un organisme de placement collectif immobilier, mentionné au troisième alinéa de l'article L. 214-50, comprend les informations suivantes :

1° Un résumé de l'objectif de gestion de l'organisme ;

2° Une description de l'évolution des marchés immobiliers et financiers au cours de l'exercice ;

3° Une description commentée sur les événements significatifs de l'exercice ;

4° Des informations chiffrées et commentées sur les éléments principaux de la gestion de l'organisme ;

5° Un tableau des cinq derniers exercices incluant les distributions effectuées ;

6° Une information générale sur l'évaluation des actifs immobiliers ;

7° La situation à la clôture de l'exercice de l'organisme ;

8° Les changements de méthodes de valorisation et leurs motifs dans la présentation des comptes annuels ;

9° Les informations relatives aux modalités d'organisation et de fonctionnement des organes de gestion, d'administration et de surveillance de l'organisme ;

10° Les informations relatives au respect des règles de bonne conduite et de déontologie applicables à la société de gestion de l'organisme ;

11° L'évolution prévisible de l'activité de l'organisme, au moins pour l'exercice à venir, au regard de l'évolution des marchés immobiliers et des marchés financiers ;

12° La situation de l'endettement et de liquidité de l'organisme ;

13° Un inventaire faisant apparaître les principales caractéristiques du portefeuille immobilier et d'instruments financiers de l'organisme, s'il ne figure pas dans les comptes annuels ;

14° Les événements importants survenus après la clôture de l'exercice.

Le règlement général de l'Autorité des marchés financiers précise le contenu de chacune de ces informations.

Art. D. 214-124 *(Mod., D. n° 2013-687, 25 juill. 2013)*. – I. – Un organisme de placement collectif immobilier peut changer d'unité monétaire d'un exercice comptable à un autre. Ce changement ne peut intervenir qu'à la date d'ouverture d'un exercice. Le document d'information prévu au III de l'article L. 214-35 précise les cas et les conditions dans lesquels il peut être procédé à un tel changement d'unité monétaire.

II. – Lors de la souscription ou du rachat de chaque action de la société de placement à prépondérance immobilière à capital variable ou de chaque part de fonds de placement immobilier, les comptes de régularisation mentionnés aux articles L. 214-69 et L. 214-81 sont augmentés ou diminués d'un montant égal à la quote-part des sommes distribuables, comprises dans la valeur liquidative de la société ou du fonds mentionné respectivement aux articles L. 214-62 et L. 214-71, de manière à respecter l'égalité des actionnaires de la société et des porteurs de parts du fonds.

III. – Les frais de gestion et les autres frais et charges mentionnés au 3° de l'article L. 214-51 s'entendent principalement des frais et charges qui relèvent du fonctionnement et de l'objet général des organismes de placement collectif immobilier sans pouvoir être affectés directement à une catégorie particulière d'actifs.

Ces frais et charges sont répartis entre les produits des différentes catégories d'actifs mentionnés au I de l'article L. 214-36 de la société de placement à prépondérance immobilière à capital variable ou du fonds de placement immobilier, à proportion de la moyenne de la valeur, au 30 juin et au 31 décembre de l'exercice précédent, de chacune de ces catégories d'actifs.

IV. – Lorsqu'une opération d'acquisition d'un actif par l'organisme de placement collectif immobilier n'a pas abouti, les frais et charges engagés dans le cadre de cette opération sont affectés aux produits de la catégorie d'actifs mentionnée au I de l'article L. 214-36 à laquelle aurait appartenu l'actif qui devait être acquis si l'opération avait été réalisée.

Art. R. 214-125 *(Mod., D. n° 2013-687, 25 juill. 2013).* – La mise à la disposition du commissaire aux comptes des comptes annuels mentionnés à l'article L. 214-50 s'effectue dans un délai de quarante-cinq jours suivant la clôture de l'exercice.

La mise à la disposition du commissaire aux comptes du rapport de gestion mentionné à l'article L. 214-50 s'effectue dans un délai de soixante-quinze jours suivant la clôture de l'exercice.

Art. R. 214-126 *(Mod., D. n° 2013-687, 25 juill. 2013).* – I. – Le rapport du commissaire aux comptes sur les opérations de fusion ou de scission d'un organisme de placement collectif immobilier est tenu à la disposition des porteurs ou actionnaires de l'organisme huit jours au moins avant la date de l'assemblée générale de la société de placement à prépondérance immobilière à capital variable appelée à se prononcer sur l'opération ou, dans les cas d'un fonds de placement immobilier, huit jours au moins avant la date d'établissement de la valeur liquidative constatant la fusion ou la scission.

Ce rapport porte sur les modalités de la fusion ou de la scission et sur l'évaluation des apports en nature effectués dans le cadre de cette opération.

II. – Le rapport du commissaire aux comptes sur les opérations d'apports en nature d'un organisme de placement collectif immobilier est tenu à la disposition des porteurs ou actionnaires de l'organisme huit jours au moins avant la date de l'assemblée générale de la société de placement à prépondérance immobilière à capital variable appelée à se prononcer sur l'opération, ou, dans le cas d'un fonds de placement immobilier, huit jours au moins avant la date d'établissement de la valeur liquidative constatant l'apport. Pour la société de placement à prépondérance immobilière à capital variable, ce rapport est déposé au greffe du tribunal compétent dans le même délai.

Ce rapport décrit chacun des apports et indique la méthode d'évaluation adoptée par les experts externes en évaluation.

III. – Le rapport du commissaire aux comptes sur les opérations de distribution d'acomptes d'un organisme de placement collectif immobilier est transmis au conseil d'administration ou au directoire de la société de placement à prépondérance immobilière à capital variable ou à la société de gestion du fonds de placement immobilier.

IV. – Le rapport du commissaire aux comptes sur les opérations de dissolution et de liquidation est mis à la disposition des actionnaires ou des porteurs dans un délai maximum de quarante-cinq jours suivant la liquidation. Ce rapport mentionne les opérations intervenues depuis la clôture de l'exercice.

Art. R. 214-127 *(Mod., D. n° 2013-687, 25 juill. 2013).* – Aux fins de la certification de l'exactitude de l'information périodique mentionnée à l'article L. 214-53, le commissaire aux comptes en reçoit communication au moins deux semaines avant la date prévue pour sa publication.

Art. R. 214-128 *(Mod., D. n° 2013-687, 25 juill. 2013).* – Le rapport de synthèse sur l'accomplissement de la mission des experts externes en évaluation mentionné à l'article L. 214-55 est mis à la disposition des porteurs ou actionnaires qui en font la demande, dans les quarante-cinq jours suivant la publication du rapport annuel de l'organisme de placement collectif immobilier. Lorsqu'un porteur ou un actionnaire demande à recevoir le rapport sous format papier, les frais liés à son expédition par voie postale peuvent être mis à sa charge.

Dans le cas d'un fonds de placement immobilier, ce rapport est mis à la disposition des membres du conseil de surveillance du fonds dans les cinq jours qui suivent son établissement, selon des modalités définies par le règlement du fonds.

Ce rapport est communiqué au dépositaire, au commissaire aux comptes et à la société de gestion du fonds ou à la société de placement à prépondérance immobilière à capital variable, dans le délai de cinq jours.

Sous-paragraphe 2. – Règles particulières relatives aux sociétés de placement à prépondérance immobilière à capital variable

Art. R. 214-129 *(Mod., D. n° 2013-687, 25 juill. 2013).* – L'article R. 214-4 s'applique aux sociétés de placement à prépondérance immobilière à capital variable.

Sous-paragraphe 3. – Règles particulières relatives aux fonds de placement immobilier

Néant

Sous-paragraphe 4. – Organismes de placement collectif immobilier à compartiments

Néant

§ 4. – Sociétés civiles de placement immobilier, sociétés d'épargne forestière et groupements forestiers d'investissement

Sous-paragraphe 1. – Régime général

Art. R. 214-130 *(Mod., D. n° 2013-687, 25 juill. 2013 ; Ord. n° 2016-315, 17 mars 2016)*. – **Les commissaires aux apports sont choisis parmi les commissaires aux comptes inscrits sur la liste prévue au I de l'article L. 822-1 du Code de commerce ou parmi les experts inscrits sur une des listes établies par les cours d'appel et les tribunaux de grande instance.**

Ils sont désignés par le président du tribunal de grande instance statuant sur requête.

Ils peuvent se faire assister, dans l'accomplissement de leur mission, par un ou plusieurs experts de leur choix. Les honoraires de ces experts sont à la charge de la société.

Art. R. 214-131 *(Mod., D. n° 2013-687, 25 juill. 2013)*. – **Le rapport des commissaires aux apports est déposé, huit jours au moins avant la date de l'assemblée générale constitutive, à l'adresse du siège social de la société mentionnée dans les statuts.**

Il est tenu à la disposition des fondateurs, qui peuvent en prendre connaissance et obtenir la délivrance d'une copie intégrale ou partielle.

Art. R. 214-132 *(Mod., D. n° 2013-687, 25 juill. 2013)*. – **En cas d'apports partiels d'actifs, les articles L. 214-113, R. 214-130 et R. 214-131 s'appliquent.**

Art. R. 214-133 *(Mod., D. n° 2013-687, 25 juill. 2013 ; D. n° 2017-485, 5 avr. 2017)*. – **Les fondateurs sont convoqués à l'assemblée générale constitutive par lettre recommandée avec demande d'avis de réception huit jours au moins avant la date de l'assemblée.**

Sous réserve de l'accord écrit des fondateurs intéressés et sous respect du délai de huit jours, cette convocation peut également être faite par voie électronique.

Art. R. 214-134 *(Mod., D. n° 2013-687, 25 juill. 2013)*. – **Toute personne peut, à tout moment, obtenir, au siège de la société, une copie certifiée conforme des statuts de cette société, en vigueur au jour de la demande.**

Est annexé à cette copie un document mentionnant les nom, prénom usuel et domicile des dirigeants de la société de gestion, des membres du conseil de surveillance et des commissaires aux comptes en exercice.

Les frais de délivrance de ces documents mis à la charge du demandeur ne peuvent excéder la somme de 1,50 €.

Art. R. 214-135 *(Mod., D. n° 2013-687, 25 juill. 2013)*. – **La valeur de reconstitution de la société est déterminée à partir de la valeur de réalisation augmentée de la commission de souscription au moment de la reconstitution, multipliée par le nombre de parts émises, ainsi que de l'estimation des frais qui seraient nécessaires pour l'acquisition du patrimoine de la société à la date de clôture de l'exercice**

Sous-paragraphe 2. – Souscription des parts

Ce sous-paragraphe ne comprend pas de dispositions réglementaires.

Sous-paragraphe 3. – Gestion

Ce sous-paragraphe ne comprend pas de dispositions réglementaires.

Sous-paragraphe 4. – Assemblée générale

Art. R. 214-136 *(Mod., D. n° 2013-687, 25 juill. 2013)*. – L'assemblée générale est convoquée par la société de gestion.

À défaut, elle peut être convoquée :

1° Par un commissaire aux comptes ;

2° Par le conseil de surveillance ;

3° Par un mandataire désigné en justice à la demande d'un ou de plusieurs associés réunissant au moins le dixième du capital social ou de tout intéressé en cas d'urgence ;

4° Par les liquidateurs.

Art. R. 214-137 *(Mod., D. n° 2013-687, 25 juill. 2013 ; D. n° 2017-485, 5 avr. 2017 ; D. n° 2018-1004, 19 nov. 2018)*. – Les sociétés civiles de placement immobilier, sociétés d'épargne forestière ou groupements forestiers d'investissement qui entendent recourir à la télécommunication électronique en lieu et place d'un envoi postal pour satisfaire aux formalités prévues aux articles R. 214-138, R. 214-143, R. 214-144, R. 214-153 et au dernier alinéa de l'article R. 214-160 recueillent au préalable, par écrit, l'accord des associés intéressés.

Les associés ayant accepté le recours à la voie électronique transmettent à la société civile de placement immobilier, à la société d'épargne forestière ou au groupement forestier d'investissement leur adresse électronique, mise à jour le cas échéant. Ils peuvent à tout moment demander à la société, par lettre recommandée avec demande d'avis de réception, le recours, à l'avenir, de la voie postale.

La demande de transmission des documents par voie électronique, pour être valablement prise en compte lors de la prochaine assemblée, est notifiée par la société de gestion au plus tard vingt jours avant la date de cette assemblée. À défaut, la transmission par voie électronique sera effective pour l'assemblée générale suivante se tenant sur première convocation.

Art. R. 214-138 *(Mod., D. n° 2013-687, 25 juill. 2013 ; D. n° 2018-1004, 19 nov. 2018)*. – I. – Sous réserve de l'article R. 214-137, les associés sont convoqués aux assemblées générales par un avis de convocation inséré au Bulletin des annonces légales obligatoires et par une lettre ordinaire qui leur est personnellement adressée.

L'avis et la lettre de convocation indiquent la dénomination de la société, éventuellement suivie de son sigle, la forme de la société, le montant du capital social, l'adresse du siège social, les jour, heure et lieu de l'assemblée générale, sa nature, son ordre du jour ainsi que le texte des projets de résolution qui seront présentés à l'assemblée par les dirigeants de la société, accompagné des documents auxquels ces projets se réfèrent.

Les questions inscrites à l'ordre du jour sont libellées de telle sorte que leur contenu et leur portée apparaissent clairement sans qu'il y ait lieu de se reporter à d'autres documents que ceux joints à la lettre de convocation.

Les associés peuvent demander à être convoqués par lettre recommandée. Dans ce cas, le montant des frais de recommandation est à la charge de la société civile de placement immobilier, de la société d'épargne forestière ou du groupement forestier d'investissement.

II. – Un ou plusieurs associés représentant au moins 5 % du capital social peuvent demander l'inscription à l'ordre du jour de l'assemblée de projets de résolution. Cette demande est adressée au siège social de la société civile de placement immobilier, de la société d'épargne forestière ou du groupement forestier d'investissement, par lettre recommandée avec demande d'avis de réception ou par voie électronique, vingt-cinq jours au moins avant la date de l'assemblée réunie sur première convocation.

Toutefois, lorsque le capital de la société est supérieur à 760 000 €, le montant du capital à représenter en application de l'alinéa précédent est, selon le montant de ce capital, réduit ainsi qu'il suit :

1° De 4 % pour la première tranche de 760 000 € ;

2° De 2,5 % pour la tranche de capital comprise entre 760 000 € et 7 600 000 € ;

3° De 1 % pour la tranche comprise entre 7 600 000 € et 15 200 000 € ;

4° De 0,5 % pour le surplus du capital.

Le texte des projets de résolution peut être assorti d'un bref exposé des motifs.

La société de gestion accuse réception des projets de résolution par lettre recommandée dans un délai de cinq jours à compter de cette réception. Les projets de résolution sont inscrits à l'ordre du jour et soumis au vote de l'assemblée

Art. R. 214-139 *(Mod., D. n° 2013-687, 25 juill. 2013).* **– Le délai entre la date de l'insertion contenant l'avis de convocation, ou la date de l'envoi des lettres si cet envoi est postérieur, et la date de l'assemblée est au moins de quinze jours sur première convocation et de six jours sur convocation suivante.**

Art. R. 214-140 *(Mod., D. n° 2013-687, 25 juill. 2013).* **– Lorsqu'une assemblée n'a pu délibérer régulièrement faute du quorum requis, la deuxième assemblée est convoquée dans les formes prévues à l'article R. 214-138. L'avis et la lettre de convocation rappellent la date de la première assemblée.**

Art. R. 214-141 *(Mod., D. n° 2013-687, 25 juill. 2013).* **– Le formulaire de vote par correspondance permet un vote sur chacune des résolutions, dans l'ordre de leur présentation à l'assemblée.**

Il offre à l'associé la possibilité d'exprimer, sur chacune des résolutions, un vote favorable ou défavorable à son adoption ou sa volonté de s'abstenir de voter.

Il informe l'associé de manière très apparente que toute abstention exprimée dans le formulaire ou résultant de l'absence d'indication de vote sera assimilée à un vote défavorable à l'adoption de la résolution.

Le formulaire de vote par correspondance adressé en retour à la société pour une assemblée vaut pour les assemblées successives convoquées avec le même ordre du jour.

Art. R. 214-142 *(Mod., D. n° 2013-687, 25 juill. 2013).* **– Le formulaire comporte l'indication de la date avant laquelle, conformément aux statuts, il doit être reçu par la société pour qu'il en soit tenu compte. Lorsqu'il a été convenu entre la société et les intermédiaires habilités par elle que ces derniers n'accepteraient plus de transmettre à la société des formulaires de vote reçus par eux après une date antérieure à celle fixée par la société, il est fait mention de cette date.**

Le texte des résolutions proposées accompagné d'un exposé des motifs et de l'indication de leur auteur est annexé au formulaire.

Art. R. 214-143 *(Mod., D. n° 2013-687, 25 juill. 2013).* **– Si le formulaire de vote par correspondance et la formule de procuration figurent sur un document unique, celui-ci comporte, outre les mentions prévues aux articles L. 214-104 et L. 214-105, les indications suivantes :**

1° Le nom, le prénom usuel, le domicile et le nombre de parts dont l'associé est titulaire ;

2° La signature de l'associé ou de son représentant légal ou judiciaire ;

3° La mention que le document peut être utilisé pour chaque résolution pour un vote par correspondance ou pour un vote par procuration ;

4° La mention qu'il peut être donné procuration pour voter au nom du signataire à un mandataire désigné dans les conditions de l'article L. 214-104 dont les dispositions sont reproduites ;

5° La précision que, si des résolutions nouvelles sont susceptibles d'être présentées à l'assemblée, le signataire a la faculté d'exprimer dans ce document sa volonté de s'abstenir ou de donner mandat au président de l'assemblée générale ou à un mandataire désigné dans les conditions prévues à l'article L. 214-104.

Art. R. 214-144 *(Mod., D. n° 2013-687, 25 juill. 2013).* **– I. – Les documents et renseignements suivants sont adressés ou mis à la disposition de tout associé dans les conditions prévues aux articles R. 214-137 et R. 214-138, au plus tard quinze jours avant la réunion :**

1° Le rapport de la société de gestion ;

2° Le ou les rapports du conseil de surveillance ;

3° Le ou les rapports des commissaires aux comptes ;

4° Le ou les formules de vote par correspondance ou par procuration ;

5° S'il s'agit de l'assemblée générale ordinaire prévue au premier alinéa de l'article L. 214-103 : le bilan, le compte de résultat, l'annexe et, le cas échéant, les rapports du conseil de surveillance et des commissaires aux comptes.

II. – Lorsque l'ordre du jour comporte la désignation du conseil de surveillance, la convocation mentionne :

1° Les nom, prénoms usuels et âge des candidats, leurs références professionnelles et leurs activités au cours des cinq dernières années ;

2° Les emplois ou fonctions occupés dans la société par les candidats et le nombre de parts dont ils sont titulaires.

Art. R. 214-145 *(Mod., D. n° 2013-687, 25 juill. 2013).* – Lors de chaque assemblée, une feuille de présence contient les mentions suivantes :

1° Les nom, prénoms usuels et domicile de chaque associé présent ainsi que le nombre de parts dont il est titulaire ;

2° Les nom, prénoms usuels et domicile de chaque mandataire ainsi que le nombre de parts de ses mandants ;

3° Les nom, prénoms usuels et domicile de chaque associé représenté ainsi que le nombre de parts dont il est titulaire.

Les pouvoirs donnés à chaque mandataire mentionnent les nom, prénoms usuels et domicile de chaque mandant ainsi que le nombre de parts dont il est titulaire. Ils sont annexés à la feuille de présence et communiqués dans les mêmes conditions que cette dernière.

La feuille de présence revêtue des signatures des associés présents et des mandataires est certifiée exacte par le bureau de l'assemblée. À la feuille de présence sont joints un état récapitulatif des votes par correspondance et les formulaires établis à cet effet.

Art. R. 214-146 *(Mod., D. n° 2013-687, 25 juill. 2013).* – Les assemblées d'associés sont présidées par la personne désignée par les statuts. À défaut, l'assemblée élit son président.

Sont élus scrutateurs les deux membres de l'assemblée disposant du plus grand nombre de voix et acceptant cette fonction.

Le président, les deux scrutateurs et le secrétaire qu'ils désignent forment le bureau de l'assemblée. Sauf disposition contraire des statuts, le secrétaire peut être choisi en dehors des associés.

Art. R. 214-147 *(Mod., D. n° 2013-687, 25 juill. 2013).* – Le procès-verbal des délibérations de l'assemblée mentionne la date et le lieu de la réunion, le mode de convocation, l'ordre du jour, la composition du bureau, le nombre de parts participant au vote et ses conséquences sur le quorum, les documents et les rapports soumis à l'assemblée, un résumé des débats, le texte des résolutions mises aux voix et le résultat des votes. Il est signé par les membres du bureau.

Art. R. 214-148 *(Mod., D. n° 2013-687, 25 juill. 2013).* – Les procès-verbaux sont établis sur un registre spécial tenu au siège de la société. Ce registre est coté et paraphé par un juge du tribunal d'instance ou par le maire de la commune ou l'un de ses adjoints, dans la forme ordinaire et sans frais.

Art. R. 214-149 *(Mod., D. n° 2013-687, 25 juill. 2013).* – Les copies ou extraits de procès-verbaux des assemblées sont valablement certifiés par la société de gestion ou par un membre du conseil de surveillance. Ils peuvent également être certifiés par le secrétaire de l'assemblée.

Sous-paragraphe 5. – Dispositions comptables

Art. R. 214-150 *(Mod., D. n° 2013-687, 25 juill. 2013).* – Tout associé, assisté ou non d'une personne de son choix, peut à tout moment prendre connaissance au siège social, par lui-même ou par mandataire, des documents suivants relatifs aux trois derniers exercices : bilans, comptes de résultat, annexes, inventaires, rapports soumis aux assemblées, feuilles de présence et procès-verbaux de ces assemblées, rémunérations globales de gestion, de direction et d'administration de la société ainsi que, le cas échéant, rémunérations de surveillance.

Le droit de prendre connaissance de ces documents comporte, à l'exception de l'inventaire, celui d'en prendre copie.

Art. R. 214-151 *(Mod., D. n° 2013-687, 25 juill. 2013 ; D. n° 2016-1026, 26 juill. 2016).* – L'inventaire et les comptes annuels sont mis à la disposition des commissaires aux comptes dans le mois qui suit la clôture de l'exercice. Le rapport de gestion est mis à leur disposition dans les quarante-cinq jours suivant cette clôture.

Un mois au plus tard après avoir reçu le rapport de gestion ou, le cas échéant, les comptes annuels modifiés suite à leurs observations, les commissaires aux comptes déposent leur rapport au siège social de la société ainsi que le rapport spécial prévu à l'article L. 214-106.

Les commissaires aux comptes sont soumis, dans l'exercice de leurs fonctions, au titre II du livre VIII du Code de commerce.

Sous-paragraphe 6. – Fusion

Art. R. 214-152 *(Mod., D. n° 2013-687, 25 juill. 2013).* – **Un mois au plus tard avant la date de la première assemblée générale appelée à statuer sur l'opération, le projet de fusion fait l'objet d'un avis inséré au Bulletin des annonces légales obligatoires et d'un dépôt au greffe du tribunal de commerce du siège des sociétés concernées.**

Art. R. 214-153 *(Mod., D. n° 2013-687, 25 juill. 2013).* – **Le projet de fusion et le rapport des commissaires aux comptes sur les conditions de réalisation de l'opération sont joints à la convocation adressée aux associés quinze jours au moins avant la date de l'assemblée générale appelée à se prononcer sur l'opération.**

Art. R. 214-154 *(Mod., D. n° 2013-687, 25 juill. 2013).* – **L'associé ne pouvant prétendre, compte tenu de la parité d'échange, à un nombre entier de parts peut obtenir le remboursement du rompu ou verser en espèces le complément nécessaire à l'attribution d'une part. Ces remboursements ou versements ne sont ni diminués ni majorés des frais et commissions de rachat ou de souscription.**

Sous-paragraphe 7. – Règles de bonne conduite

Ce sous-paragraphe ne comprend pas de dispositions réglementaires.

Sous-paragraphe 8. – Dispositions particulières aux sociétés civiles de placement immobilier

Art. R. 214-155 *(Mod., D. n° 2013-687, 25 juill. 2013 ; D. n° 2014-1011, 5 sept. 2014).* – **I. – Les immeubles mentionnés aux articles L. 214-114 et L. 214-115 éligibles à l'actif d'une société civile de placement immobilier sont :**

1° Les immeubles loués ou offerts à la location à la date de leur acquisition par la société ou par toute personne morale ayant conclu une convention d'usufruit conformément au chapitre III du titre V du livre II du Code de la construction et de l'habitation ;

2° Les immeubles que la société fait construire, réhabiliter ou rénover en vue de leur location par elle-même ou par toute personne morale ayant conclu une convention d'usufruit conformément au chapitre III du titre V du livre II du Code de la construction et de l'habitation ;

3° Les terrains nus situés dans une zone urbaine ou à urbaniser délimitée par un document d'urbanisme.

Les immeubles mentionnés au 2° peuvent être acquis par des contrats de vente à terme, de vente en l'état futur d'achèvement ou de vente d'immeubles à rénover ou à réhabiliter.

La société civile de placement immobilier peut conclure des contrats de promotion immobilière en vue de la construction d'immeubles mentionnés au 2°.

Les immeubles mentionnés au 1°, lorsqu'ils font l'objet d'une convention d'usufruit conformément au chapitre III du titre V du livre II du Code de la construction et de l'habitation, ne peuvent avoir été acquis auprès de l'un des organismes mentionnés aux articles L. 365-2, L. 411-2 ou L. 481-1 ou du même code.

II. – Les immeubles mentionnés au 3° du I ne peuvent représenter plus de 10 % de la valeur vénale du patrimoine immobilier de la société civile de placement immobilier.

Art. R. 214-155-1 *(Mod., D. n° 2013-687, 25 juill. 2013).* – **Les droits réels mentionnés au 1° du I de l'article L. 214-36 sont :**

1° La propriété, la nue-propriété et l'usufruit ;

2° L'emphytéose ;

3° Les servitudes ;

4° Les droits du preneur d'un bail à construction ou d'un bail à réhabilitation ;

5° Tout droit réel conféré par un titre ou par un bail emphytéotique à raison de l'occupation d'une dépendance du domaine public de l'État, d'une collectivité territoriale ou d'un établissement public sur les ouvrages, constructions et installations de caractère immobilier réalisés sur cette dépendance ;

6° Les autres droits de superficie ;

7° Tout droit relevant d'un droit étranger et comparable à l'un des droits mentionnés aux 1° à 6°.

Art. R. 214-156 *(Mod., D. n° 2013-687, 25 juill. 2013).* – I. – les participations directes ou indirectes dans des sociétés mentionnées au 2° du I de l'article L. 214-115 peuvent représenter jusqu'à 100 % de l'actif d'une société civile de placement immobilier, si les trois conditions suivantes sont satisfaites :

1° Ces sociétés établissent des comptes annuels et des comptes intermédiaires d'une fréquence au moins semestrielle ;

2° Les immeubles et droits réels à l'actif de ces sociétés satisfont aux conditions énoncées aux articles R. 214-155 et R. 214-155-1 ;

3° Les relations entre la société civile de placement immobilier et ces sociétés correspondent à l'un des cas suivants :

a) La société civile de placement immobilier détient directement ou indirectement la majorité des droits de vote dans ces sociétés ;

b) La société civile de placement immobilier désigne pendant deux exercices successifs la majorité des membres des organes d'administration, de direction ou de surveillance de ces sociétés. La société civile de placement immobilier est présumée avoir effectué cette désignation lorsqu'elle a disposé au cours de cette période, directement ou indirectement, d'une fraction supérieure à 40 % des droits de vote et qu'aucun autre associé ou actionnaire ne détenait, directement ou indirectement, une fraction supérieure à la sienne ;

c) La société civile de placement immobilier dispose du droit d'exercer une influence dominante sur ces sociétés en vertu d'un contrat ou de clauses statutaires, lorsque le droit applicable le permet ;

d) La société civile de placement immobilier exerce l'un des droits ou pouvoirs mentionnés aux *a* à *c* conjointement avec d'autres sociétés civiles de placement immobilier ou d'organismes mentionnés au 3° du I de l'article L. 214-115 qui sont gérés par la société de gestion de la société civile de placement immobilier ou, au sens de l'article L. 233-3 du Code de commerce, par une société qu'elle contrôle, par une société qui la contrôle ou par une société contrôlée par une société qui la contrôle ;

e) Ces sociétés s'engagent, par un accord écrit avec la société civile de placement immobilier, à transmettre à la société de gestion de la société civile de placement immobilier les informations qui lui sont nécessaires, en vue notamment de l'évaluation des actifs et passifs de ces sociétés et de la limite d'endettement mentionnée à l'article L. 214-101.

II. – Par dérogation au I, l'actif d'une société civile de placement immobilier peut également comprendre des participations directes ou indirectes dans des sociétés mentionnées au 2° du I de l'article L. 214-115 qui ne répondent pas aux conditions fixées aux 2° et 3° du présent I, dans la limite de 10 % de la valeur vénale du patrimoine immobilier de la société civile de placement immobilier.

Les parts, actions ou droits de sociétés civiles de placement immobilier et d'organismes mentionnés au 3° du I de l'article L. 214-115 ne peuvent représenter plus de 10 % de la valeur vénale du patrimoine immobilier de la société civile de placement immobilier.

Art. R. 214-156-1 *(D. n° 2018-1004, 19 nov. 2018).* – I. – Les instruments financiers à terme mentionnés au 6° du I de l'article L. 214-115 sont ceux mentionnés au 1 du I de l'article D. 211-1 A.

II. – Une société civile de placement immobilier peut conclure des contrats constituant des instruments financiers à terme mentionnés au I, en vue de protéger ses actifs, aux conditions définies à l'article R. 214-156-2 et aux conditions supplémentaires suivantes :

1° Les contrats portent sur des taux d'intérêt, des taux de change ou des devises, ou sur une combinaison des éléments précédents ;

2° Les contrats sont conclus sur les marchés à terme réglementés dont la liste est fixée par arrêté du ministre chargé de l'économie ou répondent aux critères suivants :

a) Les contrats peuvent être dénoués ou liquidés à tout moment, à leur valeur de marché mentionnée au c, à l'initiative de la société civile de placement immobilier ;

b) Les contrats sont conclus avec une personne mentionnée au deuxième alinéa du II de l'article R. 214-32-28 ;

c) Les contrats font l'objet d'une valorisation effectuée par la société civile de placement immobilier, qui ne se fonde pas uniquement sur des prix de marché donnés par la contrepartie et :

i) Se fonde sur une valeur de marché actuelle établie de manière fiable pour l'instrument ou, si une telle valeur n'est pas disponible, sur un modèle de valorisation utilisant une méthode reconnue et adéquate ;

ii) Est vérifiée par un tiers indépendant de la contrepartie à l'instrument financier, de façon régulière et selon des modalités telles que la société civile de placement immobilier puisse le contrôler, ou par la société de gestion de la société civile de placement immobilier elle-même, avec les moyens adéquats et de façon indépendante des fonctions opérationnelles.

Art. R. 214-156-2 *(D. n° 2018-1004, 19 nov. 2018)*. – I. – Le risque de contrepartie sur un même cocontractant est le risque que celui-ci manque à l'une de ses obligations et dont il résulterait une perte financière pour la société civile de placement immobilier. Le montant de ce risque est égal à la valeur de marché des contrats diminuée des garanties constituées, le cas échéant, au profit de la société civile de placement immobilier.

II. – L'exposition d'une société civile de placement immobilier au risque de contrepartie sur un même cocontractant résultant des contrats d'instruments financiers à terme mentionnés à l'article R. 214-156-1 ne doit pas excéder 10 % de son actif net.

III. – Le recours par une société civile de placement immobilier à des instruments financiers à terme ne doit pas amener cette société à s'écarter des objectifs d'investissements exposés dans les documents d'information destinés aux souscripteurs.

Art. R. 214-157 *(Mod., D. n° 2013-687, 25 juill. 2013)*. – Les travaux d'agrandissement ou de reconstruction et les opérations de cession d'éléments de leur patrimoine immobilier auxquels peuvent procéder les sociétés civiles de placement immobilier respectent les conditions suivantes :

1° S'agissant des travaux d'agrandissement :

Le coût, toutes taxes comprises, des travaux d'agrandissement d'un immeuble bâti, réalisés au cours d'un exercice de douze mois, ne doit pas excéder 15 % de la valeur vénale du patrimoine immobilier de la société civile de placement immobilier figurant au bilan du dernier exercice clos. Le montant total des travaux, y compris les travaux d'amélioration réalisés à l'occasion de l'opération d'agrandissement d'un même immeuble, est pris en compte pour l'appréciation de ce pourcentage. Si les travaux d'agrandissement ne sont pas réalisés au titre d'un même exercice, la limite de 15 % susmentionnée peut se cumuler avec celle du seul exercice suivant ;

2° S'agissant des travaux de reconstruction :

Le coût, toutes taxes comprises, des travaux de reconstruction réalisés au cours d'un exercice de douze mois ne doit pas excéder 15 % de la valeur vénale du patrimoine immobilier de la société civile de placement immobilier figurant au bilan du dernier exercice clos. Le montant total des travaux, y compris les travaux d'amélioration et d'agrandissement, réalisés à l'occasion de l'opération de reconstruction d'un même immeuble est pris en compte pour l'appréciation de ce pourcentage. Si les travaux de reconstruction ne sont pas réalisés au titre d'un même exercice, la limite de 15 % peut se cumuler avec celle du seul exercice suivant.

Le respect de la limite de 15 % n'est pas exigé lorsque la reconstruction totale ou partielle de l'immeuble est rendue nécessaire par un cas de force majeure ou lorsque les travaux sont exigés par la réglementation en vigueur ;

3° S'agissant des cessions d'éléments du patrimoine immobilier :

a) La société civile de placement immobilier est propriétaire de l'immeuble cédé depuis au moins cinq ans à la date de cession ;

b) La valeur cumulée des immeubles cédés au cours d'un exercice de douze mois ne doit pas excéder 15 % de la valeur vénale du patrimoine immobilier de la société civile de placement immobilier figurant au bilan du dernier exercice clos. Si aucune cession n'est réalisée au titre d'un exercice, ou au cours de deux exercices successifs, cette limite peut être reportée et cumulée avec celle de l'exercice suivant, dans la limite de trois exercices ;

c) La limite prévue au *b* n'est pas applicable aux cessions réalisées au cours des trois années qui précèdent le terme de la période statutaire de la société civile de placement immobilier, à condition que cette période ne soit pas ultérieurement prorogée et qu'aucun investissement immobilier nouveau ne soit effectué avec le produit des cessions réalisées ;

d) La société civile de placement immobilier peut céder au cours d'un exercice de douze mois des actifs immobiliers sans respecter le délai prévu au *a*, dans la limite d'une valeur cumulée de 2 % de la valeur vénale du patrimoine immobilier de la société civile de placement immobilier figurant au bilan du dernier exercice clos ;

e) Le délai fixé au *a* ne s'applique pas lorsque la cession concerne un immeuble détenu par une société mentionnée au II de l'article R. 214-156 ou lorsqu'il est procédé à la cession de parts, d'actions ou de droits de sociétés civiles de placement immobilier et d'organismes mentionnés au 3° du I de l'article L.214-115.

Art. R. 214-157-1 *(Mod., D. n° 2013-687, 25 juill. 2013)*. – La valeur de réalisation et la valeur de reconstitution de la société civile de placement immobilier sont arrêtées chaque année par la société de gestion.

La valeur vénale des immeubles et des droits réels détenus directement ou indirectement par la société civile de placement immobilier et par les sociétés mentionnées au 2° du I de l'article L. 214-36 est appréciée par un expert externe en évaluation.

Chaque immeuble fait l'objet d'une expertise tous les cinq ans. La valeur vénale mentionnée à l'alinéa précédent est actualisée par l'expert chaque année.

L'expert externe en évaluation est nommé par la société de gestion pour cinq ans dans les conditions prévues à l'article L. 214-24-16 après acceptation de sa candidature par l'assemblée générale ordinaire des associés.

La valeur nette des autres actifs, arrêtée sous le contrôle du commissaire aux comptes, tient compte des plus-values et moins-values latentes sur actifs financiers.

Art. R. 214-158 *(Mod., D. n° 2013-687, 25 juill. 2013).* – Ne peuvent fusionner que des sociétés dont le patrimoine est composé en majorité d'immeubles à usage principal d'habitation ou à usage principal commercial. Pour caractériser un patrimoine au regard de l'usage d'habitation ou de l'usage commercial, il est tenu compte de la valeur vénale des immeubles qui le composent.

Art. R. 214-159 *(Mod., D. n° 2013-687, 25 juill. 2013).* – Le projet de fusion est arrêté par la société de gestion de chacune des sociétés participant à l'opération.

Il contient les indications suivantes :

1° L'inventaire du patrimoine immobilier, la dénomination et le siège social de toutes les sociétés participantes ;

2° Les motifs, les buts et les conditions de la fusion ;

3° Les dates auxquelles ont été arrêtés les comptes des sociétés intéressées pour établir les conditions de l'opération ;

4° Les parités d'échange et le mode de calcul ;

5° La date de la fusion.

Art. R. 214-160 *(Mod., D. n° 2013-687, 25 juill. 2013).* – Une société civile de placement immobilier peut transmettre son patrimoine par voie de scission mentionnée au premier alinéa de l'article L. 214-118 à plusieurs organismes de placement collectif immobilier ou organismes professionnels de placement collectif immobilier prenant la forme d'un fonds de placement immobilier, d'un fonds professionnel de placement immobilier, d'une société de placement à prépondérance immobilière à capital variable ou d'une société professionnelle de placement à prépondérance immobilière à capital variable.

Un mois au moins avant la date de l'assemblée générale appelée à se prononcer sur la scission, le projet de scission fait l'objet d'un avis inséré au Bulletin des annonces légales obligatoires et d'un dépôt au greffe du tribunal de commerce du siège de la société civile de placement immobilier. Cet avis comporte les indications suivantes :

1° Les motifs, les buts et les conditions de la transmission du patrimoine par voie de scission ;

2° Les projets de statuts ou règlements des organismes de placement collectif immobilier ou organismes professionnels de placement collectif immobilier faisant l'objet de l'opération ;

3° L'évaluation de l'actif dont la transmission aux organismes de placement collectif immobilier ou organismes professionnels de placement collectif immobilier est prévue ;

4° Les rapports d'échanges des droits sociaux ;

5° Le montant prévu de la prime de scission ;

6° La date prévue pour la scission.

Les commissaires aux comptes de la société civile de placement immobilier établissent un rapport sur les modalités de la scission et sur l'évaluation de l'actif à transmettre aux organismes de placement collectif immobilier ou organismes professionnels de placement collectif immobilier. Ce rapport est communiqué aux associés quinze jours au moins avant la date de l'assemblée générale.

Sous-paragraphe 9. – Dispositions particulières aux sociétés d'épargne forestière relevant de l'article L. 214-121

Art. R. 214-161 *(Mod., D. n° 2013-687, 25 juill. 2013).* – Les sociétés d'épargne forestière instituées en application de l'article L. 214-121 et leurs sociétés de gestion sont régies par le présent sous-paragraphe.

Le présent sous-paragraphe n'est pas applicable aux sociétés d'épargne forestière qui consacrent une fraction de leur actif à la bonification ou à la garantie de prêts.

Art. R. 214-162 *(Mod., D. n° 2013-687, 25 juill. 2013 ; D. n° 2018-1004, 19 nov. 2018)*. – I. – L'actif des sociétés d'épargne forestière mentionnées à l'article R. 214-161 comporte, pour au moins 60 %, un patrimoine forestier comprenant :

1° Des forêts et des bois ;

2° Des terrains nus à boiser ;

3° Des accessoires et dépendances inséparables des bois et forêts tels que :

a) Des bâtiments, notamment des maisons forestières ;

b) Des infrastructures liées à la gestion des bois et forêts ;

c) Des matériels de sylviculture et d'exploitation forestière ;

d) Des terrains à vocation pastorale dans les conditions fixées au deuxième alinéa de l'article L. 241-6 du Code forestier et à l'article R. 241-2 du même code ;

e) Des terrains de gagnage et de culture à gibier ;

f) Des étangs enclavés ou attenants à un massif forestier.

Le pourcentage maximal des surfaces qui peuvent être consacrées par une société forestière aux accessoires et dépendances mentionnés aux d, e et f est fixé par arrêté conjoint du ministre chargé des forêts et du ministre chargé de l'économie ;

4° Des parts d'intérêt de groupements forestiers et des parts de sociétés dont l'objet exclusif est la détention de bois et forêts.

II. – L'actif des sociétés d'épargne forestière peut également comporter des liquidités ou valeurs assimilées constituées de liquidités inscrites en compte, investies en comptes à terme, bons de caisse émis par une banque ou un établissement financier, bons du Trésor, titres de créance négociables, parts ou actions d'OPCVM ou FIA français ou étranger régulièrement commercialisés en France et agréés conformément au règlement (UE) 2017/1131 du Parlement européen et du Conseil du 14 juin 2017 sur les fonds monétaires ou dont le document d'information prévoit une classification obligataire, ou de tout autre instrument qui répondrait aux mêmes définitions.

III. – S'il est constaté, lors de la clôture des comptes de l'exercice, que le pourcentage de 60 % mentionné au I n'est pas atteint, la société d'épargne forestière dispose d'un délai d'un an pour se mettre en conformité. Ce délai est porté à trois ans en cas de tempête, d'ouragan, de cyclone ou de phénomène naturel reconnu d'intensité anormale par arrêté conjoint du ministre chargé des forêts et du ministre chargé de l'économie constatant l'état de catastrophe naturelle ou, lorsqu'un agent biotique est en cause, par décision du ministre chargé des forêts.

Art. R. 214-163 *(Mod., D. n° 2013-687, 25 juill. 2013)*. – Les opérations d'échange et de cession de bois et forêts, de parts d'intérêt de groupements forestiers ou de parts de sociétés dont l'objet exclusif est la détention de bois et forêts auxquelles peuvent procéder les sociétés d'épargne forestière respectent les conditions suivantes :

1° Pour les opérations d'échange, la société d'épargne forestière est propriétaire de la forêt ou de la part de société cédée depuis au moins trois ans à la date de l'échange. Cette condition n'est pas requise pour l'échange d'unités de gestion dont la superficie est inférieure à 10 hectares. Les échanges ne peuvent porter que sur des biens de valeur comparable, avec, le cas échéant, une soulte, à la charge ou au bénéfice de la société, représentant au maximum 30 % de la valeur du bien échangé ;

2° Pour les opérations de cession, la société d'épargne forestière est propriétaire de la forêt ou de la part de société cédée depuis au moins six ans à la date de cession. Cette condition n'est pas requise pour la cession d'unités de gestion dont la superficie est inférieure à 10 hectares.

En cas de cession, la société d'épargne forestière présente un avenant au plan simple de gestion auquel ses biens sont soumis afin d'en soustraire les parcelles cédées et de consacrer dans un délai de trois ans les produits de la cession à l'achat de bois et forêts, de parts d'intérêt de groupements forestiers ou de parts de sociétés dont l'objet exclusif est la détention de bois et forêts, ou à des travaux d'amélioration de l'actif forestier détenu.

Sous réserve des dispositions prévues au III de l'article R. 214-162, la valeur vénale cumulée des biens et des parts de société échangés ou cédés au cours d'un exercice de douze mois n'excède pas 15 % de la valeur de l'ensemble du patrimoine de la société d'épargne forestière figurant au bilan du dernier exercice clos. Si aucune cession n'est réalisée au cours d'un exercice, la limite applicable aux échéances et cessions réalisées au cours de l'exercice suivant est portée à 30 %.

Art. R. 214-164 *(Mod., D. n° 2013-687, 25 juill. 2013 ; D. n° 2018-1004, 19 nov. 2018)*. – Les échanges, aliénations ou constitutions de droits réels portant sur le patrimoine forestier des sociétés d'épargne forestière sont soumis à l'autorisation de l'assemblée générale ordinaire des associés.

Toutefois, les opérations suivantes, à la condition qu'elles portent sur une surface inférieure à 1 % des bois et forêts détenus par la société d'épargne forestière, dans la limite de 10 hectares, font l'objet d'une simple information à l'assemblée générale des associés :

1° Opérations normales de gestion permettant une amélioration de parcelles forestières appartenant à la société d'épargne forestière ou de la structure de la propriété par résorption d'enclaves ou modification des limites ;

2° Mutations de jouissance ou de propriété en vue de la réalisation d'équipements, d'aménagements ou de constructions d'intérêt public ;

3° Opérations déclarées d'utilité publique ainsi qu'échanges ou aliénations réalisés dans le cadre d'un des modes d'aménagement foncier définis à l'article L. 121-1 du Code rural et de la pêche maritime.

Font également l'objet d'une simple information les mutations assorties d'un engagement de gestion durable et, le cas échéant, d'une prise d'hypothèque légale au profit du Trésor en application des articles 199 *decies* H et 793 du Code général des impôts ainsi que les mutations assorties des engagements pris dans le cadre d'opérations bénéficiant d'une aide publique.

Art. R. 214-165 *(Mod., D. n° 2013-687, 25 juill. 2013)*. – Les acquéreurs de parts d'une société d'épargne forestière sont informés de l'ensemble des caractéristiques du patrimoine forestier et des risques encourus.

Art. R. 214-166 *(Mod., D. n° 2013-687, 25 juill. 2013)*. – En application du deuxième alinéa de l'article L. 214-121, le patrimoine forestier détenu directement ou indirectement par une société d'épargne forestière est géré conformément à un ou à plusieurs plans simples de gestion agréés.

Lorsque, au moment de l'acquisition des biens, aucun plan simple de gestion n'est agréé, la société d'épargne forestière est tenue d'en faire agréer un dans un délai de trois ans. Dans ce cas, la société d'épargne forestière prend l'engagement d'appliquer à la forêt le régime prévu par le décret du 28 juin 1930 relatif aux conditions d'application de l'article 15 de la loi de finances du 16 avril 1930 jusqu'à la date d'agrément du plan simple de gestion.

Les terrains acquis après l'établissement du plan simple de gestion font l'objet d'un avenant organisant leur gestion.

Lorsque le patrimoine d'une société d'épargne forestière comprend des terrains nus à boiser, celle-ci prend l'engagement de les reboiser dans un délai de trois ans et de leur appliquer un plan simple de gestion agréé.

Art. R. 214-167 *(Mod., D. n° 2013-687, 25 juill. 2013)*. – I. – Dans le cas où une société d'épargne forestière détient 50 % au moins des parts d'intérêt d'un groupement forestier ou d'une société dont l'objet exclusif est la détention de bois et forêts, le deuxième alinéa de l'article R. 214-166 s'applique également au patrimoine forestier du groupement forestier ou de la société dont l'objet exclusif est la détention de bois et forêts.

II. – Dans le cas où une société d'épargne forestière détient moins de 50 % des parts d'intérêt d'un groupement forestier ou d'une société dont l'objet exclusif est la détention de bois et forêts, le patrimoine du groupement forestier ou de la société concernée est géré, lors de l'acquisition de ces parts, conformément à un plan simple de gestion agréé dont la durée d'application restant à courir est au moins égale à trois ans.

Art. R. 214-168 *(Mod., D. n° 2013-687, 25 juill. 2013 ; D. n° 2018-1004, 19 nov. 2018)*. – Les travaux et coupes de bois auxquels il est procédé dans les bois et forêts détenus par les sociétés d'épargne forestière respectent les conditions suivantes :

1° Sous réserve des dispositions prévues à l'article R. 214-166, les travaux et coupes de bois doivent être réalisés conformément à un plan simple de gestion agréé ;

2° Les coupes non prévues au plan simple de gestion font l'objet d'une autorisation préalable du Centre national de la propriété forestière en application des articles R. 312-12 à R. 312-17 du Code forestier. Les travaux de reconstitution obligatoire qui en découlent font l'objet d'un avenant au plan simple de gestion conformément à l'article R. 312-10 du même code. En outre, si ces travaux portent sur un montant supérieur à 10 % de la dernière valeur vénale de la forêt considérée, ils font l'objet d'une autorisation spéciale de l'assemblée générale ordinaire des associés.

Art. R. 214-169 *(Mod., D. n° 2013-687, 25 juill. 2013).* – I. – Pour l'application aux sociétés d'épargne forestière des articles R. 214-150 et R. 214-151, l'état des biens correspond à l'inventaire.

II. – Les articles R. 214-148 et R. 214-151 sont applicables aux sociétés d'épargne forestière sous réserve des adaptations suivantes :

1° La durée prévue pour mettre à la disposition des commissaires aux comptes les documents mentionnés à l'article R. 214-151 est portée à quatre mois après la clôture de l'exercice et la durée prévue pour mettre à la disposition des commissaires aux comptes le rapport de gestion est ramenée à un mois suivant la précédente échéance ;

2° Le registre spécial mentionné à l'article R. 214-148 peut être également coté et paraphé par le greffier du tribunal de commerce du siège des sociétés concernées.

Art. R. 214-170 *(Mod., D. n° 2013-687, 25 juill. 2013).* – La valeur de réalisation et la valeur de reconstitution de la société d'épargne forestière sont arrêtées chaque année par la société de gestion.

La valeur vénale du patrimoine forestier d'une société d'épargne forestière est appréciée par un ou plusieurs experts externes forestiers indépendants inscrits sur la liste des experts forestiers prévue à l'article L. 171-1 du Code rural et de la pêche maritime.

Les experts externes forestiers sont nommés par la société de gestion pour cinq ans dans les conditions prévues à l'article L. 214-24-16, après acceptation de leur candidature par l'assemblée générale ordinaire des associés.

Pour l'application du présent article, la valeur nette des autres actifs, arrêtée sous le contrôle du commissaire aux comptes, tient compte des plus-values et moins-values latentes sur actifs financiers.

Art. R. 214-171 *(Mod., D. n° 2013-687, 25 juill. 2013).* – Une société d'épargne forestière peut fusionner avec une autre société d'épargne forestière ainsi qu'avec un groupement forestier gérant un patrimoine dont les forêts sont soumises à des plans simples de gestion agréés. Toutefois, la fusion ne peut conduire à ce qu'une société d'épargne forestière soit absorbée par un groupement forestier.

Art. R. 214-172 *(Mod., D. n° 2013-687, 25 juill. 2013).* – Le projet de fusion est arrêté par la société de gestion de chacune des sociétés d'épargne forestière et le gérant de chaque groupement forestier participant à l'opération.

Il contient les indications suivantes :

1° L'état des biens du patrimoine forestier, la dénomination et le siège social de toutes les sociétés participant à la fusion, la liste des servitudes et hypothèques pesant sur les biens des sociétés ;

2° Les motifs, les buts et les conditions de la fusion. Ces indications sont accompagnées des documents prévus aux articles R. 214-143 et R. 214-175, auxquels peut s'ajouter le rapport du commissaire aux apports ;

3° Les dates auxquelles ont été arrêtés les comptes des sociétés intéressées pour établir les conditions de l'opération ;

4° Les parités d'échange et le mode de calcul ;

5° La date de la fusion ;

6° L'agrément du projet de fusion par l'Autorité des marchés financiers.

Art. R. 214-173 *(Mod., D. n° 2013-687, 25 juill. 2013 ; D. n° 2018-1004, 19 nov. 2018).* – Lors d'une fusion entre un ou plusieurs groupements forestiers et une ou plusieurs sociétés d'épargne forestière, ou entre plusieurs sociétés d'épargne forestière, les engagements de gestion durable conformes au 3° du 1 de l'article 793 du Code général des impôts du même code par un ou plusieurs groupements forestiers antérieurement à cette fusion ou repris par une ou plusieurs sociétés d'épargne forestière à l'occasion de fusions antérieures sont repris par la société d'épargne forestière absorbante, pour les durées restant à courir, sur les parcelles que les groupements forestiers et les sociétés d'épargne forestière apportent dans l'opération de fusion.

Art. R. 214-174 *(Mod., D. n° 2013-687, 25 juill. 2013).* – Le patrimoine forestier détenu directement ou indirectement par une société d'épargne forestière se répartit, s'il est assuré contre l'incendie, en au moins deux unités de gestion distinctes sur au moins deux régions naturelles ou deux départements, à la condition que la part du patrimoine forestier présente dans l'une des régions naturelles ou l'un des départements ne soit pas supérieure à 60 % de l'ensemble de l'actif forestier.

Si le patrimoine forestier d'une société d'épargne forestière mentionné au premier alinéa du présent article n'est pas assuré contre l'incendie ou que cette assurance ne couvre qu'une partie du patrimoine forestier, celui-ci se répartit en au moins deux unités de gestion distinctes sur au moins deux départements non contigus, à la condition que la part du patrimoine forestier présente dans l'un des départements ne soit pas supérieure à 60 % de l'ensemble de l'actif forestier.

L'actif forestier d'une société d'épargne forestière n'est pas composé, pour plus de 40 %, de parts d'intérêt de groupements forestiers ou de sociétés dont l'objet exclusif est la détention de bois et forêts dans lesquels elle n'aurait pas acquis plus de 50 % au moins des parts d'intérêt.

La société d'épargne forestière bénéficie d'un délai de trois ans à partir de sa création pour se mettre en conformité avec le présent article.

Art. R. 214-175 *(Mod., D. n° 2013-687, 25 juill. 2013)*. – Le patrimoine forestier d'une société d'épargne forestière fait l'objet d'une expertise tous les quinze ans. La première expertise intervient lors de l'acquisition des biens par la société. Elle est mise à jour tous les trois ans sur la base des documents fournis par la société de gestion, sauf événements, travaux ou coupes exceptionnels nécessitant une nouvelle mise à jour avant cette échéance. Il est procédé à une seconde expertise à partir de la deuxième année d'existence de la société d'épargne forestière à raison de 20 % au moins du patrimoine forestier de la société chaque année, de telle sorte que la totalité du patrimoine forestier soit expertisée à l'issue de la quatorzième année.

Art. R. 214-176 *(Mod., D. n° 2013-687, 25 juill. 2013)*. – I. – Lorsqu'une société d'épargne forestière détient 50 % au moins des parts d'intérêt d'un groupement forestier ou d'une société dont l'objet exclusif est la détention de bois et forêts, l'expertise prévue à l'article R. 214-175 est également réalisée sur le patrimoine de ce groupement forestier ou de cette société.

II. – Lorsqu'une société d'épargne forestière détient moins de 50 % de telles parts, elle obtient de chacun des gérants des groupements forestiers et des sociétés concernés, lors de l'expertise prévue à l'article R. 214-175, une attestation ou une évaluation écrite indiquant la valeur vénale de la part d'intérêt détenue ou acquise.

Sous-paragraphe 10 – Dispositions particulières aux groupements forestiers d'investissement

Art. R. 214-176-1 *(D. n° 2018-1004, 19 nov. 2018)*. – I. – À l'issue d'une période de trois ans à compter de la constitution par offre au public des groupements forestiers d'investissement mentionnés au II de l'article L. 331-4-1 du Code forestier ou à compter de la première offre au public des groupements forestiers d'investissement constitués sans offre au public, l'actif des groupements forestiers d'investissement doit comporter, pour au moins 80 % :

1° Un patrimoine forestier composé :

a) Des forêts et des bois ;

b) Des terrains nus à boiser ;

c) Des accessoires et dépendances inséparables des bois et forêts, tels que des bâtiments, notamment des maisons forestières, des infrastructures liées à la gestion des bois et forêts, des matériels de sylviculture et d'exploitation forestière, des terrains à vocation pastorale dans les conditions fixées au deuxième alinéa de l'article L. 241-6 du Code forestier et à l'article R. 241-2 du même code, des terrains de gagnage et de culture à gibier et des étangs enclavés ou attenants à un massif forestier ;

2° Les sommes déposées sur un compte d'investissement forestier et d'assurance dans les conditions définies aux articles L. 352-1 à L. 352-6 du Code forestier.

II. – L'actif des groupements forestiers d'investissement peut également comporter des liquidités ou valeurs assimilées constituées de liquidités inscrites en compte, investies en comptes à terme, bons de caisse émis par une banque ou un établissement financier, bons du Trésor, titres de créance négociables, parts ou actions d'OPCVM ou FIA français ou étranger régulièrement commercialisés en France et agréés conformément au règlement (UE) 2017/1131 du Parlement européen et du Conseil du 14 juin 2017 sur les fonds monétaires ou dont le document d'information prévoit une classification obligataire, ou de tout autre instrument qui répondrait aux mêmes définitions.

Art. R. 214-176-2 *(D. n° 2018-1004, 19 nov. 2018)*. – Les articles R. 214-163, R. 214-164, R. 214-165, R. 214-166, R. 214-168, R. 214-169, R. 214-170 et R. 214-175 sont applicables aux groupements forestiers d'investissement, sous réserve des adaptations suivantes :

1° À l'article R. 214-163 :

a) Le premier alinéa est remplacé par l'alinéa suivant : « Les opérations d'échange et de cession de bois et forêts auxquelles peuvent procéder les groupements forestiers d'investissement, en dehors des cessions autorisées par le II de l'article L. 214-93, respectent les conditions suivantes : » ;

b) Au début du dernier alinéa, les mots : « III de l'article R. 214-162 » sont remplacés par les mots : « I de l'article R. 214-176-1 » ;

2° À l'article R. 214-166, le premier alinéa est remplacé par les dispositions suivantes :

Le patrimoine forestier détenu par un groupement forestier d'investissement est géré conformément à un ou à plusieurs plans simples de gestion agréés mentionnés à l'article L. 331-4-1 du Code forestier.

Art. R. 214-176-3 *(D. n° 2018-1004 du 19 nov. 2018)*. – Un groupement forestier d'investissement peut fusionner avec une société d'épargne forestière ou autre groupement forestier d'investissement ou un groupement forestier gérant un patrimoine dont les forêts sont soumises à des plans simples de gestion agréés. Toutefois, la fusion ne peut pas conduire à ce qu'un groupement forestier d'investissement soit absorbé par un groupement forestier.

Art. R. 214-176-4 *(D. n° 2018-1004, 19 nov. 2018)*. – Le projet de fusion est arrêté par la société de gestion de chacun des groupements forestiers d'investissement et sociétés d'épargne forestière et le gérant ou la société de gestion de chaque groupement forestier participant à l'opération.

Il contient les indications suivantes :

1° L'état des biens du patrimoine forestier, la dénomination et le siège social de toutes les sociétés participant à la fusion, la liste des servitudes et hypothèques pesant sur les biens des sociétés ;

2° Les motifs, les buts et les conditions de la fusion. Ces indications sont accompagnées des documents prévus aux articles R. 214-143 et R. 214-175 du présent code, auxquels peut s'ajouter le rapport du commissaire aux apports ;

3° Les dates auxquelles ont été arrêtés les comptes des sociétés intéressées pour établir les conditions de l'opération ;

4° Les parités d'échange et le mode de calcul ;

5° La date de la fusion ;

6° L'agrément du projet de fusion par l'Autorité des marchés financiers.

Art. R. 214-176-5 *(D. n° 2018-1004, 19 nov. 2018)*. – Lors d'une fusion entre plusieurs groupements forestiers d'investissement ou entre un ou plusieurs groupements forestiers d'investissement et une ou plusieurs sociétés d'épargne forestière ou entre un ou plusieurs groupements forestiers d'investissement et un ou plusieurs groupements forestiers, les engagements de gestion durable conformes au 3° du 1 de l'article 793 du Code général des impôts pris par un ou plusieurs groupements forestiers d'investissement ou groupements forestier antérieurement à cette fusion ou repris par une ou plusieurs sociétés d'épargne forestière à l'occasion de fusions antérieures sont repris par le groupement forestier d'investissement absorbant, pour les durées restant à courir, sur les parcelles que les groupements forestiers d'investissement ou groupements forestiers ou les sociétés d'épargne forestière apportent dans l'opération de fusion. La durée de détention des parts pour les associés est décomptée à partir de la date de leur acquisition initiale dans leurs structures d'origine.

Art. R. 214-176-6 *(D. n° 2018-1004, 19 nov. 2018)*. – Le patrimoine forestier est assuré contre l'incendie.

Art. R. 214-176-7 *(D. n° 2018-1004, 19 nov. 2018)*. – Le patrimoine forestier détenu par un groupement forestier d'investissement est réparti en au moins deux unités de gestion distinctes éloignées l'une de l'autre d'au moins vingt kilomètres. La part de l'une de ces unités de gestion ne peut excéder 60 % de la surface totale du patrimoine forestier du groupement.

Si ces conditions ne sont pas remplies, ce patrimoine forestier répond à au moins deux des trois critères suivants :

1° Chaque classe de composition, notamment les feuillus et résineux, ne dépasse pas 60 % de la surface totale du patrimoine forestier du groupement ;

2° Pour une essence donnée, aucune classe d'âge par tranches de 10 ans, ou, si la classification par âge n'est pas pertinente, aucune classe de diamètre, par tranches de 10 centimètres, ne dépasse 60 % de la surface totale du patrimoine forestier du groupement ;

3° Le traitement en futaie régulière ne dépasse pas 60 % de la surface totale du patrimoine forestier du groupement.

Une unité de gestion est composée d'un massif forestier et éventuellement d'autres parcelles boisées distantes de moins d'un kilomètre du massif principal.

Le groupement forestier d'investissement ou sa société de gestion, au vu des rapports fournis par les experts externes en évaluation, rend compte dans le rapport de gestion du respect de ces règles de diversification.

Le groupement forestier d'investissement bénéficie d'un délai de trois ans à compter de sa constitution par offre au public, ou à compter de sa première offre au public s'il s'agit d'un groupement constitué sans offre au public, pour se mettre en conformité avec les dispositions du présent article.

§ 5. – Sociétés d'investissement à capital fixe

Art. R. 214-177 *(Mod., D. n° 2013-687, 25 juill. 2013)*. – I. – Toute société d'investissement à capital fixe, dite « SICAF », dont les actions sont admises aux négociations sur un marché d'instruments financiers français ou étranger dont le fonctionnement est assuré par une entreprise de marché, un prestataire de services d'investissement *(Mots aj. à compter du 3 janvier 2018, D. n° 2017-1253, 9 août 2017)* « autre qu'une société de gestion de portefeuille » ou tout autre organisme similaire étranger, établit selon une périodicité au moins mensuelle l'actif net par action de la société. Ce document est mis à la disposition du public.

II. – À des fins de couverture ou pour réaliser son objectif de gestion, la SICAF peut conclure des contrats financiers mentionnés au III de l'article L. 211-1, dans les conditions identiques à celles prévues à l'article R. 214-32-22.

Art. D. 214-178 *(Mod., D. n° 2013-687, 25 juill. 2013)*. – Le capital initial d'une SICAF ne peut être inférieur à 8 millions d'euros.

Art. D. 214-179 *(Mod., D. n° 2013-687, 25 juill. 2013)*. – La stratégie mentionnée à l'article L. 214-128 décrit l'objectif de gestion de la SICAF, sa politique d'investissement et son profil de risques. Ces éléments sont fixés dans les statuts de la SICAF. Ils sont détaillés, ainsi que la politique de distribution prévue par la SICAF, dans un document communiqué aux investisseurs, avant la commercialisation, ainsi qu'au dépositaire.

Art. D. 214-180 *(Mod., D. n° 2013-687, 25 juill. 2013)*. – Le commissaire aux comptes du dépositaire contrôle annuellement les comptes ouverts au nom de la SICAF dans les livres du dépositaire.

Art. D. 214-181 *(Mod., D. n° 2013-687, 25 juill. 2013)*. – Le dépositaire s'assure que les conditions de la liquidation de la SICAF sont conformes aux dispositions prévues dans les statuts de la SICAF.

Art. D. 214-182 *(Mod., D. n° 2013-687, 25 juill. 2013)*. – Le seuil mentionné à l'article L. 214-130 est fixé à 10 000 euros.

§ 6. – Fonds de fonds alternatifs

Art. R. 214-183 *(Mod., D. n° 2013-687, 25 juill. 2013)*. – Sauf dispositions contraires, les dispositions des articles R. 214-32-9 à D. 214-33 sont applicables aux FIA relevant du présent paragraphe.

Art. D. 214-183-1 *(D. n° 2014-87, 30 janv. 2014)*. – Le II de l'article D. 214-32-31 n'est pas applicable aux FIA relevant du présent paragraphe.

Art. D. 214-184 *(Mod., D. n° 2013-687, 25 juill. 2013).* – Afin d'éviter qu'un déséquilibre entre les demandes de rachat et l'actif du fonds de fonds alternatifs ou de l'un de ses compartiments ne lui permette pas d'honorer les demandes de rachat dans des conditions préservant l'intérêt des porteurs et leur égalité de traitement, le règlement ou les statuts du fonds peuvent, en application du deuxième alinéa de l'article L. 214-141, prévoir un plafonnement des rachats de parts ou actions dans les conditions suivantes :

1° Le règlement ou les statuts de l'organisme du fonds de fonds alternatifs fixent le seuil au-delà duquel le plafonnement des rachats intervenant à une même date de centralisation peut être décidé ;

2° Le seuil fixé au 1° doit pouvoir être justifié au regard de la périodicité de calcul de la valeur liquidative, de l'orientation de la gestion et de la liquidité des actifs détenus par le fonds de fonds alternatifs.

Ce seuil correspond au rapport entre :

– la différence constatée, à une même date de centralisation, entre le montant ou le nombre de parts ou actions du fonds de fonds alternatifs ou du compartiment considéré dont le rachat est demandé, et le montant ou le nombre de parts ou actions de ce même fonds ou compartiment dont la souscription est demandée ;

– l'actif net ou le nombre total de parts ou actions du fonds de fonds alternatifs ou du compartiment considéré.

Ce seuil est déterminé sur la base de la dernière valeur liquidative publiée ou de la dernière valeur estimative calculée par la société de gestion ou du nombre de parts ou actions en circulation constaté à sa date d'établissement ;

3° Le règlement ou les statuts déterminent les modalités selon lesquelles le fonds de fonds alternatifs reporte les ordres de rachat excédant le seuil mentionné au 1° aux prochaines dates de centralisation ou procède à leur annulation.

Art. R. 214-185 *(Mod., D. n° 2013-687, 25 juill. 2013).* – Les fonds de fonds alternatifs ne sont pas pris en compte pour l'application du I de l'article R. 214-32-35.

Art. R. 214-186 *(Mod., D. n° 2013-687, 25 juill. 2013).* – I. – Un fonds de fonds alternatifs est un FIA relevant de l'article L. 214-140 qui respecte les règles fixées au II et peut investir plus de 10 % de son actif :

1° En actions ou parts de FIA ou de fonds d'investissement de droit étranger répondant aux conditions fixées au 5° de l'article R. 214-32-19, y compris ceux investissant plus de 10 % de leur actif :

a) En parts ou actions d'OPCVM relevant de l'article D. 214-22-1 ou de FIA relevant de l'article D. 214-32-31 ;

b) En parts ou actions d'OPCVM de droit français, de FIA relevant des paragraphes 1, 2 et 6 de la sous-section 2, du sous-paragraphe 1 du paragraphe 1 ou du paragraphe 2 de la sous-section 3 de la présente section ; ou

c) En parts ou actions de FIA établis dans d'autre États membres de l'Union européenne ou de fonds d'investissement étrangers investis dans des conditions identiques à celles mentionnées au *b* du 4° de l'article R. 214-93 ; ou

d) En parts ou actions de FIA ou de fonds d'investissement mentionnés au 5° de l'article R. 214-32-19 dont l'objectif de gestion correspond à l'évolution d'un indice d'instruments financiers répondant aux conditions définies au I de l'article R. 214-32-25 ;

2° En actions ou parts de fonds professionnels spécialisés ;

3° En actions ou parts de fonds de fonds alternatifs relevant de l'article L. 214-140 ou de fonds professionnels à vocation générale relevant de l'article L. 214-144 ;

4° En actions ou parts d'OPCVM bénéficiant d'une procédure allégée relevant de l'article L. 214-35 dans sa rédaction antérieure au 2 août 2003 ;

5° En parts de fonds communs d'intervention sur les marchés à terme mentionnés à l'article L. 214-42 dans sa rédaction antérieure à la date de publication de l'ordonnance n° 2011-915 du 1er août 2011 relative aux organismes de placement collectif en valeurs mobilières et à la modernisation du cadre juridique de la gestion d'actifs ;

6° En parts ou actions d'OPCVM nourriciers mentionnés aux articles L. 214-22 et 214-24-57 ou, dans des conditions définies dans le règlement général de l'Autorité des marchés financiers, en parts ou actions de fonds nourriciers de droit étranger dont le fonds maître répond aux conditions fixées au 5° de l'article R. 214-32-19.

Un fonds de fonds alternatifs peut employer jusqu'à 100 % de son actif dans les parts ou actions mentionnées aux 1° à 6°.

II. – Un fonds de fonds alternatifs peut employer jusqu'à 10 % de son actif en parts ou actions d'un même OPCVM, FIA ou fonds d'investissement mentionné aux 1° à 6° du I. Il peut également employer jusqu'à 15 % de son actif en parts ou actions d'un même OPCVM, FIA ou fonds d'investissement mentionné aux 1° à 6° du I si la valeur totale de ces parts ou actions excédant 10 % de l'actif ne dépasse pas 40 % de cet actif.

III. – Par dérogation au II de l'article R. 214-32-18, l'actif du fonds de fonds alternatifs peut également comprendre, dans la limite de 10 % mentionnée au même article, des actions ou parts de fonds d'investissement de droit étranger ne respectant pas les critères prévus au 5° de l'article R. 214-32-19.

IV. – Par dérogation à l'avant-dernier alinéa de l'article R. 214-32-19 et indépendamment de l'application du 1° du I, un fonds de fonds alternatifs peut investir jusqu'à la totalité de son actif :

1° En parts ou actions d'OPCVM de droit français ou étranger, de FIA relevant des paragraphes 1, 2 et 6 de la sous-section 2, du sous-paragraphe 1 du paragraphe 1 ou du paragraphe 2 de la sous-section 3 de la présente section, ou de FIA mentionnés à l'article L. 214-24-1 ou de fonds d'investissement mentionnés à l'article L. 214-1-1 eux-mêmes investis à plus de 10 % en parts ou actions d'OPCVM, de droit français ou étranger ;

2° En parts ou actions de FIA relevant des paragraphes 1, 2 et 6 de la sous-section 2, du sous-paragraphe 1 du paragraphe 1 ou du paragraphe 2 de la sous-section 3 de la présente section ;

3° En parts ou actions de FIA établis dans un autre État membre de l'Union européenne ou de fonds d'investissement de droit étranger, lorsque sont satisfaites les conditions suivantes :

a) Les frais et commissions liés à l'investissement direct ou indirect dans des fonds d'investissement, des OPCVM ou des FIA, font l'objet de règles de transparence définies par le règlement général de l'Autorité des marchés financiers ;

b) Les rétrocessions de frais et commissions mentionnés au *a* demeurent acquises au fonds de fonds alternatifs relevant du présent IV.

L'application du I et du II à un fonds de fonds alternatifs relevant du présent IV est effectuée au niveau des organismes ou fonds dans lesquels le fonds de fonds alternatifs est investi indirectement.

Sous-section 3. – Fonds ouverts à des investisseurs professionnels

§ 1. – Fonds agréés

Sous-paragraphe 1. – Fonds professionnels à vocation générale

Art. R. 214-187 *(Mod., D. n° 2013-687, 25 juill. 2013).* – Sauf dispositions contraires, les articles R. 214-32-9 à D. 214-33 sont applicables aux fonds relevant du présent sous-paragraphe.

Art. D. 214-187-1 *(D. n° 2014-87, 30 janv. 2014).* – Le II de l'article D. 214-32-31 n'est pas applicable aux FIA relevant du présent sous-paragraphe.

Art. D. 214-188 *(Mod., D. n° 2013-687, 25 juill. 2013).* – Afin d'éviter qu'un déséquilibre entre les demandes de rachat et l'actif du fonds professionnel à vocation générale ou de l'un de ses compartiments ne lui permette pas d'honorer les demandes de rachat dans des conditions préservant l'intérêt des porteurs et leur égalité de traitement, le règlement ou les statuts de ce fonds peuvent, en application du deuxième alinéa de l'article L. 214-146, prévoir un plafonnement des rachats de parts ou actions dans les conditions suivantes :

1° Le règlement ou les statuts du fonds fixent le seuil au-delà duquel le plafonnement des rachats intervenant à une même date de centralisation peut être décidé ;

2° Le seuil fixé au 1° doit pouvoir être justifié au regard de la périodicité de calcul de la valeur liquidative, de l'orientation de la gestion et de la liquidité des actifs détenus par le fonds.

Ce seuil correspond au rapport entre :

– d'une part, la différence constatée, à une même date de centralisation, entre le montant ou le nombre de parts ou actions du fonds ou du compartiment considéré dont le rachat est demandé et le montant ou le nombre de parts ou actions de ce même fonds ou compartiment dont la souscription est demandée ;

– d'autre part, l'actif net ou le nombre total de parts ou actions du fonds ou du compartiment considéré.

Ce seuil est déterminé au regard de la dernière valeur liquidative publiée ou de la dernière valeur estimative calculée par la société de gestion ou du nombre de parts ou actions en circulation constaté à sa date d'établissement ;

3° Le règlement ou les statuts déterminent les modalités selon lesquelles le fonds reporte les ordres de rachat excédant le seuil mentionné au 1° aux prochaines dates de centralisation ou procède à leur annulation.

Art. R. 214-189 *(Mod., D. n° 2013-687, 25 juill. 2013).* – Les fonds professionnels à vocation générale ne sont pas pris en compte pour l'application du I de l'article R. 214-32-35.

Art. R. 214-190 *(Mod., D. n° 2013-687, 25 juill. 2013).* – I. – La limite de 10 % prévue aux premier et avant-dernier alinéas du I et au premier alinéa du II de l'article R. 214-32-19 est portée à 50 % pour les fonds professionnels à vocation générale.

Toutefois, un fonds professionnel à vocation générale ne peut employer plus de 10 % de son actif en instruments mentionnés à l'article L. 214-71, ni plus de 20 % de son actif en actions mentionnées à l'article L. 214-62, ni plus de 20 % de son actif en instruments mentionnés au 8° du I de l'article R. 214-32-19.

II. – Le VIII de l'article R. 214-32-29 n'est pas applicable aux fonds professionnels à vocation générale.

III. – L'article R. 214-32-42 n'est pas applicable aux fonds professionnels à vocation générale.

Art. R. 214-191 *(Mod., D. n° 2013-687, 25 juill. 2013).* – Par dérogation à la limite de 50 % mentionnée au I de l'article R. 214-190, un fonds professionnel à vocation générale peut employer jusqu'à 100 % de son actif en instruments financiers mentionnés aux 1° à 6° du I de l'article R. 214-186, à condition que ceux de ces instruments émanant d'un même OPCVM, d'un même FIA relevant des paragraphes 1, 2 et 6 de la sous-section 2, du sous-paragraphe 1 du paragraphe 1 de la sous-section 3, du paragraphe 2 de la sous-section 3 de la présente section ou d'un même fonds d'investissement étranger ne dépassent pas 20 % de son actif.

Art. R. 214-192 *(Mod., D. n° 2013-687, 25 juill. 2013).* – I. – Par dérogation à l'article R. 214-32-29, un fonds professionnel à vocation générale peut employer :

1° Jusqu'à 50 % de son actif en parts ou actions mentionnées au 3° du I de l'article L. 214-24-55 d'un même placement collectif de droit français, d'un même OPCVM constitué sur le fondement d'un droit étranger, d'un même FIA établi dans un autre État membre de l'Union européenne ou d'un même fonds d'investissement constitué sur le fondement d'un droit étranger ;

2° Jusqu'à 35 % de son actif en instruments mentionnés aux 1° et 2° du I de l'article L. 214-24-55 ou en instruments mentionnés à l'article R. 214-32-19 d'un même émetteur. La limite de 40 % définie au II de l'article R. 214-32-29 n'est pas applicable ;

3° Jusqu'à 50 % de son actif en instruments mentionnés aux 1° et 2° du I de l'article L. 214-24-55 d'un même émetteur à condition que les titres détenus aient été émis dans les conditions précisées au IV de l'article R. 214-32-29 lors de trois émissions différentes ;

4° Jusqu'à 35 % de son actif en dépôts placés auprès du même établissement.

II. – Nonobstant le I du présent article et l'article R. 214-32-29, un fonds professionnel à vocation générale ne peut employer plus de 50 % de son actif en instruments financiers mentionnés au 1° du I de l'article L. 214-24-55 d'un même établissement, en dépôts placés auprès de celui-ci ou en risques de contrepartie sur celui-ci mentionnés au dernier alinéa du I de l'article R. 214-32-29 et à l'article R. 214-32-37.

III. – Par dérogation aux I et II de l'article R. 214-32-35, un fonds professionnel à vocation générale peut détenir jusqu'à 35 % d'instruments financiers assortis d'un droit de vote d'un même émetteur et d'instruments financiers de chacune des catégories mentionnées au II de l'article R. 214-32-35. Cette limite est portée à 100 % pour l'investissement dans des placements collectifs, dans des FIA établis dans d'autres États membres de l'Union européenne ou dans des fonds d'investissement relevant de l'article R. 214-32-42 ou des 5° ou 6° du I de l'article R. 214-32-19.

IV. – Par dérogation au 5° du I de l'article R. 214-32-19, l'actif d'un fonds professionnel à vocation générale peut également comprendre, dans la limite de 10 % mentionnée au même article, des actions ou parts de fonds d'investissement de droit étranger ne respectant pas les critères prévus à ce 5°.

V. – L'article R. 214-32-40 n'est pas applicable aux fonds professionnels à vocation générale.

Art. R. 214-193 *(Mod., D. n° 2013-687, 25 juill. 2013).* – I. – Le dernier alinéa du I de l'article R. 214-32-29 n'est pas applicable aux fonds professionnels à vocation générale.

II. – Par dérogation à l'article R. 214-32-41, le risque global d'un fonds professionnel à vocation générale qui résulte de contrats financiers, d'opérations de cession ou d'acquisition temporaire de titres, ou d'emprunts d'espèces, peut atteindre trois fois son actif.

III. – La limite de 100 % mentionnée au 2° du II de l'article R. 214-32-28 est portée à 140 % pour les fonds professionnels à vocation générale.

Sous-paragraphe 2. – Organismes professionnels de placement collectif immobilier

Art. R. 214-194 *(Mod., D. n° 2013-687, 25 juill. 2013)*. – Sauf dispositions contraires, les organismes professionnels de placement collectif immobilier sont soumis aux articles R. 214-81 à R. 214-129.

Art. D. 214-195 *(Mod., D. n° 2013-687, 25 juill. 2013)*. – Les organismes professionnels de placement collectif immobilier peuvent changer d'unité monétaire d'un exercice comptable à un autre. Ce changement ne peut intervenir qu'à la date d'ouverture d'un exercice. Le document d'information des souscripteurs prévu au III de l'article L. 214-35 précise les cas et les conditions dans lesquels peut être procédé à un tel changement d'unité monétaire.

Art. R. 214-196 *(Mod., D. n° 2013-687, 25 juill. 2013)*. – Les organismes professionnels de placement collectif immobilier peuvent déroger aux limites d'endettement prévues aux articles L. 214-39 et L. 214-40.

Art. R. 214-197 *(Mod., D. n° 2013-687, 25 juill. 2013)*. – Le quota d'investissement en actifs liquides prévu au 2° de l'article L. 214-37 n'est pas applicable aux organismes professionnels de placement collectif immobilier.

Art. R. 214-198 *(Mod., D. n° 2013-687, 25 juill. 2013)*. – La limite prévue à l'article R. 214-85 et le ratio de 20 % mentionné à l'article R. 214-86 ne sont pas applicables aux organismes professionnels de placement collectif immobilier.

Art. R. 214-199 *(Mod., D. n° 2013-687, 25 juill. 2013)*. – Les règles prévues aux articles R. 214-92 à R. 214-117 ne sont pas applicables aux organismes professionnels de placement collectif immobilier.

Art. R. 214-200 *(Mod., D. n° 2013-687, 25 juill. 2013)*. – Le règlement ou les statuts d'un organisme professionnel de placement collectif immobilier fixent les règles de constitution et de composition de l'actif de l'organisme et les règles de recours à l'emprunt, de recours aux instruments financiers à terme mentionnés à l'article L. 214-38 et aux opérations d'acquisition et de cession temporaires de titres ainsi qu'aux garanties mentionnées à l'article L. 214-41.

Art. R. 214-201 *(Mod., D. n° 2013-687, 25 juill. 2013)*. – Le rapport de synthèse sur l'accomplissement de la mission de l'expert externe en évaluation, mentionné à l'article L. 214-149, est mis à la disposition des porteurs ou actionnaires qui en font la demande, dans les quarante-cinq jours suivant la publication du rapport annuel de l'organisme professionnel de placement collectif immobilier. Lorsqu'un porteur ou un actionnaire demande à recevoir le rapport sous format papier, les frais liés à son expédition par voie postale peuvent être mis à sa charge.

Lorsque le rapport concerne un fonds professionnel de placement immobilier, il est mis à la disposition des membres du conseil de surveillance du fonds dans les cinq jours qui suivent son établissement, selon des modalités définies par le règlement du fonds.

Ce rapport de synthèse est communiqué au dépositaire, au commissaire aux comptes et à la société de gestion du fonds ou à la société professionnelle de placement à prépondérance immobilière à capital variable, dans le même délai de cinq jours.

§ 2. – Fonds déclarés

Sous-paragraphe 1. – Fonds professionnels spécialisés

Art. R. 214-202 *(Mod., D. n° 2013-687, 25 juill. 2013)*. – Sauf dispositions contraires et hormis les articles R. 214-32-16 à R. 214-32-42, les articles R. 214-32-9 à D. 214-33 sont applicables aux fonds relevant du présent sous-paragraphe.

Art. D. 214-202-1 *(D. n° 2014-87, 30 janv. 2014)*. – Le I de l'article D. 214-32-31 est applicable aux FIA relevant du présent sous-paragraphe.

Art. R. 214-203 *(Mod., D. n° 2013-687, 25 juill. 2013)*. – Les fonds professionnels spécialisés ne sont pas pris en compte pour l'application du I de l'article R. 214-32-35.

Art. R. 214-203-1 *(D. n° 2016-1587, 24 nov. 2016 ; mod., D. n° 2018-1004, 19 nov. 2018).* – Un fonds professionnel spécialisé lorsqu'il octroie des prêts a pour objet la détention de ces créances jusqu'à leur échéance sauf dérogations prévues à l'article R. 214-203-2.

Cette activité est soumise aux dispositions du présent sous-paragraphe.

Pour l'application du présent sous-paragraphe, sont assimilées à des prêts :

a) Les opérations de crédit mentionnées à l'article L. 313-1 ;

b) La souscription de bons de caisse mentionnés à l'article L. 223-1, à l'exception de la souscription de minibons mentionnés à l'article L. 223-6.

Les avances en compte courant, les engagements par signature, les sous-participations en risque ou en trésorerie et les rachats de créances non échues ou déchues de leur terme ne relèvent pas des dispositions du présent article ni de celles des articles R. 214-203-2 à R. 214-203-9.

Les fonds mentionnés au 7° *quinquies* du A de l'article R. 332-2 du Code des assurances sont des fonds professionnels spécialisés au sens de l'article L. 214-166-2 du présent code.

Art. R. 214-203-2 *(D. n° 2016-1587, 24 nov. 2016 ; mod., D. n° 2018-1004, 19 nov. 2018).* – Un fonds professionnel spécialisé ne peut procéder à des cessions de prêts non échus ou déchus de leur terme qu'il a octroyés qu'après approbation par l'Autorité des marchés financiers d'un programme d'activité spécifique soumis par sa société de gestion, dans les conditions prévues par le règlement général de cette autorité.

L'approbation mentionnée au premier alinéa n'est cependant pas requise :

1° Lorsque le fonds fait l'objet d'une liquidation effectuée dans l'intérêt des porteurs de parts ou actionnaires ;

2° Lorsque le capital restant dû d'une créance non échue du fonds et susceptible d'être cédée est inférieur à un pourcentage du montant maximal du capital restant dû de cette créance. Ce pourcentage est défini dans son règlement ou ses statuts et n'excède pas un plafond fixé par arrêté du ministre chargé de l'économie ;

3° Lorsque les parts ou actions du fonds ne sont plus détenues que par un seul porteur ou actionnaire ;

4° Lorsque le fonds doit s'acquitter de ses engagements résultant d'un contrat constituant un instrument financier à terme, d'un prêt, d'une garantie ou d'une sous participation en risque ;

5° En cas de dégradation de la situation financière d'une entreprise débitrice aboutissant à la détention de créances douteuses ou litigieuses ;

6° Lorsque la cession est effectuée afin de permettre à l'organisme de respecter ses règles d'investissement, précisées dans son règlement ou ses statuts.

Art. R. 214-203-3 *(D. n° 2016-1587, 24 nov. 2016).* – I. – Un fonds professionnel spécialisé octroyant des prêts est géré par :

1° Une société de gestion de portefeuille mentionnée à l'article L. 532-9, agréée pour gérer des FIA et soumise aux dispositions législatives et réglementaires des paragraphes 1 à 5 de la sous-section 1 de la section II du chapitre IV du titre 1er du livre II, et disposant d'un programme d'activité comprenant l'activité d'octroi de prêts ;

2° Une société de gestion ayant son siège social dans un autre État membre de l'Union européenne que la France, agréée conformément à la directive 2011/61/UE du Parlement européen et du Conseil du 8 juin 2011 et autorisée par son autorité compétente à gérer des FIA qui octroient des prêts, dès lors que cette société est soumise aux mêmes conditions que celles applicables aux sociétés de gestion de portefeuille ayant leur siège social en France.

II. – Les sociétés de gestion mentionnées au I :

1° Disposent d'un système d'analyse et de mesure des risques de crédit ;

2° Disposent d'un processus de connaissance actualisée des emprunteurs ;

3° Informent les emprunteurs sur les caractéristiques essentielles du ou des prêts proposés et sur les conséquences que ces prêts peuvent avoir sur leur situation financière, notamment en cas de défaut de paiement ;

4° Disposent d'une procédure de sélection des risques de crédit tenant compte notamment de la situation financière des emprunteurs, et de leur capacité de remboursement ;

5° Procèdent à une analyse juridique des conditions de l'octroi des prêts, afin de s'assurer que les prêts octroyés respectent toutes les obligations applicables localement aux prêteurs, et prennent les mesures de gestion des risques opérationnels nécessaires ;

6° Respectent les obligations mentionnées au premier alinéa de l'article L. 561-2, y compris au titre des prêts qu'elles octroient ;

7° Procèdent, lors de l'octroi de prêts assortis de garanties ou de sûretés, à une analyse juridique de l'existence et la validité de ces dernières.

Le règlement général de l'Autorité des marchés financiers précise les caractéristiques que doit vérifier le système d'analyse et de mesure des risques.

Art. R. 214-203-4 *(D. n° 2016-1587, 24 nov. 2016 ; mod., D. n° 2018-1004, 19 nov. 2018)*. – Les bénéficiaires d'un prêt accordé par un fonds professionnel spécialisé peuvent être :

1° Des entreprises individuelles ou des personnes morales de droit privé exerçant à titre principal une activité commerciale, industrielle, agricole, artisanale ou immobilière, à l'exclusion des placements collectifs et des entreprises financières au sens du règlement (UE) n° 2015/760 du Parlement européen et du Conseil du 29 avril 2015 relatif aux fonds européens d'investissement à long terme ;

2° Des personnes morales de droit privé ayant pour objet exclusivement, ou selon les cas, principalement, en plus de la réalisation d'une activité commerciale, industrielle, agricole, artisanale ou immobilière, à l'exclusion des placements collectifs et des entreprises financières au sens du règlement (UE) n° 2015/760 du Parlement européen et du Conseil du 29 avril 2015 relatif aux fonds européens d'investissement à long terme, de détenir directement ou indirectement une ou plusieurs participations dans le capital de personnes morales mentionnées au 1° ou de financer de telles personnes morales.

Art. R. 214-203-5 *(D. n° 2016-1587, 24 nov. 2016)*. – I. – Le règlement ou les statuts du fonds professionnel spécialisé qui octroie des prêts précisent la date de sa liquidation et peuvent prévoir un droit de prolongation temporaire de sa durée de vie, et les conditions d'exercice d'un tel droit.

II. – Les prêts accordés ne peuvent être accordés pour une durée excédant la durée de vie résiduelle du fonds professionnel spécialisé.

III. – Le règlement ou les statuts du fonds professionnel spécialisé prévoient que les rachats de parts ou d'actions ne sont pas possibles au cours de la vie du fonds, sauf si le règlement ou les statuts définissent une politique de rachat des parts ou d'actions, dont l'objectif est d'éviter qu'un déséquilibre entre les demandes de rachat et l'actif du fonds professionnel spécialisé ou de l'un de ses compartiments ne lui permette pas d'honorer les demandes de rachat dans des conditions préservant l'intérêt des porteurs de parts ou actionnaires et leur égalité de traitement.

Dans ce cas, le règlement ou les statuts indiquent notamment les périodes au cours desquelles les porteurs de parts ou actionnaires peuvent demander des rachats et prévoient un plafonnement des rachats de parts ou d'actions dans les conditions suivantes :

a) Le règlement ou les statuts fixent le seuil au-delà duquel le plafonnement des rachats intervenant à une même date de centralisation peut être décidé ;

b) Ce seuil doit pouvoir être justifié au regard de la périodicité de calcul de la valeur liquidative, de l'orientation de la gestion et de la liquidité des actifs détenus par le fonds.

Il correspond au rapport entre :

– d'une part, la différence constatée, à une même date de centralisation, entre le montant ou le nombre de parts ou d'actions du fonds ou du compartiment considéré dont le rachat est demandé et le montant ou le nombre de parts ou d'actions de ce même fonds ou compartiment dont la souscription est demandée ;

– d'autre part, l'actif net ou le nombre total de parts ou d'actions du fonds ou du compartiment considéré.

Il est déterminé au regard de la dernière valeur liquidative publiée ou de la dernière valeur estimative calculée par la société de gestion ou du nombre de parts ou d'actions en circulation constaté à sa date d'établissement.

Le règlement général de l'Autorité des marchés financiers détermine les modalités selon lesquelles le fonds reporte les ordres de rachat excédant ce seuil aux prochaines dates de centralisation ou procède à leur annulation.

Les modalités de mise en œuvre du plafonnement des rachats mentionné au deuxième alinéa du présent III doivent être compatibles avec l'objectif du fonds, avec ses modalités de gestion mentionnées à l'article R. 214-203-6 ainsi qu'avec d'éventuelles limites ou règles en matière d'octroi de prêts fixées par son règlement ou ses statuts.

Art. R. 214-203-6 *(D. n° 2016-1587, 24 nov. 2016 ; mod., 19 nov. 2018).* – Lorsqu'il octroie des prêts, un fonds professionnel spécialisé :

1° Peut recourir à l'emprunt aux conditions cumulatives suivantes :

a) Le levier maximal du fonds, exprimé sous la forme d'un ratio entre l'exposition du fonds et sa valeur nette d'inventaire, est fixé dans les statuts ou le règlement du fonds, dans les limites définies par arrêté du ministre chargé de l'économie. Pour le calcul de ce levier, sont exclus les accords d'emprunt contractés de nature temporaire et qui sont entièrement couverts par les promesses contractuelles d'apport de capitaux de la part des investisseurs du fonds. L'exposition est calculée selon la méthode du calcul de l'engagement tel qu'indiqué à l'article 8 du règlement délégué (UE) n° 231/2013 de la Commission du 19 décembre 2012 ;

b) Le règlement ou les statuts du fonds définissent les conditions dans lesquelles il peut être fait recours à des emprunts de liquidités ;

c) Les objectifs poursuivis par l'emprunt de liquidités et les conditions de ces emprunts, notamment leur durée et modalités de remboursement ou de refinancement, sont compatibles avec le profil de liquidité du fonds ;

d) La société de gestion effectue des simulations de crise pour s'assurer que la liquidité des actifs, notamment des prêts octroyés, permette au fonds de faire face à des demandes de rachats et aux engagements résultants des emprunts contractés ;

e) Les emprunts ont une échéance inférieure à la durée de vie résiduelle du fonds ;

f) Les actifs grevés pour ces emprunts de liquidités ne représentent pas plus que le pourcentage de l'actif net du fonds défini au a, au moment de l'emprunt ;

2° N'a pas recours à des contrats financiers autrement qu'à des fins de couverture des risques de taux d'intérêt et de devises ;

3° Ne peut effectuer de ventes à découvert d'instruments financiers ;

4° Peut recourir, dans la limite de 10 % de son actif net, aux techniques et aux instruments qui portent sur des titres financiers éligibles et des instruments du marché monétaire, et notamment à des opérations de pension, à des opérations assimilées d'acquisition ou de cession temporaire de titres, dans les conditions fixées par l'article R. 214-32-27 ;

Si un dépassement des limites prévues au présent article intervient indépendamment de la volonté du fonds professionnel spécialisé, celui-ci doit avoir pour objectif prioritaire de régulariser cette situation en tenant compte de l'intérêt des actionnaires ou porteurs de parts.

Art. R. 214-203-7 *(D. n° 2016-1587, 24 nov. 2016).* – Par dérogation aux articles R. 214-203-5 et R. 214-203-6, les fonds professionnels spécialisés qui exercent une activité de prêt dans la limite de 10 % de leur actif net sont uniquement soumis aux conditions suivantes :

a) Les prêts ne peuvent être accordés pour une durée excédant la durée de vie résiduelle du fonds professionnel spécialisé ;

b) Le fonds n'a pas recours à des contrats financiers autrement qu'à des fins de couverture des risques de taux d'intérêt et de devises.

Si un dépassement des limites prévues au présent article intervient indépendamment de la volonté du fonds professionnel spécialisé, celui-ci doit avoir pour objectif prioritaire de régulariser cette situation en tenant compte de l'intérêt des actionnaires ou porteurs de parts.

Art. R. 214-203-8 *(D. n° 2016-1587, 24 nov. 2016).* – Les sociétés de gestion de fonds professionnels spécialisés mentionnées au I de l'article R. 214-203-3 fournissent de façon au moins trimestrielle à l'Autorité des marchés financiers, selon un format qu'elle définit, des informations sur les prêts non échus octroyés par les fonds professionnels spécialisés qu'elles gèrent.

Art. R. 214-203-9 *(D. n° 2016-1587, 24 nov. 2016).* – Lorsque des prêts sont octroyés par un fonds professionnel spécialisé, le recouvrement des créances relatives à ces prêts peut être assuré soit par la société de gestion elle-même, soit par une entité désignée à cet effet, dans des conditions définies par une convention passée entre la société de gestion et cette entité.

Sous-paragraphe 2. – Fonds professionnels de capital investissement

Art. R. 214-204 *(Mod., D. n° 2013-687, 25 juill. 2013)*. – Sauf dispositions contraires, les articles R. 214-34 à R. 214-46 sont applicables aux fonds relevant du présent sous-paragraphe.

Art. R. 214-205 *(Mod., D. n° 2013-687, 25 juill. 2013 ; D. n° 2017-485, 5 avr. 2017)*. – I. – Les articles R. 214-32-18 à R. 214-32-21, l'article R. 214-32-27, le I de l'article R. 214-32-28 et les articles R. 214-32-29, R. 214-32-32 à R. 214-32-36, R. 214-32-38 à R. 214-32-42, R. 214-36, R. 214-39 et R. 214-43 ne sont pas applicables aux fonds relevant du présent sous-paragraphe.

Toutefois, les fonds professionnels de capital investissement doivent respecter les règles suivantes :

1° L'actif du fonds professionnel de capital investissement ne peut être employé qu'à 50 % au plus en titres ou droits d'un même OPCVM ou d'un même FIA relevant des paragraphes 1, 2 et 6 de la sous-section 2, du sous-paragraphe 1 du paragraphe 1 ou du paragraphe 2 de la sous-section 3 de la présente section ou d'une même entité mentionnée au 2° du II de l'article L. 214-160 ;

2° Le fonds professionnel de capital investissement ne peut détenir plus de 10 % des actions ou parts d'un OPCVM ou d'un même FIA relevant des paragraphes 1, 2 et 6 de la sous-section 2, du sous-paragraphe 1 du paragraphe 1 ou du paragraphe 2 de la sous-section 3 de la présente section ne relevant pas du 2° du II de l'article L. 214-160 ;

3° Les créances mentionnées au premier alinéa du II de l'article L. 214-160 satisfont aux règles suivantes :

a) La propriété de la créance est fondée sur une inscription, sur un acte authentique ou sur un acte sous seing privé dont la valeur probante est reconnue par la loi française ;

b) La créance ne fait l'objet d'aucune sûreté autre que celles éventuellement constituées pour la réalisation de l'objectif de gestion du fonds professionnel de capital investissement ;

c) La créance fait l'objet d'une valorisation fiable sous forme d'un prix calculé de façon précise et établi régulièrement, qui est un prix de marché ou un prix fourni par un système de valorisation permettant de déterminer la valeur à laquelle l'actif pourrait être échangé entre des parties avisées et contractant en connaissance de cause dans le cadre d'une transaction effectuée dans des conditions normales de concurrence ;

d) La liquidité de la créance permet au fonds professionnel de capital investissement de respecter ses obligations en matière d'exécution des rachats vis-à-vis de ses porteurs et actionnaires, telles qu'elles sont définies par ses statuts ou son règlement.

II. – Par dérogation au deuxième alinéa du II et au deuxième alinéa du III de l'article R. 214-44, à la dissolution du fonds, le rachat des parts peut s'effectuer en titres des sociétés dans lesquelles le fonds détient une participation dès lors que le règlement du fonds professionnel de capital investissement le prévoit.

Le quatrième alinéa du II de l'article R. 214-44 n'est pas applicable.

Par dérogation au premier alinéa du I de l'article R. 214-44, les appels progressifs de capitaux peuvent être libérés au-delà de la fin de la période de blocage.

Par dérogation au premier alinéa du III de l'article R. 214-44, la société de gestion peut procéder à tout moment à la distribution en numéraire d'une fraction des actifs du fonds.

III. – La société de gestion peut conclure avec des tiers des conventions relatives à la gestion des participations du fonds et comportant des engagements contractuels autres que de livraison ainsi que des conventions octroyant à des tiers tout droit portant sur l'actif du fonds et le montant non appelé des souscriptions, y compris des sûretés personnelles ou réelles, dans les conditions définies dans le règlement du fonds.

La société de gestion doit tenir à la disposition des porteurs de parts une liste de ces engagements indiquant leur nature et leur montant estimé.

IV. – Les limites fixées au I doivent être respectées au plus tard à l'expiration d'un délai de deux ans à compter de la création du fonds.

Art. R. 214-206 *(Mod., D. n° 2013-687, 25 juill. 2013)*. – Un fonds professionnel de capital investissement peut procéder à des emprunts dans la limite de 10 % de son actif.

Art. R. 214-206-1 *(D. n° 2016-1587, 24 nov. 2016)*. – Les articles R. 214-203-1 à R. 214-203-9 sont applicables aux fonds professionnels de capital investissement.

Sous-paragraphe 3. – Société de libre partenariat

Art. D. 214-206-1 *(D. n° 2015-1204, 29 sept. 2015)*. – L'extrait des statuts de la société de libre partenariat mentionné à l'article L. 214-162-6 est déposé en annexe du registre du commerce et des sociétés. Il est signé par les associés commandités et doit contenir :

1° La désignation des associés commandités, notamment :

a) Pour les personnes physiques : leur nom, prénom, adresse, date et lieu de naissance ;

b) Pour les personnes morales : leur dénomination sociale, adresse des sièges sociaux et objets ;

2° La dénomination sociale de la société de libre partenariat, son objet et l'adresse de son siège social ;

3° La désignation des gérants ayant le pouvoir général d'engager la société envers les tiers ;

4° La date de constitution et la durée de vie de la société ;

5° Les conditions et modalités de prise de décision collective, y compris celles permettant la modification des statuts ;

6° Les modalités de transfert de parts des associés commanditaires et commandités.

Ces informations sont mises à jour, notamment, en cas de cession de parts d'un associé commandité.

Art. D. 214-206-2 *(D. n° 2015-1204, 29 sept. 2015)*. – Les rapports annuels et semestriels mentionnés à l'article L. 214-162-10 sont mis à disposition au siège de la société et sont communiqués par tout moyen aux associés, respectivement dans un délai de six mois et deux mois à compter de la fin de la période à laquelle ils se réfèrent.

Sous-section 4. – Fonds d'épargne salariale

Art. R. 214-207 *(Mod., D. n° 2013-687, 25 juill. 2013)*. – Sauf dispositions contraires, les articles R. 214-32-9 à D. 214-33 sont applicables aux fonds relevant de la présente sous-section.

Art. D. 214-207-1 *(D. n° 2014-87, 30 janv. 2014)*. – L'article D. 214-32-31 n'est pas applicable aux FIA relevant de la présente sous-section.

§ 1. – Dispositions communes

Art. R. 214-208 *(Mod., D. n° 2013-687, 25 juill. 2013)*. – Par dérogation aux I et II de l'article R. 214-32-29, les fonds communs de placement d'entreprise et les sociétés d'investissement à capital variable d'actionnariat salarié peuvent détenir, sans limitation, des valeurs mobilières émises par l'entreprise ou par une entreprise qui lui est liée dans les conditions prévues aux articles L. 3344-1 et L. 3344-2 du Code du travail.

S'agissant des parts de sociétés à responsabilité limitée émises par une entreprise régie par la loi n° 47-1775 du 10 septembre 1947 portant statut de la coopération, la limite de 10 % prévue au II de l'article R. 214-32-29 est portée à 50 % à condition que les statuts de cette entreprise ne prévoient pas de restriction au rachat immédiat des parts sociales détenues par le fonds.

Les fonds communs de placement d'entreprise et les sociétés d'investissement à capital variable d'actionnariat salarié ne sont pas pris en compte pour l'application du I de l'article R. 214-32-35. Ils ne peuvent toutefois détenir plus de 10 % d'instruments financiers assortis d'un droit de vote d'un même émetteur.

Par dérogation au II de l'article R. 214-32-35 et à l'alinéa précédent, les fonds communs de placement d'entreprise et les sociétés d'investissement à capital variable d'actionnariat salarié peuvent détenir plus de 10 % des titres émis par l'entreprise ou par toute entreprise qui lui est liée dans les conditions prévues aux articles L. 3344-1 et L. 3344-2 du Code du travail.

Le montant cumulé des liquidités constatées lors de l'établissement de chacune des valeurs liquidatives de l'année en cours ne peut excéder le cinquième de la somme des actifs nets de la même période. Le collège de l'Autorité des marchés financiers peut décider d'apporter à cette règle des dérogations exceptionnelles.

Lorsque la proportion de l'actif d'un fonds commun de placement d'entreprise ou d'une société d'investissement à capital variable d'actionnariat salarié investie en titres de l'entreprise ou de toute entreprise qui lui est liée tombe au-dessous du tiers, la société de gestion du fonds ou la société d'investissement à capital variable a, dans leurs opérations d'achat et de vente de titres, pour objectif prioritaire de régulariser cette situation dans les plus brefs délais, tout en tenant compte de l'intérêt des porteurs de parts ou d'actions.

Art. R. 214-209 *(Mod., D. n° 2013-687, 25 juill. 2013).* – L'Autorité des marchés financiers peut demander que lui soient transmis les éléments lui permettant de s'assurer qu'est offerte aux adhérents du plan d'épargne d'entreprise au moins une possibilité de placement respectant les conditions prévues au deuxième alinéa de l'article L. 3332-17 du Code du travail.

Art. R. 214-210 *(Mod., D. n° 2013-687, 25 juill. 2013).* – Les articles L. 214-24-29, L. 214-24-33, L. 214-24-34, L. 214-24-41, L. 214-24-55, R. 214-32-33, R. 214-32-35 et R. 214-32-40 ainsi que le présent paragraphe sont applicables à chacun des compartiments que comportent les fonds communs de placement d'entreprise et les sociétés d'investissement à capital variable d'actionnariat salarié.

Ces fonds et sociétés et leurs compartiments peuvent investir en actions ou parts d'OPCVM ou de FIA relevant des paragraphes 1, 2 et 6 de la sous-section 2, du sous-paragraphe 1 du paragraphe 1 ou du paragraphe 2 de la sous-section 3 de la présente section, sans que les limites ou restrictions prévues aux articles R. 214-32-29, R. 214-32-34 et R. 214-32-42 ne leur soient applicables.

Toutefois, lorsque leur actif est investi en totalité en actions ou parts d'un seul OPCVM ou d'un seul FIA mentionné à l'alinéa précédent, ils se constituent sous forme de FIA nourricier d'un OPCVM maître ou d'un FIA maître dans les conditions prévues à l'article L. 214-24-57.

Les fonds communs de placement d'entreprise et les sociétés d'investissement à capital variable d'actionnariat salarié ne peuvent investir en actions ou parts de fonds d'investissement mentionnés au 5° du I de l'article R. 214-32-19.

§ 2. – Fonds communs de placement d'entreprise

Art. R. 214-211 *(Mod., D. n° 2013-687, 25 juill. 2013).* – Lorsque la composition des conseils de surveillance d'un fonds commun de placement d'entreprise régi par l'article L. 214-165 et les modalités de désignation de ses membres sont fixées dans les conditions prévues au deuxième alinéa du I de l'article L. 214-164, il est fait application des troisième, quatrième et cinquième alinéas du même I.

Art. R. 214-212 *(Mod., D. n° 2013-687, 25 juill. 2013).* – L'actif d'un fonds commun de placement d'entreprise régi par les articles L. 214-164 et L. 214-165 peut comprendre des parts de sociétés anonymes à responsabilité limitée émises par les entreprises régies par la loi n° 47-1775 du 10 septembre 1947 portant statut de la coopération lorsque ce fonds est souscrit par les salariés de ces entreprises ou par les salariés d'entreprises qui leur sont liées dans les conditions prévues aux articles L. 3344-1 et L. 3344-2 du Code du travail.

Le règlement d'un fonds commun de placement d'entreprise peut prévoir qu'il peut investir dans la limite de 10 % dans les actifs mentionnés au II de l'article R. 214-32-18 et à l'article R. 214-32-19 du présent code, sauf s'il s'agit d'un fonds constitué en vue de gérer des titres émis par l'entreprise ou par toute entreprise qui lui est liée dans les conditions prévues aux articles L. 3344-1 et L. 3344-2 du Code du travail et qui ne sont pas admis aux négociations sur un marché réglementé tel que défini à l'article L. 421-1 du présent code. Cette limite est portée à 30 % pour les actions ou parts de FIA régis par les articles L. 214-28 et L. 214-30, conformément à l'article L. 3332-17 du Code du travail.

Art. D. 214-213 *(Mod., D. n° 2013-687, 25 juill. 2013).* – La règle posée à l'article D. 214-32-13 pour le montant minimal des actifs des fonds communs de placement n'est pas applicable aux fonds communs de placement d'entreprise relevant des articles L. 214-164 et L. 214-165.

Art. R. 214-213-1 *(D. n° 2017-485, 5 avr. 2017).* – Si un dépassement des limites prévues au *a* du V de l'article L. 214-164 intervient indépendamment de la volonté du fonds commun de placement d'entreprise, celui-ci doit avoir pour objectif prioritaire de régulariser cette situation en tenant compte de l'intérêt des actionnaires ou des porteurs de parts.

Art. R. 214-214 *(Mod., D. n° 2013-687, 25 juill. 2013).* – Sont considérées comme liquides au sens du troisième alinéa de l'article L. 3332-17 du Code du travail :

1° Les valeurs mobilières qui sont admises aux négociations sur un marché réglementé français ou étranger ;

2° Les actions ou parts d'OPCVM et de fonds d'investissement à vocation générale relevant du paragraphe 1 de la sous-section 2 de la présente section.

Le mécanisme garantissant la liquidité des titres non admis aux négociations sur un marché réglementé qui est prévu au troisième alinéa de l'article L. 3332-17 du Code du travail doit offrir une liquidité au moins équivalente à celle dont bénéficierait le fonds s'il détenait au moins un tiers de titres liquides. Ce mécanisme doit faire l'objet d'un contrat écrit annexé au règlement du fonds, qui précise notamment les modalités de son intervention et les frais qui peuvent être, le cas échéant, imputés sur l'actif du fonds.

Il peut être dénoncé à tout moment sur l'initiative de la société de gestion ou du conseil de surveillance à condition d'être remplacé par des dispositions d'effet équivalent.

Ce mécanisme est assuré par un établissement de crédit ou une entreprise d'assurance dont le siège social est situé dans un État membre de l'Union européenne ou dans un autre État partie à l'accord sur l'Espace économique européen.

Il peut être également assuré par une autre entité dans des conditions fixées par le règlement général de l'Autorité des marchés financiers lorsque le capital de l'entreprise est variable ou lorsque l'entreprise établit des comptes consolidés. Dans ce cas, l'approbation du mécanisme est renouvelée chaque année par le conseil de surveillance du fonds et par l'Autorité des marchés financiers.

Paragraphe 3 – Fonds communs de placement d'entreprise relevant de l'article L. 214-165-1

Art. R. 214-214-1 *(D. n° 2018-1004, 19 nov. 2018).* – Par dérogation aux articles R. 214-207 à R. 214-214, les dispositions du présent paragraphe sont applicables aux fonds communs de placement d'entreprise mentionnés au I de l'article L. 214-165-1.

Les articles R. 214-32-9 à D. 214-33 sont applicables à ces fonds. L'article D. 214-32-31 ne leur est pas applicable.

Art. R. 214-214-2 *(D. n° 2018-1004, 19 nov. 2018).* – Par dérogation aux I et II de l'article R. 214-32-29, les fonds communs de placement d'entreprise peuvent détenir, sans limitation, des valeurs mobilières émises par l'entreprise ou par une entreprise appartenant au même groupe au sens du I de l'article L. 214-165-1.

Les dispositions du I de l'article R. 214-32-35 ne sont pas applicables à ces fonds. Ces derniers ne peuvent toutefois détenir plus de 10 % d'instruments financiers assortis d'un droit de vote d'un même émetteur autre que les entreprises mentionnées à l'alinéa précédent.

Par dérogation aux dispositions du II de l'article R. 214-32-35 et de celles de l'alinéa précédent, ces fonds peuvent détenir plus de 10 % des titres émis par l'entreprise ou par toute entreprise appartenant au même groupe au sens du I de l'article L. 214-165-1.

Le montant cumulé des liquidités constatées lors de l'établissement de chacune des valeurs liquidatives de l'année en cours ne peut excéder le cinquième de la somme des actifs nets de la même période. Le collège de l'Autorité des marchés financiers peut décider d'apporter à cette règle des dérogations exceptionnelles.

Lorsque la proportion de l'actif d'un fonds investie en titres de l'entreprise ou de toute entreprise appartenant au même groupe au sens du I de l'article L. 214-165-1 tombe au-dessous du tiers, la société de gestion du fonds a, dans ses opérations d'achat et de vente de titres, pour objectif prioritaire de régulariser cette situation dans les plus brefs délais, tout en tenant compte de l'intérêt des porteurs de parts.

Art. R. 214-214-3 *(D. n° 2018-1004, 19 nov. 2018).* – Les articles L. 214-24-34, L. 214-24-41, L. 214-24-55, R. 214-32-33, R. 214-32-35 et R. 214-32-40 ainsi que les dispositions du présent paragraphe sont applicables à chacun des compartiments que comportent les fonds communs de placement d'entreprise.

Ces fonds et leurs compartiments peuvent investir en actions ou parts d'OPCVM ou de FIA relevant des paragraphes 1,2 et 6 de la sous-section 2, du sous-paragraphe 1 du paragraphe 1 ou du paragraphe 2 de la sous-section 3 de la présente section, sans que les limites ou restrictions prévues aux articles R. 214-32-29 et R. 214-32-34 ne leur soient applicables.

Art. R. 214-214-4 *(D. n° 2018-1004, 19 nov. 2018).* – Lorsque la composition des conseils de surveillance d'un fonds commun de placement d'entreprise et les modalités de désignation de ses membres sont fixées dans les conditions prévues au deuxième alinéa du I de l'article L. 214-164 :

1° Le règlement du fonds précise les modalités de désignation des représentants des porteurs de parts soit par l'élection, soit par choix opéré par les organes représentant les travailleurs ;

2° Le président du conseil de surveillance est choisi parmi les représentants des porteurs de parts.

Art. R. 214-214-5 *(D. n° 2018-1004, 19 nov. 2018).* – L'actif d'un fonds commun de placement d'entreprise mentionné à l'article L. 214-165-1 peut comprendre des parts de sociétés anonymes à responsabilité limitée émises par les entreprises régies par la loi n° 47-1775 du 10 septembre 1947 portant statut de la coopération lorsque ce fonds est souscrit par les travailleurs de ces entreprises ou par les travailleurs appartenant au même groupe que ces sociétés au sens du 1° du I du même article L. 214-165-1.

Le règlement du fonds peut prévoir que ce dernier puisse investir dans la limite de 10 % de son actif dans les actifs mentionnés au II de l'article R. 214-32-18 et à l'article R. 214-32-19 du présent code, sauf s'il s'agit d'un fonds constitué en vue de gérer des titres émis par l'entreprise ou par toute entreprise appartenant au même groupe au sens du I de l'article L. 214-165-1 du présent code et qui ne sont pas admis aux négociations sur une plate-forme de négociation d'un État partie à l'accord sur l'Espace économique européen ou sur une plate-forme de négociation d'un pays tiers reconnue équivalente. Cette limite est portée à 30 % pour les actions ou parts de FIA régis par les articles L. 214-28 et L. 214-30 ou pour les parts ou actions d'organismes de placement collectif immobilier.

Art. R. 214-214-6 *(D. n° 2018-1004, 19 nov. 2018).* – La règle énoncée à l'article D. 214-32-13 pour le montant minimal des actifs des fonds communs de placement n'est pas applicable aux fonds relevant du présent paragraphe.

Art. R. 214-214-7 *(D. n° 2018-1004, 19 nov. 2018).* – Sont considérées comme liquides au sens du IV de l'article L. 214-165-1 :

1° Les valeurs mobilières qui sont admises aux négociations sur une plate-forme de négociation d'un État partie à l'accord sur l'Espace économique européen ou sur une plateforme de négociation d'un pays tiers reconnue équivalente ;

2° Les actions ou parts d'OPCVM et de fonds d'investissement à vocation générale relevant du paragraphe 1 de la sous-section 2 de la présente section.

Le mécanisme garantissant la liquidité des titres non admis aux négociations sur une plateforme de négociation d'un État partie à l'accord sur l'Espace économique européen ou sur une plateforme de négociation d'un pays tiers reconnue équivalente qui est prévu au 1° du IV de l'article L. 214-165-1 doit offrir une liquidité au moins équivalente à celle dont bénéficierait le fonds s'il détenait au moins un tiers de titres liquides. Ce mécanisme doit faire l'objet d'un contrat écrit annexé au règlement du fonds, qui précise notamment les modalités de son intervention et les frais qui peuvent être, le cas échéant, imputés sur l'actif du fonds.

Il peut être dénoncé à tout moment sur l'initiative de la société de gestion de portefeuille ou du conseil de surveillance à condition d'être remplacé par des dispositions d'effet équivalent.

Ce mécanisme est assuré par un établissement de crédit ou une entreprise d'assurance dont le siège social est situé dans un État membre de l'Union européenne ou dans un autre État partie à l'accord sur l'Espace économique européen.

Il peut être également assuré par une autre entité dans des conditions fixées par le règlement général de l'Autorité des marchés financiers lorsque le capital de l'entreprise est variable ou lorsque l'entreprise établit des comptes consolidés. Dans ce cas, l'approbation du mécanisme est renouvelée chaque année par le conseil de surveillance du fonds et par l'Autorité des marchés financiers.

Art. R. 214-214-8 *(D. n° 2018-1004, 19 nov. 2018).* – I. – Pour l'application du 2° du III de l'article L. 214-165-1, la valeur d'expertise de l'entreprise est déterminée selon les modalités suivantes :

1° Lorsque les instruments de placement d'un plan d'épargne d'entreprise comportent la possibilité d'investir en titres de l'entreprise qui ne sont pas admis aux négociations sur une plateforme de négociation d'un État partie à l'accord sur l'Espace économique européen ou sur une plate-forme de négociation d'un pays tiers reconnue équivalente, leur évaluation est déterminée conformément aux méthodes définies au 2° du III de l'article L. 214-165-1, sans préjudice des dispositions légales spécifiques qui fixent les conditions de détermination de la valeur de ces titres ;

2° Les titres de capital sont évalués par l'entreprise, sous le contrôle du commissaire aux comptes, au moins une fois par exercice et chaque fois qu'un événement ou une série d'événements intervenus au cours d'un exercice sont susceptibles de conduire à une évolution substantielle de la valeur des titres de capital de l'entreprise.

Il est, en outre, procédé à une évaluation par des experts au moins tous les cinq ans. Cette évaluation est facultative dans les entreprises mentionnées au cinquième alinéa du III de l'article L. 214-165-1 dont les titres sont évalués en application du quatrième alinéa du même III.

II. – L'entreprise informe individuellement les travailleurs de cette valeur d'expertise, de son évolution par rapport à la dernière valeur communiquée, de la date de la prochaine publication de la valeur liquidative du fonds, des coordonnées de l'établissement auquel ils peuvent adresser leur demande de souscription, de rachat ou d'arbitrage de leurs avoirs ainsi que du délai dans lequel ils peuvent adresser cette demande. Cet établissement et le conseil de surveillance du fonds en sont également informés par l'entreprise.

L'entreprise s'engage auprès de la société de gestion de portefeuille à procéder aux informations mentionnées à l'alinéa précédent.

Art. R. 214-214-9 *(D. n° 2018-1004, 19 nov. 2018)*. – Lorsqu'une société procède à des augmentations de capital ou à des cessions de titres réservées à ses travailleurs, par l'intermédiaire du fonds commun de placement relevant du présent paragraphe, le bulletin de souscription est signé par la société de gestion de portefeuille du fonds.

La société émettrice notifie à la société de gestion de portefeuille du fonds le nombre de titres de capital souscrits ou le nombre de titres cédés. La société de gestion de portefeuille informe chaque porteur de parts du fonds du nombre de titres souscrits et lui adresse un relevé nominatif mentionnant la date de cessibilité de ces titres.

Art. R. 214-214-10 *(D. n° 2018-1004, 19 nov. 2018)*. – Dans le cas mentionné au 4° du III de l'article L. 214-165-1, ou bien la société émettrice, ou une entreprise du même groupe au sens du I de ce même article, s'engage à racheter ces titres à première demande du souscripteur à leur valeur nominale augmentée du coupon couru, ou bien il est instauré un mécanisme équivalent garantissant leur rachat à ces mêmes conditions. En outre, lorsque ces titres de créance figurent à l'actif d'un fonds relevant du présent paragraphe, la méthode de valorisation est définie par un expert indépendant, lors de la souscription par le fonds de ces titres et chaque fois qu'un évènement ou une série d'évènements ultérieurs sont susceptibles de conduire à une évolution substantielle du risque de défaillance de l'entreprise.

Paragraphe 4 – Sociétés à capital variable d'investissement salarié

Art. R. 214-215 *(Mod., D. n° 2013-687, 25 juill. 2013)*. – La gestion de l'actif d'une société d'investissement à capital variable d'actionnariat salarié définie à l'article L. 214-166 est régie par les dispositions applicables aux fonds mentionnés à l'article L. 214-165.

Art. D. 214-216 *(Mod., D. n° 2013-687, 25 juill. 2013)*. – Par dérogation à l'article D. 214-32-10, le montant minimal du capital initial d'une société d'investissement à capital variable d'actionnariat salarié est de 225 000 €.

Sous-section 5 – Organismes de financement

Paragraphe 1 – Dispositions communes aux organismes de financement

Sous-paragraphe 1 – Règlements ou statuts de l'organisme de financement

Art. R. 214-217 *(Mod., D. n° 2013-687, 25 juill. 2013 ; D. n° 2018-1004, 19 nov. 2018)*. – Le règlement ou les statuts de l'organisme de financement définissent :

1° La nature des risques auxquels l'organisme se propose de s'exposer ainsi que :

a) Lorsque l'organisme se propose d'acquérir des actifs, les caractéristiques de ces actifs ;

b) Lorsque l'organisme se propose de conclure des contrats constituant des instruments financiers à terme à des fins d'exposition, les conditions de conclusion et de dénouement de ces contrats, les caractéristiques des sous-jacents de ces contrats et, lorsque ces instruments répondent aux caractéristiques des dérivés de crédit, la nature et les caractéristiques des personnes sur lesquelles repose le risque de crédit ;

c) Lorsque l'organisme se propose d'octroyer des prêts, des garanties ou des sûretés ou de conclure des contrats transférant des risques d'assurance ou des contrats de sous-participation en risque ou en trésorerie, les caractéristiques de ces prêts, garanties, sûretés ou contrats ;

2° La stratégie de financement ou de couverture de ces risques, notamment :

a) Les conditions d'émissions de parts, actions ou titres de créance ;

b) Les conditions de recours à l'emprunt ;

c) Les conditions de conclusion et de dénouement des contrats constituant des instruments financiers à terme ou transférant des risques d'assurance à des fins de couverture ;

3° Les garanties que l'organisme se propose de recevoir, consenties à son bénéfice ou à celui des porteurs de parts, actions ou titres de créance qu'il a émis ;

4° Les garanties que l'organisme se propose de consentir ;

5° La stratégie d'investissement de l'actif de l'organisme, notamment :

a) La stratégie d'investissement des liquidités ;

b) Les conditions de recours à des opérations d'acquisition ou de cession temporaire d'instruments financiers ;

c) Les conditions de recours à des opérations de cession de créances non échues ou non déchues de leur terme.

Sous-paragraphe 2 – Règles générales de composition de l'actif et du passif de l'organisme de financement

Art. R. 214-218 *(Mod., D. n° 2013-687, 25 juill. 2013 ; D. n° 2018-1004, 19 nov. 2018).* – L'actif de l'organisme de financement peut être composé :

1° Pour les organismes de titrisation :

a) De créances, qu'elles soient régies par le droit français ou un droit étranger, dans les conditions définies à l'article D. 214-219, de liquidités, dans les conditions définies à l'article D. 214-232-4 ;

b) De titres de capital notamment reçus par conversion, échange ou remboursement de titres de créance ou de titres donnant accès au capital, ou par l'exercice des droits attachés à ces titres ;

c) De droits issus de prêts ;

d) De contrats constituant des instruments financiers à terme ou transférant des risques d'assurance ;

e) De garanties ;

f) De sûretés ;

g) Ou de sous-participations en risque ou en trésorerie ;

2° Pour les organismes de financement spécialisé :

a) D'instruments financiers ;

b) De créances, qu'elles soient régies par le droit français ou un droit étranger, dans les conditions définies à l'article D. 214-219 ;

c) De tout autre bien au sens de l'article L. 214-154 ;

d) De liquidités mentionnées au 1° de l'article D. 214-232-4, et notamment sous forme de dépôts, de titres de capital, de titres donnant accès au capital ;

e) De droits issus de prêts ;

f) De contrats constituant des instruments financiers à terme ;

g) De garanties ;

h) De sûretés ;

i) Ou de sous-participations en risque ou en trésorerie ;

3° D'actifs qui lui sont transférés au titre de la réalisation ou de la constitution des sûretés, garanties et accessoires attachés aux actifs détenus par l'organisme, conformément au III de l'article L. 214-169, ou au titre des sûretés et garanties qui lui sont accordées ou au titre de droits attachés ou relatifs à des créances qui lui sont transférées, résultant de contrats de crédit-bail ou de location avec option d'achat ;

4° D'actifs qui lui sont transférés au titre des engagements qu'il prend au travers de contrats constituant des instruments financiers à terme, dans les conditions définies à l'article R. 214-224.

Art. D. 214-219 *(Mod., D. n° 2013-687, 25 juill. 2013 ; D. n° 2018-1008, 19 nov. 2018).* – Les créances mentionnées au a du 1° et au b du 2° de l'article R. 214-218 éligibles à l'actif d'un organisme de financement sont :

1° Des créances résultant soit d'un acte déjà intervenu, soit d'un acte à intervenir, que le montant et la date d'exigibilité de ces créances soient ou non encore déterminés et que les débiteurs de ces créances soient ou non identifiés, y compris des créances immobilisées, douteuses ou litigieuses ;

2° Des titres de créance, représentant chacun un droit de créance sur l'entité qui les émet, transmissibles par inscription en compte ou tradition.

L'acquisition de créances par l'organisme de financement s'effectue par la cession des créances à l'organisme. Toutefois, l'organisme peut souscrire directement à l'émission des titres de créance mentionnés au présent 2° ou octroyer directement des prêts ou des sous participations en risque ou en trésorerie donnant naissance aux créances visées au 1° ci-dessus.

....

Art. R. 214-221 *(Mod., D. n° 2013-687, 25 juill. 2013 ; D. n° 2018-1004, 19 nov. 2018)*. – Le produit des parts, actions et titres de créance émis par l'organisme ou des emprunts contractés par lui peut être affecté au remboursement ou à la rémunération de ses parts, actions, titres de créance ou emprunts.

Art. R. 214-222 *(Mod., D. n° 2013-687, 25 juill. 2013 ; D. n° 2018-1004, 19 nov. 2018)*. – Lorsque les garanties octroyées par un organisme de financement en application du III de l'article L. 214-169 sont des sûretés, l'acte constitutif de ces sûretés définit la nature des biens ou droits que le bénéficiaire des sûretés peut utiliser ou aliéner. À défaut de cette indication, le bénéficiaire ne peut utiliser ou aliéner que des dépôts ou des liquidités.

Art. R. 214-223 *(Mod., D. n° 2013-687, 25 juill. 2013 ; D. n° 2018-1004, 19 nov. 2018)*. – L'organisme de financement peut recourir à des emprunts ou à d'autres formes de ressources dans les conditions prévues par son règlement ou ses statuts.

Sous-paragraphe 3. – Règles applicables aux instruments financiers à terme et à la cession de créances avant leur terme

Art. R. 214-224 *(D. n° 2013-687, 25 juill. 2013 ; mod., D. n° 2018-1004, 19 nov. 2018)*. – L'organisme de financement peut conclure des contrats constituant des instruments financiers à terme mentionnés au III de l'article L. 211-1 dans les conditions prévues par ses statuts ou son règlement.

Art. R. 214-225 *(D. n° 2013-687, 25 juill. 2013 ; D. n° 2014-1315, 3 nov. 2014 ; mod., D. n° 2018-1004, 19 nov. 2018)*. – L'organisme de financement peut procéder, dans la limite de son actif, à des opérations de pension ou à toute autre opération d'acquisition et de cession temporaire de titres, aux trois conditions suivantes :

1° Ces opérations sont réalisées avec une société de financement, un établissement de crédit ou une entreprise d'assurance dont le siège est établi dans un État partie à l'accord sur l'Espace économique européen ou membre de l'Organisation de coopération et de développement économiques, ou avec une personne morale de droit français ou une entité similaire de droit étranger garantie, au regard des obligations résultant de ces contrats, par un tel établissement ou une telle entreprise ;

2° Ces opérations portent sur les titres de créance mentionnés au 2° de l'article D. 214-219 ou sur les liquidités mentionnées aux 2° à 6° de l'article D. 214-232-4 ;

3° Ces opérations sont prises en compte pour l'application de la règle d'engagement mentionnée au VI de l'article L. 214-175-1 et au VI de l'article L. 214-190-1 ou, le cas échéant, au 5° de l'article D. 214-237. Le règlement ou les statuts de l'organisme précisent les objectifs et les conditions de recours à ces opérations.

Art. R. 214-226 *(D. n° 2013-687, 25 juill. 2013 ; mod., D. n° 2018-1004, 19 nov. 2018)*. – I. – Les cas mentionnés au deuxième alinéa de l'article L. 214-177 et au deuxième alinéa du I de l'article L. 214-183, dans lesquels l'approbation d'un programme d'activité spécifique n'est pas requise, sont les suivants :

1° Lorsque l'organisme fait l'objet d'une liquidation effectuée dans l'intérêt des porteurs de parts et de titres de créance émis précédemment ;

2° Lorsque le capital restant dû des créances non échues de l'organisme est inférieur à un pourcentage du montant maximal du capital restant dû des créances non échues constaté depuis la constitution de l'organisme, défini dans son règlement et n'excédant pas 10 % ;

3° Lorsque les parts, actions et titres de créance émis par l'organisme ne sont plus détenus que par un seul porteur et à sa demande ou lorsqu'ils ne sont plus détenus que par le ou les cédants et à leur demande ;

4° Lorsque l'organisme doit s'acquitter de ses engagements résultant notamment d'un contrat constituant un instrument financier à terme, d'un prêt, d'une garantie ou d'une sous participation en risque ;

5° En cas de dégradation de la situation financière d'une entreprise débitrice aboutissant à la détention de créances douteuses ou litigieuses ;

6° Lorsque la cession est effectuée afin de permettre à l'organisme de respecter ses règles d'investissement, précisées dans son règlement ou ses statuts.

II. – Les cessions des titres de créance détenus à titre de liquidités s'effectuent librement.

Les cessions temporaires de titres de créance s'effectuent dans les conditions définies à l'article R. 214-225.

Sous-paragraphe 4. – Règles applicables à la cession et au recouvrement des créances ainsi qu'à la conservation des actifs

Art. D. 214-227 *(Mod., D. n° 2013-687, 25 juill. 2013 ; D. n° 2018-1008, 19 nov. 2018).* – Le bordereau prévu au premier alinéa du V de l'article L. 214-169 comporte les énonciations suivantes :

1° La dénomination « acte de cession de créances » ;

2° La mention du fait que la cession est soumise aux dispositions des articles L. 214-169 à L. 214-175 ;

3° La désignation du cessionnaire ;

4° La désignation ou l'individualisation des créances cédées ou les éléments susceptibles d'y pourvoir, par exemple l'indication du débiteur ou du type de débiteurs, des actes ou des types d'actes dont les créances sont ou seront issues, du lieu de paiement, du montant des créances ou de leur évaluation et, s'il y a lieu, de leur échéance. La désignation ou l'individualisation des créances cédées ou les éléments susceptibles d'y pourvoir peuvent figurer sur un ou des fichiers pouvant le cas échéant prendre la forme électronique, dès lors que ce ou ces fichiers sont remis ou transmis par le cédant au cessionnaire au plus tard le jour de la remise du bordereau et que le bordereau fait référence à ce ou ces fichiers. Ce ou ces fichiers sont alors réputés faire partie intégrante du bordereau.

Lorsque la transmission des créances cédées est effectuée par un procédé informatique permettant de les identifier, le bordereau peut se borner à indiquer, outre les mentions prévues aux 1°, 2° et 3°, le moyen par lequel elles sont transmises, désignées ou individualisées ainsi que l'évaluation de leur nombre global.

La cession emporte l'obligation pour le cédant ou toute entité chargée du recouvrement de procéder, à la demande du cessionnaire, à la conservation des créances dans les conditions définies à l'article D. 214-229, ainsi qu'à tout acte nécessaire à la conservation des sûretés, des garanties et des accessoires attachés à ces créances, à leur modification éventuelle, à leur mise en jeu, à leur mainlevée et à leur exécution forcée.

Rédaction future. La cession emporte l'obligation pour le cédant ou toute entité chargée du recouvrement de procéder, à la demande du cessionnaire, à la conservation des créances dans les conditions définies *(Mots rempl. à compter du 1er janvier 2020, D. n° 2018-1008, 19 nov. 2018)* « à l'article D. 214-233 pour l'organisme de titrisation et à l'article L. 214-24-8 pour l'organisme de financement spécialisé », ainsi qu'à tout acte nécessaire à la conservation des sûretés, des garanties et des accessoires attachés à ces créances, à leur modification éventuelle, à leur mise en jeu, à leur mainlevée et à leur exécution forcée.

Le bordereau peut être établi, signé, conservé et transmis sous forme électronique.

Art. D. 214-227-1 *(D. n° 2018-1008, 19 nov. 2018).* – L'acte d'acceptation prévu au quatrième alinéa du 3° du V de l'article L. 214-169 comporte les énonciations suivantes :

1° La dénomination « acte d'acceptation de la cession ou du nantissement d'une créance professionnelle » ;

2° La mention du fait que l'acte d'acceptation est émis en application du quatrième alinéa du 3° du V de l'article L. 214-169 et qu'elle emporte les effets prévus à l'article L. 313-29, ou, le cas échéant, à l'article L. 313-29-1 ;

3° La désignation du cessionnaire ou du bénéficiaire ainsi que celle du cédant ou du débiteur.

L'acte d'acceptation peut être établi, signé, conservé et transmis sous forme électronique.

Art. D. 214-228 *(Mod., D. n° 2013-687, 25 juill. 2013 ; D. n° 2018-1008, 19 nov. 2018).* – I. – Le compte spécialement affecté au profit de l'organisme de financement, prévu à l'article L. 214-173, est un compte bancaire tenu par un établissement de crédit dont le siège est établi dans un État partie à l'accord sur l'Espace économique européen ou membre de l'Organisation de coopération et de développement économiques, y compris un compte existant ouvert au nom de toute entité chargée de l'encaissement de sommes dues ou bénéficiant directement ou indirectement à l'organisme.

Le caractère spécialement affecté de ce compte prend effet à la signature d'une convention de compte passée entre la société de gestion de l'organisme, le dépositaire de l'organisme, une entité, y compris, le cas échéant, la société de gestion agissant en cette qualité, chargée de l'encaissement de sommes dues ou bénéficiant directement ou indirectement à l'organisme et l'établissement teneur de compte, sans qu'il soit besoin d'autre formalité.

II. – Les sommes portées au crédit du compte bénéficient exclusivement à l'organisme. La société de gestion de l'organisme agissant au nom et au bénéfice de ce dernier, dispose de ces sommes dans des conditions définies dans la convention de compte.

Lorsque des sommes autres que celles dues ou bénéficiant à l'organisme sont versées sur ce compte, l'entité chargée de l'encaissement de sommes dues ou bénéficiant directement ou indirectement à l'organisme fait la preuve que ces sommes ne sont pas dues à l'organisme. Ces sommes sont alors retirées du compte dans les meilleurs délais selon des conditions définies dans la convention de compte.

III. – L'établissement teneur de compte est assujetti aux obligations suivantes :

1° Il informe les tiers saisissant le compte que ce dernier fait l'objet d'une affectation spéciale, en application de l'article L. 214-172, au profit de l'organisme de financement, rendant le compte et les sommes qui y sont portées indisponibles ;

2° Il ne peut effectuer d'opérations de fusion du compte avec un autre compte ;

3° Il se conforme aux seules instructions de la société de gestion de l'organisme agissant au nom et au bénéfice de ce dernier, pour les opérations de débit du compte, sauf si la convention de compte autorise l'entité chargée de l'encaissement de sommes dues ou bénéficiant directement ou indirectement à l'organisme à procéder à des débits du compte dans des conditions qu'elle définit.

Lorsque, la société de gestion encaisse des sommes dues ou bénéficiant directement ou indirectement à l'organisme, le règlement ou les statuts de l'organisme précise si cet encaissement a lieu sur un compte ouvert au nom de l'organisme ou sur un compte ouvert au nom de la société de gestion et spécialement affecté en application du deuxième alinéa de l'article L. 214-173.

Lorsque la société de gestion est également désignée comme entité chargée de l'encaissement des sommes dues ou bénéficiant directement ou indirectement à l'organisme de financement conformément au deuxième alinéa de l'article L. 214-173 et lorsqu'elle agit en cette qualité, elle en fait expressément mention dans ses rapports avec les tiers. À défaut, elle est réputée agir en sa qualité d'entité chargée de la gestion de l'organisme de financement conformément au III de l'article L. 214-168.

Art. D. 214-229 *(Mod., D. n° 2013-687, 25 juill. 2013)*. – Le dépositaire de l'organisme de titrisation assure la conservation de la trésorerie et des créances de l'organisme.

Toutefois, le cédant ou l'entité chargée du recouvrement des créances cédées à l'organisme peut assurer la conservation des créances mentionnées au 1° de l'article D. 214-219, aux conditions cumulatives suivantes :

1° Le dépositaire de l'organisme assure, sous sa responsabilité, la conservation des bordereaux de cession de ces créances à l'organisme ;

2° Le cédant ou la personne ou l'établissement chargé du recouvrement des créances cédées à l'organisme assure, sous sa responsabilité, la conservation des contrats et autres supports relatifs à ces créances et aux sûretés, garanties et accessoires qui y sont attachés, et met en place à cet effet des procédures de conservation documentées et un contrôle interne régulier et indépendant portant sur le respect de ces procédures ;

3° Selon des modalités définies dans une convention passée entre le cédant ou la personne ou l'entité chargée du recouvrement des créances cédées à l'organisme, le dépositaire des actifs de l'organisme et la société de gestion de l'organisme :

a) Le dépositaire de l'organisme s'assure, sur le fondement d'une déclaration du cédant ou de l'entité chargée du recouvrement, de la mise en place des procédures mentionnées au 2°. Cette déclaration doit permettre au dépositaire de l'organisme de vérifier que le cédant ou l'établissement chargé du recouvrement des créances a mis en place des procédures garantissant la réalité des créances cédées et des sûretés, garanties et accessoires qui y sont attachés et la sécurité de leur conservation et que ces créances sont recouvrées au seul bénéfice de l'organisme ;

b) À la demande de la société de gestion de l'organisme ou du dépositaire de l'organisme, le cédant ou l'entité chargée du recouvrement des créances cédées à l'organisme doit remettre dans les meilleurs délais au dépositaire des actifs de l'organisme ou à toute autre entité désignée par ce dépositaire et la société de gestion de l'organisme les originaux des contrats et supports mentionnés au 2°.

Le règlement ou les statuts de l'organisme précisent les modalités de conservation de la trésorerie et des créances de l'organisme.

Sous-paragraphe 5. – Obligations d'information

Art. R. 214-230 *(D. n° 2013-687, 25 juill. 2013)*. – Les informations mentionnées à l'article L. 214-171 sont communiquées à la Banque de France par la société de gestion de l'organisme.

Sous-paragraphe 6 : Dispositions particulières aux organismes de financement à compartiments

Art. R. 214-231 *(D. n° 2013-687, 25 juill. 2013 ; mod., D. n° 2018-1004, 19 nov. 2018)*. – Lorsque l'organisme de financement comporte plusieurs compartiments, les dispositions de la présente sous-section sont applicables à chacun des compartiments.

Sous-paragraphe 7 : Dispositions de coordination

Art. R. 214-231-1 *(D. n° 2018-1004, 19 nov. 2018)*. – Les organismes de financement mentionnés au 2° *quater* du A de l'article R. 332-2 du Code des assurances sont des organismes de financement au sens de l'article L. 214-166-2 du présent code.

§ 2. – Dispositions spécifiques aux organismes de titrisation

Art. D. 214-232 *(D. n° 2018-1008, 19 nov. 2018)*. – Les organismes de titrisation mentionnés au II de l'article L. 214-167 sont ceux dont l'objet est d'être exposé, dans une proportion supérieure à 50 % de l'actif de l'organisme dans les conditions définies à l'article D. 214-232-2, à des risques prenant la forme soit de titres financiers, soit de tout autre actif ne constituant pas une exposition à un risque d'assurance ou de crédit notamment les créances mentionnées à l'article D. 214-219, dès lors que lesdits titres ou actifs sont gérés de manière discrétionnaire par la société de gestion ou prennent la forme de contrats financiers conclus, gérés ou résiliés de façon discrétionnaire par la société de gestion.

Art. D. 214-232-1 *(D. n° 2018-1008, 19 nov. 2018)*. – Nonobstant les dispositions de l'article D. 214-232, sont exclus du champ du II de l'article de L. 214-167 les organismes de titrisation suivants :

1° Les fonds de prêts à l'économie visés au I de l'article R. 332-14-2 du Code des assurances ;

2° Les organismes constituant une ou plusieurs opérations de titrisation au sens du paragraphe 61 du 1 de l'article 4 du règlement (UE) n° 575/2013 du Parlement européen et du Conseil du 26 juin 2013 ;

3° Les organismes émettant des titres de créances dans le cadre d'un programme de papier commercial adossé à des actifs au sens du I de l'article 210 de l'arrêté du 20 février 2007 relatif aux exigences de fonds propres applicables aux établissements de crédit et aux entreprises d'investissement.

Art. D. 214-232-2 *(D. n° 2018-1008, 19 nov. 2018)*. – Pour les besoins du calcul de la proportion de 50 % mentionnée à l'article D. 214-232, il est tenu compte des expositions détenues directement ou indirectement par l'organisme de titrisation, y compris au travers de toute entité tierce.

Sont exclus du calcul de la proportion de 50 % mentionnée à l'article D. 214-232 les actifs et opérations suivants :

1° L'achat et la détention à titre temporaire et accessoire des liquidités mentionnées à l'article R. 214-218, et des parts ou actions d'OPCVM ou FIA monétaires court terme, dans les conditions fixées par le règlement général de l'Autorité des marchés financiers ;

2° La détention à titre temporaire de titres de créances, en exécution, notamment, d'opérations de pension livrées, de prêts de titres ou d'opérations équivalentes ;

3° Tout contrat financier conclu à des fins de couverture des risques auxquels l'organisme de titrisation est exposé par ailleurs ou à des fins d'exposition à un risque d'assurance ou de crédit ;

4° les titres de créances souscrits directement auprès des émetteurs.

Art. D. 214-232-3 *(D. n° 2018-1008, 19 nov. 2018)*. – Toute décision de la société de gestion d'un organisme de titrisation en vue d'acheter et de vendre des titres financiers, de conclure, gérer ou de résilier des contrats financiers ou de modifier tout ou partie des risques auxquels est exposé l'organisme de titrisation par la conclusion de tels contrats ne relève pas de la gestion discrétionnaire mentionnée à l'article D. 214-232 lorsqu'elle est prise alternativement :

1° Dans le cadre de conditions limitativement énumérées par le règlement ou les statuts de l'organisme de titrisation et pour respecter les critères de sélection des actifs sous-jacents définis dans ces mêmes documents ;

2° Lorsque l'acquisition est effectuée dans un but de conservation jusqu'au terme échu sauf en cas d'acte de gestion intervenant à la suite de circonstances nouvelles et si elle n'a pas pour objet exclusif, s'agissant de titres financiers ou d'autres actifs, de générer une plus-value par rapport au prix d'acquisition de l'actif considéré ou, dans le cas de contrats financiers, d'obtenir le paiement d'un solde unique en faveur de l'organisme de titrisation.

Art. D. 214-232-4 *(D. n° 2018-1008, 19 nov. 2018).* – Les liquidités mentionnées au a du 1° de l'article R. 214-218 éligibles à l'actif de l'organisme de titrisation sont :

1° Des dépôts effectués auprès d'un établissement de crédit dont le siège est établi dans un État partie à l'accord sur l'Espace économique européen ou membre de l'Organisation de coopération et de développement économiques qui peuvent être remboursés ou retirés à tout moment à la demande de l'organisme ;

2° Des bons du Trésor ou titres de dette émis par un État partie à l'accord sur l'Espace économique européen ou membre de l'Organisation de coopération et de développement économiques ;

3° Des titres de créance mentionnés au 2° de l'article D. 214-219, sous réserve qu'ils soient admis aux négociations sur un marché réglementé situé dans un État partie à l'accord sur l'Espace économique européen et à l'exception des titres donnant accès directement ou indirectement au capital d'une société ;

4° Des titres de créance négociables ;

5° Des parts ou actions d'OPCVM ou de FIA relevant des paragraphes 1,2 et 6 de la sous-section 2, du sous-paragraphe 1 du paragraphe 1 ou du paragraphe 2 de la sous-section 3 de la présente section investis principalement en titres de créance mentionnés aux 3° et 4° ci-dessus ;

6° Des parts ou actions d'organismes de titrisation ou d'entités similaires de droit étranger, à l'exception de ses propres parts.

Le règlement ou les statuts de l'organisme précisent les règles d'emploi de ces liquidités.

Art. R. 214-234 *(D. n° 2018-1004, 19 nov. 2018).* – L'organisme de titrisation peut accorder les prêts mentionnés au V de l'article L. 214-175-1 dans les conditions définies par les articles R. 214-203-1, R. 214-203-2, R. 214-203-3 à l'exception de son I, R. 214-203-4, R. 214-203-5 à l'exception de son III et R. 214-203-6 à R. 214-203-9. Pour l'application de ces articles, l'organisme de titrisation est assimilé au fonds professionnel spécialisé et les porteurs de titres de créance sont assimilés aux porteurs de parts ou actionnaires. L'emprunt mentionné à l'article R. 214-203-6 ne concerne pas l'émission de titres de créance.

Art. D. 214-234 *(D. n° 2013-687, 25 juill. 2013).* – Le montant minimal d'une part à l'émission est de 150 euros ou son équivalent dans l'unité monétaire de l'émission.

Sous-paragraphe 1 : Dispositions particulières aux fonds communs de titrisation

Art. R. 214-234-1. – Le fonds commun de titrisation peut émettre des titres de créance négociables et des obligations ou des titres de créance émis sur le fondement d'un droit étranger.

Le règlement du fonds précise les caractéristiques et les modalités d'émission des titres de créance.

Le passif d'un fonds commun de titrisation comprend à tout moment un nombre minimal de deux parts.

Le montant minimal d'une part à l'émission est de 150 euros ou son équivalent dans l'unité monétaire de l'émission.

Art. R. 214-235 *(D. n° 2013-687, 25 juill. 2013).* – Le paiement des sommes exigibles au titre des parts émises par le fonds est subordonné au paiement des sommes exigibles de toute nature dues aux porteurs de titres de créance émis par le fonds ou aux personnes auprès desquelles des emprunts ont été contractés ou des engagements résultant des contrats constituant des instruments financiers à terme conclus par le fonds.

Sous-paragraphe 2 : Dispositions particulières aux organismes de titrisation ou aux compartiments d'organismes de titrisation supportant des risques d'assurance

Art. D. 214-236 *(Mod., D. n° 2013-687, 25 juill. 2013).* – Les risques d'assurance mentionnés à l'article L. 214-187 sont ceux relevant des branches 1 à 26 mentionnées à l'article R. 321-1 du Code des assurances.

Art. D. 214-237 *(Mod., D. n° 2013-687, 25 juill. 2013 ; D. n° 2018-1008, 19 nov. 2018).* – Un organisme de titrisation relevant du présent sous-paragraphe peut conclure des contrats transférant des risques d'assurance dans les conditions prévues par ses statuts ou son règlement, aux conditions suivantes :

1° Ces contrats sont conclus avec :

a) Une entreprise d'assurance ou de réassurance régie par le Code des assurances, une mutuelle ou union régie par le livre II du Code de la mutualité, une institution de prévoyance ou une union régie par les dispositions du titre III du livre IX du Code de la sécurité sociale ;

b) Une entreprise d'assurance ou de réassurance établie et agréée dans un autre État de l'Union européenne ou dans un État partie à l'accord sur l'Espace économique européen ;

c) Une entreprise d'assurance ou de réassurance établie dans un pays tiers, figurant sur une liste arrêtée par le ministre chargé de l'économie ;

d) Un organisme de titrisation relevant du présent sous-paragraphe ;

e) Un organisme dont l'objet est similaire et, lorsque ces contrats sont conclus à des fins de couverture, situé dans un État partie à l'accord sur l'Espace économique européen et ayant reçu l'agrément prévu par l'article 46 de la directive 2005/68/CE du Parlement européen et du Conseil du 16 novembre 2005 relative à la réassurance ;

2° Les engagements créés par ces contrats donnent lieu à un règlement en espèces ;

3° Ces contrats portent :

a) Soit sur la couverture de tout ou partie des pertes supportées par l'organisme ou son cocontractant au titre de contrats d'assurance ou de réassurance ou de contrats relevant du présent article auxquels l'organisme ou son cocontractant est partie ;

b) Soit sur le versement d'une ou plusieurs sommes dont le montant dépend de paramètres associés à la réalisation du risque d'assurance cédé à l'organisme ;

4° Ces contrats ne peuvent donner lieu à engagement illimité de l'organisme de titrisation ;

5° À tout moment, la perte nette maximale de l'organisme résultant de l'ensemble des contrats conclus transférant des risques d'assurance ainsi que, le cas échéant, des contrats conclus constituant des instruments financiers à terme, évaluée en prenant en compte les couvertures dont il bénéficie, ne peut être supérieure à la valeur de son actif ;

6° Le règlement ou les statuts de l'organisme de titrisation définissent la nature des risques auxquels l'organisme se propose de s'exposer ainsi que lorsque l'organisme se propose de conclure des contrats transférant des risques d'assurance, les caractéristiques de ces contrats.

Art. D. 214-238 *(Mod., D. n° 2013-687, 25 juill. 2013 ; D. n° 2018-1008, 19 nov. 2018).* – Un organisme de titrisation relevant du présent sous-paragraphe ne peut céder ou transférer, en une ou plusieurs fois, les contrats transférant des risques d'assurance et les créances détenues sur des organismes d'assurance et de réassurance que dans les cas suivants :

1° Lorsque l'organisme de titrisation fait l'objet d'une liquidation effectuée dans l'intérêt des porteurs de parts et de titres de créance émis précédemment ;

2° Lorsque l'engagement de l'organisme de titrisation au titre des contrats transférant des risques d'assurance est inférieur à un pourcentage du maximum de cet engagement constaté depuis la constitution de l'organisme, défini dans son règlement et n'excédant pas 10 % ;

3° Lorsque les parts ou actions et titres de créance émis par cet organisme ne sont plus détenus que par un seul porteur et à sa demande ou lorsqu'ils ne sont plus détenus que par le ou les cédants et à leur demande.

Art. D. 214-239 *(Mod., D. n° 2013-687, 25 juill. 2013 ; D. n° 2015-513, 7 mai 2015).* – Pour accorder l'agrément mentionné à l'article L. 214-189, l'Autorité de contrôle prudentiel et de résolution vérifie que le règlement ou les statuts de l'organisme, notamment en ce qui concerne la composition de l'actif et la stratégie de couverture des risques, sont compatibles avec la règle de financement en totalité de ses engagements, définie au 5° de l'article D. 214-237. L'Autorité vérifie également que l'ensemble des conditions énoncées à l'article 318 du règlement délégué (UE) n° 2015/35 de la Commission du 10 octobre 2014 sont satisfaites.

Art. D. 214-240 *(Mod., D. n° 2013-687, 25 juill. 2013).* – Pour la délivrance de l'agrément mentionné à l'article L. 214-189, l'Autorité de contrôle prudentiel et de résolution se prononce dans un délai de trente jours à compter de l'avis de réception de la demande. L'absence de notification de sa décision par l'Autorité au terme de ce délai vaut décision d'agrément.

Lorsque l'Autorité demande des informations complémentaires, elle le notifie par écrit en précisant que les éléments demandés doivent lui parvenir dans un délai de soixante jours. À défaut de réception de ces éléments dans ce délai, la demande d'agrément est réputée rejetée. Dès réception de l'intégralité des informations demandées, l'Autorité en accuse réception par écrit. Cet accusé de réception mentionne un nouveau délai d'instruction qui ne peut excéder trente jours.

Paragraphe 3 – Dispositions spécifiques aux organismes de financement spécialisé

Art. R. 214-240-1 *(D. n° 2018-1004, 19 nov. 2018).* – L'organisme de financement spécialisé peut accorder des prêts mentionnés au second alinéa du V de l'article L. 214-190-1 dans les conditions définies par les articles R. 214-203-1 à R. 214-203-9. Pour l'application de ces articles, l'organisme de financement spécialisé est assimilé au fonds professionnel spécialisé. L'emprunt mentionné à l'article R. 214-203-6 ne concerne pas l'émission de titres de créance.

Art. D. 214-240-2 *(D. n° 2018-1004, 19 nov. 2018).* – 1° L'organisme de financement spécialisé peut émettre des titres de créance négociables et des obligations ou des titres de créance émis sur le fondement d'un droit étranger.

2° Le règlement ou les statuts de l'organisme précisent les caractéristiques et les modalités d'émission des titres de créance.

3° Le passif d'un fonds de financement spécialisé comprend à tout moment un nombre minimal de deux parts.

4° Le montant minimal d'une part à l'émission est de 150 euros ou son équivalent dans l'unité monétaire de l'émission.

Art. D. 214-240-3 *(D. n° 2018-1004, 19 nov. 2018).* – Le risque de crédit associé à la détention des parts, actions ou titres de créance émis par un organisme de financement spécialisé ne fait l'objet d'aucune subordination dès lors que le paiement des intérêts et le remboursement du principal aux porteurs de titres de créance dépendent de la performance des actifs détenus par l'organisme de financement spécialisé et :

a) Soit le montant des parts émises par le fonds de financement spécialisé ne représente pas plus de 0,5 % en valeur du montant nominal des titres de créances émis ou 300 euros ou son équivalent dans l'unité monétaire de l'émission ; ou le montant des actions émises par la société de financement spécialisé ne représente pas plus de 0,5 % en valeur du montant nominal des titres de créances émis ;

b) Soit le règlement ou les statuts de l'organisme prévoient en cas de perte en capital sur les actifs détenus par l'organisme que cette perte sera allouée de manière égale entre les porteurs de parts, les actionnaires et les porteurs de titres de créance au prorata de leurs droits respectifs ;

c) Soit chaque investisseur de l'organisme de financement spécialisé détient à tout moment une proportion identique du montant de chaque catégorie de parts, actions et titres de créances émis par celui-ci.

Pour l'application du a du présent article, les titres de créances émis par un même organisme de financement spécialisé ne doivent pas faire l'objet d'une subordination entre eux.

Art. D. 214-240-4 *(D. n° 2018-1004, 19 nov. 2018).* – Dans les conditions prévues par le règlement ou les statuts de l'organisme, les parts ou actions émises par l'organisme de financement spécialisé peuvent donner lieu à des demandes de rachat par leurs porteurs ou actionnaires et les titres de créances émis peuvent donner lieu à des demandes de remboursement par anticipation, sur la base de la valeur liquidative de l'organisme calculée en application de l'article L. 214-24-14. Dans le cas où l'organisme peut accorder des prêts, les conditions de rachat des parts ou actions prévues par le règlement ou les statuts respectent les conditions visées au III de l'article R. 214-203-5.

Section III. – Autres placements collectifs

Art. D. 214-241 *(D. n° 2013-687, 25 juill. 2013).* – I. – Les dispositions de la sous-section 1, excepté son paragraphe 1, des paragraphes 1 et 6 de la sous-section 2 de la section 2 ou, lorsque cet « Autre placement

collectif » est ouvert à des investisseurs professionnels, du sous-paragraphe 1 du paragraphe 1 et du sous-paragraphe 1 du paragraphe 2 de la sous-section 3 de la section 2 du présent chapitre, sont applicables aux SICAV mentionnées au 1° du I de l'article L. 214-191.

II. – Les dispositions de la sous-section 1, excepté son paragraphe 1, et du paragraphe 3 de la sous-section 2 de la section 2 ou, lorsque cet « Autre placement collectif » est ouvert à des investisseurs professionnels, du sous-paragraphe 2 du paragraphe 1 de la sous-section 3 de la section 2 du présent chapitre, sont applicables aux sociétés de placement à prépondérance immobilière à capital variable mentionnées au 2° du I de l'article L. 214-191.

....

Partie législative

TITRE II. – LES PRODUITS D'ÉPARGNE
(extraits)

CHAPITRE I. – PRODUITS D'ÉPARGNE GÉNÉRALE À RÉGIME FISCAL SPÉCIFIQUE

Section I. – Le livret A

Art. L. 221-1 *(Mod., Ord. n° 2005-429, 6 mai 2005 ; rempl., L. n° 2008-776, 4 août 2008).* **– Le livret A peut être proposé par tout établissement de crédit habilité à recevoir du public des fonds à vue et qui s'engage à cet effet par convention avec l'État.**

....

CHAPITRE II. – PRODUITS D'ÉPARGNE SALARIALE

Section unique. – Le plan d'épargne d'entreprise

Art. L. 222-1. – Les règles relatives au plan d'épargne d'entreprise sont fixées par les articles L. 443-1 à L. 443-8 du Code du travail.

....

Partie réglementaire

Art. R. 222-1. – Les articles R. 443-1 à R. 443-14 du Code du travail déterminent les modalités d'application des règles relatives au plan d'épargne d'entreprise, fixées par les articles L. 443-1 à L. 443-8 de ce code.

....

Partie législative

CHAPITRE III. – BONS DE CAISSE

Section I. – Dispositions communes

Bibliographie : S. Le Normand-Caillère, *Les bons de caisse, des instruments de financement rénovés au service des entreprises* : *Dr. sociétés* 2017, étude 12. • R. Vabres, *Bons de caisse, minibons, blockchain... résurrection ou révolution ?* : *Dr. sociétés* 2016, repère 7.

Art. L. 223-1 *(Mod., Ord. n° 2016-520, 28 avr. 2016).* **– Les bons de caisse sont des titres nominatifs et non négociables comportant engagement par un commerçant de payer à échéance déterminée, délivrés en contrepartie d'un prêt. Les conditions de leur émission et de leur mise en vente ou en circulation, par voie d'offre au public, sont régies par les dispositions du présent chapitre.**

Les bons de caisse ne peuvent, dans une même émission, conférer des droits de créance identiques pour une même valeur nominale.

Art. L. 223-2 *(Mod., Ord. n° 2016-520, 28 avr. 2016).* – Seuls peuvent émettre des bons de caisse :

1° Les établissements de crédit ;

2° Les personnes physiques et sociétés qui exercent en qualité de commerçant et ont établi le bilan de leur *(Mot rempl., L. n° 2019-486, 22 mai 2019)* « premier » exercice commercial.

Les bons de caisse sont souscrits directement auprès de ces personnes.

Toute émission de bons de caisse est interdite aux sociétés de financement.

Art. L. 223-3 *(Mod., Ord. n° 2016-520, 28 avr. 2016).* – Les bons de caisse ne peuvent être souscrits à plus de *(Mot rempl., L. n° 2019-486, 22 mai 2019)* « sept » années d'échéance.

Art. L. 223-4 *(Mod., Ord. n° 2016-520, 28 avr. 2016).* – Les bons de caisse sont inscrits au nom de leur propriétaire dans un registre tenu par l'émetteur.

L'émetteur remet au propriétaire du bon de caisse un certificat d'inscription dans le registre et, lorsqu'il est au nombre des personnes mentionnées au 2° de l'article L. 223-2, met à sa disposition ses derniers comptes annuels, dont il atteste la sincérité. Un décret précise, pour chaque catégorie d'émetteur de bons de caisse, les mentions figurant sur le certificat d'inscription.

L'émetteur de bons de caisse ne peut se prévaloir des dispositions de l'article L. 232-25 du Code de commerce.

Art. L. 223-5 *(Mod., Ord. n° 2016-520, 28 avr. 2016).* – La cession de bons de caisse s'effectue selon les modalités prévues à la section 1 du chapitre II du titre IV du livre III du Code civil.

Section II. – Les minibons

Bibliographie : E. Rogey, *Minibons : un nouvel instrument de financement participatif sous la supervision de l'Autorité des marchés financiers : Bull. Joly Bourse* 2016, p. 310.

Art. L. 223-6 *(Ord. n° 2016-520, 28 avr. 2016).* – Par dérogation aux dispositions du quatrième alinéa de l'article L. 223-2, les bons de caisse peuvent faire l'objet d'une offre par l'intermédiaire d'un prestataire de services d'investissement ou d'un conseiller en investissements participatifs au moyen d'un site internet remplissant les caractéristiques fixées par le règlement général de l'Autorité des marchés financiers. Ils prennent alors la dénomination de minibons.

Art. L. 223-7 *(Ord. n° 2016-520, 28 avr. 2016).* – Parmi les personnes mentionnées à l'article L. 223-2, seules les sociétés par actions et les sociétés à responsabilité limitée dont le capital est intégralement libéré peuvent émettre des minibons.

Art. L. 223-8 *(Ord. n° 2016-520, 28 avr. 2016).* – Par dérogation aux dispositions du deuxième alinéa de l'article L. 223-1, les sociétés mentionnées à l'article L. 223-7 peuvent émettre des minibons conférant un droit de créance identique pour une même valeur nominale.

Art. L. 223-9 *(Ord. n° 2016-520, 28 avr. 2016).* – Le montant total des offres de minibons d'un même émetteur n'excède pas un montant, calculé sur une période de douze mois, fixé par décret.

Art. L. 223-10 *(Ord. n° 2016-520, 28 avr. 2016).* – Le taux d'intérêt conventionnel applicable aux prêts en contrepartie desquels les bons de caisse sont délivrés est de nature fixe. Il n'excède pas le taux mentionné à l'article L. 313-5-1.

Les conditions d'amortissement de la valeur nominale des bons de caisse et celles du paiement des intérêts dus sont fixées par décret.

Art. L. 223-11 *(Ord. n° 2016-520, 28 avr. 2016).* – Un décret précise les mentions relatives au prestataire de services d'investissement ou au conseiller en investissements participatifs qui figurent sur le certificat d'inscription prévu à l'article L. 223-4.

Art. L. 223-12 *(Ord. n° 2016-520, 28 avr. 2016).* – Sans préjudice des dispositions de l'article L. 223-4, l'émission et la cession de minibons peuvent également être inscrites dans un dispositif d'enregistrement électronique partagé permettant l'authentification de ces opérations, dans des conditions, notamment de sécurité, définies par décret en Conseil d'État.

Art. L. 223-13 *(Ord. n° 2016-520, 28 avr. 2016).* **– Le transfert de propriété de minibons résulte de l'inscription de la cession dans le dispositif d'enregistrement électronique mentionné à l'article L. 223-12, qui tient lieu de contrat écrit pour l'application des articles 1321 et 1322 du Code civil. À défaut, par dérogation aux dispositions de l'article 1323 de ce code, le transfert de propriété de minibons résulte de leur inscription au nom de l'acquéreur dans le registre prévu à l'article L. 223-4.**

Les opérations de cession de minibons sont notifiées à l'émetteur ainsi qu'au prestataire de services d'investissement ou au conseiller en investissements participatifs.

TITRE III. – DISPOSITIONS PÉNALES

(extraits)

CHAPITRE I. – INFRACTIONS RELATIVES AUX INSTRUMENTS FINANCIERS

Section I. – Infractions relatives aux titres

Sous-section 1. – Obligations

Art. L. 231-1 *(Mod., L. n° 2003-706, 1er août 2003 ; Ord. n° 2005-429, 6 mai 2009).* **– Les infractions relatives aux obligations sont prévues et sanctionnées dans les conditions fixées par l'article L. 245-9 du Code de commerce.**

Sous-section 2. – Titres émis par des associations

Art. L. 231-2 *(Abr., L. n° 2012-387, 22 mars 2012).*

Section II. – Infractions relatives aux placements collectifs

Sous-section 1. – Dispositions relatives aux organismes de placement collectif en valeurs mobilières, aux fonds communs de créances et aux organismes de placement collectif immobilier (1)

(Ord. n° 2005-1278, 13 oct. 2005)

Art. L. 231-3 *(Anc. L. n° 88-1201, 23 déc. 1988).* **– Est puni d'un emprisonnement de deux ans et d'une amende de 750 000 euros le fait de diriger en droit ou en fait un organisme qui procède à des placements collectifs en valeurs mobilières sans avoir été agréé ou qui poursuit son activité malgré un retrait d'agrément.**

Art. L. 231-4 *(Mod., Ord. n° 2005-1278, 13 oct. 2005 ; Ord. n° 2008-556, 13 juin 2008 ; Ord. n° 2011-915, 1er août 2011 ; Ord. n° 2013-676, 25 juill. 2013 ; Ord. n° 2017-1432, 4 oct. 2017).* **– I. – Est puni d'un emprisonnement de deux ans et d'une amende de 15 000 euros le fait, pour les dirigeants de la société de gestion d'un fonds commun de placement, d'un fonds de placement immobilier, d'un fonds professionnel de placement immobilier, un fonds de financement spécialisé, ou un fonds commun de titrisation, de ne pas provoquer la désignation du commissaire aux comptes du fonds dans les conditions prévues à l'article L. 214-8-6.**

II. – Est puni d'un emprisonnement de cinq ans et d'une amende de 18 000 euros le fait, pour tout commissaire aux comptes, soit en son nom personnel, soit au titre d'associé dans une société de commissaires aux comptes, de donner ou confirmer des informations mensongères sur la situation du fonds commun de placement, du fonds de placement immobilier, du fonds professionnel de placement immobilier, un fonds de financement spécialisé, ou un fonds commun de titrisation, ou de ne pas révéler au procureur de la République les faits délictueux dont il a eu connaissance.

III. – Est puni d'un emprisonnement de cinq ans et d'une amende de 18 000 euros le fait, pour les dirigeants de la société de gestion ou de la personne morale dépositaire d'un fonds commun de placement, d'un fonds de placement immobilier, d'un fonds professionnel de placement immobilier, un fonds de financement spécialisé,

(1) T. appl. : D. n° 89-623, 6 sept. 1989, D. n° 89-624, 6 sept. 1989 et D. n° 2004-1255, 24 nov. 2004.

ou un fonds commun de titrisation, et pour toutes personnes placées sous leur autorité, de mettre obstacle aux vérifications ou contrôles des commissaires aux comptes ou de leur refuser la communication sur place de toutes les pièces utiles à l'exercice de leur mission et, notamment, de tous contrats, livres, documents comptables et registres de procès-verbaux.

Art. L. 231-5 *(Mod., L. n° 2014-1, 2 janv. 2014).* – Est puni des peines prévues aux articles 313-1,313-7 et 313-8 du Code pénal, le fait, pour toute personne, de méconnaître les obligations mentionnées, au dernier alinéa de l'article L. 214-42 dans sa rédaction antérieure à l'ordonnance n° 2011-915 du 1er août 2011 relative aux OPCVM et à la modernisation du cadre juridique de la gestion d'actifs et au dernier alinéa de l'article L. 214-170.

Art. L. 231-6. – Toute condamnation prononcée définitivement à l'encontre des dirigeants de la société de gestion ou de ceux du dépositaire, en application de l'article L. 231-3, du I et du III de l'article L. 231-4, des articles L. 231-5 et L. 231-7, entraîne de plein droit la cessation de leurs fonctions et l'incapacité d'exercer lesdites fonctions.

Le tribunal saisi de l'action en responsabilité prévue à l'article L. 214-28 peut prononcer à la demande de tout porteur de parts la révocation des dirigeants de la société de gestion ou de ceux du dépositaire.

En outre, le dépositaire peut demander au tribunal la révocation des dirigeants de la société de gestion ; il doit en informer le commissaire aux comptes.

Dans ces trois cas, un administrateur provisoire est nommé par le tribunal jusqu'à la désignation de nouveaux dirigeants ou, si cette désignation apparaît impossible, jusqu'à la liquidation.

Art. L. 231-7 *(Anc. L. n° 88-1201, 23 déc. 1988 ; mod., Ord. n° 2013-676, 25 juill. 2013).* – Est puni d'un emprisonnement de deux ans et d'une amende de 750 000 euros le fait, pour les promoteurs *(Mots rempl. à compter du 3 janvier 2018, Ord. n° 2017-1432, 4 oct. 2017)* « un fonds de financement spécialisé ou un fonds commun de titrisation », de procéder au placement de parts de ce fonds sans agrément de la société de gestion du fonds ou sans visa de l'Autorité des marchés financiers.

Art. L. 231-7-1 *(Mod., Ord. n° 2013-676, 25 juill. 2013).* – Est puni d'un emprisonnement de deux ans et d'une amende de 750 000 euros le fait, pour un dirigeant de fait ou de droit d'un organisme de placement collectif immobilier ou d'un organisme professionnel de placement collectif immobilier, de procéder au placement de parts ou d'actions de cet organisme sans que celui-ci ait été agréé ou s'il poursuit son activité malgré un retrait d'agrément.

Sous-section 2. – Dispositions relatives aux sociétés civiles de placement immobilier

Art. L. 231-8 *(Anc. L. n° 70-1300, 31 déc. 1970 ; mod., L. n° 2012-387, 22 mars 2012 ; Ord. n° 2013-676, 25 juill. 2013).* – Est puni d'une amende de 18 000 euros le fait, pour les dirigeants de la société de gestion d'une société civile de placement immobilier, de ne pas se conformer à l'article L. 214-88.

Art. L. 231-9 *(Anc. L. n° 70-1300, 31 déc. 1970 ; mod., Ord. n° 2013-676, 25 juill. 2013).* – Est puni d'un emprisonnement de cinq ans et d'une amende de 9 000 euros le fait, pour les dirigeants de la société de gestion d'une société civile de placement immobilier, de ne pas se conformer aux dispositions des articles L. 214-114 et L. 214-96.

Art. L. 231-10 *(Anc. L. n° 70-1300, 31 déc. 1970).* – Est puni d'un emprisonnement de cinq ans et d'une amende de 9 000 euros le fait, pour toute personne :

1° D'affirmer, sincères et véritables des souscriptions qu'elle sait fictives ou de déclarer que des fonds qui n'ont pas été mis définitivement à la disposition de la société ont été effectivement versés ;

2° D'obtenir ou tenter d'obtenir par simulation de souscriptions ou de versements ou par publication de souscriptions ou de versements qui n'existent pas ou de tous autres faits faux, des souscriptions ou des versements ;

3° De publier, pour provoquer des souscriptions ou des versements, les noms de personnes désignées contrairement à la vérité comme étant ou devant être attachées à la société à un titre quelconque ;

4° De faire attribuer, frauduleusement, à un apport en nature une évaluation supérieure à sa valeur réelle.

Pour un **exemple de condamnation** sur le fondement de l'article L. 231-10, 2° : ▪ TGI Paris, 3 juill. 1980 : *BJS* 1980, p. 772 ; *RTD com.* 1981, p. 306, n° 1, obs. M. Jeantin.

Art. L. 231-11 *(Anc. L. n° 70-1300, 31 déc. 1970).* – Est puni d'un emprisonnement de cinq ans et d'une amende de *(Rect. JO 17 mars 2001)* 375 000 euros le fait, pour les dirigeants de la société de gestion d'une société civile de placement immobilier :

1° D'opérer la répartition de dividendes fictifs entre les associés ;

2° De publier ou présenter aux associés des informations inexactes, en vue de dissimuler la véritable situation de la société ;

3° De faire, de mauvaise foi, des biens ou du crédit de la société un usage qu'ils savent contraire à l'intérêt de celle-ci, à des fins personnelles ou pour favoriser une autre société ou entreprise dans laquelle ils sont intéressés directement ou indirectement ;

4° De faire, de mauvaise foi, des pouvoirs qu'ils possèdent ou des voix dont ils disposent en cette qualité, un usage qu'ils savent contraire aux intérêts de la société, à des fins personnelles ou pour favoriser une autre société dans laquelle ils sont intéressés directement ou indirectement.

Art. L. 231-12 *(Anc. L. n° 70-1300, 31 déc. 1970 ; rempl., L. n° 2012-387, 22 mars 2012 ; mod., L. n° 2014-1, 2 janv. 2014).* – Est puni d'une amende de 30 000 € le fait, pour les dirigeants de la société de gestion, de :

1° Ne pas se conformer à l'article L. 214-101 ;

2° Ne pas soumettre à l'approbation de l'assemblée générale les documents prévus aux deux premiers alinéas de l'article L. 214-109.

Art. L. 231-13 *(Abr., L. n° 2012-387, 22 mars 2012).*

Art. L. 231-14 *(Anc. L. n° 70-1300, 31 déc. 1970).* – Est puni d'un emprisonnement de deux ans et d'une amende de 9 000 euros le fait, pour toute personne :

1° D'empêcher un associé de participer à une assemblée ;

2° De participer au vote dans une assemblée, en se présentant faussement comme associé, directement ou par personne interposée ;

3° De se faire accorder, garantir ou promettre des avantages pour voter dans un certain sens ou pour ne pas participer au vote, ou d'accorder, garantir ou promettre ces avantages.

Voir : Rappr. C. com., art. L. 242-9, p. 593.

Art. L. 231-15 *(Abr., L. n° 2012-387, 22 mars 2012).*

Voir : Rappr. C. com., art. L. 242-15, p. 594.

Art. L. 231-16 *(Anc. L. n° 70-1300, 31 déc. 1970).* – Est puni d'un emprisonnement de deux ans et d'une amende de 9 000 euros le fait, pour les dirigeants de la société de gestion, de ne pas provoquer la désignation du ou des commissaires aux comptes de la société.

Art. L. 231-17 *(Anc. L. n° 70-1300, 31 déc. 1970).* – Est puni d'un emprisonnement de six mois et d'une amende de 9 000 euros le fait, pour toute personne, en son nom personnel ou au titre d'associé dans une société de commissaires aux comptes, d'accepter, d'exercer ou de conserver les fonctions de commissaire aux comptes nonobstant les incompatibilités légales prévues au deuxième alinéa de l'article *(Réf. rempl., L. n° 2014-1, 2 janv. 2014)* « L. 214-110 ».

Art. L. 231-18 *(Anc. L. n° 70-1300, 31 déc. 1970).* – Est puni d'un emprisonnement de cinq ans et d'une amende de 18 000 euros le fait, pour un commissaire aux comptes, en son nom personnel ou au titre d'associé dans une société de commissaires aux comptes, de donner ou de confirmer des informations mensongères sur la situation de la société civile de placement immobilier ou de ne pas révéler au procureur de la République les faits délictueux dont il a eu connaissance.

Les articles 226-13 et 226-14 du Code pénal sont applicables aux commissaires aux comptes.

Art. L. 231-19 *(Anc. L. n° 70-1300, 31 déc. 1970).* – Est puni d'un emprisonnement de cinq ans et d'une amende de 18 000 euros le fait, pour les dirigeants de la société de gestion ou toute personne au service de la société, de mettre obstacle aux vérifications ou contrôles des commissaires aux comptes ou de leur refuser la communication sur place de toutes les pièces utiles à l'exercice de leur mission.

La simple **réticence** à fournir des explications, l'atermoiement inexcusable, la production partielle caractérisent l'infraction s'ils ont été commis sciemment : ▪ CA Rennes, 30 sept. 1974 : *Rev. sociétés* 1976, p. 521, note P. Mabilat (décision rendue sur le fondement de l'article 458 de la loi n° 66-537 du 24 juillet 1966 sur les sociétés commerciales).

Art. L. 231-20 *(Anc. L. n° 70-1300, 31 déc. 1970)*. **– Est puni d'un emprisonnement de cinq ans et d'une amende de 9 000 euros le fait, pour le liquidateur, de faire, de mauvaise foi, des biens ou du crédit de la société en liquidation un usage qu'il sait contraire à l'intérêt de celle-ci, à des fins personnelles ou pour favoriser une autre société ou entreprise dans laquelle il est intéressé directement ou indirectement.**

Art. L. 231-21 *(Anc. L. n° 70-1300, 31 déc. 1970 ; mod., L. n° 2014-1, 2 janv. 2014)*. **– Est puni d'un emprisonnement de deux ans et d'une amende de 750 000 euros le fait, pour les dirigeants de la société de gestion, d'exercer leurs fonctions sans que celle-ci ait obtenu l'agrément de l'Autorité des marchés financiers, ou après le retrait de cet agrément.**

CHAPITRE II. – INFRACTIONS RELATIVES AUX PRODUITS D'ÉPARGNE

Section unique. – Bons de caisse

Art. L. 232-1 *(Mod., Ord. n° 2016-520, 28 avr. 2016)*. **– Est puni des peines prévues par les articles 313-1, 313-7 et 313-8 du Code pénal le fait, pour l'émetteur, de mettre à disposition des comptes annuels inexacts et faussement attestés sincères dans le cas prévu à l'article L. 223-4.**

....

Partie réglementaire

Sous-section 1. – Obligations

Art. R. 231-1. – Les règles relatives aux infractions aux dispositions de l'article R. 213-13 sont définies à l'article 242 du décret n° 67-236 du 23 mars 1967 sur les sociétés commerciales.

Sous-section 2. – Titres émis par des associations

Art. R. 231-2. – Le fait, pour tout dirigeant de droit ou de fait, d'association, de contrevenir aux dispositions de l'article R. 213-21 est puni de l'amende prévue pour les contraventions de la cinquième classe. La récidive de la contravention prévue au présent article est réprimée conformément à l'article 132-11 du Code pénal.

Partie législative

LIVRE TROISIÈME. – LES SERVICES
(extraits du Livre troisième)

TITRE PREMIER. – LES OPÉRATIONS DE BANQUE

....

CHAPITRE III. – CRÉDITS

Section I. – Dispositions générales

Sous-section 1. – Définition

Art. L. 313-1. – Constitue une opération de crédit tout acte par lequel une personne agissant à titre onéreux met ou promet de mettre des fonds à la disposition d'une autre personne ou prend, dans l'intérêt de celle-ci, un engagement par signature tel qu'un aval, un cautionnement, ou une garantie.

Sont assimilés à des opérations de crédit le crédit-bail, et, de manière générale, toute opération de location assortie d'une option d'achat.

....

Section II. – Catégories de crédits

Sous-section 2. – Crédits aux entreprises

§ 1. – Crédit d'exploitation

Art. L. 313-12 *(Mod., L. n° 2009-1255, 19 oct. 2009 ; Ord. n° 2013-544, 27 juin 2013)*. **– Tout concours à durée indéterminée, autre qu'occasionnel, qu'un établissement de crédit ou une société de financement consent à une entreprise, ne peut être réduit ou interrompu que sur notification écrite et à l'expiration d'un délai de préavis fixé lors de l'octroi du concours. Ce délai ne peut, sous peine de nullité de la rupture du concours, être inférieur à soixante jours. Dans le respect des dispositions légales applicables, l'établissement de crédit ou la société de financement fournit, sur demande de l'entreprise concernée, les raisons de cette réduction ou interruption, qui ne peuvent être demandées par un tiers, ni lui être communiquées. L'établissement de crédit ou la société de financement ne peut être tenu pour responsable des préjudices financiers éventuellement subis par d'autres créanciers du fait du maintien de son engagement durant ce délai.**

L'établissement de crédit ou la société de financement n'est pas tenu de respecter un délai de préavis, que l'ouverture de crédit soit à durée indéterminée ou déterminée, en cas de comportement gravement répréhensible du bénéficiaire du crédit ou au cas où la situation de ce dernier s'avérerait irrémédiablement compromise.

Le non-respect de ces dispositions peut entraîner la responsabilité pécuniaire de l'établissement de crédit ou de la société de financement.

Lorsque aucun délai contractuel de préavis n'a été stipulé, une banque ne peut rompre son concours qu'en respectant un délai convenable pour que le client puisse, eu égard à l'importance des crédits en cause, trouver de nouveaux banquiers : ■ Cass. com., 11 janv. 2005 : *JurisData* n° 2005-026560 ; *Dr. sociétés* mai 2005, n° 85, obs. F.-G. Trébulle.

Art. L. 313-12-1 *(L. n° 2009-1255, 19 oct. 2009 ; mod., Ord. n° 2013-544, 27 juin 2013 ; L. n° 2013-672, 26 juill. 2013)*. **– Les établissements de crédit ou les sociétés de financement fournissent aux entreprises qui sollicitent un prêt ou bénéficient d'un prêt leur notation et une explication sur les éléments ayant conduit aux décisions de notation les concernant, lorsqu'elles en font la demande. Ces explications ou éléments ne peuvent pas être demandés par un tiers, ni lui être communiqués.**

Art. L. 313-12-2 *(L. n° 2009-1255, 19 oct. 2009 ; mod., Ord. n° 2013-544, 27 juin 2013)*. **– La Banque de France publie chaque trimestre, à partir du volume des encours de crédits et des nouveaux crédits consentis par les établissements de crédit ou les sociétés de financement aux entreprises, un document faisant apparaître la part et le volume de ceux consentis :**

– aux entreprises créées depuis moins de trois ans ;
– aux petites et moyennes entreprises.

Les données précisent, pour chaque catégorie, le nombre d'entreprises concernées.

§ 2. – Prêts participatifs

Bibliographie : P. Bachelot, *Les problèmes posés par la pratique des prêts participatifs : Dr. sociétés* mai 1995, p. 1. ● L. Faugérolas, *La subordination des créances : JCP* E 1991, 84. ● Th. Jacomet, *La location d'actions et l'élargissement des prêts participatifs : deux innovations de la loi sur les PME : BJS* 2005, p. 1167.

Art. L. 313-13 *(Mod., Ord. n° 2013-544, 27 juin 2013 ; L. n° 2013-672, 26 juill. 2013)*. **– L'État, sous réserve des articles L. 313-18 à L. 313-20 les établissements de crédit, les sociétés de financement, les autres sociétés commerciales, les établissements publics dont la liste est fixée par décret en Conseil d'État, les sociétés et mutuelles d'assurances, les associations sans but lucratif mentionnées au 5 de l'article L. 511-6, les mutuelles et unions régies par le Code de la mutualité et les institutions relevant du titre II et du titre III du livre IX du Code de la sécurité sociale peuvent consentir sur leurs ressources disponibles à long terme des concours aux entreprises agricoles, artisanales, industrielles ou commerciales sous forme de prêts participatifs régis par les articles L. 313-14 à L. 313-20. Les dispositions du présent article ne font pas obstacle à l'application des dispositions pénales du titre IV du livre II du Code de commerce.**

L'attribution d'un prêt participatif à une entreprise individuelle n'emporte pas, par elle-même, constitution d'une société entre les parties au contrat.

1) **Destinataires.** Un particulier ne peut pas consentir un prêt participatif à une entreprise, en serait-il le dirigeant : Rép. min. : *JO* Sénat Q, 31 janv. 1980, p. 206 ; *Rev. sociétés* 1980, p. 354. – Les prêts participatifs n'étant consentis **qu'aux entreprises industrielles et commerciales**, les personnes physiques non commerçantes, seraient-elles les dirigeants sociaux de ces entreprises, ne peuvent contracter de tels prêts : ▪ Cass. com., 7 mars 1995 : *Bull. civ.* IV, n° 72 ; *BJS* 1995, 519, note A. Couret ; *Dr. sociétés* 1995, n° 130, note Th. Bonneau. – *Adde* ▪ Cass. com., 18 juin 2002 : *RJDA* 2002, n° 1310.

2) **Garantie.** Les prêts participatifs ne sont **pas couverts** par un cautionnement général garantissant toutes les dettes de la société : ▪ Cass. com., 9 juin 1992 : *Rev. sociétés* 1993, p. 93, note Ph. Delebecque. ▪ Cass. com., 23 mars 1993 : *BJS* 1993, 213, note A. Couret. – Un établissement bancaire, s'il accorde un prêt participatif garanti par la SOFARIS (société française d'assurance du capital-risque des petites et moyennes entreprises), est réputé avoir par là même accepté les modalités et conditions de cette garantie, définies tant par la convention passée le 2 décembre 1982 entre l'État et la SOFARIS que par la note d'instruction de cette dernière. En conséquence, l'établissement de prêt ne peut bénéficier, pour la part de risque qui lui est laissée, d'aucune garantie ou contre-garantie en dehors de celles retenues par la SOFARIS : ▪ Cass. 1re civ., 19 avr. 1988 : *Bull. civ.* I, n° 109 ; *JCP* 1989, II, 21176, note Ph. Delebecque. – Cependant, rien n'empêche le créancier de recueillir un cautionnement si celui-ci est conforme aux conditions particulières imposées par la SOFARIS : ▪ CA Metz, 17 juin 1993 : *Dr. sociétés* 1993, n° 220, note Th. Bonneau.

Sous-paragraphe 1. – Régime général

Art. L. 313-14 ***(Mod., L. n° 2005-882, 2 août 2005).*** **– Les prêts participatifs sont inscrits sur une ligne particulière du bilan de l'organisme qui les consent et de l'entreprise qui les reçoit et qui, en outre, les mentionne dans l'annexe prévue à l'article L. 123-12 du Code de commerce.**

Ils sont, au regard de l'appréciation de la situation financière des entreprises qui en bénéficient, assimilés à des fonds propres.

Art. L. 313-15. – En cas de liquidation amiable, de liquidation judiciaire ou de redressement judiciaire par cession de l'entreprise débitrice, les prêts participatifs ne sont remboursés qu'après désintéressement complet de tous les autres créanciers privilégiés ou chirographaires. ***(Phrase rempl., L. n° 2005-882, 2 août 2005)*** **« Sauf stipulations contractuelles contraires ayant requis l'accord global de l'ensemble des titulaires de prêts participatifs ceux-ci sont, pour les répartitions à intervenir, placés sur le même rang. »**

Art. L. 313-16. – En cas de redressement judiciaire par continuation de l'entreprise débitrice, le remboursement des prêts participatifs et le paiement des rémunérations prévues sont suspendus pendant toute la durée de l'exécution du plan de continuation.

Art. L. 313-17 ***(Mod., L. n° 2005-882, 2 août 2005).*** **– Sans préjudice des articles L. 313-1 à L. 313-6 du Code de la consommation, l'intérêt fixe du prêt participatif peut être majoré dans les conditions qui sont déterminées par le contrat, notamment par le jeu d'une clause de participation au bénéfice net de l'emprunteur.** ***(Mots aj., L. n° 2005-882, 2 août 2005)*** **« ou au bénéfice réalisé par l'emprunteur lors de l'utilisation des biens dont l'acquisition a été financée totalement ou partiellement par ce prêt ou à la plus-value réalisée lors de leur cession ou sous forme de rétrocession de la marge réalisée ».**

Lorsqu'une clause de participation au bénéfice net de l'entreprise est prévue, elle s'exerce sous la forme d'un prélèvement prioritaire, pour les personnes physiques, sur le bénéfice comptable et, pour les sociétés, sur le bénéfice distribuable avant toute autre affectation.

Dans les cas où l'approbation des assemblées spéciales mentionnées aux articles L. 225-99 et L. 228-35-6 du Code de commerce ou des assemblées générales des masses constituées en application de l'article L. 228-103 du même code est nécessaire, cette clause est approuvée par l'assemblée générale extraordinaire. Dans les autres cas, elle est approuvée par les associés statuant selon les conditions requises pour l'approbation des comptes.

Sous-paragraphe 2. – Prêts participatifs accordés par l'État

Art. L. 313-18. – L'octroi de prêts participatifs par l'État est subordonné à des engagements précis et datés de la part de l'emprunteur en matière industrielle ou commerciale ainsi qu'en matière financière.

Si le contenu ou l'échéancier des engagements ne sont pas respectés, le remboursement du prêt devient exigible, sauf dans le cas prévu à l'article L. 313-16.

Art. L. 313-19. – L'intérêt fixe du prêt participatif est majoré, dans les conditions qui sont déterminées par le contrat, par le jeu d'une clause de participation, notamment au bénéfice net de l'emprunteur.

Cette participation constitue une charge de l'exercice.

Le taux effectif global de la rémunération versée par l'emprunteur à l'État ne peut être inférieur au taux moyen des intérêts rémunérant les comptes courants des associés de la société emprunteuse.

Art. L. 313-20. – Le montant de chaque prêt participatif accordé par l'État est rendu public chaque année.

§ 3. – Garanties des crédits aux entrepreneurs individuels

Art. L. 313-21 *(Mod., L. n° 2010-658, 15 juin 2010 ; Ord. n° 2013-544, 27 juin 2013).* – À l'occasion de tout concours financier qu'il envisage de consentir à un entrepreneur individuel pour les besoins de son activité professionnelle, l'établissement de crédit ou la société de financement qui a l'intention de demander une sûreté réelle sur un bien non nécessaire à l'exploitation ou une sûreté personnelle consentie par une personne physique doit informer par écrit l'entrepreneur de la possibilité qui lui est offerte de proposer une garantie sur les biens nécessaires à l'exploitation de l'entreprise ou de solliciter une garantie auprès d'un autre établissement de crédit, d'une société de financement ou d'une entreprise d'assurance habilitée à pratiquer les opérations de caution. L'établissement de crédit ou la société de financement indique, compte tenu du montant du concours financier sollicité, le montant de la garantie qu'il souhaite obtenir.

À défaut de réponse de l'entrepreneur individuel dans un délai de quinze jours ou en cas de refus par l'établissement de crédit ou la société de financement de la garantie proposée par l'entrepreneur individuel, l'établissement de crédit ou la société de financement fait connaître à ce dernier le montant chiffré des garanties qu'il souhaite prendre sur les biens non nécessaires à l'exploitation de l'entreprise ou auprès de tout autre garant. En cas de désaccord de l'entrepreneur, l'établissement de crédit ou la société de financement peut renoncer à consentir le concours financier sans que sa responsabilité puisse être mise en cause.

L'établissement de crédit ou la société de financement qui n'a pas respecté les formalités prévues aux premier et deuxième alinéas ne peut dans ses relations avec l'entrepreneur individuel se prévaloir des garanties qu'il aurait prises. En cas de garantie constituée par une sûreté immobilière ou mobilière donnant lieu à publicité, l'établissement de crédit ou la société de financement ne peut plus s'en prévaloir à compter de la radiation de l'inscription de la sûreté.

Jugé que **la sanction** prévue en cas de non-respect des formalités qu'édicte l'article L. 313-21 du Code monétaire et financier ne s'applique **que dans les relations entre la banque et l'entrepreneur individuel** et qu'à ce titre, la caution ne peut se prévaloir de cette exception purement personnelle au débiteur principal : ▪ Cass. com., 3 juin 2009, n° 08-17.275 : *JurisData* n° 2009-048525 : *RD bancaire et fin.* n° 5, sept. 2009, comm. 156, note A. Cerles. – Dans cette même affaire, V. aussi, ▪ CA Amiens, 15 nov. 2007 : *JurisData* n° 2007-354133 ; *RD bancaire et fin.* 2008, comm. 43, note D. Legeais.

Art. L. 313-21-1 *(L. n° 2005-842, 26 juill. 2005 ; mod., Ord. n° 2013-544, 27 juin 2013).* – Les sociétés retenues pour contribuer à la création d'activités ou au développement des emplois dans le cadre d'une convention passée avec l'État en application des articles L. 1233-84 à L. 1233-89 du Code du travail ainsi que les sociétés agréées par le ministre chargé de l'économie sont autorisées à consentir des garanties partielles au profit d'établissements de crédit ou de sociétés de financement octroyant des prêts pour des projets de développement d'entreprises situées dans des bassins d'emploi connaissant des difficultés économiques ou révélant une fragilité économique, ainsi qu'aux sociétés de caution mutuelle artisanales qui cautionnent de tels projets.

Les conditions d'application de ces dispositions, notamment en ce qui concerne l'agrément et l'étendue des garanties, sont fixées par décret en Conseil d'État.

§ 4. – Régime des engagements de garantie

(Intitulé rempl., L. n° 2010-737, 1er juill. 2010)

Art. L. 313-22 *(Anc. L. n° 84-148, 1er mars 1984 ; mod., Ord. n° 2013-544, 27 juin 2013 ; L. n° 2016-1691, 9 déc. 2016).* – Les établissements de crédit ou les sociétés de financement ayant accordé

un concours financier à une entreprise, sous la condition du cautionnement par une personne physique ou une personne morale, sont tenus au plus tard avant le 31 mars de chaque année de faire connaître à la caution le montant du principal et des intérêts, commissions, frais et accessoires restant à courir au 31 décembre de l'année précédente au titre de l'obligation bénéficiant de la caution, ainsi que le terme de cet engagement. Si l'engagement est à durée indéterminée, ils rappellent la faculté de révocation à tout moment et les conditions dans lesquelles celle-ci est exercée.

La réalisation de cette obligation légale ne peut en aucun cas être facturée à la personne qui bénéficie de l'information.

Le défaut d'accomplissement de la formalité prévue à l'alinéa précédent emporte, dans les rapports entre la caution et l'établissement tenu à cette formalité, déchéance des intérêts échus depuis la précédente information jusqu'à la date de communication de la nouvelle information. Les paiements effectués par le débiteur principal sont réputés, dans les rapports entre la caution et l'établissement, affectés prioritairement au règlement du principal de la dette.

Bibliographie : Th. Bonneau, *La Cour de cassation et la déchéance des intérêts de l'article 48 de la loi du 1er mars 1984 : Dr. sociétés* 1998, chron. 8. • F. Boucard, *Le devoir de mise en garde du banquier à l'égard de l'emprunteur et sa caution : présentation didactique : RD bancaire et fin.* 2007, n° 17, p. 24. • F. Crédot et P. Bouteiller, *De quel manquement au devoir de mise en garde la caution peut-elle se prévaloir ? : JCP* E 2010, 1785. • D. Houtcieff, *Les dispositions applicables au cautionnement issues de la loi pour l'initiative économique : JCP* G 2003, doctr. p. 161 ; *La sanction de l'obligation d'information de l'article L. 313-22 du Code monétaire et financier : RDC* 2003, p. 179. • D. Legeais, *Obligation d'information annuelle de la caution : contenu de l'obligation et sanction de son non-respect*, note sous Cass. com., 25 avr. 2001 (3 arrêts) : *JCP* E 2001, p. 1276 ; *Obligation d'information annuelle de la caution : le revirement de la Cour de cassation : RD bancaire et fin.* 2001, p. 251. • C. Leguevaques et E. Filiberti, *Où va le cautionnement ? : LPA* 21 mai 2004, p. 3. • O. Lutun, *L'information de la caution de la défaillance du débiteur principal : RD bancaire et fin.* 2003, p. 262. • J.-M. Marmayou, *L'article L. 313-22 du Code monétaire et financier et la notion d'entreprise : LPA* 17 janv. 2003, p. 15. • Y. Picod, *Réflexions sur la sanction de l'obligation d'information bénéficiant aux cautions d'entreprise : D.* 2002, chron. p. 1971. • F. Pasqualini, *L'imparfait nouveau droit du cautionnement : LPA* 3 févr. 2004, p. 3. • S. Piédelièvre, *La réforme de certains cautionnements par la loi du 1er août 2003 (Loi pour l'initiative économique) : Defrénois* 2003, p. 1371. • J.-L. Piotraut, *Le domaine d'application de l'obligation d'information annuelle des cautions : JCP* N 1992, I, 243. • *Adde BRDA* 17/2004, p. 16. • J.-P. Legros et J.-J. Ansault, *JCl. Sociétés Traité*, Fasc. 36-50 et 36-60 *(Cautionnement des sociétés par leurs dirigeants ou leurs associés).*

1) Domaine d'application.

a) **Un concours financier...** Les dispositions de l'article L. 313-22 du Code monétaire et financier n'étant applicables qu'aux seuls « concours financiers », elles ne le sont pas au cautionnement accordé par un établissement de crédit, qui constitue une garantie et non une opération de crédit : ▪ Cass. com., 3 déc. 2003 : *Bull. civ.* IV, n° 188 ; *Gaz. Pal.* 2004, somm. 2001, obs. S. Piédelièvre. – Jugé également que l'aval qui garantit le paiement d'un titre cambiaire ne constitue pas le cautionnement d'un concours financier au sens de L. 313-22 du Code monétaire et financier : ▪ Cass. com., 16 juin 2009, n° 08-14.532 : *JurisData* n° 2009-048657, *JCP* E 2010, 1035, note M.-P. Dumont-Lefrand ; *RD bancaire et fin.* n° 5, sept. 2009, comm. 158, note A. Cerles.

b) **À une entreprise...** La notion d'entreprise est caractérisée par la réunion de moyens matériels et humains, mis en œuvre dans une organisation spécifique afin de produire, de façon répétée, des biens ou des services : ▪ CA Paris, 7 juin 2002 : *D.* 2002, act. jurispr. p. 2677. – Caractérise l'octroi d'un concours financier à une entreprise le fait, pour une banque, de consentir à une SCI un crédit en vue de l'acquisition de biens immobiliers : ▪ Cass. 1re civ., 15 mars 2005 : *JCP* 2005, II, 135, n° 2, obs. Ph. Simler ; *D.* 2005, act. jurispr. p. 1080 ; *BJS* 2005, p. 1220 (plus généralement, pour l'application de l'article L. 313-22 à une société civile immobilière, V. *supra*, C. civ., art. 1845, p. 117). – Une association ayant une activité économique et employant un grand nombre de personnes constitue également une entreprise, peu important le fait qu'elle ne recherche pas la réalisation de bénéfices : ▪ Cass. 1re civ., 12 mars 2002 : *Bull. civ.* I, n° 86 ; *RTD com.* 2002, p. 524, note M. Cabrillac ; *LPA* 17 janv. 2003, note J.-M. Marmayou ; *D.* 2002, act. jurispr. p. 1199, obs. A. Lienhard ; *BJS* 2002, p. 1033, note B. Saintourens ; *RTD com.* 2002, p. 498, note M.-H. Monsérié-Bon ; *JCP* 2002, I, 162, spéc. n° 2, obs. Ph. Simler.

c) **Consenti par un établissement de crédit...** Les dispositions de l'article L. 313-22 ne s'appliquent qu'aux seuls établissements de crédit au sens de la loi du 24 janvier 1984 ; ne rentrent pas dans cette catégorie les compagnies d'assurance qui ne peuvent consentir de prêts aux collectivités locales que par une dérogation légale particulière : ▪ Cass. com., 26 oct. 1999 : *D.* 1999, act. jurispr. p. 88, obs. V. A.-R. ; *RTD com.* 2000, p. 158, obs. M. Cabrillac. – Les dispositions de l'article L. 313-22 ne sont applicables ni à la Caisse des dépôts et consignations (▪ CA Rouen, 30 mai 2001 : *RD bancaire et fin.* 2001, n° 227), ni aux sociétés de caution mutuelle (▪ CA Paris, 4 mars 1992 : *JCP* E 1992, pan., p. 463).

d) **Sous la condition d'un cautionnement.** Les dispositions de l'article L. 313-22 ne sont pas davantage applicables au cautionnement fourni par celui qui consent la constitution d'une hypothèque pour garantir le remboursement de la dette d'un tiers, un tel engagement étant une sûreté réelle et non un cautionnement personnel : ▪ Cass. 1re civ., 1er févr. 2000 : *Bull. civ.* I, n° 33 ; *JCP* 2000, I, 257, n° 9, obs. Ph. Simler ; *D.* 2001, somm. 694, obs. L. Aynès ; *Banque et droit* mai-juin 2000, p. 45, obs. F. Jacob. – Sur la nécessité pour les juges du fond et dans l'hypothèse où le cautionnement avait été consenti antérieurement à l'opération de crédit, de caractériser le fait que l'octroi du prêt litigieux avait été subordonné au cautionnement pour faire jouer l'obligation d'information prévue à l'article L. 313-22 : ▪ Cass. 1re civ., 10 déc. 2002 : *Bull. civ.* I, n° 303.

2) Destinataires de l'information. L'établissement de crédit est en toute hypothèse tenu de respecter l'obligation d'information que l'article L. 313-22 met à sa charge, même dans le cas où le cautionnement a été souscrit par le dirigeant de la société cautionnée, lequel avait une connaissance exacte de la situation du débiteur principal : ▪ Cass. com., 25 mai 1993 : *JCP* 1993, II, 22147, note H. Croze ; *D.* 1994, 177, note J. Ngafaounain. – Voir aussi ▪ Cass. com., 25 juin 2002 : *BJS* 2002, p. 1166, note A. Constantin. – V. égal. en ce sens ▪ Cass. com., 13 nov. 2007, n° 06-20.168, F-D, *Mistarz, Épse Bernard et a. : JurisData* n° 2007-041401 ; ▪ Cass. com., 27 nov. 2007, n° 06-15.128, F-P+B, *Coucoureux c/ Caisse de crédit mutuel de St Gaudens : JurisData* n° 2007-041626 ; *RD bancaire et fin.* mars 2008, comm. 40, note A. Cerles.

3) Preuve de l'information.

a) **Mode de preuve.** L'information prévue à l'article 48 de la loi du 1er mars 1984 *[C. monét. fin., art. L. 313-22]*, constituant un fait susceptible d'être prouvé par tous moyens, peut être délivrée par une lettre simple : ▪ Cass. 1re civ., 17 nov. 1998 : *Bull. civ.* I, n° 321. – Cependant, la seule production par l'établissement de crédit de relevés informatiques ne suffit pas à prouver l'exécution de l'obligation d'information envers la caution : ▪ Cass. com., 19 févr. 2008, n° 05-20.982, F-D : *JurisData* n° 2008-042882 ; *RD bancaire et fin.* mars 2008, comm. 42, note D. Legeais. – Jugé également que le créancier doit simplement établir la preuve de l'envoi – par opposition à la réception – de la lettre informative, mais que la copie de la production de cette lettre ne suffit pas : ▪ Cass. com., 28 oct. 2008, n° 06-17.145 : *JurisData* n° 2008-045588 ; *RD bancaire et fin.* 2008, comm. 168, obs. D. Legeais.

b) **Objet de la preuve.** Sans être tenu d'établir que la caution a effectivement reçu l'information, l'établissement de crédit doit cependant prouver qu'il l'a effectivement adressée à la caution (▪ Cass. 1re civ., 2 oct. 2002 : *Bull. civ.* I, n° 225 ; *D.* 2002, act. jurispr. p. 3011) et que la lettre contenait les informations exigées par l'article L. 313-22 (▪ Cass. 1re civ., 17 nov. 1998, préc.).

c) **Appréciation.** La question de savoir si un établissement de crédit a bien fourni à un dirigeant caution de société l'information annuelle prévue par l'article L. 313-22 du Code monétaire et financier relève de l'appréciation souveraine des juges du fond : ▪ Cass. com., 25 nov. 2008 : *Rev. sociétés* 2009, p. 106, J. Stoufflet.

4) Forme. Ne satisfait pas aux conditions de l'information annuelle de l'article L. 313-22 du Code monétaire et financier la seule mise en demeure adressée par l'établissement de crédit à la caution : ▪ Cass. com., 25 nov. 2008, n° 07-17.776 : *JurisData* n° 2008-045992 ; *RD bancaire et fin.* 2009, comm. 55, obs. A. Cerles.

5) Durée de l'obligation. Les prescriptions de l'article L. 313-22, devant être respectées jusqu'à l'extinction de la dette (▪ Cass. com., 25 mai 1993, préc., *supra* ; ▪ Cass. com., 25 juin 2002 : *D.* 2002, act. jurispr. p. 2676), sont également **applicables à l'égard des héritiers de la caution** : ▪ Cass. com., 27 oct. 1998 : *Dr. sociétés* 1999, n° 33, obs. Th. Bonneau. ▪ Cass. 1re civ., 6 nov. 2001 : *RD bancaire et fin.* 2002, n° 8, obs. D. Legeais ; *RTD com.* 2002, p. 143, obs. M. Cabrillac.

Art. L. 313-22-1 *(Mod., Ord. n° 2016-131, 10 févr. 2016).* **– Les établissements de crédit ou les sociétés de financement ayant fourni un cautionnement, un aval ou une garantie, que ces derniers soient d'origine légale, réglementaire ou conventionnelle, disposent de plein droit et dans tous les cas d'un recours contre le client donneur d'ordre de l'engagement, ses coobligés et les personnes qui se sont portées caution et, pour les paiements effectués au titre de leur engagement, de la subrogation dans les droits du créancier prévue à l'article 1346 du Code civil.**

Loi n° 94-126 du 11 février 1994

relative à l'initiative et à l'entreprise individuelle
(JO 13 févr.)

Art. 47 *(L. n° 98-657, 29 juill. 1998)*. **–** [...].

II. – Les stipulations de solidarité et de renonciation au bénéfice de discussion figurant dans un contrat de cautionnement d'une dette contractuelle professionnelle consenti par une personne physique au bénéfice d'un entrepreneur individuel sont réputées non écrites si l'engagement de la caution n'est pas limité à un montant global, expressément et contractuellement déterminé, incluant le principal, les intérêts, les frais et accessoires.

En cas de cautionnement à durée indéterminée consenti par une personne physique pour garantir une dette professionnelle d'un entrepreneur individuel, le créancier doit respecter les dispositions prévues à l'article 48 de la loi n° 84-148 du 1er mars 1984 relative à la prévention et au règlement amiable des difficultés des entreprises.

Lorsque le cautionnement est consenti par une personne physique pour garantir une dette professionnelle d'un entrepreneur individuel ou d'une entreprise constituée sous forme de société, le créancier informe la caution de la défaillance du débiteur principal dès le premier incident de paiement non régularisé dans le mois de l'exigibilité de ce paiement. À défaut, la caution ne saurait être tenue au paiement des pénalités ou intérêts de retard échus entre la date de ce premier incident et celle à laquelle elle en a été informée.

Les dispositions du premier alinéa seront applicables aux contrats conclus après l'entrée en vigueur de la présente loi et celles du second alinéa aux créanciers mentionnés à cet alinéa à compter du 1er septembre 1994.

Code de la consommation

Partie législative

Art. L. 331-1. – Toute personne physique qui s'engage par acte sous seing privé en qualité de caution envers un créancier professionnel fait précéder sa signature de la mention manuscrite suivante et uniquement de celle-ci :

« En me portant caution de X ...., dans la limite de la somme de .... couvrant le paiement du principal, des intérêts et, le cas échéant, des pénalités ou intérêts de retard et pour la durée de ...., je m'engage à rembourser au prêteur les sommes dues sur mes revenus et mes biens si X .... n'y satisfait pas lui-même. »

Art. L. 331-2. – Lorsque le créancier professionnel demande un cautionnement solidaire, la personne physique qui se porte caution fait précéder sa signature de la mention manuscrite suivante :

« En renonçant au bénéfice de discussion défini à l'article 2298 du Code civil et en m'obligeant solidairement avec X je m'engage à rembourser le créancier sans pouvoir exiger qu'il poursuive préalablement X ».

Art. L. 331-3. – Les stipulations de solidarité et de renonciation au bénéfice de discussion figurant dans un contrat de cautionnement consenti par une personne physique au bénéfice d'un créancier professionnel sont réputées non écrites si l'engagement de la caution n'est pas limité à un montant global, expressément et contractuellement déterminé, incluant le principal, les intérêts, les frais et accessoires.

Art. L. 332-1. – Un créancier professionnel ne peut se prévaloir d'un contrat de cautionnement conclu par une personne physique dont l'engagement était, lors de sa conclusion, manifestement disproportionné à ses biens et revenus, à moins que le patrimoine de cette caution, au moment où celle-ci est appelée, ne lui permette de faire face à son obligation.

Art. L. 333-1. – Sans préjudice des dispositions particulières, toute personne physique qui s'est portée caution est informée par le créancier professionnel de la défaillance du débiteur principal dès le premier incident de paiement non régularisé dans le mois de l'exigibilité de ce paiement.

Art. L. 333-2. – Le créancier professionnel fait connaître à la caution personne physique, au plus tard avant le 31 mars de chaque année, le montant du principal et des intérêts, commissions, frais et accessoires restant à courir au 31 décembre de l'année précédente au titre de l'obligation garantie, ainsi que le terme de cet engagement.

Si l'engagement est à durée indéterminée, il rappelle la faculté de révocation à tout moment et les conditions dans lesquelles celle-ci est exercée.

Art. D. 313-14-1 *(D. n° 2005-1743, 30 déc. 2005)*. **– Le délai de préavis minimal mentionné à la deuxième phrase du premier alinéa de l'article L. 313-12 est de soixante jours pour toutes les catégories de crédits.**

Art. R. 313-14-1 *(D. n° 2006-697, 14 juin 2006)*. **– Les établissements publics mentionnés à l'article L. 313-13 sont les établissements publics de l'État à caractère industriel et commercial dont l'objet les autorise à participer au financement de l'activité économique.**

Partie législative

TITRE II. – LES SERVICES D'INVESTISSEMENT ET LEURS SERVICES CONNEXES

(Intitulé rempl. à compter du 3 janvier 2018 et rédigé comme suit : « Les services d'investissement, les services connexes aux investissements et les services de communication de données », Ord. n° 2016-827, 23 juin 2016)

CHAPITRE I. – DISPOSITIONS GÉNÉRALES

Bibliographie : Ph. Arestan, *Le conseil en investissement, nouveau service d'investissement organisé par la directive MIF : Banque et droit* 2007, n° 113, p. 3. • L. Dumoulin, *Le devoir de mise en garde de l'investisseur : RD bancaire et fin.* 2007, n° 31, p. 103. • S. Janin, *Impacts de la directive MIF sur la responsabilité des sociétés de gestion : Bull. Joly Bourse* 2007, n° 3, p. 306. • S. Neuville, *Les prestataires (entreprises d'investissement et entreprises de marché) et les services d'investissement : Bull. Joly Bourse* 2007, n° 5, p. 559. • I. Riasetto, *L'exonération de responsabilité des prestataires de service d'investissement : Bull. Joly Bourse* 2007, n° 3, p. 323. • M. Storck, *Les obligations d'information, de conseil et de mise en garde des prestataires de services d'investissement : Bull. Joly Bourse* 2007, n° 3, p. 312.

Art. L. 321-1 *(Rempl., Ord. n° 2007-544, 12 avr. 2007)*. **– Les services d'investissement portent sur les instruments financiers énumérés à l'article L. 211-1** *(Mots aj. à compter du 3 janvier 2018, Ord. n° 2016-827, 23 juin 2016)* **« et les unités mentionnées à l'article L. 229-7 du Code de l'environnement » et comprennent les services et activités suivants :**

1. La réception et la transmission d'ordres pour le compte de tiers ;

2. L'exécution d'ordres pour le compte de tiers ;

3. La négociation pour compte propre ;

4. La gestion de portefeuille pour le compte de tiers ;

5. Le conseil en investissement ;

6-1. La prise ferme ;

6-2. Le placement garanti ;

7. Le placement non garanti ;

8. L'exploitation d'un système multilatéral de négociation au sens de l'article L. 424-1.

9. *(9 créé à compter du 3 janvier 2018, Ord. n° 2016-827, 23 juin 2016)* **L'exploitation d'un système organisé de négociation au sens de l'article L. 425-1.**

Un décret précise la définition de ces services.

Les services rendus à l'État et à la Banque de France, dans le cadre des politiques de gestion de la monnaie, des taux de change, de la dette publique et des réserves de l'État ne sont pas soumis aux dispositions du présent code applicables aux services d'investissement mentionnés au présent article.

Bibliographie : F. Peltier, *« Due Diligences » à responsabilité limitée : RD bancaire et fin.* 2002, chron. p. 285.

Art. L. 321-2 *(Mod., L. n° 2003-706, 1er août 2003 ; rempl. et mod., Ord. n° 2007-544, 12 avr. 2007 ; Ord. n° 2007-1490, 18 oct. 2007 ; Ord. n° 2009-15, 8 janv. 2009 ; L. n° 2010-1249, 22 oct. 2010)*. **– Les services connexes aux services d'investissement comprennent :**

1. La tenue de compte-conservation d'instruments financiers pour le compte de tiers et les services accessoires comme la tenue de comptes d'espèces correspondant à ces instruments financiers ou la gestion de garanties financières ;

2. L'octroi de crédits ou de prêts à un investisseur pour lui permettre d'effectuer une transaction qui porte sur un instrument financier et dans laquelle intervient l'entreprise qui octroie le crédit ou le prêt ;

3. La fourniture de conseil aux entreprises en matière de structure de capital, de stratégie industrielle et de questions connexes ainsi que la fourniture de conseil et de services en matière de fusions et de rachat d'entreprises ;

4. La recherche en investissements et l'analyse financière ou toute autre forme de recommandation générale concernant les transactions sur instruments financiers ;

5. Les services liés à la prise ferme ;

6. Les services de change lorsque ceux-ci sont liés à la fourniture de services d'investissement ;

7. Les services et activités assimilables à des services d'investissement ou à des services connexes, portant sur l'élément sous-jacent des instruments financiers à terme dont la liste est fixée par décret, lorsqu'ils sont liés à la prestation de services d'investissement ou de services connexes ;

8. Le service de notation de crédit mentionné aux *a* et *o* du 1 de l'article 3 du règlement (CE) n° 1060/2009 du Parlement européen et du Conseil, du 16 septembre 2009, sur les agences de notation de crédit.

Art. L. 321-3. – Les services énumérés aux articles L. 321-1 et L. 321-2 sont fournis selon les modalités et aux conditions définies aux livres V et VI.

Art. L. 321-4 *(Créé à compter du 1er janvier 2016, L. n° 2014-617, 13 juin 2014)*. – Les articles L. 312-19 et L. 312-20 sont applicables aux comptes ouverts dans les livres des personnes qui fournissent des services d'investissement ou des services connexes prévus aux articles L. 321-1 et L. 321-2.

CHAPITRE II. – GARANTIE DES INVESTISSEURS

Bibliographie : S. Brunengo-Basso, *La sécurité des épargnants, des assurés et des déposants : Dr. et patrimoine* janv. 2004, 73. • Th. Samin, *À propos de l'instauration d'un mécanisme de garantie pour certaines sociétés de gestion de portefeuille : Bull. Joly Bourse* 2007, § 112, p. 531. • J. Stoufflet, *Les systèmes de garantie des épargnants : RD bancaire et bourse* 1999, p. 144.

Art. L. 322-1 *(Anc. L. n° 96-597, 2 juill. 1996 ; mod., L. n° 2003-706, 1er août 2003 ; Ord. n° 2004-482, 3 juin 2004 ; L. n° 2013-672, 26 juill. 2013 ; Ord. n° 2015-1024, 20 août 2015 ; mod. à compter du 3 janvier 2018, Ord. n° 2017-1107, 22 juin 2017)*. – Les prestataires de services d'investissement autres que les sociétés de gestion de portefeuille, agréés en France, les intermédiaires habilités par l'Autorité de contrôle prudentiel et de résolution au titre de la compensation ou pour leur activité d'administration ou de conservation d'instruments financiers, les entreprises de marché autorisées à fournir les services d'investissement mentionnés aux 8 et 9 de l'article L. 321-1, adhèrent à un mécanisme de garantie des titres. Ce mécanisme a pour objet d'indemniser les investisseurs en cas d'indisponibilité de leurs instruments financiers ainsi que de leurs dépôts en espèces lorsqu'ils sont liés à un service d'investissement, à la compensation ou à la conservation d'instruments financiers et qu'ils n'entrent pas dans le champ d'application du 1° du II de l'article L. 312-4. Ne peuvent bénéficier du mécanisme de garantie les personnes et les fonds exclus de l'indemnisation par l'article L. 312-4-1.

Art. L. 322-2 *(Rect. JO 17 mars 2001 ; mod., L. n° 2003-706, 1er août 2003 ; Ord. n° 2010-76, 21 janv. 2010 puis L. n° 2013-672, 26 juill. 2013 ; Ord. n° 2015-1024, 20 août 2015)*. – Sous réserve des dispositions ci-après, le fonds de garantie des dépôts et de résolution gère le mécanisme de garantie des titres. S'il y a lieu, les articles L. 312-5 à L. 312-15, les 3°, 4°, 5°, 7° et 9° de l'article L. 312-16 et l'article L. 312-18 s'appliquent à ce mécanisme, notamment à son financement. Pour l'application du premier alinéa de l'article L. 312-5, le mécanisme de garantie des titres est mis en œuvre sur demande de l'Autorité de contrôle prudentiel et de résolution après avis de l'Autorité des marchés financiers, dès que celle-ci constate que l'un des établissements mentionnés à l'article L. 322-1 n'est plus en mesure de restituer, immédiatement ou à terme rapproché, les instruments financiers ou les dépôts qu'il a reçus du public dans les conditions législatives, réglementaires ou contractuelles applicables à leur restitution. L'intervention du fonds de garantie des dépôts et de résolution entraîne alors la radiation de cet adhérent. Pour les personnes mentionnées à l'article L. 532-18 et aux articles L. 511-22 et L. 511-23, cette radiation s'entend comme se traduisant par une interdiction faite à cet adhérent de continuer à fournir ses services sur le territoire de la République française.

Sur proposition de l'Autorité de contrôle prudentiel et de résolution et après avis de l'Autorité des marchés financiers, le mécanisme de garantie des titres peut également intervenir à titre préventif lorsque la situation d'un adhérent laisse craindre à terme une indisponibilité des dépôts ou instruments financiers qu'il a reçus du public, compte tenu du soutien dont il peut par ailleurs bénéficier. Lorsque le fonds de garantie des dépôts et de résolution accepte cette mise en œuvre à titre préventif, il définit, après avis de l'Autorité de contrôle prudentiel et de résolution et de l'Autorité des marchés financiers, les conditions de cette intervention. Il peut en particulier subordonner celle-ci à la cession totale ou partielle de l'entreprise concernée ou à l'extinction de son activité, notamment par la cession de son fonds de commerce. Il peut également se porter acquéreur des actions d'un établissement adhérent.

Art. L. 322-3 *(Anc. L. n° 96-597, 2 juill. 1996 ; mod., L. n° 2003-706, 1er août 2003 ; Ord. n° 2015-1024, 20 août 2015).* **– Un arrêté du ministre chargé de l'économie, pris sur avis conforme de l'Autorité des marchés financiers, détermine le plafond d'indemnisation par investisseur, les modalités et délais d'indemnisation ainsi que les règles relatives à l'information de la clientèle.**

L'Autorité de contrôle prudentiel et de résolution arrête conjointement avec l'Autorité des marchés financiers la formule de répartition des cotisations annuelles dues par les établissements mentionnés à l'article L. 322-1 ainsi que le montant minimal dû par chaque adhérent. L'assiette des cotisations est constituée de la valeur des dépôts et des instruments financiers qui sont couverts par la garantie instituée par l'article L. 322-1 ; elle est pondérée par les cotisations déjà versées ainsi que par des indicateurs de situation financière des adhérents reflétant les risques objectifs que ceux-ci font courir au fonds. Cet arrêté précise également les conditions de restitution éventuelle en cas de variation à la baisse de l'assiette ou des indicateurs de risque.

Les arrêtés mentionnés aux 3°, 4° et 5° de l'article L. 312-16 applicables aux adhérents du fonds de garanties des dépôts et de résolution au titre du mécanisme de garantie des titres sont pris sur avis conforme de l'Autorité des marchés financiers.

Règlement CRBF n° 99-14 du 23 septembre 1999

relatif à la garantie des titres détenus pour le compte d'investisseurs, par les établissements de crédit et les entreprises d'investissement, les intermédiaires habilités par le Conseil des marchés financiers et les adhérents des chambres de compensation, ayant leur siège sur le territoire de la République française, homologué par Arrêté du 29 septembre 1999

(JO 22 oct.)

(Mod., Règl. n° 2002-07, 21 nov. 2002, homologué par A. 26 déc. 2002 : JO 15 févr. – Intitulé mod., Règl. n° 2002-07, 21 nov. 2002, homologué par A. 26 déc. 2002. – mod., A. 15 mai 2006 et 18 déc. 2009)

Art. 1er *(Rempl., Règl. n° 2002-07, 21 nov. 2002, homologué par A. 26 déc. 2002).* **–** Le mécanisme de garantie des titres mentionné à l'article L. 322-1 du Code monétaire et financier indemnise, dans les conditions fixées par le présent règlement, les créances résultant de l'incapacité d'un de ses adhérents, de restituer aux investisseurs les instruments financiers détenus pour leur compte, ainsi que leurs dépôts en espèces lorsqu'ils sont liés à un service d'investissement, à la compensation ou à la conservation d'instruments financiers, fournis par l'adhérent et qu'ils n'entrent pas dans le champ d'application du fonds de garantie des dépôts institué par l'article L. 312-4 du Code monétaire et financier.

Art. 1-1 *(Remplacement de l'article 1er, Règl. n° 2002-07, 21 nov. 2002, homologué par A. 26 déc. 2002).* **–** *(Mots rempl., A. 15 mai 2006)* « Les prestataires de services d'investissement autres que les sociétés de gestion de portefeuille, ainsi que les intermédiaires habilités par le Comité des établissements de crédit et des entreprises d'investissement au titre de la conservation ou de l'administration d'instruments financiers ou au titre de l'activité de compensation d'instruments financiers en qualité d'adhérent d'une chambre de compensation », ayant leur siège social en France métropolitaine ou dans les départements et régions d'outre-mer adhèrent au mécanisme de garantie des titres.

(Mots rempl., A. 15 mai 2006) « Les prestataires de services d'investissement autres que les sociétés de gestion de portefeuille, ainsi que les intermédiaires habilités par le Comité des établissements de crédit et des entreprises d'investissement au titre de la conservation ou de l'administration d'instruments financiers ou au titre de l'activité de compensation d'instruments financiers en qualité d'adhérent d'une chambre de compensation », ayant leur siège social dans la collectivité territoriale de Saint-Pierre-et-Miquelon ou dans la collectivité départementale de Mayotte ou dans la principauté de Monaco adhèrent au mécanisme de garantie des titres.

(Mots rempl., A. 15 mai 2006) « Les prestataires de services d'investissement autres que les sociétés de gestion de portefeuille, ainsi que les intermédiaires habilités par le Comité des établissements de crédit et des entreprises d'investissement au titre de la conservation ou de l'administration d'instruments financiers ou au titre de l'activité de compensation d'instruments financiers en qualité d'adhérent d'une chambre de compensation », ayant leur siège social en Polynésie française ou en Nouvelle-Calédonie ou dans les îles Wallis-et-Futuna.

(Mots rempl., A. 15 mai 2006) « Les prestataires de services d'investissement autres que les sociétés de gestion de portefeuille, ainsi que les intermédiaires habilités par le Comité des établissements de crédit et des entreprises d'investissement au titre de la conservation ou de l'administration d'instruments financiers ou au titre de l'activité de compensation d'instruments financiers en qualité d'adhérent d'une chambre de compensation », mentionnés aux alinéas précédents, sont dénommés ci-après « établissements adhérents ».

TITRE PREMIER. – ÉTENDUE DE LA GARANTIE

Art. 2. – Les créances des investisseurs garanties en application de l'article 62 de la loi [n° 96-597] du 2 juillet 1996 susvisée et du présent règlement, ci-après dénommées « les titres », sont celles qui portent sur tout instrument financier mentionné à l'article 1er de la même loi détenu pour le compte d'un investisseur, que l'établissement adhérent doit restituer conformément aux conditions légales et contractuelles applicables, notamment en matière de compensation.

Sous réserve des dispositions du 4° *(b)* de l'article 3 du présent règlement, les titres ainsi définis incluent les dépôts en espèces auprès d'un établissement adhérent autre qu'un établissement de crédit, y compris ceux effectués en garantie ou en couverture de positions prises sur un marché d'instruments financiers, lorsque ces dépôts sont liés à un service d'investissement, à la conservation ou à la compensation d'instruments financiers, fournis par ledit établissement.

(Rempl., Règl. n° 2002-07, 21 nov. 2002, homologué par A. 26 déc. 2002) Pour les établissements de crédit, les entreprises d'investissement et les établissements financiers mentionnés à l'article L. 511-28 du Code monétaire et financier *(Mots aj., A. 15 mai 2006)* « ainsi que pour les personnes mentionnées au point 4 de l'article L. 440-2 du même code et les personnes mentionnées au point 5 de l'article L. 542-1 du même code », figurant au premier alinéa de l'article 1-1, les titres ainsi définis incluent ceux inscrits dans les livres de leurs établissements secondaires implantés sur le territoire de la République française de la Principauté de Monaco et dans ceux de leurs succursales établies dans les autres États parties à l'accord sur l'Espace économique européen.

(Règl. n° 2002-07, 21 nov. 2002, homologué par A. 26 déc. 2002) Pour les établissements adhérents mentionnés aux deuxième et troisième alinéas de l'article 1-1, les titres ainsi définis incluent ceux inscrits dans les livres de leurs établissements secondaires implantés sur le territoire de la République française et de la Principauté de Monaco.

Art. 3. – Sont exclus du bénéfice de la garantie :

1° Les titres déposés par les personnes suivantes :

a) Établissements de crédit, entreprises d'investissement, *(Mots rempl., A. 15 mai 2006)* « personnes mentionnées aux points 3 et 4 de l'article L. 440-2 du Code monétaire et financier et personnes mentionnées aux points 4 et 5 de l'article L. 542-1 du même code » ;

b) Entreprises d'assurance ;

c) Organismes de placement collectif ;

d) Organismes de retraite et fonds de pension ;

e) Personnes mentionnées à l'article 8 de la loi [n° 84-46] du 24 janvier 1984 susvisée ;

f) Associés personnellement responsables et commanditaires, détenteurs d'au moins 5 % du capital de l'établissement adhérent, administrateurs, membres du directoire et du conseil de surveillance, dirigeants et commissaires aux comptes de l'établissement, ainsi que tout investisseur ayant les mêmes qualités dans d'autres sociétés du groupe ;

g) Tiers agissant pour le compte des personnes citées au point *f* ci-dessus ;

h) Sociétés ayant avec l'établissement adhérent, directement ou indirectement, des liens de capital conférant à l'une des entreprises liées un pouvoir de contrôle effectif sur les autres ;

i) Autres établissements financiers au sens de l'article 71-1 (4°) de la loi [n° 84-46] du 24 janvier 1984 susvisée ;

2° Les titres découlant d'opérations pour lesquelles une condamnation pénale définitive a été prononcée à l'encontre de l'investisseur pour un délit de blanchiment de capitaux, sur le fondement des articles 222-38, 324-1 et 324-2 du Code pénal ou de l'article 415 du Code des douanes ;

3° Les titres détenus pour le compte d'un investisseur qui, à titre individuel, a tiré avantage de faits concernant l'établissement adhérent, qui sont à l'origine des difficultés financières de celui-ci ou qui ont contribué à aggraver sa situation financière ;

4° En raison de leur nature spécifique :

a) Les titres détenus pour le compte des institutions supranationales, des États et administrations centrales ;

b) (Rempl., Règl. n° 2002-07, 21 nov. 2002, homologué par A. 26 déc. 2002) Les dépôts en espèces libellés en devises autres que celles des États parties à l'accord sur l'Espace économique européen, à l'exception du franc CFP.

Art. 4. – Les titres détenus au moment de la prise d'effet du retrait de l'agrément, de la radiation d'un prestataire de services d'investissement *(Mots rempl., A. 15 mai 2006)* « ou de la perte de l'habilitation au titre de la conservation ou de l'administration d'instruments financiers ou au titre de l'activité de compensation d'instruments financiers » restent couverts par le mécanisme de garantie des titres.

TITRE II. – PLAFOND D'INDEMNISATION

Art. 5 *(Rempl., Règl. n° 2002-07, 21 nov. 2002, homologué par A. 26 déc. 2002)*. **–** I. - Le plafond d'indemnisation par investisseur est de 70 000 € en ce qui concerne les instruments financiers mentionnés au premier alinéa de l'article 2 et de 70 000 € en ce qui concerne les dépôts mentionnés au deuxième alinéa de ce même article.

II. - Pour les établissements adhérents mentionnés au premier alinéa de l'article 1-1, chacun de ces plafonds s'applique à l'ensemble des actifs d'un même investisseur auprès du même établissement adhérent, quels que soient le nombre de comptes, leur localisation sur le territoire de la République française, de la Principauté de Monaco et dans l'Espace économique européen et, sous réserve du 4° *(b)* de l'article 3, la devise concernée.

III. - Pour les établissements adhérents mentionnés au deuxième alinéa de l'article 1-1, chacun de ces plafonds s'applique à l'ensemble des actifs d'un même investisseur auprès du même établissement adhérent, quels que soient le nombre de comptes, leur localisation sur le territoire de la République française et dans la Principauté de Monaco et, sous réserve du 4° *(b)* de l'article 3, la devise concernée.

IV. - Les plafonds d'indemnisation des investisseurs clients des établissements adhérents mentionnés au quatrième alinéa de l'article 1-1 sont égaux à la contre-valeur en francs CFP des montants indiqués au point 5-I, obtenue en appliquant la parité définie en application de l'article L. 712-2 du Code monétaire et financier.

Chacun de ces plafonds s'applique à l'ensemble des actifs d'un même investisseur auprès du même établissement adhérent, quels que soient le nombre de comptes, leur localisation sur le territoire de la République française et dans la Principauté de Monaco et, sous réserve du 4° *(b)* de l'article 3, la devise concernée.

Art. 6. – Il est tenu compte, dans le calcul du plafond mentionné à l'article précédent, de la part revenant à chaque investisseur dans une opération d'investissement jointe. Sauf stipulation contraire, le compte est réparti de façon égale entre les investisseurs.

Les créances sur une opération d'investissement jointe sur lesquelles deux personnes au moins ont des droits en leur qualité d'associé d'une société, de membre d'une association ou de tout groupement similaire, non dotés de la personnalité morale, sont, pour le calcul du même plafond, regroupées et traitées comme si elle était effectuée par un investisseur unique.

Lorsque l'investisseur au nom duquel est ouvert le compte n'est pas l'ayant droit des titres détenus par un établissement adhérent, c'est la personne qui en est l'ayant droit qui bénéficie de l'indemnisation, à condition cependant que cette personne ait été identifiée ou soit identifiable avant le constat de l'indisponibilité des titres. S'il existe plusieurs ayants droit, il est tenu compte de la part revenant à chacun d'eux, conformément aux dispositions régissant la gestion des titres, pour le calcul du plafond mentionné à l'article ci-dessus.

TITRE III. – MODALITÉS ET DÉLAIS D'INDEMNISATION

Art. 7. – Sans préjudice des cas d'ouverture d'une procédure de redressement ou de liquidation judiciaires, la commission bancaire, après avoir constaté l'indisponibilité des titres consécutive à l'incapacité d'un établissement adhérent de restituer les titres détenus pour des raisons qui pourraient être liées à sa situation financière et qu'il ne lui apparaît pas possible que la restitution ait lieu prochainement, demande, après avis du Conseil des marchés financiers, l'intervention du fonds de garantie des dépôts au titre du premier alinéa de l'article 62-1 de la loi [n° 96-597] du 2 juillet 1996 susvisée et notifie alors sa radiation à l'établissement adhérent concerné.

Art. 8. – À partir des documents produits par l'établissement adhérent concerné ou, en cas d'ouverture d'une procédure de redressement ou de liquidation judiciaires, de ceux produits pour l'application de l'article L. 211-10 du Code monétaire et financier, le fonds de garantie des dépôts vérifie les créances des investisseurs se rapportant à des titres indisponibles et les informe sans délai, par lettre recommandée *(Mots rempl., Règl. n° 2002-07, 21 nov. 2002, homologué par A. 26 déc. 2002)* « avec demande d'avis de réception », du montant et de la nature des titres couverts au titre du mécanisme de la garantie des titres et des créances qui en sont exclues en application des articles 3 et 5 du présent règlement. *(Deux phrases suppr., Règl. n° 2002-07, 21 nov. 2002, homologué par A. 26 déc. 2002)* « ... ».

(Règl. n° 2002-07, 21 nov. 2002, homologué par A. 26 déc. 2002) Elle informe les investisseurs qu'ils ont un délai de 15 jours pour formuler toutes remarques utiles à leur indemnisation ou contester le décompte proposé, établi sur la base de la valeur vénale des instruments financiers couverts observée à la date de leur indisponibilité, ainsi que pour choisir, le cas échéant, la monnaie dans laquelle l'indemnisation sera effectuée. Au terme de ce délai, le fonds de garantie engage, au titre du mécanisme de garantie des titres, l'indemnisation dans les conditions fixées à l'article 9.

La lettre mentionnée *(Mots rempl., Règl. n° 2002-07, 21 nov. 2002, homologué par A. 26 déc. 2002)* « au premier alinéa » précise aux investisseurs les modalités et la procédure à suivre, dans l'hypothèse de l'ouverture d'une procédure de redressement ou de liquidation judiciaires prononcée à l'encontre de l'établissement adhérent défaillant, pour déclarer auprès du représentant des créanciers ou du liquidateur nommé par le tribunal de commerce les créances qui ont été exclues de l'indemnisation au titre de la garantie des titres.

Le fonds indemnise dans un délai de trois mois à compter de la demande formulée par la commission bancaire les créances admises par lui au titre du mécanisme de la garantie des titres. Lorsque les circonstances l'exigent, le fonds de garantie des dépôts peut demander à la commission bancaire une prolongation de ce délai, laquelle ne peut dépasser trois mois.

Les délais prévus aux alinéas précédents ne peuvent être invoqués par le fonds de garantie des dépôts pour refuser le bénéfice du mécanisme de la garantie des titres à un investisseur apportant la preuve qu'il n'a pas été en mesure de faire valoir à temps son droit à un versement au titre de la garantie.

Art. 9 *(Al. rempl. par huit al., Règl. n° 2002-07, 21 nov. 2002, homologué par A. 26 déc. 2002)*. – I. – L'indemnisation des investisseurs clients des établissements adhérents mentionnés aux premier et deuxième alinéas de l'article 1-1 est effectuée en euros.

Les titres libellés en francs CFP sont convertis en euros selon la parité en vigueur à la date de l'indisponibilité des titres.

Les titres libellés en devises sont convertis en euros selon le cours observé à la date de l'indisponibilité des titres.

L'investisseur ayant son domicile dans les zones géographiques mentionnées au troisième alinéa de l'article 1-1 peut demander à être indemnisé en francs CFP.

II. – L'indemnisation des investisseurs clients des établissements adhérents mentionnés au troisième alinéa de l'article 1-1 est effectuée en francs CFP.

Les dépôts en euros sont convertis en francs CFP selon la parité en vigueur à la date de l'indisponibilité des dépôts.

Les titres libellés en devises sont convertis en francs CFP selon le cours observé à la date de l'indisponibilité des titres.

L'investisseur ayant son domicile dans les zones géographiques mentionnées au premier alinéa de l'article 1-1 peut demander à être indemnisé en euros.

III *(Mod., Règl. n° 2002-07, 21 nov. 2002, homologué par A. 26 déc. 2002)*. – Le fonds de garantie des dépôts peut également proposer à tous les investisseurs une indemnisation en titres identiques à ceux dont l'indisponibilité a été constatée dans les conditions prévues par l'article 30 de la loi [n° 83-1] du 3 janvier 1983 susvisée, dans la limite du plafond prévu à l'article 5 ci-dessus et sur la base de leur valeur vénale à la date de leur indisponibilité. Dans le délai de quinze jours mentionné à l'article 8 ci-dessus, l'investisseur fait connaître au fonds s'il accepte ou non cette proposition. À défaut de réponse à l'expiration de ce délai, il est réputé l'avoir refusée, sans préjudice des dispositions du dernier alinéa dudit article 8.

IV. – *(Mod., Règl. n° 2002-07, 21 nov. 2002, homologué par A. 26 déc. 2002)* Nonobstant les délais prévus au *(Mots rempl., Règl. n° 2002-07, 21 nov. 2002, homologué par A. 26 déc. 2002)* « cinquième alinéa » de l'article 8, lorsque l'investisseur ou toute autre personne ayant des droits ou un intérêt sur les titres détenus sur un compte a été mis en examen pour un délit de blanchiment de capitaux sur le fondement des articles 222-38, 324-1 et 324-2 du Code pénal ou de l'article 415 du Code des douanes, le fonds de garantie suspend les paiements correspondants dans l'attente du jugement définitif.

Art. 10. – Dans le cadre d'une procédure de redressement ou de liquidation judiciaires prononcée à l'encontre d'un établissement adhérent auprès duquel le fonds de garantie des dépôts est intervenu au titre du mécanisme de garantie des titres, celui-ci transmet au représentant des créanciers ou au liquidateur nommé par la juridiction commerciale le détail par investisseur des créances indemnisées par lui et de celles qui ne l'ont pas été en application des articles 3 et 5 du présent règlement.

TITRE IV. – INFORMATION DES INVESTISSEURS

Art. 11. – Les établissements adhérents fournissent aux investisseurs, de même qu'à toute personne qui en fait la demande, toutes informations utiles sur le mécanisme de garantie des titres, en particulier le montant et l'étendue de la couverture offerte. Ils précisent, en outre, que le mécanisme de garantie des titres a pour objet d'indemniser la créance résultant de l'indisponibilité des instruments financiers déposés auprès d'un établissement adhérent et non de garantir la valeur de ces instruments.

Les modifications éventuelles sont portées à la connaissance des investisseurs.

L'usage à des fins publicitaires, par les établissements assujettis au présent règlement, de ces mêmes informations est interdit.

Art. 12. – Les investisseurs peuvent obtenir, sur simple demande auprès du fonds de garantie des dépôts, des informations complémentaires sur les conditions ou délais d'indemnisation ainsi que sur les formalités à accomplir pour être indemnisés.

Art. 13. – Les informations destinées aux investisseurs ainsi que les documents relatifs aux conditions et formalités à remplir pour bénéficier d'un versement au titre du mécanisme de la garantie des titres sont rédigés en langue française, de façon détaillée et aisément compréhensible par tout investisseur.

TITRE V. – DISPOSITIONS DIVERSES

Art. 14 à 16. – (V. *Règl. n° 99-05, 9 juill. 1999, homologué par A. 21 juill. 1999*).

Règlement CRBF n° 99-15 du 23 septembre 1999

relatif aux ressources et au fonctionnement du mécanisme de garantie des titres
(JO 22 oct.)

TITRE PREMIER. – RESSOURCES FINANCIÈRES DU MÉCANISME

Art. 1er *(Mod., Règl. n° 2000-08, 6 sept. 2000, homologué par A. 18 sept. 2000)*. **–** Les établissements adhérant au mécanisme de garantie des titres mentionné à l'article 62 de la loi [n° 96-597] du 2 juillet 1996 susvisée et soumis aux dispositions du règlement n° 99-14 ci-après « les adhérents », doivent souscrire dès que le fonds a décidé son émission, et libérer en deux tranches, l'une de 25 % au moment de la souscription, l'autre avant le 31 décembre 2000, un certificat d'association au mécanisme dont le montant est fixé selon les modalités de calcul prévues à l'annexe au présent règlement. Au 31 décembre 1999, le montant global total des certificats d'association ainsi souscrits peut être de 10 millions d'euros. Il est augmenté des souscriptions des établissements adhérant après cette date et diminué des remboursements prévus à l'article 10.

Art. 2. – Il est servi aux certificats d'association une rémunération annuelle fixée par le fonds de garantie des dépôts statuant au titre du mécanisme de garantie lors de l'arrêté de ses comptes, sans excéder le taux moyen de rendement des emprunts d'État d'une durée de dix ans émis l'année civile de leur souscription, tel que constaté par la Banque de France. Ce taux est remplacé tous les dix ans par celui des emprunts émis au cours de l'année de remboursement du précédent gisement de référence.

Cette rémunération est supprimée, dès lors que le fonds constate que les cotisations des adhérents du mécanisme de garantie des titres seront insuffisantes pour couvrir les charges découlant des interventions prévues à l'article 62-1 de la loi [n° 96-597] du 2 juillet 1996 susvisée. Le fonds informe le ministre chargé de l'économie et le gouverneur de la Banque de France, président de la commission bancaire, de cette situation.

Art. 3 *(Mod., Règl. n° 2002-09, 21 nov. 2002, homologué par A. 26 déc. 2002)*. **–** Le montant global des cotisations est fixé de manière à ne pas mettre en péril la stabilité du système bancaire et financier. La cotisation, répartie entre les adhérents selon les dispositions prévues par l'annexe au présent règlement, est versée en une échéance annuelle, sauf s'il est nécessaire d'augmenter cette cotisation en cours d'année civile, par une majoration de la cotisation annuelle ou par l'appel d'une cotisation exceptionnelle. L'ensemble des éléments de calcul, propre à chaque adhérent, est couvert par le secret professionnel.

Art. 4. – Le fonds de garantie recouvre le montant des cotisations dues. Les adhérents du mécanisme doivent verser les cotisations ou constituer les dépôts de garantie au plus tard quinze jours après avoir reçu la notification à cet effet prévue par l'annexe au présent règlement. Le fonds informe la commission bancaire de tout retard ou difficulté à percevoir une cotisation.

Art. 5 *(CRBF, Règl. n° 2004-03, 15 janv. 2004, homologué par A. 29 janv. 2004)*. – Les nouveaux adhérents doivent souscrire un certificat d'association et verser une cotisation supplémentaire, qui s'ajoute au montant de la cotisation annuelle, pendant cinq ans, selon les dispositions prévues par l'annexe au présent règlement.

Les adhérents qui ne sont pas habilités en vue de l'administration et de la conservation d'instruments financiers sont exonérés de la cotisation supplémentaire visée à l'alinéa précédent.

Art. 6 *(Mod., Règl. n° 2000-08, 6 sept. 2000, homologué par A. 18 sept. 2000 ; Règl. n° 2002-09, 21 nov. 2002, homologué par A. 26 déc. 2002)*. – La totalité du montant total d'une cotisation n'est pas versée par un adhérent dès lors que cet établissement :

– prend l'engagement de verser, à première demande du fonds, la fraction non versée des cotisations pendant cinq ans à compter de l'échéance de versement de la cotisation. Pour l'exécution de cet engagement, le fonds de garantie peut prélever ce montant sur le dépôt de garantie constitué dans les conditions ci-après. Il informe l'établissement concerné ;

– constitue dans les livres du mécanisme, à la date d'échéance du versement de la cotisation, un dépôt de garantie bloqué pendant cinq ans, d'un montant égal à celui de la fraction de la cotisation non versée. La rémunération des dépôts de garantie ne peut excéder le taux de rendement des emprunts d'État d'une durée d'émission de cinq ans, constaté par la Banque de France le 16 octobre, date à partir de laquelle les adhérents sont redevables du montant de la cotisation pour laquelle le dépôt est constitué ou, le cas échéant, le jour ouvré suivant. Cette rémunération est supprimée dès lors que les ressources tirées du placement des avoirs du mécanisme de garantie des titres s'avèrent insuffisantes pour couvrir les charges découlant des interventions prévues à l'article 62-1 de la loi [n° 96-597] du 2 juillet 1996 susvisée.

En cas de perte de la qualité d'adhérent, les sommes figurant en dépôt de garantie constitué par cet adhérent sont transformées de plein droit et sans autre formalité en cotisations. Les dépôts de garantie font l'objet d'une rémunération jusqu'à la date de cette transformation de plein droit. Cette rémunération est égale aux intérêts servis à un dépôt interbancaire qui, d'une part, serait constitué le premier jour de l'année au cours de laquelle la décision prend effet et pour lequel un taux interbancaire est constaté et qui, d'autre part, viendrait à échéance à la date la plus proche de la date de ladite transformation sauf si avant cette date la Commission bancaire a demandé ou proposé au fonds de garantie d'intervenir au titre du mécanisme de garantie des titres.

Art. 7 *(Mod., Règl. n° 2000-08, 6 sept. 2000, homologué par A. 18 sept. 2000)*. – Les sanctions pécuniaires infligées par le Conseil des marchés financiers sont versées au fonds, en application de l'article 69-II, alinéa 4, de la loi [n° 96-597] du 2 juillet 1996 susvisée, pour lequel elles constituent un produit qui est mis en réserve au titre du mécanisme. Les récupérations sur les sinistres réglés par le fonds au titre du mécanisme ainsi que le revenu du placement de l'ensemble des avoirs détenus au titre de la garantie des titres, une fois couvertes les charges de fonctionnement du mécanisme et la rémunération des certificats d'association ainsi que, le cas échéant, celles des dépôts de garantie sont également mises en réserve du titre de ce dernier.

Art. 8 *(Mod., Règl. n° 2000-08, 6 sept. 2000, homologué par A. 18 sept. 2000)*. – Les pertes sont imputées sur les montants mis en réserve au titre du mécanisme de garantie des titres puis sur le montant des cotisations versées jusqu'à la fin de l'exercice en cours à concurrence de 30 millions d'euros ou du montant disponible s'il est inférieur. Au-delà, le fonds appelle à hauteur de la moitié des pertes non encore couvertes, les fractions non versées, par ordre d'antériorité de la date d'échéance du versement de la cotisation. Le reste des pertes s'impute en premier lieu sur le solde des cotisations versées, puis sur le solde des fractions non versées des cotisations, selon le même ordre, avant toute imputation sur la rémunération puis sur le nominal des certificats d'association.

Les fractions non versées de la cotisation ne peuvent plus être appelées par le fonds cinq ans après la constitution des garanties susmentionnées. À cette date, les adhérents recouvrent la libre disposition des dépôts de garantie.

Constituent des pertes au sens du présent règlement la fraction des charges, y compris les charges calculées, qui excède l'ensemble des produits de l'exercice en cours du mécanisme de garantie des titres, avant toute rémunération des dépôts de garantie.

Art. 9 *(Mod., Règl. n° 2000-08, 6 sept. 2000, homologué par A. 18 sept. 2000)*. – Dès que le fonds constate que les pertes dépassent l'ensemble des ressources du mécanisme autres que les certificats d'association, il opère la réduction à due concurrence, du nominal de chaque certificat d'association. Les commissaires aux comptes du fonds de garantie doivent se prononcer sur le montant des provisions prises en compte au titre du mécanisme pour opérer cette réduction. La décision du fonds est notifiée dans un délai de quinze jours aux adhérents.

Art. 10 *(Rempl., Règl. n° 2000-08, 6 sept. 2000, homologué par A. 18 sept. 2000 ; mod., Règl. n° 2002-09, 21 nov. 2002, homologué par A. 26 déc. 2002)*. – Lorsque la décision de retrait d'agrément ou d'habilitation d'un adhérent a pris effet, le certificat d'association est remboursé au plus tard à la fin du mois qui suit la notification, au fonds de garantie des dépôts, par l'autorité compétente, de la date de prise d'effet de la décision, à sa valeur nominale, éventuellement réduite en application de l'article 9. Ce remboursement est fait au nominal augmenté, le cas échéant, de la rémunération due jusqu'à la date de remboursement. Cette rémunération est égale aux intérêts servis à un dépôt interbancaire qui, d'une part, serait constitué le premier jour de l'année au cours de laquelle la décision prend effet et pour lequel un taux interbancaire est constaté et qui, d'autre part, viendrait à échéance à la date la plus proche de la date de remboursement du certificat, sauf si avant cette date le fonds a constaté l'insuffisance des ressources visées à l'article 2 et n'a pas à verser de rémunération en application des dispositions dudit article.

Lors de l'absorption d'un adhérent par un autre adhérent ou du transfert d'un adhérent à un autre de l'activité justifiant l'adhésion au mécanisme, donnant lieu à un retrait d'agrément ou d'habilitation, sans que la société cédante fasse l'objet d'une dissolution, le produit du remboursement du certificat vient augmenter le montant du certificat de l'établissement absorbant ou cessionnaire. Dans ces cas, la rémunération due n'est pas remboursée, mais le nouveau montant du certificat sert de fondement au calcul de la rémunération due à l'établissement absorbant ou cessionnaire à compter du début de l'année considérée. Toutefois, si l'assiette de cotisation de l'absorbé ou de celui dont la totalité de l'activité justifiant l'adhésion au mécanisme a été transférée est nulle, le produit du remboursement de son certificat est versé à l'établissement absorbant ou cessionnaire, selon les modalités prévues au premier alinéa du présent article.

Par dérogation au dernier alinéa de l'*article 6*, le dépôt de garantie de l'établissement absorbé ou de celui dont la totalité de l'activité justifiant l'adhésion au mécanisme a été transférée vient également augmenter le dépôt de garantie de l'établissement absorbant ou cessionnaire.

TITRE II. – REPRÉSENTATION DU MÉCANISME AU CONSEIL DE SURVEILLANCE DU FONDS

(Abr., A. 16 mars 2016)

Rédaction antérieure. Art. 11. – Les deux représentants des adhérents non établissement de crédit au conseil de surveillance du fonds sont des personnes physiques, ayant la qualité de dirigeant responsable dans un ou plusieurs établissements adhérents. Ils sont élus, sur proposition d'un adhérent, conformément aux dispositions de l'*article 13*.

Rédaction antérieure. Art. 12 *(Mod., Règl. n° 2000-08, 6 sept. 2000, homologué par A. 18 sept. 2000 ; Règl. n° 2003-05, 12 nov. 2003, homologué par A. 11 déc. 2003)*. – Les membres du conseil de surveillance visés à l'*article 11* sont élus pour quatre ans.

En cas d'empêchement ou de démission d'un membre du conseil de surveillance, l'adhérent qui a présenté sa candidature peut désigner une autre personne physique pour remplacer la personne empêchée ou démissionnaire, jusqu'à la fin de la durée prévue pour ses fonctions. Cette personne doit également être dirigeant, au sens de l'article 12 de la loi de modernisation des activités financières susvisée, d'un ou plusieurs adhérents. La perte par un membre du conseil de surveillance de toute qualité de dirigeant dans un établissement adhérent appartenant au même réseau auquel appartient l'adhérent qui a présenté sa candidature est réputée constituer un empêchement au sens du présent règlement, sauf si ledit adhérent confirme sa désignation ou le maintien de son mandat de représentation au plus tard à la fin du mois où le membre a été placé en situation d'empêchement. Cette confirmation ne peut être faite que si la personne demeure dirigeant dans un ou plusieurs adhérents.

Rédaction antérieure. Art. 12-1 *(Règl. n° 2003-05, 12 nov. 2003, homologué par A. 11 déc. 2003)*. – En cas de perte par un établissement ayant présenté la candidature d'un membre élu de son droit d'être membre du conseil de surveillance, il est procédé, dans les conditions suivantes, à une nouvelle nomination pour la durée du mandat restant à courir, sauf si cette perte résulte d'une opération de restructuration sans changement de contrôle.

Le directoire du fonds convoque, dans un délai maximum de trois mois, le collège des adhérents non établissements de crédit, à l'exception de ceux représentés d'office en application des dispositions du deuxième alinéa de l'article 14, ainsi que de l'adhérent ayant proposé la candidature du membre déjà élu. L'élection a lieu à la majorité relative. Les adhérents non établissements de crédit appartenant à ce collège ont la faculté, dans un délai d'un mois après cette élection, de notifier au fonds l'affectation de leur mandat à ce nouvel élu.

Toutefois, si l'événement justifiant une nouvelle nomination intervient dans la période de douze mois précédant la fin d'un mandat, le conseil de surveillance choisit, dans un délai maximum de trois mois, parmi les établissements formant le collège visé à l'alinéa qui précède, celui qui désigne un nouveau membre. Ce nouveau membre dispose des voix de l'établissement qu'il représente.

Rédaction antérieure. Art. 13 ***(Mod., Règl. n° 2002-09, 21 nov. 2002, homologué par A. 26 déc. 2002 ; Règl. n° 2003-05, 12 nov. 2003, homologué par A. 11 déc. 2003).*** – Les candidatures sont présentées au fonds par les établissements qui le souhaitent au plus tard le 31 janvier de l'année où l'élection des membres doit avoir lieu.

Le collège des adhérents non établissements de crédit au mécanisme de garantie des titres est réuni, avant le 1er mars de l'année où expire la durée des fonctions des membres du conseil, sur convocation du directoire du fonds, qui mentionne les candidatures présentées et le nombre de voix dont dispose chaque membre.

Chaque adhérent dispose, pour l'élection, d'un nombre de voix égal à la somme des certificats d'association détenus, des cotisations effectivement versées jusqu'à la fin de l'année précédant l'élection et de l'encours des dépôts de garantie effectivement constitués dans les livres du mécanisme à la fin de cette même année. Sont ajoutées, le cas échéant, les cotisations versées par des établissements absorbés par un établissement adhérent. Les établissements affiliés à un organe central sont représentés par cet organe central, qui dispose d'un nombre de voix égal à la somme des voix de l'ensemble des adhérents affiliés au réseau.

Il est procédé à un vote public. Sauf si le nombre de candidatures est égal au nombre de postes à pourvoir, la désignation d'un ou des deux membres fait l'objet d'un scrutin unique. Sont déclarés élus le ou les candidats ayant obtenu le plus de voix.

Si le nombre de candidatures est égal au nombre de postes à pourvoir, tout membre du collège peut, par dérogation aux dispositions du premier alinéa, présenter une candidature lors de la réunion du collège. Si aucune nouvelle candidature n'est présentée, les candidats présentés sont déclarés élus d'office.

Rédaction antérieure. Art. 14 ***(Mod., Règl. n° 2000-08, 6 sept. 2000, homologué par A. 18 sept. 2000 ; Règl. n° 2003-05, 12 nov. 2003, homologué par A. 11 déc. 2003).*** – Chaque adhérent qui n'a pas voté pour un candidat élu, y compris les établissements de crédit à l'exception de ceux ayant désigné un membre du conseil de surveillance en application de l'article 12 du règlement n° 99-06 susvisé ou présenté la candidature d'un membre élu en application de l'article 13 dudit règlement, doit notifier au conseil, dans le délai d'un mois, le nom du membre du conseil de surveillance qu'il a choisi pour le représenter lors des votes pendant la durée de ses fonctions. Ce membre peut être soit un membre désigné ou élu en application du règlement n° 99-06 susvisé, soit un membre élu en application de l'*article 13* du présent règlement.

Les adhérents affiliés à un même réseau visé à l'article 21 de la loi [n° 84-46] du 24 janvier 1984 susvisée, ou les adhérents non affiliés à un réseau, y compris, le cas échéant, l'entreprise mère, qui font partie d'un même groupe financier ou mixte au sens de l'article 9-1 de la loi du 24 janvier 1984 précitée, sont représentés d'office lors des votes par le candidat élu pour lequel l'organe central ou l'entreprise mère a voté, ou celui élu ou désigné que ces derniers ont notifié au fonds.

Ce mandat ne peut être révoqué qu'en cas de changement de contrôle de l'adhérent qui a désigné ou présenté la candidature du membre mandataire ou en cas d'empêchement ou de démission de ce dernier. Dans ce cas, le fonds de garantie notifie aux adhérents concernés qu'ils disposent d'un délai d'un mois à compter de cette notification pour désigner un nouveau mandataire, l'absence de désignation valant acceptation en tant que mandataire du membre remplaçant le précédent en application des dispositions de l'article 12-1.

Les droits de vote des adhérents non établissements de crédit qui n'ont pas procédé à la notification de leur représentant sont exercés par le membre du conseil de surveillance élu par le collège des adhérents non établissements de crédit, représentant la ou les contributions les plus élevées au mécanisme de garantie des titres. Les droits de vote adhérents établissements de crédit qui n'ont pas procédé à la notification de leurs représentants, sont exercés par le membre du conseil de surveillance désigné ou élu, disposant du nombre de voix le plus élevé au mécanisme de garantie des titres.

Pour chaque exercice, les droits de vote des adhérents sont égaux à la somme des certificats d'association au mécanisme de garantie des titres détenus, des cotisations au mécanisme effectivement versées jusqu'au 31 décembre précédant l'exercice considéré et de l'encours des dépôts de garantie effectivement constitués dans les livres du mécanisme à la même date.

TITRE III. – DISPOSITIONS TRANSITOIRES

Art. 15. – La commission bancaire procède au premier calcul relatif à la souscription des certificats d'association et au paiement, en une seule échéance, de la première cotisation annuelle au fonds, au titre du mécanisme de garantie des titres, dès l'entrée en vigueur du présent règlement, sur le fondement des éléments de calcul prévus par l'annexe au présent règlement, disponibles à cette date.

Par dérogation à l'*article 6*, la fraction de la cotisation qui peut ne pas être versée dans les conditions de l'article précité est de 75 %. Les données servant de fondement à ce calcul sont celles arrêtées au 30 juin 1999 en ce qui concerne l'assiette de cotisation, et celles arrêtées au 31 décembre 1998 pour les éléments constitutifs de l'indicateur synthétique de risque prévus au point 2 de l'annexe.

Les adhérents dispensés de la remise de documents arrêtés à la date du 31 décembre 1998, ou ceux pour lesquels la commission bancaire ne dispose pas des éléments nécessaires au calcul de l'assiette, acquittent immédiatement la cotisation minimale et souscrivent un certificat d'association du montant minimum. Pour l'an 2000, ces adhérents acquittent, le cas échéant, des cotisations corrigées pour tenir compte des sommes qu'ils auraient dû verser, dans des conditions précisées dans l'annexe au présent règlement.

Pour l'an 2000, les cotisations sont versées en une seule échéance, sur la base des éléments de calcul arrêtés au 30 juin 2000.

Art. 16. – La commission bancaire convoque la première réunion des adhérents, destinée à procéder à la désignation des représentants du mécanisme de garantie des titres au conseil de surveillance du fonds de garantie des dépôts, dès qu'elle a procédé aux calculs visés à l'article 15. Cette désignation interviendra en appliquant les dispositions de l'article 13 au montant des certificats d'association, et des cotisations versées pour l'année 1999. Les fonctions des membres ainsi désignés expirent le 31 mars 2001. Le mandat des membres élus en 2001 expire le 31 mars 2004.

Les adhérents non représentés par un membre du conseil de surveillance doivent désigner leurs représentants au plus tard deux semaines après l'élection des membres. Jusqu'à cette désignation, les droits de vote sont exercés pour les adhérents non établissement de crédit et non représentés par le membre du conseil de surveillance représentant la ou les contributions les plus élevées au mécanisme. Les droits de vote des adhérents établissement de crédit non représentés sont exercés par le membre de droit représentant la ou les contributions les plus élevées.

Les fonds qui sont destinés à la cotisation annuelle pour 1999 doivent être versés avant la réunion des adhérents fixée par la commission bancaire sur un compte d'opérations ouvert à la Banque de France au nom du Trésor public, jusqu'à l'homologation du règlement intérieur du fonds de garantie. Ils sont par la suite versés sur le compte indiqué par le président du directoire du fonds. Les sommes destinées au versement de la part libérée en 1999 des certificats d'association sont versées, après la décision de leur émission par le fonds de garantie, sur un compte ouvert à cet effet à la Banque de France. Les certificats d'association émis par le fonds et souscrits par les adhérents ainsi que les dépôts de garantie peuvent porter l'intérêt prévu par les *articles 2 et 6* du présent règlement, dès que le règlement intérieur du fonds aura été homologué.

Art. 17. – Dès l'entrée en vigueur du présent règlement, le fonds est habilité à recevoir, au titre du mécanisme, les ressources émanant de fonds de garantie antérieurs à l'actuel régime instauré par la loi [n° 99-532] du 25 juin 1999 susvisée.

Art. 18 *(Règl. n° 2002-07, 21 nov. 2002, homologué par A. 26 déc. 2002 ; CRBF, Règl. n° 2004-03, 15 janv. 2004, homologué par A. 29 janv. 2004)*. – Pour les établissements habilités par le Conseil des marchés financiers à la date du 1er janvier 2002, au titre de la conservation et de l'administration d'instruments financiers, et dont le siège social est situé dans les territoires d'outre-mer, en Nouvelle-Calédonie, ainsi que dans la collectivité départementale de Mayotte, le montant de la cotisation due au titre du deuxième semestre 2002 est égal à la moitié du montant de la cotisation due au titre de l'année 2003 et sera notifié par la Commission bancaire au plus tard le 15 octobre 2003. Par dérogation à l'article 5 du présent règlement, ces établissements ne sont pas tenus à la cotisation supplémentaire.

Les établissements visés à l'alinéa précédent souscriront à un certificat d'association calculé sur la base des données arrêtées au 31 décembre 2002 et selon les dispositions prévues par la présente annexe.

Pour les prestataires de services d'investissement à l'exception des sociétés de gestion de portefeuille qui, à la date du 3 août 2003, ne sont pas habilités en vue de l'administration et de la conservation d'instruments financiers, le montant de la cotisation au titre de 2003 est égal à la moitié du montant de la cotisation due au titre de l'année 2004. Le montant ainsi calculé et le montant du certificat d'association à souscrire seront notifiés par la Commission bancaire aux adhérents concernés au plus tard le 15 octobre 2004.

Art. 19 *(CRBF, Règl. n° 2004-03, 15 janv. 2004, homologué par A. 29 janv. 2004)*. – Par dérogation au troisième alinéa de l'article 13 du présent règlement, pour l'exercice 2004, le nombre de voix dont dispose chacun des adhérents ayant la qualité d'entreprises d'investissement et qui ne sont pas habilités en vue de l'administration et de la conservation d'instruments financiers pour l'élection des deux représentants des adhérents non établissements de crédit au conseil de surveillance du Fonds de garantie des dépôts est réputé égal à 1 200.

ANNEXE

Calcul de la répartition des contributions entre les adhérents

1. Principes de calcul

Le calcul du montant des certificats d'association et des cotisations annuelles, *(Mots suppr., Règl. n° 2002-09, 21 nov. 2002, homologué par A. 26 déc. 2002)* « ... » ci-après appelés « contributions des adhérents », est effectué conformément aux dispositions de la présente annexe.

1.1. *Calcul des contributions ordinaires*

La contribution de chaque adhérent est égale, pour chaque échéance, au produit du montant global variable de l'échéance et de la part nette de risque qui lui est attribuée pour cette échéance ; la contribution ne peut toutefois être inférieure à *(Mots rempl., Règl. n° 2002-09, 21 nov. 2002, homologué par A. 26 déc. 2002)* « 800 euros pour la cotisation » et à 800 euros pour la souscription des certificats d'association. Toutefois, pour les établissements qui sont également adhérents au fonds de garantie des dépôts, cette contribution minimale est de 200 euros pour l'échéance semestrielle et de 400 euros pour la souscription des certificats d'association. *(Phrase créée, CRBF, Règl. n° 2004-03, 15 janv. 2004, homologué par A. 29 janv. 2004)* « En outre, la cotisation des adhérents qui ne sont pas habilités en vue de l'administration et de la conservation d'instruments financiers est égale au montant minimal. Ces établissements souscrivent un certificat d'association de même montant ».

Le montant global variable de chaque échéance est égal au montant global de l'échéance, diminué du produit de la contribution minimale par le nombre d'adhérents dont l'assiette de cotisation est nulle.

L'assiette de cotisation est égale à la moitié de la valeur des instruments financiers au sens de la loi [n° 96-597] du 2 juillet 1996 susvisée, conservés par l'adhérent pour le compte de la clientèle et couverts par le mécanisme de garantie des titres, auquel on ajoute, pour les adhérents non établissement de crédit, le montant des dépôts et des autres dettes vis-à-vis de la clientèle couverts par le mécanisme. Ne sont pas repris dans cette assiette les instruments financiers émis et détenus par l'adhérent, ainsi que les instruments financiers à terme non négociables sur un marché réglementé.

Pour l'évaluation des instruments financiers retenus dans l'assiette de cotisation autres que les instruments financiers à terme, on retient la valeur vénale, et notamment pour les instruments financiers négociables sur un marché réglementé, la valeur résultant du cours de clôture au jour d'arrêté des éléments de calcul. Pour les instruments financiers à terme autres que les options achetées par la clientèle, est retenue la valeur du dépôt de garantie constitué par le client. Les options achetées par la clientèle sont évaluées comme les instruments financiers autres que les instruments à terme.

La part nette de risque d'un adhérent est la proportion entre son montant net de risque et la somme des montants nets de risque de l'ensemble des adhérents.

Le montant net de risque de chaque adhérent est égal à l'assiette de cotisation, pondérée par l'indicateur synthétique de risque prévu au point 2 de la présente annexe.

Lorsque en raison de retards ou de lacunes dans la remise par les établissements adhérents des informations nécessaires au calcul de l'assiette de cotisation, cette dernière ne peut être calculée à partir de renseignements fiables arrêtés à la date prévue, l'assiette calculée pour la précédente échéance est majorée de 10 % par échéance défaillante, sauf si l'établissement justifie de raisons de force majeure qui ont empêché une remise régulière des informations nécessaires. Dans ce cas, l'assiette de cotisation est la moyenne des trois assiettes précédentes. Le taux de majoration est ramené à 5 % pour la fraction de l'assiette de cotisation supérieure à 1 milliard d'euros.

(Règl. n° 2000-08, 6 sept. 2000, homologué par A. 18 sept. 2000) Lorsqu'un adhérent a absorbé un autre adhérent *(Mots aj., Règl. n° 2002-09, 21 nov. 2002, homologué par A. 26 déc. 2002)* « ou a acquis d'un autre établissement adhérent la totalité de l'activité justifiant l'adhésion au mécanisme, donnant lieu à un retrait d'agrément ou d'habilitation sans que la société cédante fasse l'objet d'une dissolution » entre la date d'arrêté des informations nécessaires au calcul de la contribution et la date à laquelle la cotisation est due, il doit acquitter la cotisation de l'absorbé *(Mots aj., Règl. n° 2002-09, 21 nov. 2002, homologué par A. 26 déc. 2002)* « ou de celui dont la totalité de l'activité a été transférée », sauf si l'assiette de cotisation de ce dernier est nulle.

(Règl. n° 2002-09, 21 nov. 2002, homologué par A. 26 déc. 2002) Par dérogation aux dispositions du premier alinéa, les adhérents radiés en application de l'article L. 322-2 du Code monétaire et financier sont exonérés de toute contribution au mécanisme de garantie des titres.

1.2. *Contributions spécifiques des nouveaux adhérents*

1.2.1. Certificat d'association

Le montant du certificat d'association des établissements adhérant après le 31 décembre 1999 est égal au produit du montant global des certificats d'association et de la part nette de risque de l'adhérent, calculé lors de la première échéance suivant l'adhésion. Le montant total du certificat doit être libéré en même temps que les cotisations de la première échéance suivant l'adhésion.

1.2.2. Cotisations supplémentaires

Les nouveaux adhérents doivent acquitter une cotisation supplémentaire, qui vient s'ajouter à celle prévue au point 1.1. de la présente annexe pendant les *(Mots rempl., Règl. n° 2002-09, 21 nov. 2002, homologué par A. 26 déc. 2002)* « cinq échéances » suivant leur adhésion. Le montant de la cotisation supplémentaire est égal, à chaque échéance, à *(Pourcentage rempl., Règl. n° 2002-09, 21 nov. 2002, homologué par A. 26 déc. 2002)* « 20 % » du produit de la part nette de risque du nouvel adhérent par le montant total, net des éventuelles pertes, des cotisations effectivement versées au fonds par les autres adhérents jusqu'à l'échéance considérée. Pour l'application de ces dispositions, l'échéance unique de l'an 2000 équivaut à deux échéances. *(Phrase créée, Règl. n° 2000-08, 6 sept. 2000, homologué par A. 18 sept. 2000)* « Ce montant de cotisation supplémentaire ne sera payé que s'il est supérieur ou égal à 100 euros ».

(Mod., Règl. n° 2000-08, 6 sept. 2000, homologué par A. 18 sept. 2000) Lorsque le nouvel adhérent reprend, en raison d'une fusion, scission ou d'une reprise totale ou partielle de fonds de commerce ou d'une autre opération ayant pour effet la transmission d'éléments auparavant compris dans l'assiette de cotisation d'un autre établissement adhérent, la cotisation supplémentaire est diminuée de la part qui est imputable au montant des éléments repris si cet adhérent en fait la demande et transmet à la Commission bancaire les éléments permettant de calculer cette diminution *(Mots rempl., Règl. n° 2002-09, 21 nov. 2002, homologué par A. 26 déc. 2002)* « au plus tard à la fin du sixième mois » après la date à laquelle sont arrêtées les données nécessaires au calcul de l'échéance de cotisation.

1.3. *(Règl. n° 2000-08, 6 sept. 2000, homologué par A. 18 sept. 2000)* Les majorations liées aux cotisations supplémentaires des nouveaux adhérents, *(Mots rempl., Règl. n° 2002-09, 21 nov. 2002, homologué par A. 26 déc. 2002)* « aux erreurs de déclaration mentionnées au point 4 de l'annexe », ainsi que celles qui découlent du montant minimum de la cotisation, viennent s'ajouter au montant global annuel de la cotisation.

2. Indicateur de la situation financière

Calcul du montant net de risque

Pour le calcul du montant net de risque, l'assiette de cotisation est *(Mots rempl., Règl. n° 2000-08, 6 sept. 2000, homologué par A. 18 sept. 2000)* « pondérée entre des limites de 0,75 et de 1,25 par une transformation linéaire de l'indicateur synthétique de risque » prévu par le point 2.1. de la présente annexe. Ces limites sont toutefois de 0,85 et 1,15 pour les calculs réalisés en 1999.

2.1. *Définition de l'indicateur synthétique de risque*

Il est calculé, pour tout adhérent dont l'assiette de cotisation n'est pas nulle à la date d'arrêté servant de base pour le calcul d'une contribution, un indicateur synthétique de risque qui est la moyenne arithmétique des deux notes suivantes :

- une note relative à l'adéquation des fonds propres ;
- une note relative à la rentabilité d'exploitation.

L'échelle de notation retenue est fixée de 1 à 3, dans le sens d'une qualité décroissante.

Lorsque en raison de retards ou de lacunes dans la remise par les établissements adhérents des informations nécessaires au calcul des notes, certaines de celles-ci n'ont pu être calculées, il leur est attribué d'office une note de 3, sauf si l'établissement justifie de raisons de force majeure qui ont empêché une remise régulière des informations nécessaires. Dans ce cas, la Commission bancaire reporte pour la ou les notes concernées la moyenne des trois dernières notes précédentes.

2.2. *Éléments constitutifs de l'indicateur synthétique de risque*

2.2.1. Note relative à l'adéquation des fonds propres

La note 1 est attribuée aux établissements dont les fonds propres de base, au sens de l'article 2 du règlement n° 90-02, sont au moins égaux *(Mots rempl., A. 20 févr. 2007)* « à 112,5 % de l'exigence globale de fonds propres déterminée conformément à l'article 2-1 de l'arrêté du 20 février 2007 relatif aux exigences de fonds propres applicables aux établissements de crédit et aux entreprises d'investissement ».

La note 2 est attribuée aux établissements dont les fonds propres de base, *(Mots rempl., Règl. n° 2000-08, 6 sept. 2000, homologué par A. 18 sept. 2000)* « tels que définis par le règlement n° 90-02 susvisé, desquels sont déduites, pour la partie qui excède les fonds propres complémentaires, les participations et les créances subordonnées telles que définies à l'article 6 dudit règlement », sont au moins égaux à *(Mots rempl., A. 20 févr. 2007)* « à 75 % de l'exigence globale de fonds propres déterminée conformément à l'article 2-1 de l'arrêté du 20 février 2007 ».

La note 3 est attribuée à tous les autres établissements.

(Mots rempl., A. 20 févr. 2007) « Lorsqu'un adhérent est soumis à l'exigence de fonds propres prévue à l'alinéa *b* de l'article 3-1 de l'arrêté du 20 février 2007, cette note est calculée en remplaçant l'exigence globale de fonds propres déterminée conformément à l'article 2-1 de l'arrêté du 20 février 2007 par l'exigence de fonds propres prévue à l'alinéa *b* de l'article 3-1 de l'arrêté précité ».

Lorsqu'un adhérent est soumis exclusivement au respect du ratio de solvabilité ou d'adéquation des fonds propres sur une base consolidée, la note est calculée, pour tous les établissements inclus dans le périmètre de consolidation, sur les fonds propres et les risques établis sur base consolidée. Lorsqu'un établissement est soumis également au respect de ces réglementations sur une base individuelle ou sous-consolidée, la note est calculée sur une base individuelles ou sous-consolidée.

2.2.2. Note relative à la rentabilité d'exploitation

La note 1 est attribuée aux établissements dont le coefficient d'exploitation est inférieur à 65 %.

La note 1,5 est attribuée aux autres établissements dont le coefficient d'exploitation est inférieur à 70 %.

La note 2 est attribuée aux autres établissements dont le coefficient d'exploitation est inférieur à 75 %.

La note 2,5 est attribuée aux autres établissements dont le coefficient d'exploitation est inférieur à 85 %.

La note 3 est attribuée à tous les autres établissements.

Le coefficient d'exploitation au sens du présent règlement est le rapport entre, d'une part, la somme des frais généraux, des dotations aux amortissements et dotations nettes aux provisions sur immobilisations corporelles et incorporelles, d'autre part, la somme des produits d'exploitation, des produits accessoires et des produits divers dont sont déduits les charges d'exploitation, les intérêts sur créances douteuses et les charges diverses. Les frais généraux comprennent les frais de personnel, les impôts et taxes et les services extérieurs inscrits au compte de résultat.

Sont repris au dénominateur la somme des éléments suivants : les produits d'exploitation, les reprises de provisions pour dépréciation des titres de placement, les produits accessoires et les charges refacturées et la quote-part sur opérations d'exploitation faites en commun. Sont déduits de cette somme les charges d'exploitation, les dotations aux provisions pour dépréciation des titres de placement, les intérêts sur créances douteuses, les produits rétrocédés. Les quotes-parts sur opérations d'exploitation faites en commun et des frais sur siège social revenant aux établissements sont ajoutées aux produits, les quotes-parts revenant aux autres participants en sont déduites.

(Règl. n° 2000-08, 6 sept. 2000, homologué par A. 18 sept. 2000) Les charges refacturées imputables aux éléments repris au numérateur sont déduites du numérateur et du dénominateur du coefficient d'exploitation à partir de la première échéance semestrielle de 2001.

3. Établissements affiliés à un organe central

Pour les établissements affiliés à un organe central, il est, en premier lieu, calculé une cotisation globale pour le réseau. Pour le calcul de cette cotisation, l'ensemble des établissements affiliés, qu'ils soient ou non adhérents, est considéré comme un seul établissement auquel s'appliquent les dispositions des points 1 et 2 de la présente annexe avec les adaptations suivantes :

- l'assiette de cotisation est la somme des assiettes des établissements affiliés ;
- l'indicateur synthétique de risque est la moyenne arithmétique des deux notes globales du réseau calculées pour chacun des éléments prévus au point 2 de la présente annexe ;
- *(Rempl., Règl. n° 2000-08, 6 sept. 2000, homologué par A. 18 sept. 2000) la note globale du réseau est calculée, pour chacun des éléments entrant dans les calculs des notes prévues au point 2 de la présente annexe, en considérant l'ensemble des membres du réseau tel que défini aux articles, 20 et 21 de la loi [n° 84-46] susvisée comme une entité unique, en faisant la somme de leurs données individuelles après les retraitements nécessaires pour les rendre homogènes et éliminer les opérations réciproques. Toutefois, (Mots rempl., Règl. n° 2002-09, 21 nov. 2002, homologué par A. 26 déc. 2002) « jusqu'à l'arrêté comptable du 31 décembre 2004 », la note globale peut être établie par sommation et élimination des opérations réciproques, sans procéder aux retraitements nécessaires pour les rendre homogènes ;*
- *(Règl. n° 2000-08, 6 sept. 2000, homologué par A. 18 sept. 2000) pour la détermination de l'indicateur synthétique de risque global du réseau, la note relative à l'adéquation des fonds propres peut être calculée sur une base consolidée selon les modalités prévues au point 2.2.1. de la présente annexe, l'entité consolidante étant l'entité unique définie au troisième tiret. L'organe central avise la Commission bancaire de ce choix au plus tard à l'arrêté des comptes servant de base de calcul à la prochaine échéance (Mot suppr., Règl. n° 2002-09, 21 nov. 2002, homologué par A. 26 déc. 2002) « ... ».*

La cotisation globale de réseau est ensuite répartie parmi les établissements affiliés adhérents proportionnellement à leur contribution au risque global du réseau, définie comme le quotient entre son montant net de risque et la somme des montants nets de risque de l'ensemble des établissements affiliés adhérents.

4. Notification des calculs

La commission bancaire procède à l'ensemble des calculs prévus par le présent règlement, à partir des données arrêtées au 31 décembre *(Mots suppr., Règl. n° 2002-09, 21 nov. 2002, homologué par A. 26 déc. 2002)* « ... ». *(Phrase mod., Règl. n° 2000-08, 6 sept. 2000, homologué par A. 18 sept. 2000 ; rempl., Règl. n° 2002-09, 21 nov. 2002, homologué par A. 26 déc. 2002)* « Elle transmet par lettre simple aux établissements adhérents, au plus tard le 15 octobre de chaque année, le montant des cotisations dont ils sont redevables à compter du 16 octobre, accompagné des éléments ayant servi à son calcul, visés aux points 1 et 2 ».

partie à l'accord sur l'Espace économique européen, ou par un établissement financier mentionné aux articles L. 511-23 du Code monétaire et financier, notifient au Comité des établissements de crédit et des entreprises d'investissement toute modification de la couverture dont elles disposent.

Art. 8. – Lorsqu'une succursale visée à l'article 6 ci-dessus demande à adhérer au mécanisme de garantie des titres en vue de bénéficier d'une garantie complémentaire, le fonds de garantie des dépôts définit avec le système dont relève le demandeur dans l'État de son siège social les modalités d'indemnisation des investisseurs.

Le fonds de garantie des dépôts donne suite, au titre du mécanisme de garantie des titres, aux demandes d'indemnisation complémentaires sur la base d'une déclaration d'indisponibilité des titres, au sens de l'article 2 du règlement n° 99-14 susvisé, effectuée par les autorités compétentes de l'État du siège.

Art. 9. – Si la succursale qui a fait usage de la faculté d'adhésion à titre complémentaire prévue à l'article 6 du présent règlement ne remplit pas les obligations qui lui incombent en tant que membre du mécanisme de garantie des titres intervenant à titre complémentaire, les autorités compétentes qui ont délivré l'agrément en sont informées par le Comité des établissements de crédit et des entreprises d'investissement aux fins de prendre, en collaboration avec le mécanisme de garantie, toutes les mesures propres à faire respecter lesdites obligations.

Si, en dépit de ces mesures, la succursale ne respecte pas les obligations mentionnées au premier alinéa ci-dessus, le mécanisme de garantie intervenant à titre complémentaire peut, avec l'accord des autorités qui ont délivré l'agrément et avec un délai de préavis qui ne peut être inférieur à un an, procéder à son exclusion. Les titres, au sens de l'article 2 du règlement n° 99-14 susvisé, détenus pour le compte d'un investisseur avant la date d'exclusion continuent à bénéficier de la couverture complémentaire. La succursale informe immédiatement les investisseurs du retrait de la couverture complémentaire.

Art. 10 *(Mod., Règl. n° 2002-07, 21 nov. 2002, homologué par A. 26 déc. 2002)*. – Pour l'application du règlement n° 99-15 susvisé, le montant des cotisations est proportionnel au rapport entre la couverture complémentaire assurée et la couverture totale assurée par le système français, sauf dispositions contraires d'un accord avec le système de garantie du pays d'origine. Les données concernant l'adéquation des fonds propres et la rentabilité sont celles relatives à l'établissement dans son ensemble, appréciées sur base sociale ou consolidée selon les normes du pays d'origine. L'assiette est constituée par les titres conservés en France métropolitaine et dans les départements et régions d'outre-mer et, pour les entreprises d'investissement et établissements financiers, les dépôts situés en France métropolitaine et dans les départements d'outre-mer.

Lorsque la commission bancaire ne dispose pas des éléments nécessaires au calcul de l'assiette ou de l'indicateur de risque, elle applique les majorations ou l'indicateur 3 prévus par l'annexe du règlement n° 99-15 susvisé.

TITRE III. – HABILITATION DU FONDS DE GARANTIE DES DÉPÔTS À CONCLURE, AU TITRE DU MÉCANISME DE GARANTIE DES TITRES, DES CONVENTIONS AVEC LES SYSTÈMES DE GARANTIE D'AUTRES ÉTATS POUR LA COUVERTURE DE SUCCURSALES À L'ÉTRANGER ÉTABLIES PAR UN ÉTABLISSEMENT DE CRÉDIT AYANT SON SIÈGE SUR LE TERRITOIRE DE LA RÉPUBLIQUE FRANÇAISE

(Mod., Règl. n° 2002-07, 21 nov. 2002, homologué par A. 26 déc. 2002)

Art. 11 *(Mod., Règl. n° 2002-07, 21 nov. 2002, homologué par A. 26 déc. 2002)*. – Le fonds de garantie des dépôts peut conclure, au titre du mécanisme de garantie des titres, une convention définissant les conditions dans lesquelles l'indemnisation des investisseurs clients d'une succursale implantée dans un État qui n'est pas partie à l'accord sur l'Espace économique européen par un établissement de crédit ayant son siège social sur le territoire de la République française ou de la Principauté de Monaco est par lui supportée, en liaison avec le système de garantie dont relève ladite succursale.

Art. 12 *(Mod., Règl. n° 2002-07, 21 nov. 2002, homologué par A. 26 déc. 2002)*. – Le fonds de garantie des dépôts peut conclure, au titre du mécanisme de garantie des titres, une convention définissant les conditions dans lesquelles l'indemnisation des investisseurs clients d'une succursale implantée dans un autre État partie à l'accord sur l'Espace économique européen par un établissement de crédit ayant son siège social établies en Polynésie française ou en Nouvelle-Calédonie ou dans les îles Wallis-et-Futuna ou à Saint-Pierre-et-Miquelon ou à Mayotte ou dans la Principauté de Monaco est par lui supportée, en liaison avec le système de garantie dont relève ladite succursale.

Art. 13 *(Mod., Règl. n° 2002-07, 21 nov. 2002, homologué par A. 26 déc. 2002).* **–** La conclusion de telles conventions est toutefois subordonnée, d'une part, à ce que la couverture offerte par le mécanisme de garantie des titres soit au moins équivalente, en montant et en assiette, à celle du système de garantie du pays concerné et, d'autre part, à ce que le système de garantie étranger supporte, le cas échéant, la charge de l'indemnisation des investisseurs clients des succursales implantées sur le territoire de la République française ou de la Principauté de Monaco par les adhérents dudit système dans les conditions fixées par l'article 4 du présent règlement.

L'assiette brute au sens du règlement n° 99-15 susvisé comprend les instruments financiers et les dépôts en espèces couverts dans le cadre des conventions susmentionnées.

L'équivalence et la réciprocité mentionnées au premier alinéa ci-dessus sont appréciées par la commission bancaire sur demande du fonds de garantie.

TITRE IV. – DISPOSITIONS DIVERSES ET TRANSITOIRES

Art. 14 et 15 *(Abr., A. 18 déc. 2009).*

Art. 16 *(Abr., Règl. n° 2002-07, 21 nov. 2002, homologué par A. 26 déc. 2002).*

Art. L. 322-4 ***(Anc. L. n° 96-597, 2 juill. 1996 ; mod., L. n° 2003-706, 1er août 2003 ; L. n° 2013-672, 26 juill. 2013 ; Ord. n° 2015-1024, 20 août 2015).*** **– Deux membres représentant les adhérents au mécanisme de garantie des titres qui ne sont pas établissements de crédit participent avec voix délibérative au conseil de surveillance du fonds de garantie des dépôts, sauf lorsque ce dernier prend des décisions concernant les mécanismes de garantie des dépôts et de garantie des cautions.**

Les deux représentants mentionnés à l'alinéa précédent sont soumis aux incapacités énoncées à l'article L. 500-1.

Art. L. 322-5 ***(Mod., Ord. n° 2015-1024, 20 août 2015).*** **– Les sociétés de gestion de portefeuille mentionnées à l'article L. 532-9, qui fournissent des services d'investissement mentionnés à l'article L. 321-1 ou inscrivent en compte sous forme nominative les parts ou actions d'organismes de placement collectifs qu'elles gèrent, adhèrent à un mécanisme de garantie distinct de celui mentionné à l'article L. 322-1.**

Ce mécanisme a pour objet d'indemniser les investisseurs en cas d'indisponibilité des instruments financiers ou des dépôts d'espèces détenus en violation de l'article L. 533-21, au titre des activités mentionnées au premier alinéa, dans des conditions et limites fixées par l'arrêté prévu à l'article L. 322-9.

Ne peuvent bénéficier de ce mécanisme les personnes exclues de l'indemnisation par l'article L. 312-4-1.

Art. L. 322-6 ***(Ord. n° 2007-544, 12 avr. 2007 ; mod., L. n° 2013-672, 26 juill. 2013 ; Ord. n° 2015-1024, 20 août 2015).*** **– Sous réserve des dispositions des articles L. 322-7 à L. 322-10, le fonds de garantie des dépôts et de résolution gère le mécanisme de garantie des investisseurs institué par l'article L. 322-5. Les articles L. 312-5, L. 312-6, L. 312-8, L. 312-8-1, L. 312-9 à L. 312-15, les 3°, 4°, 5°, 7° et 9° de l'article L. 312-16 et l'article L. 312-18 s'appliquent à ce mécanisme. Pour l'application de ces articles, l'Autorité des marchés financiers est substituée à l'Autorité de contrôle prudentiel et de résolution et les sociétés de gestion de portefeuille sont substituées aux établissements de crédit ou aux entreprises d'investissement.**

Art. L. 322-7 ***(Ord. n° 2007-544, 12 avr. 2007 ; mod., Ord. n° 2015-1024, 20 août 2015).*** **– Les sociétés de gestion de portefeuille adhérant au mécanisme de garantie mentionné à l'article L. 322-5 lui procurent les ressources financières nécessaires à l'accomplissement de ses missions. Sous réserve des dispositions ci-après, l'article L. 312-7 s'applique à ce mécanisme.**

Art. L. 322-8 ***(Ord. n° 2007-544, 12 avr. 2007 ; mod., Ord. n° 2015-1024, 20 août 2015).*** **– Tout membre qui ne verse pas au fonds de garantie des dépôts et de résolution sa cotisation appelée est passible des sanctions prévues par l'article L. 621-15 et de pénalités de retard versées directement au fonds de garantie des dépôts et de résolution selon des modalités fixées par le règlement intérieur de celui-ci.**

Art. L. 322-9 *(Ord. n° 2007-544, 12 avr. 2007 ; Ord. n° 2007-1490, 18 oct. 2007 ; mod., Ord. n° 2015-1024, 20 août 2015).* – 1. Un arrêté du ministre chargé de l'économie, pris sur avis conforme de l'Autorité des marchés financiers, détermine le plafond d'indemnisation, les modalités et délais d'indemnisation ainsi que les règles relatives à l'information de la clientèle.

2. Les arrêtés mentionnés aux 3° et 5° de l'article L. 312-16 applicables aux adhérents du fonds de garantie des dépôts et de résolution au titre du mécanisme mentionné à l'article L. 322-5 sont pris sur avis conforme de l'Autorité des marchés financiers.

3. L'Autorité des marchés financiers arrête le montant minimal dû par chaque adhérent et la formule de répartition des cotisations annuelles, qui comprennent une part fixe et une part variable. L'assiette de la part variable est constituée de la valeur des actifs gérés sous mandat ainsi que des parts ou actions d'organismes de placement collectif inscrites en compte sous forme nominative qui sont couverts par la garantie en application du premier alinéa de l'article L. 322-5. Elle est pondérée par les cotisations déjà versées ainsi que par des indicateurs de la situation financière de chacune des sociétés de gestion de portefeuille concernées. L'Autorité des marchés financiers arrête également les conditions de restitution éventuelle de ces contributions en cas de variation à la baisse de l'assiette ou des facteurs de risque.

Art. L. 322-10 *(Ord. n° 2007-544, 12 avr. 2007 ; mod., L. n° 2013-672, 26 juill. 2013 ; Ord. n° 2015-1024, 20 août 2015).* – Un membre représentant les adhérents au mécanisme de garantie mentionné à l'article L. 322-5 participe avec voix délibérative au conseil de surveillance du fonds de garantie des dépôts et de résolution, sauf lorsque ce dernier prend des décisions concernant les mécanismes de garantie des dépôts, de garantie des investisseurs mentionnée à l'article L. 322-1 ou de garantie des cautions. Ce représentant est soumis aux incapacités énoncées à l'article L. 500-1.

TITRE III. – SYSTÈMES DE PAIEMENT ET SYSTÈMES DE RÈGLEMENT ET DE LIVRAISON D'INSTRUMENTS FINANCIERS

(Intitulé mod., Ord. n° 2009-866, 15 juill. 2009)

Art. L. 330-1 *(Mod., L. n° 2001-420, 15 mai 2001 ; Ord. n° 2007-544, 12 avr. 2007 ; Ord. n° 2009-15, 8 janv. 2009 ; Ord. n° 2011-398, 14 avr. 2011 ; Ord. n° 2014-158, 20 févr. 2014 ; L. n° 2014-1662, 30 déc. 2014 ; Ord. n° 2015-1686, 17 déc. 2015).* – I. – Un système de règlements interbancaires ou de règlement et de livraison d'instruments financiers s'entend d'une procédure nationale ou internationale organisant les relations entre trois participants au moins, sans compter le gestionnaire du système, défini au 5° du II du présent article, ni d'éventuels participants indirects, définis au dernier alinéa du même II, permettant conformément à des règles communes et des procédures normalisées au sens de la directive 98/26/ CE du Parlement européen et du Conseil du 19 mai 1998 concernant le caractère définitif du règlement dans les systèmes de paiement et de règlement des opérations sur titres, l'exécution à titre habituel, par compensation ou non, de paiements ainsi que, pour ce qui concerne les systèmes de règlement et de livraison d'instruments financiers, la livraison d'instruments financiers entre lesdits participants.

Le système doit soit avoir été institué par une autorité publique, soit être régi par une convention-cadre respectant les principes généraux d'une convention-cadre de place ou par une convention type. Le ministre chargé de l'économie notifie à l'Autorité européenne des marchés financiers la liste des systèmes bénéficiant des articles L. 330-1 et L. 330-2 *(Mots aj., L. n° 2019-486, 22 mai 2019)* « régis par le droit français » et leurs gestionnaires respectifs.

(Al. créé, L. n° 2019-486, 22 mai 2019) Constitue un système :

1° *(1° créé, L. n° 2019-486, 22 mai 2019)* Tout système désigné en tant que système et notifié à l'Autorité européenne des marchés financiers par l'État membre dont la législation est applicable, conformément à la directive 98/26/ CE du Parlement européen et du Conseil du 19 mai 1998 précitée ;

2° *(2° créé, L. n° 2019-486, 22 mai 2019)* Tout système régi par le droit d'un pays tiers destiné à régler des opérations de change en mode paiement contre paiement et en monnaie de banque centrale auquel une personne régie par le droit français mentionnée au II du présent article est participant direct, lorsque ce système, homologué par arrêté du ministre chargé de l'économie, après avis de la Banque de France, présente un risque systémique et un niveau de sécurité réglementaire et opérationnel équivalent à celui des systèmes régis par le droit français ;

3° *(3° créé, L. n° 2019-486, 22 mai 2019)* Tout système régi par le droit d'un pays tiers agissant principalement en monnaie de banque centrale et destiné à exécuter des paiements ou à effectuer le règlement et la livraison d'instruments financiers, auquel une personne régie par le droit français mentionnée au même II est participant direct, lorsque ce système, homologué par arrêté du ministre chargé de l'économie, après avis de la Banque de France, présente un risque systémique et un niveau de sécurité réglementaire et opérationnel équivalent à celui des systèmes régis par le droit français ;

4° *(4° créé, L. n° 2019-486, 22 mai 2019)* Une chambre de compensation reconnue par l'Autorité européenne des marchés financiers, à laquelle une personne régie par le droit français mentionnée audit II est participant direct, lorsque ce système, homologué par arrêté du ministre chargé de l'économie, après avis de la Banque de France, présente un risque systémique.

(Al. créé, L. n° 2019-486, 22 mai 2019) Les systèmes mentionnés aux 2°, 3° et 4° doivent satisfaire à tout moment aux conditions de leur homologation. Toute modification des conditions de cette homologation doit faire l'objet d'une déclaration auprès du ministre chargé de l'économie. Un arrêté du même ministre définit les modalités de cette déclaration et les conséquences qui peuvent en être tirées.

Un accord d'interopérabilité peut être conclu entre les gestionnaires de deux systèmes ou plus, impliquant entre les participants des systèmes l'exécution de paiements ainsi que, pour ce qui concerne les systèmes de règlement et de livraison d'instruments financiers, la livraison d'instruments financiers. Un tel accord ne constitue pas un système.

II. – Seuls peuvent avoir la qualité de participants d'un système de règlements interbancaires ou d'un système de règlement et de livraison d'instruments financiers :

1° Les établissements de crédit et les entreprises d'investissement ayant leur siège social en France ainsi que les succursales, établies sur le territoire français, d'établissements de crédit ayant leur siège social dans un État qui n'est ni membre de l'Union européenne ni partie à l'accord sur l'Espace économique européen ;

2° Les établissements de crédit et les entreprises d'investissement ayant leur siège social ou, à défaut de siège social, leur direction effective dans un État membre de l'Union européenne ou dans un État partie à l'accord sur l'Espace économique européen autre que la France ;

3° Les adhérents d'une chambre de compensation mentionnés à l'article L. 440-2 ;

4° Les dépositaires centraux agréés ou reconnus en application des articles 16 ou 25 du règlement (UE) n° 909/2014 du Parlement et du Conseil du 23 juillet 2014 concernant l'amélioration du règlement de titres dans l'Union européenne et les dépositaires centraux de titres ;

5° Les gestionnaires de système de règlements interbancaires ou de règlement et de livraison d'instruments financiers, qui sont les entités responsables de l'exploitation d'un tel système ;

6° Dans les conditions fixées par le règlement général de l'Autorité des marchés financiers, les établissements de crédit et les entreprises d'investissement autres que ceux mentionnés aux 1° et 2°, ainsi que d'autres personnes morales non établies en France ayant une activité comparable à celle des personnes mentionnées du 3° au 5° ainsi qu'aux 7° et 8° ;

7° Les chambres de compensation établies ou reconnues en application des articles 14 ou 25 du règlement (UE) n° 648/2012 du Parlement européen et du Conseil du 4 juillet 2012 sur les produits dérivés de gré à gré, les contreparties centrales et les référentiels centraux ;

8° Les institutions ou entreprises mentionnées à l'article L. 518-1 ;

9° Les organisations ou organismes financiers internationaux, les autres organismes publics ainsi que les entreprises contrôlées opérant sous garantie d'un État, qui ne sont pas des personnes mentionnées aux 1° à 8°, désignés sur une base individuelle ou par catégorie par un arrêté du ministre chargé de l'économie, ainsi que les banques centrales.

10° *(10° créé, L. n° 2019-486, 22 mai 2019)* Les organismes et entreprises, autres que les personnes mentionnées aux 1° à 9°, supervisés par l'Autorité des marchés financiers, l'Autorité de contrôle prudentiel et de résolution ou une autorité homologue d'un autre État membre de l'Union européenne ou partie à l'accord sur l'Espace économique européen, à condition, d'une part, que leur participation soit justifiée au regard du risque systémique et, d'autre part, qu'au moins trois participants au système concerné entrent dans les catégories des établissements de crédit, des entreprises d'investissement, des organismes publics ou des entreprises contrôlées opérant sous garantie de l'État. Ces conditions sont précisées par décret.

L'accès des établissements de crédit et des entreprises d'investissement ayant leur siège social ou, à défaut de siège social, leur direction effective dans un autre État membre de l'Union européenne ou un autre État partie à l'accord sur l'Espace économique européen est soumis aux mêmes critères non discriminatoires, transparents et objectifs que ceux qui s'appliquent aux participants ayant leur siège social en France.

Un système de règlement et de livraison d'instruments financiers peut refuser, pour des raisons commerciales légitimes, l'accès d'un établissement de crédit ou d'une entreprise d'investissement ayant leur siège social ou, à défaut de siège social, leur direction effective dans un autre État membre de l'Union européenne ou un autre État partie à l'accord sur l'Espace économique européen.

Lorsqu'une procédure de sauvegarde, de redressement ou de liquidation judiciaire est ouverte à l'encontre d'un participant à un système de règlement interbancaire ou de règlement et de livraison d'instruments financiers *(Mots rempl., L. n° 2019-486, 22 mai 2019)* « mentionné aux 1°, 2°, 3° ou 4° du I », les droits et obligations découlant de sa participation ou liés à cette participation audit système sont déterminés par la loi qui régit le système *(Mots suppr., L. n° 2019-486, 22 mai 2019)* « .... ».

Les institutions mentionnées *(Réf. rempl., L. n° 2019-486, 22 mai 2019)* « aux 1° à 10° » peuvent avoir la qualité de participant indirect dans l'un des systèmes mentionnés au I lorsque leurs instructions de paiement ou de livraison d'instruments financiers sont introduites dans le système par l'intermédiaire d'un participant direct. Les relations entre un participant indirect et le participant direct par l'intermédiaire duquel le participant indirect introduit ses instructions dans le système font l'objet d'un contrat. Les stipulations de ce contrat ne peuvent limiter la responsabilité incombant au participant direct au titre des ordres qu'il introduit pour le compte du participant indirect. Le participant indirect doit être connu du gestionnaire du système.

III. – Les instructions et opérations de compensation introduites dans l'un des systèmes mentionnés au I produisent leurs effets en droit et sont opposables aux tiers, y compris si elles ont été introduites avant l'expiration du jour ouvrable où est rendu un jugement d'ouverture de sauvegarde, de redressement ou de liquidation judiciaires ou une procédure d'un État membre ou d'un pays tiers ayant un effet comparable à celui de ces procédures à l'encontre d'un participant direct ou indirect et ce nonobstant toute disposition législative contraire et toute mention contraire de ce jugement. Le jour ouvrable est défini, nonobstant les dispositions de l'article L. 133-4, par les règles de fonctionnement du système. Cessent de produire leurs effets en droit et d'être opposables aux tiers les instructions qui ne sont pas devenues irrévocables au moment où le jugement est notifié au gestionnaire du système ou au moment où celui-ci en est informé par l'Autorité de contrôle prudentiel et de résolution dans des conditions fixées par décret en Conseil d'État.

IV. – Les dispositions du présent article sont également applicables dans le cas où la procédure de sauvegarde, de redressement ou de liquidation judiciaires ou une procédure d'un État membre ou d'un pays tiers ayant un effet comparable à celui de ces procédures a été ouverte à l'encontre d'un participant à un autre système lié par un accord d'interopérabilité ou du gestionnaire d'un système interopérable qui n'est pas un participant.

Le moment et les modalités selon lesquels une instruction est considérée comme introduite dans un système sont définis par les règles de fonctionnement de ce système, qui doivent également définir le moment et les modalités selon lesquels une instruction est considérée comme irrévocable dans le système.

Dans le cas de systèmes liés par un accord d'interopérabilité, chaque système détermine dans ses propres règles le moment de l'introduction dans son système et le moment de l'irrévocabilité afin de coordonner les règles de tous les systèmes interopérables concernés. Sauf disposition contraire expresse des règles de l'ensemble des systèmes liés par des contrats d'interopérabilité, les règles relatives au moment de l'introduction et celles relatives au moment de l'irrévocabilité propres à un système ne sont affectées par aucune règle des autres systèmes avec lesquels il est interopérable.

Lorsqu'un gestionnaire d'un système a fourni une garantie à un autre gestionnaire de système dans le cadre d'un accord d'interopérabilité entre les deux systèmes, les droits de celui qui a constitué la garantie ne sont pas affectés par l'ouverture d'une procédure de sauvegarde, de redressement ou de liquidation judiciaires à l'encontre du gestionnaire de système qui a reçu la garantie.

Naissance du droit de créance du bénéficiaire d'un virement à l'encontre de son propre banquier. Étant acquis que le bénéficiaire d'un virement acquiert un droit définitif sur les fonds à compter du moment où, selon l'article L. 330-1 du Code monétaire et financier, l'ordre est devenu irrévocable, à une date et selon les modalités conformes aux règles de fonctionnement du système interbancaire de télécompensation (SIT), le droit de créance de ce même bénéficiaire à l'encontre de son propre banquier **n'existe qu'à compter de la réception effective des fonds** en question, qui sont alors détenus par ce dernier, en qualité de dépositaire, pour le compte de son client. Justifie ainsi sa décision la cour d'appel qui a retenu que la dette de la banque vis-à-vis de son client bénéficiaire d'un virement n'avait eu d'existence qu'à compter du moment où les fonds objet du virement avaient été réglés à la banque pour le compte de son client, soit le jour même du jugement d'ouverture du redressement judiciaire du client de la banque, et qu'ainsi la compensation légale, invoquée par l'établissement de crédit, qui avait crédité du montant du virement le compte bancaire débiteur de son client, n'avait pu avoir lieu la veille, date à laquelle était parvenu l'ordre de virement dans le SIT : *JCP* E 2007, 2499, note N. Mathey.

Art. L. 330-2 *(Mod., L. n° 2001-420, 15 mai 2001 ; Ord. n° 2005-171, 24 févr. 2005 ; Ord. n° 2009-15, 8 janv. 2009 ; Ord. n° 2011-398, 14 avr. 2011).* **– I. – Les règles de fonctionnement, la convention-cadre ou la convention type régissant tout système mentionné à l'article L. 330-1 peuvent exiger des institutions participant, directement ou indirectement, à un tel système ou à un système lié par un accord d'interopérabilité, des garanties constituées et susceptibles de réalisation conformément aux dispositions de l'article L. 211-38 ou l'affectation spéciale des valeurs, titres, effets, créances ou sommes d'argent pour satisfaire aux obligations de paiement découlant de la participation à un tel système.**

II. – Les règles de fonctionnement, la convention-cadre ou la convention type précisent les modalités de constitution, d'affectation, de réalisation ou d'utilisation des biens ou droits constitués en garantie.

III. – Les dispositions du livre VI du Code de commerce ou celles équivalentes régissant toutes procédures judiciaires ou amiables ouvertes hors de France ainsi que toutes procédures civiles d'exécution ou tout exercice d'un droit d'opposition ne font pas obstacle à l'application des articles L. 330-1 et L. 330-2.

Aucun créancier d'une institution participant, directement ou indirectement, à un tel système, ou selon le cas, du tiers qui a constitué les garanties dans le système, du gestionnaire du système lui-même ou du gestionnaire d'un système lié par un accord d'interopérabilité, ne peut se prévaloir d'un droit quelconque sur ces garanties, même sur le fondement des dispositions susmentionnées.

IV. - Lorsque les instruments financiers, effets, créances, sommes d'argent ou tout instrument similaire émis sur le fondement d'un droit étranger sont inscrits dans un registre, un compte ou auprès d'un dépositaire central ou d'un système, régi par un droit étranger, de dépôt centralisé situés dans un État partie à l'accord sur l'Espace économique européen *(Mots aj., L. n° 2019-486, 22 mai 2019)* **« ou dans l'État dont le droit régit le système concerné mentionné aux 2°, 3° ou 4° du I de l'article L. 330-1 », et remis ou constitués en garantie pour satisfaire aux obligations de paiement découlant de la participation à un système de règlement interbancaire ou de règlement et de livraison d'instruments financiers tel que défini à l'article L. 330-1, les droits du bénéficiaire de ladite garantie, ou celui de tout mandataire, agent ou tiers agissant pour leur compte sont déterminés par la loi applicable au lieu de ladite inscription.**

Art. L. 330-3 *(Ord. n° 2009-866, 15 juill. 2009).* **– Un système de paiement s'entend d'un système de règlements interbancaires défini à l'article L. 330-1 ou de tout autre système permettant alternativement ou cumulativement de traiter des ordres de paiement ou de transférer des fonds conformément à des procédures normalisées et des règles communes.**

Art. L. 330-4 *(Ord. n° 2009-866, 15 juill. 2009 ; mod., Ord. n° 2017-1252, 9 août 2017).* **– I. – Les règles régissant l'accès des prestataires de services de paiement aux systèmes de paiement mentionnés à l'article L. 330-3 doivent être objectives, non discriminatoires et proportionnées.**

Ces règles doivent permettre la prévention des risques spécifiques, tels que le risque de règlement, le risque opérationnel et le risque d'entreprise, et la protection de la stabilité financière et opérationnelle des systèmes de paiement. Elles ne doivent pas entraver l'accès à ces systèmes de paiement au-delà de ce qui est nécessaire au regard de ces impératifs.

Un système de paiement ne peut imposer aux prestataires de services de paiement, aux utilisateurs de services de paiement ou aux autres systèmes de paiement aucune des exigences suivantes :

a) **Des règles restreignant leur participation à d'autres systèmes de paiement ;**

b) **Des règles établissant des discriminations entre les prestataires de services de paiement, en ce qui concerne les droits, obligations et avantages des participants ;**

c) **Des restrictions fondées sur la forme sociale.**

II. – Les dispositions mentionnées au I ne sont pas applicables :

a) **Aux systèmes de règlements interbancaires définis à l'article L. 330-1 ;**

b) **Aux systèmes de paiement exclusivement composés de prestataires de services de paiement appartenant à un groupe au sens du h de l'article L. 133-4 ;**

c) **Aux systèmes de paiement gérés par un unique prestataire de services de paiement, sous la forme d'une entité unique ou d'entités appartenant au même groupe, qui agit ou peut agir en tant que prestataire de services de paiement à la fois pour le payeur et le bénéficiaire, qui est le seul responsable de la gestion du système.**

III. – Lorsqu'un participant à un système de paiement défini à l'article L. 330-1 permet à un prestataire de services de paiement qui n'est pas un participant au système de transmettre des ordres de transfert via ledit système, ce participant offre la même possibilité, sur demande, de manière objective, proportionnée et non discriminatoire, aux autres prestataires de services de paiement, conformément au I.

Le participant communique au prestataire de services de paiement demandeur les raisons de tout refus.

Partie réglementaire

Art. R. 330-1 *(Mod., D. n° 2013-388, 10 mai 2013)*. **– La liste des systèmes de règlements interbancaires et des systèmes de règlement et de livraison d'instruments financiers notifiés à l'Autorité européenne des marchés financiers par le ministre chargé de l'économie, en application du I de l'article L. 330-1, est publiée au *Journal officiel* de la République française.**

Art. R. 330-2. – Les gestionnaires des systèmes mentionnés à l'article R. 330-1 communiquent à la Banque de France ainsi que, concernant les systèmes de règlement et de livraison d'instruments financiers, à l'Autorité des marchés financiers la liste des personnes qui y participent directement ou indirectement et les informent sans délai de toute modification de cette liste.

La Banque de France et l'Autorité des marchés financiers tiennent ces informations, ainsi que l'identité et l'adresse des gestionnaires des systèmes, à la disposition de toute personne qui en fait la demande.

Art. R. 330-3. – Toute personne participant à un des systèmes mentionnés à l'article R. 330-1 est tenue de fournir à tout demandeur, y ayant un intérêt légitime, des informations sur ce système et sur ses règles de fonctionnement. Ces informations sont relatives aux conditions et modalités d'adhésion, aux devises ou aux instruments financiers traités, aux opérations effectuées, au statut de l'agent de règlement, aux mécanismes de gestion des risques, aux modalités propres à assurer le caractère irrévocable des instructions de paiement et de livraison d'instruments financiers, ainsi que des paiements et des livraisons d'instruments financiers.

Il peut, le cas échéant, être satisfait à cette obligation par un renvoi aux règles de fonctionnement publiées par l'Autorité des marchés financiers.

Partie législative

TITRE IV. – DÉMARCHAGE, COLPORTAGE ET FOURNITURE À DISTANCE DE SERVICES FINANCIERS

(Intitulé rempl., Ord. n° 2005-648, 6 juin 2005)

CHAPITRE I. – DÉMARCHAGE BANCAIRE OU FINANCIER

(Anc. chap. I à III, rempl. par un chap. I, L. n° 2003-706, 1er août 2003)

Bibliographie : Ph. Arestan, *L'actualité du démarchage bancaire et financier depuis la loi de sécurité financière du 1er août 2003 : Banque et droit* 2006, n° 106, p. 3 ; *Commercialisation des produits financiers : la responsabilité des conseillers en investissements financiers et des démarcheurs bancaires et financiers : LPA* 28 juill. 2010, p. 4. • O. Bertrand-Mourot et B. Fatier, *La réforme du démarchage bancaire et financier : LPA* 14 août 2003, p. 4. • P. Bouteiller, *L'acte de démarchage bancaire et financier ; éléments constitutifs et premières réflexions quant aux situations concrètes : JCP* E 2004, p. 897. • P. Bouteiller, *La commercialisation des services financiers à distance : JCP* E 2005, 1859. • B. Dondero, *Le nouveau régime du démarchage bancaire et financier : LPA* 14 nov. 2003, p. 39. • B. Gourisse, *Publicité et démarchage financiers : la France à la pointe de la protection des petits investisseurs ? : Dr. sociétés* déc. 2004, n° 18. • Th. Granier, *Mise en garde de l'AMF* *contre des démarchages irréguliers et l'activité de certaines sociétés : Bull. Joly Bourse* 2004, p. 551. • Th. Granier, *La commercialisation à distance de services financiers auprès de consommateurs : une rencontre entre droit de la consommation et droit financier : Bull. Joly Bourse* 2006, p. 7. • E. Jouffin, *Démarchage et vente à distance de produits et services financiers : principes généraux : D.* 2006, p. 1534. • H. Matsopoulou, *Le démarchage bancaire et financier : RD bancaire et fin.* 2003, p. 379. • S. Piédelièvre, *Remarques sur les nouvelles règles relatives au démarchage bancaire et financier : Gaz. Pal.* 26 sept. 2003, p. 2. • S. Praicheux, *Les caractéristiques juridiques de l'opération de démarchage bancaire et financier : Banque et droit* janv. 2005, p. 15. • Ph. Portier, *Faculté de dénonciation de l'engagement souscrit en matière de démarchage : RD bancaire et fin.* 2003, p. 377. • Ph. Portier et N. Partouche, *Le régime de l'intermédiation en opération de banque a-t-il été bouleversé par la loi de sécurité financière ? : RD bancaire et fin.* 2003, p. 390. • T. Samin, *Le statut d'intermédiaire en opérations de banque : Jument de Roland ou Belle au bois dormant ? : Banque et droit* 2003, p. 3. • S. Torck, *La réforme du démarchage financier par la loi du 1er août 2003 : Dr. sociétés* janv. 2004, p. 5.

Section I. – Définition

(L. n° 2003-706, 1er août 2003)

Art. L. 341-1 ***(Rempl., L. n° 2003-706, 1er août 2003 ; mod., Ord. n° 2014-559, 30 mai 2014).*** **– Constitue un acte de démarchage bancaire ou financier toute prise de contact non sollicitée, par quelque moyen que ce soit, avec une personne physique ou une personne morale déterminée, en vue d'obtenir, de sa part, un accord sur :**

1° La réalisation par une des personnes mentionnées au 1° de l'article L. 341-3 d'une opération sur un des instruments financiers énumérés à l'article L. 211-1 ;

2° La réalisation par une des personnes mentionnées au 1° ou au 4° de l'article L. 341-3 d'une opération de banque ou d'une opération connexe définies aux articles L. 311-1 et L. 311-2 ;

3° La fourniture par une des personnes mentionnées au 1° de l'article L. 341-3 d'un service d'investissement ou d'un service connexe définis aux articles L. 321-1 et L. 321-2 ;

4° La réalisation d'une opération sur biens divers mentionnée à l'article ***(Réf. rempl., L. n° 2019-486, 22 mai 2019)*** **« L. 551-1 » ;**

5° La fourniture par une des personnes mentionnées au 3° de l'article L. 341-3 d'une prestation de conseil en investissement prévu au I de l'article L. 541-1 ;

6° La fourniture par une des personnes mentionnées au 1° de l'article L. 341-3 d'un service de paiement prévu au II de l'article L. 314-1 ;

7° La fourniture par un conseiller en investissement participatif de la prestation de conseil en investissement prévu au I de l'article L. 547-1.

8° ***(8° créé, L. n° 2019-486, 22 mai 2019)*** **La réalisation d'une opération sur un des actifs numériques mentionnés à l'article L. 54-10-1, notamment dans le cadre d'une offre au public de jetons au sens de l'article L. 552-3 ;**

9° ***(9° créé, L. n° 2019-486, 22 mai 2019)*** **La fourniture d'un service sur actifs numériques au sens de l'article L. 54-10-2**

Constitue également un acte de démarchage bancaire ou financier, quelle que soit la personne à l'initiative de la démarche, le fait de se rendre physiquement au domicile des personnes, sur leur lieu de travail ou dans les lieux non destinés à la commercialisation de produits, instruments et services financiers, en vue des mêmes fins.

L'activité de démarchage bancaire ou financier est exercée sans préjudice de l'application des dispositions particulières relatives à la prestation de services d'investissement, à la réalisation d'opérations de banque et de services de paiement et à la réalisation d'opérations sur biens divers, ainsi que des dispositions de l'article 66-4 de la loi n° 71-1130 du 31 décembre 1971 portant réforme de certaines professions judiciaires et juridiques.

Voir : Sanctions pénales, C. monét. fin., art. L. 353-1, 1°, L. 353-3 et L. 353-4, p. 1239. – **Sanctions disciplinaires,** C. monét. fin., art. L. 341-17, p. 1234.

Art. L. 341-2 ***(Rempl., L. n° 2003-706, 1er août 2003 ; mod., L. n° 2004-804, 9 août 2004 ; Ord. n° 2005-1527, 8 déc. 2005 ; Ord. n° 2013-544, 27 juin 2013 ; Ord. n° 2016-301, 14 mars 2016).*** **– Les règles concernant le démarchage bancaire ou financier ne s'appliquent pas :**

1° Aux prises de contact avec les investisseurs qualifiés définis à l'article L. 411-2 et avec les personnes morales dont le total du bilan, le chiffre d'affaires, le montant des actifs gérés, les recettes ou les effectifs sont supérieurs à un seuil fixé par décret ;

2° Aux prises de contact dans les locaux des personnes mentionnées à l'article L. 341-3, sauf lorsque ces personnes sont contractuellement liées, en vue de la commercialisation d'instruments financiers et de produits d'épargne, aux sociétés exploitant des magasins de grande surface visés par l'article L. 752-1 du Code de commerce et aux articles L. 212-7 et L. 212-8 du Code du cinéma et de l'image animée, et que leurs locaux sont implantés dans les locaux de ces magasins ;

3° Aux démarches dans les locaux professionnels d'une personne morale à la demande de cette dernière ;

4° Aux prises de contact avec des personnes morales, lorsqu'elles portent exclusivement sur les services visés au 4 de l'article L. 321-2 ;

5° Lorsque la personne visée est déjà cliente de la personne pour le compte de laquelle la prise de contact a lieu, dès lors que l'opération proposée correspond, à raison de ses caractéristiques, des risques ou des montants en cause, à des opérations habituellement réalisées par cette personne ;

6° Aux démarches effectuées, pour le compte d'un établissement de crédit ou d'une société de financement, en vue de proposer un contrat de financement de biens ou de prestations de services répondant aux conditions prévues à la section IX du chapitre II du titre Ier du livre III du Code de la consommation, ou constituant une location-vente ou une location avec option d'achat visées à l'article L. 312-2 dudit code. Il en va de même lorsque ces contrats sont destinés aux besoins d'une activité professionnelle ;

7° Sans préjudice des dispositions prévues au 6°, aux démarches effectuées pour le compte d'un établissement de crédit ou d'une société de financement en vue de proposer des contrats de financement de ventes à tempérament ou de location aux personnes, physiques ou morales, autres que celles visées au 1°, à la condition que le nom de l'établissement ou de la société prêteur et le coût du crédit ou de la location soient mentionnés, sous peine de nullité ;

8° Aux démarches effectuées sur le lieu de vente, pour le compte d'un établissement de crédit, d'une société de financement, d'un établissement de monnaie électronique fournissant des services de paiement permettant l'octroi de crédit ou d'un établissement de paiement, en vue de proposer des crédits visés au titre Ier du livre III du Code de la consommation ;

9° Aux conventions conclues entre les personnes mentionnées au 1° de l'article L. 341-3, à l'exception des sociétés de capital-risque, pour la distribution de produits, la réalisation d'une opération ou la fourniture d'un service, mentionnés à l'article L. 341-1, à l'exception des dispositions mentionnées à l'article L. 341-6. ;

10° Aux démarches effectuées, pour le compte d'un établissement de paiement ou d'un établissement de monnaie électronique fournissant des services de paiement permettant l'octroi de crédit en vue de proposer un contrat de financement de biens ou de prestations de services répondant aux conditions prévues à la section V du chapitre II du titre Ier du livre III du Code de la consommation ;

11° À la diffusion auprès des personnes physiques ou morales d'une simple information publicitaire, à l'exclusion de tout document contractuel ou précontractuel, quel que soit le support.

Section II. – Personnes habilitées à procéder au démarchage

(L. n° 2003-706, 1er août 2003)

Art. L. 341-3 *(Rempl., L. n° 2003-706, 1er août 2003 ; mod., Ord. n° 2013-544, 27 juin 2013 ; Ord. n° 2017-484, 6 avr. 2017 ; Ord. n° 2017-1252, 9 août 2017).* – Ne peuvent recourir ou se livrer à l'activité de démarchage bancaire ou financier, dans la limite des dispositions particulières qui les régissent, que :

1° Les établissements de crédit ou les sociétés de financement définis à l'article L. 511-1, les organismes mentionnés à l'article L. 518-1, les établissements de monnaie électronique, les établissements de paiement, les prestataires de services d'information sur les comptes, les entreprises d'investissement et les entreprises d'assurance définies respectivement à l'article L. 531-4 du présent code et à l'article L. 310-1 du Code des assurances, les fonds de retraite professionnelle supplémentaire mentionnés à l'article L. 381-1 du même code, les sociétés de capital-risque mentionnées à l'article 1er-1 de la loi n° 85-695 du 11 juillet 1985 portant diverses dispositions d'ordre économique et financier, en vue de la souscription des titres qu'elles émettent, les sociétés de gestion de placements collectifs définies à l'article L. 543-1 du présent code en vue de la souscription des titres financiers émis par les placements collectifs dont elles assurent la gestion, ainsi que les établissements et entreprises équivalents agréés dans un autre État membre de l'Union européenne et habilités à intervenir sur le territoire français ;

2° Les entreprises, dans le cadre des dispositifs relevant du livre III de la troisième partie du Code du travail qu'elles proposent à leurs bénéficiaires, ainsi que les personnes morales qu'elles mandatent pour proposer un de ces dispositifs conclus par l'entreprise. Dans ce cas, et sans préjudice des règles d'information et de commercialisation auxquelles elles sont soumises, seules sont applicables à ces activités de démarchage les dispositions de l'article L. 341-9, du 3° de l'article L. 353-2 (1) et de l'article L. 353-4 du présent code ;

3° Les conseillers en investissements financiers définis à l'article L. 541-1 ;

4° Les intermédiaires en opérations de banque et en services de paiement mentionnés à l'article L. 519-1 ;

5° Les agents liés mentionnés à l'article L. 545-1 ;

6° Les conseillers en investissements participatifs définis à l'article L. 547-1.

7° *(7° créé, L. n° 2019-486, 22 mai 2019)* Les émetteurs de jetons ayant obtenu le visa prévu à l'article L. 552-4 ;

8° *(8° créé, L. n° 2019-486, 22 mai 2019)* Les prestataires agréés dans les conditions prévues à l'article L. 54-10-5.

NB : (1) Le 3° de l'article L. 353-2 du Code monétaire et financier a été abrogé par l'article 7 II de l'ordonnance n° 2005-429 du 6 mai 2005.

Voir : Sanctions pénales, C. monét. fin., art. L. 353-2, 1°, L. 353-3 et L. 353-4, p. 1239.

Art. L. 341-4 ***(Rempl., L. n° 2003-706, 1er août 2003 ; L. n° 2010-1249, 22 oct. 2010).*** **– I. – Les personnes mentionnées à l'article L. 341-3 peuvent mandater des personnes physiques afin d'exercer pour leur compte une activité de démarchage bancaire ou financier. Les établissements et entreprises ou institutions mentionnés au 1° de cet article peuvent également mandater des personnes morales à cet effet. Dans ce cas, celles-ci peuvent à leur tour mandater des personnes physiques afin d'exercer cette activité pour leur compte.**

II. – Dans tous les cas, le mandat est nominatif. Il mentionne la nature des produits et services qui en sont l'objet ainsi que les conditions dans lesquelles l'activité de démarchage peut être exercée. Sa durée est limitée à deux ans. Il peut être renouvelé.

Le démarcheur exerce une activité de démarchage bancaire et financier uniquement pour le compte de son mandant et dans la limite des services, opérations et produits pour lesquels celui-ci est agréé.

Une même personne physique ou morale peut recevoir des mandats émanant de plusieurs entreprises, institutions ou établissements mentionnés au 1° de l'article L. 341-3. Cette personne informe alors l'ensemble de ses mandants des mandats ainsi détenus.

III. – Les personnes mentionnées à l'article L. 341-3 et celles mandatées en application du I du présent article sont civilement responsables du fait des démarcheurs, agissant en cette qualité, auxquels elles ont délivré un mandat. Les personnes morales mentionnées à l'article L. 341-3 demeurent responsables du fait des salariés ou employés des personnes physiques ou des personnes morales qu'elles ont mandatées, dans la limite du mandat.

IV. – Les démarcheurs personnes physiques et les personnes physiques ayant le pouvoir de gérer ou d'administrer les personnes morales mandatées en application du I doivent remplir des conditions d'âge, d'honorabilité et de compétence professionnelle fixées par décret. Il en va de même des salariés ou employés des personnes mentionnées à l'article L. 341-3, lorsqu'ils exercent des activités de démarchage, et de ceux des personnes physiques ou des personnes morales mandatées en application du I du présent article.

V. – Les règles fixées aux II et IV ne s'appliquent pas aux personnes physiques participant à l'envoi de documents nominatifs, sous réserve qu'elles n'aient aucun contact personnalisé permettant d'influencer le choix de la personne démarchée. Dans ce cas, les personnes morales mentionnées à l'article L. 341-3 ou mandatées en application du I sont considérées comme exerçant directement l'activité de démarchage et sont tenues d'en appliquer les règles.

Licéité de l'opération de démarchage réalisée auprès du représentant légal d'un mineur. Bien qu'un mineur puisse être déclaré recevable à poursuivre l'annulation d'une souscription de parts de SCPI réalisée par son administrateur légal, dès lors que celle-ci a été effectuée sans autorisation du juge des tutelles, sa demande ne saurait être favorablement accueillie sur le fond, dès lors que, bien que l'engagement critiqué puisse être effectivement qualifié d'opération de démarchage, il résulte de la combinaison des articles 389-3 du Code civil, L. 341-2 et L. 341-4 du Code monétaire et financier qu'un tel démarchage peut être considéré comme licite puisque n'étant pas directement réalisé auprès du mineur mais auprès de son représentant légal : ▪ Cass. 1re civ., 7 nov. 2006 : *JurisData* n° 2006-04-15799 ; *Bull. civ.* I, n° 460 ; *Dr. sociétés* mars 2007, comm. 56, note Th. Bonneau ; *D.* 2006, act. jurispr. p. 2844, V. Avena-Robardet ; *ibid.*, jurispr. p. 3069, note P. Bouteiller ; *Bull. Joly Bourse* 2007, § 2, p. 15, note L. Ruet.

Art. L. 341-5 *(Rempl., L. n° 2003-706, 1er août 2003)*. **– Toute personne physique ou morale mandatée pour exercer des activités de démarchage bancaire ou financier doit être en mesure de justifier à tout moment de l'existence d'un contrat d'assurance la couvrant contre les conséquences pécuniaires de sa responsabilité civile professionnelle, en cas de manquement à ses obligations professionnelles telles que définies au présent chapitre.**

Le niveau minimal des garanties qui doivent être apportées par l'assurance de responsabilité civile professionnelle est fixé par décret en fonction des conditions dans lesquelles l'activité est exercée, notamment de l'existence d'un seul ou de plusieurs mandats, et des produits et services faisant l'objet du démarchage.

Art. L. 341-8 *(L. n° 2003-706, 1er août 2003)*. **– Toute personne se livrant à une activité de démarchage bancaire ou financier en se rendant physiquement au domicile des personnes démarchées, sur leur lieu de travail ou dans les lieux non destinés à la commercialisation** *(Mots aj., L. n° 2019-486, 22 mai 2019)* **« d'actifs numériques, de services sur actifs numériques ou » de produits, instruments et services financiers, doit être titulaire d'une carte de démarchage délivrée par la personne pour le compte de laquelle elle agit, selon un modèle fixé par arrêté du ministre chargé de l'économie.**

Cette carte doit être présentée à toute personne ainsi démarchée.

Art. L. 341-9 *(L. n° 2003-706, 1er août 2003 ; rempl., Ord. n° 2005-429, 6 mai 2005)*. **– Les personnes exerçant l'activité de démarchage bancaire et financier sont soumis aux incapacités énoncées à l'article L. 500-1.**

Voir : Sanctions pénales, C. monét. fin., art. L. 353-2, 3°, L. 353-3 et L. 353-4, p. 1239.

Section III. – Produits ne pouvant pas faire l'objet de démarchage

(L. n° 2003-706, 1er août 2003)

Art. L. 341-10 *(L. n° 2003-706, 1er août 2003 ; mod., L. n° 2014-1, 2 janv. 2014 ; Ord. n° 2016-520, 28 avr. 2016)*. **– Sans préjudice des règles particulières applicables au démarchage de certains produits, ne peuvent pas faire l'objet de démarchage :**

1° Les produits dont le risque maximum n'est pas connu au moment de la souscription ou pour lesquels le risque de perte est supérieur au montant de l'apport financier initial, à l'exception :

– des parts de sociétés civiles de placement immobilier. À l'issue d'un délai de deux ans à compter de la promulgation de la loi n° 2003-706 du 1er août 2003 de sécurité financière, seules pourront faire l'objet de démarchage les parts de sociétés civiles de placement immobilier dont les statuts prévoient la limitation de la responsabilité de chaque associé au montant de sa part au capital ;

– des produits entrant dans le cadre d'une opération normale de couverture, sous réserve que ces produits soient proposés exclusivement à des personnes morales ;

2° Les produits non autorisés à la commercialisation sur le territoire français en application de l'article L. 151-2 ;

3° Les produits relevant de l'article L. 214-42 dans sa rédaction antérieure à l'ordonnance n° 2011-915 du 1er août 2011 relative aux OPCVM et à la modernisation du cadre juridique de la gestion d'actifs et de l'article L. 214-169 ;

4° Les instruments financiers qui ne sont pas admis aux négociations sur les marchés réglementés définis aux articles L. 421-4 et L. 422-1 ou sur les marchés étrangers reconnus définis à l'article L. 423-1, à l'exception des parts ou actions d'OPCVM ou de FIA relevant des paragraphes 1, 2 et 6 de la sous-section 2, du paragraphe 2 ou du sous-paragraphe 1 du paragraphe 1 de la sous-section 3, ou de la sous-section 4 de la section 2 du chapitre IV du titre Ier du livre II, des titres financiers offerts au public après établissement d'un document d'information dans les conditions du titre Ier du livre IV du présent code, des titres émis par les sociétés de capital-risque mentionnées à l'article 1er-1 de la loi n° 85-695 du 11 juillet 1985 précitée et des produits proposés dans le cadre d'un dispositif relevant du livre III de la troisième partie du Code du travail ;

5° Les bons de caisse.

6° *(6° créé, L. n° 2019-486, 22 mai 2019)* Les actifs numériques mentionnés à l'article L. 54-10-1 du présent code, sauf lorsque l'activité de démarchage porte sur la fourniture d'un service sur actifs numériques au sens de l'article L. 54-10-2 par un prestataire agréé dans les conditions prévues à l'article L. 54-10-5 ou sur des jetons proposés dans le cadre d'une offre au public ayant obtenu le visa prévu à l'article L. 552-4

Voir : Sanctions pénales, C. monét. fin., art. L. 353-2, 2°, L. 353-3 et L. 353-4, p. 1239.

Section IV. – Règles de bonne conduite

(L. n° 2003-706, 1er août 2003)

Bibliographie : M.-H. Goffi, *La réglementation, accélérateur d'un mouvement en gestation : Banque* 2008, n° 668, p. 34. • S. Janin, *Impact de la directive MIF sur la responsabilité des sociétés de gestion : Bull. Joly Bourse* 2007, n° 3, p. 306.

Art. L. 341-11 *(L. n° 2003-706, 1er août 2003 ; mod., Ord. n° 2005-648, 6 juin 2005 ; L. n° 2014-1, 2 janv. 2014 ; Ord. n° 2017-1433, 4 oct. 2017).* – Avant de formuler une offre portant sur des instruments financiers, *(Mots aj., L. n° 2019-486, 22 mai 2019)* « des actifs numériques, » un service sur actifs numériques, un service d'investissement ou un service connexe, les démarcheurs s'enquièrent de la situation financière de la personne démarchée, de son expérience et de ses objectifs en matière de placement ou de financement. Ces dispositions ne s'appliquent pas dans le cas des envois effectués dans les conditions prévues au V de l'article L. 341-4, sans préjudice du respect des obligations d'information et de conseil dues aux souscripteurs et aux clients en application des articles L. 214-23-1 et L. 533-11 à L. 533-16.

Les démarcheurs fournissent à la personne démarchée, sur support papier ou sur un autre support durable, d'une manière claire et compréhensible, les informations qui lui sont utiles pour prendre sa décision. En cas de démarche à domicile, sur leur lieu de travail ou dans les lieux non destinés à la commercialisation de produits, instruments et services financiers ou par téléphone, la fourniture de ces informations sur tout autre support durable que le papier requiert le consentement du client.

NB : Conformément à l'article 29 de l'ordonnance n° 2017-1433 du 4 octobre 2017, les dispositions du présent article entrent en vigueur le 1er avril 2018.

Art. L. 341-12 *(L. n° 2003-706, 1er août 2003 ; rempl., Ord. n° 2005-648, 6 juin 2005 ; mod., L. n° 2010-1249, 22 oct. 2010 ; Ord. n° 2016-301, 14 mars 2016).* – En temps utile, avant qu'elle ne soit liée par un contrat, la personne démarchée reçoit des informations fixées par décret en Conseil d'État, portant notamment sur :

1° Le nom et l'adresse professionnelle de la personne physique procédant au démarchage ;

2° Le nom, l'adresse et, le cas échéant, l'immatriculation mentionnée à l'article L. 546-1 de la ou des personnes morales pour le compte de laquelle ou desquelles le démarchage est effectué ;

3° Le nom, l'adresse et, le cas échéant, l'immatriculation mentionnée à l'article L. 546-1 de la personne morale mandatée en application du I de l'article L. 341-4 si le démarchage est effectué pour le compte d'une telle personne ;

4° Les documents d'information particuliers relatifs aux produits, instruments financiers et services proposés requis par les dispositions législatives et réglementaires en vigueur ou, en l'absence de tels documents, une note d'information sur chacun des produits, instruments financiers et services proposés, élaborée sous la responsabilité de la personne ou de l'établissement qui a recours au démarchage et indiquant, s'il y a lieu, les risques particuliers que peuvent comporter les produits proposés ;

5° Les conditions de l'offre contractuelle, notamment le prix total effectivement dû par la personne démarchée ou, lorsqu'un prix exact ne peut être indiqué, la base de calcul du prix, permettant à la personne démarchée de vérifier ce dernier, les modalités selon lesquelles sera conclu le contrat, en particulier le lieu et la date de signature de celui-ci ;

6° L'existence ou l'absence du droit de rétractation, prévu selon les cas, aux articles L. 222-7 à L. 222-12 du Code de la consommation ou à l'article L. 341-16 du présent code, ainsi que ses modalités d'exercice ;

7° La loi applicable aux relations précontractuelles ainsi qu'au contrat, et l'existence de toute clause concernant le choix d'une juridiction.

Les informations communiquées par le fournisseur à la personne démarchée sur les obligations contractuelles sont conformes à la loi applicable au contrat en cas de conclusion de celui-ci.

Ces informations, dont le caractère commercial doit apparaître sans équivoque, sont fournies de manière claire et compréhensible par tout moyen adapté à la technique de communication à distance utilisée.

Le décret en Conseil d'État mentionné au premier alinéa fixe également les modalités particulières applicables en cas de communication par téléphonie vocale.

Ces dispositions sont applicables sans préjudice de l'application des obligations législatives et réglementaires spécifiques à chaque produit, instrument financier ou service proposé.

NB : Conformément à l'article 34 de la loi n° 2014-344 du 17 mars 2014, l'article 33 s'applique aux contrats conclus après le 13 juin 2014.

Voir : Sanctions pénales, C. monét. fin., art. L. 353-1, 2°, p. 1239.

Art. L. 341-13 *(L. n° 2003-706, 1er août 2003).* **– Il est interdit au démarcheur de proposer des produits, instruments financiers** *(Mots aj., L. n° 2019-486, 22 mai 2019)* **« , actifs numériques » et services autres que ceux pour lesquels il a reçu des instructions expresses de la ou des personnes pour le compte desquelles il agit.**

Art. L. 341-14 *(L. n° 2003-706, 1er août 2003 ; mod., Ord. n° 2017-1433, 4 oct. 2017).* **– Le contrat portant sur la fourniture d'un service d'investissement** *(Mots aj., L. n° 2019-486, 22 mai 2019)* **« , d'un service sur actifs numériques » ou d'un service connexe, sur la réalisation d'une opération sur instruments financiers,** *(Mots aj., L. n° 2019-486, 22 mai 2019)* **« d'une opération sur actifs numériques, » d'une opération de banque ou d'une opération connexe, d'un service de paiement ou d'une opération sur biens divers est conclu entre la personne démarchée et l'établissement, l'entreprise ou la personne morale habilitée à exercer ces activités, sans que le démarcheur puisse le signer au nom et pour le compte de la personne pour le compte de laquelle il agit.**

Ce contrat est fourni au client sur support papier ou tout autre support durable. En cas de souscription du contrat à la suite du démarchage à domicile, sur leur lieu de travail ou dans les lieux non destinés à la commercialisation de produits, instruments *(Mots aj., L. n° 2019-486, 22 mai 2019)* **« , actifs numériques », services sur actifs numériques et services financiers ou par téléphone, la remise du contrat sur tout autre support durable que le papier requiert le consentement du client.**

NB : Conformément à l'article 29 de l'ordonnance n° 2017-1433 du 4 octobre 2017, les dispositions du présent article entrent en vigueur le 1er avril 2018.

Voir : Sanctions pénales, C. monét. fin., art. L. 353-1, 3°, p. 1239.

Art. L. 341-15 *(L. n° 2003-706, 1er août 2003 ; mod., L. n° 2006-387, 31 mars 2006).* **– Il est interdit à tout démarcheur de recevoir des personnes démarchées des espèces, des effets de commerce,** *(Mots aj., L. n° 2019-486, 22 mai 2019)* **« des actifs numériques, » des valeurs ou chèques au porteur ou à son nom ou tout paiement par un autre moyen, sous réserve des modalités d'exercice du droit de rétractation prévues au II de l'article L. 341-16.**

(Al. créé, L. n° 2019-486, 22 mai 2019) **Le premier alinéa du présent article ne s'applique pas aux personnes mentionnées aux 7° et 8° de l'article L. 341-3 lorsqu'elles se livrent à une activité de démarchage bancaire ou financier mentionnée aux 8° ou 9° de l'article L. 341-1.**

Art. L. 341-16 *(L. n° 2003-706, 1er août 2003 ; mod., L. n° 2006-387, 31 mars 2006 ; L. n° 2010-737, 1er juill. 2010).* **– I – La personne démarchée dispose d'un délai de quatorze jours calendaires révolus pour exercer son droit de rétractation, sans avoir à justifier de motifs ni à supporter de pénalités.**

Le délai pendant lequel peut s'exercer le droit de rétractation commence à courir :

1° Soit à compter du jour où le contrat est conclu ;

2° Soit à compter du jour où la personne démarchée reçoit les conditions contractuelles et les informations, si cette dernière date est postérieure à celle mentionnée au 1°.

II. - Lorsque la personne démarchée exerce son droit de rétractation, elle ne peut être tenue qu'au paiement du prix correspondant à l'utilisation du produit ou du service *(Mot suppr., L. n° 2019-486, 22 mai 2019)***« ... » effectivement fourni entre la date de conclusion du contrat et celle de l'exercice du droit de rétractation, à l'exclusion de toute pénalité.**

Le démarcheur ne peut exiger de la personne démarchée le paiement du produit ou du service mentionné au premier alinéa que s'il peut prouver que la personne démarchée a été informée du montant dû, conformément au 5° de l'article L. 341-12.

Toutefois, il ne peut exiger ce paiement s'il a commencé à exécuter le contrat avant l'expiration du délai de rétractation sans demande préalable de la personne démarchée.

Le démarcheur est tenu de rembourser à la personne démarchée, dans les meilleurs délais et au plus tard dans les trente jours, toutes les sommes qu'il a perçues de celle-ci en application du contrat, à l'exception du montant mentionné au premier alinéa. Ce délai commence à courir le jour où le démarcheur reçoit notification par la personne démarchée de sa volonté de se rétracter.

La personne démarchée restitue au démarcheur, dans les meilleurs délais et au plus tard dans les trente jours, toute somme et tout bien qu'elle a reçus de ce dernier. Ce délai commence à courir à compter du jour où la personne démarchée notifie au démarcheur sa volonté de se rétracter.

L'exécution des contrats portant sur les services de conservation ou d'administration d'instruments financiers et de gestion de portefeuille pour le compte de tiers est différée pendant la durée du droit de rétractation.

III. – Le délai de rétractation prévu au premier alinéa du I ne s'applique pas :

1° Aux services de réception-transmission et exécution d'ordres pour le compte de tiers mentionnés à l'article L. 321-1, ainsi qu'à la fourniture d'instruments financiers mentionnés à l'article L. 211-1 ;

2° Lorsque des dispositions spécifiques à certains produits et services prévoient un délai de réflexion ou un délai de rétractation d'une durée différente, auquel cas ce sont ces délais qui s'appliquent en matière de démarchage.

3° Aux contrats exécutés intégralement par les deux parties à la demande expresse de la personne démarchée avant que cette dernière n'exerce son droit de rétractation.

4° ***(4° créé, L. n° 2019-486, 22 mai 2019)*** **Au service de réception et de transmission d'ordres sur actifs numériques pour le compte de tiers mentionné à l'article L. 54-10-2, ainsi qu'à la fourniture d'actifs numériques mentionnés à l'article L. 54-10-1.**

IV. – En cas de démarchage effectué selon les modalités prévues au huitième alinéa de l'article L. 341-1, les personnes mentionnées aux articles L. 341-3 et L. 341-4 ne peuvent recueillir ni ordres ni fonds de la part des personnes démarchées en vue de la fourniture de services de réception-transmission et exécution d'ordres pour le compte de tiers mentionnés à l'article L. 321-1 ou d'instruments financiers mentionnés à l'article L. 211-1, avant l'expiration d'un délai de réflexion de quarante-huit heures.

Ce délai de réflexion court à compter du lendemain de la remise d'un récépissé établissant la communication à la personne démarchée, par écrit sur support papier, des informations et documents prévus à l'article L. 341-12.

Le silence de la personne démarchée à l'issue de l'expiration du délai de réflexion ne peut être considéré comme signifiant le consentement de celle-ci.

(Al. créé, L. n° 2019-486, 22 mai 2019) **Pour toute personne se livrant à l'activité de démarchage bancaire ou financier définie aux 8° ou 9° de l'article L. 341-1, l'interdiction prévue au premier alinéa du présent IV s'applique dans les mêmes conditions et sous les mêmes réserves en vue de la fourniture du service de réception et de transmission d'ordres sur actifs numériques pour le compte de tiers mentionné à l'article L. 54-10-2, ou d'actifs numériques mentionnés à l'article L. 54-10-1.**

Voir : Sanctions pénales, C. monét. fin., art. L. 353-1, 1°, 4° et 5°, p. 1239.

Section V. – Sanctions disciplinaires

(L. n° 2003-706, 1er août 2003)

Art. L. 341-17 *(L. n° 2003-706, 1er août 2003 ; mod., L. n° 2013-672, 26 juill. 2013).* **– Tout manquement aux lois, règlements et obligations professionnelles applicables au démarchage bancaire ou financier commis par les personnes mentionnées aux 1°, 3°** ***(Réf. rempl., L. n° 2019-486, 22 mai 2019)*** **« , 5°, 7° et 8° » de l'article L. 341-3 et à l'article L. 341-4 est sanctionné dans les conditions prévues, selon leur nature ou leurs activités, aux articles L. 612-39, L. 621-15 et L. 621-17.**

Partie réglementaire

Section I. – Définition

Art. D. 341-1. – Les seuils prévus au 1° de l'article L. 341-2 sont fixés à :

1° 5 millions d'euros pour le total de bilan ;

2° 5 millions d'euros pour le chiffre d'affaires ou à défaut pour le montant des recettes ;

3° 5 millions d'euros pour le montant des actifs gérés ;

4° 50 personnes pour les effectifs annuels moyens.

Ces seuils ne sont pas cumulatifs. Ils sont appréciés au vu des derniers comptes consolidés ou à défaut des comptes sociaux, tels que publiés et, le cas échéant, certifiés par les commissaires aux comptes.

Section II. – Personnes habilitées à procéder au démarchage

Art. D. 341-2. – Les démarcheurs personnes physiques et les personnes physiques ayant le pouvoir de gérer ou d'administrer les personnes morales mandatées en application du I de l'article L. 341-4 doivent remplir les conditions suivantes :

1° Avoir la majorité légale ;

2° Justifier préalablement à leur entrée en fonctions soit du baccalauréat ou équivalent, soit d'une formation professionnelle adaptée à la réalisation des opérations mentionnées aux 1° à 5° de l'article L. 341-1.

À défaut des diplômes ou niveaux de formation prévus au 2° ci-dessus, ils doivent justifier d'une expérience professionnelle d'une durée minimale de deux ans dans des fonctions liées à la réalisation d'opérations relevant des catégories énumérées aux 1° à 5° de l'article L. 341-1. Cette expérience doit avoir été acquise au cours des cinq années précédant la désignation des intéressés en qualité de démarcheurs ou de dirigeants de personnes morales mandatées en application du I de l'article L. 341-4 ;

3° Ne faire l'objet, ni d'une interdiction d'exercer à titre temporaire ou définitif une activité ou un service, en application des dispositions de l'article L. 621-15 ou au titre d'une sanction prononcée avant le 24 novembre 2003 par la Commission des opérations de bourse, le Conseil des marchés financiers ou le Conseil de discipline de la gestion financière, ni des sanctions prévues aux 4 et 5 de l'article L. 613-21 du présent code ou aux 3° à 5° de l'article L. 310-18 du Code des assurances.

Une déclaration sur l'honneur est produite à cet effet par les personnes mentionnées au premier alinéa du présent article.

Art. D. 341-3. – Les niveaux minimaux de garantie du contrat d'assurance de responsabilité civile professionnelle prévus à l'article L. 341-5 sont fixés comme suit :

1° 75 000 euros par sinistre et 75 000 euros par année d'assurance pour les personnes physiques se livrant à une activité de démarchage au titre des opérations mentionnées au 2° de l'article L. 341-1 ;

2° 150 000 euros par sinistre et 300 000 euros par année d'assurance pour les personnes morales se livrant à une activité de démarchage au titre des opérations mentionnées au 2° de l'article L. 341-1 ;

3° 150 000 euros par sinistre et 150 000 euros par année d'assurance pour les personnes physiques se livrant à une activité de démarchage au titre des opérations mentionnées aux 1°, 3°, 4° et 5° de l'article L. 341-1 ;

4° 300 000 euros par sinistre et 600 000 euros par année d'assurance pour les personnes morales se livrant à une activité de démarchage au titre des opérations mentionnées aux 1°, 3°, 4° et 5° de l'article L. 341-1.

Art. D. 341-4 *(Mod., L. n° 2013-672, 26 juill. 2013)*. – Pour l'application de l'article L. 341-6, La Poste, la Caisse des dépôts et consignations et les sociétés de capital-risque font enregistrer auprès de l'Autorité de contrôle prudentiel et de résolution les personnes salariées, employées ou mandataires qui exercent pour leur compte une activité de démarchage.

Les sociétés de capital-risque qui ont recours à des démarcheurs produisent à l'Autorité de contrôle prudentiel et de résolution une copie de la lettre d'option adressée au service des impôts conformément à l'article 171 AR de l'annexe II au Code général des impôts.

Art. D. 341-5. – Lorsqu'une personne physique ou une personne morale mandatée en application du I de l'article L. 341-4 exerce une activité de démarchage pour le compte de plusieurs employeurs ou mandants, un seul numéro d'enregistrement lui est attribué.

Art. D. 341-6. – Lorsqu'une personne physique se livre à une activité de démarchage pour le compte d'une personne morale mandatée dans les conditions prévues au I de l'article L. 341-4, la carte de démarchage prévue à l'article L. 341-8 lui est délivrée par cette personne morale.

Art. D. 341-7. – En cas de cessation de l'activité de démarchage pour quelque motif que ce soit, le titulaire de la carte délivrée en application de l'article L. 341-8 restitue cette carte sans délai.

Art. D. 341-8. – Le formulaire mentionné au deuxième alinéa du I de l'article L. 341-16, qui est intitulé « Formulaire relatif au délai de rétractation prévue par l'article L. 341-16 du Code monétaire et financier », comporte les mentions suivantes :

1° La mention que ce formulaire doit être renvoyé au plus tard 14 jours à compter de la conclusion du contrat par lettre recommandée avec avis de réception ;

2° L'identité de l'organisme avec lequel le contrat a été conclu, son adresse et la désignation du contrat, parmi les catégories mentionnées à l'article L. 341-1 du Code monétaire et financier, sous réserve des interdictions prévues à l'article L. 341-10 et des exceptions prévues au III de l'article L. 341-16 ;

3° L'indication selon laquelle cette rétractation n'est valable que si elle est adressée avant l'expiration du délai de 14 jours prévu à l'article L. 341-16, lisiblement et dûment remplie ;

4° L'indication selon laquelle la personne démarchée déclare renoncer au contrat, avec la description du produit ou service proposé pour lequel elle a signé le contrat ;

5° Le nom de l'organisme ayant commercialisé le produit ou le service et avec lequel la personne démarchée a conclu le contrat ;

6° La date, la signature du client et, le cas échéant, des autres cocontractants.

Art. D. 341-9. – Le fichier institué à l'article L. 341-7 est intitulé : « le fichier des démarcheurs ». Il permet notamment aux personnes démarchées dans les conditions définies à l'article L. 341-1 de s'assurer de l'habilitation, en qualité de démarcheurs, des personnes qui les sollicitent.

Art. D. 341-10 *(Annulé, CE 16 janv. 2006, n° 274686, Féd. bancaire française).*

> **Rédaction antérieure. Art. D. 341-10.** – Les personnes mentionnées aux 1° et 3° de l'article L. 341-3 communiquent aux autorités dont elles relèvent les informations prévues à l'article D. 341-12, à l'exception du numéro d'enregistrement du démarcheur. Les établissements ou entreprises agréés dans un autre État membre de la Communauté européenne habilités à intervenir sur le territoire français communiquent ces informations à l'autorité qui, en France, a reçu, de l'autorité du pays d'origine compétente pour ces établissements ou entreprises, la déclaration d'intervention en France.
>
> Les informations communiquées en application de l'alinéa précédent concernent :
>
> 1° Lorsqu'ils sont soumis aux obligations d'enregistrement prévues à l'article L. 341-6, les démarcheurs, personnes physiques, exerçant une activité de démarchage directement pour le compte des personnes mentionnées aux 1° et 3° de l'article L. 341-3 ;
>
> 2° Les démarcheurs, personnes morales, mandatés en application du I de l'article L. 341-4 ;
>
> 3° Les démarcheurs, personnes physiques, relevant des personnes morales mandatées conformément au I de l'article L. 341-4.

Art. D. 341-11. – Le fichier des démarcheurs est tenu par la Banque de France, pour le compte des autorités mentionnées à l'article L. 341-7.

Les modalités de gestion du fichier et les relations entre la Banque de France et les autorités concernées sont fixées dans le cadre d'une convention. Celle-ci prévoit notamment les modalités selon lesquelles les informations, prévues à l'article D. 341-13, peuvent être communiquées directement à la Banque de France. Elle peut également prévoir l'attribution directe par la Banque de France du numéro d'enregistrement prévu au quatrième alinéa de l'article L. 341-6.

Cette convention fixe également les conditions financières auxquelles la Banque de France réalise les prestations de mise en place et de fonctionnement du fichier.

Art. D. 341-12. – Les informations contenues dans le fichier des démarcheurs sont les suivantes :

1° Le numéro d'enregistrement du démarcheur ;

2° Les nom, nom d'usage, prénoms, date et lieu de naissance du démarcheur, personne physique ;

3° L'adresse professionnelle du démarcheur ;

4° Les nom, adresse et, s'il y a lieu, numéro SIREN de la personne morale ou des personnes morales relevant de l'une des catégories mentionnées aux 1° et 3° de l'article L. 341-3, pour le compte de laquelle ou desquelles le démarcheur exerce une activité de démarchage bancaire ou financier ;

5° La nature des opérations, services ou prestations, définis du 1° au 5° de l'article L. 341-1, pour lesquels le démarcheur a reçu des instructions de son employeur ou de son mandant ;

6° Dans le cas où le démarcheur exerce cette activité pour le compte d'une ou plusieurs personnes morales, elles-mêmes mandatées dans les conditions prévues au I de l'article L. 341-4 : les dénominations, adresses et, s'il y a lieu, numéros SIREN de ces personnes morales et de leurs mandants ;

7° Le cas échéant, le numéro ou les numéros d'enregistrement de la personne morale ou des personnes morales mandatées dans les conditions prévues au I de l'article L. 341-4 ainsi que la nature des opérations pour lesquelles elles ont été mandatées ;

8° La date d'expiration du mandat.

Les informations mentionnées ci-dessus sont mises à la disposition du public, à l'exception des dates et lieux de naissance des démarcheurs.

Art. D. 341-13. – En application du II de l'article L. 341-4, le renouvellement du mandat est déclaré au plus tard cinq jours avant la date d'expiration de ce dernier.

Le défaut de déclaration, dans les délais impartis, du renouvellement d'un mandat de démarcheur par les personnes mentionnées aux 1° et 3° de l'article L. 341-3 auprès des autorités dont elles relèvent, a pour effet la suppression automatique du fichier des informations relatives au mandat concerné, à l'issue du délai de deux ans prévu au II de l'article L. 341-4. Le cas échéant, la suppression des informations relatives à l'ensemble des mandats dont est titulaire un même démarcheur entraîne la radiation automatique du démarcheur du fichier.

En cas de cessation de l'activité de démarchage, pour quelque motif que ce soit, les personnes mentionnées aux 1° et 3° de l'article L. 341-3 demandent aux autorités dont elles relèvent de procéder à la radiation du fichier de leurs mandataires, personnes physiques et morales, de leurs salariés ou employés ainsi que des salariés ou employés des personnes morales mandatées dans les conditions prévues au I de l'article L. 341-4. Ces radiations sont demandées dès la cessation de l'activité de démarchage des personnes concernées.

Les informations supprimées du fichier des démarcheurs en application des deux alinéas précédents ou qui ont été modifiées en raison de modifications affectant les conditions d'exercice de l'activité de démarchage sont conservées pendant une durée de dix ans.

Art. D. 341-14. – En application du troisième alinéa de l'article 38 de la loi n° 78-17 du 6 janvier 1978 relative à l'informatique, aux fichiers et aux libertés, le droit d'opposition n'est pas applicable au fichier prévu à l'article D. 341-9.

Art. D. 341-15. – Les droits d'accès et de rectification prévus respectivement aux articles 39 et 40 de la loi [n° 78-17] du 6 janvier 1978 précitée s'exercent auprès de la Banque de France et des personnes ayant désigné ou mandaté les démarcheurs.

Section III. – La présente section ne comprend pas de dispositions réglementaires

Section IV. – Règles de bonne conduite

Art. R. 341-16 *(D. n° 2005-1450, 25 nov. 2005 ; mod., D. n° 2014-1061, 17 sept. 2014 ; D. n° 2018-229, 30 mars 2018).* – Pour l'application de l'article L. 341-12, le démarcheur fournit à la personne démarchée des informations concernant :

1° L'identité, l'activité principale, l'adresse géographique à laquelle le fournisseur de services financiers est établi, ainsi que toute autre adresse nécessaire au suivi des relations entre la personne démarchée et le fournisseur. Le démarcheur fournit également à la personne démarchée son identité ainsi que celle de ses adresses devant être prise en compte pour ses relations avec lui.

Lorsque le fournisseur est inscrit au registre du commerce et des sociétés, il fournit à la personne démarchée son numéro d'immatriculation. En outre, les personnes soumises à agrément fournissent à la personne démarchée les coordonnées des autorités chargées de leur contrôle ;

2° Le service financier : le démarcheur fournit à la personne démarchée les informations sur le prix total dû, y compris l'ensemble des commissions, charges et dépenses y afférentes et toutes les taxes acquittées par lui. Le démarcheur fournit également à la personne démarchée l'information sur l'existence de toute autre taxe ou frais qui ne sont pas acquittés ou facturés par lui.

Le cas échéant, le démarcheur précise à la personne démarchée, d'une part, que le service financier est lié à des instruments qui impliquent des risques particuliers du fait de leurs spécificités ou des opérations à exécuter ou dont le prix dépend de fluctuations des marchés financiers sur lesquelles le fournisseur n'a aucune influence et, d'autre part, que les performances passées ne laissent pas présager des performances futures.

Le démarcheur fournit à la personne démarchée l'information sur toute limitation de la durée pendant laquelle les informations fournies sont valables, des modes de paiement et d'exécution et enfin, s'il y a lieu, de l'existence de tout coût supplémentaire spécifique pour la personne démarchée afférent à l'utilisation de la technique de communication à distance ;

3° Le contrat à distance : le démarcheur fournit à la personne démarchée l'information sur l'existence du droit de rétractation mentionné à l'article L. 222-7 du Code de la consommation, sa durée, les conséquences pécuniaires éventuelles de sa mise en œuvre, ainsi que l'adresse à laquelle la personne démarchée doit notifier sa décision de se rétracter. L'information sur l'absence d'un tel droit ainsi que sur les conséquences de cette absence est fournie par le démarcheur à la personne démarchée.

Pour les contrats pour lesquels s'applique le délai de rétractation mentionné au même article L. 222-7, le démarcheur fournit à la personne démarchée l'information sur le fait que, sauf accord exprès de celle-ci, le contrat ne peut commencer à être exécuté qu'à l'expiration du délai de rétractation. Pour les contrats de crédit à la consommation prévus au chapitre Ier du titre Ier du livre III du Code de la consommation, le démarcheur fournit à la personne démarchée l'information sur le fait que, même avec son accord, le contrat ne peut commencer à être exécuté durant les sept premiers jours, sauf s'agissant des contrats de crédit affecté, qui ne peuvent commencer à être exécutés durant les trois premiers jours.

Le démarcheur fournit à la personne démarchée l'information sur les éventuels droits détenus par les parties de résilier le contrat, sans omettre les éventuelles pénalités contractuelles.

Lorsque le contrat est à exécution successive, le démarcheur fournit à la personne démarchée l'information sur la durée minimale.

L'information sur la langue ou les langues qui seront utilisées entre les parties durant la relation précontractuelle, ainsi que la langue ou les langues dans lesquelles le contrat sera rédigé est fournie à la personne démarchée. La langue utilisée durant la relation contractuelle est choisie en accord avec la personne démarchée ;

4° Les recours : le démarcheur fournit à la personne démarchée l'information sur l'existence ou l'absence de procédures extrajudiciaires de réclamation et de recours accessibles et, si de telles procédures existent, sur leurs modalités d'exercice. L'information sur l'existence de fonds de garantie ou d'autres mécanismes d'indemnisation, tels que les mécanismes d'indemnisation des déposants, des investisseurs et des cautions respectivement mentionnés aux articles L. 312-4, L. 313-50 et L. 322-1 est également fournie à la personne démarchée ;

5° En cas de communication par téléphonie vocale, l'identité du démarcheur et le caractère commercial de l'appel dont le démarcheur a pris l'initiative sont indiqués sans équivoque au début de toute conversation avec la personne démarchée.

Sous réserve de l'accord formel de la personne démarchée, seules les informations ci-après doivent être fournies :

a) L'identité du démarcheur et le lien de cette personne avec le fournisseur ;

b) Une description des principales caractéristiques du service financier ;

c) Le prix total dû par la personne démarchée au fournisseur pour le service financier, qui comprend toutes les taxes acquittées par le démarcheur ou, lorsqu'un prix exact ne peut être indiqué, la base de calcul du prix permettant à la personne démarchée de vérifier ce dernier ;

d) L'indication de l'existence éventuelle d'autres taxes ou frais qui ne sont pas acquittés par le démarcheur ou facturés par lui ;

e) L'existence ou l'absence du droit de rétractation mentionné à l'article L. 121-29 du Code de la consommation et, si ce droit existe, sa durée et les modalités de son exercice, y compris des informations sur le montant que la personne démarchée peut être tenue de payer en vertu de l'article L. 121-30 du même code.

Le fournisseur fournit au consommateur l'information sur, d'une part, le fait que d'autres informations peuvent être fournies sur demande et, d'autre part, la nature de ces informations.

....

Partie législative

TITRE V. – DISPOSITIONS PÉNALES

CHAPITRE III. – INFRACTIONS RELATIVES AU DÉMARCHAGE

Section I. – Démarchage en matière bancaire ou financière
(Anc. sect. I à III, rempl. par une section I, L. n° 2003-706, 1er août 2003)

Art. L. 353-1 *(Rempl., L. n° 2003-706, 1er août 2003 ; mod., L. n° 2006-387, 31 mars 2006 ; Ord. n° 2009-15, 8 janv. 2009).* **– Est puni de six mois d'emprisonnement et de 7 500 € d'amende :**

1° Le fait, pour toute personne, de se livrer à l'activité de démarchage bancaire ou financier définie à l'article L. 341-1 sans avoir obtenu une carte de démarchage en cas d'activité réalisée dans les conditions de l'article L. 341-8 ;

2° Le fait, pour toute personne se livrant à l'activité de démarchage bancaire ou financier dans les conditions définies au septième alinéa de l'article L. 341-1, de ne pas communiquer à la personne démarchée les informations et documents mentionnés à l'article L. 341-12 et à l'avant-dernier alinéa de l'article L. 341-6 ;

3° Le fait, pour toute personne se livrant à l'activité de démarchage bancaire ou financier définie à l'article L. 341-1, de ne pas respecter les règles relatives à la signature du contrat prévues à l'article L. 341-14 ;

4° Le fait, pour toute personne se livrant à l'activité de démarchage bancaire ou financier définie à l'article L. 341-1, de ne pas permettre à la personne démarchée de bénéficier du délai de rétractation mentionné à l'article L. 341-16 sous réserve des dérogations prévues à cet article ;

5° Le fait, pour toute personne se livrant à l'activité de démarchage bancaire ou financier définie au deuxième alinéa de l'article L. 341-1, de recevoir des personnes démarchées des ordres ou des fonds en vue de la fourniture de services de réception-transmission et exécution d'ordres pour le compte de tiers mentionnés à l'article L. 321-1, ou d'instruments financiers mentionnés à l'article L. 211-1, avant l'expiration du délai de quarante-huit heures mentionné au IV de l'article L. 341-16.

6° *(6° créé, L. n° 2019-486, 22 mai 2019)* **Le fait, pour toute personne se livrant à l'activité de démarchage bancaire ou financier définie aux 8° ou 9° de l'article L. 341-1, de recevoir des personnes démarchées des ordres ou des fonds en vue de la fourniture du service de réception et de transmission d'ordres sur actifs numériques pour le compte de tiers mentionné à l'article L. 54-10-2, ou d'actifs numériques mentionnés à l'article L. 54-10-1, avant l'expiration du délai de quarante-huit heures mentionné au IV de l'article L. 341-16.**

Condamnation pour démarchage sans autorisation. Pour condamner le prévenu pour démarchage sans autorisation en vue d'opérations sur le marché à terme, l'arrêt de la cour d'appel relève que les clauses contractuelles proposées portaient sur le placement de capitaux sur les marchés à terme, à des fins spéculatives, et énonce que le prévenu ne contestait pas avoir démarché, notamment à leur domicile, des anciens clients de la société d'assurance pour laquelle il avait travaillé. Les juges retiennent alors que les placements proposés ne peuvent l'être que par les détenteurs d'une carte professionnelle qui doit être délivrée chaque année et mentionner les opérations pour lesquelles le démarchage est autorisé : ▪ Cass. crim., 31 mai 2012, n° 11-83.790 : *Bull. Joly Bourse* 2012, § 206, p. 471, note J. Lasserre-Capdeville.

Art. L. 353-2 *(Rempl., L. n° 2003-706, 1er août 2003).* **– Est puni des peines prévues à l'article 313-1 du Code pénal :**

1° Le fait, pour toute personne, de recourir à l'activité de démarchage bancaire ou financier définie à l'article L. 341-1 sans remplir les conditions prévues aux articles L. 341-3 et L. 341-4 ;

2° Le fait, pour toute personne se livrant à l'activité de démarchage bancaire ou financier définie à l'article L. 341-1, de proposer des produits interdits de démarchage mentionnés à l'article L. 341-10 ;

3° *(Abr., Ord. n° 2005-429, 6 mai 2005)* **;**

4° Le fait, pour toute personne se livrant à l'activité de démarchage bancaire ou financier, de proposer aux personnes démarchées des produits, instruments financiers et services autres que ceux pour lesquels elle a reçu des instructions expresses de la ou des personnes pour le compte de laquelle ou desquelles elle agit ;

5° Le fait, pour toute personne *(Mots aj., L. n° 2019-486, 22 mai 2019)* **« autre que celles mentionnées au second alinéa de l'article L. 341-15 » se livrant à l'activité de démarchage bancaire ou financier, de recevoir des personnes démarchées des espèces,** *(Mots aj., L. n° 2019-486, 22 mai 2019)* **« des actifs numériques, » des effets de commerce, des valeurs ou chèques au porteur ou à son nom ou tout** *(Mot rempl., Ord. n° 2005-429, 6 mai 2005)* **« paiement » par un autre moyen.**

Art. L. 353-3 *(Rempl., L. n° 2003-706, 1er août 2003).* **– Les personnes physiques coupables de l'un des délits mentionnés aux articles L. 353-1 et L. 353-2 encourent également les peines complémentaires suivantes :**

1° L'interdiction des droits civiques, civils et de famille, suivant les modalités prévues par l'article 131-26 du Code pénal ;

2° L'interdiction, suivant les modalités prévues par l'article 131-27 du Code pénal, d'exercer une fonction publique ou d'exercer une activité professionnelle ou sociale dans l'exercice ou à l'occasion de laquelle l'infraction a été commise, pour une durée de cinq ans au plus ;

3° L'affichage ou la diffusion de la décision prononcée, dans les conditions prévues par l'article 131-35 du Code pénal.

Art. L. 353-4 *(Rempl., L. n° 2003-706, 1er août 2003 ; mod., L. n° 2009-526, 12 mai 2009).* **– Les personnes morales déclarées responsables pénalement, dans les conditions prévues par l'article 121-2 du Code pénal, des infractions définies aux articles L. 353-1 et L. 353-2 encourent, outre l'amende suivant les modalités prévues par l'article 131-38 du Code pénal, les peines prévues par l'article 131-39 du même code.**

L'interdiction mentionnée au 2° de ce même article porte sur l'activité dans l'exercice ou à l'occasion de l'exercice de laquelle l'infraction a été commise.

Art. L. 353-5 *(Rempl., L. n° 2003-706, 1er août 2003 ; mod., Ord. n° 2016-301, 14 mars 2016).* **– Les agents mentionnés aux articles L. 511-3 et L. 511-21 du Code de la consommation sont habilités à rechercher et constater les infractions prévues aux articles L. 353-1 et L. 353-2 du présent code, dans les conditions prévues à l'article L. 511-5 du Code de la consommation.**

Voir : C. monét. fin., art. D. 341-1 à D. 341-8, p. 1235.

Annexe, V. Formulaire relatif au délai de rétractation prévu par l'article L. 341-16 du Code monétaire et financier (*JO* 29 sept. 2004).

Partie réglementaire

Art. R. 353-1 *(D. n° 2005-1450, 25 nov. 2005 ; mod., D. n° 2018-229, 30 mars 2018).* **– Est puni de la peine d'amende prévue pour les contraventions de la cinquième classe le fait pour toute personne se livrant à l'activité de démarchage bancaire et financier telle que définie à l'article L. 341-1, à l'exception des cas mentionnés au septième alinéa de cet article, de ne pas fournir à la personne démarchée les informations mentionnées aux 1°, 2°, 3° et 5° de l'article R. 341-16 et celles mentionnées au 7° de l'article L. 341-12, ou de les lui communiquer sans faire apparaître de manière claire le caractère commercial de sa démarche.**

Partie législative

LIVRE QUATRIÈME. – LES MARCHÉS
(extraits du Livre quatrième)

TITRE PREMIER. – OPÉRATIONS

CHAPITRE I. – DÉFINITIONS ET CHAMP D'APPLICATION

Bibliographie : Th. Bonneau, *Commentaire de l'ordonnance n° 2009-80 du 22 janvier 2009 relative à l'appel public à l'épargne et portant diverses dispositions en matière financière : JCP* E 2009, 1165 ; *Dr. sociétés* 2009, n° 3, étude 6. • B. Bréhier et H. Boucheta, *La réforme de l'appel public à l'épargne : JCP* E 2009, 1191. • Th. Granier, *La réforme de l'appel public à l'épargne par l'ordonnance n° 2009-80 du 22 janvier 2009 : RD bancaire et fin.* 2009, n° 2, étude 10.

Bibliographie antérieure à l'ordonnance n° 2009-80 du 22 janvier 2009. H. Brandford-Griffith et L. Sable, *La réforme de l'appel public à l'épargne : Banque et droit* mars-avr. 1999, p. 22. • B. François, *Vers une nouvelle définition de l'appel public à l'épargne : D.* 2004, p. 1652. • Th. Granier, *La notion d'appel public à l'épargne : Rev. sociétés* 1992, p. 687. • F. Peltier, *Sociétés commerciales et appel public à l'épargne : LPA* 1992, n° 52, p. 19. • S. Peronne et S. Robineau, *La nouvelle notion d'appel public à l'épargne : Rev. sociétés* 1999, p. 33. • J.-P. Sortais, *Observations à propos de la définition des sociétés faisant appel public à l'épargne : JCP* G 1968, I, 2194.

Art. L. 411-1 *(Rempl., Ord. n° 2009-80, 22 janv. 2009).* – L'offre au public de titres financiers est constituée par l'une des opérations suivantes :

1. Une communication adressée sous quelque forme et par quelque moyen que ce soit à des personnes et présentant une information suffisante sur les conditions de l'offre et sur les titres à offrir, de manière à mettre un investisseur en mesure de décider d'acheter ou de souscrire ces titres financiers ;
2. Un placement de titres financiers par des intermédiaires financiers.

Voir : Règl. AMF, 12 oct. 2004, art. 211-1 et s.

Art. L. 411-2 *(Rempl., L. n° 2005-842, 26 juill. 2005 ; mod., L. n° 2006-1770, 30 déc. 2006 ; Ord. n° 2008-1081, 23 oct. 2008 ; D. n° 2008-1077, 23 oct. 2008 ; Ord. n° 2009-15, 8 janv. 2009 ; rempl., Ord. n° 2009-80, 22 janv. 2009 ; mod., Ord. n° 2013-676, 25 juill. 2013 ; Ord. n° 2014-559, 30 mai 2014).* – I. – Ne constitue pas une offre au public au sens de l'article L. 411-1 l'offre qui porte sur des titres financiers mentionnés au 1 ou au 2 du II de l'article L. 211-1, lorsqu'elle porte sur des titres que l'émetteur est autorisé à offrir au public et :

1. *(1 mod., L. n° 2019-486, 22 mai 2019)* Dont le montant total est inférieur à un montant fixé par le règlement général de l'Autorité des marchés financiers. Le montant total de l'offre est calculé sur une période de douze mois dans des conditions fixées par le règlement général ;
2. Ou lorsque les bénéficiaires de l'offre acquièrent ces titres financiers pour un montant total par investisseur et par offre distincte supérieur à un montant fixé par le règlement général de l'Autorité des marchés financiers ;
3. Ou lorsque la valeur nominale de chacun de ces titres financiers est supérieure à un montant fixé par le règlement général de l'Autorité des marchés financiers.

I *bis*. – Ne constitue pas une offre au public au sens de l'article L. 411-1 l'offre :

1° Qui porte sur des titres financiers mentionnés au 1 ou au 2 du II de l'article L. 211-1 qui ne sont pas admis aux négociations sur un marché réglementé ou un système multilatéral de négociation ;

2° Et qui est proposée par l'intermédiaire d'un prestataire de services d'investissement ou d'un conseiller en investissements participatifs au moyen d'un site internet remplissant les caractéristiques fixées par le règlement général de l'Autorité des marchés financiers ;

3° Et dont le montant total est inférieur à un montant fixé par décret. Le montant total de l'offre est calculé sur une période de douze mois dans des conditions fixées par le règlement général de l'Autorité des marchés financiers.

La société qui procède à l'offre ne peut se prévaloir des dispositions de l'article L. 232-25 du Code de commerce. Lorsque la société qui procède à l'offre a pour objet de détenir et de gérer des participations dans une autre société, la société dans laquelle elle détient des participations ne peut pas se prévaloir de cette même disposition.

II. – Ne constitue pas une offre au public au sens de l'article L. 411-1 l'offre qui s'adresse exclusivement :

1. Aux personnes fournissant le service d'investissement de gestion de portefeuille pour compte de tiers ;
2. À des investisseurs qualifiés ou à un cercle restreint d'investisseurs, sous réserve que ces investisseurs agissent pour compte propre.

Un investisseur qualifié est une personne ou une entité disposant des compétences et des moyens nécessaires pour appréhender les risques inhérents aux opérations sur instruments financiers. La liste des catégories d'investisseurs reconnus comme qualifiés est fixée par décret.

Un cercle restreint d'investisseurs est composé de personnes, autres que des investisseurs qualifiés, dont le nombre est inférieur à un seuil fixé par décret.

Voir : C. monét. fin., art. D. 411-1 et D. 411-2, p. 1244 et Règl. gén. AMF, 12 oct. 2004, art. 211-2, p. 1242.

Bibliographie : E. Bernard et F. Peltier, *L'investisseur qualifié : la frontière de l'ordre public de protection et du droit des marchés financiers : RD bancaire et fin.* 1998, p. 158. • Th. Bonneau, *Le régime de l'appel public à l'épargne est modifié pour des raisons diverses et non homogènes (note sous L. n° 2005-842 du 26 juillet 2005 pour la confiance et la modernisation de l'économie, art. 25 et 26) : Dr. sociétés* août-sept. 2005, 163, p. 25. • P. Clermontel et B. Dornic, *L'émergence d'une notion autonome de placement privé : RD bancaire et fin.* 1999, p. 203. • M.-J. Experton, *L'investisseur qualifié : Bull. Joly Bourse* 1999, § 42, p. 140. • L. Faugérolas et O. d'Ormesson, *Placement privé des valeurs mobilières : BJS* 1992, p. 711. • T. Granier, *Les avantages et les inconvénients de la qualité d'investisseurs qualifiés : Dr. sociétés* nov. 2000, actes prat., p. 26. • H. Hovasse, *Investisseurs qualifiés et cercle restreint d'investisseurs : RD bancaire et fin.* 1998, p. 191. • V. Tandeau de Marsac, *Les règles de l'appel public à l'épargne sont-elles susceptibles de s'appliquer aux stock-options ? : BJS* 2001, p. 244.

Règlement général de l'Autorité des marchés financiers du 12 octobre 2004
(Règlement homologué, A. 23 févr. 2004 ; A. 12 oct. 2004 ; A. 12 nov. 2004)

Art. 211-2 *(Mod. à compter du 21 juillet 2018, A. 11 juill. 2018)*. **–** I. - Au sens du I de l'article L. 411-2 du Code monétaire et financier, ne constitue pas une offre au public une offre de titres financiers présentant l'une des caractéristiques suivantes :

1° Son montant total en France et dans l'Union est inférieur à 8 000 000 euros ou à la contre-valeur de ce montant en devises ;

(2° abr.) ;

3° Elle est adressée à des investisseurs qui acquièrent les titres financiers qui font l'objet de l'offre pour un montant total d'au moins 100 000 euros ou la contre-valeur de ce montant en devises par investisseur et par offre distincte ;

4° Elle porte sur des titres financiers dont la valeur nominale s'élève au moins à 100 000 euros ou à la contre-valeur de ce montant en devises.

II. - Le montant total de l'offre mentionnée au 1° du I ainsi que le montant prévu au I *bis* de l'article L. 411-2 du Code monétaire et financier sont calculés sur une période de douze mois qui suit la date de la première offre. Le montant total de ces offres est inférieur à 8 000 000 euros calculé sur une période de douze mois.

Art. 211-3 *(Anc. art. 211-4, mod., A. 2 avr. 2009)*. **–** Toute personne ou toute entité qui procède à une offre mentionnée à l'article L. 411-2 du Code monétaire et financier informe les investisseurs participant à cette offre :

1° Que l'offre ne donne pas lieu à un prospectus soumis au visa de l'AMF ;

2° Que les personnes ou entités mentionnées au 2° du II de l'article L. 411-2 du Code monétaire et financier ne peuvent participer à cette offre que pour compte propre dans les conditions fixées par les articles D. 411-1, D. 411-2, D. 734-1, D. 744-1, D. 754-1 et D. 764-1 du Code monétaire et financier ;

3° Que la diffusion, directe ou indirecte, dans le public des instruments financiers ainsi acquis ne peut être réalisée que dans les conditions prévues aux articles L. 411-1, L. 411-2, L. 412-1 et L. 621-8 à L. 621-8-3 du Code monétaire et financier.

Art. L. 411-3 *(Rempl., Ord. n° 2009-80, 22 janv. 2009 ; mod., Ord. n° 2012-1240, 8 nov. 2012 ; Ord. n° 2013-676, 25 juill. 2013)*. **– Ne sont pas soumises aux dispositions du présent titre l'offre ou l'admission aux négociations sur un marché réglementé :**

1. De titres financiers inconditionnellement et irrévocablement garantis ou émis par un État membre de l'Union européenne ou par un État partie à l'accord sur l'Espace économique européen ;

2. De titres financiers émis par un organisme international à caractère public dont la France fait partie ;

3. De titres financiers émis par la Banque centrale européenne ou la banque centrale d'un État partie à l'accord sur l'Espace économique européen ;

4. De titres financiers émis par un OPCVM ou un FIA relevant des paragraphes 1, 2, 3 et 6 de la sous-section 2, *(Mots rempl., L. n° 2019-486, 22 mai 2019)* **« des sous-sections 3 et 4 et du paragraphe 4 de la sous-section 5 » de la section 2 du chapitre IV du titre Ier du livre II ;**

5. De titres de créances négociables d'une durée inférieure ou égale à un an ;

6. De titres financiers, autres que des titres de capital, émis d'une manière continue ou répétée par un établissement de crédit, lorsque le montant total de l'offre dans l'Union européenne est inférieur à un montant fixé par le règlement général de l'Autorité des marchés financiers, ce montant étant calculé sur une période de douze mois, pour autant que ces titres financiers :

a) **Ne soient pas subordonnés, convertibles ou échangeables ;**

b) **Ne confèrent pas le droit de souscrire ou d'acquérir d'autres types de titres financiers et ne soient pas liés à un contrat financier.**

Art. L. 411-4 *(Rempl., Ord. n° 2009-80, 22 janv. 2009)*. **– Pour l'application des dispositions du Code pénal et de l'ordonnance n° 45-2138 du 19 septembre 1945 portant institution de l'ordre des experts-comptables et réglementant le titre et la profession d'expert-comptable, les personnes morales ou les sociétés procédant à des opérations mentionnées au I de l'article L. 411-2 sont réputées procéder à une offre au public au sens de l'article L. 411-1.**

CHAPITRE II. – DISPOSITIONS GÉNÉRALES

Section I. – Obligations de publicité

Art. L. 412-1 *(Mod., L. n° 2001-1168, 11 déc. 2001 ; rempl., L. n° 2005-842, 26 juill. 2005 ; Ord. n° 2009-80, 22 janv. 2009 ; mod., L. n° 2016-1691, 9 déc. 2016).* – I. – Sans préjudice des autres dispositions qui leur sont applicables, les personnes ou les entités qui procèdent à une offre au public de titres financiers ou à une admission de titres financiers aux négociations sur un marché réglementé doivent, au préalable, publier et tenir à la disposition de toute personne intéressée un document destiné à l'information du public, portant sur le contenu et les modalités de l'opération qui en fait l'objet, ainsi que sur l'organisation, la situation financière et l'évolution de l'activité de l'émetteur et des garants éventuels des titres financiers qui font l'objet de l'opération, dans des conditions prévues par le règlement général de l'Autorité des marchés financiers. Ce document est rédigé en français ou, dans les cas définis par le même règlement général, dans une autre langue usuelle en matière financière. Il comprend un résumé et doit être accompagné, le cas échéant, d'une traduction du résumé en français, sauf si l'opération est une admission aux négociations sur un marché réglementé sans offre au public au sens de l'article L. 411-1.

Aucune action en responsabilité civile ne peut être intentée sur le fondement du seul résumé, y compris sa traduction, sauf si son contenu est trompeur, inexact ou contradictoire par rapport aux informations contenues dans les autres parties du document mentionné au premier alinéa, ou s'il ne fournit pas, lu en combinaison avec les autres parties du document mentionné au premier alinéa, les informations essentielles permettant d'aider les investisseurs lorsqu'ils envisagent d'investir dans ces titres financiers. Le résumé comprend un avertissement clair à cet effet.

Le règlement général de l'Autorité des marchés financiers fixe les conditions dans lesquelles les offres au public de titres financiers ou les admissions de titres financiers aux négociations sur un marché réglementé qui ne justifient pas une information du public à raison soit de leur nature ou de leur volume, soit de la nature de l'émetteur ou des investisseurs visés, soit de la nature ou de la valeur nominale des instruments financiers concernés, sont dispensées de l'établissement de tout ou partie du document mentionné au premier alinéa.

II. – Le règlement général fixe également les conditions dans lesquelles il est procédé à l'information du public lorsque des titres financiers sont admis aux négociations sur un marché réglementé ou sur un système multilatéral de négociation soumis aux dispositions du II de l'article L. 433-3.

Le règlement général peut tenir compte du fait que les titres financiers sont négociés ou non sur un marché d'instruments financiers autre qu'un marché réglementé et, le cas échéant, des caractéristiques de celui-ci. Il peut prévoir que certaines règles ne sont applicables qu'à certains marchés d'instruments financiers, à la demande de la personne qui les gère.

III *(III créé, L. n° 2019-486, 22 mai 2019).* – Les personnes ou les entités qui procèdent à une offre de titres financiers mentionnée au 1 du I de l'article L. 411-2, à une offre de ce type portant sur des parts sociales dans les conditions prévues à l'article 11 de la loi n° 47-1775 du 10 septembre 1947 portant statut de la coopération ou à une autre offre définie à l'article L. 411-2 du présent code et proposée par l'intermédiaire d'un prestataire de services d'investissement ou d'un conseiller en investissements participatifs au moyen d'un site internet remplissant les caractéristiques fixées par le règlement général de l'Autorité des marchés financiers doivent, au préalable, publier et tenir à la disposition de toute personne intéressée un document synthétique destiné à l'information du public et présentant les caractéristiques de l'opération et de l'émetteur, dans les cas et selon les modalités précisés par le règlement général de l'Autorité des marchés financiers.

Ce règlement général détermine les cas et modalités de dépôt auprès de l'Autorité des marchés financiers, préalablement à sa diffusion, du document établi lors d'une offre mentionnée au 1 du I dudit article L. 411-2.

Section II. – Interdictions et sanctions

Art. L. 412-2 *(Rempl., Ord. n° 2009-80, 22 janv. 2009).* – Les interdictions d'émettre des valeurs mobilières, de procéder à une offre au public de titres financiers ou de faire admettre des titres sur un marché réglementé sont édictées par les articles L. 223-11, L. 227-2, et le premier alinéa des articles L. 228-39 et L. 252-10 du Code de commerce.

Art. L. 412-3 *(Rempl., Ord. n° 2009-80, 22 janv. 2009).* – Les manquements aux interdictions édictées aux articles du Code de commerce cités à l'article L. 412-2 sont sanctionnés par la nullité des contrats conclus ou des titres financiers émis.

Art. L. 412-4 *(Implicitement abr., Ord. n° 2009-80, 22 janv. 2009).*

Partie réglementaire

Art. D. 411-1 *(Rempl., D. n° 2006-557, 16 mai 2006 ; D. n° 2007-904, 15 mai 2007 ; D. n° 2012-1243, 8 nov. 2012).* – Ont la qualité d'investisseurs qualifiés au sens du II de l'article L. 411-2 lorsqu'ils agissent pour compte propre :

1° Les clients professionnels au sens de l'article L. 533-16 ;

2° Les contreparties éligibles, au sens de l'article L. 533-20.

Bibliographie : S. Saint-Pé et J. Herbet, *Refonte du placement privé à la française et modification de la notion d'investisseur qualifié : des zones floues pour les investisseurs comme pour les gérants : Bull. Joly Bourse* 2013, § 47, p. 141.

Voir : Règl. AMF, 12 oct. 2004, art. 211-2-1.

Art. D. 411-2 *(D. n° 2014-1053, 16 sept. 2014 ; mod., D. n° 2016-1453, 28 oct. 2016).* – Le seuil mentionné au I *bis* de l'article L. 411-2 est fixé à 2,5 millions d'euros.

Les offres excédant le montant d'un million d'euros ne peuvent pas porter sur des titres de capital qui représentent plus de 50 % du capital de l'émetteur. Cette limite de 50 % ne s'applique pas à l'offre d'un émetteur ayant pour objet de détenir et de gérer des participations dans une autre société, lorsque ces participations n'excèdent pas 50 % du capital de celle-ci.

Art. D. 411-3 *(Abr., D. n° 2012-1243, 8 nov. 2012).*

Art. D. 411-4 *(D. n° 2006-557, 16 mai 2006).* – Le seuil mentionné au dernier alinéa du II de l'article L. 411-2 est fixé à *(Seuil rempl., D. n° 2012-1243, 8 nov. 2012)* « 150 ».

Partie législative

TITRE II. – LES PLATES-FORMES DE NÉGOCIATION

(Intitulé rempl., Ord. n° 2007-544, 12 avr. 2007)

CHAPITRE PRÉLIMINAIRE. – DISPOSITIONS COMMUNES

Section I. – Définitions

Art. L. 420-1 *(Ord. n° 2016-827, 23 juin 2016 ; mod., Ord. n° 2017-1107, 22 juin 2017).* – I. – Une plate-forme de négociation est un marché réglementé au sens de l'article L. 421-1, un système multilatéral de négociation au sens de l'article L. 424-1 ou un système organisé de négociation au sens de l'article L. 425-1.

Un gestionnaire de plate-forme de négociation est une entreprise de marché ou un prestataire de services d'investissement autre qu'une société de gestion de portefeuille agréé pour fournir les services d'investissement mentionnés aux 8 et 9 de l'article L. 321-1.

Un membre d'une plate-forme de négociation est un membre d'un marché réglementé ou d'un système multilatéral de négociation ou un client d'un système organisé de négociation.

Un accès électronique direct est un mécanisme par lequel une personne, l'utilisateur, transmet électroniquement et directement à une plate-forme de négociation des ordres relatifs à un instrument financier en utilisant le code de négociation d'un membre. Ce mécanisme peut consister en :

a) L'accès direct au marché par recours à l'infrastructure du membre ou de tout système de connexion fourni par ce dernier pour transmettre les ordres ;

b) L'accès parrainé sans utilisation de l'infrastructure du membre.

Un système multilatéral est un système ou un dispositif au sein duquel de multiples intérêts acheteurs et vendeurs exprimés par des tiers pour des instruments financiers peuvent interagir. Tout système multilatéral fonctionne conformément aux dispositions du chapitre Ier, du chapitre IV ou du chapitre V du présent titre.

II. – Au sens du présent titre et pour l'application des dispositions relatives aux plates-formes de négociation l'expression : « instrument financier » désigne les instruments financiers au sens de l'article L. 211-1 du présent code et les unités mentionnées à l'article L. 229-7 du Code de l'environnement.

Section II. – Interdiction de négociation pour compte propre

Art. L. 420-2 *(Ord. n° 2016-827, 23 juin 2016)*. – Le gestionnaire d'une plate-forme de négociation n'engage pas ses propres capitaux ni ne négocie par appariement avec interposition de son compte propre sur les plates-formes qu'il gère.

La négociation par appariement avec interposition du compte propre est un mode de transaction dans lequel une personne, le facilitateur, agit en tant qu'intermédiaire entre l'acheteur et le vendeur participant à la transaction, de façon à ce qu'il n'y ait aucune exposition au risque de marché pendant toute la durée de l'exécution de la transaction, les deux volets étant exécutés simultanément, et la transaction étant conclue à un prix grâce auquel le facilitateur n'enregistre ni perte ni gain, hormis des commissions, des honoraires ou des dédommagements communiqués au préalable.

Section III. – Exigences organisationnelles

Art. L. 420-3 *(Ord. n° 2017-1107, 22 juin 2017)*. – I. – Le gestionnaire d'une plate-forme de négociation met en place des systèmes, des procédures et des mécanismes efficaces assurant que ses systèmes de négociation sont résilients, possèdent une capacité suffisante de gestion de volumes élevés d'ordres et de messages et permettent un processus de négociation ordonné en période de tension sur les marchés. Ces systèmes de négociation sont soumis à des tests afin de confirmer que ces conditions sont réunies dans des situations d'extrême volatilité des marchés. Le gestionnaire d'une plate-forme de négociation met en place des mécanismes assurant la continuité des activités en cas de défaillance imprévue de ses systèmes de négociation.

II. – Le gestionnaire d'une plate-forme de négociation met en place des systèmes, des procédures et des mécanismes efficaces permettant de rejeter les ordres dépassant des seuils de volume et de prix qu'il a préalablement établis ou les ordres manifestement erronés, de suspendre ou de limiter temporairement la négociation en cas de fluctuation importante du prix d'un instrument financier sur le marché ou un marché lié et, dans des cas exceptionnels, d'annuler, de modifier ou de corriger des transactions. Le gestionnaire d'une plate-forme de négociation veille à ce que les paramètres de suspension de la négociation soient calibrés de façon à tenir compte de la liquidité des différentes catégories et sous-catégories d'actifs, de la nature du modèle de marché et des catégories d'utilisateurs et soient suffisants pour éviter des dysfonctionnements importants perturbant le bon fonctionnement de la négociation.

Le gestionnaire d'une plate-forme de négociation notifie à l'Autorité des marchés financiers les paramètres de suspension de la négociation, ainsi que tout changement notable apporté à ces paramètres, d'une manière cohérente et permettant les comparaisons.

Le gestionnaire d'une plate-forme de négociation significative en termes de liquidité pour un instrument financier donné qui suspend la négociation de cet instrument dispose des systèmes et procédures nécessaires pour en informer l'Autorité des marchés financiers. Une plate-forme de négociation est considérée comme étant le marché significatif en termes de liquidité pour un instrument donné par application des dispositions du règlement délégué (UE) 2017/570 de la Commission du 26 mai 2016 complétant la directive 2014/65/UE du Parlement européen et du Conseil concernant les marchés d'instruments financiers par des normes techniques de réglementation relatives à la détermination d'un marché significatif en termes de liquidité en lien avec les notifications des suspensions temporaires de négociation. L'Autorité des marchés financiers détermine, en coordination avec les autres autorités compétentes, s'il convient d'étendre la suspension sur d'autres plates-formes jusqu'à la reprise de la négociation sur la plate-forme de négociation significative en termes de liquidité pour l'instrument financier concerné.

III. – Le gestionnaire d'une plate-forme de négociation met en place des systèmes, des procédures et des mécanismes efficaces, notamment en exigeant des personnes utilisant des systèmes de négociation algorithmique qu'elles procèdent à des tests appropriés d'algorithmes et disposent d'environnements de tests, afin de s'assurer que les systèmes de négociation algorithmique ne créent pas ou ne contribuent pas à des conditions de négociation de nature à perturber le bon ordre du marché, et afin de gérer les conditions de négociation de nature à perturber le bon ordre du marché qui découlent de ces systèmes de négociation algorithmique.

Ces systèmes permettent également de limiter la proportion d'ordres non exécutés par rapport aux transactions réalisées sur la plate-forme par un membre de la plate-forme de négociation, de ralentir le flux d'ordres si la plate-forme risque d'atteindre sa capacité maximale, d'établir un pas de cotation minimal sur le marché et de veiller à son respect.

Le gestionnaire d'une plate-forme de négociation est en mesure d'identifier, au moyen d'un marquage effectué par ses membres, les ordres générés par des systèmes de négociation algorithmique à haute fréquence, les différents algorithmes utilisés pour la création d'ordres et les personnes initiant ces ordres.

IV. – Le gestionnaire d'une plate-forme de négociation permettant la fourniture d'un accès électronique direct :

1° Met en place des systèmes, des procédures et des mécanismes efficaces pour s'assurer que :

a) Ses membres ne sont autorisés à fournir un tel accès que s'ils ont la qualité d'entreprise d'investissement ou d'établissement de crédit ;

b) Des critères appropriés sont appliqués pour déterminer l'adéquation des personnes auxquelles cet accès peut être fourni ;

c) Ses membres restent responsables des ordres soumis et des transactions exécutées au moyen de cet accès en ce qui concerne les exigences prévues à l'article L. 533-10-8 ;

2° Établit des normes appropriées concernant les contrôles des risques et les seuils de négociation applicables à la négociation au moyen d'un tel accès ;

3° Est en mesure de distinguer les ordres soumis ou transactions exécutées par une personne utilisant un accès électronique direct des autres ordres soumis ou transactions exécutées par le membre qui fournit l'accès et, si nécessaire, de les bloquer ;

4° Dispose de mécanismes permettant de suspendre ou de mettre fin à l'accès électronique direct fourni par un membre à un utilisateur en cas de non-respect des dispositions des 1° à 3° du présent IV.

V. – Le gestionnaire d'une plate-forme de négociation qui effectue des déclarations pour le compte d'un prestataire de services d'investissement autre qu'une société de gestion de portefeuille dispose de mécanismes de sécurité efficaces pour garantir la sécurité et l'authentification des moyens de transfert d'informations, réduire au minimum le risque d'altération des données et d'accès non autorisé et empêcher les fuites d'informations en préservant la confidentialité des données à tout moment. Pour effectuer ces déclarations, le gestionnaire d'une plate-forme de négociation doit disposer à tout moment des ressources et des mécanismes de sauvegarde suffisants.

Art. L. 420-4 *(Ord. n° 2017-1107, 22 juin 2017).* – I. – Le gestionnaire d'une plate-forme de négociation conclut des contrats écrits avec tous les prestataires de services d'investissement autres que des sociétés de gestion de portefeuille qui appliquent une stratégie de tenue de marché, au sens du 3° de l'article L. 533-10-3, sur la plate-forme de négociation et met en place des dispositifs assurant qu'un nombre suffisant de prestataires de services d'investissement concluent ces contrats. Ces contrats exigent de ces prestataires de services d'investissement, lorsque cela est adapté à la nature et à la taille des négociations sur cette plate-forme de négociation, qu'ils affichent des prix fermes et compétitifs à l'achat et à la vente avec pour résultat d'apporter de la liquidité au marché de manière régulière et prévisible.

II. – Le contrat mentionné au I précise les obligations du prestataire de services d'investissement en matière d'apport de liquidité et, le cas échéant, toute autre obligation découlant de sa participation aux dispositifs mentionnés au I. Ce contrat précise également toute incitation, sous forme de rabais ou sous une autre forme, proposée par le gestionnaire d'une plate-forme de négociation au prestataire de services d'investissement afin d'apporter de la liquidité au marché de manière régulière et prévisible et, le cas échéant, tout autre droit qu'acquiert le prestataire de services d'investissement en raison de sa participation aux dispositifs mentionnés au I.

Le gestionnaire d'une plate-forme de négociation veille à ce que le prestataire de services d'investissement se conforme aux exigences de ce contrat. Il informe l'Autorité des marchés financiers du contenu de ce contrat.

Art. L. 420-5 *(Ord. n° 2017-1107, 22 juin 2017).* – Le gestionnaire d'une plate-forme de négociation veille à ce que ses règles en matière de services de colocalisation soient transparentes, équitables et non discriminatoires, conformément aux dispositions du règlement délégué (UE) 2017/573 de la Commission du 6 juin 2016 complétant la directive 2014/65/UE du Parlement européen et du Conseil concernant les marchés d'instruments financiers par des normes techniques de réglementation en ce qui concerne les exigences à respecter pour garantir que les services de colocalisation et les structures tarifaires sont équitables et non discriminatoires.

Art. L. 420-6 *(Ord. n° 2016-827, 23 juin 2016).* – I. – Le gestionnaire d'une plate-forme de négociation veille à ce que ses structures tarifaires, y compris les frais d'exécution, les frais accessoires et les rabais éventuels, soient transparentes, équitables et non discriminatoires et à ce qu'elles ne créent pas d'incitations à soumettre, modifier ou annuler des ordres ou à exécuter des transactions d'une façon qui contribue à des conditions de négociation de nature à perturber le bon ordre du marché ou conduit à des abus de marché. À cette fin, les tarifs pour les ordres annulés peuvent être adaptés en fonction de la durée pendant laquelle les ordres sont exécutables et calibrés en fonction de l'instrument financier concerné.

Le gestionnaire impose à ses membres des obligations de tenue de marché sur les actions individuelles ou sur un panier adapté d'actions en échange de tout rabais octroyé.

II. – Le gestionnaire d'une plate-forme de négociation peut appliquer des tarifs plus élevés pour soumettre un ordre qui est ensuite annulé plutôt qu'un ordre qui est exécuté, et appliquer des tarifs plus élevés aux membres qui soumettent une proportion élevée d'ordres annulés par rapport aux ordres exécutés et à ceux qui recourent à la négociation algorithmique à haute fréquence, afin de refléter la charge supplémentaire que cela représente sur la capacité du système.

Art. L. 420-7 *(Ord. n° 2016-827, 23 juin 2016).* – Le gestionnaire d'une plate-forme de négociation met à la disposition de l'Autorité des marchés financiers, à sa demande, les données relatives au carnet d'ordres ou lui permet d'accéder au carnet d'ordres afin qu'elle puisse suivre les transactions.

Art. L. 420-8 *(Ord. n° 2017-1107, 22 juin 2017).* – I. – Le gestionnaire d'une plate-forme de négociation met en œuvre des régimes de pas de cotation pour les actions, certificats représentatifs, fonds cotés, certificats préférentiels et les autres instruments financiers similaires, ainsi que pour tout autre instrument conformément aux dispositions du règlement délégué (UE) 2017/588 de la Commission du 14 juillet 2016 complétant la directive 2014/65/UE du Parlement européen et du Conseil concernant les marchés d'instruments financiers par des normes techniques de réglementation concernant le régime de pas de cotation pour les actions, les certificats représentatifs et les fonds cotés.

Ces régimes de pas de cotation sont calibrés pour refléter le profil de liquidité de l'instrument financier et l'écart moyen de cotation, tout en veillant au maintien de prix raisonnablement stables sans contraindre de manière excessive la réduction progressive de l'écart, et sont adaptés à chaque instrument financier.

II. – Au sens du présent article :

1° L'expression : « certificat représentatif » désigne un titre négociable qui matérialise la propriété de titres d'un émetteur étranger, et qui est admissible à la négociation sur un marché réglementé et peut se négocier indépendamment des titres de cet émetteur ;

2° L'expression : « fonds coté » désigne un fonds dont au moins une catégorie de parts ou d'actions est négociée pendant toute la journée sur au moins une plate-forme de négociation et avec au moins un teneur de marché qui intervient pour garantir que le prix de ses parts ou actions sur la plate-forme de négociation ne s'écarte pas sensiblement de leur valeur liquidative et, le cas échéant, de leur valeur liquidative indicative.

Section IV. – Contrôle du respect des règles de la plate-forme de négociation et des autres obligations

Art. L. 420-9 *(Ord. n° 2016-827, 23 juin 2016).* – I. – Le gestionnaire d'une plate-forme de négociation instaure et maintient des dispositions et procédures, y compris les ressources nécessaires, en vue de contrôler de façon régulière que ses membres respectent les règles de la plate-forme de négociation et en vue de surveiller le bon déroulement des transactions effectuées sur celle-ci. Il surveille les ordres transmis, y compris les annulations, et les transactions effectuées par les membres sur la plate-forme de négociation, en vue de détecter tout manquement à ces règles, toute condition de négociation de nature à perturber le bon ordre du marché et toute conduite potentiellement révélatrice d'un comportement interdit en vertu du règlement (UE) n° 596/2014 du Parlement européen et du Conseil du 16 avril 2014 sur les abus de marché ou tout dysfonctionnement du système lié à un instrument financier.

II. – Le gestionnaire d'une plate-forme de négociation signale immédiatement à l'Autorité des marchés financiers tout manquement significatif aux règles de la plate-forme, toute condition de négociation de nature à perturber le bon ordre du marché et toute conduite potentiellement révélatrice d'un comportement interdit en vertu du règlement (UE) n° 596/2014 précité ou tout dysfonctionnement du système lié à un instrument financier.

III. – Le gestionnaire de la plate-forme de négociation communique sans délai à l'autorité habilitée à instruire et poursuivre les infractions mentionnées au II toute information pertinente et utile concernant ces manquements. Il lui prête toute l'aide nécessaire pour instruire et poursuivre les manquements commis sur la plate-forme de négociation ou par l'intermédiaire de ses systèmes.

Section V. – Suspension et radiation des instruments financiers

Art. L. 420-10 *(Ord. n° 2016-827, 23 juin 2016 ; mod., Ord. n° 2017-1107, 22 juin 2017)*. – I. – Le gestionnaire d'une plate-forme de négociation peut suspendre, pour une durée déterminée, ou radier de la négociation un instrument financier, lorsque cet instrument ou les conditions de sa négociation n'obéissent plus aux règles de la plate-forme, sauf si une telle mesure est susceptible de léser d'une manière significative les intérêts des investisseurs ou de compromettre le fonctionnement ordonné de la plate-forme.

L'émetteur d'un instrument financier admis sur une plate-forme de négociation peut en demander la suspension auprès du gestionnaire afin de pouvoir informer le public dans des conditions satisfaisantes.

La suspension ou la radiation de la négociation d'un instrument financier peuvent également être requises auprès du gestionnaire d'une plate-forme de négociation par le président de l'Autorité des marchés financiers.

Un gestionnaire d'une plate-forme de négociation qui suspend ou radie de la négociation un instrument financier, suspend ou radie également de la négociation les contrats financiers qui y sont liés ou y font référence lorsque cela est nécessaire pour atteindre les objectifs de la suspension ou de la radiation de l'instrument financier.

Les décisions de suspension ou de radiation d'un instrument financier des négociations sont rendues publiques par la personne qui les a prises. Lorsqu'une décision de suspension ou de radiation est prise par le gestionnaire d'une plate-forme de négociation, celui-ci en informe l'Autorité des marchés financiers en précisant si cette mesure résulte d'une suspicion d'abus de marché, d'une offre publique d'acquisition ou de la non-communication d'informations privilégiées relatives à l'émetteur ou à l'instrument financier en violation des articles 7 et 17 du règlement (UE) n° 596/2014 du Parlement européen et du Conseil du 16 avril 2014 sur les abus de marché.

L'Autorité des marchés financiers exige des autres plates-formes de négociation et des internalisateurs systématiques qui négocient les instruments financiers faisant l'objet d'une décision de suspension ou de radiation qu'ils les suspendent ou les radient de la négociation ainsi que les contrats financiers qui y sont liés ou y font référence lorsque la suspension ou la radiation résulte d'un abus de marché suspecté, d'une offre publique d'acquisition ou de la non-communication d'informations privilégiées relatives à l'émetteur ou à l'instrument financier en violation des articles 7 et 17 du règlement (UE) n° 596/2014 du Parlement européen et du Conseil du 16 avril 2014 sur les abus de marché, sauf dans les situations où les intérêts des investisseurs ou le fonctionnement ordonné du marché pourraient être affectés d'une manière significative par une telle mesure.

II. – Dès que l'Autorité des marchés financiers est informée par une autorité compétente d'un autre État membre de l'Union européenne ou partie à l'accord sur l'Espace économique européen d'une décision de suspension ou de radiation des négociations d'un instrument financier sur une plate-forme de négociation résultant d'un abus de marché suspecté, d'une offre publique d'acquisition ou de la non-communication d'informations privilégiées relatives à l'émetteur ou à l'instrument financier en violation des articles 7 et 17 du règlement (UE) n° 596/2014 du Parlement européen et du Conseil du 16 avril 2014 sur les abus de marché, elle exige des plates-formes de négociation et des internalisateurs systématiques la suspension ou la radiation de cet instrument ainsi que des contrats financiers qui y sont liés ou y font référence, sauf lorsque les intérêts des investisseurs ou le fonctionnement ordonné du marché pourraient être affectés d'une manière significative par une telle mesure.

III. – Les décisions de levée de suspension sont rendues publiques et communiquées, le cas échéant, à l'Autorité des marchés financiers dans les mêmes conditions. La levée de la suspension d'un instrument financier sur les autres plates-formes de négociation et les internalisateurs systématiques ainsi que des contrats financiers qui y sont liés ou y font référence s'effectue dans les meilleurs délais.

Section VI. – Limites de position et déclaration des positions

Sous-section 1. – Limites de position

Art. L. 420-11 *(Ord. n° 2016-827, 23 juin 2016)*. – I. – L'Autorité des marchés financiers établit et applique des limites de positions sur la taille d'une position nette qu'une personne peut détenir à tout moment :

1° Sur les instruments dérivés sur matières premières, au sens du règlement (UE) n° 600/2014 du Parlement européen et du Conseil du 15 mai 2014, négociés sur des plates-formes de négociation ;

2° Sur les contrats de gré à gré économiquement équivalents à ces instruments.

II. – Les limites de position sont appliquées sur la base de toutes les positions détenues par une personne et de celles détenues en son nom au niveau d'un groupe au sens de l'article L. 233-17-2 du Code de commerce afin de :

1° Prévenir les abus de marché au sens du règlement (UE) n° 596/2014 du Parlement européen et du Conseil du 16 avril 2014 sur les abus de marché ;

2° Favoriser une cotation ordonnée et un règlement efficace, y compris en évitant les positions faussant le marché, et en veillant en particulier à la convergence entre les prix des instruments dérivés sur matières premières pendant le mois de livraison et les prix au comptant du sous-jacent, sans préjudice de la détermination des prix sur le marché au comptant du sous-jacent.

Les limites de position ne s'appliquent pas aux positions détenues par ou au nom d'une entité non financière mentionnée au 9 de l'article 2 du règlement (UE) n° 648/2012 du Parlement européen et du Conseil du 4 juillet 2012 concernant les produits dérivés de gré à gré, les contreparties centrales et les référentiels centraux et dont la contribution à la réduction des risques directement liés à l'activité commerciale de cette entité non financière peut être objectivement mesurée.

III. – Les limites de position comportent des seuils quantitatifs concernant la taille maximale d'une position sur un instrument dérivé sur matières premières qu'une personne peut détenir.

IV. – L'Autorité des marchés financiers fixe des limites pour chaque instrument dérivé sur matières premières négocié sur des plates-formes de négociation en s'appuyant sur la méthodologie de calcul déterminée par l'Autorité européenne des marchés financiers. Cette limite de position inclut les contrats de gré à gré économiquement équivalents tels que définis par décret.

(Al. rempl., L. n° 2019-486, 22 mai 2019) Le président de l'Autorité des marchés financiers ou le représentant qu'il désigne peut réviser les limites de position en cas de modification significative de la quantité livrable, des positions ouvertes ou de tout autre changement significatif sur le marché, en s'appuyant sur la détermination par cette autorité de la quantité livrable et des positions ouvertes.

V. – L'Autorité des marchés financiers notifie à l'Autorité européenne des marchés financiers les limites de position qu'elle entend fixer.

Selon l'avis rendu par l'Autorité européenne des marchés financiers à la suite de cette notification, l'Autorité des marchés financiers modifie les limites de position ou lui fournit une justification expliquant pourquoi cette modification n'est pas jugée nécessaire. Lorsque l'Autorité des marchés financiers impose des limites contraires à un avis rendu par l'Autorité européenne des marchés financiers, elle publie immédiatement sur son site internet un communiqué expliquant en détail les raisons de sa démarche.

Art. L. 420-12 *(Ord. n° 2016-827, 23 juin 2016)*. – L'Autorité des marchés financiers n'impose pas de limites plus restrictives que celles prévues à l'article L. 420-11, sauf si, exceptionnellement, de telles limites sont objectivement justifiées et proportionnées compte tenu de la liquidité du marché spécifique et dans l'intérêt du fonctionnement ordonné du marché.

L'Autorité des marchés financiers publie sur son site internet le détail des limites de position plus restrictives qu'elle impose. Celles-ci s'appliquent pendant une période initiale de six mois maximum à compter de la date de leur publication sur le site internet. Les limites de position plus restrictives peuvent être reconduites pour des périodes ne dépassant pas six mois à la fois, si les circonstances qui les justifient se maintiennent. Les limites de position plus restrictives qui ne sont pas reconduites à l'issue de chaque période de six mois expirent automatiquement.

L'Autorité des marchés financiers notifie à l'Autorité européenne des marchés financiers les limites de position plus restrictives qu'elle impose. La notification contient la motivation de l'imposition de limites de position plus restrictives.

Si l'Autorité des marchés financiers impose des limites contraires à un avis rendu par l'Autorité européenne des marchés financiers, elle publie immédiatement sur son site internet un communiqué expliquant en détail les raisons de sa démarche.

Art. L. 420-13 *(Ord. n° 2016-827, 23 juin 2016)*. – Lorsqu'un instrument dérivé sur matières premières est négocié dans des volumes significatifs sur des plates-formes de négociation dans plus d'un État membre de l'Union européenne ou partie à l'accord sur l'Espace économique européen dont l'une relève de la compétence de l'Autorité des marchés financiers, la limite de position unique à appliquer à toutes les négociations de cet instrument est fixée par l'autorité compétente de la plate-forme de négociation connaissant le plus grand volume de négociation.

Lorsque l'Autorité des marchés financiers est l'autorité compétente désignée conformément à l'alinéa précédent, elle consulte les autorités compétentes des autres plates-formes de négociation sur lesquelles cet instrument est négocié dans des volumes significatifs au sujet de la limite de position unique à appliquer, y compris au sujet de sa révision.

En cas de désaccord avec une autorité compétente, l'Autorité des marchés financiers expose par écrit de façon détaillée les motifs pour lesquels elle considère que les exigences mentionnées aux I et II de l'article L. 420-11 ne sont pas satisfaites.

Art. L. 420-14 *(Ord. n° 2016-827, 23 juin 2016)*. – Le gestionnaire d'une plate-forme de négociation sur laquelle sont négociés des instruments dérivés sur matières premières applique des contrôles en matière de gestion des positions. Ces contrôles prévoient au minimum, pour la plate-forme de négociation, le pouvoir :

1° De surveiller les positions ouvertes des personnes ;

2° D'accéder aux informations, y compris à tout document pertinent, des personnes concernant le volume et la finalité d'une position ou d'une exposition prise, aux informations concernant les bénéficiaires effectifs ou les bénéficiaires sous-jacents, tout arrangement relatif à une action de concert et tout actif ou passif connexe sur le marché sous-jacent ;

3° D'exiger d'une personne qu'elle clôture ou réduise une position, de manière temporaire ou permanente, selon le cas, et de prendre unilatéralement une action appropriée pour obtenir la clôture ou la réduction de cette position si la personne ne donne pas suite à cette demande ;

4° Le cas échéant, d'exiger d'une personne de réinjecter de la liquidité sur le marché à un prix et à un volume fixés d'un commun accord, de manière temporaire, dans l'intention expresse d'atténuer les effets d'une position importante ou dominante.

Art. L. 420-15 *(Ord. n° 2016-827, 23 juin 2016)*. – Les limites de position et les contrôles en matière de gestion des positions sont transparents et non discriminatoires, mentionnent la manière dont ils s'appliquent aux personnes et tiennent compte de la nature et de la composition des participants du marché ainsi que de l'usage que ces derniers font des contrats soumis à négociation.

Le gestionnaire de la plate-forme de négociation communique à l'Autorité des marchés financiers le détail des contrôles en matière de gestion des positions.

L'Autorité des marchés financiers transmet ces informations ainsi que le détail des limites de position qu'elle a établies à l'Autorité européenne des marchés financiers.

Sous-section 2. – Déclaration des positions

Art. L. 420-16 *(Ord. n° 2016-827, 23 juin 2016)*. – I. – Les gestionnaires de plate-forme de négociation :

1° Publient un rapport hebdomadaire présentant les positions agrégées détenues par les différentes catégories de personnes mentionnées au IV pour les différents instruments dérivés sur matières premières, les unités mentionnées à l'article L. 229-7 du Code de l'environnement ou les contrats financiers ayant pour sous-jacents ces dernières négociés sur leurs plates-formes de négociation, mentionnant le nombre de positions acheteuses et vendeuses détenues par ces catégories, les variations de celles-ci depuis le précédent rapport, le pourcentage du total des positions ouvertes que représente chaque catégorie et le nombre de personnes détenant une position dans chaque catégorie. Ils communiquent ce rapport à l'Autorité des marchés financiers et à l'Autorité européenne des marchés financiers. Les gestionnaires de plate-forme de négociation sont dispensés de la publication et de la communication du rapport aux autorités lorsque le nombre de personnes ou les positions ouvertes de celles-ci sont inférieurs aux seuils minimaux ;

2° Fournissent à l'Autorité des marchés financiers, au moins une fois par jour, une ventilation complète des positions négociées par chacune des personnes, y compris les membres et leurs clients, sur cette plate-forme de négociation.

II. – Afin de permettre le contrôle du respect des dispositions des articles L. 420-11 et L. 420-12, les membres d'une plate-forme de négociation communiquent au gestionnaire de cette plate-forme de négociation les détails de leurs propres positions détenues sur des contrats négociés sur cette plate-forme de négociation sur une base quotidienne, ainsi que de celles de leurs clients et des clients de ces clients jusqu'au client final.

III. – Le rapport mentionné au 1° du I précise le nombre de positions acheteuses et vendeuses par catégorie de personnes, les variations de celles-ci depuis le précédent rapport, le pourcentage du total des positions ouvertes que représente chaque catégorie et le nombre de personnes par catégorie.

Le rapport et les ventilations mentionnées au 2° du I établissent une distinction entre les positions identifiées comme réduisant de manière objectivement mesurable les risques directement liés aux activités commerciales et les autres positions.

IV. – Les personnes qui détiennent des positions sur un instrument dérivé sur matières premières, des unités mentionnées à l'article L. 229-7 du Code de l'environnement ou des contrats financiers ayant pour sous-jacents ces dernières sont classées par le gestionnaire de cette plate-forme de négociation compte tenu de la nature de leur activité principale et de tout agrément applicable, dans l'une des catégories suivantes :

1° Entreprises d'investissement ou établissements de crédit ;

2° Sociétés de gestion d'organismes de placement collectif au sens du II de l'article L. 214-1 ;

3° Autres établissements financiers, y compris les entreprises d'assurance et les entreprises de réassurance mentionnés aux articles L. 310-1 et L. 310-1-1 du Code des assurances, les sociétés de groupe d'assurance mentionnées à l'article L. 322-1-2 du même code, les mutuelles et unions de mutuelles relevant du livre II du Code de la mutualité, les unions mutualistes de groupe mentionnées à l'article L. 111-4-2 du même code, les institutions de prévoyance et leurs unions régies par le titre III, livre IX, du Code de la sécurité sociale, ainsi que les sociétés de groupe assurantiel de protection sociale mentionnées à l'article L. 931-2-2 du même code, ainsi que les fonds de réserve pour les retraites mentionnés à l'article L. 135-6 du Code de la sécurité sociale, les institutions de retraites professionnelles mentionnées à l'article L. 370-1 du Code des assurances pour leurs opérations mentionnées à l'article L. 370-2 du même code, ainsi que les personnes morales administrant une institution de retraite professionnelle mentionnée à l'article 8 de l'ordonnance n° 2006-344 du 23 mars 2006 relative aux retraites professionnelles supplémentaires ;

4° Entreprises commerciales ;

5° Dans le cas d'unités mentionnées à l'article L. 229-7 du Code de l'environnement ou des contrats financiers ayant pour sous-jacents ces dernières, les opérateurs soumis à des obligations de conformité en vertu de l'article L. 229-5 du Code de l'environnement.

Section VII. – Qualité d'exécution des transactions

Art. L. 420-17 *(Ord. n° 2016-827, 23 juin 2016)*. – Chaque plate-forme de négociation met à la disposition du public au moins une fois par an, sans frais, les données relatives à la qualité d'exécution des transactions qui y ont été effectuées.

Ces rapports périodiques incluent des informations détaillées sur le prix, les coûts, la rapidité et la probabilité d'exécution pour les différents instruments financiers.

Section VIII. – Libre prestation de services sur le territoire des États membres de l'Union européenne ou parties à l'accord sur l'Espace économique européen

Art. L. 420-18 *(Ord., n° 2016-827, 23 juin 2016)*. – Le gestionnaire d'une plate-forme de négociation communique à l'Autorité des marchés financiers la liste des États membres de l'Union européenne ou parties à l'accord sur l'Espace économique européen dans lesquels il compte fournir des moyens d'accès à la plate-forme de négociation qu'il gère.

L'Autorité des marchés financiers communique cette information à l'autorité compétente de l'État concerné dans des conditions fixées par décret.

À la demande de l'autorité compétente mentionnée à l'alinéa précédent, l'Autorité des marchés financiers lui communique dans les meilleurs délais l'identité des membres établis dans cet État

CHAPITRE I. – MARCHÉS RÉGLEMENTÉS FRANÇAIS

(Rempl., Ord. n° 2007-544, 12 avr. 2007)

Section I. – Définition du marché réglementé et de l'entreprise de marché

Art. L. 421-1 ***(Mod., L. n° 2001-1168, 11 déc. 2001 ; L. n° 2003-706, 1er août 2003 ; L. n° 2001-1168, 11 déc. 2001 ; rempl., Ord. n° 2007-544, 12 avr. 2007 ; mod., L. n° 2010-1249, 22 oct. 2010 ; rempl. à compter du 3 janvier 2018, Ord. n° 2016-827, 23 juin 2016).*** **– I. – Un marché réglementé d'instruments financiers est un système multilatéral qui assure ou facilite la rencontre, en son sein et selon des règles non discrétionnaires, de multiples intérêts acheteurs et vendeurs exprimés par des tiers pour des instruments financiers, d'une manière qui aboutisse à la conclusion de contrats portant sur les instruments financiers admis à la négociation dans le cadre des règles et systèmes de ce marché. Il est reconnu et fonctionne conformément aux dispositions du présent chapitre.**

II. – Un marché réglementé peut également admettre à la négociation des actifs dont la liste est fixée par décret, après avis du collège de l'Autorité des marchés financiers.

Voir : *Adde* A. 28 déc. 1995 (*JO* 10 janv. 1996) portant création du nouveau marché et C. monét. fin., art. L. 421-2, p. 1252. – **Information à diffuser à l'occasion d'opérations réalisées sur le nouveau marché,** Règl. COB n° 95-01, homologué par A. 28 déc. 1995 (*JO* 10 janv. 1996), mod. par Règl. n° 2002-03, homologué par A. 12 mars 2002 (*JO* 6 avr.) et par Règl. n° 2002-06, homologué par A. 18 nov. 2002 (*JO* 20 déc.). – Règl. AMF, 12 oct. 2004, art. 141-3.

Art. L. 421-2 ***(Rempl., Ord. n° 2007-544, 12 avr. 2007 ; mod., Ord. n° 2008-698, 11 juill. 2008 ; Ord. n° 2013-79, 25 janv. 2013). – (Al. mod. à compter du 3 janvier 2018, Ord. n° 2016-827, 23 juin 2016)*** **Un marché réglementé est géré par une entreprise de marché. Celle-ci a la forme d'une société commerciale. Lorsque l'entreprise de marché gère un marché réglementé, son siège social et sa direction effective sont établis sur le territoire de la France métropolitaine ou des départements d'outre-mer ou du Département de Mayotte ou de Saint-Martin. L'entreprise de marché doit satisfaire à tout moment aux dispositions législatives et réglementaires qui lui sont applicables.**

L'entreprise de marché effectue les actes afférents à l'organisation et l'exploitation de chaque marché réglementé qu'elle gère. Elle veille à ce que chaque marché réglementé qu'elle gère remplisse en permanence les exigences qui lui sont applicables.

Art. L. 421-3 ***(Mod., L. n° 2003-706, 1er août 2003 ; rempl., Ord. n° 2007-544, 12 avr. 2007).*** **– L'Autorité des marchés financiers peut désigner un mandataire auprès de l'entreprise de marché, auquel sont transférés tous les pouvoirs d'administration, de direction et de représentation de la personne morale.**

Cette désignation est faite soit à la demande des dirigeants lorsqu'ils estiment ne plus être en mesure d'exercer normalement leurs fonctions, soit à l'initiative de l'Autorité des marchés financiers lorsque la gestion *(Mots rempl. à compter du 3 janvier 2018, Ord. n° 2016-827, 23 juin 2016)* « d'une plate-forme de négociation » ne peut plus être assurée dans des conditions garantissant son bon fonctionnement.

Lorsque des circonstances particulières d'urgence le justifient, l'Autorité des marchés financiers peut désigner un mandataire à titre provisoire sans procédure contradictoire. Cette mesure est confirmée après une procédure contradictoire dans un délai prévu par décret en Conseil d'État. Elle peut être levée à tout moment.

Un décret précise en tant que de besoin les conditions d'application du présent article.

Voir : C. monét. fin., art. R. 421-1 et s., p. 1265.

Loi n° 96-597 du 2 juillet 1996
de modernisation des activités financières
(JO 4 juill.)

Art. 34. – Un décret prévoit la date et les conditions dans lesquelles il est mis fin au relevé quotidien du hors-cote.

....

Art. 96. – [...].

III. – Dans les textes législatifs en vigueur non visés ci-dessus et les textes réglementaires, les dispositions applicables de manière identique à la cote officielle ou au second marché d'une bourse de valeurs s'appliquent aux marchés réglementés régis par la présente loi.

Section II. – Reconnaissance, révision et retrait de la qualité de marché réglementé

Art. L. 421-4 *(Mod., L. n° 2001-1168, 11 déc. 2001 ; L. n° 2003-706, 1er août 2003 ; rempl., Ord. n° 2007-544, 12 avr. 2007 ; mod., L. n° 2013-672, 26 juill. 2013).* – La reconnaissance de la qualité de marché réglementé d'instruments financiers est décidée par arrêté du ministre chargé de l'économie sur proposition de l'Autorité des marchés financiers.

L'Autorité des marchés financiers consulte l'Autorité de contrôle prudentiel et de résolution sur les mesures prévues par l'entreprise de marché pour se conformer aux obligations mentionnées aux alinéas 2 et 4 du I et au II de l'article L. 421-11. *(Mots suppr. à compter du 3 janvier 2018, Ord. n° 2016-827, 23 juin 2016)* « ... ».

L'Autorité des marchés financiers propose, selon les mêmes modalités, la révision de la reconnaissance de la qualité de marché réglementé lorsqu'il lui apparaît que les conditions auxquelles a été subordonnée la proposition initiale ne sont plus remplies ».

Voir : C. monét. fin., art. D. 421-5, p. 1266. - Règl. AMF, 12 oct. 2004, art. 511-1 et s.

Art. L. 421-5 *(Rempl. à compter du 3 janvier 2018, Ord. n° 2016-827, 23 juin 2016).* – L'Autorité des marchés financiers ne propose de reconnaître la qualité de marché réglementé que si elle est convaincue que les personnes mentionnées à l'article L. 421-7 jouissent de l'honorabilité requise, possèdent les connaissances, les compétences et l'expérience nécessaires à l'exercice de leurs fonctions et y consacrent un temps suffisant et qu'il n'existe pas de raisons objectives et démontrables d'estimer que les organes sociaux constitués par ces personnes au sein de l'entreprise de marché risqueraient de compromettre la gestion efficace, saine et prudente de celle-ci et la prise en compte appropriée de l'intégrité du marché.

Lors du processus de reconnaissance de la qualité de marché réglementé, les personnes mentionnées à l'article L. 421-7, dirigeant effectivement les activités et l'exploitation d'un marché ayant déjà la qualité de marché réglementé, sont réputées satisfaire aux exigences prévues au premier alinéa du présent article.

Bibliographie : F. Auckenthaler, *Les obligations d'intermédiation et de concentration des opérations sur instruments financiers admis aux négociations sur un marché réglementé : JCP* E 1998, 1914. • L. Faugérolas et A. Moser, *La réforme des cessions de blocs significatifs d'actions cotées : Bull. Joly Bourse* 1998, p. 448. • H. de Vauplane, *Monopole d'intermédiation et obligation de contraction sur marchés réglementés : Banque et droit* mars 1998, p. 3.

Art. L. 421-6 *(Rempl. à compter du 3 janvier 2018, Ord. n° 2016-827, 23 juin 2016).* – Sur proposition de l'Autorité des marchés financiers, le ministre chargé de l'économie peut retirer la reconnaissance à un marché réglementé dans l'un ou l'autre des cas suivants :

1° Si l'entreprise de marché n'en fait pas usage dans un délai de douze mois, si elle y renonce expressément ou si le marché a cessé de fonctionner depuis six mois ;

2° Si l'entreprise de marché l'a obtenue par de fausses déclarations ou par tout autre moyen irrégulier ;

3° Si le marché réglementé ne remplit plus les conditions auxquelles la reconnaissance a été subordonnée ;

4° Si l'entreprise de marché a gravement et de manière répétée enfreint les dispositions qui lui sont applicables.

Section III. – Conditions de fonctionnement des marchés réglementés et des entreprises de marché

Sous-section 1. – Obligations des dirigeants et des actionnaires d'entreprises de marché

Art. L. 421-7 *(Rempl. à compter du 3 janvier 2018, Ord. n° 2016-827, 23 juin 2016).* – Au sein d'une entreprise de marché, les personnes suivantes jouissent de l'honorabilité requise et possèdent les connaissances, les compétences et l'expérience nécessaires à l'exercice de leurs fonctions :

1° Les membres du conseil d'administration, du conseil de surveillance et du directoire, le directeur général et les directeurs généraux délégués ainsi que toute autre personne ou membre d'un organe social exerçant des fonctions équivalentes ;

2° Les personnes qui dirigent effectivement l'entreprise et qui ne sont pas mentionnées au 1°.

La composition des organes sociaux constitués par les personnes mentionnées ci-dessus reflète un éventail suffisamment large d'expériences.

À cet effet l'entreprise de marché informe préalablement à leur désignation l'Autorité des marchés financiers de l'identité de ces personnes ainsi que de tout changement les concernant.

Voir : Règl. AMF, 12 oct. 2004, art. 512-9.

Art. L. 421-7-1 *(Créé à compter du 3 janvier 2018, Ord. n° 2016-827, 23 juin 2016).* – I. – Les personnes mentionnées à l'article L. 421-7 satisfont aux exigences suivantes :

1° Elles consacrent un temps suffisant à l'exercice de leurs fonctions au sein de l'entreprise de marché. Le nombre de mandats pour les fonctions mentionnées au II qui peuvent être exercées simultanément par une de ces personnes dans toute personne morale, tient compte de la situation particulière ainsi que de la nature, de l'étendue et de la complexité des activités de l'entreprise de marché.

Sauf si elles représentent l'État, les personnes mentionnées à l'article L. 421-7, ne peuvent exercer simultanément au sein des entreprises de marché importantes en raison de leur taille, de leur organisation interne, ainsi que de la nature, de la portée et de la complexité de leurs activités :

a) Plus d'un mandat pour l'une des fonctions mentionnées au 1° du II et de deux mandats pour l'une des fonctions mentionnées au 2° du II ;

b) Plus de quatre mandats pour l'une des fonctions mentionnées au 2° du II.

Pour l'application du présent article, les fonctions exercées au sein d'un même groupe au sens de l'article L. 233-17-2 du Code de commerce, et les fonctions exercées au sein d'entreprises dans lesquelles l'entreprise de marché détient une participation qualifiée au sens du 36 du paragraphe 1 de l'article 4 du règlement (UE) n° 575/2013 du Parlement européen et du Conseil du 26 juin 2013, sont considérées comme une seule fonction.

L'Autorité des marchés financiers peut autoriser l'une des personnes mentionnées à l'article L. 421-7 à exercer un mandat supplémentaire pour l'une des fonctions mentionnées au 2° du II du présent article. Elle informe régulièrement l'Autorité européenne des marchés financiers de ces autorisations.

La limitation du nombre de mandats exercés par l'une des personnes mentionnées à l'article L. 421-7 ne s'applique pas aux fonctions exercées au sein d'entités qui ne poursuivent pas d'objectifs principalement commerciaux ;

2° Elles possèdent collectivement les connaissances, les compétences et l'expérience leur permettant de comprendre les activités de l'entreprise de marché, notamment les principaux risques ;

3° Chacune d'elles agit avec honnêteté, intégrité et indépendance d'esprit afin d'évaluer de manière efficace et critique, si nécessaire, les décisions des personnes qui leur rendent compte de la gestion quotidienne de l'entreprise de marché, et de superviser et suivre efficacement les décisions prises.

II. – Les fonctions dont l'exercice est soumis aux dispositions du I sont :

1° Les fonctions de directeur général, de directeur général délégué, de membre du directoire, de directeur général unique ou de toute autre personne exerçant des fonctions équivalentes ;

2° Les fonctions de membre du conseil d'administration, du conseil de surveillance ou de tout autre organe social exerçant des fonctions équivalentes.

Art. L. 421-7-2 *(Créé à compter du 3 janvier 2018, Ord. n° 2016-827, 23 juin 2016).* – Les entreprises de marché consacrent des ressources humaines et financières adéquates à la formation des personnes mentionnées à l'article L. 421-7.

Art. L. 421-7-3 *(Créé à compter du 3 janvier 2018, Ord. n° 2016-827, 23 juin 2016).* – I. – Les entreprises de marché ayant une importance significative en raison de leur taille et de leur organisation interne ainsi que de la nature, de l'échelle et de la complexité de leurs activités, instituent un comité des nominations, composé des personnes mentionnées à l'article L. 421-7 n'exerçant aucun mandat pour l'une des fonctions mentionnées au 1° du II de l'article L. 421-7-1 au sein de l'entreprise de marché concernée.

Les critères selon lesquels les entreprises de marché ayant une importance significative sont déterminées sont précisés par arrêté du ministre chargé de l'économie.

(Al. créé, L. n° 2019-486, 22 mai 2019) Lorsqu'une entreprise de marché est contrôlée, directement ou indirectement, au sens de l'article L. 233-3 du Code de commerce, par une autre entreprise de marché, l'Autorité des marchés financiers peut accorder une dérogation aux dispositions du premier alinéa du présent I.

II. – Le comité des nominations est chargé :

1° De sélectionner et de recommander, pour approbation par les personnes mentionnées à l'article L. 421-7 ou pour approbation par l'assemblée générale, des candidats aptes à exercer les fonctions mentionnées à cet article en cas de vacance. À cette fin, le comité des nominations évalue l'équilibre de connaissances, de compétences, de diversité et d'expérience des personnes occupant ces fonctions. En outre, le comité élabore une description des missions et des qualifications liées à une nomination donnée et évalue le temps à consacrer à ces fonctions.

Sans préjudice d'autres dispositions applicables, le comité des nominations fixe un objectif à atteindre en ce qui concerne la représentation équilibrée des femmes et des hommes au sein des organes sociaux constitués par les personnes mentionnées à l'article L. 421-7. Il élabore une politique ayant pour objet d'atteindre cet objectif ;

2° D'évaluer périodiquement, au moins une fois par an, la structure, la taille, la composition et l'efficacité des organes sociaux constitués par les personnes mentionnées à l'article L. 421-7, et de soumettre des recommandations à ces derniers en ce qui concerne des changements éventuels ;

3° D'évaluer périodiquement, au moins une fois par an, les connaissances, les compétences et l'expérience des personnes mentionnées à l'article L. 421-7, tant individuellement que collectivement, et d'en informer les organes sociaux constitués par ces personnes ;

4° D'examiner périodiquement les politiques des organes sociaux constitués par les personnes mentionnées à l'article L. 421-7, en matière de sélection et de nomination des personnes qui leur rendent compte de la gestion quotidienne de l'entreprise de marché, et de formuler des recommandations à l'intention de ces organes.

III. – Dans l'exercice de ses missions, le comité des nominations s'assure que les organes sociaux ne sont pas dominés par une personne ou un petit groupe de personnes dans des conditions préjudiciables aux intérêts de l'entreprise de marché.

Le comité des nominations dispose des moyens nécessaires à l'exercice de ses missions et peut recourir à des conseils externes.

Art. L. 421-7-4 *(Créé à compter du 3 janvier 2018, Ord. n° 2016-827, 23 juin 2016).* – Les entreprises de marché et leur comité des nominations font appel à un large éventail de qualités et de compétences lors du recrutement des personnes mentionnées à l'article L. 421-7 et, à cet effet, mettent en place une politique favorisant la diversité au sein des organes sociaux constitués par ces personnes.

Art. L. 421-7-5 *(Créé à compter du 3 janvier 2018, Ord. n° 2016-827, 23 juin 2016).* – Les organes sociaux d'une entreprise de marché constitués par les personnes mentionnées à l'article L. 421-7 :

1° Définissent et supervisent la mise en œuvre d'un dispositif de gouvernance qui garantisse une gestion efficace et prudente de l'entreprise de marché, et notamment la séparation des fonctions au sein de l'entreprise de marché et la prévention des conflits d'intérêts, de manière à promouvoir l'intégrité du marché ;

2° Contrôlent le dispositif de gouvernance de l'entreprise de marché, évaluent périodiquement son efficacité et prennent les mesures appropriées pour remédier à toute lacune.

Ces personnes disposent d'un accès adéquat aux informations et documents nécessaires pour superviser et suivre les décisions prises en matière de gestion.

Art. L. 421-8 *(Mod., L. n° 2003-706, 1er août 2003 ; rempl., Ord. n° 2007-544, 12 avr. 2007).* – Les membres des organes d'administration, de direction et de surveillance, les dirigeants, salariés et préposés des entreprises de marché sont tenus au secret professionnel.

Art. L. 421-9 *(Rempl., Ord. n° 2007-544, 12 avr. 2007).* – I. – Les personnes qui sont en mesure d'exercer de manière directe ou indirecte une influence significative sur la gestion d'un marché réglementé doivent présenter des qualités garantissant la gestion saine et prudente de ce marché.

Toute personne qui vient à posséder, directement ou indirectement, seule ou de concert, une fraction du capital ou des droits de vote d'une entreprise de marché représentant plus du dixième, du cinquième, du tiers, de la moitié ou des deux tiers est tenue d'en informer l'entreprise de marché, dans les conditions et selon les modalités fixées par décret. L'entreprise de marché transmet l'information à l'Autorité des marchés financiers et la rend publique.

En cas de manquement à l'obligation déclarative prévue au deuxième alinéa, et sans préjudice des dispositions de l'article L. 233-14 du Code de commerce, l'Autorité des marchés financiers ou tout actionnaire peut demander au juge de suspendre, jusqu'à régularisation de la situation, l'exercice des droits de vote attachés aux actions de l'entreprise de marché qui n'ont pas été régulièrement déclarées.

II. – Tout actionnaire qui vient à détenir le contrôle direct ou indirect d'une entreprise de marché doit obtenir une autorisation préalable du ministre chargé de l'économie sur proposition de l'Autorité des marchés financiers, qui vérifie l'absence de raisons objectives et démontrables d'estimer qu'un tel changement *(Mots suppr. à compter du 3 janvier 2018, Ord. n° 2016-827, 23 juin 2016)* « ... » risquerait de compromettre la gestion saine et prudente du marché réglementé.

III. – *(III créé à compter du 3 janvier 2018, Ord. n° 2016-827, 23 juin 2016)* Toute personne qui détient le contrôle direct ou indirect d'une entreprise de marché et qui souhaite modifier les intérêts qu'elle détient doit obtenir une autorisation préalable du ministre chargé de l'économie sur proposition de l'Autorité des marchés financiers, qui vérifie l'absence de raisons objectives et démontrables d'estimer qu'un tel changement risquerait de compromettre la gestion saine et prudente du marché réglementé.

Voir : C. monét. fin., art. D. 421-7 et s., p. 1267 et aussi **Sanctions pénales,** C. monét. fin., art. L. 573-1, p. 1472.

Sous-section 2. – Obligations de l'entreprise de marché

Art. L. 421-10 *(Mod., L. n° 2003-706, 1er août 2003 ; rempl., Ord. n° 2007-544, 12 avr. 2007 ; mod., L. n° 2010-1249, 22 oct. 2010).* – En vue de la reconnaissance du marché réglementé, l'entreprise de marché établit les règles du marché. Ces règles, transparentes et non discrétionnaires, assurent une négociation équitable et ordonnée et fixent des critères objectifs en vue de l'exécution efficace des ordres. Elles fixent également les conditions d'admission des membres *(Mots suppr. à compter du 3 janvier 2018, Ord. n° 2016-827, 23 juin 2016)* « ... » conformément aux dispositions de l'article L. 421-17.

Elles déterminent notamment les conditions d'accès au marché et d'admission aux négociations des instruments financiers et des actifs mentionnés au II de l'article L. 421-1, les dispositions d'organisation des transactions, les conditions de suspension des négociations d'un ou plusieurs instruments financiers et des actifs mentionnés au même II, les dispositions relatives à l'enregistrement et à la publicité des négociations.

Ces règles sont approuvées par l'Autorité des marchés financiers, qui vérifie leur conformité aux dispositions législatives et réglementaires applicables, ainsi que leur caractère proportionné aux objectifs poursuivis. *(Phrase créée, L. n° 2019-486, 22 mai 2019)* Ces règles sont rédigées en français.

Les propositions de modifications de ces règles sont notifiées à l'Autorité des marchés financiers, qui les approuve, dans un délai fixé par son règlement général, après avoir effectué les vérifications prévues à l'alinéa précédent.

Les règles du marché sont publiées par l'entreprise de marché dans les conditions fixées par le règlement général de l'Autorité des marchés financiers.

Voir : Règl. AMF, 12 oct. 2004, art. 511-1 et s.

Art. L. 421-11 *(Rempl., Ord. n° 2007-544, 12 avr. 2007 ; mod., L. n° 2013-672, 26 juill. 2013 ; Ord. n° 2017-1107, 22 juin 2017).* – I. – L'entreprise de marché prend les dispositions nécessaires en vue de :

1. Détecter, prévenir et gérer les effets potentiellement dommageables, pour le bon fonctionnement du marché réglementé ou pour les membres du marché, de tout conflit d'intérêts entre les exigences de bon fonctionnement du marché réglementé qu'elle gère et ses intérêts propres ou ceux de ses actionnaires ;

2. Disposer en permanence des moyens, d'une organisation et de procédures de suivi adéquats permettant d'identifier les risques significatifs de nature à compromettre le bon fonctionnement du marché réglementé qu'elle gère et prendre les mesures appropriées pour atténuer ces risques ;

3. Adopter des règles de déontologie applicables aux membres des organes d'administration, de direction et de surveillance, aux dirigeants, salariés et préposés et en vérifier le respect ;

4. Garantir le bon fonctionnement des systèmes techniques de négociation et disposer notamment de procédures d'urgence destinées à faire face aux éventuels dysfonctionnements ;

5. Mettre en œuvre des mécanismes visant à faciliter le dénouement efficace et en temps voulu des transactions exécutées dans le cadre de leurs systèmes.

II. – L'entreprise de marché est tenue de disposer, au moment de la reconnaissance du marché réglementé et en permanence, des ressources financières suffisantes pour permettre le bon fonctionnement du marché.

III. – Le règlement général de l'Autorité des marchés financiers détermine les règles relatives aux 1, 3 et 5 du I. Un arrêté du ministre chargé de l'économie, pris conformément à l'article L. 611-3, détermine les règles relatives aux 2 et 4 du I et au II.

L'Autorité des marchés financiers s'assure de la bonne application des dispositions des I et II dans les conditions prévues à l'article L. 621-9. Pour les règles relatives aux 2 et 4 du I et au II, elle peut s'appuyer sur les contrôles effectués par l'Autorité de contrôle prudentiel et de résolution dans les conditions prévues pour les personnes mentionnées au 2° du A du I de l'article L. 612-2 et les recommandations qui s'ensuivent.

Art. L. 421-12 *(Rempl. à compter du 3 janvier 2018, Ord. n° 2016-827, 23 juin 2016).* – Sans préjudice de l'article 53 du règlement (UE) n° 909/2014 du Parlement européen et du Conseil du 23 juillet 2014 concernant l'amélioration du règlement de titres dans l'Union européenne et les dépositaires centraux de titres, une entreprise de marché autorise ses membres à désigner un système de règlement et de livraison des transactions sur instruments financiers conclues sur le marché réglementé qu'elle gère, sous réserve des conditions cumulatives suivantes :

1° La mise en place de dispositifs et de liens entre le système de règlement et de livraison d'instruments financiers et tout autre système ou infrastructure nécessaires pour assurer le règlement efficace et économique de ces transactions ;

2° La confirmation par l'Autorité des marchés financiers que les conditions techniques de règlement et de livraison des instruments financiers dans le cadre des transactions conclues sur ce marché réglementé par un autre système de règlement et de livraison d'instruments financiers que celui désigné par l'entreprise de marché sont de nature à permettre le fonctionnement harmonieux et ordonné des marchés financiers.

Cette appréciation de l'Autorité des marchés financiers est sans préjudice des compétences de la Banque de France prévues par le II de l'article L. 141-4.

L'Autorité des marchés financiers tient compte dans son appréciation de la surveillance exercée sur les chambres de compensation ou sur les dépositaires centraux par les banques centrales en tant que superviseurs des systèmes de compensation et de règlement livraison d'instruments financiers ou par d'autres autorités compétentes à l'égard de ces systèmes.

Art. L. 421-13 *(Rempl. à compter du 3 janvier 2018, Ord. n° 2016-827, 23 juin 2016 et mod. à compter de cette même date, Ord. n° 2017-1107, 22 juin 2017).* – Sans préjudice des titres III, IV ou V du règlement (UE) n° 648/2012 du Parlement européen et du Conseil du 4 juillet 2012 sur les produits dérivés de gré à gré, les contreparties centrales et les référentiels centraux et de l'article 53 du règlement (UE) n° 909/2014 du Parlement européen et du Conseil du 23 juillet 2014 concernant l'amélioration du règlement de titres dans l'Union européenne et les dépositaires centraux de titres, l'Autorité des marchés financiers ne peut interdire le recours à une chambre de compensation ou à un système de règlement et de livraison d'instruments financiers de tout État membre de l'Union européenne ou partie à l'accord sur l'Espace économique européen que si cette interdiction est nécessaire pour préserver le fonctionnement ordonné du marché réglementé et en tenant compte des conditions imposées aux systèmes de règlement et de livraison d'instruments financiers aux 1° et 2° de l'article L. 421-12.

L'Autorité des marchés financiers tient compte dans son appréciation de la surveillance exercée sur les chambres de compensation ou sur les dépositaires centraux par les banques centrales en tant que superviseurs des systèmes de compensation et de règlement livraison d'instruments financiers ou par d'autres autorités compétentes à l'égard de ces systèmes.

Voir : C. monét. fin., art. R. 421-1, p. 1265.

Bibliographie : A. Couret, *Le régime des offres publiques issu de la loi sur les nouvelles régulations économiques : D.* 2001. 1778.

Section IV. – Admission aux négociations, suspension, radiation et retrait des instruments financiers

(Intitulé mod., L. n° 2009-1255, 19 oct. 2009)

Art. L. 421-14 *(Ord. n° 2007-544, 12 avr. 2007 ; mod., Ord. n° 2009-15, 8 janv. 2009 ; L. n° 2009-1255, 19 oct. 2009 ; L. n° 2010-1249, 22 oct. 2010 ; Ord. n° 2014-158, 20 févr. 2014 ; mod., L. n° 2016-1691, 9 déc. 2016 ; mod. à compter du 3 janvier 2018, Ord. n° 2016-827, 23 juin 2016).* – I. – L'admission d'instruments financiers et des actifs mentionnés au II de l'article L. 421-1 aux négociations sur un marché réglementé est décidée par l'entreprise de marché, conformément aux règles du marché concerné.

Ces règles garantissent que tout instrument financier ou actif précité admis aux négociations sur un marché réglementé est susceptible de faire l'objet d'une négociation équitable, ordonnée et efficace et, dans le cas des instruments mentionnés aux 1 et 2 du II de l'article L. 211-1, d'être négocié librement.

II. – L'accord exprès de l'émetteur est requis dans le cas des instruments mentionnés aux 1 et 2 du II de l'article L. 211-1 qui ne sont pas déjà admis aux négociations sur un autre marché réglementé d'un État membre de l'Union européenne ou d'un autre État partie à l'accord sur l'Espace économique européen.

Lorsqu'un instrument financier mentionné aux 1 ou 2 du II de l'article L. 211-1 est déjà admis aux négociations sur un marché réglementé d'un État membre de l'Union européenne ou d'un autre État partie à l'accord sur l'Espace économique européen, il peut être admis aux négociations sur un marché réglementé sans le consentement de l'émetteur. Dans ce cas, l'entreprise de marché en informe l'émetteur, qui n'est tenu de son côté à aucune obligation d'information vis-à-vis de l'entreprise de marché.

III. – Les règles du marché doivent garantir que les caractéristiques des contrats financiers permettent une négociation ordonnée et, le cas échéant, un règlement et une livraison efficaces.

IV. – L'entreprise de marché met en place et maintient des dispositions afin de vérifier que les émetteurs des instruments financiers mentionnés aux 1 et 2 du II de l'article L. 211-1 admis aux négociations sur un marché réglementé se conforment aux prescriptions qui leur sont applicables en matière d'information initiale, périodique et spécifique et facilite l'accès des membres aux informations que ces émetteurs rendent publiques. L'entreprise de marché met en place des procédures analogues à l'égard des personnes redevables d'informations publiques en relation avec des unités mentionnées à l'article L. 229-7 du Code de l'environnement et des actifs mentionnés au II de l'article L. 421-1 qu'elle admet à la négociation.

V. – Lorsque l'émetteur dont les instruments financiers sont admis aux négociations sur un marché réglementé envisage de demander l'admission aux négociations de ses instruments financiers sur un système multilatéral de négociation soumis aux dispositions du II de l'article L. 433-3, il en informe le public dans les conditions fixées par le règlement général de l'Autorité des marchés financiers dans un délai au moins égal à deux mois avant la date envisagée de l'admission aux négociations des instruments financiers sur le système multilatéral de négociation concerné.

Une résolution de l'assemblée générale statue sur toute demande d'admission aux négociations des instruments financiers sur le système multilatéral de négociation concerné. Cette admission ne peut intervenir avant l'expiration d'un délai de deux mois à compter de la date de la réunion de l'assemblée générale.

Les alinéas précédents sont applicables aux sociétés dont la capitalisation boursière est inférieure à un milliard d'euros.

Art. L. 421-15 *(Rempl. à compter du 3 janvier 2018, Ord. n° 2016-827, 23 juin 2016)*. – Les décisions d'admission d'un instrument financier ou d'un actif mentionné au II de l'article L. 421-1 sont rendues publiques par l'entreprise de marché.

Art. L. 421-16 *(Ord. n° 2007-544, 12 avr. 2007 ; mod., L. n° 2010-1249, 22 oct. 2010 ; L. n° 2013-100, 28 janv. 2013 ; L. n° 2014-1662, 30 déc. 2014 ; mod. à compter du 3 janvier 2018, Ord. n° 2016-827, 23 juin 2016)*. – I. - Lorsqu'un événement exceptionnel perturbe le fonctionnement régulier d'*(Mots rempl., L. n° 2019-486, 22 mai 2019)* « une plateforme de négociation », le président de l'Autorité des marchés financiers ou le représentant qu'il désigne légalement désigné peut suspendre tout ou partie des négociations, pour une durée n'excédant pas deux jours de négociations consécutifs. Au-delà de cette durée, la suspension est prononcée par arrêté du ministre chargé de l'économie pris sur proposition du président de l'Autorité des marchés financiers. Ces décisions sont rendues publiques.

Si la suspension sur *(Mots rempl., L. n° 2019-486, 22 mai 2019)* « une plateforme de négociation » a duré plus de deux jours de négociations consécutifs, les opérations en cours à la date de suspension peuvent être compensées et liquidées dans les conditions définies par les règles du marché.

II. – Pour la mise en œuvre des mesures d'urgence prévues aux articles 18 à 21 du règlement (UE) n° 236/2012 du Parlement européen et du Conseil, du 14 mars 2012, sur la vente à découvert et certains aspects des contrats d'échange sur risque de crédit, le président de l'Autorité des marchés financiers ou le représentant qu'il désigne peut prendre une décision pour une durée n'excédant pas vingt jours. Cette décision peut être prorogée et ses modalités peuvent être adaptées par le collège de l'Autorité des marchés financiers pour une durée n'excédant pas trois mois à compter de la décision du président.

Le collège de l'Autorité des marchés financiers peut renouveler les mesures d'urgence pour des périodes supplémentaires ne dépassant pas trois mois.

III. – Pour la mise en œuvre des restrictions temporaires des ventes à découvert prévues à l'article 23 du règlement (UE) n° 236/2012 du Parlement européen et du Conseil du 14 mars 2012 sur la vente à découvert et certains aspects des contrats d'échange sur risque de crédit, le président de l'Autorité des marchés financiers ou le représentant qu'il désigne peut prendre une décision et la prolonger dans les conditions fixées par ce même règlement.

Art. L. 421-16-1 *(Abr. à compter du 3 janvier 2018, Ord. n° 2016-827, 23 juin 2016).*

Art. L. 421-16-2 *(Abr. à compter du 3 janvier 2018, Ord. n° 2016-827, 23 juin 2016).*

Section V. – Régime des membres d'un marché réglementé

Art. L. 421-17 *(Ord. n° 2007-544, 12 avr. 2007 ; mod. à compter de la même date, Ord. n° 2007-1490, 18 oct. 2007 ; L. n° 2010-1249, 22 oct. 2010 ; mod. à compter du 3 janvier 2018, Ord. n° 2016-827, 23 juin 2016).* – Les règles du marché fixent, de manière, transparente et non discriminatoire, les conditions d'admission des membres fondées sur des critères objectifs.

Sans préjudice des dispositions de l'article L. 531-10, les marchés réglementés peuvent admettre en qualité de membres, outre les entreprises d'investissement et les établissements de crédit, des personnes qui :

a) Jouissent de l'honorabilité requise ;

b) Présentent un niveau suffisant d'aptitude, de compétence et d'expérience pour la négociation ;

c) Disposent, le cas échéant, d'une organisation appropriée ;

d) Et détiennent des ressources suffisantes pour faire face à leurs obligations, compte tenu des mécanismes financiers éventuellement mis en place par l'entreprise de marché en vue de garantir le règlement et la livraison des transactions.

Les membres ne sont pas tenus de respecter, les uns vis-à-vis des autres, les obligations énoncées aux articles L. 533-11 à L. 533-16, L. 533-18 et L. 533-19 aux articles L. 533-24 et L. 533-24-1 pour ce qui concerne les transactions conclues sur le marché réglementé.

Les membres bénéficiaires des dispositions des *a*, *b*, *j* et *o* du 2° de l'article L. 531-2 sont soumis aux dispositions des articles L. 533-10-4 à L. 533-10-8.

Les règles du marché doivent autoriser l'admission directe ou à distance des entreprises d'investissement ou des établissements de crédit agréés dans un autre État membre de l'Union européenne ou dans un autre État partie à l'accord sur l'Espace économique européen.

Voir : Régl. AMF, 12 oct. 2004, art. 513-1 et s.

Art. L. 421-18 *(Ord. n° 2007-544, 12 avr. 2007).* – L'admission et le maintien comme membre d'un marché réglementé, prononcés par l'entreprise de marché organisant les transactions sur ce marché, sont subordonnés au respect des règles de ce marché.

Les relations entre une entreprise de marché et les membres du marché réglementé qu'elle gère sont de nature contractuelle.

Art. L. 421-19 *(Ord. n° 2007-544, 12 avr. 2007). – (Al. mod. à compter du 3 janvier 2018, Ord. n° 2016-827, 23 juin 2016)* Les entreprises de marché ne peuvent limiter le nombre de membres admis sur le marché réglementé qu'elles gèrent.

L'Autorité des marchés financiers veille à ce que les entreprises de marché adaptent, en tant que de besoin, leur capacité technique aux demandes d'accès dont elles font l'objet.

Art. L. 421-20 *(Ord. n° 2007-544, 12 avr. 2007 ; mod., Ord. n° 2014-158, 20 févr. 2014).* – Les *(Mots rempl. à compter du 3 janvier 2018, Ord. n° 2016-827, 23 juin 2016)* « entreprises d'investissement et les établissements de crédit, agréés » dans un État membre de l'Union européenne ou dans un État partie à l'accord sur l'Espace économique européen autre que la France en vue de l'exécution d'ordres pour le compte de tiers ou de la négociation pour compte propre peuvent devenir membres d'un marché réglementé mentionné à l'article L. 421-1 :

a) Soit directement, en établissant une succursale sur le territoire de la France métropolitaine ou des départements d'outre mer ou du Département de Mayotte *(Mots suppr. à compter du 3 janvier 2018, Ord. n° 2016-827, 23 juin 2016)* « ... » ou à Saint-Martin ;

b) Soit en devenant membres à distance de ce marché.

Section VI. – Obligations de transparence avant et après négociation

(Section abr. à compter du 3 janvier 2018, Ord. n° 2016-827, 23 juin 2016)

Art. L. 421-21 à L. 421-23 *(Ord. n° 2007-544, 12 avr. 2007 ; mod., L. n° 2010-1249, 22 oct. 2010 ; abr. à compter du 3 janvier 2018).*

CHAPITRE II. – MARCHÉS RÉGLEMENTÉS EUROPÉENS

Art. L. 422-1 *(Rempl., Ord. n° 2007-544, 12 avr. 2007 ; mod., Ord. n° 2008-698, 11 juill. 2008 ; Ord. n° 2013-79, 25 janv. 2013 ; Ord. n° 2014-158, 20 févr. 2014 ; mod. à compter du 3 janvier 2018, Ord. n° 2016-827, 23 juin 2016 ; Ord. n° 2017-1107, 22 juin 2017).* – **I. – Tout marché réglementé d'un État membre de l'Union européenne ou d'un autre État partie à l'accord sur l'Espace économique européen qui fonctionne sans requérir la présence effective de personnes physiques peut offrir, sur le territoire de la France métropolitaine et de la Guadeloupe, de la Guyane, de la Martinique, de La Réunion, de Mayotte et de Saint-Martin, les moyens d'accès à ce marché.**

II. – Lorsque l'Autorité des marchés financiers a des raisons claires et démontrables d'estimer qu'un marché réglementé d'un autre État membre de l'Union européenne ou d'un autre État partie à l'accord sur l'Espace économique européen qui offre des moyens d'accès sur le territoire de la France métropolitaine de la Guadeloupe, de la Guyane, de la Martinique, de La Réunion, de Mayotte et de Saint-Martin enfreint les obligations qui lui incombent, elle en fait part à l'autorité compétente de l'État d'origine dudit marché réglementé.

Si, en dépit des mesures prises par l'autorité compétente de l'État d'origine ou en raison du caractère inadéquat de ces mesures, le marché réglementé continue de fonctionner d'une manière clairement préjudiciable aux intérêts des investisseurs ou au fonctionnement ordonné des marchés en France, l'Autorité des marchés financiers, après en avoir informé l'autorité compétente de l'État d'origine, prend toutes les mesures appropriées requises pour protéger les investisseurs ou pour préserver le bon fonctionnement des marchés. Elle peut notamment interdire à ce marché réglementé de mettre ses moyens d'accès à la disposition de membres à distance établis sur le territoire de la France métropolitaine, de la Guadeloupe, de la Guyane, de la Martinique, de La Réunion, de Mayotte et de Saint-Martin. L'Autorité des marchés financiers notifie sa décision, dûment motivée, au marché réglementé concerné.

L'Autorité des marchés financiers peut en référer à l'Autorité européenne des marchés financiers en application de l'article 19 du règlement (UE) n° 1095/2010 du Parlement européen et du Conseil du 24 novembre 2010 instituant une Autorité européenne de surveillance.

CHAPITRE III. – MARCHÉS ÉTRANGERS RECONNUS

Art. L. 423-1 *(Mod., Ord. n° 2009-15, 8 janv. 2009).* – **Le public ne peut être sollicité, sous quelque forme que ce soit et par quelque moyen que ce soit, directement ou indirectement, en vue d'opérations sur un marché étranger de titres financiers autre qu'un marché réglementé d'un État partie à l'accord sur l'Espace économique européen, de contrats à terme négociables ou de tous produits financiers que lorsque le marché a été reconnu dans des conditions fixées par décret et sous réserve de réciprocité.**

CHAPITRE IV. – SYSTÈMES MULTILATÉRAUX DE NÉGOCIATION

(Anc. chap. IV rempl. par les chap. IV à VI, Ord. n° 2007-544, 12 avr. 2007)

Bibliographie : Ph. Redaelli, *Les systèmes multilatéraux de négociation*, in *Directive européenne sur le marché des instruments financiers (dossier) : Banque et droit* 2005, n° 113, p. 13.

Section I. – Définition ; agrément ou autorisation de l'exploitant

Art. L. 424-1 *(Rempl. à compter du 3 janvier 2018, Ord. n° 2016-827, 23 juin 2016 ; mod. à compter de cette même date, Ord. n° 2017-1107, 22 juin 2017).* – **Un système multilatéral de négociation est un système multilatéral qui assure la rencontre, en son sein et selon des règles non discrétionnaires, de multiples intérêts acheteurs et vendeurs exprimés par des tiers pour des instruments financiers, de manière à conclure des transactions sur ces instruments. Il fonctionne conformément aux dispositions du présent chapitre.**

Le système compte au moins trois membres ou utilisateurs significativement actifs, chacun d'eux ayant la possibilité d'interagir avec tous les autres en matière de formation des prix.

Le gestionnaire d'un système multilatéral de négociation est un prestataire de services d'investissement autre qu'une société de gestion de portefeuille agréé pour fournir le service d'investissement mentionné au 8 de l'article L. 321-1 ou une entreprise de marché autorisée à cet effet par l'Autorité des marchés financiers. Lorsque l'entreprise de marché gère un système multilatéral de négociation, elle se conforme aux dispositions de l'article L. 421-11.

Voir : Règl. AMF, 12 oct. 2004, art. 521-1 et s.

Section II. – Conditions de fonctionnement

(Section rempl. à compter du 3 janvier 2018, Ord. n° 2016-827, 23 juin 2016)

Art. L. 424-2 *(Rempl. à compter du 3 janvier 2018, Ord. n° 2016-827, 23 juin 2016)*. – Le gestionnaire du système multilatéral de négociation établit les règles du système. Ces règles, transparentes et non discrétionnaires, assurent une négociation équitable et ordonnée et fixent des critères objectifs en vue de l'exécution efficace des ordres dans le système. Elles fixent également les conditions d'admission des membres conformément aux dispositions de l'article L. 424-5.

Les règles du système, ainsi que leurs modifications, sont approuvées par l'Autorité des marchés financiers, qui vérifie leur conformité aux dispositions législatives et réglementaires applicables, ainsi que leur caractère proportionné aux objectifs poursuivis.

(Al. créé, L. n° 2019-486, 22 mai 2019) Ces règles sont rédigées en français ou, dans les cas définis par le règlement général de l'Autorité des marchés financiers, dans une autre langue usuelle en matière financière.

Les dispositions des articles L. 533-11 à L. 533-16, L. 533-18, L. 533-19, L. 533-24 et L. 533-24-1 ne sont applicables, en liaison avec l'utilisation d'un système multilatéral de négociation, ni dans les relations entre membres du système, ni dans celles entre ces membres et le gestionnaire du système.

Le gestionnaire du système multilatéral de négociation prend toute disposition utile pour favoriser le règlement efficace et en temps voulu des transactions effectuées sur ce système.

Le gestionnaire du système multilatéral de négociation met en œuvre des dispositifs propres à garantir la bonne gestion des opérations techniques du système, y compris des procédures d'urgence efficaces pour faire face aux dysfonctionnements éventuels des systèmes.

Le gestionnaire du système multilatéral de négociation prend des dispositions afin d'être adéquatement équipé pour gérer les risques auxquels il est exposé, de mettre en œuvre des dispositifs et des systèmes appropriés lui permettant d'identifier tous les risques significatifs pouvant compromettre le bon fonctionnement du système, et d'instaurer des mesures effectives pour atténuer ces risques.

Art. L. 424-3 *(Rempl. à compter du 3 janvier 2018, Ord. n° 2016-827, 23 juin 2016 ; mod. à compter de cette même date, Ord. n° 2017-1107, 22 juin 2017)*. – Sans préjudice des titres III, IV ou V du règlement (UE) n° 648/2012 du Parlement européen et du Conseil du 4 juillet 2012 sur les produits dérivés de gré à gré, les contreparties centrales et les référentiels centraux, et de l'article 53 du règlement (UE) n° 909/2014 du Parlement européen et du Conseil du 23 juillet 2014 concernant l'amélioration du règlement de titres dans l'Union européenne et les dépositaires centraux de titres, l'Autorité des marchés financiers ne peut interdire l'accès à une chambre de compensation ou à un système de règlement et de livraison d'instruments financiers de tout État membre que si cette interdiction est nécessaire pour préserver le fonctionnement ordonné du système de négociation multilatéral et en tenant compte des conditions imposées aux systèmes de règlement et de livraison d'instruments financiers aux 1° et 2° de l'article L. 421-12.

L'Autorité des marchés financiers tient compte dans son appréciation de la surveillance exercée sur les chambres de compensation ou sur les dépositaires centraux par les banques centrales en tant que superviseurs des systèmes de compensation et de règlement livraison d'instruments financiers ou par d'autres autorités compétentes à l'égard de ces systèmes.

Section III. – Admission aux négociations

(Section rempl. à compter du 3 janvier 2018, Ord. n° 2016-827, 23 juin 2016)

Art. L. 424-4 *(Rempl. à compter du 3 janvier 2018, Ord. n° 2016-827, 23 juin 2016)*. – Le gestionnaire du système multilatéral de négociation instaure des règles transparentes concernant les critères permettant de déterminer les instruments financiers qui peuvent être négociés dans le cadre de son système.

Lorsqu'un instrument financier mentionné aux 1 ou 2 du II de l'article L. 211-1, admis aux négociations sur un marché réglementé, est également négocié sur un système multilatéral de négociation sans le consentement de l'émetteur, ce dernier n'est soumis à aucune obligation d'information financière à l'égard du gestionnaire de ce système.

Art. L. 424-4-1 et L. 424-4-2 *(Abr. à compter du 3 janvier 2018, Ord. n° 2016-827, 23 juin 2016).*

Voir : C. monét. fin., art. D. 424-1.

Section IV. – Régime des membres

(Section rempl. à compter du 3 janvier 2018, Ord. n° 2016-827, 23 juin 2016)

Art. L. 424-5 *(Rempl. à compter du 3 janvier 2018, Ord. n° 2016-827, 23 juin 2016).* – Les règles du système multilatéral de négociation fixent de manière transparente et non discriminatoire les conditions d'admission des membres du système, fondées sur des critères objectifs.

Sans préjudice des dispositions de l'article L. 531-10, les systèmes multilatéraux de négociation peuvent admettre en qualité de membres, outre les entreprises d'investissement et les établissements de crédit, des personnes qui :

a) Jouissent de l'honorabilité requise ;

b) Présentent un niveau suffisant d'aptitude, de compétence et d'expérience pour la négociation ;

c) Disposent, le cas échéant, d'une organisation appropriée ;

d) Et détiennent des ressources suffisantes pour faire face à leurs obligations, compte tenu, le cas échéant, des mécanismes financiers mis en place par le gestionnaire du système multilatéral de négociation en vue de garantir le règlement et la livraison des transactions.

Le gestionnaire du système multilatéral de négociation peut obtenir communication de la part de ses membres de la liste des utilisateurs auxquels ils ont donné un accès électronique direct au système.

Les membres bénéficiaires des dispositions des *a*, *b*, *j* et *o* du 2° de l'article L. 531-2 sont soumis aux dispositions des articles L. 533-10-4 à L. 533-10-8.

Le gestionnaire du système multilatéral de négociation informe clairement les membres de leurs responsabilités respectives quant au règlement des transactions exécutées sur le système.

Section V. – Marché de croissance des petites et moyennes entreprises

(Section rempl. à compter du 3 janvier 2018, Ord. n° 2016-827, 23 juin 2016)

Art. L. 424-6 *(Rempl. à compter du 3 janvier 2018, Ord. n° 2016-827, 23 juin 2016).* – Au sens de la présente section, l'expression : « petite et moyenne entreprises » désigne des sociétés dont la capitalisation boursière moyenne a été inférieure à un montant fixé par décret sur la base des cotations de fin d'année civile au cours des trois dernières années civiles.

Art. L. 424-7 *(Rempl. à compter du 3 janvier 2018, Ord. n° 2016-827, 23 juin 2016).* – L'Autorité des marchés financiers enregistre un système multilatéral de négociation en tant que marché de croissance des petites et moyennes entreprises, à la demande de son gestionnaire, après avoir vérifié que 50 % au moins des émetteurs dont les titres sont admis à la négociation sur le système sont des petites et moyennes entreprises au moment de son enregistrement en tant que marché de croissance des petites et moyennes entreprises et au cours de toute année civile ultérieure et que le système répond aux conditions de fonctionnement fixées par décret.

L'Autorité des marchés financiers peut mettre fin à l'enregistrement d'un système multilatéral de négociation en tant que marché de croissance des petites et moyennes entreprises si le gestionnaire du système en fait la demande ou si le système ne respecte plus les conditions mentionnées au premier alinéa.

Art. L. 424-8 *(Rempl. à compter du 3 janvier 2018, Ord. n° 2016-827, 23 juin 2016).* – Un instrument financier mentionné aux 1 ou 2 du II de l'article L. 211-1 négocié sur un marché de croissance des petites et moyennes entreprises ne peut être négocié sur un autre marché de croissance des petites et moyennes entreprises que si l'émetteur en a été informé et n'a pas exprimé d'objection. L'émetteur n'est alors soumis à aucune obligation en matière de gouvernance d'entreprise ou d'information initiale, périodique ou spécifique vis-à-vis de cet autre marché de croissance des petites et moyennes entreprises.

Section VI. – Systèmes multilatéraux de négociation européens

Art. L. 424-9 *(Ord. n° 2007-544, 12 avr. 2007 ; mod., Ord. n° 2014-158, 20 févr. 2014).* – **Tout système multilatéral de négociation d'un autre État membre de l'Union européenne ou d'un autre État partie à l'accord sur l'Espace économique européen qui fonctionne sans requérir la présence effective de personnes physiques peut offrir, sur le territoire de la France métropolitaine et des départements d'outre-mer et du Département de Mayotte** *(Mots suppr. à compter du 3 janvier 2018, Ord. n° 2016-827, 23 juin 2016)* **« ... » et de Saint-Martin, les moyens d'accès à ce système.**

Art. L. 424-10 *(Ord. n° 2007-544, 12 avr. 2007 ; mod., Ord. n° 2014-158, 20 févr. 2014).* – **L'Autorité des marchés financiers dispose à l'égard des systèmes multilatéraux de négociation d'un autre État membre de l'Union européenne ou d'un autre État partie à l'accord sur l'Espace économique européen des mêmes pouvoirs que ceux qui lui sont dévolus par le II de l'article L. 422-1 à l'égard des marchés réglementés.**

Section VII. – Dispositions transitoires

(Section abr. à compter du 3 janvier 2018, Ord. n° 2016-827, 23 juin 2016)

Art. L. 424-11 *(Abr. à compter du 3 janvier 2018, Ord. n° 2016-827, 23 juin 2016).*

CHAPITRE V. – SYSTÈMES ORGANISÉS DE NÉGOCIATION

(Chapitre rempl. à compter du 3 janvier 2018, Ord. n° 2016-827, 23 juin 2016)

Section I. – Définition ; agrément ou autorisation du gestionnaire

Art. L. 425-1 *(Ord. n° 2007-544, 12 avr. 2007 ; mod., Ord. n° 2017-1107, 22 juin 2017).* – **Un système organisé de négociation est un système multilatéral qui assure la rencontre en son sein et à la discrétion du gestionnaire de multiples intérêts acheteurs et vendeurs exprimés par des tiers de manière à conclure des transactions sur :**

1° Des titres financiers mentionnés au 2 du II de l'article L. 211-1 ;

2° Des produits financiers structurés au sens du règlement (UE) n° 600/2014 du Parlement européen et du Conseil du 15 mai 2014 concernant les marchés d'instruments financiers ;

3° Des unités mentionnées à l'article L. 229-7 du Code de l'environnement ;

4° Des instruments dérivés au sens de l'article 2, paragraphe 1, 29 du règlement (UE) n° 600/2014 du Parlement européen et du Conseil du 15 mai 2014 concernant les marchés d'instruments financiers ;

5° Des produits énergétiques de gros, au sens du 4 de l'article 2 du règlement (UE) n° 1227/2011 du Parlement européen et du Conseil, qui doivent être réglés par livraison physique.

Il fonctionne conformément aux dispositions du présent chapitre.

Le système compte au moins trois clients ou utilisateurs significativement actifs, chacun d'eux ayant la possibilité d'interagir avec tous les autres en matière de formation des prix.

Le gestionnaire d'un système organisé de négociation est un prestataire de services d'investissement autre qu'une société de gestion de portefeuille agréé pour fournir le service d'investissement mentionné au 9 de l'article L. 321-1 ou par une entreprise de marché autorisée à cet effet par l'Autorité des marchés financiers. Lorsque l'entreprise de marché gère un système organisé de négociation, elle se conforme aux dispositions de l'article L. 421-11.

Section II. – Conditions de fonctionnement

Art. L. 425-2 *(Ord. n° 2007-544, 12 avr. 2007 ; mod., Ord. n° 2016-827, 23 juin 2016).* – **Le gestionnaire du système organisé de négociation établit les règles du système. Ces règles transparentes assurent un processus de négociation équitable et ordonné et fixent des critères objectifs pour une exécution efficace des ordres dans le système.**

Elles fixent également les conditions d'admission des clients conformément aux dispositions de l'article L. 425-8.

Les règles du système, ainsi que leur modification, sont approuvées par l'Autorité des marchés financiers, qui vérifie leur conformité aux dispositions législatives et réglementaires applicables, ainsi que leur caractère proportionné aux objectifs poursuivis.

(Al. créé, L. n° 2019-486, 22 mai 2019) Ces règles sont rédigées en français ou, dans les cas définis par le règlement général de l'Autorité des marchés financiers, dans une autre langue usuelle en matière financière.

Le gestionnaire du système organisé de négociation prend toute disposition utile pour favoriser le règlement efficace des transactions effectuées sur ce système.

Le gestionnaire du système organisé de négociation met en œuvre des dispositifs propres à garantir la bonne gestion des opérations techniques du système, y compris des procédures d'urgence efficaces pour faire face aux dysfonctionnements éventuels des systèmes.

Voir : Règl. AMF, 12 oct. 2004, art. 531-1 et s.

Art. L. 425-3 *(Ord. n° 2007-544, 12 avr. 2007 ; mod., Ord. n° 2016-827, 23 juin 2016).* – Les dispositions des articles L. 533-11 à L. 533-16, L. 533-18, L. 533-19, L. 533-24 et L. 533-24-1 sont applicables aux transactions conclues sur un système organisé de négociation.

Art. L. 425-4 *(Ord. n° 2007-544, 12 avr. 2007 ; mod., Ord. n° 2016-827, 23 juin 2016).* – I. – Le gestionnaire du système organisé de négociation arrête toute disposition nécessaire au respect de l'interdiction énoncée à l'article L. 420-2 pour l'exécution d'ordres de membres sur le système que ce soit en engageant ses propres capitaux ou les capitaux de toute autre personne morale faisant partie du groupe auquel il appartient.

II. – Le gestionnaire d'un système organisé de négociation ne peut exercer l'activité d'internalisateur systématique au sein de la même entité juridique, ni être lié à un internalisateur systématique d'une manière qui contrevienne au I en rendant possible l'interaction des ordres sur un système organisé de négociation et des ordres ou des prix sur un internalisateur systématique.

III. – Un système organisé de négociation ne peut être lié à un autre système organisé de négociation d'une manière qui permette une interaction des ordres exécutés sur les différents systèmes organisés de négociation.

Art. L. 425-5 *(Ord. n° 2016-827, 23 juin 2016 ; mod., Ord. n° 2017-1107, 22 juin 2017).* – I. – Par exception au I de l'article L. 425-4, après avoir recueilli le consentement du client concerné, le gestionnaire du système organisé de négociation peut négocier par appariement avec interposition du compte propre lorsque les transactions portent sur les :

1° Instruments financiers mentionnés au 1°, les produits mentionnés au 2° et les unités mentionnées au 3° de l'article L. 425-1 ;

2° Instruments dérivés mentionnés au 4° de l'article L. 425-1 qui ne relèvent pas d'une catégorie soumise à l'obligation de compensation conformément à l'article 5 du règlement (UE) n° 648/2012 du Parlement européen et du Conseil sur les produits dérivés de gré à gré, les contreparties centrales et les référentiels centraux.

Le gestionnaire prend toute disposition nécessaire pour garantir la conformité des transactions conclues avec les caractéristiques de la négociation par appariement avec interposition du compte propre mentionnée au deuxième alinéa de l'article L. 420-2.

II. – Par exception au I de l'article L. 425-4, le gestionnaire du système organisé de négociation ne peut effectuer des opérations de négociation pour compte propre autres que la négociation par appariement avec interposition du compte propre qu'en ce qui concerne les seuls titres de dette souveraine, au sens de l'article 4 de la directive 2014/65/ UE du Parlement européen et du Conseil du 15 mai 2014 concernant les marchés d'instruments financiers, pour lesquels il n'existe pas de marché liquide.

Art. L. 425-6 *(Ord. n° 2016-827, 23 juin 2016 ; mod., Ord. n° 2017-1107, 22 juin 2017).* – Le gestionnaire du système organisé de négociation peut recourir à un prestataire de services d'investissement autre qu'une société de gestion de portefeuille pour agir en tant que teneur de marché au sens du 2° de l'article L. 531-2 sur le système organisé de négociation de manière indépendante.

Au sens du présent article, un teneur de marché n'est pas considéré comme agissant de manière indépendante s'il a des liens étroits avec le gestionnaire du système organisé de négociation.

Section III. – Admission aux négociations

Art. L. 425-7 *(Ord. n° 2016-827, 23 juin 2016)*. – **Le gestionnaire du système organisé de négociation instaure des règles transparentes concernant les critères permettant de déterminer les instruments financiers qui peuvent être négociés dans le cadre de son système.**

Lorsqu'un instrument financier mentionné au 2 du II de l'article L. 211-1, admis aux négociations sur un marché réglementé, est également négocié sur un système organisé de négociation sans le consentement de l'émetteur, ce dernier n'est soumis à aucune obligation d'information financière à l'égard du gestionnaire de ce système.

Section IV. – Régime des clients

Art. L. 425-8 *(Ord. n° 2016-827, 23 juin 2016)*. – **Les règles du système organisé de négociation fixent de manière transparente et non discriminatoire les conditions d'admission des clients du système, fondées sur des critères objectifs.**

Le gestionnaire du système organisé de négociation peut obtenir communication de la part de ses clients de la liste des utilisateurs auxquels ils ont donné accès au système.

Le gestionnaire du système organisé de négociation informe clairement les clients de leurs responsabilités respectives quant au règlement des transactions exécutées sur le système.

Section V. – Systèmes organisés de négociation européens

Art. L. 425-9 *(Ord. n° 2016-827, 23 juin 2016)*. – **Tout système organisé de négociation d'un autre État membre de l'Union européenne ou partie à l'accord sur l'Espace économique européen qui fonctionne sans requérir la présence effective de personnes physiques peut offrir, sur le territoire de la France métropolitaine, en Guadeloupe, en Guyane, en Martinique, à La Réunion, à Mayotte ainsi qu'à Saint-Martin, les moyens d'accès à ce système.**

Art. L. 425-10 *(Ord. n° 2016-827, 23 juin 2016)*. – **L'Autorité des marchés financiers dispose à l'égard des systèmes organisés de négociation d'un autre État membre de l'Union européenne ou partie à l'accord sur l'Espace économique européen des mêmes pouvoirs que ceux qui lui sont dévolus par le II de l'article L. 422-1 à l'égard des marchés réglementés.**

CHAPITRE VI. – DÉTENTION, COMMERCE ET TRANSPORT DE L'OR

(Ord. n° 2007-544, 12 avr. 2007)

Art. L. 426-1 *(Ord. n° 2007-544, 12 avr. 2007)*. – **La détention, le transport et le commerce de l'or sont libres sur le territoire français.**

....

Partie réglementaire

LIVRE IV – LES MARCHÉS

TITRE II – LES PLATES-FORMES DE NÉGOCIATION

(Intitulé rempl., D. n° 2007-901, 15 mai 2007 (1)

CHAPITRE Ier – MARCHÉS RÉGLEMENTÉS FRANÇAIS

Section I. – Définition du marché réglementé et de l'entreprise de marché

(D. n° 2007-901, 15 mai 2007 (1)

Art. R. 421-1 *(D. n° 2007-901, 15 mai 2007)*. – **Lorsqu'elle a désigné un mandataire sans procédure contradictoire, conformément aux dispositions du troisième alinéa de l'article L. 421-3, l'Autorité des marchés financiers en avertit immédiatement l'entreprise de marché et dispose alors d'un délai de trois mois pour faire connaître sa décision de confirmer cette mesure selon une procédure contradictoire définie par décret.**

---

(1) Dispositions applicables en Nouvelle-Calédonie, en Polynésie française et dans les îles Wallis et Futuna à compter du 1er février 2009, D. n° 2008-1473, 30 déc. 2008.

La mesure provisoire cesse de produire ses effets, si elle n'a pas été confirmée dans ce délai de trois mois.

Entrée en vigueur. Les articles R. 421-1 à D. 421-11 sont entrés en vigueur le 1er novembre 2007.

Art. D. 421-2 *(D. n° 2007-904, 15 mai 2007)* (1). – Lorsque l'Autorité des marchés financiers estime qu'il y a lieu de désigner un mandataire conformément aux dispositions de l'article L. 421-3, elle porte à la connaissance de l'entreprise de marché, par une lettre recommandée avec demande d'avis de réception adressée à son représentant légal ou par tout autre moyen permettant de s'assurer de sa réception par ledit représentant, les motifs pour lesquels elle envisage de procéder à une telle désignation.

Art. D. 421-3 *(D. n° 2007-904, 15 mai 2007)* (1). – Le représentant de l'entreprise de marché doit adresser ses observations à l'Autorité des marchés financiers dans un délai fixé par la lettre mentionnée à l'article D. 421-2. Ce délai ne peut être inférieur à trois jours.

Le représentant de l'entreprise de marché est convoqué pour être entendu par le collège de l'Autorité des marchés financiers. Cette convocation doit lui parvenir trois jours au moins avant la date de la réunion du collège.

Il peut se faire assister par un avocat.

Art. D. 421-4 *(D. n° 2007-904, 15 mai 2007)* (1). – La décision de nomination d'un mandataire précise la durée prévisible de la mission confiée ainsi que les conditions de sa rémunération par l'entreprise de marché, qui tiennent compte notamment de la nature et du volume de l'activité ainsi que de la situation de l'entreprise de marché concernée.

Le mandataire est nommé pour une mission d'une durée maximum d'un an renouvelable, si les circonstances le justifient, par décision du collège de l'Autorité des marchés financiers prise à la majorité des membres composant celui-ci.

Section II. – Reconnaissance, révision et retrait de la qualité de marché réglementé
(D. n° 2007-904, 15 mai 2007) (1)

Art. D. 421-5 *(D. n° 2007-904, 15 mai 2007)* (1). – L'arrêté de reconnaissance prévu à l'article L. 421-4 est publié au *Journal officiel* de la République française.

Art. D. 421-6 *(D. n° 2007-904, 15 mai 2007 ; D. n° 2014-1315, 3 nov. 2014 ; mod. D. n° 2017-1324, 6 sept. 2017)*. – L'Autorité des marchés financiers établit et tient à jour la liste des marchés réglementés français. Elle communique cette liste aux autres États membres de l'Union européenne et aux autres États parties à l'accord sur l'Espace économique européen, ainsi qu'à l'Autorité européenne des marchés financiers.

Art. R. * 421-6-1 *(Créé à compter du 3 janvier 2018, D. n° 2017-733, 4 mai 2017)*. – Le silence gardé par l'administration vaut décision de rejet sur :

1° Les demandes d'approbation initiale des règles d'un marché réglementé formées en application du troisième alinéa de l'article L. 421-10 ;

2° Les demandes de modification des règles d'un marché règlementé formées en application du quatrième alinéa de l'article L. 421-10.

Art. R. 421-6-2 *(Créé à compter du 3 janvier 2018, D. n° 2017-733, 4 mai 2017)*. – Le silence gardé par l'administration vaut décision de rejet sur les demandes d'approbation du programme d'activité des entreprises de marché en application du 2° du VII de l'article L. 621-7.

Art. R. 421-6-3 *(Créé à compter du 3 janvier 2018, D. n° 2017-733, 4 mai 2017)*. – La décision implicite mentionnée au 1° de l'article R. * 421-6-1 naît au terme d'un délai de trois mois suivant la date de réception du dossier ; celle mentionnée au 2° du même article naît au terme d'un délai d'un mois ; celle mentionnée à l'article R. 421-6-2 naît au terme d'un délai de trois mois.

---

(1) Dispositions applicables en Nouvelle-Calédonie, en Polynésie française et dans les îles Wallis et Futuna à compter du 1er février 2009, D. n° 2008-1473, 30 déc. 2008.

Section III. – Conditions de fonctionnement des marchés réglementés et des entreprises de marché
(D. n° 2007-904, 15 mai 2007) (1)

Sous-section 1. – Obligations des dirigeants et des actionnaires d'entreprises de marché

Art. D. 421-7 *(D. n° 2007-904, 15 mai 2007)* (1). **– Les déclarations de franchissement de seuil prévues au second alinéa du I de l'article L. 421-9 indiquent, de façon séparée, le nombre d'actions et le nombre de droits de vote détenus dans l'entreprise de marché, calculés dans les conditions prévues à l'article D. 421-8.**

Art. D. 421-8 *(D. n° 2007-904, 15 mai 2007)* (1). **– Les déclarants, soumis à l'obligation prévue au second alinéa du I de l'article L. 421-9, sont les personnes, agissant seules ou de concert à l'égard de l'entreprise de marché :**

1° Qui viennent à posséder directement plus du dixième, du cinquième, du tiers, de la moitié ou des deux tiers des actions ou des droits de vote de l'entreprise de marché ;

2° Ou qui contrôlent, au sens de l'article L. 233-3 du Code de commerce, une ou plusieurs sociétés venant à posséder ensemble plus du dixième, du cinquième, du tiers, de la moitié ou des deux tiers des actions ou des droits de vote de l'entreprise de marché ;

3° Ou qui viennent à contrôler, au sens de l'article L. 233-3 du Code de commerce, une ou plusieurs sociétés possédant ensemble plus du dixième, du cinquième, du tiers, de la moitié ou des deux tiers des actions ou des droits de vote de l'entreprise de marché ;

4° Ou qui viennent à posséder directement plus du dixième, du cinquième, du tiers, de la moitié ou des deux tiers des actions ou des droits de vote d'une société qui contrôle, au sens de l'article L. 233-3 du Code de commerce, l'entreprise de marché ;

5° Ou qui possèdent directement plus du dixième, du cinquième, du tiers, de la moitié ou des deux tiers des actions ou des droits de vote d'une société qui vient à contrôler, au sens de l'article L. 233-3 du Code de commerce, l'entreprise de marché ;

6° Ou encore qui atteignent, en cumulant les actions ou des droits de vote possédés dans les conditions des 1° à 5°, l'un des seuils du dixième, du cinquième, du tiers, de la moitié ou des deux tiers.

Les déclarations prévues au second alinéa du I de l'article L. 421-9 précisent le nombre d'actions et le nombre de droits de vote de l'entreprise de marché détenus directement ou indirectement et leurs modalités de calcul.

Art. D. 421-9 *(D. n° 2007-904, 15 mai 2007)* (1). **– Les déclarations prévues au second alinéa du I de l'article L. 421-9 sont effectuées dans un délai de sept jours à compter du franchissement de seuil.**

CHAPITRE II. – MARCHÉS RÉGLEMENTÉS EUROPÉENS

Art. D. 422-1 *(D. n° 2017-1324, 6 sept. 2017)*. **– L'Autorité des marchés financiers informe sans délai excessif la Commission européenne et l'Autorité européenne des marchés financiers de toute mesure prise en application du deuxième alinéa du II de l'article L. 422-1.**

CHAPITRE III. – MARCHÉS ÉTRANGERS RECONNUS

Art. D. 423-1. – Un marché étranger de valeurs mobilières, de contrats à terme ou de tous produits financiers ne peut être reconnu que lorsque les règles de protection des investisseurs, de sécurité, de surveillance et de contrôle de ce marché sont équivalentes à celles qui existent sur les marchés placés sous l'autorité de l'Autorité des marchés financiers et à condition que les personnes autorisées à intervenir sur ces marchés et les produits qui peuvent y faire l'objet de transactions bénéficient d'un traitement équivalent dans le pays concerné.

Art. D. 423-2. – La liste des marchés reconnus est arrêtée par le ministre chargé de l'économie, après avis de l'Autorité des marchés financiers.

(1) Dispositions applicables en Nouvelle-Calédonie, en Polynésie française et dans les îles Wallis et Futuna à compter du 1er février 2009, D. n° 2008-1473, 30 déc. 2008.

Art. D. 423-3. – **Les personnes domiciliées ou ayant leur siège social hors du territoire de la République sont autorisées à solliciter le public en France en vue d'opérations sur un marché étranger reconnu de valeurs mobilières, de contrats à terme ou de tous produits financiers, lorsqu'elles ont été agréées par l'autorité de contrôle compétente dans leur pays d'origine et après que les autorités compétentes françaises se sont assurées que les règles de compétence, d'honorabilité et de solvabilité auxquelles sont soumises ces personnes sont équivalentes à celles qui sont applicables en France.**

Art. D. 423-4. – **Le règlement général de l'Autorité des marchés financiers détermine, en tant que de besoin, les modalités d'application des articles D. 423-1 à D. 423-3.**

CHAPITRE IV. – SYSTÈMES MULTILATÉRAUX DE NÉGOCIATION

(Intitulé rempl., D. n° 2007-904, 15 mai 2007)

Art. D. 424-1 *(Rempl. à compter du 3 janvier 2018, D. n° 2017-1324, 6 sept. 2017)*. – **L'Autorité des marchés financiers notifie à l'Autorité européenne des marchés financiers tout agrément délivré à un prestataire de services d'investissement autre qu'une société de gestion de portefeuille pour fournir le service d'investissement mentionné au 8 de l'article L. 321-1 et toute autorisation délivrée à une entreprise de marché pour gérer un système multilatéral de négociation.**

Art. R. * 424-2 *(Créé à compter du 3 janvier 2018, D. n° 2017-733, 4 mai 2017)*. – **Le silence gardé par l'administration vaut décision de rejet sur :**

1° Les demandes d'approbation initiale des règles d'un système multilatéral de négociation formées en application du deuxième alinéa de l'article L. 424-2 ;

2° Les demandes de modification des règles d'un système multilatéral de négociation formées en application du deuxième alinéa de l'article L. 424-2.

Art. R. 424-3 *(Créé à compter du 3 janvier 2018, D. n° 2017-733, 4 mai 2017)*. – **La décision implicite mentionnée au 1° de l'article R. * 424-2 naît au terme d'un délai de trois mois suivant la date de réception du dossier ; celle mentionnée au 2° nait au terme d'un délai d'un mois.**

Partie législative

TITRE III. – LES NÉGOCIATIONS SUR INSTRUMENTS FINANCIERS

CHAPITRE I. – DISPOSITIONS GÉNÉRALES

(Abr., Ord. n° 2009-15, 8 janv. 2009)

Loi du 12 mars 1900

ayant pour objet de réprimer les abus commis en matière de vente à crédit de valeurs mobilières *(JO 18 mars)*

Art. 6. – Il est interdit aux établissements qui se livrent à la vente à crédit de valeurs de Bourse de faire entrer dans leur dénomination les mots « caisse d'épargne ». Leurs directeurs sont, en cas de contravention à cette défense, passibles d'une amende de 25 à 3 000 [anciens] francs.

CHAPITRE III. – OPÉRATIONS SPÉCIFIQUES AUX MARCHÉS RÉGLEMENTÉS

Bibliographie : J.-F. Biard, *À propos des décisions de l'Autorité des marchés financiers, Offres publiques d'acquisition, gestion des rumeurs préalablement au dépôt d'une offre : RD bancaire et fin.* 2007, n° 1, p. 38. • N. Bombrun et S. Coignat, *Le paiement en titres dans les offres publiques : une alternative séduisante au paiement en numéraire dans le contexte actuel : RTDF* 2010, n° 2, p. 37. • Th. Bonneau, *La réforme des offres publiques d'acquisition : JCP* G 2006, I, 134 ; *Vers une nouvelle réforme des offres publiques : quels en sont les enjeux ? Quelle en est la portée ? : RD bancaire et fin.* n° 5, sept. 2009, comm. 171. • Th. Bonneau et L. Faugérolas, *Les offres publiques, OPA, OPE, garantie de cours, retrait...*, EFE, 1999. • D. Carreau et J.-Y. Martin, *Les moyens de défense anti-OPA en France : Banque* 1990, p. 896. • A. Couret, *Cession des sociétés cotées et protection des minoritaires : BJS* 1992, p. 363 ; *Le régime des offres publiques issu de la loi sur les nouvelles régulations économiques : D.* 2001, p. 1178 ; *OPA, Les enjeux du nouveau cadre juridique : propos introductifs : Rev. Lamy dr. aff.* 2007, n° 15, p. 68. • A. Decleves et S. Halley, *Le certificat de valeur garantie : RD bancaire et bourse* 1998, p. 207. • G. Decoq, *Une nouvelle forme de valeur mobilière : les certificats de valeur garantie : JCP* E 1997, I, 650. • H.-L. Delsol, *Vie et mort de la garantie de cours : Bull. Joly Bourse* juin 2011, § 183, p. 392. • N.-M. Dompé, *La transposition de la directive OPA et les principes directeurs des offres : Dr. sociétés* 2006, doctr. 19, p. 5. • O. Diaz, *L'attitude de la société cible lors des différentes phases d'une manifestation d'intérêt pour une société cotée : RD bancaire et fin.* 2007, n° 28, p. 32. • M.-C. de Nayer, *Batailles boursières et mondialisation font évoluer le régime des offres publiques en France : RD bancaire et fin.* 2002, p. 43. • O. Douvreleur, *OPA, les enjeux du nouveau cadre juridique : les principales évolutions réglementaires : Rev. Lamy dr. aff.* 2007, n° 15, p. 71. • L. Faugérolas, *Vingt ans (et un peu plus !) de droit des OPA : Bull. Joly Bourse* 2012, § 241, p. 538. • K. J. Hopt, *Les offres publiques d'acquisition en droit français et en droit allemand après la 13e directive : D.* 2007, n° 7, p. 462. • H. Le Nabasque, *Offres publiques d'acquisition : RD bancaire et fin.* janv.-févr. 2006, p. 41 ; *Modification des dispositions relatives aux offres publiques : RD bancaire et fin.* mars-avr. 2011, comm. 67, p. 72. • J.-P. Le Gall et N. Message, *Traitement des options d'achat et de souscription d'actions dans les offres publiques d'achat ou d'échange d'actions de sociétés cotées : les contrats de liquidité : JCP* E 2006, 2212. • H. Le Pas de Secheval et C. Phelizon, *La protection des investisseurs lors des offres publiques : la place de l'information : Bull. COB* déc. 2001, p. 15. • C. Maison-Blanche, *La phase de pré-offre : les règles applicables aux interventions sur les titres faisant l'objet d'une future offre publique : RD bancaire et fin.* nov. 2008, prat. 6. • F. Martin Laprade et G. Guiliani, *La réforme des offres publiques d'acquisition : RD bancaire et fin.* 2006, n° 6, p. 56. • V. Medail et P. Vergnole, *La réforme des offres publiques par la loi sur les nouvelles régulations économiques : BJS* 2001, p. 766. • J.-M. Moulin, *La loi n° 2006-387 du 31 mars 2006 transposant la directive OPA du 21 avril 2004 : JCP* E 2006, 1651. • A.-C. Muller, *Offres publiques et action de concert*, in *Loi de régulation bancaire et financière du 22 oct. 2010 : aspects de droit boursier : RD bancaire et fin.* mars-avr. 2011, p. 99 et s., spéc. p. 107 à 114. • S. Noémie, *OPA : nouveau règlement et nouvelle instruction COB : Bull. Joly Bourse* mai-juin 2002, § 50 et 51, p. 226 et 235. • N. Rontchevsky, *La déclaration d'intention en cas d'actes préparatoires au dépôt d'une offre publique : commentaire du dispositif de gestion des rumeurs en matière d'offre publique : Bull. Joly Bourse* 2007, n° 1, p. 5. • D. Ohl, *Les « bons d'offre » : la fin des OPA hostiles ? : Bull. Joly Bourse* 2006, p. 527. • A. Pietrancosta, *Nouveau règlement COB sur les offres publiques d'acquisition : RD bancaire et fin.* 2002, n° 161, p. 209. • Ph. Portier, *Le champ d'application du règlement COB n° 2002-04 relatif aux offres publiques d'acquisition : RD bancaire et fin.* 2002, n° 162, p. 211 ; *Le règlement n° 2002-04 relatif aux offres publiques d'acquisition et le contrôle de la COB sur le prix ou la parité proposés par l'initiateur d'une offre volontaire : RD bancaire et fin.* 2002, n° 163, p. 211. • Ph. Portier, R. Navalet-Noualhier et M.-E. Mathieu-Bouyssou, *La libre compétition dans les offres publiques d'acquisition : RD bancaire et fin.* 2002, p. 226. • P. Servan-Schreiber et A.-W. Grumberg, *Défenses anti-OPA. Adoption de la directive européenne sur les OPA et enjeux par les entreprises françaises : JCP* E 2004, 1598. • P. Servan-Schreiber, *La fiducie : d'un moyen de gestion à une arme anti-OPA ? – Comparatif fiducie-stitching : JCP* E 2007, 2055. • F.-G. Trébulle, *De la nature des certificats de valeur garantie : JCP* E 1999, p. 114. • S. Sabatier, *Les droits à garantie dans une offre publique d'achat : Bull. Joly Bourse* 2007, n° 6, p. 787. • D. Schmidt, *L'office du juge en droit des OPA et des abus de marché : Bull. Joly Bourse* 2017, p. 117. • A. Tennenbaum, *La compétence internationale des autorités de surveillance des marchés financiers en matière d'offre publique : réflexion à propos de l'offre publique de la société Mittal Steel sur les titres de la société Arcelor : Rev. crit. DIP* 2006, n° 3, p. 557. • M. Trochu, *Les offres publiques d'achat : RTD com.* 1967, p. 695. • A. Viandier, *OPA, OPE et autres offres publiques*, éd. F. Lefebvre, 1999 ; *Réglementation des offres publiques et droit des sociétés : Bull. Joly Bourse* 1993, p. 7 et s. ; *Le droit des sociétés à l'épreuve des offres publiques : RJ com.* 2000, n° 7, p. 241. • A. Viandier et A. Charveriat, *Sociétés et loi NRE*, éd. F. Lefebvre 2002, nos 10 et s. • *Adde* T. Lefranc, *JCl. Sociétés Traité*, Fasc. 2133 *(Offres publiques d'acquisition)*. • R. Salomon, *JCl. Sociétés Traité*, Fasc. 2132 *(Défenses anti-OPA)*. • A. Bougnoux, *JCl. Sociétés traité, Fasc. 2045 (Certificat de valeur garantie).*

Voir : Règl. gén. AMF, du 12 oct. 2004, art. 231-1 et s., p. 1274.

Section I. – Offres publiques d'achat et d'échange

Art. L. 433-1 *(Mod., L. n° 2003-706, 1er août 2003 ; rempl., L. n° 2006-387, 31 mars 2006 ; mod., Ord. n° 2014-158, 20 févr. 2014).* **– I. – Afin d'assurer l'égalité des actionnaires et la transparence des marchés, le règlement général de l'Autorité des marchés financiers fixe les règles relatives aux offres publiques portant sur des instruments financiers émis par une société dont le siège social est établi en France et qui sont admis aux négociations sur un marché réglementé français.**

II. – Ces règles s'appliquent également aux offres publiques visant des instruments financiers émis par une société dont le siège statutaire est établi sur le territoire d'un État membre de la Communauté européenne ou d'un autre État partie à l'accord sur l'Espace économique européen autre que la France lorsque les titres de capital de cette société auxquels sont attachés des droits de vote :

1° Ne sont pas admis aux négociations sur un marché réglementé de l'État sur le territoire duquel la société a son siège statutaire et

2° Ont été admis aux négociations sur un marché réglementé d'un État membre de la Communauté européenne ou d'un autre État partie à l'Espace économique européen pour la première fois en France.

Lorsque la première admission mentionnée au 2° est intervenue simultanément dans plusieurs États membres de l'Union européenne ou d'autres États parties à l'accord sur l'Espace économique européen avant le 20 mai 2006, l'Autorité des marchés financiers fixe les règles mentionnées au I lorsqu'elle a été déclarée autorité compétente pour le contrôle de l'offre par les autorités de contrôle des autres États membres de l'Union européenne concernés. À défaut, lorsque cette déclaration n'est pas intervenue dans les quatre semaines suivant le 20 mai 2006, l'Autorité des marchés financiers fixe les règles mentionnées au I lorsqu'elle a été déclarée autorité compétente pour le contrôle de l'offre par la société qui fait l'objet de l'offre.

Lorsque la première admission mentionnée au 2° intervient simultanément dans plusieurs États membres de l'Union européenne ou d'autres États parties à l'accord sur l'Espace économique européen après le 20 mai 2006, l'Autorité des marchés financiers fixe les règles lorsqu'elle a été déclarée compétente pour le contrôle de l'offre par la société qui fait l'objet de l'offre.

Dans les conditions et selon les modalités fixées par le règlement général de l'Autorité des marchés financiers, la société qui fait l'objet de l'offre et qui déclare l'Autorité des marchés financiers autorité compétente pour le contrôle de l'offre en informe cette dernière, qui rend cette décision publique.

III. – Le règlement général de l'Autorité des marchés financiers fixe les conditions dans lesquelles les règles mentionnées au I s'appliquent aux offres publiques visant des instruments financiers émis par des sociétés dont le siège statutaire est établi hors d'un État membre de l'Union européenne ou d'un autre État partie à l'accord sur l'Espace économique européen et qui sont admis aux négociations sur un marché réglementé français.

IV. – Le règlement général de l'Autorité des marchés financiers peut également fixer les conditions dans lesquelles les règles prévues au I s'appliquent aux offres publiques visant des instruments financiers qui sont admis aux négociations sur un marché d'instruments financiers autre qu'un marché réglementé, à la demande de la personne qui le gère.

V. – Toute personne, dont il y a des motifs raisonnables de penser qu'elle prépare une offre publique, peut être tenue de déclarer ses intentions à l'Autorité des marchés financiers, dans des conditions et selon des formes fixées par le règlement général de celle-ci. Il en est ainsi, en particulier, quand des instruments financiers admis aux négociations sur un marché réglementé français font l'objet d'un mouvement significatif.

Une information concernant cette déclaration est portée à la connaissance du public dans les conditions fixées par le règlement général de l'Autorité des marchés financiers.

Le règlement général détermine les conséquences qui résultent de cette déclaration d'intention. Il précise notamment les conditions dans lesquelles le dépôt d'un projet d'offre publique par toute personne qui aurait, dans un délai fixé par le règlement général de l'Autorité des marchés financiers, démenti avoir l'intention de déposer une telle offre peut être refusé.

Voir : Régl. gén. AMF, du 12 oct. 2004, art. 231-34, p. 1283.

Art. L. 433-1-1 *(L. n° 2001-420, 15 mai 2001).* **– Le règlement général de l'Autorité des marchés financiers fixe également les conditions dans lesquelles, lorsque plus de trois mois se sont écoulés depuis le dépôt d'un projet d'offre publique sur les titres d'une société, le conseil peut fixer, après avoir préalablement demandé aux parties de présenter leurs observations, une date de clôture définitive de toutes les offres publiques portant sur les titres de ladite société.**

Art. L. 433-1-2 *(L. n° 2014-384, 29 mars 2014 ; mod., L. n° 2015-990, 6 août 2015).* **– I. – Lorsqu'à la clôture d'une offre publique mentionnée à la présente section ou à la section 2 du présent chapitre, la personne ayant déposé le projet d'offre, agissant seule ou de concert au sens de l'article L. 233-10 du Code de commerce, ne détient pas un nombre d'actions représentant une fraction du capital ou des droits de vote supérieure à la moitié, l'offre est caduque de plein droit. Le règlement général de l'Autorité des marchés financiers fixe les conditions et cas d'application du présent I.**

II. – Lorsqu'une offre mentionnée à la section 2 du présent chapitre est devenue caduque en application du I du présent article, la personne ayant déposé le projet d'offre, agissant seule ou de concert au sens de l'article L. 233-10 du Code de commerce, est privée, pour toute assemblée générale qui se tiendrait jusqu'à ce qu'elle

détienne le nombre d'actions mentionné au I du présent article, des droits de vote attachés aux actions qu'elle détient dans la société pour la quantité excédant :

1° Soit le seuil des trois dixièmes du capital ou des droits de vote, dans le cas où le projet d'offre a été déposé par une personne, agissant seule ou de concert au sens de l'article L. 233-10 du Code de commerce, qui a franchi, directement ou indirectement, le seuil des trois dixièmes du capital ou des droits de vote ;

2° Soit le nombre d'actions qu'elle détenait préalablement au franchissement du seuil d'un centième du capital ou des droits de vote mentionné au premier alinéa du I de l'article L. 433-3 du présent code, dans le cas où le projet d'offre a été déposé par une personne, agissant seule ou de concert au sens de l'article L. 233-10 du Code de commerce, détenant, directement ou indirectement, un nombre d'actions ou de droits de vote compris entre les trois dixièmes et la moitié du capital ou des droits de vote et qui, en moins de douze mois consécutifs, a augmenté sa détention d'au moins un centième du capital ou des droits de vote de la société.

III. – La personne, agissant seule ou de concert au sens de l'article L. 233-10 du Code de commerce, qui a déposé une offre mentionnée à la section 2 du présent chapitre ou qui détient, directement ou indirectement, un nombre d'actions ou de droits de vote compris entre les trois dixièmes et la moitié du capital ou des droits de vote et qui a déposé une offre mentionnée à la présente section, dont l'offre est devenue caduque en application du I du présent article, ne peut augmenter sa détention en capital ou en droits de vote à moins d'en informer l'Autorité des marchés financiers et de déposer un projet d'offre publique en vue d'acquérir une quantité déterminée des titres de la société. À défaut d'avoir procédé à ce dépôt, cette personne est privée des droits de vote attachés aux actions qu'elle détient au-delà de sa détention initiale du capital ou des droits de vote.

Art. L. 433-2 *(Rempl., L. n° 2006-387, 31 mars 2006)*. **– En période d'offre publique, les mesures dont la mise en œuvre est susceptible de faire échouer l'offre et les restrictions au transfert d'actions et au droit de vote sont régies par les articles L. 233-32 à L. 233-40 du Code de commerce.**

Section II. – Obligation de déposer un projet d'offre publique

Art. L. 433-3 *(Mod., L. n° 2003-706, 1er août 2003 ; L. n° 2005-842, 26 juill. 2005 ; L. n° 2006-387, 31 mars 2006 ; L. n° 2010-1249, 22 oct. 2010 ; L. n° 2012-387, 22 mars 2012)*. **– I. – Le règlement général de l'Autorité des marchés financiers fixe les conditions dans lesquelles toute personne physique ou morale, actionnaire d'une société dont le siège social est établi en France, et dont les actions sont admises aux négociations sur un marché réglementé d'un État membre de l'Union européenne ou d'un autre État partie à l'accord sur l'Espace économique européen, agissant seule ou de concert au sens de l'article L. 233-10 du Code de commerce, venant à détenir, directement ou indirectement, plus des trois dixièmes du capital ou des droits de vote, ou détenant, directement ou indirectement, un nombre compris entre trois dixièmes et la moitié du capital ou des droits de vote et qui, en moins de douze mois consécutifs, augmente sa détention en capital ou en droits de vote d'au moins un** *(Mot remplacé à compter du 1er juillet 2014, L. n° 2014-384, 29 mars 2014)* **« centième » du capital ou des droits de vote de la société, est tenue d'en informer immédiatement l'Autorité des marchés financiers et de déposer un projet d'offre publique en vue d'acquérir une quantité déterminée des titres de la société. À défaut d'avoir procédé à ce dépôt, les titres détenus par cette personne au-delà des trois dixièmes ou au-delà de sa détention augmentée de la fraction d'un** *(Mot rempl. à compter du 1er juillet 2014, L. n° 2014-384, 29 mars 2014)* **« centième » susmentionnée du capital ou des droits de vote sont privés du droit de vote.**

La détention directe ou indirecte d'une fraction du capital ou des droits de vote est appréciée au regard des articles L. 233-7 et L. 233-9 du Code de commerce. Le règlement général de l'Autorité des marchés financiers fixe la liste précise des accords ou instruments financiers mentionnés au 4° du I de l'article L. 233-9 qui doivent être pris en compte pour la détermination de cette détention. Les accords et instruments mentionnés au 4° ***bis*** **du I de l'article L. 233-9 du Code de commerce ne sont pas pris en compte pour la détermination de cette détention.**

Le prix proposé doit être au moins égal au prix le plus élevé payé par l'auteur de l'offre, agissant seul ou de concert au sens de l'article L. 233-10 du Code de commerce, sur une période de douze mois précédant le fait générateur de l'obligation de dépôt du projet d'offre publique. L'Autorité des marchés financiers peut demander ou autoriser la modification du prix proposé dans les circonstances et selon les critères fixés dans son règlement général.

Le règlement général de l'Autorité des marchés financiers fixe également les conditions dans lesquelles l'Autorité peut accorder une dérogation à l'obligation de déposer un projet d'offre publique portant sur des instruments financiers émis par une société dont le siège social est établi en France et dont les instruments financiers sont admis aux négociations sur un marché réglementé d'un État membre de l'Union européenne ou d'un autre État partie à l'accord sur l'Espace économique européen.

II. – Dans les conditions et modalités prévues au I par le règlement général de l'Autorité des marchés financiers, un projet d'offre publique doit également être déposé lorsque toute personne physique ou morale agissant seule ou de concert au sens de l'article L. 233-10 du Code de commerce vient à détenir, directement ou indirectement, plus des cinq dixièmes du capital ou des droits de vote d'une société dont le siège social est établi en France et dont les actions sont admises aux négociations sur un marché d'instruments financiers ne constituant pas un marché réglementé d'un État membre de l'Union européenne ou d'un autre État partie à l'accord sur l'Espace économique européen, lorsque la personne qui gère ce marché en fait la demande auprès de l'Autorité des marchés financiers.

III. – Le règlement général de l'Autorité des marchés financiers fixe également les conditions dans lesquelles tout projet d'offre publique déposé conformément aux dispositions de la section 1 du présent chapitre ou de la présente section doit, lorsque l'offre porte sur une société qui détient plus des trois dixièmes du capital ou des droits de vote d'une société française ou étrangère dont des titres de capital sont admis aux négociations sur un marché réglementé d'un État partie à l'accord sur l'Espace économique européen ou sur un marché équivalent régi par un droit étranger et qui constitue un actif essentiel de la société détentrice, être accompagné des documents permettant de prouver qu'un projet d'offre publique irrévocable et loyale est ou sera déposé sur l'ensemble du capital de ladite société française ou étrangère, au plus tard à la date d'ouverture de la première offre publique.

Bibliographie : L. Faugérolas et J. Scemama, *L'offre publique obligatoire étendue à la filiale étrangère de la cible (article 34 de la loi Breton) : Bull. Joly Bourse* 2005, 175.

1) Domaine d'application. Les dispositions d'ordre public économique de la loi du 2 juillet 1996 et le règlement général du Conseil des marchés financiers s'imposent à tout opérateur qui intervient sur un marché réglementé français ; en l'espèce, il est constant que la société dont la société requérante a pris directement le contrôle est une société de droit français dont les titres sont inscrits à la cote du second marché de la Bourse de Paris ; les dispositions de l'article 33, 1°, de la loi *[C. monét. fin., art. L. 433-3]* et celles de l'article 5-3-7 du règlement général du Conseil des bourses de valeurs (applicable à titre transitoire), qui ne contiennent aucune mesure d'exécution forcée à l'étranger, sont donc applicables à la requérante : ■ CA Paris, 13 janv. 1998 : *JurisData* n° 1998-020206 ; *JCP* E 1998, p. 492.

2) Dérogations. Doit être rejeté le recours formé contre la décision de l'AMF ayant écarté toute obligation de dépôt d'un projet d'offre publique à la charge d'une société, en estimant que l'application des principes gouvernant les offres publiques visés à l'article 231-3 du règlement général, des articles L. 433-3, I du Code monétaire et financier et 234-2 du règlement général relatifs à l'offre obligatoire devait nécessairement tenir compte des **circonstances de fait prévalant au jour de sa décision** (en l'espèce, la cession par une entreprise de ses actions détenues dans le capital de la société cible, dont une partie était privée du droit de vote au-delà de la fraction du tiers, élément nouveau modifiant substantiellement la situation prévalant lorsque l'AMF a pris sa précédente décision, mais **ne portant pas atteinte à l'intégrité du marché**, contrairement aux prétentions du requérant) : ■ CA Paris, 1re ch., sect. H, 18 déc. 2008, *Assoc. pour la Défense des actionnaires minoritaires ADAM c/ Sté Sacyr Vallehermoso SA : JurisData* n° 2008-006942 ; *Rev. AMF* 2008, n° 53, p. 55 ; *Dr. sociétés* juin 2009, comm. 119, note Th. Bonneau ; *Bull. Joly Bourse* mai 2009, p. 185, note F. M. Laprade et A. Mialon. – Doit être analysée comme **une opération de reclassement intra-groupe** telle qu'envisagée par l'article 234-9, 7° du règlement général AMF et sans incidence sur le contrôle de la société le regroupement de plus de 50 % du capital et des droits de vote d'une société en commandite par actions au sein d'une société holding. Pour cette raison, doit être accordée par l'Autorité des marchés financiers et au bénéfice de ces actionnaires **une dérogation aux principes de l'offre publique obligatoire** : AMF, déc. n° 211 C0024, 7 janv. 2011 : *RD bancaire et fin.* mars 2011, comm. 69, note D. Bompoint ; *BJS* 2011, p. 201, note A. Couret ; *Bull. Joly Bourse* 2011, p. 326, note S. Torck ; *Rev. sociétés* 2011, p. 258, note P.-H. Conac ; *Rev. sociétés* 2011, p. 364, note F. Martin Laprade ; *Dr. sociétés* 2011, comm. 115, note R. Mortier. – V. égal. en ce sens, confirmant la dérogation d'avoir à déposer une OPA accordée par l'AMF aux actionnaires « familiaux » de la société Hermès dans la décision en date du 7 janvier 2011 : ▪ CA Paris, 15 sept. 2011, n° 2011/00690 : *JCP* E 2012, 1044, note M. Pujos ; *BRDA* 18/11, n° 26 ; *BJS* 2011, p. 882, note D. Schmidt ; *Bull. Joly Bourse* 2011, § 328, p. 661, note S. Torck ; *RD bancaire et fin.* 2012, comm. 27, note H. Le Nabasque. – Sur cette même affaire et dans le même sens, V. ▪ Cass. com., 28 mai 2013, nos 11-26.423 et 12-11.672 : *JurisData* n° 2013-010753 ; *RD bancaire et fin.* 2013, comm. 125, note S. Torck ; *JCP* E 2013, 1364, note A. Pezard. – V. plus généralement sur cette affaire R. Mortier, *La guerre d'Hermès : Dr. sociétés* 2013, repère 9.

Section III. – Offres publiques de retrait et retrait obligatoire

Art. L. 433-4 ***(Mod., L. n° 2003-706, 1er août 2003 ; L. n° 2006-387, 31 mars 2006 ; L. n° 2008-776, 4 août 2008 ; L. n° 2010-1249, 22 oct. 2010 ; L. n° 2019-486, 22 mai 2019).*** **– I. - Le règlement général de l'Autorité des marchés financiers fixe les conditions applicables aux procédures d'offre et de demande de retrait dans les cas suivants :**

1° Lorsque le ou les actionnaires majoritaires d'une société dont le siège social est établi en France et dont les actions sont admises aux négociations sur un marché réglementé ou dont les titres ont cessé d'être négociés sur un marché réglementé d'un État membre de l'Union européenne ou d'un autre État partie à l'accord sur l'Espace économique européen détiennent de concert, au sens de l'article L. 233-10 du Code de commerce, au moins 90 % du capital ou des droits de vote ;

2° Lorsqu'une société dont le siège social est établi en France et dont les actions sont admises aux négociations sur un marché réglementé d'un État membre de l'Union européenne ou d'un autre État partie à l'accord sur l'Espace économique européen prend la forme d'une société en commandite par actions ;

3° Lorsque la ou les personnes physiques ou morales qui contrôlent, au sens de l'article L. 233-3 du Code de commerce, une société dont le siège est établi en France et dont les actions sont admises aux négociations sur un marché réglementé d'un État membre de l'Union européenne ou d'un autre État partie à l'accord sur l'Espace économique européen se proposent de soumettre à l'approbation d'une assemblée générale extraordinaire une ou plusieurs modifications significatives des dispositions statutaires, notamment relatives à la forme de la société, aux conditions de cession et de transmission des titres de capital ainsi qu'aux droits qui y sont attachés, ou décident le principe de la fusion de cette société avec la société qui la contrôle ou avec une autre société contrôlée par celle-ci, de la cession ou de l'apport à une autre société de la totalité ou du principal des actifs, de la réorientation de l'activité sociale ou de la suppression, pendant plusieurs exercices, de toute rémunération de titres de capital. Dans ces cas, l'Autorité des marchés financiers apprécie les conséquences de l'opération au regard des droits et des intérêts des détenteurs de titres de capital ou de droits de vote de la société pour décider s'il y a lieu de mettre en œuvre une offre publique de retrait.

II. - 1. Le règlement général de l'Autorité des marchés financiers fixe les modalités selon lesquelles, à l'issue de toute offre publique et dans un délai de trois mois à l'issue de la clôture de cette offre, les titres non présentés par les actionnaires minoritaires, dès lors qu'ils ne représentent pas plus de 10 % du capital et des droits de vote, sont transférés aux actionnaires majoritaires à leur demande, et les détenteurs de ces titres sont indemnisés.

2. Selon les modalités fixées par le règlement général de l'Autorité des marchés financiers, l'indemnisation est égale, par titre, au prix proposé lors de la dernière offre ou, le cas échéant, au résultat de l'évaluation effectuée selon les méthodes objectives pratiquées en cas de cession d'actifs et tient compte, selon une pondération appropriée à chaque cas, de la valeur des actifs, des bénéfices réalisés, de la valeur boursière, de l'existence de filiales et des perspectives d'activité.

3. Lorsque la première offre publique a eu lieu en tout ou partie sous forme d'échange de titres, l'indemnisation peut consister en un règlement en titres, à condition qu'un règlement en numéraire soit proposé à titre d'option, selon des modalités fixées par le règlement général de l'Autorité des marchés financiers.

4. Le montant de l'indemnisation revenant aux détenteurs de titres non identifiés est consigné et lorsque ceux mentionnés au 3 ne sont pas identifiés, l'indemnisation est effectuée en numéraire. Les modalités de consignation sont fixées par le règlement général de l'Autorité des marchés financiers.

III. - Le règlement général de l'Autorité des marchés financiers fixe également les modalités d'application de la procédure prévue au II du présent article aux titres donnant ou pouvant donner accès au capital, lorsque les titres de capital susceptibles d'être créés notamment par conversion, souscription, échange ou remboursement des titres donnant ou pouvant donner accès au capital non présentés, une fois additionnés avec les titres de capital existants non présentés, ne représentent pas plus de 10 % de la somme des titres de capital existants et susceptibles d'être créés.

IV. - Le 1° du I et les II et III sont également applicables, selon des modalités fixées par le règlement général de l'Autorité des marchés financiers, aux instruments financiers négociés sur tout marché d'instruments financiers ne constituant pas un marché réglementé d'un État membre de l'Union européenne ou d'un autre État partie à l'accord sur l'Espace économique européen, lorsque la personne qui gère ce marché en fait la demande auprès de l'autorité.

Bibliographie : P. Alfredo, *La fixation du prix de l'offre publique, de l'offre d'exclusion espagnole à l'offre de retrait française : Rev. sociétés* 1997, p. 67. • M.-A. Frison-Roche et M. Nusenbaum, *Les méthodes d'évaluation financière dans les offres publiques de retrait et les retraits obligatoires : RD bancaire et bourse* 1995, p. 56. • J.-M. Moulin, *Offres publiques : difficultés d'évaluation des titres et recours des actionnaires : BJS* 2004, p. 1262. • B. Poullain, *Offre publique de retrait et droit des minoritaires : Dr. et patrimoine* juin 1997, p. 69. • A. Viandier, *Le montant de l'indemnisation dans le retrait obligatoire : RJDA* 1998, p. 275.

Règlement général de l'Autorité des marchés financiers du 12 octobre 2004

(Règl. homologué, A. 23 févr. 2004 ; A. 12 oct. 2004 ; A. 12 nov. 2004)

CHAPITRE I. – RÈGLES GÉNÉRALES ET DISPOSITIONS COMMUNES

Section I. – Champ d'application, définitions et principes généraux

Sous-section 1. – Champ d'application

Art. 231-1 *(Mod., A. 4 nov. 2009).* **–** *(A. 14 juin 2012)* « Le présent titre s'applique : »

(A. 14 juin 2012). « 1° À toute offre faite publiquement aux détenteurs d'instruments financiers négociés sur un marché réglementé d'un État membre de l'Union européenne ou partie à l'accord sur l'Espace économique européen, y compris la France, pour laquelle l'AMF est l'autorité compétente dans les cas prévus aux I et II de l'article L. 433-1 du Code monétaire et financier, par une personne, agissant seule ou de concert au sens des articles L. 233-10 ou L. 233-10-1 du Code de commerce, en vue d'acquérir tout ou partie desdits instruments financiers ; »

(A. 14 juin 2012). « 2° Aux offres publiques visant les instruments financiers qui sont admis aux négociations sur un système multilatéral de négociation organisé au sens de l'article 524-1, dans les conditions prévues aux articles L. 433-1 (IV), L. 433-3 (II) et L. 433-4 (V) du Code monétaire et financier ; »

(A. 14 juin 2012). « 3° Aux offres publiques de retrait portant sur des instruments financiers qui ont cessé d'être admis aux négociations sur un marché réglementé ou sur un système multilatéral de négociation organisé au sens de l'article 524-1 ; »

(A. 14 juin 2012). « 4° Aux offres publiques visant les instruments financiers qui ont cessé d'être admis aux négociations sur un marché réglementé pour être admis aux négociations sur un système multilatéral de négociation organisé au sens de l'article 524-1, pendant une durée de trois ans à compter de cette admission, dans les conditions prévues à l'article L. 433-5 du Code monétaire et financier. »

L'AMF peut appliquer ces règles, à l'exception de celles régissant *(A. 31 janv. 2011)* « ... », l'offre publique obligatoire et le retrait obligatoire, aux offres publiques visant les instruments financiers émis par des sociétés dont le siège statutaire est situé hors d'un État membre de *(A. 31 janv. 2011)* « l'Union » européenne ou partie à l'accord sur l'Espace économique européen et qui sont admis aux négociations sur un marché réglementé français.

Pour l'application du présent titre, les *(A. 30 juill. 2009)* « titres financiers sont ceux mentionnés au II » de l'article L. 211-1 du Code monétaire et financier et tous instruments équivalents émis sur le fondement de droits étrangers. *(A. 20 août 2010)* « ... » *(A. 9 déc. 2010)* « ... ».

(A. 31 janv. 2011). « Pour l'application du présent titre, la détention directe ou indirecte d'une fraction des droits de vote est appréciée à partir d'un nombre total de droits de vote calculé sur la base de l'ensemble des actions auxquelles sont attachés des droits de vote, y compris les actions privées de droit de vote. »

Sous-section 2. – Définitions

Art. 231-2 *(Rempl., A. 10 juill. 2009).* **–** Au sens du présent titre :

1° L'initiateur d'une offre est toute personne physique ou morale ou entité qui dépose ou pour le compte de laquelle un ou plusieurs prestataires de services d'investissement déposent un projet d'offre ;

2° La société visée est l'émetteur dont les instruments financiers font l'objet de l'offre ;

3° Les personnes concernées par l'offre sont l'initiateur et la société visée ainsi que les personnes ou entités agissant de concert avec l'un ou l'autre ;

4° Les prestataires concernés sont les prestataires de services d'investissement ou les établissements, français ou étrangers, présentateurs de l'offre ou conseillant les personnes concernées par l'offre ;

5° La période de préoffre est le temps s'écoulant entre la publication faite par l'AMF en application du premier alinéa de l'article 223-34 et le début de la période d'offre ou, à défaut de dépôt d'un projet d'offre, la publication faite par l'AMF en application du dernier alinéa de l'article 223-34 ;

6° La période d'offre est le temps s'écoulant entre la publication par l'AMF, en application de l'article 231-14, des principales dispositions du projet d'offre déposé à l'AMF et la publication des résultats de l'offre ou, le cas échéant, des résultats de sa réouverture effectuée en application de l'article 232-4 ;

7° La durée de l'offre est le temps s'écoulant entre la date d'ouverture et la date de clôture de l'offre telles que publiées par l'AMF en application de l'article 231-32.

Bibliographie : J.-F. Biard, *Nouvelles dispositions du Règlement général de l'AMF relatives aux offres publiques ; RD bancaire et fin.* nov. 2009, comm. 211. • O. Douvreleur, *La nouvelle période de préoffre publique d'acquisition : RTDF* 3/2009, p. 117 et s. • C. Maison-Blanche, *La phase de préoffre : les règles applicables aux interventions sur les titres faisant l'objet d'une future offre publique : RD bancaire et fin.* 2008, meilleure pratique 6. • C. Maison-Blanche et M. Loy, *Réflexions autour de la nouvelle période de « préoffre » : RD bancaire et fin.* mars 2010, prat. 2. • D. Martin, B. Kanovitch et F. Mazeron, *Retour sur les raisons et enjeux des règles encadrant les interventions sur titres dans le cadre d'offres publiques à l'occasion de l'entrée en vigueur des modifications apportées au Règlement général de l'AMF : RTDF* 3/2009, p. 82 et s.

Sous-section 3. – Principes généraux

Art. 231-3 *(A. 10 juill. 2009)*. **–** En vue d'un déroulement ordonné des opérations au mieux des intérêts des investisseurs et du marché, toutes les personnes concernées par une offre doivent respecter le libre jeu des offres et de leurs surenchères, d'égalité de traitement et d'information des détenteurs des titres des personnes concernées par l'offre, de transparence et d'intégrité du marché et de loyauté dans les transactions et la compétition.

I – JURISPRUDENCE RELATIVE AU RÈGLEMENT COB N° 89-03 ABROGÉ

1) Exigence de transparence et de loyauté.

a) **Contrôle.** Les principes de transparence et de loyauté dans la compétition, énoncés par l'article 5-1-1 du Règlement général du Conseil des marchés financiers *[Règl. AMF, art. 231-3]* s'inscrivant dans le processus général de conduite d'une offre publique en vue d'un déroulement ordonné des opérations au mieux des intérêts des investisseurs et du marché, le Conseil, lorsqu'il procède à l'examen de la recevabilité d'une offre en tenant compte des critères énumérés à l'article 5-1-9 *[Règl. AMF, art. 231-23]*, **n'a pas à examiner l'opportunité** du projet industriel ou économique, mais seulement à **en apprécier la cohérence**, c'est-à-dire sa conformité avec l'opération de prise de contrôle qui lui est soumise : ▪ CA Paris, 17 juin 1999 : *Rev. sociétés* 1999, p. 633, note F. Bucher ; *RTD com.* 1999, p. 710, obs. C. Goyet ; *RD bancaire et fin.* nov.-déc. 1999, 38, obs. Th. Bonneau ; *JCP* E 2000, n° 8, p. 316, note J.-J. Daigre ; *RTD civ.* 2000, p. 106, obs. J. Mestre et B. Fages.

b) **Manquements.** La déloyauté devant s'entendre comme **une entrave** au libre jeu des offres et des surenchères par le recours à **des manœuvres** ou moyens détournés mis en œuvre dans des **conditions occultes ou frauduleuses**, le fait de déposer simultanément deux offres distinctes dont l'une vise à acquérir les titres d'une société elle-même initiatrice d'une offre concurrente ne saurait être considéré comme déloyal, de même que le fait de présenter un projet hostile n'est pas déloyal en soi : ▪ CA Paris, 17 juin 1999, préc.

2) Égalité dans la compétition. Doit être annulée la décision de recevabilité d'une offre publique d'achat, lorsque cette offre bénéficie d'un avantage évident (une cession de participation au sein de la société cible promise à l'initiateur) de nature à priver toute éventuelle contre-offre d'égalité dans la compétition et par conséquent à en dissuader la présentation : CA ▪ Paris, 27 avr. 1993 : *JCP* E 1993, II, 457, note A. Viandier ; *Rev. sociétés* 1993, p. 605, note D. Martin et D. Bompoint ; *Bull. Joly Bourse* 1993, 396, note P. Le Cannu ; *Dr. sociétés* 1993, p. 1, note M.-A. Frison-Roche ; *RJ com.* 1993, p. 244, note C. Goyet ; *RD bancaire et bourse* 1993, obs. M. Germain et M.-A. Frison-Roche.

3) Libre jeu des offres et des surenchères. Une promesse semblable ne porte pas atteinte au libre jeu des offres et des surenchères dans la mesure où, consentie antérieurement au projet de dépôt d'OPA, elle a été portée à la connaissance du public de sorte que, bien qu'irrévocable, elle n'est pas de nature à rendre impossible une prise de contrôle de la société cible par l'auteur de la surenchère : ▪ CA Paris, 27 oct. 1993 : *Bull. Joly Bourse* 1993, 748 ; *RD bancaire et bourse* 1993, obs. M. Germain et M.-A. Frison-Roche ; *RJDA* 1994, n° 422.

Art. 231-4 *(A. 10 juill. 2009)*. **–** Les personnes concernées par l'offre sont soumises au respect des règles définies par le présent titre pendant la période d'offre.

Art. 231-5 *(A. 10 juill. 2009)*. **–** Dès le dépôt du projet d'offre, toute clause d'accord conclu par les personnes concernées par l'offre, ou leurs actionnaires, susceptible d'avoir une incidence sur l'appréciation de l'offre ou son issue, sous réserve de l'appréciation de sa validité par les tribunaux, doit être portée à la connaissance des personnes concernées, de l'AMF et du public. Si, à raison notamment de la date de conclusion de l'accord, la clause n'a pu être mentionnée dans la ou les notes d'information, les signataires publient, dès la conclusion de l'accord et selon les modalités prévues à l'article 221-3, un communiqué précisant la teneur de ladite clause.

Voir : Sanction de la non-publication des pactes d'actionnaires, C. com., art. L. 233-11, p. 507.

Art. 231-6. **–** Sauf exceptions mentionnées à l'article 233-1, l'offre doit viser la totalité des titres de capital et donnant accès au capital ou aux droits de vote de la société visée.

Art. 231-7 *(A. 27 juin 2014)*. **–** Pendant la période d'offre publique, l'initiateur et la société visée s'assurent que leurs actes, décisions et déclarations n'ont pas pour effet de compromettre l'intérêt social et l'égalité de traitement ou d'information des détenteurs de titres des sociétés concernées.

Si le conseil d'administration ou le directoire, après autorisation du conseil de surveillance des sociétés concernées, décident de prendre une décision dont la mise en œuvre est susceptible de faire échouer l'offre, ils en informent l'AMF.

Section II. – Nature des offres et conditions suspensives

Art. 231-8. **–** L'offre peut consister en :

1° Une offre unique proposant l'achat des titres visés ou l'échange de ces titres contre des titres émis ou à émettre ou un règlement en titres et en numéraire ;

2° Une offre alternative ;

3° Une offre principale assortie d'une ou plusieurs options subsidiaires présentant le caractère d'un accessoire indissociable.

Lorsque les titres remis en échange ne sont pas des titres liquides admis aux négociations sur un marché réglementé d'un État membre de *(A. 31 janv. 2011)* « l'Union » européenne ou partie à l'accord sur l'Espace économique européen, l'offre doit comporter une option en numéraire.

Lorsque l'initiateur, agissant seul ou de concert, a acquis en numéraire, au cours des douze mois précédant le dépôt du projet d'offre, des titres conférant plus du vingtième du capital ou des droits de vote de la société visée, l'offre doit comporter une option en numéraire.

Lorsque l'offre est une offre alternative ou une offre unique avec règlement en titres et en numéraire, l'AMF apprécie la qualification – offre publique d'achat ou offre publique d'échange – donnée à son opération par l'initiateur.

L'initiateur peut offrir aux détenteurs de procéder à la cession différée de leurs titres sous condition que cette option puisse être exercée dans un délai raisonnable, qu'elle ait un caractère subsidiaire à l'offre principale et que son exercice soit inconditionnellement garanti par l'établissement présentateur de l'offre mentionné à l'article 231-13.

Toute formule consistant à proposer le versement à échéance de la différence entre le cours de marché et le prix proposé à terme doit comporter des garanties et avantages équivalents à ceux de la cession différée.

Art. 231-9 *(Rempl., A. 27 juin 2014)*. **–** I.-1° Toute offre publique réalisée selon la procédure normale visée au chapitre II du présent titre, à la clôture de laquelle l'initiateur, agissant seul ou de concert au sens de l'article L. 233-10 du Code de commerce, ne détient pas un nombre d'actions représentant une fraction du capital ou des droits de vote supérieure à 50 % est caduque. La détermination de ce seuil suit les règles fixées à l'article 234-1.

2° Toutefois, lorsque l'atteinte de la majorité paraît impossible ou improbable pour des raisons ne tenant pas aux caractéristiques de l'offre, l'AMF peut, à la demande de l'initiateur, autoriser que le seuil soit écarté ou abaissé en deçà de 50 % du capital ou des droits de vote, notamment lorsque :

a) La société visée est déjà contrôlée au sens de l'article L. 233-3 du Code de commerce par une personne autre que l'initiateur, qui n'agit pas de concert avec lui au sens de l'article L. 233-10 ;

b) Des engagements de non-apport à l'offre ont été conclus par un ou des actionnaires de la société visée, en particulier dans le cas où l'application du seuil visé au 1° oblige l'initiateur à devoir acquérir au moins deux-tiers des titres susceptibles d'être apportés à l'offre ;

c) Il existe une ou plusieurs offres concurrentes ;
d) Des dispositions législatives, réglementaires ou statutaires empêchent toute prise de contrôle majoritaire.
L'AMF statue au regard des principes posés par l'article 231-3.
II. - Sans préjudice des dispositions visées au I, si l'offre ne relève pas des dispositions du chapitre IV du présent titre, l'initiateur peut stipuler dans son offre une condition d'obtention, à l'issue de celle-ci, d'un certain nombre de titres, exprimé en pourcentage du capital ou des droits de vote, en deçà duquel il se réserve la faculté de renoncer à son offre.

Art. 231-10. – Lorsqu'un même initiateur dépose des projets d'offre sur des sociétés distinctes, il peut prévoir de ne donner une suite positive à l'une des offres, si le seuil stipulé en application de l'article 231-9 est atteint, qu'à condition que ce seuil soit également atteint dans l'autre ou les autres offres. Pendant la durée des offres, l'initiateur peut renoncer à cette condition de seuil, notamment en cas d'offres concurrentes et de surenchères sur l'une des sociétés visées.

Art. 231-11 *(Mod., A. 14 juin 2012)*. **–** Si le projet d'offre doit faire l'objet, au titre du contrôle des concentrations, d'une notification à la Commission européenne, à l'Autorité de la concurrence, à l'autorité compétente à cet égard d'un autre État partie à l'accord sur l'Espace économique européen ou membre des États-Unis, l'initiateur de cette offre peut y stipuler une condition suspensive d'obtention de la décision prévue à l'article 6-1 a ou b du règlement (CE) n° 139/2004, de l'autorisation prévue à l'article L. 430-5 du Code de commerce ou de toute autorisation de même nature délivrée par l'État étranger.
L'initiateur qui entend se prévaloir de ces dispositions remet à l'AMF une copie des saisines des autorités concernées ou de tout document attestant des démarches effectuées auprès de ces autorités, et la tient informée de l'avancement de la procédure.
L'offre est caduque dès lors que l'opération projetée fait l'objet de l'engagement de la procédure prévue à l'article 6-1 *c* du règlement (CE) n° 139/2004, de la procédure prévue à l'article L. 430-5 (III), troisième tiret, du Code de commerce ou de l'engagement d'une procédure de même nature par l'autorité compétente de l'État étranger. L'initiateur fait connaître s'il poursuit l'examen de l'opération projetée avec les autorités ainsi saisies.
Les dispositions des alinéas précédents s'appliquent également à un projet d'offre devant faire l'objet d'une notification au titre du contrôle des concentrations auprès d'une autorité compétente étrangère autre que celles précédemment citées, si la procédure suivie aux fins d'obtention de ladite autorisation est encadrée par des délais compatibles avec une durée de dix semaines à compter de l'ouverture de l'offre publique, sauf accord de l'AMF pour proroger le calendrier de l'offre. L'AMF statue alors au regard des principes définis à l'article 231-3, après avoir recueilli l'avis de l'organe compétent de la société visée.

Art. 231-12. – Si le projet d'offre prévoit la remise de titres à émettre, l'irrévocabilité des engagements pris emporte obligation de proposer à l'assemblée générale des actionnaires de la société émettrice une résolution visant à décider ou autoriser l'émission des titres destinés à rémunérer les apporteurs à l'offre aux conditions et clauses prévues dans le projet d'offre, à moins que l'organe de direction dispose d'une délégation expresse à cet effet.
En fonction des dispositions législatives, réglementaires ou statutaires applicables à la société initiatrice, l'AMF peut autoriser celle-ci à assortir l'ouverture de son offre d'une condition d'autorisation préalable de l'opération par l'assemblée générale de ses actionnaires sous réserve que cette assemblée ait déjà été convoquée lorsque le projet d'offre est déposé.

Section III. – Dépôt du projet d'offre et du projet de note d'information et de note en réponse

Art. 231-13 *(Mod., A. 14 juin 2018)*. **–** I. - Le projet d'offre est déposé par un ou plusieurs prestataires de services d'investissement, agréés pour exercer l'activité de prise ferme, agissant pour le compte du ou des initiateurs.
Le dépôt est effectué par lettre adressée à l'AMF garantissant, sous la signature d'au moins un des établissements présentateurs, la teneur et le caractère irrévocable des engagements pris par l'initiateur.
II. - Cette lettre précise :
1° Les objectifs et intentions de l'initiateur ;
2° Le nombre et la nature des titres de la société visée qu'il détient déjà seul ou de concert ou peut détenir à sa seule initiative ainsi que la date et les conditions auxquelles leur acquisition a été réalisée au cours des douze derniers mois ou peut être réalisée à l'avenir ;
3° Le prix ou la parité d'échange auxquels l'initiateur offre d'acquérir les titres, les éléments qu'il a retenus pour les fixer et les conditions de paiement ou d'échange prévues ;
4° Éventuellement, les conditions prévues en application des articles 231-9-II à 231-12 ;

4° *bis* Si le seuil de caducité prévu au 1° de l'article 231-9-I est applicable à l'offre, le nombre d'actions et de droits de vote que ce seuil représente à la date de dépôt de l'offre et éventuellement les raisons pour lesquelles l'initiateur demande à l'AMF qu'il soit fait application du 2° de l'article 231-9-I ;

5° Les modalités précises selon lesquelles seront acquis les instruments financiers de la société visée et, le cas échéant, l'identité du prestataire de services d'investissement désigné pour les acquérir pour le compte de l'initiateur ;

6° Dans les cas prévus à l'article L. 2312-47 du Code du travail, si la procédure d'information consultation du comité social et économique de la société visée prévue à l'article L. 2312-46 du Code du travail a débuté à l'annonce de l'offre.

III. - La lettre est accompagnée :

1° Du projet de note d'information établi par l'initiateur, seul ou conjointement avec la société visée. Dans les cas prévus à l'article 261-1, le projet de note d'information de l'initiateur ne peut être établi conjointement avec la société visée sauf en cas de retrait obligatoire ;

2° Des déclarations préalables effectuées auprès d'instances habilitées à autoriser l'opération envisagée.

IV. - Dans le cas prévu au III de l'article L. 433-3 du Code monétaire et financier, la lettre est également accompagnée :

1° Du document d'offre déposé ou du projet de document d'offre qui sera déposé ;

2° De tout autre document portant engagement contraignant prouvant qu'un projet d'offre publique irrévocable et loyale est ou sera déposé sur la totalité des titres de capital et donnant accès au capital ou aux droits de vote de la société dont plus de 30 % du capital ou des droits de vote est détenu et qui constitue un actif essentiel de la société visée par l'offre.

V. - Dans tous les cas, la version électronique du projet de note d'information est transmise à l'AMF aux fins de mise en ligne sur son site.

Art. 231-14. – L'AMF publie les principales dispositions du projet d'offre. Cette publication marque le début de la période d'offre.

Art. 231-15 *(A. 10 juill. 2009)*. **–** Dès le dépôt du projet d'offre, le président de l'AMF peut demander, en application de l'article L. 421-15 du Code monétaire et financier, à l'entreprise de marché assurant le fonctionnement du marché réglementé sur lequel sont admis les titres de la société visée d'en suspendre la négociation. En application des articles L. 424-5 et L. 425-3 du même code, il peut également demander à la personne qui gère un système multilatéral de négociation de suspendre la négociation des titres de la société visée ou à un internalisateur systématique de suspendre son activité sur ces titres.

Cette demande peut également porter sur d'autres titres concernés par le projet d'offre.

La demande est faite auprès de l'ensemble des entreprises de marché, des personnes gérant un système multilatéral de négociation ou des internalisateurs systématiques qui négocient les titres visés, s'il y a lieu.

Section IV. – Information des actionnaires et du public

Art. 231-16. – I. - Dès le début de la période d'offre, le projet de note d'information est tenu gratuitement à la disposition du public au siège de l'initiateur et auprès du ou des établissements présentateurs de l'offre. Lorsqu'il a été établi conjointement avec la société visée, le projet de note est également mis à disposition au siège de la société visée et auprès des organismes chargés d'assurer le service financier de ses titres.

Lorsque le siège de l'initiateur ou de l'établissement présentateur de l'offre n'est pas situé en France, la mise à disposition doit être effectuée auprès d'un prestataire de services d'investissement situé en France et désigné, selon les cas, par l'initiateur ou l'établissement présentateur.

Le projet de note d'information est également publié sur le site de l'initiateur et, lorsqu'il a été établi conjointement avec la société visée, sur le site de celle-ci, lorsque ces derniers disposent d'un tel site.

II. - Dans tous les cas, une copie du projet de note d'information doit être adressée sans frais à toute personne qui en fait la demande.

III. - Le projet d'offre fait l'objet, au plus tard lors de son dépôt à l'AMF, d'un communiqué dont l'initiateur s'assure de la diffusion selon les modalités fixées à l'article 221-3. Ce communiqué donne les principaux éléments du projet de note d'information et précise les modalités de mise à disposition du projet de note d'information.

IV. - Le projet de note d'information et le communiqué mentionné au III comportent la mention : « Cette offre et le projet de note d'information restent soumis à l'examen de l'AMF ».

Art. 231-17 *(Mod., A. 14 juin 2018)*. **–** La société visée peut, dès la publication du communiqué selon les modalités fixées à l'article 221-3, mentionné au III de l'article 231-16, publier un communiqué aux fins de faire connaître l'avis de son conseil d'administration ou de son conseil de surveillance ou, dans le cas d'une société étrangère, de l'organe compétent, sur l'intérêt de l'offre ou sur les conséquences de celle-ci pour la société visée, ses actionnaires et ses salariés.

Ce communiqué mentionne, s'il y a lieu, les conclusions du rapport de l'expert indépendant désigné en application de l'article 261-1 et les conclusions de l'avis du comité social et économique de la société visée prévu à l'article L. 2312-46 du Code du travail. Lorsque ce communiqué est publié préalablement à la remise du rapport de l'expert indépendant ou l'avis du comité social et économique de la société visée prévu à l'article L. 2312-46 du Code du travail, la société visée publie un nouveau communiqué, dès la publication de ce rapport ou dès cet avis, qui mentionne les conclusions du rapport de l'expert indépendant et fait connaître l'avis motivé des membres des organes sociaux mentionnés au premier alinéa ainsi que les conclusions de l'avis du comité social et économique.

Dans tous les cas, lorsqu'au jour du dépôt du projet de note d'information établi par l'initiateur, l'expert indépendant n'a pas achevé sa mission ou n'a pas été désigné, la société visée informe le public par voie de communiqué de l'identité de l'expert indépendant dès la publication du projet de note de l'initiateur ou dès la désignation de l'expert.

L'AMF peut demander tout renseignement qu'elle juge nécessaire.

Section V. – Contenu du projet de note d'information et de note en réponse

Art. 231-18 *(Mod., A. 14 juin 2018)*. **–** Le projet de note d'information établi par l'initiateur, dont le contenu est précisé par une instruction de l'AMF, mentionne :

1° L'identité de l'initiateur ;

2° La teneur de son offre et, en particulier :

a) Le prix ou la parité proposés, en fonction des critères d'évaluation objectifs usuellement retenus, des caractéristiques de la société visée et du marché de ses titres ;

b) Le nombre et la nature des titres qu'il s'engage à acquérir ;

c) Le nombre et la nature des titres de la société visée qu'il détient déjà, directement, indirectement ou de concert, ou qu'il peut détenir à sa seule initiative. Sont également précisées la date et les conditions auxquelles leur acquisition a été réalisée au cours des douze derniers mois ou peut être réalisée à l'avenir ;

d) Le cas échéant, les conditions auxquelles l'offre est subordonnée en application des articles 231-9-II à 231-12 ;

e) Le calendrier prévisionnel de l'offre ;

f) Le cas échéant, le nombre et la nature des titres remis en échange par l'initiateur ;

g) Les conditions de financement de l'opération et leurs incidences sur les actifs, l'activité et les résultats des sociétés concernées ;

h) Si le seuil de caducité prévu au 1° de l'article 231-9-I est applicable à l'offre, le nombre d'actions et de droits de vote que ce seuil représente à la date de dépôt de l'offre et éventuellement les raisons pour lesquelles l'initiateur demande à l'AMF qu'il soit fait application du 2° de l'article 231-9 I.

3° Ses intentions pour une durée couvrant au moins les douze mois à venir relatives à la politique industrielle et financière des sociétés concernées, le cas échéant, ses engagements et intentions spécifiques formalisés dans le cadre de la procédure d'information consultation du comité social et économique de la société visée prévue à l'article L. 2312-46 du Code du travail ainsi qu'au maintien de l'admission des titres de capital ou donnant accès au capital de la société visée aux négociations sur un marché réglementé ;

4° Ses orientations en matière d'emploi. L'initiateur indique notamment, eu égard aux données dont il a connaissance, et en cohérence avec ses intentions sur la politique industrielle et financière mentionnées au 3°, les changements prévisibles en matière de volume et de structure des effectifs ;

5° Le droit applicable aux contrats conclus entre l'initiateur et les détenteurs de titres de la société visée à la suite de l'offre ainsi que les juridictions compétentes ;

6° Les accords relatifs à l'offre, auxquels il est partie ou dont il a connaissance, ainsi que l'identité et les caractéristiques des personnes avec lesquelles il agit de concert ou de toute personne agissant de concert avec la société visée au sens des articles L. 233-10 et L. 233-10-1 du Code de commerce lorsqu'il en a connaissance ;

7° S'il y a lieu, l'avis motivé du conseil d'administration ou du conseil de surveillance, ou, dans le cas d'un initiateur étranger, de l'organe compétent, sur l'intérêt de l'offre ou sur les conséquences que présente l'offre pour l'initiateur, ses actionnaires et ses salariés ; les conditions de vote dans lesquelles cet avis a été obtenu, les membres minoritaires pouvant demander qu'il soit fait état de leur identité et de leur position ;

8° Dans le cas prévu au III de l'article L. 433-3 du Code monétaire et financier, l'engagement de déposer un projet d'offre irrévocable et loyale sur la totalité des titres de capital et donnant accès au capital ou aux droits de vote de la société dont plus de 30 % du capital ou des droits de vote est détenu et qui constitue un actif essentiel de la société visée ;

9° S'il y a lieu, le rapport de l'expert indépendant mentionné à l'article 261-3 ;

10° Les modalités de mise à disposition des informations mentionnées à l'article 231-28 ;

11° Les modalités précises selon lesquelles seront acquis les instruments financiers de la société visée et, le cas échant, l'identité du prestataire de services d'investissement désigné pour les acquérir pour le compte de l'initiateur.

La note d'information comporte la signature de l'initiateur ou de son représentant légal attestant l'exactitude des informations figurant dans la note.

Elle comporte également une attestation des représentants légaux des établissements présentateurs sur l'exactitude des informations relatives à la présentation de l'offre et aux éléments d'appréciation du prix ou de la parité proposés.

Art. 231-19 *(Mod., A. 14 juin 2018)*. **–** La note en réponse de la société visée, dont le contenu est précisé par une instruction de l'AMF, mentionne :

1° Les accords mentionnés à l'article 231-5 ;

2° Les éléments mentionnés à l'article L. 225-37-5 du Code de commerce, le cas échéant actualisés à la date de l'offre tels que la société en a connaissance ;

3° Le rapport de l'expert indépendant dans les cas prévus à l'article 261-1. La société visée peut, sous sa responsabilité, décider de ne pas mentionner certaines informations figurant dans le rapport de l'expert indépendant afin de ne pas porter atteinte à ses intérêts légitimes, sous réserve que cette omission ne risque pas d'induire le public en erreur ;

3° *bis* Dans les cas prévus aux articles L. 2312-42 à L. 2312-51 du Code du travail, l'avis du comité social et économique de la société visée et, le cas échéant, le rapport de l'expert-comptable réalisé pour le compte du comité social et économique en application des dispositions de l'article L. 2312-45 du Code du travail ;

4° L'avis motivé du conseil d'administration ou du conseil de surveillance ou, dans le cas d'une société étrangère, de l'organe compétent, sur l'intérêt de l'offre ou sur les conséquences de celle-ci pour, et, le cas échéant, les mesures susceptibles de faire échouer l'offre qu'elle a mises en œuvre, ou décide de mettre en œuvre. En cas de mesure nouvelle susceptible de faire échouer l'offre, la société publie un communiqué pour en informer le marché. Les conditions de vote dans lesquelles cet avis a été obtenu sont précisées, les membres minoritaires pouvant demander qu'il soit fait état de leur identité et de leur position ;

5° Lorsqu'elles sont disponibles et diffèrent de l'avis mentionné au 4°, les observations du comité social et économique ou, à défaut, des membres du personnel ;

6° Les intentions des membres des organes sociaux mentionnés au 4° d'apporter ou non leurs titres à l'offre, précisant en particulier, si l'offre comporte plusieurs branches, celle à laquelle ils ont l'intention d'apporter leurs titres, le cas échéant ;

7° Les modalités de mise à disposition des informations mentionnées à l'article 231-28.

La note en réponse comporte la signature du représentant légal de la société visée attestant l'exactitude des informations figurant dans la note.

Section VI. – Examen par l'AMF du projet d'offre

Art. 231-20 *(Mod., A. 14 juin 2018)*. **–** I. - L'AMF dispose d'un délai de dix jours de négociation suivant le début de la période d'offre pour apprécier la conformité du projet d'offre aux dispositions législatives et réglementaires qui lui sont applicables.

II. - Dans les cas prévus à l'article 261-1 et pour les offres relevant des articles L. 2312-42 à L. 2312-51 du Code du travail, la déclaration de conformité est prononcée au plus tôt cinq jours de négociation après le dépôt du projet de note en réponse de la société visée.

III. - Dans tous les cas, l'AMF est habilitée à demander toutes justifications et garanties appropriées ainsi que toute information complémentaire nécessaire à son appréciation tant sur le projet d'offre que sur le projet de note d'information ou de note en réponse. Le délai est alors suspendu. Il recommence à courir à réception des éléments requis.

Art. 231-21 *(Mod., A. 27 juin 2014)*. **–** Pour apprécier la conformité du projet d'offre aux dispositions législatives et réglementaires qui lui sont applicables, l'AMF examine :

1° Les objectifs et intentions de l'initiateur ;

2° Le cas échéant, la nature, les caractéristiques, les cotations, ou le marché des titres proposés en échange ;

3° Les conditions éventuelles de l'offre en application des articles 231-9 et 231-10 ;

3° *bis* Si le seuil de caducité prévu au 1° de l'article 231-9 I est applicable à l'offre, le nombre d'actions et de droits de vote que ce seuil représente à la date de dépôt de l'offre et éventuellement les raisons pour lesquelles l'initiateur demande à l'AMF qu'il soit fait application du 2° de l'article 231-9 I ;

4° L'information figurant dans le projet de note d'information ;

5° Dans les cas prévus à l'article 261-1, les conditions financières de l'offre, au regard notamment du rapport de l'expert indépendant et de l'avis motivé du conseil d'administration, du conseil de surveillance ou, dans le cas d'une société étrangère, de l'organe compétent.

L'AMF peut demander à l'initiateur de modifier son projet d'offre si elle considère qu'il peut porter atteinte aux dispositions mentionnées au premier alinéa, notamment aux principes définis par l'article 231-3.

Art. 231-22. – Dans les cas et dans les conditions prévus à la section 2 du chapitre II et aux chapitres III à VII du présent titre, l'AMF vérifie l'application des dispositions particulières applicables au prix ou à la parité d'échange.

Art. 231-23 *(A. 10 juill. 2009)*. – Lorsque le projet d'offre satisfait aux exigences des articles 231-21 et 231-22, l'AMF publie une déclaration de conformité motivée qui emporte visa de la note d'information.

Dans le cas contraire, l'AMF, par décision motivée, refuse de déclarer le projet d'offre conforme.

L'AMF fixe, le cas échéant, la date de reprise des négociations sur les titres concernés si celles-ci sont encore suspendues et en informe les personnes mentionnées à l'article 231-15.

Art. 231-24 *(A. 10 juill. 2009)*. – Dans les cas mentionnés au III de l'article L. 433-1 du Code monétaire et financier, lorsque l'offre porte sur des titres de capital également admis aux négociations sur un marché situé hors d'un État membre de *(A. 31 janv. 2011)* « l'Union » européenne ou partie à l'accord sur l'Espace économique européen, réglementé ou non, que l'AMF ne se déclare pas compétente, et qu'un document d'offre a été établi dans le cadre d'une procédure régie par une autorité compétente étrangère, l'AMF peut dispenser l'initiateur et la société visée de l'établissement d'une note d'information et d'une note en réponse sous réserve que l'initiateur et la société visée publient un communiqué, conjoint ou distinct, dont l'auteur s'assure de la diffusion *(A. 4 janv. 2007)* « selon les modalités fixées à l'article 221-3 » soumis à l'appréciation de l'AMF et reprenant les principaux éléments de ce document. Seuls les articles 231-36, *(A. 10 juill. 2009)* « 231-46, 231-48, 231-49, 231-51 et 231-52 » sont alors applicables. Les informations prévues aux articles 231-5, 231-18 et 231-19 qui ne figurent pas dans le document d'offre doivent également être mentionnées dans le communiqué.

Art. 231-25. – Lorsqu'un document d'offre a été approuvé par l'autorité compétente d'un autre État membre de *(A. 31 janv. 2011)* « l'Union » européenne ou partie à l'accord sur l'Espace économique européen, l'initiateur et la société visée sont dispensés de l'établissement d'une note d'information et d'une note en réponse, sous réserve que leur demande soit accompagnée d'une copie du document d'offre, traduit en français, approuvé par l'autorité compétente.

Ce document est publié selon les modalités prévues à l'article 231-27.

Art. 231-26 *(Mod., A. 14 juin 2018)*. – I. - 1° La société visée dépose auprès de l'AMF un projet de note en réponse au plus tard le cinquième jour de négociation suivant la publication de la déclaration de conformité de l'AMF.

2° Par exception, lorsqu'un expert indépendant est désigné en application de l'article 261-1, la société visée dépose le projet de note en réponse au plus tard le vingtième jour de négociation suivant le début de la période d'offre.

3° Pour les offres à l'occasion desquelles le comité social et économique doit être informé et consulté en application des dispositions des articles L. 2312-42 à L. 2312-51 du Code du travail, la société visée dépose le projet de note en réponse à la date la plus tardive des deux évènements suivants :

a) lorsqu'un expert indépendant est désigné en application de l'article 261-1, au plus tard le vingtième jour de négociation suivant le début de la période d'offre ;

b) dans les autres cas, au plus tard le quinzième jour de négociation suivant le début de la période d'offre ;

En tout état de cause, le dépôt de la note en réponse ne peut intervenir avant l'avis du comité d'entreprise de la société visée ou la date à laquelle le comité d'entreprise est réputé avoir été consulté tel que prévu à l'article L. 2312-46 du Code du travail.

II. - La version électronique du projet de note en réponse est transmise à l'AMF aux fins de mise en ligne sur son site. Dès son dépôt, le projet de note en réponse est mis à la disposition du public selon les modalités mentionnées aux I et II de l'article 231-16 et comporte la mention prévue au IV dudit article. Il fait l'objet, au plus tard lors de son dépôt à l'AMF, d'un communiqué dont la société visée s'assure de la diffusion selon les modalités fixées à l'article 221-3.

Ce communiqué donne les principaux éléments du projet de note en réponse, en précise les modalités de mise à disposition et comporte la mention prévue au IV de l'article 231-16.

III. - À l'exception des cas prévus au II de l'article 231-20, l'AMF dispose d'un délai de cinq jours de négociation suivant le dépôt du projet de note en réponse pour délivrer son visa dans les conditions prévues à l'article 231-20. Pendant ce délai, elle est habilitée à requérir toute information complémentaire nécessaire à son appréciation. Le délai est alors suspendu. Il recommence à courir à réception des éléments requis.

Section VII. – Modalités de diffusion de la note d'information et de la note en réponse

Art. 231-27. – I. – La diffusion dans le public de la note d'information visée par l'AMF établie par l'initiateur, seul ou conjointement avec la société visée, doit intervenir avant l'ouverture de l'offre et au plus tard le deuxième jour de négociation suivant la déclaration de conformité.

II. – La note d'information visée par l'AMF fait l'objet d'une diffusion effective sous l'une des formes suivantes :

1° Publication de la note dans au moins un quotidien d'information économique et financière, de diffusion nationale ;

2° Mise à disposition gratuitement de la note au siège de l'initiateur et auprès du ou des établissements présentateurs de l'offre, et publication d'un résumé de la note, selon les mêmes modalités qu'au *a*, ou d'un communiqué, dont l'initiateur s'assure de la diffusion selon les modalités fixées à l'article 221-3, qui précise les modalités de la mise à disposition de la note.

Lorsque le siège de l'initiateur ou de l'établissement présentateur n'est pas situé en France, la mise à disposition doit être effectuée auprès d'un prestataire de services d'investissement situé en France et désigné, selon les cas, par l'initiateur ou l'établissement présentateur. Lorsque la note d'information a été établie conjointement avec la société visée, elle est également mise gratuitement à disposition au siège de la société visée et auprès des organismes chargés d'assurer le service financier de ses titres.

Dans tous les cas, une copie de la note doit être adressée sans frais à toute personne qui en fait la demande et la version électronique de la note doit être envoyée à l'AMF aux fins de mise en ligne sur son site.

III. – La société visée transmet la note en réponse à l'initiateur dès que l'AMF y a apposé son visa. La note en réponse doit faire l'objet d'une diffusion effective sous l'une des formes suivantes :

a) Publication de la note dans au moins un quotidien d'information économique et financière, de diffusion nationale ;

b) Mise à disposition gratuitement de la note au siège de la société visée et auprès des organismes chargés d'assurer le service financier de ses titres et publication d'un résumé de la note, selon les mêmes modalités qu'au *a*, ou d'un communiqué, dont l'initiateur s'assure de la diffusion selon les modalités fixées à l'article 221-3, qui précise les modalités de la mise à disposition de la note.

Dans tous les cas, une copie de la note doit être adressée sans frais à toute personne qui en fait la demande et la version électronique de la note doit être envoyée à l'AMF aux fins de mise en ligne sur son site.

IV. – La note d'information et la note en réponse visées, telle que publiées et mises à la disposition du public, sont toujours identiques à la version originale visée par l'AMF.

Section VIII. – Autres informations

Art. 231-28 *(Mod., A. 18 avr. 2007)*. **–** I. – Les informations relatives aux caractéristiques, notamment juridiques, financières et comptables, de l'initiateur et de la société visée, dont le contenu est précisé par une instruction de l'AMF, sont déposées auprès de l'AMF et mises à la disposition du public, au plus tard la veille du jour de l'ouverture de l'offre, selon les modalités mentionnées au 2° ou au 3° de l'article 231-27.

Les rapports des contrôleurs légaux des comptes de l'initiateur et de la société visée doivent également être déposés auprès de l'AMF dans les mêmes conditions.

II. – Les initiateurs étrangers désignent, avec l'accord de l'AMF, un contrôleur légal qui vérifie la traduction des états financiers et de leurs notes annexes ainsi que la pertinence des compléments et adaptations. Il établit à destination de l'initiateur une lettre de fin de travaux sur la traduction de ces éléments et indique ses éventuelles observations. Une copie de cette lettre de fin de travaux est transmise à l'AMF par l'initiateur. Ces dispositions s'appliquent également aux sociétés visées étrangères.

III. – Pour l'application de la dispense prévue au 2° de l'article 212-4 et au 3° de l'article 212-5, les contrôleurs légaux attestent que les informations prévisionnelles, estimées ou pro forma ont été adéquatement établies sur la base indiquée et que la base comptable est conforme aux méthodes comptables appliquées par l'initiateur.

Les contrôleurs légaux des comptes de l'initiateur procèdent à une lecture d'ensemble des informations de l'initiateur mentionnées au I et, le cas échéant, de leurs actualisations ou leurs rectifications. Cette lecture d'ensemble ainsi que, le cas échéant, les vérifications particulières, sont effectuées conformément à une norme de la Compagnie nationale des commissaires aux comptes.

Ils établissent à destination de l'initiateur une lettre de fin de travaux, dans laquelle ils font état des rapports émis et indiquent, au terme de leur lecture d'ensemble et des éventuelles vérifications particulières effectuées conformément à la norme professionnelle mentionnée ci-dessus, leurs éventuelles observations.

Une copie de cette lettre de fin de travaux est transmise à l'AMF par l'initiateur.

IV. - L'initiateur, la société visée et au moins un des établissements présentateurs déposent, au plus tard la veille du jour de l'ouverture de l'offre, une attestation garantissant que l'ensemble des informations requises par le présent article a été déposé et a été ou sera diffusé dans le délai mentionné au I.

Art. 231-29. – Lorsque l'AMF constate une omission ou une inexactitude significative dans le contenu de l'information mentionnée à l'article 231-28, elle en informe, selon le cas, l'initiateur ou la société visée qui doivent déposer auprès de l'AMF les rectifications apportées.

Est significative toute omission ou inexactitude, au regard du présent règlement ou des instructions de l'AMF, qui est susceptible de fausser manifestement l'appréciation par l'investisseur de l'opération envisagée.

Ces rectifications sont mises à la disposition du public, dans les meilleurs délais, dans les conditions et selon les modalités mentionnées au 2° ou au 3° de l'article 231-27.

Art. 231-30. – La date de clôture de l'offre peut, sur décision de l'AMF, être reportée pour que les détenteurs de titres disposent au minimum d'un délai de cinq jours de négociation pour se prononcer après la publication de l'information mentionnée à l'article 231-29.

Section IX. – Calendrier de l'offre

Art. 231-31. – Le calendrier de l'offre est fixé en fonction de la date de la diffusion de la note d'information commune établie par l'initiateur et la société visée ou de la note en réponse établie par la société visée.

Art. 231-32 *(Mod., A. 14 juin 2012)*. **–** L'offre est ouverte le jour de bourse suivant le plus tardif des événements suivants :

1° La diffusion de la note d'information visée établie par l'initiateur (le cas échéant conjointement avec la société visée) ou, dans les cas prévus à l'article 261-1, de la note en réponse de la société visée ;

2° La diffusion des informations mentionnées à l'article 231-28 ;

3° Le cas échéant, la réception par l'AMF des autorisations préalables requises par la législation en vigueur.

Les dates d'ouverture, de clôture et de publication des résultats de l'offre sont publiées par l'AMF.

Art. 231-33. – Les personnes qui désirent présenter leurs titres à l'offre doivent faire parvenir leurs ordres à un prestataire habilité pendant la durée de l'offre.

Art. 231-34. – Pendant la durée d'une offre, l'AMF peut en reporter la date de clôture.

Art. 231-35. – L'AMF publie les résultats de l'offre publique qui lui sont transmis, selon le cas, par l'entreprise de marché concernée ou par l'établissement présentateur.

Section X. – Obligations des dirigeants, des personnes concernées et de leurs conseils

(Mod., A. 10 juill. 2009)

Art. 231-36 *(A. 10 juill. 2009)*. **–** Les personnes concernées par l'offre, leurs dirigeants et leurs conseils doivent faire preuve d'une vigilance particulière dans leurs déclarations.

Les communications à caractère promotionnel, quels que soient leur forme et leur mode de diffusion, sont communiquées à l'AMF préalablement à leur diffusion.

Ces communications doivent :

1° Annoncer qu'une note d'information ou une note en réponse a été ou sera publiée et indiquer où les investisseurs peuvent ou pourront se la procurer ;

2° Être clairement reconnaissables en tant que telles ;

3° Ne pas comporter d'indications de nature à induire le public en erreur ou susceptibles de jeter le discrédit sur l'initiateur de l'offre ou la société visée par l'offre ;

4° Être cohérentes avec les informations contenues dans les communiqués, la note d'information ou la note en réponse ;

5° Le cas échéant, comporter, à la demande de l'AMF, un avertissement sur certaines caractéristiques exceptionnelles de l'initiateur, de la société visée ou des instruments financiers qui font l'objet de l'offre.

Les dispositions du présent article s'appliquent également pendant la période de préoffre.

Art. 231-37. – Tout élément d'information complémentaire à la note d'information ou à la note en réponse visée par l'AMF doit être porté à la connaissance du public sous forme de communiqué dont l'auteur s'assure de la diffusion selon les modalités fixées à l'article 221-3.

Section XI. – Contrôle des opérations d'offre publique

(Rempl., A. 10 juill. 2009)

Sous-section 1. – Interventions de l'initiateur et des personnes agissant de concert avec lui

Art. 231-38 *(Mod., A. 27 juin 2014)*. **–** I. – Les restrictions d'intervention sur les titres concernés par une offre publique ne sont pas applicables aux acquisitions qui résultent d'un accord de volonté antérieur au début de la période d'offre, ou le cas échéant de la période de préoffre.

II. – Durant la période de préoffre, l'initiateur et les personnes agissant de concert avec lui ne peuvent acquérir aucun titre de la société visée.

III. – Durant la période d'offre, l'initiateur et les personnes agissant de concert avec lui ne peuvent acquérir aucun titre de la société visée si l'offre est assortie de l'une des conditions mentionnées aux articles 231-10 et 231-11.

IV. – Sans préjudice des dispositions de l'article 231-41 et du III du présent article, à compter du début de la période d'offre et jusqu'à l'ouverture de l'offre, l'initiateur et les personnes agissant de concert avec lui peuvent acquérir des titres de la société visée.

Dans le cas d'une offre publique d'achat relevant des dispositions du chapitre II du présent titre, ces acquisitions sont effectuées sans que celles-ci fassent franchir à l'initiateur, seul ou de concert, les seuils visés aux articles 234-2 et 234-5.

Dans le cas d'une offre publique d'achat relevant des dispositions des chapitres III et VI du présent titre, ces acquisitions sont effectuées dans la limite de 30 % des titres existants visés par l'offre, pour chaque catégorie de titres visés.

V. – Sans préjudice des dispositions de l'article 231-41 et du III du présent article, de l'ouverture de l'offre à la publication de son résultat, l'initiateur et les personnes agissant de concert avec lui peuvent acquérir des titres de la société visée.

Dans le cas d'une offre publique d'achat relevant des dispositions du chapitre II du présent titre, ces acquisitions ne peuvent conduire l'initiateur à franchir, seul ou de concert, les seuils visés aux articles 234-2 et 234-5.

Pendant la réouverture de l'offre, l'initiateur peut réaliser son offre par achats des titres visés, lorsque l'offre est réglée intégralement en numéraire et dès lors qu'à l'issue de la période d'offre initiale il détient plus de 50 % du capital et des droits de vote de la société visée.

VI. – De la clôture de l'offre à la publication de son résultat, l'initiateur et les personnes agissant de concert avec lui ne peuvent céder aucun titre de la société visée.

Art. 231-39 *(A. 14 juin 2012)*. **–** I. – Dans le cas d'une offre publique d'achat relevant des dispositions du chapitre II du présent titre, lorsque l'initiateur et les personnes agissant de concert avec lui procèdent à des interventions à l'achat sur les titres de la société visée, toute intervention réalisée au-dessus du prix de l'offre entraîne de manière automatique le relèvement de ce prix à 102 % au moins du prix stipulé et, au-delà, au niveau du prix effectivement payé, quelles que soient les quantités de titres achetées, et quel que soit le prix auquel elles l'ont été, sans que l'initiateur ait la faculté de modifier les autres conditions de l'offre.

Passé la date limite posée par l'article 232-6 pour le dépôt d'une surenchère et jusqu'à la publication du résultat de l'offre, l'initiateur et les personnes agissant de concert avec lui ne peuvent acheter des titres de la société visée à un prix supérieur à celui de l'offre.

II. – Dans le cas d'une offre publique d'achat relevant des dispositions des chapitres III et VI du présent titre, ou de la réouverture d'une offre publique d'achat relevant des dispositions du chapitre II, les interventions de l'initiateur et des personnes agissant de concert avec lui sur les titres de la société visée se font :

1° Sur la base d'un ordre libellé au prix d'offre, en cas d'acquisition sur le marché, ou au prix d'offre et uniquement à ce prix, en cas d'acquisition hors marché, à compter du début de la période d'offre et jusqu'à l'ouverture de l'offre ;

2° Au prix de l'offre et uniquement à ce prix, de l'ouverture de l'offre jusqu'à la publication de son résultat.

Sous-section 2. – Interventions de la société visée
et des personnes agissant de concert avec elle

Art. 231-40 *(A. 14 juin 2012)*. **–** *(A. 27 juin 2014)* « I. – Pendant la période d'offre, la société visée, lorsqu'elle fait application des dispositions prévues à l'article L. 233-33 I ou II du Code de commerce et que ces dispositions ne sont pas écartées en application de l'article L. 233-33 III du même code, et les personnes agissant de concert avec elle ne peuvent intervenir sur les titres de capital ou donnant accès au capital de la société ou sur les instruments financiers liés à ces titres. »

II. – Lorsqu'une offre relève des dispositions du chapitre II du présent titre et qu'elle est réglée intégralement en numéraire, la société visée *(A. 22 sept. 2014)* « lorsqu'elle fait application des dispositions prévues à l'article L. 233-33 I ou II du Code de commerce » peut poursuivre l'exécution d'un programme de rachat d'actions pendant la période d'offre dès lors que la résolution de l'assemblée générale qui a autorisé le programme l'a expressément prévu et, lorsqu'il s'agit d'une mesure susceptible de faire échouer l'offre, que sa mise en œuvre fait l'objet d'une approbation ou d'une confirmation par l'assemblée générale.

III. – Les dispositions du présent article s'appliquent également pendant la période de préoffre.

Sous-section 3. – Interventions des personnes concernées par l'offre dans le cas d'une offre publique d'échange ou d'une offre publique mixte d'achat et d'échange

Art. 231-41 *(A. 14 juin 2012)*. **–** Lorsque l'offre comporte en tout ou partie la remise de titres, les personnes concernées par l'offre ne peuvent intervenir pendant la période d'offre :

1° Sur les titres de capital ou donnant accès au capital de la société visée ou sur les instruments financiers liés à ces titres ;

2° Sur les titres de capital ou donnant accès au capital émis par la société dont les titres sont proposés en échange ou sur les instruments financiers liés à ces titres.

Toutefois, la société émettrice des titres de capital rémunérant une offre publique peut poursuivre ses interventions sur ses propres titres dans le cadre d'un programme de rachat d'actions mis en œuvre conformément aux dispositions de l'article L. 225-209 du Code de commerce et du règlement n° 2273/2003 de la Commission européenne du 22 décembre 2003, ou d'une réglementation étrangère équivalente.

Les dispositions du présent article s'appliquent également pendant la période de préoffre.

Sous-section 4. – Interventions des prestataires concernés

Art. 231-42 *(A. 24 déc. 2009)*. **–** *(A. 20 août 2010)* « Les dispositions des articles 231-38 à 231-41 et 232-14 sont applicables aux interventions pour compte propre effectuées par un prestataire concerné ainsi que *(A. 31 janv. 2011)* « par toute société appartenant au même groupe ».

Les prestataires concernés surveillent quotidiennement le respect de ces restrictions. Ils tiennent les résultats de leurs diligences et de leurs contrôles à la disposition de l'AMF. Ils répondent notamment à toute demande de l'AMF concernant les opérations qu'ils ont effectuées en période d'offre et sont en mesure de démontrer qu'elles respectent les dispositions du présent titre.

Les dispositions du présent article s'appliquent également pendant la période de préoffre.

Art. 231-43 *(A. 10 juill. 2009)*. **–** *(A. 31 janv. 2011)* « I. – Par dérogation aux dispositions du premier alinéa de l'article 231-42, le prestataire concerné et toute société appartenant au même groupe sont autorisés à intervenir sur les titres concernés par l'offre ou les instruments financiers liés à ces titres en effectuant des opérations pour son compte propre ou celui de son groupe aux conditions suivantes : »

1° Les interventions relèvent d'équipes ayant des moyens, des objectifs et des responsabilités distincts de ceux mobilisés pour l'offre et qui en sont séparées par une « barrière à l'information » ;

2° Les interventions s'inscrivent dans la continuité de ses pratiques habituelles en matière de couverture des risques liés aux opérations effectuées à la demande d'un client ou liés à la tenue de marché ;

3° La position et l'évolution de ses engagements résultant des interventions en compte propre ne s'écartent pas sensiblement de celles constatées habituellement ;

4° Il a pris toutes les dispositions nécessaires pour évaluer préalablement à toute intervention pour compte propre l'effet de ses interventions pour éviter d'influer sur le résultat de l'offre et ne pas peser indûment sur les cours des titres concernés ;

5° Les interventions respectent les principes énoncés à l'article 231-3.

II. – Afin de s'assurer du respect des dispositions du présent article, le prestataire concerné adapte ses procédures internes aux caractéristiques de chaque offre ainsi qu'à celles du marché des titres de la société visée et, le cas échéant, des titres proposés en échange. Il fixe, s'il les autorise, les conditions d'intervention pour compte propre sur les instruments financiers concernés.

III. – Les dispositions du présent article s'appliquent également lorsque le prestataire concerné ou une société de son groupe est initiateur ou société visée par une offre publique.

Section XII. – Contrôle des opérations d'offre publique

(A. 10 juill. 2009)

Art. 231-44 *(A. 10 juill. 2009)*. **–** Les dispositions de la présente section s'appliquent du début de la période de préoffre jusqu'à la fin de la période d'offre.

(A. 31 janv. 2011) « Les dispositions de la sous-section 1 s'appliquent à toute personne ou entité, y compris aux personnes concernées par l'offre. Les prestataires de services d'investissement sont soumis aux dispositions de la sous-section 2. »

(A. 14 juin 2012) « Les fractions de 1 %, 2 % et 5 % visées dans la présente section sont déterminées conformément aux modalités d'assimilation prévues à l'article L. 233-9 du Code de commerce *(A. 27 sept. 2012)*, "à l'exception de celles prévues au 3° du II de cet article". »

Sous-section 1. – Dispositions applicables à toute personne ou entité autre qu'un prestataire de services d'investissement

Art. 231-45 *(A. 10 juill. 2009)*. **–** L'initiateur déclare, sans délai, à l'AMF l'identité du ou des prestataires de services d'investissement chargés de présenter le projet d'offre.

Les personnes concernées par l'offre déclarent, sans délai, à l'AMF l'identité des prestataires de services d'investissement ou établissements les conseillant.

Toute modification des informations mentionnées aux alinéas précédents est communiquée, sans délai, à l'AMF.

Art. 231-46 *(A. 14 juin 2012)*. **–** I. - Les personnes ou entités suivantes doivent déclarer chaque jour à l'AMF les opérations qu'elles ont effectuées ayant pour effet ou susceptibles d'avoir pour effet de transférer la propriété des titres ou des droits de vote visés par l'offre, y compris les opérations sur les instruments financiers ou les accords ayant un effet économique similaire à la possession desdits titres :

1° Les personnes concernées par l'offre ;

2° Les personnes ou entités détenant seules ou de concert au moins 5 % du capital ou des droits de vote de la société visée ;

3° Les personnes ou entités détenant seules ou de concert au moins 5 % des titres visés par l'offre, autres que des actions ;

4° Les membres des organes d'administration, de surveillance ou de direction des personnes concernées par l'offre ;

5° Les personnes ou entités qui, seules ou de concert, depuis le début de la période d'offre ou, le cas échéant, de la période de préoffre, ont accru leur détention d'au moins 1 % du capital de la société visée, ou d'au moins 1 % du total des titres visés autres que des actions, tant qu'elles détiennent cette quantité de titres.

Les opérations qui doivent être déclarées incluent notamment :

1° L'achat, la vente, la souscription, le prêt et l'emprunt des titres visés par l'offre ;

2° L'achat, la vente de tout instrument financier ou la conclusion de tout accord ayant un effet économique similaire à la possession des titres visés par l'offre, quel que soit son mode de dénouement ;

3° L'exercice du droit à l'attribution d'actions attaché auxdits instruments financiers ou l'exécution desdits accords.

II. - Les déclarations doivent préciser :

1° L'identité du déclarant et de la personne ou de l'entité qui le contrôle au sens des dispositions qui lui sont applicables ;

2° La date de l'opération ;

3° Le lieu d'exécution de l'opération ;

4° Le nombre de titres traités et le prix auquel l'opération a été réalisée ;

5° Le nombre de titres et de droits de vote possédés à l'issue de l'opération *(A. 31 janv. 2011)* « par le déclarant, seul ou de concert. »

Les déclarations doivent être transmises à l'AMF au plus tard le jour de négociation suivant l'opération concernée et prendre la forme du modèle type défini dans une instruction de l'AMF. L'AMF peut demander au déclarant toute précision ou complément qu'elle juge nécessaire.

III. - Dans le cas d'une offre publique comportant une remise de titres de l'initiateur, doivent être déclarées, dans les mêmes conditions et selon les mêmes modalités, les opérations portant sur les titres de l'initiateur et ceux de la société visée.

(A. 31 janv. 2011) « La personne ou entité soumise à l'obligation déclarative relative à l'une ou l'autre de ces sociétés déclare ses opérations sur les titres des deux sociétés. »

Art. 231-47 *(Mod., A. 14 juin 2012)*. **–** Sans préjudice des articles L. 233-7 et suivants du Code de commerce, toute personne ou entité, à l'exception de l'initiateur de l'offre, qui vient à accroître, seule ou de concert, depuis le début de la période d'offre ou, le cas échéant, de la période de préoffre, le nombre d'actions qu'elle possède d'au moins 2 % du capital de la société visée *(A. 27 juin 2014)* « , ou qui vient à accroître sa participation si elle détient plus de 5 % du capital ou des droits de vote, » est tenue de déclarer immédiatement à l'AMF les objectifs qu'elle a l'intention de poursuivre au regard de l'offre en cours. En cas de changement d'intention, une nouvelle déclaration est établie et communiquée *(A. 14 juin 2012)* « sans délai » à l'AMF.

Les dispositions du premier alinéa s'appliquent également aux titres visés par l'offre, autres que des actions.

La déclaration précise :

1° Si la personne ou l'entité qui vient à accroître sa participation agit seule ou de concert ;

2° Les objectifs poursuivis par cette personne ou entité au regard de l'offre, notamment si elle a l'intention de poursuivre ses acquisitions et, si l'offre a été déposée, d'apporter les titres acquis à l'offre.

L'AMF peut demander au déclarant toute précision ou complément qu'elle juge nécessaire.

Art. 231-48 *(A. 14 juin 2012)*. **–** L'AMF publie les déclarations qui lui sont transmises en application des articles 231-46 et 231-47.

À titre exceptionnel, l'AMF peut adapter le format de la publication des déclarations qui lui sont transmises en application des articles 231-46 et 231-47 si le déclarant démontre que celle-ci est susceptible de lui porter un préjudice, notamment en ce qu'elle aurait pour conséquence un risque de marché.

Sous-section 2. – Dispositions applicables aux prestataires de services d'investissement

Art. 231-49 *(A. 10 juill. 2009)*. **–** Tout prestataire de services d'investissement ou teneur de compte conservateur qui intervient dans l'acheminement des ordres attire l'attention de son client qui vient à franchir l'un des seuils prévus aux articles 231-46 et 231-47 sur les obligations déclaratives qui lui sont applicables.

§ 1. – Dispositions applicables aux prestataires concernés

Art. 231-50 *(A. 10 juill. 2009)*. **–** Sans préjudice des dispositions de l'article L. 621-18-4 du Code monétaire et financier, lorsque les instruments financiers de l'initiateur ne sont pas admis aux négociations sur un marché réglementé, les prestataires concernés établissent et tiennent à jour la liste des personnes auxquelles ils donnent accès à des informations privilégiées relatives à l'offre.

La liste mentionne :

1° Le nom ou la dénomination de chacune des personnes ;

2° Le motif justifiant son inscription sur la liste ;

3° La date de son inscription sur la liste.

Art. 231-51 *(A. 14 juin 2012)*. **–** « I. – Les prestataires concernés déclarent chaque jour à l'AMF leur position sur les titres visés par l'offre lorsqu'ils ont accru, depuis le début de la période d'offre ou, le cas échéant, de la période de préoffre, leur détention d'au moins 1 % du capital de la société visée, ou d'au moins 1 % du total des titres visés autres que des actions, tant qu'ils détiennent cette quantité de titres. »

II. – Les déclarations doivent préciser :

1° L'identité du déclarant et de la personne ou de l'entité qui le contrôle au sens des dispositions qui lui sont applicables ;

2° Le nombre de titres détenus *(A. 31 janv. 2011)* « par le déclarant » ;

(A. 14 juin 2012) « 3° Le nombre de titres que le prestataire de services concerné est amené à détenir dans le cadre de tout instrument financier ou accord ayant un effet économique similaire à la possession des titres visés par l'offre. »

Les déclarations doivent être transmises à l'AMF au plus tard le jour de négociation suivant l'opération concernée et prendre la forme du modèle type défini par une instruction de l'AMF. L'AMF peut demander au déclarant toute précision ou complément qu'elle juge nécessaire.

§ 2. – Dispositions applicables aux autres prestataires de services d'investissement

Art. 231-52 *(A. 10 juill. 2009)*. **–** Les dispositions des articles 231-46 à 231-48 s'appliquent aux prestataires de services d'investissement autres que les prestataires concernés sauf lorsque :

1° Leurs interventions s'inscrivent dans la continuité de leurs pratiques habituelles en matière *(A. 31 janv. 2011)* « d'arbitrage ou » de couverture des risques liés aux opérations effectuées à la demande d'un client ou liées à la tenue de marché ;

2° La position et l'évolution de leurs engagements résultant des interventions en compte propre ne s'écartent pas sensiblement de celles constatées habituellement.

Dans les cas mentionnés aux 1° et 2° ci-dessus, les dispositions de l'article 231-51 s'appliquent.

(A. 31 janv. 2011) « Les critères posés par le présent article sont présumés ne plus être remplis dès lors que le prestataire de services d'investissement vient à détenir plus de 5 % du capital ou des droits de vote de la société visée. »

Section XIII. – Contestation portant sur l'équivalence des mesures défensives

(Section abr., A. 27 juin 2014)

Section XIV. – Suspension des effets des restrictions à l'exercice des droits de vote et des droits extraordinaires de nomination et de révocation des administrateurs, membres du conseil de surveillance, membres du directoire, directeurs généraux, directeurs généraux délégués

(Anc. sect. XIII, dénum., A. 10 juill. 2009)

Art. 231-54 *(A. 10 juill. 2009)*. – Les effets de la limitation statutaire du nombre de voix dont chaque actionnaire dispose dans les assemblées mentionnée au premier alinéa de l'article L. 225-125 du Code de commerce sont suspendus lors de la première assemblée générale qui suit la clôture de l'offre lorsque l'initiateur de l'offre, agissant seul ou de concert, vient à détenir plus des deux tiers du capital ou des droits de vote de la société visée.

Art. 231-55 *(A. 10 juill. 2009)*. – Lorsque les statuts le prévoient, les effets des restrictions statutaires à l'exercice des droits de vote attachés à des actions de la société ainsi que les effets de toute clause d'une convention conclue après le 21 avril 2004 prévoyant des restrictions à l'exercice des droits de vote attachés à des actions de la société sont suspendus lors de la première assemblée générale suivant la clôture de l'offre lorsque l'initiateur de l'offre, agissant seul ou de concert, vient à détenir, à l'issue de celle-ci, plus de la moitié du capital ou des droits de vote de la société visée.

Art. 231-56 *(A. 10 juill. 2009)*. – Lorsque les statuts le prévoient, les droits extraordinaires de nomination ou révocation des administrateurs, membres du conseil de surveillance, membres du directoire, directeurs généraux, directeurs généraux délégués, détenus par certains actionnaires sont suspendus lors de la première assemblée générale suivant la clôture de l'offre lorsque l'initiateur de l'offre, agissant seul ou de concert, détient à l'issue de celle-ci plus de la moitié du capital ou des droits de vote de la société visée.

CHAPITRE II. – PROCÉDURE NORMALE

Section I. – Dispositions générales

Art. 232-1. – Lorsque l'initiateur agissant seul ou de concert détient moins de la moitié du capital ou des droits de vote de la société visée, seule la procédure normale d'offre publique est applicable.

Art. 232-2 *(A. 10 juill. 2009)*. – La durée de l'offre est de vingt-cinq jours de négociation. Lorsque le projet de note en réponse est déposé après la publication de la décision de conformité, la période qui s'écoule du lendemain de la diffusion de la note en réponse à la clôture de l'offre est de 25 jours de négociation sans pouvoir excéder 35 jours de négociation à compter de l'ouverture de l'offre.

Par exception, lorsque l'initiateur d'une offre se prévaut des dispositions de l'article 231-11, la date de clôture de l'offre et son calendrier sont arrêtés après réception par l'AMF des éléments justificatifs de l'autorisation des autorités chargées du contrôle de la concentration dans les conditions mentionnées au premier alinéa de l'article 231-11.

En accord avec l'AMF, l'entreprise de marché concernée fait connaître les conditions et délais du dépôt par les teneurs de compte des titres apportés, de la livraison et du règlement en titres ou en capitaux ainsi que la date à laquelle les résultats de l'offre seront disponibles.

Les ordres des personnes qui désirent présenter leurs titres en réponse à l'offre ne peuvent être révoqués que jusque et y compris le jour de clôture de l'offre.

Art. 232-3. – Le résultat de l'offre est publié en principe neuf jours de négociation au plus tard après la date de clôture.

Si l'AMF constate que l'offre a une suite positive, l'entreprise de marché fait connaître les conditions de règlement et de livraison des titres acquis par l'initiateur. Si l'AMF constate que l'offre est sans suite, l'entreprise de marché fait connaître la date à laquelle les titres présentés en réponse seront restitués aux teneurs de compte déposants.

Lorsque l'offre est assortie d'un seuil de renonciation *(A. 27 juin 2014)* « ou d'un seuil de caducité », l'AMF publie un résultat provisoire dès qu'elle a connaissance par l'entreprise de marché du total de titres déposés auprès de l'entreprise de marché par les intermédiaires habilités aux fins de centralisation.

Art. 232-4 *(A. 10 juill. 2009)*. **–** Sauf si elle ne connaît pas une suite positive, toute offre réalisée selon la procédure normale est réouverte dans les dix jours de négociation suivant la publication du résultat définitif.

La garantie du caractère irrévocable des engagements de l'initiateur, mentionnée à l'article 231-13, concerne également la réouverture de l'offre.

L'AMF publie le calendrier de réouverture de l'offre qui dure au moins dix jours de négociation.

Section II. – Offres concurrentes et surenchères

Art. 232-5. **–** À dater de l'ouverture d'une offre et cinq jours de négociation au plus tard avant sa date de clôture, un projet d'offre publique concurrente visant les titres de la société visée ou de l'une des sociétés visées peut être déposé auprès de l'AMF.

Art. 232-6. **–** L'initiateur a la faculté de surenchérir sur les termes de son offre ou de la dernière offre concurrente au plus tard cinq jours de négociation avant la clôture de l'offre.

Art. 232-7 *(Mod., A. 14 juin 2012)*. **–** Pour être déclarée conforme, une offre publique d'achat concurrente ou une surenchère en numéraire doit être libellée à un prix supérieur d'au moins 2 % au prix stipulé dans l'offre publique d'achat ou la surenchère en numéraire précédente.

Dans tous les autres cas, l'AMF déclare conforme le projet d'offre concurrente ou de surenchère si celui-ci, apprécié dans les conditions définies aux articles 231-21 et 231-22, emporte une amélioration significative des conditions proposées aux porteurs des titres visés.

Une offre publique concurrente ou une surenchère peut cependant être déclarée conforme si son initiateur, sans modifier les termes stipulés dans l'offre précédente, supprime ou abaisse le seuil en deçà duquel l'offre n'aura pas de suite positive.

Art. 232-8. **–** Si elle déclare une surenchère conforme, l'AMF apprécie s'il y a lieu de reporter la date de clôture de la ou des offres et de rendre nuls et non avenus les ordres de présentation des titres en réponse à l'offre ou aux offres.

Art. 232-9 *(Mod., A. 18 avr. 2007)*. **–** Sauf cas de relèvement automatique des termes de l'offre, l'initiateur d'une offre qui surenchérit sur les termes de son offre antérieure établit un document complémentaire à sa note d'information soumis à l'appréciation de l'AMF dans les conditions prévues à l'article 231-20.

Ce document précise les termes de la surenchère au regard des conditions précédentes et les modifications des divers éléments exigés par les articles 231-18.

L'avis motivé du conseil d'administration ou du conseil de surveillance ou, dans le cas d'une société étrangère, de l'organe compétent de la société visée comprenant les précisions prévues à l'article 231-19, est communiqué à l'AMF. Il est diffusé dans les conditions fixées par l'article 231-37.

Art. 232-10. **–** Une offre publique concurrente est ouverte dans les conditions prévues par l'article 231-32. Lorsque l'AMF en arrête le calendrier, elle aligne les dates de clôture des offres en présence sur la date la plus lointaine sans préjudice des dispositions de l'article 231-34.

L'ouverture d'une offre concurrente rend nuls et non avenus les ordres de présentation des titres en réponse à l'offre antérieure.

Art. 232-11 *(Mod., A. 27 juin 2014)*. **–** L'initiateur peut renoncer à son offre publique dans le délai de cinq jours de négociation suivant la publication du calendrier d'une offre ou d'une surenchère concurrente. Il informe l'AMF de sa décision qui fait l'objet d'une publication.

L'initiateur peut également renoncer à son offre si l'offre devient sans objet, ou si la société visée, en raison des mesures qu'elle a prises, voit sa consistance modifiée pendant l'offre ou en cas de suite positive de l'offre, ou si les mesures prises par la société visée ont pour conséquence un renchérissement de l'offre pour l'initiateur. Il ne peut user de cette faculté qu'avec l'autorisation préalable de l'AMF qui statue au regard des principes posés par l'article 231-3.

Art. 232-12. **–** Lorsque plus de dix semaines se sont écoulées depuis la publication de l'ouverture d'une offre, l'AMF, en vue d'accélérer la confrontation des offres dans le respect de leur alternance, peut fixer un délai limite pour le dépôt de chacune des surenchères successives.

L'AMF fait connaître sa décision et les modalités de sa mise en œuvre. Le délai limite, décompté à partir de la date de publication de la décision de l'AMF sur chaque surenchère, ne peut être inférieur à trois jours de négociation.

Art. 232-13. – Lorsque plus de dix semaines se sont écoulées depuis l'ouverture d'une offre, l'AMF, en vue d'accélérer l'issue des offres en présence, peut décider de recourir à un dispositif de dernière enchère.

Elle fixe la date à laquelle chacun des initiateurs devra lui faire connaître le maintien de son offre aux mêmes conditions ou le dépôt d'une ultime surenchère.

S'il y a lieu, l'AMF se prononce sur la conformité de la ou des surenchères déposées. Elle arrête la date de clôture définitive des offres.

Par exception aux dispositions de l'article 232-6, aucune surenchère ne peut alors être déposée sauf si une offre publique concurrente vient à être déposée, déclarée conforme et ouverte.

Section III. – Interventions sur le marché des titres concernés par l'offre

(Mod., A. 10 juill. 2009) (1)

Sous-section 1. – Interventions de l'initiateur et des personnes agissant de concert avec lui

Art. 232-14 *(Abr., A. 14 juin 2012).*

Sous-section 2. – Interventions de la société visée et des personnes agissant de concert avec elle

Art. 232-15 *(Abr., A. 14 juin 2012).*

Sous-section 3. – Interventions en cas de réouverture de l'offre

(Anc. ss-sect. 5, dénum., A. 10 juill. 2009)

Art. 232-16 *(Abr., A. 14 juin 2012).*

CHAPITRE III. – PROCÉDURE SIMPLIFIÉE

Art. 233-1. – L'emploi de la procédure simplifiée d'offre peut intervenir dans les cas suivants :

1° Une offre émise par un actionnaire détenant déjà directement ou indirectement, seul ou de concert au sens de l'article L. 233-10 du Code de commerce, la moitié au moins du capital et des droits de vote de la société visée ;

2° Une offre émise par un actionnaire venant à détenir directement ou indirectement, seul ou de concert au sens de l'article L. 233-10 du Code de commerce, après acquisition la moitié au moins du capital et des droits de vote de la société visée ;

3° Une offre limitée à une participation dans le capital de la société visée, l'initiateur de l'offre ne visant qu'une participation au plus égale à 10 % des titres de capital conférant des droits de vote ou à 10 % des droits de vote de la société visée, compte tenu des titres de même nature et des droits de vote qu'il détient déjà, directement ou indirectement ;

4° Une offre émise par une personne agissant seule ou de concert, au sens de l'article L. 233-10 du Code de commerce, visant l'acquisition d'actions à dividende prioritaire, de certificats d'investissement ou de certificats de droits de vote ;

5° Une offre de rachat de ses actions par une société, en application de l'article L. 225-207 du Code de commerce ;

6° Une offre de rachat de ses actions par une société, en application de l'article L. 225-209 du Code de commerce ;

7° Une offre par la société émettrice visant des titres donnant accès à son capital ;

8° Une offre par laquelle la société émettrice propose l'échange de titres de créance ne donnant pas accès au capital contre des titres de capital ou donnant accès à son capital.

Art. 233-2 *(A. 10 juill. 2009)*. **–** L'offre publique d'achat simplifiée est réalisée par achats dans les conditions et selon les modalités fixées lors de l'ouverture de l'offre.

Dans les cas d'offre limitée prévus aux 3°, 5° et 6° de l'article 233-1 et aux articles 233-4 et 233-5, ou en cas d'offre publique d'échange simplifiée ou si les circonstances et les modalités de l'opération le justifient, l'offre est centralisée par l'entreprise de marché concernée ou, sous son contrôle, par l'établissement présentateur.

La durée d'une offre simplifiée peut être limitée à dix jours de négociation s'il s'agit d'une offre d'achat et à quinze jours de négociation dans les autres cas, sauf s'il s'agit d'une offre de rachat en application de l'article L. 225-207 du Code de commerce.

Art. 233-3 *(A. 10 juill. 2009)*. **–** Si l'offre est une offre d'achat résultant de l'application du 1° de l'article 233-1 et sous réserve des dispositions des articles 231-21 et 231-22, le prix stipulé par l'initiateur de l'offre ne peut être inférieur, sauf accord de l'AMF, au prix déterminé par le calcul de la moyenne des cours de bourse, pondérée par les volumes de transactions, pendant les soixante jours de négociation précédant la publication de l'avis mentionné au premier alinéa de l'article 223-34, ou, à défaut, de l'avis de dépôt du projet d'offre mentionné à l'article 231-14.

Pour les besoins de ce calcul, les cours et volumes utilisés sont ceux constatés sur le marché réglementé sur lequel les actions de la société visée bénéficient de la liquidité la plus importante.

Art. 233-4. – Dans le cas d'une offre visant des certificats d'investissement ou des certificats de droit de vote, l'initiateur est autorisé à limiter son opération à l'acquisition d'une quantité de certificats de droits de vote ou de certificats d'investissement égale, selon le cas, au nombre de certificats d'investissement ou de certificats de droits de vote qu'il détient déjà.

Art. 233-5 *(A. 10 juill. 2009)*. **–** Si l'initiateur d'une offre simplifiée a été autorisé à se réserver la faculté de réduire les ordres de vente ou d'échange présentés en réponse à son offre, la réduction est opérée proportionnellement, sous réserve des ajustements nécessaires.

La réduction des ordres présentés à une offre de rachat déposée en application du 5° de l'article 233-1 s'opère dans les conditions prévues par le décret n° 67-236 du 23 mars 1967.

Dans ces hypothèses, l'initiateur ne peut intervenir sur les titres concernés.

Art. 233-6 *(Abr., A. 14 juin 2012).*

CHAPITRE IV. – DÉPÔT OBLIGATOIRE D'UN PROJET D'OFFRE PUBLIQUE

Art. 234-1. – Dans le présent chapitre, par titres de capital, il faut entendre titres de capital conférant des droits de vote si le capital de la société visée est constitué pour partie par des titres sans droit de vote.

(A. 31 janv. 2011) Les fractions du capital ou des droits de vote visées au présent chapitre sont déterminées conformément aux modalités de calcul des seuils fixées aux articles L. 233-7 et L. 233-9 du Code de commerce.

(A. 27 sept. 2012) Les accords et instruments mentionnés au 4° *bis* du I de l'article L. 233-9 du Code de commerce ne sont pas pris en compte pour la détermination des fractions du capital ou des droits de vote visées au présent chapitre.

Les instruments financiers à prendre en compte au titre du 4° du I de l'article L. 233-9 du Code de commerce sont :

1° Les obligations échangeables en actions ;

2° Les contrats à terme ;

3° Les options, qu'elles soient exerçables immédiatement ou à terme, et quel que soit le niveau du cours de l'action par rapport au prix d'exercice de l'option ; lorsque l'option ne peut être exercée que sous condition que le cours de l'action atteigne un seuil précisé au contrat, elle est assimilée aux actions dès que ce seuil est atteint.

Les accords à prendre en compte sont ceux visés au 4° du I de l'article L. 233-9 du Code de commerce ; lorsque l'accord ne peut être exercé que sous condition que le cours de l'action atteigne un seuil précisé, les actions faisant l'objet dudit accord sont assimilées aux actions dès que ce seuil est atteint.

Art. 234-2 *(A. 31 janv. 2011)*. **–** Lorsqu'une personne physique ou morale, agissant seule ou de concert au sens de l'article L. 233-10 du Code de commerce, vient à détenir, directement ou indirectement, plus de 30 % des titres de capital ou des droits de vote d'une société, elle est tenue à son initiative d'en informer immédiatement l'AMF et de déposer un projet d'offre publique visant la totalité du capital et des titres donnant accès au capital ou aux droits de vote, et libellé à des conditions telles qu'il puisse être déclaré conforme par l'AMF.

(A. 27 juin 2014) « Les dispositions des chapitres Ier et, selon le cas, II ou III du présent titre sont applicables aux offres publiques dont le dépôt est obligatoire. »

Les personnes physiques ou morales agissant seules ou de concert au sens des dispositions de l'article L. 233-10 du Code de commerce sont tenues au respect des obligations définies au premier alinéa lorsqu'elles viennent à détenir par suite de fusion ou d'apport plus de 30 % des titres de capital ou des droits de vote d'une société.

Art. 234-3 ancien *(Abr., A. 31 janv. 2011).*

Concept de prédominance. S'il appartient à l'AMF, pour apprécier si les conditions de la dérogation à l'obligation de dépôt d'une offre publique prévue par l'article 234-3 de son règlement général sont réunies, de rechercher si, nonobstant la parité des participations en capital et en droits de vote, les prérogatives conférées par les parties à ceux des membres du concert qui disposaient du contrôle de la société détentrice de plus du tiers du capital et des droits de vote de la société cotée leur permettent de demeurer prédominants, il résulte du texte susvisé que cette prédominance doit être constatée **dans l'exercice du contrôle de la société détentrice** : ■ CA Paris, 13 sept. 2005 : *Dr. sociétés* janv. 2006, 8, obs. Th. Bonneau ; *Rev. AMF* oct. 2005, n° 18, p. 57 ; *Banque et droit* sept.-oct. 2005, p. 45, obs. H. de Vauplane et J.-J. Daigre ; *RD bancaire et fin.* 2005, 301, note D. Schmidt et M. Delespaul ; *Bull. Joly Bourse*, 176, note F. Bucher ; *JCP* E 2006, 1121, note C. Ducouloux-Favard.

Art. 234-3 *(A. 27 juin 2014)*. – Lorsqu'une offre relevant des dispositions du présent chapitre est devenue caduque en application de l'article 231-9 I, l'initiateur est privé de la fraction des droits de vote attachés aux actions qu'il détient dans la société visée dans les conditions prévues au II de l'article L. 433-1-2 du Code monétaire et financier.

Art. 234-4 *(A. 31 janv. 2011)*. – L'AMF peut autoriser, dans des conditions qui sont rendues publiques, le franchissement temporaire des seuils mentionnés aux articles 234-2 et 234-5 si le dépassement résulte d'une opération n'ayant pas pour finalité l'obtention ou l'accroissement du contrôle de la société au sens de l'article L. 233-3 du Code de commerce et si sa durée n'excède pas six mois. La ou les personnes concernées s'engagent à ne pas exercer, pendant la période de reclassement des titres, les droits de vote correspondants.

Art. 234-5 *(A. 31 janv. 2011)*. – Les dispositions de l'article 234-2 s'appliquent aux personnes physiques ou morales, agissant seules ou de concert, qui détiennent directement ou indirectement un nombre compris entre 30 % et la moitié du nombre total des titres de capital ou des droits de vote d'une société et qui, en moins de douze mois consécutifs, augmentent cette détention, en capital ou en droits de vote, d'au moins 2 % du nombre total des titres de capital ou des droits de vote de la société.

(A. 27 juin 2014) « Les dispositions de l'article 234-2 s'appliquent aux personnes physiques ou morales, agissant seules ou de concert, qui détiennent directement ou indirectement un nombre compris entre 30 % et la moitié du nombre total des titres de capital ou des droits de vote d'une société, dont l'offre est devenue caduque en application de l'article 231-9 I et qui augmentent cette détention, en capital ou en droits de vote. »

Les personnes qui, agissant seules ou de concert, détiennent directement ou indirectement un nombre compris entre *(A. 31 janv. 2011)* « 30 % » et la moitié du capital ou des droits de vote d'une société tiennent l'AMF informée des variations du nombre de titres de capital ou des droits de vote qu'elles détiennent. L'AMF rend ces informations publiques.

Compétence de la commission des sanctions. Jugé que l'AMF pouvait appliquer une sanction administrative en cas d'omission même non frauduleuse de la déclaration de participation prévue par le dernier alinéa de l'article 234-5 du règlement général AMF : ■ AMF, comm. sanct., 13 janv. 2011 : *Bull. Joly Bourse* 2011, p. 332, note D. Pasturel et N. Cuntz.

Art. 234-6 *(A. 31 janv. 2011)*. – Lorsqu'un projet d'offre est déposé en application des articles 234-2 et 234-5, le prix proposé doit être au moins égal au prix le plus élevé payé par l'initiateur, agissant seul ou de concert au sens de l'article L. 233-10 du Code de commerce, sur une période de douze mois précédant le fait générateur de l'obligation de déposer le projet d'offre.

L'AMF peut demander ou autoriser la modification du prix proposé lorsqu'un changement manifeste des caractéristiques de la société visée ou du marché de ses titres le justifie. Il en va notamment ainsi dans les cas suivants :

1° Lorsque des événements susceptibles d'influer de manière significative sur la valeur des titres concernés sont intervenus au cours des douze derniers mois précédant le dépôt de l'offre ;

2° Lorsque la société visée est en situation de difficulté financière avérée ;

3° Lorsque le prix mentionné au premier alinéa résulte d'une transaction assortie d'éléments connexes entre l'initiateur, agissant seul ou de concert, et le vendeur des titres acquis par l'initiateur au cours des douze derniers mois.

Dans ces cas ou en l'absence de transaction de l'initiateur, agissant seul ou de concert, sur les titres de la société visée au cours de la période de douze mois mentionnée au premier alinéa, le prix est déterminé en fonction des critères d'évaluation objectifs usuellement retenus, des caractéristiques de la société visée et du marché de ses titres.

Art. 234-7 *(A. 31 janv. 2011)*. – L'AMF peut constater qu'il n'y a pas matière à déposer un projet d'offre publique lorsque les seuils mentionnés aux articles 234-2 et 234-5 sont franchis par une ou plusieurs personnes qui viennent à déclarer agir de concert :

1° Avec un ou plusieurs actionnaires qui détenaient déjà, seul ou de concert, la majorité du capital ou des droits de vote de la société à condition que ceux-ci demeurent prédominants ;

2° Avec un ou plusieurs actionnaires qui détenaient déjà, seul ou de concert, entre 30 % et la moitié du capital ou des droits de vote de la société à condition que ceux-ci conservent une participation plus élevée, et qu'à l'occasion de cette mise en concert ils ne franchissent pas l'un des seuils visés aux articles 234-2 et 234-5.

Lorsque plus de 30 % du capital ou des droits de vote d'une société dont les titres de capital sont admis aux négociations sur un marché réglementé d'un État membre de l'Union européenne ou d'un autre État partie à l'accord sur l'Espace économique européen, y compris la France, est détenu par une autre société et en constitue un actif essentiel, l'AMF peut constater qu'il n'y a pas matière à déposer un projet d'offre publique lorsqu'un groupe de personnes agissant de concert vient à prendre le contrôle de la société détentrice au sens des textes applicables à cette dernière, à condition que l'une ou plusieurs d'entre elles disposaient déjà de ce contrôle et demeurent prédominantes.

Dans tous les cas susvisés, tant que l'équilibre des participations respectives au sein d'un concert n'est pas significativement modifié par référence à la situation constatée lors de la déclaration initiale, il n'y a pas lieu de déposer un projet d'offre publique.

Art. 234-8. – L'AMF peut accorder une dérogation à l'obligation de déposer un projet d'offre publique si la ou les personnes concernées justifient auprès d'elle remplir l'une des conditions énumérées à l'article 234-9.

L'AMF se prononce après avoir examiné les circonstances dans lesquelles le ou les seuils ont été ou seront franchis, la répartition du capital et des droits de vote et les conditions dans lesquelles, le cas échéant, l'opération a fait ou fera l'objet d'une approbation par l'assemblée générale des actionnaires de la société visée.

Art. 234-9 *(Mod, A. 14 déc. 2015)*. – Les cas dans lesquels l'AMF peut accorder une dérogation sont les suivants :

1° Transmission à titre gratuit entre personnes physiques, distribution d'actifs réalisée par une personne morale au prorata des droits des associés ;

2° Souscription à l'augmentation de capital d'une société en situation avérée de difficulté financière, soumise à l'approbation de l'assemblée générale de ses actionnaires ;

3° Opération de fusion ou d'apport d'actifs soumise à l'approbation de l'assemblée générale des actionnaires ;

4° Cumul d'une opération de fusion ou d'apport soumis à l'approbation de l'assemblée générale des actionnaires et de la conclusion entre actionnaires des sociétés concernées par l'opération, d'un accord constitutif d'une action de concert ;

5° Réduction du nombre total de titres de capital ou du nombre total de droits de vote existant dans la société visée ;

6° Détention de la majorité des droits de vote de la société par le demandeur ou par un tiers, agissant seul ou de concert ;

6° *bis* Détention de la majorité du capital de la société par le demandeur ou par un tiers, agissant seul ou de concert à la suite d'une offre réalisée selon la procédure normale visée au chapitre II du présent titre ;

7° Opération de reclassement, ou s'analysant comme un reclassement, entre sociétés ou personnes appartenant à un même groupe ;

8° Sans préjudice du III de l'article L. 433-3 du Code monétaire et financier, acquisition du contrôle, au sens des textes qui lui sont applicables, d'une société détenant, directement ou indirectement, plus de 30 % du capital ou des droits de vote d'une société dont les titres de capital sont admis aux négociations sur un marché réglementé d'un État membre de l'Union européenne ou d'un autre État partie à l'accord sur l'Espace économique européen, y compris la France, et qui ne constitue pas un actif essentiel de la société dont le contrôle est acquis ;

9° Fusion ou apport d'une société détenant directement ou indirectement plus de 30 % du capital ou des droits de vote d'une société de droit français dont les titres de capital sont admis aux négociations sur un marché réglementé d'un État membre de l'Union européenne ou d'un autre État partie à l'accord sur l'Espace économique européen, y compris la France, et qui ne constitue pas un actif essentiel de la société apportée ou absorbée ;

10° Attribution de droits de vote double entre le 3 avril 2014 et le 31 décembre 2018 dans les conditions prévues au V de l'article 7 de la loi n° 2014-384 du 29 mars 2014, tel que modifié par l'article 194 de la loi n° 2015-990 du 6 août 2015.

Art. 234-10 *(A. 24 déc. 2009)*. – Dans le cas d'opérations soumises à l'approbation des actionnaires de la société visée, l'AMF peut statuer sur une demande de dérogation avant la tenue de cette assemblée sous réserve de disposer d'informations précises sur l'opération projetée.

Dans les autres cas prévus à l'article 234-9, ainsi que dans les situations mentionnées à l'article 234-7, l'AMF peut statuer préalablement à la réalisation d'une opération en fonction de la nature, des circonstances et du délai de mise en œuvre du projet et au vu des éléments justificatifs apportés par la ou les personnes concernées.

L'AMF est informée du déroulement de l'opération et, dans l'hypothèse où celle-ci n'est pas mise en œuvre selon les conditions initialement prévues, peut constater la caducité de la décision précédemment rendue.

Si l'AMF accorde la dérogation demandée ou constate qu'il n'y a pas matière à offre publique, elle publie sa décision sur son site et fait connaître, le cas échéant, les engagements souscrits par le ou les requérants.

[...]

Art. 234-11 *(A. 31 janv. 2011)*. – Pour l'application des dispositions du présent chapitre, le seuil du tiers du capital ou des droits de vote, tel qu'applicable avant le 1er février 2011, se substitue à celui de 30 % pour toute personne, agissant seule ou de concert au sens de l'article L. 233-10 du Code de commerce, qui détient directement ou indirectement, au 1er janvier 2010, une participation comprise entre 30 % et le tiers du capital ou des droits de vote, et tant que cette participation est comprise entre ces deux seuils.

Il en est de même pour toute personne, agissant seule ou de concert au sens de l'article L. 233-10 du Code de commerce, qui détient directement ou indirectement, après le 1er janvier 2010, une participation, résultant d'un engagement ferme conclu avant le 1er janvier 2010, comprise entre 30 % et le tiers du capital ou des droits de vote, et tant que cette participation est comprise entre ces deux seuils.

Les personnes agissant seules ou de concert au sens de l'article L. 233-10 du Code de commerce qui détiennent directement ou indirectement, au 1er février 2011, une participation comprise entre 30 % et le tiers du capital ou des droits de vote, et qui ne sont pas visées par les alinéas précédents, doivent ramener leur participation en deçà de 30 % du capital et des droits de vote avant le 1er février 2012. À défaut, elles sont soumises aux dispositions des articles 234-1 à 234-10.

Toute personne physique ou morale concernée par ces dispositions est tenue de déclarer sans délai sa participation en capital et en droits de vote à l'Autorité des marchés financiers. L'Autorité des marchés financiers publie la liste des personnes ayant procédé à cette déclaration.

CHAPITRE V. – OFFRES PUBLIQUES PORTANT SUR DES INSTRUMENTS FINANCIERS ADMIS AUX NÉGOCIATIONS SUR UN SYSTÈME MULTILATÉRAL DE NÉGOCIATION ORGANISÉE

(A. 31 janv. 2011)

Art. 235-1 *(A. 31 janv. 2011) (A. 14 juin 2012)*. – Sans préjudice des dispositions de l'article 231-1, les dispositions du présent chapitre sont exclusivement applicables aux sociétés dont les titres de capital sont admis aux négociations sur un système multilatéral de négociation organisé au sens de l'article 524-1.

Section I. – Dépôt obligatoire d'un projet d'offre publique

(A. 31 janv. 2011)

Art. 235-2 *(A. 14 juin 2012)*. – Les dispositions des articles 234-5, 234-7 (2°), 234-7, alinéa 4, et 234-11 ne sont pas applicables.

Les dispositions du chapitre IV autres que celles précitées sont applicables en substituant au seuil de 30 % celui de 50 %.

Les dispositions des articles 236-5 et 236-6 ne sont pas applicables.

Art. 235-3 *(A. 14 juin 2012)*. – Outre les cas visés à l'article 234-9, l'AMF peut également accorder une dérogation à l'obligation de déposer un projet d'offre publique dans les cas suivants :

1° Souscription à une augmentation de capital réservée, soumise à l'approbation de l'assemblée générale des actionnaires ;

2° Exercice du droit à l'attribution d'actions attaché à des titres donnant accès au capital lorsque l'émission réservée de ces titres a été préalablement soumise à l'approbation de l'assemblée générale des actionnaires.

Section II – Offre publique de retrait et retrait obligatoire

(A. 31 janv. 2011)

Art. 235-4 *(Abr., A. 14 juin 2012)*.

CHAPITRE VI. – OFFRES PUBLIQUES DE RETRAIT

Bibliographie : L. Faugérolas, *Les offres publiques de retrait et le retrait obligatoire : Bull. Joly Bourse* 1999, § 6, p. 51. • R. Salomon, *Le rôle des autorités de marchés dans les procédures de retrait : Actes prat. ing. sociétaire* nov.-déc. 2002, p. 21. • R. Salomon et M. Germain, *Offre publique et retrait obligatoire : Actes prat. ing. sociétaire* janv.-févr. 2002, p. 6.

Art. 236-1. – Lorsque le ou les actionnaires majoritaires détiennent de concert, au sens de l'article L. 233-10 du Code de commerce, au moins 95 % des droits de vote d'une société dont les actions sont admises aux négociations sur un marché réglementé d'un État membre de la Communauté européenne ou partie à l'accord sur l'Espace économique européen, y compris la France, ou ont cessé de l'être, le détenteur de titres conférant des droits de vote n'appartenant pas au groupe majoritaire peut demander à l'AMF de requérir du ou des actionnaires majoritaires le dépôt d'un projet d'offre publique de retrait.

Après avoir procédé aux vérifications nécessaires, l'AMF se prononce sur la demande qui lui est présentée au vu notamment des conditions prévalant sur le marché des titres concernés et des éléments d'information apportés par le demandeur.

Si elle déclare la demande recevable, l'AMF la notifie à l'actionnaire ou aux actionnaires majoritaires alors tenus de déposer, dans un délai fixé par l'AMF, un projet d'offre publique de retrait libellé à des conditions telles qu'il puisse être déclaré conforme.

1) Application du texte. L'article 5-5-2 du règlement général CBV *(abr.)* ayant pour finalité de permettre à l'actionnaire minoritaire dont le titre a perdu sa liquidité sur un marché rendu étroit par le poids relatif des majoritaires, de sortir de la société dans des conditions normales de cours et de délai, n'a cependant pas pour effet de rendre obligatoire la mise en œuvre de l'offre publique de retrait au motif de la seule réunion des conditions formelles prévues en son sein : ▪ Cass. com., 6 mai 1996 : *Bull. civ.* IV, n° 123 ; *Dr. sociétés* 1996, n° 139, obs. H. Hovasse ; *Rev. sociétés* 1996, p. 802, note P. Le Cannu ; *D. affaires* 1996, 736. – V. aussi ▪ Cass. com., 5 févr. 2002 : *JCP* E 2002, n° 20, p. 787 ; *Dr. sociétés* 2002, n° 142, note Th. Bonneau ; *RTD com.* 2002, p. 344, obs. N. Rontchevsky ; *Banque et droit* mars-avr. 2002, 32, obs. H. de Vauplane et J.-J. Daigre. ▪ Cass. com., 4 nov. 2003 : *JCP* E 2004, n° 27, p. 1104, obs. A. Deprez-Graff ; *Dr. sociétés* 2004, n° 89, note Th. Bonneau ; *Bull. Joly Bourse* 2004, 302, note D. Schmidt ; *RD bancaire et fin.* 2004, 98, obs. Ph. Portier.

2) Évaluation du prix des titres.

a) **Application de la méthode « multicritères ».** Sur l'application par le Conseil des bourses de valeurs *[remplacé par le Conseil des marchés financiers]* de la méthode « multicritère » pour le contrôle du prix de retrait : ▪ CA Paris, 8 juill. 1992 : *Rev. sociétés* 1992, 795, obs. Y. Guyon ; *Dr. sociétés* 1992, n° 261, obs. H. Hovasse ; *RD bancaire et fin.* 1993, 4, obs. M. Germain et M.-A. Frison-Roche. ▪ CA Paris, 6 avr. 2004 : *BJS* 2004, 10, note J.-M. Moulin ; *Banque et droit* 2004, 31, note J.-J. Daigre et H. de Vauplane.

b) **Respect de l'intérêt des minoritaires.** Lorsqu'est émise une offre publique de retrait, il appartient au Conseil des bourses de valeurs *[remplacé par le Conseil des marchés financiers]* de veiller à ce que le prix en numéraire proposé par l'actionnaire majoritaire pour l'achat de titres restant dans le public ne lèse pas l'intérêt des porteurs minoritaires : ▪ CA Paris, 18 avr. 1991 : *JCP* E 1991, II, 167, note A. Viandier.

Art. 236-2. – Lorsque le ou les actionnaires majoritaires détiennent de concert, au sens de l'article L. 233-10 du Code de commerce, au moins 95 % des droits de vote d'une société dont les certificats d'investissement et, le cas échéant, les certificats de droits de vote sont admis aux négociations sur un marché réglementé d'un État membre de *(A. 31 janv. 2011)* « l'Union » européenne ou partie à l'accord sur l'Espace économique européen, y compris la France, ou ont cessé de l'être, le détenteur de certificats d'investissement ou de certificats de droits de vote n'appartenant pas au groupe majoritaire peut demander à l'AMF de requérir du ou des actionnaires majoritaires le dépôt d'un projet d'offre publique de retrait visant ces titres.

Après avoir procédé aux vérifications nécessaires, l'AMF se prononce sur la demande qui lui est présentée au vu notamment des conditions prévalant sur le marché des titres concernés et des éléments d'information apportés par le demandeur.

Si elle déclare la demande recevable, l'AMF la notifie à l'actionnaire ou aux actionnaires majoritaires alors tenus de déposer, dans un délai fixé par l'AMF, un projet d'offre publique de retrait libellé à des conditions telles qu'il puisse être déclaré conforme.

Art. 236-3. – Le ou les actionnaires majoritaires qui détiennent de concert au sens de l'article L. 233-10 du Code de commerce au moins 95 % des droits de vote d'une société dont les actions sont admises aux négociations sur un marché réglementé d'un État membre de *(A. 31 janv. 2011)* « l'Union » européenne ou partie à l'accord sur l'Espace économique européen, y compris la France, ou ont cessé de l'être, peuvent déposer auprès de l'AMF un projet d'offre publique de retrait visant les titres de capital ou de droits de vote ou donnant accès au capital non détenus par eux.

Art. 236-4. – Le ou les actionnaires majoritaires qui détiennent de concert au sens de l'article L. 233-10 du Code de commerce au moins 95 % des droits de vote d'une société dont les certificats d'investissement et, le cas échéant, les certificats de droits de vote sont admis aux négociations sur un marché réglementé d'un État membre de *(A. 31 janv. 2011)* « l'Union » européenne ou partie à l'accord sur l'Espace économique européen, y compris la France, ou ont cessé de l'être, peuvent déposer auprès de l'AMF un projet d'offre publique de retrait visant ces titres.

Art. 236-5. – Lorsqu'une société anonyme dont les titres de capital sont admis sur un marché réglementé est transformée en société en commandite par actions, la ou les personnes qui contrôlaient la société avant sa transformation ou le ou les associés commandités sont tenus, dès l'adoption par l'assemblée générale des actionnaires de la résolution tendant à la transformation de la société, de déposer un projet d'offre publique de retrait ne comportant aucune condition minimale et libellé à des conditions telles qu'il puisse être déclaré conforme.

L'initiateur du projet d'offre précise à l'AMF s'il se réserve la faculté, à l'issue de l'offre et en fonction de son résultat, de demander que l'ensemble des titres de capital ou donnant accès au capital et des titres de droits de vote de la société soient radiés du marché réglementé sur lequel ils sont admis.

Art. 236-6. – La ou les personnes physiques ou morales qui contrôlent une société *(A. du 31 janv. 2011)* « au sens de l'article L. 233-3 du Code de commerce » informent l'AMF :

1° Lorsqu'elles se proposent de soumettre à l'approbation d'une assemblée générale extraordinaire une ou plusieurs modifications significatives des dispositions statutaires, notamment celles relatives à la forme de la société, aux conditions de cession et de transmission des titres de capital ainsi qu'aux droits qui y sont attachés ;

2° *(A. 31 janv. 2011)* « Lorsqu'elles décident le principe de la fusion de cette société avec la société qui la contrôle ou avec une autre société contrôlée par celle-ci, de la cession ou de l'apport à une autre société de la totalité ou du principal des actifs, de la réorientation de l'activité sociale ou de la suppression, pendant plusieurs exercices, de toute rémunération de titres de capital. »

L'AMF apprécie les conséquences de l'opération prévue au regard des droits et des intérêts des détenteurs de titres de capital ou des détenteurs de droits de vote de la société et décide s'il y a lieu à mise en œuvre d'une offre publique de retrait.

Le projet d'offre, qui ne peut comporter de condition minimale, est libellé à des conditions telles qu'il puisse être déclaré conforme.

Art. 236-7 *(A. 10 juill. 2009)*. – L'offre publique de retrait est réalisée par achats, dans les conditions et selon les modalités fixées lors de l'ouverture de l'offre, pendant une période de dix jours de négociation au moins ou, si les circonstances et les modalités de l'opération le justifient, par centralisation des ordres de vente ou d'échange auprès de l'entreprise de marché ou, sous son contrôle, par le prestataire présentateur.

(Al. abr., A. 14 juin 2012).

Lorsque l'offre publique de retrait comporte une branche en titres et une branche libellée en numéraire sans réduction des ordres, l'initiateur de l'offre peut acquérir, par dérogation aux dispositions de l'article 231-41, les titres visés par achats aux conditions stipulées dans la branche libellée en numéraire.

CHAPITRE VII. – RETRAIT OBLIGATOIRE

Bibliographie : M.-Ch. de Nayer, *Le retrait obligatoire : Bull. Joly Bourse* 1994, § 17, p. 91. • L. Faugérolas, *Les offres publiques de retrait et le retrait obligatoire : Bull. Joly Bourse* 1999, § 6, p. 51. • Ch. Leroy, *Le retrait obligatoire ou l'expropriation des actionnaires minoritaires à la suite d'une offre publique de retrait (OPR) : Bull. Joly Bourse* 1994, § 114, p. 567. • G. Lesquillier, *L'évaluation des actions en cas de retrait obligatoire : Bull. Joly Bourse* 1995, § 63, p. 379. • R. Salomon et M. Germain, *Offre publique et retrait obligatoire : Actes prat. ing. sociétaire* janv.-févr. 2002, p. 6.

Section I. – Retrait obligatoire à l'issue d'une offre publique de retrait

Art. 237-1. – À l'issue d'une offre publique de retrait réalisée en application des articles 236-1, 236-2, 236-3 ou 236-4, l'actionnaire ou le groupe majoritaire peut se voir transférer les titres non présentés par les actionnaires minoritaires ou les porteurs de certificats d'investissement ou de certificats de droits de vote dès lors qu'ils ne représentent pas plus de 5 % du capital ou des droits de vote moyennant indemnisation de ces derniers.

Dans les mêmes conditions, l'actionnaire ou le groupe majoritaire peut se voir transférer les titres donnant ou pouvant donner accès au capital, dès lors que les titres de capital susceptibles d'être créés par conversion, souscription, échange, remboursement, ou de toute autre manière, des titres donnant ou pouvant donner accès au capital non présentés, une fois additionnés avec les titres de capital existants non présentés, *(A. 20 août 2010)* « ne représentent » *(A. 31 janv. 2011)* « pas plus de 5 % de la somme des titres de capital existants et susceptibles d'être créés. »

Art. 237-2. – Lors du dépôt du projet d'offre, l'initiateur fait connaître à l'AMF s'il se réserve la faculté de demander la mise en œuvre du retrait obligatoire une fois l'offre terminée et en fonction de son résultat, ou s'il demande que le retrait obligatoire soit réalisé dès la clôture de l'offre publique de retrait.

À l'appui du projet d'offre, l'initiateur fournit à l'AMF une évaluation des titres de la société visée, effectuée selon les méthodes objectives pratiquées en cas de cession d'actifs, tenant compte, selon une pondération appropriée à chaque cas, de la valeur des actifs, des bénéfices réalisés, de la valeur boursière, de l'existence de filiales et des perspectives d'activité.

L'AMF examine le projet d'offre dans les conditions prévues par les articles 231-21 et 231-22.

1) **Rôle de l'AMF.** Aux termes de l'article 33 de la loi du 2 juillet 1996 *[désormais C. monét. fin., art. L. 433-4]* et des dispositions du règlement général relatives à l'offre publique de retrait, le Conseil des marchés financiers [AMF], compétent pour juger de la recevabilité d'une telle offre, doit apprécier si celui qui en est à l'origine propose une indemnisation juste et équitable des actionnaires minoritaires, résultant d'une évaluation pertinente de la société par application de critères objectifs et significatifs ; examiner les objectifs et intentions de l'initiateur de l'offre ; vérifier si est assuré le respect des principes d'égalité des actionnaires, de transparence et d'intégrité des marchés, de loyauté dans les transactions : ▪ CA Paris, 30 mai 2000 : *JCP* E 2000, n° 41, p. 1616, note A. Viandier ; *JCP* E 2001, n° 1, p. 31, obs. J.-J. Daigre ; *Rev. sociétés* 2000, p. 547, note Robineau ; *RTD com.* 2000, 978, obs. N. Rontchevsky ; *Bull. Joly Bourse* 2000, 354, note B. Descours ; *RD bancaire et fin.* 2000, 176, obs. M. Germain et M.-A. Frison-Roche.

2) **Conformité avec la CEDH.** L'obligation faite aux actionnaires minoritaires de céder leurs actions au groupe majoritaire découlant d'un article de la loi sur les marchés financiers réglant les rapports entre actionnaires de sociétés dont les titres sont cotés sur un marché réglementé, **le transfert de propriété**, opéré moyennant un prix en rapport avec la valeur du bien, dans un cadre légitime d'ordre social et économique, **répond à l'utilité publique** quand bien même la collectivité dans son ensemble ne se servirait ou ne profiterait pas elle-même du bien transféré. Ainsi, dès lors que ce transfert de propriété a eu lieu dans les conditions définies par la loi, **pour satisfaire à des fins d'intérêt général** qu'il lui appartient d'apprécier, et a permis d'assurer **l'indemnisation effective** des actionnaires obligés de céder leurs titres, le retrait obligatoire n'est **pas contraire** aux obligations découlant de la Convention européenne des droits de l'homme : ▪ Cass. com., 29 avr. 1997 : *Bull. civ.* IV, n° 108 ; *Bull. Joly Bourse* 1997, 391, note L. Faugérolas ; *Dr. sociétés* 1997, 114, note H. Hovasse ; *Banque et droit* août 1997, n° 54, p. 32, note H. de Vauplane ; *Dr. et patrimoine* juin 1997, n° 50, p. 69, note B. Poullain ; *Rev. sociétés* 1998, 337, note F. Bucher ; *D.* 1998, n° 25, p. 334, note M.-A. Frison-Roche et M. Nussenbaum. – V. égal. en ce sens ▪ CA Paris, 16 sept. 2003 : *JCP* E 2003, n° 49, p. 1966, note A. Viandier ; *Bull. Joly Bourse* 2003, 749, note F. Bucher ; *Dr. sociétés* 2004, n° 31, obs. Th. Bonneau.

3) **Évaluation du prix des titres.** Sur l'application par le Conseil des bourses de valeurs *[remplacé par le Conseil des marchés financiers]* de **la méthode « multicritères »** (V. *supra*, Règl. gén. AMF, 12 oct. 2004, art. 236-1, annot. n° 2, p. 1295) pour le contrôle du prix de retrait : ▪ Cass. com., 29 avr. 1997, préc., annot. n° 2 sous art. 237-2 RGAMF.

Art. 237-3. – Lorsque l'AMF a déclaré conforme le projet d'offre publique de retrait suivie d'un retrait obligatoire, l'actionnaire ou le groupe majoritaire insère dans un journal d'annonces légales du lieu du siège social de la société un avis informant le public du retrait obligatoire.

Art. 237-4. – L'initiateur désigne un teneur de compte conservateur chargé de centraliser les opérations d'indemnisation, ci-après désigné centralisateur.

Art. 237-5. – L'initiateur qui a demandé le retrait obligatoire dépose le montant correspondant à l'indemnisation des titres non présentés à l'offre publique de retrait dans un compte bloqué ouvert à cet effet chez le centralisateur.

L'indemnisation est fixée en prix net de tous frais.

Art. 237-6. – Les fonds non affectés sont conservés par le centralisateur pendant dix ans et versés à la Caisse des dépôts et consignations à l'expiration de ce délai. Les fonds sont à la disposition des ayants droit sous réserve de la prescription trentenaire au bénéfice de l'État.

Art. 237-7. – Le centralisateur, agissant pour le compte de l'actionnaire ou du groupe majoritaire, insère annuellement dans un quotidien d'information économique et financière, de diffusion nationale, un avis appelant les anciens actionnaires non indemnisés à exercer leur droit pendant toute la période où il conserve les fonds.

Lorsque le centralisateur a procédé au versement de la totalité des fonds bloqués correspondant aux indemnités dues aux détenteurs de titres n'ayant pas répondu à l'offre publique de retrait, il est tenu d'effectuer une publicité appropriée dans un quotidien d'information économique et financière, de diffusion nationale. Il est alors dispensé de la publicité annuelle prévue au premier alinéa.

Art. 237-8. – Si, lors du dépôt du projet d'offre, l'initiateur s'est réservé la faculté de procéder après l'offre au retrait obligatoire, il indique à l'AMF, dans un délai maximal de dix jours de négociation après la clôture de l'offre, s'il renonce ou non à cette faculté. Sa décision est rendue publique par l'AMF.

Si l'initiateur décide de procéder au retrait obligatoire, il fait connaître à l'AMF le prix proposé pour l'indemnisation. Ce prix est au moins égal au prix de l'offre publique de retrait. Il lui est supérieur si des événements susceptibles d'influer sur la valeur des titres concernés sont intervenus depuis la déclaration de conformité de l'offre publique de retrait.

La décision sur le retrait obligatoire est rendue publique par l'AMF qui précise ses conditions de mise en œuvre et notamment la date à laquelle elle devient exécutoire, le délai entre la décision et son exécution ne pouvant être inférieur au délai visé à l'article R. 621-44 du Code monétaire et financier. Cette décision entraîne la radiation des titres concernés du marché réglementé sur lequel ils étaient admis.

Les dépositaires teneurs de compte procèdent aux opérations de transfert des titres non présentés à l'offre publique de retrait au nom de l'actionnaire ou du groupe majoritaire qui verse le montant correspondant à l'indemnisation de ces titres dans un compte bloqué ouvert à cet effet, dans les conditions fixées à l'article 237-9.

Art. 237-9. – Lorsque l'initiateur a exercé la faculté de procéder au retrait obligatoire dans les conditions prévues à l'article 237-5, le blocage des fonds et l'imputation de l'indemnité au crédit des détenteurs n'ayant pas présenté leurs titres à l'offre publique de retrait sont effectués à la date à laquelle la décision de l'AMF devient exécutoire.

Art. 237-10 *(A. 10 juill. 2009)*. – Si lors du dépôt du projet d'offre, l'initiateur a demandé à l'AMF de procéder au retrait obligatoire dès la clôture de l'offre et quel qu'en soit le résultat, l'avis d'ouverture de l'offre publié par l'entreprise de marché précise les conditions de mise en œuvre du retrait obligatoire, et notamment la date de sa prise d'effet.

Dès la clôture de l'offre publique de retrait, les titres concernés sont radiés du ou des marchés réglementés sur lequel ils étaient admis et, le cas échéant, du ou des systèmes multilatéraux de négociation sur lequel ils étaient négociés. À la même date, les dépositaires teneurs de compte procèdent aux opérations de transfert des titres non présentés à l'offre au nom de l'actionnaire ou du groupe majoritaire qui verse le montant correspondant à l'indemnisation de ces titres dans un compte bloqué ouvert à cet effet, dans les conditions fixées par l'article 237-11.

Art. 237-11. – Lorsque l'initiateur a demandé le retrait obligatoire dès le dépôt du projet d'offre, le blocage des fonds s'effectue le lendemain de la clôture de l'offre.

À la date de blocage des fonds, le teneur de compte crédite les comptes des détenteurs de titres visés par le retrait obligatoire des indemnités leur revenant.

Art. 237-12. – Pendant la durée d'une offre publique de retrait précédant la mise en œuvre d'un retrait obligatoire, seul(s) le (ou les) prestataires de services d'investissement désigné(s) par l'initiateur de l'offre est (sont) habilité(s) à acquérir pour le compte de ce dernier les titres concernés.

Les personnes qui recherchent les titres faisant l'objet d'une offre publique suivie d'un retrait obligatoire doivent se procurer lesdits titres uniquement auprès du (ou des) prestataire(s) de services d'investissement désigné(s) par l'initiateur de l'offre.

Art. 237-13. – Seuls peuvent bénéficier de la prise en charge par l'initiateur des frais de courtage dans la limite que celui-ci a fixée et, le cas échéant, de l'impôt de bourse, les vendeurs dont les titres étaient inscrits à leur compte préalablement à l'ouverture :

1° Soit d'une offre publique simplifiée dont l'initiateur a manifesté explicitement son intention, s'il atteint 95 % des droits de vote de la société visée par l'offre, de demander la mise en œuvre d'une offre publique de retrait suivie d'un retrait obligatoire ;

2° Soit d'une offre publique de retrait suivie d'un retrait obligatoire.

À cette fin, et dans le cadre de l'offre publique simplifiée mentionnée au 1°, une procédure de centralisation des ordres présentés en réponse à cette offre est mise en place par l'entreprise de marché concernée.

Toutes les demandes de remboursement doivent être accompagnées d'un justificatif des droits des vendeurs.

Section II. – Retrait obligatoire à l'issue de toute offre publique

Art. 237-14. – Sans préjudice des dispositions de l'article 237-1, à l'issue de toute offre publique et dans un délai de trois mois à l'issue de la clôture de l'offre, l'initiateur de cette offre publique peut se voir transférer les titres non présentés par les actionnaires minoritaires dès lors qu'ils ne représentent pas plus de 5 % du capital ou des droits de vote moyennant indemnisation de ces derniers.

Dans les mêmes conditions, l'initiateur de l'offre publique peut se voir transférer les titres donnant ou pouvant donner accès au capital, dès lors que les titres de capital susceptibles d'être créés par conversion, souscription, échange, remboursement, ou de toute autre manière, des titres donnant ou pouvant donner accès au capital non présentés, une fois additionnés avec les titres de capital existants non présentés, ne représentent pas plus de 5 % de la somme des titres de capital existants ou susceptibles d'être créés.

La mise en œuvre d'une procédure de retrait obligatoire prévu au présent article est soumise aux dispositions des articles 237-4 à 237-7 ainsi qu'aux dispositions suivantes.

Art. 237-15. – Lors du dépôt du projet d'offre, l'initiateur fait connaître à l'AMF s'il se réserve la faculté de demander la mise en œuvre du retrait obligatoire une fois l'offre terminée et en fonction de son résultat.

Art. 237-16 *(A. 10 juill. 2009)*. – I. - L'AMF se prononce sur la conformité du projet de retrait obligatoire, dans les conditions définies aux articles 231-21 et 231-22, sauf lorsque le retrait obligatoire comporte le règlement en numéraire proposé lors de la dernière offre et que l'une des deux conditions suivantes est remplie :

1° Le retrait obligatoire fait suite à une offre publique soumise aux dispositions du chapitre II ;

2° Le retrait obligatoire faire suite à une offre publique pour laquelle l'AMF a disposé de l'évaluation mentionnée au II de l'article L. 433-4 du Code monétaire et financier et du rapport de l'expert indépendant mentionné à l'article 261-1.

II. - Lorsque l'AMF se prononce sur la conformité du retrait obligatoire, l'initiateur fournit, à l'appui de son projet de retrait obligatoire, une évaluation des titres de la société visée, effectuée selon les méthodes objectives pratiquées en cas de cession d'actifs, tenant compte, selon une pondération appropriée à chaque cas, de la valeur des actifs, des bénéfices réalisés, de la valeur boursière, de l'existence de filiales et des perspectives d'activité.

La mise en œuvre du retrait obligatoire donne lieu, par les personnes concernées, à l'établissement d'un projet de note d'information dans les conditions et selon les modalités mentionnées aux articles 231-16 à 231-20, à l'exception de la description des intentions de l'initiateur pour les douze mois à venir. La ou les notes d'information sont soumises au visa de l'AMF dans les conditions fixées aux articles 231-20 et 231-26, et portées à la connaissance du public dans les conditions fixées par l'article 231-27.

Les informations relatives aux caractéristiques, notamment juridiques, financières et comptables, de la société visée, dont le contenu est précisé dans une instruction de l'AMF, sont déposées auprès de l'AMF et mises à la disposition du public dans les conditions et selon les modalités mentionnées aux articles 231-28 à 231-30.

III. - Lorsque l'AMF ne se prononce pas sur la conformité du retrait obligatoire, l'initiateur informe l'AMF de son intention de mettre en œuvre le retrait obligatoire. L'AMF publie la date de mise en œuvre du retrait obligatoire. L'initiateur publie un communiqué dont il s'assure de la diffusion selon les modalités fixées à l'article 221-3 et dont le contenu est précisé dans une instruction de l'AMF.

Art. 237-17. – Lorsque l'AMF a déclaré conforme le projet de retrait obligatoire ou, lorsque l'AMF ne se prononce pas sur la conformité du retrait obligatoire dès qu'il informe l'AMF de son intention de mettre en œuvre le retrait, l'actionnaire ou le groupe majoritaire insère dans un journal d'annonces légales du lieu du siège social de la société un avis informant le public du retrait obligatoire.

Art. 237-18. – La déclaration de conformité précise la date à laquelle elle devient exécutoire, le délai entre la déclaration et son exécution ne pouvant être inférieur au délai visé à l'article R. 621-44 du Code monétaire et financier.

Cette déclaration entraîne la radiation des titres concernés du marché réglementé sur lequel ils étaient admis. Le blocage des fonds et l'imputation de l'indemnité au crédit des détenteurs n'ayant pas présenté leurs titres à l'offre publique sont effectués à la date à laquelle la déclaration de l'AMF devient exécutoire.

Lorsque l'AMF ne se prononce pas sur la conformité du retrait obligatoire, les dispositions de l'alinéa précédent s'appliquent à compter de la mise en œuvre du retrait obligatoire.

Les dépositaires teneurs de compte procèdent aux opérations de transfert des titres non présentés à la dernière offre au nom de l'actionnaire ou du groupe majoritaire qui verse le montant correspondant à l'indemnisation de ces titres dans un compte bloqué ouvert à cet effet, dans les conditions fixées à l'article 237-5.

Art. 237-19 *(A. 10 juill. 2009)*. – Dès que la déclaration de conformité devient exécutoire ou, lorsque l'AMF ne se prononce pas sur sa conformité, dès la mise en œuvre du retrait obligatoire, les titres concernés sont radiés du ou des marchés réglementés sur lequel ils étaient admis et, le cas échéant, du ou des systèmes multilatéraux de négociation sur lequel ils étaient négociés. À la même date, les dépositaires teneurs de compte procèdent aux opérations de transfert des titres non présentés à l'offre au nom de l'actionnaire ou du groupe majoritaire qui verse le montant correspondant à l'indemnisation de ces titres dans un compte bloqué ouvert à cet effet, dans les conditions fixées par l'article 237-11.

CHAPITRE VIII. – OFFRES PUBLIQUES PORTANT SUR DES TITRES DE CRÉANCES NE DONNANT PAS ACCÈS AU CAPITAL

Art. 238-1. – Le présent chapitre s'applique aux offres publiques portant sur des titres de créance ne donnant pas accès au capital émis par une société dont le siège social est situé en France et qui sont admis aux négociations sur un marché réglementé français.

L'AMF peut appliquer les dispositions du présent chapitre aux offres publiques visant les titres émis par des sociétés dont le siège statutaire est situé hors d'un État membre de la Communauté européenne ou d'un État partie à l'accord sur l'Espace économique européen et qui sont admis aux négociations sur un marché réglementé français.

Art. 238-2. – Lorsqu'un émetteur a acquis sur le marché ou hors marché en une ou plusieurs fois plus de 10 % de titres représentant un même emprunt obligataire, il en informe le marché dans un délai de quatre jours de négociation par le biais d'un communiqué diffusé selon les modalités prévues à l'article 221-4. Tout rachat en une ou plusieurs fois portant sur chaque tranche supplémentaire de 10 % du même emprunt fait l'objet de la même information. Le seuil de 10 % est calculé sur la base du nombre de titres émis, en tenant compte des éventuelles émissions successives conférant des droits identiques aux porteurs. *(A. du 31 janv. 2011)* « Le nombre de titres pris en compte pour le calcul du seuil susmentionné correspond au nombre de titres rachetés, déduction faite du nombre de titres revendus ».

Art. 238-2-1 *(A. 31 janv. 2011)*. – Les émetteurs de titres de créance qui ont racheté des titres au cours du semestre écoulé publient pour chacun de leurs emprunts obligataires le nombre de titres restant en circulation et le nombre de titres qu'ils détiennent en application de l'article L. 213-1 A du Code monétaire et financier, dans les dix jours de négociation qui suivent la date de clôture des comptes annuels ou semestriels concernés. Cette information est diffusée sur leur site internet et, à défaut, conformément au II de l'article 221-4.

Art. 238-3 *(Rempl., A. 20 août 2010)*. – La procédure d'acquisition ordonnée se définit comme la mise en place, à l'initiative de l'émetteur, de son mandataire ou d'un tiers, d'un dispositif centralisé lui permettant d'offrir à l'ensemble des porteurs d'un même emprunt obligataire la faculté de céder ou d'échanger tout ou partie des titres de créance qu'ils détiennent, en assurant l'égalité de traitement des porteurs.

Art. 238-4 *(Mod., A. 14 déc. 2016)*. – La procédure d'acquisition ordonnée de titres de créance donne lieu à un communiqué diffusé selon les modalités prévues à l'article 221-4 et doit respecter les règles en matière d'abus de marché définies par le règlement sur les abus de marché (règlement n° 596/2014/UE).

Art. 238-5 *(Rempl., A. 20 août 2010)*. – Une instruction de l'AMF précise les informations que doit contenir le communiqué prévu à l'article 238-4 lorsque la procédure d'acquisition ordonnée porte sur des titres de créance ayant fait l'objet d'une offre au public en France.

Section IV. – Dispositions applicables aux sociétés dont les instruments financiers ont cessé d'être négociés sur un marché réglementé

(L. 2009-1255, 19 oct. 2009)

Art. L. 433-5 ***(L. 2009-1255, 19 oct. 2009 ; mod., L. n° 2016-1691, 9 déc. 2016)*. – Les articles L. 433-1 à L. 433-4 sont applicables aux sociétés dont les instruments financiers ont cessé d'être admis aux négociations sur un marché réglementé pour être admis aux négociations sur un système multilatéral de négociation soumis aux dispositions du II de l'article L. 433-3 pendant une durée de trois ans à compter de la date à laquelle ces instruments financiers ont cessé d'être admis aux négociations sur un marché réglementé.**

L'alinéa précédent est applicable aux sociétés dont la capitalisation boursière est inférieure à un milliard d'euros.

Partie réglementaire

Sous-section 2. – Mise en gage

Art. D. 431-1 à D. 431-5 *(Abr., D. n° 2009-297, 16 mars 2009).*

Sous-section 2. – Pension

Art. D. 432-1 *(Abr., D. n° 2009-297, 16 mars 2009).*

Partie législative

Bibliographie : H. Boucheta et M. Timon, *L'adhésion aux chambres de compensation face à l'internalisation des marchés financiers : Banque et droit* 2005, n° 104, p. 9. • Ph. Goutay, *Les chambres de compensation : de l'ombre à la lumière : Bull. Joly Bourse* 2012, § 229, p. 545.

TITRE IV. – LES CHAMBRES DE COMPENSATIONS ET LES DÉPOSITAIRES CENTRAUX

CHAPITRE I. – LES CHAMBRES DE COMPENSATIONS

Art. L. 440-1 *(Anc. art. L. 442-1, mod., L. n° 2001-1168, 11 déc. 2001 ; L. n° 2003-706, 1er août 2003 ; dénum., Ord. n° 2007-544, 12 avr. 2007 ; mod., L. n° 2013-672, 26 juill. 2013 ; Ord., n° 2014-1332, 6 nov. 2014).* – **Les chambres de compensation sont les contreparties centrales définies au 1 de l'article 2 du règlement (UE) n° 648/2012 du Parlement européen et du Conseil du 4 juillet 2012 sur les produits dérivés de gré à gré, les contreparties centrales et les référentiels centraux.**

Elles sont agréées en tant qu'établissement de crédit par la Banque centrale européenne, sur proposition de l'Autorité de contrôle prudentiel et de résolution après consultation de l'Autorité des marchés financiers et de la Banque de France.

(Al. créé, L. n° 2019-486, 22 mai 2019) **Lorsque la nature, le volume ou la complexité de leurs activités le justifie, l'Autorité de contrôle prudentiel et de résolution, après consultation de l'Autorité des marchés financiers et de la Banque de France, peut exiger, dans des conditions précisées par décret, que les chambres de compensation soient soumises à l'agrément de la Banque centrale européenne en tant qu'établissement de crédit au sens de l'article 4 du règlement (UE) n° 575/2013 du Parlement européen et du Conseil du 26 juin 2013 concernant les exigences prudentielles applicables aux établissements de crédit et aux entreprises d'investissement et modifiant le règlement (UE) n° 648/2012.**

Toute modification des éléments constitutifs de leur agrément est soumise à l'autorisation préalable de la Banque centrale européenne, sur proposition de l'Autorité de contrôle prudentiel et de résolution après consultation de l'Autorité des marchés financiers et de la Banque de France.

Lorsque l'Autorité de contrôle prudentiel et de résolution reçoit les informations prévues à l'article 31 du règlement (UE) n° 648/2012 du Parlement européen et du Conseil du 4 juillet 2012 précité ou est saisie au titre d'un projet d'accord d'interopérabilité mentionné à l'article 54 de ce même règlement, elle consulte également l'Autorité des marchés financiers et la Banque de France.

Les règles de fonctionnement des chambres de compensation sont approuvées par l'Autorité des marchés financiers.

Ces règles sont rédigées en français ou, dans les cas définis par le règlement général de l'Autorité des marchés financiers, dans une autre langue usuelle en matière financière.

Un décret en Conseil d'État détermine les conditions d'application du présent article.

Art. L. 440-2 *(Mod., L. n° 2013-672, 26 juill. 2013 ; Ord. n° 2014-158, 20 févr. 2014 ; Ord. n° 2015-1686, 17 déc. 2015 ; Ord. n° 2016-827, 23 juin 2016).* – **Seuls peuvent adhérer aux chambres de compensation :**

1. Les établissements de crédit et les entreprises d'investissement ayant leur siège social en France ainsi que les succursales établies sur le territoire français d'établissements de crédit ayant leur siège social ou, à défaut de siège social, leur direction effective dans un État qui n'est ni membre de l'Union européenne ni partie à l'accord sur l'Espace économique européen ;

2. Les établissements de crédit et les entreprises d'investissement ayant leur siège social ou, à défaut de siège social, leur direction effective dans un État membre de l'Union européenne ou dans un État partie à l'accord sur l'Espace économique européen autre que la France ;

3. Les personnes morales dont les membres ou associés sont indéfiniment et solidairement responsables des dettes et engagements, à condition que ces membres ou associés soient des établissements ou entreprises mentionnés aux 1 et 2 ci-dessus ;

4. Les personnes morales ayant leur siège social en France métropolitaine ou dans les départements d'outre-mer ou du département de Mayotte ou à Saint-Barthélemy ou à Saint-Martin et dont l'objet principal ou unique est la compensation d'instruments financiers ;

5. Dans des conditions fixées par le règlement général de l'Autorité des marchés financiers, les établissements de crédit, et les entreprises d'investissement, autres que ceux mentionnés aux 1 et 2, ainsi que les personnes morales ayant pour objet principal ou unique l'activité de compensation d'instruments financiers qui ne sont pas établis sur le territoire de la France métropolitaine ou des départements d'outre-mer ou du département de Mayotte ou à Saint-Barthélemy ou à Saint-Martin.

6. Les organisations ou organismes financiers internationaux, les autres organismes publics ainsi que les entreprises contrôlées opérant sous garantie d'un État, qui ne sont pas des personnes mentionnées aux 1 à 5, désignés sur une base individuelle ou par catégorie par un arrêté du ministre chargé de l'économie, ainsi que les banques centrales.

7. *(7 créé, L. n° 2019-486, 22 mai 2019)* Les organismes ou entreprises, qui ne sont pas des personnes mentionnées aux 1 à 6, supervisés par l'Autorité des marchés financiers ou l'Autorité de contrôle prudentiel et de résolution ou par des autorités homologues d'un autre État membre de l'Union européenne ou partie à l'accord sur l'Espace économique européen ou d'un pays tiers figurant sur une liste arrêtée par le ministre chargé de l'économie, à condition, d'une part, que leur adhésion soit justifiée au regard du risque systémique et, d'autre part, qu'au moins trois participants à la chambre de compensation concernée entrent dans les catégories des établissements de crédit, des entreprises d'investissement, des organismes publics ou des entreprises contrôlées opérant sous garantie de l'État. Ces conditions sont précisées par décret. Ces organismes ou entreprises ne bénéficient pas de la qualité de participant au sens du 3° du II de l'article L. 330-1 pour d'autres systèmes que celui géré par la chambre de compensation à laquelle ils adhèrent.

Les organismes personnes mentionnées aux 1 à 4 *(Mots aj., L. n° 2019-486, 22 mai 2019)* « du présent article ainsi que celles mentionnées au 7 qui sont supervisées par des autorités homologues d'un État membre de l'Union européenne ou partie à l'accord sur l'Espace économique européen » sont soumises, pour leur activité de compensation d'instruments financiers, aux obligations législatives et réglementaires et aux règles de contrôle et de sanction fixées par le présent code pour les prestataires de services d'investissement. Les personnes morales mentionnées aux 3 et 4 sont soumises aux règles d'agrément fixées par le présent code pour les entreprises d'investissement. Les personnes mentionnées au 1 et qui souhaitent compenser les transactions d'autres membres d'un marché réglementé ou d'un système multilatéral de négociation font l'objet d'une habilitation délivrée dans le cadre de leur agrément d'établissement de crédit ou d'entreprise d'investissement.

Les *(Mots rempl., L. n° 2019-486, 22 mai 2019)* « personnes mentionnées au 5 ainsi que celles mentionnées au 7 qui sont supervisées par des autorités homologues d'un pays tiers figurant sur une liste arrêtée par le ministre chargé de l'économie, » doivent être soumis dans leur État d'origine à des règles d'exercice de l'activité de compensation et de contrôle comparables à celles en vigueur en France. L'Autorité des marchés financiers exerce à l'égard de ces organismes les pouvoirs de contrôle et de sanction prévus par le présent code pour les prestataires de services d'investissement, en tenant compte de la surveillance exercée par les autorités compétentes de chaque État concerné.

Les relations entre une chambre de compensation et ses adhérents sont de nature contractuelle.

L'accès des établissements de crédit et des entreprises d'investissement, ayant leur siège social ou, à défaut de siège social, leur direction effective dans un autre État membre de l'Union européenne ou partie à l'accord sur l'Espace économique européen est soumis aux mêmes critères non discriminatoires, transparents et objectifs que ceux qui s'appliquent aux adhérents compensateurs ayant leur siège social en France.

Art. L. 440-3 *(Abr. à compter du 3 janvier 2018, Ord. n° 2016-827, 23 juin 2016).*

Art. L. 440-4 *(Anc. art. L. 442-3, dénum., Ord. n° 2007-544, 12 avr. 2007 ; mod., L. n° 2016-1691, 9 déc. 2016)*. – Les dirigeants, salariés et préposés des chambres de compensation sont tenus au secret professionnel.

Lors d'opérations sur contrats financiers, les chambres de compensation peuvent communiquer des informations couvertes par le secret professionnel, lorsqu'une législation ou une réglementation d'un État qui n'est pas membre de l'Union européenne prévoit la déclaration de ces informations à un référentiel central. Lorsque ces informations constituent des données à caractère personnel soumises à la loi n° 78-17 du 6 janvier 1978 relative à l'informatique, aux fichiers et aux libertés, leur transmission doit s'effectuer dans les conditions prévues par la même loi.

Art. L. 440-5 *(Anc. art. L. 442-4, dénum. et mod., Ord. n° 2007-544, 12 avr. 2007)*. – Les chambres de compensation peuvent décider, de façon non discriminatoire, que leurs adhérents sont commissionnaires ducroire à l'égard des donneurs d'ordre dont ils tiennent les comptes.

Art. L. 440-6 *(Anc. art. L. 442-5, dénum., Ord. n° 2007-544, 12 avr. 2007)*. – Dans tous les cas, les membres adhérents d'une chambre de compensation s'engagent à remplir, vis-à-vis de la chambre de compensation, l'intégralité des obligations découlant des transactions inscrites au nom des tiers dans leurs comptes. Le paiement des sommes dues à ce titre ne peut être différé. Toute clause contraire est réputée non écrite.

Art. L. 440-7 *(Anc. art. L. 442-6, dénum., Ord. n° 2007-544, 12 avr. 2007 ; mod., Ord. n° 2011-398, 14 avr. 2011 ; L. n° 2013-672, 26 juill. 2013 ; Ord. n° 2017-1107, 22 juin 2017)*. – Les dépôts effectués par les donneurs d'ordre auprès des prestataires de services d'investissement autres que les sociétés de gestion de portefeuille, des adhérents d'une chambre de compensation ou effectués par ces adhérents auprès d'une telle chambre en couverture ou garantie des positions prises sur des instruments financiers prennent la forme d'une garantie financière prévue à l'article L. 211-38 ou de toute autre forme prévue par les règles de fonctionnement.

Aucun créancier d'un adhérent d'une chambre de compensation, d'un prestataire mentionné à l'alinéa précédent, ou selon le cas, de la chambre elle-même, ne peut se prévaloir d'un droit quelconque sur ces dépôts même sur le fondement du livre VI du Code de commerce.

Champs d'application. Seuls les dépôts effectués par les donneurs d'ordre en couverture des positions prises par ces derniers sur un marché d'instruments financiers sont transférés en pleine propriété au prestataire de services d'investissement habilité. En l'espèce, la preuve n'étant pas rapportée que les titres saisis étaient affectés à la couverture des opérations à terme du titulaire du compte-titres, la cour d'appel en a exactement déduit que le prestataire n'était pas fondé à se prévaloir des dispositions de l'article L. 440-7 du CMF : ▪ Cass. com., 26 juin 2012, n° 11-18.337 (n° F-PB) : *Bull. Joly Bourse* sept. 2012, § 155, p. 341, note Ph. Goutay.

Art. L. 440-8 *(Anc. art. L. 442-7, dénum., Ord. n° 2007-544, 12 avr. 2007 ; Ord. n° 2011-398, 14 avr. 2011 ; mod., L. n° 2013-672, 26 juill. 2013 ; Ord. n° 2017-1107, 22 juin 2017)*. – Aucun créancier d'un donneur d'ordre, d'un prestataire de services d'investissement autre qu'une société de gestion de portefeuille mentionné à l'article L. 440-7, d'un adhérent d'une chambre de compensation ou, selon le cas, de la chambre elle-même ni aucun mandataire de justice désigné dans le cadre du livre VI du Code de commerce ne peut se prévaloir d'un droit quelconque sur les dépôts qui prennent la forme d'une garantie financière prévue à l'article L. 211-38 du présent code, même sur le fondement du livre VI du Code de commerce.

Les interdictions mentionnées au premier alinéa sont également applicables aux procédures judiciaires ou amiables ouvertes hors de France, équivalentes ou similaires à celles prévues au livre VI du Code de commerce.

Art. L. 440-9 *(Anc. art. L. 442-8, dénum., Ord. n° 2007-544, 12 avr. 2007 ; mod., L. n° 2013-672, 26 juill. 2013)*. – En cas d'ouverture d'une procédure de sauvegarde, de redressement ou de liquidation judiciaires mentionnées au livre VI du Code de commerce ou de toute procédure équivalente ouverte sur le fondement d'un droit étranger à l'encontre d'un adhérent d'une chambre de compensation ou de tout autre cas de défaillance de cet adhérent, la chambre peut, de plein droit et sans formalité :

1° Transférer chez un autre adhérent les dépôts effectués auprès de cet adhérent et afférents aux positions prises par les donneurs d'ordre non défaillants ;

2° Transférer chez un autre adhérent les positions enregistrées chez elle pour le compte des donneurs d'ordre de cet adhérent et les dépôts y afférents ;

3° Prendre toute autre disposition autorisée par ses règles de fonctionnement de nature à limiter ou à supprimer les risques auxquels elle est exposée, y compris, le cas échéant, la liquidation des actifs et positions détenus par l'adhérent compensateur défaillant pour le compte du donneur d'ordre.

Tout excédent dont la chambre de compensation est redevable une fois qu'elle a achevé le processus de gestion de la défaillance de l'adhérent compensateur est restitué sans délai aux donneurs d'ordre lorsqu'ils sont connus de la contrepartie centrale ou, s'ils ne le sont pas, à l'adhérent compensateur pour le compte de ses donneurs d'ordre.

Art. L. 440-10 *(Anc. art. L. 442-9, dénum., Ord. n° 2007-544, 12 avr. 2007).* – Les adhérents des chambres de compensation ne peuvent opposer le secret professionnel aux demandes formulées par celles-ci aux fins d'assurer la surveillance des positions et, concernant l'identité, les positions et la solvabilité des donneurs d'ordres dont ils tiennent les comptes.

CHAPITRE II. – LES DÉPOSITAIRES CENTRAUX

Art. L. 441-1 *(Ord. n° 2015-1686, 17 déc. 2015).* – I. – Les dépositaires centraux sont les dépositaires centraux de titres définis au 1-1 de l'article 2 du règlement (UE) n° 909/2014 du Parlement européen et du Conseil du 23 juillet 2014 concernant l'amélioration du règlement de titres dans l'Union européenne et les dépositaires centraux de titres.

II. – Ils sont agréés par l'Autorité des marchés financiers après consultation de la Banque de France.

Les modifications des éléments constitutifs de leur agrément qui sont soumises à l'autorisation préalable de l'Autorité des marchés financiers en application du règlement précité font l'objet d'une consultation de la Banque de France.

Lorsque l'Autorité des marchés financiers reçoit une demande d'agrément relative à un projet d'externalisation de service auprès d'un tiers ou d'extension d'activité, et visée à l'article 19 du règlement précité, elle consulte la Banque de France.

III. – Les règles de fonctionnement des dépositaires centraux et des systèmes de règlement livraison d'instruments financiers qu'ils gèrent sont approuvées par l'Autorité des marchés financiers.

(Al. créé, L. n° 2019-486, 22 mai 2019) Ces règles sont rédigées en français ou, dans les cas définis par le règlement général de l'Autorité des marchés financiers, dans une autre langue usuelle en matière financière.

Art. L. 441-2 *(Ord. n° 2015-1686, 17 déc. 2015).* – L'Autorité des marchés financiers peut désigner un administrateur provisoire auprès du dépositaire central, auquel sont transférés tous les pouvoirs d'administration, de direction et de représentation de la personne morale.

Cette désignation est faite soit à la demande des dirigeants lorsqu'ils estiment ne plus être en mesure d'exercer normalement leurs fonctions, soit à l'initiative de l'Autorité des marchés financiers lorsque la gestion du dépositaire central ne peut plus être assurée dans des conditions garantissant son bon fonctionnement ou lorsque les exigences prudentielles applicables au dépositaire central ne sont plus respectées ou sont susceptibles de ne plus l'être.

L'Autorité des marchés financiers décide de la désignation d'un administrateur provisoire au terme d'une procédure contradictoire. Lorsque des circonstances particulières d'urgence le justifient, l'Autorité des marchés financiers peut, à titre provisoire, ordonner sans procédure contradictoire cette désignation. Une procédure contradictoire est alors immédiatement engagée aux fins de lever, adapter ou confirmer cette mesure commandée par l'urgence.

Le règlement général de l'Autorité des marchés financiers précise les conditions d'application du présent article.

TITRE V. – LA PROTECTION DES INVESTISSEURS

CHAPITRE I. – LA TRANSPARENCE DES MARCHÉS

Section I. – Les obligations d'information relative aux comptes

Art. L. 451-1-1 *(Mod., Ord. n° 2015-1576, 3 déc. 2015).* – Au sens de la présente section, un émetteur est une personne ou une entité dont les titres financiers sont admis aux négociations sur un marché réglementé ou dont les titres financiers, admis ou non aux négociations, sont représentés par des certificats admis aux négociations sur un marché réglementé.

Art. L. 451-1-2 *(L. n° 2005-842, 26 juill. 2005 ; mod., L. n° 2014-1662, 30 déc. 2014)*. – I. – Les émetteurs français dont des titres de capital, ou des titres de créance dont la valeur nominale est inférieure à 1 000 euros et qui ne sont pas des instruments du marché monétaire, au sens de la directive 2004/39/CE du Parlement et du Conseil, du 21 avril 2004, précitée, dont l'échéance est inférieure à douze mois, sont admis aux négociations sur un marché réglementé d'un État partie à l'accord sur l'Espace économique européen, publient et déposent auprès de l'Autorité des marchés financiers un rapport financier annuel dans les quatre mois qui suivent la clôture de leur exercice.

Ce rapport financier annuel est tenu à la disposition du public pendant dix ans, selon des modalités prévues par le règlement général de l'Autorité des marchés financiers. Il comprend les comptes annuels, les comptes consolidés le cas échéant, un rapport de gestion, une déclaration des personnes physiques qui assument la responsabilité de ces documents et le rapport des commissaires aux comptes ou des contrôleurs légaux ou statutaires sur les comptes précités.

II. – Le règlement général de l'Autorité des marchés financiers précise également les cas dans lesquels les émetteurs autres que ceux mentionnés au I sont soumis à l'obligation prévue au I. Ces émetteurs sont :

1° Les émetteurs français dont des titres donnant accès au capital au sens de l'article L. 212-7, des titres de créance donnant le droit d'acquérir ou de vendre tout autre titre ou donnant lieu à un règlement en espèces, notamment des warrants ou des titres de créance dont la valeur nominale est supérieure ou égale à 1 000 euros et qui ne sont pas des instruments du marché monétaire, au sens de la directive 2004/39/CE du Parlement et du Conseil, du 21 avril 2004, précitée, dont l'échéance est inférieure à douze mois sont admis aux négociations sur un marché réglementé d'un État partie à l'accord sur l'Espace économique européen ;

2° Les émetteurs dont le siège est établi hors de France dont des titres mentionnés au 1° sont admis aux négociations sur un marché réglementé français ;

3° Les émetteurs dont le siège est établi hors de l'Espace économique européen dont des titres mentionnés au I sont admis aux négociations sur un marché réglementé français.

III. – Les émetteurs mentionnés aux I et II et soumis aux obligations définies au I, dont des titres de capital ou des titres de créance sont admis aux négociations sur un marché réglementé d'un État partie à l'accord sur l'Espace économique européen, publient également et déposent auprès de l'Autorité des marchés financiers un rapport financier semestriel dans les trois mois qui suivent la fin du premier semestre de leur exercice.

Ce rapport financier semestriel, qui est tenu à la disposition du public pendant dix ans, comprend des comptes complets ou condensés pour le semestre écoulé, présentés sous forme consolidée le cas échéant, un rapport semestriel d'activité, une déclaration des personnes physiques qui assument la responsabilité de ces documents et le rapport des commissaires aux comptes ou des contrôleurs légaux ou statutaires sur l'examen limité des comptes précités.

Les commissaires aux comptes font état, dans leur rapport d'examen limité, de leurs conclusions sur le contrôle des comptes complets ou condensés et de leurs observations sur la sincérité et la concordance avec ces comptes des informations données dans le rapport semestriel d'activité.

IV. – *(Abrogé)*.

V. – Sans préjudice des règles du Code de commerce applicables aux comptes annuels, aux comptes consolidés, au rapport de gestion et au rapport semestriel d'activité ainsi qu'aux rapports des commissaires aux comptes, le règlement général de l'Autorité des marchés financiers précise le contenu des documents mentionnés aux I et III.

VI. – Les émetteurs mentionnés aux I et II et soumis aux obligations définies au I communiquent à l'Autorité des marchés financiers, ainsi qu'aux personnes qui gèrent des marchés réglementés de l'Espace économique européen sur lesquels leurs titres sont admis aux négociations, tout projet de modification de leurs statuts, dans un délai fixé par le règlement général de l'Autorité des marchés financiers.

VII. – Sans préjudice des obligations prévues par le Code de commerce, le règlement général de l'Autorité des marchés financiers fixe les modalités de publication, de dépôt et de conservation des documents et informations mentionnés au présent article.

VIII. – L'Autorité des marchés financiers peut dispenser les émetteurs dont le siège est établi hors de l'Espace économique européen des obligations définies au présent article si elle estime équivalentes les obligations auxquelles ceux-ci sont soumis.

L'Autorité des marchés financiers arrête et publie régulièrement la liste des États tiers dont les dispositions législatives ou réglementaires sont estimées équivalentes.

Bibliographie : AMF, communiqué 1er févr. 2008, *Équivalence de la législation des « États tiers »* : *JCP* E 2008, act., p. 72.

Règlement général de l'Autorité des marchés financiers
(A. 23 févr. 2004 ; A. 12 oct. 2004 ; A. 12 nov. 2004 ; A. 22 févr. 2011 ; mod., A. 28 mars 2011 : JO électr. 5 avr. 2011)

LIVRE II. – ÉMETTEURS ET INFORMATION FINANCIÈRE

(Mod., A. 15 avr. 2005 ; A. 1er sept. 2005 ; A. 30 déc. 2005 ; A. 9 mars 2006 ; A. 18 sept. 2006 ; A. 4 janv. 2007 ; A. 26 févr. 2007 ; A. 30 oct. 2007 ; A. 7 déc. 2007 ; A. 26 déc. 2007 ; A. 8 janv. 2008 ; A. 18 mars 2008 ; A. 5 août 2008 ; A. 2 avr. 2009 ; A. 10 juill. 2009 ; mod., A. 27 juill. 2009 ; mod., A. 30 juill. 2009 ; A. 4 nov. 2009 ; A. 24 déc. 2009 ; A. 20 août 2010 ; A. 9 déc. 2010)

TITRE III. – INFORMATION PÉRIODIQUE ET PERMANENTE

Chapitre I – Dispositions communes et diffusion de l'information réglementée

Art. 221-1. – Au sens du présent titre :

1° Lorsque les titres financiers de l'émetteur sont admis aux négociations sur un marché réglementé, le terme : « information réglementée » désigne les documents et informations suivants :

a) Le rapport financier annuel mentionné à l'article 222-3 ;

b) Le rapport financier semestriel mentionné à l'article 222-4 ;

c) Le rapport sur les paiements aux gouvernements prévu à l'article L. 225-102-3 du Code de commerce ;

d) Les informations et rapports mentionnés à l'article 222-9 sur le gouvernement d'entreprise ;

e) *(Suppr. A. 27 févr. 2017)* ;

f) L'information relative au nombre total de droits de vote et au nombre d'actions composant le capital social mentionnée à l'article 223-16 ;

g) Le descriptif des programmes de rachat mentionné à l'article 241-2 ;

h) Le communiqué précisant les modalités de mise à disposition d'un prospectus mentionné à l'article 212-27 ;

i) L'information privilégiée publiée en application de l'article 17 du règlement sur les abus de marché (règlement n° 596/2014/EU) ;

j) Un communiqué qui précise les modalités de mise à disposition ou de consultation des informations mentionnées à l'article R. 225-83 du Code de commerce ;

k) Les informations publiées en application de l'article 223-21 ;

l) La déclaration relative à l'autorité compétente en application de l'article 222-1 ;

m) Les informations relatives à un franchissement de seuil de participation devant être transmises à l'AMF en application des articles L. 233-7-II du Code de commerce et 223-14 I, premier alinéa.

Lorsque l'émetteur a sollicité ou approuvé la négociation de ses titres financiers sur un système multilatéral de négociation opérant sur le territoire français s'il s'agit d'un titre financier négocié exclusivement sur un système multilatéral de négociation ou lorsque l'émetteur a approuvé la négociation de ses titres financiers sur un système organisé de négociation opérant sur le territoire français s'il s'agit d'un titre financier exclusivement négocié sur un système organisé de négociation, le terme : « information réglementée » désigne les documents et informations mentionnés aux « points g, h et i ».

2° Le terme : « personne » désigne une personne physique ou une personne morale.

Les dispositions du présent titre sont également applicables aux dirigeants de l'émetteur, de l'entité ou de la personne morale concernés.

Possibilité de sanction. Peut fonder une sanction à l'encore du dirigeant d'un émetteur le manquement à l'obligation de publication dès que possible d'une information privilégiée : ▪ Cass. com., 14 nov. 2018, n° 16-22.845, F-P+B : *Rev. sociétés* 2019, p. 73, note A.-C. Muller. – Jugé que ne sont pas contraires au règlement du 16 avril 2014 sur les abus de marché (règlement MAR) et sont donc toujours applicables les dispositions de l'article 221-1 du règlement général de l'AMF qui permettent de sanctionner les dirigeants d'une personne morale lorsque cette dernière n'a pas respecté ses obligations en matière de publication d'informations privilégiées. En effet, les mesures répressives prévues par l'article 17 du règlement européen du 16 avril 2014 relatif aux abus de marché constituent des mesures minimales que les États membres doivent mettre en place mais qui ne leur interdisent pas de prévoir des mesures plus sévères : ▪ Cass. com., 14 nov. 2018, n° 16-22.845 : *JurisData* n° 2018-020136 ; *Dr. sociétés* 2019, comm. 12, n° 1, note R. Vabres ; *BJB* mars 2019, p. 34, note J.-M. Moulin ; *RD bancaire et fin.* 2019, comm. 30, n° 1, note P. Pailler.

Art. 221-2. – I. – Lorsque l'AMF est compétente pour le contrôle du respect des obligations concernant les informations prévues au 1° de l'article 221-1, ces informations sont rédigées en français ou dans une autre langue usuelle en matière financière lorsque les titres financiers sont admis aux négociations sur un marché réglementé français ou d'un État partie à l'accord sur l'espace économique européen autre que la France.

II. – Lorsque l'AMF n'est pas compétente pour le contrôle des informations mentionnées au I et que les titres financiers sont admis aux négociations sur un marché réglementé français, ces informations sont rédigées en français ou dans une autre langue usuelle en matière financière.

Art. 221-3. – I. – L'émetteur s'assure de la diffusion effective et intégrale de l'information réglementée définie à l'article 221-1 à l'exception de l'information visée au m du 1° de l'article 221-1 dont la diffusion effective et intégrale est assurée par l'AMF sur son site internet.

II. – L'émetteur met en ligne sur son site internet les informations réglementées dès leur diffusion à l'exception de l'information visée au m du 1° de l'article 221-1 qui est diffusée par l'AMF sur son site internet.

Art. 221-4. – I. – Les dispositions du présent article s'appliquent aux émetteurs dont les titres financiers sont admis aux négociations sur un marché réglementé, aux émetteurs qui ont sollicité ou approuvé la négociation de leurs titres sur un système multilatéral de négociation opérant sur le territoire français s'il s'agit d'un titre négocié exclusivement sur un système multilatéral de négociation et aux émetteurs qui ont approuvé la négociation de leurs titres financiers sur un système organisé de négociation opérant sur le territoire français s'il s'agit d'un titre financier négocié exclusivement sur un système organisé de négociation et pour lesquels l'AMF est l'autorité compétente pour le contrôle de l'information réglementée.

II. – La diffusion effective et intégrale de l'information réglementée s'entend comme une diffusion permettant d'atteindre le plus large public possible et dans un délai aussi court que possible entre sa diffusion en France et dans les autres États membres de l'Union européenne ou parties à l'accord sur l'Espace économique européen.

Lorsque l'émetteur a sollicité ou approuvé la négociation de ses titres financiers sur un système multilatéral de négociation opérant sur le territoire français s'il s'agit d'un titre financier négocié exclusivement sur un système multilatéral de négociation, ou lorsque l'émetteur a approuvé la négociation de ses titres financiers sur un système organisé de négociation opérant sur le territoire français s'il s'agit d'un titre financier négocié exclusivement sur un système organisé de négociation, l'émetteur doit s'assurer de la diffusion effective et intégrale des informations réglementées définies à l'article 221-1 ou des informations privilégiées dans les conditions fixées par le règlement sur les abus de marché (règlement n° 596/2014/UE). L'émetteur est présumé satisfaire à cette obligation et à l'obligation de dépôt à l'AMF mentionnée à l'article 221-5 lorsqu'il transmet l'information réglementée, par voie électronique, à un diffuseur professionnel qui respecte les modalités de diffusion décrites dans le règlement sur les abus de marché (règlement n° 596/2014/EU) et qui est inscrit sur une liste publiée par l'AMF.

L'information réglementée est transmise aux médias dans son intégralité et d'une manière qui garantisse la sécurité de la transmission, minimise le risque de corruption des données et d'accès non autorisé et apporte toute certitude quant à la source de l'information transmise.

Elle est communiquée aux médias selon des modalités signalant clairement l'émetteur concerné, l'objet de l'information réglementée ainsi que l'heure et la date de sa transmission par l'émetteur.

L'émetteur remédie le plus tôt possible à toute défaillance ou interruption de la transmission des informations réglementées.

L'émetteur ne peut être tenu responsable des défaillances ou dysfonctionnements systémiques des médias auxquels les informations réglementées ont été transmises.

III. – L'émetteur communique à l'AMF, sur sa demande, les éléments suivants :

1° Le nom de la personne qui a transmis les informations réglementées aux médias ;

2° Le détail des mesures de sécurité ;

3° L'heure et la date auxquelles les informations ont été transmises aux médias ;

4° Le moyen par lequel les informations ont été transmises ;

5° Le cas échéant, les détails de toute mesure d'embargo mis par l'émetteur sur ces informations.

IV. – L'émetteur est présumé satisfaire à l'obligation mentionnée au I de l'article 221-3 et à l'obligation de dépôt à l'AMF mentionnée à l'article 221-5 lorsqu'il transmet l'information réglementée, par voie électronique, à un diffuseur professionnel qui respecte les modalités de diffusion décrites au II et qui est inscrit sur une liste publiée par l'AMF.

V. – Pour les rapports et les informations mentionnés aux a, b, c et d du 1° de l'article 221-1, l'émetteur peut diffuser, selon les modalités prévues au présent article, un communiqué précisant les modalités de mise à disposition de ces rapports et informations. Il est alors dispensé de l'application du I de l'article 221-3.

VI. – L'émetteur procède également à une communication financière par voie de presse écrite, selon le rythme et les modalités de présentation qu'il estime adaptés au type de titres financiers émis, à son actionnariat et à sa taille, ainsi qu'à la circonstance que ses titres financiers sont admis aux négociations sur le compartiment mentionné à l'article 516-5. Cette communication doit être non trompeuse et cohérente avec les informations mentionnées au I de l'article 221-3.

Art. 221-5. – L'émetteur dépose l'information réglementée auprès de l'AMF sous format électronique simultanément dans les conditions fixées par une instruction de l'AMF.

Art. 221-6. – Les dispositions des articles 221-3 et 221-4 s'appliquent aux émetteurs dont des instruments financiers mentionnés aux I et II de l'article L. 451-1-2 du Code monétaire et financier sont admis aux négociations uniquement sur un marché réglementé français, même lorsque leur siège est établi hors de France et qu'ils ne sont pas soumis aux obligations définies à l'article susmentionné.

CHAPITRE II. – INFORMATION PÉRIODIQUE

Section I. – Information comptable et financière

Sous-section 1. – Dispositions générales

Art. 222-1 *(Rempl. A. 2 sept. 2015)*. **–** Les dispositions de la présente section s'appliquent aux émetteurs dont le siège est établi en France mentionnés au I de l'article L. 451-1-2 du Code monétaire et financier.

Elles s'appliquent également aux émetteurs mentionnés au II de l'article L. 451-1-2 susmentionné lorsqu'ils ont choisi l'AMF comme autorité compétente pour contrôler le respect des obligations d'information prévues audit article. Ce choix est valable au moins trois ans pour les émetteurs visés au 2° du II de l'article L. 451-1-2 susmentionné, sauf si :

1° Les titres financiers ne sont plus admis aux négociations sur aucun marché d'un État membre de l'Union européenne ou partie à l'accord sur l'Espace économique européen ;

2° Les titres financiers concernés ne sont plus admis à la négociation sur le marché réglementé français mais sont admis à la négociation dans un ou plusieurs autres États membres de l'Union européenne ou partie à l'accord sur l'Espace économique européen.

Ce choix prend la forme d'une déclaration publiée selon les modalités prévues à l'article 221-3 et déposée à l'AMF dans les conditions fixées à l'article 221-5.

Lorsqu'un émetteur choisit l'AMF comme autorité compétente, ce choix est rendu public et est communiqué à l'autorité compétente de l'État membre dans lequel il a son siège statutaire et, le cas échéant, aux autorités compétentes de l'ensemble des États membres sur le territoire duquel ses titres financiers sont admis à la négociation sur un marché réglementé.

Lorsque ses titres financiers ne sont plus admis aux négociations sur un marché réglementé d'un État membre de l'Union européenne ou partie à l'accord sur l'Espace économique européen ou lorsque l'émetteur choisit une autre autorité compétente pour contrôler le respect des obligations d'information prévues à l'article L. 451-1-2 susvisé, l'émetteur en informe l'AMF dans les conditions et selon les modalités prévues à l'alinéa précédent.

Au cas où l'émetteur omettrait de rendre public son choix d'autorité compétente pour contrôler le respect des obligations d'information dans un délai de trois mois à compter de la date à laquelle ses titres financiers ont été admis pour la première fois à la négociation sur un marché réglementé, l'État membre compétent est l'État membre dans lequel les titres financiers de l'émetteur sont admis à la négociation sur un marché réglementé. Lorsque les titres financiers de l'émetteur sont admis à la négociation sur un marché réglementé dans plusieurs États membres, ces derniers sont considérés comme les États membres compétents de l'émetteur tant que celui-ci n'a pas choisi un État membre compétent unique et n'a pas rendu public ce choix.

Pour un émetteur dont les titres financiers sont déjà admis à la négociation sur un marché réglementé et dont le choix d'un État membre compétent n'a pas été rendu public avant le 27 novembre 2015, le délai de trois mois commence à courir le 27 novembre 2015.

Un émetteur qui a choisi un État membre compétent pour contrôler le respect des obligations d'information et qui a communiqué son choix aux autorités compétentes concernées avant le 27 novembre 2015 est exempté de l'obligation de rendre public son choix d'État membre compétent sauf si l'émetteur considéré choisit un autre État membre compétent après le 27 novembre 2015.

Art. 222-2 *(Abr. A. 3 déc. 2015)*.

Sous-section 2. – Rapports financiers annuels

Art. 222-3 *(Mod., A. 27 févr. 2017)*. **–** I. – Le rapport financier annuel mentionné au I de l'article L. 451-1-2 du Code monétaire et financier comporte :

1° Les comptes annuels ;

2° Le cas échéant, les comptes consolidés établis conformément au règlement (CE) n° 1606/2002 du 19 juillet 2002 sur l'application des normes comptables internationales ;

3° Un rapport de gestion comportant au minimum les informations mentionnées au I de l'article L. 225-100-1 et au deuxième alinéa de l'article L. 225-211 du Code de commerce et, si l'émetteur est tenu d'établir des comptes consolidés, au II de l'article L. 225-100-1 dudit code ;

4° Une déclaration des personnes physiques qui assument la responsabilité du rapport financier annuel, clairement identifiées par leurs noms et fonctions, attestant qu'à leur connaissance les comptes sont établis conformément aux normes comptables applicables et donnent une image fidèle du patrimoine, de la situation financière et du résultat de l'émetteur et de l'ensemble des entreprises comprises dans la consolidation, et que le rapport de gestion présente un tableau fidèle de l'évolution des affaires, des résultats et de la situation financière de l'émetteur et de l'ensemble des entreprises comprises dans la consolidation ainsi qu'une description des principaux risques et incertitudes auxquelles ils sont confrontés ;

5° Le rapport des contrôleurs légaux des comptes sur les comptes annuels et les comptes consolidés, le cas échéant.

II. – L'émetteur peut inclure, dans le rapport financier annuel mentionné au I, les informations et rapports mentionnés à l'article 222-9. Il est alors dispensé de la publication séparée de ces informations.

Sous-section 3. – Rapports financiers semestriels

Art. 222-4 *(Mod., A. 8 janv. 2008)*. **–** Le rapport financier semestriel mentionné au III de l'article L. 451-1-2 du Code monétaire et financier comporte :

1° Des comptes condensés ou des comptes complets pour le semestre écoulé, présentés sous forme consolidée le cas échéant, établis soit en application de la norme IAS 34, soit conformément à l'article 222-5 ;

2° Un rapport semestriel d'activité ;

3° Une déclaration des personnes physiques qui assument la responsabilité du rapport financier semestriel, clairement identifiées par leurs noms et fonctions, attestant qu'à leur connaissance les comptes sont établis conformément aux normes comptables applicables et donnent une image fidèle du patrimoine, de la situation financière et du résultat de l'émetteur, ou de l'ensemble des entreprises comprises dans la consolidation, et que le rapport semestriel d'activité présente un tableau fidèle des informations mentionnées à l'article 222-6 ;

4° Le rapport des contrôleurs légaux sur l'examen limité des comptes précités. Lorsque les dispositions légales qui sont applicables à l'émetteur n'exigent pas que les comptes semestriels fassent l'objet d'un rapport des contrôleurs légaux ou statutaires, l'émetteur le mentionne dans son rapport.

Art. 222-5 *(Mod., A. 8 janv. 2008)*. **–** I. – Lorsque l'émetteur n'est pas tenu d'établir des comptes consolidés ou d'appliquer les normes comptables internationales, les comptes semestriels comprennent au minimum les éléments suivants :

1° Un bilan ;

2° Un compte de résultat ;

3° Un tableau indiquant les variations des capitaux propres ;

4° Un tableau des flux de trésorerie ;

5° Une annexe.

Ces comptes peuvent être condensés et l'annexe peut ne comporter qu'une sélection des notes annexes les plus significatives.

Le bilan et le compte de résultats condensés comportent la totalité des rubriques et sous-totaux figurant dans les derniers comptes annuels de l'émetteur. Des postes supplémentaires sont ajoutés si, à défaut, les comptes semestriels donnent une image trompeuse du patrimoine, de la situation financière et des résultats de l'émetteur.

Les notes annexes comportent au moins suffisamment d'informations pour assurer la comparabilité des comptes semestriels condensés avec les comptes annuels et suffisamment d'informations et d'explications pour que le lecteur soit correctement informé de toute modification sensible des montants et des évolutions survenues durant le semestre concerné, figurant dans le bilan et dans le compte de résultats.

II. – Pour assurer la comparabilité, les comptes semestriels comportent les éléments suivants :

1° Le bilan à la fin de la période intermédiaire concernée et le bilan à la date de clôture de l'exercice précédent ;

2° Le compte de résultat cumulé du début de l'exercice à la fin de la période intermédiaire, le compte de résultat pour la même période de l'exercice précédent, ainsi que le compte de résultat de l'exercice précédent ;

3° Le tableau des variations de capitaux propres cumulées du début de l'exercice à la fin de la période intermédiaire, ainsi que le tableau des variations de capitaux propres de l'exercice précédent ;

4° Un tableau des flux de trésorerie cumulés du début de l'exercice à la fin de la période intermédiaire, ainsi que le tableau des flux de l'exercice précédent.

III. – Les comptes semestriels sont établis sur une base consolidée si les comptes de l'exercice les plus récents de l'entreprise étaient des comptes consolidés.

IV. – Si le résultat par action est publié dans les comptes de l'exercice, il l'est également dans les comptes semestriels.

Art. 222-6 *(Mod., A. 8 janv. 2008)*. – I. – Le rapport semestriel d'activité indique au moins les événements importants survenus pendant les six premiers mois de l'exercice et leur incidence sur les comptes semestriels. Il comporte une description des principaux risques et des principales incertitudes pour les six mois restants de l'exercice.

II. – Pour les émetteurs d'actions, le rapport semestriel d'activité fait également état des principales transactions entre parties liées en mentionnant au moins les éléments suivants :

1° Les transactions entre parties liées qui ont eu lieu durant les six premiers mois de l'exercice en cours et ont influé significativement sur la situation financière ou les résultats de l'émetteur au cours de cette période ;

2° Toute modification affectant les transactions entre parties liées décrites dans le dernier rapport annuel qui pourrait influer significativement sur la situation financière ou les résultats de l'émetteur durant les six premiers mois de l'exercice en cours.

S'ils ne sont pas tenus d'établir des comptes consolidés, les émetteurs d'actions rendent publiques au moins les transactions entre parties liées mentionnées au 10° de l'article R. 233-14 du Code de commerce.

Section II. – Autres informations

Art. 222-7 *(Abr., A. 14 juin 2012)*.

Art. 222-8 *(Abr., A. 27 févr. 2017)*.

Art. 222-9 *(A. 2 avr. 2009)*. – Les sociétés anonymes dont le siège est situé en France et dont les titres sont admis aux négociations sur un marché réglementé rendent publics, selon les modalités fixées à l'article 221-3, les informations et rapports mentionnés aux articles L. 225-37, L. 225-68 et L. 225-235 du Code de commerce au plus tard le jour du dépôt au greffe du tribunal de commerce du rapport mentionné à l'article L. 225-100 du Code de commerce.

Les sociétés en commandite par actions dont les titres sont admis aux négociations sur un marché réglementé rendent publiques les informations mentionnées à l'article L. 226-10-1 du Code de commerce dans les mêmes conditions.

Les autres personnes morales françaises rendent publiques les informations relevant des matières mentionnées au premier alinéa dans les mêmes conditions que celles mentionnées au premier alinéa si elles sont tenues de déposer leurs comptes au greffe du tribunal de commerce et dès l'approbation des comptes annuels de l'exercice précédent dans le cas contraire.

Lorsque l'émetteur établit un document de référence conformément à l'article 212-13, ce document de référence comprend les rapports et informations mentionnés au premier alinéa. Dans ce cas, les modalités de diffusion définies audit alinéa ne s'appliquent pas.

Section III. – Critères d'équivalence de l'information périodique pour les émetteurs dont le siège est situé hors de l'espace économique européen

[...]

CHAPITRE III. – INFORMATION PERMANENTE

Section I. – Obligation d'information du public

Art. 223-1-A *(Rempl, A. 14 sept. 2016)*. – Au sens de la présente section, le terme « émetteur » désigne (i) tout émetteur qui a sollicité ou approuvé l'admission de ses titres financiers sur un marché réglementé opérant sur le territoire français, (ii) tout émetteur qui a sollicité ou approuvé la négociation de ses titres financiers sur un système multilatéral de négociation opérant sur le territoire français s'il s'agit d'un titre financier négocié exclusivement sur un système multilatéral de négociation et (iii) tout émetteur qui a sollicité la négociation de ses titres financiers sur un système organisé de négociation opérant sur le territoire français s'il s'agit d'un titre financier négocié exclusivement sur un système organisé de négociation.

Art. 223-1. – L'information donnée au public par l'émetteur doit être exacte, précise et sincère.

Degrés dans la précision de l'information. Jugé par la Commission des sanctions que l'information financière délivrée par l'émetteur était suffisamment précise, exacte et sincère dès lors que, même sans comporter une explication exhaustive de l'ensemble des écritures, elle permettait au marché d'appréhender l'impact de ces écritures inexpliquées sur le compte de la société : ■ AMF, comm. sanct., 28 oct. 2010 : *Rev. sociétés* 2011, p. 62, note Ph. Didier ; *Bull. Joly Bourse* 2011, p. 252, note J.-Ph. Pons-Henry. – Pour l'AMF, une société cotée doit veiller à la qualité irréprochable de l'information qu'elle communique au public, même si le caractère privilégié de cette information n'est pas démontré ou encore qu'elle trouve son origine auprès d'une source externe. Elle doit également respecter à la lettre les dispositions du règlement général de l'AMF en matière de programme de rachat, même si celui-ci n'est pas soumis au droit français : AMF, comm. sanct., 22 oct. 2012 : *Bull. Joly Bourse* 2013, § 8, p. 17, note F. Martin Laprade. – Doit être condamnée une société pour avoir manqué au principe d'égalité des investisseurs en faisant bénéficier certains analystes financiers d'informations complémentaires, à savoir celles selon lesquelles la marge opérationnelle de l'exercice risquait de se situer plutôt dans le bas de la fourchette des objectifs annoncés en début : AMF, comm. sanct., 18 déc. 2014 : *RD bancaire et fin.* janv. 2015, 26, comm. 26, note P. Pailler ; *Bull. Joly Bourse* 2015, p. 149, note F. Martin-Laprade. – V. N. Rontchevsky, *L'imputation aux dirigeants du manquement à l'information du public : Bull. Joly Bourse* 2015, 112x4.

Art. 223-2 *(Rempl., A. 14 sept. 2016)*. – Lorsqu'un émetteur ou un participant au marché des quotas d'émission a différé la publication d'une information privilégiée dans les conditions prévues à l'article 17 du règlement sur les abus de marché (règlement n° 596/2014/EU [du 16 avril 2014]), l'Autorité des marchés financiers peut lui demander des explications sur ce différé de publication. Ces explications doivent être apportées sans délai.

Art. 223-3 *(Abr., A. 14 sept. 2016).*

Art. 223-4 *(Abr., A. 14 sept. 2016).*

Art. 223-5. – Tout changement significatif concernant des informations privilégiées déjà rendues publiques doit être divulgué rapidement selon les mêmes modalités que celles utilisées lors de leur diffusion initiale.

Art. 223-6. – Toute personne qui prépare, pour son compte, une opération financière susceptible d'avoir une incidence significative sur le cours d'un instrument financier ou sur la situation et les droits des porteurs de cet instrument financier doit, dès que possible, porter à la connaissance du public les caractéristiques de cette opération.

Si la confidentialité est momentanément nécessaire à la réalisation de l'opération et si elle est en mesure de préserver cette confidentialité, la personne mentionnée au premier alinéa peut prendre la responsabilité d'en différer la publication.

1) Définition et précision des caractéristiques de l'opération. Au regard des termes de l'article 223-6 du règlement général de l'AMF, qui évoque la « préparation » d'une opération financière, l'AMF était en droit de relever que le dispositif mis en place à partir de la fin de 2006 avec les banques ne trouvait tout son sens que dans la préparation des meilleures conditions d'une montée exclusive au capital de la société et cela sans pour autant que cette préparation fût exclusive, le cas échéant, de solutions alternatives. Le texte n'exige pas que la préparation d'une opération financière ait une issue certaine et soit exempte d'aléas, ni que la décision de la mettre en œuvre ait été prise. Il faut, mais il suffit, que les caractéristiques de l'opération soient suffisamment définies et précisées par des éléments objectifs : ■ CA Paris, pôle 5, ch. 7, 31 mai 2012, n° 2011/05307 : *Bull. Joly Bourse* oct. 2012, § 189, p. 404, note J.-J. Daigre ; *JurisData* n° 2012-030663 ; *RD bancaire et fin.* mars 2013, comm. 72, note I. Riassetto.

2) Fraude à la loi sur l'information financière. Jugé que dès lors que la société Wendel avait, dès l'origine ou presque, pour projet, sous couvert de la conclusion de *TRS* (*total return swap*, produit financier dérivé permettant d'échanger les revenus et le risque d'évolution de la valeur de deux actifs différents et dont la finalité est de créer une exposition économique sur le titre d'un émetteur), de prendre une participation significative dans le capital de Saint-Gobain, il fallait voir dans cette opération spécifique un **contournement déloyal des prescriptions destinées à garantir l'information financière** indispensable au bon fonctionnement du marché révélant de la **fraude à la loi**. En effet, en application de l'article 223-6 du RGAMF, il incombait à Wendel, dès la date de conclusion avec la Société Générale du dernier TRS et d'un accord financier portant sur le même montant, de porter à la connaissance du public les caractéristiques de cette opération, laquelle était susceptible d'avoir une influence significative sur le cours. En outre, et conformément à l'article 232-2 du même règlement, la commission des sanctions considère qu'à partir de la date où la société Wendel a décidé du dénouement progressif des TRS par l'acquisition des actions Saint-Gobain sur le marché, celle-ci était tenue de porter à la connaissance du public l'information privilégiée relative à la mise en place d'une opération financière permettant de prendre à terme une participation substantielle dans le capital de Saint-Gobain, sachant qu'eu égard à l'importance de l'opération, la rétention de l'information privilégiée était de nature à induire le public en erreur : AMF, comm. sanct., déc., 13 déc. 2010 : *RD bancaire et fin.* mars-avr. 2011, comm. 74, note S. Torck ; *D.* 2011, act. p. 855 ; *Bull. Joly Bourse* 2011, p. 257, note Th. Bonneau ; *Dr. sociétés* juin 2011, comm. 114, note R. Mortier. *Adde* sur renvoi : ■ CA Paris, pôle 5, ch. 6, 20 déc. 2012, préc. – V. égal. ■ CA Paris, pôle 5, ch. 5-7, 31 mai 2012 : *JCP* E 2012, 1408.

3) **Nécessité d'établir en quoi la confidentialité est justifiée.** Jugé par la commission des sanctions de l'Autorité des marchés financiers que doit être condamné un émetteur qui a manqué à son obligation de porter à la connaissance du public « dès que possible » une information privilégiée et qui n'établit pas en quoi le report de cette publication était justifié en raison du risque d'atteinte à ses intérêts légitimes : ■ AMF, comm. sanctions, 13 avr. 2018, SAN-2018-03, Delta Drone : *Dr. sociétés* 2018, comm. 127, n° 7, note R. Vabres ; *BJB* 2018, p. 137, note F. Martin Laprade. – V. comp. ■ CA Paris, pôle 5, 7 mars 2019, n° 18/14860, qui a partiellement réformé la précédente décision, mais seulement en ce qu'elle a ordonné la publication de cette décision sur le site internet de l'AMF à l'égard de l'ancien président du directoire de la société concernée, condamné pour délit d'initié, de manière non anonyme et, statuant à nouveau, a dit que la publication de cette décision est anonymisée au bénéfice de ce dernier : *BJB* 2019, p. 38.

Art. 223-7. – Lorsqu'une personne a été amenée à faire état publiquement de ses intentions et que, par la suite, ces dernières ne sont plus conformes à sa déclaration initiale, elle est tenue de porter rapidement à la connaissance du public ses nouvelles intentions.

Art. 223-8. – Tout émetteur doit assurer en France de manière simultanée une information identique à celle qu'il donne à l'étranger dans le respect des dispositions de l'article 223-1.

Art. 223-9. – Toute information mentionnée aux articles 223-2 à 223-8 doit être portée à la connaissance du public sous la forme d'un communiqué diffusé selon les modalités fixées à l'article 221-3.

Art. 223-10. – L'AMF peut demander aux émetteurs et aux personnes mentionnées aux articles 223-2 à 223-8 la publication, dans des délais appropriés, des informations qu'elle juge utiles à la protection des investisseurs et au bon fonctionnement du marché et, à défaut, procéder elle-même à la publication de ces informations.

Art. 223-10-1. – Tout émetteur doit assurer en France un accès égal et dans les mêmes délais aux sources et canaux d'information que l'émetteur ou ses conseils mettent spécifiquement à la disposition des analystes financiers, en particulier à l'occasion d'opérations financières.

Par dérogation aux dispositions du premier alinéa, lorsque l'opération est une première admission sur un marché réglementé ou sur un système multilatéral de négociation organisé de titres de capital, les analystes financiers désignés au sein des établissements membres du syndicat en charge de la réalisation de l'opération ou au sein du groupe auquel appartiennent ces établissements peuvent se voir communiquer des informations préalablement à leur diffusion dans le public sous réserve du respect des dispositions de l'article 315-1.

Art. L. 451-1-3 *(L. n° 2005-842, 26 juill. 2005)*. **– L'Autorité des marchés financiers veille à ce que les émetteurs dont le siège est établi hors de France, qui ne sont pas soumis aux obligations définies à l'article L. 451-1-2, et dont des titres mentionnés aux I et II du même article sont admis aux négociations uniquement sur un marché réglementé français publient l'information réglementée au sens de la directive 2004/109/CE du Parlement européen et du Conseil, du 15 décembre 2004, sur l'harmonisation des obligations de transparence concernant l'information sur les émetteurs dont les valeurs mobilières sont admises à la négociation sur un marché réglementé et modifiant la directive 2001/34/CE, dans les conditions et selon les modalités prévues par le règlement général de l'Autorité des marchés financiers.**

Art. L. 451-1-4 *(L. n° 2005-842, 26 juill. 2005 ; mod., L. n° 2014-1662, 30 déc. 2014)*. – Les obligations prévues à l'article L. 451-1-2 ne s'appliquent pas aux émetteurs suivants :

1° Les États parties à l'accord sur l'Espace économique européen et leurs collectivités territoriales ;

2° La Banque centrale européenne et les banques centrales des États mentionnés au 1° ;

3° Les organismes internationaux à caractère public dont l'un des États mentionnés au 1° fait partie ;

4° Les émetteurs de titres de créance inconditionnellement et irrévocablement garantis par l'État ou par une collectivité territoriale française ;

5° Les entités qui émettent uniquement des titres de créance admis à la négociation sur un marché réglementé, dont la valeur nominale unitaire est au moins égale à 100 000 € ou, pour les titres de créance libellés dans une devise autre que l'euro, dont la valeur nominale unitaire est équivalente à au moins 100 000 € à la date de l'émission ;

6° Le Fonds européen de stabilité financière établi par l'accord-cadre du 9 mai 2010 et le Mécanisme européen de stabilité institué par le traité, signé à Bruxelles le 2 février 2012 et tout autre mécanisme établi en vue de préserver la stabilité financière de l'Union monétaire européenne en prêtant une assistance financière temporaire à des États membres dont la monnaie est l'euro.

Art. L. 451-1-5 *(L. n° 2005-842, 26 juill. 2005 ; mod., L. n° 2012-387, 22 mars 2012)*. – Lorsque l'Autorité des marchés financiers n'est pas l'autorité compétente pour contrôler le respect des obligations d'information prévues au I de l'article L. 412-1 et à l'article L. 451-1-2 du présent code et aux articles L. 233-7 à L. 233-9 du Code de commerce, et qu'elle établit qu'il y a eu violation par l'émetteur ou par la personne tenue à l'information mentionnée au I de l'article L. 233-7 du Code de commerce de ses obligations d'information, elle en informe l'autorité de contrôle de l'État partie à l'Espace économique européen compétente pour le contrôle de ces obligations d'information.

Si en dépit des mesures prises par cette dernière ou en raison de leur inadéquation l'émetteur, les établissements financiers chargés du placement ou la personne tenue à l'information mentionnée au I de l'article L. 233-7 du Code de commerce persistent à violer les dispositions législatives ou réglementaires qui leur sont applicables, l'Autorité des marchés financiers peut, après avoir informé l'autorité de contrôle compétente pour contrôler les obligations d'information, prendre toutes les mesures qui s'imposent pour protéger les investisseurs.

L'Autorité des marchés financiers informe la Commission européenne de ces mesures.

Art. L. 451-1-6 *(Ord. n° 2009-80, 22 janv. 2009 ; mod., L. n° 2014-1662, 30 déc. 2014)*. – La direction de l'information légale et administrative assure le stockage centralisé de l'information réglementée, prévu à l'article 21 de la directive 2004/109/CE du Parlement européen et du Conseil du 15 décembre 2004 sur l'harmonisation des obligations de transparence concernant l'information sur les émetteurs dont les valeurs mobilières sont admises à la négociation sur un marché réglementé et modifiant la directive 2001/34/CE.

Le public peut avoir accès à cette information durant les dix années qui suivent le stockage de celle-ci. Les conditions d'application du présent alinéa sont précisées par arrêté du Premier ministre.

Section II. – Obligation d'information sur les prises de participations

Art. L. 451-2 *(Mod., Ord. n° 2013-676, 25 juill. 2013 ; L. n° 2014-1662, 30 déc. 2014 ; L. n° 2016-1691, 9 déc. 2016)*. – Les règles relatives à l'information sur les prises de participations significatives sont fixées aux articles L. 233-7 à L. 233-14 du Code de commerce.

Code de commerce

Art. L. 233-7 *(Mod., Ord. n° 2015-1576, 3 déc. 2015 ; L. n° 2016-1691, 9 déc. 2016)*. – I. – Lorsque les actions d'une société ayant son siège sur le territoire de la République sont admises aux négociations sur un marché réglementé d'un État partie à l'accord sur l'Espace économique européen ou sur un marché d'instruments financiers admettant aux négociations des actions pouvant être inscrites en compte chez un intermédiaire mentionné à l'article L. 211-3 du Code monétaire et financier, toute personne physique ou morale agissant seule ou de concert qui vient à posséder, directement ou indirectement, un nombre d'actions représentant plus du vingtième, du dixième, des trois vingtièmes, du cinquième, du quart, des trois dixièmes, du tiers, de la moitié, des deux tiers, des dix-huit vingtièmes ou des dix-neuf vingtièmes du capital ou des droits de vote informe la société dans un délai fixé par décret en Conseil d'État, à compter du franchissement du seuil de participation, du nombre total d'actions ou de droits de vote qu'elle possède.

L'information mentionnée à l'alinéa précédent est également donnée dans les mêmes délais lorsque la participation en capital ou en droits de vote devient inférieure aux seuils mentionnés par cet alinéa.

La personne tenue à l'information prévue au premier alinéa précise en outre dans sa déclaration :

a) Le nombre de titres qu'elle possède donnant accès à terme aux actions à émettre et les droits de vote qui y seront attachés ;

b) Les actions déjà émises que cette personne peut acquérir, en vertu d'un accord ou d'un instrument financier mentionné à l'article L. 211-1 du Code monétaire et financier, sans préjudice des dispositions des 4° et 4° *bis* du I de l'article L. 233-9 du présent code. Il en est de même pour les droits de vote que cette personne peut acquérir dans les mêmes conditions.

II. – La personne tenue à l'information mentionnée au I informe également l'Autorité des marchés financiers, dans un délai et selon des modalités fixés par son règlement général, à compter du franchissement du seuil de participation, lorsque les actions de la société sont admises aux négociations sur un marché réglementé ou sur un marché d'instruments financiers autre qu'un marché réglementé, à la demande de la personne qui gère ce marché d'instruments financiers. Dans ce dernier cas, l'information due à la société et à l'Autorité des marchés financiers peut ne porter que sur une partie des seuils mentionnés au I, dans les conditions fixées par le règlement général de l'Autorité des marchés financiers. Cette information est portée à la connaissance du public dans les conditions fixées par le règlement général de l'Autorité des marchés financiers.

Le règlement général précise également les modalités de calcul des seuils de participation.

III. – Les statuts de la société peuvent prévoir une obligation supplémentaire d'information portant sur la détention de fractions du capital ou des droits de vote inférieures à celle du vingtième mentionnée au I. L'obligation porte sur la détention de chacune de ces fractions, qui ne peuvent être inférieures à 0,5 % du capital ou des droits de vote.

IV. – Les obligations d'information prévues aux I, II et III du présent article ainsi que l'obligation d'information prévue au I de l'article L. 225-126 ne s'appliquent pas aux actions, accords et instruments financiers mentionnés au présent article ainsi qu'au I de l'article L. 233-9, et qui ont pour caractéristique d'être :

1° Acquis aux seules fins de la compensation, du règlement ou de la livraison d'instruments financiers, dans le cadre habituel du cycle de règlement à court terme défini par le règlement général de l'Autorité des marchés financiers ;

2° Détenus par les teneurs de comptes conservateurs dans le cadre de leur activité de tenue de compte et de conservation ;

3° Détenus par un prestataire de services d'investissement dans son portefeuille de négociation au sens de l'article 11 de la directive 2006/49/CE du Parlement et du Conseil du 14 juin 2006 sur l'adéquation des fonds propres des entreprises d'investissement et des établissements de crédit à condition que ces actions ne représentent pas une quotité du capital ou des droits de vote de l'émetteur de ces titres supérieure à un seuil fixé par le règlement général de l'Autorité des marchés financiers et que les droits de vote attachés à ces titres ne soient pas exercés ni autrement utilisés pour intervenir dans la gestion de l'émetteur ;

4° Remis aux membres du Système européen de banques centrales ou par ceux-ci dans l'exercice de leurs fonctions d'autorités monétaires, dans les conditions fixées par le règlement général de l'Autorité des marchés financiers ;

5° Acquis à des fins de stabilisation conformément au règlement (UE) n° 596/2014 du Parlement européen et du Conseil du 16 avril 2014 sur les abus de marché (règlement relatif aux abus de marché) et abrogeant la directive 2003/6/CE du Parlement européen et du Conseil et les directives 2003/124/CE, 2003/125/CE et 2004/72/CE de la Commission, pour autant que les droits de vote attachés auxdites actions ne soient pas exercés ni utilisés autrement pour intervenir dans la gestion de l'émetteur.

V. – Les obligations d'information prévues aux I, II et III ne s'appliquent pas :

1° Au teneur de marché lors du franchissement du seuil du vingtième du capital ou des droits de vote dans le cadre de la tenue de marché, à condition qu'il n'intervienne pas dans la gestion de l'émetteur dans les conditions fixées par le règlement général de l'Autorité des marchés financiers ;

2° Lorsque la personne mentionnée au I est contrôlée, au sens de l'article L. 233-3, par une entité soumise à l'obligation prévue aux I à III pour les actions détenues par cette personne ou que cette entité est elle-même contrôlée, au sens de l'article L. 233-3, par une entité soumise à l'obligation prévue aux I à III pour ces mêmes actions.

VI. – En cas de non-respect de l'obligation d'information mentionnée au III, les statuts de la société peuvent prévoir que les dispositions des deux premiers alinéas de l'article L. 233-14 ne s'appliquent qu'à la demande, consignée dans le procès-verbal de l'assemblée générale, d'un ou plusieurs actionnaires détenant une fraction du capital ou des droits de vote de la société émettrice au moins égale à la plus petite fraction du capital dont la détention doit être déclarée. Cette fraction ne peut toutefois être supérieure à 5 %.

VI *bis*. – Le règlement général de l'Autorité des marchés financiers précise les cas et conditions dans lesquels une modification de la répartition de la participation entre les différents types d'instruments mentionnés au I du présent article et de l'article L. 233-9 oblige la personne tenue à l'information mentionnée aux I et II du présent article à déclarer un franchissement d'un seuil prévu au I.

VII. – Lorsque les actions de la société sont admises aux négociations sur un marché réglementé, la personne tenue à l'information prévue au I est tenue de déclarer, à l'occasion des franchissements de seuil du dixième, des trois vingtièmes, du cinquième ou du quart du capital ou des droits de vote, les objectifs qu'elle a l'intention de poursuivre au cours des six mois à venir.

Cette personne précise dans sa déclaration :

a) Les modes de financement de l'acquisition ;

b) Si elle agit seule ou de concert ;

c) Si elle envisage d'arrêter ses achats ou de les poursuivre et d'acquérir ou non le contrôle de la société ;

d) La stratégie qu'elle envisage vis-à-vis de l'émetteur et les opérations pour la mettre en œuvre ;

e) Ses intentions quant au dénouement des accords et instruments mentionnés aux 4° et 4° *bis* du I de l'article L. 233-9, si elle est partie à de tels accords ou instruments ;

f) Tout accord de cession temporaire ayant pour objet les actions et les droits de vote ;

g) Si elle envisage de demander sa nomination ou celle d'une ou plusieurs personnes comme administrateur, membre du directoire ou du conseil de surveillance.

Le règlement général de l'Autorité des marchés financiers précise le contenu de ces éléments en tenant compte, le cas échéant, du niveau de la participation et des caractéristiques de la personne qui procède à la déclaration.

Cette déclaration est adressée à la société dont les actions ont été acquises et doit parvenir à l'Autorité des marchés financiers dans des délais fixés par décret en Conseil d'État. Cette information est portée à la connaissance du public dans les conditions fixées par le règlement général de l'Autorité des marchés financiers.

En cas de changement d'intention dans le délai de six mois à compter du dépôt de cette déclaration, une nouvelle déclaration motivée doit être adressée à la société et à l'Autorité des marchés financiers sans délai et portée à la connaissance du public dans les mêmes conditions. Cette nouvelle déclaration fait courir à nouveau le délai de six mois mentionné au premier alinéa.

Art. L. 233-7-1 *(Mod., L. n° 2016-1691, 9 déc. 2016)*. **–** Lorsque les actions de la société ont cessé d'être admises aux négociations sur un marché réglementé pour être admises aux négociations sur un système multilatéral de négociation soumis aux dispositions du II de l'article L. 433-3 du Code monétaire et financier, la personne tenue à l'information mentionnée au I de l'article L. 233-7 du présent code informe également l'Autorité des marchés financiers dans un délai et selon des modalités fixées par son règlement général, à compter du franchissement du seuil de participation, pendant une durée de trois ans à compter de la date à laquelle ces actions ont cessé d'être admises aux négociations sur un marché réglementé. Cette information est portée à la connaissance du public dans les conditions fixées par le règlement général de l'Autorité des marchés financiers.

L'alinéa précédent est applicable aux sociétés dont la capitalisation boursière est inférieure à un milliard d'euros.

Le VII de l'article L. 233-7 est également applicable à la personne mentionnée au premier alinéa du présent article.

Art. L. 233-8 *(Mod., L. n° 2016-1691, 9 déc. 2016)*. **–** I. – Au plus tard dans les quinze jours qui suivent l'assemblée générale ordinaire, toute société par actions informe ses actionnaires du nombre total de droits de vote existant à cette date. Néanmoins, les sociétés dont les actions ne sont pas admises aux négociations sur un marché réglementé ne sont pas tenues à cette information lorsque le nombre de droits de vote n'a pas varié par rapport à celui de la précédente assemblée générale ordinaire. Dans la mesure où, entre deux assemblées générales ordinaires, le nombre de droits de vote varie d'un pourcentage fixé par arrêté du ministre chargé de l'économie, par rapport au nombre déclaré antérieurement, la société, lorsqu'elle en a connaissance, informe ses actionnaires.

II. – Les sociétés mentionnées au I de l'article L. 233-7 dont des actions sont admises aux négociations sur un marché réglementé d'un État partie à l'accord sur l'Espace économique européen ou dont les actions sont admises aux négociations sur un système multilatéral de négociation soumis aux dispositions du II de l'article L. 433-3 du Code monétaire et financier dans les conditions déterminées par le règlement général de l'Autorité des marchés financiers publient chaque mois le nombre total de droits de vote et le nombre d'actions composant le capital de la société s'ils ont varié par rapport à ceux publiés antérieurement, dans des conditions et selon des modalités fixées par le règlement général de l'Autorité des marchés financiers. Ces sociétés sont réputées remplir l'obligation prévue au I.

Art. L. 233-9 *(Mod., Ord. n° 2015-1576, 3 déc. 2015)*. **–** I. – Sont assimilés aux actions ou aux droits de vote mentionnés au I de l'article L. 233-7 :

1° Les actions ou les droits de vote possédés par d'autres personnes pour le compte de cette personne ;

2° Les actions ou les droits de vote possédés par les sociétés que contrôle cette personne au sens de l'article L. 233-3 ;

3° Les actions ou les droits de vote possédés par un tiers avec qui cette personne agit de concert ;

4° Les actions déjà émises que cette personne, ou l'une des personnes mentionnées aux 1° à 3° est en droit d'acquérir à sa seule initiative, immédiatement ou à terme, en vertu d'un accord ou d'un instrument financier mentionné à l'article L. 211-1 du Code monétaire et financier. Il en va de même pour les droits de vote que cette personne peut acquérir dans les mêmes conditions ;

4° *bis* Les actions déjà émises sur lesquelles porte tout accord ou instrument financier mentionné à l'article L. 211-1 du Code monétaire et financier ayant pour cette personne ou l'une des personnes mentionnées aux 1° et 3° un effet économique similaire à la possession desdites actions, que cet accord ou instrument financier donne droit à un règlement physique ou à un règlement en espèces. Il en va de même pour les droits de vote sur lesquels porte, dans les mêmes conditions, tout accord ou instrument financier ;

5° Les actions dont cette personne a l'usufruit ;

6° Les actions ou les droits de vote possédés par un tiers avec lequel cette personne a conclu un accord de cession temporaire portant sur ces actions ou droits de vote ;

7° Les actions déposées auprès de cette personne, à condition que celle-ci puisse exercer les droits de vote qui leur sont attachés comme elle l'entend en l'absence d'instructions spécifiques des actionnaires ;

8° Les droits de vote que cette personne peut exercer librement en vertu d'une procuration en l'absence d'instructions spécifiques des actionnaires concernés.

Le règlement général de l'Autorité des marchés financiers fixe les conditions et modalités d'application des 4° et 4° *bis*, en particulier les conditions dans lesquelles un accord ou instrument financier est considéré comme ayant un effet économique similaire à la possession d'actions.

II. – Ne sont pas assimilées aux actions ou aux droits de vote mentionnés au I de l'article L. 233-7 :

1° Les actions détenues par les organismes de placement collectif en valeurs mobilières ou les placements collectifs relevant des paragraphes 1, 2 et 6 de la sous-section 2, du paragraphe 2 ou du sous-paragraphe 1 du paragraphe 1 de la sous-section 3, ou de la sous-section 4 de la section 2 du chapitre IV du titre Ier du livre II du Code monétaire et financier ou les SICAF gérés par une société de gestion de portefeuille contrôlée par cette personne au sens de l'article L. 233-3, dans les conditions fixées par le règlement général de l'Autorité des marchés financiers sauf exceptions prévues par ce même règlement ;

2° Les actions détenues dans un portefeuille géré par un prestataire de services d'investissement contrôlé par cette personne au sens de l'article L. 233-3, dans le cadre du service de gestion de portefeuille pour compte de tiers dans les conditions fixées par le règlement général de l'Autorité des marchés financiers, sauf exceptions prévues par ce même règlement.

Art. L. 233-10. – I. – Sont considérées comme agissant de concert les personnes qui ont conclu un accord en vue d'acquérir, de céder ou d'exercer des droits de vote, pour mettre en œuvre une politique commune vis-à-vis de la société ou pour obtenir le contrôle de cette société.

II. – Un tel accord est présumé exister :

1° Entre une société, le président de son conseil d'administration et ses directeurs généraux ou les membres de son directoire ou ses gérants ;

2° Entre une société et les sociétés qu'elle contrôle au sens de l'article L. 233-3 ;

3° Entre des sociétés contrôlées par la même ou les mêmes personnes ;

4° Entre les associés d'une société par actions simplifiée à l'égard des sociétés que celle-ci contrôle ;

5° Entre le fiduciaire et le bénéficiaire d'un contrat de fiducie, si ce bénéficiaire est le constituant.

III. – Les personnes agissant de concert sont tenues solidairement aux obligations qui leur sont faites par les lois et règlements.

Art. L. 233-10-1. – En cas d'offre publique d'acquisition, sont considérées comme agissant de concert les personnes qui ont conclu un accord avec l'auteur d'une offre publique visant à obtenir le contrôle de la société qui fait l'objet de l'offre. Sont également considérées comme agissant de concert les personnes qui ont conclu un accord avec la société qui fait l'objet de l'offre afin de faire échouer cette offre.

Art. L. 233-11. – Toute clause d'une convention prévoyant des conditions préférentielles de cession ou d'acquisition d'actions admises aux négociations sur un marché réglementé et portant sur au moins 0,5 % du capital ou des droits de vote de la société qui a émis ces actions doit être transmise dans un délai de cinq jours de bourse à compter de la signature de la convention ou de l'avenant introduisant la clause concernée, à la société et à l'Autorité des marchés financiers. À défaut de transmission, les effets de cette clause sont suspendus, et les parties déliées de leurs engagements, en période d'offre publique.

La société et l'Autorité des marchés financiers doivent également être informées de la date à laquelle la clause prend fin.

Les clauses des conventions conclues avant la date de publication de la loi n° 2001-420 du 15 mai 2001 relative aux nouvelles régulations économiques qui n'ont pas été transmises à l'Autorité des marchés financiers à cette date doivent lui être transmises, dans les mêmes conditions et avec les mêmes effets que ceux mentionnés au premier alinéa, dans un délai de six mois.

Les informations mentionnées aux alinéas précédents sont portées à la connaissance du public dans les conditions fixées par le règlement général de l'Autorité des marchés financiers.

Art. L. 233-12. – Lorsqu'une société est contrôlée directement ou indirectement par une société par actions, elle notifie à cette dernière et à chacune des sociétés participant à ce contrôle le montant des participations qu'elle détient directement ou indirectement dans leur capital respectif ainsi que les variations de ce montant.

Les notifications sont faites dans le délai d'un mois à compter soit du jour où la prise de contrôle a été connue de la société pour les titres qu'elle détenait avant cette date, soit du jour de l'opération pour les acquisitions ou aliénations ultérieures.

Art. L. 233-13. – En fonction des informations reçues en application des articles L. 233-7 et L. 233-12, le rapport présenté aux actionnaires sur les opérations de l'exercice mentionne l'identité des personnes physiques ou morales détenant directement ou indirectement plus du vingtième, du dixième, des trois vingtièmes, du cinquième, du quart, du tiers, de la moitié, des deux tiers, des dix-huit vingtièmes ou des dix-neuf vingtièmes du capital social ou des droits de vote aux assemblées générales. Il fait également apparaître les modifications intervenues au cours de l'exercice. Il indique le nom des sociétés contrôlées et la part du capital de la société qu'elles détiennent. Il en est fait mention, le cas échéant, dans le rapport des commissaires aux comptes.

Art. L. 233-14. – L'actionnaire qui n'aurait pas procédé régulièrement à la déclaration prévue aux I et II de l'article L. 233-7 ou au VII de cet article est privé des droits de vote attachés aux actions excédant la fraction qui n'a pas été régulièrement déclarée pour toute assemblée d'actionnaires qui se tiendrait jusqu'à l'expiration d'un délai de deux ans suivant la date de régularisation de la notification.

Dans les mêmes conditions, les droits de vote attachés à ces actions et qui n'ont pas été régulièrement déclarés ne peuvent être exercés ou délégués par l'actionnaire défaillant.

Le tribunal de commerce dans le ressort duquel la société a son siège social peut, le ministère public entendu, sur demande du président de la société, d'un actionnaire ou de l'Autorité des marchés financiers, prononcer la suspension totale ou partielle, pour une durée ne pouvant excéder cinq ans, de ses droits de vote à l'encontre de tout actionnaire qui n'aurait pas procédé aux déclarations prévues à l'article L. 233-7 ou qui n'aurait pas respecté le contenu de la déclaration prévue au VII de cet article pendant la période de six mois suivant sa publication dans les conditions fixées par le règlement général de l'Autorité des marchés financiers.

Voir : Règl. AMF, 12 oct. 2004, art. 221-1 et s.

Doit être retenue **la responsabilité de l'émetteur et de son dirigeant** en cas de communication au public d'informations inexactes, imprécises ou trompeuses résultant de la non-conformité de la présentation des comptes aux normes comptables internationales (IAS) et de l'absence du rapport du commissaire aux comptes dans un rapport financier annuel. Est écartée la responsabilité du commissaire aux comptes qui a certifié des comptes réguliers et sincères et donnant une image fidèle de la société, étant entendu que le contrôle opéré ne révèle pas, selon la norme d'exercice professionnel 320, « d'anomalies significatives par leur montant ou par leur nature » : ▪ AMF, comm. sanct., 29 juin 2012 : *Bull. Joly Bourse* oct. 2012, § 181, p. 414, note Th. Granier. – Sur la question, V. également F. Peltier, *La mise en cause des commissaires aux comptes par l'AMF pour diffusion de fausse information* : *JCP* E 2014, 1339.

Code de commerce

Art. L. 223-15 *(Mod., Ord. n° 2015-900, 23 juill. 2015)*. – Le conseil d'administration, le directoire ou le gérant de toute société ayant des filiales ou des participations, inclut dans l'annexe de la société un tableau, en vue de faire apparaître la situation desdites filiales et participations au sens de la présente section.

Art. L. 451-2-1 *(L. n° 2007-1774, 17 déc. 2007 ; mod., L. n° 2012-387, 22 mars 2012 ; L. n° 2014-1662, 30 déc. 2014 ; Ord. n° 2015-1576, 3 déc. 2015).* **– L'information mentionnée au I de l'article L. 233-7 du Code de commerce est également donnée lorsque l'émetteur a son siège statutaire hors du territoire de l'Espace économique européen et relève des cas mentionnés au II de l'article L. 451-1-2 du présent code. Sont alors applicables les II, IV, V et VII de l'article L. 233-7, ainsi que les articles L. 233-8, L. 233-9, L. 233-10, L. 233-10-1, L. 233-11 et L. 233-12 du Code de commerce.**

L'Autorité des marchés financiers peut dispenser la personne détenant des participations dans une société dont le siège est établi hors du territoire de l'Espace économique européen des obligations d'information mentionnées au I de l'article L. 233-7 du Code de commerce si elle estime équivalentes les obligations auxquelles cette personne est soumise en vertu de la législation de l'État tiers qui lui est applicable.

L'Autorité des marchés financiers peut dispenser la société dont le siège statutaire est établi hors du territoire de l'Espace économique européen des obligations définies au II de l'article L. 233-8 du Code de commerce si elle estime équivalentes les obligations auxquelles cette société est soumise en vertu de la législation de l'État tiers dans lequel cette société a son siège social.

L'Autorité des marchés financiers arrête, met à jour et publie la liste des États tiers dont les dispositions législatives ou réglementaires sont estimées équivalentes aux obligations définies au I de l'article L. 233-7 et au II de l'article L. 233-8 du Code de commerce.

Section III. – Obligation d'information sur le rachat d'actions

(L. n° 2005-842, 26 juill. 2005)

Art. L. 451-3 *(L. n° 2005-842, 26 juill. 2005 ; mod., L. n° 2016-1691, 9 déc. 2016).* **– I. – Les opérations de rachat d'actions prévues par l'article L. 225-209 du Code de commerce ne sont pas soumises aux dispositions du VII de l'article L. 621-8 du présent code.**

Cette obligation est réputée remplie lorsque la société a informé le marché en application de l'article 5 du règlement (UE) n° 596/2014 du Parlement européen et du Conseil du 16 avril 2014 sur les abus de marché (règlement relatif aux abus de marché) et abrogeant la directive 2003/6/CE du Parlement européen et du Conseil et les directives 2003/124/CE, 2003/125/CE et 2004/72/CE de la Commission ou des dispositions d'une pratique de marché admise par l'Autorité des marchés financiers en application de l'article 13 du même règlement.

II. – Toute société dont des actions sont admises aux négociations sur un marché réglementé ou un système multilatéral de négociation soumis aux dispositions du II de l'article L. 433-3 du présent code procédant au rachat de ses propres titres de capital en application du I du présent article rend compte chaque mois à l'Autorité des marchés financiers des acquisitions, cessions, annulations et transferts qu'elle a effectués.

L'Autorité des marchés financiers peut lui demander à ce sujet toutes les explications ou les justifications qu'elle juge nécessaires.

Dans les conditions et selon les modalités fixées par le règlement général de l'Autorité des marchés financiers, toute société dont des actions sont admises aux négociations sur un marché réglementé qui souhaite procéder au rachat de ses propres titres de capital informe préalablement le marché.

Section IV. – Obligations d'information sur les dispositifs de traitement automatisé

Art. L. 451-4 *(Abr. à compter du 3 janvier 2018, Ord. n° 2016-827, 23 juin 2016)*

Rédaction antérieure. Art. L. 451-4 *(L. n° 2013-672, 26 juill. 2013).* **–** Toute personne utilisant des dispositifs de traitement automatisé doit :

1° Notifier à l'Autorité des marchés financiers l'utilisation de dispositifs de traitement automatisé générant des ordres de vente ou d'achat de titres de sociétés dont le siège social est localisé en France ;

2° Assurer une traçabilité de chaque ordre envoyé vers un marché réglementé ou un système multilatéral de négociation, conserver pendant une durée fixée par le règlement général de l'Autorité des marchés financiers tout élément permettant d'établir le lien entre un ordre donné et les algorithmes ayant permis de déterminer cet ordre, conserver tous les algorithmes utilisés pour élaborer les ordres transmis aux marchés et les transmettre à l'Autorité des marchés financiers lorsqu'elle en fait la demande.

Les personnes utilisant des dispositifs de traitement automatisé doivent mettre en place des procédures et des mécanismes internes garantissant la conformité de leur organisation avec les règles du 2°.

Le règlement général de l'Autorité des marchés financiers prévoit les conditions d'application du présent article.

Section V. – Obligation d'information par les personnes détenant des instruments financiers dont le sous-jacent est, en tout ou partie, une matière première agricole

Art. L. 451-5 *(Abr. à compter du 3 janvier 2018, Ord. n° 2016-827, 23 juin 2016)*

Rédaction antérieure. Art. L. 451-5 *(L. n° 2013-672, 26 juill. 2013 ; abr. à compter du 3 janvier 2018, Ord. n° 2016-827, 23 juin 2016)*. – Toute personne détenant des instruments financiers dont le sous-jacent est constitué, en tout ou partie, d'une matière première agricole, au-delà d'un seuil de détention fixé pour chaque matière première concernée par le règlement général de l'Autorité des marchés financiers et dans les conditions fixées par ce dernier, communique quotidiennement le détail de ses positions à l'Autorité des marchés financiers.

CHAPITRE II. – ASSOCIATIONS DE DÉFENSE DES INVESTISSEURS

Bibliographie : Y.-A. Ache et P. Rodolphe, *Les problèmes juridiques posés par la démocratisation dans les sociétés par actions : LPA* 1er janv. 1997, p. 6. • B. Lebars, *Les associations de défense d'actionnaires et d'investisseurs, LGDJ*, 2003 ; *Associations d'actionnaires et d'investisseurs : un droit rénové d'ester en justice ? : LPA* 14 nov. 2003, p. 102 ; *La rénovation du statut des associations d'actionnaires et d'investisseurs : un épiphénomène révélateur du besoin d'évolution en droit des sociétés : Rev. sociétés* 2003, p. 428. • F.-X. Lucas, *Loi de sécurité financière, corporate governance ou poudre aux yeux ? : Dr. et patrimoine* janv. 2004, p. 54. • Y. Guyon et *alii, Les associations d'actionnaires et d'investisseurs : Rev. sociétés* 1995, n° spécial, p. 203 et s. • V. Magnier, *Les class actions d'investisseurs en produits financiers : LPA* 10 juin 2005, p. 33. • D. Mainguy, *Information boursière et préjudice des investisseurs : D.* 2008, n° 9, p. 558.

Art. L. 452-1 *(Mod., L. n° 2003-706, 1er août 2003 ; L. n° 2006-387, 31 mars 2006)*. **– Les associations régulièrement déclarées ayant pour objet statutaire explicite la défense des investisseurs en** *(Mots rempl., Ord. n° 2009-15, 8 janv. 2009)* **« titres financiers » ou en produits financiers peuvent, agir en justice devant toutes les juridictions même par voie de constitution de partie civile, relativement aux faits portant un préjudice direct ou indirect à l'intérêt collectif des investisseurs ou de certaines catégories d'entre eux.**

Ces associations sont :

– les associations agréées, dans des conditions fixées par décret, après avis du ministère public et de l'Autorité des marchés financiers, lorsqu'elles justifient de six mois d'existence et, pendant cette même période, d'au moins deux cents membres cotisant individuellement et lorsque leurs dirigeants remplissent des conditions d'honorabilité et de compétence fixées par décret ;

– les associations qui répondent aux critères de détention de droits de vote définis par l'article L. 225-120 du Code de commerce si elles ont communiqué leurs statuts à l'Autorité des marchés financiers.

Lorsqu'une pratique contraire aux dispositions législatives ou réglementaires est de nature à porter atteinte aux droits des épargnants, les associations d'actionnaires mentionnées au premier alinéa peuvent demander en justice qu'il soit ordonné à la personne qui en est responsable de se conformer à ces dispositions, de mettre fin à l'irrégularité ou d'en supprimer les effets.

La demande est portée devant le président du tribunal de grande instance du siège social de la société en cause, qui statue en la forme des référés et dont la décision est exécutoire par provision. Le président du tribunal est compétent pour connaître des exceptions d'illégalité. Il peut prendre, même d'office, toute mesure conservatoire et prononcer, pour l'exécution de son ordonnance, une astreinte versée au Trésor public.

Voir : la rédaction de cet article issue de l'ordonnance no 2019-738 du 17 juillet 2019, en *addendum*, p. 3371.

Voir : C. monét. fin., art. D. 452-1 et s., p. 1320. – C. com., art. L. 225-120, p. 334.

Art. L. 452-2 *(Anc. L. n° 88-14, 5 janv. 1988 ; L. n° 2003-706, 1er août 2003)*. **– Lorsque plusieurs personnes physiques, identifiées en leur qualité d'investisseur, ont subi des préjudices individuels qui ont été causés par le fait d'une même personne et qui ont une origine commune, toute association mentionnée à l'article L. 452-1 peut, si elle a été mandatée par au moins deux des investisseurs concernés, agir en réparation devant toute juridiction, au nom de ces investisseurs.**

Le mandat ne peut être sollicité par voie d'appel public télévisé ou radiophonique, ni par voie d'affichage, de tract ou de lettre personnalisée. Il doit être donné par écrit par chaque investisseur.

Toutefois, lorsqu'une association agréée en application du troisième alinéa de l'article L. 452-1 agit en réparation devant les juridictions civiles ou commerciales, le président du tribunal de grande instance ou le président du tribunal de commerce selon le cas peut, par ordonnance de référé, l'autoriser à solliciter des actionnaires un mandat pour agir en leur nom en ayant recours, à ses frais, aux moyens de publicité mentionnés à l'alinéa précédent.

Sans préjudice des dispositions des articles L. 612-1 à L. 612-5 du Code de commerce, les associations visées à l'alinéa précédent établissent chaque année un bilan, un compte de résultat et une annexe, dont les modalités d'établissement sont précisées par décret et qui sont approuvés par l'assemblée des adhérents. Lorsque l'association introduit une demande en application de l'alinéa précédent, elle transmet ces documents au président du tribunal.

Art. L. 452-3 *(Anc. L. n° 88-14, 5 janv. 1988).* – Tout investisseur ayant donné son accord, dans les conditions prévues à l'article L. 452-2, à l'exercice d'une action devant une juridiction pénale est considéré en ce cas comme exerçant les droits reconnus à la partie civile en application du Code de procédure pénale. Toutefois, les significations et notifications qui concernent l'investisseur sont adressées à l'association.

Art. L. 452-4 *(Anc. L. n° 88-14, 5 janv. 1988).* – L'association qui exerce une action en justice en application des articles L. 452-2 et L. 452-3 peut se constituer partie civile devant le juge d'instruction ou la juridiction de jugement du siège social ou du lieu d'habitation de la personne mise en cause ou, à défaut, du lieu de la première infraction.

Partie réglementaire

Art. D. 452-1 *(D. n° 2005-1211, 21 sept. 2005).* – L'agrément des associations ayant pour objet statutaire explicite la défense des investisseurs en valeurs mobilières ou en produits financiers prévu au troisième alinéa de l'article L. 452-1 peut être accordé à toute association justifiant, à la date de la demande d'agrément, de six mois d'existence à compter de sa déclaration.

Cette association doit également justifier, pendant les six mois précédant la date de la demande, d'au moins 200 membres cotisant individuellement ainsi que d'une activité effective et publique en vue de la défense des intérêts des investisseurs en valeurs mobilières ou en produits financiers appréciée, notamment, en fonction de la réalisation et de la diffusion de publications, de la tenue de réunions d'information et de la participation à des travaux de réflexion.

Art. D. 452-2 *(D. n° 2005-1211, 21 sept. 2005).* – Pour que l'association puisse obtenir l'agrément, ses membres dirigeants, au sens de l'article 5 de la loi du 1er juillet 1901 susvisée, doivent remplir les conditions suivantes :

1° Avoir la majorité légale ;

2° Justifier :

a) Soit du baccalauréat ou un diplôme équivalent ;

b) Soit d'une formation professionnelle adaptée dans le domaine économique, juridique et financier ;

c) Soit d'une expérience professionnelle d'une durée minimale de deux ans dans le domaine économique, juridique et financier. Cette expérience doit avoir été acquise au cours des cinq années précédant la désignation des intéressés comme dirigeants de l'association ;

3° Ne pas avoir fait l'objet d'une condamnation définitive mentionnée au II de l'article L. 500-1 depuis moins de dix ans ou de la durée prévue en application du III de cet article ;

4° Ne pas faire l'objet :

a) D'une interdiction d'exercer à titre temporaire ou définitif une activité ou un service, en application des dispositions de l'article L. 621-15 ou au titre d'une sanction prononcée avant le 24 novembre 2003 par la Commission des opérations de bourse, le conseil des marchés financiers ou le conseil de discipline de la gestion financière ;

b) Des sanctions prévues aux 4 et 5 de l'article L. 613-21 ou aux 3° à 5° de l'article L. 310-18 du Code des assurances ;

c) D'une mesure de faillite personnelle ou une autre mesure d'interdiction dans les conditions prévues par le livre VI du Code de commerce ou, dans le régime antérieur, à l'article 108 de la loi n° 67-563 du 13 juillet 1967 sur le règlement judiciaire, la liquidation des biens, la faillite personnelle et les banqueroutes, pendant la durée de celle-ci ;

Une déclaration sur l'honneur est produite à cet effet par les personnes mentionnées au premier alinéa du présent article.

Art. D. 452-3 *(D. n° 2005-1211, 21 sept. 2005).* – L'agrément est accordé par le préfet du département dans lequel l'association a son siège, après avis du ministère public et de l'Autorité des marchés financiers. Il est publié au *Journal officiel* de la République française.

L'avis du ministère public est donné par le procureur général près la cour d'appel dans le ressort de laquelle l'association a son siège.

L'agrément est accordé pour trois années. Il est renouvelable dans les mêmes conditions que l'agrément initial.

Art. D. 452-4 *(D. n° 2005-1211, 21 sept. 2005).* – Lorsque plusieurs associations, dont l'une au moins est agréée, se transforment en une seule, l'agrément doit être à nouveau sollicité. Dans ce cas, le critère d'ancienneté mentionné à l'article L. 452-1 s'apprécie à compter de la date de création de la plus ancienne des associations parmi celles qui bénéficiaient déjà d'un agrément.

Lorsque l'agrément est demandé par une fédération d'associations, le critère du nombre de membres cotisants s'apprécie à partir du nombre des membres cotisants des associations adhérentes de la fédération.

Art. D. 452-5 *(D. n° 2005-1211, 21 sept. 2005).* – Les demandes d'agrément et de renouvellement sont adressées à la direction départementale de la concurrence, de la consommation et de la répression des fraudes dans le ressort de laquelle l'association a son siège social.

La composition du dossier et les modalités d'instruction sont fixées par arrêté conjoint du ministre chargé de l'économie, du ministre chargé de la consommation et du garde des sceaux.

Lorsque le dossier remis à l'administration est complet, il en est délivré récépissé.

Art. D. 452-6 *(D. n° 2005-1211, 21 sept. 2005).* – La décision d'agrément ou de refus est notifiée dans un délai de six mois à compter de la délivrance du récépissé. Les décisions de refus doivent être motivées.

Art. D. 452-7 *(D. n° 2005-1211, 21 sept. 2005).* – Les associations rendent compte annuellement de leur activité selon des modalités fixées par arrêté pris dans les formes prévues à l'article D. 452-5.

Les associations établissent des comptes annuels. Ces comptes annuels comportent un bilan, un compte de résultat et une annexe selon les principes et méthodes comptables définis au Code de commerce et dans les textes pris pour son application, sous réserve des adaptations que rend nécessaires leur forme juridique ou la nature de leur activité. Le plan comptable applicable à ces associations est approuvé par arrêté du garde des Sceaux, ministre de la Justice, et des ministres chargés de l'économie et du budget, après avis [de l'] Autorité des normes comptables. Si des particularités d'activité, de structure ou d'opérations le justifient, des adaptations pourront être apportées, dans les mêmes formes, aux dispositions de ce plan comptable.

Les comptes annuels sont soumis, en même temps que le rapport de gestion, à l'approbation de l'organe délibérant au plus tard dans les six mois de la clôture de l'exercice, et le cas échéant, transmis aux commissaires aux comptes quarante-cinq jours au moins avant la réunion à laquelle ils doivent être approuvés. Ce délai peut être prorogé à la demande du représentant légal de la personne morale, par ordonnance du président du tribunal de grande instance, statuant sur requête.

Art. D. 452-8 *(D. n° 2005-1211, 21 sept. 2005).* – L'agrément peut être retiré, après avis du procureur général et de l'Autorité des marchés financiers, lorsque l'association ne remplit plus l'une des conditions d'agrément. L'association doit être au préalable mise en demeure de présenter ses observations. La décision de retrait d'agrément est publiée au *Journal officiel de la République française.*

Partie législative

TITRE VI. – DISPOSITIONS PÉNALES

CHAPITRE I. – INFRACTIONS RELATIVES À L'APPEL PUBLIC À L'ÉPARGNE

Art. L. 461-1 *(Abr., Ord. n° 2009-80, 22 janv. 2009).*

CHAPITRE II. – INFRACTIONS RELATIVES AUX MARCHÉS RÉGLEMENTÉS

....

Art. L. 462-1 *(Abr., Ord. n° 2007-544, 12 avr. 2007).*

Art. L. 462-2. – Les sanctions relatives à la publicité pour la souscription de valeurs mobilières sont fixées par l'article L. 245-2 du Code de commerce.

Loi du 14 février 1942

tendant à l'organisation et au fonctionnement des bourses de valeurs
(JO 15 févr.)
(Abr., L. n° 2011-525, 17 mai 2011)

CHAPITRE III. – INFRACTIONS RELATIVES AUX NÉGOCIATIONS SUR INSTRUMENTS FINANCIERS

Art. L. 463-1 et L. 463-2 *(Abr., L. n° 2006-387, 31 mars 2006).*

CHAPITRE IV. – INFRACTIONS RELATIVES AUX ENTREPRISES DE MARCHÉ ET AUX CHAMBRES DE COMPENSATION

Art. L. 464-1 *(Mod., Ord. n° 2007-1490, 18 oct. 2007).* – Est puni des peines prévues à l'article 226-13 du Code pénal, le fait, pour tout dirigeant, salarié ou préposé des chambres de compensation, de violer le secret professionnel institué à l'article L. 440-4, sous réserve des dispositions de l'article 226-14 du Code pénal.

Art. L. 464-2. – Est puni des peines prévues à l'article 226-13 du Code pénal le fait pour les membres des organes d'administration, de direction et de surveillance, les dirigeants, salariés et préposés des entreprises de marché de violer le secret professionnel institué à l'article L. 421-8, sous réserve des dispositions de l'article 226-14 du Code pénal.

CHAPITRE V. – INFRACTIONS RELATIVES À LA PROTECTION DES INVESTISSEURS

Section I. – Atteintes à la transparence des marchés

Art. L. 465-1 *(Anc. Ord. n° 67-833, 28 sept. 1967 ; mod., L. n° 2001-1062, 15 nov. 2001 ; L. n° 2001-1062, 15 nov. 2001 ; L. n° 2012-387, 22 mars 2012 ; L. n° 2013-672, 26 juill. 2013 ; abr. par décision du 18 mars 2015 ; mod., L. n° 2016-819, 21 juin 2016).* – I. – A. – Est puni de cinq ans d'emprisonnement et de 100 millions d'euros d'amende, ce montant pouvant être porté jusqu'au décuple du montant de l'avantage retiré du délit, sans que l'amende puisse être inférieure à cet avantage, le fait, par le directeur général, le président, un membre du directoire, le gérant, un membre du conseil d'administration ou un membre du conseil de surveillance d'un émetteur concerné par une information privilégiée ou par une personne qui exerce une fonction équivalente, par une personne disposant d'une information privilégiée concernant un émetteur au sein duquel elle détient une participation, par une personne disposant d'une information privilégiée à l'occasion de sa profession ou de ses fonctions ou à l'occasion de sa participation à la commission d'un crime ou d'un délit, ou par toute autre personne disposant d'une information privilégiée en connaissance de cause, de faire usage de cette information privilégiée en réalisant, pour elle-même ou pour autrui, soit directement, soit indirectement, une ou plusieurs opérations ou en annulant ou en modifiant un ou plusieurs ordres passés par cette même personne avant qu'elle ne détienne l'information privilégiée, sur les instruments financiers émis par cet émetteur ou sur les instruments financiers concernés par ces informations privilégiées.

B. – Le simple fait qu'une personne dispose d'une information privilégiée n'est pas constitutif de l'infraction prévue au A, si son comportement est légitime, au sens de l'article 9 du règlement (UE) n° 596/2014 du Parlement européen et du Conseil du 16 avril 2014 sur les abus de marché (règlement relatif aux abus de marché) et abrogeant la directive 2003/6/CE du Parlement européen et du Conseil et les directives 2003/124/CE, 2003/125/CE et 2004/72/CE de la Commission.

C. – Au sens de la présente section, les mots : « information privilégiée » désignent les informations privilégiées au sens des 1 à 4 de l'article 7 du règlement (UE) n° 596/2014 du Parlement européen et du Conseil du 16 avril 2014 précité.

II. – La tentative de l'infraction prévue au I du présent article est punie des mêmes peines.

Voir : C. monét. fin., art. L. 621-15, *infra*, p. 1590. *Adde*, Règl. AMF, 12 oct. 2004, art. 621-1 et s. et art. 632-1.

Bibliographie : AMF, communiqué 14 nov. 2007, *Établissement des listes d'initiés par les émetteurs d'instruments financiers : JCP* E 2007, act., p. 538. • A. Couret, *Listes d'initiés, liste des personnes ayant accès à des informations privilégiées : RD bancaire et fin.* 2006, n° 1, p. 39. • M. Delmas-Marty, *Le délit des initiés va-t-il changer la Bourse ? : D.* 1977, chron. p. 91. • A. Dethomas, *L'évolution du manquement d'initié : D. 2005, n° 10, p. 706.* • M.-N. Dompe, *Colloque de Chantilly : le devoir d'abstention de l'initié : RJ com.* 2003, p. 173. • A. Dethomas, *L'évolution du manquement d'initié : D.* 2005, p. 706. • H. de Vauplane, *Établissement de listes d'initiés, position de l'AMF : Banque* 2006, n° 678, p. 94. • M.-N. Dompé et N. Mennesson, *La définition et l'utilisation de l'information privilégiée à l'épreuve du changement : Bull. Joly Bourse* 2015, 112r9. • C. Ducouloux-Favard, *Manquement et délit d'initié : D.* 1992, chron. p. 197. • G. Eliet, *La gestion sous mandat peut-elle réduire le risque de délit d'initié des dirigeants de sociétés cotées ? : D.* 2002, chron. p. 466. • L. Faugérolas et A. Moser, *Le délit et le manquement d'initié face à la pratique des « data rooms » : RD bancaire et bourse* 1999, p. 90. • P. Fleuriot et M.-N. Dompé, *La répression des délits boursiers : Bull. Joly Bourse* avr. 1994, n° spéc., p. 73 et s. • E. Gaillard, *Le droit français des délits d'initiés : JCP* G 1991, I, 3516. • Ch. Gavalda, *Droit et devoirs des initiés dans les sociétés par actions : un exemple de collaboration entre la COB et la justice pénale : Rev. sociétés* 1976, p. 589. • J. Lasserre Capdeville, *Les incidences en droit pénal financier de la reconnaissance du délit de violation du secret des affaires : Bull. Joly Bourse* avr. 2013, § 79, p. 207. • D. Lebetoulle, *La diversité des initiés : Bull. Joly Bourse* 2011, § 207, p. 460. • R. Lorrain, *Délit d'initié : la répression de la tentative ou la tentative de la répression ? : Bull. Joly Bourse* 2014, p. 191. • R. Lorrain et N. Mennesson, *Nul n'est présumé initié : Bull. Joly Bourse* 2015, p. 178. • S. Loyrette, *Scalping : délit d'initié ou manipulation de cours ? : JCP* E 2004, n° 3, p. 68. • D. Martin, *La réparation du préjudice des investisseurs en cas de fausse information : JCP* E 2010, 1777, p. 36. • J.-P. Mattout, *Information financière et responsabilité des dirigeants : Dr. sociétés* déc. 2004, 19. • F. Peltier, *La mise en cause des commissaires aux comptes par l'AMF pour diffusion de fausse information : JCP* E 2014, 1339. • A. Piétrancosta, *Le durcissement de la répression des délits d'initié par la loi du 15 novembre 2001 : RD bancaire et fin.* 2002, n° 116, p. 144. • J.-Ph. Pons-Henry, *Opérations d'initiés : puisque le manquement se délite, supprimons le délit : Bull. Joly Bourse* 2011, p. 212. • Ph. Portier, *Liste d'initiés, mise en place de mécanismes préventifs : Dr. sociétés* 2006, n° 4, étude 7, p. 13. • E. Rapone, *La définition fluctuante du manquement d'initié en droit américain : RD bancaire et fin.* mai-juin 2014, études 13. • J. Riffault-Treca, *La répression des infractions d'initié en droit français ; bilan et réforme : Rev. sc. crim.* 1997, p. 1. • Ph. Rincazaux, *Récents développements en matière de délit d'initié et de non-déclaration de seuil : RJDA* 1993, p. 321. • M.-C. Robert, *La Bourse et les initiés : Rev. sociétés* 1982, p. 4. • J.-H. Robert, *Le manquement d'initié : Dr. sociétés* 1990, p. 1. • N. Rontchevsky, *Instruments financiers et délits boursiers : LPA* 28 mars 2002, p. 24 ; *la COB tente de sécuriser les procédures de data room : RTD com.* 2004, p. 128 ; *Les infractions pénales : Bull. Joly Bourse* 2007, n° 3, p. 336 ; *Révision des délits et manquements boursiers : Banque et droit* 2006, n° 108, p. 12. • R. Salomon, *Du caractère non intentionnel du manquement de communication de fausses informations : Dr. sociétés* juill. 2005, n° 7 ; *Le risque boursier : délits et manquements d'initié, de manipulation de cours et de fausse information : CDE* janv. 2006, p. 56 ; *Le particularisme de l'action civile en droit pénal des affaires : LPA* 10 janv. 2008, n° 8, p. 9 ; *La coexistence nécessaire d'infractions pénales et de manquements administratifs en matière d'abus de marché : Bull. Joly Bourse* 2017, p. 132. • M. Samuelian, *Où sont les risques ? : Bull. Joly Bourse* 2011, § 212, p. 446. • S. Schiller, *L'intérêt social, fait justificatif du manquement d'initié ? : Dr. sociétés* 2000, chron. 7 ; *L'actionnaire le plus facilement indemnisé en cas de diffusion d'une information erronée : LPA* 9-10 sept. 2010, p. 4. • D. Schmidt, *Commentaire de la recommandation n° 2003-01 de la COB relative aux procédures dites de data room : JCP* 2004, p. 604. • Y. Serra, *L'évolution du droit pénal des sociétés dans le cadre de la mission de la Commission des opérations de bourse : D.* 1974, chron. p. 43. • A. Soin, *Les protections du détenteur d'une information privilégiée : Bull. Joly Bourse* 2016, 113 j8. • S. Tandeau de Marsac, *Lutte contre les opérations d'initiés et les manipulations de cours : vers un renforcement de l'intégrité des marchés financiers ? : Gaz. Pal.* 14 juin 2005, p. 2. • Ch. Thin, *La fausse information du marché et le délit d'initié : RJ com.* avr. 2005, p. 71. • A. Viandier, *Observations sur le délit d'utilisation d'une information privilégiée : BJS* 1992, p. 253.

I – DOMAINE D'APPLICATION SPATIAL

1) Localisation de l'infraction. Selon l'article 693 du Code de procédure pénale, dont les dispositions sont reprises dans l'article 113-2, alinéa 2, du Code pénal, il suffit, pour que l'infraction soit réputée commise sur le territoire de la République et soit punissable en vertu de la loi française, **qu'un de ses faits constitutifs ait eu lieu sur ce territoire.** Tel est le cas d'un délit d'initié, caractérisé par la réalisation d'opérations à l'étranger, portant sur des valeurs mobilières étrangères, lorsque la divulgation des informations privilégiées a eu lieu à partir du territoire français : ▪ Cass. crim., 3 nov. 1992 : *JCP* E 1993, I, 218, n° 7, obs. J.-J. Caussain et A. Viandier ; *D.* 1993, p. 120, note C. Ducouloux-Favard ; *RTD com.* 1993, p. 534, obs. Y. Reinhard ; *Rev. sociétés* 1993, p. 436, note W. Jeandidier ; *Bull. Joly Bourse* 1993, 152, note M. Jeantin ; *Dr. sociétés* 1993, n° 82, obs. H. Hovasse.

2) Compétence territoriale. Ainsi, même si ces opérations ont été parachevées sur une place étrangère, le fait qu'elles aient été initialement mises en œuvre à partir du territoire national détermine la compétence de la juridiction pénale française : ▪ Cass. crim., 26 oct. 1995 : *Bull. crim.* 1995, n° 324 ; *Rev. sociétés* 1996, 326, note B. Bouloc ; *Bull. Joly Bourse* 1996, 120, note N. Rontchevsky ; *LPA* 24 nov. 1995, p. 19, note C. Ducouloux-Favard.

– Voir déjà en ce sens ▪ Paris, 6 juill. 1994 : *Bull. Joly Bourse* 1994, 583, note M. Jeantin ; *RJDA* 1994, n° 1151 ; *LPA* 16 nov. 1994, p. 17, note C. Ducouloux-Favard. – Pour une décision par laquelle l'AMF se déclare incompétente pour connaître d'un manquement d'initié qui aurait été commis à partir de l'étranger par deux investisseurs résidant en France sur le titre d'une société cotée au Danemark : AMF, commission des sanctions, déc., 26 juin 2008 : *RD bancaire et fin.* juill. 2009, comm. 142, note S. Torck.

II – PERSONNES PUNISSABLES

3) Personnes morales.

a) **Principe.** Les dirigeants peuvent être condamnés sans qu'il soit besoin de rechercher s'ils ont participé intentionnellement et personnellement à la commission du délit d'initié lorsque celui-ci est caractérisé chez la personne morale : ▪ Cass. crim., 15 mars 1993 : *Bull. Joly Bourse* 1993, p. 365, note M. Jeantin ; *Rev. sociétés* 1993, p. 847, note B. Bouloc.

b) **Illustrations.** Le président d'une société ne peut se prévaloir de l'existence d'une **délégation de pouvoir** consentie au directeur général adjoint qui a procédé aux opérations boursières irrégulières, dès lors qu'aucune délégation écrite n'est alléguée, que le directeur général n'a pas reçu une délégation même verbale pour le dossier en cause, que l'affirmation d'une démultiplication des responsabilités au sein de la société et d'un suivi personnel du dossier ne suffit pas à en faire la preuve, et alors que le président a été directement associé à la décision de procéder aux opérations en bourse et a été régulièrement informé de leur exécution : ▪ CA Orléans, 20 juin 1994 : *D.* 1995, p. 81, note C. Ducouloux-Favard. – Dans le cas où les opérations ont été réalisées par une personne morale, ses dirigeants de droit ou de fait sont pénalement responsables des infractions commises, et il leur appartient de combattre la **présomption** ainsi édictée en administrant éventuellement la preuve contraire ; encourt ainsi la cassation l'arrêt qui se borne à énoncer qu'il n'est démontré à l'encontre du prévenu aucun fait impliquant sa participation délibérée au délit reproché et inverse ainsi la charge de la preuve : ▪ Cass. crim., 15 mars 1993 : *D.* 1995, somm. p. 203, obs. Y. Reinhard.

4) Dirigeants sociaux personnes physiques.

Doit être condamné **l'administrateur** qui a exploité une information relative à l'augmentation des dividendes, au sortir d'une réunion du conseil, ce dernier s'étant vainement justifié d'avoir pu au préalable recueillir l'information dans un journal spécialisé, cette information étant jusqu'alors incertaine et hypothétique : ▪ T. corr. Paris, 28 janv. 1985 : *Gaz. Pal.* 28-30 avr. 1985, p. 13 ; *D.* 1985, note J.-F. Marchi. – Doit également être déclaré coupable de réalisation d'une opération boursière à partir d'informations privilégiées sur les perspectives d'un titre avant que le public n'en ait connaissance **le dirigeant social qui a revendu la quasi-totalité des titres qu'il détenait** au moment où le cours était au plus haut et avant qu'il ne s'effondre par suite de la publication des comptes, puis de la divulgation des pertes de l'exercice suivant et du désengagement de ses principaux actionnaires : ▪ Cass. crim., 15 mai 1997 : *Rev. sociétés* 1998, p. 135, note B. Bouloc ; *Banque et droit* sept.-oct. 1997, p. 34, obs. H. de Vauplane ; *D. affaires* 1997, 927. – **Le dirigeant d'une société agréée comme maison de titres** se rend coupable du délit d'initié lors du montage d'une opération de stellage par une société, opération destinée à la vente de titres, alors que ces titres n'étaient pas encore détenus lors de l'opération, mais que la maison de titres avait la certitude de les acquérir à un prix notablement inférieur à celui négocié par la société se portant acquéreur. Le dirigeant de la maison de titres était donc informé des négociations menées à son initiative et détenait des informations privilégiées, l'opération de stellage ayant été réalisée avant la connaissance des informations par le public : ▪ Cass. crim., 29 nov. 2000 : *Bull. crim.* 2000, n° 356 ; *Rev. sociétés* 2001, p. 380, note B. Bouloc ; *RTD com.* 2001, p. 493, obs. N. Rontchevsky ; *RD bancaire et fin.* 2001, n° 138, obs. M.-A. Frison-Roche, M. Germain, J.-Cl. Marin et C. Pénichon. – Est **présumé initié** le président directeur général d'un groupe de sociétés qui, en raison de sa fonction, ne peut ignorer les informations susceptibles d'avoir une incidence sur la valeur des titres du groupe et sur qui pèse à ce titre une obligation d'abstention qui est absolue tant que l'information n'est pas rendue publique. Tel est le cas lorsqu'il est établi que le dirigeant en question disposait d'informations précises et chiffrées sur la progression du résultat d'exploitation du groupe, informations non connues du public, et a acquis plusieurs milliers d'actions du groupe : ▪ CA Paris, pôle 5, ch. 12, 22 avr. 2013, n° 12/03600 : *JurisData* n° 2013-010632 : *JCP* E 2013, somm. 1365.

5) Autres personnes physiques.

a) **Principe.** L'alinéa 2 de l'article L. 465-1 ne réprime que celui qui communique à un tiers une information privilégiée **dans l'exercice de sa profession ou de ses fonctions** à l'inverse de l'alinéa 1 qui étend la répression du délit d'initié à ceux agissant à l'occasion de l'exercice de leurs fonctions ou de leur profession. Le législateur a ainsi voulu limiter strictement l'infraction à ceux qui reçoivent l'information privilégiée ès qualités de leurs fonctions ou dans l'exercice de leur contrat de travail ou de leur profession : ▪ T. corr. Paris, 13 févr.

2002 : *RTD com.* 2002, p. 347, obs. N. R. ; *Bull. Joly Bourse* 2002, 196, note N. Rontchevsky ; *Banque et droit mai-juin* 2002, 28, obs. H. de Vauplane et J.-J. Daigre.

b) **Application.** Ont ainsi été reconnus en tant **qu'initiés d'occasion** :

– un journaliste financier (■ T. corr. Paris, 12 mai 1976 : *JCP* 1976, II, 18496, note A. Tunc) ; pour un exemple de condamnation d'un journaliste pour avoir informé l'une de ses sources de la publication à venir d'une information privilégiée : ■ AMF, comm. sanctions, déc. n° 11, 24 oct. 2018 : *Dr. sociétés* 2018, comm. 208, n°12, note R. Vabres.

– un architecte (■ T. corr. Paris, 15 oct. 1976, 3e esp. : *JCP* 1977, II, 18543, note A. Tunc) ;

– un attaché de direction (■ T. corr. Paris, 15 oct. 1976, 2e esp., *ibid.*) ;

– un conseiller technique (■ T. corr. Paris, 15 oct. 1976, 2e esp., *ibid.*) ;

– un cadre de banque (■ T. corr. Paris, 13 janv. 1978 : *Bull. COB* févr. 1978, n° 101, p. 4) ;

– un liquidateur amiable (■ T. corr. Paris, 30 mars 1979 : *JCP* 1980, II, 19306, note A. Tunc) ;

– un secrétaire général de société (■ T. corr. Paris, 17 mars 1976 : *JCP* 1976, II, 18496, note A. Tunc) ;

– un haut responsable de ministère (■ T. corr. Paris, 13 mai 1986 : *Gaz. Pal.* 13-15 juill. 1986, note J.-P. Marchi) ;

– le *trader* employé dans une société de bourse (■ CA Paris, 8 nov. 1993 : *Bull. Joly Bourse* 1994, 129 ; *Dr. sociétés* 1994, n° 61, obs. H. Hovasse ; *Gaz. Pal.* 1994, 1, 295, note J.-F. Marchi) ;

– des employés d'agents de change et de compagnies d'assurance (■ Cass. crim., 18 févr. 1991 : *Rev. sociétés* 1991, p. 787, note W. Jeandidier) ;

– un représentant des salariés au sein du conseil d'administration d'une société, y compris en sa qualité de membre du comité de liaison d'un groupe d'entreprises : ■ CJCE, 22 nov. 2005, n° C. 384/02 : *Rev. sociétés* 2006, p. 333, note J.-J. Daigre ; *BJS* 2006, 127, note B. Saintourens.

III – OBJET DU DÉLIT

6) Notion d'information privilégiée. Si les dispositions de l'article 10-1 de l'ordonnance du 28 septembre 1967 [V. *C. monét. fin., art. L. 465-1*], comme celles de la directive n° 89/592/CEE du 13 novembre 1989 *[abr. et rempl. par Dir. n° 2003/6/CE, 28 janv. 2003]* avec lesquelles elles sont compatibles, interdisent aux personnes qui disposent, en raison de leur profession ou de leurs fonctions, d'informations privilégiées sur les perspectives d'évolution d'une valeur mobilière, de réaliser des opérations sur le marché avant que le public en ait eu connaissance, c'est à la condition que lesdites informations soient **précises, confidentielles, de nature à influer sur le cours de la valeur** et **déterminantes des opérations réalisées,** ■ Cass. crim., 26 juin 1995 : *Bull. crim.* 1995, n° 233 ; *Rev. sociétés* 1995, p. 562, note B. Bouloc ; *Bull. Joly Bourse* 1995, 285, note P. Le Cannu ; *Dr. sociétés* 1996, n° 226, obs. H. Hovasse ; *D. affaires* 1995, n° 2, p. 39 ; *LPA* 26 juill. 1995, p. 44, note C. Ducouloux-Favard ; *JCP* 1996, II, 22599, note A. Viandier. – V. déjà ■ CA Paris, 30 mars 1977 : *JCP* 1978, II, 18789, note A. Tunc. – Sur la question du sens dans lequel l'information privilégiée influe sur le cours de l'instrument financier, à la hausse ou à la baisse, V. l'arrêt par lequel la Cour de cassation sursoit à statuer pour soumettre la question à l'appréciation de la CJUE : ■ Cass. com., 26 nov. 2013, n° 12-21.361 : *JurisData* n° 2013-027277 ; *RD. bancaire et fin.* 2014, comm. 31, note A. Gaudemet ; *JCP* E 2013, act. 905. – Jugé par le CJUE l'article 1.1 de la directive n° 2003/6/CE du 28 janvier 2003 sur les opérations d'initiés et les manipulations de marché et l'article 1.1 de la directive n° 2003/124/CE du 22 décembre 2003 portant modalités d'application de la directive n° 2003/6/CE n'exigent pas, afin de considérer que des informations aient, d'après ces dispositions, un caractère précis, qu'il soit possible de déduire, avec un degré de probabilité suffisant, que leur influence potentielle sur le cours des instruments financiers concernés s'exercera dans un sens déterminé, une fois qu'elles seront rendues publiques : ■ CJUE, 11 mars 2015, aff. C-628/13, *M.-Y. c/ AMF* : *Bull. Joly Bourse* 2015, p. 209, note A. Gaudemet ; *BJS* 2015, p. 282, note S. Torck ; *D.* 2015, p. 623. – V. consécutivement ■ Cass. com., 27 mai 2015, n° 12-21.361 : *JurisData* n° 2015-012558 ; *JCP* E 2015, act. 484 ; *RD bancaire et fin.* 2015, comm. 136, note I. Riassetto. – Étant noté qu'il faut rechercher si l'information invoquée par les notifications de griefs revêt les caractères d'une information privilégiée, ce qui impose de ne considérer, exclusivement, que les données existant à la date des faits reprochés, **l'instruction ne révèle pas que l'information invoquée** par ces notifications – à savoir, notamment, la perception d'un écart entre, d'une part, des perspectives de dégradation de la rentabilité qui auraient pu être déduites pour les années 2006, 2007 et 2008 des objectifs de marge et de résultats opérationnels d'EADS contenus dans le plan d'affaires de cette société et, d'autre part, les « *attentes du marché* » telles qu'exprimées par certains analystes financiers – **ait porté, au sens de l'article 621-1 du RGAMF, sur un** « *ensemble de circonstances* » **suffisamment précis pour qu'un investisseur raisonnable l'utilise comme l'un des fondements de ses décisions d'investissement** et qu'elle ait ainsi pu avoir une influence sensible sur le cours du titre EADS : ■ AMF, déc. de la commission des sanctions, 27 nov. 2009 : *Dr. sociétés* avr. 2010, comm.

174, note R. Mortier ; *RD bancaire et fin.* mars 2010, alerte 5, note Y. Paclot ; *ibid.*, comm. 78, note S. Torck. – Sur l'appréciation du **caractère précis** de l'information en question, jugé que l'information relative à l'existence de négociations pouvait être qualifiée de précise, les parties ayant à cette date envisagé les conditions de financement du projet, fixé les conditions relatives au nombre d'actions minimum sur lequel l'opération devait porter, discuté d'une première fourchette de prix par action APRR et décidé de poursuivre les négociations au cours d'une réunion dont la date et le lieu étaient fixés ; (...) l'existence d'aléas, notamment sur un accord des parties sur le prix de l'opération, seul réel point de discussion en l'espèce, ne fait pas obstacle à la caractérisation de la précision de l'information en cause : AMF, commission des sanctions, 25 avr. 2014 : *RD bancaire et fin.* 2014, comm. 185, note P. Pailler. – Le simple fait qu'une société ne soit pas en mesure d'atteindre les prévisions de résultats dont elle a publiquement fait état constitue, en soit, une **information privilégiée** : ▪ AMF, commission des sanctions, déc., 1er mars 2007 : *RD bancaire et fin.* 2007, n° 5, comm. 198, note D. Bompoint. – Par ailleurs et à titre d'exemples, constituent des informations privilégiées **l'imminence de la signature d'un important contrat** (▪ AMF, commission des sanctions, déc., 22 mai 2008 : *Bull. Joly Bourse* 2008, p. 454, note G. Roch), **la situation de cessation des paiements** d'une entreprise (AMF, commission des sanctions, 28 févr. 2008), **le montant du chiffre d'affaires** d'une entreprise (AMF, commission des sanctions, 23 oct. 2008 : *JCP* E 2009, 1431, note B. Dondero et *alii*, spéc. n° 11). – V. égal., ▪ Cass. com., 18 nov. 2008, n° 08-10.246, FS-D : *JurisData* n° 2008-045940 ; *RTD com.* 2009, p. 179, obs. N. Rontchevsky ; *Dr. sociétés* 2009, comm. 142, note Th. Bonneau. – AMF, commission des sanctions, 22 janv. 2009 : *Bull. Joly Bourse* 2009, p. 96, note Th. Bonneau ; *Dr. sociétés* juin 2009, comm. 121. ▪ CA Paris, 27 févr. 2010 : *JurisData* n° 2010-000570 ; *Dr. sociétés* mai 2010, comm. 95, note R. Mortier. – Constitue en elle-même une information privilégiée **l'information relative au déclenchement d'une procédure d'alerte**, cette procédure constituant un événement distinct des faits qui l'ont motivé : ▪ Cass. com., 23 mars 2010, n° 09-65.827 : *JurisData* n° 2010-002638 ; *Dr. sociétés* juill. 2010, note R. Mortier. – Peut être considéré comme faisant l'objet d'une information privilégiée au sens des articles 621-1 et 622-1 du RGAMF un projet d'offre publique d'acquisition de titres ayant des chances raisonnables d'aboutir, quand bien même existeraient des offres concurrentes ou une surenchère : ▪ Cass. com., 3 mai 2016, n° 15-10.044 (F-D) : *RD bancaire et fin.* juill. 2016, comm. 182, note P. Pailler ; *Rev. sociétés* 2016, p. 680, note E. Dezeuze. – Peut être également considéré comme constituant une information privilégiée l'information quant à la situation financière très dégradée d'un émetteur proche de la cessation des paiements, indûment utilisée par l'un des membres de son conseil d'administration : AMF, déc., 27 avr. 2016, *Sté SOFRA et M. François Marchal : RD bancaire et fin.* juill. 2016, comm. 183, note P. Pailler. – Selon la Cour de justice, les dispositions du droit européen relatives à la définition de l'information privilégiée doivent être interprétées en ce sens que, s'agissant d'un processus étalé dans le temps visant à réaliser une certaine circonstance ou à provoquer un certain événement, peuvent constituer des informations à caractère précis **les étapes intermédiaires d'un processus étalé dans le temps visant à provoquer un événement** : ▪ CJUE, 28 juin 2012, aff. C-19/11 : *RD bancaire et fin.* nov. 2012, comm. 203, note A. Gaudemet ; *RD bancaire et fin.* 2012, comm. 174, note Th. Bonneau ; *Bull. Joly Bourse* oct. 2012, § 187, p. 398, note S. Torck ; *Europe* 2012, comm. 325, obs. M. Meister. – Sont susceptibles d'être considérés comme des informations privilégiées des ordres d'achat de titres en attente d'exécution : AMF, comm. sanctions, déc., 18 déc. 2017, n° 14 : *Dr. sociétés* 2018, comm. 69, note R. Vabres. – Jugé par le Conseil d'État que des travaux et estimations de bureaux d'analyse et de recherche reconnus peuvent, dans certains cas, revêtir le caractère d'une information privilégiée : ▪ CE, 6e et 5e ch. réunies, 30 janv. 2019, n° 412789 : *Dr. sociétés* 2019, comm. 51, n° 3, note R. Vabres. – Ne constitue pas nécessairement une information privilégiée la dégradation significative du résultat opérationnel d'une société : AMF, comm. sanctions, déc., 29 sept. 2017, n° 10 : *Dr. sociétés* 2017, comm. 212, note R. Vabres ; *JCP* E 2017, 1622, note B. Keita.

7) Appréciation du caractère privilégié de l'information. Le caractère privilégié des informations, au sens de ces textes, ne saurait résulter de l'analyse que peut en faire celui qui les reçoit et les utilise, mais doit s'apprécier de manière **objective**, excluant tout arbitraire, et **en fonction de leur seul contenu** : ▪ Cass. crim., 26 juin 1995, préc. – Comp. antérieurement *contra* ▪ T. corr. Paris, 30 juin 1992 : *JCP* E 1992, I, 174, n° 14, obs. A. Viandier et J.-J. Caussain. ▪ CA Paris, 15 mars 1993 : *JCP* E 1993, I, 250, n° 12, obs. A. Viandier et J.-J. Caussain. – À ce titre, la non-réalisation de prévisions de résultats précédemment annoncés au public constitue une information privilégiée par nature, peu important la mesure de son influence effective sur le cours lorsqu'elle a été divulguée (▪ CA Paris, 1re ch., sect. H, 15 mai 2008, *GFI : Bull. Joly Bourse* 2008, p. 471, note D. Bompoint). – En revanche, l'information selon laquelle il allait être procédé au **reclassement d'un bloc de titres** n'est **pas « à elle seule »** une information susceptible d'avoir une influence sensible sur le cours d'un titre (■ AMF, commission des sanctions, 24 janv. 2008) : *JCP* E 2009, 1431, note B. Dondero et *alii*, spéc. n° 11. V. pourtant la décision dans laquelle la commission des sanctions de l'AMF procède à une appréciation ***in concreto*** du caractère privilégié de l'information que l'initié doit, au sens de l'article 621-1 du RGAMF, s'abstenir de divulguer. En l'espèce, s'il était bien acquis que la divulgation du chiffre d'affaires d'une société était tout à la fois une information précise et non publique, il a été jugé que cette divulgation était insuffisante, en elle-même et dans le secteur d'activité concerné, à fonder les décisions d'investissement d'un investisseur raisonnable : ■ AMF, comm. sanct., 25 nov. 2010 : *Rev. sociétés* 2011, p. 256, note Ph. Didier ; *Bull. Joly Bourse* 2011, p. 241, note M. Franzon et E. Dezeuze. – V. néanmoins, pour une appréciation ***in abstracto*** des mêmes données, dès lors qu'il a été jugé que l'existence d'un projet d'offre publique d'achat simplifié pouvait nécessairement laisser entendre à un investisseur que le prix des titres allait devenir à court terme supérieur au dernier cours de bourse et que sa connaissance devait être assimilée à la connaissance d'une information dite privilégiée, V. ■ AMF, comm. sanct., 18 nov. 2010 : *Rev. sociétés* 2011, p. 256, note Ph. Didier. – Ne constitue pas nécessairement une information privilégiée la dégradation significative du résultat opérationnel d'une société : AMF, comm. sanctions, déc., 29 sept. 2017, n° 10 : *Dr. Sociétés* 2017, comm. 212, note R. Vabres.

IV – ÉLÉMENTS DU DÉLIT

8) Élément matériel.

a) **Faits.** Caractérise le délit prévu par l'article 10-1 de l'ordonnance du 28 septembre 1967 *[C. monét. fin., art. L. 465-1]* la cour d'appel qui constate que l'information publiée sur une opération de stellage n'avait porté que sur l'échéance ultime et les prix plancher et plafond, mais qu'aucune information n'avait été publiée sur les parties, le nombre de titres concernés, le sens et la date de dénouement de l'opération, de sorte que le dirigeant de la société ayant organisé celle-ci, qui avait bénéficié d'informations privilégiées, avait, **en achetant des titres pour les revendre** dans le cadre du stellage, réalisé une négociation fructueuse avant que le public ait connaissance desdites informations : ■ Cass. crim., 29 nov. 2000, préc. sous C. monét. fin., art. L. 465-1, annot. n° 4, p. 1324. – Se rend également coupable du délit d'initié le président du conseil de surveillance, qui, ayant eu connaissance du fait que sa société **soit** prochainement la cible d'une offre publique d'échange, **a donné ordre** à un prestataire de services d'investissement **d'acquérir massivement des titres** de ladite société : ■ T. corr. Paris, 26 mars 2006 : *Dr. sociétés* mai 2006, 79, obs. R. Salomon. – En revanche, en dépit de la coïncidence chronologique entre les acquisitions de titres par un tiers et l'aboutissement d'une OPA dont l'émetteur était la cible et du caractère massif des achats litigieux, financés par emprunt, l'état des données ne permet pas aux juges du fond de retenir le grief de manquement d'initié en se fondant sur ce que seule la détention de l'information privilégiée relative au probable dépôt d'une OPA pourrait expliquer les acquisitions litigieuses : ■ AMF, commission des sanctions, 2ᵉ sect., 20 nov. 2008 : *Bull. Joly Bourse* 2009, p. 179, note A. Deprez-Graff. – Doivent néanmoins être considérés comme ayant commis un délit d'établissement de faux bilans et un manquement à l'obligation d'information du public le président d'un groupe de sociétés, le secrétaire général et le comptable ayant mis en place sur plusieurs années une comptabilité occulte, et comme ayant commis un **délit d'initié** ces mêmes personnes ayant en connaissance de cause passé des ordres de Bourse sur les titres de la société quelques jours avant l'annonce au public de la mise au point d'un procédé novateur, tirant ainsi un avantage injustifié d'une information privilégié : ■ T. corr. Paris, 11ᵉ ch., 1ʳᵉ sect., 12 sept. 2006, n° 0018992026 : *Bull. Joly Bourse* 2007, § 4, p. 37, note E. Dezeuze ; *Rev. sociétés* 2007, p. 102, note J.-J. Daigre. – L'information relative à la cession de droits préférentiels de souscription dans le cadre d'une opération d'augmentation de capital ne relevant pas des mentions obligatoirement contenues dans la note d'opération, le préposé d'une société de gestion de portefeuille qui intervient sur les titres d'une société juste avant la réalisation d'une augmentation du capital à laquelle il participe alors qu'il est détenteur de ce fait d'une information privilégiée commet un **manquement à son obligation d'abstention d'utilisation d'une information privilégiée.** La société de gestion de portefeuille est également responsable de ce manquement dans la mesure où son système de contrôle interne s'est révélé défaillant à cette occasion : ■ AMF, comm. sanct., 13 févr. 2013 : *Bull. Joly Bourse* mai 2013, § 87, p. 252, note Th. Granier. – Le fait de recommander à un tiers une opération de vente ou d'acquisition, sur la base d'une information privilégiée, constitue un manquement d'initié, sans que cette recommandation implique la communication à ce tiers de l'information privilégiée elle-même : ■ CE, 6ᵉ et 1ʳᵉ ss-sect. réunies, 10 juill. 2015, n° 369454, *M. F. : Bull. Joly Bourse* 2015, 112y8, note S. Coester.

b) **Preuve.** Ont pu être condamnés par la commission des sanctions de l'AMF une banque étrangère et son directeur général, **sur la seule foi d'indices** laissant penser que les intéressés auraient reçu une information privilégiée, indices relevés dans le comportement de la banque ayant acquis massivement certains titres, alors qu'un autre investisseur procédait en parallèle à la même opération afin de se constituer une participation importante dans le capital de la société émettrice, stratégie ayant permis à cette banque de profiter de la hausse du titre consécutive : ▪ AMF, commission des sanctions, déc., 29 mars 2007 : *RD bancaire et fin.* 2007, n° 4, p. 168, note D. Bompoint ; *Bull. Joly Bourse* 2007, § 141, p. 679. – Ainsi, le caractère atypique, massif, très risqué des investissements et contraire aux habitudes de l'intéressé, les allégations tardives de celui-ci, démenties par les vérifications complémentaires du rapporteur, la connaissance quasi-certaine de l'information privilégiée par l'autre personne mise en cause, la proximité familiale et les liens financiers entre les deux permettent de conclure que les acquisitions ne peuvent s'expliquer que par la réception d'une information privilégiée : ▪ AMF, commission des sanctions, 18 oct. 2013 : *Bull. Joly Bourse* 2014, p. 71, note J.-J. Daigre. – Cependant, **la seule constatation** selon laquelle deux personnes entretiennent des **relations professionnelles régulières** et ont déjeuné ensemble quelques heures avant les interventions à l'achat de l'une d'entre elles **ne saurait en elle-même revêtir une valeur probante** pour retenir à l'encontre de la première la communication d'une information privilégiée et à l'encontre de la seconde la détention et l'utilisation de celle-ci : ▪ AMF, commission des sanctions, déc., 9 oct. 2008 : *RD bancaire et fin.* mai 2009, comm. 107, note S. Torck. – De même, l'existence de relations professionnelles ou personnelles avec le détenteur d'une information privilégiée ne saurait établir, à elle seule, la détention de celle-ci. Ainsi, il n'est pas démontré que l'information privilégiée détenue par le frère avait été transmise à sa sœur et que les opérations réalisées par celle-ci ne pouvaient s'expliquer que par la communication d'une information privilégiée : ▪ AMF, commission des sanctions, 15 sept. 2011 : *Bull. Joly Bourse* 2012, § 95, p. 202, note J.-J. Daigre. – L'existence de contacts téléphoniques entre deux mis en cause ne suffit pas, à elle seule, à établir la communication d'une information privilégiée : AMF sanct., 11 janv. 2016, *Sociétés X, Bryan Garnier & Co Limited, Y, Santen SAS (anciennement Novagali Pharma SA) c/ MM. A, B, C, Olivier Garnier De Falletans et Claude Bouchy* : *Bull. Joly Bourse* 2016, 113d5, note B. Keita. – V. encore, sur l'utilisation et la nécessité d'encadrement du recours à la méthode dite du « **faisceau d'indices** » : ▪ CA Paris, 8 avr. 2009 : *Bull. Joly Bourse* 2009, 270, note F. Martin Laprade ; *RTD com.* 2009, n° 3, p. 780, note N. Rontchevsky. – AMF, commission des sanctions, 16 sept. 2011 : *Bull. Joly Bourse* 2012, § 10, p. 17, par B. Marpeau et J. Pasternak. – Sur les aléas induits, en la matière, par **l'appréciation souveraine des juges du fond** : ▪ CA Paris, pôle 5, 5-7e ch., 3 oct. 2013, n° 2012/11761 : *JurisData* n° 2013-030503 ; *Dr. sociétés* 2014 : comm. 31, note S. Torck. – A cependant été jugée comme étant rapportée la preuve que l'auteur d'achats détenait et a utilisé une information privilégiée dès lors qu'il est impossible d'expliquer les raisons d'importants achats de titre avant l'annonce d'une opération financière déterminante : ▪ CA Paris, 29 nov. 2009 : *RD. bancaire et fin.* mai 2010, comm. 116, obs. D. Bompoint. – Doit être cassé l'arrêt ayant jugé équivoques les indices de la détention d'une information privilégiée retenus par la Commission des sanctions de l'Autorité des marchés financiers, sans examiner ces indices et sans préciser en quoi ils étaient équivoques : ▪ Cass. com., 1er juin 2010, n° 09-14.684 : *JurisData* n° 2010-007898 ; *Rev. sociétés* 2010, p. 587, note 587, note E. Dezeuze ; *RTDF* 2/2010, obs. B. Garrigues ; *RTD com.* 2010, note 2, p. 578, note N. Rontchevsky). – Faute pour les personnes mises en cause de pouvoir expliquer pourquoi elles ont investi dans les titres de capital d'une société qui a fait l'objet d'une OPA, **la précision et la concordance des indices collectés** doivent conduire à considérer ces personnes comme ayant commis un manquement d'initié et de communication d'une information privilégiée car seule la détention de cette information peut expliquer les acquisitions qui ont été réalisées : ▪ AMF, comm. sanct., 28 sept. 2012 : *Bull. Joly Bourse* 2013, § 2, p. 13, note J.-M. Moulin. – Pour un refus des magistrats de retenir les délits d'initiés, de manipulation de cours et de diffusions de fausses informations en présence de transactions ayant eu lieu dans le **contexte de l'augmentation de capital d'une société, réservée à ses salariés**, les interventions tant de cette société que de sa banque étant justifiées par la nécessité de mettre en place des opérations de couverture et la baisse du titre étant due aux mauvais résultats de la société en question : ▪ Cass. crim., 6 avr. 2011, n° 10-85.174 (inédit) : *Bull. Joly Bourse* 2011, § 206, p. 424, note J. Lasserre-Capdeville. – Le rapprochement des indices retenus par la commission des sanctions de l'AMF ne suffit pas à établir que **seule la détention de l'information privilégiée** relative à un projet de fusion peut expliquer les opérations auxquelles a procédé le mis en cause ni, par conséquent, que ce dernier aurait utilisé, en toute connaissance de cause, une information privilégiée sur le titre litigieux : ▪ CA Paris, pôle 5, ch. 7, 21 juin 2012, n° 2011/08965 : *Bull. Joly Bourse* sept. 2012, § 154, p. 336, note D. Schmidt. – Plus généralement, jugé que si l'information que les personnes mises en cause déclarent avoir reçue ne leur permet pas, par elle-même, d'en déduire l'imminence d'une OPA sur le titre d'un émetteur, la preuve de la détention de l'information privilégiée par ces personnes ne peut être apportée que **par un faisceau d'indices concordants** : ▪ CE, 6e et 1re ss-sect. réunies, 24 avr. 2012, nos 338786 et 338929 : *JurisData* n° 2012-008274 ; *Dr. sociétés* 2012, comm. 146, note S. Torck ; *Bull. Joly Bourse* juill. 2012, p. 292, note G. Roch. – Peut être établie par un faisceau d'indices concordants la communication d'une information privilégiée, sans qu'il soit nécessaire pour la commission des sanctions d'établir précisément les circonstances dans lesquelles l'information est parvenue jusqu'à la personne qui l'a reçue : ▪ CE, 6 avr. 2016, n° 374224 : *JurisData* n° 2016-006497 ; *Dr. sociétés* juin 2016, comm. 107, note R. Vabres. – Constitue une information privilégiée relative à la cession d'une participation majoritaire dans le capital d'une société et au projet d'offre publique d'achat simplifiée. La preuve d'un manquement à l'obligation d'abstention d'utilisation de cette information repose sur l'emploi, par la commission des sanctions de l'AMF, de la méthode du faisceau d'indices, qui consiste à rapprocher un ensemble d'indices précis et concordants afin de montrer que seule la détention de l'information en question permet d'expliquer l'acquisition des titres par les personnes poursuivies : ▪ AMF, déc., 14 déc. 2018, n° 15, Sté Sofiro SARL et a. : *BJB* 2019, p. 31, note Th. Granier. - *Adde* O.-T. Tieu, *Du mauvais usage du faisceau d'indices en matière de manquements d'initié : Bull. Joly Bourse* nov. 2012, § 207, p. 512. – Sur les résultats contradictoires auxquels peut mener le recours à la technique dite du « faisceau d'indices », V. AMF, Commission des sanctions, 2e sect., 22 déc. 2015 (SAN-2015-22) et AMF, Commission des sanctions, 1re sect., 11 janv. 2016 (SAN-16-02) : *RD bancaire et fin.* 2016, comm. 94, note J. Chacornac.

9) Élément moral. L'élément intentionnel du délit d'initié est établi dès lors que le prévenu **sait** qu'il bénéficie d'une information privilégiée **et entend**, d'une façon ou d'une autre, **la mettre à profit**, ▪ CA Paris, 27 mai 1977 : *JCP* 1978, II, 18789, note A. Tunc. ▪ T. corr. Paris, 28 janv. 1985 : *Gaz. Pal.* 1985, 1, p. 287, note C. Ducouloux-Favard ; *D.* 1985, p. 357, note J.-P. Marchi. – Jugé cependant que le manquement boursier est caractérisé sans qu'il soit besoin d'établir que la détention de l'information a déterminé la décision d'effectuer l'opération de marché en cause : ▪ Cass. com., 29 mars 2011, n° 10-15.866 : *JurisData* n° 2011-004942 ; *JCP* E 2011, 1510 ; *Rev. sociétés* 2011, p. 501, note E. Dezeuze. – Le délit d'initié est ainsi caractérisé, à l'égard de toute personne qui, disposant à l'occasion de l'exercice de sa profession ou de ses fonctions, d'informations privilégiées sur les perspectives d'évolution d'une valeur mobilière, **permet sciemment à des tiers** de réaliser des opérations sur le marché avant que le public ait connaissance de ces informations, sans qu'il soit nécessaire qu'elle connaisse l'identité des opérateurs, ni les modalités des opérations réalisées : ▪ Cass. crim., 26 oct. 1995, préc., annot. n° 2, p. 1323. – Doit également être reconnu coupable de délit d'initié le salarié d'une société de gestion qui avait procédé, **pour le compte de ses clients**, à un achat massif de titres d'une société **qu'il savait sur le point d'être rachetée par une société étrangère**, ▪ Cass. crim., 15 oct. 1998 : *Bull. Joly Bourse* 1999, 67, note S. Noémie. – Relève du **manquement d'initié** la vente de titres réalisée avant la diffusion par la société d'un avertissement sur résultats, puis avant l'annonce d'une perte annuelle largement supérieure aux attentes, alors que les intéressés connaissaient l'impossibilité pour la société de tenir les prévisions antérieurement publiées pour l'exercice en cours, ainsi que l'importance du déficit : ▪ AMF, commission des sanctions, déc., 1er mars 2007 : *RD bancaire et fin.* 2007, n° 5, comm. 198, note D. Bompoint. – En revanche, bien que l'exploitation des informations privilégiées doive être réprimée dès lors qu'elle est faite en sachant que celles-ci sont ignorées du public, il n'est pas nécessaire de rechercher si le prévenu a eu une intention spéculative ou a simplement voulu réaliser un profit : ▪ T. corr. Paris, 29 oct. 1975 : *Rev. sociétés* 1976, p. 345, note B. Bouloc ; *D.* 1976, p. 53, note M. Delmas-Marty. – Comp. en faveur de la **présomption simple de l'élément moral** du manquement d'initié, dès lors que l'élément matériel est établi, sous réserve du respect des droits de la défense et, plus particulièrement, du droit de renverser cette présomption : ▪ CJUE, 3e ch., 23 déc. 2009, aff. C-45/08 : *RD bancaire et fin.* mars 2010, comm. 80, note Th. Bonneau ; *Dr. sociétés* mai 2010, n° 96, note R. Mortier ; *Rev. sociétés* 2010, p. 325, note P.-H. Conac ; *D.* 2010, 85, obs. A. Lienhard ; *JCP* 2010, 285, note B. Zabala ; *RD bancaire et fin.* 2010, comm. 80, note Th. Bonneau ; *Bull. Joly Bourse* 2010, 79, obs. B. Garrigues ; *ibid.* p. 925, § 12, note S. Torck ; *Banque et droit* janv.-févr. 2010, n° 129, p. 124, obs. H. de Vauplane, J.-J. Daigre, B. de Saint-Mars et J.-P. Bornet ; *RTD com.* 2010, n° 2, obs. N. Rontchevsky. – Dès lors qu'est établie la matérialité des faits constitutifs du manquement d'initié, il appartient à la personne mise en cause à ce titre de **démontrer qu'elle n'a pas fait une exploitation indue de l'avantage** que lui procurait la détention de l'information privilégiée. Par ailleurs, les termes « profits éventuellement réalisés » désignant, de manière suffisamment précise, les avantages économiques éventuellement retirés de l'opération, c'est à bon droit et sans se livrer à une interprétation extensive de l'article L. 621-15 du Code monétaire et financier qu'une cour d'appel a retenu que ces profits **incluaient les pertes évitées** : ▪ Cass. com., 8 févr. 2011, n° 10-10.965 : *JurisData* n° 2011-001344 ; *Rev. sociétés* 2011, p. 432, note E. Dezeuze ;

Bull. Joly Bourse 2011, § 180, p. 360, note N. Rontchevsky. – Constitue un délit d'initié la vente de ses actions par un administrateur de société cotée, peu avant l'annonce de la cession d'un bloc d'autocontrôle, dès lors que l'administrateur n'ignorait pas l'imminence de cette cession : ▪ Cass. crim., 20 avr. 2017, n° 14-84.562, P+B : *Juris-Data* n° 2017-010659 ; *Dr. sociétés* 2017, comm. 177.

V – RECEL DE DÉLIT D'INITIE

10) Constitution de l'infraction. L'infraction de recel de délit d'initié est constitué, une fois ce délit établi, dès lors que les receleurs ont su l'origine frauduleuse des informations qu'ils ont utilisées : ▪ CA Paris, 6 juill. 1994 : *Bull. Joly Bourse* 1994, 583, note M. Jeantin ; *RJDA* 1994, n° 1151 ; *LPA* 16 nov. 1994, p. 17, note C. Ducouloux-Favard. – Solution confirmée par ▪ Cass. crim., 26 oct. 1995, préc., annot. n° 2, p. 1323 : le recel de délit d'initié est caractérisé, non par la détention d'informations privilégiées, mais par le fait de bénéficier du produit de leur exploitation sur le marché, avant qu'elles soient connues du public. – Voir aussi ▪ TGI Paris, 16 nov. 2004 : *Bull. Joly Bourse* 2005, 27, note C. Ducouloux-Favard.

VI – POURSUITES

11) Constitution de partie civile. Sur la recevabilité de la constitution de partie civile d'un actionnaire, V. ▪ Cass. crim., 11 déc. 2002 : *Bull. crim.* 2002, n° 224 ; *Rev. sociétés* 2003, p. 145, note B. Bouloc ; *BJS* 2003, 433, note E. Dezeuze ; *Bull. Joly Bourse* 2003, 149, note F. Stasiak ; *RTD com.* 2003, p. 336, obs. N. Rontchevsky ; *RD bancaire et fin.* 2003, n° 91, obs. Ph. Portier ; *Gaz. Pal.* 2003, 496, note C. Ducouloux-Favard ; *LPA* 5 août 2003, p. 12, obs. A.-D. Merville.

12) Possibilité de mener parallèlement poursuite pénale et procédure administrative (évolution de la question).

a) **Jurisprudence antérieure à 2015.** La règle *non bis in idem* consacrée par l'article 4 du protocole n° 7, additionnel à la Convention européenne des droits de l'homme et des libertés fondamentales, ne trouve à s'appliquer, selon les réserves faites par la France en marge de ce protocole, que pour les infractions relevant en droit français de la compétence des tribunaux statuant en matière pénale et n'interdit pas l'exercice de poursuites devant le juge répressif parallèlement à une procédure conduite devant la COB aux fins de sanctions administratives : ▪ Cass. crim., 1er mars 2000 : *Bull. crim.* n° 98 ; *Bull. Joly Bourse* 2000, 443, note N. Rontchevsky ; *Banque et droit* nov.-déc. 2000, 34, obs. H. de Vauplane et J.-J. Daigre ; *Dr. pén.* 2000, 443, obs. J.-H. Robert ; *D.* 2000, act. jurispr. p. 229, note A. Lienhard ; *JCP* E 2001, n° 1, p. 30, obs. J.-J. Daigre ; *RD bancaire et fin.* 2001, n° 137, obs. M.-A. Frison-Roche, M. Germain, J.-C. Marin et C. Pénichon. – V. dans le même ordre d'idée l'arrêt considérant que l'interdiction d'une double condamnation en raison des mêmes faits prévue par l'article 4 du Protocole n° 7, additionnel à la Convention de sauvegarde des droits de l'homme et des libertés fondamentales, ne trouve à s'appliquer, selon les réserves faites par la France en marge de ce protocole, que pour les infractions relevant en droit français de la compétence des tribunaux statuant en matière pénale et n'interdit pas le prononcé de sanctions administratives parallèlement aux peines infligées par le juge répressif : ▪ Cass. com., 8 févr. 2011, n° 10-10.965 : préc., annot. 9. – N. Mennesson et R. Lorrain, Non *bis* in idem : *vers une double condamnation de la France ?* : *JCP* E 2014, act. 829. – N. Rontchevsky, *Pour en finir avec une acrobatie intellectuelle française : retour sur le cumul des procédures administratives et pénales en matière d'abus de marché* : *Bull. Joly Bourse* déc. 2012, § 237, p. 610. – N. Rontchevsky, *Application du principe non bis in idem à la double sanction des abus de marché : les droits de l'Homme sont-ils « irréels » ?* : *Bull. Joly Bourse* juin 2014, p. 289.

b) **Apport de la décision du Conseil constitutionnel en date du 18 mars 2015 suite à QPC.** Sont déclarés, par le Conseil constitutionnel, contraires au principe de la nécessité des délits et des peines, énoncé à l'article 8 de la Déclaration des droits de l'homme et du citoyen de 1789, l'article L. 465-1 du Code monétaire et financier régissant le délit d'initié sanctionné par le juge pénal et l'article L. 621-15 du Code monétaire et financier en ses dispositions prévoyant la sanction de toute personne qui « s'est livrée ou a tenté de se livrer à une opération d'initié ». Sont donc abrogés ces deux textes, ainsi que les autres dispositions du Code monétaire et financier qui en sont inséparables : ▪ Cons. const., déc. nos 2014-453/454 QPC et 2015-462 QPC, 18 mars 2015, M. John L. et a. : *JCP* E 2015, act. 267. – Sur cette décision, V. Th. Bonneau, *Haro sur le cumul des poursuites administrative et pénale* : *Bull. Joly Bourse* 2015, p. 215. – O. Decima, *Le fantôme de* Ne *bis* in idem : *D.* 2015, p. 874. – A.-V. Le Fur et D. Schmidt, *La réforme du contentieux financier imposée par le Conseil constitutionnel* : *D.* 2015, 894. – R. Salomon, *Le principe* ne *bis* in idem *et les infractions boursières* : *JCP* E 2015, 1182. – E. Steru, *Réforme en vue pour la répression des infractions d'initié : une application isolée de la règle* ne *bis* in idem ? – S. Torck, *Double répression pénale et administrative des opérations d'initié : le principe de nécessité est-il soluble dans la jurisprudence Grande Stevens ?* : *Dr. sociétés* mai 2015, comm. 94. – A. Louvaris et S. Schiller, *3 questions : Le principe* *non bis* in idem *en droit des affaires : JCP* E 2015, 457. – H. Matsoupoulou, *La fin partielle du cumul des poursuites pour manquement et pour délit d'initié : Rev. sociétés* 2015, 380. – A. Gaudement, *Fin du cumul des poursuites administratives et pénales en matière d'opérations d'initié : BJS* 2015, p. 273. – R. Vandermeeren, *Délit d'initié et manquement d'initié, les sanctions ne peuvent pas se cumuler : RJDA* 5/15, chron., p. 339. – J. Lasserre-Capdeville, *La décision du Conseil constitutionnel du 18 mars 2015 : impacts et adaptations envisageables : AJP* 2015, p. 182. – C. Mauro, Ne *bis* in idem *: un tremblement de terre ? : AJP* 2015, p. 173. – V. Louvaris et S. Schiller, *3 Questions : Le principe* non *bis* in idem *en droit des affaires : JCP* E 2015, 457. – R. Abidh, *Quel avenir pour le pouvoir de sanction du régulateur financier ? : JCP* E 2015, 1453. – *Adde* F. Drummond, *La décision de la CEDH du 4 mars 2014 et la décision du Conseil constitutionnel du 18 mars 2015 et leurs conséquences : Bull. Joly Bourse* 2017, p. 162. – V. également E. Dezeuze, *Vade retro, ne bis in idem : Bull. Joly Bourse* 2018, p. 10.

c) **Conséquences.** Jugé que ne pouvait plus être condamné, sur le fondement de l'article L. 465-1 du Code monétaire et financier, un prévenu, pour des faits identiques à ceux pour lesquels la commission des sanctions de l'AMF avait antérieurement statué à son encontre de manière définitive sur le fondement de l'article L. 621-15 du même Code : ▪ Cass. crim., 20 mai 2015, n° 13-83.489 : *JurisData* n° 2015-011898 ; *Dr. sociétés* 2015, comm. 138, note R. Salomon.

d) **Conformité de l'article L. 465-1 du Code monétaire et financier aux principes de légalité criminelle et de la présomption d'innocence.** Jugé que les dispositions de l'article L. 465-1 du Code monétaire et financier sont, d'une part, suffisamment claires et précises pour permettre leur interprétation, qui entre dans l'office du juge pénal, sans risque d'arbitraire, notamment en ce qu'elles concernent la nature et l'objet des informations utilisées par l'auteur du délit d'initié pour réaliser des opérations de marché telles que visées par le texte, et, d'autre part, instaurent une présomption d'utilisation de ces informations pouvant être écartée en rapportant la preuve contraire : *Dr. sociétés* 2015, comm. 183, note R. Salomon.

e) **Apport de la décision du Conseil constitutionnel en date du 30 septembre 2016 suite à QPC.** Par la décision du 30 septembre 2016, le Conseil constitutionnel, après avoir reconnu que les articles L. 465-2 et L. 621-15 du Code monétaire et financier, dans leur rédaction issue de la loi n° 2010-1249 du 22 octobre 2010, rendaient possible « un mécanisme de double poursuite et de double sanction » pour le délit et le manquement de diffusion de fausses informations, a estimé que ces textes n'étaient pas contraires au principe de valeur constitutionnelle de nécessité des délits et des peines, en prenant en compte la récente réforme opérée par la loi n° 2016-819 du 21 juin 2016 ayant prévu un système d'aiguillage entre la voie administrative et pénale. Cette décision est cependant assortie d'une réserve d'interprétation, dans la mesure où, dès lors que les poursuites ont été engagées avant la date d'entrée en vigueur de la loi précitée, aucune disposition législative ne fait obstacle à un tel cumul. Pour ces raisons, et d'après ce constat opérés par les juges constitutionnels, ne devront pas être continuées les poursuites les plus récemment exercées : ▪ Cons. const., 30 sept. 2016, n° 2016-572 QPC, *M : JCP* G 2016, n° 1315, note J.-H. Robert ; *D.* 2016, 2424, obs. C. Ginestet ; *Rev. sociétés* 2017, p. 99, note H. Matsopoulou. – J. Chacornac, *La diffusion de fausses informations à l'épreuve du principe de nécessité des peines : rétrospective et prospective autour d'une jurisprudence mal née : Bull. Joly Bourse* 2016, p. 509.

f) **Résistance de la chambre criminelle de la Cour de cassation.** La chambre criminelle de la Cour de cassation rappelle que la France a assorti d'une réserve sa ratification de l'article 4 du protocole n° 7 additionnel à la Convention européenne des droits de l'homme : conformément à celle-ci, le principe ne *bis* in idem ne trouve à s'appliquer que pour des infractions relevant en droit français de la compétence des tribunaux statuant en matière pénale : ▪ Cass. crim., 13 sept. 2017, n° 15-84.823 : *JurisData* n° 2017-017639 ; *RD bancaire et fin.* 2017, comm. 272, note P. Pailler. – V. également H. Le Nabasque, *Personnalité des délits et des peines et ne bis in idem : la chambre criminelle résiste encore et toujours ! : RD bancaire et fin.* 2017, repère 6.

g) **Éclairage de la CJUE.** Selon la CJUE, un cumul de poursuites et de sanctions de nature pénale peut se justifier pour protéger l'intégrité des marchés financiers de l'Union et la confiance du public dans les instruments financiers : ▪ CJUE, 20 mars 2018, aff. C-537/16, *Garlsson Real État SA, Stefano Ricucci et Magiste International SA c/ Consob SACJUE.* ▪ 20 mars 2018, aff. C-596/16, *Di Puma c/ Consob.* ▪ CJUE, 20 mars 2018, aff. C-597/16, *Zenca c/ Consob : JCP* A 2018, act. 343. ▪ 9 avr. 2018 : *Dr. sociétés* 2018, comm. 88, note R. Vabres. – S'oppose au principe *ne bis in idem* une réglementation nationale qui permet de poursuivre une procédure de sanction administrative pécuniaire de nature pénale contre une personne en raison d'agissements illicites constitutifs de manipulations de marché, pour lesquels une condamnation pénale définitive a déjà été prononcée à son encontre : ▪ CJUE, 20 mars 2018, aff. C-524/15, M. ▪ CJUE, 20 mars 2018, aff. C-537/16, Garlsson Real Estate SA, R., Magiste International SA. ▪ CJUE, 20 mars 2018, aff. C-596/16, P. ▪ CJUE, 20 mars 2018, aff. C-597/16, Z : *Rev. sociétés* 2018, p. 731, note H. Matsopoulou.

VII - SANCTION

13) Amende proportionnelle au profit obtenu. Selon l'article 10-1 de l'ordonnance du 28 septembre 1967, l'auteur d'un délit d'initié peut être puni d'une amende proportionnelle au profit obtenu, même s'il n'a pas réalisé lui-même les opérations sur le marché : la peine de 20 millions de francs d'amende prononcée contre le demandeur est justifiée : ▪ Cass. crim., 26 oct. 1995, préc., annot. n° 2, p. 1323. – Doit ainsi être cassé l'arrêt qui confirme une peine d'amende prononcée par le tribunal correctionnel tout en omettant de préciser le montant du profit réalisé grâce aux opérations de marché retenues au titre du délit d'initié : ▪ Cass. crim., 14 juin 2006 : *Dr. sociétés* 2006, comm. 132, p. 28, note R. Salomon ; *Rev. sociétés* 2007, p. 125, note B. Bouloc.

14) Sanction pécuniaire de l'AMF et amende pénale. Sur la possibilité pour le juge pénal d'ordonner qu'une sanction pécuniaire prononcée par la commission des sanctions de l'AMF s'impute sur l'amende pénale, V. C. monét. fin., art. L. 621-16, p. 1603. – V. antérieurement à la réforme opérée par la loi du 2 juillet 1996, la décision ayant jugé que le prévenu, déjà condamné par la COB sur le fondement d'un manquement d'initié à la sanction pécuniaire alors maximale, ne peut plus voir prononcer à son encontre une quelconque peine d'amende pénale sur le fondement du délit d'initié : ▪ T. corr. Paris, 3 déc. 1993 : *RJDA* 1994, n° 1152 ; *LPA* 19 janv. 1994, note C. Ducouloux-Favard, p. 8 ; *Gaz. Pal.* 1994, 1 ; 352, note J.-P. M.

15) Exception. Le devoir d'abstention défini à l'alinéa premier de l'article 2 ne peut souffrir d'exception que devant un motif impérieux, justifiant une opération dictée par l'intérêt social : ▪ CA Paris, 11 sept. 2001 : *JurisData* n° 2001-152004 ; *JCP* E 2001, p. 1555 et p. 1821, note A. Viandier. – L'initié mis en cause devant la commission des sanctions de l'AMF ne peut utilement soutenir que les enquêteurs ont méconnu le principe de loyauté de la procédure en ne portant pas dans le dossier des éléments sans incidences sur les faits objet du grief. Le mis en cause, initié primaire, tenu à une stricte obligation de s'abstenir d'intervenir sur les titres [...] dont il était propriétaire, ne justifie d'aucune circonstance impérieuse de nature à justifier son comportement : ▪ AMF, comm. sanct., 20 févr. 2013 : *Bull. Joly Bourse* 2013, § 92, p. 224, note E. Dezeuze et M. Françon.

Règlement général de l'Autorité des marchés financiers

(A. 23 févr. 2004 ; A. 12 oct. 2004 ; A. 12 nov. 2004 ; A. 22 févr. 2011 ; mod., A. 28 mars 2011 : JO électr. 5 avr. 2011)

LIVRE VI. – ABUS DE MARCHÉ : OPÉRATIONS D'INITIÉS ET MANIPULATIONS DE MARCHÉ

(Mod., A. 15 avr. 2005 ; A. 30 déc. 2005)

TITRE PREMIER. – DISPOSITIONS GÉNÉRALES

CHAPITRE I. – CHAMP D'APPLICATION

Art. 611-1 *(Abr., A. 14 sept. 2016).*

CHAPITRE II. – PRATIQUES DE MARCHÉ ADMISES

Art. 612-1 à 612-4 *(Abr., A. 14 sept. 2016).*

TITRE II. – OPÉRATIONS D'INITIÉ

CHAPITRE I. – L'INFORMATION PRIVILÉGIÉE : DÉFINITIONS

Art. 621-1 et 621-3 *(Abr., A. 14 sept. 2016).*

Bibliographie : N. Mennesson, *Information privilégiée : bonne ou mauvaise nouvelle ? : JCP* E 2012, 1348.

CHAPITRE II. – OBLIGATIONS D'ABSTENTION

Art. 622-1 et 622-2 *(Abr., A. 14 sept. 2016).*

TITRE III. – MANIPULATIONS DE MARCHÉ

CHAPITRE I. – MANIPULATIONS DE COURS

Section I. – Obligations d'abstention

Art. 631-1 à 631-4 *(Abr., A. 14 sept. 2016).*

Section II. – Exemptions

Sous-section 1. – Interventions des émetteurs sur leurs propres titres

Art. 631-5 à 631-6 *(Abr., A. 14 sept. 2016).*

Sous-section 2. – Stabilisation d'un instrument financier

Art. 631-7 à 631-10 *(Abr., A. 14 sept. 2016).*

CHAPITRE II. – MANQUEMENT AUX OBLIGATIONS D'INFORMATION

Section unique. – Diffusion d'une fausse information

Art. 632-1 *(Abr., A. 14 sept. 2016).*

1) Non-exigence du caractère intentionnel pour la seule communication de fausse information. La seule communication de fausse information devait, à la différence de la diffusion de fausse information, s'analyser comme un manquement objectif : jugé, pour cette raison, que l'article 632-1 du RGAMF n'exige pas que soit établi le caractère intentionnel de la communication des informations : ▪ Cass. com., 15 juin 2010, n° 09-14.968 : *D.* 2010, act. p. 1152.

2) Application au commissaire aux comptes. Doit être retenue, sur le fondement de l'article 632-1 du RGAMF, la responsabilité du commissaire aux comptes en raison de la défaillance de la comptabilité de l'émetteur, dans la mesure où celui-ci est responsable de toutes les informations qu'il a contribué à délivrer au public et dont il savait ou aurait dû savoir qu'elles étaient inexactes ou trompeuses : ▪ AMF, comm. sanct., 20 mai 2010 : *Rev. sociétés* 2010, p. 472, note Ph. Didier. – S. Torck, *L'article 632-1 du règlement général de l'AMF et les commissaires aux comptes (À propos des décisions de sanction Bricorama et Carrere)* : *BJS* 2013, p. 153 ; *Dr. sociétés* 2014, repère 4. – *Adde* AMF, comm. sanct., 27 oct. 2014 : *Dr. sociétés* 2015, comm. 12, note S. Torck ; *Bull. Joly Bourse* 2015, p. 82, note Th. Granier.

Code pénal

Art. 421-1 *(Mod., L. n° 96-647, 22 juill. 1996 ; Ord. n° 2012-351, 12 mars 2012 ; L. n° 2014-1353, 13 nov. 2014 ; L. n° 2016-819, 21 juin 2016)*. – Constituent des actes de terrorisme, lorsqu'elles sont intentionnellement en relation avec une entreprise individuelle ou collective ayant pour but de troubler gravement l'ordre public par l'intimidation ou la terreur, les infractions suivantes :

[...] ;

7° Les délits d'initié prévus aux articles L. 465-1 à L. 465-3 du Code monétaire et financier.

Art. L. 465-2 ***(Mod., L. n° 2005-842, 26 juill. 2005 ; L. n° 2013-672, 26 juill. 2013 ; Ord. n° 2015-900, 23 juill. 2015 ; L. n° 2016-819, 21 juin 2016).*** **– I. – Est puni des peines prévues au A du I de l'article L. 465-1 le fait, par l'une des personnes mentionnées au même article L. 465-1, de recommander la réalisation d'une ou plusieurs opérations sur les instruments financiers auxquels l'information privilégiée se rapporte ou d'inciter à la réalisation de telles opérations sur le fondement de cette information privilégiée.**

II. – Constitue l'infraction prévue au A du I dudit article L. 465-1 le fait, par toute personne, de faire usage de la recommandation ou de l'incitation mentionnée au I du présent article en sachant qu'elle est fondée sur une information privilégiée.

III. – Constitue l'infraction prévue au I de l'article L. 465-3 le fait, par toute personne, de communiquer la recommandation ou l'incitation mentionnée au I du présent article en sachant qu'elle est fondée sur une information privilégiée.

IV. – La tentative de l'infraction prévue au I du présent article est punie des mêmes peines.

Art. L. 465-3 ***(Mod., L. n° 2009-526, 12 mai 2009 ; L. n° 2013-672, 26 juill. 2013 ; L. n° 2016-1691, 9 déc. 2016).*** **– I. – Est puni des peines prévues au A du I de l'article L. 465-1 le fait, par une personne disposant d'une information privilégiée concernant un émetteur au sein duquel elle exerce les fonctions de directeur général, de président, de membre du directoire, de gérant, de membre du conseil d'administration,**

de membre du conseil de surveillance ou une fonction équivalente ou au sein duquel elle détient une participation, par une personne disposant d'une information privilégiée à l'occasion de sa profession ou de ses fonctions ou à l'occasion de sa participation à la commission d'un crime ou d'un délit, ou par toute autre personne disposant d'une information privilégiée en connaissance de cause, de la communiquer à un tiers, à moins qu'elle ne prouve que cette communication intervient dans le cadre normal de sa profession ou de ses fonctions, y compris lorsqu'elle relève d'un sondage de marché effectué conformément aux 1 à 8 de l'article 11 du règlement (UE) n° 596/2014 du Parlement européen et du Conseil du 16 avril 2014 sur les abus de marché (règlement relatif aux abus de marché) et abrogeant la directive 2003/6/CE du Parlement européen et du Conseil et les directives 2003/124/CE, 2003/125/CE et 2004/72/CE de la Commission.

II. – La tentative de l'infraction prévue au I du présent article est punie des mêmes peines.

Art. L. 465-3-1 *(L. n° 2016-819, 21 juin 2016)*. – I. – A. – Est puni des peines prévues au A du I de l'article L. 465-1 le fait, par toute personne, de réaliser une opération, de passer un ordre ou d'adopter un comportement qui donne ou est susceptible de donner des indications trompeuses sur l'offre, la demande ou le cours d'un instrument financier ou qui fixe ou est susceptible de fixer à un niveau anormal ou artificiel le cours d'un instrument financier.

B. – Le A du présent I n'est pas applicable dans les cas où l'opération ou le comportement mentionné au présent I est fondé sur un motif légitime et est conforme à une pratique de marché admise, au sens du 9 du 1 de l'article 3 du règlement (UE) n° 596/2014 du Parlement européen et du Conseil du 16 avril 2014 sur les abus de marché (règlement relatif aux abus de marché) et abrogeant la directive 2003/6/CE du Parlement européen et du Conseil et les directives 2003/124/CE, 2003/125/CE et 2004/72/CE de la Commission.

II. – Est également puni des peines prévues au A du I de l'article L. 465-1 le fait, par toute personne, de réaliser une opération, de passer un ordre ou d'adopter un comportement qui affecte le cours d'un instrument financier, en ayant recours à des procédés fictifs ou à toute autre forme de tromperie ou d'artifice.

III. – La tentative des infractions prévues aux I et II du présent article est punie des mêmes peines.

Art. L. 465-3-2 *(L. n° 2016-819, 21 juin 2016)*. – I. – Est puni des peines prévues au A du I de l'article L. 465-1 le fait, par toute personne, de diffuser, par tout moyen, des informations qui donnent des indications fausses ou trompeuses sur la situation ou les perspectives d'un émetteur ou sur l'offre, la demande ou le cours d'un instrument financier ou qui fixent ou sont susceptibles de fixer le cours d'un instrument financier à un niveau anormal ou artificiel.

II. – La tentative de l'infraction prévue au I du présent article est punie des mêmes peines.

Art. L. 465-3-3 *(L. n° 2016-819, 21 juin 2016)*. – I. – Est puni des peines prévues au A du I de l'article L. 465-1 le fait, par toute personne :

1° De fournir ou de transmettre des données ou des informations fausses ou trompeuses utilisées pour calculer un indice de référence ou des informations de nature à fausser le cours d'un instrument financier ou d'un actif auquel est lié un tel indice ;

2° D'adopter tout autre comportement aboutissant à la manipulation du calcul d'un tel indice.

Constitue un indice de référence tout taux, indice ou nombre mis à la disposition du public ou publié, qui est déterminé périodiquement ou régulièrement par application d'une formule ou sur la base de la valeur d'un ou de plusieurs actifs ou prix sous-jacents, y compris des estimations de prix, de taux d'intérêt ou d'autres valeurs réels ou estimés, ou des données d'enquêtes, et par référence auquel est déterminé le montant à verser au titre d'un instrument financier ou la valeur d'un instrument financier.

II. – La tentative de l'infraction prévue au I du présent article est punie des mêmes peines.

Art. L. 465-3-4 *(L. n° 2016-819, 21 juin 2016)*. – I. – La présente section s'applique :

1° Aux instruments financiers négociés sur un marché réglementé ou sur un système multilatéral de négociation ou pour lesquels une demande d'admission à la négociation sur un marché réglementé ou sur un système multilatéral de négociation a été présentée ;

2° Aux instruments financiers autres que ceux mentionnés au 1° dont le cours ou la valeur dépend du cours ou de la valeur d'un instrument financier mentionné au même 1° ou dont le cours ou la valeur a un effet sur le cours ou la valeur d'un instrument financier mentionné audit 1° ;

3° Aux unités mentionnées à l'article L. 229-7 du Code de l'environnement.

II. – Les articles L. 465-3-1 et L. 465-3-2 du présent code s'appliquent également :

1° Aux contrats au comptant sur matières premières, au sens du 15 du 1 de l'article 3 du règlement (UE) n° 596/2014 du Parlement européen et du Conseil du 16 avril 2014 sur les abus de marché (règlement relatif aux abus de marché) et abrogeant la directive 2003/6/CE du Parlement européen et du Conseil et les directives 2003/124/CE, 2003/125/CE et 2004/72/CE de la Commission, qui ne sont pas des produits énergétiques de gros, au sens du 4 de l'article 2 du règlement (UE) n° 1227/2011 du Parlement européen et du Conseil du 25 octobre 2011 concernant l'intégrité et la transparence du marché de gros de l'énergie, lorsque l'opération, le comportement ou la diffusion a ou est susceptible d'avoir un effet sur le cours ou la valeur d'un instrument financier mentionné au I du présent article ;

2° Aux instruments financiers dont le cours ou la valeur a un effet sur le cours ou la valeur d'un contrat au comptant sur matières premières, au sens du 15 du 1 de l'article 3 du règlement (UE) n° 596/2014 du Parlement européen et du Conseil du 16 avril 2014 précité, lorsque l'opération, le comportement ou la diffusion a ou est susceptible d'avoir un effet sur le cours ou la valeur du contrat au comptant sur matières premières.

III. – La présente section ne s'applique pas :

1° Aux opérations de rachat par les sociétés de leurs propres actions, au sens des articles L. 225-206 à L. 225-216 du Code de commerce, lorsque ces opérations sont réalisées conformément aux 1 à 3 de l'article 5 du règlement (UE) n° 596/2014 du Parlement européen et du Conseil du 16 avril 2014 précité ;

2° Aux opérations de stabilisation, au sens du *d* du 2 de l'article 3 du même règlement, portant sur les instruments financiers mentionnés aux *a* et *b* du même 2, lorsque ces opérations sont réalisées conformément aux 4 et 5 de l'article 5 dudit règlement ;

3° Aux opérations ou comportements mentionnés aux 1 à 4 de l'article 6 du même règlement.

Art. L. 465-3-5 *(L. n° 2016-1691, 9 déc. 2016)*. – I. – Les personnes morales déclarées responsables pénalement, dans les conditions prévues à l'article 121-2 du Code pénal, des infractions définies aux articles L. 465-1 à L. 465-3-3 du présent code encourent, outre l'amende suivant les modalités prévues à l'article 131-38 du Code pénal, les peines prévues à l'article 131-39 du même code. L'amende peut être portée à 15 % du chiffre d'affaires annuel total au sens du dernier alinéa du III *bis* de l'article L. 621-15. Les modalités prévues à l'article 131-38 dudit code s'appliquent uniquement à l'amende exprimée en valeur absolue.

L'interdiction mentionnée au 2° de l'article 131-39 du même code porte sur l'activité dans l'exercice ou à l'occasion de l'exercice de laquelle l'infraction a été commise.

II. – Lorsqu'elles sont commises en bande organisée, les infractions prévues aux articles L. 465-1 à L. 465-3-3 du présent code sont punies de dix ans d'emprisonnement et de 100 millions d'euros d'amende, ce montant pouvant être porté jusqu'au décuple du montant de l'avantage retiré du délit.

Art. L. 465-3-6 *(L. n° 2016-819, 21 juin 2016)*. – I. – Le procureur de la République financier ne peut mettre en mouvement l'action publique pour l'application des peines prévues à la présente section lorsque l'Autorité des marchés financiers a procédé à la notification des griefs pour les mêmes faits et à l'égard de la même personne en application de l'article L. 621-15.

L'Autorité des marchés financiers ne peut procéder à la notification des griefs à une personne à l'encontre de laquelle l'action publique a été mise en mouvement pour les mêmes faits par le procureur de la République financier pour l'application des peines prévues à la présente section.

II. – Avant toute mise en mouvement de l'action publique pour l'application des peines prévues à la présente section, le procureur de la République financier informe de son intention l'Autorité des marchés financiers. Celle-ci dispose d'un délai de deux mois pour lui faire connaître son intention de procéder à la notification des griefs à la même personne pour les mêmes faits.

Si l'Autorité des marchés financiers ne fait pas connaître, dans le délai imparti, son intention de procéder à la notification des griefs ou si elle fait connaître qu'elle ne souhaite pas y procéder, le procureur de la République financier peut mettre en mouvement l'action publique.

Si l'Autorité des marchés financiers fait connaître son intention de procéder à la notification des griefs, le procureur de la République financier dispose d'un délai de quinze jours pour confirmer son intention de mettre

en mouvement l'action publique et saisir le procureur général près la cour d'appel de Paris. À défaut, l'Autorité des marchés financiers peut procéder à la notification des griefs.

III. – Avant toute notification des griefs pour des faits susceptibles de constituer un des délits mentionnés à la présente section, l'Autorité des marchés financiers informe de son intention le procureur de la République financier. Celui-ci dispose d'un délai de deux mois pour lui faire connaître son intention de mettre en mouvement l'action publique pour les mêmes faits et à l'encontre de la même personne.

Si le procureur de la République financier ne fait pas connaître, dans le délai imparti, son intention de mettre en mouvement l'action publique ou s'il fait connaître qu'il ne souhaite pas y procéder, l'Autorité des marchés financiers peut procéder à la notification des griefs.

Si le procureur de la République financier fait connaître son intention de mettre en mouvement l'action publique, l'Autorité des marchés financiers dispose d'un délai de quinze jours pour confirmer son intention de procéder à la notification des griefs et saisir le procureur général près la cour d'appel de Paris. À défaut, le procureur de la République financier peut mettre en mouvement l'action publique.

IV. – Saisi en application des II ou III du présent article, le procureur général près la cour d'appel de Paris dispose d'un délai de deux mois à compter de sa saisine pour autoriser ou non le procureur de la République financier à mettre en mouvement l'action publique, après avoir mis en mesure le procureur de la République financier et l'Autorité des marchés financiers de présenter leurs observations. Si le procureur de la République financier n'est pas autorisé, dans le délai imparti, à mettre en mouvement l'action publique, l'Autorité des marchés financiers peut procéder à la notification des griefs.

V. – Dans le cadre des procédures prévues aux II et III, toute décision par laquelle l'Autorité des marchés financiers renonce à procéder à la notification des griefs et toute décision par laquelle le procureur de la République financier renonce à mettre en mouvement l'action publique est définitive et n'est pas susceptible de recours. Elle est versée au dossier de la procédure. L'absence de réponse de l'Autorité des marchés financiers et du procureur de la République financier dans les délais prévus aux mêmes II et III est définitive et n'est pas susceptible de recours.

La décision du procureur général près la cour d'appel de Paris prévue au IV est définitive et n'est pas susceptible de recours. Elle est versée au dossier de la procédure.

VI. – Les procédures prévues aux II, III et IV du présent article suspendent la prescription de l'action publique et de l'action de l'Autorité des marchés financiers pour les faits auxquels elles se rapportent.

VII. – Par dérogation à l'article 85 du Code de procédure pénale, une plainte avec constitution de partie civile pour des faits susceptibles de constituer un des délits mentionnés à la présente section n'est recevable qu'à la condition que le procureur de la République financier ait la possibilité d'exercer les poursuites en application du présent article, et que la personne qui se prétend lésée justifie qu'un délai de trois mois s'est écoulé depuis qu'elle a déposé plainte devant ce magistrat contre récépissé ou par lettre recommandée avec demande d'avis de réception ou depuis qu'elle a adressé, selon les mêmes modalités, copie à ce magistrat de sa plainte déposée devant un service de police judiciaire. La prescription de l'action publique est suspendue, au profit de la victime, du dépôt de la plainte jusqu'à la réponse du procureur de la République financier à l'expiration du délai de trois mois mentionné à la première phrase du présent VII.

VIII. – Par dérogation au premier alinéa de l'article 551 du Code de procédure pénale, la citation visant les délits mentionnés à la présente section ne peut être délivrée qu'à la demande du procureur de la République financier, à la condition qu'il ait la possibilité d'exercer les poursuites en application du présent article.

IX. – Sans préjudice de l'article 6 du Code de procédure pénale, l'action publique pour l'application des peines prévues à la présente section s'éteint, à l'issue des procédures prévues aux II, III et IV du présent article, par la notification des griefs par l'Autorité des marchés financiers pour les mêmes faits et à l'égard de la même personne en application de l'article L. 621-15 du présent code.

X. – La section VIII du chapitre Ier du titre II du livre II du Code de procédure pénale est applicable aux délits mentionnés à la présente section.

XI. – Un décret en Conseil d'État précise les conditions et modalités d'application du présent article.

Bibliographie : C. Champrenault, *Une nouvelle articulation des sanctions pénales et administratives en matière boursière : Bull. Joly Bourse* 2017, p. 166.

Code de commerce

Art. L. 247-2. – « I. – Est puni d'une amende de 18 000 euros le fait pour les présidents, les administrateurs, les membres du directoire, les gérants ou les directeurs généraux des personnes morales, ainsi que pour les personnes physiques de s'abstenir de remplir les obligations d'informations auxquelles cette personne est tenue, en application de l'article L. 233-7, du fait des participations qu'elle détient.

II. – Est puni de la même peine le fait, pour les présidents, les administrateurs, les membres du directoire, les gérants ou les directeurs généraux d'une société, de s'abstenir de procéder aux notifications auxquelles cette société est tenue, en application de l'article L. 233-12, du fait des participations qu'elle détient dans la société par actions qui la contrôle.

III. – Est puni de la même peine le fait, pour les présidents, les administrateurs, les membres du directoire, les gérants ou les directeurs généraux d'une société, d'omettre de faire mention dans le rapport présenté aux actionnaires sur les opérations de l'exercice de l'identité des personnes détenant des participations significatives dans cette société, des modifications intervenues au cours de l'exercice, du nom des sociétés contrôlées et de la part du capital de la société que ces sociétés détiennent, dans les conditions prévues par l'article L. 233-13.

IV. – Est puni de la même peine le fait, pour le commissaire aux comptes, d'omettre dans son rapport les mentions visées au III.

V. – Pour les sociétés dont les actions sont admises aux négociations sur un marché d'instruments financiers mentionné au II de l'article L. 233-7, les poursuites sont engagées après que l'avis de l'Autorité des marchés financiers a été demandé. »

Bibliographie : C. Ducouloux-Favard, *Allègement de la répression au manquement à la bonne information financière : D.* 2005, p. 946. • H. de Vauplane et O. Simart, *La notion de manipulation de cours et ses fondements en France et aux USA : RD bancaire et fin.* 1996, p. 158. • C. de Watrigant, *L'information financière réglementée à l'heure de la communication électronique : RD bancaire et fin.* juill. 2008, étude 16. • J. Lasserre-Capdeville, *Le délit de manipulation de cours : 20 ans d'évolutions légales et de précisions jurisprudentielles : Bull. Joly Bourse* 2012, § 224, p. 560. • S. Loyrette, *Scalping : délit d'initié ou manipulation de cours : JCP* E 2004, n° 3, p. 68. • L. Ruet, *Manipulation de cours : comment un simple particulier peut fausser les cours de bourse de sociétés cotées afin de provoquer des baisses artificielles (comme Alstom en représentant jusqu'à 41 % des transactions journalières) : LPA* 27 déc. 2006, n° 258, p. 3. • N. Rontchevsky, *Les infractions pénales : Bull. Joly Bourse* 2007, n° 3, p. 336 ; *Révision des délits et manquements boursiers : Banque et droit* 2006, n° 108, p. 12. • R. Salomon, *Du caractère non intentionnel du manquement de communication de fausses informations : Dr. sociétés* juill. 2005, 7, p. 3. • Ch. Thin, *Entreprise : Information et rumeur, l'information manipulée, la fausse information du marché et le délit d'initié (actes de colloque) : RJ com.* 2005, hors-série, p. 66. • Ch. de Watrigant, *JCl. Sociétés* traité, Fasc. 1680.

I – DÉLIT DE MANIPULATION DES COURS

1) Élément matériel. L'article L. 465-2 du Code monétaire et financier n'exigeant pas le succès des manœuvres utilisées pour permettre la manipulation des cours, il importe peu que ces manœuvres n'aient eu que peu d'influence dans les faits : **seule compte**, afin que soit constitué l'élément matériel de l'infraction, **la possibilité de leur réussite** : ▪ CA Paris, 30 nov. 2004 : *Dr. sociétés* nov. 2005, p. 44, note R. Salomon. – Constituent des manœuvres caractérisant l'élément matériel du délit de manipulation de cours le fait de multiplier les ordres et de procéder ensuite à leur annulation à un rythme régulier et identique, ayant pour effet d'influence le cours du titre : ▪ AMF, commission des sanctions, 20 déc. 2007 : *RD bancaire et fin.* 2009, comm. 152, note S. Torck. – Le seul fait pour un émetteur d'avoir opéré au-delà des limites quantitatives correspondant à la présomption de légitimité fixée par l'article 7 de l'ancien règlement COB n° 90-04 ne suffit pas à établir l'existence d'une manipulation de marché ayant entravé son fonctionnement ou induit autrui en erreur : ▪ AMF, commission des sanctions, déc., 5 oct. 2006 : *Rev. AMF* 2007, n° 32, p. 85 ; *RD bancaire et fin.* 2007, n° 2, p. 88, note D. Bompoint. – Ne suffit pas à caractériser une manipulation de cours le fait de formuler une demande excessive et artificielle de **dommages et intérêts** au cours d'un litige, même si cette demande, rendue publique lors de la publication des comptes de la défenderesse, a eu une incidence sur le cours de son titre, peut caractériser une manipulation : ▪ Cass. crim., 27 mars 2013, n° 12-81.047 : *JurisData* n° 2013-005557 ; *RD bancaire et fin.* 2013, comm. 144, note P. Pailler. – Ne constitue pas non plus un délit de manipulation de cours de certains instruments financiers mais une simple opération de spéculation le fait, pour un spéculateur professionnel, d'émettre un très grand nombre d'ordres en recourant à des moyens automatisés dépassant les capacités humaines des autres opérateurs, au point d'occuper ponctuellement une position dominante sur le marché de certains titres, sans pour autant être considéré comme ayant manipulé le cours des instruments financiers concernés, dès lors que les ordres en question n'ont, en définitive, pas été annulés : ▪ AMF, commission des sanctions, déc., 14 mars 2014 : *Bull. Joly Bourse* 2014, p. 257, note F. Martin-Laprade. – Engage la responsabilité du **mandant** la manipulation de cours commise par un mandataire titulaire d'une procuration sur un compte-titres, dès lors qu'il est établi que le mandant avait **connaissance** du caractère illicite des opérations effectuées et **peu important qu'il n'ait pas matériellement passé les ordres** : *RD bancaire et fin.* 2009, n° 1, comm. 37, obs. S. Torck. – Ne peut constituer une diffusion publique par le fait du prévenu au sens de l'article L. 465-2, alinéa 2, du CMF la nécessaire transmission à l'Autorité des marchés financiers de l'information sur l'existence d'un contentieux concernant une société cotée : ▪ Cass. crim., 28 sept. 2016, n° 14-88.533, F-D : *JurisData* n° 2016-019359 ; *Dr. sociétés* nov. 2016, comm. 199, note R. Salomon ; *RD bancaire et fin.* nov. 2016, comm. 260, note P. Pailler.

2) Élément moral. Dans la mesure où il est nécessaire, afin que le délit de manipulation des cours soit caractérisé, que la manœuvre ait été employée, non seulement **en connaissance de cause**, mais également **dans le but d'entraver le fonctionnement du marché et d'induire autrui en erreur**, cette volonté spéciale de nuire n'est pas démontrée lorsque les auteurs des opérations incriminées sont intervenus sans se dissimuler et qu'il s'agissait dans leur esprit moins d'en fausser le jeu normal que d'en faire cesser les manifestations qu'ils jugeaient excessives ou aberrantes : ▪ TGI Paris, 5 mars 1993 : *RJDA* 1993, p. 705. – V. égal. ▪ T. corr. Paris, 26 sept. 2003 : *Dr. sociétés* juin 2004, 116, p. 36, note R. Salomon. – Commet ainsi un délit de manipulation de cours le P-DG qui a fait procéder au rachat d'importantes quantités de titres de sa société par une société de bourse, pour le compte de ladite société et de sa société mère, en violation de la réglementation en vigueur et **dans le seul but de faire remonter le cours**, peu important que ce dirigeant n'ait tiré aucun profit personnel de l'opération critiquée et que son mobile n'ait été que de restituer au titre sa valeur réelle. Ce même délit est également caractérisé à l'égard de la société de bourse, dès lors que le salarié ayant exécuté les ordres, agissant dans le cadre de ses fonctions et ayant reçu pouvoir de la direction, **était pleinement conscient du caractère disproportionné du nombre de titres acquis pour soutenir le marché**, savait que la société et sa société mère agissaient conjointement sur le marché et a ainsi agi pour le compte de la société à qui les faits sont reprochés : ▪ CA Paris, 9e ch., sect. B., 2 févr. 2007, n° 06/08079 : *Bull. Joly Bourse* 2007, § 30, p. 200, note E. Dezeuze. – Même s'il est **convaincu de défendre ainsi son groupe**, le dirigeant d'une société cotée peut être sanctionné pour manipulation de cours en cas d'accroissement très significatif de l'autocontrôle dans des conditions manquant notamment de transparence : ▪ AMF, commission des sanctions, 26 mai 2011 (Affaire Belvédère) : *Bull. Joly Bourse* 2011, § 302, p. 589, note F. Martin-Laprade ; *RD bancaire et fin.* 2011, comm. 180, note S. Torck. – Bien que doive être présumée par la commission des sanctions la manipulation de cours dès lors qu'il est établi qu'une ou plusieurs interventions inhabituelles sur un marché ont eu pour objet et pour effet de fixer le cours d'instruments financiers à un niveau anormal ou artificiel, cette présomption est susceptible d'être renversée si la personne mise en cause établit **la légitimité des raisons** de ses interventions sur le marché : ▪ CE, ss-sect. 6 et 1 réunies, 20 mars 2013, n° 356476 : *JurisData* n° 2013-004911 ; *Dr. sociétés* 2013, comm. 185, note S. Torck ; *RD bancaire et fin.* 2013, comm. 212, note A.-C. Muller.

3) Exemples particuliers.

a) **Technique de la bouilloire.** Sur cette technique particulière de manipulation des cours, consistant dans le fait de passer de nombreux ordres d'achat afin de persuader les spéculateurs d'une opération prochaine sur le titre, de les inciter à entretenir la hausse, puis à passer rapidement des ordres de vente sur les titres acquis et retirer immédiatement les sommes gagnées grâce à cette hausse artificielle du cours, V. par ex. ▪ T. corr. Paris, 14 mars 1990 : *BJS* 1990, 231 ; *RTD com.* 1990, p. 662, note P. Bouzat ; *Gaz. Pal.* 1990, 1, p. 335, note J.-P. Marchi. ▪ CA Paris, 19 févr. 1991 : *Dr. pén.* 1991, n° 202, note J.-H. Robert. ▪ CA Chambéry, 28 févr. 1997 : *Rev. sc. crim.* 1998, p. 566, obs. J. Riffault. ▪ T. corr. Paris, 8 juin 1998 : *Rev. sc. crim.* 1999, p. 119, obs. J. Riffault. – Est constituée la manœuvre visée par l'article L. 465-2 du Code monétaire et financier dès lors qu'une même personne a donné à une société un ordre d'achat massif de titres déterminés, dans des quantités excédant très largement la liquidité habituelle dudit titre, puis de procéder massivement à la vente de ces titres et enfin l'ordre à une autre société de les acheter. Cette opération a ainsi permis au prévenu de faire acquérir par cette dernière société un volume de titres supérieur à celui qu'elle aurait pu obtenir en respectant les limites réglementaires et de dissimuler ainsi le caractère artificiel de la remontée du cours de l'action en cause. À cet égard, il importe peu que le mobile du prévenu ait été de restituer la valeur réelle du titre dès lors qu'en procédant ainsi, il avait nécessairement pour but et a eu conscience d'entraver le fonctionnement normal du marché et ainsi d'induire les tiers en erreur sur la liquidité et la tendance à la hausse du titre. V. ▪ Cass. crim., 28 janv. 2009, n° 07-81.674, F-D : *JurisData* n° 2009-047081 ; *JCP* E 2009, 1400, note J.-H. Robert ; *Bull. Joly Bourse* 2009, n° 3, p. 170, note J. Lasserre-Capdeville ; *RTD com.* 2009, n° 2, p. 409, note N. Rontchevsky ; *Dr. sociétés* 2009, comm. 83, note R. Salomon. – V. cependant pour un refus des magistrats de retenir les délits d'initiés, de manipulation de cours et de diffusions de fausses informations en présence de transactions ayant eu lieu dans le contexte de **l'augmentation de capital d'une société, réservée à ses salariés**, les interventions tant de cette société que de sa banque étant justifiées par la nécessité de mettre en place des opérations de couverture et la baisse du titre étant due aux mauvais résultats de la société en question : ▪ Cass. crim., 6 avr. 2011, n° 10-85.174 (n° inédit) : *Bull. Joly Bourse* 2011, § 206, p. 424, note J. Lasserre-Capdeville.

b) **Technique dite du *layering* ou de l'empilage d'ordres.** Constitue un délit de manipulation de cours le fait de recourir à la technique du *layering*, c'est-à-dire le fait d'influencer temporairement les cours par un afflux massif d'ordres, en vue de faciliter la réalisation d'une transaction en sens inverse. V. en ce sens ▪ AMF, commission des sanctions, 1er oct. 2014 ; *RD bancaire et fin.* 2014, comm. 221, note P. Pailler ; *JCP* E 2014, act. 765 ; *Bull. Joly Bourse* 2015, p. 78, note F. Barrière. – Doit être considérée comme imputable au dirigeant qui a participé à la mise en œuvre de la stratégie manipulatoire (pratique du « *layering* ») la réalisation du manquement de manipulation de cours à laquelle il concourt : ▪ AMF, Commission des sanctions, 8 oct. 2015, *M. Bill Nie, SAN-2015-17 : RD bancaire et fin.* 2015, comm. 216, note P. Pailler ; *Dr. sociétés* 2016, comm. 13, note R. Vabres ; *Bull. Joly Bourse* 2015, 112z9, note E. Dezeuze et J. Bianchi. – Jugé que dès lors que les interventions litigieuses ont tout à la fois donné des indications fausses ou trompeuses sur la demande de titres, fixé le cours à un niveau artificiel et donné une image fictive de l'état du marché, l'élément moral du délit de manipulation de cours, à le supposer exigé, doit être considéré comme établi : ▪ AMF, déc., 2 mai 2018, n° 3, M. X : *BJB* 2018, p. 215, note J.-Ph. Pons-Henry ; *RD bancaire et fin.* 2018, comm. 110, n° 4, juill. note P. Pailler. – V. pour la condamnation, au titre du délit de manipulation de cours, de pratiques de **trading à haute fréquence**, employant une technologie algorithmique, interprétant les signaux de marché et générant des ordres en réponse à ceux-ci : ▪ AMF sanct., 4 déc. 2015, *Sociétés Euronext Paris SA et Virtu Financial Europe Ltd : Bull. Joly Bourse* 2016, 113 g3, note F. Barrière. – V. également ▪ AMF sanct., 8 juill. 2016, *Getco Europe Ltd : Bull. Joly Bourse* 2016, p. 410, note F. Barrière. – V. aussi ▪ CE, 6e et 1re ch. réunies, 19 mai 2017, n° 396698 : *JurisData* n° 2017-010040 ; *RD bancaire et fin.* 2017, comm. 226, note P. Pailler.– F. Barrière, *Réflexions sur le trading à haute fréquence : RD bancaire et fin.* juill. 2016, dossier 29 ; *Trading algorithmique et manipulation sur contrats financiers : Bull. Joly Bourse* 2017, p. 102. – Th. Bonneau, *Le trading algorithmique : qualification juridique et critères de distinction avec le trading haute fréquence : RD bancaire et fin.* juill. 2016, dossier 25. – A. Givry, *La régulation du trading haute fréquence : RD bancaire et fin.* juill. 2016, dossier 27. – B. Gizard, *Le trading algorithmique : entre défis et défiance : RD bancaire et fin.* juill. 2016, dossier 24.

c) **Contrats à terme.** Pour un exemple de manipulation de cours portant sur des contrats à terme sur matières premières, et se réalisant via un ordre de vente sans intérêt vendeur à quelques secondes de la clôture, susceptible de donner des indications fausses ou trompeuses sur l'offre du contrat à terme : V. ▪ AMF, déc. sanct., 16 juill. 2018, Soufflet Négoce SAN-2018-09 : *RD bancaire et fin.* 2019, comm. 67, n° 2, note P. Pailler ; *BJB* 2018, p. 23, note F. Barrière.

II – DÉLIT DE DIFFUSION D'INFORMATIONS FAUSSES OU TROMPEUSES

4) Élément matériel.

a) **Notion d'information trompeuse.** Peuvent notamment être considérées comme des informations trompeuses les **traitements comptables** qui, destinés à masquer les prélèvements opérés par un dirigeant souhaitant ainsi couvrir ses pertes boursières, **ne reflétaient pas la réalité** : ▪ AMF, commission des sanctions, déc., 6 avr. 2006 : *Rev. AMF* 2006, n° 30, p. 129 ; *Dr. sociétés* avr. 2007, comm. 81, note Th. Bonneau.

b) **Action.** Caractérise le délit de diffusion d'informations fausses ou mensongères la cour d'appel qui retient que le prévenu, administrateur de la société concernée, a approuvé la publication au *Bulletin des annonces légales obligatoires* d'un tableau d'activité et de résultats ne faisant pas apparaître certaines opérations dissimulées : ▪ Cass. crim., 29 nov. 2000, préc. sous art. L. 465-1, annot. n° 4, p. 1324. – Est également caractérisé le délit de diffusion d'informations fausses ou mensongères lorsqu'une campagne de dénigrement, par voie de presse et d'Internet, a pu avoir une influence sur les cours : ▪ TGI Paris, 9 janv. 2004 : *Dr. sociétés* avr. 2004, 69, p. 40, note R. Salomon. – Doit être considéré comme s'étant rendu coupable du délit de diffusion d'informations mensongères le président d'un groupe ayant annoncé de nouvelles commandes qui n'existaient pas : ▪ T. corr. Paris, 11e ch., 1re sect., 12 sept. 2006, n° 0018992026 : *Bull. Joly Bourse* 2007, § 4, p. 37, note E. Dezeuze ; *Rev. sociétés* 2007, p. 102, note J.-J. Daigre. – Constituent également des pratiques contraires aux articles 2 et 3 du règlement COB n° 98-07 *(Règl. AMF, art. 632-1)* ainsi que des faits de nature à fausser le fonctionnement du marché et à porter atteinte aux droits des épargnants au regard des articles L. 621-14 et L. 621-15 du Code monétaire et financier les opérations par lesquelles le dirigeant et actionnaire majoritaire d'une société cotée, qui **procède à divers prélèvements sur les actifs sociaux afin de combler les positions débitrices** affectant son propre compte d'investissement, dissimule ces agissements **en publiant des comptes sociaux inexacts** ou encore **détourne à son profit des avances** que sa société avaient consenties à deux autres sociétés dans le cadre d'un programme de rachat, conduisant le groupement à présenter des comptes sociaux en décalage avec la réalité financière : ▪ AMF, Commission des sanctions, déc., 6 avr. 2006 : *Rev. AMF* 2006, n° 30, p. 129 ; *RD bancaire et fin.* 2007, p. 87, note S. Torck. – V. égal. AMF, commission des sanctions, déc., 16 nov. 2006 : *RD bancaire et fin.* 2007, n° 3, p. 127, note S. Torck (même sanction en cas d'une alerte sur résultats trop tardivement donnée, alors que la situation difficile dans laquelle se trouvait la société émettrice était connue ou ne pouvait être ignorée de sa direction générale). – Constituent un manquement à l'obligation de s'abstenir de communiquer ou de diffuser sciemment de fausses informations **les comptabilisations erronées de factures**, bien que ces anomalies, validées par le commissaire aux comptes, dues au mode d'organisation des services comptables ainsi qu'à une insuffisance du contrôle interne, n'étant constitutives que d'un préjudice minime et demeurant insusceptibles d'affecter sérieusement le marché, ne paraissent pas avoir procédé d'une intention délibérée de majorer artificiellement les résultats : ▪ AMF, comm. sanct., 1re sect., 4 nov. 2010 : *Dr. sociétés* févr. 2011, 34, note R. Mortier. – La transmission à l'AMF de l'information sur l'existence d'un contentieux, lorsqu'une société cotée est en cause, ne saurait constituer une diffusion publique par le fait du prévenu au sens de l'article L. 465-2, alinéa 2, du CMF : ▪ Cass. crim., 28 sept. 2016, n° 14-88.533 : *Bull. Joly Bourse* 2016, p. 466.

c) **Abstention.** Porte atteinte à la bonne information du public l'émetteur qui, connaissant la composition réelle de son capital social, s'abstient de porter cette information à la connaissance des investisseurs : ▪ AMF, commission des sanctions, déc., 10 mai 2007, *Tissier : Dr. sociétés* déc. 2007, comm. 224, note Th. Bonneau.

5) Élément moral. Se rend coupable du délit de diffusion d'informations trompeuses le dirigeant qui **a volontairement pris le parti de diffuser des informations trompeuses** sur la situation de sa société, en faisant état en public, et particulièrement devant des analystes financiers, des bons résultats de son entreprise, de perspectives prometteuses, du soutien sans faille des grands investisseurs constituant le noyau dur de son actionnariat, ce dont il est résulté une surévaluation des cours, **alors qu'il savait** les pertes importantes de la société, sans perspective d'amélioration immédiate, et que la plupart de ses gros actionnaires constituant le noyau dur l'avaient quitté ou étaient devenus hostiles : ▪ Cass. crim., 15 mai 1997 : *Rev. sociétés* 1998, p. 135, note B. Bouloc ; *Banque et droit* sept.-oct. 1997, p. 34, obs. H. de Vauplane ; *D. affaires* 1997, 927. – Doit cependant être relaxé du chef de délit d'utilisation d'information privilégiée le P-DG qui, bien qu'ayant fait procéder au rachat de grandes quantités de titres de sa société alors qu'il disposait d'une information précise et certaine, encore inconnue du public, selon laquelle les résultats de la société seraient supérieurs à ceux de l'année précédente, dès lors qu'il n'apparaît **pas démontré que cette information ait été déterminante des opérations litigieuses** : ▪ CA Paris, 9e ch., sect. B, 2 févr. 2007, n° 06/08079, préc. – Le fait qu'une personne, ayant rassemblé un grand nombre de pouvoirs à l'effet de convoquer une assemblée générale extraordinaire de la société, ait **exagéré le nombre de pouvoirs déjà détenus**, ait **utilisé ses organes de presse pour diffuser des informations optimistes** sur les possibilités d'amélioration financière de l'émetteur ne suffit pas à caractériser la diffusion d'informations trompeuses, dans la mesure où, bien que les informations ainsi diffusées soient le fruit d'extrapolation excessives à partir d'informations diffusées par l'émetteur, il n'est **pas établi que le mis en cause « savait ou aurait dû savoir »** que ces informations étaient inexactes ou trompeuses : ▪ AMF, commission des sanctions, 7 déc. 2007 : *Bull. Joly Bourse* 2007, § 72, p. 382, H. Bouthinon-Dumas.

6) Application rétroactive. En ce qu'il subordonne le prononcé de la sanction à une condition nouvelle, à savoir que la personne qui a communiqué les informations visées par le texte l'ait fait en sachant ou en devant savoir que celles-ci étaient inexactes ou trompeuses, le nouvel article 632-1 du Règlement général de l'AMF constitue une **disposition plus douce** que le texte antérieur et peut à ce titre être **appliqué par les juges du fond malgré l'antériorité des faits reprochés** : ▪ Cass. com., 19 déc. 2006, n° 05-18.833, F-D : *Juris-Data* n° 2006-036773 ; *D.* 2007, act. jurispr. p. 233, NDLR A. Lienhard ; *Rev. AMF* 2007, n° 32, p. 93 ; *Dr. sociétés* avr. 2007, comm. 80, note Th. Bonneau ; *Bull. Joly Bourse* 2007, § 27, p. 175, note A. Déprez-Graff.

Voir : Règl. AMF, 12 oct. 2004, art. 631-1 et s.

7) Dénonciation calomnieuse. Doit être approuvé l'arrêt des juges du fond ayant prononcé la condamnation d'un prévenu pour dénonciation calomnieuse d'un émetteur et son dirigeant, ledit prévenu ayant adressé une lettre ouverte signalant au Président de l'AMF la présence d'informations trompeuses dans le document de base dans le but de favoriser l'entrée en bourse : ▪ Cass. crim., 12 avr. 2016, n° 14-87.124 : *JurisData* n° 2016-006990 ; *RD. bancaire et fin.* juill. 2016, comm. 181, note J. Chacornac.

Section II. – Prises de participations

Art. L. 465-4. – Les sanctions applicables aux infractions relatives à l'obligation d'information sur les prises de participations significatives sont fixées par le 1° et le 2° du I et le III de l'article L. 247-1 et par l'article L. 247-2 du Code de commerce, reproduits ci-après :

« Art. L. 247-1. – I. – Est puni d'un emprisonnement de deux ans et d'une amende de 9 000 euros le fait, pour les présidents, les administrateurs, les directeurs généraux ou les gérants de toute société :

1° De ne pas faire mention dans le rapport annuel présenté aux associés sur les opérations de l'exercice, d'une prise de participation dans une société ayant son siège sur le territoire de la République française représentant plus du vingtième, du dixième, du cinquième, du tiers, de la moitié ou des deux tiers du capital ou des droits de vote aux assemblées générales de cette société ou de la prise de contrôle d'une telle société ;

2° De ne pas, dans le même rapport, rendre compte de l'activité et des résultats de l'ensemble de la société, des filiales de la société et des sociétés qu'elle contrôle par branche d'activité ;

II. – Est puni des peines mentionnées au I le fait, pour le commissaire aux comptes, de ne pas faire figurer dans son rapport les mentions visées au 1° du I du présent article ».

« Art. L. 247-2. – I. – Est puni d'une amende de 18 000 euros le fait, pour les présidents, les administrateurs, les membres du directoire, les gérants ou les directeurs généraux des personnes morales, ainsi que pour les personnes physiques de s'abstenir de remplir les obligations d'informations auxquelles cette personne est tenue, en application de l'article L. 233-7, du fait des participations qu'elle détient.

II. – Est puni de la même peine le fait, pour les présidents, les administrateurs, les membres du directoire, les gérants ou les directeurs généraux d'une société, de s'abstenir de procéder aux notifications auxquelles cette société est tenue, en application de l'article L. 233-12, du fait des participations qu'elle détient dans la société par actions qui la contrôle.

III. – Est puni de la même peine le fait, pour les présidents, les administrateurs, les membres du directoire, les gérants ou les directeurs généraux d'une société, d'omettre de faire mention dans le rapport présenté aux actionnaires sur les opérations de l'exercice de l'identité des personnes détenant des participations significatives dans cette société des modifications intervenues au cours de l'exercice, du nom des sociétés contrôlées et de la part du capital de la société que ces sociétés détiennent, dans les conditions prévues par l'article L. 233-13.

IV. – Est puni de la même peine le fait, pour le commissaire aux comptes, d'omettre dans son rapport les mentions visées au III.

V. – Pour les sociétés dont les actions sont admises aux négociations sur un marché d'instruments financiers mentionné au II de l'article L. 233-7, les procédures sont engagées après que l'avis de l'Autorité des marchés financiers a été demandé ».

CHAPITRE VI. – DISPOSITIONS COMMUNES

Art. L. 466-1 *(Mod., L. n° 2016-1691, 9 déc. 2016).* **– Les autorités judiciaires compétentes, saisies de poursuites relatives à des infractions mettant en cause les sociétés dont les titres financiers sont admis aux négociations sur un marché réglementé ou offerts au public sur un système multilatéral de négociation, ou à des infractions commises à l'occasion d'opérations sur un marché d'instruments financiers ou d'actifs mentionnés au II de l'article L. 421-1, peuvent, en tout état de la procédure, demander l'avis de l'Autorité des marchés financiers. Cet avis est obligatoirement demandé lorsque les poursuites sont engagées en exécution des articles L. 465-1 à L. 465-3-3.**

Partie réglementaire

Section unique. – Atteintes à la transparence des marchés

Art. R. 465-1 *(D. n° 2016-1121, 11 août 2016).* – **Lorsque le procureur de la République financier informe l'Autorité des marchés financiers de son intention de mettre en mouvement l'action publique en application du premier alinéa du II de l'article L. 465-3-6, il lui communique, par lettre recommandée avec demande d'avis de réception ou remise contre récépissé, les éléments de fait et de droit constituant le fondement de l'action publique envisagée.**

Dans le délai prévu au premier alinéa du II de l'article L. 465-3-6, l'Autorité des marchés financiers fait connaître au procureur de la République financier son intention de procéder ou non à la notification de griefs par lettre recommandée avec demande d'avis de réception ou remise contre récépissé.

Lorsque le procureur de la République financier confirme son intention de mettre en mouvement l'action publique en application du troisième alinéa du II de l'article L. 465-3-6, il saisit le procureur général près la cour d'appel de Paris par lettre recommandée avec demande d'avis de réception ou remise contre récépissé, à laquelle sont jointes les lettres prévues aux deux premiers alinéas. Il en informe l'Autorité des marchés financiers selon les mêmes modalités.

Art. R. 465-2 *(D. n° 2016-1121, 11 août 2016).* – **Lorsque l'Autorité des marchés financiers informe le procureur de la République financier de son intention de notifier des griefs en application du premier alinéa du III de l'article L. 465-3-6, elle lui communique, par lettre recommandée avec demande d'avis de réception ou remise contre récépissé, les éléments de fait et de droit constituant le fondement de la notification de griefs envisagée.**

Dans le délai prévu au premier alinéa du III de l'article L. 465-3-6, le procureur de la République financier fait connaître à l'Autorité des marchés financiers son intention de mettre ou non en mouvement l'action publique par lettre recommandée avec demande d'avis de réception ou remise contre récépissé.

Lorsque l'Autorité des marchés financiers confirme son intention de notifier des griefs en application du troisième alinéa du III de l'article L. 465-3-6, elle saisit le procureur général près la cour d'appel de Paris par lettre recommandée avec demande d'avis de réception ou remise contre récépissé, à laquelle sont jointes les lettres prévues aux deux premiers alinéas. Elle en informe le procureur de la République financier selon les mêmes modalités.

Art. R. 465-3 *(D. n° 2016-1121, 11 août 2016).* – **Les délais mentionnés aux II et III de l'article L. 465-3-6 courent à compter de la date figurant sur l'avis de réception de la lettre recommandée ou de la date mentionnée sur le récépissé de la lettre remise sur le fondement du premier alinéa des articles R. 465-1 et R. 465-2. Ces délais cessent de courir à la date figurant sur le cachet du bureau postal d'émission de la lettre recommandée ou à la date mentionnée sur le récépissé de la lettre remise sur le fondement du deuxième alinéa des articles R. 465-1 et R. 465-2.**

Art. R. 465-4 *(D. n° 2016-1121, 11 août 2016).* – **Lorsque le procureur général près la cour d'appel de Paris est saisi en application de l'article L. 465-3-6, il informe l'Autorité des marchés financiers et le procureur de la République financier du délai qui leur est imparti pour présenter leurs observations.**

La décision prise par le procureur général près la cour d'appel de Paris est notifiée par lettre recommandée avec demande d'avis de réception ou remise contre récépissé au procureur de la République financier et à l'Autorité des marchés financiers.

Le délai mentionné au IV de l'article L. 465-3-6 court à compter de la date figurant sur l'avis de réception de la lettre recommandée ou de la date mentionnée sur la lettre de remise en vue de saisir le procureur général près la cour d'appel de Paris. Ce délai cesse de courir à la date figurant sur le cachet du bureau postal d'émission de la lettre recommandée ou à la date mentionnée sur le récépissé de la lettre remise par le procureur général au procureur de la République financier.

LIVRE CINQUIÈME. – LES PRESTATAIRES DE SERVICES
(extraits du Livre cinquième)

Art. L. 500-1 *(Ord. n° 2005-429, 6 mai 2005 ; mod., Ord. n° 2014-158, 20 févr. 2014 ; Ord. n° 2014-559, 30 mai 2014 ; L. n° 2014-1662, 30 déc. 2014 ; mod., L. n° 2017-203, 21 févr. 2017 ; Ord.*

n° 2017-1107, 22 juin 2017). – I. – Nul ne peut, directement ou indirectement, pour son propre compte ou pour le compte d'autrui s'il a fait l'objet depuis moins de dix ans d'une condamnation définitive mentionnée au II :

1° Diriger, gérer, administrer ni être membre d'un organe collégial de contrôle d'un organisme mentionné aux articles L. 213-8, L. 511-1, L. 517-1, L. 517-4, L. 522-1, L. 526-1, L. 531-1, L. 542-1, L. 543-1 et L. 549-2, ni disposer du pouvoir de signer pour le compte de cet organisme ;

2° Exercer l'une des professions ou activités mentionnées aux articles L. 341-1, L. 519-1, L. 523-1, L. 524-1, L. 525-8, L. 541-1, L. 545-1, L. 545-4, L. 547-1 *(Mots rempl., L. n° 2019-486, 22 mai 2019)* « , L. 548-1, L. 54-10-3 et L. 551-1 ou être agréé au titre de l'article L. 54-10-5 ».

II. – Les condamnations mentionnées au I sont celles :

1° Pour crime ;

2° À une peine d'emprisonnement ferme ou d'au moins six mois avec sursis pour :

a) L'une des infractions prévues au titre Ier du livre III du Code pénal et pour les délits prévus par des lois spéciales et punis des peines prévues pour l'escroquerie et l'abus de confiance ;

b) Recel ou l'une des infractions assimilées au recel ou voisines de celui-ci prévues à la section 2 du chapitre Ier du titre II du livre III du Code pénal ;

c) Blanchiment ;

d) Corruption active ou passive, trafic d'influence, soustraction et détournement de biens ;

e) Faux, falsification de titres ou autres valeurs fiduciaires émises par l'autorité publique, falsification des marques de l'autorité ;

f) Participation à une association de malfaiteurs ;

g) Trafic de stupéfiants ;

h) Proxénétisme ou l'une des infractions prévues par les sections 2 et 2 *bis* du chapitre V du titre II du livre II du Code pénal ;

i) L'une des infractions prévues à la section 3 du chapitre V du titre II du livre II du Code pénal *(Mots aj., L. n° 2019-486, 22 mai 2019)* « et à la section 6 *bis* du chapitre III du même titre II » ;

j) L'une des infractions à la législation sur les sociétés commerciales prévues au titre IV du livre II du Code de commerce ;

k) Banqueroute ;

l) Pratique de prêt usuraire ;

m) L'une des infractions prévues par la loi du 21 mai 1836 portant prohibition des loteries, par la loi du 15 juin 1907 relative aux casinos et par la loi n° 83-628 du 12 juillet 1983 relative aux jeux de hasard ;

n) L'une des infractions à la législation et à la réglementation des relations financières avec l'étranger ;

o) Fraude fiscale ;

p) (p rempl., L. n° 2019-486, 22 mai 2019) L'une des infractions prévues aux articles L. 121-2 à L. 121-4, L. 121-8 à L. 121-10, L. 411-2, L. 413-1, L. 413-2, L. 413-4 à L. 413-9, L. 422-2, L. 441-1, L. 441-2, L. 452-1, L. 455-2, L. 512-4 et L. 531-1 du Code de la consommation ;

q) L'une des infractions prévues au présent code ;

r) L'une des infractions prévues aux articles L. 8222-1, L. 8222-2, L. 8222-3, L. 8222-5 et L. 8224-1 et L. 8224-2 du Code du travail ;

s) Les atteintes aux systèmes de traitement automatisé prévues par le chapitre III du titre II du livre III du Code pénal ;

t) L'une des infractions à la législation ou la réglementation des assurances ;

3° À la destitution des fonctions d'officier public ou ministériel.

III. – L'incapacité prévue au I s'applique à toute personne à l'égard de laquelle a été prononcée une mesure définitive de faillite personnelle ou une autre mesure définitive d'interdiction dans les conditions prévues par le livre VI du Code de commerce.

IV. – Sans préjudice des dispositions du deuxième alinéa de l'article 132-21 du Code pénal, la juridiction prononçant la décision qui entraîne cette incapacité peut en réduire la durée.

V. – Les personnes exerçant une fonction, une activité ou une profession mentionnée au I qui font l'objet de l'une des condamnations prévues au II et au III doivent cesser leur activité dans un délai d'un mois à compter de la date à laquelle la décision de justice est devenue définitive. Ce délai peut être réduit ou supprimé par la juridiction qui a rendu cette décision.

VI. – En cas de condamnation prononcée par une juridiction étrangère et passée en force de chose jugée pour une infraction constituant, selon la loi française, un crime ou l'un des délits mentionnés au II, le tribunal correctionnel du domicile du condamné déclare, à la requête du ministère public, après constatation de la régularité et de la légalité de la condamnation et l'intéressé dûment appelé en chambre du conseil, qu'il y a lieu à l'application de l'incapacité prévue au I.

Cette incapacité s'applique également à toute personne non réhabilitée ayant fait l'objet d'une faillite personnelle prononcée par une juridiction étrangère quand le jugement déclaratif a été déclaré exécutoire en France. La demande d'exequatur peut être, à cette fin seulement, formée par le ministère public devant le tribunal de grande instance du domicile du condamné.

VII. – Le fait pour une personne de ne pas faire l'objet de l'incapacité prévue au présent article ne préjuge pas de l'appréciation, par l'autorité compétente, du respect des conditions nécessaires à l'accès ou à l'exercice de l'activité.

Partie réglementaire

TITRE PREMIER. – ÉTABLISSEMENTS DU SECTEUR BANCAIRE

Section V. – Les associations sans but lucratif, les fondations reconnues d'utilité publique et les sociétés autorisées à effectuer certaines opérations de banque

(Intitulé mod., D. n° 2009-682, 12 juin 2009)

Sous-section 1 : Les associations sans but lucratif et les fondations reconnues d'utilité publique habilitées à faire certains prêts

Art. R. 518-57 *(Rempl., D. n° 2012-471, 11 avr. 2012 ; L. n° 2013-672, 26 juill. 2013).* **– L'habilitation mentionnée au 5° de l'article L. 511-6 est délivrée par l'Autorité de contrôle prudentiel et de résolution selon les dispositions de la présente sous-section.**

Art. R. 518-58 *(Anc. art. R. 518-59 mod., D. n° 2009-682 ; dénum. et mod., D. n° 2012-471, 11 avr. 2012 ; mod., L. n° 2013-672, 26 juill. 2013).* **– I. – La demande d'habilitation est faite auprès de l'Autorité de contrôle prudentiel et de résolution. Elle donne lieu, de sa part, à la délivrance d'un récépissé dès réception de l'ensemble des documents nécessaires à l'instruction de la demande. La demande d'habilitation précise la destination des prêts suivant qu'ils ont pour objet la création et le développement d'entreprises, ou la réalisation de projets d'insertion par des personnes physiques.**

L'Autorité de contrôle prudentiel et de résolution statue sur la demande par décision motivée, dans un délai maximal de quatre mois suivant la date de délivrance du récépissé. L'absence de réponse au-delà de ce délai vaut accord tacite de la part de l'Autorité.

L'habilitation délivrée par l'Autorité de contrôle prudentiel et de résolution mentionne le ou les types de prêts pouvant être accordés par le demandeur.

II. – L'Autorité de contrôle prudentiel et de résolution peut retirer l'habilitation :

1° Soit sur demande motivée de l'association ou de la fondation ;

2° Soit d'office, lorsque l'association ou la fondation ne respecte plus les conditions mentionnées aux articles R. 518-59 à R. 518-62, ou lorsqu'elle n'exerce plus son activité depuis au moins six mois.

Sous-section 2. – Les associations sans but lucratif et les fondations reconnues d'utilité publique habilitées à faire certains prêts

(D. n° 2007-334, 12 mars 2007 ; intitulé mod., D. n° 2009-682, 12 juin 2009)

Art. R. 518-59 *(Anc. art. R. 518-60 mod., D. n° 2009-682 ; dénum. et mod., D. n° 2012-471, 11 avr. 2012 ; mod., L. n° 2013-672, 26 juill. 2013).* **– Les associations et les fondations qui demandent l'habilitation doivent remplir les conditions suivantes :**

1° Une ancienneté d'au moins dix-huit mois dans l'activité d'accompagnement de projets financés par des prêts consentis par elles sur leurs ressources propres ou par des crédits bancaires ;

2° Le traitement, à ce titre, d'un nombre minimum de dossiers par an, fixé par arrêté du ministre chargé de l'économie ;

3° La compétence requise appréciée par l'Autorité de contrôle prudentiel et de résolution au vu, notamment, des réalisations passées, des résultats de l'activité d'accompagnement, du taux de remboursement des crédits et de l'aptitude à contrôler les risques et la gestion ;

4° La signature d'une convention de garantie appropriée des emprunts contractés par l'association ou la fondation.

Les dirigeants de l'association ou de la fondation doivent posséder l'honorabilité, la compétence et l'expérience nécessaires à l'exercice de leurs fonctions.

Art. R. 518-60 *(Anc. art. R. 518-61 mod., D. n° 2009-682 ; dénum. et mod., D. n° 2012-471, 11 avr. 2012).* – Les associations et les fondations habilitées sont soumises aux obligations suivantes :

1° Inclure dans leur objet statutaire l'activité de prêt pour la création et le développement d'entreprises et celle de prêts pour la réalisation de projets d'insertion par des personnes physiques, en fonction de l'habilitation qui leur a été donnée en application de l'article R. 518-58 ;

2° Mettre en place, dans le cadre de leur activité de prêt, un contrôle interne qui doit prévoir notamment les règles de sélection et de surveillance des risques, la séparation des fonctions de décision et de contrôle, la signature par une personne dûment habilitée pour l'octroi des prêts, la désignation d'un responsable du contrôle interne et les indicateurs de suivi des résultats de l'activité ;

3° Faire certifier leurs comptes annuels par un commissaire aux comptes.

Art. R. 518-61 *(Anc. art. R. 518-62 mod., D. n° 2009-682 ; dénum. et mod., D. n° 2012-471, 11 avr. 2012 ; mod., L. n° 2013-672, 26 juill. 2013 ; D. n° 2014-1315, 3 nov. 2014 ; D. n° 2016-22, 14 janv. 2016 ; D. n° 2018-950, 31 oct. 2018).* – Les opérations de prêts effectuées par les associations et les fondations dans le cadre de l'habilitation délivrée en application de l'article R. 518-58 répondent aux caractéristiques suivantes :

1° Les prêts sont effectués à titre onéreux ;

2° Les prêts ne peuvent être alloués à des entreprises employant plus de trois salariés ;

3° Les prêts destinés à participer au financement des projets d'insertion sont accordés à des personnes physiques, confrontées à des difficultés de financement, dont les capacités de remboursement de ces prêts sont jugées suffisantes par les associations ou les fondations et qui bénéficient d'un accompagnement social. Ces prêts sont accordés dans une perspective d'accès, de maintien ou de retour à un emploi. Ils peuvent également être accordés pour la réalisation de projets d'insertion sociale qui ne sont pas directement liés à un objectif professionnel ;

4° Sauf décision exceptionnelle de rééchelonnement dûment motivée, tous les prêts accordés à un même bénéficiaire sont remboursables et les intérêts payables dans un délai maximum de cinq ans à partir de la date de premier décaissement des fonds versés ;

5° L'association ou la fondation ne peut consentir un nouveau prêt à l'entreprise bénéficiaire, en application de la présente sous-section, que si l'échéancier de remboursement du ou des prêts précédemment alloués, éventuellement rééchelonnés dans les conditions prévues au 4°, est respecté ;

6° Le montant total de l'encours des prêts alloués, en application de la présente sous-section, est plafonné à :

a) 12 000 € par participant et par entreprise pour un projet de création ou de développement d'entreprise ;

b) 5 000 € par emprunteur lorsque le prêt est accordé à une personne physique pour la réalisation d'un projet d'insertion.

Les prêts accordés font l'objet d'un suivi financier pendant leur durée. L'Autorité de contrôle prudentiel et de résolution détermine les conditions dans lesquelles les associations ou fondations doivent effectuer un suivi financier des prêts qu'elles accordent et lui en rendre compte.

Les prêts doivent bénéficier d'une garantie apportée par un fonds de garantie ou de cautionnement agréé, par un établissement de crédit ou par une société de financement.

Art. R. 518-62 *(Anc. art. R. 518-63 mod., D. n° 2009-682 ; dénum. et mod., D. n° 2012-471, 11 avr. 2012 ; mod., L. n° 2013-672, 26 juill. 2013).* – Les encours de prêts contentieux ou douteux doivent être provisionnés à hauteur des pertes probables.

La fraction des encours de prêts non provisionnés qui n'est pas couverte par les garanties mentionnées à l'article R. 518-61 doit donner lieu à la constitution d'un fonds de réserve. L'Autorité de contrôle prudentiel et de résolution détermine le taux applicable à cette fraction pour chaque association ou chaque fondation, selon des modalités fixées par arrêté du ministre chargé de l'économie. Cet arrêté prévoit notamment les conditions dans lesquelles est pris en compte, pour la fixation de ce taux, le taux de défaut observé en moyenne sur les crédits accordés par l'association dans le passé ou par la fondation.

À tout moment, le montant total des fonds propres et ressources assimilées doit être au moins égal au produit de la fraction des encours mentionnée à l'alinéa précédent par un pourcentage fixé par arrêté du ministre chargé de l'économie.

Cet arrêté détermine la liste des éléments admis en fonds propres et ressources assimilées en sus du fonds de réserve prévu au deuxième alinéa.

À tout moment, les encours de crédit doivent être financés par des ressources de durée au moins égale à celle des prêts. Cet adossement s'apprécie globalement, dans des conditions fixées par arrêté du ministre chargé de l'économie.

Sous-section 2 : Les sociétés autorisées à consentir certaines garanties

Art. R. 518-63 *(D. n° 2012-471, 11 avr. 2012).* – Un comité chargé d'émettre un avis sur les demandes d'agrément mentionnées à l'article L. 313-21-1 est placé auprès du ministre chargé de l'économie.

Art. R. 518-64 *(Anc. art. R. 518-58 mod., D. n° 2007-334, 12 mars 2007 ; D. n° 2009-682, 12 juin 2009 ; dénum. et mod., D. n° 2012-471, 11 avr. 2012 ; mod., D. n° 2014-1315, 3 nov. 2014).* – Le comité comprend les membres suivants :

1° Trois représentants du ministre chargé de l'économie, dont un membre de l'inspection générale des finances ;

2° Deux représentants du ministre chargé de l'emploi, dont un membre de l'inspection générale des affaires sociales ;

3° Un représentant du ministre chargé des petites et moyennes entreprises ;

4° Un représentant du ministre chargé de l'économie solidaire ;

5° Un représentant du ministre chargé de l'industrie ;

6° Un représentant du ministre chargé de l'aménagement du territoire ;

7° Un représentant du ministre chargé de la défense ;

8° Deux représentants des établissements de crédit et des sociétés de financement ;

9° Deux personnalités qualifiées.

Les membres du comité sont nommés par arrêté du ministre chargé de l'économie pour une durée de cinq ans. Cet arrêté désigne un suppléant pour chaque membre titulaire. La nomination des membres mentionnés aux 2° à 7° est faite sur proposition du ministre concerné, celle des membres mentionnés au 8° sur proposition de l'Association française des établissements de crédit et des entreprises d'investissement et de la Fédération bancaire française.

Le président du comité est désigné, parmi ses membres, par arrêté du ministre chargé de l'économie.

Le secrétariat du comité est assuré par les services du ministre chargé de l'économie.

Le comité se réunit au moins deux fois par an, sur convocation de son président, qui arrête l'ordre du jour. Les séances ne sont pas publiques.

Le comité se prononce à la majorité des membres présents. En cas de partage des voix, le président a voix prépondérante.

Le comité établit son règlement intérieur.

Les membres du comité et les personnes qui concourent à son activité sont tenus au secret professionnel en ce qui concerne les informations dont ils ont connaissance à l'occasion de leurs fonctions. Tout membre du comité s'abstient de délibérer s'il a ou a eu un intérêt direct et personnel dans la société sur laquelle le comité est amené à prendre une décision.

Sous-section 3. – Les sociétés autorisées à consentir certaines garanties

(D. n° 2007-334, 12 mars 2007)

Art. R. 518-65 *(D. n° 2007-334, 12 mars 2007 ; mod., D. n° 2012-471, 11 avr. 2012).* – I. – La demande d'agrément mentionnée à l'article L. 313-21-1 est déposée auprès du secrétariat du comité. Elle donne lieu, de sa part, à la délivrance d'un récépissé dès réception de l'ensemble des documents nécessaires à l'instruction de la demande.

La société présente dans sa demande :

1° La copie intégrale des inscriptions portées au registre du commerce et des sociétés la concernant ;

2° Ses compétences, son activité passée et prévisionnelle ;

3° Ses règles de sélection et de surveillance des risques, le nom et les coordonnées de la personne responsable du contrôle de l'application de ces règles, ainsi que le taux de sinistralité passé et prévisionnel pour les opérations qu'elle accompagne ou dans lesquelles elle prend un risque financier.

II. – Le comité vérifie si la société demanderesse satisfait aux conditions suivantes :

1° La société dispose de l'expérience nécessaire dans l'accompagnement des projets de développement d'entreprises ;

2° Elle dispose des compétences nécessaires ;

3° Elle dispose d'un contrôle interne des risques.

Le comité peut en outre proposer au ministre de subordonner l'agrément au respect de certaines conditions portant notamment sur l'actionnariat ou le niveau de fonds propres de la société.

III. – Le ministre chargé de l'économie statue sur la demande d'agrément après avis du comité, lequel est réputé donné à l'expiration d'un délai de deux mois à compter de la date de délivrance du récépissé mentionné au premier alinéa du I. La décision du ministre est prise dans un délai de quatre mois à compter de la même date.

Art. R. 518-66 *(D. n° 2007-334, 12 mars 2007 ; rempl., D. n° 2012-471, 11 avr. 2012).* – Le comité contrôle le respect des conditions d'agrément mentionnées à l'article R. 518-65. Il est destinataire, à ce titre, du rapport d'activité annuel des sociétés agréées.

Le comité peut entendre les dirigeants et se faire communiquer toute information ou tout document utile à l'accomplissement de sa mission.

Art. R. 518-67 *(D. n° 2007-334, 12 mars 2007 ; mod., D. n° 2012-471, 11 avr. 2012).* – Le comité peut proposer au ministre d'adresser à toute société agréée sur le fondement de l'article L. 313-21-1 toute recommandation relative à son activité ou à son actionnariat.

Art. R. 518-68 *(D. n° 2007-334, 12 mars 2007).* – Le ministre chargé de l'économie peut retirer l'agrément :

1° Soit sur demande motivée de la société ;

2° Soit d'office, lorsque la société ne respecte plus les conditions auxquelles l'agrément est subordonné, ou les obligations mentionnées à l'article R. 518-69, ou lorsque la société n'a pas fait usage de son agrément dans un délai de vingt-quatre mois ou qu'elle n'exerce plus son activité depuis au moins six mois ;

3° Soit si la société ne s'est pas conformée aux recommandations mentionnées à l'article R. 518-67 dans un délai fixé par le ministre.

Art. R. 518-69 *(D. n° 2007-334, 12 mars 2007 ; mod., D. n° 2012-471, 11 avr. 2012 ; D. n° 2014-1315, 3 nov. 2014).* – L'octroi de garanties partielles par les sociétés agréées sur le fondement de l'article L. 313-21-1 ou par les sociétés retenues pour contribuer à la création d'activités ou au développement des emplois dans le cadre d'une convention passée avec l'État en application des articles L. 1233-84 à L. 1233-89 du Code du travail doit répondre aux caractéristiques suivantes :

1° Les prêts octroyés par des établissements de crédit ou des sociétés de financement faisant l'objet d'une garantie partielle sont effectués à titre onéreux ;

2° Les garanties partielles accordées au profit d'un même établissement de crédit, d'une même société de financement ou d'une même société de caution mutuelle artisanale ne peuvent dépasser 30 % de la somme des valeurs nominales des prêts et des cautions accordés par l'ensemble des établissements de crédit, des sociétés de financement et des sociétés de caution mutuelle artisanales au titre de leurs opérations garanties par la société.

L'octroi de garanties partielles par les sociétés agréées sur le fondement de l'article L. 313-21-1 ou par les sociétés retenues pour contribuer à la création d'activités ou au développement des emplois dans le cadre d'une convention passée avec l'État en application des articles L. 1233-84 à L. 1233-89 du Code du travail doit répondre aux caractéristiques suivantes :

1° Les prêts octroyés par des établissements de crédit faisant l'objet d'une garantie partielle sont effectués à titre onéreux ;

2° Les garanties partielles accordées au profit d'un même établissement de crédit ou d'une même société de caution mutuelle artisanale ne peuvent dépasser 30 % de la somme des valeurs nominales des prêts et des cautions accordés par l'ensemble des établissements de crédit et des sociétés de caution mutuelle artisanales au titre de leurs opérations garanties par la société.

....

Partie législative

TITRE III. – LES PRESTATAIRES DE SERVICES D'INVESTISSEMENT

CHAPITRE I. – DÉFINITIONS

Section I. – Dispositions générales

Art. L. 531-0 *(Ord. n° 2016-827, 23 juin 2016)*. – Dans le présent titre, l'expression : « instrument financier » désigne les instruments financiers au sens de l'article L. 211-1 et les unités mentionnées à l'article L. 229-7 du Code de l'environnement.

Art. L. 531-1 *(Anc. L. n° 96-597, 2 juill. 1996 ; mod., Ord. n° 2017-1107, 22 juin 2017)*. – Les prestataires de services d'investissement sont les entreprises d'investissement, les sociétés de gestion de portefeuille ainsi que les établissements de crédit ayant reçu un agrément pour fournir des services d'investissement mentionnés à l'article L. 321-1.

La prestation de services connexes au sens de l'article L. 321-2 est libre, dans le respect des dispositions législatives et réglementaires en vigueur applicables à chacun de ces services. Elle ne permet pas, à elle seule, de prétendre à la qualité d'entreprise d'investissement.

Art. L. 531-2 *(Mod., L. n° 2003-706, 1er août 2003 ; rempl., Ord. n° 2007-544, 12 avr. 2007 ; Ord. n° 2009-866, 15 juill. 2009 ; mod., Ord. n° 2013-676, 25 juill. 2013 ; L. n° 2013-672, 26 juill. 2013 ; Ord. n° 2014-559, 30 mai 2014 ; Ord. n° 2017-484, 6 avr. 2017 ; Ord. n° 2017-1107, 22 juin 2017)*. – Peuvent fournir des services d'investissement dans les limites des dispositions législatives qui, le cas échéant, les régissent, sans être soumis à la procédure d'agrément prévue à l'article L. 532-1 mais sans pouvoir prétendre au bénéfice des dispositions des articles L. 532-16 à L. 532-27 :

1° *a)* L'État, la Caisse de la dette publique et la Caisse d'amortissement de la dette sociale ;

b) La Banque de France ;

c) L'Institut d'émission des départements d'outre-mer et l'Institut d'émission d'outre-mer ;

2° *a)* Les entreprises d'assurance et de réassurance régies par le Code des assurances ;

b) Les placements collectifs mentionnés au I de l'article L. 214-1 ainsi que leurs sociétés de gestion de portefeuille ;

c) Les fonds de retraite professionnelle supplémentaire mentionnés à l'article L. 381-1 du Code des assurances, les institutions de retraite professionnelle mentionnées à l'article L. 370-1 du même code pour leurs opérations mentionnées à l'article L. 370-2 du même code, ainsi que les personnes morales administrant une institution de retraite professionnelle mentionnée à l'article 8 de l'ordonnance n° 2006-344 du 23 mars 2006 relative aux retraites professionnelles supplémentaires ;

d) Les personnes qui ne fournissent des services d'investissement qu'aux personnes morales qui les contrôlent, à celles que ces dernières contrôlent, ainsi qu'à celles qu'elles contrôlent elles-mêmes, à l'exception des cas où les services d'investissement sont fournis pour le compte de placements collectifs gérés par une société de gestion de portefeuille faisant partie du même groupe. Pour l'application du présent d, la notion de contrôle s'entend du contrôle direct ou indirect au sens de l'article L. 233-3 du Code de commerce et la notion de groupe s'entend au sens de l'article L. 233-17-2 du même code ;

e) Les entreprises dont les activités de services d'investissement se limitent à la gestion d'un système d'épargne salariale ;

f) Les entreprises dont les activités se limitent à celles mentionnées aux *d* et *e* ci-dessus ;

g) Les personnes qui fournissent un service d'investissement à titre accessoire dans le cadre d'une activité professionnelle au sens de l'article 4 du règlement délégué (UE) 2017/565, dans la mesure où celle-ci est régie par des dispositions législatives ou réglementaires ou par un Code de déontologie qui n'excluent pas la fourniture de ce service ;

h) Les conseillers en investissements participatifs, dans les conditions et limites fixées au chapitre VII du titre IV ;

i) Les personnes qui ne fournissent aucun autre service d'investissement que la négociation pour compte propre d'instruments financiers autres que des instruments dérivés sur matières premières au sens du règlement (UE) n° 600/2014 du Parlement européen et du Conseil du 15 mai 2014 concernant les marchés d'instruments financiers, des unités mentionnées à l'article L. 229-7 du Code de l'environnement ou des instruments dérivés ayant pour sous-jacents ces dernières. Ne sont toutefois pas exemptés à ce titre :

– les teneurs de marché ;

– les membres d'un marché réglementé ou d'un système multilatéral de négociation et les personnes qui disposent d'un accès électronique direct à une plate-forme de négociation, à l'exception des entités non financières qui exécutent des transactions sur une plate-forme de négociation dont la contribution à la réduction des risques directement liés à leur activité commerciale ou de financement de leur trésorerie ou de celle de leurs groupes au sens de l'article L. 233-17-2 du Code de commerce peut être objectivement mesurée ;

– les personnes qui ont recours à une technique de négociation algorithmique à haute fréquence ;

– les personnes qui négocient pour compte propre lorsqu'elles exécutent les ordres de leurs clients ;

– les personnes bénéficiant d'une exemption en vertu des *a*, *b* et *j* ne sont pas tenues de remplir les conditions énoncées dans le présent i pour bénéficier de l'exemption ;

j) Les personnes qui négocient pour compte propre, y compris les teneurs de marché, des instruments dérivés sur matières premières au sens du règlement (UE) n° 600/2014 du Parlement européen et du Conseil du 15 mai 2014 concernant les marchés d'instruments financiers, des unités mentionnées à l'article L. 229-7 du Code de l'environnement ou des instruments dérivés ayant pour sous-jacents ces dernières, ou qui fournissent des services d'investissement autres que la négociation pour compte propre concernant ces mêmes instruments financiers aux clients ou aux fournisseurs de leur activité principale, à condition que ces prestations, individuellement ou sous une forme agrégée, soient accessoires, selon des critères définis par décret, à leur activité principale considérée au niveau du groupe au sens de l'article L. 233-17-2 du Code de commerce, lorsque cette activité principale ne consiste ni en la fourniture de services d'investissement, ni en la réalisation d'opérations de banque ou la fourniture de services de paiement, ni en l'exercice de la fonction de teneur de marché en rapport avec les instruments dérivés sur matières premières.

Ne sont toutefois pas exemptés à ce titre :

– les personnes qui ont recours à une technique de négociation algorithmique à haute fréquence ;

– les personnes qui négocient pour compte propre lorsqu'elles exécutent les ordres de leurs clients ;

k) Les conseillers en investissements financiers, dans les conditions et limites fixées au chapitre Ier du titre IV ;

l) Les personnes fournissant des conseils en investissement dans le cadre de l'exercice d'une autre activité professionnelle qui n'est pas régie par le présent titre, à condition que la fourniture de tels conseils ne soit pas spécifiquement rémunérée ;

m) Les dépositaires centraux de titres au sens du règlement (UE) n° 909/2014 du Parlement européen et du Conseil du 23 juillet 2014 concernant l'amélioration du règlement de titres dans l'Union européenne et les dépositaires centraux de titres, sauf dans les cas prévus à l'article 73 de ce règlement ;

n) Lorsqu'ils fournissent des services d'investissement portant sur des instruments dérivés sur matières premières, les gestionnaires de réseaux de transport accomplissant les tâches qui leur incombent en application des articles L. 321-6 à L. 321-17 ou L. 431-3 à L. 431-6 du Code de l'énergie, des règlements (CE) nos 714/2009 et 715/2009 du Parlement européen et du Conseil du 13 juillet 2009 concernant les conditions d'accès au réseau pour les échanges transfrontaliers d'électricité et aux réseaux de transport de gaz naturel, des codes de réseau ou des lignes directrices adoptés en application de ces textes, les personnes agissant en tant que fournisseur de services pour le compte des gestionnaires de réseaux pour effectuer les tâches mentionnées au présent *n* et les opérateurs ou administrateurs d'un mécanisme d'ajustement des flux énergétiques, d'un réseau de gazoducs ou d'un système visant à équilibrer l'offre et la demande d'énergie lorsqu'ils effectuent de telles tâches ;

Toutefois, cette exemption d'agrément ne s'applique pas à l'exploitation d'un marché secondaire, y compris une plate-forme de négociation secondaire sur des droits financiers de transport ;

o) Les personnes relevant de l'article L. 229-5 du Code de l'environnement qui, lorsqu'elles négocient des unités mentionnées à l'article L. 229-7 du même code, n'exécutent pas d'ordres au nom de clients et ne fournissent aucun service d'investissement autre que la négociation pour compte propre, sous réserve que ces personnes n'aient pas recours à une technique de négociation algorithmique à haute fréquence.

Au sens du présent article, un teneur de marché est une personne qui est présente de manière continue sur les marchés financiers pour négocier pour son propre compte et qui se porte acheteuse et vendeuse d'instruments financiers en engageant ses propres capitaux, à des prix fixés par elle.

Les filiales mentionnées à l'article L. 511-47 ne peuvent bénéficier de l'exemption d'agrément prévue au présent article.

Voir : Sanctions pénales, C. monét. fin., art. L. 573-1, p. 1472.

Art. L. 531-3 *(Abr., Ord. n° 2007-544, 12 avr. 2007).*

Section II. – Les entreprises d'investissement

Art. L. 531-4 *(Anc. L. n° 96-597, 2 juill. 1996 ; mod., L. n° 2001-420, 15 mai 2001 ; Ord. n° 2017-1107, 22 juin 2017).* **– Les entreprises d'investissement sont des personnes morales, autres que les sociétés de gestion de portefeuille et les établissements de crédit, qui sont agréées pour fournir à titre de profession habituelle des services d'investissement mentionnés à l'article L. 321-1.**

Bibliographie : I. Riassetto et M. Storck, *La séparation du régime juridique des sociétés de gestion de portefeuille de celui des entreprises d'investissement : RD bancaire et fin.* 2017, étude 17.

Art. L. 531-5 *(Anc. L. n° 96-597, 2 juill. 1996 ; mod., L. n° 2003-706, 1er août 2003).* **– Les entreprises d'investissement peuvent, dans des conditions définies par le ministre chargé de l'économie, prendre et détenir des participations dans des entreprises existantes ou en création.**

Art. L. 531-6 *(Mod., L. n° 2003-706, 1er août 2003 ; Ord. n° 2007-544, 12 avr. 2007 ; Ord. n° 2009-897, 24 juill. 2009 ; mod., Ord. n° 2014-158, 20 févr. 2014 ; Ord. n° 2016-827, 23 juin 2016).* **– I. – Les modifications dans la répartition du capital d'une entreprise d'investissement doivent être notifiées à l'Autorité de contrôle prudentiel et de résolution.**

Les prises ou extensions de participations, directes ou indirectes, dans une entreprise d'investissement doivent être autorisées par l'Autorité de contrôle prudentiel et de résolution.

Lorsqu'une diminution ou cession de participation, directe ou indirecte, lui est notifiée, l'Autorité de contrôle prudentiel et de résolution vérifie que cette opération ne remet pas en cause les conditions auxquelles est subordonné l'agrément délivré à l'entreprise d'investissement.

Un décret en Conseil d'État détermine notamment les critères d'appréciation, par l'Autorité de contrôle prudentiel et de résolution, des opérations mentionnées au deuxième alinéa. Les modalités des procédures mentionnées au présent I sont précisées par l'arrêté prévu à l'article L. 611-4.

Lorsque l'Autorité de contrôle prudentiel et de résolution a connaissance qu'une personne, agissant seule ou de concert avec d'autres, n'a pas respecté l'obligation de notification prévue au premier alinéa du présent I, elle peut enjoindre à cette personne de procéder sans délai à la notification requise.

II. – Sans préjudice des dispositions de l'article L. 233-14 du Code de commerce, en cas de manquement aux règles fixées au I ou lorsque l'influence exercée par les actionnaires ou associés, directs ou indirects, personnes physiques ou morales, qui détiennent une participation qualifiée au sens du 36 du paragraphe 1 de l'article 4 du règlement (UE) n° 575/2013 du Parlement européen et du Conseil du 26 juin 2013 concernant les exigences prudentielles applicables aux établissements de crédit et aux entreprises d'investissement est susceptible de nuire à la gestion saine et prudente de l'entreprise d'investissement, le procureur de la République, l'Autorité de contrôle prudentiel et de résolution ou tout actionnaire ou détenteur de parts sociales peut demander au juge de suspendre, jusqu'à régularisation de la situation, l'exercice des droits de vote attachés aux actions et parts sociales d'entreprise d'investissement détenues irrégulièrement, directement ou indirectement.

Voir : C. monét. fin., art. R. 532-8-1, p. 1398.

Art. L. 531-7 *(Mod., L. n° 2003-706, 1er août 2003 ; Ord. n° 2016-520, 28 avr. 2016 ; Ord. n° 2016-827, 23 juin 2016).* **– Le ministre chargé de l'économie fixe les conditions dans lesquelles les entreprises d'investissement peuvent exercer, à titre professionnel, une activité autre que celles prévues aux articles L. 223-6, L. 321-1, L. 321-2 et, le cas échéant, L. 323-1.**

Art. L. 531-8 *(Anc. L. n° 96-597, 2 juill. 1996).* – Chaque entreprise d'investissement, chaque entreprise de marché et chaque chambre de compensation adhère à une association de son choix, chargée de la représentation collective et de la défense des droits et intérêts de ses membres. Toute association ainsi constituée est affiliée à l'association prévue à l'article L. 511-29.

Art. L. 531-9 *(Abr. à compter du 3 janvier 2018, Ord. n° 2017-1107, 22 juin 2017).*

Voir : Sanctions pénales, C. monét. fin., art. L. 573-2, p. 1472.

Section III. – Interdictions

Art. L. 531-10 *(Rempl., Ord. n° 2007-544, 12 avr. 2007 ; mod., Ord. n° 2016-827, 23 juin 2016).* – Sous réserve des dispositions de l'article L. 531-2, il est interdit à toute personne autre qu'un prestataire de service d'investissement, qu'une entreprise de pays tiers mentionnée à l'article L. 532-48 ou qu'une personne mentionnée à l'article L. 532-18 ou à l'article L. 532-18-1 de fournir à des tiers des services d'investissement, à titre de profession habituelle.

Art. L. 531-11 *(Anc. L. n° 96-597, 2 juill. 1996 ; mod., Ord. n° 2017-1107, 22 juin 2017).* – Il est interdit à toute entreprise autre qu'une entreprise d'investissement ou qu'une société de gestion de portefeuille d'utiliser une dénomination, une raison sociale, une publicité ou, d'une façon générale, des expressions faisant croire qu'elle est agréée en tant qu'entreprise d'investissement ou en tant que société de gestion de portefeuille, ou de créer une confusion en cette matière.

Il est interdit à une entreprise d'investissement ou à une société de gestion de portefeuille de laisser entendre qu'elle appartient à une catégorie autre que celle au titre de laquelle elle a obtenu son agrément ou de créer une confusion sur ce point.

Voir : Sanctions pénales, C. monét. fin., art. L. 573-2, p. 1472.

Section IV. – Secret professionnel

(L. n° 2008-776, 4 août 2008)

Art. L. 531-12 *(L. n° 2008-776, 4 août 2008 ; mod., Ord. n° 2014-158, 20 févr. 2014 ; Ord. n° 2015-859, 15 juill. 2015 ; L. n° 2016-1691, 9 déc. 2016 ; Ord. n° 2017-1107, 22 juin 2017).* – I. – Tout membre d'un conseil d'administration et, selon le cas, d'un conseil de surveillance et toute personne qui à un titre quelconque participe à la direction ou à la gestion d'une entreprise d'investissement ou d'une société de gestion de portefeuille ou qui est employée par celle-ci est tenu au secret professionnel.

Outre les cas où la loi le prévoit, le secret professionnel ne peut être opposé ni à l'Autorité de contrôle prudentiel et de résolution, ni à l'Autorité des marchés financiers, ni à la Banque de France, ni à l'Institut d'émission des départements d'outre-mer, ni à l'Institut d'émission d'outre-mer, ni à l'autorité judiciaire agissant dans le cadre d'une procédure pénale.

Les entreprises d'investissement et les sociétés de gestion de portefeuille peuvent par ailleurs communiquer des informations couvertes par le secret professionnel, d'une part, aux agences de notation pour les besoins de la notation des produits financiers et, d'autre part, aux personnes avec lesquelles elles négocient, concluent ou exécutent les opérations ci-après énoncées, dès lors que ces informations sont nécessaires à celles-ci :

1° Opérations de crédit effectuées, directement ou indirectement, par une ou plusieurs entreprises d'investissement ou un ou plusieurs fonds gérés par une société de gestion de portefeuille ;

2° Opérations sur instruments financiers, de garanties ou d'assurance destinées à la couverture d'un risque de crédit ;

3° Prises de participation ou de contrôle dans un établissement de crédit, une société de financement, une entreprise d'investissement ou une société de gestion de portefeuille ;

4° Cessions d'actifs ou de fonds de commerce ;

5° Cessions ou transferts de créances ou de contrats ;

6° Contrats de prestations de services conclus avec un tiers en vue de lui confier des fonctions opérationnelles importantes ;

7° Lors de l'étude ou l'élaboration de tout type de contrats ou d'opérations, dès lors que ces entités appartiennent au même groupe que l'auteur de la communication.

Lors d'opérations sur contrats financiers, les entreprises d'investissement et les sociétés de gestion de portefeuille peuvent également communiquer des informations couvertes par le secret professionnel, lorsqu'une législation ou une réglementation d'un État qui n'est pas membre de l'Union européenne prévoit la déclaration de ces informations à un référentiel central. Lorsque ces informations constituent des données à caractère personnel soumises à la loi n° 78-17 du 6 janvier 1978 relative à l'informatique, aux fichiers et aux libertés, leur transmission doit s'effectuer dans les conditions prévues par la même loi.

Outre les cas exposés ci-dessus, les entreprises d'investissement et les sociétés de gestion de portefeuille peuvent communiquer des informations couvertes par le secret professionnel au cas par cas et uniquement lorsque les personnes concernées leur ont expressément permis de le faire.

Les personnes recevant des informations couvertes par le secret professionnel, qui leur ont été fournies pour les besoins d'une des opérations ci-dessus énoncées, doivent les conserver confidentielles, que l'opération susvisée aboutisse ou non. Toutefois, dans l'hypothèse où l'opération susvisée aboutit, ces personnes peuvent à leur tour communiquer les informations couvertes par le secret professionnel dans les mêmes conditions que celles visées au présent article aux personnes avec lesquelles elles négocient, concluent ou exécutent les opérations énoncées ci-dessus.

II. – Le personnel des entreprises d'investissement et des sociétés de gestion de portefeuille soumises respectivement au contrôle de l'Autorité de contrôle prudentiel et de résolution et au contrôle de l'Autorité des marchés financiers, ainsi que le personnel des prestataires externes de ces personnes peuvent signaler à l'une ou l'autre de ces autorités les manquements et infractions potentiels ou avérés au règlement (UE) n° 575/2013 du Parlement européen et du Conseil du 26 juin 2013, aux dispositions du présent titre et du titre Ier du présent livre ou d'un règlement pris pour leur application ou de toute autre disposition législative ou réglementaire dont la méconnaissance entraîne celle des dispositions précitées. Les signalements sont faits sous forme écrite et accompagnés de tous éléments de nature à établir la réalité des faits signalés.

L'Autorité de contrôle prudentiel et de résolution et l'Autorité des marchés financiers recueillent les signalements dans des conditions qui garantissent la protection des personnes signalant les manquements, notamment en ce qui concerne leur identité, et la protection des données à caractère personnel relatives aux personnes concernées par les signalements.

CHAPITRE II. – CONDITIONS D'EXERCICE DE LA PROFESSION

Section I. – Agrément

Sous-section 1. – Conditions et procédures d'agrément

Art. L. 532-1 *(Mod., L. n° 2003-706, 1er août 2003 ; Ord. n° 2007-544, 12 avr. 2007 ; Ord. n° 2014-158, 20 févr. 2014 ; Ord. n° 2016-827, 23 juin 2016 ; Ord. n° 2017-1107, 22 juin 2017).* – Pour fournir des services d'investissement, les prestataires de services d'investissement autres que les sociétés de gestion de portefeuille doivent obtenir un agrément. Cet agrément est délivré par l'Autorité de contrôle prudentiel et de résolution. Il n'est pas requis pour le seul exercice d'un ou plusieurs des services mentionnés à l'article L. 321-2.

Préalablement à la délivrance de l'agrément, les prestataires de services d'investissement autres que les sociétés de gestion de portefeuille doivent obtenir l'approbation par l'Autorité des marchés financiers de leur programme d'activité, dans les conditions fixées à l'article L. 532-4.

Un décret en Conseil d'État détermine les modalités d'application du présent article. Il précise, notamment, les conditions dans lesquelles les décisions sont prises et notifiées ainsi que les dispositions particulières applicables aux entreprises d'investissement constituant des filiales directes ou indirectes d'entreprises d'investissement ou d'établissement de crédit qui soit ont été agréées dans un autre État membre de l'Union européenne ou partie à l'accord sur l'Espace économique européen, soit ne relèvent pas du droit de l'un de ces États.

Voir : C. monét. fin., art. R. 532-1 et s., p. 1396.

Voir : Sanctions pénales, C. monét. fin., art. L. 573-1, p. 1472.

Portée. Si le délit de gestion de portefeuille pour le compte de tiers sans être titulaire de l'agrément prévu par l'article 11 porte atteinte à l'intérêt général, il peut également causer à des particuliers un préjudice direct et personnel de nature à servir de fondement à l'action civile devant la juridiction répressive : ▪ Cass. crim., 5 mars 1998 : *D.* 1999, somm. p. 250, obs. I. Bon-Garcin.

Art. L. 532-2 *(Mod., L. n° 2001-420, 15 mai 2001 ; L. n° 2003-706, 1er août 2003 ; Ord. n° 2004-482, 3 juin 2004 ; Ord. n° 2007-544, 12 avr. 2007 ; Ord. n° 2007-1490, 18 oct. 2007 ; Ord. n° 2014-158, 20 févr. 2014 ; Ord. n° 2016-827, 23 juin 2016)*. – Pour délivrer l'agrément à une entreprise d'investissement, l'Autorité de contrôle prudentiel et de résolution vérifie si celle-ci :

1. À son siège social et sa direction effective en France ;
2. Dispose, compte tenu de la nature du service qu'elle souhaite fournir, d'un capital initial libéré dont le montant minimum et la composition sont déterminés par un arrêté du ministre chargé de l'économie pris conformément à l'article L. 611-3, ainsi que des moyens financiers adaptés et suffisants ;
3. Fournit l'identité de ses actionnaires, directs ou indirects, personnes physiques ou morales, qui détiennent une participation qualifiée, ainsi que le montant de leur participation ; l'Autorité apprécie la qualité de ces actionnaires au regard de la nécessité de garantir une gestion saine et prudente de l'entreprise d'investissement. Un arrêté du ministre chargé de l'économie pris conformément à l'article L. 611-3 précise les conditions d'application du présent 3 ;
4. Est dirigée effectivement par deux personnes au moins. Un arrêté du ministre chargé de l'économie pris conformément à l'article L. 611-3 fixe les conditions dans lesquelles une entreprise d'investissement peut, par dérogation, être dirigée effectivement par une seule personne. Il précise les mesures qui doivent être prises pour garantir la gestion efficace, saine et prudente de l'entreprise concernée, en prenant en compte de manière appropriée l'intérêt des clients de l'entreprise d'investissement ainsi que l'intégrité du marché ;
5. Dispose d'un programme d'activité pour chacun des services qu'elle entend exercer qui précise les conditions dans lesquelles elle envisage de fournir les services d'investissement concernés et indique le type d'opérations envisagées et la structure de son organisation ;
6. Adhère à un mécanisme de garantie des titres géré par le Fonds de garantie des dépôts et de résolution conformément aux articles L. 322-1 à L. 322-4 ;
7. Respecte les dispositions des articles L. 511-58 à L. 511-60, L. 511-67 à L. 511-69, L. 511-89 à L. 511-91, L. 511-98 à L. 511-101 et L. 533-25 à L. 533-28.

L'Autorité peut assortir l'agrément de conditions particulières visant à préserver l'équilibre de la structure financière de l'entreprise. L'Autorité peut également subordonner l'octroi de l'agrément au respect d'engagements souscrits par l'entreprise requérante.

L'Autorité peut refuser l'agrément lorsque l'exercice de la mission de surveillance de l'entreprise requérante est susceptible d'être entravé soit par l'existence de liens de capital ou de contrôle directs ou indirects entre l'entreprise et d'autres personnes physiques ou morales, soit par l'existence de dispositions législatives ou réglementaires d'un État qui n'est pas partie à l'accord sur l'Espace économique européen et dont relèvent une ou plusieurs de ces personnes.

L'Autorité refuse l'agrément si les dispositions des articles L. 533-25 et L. 533-26 ne sont pas respectées ou s'il existe des raisons objectives et démontrables d'estimer que les personnes mentionnées aux 1° et 2° de l'article L. 533-25 risqueraient de compromettre la gestion efficace, saine et prudente de l'entreprise d'investissement, ainsi que la prise en compte appropriée de l'intérêt de ses clients et de l'intégrité du marché.

L'entreprise d'investissement doit satisfaire à tout moment aux conditions de son agrément.

Art. L. 532-2-1 *(L. n° 2013-672, 26 juill. 2013 ; abr., Ord. n° 2014-158, 20 févr. 2014)*.

Art. L. 532-3 *(Mod., L. n° 2001-420, 15 mai 2001 ; L. n° 2003-706, 1er août 2003 ; Ord. n° 2004-482, 3 juin 2004 ; Ord. n° 2007-544, 12 avr. 2007 ; Ord. n° 2007-1490, 18 oct. 2007 ; L. n° 2013-672, 26 juill. 2013 ; Ord. n° 2017-1107, 22 juin 2017)*. – I. – L'agrément autorisant la fourniture d'un ou plusieurs services d'investissement par un établissement de crédit peut être délivré à des personnes morales ayant leur siège social en France ou à des succursales établies sur le territoire français d'établissements de crédit ayant leur siège social dans un État qui n'est ni membre de l'Union européenne ni partie à l'accord sur l'Espace économique européen. Pour délivrer cet agrément, l'Autorité de contrôle prudentiel et de résolution vérifie, outre les conditions posées à l'article L. 511-10, si l'établissement de crédit dispose :

1° D'un capital initial ou d'une dotation initiale suffisant déterminé par le ministre chargé de l'économie, compte tenu de la nature du service qu'il entend fournir ;

2° D'un programme d'activité pour chacun des services qu'il entend fournir qui précise les conditions dans lesquelles il envisage de fournir les services d'investissement concernés et indique le type d'opérations envisagées et la structure de son organisation.

L'établissement de crédit doit en outre avoir adhéré à un mécanisme de garantie des titres géré par le Fonds de garantie des dépôts et de résolution conformément aux articles L. 322-1 à L. 322-4.

L'Autorité peut assortir l'agrément de conditions particulières visant à préserver l'équilibre de la structure financière de l'établissement. L'Autorité peut également subordonner l'octroi de l'agrément au respect d'engagements souscrits par l'établissement requérant.

L'établissement de crédit doit satisfaire à tout moment aux conditions de cet agrément.

II. – Lorsqu'ils sont autorisés à fournir des services d'investissement, les établissements de crédit ayant leur siège social ou leur administration centrale dans un État qui n'est ni membre de l'Union européenne ni partie à l'accord sur l'Espace économique européen peuvent fournir ces services d'investissement sur le territoire français sans disposer d'une succursale en France, à condition que seul le client soit à l'initiative de cette fourniture.

Il est interdit à ces établissements de crédit de commercialiser des instruments financiers ou des services d'investissement autres que ceux pour lesquels le client a été à l'initiative de la fourniture, autrement que par l'intermédiaire d'une succursale agréée conformément à la présente sous-section.

Art. L. 532-3-1 *(L. n° 2001-420, 15 mai 2001 ; L. n° 2003-706, 1er août 2003 ; mod., L. n° 2013-672, 26 juill. 2013 ; Ord. n° 2017-1107, 22 juin 2017).* – Toute modification des conditions auxquelles était subordonné l'agrément délivré à une un prestataire de services d'investissement autre qu'une société de gestion de portefeuille fournissant un ou plusieurs services d'investissement doit faire l'objet, selon les cas, d'une autorisation préalable de l'Autorité de contrôle prudentiel et de résolution, d'une déclaration ou d'une notification, dans les conditions fixées par un arrêté du ministre chargé de l'économie.

Dans les cas où une autorisation doit être délivrée, elle peut, elle-même, être assortie de conditions particulières répondant à la finalité mentionnée au neuvième alinéa de l'article L. 532-2 et au cinquième alinéa de l'article L. 532-3 ou subordonnée au respect d'engagements pris par le prestataire.

Art. L. 532-3-2 *(L. n° 2005-842, 26 juill. 2005 ; mod., L. n° 2013-672, 26 juill. 2013).* – Sans préjudice des dispositions de l'article L. 229-4 du Code de commerce, l'Autorité de contrôle prudentiel et de résolution est également compétente pour s'opposer, conformément aux dispositions du 14 de l'article 8 et de l'article 19 du règlement (CE) n° 2157/2001 du Conseil du 8 octobre 2001 relatif au statut de la société européenne (SE), au transfert de siège social d'une entreprise d'investissement constituée sous forme de société européenne immatriculée en France et dont résulterait un changement du droit applicable ainsi qu'à la constitution d'une société européenne par voie de fusion impliquant une entreprise d'investissement agréée en France. Cette décision est susceptible de recours devant le Conseil d'État.

Art. L. 532-4 *(Mod., L. n° 2001-420, 15 mai 2001 ; L. n° 2001-1168, 11 déc. 2001 ; L. n° 2003-706, 1er août 2003 ; Ord. n° 2014-158, 20 févr. 2014 ; Ord. n° 2017-1107, 22 juin 2017).* – Pour délivrer l'approbation du programme d'activité, l'Autorité des marchés financiers apprécie la qualité de ce programme au regard des obligations prévues aux articles L. 533-25 et L. 533-26, ainsi que les conditions dans lesquelles le prestataire de services d'investissement autre qu'une société de gestion de portefeuille envisage de fournir les services d'investissement concernés. Ce programme indique le type d'opérations envisagées et la structure de l'organisation du prestataire.

Art. L. 532-5 *(Abr. à compter du 3 janvier 2018, Ord. n° 2016-827, 23 juin 2016).*

> **Rédaction antérieure. Art. L. 532-5** *(Rempl., Ord. n° 2007-544, 12 avr. 2007).* – Les prestataires de services d'investissement autorisés à fournir, au 1er novembre 2007, un service d'investissement mentionné à l'article L. 321-1 sont dispensés, pour la fourniture de ce service, des procédures prévues à l'article L. 532-1 et bénéficient des dispositions des articles L. 532-23 à L. 532-25.

Sous-section 2. – Retrait d'agrément et radiation des entreprises d'investissement

Art. L. 532-6 *(L. n° 2001-420, 15 mai 2001 ; mod., L. n° 2003-706, 1er août 2003 ; Ord. n° 2014-158, 20 févr. 2014 ; Ord. n° 2017-1107, 22 juin 2017).* – Le retrait d'agrément d'une entreprise d'investissement est prononcé par l'Autorité de contrôle prudentiel et de résolution à la demande de l'entreprise d'investissement.

Il peut aussi être décidé d'office par l'Autorité si l'entreprise d'investissement ne remplit plus les conditions ou les engagements auxquels étaient subordonnés son agrément ou une autorisation ultérieure, ou si l'entreprise d'investissement n'a pas fait usage de son agrément dans un délai de douze mois ou lorsqu'elle n'exerce plus son activité depuis au moins six mois ou encore si elle a obtenu l'agrément par de fausses déclarations ou par tout autre moyen irrégulier.

Le retrait d'agrément prend effet à l'expiration d'une période dont la durée est déterminée par l'Autorité de contrôle prudentiel et de résolution.

Pendant cette période :

1. L'entreprise d'investissement demeure soumise au contrôle de l'Autorité de contrôle prudentiel et de résolution et de l'Autorité des marchés financiers. L'Autorité de contrôle prudentiel et de résolution et l'Autorité des marchés financiers peuvent prononcer les sanctions disciplinaires prévues aux articles L. 612-39 et L. 612-40 et les sanctions prévues à l'article L. 621-15 à l'encontre de toute entreprise d'investissement ayant fait l'objet d'un retrait d'agrément ;

2. Elle ne peut effectuer que des opérations strictement nécessaires à l'apurement de ses services d'investissement ;

3. L'entreprise ne peut faire état de sa qualité d'entreprise d'investissement qu'en précisant que son agrément est en cours de retrait.

Les titres émis par cette entreprise qui ne sont pas négociables sur un marché réglementé sont remboursés par l'entreprise à leur échéance ou, si cette échéance est postérieure à l'expiration de la période mentionnée ci-dessus, à la date fixée par l'Autorité de contrôle prudentiel et de résolution.

Au terme de cette période, l'entreprise perd la qualité d'entreprise d'investissement et doit avoir changé sa dénomination sociale.

Par dérogation aux dispositions des 4° et 5° de l'article 1844-7 du Code civil, la dissolution anticipée d'une entreprise d'investissement ne peut être prononcée qu'après retrait de son agrément par l'Autorité de contrôle prudentiel et de résolution. Par dérogation aux articles L. 123-1 et L. 237-3 du Code de commerce, la publication et l'inscription modificative au registre du commerce et des sociétés concernant le prononcé de cette dissolution doivent mentionner la date de la décision de retrait d'agrément prononcée par l'Autorité de contrôle prudentiel et de résolution. Jusqu'à la clôture de sa liquidation, l'entreprise reste soumise au contrôle de l'Autorité de contrôle prudentiel et de résolution qui peut prononcer l'ensemble des sanctions prévues aux articles L. 612-39 et L. 612-40 du présent code. L'entreprise ne peut faire état de sa qualité d'entreprise d'investissement sans préciser qu'elle est en liquidation.

Art. L. 532-7 *(Anc. L. n° 96-597, 2 juill. 1996 ; mod., L. n° 2013-672, 26 juill. 2013 ; Ord. n° 2017-1107, 22 juin 2017).* **– La radiation d'une entreprise d'investissement de la liste des entreprises d'investissement agréées autre qu'une société de gestion de portefeuille peut être prononcée à titre de sanction disciplinaire par l'Autorité de contrôle prudentiel et de résolution.**

La radiation entraîne la liquidation de la personne morale, lorsque celle-ci a son siège social en France. Dans le cas des succursales des entreprises d'investissement ayant leur siège hors de l'Espace économique européen, cette radiation entraîne la liquidation du bilan et du hors bilan de la succursale.

Toute entreprise qui a fait l'objet d'une radiation demeure soumise au contrôle de l'Autorité de contrôle prudentiel et de résolution jusqu'à la clôture de la liquidation. Elle ne peut effectuer que des opérations strictement nécessaires à l'apurement de sa situation. Elle ne peut faire état de sa qualité d'entreprise d'investissement qu'en précisant qu'elle a fait l'objet d'une mesure de radiation.

Art. L. 532-8 *(Anc. L. n° 96-597, 2 juill. 1996 ; mod., L. n° 2003-706, 1er août 2003 ; Ord. n° 2017-1107, 22 juin 2017).* **– Le ministre chargé de l'économie précise les conditions d'application des articles L. 532-6 et L. 532-7. Il fixe notamment les modalités selon lesquelles :**

***a)* Les décisions de retrait d'agrément et de radiation sont portées à la connaissance du public ;**

***b)* Les instruments financiers inscrits en compte auprès de l'entreprise peuvent être transférés chez un prestataire de services d'investissement autre qu'une société de gestion de portefeuille ou chez la personne morale émettrice.**

Sous-section 3. – Dispositions relatives aux sociétés de gestion de portefeuille

Bibliographie : I. Riassetto, *L'ordonnance n° 2011-915 du 1er août 2011 et les sociétés de gestion de portefeuille : RD bancaire et fin.* sept. 2011, comm. 177. • I. Riassetto, *Le traitement équitable des porteurs de parts d'OPC : Bull. Joly Bourse* 2015, p. 43.

§ 1. – Agrément

Art. L. 532-9 *(Mod., L. n° 2001-420, 15 mai 2001 ; L. n° 2003-706, 1er août 2003 ; Ord. n° 2004-482, 3 juin 2004 ; Ord. n° 2007-544, 12 avr. 2007 ; Ord. n° 2008-556, 13 juin 2008 ; D. n° 2008-1077, 23 oct. 2008 ; Ord. n° 2008-1081, 23 oct. 2008 ; Ord. n° 2011-915, 1er août 2011 ; L. n° 2014-1, 2 janv. 2014 ; Ord. n° 2017-1107, 22 juin 2017)*. – I. – Les sociétés de gestion de portefeuille sont les personnes morales qui gèrent un ou plusieurs :

1° OPCVM ;

2° FIA ;

3° OPCVM de droit étranger agréés conformément à la directive 2009/65/CE du Parlement européen et du Conseil du 13 juillet 2009 ;

4° FIA de droit étranger relevant de la directive 2011/61/UE du Parlement européen et du Conseil du 8 juin 2011 ;

5° « Autres placements collectifs ».

Ne peut gérer un ou plusieurs « Autres placements collectifs », sans gérer d'OPCVM mentionnés aux 1° et 3°, une société de gestion de portefeuille gérant un ou plusieurs FIA :

1° Relevant du II de l'article L. 214-24, à l'exclusion de ceux mentionnés au dernier alinéa du même II et à l'exclusion des FIA relevant du I de l'article L. 214-167 et de ceux mentionnés au second alinéa du III du présent article ;

2° Ou relevant du 1° du III de l'article L. 214-24.

II. – Les sociétés de gestion de portefeuille sont agréées par l'Autorité des marchés financiers. Pour délivrer l'agrément à une société de gestion de portefeuille, l'Autorité vérifie si celle-ci :

1. A son siège social et sa direction effective en France ;

2. Dispose d'un capital initial suffisant ainsi que des moyens financiers adaptés et suffisants ;

3. Fournit l'identité de ses actionnaires ou détenteurs de parts sociales, directs ou indirects, personnes physiques ou morales, qui détiennent une participation qualifiée, ainsi que le montant de leur participation ; l'Autorité apprécie la qualité de ces actionnaires au regard de la nécessité de garantir une gestion saine et prudente ;

4. Est dirigée effectivement par deux personnes au moins possédant l'honorabilité nécessaire et l'expérience adéquate à leur fonction, en vue de garantir sa gestion saine et prudente. Le règlement général de l'Autorité des marchés financiers fixe les conditions dans lesquelles une société de gestion de portefeuille peut, par dérogation, être dirigée effectivement par une seule personne. Il précise les mesures qui doivent être prises pour garantir la gestion saine et prudente de la société concernée ;

5. Dispose d'un programme d'activité pour chaque activité ou service qu'elle entend exercer ou fournir, qui précise les conditions dans lesquelles elle envisage d'exercer la gestion des placements collectifs mentionnés au I et de fournir les services d'investissement pour lesquels elle est agréée, et indique le type d'opérations envisagées et la structure de son organisation ;

6. Adhère à un mécanisme de garantie des titres géré par le Fonds de garantie des dépôts et de résolution conformément aux articles L. 322-5 et L. 322-10.

L'Autorité des marchés financiers peut refuser l'agrément lorsque l'exercice de la mission de surveillance de la société de gestion de portefeuille est susceptible d'être entravé soit par l'existence d'un lien de capital ou de contrôle direct ou indirect entre la société requérante et d'autres personnes physiques ou morales, soit par l'existence de dispositions législatives ou réglementaires, ou de difficultés tenant à leur application, d'un État qui n'est pas partie à l'accord sur l'Espace économique européen et dont relèvent une ou plusieurs de ces personnes.

L'Autorité des marchés financiers statue dans un délai de trois mois à compter de la présentation de la demande complète. Sa décision est motivée et notifiée au demandeur.

L'Autorité peut assortir l'agrément de conditions particulières visant à préserver l'équilibre de la structure financière de la société de gestion de portefeuille. Elle peut également subordonner l'octroi de l'agrément au respect d'engagements souscrits par la société requérante ou par ses actionnaires ou détenteurs de parts sociales.

Le règlement général de l'Autorité des marchés financiers précise les conditions d'agrément des sociétés de gestion de portefeuille.

Les sociétés de gestion de portefeuille doivent satisfaire à tout moment aux conditions de leur agrément.

III. – Par dérogation au II, ne sont pas soumis à agrément ni aux dispositions législatives et réglementaires qui régissent les sociétés de gestion de portefeuille les gestionnaires qui gèrent exclusivement un ou plusieurs FIA mentionnés à l'article L. 214-24 dont les seuls investisseurs sont le gestionnaire lui-même ou les filiales de ce gestionnaire, ou les entreprises dont le gestionnaire est la filiale, ou d'autres filiales de ces entreprises, à la condition qu'aucun de ces investisseurs ne soit lui-même un FIA.

Sont toutefois soumis à agrément et aux dispositions législatives et réglementaires qui régissent les sociétés de gestion de portefeuille ceux des gestionnaires mentionnés au précédent alinéa qui gèrent un ou plusieurs FIA listés au II de l'article L. 214-24. Ces gestionnaires et leurs FIA ne sont pas soumis aux dispositions des paragraphes 1, 3, 4 et 5 de la sous-section 1 de la section 2 du chapitre IV du titre Ier du livre II.

IV. – Les personnes morales qui gèrent, directement ou indirectement, des FIA mentionnés à l'article L. 214-24 dont le volume d'actifs est inférieur aux seuils fixés par décret en Conseil d'État doivent obtenir l'agrément mentionné au II, excepté dans le cas prévu au 3° du III de l'article L. 214-24.

Lorsqu'elles ne remplissent plus les conditions mentionnées au premier alinéa, ces personnes morales le notifient à l'Autorité des marchés financiers dans les conditions fixées par le règlement général de l'Autorité des marchés financiers.

V. – Par dérogation au II, ne sont pas soumises à agrément et aux dispositions législatives et réglementaires qui régissent les sociétés de gestion de portefeuille les entités suivantes :

1° Les institutions internationales telles que la Banque centrale européenne, la Banque d'investissement européenne, le Fonds d'investissement européen, les institutions européennes de financement du développement et les banques bilatérales de développement, la Banque mondiale, le Fonds monétaire international et les autres institutions internationales et organismes internationaux similaires lorsque ceux-ci gèrent des FIA et dans la mesure où ces FIA agissent dans l'intérêt public ;

2° Les banques centrales nationales ;

3° Les autorités nationales, régionales et locales, et les autres organismes ou institutions qui gèrent des fonds destinés au financement des régimes de sécurité sociale et de pension ;

4° Les institutions de retraite professionnelle qui relèvent de la directive 2003/41/CE du 3 juin 2003 concernant les activités et la surveillance des institutions de retraite professionnelle, y compris, le cas échéant, les entités autorisées qui sont chargées de la gestion de ces institutions et qui agissent en leur nom, mentionnées au paragraphe 1 de l'article 2 de cette directive, ou les gestionnaires de placement désignés conformément au paragraphe 1 de l'article 19 de cette directive dans la mesure où ils ne gèrent pas de FIA ;

5° Les systèmes de participation des travailleurs ou les plans d'épargne des travailleurs ;

6° Les structures de titrisation *ad hoc*, dont le seul objet est de réaliser une ou plusieurs opérations de titrisation répondant aux critères du point 2 de l'article 1er du règlement (CE) n° 24/2009 de la Banque centrale européenne du 19 décembre 2008 relatif aux statistiques sur les actifs et les passifs des sociétés-écrans effectuant des opérations de titrisation et d'autres activités appropriées à cette fin, autres que les gestionnaires d'organismes de titrisation mentionnés à l'article L. 214-167 ;

7° Les sociétés holdings.

Au sens du présent article, une société holding est une société détenant des participations dans une ou plusieurs autres sociétés, dont l'objectif commercial est de mettre en œuvre une ou plusieurs stratégies d'entreprise par l'intermédiaire de ses filiales, de ses sociétés associées ou de ses participations en vue de contribuer à la création de valeur à long terme et qui est une société :

a) Opérant pour son propre compte et dont les actions sont admises à la négociation sur un marché réglementé dans l'Union européenne *(Mots aj., L. n° 2019-486, 22 mai 2019)* « ou un État partie à l'accord sur l'Espace économique européen » ; ou

b) N'étant pas créée dans le but principal de produire une rémunération pour ses investisseurs par la cession de ses filiales ou de ses sociétés associées, ainsi qu'il ressort de son rapport annuel ou d'autres documents officiels.

VI. – 1° Peuvent demander à être agréées pour fournir le service d'investissement mentionné au 5 de l'article L. 321-1 toutes les sociétés de gestion de portefeuille ;

2° Peuvent également demander à être agréées pour fournir le service d'investissement mentionné au 4 de l'article L. 321-1 les sociétés de gestion de portefeuille agréées pour gérer des OPCVM et celles agréées au titre de la directive 2011/61/UE du Parlement européen et du Conseil du 8 juin 2011 ;

3° Peuvent également demander à être agréées pour fournir le service d'investissement mentionné au 1 de l'article L. 321-1 les sociétés de gestion de portefeuille agréées au titre de la directive 2011/61/UE du Parlement européen et du Conseil du 8 juin 2011 et, lorsqu'elles ne sont pas agréées pour gérer des OPCVM, les sociétés de gestion de portefeuille agréées pour gérer des FIA dont les actifs sont inférieurs aux seuils fixés par décret en Conseil d'État.

VII. – Lorsqu'elles sont agréées pour fournir un ou plusieurs services d'investissement mentionnés au VI, les sociétés de gestion de portefeuille se conforment, pour la fourniture de ces services, aux dispositions du présent titre applicables aux sociétés de gestion de portefeuille ainsi qu'aux dispositions applicables aux entreprises d'investissement.

VIII. – Les articles L. 531-5, L. 531-7 et L. 531-8 s'appliquent aux sociétés de gestion de portefeuille. Les compétences des autorités définies à ces articles sont exercées par l'Autorité des marchés financiers.

IX. *(IX créé, L. n° 2019-486, 22 mai 2019)* **La société de gestion de portefeuille nomme un commissaire aux comptes.**

Voir : Règl. AMF, 12 oct. 2004, art. 311-1 et s.

1) **Règle des « quatre yeux ».** L'Autorité des marchés financiers considère que toute société de gestion doit être dirigée et voir son orientation déterminée par les personnes suivantes : un premier dirigeant, mandataire social habilité à représenter la société dans ses rapports avec les tiers ; un deuxième dirigeant, autre mandataire social habilité à représenter la société dans ses rapports avec les tiers, ou le président du conseil d'administration ou encore une personne spécialement habilitée par les organes sociaux collégiaux ou les statuts pour diriger la société et déterminer l'orientation de son activité : ▪ AMF, communiqué, 1er déc. 2004 : *Rev. AMF* déc. 2004, n° 9, p. 57 ; *D.* 2004, p. 3205 ; *Dr. sociétés* mars 2005, 55, note Th. Bonneau. – Jugé que la garantie d'une gestion saine et prudence d'une société de gestion de portefeuille suppose une direction effectivement exercée par deux personne, l'implication du second dirigeant dans la gestion opérationnelle de sa société ne pouvant pas se réduire aux fonctions d'un simple président de conseil d'administration au sens du droit des sociétés : ▪ AMF sanct., 1re sect., 18 juill. 2016, *Sté Sunny Asset Management et M. J.-Y. G. : RD bancaire et fin.* sept. 2016, comm. 216, note M. Storck ; *Bull. Joly Bourse* 2016, p. 430, note I. Riassetto.

I – OBTENTION DE L'AGRÉMENT

2) **Conditions de refus.** Il résulte des dispositions de l'article 23 de la loi n° 89-531 du 2 août 1989 *[abr., L. n° 96-597, 2 juill. 1996]* que l'agrément ne peut être refusé pour des motifs autres que **l'absence d'honorabilité** ou **d'expérience professionnelle** des dirigeants, ou **l'insuffisance des garanties financières** constituées par la société qui sollicite la délivrance de cet agrément : ▪ CE, 10 oct. 1997 : *D.* 1997, inf. rap. p. 233. – Pour un exemple de refus motivé par une insuffisance de l'expérience professionnelle, V. ▪ CE, 4 janv. 1995 : *JCP* E 1995, pan., p. 128 ; *Bull. Joly Bourse* 1995, 128, note H. de Vauplane. – Par exemple, l'AMF a valablement pu refuser la délivrance d'un agrément à une société de gestion de portefeuille au motif, d'une part, que le dirigeant de la société **ne remplissait pas les conditions d'honorabilité et d'expérience** posées par l'article L. 532-9 du CMF et l'article 312-6 du RGAMF et, d'autre part, que l'organisation de la société **ne permettait pas l'utilisation en permanence de moyens humains suffisants** : ▪ CE, 6e et 1re ss-sect., 13 juill. 2011, n° 337552 : *Bull. Joly Bourse* 2011, § 307, p. 596, note M. Guyomar.

3) **Nature du refus.** Ne présente pas le caractère d'une sanction la décision par laquelle l'AMF refuse de délivrer l'agrément à une société de gestion de portefeuille. Par ailleurs, la circonstance qu'aient été pris en compte, pour refuser l'agrément, des faits sanctionnés par une décision de la commission des sanctions de l'AMF faisant l'objet d'un recours devant le Conseil d'État ne méconnaît pas **le principe de la présomption d'innocence** : ▪ CE, 6e et 1re ss-sect., 13 juill. 2011, n° 337552 : préc., annot. n° 3.

II – RETRAIT DE L'AGRÉMENT

4) **Possibilité de retrait de l'agrément.**

a) **Pouvoir.** L'exigence d'un agrément comporte nécessairement, pour l'autorité qui le donne, **le pouvoir de le retirer** lorsque le titulaire cesse de remplir les conditions mises à son octroi : ▪ CE, 23 mai 1997 : *JCP* E 1997, pan., p. 662 ; *Banque et droit* sept.-oct. 1997, 33, obs. H. de Vauplane ; *Bull. Joly Bourse* 1997, 745, note F. Peltier ; *D.* 1998, somm. 68.

b) **Refus de qualification de sanction.** La décision par laquelle la Commission des opérations de bourse [actuellement l'Autorité des marchés financiers] a retiré l'agrément qu'elle avait délivré à une société en qualité de société de gestion de portefeuille ne présente **ni le caractère de sanction disciplinaire** ni **celui de sanction professionnelle** : ▪ CE, 23 mai 1997, préc.

c) **Non-applicabilité de l'article 6 de la Convention européenne de sauvegarde des droits de l'homme et des libertés fondamentales.** En décidant du retrait de l'agrément, la COB [AMF] n'entend pas sanctionner un manquement de la société à ses obligations, mais, dans l'intérêt du bon fonctionnement du marché, **assurer la sécurité des investisseurs.** Ainsi, les stipulations de l'article 6, § 1 de la Convention européenne de sauvegarde des droits de l'homme et des libertés fondamentales ne sauraient être utilement invoquées à l'encontre d'une décision de retrait de l'agrément d'une société de gestion de portefeuille prononcée par la COB [AMF] **au titre de ses pouvoirs de police** : ▪ CE, 22 juin 2001 : *Bull. Joly Bourse* 2001, 600, obs. Th. Granier ; *RD bancaire et fin.* 2001, n° 208, obs. M.-A. Frison-Roche, M. Germain, J.-C. Martin et C. Pénichon ; *Banque et droit* nov.-déc. 2001, 27, obs. H. de Vauplane et J.-J. Daigre ; *Banque et droit* mars-avr. 2002, 42, obs. F. Bussière ; *RTD com.* 2002, p. 132, obs. N. Rontchevsky.

5) Hypothèses dans lesquelles l'agrément peut être retiré. L'agrément peut être retiré pour manquement aux conditions d'honorabilité des dirigeants et de garantie financière suffisante lorsque la société a **effectué des opérations systématiquement défavorables** aux fonds communs de placement qu'elle était chargée de représenter, moyennant certains profits et courtages substantiels, dus en partie au **développement d'une activité de transmission d'ordre pour le compte d'une autre société** (activité qu'elle s'était pourtant engagée à ne jamais exercer) et **n'offre plus**, en raison de ses pertes d'exploitation, **aucune garantie** quant aux moyens mis en œuvre et à la sécurité nécessaire à la poursuite de l'activité de gestion de portefeuille : ▪ CE, 23 mai 1997, préc., annot. n° 2, p. 1358. – Le retrait d'agrément d'une société de gestion de portefeuille peut également être prononcé par l'Autorité des marchés financiers si le titulaire de l'agrément **ne respecte pas** substantiellement **le programme d'activité** au vu duquel cet agrément a été obtenu : ▪ CE, 17 nov. 2004 : *Bull. Joly Bourse* 2005, 57, concl. Y. Aguila ; *D.* 2005, pan. p. 2601 et s., spéc. n° 3, note Y. Reinhardt et S. Thomasset-Pierre.

III – EXERCICE ILLÉGAL DE LA PROFESSION

6) Constitution du délit. L'interdiction édictée par l'article 23 de la loi abrogée du 2 août 1989 étant reprise par l'article 21 de la loi du 2 juillet 1996 qui « interdit à toute personne autre qu'un prestataire de services d'investissement de fournir à des tiers des services d'investissement, à titre de profession habituelle », la personne exerçant cette activité sans agrément de la COB [de l'AMF] se rend coupable du délit de gestion de portefeuille de valeurs mobilières pour le compte de ses clients, et les poursuites engagées en application de la loi du 2 août 1989 demeurent fondées au regard de la loi du 2 juillet 1996 : ▪ Cass. crim., 15 oct. 1998 : *JCP* E 1999, n° 37, p. 1436, note J.-J. Daigre ; *Bull. Joly Bourse* 1999, note S. Noémie. – **La pluralité des clients** du prévenu et **la multiplicité des opérations** boursières effectuées pour leur compte, ainsi que leur accord **sur une rémunération**, suffisent à établir le caractère de profession habituelle de fourniture illégale de services d'investissement à laquelle ce dernier s'est livré en se présentant comme un spécialiste en la matière : ▪ Cass. crim., 20 avr. 2005 : *Dr. sociétés* oct. 2005, 183, p. 36, note Th. Bonneau. – Sur ce délit et **depuis la loi n° 2003-706 du 1er août 2003**, voir désormais C. monét. fin., art. L. 573-1, p. 1472.

7) Nullité des actes passés. Sur la nullité des actes accomplis par le prestataire en l'absence d'agrément, voir ▪ CA Paris, 13 juill. 1993 : *Dr. sociétés* 1994, n° 101, obs. H. Hovasse. – Doit être annulé en raison de l'illicéité de son objet le contrat d'apport de clientèle qui permet à des personnes physiques d'exercer une activité de gestion de portefeuille sans agrément : ▪ CA Paris, 25e ch., sect. A., 18 mai 2007, *SA GSD Gestion c/ SARL Éthique et Performance : JurisData* n° 2007-341414 ; *RD bancaire et fin.* 2007, n° 5, comm. 200, note Th. Bonneau.

8) Poursuites. Si le délit de gestion de portefeuille pour le compte de tiers, sans l'agrément prévu par l'article 11 de la loi du 2 juillet 1996 [*V. désormais C. monét. fin., art. L. 532-1*], porte atteinte à l'intérêt général, il peut également causer **à des particuliers** un préjudice direct et personnel de nature à servir de fondement à **l'action civile** devant la juridiction répressive : ▪ Cass. crim., 5 mars 1998 : *Bull. crim.* 1998, n° 87 ; *Rev. sociétés* 1998, p. 412, note B. Bouloc ; *RTD com.* 1998, p. 892, obs. M. Storck ; *D. affaires* 1998, obs. V. A.-R.

Art. L. 532-9-1 ***(L. n° 2001-420, 15 mai 2001 ; mod., L. n° 2003-706, 1er août 2003 ; Ord. n° 2007-544, 12 avr. 2007 ; Ord. n° 2009-897, 24 juill. 2009 ; Ord. n° 2013-676, 25 juill. 2013 ; Ord. n° 2017-1107, 22 juin 2017).*** **– I. – Les modifications dans la répartition du capital d'une société de gestion de portefeuille doivent être notifiées à l'Autorité des marchés financiers.**

Les prises ou extensions de participations, directes ou indirectes, dans une société de gestion de portefeuille doivent être autorisées par l'Autorité des marchés financiers.

Lorsqu'une diminution ou cession de participation, directe ou indirecte, lui est notifiée, l'Autorité des marchés financiers vérifie que cette opération ne remet pas en cause les conditions auxquelles est subordonné l'agrément délivré à la société de gestion de portefeuille.

Un décret en Conseil d'État détermine notamment les critères d'appréciation, par l'Autorité des marchés financiers, des opérations mentionnées au deuxième alinéa. Les modalités des procédures mentionnées au présent I sont précisées par le règlement général de l'Autorité des marchés financiers.

II. – Toute autre modification apportée aux conditions auxquelles était subordonné l'agrément délivré à une société de gestion de portefeuille doit faire l'objet, selon les cas, d'une autorisation préalable de l'Autorité des marchés financiers, d'une déclaration ou d'une notification, dans les conditions fixées par le règlement général de l'Autorité des marchés financiers.

L'Autorité des marchés financiers statue sur la demande d'autorisation dans un délai fixé par décret.

En cas de défaut d'information préalable concernant toute modification dans la structure de l'actionnariat d'une société de gestion de portefeuille et sans préjudice des dispositions de l'article L. 233-14 du Code de commerce, l'Autorité des marchés financiers, le procureur de la République ou tout actionnaire ou détenteur de parts sociales peut demander au juge de suspendre, jusqu'à régularisation de la situation, l'exercice des droits de vote attachés aux actions et parts sociales de la société de gestion de portefeuille détenues irrégulièrement, directement ou indirectement.

Dans les cas où une autorisation doit être délivrée, elle peut, elle-même, être assortie de conditions particulières répondant à la finalité mentionnée à l'antépénultième alinéa du II de l'article L. 532-9 ou subordonnée au respect d'engagements pris par la société de gestion de portefeuille.

Voir : C. monét. fin., art. R. 532-15-1 et art. R. 532-15-2, p. 1400.

Bibliographie : Fr. Giné, *Cession de participation dans une société de gestion de portefeuille et contrôle de l'AMF : principes applicables depuis le 1er janv. 2010 : Rev. Lamy dr. aff.* mai 2010, 2818.

Art. L. 532-9-2 *(L. n° 2005-842, 26 juill. 2005)*. **– Sans préjudice des dispositions de l'article L. 229-4 du Code de commerce, l'Autorité des marchés financiers est également compétente pour s'opposer, conformément aux dispositions du 14 de l'article 8 et de l'article 19 du règlement (CE) n° 2157/2001 du Conseil du 8 octobre 2001 relatif au statut de la société européenne (SE), au transfert de siège social d'une société de gestion de portefeuille constituée sous forme de société européenne immatriculée en France et dont résulterait un changement du droit applicable ainsi qu'à la constitution d'une société européenne par voie de fusion impliquant une société de gestion de portefeuille agréée en France. Cette décision est susceptible de recours devant le Conseil d'État.**

Art. L. 532-9-3 *(L. n° 2008-649, 3 juill. 2008)*. **– Sans préjudice des dispositions de l'article 26-6 de la loi n° 47-1775 du 10 septembre 1947 portant statut de la coopération, l'Autorité des marchés financiers est compétente pour s'opposer, conformément au paragraphe 14 de l'article 7 et à l'article 21 du règlement (CE) n° 1435/2003 du Conseil, du 22 juillet 2003, relatif au statut de la société coopérative européenne (SEC), au transfert de siège social d'une société de gestion de portefeuille constituée sous forme de société coopérative européenne immatriculée en France et dont résulterait un changement du droit applicable ainsi qu'à la constitution d'une société coopérative européenne par voie de fusion impliquant une société coopérative de gestion de portefeuille agréée en France. Cette décision est susceptible de recours devant le Conseil d'État.**

§ 2. – Retrait d'agrément et radiation

Art. L. 532-10 *(Mod., L. n° 2001-420, 15 mai 2001 ; L. n° 2003-706, 1er août 2003 ; Ord. n° 2007-544, 12 avr. 2007 ; L. n° 2016-1691, 9 déc. 2016 ; Ord. n° 2017-1107, 22 juin 2017)*. **– Le retrait d'agrément d'une société de gestion de portefeuille est prononcé par l'Autorité des marchés financiers à la demande de la société. Il peut aussi être décidé d'office par l'Autorité si la société ne remplit plus les conditions ou les engagements auxquels étaient subordonnés son agrément ou une autorisation ultérieure, ou si la société n'a pas fait usage de son agrément dans un délai de douze mois ou lorsqu'elle n'exerce plus son activité depuis au moins six mois, ou encore si elle a obtenu l'agrément par de fausses déclarations ou par tout autre moyen irrégulier.**

Le retrait d'agrément prend effet à l'expiration d'une période dont la durée est déterminée par l'Autorité des marchés financiers. Pendant cette période :

1. La société de gestion de portefeuille est soumise au contrôle de l'Autorité des marchés financiers. L'Autorité des marchés financiers peut prononcer les sanctions prévues à l'article L. 621-15 à l'encontre de toute société ayant fait l'objet d'un retrait d'agrément, y compris la radiation ;

2. Elle ne peut effectuer que des opérations strictement nécessaires à la préservation des intérêts des clients et des actionnaires et porteurs de parts des placements collectifs ;

3. Elle ne peut faire état de sa qualité de société de gestion de portefeuille qu'en précisant que son agrément est en cours de retrait ;

4. Le mandataire désigné par l'Autorité des marchés financiers pour contrôler la société choisit, le cas échéant, une autre société de gestion de portefeuille pour gérer les placements collectifs. Ce mandataire est rémunéré pour l'accomplissement de sa mission par la société de gestion de portefeuille, dans les conditions fixées par le règlement général de l'Autorité des marchés financiers.

Au terme de cette période, la société perd la qualité de société de gestion de portefeuille et doit avoir changé sa dénomination sociale.

Voir : Règl. AMF, 12 oct. 2004, art. 311-4 et s.

Art. L. 532-11 *(Anc. L. n° 96-597, 2 juill. 1996 ; mod., L. n° 2003-706, 1er août 2003 ; Ord. n° 2017-1107, 22 juin 2017).* – Toute société de gestion de portefeuille ayant décidé sa dissolution anticipée avant le terme de cette période demeure soumise, jusqu'à la clôture de sa liquidation, au contrôle de l'Autorité des marchés financiers qui peut prononcer les sanctions prévues à l'article L. 621-15, y compris la radiation. Elle ne peut faire état de sa qualité de société de gestion de portefeuille qu'en précisant qu'elle est en liquidation.

Par dérogation aux dispositions des 4° et 5° de l'article 1844-7 du Code civil, la dissolution anticipée d'une société de gestion de portefeuille ne peut être prononcée qu'après retrait de son agrément par l'Autorité des marchés financiers. Par dérogation aux articles L. 123-1 et L. 237-3 du Code de commerce, la publication et l'inscription modificative au registre du commerce et des sociétés concernant le prononcé de cette dissolution doivent mentionner la date de la décision de retrait d'agrément prononcée par l'Autorité des marchés financiers.

Art. L. 532-12 *(Anc. L. n° 96-597, 2 juill. 1996 ; mod., L. n° 2003-706, 1er août 2003 ; Ord. n° 2017-1107, 22 juin 2017).* – La radiation d'une société de gestion de portefeuille de la liste des sociétés de gestion de portefeuille agréées peut être prononcée à titre de sanction par l'Autorité des marchés financiers.

La radiation entraîne la liquidation de la personne morale, lorsque celle-ci a son siège social en France. Dans le cas des succursales de sociétés ayant leur siège hors de l'Espace économique européen, cette radiation entraîne la liquidation du bilan et du hors bilan de la succursale.

Toute société qui a fait l'objet d'une radiation demeure soumise au contrôle de l'Autorité des marchés financiers jusqu'à la clôture de la liquidation. Elle ne peut effectuer que des opérations strictement nécessaires à la préservation des intérêts des clients et des actionnaires et porteurs de parts des placements collectifs. Elle ne peut faire état de sa qualité de société de gestion de portefeuille qu'en précisant qu'elle a fait l'objet d'une mesure de radiation.

Voir : Règl. AMF, 12 oct. 2004, art. 311-6.

Art. L. 532-13 *(Mod., L. n° 2003-706, 1er août 2003 ; Ord. n° 2007-544, 12 avr. 2007).* – L'Autorité des marchés financiers précise les conditions d'application des articles L. 532-10 à L. 532-12. Elle fixe notamment les modalités selon lesquelles les décisions de retrait d'agrément ou de radiation sont portées à la connaissance du public.

Voir : Règl. AMF, 12 oct. 2004, art. 222-1 et s. et art. 311-4 et s.

Bibliographie : H. Hovasse, *Règlements COB n° 96-02 et n° 96-03 relatifs à la gestion de portefeuille pour compte de tiers : Dr. sociétés* 1997, n° 35.

Sous-section 4. – Bureaux de représentation

Art. L. 532-14 *(Anc. L. n° 96-597, 2 juill. 1996 ; mod., L. n° 2003-706, 1er août 2003 ; L. n° 2013-672, 26 juill. 2013).* – Lorsque des entreprises d'investissement ouvrent en France des bureaux ayant une activité d'information, de liaison ou de représentation, l'ouverture de ces bureaux doit être préalablement notifiée à l'Autorité de contrôle prudentiel et de résolution, qui en informe l'Autorité des marchés financiers.

Ces bureaux font état de la dénomination ou de la raison sociale de l'établissement qu'ils représentent.

Art. L. 532-15 *(Anc. L. n° 96-597, 2 juill. 1996 ; mod., L. n° 2003-706, 1er août 2003 ; L. n° 2013-672, 26 juill. 2013).* – Lorsque les bureaux sont ouverts par des sociétés de gestion de portefeuille, la notification prévue à l'article L. 532-14 est adressée à l'Autorité des marchés financiers. Celle-ci en informe l'Autorité de contrôle prudentiel et de résolution.

Section II. – Libre établissement et libre prestation de services sur les territoires des États parties à l'accord sur l'Espace économique européen

Bibliographie : J.-G. Huglo, *Liberté d'établissement et libre prestation de services : RTDE* 2001, p. 743.

Sous-section 1. – Dispositions générales

Art. L. 532-16 *(Mod., Ord. n° 2013-676, 25 juill. 2013 ; Ord. n° 2016-827, 23 juin 2016).* – Dans la présente section et pour l'application des dispositions relatives au libre établissement et à la libre prestation de services :

1. L'expression : « autorités compétentes » désigne les autorités d'un État membre de l'Union européenne ou partie à l'accord sur l'Espace économique européen habilitées conformément à la législation de cet État à agréer ou à contrôler les entreprises d'investissement ou les sociétés de gestion qui y ont leur siège social ;

2. L'expression : « État d'origine » désigne, pour une entreprise d'investissement ou une société de gestion, l'État membre de l'Union européenne ou partie à l'accord sur l'Espace économique européen où elle a son siège social ou si, conformément à son droit national, elle en est dépourvue, l'État membre de l'Union européenne ou partie à l'accord sur l'Espace économique européen dans lequel s'exerce sa direction effective ;

3. L'expression : « État d'accueil » désigne tout État membre de l'Union européenne ou partie à l'accord sur l'Espace économique européen dans lequel l'entreprise d'investissement ou la société de gestion exerce son activité par le biais d'une succursale ou de la libre prestation de service ;

4. L'expression : « succursale » désigne une ou plusieurs parties, dépourvues de la personnalité morale, d'une entreprise d'investissement dont l'objet est de fournir des services d'investissement pour lesquels elle a obtenu un agrément et, le cas échéant, un ou plusieurs services connexes ou d'une société de gestion qui gèrent un ou plusieurs OPCVM agréés conformément à la directive 2009/65/CE du Parlement européen et du Conseil du 13 juillet 2009 ou FIA relevant de la directive 2011/61/UE du Parlement européen et du Conseil du 8 juin 2011. Tous les lieux d'exploitation établis dans le même État membre de l'Union européenne ou partie à l'accord sur l'Espace économique européen par une entreprise d'investissement ou une société de gestion dont le siège social se trouve dans un autre État membre de l'Union européenne ou partie à l'accord sur l'Espace économique européen sont considérés comme une succursale unique ;

5. L'expression : « opération réalisée en libre prestation de services » désigne l'opération par laquelle, sans présence permanente dans l'État d'accueil, une entreprise d'investissement fournit un service d'investissement dans cet État ou une société de gestion y gère un ou plusieurs OPCVM agréés conformément à la directive 2009/65/CE du Parlement européen et du Conseil du 13 juillet 2009 ou FIA relevant de la directive 2011/61/UE du Parlement européen et du Conseil du 8 juin 2011 ;

6. *(6 créé, L. n° 2019-486, 22 mai 2019)* Aux fins de l'application de la présente section, la référence aux États membres de l'Union européenne et à l'Union européenne doit s'entendre comme incluant les autres États parties à l'accord sur l'Espace économique européen.

Art. L. 532-17 *(Anc. L. n° 96-597, 2 juill. 1996 ; mod., Ord. n° 2011-915, 1er août 2011 ; Ord. n° 2017-1107, 22 juin 2017).* – Les dispositions de la présente section ne s'appliquent pas :

1° Aux gestionnaires de plates-formes de négociation régis par les articles L. 420-18, L. 422-1, L. 424-9, L. 425-9 et L. 425-10 ;

2° Aux succursales d'établissements de crédit mentionnées au I de l'article L. 511-10 ;

3° Aux succursales d'entreprises d'investissement de pays tiers mentionnées à l'article L. 532-48.

Sous-section 2. – Libre établissement et libre prestation de services en France (Passeport entrant)

§ 1. – Prestataires de services d'investissement européens

Art. L. 532-18 *(Mod., L. n° 2003-706, 1er août 2003 ; L. n° 2005-811, 20 juill. 2005 ; Ord. n° 2007-544, 12 avr. 2007 ; Ord. n° 2008-698, 11 juill. 2008 ; Ord. n° 2013-79, 25 janv. 2013 ; L. n° 2016-1691, 9 déc. 2016).* – Dans la limite des services qu'elle est autorisée à fournir sur le territoire de son État d'origine, et en fonction de l'agrément qu'elle y a reçu, toute personne morale ou physique agréée pour fournir des services d'investissement peut, sans préjudice des dispositions des articles L. 511-21 à L. 511-26, fournir des services d'investissement et des services connexes en libre prestation de services sur le territoire de la France métropolitaine, de la Guadeloupe, de la Guyane, de la Martinique, de La Réunion, de Mayotte et de Saint-Martin. Les services connexes ne peuvent être fournis que conjointement à un service d'investissement.

Pour l'application des articles L. 211-6 à L. 211-8, L. 213-3, L. 421-17 à L. 421-19, L. 211-36, L. 211-36-1, L. 531-10, Art. L. 533-12-7, L. 542-1, L. 621-17-3, L. 621-17-5 à L. 621-17-7 et L. 621-18-1, les personnes mentionnées à l'alinéa précédent sont assimilées à des prestataires de services d'investissement.

Art. L. 532-18-1 *(Ord. n° 2007-544, 12 avr. 2007 ; mod. à compter de cette même date, Ord. n° 2007-1490, 18 oct. 2007 ; Ord. n° 2008-698, 11 juill. 2008 ; mod., Ord. n° 2013-79, 25 janv. 2013 ; Ord. n° 2016-827, 23 juin 2016).* – Dans la limite des services qu'elle est autorisée à fournir sur le territoire de son État d'origine, et en fonction de l'agrément qu'elle y a reçu, toute personne morale ou physique agréée pour fournir des services d'investissement peut, sans préjudice des dispositions des articles L. 511-21 à L. 511-28, établir des succursales pour fournir des services d'investissement et des services connexes sur le territoire de la France métropolitaine, de la Guadeloupe, de la Guyane, de la Martinique, de La Réunion, de Mayotte et de Saint-Martin. Les services connexes ne peuvent être fournis que conjointement à un service d'investissement.

Pour l'application des articles L. 213-3, L. 421-17 à L. 421-19, L. 211-36, L. 211-36-1, L. 211-35, L. 531-10, des 5° du I, 6° du II et III de l'article L. 533-10, des articles L. 621-17-3, L. 621-17-5 à L. 621-17-7 et L. 621-18-1, les personnes mentionnées à l'alinéa précédent sont assimilées à des prestataires de services d'investissement.

Lorsqu'un prestataire de services d'investissement ayant son siège social dans un autre État membre de l'Union européenne ou partie à l'accord sur l'Espace économique européen recourt à des agents liés mentionnés à l'article L. 545-1, établis sur le territoire de la France métropolitaine, de la Guadeloupe, de la Guyane, de la Martinique, de La Réunion, de Mayotte et de Saint-Martin, ces agents sont soumis aux dispositions relatives aux succursales ou sont assimilés, le cas échéant, à une succursale.

Art. L. 532-18-2 *(Ord. n° 2007-544, 12 avr. 2007 ; rempl., Ord. n° 2007-1490, 18 oct. 2007 ; mod., Ord. n° 2013-79, 25 janv. 2013 ; Ord. n° 2016-827, 23 juin 2016).* – Les dispositions des articles L. 533-1, L. 533-6, L. 533-9, L. 533-11 à L. 533-20, du premier alinéa de l'article L. 533-23, des 2° et 4° de l'article L. 533-24, des 1° et 2° de l'article L. 533-24-1, des articles L. 632-1 à L. 632-6, L. 632-12 à L. 632-15-1 et L. 632-16, ainsi que celles des articles 14 à 26 du règlement (UE) n° 600/2014 du Parlement européen et du Conseil du 15 mai 2014 concernant les marchés d'instruments financiers s'appliquent aux succursales mentionnées à l'article L. 532-18-1 pour ce qui concerne les services fournis sur le territoire de la France métropolitaine, de la Guadeloupe, de la Guyane, de la Martinique, de La Réunion, de Mayotte et de Saint-Martin.

Art. L. 532-19 *(Mod., L. n° 2003-706, 1er août 2003 ; Ord. n° 2013-79, 25 janv. 2013 ; Ord. n° 2016-827, 23 juin 2016).* – En vue d'exercer la surveillance d'un prestataire de services d'investissement bénéficiant du régime prévu à l'article L. 532-18-1, les autorités compétentes de l'État d'origine dont il relève peuvent exiger de ses succursales établies en France communication de toutes informations utiles à l'exercice de cette surveillance.

Après information préalable de l'Autorité de contrôle prudentiel et de résolution, l'autorité compétente de l'État d'origine d'un prestataire de services d'investissement ayant des succursales situées sur le territoire de la France métropolitaine, de la Guadeloupe, de la Guyane, de la Martinique, de La Réunion, de Mayotte et de Saint-Martin peut, dans le cadre de ses missions de surveillance, procéder à des vérifications sur place de cette succursale, directement ou par l'intermédiaire de personnes que cette autorité mandate spécialement à cet effet. Les résultats de ces contrôles sont communiqués à l'Autorité de contrôle prudentiel et de résolution sans que les règles relatives au secret professionnel puissent être opposées. L'Autorité de contrôle prudentiel et de résolution informe, le cas échéant, l'Autorité des marchés financiers de ces contrôles et de leurs résultats.

En outre, l'Autorité de contrôle prudentiel et de résolution et l'Autorité des marchés financiers procèdent, le cas échéant, aux vérifications sollicitées par les autorités compétentes de l'État d'origine.

Art. L. 532-20 *(Mod., L. n° 2003-706, 1er août 2003 ; rempl., Ord. n° 2007-544, 12 avr. 2007 ; mod., Ord. n° 2013-79, 25 janv. 2013 ; Ord. n° 2016-827, 23 juin 2016).* – Les personnes mentionnées à l'article L. 532-18-1 transmettent à l'Autorité des marchés financiers, à sa demande et à des fins statistiques, des rapports périodiques sur les activités de leur succursale.

L'Autorité des marchés financiers peut exiger des succursales mentionnées à l'article L. 532-18-1 qu'elles lui transmettent les informations nécessaires pour lui permettre de vérifier qu'elles se conforment aux dispositions qui leur sont applicables sur le territoire de la France métropolitaine, de la Guadeloupe, de la Guyane, de la Martinique, de La Réunion, de Mayotte et de Saint-Martin, pour les cas prévus à l'article L. 532-18-2. Les obligations ainsi imposées à ces succursales ne peuvent être plus strictes que celles qui sont applicables aux prestataires de services d'investissement mentionnés à l'article L. 531-1.

Art. L. 532-20-1-A *(Ord. n° 2017-1107, 22 juin 2017).* – Lorsque l'Autorité de contrôle prudentiel et de résolution ou l'Autorité des marchés financiers a des raisons claires et démontrables d'estimer qu'un prestataire de services d'investissement opérant dans le cadre du régime de la libre prestation de services ou possédant une succursale sur le territoire de la France métropolitaine, de la Guadeloupe, de la Guyane, de la Martinique, de La Réunion, de Mayotte et de Saint-Martin enfreint les obligations légales ou réglementaires pour lesquelles l'autorité de l'État d'origine est compétente, elle en fait part à cette autorité.

Si, en dépit des mesures prises par l'autorité compétente de l'État d'origine ou en raison du caractère inadéquat de ces mesures, le prestataire de services d'investissement concerné continue d'agir d'une manière clairement préjudiciable aux intérêts des investisseurs résidant ou établis en France ou au fonctionnement ordonné des marchés, l'Autorité de contrôle prudentiel et de résolution ou l'Autorité des marchés financiers, selon le cas, après en avoir informé l'autorité compétente de l'État d'origine, prend toutes les mesures requises pour protéger les investisseurs et préserver le bon fonctionnement des marchés, y compris, le cas échéant, l'interdiction faite au prestataire concerné de continuer à fournir des services sur le territoire de la France métropolitaine, de la Guadeloupe, de la Guyane, de la Martinique, de La Réunion, de Mayotte et de Saint-Martin.

(Al. mod., L. n° 2019-486, 22 mai 2019) Les dispositions de la sous-section 1 du chapitre IV du titre Ier du livre II et des articles L. 533-1, L. 533-22-2-1, L. 533-24-1, L. 533-22-2-2, L. 533-21, L. 533-22 et L. 533-23 sont applicables aux sociétés de gestion établies dans un autre État membre de l'Union européenne ou partie à l'accord sur l'Espace économique européen qui établissent des succursales pour gérer un ou plusieurs OPCVM de droit français agréés conformément à la directive 2009/65/CE du Parlement européen et du Conseil du 13 juillet 2009 sur le territoire de la France métropolitaine, de la Guadeloupe, de la Guyane, de la Martinique, de La Réunion, de Mayotte et de Saint-Martin.

Art. L. 532-20-1-B *(Ord. n° 2017-1107, 22 juin 2017).* – Lorsque l'Autorité de contrôle prudentiel et de résolution ou l'Autorité des marchés financiers constate qu'un prestataire de services d'investissement ayant une succursale sur le territoire de la France métropolitaine, de la Guadeloupe, de la Guyane, de la Martinique, de La Réunion, de Mayotte et de Saint-Martin ne respecte pas les obligations d'information prévues à l'article L. 532-20, les dispositions du deuxième alinéa de l'article L. 532-18-1 et de l'article L. 532-18-2 ou les dispositions réglementaires prises pour leur application, elle exige que ce prestataire mette fin à cette situation irrégulière.

Si le prestataire de services d'investissement concerné ne prend pas les dispositions nécessaires, l'Autorité de contrôle prudentiel et de résolution ou l'Autorité des marchés financiers, selon le cas, prend toutes les mesures appropriées pour qu'il mette fin à cette situation irrégulière. La nature de ces mesures est communiquée aux autorités compétentes de l'État d'origine.

Si, en dépit des mesures prises conformément au deuxième alinéa, le prestataire de services d'investissement persiste à enfreindre les dispositions législatives ou réglementaires mentionnées au premier alinéa, l'Autorité de contrôle prudentiel et de résolution ou l'Autorité des marchés financiers, selon le cas, peut, après en avoir informé les autorités compétentes de l'État d'origine, prendre les mesures appropriées pour prévenir ou sanctionner de nouvelles irrégularités et, au besoin, interdire à ce prestataire de continuer à fournir des services sur le territoire de la France métropolitaine, de la Guadeloupe, de la Guyane, de la Martinique, de La Réunion, de Mayotte et de Saint-Martin. L'Autorité de contrôle prudentiel et de résolution ou l'Autorité des marchés financiers notifie sa décision, dûment motivée, au prestataire concerné.

L'Autorité des marchés financiers peut en référer à l'Autorité européenne des marchés financiers en application de l'article 19 du règlement (UE) n° 1095/2010 du Parlement européen et du Conseil du 24 novembre 2010 instituant une Autorité européenne de surveillance (Autorité européenne des marchés financiers).

§ 2. – Sociétés de gestion d'OPCVM européennes

Art. L. 532-20-1 *(Ord. n° 2011-915, 1er août 2011 ; mod., Ord. n° 2013-676, 25 juill. 2013 ; Ord. n° 2016-827, 23 juin 2016 ; Ord. n° 2017-1107, 22 juin 2017)*. – Les dispositions du premier aliéna de l'article L. 532-18, du premier alinéa de l'article L. 532-18-1 et des articles L. 532-19 et L. 532-20 sont applicables aux sociétés de gestion établies dans un autre État membre de l'Union européenne ou partie à l'accord sur l'Espace économique européen qui gèrent un ou plusieurs OPCVM de droit français agréés conformément à la directive 2009/65/ CE du Parlement européen et du Conseil du 13 juillet 2009.

Les dispositions de la sous-section 1 du chapitre IV du titre Ier du livre II sont applicables aux sociétés de gestion établies dans un autre État membre de l'Union européenne ou partie à l'accord sur l'Espace économique européen qui gèrent en libre prestation de services un ou plusieurs OPCVM de droit français agréés conformément à la directive 2009/65/ CE du Parlement européen et du Conseil du 13 juillet 2009 sur le territoire de la France métropolitaine, de la Guadeloupe, de la Guyane, de la Martinique, de La Réunion, de Mayotte et de Saint-Martin.

(Al. mod., L. n° 2019-486, 22 mai 2019) Les dispositions de la sous-section 1 du chapitre IV du titre Ier du livre II et des articles L. 533-1, L. 533-22-2-1, L. 533-24-1, L. 533-22-2-2, L. 533-21, L. 533-22 et L. 533-23 sont applicables aux sociétés de gestion établies dans un autre État membre de l'Union européenne ou partie à l'accord sur l'Espace économique européen qui établissent des succursales pour gérer un ou plusieurs OPCVM de droit français agréés conformément à la directive 2009/65/CE du Parlement européen et du Conseil du 13 juillet 2009 sur le territoire de la France métropolitaine, de la Guadeloupe, de la Guyane, de la Martinique, de La Réunion, de Mayotte et de Saint-Martin.

NB : (1) Au lieu de « L. 533-22-3 A, L. 533-22-3 B, L. 533-22-3 C et L. 533-22-3 D » lire « L. 533-22-2-1 et L. 533-22-2-2 ».

Art. L. 532-20-2 *(Ord. n° 2011-915, 1er août 2011 ; mod., Ord. n° 2013-676, 25 juill. 2013 ; Ord. n° 2016-312, 17 mars 2016)*. – I. – Une société de gestion établie dans un autre État membre de l'Union européenne ou partie à l'accord sur l'Espace économique européen qui demande à gérer un OPCVM de droit français agréé conformément à la directive 2009/65/CE du Parlement européen et du Conseil du 13 juillet 2009 fournit à l'Autorité des marchés financiers les documents suivants :

1° Le contrat écrit conclu avec le dépositaire, mentionné à l'article L. 214-10 ;

2° Des informations relatives aux modalités de délégation, en ce qui concerne les fonctions d'administration et de gestion des placements.

Lorsqu'une société de gestion gère déjà un OPCVM de droit français agréé conformément à la directive 2009/65/CE du Parlement européen et du Conseil du 13 juillet 2009, une référence à la documentation déjà fournie est suffisante.

II. – L'Autorité des marchés financiers peut demander aux autorités compétentes de l'État d'origine de la société de gestion de fournir des éclaircissements et des informations concernant les documents mentionnés au I et de vérifier, en se fondant sur l'attestation selon laquelle la société de gestion a été agréée conformément à la directive 2009/65/CE du Parlement européen et du Conseil du 13 juillet 2009, si le type d'OPCVM pour lequel l'autorisation est demandée entre ou non dans le champ d'application de l'agrément accordé à la société de gestion.

III. – L'Autorité des marchés financiers peut rejeter la demande de la société de gestion si celle-ci :

1° Ne se conforme pas aux règles dont elle est chargée d'assurer le respect conformément à l'article L. 532-20-1 ;

2° N'est pas autorisée par les autorités compétentes de son État d'origine à gérer un OPCVM agréé conformément à la directive 2009/65/CE du Parlement européen et du Conseil du 13 juillet 2009 ; ou

3° N'a pas fourni les documents mentionnés au I.

Avant de rejeter une demande, l'Autorité des marchés financiers consulte les autorités compétentes de l'État d'origine de la société de gestion.

IV. – Toute modification substantielle apportée ultérieurement aux documents mentionnés au I doit être notifiée par la société de gestion à l'Autorité des marchés financiers.

Art. L. 532-21-2 *(Ord. n° 2011-915, 1er août 2011 ; mod., Ord. n° 2013-79, 25 janv. 2013 ; Ord. n° 2013-676, 25 juill. 2013 ; Ord. n° 2016-827, 23 juin 2016)*. – Lorsque l'Autorité des marchés financiers constate qu'une société de gestion mentionnée à l'article L. 532-20-1 ayant une succursale ou fournissant des services sur le territoire de la France métropolitaine, de la Guadeloupe, de la Guyane, de la Martinique, de La Réunion, de Mayotte, de Saint-Barthélemy et de Saint-Martin ne respecte pas les règles dont elle est chargée d'assurer le respect, elle exige que la société de gestion concernée mette fin à cette situation irrégulière et en informe les autorités compétentes de l'État d'origine de la société de gestion.

Si la société de gestion concernée refuse de fournir à l'Autorité des marchés financiers des informations relevant de sa responsabilité ou ne prend pas les dispositions nécessaires pour mettre fin à la situation mentionnée à l'alinéa précédent, l'Autorité des marchés financiers en informe les autorités compétentes de l'État d'origine de la société de gestion en conséquence.

Si, en dépit des mesures prises par les autorités compétentes de l'État d'origine ou parce que ces mesures se révèlent inadéquates, la société de gestion persiste à enfreindre les dispositions législatives et réglementaires mentionnées au premier alinéa, l'Autorité des marchés financiers peut, après en avoir informé les autorités compétentes de l'État d'origine de la société de gestion, prendre les mesures appropriées pour prévenir ou sanctionner de nouvelles irrégularités et, au besoin, empêcher cette société de gestion d'effectuer de nouvelles opérations sur le territoire de la France métropolitaine, de la Guadeloupe, de la Guyane, de la Martinique, de La Réunion, de Mayotte, de Saint-Barthélemy et de Saint-Martin. L'Autorité des marchés financiers s'assure, le cas échéant avec l'aide des autorités compétentes de l'État d'origine, de ce que les actes requis par ces mesures sont signifiés à la société de gestion. Lorsque le service fourni est la gestion d'un OPCVM, l'Autorité des marchés financiers peut exiger de ladite société qu'elle cesse de gérer cet OPCVM.

§ 3. – Sociétés de gestion de FIA européennes

Art. L. 532-21-3 *(Ord. n° 2013-676, 25 juill. 2013 ; mod., Ord. n° 2017-1107, 22 juin 2017)*. – I. – Les dispositions du premier alinéa de l'article L. 532-18 et du premier alinéa de l'article L. 532-18-1 ainsi que les dispositions de la section 2 du chapitre IV du titre Ier du livre II sont applicables aux sociétés de gestion établies dans un autre État membre de l'Union européenne qui gèrent un ou plusieurs FIA de droit français.

II. - L'Autorité des marchés financiers surveille le respect par les sociétés de gestion mentionnées au I des dispositions de l'article *(Réf. rempl., L. n° 2019-486, 22 mai 2019)* « du premier alinéa de l'article L. 533-22-2-1 » et du 3 de l'article L. 533-10 lorsque ces sociétés de gestion gèrent un FIA ou en commercialise les parts ou actions en libre établissement.

III. – L'Autorité des marchés financiers peut exiger d'une société de gestion mentionnée au I, qui gère un FIA ou en commercialise les parts ou actions, qu'elle fournisse les informations nécessaires à la surveillance du respect par cette société de gestion des règles relevant de la compétence de cette autorité.

Lorsque l'Autorité des marchés financiers constate qu'une société de gestion mentionnée au I, qui gère un FIA ou en commercialise les parts ou actions, ne respecte pas l'une des règles relevant de sa compétence, elle exige que cette société mette fin à l'infraction et en informe les autorités compétentes de son État membre d'origine.

Lorsque la société de gestion refuse de lui fournir les informations mentionnées au premier alinéa ou ne prend pas les dispositions nécessaires pour mettre fin à l'infraction mentionnée au deuxième alinéa, l'Autorité des marchés financiers en informe les autorités compétentes de l'État membre d'origine de la société de gestion.

Si, en dépit des mesures prises par les autorités compétentes de l'État membre d'origine de la société de gestion ou lorsque ces mesures se révèlent inadéquates ou ne sont pas envisageables dans l'État membre concerné, la société de gestion continue de refuser de fournir les informations demandées par l'Autorité des marchés financiers en application du premier alinéa ou persiste à enfreindre les règles mentionnées au deuxième alinéa, cette autorité peut, après en avoir informé les autorités compétentes de l'État membre d'origine de la société de gestion, prendre des mesures appropriées, en vertu de ses pouvoirs prévus par les livres V et VI, pour prévenir ou sanctionner de nouvelles irrégularités et, dans la mesure où cela s'avère nécessaire, empêcher cette société d'effectuer de nouvelles opérations en France métropolitaine, dans les départements d'outre-mer, dans le département de Mayotte et à Saint-Martin.

Lorsque l'activité de la société de gestion sur ces territoires consiste à gérer des FIA, l'Autorité des marchés financiers peut exiger qu'elle mette un terme à la gestion de ces FIA.

Si l'Autorité des marchés financiers a des raisons claires et démontrables de considérer que la société de gestion enfreint des obligations ne relevant pas de sa compétence, elle en fait part aux autorités de l'État membre d'origine de la société de gestion.

Si, en dépit des mesures prises par l'autorité compétente de l'État d'origine ou en raison du caractère inadéquat de ces mesures ou en l'absence d'action dans un délai raisonnable de sa part, la société de gestion continue d'agir d'une manière clairement préjudiciable aux intérêts des porteurs ou actionnaires du FIA concerné, de la stabilité financière, ou de l'intégrité du marché français, l'Autorité des marchés financiers, après en avoir informé l'autorité compétente de l'État d'origine de la société de gestion, prend les mesures nécessaires pour protéger les porteurs de parts ou actionnaires du FIA concerné, la stabilité financière et l'intégrité du marché français, y compris l'interdiction pour la société de gestion de continuer à commercialiser des parts ou actions du FIA concerné sur le territoire de la France métropolitaine, de la Guadeloupe, de la Guyane, de la Martinique, de La Réunion, de Mayotte et de Saint-Martin.

NB : (1) Au lieu de « L. 533-22-3 A » lire « L. 533-22-2-1 ».

§ 4. – Dispositions diverses

Art. L. 532-22 *(Mod., L. n° 2003-706, 1er août 2003 ; Ord. n° 2013-676, 25 juill. 2013 ; L. n° 2013-672, 26 juill. 2013).* – Un décret en Conseil d'État détermine les procédures que suivent l'Autorité de contrôle prudentiel et de résolution et l'Autorité des marchés financiers dans l'exercice des compétences qui leur sont dévolues aux articles L. 532-19 à L. 532-21-3. Ce décret détermine, en particulier, les modalités d'information des autorités compétentes des autres États membres et de la Commission européenne.

Voir : C. monét. fin., art. R. 532-17 et s., p. 1401.

Sous-section 3. – Libre établissement et libre prestation de services sur le territoire des autres États membres de l'Union européenne ou parties à l'accord sur l'Espace économique européen (Passeport sortant)

§ 1. – Prestataires de services d'investissement français autres que les sociétés de gestion de portefeuille

Art. L. 532-23 *(Mod., L. n° 2003-706, 1er août 2003 ; Ord. n° 2013-79, 25 janv. 2013 ; Ord. n° 2017-1107, 22 juin 2017).* – I. – Tout prestataire de services d'investissement autre qu'une société de gestion de portefeuille ayant son siège social sur le territoire de la France métropolitaine, de la Guadeloupe, de la Guyane, de la Martinique, de La Réunion, de Mayotte et de Saint-Martin et autorisé à fournir des services d'investissement en application de l'article L. 532-1 qui veut établir une succursale dans un autre État membre de l'Union européenne ou partie à l'Espace économique européen ou avoir recours à un agent lié établi dans un autre État membre de l'Union européenne ou partie à l'Espace économique européen dans lequel il n'a pas établi de succursale notifie son projet à l'Autorité de contrôle prudentiel et de résolution selon des règles fixées par décret.

II. – Dans le cas des entreprises d'investissement, le projet mentionné au I ainsi que les informations prévues à l'article L. 533-23 assurant la protection des clients de la succursale sont transmis, dans les trois mois de leur réception, à l'autorité compétente de l'État d'accueil désignée comme point de contact au sens du 1 de l'article 79 de la directive 2014/65/ UE du Parlement européen et du Conseil du 15 mai 2014 concernant les marchés d'instruments financiers, dans les conditions et selon les modalités fixées par décret. Le refus de transmission ne peut intervenir que si l'Autorité de contrôle prudentiel et de résolution établit que les structures administratives ou la situation financière de l'entreprise d'investissement ne permettent pas l'établissement d'une succursale ou le recours à un agent lié.

L'entreprise d'investissement concernée est avisée de cette transmission.

Si l'Autorité de contrôle prudentiel et de résolution refuse de communiquer les informations mentionnées au premier alinéa à l'autorité compétente de l'État d'accueil désignée comme point de contact, elle fait connaître les motifs de ce refus à l'entreprise d'investissement concernée dans les trois mois suivant la réception de ces informations.

Dès réception de la réponse de l'autorité compétente de l'État d'accueil désignée comme point de contact ou, en cas d'absence de réponse de sa part, à l'expiration d'un délai de deux mois à compter de la transmission effectuée par l'Autorité de contrôle prudentiel et de résolution, la succursale de l'entreprise d'investissement pétitionnaire peut être établie et commencer à exercer ses activités sous réserve, le cas échéant, de remplir les conditions spécifiques nécessaires pour négocier sur un marché réglementé, ou l'agent lié peut commencer à exercer ses activités.

Voir : C. monét. fin., art. D. 532-20 et s., p. 1403.

Art. L. 532-24 *(Mod., Ord. n° 2013-79, 25 janv. 2013 ; Ord. n° 2017-1107, 22 juin 2017).* – Tout prestataire de services d'investissement autre qu'une société de gestion de portefeuille ayant son siège social sur le territoire de la France métropolitaine, de la Guadeloupe, de la Guyane, de la Martinique, de La Réunion, de Mayotte et de Saint-Martin et autorisé à fournir des services d'investissement en application de l'article L. 532-1, qui veut exercer ses activités sur le territoire d'un autre État membre de l'Union européenne ou partie à l'accord sur l'Espace économique européen en libre prestation de services pour la première fois ou qui souhaite modifier la nature des services qu'il y fournit, le notifie à l'Autorité de contrôle prudentiel et de résolution dans les conditions et selon des modalités fixées par décret.

Dans le cas des entreprises d'investissement, l'Autorité de contrôle prudentiel et de résolution communique cette notification à l'autorité compétente de l'État membre d'accueil désignée comme point de contact au sens du 1 de l'article 79 de la directive 2014/65/UE du Parlement européen et du Conseil du 15 mai 2014 concernant les marchés d'instruments financiers, dans un délai d'un mois à compter de sa réception régulière. L'entreprise d'investissement peut alors commencer à fournir dans l'État membre d'accueil les services d'investissement déclarés.

Voir : C. monét. fin., art. D. 532-20 et s., p. 1403.

Art. L. 532-24-1-A *(Ord. n° 2017-1107, 22 juin 2017).* – Les dispositions des articles L. 532-23 et L. 532-24 s'appliquent de plein droit pour la fourniture des services d'investissement mentionnés à l'article L. 321-1. Elles peuvent s'appliquer également à la fourniture conjointe de services connexes prévus à l'article L. 321-2 si le prestataire de services d'investissement pétitionnaire est autorisé à fournir tout ou partie des services énumérés à l'article L. 321-1.

§ 2. – Sociétés de gestion de portefeuille d'OPCVM françaises

Art. L. 532-24-1 *(Ord. n° 2011-915, 1er août 2011 ; mod., Ord. n° 2013-79, 25 janv. 2013 ; Ord. n° 2013-676, 25 juill. 2013 ; Ord. n° 2017-1107, 22 juin 2017).* – I. – Toute société de gestion de portefeuille ayant son siège social sur le territoire de la France métropolitaine, des départements d'outre-mer, du département de Mayotte et de Saint-Martin et autorisée à gérer un OPCVM agréé conformément à la directive 2009/65/CE du Parlement européen et du Conseil du 13 juillet 2009 qui veut établir une succursale dans un autre État membre de l'Union européenne ou partie à l'accord sur l'Espace économique européen notifie son projet à l'Autorité des marchés financiers selon des règles fixées par décret en Conseil d'État.

L'Autorité des marchés financiers, à moins qu'elle n'ait des raisons de douter, compte tenu des activités envisagées, de l'adéquation des structures administratives ou de la situation financière de la société de gestion de portefeuille, communique, dans les deux mois à compter de la réception de toutes les informations requises dans la notification prévue au premier alinéa, ces informations aux autorités compétentes de l'État d'accueil de la société de gestion de portefeuille et en avise cette dernière en conséquence. Elle communique en outre des précisions sur tout système d'indemnisation destiné à protéger les investisseurs.

Si l'Autorité des marchés financiers refuse de communiquer les informations mentionnées à l'alinéa précédent à l'autorité de l'État d'accueil qui a été désignée comme point de contact, elle fait connaître les motifs de ce refus à la société de gestion de portefeuille concernée dans les deux mois suivant la réception de ces informations.

Dès réception de la réponse de l'autorité de l'État d'accueil ou, en cas d'absence de réponse de sa part, à l'expiration d'un délai de deux mois à compter de la réception par cette autorité des informations communiquées par l'Autorité des marchés financiers, la succursale de la société de gestion de portefeuille pétitionnaire peut être établie et commencer à exercer ses activités.

II. – Toute société de gestion de portefeuille ayant son siège social sur le territoire de la France métropolitaine, des départements d'outre-mer, du Département de Mayotte et de Saint-Martin et autorisée à gérer un OPCVM agréé conformément à la directive 2009/65/CE du Parlement européen et du Conseil du 13 juillet 2009, qui veut exercer ses activités sur le territoire d'un autre État membre de l'Union européenne ou partie à l'accord sur l'Espace économique européen en libre prestation de services, le déclare à l'Autorité des marchés financiers dans les conditions et selon des modalités fixées par décret en Conseil d'État.

L'Autorité des marchés financiers communique, dans un délai d'un mois à compter de la réception de toutes les informations requises dans la déclaration prévue au premier alinéa, ces informations aux autorités compétentes de l'État membre d'accueil de la société de gestion de portefeuille et en avise cette dernière en conséquence. Elle communique en outre des précisions sur tout système d'indemnisation destiné à protéger les investisseurs.

La société de gestion de portefeuille peut alors commencer son activité dans son État d'accueil.

Art. L. 532-24-2 *(Ord. n° 2011-915, 1er août 2011 ; mod., Ord. n° 2013-79, 25 janv. 2013 ; Ord. n° 2013-676, 25 juill. 2013)*. – I. – Une société de gestion de portefeuille ayant son siège social sur le territoire de la France métropolitaine, des départements d'outre-mer, du Département de Mayotte et de Saint-Martin qui souhaite gérer un OPCVM établi dans un autre État membre de l'Union européenne ou partie à l'accord sur l'Espace économique européen et agréé conformément à la directive 2009/65/ CE du Parlement européen et du Conseil du 13 juillet 2009 en fait la demande aux autorités compétentes de l'État membre d'origine de l'OPCVM en fournissant à ces autorités les documents exigés en application de l'article 17 de cette directive.

II. – Lorsque les autorités compétentes de l'État d'origine de l'OPCVM demandent à l'Autorité des marchés financiers de fournir des éclaircissements et des informations concernant les documents mentionnés au I, et de vérifier, en se fondant sur l'attestation selon laquelle la société de gestion de portefeuille a été agréée conformément à la directive 2009/65/ CE du Parlement européen et du Conseil du 13 juillet 2009, si le type d'OPCVM pour lequel l'autorisation est demandée entre ou non dans le champ d'application de l'agrément accordé à la société de gestion de portefeuille, l'Autorité des marchés financiers exprime son avis dans un délai de dix jours ouvrables à compter de la demande initiale.

§ 3. – Sociétés de gestion de portefeuille de FIA françaises

Art. L. 532-25-1 *(Ord. n° 2013-676, 25 juill. 2013 ; mod., Ord. n° 2017-1107, 22 juin 2017)*. – I. – Toute société de gestion de portefeuille ayant son siège social sur le territoire de la France métropolitaine, des départements d'outre-mer, de Saint-Martin et du département de Mayotte et autorisée à gérer un FIA relevant de la directive 2011/61/UE du Parlement européen et du Conseil du 8 juin 2011 ou à fournir des services d'investissement en application de cette directive, en libre prestation de services ou en libre établissement dans un autre État membre de l'Union européenne, notifie son projet à l'Autorité des marchés financiers selon des modalités fixées par décret en Conseil d'État.

II. – Lorsque l'Autorité des marchés financiers est informée par les autorités compétentes de l'État d'accueil qu'une société de gestion de portefeuille mentionnée au I refuse de leur fournir des informations relevant de leur responsabilité ou n'a pas pris les dispositions nécessaires pour mettre fin à des manquements commis sur le territoire de l'État d'accueil, l'Autorité des marchés financiers :

a) Prend toutes les mesures appropriées pour garantir que la société de gestion de portefeuille fournisse les informations demandées par les autorités compétentes de son État membre d'accueil ou mette fin aux manquements commis. L'Autorité des marchés financiers informe les autorités compétentes de l'État membre d'accueil des mesures prises ;

b) Demande les informations nécessaires aux autorités de surveillance compétentes des pays tiers.

Lorsque l'Autorité des marchés financiers est informée par les autorités de l'État membre d'accueil de la société de gestion de portefeuille qu'elles ont des raisons claires et démontrables de considérer que cette société enfreint des règles ne relevant pas de leur compétence, l'Autorité des marchés financiers prend les mesures appropriées, y compris, si nécessaire, la demande d'informations supplémentaires aux autorités de surveillance concernées des pays tiers.

§ 4. – Dispositions diverses

Art. L. 532-27 *(Mod., Ord. n° 2007-544, 12 avr. 2007 ; Ord. n° 2017-1107, 22 juin 2017).* **– Un décret détermine les conditions dans lesquelles les informations prévues aux articles L. 532-23 à L. 532-25-1 sont communiquées aux autorités compétentes de l'État membre concerné.**

Voir : C. monét. fin., art. D. 532-20 et s., p. 1403.

Section III. – Règles spécifiques concernant les pays tiers pour la gestion de FIA

Sous-section 1. – Dispositions générales

Art. L. 532-28 *(Ord. n° 2013-676, 25 juill. 2013).* **– Dans la présente section et pour l'application des dispositions relatives aux gestionnaires établis dans un pays tiers :**

1° Le gestionnaire est la personne morale dont l'activité habituelle est la gestion d'un ou de plusieurs FIA ;

2° L'État membre de référence d'un gestionnaire établi dans un pays tiers est l'État membre dont les autorités sont compétentes en matière d'agrément et de surveillance du gestionnaire dans les conditions définies par décret en Conseil d'État ;

3° L'État membre d'accueil du gestionnaire est, selon le cas :

***a)* Un État membre, autre que l'État membre d'origine, dans lequel un gestionnaire établi dans l'Union européenne commercialise les parts ou actions d'un FIA de pays tiers ;**

***b)* Un État membre, autre que l'État membre de référence, dans lequel un gestionnaire établi dans un pays tiers gère des FIA de l'Union européenne ou commercialise les parts ou actions d'un FIA de l'Union européenne ;**

***c)* Un État membre, autre que l'État membre de référence, dans lequel un gestionnaire établi dans un pays tiers commercialise les parts ou actions d'un FIA de pays tiers ;**

4° Le gestionnaire établi dans un pays tiers est le gestionnaire qui n'est pas établi dans l'Union européenne ;

5° La succursale d'un gestionnaire est un lieu d'exploitation qui fait partie du gestionnaire sans avoir de personnalité juridique et qui fournit les services pour lesquels le gestionnaire a été agréé. Tous les lieux d'exploitation établis dans un pays tiers sont considérés comme une seule succursale ;

6° S'agissant des gestionnaires établis dans un pays tiers, les autorités de surveillance sont les autorités nationales du pays tiers habilitées à surveiller les gestionnaires.

7° *(7° créé, L. n° 2019-486, 22 mai 2019)* **Aux fins de l'application de la présente section, la référence aux États membres de l'Union européenne et à l'Union européenne doit s'entendre comme incluant les autres États parties à l'accord sur l'Espace économique européen.**

Sous-section 2. – Conditions applicables aux sociétés de gestion de portefeuille

Art. L. 532-29 *(Ord. n° 2013-676, 25 juill. 2013 ; mod., L. n° 2016-1691, 9 déc. 2016).* **– Une société de gestion de portefeuille mentionnée à l'article L. 532-9 peut gérer des FIA de pays tiers qui ne sont pas commercialisés dans l'Union européenne à condition que :**

1° La société de gestion de portefeuille satisfasse à toutes les exigences prévues aux dispositions législatives et réglementaires applicables aux sociétés de gestion de portefeuille gérant des FIA, à l'exception de celle prévue à l'article L. 214-24-4 ;

2° Des modalités de coopération appropriées existent entre l'Autorité des marchés financiers et les autorités de surveillance du pays tiers où le FIA est établi, afin d'assurer un échange d'informations permettant à l'Autorité des marchés financiers de remplir les missions définies par la présente section.

Sous-section 3. – Agrément des gestionnaires établis dans un pays tiers

Art. L. 532-30 *(Ord. n° 2013-676, 25 juill. 2013).* **– Un gestionnaire établi dans un pays tiers qui souhaite gérer des FIA de l'Union européenne ou commercialiser dans l'Union européenne des parts ou actions de FIA qu'il gère obtient au préalable un agrément de l'Autorité des marchés financiers lorsque son État membre de référence est la France.**

Le FIA établi dans un pays tiers, qui n'a pas globalement délégué sa gestion et qui souhaite commercialiser ses parts ou actions dans l'Union européenne applique les dispositions relatives aux gestionnaires.

Le règlement général de l'Autorité des marchés financiers précise les conditions d'application du présent article.

Art. L. 532-31 *(Ord. n° 2013-676, 25 juill. 2013)*. – Le gestionnaire mentionné à l'article L. 532-30 respecte les dispositions législatives et réglementaires applicables aux sociétés de gestion de portefeuille à l'exception de la sous-section 2 de la section 5 du chapitre III du présent titre. Si l'une de ces dispositions est incompatible avec le respect du droit dont relève le gestionnaire ou le FIA commercialisé dans l'Union européenne, le gestionnaire n'est pas tenu de respecter cette disposition s'il peut apporter la preuve que les conditions suivantes sont remplies :

1° Il est impossible de combiner le respect de cette disposition et le respect d'une disposition du droit dont relève le gestionnaire ou le FIA commercialisé dans l'Union européenne ;

2° Le droit qui s'applique au gestionnaire ou au FIA commercialisé dans l'Union européenne prévoit une disposition ayant le même effet juridique et offrant le même niveau de protection aux porteurs ou actionnaires du FIA concerné ;

3° Le gestionnaire respecte la disposition mentionnée au 2°.

Les dispositions des articles de la section 2 du chapitre IV du titre Ier du livre II sont applicables aux gestionnaires mentionnés au premier alinéa qui gèrent un FIA de droit français.

Art. L. 532-32 *(Ord. n° 2013-676, 25 juill. 2013)*. – Le gestionnaire mentionné à l'article L. 532-30 dispose d'un représentant légal en France. Le représentant légal est le point de contact du gestionnaire dans l'Union européenne. Toute correspondance officielle entre les autorités compétentes et le gestionnaire et entre les porteurs ou actionnaires établis dans l'Union européenne du FIA concerné, conformément à la présente section, a lieu par l'intermédiaire de ce représentant légal. Il est également le point de contact pour l'Autorité européenne des marchés financiers. Il vérifie la conformité aux dispositions en vigueur des activités de gestion et de commercialisation du gestionnaire. Il est doté des moyens nécessaires à l'exercice de cette mission de vérification.

Le règlement général de l'Autorité des marchés financiers précise les conditions d'application du présent article.

Art. L. 532-33 *(Ord. n° 2013-676, 25 juill. 2013)*. – Dans les cas où plus d'un État membre de référence est possible en application des critères définis par décret en Conseil d'État, le gestionnaire introduit une demande auprès des autorités de tous les États membres de référence possibles dans les conditions fixées par décret en Conseil d'État.

Art. L. 532-34 *(Ord. n° 2013-676, 25 juill. 2013)*. – I. – Après avoir reçu la demande d'agrément mentionné à l'article L. 532-30, l'Autorité des marchés financiers examine si la désignation par le gestionnaire de la France comme État membre de référence respecte les critères fixés par décret en Conseil d'État.

Si l'Autorité des marchés financiers considère que tel n'est pas le cas, elle retourne la demande d'agrément à son expéditeur en en indiquant les motifs.

Si l'Autorité des marchés financiers considère que la France est l'État membre de référence mais que les critères d'agrément du gestionnaire ne sont pas remplis, elle refuse la demande d'agrément par décision motivée.

Si l'Autorité des marchés financiers considère que la France est l'État membre de référence et que les critères d'agrément du gestionnaire sont remplis, elle notifie le projet d'octroi d'agrément pour avis à l'Autorité européenne des marchés financiers dans les conditions fixées par décret.

II. – Lorsque l'Autorité des marchés financiers propose d'octroyer l'agrément contre l'avis de l'Autorité européenne des marchés financiers mentionné au I elle l'en informe par décision motivée.

III. – Lorsque l'Autorité des marchés financiers propose d'octroyer l'agrément contre l'avis de l'Autorité européenne des marchés financiers et que le gestionnaire a l'intention de commercialiser des parts ou actions de FIA dans des États membres autres que la France, l'Autorité des marchés financiers en informe les autorités compétentes de ces États membres par décision motivée. Le cas échéant, elle en informe également, par décision motivée, les autorités compétentes des États membres d'origine des FIA gérés par le gestionnaire.

Art. L. 532-35 *(Ord. n° 2013-676, 25 juill. 2013)*. – Lorsque l'Autorité des marchés financiers est en désaccord avec la désignation par le gestionnaire d'un État membre de référence autre que la France, elle peut saisir l'Autorité européenne des marchés financiers.

Art. L. 532-36 *(Ord. n° 2013-676, 25 juill. 2013)*. – I.– L'agrément du gestionnaire est octroyé par l'Autorité des marchés financiers dans les conditions mentionnées à l'article L. 532-9 et dans celles prévues par le règlement général de l'Autorité des marchés financiers.

II. – Si les autorités compétentes d'un État membre de référence autre que la France ne respectent pas, dans un délai raisonnable, les modalités requises de coopération prévues au 2° de l'article L. 532-29, l'Autorité des marchés financiers peut saisir l'Autorité européenne des marchés financiers.

Lorsque l'Autorité des marchés financiers est en désaccord avec la décision sur l'agrément, prise par les autorités compétentes d'un État membre de référence autre que la France, elle peut saisir l'Autorité européenne des marchés financiers.

Art. L. 532-37 *(Ord. n° 2013-676, 25 juill. 2013)*. – Lorsque l'Autorité des marchés financiers estime que le gestionnaire peut se prévaloir des dispositions de l'article L. 532-31, elle le notifie sans délai à l'Autorité européenne des marchés financiers. L'Autorité des marchés financiers justifie cette évaluation par les informations suivantes :

1° Une liste des dispositions de la présente section auxquelles le gestionnaire ne peut se conformer ;

2° La démonstration, fondée sur les normes techniques de l'Autorité européenne des marchés financiers, d'une part, que la législation du pays tiers concerné prévoit des dispositions équivalentes aux dispositions de la présente section dont le respect est impossible, ayant le même effet juridique et offrant le même niveau de protection aux investisseurs des FIA concernés, et, d'autre part, que le gestionnaire respecte ces dispositions. Cette démonstration est accompagnée d'un avis juridique sur la disposition incompatible de la législation du pays tiers, incluant une description de son effet juridique et de la nature de la protection qu'elle vise à offrir aux investisseurs.

Art. L. 532-38 *(Ord. n° 2013-676, 25 juill. 2013)*. – L'Autorité des marchés financiers informe sans délai l'Autorité européenne des marchés financiers de l'issue de la procédure d'agrément initiale, de tout changement de l'agrément du gestionnaire et de tout retrait d'agrément.

Lorsqu'elle l'informe des demandes d'agrément qu'elle a refusées, elle lui fournit des données sur le gestionnaire qui a introduit une demande d'agrément et motive son refus.

Lorsque l'Autorité des marchés financiers accède au registre central de ces données tenu par l'Autorité européenne des marchés financiers, elle respecte leur caractère confidentiel.

Art. L. 532-39 *(Ord. n° 2013-676, 25 juill. 2013)*. – I. – Les opérations ultérieures du gestionnaire dans l'Union européenne n'ont aucune incidence sur la désignation de la France en qualité d'État membre de référence.

Toutefois, si le gestionnaire modifie sa stratégie de commercialisation dans un délai de deux ans après son agrément initial et que cette nouvelle stratégie, si elle avait constitué la stratégie de commercialisation initiale, aurait eu pour effet de remettre en cause la désignation de la France en qualité d'État membre de référence, le gestionnaire notifie à l'Autorité des marchés financiers la modification avant de la mettre en œuvre et lui indique son nouvel État membre de référence. Le gestionnaire justifie son évaluation auprès de l'Autorité des marchés financiers et lui fournit des informations sur son représentant légal, y compris son nom et le lieu où celui-ci est établi. Le représentant légal est établi dans le nouvel État membre de référence.

II. – L'Autorité des marchés financiers porte une appréciation sur la désignation de l'État membre de référence du gestionnaire conformément au I et notifie cette appréciation à l'Autorité européenne des marchés financiers pour avis.

À cette fin, l'Autorité des marchés financiers fournit le dossier du gestionnaire tel que mentionné au I.

III. – Après avoir reçu l'avis de l'Autorité européenne des marchés financiers, conformément aux dispositions de la directive 2001/61/UE du Parlement européen et du Conseil du 8 juin 2011, l'Autorité des marchés financiers informe le gestionnaire, son représentant légal initial et l'Autorité européenne des marchés financiers de sa décision.

IV. – Lorsque l'Autorité des marchés financiers approuve la désignation faite par le gestionnaire, elle informe les autorités compétentes du nouvel État membre de référence de cette modification. Elle transmet, sans délai, une copie de l'agrément et du dossier de surveillance du gestionnaire au nouvel État membre de référence.

À compter de la date de transmission de l'agrément et du dossier de surveillance, les autorités compétentes du nouvel État membre de référence sont compétentes pour l'agrément et la surveillance du gestionnaire.

V. – Les règles applicables en cas d'appréciation finale contraire entre l'Autorité des marchés financiers et l'Autorité européenne des marchés financiers sont fixées par décret en Conseil d'État.

Art. L. 532-40 *(Ord. n° 2013-676, 25 juill. 2013).* – I. – Lorsque l'évolution effective des opérations du gestionnaire dans l'Union européenne dans un délai de deux ans après son agrément indique que la stratégie de commercialisation telle qu'il l'a présentée lors de son agrément n'a pas été suivie ou qu'il a fait de fausses déclarations, ou s'il a manqué à ses obligations résultant de l'article L. 532-39, l'Autorité des marchés financiers demande au gestionnaire d'indiquer son nouvel État membre de référence.

À défaut de réponse, l'Autorité des marchés financiers lui retire son agrément.

II.- En cas de modification de sa stratégie de commercialisation après le délai mentionné à l'article L. 532-39, susceptible d'entraîner un changement d'État membre de référence, le gestionnaire peut soumettre à l'Autorité des marchés financiers une demande tendant à changer d'État membre de référence.

III. – Lorsque l'Autorité des marchés financiers est en désaccord avec la désignation par le gestionnaire de son nouvel État membre de référence en application des dispositions des I et II du présent article, elle peut saisir l'Autorité européenne des marchés financiers.

Art. L. 532-41 *(Ord. n° 2013-676, 25 juill. 2013).* – Tout litige survenant entre l'Autorité des marchés financiers et le gestionnaire établi dans un pays tiers dont la France est l'État membre de référence relève de la compétence des juridictions françaises.

Tout litige entre le gestionnaire établi dans un pays tiers dont la France est l'État membre de référence et des porteurs de parts ou actionnaires de l'Union européenne du FIA concerné relève de la compétence des juridictions d'un État membre.

Art. L. 532-42 *(Ord. n° 2013-676, 25 juill. 2013).* – Lorsqu'une autorité compétente d'un pays tiers ne satisfait pas à une demande d'échange d'informations mentionnée au 2° de l'article L. 532-29, l'Autorité des marchés financiers peut saisir l'Autorité européenne des marchés financiers.

Art. L. 532-42-1 *(Ord. n° 2013-676, 25 juill. 2013 ; Ord. n° 2017-1107, 22 juin 2017).* – I. – 1. Lorsqu'un gestionnaire établi dans un pays tiers et dont l'État membre de référence est la France a l'intention de gérer des parts ou actions de FIA établis dans un autre État membre de l'Union européenne, soit directement, soit en y établissant une succursale, l'Autorité des marchés financiers vérifie que le gestionnaire est agréé pour gérer ce type de FIA ;

2. Lorsque le gestionnaire mentionné au premier alinéa a l'intention de gérer pour la première fois des parts ou actions de FIA de l'Union européenne établis dans un autre État membre, il communique les informations suivantes à l'Autorité des marchés financiers :

a) L'État membre dans lequel il a l'intention de gérer des parts ou actions de FIA directement ou en y établissant une succursale ;

b) Un programme d'activités précisant notamment les services qu'il a l'intention de fournir en identifiant les parts ou actions de FIA qu'il compte gérer ;

3. Lorsque le gestionnaire mentionné au premier alinéa a l'intention d'établir une succursale, il fournit en plus des informations mentionnées au 2, les informations suivantes :

a) L'organisation de la succursale ;

b) L'adresse, dans l'État membre d'origine du FIA, à laquelle des documents peuvent être obtenus ;

c) Le nom et les coordonnées des personnes chargées de la gestion de la succursale.

II. – L'Autorité des marchés financiers, dans un délai d'un mois à compter de la réception de la documentation complète mentionnée au 2 du I ou dans un délai de deux mois à compter de la réception de la documentation mentionnée au 3 du I, transmet cette documentation aux autorités compétentes des États membres d'accueil du gestionnaire. Cette transmission a lieu sous réserve que la gestion du FIA par le gestionnaire respecte les dispositions législatives et réglementaires applicables aux sociétés de gestion de portefeuille.

L'Autorité des marchés financiers joint une attestation indiquant qu'elle a délivré un agrément au gestionnaire et lui notifie sans délai la transmission aux autorités compétentes des États membres d'accueil.

Dès réception de la notification de la transmission, le gestionnaire peut commencer à fournir ses services dans les États membres d'accueil.

L'Autorité des marchés financiers informe l'Autorité européenne des marchés financiers que le gestionnaire peut commencer à gérer les parts ou actions du FIA dans les États membres d'accueil.

III. – En cas de modification de l'une des informations communiquées conformément au 2 du I et, le cas échéant, au 3 du I, le gestionnaire en avertit l'Autorité des marchés financiers par écrit, au moins un mois avant de mettre en œuvre la modification prévue ou sans délai après une modification imprévue.

Si une modification prévue conduit à ce que la gestion des parts ou actions du FIA par le gestionnaire ne satisfasse plus aux dispositions législatives et réglementaires applicables aux sociétés de gestion de portefeuille, l'Autorité des marchés financiers informe sans délai le gestionnaire qu'il ne doit pas procéder à cette modification.

Si une modification est mise en œuvre en violation des premier et deuxième alinéas ou si une modification imprévue a eu lieu en conséquence de laquelle le gestionnaire ou sa gestion des parts ou actions du FIA ne respecte plus les dispositions législatives et réglementaires applicables aux sociétés de gestion de portefeuille, l'Autorité des marchés financiers prend les mesures nécessaires, y compris, le cas échéant, l'interdiction de commercialiser le FIA.

Si les modifications peuvent être admises dans la mesure où elles n'affectent pas le respect, par le gestionnaire ou sa gestion des parts ou actions du FIA, des dispositions législatives et réglementaires applicables aux sociétés de gestion de portefeuille, l'Autorité des marchés financiers informe sans délai de ces modifications les autorités compétentes des États membres d'accueil du gestionnaire.

Sous-section 4. – Responsabilité des autorités compétentes

Art. L. 532-43 *(Ord. n° 2013-676, 25 juill. 2013).* – I.- – Les dispositions de l'article L. 532-21-3 sont applicables aux gestionnaires établis dans les pays tiers.

II. – Les dispositions de l'article L. 532-25-1 sont applicables aux sociétés de gestion de portefeuille qui gèrent des FIA dans des pays tiers.

Art. L. 532-44 *(Ord. n° 2013-676, 25 juill. 2013).* – Lorsqu'elle est l'autorité compétente de l'État membre de référence d'un gestionnaire agréé établi dans un pays tiers et qu'elle estime que ce gestionnaire méconnaît les règles relevant de son champ de compétence, l'Autorité des marchés financiers le notifie sans délai à l'Autorité européenne des marchés financiers, de façon motivée.

Art. L. 532-45 *(Ord. n° 2013-676, 25 juill. 2013).* – L'Autorité des marchés financiers peut, sur demande de l'Autorité européenne des marchés financiers :

1° Interdire la commercialisation, dans l'Union européenne, de parts ou d'actions de FIA gérés par des gestionnaires établis dans des pays tiers ou de FIA de pays tiers gérés par des gestionnaires établis dans l'Union européenne sans l'agrément requis à l'article L. 532-30 ou sans la notification mentionnée aux articles L. 214-24-1 et L. 214-24-2 ou sans être autorisés à le faire par les États membres concernés conformément à l'article L. 214-24-1 ;

2° Imposer des restrictions aux gestionnaires établis dans un pays tiers en ce qui concerne la gestion d'un FIA en cas de concentration excessive des risques sur un marché spécifique sur une base transfrontalière ;

3° Imposer des restrictions aux gestionnaires établis dans un pays tiers en ce qui concerne la gestion d'un FIA lorsque ses activités sont susceptibles de constituer une source importante de risque de contrepartie pour un établissement de crédit ou un autre établissement d'importance systémique.

Art. L. 532-46 *(Ord. n° 2013-676, 25 juill. 2013).* – En sa qualité d'autorité d'origine d'une société de gestion de portefeuille, l'Autorité des marchés financiers transmet une copie des modalités de coopération pertinentes qu'elle a conclues conformément aux articles L. 214-24-1 et L. 532-36 aux États membres d'accueil de la société de gestion de portefeuille concernée.

L'Autorité des marchés financiers transmet les informations qu'elle a reçues des autorités de surveillance des pays tiers conformément aux modalités de coopération conclues avec ces autorités de surveillance concernant la société de gestion de portefeuille ou, le cas échéant, conformément à l'article L. 532-25-1 ou à l'article L. 532-21-3, aux autorités compétentes de l'État membre d'accueil de la société de gestion de portefeuille concernée.

Lorsqu'elle est l'autorité d'accueil d'un gestionnaire et qu'elle estime que la teneur des modalités de coopération conclues par l'État membre d'origine du gestionnaire concerné conformément aux articles L. 214-24-1 et L. 532-36 n'est pas conforme aux exigences des normes techniques de réglementation applicables, l'Autorité des marchés financiers peut saisir l'Autorité européenne des marchés financiers.

Section IV. – Règles spécifiques concernant les entreprises d'investissement de pays tiers

Art. L. 532-47 *(Ord. n° 2016-827, 23 juin 2016)*. – Dans la présente section :

1° *(1° rempl., L. n° 2019-486, 22 mai 2019)* L'expression : « entreprise de pays tiers » désigne une entreprise qui, si son administration centrale ou son siège social étaient situés dans un État membre de l'Union européenne, serait soit un établissement de crédit fournissant des services d'investissement ou exerçant des activités d'investissement, soit une entreprise d'investissement ;

2° L'expression : « État d'origine » désigne l'État dans lequel l'entreprise de pays tiers a son siège social ou si, conformément à son droit national, elle en est dépourvue, l'État dans lequel s'exerce sa direction effective.

Art. L. 532-48 *(Ord. n° 2017-1107, 22 juin 2017)*. – I. – Pour pouvoir fournir des services d'investissement mentionnés à l'article L. 321-1, ainsi que, le cas échéant, des services connexes mentionnés à l'article L. 321-2, à des clients non professionnels, ou à des clients qui ont demandé à être traités comme des clients professionnels, sur le territoire de la France métropolitaine, de la Guadeloupe, de la Guyane, de la Martinique, de La Réunion, de Mayotte et de Saint-Martin, une entreprise de pays tiers établit une succursale.

II. – L'agrément d'une succursale d'une entreprise de pays tiers est délivré par l'Autorité de contrôle prudentiel et de résolution, sous réserve que les conditions suivantes soient remplies :

1° La fourniture de services pour laquelle l'entreprise de pays tiers demande l'agrément est sujette à agrément et surveillance dans son État d'origine et l'entreprise pétitionnaire est dûment agréée dans son État d'origine. La succursale est agréée dans la limite des services que l'entreprise de pays tiers dont elle dépend est autorisée à fournir. L'État d'origine de cette entreprise impose des obligations équivalentes à celles prévues par le droit de l'Union européenne en matière de lutte contre le blanchiment des capitaux et le financement du terrorisme. La liste de ces pays est fixée par arrêté du ministre chargé de l'économie ;

2° Des mécanismes de coopération, prévoyant notamment des dispositions concernant les échanges d'informations en vue de préserver l'intégrité du marché et de protéger les investisseurs, sont en place entre, d'une part, l'Autorité de contrôle prudentiel et de résolution et l'Autorité des marchés financiers et, d'autre part, les autorités compétentes habilitées, conformément à la législation de l'État d'origine de l'entreprise de pays tiers, à agréer ou à contrôler cette entreprise ;

3° La succursale dispose d'une dotation initiale au moins égale à un montant fixé par arrêté du ministre chargé de l'économie ;

4° La direction effective de la succursale est exercée par deux personnes au moins, qui satisfont aux dispositions de l'article L. 533-25. Un arrêté du ministre chargé de l'économie pris conformément à l'article L. 611-3 fixe les conditions dans lesquelles une succursale peut, par dérogation, être dirigée effectivement par une seule personne. Il précise les mesures qui doivent être prises pour garantir la gestion efficace, saine et prudente de la succursale concernée, en prenant en compte de manière appropriée l'intérêt des clients de la succursale ainsi que l'intégrité du marché ;

5° L'État d'origine de l'entreprise de pays tiers a conclu avec la France une convention d'assistance administrative en vue de lutter contre la fraude et l'évasion fiscales et n'est pas non coopératif au sens de l'article 238-0 A du Code général des impôts ;

6° La succursale adhère au mécanisme de garantie des titres mentionné à l'article L. 322-1.

III. – Préalablement à la délivrance de l'agrément, le programme d'activité doit être approuvé par l'Autorité des marchés financiers dans les conditions fixées à l'article L. 532-4.

IV. *(IV créé, L. n° 2019-486, 22 mai 2019)* Un décret fixe les modalités d'application du présent article. Lorsque cela est nécessaire pour sauvegarder le bon fonctionnement des marchés financiers, il peut prévoir des dérogations limitées à la négociation pour compte propre mentionnée à l'article L. 321-1.

Art. L. 532-49 *(Ord. n° 2016-827, 23 juin 2016)*. – L'entreprise de pays tiers qui souhaite ouvrir une succursale sur le territoire de la France métropolitaine, de la Guadeloupe, de la Guyane, de la Martinique, de La Réunion, de Mayotte et de Saint-Martin dépose une demande d'agrément auprès de l'Autorité de contrôle prudentiel et de résolution, dans des conditions fixées par décret.

Art. L. 532-50 *(Ord. n° 2016-827, 23 juin 2016 ; mod., Ord. n° 2017-1107, 22 juin 2017 ; L. n° 2019-486, 22 mai 2019)*. – I. - L'Autorité de contrôle prudentiel et de résolution ne délivre l'agrément à la succursale de l'entreprise de pays tiers pétitionnaire que si l'entreprise de pays tiers dont dépend la succursale s'engage à exercer à l'égard de cette succursale des missions équivalentes à celles qui sont confiées par les articles L. 533-29 à L. 533-31 au conseil d'administration, au conseil de surveillance ou à tout autre organe exerçant des fonctions de surveillance équivalentes, ainsi qu'à l'assemblée générale et après s'être assurée que :

1° Les conditions prévues au II de l'article L. 532-48 sont remplies ;

2° La succursale est en mesure de se conformer aux dispositions du II du présent article.

L'Autorité de contrôle prudentiel et de résolution ne peut agréer la succursale que dans la limite des services que l'entreprise de pays tiers dont elle dépend est autorisée à fournir.

II. - Les articles L. 420-1 à L. 420-18, L. 421-10, L. 424-1 à L. 424-8, L. 425-1 à L. 425-8, L. 533-2, L. 533-9, L. 533-10, L. 533-10-1, L. 533-10-3 à L. 533-10-8, L. 533-11 à L. 533-16, L. 533-18 à L. 533-20, L. 533-22-3, L. 533-24, L. 533-24-1 et L. 533-25 à L. 533-31 du présent code, ainsi que les articles 3 à 26 du règlement (UE) n° 600/2014 du Parlement européen et du Conseil du 15 mai 2014 concernant les marchés d'instruments financiers et modifiant le règlement (UE) n° 648/2012, s'appliquent aux succursales agréées conformément au I du présent article.

III. - Les articles L. 511-41-3 à L. 511-41-5 et L. 533-2-2 à L. 533-3 s'appliquent aux succursales agréées conformément au I du présent article.

L'article L. 511-41, le V de l'article L. 613-62 et l'article L. 613-62-1 s'appliquent aux succursales agréées conformément au I du présent article dans les conditions prévues pour les succursales d'établissement de crédit agréées conformément à l'article L. 532-48.

IV. - Les articles L. 211-36 à L. 211-40, L. 213-3, L. 341-1 à L. 341-7, L. 440-6 à L. 440-10, L. 500-1, L. 511-37, L. 511-38, L. 531-8, L. 531-12, L. 533-5, L. 533-23, L. 542-1, L. 561-2, L. 561-10-3, L. 561-32, L. 561-36-1, L. 573-1-1 et L. 573-2-1 à L. 573-6 s'appliquent aux succursales agréées conformément au I du présent article.

Le 1° du II de l'article L. 330-1, le 1 de l'article L. 440-2 ainsi que les articles L. 511-35 et L. 511-39 s'appliquent aux succursales agréées conformément au I du présent article dans les conditions prévues pour les succursales d'établissement de crédit agréées conformément à l'article L. 532-48.

Art. L. 532-51 *(Ord. n° 2016-827, 23 juin 2016)*. – Les dispositions de la présente section ne sont pas applicables lorsque les services d'investissement ou les services connexes sont fournis par une entreprise de pays tiers à l'initiative exclusive du client.

Il est interdit à toute entreprise de pays tiers de commercialiser des instruments financiers ou des services d'investissement autres que ceux pour lesquels le client a été à l'initiative de la fourniture, autrement que par l'intermédiaire d'une succursale agréée conformément à l'article L. 532-48.

Art. L. 532-52 *(Ord. n° 2016-827, 23 juin 2016)*. – Le retrait d'agrément d'une succursale d'entreprise de pays tiers est prononcé par l'Autorité de contrôle prudentiel et de résolution à sa demande. Il peut aussi être décidé d'office par l'Autorité si la succursale ne remplit plus les conditions ou les engagements auxquels étaient subordonnés son agrément ou une autorisation ultérieure, si la succursale n'a pas fait usage de son agrément dans un délai de douze mois, si elle n'exerce plus son activité depuis au moins six mois ou si elle a obtenu l'agrément par de fausses déclarations ou par tout autre moyen irrégulier.

(Al. créé, L. n° 2019-486, 22 mai 2019) La radiation d'une succursale d'entreprise d'investissement peut être prononcée par l'Autorité de contrôle prudentiel et de résolution à titre de sanction disciplinaire. En outre, lorsque l'entreprise de pays tiers dont dépend la succursale fait l'objet d'une mesure de liquidation dans le pays où est établi son siège social, l'Autorité de contrôle prudentiel et de résolution prononce la radiation de la succursale. La radiation entraîne la liquidation du bilan et du hors-bilan de la succursale.

Art. L. 532-53 *(Ord. n° 2016-827, 23 juin 2016)*. – Un décret détermine les conditions dans lesquelles les décisions d'agrément, de refus d'agrément et de retrait d'agrément sont prises et notifiées.

CHAPITRE III. – OBLIGATIONS DES PRESTATAIRES DE SERVICES D'INVESTISSEMENT

(Rempl., Ord. n° 2007-544, 12 avr. 2007)

Section I. – Dispositions générales communes aux prestataires de services d'investissement

Art. L. 533-1 *(Mod., L. n° 2003-706, 1er août 2003 ; rempl., Ord. n° 2007-544, 12 avr. 2007).* – **Les prestataires de services d'investissement agissent d'une manière honnête, loyale et professionnelle, qui favorise l'intégrité du marché.**

Section II. – Normes de gestion applicables aux prestataires de services d'investissement

Art. L. 533-2 *(Ord. n° 2007-544, 12 avr. 2007 ; mod., Ord. n° 2010-76, 21 janv. 2010 ; Ord. n° 2014-158, 20 févr. 2014 ; Ord. n° 2017-1107, 22 juin 2017).* – **Les prestataires de services d'investissement autres que les sociétés de gestion de portefeuille disposent de procédures administratives saines, de mécanismes de contrôle interne, de techniques efficaces d'évaluation des risques, de dispositifs efficaces de contrôle et de sauvegarde de leurs systèmes informatiques et de techniques d'atténuation des risques pour les contrats dérivés de gré à gré non compensés par une contrepartie centrale conformes à l'article 11 du règlement (UE) n° 648/2012 du Parlement européen et du Conseil du 4 juillet 2012 sur les produits dérivés de gré à gré, les contreparties centrales et les référentiels centraux.**

Les prestataires de services d'investissement autres que les sociétés de gestion de portefeuille sont tenus, pour ce qui concerne leurs activités de services d'investissement, de respecter les normes de gestion destinées à garantir leur liquidité, leur solvabilité et l'équilibre de leur structure financière définies par le ministre chargé de l'économie en application de l'article L. 611-3.

Ils doivent en particulier respecter des ratios de couverture et de division des risques.

Le non-respect de ces obligations entraîne l'application de la procédure prévue aux articles L. 612-39, L. 612-40 et L. 621-15.

Voir : Sanctions pénales, C. monét. fin., art. L. 573-3, L. 573-5 et L. 573-6, p. 1473.

Art. L. 533-2-2 *(Ord. n° 2014-158, 20 févr. 2014 ; mod., Ord. n° 2017-1107, 22 juin 2017).* – **Les entreprises d'investissement mettent en place des dispositifs, stratégies et procédures faisant l'objet d'un contrôle interne régulier mentionné à l'article L. 511-55 leur permettant de détecter, de mesurer et de gérer les risques auxquels elles sont ou pourraient être exposées du fait de leurs activités.**

Ces risques incluent notamment le risque de crédit et de contrepartie, y compris le risque résiduel, le risque de concentration lié aux expositions sur des contreparties, le risque généré par les opérations de titrisation, les risques de marché, les risques de variation des taux d'intérêt, le risque opérationnel, le risque de liquidité et le risque de levier excessif.

Les entreprises d'investissement, compte tenu notamment de leur taille, de leur organisation interne et de leurs activités, développent une capacité interne à évaluer les risques en question. Elles recourent, si l'Autorité de contrôle prudentiel et de résolution les y autorise, à une approche interne pour déterminer les exigences de fonds propres appropriées à leur situation.

Les dispositifs, stratégies et procédures mentionnés au premier alinéa peuvent avoir également pour objet de permettre aux entreprises d'investissement d'évaluer et de conserver les montants et structures de capital interne adéquats pour couvrir certains des risques auxquels elles sont ou pourraient être exposées.

Les entreprises d'investissement doivent, selon la nature des risques encourus, établir des plans d'urgence et de poursuite de leur activité, maintenir des coussins adéquats de liquidité et disposer de plans de rétablissement de leur liquidité.

Les entreprises mères des groupes soumis à une surveillance sur base consolidée en application de l'article L. 613-20-1 s'assurent que les dispositifs, stratégies et procédures mentionnés au premier alinéa qui sont mis en place par leurs filiales soient cohérents entre eux et bien intégrés.

Les conditions d'application du présent article sont fixées par arrêté du ministre chargé de l'économie.

Art. L. 533-2-3 *(Ord. n° 2014-158, 20 févr. 2014 ; mod., Ord. n° 2017-1107, 22 juin 2017).* – **L'Autorité de contrôle prudentiel et de résolution évalue et contrôle les dispositifs, stratégies et procédures mis en œuvre**

par les entreprises d'investissement pour détecter, mesurer et gérer les risques auxquels elles sont ou pourraient être exposées, tels que définis à l'article L. 533-2-2.

L'Autorité contrôle l'utilisation par les entreprises d'investissement des approches internes pour la détermination des exigences de fonds propres s'imposant à elles, en s'assurant notamment que celles-ci ne s'appuient pas exclusivement ou mécaniquement sur les notations de crédit externes.

Sur la base des informations communiquées par les entreprises d'investissement, elle évalue au moins une fois par an la qualité des approches internes mises en œuvre pour le calcul des exigences de fonds propres.

L'Autorité procède à une analyse comparative des approches internes. Si l'Autorité établit, à l'issue de cette analyse, que l'approche interne d'une entreprise d'investissement entraîne une sous-estimation de son exigence en fonds propres, elle peut lui imposer des mesures correctrices. Ces mesures correctrices ne doivent pas déboucher sur une standardisation ou une propension pour certaines méthodes, créer des incitations injustifiées ou provoquer un comportement d'imitation.

Lorsque l'Autorité de contrôle prudentiel et de résolution constate que des entreprises d'investissement présentant des profils de risque analogues en raison de la similitude de leurs modèles d'entreprise ou de la localisation géographique de leurs expositions sont ou pourraient être exposées à des risques analogues ou représenter des risques analogues pour le système financier, elle leur applique les dispositions du présent article d'une manière analogue ou identique.

Les conditions d'application du présent article sont fixées par arrêté du ministre chargé de l'économie.

Art. L. 533-3 *(Rempl., Ord. n° 2007-544, 12 avr. 2007 ; mod., L. n° 2010-1249, 22 oct. 2010 ; L. n° 2013-672, 26 juill. 2013 ; Ord. n° 2017-1107, 22 juin 2017).* – Les prestataires de services d'investissement autres que les sociétés de gestion de portefeuille notifient à l'Autorité de contrôle prudentiel et de résolution les transactions intragroupes importantes, dans les conditions définies à l'article L. 612-2.

Art. L. 533-4 *(Mod., L. n° 2001-602, 9 juill. 2001 ; L. n° 2003-706, 1er août 2003 ; rempl., Ord. n° 2007-544, 12 avr. 2007 ; mod., Ord. n° 2014-158, 20 févr. 2014 ; Ord. n° 2017-1107, 22 juin 2017).* – Lorsqu'un prestataire de services d'investissement autre qu'une société de gestion de portefeuille a pour entreprise mère un établissement de crédit, une entreprise d'investissement, une compagnie financière holding, une compagnie financière holding mixte qui a son siège social dans un État non membre de l'Union européenne ni partie à l'accord sur l'Espace économique européen, l'Autorité de contrôle prudentiel et de résolution vérifie, de sa propre initiative ou à la demande de l'entreprise mère ou d'une entité réglementée agréée dans un État membre de l'Union européenne ou dans un autre État partie à l'accord sur l'Espace économique européen, que ce prestataire de services d'investissement fait l'objet, de la part d'une autorité de surveillance du pays tiers, d'une surveillance consolidée équivalente à celle applicable en France.

À cet effet, l'Autorité de contrôle prudentiel et de résolution consulte l'Autorité bancaire européenne et les autorités compétentes concernées des autres États membres de l'Union européenne ou des autres États parties à l'accord sur l'Espace économique européen.

En l'absence d'une surveillance consolidée équivalente, il est appliqué par analogie au prestataire de services d'investissement autre qu'une société de gestion de portefeuille les dispositions relatives à la surveillance consolidée applicable en France.

L'Autorité de contrôle prudentiel et de résolution peut aussi recourir à d'autres méthodes garantissant une surveillance consolidée équivalente, après approbation de l'autorité compétente susceptible d'être chargée de la surveillance consolidée pour l'Espace économique européen et consultation des autres autorités compétentes concernées d'un État membre ou d'un autre État partie à l'accord sur l'Espace économique européen. Elle peut notamment exiger la constitution d'une compagnie financière holding ayant son siège social dans un État membre de l'Union européenne ou dans un autre État partie à l'accord sur l'Espace économique européen.

Bibliographie : N. Cuzacq, *Le vote des gestionnaires d'OPCVM : Rev. sociétés* 2006, p. 491.

Voir : Règl. COB n° 96-03, 6 janv. 1997, relatif aux règles de bonne conduite applicables au service de gestion de portefeuille pour le compte de tiers, p. 1383, homologué par A. 6 janv. 1997 (*JO* 22 janv. 1997).

1) Conflits d'intérêts. Parce qu'il découle de l'objet de l'article L. 533-4 du CMF que les règles qu'il prévoit, dans l'objectif de garantir la protection des investisseurs et la régularité des opérations, s'imposent au prestataire de services d'investissement pour l'ensemble des activités dont il a la maîtrise, y compris celles exercées pour son compte ou à son bénéfice par une structure qu'il contrôle dotée de la personnalité morale, ne commet pas d'erreur de droit la commission des sanctions de l'AMF qui a affirmé que les dispositions du règlement du Conseil des marchés financiers, relatives à la prévention et au règlement des conflits d'intérêts s'imposaient à la banque requérante, y compris au titre des activités du fonds spéculatif Amber Fund qu'elle contrôlait par l'intermédiaire d'une filiale à 100 %, et en estimant en particulier que les articles 3-1-8 et 3-1-9 de ce règlement s'imposaient aux transactions réalisées par le fonds Amber Fund pour son propre compte au bénéfice de la requérante : ▪ CE, 6e et 1re ss-sect., 11 févr. 2011, n° 316508 : *JurisData* n° 2011-001712 ; *JCP* E 2011, pan. 1229. – F. Peltier, *Les conflits d'intérêts des prestataires de services d'investissement : Bull. Joly Bourse* 2012, § 222, p. 584.

2) Investigations. Un prestataire de services d'investissement est tenu de vérifier, au cas par cas, que le support d'investissement choisi répond au profil de gestion en adéquation avec les besoins et les objectifs de son client et ne peut donc, en tant que professionnel de la gestion des instruments financiers, se dispenser de mener des investigations pour assurer la transparence du marché : ▪ CA Paris, pôle 5, ch. 6, 20 déc. 2012 : *JurisData* n° 2012-030663 ; *RD bancaire et fin.* mars 2013, comm. 72, note I. Riassetto.

Art. L. 533-4-1 *(Ord. n° 2007-571, 19 avr. 2007 ; mod., Ord. n° 2014-158, 20 févr. 2014 ; Ord. n° 2017-1107, 22 juin 2017).* **– Les entreprises d'investissement qui ont pour filiale au moins un établissement de crédit, une entreprise d'investissement ou un établissement financier au sens de l'article L. 511-21 ou qui détiennent une participation dans un tel établissement ou entreprise sont tenus de respecter, sur la base de leur situation financière consolidée au sens du 47 du paragraphe 1 de l'article 4 du règlement (UE) n° 575/2013 du Parlement européen et du Conseil du 26 juin 2013, des normes de gestion déterminées par un arrêté du ministre chargé de l'économie ainsi que les règles relatives aux participations mentionnées à l'article L. 531-5.**

Section III. – Obligations comptables et déclaratives applicables aux prestataires de services d'investissement

Art. L. 533-5 *(Rempl., Ord. n° 2007-544, 12 avr. 2007 ; mod., Ord. n° 2014-158, 20 févr. 2014 ; Ord. n° 2017-1107, 22 juin 2017).* **– Les entreprises d'investissement sont tenues aux obligations des articles L. 511-35, L. 511-36, L. 511-37 et L. 511-39. Elles disposent de procédures comptables saines.**

L'alinéa précédent est applicable aux sociétés de gestion de portefeuille, sauf l'article L. 511-37.

Art. L. 533-6 *(Mod., Ord. n° 2004-482, 3 juin 2004 ; rempl., Ord. n° 2007-544, 12 avr. 2007).* **– Les prestataires de services d'investissement, les entreprises de marché et les chambres de compensation doivent communiquer à la Banque de France les informations nécessaires à l'élaboration des statistiques monétaires.**

Art. L. 533-7 *(Rempl., Ord. n° 2007-544, 12 avr. 2007 ; mod., Ord. n° 2007-1490, 18 oct. 2007 ; Ord. n° 2017-1107, 22 juin 2017).* **– Les entreprises établies en France et qui font partie d'un groupe auquel appartiennent une ou plusieurs sociétés de gestion ayant leur siège social dans un État membre de l'Union européenne ou dans un autre État partie à l'accord sur l'Espace économique européen ou dans un État où sont applicables les accords prévus par l'article L. 632-16 sont tenues, nonobstant toutes dispositions contraires, de transmettre à des entreprises du même groupe les informations nécessaires à l'organisation de la lutte contre le blanchiment de capitaux et contre le financement du terrorisme. Les dispositions du sixième alinéa de l'article L. 511-34 sont applicables à ces informations.**

Art. L. 533-8 *(Rempl., Ord. n° 2007-544, 12 avr. 2007).* **– Les prestataires de services d'investissement conservent, dans les conditions fixées par le règlement général de l'Autorité des marchés financiers, les informations pertinentes relatives à toutes les transactions sur instruments financiers qu'ils ont conclues.**

Voir : Règl. AMF, 12 oct. 2004, art. 313-48 et s.

Art. L. 533-9 *(Ord. n° 2007-544, 12 avr. 2007 ; mod., Ord. n° 2016-827, 23 juin 2016).* **– Lorsque les prestataires de services d'investissement autres que les sociétés de gestion de portefeuille négocient de gré à gré des instruments financiers économiquement équivalents à des instruments dérivés sur matières premières, des unités mentionnées à l'article L. 229-7 du Code de l'environnement ou à des contrats financiers ayant pour sous-jacents ces dernières, ils fournissent, conformément à l'article 26 du règlement (UE) n° 600/2014 du Parlement européen et du Conseil du 15 mai 2014 concernant les marchés d'instruments financiers et, le cas**

échéant, à l'article 8 du règlement (UE) n° 1227/2011 du Parlement européen et du Conseil du 25 octobre 2011 concernant l'intégrité et la transparence du marché de gros de l'énergie, au moins une fois par jour, à l'autorité compétente de la plate-forme de négociation où ces instruments ou unités sont négociés ou à l'autorité compétente désignée au premier alinéa de l'article L. 420-13 lorsque ces instruments ou unités sont négociés sur des plates-formes de négociation situées dans plus d'un État membre de l'Union européenne ou partie à l'accord sur l'Espace économique européen, une ventilation complète :

1° Des positions qu'ils ont prises sur ces instruments ou unités ;

2° Des positions de leurs clients ;

3° Des positions des clients de ces clients jusqu'au client final.

Section IV. – Règles d'organisation

Sous-section 1. – Dispositions applicables aux prestataires de services d'investissement

Art. L. 533-10 *(Ord. n° 2007-544, 12 avr. 2007 ; mod., L. n° 2013-672, 26 juill. 2013 ; Ord. n° 2016-827, 23 juin 2016)*. – I. – Les sociétés de gestion de portefeuille :

1° Mettent en place des règles et procédures permettant de garantir le respect des dispositions qui leur sont applicables, y compris celles prévues par l'article 11 du règlement (UE) n° 648/2012 du Parlement européen et du Conseil du 4 juillet 2012 sur les produits dérivés de gré à gré, les contreparties centrales et les référentiels centraux ;

2° Mettent en place des règles et procédures permettant de garantir le respect par les personnes placées sous leur autorité ou agissant pour leur compte des dispositions applicables aux sociétés de gestion de portefeuille elles-mêmes ainsi qu'à ces personnes, en particulier les conditions et limites dans lesquelles ces dernières peuvent effectuer pour leur propre compte des transactions personnelles. Ces conditions et limites sont reprises dans le règlement intérieur et intégrées au programme d'activités des sociétés ;

3° Prennent toutes les mesures raisonnables pour empêcher les conflits d'intérêts de porter atteinte aux intérêts de leurs clients. Ces conflits d'intérêts sont ceux qui se posent entre, d'une part, les sociétés de gestion de portefeuille elles-mêmes, les personnes placées sous leur autorité ou agissant pour leur compte ou toute autre personne directement ou indirectement liée à elles par une relation de contrôle et, d'autre part, leurs clients, ou bien entre deux clients, lors de la fourniture de tout service d'investissement ou de tout service connexe ou d'une combinaison de ces services. Lorsque ces mesures ne suffisent pas à garantir, avec une certitude raisonnable, que le risque de porter atteinte aux intérêts des clients sera évité, les sociétés de gestion de portefeuille informent clairement ceux-ci, avant d'agir en leur nom, de la nature générale ou de la source de ces conflits d'intérêts ;

4° Prennent des mesures raisonnables en utilisant des ressources et des procédures appropriées et proportionnées pour garantir la continuité et la régularité de la fourniture des services d'investissement, notamment lorsqu'elles confient à des tiers des fonctions opérationnelles importantes ;

5° Conservent un enregistrement de tout service qu'elles fournissent et de toute transaction qu'elles effectuent, permettant à l'Autorité des marchés financiers de contrôler le respect de leurs obligations et, en particulier, de toutes leurs obligations à l'égard des clients, notamment des clients potentiels.

II. – Les prestataires de services d'investissement autres que les sociétés de gestion de portefeuille :

1° Mettent en place des règles et procédures permettant de garantir le respect des dispositions qui leur sont applicables, y compris celles prévues à l'article 11 du règlement (UE) n° 648/2012 du Parlement européen et du Conseil du 4 juillet 2012 sur les produits dérivés de gré à gré, les contreparties centrales et les référentiels centraux ;

2° Mettent en place des règles et procédures permettant de garantir le respect par les personnes placées sous leur autorité ou agissant pour leur compte des dispositions applicables aux prestataires de services d'investissement eux-mêmes ainsi qu'à ces personnes, en particulier les conditions et limites dans lesquelles ces dernières peuvent effectuer pour leur propre compte des transactions personnelles. Ces conditions et limites sont reprises dans le règlement intérieur et intégrées au programme d'activités des prestataires ;

3° Maintiennent et appliquent des dispositions organisationnelles et administratives efficaces, en vue de prendre toutes les mesures raisonnables destinées à empêcher que les conflits d'intérêts ne portent atteinte aux intérêts de leurs clients. À cet effet, ils prennent toutes les mesures appropriées pour détecter et éviter ou gérer les conflits d'intérêts. Ces conflits d'intérêts sont ceux qui se posent entre, d'une part, les prestataires eux-mêmes, les personnes placées sous leur autorité ou agissant pour leur compte ou toute autre personne directement ou indirectement liée à elles par une relation de contrôle et, d'autre part, leurs clients, ou bien entre deux clients, lors de la fourniture de tout service d'investissement ou de tout service connexe ou d'une combinaison de ces services, y compris ceux découlant de la perception d'avantages en provenance de tiers ou de la structure de rémunération et d'autres structures incitatives propres aux prestataires.

Lorsque ces mesures ne suffisent pas à garantir, avec une certitude raisonnable, que le risque de porter atteinte aux intérêts des clients sera évité, les prestataires informent clairement ceux-ci, avant d'agir pour leur compte, de la nature générale et de la source de ces conflits d'intérêts, ainsi que des mesures prises pour atténuer ces risques. Cette information est effectuée sur un support durable et comporte des détails suffisants, compte tenu de la nature du client, pour lui permettre de prendre en connaissance de cause une décision relative au service dans le cadre duquel apparaît le conflit d'intérêts ;

4° Prennent des mesures raisonnables, en utilisant des systèmes, des ressources et des procédures appropriées et proportionnées, pour garantir la continuité, la régularité et le caractère satisfaisant de la fourniture des services d'investissement, notamment lorsqu'ils confient à des tiers des fonctions ou d'autres tâches opérationnelles essentielles ou importantes. Dans ce cas, ils prennent des mesures raisonnables pour éviter une aggravation indue du risque opérationnel ;

5° Disposent de mécanismes de sécurité solides pour garantir la sécurité et l'authentification des moyens de transfert de l'information, réduire au minimum le risque d'altération de données et d'accès non autorisé et empêcher les fuites d'informations afin de maintenir en permanence la confidentialité des données ;

6° Conservent un enregistrement de tout service qu'ils fournissent et de toute transaction qu'ils effectuent, permettant à l'Autorité des marchés financiers d'exercer ses missions de surveillance et de contrôler le respect par les prestataires de toutes leurs obligations professionnelles, y compris à l'égard de leurs clients ou clients potentiels et concernant l'intégrité du marché ;

7° Prennent, lorsqu'ils détiennent des instruments financiers appartenant à des clients, des dispositions appropriées pour sauvegarder les droits de propriété des clients sur ces instruments financiers et empêchent leur utilisation pour leur propre compte, sauf consentement exprès des clients ;

8° Prennent, lorsqu'ils détiennent des fonds appartenant à des clients, des dispositions appropriées pour sauvegarder les droits de ces clients sur ces fonds, notamment en cas d'insolvabilité. Les entreprises d'investissement ne peuvent en aucun cas utiliser pour leur propre compte les fonds déposés auprès d'elles par leurs clients, sous réserve des articles L. 440-7 à L. 440-10 ;

9° Ne concluent pas de contrats de garantie financière avec transfert de propriété avec des clients non professionnels en vue de garantir leurs obligations présentes ou futures, réelles, conditionnelles ou potentielles, ou de les couvrir d'une autre manière.

Un arrêté du ministre chargé de l'économie pris conformément à l'article L. 611-3 précise les conditions d'application des 4° et 8°.

III. – Les enregistrements mentionnés au 6° du II incluent l'enregistrement des conversations téléphoniques ou des communications électroniques en rapport, au moins, avec les transactions conclues dans le cadre d'une négociation pour compte propre et la prestation de services relatifs aux ordres de clients qui concernent la réception, la transmission et l'exécution d'ordres de clients. Ils incluent également l'enregistrement des conversations téléphoniques ou des communications électroniques destinées à donner lieu à des transactions conclues dans le cadre d'une négociation pour compte propre ou la fourniture de services relatifs aux ordres de clients concernant la réception, la transmission et l'exécution d'ordres de clients, même si ces conversations et communications ne donnent pas lieu à la conclusion de telles transactions ou à la fourniture de services relatifs aux ordres de clients.

Ces enregistrements sont transmis aux clients concernés à leur demande. Ils sont conservés pendant une durée de cinq ans et, lorsque l'Autorité de contrôle prudentiel et de résolution ou l'Autorité des marchés financiers l'estime utile, pendant une durée pouvant aller jusqu'à sept ans.

Les prestataires concernés :

1° Prennent toutes les mesures raisonnables pour enregistrer les conversations téléphoniques et les communications électroniques concernées qui sont effectuées, envoyées ou reçues au moyen d'un équipement fourni par eux à un employé ou un contractant ou dont l'utilisation par un employé ou un contractant a été approuvée ou autorisée par eux ;

2° Prennent toutes les mesures raisonnables pour empêcher un employé ou un contractant d'effectuer, d'envoyer ou de recevoir les conversations téléphoniques et les communications électroniques concernées au moyen d'un équipement privé qu'ils sont incapables d'enregistrer ou de copier ;

3° Notifient à leurs clients que les communications ou conversations téléphoniques avec leurs clients qui donnent lieu ou sont susceptibles de donner lieu à des transactions sont enregistrées. Cette notification peut être effectuée une seule fois, avant la fourniture de services d'investissement à des clients ;

4° Ne fournissent pas par téléphone des services d'investissement à des clients qui n'ont pas été informés à l'avance du fait que leurs communications ou conversations téléphoniques sont enregistrées, lorsque ces services d'investissement concernent la réception, la transmission et l'exécution d'ordres de clients.

Les clients peuvent passer des ordres par d'autres voies, à condition que ces communications soient effectuées au moyen d'un support durable. De tels ordres sont considérés comme équivalant à des ordres transmis par téléphone.

Voir : Règl. AMF, 12 oct. 2004, art. 313-1 et s.

Art. L. 533-10-1 *(Ord. n° 2011-915, 1er août 2011 ; mod., L. n° 2013-672, 26 juill. 2013 ; Ord. n° 2017-1107, 22 juin 2017).* **– Les sociétés de gestion de portefeuille ainsi que les prestataires de services d'investissement qui fournissent le service d'investissement mentionné au 4 de l'article L. 321-1 emploient :**

1° Une méthode de gestion des risques pour le compte de tiers qui leur permet de contrôler et de mesurer à tout moment le risque associé à la gestion des positions et opérations du portefeuille et la contribution de celles-ci au profil de risque général du portefeuille géré. En particulier, les sociétés de gestion de portefeuille ne recourent pas exclusivement ou mécaniquement à des notations de crédit émises par des agences de notation de crédit au sens du point *b* du paragraphe 1 de l'article 3 du règlement (CE) n° 1060/2009 du Parlement européen et du Conseil du 16 septembre 2009 sur les agences de notation de crédit pour évaluer la qualité de crédit des actifs du portefeuille ;

2° Une méthode permettant une évaluation précise et indépendante des positions et opérations du portefeuille géré, et notamment de la valeur des contrats financiers de gré à gré.

Les sociétés de gestion de portefeuille fixent des limites raisonnables à l'effet de levier pour chaque FIA qu'elles gèrent et respectent à tout moment ces limites.

Art. L. 533-10-2 *(Ord. n° 2016-827, 23 juin 2016).* **– Sans préjudice de l'application de la section 8 du chapitre Ier du titre Ier du livre V, les II et III de l'article L. 533-29 sont applicables aux établissements de crédit agréés pour fournir un ou plusieurs services d'investissement mentionnés à l'article L. 321-1.**

....

Section V. – Règles de bonne conduite

Sous-section 1. – Dispositions communes à tous les prestataires de services d'investissement

Bibliographie : H. Aubry et N. Sauphanor-Brouillaud, *La protection de l'investisseur par les législations spéciales : quels critères ? : RD bancaire et fin.* nov.-déc. 2010, p. 50. • R. Bonhomme, *Responsabilité et gestion du risque financier : RD bancaire et fin.* nov.-déc. 2010, p. 40. • J.-M. Bossin et G. de Lambilly, *Le mandat de gestion de portefeuille individuel et la responsabilité des intermédiaires : Banque et droit* mai 1998, p. 3. • H. Causse, *L'obligation d'information et la responsabilité de l'intermédiaire financier : Mél. D. Schmidt*, éd. Joly, 2005, p. 147. • N. Cuzacq, *Le vote des gestionnaires d'OPCVM : Rev. sociétés* 2006, p. 491. • O. Douvreleur, *L'approbation par l'AMF, en qualité de code de bonne conduite, du règlement de l'AFG sur la déontologie des OPCVM et la gestion individualisée sous mandat : RTDF* 2010, n° 3, p. 139. • L. Dumoulin, *Le devoir de mise en garde de l'investisseur : RD bancaire et fin.* 2007, n° 31, p. 103. • J.-G. d'Hérouville, *La notion d'investisseur averti : Banque et droit* janv. 1998, p. 20. • B. Gizard et J.-P. Deschanel, *Déontologie financière et pouvoir disciplinaire : Mél. AEDBF*, France, 2001, p. 157. • J.-L. Guillot et P.-Y. Bérard, *Les obligations du prestataire de services d'investissement en présence d'un client professionnel : Rev. banque* oct. 2010, p. 81. • B. Mercadal, *Éthique financière*, in *L'éthique des marchés*, Bruxelles, 1991, p. 27. • S. Janin, *Impacts de la directive MIF sur la responsabilité des sociétés de gestion : Bull. Joly Bourse* 2007, n° 3, p. 306. • B. Marchand, *La responsabilité des banques dans la distribution des produits financiers aux particuliers : RD bancaire et fin.* sept. 2009, alerte 11. • N. Mathey, *Obligation d'information du professionnel sur les risques des produits financiers proposés : RD bancaire et fin.* nov. 2008, étude 27. • J.-M. Moulin, *L'investisseur averti : Mél. AEDBF*, France, 2009 ; *Responsabilité des banques en matière de commercialisation de produits financiers : RD bancaire et fin.* mars 2010, étude 7. • S. Mousoulas, *Autorégulation, déontologie professionnelle et éducation de l'investisseur : Bull. Joly Bourse* 1998, § 61, p. 217. • S. Neuville, *Les prestataires (entreprises d'investissement et entreprises de marché) et les services d'investissement : Bull. Joly Bourse* 2007, n° 5, p. 559. • F. Peltier, *Les conflits* *d'intérêts des prestataires de services d'investissement : Bull. Joly Bourse* 2012, § 222, p. 584. • Ch. Pénichon, *Les obligations et la responsabilité des prestataires de services d'investissement : RJ com.* nov. 2003, p. 48. • I. Riasetto, *L'exonération de responsabilité des prestataires de services d'investissement : Bull. Joly Bourse* 2007, n° 3, p. 323 ; *À la recherche du devoir de conseil en gestion individuelle de portefeuille : Bull. Joly Bourse* 2012, § 234, p. 604. • S. Saint-Pé, *Distribution de parts ou actions d'OPC : la responsabilité partagée des sociétés de gestion avec leurs distributeurs : Bull. Joly Bourse* 2012, § 152, p. 374. • V. Tandeau de Marsac, *La déontologie des entreprises d'investissement : Gaz. Pal.* 31 juill. 1999, doctr. p. 2. • E. Valence, *La réglementation et ses conséquences pratiques pour les PSI : RD bancaire et fin.* juill. 2016, dossier 26.

Art. L. 533-11 *(Rempl., Ord. n° 2007-544, 12 avr. 2007 ; mod., Ord. n° 2017-1107, 22 juin 2017).* **– Lorsqu'ils fournissent des services d'investissement et des services connexes à des clients, les prestataires de services d'investissement autres que les sociétés de gestion de portefeuille agissent d'une manière honnête, loyale et professionnelle, servant au mieux les intérêts des clients.**

Art. L. 533-12 *(Rempl., Ord. n° 2007-544, 12 avr. 2007 ; mod., Ord. n° 2017-1107, 22 juin 2017).* **– I. – Toutes les informations, y compris les communications à caractère promotionnel, adressées par un prestataire de services d'investissement autre qu'une société de gestion de portefeuille à des clients, notamment des clients potentiels, présentent un contenu exact, clair et non trompeur. Les communications à caractère promotionnel sont clairement identifiables en tant que telles.**

II. – Les prestataires de services d'investissement autres que les sociétés de gestion de portefeuille communiquent en temps utile à leurs clients, notamment leurs clients potentiels, des informations appropriées en ce qui concerne le prestataire de services d'investissement autre qu'une société de gestion de portefeuille et ses services, les instruments financiers et les stratégies d'investissement proposés, les lieux d'exécution et tous les coûts et frais liés.

Un décret précise les informations communiquées au client en application du présent II.

III. – Les informations mentionnées au II sont fournies sous une forme compréhensible de manière à ce que les clients, notamment les clients potentiels, puissent raisonnablement comprendre la nature du service d'investissement et du type spécifique d'instrument financier proposé ainsi que les risques y afférents, afin que les clients soient en mesure de prendre leurs décisions d'investissement en connaissance de cause.

Ces informations peuvent être fournies sous une forme normalisée dans des conditions fixées par le règlement général de l'Autorité des marchés financiers.

IV. – Lorsqu'un service d'investissement est proposé dans le cadre d'un produit financier soumis à d'autres dispositions, relatives aux établissements de crédit ou aux crédits à la consommation, en matière d'exigences d'information, ce service n'est pas soumis aux obligations d'informations prévues par le présent article.

Application aux sociétés ayant un statut de société financière. L'article L. 533-12 du Code monétaire et financier, qui interdit aux sociétés de gestion de portefeuille d'effectuer des opérations entre le compte d'un client et leur propre compte, **s'applique à une société ayant un statut de société financière**, dès lors qu'elle exerce une activité de gestion de portefeuille, fût-ce à titre accessoire : ▪ AMF, commission des sanctions, déc., 28 juin 2005 : *D.* 2005, act. jurispr. p. 2381.

Règlement COB n° 96-03 du 6 janvier 1997

relatif aux règles de bonne conduite applicables au service de gestion de portefeuille pour le compte de tiers, homologué par A. 6 janvier 1997

(JO 27 janv. ; mod., Règl. n° 97-03 et n°s 2000-03 et 2003-07 de la Commission)

Voir : Règlement abrogé par arrêté du 12 novembre 2004 portant homologation des livres II à VI du règlement général de l'Autorité des marchés financiers (*JO* 24 nov. 2004), V. Règl. AMF, 12 oct. 2004, art. 322-29 et s.

I – OBLIGATION DES PRESTATAIRES DE SERVICES D'INVESTISSEMENT

1) Devoir d'information et de conseil.

a) **Existence de ce devoir.** Quelles que soient leurs relations contractuelles, le banquier a **le devoir d'informer son client** des **risques encourus** dans les opérations spéculatives sur les marchés à terme, hors le cas où celui-ci en a connaissance. Viole en conséquence l'article 1147 du Code civil la cour d'appel qui, pour écarter la responsabilité du banquier, retient que les rapports contractuels avec le client s'analysent en un contrat, non de gestion de portefeuille, mais de dépôt de titres, lequel n'impose aucun devoir de conseil quant aux actes de disposition : ▪ Cass. com., 5 nov.

1991 : *Bull. civ.* IV, n° 188. – V. aussi en ce sens, ▪ Cass. com., 18 mai 1993 : *Bull. civ.* IV, n° 327 ; *Bull. Joly Bourse* 1993, 393, note Th. Bonneau ; *D.* 1994, p. 142, note I. Najjar ; *Gaz. Pal.* 1994, 1, 85, note S. Piedelièvre. ▪ Cass. com., 27 janv. 1998 : *Bull. civ.* IV, n° 41 ; *Banque et droit* mars-avr. 1998, 31, obs. H. de Vauplane ; *Gaz. Pal.* 1998, 2, somm. 619, obs. S. Piedelièvre. ▪ Cass. com., 25 mars 2003 : *RJDA* 2003, n° 840. ▪ Cass. com., 14 juin 2005 (1re esp.) : *Bull. Joly Bourse* 2006, 70, note B. Le Bars. – Plus généralement, un professionnel est débiteur, vis-à-vis du client profane, d'une obligation **d'information** et **de mise en garde portant sur les risques attachés aux opérations boursières,** ▪ Cass. com., 31 janv. 2006 : *Dr. sociétés* juin 2006, 94, obs. Th. Bonneau. – De la même façon, une banque qui reçoit de la COB [AMF] **des mises en garde** relatives à des placements déterminés est tenue d'**informer ses clients** intéressés par ces placements, du contenu de ces mises en garde : ▪ Cass. com., 3 juill. 2001 : *Bull. civ.* IV, n° 128 ; *Dr. sociétés* 2001, n° 166, note H. Hovasse ; *Banque et droit* sept.-oct. 2001, 24, obs. H. de Vauplane et J.-J. Daigre ; *RD bancaire et fin.* 2001, n° 219, obs. F.-J. Crédot et Y. Gérard ; *Bull. Joly Bourse* 2002, 98, note Th. Bonneau. – V. égal. ▪ Cass. com., 8 avr. 2008, n° 07-13.013 et ▪ Cass. com., 8 avr. 2008, n° 07-14.331 : *JurisData* n° 2008-043571 : *RD bancaire et fin.* juill. 2008, comm. 125, note A.-C. Muller. – Est tenu, **en sa qualité de professionnel**, de respecter les termes du mandat de gestion et d'exécuter ses obligations d'information, de mise en garde et de conseil envers un client non averti le gestionnaire de portefeuille, notamment en cas de contradiction entre le mandat de gestion et de la convention de compte-titres conclue entre son client et un tiers : ▪ CA Paris, pôle 5, ch. 5, 11 avr. 2013 : *JurisData* n° 2013-007797 ; *RD bancaire et fin.* 2013, comm. 142, note I. Riassetto. – Par ailleurs, engage sa responsabilité civile **le gestionnaire qui omet**, à l'occasion de la conclusion d'un mandat de gestion, **d'évaluer la compétence de ses clients** quant à la maîtrise des opérations spéculatives envisagées et des risques encourus dans ces opérations et, le cas échéant, de lui **fournir une information adaptée** en fonction de cette évaluation : ▪ Cass. com., 16 déc. 2008, n° 07-21.663 : *JurisData* n° 2008-046337 : *RD bancaire et fin.* mai 2009, comm. 105, note I. Riasetto ; *Dr. sociétés* mai 2009, comm. 98, note Th. Bonneau. – Manque à son obligation de *due diligence* dans le suivi des fonds exposés au « risque Madoff », la société de gestion qui se contente d'analyses succinctes à partir de données issues de sources ne présentant aucune garantie d'objectivité : ▪ AMF, comm. sanct., 20 déc. 2012 : *Bull. Joly Bourse* 2013, § 50, p. 121, note I. Riassetto. – Plus généralement, sur l'obligation faite au prestataire de services d'investissement de **s'enquérir de la situation financière de celui-ci, de prouver qu'il a évalué la compétence du client et qu'il a fourni une information adaptée** en fonction de cette évaluation, V. ▪ Cass. com., 12 févr. 2008, n° 06-20.835 : *JurisData* n° 2008-042750 ; *D.* 2008, act. jurispr., p. 689, note X. Delpech ; *Dr. sociétés* juill. 2008, comm. 162, note Th. Bonneau. – Le respect de l'obligation faite aux PSI d'agir de manière honnête, loyale et professionnelle, qui a pour finalité première la préservation de l'intérêt des clients, par une société de gestion de portefeuille implique notamment la délivrance d'une information exacte, claire et non trompeuse aux investisseurs et une gestion des fonds confiés tenant compte des objectifs et du niveau d'aversion au risque du mandant et, de manière plus générale, conformément aux orientations fixées lors de la signature du mandat : ▪ AMF, comm. sanct., 3 mai 2012 : *Bull. Joly Bourse* 2012, § 151, p. 347, note I. Riassetto. – V. I. Riassetto, *À la recherche du devoir de conseil en gestion individuelle de portefeuille : Bull. Joly Bourse* 2012, § 234, p. 604. – Jugé par la Cour d'appel de Paris que le PSI qui met en place une couverture à prime nulle doit proposer à son client des opérations adaptées à sa situation et à ses objectifs et l'informer sur l'existence de sa marge commerciale : V. S. Torck, *Les obligations d'information du PSI dans les opérations de couverture à prime nulle. – Propos critiques au sujet de l'arrêt de la cour d'appel de Paris du 26 septembre 2013 : Dr. sociétés* 2014, étude 7. – Est **débitrice d'une obligation d'information** envers son donneur d'ordre **la banque qui a agi en qualité de commissionnaire** en souscrivant des titres nominatifs d'un fonds nourricier « Madoff » en son nom propre pour le compte de la société donneur d'ordres. En effet, recevant seule les informations relatives au fonds, il lui appartenait, en sa qualité de commissionnaire, d'aviser la société donneuse d'ordre de toute difficulté rencontrée dans l'exercice de sa mission et notamment d'informer la société des conditions de souscription stipulées dans le « mémorandum » du fonds et de l'impossibilité de souscrire les titres au nom de la société : ▪ Cass. com., 25 nov. 2014, n° 13-18.414 : *Bull. Joly Bourse* 2015, p. 11, note M. Storck. – Doit, préalablement à la fourniture de ce service d'investissement, mettre en garde le client sur la complexité et le risque élevé de cette opération la banque qui transmet l'ordre d'achat de son client portant sur des FCP « Madoff » : ▪ Cass. com., 16 févr. 2016, n° 14-25.104 : *Bull. Joly Bourse* 2016, 113 h7, note M. Storck. – À noter que la banque qui a manqué à son engagement contractuel de mise en garde ne peut utilement se prévaloir ni de la qualité avertie de son client, ni de l'absence de caractère spéculatif de l'achat de titres financiers et doit, au surplus, réparer le préjudice moral qu'elle lui a fait subir en le pressant de régulariser la situation de son compte : ▪ Cass. com., 8 nov. 2017, n° 15-22.672 : *Bull. Joly Bourse* 2018, p. 32, note M. Roussille.

b) **Étendue.** Ne saurait être considérée comme remplie par la seule remise de la notice visée par l'autorité financière l'obligation d'information qui pèse sur le professionnel qui propose à son client de souscrire des parts de FCP, dès lors que la publicité n'est pas cohérente avec l'investissement proposé et ne fait pas mention des caractéristiques les moins favorables et des risques inhérents aux options, qui peuvent être encourus de la même façon que les avantages énoncés dans le document : ▪ Cass. com., 24 juin 2008, n° 06-21.798 : *JurisData* n° 2008-044536 ; *Bull. civ.* IV, n° 127 ; *JCP* G 2008, 486 et *JCP* E 2008, 2014, note M. Roussille ; *JCP* G 2008, 10160, note N. Mathey ; *D.* 2008, act. jurispr. p. 1892, obs. X. Delpech et p. 2697, note D. Houtcieff ; *RTD com.* 2008, p. 590, obs. M. Storck ; *Dr. sociétés* janv. 2009, comm. 12, note Th. Bonneau ; *RD bancaire et fin.* juill. 2008, étude 17, note H. Causse ; *ibid.*, sept. 2008, étude 20, note M. Roussille ; *Banque et droit* 2008, n° 112, p. 23, obs. H. de Vauplane, J.-J. Daigre, N. de Saint Mars et J.-P. Bornet ; *Banque et droit* 2008, n° 121, p. 70, obs. F. Bussière ; *Bull. Joly Bourse* 2008, p. 398, note H. Guyader ; *Rev. Lamy dr. aff.* 2008/30, n° 1797, obs. S. Piedelièvre. – Sur cette exigence, V. égal. ▪ AMF, décision de sanction, 15 mai 2008 : *Rev. AMF* juin 2008, n° 48, p. 41 ; *Dr. sociétés* janv. 2009, comm. 13, note Th. Bonneau. – V. dans le même sens ▪ Cass. com., 19 janv. 2010, n° 09-10.627 : *JurisData* n° 2010-051296 : *RD bancaire et fin.* mars 2010, comm. 77, note M. Storck. – Au-delà de l'obligation générale d'information, ce **devoir spécifique de mise en garde ne concerne cependant que les seuls produits spéculatifs**, ce que ne sont pas les OPCVM à formule : ▪ Cass. com., 23 juin 2009, n° 08-15.567 : *Bull. Joly Bourse* 2009, p. 383, note F. Bussière ; *JCP* E 2010, 1250, n° 8, note A.-D. Merville. – En ce sens, V. déjà ▪ Cass. com., 19 sept. 2006, n° 05-15.304 : *JurisData* n° 2006-035003. ▪ Cass. com., 19 sept. 2006, n° 05-14.343 : *JurisData* n° 2006-035007. ▪ Cass. com., 19 sept. 2006, n° 05-14.344 : *JurisData* n° 2006-035004. – A. Gourio, *La Cour de cassation distingue l'obligation de mise en garde de l'obligation d'information* : *JCP* E 2007, 1111 ; X. Delpech, *Affaire Bénéfic : La Poste n'a pas manqué à son obligation d'information* : *D.* 2006, p. 2395 ; A.-D. Merville, *Devoir de conseil et d'information du banquier sur les risques liés aux fluctuations boursières* : *Rev. Lamy dr. aff.* déc. 2006, n° 11, p. 2. – Plus généralement sur la question, V. B. Dury, *Observations sur l'exigence d'un consentement libre et éclairé et le recentrage de l'obligation d'informer du banquier*, in *Dossier spécial : l'obligation d'information du banquier* : *RD bancaire et fin.* mai 2007, dossier 17. – Jugé que le gestionnaire individuel de portefeuille est tenu d'un devoir de conseil **tant avant la conclusion qu'en cours de mandat** de gestion face à une société non avertie : ▪ CA Paris, pôle 5, ch. 6, 24 mai 2012, n° 10/16322 : *JurisData* n° 2012-011414 ; *RD bancaire et fin.* sept. 2012, comm. 168, note I. Riassetto. – Sur l'évolution de la question en jurisprudence ces dernières années, V. M. Storck, *Responsabilité du banquier et FCP : nouveau bilan d'étape* : *RD bancaire et fin.* 2014, comm. 29.

c) **Limites.** Ne contrevient pas à son devoir de vigilance et de conseil la banque qui a pu, à partir des éléments objectifs qu'elle avait en sa disposition, **estimer qu'une société disposait des capacités financières** à long terme lui donnant la possibilité de rembourser les crédits consentis sans que ceux-ci n'apparaissent comme des engagements disproportionnés : ▪ Cass. com., 22 mai 2001 : *Bull. civ.* IV, n° 94 ; *Banque et droit* juill.-août 2001, 42, obs. H. de Vauplane et J.-J. Daigre ; *RD bancaire et fin.* 2001, n° 176, obs. F.-J. Crédot et Y. Gérard. – N'a commis **aucune négligence fautive** en relation directe avec les pertes subies par son client à la suite de ses opérations de bourse sur le marché à terme des valeurs mobilières la banque qui, traitant avec **un homme d'affaires rompu**, par ses compétences et responsabilités professionnelles, **aux diverses techniques boursières**, n'était tenue envers ce dernier que d'une obligation d'information « des plus réduite » : ▪ Cass. com., 12 juill. 1993 : *RD bancaire et bourse* nov.-déc. 1993, suppl. *Cah. gestion de patrimoine*, p. 10, obs. D. Vidal. – V. égal. en ce sens ▪ Cass. com., 21 févr. 1995 : *Bull. Joly Bourse* 1995, 141. ▪ Cass. com., 22 mai 2001 : *Bull. civ.* IV, n° 94 ; *Banque et droit* sept.-oct. 2001, 29, obs. H. de Vauplane et J.-J. Daigre ; *RJDA* 2001, n° 1217. ▪ Cass. com., 14 déc. 2004 : *Bull. civ.* IV, n° 221 ; *Bull. Joly Bourse* 2005, 168, note Ph. Goutay ; *Banque et droit* mars-avr. 2005, 27, obs. H. de Vauplane et J.-J. Daigre. ▪ Cass. com., 14 juin 2005, 2e esp. : *Bull. Joly Bourse* 2006, 71, note B. Le Bars. – **La qualité d'opérateur averti** ne saurait être appréciée de façon définitive lors de l'ouverture du compte titres, sans tenir compte de l'expérience de la pratique des marchés acquise avant l'apparition des pertes litigieuses : ▪ Cass. com., 6 déc. 2005 : *Bull. Joly Bourse* 2005, 72, note B. Le Bars. – Comp., pour l'application des critères permettant de distinguer le client profane du client averti **en matière de crédit**, ▪ Cass. 1re civ., 12 juill. 2005 : *JCP* 2005, II, 10140, note A. Gourio ; *JCP* E 2005, 1359, note D. Legeais ; *Banque et droit* nov.-déc. 2005, 80, obs. Th. Bonneau ; *RTD com.* 2005, p. 820, obs. D. Legeais ; *RD bancaire et fin.* 2005, 203, note F.-J. Crédot et Y. Gérard. – Sauf convention contraire, le prestataire de services d'investissement qui tient un compte-titres n'est pas tenu, en l'absence d'opérations spéculatives, de mettre en garde son client contre les risques de pertes inhérents à l'évolution du cours des titres financiers objets des ordres de vente dont ce dernier prend l'initiative : ■ Cass. com., 12 juin 2012, n° 11-12.513, F-P+B : *JurisData* n° 2012-012747 ; *JCP* E 2012, act. 411. – Il appartient à la société de bourse de prouver la qualité d'opérateur averti de son client qui la soulagerait de son obligation de mise en garde : ■ Cass. com., 4 févr. 2014, n° 13-10.630 : *Bull. Joly Bourse* 2014, p. 261, note H. Lécuyer. – Lorsqu'il fournit un service autre que de conseil en investissement ou de gestion de portefeuille, le prestataire de services d'investissement, auquel le client n'a pas communiqué les informations nécessaires, ou qui estime, sur la base des informations fournies, que le service ou l'instrument ne sont pas adaptés, a pour seule obligation de mettre en garde ce client préalablement à la fourniture du service dont il s'agit : ■ Cass. com., 16 févr. 2016, n° 14-25.104 : *JurisData* n° 2016-003637 ; *Dr. sociétés* 2016, comm. 63, note R. Vabres.

2) Obligation de couverture. Engage sa responsabilité civile le prestataire de services d'investissement qui **méconnaît son obligation de couverture** : ■ Cass. com., 26 févr. 2008, n° 07-10.761 : *JurisData* n° 2008-042935 ; *D.* 2008, act. jurispr. p. 776, obs. X. Delpech ; *Banque et droit* 2008, n° 118, p. 24, obs. H. de Vauplane, J.-J. Daigre, B. de Saint Mars et J.-P. Bornet ; *Bull. Joly Bourse* mars-avr. 2008, § 18, p. 164, note Ph. Goutay et C. Saudo ; *RD bancaire et fin.* 2008, comm. 91, obs. A.-C. Muller ; *Dr. sociétés* juill. 2008, n° 7, comm. 161, note Th. Bonneau. ■ Cass. com., 13 oct. 2009, n° 08-11.958 : *JurisData* n° 2009-049942 ; *Dr. sociétés* févr. 2010, comm. 31, note Th. Bonneau. – Jugé qu'à la différence de l'obligation de mise en garde, laquelle n'est que de moyens et ne se justifie qu'en raison de la qualification de profane attribué à l'investisseur, l'obligation de couverture est **de résultat** et le manquement du prestataire de services d'investissement peut être invoqué par tout investisseur même averti des risques engendrés par ses placements : ■ Cass. com., 6 mai 2014, n° 09-13.805 : *JurisData* n° 2014-010022 ; *JCP* E 2014, 1485, note J. Attard. – Jugé que le banquier doit **répondre de l'aggravation du solde débiteur** causée par l'absence d'exigence de la couverture : ■ Cass. com., 22 mai 2012, n° 11-17.936, F-B : *JurisData* n° 2012-011071 ; *RD. bancaire et fin.* juill. 2012, comm. 132, note A.-C. Muller. – À ce titre, **même lorsque l'ordre de bourse est donné par Internet**, le teneur de compte doit, sous peine d'engager sa responsabilité, s'assurer que le compte est suffisamment approvisionné : ■ Cass. com., 4 nov. 2008, n° 07-21.481 : *JurisData* n° 2008-045691 : *RD bancaire et fin.* janv. 2009, comm. 32, note A.-C. Muller. – Le donneur d'ordre qui pratique des opérations sur le marché à règlement mensuel **ne peut se prévaloir** de l'inobservation par la banque de l'obligation de couverture de ces opérations, celle-ci n'étant pas édictée dans son intérêt mais dans celui de l'intermédiaire et de la sécurité du marché : ■ Cass. com., 5 nov. 1991, n° 89-18.005 : *JurisData* n° 1991-002781 ; *Quot jur.* 21 janv. 1992, n° 6, p. 6, note J.-P.D ; *Bull. Joly Bourse* mai-juin 1993, § 56, p. 292 ; *Banque* juin 1993, n° 538, p. 97, obs. J.-L. Guillot. ■ Cass. com., 8 juill. 2003, n° 00-18.941 : *JurisData* n° 2003-019876 et n° 01-17.710 : *JurisData* n° 2003-020051 ; *Dr. sociétés* 2004, comm. 13, note Th. Bonneau ; *Bull. Joly Bourse* sept.-oct. 2003, § 75, p. 591, note L. Ruet ; *Banque et droit* 2003, n° 91, p. 48, obs. de H. Vauplane et J.-J. Daigre ; *JCP* E 2003, 1589, note Ph. Goutay ; *JCP* 2003, II, 10174, note A. Gauberti ; *Banque et droit* sept.-oct. 2003, 48, obs. H. de Vauplane et J.-J. Daigre. – V. égal. sur la question ■ Cass. com., 18 févr. 2004 : *Bull. Joly Bourse* 2004, 272, note B. Le Bars. – Comp. ■ AMF, commission des sanctions, 2e sect., déc., 21 avr. 2005 : *Bull. Joly Bourse* 2005, note B. Le Bars. – V. égal. ■ Cass. com., 26 févr. 2008, n° 07-10.761 : *JurisData* n° 2008-042935 ; *Dr. sociétés* 2008, comm. 161, note Th. Bonneau ; *RD bancaire et fin.* 2008, comm. 91, obs. A.-C. Muller ; *D.* 2008, act. jurispr. p. 776, obs. X. Delpech ; *Banque et droit* 2008, n° 118, p. 24, obs. H. de Vauplane, J.-J. Daigre, B. de Saint Mars et J.-P. Bornet ; *Bull. Joly Bourse* mars-avr. 2008, § 18, p. 164, note Ph. Goutay et C. Saudo ; *RTD com.* 2008, p. 371, obs. M. Storck ; *D.* 2008, act. jurispr. p. 776, obs. X. Delpech ; *Banque et droit* 2008, n° 118, p. 24, obs. H. de Vauplane, J.-J. Daigre, B. de Saint Mars et J.-P. Bornet ; *Bull. Joly Bourse* 2008, § 18, p. 164, note Ph. Goutay et C. Saudo. ■ Cass. com., 4 nov. 2008, n° 07-21.449 : *JurisData* n° 2008-045766 ; *Dr. sociétés* 2009, comm. 35, note Th. Bonneau. – Viole les articles 1147 du Code civil, L. 533-4 du Code monétaire et financier et 3 et 8 de la décision CMF n° 2000-04 du 30 août 2000 la cour d'appel qui retient que la réalité d'une violation de l'obligation de couverture n'a pu être appréciée, dès lors que le solde négatif peut provenir de la chute des cours de bourse et non de la transmission des ordres, alors que le prestataire de services d'investissement, tenu de veiller au respect de l'obligation de couverture des opérations avec service de règlement et de livraison différés réalisés pour le compte de ses clients, doit appeler **un complément de couverture**, lorsque cette dernière devient insuffisante, quelle que soit l'origine de cette insuffisance : ■ Cass. com., 5 avr. 2011, nos 10-14.916 et 10-14.917, *Cambon c/ Banque Transatlantique : Bull. Joly Bourse* 2011, § 187, p. 372. – Viole les articles 1147 du Code civil, ensemble l'article L. 533-4 du CMF, une cour d'appel qui, pour exonérer partiellement le prestataire de sa responsabilité au titre de l'insuffisance de couverture des positions de son client, retient que celui-ci a délibérément choisi de reporter la liquidation de ses positions dans l'attente d'une conjoncture boursière plus favorable, alors que la faute imputée à ce dernier n'aurait pu être commise en l'absence de celle du prestataire. Par ailleurs, la qualification d'opération de crédit s'impose s'agissant du débit en compte : ▪ Cass. com., 26 juin 2012, n° 11-11.450 (n° F-BP) : *Bull. Joly Bourse* 2012, § 183, p. 421, note L. Ruet. – Engage seul sa responsabilité le PSI qui ne liquide pas les positions à terme non couvertes, dans la mesure où la faute imputée au donneur d'ordres (à savoir le report des positions alors qu'il était informé de sa situation financière) n'aurait pu être commise en l'absence de celle du PSI : *RD bancaire et fin.* nov. 2012, comm. 199, note A.-C. Muller.

3) Obligation de compétence, de soin et de diligence. Engage sa responsabilité civile contractuelle sur le fondement de l'article 1147 du Code civil le prestataire de services d'investissement qui ne dispose pas des moyens techniques nécessaires exigés par les textes relatifs aux ordres transmis par Internet : ▪ Cass. com., 4 nov. 2008, n° 07-21.481 : *JurisData* n° 2008-045691 ; *Dr. sociétés* n° 3, mars 2009, comm. 57, obs. Th. Bonneau ; *JCP* E 2009, 1365, note M. Roussille.

4) Obligation de loyauté. Ne manque pas à son obligation de loyauté le gestionnaire de portefeuille qui n'attire pas l'attention de son client averti sur la nécessité de modifier le profil de gestion choisi : ▪ CA Paris, pôle 5, ch. 7, 18 juin 2013 : *JurisData* n° 2013-012427 ; *RD bancaire et fin.* 2013, comm. 217, note I. Riassetto.

5) Obligation de moyens. Lorsqu'il existe un mandat de gestion, le mandataire n'est tenu que **d'une obligation de moyens** :

• dès lors qu'il a été mandaté pour procéder à la recherche d'un acquéreur pour une importante quantité de titres, cette opération revêtant nécessairement **un caractère aléatoire**, ▪ Cass. com., 7 oct. 1997 : *Bull. civ.* IV, n° 243 ; *Bull. Joly Bourse* 1998, 21, obs. L. Faugérolas ; *Dr. sociétés* févr. 1998, n° 35, obs. H. Hovasse ;

• dès lors qu'il ne s'est **pas engagé à assurer** à son mandant **des performances supérieures** aux moyennes de la place : ▪ T. com. Paris, 28 janv. 1999 : *RD bancaire et fin.* 2001, obs. M.-A. Frison-Roche, M. Germain, J.-C. Marin et C. Pénichon. – V. déjà en ce sens ▪ CA Paris, 18 mars 1997 : *Bull. Joly Bourse* 1998, 15, note F. Peltier ;

• **satisfaite** dès lors que la plus-value réalisée par le mandant n'est **pas anormalement basse**, quand bien même cette plus-value serait-elle inférieure à l'évolution du CAC 40 : ▪ TGI Paris, 27 oct. 2000 : *Banque et droit* sept.-oct. 2001, p. 31, obs. H. de Vauplane et J.-J. Daigre.

II – RESPONSABILITÉ

6) Nécessité d'une faute de gestion.

a) **Preuve.** Sur la nécessité de **prouver une faute de gestion** dans l'exécution et les termes du mandat pour engager la responsabilité du mandataire, dans la mesure où, malgré l'existence de pertes générées par l'opération d'investissement, il n'est pas établi que le prestataire de services, qui n'est tenu que d'une obligation de moyens, soit contrevenu à son obligation de prudence et de diligence : ▪ CA Paris, 7 avr. 1999 : *Bull. Joly Bourse* 1999, note I. Riassetto.

b) **Exemples.** Caractérisent une faute de gestion **la lenteur**, voire **l'inertie** du gestionnaire : ▪ Cass. com., 8 nov. 2005, n° 03-14.172 : *JurisData* n° 2005-030874. – V. déjà ▪ CA Angers, ch. com., 21 sept. 2004 : *JurisData* n° 2004-266916. ▪ CA Paris, 15ᵉ ch., sect. B, 11 mai 2006 : *JurisData* n° 2006-310355 ; *Bull. Joly Bourse* 2006, p. 483, § 105, note L. Ruet.

Ne **constituent pas en revanche des fautes de gestion** la décision d'attendre la remontée des cours pour vendre des titres, dans un contexte d'effondrement des valeurs technologiques que personne n'avait anticipé (▪ CA Paris, 9 nov. 2004 : *JurisData* n° 2004-258068. ▪ CA Paris, 15ᵉ ch. B, 26 mars 2009, n° 07/05820 : *JurisData* n° 2009-004538), la décision de ne pas vendre les titres au plus bas (▪ Cass. 2ᵉ civ., 2 avr. 2009, n° 08-13.285. – V. déjà ▪ CA Paris, 19 janv. 2007 : *JurisData* n° 2007-331618) ou encore l'absence de réorientation de la gestion ou de diversification plus rapide du portefeuille (▪ CA Paris, 10 nov. 2005 : *JurisData* n° 2005-291802 ; *RJDA* 3/06 n° 257. – V. égal. ▪ T. com. Paris, 17 janv. 2006 : *JurisData* n° 2006-317408 ; *Banque et droit* 2007, n° 111, p. 36, obs. H. de Vauplane, J.-J. Daigre, B. de Saint Mars et J.-P. Bornet). – N'engage pas sa responsabilité civile le gestionnaire de portefeuille qui exécute ses obligations précontractuelle et contractuelle d'information et qui agit avec **compétence, soin et diligence** au mieux des intérêts de ses clients, menant une gestion conforme aux objectifs prévus et basée sur un raisonnement logique et stratégique, active, personnalisée et suivie : ▪ CA Paris, pôle 5, 7ᵉ ch., 14 févr. 2012, n° 10/18267 : *RD bancaire et fin.* mai 2012, comm. 104, note I. Riassetto. – Dans la même affaire, V. ▪ Cass. com., 14 mai 2013, n° 12-17.554 : *JurisData* n° 2013-009378 ; *RD bancaire et fin.* 2013, comm. 141, note M. Storck.

7) Préjudice.

a) **Existence.** De façon générale, l'inexécution par une société de gestion de portefeuille de ses obligations d'information à l'égard des investisseurs engage sa responsabilité civile en raison des chances perdues : ▪ Cass. com., 14 févr. 2018, n° 16-21.634 : *Bull. Joly Bourse* 2018, p. 88, note I. Riasetto. – La banque, qui a manqué à son obligation d'éclairer un couple d'investisseurs sur les risques éventuels résultant du choix de ces derniers d'effectuer des opérations spéculatives sur le marché boursier à règlement mensuel, a seulement privé les intéressés d'une chance d'échapper, par une décision peut-être plus judicieuse, au risque qui s'est finalement réalisé, cette **perte de chance** constituant un préjudice distinct de celui résultant des opérations réalisées : ▪ Cass. com., 9 avr. 2002 : *RJDA* 2002, n° 1036. – V. déjà en ce sens ▪ Cass. com., 10 déc. 1996 : *Bull. civ.* IV, n° 307 ; *Bull. Joly Bourse* 1997, 205, note H. de Vauplane ; *D. affaires* 1997, p. 108. – Une société ayant subi d'importantes pertes en raison de l'imprudence de la banque gestionnaire d'un portefeuille de valeurs, laquelle avait commis d'importantes erreurs dans le cadre d'une gestion dite « dynamique et offensive », le préjudice subi consiste en **la perte réelle et sérieuse, de la chance d'éviter ces pertes** : ▪ CA Paris, 11 mai 2006 : *Bull. Joly Bourse* 2006, p. 483, note L. Ruet. ▪ CA Paris, 25 mai 2007 : *JurisData* n° 2007-340909. ▪ CA Paris, 4 oct. 2007 : *JurisData* n° 2007-344162. ▪ CA Paris, 30 oct. 2008 : *JurisData* n° 2008-371941– Sur la perte de chance, V. égal. ▪ CA Paris, 13 oct. 1995 : *Dr. sociétés* 1996, n° 47, obs. H. Hovasse. – Le manquement d'une société de bourse au devoir de mise en garde dont il est débiteur envers son client, lequel n'avait pas acquis une connaissance suffisante des risques encourus dans des opérations sur le marché à règlement mensuel ayant finalement occasionné des pertes, prive seulement ce client d'une chance de mieux investir ses capitaux : ▪ Cass. com., 4 févr. 2014, n° 13-10.630 : *Bull. Joly Bourse* 2014, p. 261, note H. Lécuyer ; *RD bancaire et fin.* 2014, comm. 72, note A.-C. Muller. – Constitue nécessairement un préjudice devant être réparé le fait pour un client de se voir exposer, en raison de l'action du gestionnaire, à un risque supérieur à celui qu'il avait contractuellement accepté : ▪ Cass. com., 21 oct. 2008, n° 07-10.824 : *JurisData* n° 2008-045497 ; *Dr. sociétés* févr. 2009, comm. 33, note Th. Bonneau. – En revanche, dès lors qu'une banque commet un manquement à son obligation de bloquer les ordres passés à découvert, le préjudice dont la réparation est alors demandée ne peut consister en la seule perte de la chance d'obtenir ce blocage : ▪ Cass. com., 17 nov. 2015, n° 14-18.673 : *JurisData* n° 2015-025789 ; *Dr. sociétés* 2016, comm. 14, note R. Vabres.

b) **Évaluation.** Lorsqu'il a été commis une faute dans l'opération de transmission d'un ordre de bourse, le manque à gagner se calcule en fonction de la différence de valeur des titres entre le cours fixé et le cours du jour où le donneur d'ordre a eu connaissance de l'inexécution de son ordre, déduction devant être faite des impôts et augmentée des intérêts légaux : ▪ CA Besançon, 4 févr. 1994 : *D.* 1995, somm. 197, obs. I. Bon-Garcin ; *Dr. sociétés* 1994, 124. – En cas de manquement, par le banquier, à son obligation de conseil en matière fiscale, le préjudice correspond à l'excès d'imposition subi par le client : ▪ CA Caen, 20 juin 2002 : *RJDA* 2003, n° 393. – Pour l'affirmation de la nécessité pour les juges de tenir compte du rachat des contrats en cause au moment où ils statuent et des pertes alléguées effectivement réalisées dans l'évaluation du préjudice subi par le client : ▪ Cass. com., 22 févr. 2017, n° 15-18.371 : *JurisData* n° 2017-004239 ; *Dr. sociétés* avr. 2017, comm. 65, note R. Vabres.

c) **Limitation de la réparation et faute de la victime.** Doivent être considérés comme négligents et partiellement responsables de leur propre préjudice les clients d'un teneur de compte, ne s'étant plus manifestés auprès de ce dernier après une première réclamation, n'étant pas intervenus auprès de la société de gestion pour faire cesser les opérations spéculatives et n'ayant pas recherché un autre gestionnaire : ▪ Cass. com., 14 juin 2005 : *Bull. Joly Bourse* 2005, 142, note I. Riassetto.

Art. L. 533-12-7 *(L. n° 2016-1691, 9 déc. 2016).* – **Les prestataires de services d'investissement ne peuvent adresser, directement ou indirectement, par voie électronique, des communications à caractère promotionnel à des clients susceptibles d'être non professionnels, notamment des clients potentiels, relatives à la fourniture de services d'investissement portant sur des contrats financiers qui ne sont pas admis aux négociations sur un marché réglementé ou un système multilatéral de négociation, relevant de l'une des catégories de contrats définies par le règlement général de l'Autorité des marchés financiers et présentant l'une des caractéristiques suivantes :**

1° Le risque maximal n'est pas connu au moment de la souscription ;

2° Le risque de perte est supérieur au montant de l'apport financier initial ;

3° Le risque de perte rapporté aux avantages éventuels correspondants n'est pas raisonnablement compréhensible au regard de la nature particulière du contrat financier proposé.

Le présent article ne s'applique pas aux informations publiées sur leur site internet par les prestataires de services d'investissement commercialisant les contrats financiers mentionnés au premier alinéa.

Art. L. 533-13 *(Rempl., Ord. n° 2007-544, 12 avr. 2007 ; mod., Ord. n° 2017-1107, 22 juin 2017).* **– I. – En vue de fournir les services mentionnés aux 4 ou 5 de l'article L. 321-1, les prestataires de services d'investissement autres que les sociétés de gestion de portefeuille se procurent les informations nécessaires concernant les connaissances et l'expérience de leurs clients, notamment de leurs clients potentiels, en matière d'investissement en rapport avec le type spécifique d'instrument financier ou de service, leur situation financière, y compris leur capacité à subir des pertes, et leurs objectifs d'investissement, y compris leur tolérance au risque, de manière à pouvoir leur recommander les services d'investissement et les instruments financiers adéquats et adaptés à leur tolérance au risque et à leur capacité à subir des pertes.**

Lorsque la fourniture du service d'investissement mentionné au 5 de l'article L. 321-1 conduit à recommander une offre groupée au sens de l'article L. 533-12-1, les prestataires autres que les sociétés de gestion de portefeuille veillent à ce que l'offre groupée dans son ensemble soit adéquate.

II. – En vue de fournir un service autre que ceux mentionnés au I, les prestataires de services d'investissement autres que les sociétés de gestion de portefeuille demandent à leurs clients, notamment leurs clients potentiels, des informations sur leurs connaissances et leur expérience en matière d'investissement, en rapport avec le type spécifique d'instrument financier ou de service proposé ou demandé, pour être en mesure de déterminer si le service ou l'instrument financier est approprié.

Lorsqu'une offre groupée de services ou de produits au sens de l'article L. 533-12-1 est envisagée, l'évaluation porte sur le caractère approprié de l'offre groupée dans son ensemble.

Lorsque les prestataires de services d'investissement autres que les sociétés de gestion de portefeuille estiment, sur la base des informations fournies, que le service ou l'instrument financier n'est pas adapté aux clients, notamment aux clients potentiels, ils les en avertissent. Cet avertissement peut être transmis sous une forme normalisée dans des conditions fixées par le règlement général de l'Autorité des marchés financiers.

Si les clients, notamment les clients potentiels, ne fournissent pas les informations mentionnées au premier alinéa ou si les informations fournies sont insuffisantes, les prestataires les avertissent qu'ils ne sont pas en mesure de déterminer si le service ou l'instrument financier envisagé leur convient. Cet avertissement peut être transmis sous une forme normalisée dans des conditions fixées par le règlement général de l'Autorité des marchés financiers.

III. – Les prestataires de services d'investissement autres que les sociétés de gestion de portefeuille peuvent fournir les services mentionnés aux 1 ou 2 de l'article L. 321-1 avec ou sans services connexes, à l'exclusion de l'octroi de crédits ou de prêts mentionné au 2 de l'article L. 321-2 dans le cadre desquels les limites existantes concernant les prêts, les comptes courants et les découverts pour les clients ne s'appliquent pas, sans appliquer les dispositions du II du présent article, dans les conditions suivantes :

1° Le service porte sur des instruments financiers non complexes définis par décret ;

2° Le service est fourni à l'initiative du client, notamment du client potentiel ;

3° Le prestataire a préalablement et clairement informé le client, notamment le client potentiel, de ce qu'il n'est pas tenu d'évaluer le caractère approprié du service ou de l'instrument financier et qu'il ne bénéficie pas de la protection correspondante des règles de bonne conduite pertinentes. Cet avertissement peut être transmis sous une forme normalisée ;

4° Le prestataire s'est conformé au 3° des I ou II de l'article L. 533-10.

Voir : Règl. AMF, 12 oct. 2004, art. 314-44 et s.

1) Nature de l'information. Sur la nécessité pour le client d'un prestataire de services d'investissement, dès lors qu'il n'est pas un investisseur averti, de recevoir une information spécifique sur les risques encourus avant la signature des contrats et non postérieurement à ceux-ci : ▪ Cass. com., 30 nov. 2010, n° 09-70.810 : *JurisData* n° 2010-022639 ; *RD bancaire et fin.* mars-avr. 2011, comm. 72, note M. Storck ; *Bull. Joly Bourse* 2011, p. 185, note I. Riassetto ; *D.* 2010, act. 2900 (*décision rendue alors que l'article L. 533-13 n'était pas encore applicable*). – Le prestataire de services d'investissement n'est **pas dispensé** des obligations relatives à la connaissance du client et à l'évaluation du caractère approprié du FCP proposé, découlant de l'article L. 533-13 du CMF, par la circonstance que son client avait **précédemment souscrit** des parts d'un fonds commun de placement qui présentaient **des risques similaires** à ceux auxquels le placement litigieux était exposé : ▪ CA Aix-en-Provence, 6 déc. 2012 : *JurisData* n° 2012-028714 ; *RD bancaire et fin.* mars 2013, comm. 71, note M. Storck.

2) **Preuve de l'information.** Jugé que le prestataire de service d'investissement doit lui-même justifier d'avoir procédé, lors de la conclusion de mandats de gestion, à l'évaluation de la situation financière du client, de son expérience en matière d'investissement et de ses objectifs concernant les services demandés : ▪ Cass. com., 7 avr. 2010, n° 09-66.519 : *RD bancaire et fin.* 2010, p. 76, note I. Riassetto ; *RTD com.* 2010, p. 750, note M. Storck.

Règlement COB n° 96-02 du 24 décembre 1996

sur les prestataires de service d'investissement effectuant une activité de gestion de portefeuille pour le compte de tiers, homologué par Arrêté du 24 décembre 1996
(JO 29 déc. ; mod., Règl. n° 99-03 de la Commission, homologué par A. 17 nov. 1999 : JO 23 févr.)

Voir : Règlement abrogé à l'exception de l'article 6 par arrêté du 12 novembre 2004 portant homologation des livres II à VI du règlement général de l'Autorité des marchés financiers (*JO* 24 nov. 2004). V. Règl. AMF, 12 oct. 2004, art. 322-1 et s.

Art. 6. – Lors de l'agrément d'une société de gestion et au cours du premier exercice, le capital social est égal au plus élevé des deux montants suivants : *(Règl. n° 99-03)* « 50 000 euros » ou le quart des frais généraux annuels prévisionnels. Le capital social minimum d'une société de gestion doit être entièrement libéré en numéraire.

Au cours des exercices suivants, la société de gestion doit pouvoir justifier à tout moment d'un niveau de fonds propres au moins égal au plus élevé des deux montants suivants : *(Règl. n° 99-03)* « 50 000 euros » ou le quart des frais généraux annuels de l'exercice précédent.

La détermination du montant des frais généraux et des fonds propres au sens du présent règlement est précisée dans une instruction de la Commission des opérations de bourse.

Art. L. 533-13-1 *(Ord. n° 2008-1271, 5 déc. 2008 ; mod., Ord. n° 2011-915, 1er août 2011 ; L. n° 2014-1, 2 janv. 2014 ; Ord. n° 2016-827, 23 juin 2016)*. – **Si un crédit immobilier au sens du chapitre III du titre Ier du livre III du Code de la consommation soumis aux dispositions relatives à l'évaluation de la solvabilité des consommateurs prévoit comme condition préalable la fourniture au consommateur d'un service d'investissement se rapportant à des obligations hypothécaires émises spécifiquement pour obtenir le financement du crédit immobilier et assorties de conditions identiques à celui-ci, afin que le prêt soit remboursable, refinancé ou amorti, ce service d'investissement n'est pas soumis aux articles L. 533-12-6, L. 533-13, L. 533-14 et L. 533-15.**

Art. L. 533-14 *(Ord. n° 2007-544, 12 avr. 2007 ; mod., Ord. n° 2017-1107, 22 juin 2017)*. – **Les prestataires de services d'investissement autres que les sociétés de gestion de portefeuille constituent un dossier incluant le ou les documents approuvés par eux-mêmes et leurs clients, où sont énoncés les droits et obligations des parties ainsi que les autres conditions auxquelles les premiers fournissent des services aux seconds.**

Pour l'application du premier alinéa, les droits et obligations des parties au contrat peuvent être déterminés par référence à d'autres documents ou textes juridiques.

Exigence de l'écrit. À noter que la règle selon laquelle le mandat de gestion de portefeuille pour compte de tiers doit être écrit ne constitue qu'une **simple règle de preuve** : ▪ Cass. com., 26 févr. 2008, n° 07-10.906, *Amblard c/ SA Banque de gestion privée Indosuez : JurisData* n° 2008-042930 ; *Dr. sociétés* juill. 2008, comm. 160, note Th. Bonneau.

Art. L. 533-15 *(Ord. n° 2007-544, 12 avr. 2007 ; mod., Ord. n° 2017-1107, 22 juin 2017)*. – **I. – Les prestataires de services d'investissement autres que les sociétés de gestion de portefeuille rendent compte à leurs clients, sur un support durable, des services fournis à ceux-ci. Le compte rendu inclut des communications périodiques aux clients en fonction du type et de la complexité des instruments financiers concernés ainsi que de la nature du service fourni aux clients et, s'il y a lieu, les coûts liés aux transactions effectuées et aux services fournis pour le compte des clients.**

II. – Les prestataires de services d'investissement autres que les sociétés de gestion de portefeuille qui fournissent le service d'investissement mentionné au 5 de l'article L. 321-1 remettent aux clients, préalablement à la transaction, une déclaration d'adéquation sur un support durable dans laquelle est précisé le conseil fourni et dans quelle mesure il répond aux préférences, aux objectifs et autres caractéristiques des clients non professionnels.

Les prestataires de services d'investissement autres que les sociétés de gestion de portefeuille qui concluent un accord d'achat ou de vente d'un instrument financier par un moyen de communication à distance qui ne permet pas la transmission préalable de la déclaration d'adéquation peuvent transmettre aux clients la déclaration d'adéquation écrite sur support durable immédiatement après que les clients soient liés par l'accord, dans des conditions fixées par décret.

Lorsque les prestataires de services d'investissement autres que les sociétés de gestion de portefeuille fournissent le service d'investissement mentionné au 4 de l'article L. 321-1 ou ont informé les clients qu'ils procéderaient à une évaluation périodique de l'adéquation, le compte rendu périodique comporte une déclaration mise à jour sur la manière dont l'investissement répond aux préférences, aux objectifs et aux autres caractéristiques des clients non professionnels.

Art. L. 533-16 *(Ord. n° 2007-544, 12 avr. 2007 ; mod., Ord. n° 2017-1107, 22 juin 2017)*. – Les articles L. 533-11 à L. 533-15 s'appliquent en tenant compte de la nature du service proposé ou fourni, de celle de l'instrument financier considéré, ainsi que du caractère professionnel ou non du client, notamment du client potentiel.

Un client professionnel est un client qui possède l'expérience, les connaissances et la compétence nécessaires pour prendre ses propres décisions d'investissement et évaluer correctement les risques encourus.

Un décret précise les critères selon lesquels les clients sont considérés comme professionnels ou non professionnels et les conditions et modalités selon lesquelles les clients non professionnels peuvent demander à être traités comme des clients professionnels.

Art. L. 533-17 *(Ord. n° 2007-544, 12 avr. 2007 ; mod., Ord. n° 2017-1107, 22 juin 2017)*. – Un prestataire de services d'investissement autre qu'une société de gestion de portefeuille qui reçoit, par l'intermédiaire d'un autre prestataire de services d'investissement autre qu'une société de gestion de portefeuille, l'instruction de fournir des services d'investissement ou des services connexes pour le compte d'un client, peut se fonder sur les diligences effectuées par ce dernier prestataire. Le prestataire de services d'investissement qui a transmis l'instruction demeure responsable de l'exhaustivité et de l'exactitude des informations transmises.

Le prestataire de services d'investissement autre qu'une société de gestion de portefeuille qui reçoit de cette manière l'instruction de fournir des services au nom du client peut également se fonder sur toute recommandation afférente au service ou à la transaction en question donnée au client par cet autre prestataire. Le prestataire de services d'investissement qui a transmis l'instruction demeure responsable du caractère adéquat des recommandations ou conseils fournis au client concerné.

Le prestataire de services d'investissement autre qu'une société de gestion de portefeuille qui reçoit l'instruction ou l'ordre d'un client par l'intermédiaire d'un autre prestataire de services d'investissement autre qu'une société de gestion de portefeuille demeure responsable de la prestation du service ou de l'exécution de la transaction en question, sur la base des informations ou des recommandations susmentionnées, conformément aux dispositions pertinentes du présent titre.

Art. L. 533-18 *(Ord. n° 2007-544, 12 avr. 2007 ; mod., Ord. n° 2017-1107, 22 juin 2017)*. – I. – Les prestataires de services d'investissement autres que les sociétés de gestion de portefeuille prennent toutes les mesures suffisantes pour obtenir, lors de l'exécution des ordres, le meilleur résultat possible pour leurs clients compte tenu du prix, du coût, de la rapidité, de la probabilité d'exécution et du règlement, de la taille, de la nature de l'ordre ou de toutes autres considérations relatives à l'exécution de l'ordre. Néanmoins, chaque fois qu'il existe une instruction spécifique donnée par les clients, les prestataires exécutent l'ordre en suivant cette instruction.

Lorsque les prestataires de services d'investissement autres que les sociétés de gestion de portefeuille exécutent des ordres pour le compte de clients non professionnels, le meilleur résultat possible est déterminé sur la base du coût total. Le coût total est le prix de l'instrument financier augmenté des coûts liés à l'exécution, qui incluent toutes les dépenses encourues par le client directement liées à l'exécution de l'ordre, y compris les frais propres au lieu d'exécution, les frais de compensation et de règlement et tous les autres frais éventuellement payés à des tiers ayant participé à l'exécution de l'ordre.

En vue d'assurer le meilleur résultat possible lorsque plusieurs lieux d'exécution concurrents sont en mesure d'exécuter un ordre concernant un instrument financier, les prestataires évaluent et comparent les résultats qui seraient obtenus pour les clients en exécutant l'ordre dans chacun des lieux d'exécution inclus dans la politique d'exécution mentionnée au II dès lors qu'ils sont en mesure d'exécuter cet ordre. Dans cette évaluation, les prestataires prennent en compte les commissions qui leur sont propres et les coûts pour l'exécution de l'ordre dans chacun des lieux d'exécution éligibles.

II. – Les prestataires de services d'investissement autres que les sociétés de gestion de portefeuille établissent et mettent en œuvre des dispositions efficaces pour se conformer au I. Ils établissent et mettent en œuvre une politique d'exécution des ordres leur permettant d'obtenir, pour les ordres de leurs clients, le meilleur résultat possible conformément au I.

III. – La politique d'exécution des ordres inclut, en ce qui concerne chaque catégorie d'instruments financiers, des informations sur les différents lieux d'exécution dans lesquels le prestataire de services d'investissement autre qu'une société de gestion de portefeuille exécute les ordres de ses clients et les facteurs influençant le choix du lieu d'exécution. Elle inclut au moins les lieux d'exécution qui permettent au prestataire d'obtenir, dans la plupart des cas, le meilleur résultat possible pour l'exécution des ordres des clients.

Les prestataires de services d'investissement autres que les sociétés de gestion de portefeuille fournissent des informations appropriées à leurs clients sur leur politique d'exécution des ordres. Ces informations expliquent clairement, de façon suffisamment détaillée et facilement compréhensible par les clients, la manière dont les ordres seront exécutés par les prestataires pour leurs clients. Ils obtiennent le consentement préalable de leurs clients sur cette politique d'exécution.

Lorsque la politique d'exécution des ordres prévoit que les ordres des clients peuvent être exécutés en dehors d'une plate-forme de négociation, les prestataires de services d'investissement autres que les sociétés de gestion de portefeuille informent notamment leurs clients ou leurs clients potentiels de cette possibilité. Les prestataires obtiennent le consentement préalable exprès de leurs clients avant de procéder à l'exécution de leurs ordres en dehors d'une plate-forme de négociation.

Les prestataires de services d'investissement autres que les sociétés de gestion de portefeuille peuvent obtenir ce consentement soit sous la forme d'un accord général soit pour des transactions déterminées.

IV. – À la demande de leurs clients, les prestataires de services d'investissement autres que les sociétés de gestion de portefeuille doivent pouvoir démontrer qu'ils ont exécuté leurs ordres conformément à leur politique d'exécution.

V. – Les prestataires de services d'investissement autres que les sociétés de gestion de portefeuille ne reçoivent aucune rémunération, aucune remise ou aucun avantage non monétaire pour l'acheminement d'ordres vers une plate-forme de négociation ou un lieu d'exécution particulier qui méconnaîtrait les exigences résultant des I du présent article, 3° des I ou II de l'article L. 533-10, des articles L. 533-11 à L. 533-12-4 et des articles L. 533-24 et L. 533-24-1.

Voir : Règl. AMF, 12 oct. 2004, art. 314-69.

Art. L. 533-19 *(Ord. n° 2007-544, 12 avr. 2007 ; mod., Ord. n° 2017-1107, 22 juin 2017)*. – I. – En vue de fournir le service mentionné au 2 de l'article L. 321-1, les prestataires de services d'investissement autres que les sociétés de gestion de portefeuille adoptent et appliquent des procédures garantissant l'exécution rapide des ordres de leurs clients et de façon équitable par rapport aux ordres de leurs autres clients ou aux ordres pour leur propre compte.

Ces procédures prévoient l'exécution des ordres de clients, comparables notamment eu égard à leur taille, leur type et la nature des instruments financiers sur lesquels ils portent, en fonction du moment de leur réception par les prestataires.

Après avoir exécuté une transaction pour le compte de leurs clients, les prestataires précisent aux clients où l'ordre a été exécuté.

II. – Lorsqu'un client passe un ordre à cours limité portant sur des actions admises à la négociation sur un marché réglementé ou négociées sur une plate-forme de négociation qui n'est pas exécuté immédiatement dans les conditions prévalant sur le marché, le prestataire de services d'investissement autre qu'une société de gestion de portefeuille prend, sauf si le client donne expressément l'instruction contraire, des mesures visant à faciliter l'exécution la plus rapide possible de cet ordre en le rendant immédiatement public sous une forme aisément accessible aux autres participants du marché.

Un ordre à cours limité est l'ordre d'acheter ou de vendre un instrument financier à la limite de prix spécifiée ou plus avantageusement et pour une quantité précisée.

Le prestataire est réputé respecter le premier alinéa s'il transmet l'ordre à un marché réglementé ou à un système multilatéral de négociation.

Le premier alinéa ne s'applique pas aux ordres à cours limité portant sur une taille inhabituellement élevée au sens de l'article 4 du règlement (UE) n° 600/2014 du Parlement européen et du Conseil du 15 mai 2014 concernant les marchés d'instruments financiers.

Art. L. 533-20 *(Ord. n° 2007-544, 12 avr. 2007 ; mod., Ord. n° 2017-1107, 22 juin 2017).* **– Les prestataires de services d'investissement autres que les sociétés de gestion de portefeuille agréés pour fournir les services mentionnés aux 1, 2 ou 3 de l'article L. 321-1 peuvent susciter des transactions entre des contreparties éligibles ou conclure des transactions avec ces contreparties sans se conformer aux obligations prévues aux articles L. 533-11 à L. 533-14, à l'exception des II et III de l'article L. 533-12, aux articles L. 533-16 et L. 533-18 à L. 533-18-2, au I de l'article L. 533-19, et aux articles L. 533-24 et L. 533-24-1 en ce qui concerne ces transactions ou tout service connexe directement lié à ces transactions.**

Dans leurs relations avec les contreparties éligibles, les prestataires agissent d'une manière honnête, équitable et professionnelle et communiquent d'une façon exacte, claire et non trompeuse, compte tenu de la nature de la contrepartie éligible et de son activité.

Un décret précise les critères selon lesquels les contreparties sont considérées comme des contreparties éligibles.

Voir : Règl. AMF, 12 oct. 2004, art. 314-8 et 314-9.

Sous-section 2. – Dispositions particulières aux sociétés de gestion de portefeuille

Art. L. 533-21 *(Ord. n° 2007-544, 12 avr. 2007).* **– Il est interdit aux sociétés de gestion de portefeuille de recevoir de leurs clients des dépôts de fonds, de titres ou d'or.**

Art. L. 533-22 *(Ord. n° 2007-544, 12 avr. 2007 ; mod., Ord. n° 2013-676, 25 juill. 2013 ; rempl. à compter d'une date fixée par décret, et au plus tard le 10 juin 2019, L. n° 2019-486, 22 mai 2019).* **– I. Les sociétés de gestion de portefeuille mentionnées à l'article L. 532-9, à l'exception de celles qui gèrent exclusivement des FIA relevant du I de l'article L. 214-167, des FIA relevant du IV de l'article L. 532-9, des FIA relevant du second alinéa du III du même article L. 532-9 ou qui gèrent d'autres placements collectifs mentionnés à l'article L. 214-191, élaborent et publient une politique d'engagement actionnarial décrivant la manière dont elles intègrent leur rôle d'actionnaire dans leur stratégie d'investissement. Chaque année, elles publient un compte rendu de la mise en œuvre de cette politique.**

Le contenu et les modalités de publicité de cette politique et de son compte rendu sont fixés par décret en Conseil d'État.

Les personnes mentionnées au premier alinéa du présent I peuvent ne pas respecter une ou plusieurs des exigences prévues au présent article si elles en précisent publiquement les raisons sur leur site internet.

II. - Lorsqu'une entreprise mentionnée au 1° de l'article L. 310-1 du Code des assurances, une entreprise mentionnée au 1° du III de l'article L. 310-1-1 du même code qui réassure des engagements mentionnés au 1° de l'article L. 310-1 dudit code, un fonds de retraite professionnelle supplémentaire mentionné à l'article L. 385-7-1 du même code, une mutuelle ou une union de retraite professionnelle supplémentaire mentionnée à l'article L. 214-1 du Code de la mutualité ou une institution de retraite professionnelle supplémentaire mentionnée à l'article L. 942-1 du Code de la sécurité sociale contracte, sur la base d'un mandat de gestion de portefeuille ou de souscription à un placement collectif mentionné à l'article L. 214-1 du présent code, avec une société de gestion de portefeuille mentionnée au premier alinéa du I du présent article, cette dernière lui communique des informations sur la manière dont sa stratégie d'investissement et la mise en œuvre de celle-ci respectent ce contrat et contribuent aux performances à moyen et long termes des actifs de l'investisseur cocontractant ou du placement collectif.

Le contenu et les modalités de publicité de cette communication sont fixés par décret en Conseil d'État.

III. - Lorsqu'une personne soumise au présent article n'en respecte pas une ou plusieurs dispositions, toute personne intéressée peut demander au président du tribunal statuant en référé de lui enjoindre, le cas échéant sous astreinte, de les respecter.

Bibliographie : M. Storck, *L'exercice des droits de vote par les sociétés de gestion : RD bancaire et fin.* 2014, comm. 219.

Art. L. 533-22-1 *(Ord. n° 2011-915, 1er août 2011 ; mod., Ord. n° 2013-676, 25 juill. 2013 ; Ord. n° 2017-484, 6 avr. 2017 ; Ord. n° 2017-1107, 22 juin 2017).* **– Les sociétés de gestion de portefeuille mettent à la disposition des souscripteurs de chacun des OPCVM ou des FIA relevant des paragraphes 1, 2 et 6 de la sous-section 2, du paragraphe 2 ou du sous-paragraphe 1 du paragraphe 1 de la sous-section 3, ou de la sous-section 4 de la section 2 du chapitre IV du titre Ier du livre II du présent code qu'elles gèrent une information sur les modalités de prise en compte dans leur politique d'investissement des critères relatifs au respect d'objectifs sociaux, environnementaux et de qualité de gouvernance. Elles précisent la nature de ces critères et la façon dont elles les appliquent selon une présentation type fixée par décret. Elles indiquent comment elles exercent les droits de vote attachés aux instruments financiers résultant de ces choix.**

Le décret prévu à l'alinéa précédent précise en outre les supports sur lesquels cette information doit figurer et qui sont mentionnés dans le prospectus de l'OPCVM ou du FIA relevant des paragraphes 1, 2 et 6 de la sous-section 2, du paragraphe 2 ou du sous-paragraphe 1 du paragraphe 1 de la sous-section 3, ou de la sous-section 4 de la section 2 du chapitre IV du titre Ier du livre II du présent code.

Les entreprises d'assurance et de réassurance et fonds de retraite professionnelle supplémentaire régis par le Code des assurances, les mutuelles ou unions et mutuelles ou unions de retraite professionnelle supplémentaire régies par le Code de la mutualité, les institutions de prévoyance et leurs unions régies et institutions de retraite professionnelle supplémentaire régies par le Code de la sécurité sociale, les sociétés d'investissement à capital variable, la Caisse des dépôts et consignations, les institutions de retraite complémentaire régies par le Code de la sécurité sociale, l'institution de retraite complémentaire des agents non titulaires de l'État et des collectivités publiques, l'établissement public gérant le régime public de retraite additionnel obligatoire et la Caisse nationale de retraites des agents des collectivités locales mentionnent dans leur rapport annuel et mettent à la disposition de leurs souscripteurs une information sur les modalités de prise en compte dans leur politique d'investissement des critères relatifs au respect d'objectifs sociaux, environnementaux et de qualité de gouvernance et sur les moyens mis en œuvre pour contribuer à la transition énergétique et écologique. Ils précisent la nature de ces critères et la façon dont ils les appliquent, selon une présentation type fixée par décret. Ils indiquent comment ils exercent les droits de vote attachés aux instruments financiers résultant de ces choix.

Le décret prévu au troisième alinéa précise les informations à fournir pour chacun des objectifs selon que les entités mentionnées au même alinéa excèdent ou non des seuils définis par ce même décret. La prise en compte de l'exposition aux risques climatiques, notamment la mesure des émissions de gaz à effet de serre associées aux actifs détenus, ainsi que la contribution au respect de l'objectif international de limitation du réchauffement climatique et à l'atteinte des objectifs de la transition énergétique et écologique, figurent parmi les informations relevant de la prise en compte d'objectifs environnementaux. Cette contribution est notamment appréciée au regard de cibles indicatives définies, en fonction de la nature de leurs activités et du type de leurs investissements, en cohérence avec la stratégie nationale bas-carbone mentionnée à l'article L. 221-1 B du Code de l'environnement. Le cas échéant, les entités mentionnées au troisième alinéa du présent article expliquent les raisons pour lesquelles leur contribution est en deçà de ces cibles indicatives pour le dernier exercice clos.

NB : Ces dispositions sont applicables dès l'exercice clos au 31 décembre 2016.

Art. L. 533-22-2 *(Ord. n° 2013-676, 25 juill. 2013 ; mod., Ord. n° 2016-312, 17 mars 2016).* **– I. – Les sociétés de gestion de portefeuille des FIA mentionnés aux 1° et 2° du II du présent article et les sociétés de gestion de portefeuille d'OPCVM déterminent les politiques et pratiques de rémunération des personnes suivantes, lorsque leurs activités professionnelles ont une incidence** *(Mot aj., L. n° 2019-486, 22 mai 2019)* **« substantielle » sur les profils de risques des sociétés de gestion de portefeuille ou des FIA ou OPCVM qu'ils gèrent :**

1° Les gérants ;

2° Les membres du conseil d'administration ou du directoire ;

3° Les dirigeants de sociétés par actions simplifiées et les personnes exerçant une fonction de direction au sens du 4° du II de l'article L. 532-9 ;

4° Les preneurs de risques ;

5° Les personnes exerçant une fonction de contrôle ;

6° Les personnes placées sous l'autorité de la société de gestion de portefeuille qui, au vu de leur rémunération globale, se situent dans la même tranche de rémunération que les personnes exerçant une fonction de direction au sens du 4° du II de l'article L. 532-9 et des preneurs de risques.

Les politiques et pratiques de rémunération sont compatibles avec une gestion saine et efficace des risques, la favorisent et n'encouragent pas une prise de risque incompatible avec les profils de risque des FIA ou OPCVM et les éléments de leur règlement ou statuts.

II. – Le présent article est applicable aux sociétés de gestion de portefeuille des FIA :

1° Relevant du II de l'article L. 214-24, à l'exclusion de ceux mentionnés à son dernier alinéa, et à l'exclusion des FIA relevant du I de l'article L. 214-167 et de ceux mentionnés au second alinéa du III de l'article L. 532-9 ; et

2° Relevant du 1° du III de l'article L. 214-24.

III. – Le règlement général de l'Autorité des marchés financiers fixe les conditions des politiques et pratiques de rémunération de ces sociétés de gestion de portefeuille de FIA et d'OPCVM. Il prévoit notamment les modalités de mise en œuvre des articles 14 *bis* et 14 *ter* de la directive 2014/91/UE du Parlement et du Conseil du 23 juillet 2014 portant coordination des dispositions législatives, réglementaires et administratives concernant certains organismes de placement collectif en valeurs mobilières (OPCVM), pour ce qui est des fonctions de dépositaire, des politiques de rémunération et des sanctions.

IV *(IV créé, L. n° 2019-486, 22 mai 2019)* La politique et les pratiques de rémunération mentionnées au présent article peuvent, par dérogation à l'article L. 1331-2 du Code du travail, prévoir que le montant total de la rémunération variable peut, en tout ou partie, être réduit ou donner lieu à restitution lorsque la personne concernée a méconnu les règles édictées par la société en matière de prise de risque, notamment en raison de sa responsabilité dans des agissements ayant entraîné des pertes significatives pour la société ou en cas de manquement aux obligations d'honorabilité et de compétence.

Art. L. 533-22-2-1 *(Ord. n° 2017-1107, 22 juin 2017)*. – Les sociétés de gestion de portefeuille agissent d'une manière honnête, loyale et professionnelle, servant au mieux les intérêts des investisseurs.

Toutes les informations, y compris les communications à caractère promotionnel, adressées par une société de gestion de portefeuille à des investisseurs présentent un contenu exact, clair et non trompeur. Les communications à caractère promotionnel sont clairement identifiables en tant que telles.

Le règlement général de l'Autorité des marchés financiers précise les conditions d'application des deux premiers alinéas ci-dessus, en tenant compte de la nature de l'activité exercée, de celle de l'instrument financier considéré, ainsi que du caractère professionnel ou non de l'investisseur.

Art. L. 533-22-2-2 *(Ord. n° 2017-1107, 22 juin 2017)*. – I. – Dans le cadre de la gestion de placements collectifs, les sociétés de gestion de portefeuille prennent toutes les mesures raisonnables pour obtenir, lors de l'exécution des ordres, le meilleur résultat possible compte tenu du prix, du coût, de la rapidité, de la probabilité d'exécution et du règlement, de la taille, de la nature de l'ordre ou de toutes autres considérations relatives à l'exécution de l'ordre.

II. – Les sociétés de gestion de portefeuille établissent et mettent en œuvre des dispositions efficaces, notamment une politique d'exécution des ordres, pour se conformer aux prescriptions du I ci-dessus.

III. – La politique d'exécution des ordres inclut, en ce qui concerne chaque catégorie d'instruments, des informations sur les différents systèmes dans lesquels la société de gestion de portefeuille exécute les ordres et les facteurs influençant le choix du système d'exécution. Elle inclut au moins les systèmes qui permettent à la société de gestion de portefeuille d'obtenir, dans la plupart des cas, le meilleur résultat possible pour l'exécution des ordres.

Les sociétés de gestion de portefeuille fournissent des informations appropriées aux actionnaires ou porteurs de parts des placements collectifs sur leur politique d'exécution des ordres.

Lorsque la politique d'exécution des ordres prévoit que les ordres peuvent être exécutés en dehors d'une plateforme de négociation, la société de gestion de portefeuille informe notamment les actionnaires ou porteurs de parts des placements collectifs de cette possibilité.

IV. – Le règlement général de l'Autorité des marchés financiers précise les conditions d'application du présent article, en les adaptant selon que les sociétés de gestion de portefeuille exécutent les ordres ou les transmettent ou les émettent sans les exécuter elles-mêmes.

V. – Les sociétés de gestion de portefeuille adoptent et appliquent des procédures garantissant l'exécution rapide et équitable des ordres pour le compte des placements collectifs qu'elles gèrent par rapport aux ordres pour le compte des portefeuilles individuels qu'elles gèrent ou aux ordres pour compte propre.

Le règlement général de l'Autorité des marchés financiers précise les conditions d'application des règles de traitement des ordres applicables aux sociétés de gestion de portefeuille.

Art. L. 533-22-2-3 *(Créé, L. n° 2019-486, 22 mai 2019).* **– Pour l'application des articles L. 1226-15, L. 1234-9, L. 1235-3, L. 1235-3-1, L. 1235-11 et L. 1235-16 du Code du travail, la détermination de l'indemnité à la charge de l'employeur ne prend pas en compte, en application de l'article L. 533-22-2 du présent code et pour les personnes mentionnées au même article L. 533-22-2, la partie de la part variable de la rémunération dont le versement peut être réduit ou donner lieu à restitution.**

Sous-section 3. – Dispositions particulières aux prestataires de services d'investissement qui réalisent des offres de titres financiers au moyen d'un site internet

(Sous-section créée à compter du 1er octobre 2014, Ord. n° 2014-559, 30 mai 2014)

Art. L. 533-22-3 ***(Créé à compter du 1er octobre 2014, Ord. n° 2014-559, 30 mai 2014).*** **– Les prestataires de services d'investissement qui réalisent des offres de titres financiers au moyen d'un site internet remplissant les caractéristiques fixées par le règlement général de l'Autorité des marchés financiers s'assurent :**

1° Que les sociétés dans lesquelles leurs clients investissent directement ou indirectement par une société dont l'objet est de détenir et de gérer des participations dans une autre société respectent, le cas échéant, les dispositions de l'article L. 227-2-1 du Code de commerce ;

2° Lorsque la société dans laquelle leurs clients investissent a pour objet de détenir des participations dans une autre société, que leurs intérêts ne sont pas lésés et qu'ils disposent de toutes les informations nécessaires à l'appréciation de leur investissement, notamment qu'ils sont, le cas échéant, destinataires du rapport du commissaire aux comptes aux associés approuvant les comptes.

Ces règles sont précisées par le règlement général de l'Autorité des marchés financiers.

Sous-section 4. – Dispositions particulières applicables aux entreprises d'investissement

(Sous-section créée à compter d'une date fixée par décret, et au plus tard le 10 juin 2019, L. n° 2019-486, 22 mai 2019)

Art. L. 533-22-4 ***(Créé à compter d'une date fixée par décret, et au plus tard le 10 juin 2019, L. n° 2019-486, 22 mai 2019).*** **– Les entreprises d'investissement qui fournissent les services d'investissement mentionnés au 4 de l'article L. 321-1 sont soumises aux dispositions de l'article L. 533-22 au même titre que les sociétés de gestion de portefeuille qui y sont mentionnées.**

Section VI. – Dispositions communes aux prestataires de services d'investissement relatives à la garantie des investisseurs

Art. L. 533-23 *(Ord. n° 2007-544, 12 avr. 2007).* **– Les prestataires de services d'investissement et les personnes mentionnés à l'article L. 421-17 sont tenus d'informer les investisseurs, avant d'entrer en relations d'affaires avec eux, de l'existence d'un régime d'indemnisation applicable en ce qui concerne l'opération ou les opérations envisagées, du montant et de l'étendue de la couverture offerte et, s'il y a lieu, de l'identité du fonds indemnisation.**

Le régime d'indemnisation des investisseurs est défini aux articles L. 322-1 à L. 322-10.

Partie réglementaire

CHAPITRE II. – CONDITIONS D'EXERCICE DE LA PROFESSION

Section I. – Agrément et autorisation

Sous-section 1. – Dispositions communes aux entreprises d'investissement et aux établissements de crédit fournissant un ou plusieurs services d'investissement

Art. R. 532-1 *(Mod., L. n° 2013-672, 26 juill. 2013 ; D. n° 2017-1253, 9 août 2017).* **– I. – Pour obtenir l'agrément d'entreprise d'investissement, le requérant adresse à l'Autorité de contrôle prudentiel et de résolution sa demande établie dans les conditions prévues par le règlement délégué et le règlement d'exécution de la**

Commission européenne adoptés en application des paragraphes 4 et 5 de l'article 7 de la directive 2014/65/UE du Parlement européen et du Conseil du 15 mai 2014.

II. – Lorsque le requérant demande un agrément d'établissement de crédit comportant le droit de fournir des services d'investissement, il inclut dans sa demande adressée à l'Autorité de contrôle prudentiel et de résolution un programme d'activité relatif aux services d'investissement qu'il envisage de fournir.

Lorsque le requérant est une succursale mentionnée au I de l'article L. 511-10, la demande adressée à l'Autorité de contrôle prudentiel et de résolution comprend le programme d'activité prévu à l'alinéa précédent.

Art. R. 532-2 *(D. n° 2017-1253, 9 août 2017).* – Lorsque le requérant demande un agrément d'entreprise d'investissement ou d'établissement de crédit comportant le droit d'exercer le service de tenue de compte conservation ou l'activité de compensation d'instruments financiers, l'habilitation à fournir ce service ou exercer cette activité est délivrée dans le cadre de la procédure d'agrément comme prestataire de services d'investissement.

Lorsque le requérant a été agréé en qualité d'entreprise d'investissement ou d'établissement de crédit fournissant un ou plusieurs services d'investissement et qu'il demande une habilitation pour le service de tenue de compte conservation ou l'activité de compensation d'instruments financiers, cette habilitation est délivrée dans le cadre de la modification de son agrément.

Art. R. 532-3 *(Mod., L. n° 2013-672, 26 juill. 2013 ; D. n° 2017-1253, 9 août 2017).* – I. – Dès réception d'une demande, l'Autorité de contrôle prudentiel et de résolution vérifie qu'elle comprend toutes les informations prévues aux termes, selon le cas, du I ou du II de l'article R. 532-1 et, dans l'affirmative, procède à son instruction. Dans le cas contraire, elle demande au requérant communication des informations manquantes.

L'Autorité de contrôle prudentiel et de résolution communique à l'Autorité des marchés financiers le dossier dans un délai de cinq jours ouvrés à compter de la date de réception d'un dossier complet.

II. – L'Autorité des marchés financiers notifie sa décision sur le programme d'activité au requérant et en informe l'Autorité de contrôle prudentiel et de résolution dans un délai de trois mois à compter de la réception du dossier par l'Autorité des marchés financiers. Le silence gardé par l'Autorité des marchés financier à l'expiration de ce délai vaut rejet de la demande.

III. – L'Autorité de contrôle prudentiel et de résolution se prononce sur les demandes d'agrément d'entreprise d'investissement dans un délai de six mois à compter de la réception d'un dossier complet. Elle se prononce sur les demandes d'agrément des établissements de crédit en vue de la fourniture de services d'investissement dans les délais prévus au I de l'article R. 511-2-1. Le silence gardé par l'Autorité de contrôle prudentiel et de résolution à l'expiration de ces délais vaut rejet de la demande.

IV. – L'Autorité de contrôle prudentiel et de résolution, de sa propre initiative ou sur demande de l'Autorité des marchés financiers, peut demander au requérant tous éléments d'information complémentaires nécessaires à l'instruction du dossier.

Art. R. 532-6 *(Mod., L. n° 2013-672, 26 juill. 2013 ; D. n° 2014-1315, 3 nov. 2014 ; D. n° 2017-1253, 9 août 2017).* – I. – En application des dispositions de l'article L. 532-3-1 et sans préjudice des dispositions du I de l'article L. 531-6, l'Autorité de contrôle prudentiel et de résolution est préalablement informée de tout projet de modification portant sur des éléments relatifs aux instruments financiers et aux services d'investissement pris en compte lors de l'agrément d'un prestataire de services d'investissement autre qu'une société de gestion de portefeuille.

L'Autorité de contrôle prudentiel et de résolution en informe l'Autorité des marchés financiers dans un délai de cinq jours ouvrés à compter de la date de réception d'un dossier complet.

II. – L'Autorité des marchés financiers notifie sa décision sur le projet de modification au requérant et en informe l'Autorité de contrôle prudentiel et de résolution dans un délai de deux mois à compter de la réception de ce projet par l'Autorité des marchés financiers. Le silence gardé par l'Autorité des marchés financiers à l'expiration de ce délai vaut rejet de la demande.

III. – L'Autorité de contrôle prudentiel et de résolution se prononce sur les projets de modifications d'agrément des entreprises d'investissement dans un délai de quatre mois à compter de la réception du dossier complet. Elle se prononce sur les projets de modification d'agrément des établissements de crédit en vue de la fourniture de services d'investissement dans un délai de cinq mois à compter de la réception du dossier complet. Le silence gardé par l'Autorité de contrôle prudentiel et de résolution à l'expiration de ces délais vaut acceptation de la demande.

IV. – L'Autorité de contrôle prudentiel et de résolution, de sa propre initiative ou sur demande de l'Autorité des marchés financiers, peut demander au requérant tous éléments d'information complémentaires nécessaires à l'instruction du dossier. Le délai imparti à ces autorités pour se prononcer sur l'agrément envisagé est alors suspendu jusqu'à réception des éléments demandés.

Sous-section 2. – Dispositions relatives aux entreprises d'investissement

Art. R. 532-8 *(Mod., D. n° 2005-1186, 19 sept. 2005 ; D. n° 2009-1223, 12 oct. 2009 ; L. n° 2013-672, 26 juill. 2013 ; D. n° 2014-1315, 3 nov. 2014 ; D. n° 2017-1253, 9 août 2017).* **– I. – Avant de délivrer un agrément d'entreprise d'investissement à un requérant qui est une filiale directe ou indirecte d'une entreprise d'assurance, d'une entreprise de réassurance, d'un établissement de crédit, d'une entreprise d'investissement ou d'une société de gestion de portefeuille ayant son siège dans un État autre que la France, l'Autorité de contrôle prudentiel et de résolution peut, de sa propre initiative ou à la demande de l'Autorité des marchés financiers, demander à l'autorité chargée de l'agrément de cette entité mère toute information permettant de procéder à l'évaluation de la demande.**

II. – Avant d'autoriser en application du I de l'article L. 531-6 une prise ou extension de participation qualifiée directe ou indirecte dans le capital d'une entreprise d'investissement qui est :

1° Soit une filiale d'une entreprise d'assurance, d'une entreprise de réassurance, d'un établissement de crédit, d'une entreprise d'investissement ou d'une société de gestion de portefeuille agréés dans un autre État membre de l'Union européenne ou partie à l'accord sur l'Espace économique européen ou agréés dans un secteur financier autre que celui dans lequel l'acquisition est envisagée ;

2° Soit une filiale de l'entreprise mère d'une entreprise d'assurance, d'une entreprise de réassurance, d'un établissement de crédit, d'une entreprise d'investissement ou d'une société de gestion de portefeuille agréés dans un État autre membre de l'Union européenne partie à l'accord sur l'Espace économique européen ou agréés dans un secteur financier autre que celui dans lequel l'acquisition est envisagée ;

3° Soit une entreprise contrôlée par une personne, physique ou morale, qui contrôle également une entreprise d'assurance, une entreprise de réassurance, un établissement de crédit, une entreprise d'investissement ou une société de gestion de portefeuille agréés dans un autre État membre de l'Union européenne ou partie à l'accord sur l'Espace économique européen ou agréés dans un secteur financier autre que celui dans lequel l'acquisition est envisagée.

L'Autorité de contrôle prudentiel et de résolution consulte, sans délai et dans les conditions prévues par le règlement d'exécution de la Commission européenne adopté en application du paragraphe 9 de l'article 12 de la directive 2014/65/UE du Parlement européen et du Conseil du 15 mai 2014, l'autorité compétente, au sens du 4° de l'article L. 517-2, dont relève le candidat acquéreur, en vue d'obtenir toute information essentielle ou pertinente pour procéder à l'évaluation prévue à l'article R. 532-8-1. La décision prise à l'issue de cette évaluation par l'Autorité de contrôle prudentiel et de résolution mentionne les avis ou réserves formulés, le cas échéant, par cette autorité compétente.

Art. R. 532-8-1 *(D. n° 2009-1223, 12 oct. 2009 ; mod., L. n° 2013-672, 26 juill. 2013 ; D. n° 2014-1315, 3 nov. 2014 ; D. n° 2017-1253, 9 août 2017).* **– Lorsqu'elle procède à l'évaluation d'une prise ou extension de participation qualifiée directe ou indirecte dans le capital d'une entreprise d'investissement mentionnée au I de l'article L. 531-6, l'Autorité de contrôle prudentiel et de résolution apprécie, aux fins de s'assurer que l'entreprise d'investissement visée par l'acquisition envisagée dispose d'une gestion saine et prudente et en tenant compte de l'influence probable du candidat acquéreur sur l'entreprise d'investissement, le caractère approprié du candidat acquéreur et la solidité financière de l'acquisition envisagée, en appliquant l'ensemble des critères suivants :**

1° La réputation du candidat acquéreur ;

2° La réputation et l'expérience de toute personne qui, à la suite de l'acquisition envisagée, assurera la direction des activités de l'entreprise d'investissement au sens du 4 de l'article L. 532-2 ;

3° La solidité financière du candidat acquéreur, compte tenu notamment du type d'activités exercées et envisagées au sein de l'entreprise d'investissement visée par l'acquisition envisagée ;

4° La capacité de l'entreprise d'investissement à satisfaire et à continuer à satisfaire aux obligations prudentielles découlant du présent titre et du règlement (UE) n° 575/2013 du Parlement européen et du

Conseil du 26 juin 2013, concernant en particulier le point de savoir si le groupe auquel elle appartiendra possède une structure qui permet d'exercer une surveillance effective, d'échanger réellement des informations entre les autorités compétentes et de déterminer le partage des responsabilités entre les autorités compétentes ;

5° L'existence de motifs raisonnables de soupçonner qu'une opération ou une tentative de blanchiment de capitaux ou de financement du terrorisme est en cours ou a eu lieu en rapport avec l'acquisition envisagée, ou que l'acquisition envisagée pourrait en augmenter le risque.

Art. R. 532-8-2 *(D. n° 2009-1223, 12 oct. 2009 ; mod., Ord. n° 2010-76, 21 janv. 2010 ; D. n° 2010-217, 3 mars 2010 ; L. n° 2013-672, 26 juill. 2013 ; D. n° 2017-1253, 9 août 2017).* – Pour obtenir l'autorisation mentionnée au I de l'article L. 531-6, le requérant adresse à l'Autorité de contrôle prudentiel et de résolution sa demande accompagnée d'un dossier comportant les informations prévues par le règlement délégué de la Commission européenne adopté en application du paragraphe 8 de l'article 12 de la directive 2014/65/UE du Parlement européen et du Conseil du 15 mai 2014.

Art. R. 532-8-3 *(D. n° 2009-1223, 12 oct. 2009 mod., L. n° 2013-672, 26 juill. 2013 ; D. n° 2017-1253, 9 août 2017).* – L'Autorité de contrôle prudentiel et de résolution ne peut s'opposer à l'acquisition envisagée que s'il existe des motifs raisonnables de le faire sur la base des seuls critères fixés à l'article R. 532-8-1, ou si les informations fournies par le candidat acquéreur, en application de l'article R. 532-8-2, sont incomplètes.

...

Sous-section 3. – Dispositions relatives aux sociétés de gestion de portefeuille

Art. R. 532-10 *(Mod., D. n° 2011-922, 1er août 2011 ; D. n° 2017-1253, 9 août 2017).* – Pour obtenir leur agrément de société de gestion de portefeuille, les requérants adressent leur demande à l'Autorité des marchés financiers.

La demande d'agrément, établie sur papier libre, doit être accompagnée d'un dossier conforme au dossier type établi par l'Autorité des marchés financiers.

Ce dossier type comporte les informations à fournir pour l'application de la procédure d'agrément prévue à l'article L. 532-9 et, le cas échéant, pour l'application des procédures prévues aux articles D. 523-23-1, R. 532-25, R. 532-28 et R. 532-29.

Art. R. 532-11 *(Mod., D. n° 2017-1253, 9 août 2017).* – Dès réception d'une demande d'agrément, l'Autorité des marchés financiers vérifie qu'elle est conforme au dossier type prévu au deuxième alinéa de l'article R. 532-10 et, dans l'affirmative, procède à son instruction.

L'Autorité peut demander au requérant tous éléments d'information complémentaires nécessaires pour l'instruction du dossier. Le délai imparti à cette autorité est suspendu jusqu'à réception des éléments complémentaires.

Art. R. 532-12 *(Mod., D. n° 2013-687, 25 juill. 2013 ; D. n° 2017-1253, 9 août 2017).* – L'Autorité des marchés financiers notifie sa décision au requérant dans un délai de trois mois à compter de la date de réception du dossier conforme au dossier type.

L'Autorité des marchés financiers peut prolonger cette période pour une durée pouvant aller jusqu'à trois mois supplémentaires, lorsqu'elle le juge nécessaire en raison des circonstances particulières de l'espèce et après l'avoir notifié au requérant.

Art. R. 532-12-1 *(D. n° 2013-687, 25 juill. 2013 ; mod., D. n° 2017-485, 5 avr. 2017 ; D. n° 2017-1253, 9 août 2017).* – Le total des actifs des FIA mentionnés aux IV et VI de l'article L. 532-9 :

1° Ne dépasse pas le seuil de 100 millions d'euros, y compris les actifs acquis par le recours à l'effet de levier ; ou

2° Ne dépasse pas le seuil de 500 millions d'euros lorsqu'ils ne recourent pas à l'effet de levier et pour lesquels aucun droit au rachat ne peut être exercé pendant une période de cinq ans à compter de la date de l'investissement initial dans chaque FIA.

Art. R. 532-13 *(Mod., D. n° 2009-1223, 12 oct. 2009 ; D. n° 2013-687, 25 juill. 2013 ; D. n° 2017-1253, 9 août 2017)*. – Sous réserve des dispositions du I de l'article L. 532-9-1, l'Autorité des marchés financiers est préalablement informée de tout projet de modification portant sur des éléments pris en compte lors de l'agrément d'une société de gestion de portefeuille. Elle informe le déclarant des conséquences éventuelles sur l'agrément de la modification envisagée dans les conditions fixées par le règlement général de l'Autorité des marchés financiers.

L'Autorité des marchés financiers peut se faire communiquer tous éléments d'information complémentaires. Le délai imparti à cette autorité pour se prononcer sur la modification envisagée est d'un mois.

L'Autorité des marchés financiers peut prolonger cette période pour une durée pouvant aller jusqu'à un mois, lorsqu'elle le juge nécessaire en raison des circonstances particulières de l'espèce et après l'avoir notifié à la société de gestion de portefeuille. Les changements sont mis en œuvre si cette autorité ne s'y oppose pas pendant la période d'évaluation prévue.

Art. R. 532-14 *(D. n° 2017-1253, 9 août 2017)*. – Lorsque le requérant est une filiale directe ou indirecte d'une entreprise d'investissement ou d'un établissement de crédit n'ayant pas son siège en France, il est tenu de fournir, en outre, des informations précises sur la surveillance s'exerçant sur lui et sur la structure du groupe auquel il appartient ainsi que, le cas échéant, sur la nature et l'étendue de l'habilitation de son entreprise mère à fournir des services d'investissement.

Art. R. 532-15 *(Mod., D. n° 2005-1186, 19 sept. 2005 ; D. n° 2009-1223, 12 oct. 2009 ; D. n° 2014-1315, 3 nov. 2014 ; D. n° 2017-1253, 9 août 2017)*. – I. – Avant d'assortir de conditions particulières une autorisation, de délivrer une autorisation de prise de participation ou de prise de contrôle, ou d'octroyer un agrément à une société de gestion de portefeuille qui est :

1° Soit une filiale d'une entreprise d'assurance, d'une entreprise de réassurance, d'un établissement de crédit, d'une société de gestion de portefeuille ou d'une entreprise d'investissement agréés dans un État membre de l'Union européenne ou dans un autre État partie à l'accord sur l'Espace économique européen ou agréés dans un secteur financier autre que celui dans lequel l'acquisition est envisagée ;

2° Soit une filiale de l'entreprise mère d'une entreprise d'assurance, d'une entreprise de réassurance, d'un établissement de crédit, d'une société de gestion de portefeuille ou d'une entreprise d'investissement agréés dans un État membre de l'Union européenne ou dans un autre État partie à l'accord sur l'Espace économique européen ou agréés dans un secteur financier autre que celui dans lequel l'acquisition est envisagée ;

3° Soit une entreprise contrôlée par une personne, physique ou morale, qui contrôle également une entreprise d'assurance, une entreprise de réassurance, un établissement de crédit, une société de gestion de portefeuille ou une entreprise d'investissement agréés dans un État membre de l'Union européenne ou dans un autre État partie à l'accord sur l'Espace économique européen ou agréés dans un secteur financier autre que celui dans lequel l'acquisition est envisagée, l'Autorité des marchés financiers consulte l'autorité compétente, au sens du 4° de l'article L. 517-2, afin d'évaluer notamment la qualité des actionnaires ainsi que l'honorabilité et l'expérience des dirigeants associés à la gestion d'une autre entité du même groupe.

II. – Dans les cas d'opérations d'acquisition directe ou indirecte de droits de vote ou de parts de capital ou d'extension de participation, l'Autorité des marchés financiers consulte sans délai l'autorité compétente, au sens du 4° de l'article L. 517-2, dont relève le candidat acquéreur, en vue d'obtenir toute information essentielle ou pertinente pour procéder à l'évaluation prévue à l'article R. 532-15-1. La décision prise à ce titre par l'Autorité des marchés financiers mentionne les avis ou réserves formulés, le cas échéant, par cette autorité compétente.

III. – Lorsque le requérant est une filiale directe ou indirecte d'une entreprise d'investissement ou d'un établissement de crédit ayant son siège dans un État qui n'est pas membre de l'Union européenne ni partie à l'accord sur l'Espace économique européen, l'Autorité des marchés financiers peut demander toute information complémentaire à l'autorité chargée de l'agrément de l'État dans lequel l'entreprise d'investissement ou l'établissement de crédit dont le requérant est la filiale a son siège social.

Art. R. 532-15-1 *(D. n° 2009-1223, 12 oct. 2009 ; D. n° 2017-1253, 9 août 2017)*. – Lorsqu'elle procède à l'évaluation de la notification prévue au I de l'article L. 532-9-1, l'Autorité des marchés financiers apprécie, aux fins de s'assurer que la société de gestion de portefeuille visée par l'acquisition envisagée dispose d'une gestion saine et prudente et en tenant compte de l'influence probable du candidat acquéreur sur la société de gestion de portefeuille, le caractère approprié du candidat acquéreur et la solidité financière de l'acquisition envisagée en appliquant l'ensemble des critères suivants :

1° La réputation du candidat acquéreur ;

2° La réputation et l'expérience de toute personne qui, à la suite de l'acquisition envisagée, assurera la direction des activités de la société de gestion de portefeuille au sens du 4 du II de l'article L. 532-9 ;

3° La solidité financière du candidat acquéreur, compte tenu notamment du type d'activités exercées et envisagées au sein de la société de gestion de portefeuille visée par l'acquisition envisagée ;

4° La capacité de la société de gestion de portefeuille à satisfaire et à continuer à satisfaire aux obligations prudentielles découlant du présent titre, concernant en particulier le point de savoir si le groupe auquel elle appartiendra possède une structure qui permet d'exercer une surveillance effective, d'échanger réellement des informations entre les autorités compétentes et de déterminer le partage des responsabilités entre les autorités compétentes ;

5° L'existence de motifs raisonnables de soupçonner qu'une opération ou une tentative de blanchiment de capitaux ou de financement du terrorisme est en cours ou a eu lieu en rapport avec l'acquisition envisagée, ou que l'acquisition envisagée pourrait en augmenter le risque.

Art. R. 532-15-2 *(D. n° 2009-1223, 12 oct. 2009 ; D. n° 2017-1253, 9 août 2017).* – L'Autorité des marchés financiers établit une liste des informations qu'elle estime nécessaires pour procéder à l'évaluation prévue à l'article R. 532-15-1 et qui doivent lui être communiquées dans le cadre de la notification prévue au I de l'article L. 532-9-1. Cette liste est accessible sur le site de l'Autorité.

Les informations demandées sont proportionnées et adaptées à la nature du candidat acquéreur et de l'acquisition envisagée. L'Autorité des marchés financiers ne demande pas d'informations qui ne sont pas pertinentes dans le cadre de cette évaluation.

Art. R. 532-15-3 *(D. n° 2009-1223, 12 oct. 2009 ; D. n° 2017-1253, 9 août 2017).* – L'Autorité des marchés financiers ne peut s'opposer à l'acquisition envisagée que s'il existe des motifs raisonnables de le faire sur la base des seuls critères fixés à l'article R. 532-15-1, ou si les informations fournies par le candidat acquéreur, en application de l'article R. 532-15-2, sont incomplètes.

Art. R. 532-16 *(Mod., D. n° 2014-1315, 3 nov. 2014 ; D. n° 2017-1253, 9 août 2017).* – Lorsqu'elle est agréée pour fournir un ou plusieurs services d'investissement, la société de gestion de portefeuille se conforme, pour la fourniture de ces services, aux dispositions du présent titre applicables aux sociétés de gestion de portefeuille ainsi qu'aux dispositions applicables aux entreprises d'investissement.

Section II. – Libre établissement et libre prestation de services sur le territoire des États parties à l'accord sur l'Espace économique européen (Passeports)

....

Sous-section 2. – Libre prestation de services et liberté d'établissement en France (Passeport entrant)

Art. R. 532-17 *(Rempl., D. n° 2007-901, 15 mai 2007 ; mod., Ord. n° 2010-76, 21 janv. 2010 ; D. n° 2011-922, 1er août 2011 ; L. n° 2013-672, 26 juill. 2013 ; D. n° 2015-564, 20 mai 2015 ; D. n° 2017-1253, 9 août 2017).* – I. – L'Autorité des marchés financiers est destinataire des notifications de libre établissement et de libre prestation de services des entreprises d'investissement mentionnées aux articles L. 532-18 et L. 532-18-1. Elle est également destinataire des notifications de libre établissement et de libre prestation de services comportant le recours à des agents liés par des établissements de crédit mentionnés aux articles L. 532-18 et L. 532-18-1. Elle en informe immédiatement l'Autorité de contrôle prudentiel et de résolution.

L'Autorité des marchés financiers est également destinataire des notifications de libre établissement et de libre prestation de services des sociétés de gestion mentionnées aux articles L. 532-20-1 et L. 532-21-3.

II. – L'Autorité de contrôle prudentiel et de résolution est destinataire des notifications de libre établissement et de libre prestation de services des établissements de crédit mentionnés aux articles L. 532-18 et L. 532-18-1, à l'exclusion de celles relatives au recours à des agents liés. Elle en informe immédiatement l'Autorité des marchés financiers.

Art. R. 532-18 *(D. n° 2017-1253, 9 août 2017).* – Lorsqu'un prestataire de services d'investissement mentionné à l'article L. 532-18 entend recourir à un agent lié, au sens de l'article L. 545-1, établi dans son État d'origine, l'identité de cet agent est publiée sur le registre unique mentionné à l'article L. 546-1. L'Autorité de contrôle prudentiel et de résolution informe l'organisme mentionné au I de l'article L. 512-1 du Code des assurances afin qu'il procède à cette publication.

Art. R. 532-19 *(Mod., D. n° 2010-217, 3 mars 2010 ; D. n° 2011-922, 1er août 2011 ; L. n° 2013-672, 26 juill. 2013 ; D. n° 2018-284, 18 avr. 2018).* – I. – Lorsque l'Autorité de contrôle prudentiel et de résolution ouvre une procédure disciplinaire à l'encontre d'un prestataire de services d'investissement d'un autre État membre de l'Union européenne ou d'un autre État partie à l'accord sur l'Espace économique européen opérant sur le territoire de la France métropolitaine, de la Guadeloupe, de la Guyane, de la Martinique, de La Réunion, de Mayotte et de Saint-Martin, elle communique à l'autorité compétente de l'État d'origine de l'établissement en cause la lettre mentionnée à l'article R. 612-36.

La Commission des sanctions de l'Autorité de contrôle prudentiel et de résolution communique également à ladite autorité les observations en réponse éventuellement adressées par l'établissement et l'informe de la convocation prévue à l'article R. 612-39.

Elle verse à la procédure toutes les informations fournies par cette autorité sur les mesures qu'elle a adoptées.

Sauf cas d'urgence, un délai d'au moins 30 jours francs doit être respecté entre la communication à l'autorité compétente de l'État d'origine et l'audition prévue à l'article R. 612-39.

Avant de suivre la procédure prévue aux alinéas précédents, l'Autorité de contrôle prudentiel et de résolution peut prendre, en cas d'urgence, toute mesure conservatoire propre à assurer la protection des personnes auxquelles sont fournis en France des services d'investissement ou des services connexes.

En cas d'infraction à des règles d'intérêt général au sens de l'article L. 511-24 ou aux dispositions mentionnées au II de l'article L. 561-36-1, l'Autorité de contrôle prudentiel et de résolution peut prononcer une sanction disciplinaire sans suivre la procédure prévue aux alinéas précédents.

II. – L'Autorité des marchés financiers peut sanctionner tout manquement aux règles dont elle est chargée d'assurer le respect, commis en France par un prestataire de services d'investissement ou une société de gestion y ayant une succursale ou y opérant en libre prestation de services.

Lorsque l'Autorité des marchés financiers constate qu'un prestataire de services d'investissement ou une société de gestion ayant une succursale ou opérant en libre prestation de services sur son territoire ne respecte pas les règles dont elle est chargée d'assurer le respect, elle peut adresser au prestataire ou à la société de gestion concerné une injonction à l'effet de mettre fin, dans un délai déterminé, à la situation irrégulière constatée. Elle en informe l'autorité compétente de l'État d'origine du prestataire ou de la société de gestion et lui demande de prendre des mesures appropriées pour qu'il soit mis fin aux irrégularités constatées et pour protéger les intérêts des investisseurs. Elle verse à la procédure toutes les informations fournies par cette autorité sur les mesures qu'elle a adoptées.

Si malgré l'injonction et les mesures prises par l'État d'origine le prestataire ou la société de gestion continue à enfreindre les règles qui s'imposent à lui ou à elle, l'Autorité des marchés financiers, après en avoir informé l'autorité compétente de l'État d'origine, prend les mesures appropriées pour prévenir ou sanctionner de nouvelles irrégularités et, au besoin, pour empêcher le prestataire ou la société de gestion d'effectuer de nouvelles opérations en France. Elle en informe l'autorité compétente de l'État d'origine, la Commission européenne ainsi que l'Autorité européenne des marchés financiers.

En cas d'urgence l'Autorité des marchés financiers peut suspendre provisoirement d'activité en France le prestataire ou la société de gestion en cause et prendre toute mesure conservatoire propre à assurer la protection des personnes auxquelles des services sont fournis en France par ce prestataire ou cette société de gestion. Elle en informe l'autorité compétente de l'État d'origine, la Commission européenne et l'Autorité européenne des marchés financiers.

Sous-section 3. – Libre prestation de services
et liberté d'établissement sur le territoire des États parties
à l'accord sur l'Espace économique européen

§ 1. – Libre établissement et libre prestation de service des entreprises d'investissement
et des établissements de crédit fournissant des services d'investissement agréés en France

Sous-paragraphe 1. – Libre établissement

Art. D. 532-20 *(D. n° 2017-1253, 9 août 2017)*. – I. – En application du I de l'article L. 532-23, les notifications d'établissement de succursale ou de recours à un agent lié par des entreprises d'investissement et les notifications de recours à un agent lié par des établissements de crédit sont adressées à l'Autorité de contrôle prudentiel et de résolution qui en informe l'Autorité des marchés financiers dans un délai de cinq jours ouvrés à compter de leur réception. L'Autorité des marchés financiers produit ses observations sur ces notifications à l'Autorité de contrôle prudentiel et de résolution dans un délai d'un mois à compter de leur réception par l'Autorité des marchés financiers.

II. – Les notifications mentionnées au I sont assorties des informations suivantes :

1° L'État d'accueil sur le territoire duquel le prestataire de services d'investissement autre qu'une société de gestion de portefeuille envisage d'établir une succursale ou l'État d'accueil dans lequel il n'a pas établi de succursale mais envisage de recourir à des agents liés qui y sont établis ;

2° Un programme d'activité précisant notamment les services d'investissement ainsi que les services connexes que fournira la succursale ;

3° Si une succursale est établie, la structure organisationnelle de celle-ci, en indiquant si la succursale prévoit de recourir à des agents liés, ainsi que l'identité de ces agents liés ;

4° Si le prestataire de services d'investissement autre qu'une société de gestion de portefeuille entend recourir à des agents liés dans un État d'accueil dans lequel il n'a pas établi de succursale, une description des modalités du recours prévu à un ou plusieurs agents liés et de la structure organisationnelle dans laquelle ces agents s'inscrivent, en précisant les voies hiérarchiques entre le prestataire et les agents liés ;

5° L'adresse à laquelle des documents peuvent être obtenus dans l'État membre d'accueil ;

6° Le nom des personnes chargées de la gestion de la succursale ou de l'agent lié.

Ces notifications sont établies dans les conditions prévues par le règlement délégué et le règlement d'exécution de la Commission européenne adoptés en application des paragraphes 11 et 12 de l'article 35 de la directive 2014/65/UE du Parlement européen et du Conseil du 15 mai 2014.

Art. D. 532-21 *(D. n° 2017-1253, 9 août 2017)*. – Lorsqu'en application du I de l'article L. 532-23, une entreprise d'investissement ou un établissement de crédit souhaite fournir le service de tenue de compte-conservation dans un autre État membre de l'Union européenne ou partie à l'accord sur l'Espace économique européen, cette entreprise ou cet établissement doit, sans préjudice des conditions requises par l'autorité compétente de l'État d'accueil, avoir été préalablement habilité pour fournir ce service en France.

Art. D. 532-22 *(D. n° 2017-1253, 9 août 2017)*. – Lorsqu'elle décide d'une transmission à l'autorité compétente de l'État d'accueil en application de l'article L. 532-27, l'Autorité de contrôle prudentiel et de résolution communique les notifications reçues en application du I de l'article L. 532-23 dans les conditions prévues par le règlement d'exécution de la Commission européenne adopté en application du paragraphe 12 de l'article 35 de la directive 2014/65/UE du Parlement européen et du Conseil du 15 mai 2014. Elle informe l'Autorité des marchés financiers de sa décision de transmission ou de refus de transmission en même temps que le prestataire concerné.

Art. D. 532-23 *(D. n° 2017-1253, 9 août 2017)*. – Lorsqu'un prestataire de services d'investissement autre qu'une société de gestion de portefeuille envisage la modification de l'une des informations mentionnées au II de l'article D. 532-20 ou, selon le cas, prévues à l'article L. 532-23, il en informe l'Autorité de contrôle prudentiel et de résolution un mois au moins avant que cette modification n'intervienne, dans les conditions prévues par le règlement délégué et le règlement d'exécution de la Commission européenne adoptés en application des paragraphes 11 et 12 de l'article 35 de la directive 2014/65/UE du Parlement européen et du Conseil du 15 mai 2014.

L'Autorité de contrôle prudentiel et de résolution informe l'Autorité des marchés financiers de ce projet de modification dans un délai de cinq jours ouvrés. Elle en informe également l'autorité compétente de l'État d'accueil dans les conditions prévues par le règlement d'exécution de la Commission européenne adopté en application du paragraphe 12 de l'article 35 de la directive 2014/65/UE du Parlement européen et du Conseil du 15 mai 2014.

Art. D. 532-23-1 *(D. n° 2017-1253, 9 août 2017)*. – Les établissements de crédit qui souhaitent établir une succursale en application du I de l'article L. 532-23 sont soumis à la procédure prévue au I de l'article L. 511-27, sous réserve des observations et avis de l'Autorité des marchés financiers prévus au présent sous-paragraphe.

Les établissements de crédit qui souhaitent recourir à des agents liés en application du I de l'article L. 532-23 sont soumis à la procédure prévue au II de l'article L. 532-23.

Sous-paragraphe 2. – Libre prestation de services

Art. D. 532-23-2 *(D. n° 2017-1324, 6 sept. 2017)*. – I. – Les notifications de libre prestation de services adressées par les entreprises d'investissement à l'Autorité de contrôle prudentiel et de résolution en application de l'article L. 532-24 sont assorties des informations suivantes :

1° La mention de l'État d'accueil sur le territoire duquel l'entreprise envisage d'exercer ses activités ;

2° Un programme d'activité précisant notamment les services d'investissement ainsi que les services connexes que l'entreprise fournira sur le territoire de l'État d'accueil et si elle prévoit de le faire en recourant à des agents liés établis dans son État d'origine, ainsi que l'identité de ces agents liés.

Ces notifications sont établies dans les conditions prévues par le règlement délégué (UE) 2017/1018 de la Commission du 29 juin 2016 complétant la directive 2014/65/UE du Parlement européen et du Conseil concernant les marchés d'instruments financiers par des normes techniques de réglementation précisant les informations que doivent notifier les entreprises d'investissement, les opérateurs de marché et les établissements de crédit et le règlement d'exécution de la Commission européenne adopté en application des paragraphes 8 et 9 de l'article 34 de la directive 2014/65/UE du Parlement européen et du Conseil du 15 mai 2014.

II. – L'Autorité de contrôle prudentiel et de résolution transmet les notifications reçues en application de l'article L. 532-24 à l'autorité compétente de l'État d'accueil dans les conditions prévues par le règlement d'exécution de la Commission européenne adopté en application du paragraphe 9 de l'article 34 de la directive 2014/65/UE du Parlement européen et du Conseil du 15 mai 2014.

III. – Les établissements de crédit qui souhaitent exercer leur activité en libre prestation de services en application de l'article L. 532-24 sont soumis à la procédure prévue au II de l'article L. 511-27.

Lorsqu'ils souhaitent avoir recours à des agents liés établis en France en application de l'article L. 532-24, les établissements de crédit communiquent à l'Autorité de contrôle prudentiel et de résolution l'identité de ces agents liés dans les conditions prévues par le règlement délégué (UE) 2017/1018 de la Commission du 29 juin 2016 complétant la directive 2014/65/UE du Parlement européen et du Conseil concernant les marchés d'instruments financiers par des normes techniques de réglementation précisant les informations que doivent notifier les entreprises d'investissement, les opérateurs de marché et les établissements de crédit et le règlement d'exécution de la Commission européenne adopté en application des paragraphes 8 et 9 de l'article 34 de la directive 2014/65/UE du Parlement européen et du Conseil du 15 mai 2014. La procédure prévue au second alinéa de l'article L. 532-24 et au I du présent article leur est applicable.

Art. D. 532-23-3 *(D. n° 2017-1324, 6 sept. 2017)*. – Lorsqu'en application du I de l'article L. 532-24 une entreprise d'investissement ou un établissement de crédit souhaite fournir le service de tenue de compte conservation dans un autre État membre de l'Union européenne ou partie à l'accord sur l'Espace économique européen, cette entreprise ou cet établissement doit, sans préjudice des conditions requises par l'autorité compétente de l'État d'accueil, avoir été préalablement habilité pour fournir ce service en France.

Art. D. 532-23-4 *(D. n° 2017-1324, 6 sept. 2017)*. – Lorsqu'un prestataire de services d'investissement autre qu'une société de gestion de portefeuille envisage la modification de l'une des informations mentionnées au I de l'article D. 532-23-2, il en informe l'Autorité de contrôle prudentiel et de résolution un mois au moins avant que cette modification n'intervienne dans les conditions prévues par le règlement délégué (UE) 2017/1018 de la Commission du 29 juin 2016 complétant la directive 2014/65/UE du Parlement européen et du Conseil concernant les marchés d'instruments financiers par des normes techniques de réglementation précisant les informations que doivent notifier les entreprises d'investissement, les opérateurs de marché et les établissements de crédit et le règlement d'exécution de la Commission européenne adopté en application des paragraphes 8 et 9 de l'article 34 de la directive 2014/65/UE du Parlement européen et du Conseil du 15 mai 2014.

L'Autorité de contrôle prudentiel et de résolution informe l'autorité compétente de l'État d'accueil de ce projet de modification dans les conditions prévues par le règlement d'exécution de la Commission européenne adopté en application du paragraphe 9 de l'article 34 de la directive 2014/65/UE du Parlement européen et du Conseil du 15 mai 2014.

§ 2. – Libre établissement et libre prestation de services des sociétés de gestion de portefeuille agréées en France

Sous-paragraphe 1. – Libre établissement

Art. R. 532-24 *(Mod., D. n° 2007-901, 15 mai 2007 ; D. n° 2011-922, 1er août 2011 ; D. n° 2017-1253, 9 août 2017).* – I. – Toute société de gestion de portefeuille régie par l'article L. 532-9 qui, ayant son siège social sur le territoire de la France métropolitaine, de la Guadeloupe, de la Guyane, de la Martinique, de La Réunion, de Mayotte et de Saint-Martin, souhaite établir une succursale dans un autre État membre de l'Union européenne ou un autre État partie à l'accord sur l'Espace économique européen pour y gérer un OPCVM agréé ou fournir des services d'investissement conformément à la directive 2009/65/CE du Parlement européen et du Conseil du 13 juillet 2009 doit notifier, au préalable, son projet à l'Autorité des marchés financiers.

La notification de libre établissement prévue à l'alinéa précédent est accompagnée des éléments d'information prévus aux 1°, 2°, 5° et 6° du II de l'article D. 532-20. La société de gestion de portefeuille doit communiquer en outre, à la demande de l'Autorité des marchés financiers, tous les éléments d'appréciation et les précisions propres à éclairer cette autorité sur l'adéquation de ses structures administratives ou de sa situation financière au projet envisagé ainsi que toutes précisions utiles sur le dispositif d'indemnisation, ou de protection équivalente, des clients de la succursale.

Pour l'activité de gestion d'organismes de placement collectif en valeurs mobilières agréés conformément à la directive 2009/65/CE du Parlement européen et du Conseil du 13 juillet 2009, le programme mentionné au 2° du II de l'article D. 532-20 comporte en outre une description du processus de gestion des risques mis en place par la société de gestion de portefeuille et une description des procédures et des modalités de traitement des réclamations.

La notification de libre établissement prévue au premier alinéa peut être adressée, par la société de gestion de portefeuille intéressée, à l'Autorité des marchés financiers en même temps que sa demande d'agrément.

II. – Sauf dans le cas où l'Autorité des marchés financiers établit que les structures administratives ou la situation financière de la société de gestion de portefeuille ne permettent pas l'établissement d'une succursale, elle transmet la notification et les éléments d'information mentionnés aux 2°, 5° et 6° du II de cet article D. 532-20 à l'autorité compétente de l'État d'accueil mentionné au 1° du II du même article, qui a été désignée comme point de contact, dans les deux mois suivant leur réception.

L'Autorité des marchés financiers transmet également, le cas échéant, des précisions sur le dispositif d'indemnisation ou de protection équivalente des clients de la succursale et en avise la société concernée.

III. – Lorsque l'Autorité des marchés financiers refuse de transmettre aux autorités compétentes de l'État d'accueil mentionné au 1° du II de l'article D. 532-20, qui a été désignée comme point de contact, les renseignements détaillés sur le système d'indemnisation des investisseurs auquel la société de gestion de portefeuille adhère, elle fait connaître les raisons de ce refus à la société concernée dans le délai de deux mois.

IV. – L'Autorité des marchés financiers joint à la documentation envoyée aux autorités compétentes de l'État membre d'accueil de la société de gestion de portefeuille une attestation confirmant que ladite société a été agréée conformément aux dispositions de la directive 2009/65/CE du Parlement européen et du Conseil du 13 juillet 2009, une description du champ d'application de l'agrément accordé et des précisions relatives à toute restriction éventuelle sur les types d'OPCVM que cette société est habilitée à gérer.

Art. R. 532-25 *(Mod., D. n° 2013-687, 25 juill. 2013 ; D. n° 2017-1253, 9 août 2017).* – Lorsqu'une modification de l'un des éléments mentionnés aux 2°, 5° et 6° du II de l'article D. 532-20 ou de l'un des éléments d'appréciation communiqués à l'Autorité des marchés financiers est envisagée par une société de gestion de portefeuille, celle-ci la notifie un mois au moins avant qu'elle n'intervienne à l'Autorité des marchés financiers. L'Autorité des marchés financiers en informe l'autorité de l'État d'accueil qui a été désignée comme point de contact.

En cas de modification des éléments d'information communiqués en application du premier alinéa du II de l'article R. 532-24, l'Autorité des marchés financiers en avise les autorités compétentes de l'État membre d'accueil de la société de gestion de portefeuille en conséquence.

L'Autorité des marchés financiers met à jour les informations contenues dans l'attestation mentionnée au IV de l'article R. 532-24 et informe les autorités compétentes de l'État membre d'accueil de la société de gestion de portefeuille de tout changement dans le champ d'application de l'agrément accordé à ladite société ou dans les précisions relatives à toute restriction éventuelle sur les types d'OPCVM que cette société est habilitée à gérer.

Lorsque l'Autorité des marchés financiers estime que des mesures doivent être prises par la société de gestion de portefeuille pour adapter ses structures administratives ou sa situation financière aux activités exercées ou qu'elle envisage d'exercer, elle demande à la société, par lettre recommandée avec demande d'avis de réception ou remise contre récépissé, de prendre de telles mesures.

Art. R. 532-25-1 *(Mod., D. n° 2013-687, 25 juill. 2013 ; D. n° 2017-1253, 9 août 2017).* – I. – La société de gestion de portefeuille mentionnée au I de l'article L. 532-25-1 qui a l'intention d'établir pour la première fois une succursale dans un autre État membre de l'Union européenne transmet à l'Autorité des marchés financiers une documentation comportant les informations suivantes :

1° L'État membre dans lequel elle a l'intention d'établir une succursale ;

2° Un programme d'activités précisant notamment les services d'investissement et autres services qu'elle a l'intention de fournir et identifiant les FIA qu'elle compte gérer ;

3° L'organisation de la succursale ;

4° L'adresse, dans l'État membre d'origine des FIA, à laquelle des documents peuvent être obtenus ;

5° Le nom et les coordonnées des personnes chargées de la gestion de la succursale.

II. – Dans un délai de deux mois à compter de la réception de la documentation complète mentionnée au I, l'Autorité des marchés financiers transmet cette documentation aux autorités compétentes de l'État membre d'accueil de la société de gestion de portefeuille.

Cette documentation est transmise uniquement si la gestion du FIA par la société de gestion de portefeuille est conforme aux dispositions législatives et réglementaires en vigueur et si la société de gestion de portefeuille respecte ces dispositions.

L'Autorité des marchés financiers joint à cette documentation une attestation indiquant qu'elle a bien délivré un agrément à la société de gestion de portefeuille et notifie sans délai à cette dernière la transmission du dossier.

Dès réception de la notification de la transmission, la société de gestion de portefeuille peut commencer à fournir ses services dans son État membre d'accueil.

III. – Lorsqu'une modification de l'une des informations mentionnées au I est envisagée par une société de gestion de portefeuille, celle-ci la notifie par écrit à l'Autorité des marchés financiers un mois au moins avant qu'elle n'intervienne ou aussitôt après qu'elle soit intervenue, s'il s'agit d'une modification imprévue.

Dans le cas où une modification prévue conduirait à ce que la gestion du FIA par la société de gestion de portefeuille ne soit plus conforme aux dispositions législatives ou réglementaires auxquelles cette activité est soumise ou à ce que la société de gestion de portefeuille ne satisfasse plus aux dispositions législatives ou réglementaires auxquelles elle est soumise, l'Autorité des marchés financiers informe sans délai la société de gestion de portefeuille qu'elle ne doit pas procéder à cette modification.

Dans le cas où une modification prévue est mise en œuvre en méconnaissance des deux alinéas précédents ou si une modification imprévue a eu lieu en conséquence de laquelle la gestion du FIA par la société de gestion de portefeuille ne serait plus conforme aux dispositions législatives ou réglementaires auxquelles cette activité est soumise ou la société de gestion de portefeuille ne respecterait plus les dispositions législatives ou réglementaires auxquelles elle est soumise, l'Autorité des marchés financiers prend toutes les mesures nécessaires.

Dans le cas où les modifications peuvent être admises parce qu'elles n'affectent pas la conformité de la gestion du FIA par la société de gestion de portefeuille avec les dispositions législatives ou réglementaires auxquelles cette activité est soumise ou le respect des dispositions législatives ou réglementaires auxquelles est soumise la société de gestion de portefeuille, l'Autorité des marchés financiers informe sans délai les autorités compétentes de l'État membre d'accueil de la société de gestion de portefeuille de ces modifications.

Sous-paragraphe 2. – Libre prestation de services

Art. R. 532-28 *(Mod., D. n° 2011-922, 1er août 2011 ; D. n° 2017-1253, 9 août 2017)*. – I. – Toute société de gestion de portefeuille qui, ayant son siège social sur le territoire de la France métropolitaine, de la Guadeloupe, de la Guyane, de la Martinique, de La Réunion, de Mayotte et de Saint-Martin, souhaite pour la première fois gérer un OPCVM de droit étranger agréé ou fournir des services d'investissement conformément à la directive 2009/65/CE du Parlement européen et du Conseil du 13 juillet 2009 en libre prestation de services dans un autre État membre de l'Union européenne ou un autre État partie à l'accord sur l'Espace économique européen doit notifier son projet à l'Autorité des marchés financiers en indiquant le nom de l'État concerné et en précisant la nature des services qu'elle envisage de fournir.

Pour l'activité de gestion d'OPCVM de droit étranger agréés conformément à la directive 2009/65/CE du Parlement européen et du Conseil du 13 juillet 2009, le projet notifié comporte en outre une description du processus de gestion des risques mis en place par la société de gestion de portefeuille et une description des procédures et modalités de traitement des réclamations.

La société de gestion de portefeuille communique, à la demande de l'Autorité des marchés financiers, tous renseignements sur les modalités d'exercice de ses activités en libre prestation de services.

La notification de libre prestation de services prévue au premier alinéa peut être adressée, par la société de gestion de portefeuille intéressée, à l'Autorité des marchés financiers en même temps que sa demande d'agrément.

II. – L'Autorité des marchés financiers transmet à l'État concerné la déclaration de libre prestation prévue au I du présent article dans un délai d'un mois après sa réception.

III. – Lorsqu'une société de gestion de portefeuille souhaite exercer l'activité de gestion d'un ou plusieurs OPCVM de droit étranger agréés conformément à la directive 2009/65/CE du Parlement européen et du Conseil du 13 juillet 2009, l'Autorité des marchés financiers joint à la documentation envoyée aux autorités compétentes de l'État membre d'accueil de la société de gestion de portefeuille, une attestation confirmant que ladite société a été agréée, conformément aux dispositions de la directive 2009/65/CE du Parlement européen et du Conseil du 13 juillet 2009, une description du champ d'application de l'agrément accordé à la société de gestion de portefeuille et des précisions relatives à toute restriction éventuelle sur les types d'OPCVM que cette société est habilitée à gérer.

Art. R. 532-29 *(Mod., D. n° 2013-687, 25 juill. 2013 ; D. n° 2017-1253, 9 août 2017)*. – Toute modification relative aux éléments notifiés en application des dispositions du premier alinéa du I de l'article R. 532-28 est communiquée préalablement à l'Autorité des marchés financiers et aux autorités de l'État membre de l'Union européenne ou partie à l'accord sur l'Espace économique européen qui se trouve concerné.

L'Autorité des marchés financiers met à jour les informations contenues dans l'attestation mentionnée au III de l'article R. 532-28 et informe les autorités compétentes de l'État membre d'accueil de la société de gestion de portefeuille de tout changement dans le champ d'application de l'agrément accordé à ladite société ou dans les précisions relatives à toute restriction éventuelle sur les types d'OPCVM que cette société est habilitée à gérer.

Art. R. 532-30 *(D. n° 2013-687, 25 juill. 2013 ; mod., D. n° 2017-1253, 9 août 2017)*. – I. – La société de gestion de portefeuille mentionnée au I de l'article L. 532-25-1 qui a l'intention de gérer pour la première fois des FIA en libre prestation de services, communique à l'Autorité des marchés financiers une documentation comportant les informations suivantes :

1° L'État membre dans lequel elle a l'intention de gérer des FIA ;

2° Un programme d'activités précisant notamment les services qu'elle a l'intention de fournir et identifiant les FIA qu'elle compte gérer.

II. – Dans un délai d'un mois à compter de la réception de la documentation complète mentionnée au I, l'Autorité des marchés financiers transmet cette documentation aux autorités compétentes de l'État membre d'accueil de la société de gestion de portefeuille. Les dispositions des deuxième, troisième et quatrième alinéas du II de l'article R. 532-25-1 sont applicables.

III. – En cas de modification de l'une des informations mentionnées au I par la société de gestion de portefeuille, les dispositions du III de l'article R. 532-25-1 sont applicables.

Section III. – Règles spécifiques concernant les pays tiers

Sous-section 1. – Règles spécifiques concernant les pays tiers pour la gestion de FIA

§ 1. – Dispositions générales

Art. R. 532-31 *(D. n° 2013-687, 25 juill. 2013 ; mod., D. n° 2017-1253, 9 août 2017).* – Pour l'application de l'article L. 532-28, l'expression : « État membre de référence d'un gestionnaire établi dans un pays tiers » désigne :

1° Lorsque le gestionnaire a l'intention de gérer un ou plusieurs FIA de l'Union européenne établis dans un même État membre, sans le ou les commercialiser dans l'Union européenne : l'État membre d'origine de ce ou ces FIA ;

2° Lorsque le gestionnaire a l'intention de gérer plusieurs FIA de l'Union européenne établis dans différents États membres sans les commercialiser dans l'Union européenne : l'État membre dans lequel la majorité des FIA sont établis ou celui dans lequel le plus grand volume d'actifs est géré ;

3° Lorsque le gestionnaire a l'intention de commercialiser un FIA de l'Union européenne dans un État membre :

– l'État membre dans lequel le gestionnaire a l'intention de commercialiser le FIA s'il n'a pas été agréé ou enregistré dans l'Union européenne ; ou

– l'État membre d'origine du FIA ; ou

– l'État membre dans lequel le gestionnaire a l'intention de commercialiser le FIA s'il a été agréé ou enregistré dans un État membre ;

4° Lorsque le gestionnaire a l'intention de commercialiser un FIA de pays tiers dans un seul État membre : cet État membre ;

5° Lorsque le gestionnaire a l'intention de commercialiser un FIA de l'Union européenne dans différents États membres :

– l'État membre d'origine du FIA ou l'un des États membres dans lequel le gestionnaire a l'intention de commercialiser effectivement le FIA si le FIA est agréé ou enregistré dans un État membre ; ou

– l'un des États membres dans lequel le gestionnaire a l'intention de développer une commercialisation effective si le FIA n'est pas agréé ou enregistré dans un État membre ;

6° Lorsque le gestionnaire a l'intention de commercialiser un FIA de pays tiers dans différents États membres : l'un de ces États membres ;

7° Lorsque le gestionnaire a l'intention de commercialiser plusieurs FIA de l'Union européenne :

– l'État d'origine de ces FIA ou l'État dans lequel le gestionnaire a l'intention de développer la commercialisation effective de la plupart de ces FIA s'ils sont agréés ou enregistrés dans le même État membre ; ou

– l'État dans lequel le gestionnaire a l'intention de développer la commercialisation effective de la plupart de ces FIA s'ils ne sont pas agréés ou enregistrés dans le même État membre ;

8° Lorsque le gestionnaire a l'intention de commercialiser plusieurs FIA de l'Union européenne et de pays tiers ou plusieurs FIA de pays tiers dans l'Union européenne : l'État membre dans lequel il a l'intention de développer la commercialisation effective de la plupart de ces FIA.

§ 2. – Agrément des gestionnaires établis dans un pays tiers

Art. R. 532-32 *(D. n° 2013-687, 25 juill. 2013 ; mod., D. n° 2017-1253, 9 août 2017).* – Dans le cas prévu à l'article L. 532-33, l'Autorité des marchés financiers participe, avec les autorités compétentes des autres États membres de référence possibles, à la procédure conjointe de désignation, dans un délai d'un mois, de l'État membre de référence prévue par l'article 37 de la directive 2011/61/UE du Parlement européen et du Conseil du 8 juin 2011.

Lorsque la France est désignée comme étant l'État membre de référence, l'Autorité des marchés financiers informe sans délai le gestionnaire de cette désignation. Si l'Autorité des marchés financiers n'a pas dûment informé le gestionnaire de sa décision dans un délai de sept jours après qu'elle l'a prise ou si elle n'a pas rendu sa décision dans le délai d'un mois, le gestionnaire peut choisir lui-même son État membre de référence sur la base des critères énoncés aux 2°, 3°, 5°, 6° et 7° de l'article R. 532-31.

Sur demande de l'Autorité des marchés financiers, le gestionnaire apporte la preuve de son intention de développer une commercialisation effective en France par la transmission, à cette autorité, de sa stratégie de commercialisation.

Art. R. 532-33 *(D. n° 2013-687, 25 juill. 2013 ; mod., D. n° 2017-1253, 9 août 2017)*. – Dans la notification mentionnée au I de l'article L. 532-34, l'Autorité des marchés financiers transmet à l'Autorité européenne des marchés financiers l'appréciation du gestionnaire sur l'État membre de référence ainsi que les informations relatives à sa stratégie de commercialisation.

Art. R. 532-34 *(D. n° 2013-687, 25 juill. 2013 ; mod., D. n° 2017-1253, 9 août 2017)*. – I. – Le délai mentionné à l'article L. 532-9 est suspendu pendant l'examen par l'Autorité européenne des marchés financiers de la notification prévue à l'article L. 532-37.

II. – Lorsque l'Autorité des marchés financiers propose d'octroyer l'agrément contre l'avis de l'Autorité européenne des marchés financiers, elle en informe cette dernière par décision motivée.

III. – Lorsque l'Autorité des marchés financiers propose d'octroyer l'agrément contre l'avis de l'Autorité européenne des marchés financiers et que le gestionnaire a l'intention de commercialiser des parts ou des actions de FIA qu'il gère dans des États membres autres que la France, l'Autorité des marchés financiers en informe également les autorités compétentes de ces États membres par décision motivée.

Art. R. 532-35 *(D. n° 2013-687, 25 juill. 2013 ; mod., D. n° 2017-1253, 9 août 2017)*. – En application du V de l'article L. 532-39, en cas d'appréciation divergente entre l'Autorité des marchés financiers et l'Autorité européenne des marchés financiers :

1° L'Autorité des marchés financiers informe l'Autorité européenne des marchés financiers par décision motivée ;

2° Lorsque le gestionnaire commercialise des parts ou des actions de FIA qu'il gère dans des États membres autres que la France, l'Autorité des marchés financiers informe de cette divergence les autorités compétentes de ces autres États membres par décision motivée. Le cas échéant, elle en informe également, par décision motivée, les autorités compétentes des États membres d'origine des FIA gérés par ce gestionnaire.

....

CHAPITRE III. – OBLIGATIONS DES PRESTATAIRES DE SERVICES D'INVESTISSEMENT

Section I. – Normes de gestion

Art. D. 533-1 A *(D. n° 2012-67, 20 janv. 2012 ; mod., D. n° 2014-1316, 3 nov. 2014 ; D. n° 2017-1324, 6 sept. 2017)*. – L'Autorité de contrôle prudentiel et de résolution prend en compte toute orientation formulée par l'Autorité bancaire européenne pour l'application de l'article L. 533-4.

Section II. – Obligations comptables et déclaratives

Sous-section 1. – Comptes sociaux et documents comptables

Art. R. 533-1 *(Mod., L. n° 2013-672, 26 juill. 2013)*. – Les entreprises d'investissement sont tenues de clore leur exercice social au 31 décembre. Toutefois, l'Autorité de contrôle prudentiel et de résolution peut autoriser les entreprises d'investissement à déroger à cette règle pour l'exercice au cours duquel elles ont reçu leur agrément.

Sauf dérogation accordée par l'Autorité de contrôle prudentiel et de résolution, les entreprises d'investissement doivent soumettre avant le 31 mai leurs comptes annuels à l'organe compétent pour approuver ces comptes.

Art. R. 533-2 *(Mod., L. n° 2013-672, 26 juill. 2013)*. – Les dispositions des articles R. 533-1, R. 612-34, R. 612-36 à R. 612-50 et R. 613-10 à R. 613-23 s'appliquent également aux personnes mentionnées au 4 de l'article L. 440-2.

L'Autorité de contrôle prudentiel et de résolution peut autoriser les personnes mentionnées à l'alinéa précédent ainsi que les entreprises d'investissement dont l'activité porte exclusivement sur les instruments financiers à terme dont la liste est fixée par décret à clore leur exercice social à une date différente du 31 décembre lorsque leur activité le justifie. Les bénéficiaires de cette dérogation doivent soumettre leurs comptes annuels à l'organe compétent pour les approuver au plus tard cinq mois après la date de clôture de l'exercice.

Art. D. 533-2-1 *(D. n° 2007-904, 15 mai 2007).* **– Les instruments financiers à terme mentionnés au second alinéa de l'article R. 533-2 sont ceux cités aux 2, 3, 4, 7 et 8 du I de l'article D. 211-1 A.**

Art. R. 533-2-2 *(D. n° 2014-1315, 3 nov. 2014).* **– Les entreprises d'investissement, autres que les sociétés de gestion de portefeuille, publient dans leur rapport annuel le rendement de leurs actifs, calculé en divisant leur bénéfice net par le total de leur bilan.**

Art. D. 533-3. *– (Mod., D. n° 2017-1324, 6 sept. 2017).* **– Pour l'accomplissement de la mission qui leur est dévolue dans les entreprises d'investissement, les commissaires aux comptes mentionnés à l'article L. 511-38 sont désignés par l'organe de ces établissements compétent pour approuver les comptes.**

Ils sont désignés pour six exercices. Leurs fonctions expirent après que l'organe compétent pour approuver les comptes a statué sur les comptes du sixième exercice. Leur mandat est renouvelable.

....

Partie législative

TITRE IV. – AUTRES PRESTATAIRES DE SERVICES

(Intitulé rempl., L. n° 2003-706, 1er août 2003)

CHAPITRE I. – LES CONSEILLERS EN INVESTISSEMENTS FINANCIERS

(L. n° 2003-706, 1er août 2003)

Bibliographie : Ph. Arestan, *Commercialisation des produits financiers : la responsabilité des conseillers en investissements financiers et des démarcheurs bancaires et financiers : LPA* 28 juill. 2010, p. 4. • B. Dondero, *Les conseillers en investissements financiers : D.* 2004, p. 405. • L. Dumoulin, *La nouvelle profession de conseiller en investissements financiers : Dr. et patrimoine* déc. 2003, p. 75. • Ch. de Watrigant, *L'avocat peut-il être conseiller en investissement financiers ? : JCP* E 2006, 1765. • S. Neuville, *Les prestataires (entreprises d'investissement et entreprises de marché) et les services d'investissement : Bull. Joly Bourse* 2007, n° 5, p. 559. • J.-B. Poulle et N. Spitz, *Quelles réglementations pour le conseil en fusions-acquisitions ? : JCP* E 2007, 1595. • Ch. Pénichon, *JCl. Sociétés* traité, Fasc. 1540.

Section I – Définition

(L. n° 2010-1249, 22 oct. 2010)

Art. L. 541-1 *(L. n° 2003-706, 1er août 2003 ; rempl., Ord. n° 2007-544, 12 avr. 2007 ; mod., Ord. n° 2017-484, 6 avr. 2017 ; Ord. n° 2017-1107, 22 juin 2017).* **– I. – Les conseillers en investissements financiers sont les personnes exerçant à titre de profession habituelle les activités suivantes :**

1° Le conseil en investissement mentionné au 5 de l'article L. 321-1 ;

2° *(Abrogé)* **;**

3° Le conseil portant sur la fourniture de services d'investissement mentionnés à l'article L. 321-1 ;

4° Le conseil portant sur la réalisation d'opérations sur biens divers définis à l'article *(Réf. rempl., L. n° 2019-486, 22 mai 2019)* **« L. 551-1 ».**

II. – Les conseillers en investissements financiers peuvent également recevoir aux fins de transmission des ordres pour le compte d'un client auquel ils ont fourni une prestation de conseil, dans les conditions et limites fixées par le règlement général de l'Autorité des marchés financiers et exercer d'autres activités de conseil en gestion de patrimoine.

III. – Ne sont pas soumis aux dispositions du présent chapitre :

1° Les établissements de crédit et les organismes mentionnés à l'article L. 518-1, les entreprises d'investissement, les sociétés de gestion de portefeuille et les entreprises d'assurance, ainsi que les fonds de retraite professionnelle supplémentaire ;

2° Les personnes mentionnées au ***d*** **et** ***g*** **du 2° de l'article L. 531-2.**

IV. – Les conseillers en investissements financiers ne peuvent à titre habituel et rémunéré donner de consultations juridiques ou rédiger des actes sous seing privé pour autrui que dans les conditions et limites des articles 54, 55 et 60 de la loi n° 71-1130 du 31 décembre 1971 portant réforme de certaines professions judiciaires et juridiques.

Voir : Sanctions pénales, C. monét. fin., art. L. 573-9, 1° et L. 573-10, p. 1473.

Champs d'application. Parmi les opérations entrant dans le champ de l'activité des conseillers en investissements financiers figurent le conseil et l'assistance en matière de gestion financière, l'ingénierie financière et d'une manière générale tous les services destinés à faciliter la création et le développement des entreprises en application du 5 de l'article L. 311-2 du Code monétaire et financier ainsi que la fourniture de conseil aux entreprises en matière de structure de capital, de stratégie industrielle et de questions connexes ainsi que de services concernant les fusions et le rachat d'entreprises en application du 4 de l'article L. 321-2 du code précité. Ces dispositions ne comportent **pas de mesures restreignant le champ du conseil en ces domaines aux seules opérations impliquant un flux bancaire ou financier**, Rép. min : *JOAN* Q, 1er nov. 2005, n° 51663, p. 10193.

Section II. – Conditions d'accès à l'activité et règles d'organisation des conseillers en investissements financiers

Sous-section 1. – Conditions d'accès à l'activité de conseiller en investissements financiers

Art. L. 541-1-1 *(L. n° 2010-1249, 22 oct. 2010 ; abr. à compter du 3 janvier 2018, Ord. n° 2016-827, 23 juin 2016).* **– Les conseillers en investissements financiers définis à l'article L. 541-1 sont immatriculés sur le registre unique mentionné à l'article L. 546-1.**

Art. L. 541-2 *(L. n° 2003-706, 1er août 2003).* **– Les conseillers en investissements financiers personnes physiques, ainsi que les personnes physiques ayant le pouvoir de gérer ou d'administrer les personnes morales habilitées en tant que conseillers en investissements financiers** *(Mots rempl., L. n° 2010-1249, 22 oct. 2010)* **« répondent à » des conditions d'âge et d'honorabilité fixées par décret, ainsi que des conditions de compétence professionnelle fixées par le règlement général de l'Autorité des marchés financiers.**

Les conseillers en investissements financiers doivent résider habituellement ou être établis en France.

Art. L. 541-3 *(L. n° 2003-706, 1er août 2003).* **– Tout conseiller en investissements financiers doit être en mesure de justifier à tout moment de l'existence d'un contrat d'assurance le couvrant contre les conséquences pécuniaires de sa responsabilité civile professionnelle, en cas de manquement à ses obligations professionnelles telles que définies au présent chapitre.**

Le niveau minimal des garanties qui doivent être apportées par l'assurance en responsabilité civile professionnelle est fixé par décret, en fonction de la forme juridique sous laquelle l'activité de conseil est exercée et des produits et services susceptibles d'être conseillés.

Art. L. 541-4 *(L. n° 2003-706, 1er août 2003 ; mod., Ord. n° 2007-544, 12 avr. 2007 ; L. n° 2010-1249, 22 oct. 2010 ; Ord. n° 2016-827, 23 juin 2016).* **– I. – Tout conseiller en investissements financiers doit adhérer à une association chargée du suivi de l'activité professionnelle individuelle de ses membres, de leur représentation collective et de la défense de leurs droits et intérêts.**

II. – En vue de l'adhésion du conseiller en investissements financiers, l'association vérifie qu'il dispose d'un programme d'activité.

Elle apprécie la qualité de ce programme d'activité au regard des obligations prévues aux articles L. 541-2, L. 541-3 et L. 541-8, ainsi que les conditions dans lesquelles le conseiller en investissements financiers envisage d'exercer son activité.

Le programme d'activité indique le type d'activités envisagées et la structure de l'organisation du conseiller en investissements financiers ainsi que, le cas échéant, l'identité de ses actionnaires, directs ou indirects, personnes physiques ou morales, qui détiennent une participation qualifiée, ainsi que le montant de leur participation.

III. – Les associations mentionnées au I sont agréées par l'Autorité des marchés financiers en considération, notamment, de leur représentativité et de leur aptitude à remplir leurs missions.

Elles doivent avoir fait approuver par l'Autorité des marchés financiers les conditions de compétence et le Code de bonne conduite auxquels sont soumis leurs membres.

Elles déterminent des procédures écrites aux termes desquelles elles décident de l'adhésion, du retrait de l'adhésion, du contrôle et de la sanction de leurs membres conseillers en investissements financiers.

Le retrait de l'adhésion, mentionné à l'alinéa précédent, peut être décidé par l'association à la demande du conseiller en investissements financiers. Il peut également être décidé d'office par l'association si le conseiller en investissements financiers ne remplit plus les conditions ou les engagements auxquels était subordonnée son adhésion, s'il n'a pas commencé son activité dans un délai de douze mois à compter de son adhésion, s'il n'exerce plus son activité depuis au moins six mois ou s'il a obtenu l'adhésion par de fausses déclarations ou par tout autre moyen irrégulier.

Tout retrait de l'adhésion est notifié à l'organisme qui tient le registre mentionné à l'article L. 546-1.

Lorsqu'il est prononcé d'office, le retrait d'adhésion est notifié à l'Autorité des marchés financiers et prend effet à l'expiration d'une période dont la durée est déterminée par l'association.

IV. – Les représentants légaux, les administrateurs, les personnels et préposés des associations mentionnées au I sont tenus au secret professionnel dans le cadre de la mission de suivi par ces associations de l'activité professionnelle individuelle de leurs membres, dans les conditions et sous les peines prévues aux articles 226-13 et 226-14 du Code pénal.

Ce secret ne peut être opposé ni à l'Autorité des marchés financiers, ni à l'autorité judiciaire agissant dans le cadre soit d'une procédure pénale soit d'une procédure en liquidation judiciaire ouverte à l'égard d'une personne mentionnée au II de l'article L. 621-9.

Par dérogation aux dispositions du II de l'article L. 621-4, l'Autorité des marchés financiers peut communiquer aux associations mentionnées au I des informations couvertes par le secret professionnel lorsque ces informations sont utiles à l'accomplissement par les associations de leurs missions relatives au suivi de l'activité professionnelle individuelle des conseillers en investissements financiers.

Les renseignements ainsi recueillis sont couverts par le secret professionnel en vigueur dans les conditions applicables à l'entité qui les a communiqués et à l'entité qui en est destinataire.

Ces renseignements ne peuvent être utilisés par les entités que pour l'accomplissement de leurs missions et seulement aux fins pour lesquelles ils leur ont été communiqués.

Bibliographie : Ch. Goyet, N. Rontchevsky et M. Storck, *Les modalités de commercialisation d'instruments financiers [...] doivent être encadrées par des codes de bonne conduite établis par les organisations professionnelles concernées : RTD com.* 2009, p. 585. • I. Riassetto et M. Storck, *Les codes de bonne conduite en droit des marchés financiers : d'un code à l'autre*, in *Mélanges G. Wiederkehr*, Dalloz, 2009, p. 669 et s. • M. Storck, *Organisation professionnelle, Codes de bonne conduite : RD. bancaire et fin.* juill. 2009, comm. 140.

Art. L. 541-4-1 *(Ord. n° 2016-827, 23 juin 2016)*. – Les conseillers en investissements financiers définis à l'article L. 541-1 sont immatriculés sur le registre unique mentionné à l'article L. 546-1.

Art. L. 541-5 *(Ord. n° 2016-827, 23 juin 2016)* . – Les conseillers en investissements financiers doivent satisfaire à tout moment aux dispositions de la présente sous-section.

Les conseillers en investissements financiers informent l'association à laquelle ils adhèrent de toute modification des informations les concernant et de tout événement pouvant avoir des conséquences sur leur adhésion en tant que conseillers en investissements financiers.

Art. L. 541-6 *(L. n° 2003-706, 1er août 2003 ; rempl., Ord. n° 2007-544, 12 avr. 2007 ; mod., Ord. n° 2016-827, 23 juin 2016)*. – I. – Un conseiller en investissements financiers ne peut pas recevoir d'instruments financiers de ses clients. Il ne peut recevoir de ceux-ci d'autres fonds que ceux destinés à rémunérer son activité.

II. – Les conseillers en investissements financiers ne peuvent prétendre au bénéfice des dispositions des articles L. 532-23 et L. 532-24.

Voir : Sanctions pénales, C. monét. fin., art. L. 573-9, 3° et L. 573-10, p. 1473.

Art. L. 541-7 *(L. n° 2003-706, 1er août 2003 ; rempl., Ord. n° 2005-429, 6 mai 2005)*. – Les conseillers en investissements financiers sont soumis aux incapacités énoncées à l'article L. 500-1.

Voir : Sanctions pénales, C. monét. fin., art. L. 573-9, 2° et L. 573-10, p. 1473.

Sous-section 2. – Règles d'organisation

Art. L. 541-8 *(Ord. n° 2007-544, 12 avr. 2007 ; mod., Ord. n° 2016-827, 23 juin 2016)*. – Les conseillers en investissements financiers :

1° Se dotent de ressources et procédures nécessaires pour mener à bien leurs activités et mettre en œuvre ces ressources et procédures avec un souci d'efficacité ;

2° Se dotent, lorsqu'ils fournissent le conseil mentionné au 1° ou 3° du I de l'article L. 541-1, de dispositifs appropriés, afin d'obtenir les renseignements utiles mentionnés au 3° de l'article L. 533-24 et pour comprendre les caractéristiques et identifier le marché cible défini pour chaque instrument financier ;

3° Maintiennent et appliquent des dispositions organisationnelles et administratives efficaces, en vue de prendre toutes les mesures raisonnables destinées à empêcher les conflits d'intérêts de porter atteinte aux intérêts de leurs clients ;

4° Prennent toutes les mesures appropriées pour détecter les conflits d'intérêts, et les éviter ou les gérer. Ces conflits d'intérêts sont ceux qui se posent entre, d'une part, les conseillers en investissements financiers eux-mêmes, les personnes placées sous leur autorité ou agissant pour leur compte ou toute autre personne directement ou indirectement liée à eux par une relation de contrôle et, d'autre part, leurs clients, ou bien entre deux clients, lors de l'exercice d'une des activités mentionnées au I de l'article L. 541-1 ou d'une combinaison de ces activités, y compris celles découlant de la perception d'avantages en provenance de tiers ou de la structure de rémunération et d'autres structures incitatives propres au conseiller en investissements financiers.

Lorsque ces mesures ne suffisent pas à garantir, avec une certitude raisonnable, que le risque de porter atteinte aux intérêts des clients sera évité, le conseiller en investissements financiers informe clairement ceux-ci, avant d'agir au nom et pour leur compte, de la nature générale ou de la source de ces conflits d'intérêts ainsi que des mesures prises pour atténuer ces risques.

Cette information est effectuée sur un support durable et comporte des détails suffisants, compte tenu de la nature du client, pour lui permettre de prendre une décision en connaissance de cause au sujet de l'activité dans le cadre de laquelle apparaît le conflit d'intérêts.

Section III – Règles de bonne conduite

(L. n° 2010-1249, 22 oct. 2010)

Art. L. 541-8-1 *(L. n° 2010-1249, 22 oct. 2010 ; mod., Ord. n° 2017-1107, 22 juin 2017)*. – Les conseillers en investissements financiers doivent :

1° Agir d'une manière honnête, loyale et professionnelle, servant au mieux les intérêts des clients ;

2° Exercer leur activité, dans les limites autorisées par leur statut, avec la compétence, le soin et la diligence qui s'imposent, au mieux des intérêts de leurs clients, afin de leur proposer une offre de service adaptée et proportionnée à leurs besoins et à leurs objectifs ;

3° Veiller à ne pas rémunérer ni évaluer les résultats de leurs employés d'une façon qui nuise à leur obligation d'agir au mieux des intérêts de leurs clients lors de la fourniture du conseil mentionné au 1° ou 3° du I de l'article L. 541-1. En particulier, les conseillers en investissements financiers ne prennent aucune disposition sous forme de rémunération, d'objectifs de vente ou autre qui pourrait encourager les employés à recommander un instrument financier ou un service d'investissement particulier à un client alors qu'ils pourraient proposer un autre instrument financier ou un autre service d'investissement correspondant mieux aux besoins de ce client ;

4° Se procurer auprès de leurs clients ou de leurs clients potentiels, avant de formuler un conseil mentionné au I de l'article L. 541-1, les informations nécessaires concernant leurs connaissances et leur expérience en matière d'investissement en rapport avec le type spécifique d'instrument financier, d'opération ou de service, leur situation financière et leurs objectifs d'investissement, de manière à pouvoir leur recommander les opérations, instruments financiers et services d'investissement adaptés à leur situation. Lorsque les clients ou les clients potentiels ne communiquent pas les informations requises, les conseillers en investissements financiers s'abstiennent de leur recommander les opérations, instruments et services en question. Lorsque les conseillers en investissements financiers fournissent le conseil mentionné aux 1° ou 3° du I de l'article L. 541-1, ils doivent également se procurer, auprès de leurs clients ou de leurs clients potentiels, les informations nécessaires concernant leur capacité à subir des pertes et leur tolérance au risque de manière à pouvoir leur recommander les instruments financiers et services d'investissement adéquats et, en particulier adaptés à leur tolérance au risque et à leur capacité à subir des pertes. Lorsque le conseil mentionné aux 1° ou 3° du I de l'article L. 541-1 conduit à recommander une offre groupée au sens de l'article L. 533-12-1, les conseillers en investissements financiers veillent à ce que l'offre groupée dans son ensemble corresponde aux besoins de leurs clients ;

5° Communiquer en temps utile aux clients des informations appropriées en ce qui concerne le conseiller en investissements financiers et ses services, le cas échéant la nature juridique et l'étendue des relations entretenues avec les établissements promoteurs de produits mentionnés au 1° de l'article L. 341-3, les informations utiles à la prise de décision par ces clients ainsi que celles concernant les modalités de leur rémunération, notamment la tarification de leurs prestations ;

6° Veiller à comprendre les instruments financiers qu'ils proposent ou recommandent, évaluer leur compatibilité avec les besoins des clients auxquels ils fournissent un conseil mentionné au I de l'article L. 541-1, notamment en fonction du marché cible défini, et veiller à ce que les instruments financiers ne soient proposés ou recommandés que lorsque c'est dans l'intérêt du client ;

7° Lorsqu'ils informent leurs clients que le conseil mentionné au 1° du I de l'article L. 541-1 est fourni de manière indépendante :

_a)_ Évaluer un éventail suffisant d'instruments financiers disponibles sur le marché qui sont suffisamment diversifiés quant à leur type et à leurs émetteurs ou à leurs fournisseurs pour garantir que les objectifs d'investissement de leurs clients puissent être atteints de manière appropriée, et ne doivent pas se limiter aux instruments financiers émis ou fournis par des entités ayant des liens étroits avec eux-mêmes ou d'autres entités avec lesquelles ils ont des relations juridiques ou économiques telles que des relations contractuelles si étroites qu'elles présentent le risque de nuire à l'indépendance du conseil fourni ;

_b)_ Ne pas accepter, sauf à les restituer intégralement à leurs clients, des rémunérations, commissions ou autres avantages monétaires ou non monétaires en rapport avec la fourniture du service aux clients, versés ou fournis par un tiers ou par une personne agissant pour le compte d'un tiers. Les avantages non monétaires mineurs qui sont susceptibles d'améliorer la qualité du service fourni à un client et dont l'importance et la nature sont telles qu'ils ne peuvent pas être considérés comme empêchant le respect par les conseillers en investissements financiers de leur devoir d'agir au mieux des intérêts de leurs clients, sont clairement divulgués et ne sont pas soumis aux exigences du présent 7° ;

8° Veiller à ce que toutes les informations, y compris les communications à caractère promotionnel, adressées à leurs clients, notamment leurs clients potentiels, présentent un contenu exact, clair et non trompeur. Les communications à caractère promotionnel sont clairement identifiables en tant que telles ;

9° Formaliser le conseil mentionné au I de l'article L. 541-1 dans une déclaration d'adéquation écrite justifiant les différentes propositions, leurs avantages et les risques qu'elles comportent en fonction de l'expérience de leurs clients en matière d'investissement, de leur situation financière et de leurs objectifs d'investissement ;

10° Constituer un dossier incluant le ou les documents approuvés par eux-mêmes et leurs clients, y compris une lettre de mission signée par les deux parties avant la fourniture du conseil mentionné au I de l'article L. 541-1, où sont énoncés les droits et obligations des parties ainsi que les autres conditions auxquelles les services sont fournis aux clients. Les droits et obligations des parties au contrat peuvent être déterminés par référence à d'autres documents ou textes juridiques ;

11° Lorsqu'ils fournissent un conseil mentionné au 1° ou 3° du I de l'article L. 541-1, rendre compte à leurs clients, sur un support durable, des services fournis à ceux-ci. Le compte rendu inclut, lorsqu'il y a lieu, les coûts liés aux services fournis pour le compte du client. Le compte rendu inclut également des communications périodiques aux clients en fonction du type et de la complexité des instruments financiers concernés ainsi que de la nature du service fourni aux clients.

1) Réponse devant la commission des sanctions de l'AMF. Peut être amenée à répondre devant la commission des sanctions de l'AMF une société de conseil en investissements financiers ayant réalisé de multiples manquements à ses obligations professionnelles : AMF, Commission des sanctions, déc., 28 oct. 2013 : *Dr. sociétés* 2014, comm. 30, note S. Torck. – V. égal. AMF, Commission des sanctions, déc., 4 déc. 2013 : *Dr. sociétés* 2014, comm. 50, note S. Torck.

2) Interdiction d'exercice. Pour la première interdiction d'exercice prononcée par la commission des sanctions de l'AMF pro à l'encontre d'un conseiller en investissements financiers ayant manqué à son obligation de loyauté, V. AMF sanct., 9 juill. 2015, *Cabinet de conseil Herios Finance et S. B. : Bull. Joly Bourse* 2015, 112y0, note J. Herbet.

Art. L. 541-9 ***(Ord. n° 2008-1271, 5 déc. 2008 ; mod., Ord. n° 2016-827, 23 juin 2016).*** **– Les codes de bonne conduite mentionnés à l'article L. 541-4 doivent respecter les règles de bonne conduite mentionnées à l'article L. 541-8-1, qu'ils peuvent préciser et compléter.**

Voir : C. monét. fin., art. D. 541-1 et s.

Art. L. 541-9-1 ***(L. n° 2016-1691, 9 déc. 2016 ; mod., Ord. n° 2017-1107, 22 juin 2017).*** **– Les conseillers en investissements financiers sont assimilés aux prestataires de services d'investissement autres que les sociétés de gestion de portefeuille pour l'application de l'article L. 533-12-7.**

CHAPITRE II. – LES INTERMEDIAIRES ET LES PERSONNES HABILITÉS EN VUE DE L'ADMINISTRATION OU DE LA CONSERVATION D'INSTRUMENTS FINANCIERS

Art. L. 542-1 *(L. n° 2003-706, 1er août 2003 ; mod., Ord. n° 2004-482, 3 juin 2004 ; Ord. n° 2006-344, 23 mars 2006 ; L. n° 2006-1770, 30 déc. 2006 ; Ord. n° 2009-526, 12 mai 2009).* **– Seuls peuvent exercer les activités de tenues de compte-conservation d'instruments financiers :**

1° Les personnes morales au titre des instruments financiers qu'elles émettent par offre au public ;

2° Les établissements de crédit établis en France ;

3° Les entreprises d'investissement établies en France ;

4° Les personnes morales dont les membres ou associés sont indéfiniment et solidairement responsables des dettes et engagements, à condition que ces membres ou associés soient des établissements ou entreprises mentionnées aux 2° et 3° habilités en vue de l'administration ou de la conservation d'instruments financiers ;

5° Les personnes morales établies en France ayant pour objet principal ou unique l'activité de conservation ou d'administration d'instruments financiers, ainsi que celles ayant pour objet exclusif d'administrer une ou plusieurs institutions de retraite professionnelle collective ;

6° Les institutions mentionnées à l'article L. 518-1 ;

7° Dans des conditions fixées par le règlement général de l'Autorité des marchés financiers, les établissements de crédit, les entreprises d'investissement et les personnes morales ayant pour objet principal ou unique l'activité de conservation ou d'administration d'instruments financiers qui ne sont pas établis en France.

Les personnes mentionnées au 1° sont soumises, pour leur activité d'administration ou de conservation d'instruments financiers, au pouvoir de contrôle et de sanction de l'Autorité des marchés financiers. Les personnes mentionnées aux 2° à 5° sont soumises, pour leur activité d'administration ou de conservation d'instruments financiers, aux obligations législatives et réglementaires et aux règles de contrôle et de sanction fixées par le présent code pour les prestataires de services d'investissement. Les personnes mentionnées aux 2° et 3° font l'objet, pour leur activité d'administration ou de conservation d'instruments financiers, d'une habilitation délivrée dans le cadre de leur agrément. Les personnes mentionnées au 5° sont soumises aux règles d'agrément fixées par le présent code pour les entreprises d'investissement.

Les personnes mentionnées au 7° doivent être soumises dans leur État d'origine à des règles d'exercice de l'activité de conservation ou d'administration d'instruments financiers et de contrôle équivalentes à celles en vigueur en France. L'Autorité des marchés financiers exerce à l'égard de ces personnes les pouvoirs de contrôle et de sanction prévus par le présent code pour les prestataires de services d'investissement, en tenant compte de la surveillance exercée par les autorités compétentes de chaque État.

Chapitre III. – Les sociétés de gestion de placements collectifs

Art. L. 543-1 *(Anc. § II de l'article L. 214-1 transféré au présent article, Ord. n° 2005-429, 6 mai 2005 ; mod., Ord. n° 2013-676, 25 juill. 2013 ; L. n° 2016-1691, 9 déc. 2016 ; Ord. n° 2017-1107, 22 juin 2017).* **– Les sociétés de gestion de placements collectifs sont les sociétés de gestion de portefeuille, les personnes morales qui gèrent des FIA mentionnés au 3° du III de l'article L. 214-24, les gestionnaires de fonds de capital-risque européens relevant du règlement (UE) n° 345/2013 du Parlement européen et du Conseil du 17 avril 2013 relatif aux fonds de capital-risque européens et les gestionnaires de fonds d'entrepreneuriat social européens relevant du règlement (UE) n° 346/2013 du Parlement européen et du Conseil du 17 avril 2013 relatif aux fonds d'entrepreneuriat social européen.**

CHAPITRE IV. – Services de recherche en investissement, d'analyse financière ou de notation de crédit

(L. n° 2003-706, 1er août 2003 ; intitulé rempl., Ord. n° 2007-544, 12 avr. 2007 ; L. n° 2010-1249, 22 oct. 2010)

Bibliographie : Ph. Bissara, *Analystes financiers et agences de notation : Bull. Joly Bourse* 2004, § 1, p. 11. • Jean-François Biard, *Les agences de notation de crédit : JCP* E 2011, 1524. • Th. Bonneau, *Coup de projecteur sur les agences de notation : JCP* E 2011, act. 601. • A. Couret, *Les agences de notation, observations sur un angle mort de la réglementation : Rev. sociétés* 2003, p. 765. • J.-J. Daigre, *L'analyse financière, une nouvelle activité réglementée : Études offertes à J. Béguin, Droit et actualités*, Litec, 2005, p. 231. • B. Dondero, M. Haschke-Dournaux et S. Sylvestre, *Les agences de notation : Actes prat. ing. sociétaire* nov. 2004, p. 5. • G. Eliet et A. Gauvin, *Déontologie de la notation du crédit : RD bancaire et fin.* 2004, comm. 276, p. 432. • Th. Granier, *La notation des financements structurés après le règlement communautaire sur les agences de notation : RTDF* 2010, n° 1, p. 120. • B. Le Bars, *Adoption d'un statut des services d'analyse financière et des agences de notation : LPA* 14 nov. 2003, p. 63. • C. Malecki, *La proposition de règlement du Parlement européen et du Conseil sur les agences de notation (ou les vertus de la régulation financière ?) : JCP* E 2009, 1398. • J.-M. Moulin, *L'encadrement juridique des activités des analystes financiers et des agences de notation : RD bancaire et fin.* 2004, p. 141 ; *Vingt ans d'agences de notation de crédit : Bull. Joly Bourse* 2012, § 236, p. 576. • Ph. Portier, *Information financière, agence de notation : RD bancaire et fin.* 2006, n° 2, p. 33. • B. Quentin, *Les agences de notation : RD bancaire et fin.* 2004, p. 465. • A. Sotiropoulou, *La responsabilité civile des agences de notation : Bull. Joly Bourse* 2013, § 1, p. 47. • Y. Tchotourian, *Agences de notation : encadrement et responsabilité : Bull. Joly Bourse* 2011, p. 119. • G. Terrien, *Les évolutions de la notation financière des collectivités territoriales : JCP* A 2007, 2049, p. 26. • M. Thouch, *Les agences de notation de crédit*, in *Loi de régulation bancaire et financière du 22 oct. 2010 : aspects de droit boursier : RD bancaire et fin.* mars-avr. 2011, p. 99 et s., spéc. p. 100 à 102. • F. Veverka, *Faut-il une réglementation stricte des agences de rating ? : JCP* E 2009, 1578. • J.-P. Zimmermann, *Les analystes financiers : Rev. sociétés* 2003, p. 741.

Sous-section 1 – Services de recherche en investissement ou d'analyse financière

(L. n° 2010-1249, 22 oct. 2010)

Art. L. 544-1 *(Abr. à compter du 3 janvier 2018, Ord. n° 2017-1107, 22 juin 2017).*

Art. L. 544-2 *(L. n° 2003-706, 1er août 2003).* **– Les dirigeants d'une entreprise doivent s'abstenir de toute initiative auprès des analystes financiers dont ils rémunèrent les services qui aurait pour objet ou pour effet de privilégier leurs intérêts propres, ou ceux de leurs actionnaires, au détriment d'une information sincère.**

Art. L. 544-3 *(Abr. à compter du 3 janvier 2018, Ord. n° 2017-1107, 22 juin 2017 ; rétabli à compter d'une date fixée par décret, et au plus tard le 10 juin 2019, L. n° 2019-486, 22 mai 2019).* **– Effectue un service de conseil en vote une personne morale qui analyse, sur une base professionnelle et commerciale, les document sociaux ou toute autre information concernant des sociétés dont les actions sont admises aux négociations sur un marché réglementé, dans le but d'éclairer les décisions de vote des actionnaires de ces sociétés par la fourniture de recherches et de conseils ou par la formulation de recommandations de vote.**

Sous-section 2. – Service de notation de crédit

(L. n° 2010-1249, 22 oct. 2010)

Art. L. 544-4 *(L. n° 2003-706, 1er août 2003 ; rempl., L. n° 2010-1249, 22 oct. 2010 ; mod., L. n° 2013-100, 28 janv. 2013 ; abr., L. n° 2018-727, 10 août 2018 ; rétabli à compter d'une date fixée par décret, et au plus tard le 10 juin 2019, L. n° 2019-486, 22 mai 2019).* **– Les conseillers en vote rendent public le code de conduite auquel ils se réfèrent et rendent compte de son application. Lorsqu'un conseiller en vote ne se réfère pas à un code de conduite ou lorsque, se référant à un tel code, il s'écarte de certaines de ses dispositions, il en précise le motif et indique la liste des dispositions ainsi écartées et, s'il y a lieu, les dispositions prises en substitution.**

Afin d'informer leurs clients sur la teneur exacte et la fiabilité de leurs activités, les conseillers en vote rendent publiques, au moins chaque année, les informations concernant la préparation de leurs recherches, conseils et recommandations de vote.

Les conseillers en vote veillent à prévenir et gérer tout conflit d'intérêts et toute relation commerciale pouvant influencer la préparation de leurs recherches, conseils ou recommandations de vote. Ils font connaître sans délai à leurs clients ces conflits et relations. Ils rendent publiques et font connaître à leurs clients les mesures prises en matière de prévention et de gestion de ces conflits et relations.

Un décret en Conseil d'État précise les modalités d'application du présent article.

Art. L. 544-5 *(L. n° 2010-1249, 22 oct. 2010 ; abr., L. n° 2018-727, 10 août 2018 ; rétabli à compter d'une date fixée par décret, et au plus tard le 10 juin 2019, L. n° 2019-486, 22 mai 2019).* **– Toute personne intéressée peut demander au président du tribunal statuant en référé d'enjoindre, le cas échéant sous astreinte, à un conseiller en vote de rendre publiques les informations mentionnées à l'article L. 544-4.**

Art. L. 544-6 *(L. n° 2010-1249, 22 oct. 2010 ; abr., L. n° 2018-727, 10 août 2018 ; rétabli à compter d'une date fixée par décret, et au plus tard le 10 juin 2019, L. n° 2019-486, 22 mai 2019)*. – Les articles L. 544-3 à L. 544-5 s'appliquent aux conseillers en vote dont le siège social est situé en France, à ceux dont le siège social n'est pas situé dans un État membre de l'Union européenne mais dont l'administration centrale est située en France et à ceux dont ni le siège social ni l'administration centrale ne sont situés dans un État membre de l'Union européenne mais qui possèdent une succursale en France, s'ils fournissent des services de conseil en vote à des actionnaires de sociétés qui ont leur siège social dans un État membre de l'Union européenne et dont les actions sont admises aux négociations sur un marché réglementé établi ou opérant dans un État membre de l'Union européenne.

CHAPITRE V. – LES AGENTS LIÉS

(Ord. n° 2007-544, 12 avr. 2007)

Art. L. 545-1 *(Ord. n° 2007-544, 12 avr. 2007 ; mod., Ord. n° 2016-827, 23 juin 2016)*. – Un prestataire de services d'investissement peut recourir aux services d'agents liés, au sens du 29 du paragraphe 1 de l'article 4 de la directive 2014/65/UE du 15 mai 2014 et qui peuvent être des personnes physiques ou des personnes morales, pour fournir les services d'investissement suivants, pour lesquels il est agréé :

1. La réception et la transmission d'ordres pour le compte de tiers ;
2. Le placement garanti ou non garanti ;
3. Le conseil en investissement.

Les agents liés peuvent également faire la promotion des services fournis, y compris les services connexes, par le prestataire de services d'investissement, fournir des conseils sur ces services et démarcher des clients pour le compte de celui-ci dans les conditions prévues au chapitre Ier du titre IV du livre III.

Art. L. 545-2 *(Ord. n° 2007-544, 12 avr. 2007 ; mod., Ord. n° 2016-827, 23 juin 2016)*. – Tout agent lié agit en vertu d'un mandat donné par un prestataire de services d'investissement unique.

Le prestataire de services d'investissement demeure pleinement et inconditionnellement responsable vis-à-vis des tiers des actes effectués en son nom et pour son compte par ses agents liés ainsi que des omissions de ces derniers.

Tout agent lié informe les clients, notamment les clients potentiels, de son statut et de l'identité de son mandant lorsqu'il entre en contact avec eux.

Art. L. 545-3 *(Ord. n° 2007-544, 12 avr. 2007 ; mod., Ord. n° 2016-827, 23 juin 2016)*. – Un agent lié ne peut recevoir ni fonds ni instruments financiers des clients de son mandant lorsque ce dernier n'est pas un établissement de crédit.

Art. L. 545-4 *(Ord. n° 2007-544, 12 avr. 2007). – (Rempl., L. n° 2010-1249, 22 oct. 2010 ; mod., Ord. n° 2016-827, 23 juin 2016)* Les personnes physiques agents liés de prestataires de services d'investissement, ainsi que les personnes physiques ayant le pouvoir de gérer ou d'administrer les personnes morales habilitées en tant qu'agents liés de prestataires de services d'investissement répondent à des conditions d'honorabilité fixées par décret.

Les prestataires de services d'investissement qui recourent aux services d'agents liés s'assurent que ceux-ci disposent de connaissances et compétences générales, commerciales et professionnelles requises pour fournir les services d'investissement ou les services connexes et communiquer précisément à tout client, notamment à tout client potentiel, toutes les informations pertinentes sur le service proposé. Ils surveillent les activités de ces derniers, de manière à pouvoir se conformer en permanence aux dispositions législatives et réglementaires auxquelles ils sont eux-mêmes soumis.

Ces prestataires s'assurent également que leurs agents liés se conforment en permanence aux dispositions législatives et réglementaires qui leur sont applicables.

Art. L. 545-5 *(Ord. n° 2007-544, 12 avr. 2007 ; mod., L. n° 2010-1249, 22 oct. 2010 ; Ord. n° 2016-827, 23 juin 2016)*. – Les agents liés définis à l'article L. 545-1 sont immatriculés sur le registre unique mentionné à l'article L. 546-1.

Art. L. 545-5-1 *(L. n° 2010-1249, 22 oct. 2010).* – Les prestataires de services d'investissement qui recourent aux services d'agents liés doivent s'assurer que ceux-ci sont immatriculés conformément à l'article L. 545-5.

Art. L. 545-6 *(Ord. n° 2007-544, 12 avr. 2007).* – Tout prestataire de services d'investissement qui a recours à un agent lié prend les mesures adéquates afin d'éviter que les activités de ce dernier n'entrant pas dans le champ d'application du présent chapitre aient un effet négatif sur les activités que ce même agent exerce pour le compte dudit prestataire.

CHAPITRE VI. – IMMATRICULATION UNIQUE

Art. L. 546-1 *(Mod., Ord. n° 2014-559, 30 mai 2014 ; L. n° 2018-1317, 28 déc. 2018).* – I. – Les intermédiaires en opérations de banque et en services de paiement définis à l'article L. 519-1, les conseillers en investissements financiers définis à l'article L. 541-1, les agents liés définis à l'article L. 545-1, les conseillers en financement participatif définis à l'article L. 547-1 et les intermédiaires en financement participatif définis à l'article L. 548-1 sont immatriculés sur le registre unique prévu à l'article L. 512-1 du Code des assurances.

Un décret en Conseil d'État précise les conditions d'immatriculation sur ce registre et détermine les informations qui doivent être rendues publiques. Il détermine également les modalités de sa tenue par l'organisme mentionné au même article L. 512-1.

L'immatriculation, renouvelable chaque année, est subordonnée au paiement préalable, auprès de l'organisme mentionné au deuxième alinéa, de frais d'inscription annuels fixés par arrêté du ministre chargé de l'économie, dans la limite de 250 € et, pour les conseillers en investissements financiers et les conseillers en investissements participatifs, de la contribution mentionnée aux k et l du 4° du II de l'article L. 621-5-3, que l'organisme reverse à l'Autorité des marchés financiers selon des modalités fixées par décret.

Ces frais sont recouvrés par l'organisme mentionné au deuxième alinéa, qui est soumis au contrôle général économique et financier de l'État. Leur paiement intervient au moment du dépôt de la demande d'inscription ou de la demande de renouvellement.

Lorsque la demande d'inscription ou de renouvellement est déposée sans le paiement correspondant, l'organisme mentionné au deuxième alinéa adresse au redevable, par courrier recommandé avec demande d'avis de réception, une lettre l'informant qu'à défaut de paiement dans les trente jours suivant la date de réception de cette lettre la demande d'inscription ne peut être prise en compte. Dans le cas d'une demande de renouvellement, le courrier indique que l'absence de paiement entraîne la radiation du registre.

II. – Le présent article ne s'applique pas aux personnes physiques salariées de l'une des personnes mentionnées au premier alinéa du I.

Art. L. 546-2 *(L. n° 2010-1249, 22 oct. 2010).* – I. – Lors de leur immatriculation ou du renouvellement de celle-ci, les personnes mentionnées au I de l'article L. 546-1 sont tenues de transmettre à l'organisme qui tient le registre toute information nécessaire à la vérification des conditions relatives à l'accès à leur activité et à son exercice. Elles sont également tenues d'informer dans les meilleurs délais cet organisme lorsqu'elles ne respectent plus ces conditions.

II. – Le non-respect des conditions relatives à l'accès à cette activité et à son exercice entraîne leur radiation d'office du registre unique mentionné à l'article L. 546-1. Cet organisme rend publique la radiation prononcée.

Art. L. 546-3 *(L. n° 2010-1249, 22 oct. 2010).* – Il est interdit à toute personne autre que l'une des personnes mentionnées au premier alinéa du I de l'article L. 546-1 d'utiliser une dénomination, une raison sociale, une publicité ou, d'une façon générale, des expressions faisant croire ou laissant entendre qu'elle est immatriculée sur le registre mentionné à l'article L. 546-1 au titre de l'une de ces catégories ou de créer une confusion en cette matière.

Il est interdit à une personne immatriculée sur le registre mentionné à l'article L. 546-1 de laisser entendre qu'elle a été immatriculée au titre d'une catégorie autre que celle à laquelle elle appartient ou de créer une confusion sur ce point.

Art. L. 546-4 *(L. n° 2010-1249, 22 oct. 2010 ; mod., L. n° 2014-1662, 30 déc. 2014 ; Ord. n° 2016-351, 25 mars 2016)*. – I. – Les infractions aux dispositions du présent chapitre, à l'exception de l'article L. 546-3, sont punies d'un emprisonnement de deux ans et d'une amende de 6 000 € ou de l'une de ces deux peines seulement. Le fait, pour toute personne, de méconnaître l'une des interdictions prescrites par l'article L. 546-3 est puni de trois ans d'emprisonnement et de 375 000 € d'amende ou de l'une de ces deux peines seulement. Le tribunal peut ordonner l'affichage ou la diffusion de la décision prononcée dans les conditions prévues par l'article L. 131-35 du Code pénal.

II. – Lorsque l'Autorité des marchés financiers ou l'Autorité de contrôle prudentiel et de résolution a connaissance d'éléments susceptibles d'avoir des conséquences sur l'immatriculation des personnes mentionnées au I de l'article L. 546-1 et d'entraîner la radiation du registre mentionné à ce même article, ou lorsque l'Autorité des marchés financiers ou l'Autorité de contrôle prudentiel et de résolution fait usage de son pouvoir de sanction en application respectivement de l'article L. 621-15 ou du I de l'article L. 612-41, elle en informe l'organisme chargé de la tenue de ce registre.

III. – L'organisme chargé de la tenue du registre mentionné au I de l'article L. 546-1 communique toute information qui lui est demandée par l'Autorité des marchés financiers ou l'Autorité de contrôle prudentiel et de résolution agissant dans le cadre de ses missions.

IV. – L'organisme mentionné au I de l'article L. 546-1 communique également, à son initiative, toute information utile à l'Autorité des marchés financiers ou l'Autorité de contrôle prudentiel et de résolution.

CHAPITRE VII. – LES CONSEILLERS EN INVESTISSEMENTS PARTICIPATIFS

(Chap. crée à compter du 1er octobre 2014, Ord. n° 2014-559, 30 mai 2014)

Section I. – Définition

Art. L. 547-1 *(Ord. n° 2014-559, 30 mai 2014 ; mod., Ord. n° 2016-520, 28 avr. 2016 ; Ord. n° 2017-1107, 22 juin 2017)*. – I. – Les conseillers en investissements participatifs sont les personnes morales exerçant à titre de profession habituelle une activité de conseil en investissement mentionnée au 5 de l'article L. 321-1 portant sur des offres de titres de capital et de titres de créance définis par décret, réalisées dans les conditions fixées au I *bis* ou au 2 du II de l'article L. 411-2.

L'activité exercée par les conseillers en investissements participatifs porte également sur les offres de minibons mentionnés à l'article L. 223-6. Ils exercent alors une activité identique à celle prévue au 5 de l'article L. 321-1 s'agissant des titres financiers.

Les activités mentionnées aux premier et deuxième alinéas sont menées au moyen d'un site internet remplissant les caractéristiques fixées par le règlement général de l'Autorité des marchés financiers.

II. – Les conseillers en investissements participatifs peuvent fournir aux entreprises le service connexe mentionné au 3 de l'article L. 321-2 ainsi qu'une prestation de prise en charge des bulletins de souscription, incluant l'inscription de titres financiers dans un compte-titres, dans les conditions définies dans le règlement général de l'Autorité des marchés financiers. Ils peuvent également prendre en charge, pour le compte de l'émetteur, l'ensemble des opérations liées à la souscription et à l'achat de minibons mentionnés à l'article L. 223-6, notamment la tenue du registre mentionné à l'article L. 223-4.

Ils peuvent être intermédiaires en financement participatif ou agents prestataire de services de paiement.

III. – Les conseillers en investissements participatifs ne peuvent exercer d'autres activités que celles mentionnées aux I et II.

Ils ne peuvent à titre de profession habituelle donner de consultations juridiques ou rédiger d'actes sous seing privé pour autrui que dans les conditions et limites des articles 54, 55 et 60 de la loi n° 71-1130 du 31 décembre 1971 portant réforme de certaines professions judiciaires et juridiques.

IV. – En l'absence de dispositions contraires, ne sont pas soumis aux dispositions du présent chapitre les prestataires de services d'investissement ayant reçu un agrément pour fournir le service de conseil en investissement mentionné au 5 de l'article L. 321-1.

Bibliographie : A.-C. Muller, *Création du conseil en investissement participatif (CIP) : RD bancaire et fin.* juill. 2014, comm. 149.

Section II. – Conditions d'accès à l'activité et règles d'organisation

Sous-section 1. – Conditions d'accès à l'activité

Art. L. 547-3 *(Ord. n° 2014-559, 30 mai 2014)*. – I. – Les conseillers en investissements participatifs sont des personnes morales qui doivent être établies en France.

II. – Les personnes physiques ayant le pouvoir de gérer ou d'administrer les conseillers en investissements participatifs répondent à :

1° Des exigences d'âge et d'honorabilité fixées par décret ;

2° Des conditions de compétence professionnelle fixées par le règlement général de l'Autorité des marchés financiers.

Art. L. 547-4 *(Ord. n° 2014-559, 30 mai 2014 ; mod., Ord. n° 2017-1107, 22 juin 2017)*. – I. – Tout conseiller en investissements participatifs doit adhérer à une association chargée du suivi de l'activité professionnelle individuelle de ses membres. Cette association est agréée par l'Autorité des marchés financiers en considération, notamment, de sa représentativité et de son aptitude à remplir ses missions dont les critères sont précisés dans le règlement général de l'Autorité des marchés financiers. Elle doit avoir fait approuver par l'Autorité des marchés financiers les conditions de compétence et le Code de bonne conduite auxquels sont soumis ses membres pour l'exercice de l'activité de conseiller en investissements participatifs.

II. – En vue de l'adhésion du conseiller en investissements participatifs, l'association vérifie qu'il dispose d'un programme d'activité.

Elle apprécie la qualité de ce programme d'activité au regard des obligations prévues aux articles L. 547-3, L. 547-5 et L. 547-8, ainsi que les conditions dans lesquelles le conseiller en investissements participatifs envisage d'exercer son activité.

Le programme d'activité indique le type d'activités envisagées et la structure de l'organisation du conseiller en investissements participatifs ainsi que l'identité de ses actionnaires, directs ou indirects, personnes physiques ou morales, qui détiennent une participation qualifiée, ainsi que le montant de leur participation.

III.– Les associations mentionnées au I sont agréées par l'Autorité des marchés financiers en considération, notamment, de leur représentativité et de leur aptitude à remplir leurs missions. Elles doivent avoir fait approuver par l'Autorité des marchés financiers les conditions de compétence et le Code de bonne conduite auxquels sont soumis leurs membres pour l'exercice de l'activité de conseiller en investissements participatifs.

Elles déterminent des procédures écrites aux termes desquelles elles décident de l'adhésion, du retrait de l'adhésion, du contrôle et de la sanction de leurs membres conseillers en investissements participatifs.

Le retrait de l'adhésion, mentionné à l'alinéa précédent, peut être décidé par l'association à la demande du conseiller en investissements participatifs. Il peut également être décidé d'office par l'association si le conseiller en investissements participatifs ne remplit plus les conditions ou les engagements auxquels était subordonnée son adhésion, s'il n'a pas commencé son activité dans un délai de douze mois à compter de son adhésion, s'il n'exerce plus son activité depuis au moins six mois ou s'il a obtenu l'adhésion par de fausses déclarations ou par tout autre moyen irrégulier.

Tout retrait de l'adhésion est notifié à l'organisme qui tient le registre mentionné à l'article L. 546-1.

Lorsqu'il est prononcé d'office, le retrait d'adhésion est notifié à l'Autorité des marchés financiers et prend effet à l'expiration d'une période dont la durée est déterminée par l'association.

IV. – Les représentants légaux, les administrateurs, les personnels et préposés des associations mentionnées au I sont tenus au secret professionnel dans le cadre de la mission de suivi par ces associations de l'activité professionnelle individuelle de leurs membres, dans les conditions et sous les peines prévues aux articles 226-13 et 226-14 du Code pénal.

Ce secret ne peut être opposé ni à l'Autorité des marchés financiers, ni à l'autorité judiciaire agissant dans le cadre soit d'une procédure pénale, soit d'une procédure en liquidation judiciaire ouverte à l'égard d'une personne mentionnée au II de l'article L. 621-9.

Par dérogation aux dispositions du II de l'article L. 621-4, l'Autorité des marchés financiers peut communiquer aux associations mentionnées au I des informations couvertes par le secret professionnel lorsque ces informations sont utiles à l'accomplissement par les associations de leurs missions relatives au suivi de l'activité professionnelle individuelle des conseillers en investissements participatifs.

Les renseignements ainsi recueillis sont couverts par le secret professionnel en vigueur dans les conditions applicables à l'entité qui les a communiqués et à l'entité qui en est destinataire.

Ces renseignements ne peuvent être utilisés par les entités que pour l'accomplissement de leurs missions et seulement aux fins pour lesquelles ils leur ont été communiqués.

V. – En l'absence d'agrément d'une association, l'Autorité des marchés financiers vérifie que le conseiller en investissements participatifs dispose d'un programme d'activité dans les conditions mentionnées au II. L'autorité examine les compétences professionnelles des personnes physiques ayant le pouvoir de gérer ou d'administrer les conseillers en investissements participatifs ainsi que la capacité à respecter les règles de bonne conduite et les règles d'organisation prévues par le présent chapitre et par le règlement général de l'Autorité des marchés financiers.

À l'issue de cet examen, l'Autorité des marchés financiers indique à l'organisme mentionné à l'article L. 512-1 du Code des assurances si elle estime que les conditions mentionnées à l'alinéa précédent sont ou non remplies.

Art. L. 547-4-1 *(Ord. n° 2017-1107, 22 juin 2017)*. – Les conseillers en investissements participatifs définis à l'article L. 547-1 sont immatriculés sur le registre unique mentionné à l'article L. 546-1.

Art. L. 547-5 *(Ord. n° 2014-559, 30 mai 2014 ; mod., Ord. n° 2016-520, 28 avr. 2016 ; mod., Ord. n° 2017-1107, 22 juin 2017)*. – I. – Un conseiller en investissements participatifs doit être en mesure de justifier à tout moment de l'existence d'un contrat d'assurance le couvrant contre les conséquences pécuniaires de sa responsabilité civile professionnelle, en cas de manquement à ses obligations professionnelles, telles que définies au présent chapitre.

II. – Un décret fixe les conditions d'application du présent article, notamment le montant minimum du plafond de garantie des contrats souscrits en application du I.

Art. L. 547-5-1 *(Ord. n° 2017-1107, 22 juin 2017)*. – Les conseillers en investissements participatifs doivent satisfaire à tout moment aux dispositions de la présente sous-section.

Les conseillers en investissements participatifs informent l'association à laquelle ils adhèrent ou à défaut l'Autorité des marchés financiers de toute modification des informations les concernant et de tout événement pouvant avoir des conséquences sur leur adhésion ou à défaut leur enregistrement en tant que conseillers en investissements participatifs.

Art. L. 547-6 *(Ord. n° 2014-559, 30 mai 2014 ; mod., Ord. n° 2016-520, 28 avr. 2016 ; Ord. n° 2017-1107, 22 juin 2017)*. – I. – Un conseiller en investissements participatifs ne peut recevoir de titres de ses clients. Il ne peut recevoir d'autres fonds que ceux destinés à rémunérer son activité.

II. – Les conseillers en investissements participatifs ne peuvent prétendre au bénéfice des articles L. 532-23 et L. 532-24.

Art. L. 547-7 *(Ord. n° 2014-559, 30 mai 2014)*. – Les conseillers en investissements participatifs sont soumis aux incapacités énoncées à l'article L. 500-1.

Sous-section 2. – Règles d'organisation

Art. L. 547-8 *(Ord. n° 2014-559, 30 mai 2014 ; mod., Ord. n° 2017-1107, 22 juin 2017)*. – Les conseillers en investissements participatifs :

1° Se dotent de ressources et procédures nécessaires pour mener à bien leurs activités et mettre en œuvre ces ressources et procédures avec un souci d'efficacité ;

2° Se dotent, lorsqu'ils fournissent le conseil mentionné au I de l'article L. 547-1, de dispositifs appropriés, afin d'obtenir les renseignements utiles mentionnés au 3° de l'article L. 533-24 et pour comprendre les caractéristiques et identifier le marché cible défini pour chaque offre de titres ;

3° Maintiennent et appliquent des dispositions organisationnelles et administratives efficaces, en vue de prendre toutes les mesures raisonnables destinées à empêcher les conflits d'intérêts de porter atteinte aux intérêts de leurs clients ;

4° Prennent toutes les mesures appropriées pour détecter les conflits d'intérêts, et les éviter ou les gérer. Ces conflits d'intérêts sont ceux qui se posent entre, d'une part, les conseillers en investissements participatifs eux-mêmes, les personnes placées sous leur autorité ou agissant pour leur compte ou toute autre personne directement ou indirectement liée à eux par une relation de contrôle et, d'autre part, leurs clients, ou bien entre deux clients, lors de l'exercice des activités mentionnées au I de l'article L. 547-1, y compris celles découlant de la perception d'avantages en provenance de tiers ou de la structure de rémunération et d'autres structures incitatives propres au conseiller en investissements participatifs.

Lorsque ces mesures ne suffisent pas à garantir, avec une certitude raisonnable, que le risque de porter atteinte aux intérêts des clients sera évité, le conseiller en investissements participatifs informe clairement ceux-ci, avant d'agir au nom et pour leur compte, de la nature générale ou de la source de ces conflits d'intérêts ainsi que des mesures prises pour atténuer ces risques.

Cette information est effectuée sur un support durable et comporte des détails suffisants, compte tenu de la nature du client, pour lui permettre de prendre une décision en connaissance de cause au sujet de l'activité dans le cadre de laquelle apparaît le conflit d'intérêts.

Section III. – Règles de bonne conduite

Art. L. 547-9 *(Ord. n° 2014-559, 30 mai 2014 ; mod., Ord. n° 2016-520, 28 avr. 2016 ; Ord. n° 2017-1107, 22 juin 2017)*. – Les conseillers en investissements participatifs doivent :

1° Agir d'une manière honnête, loyale et professionnelle, servant au mieux les intérêts des clients ;

2° Exercer leur activité, dans les limites autorisées par leur statut, avec la compétence, le soin et la diligence qui s'imposent au mieux des intérêts de leurs clients, afin de leur conseiller plusieurs offres de titres répondant aux conditions du I de l'article L. 547-1 sélectionnés sur la base de critères préalablement définis et publiés sur leur site internet ;

3° Veiller à ne pas rémunérer ni évaluer les résultats de leurs employés d'une façon qui nuise à leur obligation d'agir au mieux des intérêts de leurs clients lors de la fourniture du conseil mentionné au I de l'article L. 547-1. En particulier, les conseillers en investissements participatifs ne prennent aucune disposition sous forme de rémunération, d'objectifs de vente ou autre qui pourrait encourager les employés à recommander une offre de titres à un client alors qu'ils pourraient proposer une autre offre de titres correspondant mieux aux besoins de ce client ;

4° Veiller à comprendre les offres de titres qu'ils proposent ou recommandent, évaluer leur compatibilité avec les besoins des clients auxquels ils fournissent un conseil mentionné au I de l'article L. 547-1, notamment en fonction du marché cible défini, et veiller à ce que les offres de titres ne soient proposés ou recommandés que lorsque c'est dans l'intérêt du client ;

5° Mettre en garde les clients ou clients potentiels des risques auxquels ils s'exposent notamment les risques de perte en capital et les risques de défaillance de l'émetteur lorsqu'ils réalisent des offres de minibons mentionnés à l'article L. 223-6, avant de leur donner accès au détail des offres sélectionnées ;

6° Se procurer auprès de leurs clients ou de leurs clients potentiels, avant de fournir un conseil mentionné au I de l'article L. 547-1, les informations nécessaires concernant leurs connaissances et leur expérience en matière d'investissement en rapport avec le type spécifique de titre, leur situation financière et leurs objectifs d'investissement, de manière à s'assurer que l'offre proposée est adaptée à leur situation. Lorsque les clients ou les clients potentiels ne communiquent pas les informations requises, l'offre ne peut pas être considérée comme adaptée à leur situation.

Lorsque les conseillers en investissements participatifs fournissent le conseil mentionné au I de l'article L. 547-1, ils doivent également se procurer, auprès de leurs clients ou de leurs clients potentiels, les informations nécessaires concernant leur capacité à subir des pertes et leur tolérance au risque de manière à pouvoir leur recommander les titres adéquats et, en particulier, adaptés à leur tolérance au risque et à leur capacité à subir des pertes.

Lorsque le conseil mentionné au I de l'article L. 547-1 conduit à recommander une offre groupée au sens de l'article L. 533-12-1, les conseillers en investissements participatifs veillent à ce que l'offre groupée dans son ensemble corresponde aux besoins de leurs clients ;

7° Communiquer en temps utile aux clients des informations appropriées en ce qui concerne le conseiller en investissements participatifs et ses activités, la nature des prestations fournies aux émetteurs de titres et les frais s'y rapportant, notamment la tarification de leurs prestations, la nature juridique et l'étendue des éventuelles relations entretenues avec les émetteurs, ainsi que toutes les informations utiles à la prise de décision par ces clients ;

8° S'assurer que les sociétés dans lesquelles leurs clients investissent directement ou indirectement par une société dont l'objet est de détenir et de gérer des participations dans une autre société respectent, le cas échéant, les dispositions de l'article L. 227-2-1 du Code de commerce ;

9° S'assurer, lorsque la société dans laquelle leurs clients investissent a pour objet de détenir et de gérer des participations dans une autre société, que leurs intérêts ne sont pas lésés et qu'ils disposent de toutes les informations nécessaires à l'appréciation de leur investissement, notamment qu'ils sont, le cas échéant, destinataires du rapport du commissaire aux comptes aux associés approuvant les comptes ;

10° Lorsqu'ils informent leurs clients que le conseil mentionné au I de l'article L. 547-1 est fourni de manière indépendante :

– évaluer un éventail suffisant d'offres de titres disponibles sur le marché qui sont suffisamment diversifiés quant à leur type et à leurs émetteurs ou à leurs fournisseurs pour garantir que les objectifs d'investissement de leurs clients puissent être atteints de manière appropriée, et ne doivent pas se limiter aux offres de titres émis ou fournis par des entités ayant des liens étroits avec eux-mêmes ou d'autres entités avec lesquelles ils ont des relations juridiques ou économiques telles que des relations contractuelles si étroites qu'elles présentent le risque de nuire à l'indépendance du conseil fourni ;

– ne pas accepter, sauf à les restituer intégralement à leurs clients, des rémunérations, commissions ou autres avantages monétaires ou non monétaires en rapport avec la fourniture du service aux clients, versés ou fournis par un tiers ou par une personne agissant pour le compte d'un tiers. Les avantages non monétaires mineurs qui sont susceptibles d'améliorer la qualité du service fourni à un client et dont l'importance et la nature sont telles qu'ils ne peuvent pas être considérés comme empêchant le respect par les conseillers en investissements participatifs de leur devoir d'agir au mieux des intérêts de leurs clients sont clairement divulgués et ne sont pas soumis aux exigences du présent 10° ;

11° Veiller à ce que toutes les informations, y compris les communications à caractère promotionnel, adressées à leurs clients, notamment leurs clients potentiels, présentent un contenu exact, clair et non trompeur. Les communications à caractère promotionnel sont clairement identifiables en tant que telles ;

12° Formaliser le conseil mentionné au I de l'article L. 547-1 dans une déclaration d'adéquation écrite mise à la disposition du client, décrivant les avantages éventuels et les risques des différentes propositions, en fonction de l'expérience et des connaissances de leurs clients en matière d'investissement, de leur situation financière et de leurs objectifs d'investissement ;

13° Constituer un dossier incluant le ou les documents approuvés par eux-mêmes et leurs clients, où sont énoncés les droits et obligations des parties ainsi que les autres conditions auxquelles les services sont fournis aux clients. Les droits et obligations des parties au contrat peuvent être déterminés par référence à d'autres documents ou textes juridiques ;

14° Lorsqu'ils fournissent un conseil mentionné au I de l'article L. 547-1, rendre compte au moins annuellement à leurs clients, sur un support durable, des services fournis à ceux-ci ;

15° Définir et organiser les modalités de suivi des opérations liées aux offres de bons de caisse, y compris dans le cas où le conseiller en investissements participatifs cesse son activité.

Art. L. 547-10 *(Ord. n° 2017-1107, 22 juin 2017).* – Les codes de bonne conduite mentionnés à l'article L. 547-4 doivent respecter les prescriptions de l'article L. 547-9 et apporter des précisions sur le suivi des investissements recommandés, dans des conditions fixées par le règlement général de l'Autorité des marchés financiers.

Art. L. 547-11 *(Ord. n° 2017-1107, 22 juin 2017).* – Lorsqu'ils réalisent des offres de minibons mentionnés à l'article L. 223-6, les prestataires de services d'investissement sont soumis aux dispositions du présent article.

CHAPITRE VIII. – LES INTERMÉDIAIRES EN FINANCEMENT PARTICIPATIF

Section I. – Définitions et obligation d'immatriculation

Art. L. 548-1 *(Ord. n° 2014-559, 30 mai 2014).* – L'intermédiation en financement participatif consiste à mettre en relation, au moyen d'un site internet, les porteurs d'un projet déterminé et les personnes finançant ce projet dans les conditions suivantes :

1° Les personnes morales et les personnes physiques agissant à des fins professionnelles peuvent obtenir les crédits mentionnés au 7 de l'article L. 511-6, des prêts sans intérêt et des dons ;

2° Les personnes physiques souhaitant financer une formation initiale ou continue peuvent obtenir les crédits mentionnés au 7 de l'article L. 511-6, des prêts sans intérêt sous réserve que les prêteurs n'agissent pas dans un cadre professionnel ou commercial, et des dons ;

3° Les personnes physiques n'agissant pas pour des besoins professionnels peuvent obtenir des prêts sans intérêt, sous réserve que les prêteurs n'agissent pas dans un cadre professionnel ou commercial, et des dons.

(Al. rempl., L. n° 2019-486, 22 mai 2019) Au sens du présent chapitre, un projet consiste en une opération prédéfinie ou en un ensemble d'opérations prédéfini en termes d'objet, de montant, de calendrier, de projection financière et de résultat attendu. Le cas échéant, le porteur de projet peut se prévaloir de la conformité de cette opération ou de cet ensemble d'opérations à la raison d'être déclarée par la société au sens de l'article 1835 du Code civil.

Les organismes mentionnés au 5 de l'article L. 511-6 peuvent être bénéficiaires de prêts sans intérêt dans les conditions prévues à ce même article, et de dons.

Un décret fixe les plafonds respectifs du prêt avec intérêt et du prêt sans intérêt, consentis par prêteur, ainsi que le montant total du prêt qui peut être souscrit par chaque porteur de projet.

Le cumul des encours de prêts souscrits sous forme de financement participatif ne peut excéder pour un même projet le plafond du montant total du prêt consenti mentionné à l'alinéa précédent.

L'intermédiaire en financement participatif recueille auprès du porteur de projet tout élément permettant de s'assurer que ce dernier remplit cette condition. Toute information fournie par le porteur de projet erronée ou susceptible d'induire l'intermédiaire en financement participatif en erreur engage la responsabilité du porteur de projet.

Art. L. 548-2 *(Ord. n° 2014-559, 30 mai 2014 ; mod., Ord. n° 2016-1635, 1er déc. 2016 ; Ord. n° 2017-1252, 9 août 2017)*. – I. – Sont intermédiaires en financement participatif les personnes qui exercent, à titre habituel, l'intermédiation au sens de l'article L. 548-1 pour les opérations de prêt à titre onéreux ou sans intérêt. Seules les personnes morales peuvent être intermédiaires en financement participatif.

II. – Les personnes qui exercent, à titre habituel, l'intermédiation au sens de l'article L. 548-1 et qui ne proposent que des opérations de dons sont également intermédiaires en financement participatif.

III. - Les intermédiaires en financement participatif ne sont pas autorisés à exercer d'autres activités que celles mentionnées à l'article L. 548-1 ou, le cas échéant, celles qu'ils sont autorisés à exercer en leur qualité d'établissement de crédit, de société de financement, d'établissement de paiement, de prestataire de services d'information sur les comptes, d'établissement de monnaie électronique, d'entreprise d'investissement, de société de gestion de portefeuille, d'agent de prestataire de services de paiement *(Mots rempl., L. n° 2019-486, 22 mai 2019)* « , de conseiller en investissements participatifs ou d'intermédiaire en opérations de banques et en services de paiement ». Toutefois, lorsque cette activité d'intermédiaire en financement participatif est exercée à titre accessoire par un établissement de crédit, établissement de paiement ou de monnaie électronique ou une société de financement, cette activité est cumulable avec l'activité d'intermédiaire en assurance. *(Phrase créée, L. n° 2019-486, 22 mai 2019)* Lorsque cette activité d'intermédiaire en financement participatif est exercée à titre accessoire par un intermédiaire en opérations de banque et en services de paiement, elle est cumulable avec l'activité d'intermédiaire en assurance à titre accessoire telle que définie à l'article L. 511-1 du Code des assurances.

Art. L. 548-3 *(Ord. n° 2014-559, 30 mai 2014)*. – Les intermédiaires en financement participatif définis à l'article L. 548-2 sont immatriculés sur le registre unique mentionné à l'article L. 546-1.

Section II. – Autres conditions d'accès et d'exercice

Art. L. 548-4 *(Ord. n° 2014-559, 30 mai 2014)*. – Les personnes physiques qui dirigent ou gèrent un intermédiaire en financement participatif doivent remplir des conditions d'honorabilité et de compétence professionnelle fixées par décret en Conseil d'État.

Art. L. 548-5 *(Ord. n° 2014-559, 30 mai 2014 ; mod., Ord. n° 2016-520, 28 avr. 2016)*. – I. – Un intermédiaire en financement participatif doit être en mesure de justifier à tout moment d'un contrat d'assurance le couvrant contre les conséquences pécuniaires de sa responsabilité civile professionnelle, en cas de manquement à ses obligations professionnelles, telles que définies à l'article L. 548-6.

II. – Un décret fixe les conditions d'application du présent article, notamment le montant minimum du plafond de garantie des contrats souscrits en application du I.

Section III. – Règles de bonne conduite et d'organisation

Art. L. 548-6 *(Ord. n° 2014-559, 30 mai 2014). – (Al. créé, L. n° 2019-486, 22 mai 2019)* Les intermédiaires en financement participatif doivent se comporter d'une manière honnête, équitable, transparente et professionnelle en tenant compte des droits et des intérêts de leurs clients, y compris de leurs clients potentiels.

(Al. créé, L. n° 2019-486, 22 mai 2019) À cette fin, ils prennent et documentent toutes les mesures raisonnables visant à détecter et empêcher les risques de conflits d'intérêts pouvant se poser dans le cadre de leur activité.

Les intermédiaires en financement participatif respectent des règles de bonne conduite et d'organisation qui tiennent compte de la nature des opérations qu'ils effectuent.

Ils doivent :

1° Fournir au public, de manière lisible et compréhensible, toute information permettant d'être identifié et contacté ;

2° Informer le public des conditions de sélection des projets et des porteurs de projet ;

3° Publier un rapport annuel d'activité ;

4° Fournir aux prêteurs ou donateurs les informations concernant les caractéristiques du projet et, le cas échéant, du prêt concerné s'agissant en particulier du taux d'intérêt applicable, du montant total du crédit, de la durée du prêt, de ses modalités et conditions de remboursement ainsi que de l'existence ou non d'une faculté de rétractation du prêteur ;

5° *(5° rempl., L. n° 2019-486, 22 mai 2019)* Mettre en garde :

a) Les prêteurs, sur les risques liés au financement participatif de projet, notamment en publiant les taux de défaillance enregistrés sur les projets en cours et les projets financés depuis plus de douze mois ;

b) Les porteurs de projets, sur les risques d'un endettement excessif ;

6° Mettre à disposition des prêteurs les outils permettant d'évaluer le montant du prêt envisageable compte tenu de leurs revenus et charges ainsi que les éléments pertinents leur permettant d'apprécier la viabilité économique du projet, en particulier le plan d'affaires ;

7° Fournir aux porteurs de projet et aux prêteurs ou donateurs les informations concernant la rémunération de l'intermédiaire en financement participatif ainsi que l'ensemble des frais exigés ;

8° Fournir aux porteurs de projet et aux prêteurs ou, le cas échéant, aux donateurs, un contrat type permettant de formaliser les conditions du financement dont les modalités de présentation et les mentions obligatoires sont fixées par décret en Conseil d'État ;

9° Fournir aux porteurs de projet un document synthétique comportant le montant total de l'opération et, le cas échéant, le taux conventionnel, la durée du prêt, ses modalités de remboursement ainsi que son coût total ;

10° S'assurer que le taux des crédits proposés aux personnes physiques souhaitant financer une formation initiale ou continue mentionnées au troisième alinéa de l'article L. 548-1 ou, le cas échéant, aux personnes morales concernées est inférieur au taux mentionné à l'article L. 313-3 du Code de la consommation ;

11° Définir et organiser les modalités de suivi des opérations de financement et la gestion des opérations jusqu'à leur terme, y compris dans le cas où l'intermédiaire en financement participatif cesse son activité.

La publicité relative à leur activité, dès lors qu'elle indique un taux d'intérêt ou des informations chiffrées liées à l'opération de financement, les mentionne de façon claire, précise et visible.

Un décret en Conseil d'État précise les conditions d'application de ces obligations ainsi que les modalités d'inscription au site internet de l'intermédiaire en financement participatif en vue des opérations mentionnées au I de l'article L. 548-1 et les conditions d'utilisation de ce service.

....

Partie réglementaire

Art. D. 541-8 *(Mod., D. n° 2017-1324, 6 sept. 2017).* – Pour l'application de l'article L. 541-2, les conseillers en investissements financiers, personnes physiques, et les personnes physiques ayant le pouvoir de gérer ou d'administrer les personnes morales habilitées en tant que conseillers en investissements financiers doivent remplir les conditions suivantes :

1° Avoir la majorité légale ;

2° Ne pas faire l'objet :

a) D'une interdiction d'exercer à titre temporaire ou définitif une activité ou un service, en application des dispositions de l'article L. 621-15 ou au titre d'une sanction prononcée, avant le 24 novembre 2003, par la Commission des opérations de bourse, le Conseil des marchés financiers ou le Conseil de discipline de la gestion financière ;

b) Des sanctions prévues aux 3 à 7 de l'article L. 612-39 et de l'article L. 612-41.

Art. D. 541-9 *(Rempl., D. n° 2012-297, 1er mars 2012 ; D. n° 2017-1324, 6 sept. 2017).* – I. – Le contrat d'assurance de responsabilité civile souscrit par un conseiller en investissements financiers en application de l'article L. 541-3 comprend des garanties qui prennent effet au 1er mars pour une durée de douze mois. Le contrat est reconduit tacitement au 1er janvier de chaque année.

II. – Les personnes qui débutent l'activité de conseiller en investissements financiers doivent souscrire le contrat prévu au I pour la période courant de la date de leur immatriculation sur le registre unique mentionné à l'article R. 546-1 jusqu'au 1er mars de l'année suivante.

III. – L'assureur délivre à la personne garantie une attestation d'assurance de responsabilité civile professionnelle.

IV. – Toute suspension de garantie, dénonciation de la tacite reconduction ou résiliation du contrat d'assurance est portée sans délai par l'assureur à la connaissance de l'organisme mentionné à l'article L. 546-1.

V. – Les niveaux minimaux de garantie du contrat d'assurance de responsabilité civile professionnelle prévus à l'article L. 541-3 sont fixés comme suit :

1° 150 000 euros par sinistre et 150 000 euros par année d'assurance pour les personnes physiques et les personnes morales employant moins de deux salariés exerçant une activité de conseiller en investissements financiers conformément aux dispositions de l'article L. 541-1 ;

2° 300 000 euros par sinistre et 600 000 euros par année d'assurance pour les personnes morales employant deux salariés au minimum exerçant une activité de conseiller en investissements financiers conformément aux dispositions de l'article L. 541-1.

Les montants mentionnés ci-dessus ne s'appliquent pas aux conseillers en investissements financiers exerçant une activité de conseil portant exclusivement sur les services mentionnés au 3 de l'article L. 321-2.

CHAPITRE II. – LES INTERMÉDIAIRES ET LES PERSONNES FAISANT APPEL PUBLIC À L'ÉPARGNE HABILITÉS EN VUE DE LA TENUE DE COMPTE-CONSERVATION D'INSTRUMENTS FINANCIERS

(Intitulé mod., D. n° 2009-295, 16 mars 2009)

Art. R. 542-1 *(Mod., L. n° 2013-672, 26 juill. 2013).* – Pour obtenir l'habilitation de teneur de compte conservateur mentionnée à l'article L. 542-1, les requérants adressent leur demande à l'Autorité de contrôle prudentiel et de résolution.

La demande d'habilitation et les modifications ultérieures, sont soumises aux conditions et procédures prévues aux articles L. 532-1 à L. 532-5 et R. 532-1 à R. 532-9.

Partie législative

TITRE V. – INTERMÉDIAIRES EN BIENS DIVERS ET ÉMETTEURS DE JETONS DE PRÉSENCE

CHAPITRE Ier. – Intermédiaires en biens divers

(Division créée, L. n° 2019-486, 22 mai 2019)

Art. L. 551-1 *(Anc. art. L. 550-1 mod., L. n° 2003-706, 1er août 2003 ; rempl., L. n° 2014-344, 17 mars 2014 ; mod., Ord. n° 2016-301, 14 mars 2016 ; dénum. et mod., L. n° 2019-486, 22 mai 2019).* – I. - Est un intermédiaire en biens divers :

1 ° Toute personne qui, directement ou indirectement, par voie de communication à caractère promotionnel ou de démarchage, propose à titre habituel à un ou plusieurs clients ou clients potentiels de souscrire des rentes viagères ou d'acquérir des droits sur des biens mobiliers ou immobiliers lorsque les acquéreurs n'en assurent pas eux-mêmes la gestion ou lorsque le contrat leur offre une faculté de reprise ou d'échange et la revalorisation du capital investi ;

2° Toute personne qui recueille des fonds à cette fin ;

3° Toute personne chargée de la gestion desdits biens.

II. - Est également un intermédiaire en biens divers toute personne qui propose à un ou plusieurs clients ou clients potentiels d'acquérir des droits sur un ou plusieurs biens en mettant en avant la possibilité d'un rendement financier direct ou indirect ou ayant un effet économique similaire.

III. - Les communications à caractère promotionnel portant sur les propositions mentionnées aux I et II adressées à des clients ou des clients potentiels :

1° Sont clairement identifiables en tant que telles ;

2° Présentent un contenu exact, clair et non trompeur ;

3° Permettent raisonnablement de comprendre les risques afférents au placement.

IV. - Sans préjudice des compétences de l'autorité administrative chargée de la concurrence et de la consommation, l'Autorité des marchés financiers peut se faire communiquer tous documents, quel qu'en soit le support, afin de s'assurer de la conformité des propositions mentionnées aux I et II du présent article aux dispositions relevant du présent titre.

V. - Les personnes mentionnées au I du présent article sont soumises aux articles L. 551-2, L. 551-3, L. 551-4, L. 551-5 et L. 573-8 du présent code.

Les personnes mentionnées au II du présent article sont soumises à l'article L. 551-3.

VI. - Le présent titre ne s'applique pas aux propositions portant sur :

1° Des opérations de banque ;

2° Des instruments financiers et parts sociales ;

3° Des opérations régies par le Code des assurances, le Code de la mutualité et le Code de la sécurité sociale ;

4° L'acquisition de droits sur des logements et locaux à usage commercial ou professionnel ou des terrains destinés à la construction de ces logements ou locaux.

Art. L. 551-2 *(Anc. art. L. 550-2 mod., Ord. n° 2009-80, 22 janv. 2009 ; mod., L. n° 2014-344, 17 mars 2014 ; dénum. et mod., L. n° 2019-486, 22 mai 2019).* – Seules des sociétés par actions peuvent, à l'occasion des opérations mentionnées à l'article L. 551-1, recevoir des sommes correspondant aux souscriptions des acquéreurs ou aux versements des produits de leurs placements. Ces sociétés doivent justifier, avant toute communication à caractère promotionnel ou démarchage, qu'elles disposent d'un capital intégralement libéré d'un montant au moins égal à celui exigé par l'article L. 224-2 du Code de commerce.

Art. L. 551-3 *(Anc. art. L. 550-3 mod., L. n° 2003-706, 1er août 2003 ; L. n° 2014-344, 17 mars 2014 ; L. n° 2016-1691, 9 déc. 2016 ; dénum. et mod., L. n° 2019-486, 22 mai 2019).* – Préalablement à toute communication à caractère promotionnel ou à tout démarchage, un document destiné à donner toute information utile au public sur l'opération proposée, sur la personne qui en a pris l'initiative et sur le gestionnaire, doit être établi dans des conditions déterminées par décret.

Lorsque le client ou le client potentiel n'a pas reçu le document d'information préalablement à la conclusion du contrat, ou lorsque les clauses de ce contrat ne sont pas conformes au contenu du document d'information, le juge peut lui accorder des dommages-intérêts ou prononcer la résolution du contrat.

Les projets de documents d'information et les projets de contrat type sont déposés auprès de l'Autorité des marchés financiers qui exerce, dans les conditions fixées par le présent code, son contrôle auprès de l'ensemble des entreprises qui participent à l'opération et détermine si celle-ci présente le minimum de garanties exigé d'un placement destiné au public. L'Autorité examine le document d'information mentionné au premier alinéa et détermine ces garanties dans les conditions fixées par son règlement général.

[L'autorité] peut limiter ou préciser les conditions des communications à caractère promotionnel pour tenir compte de la nature des produits et des garanties offertes.

Elle dispose d'un délai de deux mois, à compter du dépôt, pour formuler ses observations. Les communications à caractère promotionnel ou le démarchage ne peuvent être entrepris que si les observations de [l'Autorité] ont été respectées. Une copie des documents diffusés est remise à l'Autorité des marchés financiers.

Toute personne qui propose de se substituer au gestionnaire des biens ou à la personne tenue à l'exécution des engagements mentionnés au 1° du I de l'article L. 551-1 doit déposer un projet de document d'information et un projet de contrat type à l'Autorité des marchés financiers qui exerce son contrôle dans les conditions prévues au troisième alinéa ci-dessus.

En cas de modification des conditions dans lesquelles est assurée la gestion des biens ou l'exécution des engagements, l'accord des titulaires de droits sur ces modifications n'est valablement donné qu'après que ceux-ci ont été spécialement informés des changements proposés, de leur portée et de leur justification, dans un document déposé à l'Autorité des marchés financiers. Celle-ci peut demander que ce document soit mis en conformité avec ses observations.

Lorsque l'Autorité des marchés financiers constate que l'opération proposée au public n'est plus conforme au contenu du document d'information et du contrat type ou ne présente plus les garanties prévues au présent article, elle peut ordonner, par une décision motivée, qu'il soit mis fin à tout démarchage ou communication à caractère promotionnel concernant l'opération.

Voir : C. monét. fin., art. R. 550-1 à R. 550-3, p. 1429.

Sanctions pénales, C. monét. fin., art. L. 573-8, p. 1473.

Art. L. 551-4 *(Anc. art. L. 550-4 mod., L. n° 2003-706, 1er août 2003 ; dénum., L. n° 2019-486, 22 mai 2019).* **– À la clôture de chaque exercice annuel, le gestionnaire établit, outre ses propres comptes, l'inventaire des biens dont il assure la gestion, et dresse l'état des sommes perçues au cours de l'exercice pour le compte des titulaires de droits. Il établit un rapport sur son activité et sur la gestion des biens.**

Il dresse le bilan et le compte de résultat et l'annexe. Les comptes sont contrôlés par un commissaire aux comptes qui en certifie la sincérité et la régularité.

Les documents mentionnés au deux premiers alinéas sont transmis aux détenteurs des droits et à l'Autorité des marchés financiers dans les trois mois suivant la clôture de l'exercice.

Voir : C. monét. fin., art. R. 550-1 à R. 550-3, p. 1429.

Sanctions pénales, C. monét. fin., art. L. 573-8, p. 1473.

Art. L. 551-5 *(Anc. art. L. 550-5 mod., L. n° 2003-706, 1er août 2003 ; Ord. n° 2005-1126, 8 sept. 2005 ; Ord. n° 2016-315, 17 mars 2016 ; dénum., L. n° 2019-486, 22 mai 2019).* **– Le commissaire aux comptes est désigné pour six exercices à la demande du gestionnaire par décision de justice prise après avis de l'Autorité des marchés financiers. Les dispositions de l'article L. 823-3-1 du Code de commerce sont applicables à l'intermédiaire en biens divers relevant des dispositions du III de l'article L. 820-1 du même code. En cas de faute ou d'empêchement, le commissaire aux comptes peut être relevé de ses fonctions par décision de justice à la demande du gestionnaire ou de tout titulaire des droits.**

Voir : C. monét. fin., art. R. 550-1 à R. 550-3, p. 1429.

CHAPITRE II. – Émetteurs de jetons

(Chapitre créé, L. n° 2019-486, 22 mai 2019)

Art. L. 552-1 *(Créé, L. n° 2019-486, 22 mai 2019).* **– Est soumis aux obligations du présent chapitre tout émetteur qui procède à une offre au public de jetons et qui sollicite un visa de l'Autorité des marchés financiers dans les conditions prévues aux articles L. 552-4 à L. 552-7.**

Les dispositions du présent chapitre s'appliquent à toute offre de jetons qui n'est pas régie par les livres Ier à IV, le chapitre VIII du titre IV du présent livre ou le chapitre Ier du présent titre.

Art. L. 552-2 *(Créé, L. n° 2019-486, 22 mai 2019).* **– Au sens du présent chapitre, constitue un jeton tout bien incorporel représentant, sous forme numérique, un ou plusieurs droits pouvant être émis, inscrits, conservés ou transférés au moyen d'un dispositif d'enregistrement électronique partagé permettant d'identifier, directement ou indirectement, le propriétaire dudit bien.**

Art. L. 552-3 *(Créé, L. n° 2019-486, 22 mai 2019).* **– Une offre au public de jetons consiste à proposer au public, sous quelque forme que ce soit, de souscrire à ces jetons.**

Ne constitue pas une offre au public de jetons l'offre de jetons ouverte à la souscription par un nombre limité de personnes, fixé par le règlement général de l'Autorité des marchés financiers, agissant pour compte propre.

Art. L. 552-4 *(Créé, L. n° 2019-486, 22 mai 2019).* **– Préalablement à toute offre au public de jetons, les émetteurs peuvent solliciter un visa de l'Autorité des marchés financiers.**

Les émetteurs établissent un document destiné à donner toute information utile au public sur l'offre proposée et sur l'émetteur.

Ce document d'information peut être établi dans une langue usuelle en matière financière autre que le français, sous réserve d'être accompagné d'un résumé en français.

Ce document d'information et les communications à caractère promotionnel relatives à l'offre au public présentent un contenu exact, clair et non trompeur et permettent de comprendre les risques afférents à l'offre. Il indique notamment les conditions dans lesquelles une information est fournie annuellement aux souscripteurs sur l'utilisation des actifs recueillis.

Les modalités de la demande de visa préalable, les pièces nécessaires à l'instruction du dossier et le contenu du document d'information sont précisés par le règlement général de l'Autorité des marchés financiers.

Art. L. 552-5 *(Créé, L. n° 2019-486, 22 mai 2019).* – L'Autorité des marchés financiers vérifie si l'offre envisagée présente les garanties exigées d'une offre destinée au public, et notamment que l'émetteur des jetons :

1° Est constitué sous la forme d'une personne morale établie ou immatriculée en France ;

2° Met en place tout moyen permettant le suivi et la sauvegarde des actifs recueillis dans le cadre de l'offre.

L'Autorité des marchés financiers examine le document d'information, les projets de communications à caractère promotionnel destinées au public postérieurement à la délivrance du visa et les pièces justificatives des garanties apportées. Elle appose son visa sur le document d'information selon les modalités et dans le délai fixés par son règlement général.

Art. L. 552-6 *(Créé, L. n° 2019-486, 22 mai 2019).* – Si, après avoir apposé son visa, l'Autorité des marchés financiers constate que l'offre proposée au public n'est plus conforme au contenu du document d'information ou ne présente plus les garanties prévues à l'article L. 552-5, elle peut ordonner qu'il soit mis fin à toute communication concernant l'offre faisant état de son visa et retirer son visa dans les conditions précisées par son règlement général, à titre définitif ou jusqu'à ce que l'émetteur satisfasse de nouveau aux conditions du visa.

Dans le cas où, après avoir ou non sollicité un visa de l'Autorité des marchés financiers, une personne diffuse des informations comportant des indications inexactes ou trompeuses concernant la délivrance du visa, sa portée ou ses conséquences, l'Autorité des marchés financiers peut faire une déclaration publique mentionnant ces faits et les personnes responsables de ces communications.

Art. L. 552-7 *(Créé, L. n° 2019-486, 22 mai 2019).* – Les souscripteurs sont informés des résultats de l'offre et, le cas échéant, de l'organisation d'un marché secondaire des jetons selon des modalités précisées par le règlement général de l'Autorité des marchés financiers.

....

Partie réglementaire

Art. R. 550-1. – Le document d'information qui doit être déposé par tout intermédiaire en biens divers préalablement à *(Mots rempl., D. n° 2009-1223, 12 oct. 2009)* « toute offre au public » ou à tout démarchage pour proposer l'acquisition de droits ou de biens dans les conditions prévues à l'article L. 550-3 doit comporter toutes les indications utiles à l'information des épargnants.

Il décrit notamment la nature et l'objet de l'opération proposée. Il donne l'identité de son initiateur et des personnes qui seront chargées de la gestion des biens.

Il indique le montant des frais de toute nature qui seront supportés directement ou indirectement par l'épargnant. Il précise les modalités de revente des droits et des biens acquis.

Art. R. 550-2. – Pour l'application de l'article L. 550-4, le gestionnaire doit présenter des comptes en distinguant selon la nature, la catégorie ou le mode de gestion des biens. Ces documents sont adressés, avec les observations des commissaires aux comptes, aux détenteurs des droits.

Art. R. 550-3 *(Mod., D. n° 2016-1026, 26 juill. 2016).* – Le commissaire aux comptes mentionné à l'article L. 550-2 est désigné par ordonnance sur requête du président du tribunal de commerce du lieu du domicile ou du siège social du gestionnaire, après avis de l'Autorité des marchés financiers. Ce tribunal est compétent pour relever les commissaires aux comptes de leurs fonctions dans les cas prévus à l'article L. 550-5.

Pour l'exercice de sa mission, le commissaire aux comptes est soumis aux dispositions du titre II du livre VIII du Code de commerce.

....

Partie législative

TITRE VI. – OBLIGATIONS RELATIVES

(Intitulé rempl., L. n° 2006-64, 23 janv. 2006 ; L. n° 2007-297, 5 mars 2007)

CHAPITRE I. – OBLIGATIONS RELATIVES À LA LUTTE CONTRE LE BLANCHIMENT DES CAPITAUX ET LE FINANCEMENT DU TERRORISME

(Rempl., Ord. n° 2009-104, 30 janv. 2009)

Bibliographie : J.-F. Barbièri, *Mission du commissaire aux comptes en matière de blanchiment : les risques encourus : LPA* 4 mars 2003, p. 14. • F. Baugmartner et P. Mousseron, *Blanchissement, contrats et opinions juridiques : JCP* E 2006, 2429. • M. Beaussier, *Du doute au soupçon : un exercice complexe : Gaz. Pal.* 8 juill. 2004, p. 22. • M. Beaussier et H. Quintard, *Blanchiment de capitaux et financement du terrorisme, RB* éd. 2010. • G. Bègue, *Transfert de fonds et prévention du blanchiment de capitaux et du financement du terrorisme : Banque et droit* 2008, n° 117, p. 9. • F. Bonnard, *Lutte contre le blanchiment de capitaux et le financement du terrorisme : ce qui change pour le secteur bancaire et financier : JCP* E 2009, 1273 ; Fl. Bonnard, *Lutte contre le blanchiment : à propos de deux décisions de sanction de la Commission bancaire : JCP* E 2010, 1628. • B. Bouloc, *Aspects juridiques du blanchiment : Gaz. Pal.* 23 janv. 2004, p. 13. • G. Cardon, *Blanchiment et terrorisme : la microfinance peut-elle être un vecteur pour l'argent criminel ? : Banque* 2006, n° 685, p. 46. • L. Chatain, *Blanchiment de capitaux : à la recherche du bénéficiaire effectif : JCP* E 2006, 1328. • C. Cutajar, *Prévention et répression du blanchiment d'argent : bilan et préconisations à l'aube de la troisième directive : Bull. Joly Bourse* 2004, p. 563 ; *La prévention du blanchiment et du financement : Bull. Joly Bourse* 2006, p. 540 ; *La cellule TRACFIN devient un service à compétence nationale : JCP* G 2007, act. 50 ; *JCP* E 2007, act. 87 ; *Blanchiment : le Conseil d'État protecteur du secret professionnel des avocats : JCP* E 2008, act. 11 ; *La prévention du blanchiment et du financement du terrorisme : RD bancaire et fin.* mai 2009, dossier 14 ; *L'extension du champ de la déclaration de soupçons et ses conséquences : RD bancaire et fin.* mai 2009, dossier 18 ; *Éclairage : Une nouvelle refonte de la lutte contre le blanchiment et le financement du terrorisme : Bull. Joly Bourse* 2013, § 88, p. 220. • D. Chilstein, *La prévention du blanchiment et les praticiens du droit – Étude de droit positif : Dr. et patrimoine* 2008, n° 168, p. 24. • D. Dedieu, *Le « bénéficiaire effectif » et la « tierce introduction » du dispositif de la lutte contre le blanchiment de capitaux à la lumière des nouvelles lignes directrices de l'AMF : Bull. Joly Bourse* 2013, § 86, p. 255. • Cl. Ducouloux-Favard, *Les règles sur le blanchiment prennent forme : Gaz. Pal.* 10 mars 2004, doctr. p. 5. • L. Dufay-Krulik, *La prévention du blanchiment de capitaux : Gaz. Pal.* 4 févr. 2005, p. 22. • R. d'Estaintot, *Les personnes politiquement exposées (PPE) : réflexions sur une obligation renforcée de vigilance : RD bancaire et fin.* mai 2009, dossier 16. • J.-C. Esteve, *Blanchiment : l'extension du champ de la lutte : Gaz. Pal.* 11 sept. 2004, p. 17. • E. Fernandez-Bollo et A.-M. Moulin, *L'approche fondée sur le risque : le point de vue du contrôleur bancaire : RD bancaire et fin.* mai 2009, dossier 15. • É. Gastebled, *État du dispositif juridique préventif de lutte contre le blanchiment au lendemain de l'adoption de la 3e directive européenne : Banque et droit* 2006, n° 105, p. 3. • A. Gaudin, *La fiducie à l'épreuve de la lutte contre le blanchiment de capitaux : RD bancaire et fin.* 2007, n° 20, p. 36. • R. Hervé, *La lutte contre le blanchiment d'argent (dossier), TRACFIN : du soupçon déclaré d'opération illicite à la présomption d'infraction : AJP* 2006, p. 437. • Cl. Jasson, *Blanchiment de capitaux et déclaration de soupçon : de la nécessité d'une adaptation conjointe de la législation et du comportement du commissaire aux comptes : BJS* 2005, p. 162. • C. Juncu, *Les dispositions de lutte contre le blanchiment des capitaux confrontées au secret professionnel de l'avocat et du notaire : LPA* 14 juin 2005, p. 4. • F. Kerebel et D. Dedieu, *Procédure interne de lutte anti-blanchiment et cartographie des risques : méthodes d'élaboration : JCP* G 2010, 1929, p. 12. • J. Mattout, *Le droit pénal, la banque et les frontières : RD bancaire et fin.* janv. 2010, dossier 5. • P. Michaud, *TRACFIN, blanchiment et fraude fiscale : les déclarations de soupçon. – De nouvelles obligations pour les juristes et fiscalistes : JCP* E 2009, 1967. • P. Mousseron, *Le blanchiment sociétaire : et si les sociétés lavaient plus blanc ? : JCP* E 2004, p. 948. • Ph. Nerac, *La lutte contre le blanchiment d'argent (dossier) : la répression de l'infraction générale de blanchiment : AJP* 2006, n° 11, p. 440. • F. Perrotin, *Blanchiment : Fraude fiscale et déclaration de soupçon : LPA* 6 août 2009. • S. Portelli, *Les sanctions pénales en matière économique et financière : LPA* 12 janv. 2006, n° spécial sur la sanction en matière économique et financière, p. 11. • J.-B. Poulle et S. Aubert, *Lutte contre le blanchiment : l'esprit de l'approche par les risques est-il menacé ? : RD bancaire et fin.* janv. 2014, étude 5. • O. Raynaud, *L'application des règles de prévention du blanchiment aux professions juridiques et aux professions du chiffre : Gaz. Pal.* 14 nov. 2003, p. 3. • H. Robert, *La lutte contre le blanchiment (dossier), TRACFIN : du soupçon déclaré d'opération illicite à la présomption d'infraction : AJP* 2006, n° 11, p. 437 ; *TRACFIN, « Clé de voûte » de la lutte anti-blanchiment en France : RD bancaire et fin.* 2007, n° 25, p. 17 ; *Réflexions sur la nature de l'infraction de blanchiment d'argent : JCP* G 2008, I, 146 ; *L'obligation de déclaration de soupçon : LPA* 17 juill. 2008, p. 11 et s. ; *TRACFIN après l'ordonnance n° 2009-104 du 30 janvier 2009 : RD bancaire et fin.* mai 2009, dossier 17 ; *Les établissements de crédit et le nouveau cadre de la lutte contre le blanchiment de capitaux et le financement du terrorisme : RD bancaire et fin.* mars 2010, étude 6. • H. Synvet, *La banque face au blanchiment de capitaux : RD bancaire et fin.* 2007, n° 22, p. 11. • N. Vignal, *Transparence de l'information financière et lutte contre le blanchiment de capitaux : Dr. et patrimoine* 1/2004, p. 69. • P. Werner, *La conformité comme outil de prévention contre le blanchiment : RD bancaire et fin.* mai 2009, dossier 19. • Th. Wickers, *La lutte contre le blanchiment de capitaux (dossier) : AJP* 2006, p. 429 ; *Comment transposer la troisième directive antiblanchiment : Gaz. Pal.* 29 févr.-1er mars 2008, n° 60, p. 2.

Section I. – Personnes soumises à une obligation de déclaration au procureur de la République

Art. L. 561-1 *(Rempl., Ord. n° 2009-104, 30 janv. 2009).* – **Les personnes autres que celles mentionnées à l'article L. 561-2 qui, dans l'exercice de leur profession, réalisent, contrôlent ou conseillent des opérations entraînant des mouvements de capitaux, sont tenues de déclarer au procureur de la République les opérations dont elles ont connaissance et qui portent sur des sommes qu'elles savent provenir de l'une des infractions mentionnées à l'article L. 561-15.**

Lorsqu'elles ont fait de bonne foi une telle déclaration, ces personnes bénéficient des dispositions de l'article L. 561-22.

Les dispositions de l'article L. 574-1 leur sont applicables lorsqu'elles portent à la connaissance du propriétaire de ces sommes ou de l'auteur de ces opérations l'existence de cette déclaration ou donnent des informations sur les suites qui lui ont été réservées.

Le procureur de la République informe le service mentionné à l'article L. 561-23 qui lui fournit tous renseignements utiles.

Section II. – Personnes assujetties aux obligations de lutte contre le blanchiment des capitaux et le financement du terrorisme

Art. L. 561-2 *(Ord. n° 2009-104, 30 janv. 2009 ; mod., L. n° 2010-476, 12 mai 2010 ; L. n° 2010-626, 9 juin 2010 ; L. n° 2010-737, 1er juill. 2010 ; L. n° 2011-94, 25 janv. 2011 ; L. n° 2011-850, 20 juill. 2011 ; Ord. n° 2012-827, 28 juin 2012 ; L. n° 2014-366, 24 mars 2014 ; Ord. n° 2014-559, 30 mai 2014 ; L. n° 2015-1268, 14 oct. 2015 ; L. n° 2016-816, 20 juin 2016 ; Ord. n° 2016-1635, 1er déc. 2016 ; Ord. n° 2017-1107, 22 juin 2017 ; L. n° 2018-700, 3 août 2018).* – **Sont assujettis aux obligations prévues par les dispositions des sections 2 à 7 du présent chapitre :**

1° Les organismes, institutions et services régis par les dispositions du titre Ier du présent livre, y compris les succursales des établissements de crédit mentionnés à l'article L. 511-22 lorsque ces dernières effectuent des opérations pour leur clientèle en France ;

1° *bis* Les établissements de paiement régis par les dispositions du chapitre II du titre II du présent livre y compris les succursales des établissements de paiement mentionnés au II de l'article L. 522-13 ;

1° *ter* Les établissements de monnaie électronique régis par le chapitre VI du titre II du présent livre y compris les succursales des établissements de monnaie électronique mentionnés à l'article L. 526-24 ;

1° *quater* Les établissements de crédit, les établissements de paiement et les établissements de monnaie électronique ayant leur siège social dans un autre État membre de l'Union européenne ou partie à l'Espace économique européen en tant qu'ils exercent leur activité sur le territoire national en ayant recours aux services d'un ou plusieurs agents pour la fourniture de services de paiement en France ou d'une ou plusieurs personnes en vue de distribuer en France de la monnaie électronique au sens de l'article L. 525-8 ;

2° Les entreprises mentionnées aux articles L. 310-1 et L. 310-2 du Code des assurances ;

2° *bis* Les institutions ou unions régies par le titre III du livre IX du Code de la sécurité sociale ;

2° *ter* Les mutuelles et unions réalisant des opérations mentionnées au 1° du I de l'article L. 111-1 du Code de la mutualité ;

2° *quater* Les fonds de retraite professionnelle supplémentaire mentionnés à l'article L. 381-1 du Code des assurances ;

2° *quinquies* Les mutuelles ou unions de retraite professionnelle supplémentaire mentionnées à l'article L. 214-1 du Code de la mutualité ;

2° *sexies* Les institutions de retraite professionnelle supplémentaire mentionnées à l'article L. 942-1 du Code de la sécurité sociale ;

3° Les intermédiaires en opérations de banque et en services de paiement mentionnés à l'article L. 519-1 lorsqu'ils agissent en vertu d'un mandat délivré par un client et qu'ils se voient confier des fonds en tant que mandataire des parties ;

3° *bis* Les intermédiaires d'assurance définis à l'article L. 511-1 du Code des assurances sauf ceux qui agissent sous l'entière responsabilité de l'organisme ou du courtier d'assurance ;

4° Les intermédiaires en financement participatif mentionnés à l'article L. 548-2 ;

5° La Banque de France, l'institut d'émission des départements d'outre-mer mentionné à l'article L. 711-2 du présent code et l'institut d'émission d'outre-mer mentionné à l'article L. 712-4 du même code ;

6° Les entreprises d'investissement, y compris les succursales d'entreprises d'investissement mentionnées à l'article L. 532-18-1 lorsque ces dernières effectuent des opérations pour leur clientèle en France, les personnes mentionnées à l'article L. 440-2, les entreprises de marché mentionnées à l'article L. 421-2, les dépositaires centraux et gestionnaires de systèmes de règlement et de livraison d'instruments financiers, les conseillers en investissements financiers, les conseillers en investissements participatifs et les intermédiaires habilités mentionnés à l'article L. 211-4, ainsi que les placements collectifs mentionnés au I de l'article L. 214-1 et les sociétés de gestion de placements collectifs mentionnées à l'article L. 543-1 ;

6° *bis* Les prestataires de services d'investissement ayant leur siège social dans un autre État membre de l'Union européenne en tant qu'ils exercent leur activité sur le territoire national en ayant recours à des agents liés mentionnés à l'article L. 545-1 du Code monétaire et financier lorsque ces derniers effectuent des opérations pour leur clientèle en France ;

7° Les changeurs manuels ;

7° *bis* Toute personne qui, à titre de profession habituelle, soit se porte elle-même contrepartie, soit agit en tant qu'intermédiaire, en vue de l'acquisition ou de la vente de tout instrument contenant sous forme numérique des unités de valeur non monétaire pouvant être conservées ou être transférées dans le but d'acquérir un bien ou un service, mais ne représentant pas de créance sur l'émetteur ;

8° Les personnes exerçant les activités mentionnées aux 1°, 2°, 4°, 5°, 8° et 9° de l'article 1er de la loi n° 70-9 du 2 janvier 1970 réglementant les conditions d'exercice des activités relatives à certaines opérations portant sur les immeubles et les fonds de commerce ;

9° Les opérateurs de jeux ou de paris autorisés sur le fondement de l'article 5 de la loi du 2 juin 1891, ayant pour objet de réglementer l'autorisation et le fonctionnement des courses de chevaux, de l'article L. 321-1 et L. 321-3 du Code de la sécurité intérieure, de l'article 9 de la loi du 28 décembre 1931, de l'article 136 de la loi du 31 mai 1933 portant fixation du budget général de l'exercice 1933 et de l'article 42 de la loi n° 84-1208 du 29 décembre 1984 de finances pour 1985 et leurs représentants légaux et directeurs responsables ;

9° *bis* Les opérateurs de jeux ou de paris autorisés sur le fondement de l'article 21 de la loi n° 2010-476 du 12 mai 2010 relative à l'ouverture à la concurrence et à la régulation du secteur des jeux d'argent et de hasard en ligne et leurs représentants légaux ;

10° Les personnes se livrant habituellement au commerce d'antiquités et d'œuvres d'art ;

11° Les personnes acceptant des paiements en espèces ou au moyen de monnaie électronique d'un montant supérieur à un seuil fixé par décret et se livrant au commerce de biens suivants : pierres précieuses, métaux précieux, bijoux, objets d'ameublement et de décoration d'intérieur, produits cosmétiques, produits textiles, maroquinerie, produits gastronomiques, horlogerie, arts de la table ;

12° Les experts-comptables, les salariés autorisés à exercer la profession d'expert-comptable en application des articles 83 *ter* et 83 *quater* de l'ordonnance n° 45-2138 du 19 septembre 1945 portant institution de l'ordre des experts-comptables et réglementant les titres et la profession d'expert-comptable ;

12° *bis* Les commissaires aux comptes ;

13° Les avocats au Conseil d'État et à la Cour de cassation, les avocats, les notaires, les huissiers de justice, les administrateurs judiciaires, les mandataires judiciaires et les commissaires-priseurs judiciaires, dans les conditions prévues à l'article L. 561-3 ;

Rédaction future. 13° *(13° mod. à compter du 1er juillet 2022, D. n° 2016-1635, 1er déc. 2016)* Les avocats au Conseil d'État et à la Cour de cassation, les avocats, les notaires, les commissaires de justice, les administrateurs judiciaires et les mandataires judiciaires dans les conditions prévues à l'article L. 561-3 ;

14° Les opérateurs de ventes volontaires de meubles aux enchères publiques ;

15° Les personnes exerçant l'activité de domiciliation mentionnée aux articles L. 123-11-2 et suivants du Code de commerce ;

16° Les personnes exerçant l'activité d'agents sportifs mentionnés à l'article L. 222-7 du Code du sport ;

17° Les personnes autorisées au titre du I de l'article L. 621-18-5.

Les personnes assujetties mentionnées aux 1° à 17° comprennent les personnes physiques et les personnes morales.

Voir : C. monét. fin., art. R. 562-3, p. 1470.

Art. L. 561-2-1 *(Ord. n° 2009-104, 30 janv. 2009 ; mod., Ord. n° 2016-1635, 1er déc. 2016)*. – Pour l'application du présent chapitre, la notion de relation d'affaires s'entend de la relation professionnelle ou commerciale avec le client, et inclut, le cas échéant, le bénéficiaire effectif. Dans les contrats d'assurance-vie et de capitalisation, la relation d'affaires inclut le bénéficiaire du contrat, et, le cas échéant, le bénéficiaire effectif du bénéficiaire du contrat mentionné au III de l'article L. 561-5.

Une relation d'affaires est nouée lorsqu'une personne mentionnée à l'article L. 561-2 engage une relation professionnelle ou commerciale qui est censée, au moment où le contact est établi, s'inscrire dans une certaine durée. La relation d'affaires peut être prévue par un contrat selon lequel plusieurs opérations successives seront réalisées entre les cocontractants ou qui crée à ceux-ci des obligations continues. Une relation d'affaires est également nouée lorsqu'en l'absence d'un tel contrat un client bénéficie de manière régulière de l'intervention d'une personne susmentionnée pour la réalisation de plusieurs opérations ou d'une opération présentant un caractère continu ou, s'agissant des personnes mentionnées au 12° et au 12° *bis* de l'article L. 561-2, pour l'exécution d'une mission légale.

Art. L. 561-2-2 *(Ord. n° 2009-104, 30 janv. 2009 ; mod., Ord. n° 2016-1635, 1er déc. 2016)*. – Pour l'application du présent chapitre, le bénéficiaire effectif est la ou les personnes physiques :

1° Soit qui contrôlent en dernier lieu, directement ou indirectement, le client ;

2° Soit pour laquelle une opération est exécutée ou une activité exercée.

Un décret en Conseil d'État précise la définition et les modalités de détermination du bénéficiaire effectif.

Voir : C. monét. fin., art. R. 562-3, p. 1470.

Voir : C. mon. fin., art. R. 561-1 et s., p. 1459.

Art. L. 561-2-3 *(Ord. n° 2017-1252, 9 août 2017)*. – Les personnes mentionnées aux 1°, 1° *bis*, 1° *ter* et 1° *quater* de l'article L. 561-2 ne sont pas soumises aux dispositions du présent chapitre pour leurs seules activités de fourniture du service mentionné au 8° du II de l'article L. 314-1.

Art. L. 561-3 *(Ord. n° 2009-104, 30 janv. 2009 ; L. n° 2010-853, 23 juill. 2010 ; L. n° 2011-94, 25 janv. 2011 ; L. n° 2011-331, 28 mars 2011 ; L. n° 2013-100, 28 janv. 2013 ; mod., Ord. n° 2016-1635, 1er déc. 2016)*. – I. - Les personnes mentionnées au 13° de l'article L. 561-2 sont soumises aux dispositions du présent chapitre lorsque, dans le cadre de leur activité professionnelle :

1° Elles participent au nom et pour le compte de leur client à toute transaction financière ou immobilière ou agissent en qualité de fiduciaire ;

2° Elles assistent leur client dans la préparation ou la réalisation des transactions concernant :

a) L'achat et la vente de biens immeubles ou de fonds de commerce ;

b) La gestion de fonds, titres ou autres actifs appartenant au client ;

c) L'ouverture de comptes bancaires, d'épargne ou de titres ou de contrats d'assurance ;

d) L'organisation des apports nécessaires à la création des sociétés ;

e) La constitution, la gestion ou la direction des sociétés ;

f) La constitution, la gestion ou la direction de fiducies, régies par les articles 2011 à 2031 du Code civil ou de droit étranger, ou de toute autre structure similaire ;

g) La constitution ou la gestion de fonds de dotation.

II. - Les avocats au Conseil d'État et à la Cour de cassation et les avocats, dans l'exercice d'une activité relative aux transactions mentionnées au I, ne sont pas soumis aux dispositions du présent chapitre lorsque l'activité se rattache à une procédure juridictionnelle, que les informations dont ils disposent soient reçues ou obtenues avant, pendant ou après cette procédure, y compris dans le cadre de conseils relatifs à la manière d'engager ou d'éviter une telle procédure, non plus que lorsqu'ils donnent des consultations juridiques, à moins qu'elles n'aient été fournies à des fins de blanchiment de capitaux ou de financement du terrorisme ou en sachant que le client les demande aux fins de blanchiment de capitaux ou de financement du terrorisme.

III. - Les autres personnes mentionnées au 13° de l'article L. 561-2, dans l'exercice d'une activité relative aux transactions mentionnées au I, ne sont pas soumises aux dispositions de la section 4 du présent chapitre lorsqu'elles donnent des consultations juridiques, à moins qu'elles n'aient été fournies à des fins de blanchiment de capitaux ou de financement du terrorisme ou en sachant que le client les demande aux fins de blanchiment de capitaux ou de financement du terrorisme.

IV. - Les experts-comptables ainsi que les salariés autorisés à exercer la profession d'expert-comptable en application des articles 83 *ter* et 83 *quater* de l'ordonnance n° 45-2138 du 19 septembre 1945 portant institution de l'ordre des experts-comptables et réglementant le titre et la profession d'expert-comptable ne sont pas soumis à la section 4 du présent chapitre lorsqu'ils donnent des consultations juridiques conformément à l'article 22 de l'ordonnance précitée, à moins que ces consultations n'aient été fournies à des fins de blanchiment de capitaux ou de financement du terrorisme ou en sachant que le client les demande aux fins de blanchiment de capitaux ou de financement du terrorisme.

V. - Dans l'exercice des missions dont ils sont chargés par décision de justice, les administrateurs judiciaires, les mandataires judiciaires et les commissaires-priseurs judiciaires sont soumis aux dispositions du présent chapitre, sous réserve que celles-ci soient compatibles avec leur mandat. Le client s'entend alors de la personne visée par la procédure et, le cas échéant, de la personne qui se porte acquéreur du bien offert à la vente ou qui dépose une offre de reprise partielle ou totale de l'entreprise.

VI A. - Les personnes mentionnées au 1° *quater* de l'article L. 561-2 désignent un représentant permanent résidant sur le territoire national pour être un point de contact central. Si le représentant permanent est une personne morale, celle-ci désigne à son tour une personne physique responsable.

B. - Les fonctions du représentant permanent sont exercées par une personne spécialement désignée à cet effet.

Le représentant permanent procède au nom et pour le compte de la personne mentionnée au 1° *quater* de l'article L. 561-2 aux déclarations et informations prescrites par les articles L. 561-15 et L. 561-15-1 ainsi qu'aux déclarations de mise en œuvre d'une mesure prise en application du chapitre 2 du présent titre ou d'un règlement pris sur le fondement des articles 75 ou 215 du traité sur le fonctionnement de l'Union européenne. Il répond aux demandes formulées par le service mentionné à l'article L. 561-23 en application du présent chapitre, ainsi qu'à toute demande émanant de l'Autorité de contrôle prudentiel et de résolution, de l'autorité chargée de la mise en œuvre des mesures prises en application du chapitre II du présent titre ou d'un règlement pris sur le fondement des articles 75 ou 215 du traité sur le fonctionnement de l'Union européenne, ainsi que de l'autorité judiciaire et des officiers de police judiciaire.

Rédaction future. VI A. *(A rempl. à compter de l'entrée en vigueur de l'acte délégué adopté en vertu de l'article 45.10 de la directive n° 2015/849 du Parlement européen et du Conseil du 20 mai 2015, Ord. n° 2016-1635, 1er déc. 2016)* L'ACPR veille au respect de l'application des dispositions de la norme technique de réglementation prise en application des articles 45.9 et 45.10 de la directive n° 2015/849 du Parlement européen et du Conseil du 20 mai 2015 relative à la prévention de l'utilisation du système financier aux fins du blanchiment de capitaux ou du financement du terrorisme pour la désignation du représentant permanent par les personnes mentionnées au 1° *quater* de l'article L. 561-2 et les fonctions confiées à cette personne. Un décret précise les conditions dans lesquelles l'ACPR veille au respect de ces dispositions.

Rédaction future. B. - Les fonctions du représentant permanent sont exercées par une personne spécialement désignée à cet effet.

Le représentant permanent procède au nom et pour le compte de la personne mentionnée au 1° *quater* de l'article L. 561-2 aux déclarations et *(Mots aj., L. n° 2019-486, 22 mai 2019)* « aux communications d' » informations prescrites par les articles L. 561-15 et L. 561-15-1 ainsi qu'aux déclarations de mise en œuvre d'une mesure prise en application du chapitre 2 du présent titre ou d'un règlement pris sur le fondement des articles 75 ou 215 du traité sur le fonctionnement de l'Union européenne. Il répond aux demandes formulées par le service mentionné à l'article L. 561-23 en application du présent chapitre, ainsi qu'à toute demande émanant de l'Autorité de contrôle prudentiel et de résolution, de l'autorité chargée de la mise en œuvre des mesures prises en application du chapitre II du présent titre ou d'un règlement pris sur le fondement des articles 75 ou 215 du traité sur le fonctionnement de l'Union européenne, ainsi que de l'autorité judiciaire et des officiers de police judiciaire.

Art. L. 561-4 *(Ord. n° 2009-104, 30 janv. 2009).* – Les personnes physiques ou morales qui exercent, en lien direct avec leur activité principale, une activité financière accessoire qui relève d'une des catégories mentionnées aux 1° à 7° de l'article L. 561-2 et qui présente peu de risques de blanchiment de capitaux ou de financement du terrorisme sont exemptées des obligations du présent chapitre.

Un décret en Conseil d'État définit les activités financières accessoires en fonction de leur nature, de leur volume et du montant des opérations.

Section III. – Obligations de vigilance à l'égard de la clientèle

Art. L. 561-4-1 *(Ord. n° 2016-1635, 1er déc. 2016)*. – Les personnes mentionnées à l'article L. 561-2 appliquent les mesures de vigilance destinées à mettre en œuvre les obligations qu'elles tiennent du présent chapitre en fonction de l'évaluation des risques présentés par leurs activités en matière de blanchiment de capitaux et de financement du terrorisme.

À cette fin, elles définissent et mettent en place des dispositifs d'identification et d'évaluation des risques de blanchiment des capitaux et de financement du terrorisme auxquels elles sont exposées ainsi qu'une politique adaptée à ces risques. Elles élaborent en particulier une classification des risques en question en fonction de la nature des produits ou services offerts, des conditions de transaction proposées, des canaux de distribution utilisés, des caractéristiques des clients, ainsi que du pays ou du territoire d'origine ou de destination des fonds.

Lorsqu'elles appartiennent à un groupe au sens de l'article L. 511-20 à l'exclusion des groupes mixtes dont l'entreprise mère est une compagnie holding mixte ou une entreprise mère mixte de société de financement, à un conglomérat financier au sens de l'article L. 517-3, à un groupe au sens des articles L. 322-1-2, L. 322-1-3 et L. 356-2 du Code des assurances ou au sens de l'article L. 111-4-2 du Code de la mutualité ou au sens de l'article L. 931-2-2 du Code de la sécurité sociale ou à un groupe défini comme un ensemble de sociétés dont l'une contrôle les autres au sens de l'article L. 233-3 du Code de commerce, et que l'entreprise mère du groupe a son siège social en France, elles mettent en place un dispositif d'identification et d'évaluation des risques existant au niveau du groupe ainsi qu'une politique adaptée, définis par celle-ci.

Pour l'identification et l'évaluation des risques de blanchiment des capitaux et de financement du terrorisme auxquels elles sont exposées, les personnes mentionnées ci-dessus tiennent compte des facteurs inhérents aux clients, aux produits, services, transactions et canaux de distribution, ainsi qu'aux facteurs géographiques, précisés par arrêté du ministre chargé de l'économie, ainsi que des recommandations de la Commission européenne issues du rapport prévu par l'article 6 de la directive 2015/849 du Parlement européen et du Conseil du 20 mai 2015 relative à la prévention de l'utilisation du système financier aux fins du blanchiment de capitaux ou du financement du terrorisme, ainsi que de l'analyse des risques effectuée au plan national dans des conditions fixées par décret.

Art. L. 561-5 *(Ord. n° 2009-104, 30 janv. 2009 ; mod., Ord. n° 2016-1635, 1er déc. 2016)*. – I. – Avant d'entrer en relation d'affaires avec leur client ou de l'assister dans la préparation ou la réalisation d'une transaction, les personnes mentionnées à l'article L. 561-2 :

1° Identifient leur client et, le cas échéant, le bénéficiaire effectif au sens de l'article L. 561-2-2 ;

2° Vérifient ces éléments d'identification sur présentation de tout document écrit à caractère probant.

II. – Elles identifient et vérifient dans les mêmes conditions que celles prévues au I l'identité de leurs clients occasionnels et, le cas échéant, de leurs bénéficiaires effectifs, lorsqu'elles soupçonnent qu'une opération pourrait participer au blanchiment des capitaux ou au financement du terrorisme ou lorsque les opérations sont d'une certaine nature ou dépassent un certain montant.

III. – Lorsque le client souscrit ou adhère à un contrat d'assurance-vie ou de capitalisation, les personnes concernées identifient et vérifient également l'identité des bénéficiaires de ces contrats et, le cas échéant, des bénéficiaires effectifs de ces bénéficiaires.

IV. – Par dérogation au I, lorsque le risque de blanchiment des capitaux ou de financement du terrorisme paraît faible et que c'est nécessaire pour ne pas interrompre l'exercice normal de l'activité, les obligations mentionnées au 2° dudit I peuvent être satisfaites durant l'établissement de la relation d'affaires.

V. – Les conditions d'application du présent article sont précisées par décret en Conseil d'État.

Art. L. 561-5-1 *(Ord. n° 2016-1635, 1er déc. 2016)*. – Avant d'entrer en relation d'affaires, les personnes mentionnées à l'article L. 561-2 recueillent les informations relatives à l'objet et à la nature de cette relation et tout autre élément d'information pertinent. Elles actualisent ces informations pendant toute la durée de la relation d'affaires.

Les modalités d'application de cet article sont précisées par décret en Conseil d'État.

Art. L. 561-6 *(Ord. n° 2009-104, 30 janv. 2009 ; mod., Ord. n° 2016-1635, 1er déc. 2016)*. – Pendant toute la durée de la relation d'affaires et dans les conditions fixées par décret en Conseil d'État, ces personnes exercent, dans la limite de leurs droits et obligations, une vigilance constante et pratiquent un examen attentif des opérations effectuées en veillant à ce qu'elles soient cohérentes avec la connaissance actualisée qu'elles ont de leur relation d'affaires.

Art. L. 561-7 *(Ord. n° 2009-104, 30 janv. 2009 ; mod., Ord. n° 2009-866, 15 juill. 2009 ; Ord. n° 2016-1635, 1er déc. 2016 ; Ord. n° 2018-1125, 12 déc. 2018)*. – I. - Pour les personnes mentionnées aux 1° à 6° de l'article L. 561-2, les obligations prévues aux I et III de l'article L. 561-5 et à l'article L. 561-5-1 *(Réf. suppr., L. n° 2019-486, 22 mai 2019)* « ... » peuvent être mises en œuvre par un tiers dans l'un ou l'autre des deux cas suivants :

1° Le tiers est une personne mentionnée aux 1° à 2° *ter* ou aux 3° *bis*, 5°, 6°, 12°, 12° *bis* ou 13° de l'article L. 561-2, exerçant sa profession ou son activité ou ayant son siège social en France, ou une personne appartenant à une catégorie équivalente sur le fondement d'un droit étranger et située dans un autre État membre de l'Union européenne, dans un État partie à l'espace économique européen ou dans un pays tiers imposant des obligations équivalentes en matière de lutte contre le blanchiment et le financement du terrorisme figurant sur une liste déterminée par arrêté du ministre chargé de l'économie ;

2° Le tiers est une personne mentionnée aux 1° à 2° *ter* ou aux 3° *bis*, 5°, 6° ou 8° de l'article L. 561-2, ou une personne appartenant à une catégorie équivalente sur le fondement d'un droit étranger, qui appartient au même groupe au sens de l'article L. 511-20, à l'exclusion des groupes mixtes, à un conglomérat financier au sens de l'article L. 517-3 ou un groupe au sens des articles L. 322-1-2, L. 322-1-3 et L. 356-2 du Code des assurances ou au sens de l'article L. 111-4-2 du Code de la mutualité ou au sens de l'article L. 931-2-2 du Code de la sécurité sociale. Le groupe applique les mesures prévues au présent chapitre conformément à l'article L. 561-33 lorsque l'entreprise mère a son siège social en France ou des mesures équivalentes lorsque ce n'est pas le cas. En outre, lorsque le tiers se situe dans un pays tiers qui figure sur la liste publiée par la Commission européenne en application de l'article 9 de la directive (UE) 2015/849 du 20 mai 2015 relative à la prévention de l'utilisation du système financier aux fins du blanchiment de capitaux ou du financement du terrorisme, le groupe notifie à l'Autorité de contrôle prudentiel et de résolution le recours à ce tiers ainsi que les documents justifiant que le groupe s'assure bien de la mise en œuvre par ce tiers des procédures groupes mentionnées à l'article L. 561-33.

La personne assujettie a accès aux informations recueillies par le tiers dans les conditions prévues par un décret en Conseil d'État.

La personne assujettie a accès aux informations recueillies par le tiers dans les conditions prévues par un décret en Conseil d'État.

La personne assujettie qui se repose sur les diligences effectuées par un tiers demeure responsable du respect de ses obligations.

II. – Les personnes mentionnées aux 1° à 6° de l'article L. 561-2 peuvent communiquer les informations recueillies pour la mise en œuvre de l'article L. 561-5 et de l'article L. 561-5-1 à une autre personne mentionnée aux 1° à 6° de l'article L. 561-2 située ou ayant son siège social en France. Elles peuvent également communiquer ces informations à un établissement proposant des activités financières équivalentes à celles exercées par les personnes mentionnées aux 1° à 6° de l'article L. 561-2, si les conditions suivantes sont remplies :

1° Le tiers destinataire est situé dans un autre État membre de l'Union européenne, dans un État partie à l'accord sur l'espace économique européen ou dans un pays tiers imposant des obligations équivalentes en matière de lutte contre le blanchiment et le financement des activités terroristes figurant sur la liste déterminée par arrêté du ministre chargé de l'économie, ou fait partie d'un groupe ou d'un conglomérat financier ayant mis en place une organisation et des procédures mentionnées à l'article L. 561-33 ;

2° Le traitement par le tiers destinataire des données à caractère personnel garantit un niveau de protection suffisant de la vie privée et des libertés et droits fondamentaux des personnes, conformément aux articles 122 et 123 de la loi n° 78-17 du 6 janvier 1978 relative à l'informatique, aux fichiers et aux libertés.

Pour l'application du présent article, les personnes mentionnées aux 1° à 6° de l'article L. 561-2 s'entendent à l'exclusion des personnes mentionnées au 1° *bis* du même article qui fournissent principalement le service mentionné au 6° du II de l'article L. 314-1.

NB : Conformément à l'article 29 de l'ordonnance n° 2018-1125 du 12 décembre 2018, ces dispositions entrent en vigueur en même temps que le décret modifiant le décret n° 2005-1309 du 20 octobre 2005 pris pour l'application de la loi n° 78-17 du 6 janvier 1978 relative à l'informatique, aux fichiers et aux libertés, dans sa rédaction résultant de ladite ordonnance, et au plus tard le 1er juin 2019.

Art. L. 561-8 *(Ord. n° 2009-104, 30 janv. 2009 ; mod., Ord. n° 2016-1635, 1er déc. 2016).* – I. – Lorsqu'une personne mentionnée à l'article L. 561-2 n'est pas en mesure de satisfaire aux obligations prévues à l'article L. 561-5 et à l'article L. 561-5-1, elle n'exécute aucune opération, quelles qu'en soient les modalités, et n'établit ni ne poursuit aucune relation d'affaires. Si celle-ci a déjà été établie en application du IV de l'article L. 561-5, elle y met un terme et la déclaration prévue à l'article L. 561-15 s'effectue dans les conditions prévues à cet article.

II. – Le I s'applique également lorsqu'un établissement de crédit a été désigné par la Banque de France sur le fondement de l'article L. 312-1 et que l'établissement n'a pas pu satisfaire aux obligations prévues à l'article L. 561-5 et à l'article L. 561-5-1.

III. – Un décret en Conseil d'État précise les modalités d'application du I lorsque la conclusion ou la résiliation du contrat auquel il est mis fin en application du présent article est régie par des dispositions législatives spécifiques.

Art. L. 561-9 *(Ord. n° 2009-104, 30 janv. 2009 ; mod., L. n° 2012-387, 22 mars 2012 ; Ord. n° 2016-1635, 1er déc. 2016 ; Ord. n° 2017-1252, 9 août 2017).* – Les personnes mentionnées à l'article L. 561-2 peuvent mettre en œuvre les dispositions des articles L. 561-5, L. 561-5-1 et L. 561-6 sous la forme de mesures de vigilance simplifiées dans l'un ou l'autre des cas suivants :

1° Le risque de blanchiment des capitaux et de financement du terrorisme leur paraît faible ;

2° Les personnes, les services ou les produits présentent un faible risque de blanchiment de capitaux ou de financement du terrorisme et il n'existe pas de soupçon de blanchiment ou de financement du terrorisme.

Un décret en Conseil d'État fixe les conditions d'application du présent article.

Art. L. 561-9-1 *(Ord. n° 2016-1635, 1er déc. 2016).* – S'il n'existe pas de soupçon de blanchiment ou de financement du terrorisme, les personnes qui émettent de la monnaie électronique mentionnées aux 1°, 1° *ter* et 1° *quater* de l'article L. 561-2 ne sont pas soumises aux obligations de vigilance prévues aux articles L. 561-5 et L. 561-5-1, sous réserve du respect de conditions notamment de seuils définies par décret en Conseil d'État.

Art. L. 561-10 *(Ord. n° 2009-104, 30 janv. 2009 ; mod., L. n° 2013-672, 26 juill. 2013 ; Ord. n° 2016-1635, 1er déc. 2016).* – Les personnes mentionnées à l'article L. 561-2 appliquent des mesures de vigilance complémentaires à l'égard de leur client, en sus des mesures prévues aux articles L. 561-5 et L. 561-5-1, lorsque :

1° Le client ou son représentant légal n'est pas physiquement présent aux fins de l'identification au moment de l'établissement de la relation d'affaires ;

2° Le client, le cas échéant son bénéficiaire effectif, le bénéficiaire d'un contrat d'assurance-vie ou de capitalisation, le cas échéant son bénéficiaire effectif, est une personne qui est exposée à des risques particuliers en raison des fonctions politiques, juridictionnelles ou administratives qu'elle exerce ou a exercées pour le compte d'un État ou de celles qu'exercent ou ont exercées des membres directs de sa famille ou des personnes connues pour lui être étroitement associées ou le devient en cours de relation d'affaires ;

3° Le produit ou l'opération présente, par sa nature, un risque particulier de blanchiment de capitaux ou de financement du terrorisme, notamment lorsqu'ils favorisent l'anonymat ;

4° L'opération est une opération pour compte propre ou pour compte de tiers effectuée avec des personnes physiques ou morales, y compris leurs filiales ou établissements, domiciliées, enregistrées ou établies dans un État ou un territoire figurant sur les listes publiées par le Groupe d'action financière parmi ceux dont la législation ou les pratiques font obstacle à la lutte contre le blanchiment des capitaux et le financement du terrorisme ou par la Commission européenne en application de l'article 9 de la directive (UE) 2015/849 du 20 mai 2015 relative à la prévention de l'utilisation du système financier aux fins du blanchiment de capitaux ou du financement du terrorisme.

S'il n'existe pas de soupçon de blanchiment des capitaux ou de financement du terrorisme, les personnes mentionnées à l'article L. 561-2 peuvent ne pas appliquer aux clients mentionnés aux 1° et 2° les mesures de vigilance complémentaires prévues par le présent article lorsque la relation d'affaires est établie avec une personne mentionnée au 2° de l'article L. 561-9 ou est établie exclusivement pour un ou plusieurs produits mentionnés du même 2° de l'article L. 561-9.

Un décret en Conseil d'État précise les catégories de personnes mentionnées au 2°, la liste des produits et des opérations mentionnées au 3°, ainsi que les mesures de vigilance complémentaires.

Art. L. 561-10-1 *(Ord. n° 2009-104, 30 janv. 2009 ; mod., L. n° 2010-853, 23 juill. 2010 ; Ord. n° 2016-1635, 1er déc. 2016).* – I. – Lorsque le risque de blanchiment des capitaux et de financement du terrorisme présenté par une relation d'affaires, un produit ou une opération leur paraît élevé, les personnes mentionnées à l'article L. 561-2 mettent en œuvre les dispositions des articles L. 561-5, L. 561-5-1 et L. 561-6 sous la forme de mesures de vigilance renforcées.

II. – La mise en œuvre des mesures de vigilance complémentaires prévues à l'article L. 561-10 ne fait pas obstacle à l'application des dispositions du I ci-dessus.

Art. L. 561-10-2 *(Ord. n° 2009-104, 30 janv. 2009 ; mod., Ord. n° 2016-1635, 1er déc. 2016).* – Les personnes mentionnées à l'article L. 561-2 effectuent un examen renforcé de toute opération particulièrement complexe ou d'un montant inhabituellement élevé ou ne paraissant pas avoir de justification économique ou d'objet licite. Dans ce cas, ces personnes se renseignent auprès du client sur l'origine des fonds et la destination de ces sommes ainsi que sur l'objet de l'opération et l'identité de la personne qui en bénéficie.

Art. L. 561-10-3 *(Ord. n° 2009-104, 30 janv. 2009 ; mod., Ord. n° 2016-1635, 1er déc. 2016 ; Ord. n° 2017-1107, 22 juin 2017).* – Lorsqu'une personne mentionnée au 1° ou au 5° de l'article L. 561-2 ou une entreprise d'investissement entretient avec un organisme financier situé dans un pays non membre de l'Union européenne ou qui n'est pas partie à l'accord sur l'Espace économique européen ou qui ne figure pas sur la liste des pays tiers imposant des obligations équivalentes en matière de lutte contre le blanchiment de capitaux et le financement du terrorisme déterminée par arrêté du ministre chargé de l'économie, une relation transfrontalière de correspondant bancaire ou une relation en vue de la distribution d'instruments financiers mentionnés à l'article L. 211-1, la personne assujettie met en œuvre vis-à-vis de l'organisme financier étranger avec lequel elle est en relation, outre les mesures prévues aux articles L. 561-5, L. 561-5-1 et L. 561-6, des mesures de vigilance spécifiques définies par décret en Conseil d'État.

Il est interdit aux personnes mentionnées aux 1° et 5° de l'article L. 561-2 de nouer ou maintenir une relation de correspondant bancaire avec un établissement de crédit ou exerçant des activités équivalentes constitué dans un pays où il n'a aucune présence physique effective permettant que s'exercent des activités de direction et de gestion, s'il n'est pas rattaché à un établissement ou à un groupe réglementé.

Les personnes mentionnées aux 1° et 5° de l'article L. 561-2 prennent des mesures appropriées pour s'assurer qu'elles ne nouent ni ne maintiennent une relation de correspondant avec une personne entretenant elle-même des relations de banque correspondante permettant à un établissement constitué dans les conditions mentionnées à l'alinéa précédent d'utiliser ses comptes.

Art. L. 561-11 *(Ord. n° 2009-104, 30 janv. 2009 ; mod., L. n° 2013-672, 26 juill. 2013 ; Ord. n° 2016-1635, 1er déc. 2016).* – Un décret en Conseil d'État peut, pour des motifs d'ordre public, soumettre à des conditions spécifiques, restreindre ou interdire tout ou partie des opérations réalisées pour leur propre compte ou pour compte de tiers par les personnes mentionnées aux 1° à 7° de l'article L. 561-2 établies en France, avec des personnes physiques ou morales, y compris leurs filiales ou établissements, domiciliées, enregistrées ou établies dans l'un des États ou territoires figurant sur les listes publiées par le Groupe d'action financière ou par la Commission européenne en application de l'article 9 de la directive (UE) 2015/849 du 20 mai 2015 relative à la prévention de l'utilisation du système financier aux fins du blanchiment de capitaux ou du financement du terrorisme parmi ceux dont la législation ou les pratiques font obstacle à la lutte contre le blanchiment des capitaux et le financement du terrorisme.

Art. L. 561-12 *(Ord. n° 2009-104, 30 janv. 2009 ; mod., L. n° 2010-853, 23 juill. 2010 ; L. n° 2016-731, 3 juin 2016 ; Ord n° 2016-1635, 1er déc. 2016).* – Sous réserve de dispositions plus contraignantes, les personnes mentionnées à l'article L. 561-2 conservent pendant cinq ans à compter de la clôture de leurs comptes ou de la cessation de leurs relations avec eux les documents et informations, quel qu'en soit le support, relatifs à l'identité de leurs clients habituels ou occasionnels. Elles conservent également, dans la limite de leurs attributions, pendant cinq ans à compter de leur exécution, quel qu'en soit le support, les documents et informations relatifs aux opérations faites par ceux-ci, ainsi que les documents consignant les caractéristiques des opérations mentionnées à l'article L. 561-10-2.

Sans préjudice des obligations mentionnées au premier alinéa du présent article, les personnes mentionnées aux 1°, 1° *ter* et 1° *quater* de l'article L. 561-2 recueillent les informations et les données techniques relatives à l'activation, au chargement et à l'utilisation de la monnaie électronique au moyen d'un support physique et les conservent pendant une durée de cinq ans à compter de l'exécution de ces opérations. Un arrêté du ministre chargé de l'économie précise les informations et les données techniques qui sont recueillies et conservées.

Art. L. 561-13 *(Ord. n° 2009-104, 30 janv. 2009 ; mod., L. n° 2017-257, 28 févr. 2017)*. – Outre les dispositions des articles L. 561-5, L. 561-5-1 et L. 561-6, les personnes mentionnées au 9° de l'article L. 561-2 appliquent les mesures de vigilance prévues au présent article.

Les casinos sont tenus, après vérification, sur présentation d'un document probant, de l'identité des joueurs, de procéder à l'enregistrement de leurs noms et adresses lorsqu'ils échangent tous modes de paiement, plaques, jetons, tickets dont le montant excède un seuil fixé par décret. Ces informations, qui ne peuvent être utilisées à d'autres fins que celles prévues au présent chapitre, sont consignées sur un registre spécifique et doivent être conservées pendant cinq ans.

Les groupements, clubs et sociétés organisant des jeux de hasard, des loteries, des paris, des pronostics sportifs ou hippiques sont tenus de s'assurer, par la présentation de tout document écrit probant, de l'identité des joueurs misant ou gagnant des sommes supérieures à un montant fixé par décret et d'enregistrer les noms et adresses de ces joueurs, ainsi que le montant des sommes qu'ils ont misées ou gagnées. Ces informations doivent être conservées pendant cinq ans.

Art. L. 561-14 *(Ord. n° 2009-104, 30 janv. 2009)*. – Les personnes mentionnées aux 1° à 7° de l'article L. 561-2 ne tiennent pas de comptes ni de livrets d'épargne anonymes.

Art. L. 561-14-1 *(Ord. n° 2009-104, 30 janv. 2009 ; mod., Ord. n° 2016-1635, 1er déc. 2016)*. – Les dispositions de l'article L. 561-5 s'appliquent aux bons, titres et contrats mentionnés à l'article 990 A du Code général des impôts.

Art. L. 561-14-2 *(Ord. n° 2009-104, 30 janv. 2009 ; mod., Ord. n° 2016-1635, 1er déc. 2016 ; L. n° 2017-1837, 30 déc. 2017)*. – Les dispositions du deuxième alinéa de l'article 537 du Code général des impôts ne font pas obstacle à l'application de l'article L. 561-5 du présent code. Toutefois, les informations mentionnées à ce dernier article sont portées sur un registre distinct de celui institué par l'article 537 du Code général des impôts.

Lorsque le client n'a pas autorisé l'organisme financier à communiquer son identité et son domicile fiscal à l'administration fiscale, le droit de communication prévu aux articles L. 83, L. 85, L. 87 et L. 89 du Livre des procédures fiscales ne s'applique ni au registre institué par le présent article ni aux documents justificatifs mentionnés au deuxième alinéa de l'article 537 du Code général des impôts.

Section IV. – Obligations de déclaration

Art. L. 561-15 *(Ord. n° 2009-104, 30 janv. 2009 ; mod., L. n° 2013-672, 26 juill. 2013 ; Ord. n° 2016-1635, 1er déc. 2016)*. – I. – Les personnes mentionnées à l'article L. 561-2 sont tenues, dans les conditions fixées par le présent chapitre, de déclarer au service mentionné à l'article L. 561-23 les sommes inscrites dans leurs livres ou les opérations portant sur des sommes dont elles savent, soupçonnent ou ont de bonnes raisons de soupçonner qu'elles proviennent d'une infraction passible d'une peine privative de liberté supérieure à un an ou sont liées au financement du terrorisme.

II. – Par dérogation au I, les personnes mentionnées à l'article L. 561-2 déclarent au service mentionné à l'article L. 561-23 les sommes ou opérations dont ils savent, soupçonnent ou ont de bonnes raisons de soupçonner qu'elles proviennent d'une fraude fiscale lorsqu'il y a présence d'au moins un critère défini par décret.

III. – À l'issue de l'examen renforcé prescrit à l'article L. 561-10-2, les personnes mentionnées à l'article L. 561-2 effectuent, le cas échéant, la déclaration prévue au I du présent article.

IV. – Toute information de nature à infirmer, conforter ou modifier les éléments contenus dans la déclaration est portée, sans délai, à la connaissance du service mentionné à l'article L. 561-23.

V. – Les tentatives d'opérations mentionnées aux I et II du présent article font l'objet d'une déclaration au service mentionné à l'article L. 561-23.

VI. – La déclaration mentionnée au présent article est établie par écrit. Elle peut toutefois être recueillie verbalement, sauf pour les personnes mentionnées à l'article L. 561-17, par le service mentionné à l'article L. 561-23, dans des conditions permettant à ce dernier de s'assurer de sa recevabilité.

Ce service accuse réception de la déclaration, sauf si la personne mentionnée à l'article L. 561-2 a indiqué expressément ne pas le souhaiter.

VII. – Un décret en Conseil d'État précise les conditions d'application du présent article et notamment le contenu et les modalités de transmission de la déclaration ainsi que les conditions dans lesquelles le service accuse réception de la déclaration et s'assure de sa recevabilité.

Bibliographie : Ch. Cutajar, *L'extension du champ de la déclaration de soupçons et ses conséquences : RD bancaire et fin.* mai 2009, dossier 18.

1) Obligation de déclaration de soupçons. Les dispositions de l'article L. 562-2 du Code monétaire financier, dans sa rédaction alors applicable, ne subordonnant pas l'obligation de déclaration de soupçon à la condition que l'opération se présente dans des conditions inhabituelles de complexité, la Commission bancaire s'est livrée à une appréciation souveraine des pièces du dossier, exempte de dénaturation et d'erreur de droit, en estimant que la présentation par un dirigeant de société, dans un court laps de temps, de trois chèques d'un montant inhabituellement élevé par rapport aux mouvements du compte concerné et à la situation, cette année-là, de la société dont ce dirigeant détenait la moitié du capital et était cogérant, aurait dû conduire la requérante à ne pas écarter le soupçon que ces sommes puissent provenir d'un trafic de stupéfiants ou d'activités d'organisations criminelles, et donc à effectuer une déclaration : ▪ CE, sect., 25 juill. 2007, n° 266735 : *JCP* E 2007, act., p. 390.

2) Sanctions. Est passible d'un blâme et d'une sanction pécuniaire de 200 000 euros l'établissement bancaire qui manque à ses obligations relatives aux procédures mises en place en matière de blanchiment d'argent et de financement du terrorisme, notamment procède avec retard aux déclarations de soupçon auprès de Tracfin, n'effectue pas toutes les diligences en matière d'identification de la clientèle, ne détecte pas les opérations atypiques, et a des défaillances dans son système de contrôle interne : ▪ ACP, déc. sanct., 29 juin 2012 : *Bull. Joly Bourse* 2012, § 200, p. 477, note A.-D. Merville.

Art. L. 561-15-1 *(L. n° 2013-100, 28 janv. 2013 ; mod., L. n° 2013-672, 26 juill. 2013 ; mod., Ord. n° 2016-1635, 1er déc. 2016).* **– I. – Les personnes mentionnées à l'article L. 561-2 adressent au service mentionné à l'article L. 561-23 les éléments d'information relatifs à certaines opérations présentant un risque élevé de blanchiment ou de financement du terrorisme en raison du pays ou du territoire d'origine ou de destination des fonds, de la nature des opérations en cause ou des structures juridiques impliquées dans ces opérations. Un décret en Conseil d'État fixe les conditions d'application du présent article en ce qui concerne notamment les personnes et les opérations concernées ainsi que les modalités de transmission de l'information.**

II. – Les informations adressées en application du présent article sont faites sans préjudice des déclarations éventuellement faites en application de l'article L. 561-15.

Art. L. 561-16 *(Ord. n° 2009-104, 30 janv. 2009 ; mod., Ord. n° 2016-1635, 1er déc. 2016).* **– Les personnes mentionnées à l'article L. 561-2 s'abstiennent d'effectuer toute opération portant sur des sommes dont elles savent, soupçonnent ou ont de bonnes raisons de soupçonner qu'elles proviennent d'une infraction passible d'une peine privative de liberté supérieure à un an ou sont liées au financement du terrorisme jusqu'à ce qu'elles aient fait la déclaration prévue à l'article L. 561-15. Elles ne peuvent alors procéder à la réalisation de l'opération que si les conditions prévues au quatrième alinéa de l'article L. 561-24 sont réunies.**

Lorsqu'une opération devant faire l'objet de la déclaration prévue à l'article L. 561-15 a déjà été réalisée, soit parce qu'il a été impossible de surseoir à son exécution, soit que son report aurait pu faire obstacle à des investigations portant sur une opération suspectée de blanchiment des capitaux ou de financement du terrorisme, soit qu'il est apparu postérieurement à sa réalisation qu'elle était soumise à cette déclaration, la personne mentionnée à l'article L. 561-2 en informe sans délai le service prévu à l'article L. 561-23.

Art. L. 561-17 *(Ord. n° 2009-104, 30 janv. 2009 ; mod., L. n° 2011-94, 25 janv. 2011).* **– Par dérogation aux articles L. 561-15 et L. 561-16, l'avocat au Conseil d'État et à la Cour de cassation ou l'avocat communique la déclaration, selon le cas, au président de l'ordre des avocats au Conseil d'État et à la Cour de cassation ou au bâtonnier de l'ordre auprès duquel l'avocat est inscrit. Dès lors que les conditions fixées à l'article L. 561-3 sont remplies, ces autorités transmettent la déclaration au service mentionné à l'article L. 561-23, dans les délais et selon les modalités définis par décret en Conseil d'État.**

Lorsqu'une déclaration a été transmise en méconnaissance de ces dispositions, le service mentionné à l'article L. 561-23 en refuse la communication et informe dans les meilleurs délais, selon le cas, le président de l'ordre des avocats au Conseil d'État et à la Cour de cassation ou le bâtonnier de l'ordre auprès duquel l'avocat déclarant est inscrit.

Cette dérogation ne s'applique pas à l'avocat agissant en qualité de fiduciaire.

Art. L. 561-18 *(Ord. n° 2009-104, 30 janv. 2009 ; mod., Ord. n° 2016-1635, 1er déc. 2016 ; Ord. n° 2018-1125, 12 déc. 2018).* – La déclaration mentionnée à l'article L. 561-15 est confidentielle. Sous réserve des dispositions de l'article 19 de la loi n° 78-17 du 6 janvier 1978 mentionnée ci-dessus, il est interdit, sous peine des sanctions prévues à l'article L. 574-1, aux dirigeants et préposés d'organismes financiers, aux personnes mentionnées à l'article L. 561-2, au président de l'ordre des avocats au Conseil d'État et à la Cour de cassation ou au bâtonnier de l'ordre auprès duquel l'avocat est inscrit, de porter à la connaissance du propriétaire des sommes ou de l'auteur de l'une des opérations mentionnées à l'article L. 561-15 ou à des tiers, autres que les autorités de contrôle, ordres professionnels et instances représentatives nationales visées à l'article L. 561-36, l'existence et le contenu d'une déclaration faite auprès du service mentionné à l'article L. 561-23 et de donner des informations sur les suites qui ont été réservées à cette déclaration.

Le fait, pour les personnes mentionnées au 13° de l'article L. 561-2, de s'efforcer de dissuader leur client de prendre part à une activité illégale ne constitue pas une divulgation au sens de l'alinéa précédent.

NB : Conformément à l'article 29 de l'ordonnance n° 2018-1125 du 12 décembre 2018, ces dispositions entrent en vigueur en même temps que le décret modifiant le décret n° 2005-1309 du 20 octobre 2005 pris pour l'application de la loi n° 78-17 du 6 janvier 1978 relative à l'informatique, aux fichiers et aux libertés, dans sa rédaction résultant de ladite ordonnance, et au plus tard le 1er juin 2019.

Art. L. 561-19 *(Ord. n° 2009-104, 30 janv. 2009 ; mod., L. n° 2011-94, 25 janv. 2011 ; Ord. n° 2016-1635, 1er déc. 2016).* – Les dirigeants et préposés des personnes mentionnées aux 1° à 7° de l'article L. 561-2 peuvent révéler à l'autorité judiciaire ou aux officiers de police judiciaire agissant sur délégation que des informations ont été transmises au service mentionné à l'article L. 561-23 en application de l'article L. 561-15. Dans ce cas, l'autorité judiciaire ou les officiers de police judiciaire peuvent demander confirmation à ce service de l'existence de cette déclaration.

La déclaration prévue à l'article L. 561-15 n'est accessible à l'autorité judiciaire que sur réquisition auprès du service mentionné à l'article L. 561-23 et dans les seuls cas où cette déclaration est nécessaire à la mise en œuvre de la responsabilité des personnes mentionnées à l'article L. 561-2, de leurs dirigeants et préposés ou de celle des autorités mentionnées à l'article L. 561-17 et lorsque l'enquête judiciaire fait apparaître qu'ils peuvent être impliqués dans le mécanisme de blanchiment de capitaux ou de financement du terrorisme qu'ils ont révélé.

Art. L. 561-20 *(Ord. n° 2009-104, 30 janv. 2009 ; mod., Ord. n° 2014-158, 20 févr. 2014 ; Ord. n° 2015-378, 2 avr. 2015 ; Ord. n° 2016-1635, 1er déc. 2016 ; Ord. n° 2018-1125, 12 déc. 2018).* – I. – Par dérogation à l'article L. 561-18, les personnes mentionnées aux 1° à 6° de l'article L. 561-2, les compagnies financières holding, les entreprises mères de sociétés de financement, les compagnies financières holding mixtes, les entreprises mères de sociétés de groupe d'assurance, d'unions mutualistes de groupe ou de sociétés de groupe assurantiel de protection sociale qui appartiennent à un même groupe, tel que défini au III de l'article L. 511-20 du présent code, aux articles L. 322-1-2, L. 322-1-3 et L. 356-2 du Code des assurances, aux articles L. 111-4-2 du Code de la mutualité et à l'article L. 931-2-2 du Code de la sécurité sociale, s'informent de l'existence et du contenu de la déclaration prévue à l'article L. 561-15 lorsque les conditions suivantes sont réunies :

a) Les informations ne sont échangées qu'entre personnes d'un même groupe soumises à l'obligation de déclaration prévue à l'article L. 561-15 ;

b) Les informations divulguées sont nécessaires à l'exercice, au sein du groupe, de la vigilance en matière de lutte contre le blanchiment des capitaux et le financement du terrorisme et seront exclusivement utilisées à cette fin ;

c) Les informations sont divulguées à une personne ou un établissement non établi dans un pays tiers figurant sur la liste publiée par la Commission européenne en application de l'article 9 de la directive (UE) 2015/849 du 20 mai 2015 relative à la prévention de l'utilisation du système financier aux fins du blanchiment de capitaux ou du financement du terrorisme ;

d) Le traitement des informations réalisé dans le pays mentionné au c garantit un niveau de protection suffisant de la vie privée et des libertés et droits fondamentaux des personnes conformément aux articles 122 et 123 de la loi n° 78-17 du 6 janvier 1978.

II. – Par dérogation à l'article L. 561-18, les personnes mentionnées aux 12°, 12° *bis*, 13° de l'article L. 561-2, qui appartiennent au même réseau ou à une même structure d'exercice professionnel, s'informent au sein du réseau ou de la structure d'exercice professionnel de l'existence et du contenu de la déclaration prévue à l'article L. 561-15 lorsque les conditions suivantes sont réunies :

a) Les informations ne sont échangées qu'entre personnes d'un même réseau ou d'une même structure d'exercice professionnel soumises à l'obligation de déclaration prévue à l'article L. 561-15 ;

b) Les informations divulguées sont nécessaires à l'exercice, au sein du réseau ou de la structure d'exercice professionnel, de la vigilance en matière de lutte contre le blanchiment des capitaux et le financement du terrorisme et seront exclusivement utilisées à cette fin ;

c) Les informations sont divulguées à une personne ou un établissement situé en France ou dans un autre État membre de l'Union européenne, dans un État partie à l'espace économique européen ou dans un pays tiers imposant des obligations équivalentes en matière de lutte contre le blanchiment et le financement du terrorisme figurant sur une liste fixée par arrêté du ministre chargé de l'économie ;

d) Le traitement des informations réalisé dans le pays mentionné au c) garantit un niveau de protection suffisant de la vie privée et des libertés et droits fondamentaux des personnes conformément aux articles 122 et 123 de la loi n° 78-17 du 6 janvier 1978.

NB : Conformément à l'article 29 de l'ordonnance n° 2018-1125 du 12 décembre 2018, ces dispositions entrent en vigueur en même temps que le décret modifiant le décret n° 2005-1309 du 20 octobre 2005 pris pour l'application de la loi n° 78-17 du 6 janvier 1978 relative à l'informatique, aux fichiers et aux libertés, dans sa rédaction résultant de ladite ordonnance, et au plus tard le 1er juin 2019.

Art. L. 561-21 *(Ord. n° 2009-104, 30 janv. 2009 ; mod., Ord. n° 2009-866, 15 juill. 2009 ; L. n° 2010-853, 23 juill. 2010 ; L. n° 2012-387, 22 mars 2012). – (Al. mod., Ord. n° 2016-1635, 1er déc. 2016 ; L. n° 2019-486, 22 mai 2019)* Par dérogation à l'article L. 561-18, les personnes mentionnées aux 1° à 7° et aux 12°, 12° *bis* et 13° de l'article L. 561-2 peuvent, lorsqu'elles interviennent pour un même client et dans une même opération ou lorsqu'elles ont connaissance, pour un même client, d'une même opération, s'informer mutuellement, et par tout moyen sécurisé, de l'existence et du contenu de la déclaration prévue à l'article L. 561-15. Ces échanges d'informations ne sont autorisés qu'entre les personnes mentionnées aux 1° à 6° ou entre les personnes mentionnées aux 1° *bis*, 1 *ter* et 1 *quater* fournissant principalement le service mentionné au 6° du II de l'article L. 314-1 ou entre les personnes mentionnées au 7° ou enfin entre les personnes mentionnées aux 12° et 13° de l'article L. 561-2, si les conditions suivantes sont réunies :

a) (a mod., Ord. n° 2016-1635, 1er déc. 2016) Les personnes mentionnées aux 1° à 7° et aux 12°, 12° *bis* et 13° de l'article L. 561-2 sont situées en France, dans un État membre de l'Union européenne ou partie à l'accord sur l'Espace économique européen ou dans un pays figurant sur la liste prévue par arrêté du ministre chargé de l'économie ;

b) Lorsque l'échange d'informations implique des personnes qui ne sont pas situées en France, celles-ci sont soumises à des obligations équivalentes en matière de secret professionnel ;

c) Les informations échangées sont utilisées exclusivement à des fins de prévention du blanchiment des capitaux et du financement du terrorisme ;

d) (d mod. à compter de la date prévue à l'article 29 de l'ordonnance n° 2018-1125 du 12 décembre 2018, et au plus tard le 1er juin 2019, Ord. n° 2018-1125, 12 déc. 2018) Le traitement des informations communiquées, lorsqu'il est réalisé dans un pays tiers, garantit un niveau de protection suffisant de la vie privée et des libertés et droits fondamentaux des personnes, conformément aux articles 122 et 123 de la loi n° 78-17 du 6 janvier 1978 mentionnée ci-dessus.

NB : Conformément à l'article 29 de l'ordonnance n° 2018-1125 du 12 décembre 2018, ces dispositions entrent en vigueur en même temps que le décret modifiant le décret n° 2005-1309 du 20 octobre 2005 pris pour l'application de la loi n° 78-17 du 6 janvier 1978 relative à l'informatique, aux fichiers et aux libertés, dans sa rédaction résultant de ladite ordonnance, et au plus tard le 1er juin 2019

Art. L. 561-22 *(Ord. n° 2009-104, 30 janv. 2009 ; mod., L. n° 2010-853, 23 juill. 2010 ; L. n° 2011-412, 14 avr. 2011 ; Ord. n° 2016-1635, 1er déc. 2016 ; L. n° 2016-1691, 9 déc. 2016 ; L. n° 2017-1339, 15 sept. 2017)*. – I. – Aucune poursuite fondée sur les articles 226-10, 226-13 et 226-14 du Code pénal ne peut être intentée contre :

a) Les personnes mentionnées à l'article L. 561-2 ou leurs dirigeants et préposés ou les autorités mentionnées à l'article L. 561-17 lorsqu'ils ont, de bonne foi, fait la déclaration prévue à l'article L. 561-15 dans les conditions prescrites par les dispositions législatives ou réglementaires applicables ou lorsqu'ils ont communiqué des informations au service mentionné à l'article L. 561-23 en application de l'article L. 561-25 ;

b) Les autorités de contrôle qui ont transmis des informations au service mentionné à l'article L. 561-23 en application du II de l'article L. 561-28 ;

c) Les personnes qui ont transmis des informations à ce service en application de l'article L. 561-27 et du III de l'article L. 561-28.

II. – Aucune action en responsabilité civile ne peut être intentée ni aucune sanction professionnelle prononcée contre :

a) Les personnes mentionnées à l'article L. 561-2 ou leurs dirigeants et préposés ou les autorités mentionnées à l'article L. 561-17, lorsqu'ils ont, de bonne foi, fait la déclaration prévue à l'article L. 561-15 dans les conditions prescrites par les dispositions législatives ou réglementaires applicables, notamment par l'article L. 561-16, ou lorsqu'ils ont communiqué des informations au service mentionné à l'article L. 561-23 en application de l'article L. 561-25 ;

b) Les autorités de contrôle qui ont transmis des informations au service mentionné à l'article L. 561-23 en application du II de l'article L. 561-28 ;

c) Les personnes qui ont transmis des informations à ce service en application de l'article L. 561-27 et du III de l'article L. 561-28.

En cas de préjudice résultant directement d'une telle déclaration ou communication, l'État répond du dommage subi.

III. – Les dispositions du présent article s'appliquent même si la preuve du caractère délictueux des faits à l'origine de la déclaration mentionnée à l'article L. 561-15, de l'information transmise en application des articles L. 561-27 et L. 561-28 ou de l'exercice du droit de communication prévu à l'article L. 561-25 n'est pas rapportée ou si les poursuites engagées en raison de ces faits ont été closes par une décision de non-lieu, de relaxe ou d'acquittement.

IV. – Lorsque l'opération a été exécutée comme il est prévu aux articles L. 561-16 ou L. 561-24 et sauf concertation frauduleuse avec le propriétaire des sommes ou l'auteur de l'opération, les personnes mentionnées à l'article L. 561-2 sont dégagées de toute responsabilité et aucune poursuite pénale ne peut être engagée à leur encontre de ce chef par application des articles 222-34 à 222-41, 321-1, 321-2, 321-3, 324-1, 324-2 et 421-2-2 du Code pénal ou de l'article 415 du Code des douanes.

V. – Sauf concertation frauduleuse avec le propriétaire des sommes ou l'auteur de l'opération, la responsabilité pénale des personnes mentionnées au 1° de l'article L. 561-2 ne peut être engagée, par application des articles 222-34 à 222-41, 321-1, 321-2, 321-3, 324-1, 324-2 et 421-2-2 du Code pénal ou de l'article 415 du Code des douanes, lorsqu'elles ouvrent un compte sur désignation de la Banque de France conformément à l'article L. 312-1 du présent code et à l'article L. 52-6-1 du Code électoral.

Il en va de même pour des opérations réalisées par la personne ainsi désignée lorsque le client a fait l'objet d'une déclaration mentionnée à l'article L. 561-15 et qu'elle a respecté les obligations de vigilance prévues au II de l'article L. 561-10-1 et à l'article L. 561-10-2.

VI. – Lorsque, à la suite d'une désignation effectuée par le service mentionné à l'article L. 561-23 en application du 2° de l'article L. 561-29-1, les personnes mentionnées à l'article L. 561-2 poursuivent la relation d'affaires, ni leur responsabilité civile ou professionnelle, ni leur responsabilité pénale en application des articles 222-34 à 222-41, 321-1 à 321-3, 324-1, 324-2, 421-2-2 et du troisième alinéa de l'article 421-5 du Code pénal ou de l'article 415 du Code des douanes ne peuvent être engagées.

Le premier alinéa du présent VI s'applique sauf concertation frauduleuse avec le propriétaire des sommes ou l'auteur de l'opération et sous réserve de la mise en œuvre de bonne foi des obligations de vigilance et de déclaration des personnes mentionnées à l'article L. 561-2.

Art. L. 561-22-1 *(L. n° 2017-1837, 30 déc. 2017)*. – Le droit de communication de l'administration fiscale auprès des personnes mentionnées à l'article L. 561-2 du présent code s'exerce dans les conditions prévues à l'article L. 88 du Livre des procédures fiscales.

Section V. – La cellule de renseignement financier nationale

Sous-section 1. – Organisation et mission

Art. L. 561-23 *(Ord. n° 2009-104, 30 janv. 2009 ; mod., L. n° 2013-672, 26 juill. 2013 ; Ord. n° 2016-1635, 1er déc. 2016).* – **I. – Une cellule de renseignement financier nationale exerce les attributions prévues au présent chapitre. Elle est composée d'agents spécialement habilités par le ministre chargé de l'économie. Les conditions de cette habilitation ainsi que l'organisation et les modalités de fonctionnement de ce service sont définies par décret.**

II. – Le service mentionné au I reçoit les déclarations prévues à l'article L. 561-15 et les informations mentionnées aux articles L. 561-15-1, L. 561-25, L. 561-25-1, L. 561-27, L. 561-28 et L. 561-29.

III. – Ce service recueille, analyse, enrichit et exploite tout renseignement propre à établir l'origine ou la destination des sommes ou la nature des opérations ayant fait l'objet d'une déclaration mentionnée à l'article L. 561-15 ou d'une information reçue au titre des articles L. 561-25, L. 561-25-1, L. 561-27, L. 561-28 ou L. 561-29.

Sous-section 2. – Pouvoirs et prérogatives

Art. L. 561-24 *(Ord. n° 2009-104, 30 janv. 2009 ; mod., Ord. n° 2016-1635, 1er déc. 2016).* – **Le service mentionné à l'article L. 561-23 peut s'opposer à l'exécution d'une opération non encore exécutée, dont il a eu connaissance à l'occasion des informations qui lui ont été communiquées dans le cadre des articles L. 561-15, L. 561-25, L. 561-25-1, L. 561 27, L. 561-28 et L. 561-29. Son opposition est notifiée à la personne mentionnée à l'article L. 561-2 chargée de l'opération.**

Dans ce cas, l'opération est reportée d'une durée de dix jours ouvrables à compter du jour d'émission de la notification de cette opposition. Toutefois, lorsque l'opération est le paiement d'un chèque, ce délai court à compter de la présentation en paiement par la banque bénéficiaire auprès de la banque tirée.

Le président du tribunal de grande instance de Paris peut, sur requête du service mentionné à l'article L. 561-23, après avis du procureur de la République de ce siège, proroger le délai prévu au deuxième alinéa du présent article ou ordonner le séquestre provisoire des fonds, comptes ou titres concernés par la déclaration. Le procureur de la République peut présenter une requête ayant le même objet. L'ordonnance qui fait droit à la requête est exécutoire sur minute avant toute notification à la personne mentionnée à l'article L. 561-2 chargée de l'opération.

L'opération reportée peut être exécutée si le service n'a pas notifié d'opposition ou si, au terme du délai ouvert par la notification de l'opposition, aucune décision du président du tribunal de grande instance de Paris n'est parvenue à la personne mentionnée à l'article L. 561-2 chargée de l'opération.

Un décret en Conseil d'État fixe les modalités d'application du présent article.

Art. L. 561-25 *(Ord. n° 2009-104, 30 janv. 2009 ; mod., L. n° 2013-672, 26 juill. 2013 ; Ord. n° 2016-1635, 1er déc. 2016).* – **I. – Pour l'application du présent chapitre, le service mentionné à l'article L. 561-23 peut demander que les documents, informations ou données, quel que soit le support utilisé, conservés en application de l'article L. 561-10-2 et des articles L. 561-12 et L. 561-13 lui soient communiquées dans les délais qu'il fixe. Ce droit s'exerce sur pièces ou sur place pour les personnes mentionnées aux 1° à 7° de l'article L. 561-2, et sur pièces pour les autres personnes mentionnées à cet article, dans le but de reconstituer l'ensemble des opérations faites par une personne physique ou morale liées à une opération ayant fait l'objet d'une déclaration mentionnée à l'article L. 561-15 ou à une information reçue au titre des articles L. 561-27, L. 561-28 ou L. 561-29, ainsi que dans le but de renseigner, dans les conditions prévues à l'article L. 561-29, des cellules de renseignement financier homologues étrangères.**

II. – Par dérogation au I, les demandes de communication de documents, informations ou données effectuées auprès des avocats au Conseil d'État et à la Cour de cassation et des avocats sont présentées par le service, selon le cas, au président de l'ordre des avocats au Conseil d'État et à la Cour de cassation ou au bâtonnier de l'ordre auprès duquel l'avocat est inscrit.

L'avocat au Conseil d'État et à la Cour de cassation ou l'avocat communique à l'autorité dont il relève les documents, informations ou données qu'elle lui demande. L'autorité les transmet au service selon les modalités prévues à l'article L. 561-17.

À défaut du respect de cette procédure, l'avocat au Conseil d'État et à la Cour de cassation ou l'avocat est en droit de s'opposer à la communication des documents, informations ou données demandés par le service mentionné à l'article L. 561-23.

Cette dérogation ne s'applique pas à l'avocat agissant en qualité de fiduciaire en application du deuxième alinéa de l'article 2015 du Code civil.

II *bis*. – Le service mentionné à l'article L. 561-23 peut demander à toute entreprise de transport routier, ferroviaire, maritime ou aérien, à tout opérateur de voyage ou de séjour, ou à toute entreprise de location de véhicules de transport terrestre, maritime ou aérien, les éléments d'identification des personnes ayant payé ou bénéficié d'une prestation ainsi que les dates, les heures et les lieux de départ et d'arrivée de ces personnes et, s'il y a lieu, les éléments d'information en sa possession relatifs aux bagages et aux marchandises transportés.

II *ter*. – Le service mentionné à l'article L. 561-23 peut demander toutes les informations nécessaires à l'accomplissement de sa mission aux gestionnaires d'un système de cartes de paiement ou de retrait.

II *quater*. – Le service mentionné à l'article L. 561-23 peut demander toutes les informations nécessaires à l'accomplissement de sa mission à toute personne qui met en relation, au moyen d'un site internet, les porteurs d'un événement ou d'un projet et les personnes finançant, totalement ou partiellement, cet événement ou ce projet.

III. – Il est interdit, sous peine des sanctions prévues à l'article L. 574-1, aux dirigeants et aux personnes mentionnées au II *bis* à II *quater* du présent article et à l'article L. 561-2, au président de l'ordre des avocats au Conseil d'État et à la Cour de cassation ou au bâtonnier de l'ordre auprès duquel l'avocat est inscrit de porter à la connaissance du propriétaire des sommes ou de l'auteur de l'une des opérations mentionnées à l'article L. 561-15 ou à des tiers, autres que les autorités de contrôle, ordres professionnels et instances représentatives nationales mentionnées à l'article L. 561-36, les informations provenant de l'exercice par le service mentionné à l'article L. 561-23 du droit de communication prévu à l'article L. 561-25.

Le fait pour les personnes mentionnées au 13° de l'article L. 561-2 de s'efforcer de dissuader leur client de prendre part à une activité illégale ne constitue pas une divulgation au sens de l'alinéa qui précède.

Art. L. 561-25-1 *(Ord. n° 2016-1635, 1er déc. 2016)*. – I. – Le service mentionné à l'article L. 561-23 peut demander aux caisses créées en application du 9° de l'article 53 de la loi n° 71-1130 du 31 décembre 1971, les informations relatives au montant, à la provenance et à la destination des fonds, effets ou valeurs déposés par un avocat, l'identité de l'avocat concerné et l'indication de la nature de l'affaire enregistrée par la caisse.

Ces caisses communiquent les informations demandées au service mentionné à l'article L. 561-23 par l'intermédiaire du bâtonnier de l'ordre auprès duquel l'avocat concerné est inscrit.

II. – Il est interdit, sous peine des sanctions prévues à l'article L. 574-1, aux personnes mentionnées au I de porter à la connaissance de quiconque les informations provenant de l'exercice par le service mentionné à l'article L. 561-23 du droit de communication prévu au présent article.

Art. L. 561-26 *(Ord. n° 2009-104, 30 janv. 2009 ; mod., L. n° 2010-853, 23 juill. 2010 ; L. n° 2011-94, 25 janv. 2011 ; L. n° 2015-912, 24 juill. 2015 ; L. n° 2016-731, 3 juin 2016 ; Ord. n° 2016-1635, 1er déc. 2016)*. – Le service mentionné à l'article L. 561-23 peut, pour une durée maximale de six mois renouvelable, désigner aux personnes mentionnées à l'article L. 561-2, pour la mise en œuvre de leurs obligations de vigilance à l'égard de la clientèle énoncées au présent chapitre :

1° Les opérations qui présentent, eu égard à leur nature particulière ou aux zones géographiques déterminées à partir desquelles, à destination desquelles ou en relation avec lesquelles elles sont effectuées, un risque important de blanchiment de capitaux ou de financement du terrorisme ;

2° Des personnes qui présentent un risque important de blanchiment de capitaux ou de financement du terrorisme.

Il est interdit, sous peine des sanctions prévues à l'article L. 574-1, aux personnes mentionnées à l'article L. 561-2, au président de l'ordre des avocats au Conseil d'État et à la Cour de cassation ou au bâtonnier de l'ordre auprès duquel l'avocat est inscrit de porter à la connaissance de leurs clients ou à la connaissance de tiers autres que les autorités de contrôle, ordres professionnels et instances représentatives nationales mentionnés à l'article L. 561-36, les informations transmises par le service mentionné à l'article L. 561-23 lorsqu'il procède à une désignation en application du 2° du présent article.

Un décret en Conseil d'État fixe les modalités d'application du présent article.

Sous-section 3. – Échanges d'informations

Art. L. 561-27 *(Ord. n° 2009-104, 30 janv. 2009 ; mod., L. fin. rect. n° 2010-1658, 29 déc. 2010 ; L. n° 2016-731, 3 juin 2016 ; Ord. n° 2016-1635, 1er déc. 2016).* – Le service mentionné à l'article L. 561-23 reçoit, à l'initiative des administrations de l'État, des collectivités territoriales, des établissements publics, des organismes mentionnés à l'article L. 134-1 du Code des juridictions financières et de toute autre personne chargée d'une mission de service public, toutes les informations nécessaires à l'accomplissement de sa mission ou les obtient de ceux-ci à sa demande.

Il dispose, pour les besoins de l'accomplissement de sa mission :

1° D'un droit d'accès direct aux fichiers utilisés par les services en charge de l'établissement de l'assiette, du contrôle et du recouvrement des impôts ;

2° D'un droit d'accès direct aux traitements de données à caractère personnel mentionnés à l'article 230-6 du Code de procédure pénale, y compris pour les données portant sur des procédures judiciaires en cours et à l'exclusion de celles relatives aux personnes enregistrées en qualité de victimes.

L'autorité judiciaire, les juridictions financières et les officiers de police judiciaire peuvent le rendre destinataire de toute information aux mêmes fins.

Art. L. 561-28 *(Ord. n° 2009-104, 30 janv. 2009 ; mod., L. n° 2010-853, 23 juill. 2010 ; L. n° 2011-94, 25 janv. 2011 ; Ord. n° 2016-1635, 1er déc. 2016).* – I. – Le service mentionné à l'article L. 561-23 échange avec les autorités de contrôle, les ordres professionnels et instances représentatives nationales mentionnées à l'article L. 561-36 toute information utile à l'accomplissement de leurs missions respectives pour l'application du présent chapitre.

II. – Lorsque, dans l'accomplissement de leur mission, les autorités de contrôle et les ordres professionnels découvrent des faits susceptibles d'être liés au blanchiment des capitaux ou au financement du terrorisme ou toute somme ou opération visées à l'article L. 561-15, ils en informent sans délai le service mentionné à l'article L. 561-23.

Ce service en accuse réception et peut, sur leur demande, les tenir informés des suites qui ont été réservées à ces informations.

III. – Par dérogation au II, lorsque, dans l'accomplissement de ses missions, le conseil de l'ordre des avocats a connaissance de faits susceptibles d'être liés au blanchiment des capitaux ou au financement du terrorisme, le bâtonnier en informe le procureur général près la cour d'appel qui transmet cette information sans délai au service mentionné à l'article L. 561-23.

Le président du conseil de l'ordre des avocats au Conseil d'État et à la Cour de cassation informe des faits de même nature dont l'ordre aurait connaissance le procureur général près la Cour de cassation, qui transmet cette information sans délai à ce service.

Art. L. 561-29 *(Ord. n° 2009-104, 30 janv. 2009 ; mod., L. n° 2013-672, 26 juill. 2013 ; L. n° 2015-912, 24 juill. 2015 ; Ord. n° 2016-1635, 1er déc. 2016).* – Le service mentionné à l'article L. 561-23 reçoit, à sa demande ou à leur initiative, les informations des cellules de renseignement financier homologues étrangères nécessaires à l'accomplissement de sa mission.

Les informations communiquées par une cellule de renseignement financier mentionnée ci-dessus ne peuvent être transmises par le service mentionné à l'article L. 561-23 à une autre autorité qu'avec l'autorisation préalable de la cellule de renseignement ayant fourni ces informations, qu'elle ne peut refuser, sauf si la transmission envisagée n'entre pas dans le champ d'application des dispositions applicables en matière de lutte contre le blanchiment de capitaux et le financement du terrorisme, est susceptible d'entraver une enquête pénale, est manifestement disproportionnée par rapport aux intérêts légitimes d'une personne ou est, pour une autre raison, contraire aux principes fondamentaux du droit national de cette cellule de renseignement.

Art. L. 561-29-1 *(L. n° 2016-731, 3 juin 2016 ; mod., Ord. n° 2016-1635, 1er déc. 2016 ; Ord. n° 2018-1125, 12 déc. 2018).* – I. – Le service mentionné à l'article L. 561-23 peut également communiquer, sur leur demande ou à son initiative, aux cellules de renseignement financier homologues étrangères les informations qu'il détient sur des sommes ou opérations qui paraissent avoir pour objet le blanchiment du produit d'une infraction punie d'une peine privative de liberté supérieure à un an ou le financement du terrorisme, sous réserve de réciprocité, même si la nature de l'infraction sous-jacente associée susceptible d'être en cause n'est pas identifiée au moment où l'échange se produit, et si les conditions suivantes sont réunies :

a) Les autorités étrangères sont soumises à des obligations de confidentialité au moins équivalentes ;

b) Le traitement des informations communiquées garantit un niveau de protection suffisant de la vie privée et des libertés et droits fondamentaux des personnes, conformément aux articles 122 et 123 de la loi n° 78-17 du 6 janvier 1978.

La décision de communiquer une information à une cellule de renseignement financier étrangère et de restreindre, le cas échéant, son utilisation reste de la compétence exclusive du service mentionné à l'article L. 561-23.

La communication de ces informations ne peut avoir lieu si elle porte atteinte à la souveraineté ou aux intérêts nationaux, à la sécurité ou à l'ordre public.

II. – Les informations mentionnées au I ne peuvent être transmises par la cellule de renseignement financier homologue étrangère à ses autorités compétentes qu'avec l'autorisation préalable du service mentionné à l'article L. 561-23. Ce dernier peut s'y opposer si la communication de ces informations est susceptible de porter atteinte à des investigations judiciaires en cours.

NB : Conformément à l'article 29 de l'ordonnance n° 2018-1125 du 12 décembre 2018, ces dispositions entrent en vigueur en même temps que le décret modifiant le décret n° 2005-1309 du 20 octobre 2005 pris pour l'application de la loi n° 78-17 du 6 janvier 1978 relative à l'informatique, aux fichiers et aux libertés, dans sa rédaction résultant de ladite ordonnance, et au plus tard le 1er juin 2019.

Art. L. 561-29-2 *(Ord. n° 2016-1635, 1er déc. 2016).* – Lorsque le service mentionné à l'article L. 561-23 reçoit une déclaration faite conformément à l'article L. 561-15 qui concerne un autre État membre de l'Union européenne, il transmet sans délai cette déclaration à la cellule de renseignement financier homologue dudit État membre, suivant des modalités précisées par décret en Conseil d'État.

Sous-section 4. – Transmission d'informations

Art. L. 561-30 *(Ord. n° 2009-104, 30 janv. 2009 ; mod., L. n° 2013-672, 26 juill. 2013 ; Ord. n° 2016-1635, 1er déc. 2016 ; Ord. n° 2018-1125, 12 déc. 2018).* – Sous réserve de l'application de l'article 40 du Code de procédure pénale, les informations détenues par le service mentionné à l'article L. 561-23 ne peuvent être utilisées à d'autres fins que celles prévues au présent chapitre.

Leur divulgation est interdite, sans qu'il soit fait obstacle cependant à l'application des dispositions de l'article 19 de la loi n° 78-17 du 6 janvier 1978.

NB : Conformément à l'article 29 de l'ordonnance n° 2018-1125 du 12 décembre 2018, ces dispositions entrent en vigueur en même temps que le décret modifiant le décret n° 2005-1309 du 20 octobre 2005 pris pour l'application de la loi n° 78-17 du 6 janvier 1978 relative à l'informatique, aux fichiers et aux libertés, dans sa rédaction résultant de ladite ordonnance, et au plus tard le 1er juin 2019.

Art. L. 561-30-1 *(Ord. n° 2016-1635, 1er déc. 2016).* – Lorsque les investigations du service mentionné à l'article L. 561-23 mettent en évidence des faits susceptibles de relever du blanchiment du produit d'une infraction punie d'une peine privative de liberté supérieure à un an ou du financement du terrorisme, ce service saisit le procureur de la République par note d'information. Cette note ne comporte pas de mention de l'origine des informations.

Dans les affaires ayant fait l'objet d'une note d'information en application du présent article le procureur de la République ou le procureur général informe le service de l'engagement d'une procédure judiciaire, du classement sans suite ainsi que des décisions prononcées par une juridiction répressive.

Art. L. 561-30-2 *(Ord. n° 2016-1635, 1er déc. 2016).* – I. – Lorsque, sur le fondement d'une déclaration faite conformément à l'article L. 561-15, le service mentionné à l'article L. 561-23 saisit le procureur de la République, il en informe, selon des modalités fixées par décret, la personne mentionnée à l'article L. 561-2 qui a effectué la déclaration.

Lorsque la déclaration lui a été transmise par le président de l'ordre des avocats au Conseil d'État et à la Cour de cassation ou le bâtonnier de l'ordre des avocats, en application de l'article L. 561-17, le service informe ces autorités de la transmission de la déclaration au procureur de la République.

Les modalités de cette information sont fixées par décret.

II. – Le service mentionné à l'article L. 561-23 peut, si les circonstances l'exigent, informer les personnes qui lui ont transmis des informations en application du premier alinéa de l'article L. 561-27 qu'il a saisi le procureur de la République sur la base de ces informations.

Art. L. 561-31 *(Ord. n° 2009-104, 30 janv. 2009 ; mod., Ord. n° 2016-1635, 1er déc. 2016)*. – Outre l'application de l'article L. 561-30-1 et de l'article 40 du Code de procédure pénale, le service est autorisé à transmettre des informations qu'il détient aux autorités judiciaires et aux services de police judiciaire sous réserve qu'elles soient en relation avec leurs missions.

Il peut également transmettre aux services de renseignement spécialisés des informations relatives à des faits qui concernent les finalités mentionnées à l'article L. 811-3 du Code de la sécurité intérieure.

Il peut aussi transmettre à l'administration fiscale, qui peut les utiliser pour l'exercice de ses missions, des informations sur des faits susceptibles de relever de l'infraction définie à l'article 1741 du Code général des impôts ou du blanchiment du produit de cette infraction.

Pour l'exercice de leurs missions respectives, le service peut également transmettre des informations :

1° Aux juridictions financières, par l'intermédiaire de leur ministère public ;

2° À la Haute Autorité pour la transparence de la vie publique ;

3° À l'Autorité de contrôle prudentiel et de résolution ;

4° À l'Autorité des marchés financiers ;

5° Aux services spécialisés de lutte contre la corruption ;

6° À l'administration des douanes ;

7° Aux services de l'État chargés de préparer et de mettre en œuvre une mesure de gel ou d'interdiction de mouvement ou de transfert des fonds, des instruments financiers et des ressources économiques ;

8° Aux services de l'État chargés de la politique publique en matière de protection et de promotion des intérêts économiques, industriels et scientifiques de la Nation ;

9° Aux services de l'État chargés de la concurrence, de la consommation et de la répression des fraudes ;

10° Au service de police chargé du contrôle et de la surveillance des courses et des jeux ;

11° Aux organismes mentionnés à l'article L. 114-12 du Code de la sécurité sociale.

Art. L. 561-31-1 *(Ord. n° 2016-1635, 1er déc. 2016)*. – Les informations transmises en application des articles L. 561-28 et L. 561-31, à l'exception de celles mentionnées au premier alinéa de l'article L. 561-31, sont confidentielles. Il est interdit aux destinataires de ces informations d'en révéler l'existence et le contenu ou de les transmettre à une autre autorité sans l'autorisation préalable du service mentionné à l'article L. 561-23.

Section VI. – Procédures et contrôle interne

Art. L. 561-32 *(Ord. n° 2009-104, 30 janv. 2009 ; mod., Ord. n° 2016-1635, 1er déc. 2016)*. – I. – Les personnes mentionnées à l'article L. 561-2 mettent en place une organisation et des procédures internes pour lutter contre le blanchiment des capitaux et le financement du terrorisme, tenant compte de l'évaluation des risques prévue à l'article L. 561-4-1. En tenant compte du volume et de la nature de leur activité ainsi que des risques présentés par les relations d'affaires qu'elles établissent, elles déterminent un profil de la relation d'affaires permettant d'exercer la vigilance constante prévue à l'article L. 561-6.

Lorsque les personnes mentionnées ci-dessus appartiennent à un groupe défini à l'article L. 561-33, et si l'entreprise mère du groupe a son siège social en France, cette dernière définit au niveau du groupe l'organisation et les procédures mentionnées ci-dessus et veille à leur respect.

Les personnes mentionnées ci-dessus mettent en place un dispositif de gestion des risques permettant de détecter les personnes mentionnées au 2° et les opérations mentionnées au 4° de l'article L. 561-10 ainsi que celles mentionnée aux articles L. 561-10-2 et L. 561-15.

Elles désignent, en tenant compte de la taille et de la nature de leur activité, une personne occupant une position hiérarchique élevée et possédant une connaissance suffisante de leurs expositions au risque de blanchiment de capitaux et de financement du terrorisme comme responsable de la mise en œuvre du dispositif de lutte contre le blanchiment des capitaux et le financement du terrorisme. Le cas échéant, une telle personne est également désignée au niveau du groupe défini à l'article L. 561-33.

II. – Pour veiller au respect des obligations prévues au chapitre I du présent titre, les personnes mentionnées à l'article L. 561-2 mettent également en place des mesures de contrôle interne.

Dans leur politique de recrutement de leur personnel, elles prennent en compte les risques que présentent les personnes au regard de la lutte contre le blanchiment de capitaux et le financement du terrorisme.

III. – Les conditions d'application du présent article sont définies par décret en Conseil d'État. En outre, des arrêtés du ministre chargé de l'économie, pour les personnes mentionnées du 1° à 5°, 6 *bis* et 7° de l'article L. 561-2, et le règlement général de l'Autorité des marchés financiers, pour les personnes mentionnées au 6° de cet article, précisent en tant que de besoin la nature et la portée des procédures internes prévues ci-dessus.

Art. L. 561-33 *(Ord. n° 2009-104, 30 janv. 2009 ; L. n° 2013-100, 28 janv. 2013 ; mod., Ord. n° 2016-1635, 1er déc. 2016 ; Ord. n° 2018-1125, 12 déc. 2018)*. – I. – Lorsque les personnes mentionnées à l'article L. 561-2 font partie d'un groupe au sens de l'article L. 511-20 à l'exclusion des groupes mixtes dont l'entreprise mère est une compagnie holding mixte ou une entreprise mère mixte de société de financement, d'un conglomérat financier au sens de l'article L. 517-3, d'un groupe au sens des articles L. 322-1-2, L. 322-1-3 et L. 356-2 du Code des assurances, au sens de l'article L. 111-4-2 du Code de la mutualité ou au sens de l'article L. 931-2-2 du Code de la sécurité sociale, ou d'un groupe défini comme un ensemble de sociétés dont l'une contrôle les autres au sens de l'article L. 233-3 du Code de commerce, elles mettent en place au niveau du groupe une organisation et des procédures qui tiennent compte des risques identifiés par la classification des risques mentionnée à l'article L. 561-4-1. L'organisation et les procédures au niveau du groupe sont définies par l'entreprise mère du groupe lorsque celle-ci a son siège social en France.

Ces procédures prévoient le partage des informations au sein du groupe, y compris pour l'application de l'article L. 511-34, la protection des données à caractère personnel ainsi que les mesures de contrôle interne.

II. – 1° Les personnes mentionnées à l'article L. 561-2 et le cas échéant l'entreprise mère du groupe appliquent dans leurs succursales et filiales situées dans les pays tiers des mesures équivalentes à celles prévues au présent chapitre en matière de vigilance à l'égard du client, de partage et de conservation des informations et de protection des données ;

2° Lorsque le droit applicable localement ne leur permet pas de mettre en œuvre dans leurs succursales et filiales situées dans les pays tiers les mesures équivalentes, mentionnées ci-dessus, elles veillent à ce que ces succursales et filiales appliquent des mesures de vigilance spécifiques. Elles en informent le service mentionné à l'article L. 561-23 et l'autorité de contrôle mentionnée à l'article L. 561-36 dont ils relèvent. Si elle estime que les mesures spécifiques sont insuffisantes, cette autorité de contrôle impose des mesures de surveillance supplémentaires, en exigeant notamment que le groupe n'établisse pas de relations d'affaires ou qu'il y mette fin, qu'il n'effectue pas d'opérations et le cas échéant qu'il cesse ses activités dans le pays tiers concerné ;

3° Les personnes mentionnées à l'article L. 561-2 qui exploitent des succursales dans un autre État membre de l'Union européenne ou partie à l'accord sur l'espace économique européen veillent à ce que ces succursales respectent les dispositions applicables dans cet État.

NB : Conformément à l'article 29 de l'ordonnance n° 2018-1125 du 12 décembre 2018, ces dispositions entrent en vigueur en même temps que le décret modifiant le décret n° 2005-1309 du 20 octobre 2005 pris pour l'application de la loi n° 78-17 du 6 janvier 1978 relative à l'informatique, aux fichiers et aux libertés, dans sa rédaction résultant de ladite ordonnance, et au plus tard le 1er juin 2019.

Art. L. 561-34 *(Ord. n° 2009-104, 30 janv. 2009 ; mod., Ord. n° 2016-1635, 1er déc. 2016)*. – En vue d'assurer le respect des obligations prévues aux chapitres Ier et II du présent titre, les personnes mentionnées à l'article L. 561-2 assurent l'information régulière de leurs personnels.

Dans le même but, elles mettent en place toute action de formation utile.

Pour l'application du présent article, les agents mentionnés à l'article L. 523-1 et les personnes auxquelles les établissements de monnaie électronique ont recours en vue de distribuer de la monnaie électronique, au sens de l'article L. 525-8, sont assimilés aux personnels des personnes mentionnées à l'article L. 521-1.

Art. L. 561-35 *(Ord. n° 2009-104, 30 janv. 2009)*. – Les personnes énumérées à l'article L. 561-2 et les autorités de contrôle mentionnées à l'article L. 561-36 reçoivent du service prévu à l'article L. 561-23 les informations dont celui-ci dispose sur les mécanismes de blanchiment des capitaux ou de financement du terrorisme.

Section VII. – Les autorités de contrôle et les sanctions

Sous-section 1. – Dispositions générales

Art. L. 561-36 *(Ord. n° 2009-104, 30 janv. 2009 ; mod., Ord. n° 2010-76, 21 janv. 2010 ; L. n° 2014-344, 17 mars 2014 ; Ord. n° 2014-559, 30 mai 2014 ; Ord. n° 2016-1635, 1er déc. 2016 ; Ord. n° 2017-1107, 22 juin 2017).* – I. – Le contrôle du respect, par les personnes mentionnées à l'article L. 561-2, des obligations prévues aux chapitres Ier et II du présent titre et, le cas échéant, le pouvoir de sanction en cas de non-respect de celles-ci sont assurés :

1° Par l'Autorité de contrôle prudentiel et de résolution dans les conditions définies à l'article L. 561-36-1 ;

2° *(2° mod. à compter du 3 janvier 2018, Ord. n° 2017-1107, 22 juin 2017)* Par l'Autorité des marchés financiers sur les sociétés de gestion de portefeuille, sur les dépositaires centraux et les gestionnaires de systèmes de règlement et de livraison d'instruments financiers, sur les personnes autorisées au titre de l'article L. 621-18-5, sur les conseillers en investissements financiers *(Mots rempl., L. n° 2019-486, 22 mai 2019)* « , sur les conseillers en investissements participatifs et sur les émetteurs de jetons mentionnés au 7° *ter* de l'article L. 561-2 » *(Mots aj., L. n° 2019-486, 22 mai 2019)* « ainsi que les prestataires mentionnés au 7° *quater* de l'article L. 561-2 » ;

3° Par le conseil de l'ordre du barreau auprès duquel les avocats sont inscrits, conformément à l'article 17 de la loi n° 71-1130 du 31 décembre 1971 portant réforme de certaines professions judiciaires et juridiques. Il peut être assisté dans sa mission de contrôle par le Conseil national des barreaux conformément à l'article 21-1 de la même loi ;

4° Par les chambres des notaires sur les notaires de leur ressort, conformément à l'article 4 de l'ordonnance n° 45-2590 du 2 novembre 1945 relative au statut du notariat ;

5° Sous réserve des dispositions du 8° ci-dessous, par les chambres régionales des huissiers de justice sur les huissiers de justice de leur ressort, conformément à l'article 7 de l'ordonnance n° 45-2592 du 2 novembre 1945 relative au statut des huissiers de justice ;

Rédaction future. 5° *(5° rempl. à compter du 1er juillet 2022, Ord. n° 2016-1635, 1er déc. 2016)* Sous réserve du 8° ci-dessous par la chambre régionale des commissaires de justice sur les commissaires de justice de leur ressort, conformément à l'article 15 de l'ordonnance n° 2016-728 du 2 juin 2016 relative au statut de commissaire de justice ;

6° *(6° abr. à compter du 1er juillet 2022, Ord. n° 2016-1635, 1er déc. 2016)*Sous réserve des dispositions du 8° ci-dessous, par la chambre de discipline des commissaires-priseurs judiciaires sur les commissaires-priseurs judiciaires de leur ressort, conformément à l'article 8 de l'ordonnance n° 45-2593 du 2 novembre 1945 relative au statut des commissaires-priseurs judiciaires ; ;

7° Par le conseil de l'ordre des avocats au Conseil d'État et à la Cour de cassation sur les avocats au Conseil d'État et à la Cour de cassation, conformément à l'article 13-1 de l'ordonnance du 10 septembre 1817 qui réunit, sous la dénomination d'ordre des avocats au Conseil d'État et à la Cour de cassation, l'ordre des avocats aux conseils et le collège des avocats à la Cour de cassation, fixe irrévocablement le nombre des titulaires et contient des dispositions pour la discipline intérieure de l'ordre ;

8° Dans les conditions définies au titre Ier du livre VIII du Code de commerce pour les administrateurs judiciaires, les mandataires judiciaires et les personnes mentionnées au III de l'article L. 812-2 du Code de commerce ;

9° Dans les conditions définies au titre II du livre VIII du Code de commerce pour les commissaires aux comptes ;

10° Par l'ordre des experts-comptables sur les experts-comptables et les salariés autorisés à exercer la profession d'expert-comptable en application des articles 83 *ter* et 83 *quater* de l'ordonnance n° 45-2138 du 19 septembre 1945 portant institution de l'ordre des experts-comptables et réglementant le titre et la profession d'experts-comptables, conformément à l'article 1er de cette ordonnance ;

11° Par le conseil des ventes volontaires de meubles aux enchères publiques sur les opérateurs de ventes volontaires de meubles aux enchères publiques, conformément aux articles L. 321-18 et L. 321-22 du Code de commerce ;

12° Par l'administration des douanes pour les personnes mentionnées au 10° de l'article L. 561-2 ;

13° Par les fédérations sportives conformément à l'article L. 222-7 du Code du sport pour les personnes mentionnées au 16° de l'article L. 561-2 ;

14° Par l'autorité administrative compétente telle que désignée par décret en Conseil d'État en application de l'article L. 561-36-2, pour les personnes mentionnées aux 8°, 9°, 9 *bis*, 11° et 15° de l'article L. 561-2 ;

15° *(15° abr., L. n° 2019-486, 22 mai 2019).*

II. – En cas de manquement par une personne mentionnée à l'article L. 561-2 à tout ou partie des obligations lui incombant en vertu du présent titre, l'autorité compétente peut engager à l'égard de cette personne une procédure de sanction. Une telle procédure est engagée dans tous les cas lorsqu'il existe des faits susceptibles de constituer des manquements graves, répétés ou systématiques à ces obligations.

En cas de manquement par une personne mentionnée à l'article L. 561-2 à tout ou partie des obligations lui incombant en vertu du présent titre, l'autorité compétente peut également sanctionner les dirigeants de cette personne ainsi que les autres personnes physiques salariées, préposées, ou agissant pour le compte de cette personne, du fait de leur implication personnelle.

Dans le cas où l'autorité compétente engage une procédure de sanction, elle en avise le procureur de la République. Par dérogation, pour les avocats au Conseil d'État et à la Cour de cassation et les avocats, elle en avise, selon le cas, le procureur général près la Cour de cassation ou le procureur général près la cour d'appel.

III. – Les autorités de contrôle mentionnées au I contrôlent le respect des obligations prévues au présent titre par les personnes assujetties ayant leur siège social dans un autre État membre de l'Union européenne ou partie à l'Espace économique européen en tant qu'elles exploitent des établissements sur le territoire national ou y exercent leur activité dans les conditions prévues aux articles 1° *quater* ou 6 *bis* de l'article L. 561-2.

Chaque autorité de contrôle reçoit de son homologue situé dans cet État membre ou communique à celui-ci, les informations nécessaires à l'accomplissement de sa mission.

Art. L. 561-36-1 *(Ord. n° 2016-1635, 1er déc. 2016)*. – I. - L'Autorité de contrôle prudentiel et de résolution dispose en matière de lutte contre le blanchiment des capitaux et le financement du terrorisme, sur les personnes mentionnées du 1° au *(Réf. rempl., L. n° 2019-486, 22 mai 2019)* « 7° *bis* » de l'article L. 561-2 et sur les entreprises mères de groupe mentionnées à l'article L. 561-33 pour les obligations qui leur incombent, à l'exclusion des personnes mentionnées au 5° ainsi que de celles relevant du contrôle de l'Autorité des marchés financiers en application du 2° du I de l'article L. 561-36, du pouvoir de contrôle sur pièces et sur place défini à la section 5 du chapitre II du titre Ier du livre VI.

Elle dispose également du pouvoir de prendre des mesures de police administrative et du pouvoir de sanction dans les conditions prévues ci-après.

Elle peut en outre porter à la connaissance du public toute information qu'elle estime nécessaire à l'accomplissement de sa mission, sans que lui soit opposable le secret professionnel mentionné à l'article L. 612-17.

II. – L'Autorité de contrôle prudentiel et de résolution veille au respect des dispositions des chapitres Ier et II du présent titre et des dispositions réglementaires prises pour leur application, des dispositions européennes directement applicables en matière de lutte contre le blanchiment des capitaux et le financement du terrorisme, y compris les normes techniques de réglementation prises en application de la directive 2015/849 du Parlement européen et du Conseil du 20 mai 2015 relative à la prévention de l'utilisation du système financier aux fins du blanchiment de capitaux ou du financement du terrorisme, ainsi que des règlements européens portant mesures restrictives pris en application des articles 75 ou 215 du Traité sur le fonctionnement de l'Union européenne.

III. – Pour assurer le respect des dispositions mentionnées au II, elle peut mettre en demeure, dans les conditions prévues à l'article L. 612-31 du présent code, toute personne mentionnée au I de prendre, dans un délai déterminé, toute mesure destinée à régulariser sa situation.

Elle peut également, lorsqu'elle constate des insuffisances caractérisées du dispositif de lutte contre le blanchiment des capitaux et le financement du terrorisme, un grave défaut de vigilance, une carence sérieuse dans l'organisation du dispositif ou des procédures de contrôle ou une exposition non maîtrisée au risque en matière de lutte contre le blanchiment des capitaux et le financement du terrorisme, prendre les mesures conservatoires prévues aux 1° à 3°, 5°, 6°, 11° et 12° du I de l'article L. 612-33, ainsi que celles prévues au 2° du II de l'article L. 561-33.

Elle peut également conformément au I de l'article L. 612-34 nommer un administrateur provisoire lorsque la gestion de la personne assujettie ne peut plus être assurée dans des conditions normales et ne lui permet pas de respecter les dispositions mentionnées au II.

Les mesures de police mentionnées ci-dessus sont prononcées dans les conditions prévues aux articles L. 612-35 à L. 612-37 et, le cas échéant, au II de l'article L. 612-14.

IV. - Lorsque l'Autorité de contrôle prudentiel et de résolution constate des manquements aux dispositions mentionnées au II par les personnes mentionnées au I, à l'exclusion des personnes mentionnées aux 3°, 3° *bis*,

4° *(Réf. rempl., L. n° 2019-486, 22 mai 2019)* « , 7° et 7° *bis* » de l'article L. 561-2, ou si ces personnes n'ont pas déféré à une mise en demeure de se conformer à ces dispositions, le pouvoir de sanction mentionné au I s'exerce dans les conditions prévues aux articles L. 612-38 et L. 612-39.

Elle peut également prononcer, soit à la place, soit en sus des sanctions prévues à l'article L. 612-39, une sanction pécuniaire dont le montant peut être fixé dans la limite du plus élevé des deux plafonds suivants : cent millions d'euros et dix pour cent du chiffre d'affaires total au sens du V de l'article L. 612-40.

Lorsque la responsabilité directe et personnelle dans les manquements mentionnés au présent article est établie à l'encontre des dirigeants ou de toute autre personne mentionnée au I et au II de l'article L. 612-23-1 ou, dans le cas d'un établissement de paiement ou de monnaie électronique exerçant des activités hybrides, des personnes déclarées responsables respectivement de la gestion des activités de services de paiement, des activités d'émission et de gestion de monnaie électronique, la commission des sanctions peut également prononcer à l'encontre de ces personnes les sanctions disciplinaires prévues aux 4° et 5° de l'article L. 612-39. Ces sanctions ne peuvent excéder une durée de dix ans. La commission des sanctions peut prononcer, soit à la place, soit en sus de ces sanctions, la sanction disciplinaire prévue au VIII de l'article L. 612-40, selon les modalités définies aux IX et XI du même article.

Lorsque la responsabilité directe et personnelle dans les manquements mentionnés au présent article est établie à l'encontre de la personne mentionnée au quatrième alinéa de l'article L. 561-32, la commission des sanctions peut également prononcer à l'encontre de cette personne une interdiction d'exercer des fonctions de direction au sein des personnes mentionnées à l'article L. 561-2 qui ne saurait excéder cinq ans. Elle peut prononcer, soit à la place, soit en sus de cette sanction, la sanction disciplinaire prévue au VIII de l'article L. 612-40, selon les modalités définies aux IX et XI dudit article.

Les dispositions de l'alinéa ci-dessus s'appliquent également au représentant permanent mentionné au VI de l'article L. 561-3 au titre des fonctions qui lui sont confiées par les dispositions de la norme technique de réglementation prise en application des articles 45.9 et 45.10 de la directive 2015/849 du Parlement européen et du Conseil du 20 mai 2015 relative à la prévention de l'utilisation du système financier aux fins de blanchiment de capitaux ou du financement du terrorisme.

V. *(Al. rempl., L. n° 2019-486, 22 mai 2019)* Lorsque l'Autorité de contrôle prudentiel et de résolution constate des manquements aux dispositions mentionnées au II du présent article ainsi qu'à celles du chapitre IV du titre II du livre V du présent code ou de l'article L. 54-10-3 et des dispositions réglementaires prises pour son application par les personnes mentionnées aux 7° et 7° *bis* de l'article L. 561-2 ou si ces personnes n'ont pas déféré à une mise en demeure de se conformer à ces dispositions, le collège de supervision peut, dans les conditions définies à l'article L. 612-38, décider de l'ouverture d'une procédure disciplinaire à leur encontre.

(Al. rempl., L. n° 2019-486, 22 mai 2019) La commission des sanctions peut prononcer à l'encontre de ces personnes l'une des sanctions disciplinaires suivantes

1° L'avertissement ;

2° Le blâme ;

3° La radiation de la liste mentionnée à l'article L. 612-21.

Elle peut prononcer soit à la place, soit en sus de ces sanctions, une sanction pécuniaire fixée en fonction de la gravité du manquement et qui ne peut excéder cinq millions d'euros. Lorsque *(Mots rempl., L. n° 2019-486, 22 mai 2019)* « la personne sanctionnée » est une personne morale, la commission des sanctions peut décider que ses dirigeants de droit ou de fait seront tenus solidairement au paiement de la sanction pécuniaire prononcée.

La commission des sanctions peut assortir la sanction d'une astreinte, dont elle fixe le montant et la date d'effet. Un décret en Conseil d'État fixe la procédure applicable, le montant journalier maximum de l'astreinte et les modalités selon lesquelles, en cas d'inexécution totale ou partielle ou de retard d'exécution, il est procédé à la liquidation de l'astreinte.

Lorsque la responsabilité directe et personnelle des dirigeants *(Mots rempl., L. n° 2019-486, 22 mai 2019)* « des personnes mentionnées aux 7° et 7° *bis* » de l'article L. 561-2 dans les manquements mentionnés ci-dessus est établie, la commission des sanctions peut également prononcer à leur encontre une interdiction d'exercice, directement ou indirectement, *(Mots rempl., L. n° 2019-486, 22 mai 2019)* « de la profession de changeur manuel ou de prestataire mentionné au 7° *bis* du même article L. 561-2 » pour une durée qui ne peut excéder dix ans. Elle peut prononcer, soit à la place, soit en sus de cette sanction, la sanction disciplinaire prévue au VIII de l'article L. 612-40, selon les modalités définies aux IX et XI du même article.

Lorsque la responsabilité directe et personnelle dans les manquements mentionnés au présent article est établie, au sein *(Mots rempl., L. n° 2019-486, 22 mai 2019)* « des personnes mentionnées aux 7° et 7° *bis* » de l'article L. 561-2, à l'encontre de la personne mentionnée au quatrième alinéa du I de l'article L. 561-32, la commission des sanctions peut également prononcer à l'encontre de cette dernière une interdiction d'exercer des fonctions de direction au sein des personnes mentionnées à l'article L 561-2 qui ne saurait excéder cinq ans. Elle peut prononcer, soit à la place, soit en sus de cette sanction, la sanction disciplinaire prévue au VIII de l'article L. 612-40, selon les modalités définies aux IX et XI dudit article.

VI. – Lorsque l'Autorité de contrôle prudentiel et de résolution constate des manquements aux dispositions mentionnées au II des personnes mentionnées aux 3°, 3° *bis* et 4° de l'article L. 561-2 ou si ces personnes n'ont pas déféré à une mise en demeure de se conformer à ces dispositions, le collège de supervision peut, dans les conditions définies à l'article L. 612-38, décider de l'ouverture d'une procédure disciplinaire à leur encontre.

La commission des sanctions peut prononcer à l'encontre de ces personnes une ou plusieurs sanctions définies au I de l'article L. 612-41 selon les modalités définies audit article. Elle peut prononcer, soit à la place, soit en sus de ces sanctions, une sanction pécuniaire dont le montant peut être porté dans la limite du plus élevé des deux plafonds suivants : cent millions d'euros et dix pour cent du chiffre d'affaires total au sens du V de l'article L. 612-40 du Code monétaire et financier.

Lorsque la responsabilité directe et personnelle des dirigeants des personnes mentionnées au premier alinéa du présent VI dans les manquements mentionnés au même alinéa est établie, la commission des sanctions peut également prononcer les sanctions disciplinaires prévues aux 4° et 5° de l'article L. 612-39. Ces sanctions ne peuvent excéder une durée de dix ans. La commission des sanctions peut prononcer, soit à la place, soit en sus de ces sanctions, la sanction disciplinaire prévue au VIII de l'article L. 612-40, selon les modalités définies aux IX et XI du même article.

Lorsque la responsabilité directe et personnelle dans les manquements ou infractions mentionnés au présent article est établie au sein des personnes mentionnées au premier alinéa du présent VI, à l'encontre de la personne mentionnée au quatrième alinéa du I de l'article L. 561 32, la commission des sanctions peut également prononcer à l'encontre de cette dernière une interdiction d'exercer des fonctions de direction au sein des personnes mentionnées à l'article L. 561-2 qui ne saurait excéder cinq ans. Elle peut prononcer, soit à la place, soit en sus de cette sanction, la sanction disciplinaire prévue au VIII de l'article L. 612-40, selon les modalités définies aux IX et XI du même article.

VII. – L'Autorité de contrôle prudentiel et de résolution veille au respect par la Caisse des dépôts et consignations des dispositions mentionnées au II et exerce sur elle un pouvoir de sanction. À cette fin, le contrôle de l'Autorité de contrôle prudentiel et de résolution s'exerce dans les conditions prévues par l'article L. 612-17 selon les modalités prévues par les articles L. 612-23 à L. 612-27, L. 612-31, L. 612-38, L. 612-44, ainsi qu'aux 1° et 2° de l'article L. 612-39. Pour la mise en œuvre du présent article, les articles L. 571-4, L. 613-20-1 et L. 613-20-2 sont également applicables au groupe de la Caisse des dépôts et consignations et à ses dirigeants.

L'Autorité de contrôle prudentiel et de résolution peut adresser à la Caisse des dépôts et consignations des recommandations ou la mettre en demeure de prendre les mesures appropriées pour se conformer aux obligations issues des dispositions mentionnées ci-dessus.

(Al. mod., L. n° 2019-486, 22 mai 2019) Lorsque l'Autorité de contrôle prudentiel et de résolution constate de graves manquements de la Caisse des dépôts et consignations aux obligations mentionnées ci-dessus ou si cette dernière n'a pas déféré à une mise en demeure de se conformer à ces obligations, le collège de supervision peut, dans les conditions définies à l'article L. 612-38, décider de l'ouverture d'une procédure disciplinaire à l'encontre de la Caisse des dépôts et consignations.

La commission des sanctions peut prononcer à l'encontre de la Caisse des dépôts et consignations une sanction prévue aux 1° et 2° de l'article L. 612-39. Elle peut prononcer, soit à la place, soit en sus de ces sanctions, une sanction pécuniaire au plus égale à cent millions d'euros. Les sommes correspondantes sont recouvrées par le Trésor public et versées au budget de l'État.

Lorsque la responsabilité directe et personnelle de la personne mentionnée à l'article L. 518-11 dans les manquements ou infractions aux dispositions mentionnés au premier alinéa du présent VII est établie, la commission des sanctions peut également prononcer à l'encontre de cette personne une sanction pécuniaire prévue au VIII de l'article L. 612-40 selon les modalités définies au IX et XI du même article.

Lorsque la responsabilité directe et personnelle dans les manquements ou infractions mentionnés au présent article est établie à l'encontre de la personne mentionnée au quatrième alinéa du I de l'article L. 561-32, la commission des sanctions peut également prononcer à l'encontre de cette dernière une interdiction d'exercer des fonctions de direction au sein des personnes mentionnées à l'article L. 561-2 qui ne saurait excéder cinq ans. Elle peut prononcer, soit à la place, soit en sus de cette sanction, la sanction disciplinaire prévue au VIII de l'article L. 612-40, selon les modalités définies aux IX et XI du même article.

Lorsque l'Autorité de contrôle prudentiel et de résolution adresse des recommandations ou une mise en demeure à la Caisse des dépôts et consignations ou lorsque le collège de supervision est saisi d'un examen de situation en vue de l'ouverture d'une procédure disciplinaire à son encontre ou à l'encontre de la personne mentionnée à l'article L. 518-11, elle recueille préalablement l'avis de la Commission de surveillance mentionnée aux articles L. 518-4 à L. 518-10.

VIII. – Les décisions de la commission des sanctions au titre du IV, du V, du VI et du VII du présent article sont publiées dans les conditions prévues au XII de l'article L. 612-40.

Art. L. 561-36-2 *(Ord. n° 2016-1635, 1er déc. 2016)*. – I. - Le contrôle des obligations prévues par les dispositions des chapitres Ier et II du présent titre est exercé sur les personnes mentionnées aux 8°, 9° *(Réf. aj., L. n° 2019-486, 22 mai 2019)* « , 11° » et 15° de l'article L. 561-2 par des inspections conduites par l'autorité administrative désignée par décret en Conseil d'État.

Les inspections sont réalisées par des inspecteurs spécialement habilités par l'autorité administrative.

Sans que le secret professionnel leur soit opposable, les inspecteurs peuvent demander aux personnes contrôlées communication de tout document quel qu'en soit le support et en obtenir copie, ainsi que tout renseignement ou justification nécessaire à l'exercice de leur mission.

Les inspecteurs peuvent également obtenir des administrations de l'État, des collectivités territoriales, des établissements publics, des organismes mentionnés à l'article L. 134-1 du Code des juridictions financières et de tout autre organisme ou personne chargé d'une mission de service public les informations nécessaires à l'accomplissement de leur mission.

II. – L'autorité administrative chargée de l'inspection des personnes mentionnées aux 8°, 11° et 15° de l'article L. 561-2 du présent code assure le contrôle du respect des obligations prévues aux chapitres Ier et II du présent titre dans les conditions prévues au titre V du livre IV du Code de commerce.

III. – L'autorité administrative chargée de l'inspection des personnes mentionnées au 9° de l'article L. 561-2 du présent code a accès, durant les heures d'activité professionnelle de ces personnes, aux locaux à usage professionnel, à l'exclusion des parties de ces locaux affectées au domicile privé, aux fins de recherche et de constatation des manquements aux règles applicables mentionnées au premier alinéa du I. Cette autorité peut recueillir sur place ou sur convocation tous renseignement et justification nécessaires à l'exercice de sa mission.

Elle peut procéder à toute audition des personnes inspectées dans l'intérêt des investigations menées.

Les auditions font l'objet de procès-verbaux contresignés par les personnes entendues. En cas de refus de signer des personnes auditionnées, mention en est faite au procès-verbal.

La procédure d'inspection est transmise dans les meilleurs délais à la Commission nationale des sanctions prévue à l'article L. 561-38.

IV. – Le contrôle des obligations prévues par les dispositions des chapitres Ier et II du présent titre est exercé sur les personnes mentionnées au 9° *bis* de l'article L. 561-2 par l'Autorité de régulation des jeux en ligne.

Ce contrôle est effectué dans les conditions prévues à l'article 42 de la loi n° 2010-476 du 12 mai 2010 relative à l'ouverture à la concurrence et à la régulation du secteur des jeux d'argent et de hasard en ligne.

V. – Le contrôle des obligations prévues par les dispositions des chapitres Ier et II du présent titre est assuré sur les personnes mentionnées au 10° de l'article L. 561-2 par l'autorité administrative compétente dans les conditions prévues au titre II du Code des douanes.

VI. – L'autorité administrative chargée de l'inspection des personnes mentionnées au 16° de l'article L. 561-2 du présent code assure le contrôle des obligations prévues par les dispositions des chapitres Ier et II du présent titre dans les conditions prévues au titre III du Code du sport.

VII. – Les autorités administratives chargées de l'inspection des personnes mentionnées aux 8°, 9°, 9° *bis*, 10°, 11°, 15° et 16° de l'article L. 561-2 peuvent adresser aux personnes inspectées l'injonction de prendre les mesures appropriées pour se mettre en conformité avec leurs obligations, sans préjudice des sanctions qui peuvent être prononcées par la Commission nationale des sanctions.

Art. L. 561-36-3 *(Ord. n° 2016-1635, 1er déc. 2016).* – I. – Tout manquement aux obligations prévues par les dispositions des sections III à VI du présent chapitre par les personnes mentionnées aux 12°, 13° et 14° de l'article L. 561-2 peut donner lieu aux mesures et sanctions suivantes :

1° Une injonction ordonnant à l'une de ces personnes de mettre un terme au comportement en cause et lui interdisant de le réitérer ;

2° Une interdiction temporaire d'exercice de responsabilités dirigeantes au sein d'une de ces personnes ;

3° Une sanction pécuniaire dont le montant ne peut être supérieur à un million d'euros. Lorsque l'avantage retiré du manquement peut être déterminé, cette sanction peut être au plus le double du montant de cet avantage.

En cas de manquement par une personne mentionnée au premier alinéa à tout ou partie des obligations lui incombant en vertu du présent titre, l'autorité compétente peut également sanctionner les dirigeants de cette personne ainsi que les autres personnes physiques salariées, préposées, ou agissant pour le compte de cette personne, du fait de leur implication personnelle dans les manquements en cause.

II. – Le montant et le type de la sanction infligée en cas de manquement aux dispositions des sections III à VI du présent chapitre par les personnes mentionnées au premier alinéa du I sont fixés en tenant compte, notamment :

1° De la gravité et de la durée des manquements ;

2° Du degré de responsabilité de l'auteur des manquements, de sa situation financière, de l'importance des gains qu'il a obtenus ou des pertes qu'il a évitées, de son degré de coopération lors du contrôle et de la procédure ainsi que des manquements qu'il a précédemment commis ;

3° S'ils peuvent être déterminés, des préjudices subis par des tiers du fait des manquements.

III. – Dans les conditions fixées par un décret en Conseil d'État, la décision de l'autorité de sanction, le cas échéant, le recours contre cette décision, l'issue du recours, de même que la décision d'annulation d'une sanction précédemment imposée sont rendues publiques dans les publications, journaux ou supports désignés par cette autorité dans un format proportionné à la faute commise et à la sanction infligée. Les frais sont supportés par les personnes sanctionnées.

Toutefois, les décisions mentionnées ci-dessus sont publiées de manière anonyme dans les cas suivants :

1° Lorsque la publication sous une forme non anonyme compromettrait une enquête pénale en cours ;

2° Lorsqu'il ressort d'éléments objectifs et vérifiables fournis par la personne sanctionnée que le préjudice qui résulterait pour elle d'une publication sous une forme non anonyme serait disproportionné.

Lorsque les situations mentionnées aux 1° et 2° sont susceptibles de cesser d'exister dans un court délai, l'autorité de sanction peut différer la publication pendant ce délai.

L'autorité de sanction peut mettre à la charge de la personne sanctionnée tout ou partie des frais occasionnés par les mesures de contrôle ayant permis la constatation des faits ayant donné lieu à sanction.

IV. – Les dispositions qui précèdent ne font pas obstacle à la mise en œuvre, du fait des manquements mentionnés au premier alinéa du I, aux dispositions particulières applicables aux personnes mentionnées à ce même alinéa.

Sous-section 2. – La commission nationale des sanctions

Art. L. 561-37 *(Ord. n° 2009-104, 30 janv. 2009 ; mod., L. n° 2010-476, 12 mai 2010 ; Ord. n° 2016-1635, 1er déc. 2016).* – Tout manquement aux dispositions des sections III, IV, V et VI du présent chapitre par les personnes mentionnées aux 8°, 9°, 9° *bis*, 10°, 11°, 15° et 16° de l'article L. 561-2 peut donner lieu aux sanctions prévues par l'article L. 561-40.

Art. L. 561-38 *(Ord. n° 2009-104, 30 janv. 2009 ; mod., Ord. n° 2016-1635, 1er déc. 2016).* – Il est institué auprès du ministre chargé de l'économie une Commission nationale des sanctions chargée de prononcer les sanctions prévues à l'article L. 561-40. Elle est saisie des manquements constatés lors des contrôles effectués en application de l'article L. 561-36-2 :

1° Par le ministre chargé de l'économie ou le ministre chargé du budget pour les personnes mentionnées au 8° de l'article L. 561-2 ;

2° Par le ministre de l'Intérieur, le ministre chargé de l'économie ou le ministre chargé du budget pour les personnes mentionnées au 9° de l'article L. 561-2 ;

2° *bis* Par l'Autorité de régulation des jeux en ligne pour les personnes mentionnées au 9° *bis* du même article L. 561-2 ;

3° Par le ministre chargé de l'économie pour les personnes mentionnées au 15° du même article ;

4° Par le ministre chargé de l'économie ou le ministre chargé du budget pour les personnes mentionnées aux 10° et 11° de l'article L. 561-2 ;

5° Par une fédération sportive pour les personnes mentionnées au 16° de l'article L. 561-2.

La dissolution de la personne morale, la cessation d'activité ou la démission d'une personne mentionnée aux 8°, 9°, 9° *bis*, 10°, 11°, 15° et 16° de l'article L. 561-2 ne fait pas obstacle à la poursuite de la procédure de sanction à son encontre si les faits qui lui sont reprochés ont été commis pendant qu'elle était en activité.

Art. L. 561-39 *(Ord. n° 2009-104, 30 janv. 2009 ; mod., Ord. n° 2016-1635, 1er déc. 2016 ; mod., L. n° 2019-222, 23 mars 2019).* – I. – La Commission nationale des sanctions est composée d'un membre du Conseil d'État, président, désigné par le vice-président du Conseil d'État, d'un membre de la Cour de cassation, désigné par le premier président de la Cour de cassation et d'un magistrat de la Cour des comptes, désigné par le premier président de la Cour des comptes, ainsi que de quatre personnalités qualifiées en matière juridique ou économique.

II. – Le président et les membres de la commission ainsi que leurs suppléants sont nommés par décret pour un mandat de cinq ans, renouvelable une fois. Ils sont tenus au secret professionnel.

III. – La commission statue à la majorité des membres présents. En cas de partage égal des voix, celle du président est prépondérante.

IV.– Le secrétaire général de la commission est nommé après avis du président, par arrêté conjoint du ministre chargé de l'économie et du ministre de l'intérieur.

V. – Un décret en Conseil d'État précise les conditions de fonctionnement de la commission.

NB : Conformément au A du XXIV de l'article 109 de la loi n° 2019-222 du 23 mars 2019, ces dispositions entrent en vigueur à compter du prochain renouvellement de chaque commission.

Art. L. 561-40 *(Ord. n° 2009-104, 30 janv. 2009 ; mod., Ord. n° 2016-1635, 1er déc. 2016).* – I. – La Commission nationale des sanctions peut prononcer l'une des sanctions administratives suivantes :

1° L'avertissement ;

2° Le blâme ;

3° L'interdiction temporaire d'exercice de l'activité ou d'exercice de responsabilités dirigeantes au sein d'une personne morale exerçant cette activité pour une durée n'excédant pas cinq ans ;

4° Le retrait d'agrément ou de la carte professionnelle.

La sanction prévue au 3° peut être assortie du sursis. Si, dans le délai de cinq ans à compter du prononcé de la sanction, la personne sanctionnée commet une infraction ou une faute entraînant le prononcé d'une nouvelle sanction, celle-ci entraîne, sauf décision motivée, l'exécution de la première sanction sans confusion possible avec la seconde.

La commission peut prononcer, soit à la place, soit en sus de ces sanctions, une sanction pécuniaire dont le montant ne peut être supérieur à cinq millions d'euros ou, lorsque l'avantage retiré du manquement peut être déterminé, au double de ce dernier. Les sommes sont recouvrées par le Trésor public.

En cas de manquement par une personne mentionnée à l'article L. 561-37 à tout ou partie des obligations lui incombant en vertu du présent titre, la Commission nationale des sanctions peut également sanctionner les dirigeants de cette personne ainsi que les autres personnes physiques salariées, préposées, ou agissant pour le compte de cette personne, du fait de leur implication personnelle dans ces manquements.

II. – Le montant et le type de la sanction infligée au titre du présent article sont fixés en tenant compte, notamment, le cas échéant :

1° De la gravité et de la durée des manquements ;

2° Du degré de responsabilité de l'auteur des manquements, de sa situation financière, de l'importance des gains qu'il a obtenus ou des pertes qu'il a évitées, de son degré de coopération lors du contrôle et de la procédure devant la commission ainsi que des manquements qu'il a précédemment commis ;

3° S'ils peuvent être déterminés, des préjudices subis par des tiers du fait des manquements.

III. – Dans les conditions fixées par décret en Conseil d'État, la décision de la commission, le cas échéant, le recours contre cette décision, l'issue du recours, la décision d'annulation d'une sanction précédemment imposée sont rendus publics dans les publications, journaux ou supports désignés par la commission dans un format proportionné à la faute commise et à la sanction infligée. Les frais sont supportés par les personnes sanctionnées.

Toutefois, les décisions de la commission sont publiées de manière anonyme dans les cas suivants :

1° Lorsque la publication sous une forme non anonyme compromettrait une enquête pénale en cours ;

2° Lorsqu'il ressort d'éléments objectifs et vérifiables fournis par la personne sanctionnée que le préjudice qui résulterait pour elle d'une publication sous une forme non anonyme serait disproportionné.

Lorsque les situations mentionnées aux 1° et 2° sont susceptibles de cesser d'exister dans un court délai, la commission peut décider de différer la publication pendant ce délai.

La commission peut décider de mettre à la charge de la personne sanctionnée tout ou partie des frais occasionnés par les mesures de contrôle ayant permis la constatation des faits sanctionnés.

Art. L. 561-41 *(Ord. n° 2009-104, 30 janv. 2009 ; L. n° 2009-526, 12 mai 2009 ; mod., Ord. n° 2016-1635, 1er déc. 2016).* – I. – La Commission nationale des sanctions reçoit les rapports ou les procédures établis à la suite des contrôles effectués par les autorités administratives mentionnées à l'article L. 561-36-2.

II. – Le secrétaire général de la commission notifie les griefs susceptibles d'être retenus par la commission à la personne mise en cause. Lorsque les griefs sont notifiés à une personne morale, ils sont également notifiés à ses représentants légaux et, s'agissant des personnes mentionnées aux 9° et 9° *bis* de l'article L. 561-2, également à ses directeurs responsables.

Le cas échéant, ces griefs sont également notifiés à l'organisme central auquel est affiliée ou liée la personne en cause et portés à la connaissance de l'association professionnelle à laquelle elle adhère.

Dans l'exercice de ces attributions, le secrétaire général de la commission ne peut recevoir aucune instruction.

Art. L. 561-42 *(Ord. n° 2009-104, 30 janv. 2009 ; mod., Ord. n° 2016-1635, 1er déc. 2016).* – Le président de la Commission nationale des sanctions désigne un rapporteur. Celui-ci ne peut recevoir aucune instruction. La Commission statue par décision motivée, hors la présence du rapporteur de l'affaire. Aucune sanction ne peut être prononcée sans que la personne concernée ou son représentant ait été entendu ou, à défaut, dûment convoqué.

Art. L. 561-43 *(Ord. n° 2009-104, 30 janv. 2009).* – Les recours formés contre les décisions de la Commission nationale des sanctions sont des recours de pleine juridiction.

Art. L. 561-44 *(Ord. n° 2009-104, 30 janv. 2009).* – Les conditions d'application de la présente sous-section, notamment les conditions de récusation des membres de la Commission nationale des sanctions, sont définies par décret en Conseil d'État.

Section VIII. – Droit d'accès indirect aux données

Art. L. 561-45 *(Ord. n° 2009-104, 30 janv. 2009).* – Lorsque des données à caractère personnel font l'objet d'un traitement aux seules fins de l'application des articles L. 561-5 à L. 561-23 par une personne mentionnée à l'article L. 561-2, le droit d'accès s'exerce auprès de la Commission nationale de l'informatique et des libertés.

La commission désigne l'un de ses membres appartenant ou ayant appartenu au Conseil d'État, à la Cour de cassation ou à la Cour des comptes pour mener les investigations utiles et faire procéder aux modifications nécessaires. Celui-ci peut se faire assister d'un agent de la commission.

Les données peuvent être communiquées au demandeur lorsque la commission constate, en accord avec le service mentionné à l'article L. 561-23 et après avis du responsable du traitement, que leur communication n'est susceptible ni de révéler l'existence d'une déclaration prévue à l'article L. 561-15 ou des suites qui lui ont été données, ou l'exercice par le service mentionné à l'article L. 561-23 de son droit de communication prévu à l'article L. 561-26, ni de mettre en cause la finalité de lutte contre le blanchiment des capitaux et le financement du terrorisme lorsque les données sont relatives au demandeur et détenues dans le cadre de la mise en œuvre des dispositions des articles L. 561-8, L. 561-9 et L. 561-10.

Lorsque la communication des données est susceptible de mettre en cause la finalité du traitement, la Commission nationale de l'informatique et des libertés, saisie par le demandeur, l'informe qu'il a été procédé aux vérifications nécessaires.

Section IX. – Le registre des bénéficiaires effectifs

Bibliographie : B. Dondero, *Le décret n° 2018-284 du 18 avril 2018 renforçant le dispositif français de lutte contre le blanchiment de capitaux et le financement du terrorisme : les dispositions sur les bénéficiaires effectifs : JCP* E 2018, act. 354. • R. Foy, *La déclaration des bénéficiaires effectifs des sociétés : Actes prat. ing. sociétaire* 2018, le point sur 4. • J. Lasserre Capdeville, *L'identification du bénéficiaire effectif en droit des sociétés. Présentation et impressions sur un nouveau dispositif juridique : Rev. sociétés* 2018, p. 7. • A. Lecourt, *Information sur les bénéficiaires effectifs des sociétés immatriculées : RTD com.* 2017, p. 377. • H. Le Nabasque, *Retour sur la notion de bénéficiaire effectif : Bull. Joly Sociétés* 2018, p. 8. • R. Mortier et S. Bol, *Le registre des bénéficiaires effectifs : Dr. sociétés* 2017, étude 11. • D. Poracchia, *Aspects de droit des sociétés de la loi relative à la transparence, à la lutte contre la corruption et à la modernisation de la vie économique du 9 décembre 2016 : Bull. Joly Sociétés* 2017, p. 65. • B. Zabala et A. Rohmert, *Le régime des bénéficiaires effectifs appliqué aux sociétés : JCP* E 2017, 1585. • B. Zabala, *Le régime des bénéficiaires effectifs et les sociétés : des interrogations majeures subsistent : Bull. Joly Sociétés* 2018, p. 369. V. plus généralement • A. Couret et B. Dondero, *Le bénéficiaire effectif* : Lexisnexis, Coll. Pratique des Affaires, 2018.

Art. L. 561-46 *(Ord. n° 2016-1635, 1er déc. 2016)*. **– Les sociétés et entités juridiques mentionnées aux 2°, 3° et 5° du I de l'article L. 123-1 du Code de commerce autres que les sociétés dont les titres sont admis à la négociation sur un marché réglementé en France ou dans un autre État partie à l'accord sur l'Espace économique européen ou dans un autre pays tiers imposant des obligations reconnues comme équivalentes par la Commission européenne au sens de la directive 2013/50/UE du Parlement européen et du Conseil du 22 octobre 2013, et établies sur le territoire français conformément à l'article L. 123-11 du même code sont tenues d'obtenir et de conserver des informations exactes et actualisées sur leurs bénéficiaires effectifs définis à l'article L. 561-2-2.**

Sans préjudice de la communication de l'information sur l'identité du bénéficiaire effectif requise en vertu des obligations de vigilance à l'égard de la clientèle prévues à la section 3 du présent chapitre, les sociétés et entités juridiques mentionnées au premier alinéa déposent au greffe du tribunal, pour être annexé au registre du commerce et des sociétés, un document relatif au bénéficiaire effectif contenant les éléments d'identification et le domicile personnel de ce dernier ainsi que les modalités du contrôle qu'il exerce.

Seules peuvent avoir communication du document relatif au bénéficiaire effectif :

1° La société ou l'entité juridique l'ayant déposé ;

2° Sans restriction les autorités compétentes suivantes, dans le cadre de leur mission :

– les autorités judiciaires ;

– la cellule de renseignement financier nationale mentionnée à l'article L. 521-23 ;

– les agents de l'administration des douanes agissant sur le fondement des prérogatives conférées par le Code des douanes ;

– les agents habilités de l'administration des finances publiques chargés du contrôle et du recouvrement en matière fiscale ;

– les autorités de contrôle mentionnées à l'article L. 561-36 ;

3° Les personnes assujetties à la lutte contre le blanchiment et le financement du terrorisme mentionnées à l'article L. 561-2 dans le cadre d'une au moins des mesures de vigilance mentionnées aux articles L. 561-4-1 à L. 561-14-2 ;

4° Toute autre personne justifiant d'un intérêt légitime et autorisée par le juge commis à la surveillance du registre du commerce et de sociétés auprès duquel est immatriculée la société ou l'entité juridique mentionnée au 1°.

Les autorités compétentes mentionnées au 2° du présent article reçoivent en temps utile à leur demande ou à l'initiative des autorités compétentes des États membres de l'Union européenne ou communiquent en temps utile, à leur demande ou à l'initiative de ces autorités, les informations mentionnées au premier alinéa nécessaires à l'accomplissement de leur mission.

Art. L. 561-47 *(Ord. n° 2016-1635, 1er déc. 2016)*. **– Le greffier du tribunal de commerce vérifie que les informations relatives au bénéficiaire effectif mentionnées au premier alinéa de L. 561-46 sont complètes et conformes aux dispositions législatives et réglementaires, correspondent aux pièces justificatives et pièces déposées en annexe et sont compatibles, dans le cas d'une demande de modification, avec l'état du dossier.**

Les informations sur les bénéficiaires effectifs déposées par les sociétés et entités juridiques au registre du commerce et des sociétés en application du deuxième alinéa de l'article L. 561-46 font partie des inscriptions, actes et pièces mentionnés au II de l'article L. 123-1 du Code de commerce et transmis par le greffier du tribunal de commerce par voie électronique à l'Institut national de la propriété industrielle en application des deuxième et troisième alinéas de l'article L. 123-6 du même code.

Ces informations sur le bénéficiaire effectif font également partie des informations qui, en application du 2° de l'article L. 411-1 du Code de la propriété intellectuelle, sont contenues dans le registre national du commerce et des sociétés.

Art. L. 561-48 *(Ord. n° 2016-1635, 1er déc. 2016)*. – Le président du tribunal, d'office ou sur requête du procureur de la République ou de toute personne justifiant y avoir intérêt, peut enjoindre, au besoin sous astreinte, à toute société ou entité juridique mentionnée au premier alinéa de l'article L. 561-46 de procéder ou faire procéder aux dépôts de pièces relatifs au bénéficiaire effectif auxquels elle est tenue en application du deuxième alinéa de l'article L. 561-46. Lorsque la personne ne défère pas à l'injonction délivrée par le président, le greffier en avise le procureur de la République et lui adresse une expédition de la décision.

Dans les mêmes conditions, le président peut désigner un mandataire chargé d'accomplir ces formalités. Si la société ou l'entité juridique mentionnée à l'alinéa précédent a désigné un commissaire aux comptes, le mandataire peut obtenir de ce dernier communication de tous renseignements nécessaires.

Art. L. 561-49 *(Ord. n° 2016-1635, 1er déc. 2016)*. – Le fait de ne pas déposer au registre du commerce et des sociétés le document relatif au bénéficiaire effectif requis en application du deuxième alinéa de l'article L. 561-46 ou de déposer un document comportant des informations inexactes ou incomplètes est puni de six mois d'emprisonnement et de 7 500 € d'amende.

Les personnes physiques déclarées coupables de l'infraction prévue au premier alinéa encourent également les peines d'interdiction de gérer prévue à l'article 131-27 du Code pénal et de privation partielle des droits civils et civiques prévue au 2° de l'article 131-26 du même code.

Les personnes morales déclarées pénalement responsables, dans les conditions prévues par l'article 121-2 du Code pénal, de l'infraction prévue au premier alinéa encourent, outre l'amende suivant les modalités prévues par l'article 131-38 du Code pénal, les peines prévues aux 1°, 3°, 4°, 5°, 6°, 7° et 9° de l'article 131-39 du même code.

Art. L. 561-50 *(Ord. n° 2016-1635, 1er déc. 2016)*. – Les modalités d'application de la présente section sont déterminées par décret en Conseil d'État

Partie réglementaire

Titre VI : Obligations relatives à la lutte contre le blanchiment des capitaux, le financement des activités terroristes et les loteries, jeux et paris prohibés

Chapitre Ier : Obligations relatives à la lutte contre le blanchiment de capitaux et le financement du terrorisme

(...)

Section 2 : Personnes assujetties aux obligations de lutte contre le blanchiment de capitaux et le financement du terrorisme

Sous-section 1 : Bénéficiaire effectif

Art. R. 561-1 *(Mod., D. n° 2018-284, 18 avr. 2018)*. – Lorsque le client d'une des personnes mentionnées à l'article L. 561-2 est une société, on entend par bénéficiaire effectif, au sens du 1° de l'article L. 561-2-2, la ou les personnes physiques qui soit détiennent, directement ou indirectement, plus de 25 % du capital ou des droits de vote de la société, soit exercent, par tout autre moyen, un pouvoir de contrôle sur la société au sens des 3° et 4° du I de l'article L. 233-3 du Code de commerce.

Lorsqu'aucune personne physique n'a pu être identifiée selon les critères prévus au précédent alinéa, et que la personne mentionnée à l'article L. 561-2 n'a pas de soupçon de blanchiment de capitaux ou de financement du terrorisme à l'encontre du client mentionné au précédent alinéa, le bénéficiaire effectif est la ou les personnes physiques ci-après ou, si la société n'est pas immatriculée en France, leur équivalent en droit étranger qui représente légalement la société :

a) Le ou les gérants des sociétés en nom collectif, des sociétés en commandite simple, des sociétés à responsabilité limitée, des sociétés en commandite par actions et des sociétés civiles ;

b) Le directeur général des sociétés anonymes à conseil d'administration ;

c) Le directeur général unique ou le président du directoire des sociétés anonymes à directoire et conseil de surveillance ;

d) Le président et, le cas échéant, le directeur général des sociétés par actions simplifiées.

Si les représentants légaux mentionnés au a ou au d sont des personnes morales, le bénéficiaire effectif est la ou les personnes physiques qui représentent légalement ces personnes morales.

Art. R. 561-2 *(Mod., D. n° 2018-284, 18 avr. 2018).* – Lorsque le client d'une des personnes mentionnées à l'article L. 561-2 est un placement collectif au sens du I de l'article L. 214-1, on entend par bénéficiaire effectif, au sens du 1° de l'article L. 561-2-2, la ou les personnes physiques qui soit détiennent, directement ou indirectement, plus de 25 % des parts, actions ou droits de vote du placement collectif, soit exercent, par tout autre moyen, un pouvoir de contrôle au sens des 3° et 4° du I de l'article L. 233-3 du Code de commerce sur le placement collectif ou, si ce dernier n'est pas une société, sur la société de gestion de ce placement collectif.

Lorsqu'aucune personne physique n'a pu être identifiée selon les critères prévus au précédent alinéa, et que la personne mentionnée à l'article L. 561-2 n'a pas de soupçon de blanchiment de capitaux ou de financement du terrorisme à l'encontre du client mentionné au précédent alinéa, le bénéficiaire effectif est :

a) Lorsque le placement collectif est une société, la ou les personnes physiques représentants légaux déterminées conformément aux dispositions de l'article R. 561-1, ou lorsque ce placement collectif est géré par une société de gestion, la ou les personnes physiques dirigeant effectivement cette société de gestion au sens du 4 du II de l'article L. 532-9 ;

b) Lorsque le placement collectif n'est pas une société, la ou les personnes physiques qui assurent la direction effective de la société de gestion au sens du 4° du II de l'article L. 532-9.

Art. R. 561-3 *(Mod., D. n° 2018-284, 18 avr. 2018).* – Lorsque le client d'une des personnes mentionnées à l'article L. 561-2 est une personne morale qui n'est ni une société ni un placement collectif, on entend par bénéficiaire effectif, au sens du 1° de l'article L. 561-2-2, la ou les personnes physiques qui satisfont à l'une des conditions suivantes :

1° Elles sont titulaires, directement ou indirectement, de plus de 25 % du capital de la personne morale ;

2° Elles ont vocation, par l'effet d'un acte juridique les ayant désignées à cette fin, à devenir titulaires, directement ou indirectement, de plus de 25 % du capital de la personne morale ;

3° Elles disposent d'un pouvoir de nommer ou de révoquer la majorité des membres des organes d'administration, de gestion, de direction ou de surveillance de la personne morale ;

4° Elles exercent par d'autres moyens un pouvoir de contrôle sur les organes d'administration, de gestion, de direction ou de surveillance de la personne morale.

Lorsqu'aucune personne physique n'a pu être identifiée selon les critères prévus aux 1° à 4° et que la personne mentionnée à l'article L. 561-2 n'a pas de soupçon de blanchiment de capitaux ou de financement du terrorisme à l'encontre du client mentionné ci-dessus, le bénéficiaire effectif est la ou les personnes physiques qui représentent légalement la personne morale. Ainsi, lorsque le client est une association, une fondation, un fonds de dotation ou un groupement d'intérêt économique, le bénéficiaire effectif est :

a) Le ou les représentants légaux de l'association ;

b) Le président, le directeur général ainsi que, le cas échéant, le ou les membres du directoire de la fondation ;

c) Le président du fonds de dotation ;

d) La ou les personnes physiques et, le cas échéant, le représentant permanent des personnes morales, désignées administrateurs du groupement d'intérêt économique.

Art. R. 561-3-0 *(D. n° 2018-284, 18 avr. 2018).* – Lorsque le client intervient dans le cadre d'une fiducie au sens de l'article 2011 du Code civil ou de tout autre dispositif juridique comparable relevant d'un droit étranger, on entend par bénéficiaire effectif, au sens du 1° de l'article L. 561-2-2, toute personne physique qui satisfait à l'une des conditions suivantes :

1° Elle a la qualité de constituant, de fiduciaire, de bénéficiaire, de tiers protecteur dans les conditions prévues au titre XIV du livre III du Code civil, ou de constituant, d'administrateur, de bénéficiaire ou de protecteur dans les cas des trusts ou de tout autre dispositif juridique comparable de droit étranger ;

2° Elle détient, directement ou indirectement, plus de 25 % des biens, des droits ou des sûretés compris dans un patrimoine fiduciaire ou dans tout autre dispositif juridique comparable relevant d'un droit étranger ;

3° Elle a vocation, par l'effet d'un acte juridique l'ayant désignée à cette fin, à devenir titulaire directement ou indirectement, de plus de 25 % des biens, des droits ou des sûretés compris dans le patrimoine fiduciaire ou dans tout autre dispositif juridique comparable relevant d'un droit étranger ;

4° Elle appartient à la catégorie de personnes dans l'intérêt principal de laquelle la fiducie ou tout autre dispositif juridique comparable relevant d'un droit étranger a été constitué ou opère, lorsque les personnes physiques qui en sont les bénéficiaires n'ont pas encore été désignées ;

5° Elle exerce par d'autres moyens un pouvoir de contrôle sur les biens, les droits ou les sûretés compris dans un patrimoine fiduciaire ou dans tout autre dispositif juridique comparable relevant d'un droit étranger.

Art. D. 561-3-1 *(D. n° 2018-284, 18 avr. 2018 ; mod., D. n° 2019-490, 21 mai 2019)*. – I. – Les personnes mentionnées au 1° *quater* de l'article L. 561-2 nomment un représentant permanent lorsque l'une des conditions suivantes est remplie :

1° Elles ont recours sur le territoire national à un nombre d'agents mentionnés à l'article L. 523-1 ou de personnes mentionnées à l'article L. 525-8 égal ou supérieur à dix ;

2° Le volume cumulé de monnaie électronique en circulation et remboursé ou la valeur cumulée des opérations de paiement exécutées dans le cadre de services fournis en France a excédé trois millions d'euros au cours de l'exercice financier précédent ou devrait excéder trois millions d'euros lors de l'exercice financier en cours ;

3° Elles fournissent sur le territoire national le service mentionné au 6° du II de l'article L. 314-1 ;

4° Elles distribuent sur le territoire national de la monnaie électronique utilisable au moyen d'un support physique qui peut être chargé par toute autre moyen qu'une opération de paiement initiée par une personne ayant fait l'objet de mesures d'identification et de vérification d'identité dans les conditions prévues aux articles R. 561-5 et R. 561-5-1.

Le représentant permanent réside sur le territoire national. Son identité est communiquée sans délai à l'Autorité de contrôle prudentiel et de résolution ainsi qu'au service mentionné à l'article L. 561-23. Si le représentant permanent est une personne morale, celle-ci désigne à son tour une personne physique responsable.

II. – Le secrétaire général de l'Autorité de contrôle prudentiel et de résolution peut exiger qu'une personne mentionnée au 1° *quater* de l'article L. 561-2 nomme le représentant permanent mentionné à l'article D. 561-3-1 lorsque l'une des deux conditions suivantes est remplie :

1° Cette personne n'a pas communiqué à l'Autorité de contrôle prudentiel et de résolution les informations nécessaires pour déterminer si les conditions prévues aux 1° à 4° de l'article D. 561-3-1 sont remplies ;

2° L'Autorité de contrôle prudentiel et de résolution a des motifs raisonnables de penser que les activités exercées sur le territoire national par la personne mentionnée au 1° *quater* de l'article L. 561-2 présentent un risque élevé de blanchiment de capitaux et de financement du terrorisme.

Sous-section 3 : Activité financière accessoire

Art. R. 561-4 *(D. n° 2018-284, 18 avr. 2018)*. – Pour l'application de l'article L. 561-4, l'activité d'intermédiation en assurance exercée par les personnes mentionnées au 3° *bis* de l'article L. 561-2 constitue une activité financière accessoire lorsqu'elle satisfait à l'ensemble des conditions suivantes :

1° Elle consiste uniquement à présenter, proposer ou aider à conclure des contrats relatifs à des produits d'assurance qui ne sont que le complément du produit ou du service fourni dans le cadre de l'activité principale ;

2° Elle ne dépasse pas 5 % du chiffre d'affaires total de la personne concernée et le montant du chiffre d'affaires annuel de cette activité ne dépasse pas 50 000 euros hors taxes selon les comptes établis pour le dernier exercice comptable ;

3° Le montant de la prime annuelle par contrat et par client ne dépasse pas 1 000 euros.

Section IX. – Registre des bénéficiaires effectifs

Art. R. 561-55 *(D. n° 2018-284, 18 avr. 2018)*. – Le document relatif au bénéficiaire effectif mentionné au deuxième alinéa de l'article L. 561-46 est déposé au greffe du tribunal de commerce, pour être annexé au registre du commerce et des sociétés, lors de la demande d'immatriculation à ce registre ou au plus tard dans un délai de quinze jours à compter de la délivrance du récépissé de dépôt de dossier de création d'entreprise.

Un nouveau document est déposé dans les trente jours suivant tout fait ou acte rendant nécessaire la rectification ou le complément des informations qui y sont mentionnées.

Toutefois lorsque la société pour laquelle est déposé le document relatif au bénéficiaire effectif est un placement collectif, la dernière phrase du premier alinéa ne s'applique qu'à l'issue d'un délai de 180 jours ouvrés suivant la date d'immatriculation de cette société au registre du commerce et des sociétés.

Jugé que la société déclarante est libre d'établir son propre modèle de déclaration sous réserve qu'il contienne, le cas échéant, l'ensemble des mentions requises par l'article R. 561-56 du Code monétaire et financier et notamment, la définition précise des modalités de contrôle du bénéficiaire effectif sur la société déclarante : ▪ T. com. Bobigny, 18 mai 2018, n° 2018 S07031 : *Dr. sociétés* 2018, comm. 161, note R. Mortier ; *BJS* 2018, p. 397, note D. Da et A. Tournier ; *Gaz. Pal.* 25 sept. 2018, n° 32, p. 57, note A. Benoit ; *RTD com.* 2018, p. 928, note A. Lecourt.

Bibliographie : B. Dondero, *Le décret n° 2018 du 18 avril 2018 renforçant le dispositif français de lutte contre le blanchiment de capitaux et le financement du terrorisme : les dispositions sur les bénéficiaires effectifs : JCP* E 2018, act. 354.

Art. R. 561-56 *(D. n° 2017-1094, 12 juin 2017)*. **– Le document relatif au bénéficiaire effectif est daté et signé par le représentant légal de la société ou de l'entité juridique qui procède au dépôt. Il contient les informations suivantes :**

1° S'agissant de la société ou de l'entité juridique, sa dénomination ou raison sociale, sa forme juridique, l'adresse de son siège social et, le cas échéant, son numéro unique d'identification complété par la mention RCS suivie du nom de la ville où se trouve le greffe où elle est immatriculée ;

2° S'agissant du bénéficiaire effectif :

***a)* Les nom, nom d'usage, pseudonyme, prénoms, date et lieu de naissance, nationalité, adresse personnelle de la ou des personnes physiques ;**

***b)* Les modalités du contrôle exercé sur la société ou l'entité juridique mentionnée au 1°, déterminées conformément aux articles R. 561-1, R. 561-2 ou R. 561-3 ;**

***c)* La date à laquelle la ou les personnes physiques sont devenues le bénéficiaire effectif de la société ou de l'entité juridique mentionnée au 1°.**

Jugé que l'obligation d'identifier le bénéficiaire effectif ne peut être réputée satisfaite au regard de l'objectif de transparence en l'absence de l'indication du pourcentage exact de détention du capital et/ou des droits de vote par le bénéficiaire effectif dans la société déclarante. Jugé ainsi que le greffier doit refuser le dépôt du document relatif aux bénéficiaires effectifs au motif de l'insuffisance des informations relatives aux modalités de contrôle, notamment dans le cas d'une absence d'indication des pourcentages de détention directs et/ou indirects par le bénéficiaire effectif du capital et/ou des droits de vote dans la société déclarante, ainsi que, le cas échéant, d'une absence de détail des modalités de détention indirecte ▪ T. com. Bobigny, 18 mai 2018, n° 2018 S07031 : *Dr. sociétés* 2018, comm. 161, note R. Mortier ; *BJS* 2018, p. 397, note D. Da et A. Tournier ; *Gaz. Pal.* 25 sept. 2018, n° 32, p. 57, note A. Benoit ; *RTD com.* 2018, p. 928, note A. Lecourt.

Art. R. 561-57 *(D. n° 2018-284, 18 avr. 2018)*. **– En application du 2° de l'article L. 561-46, le document relatif au bénéficiaire effectif peut être communiqué aux personnes suivantes :**

1° Les magistrats de l'ordre judiciaire, pour les besoins de l'exercice de leurs missions ;

2° Les agents du service mentionné à l'article L. 561-23 du présent code ;

3° Les agents des douanes individuellement désignés et spécialement habilités par, selon le cas, le directeur régional ou le directeur du service à compétence nationale ou, le cas échéant, par le directeur général des douanes ;

4° Les agents de la direction générale des finances publiques chargés du contrôle et du recouvrement en matière fiscale, individuellement désignés et spécialement habilités par le directeur chargé, selon le cas, d'une direction régionale ou départementale des finances publiques, d'un service à compétence nationale, d'une direction nationale de contrôle fiscal, d'une direction spécialisée de contrôle fiscal ou, le cas échéant, par le directeur général des finances publiques ;

5° Le personnel des services de l'Autorité de contrôle prudentiel et de résolution qui exerce une mission de contrôle sur pièces ou sur place ou d'instruction des demandes d'autorisation et d'agrément, le personnel des services juridiques ainsi que le secrétaire général et les secrétaires généraux adjoints ;

6° Les enquêteurs et les contrôleurs de l'Autorité des marchés financiers en application de l'article L. 621-10 du présent code ;

7° Le bâtonnier et, le cas échéant sur sa délégation, un ou plusieurs membres du conseil de l'ordre individuellement désignés et spécialement habilités par lui ainsi que les personnes individuellement désignées et spécialement habilitées par le Conseil national des barreaux en application de l'article 156 du décret n° 91-1197 du 27 novembre 1991 organisant la profession d'avocat ;

8° Les notaires inspecteurs désignés dans les conditions prévues à l'article 5 du décret n° 74-737 du 12 août 1974 relatif aux inspections des études de notaires ainsi que les syndics départementaux et interdépartementaux désignés dans les conditions prévues à l'article 4 du décret n° 45-0117 du 19 décembre 1945 pris pour l'application du statut du notariat ;

9° Les huissiers de justice inspecteurs désignés dans les conditions prévues à l'article 94-4 du décret n° 56-222 du 29 février 1956 pris pour l'application de l'ordonnance du 2 novembre 1945 relative au statut des huissiers de justice ainsi que les syndics régionaux et interrégionaux désignés dans les conditions prévues à l'article 96-1 de ce décret ;

10° Les commissaires-priseurs judiciaires délégués désignés dans les conditions prévues au huitième alinéa de l'article 19 du décret n° 45-0120 du 19 décembre 1945 pris pour l'application du statut des commissaires-priseurs judiciaires ainsi que les syndics désignés dans les conditions prévues à l'article 10 de ce décret ;

11° Le président du conseil de l'ordre des avocats au Conseil d'État et à la Cour de cassation et, le cas échéant sur sa délégation, un ou plusieurs membres de ce conseil individuellement désignés et spécialement habilités ainsi que les syndics désignés dans les conditions prévues à l'article 8 de l'ordonnance du 10 septembre 1817 relative aux avocats aux Conseils et à la Cour de cassation ;

12° Le président du Conseil national des administrateurs judiciaires et mandataires judiciaires et les contrôleurs désignés en application des articles R. 814-44 et R. 814-45 du Code de commerce ;

13° Le président du Haut Conseil du commissariat aux comptes et son rapporteur général, toute personne participant directement à l'activité du Haut Conseil qu'ils désignent spécialement à cette fin, ainsi que les contrôleurs désignés en application de l'article R. 821-69 du Code de commerce et les enquêteurs habilités en application de l'article R. 824-2 du Code de commerce ;

14° Les membres du comité de lutte anti-blanchiment de l'ordre des experts comptables institué par le règlement intérieur de cet ordre prévu par l'article 12 de l'ordonnance n° 45-2138 du 19 septembre 1945 portant institution de l'ordre des experts-comptables et réglementant le titre et la profession d'expert-comptable ;

15° Le président du Conseil des ventes volontaires de meubles aux enchères publiques ;

16° Le délégué aux agents sportifs, relevant de la commission des agents sportifs constituée par la fédération sportive délégataire, désigné et dument habilité par l'instance dirigeante compétente conformément à l'article R. 222-1 du Code du sport ;

17° Les agents de la concurrence, de la consommation et de la répression des fraudes, dans les conditions prévues à l'article R. 561-40 du présent code ;

18° Les agents de la police nationale chargés de la police des jeux, spécialement habilités par arrêté du ministre de l'intérieur dans les conditions prévues par l'article R. 561-39 du présent code.

Un arrêté interministériel détermine les modalités selon lesquelles les personnes mentionnées aux 5° à 18° du présent article justifient de leur qualité pour accéder au document relatif au bénéficiaire effectif.

Art. R. 561-58 *(D. n° 2017-1094, 12 juin 2017)*. – En application du 3° de l'article L. 561-46, le document relatif au bénéficiaire effectif peut être communiqué aux personnes assujetties à la lutte contre le blanchiment et le financement du terrorisme qui :

1° Ont établi une déclaration, signée par le représentant légal de la personne assujettie ou par une personne dûment habilitée en son sein, comportant la désignation de la personne assujettie et, le cas échéant, de son représentant légal et indiquant, d'une part, que la personne assujettie appartient à l'une des catégories de personnes définies à l'article L. 561-2 et, d'autre part, que la consultation du document relatif au bénéficiaire effectif intervient dans le cadre de la mise en œuvre d'au moins une des mesures de vigilance prévues par les articles L. 561-4-1 à L. 561-14-2 ;

2° Présentent une demande de communication comportant la désignation, d'une part, de la ou des sociétés ou entités juridiques concernées et, d'autre part, de la ou des mesures de vigilance mises en œuvre à l'égard de la ou des sociétés ou entités juridiques concernées par cette demande.

Art. R. 561-59 *(D. n° 2017-1094, 12 juin 2017).* – I. – En application du 4° de l'article L. 561-46, le document relatif au bénéficiaire effectif peut être communiqué à toute autre personne autorisée par une décision de justice qui n'est plus susceptible d'une voie de recours ordinaire.

II. – La demande de communication est formée par requête. À peine d'irrecevabilité, cette requête contient :

1° Si le requérant est une personne physique, ses nom, prénoms, nationalité, date, lieu de naissance, profession et domicile ; si le requérant est une personne morale, sa forme, sa dénomination, son siège social et l'organe qui la représente légalement ;

2° L'indication de la juridiction devant laquelle la demande est portée ;

3° L'objet et le fondement de la demande, ainsi que l'indication des pièces sur lesquelles elle est fondée.

Elle est datée et signée par le requérant.

III. – Le juge commis à la surveillance du registre est saisi par la remise de la requête au greffe du tribunal de commerce.

Il peut fonder sa décision sur tous les faits relatifs au cas qui lui est soumis, y compris ceux qui n'auraient pas été allégués. Il procède, même d'office, à toutes les investigations utiles. Il a la faculté d'entendre sans formalités les personnes qui peuvent l'éclairer ainsi que celles dont les intérêts risquent d'être affectés par sa décision. Il peut se prononcer sans débat.

Il statue par ordonnance. Celle-ci est notifiée au requérant et au bénéficiaire effectif par lettre recommandée avec demande d'avis de réception. La notification indique la forme et le délai de recours ainsi que les modalités suivant lesquelles il doit être exercé.

IV. – L'ordonnance est susceptible d'appel par le requérant et le bénéficiaire effectif. L'appel est formé, instruit et jugé comme en matière gracieuse selon les dispositions des articles 950 à 953 du Code de procédure civile lorsqu'il émane du requérant. Il est formé, instruit et jugé comme en matière contentieuse lorsqu'il émane du bénéficiaire effectif, selon les dispositions des articles 931 à 934 du même code.

Le greffier de la cour d'appel adresse une copie de l'arrêt au greffier chargé de la tenue du registre.

Art. R. 561-60 *(D. n° 2017-1094, 12 juin 2017).* – Pour l'application de la procédure d'injonction prévue à l'article L. 561-48, la requête par laquelle le président du tribunal peut être saisi contient, à peine d'irrecevabilité :

1° Si le requérant est une personne physique, ses nom, prénoms, nationalité, date, lieu de naissance, profession et domicile ; si le requérant est une personne morale, sa forme, sa dénomination, son siège social et l'organe qui la représente légalement ;

2° L'indication de la juridiction devant laquelle la demande est portée ;

3° L'objet et le fondement de la demande, ainsi que l'indication des pièces sur lesquelles elle est fondée.

Elle est datée et signée par le requérant.

Elle vaut conclusions.

Art. R. 561-61 *(D. n° 2017-1094, 12 juin 2017).* – Lorsque le président du tribunal rejette la requête mentionnée à l'article R. 561-60, le requérant peut interjeter appel conformément à l'article 496 du Code de procédure civile. Les documents produits au soutien de la requête sont restitués au requérant.

Art. R. 561-62 *(D. n° 2017-1094, 12 juin 2017).* – Lorsque le président du tribunal enjoint à une société ou à une entité juridique de déposer le document relatif au bénéficiaire effectif, il rend une ordonnance fixant le délai de dépôt et, le cas échéant, le taux de l'astreinte. L'ordonnance mentionne également les lieu, jour et heure de l'audience à laquelle l'affaire sera examinée si l'injonction n'est pas exécutée dans le délai fixé.

Elle n'est pas susceptible de recours.

Le greffier notifie l'ordonnance à la société ou à l'entité juridique et, le cas échéant, au requérant, par lettre recommandée avec demande d'avis de réception. La lettre de notification reproduit les dispositions de l'article L. 561-48 ainsi que du I et du premier alinéa du II de l'article R. 561-63.

Si la lettre est retournée avec une mention précisant qu'elle n'a pas été réclamée par son destinataire, le greffier invite le requérant à procéder par voie de signification ou, en cas de saisine d'office, fait signifier l'ordonnance. La signification reproduit les dispositions mentionnées à l'alinéa précédent.

Si la lettre est retournée avec une mention précisant que le destinataire est inconnu à l'adresse indiquée, l'affaire est retirée du rôle par le président qui en informe le ministère public.

Art. R. 561-63 *(D. n° 2017-1094, 12 juin 2017).* **– I. – Lorsque l'injonction a été exécutée dans le délai imparti, l'affaire est retirée du rôle.**

II. – En cas d'inexécution de l'injonction, le greffier constate le non-dépôt du document relatif au bénéficiaire effectif par procès-verbal.

Le président du tribunal statue sur les mesures à prendre et, s'il y a lieu, procède à la liquidation de l'astreinte. Il statue en dernier ressort lorsque le montant de l'astreinte n'excède pas le taux de compétence en dernier ressort du tribunal de commerce.

Le montant de l'astreinte est recouvré comme en matière de créances étrangères à l'impôt et versé au budget général de l'État.

La décision est notifiée par le greffier au représentant légal de la société ou de l'entité juridique et, le cas échéant, au requérant.

L'appel est formé, instruit et jugé selon les règles applicables à la procédure sans représentation obligatoire.

....

CHAPITRE II. – OBLIGATIONS RELATIVES AU GEL DES AVOIRS

(Anc. chap. IV comprenant les art. L. 564-1 à L. 564-6, dénum. et mod., Ord. n° 2009-104, 30 janv. 2009)

Section I. – Gel des avoirs dans le cadre de la lutte contre le financement du terrorisme

(Ord. n° 2009-104, 30 janv. 2009)

Bibliographie : C. Cutajar, *Le gel des avoirs terroristes, nouvel outil de lutte contre le financement du terrorisme : Bull. Joly Bourse* 2006, 78.

Art. L. 562-1 *(Mod., L. n° 2014-1353, 13 nov. 2014 ; Ord. n° 2016-1575, 24 nov. 2016).* **– Pour l'application du présent chapitre, on entend par :**

1° « Acte de terrorisme » : les actes définis au 4° de l'article 1er du règlement (UE) n° 2580/2001 du Conseil du 27 décembre 2001 concernant l'adoption de mesures restrictives spécifiques à l'encontre de certaines personnes et entités dans le cadre de la lutte contre le terrorisme ;

2° « Fonds » : les actifs financiers et les avantages économiques de toute nature, notamment :

***a)* Le numéraire, les créances en numéraire, les traites, les ordres de paiement et autres instruments ou moyens de paiement ;**

***b)* Les dépôts de fonds auprès des personnes mentionnées à l'article L. 562-4 tels que les fonds remboursables du public détenus ou versés sur des comptes de dépôts, les fonds versés sur un compte de paiement, les fonds investis dans des produits d'épargne tels que ceux régis par le titre II du livre II, les fonds versés dans le cadre de contrat individuel ou collectif de gestion d'actifs, les soldes de ces comptes ou contrats ;**

***c)* Les fonds versés sur des contrats d'assurance régie par le chapitre II du titre III du livre Ier du Code des assurances ainsi que la valeur de rachat de ces contrats ;**

***d)* Les créances ;**

***e)* Les instruments financiers régis par le titre Ier du livre II et leur équivalent en droit étranger, notamment les titres de créances, les titres de propriété et d'emprunt, tels que les actions, les certificats représentatifs de valeurs mobilières, les obligations, les billets à ordre, les warrants, les obligations non garanties et les contrats financiers ;**

***f)* Les intérêts, les dividendes ou autres revenus d'actifs ou plus-values perçus sur des actifs ;**

***g)* Les opérations de crédit au sens de l'article L. 313-1 ou leur équivalent en droit étranger notamment les prêts, les avals, les cautionnements, les garanties, les garanties de bonne exécution ou tout autre engagement financier ;**

***h)* Les lettres de crédit, les connaissements, les contrats de vente ;**

***i)* Le droit à compensation ;**

***j)* Tout document attestant la détention de parts d'un fonds ou de ressources financières ;**

***k)* Tout instrument de financement à l'exportation ;**

3° « Ressources économiques » : les avoirs de toute nature, corporels ou incorporels, mobiliers ou immobiliers, qui ne sont pas des fonds mais qui peuvent être utilisés pour obtenir des fonds, des biens ou des services. Sont également considérées comme des ressources économiques au sens du présent chapitre, les opérations d'assurance ne portant pas sur les branches vie-décès ou nuptialité-natalité, n'étant pas liées à des fonds

d'investissement, ne relevant pas des opérations comportant la constitution d'associations réunissant des adhérents en vue de capitaliser en commun leurs cotisations et de répartir l'avoir ainsi constitué soit entre les survivants, soit entre les ayants droit des décédés, ou ne relevant pas des branches de capitalisation ou de gestion de fonds collectifs ou de toute opération à caractère collectif définie à la section 1 du chapitre Ier du titre IV du livre IV du Code des assurances ;

4° « Détention et contrôle » : la détention et le contrôle au sens des 5° et 6° de l'article 1er du règlement (CE) n° 2580/2001 du Conseil du 27 décembre 2001 concernant l'adoption de mesures restrictives spécifiques à l'encontre de certaines personnes et entités dans le cadre de la lutte contre le terrorisme ;

5° « Gel des fonds » : toute action tendant à empêcher un changement de leur volume, montant, localisation, propriété, possession, nature, destination ou toute autre modification qui pourrait permettre leur utilisation, notamment la gestion de portefeuille ;

6° « Gel des ressources économiques » : toute action tendant à empêcher leur utilisation afin d'obtenir des fonds, des biens ou des services de quelque manière que ce soit, notamment leur vente, leur location ou leur mise sous hypothèque.

Voir : C. monét. fin., art. R. 562-1 et s., p. 1469.

Art. L. 562-2 *(Ord. n° 2009-104, 30 janv. 2009 ; mod., Ord. n° 2016-1575, 24 nov. 2016).* – Le ministre chargé de l'économie et le ministre de l'Intérieur peuvent décider, conjointement, pour une durée de six mois, renouvelable, le gel des fonds et ressources économiques :

1° Qui appartiennent à, sont possédés, détenus ou contrôlés par des personnes physiques ou morales, ou toute autre entité qui commettent, tentent de commettre, facilitent ou financent des actes de terrorisme, y incitent ou y participent ;

2° Qui appartiennent à, sont possédés, détenus ou contrôlés par des personnes morales ou toute autre entité elles-mêmes détenues ou contrôlées par les personnes mentionnées au 1° ou agissant sciemment pour le compte ou sur instructions de celles-ci.

Voir : C. monét. fin., art. R. 562-1 et s., p. 1469.

Art. L. 562-3 *(Ord. n° 2009-104, 30 janv. 2009 ; mod., Ord. n° 2016-1575, 24 nov. 2016).* – Le ministre chargé de l'économie peut décider, pour une durée de six mois, renouvelable, le gel des fonds et ressources économiques :

1° Qui appartiennent à, sont possédés, détenus ou contrôlés par des personnes physiques ou morales, ou toute autre entité qui commettent, tentent de commettre, facilitent ou financent des actions sanctionnées ou prohibées par les résolutions adoptées dans le cadre du chapitre VII de la charte des Nations unies ou les actes pris en application de l'article 29 du traité sur l'Union européenne, y participent ou qui sont désignées par ces résolutions ou ces actes ;

2° Qui appartiennent à, sont possédés, détenus ou contrôlés par des personnes morales ou toute autre entité elles-mêmes détenues ou contrôlées par les personnes mentionnées au 1° ou agissant sciemment pour le compte ou sur instructions de celles-ci.

Art. L. 562-4 *(Ord. n° 2009-104, 30 janv. 2009 ; mod., Ord. n° 2016-1575, 24 nov. 2016).* – I. – Toute personne mentionnée à l'article L. 561-2, qui détient ou reçoit des fonds ou des ressources économiques pour le compte d'un client, est tenue d'appliquer sans délai les mesures de gel et les interdictions de mise à disposition ou d'utilisation prévues au présent chapitre et d'en informer immédiatement le ministre chargé de l'économie.

II. – Les personnes morales de droit public, les organismes chargés de la gestion d'un service public ainsi que les caisses et les organismes chargés de la gestion d'un régime de protection sociale non mentionnés à l'article L. 561-2 sont tenus d'appliquer les interdictions de mise à disposition ou d'utilisation prévues au présent chapitre.

Art. L. 562-5 *(Ord. n° 2009-104, 30 janv. 2009 ; mod., L. n° 2014-1353, 13 nov. 2014 ; Ord. n° 2016-1575, 24 nov. 2016).* – Il est interdit aux personnes mentionnées à l'article L. 562-4 de mettre à disposition directement ou indirectement, ou d'utiliser des fonds ou ressources économiques au profit des personnes dont les fonds et ressources économiques font l'objet d'une mesure de gel en vertu des articles L. 562-2 ou L. 562-3.

Art. L. 562-6 *(Ord. n° 2009-104, 30 janv. 2009 ; mod., L. n° 2014-1353, 13 nov. 2014 ; Ord. n° 2016-1575, 24 nov. 2016).* – Il est interdit aux personnes mentionnées à l'article L. 562-4 de participer, sciemment et volontairement, à des activités ayant pour objet ou pour effet de contourner les mesures prises en vertu du présent chapitre.

Art. L. 562-7 *(Ord. n° 2009-104, 30 janv. 2009 ; mod., Ord. n° 2016-1575, 24 nov. 2016).* – Les interdictions prévues au présent chapitre ne font pas obstacle aux versements de fonds sur les comptes détenus auprès des personnes mentionnées à l'article L. 561-2, dont les fonds sont gelés en vertu des articles L. 562-2 ou L. 562-3. Les personnes mentionnées à l'article L. 562-4, qui créditent un compte dont les fonds sont gelés en informent sans délai le ministre chargé de l'économie.

Art. L. 562-8 *(Ord. n° 2009-104, 30 janv. 2009 ; mod., L. n° 2012-1432, 21 déc. 2012 ; Ord. n° 2016-1575, 24 nov. 2016).* – Les décisions de gel et les interdictions prévues aux articles L. 562-2, L. 562-3 et L. 562-5 ou les mesures de gel mises en œuvre en vertu des actes pris en application de l'article 29 du traité sur l'Union européenne ou de l'article 75 du traité sur le fonctionnement de l'Union européenne peuvent, à la demande du ministre chargé de l'économie, être publiées au fichier immobilier ou au livre foncier dont dépend le bien immobilier appartenant à la personne dont les fonds et ressources économiques sont gelés.

Le ministre de l'intérieur peut, dans les conditions prévues à l'article L 330-1 du Code de la route, procéder à l'inscription d'une opposition à tout transfert du certificat d'immatriculation d'un véhicule appartenant à la personne dont les fonds et ressources économiques sont gelés.

Art. L. 562-9 *(Ord. n° 2009-104, 30 janv. 2009 ; mod., Ord. n° 2016-1575, 24 nov. 2016).* – Les décisions des ministres arrêtées en application des articles L. 562-2 et L. 562-3 sont publiées par extrait au *Journal officiel* et sont exécutoires à compter de leur date de publication.

Art. L. 562-10 *(Ord. n° 2009-104, 30 janv. 2009 ; mod., Ord. n° 2016-1575, 24 nov. 2016).* – Les mesures prises en vertu du présent chapitre sont opposables à tout tiers qui peut invoquer un droit sur les fonds ou ressources économiques faisant l'objet d'une mesure de gel, y compris lorsque ce droit est né antérieurement auxdites mesures.

Art. L. 562-11 *(Ord. n° 2009-104, 30 janv. 2009 ; mod., Ord. n° 2016-1575, 24 nov. 2016).* – Le ministre chargé de l'économie et le ministre de l'Intérieur peuvent conjointement autoriser le déblocage et la mise à disposition d'une partie des fonds ou ressources économiques faisant l'objet d'une mesure de gel en vertu de l'article L. 562-2 si leur utilisation est compatible avec la sauvegarde de l'ordre public.

Le ministre chargé de l'économie peut autoriser le déblocage et la mise à disposition d'une partie des fonds ou ressources économiques faisant l'objet d'une mesure de gel en vertu de l'article L. 562-3 ou d'un acte pris en application de l'article 29 du traité sur l'Union européenne ou de l'article 75 du traité sur le fonctionnement de l'Union européenne, si leur utilisation est compatible avec la sauvegarde de l'ordre public et avec les décisions et les actes à l'origine de la décision de gel.

Ces autorisations peuvent être accordées par les ministres compétents à leur initiative ou à la demande de toute personne physique ou morale ou autre entité visée par cette décision ou de tout tiers pouvant exciper d'un droit sur les fonds et ressources économiques ayant fait l'objet d'une décision de gel.

Elles sont accordées si la personne faisant l'objet d'une mesure de gel justifie :

1° De besoins matériels particuliers intéressant sa vie personnelle ou familiale pour une personne physique ou d'une activité compatible avec la sauvegarde de l'ordre public pour une personne morale ;

2° Ou de décisions de nature à assurer la conservation de son patrimoine.

Art. L. 562-12 *(Ord. n° 2016-1575, 24 nov. 2016).* – Le secret bancaire ou professionnel ne fait pas obstacle à l'échange d'informations entre les personnes et organismes mentionnés à l'article L. 562-4 et les services de l'État chargés de préparer ou de mettre en œuvre toute mesure de gel prise au titre du présent chapitre ou d'un acte pris en application de l'article 29 du traité sur l'Union européenne ou de l'article 75 du traité sur le fonctionnement de l'Union européenne lorsque ces informations permettent de vérifier l'identité des personnes concernées directement ou indirectement par cette mesure ou de surveiller les opérations portant sur les fonds et ressources économiques gelés. Les informations fournies ou échangées ne peuvent être utilisées qu'aux fins mentionnées dans le présent article.

Pour l'exercice des missions relevant du présent chapitre, les services de l'État mentionnés ci-dessus sont autorisés à se faire communiquer par les autres services de l'État et par les autorités d'agrément et de contrôle des personnes mentionnées à l'article L. 562-4 les informations nécessaires à l'exercice de leurs missions.

Art. L. 562-13 *(Ord. n° 2016-1575, 24 nov. 2016)*. – L'État est responsable des conséquences dommageables de la mise en œuvre de bonne foi, par les personnes mentionnées à l'article L. 562-4, leurs dirigeants ou leurs préposés, des mesures de gel ou des interdictions prises en application du présent chapitre. Aucune sanction professionnelle ne peut être prononcée à l'encontre de ces personnes, de leurs dirigeants ou de leurs préposés.

Art. L. 562-14 *(Ord. n° 2016-1575, 24 nov. 2016)*. – I. – Lorsqu'un établissement de crédit est désigné en application de l'article L. 312-1 pour ouvrir un compte à une personne faisant l'objet d'une mesure de gel des fonds et ressources économiques, il sollicite l'autorisation préalable du ministre chargé de l'économie avant de procéder à l'ouverture du compte. Le cas échéant, cette autorisation indique les services bancaires de base que l'établissement de crédit fournit à cette personne.

II. – Les dispositions du présent chapitre ne sont pas applicables aux dépositaires centraux et aux gestionnaires de systèmes de règlement et de livraison d'instruments financiers.

Art. L. 562-15 *(Ord. n° 2016-1575, 24 nov. 2016)*. – Un décret en Conseil d'État fixe les modalités d'application des dispositions du présent chapitre.

CHAPITRE III. – OBLIGATIONS RELATIVES À LA LUTTE CONTRE LES LOTERIES, JEUX ET PARIS PROHIBÉS

(Anc. chap. V., dénum., Ord. n° 2009-104, 30 janv. 2009

Art. L. 563-1 *(Anc. art. L. 565-1, implicitement dénum., Ord. n° 2009-104, 30 janv. 2009 ; mod., Ord. n° 2013-544, 27 juin 2013)*. – Les organismes, institutions et services régis par le titre Ier du présent livre qui détiennent ou reçoivent des fonds remboursables du public sont tenus d'appliquer les mesures d'interdiction prises en vertu du présent chapitre.

Art. L. 563-2 *(Anc. art. L. 565-2, implicitement dénum., Ord. n° 2009-104, 30 janv. 2009 ; mod., L. n° 2014-344, 17 mars 2014)*. – Le ministre chargé des finances et le ministre de l'Intérieur peuvent décider d'interdire, pour une durée de six mois renouvelable, tout mouvement ou transfert de fonds en provenance ou à destination des comptes identifiés comme détenus par des personnes physiques ou morales qui organisent des activités de jeux, paris ou loteries prohibés par la loi du 21 mai 1836 portant prohibition des loteries et la loi du 2 juin 1891 ayant pour objet de réglementer l'autorisation et le fonctionnement des courses de chevaux, ainsi que la loi n° 83-628 du 12 juillet 1983 relative aux jeux de hasard.

Les ministres lèvent l'interdiction mentionnée au premier alinéa sur demande des personnes concernées par celle-ci lorsque les mouvements ou transferts de fonds sont réalisés dans le cadre d'opérations non prohibées sur le territoire français.

Les décisions des ministres arrêtées en application du présent article sont publiées au Journal officiel.

L'Autorité de régulation des jeux en ligne peut adresser aux opérateurs de jeux ou de paris en ligne non autorisés en vertu d'un droit exclusif ou de l'agrément mentionné à l'article 21 de la loi n° 2010-476 du 12 mai 2010 relative à l'ouverture à la concurrence et à la régulation du secteur des jeux d'argent et de hasard en ligne et à toute personne proposant une quelconque offre de jeux d'argent et de hasard en ligne en contravention aux dispositions du titre II du livre III du Code de la sécurité intérieure, par tout moyen propre à établir la date d'envoi, une mise en demeure rappelant les sanctions encourues et les dispositions de l'alinéa suivant, enjoignant à ces opérateurs de respecter cette interdiction et les invitant à présenter leurs observations dans un délai de huit jours.

À l'issue de ce délai, en cas d'inexécution par l'opérateur intéressé de l'injonction de cesser son activité illicite d'offre de paris ou de jeux d'argent et de hasard, le ministre chargé du budget peut, sur proposition de l'Autorité de régulation des jeux en ligne, décider d'interdire pour une durée de six mois renouvelable tout mouvement ou transfert de fonds en provenance ou à destination des comptes identifiés comme détenus par ces opérateurs.

Le ministre chargé du budget lève l'interdiction mentionnée à l'alinéa précédent sur demande des personnes concernées par celle-ci lorsque les mouvements ou transferts de fonds sont réalisés dans le cadre d'opérations non prohibées sur le territoire français.

Art. L. 563-3 *(Anc. art. L. 565-3, implicitement dénum., Ord. n° 2009-104, 30 janv. 2009).* – Les mesures d'interdiction prises en vertu du présent chapitre s'imposent à toute personne copropriétaire des fonds ainsi qu'à toute personne titulaire d'un compte joint dont l'autre titulaire est une personne propriétaire, nue-propriétaire ou usufruitière mentionnée au premier alinéa de l'article L. 565-2.

Ces mesures sont opposables à tout créancier et à tout tiers pouvant invoquer des droits sur les fonds considérés même si l'origine de ces créances ou autres droits est antérieure à la publication de l'arrêté.

Les mesures mentionnées au premier alinéa de l'article L. 565-2 s'appliquent aux mouvements ou transferts de fonds dont l'ordre d'exécution a été émis antérieurement à la date de publication de la décision d'interdiction.

Art. L. 563-4 *(Anc. art. L. 565-4, implicitement dénum., Ord. n° 2009-104, 30 janv. 2009).* – L'État est responsable des conséquences dommageables de la mise en œuvre de bonne foi, par les organismes, institutions et services régis par le titre Ier du présent livre, leurs dirigeants ou leurs préposés, des mesures d'interdiction mentionnées à l'article L. 565-2. Aucune sanction professionnelle ne peut être prononcée à l'encontre de ces organismes, institutions ou services, leurs dirigeants ou leurs préposés.

Art. L. 563-5 *(Anc. art. L. 565-5, implicitement dénum., Ord. n° 2009-104, 30 janv. 2009).* – Un décret en Conseil d'État fixe les conditions d'application du présent chapitre, notamment les conditions dans lesquelles les organismes, institutions et services régis par le titre Ier du présent livre sont tenus d'appliquer les mesures d'interdiction de mouvement ou de transfert de fonds prises en vertu du présent chapitre.

....

Partie réglementaire

CHAPITRE II. – OBLIGATIONS RELATIVES AU GEL DES AVOIRS

(Anc. chap. IV créé, L. n° 2007-545, 11 avr. 2007 ; mod., D. 2009-716, 18 juin 2009 ; dénum. et intitulé mod., D. n° 2009-1087, 2 sept. 2009)

Art. R. 562-1 *(D. n° 2010-22, 7 janv. 2010 ; mod., D., n° 2015-198, 20 févr. 2015).* – I. – Lorsqu'une mesure de gel des fonds, instruments financiers et ressources économiques a été prise sur le fondement des articles L. 562-1 ou L. 562-2, le ministre compétent peut autoriser, dans les conditions qu'il juge appropriées, la personne, l'organisme ou l'entité qui en a fait l'objet, sur sa demande, à disposer mensuellement d'une somme d'argent, fixée par le ministre, destinée à couvrir, dans la limite des disponibilités, pour une personne physique, des frais courants du foyer familial ou, pour une personne morale, des frais lui permettant de poursuivre une activité compatible avec les exigences de l'ordre public. La somme peut aussi couvrir des frais d'assistance juridique ou des frais exceptionnels. Les frais doivent être préalablement justifiés.

Le ministre compétent peut également, dans les conditions qu'il juge appropriées, autoriser la personne, l'organisme ou l'entité qui a fait l'objet d'une mesure de gel, sur sa demande, à vendre ou céder des biens sous réserve que le produit tiré de cette vente ou de cette cession soit lui-même gelé.

II. – Le ministre compétent notifie sa décision à la personne, à l'organisme ou à l'entité qui a fait l'objet de la mesure de gel dans un délai de quinze jours à compter de la réception des demandes mentionnées au I. Il informe la personne mentionnée à l'article L. 561-2 de sa décision.

L'absence de notification au demandeur d'une décision dans le délai de quinze jours à compter de la réception de la demande vaut décision de rejet.

III. – Pour l'application du présent article, le ministre compétent est :

– si la mesure de gel a été prise sur le fondement de l'article L. 562-1, le ministre chargé de l'économie conjointement avec le ministre de l'intérieur ;

– si la mesure de gel a été prise sur le fondement de l'article L. 562-2, le ministre chargé de l'économie.

Art. R. 562-2 *(Anc. art. R. 564-2, dénum., D. n° 2009-1087, 2 sept. 2009 ; rempl., D. n° 2010-22, 7 janv. 2010 ; mod., D. n° 2018-264, 9 avr. 2018).* – Il est créé un registre national des personnes faisant l'objet d'une mesure de gel en application des dispositions du présent chapitre.

Ce registre national, tenu par le ministre chargé de l'économie, est destiné à l'information du public et est ouvert à la consultation de celui-ci.

Sont portés au registre les noms et prénoms, les alias, la date et le lieu de naissance, la raison sociale, ainsi que toute autre information contenue dans les actes ou décisions relatifs à la mesure de gel, tels qu'ils ont été publiés au Journal officiel de la République française ou au Journal officiel de l'Union européenne ou figurent dans les résolutions du Conseil de sécurité des Nations unies.

Ces mentions sont supprimées du registre par le ministre chargé de l'économie à l'expiration de la mesure de gel.

Art. R. 562-3 *(D. n° 2010-22, 7 janv. 2010 ; mod., D. n° 2013-383, 6 mai 2013 ; mod., D. n° 2014-1315, 3 nov. 2014 ; D. n° 2018-264, 9 avr. 2018)*. – I. – L'information du ministre chargé de l'économie prévue au I de l'article L. 562-4 porte sur :

1° Les fonds et ressources économiques ayant fait l'objet d'une mesure de gel ;

2° Toute opération portée au crédit d'un compte dont les fonds sont gelés ;

3° Le cas échéant, toute opération considérée comme étant contraire à une mesure de gel d'avoir ou d'interdiction de mise à disposition de fonds ou de ressources économiques.

II. – Les personnes mentionnées à l'article L. 562-4 informent le ministre chargé de l'économie :

1° De la mise en œuvre effective de toute autorisation de déblocage ou de mise à disposition d'une partie des fonds ou ressources économiques prise en application de l'article L. 562-11 ;

2° Des opérations dont elles estiment qu'elles ont pour but ou pour effet de contourner les mesures de gel ou d'interdiction.

Un arrêté du ministre chargé de l'économie précise le contenu et les modalités selon lesquelles les informations mentionnées au présent article lui sont adressées.

Art. R. 562-4 *(D. n° 2010-22, 7 janv. 2010 ; mod., D. n° 2018-264, 9 avr. 2018)*. – Le ministre chargé de l'économie procède à la publicité au fichier immobilier ou au livre foncier de toute décision ou acte mettant fin à une mesure de gel ayant fait l'objet d'une publicité en application de l'article L. 562-8.

Le ministre chargé de l'économie procède le cas échéant à la publicité au fichier immobilier ou au livre foncier des autorisations de déblocage ou de mise à disposition de tout ou partie des biens immobiliers pour lesquels une décision de gel a fait l'objet d'une publicité en application de l'article L. 562-8.

Art. R. 562-5 *(D. n° 2010-22, 7 janv. 2010 ; mod., A. 8 déc. 2011 ; D. n° 2018-264, 9 avr. 2018)*. – Le ministre chargé de l'économie conjointement, le cas échéant, avec le ministre de l'Intérieur peut autoriser la vente ou la cession des biens détenus par une personne physique ou morale qui fait l'objet d'une mesure de gel, si ces dernières en font la demande, sous réserve que le produit tiré de cette vente ou de cette cession soit lui-même gelé.

Art. R. 562-6 *(D. n° 2018-264, 9 avr. 2018)*. – Le ministre chargé de l'économie notifie, par tous moyens permettant d'en accuser la réception, la décision de déblocage ou de mise à disposition d'une partie des fonds ou ressources économiques prise en application de l'article L. 562-11 à la personne qui fait l'objet de la mesure de gel, ainsi qu'aux personnes mentionnées à l'article L. 562-4 qui mettent en œuvre cette décision et, le cas échéant, au tiers qui a présenté la demande.

Art. R. 562-7 *(D. n° 2018-264, 9 avr. 2018)*. – Les services de l'État chargés de préparer et de mettre en œuvre les mesures de gel en application de l'article L. 562-12 sont la direction générale du Trésor, relevant du ministère chargé de l'économie, la direction générale des douanes et droits indirects et la direction générale des finances publiques, relevant du ministère chargé des comptes publics, et la direction des libertés publiques et des affaires juridiques, relevant du ministère de l'Intérieur.

Art. R. 562-8 *(D. n° 2018-264, 9 avr. 2018)*. – Le silence gardé par l'administration vaut décision de rejet concernant :

1° Les demandes d'autorisation de déblocage ou de mise à disposition d'une partie des fonds ou ressources économiques présentées en application du premier et du deuxième alinéa de l'article L. 562-11 ;

2° Les demandes d'autorisation de vente ou de cession de biens prévues à l'article R. 562-5.

Art. R. 562-9 *(D. n° 2018-264, 9 avr. 2018)*. – La décision implicite de rejet mentionnée au 1° de l'article R. 562-8 naît au terme d'un délai de 15 jours commençant à courir à compter de la date de réception du dossier de la demande et celle mentionnée au 2°, au terme d'un délai de 30 jours.

Si la décision est subordonnée à l'accord d'une instance internationale, les délais prévus au présent article sont prolongés des délais nécessaires pour l'obtenir.

CHAPITRE III. – Obligations relatives à la lutte contre les loteries, jeux et paris prohibés
(Abr., D. n° 2009-1087, 2 sept. 2009 ; rétabli dans la version suivante, D. n° 2010-1504, 7 déc. 2010)

Art. R. 563-1 *(Abr., D. n° 2009-1087, 2 sept. 2009 ; rétabli dans la version suivante, D. n° 2010-1504, 7 déc. 2010)*. – La première décision d'interdiction des transferts de fonds à l'encontre d'un opérateur de jeux ou de paris en ligne ne détenant ni un droit exclusif ni l'agrément mentionné à l'article 21 de la loi n° 2010-476 du 12 mai 2010 relative à l'ouverture à la concurrence et à la régulation du secteur des jeux d'argent et de hasard en ligne, prise en application des quatrième à sixième alinéas de l'article L. 563-2, est précédée de la mise en demeure préalable de cesser l'activité illicite d'offre de jeux ou paris en ligne, adressée à cet opérateur par l'Autorité de régulation des jeux en ligne.

La mise en demeure est adressée à l'opérateur mentionné au premier alinéa par tout moyen propre à en établir la date d'envoi et la réception par l'intéressé. Elle l'informe des sanctions encourues, notamment l'interdiction de tout transfert de fonds à destination ou en provenance de ses comptes et l'invite à présenter ses observations dans un délai de huit jours à compter de la réception de la mise en demeure.

Art. R. 563-2 *(Abr., D. n° 2009-1087, 2 sept. 2009 ; rétabli dans la version suivante, D. n° 2010-1504, 7 déc. 2010)*. – I. – Si, à l'issue du délai prévu au second alinéa de l'article R. 563-1, l'opérateur ne défère pas à la mise en demeure qui lui a été faite de cesser l'activité illicite de jeux ou paris en ligne, l'interdiction des transferts de fonds est prononcée, sur proposition de l'Autorité de régulation des jeux en ligne, par arrêté du ministre chargé du budget.

Cet arrêté désigne la ou les personnes visées par la décision d'interdiction et précise si la suspension des transferts porte sur les fonds en provenance, à destination, ou en provenance et à destination de ces comptes.

II. – L'arrêté précise la durée de l'interdiction prévue au I, qui ne peut excéder six mois. Si au terme de cette durée l'exploitation illicite de jeux se poursuit, la décision d'interdiction peut être renouvelée, après avoir mis l'opérateur à même de présenter ses observations, pour une ou plusieurs périodes d'une durée maximale de six mois.

Les arrêtés pris en application du présent article sont notifiés aux intéressés et publiés au *Journal officiel* de la République française ainsi que, s'ils sont opposés à un opérateur dont le siège est situé dans un autre État de l'Union européenne, au *Journal officiel* de l'Union européenne.

Art. R. 563-3 *(Abr., D. n° 2009-1087, 2 sept. 2009 ; rétabli dans la version suivante, D. n° 2010-1504, 7 déc. 2010)*. – Après la notification et la publication de l'arrêté d'interdiction, le ministre chargé du budget adresse aux personnes mentionnées à l'article L. 563-1 une décision de suspension de l'exécution de tout ordre de transfert de fonds sur les comptes qu'elle identifie comme ceux de la ou des personnes visées par l'arrêté. Cette décision est exécutée sans délai.

Toutefois, une personne mentionnée à l'article L. 563-1 n'est pas tenue à cette obligation si elle ne dispose pas des informations lui permettant de s'assurer que le titulaire du compte qui lui a été désigné est bien l'objet d'une décision d'interdiction prévue par l'article R. 563-2. En ce cas, elle en informe sans délai le ministre chargé du budget.

Art. R. 563-4 *(Abr., D. n° 2009-1087, 2 sept. 2009 ; rétabli dans la version suivante, D. n° 2010-1504, 7 déc. 2010)*. – La personne ou l'opérateur visé par la décision d'interdiction mentionnée à l'article R. 563-2 et l'Autorité de régulation des jeux en ligne peuvent demander la levée de cette interdiction. La demande de levée de l'interdiction, assortie des justifications établissant que cette mesure n'est plus fondée, est adressée au ministre chargé du budget.

Le ministre notifie sa décision à la personne intéressée dans un délai de quinze jours à compter de la réception de cette demande. L'absence de notification de la décision dans ce délai vaut décision de rejet.

La décision de levée d'interdiction est prise par arrêté publié au *Journal officiel* de la République française ; elle l'est en outre au *Journal officiel* de l'Union européenne si l'interdiction avait été publiée dans cet organe.

Art. R. 563-5 *(D. n° 2010-1504, 7 déc. 2010)*. – Le traitement mis en œuvre pour le compte de l'État afin de permettre les opérations prévues aux articles R. 563-1 à R. 563-4, assorti des mesures nécessaires à la protection des données personnelles des personnes autres que les opérateurs mentionnés à l'article R. 563-1, est autorisé par arrêté pris après avis de la CNIL en application du I de l'article 26 de la loi n° 78-17 du 6 janvier 1978 modifiée relative à l'informatique, aux fichiers et aux libertés.

Partie législative

TITRE VII. – DISPOSITIONS PÉNALES

………………………………………………………………………………………………………

CHAPITRE III. – DISPOSITIONS RELATIVES
AUX PRESTATAIRES DE SERVICES D'INVESTISSEMENT
ET AUX CONSEILLERS EN INVESTISSEMENTS FINANCIERS

(Intitulé mod., L. n° 2003-706, 1er août 2003)

Section I. – Dispositions relatives aux prestataires de services d'investissement

(L. n° 2003-706, 1er août 2003)

Art. L. 573-1 *(Ord. n° 2007-1490, 18 oct. 2007 ; mod., Ord. n° 2013-676, 25 juill. 2013 ; Ord. n° 2017-1107, 22 juin 2017)*. – I. – Est puni de trois ans d'emprisonnement et de 375 000 euros d'amende le fait, pour toute personne physique, de fournir des services d'investissement à des tiers à titre de profession habituelle sans y avoir été autorisée dans les conditions prévues aux articles L. 532-1 et L. 532-48 ou sans figurer au nombre des personnes mentionnées à l'article L. 531-2.

I *bis*. – Est puni de trois ans d'emprisonnement et de 375 000 € d'amende le fait, pour toute personne physique, de gérer un FIA mentionné au II ou aux 1° et 2° du III de l'article L. 214-24 sans y avoir été autorisée dans les conditions prévues à l'article L. 532-9.

II. – Les personnes physiques coupables de l'infraction prévue au I ou au I *bis* encourent également les peines complémentaires suivantes :

1. L'interdiction des droits civiques, civils et de famille, suivant les modalités prévues par l'article 131-26 du Code pénal ;

2. L'interdiction suivant les modalités prévues par l'article 131-27 du Code pénal d'exercer une fonction publique ou d'exercer l'activité professionnelle ou sociale dans l'exercice ou à l'occasion de laquelle l'infraction a été commise, pour une durée de cinq ans au plus ;

3. La fermeture, pour une durée de cinq ans au plus, des établissements ou de l'un ou plusieurs établissements de l'entreprise ayant servi à commettre les faits incriminés ;

4. La peine de confiscation, dans les conditions et selon les modalités prévues à l'article 131-21 du Code pénal ;

5. L'affichage ou la diffusion de la décision prononcée dans les conditions prévues par l'article 131-39 du Code pénal.

Art. L. 573-1-1 *(Ord. n° 2009-104, 30 janv. 2009 ; mod., L. n° 2013-672, 26 juill. 2013)*. – Le fait, pour tout dirigeant d'un prestataire de services d'investissement autre qu'une société de gestion de portefeuille ou d'une des personnes morales ou filiales mentionnées à l'article L. 612-26 ou pour tout dirigeant d'une entreprise de marché, d'un adhérent aux chambres de compensation ou d'une personne habilitée à exercer les activités de conservation ou d'administration d'instruments financiers, de ne pas répondre, après mise en demeure, aux demandes d'informations de l'Autorité de contrôle prudentiel et de résolution, de mettre obstacle de quelque manière que ce soit à l'exercice par celle-ci de sa mission de contrôle ou de lui communiquer des renseignements inexacts est puni d'un an d'emprisonnement et de 15 000 euros d'amende.

Art. L. 573-2 *(Anc. L. n° 96-597, 2 juill. 1996)*. – Le fait, pour toute personne physique, de méconnaître l'une des interdictions prescrites par l'article L. 531-11 est puni de trois ans d'emprisonnement et de 375 000 euros d'amende.

Le tribunal peut également ordonner l'affichage ou la diffusion de la décision prononcée dans les conditions prévues à l'article 131-39 du Code pénal.

Art. L. 573-2-1 *(L. n° 2008-776, 4 août 2008 ; mod., Ord. n° 2014-158, 20 févr. 2014)*. – Le fait pour les personnes mentionnées au I de l'article L. 531-12 de méconnaître le secret professionnel est sanctionné par les peines prévues à l'article 226-13 du Code pénal

Art. L. 573-3 *(Mod., Ord. n° 2017-1107, 22 juin 2017)*. – Le fait, pour les dirigeants d'une entreprise d'investissement ou d'une société de gestion de portefeuille, de ne pas, pour chaque exercice, dresser l'inventaire et établir les comptes annuels et un rapport de gestion dans les conditions prévues à l'article L. 533-5 est puni de 15 000 euros d'amende.

Art. L. 573-4 *(Anc. L. n° 96-597, 2 juill. 1996 ; mod., Ord. n° 2017-1107, 22 juin 2017)*. – Le fait, pour les dirigeants d'une entreprise d'investissement ou d'une société de gestion de portefeuille, de ne pas provoquer la désignation des commissaires aux comptes de l'entreprise ou de la société ou de ne pas les convoquer à l'assemblée générale est puni de deux ans d'emprisonnement et de 30 000 euros d'amende.

Le fait, pour les dirigeants d'une entreprise d'investissement ou d'une société de gestion de portefeuille, ou pour toute personne au service de cette entreprise ou de cette société, de mettre obstacle aux vérifications ou aux contrôles des commissaires aux comptes ou de refuser la communication sur place de toutes les pièces utiles à l'exercice de leur mission et notamment tous contrats, livres, documents comptables et registres de procès-verbaux est puni de cinq ans d'emprisonnement et de 75 000 euros d'amende.

Art. L. 573-5 *(Mod., Ord. n° 2007-1490, 18 oct. 2007 ; Ord. n° 2017-1107, 22 juin 2017)*. – Le fait, pour les dirigeants d'une entreprise d'investissement ou d'une société de gestion de portefeuille, de ne pas publier les comptes annuels de l'entreprise ou de la société dans les conditions prévues à l'article L. 533-5 est puni d'une amende de 15 000 euros.

Art. L. 573-6 *(Mod., Ord. n° 2007-1490, 18 oct. 2007 ; Ord. n° 2017-1107, 22 juin 2017)*. – Le fait, pour les dirigeants d'une entreprise d'investissement ou d'une société de gestion de portefeuille, de ne pas établir, conformément à l'article L. 533-5, les comptes de l'entreprise ou de la société sous une forme consolidée est puni de 15 000 euros d'amende.

Art. L. 573-7 *(Mod., L. n° 2009-526, 12 mai 2009)*. – Les personnes morales déclarées responsables pénalement, dans les conditions prévues par l'article 121-2 du Code pénal, des infractions définies aux articles L. 573-1 à L. 573-6 encourent, outre l'amende suivant les modalités prévues par l'article 131-38 du Code pénal, les peines prévues par l'article 131-39 du même code.

L'interdiction mentionnée au 2° de l'article 131-39 du Code pénal porte sur l'activité dans l'exercice ou à l'occasion de l'exercice de laquelle l'infraction a été commise.

Art. L. 573-8 *(Anc. L. n° 83-1, 3 janv. 1983)*. – Est puni d'un emprisonnement de cinq ans et d'une amende de 18 000 euros, le fait, pour toute personne de méconnaître les obligations prescrites aux articles *(Réf. rempl., L. n° 2019-486, 22 mai 2019)* « L. 551-3 et L. 551-4 ».

Est puni d'un emprisonnement de deux ans et d'une amende de 9 000 euros le fait, pour le gestionnaire, de ne pas se conformer aux dispositions de l'article *(Réf. rempl., L. n° 2019-486, 22 mai 2019)* « L. 551-5 ».

Est puni d'un emprisonnement de cinq ans et d'une amende de 18 000 euros le fait, pour le commissaire aux comptes, soit en son nom personnel, soit au titre d'associé dans une société de commissaires aux comptes, de donner ou confirmer des informations mensongères sur les documents mentionnés à l'article *(Réf. rempl., L. n° 2019-486, 22 mai 2019)* « L. 551-4 » ou de ne pas révéler au procureur de la République les faits délictueux dont il a eu connaissance..

Section II. – Dispositions relatives aux conseillers en investissements financiers

(L. n° 2003-706, 1er août 2003)

Art. L. 573-9 *(L. n° 2003-706, 1er août 2003)*. – Est puni des peines prévues à l'article 313-1 du Code pénal :

1° Le fait, pour toute personne, d'exercer l'activité de conseil en investissements financiers définie à l'article L. 541-1 sans remplir les conditions prévues par les articles L. 541-2 à L. 541-5 ;

2° *(Abr., Ord. n° 2005-429, 6 mai 2005)* ;

3° Le fait, pour toute personne se livrant à l'activité de conseil en investissements financiers, de recevoir de ses clients des fonds en violation de l'interdiction prévue à l'article L. 541-6.

Art. L. 573-10 *(L. n° 2003-706, 1er août 2003)*. – Les personnes physiques coupables de l'un des délits mentionnés à l'article L. 573-9 encourent également les peines complémentaires suivantes :

1° L'interdiction des droits civiques, civils et de famille, suivant les modalités prévues par l'article 131-26 du Code pénal ;

2° L'interdiction, suivant les modalités prévues par l'article 131-27 du même code, d'exercer une fonction publique ou d'exercer une activité professionnelle ou sociale dans l'exercice ou à l'occasion de laquelle l'infraction a été commise, pour une durée de cinq ans au plus ;

3° L'affichage ou la diffusion de la décision prononcée dans les conditions prévues par l'article 131-35 du même code.

Art. L. 573-11 *(L. n° 2003-706, 1er août 2003 ; mod., L. n° 2009-526, 12 mai 2009)*. – Les personnes morales déclarées responsables pénalement, dans les conditions prévues par l'article 121-2 du Code pénal, des infractions définies à l'article L. 573-9 encourent, outre l'amende suivant les modalités prévues par l'article 131-38 du Code pénal, les peines prévues par l'article 131-39 du même code.

L'interdiction mentionnée au 2° de ce même article porte sur l'activité dans l'exercice ou à l'occasion de l'exercice de laquelle l'infraction a été commise.

Section III. – Dispositions relatives aux conseillers en investissements participatifs

Art. L. 573-12 *(Ord. n° 2014-559, 30 mai 2014)*. – Est puni des peines prévues à l'article 313-1 du Code pénal :

1° Le fait, pour toute personne d'exercer l'activité de conseil en investissements participatifs en violation des articles L. 547-1 à L. 547-3 ;

2° Le fait, pour toute personne se livrant à l'activité de conseil en investissements participatifs, de recevoir de ses clients des fonds en violation de l'interdiction prévue à l'article L. 541-6.

Art. L. 573-13 *(Ord. n° 2014-559, 30 mai 2014)*. – Les personnes physiques coupables de l'un des délits mentionnés à l'article L. 573-12 encourent également les peines complémentaires suivantes :

1° L'interdiction des droits civiques, civils et de famille, suivant les modalités prévues par l'article 131-26 du Code pénal ;

2° L'interdiction, suivant les modalités prévues par l'article 131-27 du même code, d'exercer une fonction publique ou d'exercer une activité professionnelle ou sociale dans l'exercice ou à l'occasion de laquelle l'infraction a été commise, pour une durée de cinq ans au plus ;

3° L'affichage ou la diffusion de la décision prononcée dans les conditions prévues par l'article 131-35 du même code.

Art. L. 573-14 *(Ord. n° 2014-559, 30 mai 2014)*. – Les personnes morales déclarées responsables pénalement, dans les conditions prévues par l'article 121-2 du Code pénal, des infractions définies à l'article L. 573-12 encourent, outre l'amende suivant les modalités prévues par l'article 131-38 du Code pénal, les peines prévues par l'article 131-39 du même code.

L'interdiction mentionnée au 2° de ce même article porte sur l'activité dans l'exercice ou à l'occasion de l'exercice de laquelle l'infraction a été commise.

Art. L. 573-15 *(Ord. n° 2014-559, 30 mai 2014)*. – Est puni des peines prévues à l'article 313-1 du Code pénal le fait pour toute personne d'exercer l'activité d'intermédiaire en financement participatif pour les opérations de prêt avec ou sans intérêt de l'article L. 548-1 en violation des articles L. 548-1 à L. 548-4.

Art. L. 573-16 *(Ord. n° 2014-559, 30 mai 2014)*. – Les personnes physiques coupables de l'un des délits mentionnés à l'article L. 573-15 encourent également les peines complémentaires suivantes :

1° L'interdiction des droits civiques, civils et de famille, suivant les modalités prévues par l'article 131-26 du Code pénal ;

2° L'interdiction, suivant les modalités prévues par l'article 131-27 du même code, d'exercer une fonction publique ou d'exercer une activité professionnelle ou sociale dans l'exercice ou à l'occasion de laquelle l'infraction a été commise, pour une durée de cinq ans au plus ;

3° L'affichage ou la diffusion de la décision prononcée dans les conditions prévues par l'article 131-35 du même code.

Art. L. 573-17 *(Ord. n° 2014-559, 30 mai 2014).* – Les personnes morales déclarées responsables pénalement, dans les conditions prévues par l'article 121-2 du Code pénal, des infractions définies à l'article L. 573-15 encourent, outre l'amende suivant les modalités prévues par l'article 131-38 du Code pénal, les peines prévues par l'article 131-39 du même code.

L'interdiction mentionnée au 2° de ce même article porte sur l'activité dans l'exercice ou à l'occasion de l'exercice de laquelle l'infraction a été commise.

CHAPITRE IV. – DISPOSITIONS RELATIVES À LA LUTTE CONTRE LE BLANCHIMENT DE CAPITAUX ET LE FINANCEMENT DES ACTIVITÉS TERRORISTES

(Intitulé rempl., L. n° 2006-64, 23 janv. 2006)

Art. L. 574-1 *(Rempl., Ord. n° 2009-104, 30 janv. 2009 ; mod., L. n° 2015-912, 24 juill. 2015 ; Ord. n° 2016-1635, 1er déc. 2016).* – Est puni d'une amende de 22 500 euros le fait de méconnaître l'interdiction de divulgation prévue à l'article L. 561-18, au III de l'article L. 561-25, au II de l'article L. 561-25-1 et à l'avant-dernier alinéa de l'article L. 561-26.

Art. L. 574-2 *(Mod., Ord. n° 2009-104, 30 janv. 2009 ; Ord. n° 2016-1635, 1er déc. 2016).* – Est puni des peines prévues à l'article 226-13 du Code pénal, le fait, pour toute personne, de méconnaître l'interdiction prescrite au deuxième alinéa de l'article L. 561-30, sous réserve des dispositions de l'article 226-14 du Code pénal.

Art. L. 574-3 *(L. n° 2006-64, 23 janv. 2006 ; mod., Ord. n° 2009-104, 30 janv. 2009).* – Est puni des peines prévues au 1 de l'article 459 du Code des douanes le fait, pour les dirigeants ou les préposés des organismes financiers et personnes mentionnés à l'article *(Réf. rempl. à compter de la date fixée à l'article 3 de l'ordonnance n° 2016-1575 du 24 novembre 2016, Ord. n° 2016-1575, 24 nov. 2016)* « L. 562-4 » et, pour les personnes faisant l'objet d'une mesure de gel ou d'interdiction prise en application du chapitre II du titre VI du présent livre, de se soustraire aux obligations en résultant ou de faire obstacle à sa mise en œuvre.

Sont également applicables les dispositions relatives à la constatation des infractions, aux poursuites, au contentieux et à la répression des infractions des titres II et XII du Code des douanes sous réserve des articles 453 à 459 du même code.

Art. L. 574-4 *(Ord. n° 2009-104, 30 janv. 2009).* – Est puni d'un an d'emprisonnement et de 15 000 € d'amende le fait pour les personnes mentionnées aux 8°, 9°, 10 et 15° de l'article L. 561-2 de ne pas répondre, après mise en demeure, aux demandes d'information de l'autorité administrative en charge de l'inspection mentionnée au II de l'article L. 561-36 ou de mettre obstacle de quelque manière que ce soit à l'exercice par celle-ci de sa mission de contrôle ou de lui communiquer sciemment des renseignements inexacts.

....

LIVRE SIXIÈME. – LES INSTITUTIONS EN MATIÈRE BANCAIRE ET FINANCIÈRE

TITRE PREMIER – LES INSTITUTIONS COMPÉTENTES EN MATIÈRE DE RÉGLEMENTATION ET DE CONTRÔLE

CHAPITRE I. – RÉGLEMENTATION

(Mod., L. n° 2003-706, 1er août 2003)

Art. L. 611-1 *(Rempl., par les anciens onze premiers alinéa de l'article L. 611-2, L. n° 2003-706, 1er août 2003 ; mod., Ord. n° 2004-1201, 12 nov. 2004 ; Ord. n° 2005-429, 6 mai 2005 ; Ord. n° 2014-158, 20 févr. 2014 ; Ord. n° 2015-558, 21 mai 2015).* – Le ministre chargé de l'économie arrête, pour les établissements de crédit et, s'il y a lieu, pour les sociétés de financement, les règles concernant notamment :

1. Le montant du capital initial des établissements de crédit et des sociétés de financement et les conditions dans lesquelles des participations directes ou indirectes peuvent être prises, étendues ou cédées dans ces entreprises ainsi que dans les établissements financiers, définis à l'article L. 511-21, détenant directement ou indirectement un pouvoir de contrôle effectif sur un ou plusieurs établissements de crédit ou sociétés de financement ;

2. Les conditions d'implantation des réseaux ;
3. Les conditions dans lesquelles ces entreprises peuvent prendre des participations ;
4. Les conditions des opérations que peuvent effectuer les établissements de crédit, les sociétés de financement ou leurs agents, en particulier dans leurs relations avec la clientèle, ainsi que les conditions de la concurrence ;
5. L'organisation des services communs ;
6. Sous réserve des dispositions européennes qui leur sont directement applicables, les normes de gestion que les établissements de crédit ou les sociétés de financement doivent respecter en vue notamment de garantir leur liquidité, leur solvabilité et l'équilibre de leur structure financière ainsi que les conditions dans lesquelles ces normes sont respectées sur une base consolidée, y compris en l'absence d'une entreprise mère ayant son siège social en France ;
7. La publicité des informations destinées aux autorités compétentes ;
8. Les instruments et les règles du crédit, sous réserve des missions confiées au Système européen de banques centrales par l'article 105, paragraphe 2, du traité instituant la Communauté européenne ;
9. Les règles relatives à la protection des déposants mentionnées à l'article L. 312-4 ;
10. Les règles applicables à l'organisation comptable, aux mécanismes de contrôle et de sécurité dans le domaine informatique ainsi que les procédures de contrôle interne ;
11. Les conditions dans lesquelles les établissements de crédit peuvent établir des succursales dans des États qui ne sont pas parties à l'accord sur l'Espace économique européen ;
12. Les conditions dans lesquelles les établissements de crédit peuvent acquérir tout ou partie d'une branche d'activité significative sans qu'il soit porté préjudice à la gestion saine et prudente de ces établissements ;
13. Les règles applicables aux succursales d'établissements de crédit mentionnées au I de l'article L. 511-10.

Art. L. 611-1-1 *(Ord. n° 2009-866, 15 juill. 2009 ; mod., L. n° 2013-672, 26 juill. 2013).* – Le ministre chargé de l'économie arrête, pour les établissements de paiement, les règles concernant notamment :

1° Le montant du capital des établissements de paiement ;

2° Les modalités selon lesquelles une modification des conditions de l'agrément délivré à un établissement de paiement doit faire l'objet, selon les cas, d'une autorisation préalable de l'Autorité de contrôle prudentiel et de résolution, d'une déclaration ou d'une notification ;

3° Les conditions des opérations que les établissements de paiement ou leurs agents peuvent effectuer, en particulier dans leurs relations avec la clientèle, ainsi que les conditions de la concurrence ;

4° Les modalités de protection des fonds de la clientèle ;

5° Les modalités selon lesquelles les décisions de retrait d'agrément sont portées à la connaissance du public et les conditions dans lesquelles les fonds d'utilisateurs de services de paiement reçus leurs sont restitués ou transférés à un autre établissement de crédit ou un autre établissement de paiement habilité ou à la Caisse des dépôts et consignations ;

6° Les normes de gestion qu'ils doivent respecter en vue notamment de garantir leur solvabilité et l'équilibre de leur structure financière ainsi que les conditions dans lesquelles ces normes sont respectées sur une base consolidée, y compris en l'absence d'une entreprise mère ayant son siège social en France ;

7° Les règles applicables à l'organisation comptable, aux mécanismes de contrôle et de sécurité dans le domaine informatique ainsi que les procédures de contrôle interne.

Art. L. 611-1-2 *(Ord. n° 2009-866, 15 juill. 2009).* – Le ministre chargé de l'économie arrête, pour les agents des prestataires de services de paiement, les règles concernant notamment :

1° Les conditions d'honorabilité et d'aptitude ;

2° Les modalités d'enregistrement prévues à l'article L. 523-1.

Art. L. 611-1-3 *(L. n° 2013-100, 28 janv. 2013 ; mod., L. n° 2013-672, 26 juill. 2013).* – Le ministre chargé de l'économie arrête, pour les établissements de monnaie électronique, les règles concernant notamment :

1° Le montant du capital des établissements de monnaie électronique ;

2° Les modalités selon lesquelles une modification des conditions de l'agrément délivré à un établissement de monnaie électronique doit faire l'objet, selon les cas, d'une autorisation préalable de l'Autorité de contrôle prudentiel et de résolution, d'une déclaration ou d'une notification ;

3° Les conditions des opérations que les établissements de monnaie électronique peuvent effectuer en particulier dans leurs relations avec la clientèle ainsi que les conditions de la concurrence ;

4° Les modalités de protection des fonds de la clientèle ;

5° Les modalités selon lesquelles les décisions de retrait d'agrément sont portées à la connaissance du public et les conditions dans lesquelles les fonds de détenteurs de monnaie électronique sont restitués ou transférés à un autre établissement de crédit ou un autre établissement de monnaie électronique habilité ou à la Caisse des dépôts et consignations ;

6° Les normes de gestion qu'ils doivent respecter en vue notamment de garantir leur solvabilité et l'équilibre de leur structure financière ainsi que les conditions dans lesquelles ces normes sont respectées sur une base consolidée, y compris en l'absence d'une entreprise mère ayant son siège social en France ;

7° Les règles applicables à l'organisation comptable, aux mécanismes de contrôle et de sécurité dans le domaine informatique ainsi que les procédures de contrôle interne ;

8° Les conditions d'exercice des personnes bénéficiant d'une exonération ou d'une dérogation.

Art. L. 611-2 *(Mod., L. n° 2003-706, 1er août 2003 ; Ord. n° 2014-158, 20 févr. 2014).* – En cas de manquement aux prescriptions édictées par le ministre pour l'application des dispositions du 1 de l'article L. 611-1 et sans préjudice des dispositions de l'article L. 233-14 du Code de commerce, le procureur de la République, l'Autorité de contrôle prudentiel et de résolution ou tout actionnaire peut demander au juge de suspendre, jusqu'à régularisation de la situation, l'exercice des droits de vote attachés aux actions ou parts sociales d'établissements de crédit ou d'établissements financiers au sens de l'article L. 511-21 détenues irrégulièrement, directement ou indirectement.

Art. L. 611-3 *(Anc. L. n° 96-587, 2 juill. 1996 ; rempl., L. n° 2003-706, 1er août 2003 ; mod., Ord. n° 2014-158, 20 févr. 2014 ; Ord. n° 2017-1107, 22 juin 2017).* – Le ministre chargé de l'économie arrête, après avis de l'Autorité des marchés financiers et du Comité consultatif de la législation et de la réglementation financières, et sous réserve des attributions exercées par l'Autorité des marchés financiers à l'égard des sociétés de gestion de portefeuille définies à l'article L. 532-9, la réglementation applicable aux prestataires de services d'investissement définis à l'article L. 531-1 autres que les sociétés de gestion de portefeuille et, en tant que de besoin, aux entreprises de marché, *(Mots aj., L. n° 2019-486, 22 mai 2019)* « aux succursales d'entreprise de pays tiers mentionnées à l'article L. 532-48, » aux personnes morales ayant pour activité principale ou unique la compensation d'instruments financiers et aux personnes morales ayant pour activité principale ou unique la conservation et l'administration d'instruments financiers et concernant :

1. Le montant du capital initial exigé en fonction des services qu'entend exercer le prestataire de services d'investissement autre qu'une société de gestion de portefeuille ;

2. Les normes mentionnées aux 5, 6, 7 et 10 et, le cas échéant, 8 de l'article L. 611-1.

Art. L. 611-3-1 *(Ord. n° 2008-1271, 5 déc. 2008 ; mod., Mod., L. n° 2010-1249, 22 oct. 2010).* – Le ministre chargé de l'économie peut, après avis du comité consultatif de la législation et de la réglementation financières et à la demande d'une ou plusieurs organisations représentatives des professionnels du secteur financier figurant sur une liste arrêtée par le ministre, homologuer par arrêté les codes de conduite qu'elles ont élaborés en matière de commercialisation d'instruments financiers mentionnés à l'article L. 211-1, « d'opérations de banque mentionnées à l'article L. 311-1, de services de paiement mentionnés à l'article L. 314-1, » de produits d'épargne mentionnés au titre II du livre II du présent code ainsi que de contrats d'assurance individuels comportant des valeurs de rachat, de contrats de capitalisation et de contrats mentionnés à l'article L. 132-5-3 et à l'article L. 441-1 du Code des assurances.

Bibliographie : I. Riassetto et M. Storck, *Les codes de bonne conduite en droit des marchés financiers : d'un code à l'autre*, in *Mélanges G. Wiederkehr*, Dalloz, 2009, p. 669 et s. • M. Storck, *Organisation professionnelle, Codes de bonne conduite : RD. bancaire et fin.* juill. 2009, comm. 140.

Art. L. 611-4 *(Mod., L. n° 2003-706, 1er août 2003 ; Ord. n° 200-897, 24 juill. 2009 ; Ord. n° 2017-1107, 22 juin 2017).* – Le ministre chargé de l'économie précise également :

1. Les conditions dans lesquelles les entreprises d'investissement peuvent effectuer les opérations mentionnées au 2 de l'article L. 321-2 ;

2. Les conditions dans lesquelles les entreprises d'investissement peuvent effectuer les opérations mentionnées à l'article L. 531-5 ;

3. Les conditions dans lesquelles des participations directes ou indirectes peuvent être prises, étendues ou cédées dans les entreprises d'investissement.

Art. L. 611-5 *(Mod., L. n° 2003-706, 1er août 2003 ; Ord. n° 2009-866, 15 juill. 2009 ; Ord. n° 2013-544, 27 juin 2013)*. – Les arrêtés du ministre chargé de l'économie ainsi que les règlements de l'Autorité des normes comptables peuvent être différents selon le statut juridique des établissements de crédit, des sociétés de financement, des établissements de monnaie électronique, des établissements de paiement ou des entreprises d'investissement, l'étendue de leurs réseaux ou les caractéristiques de leur activité.

Ils peuvent, en tant que de besoin, prévoir les conditions d'octroi de dérogations individuelles à titre exceptionnel et temporaire.

Art. L. 611-6 *(Mod., L. n° 2003-706, 1er août 2003 ; Ord. n° 2013-544, 27 juin 2013)*. – Ne sont pas soumis à l'avis du Comité consultatif de la législation et de la réglementation financières les arrêtés pris dans les matières suivantes :

1. En ce qui concerne les banques mutualistes ou coopératives, la définition des conditions d'accès au sociétariat ainsi que les limitations du champ d'activité qui en résultent pour ces établissements ;

2. La définition des compétences des caisses d'épargne et de prévoyance et des caisses de crédit municipal ;

3. Les principes applicables aux opérations de banque assorties d'une aide publique ;

4. Les règles applicables à la fourniture des services d'investissement par les entreprises d'investissement et les établissements de crédit.

Art. L. 611-7 *(Mod., L. n° 2001-420, 15 mai 2001 ; abr., L. n° 2003-706, 1er août 2003 ; rétabli, L. n° 2006-387, 31 mars 2006)*. – Les règlements du Comité de la réglementation bancaire et financière en vigueur antérieurement à la loi n° 2003-706 du 1er août 2003 de sécurité financière peuvent être modifiés ou abrogés par arrêté du ministre chargé de l'économie pris dans les conditions prévues à l'article L. 611-1.

CHAPITRE II. – L'AUTORITÉ DE CONTRÔLE PRUDENTIEL ET DE RÉSOLUTION

Bibliographie : A. Astaix, *Banque-assurance : une nouvelle autorité de contrôle : D.* 2010, n° 4, p. 196. • Th. Bonneau, *Commentaire de l'ordonnance n° 2010-76 du 21 janvier 2010 portant fusion des autorités d'agrément et de contrôle de la banque et de l'assurance : JCP* E 2010, 1140 ; *L'ACP, un législateur occulte ? : RD bancaire et fin.* janv. 2013, repère 1. • J. Bigot et J.-L. Bellando, *La nouvelle Autorité de contrôle prudentiel et l'assurance : aspects structurels : JCP* G 2010, 364. • H. Causse et A. Maymont, *L'Autorité de contrôle prudentiel (commentaire de l'ordonnance du 21 janvier 2010 portant fusion des autorités d'agrément et de contrôle de la banque et de l'assurance) : RD bancaire et fin.* mai 2010, étude 11. • J.-Ph. Kovar et J. Lasserre-Capdeville, *L'indépendance des autorités de régulation financière : RD bancaire et fin.* mai 2012, étude 10. • J. Lasserre-Capdeville, *La convergence du droit régissant l'Autorité des marchés financiers et l'autorité de contrôle prudentiel : RD bancaire et fin.* 2011, dossier 21 ; *Le délit d'obstacle au contrôle de l'ACP : RD bancaire et fin.* 2011, étude 19. • A.-M. Moulin, *Les incidences de l'arrêt Dubus sur la Commission bancaire et l'Autorité de contrôle prudentiel : RD bancaire et fin.* mai 2010, dossier, p. 90. • G. Notté, *Création de l'Autorité de contrôle prudentiel : JCP* E 2010, act. 71. • Y. Paclot, *De la nature de la commission des sanctions de l'ACP et de quelques autres questions... : RD bancaire et fin.* 2011, alerte 26. • F. Sauvage, *Banque et assurance : une nouvelle autorité de contrôle commune : RD bancaire et fin.* mars 2010, comm. 66.

Section I – Missions et champ d'application

Art. L. 612-1 *(Mod., Ord. n° 2009-866, 15 juill. 2009 ; rempl., Ord. n° 2010-76, 21 janv. 2010 ; mod., Ord. n° 2014-158, 20 févr. 2014 ; Ord. n° 2014-1332, 6 nov. 2014 ; Ord. n° 2016-351, 25 mars 2016 ; Ord. n° 2017-484, 6 avr. 2017 ; L. n° 2017-1775, 28 déc. 2017)*. – I. – L'Autorité de contrôle prudentiel et de résolution veille à la préservation de la stabilité du système financier et à la protection des clients, assurés, adhérents et bénéficiaires des personnes soumises à son contrôle.

L'Autorité contrôle le respect par ces personnes des dispositions européennes qui leur sont directement applicables, des dispositions du Code monétaire et financier ainsi que des dispositions réglementaires prévues pour son application, du Code des assurances, du livre IX du Code de la sécurité sociale, du Code de la mutualité, du livre III du Code de la consommation, des articles 26-4 à 26-8 de la loi n° 65-557 du 10 juillet

1965 fixant le statut de la copropriété des immeubles bâtis, des Codes de conduite homologués ainsi que de toute autre disposition législative et réglementaire dont la méconnaissance entraîne celle des dispositions précitées.

II. – Elle est chargée :

1° D'examiner les demandes d'autorisations ou de dérogations individuelles qui lui sont adressées et de prendre les décisions prévues par les dispositions européennes, législatives et réglementaires applicables aux personnes soumises à son contrôle ; pour l'application du règlement (UE) n° 648/2012 du Parlement européen et du Conseil du 4 juillet 2012 sur les produits dérivés de gré à gré, les contreparties centrales et les référentiels centraux, elle examine notamment les notifications faites en application du 2 de l'article 4 et des articles 11 et 89 du même règlement, par celles des personnes soumises à son contrôle qui sont également des contreparties financières au sens du 8 de l'article 2 dudit règlement ;

2° D'exercer une surveillance permanente de la situation financière et des conditions d'exploitation des personnes mentionnées au I de l'article L. 612-2 ; elle contrôle notamment le respect de leurs exigences de solvabilité ainsi que, pour les personnes mentionnées aux 1° à 4° et 8° à 10° du A du I de l'article L. 612-2, des règles relatives à la préservation de leur liquidité et, pour les personnes mentionnées aux 1° à 3°, 5°, 8° à 11° du B du I du même article, qu'elles sont en mesure de tenir à tout moment les engagements qu'elles ont pris envers leurs assurés, adhérents, bénéficiaires ou entreprises réassurées et les tiennent effectivement ; pour l'application du règlement (UE) n° 648/2012 du Parlement européen et du Conseil du 4 juillet 2012 précité, elle contrôle également le respect des obligations et conditions prévues à l'article 3, au 2 de l'article 4 et à l'article 11 du même règlement par celles des personnes soumises à son contrôle qui sont également des contreparties financières au sens du 8 de l'article 2 dudit règlement ;

2° *bis* De fixer l'exigence de coussin applicable aux établissements d'importance systémique mondiale et aux autres établissements d'importance systémique et de veiller au respect de l'exigence globale de coussin de fonds propres définie aux articles L. 511-41-1 A et L. 533-2-1 ;

3° De veiller au respect par les personnes soumises à son contrôle des règles destinées à assurer la protection de leur clientèle, résultant notamment de toute disposition européenne, législative et réglementaire ou des Codes de conduite approuvés à la demande d'une association professionnelle, ainsi que des bonnes pratiques de leur profession qu'elle constate ou recommande, ainsi qu'à l'adéquation des moyens et procédures qu'elles mettent en œuvre à cet effet ; elle veille également à l'adéquation des moyens et procédures que ces personnes mettent en œuvre pour respecter le livre Ier ainsi que le chapitre II des titres Ier et II du livre II du Code de la consommation ;

4° De veiller à l'élaboration et à la mise en œuvre des mesures de prévention et de résolution des crises bancaires prévues à la section 4 du chapitre III du présent code, et des mesures de prévention et de résolution des crises dans le secteur de l'assurance prévues au chapitre II du titre Ier du livre III du Code des assurances ;

5° De veiller au respect par les personnes soumises à son contrôle des règles relatives aux modalités d'exercice de leur activité par elles-mêmes ou par l'intermédiaire de filiales et aux opérations d'acquisition et de prise de participation ;

6° De veiller au respect, par les personnes soumises à son contrôle, des règles relatives à la lutte contre le blanchiment des capitaux et le financement du terrorisme dans les conditions prévues aux articles L. 561-36 et L. 561-36-1 du présent code ;

7° De veiller au respect de l'article L. 564-2. À l'issue des contrôles diligentés pour l'exercice de cette mission, l'Autorité de contrôle prudentiel et de résolution communique à l'administration fiscale les documents et les informations nécessaires au respect de l'article 1649 AC du Code général des impôts et de l'article L. 102 AG du Livre des procédures fiscales conformément à l'article L. 84 D du même livre. Elle peut obtenir communication de l'administration fiscale des informations et documents nécessaires à l'exercice de cette mission conformément à l'article L. 135 ZI dudit livre.

III. – Dans l'accomplissement de ses missions, l'Autorité de contrôle prudentiel et de résolution prend en compte les objectifs de stabilité financière dans l'ensemble de l'Espace économique européen et de mise en œuvre convergente des dispositions nationales et de l'Union européenne en tenant compte des bonnes pratiques et recommandations issues des dispositifs de supervision de l'Union européenne. Elle coopère avec les autorités compétentes des autres États. En particulier, au sein de l'Espace économique européen, elle apporte son concours aux structures de supervision des groupes transfrontaliers.

IV. – Pour l'accomplissement de ses missions, l'Autorité de contrôle prudentiel et de résolution dispose, à l'égard des personnes mentionnées à l'article L. 612-2 et au I et, le cas échéant, au II de l'article L. 613-34, d'un pouvoir de contrôle, du pouvoir de prendre des mesures de police administrative et d'un pouvoir de sanction. *(Mots aj. à compter de la date de retrait du Royaume-Uni de l'Union européenne sans accord conclu conformément à l'article 50 du traité sur l'Union européenne, Ord. n° 2019-75, 6 févr. 2019)* « Ce pouvoir de sanction s'exerce à l'encontre des personnes et pour les faits entrant dans le champ de son contrôle à la date de commission du manquement ou de l'infraction. » Elle peut en outre porter à la connaissance du public toute information qu'elle estime nécessaire à l'accomplissement de ses missions, sans que lui soit opposable le secret professionnel mentionné à l'article L. 612-17.

En ce qui concerne les établissements de crédit, les compagnies financières holding et les compagnies financières holding mixtes, l'Autorité de contrôle prudentiel et de résolution exerce ses pouvoirs d'autorisation et de surveillance prudentielle prévus par les dispositions du titre Ier du livre V et par le présent livre sans préjudice des compétences confiées à la Banque centrale européenne par le règlement (UE) du Conseil n° 1024/2013 du 15 octobre 2013.

Pour la mise en œuvre du mécanisme de surveillance unique institué par le règlement mentionné ci-dessus, l'Autorité de contrôle prudentiel et de résolution est l'autorité compétente nationale pour la France. À ce titre, elle assiste la Banque centrale européenne dans l'exercice des missions de surveillance prudentielle qui lui sont confiées par ce règlement.

Lorsqu'en application du troisième alinéa du paragraphe 1 de l'article 9 du même règlement elle a reçu des instructions en ce sens de la Banque centrale européenne pour l'accomplissement des missions de cette dernière, l'Autorité de contrôle prudentiel et de résolution fait usage des pouvoirs de contrôle et de surveillance prudentielle qu'elle tient du présent code.

En ce qui concerne les établissements de crédit, les compagnies financières holding, les compagnies financières holding mixtes, les établissements financiers et les entreprises d'investissement, le collège de résolution de l'Autorité de contrôle prudentiel et de résolution exerce ses pouvoirs en matière de résolution des crises bancaires sans préjudice des compétences confiées au Conseil de résolution unique par le règlement (UE) n° 806/2014 du Parlement européen et du Conseil du 15 juillet 2014.

Pour la mise en œuvre du mécanisme de résolution unique institué par le règlement mentionné ci-dessus, le collège de résolution de l'Autorité de contrôle prudentiel et de résolution est l'autorité de résolution nationale pour la France. À ce titre, il assiste le Conseil de résolution unique dans l'exercice des missions qui lui sont confiées par ce règlement.

Lorsqu'en application du même règlement il a reçu instruction en ce sens du Conseil de résolution unique, le collège de résolution fait usage des pouvoirs qu'il tient du présent code.

En ce qui concerne la société visée à l'article L. 313-19 du Code de la construction et de l'habitation, l'Autorité de contrôle prudentiel et de résolution exerce ses compétences sans préjudice des compétences confiées à l'Agence nationale de contrôle du logement social. Dans le cadre de l'exercice de leurs compétences respectives portant sur cette société, l'Autorité de contrôle prudentiel et de résolution et l'Agence nationale de contrôle du logement social peuvent se transmettre mutuellement des informations couvertes par le secret professionnel.

V. – Le collège de supervision ou, selon les cas, le secrétaire général adopte les mesures nécessaires pour mettre en œuvre les orientations, instructions, décisions et tout autre acte juridique de la Banque centrale européenne pris dans le cadre du règlement (UE) du Conseil n° 1024/2013 du 15 octobre 2013.

Le collège de résolution ou le directeur chargé des services mentionnés à l'article L. 612-8-1, selon les cas, adopte les mesures nécessaires pour transposer et mettre en œuvre les recommandations, avertissements, orientations, instructions, décisions et tout autre acte juridique du Conseil de résolution unique pris dans le cadre du règlement (UE) n° 806/2014 du Parlement européen et du Conseil du 15 juillet 2014.

VI. – Par dérogation aux dispositions de la loi n° 68-678 du 26 juillet 1968 relative à la communication de documents et renseignements d'ordre économique, commercial, industriel, financier ou technique à des personnes physiques ou morales étrangères, l'Autorité de contrôle prudentiel et de résolution peut, dans les conditions et limites fixées par décret en Conseil d'État, transmettre à la Commission européenne des informations couvertes par le secret professionnel.

VII. – L'Autorité de contrôle prudentiel et de résolution peut être consultée par l'autorité administrative sur le respect des obligations imposées à l'article L. 594-2 du Code de l'environnement.

VIII. – En application de l'article R. 615-4 du Code de la consommation, l'Autorité de contrôle prudentiel et de résolution peut être consultée par la commission d'évaluation et de contrôle de la médiation de la consommation sur :

a) **Les demandes d'inscription sur la liste des médiateurs de la consommation dans les secteurs de la banque, des établissements de paiement et de l'assurance ;**

b) **L'évaluation de l'activité de ces médiateurs intervenant dans les mêmes secteurs.**

Les modalités de cette saisine sont précisées par une convention conclue entre l'Autorité de contrôle prudentiel et de résolution et la commission d'évaluation et de contrôle de la médiation de la consommation.

Jugé par le Conseil constitutionnel, saisi d'une **question prioritaire** de constitutionnalité relative à la Commission bancaire à laquelle a succédé l'Autorité de contrôle prudentiel, que les dispositions qui organisaient la Commission bancaire sans séparer en son sein, d'une part, les fonctions de poursuite des éventuels manquements des établissements de crédit aux dispositions législatives et réglementaires qui les régissent et, d'autre part, les fonctions de jugement des mêmes manquements, qui peuvent faire l'objet de sanctions disciplinaires, **méconnaissait** le principe d'impartialité des juridictions : ▪ Cons. const., déc. 2 déc. 2011, n° 2011-200 QPC : *JCP* E 2012, 1034, note Y. Paclot ; *Bull. Joly Bourse* 2012, § 31, p. 55, note J. Lasserre-Capdeville. – Peut être qualifiée de **juridiction** au sens du droit de l'Union européenne, devant à ce titre offrir les garanties du **procès équitable** telles que prévues à l'article 6 de la Convention EDH, la commission des sanctions de l'ACPR, dès lors qu'elle est seule compétente pour statuer sur les manquements disciplinaires reprochés aux organismes assujettis au contrôle de l'ACPR suivant une procédure contradictoire et des règles de droit garantissant son indépendance : ACPR, commission des sanctions, 25 nov. 2013, n° 2013-01 : *Bull. Joly Bourse* 2014, p. 153, note B. Keita.

Art. L. 612-2 ***(Mod., L. n° 2003-706, 1er août 2003, art. 46, III, 26° ; Ord. n° 2009-866, 15 juill. 2009 ; rempl., Ord. n° 2010-76, 21 janv. 2010 ; mod., L. n° 2010-1249, 22 oct. 2010 ; L. n° 2013-100, 28 janv. 2013 ; Ord. n° 2014-158, 20 févr. 2014 ; Ord. n° 2017-484, 6 avr. 2017 ; Ord. n° 2017-1252, 9 août 2017 ; L. n° 2018-700, 3 août 2018).*** **– I. – Relèvent de la compétence de l'Autorité de contrôle prudentiel et de résolution :**

A. – Dans le secteur de la banque, des services de paiement et des services d'investissement :

1° Les établissements de crédit ;

2° Les personnes suivantes :

a) **Les entreprises d'investissement** ***(Mots aj., L. n° 2019-486, 22 mai 2019)*** **« et les succursales d'entreprise de pays tiers mentionnées à l'article L. 532-48 » ;**

b) **Les entreprises de marché ;**

c) **Les adhérents aux chambres de compensation autres que les personnes mentionnées au 6 de l'article L. 440-2 ;**

d) **Les personnes habilitées à exercer les activités de conservation ou d'administration d'instruments financiers mentionnées aux 4° et 5° de l'article L. 542-1 ;**

e) (e créé, L. n° 2019-486, 22 mai 2019) **Les chambres de compensation ;**

3° Les établissements de paiement et les prestataires de services d'information sur les comptes ;

4° Les compagnies financières holding et les compagnies financières holding mixtes ;

4° *bis* Les compagnies holding mixtes pour les seules dispositions qui leur sont applicables en vertu de l'article L. 517-10 ;

5° Les changeurs manuels ;

6° Les organismes mentionnés au 5 de l'article L. 511-6 ;

7° Les personnes morales mentionnées à l'article L. 313-21-1 ;

8° Les établissements de monnaie électronique ;

9° Les sociétés de financement ;

10° Les entreprises mères de société de financement ;

11° Les entreprises mères mixtes de société de financement pour les seules dispositions qui leur sont applicables en vertu de l'article L. 517-10 ;

12° Les sociétés de tiers-financement mentionnées au 8 de l'article L. 511-6, pour leur activité de crédit ;

13° Les organes centraux mentionnés à l'article L. 511-30.

Le contrôle de l'Autorité de contrôle prudentiel et de résolution s'exerce sur l'activité de prestation de services d'investissement des personnes mentionnées aux 1° et 2° du présent A, sous réserve de la compétence de l'Autorité des marchés financiers en matière de contrôle des règles de bonne conduite et autres obligations professionnelles.

Aux fins du contrôle des personnes mentionnées aux 3° et 8°, l'Autorité de contrôle prudentiel et de résolution peut solliciter l'avis de la Banque de France, au titre des missions de surveillance qui lui sont conférées par le I de l'article L. 141-4 et de surveillance de la sécurité de l'accès aux comptes de paiement qui lui sont conférées par l'article L. 521-8. La Banque de France peut porter dans ce cadre toute information à la connaissance de l'autorité.

B. – Dans le secteur de l'assurance :

1° Les entreprises exerçant une activité d'assurance directe mentionnées à l'article L. 310-1 du Code des assurances et les entreprises mentionnées au dernier alinéa du même article ;

2° Les entreprises exerçant une activité de réassurance dont le siège social est situé en France ;

3° Les mutuelles et unions régies par le livre II du Code de la mutualité et les unions gérant les systèmes fédéraux de garantie mentionnés à l'article L. 111-6 du Code de la mutualité, ainsi que les unions mutualistes de groupe mentionnées à l'article L. 111-4-2 du même code ;

4° *(abrogé)* ;

5° Les institutions et unions de prévoyance régies par le titre 3 du livre 9 du Code de la sécurité sociale, ainsi que les sociétés de groupe assurantiel de protection sociale mentionnées à l'article L. 931-2-2 du même code ;

6° Les sociétés de groupe d'assurance et les sociétés de groupe mixte d'assurance mentionnées à l'article L. 322-1-2 du Code des assurances ;

7° *(Supprimé)* ;

8° Les véhicules de titrisation mentionnés à l'article L. 310-1-2 du Code des assurances ;

9° Les fonds de retraite professionnelle supplémentaire mentionnés à l'article L. 381-1 du Code des assurances ;

10° Les mutuelles ou unions de retraite professionnelle supplémentaire mentionnées à l'article L. 214-1 du Code de la mutualité ;

11° Les institutions de retraite professionnelle supplémentaire mentionnées à l'article L. 942-1 du Code de la sécurité sociale.

II. – L'Autorité peut soumettre à son contrôle :

1° Toute personne ayant reçu d'un organisme pratiquant des opérations d'assurance un mandat de souscription ou de gestion ou souscrivant à un contrat d'assurance de groupe, ou exerçant, à quelque titre que ce soit, une activité d'intermédiation en assurance ou en réassurance mentionnée à l'article L. 511-1 du Code des assurances ;

2° Toute personne qui s'entremet, directement ou indirectement, entre un organisme mentionné au 3° ou au 4° du B et une personne qui souhaite adhérer ou adhère à cet organisme ;

2° *bis* Toute personne qui s'entremet, directement ou indirectement, entre un organisme mentionné au 10° du B du I et une personne qui souhaite adhérer ou adhère à cet organisme ;

3° Tout intermédiaire en opération de banque et en services de paiement ;

4° Tout intermédiaire en financement participatif.

Lorsqu'elle a soumis à son contrôle l'une des personnes mentionnées aux 1° à 4° du présent II, la section 2 du chapitre III du présent titre est applicable.

III. – L'Autorité de contrôle prudentiel et de résolution est chargée de veiller au respect par les personnes mentionnées aux I et II exerçant en France en libre prestation de service ou libre établissement *(Mots aj. à compter de la date de retrait du Royaume-Uni de l'Union européenne sans accord conclu conformément à l'article 50 du traité sur l'Union européenne, Ord. n° 2019-75, 6 févr. 2019)* « , ou exécutant des obligations résultant de contrats conclus sous l'un ou l'autre de ces régimes » des dispositions qui leur sont applicables, en tenant compte de la surveillance exercée par les autorités compétentes de l'État membre où elles ont leur siège social qui sont seules chargées notamment de l'examen de leurs situation financière, conditions d'exploitation, solvabilité, liquidité et de leur capacité à tenir à tout moment leurs engagements à l'égard de leurs assurés, adhérents, bénéficiaires et entreprises réassurées.

NB : Au *b* du I de l'article 19 de l'ordonnance n° 2017-1252 du 9 août 2017 modifiant l'article L. 612-2 du Code monétaire et financier, au lieu des mots « *b)* Le vingt-et-unième alinéa est remplacé par les dispositions suivantes » lire « *b)* Le vingt-deuxième alinéa est remplacé par les dispositions suivantes ».

Rétablir le vingt-et-unième alinéa ainsi qu'il suit : « Le contrôle de l'Autorité s'exerce sur l'activité de prestation de services d'investissement des personnes mentionnées aux 1° et 2° sous réserve de la compétence de l'Autorité des marchés financiers en matière de contrôle des règles de bonne conduite et autres obligations professionnelles ».

Voir aussi : *Adde* Avis du ministère de l'Économie relatif à la liste des établissements de crédit et des prestataires de services d'investissement (*JO* 5 mai 2001).

Art. L. 612-3 *(Mod., L. n° 2001-420, 15 mai 2001 ; L. n° 2003-706, 1er août 2003 ; rempl., Ord. n° 2010-76, 21 janv. 2010).* **– Ne sont pas soumises au contrôle de l'Autorité :**

1° Les opérations de gestion d'un régime légal d'assurance maladie et maternité et d'assurance contre les accidents du travail et les maladies professionnelles, mentionnées au titre IV du livre IV du Code des assurances ;

2° Les opérations de retraite complémentaire réalisées par les institutions régies par le livre IX du Code de la sécurité sociale faisant l'objet d'une compensation interprofessionnelle et générale ;

3° Les opérations de gestion d'un régime légal d'assurance maladie et maternité et de gestion d'activités et de prestations pour le compte de l'État ou d'autres collectivités publiques mentionnées au 4° du I de l'article L. 111-1 du Code de la mutualité.

4° *(4° créé à compter d'une date fixée par décret, et au plus tard le 31 décembre 2016, L. fin. rect. n° 2015-1786, 29 déc. 2015)* **Les opérations d'assurance-crédit à l'exportation bénéficiant de la garantie de l'État, mentionnées au chapitre II du titre III du livre IV du Code des assurances.**

Section II. – Composition et fonctionnement

Sous-section 1. – Composition

Art. L. 612-4 *(Mod., L. n° 2001-420, 15 mai 2001 ; rempl., Ord. n° 2010-76, 21 janv. 2010 ; mod., L. n° 2013-672, 26 juill. 2013 ; Ord. n° 2017-1608, 27 nov. 2017).* **– L'Autorité de contrôle prudentiel et de résolution comprend un collège de supervision, un collège de résolution et une commission des sanctions.**

Sauf dans les sections 4 et 5 du chapitre III du présent titre et dans le chapitre II du titre Ier du livre III du Code des assurances et sous réserve de dispositions législatives ou réglementaires contraires, les attributions confiées à l'Autorité de contrôle prudentiel et de résolution sont exercées par le collège de supervision. Ce collège statue en formation plénière, en formation restreinte, en sous-collège sectoriel ou, le cas échéant, en commission spécialisée.

Art. L. 612-5 *(Rempl., Ord. n° 2010-76, 21 janv. 2010 ; mod., L. n° 2010-1249, 22 oct. 2010 ; L. n° 2013-672, 26 juill. 2013 ; L. n° 2019-222, 23 mars 2019).* **– Le collège de supervision de l'Autorité de contrôle prudentiel et de résolution est composé de dix-neuf membres :**

1° Le gouverneur de la Banque de France, ou le sous-gouverneur qu'il désigne pour le représenter, président ;

1° ***bis*** **Le président de l'Autorité des marchés financiers, ou son représentant ;**

1° ***ter*** **Deux membres désignés, pour une durée de cinq ans, à raison de leur compétence financière et juridique ainsi que de leur expérience en matière d'assurance et bancaire, respectivement par le président de l'Assemblée nationale et le président du Sénat ;**

2° Le président de l'Autorité des normes comptables, ou son représentant ;

3° Un membre du Conseil d'État, proposé par le vice-président du Conseil d'État ;

4° Un membre de la Cour de cassation, proposé par le premier président de la Cour de cassation ;

5° Un magistrat de la Cour des comptes, proposé par le premier président de la Cour des comptes ;

6° Un vice-président disposant d'une expérience en matière d'assurance et deux autres membres, tous trois choisis en fonction de leurs compétences en matière de protection des clientèles ou de techniques quantitatives et actuarielles ou dans d'autres matières utiles à l'exercice par l'Autorité de ses missions ;

7° Quatre membres choisis en raison de leurs compétences en matière d'assurance, de mutualité, de prévoyance ou de réassurance ;

8° Quatre membres choisis en raison de leurs compétences en matière d'opérations de banque, d'émission et de gestion de monnaie électronique, de services de paiement ou de services d'investissement.

Parmi les membres nommés, d'une part, au titre des 1° ***ter*****, 3°, 4° et 5°, et, d'autre part, au titre des 6° à 8°, l'écart entre le nombre de femmes et d'hommes ne peut être supérieur à un. L'ensemble des membres nommés en application des 1°** ***ter*** **et 3° à 8° comprend un nombre égal de femmes et d'hommes.**

Lorsque les désignations et propositions faites en vue de la nomination de ces membres ne permettent pas de respecter les règles mentionnées à l'alinéa précédent ou en l'absence de désignation à l'expiration d'un délai fixé par décret, il est procédé à un tirage au sort, dont les modalités sont fixées par décret, entre les autorités ayant proposé ou désigné une personne du sexe surreprésenté, afin de déterminer lesquelles doivent désigner ou proposer une femme ou un homme.

Les membres du collège de supervision de l'Autorité mentionnés aux 3° à 8°, à l'exception du vice-président de l'Autorité, sont nommés pour une durée de cinq ans par arrêté du ministre chargé de l'économie.

Le vice-président de l'Autorité de contrôle prudentiel et de résolution est nommé pour une durée de cinq ans par arrêté conjoint des ministres chargés de l'économie, de la sécurité sociale et de la mutualité, après avis des commissions des finances de l'Assemblée nationale et du Sénat. Les avis des commissions sont réputés favorables à l'expiration d'un délai de trente jours suivant la réception de la demande d'avis.

Le mandat des membres est renouvelable une fois, sous réserve des douzième et treizième alinéas. Ils ne peuvent être âgés de plus de soixante-dix ans le jour de leur nomination ou de leur renouvellement.

En cas de vacance d'un siège de membre du collège de supervision de l'Autorité pour quelque cause que ce soit, constatée par son président, il est procédé à son remplacement, par une personne du même sexe, pour la durée du mandat restant à courir. Un mandat exercé pendant moins de deux ans n'est pas pris en compte pour l'application de la règle de renouvellement.

Il ne peut être mis fin aux fonctions d'un membre du collège de supervision, appartenant aux catégories mentionnées aux 1° *ter* et 3° à 8°, que dans les formes de sa nomination, sur avis conforme émis à la majorité des autres membres du collège de supervision constatant qu'il n'est plus à même de siéger au sein du collège de supervision du fait d'une incapacité ou d'un manquement grave à ses obligations empêchant la poursuite de son mandat.

Les membres du collège de supervision de l'Autorité de contrôle prudentiel et de résolution énumérés aux 1° *ter* et 3° à 8° perçoivent une indemnité dont le régime est fixé par décret.

NB : Conformément au A du XXIV de l'article 109 de la loi n° 2019-222 du 23 mars 2019, ces dispositions entrent en vigueur à compter du prochain renouvellement de chaque commission.

Art. L. 612-6 *(Mod., L. n° 2001-420, 15 mai 2001 ; L. n° 2003-706, 1er août 2003 ; Ord. n° 2004-1201, 12 nov. 2004 ; Ord. n° 2007-544, 12 avr. 2007 ; Ord. n° 2009-866, 15 juill. 2009 ; rempl., Ord. n° 2010-76, 21 janv. 2010)*. – La formation restreinte du collège de supervision est composée de huit membres :

1° Le gouverneur de la Banque de France ou le sous-gouverneur désigné pour le représenter, président ;

2° Le vice-président ;

3° Deux membres désignés par le collège de supervision parmi les membres mentionnés au 7° de l'article L. 612-5 ;

4° Deux membres désignés par le collège de supervision parmi les membres mentionnés au 8° de l'article L. 612-5 ;

5° Deux membres désignés par le collège de supervision parmi les membres mentionnés aux 2° à 6° de l'article L. 612-5.

Voir : Sanctions pénales, C. monét. fin., art. L. 641-1, p. 1652.

Art. L. 612-7 *(Rempl., Ord. n° 2010-76, 21 janv. 2010 ; mod., L. n° 2013-672, 26 juill. 2013)*. – Le collège de supervision constitue en son sein deux sous-collèges sectoriels :

1° Le sous-collège sectoriel de l'assurance est composé de huit membres : le vice-président, le gouverneur de la Banque de France ou le sous-gouverneur désigné pour le représenter, les quatre membres mentionnés au 7° de l'article L. 612-5 et deux membres désignés par le collège parmi les membres mentionnés du 2° au 6° de l'article précité ;

2° Le sous-collège sectoriel de la banque est composé de huit membres : le gouverneur de la Banque de France ou le sous-gouverneur désigné pour le représenter, le vice-président, les quatre membres mentionnés au 8° de l'article L. 612-5 et deux membres désignés par le collège parmi les membres mentionnés du 2° au 6° de l'article précité.

Art. L. 612-8 *(Ord. n° 2010-76, 21 janv. 2010)*. – Le collège de supervision peut créer en son sein une ou plusieurs commissions spécialisées et leur donner délégation pour prendre des décisions de portée individuelle, dans des conditions fixées par décret en Conseil d'État.

Voir : C. monét. fin., art. R. 612-2, p. 1530.

Art. L. 612-8-1 *(Ord. n° 2014-158, 20 févr. 2014 ; Ord. n° 2015-1024, 20 août 2015 ; mod., Ord. n° 2017-1608, 27 nov. 2017)*. – I. – Le collège de résolution de l'Autorité de contrôle prudentiel et de résolution est composé de sept membres :

1° Le gouverneur de la Banque de France ou son représentant, président ;

2° Le directeur général du Trésor ou son représentant ;

3° Le président de l'Autorité des marchés financiers ou son représentant ;

4° Le sous-gouverneur désigné par le gouverneur de la Banque de France, ou son représentant ;

5° Le président de la chambre commerciale, financière et économique de la Cour de cassation, ou son représentant ;

6° Le président du directoire du fonds de garantie des dépôts et de résolution ou son représentant ;

7° Le vice-président du collège de supervision de l'Autorité de contrôle prudentiel et de résolution.

Le membre mentionné au 6° ne siège et ne prend part à la délibération que lorsque le collège de résolution traite des établissements et entreprises relevant de la compétence du fonds de garantie des dépôts et de résolution.

Le collège de résolution ne peut délibérer que si la majorité de ses membres sont présents.

Ses décisions sont prises à la majorité des voix. En cas de partage égal des voix, celle du président est prépondérante.

Les décisions pouvant entraîner, immédiatement ou à terme, l'appel à des concours publics, quelle que soit la forme de ces concours, ou les décisions pouvant avoir des conséquences significatives sur le système financier ou l'économie réelle, ne peuvent être adoptées qu'avec la voix du directeur général du Trésor ou de son représentant.

Les membres du collège de résolution et les services chargés de la préparation de ses travaux ont accès, pour l'exercice de leurs missions au sein de l'Autorité de contrôle prudentiel et de résolution, aux informations détenues par cette autorité pour l'exercice de ses missions de contrôle prudentiel.

II. – Par dérogation aux dispositions de l'article L. 612-12 relatives aux règles d'organisation et de fonctionnement de l'Autorité de contrôle prudentiel et de résolution, le collège de résolution arrête les principes d'organisation et de fonctionnement des services chargés de préparer ses travaux. Si nécessaire, il précise dans son règlement intérieur les modalités de son fonctionnement qui ne seraient pas définies dans le présent code.

III. – Le budget de l'Autorité de contrôle prudentiel et de résolution comporte une section relative au fonctionnement des services chargés de préparer les travaux du collège de résolution, qui est arrêtée après avis du collège de résolution.

IV. – En cas d'urgence constatée par son président, le collège de résolution peut, sauf en matière de sanctions, statuer par voie de consultation écrite dans des conditions prévues par décret.

Le collège de résolution peut, sauf en matière de sanctions, statuer par téléconférence dans des conditions prévues par décret.

Un décret en Conseil d'État fixe les conditions et limites dans lesquelles le collège de résolution peut donner délégation au président pour prendre les décisions à caractère individuel relevant de sa compétence.

Art. L. 612-9 *(Ord. n° 2010-76, 21 janv. 2010 ; mod., L. n° 2010-1249, 22 oct. 2010 ; L. n° 2013-672, 26 juill. 2013 ; L. n° 2014-1662, 30 déc. 2014 ; Ord. n° 2015-948, 31 juill. 2015 ; L. n° 2019-222, 23 mars 2019)*. – La commission des sanctions est composée de six membres :

1° Deux conseillers d'État, désignés par le vice-président du Conseil d'État, et un conseiller à la Cour de cassation, désigné par le premier président de la Cour de cassation ;

> **Rédaction future.** 1° *(1° mod. à compter du prochain renouvellement de chaque commission, L. n° 2019-222, 23 mars 2019)* Deux membres du Conseil d'État, désignés par le vice-président du Conseil d'État, et un membre de la Cour de cassation, désigné par le premier président de la Cour de cassation ;

2° Trois membres choisis en raison de leurs compétences dans les matières utiles à l'exercice par l'Autorité de ses missions, nommés par arrêté du ministre chargé de l'économie.

Des suppléants sont nommés selon les mêmes modalités.

L'ensemble des membres titulaires et suppléants nommés au titre du 1° comprend un nombre égal de femmes et d'hommes. Lorsque les désignations faites par les deux autorités concernées ne permettent pas de respecter cette règle, chacune d'entre elle doit désigner un nombre égal de femmes et d'hommes.

L'ensemble des membres titulaires et suppléants nommés au titre du 2° comprend un nombre égal de femmes et d'hommes.

Le vice-président du Conseil d'État désigne celui des deux conseillers d'État mentionnés au 1° qui préside la commission des sanctions.

> **Rédaction future.** Le vice-président du Conseil d'État désigne celui des deux *(Mot rempl. à compter du prochain renouvellement de chaque commission, L. n° 2019-222, 23 mars 2019)* « membres du Conseil » d'État mentionnés au 1° qui préside la commission des sanctions.

Les fonctions de membre de la commission des sanctions sont incompatibles avec celles de membre du collège de supervision.

Les membres de la commission des sanctions sont nommés pour une durée de cinq ans. Leur mandat est renouvelable une fois, sous réserve des cinquième et sixième alinéas. Ils ne peuvent être âgés de plus de soixante-dix ans le jour de leur nomination ou de leur renouvellement.

En cas de vacance d'un siège de membre de la commission des sanctions pour quelque cause que ce soit, constatée par son président, il est procédé à son remplacement par une personne de même sexe pour la durée du mandat restant à courir. Un mandat exercé pendant moins de deux ans n'est pas pris en compte pour l'application de la règle de renouvellement.

Il ne peut être mis fin aux fonctions d'un membre de la commission des sanctions que dans les formes de la nomination, après avis conforme émis à la majorité des autres membres de la commission des sanctions constatant qu'il n'est plus à même d'y siéger du fait d'une incapacité ou d'un manquement grave à ses obligations empêchant la poursuite de son mandat.

Le régime indemnitaire des membres de la commission est fixé par décret.

NB : Conformément au A du XXIV de l'article 109 de la loi n° 2019-222 du 23 mars 2019, ces dispositions entrent en vigueur à compter du prochain renouvellement de chaque commission.

NB : Conformément à l'article 3 III de l'ordonnance n° 2015-948 du 31 juillet 2015, les dispositions de l'article L. 612-9 dans leur rédaction issue du 3° du II de l'article 3, entrent en vigueur à compter du prochain renouvellement intégral respectivement du collège de supervision et de la commission des sanctions de l'Autorité de contrôle prudentiel et de résolution.

Art. L. 612-10

(Ord. n° 2010-76, 21 janv. 2010 ; mod., L. n° 2013-672, 26 juill. 2013 ; L. n° 2017-55, 20 janv. 2017). **– Tout membre du collège de supervision, du collège de résolution ou de la commission des sanctions de l'Autorité doit informer le président de l'Autorité de contrôle prudentiel et de résolution :**

1° Des intérêts qu'il a détenus au cours des deux ans précédant sa nomination, qu'il détient ou qu'il vient à détenir ;

2° Des fonctions dans une activité sociale, économique ou financière qu'il a exercées au cours des deux années précédant sa nomination, qu'il exerce ou vient à exercer ;

3° De tout mandat au sein d'une personne morale qu'il a détenu au cours des deux années précédant sa nomination, qu'il détient ou vient à détenir.

Ces informations, ainsi que celles concernant le président, sont tenues à la disposition des membres du collège de supervision, du collège de résolution et de la commission des sanctions de l'Autorité de contrôle prudentiel et de résolution.

Les membres du collège de supervision, du collège de résolution et de la commission des sanctions de l'Autorité de contrôle prudentiel et de résolution se conforment aux obligations de dépôt des déclarations prévues au I de l'article 11 de la loi n° 2013-907 du 11 octobre 2013 relative à la transparence de la vie publique.

Aucun membre du collège de supervision, du collège de résolution ou de la commission des sanctions de l'Autorité de contrôle prudentiel et de résolution ne peut délibérer ou participer aux travaux de ceux-ci, dans une affaire dans laquelle lui-même ou, le cas échéant, une personne morale au sein de laquelle il exerce des fonctions ou détient un mandat, ou dont il est l'avocat ou le conseil, a un intérêt ; il ne peut davantage participer à une délibération concernant une affaire dans laquelle lui-même ou, le cas échéant, une personne morale au sein de laquelle il exerce des fonctions ou détient un mandat, ou dont il est l'avocat ou le conseil, a représenté une des parties intéressées au cours des deux années précédant la délibération.

Aucun membre du collège de supervision, du collège de résolution ou de la commission des sanctions de l'Autorité de contrôle prudentiel et de résolution ne peut être salarié ou détenir un mandat dans une personne soumise au contrôle de l'Autorité.

Le président de l'Autorité de contrôle prudentiel et de résolution prend les mesures appropriées pour assurer le respect des obligations et interdictions résultant du présent article.

L'Autorité de contrôle prudentiel et de résolution détermine dans son règlement intérieur les modalités de prévention des conflits d'intérêts.

Voir : C. monét. fin., art. R. 612-4, p. 1530.

Art. L. 612-11 *(Ord. n° 2010-76, 21 janv. 2010 ; mod., L. n° 2010-1249, 22 oct. 2010 ; L. n° 2013-672, 26 juill. 2013).* – Sans préjudice des dispositions de l'article L. 612-8-1, le directeur général du Trésor, ou son représentant, siège auprès de toutes les formations de l'Autorité de contrôle prudentiel et de résolution sans voix délibérative. Il n'assiste pas au délibéré de la commission des sanctions.

Le directeur de la sécurité sociale, ou son représentant, siège, sans voix délibérative, auprès du sous-collège sectoriel de l'assurance ou des autres formations de l'Autorité lorsqu'elles traitent des organismes régis par le Code de la mutualité ou le Code de la sécurité sociale. Il n'assiste pas au délibéré de la commission des sanctions.

Le directeur général du Trésor, le directeur de la sécurité sociale, ou leurs représentants, peuvent, sauf en matière de sanctions, demander une seconde délibération selon des modalités fixées par décret en Conseil d'État.

Pour l'exercice de ses missions, le directeur général du Trésor ou son représentant a accès aux informations couvertes par le secret professionnel détenues par l'Autorité de contrôle prudentiel et de résolution sur les personnes soumises à son contrôle.

Pour l'exercice de ses missions, le directeur de la sécurité sociale ou son représentant a accès aux informations couvertes par le secret professionnel détenues par l'Autorité de contrôle prudentiel et de résolution sur les personnes régies par le Code de la mutualité ou le Code de la sécurité sociale soumises à son contrôle.

Les informations transmises en application du présent article demeurent couvertes par le secret professionnel, dans les conditions prévues au I de l'article L. 612-17.

Sous-section 2. – Organisation

Art. L. 612-12 *(Ord. n° 2010-76, 21 janv. 2010 ; mod., L. n° 2010-1249, 22 oct. 2010 ; L. n° 2013-672, 26 juill. 2013 ; Ord. n° 2015-1024, 20 août 2015).* – I. – Sans préjudice de l'article L. 612-8-1, le collège de supervision en formation plénière arrête les principes d'organisation et de fonctionnement, le budget et le règlement intérieur de l'Autorité. Il examine toute question de portée générale commune aux secteurs de la banque et de l'assurance et analyse les risques de ces secteurs au regard de la situation économique. Il délibère sur les priorités de contrôle. Il établit chaque année un rapport au Président de la République et au Parlement, qui est publié au *Journal officiel.*

Les questions individuelles sont examinées par le collège de supervision en formation restreinte, par l'un des deux sous-collèges sectoriels ou, le cas échéant, par une commission spécialisée instituée en application de l'article L. 612-8.

Chaque sous-collège sectoriel a vocation à examiner les questions individuelles et les questions d'ordre général spécifiques à son secteur.

La formation restreinte du collège de supervision a vocation à examiner les questions individuelles relatives à la surveillance complémentaire des entités réglementées appartenant à un conglomérat financier et à examiner les prises, augmentations et cessions de participation susceptibles d'avoir un effet significatif à la fois sur des entités relevant du secteur de la banque et sur des entités relevant du secteur de l'assurance.

En tenant compte notamment de leur incidence sur la stabilité financière, le président de l'Autorité de contrôle prudentiel et de résolution ou le vice-président peuvent attribuer l'examen de questions de portée générale relatives à l'un des deux secteurs à la formation plénière du collège de supervision et les questions individuelles relatives à l'un des deux secteurs à la formation restreinte du collège de supervision.

II. – Le président de l'Autorité de contrôle prudentiel et de résolution arrête l'ordre du jour des différentes formations du collège de supervision. L'ordre du jour du sous-collège sectoriel de l'assurance est arrêté par le président de l'Autorité de contrôle prudentiel et de résolution sur proposition du vice-président.

Le président de l'Autorité de contrôle prudentiel et de résolution est entendu, sur leur demande, par les commissions des finances des deux assemblées et peut demander à être entendu par elles.

III. – Le vice-président préside le sous-collège sectoriel de l'assurance. En cas d'empêchement du vice-président, le gouverneur ou un sous-gouverneur de la Banque de France préside le sous-collège sectoriel de l'assurance.

Le gouverneur de la Banque de France peut déléguer la présidence du collège de supervision ou de l'une de ses formations ou commissions au vice-président. Dans le cas où le vice-président préside, le sous-gouverneur représentant le gouverneur peut participer aux délibérations.

Art. L. 612-13 *(Ord. n° 2010-76, 21 janv. 2010 ; mod., L. n° 2013-672, 26 juill. 2013).* – Chaque formation du collège de supervision de l'Autorité ne peut délibérer que si la majorité de ses membres sont présents.

Les décisions sont prises à la majorité des voix. En cas de partage égal des voix, celle du président de la formation est prépondérante.

En cas d'urgence constatée par le président de l'Autorité de contrôle prudentiel et de résolution, la formation de l'Autorité saisie peut, sauf en matière de sanctions, statuer par voie de consultation écrite.

Un décret en Conseil d'État prévoit les règles applicables à la procédure et aux délibérations des formations de l'Autorité de contrôle prudentiel et de résolution et les conditions dans lesquelles celles-ci peuvent, sauf en matière de sanctions, statuer par téléconférence.

Voir : C. monét. fin., art. R. 612-5 et art. R. 612-6, p. 1531.

Art. L. 612-14 *(Ord. n° 2010-76, 21 janv. 2010 ; mod., L. n° 2013-672, 26 juill. 2013).* – I. – L'Autorité peut instituer une ou plusieurs commissions consultatives.

Il est institué au moins une commission chargée de rendre un avis sur les listes, les modèles, la fréquence et les délais de transmission des documents et informations périodiques qui doivent être remis à l'Autorité. L'Autorité désigne les membres de cette commission, qui est majoritairement composée de professionnels des secteurs de la banque et de l'assurance, non membres de l'Autorité.

L'Autorité peut consulter le comité consultatif du secteur financier.

II. – Un décret en Conseil d'État fixe les conditions et limites dans lesquelles :

1° Le collège de supervision peut donner délégation au président ou, en cas d'absence ou d'empêchement de celui-ci, au vice-président ou à un autre de ses membres, pour prendre les décisions à caractère individuel relevant de sa compétence ;

2° Le président de l'Autorité peut déléguer sa signature dans les matières où il tient de dispositions législatives ou réglementaires une compétence propre ;

3° Le président de l'Autorité peut, lorsque des circonstances exceptionnelles le justifient, prendre des décisions, sauf en matière de sanctions, relevant de la compétence des formations de l'Autorité ; il en rend compte au collège de supervision dans les meilleurs délais.

Bibliographie : B. Garrigues, *La montée en puissance de la procédure de composition administrative de l'AMF : Bull. Joly Bourse* 2012, § 242, p. 541.

Voir : C. monét. fin., art. R. 612-7, p. 1531.

Sous-section 3. – Fonctionnement

Art. L. 612-15 *(Ord. n° 2010-76, 21 janv. 2010 ; mod., L. n° 2013-672, 26 juill. 2013).* – Un secrétaire général est nommé par arrêté du ministre chargé de l'économie, sur proposition du président de l'Autorité de contrôle prudentiel et de résolution.

Un premier secrétaire général adjoint, placé sous son autorité, est nommé par le président de l'Autorité, après avis conforme du vice-président et agrément par les ministres chargés de l'économie, de la sécurité sociale et de la mutualité. Le premier secrétaire général adjoint possède une expérience en matière d'assurance ou bancaire complémentaire de celle du secrétaire général.

Sur proposition du secrétaire général, le collège de supervision de l'Autorité arrête les principes d'organisation des services, fixe les règles de déontologie applicables au personnel et établit le cadre général de recrutement et d'emploi du personnel dans le respect des dispositions applicables aux agents statutaires et aux fonctionnaires.

Le secrétaire général organise et dirige les services de l'Autorité. Il peut recevoir délégation du président de l'Autorité pour nommer aux emplois des services de l'Autorité.

Le secrétaire général peut recevoir une délégation de compétences du collège de supervision, dans des conditions et limites fixées par décret en Conseil d'État.

Voir : C. monét. fin., art. R. 612-7, p. 1531.

Art. L. 612-15-1 *(Ord. n° 2015-1024, 20 août 2015 ; mod., Ord. n° 2017-1608, 27 nov. 2017).* – I. – Le directeur chargé des services mentionnés à l'article L. 612-8-1 est nommé par arrêté du ministre chargé de l'économie, sur proposition du président du collège de résolution.

Par dérogation aux règles relatives à l'organisation et à la direction des services prévues à l'article L. 612-15, le directeur de la résolution organise et dirige les services chargés de préparer les travaux du collège de résolution. Il rapporte au collège de résolution.

II. – Le directeur de la résolution peut, dans les mêmes conditions qu'aux deuxième à quatrième alinéas de l'article L. 612-24, exiger de toute personne mentionnée au I et, le cas échéant, au II de l'article L. 613-34, ainsi qu'à toute personne mentionnée à l'article L. 311-1 du Code des assurances, toute information nécessaire à l'élaboration et à la mise en œuvre des mesures de prévention et de résolution des crises dans les secteurs bancaire et assurantiel.

Il peut également demander au secrétaire général de l'Autorité de contrôle prudentiel et de résolution que ces informations soient recueillies au moyen de contrôles sur place. Le directeur de la résolution et le secrétaire général de l'Autorité de contrôle prudentiel et de résolution s'accordent sur les conditions de mise en œuvre de ces contrôles sur place.

III. – Il peut recevoir délégation de compétences du collège de résolution dans des conditions et limites fixées par décret en Conseil d'État.

Art. L. 612-16 *(Ord. n° 2010-76, 21 janv. 2010 ; mod., L. n° 2013-672, 26 juill. 2013 ; Ord. n° 2015-1024, 20 août 2015)*. – I. – Pour l'accomplissement des missions qui sont confiées à l'Autorité de contrôle prudentiel et de résolution, le président de l'Autorité a qualité pour agir devant toute juridiction.

II. – L'Autorité de contrôle prudentiel et de résolution peut se constituer partie civile à tous les stades de la procédure pénale pour l'application des chapitres Ier à III du titre VII du livre V du présent code et des dispositions pénales du Code des assurances, du Code de la mutualité et du Code de la sécurité sociale.

III. – Les décisions prononcées par la commission des sanctions peuvent faire l'objet d'un recours de pleine juridiction devant le Conseil d'État par les personnes sanctionnées et par le président de l'Autorité de contrôle prudentiel et de résolution, après accord de la formation du collège de supervision ou du collège de résolution à l'origine de la notification des griefs, dans un délai de deux mois suivant leur notification. En cas de recours d'une personne poursuivie, le président de l'Autorité peut, dans les mêmes conditions, former un recours, dans un délai de deux mois à compter de la notification à l'Autorité de contrôle prudentiel et de résolution du recours de la personne poursuivie.

IV. – Les conditions d'application du présent article sont définies par décret en Conseil d'État.

Art. L. 612-17 *(Ord. n° 2010-76, 21 janv. 2010 ; mod., L. n° 2013-1117, 6 déc. 2013)*. – I. – Toute personne qui participe ou a participé à l'accomplissement des missions de l'Autorité de contrôle prudentiel et de résolution est tenue au secret professionnel dans les conditions et sous les peines prévues à l'article L. 641-1.

II. – Ce secret n'est pas opposable :

1° À l'autorité judiciaire agissant dans le cadre soit d'une procédure de liquidation judiciaire ouverte à l'égard d'une personne soumise au contrôle de l'Autorité de contrôle prudentiel et de résolution, soit d'une procédure pénale ;

2° Aux juridictions administratives saisies d'un contentieux relatif à l'activité de l'Autorité de contrôle prudentiel et de résolution ;

3° En cas d'audition par une commission d'enquête dans les conditions prévues au quatrième alinéa du II de l'article 6 de l'ordonnance du 17 novembre 1958 relative au fonctionnement des assemblées parlementaires ;

3° *bis*. Au président et au rapporteur général de la commission chargée des finances de l'Assemblée nationale et du Sénat, dans le cadre du IV de l'article 164 de l'ordonnance n° 58-1374 du 30 décembre 1958 portant loi de finances pour 1959 ;

4° À la Cour des comptes, dans le cadre des contrôles que la loi lui confie.

III. – Les renseignements recueillis dans les cas mentionnés au 4° du II sont couverts par le secret professionnel dans les conditions prévues au I du présent article.

IV. – L'Autorité de contrôle prudentiel et de résolution est autorisée à communiquer à l'Institut national de la statistique et des études économiques et aux services statistiques des ministères chargés de la sécurité sociale et de la mutualité les données qui lui sont transmises par les organismes soumis à son contrôle et qui sont utiles à l'établissement des statistiques publiques, notamment en matière de santé, de retraite et de prévoyance. Les renseignements ainsi recueillis sont couverts par le secret professionnel dans les conditions applicables à l'Autorité.

Section III. – Moyens de fonctionnement

Art. L. 612-18 *(Ord. n° 2010-76, 21 janv. 2010 ; mod., L. n° 2013-672, 26 juill. 2013)*. – L'Autorité de contrôle prudentiel et de résolution dispose de l'autonomie financière, dans la limite du produit de la contribution mentionnée à l'article L. 612-20, dont le solde est reporté chaque année, et des dotations additionnelles que la Banque de France peut lui attribuer.

L'Autorité de contrôle prudentiel et de résolution arrête son budget, sur proposition du secrétaire général. Ce budget constitue un budget annexe de la Banque de France.

À la clôture de chaque exercice :

1° Les ressources allouées au budget annexe de l'Autorité de contrôle prudentiel et de résolution excédant ses charges sont affectées par la Banque de France dans un compte « contributions reportées de l'Autorité de contrôle prudentiel et de résolution ». Dès cette affectation, le montant concerné cesse d'entrer dans la détermination du résultat imposable de la Banque de France au sens du II de l'article 38 *quinquies* A du Code général des impôts ;

2° Si les charges de l'Autorité de contrôle prudentiel et de résolution excèdent les ressources qui lui sont allouées, la Banque de France équilibre le budget annexe de l'Autorité de contrôle prudentiel et de résolution en prélevant la somme correspondante sur le compte « contributions reportées de l'Autorité de contrôle prudentiel et de résolution ». La somme ainsi prélevée entre dans la détermination du résultat imposable de la Banque de France au sens du I de l'article 38 *quinquies* A du Code général des impôts dès son affectation au budget annexe de l'Autorité de contrôle prudentiel et de résolution.

La loi du 10 août 1922 relative à l'organisation du contrôle sur les dépenses engagées n'est pas applicable à l'Autorité de contrôle prudentiel et de résolution.

Art. L. 612-19 *(Ord. n° 2010-76, 21 janv. 2010 ; mod., L. n° 2013-672, 26 juill. 2013)*. – I. – L'Autorité de contrôle prudentiel et de résolution dispose des moyens fournis par la Banque de France.

Le secrétaire général de l'Autorité engage les dépenses de l'Autorité dans les limites de son budget. Il reçoit délégation de la Banque de France pour conclure les contrats et procéder aux appels d'offres, dans les conditions applicables aux marchés passés par la Banque de France.

II. – Le personnel des services de l'Autorité de contrôle prudentiel et de résolution est composé d'agents dont l'employeur est la Banque de France.

Le corps de contrôle des assurances est mis à la disposition de la Banque de France, dans des conditions fixées par décret en Conseil d'État.

Les conditions d'emploi du personnel sont arrêtées par le collège de supervision sur proposition du secrétaire général, sous réserve des dispositions plus favorables applicables aux agents relevant des statuts de la Banque de France, et pour les fonctionnaires, dans le respect, de la réglementation, notamment de nature statutaire, qui leur est applicable.

Le secrétaire général fixe les montants individuels des rémunérations du personnel des services de l'Autorité dans le cadre général établi par le collège de supervision.

Le personnel des services de l'Autorité est soumis aux règles de déontologie arrêtées par le collège de supervision sur proposition du secrétaire général en tenant compte des règles de déontologie applicables aux agents de la Banque de France. En tant que de besoin, à raison de leur participation aux fonctions de la Banque de France, ils peuvent être soumis à celles des statuts de la Banque de France.

Les services de l'Autorité constituent au sein de la Banque de France un établissement distinct au sens de l'article L. 2327-1 du Code du travail, dans les conditions prévues par l'article L. 142-9. Les agents des services de l'Autorité de contrôle prudentiel et de résolution, quel que soit leur statut, sont électeurs et éligibles aux institutions représentatives du personnel de l'établissement dans les conditions prévues par le Code du travail. Ces institutions représentatives exercent leurs compétences à l'égard de l'ensemble de ces personnels, sans préjudice des compétences de la commission administrative paritaire du corps de contrôle des assurances.

III. – Les mesures d'adaptation aux membres du corps de contrôle des assurances des dispositions des troisième à sixième alinéas du II ainsi que des dispositions des accords d'entreprise applicables au personnel de la Banque de France sont fixées par décret en Conseil d'État.

Art. L. 612-20 *(Mod., L. n° 2013-672, 26 juill. 2013 ; Ord. n° 2014-559, 30 mai 2014 ; Ord. n° 2015-378, 2 avr. 2015)*. – Les personnes dispensées de l'agrément prévu aux articles L. 321-1, L. 321-1-1 et L. 329-1 du Code des assurances, aux articles L. 931-4 et L. 931-4-1 du Code de la sécurité sociale et aux articles L. 211-8 et L. 211-8-1 du Code de la mutualité sont exonérées de la contribution.

La Banque de France affecte intégralement le produit de la contribution au budget de l'Autorité de contrôle prudentiel et de résolution.

II. – Les dispositions applicables en matière d'assiette sont les suivantes :

A. – Pour les personnes mentionnées aux 1° à 4° et 8° à 10° du A de l'article L. 612-2, l'assiette est constituée par :

1° Les exigences minimales en fonds propres permettant d'assurer le respect des ratios de couverture prévus par les articles L. 511-41, L. 522-14, L. 526-27 et L. 533-2 définies au cours de l'exercice clos l'année civile précédente. Les exigences minimales en fonds propres sont appréciées sur base consolidée pour les personnes relevant des articles L. 511-41-2, L. 533-4-1, L. 517-5 et L. 517-9 appartenant à un groupe au sens de l'article L. 511-20. Aucune contribution additionnelle sur base sociale ou sous-consolidée n'est versée par les personnes mentionnées au I appartenant à un groupe au sens du même article L. 511-20 lorsqu'il s'agit de l'organe central ou des entreprises affiliées à un réseau ou d'entreprises sur lesquelles l'entreprise mère exerce, directement ou indirectement, un contrôle exclusif. Une contribution est calculée sur base sociale ou sous-consolidée pour les personnes n'appartenant pas à un groupe au sens dudit article L. 511-20, ou quand l'entreprise mère n'exerce pas un contrôle exclusif sur l'entreprise surveillée sur base sociale ou sous-consolidée. Dans ce dernier cas, l'assiette sur base consolidée de l'entreprise mère est diminuée des montants pris en compte au titre de l'imposition d'une personne sur base sociale ou sous-consolidée ;

2° Les normes de capital initial permettant de répondre aux exigences posées par les articles L. 511-11 et L. 532-2, définies au cours de l'exercice clos l'année civile précédente lorsque les exigences en fonds propres ne sont pas applicables.

B. – Pour les entreprises mentionnées au B de l'article L. 612-2, l'assiette est constituée par les primes ou cotisations émises et acceptées au cours de l'exercice clos durant l'année civile précédente, y compris les accessoires de primes, de cotisations, de coûts de contrats et règlements et coûts de police, nettes d'impôts, de cessions et d'annulations de l'exercice et de tous les exercices antérieurs, auxquelles s'ajoute la variation, au cours du même exercice, du total des primes ou cotisations restant à émettre, nettes de cession.

C. – Compte tenu des modalités particulières de contrôle dont elles font l'objet, les personnes suivantes acquittent une contribution forfaitaire :

1° Les changeurs manuels, les personnes mentionnées au 4° du B du I de l'article L. 612-2 et les personnes mentionnées au A du même I, à l'exception de celles mentionnées aux 4° *bis* et 11°, ne devant respecter ni ratio de couverture au titre des articles L. 511-41 et L. 533-2 ni normes de capital initial au titre des articles L. 511-11 et L. 532-2, acquittent chacun une contribution forfaitaire comprise entre 500 € et 1 500 €, fixée par arrêté du ministre chargé de l'économie et, pour les personnes mentionnées au 4° du B du I de l'article L. 612-2, par arrêté des ministres chargés de l'économie, de la mutualité et de la sécurité sociale ;

2° Les courtiers et sociétés de courtage d'assurance en assurance et en réassurance mentionnés à l'article L. 511-1 du Code des assurances ainsi que les intermédiaires en opération de banque et en services de paiement, les intermédiaires en financement participatif, les associations sans but lucratif et les fondations reconnues d'utilité publique mentionnées au 5° de l'article L. 511-6 du présent code et les personnes morales mentionnées à l'article L. 313-21-1 acquittent chacun une contribution forfaitaire comprise entre 100 € et 300 €, définie par arrêté du ministre chargé de l'économie. Les personnes exerçant simultanément une activité de courtage en assurance et en réassurance et une activité d'intermédiaire en opérations de banque et en services de paiement ou une autre activité soumise à contribution au profit de l'Autorité de contrôle prudentiel et de résolution n'acquittent qu'une seule contribution. Lorsqu'ils exercent une activité d'intermédiaire en financement participatif, les établissements de crédit, les établissements de paiement, les établissements de monnaie électronique et les sociétés de financement ne sont pas soumis aux dispositions du présent C ;

3° Les personnes mentionnées aux 4° *bis* et 11° du A du I de l'article L. 612-2 acquittent chacune une contribution forfaitaire comprise entre 5 000 € et 15 000 €, fixée par arrêté du ministre chargé de l'économie.

III. – Le taux de la contribution visée au A et au B du II du présent article est compris entre :

1° 0,40 ‰ et 0,80 ‰ pour les personnes mentionnées au A du II du présent article. Ce taux est fixé par arrêté du ministre chargé de l'économie ;

2° 0,15 ‰ et 0,25 ‰ pour les entreprises mentionnées au B du II du présent article. Ce taux est fixé par arrêté des ministres chargés de l'économie, de la mutualité et de la sécurité sociale.

La contribution acquittée dans ce cadre ne peut être inférieure à une contribution minimale, dont le montant, compris entre 500 € et 1 500 €, est défini par arrêté des ministres chargés de l'économie, de la mutualité et de la sécurité sociale.

Les arrêtés mentionnés au II et au présent III sont pris après avis du collège de supervision de l'Autorité de contrôle prudentiel et de résolution en formation plénière.

IV. – Pour les personnes mentionnées au A et au B du II du présent article, l'Autorité de contrôle prudentiel et de résolution liquide la contribution sur la base des déclarations fournies par les assujettis dans le cadre du contrôle des ratios de couverture prévus par les articles L. 511-41, L. 522-14 et L. 533-2, des normes de capital initial nécessaires au respect des articles L. 511-11 et L. 532-2 du présent code et de la marge de solvabilité prévue à l'article L. 310-12 du Code des assurances.

V. – La contribution est recouvrée de la manière suivante :

1° L'Autorité de contrôle prudentiel et de résolution envoie un appel à contribution à l'ensemble des personnes mentionnées aux A et C du II du présent article au plus tard le 15 avril de chaque année, à l'exception des courtiers et sociétés de courtage d'assurance et en réassurance mentionnés à l'article L. 511-1 du Code des assurances et des intermédiaires en opérations de banque et en services de paiement. Les personnes concernées acquittent le paiement correspondant auprès de la Banque de France au plus tard le 30 juin de chaque année.

L'Autorité de contrôle prudentiel et de résolution envoie un appel à contribution aux courtiers et sociétés de courtage d'assurance et en réassurance, aux intermédiaires en opérations de banque et en service de paiement et aux intermédiaires en financement participatif au plus tard le 15 juin de chaque année. Pour ces personnes, l'organisme qui tient le registre mentionné à l'article L. 512-1 du Code des assurances transmet à l'Autorité, au plus tard le 15 mai, une liste des immatriculations arrêtée au 1er avril de chaque année. Les personnes concernées acquittent le paiement correspondant auprès de la Banque de France au plus tard le 30 août de chaque année ;

2° Pour les personnes mentionnées au B du II du présent article, l'Autorité de contrôle prudentiel et de résolution émet un avis demandant le versement d'un acompte provisionnel de 75 % de la contribution due au titre de l'année précédente, au plus tard le 15 février de chaque année. Les redevables s'acquittent de ce versement auprès de la Banque de France au plus tard le 31 mars de chaque année. L'Autorité envoie ensuite un avis appelant le versement du solde de la contribution exigible au titre de l'année en cours au plus tard le 15 juillet de chaque année. Ce versement est effectué au plus tard le 30 septembre de chaque année ;

3° Le contribuable qui entend contester l'imposition mise à sa charge doit adresser dans les soixante jours une réclamation motivée au président de l'Autorité de contrôle prudentiel et de résolution. En cas de rejet total ou partiel de ses observations, le contribuable reçoit une lettre de rappel motivée. Les contestations relatives à ces impositions relèvent du tribunal administratif.

VI. – En cas de paiement partiel ou de non-respect des dates limites de paiement mentionnées au V du présent article, l'Autorité de contrôle prudentiel et de résolution adresse au redevable par courrier recommandé avec accusé de réception une lettre de rappel motivée. Celle-ci l'informe que la majoration mentionnée à l'article 1731 du Code général des impôts est applicable aux sommes dont le versement a été différé. L'intérêt de retard mentionné à l'article 1727 est appliqué.

La majoration est prononcée à l'expiration d'un délai de trente jours à compter de la date de notification au redevable de la lettre de rappel établissant le montant de la contribution supplémentaire. Le contribuable est informé de la possibilité qui lui est offerte de présenter ses observations dans ce délai.

VII. – Pendant les trois années suivant celle au titre de laquelle l'imposition est due, l'Autorité de contrôle prudentiel et de résolution peut réviser le montant de la contribution suivant les procédures mentionnées au V.

VIII. – À défaut de paiement dans le délai de trente jours à compter de la date de notification au redevable de la lettre de rappel établissant le montant de la contribution supplémentaire ou du courrier recommandé établissant le montant révisé de la contribution, la Banque de France saisit le comptable public qui émet un titre exécutoire, recouvré selon les mêmes procédures et sous les mêmes sanctions, garanties, sûretés et privilèges que les taxes sur le chiffre d'affaires. Les réclamations sont présentées, instruites et jugées selon les règles applicables à cette

même taxe. Les sommes ainsi recouvrées sont reversées à la Banque de France, qui les réaffecte au budget de l'Autorité de contrôle prudentiel et de résolution. L'État prélève des frais de recouvrement dont le taux est fixé par voie réglementaire et ne peut être supérieur à 1 % des sommes ainsi recouvrées pour le compte de la Banque de France.

IX. – L'ensemble des opérations liées au recouvrement de la contribution pour frais de supervision par la Banque de France et au versement de son produit à l'Autorité de contrôle prudentiel et de résolution fait l'objet d'un suivi comptable spécifique au sein des comptes de la Banque de France.

X. – Un décret en Conseil d'État fixe, en tant que de besoin, les modalités d'application du présent article.

Voir : C. monét. fin., art. D. 612-8, p. 1532.

Section IV. – Agréments et modifications de participations

Art. L. 612-21 *(Ord. n° 2010-76, 21 janv. 2010 ; mod., L. n° 2010-1249, 22 oct. 2010 ; L. n° 2013-672, 26 juill. 2013 ; Ord. n° 2017-1252, 9 août 2017).* **– L'Autorité de contrôle prudentiel et de résolution établit et publie la liste des personnes suivantes :**

1° Les personnes mentionnées au I de l'article L. 612-2 ;

2° Les personnes mentionnées au *c* du II de l'article L. 521-1 lorsqu'elles fournissent des services de paiement mentionnés à l'article L. 314-1 ;

3° Les agents mentionnés à l'article L. 523-1 ;

4° Les personnes mentionnées aux articles L. 521-3, L. 521-3-1, L. 525-5 et L. 525-6-1.

Un décret en Conseil d'État précise les modalités d'application du présent article.

Art. L. 612-22 *(Ord. n° 2010-76, 21 janv. 2010 ; mod., L. n° 2013-672, 26 juill. 2013).* **– Lorsqu'une opération de concentration concernant, directement ou indirectement, une personne soumise au contrôle de l'Autorité de contrôle prudentiel et de résolution fait l'objet d'un examen approfondi en application du dernier alinéa du III de l'article L. 430-5 du Code de commerce, l'Autorité de la concurrence recueille, avant de se prononcer en application de l'article L. 430-7 du même code, l'avis de l'Autorité de contrôle prudentiel et de résolution. L'Autorité de la concurrence communique à cet effet à l'Autorité de contrôle prudentiel et de résolution toute saisine relative à de telles opérations. L'Autorité de contrôle prudentiel et de résolution transmet son avis à l'Autorité de la concurrence dans un délai d'un mois suivant la réception de cette communication. L'avis de l'Autorité de contrôle prudentiel et de résolution est rendu public dans les conditions fixées à l'article L. 430-10 du Code de commerce.**

Section V. – Exercice du contrôle

Art. L. 612-23 *(Ord. n° 2010-76, 21 janv. 2010 ; mod., L. n° 2013-672, 26 juill. 2013 ; Ord. n° 2016-301, 14 mars 2016).* **– Le secrétaire général de l'Autorité de contrôle prudentiel et de résolution organise les contrôles sur pièces et sur place.**

L'exercice des contrôles relatifs aux dispositions du Code de la consommation diligentés par l'Autorité de contrôle prudentiel et de résolution s'effectue sans préjudice des compétences reconnues aux agents mentionnés aux articles L. 511-3 et L. 511-21 du Code de la consommation, dans les conditions prévues par le livre V du même code.

Le secrétaire général peut recourir pour les contrôles à des corps de contrôle extérieurs, des commissaires aux comptes, des experts ou à des personnes ou autorités compétentes. Afin de contribuer au contrôle des personnes mentionnées aux 1° et 3° du II de l'article L. 612-2, le secrétaire général peut recourir à une association professionnelle, représentant les intérêts d'une ou plusieurs catégories de ces personnes, et dont la personne objet du contrôle est membre.

Visite de locaux professionnels. Jugé que les articles L. 612-23 et R. 612-26 du CMF permettent seulement aux contrôleurs relevant de l'ACPR de pénétrer dans les locaux des personnes contrôlées pendant leurs heures normales de fonctionnement et en présence de leur responsable. Aussi, dans l'hypothèse où les représentants de l'organisme contrôlé feraient obstacle à l'exercice de leurs missions, les contrôleurs, qui ne disposent d'aucune possibilité de contrainte matériel, peuvent seulement demander l'application des sanctions prévues par les textes, notamment par l'article L. 571-4 du Code monétaire et financier. Dès lors, l'ampleur des pouvoirs de visite des locaux professionnels de l'ACPR et d'accès aux documents de toute nature qui s'y trouvent n'est pas telle que cette ingérence ne puisse être regardée comme proportionnée aux buts en vue desquels elle a été exercée qu'à la condition d'être préalablement autorisée par un juge ou d'intervenir après que la personne contrôlée a été informée de son droit de s'y opposer. Par suite, la circonstance que la personne morale contrôlée n'a pas été informée de la possibilité de s'opposer au contrôle sur place effectué dans ses locaux professionnels est sans incidence sur la régularité de la procédure de contrôle : ▪ CE, 9e et 10e ss-sect. réunies, 20 janv. 2016, n° 374950 : *JurisData* n° 2016-000584 ; *AJDA* 2016, p. 818 ; *Rev. Banque* mars 2016, n° 794, p. 90, obs. J.-Ph. Kovar et J. Lasserre Capdeville ; *Banque et droit* 2016, n° 166, p. 95 ; Rapp. annuel de l'ACPR 2015, p. 109 ; *RD bancaire et fin.* 2016, comm. 195, obs. N. Mathey ; M.-A. Nicolet, *Sanctions ACPR et AMF et juridictions de recours : Banque et droit* 2016, n° 166, p. 95.

Art. L. 612-23-1 *(Mod., Ord. n° 2014-158, 20 févr. 2014 ; L. n° 2014-1662, 30 déc. 2014 ; Ord. n° 2015-378, 2 avr. 2015 ; Ord. n° 2017-484, 6 avr. 2017)*. – I. – Les personnes mentionnées aux 1°, *a* du 2°, 4°, 9° et 10° du A du I de l'article L. 612-2 notifient, dans un délai fixé par décret en Conseil d'État, à l'Autorité de contrôle prudentiel et de résolution la nomination et le renouvellement des dirigeants mentionnés aux articles L. 511-13 et L. 532-2. Les personnes mentionnées aux 1°, *a* du 2° et 9° du A du I de l'article L. 612-2 notifient également, dans les mêmes conditions, la nomination et le renouvellement des personnes physiques, y compris les représentants des personnes morales, membres de leur conseil d'administration, de leur conseil de surveillance, de leur directoire ou de tout autre organe exerçant des fonctions équivalentes.

II. – Les organismes relevant du régime dit « Solvabilité II » mentionnés aux articles L. 310-3-1 du Code des assurances, L. 211-10 du Code de la mutualité et L. 931-6 du Code de la sécurité sociale, les fonds de retraite professionnelle supplémentaire mentionnés à l'article L. 381-1 du Code des assurances, les mutuelles ou unions de retraite professionnelle supplémentaire mentionnées à l'article L. 214-1 du Code de la mutualité et les institutions de retraite professionnelle supplémentaire mentionnées à l'article L. 942-1 du Code de la sécurité sociale notifient, dans un délai fixé par décret en Conseil d'État, à l'Autorité de contrôle prudentiel et de résolution la nomination et le renouvellement des personnes qui assurent la direction effective de l'organisme et des responsables des fonctions clés, mentionnés aux articles L. 322-3-2 du Code des assurances, L. 211-13 du Code de la mutualité et L. 931-7-1 du Code de la sécurité sociale ainsi que de toute personne appelée à exercer des fonctions équivalentes.

Les organismes ne relevant pas du régime dit « Solvabilité II » mentionnés aux articles L. 310-3-2 du Code des assurances, L. 211-11 du Code de la mutualité et L. 931-6-1 du Code de la sécurité sociale notifient, dans un délai fixé par décret en Conseil d'État, à l'Autorité de contrôle prudentiel et de résolution la nomination et le renouvellement du directeur général et des directeurs généraux délégués, du directeur général unique, des membres du directoire ou du dirigeant ainsi que de toute personne appelée à exercer des fonctions équivalentes.

III. – Le collège de supervision de l'Autorité de contrôle prudentiel et de résolution peut s'opposer, dans un délai fixé par décret en Conseil d'État, aux nominations et aux renouvellements mentionnés aux I et II du présent article s'il constate que les personnes concernées ne remplissent pas les conditions d'honorabilité, de compétence et d'expérience qui leur sont applicables ou, lorsqu'elles y sont soumises, les conditions de connaissance et les obligations prévues aux articles L. 511-52 et L. 533-26 du présent code, L. 322-3-2 et L. 356-18 du Code des assurances, L. 211-13 du Code de la mutualité et L. 931-7-1 du Code de la sécurité sociale. Cette décision est prise après qu'ont été recueillies les observations des personnes concernées sur les éléments établis par l'Autorité de contrôle prudentiel et de résolution.

Le mandat ou la fonction des personnes dont la nomination ou le renouvellement fait l'objet d'une opposition de la part de l'Autorité de contrôle prudentiel et de résolution cesse à l'issue d'un délai fixé par décret en Conseil d'État, après notification de la décision d'opposition.

Le I et le présent III ne sont pas applicables aux personnes et entités mentionnées aux *a*, *b* et *c* de l'article L. 512-1-1, y compris celles ayant émis des valeurs mobilières admises à la négociation sur un marché réglementé.

IV. – Les entreprises mentionnées aux 1°, *a* du 2° et 9° du A du I de l'article L. 612-2 et celles mentionnées au B du I du même article, à l'exception de celles mentionnées aux 4° et 7° et des véhicules mentionnés au 8° du même B, qui publient leurs résolutions au Bulletin des annonces légales obligatoires, ainsi que celles répondant à des conditions fixées par décret en Conseil d'État, peuvent saisir l'Autorité de contrôle prudentiel et de résolution pour avis sur toute proposition de nomination ou de renouvellement de leurs dirigeants ainsi que des membres de leur conseil d'administration, directoire et conseil de surveillance.

V. – 1. Le collège de supervision de l'Autorité de contrôle prudentiel et de résolution peut s'opposer à la poursuite du mandat d'une ou plusieurs personnes physiques, y compris les représentants des personnes morales, membres du conseil d'administration ou du conseil de surveillance des personnes mentionnées au B du I de l'article L. 612-2, à l'exception de celles mentionnées aux 4°, 7° et des véhicules mentionnés au 8°, et qui disposent d'un agrément pour l'exercice de leur activité lorsqu'elles ne remplissent pas les conditions d'honorabilité ou les conditions de compétence et d'expérience qui leur sont applicables. Le collège de supervision de l'Autorité de contrôle prudentiel et de résolution peut également, pour les mêmes motifs ou lorsque la condition de connaissances n'est plus remplie, s'opposer à la poursuite du mandat d'un ou de plusieurs membres du conseil d'administration, du conseil de surveillance, du directoire ou de tout organe équivalent autres que les dirigeants mentionnés à l'article L. 511-13, des personnes mentionnées aux 4° et 10° du A du I de l'article L. 612-2.

Préalablement, et en ce qui concerne les conditions de compétence et d'expérience, l'Autorité de contrôle prudentiel et de résolution peut exiger des entreprises susmentionnées que celles-ci soumettent à son approbation un programme de formation des membres de leur conseil d'administration ou de leur conseil de surveillance. Lorsque l'entreprise ne produit pas le programme de formation demandé ou lorsqu'elle ne l'exécute pas dans les conditions et délais prévus, l'Autorité de contrôle prudentiel et de résolution peut la mettre en demeure de se conformer à ses obligations.

2. Les décisions d'opposition à la poursuite du mandat mentionnées au 1 sont prises après qu'ont été recueillies les observations des personnes concernées et du président de l'organe dont elles sont membres sur les éléments établis par l'Autorité de contrôle prudentiel et de résolution.

Un décret en Conseil d'État précise les conditions d'application du présent article.

Art. L. 612-24 *(Ord. n° 2010-76, 21 janv. 2010 ; mod., Ord. n° 2014-158, 20 févr. 2014)*. – L'Autorité de contrôle prudentiel et de résolution détermine la liste, le modèle, la fréquence et les délais de transmission des documents et informations qui doivent lui être remis périodiquement.

Le secrétaire général de l'Autorité de contrôle prudentiel et de résolution peut, en outre, demander aux personnes soumises à son contrôle tous renseignements, documents, quel qu'en soit le support, et en obtenir la copie, ainsi que tous éclaircissements ou justifications nécessaires à l'exercice de sa mission. Il peut demander à ces personnes la communication des rapports des commissaires aux comptes et, d'une manière générale, de tous documents comptables dont il peut, en tant que de besoin, demander la certification.

Le secrétaire général de l'Autorité de contrôle prudentiel et de résolution peut demander aux filiales des établissements de crédit, des entreprises d'investissement, des sociétés de financement, des compagnies financières holding, des compagnies financières holding mixtes, des compagnies holding mixtes, des entreprises mères de société de financement, des entreprises mères mixtes de société de financement ainsi qu'aux tiers auprès desquels ces personnes ont externalisé des fonctions ou activités opérationnelles tous renseignements, documents, quel qu'en soit le support, et en obtenir la copie ainsi que tous éclaircissements ou justifications nécessaires à l'accomplissement de ses missions.

Le secrétaire général de l'Autorité de contrôle prudentiel et de résolution peut également, pour la surveillance d'un établissement de crédit, d'une société de financement ou d'une entreprise d'investissement qui n'est pas inclus dans le périmètre de consolidation, demander à l'entreprise mère de cet établissement de crédit, société de financement ou entreprise d'investissement de lui communiquer toute information nécessaire dans les conditions prévues à l'alinéa précédent.

L'Autorité de contrôle prudentiel et de résolution collecte auprès des personnes mentionnées au B du I de l'article L. 612-2, pour le compte de l'Institut national de la statistique et des études économiques et des services statistiques du ministère chargé de la sécurité sociale, les données relatives à la protection sociale complémentaire fixées par un décret pris dans les conditions prévues par la loi du 7 juin 1951 sur l'obligation, la coordination et le secret en matière de statistiques après avis du Conseil supérieur de la mutualité et du Comité consultatif de la législation et de la réglementation financières.

Le secrétaire général de l'Autorité de contrôle prudentiel et de résolution ou son représentant peut convoquer et entendre toute personne soumise à son contrôle ou dont l'audition est nécessaire à l'exercice de sa mission de contrôle.

Le secrétaire général de l'Autorité de contrôle prudentiel et de résolution ou son représentant peut, en outre, pour les personnes mentionnées à l'article L. 612-2, intervenir devant le conseil d'administration, le conseil de surveillance ou tout organe exerçant des fonctions équivalentes, ou convoquer et entendre collectivement les membres du conseil d'administration, du conseil de surveillance ou de tout organe exerçant des fonctions équivalentes.

Sous réserve de l'exercice des droits prévus pour les procédures contradictoires ou des exigences de procédures juridictionnelles, le secrétaire général de l'Autorité n'est pas tenu de communiquer aux personnes soumises à son contrôle ni aux tiers les documents les concernant qu'il a produits ou reçus, en particulier lorsque cette communication porterait atteinte à des secrets d'affaires ou au secret professionnel auquel l'Autorité est tenue.

Lorsque les personnes et entités mentionnées aux I à III de l'article L. 612-2 fournissent leurs services sur internet, les contrôleurs peuvent, pour accéder aux informations et éléments disponibles sur ces services, faire usage d'une identité d'emprunt sans en être pénalement responsables.

Voir : C. monét. fin., art. R. 612-27, p. 1538.

Art. L. 612-25 *(Ord. n° 2010-76, 21 janv. 2010 ; mod., L. n° 2013-672, 26 juill. 2013).* – En cas de méconnaissance d'une obligation de notification, de déclaration ou de transmission d'états, de documents, de données ou d'audition demandés par le secrétaire général ou une des formations de l'Autorité, l'Autorité de contrôle prudentiel et de résolution peut prononcer une injonction assortie d'une astreinte dont elle fixe le montant et la date d'effet.

L'astreinte est recouvrée par le comptable public et versée au budget de l'État.

Un décret en Conseil d'État fixe les conditions d'application du présent article, et notamment le montant journalier maximum et les modalités de liquidation de l'astreinte en cas d'inexécution totale ou partielle ou de retard d'exécution.

Voir : C. monét. fin., art. R. 612-28, p. 1538.

Art. L. 612-26 *(Ord. n° 2010-76, 21 janv. 2010 ; mod., L. n° 2013-672, 26 juill. 2013 ; Ord. n° 2014-158, 20 févr. 2014 ; Ord. n° 2015-378, 2 avr. 2015).* – Le secrétaire général de l'Autorité de contrôle prudentiel et de résolution peut décider d'étendre le contrôle sur place d'une personne soumise à son contrôle :

1° À ses filiales ;

2° Aux personnes morales qui la contrôlent directement ou indirectement au sens de l'article L. 233-3 du Code de commerce ;

3° Aux filiales de ces personnes morales ;

4° À toute autre entreprise ou personne morale appartenant au même groupe ;

5° Aux personnes et organismes de toute nature ayant passé, directement ou indirectement, avec cette entreprise une convention de gestion, de réassurance ou de tout autre type susceptible d'altérer son autonomie de fonctionnement ou de décision concernant l'un quelconque de ses domaines d'activité ;

6° Aux entreprises qui sont liées au sens du 4° de l'article L. 356-1 du Code des assurances aux entreprises mères mentionnées au 1° du même article ;

7° Aux mutuelles et unions relevant du livre III du Code de la mutualité qui lui sont liées ;

8° Aux institutions de gestion de retraite supplémentaire qui lui sont liées ;

9° Aux agents et aux personnes auxquelles sont confiées des fonctions ou activités opérationnelles.

Les faits recueillis à l'occasion de cette extension du contrôle peuvent être communiqués par le secrétaire général à la personne mentionnée au premier alinéa du présent article sans que puisse y faire obstacle le secret professionnel mentionné à l'article L. 612-17.

Les contrôles sur place peuvent également être étendus aux succursales ou filiales, installées à l'étranger, d'entreprises assujetties au contrôle de l'autorité soit, pour les contrôles dans un État partie à l'accord sur l'Espace économique européen, en application de l'article L. 632-12, soit, pour les autres États, dans le cadre des conventions bilatérales prévues à l'article L. 632-13 ou avec un accord exprès pour le déroulement de cette extension recueilli auprès de l'autorité compétente chargée d'une mission similaire à celle confiée, en France, à l'Autorité de contrôle prudentiel et de résolution, à condition que cette autorité soit elle-même soumise au secret professionnel. Pour les pays avec lesquels n'a pas été conclue une des conventions bilatérales prévues au même article L. 632-13, le secrétaire général est chargé de recueillir l'accord de l'autorité compétente concernée et de préciser avec elle, s'il y a lieu, les conditions d'extension du contrôle sur place d'une personne assujettie déterminée à ses filiales ou succursales. Ces conditions sont portées à la connaissance de cette personne et de ces entités.

Voir : C. monét. fin., art. R. 612-29, p. 1539.

Ne porte pas atteinte au **principe du contradictoire** la procédure de contrôle du secteur assurance de l'ACP, pas plus que le rattachement au secrétaire général de l'ACP des collaborateurs affectés au secrétariat de la commission des sanctions ne porte atteinte au principe d'impartialité : ▪ ACP, commission des sanctions, 15 juill. 2011 : *Bull. Joly Bourse* 2011, § 310, p. 585, note J.-Ph. Pons-Henry et B. Delaunay.

Art. L. 612-27 *(Ord. n° 2010-76, 21 janv. 2010 ; mod., L. n° 2013-672, 26 juill. 2013 ; L. n° 2014-1662, 30 déc. 2014).* – En cas de contrôle sur place, un rapport est établi. Le projet de rapport est porté à la connaissance des dirigeants de la personne contrôlée, qui peuvent faire part de leurs observations, dont il est fait état dans le rapport définitif.

En cas d'urgence ou d'autre nécessité de procéder sans délai à des relevés de constatations pour des faits ou agissements susceptibles de constituer des manquements aux dispositions applicables aux personnes contrôlées, les contrôleurs de l'autorité peuvent dresser des procès-verbaux.

Les suites données aux contrôles sur place sont communiquées au conseil d'administration, au conseil de surveillance ou à tout autre organe exerçant des fonctions de surveillance équivalentes de la personne contrôlée.

Elles peuvent être communiquées à ses commissaires aux comptes et aux contrôleurs spécifiques des sociétés de crédit foncier et des sociétés de financement de l'habitat.

Elles peuvent être communiquées à l'entreprise qui la contrôle au sens du I de l'article L. 511-20, du 1° de l'article L. 334-2 du Code des assurances, à l'organe central auquel elle est affiliée, à la société de groupe d'assurance ou à l'union mutualiste de groupe à laquelle elle est affiliée ou à son organisme de référence, au sens des articles L. 212-7-1 du Code de la mutualité et L. 933-2 du Code de la sécurité sociale.

Ces suites, ainsi que toute autre information transmise aux personnes contrôlées ou aux personnes mentionnées au précédent alinéa comportant une appréciation de leur situation, ne peuvent être communiquées à des tiers, en dehors des cas où la loi le prévoit, sans l'accord de l'Autorité de contrôle prudentiel et de résolution.

Art. L. 612-28 *(Ord. n° 2010-76, 21 janv. 2010 ; mod., L. n° 2013-672, 26 juill. 2013 ; ord. n° 2014-1332, 6 nov. 2014).* – Lorsque sont relevés des faits susceptibles de justifier des poursuites pénales, le président de l'Autorité de contrôle prudentiel et de résolution ou la Banque centrale européenne en informe le procureur de la République territorialement compétent, sans préjudice des sanctions que l'Autorité de contrôle prudentiel et de résolution peut prononcer.

Art. L. 612-29 *(Ord. n° 2010-76, 21 janv. 2010).* – Lorsque sont relevées des pratiques susceptibles de justifier des poursuites au titre des articles L. 420-1 et L. 420-2 du Code de commerce, le président de l'Autorité en informe les autorités compétentes en matière de concurrence.

Art. L. 612-29-1 *(L. n° 2010-1249, 22 oct. 2010 ; mod., L. n° 2013-672, 26 juill. 2013).* – Lorsqu'en matière de commercialisation et de protection de la clientèle une association professionnelle, représentant les intérêts d'une ou plusieurs catégories de personnes relevant de la compétence de l'Autorité de contrôle prudentiel et de résolution ou pouvant être soumise à son contrôle, élabore un Code de conduite destiné à préciser les règles applicables à ses adhérents, l'Autorité vérifie sa compatibilité avec les dispositions législatives et réglementaires qui leur sont applicables. L'association peut demander à l'Autorité d'approuver tout ou partie des Codes de bonne conduite qu'elle a élaborés en matière de commercialisation et de protection de la clientèle. La publication de l'approbation par l'Autorité de ces codes les rend applicables à tous les adhérents de cette association dans les conditions fixées par les codes ou la décision d'approbation.

L'Autorité peut constater l'existence de bonnes pratiques professionnelles ou formuler des recommandations définissant des règles de bonne pratique professionnelle en matière de commercialisation et de protection de la clientèle.

L'Autorité peut demander à une ou plusieurs associations professionnelles, représentant les intérêts d'une ou plusieurs catégories de personnes relevant de sa compétence ou pouvant être soumises à son contrôle, de lui faire des propositions dans ces matières.

L'Autorité publie un recueil de l'ensemble des Codes de conduite, règles professionnelles et autres bonnes pratiques constatées ou recommandées dont elle assure le respect.

Le ministre chargé de l'économie peut demander à l'Autorité de contrôle prudentiel et de résolution de procéder auprès des personnes et dans les domaines qui relèvent de sa compétence à une vérification du respect des engagements pris par une ou plusieurs associations professionnelles représentant leurs intérêts dans le cadre des mesures proposées par le Comité consultatif du secteur financier. Les résultats de cette vérification font l'objet d'un rapport que l'Autorité remet au ministre et au Comité consultatif du secteur financier. Ce rapport mentionne, engagement par engagement, la part des professionnels concernés qui le respecte.

Section VI. – Mesures de police administrative

Art. L. 612-30 *(Ord. n° 2010-76, 21 janv. 2010 ; mod., L. n° 2013-672, 26 juill. 2013)*. – Lorsqu'elle constate qu'une personne soumise à son contrôle a des pratiques susceptibles de mettre en danger les intérêts de ses clients, assurés, adhérents ou bénéficiaires, l'Autorité de contrôle prudentiel et de résolution peut, après avoir mis ses dirigeants en mesure de présenter leurs explications, la mettre en garde à l'encontre de la poursuite de ces pratiques en tant qu'elles portent atteinte aux règles de bonne pratique de la profession concernée.

Voir : C. monét. fin., art. R. 612-34, p. 1542.

Art. L. 612-31 *(Ord. n° 2010-76, 21 janv. 2010 ; mod., L. n° 2013-672, 26 juill. 2013)*. – L'Autorité de contrôle prudentiel et de résolution peut mettre en demeure toute personne soumise à son contrôle de prendre, dans un délai déterminé, toutes mesures destinées à sa mise en conformité avec les obligations au respect desquelles l'Autorité de contrôle prudentiel et de résolution a pour mission de veiller.

Voir : C. monét. fin., art. R. 612-34, p. 1542.

Art. L. 612-32 *(Ord. n° 2010-76, 21 janv. 2010 ; mod., L. n° 2013-672, 26 juill. 2013)*. – L'Autorité de contrôle prudentiel et de résolution peut exiger de toute personne soumise à son contrôle qu'elle soumette à son approbation un programme de rétablissement comprenant toutes les mesures appropriées pour restaurer ou renforcer sa situation financière ou de liquidité, améliorer ses méthodes de gestion ou assurer l'adéquation de son organisation à ses activités ou à ses objectifs de développement, notamment lorsque les informations reçues ou demandées par l'Autorité pour l'exercice du contrôle sont de nature à établir que cette personne est susceptible de manquer, dans un délai de douze mois, aux obligations prévues par le règlement (UE) n° 575/2013 du Parlement européen et du Conseil du 26 juin 2013, par une disposition du titre Ier ou du titre III du livre V ou d'un règlement pris pour son application ou par toute autre disposition législative ou réglementaire dont la méconnaissance entraîne celle des dispositions précitées. L'Autorité peut exiger que cette personne soumette à son approbation les changements apportés à ce programme au cours de son exécution, notamment en ce qui concerne sa portée et son délai de mise en œuvre.

Voir : C. monét. fin., art. R. 612-34, p. 1542.

Art. L. 612-33 *(Ord. n° 2010-76, 21 janv. 2010 ; mod., L. n° 2010-1249, 22 oct. 2010 ; L. n° 2013-672, 26 juill. 2013 ; Ord. n° 2014-158, 20 févr. 2014 ; L. n° 2014-856, 31 juill. 2014 ; Ord. n° 2015-1024, 20 août 2015 et rect. JO 14 nov. 2015 ; L. n° 2016-1691, 9 déc. 2016 ; Ord. n° 2017-484, 6 avr. 2017 ; Ord. n° 2017-1107, 22 juin 2017)*. – I. – Lorsque la solvabilité ou la liquidité d'une personne soumise au contrôle de l'Autorité ou lorsque les intérêts de ses clients, assurés, adhérents ou bénéficiaires, sont compromis ou susceptibles de l'être, ou lorsque les informations reçues ou demandées par l'Autorité pour l'exercice du contrôle sont de nature à établir que cette personne est susceptible de manquer dans un délai de douze mois aux obligations prévues par le règlement (UE) n° 575/2013 du Parlement européen et du Conseil du 26 juin 2013, par une disposition des titres Ier et III du livre V ou d'un règlement pris pour son application ou par toute autre disposition législative ou réglementaire dont la méconnaissance entraîne celle des dispositions précitées, l'Autorité de contrôle prudentiel et de résolution prend les mesures conservatoires nécessaires.

Elle peut, à ce titre :

1° Placer la personne sous surveillance spéciale ;

2° Charger un ou plusieurs de ses agents d'exercer une mission de contrôle permanent au sein de la personne concernée afin d'y assurer un suivi rapproché de sa situation ;

3° Limiter ou interdire temporairement l'exercice de certaines opérations ou activités par cette personne, y compris l'acceptation de primes ou dépôts ;

4° Suspendre, restreindre ou interdire temporairement la libre disposition de tout ou partie des actifs de la personne contrôlée ;

5° Exiger de cette personne la cession d'activités ;

6° Limiter le nombre des agences ou des succursales de cette personne ;

7° Ordonner à une personne mentionnée aux 1°, 3°, 5° et 9° à 11° du B du I de l'article L. 612-2 de suspendre, retarder ou limiter, pour tout ou partie du portefeuille, le paiement des valeurs de rachat, la faculté d'arbitrages, le versement d'avances sur contrat ou la faculté de renonciation ;

8° Prononcer le transfert d'office de tout ou partie d'un portefeuille de crédits ou de dépôts d'un établissement de crédit ;

9° Décider d'interdire ou de limiter la distribution d'un dividende aux actionnaires, d'une rémunération des certificats mutualistes ou paritaires ou d'une rémunération des parts sociales aux sociétaires de ces personnes ;

10° Décider d'interdire ou de limiter le paiement d'intérêts aux détenteurs d'instruments de fonds propres additionnels de catégorie 1 définis à l'article 52 du règlement (UE) n° 575/2013 du Parlement européen et du Conseil du 26 juin 2013, sauf si cette limitation ou interdiction devait être considérée comme un événement de défaut des personnes soumises au contrôle de l'Autorité ;

11° Exiger la réduction du risque inhérent aux activités, aux produits et aux systèmes des établissements de crédit, entreprises d'investissement et sociétés de financement ;

12° Suspendre un ou plusieurs dirigeants de la personne contrôlée ;

13° Enjoindre à une des personnes mentionnées aux 1°, 3°, 5° et 9° à 11° du B du I de l'article L. 612-2 du présent code de déposer, dans un délai qu'elle fixe et qui ne peut être inférieur à quatre mois, une demande de transfert de tout ou partie de son portefeuille de contrats d'assurance, d'opérations ou de bulletins d'adhésion à des contrats ou règlements, dans les conditions prévues aux articles L. 324-1 et L. 384-1 à L. 384-3 du Code des assurances, L. 212-11 et L. 214-11 du Code de la mutualité et L. 931-16 et L. 941-13 du Code de la sécurité sociale ;

14° Prononcer, après avoir constaté l'échec de la procédure de transfert prévue au 13° du présent I, le transfert d'office de tout ou partie du portefeuille de contrats d'assurance, d'opérations ou de bulletins d'adhésion à des contrats ou règlements détenu par les personnes mentionnées aux 1°, 3°, 5° et 9° à 11° du B du I de l'article L. 612-2 dans les conditions prévues à l'article L. 612-33-2.

II. – Lorsque l'Autorité de contrôle prudentiel et de résolution estime que les mesures d'intervention précoce prises en application de l'article L. 511-41-5 ne sont pas suffisantes soit pour mettre fin à de graves violations par un établissement de crédit, une entreprise d'investissement mentionnée au 2° du I de l'article L. 613-34 ou une société de financement mentionnée au II de l'article L. 613-34 de la réglementation qui lui est applicable ou des stipulations de ses statuts, soit pour rétablir sa situation financière, elle peut révoquer une ou plusieurs personnes mentionnées à l'article L. 511-13 ou au 4 de l'article L. 532-2, ou tout ou partie des membres du conseil d'administration, du conseil de surveillance ou de tout autre organe exerçant des fonctions de surveillance équivalentes.

III. – L'Autorité de contrôle prudentiel et de résolution peut suspendre les personnes mentionnées à l'article L. 612-23-1 lorsqu'elles ne remplissent plus les conditions d'honorabilité, de compétences, d'expérience ou, le cas échéant, de connaissances requises par leur fonction et que l'urgence justifie cette mesure en vue d'assurer une gestion saine et prudente.

IV. – En cas de manquement aux règles destinées à assurer la protection de la clientèle en matière de commercialisation des dépôts structurés, l'Autorité de contrôle prudentiel et de résolution peut suspendre la commercialisation ou la vente de dépôts structurés lorsque les conditions des articles 42 du règlement (UE) n° 600/2014 du 15 mai 2014 sont remplies ou lorsqu'un établissement de crédit n'a pas développé ou appliqué un véritable processus d'approbation de produit, ou ne s'est pas conformé aux prescriptions du 3 du II de l'article L. 533-10, à l'article L. 533-24 et aux 3 et 4 de l'article L. 533-24-1 du présent code.

Voir : C. monét. fin., art. R. 612-32 et R. 612-34, p. 1542.

Art. L. 612-33-1 *(L. n° 2013-672, 26 juill. 2013)*. – Lorsque l'activité d'une personne soumise à son contrôle est susceptible de porter atteinte à la stabilité financière ainsi que dans les situations d'urgence prévues par le règlement (UE) n° 1093/2010 du Parlement européen et du Conseil du 24 novembre 2010 instituant une Autorité européenne de surveillance (Autorité bancaire européenne), modifiant la décision n° 716/2009/CE et abrogeant la décision 2009/78/CE de la Commission, l'Autorité de contrôle prudentiel et de résolution peut décider de limiter ou de suspendre l'exercice de certaines opérations par cette personne.

Art. L. 612-33-2 *(Mod., Ord. n° 2017-484, 6 avr. 2017)*. – I. – Lorsqu'elle prononce le transfert d'office prévu au 14° du I de l'article L. 612-33, l'Autorité de contrôle prudentiel et de résolution recourt au Fonds de garantie des assurances obligatoires de dommages, au fonds de garantie des assurés contre la défaillance de sociétés d'assurance de personnes, au fonds de garantie contre la défaillance des mutuelles et des unions pratiquant des opérations d'assurances ou au fonds paritaire de garantie dans les conditions prévues respectivement, à l'article L. 421-9-1 du Code des assurances, à l'article L. 423-2 du même code, à l'article L. 431-2 du Code de la mutualité et à l'article L. 951-2 du Code de la sécurité sociale, ainsi que, le cas échéant, au système fédéral de garantie prévu à l'article L. 111-6 du Code de la mutualité, auquel la mutuelle ou l'union a adhéré.

L'Autorité de contrôle prudentiel et de résolution lance un appel d'offres en vue du transfert du portefeuille de contrats d'assurance, d'opérations ou de bulletins d'adhésion à des contrats ou règlements détenu par la personne concernée par le transfert d'office.

L'autorité retient la ou les offres qui lui paraissent le mieux préserver l'intérêt des assurés, souscripteurs de contrats, adhérents et bénéficiaires de prestations, membres participants et bénéficiaires de bulletins d'adhésion à un règlement ou à des contrats, eu égard notamment à la solvabilité des personnes mentionnées aux 1°, 3°, 5° et 9° à 11° du B du I de l'article L. 612-2 qui sont candidates et aux taux de réduction des engagements qu'elles proposent.

La décision de l'autorité qui prononce le transfert du portefeuille de contrats d'assurance, d'opérations ou de bulletins d'adhésion à des contrats ou règlements au profit des personnes mentionnées aux 1°, 3°, 5° et 9° à 11° du B du I de l'article L. 612-2 qu'elle a désignées est publiée au *Journal officiel*. Cette décision libère l'entreprise dont les contrats ont été transférés en application du 14° du I de l'article L. 612-33 de tout engagement envers les assurés, souscripteurs de contrats, adhérents et bénéficiaires de prestations, membres participants et bénéficiaires de bulletins d'adhésion à un règlement ou à des contrats.

II. – Le transfert de portefeuille approuvé par l'Autorité ou le constat de l'échec de la procédure de transfert d'office emporte le retrait de tous les agréments administratifs de l'entreprise, du fonds de retraite professionnelle supplémentaire, de l'institution ou union d'institutions de prévoyance, de l'institution de retraite professionnelle supplémentaire, de la mutuelle ou union de retraite professionnelle supplémentaire, de la mutuelle ou de l'union conformément aux articles L. 325-1 et L. 383-1 du Code des assurances. Ce transfert intervient dans des conditions permettant de garantir une juste et préalable indemnisation de cette personne. Il peut s'accompagner d'un transfert d'actifs.

Art. L. 612-34 *(Ord. n° 2010-76, 21 janv. 2010 ; mod., L. n° 2013-672, 26 juill. 2013)*. – I. – L'Autorité de contrôle prudentiel et de résolution peut désigner un administrateur provisoire auprès d'une personne qu'elle contrôle, auquel sont transférés tous les pouvoirs d'administration, de direction et de représentation de la personne morale. L'administrateur provisoire dispose des biens meubles et immeubles de celles-ci dans l'intérêt d'une bonne administration.

La rémunération de l'administrateur provisoire est fixée par l'Autorité de contrôle prudentiel et de résolution. Elle est prise en charge, ainsi que les frais engagés par l'administrateur provisoire, par la personne auprès de laquelle il est désigné.

En cas de désignation d'un administrateur provisoire, les engagements pris au bénéfice d'un dirigeant suspendu par l'établissement lui-même ou par toute entreprise contrôlée ou qui la contrôle, au sens des II et III de l'article L. 233-16 du Code de commerce, et correspondant à des éléments de rémunération, à des indemnités ou à des avantages dus ou susceptibles d'être dus à raison de la cessation ou du changement de ses fonctions, ou postérieurement à celles-ci, ne peuvent donner lieu à aucun versement pendant la durée de l'accomplissement de sa mission. À l'issue de la mission de l'administrateur provisoire, l'assemblée générale se prononce, à l'occasion de sa première réunion après la fin de cette mission, sur la reprise de ces versements.

En cas de révocation d'un dirigeant responsable en application *(Mots rempl., Ord. n° 2015-1024, 20 août 2015)* « de l'article L. 613-51-2 » du présent code, les engagements pris au bénéfice de ce dirigeant par l'établissement lui-même ou par toute entreprise contrôlée ou qui la contrôle, au sens des II et III de l'article L. 233-16 du Code de commerce, et correspondant à des éléments de rémunération, à des indemnités ou à des avantages dus ou susceptibles d'être dus à raison de la cessation ou du changement de ses fonctions, ou postérieurement à celles-ci, ne peuvent donner lieu à aucun versement.

Cette désignation est faite soit à la demande des dirigeants lorsqu'ils estiment ne plus être en mesure d'exercer normalement leurs fonctions, soit à l'initiative de l'Autorité de contrôle prudentiel et de résolution lorsque la gestion de la personne contrôlée ne peut plus être assurée dans des conditions normales ou en cas de suspension de l'un ou de plusieurs de ses dirigeants.

Dans le cas d'établissements affiliés à un organe central, ce dernier peut demander à l'Autorité de contrôle prudentiel et de résolution de désigner un administrateur provisoire dans les établissements qui lui sont affiliés.

II. – Lorsque la situation laisse craindre à terme une incapacité d'un établissement ou d'une entreprise relevant du fonds de garantie des dépôts et de résolution à assurer la rémunération de l'administrateur provisoire ainsi que les frais engagés par celui-ci, le fonds de garantie des dépôts et de résolution peut, sur proposition de l'Autorité de contrôle prudentiel et de résolution, décider d'en garantir le paiement au prorata éventuellement des différents mécanismes mis en œuvre. Lorsque les fonds disponibles de la personne auprès de laquelle un administrateur provisoire a été désigné par l'Autorité de contrôle prudentiel et de résolution n'y peuvent suffire immédiatement, le Trésor public, à la demande de l'Autorité de contrôle prudentiel et de résolution, fait l'avance de la rémunération et de l'ensemble des frais engagés par l'administrateur provisoire.

Voir : C. monét. fin., art. R. 612-33 et R. 612-34, p. 1542.

Jugé que ne présente pas de caractère sérieux la QPC relative à l'article L. 612-34 du Code monétaire et financier, lequel prévoit la désignation d'un administrateur provisoire désigné par l'ACP auprès d'une personne qu'elle contrôle : ▪ Cass. crim., 4 janv. 2012, n° 11-90.106 (inédit) : *Bull. Joly Bourse* 2012, § 74, p. 154, note J. Lasserre-Capdeville.

Art. L. 612-34-1 *(Ord., n° 2015-1024, 20 août 2015)*. **– I. – Lorsqu'elle estime que les mesures pouvant être prises en application du II de l'article L. 612-33 ne sont pas suffisantes pour remédier à la situation d'un établissement de crédit, d'une entreprise d'investissement mentionnée au 2° du I de l'article L. 613-34 ou une société de financement mentionnée au II de l'article L. 613-34, l'Autorité de contrôle prudentiel et de résolution peut désigner, pour une durée qu'elle détermine, un ou plusieurs administrateurs temporaires, personne physique ou personne morale, pour assister ou pour remplacer les dirigeants mentionnés à l'article L. 511-13 ou au 4 de l'article L. 532-2 ainsi que les membres du conseil d'administration, du conseil de surveillance ou de tout autre organe exerçant des fonctions équivalentes de ces entreprises.**

L'Autorité de contrôle prudentiel et de résolution peut désigner toute personne en qualité d'administrateur temporaire, y compris une personne inscrite sur la liste mentionnée aux articles L. 811-2 ou L. 812-2 du Code de commerce.

Les tâches que comporte l'exercice du mandat d'administrateur temporaire lui incombent personnellement. Lorsque le bon déroulement de sa mission le requiert et après accord du collège de supervision, il peut se faire assister de personnes tierces qui agissent pour son compte et sous sa responsabilité.

II. – Lorsqu'un administrateur temporaire est nommé pour remplacer les personnes mentionnées au I, les pouvoirs d'administration, de direction et de représentation de la personne morale en cause lui sont transférés de plein droit pendant la durée de son mandat. Sa nomination est rendue publique.

Lorsqu'un administrateur temporaire est nommé pour assister les personnes mentionnées au I, son mandat fixe l'étendue de ses pouvoirs pouvant aller jusqu'à ceux mentionnés au premier alinéa et, le cas échéant, définit les cas dans lesquels les dirigeants ont l'obligation de le consulter ou d'obtenir son accord préalable.

L'Autorité de contrôle prudentiel et de résolution définit, s'il y a lieu, les cas dans lesquels l'administrateur temporaire a l'obligation de la consulter et d'obtenir son accord préalable.

La convocation d'une assemblée générale par l'administrateur temporaire et l'établissement de l'ordre du jour sont soumis à l'accord préalable de l'Autorité de contrôle prudentiel et de résolution.

L'Autorité de contrôle prudentiel et de résolution peut exiger que l'administrateur temporaire élabore et lui communique selon une fréquence qu'elle détermine des rapports sur la situation financière des établissements de crédit, des entreprises d'investissement ou des sociétés de financement mentionnés au I et sur les mesures qu'il a prises à leur égard.

III. – La durée du mandat de l'administrateur temporaire ne peut excéder un an. Elle peut exceptionnellement être prorogée si les conditions de sa nomination restent remplies à l'issue de ce délai. L'Autorité de contrôle prudentiel et de résolution peut seule, et à tout moment, modifier ou mettre fin à son mandat.

IV. – La rémunération de l'administrateur temporaire est fixée par l'Autorité de contrôle prudentiel et de résolution. Elle est prise en charge ainsi que les frais qu'il engage par la personne auprès de laquelle il est désigné.

Le II de l'article L. 612-34 s'applique à la rémunération ainsi qu'aux frais engagés par l'administrateur temporaire. Lorsque le paiement de la rémunération et des frais engagés par l'administrateur temporaire intervient dans les conditions du II de l'article L. 612-34, le fonds de garantie des dépôts et de résolution et l'État sont subrogés dans les droits de l'administrateur temporaire à concurrence des sommes qu'ils ont versées.

En cas d'ouverture d'une procédure de sauvegarde, de redressement ou de liquidation judiciaires en application du livre VI du Code de commerce, l'interdiction de payer toute créance née antérieurement au jugement d'ouverture ne s'applique pas au paiement de la créance correspondant à la rémunération de l'administrateur temporaire.

En cas d'ouverture ou de prononcé d'une liquidation judiciaire, la créance correspondant à la rémunération de l'administrateur temporaire est payée par privilège avant toutes les autres créances, à l'exception de celles qui sont garanties par le privilège établi aux articles L. 3253-2, L. 3253-4 et L. 7313-8 du Code du travail et des frais de justice mentionnés au II de l'article L. 641-13 du Code de commerce. Elle n'est pas soumise à l'obligation de déclaration.

V. – La désignation d'un administrateur temporaire ne porte pas atteinte aux droits des détenteurs de titres de capital mentionnés au chapitre II du titre Ier du livre II ou d'autres titres de propriété.

L'administrateur temporaire ne peut être considéré comme un dirigeant de fait ni comme exerçant en fait les fonctions des personnes désignées au I de l'article L. 312-1 du Code des juridictions financières.

VI. – Lorsque l'établissement de crédit, l'entreprise d'investissement ou la société de financement mentionnés au I est une entreprise mère ou une filiale au sens de l'article L. 511-20, les III et IV de l'article L. 613-20-4, les articles L. 613-21-3 ou L. 613-21-4, selon le cas, s'appliquent.

Art. L. 612-35 *(Ord. n° 2010-76, 21 janv. 2010 ; mod., L. n° 2013-672, 26 juill. 2013 ; L. n° 2016-1691, 9 déc. 2016).* – L'Autorité de contrôle prudentiel et de résolution décide des mesures prévues aux articles de la présente section au terme d'une procédure contradictoire.

Lorsque des circonstances particulières d'urgence le justifient, l'Autorité de contrôle prudentiel et de résolution peut, à titre provisoire, ordonner sans procédure contradictoire des mesures conservatoires énumérées aux articles L. 612-33, L. 612-33-1, L. 612-34 et L. 612-34-1. Une procédure contradictoire est alors immédiatement engagée aux fins de lever, adapter ou confirmer ces mesures conservatoires commandées par l'urgence.

Art. L. 612-35-1 *(Ord. n° 2017-1107, 22 juin 2017). – (Al. mod., L. n° 2019-486, 22 mai 2019)* Les mesures de police prononcées par l'Autorité de contrôle prudentiel et de résolution en relation avec des manquements aux règles destinées à assurer la protection de la clientèle en matière de commercialisation des dépôts structurés sont publiées au registre officiel de l'autorité. Les frais sont supportés par les personnes faisant l'objet des mesures de police.

Toutefois, ces mesures sont publiées de manière anonyme dans les cas suivants :

1° Lorsqu'il ressort d'une évaluation préalable réalisée à partir des éléments fournis par la personne intéressée que la publication de la mesure en question lui causerait un préjudice disproportionné ;

2° Lorsque la publication non anonymisée compromettrait la stabilité des marchés financiers ou une enquête pénale en cours.

Lorsque les situations mentionnées ci-dessus sont susceptibles de cesser d'exister dans un court délai, le collège de l'autorité peut décider de différer la publication pendant ce délai.

Art. L. 612-36 *(Ord. n° 2010-76, 21 janv. 2010 ; mod., L. n° 2013-672, 26 juill. 2013 ; Ord. n° 2015-378, 2 avr. 2015).* – Les décisions du collège de supervision relatives à une personne contrôlée prises en application de la présente section peuvent être communiquées à l'entreprise qui la contrôle au sens du I de l'article L. 511-20, à l'organe central auquel elle est affiliée, et à l'entreprise mère au sens de l'article L. 356-1 du Code des assurances.

Art. L. 612-37 *(Ord. n° 2010-76, 21 janv. 2010).* – Un décret en Conseil d'État détermine les conditions et modalités d'application de la présente section.

Section VII. – Pouvoir disciplinaire

Sous-section 1. – Procédure disciplinaire

Art. L. 612-38 *(Ord. n° 2010-76, 21 janv. 2010 ; mod., L. n° 2010-1249, 22 oct. 2010 ; L. n° 2013-672, 26 juill. 2013 ; L. n° 2014-1662, 30 déc. 2014 ; Ord. n° 2015-1024, 20 août 2015)*. – L'une des formations du collège de supervision ou le collège de résolution examine les conclusions établies, dans le cadre de la mission de contrôle de l'Autorité de contrôle prudentiel et de résolution, par les services de l'Autorité ou le rapport établi en application de l'article L. 612-27, en vue de l'ouverture d'une procédure de sanction. Le président de la formation du collège de supervision ou du collège de résolution, selon les cas, qui a décidé de l'ouverture d'une procédure de sanction notifie les griefs aux personnes concernées. Il transmet la notification des griefs à la commission des sanctions qui désigne un rapporteur parmi ses membres.

Lorsque l'Autorité est saisie par la Banque centrale européenne conformément aux dispositions du paragraphe 5 de l'article 18 du règlement (UE) n° 1024/2013 du Conseil du 15 octobre 2013, le collège de supervision ouvre une procédure de sanction à l'égard d'un établissement ou d'une personne qui dirige son activité au sens de l'article L. 511-13, d'un membre de son conseil d'administration, de son conseil de surveillance, de son directoire ou de tout autre organe exerçant des fonctions équivalentes. Dans ce cas, la notification des griefs prévue au premier alinéa comporte tout document, y compris, le cas échéant, tout rapport de contrôle sur place, communiqué par la Banque centrale européenne à l'appui de sa demande. Les sanctions applicables sont celles prévues à l'article L. 612-40.

Lorsque le collège de résolution est saisi par le Conseil de résolution unique en application des dispositions du paragraphe 8 de l'article 38 du règlement (UE) n° 806/2014 du Parlement européen et du Conseil du 15 juillet 2014, il peut ouvrir une procédure de sanction à l'égard d'une personne mentionnée à l'article L. 613-34 ou des personnes mentionnées à l'article L. 511-13 ou au 4 de l'article L. 532-2, des membres du conseil d'administration, du conseil de surveillance ou de tout autre organe exerçant des fonctions de surveillance. Dans ce cas, la notification des griefs prévue au premier alinéa comporte tout document, y compris, le cas échéant, tout rapport de contrôle sur place communiqué par le Conseil de résolution unique à l'appui de sa demande. Les sanctions applicables sont celles prévues à l'article L. 612-40.

La commission des sanctions veille au respect du caractère contradictoire de la procédure. Elle procède aux communications et convocations à l'égard de toute personne visée par la notification de griefs. Toute personne convoquée a le droit de se faire assister ou représenter par un conseil de son choix. La commission des sanctions dispose des services de l'Autorité pour la conduite de la procédure.

Le membre du collège de supervision ou du collège de résolution désigné par la formation qui a décidé de l'ouverture de la procédure de sanction est convoqué à l'audience. Il y assiste sans voix délibérative. Il peut être assisté ou représenté par les services de l'Autorité. Il peut présenter des observations au soutien des griefs notifiés et proposer une sanction.

La commission des sanctions peut entendre tout agent des services de l'Autorité.

La récusation d'un membre de la commission des sanctions est prononcée à la demande d'une personne mise en cause s'il existe une raison sérieuse de mettre en doute l'impartialité de ce membre.

La commission des sanctions ne peut siéger que si la majorité des membres sont présents. Elle délibère hors la présence des parties, du rapporteur, du directeur général du Trésor ou du directeur de la sécurité sociale ou de leurs représentants, du membre du collège de supervision et des services de l'Autorité chargés d'assister ce dernier ou de le représenter. Elle rend une décision motivée.

Les dispositions de l'article L. 612-36 sont applicables aux décisions de la commission des sanctions.

Lorsqu'elle prononce une sanction disciplinaire à l'encontre d'un prestataire de services d'investissement au titre de ses obligations prudentielles ou en matière de résolution, l'Autorité de contrôle prudentiel et de résolution en informe l'Autorité des marchés financiers.

Lorsqu'elle prononce une sanction disciplinaire dans les cas prévus au deuxième alinéa, l'Autorité de contrôle prudentiel et de résolution en informe la Banque centrale européenne.

Lorsqu'elle prononce une sanction disciplinaire dans les cas prévus au troisième alinéa, l'Autorité de contrôle prudentiel et de résolution en informe le Conseil de résolution unique.

Sous-section 2. – Liste des sanctions

Art. L. 612-39 *(Ord. n° 2010-76, 21 janv. 2010 ; mod., Ord. n° 2014-158, 20 févr. 2014 ; Ord. n° 2014-1332, 6 nov. 2014 ; Ord., n° 2015-378, 2 avr. 2015 ; Ord., n° 2015-1024, 20 août 2015 ; mod., Ord. n° 2017-484, 6 avr. 2017 ; Ord. n° 2017-1107, 22 juin 2017).* – Sous réserve des dispositions de l'article L. 612-40, si l'une des personnes mentionnées au I de l'article L. 612-2, à l'exception de celles mentionnées aux 4 *bis*, 5° et 11° du A et au 4° du B, a enfreint une disposition européenne, législative ou réglementaire au respect de laquelle l'Autorité a pour mission de veiller ou des Codes de conduite homologués applicables à sa profession, n'a pas remis à l'Autorité le programme de rétablissement demandé ou le programme de formation mentionné au V de l'article L. 612-23-1, n'a pas tenu compte d'une mise en garde, n'a pas déféré à une mise en demeure ou n'a pas respecté les conditions particulières posées ou les engagements pris à l'occasion d'une demande d'agrément, d'autorisation ou de dérogation prévue par les dispositions législatives ou réglementaires applicables, la commission des sanctions peut prononcer l'une ou plusieurs des sanctions disciplinaires suivantes, en fonction de la gravité du manquement :

1° L'avertissement ;

2° Le blâme ;

3° L'interdiction d'effectuer certaines opérations et toutes autres limitations dans l'exercice de l'activité ;

4° La suspension temporaire d'un ou plusieurs dirigeants ou de toute autre personne mentionnée à l'article L. 612-23-1 ou, dans le cas d'un établissement de paiement ou d'un établissement de monnaie électronique exerçant des activités hybrides, des personnes déclarées responsables, respectivement, de la gestion des activités de services de paiement ou des activités d'émission et de gestion de monnaie électronique, avec ou sans nomination d'administrateur provisoire ;

5° La démission d'office d'un ou plusieurs dirigeants ou de toute autre personne mentionnée à l'article L. 612-23-1 ou, dans le cas d'un établissement de paiement ou d'un établissement de monnaie électronique exerçant des activités hybrides, des personnes déclarées responsables, respectivement, de la gestion des activités de services de paiement ou des activités d'émission et de gestion de monnaie électronique, avec ou sans nomination d'administrateur provisoire ;

6° Le retrait partiel d'agrément ;

7° Le retrait total d'agrément ou la radiation de la liste des personnes agréées, avec ou sans nomination d'un liquidateur.

Les sanctions mentionnées aux 3° et 4° ne peuvent, dans leur durée, excéder dix ans.

Pour les établissements de crédit, la sanction prévue au 6° ne peut être prononcée que pour les services ne relevant pas de l'agrément délivré par la Banque centrale européenne. Pour ces mêmes établissements et pour les activités qui entrent dans le champ de l'agrément délivré par la Banque centrale européenne, les sanctions prévues au 6° et au 7° prennent la forme respectivement d'une interdiction partielle ou totale d'activité prononcée à titre conservatoire.

Lorsque la commission des sanctions prononce l'interdiction totale d'activité d'un établissement de crédit, l'Autorité de contrôle prudentiel et de résolution propose à la Banque centrale européenne de prononcer le retrait de l'agrément. Dans le cas où la Banque centrale européenne ne prononce pas le retrait d'agrément, la commission des sanctions peut délibérer à nouveau et infliger une autre sanction parmi celles prévues au présent article.

Lorsque la procédure de sanction engagée peut conduire à l'application de sanctions à des dirigeants, la formation de l'Autorité qui a décidé de l'engagement de la procédure indique expressément, dans la notification de griefs, que les sanctions mentionnées aux 4° et 5° sont susceptibles d'être prononcées à l'encontre des dirigeants qu'elle désigne, en précisant les éléments susceptibles de fonder leur responsabilité directe et personnelle dans les manquements ou infractions en cause, et la commission des sanctions veille au respect à leur égard du caractère contradictoire de la procédure.

La commission des sanctions peut prononcer, soit à la place, soit en sus de ces sanctions, une sanction pécuniaire au plus égale à cent millions d'euros ou à 10 % du chiffre d'affaires annuel net au sens du V de l'article L. 612-40 du présent code pour les manquements aux articles L. 113-5, L. 132-5, L. 132-8, L. 132-9-2 et L. 132-9-3 du Code des assurances, aux articles L. 223-10, L. 223-10-1, L. 223-10-2 et L. 223-19-1 du Code de la mutualité, aux chapitres Ier et II du titre VI du livre V du présent code et aux dispositions européennes portant sur les obligations liées à la lutte contre le blanchiment et le financement du terrorisme ainsi que sur les mesures restrictives. Lorsqu'un retrait d'agrément est prononcé au titre du présent article, la commission des sanctions peut annuler les certificats souscrits par la personne en cause en application de l'article L. 312-7.

La commission des sanctions peut assortir la sanction d'une astreinte, dont elle fixe le montant et la date d'effet. Un décret en Conseil d'État fixe la procédure applicable, le montant journalier maximum de l'astreinte et les modalités selon lesquelles, en cas d'inexécution totale ou partielle ou de retard d'exécution, il est procédé à la liquidation de l'astreinte.

La commission des sanctions peut également prononcer les sanctions mentionnées au présent article s'il n'a pas été déféré aux injonctions prévues aux articles L. 511-41-3, L. 522-15-1 et L. 526-29 et aux exigences complémentaires prévues au deuxième alinéa de l'article L. 334-1 du Code des assurances, au premier alinéa de l'article L. 352-3 du même code ou au deuxième alinéa de l'article L. 385-8 du même code.

La décision de la commission des sanctions est rendue publique dans les publications, journaux ou supports qu'elle désigne, dans un format proportionné à la faute commise et à la sanction infligée. Les frais sont supportés par les personnes sanctionnées. Toutefois, lorsque la publication risque de perturber gravement les marchés financiers ou de causer un préjudice disproportionné aux parties en cause, la décision de la commission peut prévoir qu'elle ne sera pas publiée.

Pour les manquements relatifs à la commercialisation des dépôts structurés par les établissements de crédit, les sanctions sont prononcées dans les conditions mentionnées aux X et XII de l'article L. 612-40. La commission des sanctions peut prononcer une sanction pécuniaire au plus égale à cent millions d'euros ou au décuple du montant de l'avantage retiré du manquement, si cet avantage peut être déterminé.

Lorsque la responsabilité directe et personnelle dans les manquements ou infractions en cause est établie à l'encontre des personnes qui dirigent effectivement, au sens de l'article L. 511-13, l'activité d'un établissement de crédit *(Mots aj. à compter du 1er octobre 2018, Ord. n° 2018-361, 16 mai 2018)* « ou au sens de l'article L. 322-3-2 du Code des assurances, l'activité d'une entreprise d'assurance ou de réassurance ou au sens de l'article L. 211-13 du Code de la mutualité, l'activité d'une mutuelle ou d'une union », ou au sens de l'article L. 931-7-1 du Code de la sécurité sociale, l'activité d'une institution de prévoyance ou d'une union, la commission des sanctions peut prononcer à l'encontre des intéressés une sanction pécuniaire au plus égale à cinq millions d'euros ou au décuple du montant de l'avantage retiré du manquement, si cet avantage peut être déterminé.

La commission des sanctions peut également prononcer les sanctions mentionnées au présent article s'il n'a pas été déféré aux mesures prises en application du IV de l'article L. 612-33.

(Al. créé à compter du 1er octobre 2018, Ord. n° 2018-361, 16 mai 2018) Pour les manquements aux obligations prévues par les articles L. 516-1, L. 521-1 à L. 521-6 et L. 522-1 à L. 522-6 du Code des assurances par les personnes mentionnées aux 1° à 5° du B du I de l'article L. 612-2 du présent code lorsqu'elles distribuent des contrats d'assurance vie individuels comportant des valeurs de rachat, des contrats de capitalisation ou des contrats collectifs facultatifs comportant une valeur de rachat ou de transfert mentionnés aux articles L. 132-5-3 du Code des assurances, L. 223-8 du Code de la mutualité et L.932-15 du Code de la sécurité sociale ou des contrats mentionnés aux articles L. 441-1 du Code des assurances, L. 222-1 du Code de la mutualité et L. 932-24 du Code de la sécurité sociale, la commission des sanctions peut prononcer, soit à la place, soit en sus des sanctions mentionnées aux 1° à 7°, une sanction pécuniaire dont le montant n'excède pas le plus élevé des trois plafonds suivants : cent millions d'euros, ou 5 % du chiffre d'affaires annuel net au sens du V de l'article L. 612-40 ou le double du montant de l'avantage retiré du manquement, si cet avantage peut être déterminé.

Voir : C. monét. fin., art. R. 612-52, p. 1546.

Art. L. 612-40 *(Ord. n° 2010-76, 21 janv. 2010 ; mod., Ord. n° 2014-158, 20 févr. 2014 ; Ord. n° 2014-1332, 6 nov. 2014 ; Ord. n° 2015-1024, 20 août 2015)*. – I. – Si un établissement de crédit, une entreprise d'investissement ou une société de financement a enfreint une disposition du règlement (UE) n° 575/2013 du Parlement européen et du Conseil du 26 juin 2013, une disposition du titre Ier et du titre III du livre V ou d'un règlement pris pour son application ou toute autre disposition législative ou réglementaire dont la méconnaissance entraîne celle des dispositions précitées ou s'il n'a pas déféré à une mise en demeure de se conformer à ces dispositions ou à une injonction prévue aux articles L. 511-41-3 et L. 511-41-4, la commission des sanctions peut prononcer l'une ou plusieurs des sanctions disciplinaires suivantes, en fonction de la gravité du manquement :

1° L'avertissement ;

2° Le blâme ;

3° L'interdiction d'effectuer certaines opérations et toutes autres limitations dans l'exercice de l'activité ;

4° Le retrait partiel d'agrément ;

5° Le retrait total d'agrément ou la radiation de la liste des personnes agréées, avec ou sans nomination d'un liquidateur.

La sanction mentionnée au 3° ne peut, dans sa durée, excéder dix ans.

Pour les établissements de crédit, la sanction prévue au 4° ne peut être prononcée que pour les activités ne relevant pas de l'agrément délivré par la Banque centrale européenne. Pour ces mêmes établissements, et pour les activités qui entrent dans le champ de l'agrément délivré par la Banque centrale européenne, les sanctions prévues au 4° et au 5° prennent la forme respectivement d'une interdiction partielle ou totale d'activité prononcée à titre conservatoire.

Lorsque la commission des sanctions prononce l'interdiction totale d'activité d'un établissement de crédit, l'Autorité de contrôle prudentiel et de résolution propose à la Banque centrale européenne de prononcer le retrait de l'agrément. Dans le cas où la Banque centrale européenne ne prononce pas le retrait d'agrément, la commission des sanctions peut délibérer à nouveau et infliger une autre sanction parmi celles prévues au présent article.

II. – Si une compagnie financière holding, une compagnie financière holding mixte ou une entreprise mère de société de financement a enfreint une disposition du règlement (UE) n° 575/2013 du Parlement européen et du Conseil du 26 juin 2013, une disposition du titre Ier et du titre III du livre V ou d'un règlement pris pour son application ou toute autre disposition législative ou réglementaire dont la méconnaissance entraîne celle des dispositions précitées ou si elle n'a pas déféré à une mise en demeure de se conformer à ces dispositions, la commission des sanctions peut prononcer à son encontre, en fonction de la gravité du manquement, un avertissement ou un blâme.

III. – Si une compagnie holding mixte ou une entreprise mère mixte de société de financement n'a pas déféré à une injonction sous astreinte prononcée en application de l'article L. 612-25 ou ne s'est pas soumise à un contrôle sur place prévu à l'article L. 612-26, la commission des sanctions peut prononcer à son encontre une sanction pécuniaire au plus égale à un million d'euros.

IV. – Si l'une des personnes ou entités mentionnées au I ou au II de l'article L. 613-34 a enfreint une disposition du règlement (UE) n° 806/2014 du Parlement européen et du Conseil du 15 juillet 2014, une disposition de la section 4 du chapitre III du présent titre ou toute autre disposition législative ou réglementaire dont la méconnaissance entraîne celle des dispositions précitées ou si elle n'a pas déféré à une mise en demeure de se conformer à ces dispositions ou à une injonction prévue à l'article L. 312-6-1, aux I, II et III de l'article L. 511-41-5, aux III et V de l'article L. 613-36, au II de l'article L. 613-42, à l'article L. 613-45 et au 3° de l'article L. 613-46-7, la commission des sanctions peut prononcer à l'encontre de cette personne ou de cette entité l'une ou plusieurs des sanctions disciplinaires mentionnées au I ci-dessus.

V. – La commission des sanctions peut prononcer, soit à la place, soit en sus des sanctions prévues au I, au II et au IV, une sanction pécuniaire d'un montant maximal de 10 % du chiffre d'affaires annuel net, y compris le revenu brut de l'entreprise composé des intérêts et produits assimilés, des revenus d'actions, de parts et d'autres titres à revenu variable ou fixe et des commissions perçues conformément à l'article 316 du règlement (UE) n° 575/2013 du Parlement européen et du Conseil du 26 juin 2013 au cours de l'exercice précédent.

Lorsque l'entreprise est une filiale d'une entreprise mère, le revenu brut à prendre en considération est celui qui ressort des comptes consolidés de l'entreprise mère ultime au cours de l'exercice précédent.

Lorsque l'avantage retiré du manquement peut être déterminé, la commission des sanctions prononce une sanction d'un montant maximal de deux fois ce dernier.

Lorsqu'un retrait d'agrément est prononcé au titre du présent article, la commission des sanctions peut annuler les certificats souscrits par la personne en cause en application de l'article L. 312-7.

VI. – La commission des sanctions peut assortir la sanction d'une astreinte, dont elle fixe le montant et la date d'effet.

VII. – Lorsque la responsabilité directe et personnelle dans les manquements ou infractions mentionnés aux I, II et IV est établie à l'encontre des personnes qui dirigent effectivement l'activité de l'entreprise au sens des articles L. 511-13 ou L. 532-2, des membres du conseil d'administration, du conseil de surveillance, du directoire ou de tout autre organe exerçant des fonctions équivalentes au sein d'un établissement de crédit, d'une entreprise d'investissement, d'une société de financement, d'une compagnie financière holding, d'une compagnie financière holding mixte, d'une entreprise mère de société de financement ou de toute autre entité mentionnée au I et, le cas échéant, au II de l'article L. 613-34, la commission des sanctions peut prononcer, en fonction de la gravité du manquement, leur suspension temporaire ou leur démission d'office.

Ces sanctions ne peuvent, dans leur durée, excéder dix ans.

VIII. – Lorsque la responsabilité directe et personnelle dans les manquements ou infractions en cause est établie à l'encontre des personnes qui dirigent effectivement, au sens des articles L. 511-13 ou L. 532-2, l'activité d'un établissement de crédit, d'une entreprise d'investissement, d'une société de financement, d'une compagnie financière holding, d'une compagnie financière holding mixte, d'une entreprise mère de société de financement ou de toute autre entité mentionnée au I et, le cas échéant, au II de l'article L. 613-34, la commission des sanctions peut prononcer, soit à la place, soit en sus des sanctions mentionnées au VII, une sanction pécuniaire au plus égale à cinq millions d'euros.

Lorsque l'avantage retiré du manquement peut être déterminé, elle prononce une sanction d'un montant maximal de deux fois ce dernier.

IX. – La cessation des fonctions au titre desquelles la responsabilité d'une personne physique est établie, si elle intervient dans un délai inférieur ou égal à un an avant l'ouverture de la procédure disciplinaire, ne constitue pas un obstacle au prononcé d'une des sanctions prévues par le présent article.

X. – Le montant et le type de la sanction infligée au titre du présent article sont fixés en tenant compte, notamment, le cas échéant :

1° De la gravité et de la durée des manquements commis et, le cas échéant, de leurs conséquences systémiques potentielles ;

2° Du degré de responsabilité de l'auteur des manquements, de sa situation financière, de l'importance des gains qu'il a obtenus ou des pertes qu'il a évitées, de son degré de coopération avec l'Autorité de contrôle prudentiel et de résolution et des manquements qu'il a précédemment commis ;

3° Des préjudices subis par des tiers du fait des manquements, s'ils peuvent être déterminés.

XI. – Lorsqu'une procédure de sanction est engagée à l'encontre d'une personne physique en application des dispositions du présent article, la formation de l'Autorité qui décide de l'engagement de la procédure lui notifie les griefs, en précisant les éléments susceptibles de fonder sa responsabilité directe et personnelle dans les manquements ou infractions en cause.

Une copie de la notification de griefs est adressée au conseil d'administration, au conseil de surveillance ou à tout autre organe exerçant des fonctions équivalentes de l'entreprise au sein de laquelle la personne physique exerce ses fonctions ainsi que, le cas échéant, au conseil d'administration, au conseil de surveillance ou à tout autre organe exerçant des fonctions équivalentes de l'entreprise mère ou de l'organe central de l'entreprise au sein de laquelle la personne physique exerce ses fonctions.

XII. – Dans les conditions fixées par un décret en Conseil d'État, la décision de la commission des sanctions est rendue publique dans les publications, journaux ou supports qu'elle désigne, dans un format proportionné à la faute commise et à la sanction infligée. Les frais sont supportés par les personnes sanctionnées.

Toutefois, les décisions de la commission des sanctions sont publiées de manière anonyme dans les cas suivants :

1° Lorsque, s'agissant d'une sanction infligée à une personne physique, il ressort d'une évaluation préalable réalisée à partir des éléments fournis par l'intéressée que la publication des données personnelles la concernant lui causerait un préjudice disproportionné ;

2° Lorsque la publication non anonymisée compromettrait la stabilité des marchés financiers ou une enquête pénale en cours ;

3° Lorsqu'il ressort d'éléments objectifs et vérifiables fournis par la personne poursuivie que le préjudice qui résulterait pour elle d'une publication non anonymisée serait disproportionné.

Lorsque les situations mentionnées aux 1° à 3° sont susceptibles de cesser d'exister dans un court délai, la commission des sanctions peut décider de différer la publication pendant ce délai.

XIII. – Les dispositions du présent article sont applicables aux personnes qui n'ont pas déféré à l'injonction prévue aux articles L. 511-12-1 et L. 531-6.

Voir : C. monét. fin., art. R. 612-52, p. 1546.

Art. L. 612-41 *(Ord. n° 2010-76, 21 janv. 2010 ; mod., L. n° 2013-672, 26 juill. 2013 ; Ord. n° 2016-1635, 1er déc. 2016 ; Ord. n° 2017-1107, 22 juin 2017).* – Si une personne mentionnée au 4° du B du I ou au II de l'article L. 612-2 a enfreint une disposition européenne, législative ou réglementaire au respect de laquelle l'autorité a pour mission de veiller ou un Code de conduite homologué applicable à sa profession, n'a pas tenu compte d'une mise en garde ou n'a pas déféré à une mise en demeure, la commission des sanctions peut prononcer à son encontre ou, le cas échéant, à l'encontre de ses dirigeants, associés ou tiers ayant le pouvoir de gérer ou d'administrer, l'une ou plusieurs des sanctions disciplinaires suivantes, en fonction de la gravité du manquement :

1° L'avertissement ;

2° Le blâme ;

3° L'interdiction d'effectuer certaines opérations d'intermédiation et toutes autres limitations dans l'exercice de cette activité ;

4° La suspension temporaire d'un ou plusieurs dirigeants de l'organisme qui exerce une activité d'intermédiation ;

5° La démission d'office d'un ou plusieurs dirigeants de l'organisme qui exerce une activité d'intermédiation ;

6° La radiation du registre mentionné à l'article L. 512-1 du Code des assurances ;

7° L'interdiction de pratiquer l'activité d'intermédiation.

Les sanctions mentionnées aux 3°, 4° et 7° ne peuvent, dans leur durée, excéder dix ans.

Lorsque la procédure de sanction engagée peut conduire à l'application de sanctions à des dirigeants, la formation de l'Autorité qui a décidé de l'engagement de la procédure l'indique expressément dans la notification de griefs, en précisant les éléments susceptibles de fonder leur responsabilité directe et personnelle dans les manquements ou infractions en cause, et la commission des sanctions veille au respect à leur égard du caractère contradictoire de la procédure.

La commission des sanctions peut prononcer, soit à la place, soit en sus de ces sanctions, une sanction pécuniaire au plus égale à cent millions d'euros.

La commission des sanctions peut assortir la sanction d'une astreinte, dont elle fixe le montant et la date d'effet. Un décret en Conseil d'État fixe la procédure applicable, le montant journalier maximum de l'astreinte et les modalités selon lesquelles, en cas d'inexécution totale ou partielle ou de retard d'exécution, il est procédé à la liquidation de l'astreinte.

La décision de la commission des sanctions est rendue publique dans les publications, journaux ou supports qu'elle désigne, dans un format proportionné à la faute commise et à la sanction infligée. Les frais sont supportés par les personnes sanctionnées. Toutefois, lorsque la publication risque de perturber gravement les marchés financiers ou de causer un préjudice disproportionné aux parties en cause, la décision de la commission peut prévoir qu'elle ne sera pas publiée.

Les dispositions des quatre derniers alinéas de l'article L. 612-39 sont applicables aux intermédiaires en opérations de banque et en services de paiement *(Mots aj. à compter du 1er octobre 2018, Ord. n° 2018-361, 16 mai 2018)* « et aux personnes mentionnées aux 1°, 2° et 2° *bis* du II de l'article L. 612-2 », sans préjudice des dispositions du présent article.

(Al. créé à compter du 1er octobre 2018, Ord. n° 2018-361, 16 mai 2018) Pour les manquements aux obligations prévues par les articles L. 516-1, L. 521-1, L. 521-2 à L. 521-6 et L. 522-1 à L. 522-6 du Code des assurances dans le cadre de la distribution des contrats d'assurance vie individuels comportant des valeurs de rachat, des contrats de capitalisation ou des contrats collectifs facultatifs comportant une valeur de rachat ou de transfert mentionnés aux articles L. 132-5-3 du Code des assurances, L. 223-8 du Code de la mutualité et L. 932-15 du Code de la sécurité sociale ou des contrats mentionnés aux articles L. 441-1 du Code des assurances, L. 222-1 du Code de la mutualité et L. 932-24 du Code de la sécurité sociale, la commission des sanctions peut prononcer, soit à la place, soit en sus des sanctions mentionnées aux 1° à 7°, une sanction pécuniaire dont le montant n'excède pas le plus élevé des trois plafonds suivants : cent millions d'euros, ou 5 % du chiffre d'affaires annuel net au sens du V de l'article L. 612-40 ou le double du montant de l'avantage retiré du manquement, si cet avantage peut être déterminé.

Voir : C. monét. fin., art. R. 612-52, p. 1546.

Art. L. 612-42 *(Ord. n° 2010-76, 21 janv. 2010 ; mod., L. n° 2016-731, 3 juin 2016).* – I. – Les sanctions pécuniaires prononcées en application de la présente section peuvent faire l'objet d'une majoration, dans la limite de 10 % de leur montant, mise à la charge de la personne sanctionnée et destinée à financer l'aide aux victimes.

Le X de l'article L. 612-40 est applicable à cette majoration et les motifs qu'il énonce sont appréciés pour en moduler le montant.

Les sanctions et astreintes prévues à la présente section sont recouvrées par le Trésor public et versées au budget de l'État.

II. – Un décret en Conseil d'État fixe les règles applicables à la présente section.

Voir : C. monét. fin., art. R. 612-52, p. 1546.

Section VIII. – Relations avec les commissaires aux comptes

Art. L. 612-43 *(Ord. n° 2010-76, 21 janv. 2010 ; mod., Ord. n° 2014-158, 20 févr. 2014 ; Ord. n° 2015-1682, 17 déc. 2015 ; L. n° 2016-1528, 15 nov. 2016)*. – L'Autorité de contrôle prudentiel et de résolution peut, lorsque la situation le justifie et dans des conditions fixées par décret, procéder à la désignation d'un commissaire aux comptes supplémentaire dans les organismes mentionnés au A du I de l'article L. 612-2, autres que les organismes mentionnés au 3° et exerçant des activités de nature hybride, au 4° *bis*, au 5°, au 6°, au 7°, au 8° et exerçant des activités de nature hybride, au 11° et au 12°, et dans les organismes mentionnés au B du même I, autres que les sociétés de groupe mixte d'assurance mentionnées au 6°.

Voir : C. monét. fin., art. R. 612-59, p. 1547.

Art. L. 612-44 *(Ord. n° 2010-76, 21 janv. 2010 ; mod., Ord. n° 2014-158, 20 févr. 2014 ; Ord. n° 2016-315, 17 mars 2016 ; Ord. n° 2017-484, 6 avr. 2017 ; Ord. n° 2017-1107, 22 juin 2017)*. – I. – L'Autorité de contrôle prudentiel et de résolution peut demander aux commissaires aux comptes des personnes soumises à son contrôle tout renseignement sur l'activité et sur la situation financière de l'entité qu'ils contrôlent ainsi que sur les diligences qu'ils y ont effectuées dans le cadre de leur mission.

L'Autorité de contrôle prudentiel et de résolution peut également transmettre aux commissaires aux comptes des personnes mentionnées au précédent alinéa, des OPCVM, des FIA relevant des paragraphes 1, 2 et 6 de la sous-section 2, du paragraphe 2 ou du sous-paragraphe 1 du paragraphe 1 de la sous-section 3, ou de la sous-section 4 de la section 2 du chapitre IV du titre Ier du livre II et de leur société de gestion les informations nécessaires à l'accomplissement de leur mission. Elle peut leur demander communication du rapport complémentaire prévu au III de l'article L. 823-16 du Code de commerce.

Les informations ainsi transmises sont couvertes par la règle du secret professionnel.

L'Autorité de contrôle prudentiel et de résolution peut, en outre, transmettre des observations écrites aux commissaires aux comptes qui sont alors tenus d'apporter des réponses en cette forme.

Le premier alinéa est applicable aux contrôleurs spécifiques des sociétés de crédit foncier et des sociétés de financement de l'habitat.

II. – Les commissaires aux comptes sont tenus de signaler dans les meilleurs délais à l'Autorité de contrôle prudentiel et de résolution et, le cas échéant, à la Banque centrale européenne tout fait ou décision concernant la personne soumise à son contrôle dont ils ont eu connaissance dans l'exercice de leur mission, de nature :

1° À constituer une violation des dispositions législatives ou réglementaires qui lui sont applicables et susceptibles d'avoir des effets significatifs sur sa situation financière, sa solvabilité, son résultat ou son patrimoine ;

1° *bis* À entraîner, dans le cas particulier des organismes d'assurance ou de réassurance relevant du régime dit « Solvabilité II » mentionnés à l'article L. 310-3-1 du Code des assurances, à l'article L. 211-10 du Code de la mutualité et à l'article L. 931-6 du Code de la sécurité sociale, le non-respect du capital de solvabilité requis visé à l'article L. 352-1 du Code des assurances ou du minimum de capital requis visé à l'article L. 352-5 du Code des assurances ;

1° *ter* À entraîner, dans le cas particulier des fonds de retraite professionnelle supplémentaire mentionnés à l'article L. 381-1 du Code des assurances, des mutuelles ou unions de retraite professionnelle supplémentaire mentionnées à l'article L. 214-1 du Code de la mutualité ou des institutions de retraite professionnelle supplémentaire mentionnées à l'article L. 942-1 du Code de la sécurité sociale, le non-respect de la marge de solvabilité mentionnée à l'article L. 385-2 du Code des assurances ;

2° À porter atteinte à la continuité de son exploitation ;

3° À imposer l'émission de réserves ou le refus de la certification de ses comptes.

La même obligation s'applique aux faits et aux décisions mentionnés ci-dessus dont les commissaires aux comptes viendraient à avoir connaissance dans l'exercice de leur mission auprès d'une société mère ou d'une filiale de la personne contrôlée ou dans un organisme subordonné à une mutuelle, à une union ou dans un organisme relevant de l'article L. 212-7 du Code de la mutualité.

Lorsque les commissaires aux comptes exercent leur mission dans un établissement de crédit ou une société de financement, affilié à l'un des organes centraux mentionnés à l'article L. 511-30, les faits et décisions mentionnés aux alinéas précédents sont transmis simultanément à cet organe central.

III. – Pour l'application des dispositions de la présente section, les commissaires aux comptes sont déliés du secret professionnel à l'égard de l'Autorité de contrôle prudentiel et de résolution et, le cas échéant, de la Banque centrale européenne ainsi que des organes centraux mentionnés à l'article L. 511-30 ; leur responsabilité ne peut être engagée pour les informations ou divulgations de faits auxquelles ils procèdent en exécution des obligations qui résultent de ces dispositions.

À moins qu'un motif impérieux ne s'y oppose, les faits ou décisions mentionnés au II sont transmis simultanément au président du conseil d'administration ou de surveillance de l'établissement de crédit, de la société de financement ou de l'entreprise d'investissement concerné, qui en informe ce conseil ainsi qu'aux membres du directoire et aux personnes mentionnées à l'article L. 511-13 et au 4 de l'article L. 532-2.

Art. L. 612-45 *(Ord. n° 2010-76, 21 janv. 2010 ; mod., L. n° 2013-672, 26 juill. 2013 ; L. n° 2016-1691, 9 déc. 2016).* – Lorsqu'elle a connaissance d'une faute ou d'un manquement aux dispositions législatives ou réglementaires applicables aux commissaires aux comptes commis par un commissaire aux comptes d'une personne soumise à son contrôle, l'Autorité de contrôle prudentiel et de résolution peut demander au tribunal compétent de relever celui-ci de ses fonctions selon les modalités prévues à l'article L. 823-7 du Code de commerce.

Le président de l'Autorité de contrôle prudentiel et de résolution peut également saisir le rapporteur général du Haut Conseil du commissariat aux comptes de cette faute ou de ce manquement. À cette fin, il peut lui communiquer tous les renseignements qu'il estime nécessaires à sa bonne information.

Section IX. – Coopération

Sous-section 1. – Coopération avec les fonds de garantie

Art. L. 612-46 *(Ord. n° 2010-76, 21 janv. 2010 ; mod., L. n° 2013-672, 26 juill. 2013 ; Ord. n° 2017-1608, 27 nov. 2017).* – Les fonds de garantie mentionnés aux articles L. 312-4, L. 313-50 et L. 322-2 du présent code, L. 421-1 et L. 423-1 du Code des assurances, L. 431-1 du Code de la mutualité et L. 931-35 du Code de la sécurité sociale sont consultés par l'Autorité de contrôle prudentiel et de résolution pour les décisions d'agrément des personnes relevant de leur champ d'intervention.

Les fonds de garantie mentionnés aux articles L. 421-1 et L. 423-1 du Code des assurances, L. 431-1 du Code de la mutualité et L. 931-35 du Code de la sécurité sociale peuvent, à tout moment de la procédure, être consultés par l'Autorité de contrôle prudentiel et de résolution pour les mesures de prévention et de résolution des crises prévues au chapitre II du titre Ier du livre III du Code des assurances relevant de leur champ d'intervention. Leurs représentants peuvent, à ce titre, être auditionnés en tant que de besoin par le collège de résolution de l'Autorité.

Sous-section 2. – Coordination en matière de supervision des relations entre les professions assujetties et leurs clientèles

Art. L. 612-47 *(Ord. n° 2010-76, 21 janv. 2010 ; mod., L. n° 2013-672, 26 juill. 2013).* – L'Autorité de contrôle prudentiel et de résolution et l'Autorité des marchés financiers instituent un pôle commun chargé, sous leur responsabilité :

1° De coordonner les propositions de priorités de contrôle définies par les deux autorités en matière de respect des obligations à l'égard de leurs clientèles par les personnes soumises à leur contrôle concernant les opérations de banque ou d'assurance et les services d'investissement ou de paiement et tous autres produits d'épargne qu'elles offrent ;

2° D'analyser les résultats de l'activité de contrôle des deux autorités en matière de respect des obligations des professionnels à l'égard de leur clientèle et de proposer aux secrétaires généraux les conséquences à en tirer conformément aux compétences respectives de chaque autorité ;

3° De coordonner la veille sur l'ensemble des opérations et services mentionnés au 1° de façon à identifier les facteurs de risques et la surveillance des campagnes publicitaires relatives à ces produits ;

4° D'offrir un point d'entrée commun habilité à recevoir les demandes des clients, assurés, bénéficiaires, ayants droit et épargnants susceptibles d'être adressées à l'Autorité de contrôle prudentiel et de résolution ou à l'Autorité des marchés financiers.

Art. L. 612-48 *(Ord. n° 2010-76, 21 janv. 2010 ; mod., L. n° 2013-672, 26 juill. 2013)*. **– I. – Le coordonnateur du pôle est désigné conjointement par les secrétaires généraux de l'Autorité de contrôle prudentiel et de résolution et de l'Autorité des marchés financiers. Sous leur autorité conjointe, il est chargé de la mise en œuvre des missions mentionnées à l'article L. 612-47.**

II. – Les autorités mettent à disposition du coordonnateur et des personnes travaillant dans le cadre des missions faisant l'objet de la coordination du pôle toutes les informations, y compris individuelles, nécessaires à l'exercice de leurs missions. Ces échanges d'information sont protégés par le secret professionnel.

Art. L. 612-49 *(Ord. n° 2010-76, 21 janv. 2010 ; mod., L. n° 2013-672, 26 juill. 2013)*. **– L'Autorité de contrôle prudentiel et de résolution et l'Autorité des marchés financiers définissent par convention les modalités de fonctionnement du pôle commun.**

Elles déterminent par convention avec la Banque de France les conditions dans lesquelles elles peuvent avoir recours à ses services dans le cadre de leurs missions de supervision des relations entre les professions assujetties et leurs clientèles.

Art. L. 612-50 *(Ord. n° 2010-76, 21 janv. 2010 ; mod., L. n° 2013-672, 26 juill. 2013)*. **– L'Autorité de contrôle prudentiel et de résolution et l'Autorité des marchés financiers établissent conjointement chaque année un rapport rendant compte de l'activité de leur pôle commun.**

CHAPITRE III. – DISPOSITIONS SPÉCIFIQUES AUX ÉTABLISSEMENTS DE CRÉDIT, ENTREPRISES D'INVESTISSEMENT ET ÉTABLISSEMENTS DE PAIEMENT

(Intitulé rempl., Ord. n° 2010-76, 21 janv. 2010)

Voir : Sanctions pénales, C. monét. fin., art. L. 641-2, p. 1652.

1) Attributions de l'ancienne Commission bancaire. Dans le cadre de ses attributions administratives, l'ancienne Commission bancaire pouvait adresser aux établissements de crédit soumis à son contrôle une mise en garde pour manquement aux règles de bonne conduite de la profession, ainsi qu'une injonction à l'effet de prendre toutes mesures destinées à rétablir ou renforcer leur équilibre financier ou corriger leurs méthodes de gestion. La mise en garde, comme l'injonction, étant des décisions administratives faisant grief, ces décisions sont susceptibles de recours pour excès de pouvoir devant le Conseil d'État : ▪ CE, 9e et 10e ss-sect. réunies, 28 juill. 2011, n° 328655 : *JurisData* n° 2011-015343. ▪ CE, 5 mars 2012, n° 343412 : *JurisData* n° 2012-003585 ; *RD bancaire et fin.* mai 2012, comm. 73, note Th. Samin.

2) Inconstitutionnalité de la Commission bancaire. Jugé par le Conseil constitutionnel que le premier alinéa de l'article L. 613-1, les articles L. 613-4, L. 613-6, L. 613-21 et le paragraphe I de l'article L. 613-23 du Code monétaire et financier, dans leur rédaction antérieure à l'ordonnance n° 2010-76 du 21 janvier 2010 portant fusion des autorités d'agrément et de contrôle de la banque et de l'assurance, sont contraires à la Constitution. La déclaration d'inconstitutionnalité des dispositions susvisées prend effet à compter de la publication de la décision n° 2011-200 du 2 décembre 2011 du Conseil constitutionnel, c'est-à-dire du 3 décembre 2011, et est applicable à toutes les instances non définitivement jugées à cette date : ▪ Cons. const., déc. 2 déc. 2011 ? n° 2011-200 QPC : *JurisData* n° 2011-027132. V. X. Delpech, *Inconstitutionnalité du pouvoir disciplinaire de la Commission bancaire : D. Actualité* 8 déc. 2011 ; *Feu la Commission bancaire est sanctionnée par le Conseil constitutionnel pour manque d'impartialité : Bull. Joly Bourse* 2011, p. 8. – Th. Samin, *La Commission bancaire sanctionnée par le Conseil constitutionnel : RD Bancaire et fin.* 2012, alerte 1.

Section I. – Surveillance des groupes sur une base consolidée

Sous-section I. – Surveillance sur une base consolidée par l'Autorité de contrôle prudentiel et de résolution et collège de superviseurs

Art. L. 613-20-1 *(Ord. n° 2007-571, 19 avr. 2007 ; mod., Ord. n° 2014-158, 20 févr. 2014)*. – I. – L'Autorité de contrôle prudentiel et de résolution exerce la surveillance sur une base consolidée d'un groupe au sens des articles L. 511-41-2 et L. 533-4-1 lorsque l'entreprise mère de ce groupe dans l'Union européenne ou l'Espace économique européen est un établissement de crédit ou une entreprise d'investissement relevant de son contrôle. Lorsque l'entreprise mère est une compagnie financière holding, une entreprise mère de société de financement ou une compagnie financière holding mixte au sens des articles L. 517-1 et L. 517-4, l'Autorité de contrôle prudentiel et de résolution exerce la surveillance sur une base consolidée si le groupe répond notamment à des critères de structure et de localisation de ses activités financières définis par arrêté du ministre chargé de l'économie.

L'Autorité de contrôle prudentiel et de résolution peut, d'un commun accord avec les autres autorités compétentes concernées, et du fait de l'importance relative des activités des établissements de crédit et des entreprises d'investissement du groupe dans différents pays, accepter d'exercer la supervision sur une base consolidée d'un groupe en lieu et place de l'autorité compétente.

D'un commun accord avec les autres autorités compétentes concernées, l'Autorité de contrôle prudentiel et de résolution peut, du fait de l'importance relative des activités des établissements de crédit et des entreprises d'investissement du groupe dans différents pays, décider de ne pas procéder elle-même à la surveillance sur une base consolidée et de laisser l'exercice de cette surveillance à une autre autorité compétente.

II. – Lorsque l'Autorité de contrôle prudentiel et de résolution est chargée d'exercer la surveillance sur un groupe en application du premier alinéa du I, elle exerce ses compétences à l'égard des entités surveillées sur une base consolidée dans l'ensemble de l'Union ou de l'Espace économique européen. À ce titre, elle assure en particulier, auprès des autorités compétentes concernées, dans la marche normale des affaires et, le cas échéant, dans les situations d'urgence :

1. La coordination de la collecte et de la diffusion des informations pertinentes ou essentielles ;
2. La planification et la coordination des activités de surveillance prudentielle. Dans les situations d'urgence, cette planification et cette coordination s'opèrent au besoin avec les banques centrales du Système européen de banques centrales. Il en va ainsi notamment en cas d'évolution négative de la situation des établissements ou des marchés financiers.

III. – Les activités de surveillance mentionnées au 2 du II incluent les mesures exceptionnelles mentionnées aux articles L. 511-41-3 et L. 612-33, l'autorisation d'utilisation d'une approche avancée au sens du paragraphe 2 de l'article 312 du règlement (UE) n° 575/2013 du Parlement européen et du Conseil du 26 juin 2013, la préparation d'évaluations conjointes, la mise en œuvre de plans d'urgence et la communication d'informations au public.

IV. – L'Autorité de contrôle prudentiel et de résolution peut, lorsqu'elle exerce la surveillance sur une base consolidée d'un groupe, accepter d'exercer la surveillance d'une filiale établie dans un autre État membre de l'Union européenne ou un autre État partie à l'accord sur l'Espace économique européen, à la demande de l'autorité chargée de la supervision de cette filiale.

Art. L. 613-20-2 *(Ord. n° 2007-571, 19 avr. 2007 ; rempl., L. n° 2010-1249, 22 oct. 2010 ; mod., Ord. n° 2014-158, 20 févr. 2014)*. – I. – Afin de faciliter l'exercice du contrôle des groupes sur une base consolidée, l'Autorité de contrôle prudentiel et de résolution institue des collèges de superviseurs regroupant les autorités compétentes des États membres de l'Union européenne ou d'autres États parties à l'accord sur l'Espace économique européen chargées de la surveillance des filiales ou des succursales d'importance significative, et, s'il y a lieu, les banques centrales du Système européen de banques centrales ainsi que les autorités de surveillance de pays tiers dans les cas appropriés et à condition que les exigences de confidentialité qu'elles appliquent soient, de l'avis de toutes les autorités compétentes au sens du 40 du paragraphe 1 de l'article 4 du règlement (UE) n° 575/2013 du Parlement européen et du Conseil du 26 juin 2013, équivalentes à des exigences prévues par décret en Conseil d'État. L'Autorité de contrôle prudentiel et de résolution préside les réunions de ces collèges. Elle assure une coordination appropriée avec les autorités de surveillance des États non parties à l'accord sur l'Espace économique européen. Elle décide quelles sont les autorités qui participent à chaque réunion du collège.

II. – La constitution et le fonctionnement des collèges sont fondés sur des accords écrits passés par l'Autorité de contrôle prudentiel et de résolution avec les autorités compétentes concernées. Les collèges permettent à l'Autorité de contrôle prudentiel et de résolution et aux autres autorités compétentes concernées

- d'échanger des informations ;
- de convenir de se confier des tâches et de se déléguer des compétences, à titre volontaire, s'il y a lieu ;
- de planifier et de coordonner les activités de surveillance prudentielle sur la base d'une évaluation des risques du groupe ;
- de coordonner la collecte des informations ;
- d'appliquer les exigences prudentielles de manière cohérente dans l'ensemble des entités au sein du groupe ;
- de tenir compte des activités de contrôle prudentiel définies en cas d'urgence.

Art. L. 613-20-3 *(Ord. n° 2007-571, 19 avr. 2007)*. – Les dispositions du chapitre II du titre III du présent livre, notamment celles des articles L. 632-1, L. 632-3, L. 632-5 et L. 632-12, sont applicables à l'exercice des compétences et aux accords mentionnés dans *(Mod., Ord. n° 2010-76, 21 janv. 2010)* « la présente section ».

Art. L. 613-20-4 *(Ord. n° 2007-571, 19 avr. 2007 ; mod., L. n° 2013-100, 28 janv. 2013 ; Ord. n° 2014-158, 20 févr. 2014)*. – I. – Lorsque, en tant qu'autorité chargée de la surveillance sur une base consolidée, l'Autorité de contrôle prudentiel et de résolution est saisie d'une demande d'autorisation portant sur l'utilisation d'une approche interne d'évaluation des risques telle que mentionnée à l'article L. 511-41 pour le compte de plusieurs établissements de crédit ou entreprises d'investissement appartenant à un même groupe et établis dans au moins deux États membres de l'Union européenne ou parties à l'accord sur l'Espace économique européen, elle se concerte avec les autorités intéressées en vue d'aboutir à une décision commune.

II. – L'Autorité de contrôle prudentiel et de résolution, en tant qu'autorité chargée de la surveillance sur base consolidée, et les autorités compétentes au sens du 40 du paragraphe 1 de l'article 4 du règlement (UE) n° 575/2013 du Parlement européen et du Conseil du 26 juin 2013 se concertent en vue d'aboutir, dans un délai fixé par décret en Conseil d'État, à une décision commune sur, d'une part, l'adéquation du niveau des fonds propres détenus par le groupe à sa situation financière et à son profil de risque et, d'autre part, le niveau requis de fonds propres pour chaque entité au sein du groupe.

III. – L'Autorité de contrôle prudentiel et de résolution, en tant qu'autorité chargée de la surveillance sur une base consolidée, et les autorités compétentes se concertent en vue d'aboutir, dans un délai fixé par décret en Conseil d'État, à une décision commune sur les mesures à prendre en présence de toute question ou de toute constatation d'importance significative concernant la surveillance de la liquidité. Ces mesures peuvent porter sur l'adéquation de l'organisation du groupe et sur le traitement du risque de liquidité et sur la nécessité de disposer d'exigences de liquidité spécifiques à l'établissement conformément à l'article L. 511-41-3.

IV. – En l'absence d'une décision commune mentionnée au I, II ou III, l'Autorité de contrôle prudentiel et de résolution se prononce seule sur une base consolidée. Dans le cas où l'une des autorités compétentes concernées a saisi l'Autorité bancaire européenne conformément à l'article 19 du règlement (UE) n° 1093/2010 du Parlement européen et du Conseil du 24 novembre 2010, dans le respect des délais impartis, l'Autorité de contrôle prudentiel et de résolution suspend sa décision sur base consolidée dans l'attente de celle de l'Autorité bancaire européenne. L'Autorité de contrôle prudentiel et de résolution se prononce conformément à la décision de l'Autorité bancaire européenne.

Voir : C. monét. fin., art. R. 613-3-2.

Art. L. 613-20-5 *(L. n° 2010-1249, 22 oct. 2010 ; mod., Ord. n° 2014-158, 20 févr. 2014)*. – Lorsqu'une situation d'urgence le justifie, notamment une évolution ou un événement susceptible de menacer la liquidité d'un marché ou la stabilité du système financier d'un autre État membre de l'Union européenne ou d'un autre État partie à l'accord sur l'Espace économique européen, l'Autorité de contrôle prudentiel et de résolution alerte dès que possible les autorités compétentes au sens du 40 du paragraphe 1 de l'article 4 du règlement (UE) n° 575/2013 du Parlement européen et du Conseil du 26 juin 2013 de ces États, l'Autorité bancaire européenne, les banques centrales compétentes du Système européen de banques centrales et le Comité européen du risque systémique. L'Autorité de contrôle prudentiel et de résolution leur communique toutes les informations nécessaires à l'accomplissement de leurs missions, dans le respect des règles fixées par les articles L. 631-1 et L. 632-1 à L. 632-4.

Art. L. 613-20-6 *(L. n° 2010-1249, 22 oct. 2010 ; mod., Ord. n° 2014-158, 20 févr. 2014 ; Ord. n° 2015-1024, 20 août 2015).* – I. – Lorsqu'en tant qu'autorité chargée de la surveillance sur une base consolidée, l'Autorité de contrôle prudentiel et de résolution envisage de prendre à l'encontre de l'entreprise mère d'un groupe une ou plusieurs des mesures prévues aux articles L. 511-41-5 ou L. 612-34-1, elle notifie ses intentions à l'Autorité bancaire européenne et le cas échéant aux autres autorités compétentes.

Pour arrêter sa décision, l'Autorité de contrôle prudentiel et de résolution tient compte de l'incidence de ces mesures sur les entités du groupe dans les autres États membres.

Elle notifie sa décision aux autres autorités membres du collège d'autorités de surveillance institué en application de l'article L. 613-20-2 et à l'Autorité bancaire européenne.

Les dispositions ci-dessus s'appliquent lorsque les mesures envisagées concernent des filiales de l'entreprise mère du groupe qui relèvent de la compétence de l'Autorité de contrôle prudentiel et de résolution.

II. – Lorsque l'Autorité de contrôle prudentiel et de résolution se voit notifier, par l'autorité compétente d'un autre État membre de l'Union européenne ou partie à l'accord sur l'Espace économique européen, des mesures équivalentes à celles prévues aux articles L. 511-41-5 ou L. 612-34-1 envisagées à l'encontre d'un établissement de crédit ou d'une entreprise d'investissement faisant partie d'un groupe dont elle est l'autorité chargée de la surveillance sur une base consolidée, et qu'elle a évalué l'incidence de ces mesures sur la personne concernée, sur l'ensemble du groupe et les autres entités qui le composent, l'Autorité communique son évaluation aux autorités compétentes concernées.

En cas de désaccord avec l'autorité compétente mentionnée ci-dessus, l'Autorité de contrôle prudentiel et de résolution peut saisir l'Autorité bancaire européenne sur le fondement de l'article 19 du règlement (UE) n° 1093/2010 du Parlement européen et du Conseil du 24 novembre 2010.

III. – Lorsqu'il est envisagé prendre une ou plusieurs des mesures prévues au I ou des mesures équivalentes à l'encontre de plusieurs établissements de crédit ou entreprises d'investissement appartenant au même groupe et relevant de plusieurs autorités compétentes, l'Autorité de contrôle prudentiel et de résolution, en tant qu'autorité de surveillance sur base consolidée, s'efforce de parvenir avec les autorités compétentes concernées à une décision commune sur :

1° La nomination, s'il y a lieu, d'un administrateur temporaire unique pour toutes les entités concernées ;

2° L'application coordonnée, s'il y a lieu, des mesures prévues à l'article L. 511-41-5 avec celles que sont susceptibles de prendre les autres autorités compétentes afin de rétablir la situation financière du groupe d'entités concernées.

Afin de parvenir à une décision commune, l'Autorité de contrôle prudentiel et de résolution peut saisir l'Autorité bancaire européenne sur le fondement de l'article 31 du règlement (UE) n° 1093/2010 du Parlement européen et du Conseil du 24 novembre 2010. Elle peut également saisir la même Autorité bancaire européenne sur le fondement de l'article 19 du même règlement (UE) en cas de désaccord sur la mise en œuvre des mesures prévues par le plan préventif de rétablissement visant à modifier le capital et la liquidité de l'entité concernée, à conserver ou reconstituer ses fonds propres, à garantir son accès à des sources de financement d'urgence, y compris auprès d'autres entités du groupe, ou à faciliter sa recapitalisation. L'Autorité de contrôle prudentiel et de résolution peut également saisir l'Autorité bancaire européenne en cas de désaccord sur la mise en œuvre des mesures prévues au 4° ou au 6° du II de l'article L. 511-41-5 ou sur des mesures équivalentes.

En l'absence de décision commune, l'Autorité de contrôle prudentiel et de résolution se prononce seule sur les mesures applicables aux personnes qui relèvent de sa compétence en tenant compte des avis et réserves exprimés par les autres autorités compétentes ainsi que de l'incidence de sa décision sur la stabilité financière dans les autres États membres de l'Union européenne concernés ou parties à l'accord sur l'Espace économique européen.

IV. – Dans le cas où l'Autorité de contrôle prudentiel et de résolution ou l'une des autorités compétentes concernées a saisi, dans le respect des délais impartis, l'Autorité bancaire européenne sur le fondement de l'article 19 du règlement (UE) n° 1093/2010 du Parlement européen et du Conseil du 24 novembre 2010, l'Autorité de contrôle prudentiel et de résolution diffère sa décision mentionnée au I ou au dernier alinéa du III dans l'attente de celle de l'Autorité bancaire européenne. L'Autorité de contrôle prudentiel et de résolution se prononce conformément à la décision de l'Autorité bancaire européenne.

À défaut de décision de l'Autorité bancaire européenne dans un délai de trois jours, la décision mentionnée au I ou au dernier alinéa du III s'applique.

V. – L'Autorité de contrôle prudentiel et de résolution notifie les décisions motivées mentionnées aux I, III et IV aux personnes qui relèvent de sa compétence.

Les décisions prises par les autres autorités compétentes sont, s'il y a lieu, applicables en France.

Art. L. 613-20-7 *(Ord. n° 2015-1024, 20 août 2015).* – Un décret en Conseil d'État précise les modalités d'application de la présente sous-section.

Sous-section II. – Surveillance sur une base consolidée par une autorité compétente d'un autre État membre de l'Union européenne ou d'un autre État partie à l'accord sur l'Espace économique européen

Art. L. 613-21-1 *(Ord. n° 2014-158, 20 févr. 2014).* – L'Autorité de contrôle prudentiel et de résolution coopère étroitement avec les autres autorités compétentes au sens du 40 du paragraphe 1 de l'article 4 du règlement (UE) n° 575/2013 du Parlement européen et du Conseil du 26 juin 2013 et leur communique toute information essentielle ou pertinente pour l'exercice de leurs missions de surveillance. Elle leur transmet, sur demande, toute information pertinente et, de sa propre initiative, toute information essentielle.

Art. L. 613-21-2 *(Ord. n° 2014-158 du 20 févr. 2014).* – I. – L'Autorité de contrôle prudentiel et de résolution consulte les autorités compétentes au sens du 40 du paragraphe 1 de l'article 4 du règlement (UE) n° 575/2013 du Parlement européen et du Conseil du 26 juin 2013, avant de prendre toute décision susceptible d'affecter significativement leur mission de surveillance et portant sur :

1° Des changements affectant l'actionnariat, l'organisation ou la direction d'établissements de crédit qui font partie d'un groupe ;

2° L'ouverture d'une procédure susceptible de donner lieu au prononcé d'une sanction, l'adoption d'une mesure prévue aux articles L. 612-31 à L. 612-33 ainsi que l'imposition d'une exigence spécifique de fonds propres en application de l'article L. 511-41-3 ou d'une limitation à l'utilisation d'une approche par mesure avancée pour le calcul des exigences de fonds propres en vertu du paragraphe 2 de l'article 312 du règlement (UE) n° 575/2013 du Parlement européen et du Conseil du 26 juin 2013.

II. – Avant l'ouverture d'une procédure ou l'adoption de toute mesure mentionnée au 2° du I, l'Autorité de contrôle prudentiel et de résolution consulte l'autorité chargée de la surveillance sur une base consolidée.

III. – En cas d'urgence ou lorsqu'une telle consultation pourrait compromettre l'efficacité de ses décisions, l'Autorité de contrôle prudentiel et de résolution peut s'abstenir d'effectuer les consultations prévues aux I et II. Dans ce cas, elle informe sans délai de sa décision les autres autorités compétentes concernées.

Art. L. 613-21-3 *(Ord. n° 2014-158, 20 févr. 2014 ; mod., Ord. n° 2015-1024, 20 août 2015).* – I. – Lorsqu'une autorité d'un autre État membre de l'Union européenne ou partie à l'accord sur l'Espace économique européen chargée de la surveillance sur une base consolidée d'un groupe consulte l'Autorité de contrôle prudentiel et de résolution en vue de parvenir à une décision commune sur le niveau requis de fonds propres du groupe ou sur les mesures à prendre en présence de toute question ou de toute constatation d'importance significative concernant la surveillance de la liquidité, l'Autorité de contrôle prudentiel et de résolution apporte toute la coopération requise.

II. – Lorsqu'une autorité d'un autre État membre de l'Union européenne chargée de la surveillance sur une base consolidée d'un groupe consulte l'Autorité de contrôle prudentiel et de résolution en vue de prendre, pour le groupe, une ou plusieurs mesures équivalentes à celles mentionnées aux articles L. 511-41-5 ou L. 612-34-1, l'Autorité apporte toute la coopération requise.

III. – Dans les cas prévus aux I ou II, l'Autorité de contrôle prudentiel et de résolution peut, conformément à l'article 19 du règlement (UE) n° 1093/2010 du Parlement européen et du Conseil du 24 novembre 2010, saisir l'Autorité bancaire européenne dans un délai et dans des limites fixés par décret en Conseil d'État.

Si aucune autorité compétente au sens du 40 du paragraphe 1 de l'article 4 du règlement (UE) n° 575/2013 du Parlement européen et du Conseil du 26 juin 2013 n'a saisi l'Autorité bancaire européenne, conformément à l'article 19 du règlement (UE) n° 1093/2010 du Parlement européen et du Conseil du 24 novembre 2010, la décision commune communiquée à l'Autorité de contrôle prudentiel et de résolution est applicable en France.

Art. L. 613-21-4 *(Ord. n° 2014-158, 20 févr. 2014)*. – À défaut de décision commune de l'autorité de surveillance sur une base consolidée, l'Autorité de contrôle prudentiel et de résolution prend une décision, sur une base individuelle ou sous-consolidée au sens du 49 du paragraphe 1 de l'article 4 du règlement (UE) n° 575/2013 du Parlement européen et du Conseil du 26 juin 2013, sur le niveau requis des fonds propres ou sur les mesures à prendre en présence de toute question ou de toute constatation d'importance significative concernant la surveillance de la liquidité. Si, durant le délai fixé par décret en Conseil d'État, une autorité compétente au sens du 40 du paragraphe 1 de l'article 4 du règlement (UE) n° 575/2013 du Parlement européen et du Conseil du 26 juin 2013 saisit l'Autorité bancaire européenne, l'Autorité de contrôle prudentiel et de résolution suspend sa décision dans l'attente de celle de l'Autorité bancaire européenne. L'Autorité de contrôle prudentiel et de résolution se prononce conformément à la décision de l'Autorité bancaire européenne.

Art. L. 613-21-5 *(Ord. n° 2014-158, 20 févr. 2014)*. – À défaut de décision commune de l'autorité de surveillance sur une base consolidée, l'Autorité de contrôle prudentiel et de résolution peut, dans le délai fixé par décret en Conseil d'État, saisir l'Autorité bancaire européenne concernant toute décision, prise sur une base individuelle ou sous-consolidée par une autre autorité compétente au sens du 40 du paragraphe 1 de l'article 4 du règlement (UE) n° 575/2013 du Parlement européen et du Conseil du 26 juin 2013 portant sur le niveau requis de fonds propres ou sur les mesures à prendre en présence de toute question ou de toute constatation d'importance significative concernant la surveillance de la liquidité.

Art. L. 613-21-6 *(Ord. n° 2014-158, 20 févr. 2014)*. – L'Autorité de contrôle prudentiel et de résolution peut, lorsqu'elle agit en tant qu'autorité en charge de la supervision d'une filiale d'une entreprise ayant son siège dans un autre État membre de l'Union européenne ou dans un autre État partie à l'accord sur l'Espace économique européen, déléguer sa responsabilité de surveillance de la filiale en cause aux autorités compétentes au sens du 40 du paragraphe 1 de l'article 4 du règlement (UE) n° 575/2013 du Parlement européen et du Conseil du 26 juin 2013 qui ont agréé ou qui surveillent l'entreprise mère.

Art. L. 613-21-7 *(Ord. n° 2014-158, 20 févr. 2014 ; mod., Ord. n° 2015-1024, 20 août 2015)*. – I. – Lorsque l'Autorité de contrôle prudentiel et de résolution est consultée par l'autorité d'un autre État membre de l'Union européenne ou partie à l'accord sur l'Espace économique européen, chargée de la surveillance sur une base consolidée d'un groupe qui envisage de prendre à l'encontre de l'entreprise mère du groupe des mesures équivalentes à celles prévues aux articles L. 511-41-5 ou L. 612-34-1, l'Autorité de contrôle prudentiel et de résolution apporte toute la coopération requise.

En cas de désaccord avec l'autorité mentionnée au premier alinéa, l'Autorité de contrôle prudentiel et de résolution peut saisir, pendant les délais de consultation fixés par l'autorité concernée, l'Autorité bancaire européenne, sur le fondement de l'article 19 du règlement (UE) n° 1093/2010 du Parlement européen et du Conseil du 24 novembre 2010.

II. – Lorsque l'Autorité de contrôle prudentiel et de résolution, en tant qu'autorité en charge de la supervision sur base individuelle, envisage de prendre à l'encontre d'une ou plusieurs filiales, établies en France, d'une entreprise ayant son siège dans un autre État membre de l'Union européenne ou partie à l'accord sur l'Espace économique européen une ou plusieurs des mesures prévues aux articles L. 511-41-5 ou L. 612-34-1, elle consulte l'autorité de surveillance sur base consolidée et notifie son intention à l'Autorité bancaire européenne. L'Autorité de contrôle prudentiel et de résolution fixe les délais de consultation.

Pour arrêter sa décision, elle tient compte, le cas échéant, de l'évaluation transmise par l'autorité de surveillance sur base consolidée de l'incidence de la mesure envisagée sur le groupe ou les entités du groupe dans les autres États membres de l'Union européenne ou parties à l'accord sur l'Espace économique européen.

Elle notifie sa décision à l'autorité de surveillance sur base consolidée, aux autres autorités compétentes membres du collège d'autorités de surveillance et à l'Autorité bancaire européenne.

III. – En cas de désaccord avec une autre autorité compétente qui envisage de prendre des mesures équivalentes à celles prévues aux articles L. 511-41-5 ou L. 612-34-1 à l'encontre d'une ou plusieurs filiales établies dans un autre État membre de l'Union européenne ou partie à l'accord sur l'Espace économique européen, l'Autorité de contrôle prudentiel et de résolution peut saisir, pendant les délais impartis, l'Autorité bancaire européenne sur le fondement de l'article 19 du règlement (UE) n° 1093/2010 du Parlement européen et du Conseil du 24 novembre 2010.

IV. – Lorsqu'il est envisagé de prendre une ou plusieurs mesures prévues aux articles L. 511-41-5 ou L. 612-34-1, ou des mesures équivalentes, à l'encontre de plusieurs établissements de crédit ou entreprises d'investissement appartenant au même groupe, l'Autorité de contrôle prudentiel et de résolution, en tant qu'autorité chargée de la supervision d'une filiale d'une entreprise ayant son siège dans un autre État membre de l'Union européenne ou partie à l'accord sur l'Espace économique européen, s'efforce de parvenir à une décision commune sur les points mentionnés aux 1° et 2° du III de l'article L. 613-20-6 avec les autorités compétentes concernées.

L'Autorité de contrôle prudentiel et de résolution peut saisir l'Autorité bancaire européenne aux fins de parvenir à une décision commune dans les conditions prévues au IV de l'article L. 613-20-6.

V. – En l'absence de décision commune dans un délai de cinq jours après avoir été saisie en application du I, l'Autorité de contrôle prudentiel et de résolution se prononce seule, s'il y a lieu, sur les mesures applicables aux filiales qui relèvent de sa compétence en tenant compte des avis et réserves exprimés par l'autorité chargée de la surveillance sur base consolidée du groupe et les autres autorités compétentes ainsi que de l'incidence potentielle de sa décision sur la stabilité financière dans les autres États membres de l'Union européenne concernés ou parties à l'accord sur l'Espace économique européen.

VI. – Dans le cas où l'Autorité de contrôle prudentiel et de résolution ou l'une des autorités compétentes concernées a saisi, dans le respect des délais impartis, l'Autorité bancaire européenne en application de l'article 19 du règlement (UE) n° 1093/2010 du Parlement européen et du Conseil du 24 novembre 2010, l'Autorité de contrôle prudentiel et de résolution diffère sa décision prévue au II ou au V dans l'attente de celle de l'Autorité bancaire européenne. L'Autorité de contrôle prudentiel et de résolution se prononce conformément à la décision de l'Autorité bancaire européenne.

À défaut de décision de l'Autorité bancaire européenne dans un délai de trois jours, la décision mentionnée au II ou au V s'applique.

VII. – L'Autorité de contrôle prudentiel et de résolution notifie aux filiales qui relèvent de sa compétence :

1° Les décisions motivées mentionnées aux II et V ;

2° S'il y a lieu, la décision commune mentionnée au IV.

Les décisions prises par les autres autorités compétentes sont, s'il y a lieu, applicables en France.

Art. L. 613-21-8 *(Ord., n° 2015-1024, 20 août 2015)*. – Un décret en Conseil d'État précise les conditions d'application de la présente sous-section.

Section II. – Dispositions relatives au traitement des établissements de crédit, des établissements de paiement et des entreprises d'investissement en difficulté

(Anc. sect. VI, mod., Ord. n° 2004-1127, 21 oct. 2004 ; Ord. n° 2009-866, 15 juill. 2009 ; dénum., Ord. n° 2010-76, 21 janv. 2010)

Sous-section 1. – Mesures spécifiques à la sauvegarde, au redressement ou à la liquidation judiciaires des établissements de crédit, des sociétés de financement, des entreprises d'investissement, des établissements de monnaie électronique et des établissements de paiement

Art. L. 613-24 *(Ord. n° 2010-76, 21 janv. 2010 ; mod., L. n° 2013-100, 28 janv. 2013 ; Ord. n° 2013-544, 27 juin 2013 ; L. n° 2013-672, 26 juill. 2013 ; Ord. n° 2014-1332, 6 nov. 2014)*. – Lorsqu'un établissement de crédit, une société de financement, un établissement de monnaie électronique, un établissement de paiement ou une des personnes mentionnées au 2° du A du I de l'article L. 612-2 a fait l'objet d'une mesure de radiation ou d'interdiction totale d'activité, selon les cas, ou lorsqu'une entreprise exerce irrégulièrement l'activité définie à l'article L. 311-1, au II de l'article L. 314-1 et à l'article L. 511-1 ou enfreint l'une des interdictions définies à l'article L. 511-5, à l'article L. 521-2 ou à l'article L. 525-3, l'Autorité de contrôle prudentiel et de résolution peut, dans les conditions prévues à l'article L. 612-35, nommer un liquidateur auquel sont transférés tous les pouvoirs d'administration, de direction et de représentation de la personne morale.

Lorsque la situation laisse craindre à terme une incapacité de l'établissement de crédit ou d'une des personnes soumises au contrôle de l'Autorité de contrôle prudentiel et de résolution à assurer la rémunération du liquidateur ainsi que les frais engagés par celui-ci, le fonds de garantie des dépôts et de résolution ou le Trésor public peuvent, dans les conditions et selon les modalités prévues à l'article L. 612-34, décider d'en garantir le paiement.

Voir : C. monét. fin., art. R. 613-12, p. 1553.

Art. L. 613-25 *(Mod., L. n° 2003-706, 1er août 2003 ; Ord. n° 2010-76, 21 janv. 2010 ; L. n° 2013-672, 26 juill. 2013).* – Lorsqu'un administrateur provisoire ou un liquidateur a été nommé auprès d'un établissement de crédit conformément aux articles L. 612-34 et L. 613-24, l'Autorité de contrôle prudentiel et de résolution peut, après avoir recueilli l'avis du fonds de garantie sollicité au titre de l'article L. 312-5, saisir le tribunal de grande instance afin que lorsqu'elle estime que l'intérêt des déposants le justifie, soit ordonnée la cession des actions détenues par un ou plusieurs dirigeants de droit ou de fait rémunérés ou non, de cet établissement. Le prix de cession est fixé après expertise judiciaire. Il est procédé à l'évaluation des actions selon les méthodes pratiquées en cas de cession d'actifs selon les pondérations appropriées à chaque cas, en fonction de la valeur des actifs, des bénéfices réalisés, de l'existence de filiales et des perspectives d'activité et, pour les sociétés dont les titres sont admis aux négociations sur un marché réglementé, de la valeur boursière. L'action est introduite par voie d'assignation délivrée aux actionnaires concernés. Le tribunal de grande instance compétent est celui dans le ressort duquel se situe le siège de l'établissement de crédit.

Dans les mêmes conditions, le tribunal de grande instance peut décider que le droit de vote attaché à des actions ou certificats de droit de vote détenus par un ou plusieurs dirigeants de droit ou de fait, rémunérés ou non, sera exercé, pour une durée qu'il fixe, par un mandataire de justice désigné à cet effet.

Dans les mêmes conditions, le tribunal de grande instance peut également ordonner la cession de la totalité des actions de l'établissement, ou des actions et parts sociales qui n'ont pas été cédées en application des dispositions prévues au premier alinéa du présent article. Lorsque les actions sont admises aux négociations sur un marché réglementé, les modalités de la cession sont précisées par le règlement général de l'Autorité des marchés financiers.

Le montant de l'indemnisation revenant aux détenteurs non identifiés est consigné.

Art. L. 613-26 *(Mod., L. n° 2013-672, 26 juill. 2013 ; Ord. n° 2014-1332, 6 nov. 2014).* – Par dérogation aux dispositions de l'article L. 631-1 du Code de commerce, sont en état de cessation des paiements les établissements de crédit ou les sociétés de financement qui ne sont pas en mesure d'assurer leurs paiements, immédiatement ou à terme rapproché.

La procédure de liquidation judiciaire peut être ouverte à l'égard des établissements de crédit ou des sociétés de financement qui ont fait l'objet d'une mesure de radiation ou d'interdiction totale d'activité, selon les cas, prononcée par l'Autorité de contrôle prudentiel et de résolution et dont le passif, dont ils sont tenus envers les tiers, à l'exception des dettes qui ne sont remboursables qu'après désintéressement complet des créanciers chirographaires, est effectivement supérieur à l'actif diminué des provisions devant être constituées.

Art. L. 613-27 *(Mod., L. n° 2013-672, 26 juill. 2013 ; Ord. n° 2015-1024, 20 août 2015).* – Les procédures de sauvegarde, de redressement et de liquidation judiciaires instituées par le titre II du livre VI du Code de commerce ne peuvent être ouvertes à l'égard d'un établissement de crédit, d'une société de financement, d'un établissement de monnaie électronique, d'un établissement de paiement, d'une entreprise d'investissement, d'une compagnie financière holding, d'une compagnie financière holding mixte ou d'une compagnie holding mixte mentionnées aux 4° à 6° du I de l'article L. 613-34 qu'après avis conforme de l'Autorité de contrôle prudentiel et de résolution.

Le président du tribunal ne peut être saisi d'une demande d'ouverture du règlement amiable institué par le titre Ier du livre VI du Code de commerce à l'égard d'un établissement de crédit, d'une société de financement, d'un établissement de monnaie électronique, d'un établissement de paiement ou d'une entreprise d'investissement qu'après avis conforme de l'Autorité de contrôle prudentiel et de résolution.

Un décret en Conseil d'État précise les modalités selon lesquelles sont donnés les avis prévus aux premier et deuxième alinéas ci-dessus.

Art. L. 613-28 *(Mod., L. n° 2013-672, 26 juill. 2013).* – Lorsqu'un administrateur provisoire a été désigné par l'Autorité de contrôle prudentiel et de résolution en application de l'article L. 612-34, le tribunal ne peut charger l'administrateur judiciaire que de la surveillance des opérations de gestion, telle qu'elle est prévue au 1° du II de l'article L. 622-1 du Code de commerce.

Art. L. 613-29 *(Mod., L. n° 2005-845, 26 juill. 2005 ; L. n° 2013-672, 26 juill. 2013).* – En cas d'ouverture ou de prononcé d'une procédure de liquidation judiciaire à l'égard d'un établissement de crédit, d'une société de financement, d'un établissement de monnaie électronique, d'un établissement de paiement ou d'une entreprise d'investissement, l'Autorité de contrôle prudentiel et de résolution nomme un liquidateur qui procède à l'inventaire des actifs, aux opérations de liquidation ainsi qu'aux licenciements, dans les conditions et selon les modalités prévues au titre IV du livre VI du Code de commerce.

Le liquidateur judiciaire désigné par le tribunal procède, en application des articles L. 641-1 ou L. 622-5 du Code de commerce, aux opérations prévues respectivement aux trois premiers alinéas de l'article L. 641-4 ou à l'article L. 622-5 du même code, à l'exclusion de l'inventaire des biens de l'entreprise et des opérations de liquidation.

Art. L. 613-30. – En cas d'ouverture d'une procédure de redressement ou de liquidation judiciaires à l'égard d'un établissement de crédit ou d'une entreprise d'investissement, sont dispensés de la déclaration prévue à l'article L. 621-43 du Code de commerce, le fonds de garantie et les déposants pour leurs créances entrant pour tout ou partie dans le champ d'intervention du fonds.

Le fonds informe les déposants du montant des créances exclues du champ d'intervention et précise les modalités de déclaration desdites créances auprès du représentant des créanciers.

Le représentant des créanciers établit les relevés de toutes les créances. Ces relevés doivent être mentionnés par le juge commissaire, déposés au greffe du tribunal de commerce et faire l'objet d'une mesure de publicité. En cas de contestation, le déposant saisit à peine de forclusion le tribunal dans un délai de deux mois à compter de l'accomplissement de la mesure de publicité.

Un décret en Conseil d'État fixe les conditions d'application du présent article.

Voir : C. monét. fin., art. R. 613-20, p. 1555.

Art. L. 613-30-1 *(Ord. n° 2009-866, 15 juill. 2009 ; mod., L. n° 2013-672, 26 juill. 2013).* – L'ouverture d'une procédure de sauvegarde, de redressement judiciaire ou de liquidation judiciaire ainsi que toute procédure d'exécution et toute procédure judiciaire équivalente ouverte sur le fondement d'un droit étranger à l'encontre d'un établissement de paiement n'affectent pas les fonds reçus des utilisateurs de services de paiement déposés ou investis en instruments financiers conservés dans les comptes ouverts spécialement à cet effet dans les conditions prévues à l'article L. 522-17.

En cas d'ouverture d'une procédure de sauvegarde, de redressement ou de liquidation judiciaires d'un établissement de paiement, l'administrateur judiciaire ou le liquidateur, conjointement avec l'administrateur provisoire ou le liquidateur nommé, le cas échéant, par l'Autorité de contrôle prudentiel et de résolution, vérifie que les fonds reçus des utilisateurs de services de paiement déposés ou investis en instruments financiers conservés dans des comptes ouverts spécialement à cet effet dans les conditions prévues à l'article L. 522-17 sont suffisants pour que l'établissement de paiement puisse remplir ses obligations vis-à-vis de ses utilisateurs. En cas d'insuffisance de ces fonds, il est procédé à une répartition proportionnelle des fonds déposés entre ces utilisateurs. Ces fonds sont restitués aux utilisateurs qui sont dispensés de la déclaration prévue à l'article L. 622-24 du Code de commerce.

Pour la créance correspondant aux fonds dont la disposition n'aura pu être rendue à ces utilisateurs, en raison de l'insuffisance constatée, ceux-ci sont dispensés de la déclaration prévue à l'article L. 622-24 du Code de commerce.

Le juge commissaire est informé du résultat de la vérification opérée par l'administrateur judiciaire ou le liquidateur et, le cas échéant, de la répartition proportionnelle des fonds.

Le présent article s'applique aux fonds collectés au profit d'un établissement de monnaie électronique en vue de la fourniture de services de paiement.

Un décret en Conseil d'État précise les conditions d'application du présent article.

Voir : C. monét. fin., art. R. 613-20-1, p. 1555.

Art. L. 613-30-2 *(L. n° 2013-100, 28 janv. 2013 ; mod., L. n° 2013-672, 26 juill. 2013).* – L'ouverture d'une procédure de sauvegarde, de redressement ou de liquidation judiciaires ainsi que toute procédure d'exécution et toute procédure judiciaire équivalente ouverte sur le fondement d'un droit étranger à l'encontre d'un établissement de monnaie électronique n'affectent pas les fonds collectés des détenteurs de monnaie électronique déposés ou investis en instruments financiers conservés dans les comptes ouverts spécialement à cet effet dans les conditions prévues à l'article L. 526-32.

En cas d'ouverture d'une procédure de sauvegarde, de redressement ou de liquidation judiciaires d'un établissement de monnaie électronique, l'administrateur judiciaire ou le liquidateur, conjointement avec l'administrateur provisoire ou le liquidateur nommé, le cas échéant, par l'Autorité de contrôle prudentiel et de résolution, vérifie que les fonds collectés en contrepartie de l'émission de monnaie électronique déposés ou investis en instruments financiers conservés dans des comptes ouverts spécialement à cet effet dans les conditions prévues à l'article L. 526-32 sont suffisants pour que l'établissement de monnaie électronique puisse remplir ses obligations vis-à-vis de ses détenteurs. En cas d'insuffisance de ces fonds, il est procédé à une répartition proportionnelle des fonds déposés entre ces détenteurs. Ces fonds sont restitués aux détenteurs qui sont dispensés de la déclaration prévue à l'article L. 622-24 du Code de commerce.

Pour la créance correspondant aux fonds dont la disposition n'aura pu être rendue à ces détenteurs en raison de l'insuffisance constatée, ceux-ci sont dispensés de la déclaration prévue au même article L. 622-24.

Le juge commissaire est informé du résultat de la vérification opérée par l'administrateur judiciaire ou le liquidateur et, le cas échéant, de la répartition proportionnelle des fonds.

Un décret en Conseil d'État précise les conditions d'application du présent article.

Art. L. 613-30-3 *(Ord. n° 2015-1024, 20 août 2015 ; mod., L. n° 2016-1691, 9 déc. 2016)*. – I. – Dans le cas où une procédure de liquidation judiciaire est ouverte à l'encontre d'un établissement de crédit dans le cadre du livre VI du Code de commerce, concourent aux répartitions dans la proportion de leurs créances admises après les créanciers titulaires d'un privilège, d'un gage, d'un nantissement ou d'une hypothèque, mais avant les créanciers titulaires de titres subordonnés :

1° En premier lieu, les créanciers titulaires de dépôts pour la partie de leurs dépôts couverte par la garantie instituée en application du 1° du II de l'article L. 312-4, et le fonds de garantie des dépôts et de résolution pour les créances qu'il détient sur l'établissement concerné au titre des sommes versées en application du I ou du III de l'article L. 312-5 ;

2° En deuxième lieu, les personnes physiques ainsi que les micros, petites et moyennes entreprises mentionnées au paragraphe 1 de l'article 2 de l'annexe à la recommandation 2003/361/CE du 6 mai 2003 de la Commission européenne définies en fonction de leur chiffre d'affaires annuel :

a) Pour la partie de leurs dépôts éligibles à la garantie mentionnée au 1° qui excède le plafond d'indemnisation prévu en application de l'article L. 312-16 ;

b) Pour leurs dépôts qui seraient éligibles à cette garantie s'ils n'étaient pas effectués auprès des succursales de l'établissement concerné situées dans un État non membre de l'Union européenne et non partie à l'accord sur l'Espace économique européen.

3° En troisième lieu, les créanciers qui ne sont pas mentionnés au 4° ;

4° En quatrième lieu, les créanciers chirographaires constitués des seuls :

a) Propriétaires d'un titre de créance mentionné au II de l'article L. 211-1 non structuré ;

b) Propriétaires ou titulaires d'un instrument ou droit mentionné à l'article L. 211-41 présentant des caractéristiques analogues à un titre de créance mentionné au *a* du présent 4° ;

c) Propriétaires ou titulaires d'un bon de caisse, au sens de l'article L. 223-1, ou de tout instrument, droit ou créance émis sur le fondement du droit d'un autre État membre de l'Union européenne et présentant des caractéristiques analogues à celles prévues à la première phrase du premier alinéa du même article L. 223-1, dès lors qu'ils sont non structurés et n'ont pas fait l'objet d'une offre au public lors de leur émission,

pour les sommes qui leur sont dues au titre de ces titres, créances, instruments ou droits, dont l'échéance initiale ne peut être inférieure à un an et à condition que *(Mots rempl., L. n° 2019-486, 22 mai 2019)* « la documentation contractuelle et, le cas échéant, le prospectus au sens du règlement (UE) 2017/1129 du Parlement européen et du Conseil du 14 juin 2017 concernant le prospectus à publier en cas d'offre au public de valeurs mobilières ou en vue de l'admission de valeurs mobilières à la négociation sur un marché réglementé, et abrogeant la directive 2003/71/ CE prévoient » que leur propriétaire ou titulaire est chirographaire au sens du présent 4°.

I *bis (I bis créé, L. n° 2019-486, 22 mai 2019)* Concourent aux répartitions dans la proportion de leurs créances admises après les créanciers titulaires d'un privilège, d'un gage, d'un nantissement ou d'une hypothèque, mais avant les créanciers titulaires de titres subordonnés, en premier lieu les créanciers mentionnés au 3° du I et en second lieu les créanciers mentionnés au 4° du I, dans le cas où une procédure de liquidation judiciaire est ouverte dans le cadre du livre VI du Code de commerce à l'encontre de l'une des personnes suivantes :

1° Les entreprises d'investissement au sens de l'article L. 531-4 du présent code, à l'exception de celles qui fournissent exclusivement un ou plusieurs des services d'investissement mentionnés aux 1,2,4 ou 5 de l'article L. 321-1 et qui ne sont pas habilitées à fournir le service connexe de tenue de compte-conservation d'instruments financiers mentionné au 1 de l'article L. 321-2 ;

2° Les établissements financiers au sens du 4 de l'article L. 511-21 qui sont des filiales d'un établissement de crédit, d'une entreprise d'investissement ou d'une compagnie mentionnée aux 3° à 5° du présent I *bis* et auxquels s'applique la surveillance sur une base consolidée de leur entreprise mère, sur le fondement des articles 6 à 17 du règlement (UE) n° 575/2013 du Parlement européen et du Conseil du 26 juin 2013 concernant les exigences prudentielles applicables aux établissements de crédit et aux entreprises d'investissement et modifiant le règlement (UE) n° 648/2012 ;

3° Les compagnies financières holding et les compagnies financières holding mères dans un État membre ou dans l'Union au sens du 1 de l'article 4 du règlement (UE) n° 575/2013 du Parlement européen et du Conseil du 26 juin 2013 précité ;

4° Les compagnies financières holding mixtes et les compagnies financières holding mixtes mères dans un État membre ou dans l'Union au sens du 1 de l'article 4 du règlement (UE) n° 575/2013 du Parlement européen et du Conseil du 26 juin 2013 précité ;

5° Les compagnies holding mixtes au sens du 1 de l'article 4 du règlement (UE) n° 575/2013 du Parlement européen et du Conseil du 26 juin 2013 précité.

II. – Un décret en Conseil d'État précise les conditions dans lesquelles un titre, une créance, un instrument ou un droit est considéré comme non structuré au sens du 4° du I du présent article. Ce décret peut prévoir que l'échéance initiale minimale des titres, créances, instruments et droits mentionnés au même 4° est supérieure à un an.

NB : Conformément aux II et III de l'article 151 de la loi n° 2016-1691 du 9 décembre 2016, le 4° du I est applicable aux titres, créances, instruments ou droits émis à compter de l'entrée en vigueur de ladite loi et les 3° et 4° du I s'appliquent aux procédures de liquidation ouvertes à compter de l'entrée en vigueur de ladite loi.

Art. L. 613-31 *(Mod., Ord. n° 2005-429, 6 mai 2005)*. – Les dispositions relatives au redressement et à la liquidation des établissements de crédit et des entreprises d'investissement prévues aux articles L. 613-25 à L. 613-30 et *(Réf. rempl., Ord. n° 2009-15, 8 janv. 2009)* « L. 211-10 » ne sont pas applicables aux procédures judiciaires ouvertes avant le 29 juin 1999.

Sous-section 2. – Mesures d'assainissement et de liquidation des établissements de crédit et des entreprises d'investissement

(Intitulé rempl., Ord. n° 2015-1024, 20 août 2015)

Art. L. 613-31-1 *(Ord. n° 2004-1127, 21 oct. 2004 ; mod., Ord. n° 2014-158, 20 févr. 2014 ; Ord. n° 2015-1024, 20 août 2015 ; Ord. n° 2017-1107, 22 juin 2017)*. – La présente sous-section s'applique aux mesures d'assainissement et aux procédures de liquidation des établissements de crédit, des entreprises d'investissement autres que des sociétés de gestion de portefeuille autres que des sociétés de gestion de portefeuille, et de leurs succursales établies sur le territoire d'un État membre de l'Union européenne autre que celui du siège social. Sont assimilés aux États membres de l'Union européenne les États parties à l'accord sur l'Espace économique européen.

La présente sous-section s'applique également :

1° Aux succursales d'établissements de crédit mentionnés au I de l'article L. 511-10, à la condition que ces établissements de crédit disposent de succursales établies dans au moins deux États membres ;

2° Aux personnes mentionnées aux 3° à 6° du I de l'article L. 613-34 à l'encontre desquelles est prise une mesure de résolution par une autorité de résolution compétente.

Art. L. 613-31-2 *(Ord. n° 2004-1127, 21 oct. 2004 ; mod., Ord. n° 2014-158, 20 févr. 2014 ; Ord. n° 2015-1024, 20 août 2015)*. – I. – Les mesures d'assainissement mentionnées à la présente sous-section sont les mesures prises en France ou dans tout autre État membre par les autorités administratives ou judiciaires, destinées à préserver ou rétablir la situation financière d'un établissement de crédit ou d'une entreprise d'investissement et qui affectent les droits préexistants des tiers.

Lorsqu'elles sont prises en France et qu'elles affectent ces droits, ces mesures sont :

1° Les mesures mentionnées au 3° du I de l'article L. 612-33 ou au 3° de l'article L. 612-39 ;

2° Les mesures mentionnées aux sections 4 et 5 du présent chapitre ;

3° La procédure de redressement judiciaire mentionnée au livre VI du Code de commerce.

II. – Les mesures de liquidation mentionnées à la présente sous-section sont les procédures collectives ouvertes et contrôlées en France ou dans tout autre État membre par les autorités administratives ou judiciaires, destinées à réaliser le patrimoine sous la surveillance de ces autorités.

Lorsqu'elles sont prises en France, ces mesures sont celles qui font l'objet du titre IV du livre VI du Code de commerce.

Art. L. 613-31-3 *(Ord. n° 2004-1127, 21 oct. 2004 ; Ord. n° 2015-1024, 20 août 2015).* – Sous réserve des dispositions des articles L. 613-31-5 et L. 613-31-6 :

1° Les mesures d'assainissement et de liquidation décidées par les autorités compétentes d'un État membre autre que la France à l'égard d'un établissement de crédit ou d'une entreprise d'investissement ayant son siège sur le territoire de cet État produisent tous leurs effets en France métropolitaine, dans les départements d'outre-mer et dans le Département de Mayotte ainsi qu'à Saint-Martin sans aucune autre formalité, y compris à l'égard des tiers, dès qu'elles produisent leurs effets dans cet État. Il en va de même lorsque ces mesures sont prises à l'égard d'une succursale d'un établissement de crédit mentionnée au I de l'article L. 511-10 ou à l'égard d'une personne mentionnée aux 3° à 6° du I de l'article L. 613-34 dans le cadre de la section 4 du présent chapitre ;

2° Lorsqu'elles sont prises par l'autorité publique française compétente à l'égard d'un établissement de crédit ou d'une entreprise d'investissement agréé en France, d'une personne mentionnée aux 3° à 6° du I de l'article L. 613-34 établie en France, y compris d'une succursale en France d'un établissement de crédit mentionnée au I de l'article L. 511-10, ces mesures produisent tous leurs effets sur le territoire des autres États membres, y compris à l'égard des tiers situés dans d'autres États membres.

Art. L. 613-31-4 *(Ord. n° 2004-1127, 21 oct. 2004 ; mod., Ord. n° 2014-1332, 6 nov. 2014 ; Ord. n° 2015-1024, 20 août 2015).* – L'ouverture d'une procédure de liquidation judiciaire à l'encontre d'un établissement de crédit, d'une entreprise d'investissement ou d'une société de financement entraîne, selon les cas, le dépôt d'une demande de retrait d'agrément auprès de la Banque centrale européenne ou sa radiation de la liste des entreprises d'investissement ou des sociétés de financement.

Art. L. 613-31-5 *(Ord. n° 2004-1127, 21 oct. 2004 ; mod., Ord. n° 2015-1024, 20 août 2015).* – Par dérogation aux dispositions de l'article L. 613-31-3, les effets d'une mesure d'assainissement ou d'une procédure de liquidation définies à l'article L. 613-31-2 sur les contrats, droits et instances énumérés ci-après sont déterminés par les règles suivantes :

1° Les contrats de travail et les relations de travail sont exclusivement régis par la loi de l'État membre applicable à ce contrat ou à cette relation ;

2° Les contrats donnant le droit de jouir d'un bien immobilier ou de l'acquérir sont exclusivement régis par la loi de l'État membre sur le territoire duquel ce bien est situé. Cette loi détermine également si ce bien est meuble ou immeuble ;

3° Les droits sur un bien immobilier, un navire ou un aéronef qui sont soumis à inscription sur un registre public sont exclusivement régis par la loi de l'État membre sous l'autorité duquel ce registre est tenu ;

4° Les conventions de compensation, celles portant cession temporaire d'instruments financiers et celles régissant les transactions effectuées dans le cadre d'un marché réglementé demeurent exclusivement régies par la loi applicable à ces conventions sans préjudice des mesures prises par une autorité de résolution compétente sur le fondement de la section 4 du présent chapitre ou de la législation d'un autre État membre qui poursuit les mêmes finalités ;

5° Les droits sur des instruments financiers supposant l'inscription dans un registre, sur un compte ou auprès d'un système de dépôt centralisé détenus ou situés dans un État membre sont exclusivement régis par la loi de cet État membre ;

6° Les instances en cours à la date de la mesure d'assainissement ou de l'ouverture de la procédure de liquidation concernant un bien ou un droit dont l'établissement de crédit est dessaisi sont exclusivement régies par la loi de l'État membre sur le territoire duquel l'instance se déroule.

Art. L. 613-31-6 *(Ord. n° 2004-1127, 21 oct. 2004 ; mod., Ord. n° 2015-1024, 20 août 2015).* – I. – Par dérogation aux dispositions de l'article L. 613-31-3, la décision d'adopter une mesure d'assainissement ou d'ouvrir une procédure de liquidation n'affecte pas :

1° Les droits réels, au sens du droit applicable, d'un créancier ou d'un tiers sur des biens corporels ou incorporels, meubles ou immeubles, appartenant à l'établissement de crédit, à l'entreprise d'investissement ou à une personne mentionnée aux 3° à 6° du I de l'article L. 613-34, et qui se trouvent sur le territoire d'un autre État membre à la date de la décision ;

2° Les droits du vendeur fondés sur une réserve de propriété, lorsque ce bien se trouvait sur le territoire d'un autre État membre à la date de la décision ;

3° Le droit de l'acheteur d'acquérir un bien vendu par l'établissement de crédit, l'entreprise d'investissement ou une personne mentionnée aux 3° à 6° du I de l'article L. 613-34, lorsque ce bien se trouvait sur le territoire d'un autre État membre à la date de la décision et une fois la livraison effectuée ;

4° Le droit d'un créancier d'invoquer la compensation de sa créance avec celle de l'établissement de crédit, de l'entreprise d'investissement ou d'une personne mentionnée aux 3° à 6° du I de l'article L. 613-34, lorsque la loi applicable à la créance le permet sans préjudice des mesures prises par une autorité de résolution compétente sur le fondement de la section 4 du présent chapitre ou de la législation d'un autre État membre de l'Union européenne qui poursuit les mêmes finalités.

II. – Les dispositions qui précèdent ne font pas obstacle aux actions en nullité, en annulation ou en inopposabilité des actes préjudiciables à l'ensemble des créanciers, prévues par la loi de l'État membre sur le territoire duquel se trouve le siège de l'établissement de crédit, de l'entreprise d'investissement ou d'une personne mentionnée aux 3° à 6° du I de l'article L. 613-34.

Art. L. 613-31-7 *(Ord. n° 2004-1127, 21 oct. 2004 ; mod., Ord. n° 2015-1024, 20 août 2015).* – Par dérogation aux dispositions de l'article L. 613-31-3 et du II de l'article L. 613-31-6, les dispositions de la loi de l'État membre dans lequel la procédure de liquidation a été ouverte relatives à la nullité, à l'annulation ou à l'inopposabilité des actes préjudiciables à l'ensemble des créanciers ne sont pas applicables si le bénéficiaire d'un tel acte apporte la preuve que ce dernier est soumis à la loi d'un autre État membre et que cette loi ne permet par aucun moyen d'attaquer cet acte dans l'affaire en cause.

S'agissant des mesures d'assainissement, la règle prévue à l'alinéa précédent ne s'applique qu'aux actes préjudiciables aux créanciers réalisés avant l'adoption d'une telle mesure.

Art. L. 613-31-8 *(Ord. n° 2004-1127, 21 oct. 2004 ; mod., Ord. n° 2015-1024, 20 août 2015).* – Lorsque, par un acte conclu après l'adoption d'une mesure d'assainissement ou l'ouverture d'une procédure de liquidation, l'établissement de crédit, l'entreprise d'investissement ou une personne mentionnée aux 3° à 6° du I de l'article L. 613-34 aliène à titre onéreux :

1° Un bien immobilier ;

2° Un navire ou un aéronef soumis à inscription dans un registre public ;

3° Des instruments ou des droits sur de tels instruments dont l'existence ou le transfert suppose une inscription dans un registre, un compte ou auprès d'un système de dépôts centralisés tenus ou situés dans un État membre.

La validité de cet acte est régie par la loi de l'État membre sur le territoire duquel ce bien immobilier est situé ou sous l'autorité duquel ce registre, ce compte ou ce système de dépôts est tenu.

Art. L. 613-31-9 *(Ord. n° 2004-1127, 21 oct. 2004 ; mod., Ord. n° 2011-1920, 22 déc. 2011 ; Ord. n° 2015-1024, 20 août 2015).* – L'administrateur ou liquidateur désigné par l'autorité compétente d'un autre État membre est habilité à exercer en France métropolitaine, dans les départements d'outre-mer et dans le Département de Mayotte ainsi qu'à Saint-Martin tous les pouvoirs qu'il est habilité à exercer sur le territoire de cet État.

Dans l'exercice de ces pouvoirs, l'administrateur ou le liquidateur respecte la loi française, en particulier pour ce qui concerne les modalités de réalisation des biens ou l'information des salariés. Ces pouvoirs ne peuvent pas inclure des mesures d'exécution nécessitant l'emploi de la force ou le droit de statuer sur un litige ou un différend.

L'administrateur ou le liquidateur peuvent désigner des personnes chargées de les assister ou de les représenter, notamment dans les États membres sur lesquels sont établies les succursales de l'établissement de crédit ou de l'entreprise d'investissement.

Art. L. 613-31-10 *(Ord. n° 2004-1127, 21 oct. 2004 ; mod., Ord. n° 2015-1024, 20 août 2015).* – Les obligations de publicité à l'étranger des mesures mentionnées à l'article L. 613-31-3, d'information des créanciers et de notification de ces mesures à d'autres autorités publiques intéressées sont satisfaites en application de l'article L. 613-59-2 lorsqu'elles résultent de l'adoption d'une mesure de résolution.

Un décret en Conseil d'État fixe, en tant que de besoin, les modalités d'application de la présente sous-section et notamment celles relatives à la publicité à l'étranger des mesures mentionnées à l'article L. 613-31-3, ainsi que les informations adressées aux créanciers dans les autres cas.

Sous-section III. – Mesures de prévention et de résolution des crises bancaires

(Sous-section abr., Ord. n° 2015-1024, 20 août 2015)

Art. L. 613-31-11 à L. 613-31-19 *(Abr., Ord. n° 2015-1024, 20 août 2015).*

Section III. – Régime de contrôle spécifique

(Anc. sect. VII, dénum., Ord. n° 2010-76, 21 janv. 2010)

Art. L. 613-32 *(Mod., Ord. n° 2014-158, 20 févr. 2014 ; Ord. n° 2017-1252, 9 août 2017).* – I. – L'Autorité de contrôle prudentiel et de résolution échange avec les autorités compétentes, au sens des articles L. 511-21 et L. 532-16, les informations relatives aux établissements de crédit et aux entreprises d'investissement bénéficiant de la liberté d'établissement ou la libre prestation de services portant sur :

a) La gestion et la propriété de ces établissements ou entreprises afin de faciliter leur surveillance et l'examen des conditions de leur agrément ;

b) D'autres éléments susceptibles de faciliter leur suivi, en particulier en matière de liquidité, de solvabilité, de garantie des dépôts, de limitation des grands risques, d'organisation administrative et comptable et de mécanismes de contrôle interne ;

c) Les éléments susceptibles d'influer sur le risque systémique représenté par ces établissements ou entreprises.

Elle informe ces mêmes autorités :

a) De toute constatation relative à la liquidité de ces établissements ou entreprises dans la mesure où ces informations sont pertinentes pour la protection des déposants ou des investisseurs dans l'État d'accueil ou pour la stabilité financière de celui-ci ;

b) De la survenance d'une crise de liquidité ou de risques raisonnables de survenance d'une telle crise et des mesures prises dans ce contexte.

II. – À la demande des autorités compétentes de l'État membre d'accueil d'un établissement de crédit, d'une entreprise d'investissement autre qu'une société de gestion de portefeuille, d'un établissement de monnaie électronique, d'un établissement de paiement ou d'un prestataire de service d'information sur les comptes bénéficiant de la liberté d'établissement conformément aux articles L. 511-27 ou L. 532-23, l'Autorité de contrôle prudentiel et de résolution informe ces autorités compétentes des dispositions qu'elle a prises à la suite des constatations et informations qui lui ont été communiquées. Lorsque les autorités compétentes de l'État membre d'accueil prennent elles-mêmes des mesures au motif que ces dispositions ne sont pas appropriées, l'Autorité de contrôle prudentiel et de résolution peut saisir l'Autorité bancaire européenne conformément à l'article 19 du règlement (UE) n° 1093/2010 du Parlement européen et du Conseil du 24 novembre 2010.

III. – L'Autorité de contrôle prudentiel et de résolution peut demander aux autorités compétentes de l'État membre d'origine d'un établissement de crédit ou d'une entreprise d'investissement bénéficiant de la liberté d'établissement conformément aux articles L. 511-22 ou L. 532-18-1, des informations sur les dispositions qu'elles ont prises à la suite des constatations et informations qu'elle leur a communiquées. Si elle considère que les autorités compétentes de l'État membre d'origine n'ont pas pris les mesures appropriées, elle peut, après en avoir informé ces autorités et l'Autorité bancaire européenne, prendre les mesures appropriées pour prévenir de nouvelles infractions afin de protéger les déposants ou investisseurs ou préserver la stabilité du système financier.

IV. – L'Autorité de contrôle prudentiel et de résolution peut saisir l'Autorité bancaire européenne si une demande de coopération, en particulier d'échange d'informations, prévue au présent article, a été rejetée ou n'a pas été suivie d'effet dans un délai raisonnable.

Un décret en Conseil d'État précise les conditions d'application du présent article

Art. L. 613-32-1 *(Ord. n° 2014-158, 20 févr. 2014 ; mod., L. n° 2014-1662, 30 déc. 2014)*. – I. – L'Autorité de contrôle prudentiel et de résolution peut demander à l'autorité qui assure la surveillance sur base consolidée d'un groupe ou aux autorités compétentes au sens des articles L. 511-21 ou L. 532-16 que la succursale établie en France d'un établissement de crédit ou d'une entreprise d'investissement mentionnée respectivement aux articles L. 511-22 ou L. 532-18-1 soit considérée comme ayant une importance significative. Lorsqu'aucune décision n'est prise dans le délai imparti, l'Autorité de contrôle prudentiel et de résolution se prononce elle-même.

II. – Lorsque l'Autorité de contrôle prudentiel et de résolution est saisie en sa qualité d'autorité compétente de l'État membre d'origine par les autorités compétentes d'un État membre d'accueil d'une demande motivée tendant à ce qu'une succursale d'un établissement de crédit ou d'une entreprise d'investissement mentionnée respectivement aux articles L. 511-27 ou L. 532-23 soit considérée comme ayant une importance significative dans cet État, elle se concerte avec l'autorité compétente de cet État en vue de parvenir à une décision commune sur l'importance significative de la succursale.

Lorsque l'Autorité de contrôle prudentiel et de résolution est saisie en sa qualité d'autorité de surveillance sur base consolidée par les autorités compétentes d'un État membre d'accueil d'une demande motivée tendant à ce qu'une succursale d'un établissement de crédit ou d'une entreprise d'investissement mentionnée respectivement aux articles L. 511-27 ou L. 532-23 soit considérée comme ayant une importance significative dans cet État, elle se concerte avec l'autorité compétente de cet État et l'autorité compétente de l'État membre d'origine en vue de parvenir à une décision commune sur l'importance significative de la succursale.

III. – Lorsqu'un établissement de crédit ou une entreprise d'investissement soumis au contrôle de l'Autorité de contrôle prudentiel et de résolution a établi dans un autre État membre de l'Union européenne ou partie à l'accord sur l'Espace économique européen une succursale d'importance significative, l'Autorité de contrôle prudentiel et de résolution :

1° Communique aux autorités compétentes de l'État membre d'accueil les informations essentielles et pertinentes mentionnées à l'article L. 613-21-1 ;

2° S'acquitte des tâches prévues au 2 du II de l'article L. 613-20-1.

Lorsque l'Autorité de contrôle prudentiel et de résolution, en sa qualité d'autorité chargée de la surveillance d'un établissement de crédit ou d'une entreprise d'investissement ayant des succursales d'importance significative, a connaissance d'une situation visée à l'article L. 613-20-5, elle alerte sans délai les personnes mentionnées à cet article ainsi que le directeur général du Trésor.

IV. – Lorsque la section 1 du présent chapitre ne s'applique pas, l'Autorité de contrôle prudentiel et de résolution peut, en sa qualité d'autorité de surveillance d'un établissement de crédit ou d'entreprise d'investissement ayant des succursales d'importance significative, établir et présider un collège des autorités de surveillance.

V. – Le présent article ne s'applique pas aux entreprises d'investissement :

1° Qui sont agréées exclusivement pour fournir un ou plusieurs des services d'investissement mentionnés aux 1, 2, 4 et 5 de l'article L. 321-1 et qui ne sont pas autorisées à détenir des fonds ou des titres de la clientèle ; ou

2° Qui ne sont pas agréées pour fournir un ou plusieurs des services d'investissement mentionnés aux 3, 6-1 et 6-2 de l'article L. 321-1.

VI. – Un décret en Conseil d'État détermine les conditions d'application du présent article, notamment les critères permettant d'apprécier le caractère significatif d'une succursale et les procédures à suivre avec les autorités concernées des autres États membres de l'Union européenne ou parties à l'accord sur l'Espace économique européen et l'Autorité bancaire européenne.

Art. L. 613-33 *(Mod., Ord. n° 2014-158, 20 févr. 2014)*. – L'Autorité de contrôle prudentiel et de résolution est chargée de contrôler le respect, par les établissements mentionnées aux articles L. 511-22 et L. 511-23, des dispositions législatives et réglementaires qui leur sont applicables aux termes de l'article L. 511-24. Elle peut examiner les conditions de leur exploitation et la qualité de leur situation financière en tenant compte de la surveillance exercée par les autorités compétentes mentionnées au 2 de l'article L. 511-21.

L'Autorité de contrôle prudentiel et de résolution peut, à des fins statistiques, exiger des établissements mentionnés aux articles L. 511-22 et L. 511-23 qu'ils lui adressent des rapports périodiques sur les activités de leur succursale.

L'Autorité de contrôle prudentiel et de résolution veille également au respect des règles de bonne conduite de la profession bancaire.

Elle exerce sur ces établissements les pouvoirs de contrôle et de sanction définis aux sections 5 à 7 du chapitre II. La radiation prévue au 7° de l'article L. 612-39, au 5° du I de l'article L. 612-40 et au premier alinéa de l'article L. 312-5 s'entend comme se traduisant par une interdiction faite à l'établissement de continuer à fournir des services bancaires sur le territoire de la République française.

Lorsqu'un établissement mentionné aux articles L. 511-22 et L. 511-23 fait l'objet d'un retrait d'agrément ou d'une mesure de liquidation ou, s'agissant d'un établissement financier, lorsqu'il ne remplit plus les conditions requises au sens de l'article L. 511-23, l'Autorité de contrôle prudentiel et de résolution prend les mesures nécessaires pour l'empêcher de commencer de nouvelles opérations sur le territoire de la République française et pour assurer la protection des intérêts des déposants.

Un décret en Conseil d'État détermine les procédures que suit l'Autorité de contrôle prudentiel et de résolution dans l'exercice des responsabilités et des pouvoirs qui lui sont conférés par les alinéas précédents. Il détermine en particulier les modalités de l'information des autorités compétentes mentionnées à l'article L. 511-21 et de saisine de l'Autorité bancaire européenne.

Art. L. 613-33-1 *(L. n° 2001-1168, 11 déc. 2001 ; mod., Ord. n° 2010-76, 21 janv. 2010 ; L. n° 2013-672, 26 juill. 2013).* – Pour l'application des dispositions de l'article L. 612-2 aux adhérents établis hors de France d'une chambre de compensation établie en France, l'Autorité de contrôle prudentiel et de résolution prend en compte la surveillance exercée par les autorités compétentes de chaque État concerné et, à cet effet, peut conclure avec elles une convention bilatérale, dans les conditions prévues à l'article L. 632-13.

Pour l'exercice de son pouvoir de sanction, la radiation prévue au 7° de l'article L. 612-39 et au premier alinéa de l'article L. 312-5 s'entend comme se traduisant par une interdiction faite à l'établissement de continuer à adhérer à une chambre de compensation établie sur le territoire de la République française.

Art. L. 613-33-2 *(Ord. n° 2009-866, 15 juill. 2009 ; mod., L. n° 2010-1249, 22 oct. 2010 ; L. n° 2013-672, 26 juill. 2013 ; Ord. n° 2017-1252, 9 août 2017).* – I. – Sans préjudice de la surveillance exercée par les autorités compétentes de l'État d'origine, l'Autorité de contrôle prudentiel et de résolution est chargée de contrôler le respect, par les personnes mentionnées au 1° du II de l'article L. 522-13 agissant en vertu du libre établissement, des dispositions de la section 5 du chapitre II du titre Ier du livre Ier, du chapitre III du titre III du livre Ier, du chapitre IV du titre Ier du livre III et du chapitre Ier du titre II du livre V et des dispositions d'intérêt général au sens de l'article L. 511-24 qui leur sont applicables.

Elle exerce sur ces établissements les pouvoirs de contrôle et de sanction définis aux sections 5 à 7 du chapitre II. La radiation prévue au 7° de l'article L. 612-39 s'entend comme une interdiction faite à l'établissement de paiement de fournir des services de paiement sur le territoire de la République française.

Lorsqu'un établissement mentionné au II de l'article L. 522-13 fait l'objet d'un retrait d'agrément ou d'une mesure de liquidation, l'Autorité de contrôle prudentiel et de résolution prend les mesures nécessaires pour l'empêcher de commencer de nouvelles opérations sur le territoire de la République française et pour assurer la protection des utilisateurs de services de paiement.

Un décret en Conseil d'État détermine les procédures que suit l'Autorité de contrôle prudentiel et de résolution dans l'exercice des responsabilités et des pouvoirs qui lui sont conférés par les alinéas précédents. Il détermine en particulier les modalités de l'information des autorités compétentes de l'État d'origine.

II. – Lorsqu'elle constate qu'une personne mentionnée au 1° du II de l'article L. 522-13 ne se conforme pas aux dispositions législatives et réglementaires qui lui sont applicables et que l'urgence requiert une action immédiate pour remédier à une menace grave pesant sur les intérêts collectifs des utilisateurs de services de paiement résidant en France, l'Autorité de contrôle prudentiel et de résolution peut, à titre conservatoire dans l'attente des mesures à prendre par les autorités compétentes de l'État d'origine, prononcer l'une des mesures prévues au 1°, 2°, 3° et 4° de l'article L. 612-33 dans les conditions prévues par l'article L. 612-35.

Les mesures prises en vertu du présent paragraphe sont appropriées et proportionnées à l'objectif de protection des intérêts collectifs des utilisateurs de services de paiement résidant en France et n'ont pas pour effet de privilégier ces utilisateurs par rapport aux utilisateurs de services de paiement de l'établissement de paiement résidant sur le territoire d'autres États membres de l'Union européenne ou parties à l'Espace économique européen. Ces mesures sont temporaires et prennent fin lorsqu'il a été remédié à la menace grave constatée.

L'Autorité de contrôle prudentiel et de résolution informe préalablement, ou, si la situation d'urgence ne le permet pas, sans délai, les autorités compétentes de l'État d'origine, la Commission européenne et l'Autorité bancaire européenne des mesures conservatoires prises en vertu du présent II et de leur justification.

Art. L. 613-33-3 *(L. n° 2013-100, 28 janv. 2013 ; mod., L. n° 2013-672, 26 juill. 2013 ; Ord. n° 2017-1252, 9 août 2017 ; L. n° 2018-700, 3 août 2018).* – I. – Sans préjudice de la surveillance exercée par les autorités compétentes de l'État d'origine, l'Autorité de contrôle prudentiel et de résolution est chargée de contrôler le respect, par les personnes mentionnées au I de l'article L. 526-24 agissant en vertu du libre établissement, des dispositions de la section 12 du chapitre III du titre III du livre Ier relative aux modalités de remboursement de la monnaie électronique et du chapitre V du titre Ier du livre III relatif à l'émission et à la gestion de monnaie électronique ainsi que des dispositions d'intérêt général au sens de l'article L. 511-24 qui leur sont applicables.

Elle exerce sur ces établissements les pouvoirs de contrôle et de sanction définis aux sections 5 à 7 du chapitre II du présent titre. La radiation prévue au 7° de l'article L. 612-39 s'entend comme une interdiction faite à l'établissement de monnaie électronique d'émettre de la monnaie électronique sur le territoire de la République française.

Lorsqu'un établissement mentionné à l'article L. 526-24 fait l'objet d'un retrait d'agrément ou d'une mesure de liquidation, l'Autorité de contrôle prudentiel et de résolution prend les mesures nécessaires pour l'empêcher de commencer de nouvelles opérations sur le territoire de la République française et pour assurer la protection des détenteurs de monnaie électronique.

Un décret en Conseil d'État détermine les procédures que suit l'Autorité de contrôle prudentiel et de résolution dans l'exercice des responsabilités et des missions qui lui sont confiées par le présent article. Il détermine, en particulier, les modalités de l'information des autorités compétentes de l'État d'origine. Un décret en Conseil d'État détermine les procédures que suit l'Autorité de contrôle prudentiel et de résolution dans l'exercice des responsabilités et des missions qui lui sont confiées par le présent article. Il détermine, en particulier, les modalités de l'information des autorités compétentes de l'État d'origine.

II. – Lorsqu'elle constate qu'une personne mentionnée au I de l'article L. 526-24 ne se conforme pas aux dispositions législatives et réglementaires qui lui sont applicables et que l'urgence requiert une action immédiate pour remédier à une menace grave pesant sur les intérêts collectifs des détenteurs de monnaie électronique résidant en France, l'Autorité de contrôle prudentiel et de résolution peut, à titre conservatoire dans l'attente des mesures à prendre par les autorités compétentes de l'État d'origine, prononcer l'une des mesures prévues au 1°, 2°, 3° et 4° de l'article L. 612-33 dans les conditions prévues par l'article L. 612-35.

Les mesures prises en vertu du présent paragraphe sont appropriées et proportionnées à l'objectif de protection des intérêts collectifs des détenteurs de monnaie électronique résidant en France et n'ont pas pour effet de privilégier ces détenteurs par rapport aux détenteurs de monnaie électronique de l'établissement de monnaie électronique résidant sur le territoire d'autres États membres de l'Union européenne ou parties à l'Espace économique européen. Ces mesures sont temporaires et prennent fin lorsqu'il a été remédié à la menace grave constatée.

L'Autorité de contrôle prudentiel et de résolution informe préalablement, ou, si la situation d'urgence ne le permet pas, sans délai, les autorités compétentes de l'État d'origine, la Commission européenne et l'Autorité bancaire européenne des mesures conservatoires prises en vertu du présent II et de leur justification.

Art. L. 613-33-4 *(Ord. n° 2014-158, 20 févr. 2014 ; mod., Ord. n° 2017-1107, 22 juin 2017).* – L'Autorité de contrôle prudentiel et de résolution peut réaliser des contrôles sur place des succursales d'entreprises d'investissement mentionnées à l'article L. 532-18-1 dans les conditions fixées par décret en Conseil d'État.

Section IV. – Mesures de prévention et de gestion des crises bancaires

[...]

CHAPITRE IV. – INSTITUTIONS CONSULTATIVES

Section I. – Comité consultatif du secteur financier et comité consultatif de la législation et de la réglementation financières

(Intitulé rempl., L. n° 2003-706, 1er août 2003)

Art. L. 614-1 *(Rempl., L. n° 2003-706, 1er août 2003 ; L. n° 2013-100, 28 janv. 2013 ; mod., Ord. n° 2013-544, 27 juin 2013 ; Ord. n° 2015-1033, 20 août 2015 ; L. n° 2018-699, 3 août 2018).* – Le Comité consultatif du secteur financier est chargé d'étudier les questions liées aux relations entre, d'une part, les établissements de crédit, les sociétés de financement, les établissements de monnaie électronique, les établissements de paiement, les entreprises d'investissement, les sociétés de gestion de portefeuille et les entreprises d'assurance et, d'autre part, leurs clientèles respectives, et de proposer toutes mesures appropriées dans ce domaine, notamment sous forme d'avis ou de recommandations d'ordre général.

Le comité peut être saisi par le ministre chargé de l'économie, par l'Autorité de contrôle prudentiel et de résolution, par les organisations représentant les clientèles et par les organisations professionnelles dont ses membres sont issus. Il peut également se saisir de sa propre initiative à la demande de la majorité de ses membres.

Le comité est composé en majorité, et en nombre égal, de représentants des établissements de crédit, des sociétés de financement, des établissements de monnaie électronique, des établissements de paiement, des entreprises d'investissement, des sociétés de gestion de portefeuille, des entreprises d'assurance, des agents généraux et courtiers d'assurance, d'une part, et de représentants des clientèles, d'autre part.

Le comité comprend également parmi ses membres un député et un sénateur.

La composition du comité, les conditions de désignation de ses membres et de son président ainsi que ses règles d'organisation et de fonctionnement sont précisées par décret.

Le comité est chargé de suivre l'évolution des pratiques des établissements de crédit, des sociétés de financement, des établissements de monnaie électronique, et des établissements de paiement en matière de tarifs pour les services offerts à leurs clients personnes physiques n'agissant pas pour des besoins professionnels.

Pour l'application du a de l'article L. 613-2 du Code de la consommation, le président du comité constitue un organe collégial chargé de désigner les médiateurs des établissements de crédit, des sociétés de financement, des établissements de monnaie électronique, des établissements de paiement, des entreprises d'investissement, des sociétés de gestion de portefeuille, des organismes d'assurance et des intermédiaires en assurance, banque et finance qui en font la demande.

Art. L. 614-2 *(Rempl., L. n° 2003-706, 1er août 2003 ; mod., Ord. n° 2008-1271, 5 déc. 2008 ; Ord. n° 2014-158, 20 févr. 2014 ; L. n° 2018-699, 3 août 2018).* – Le Comité consultatif de la législation et de la réglementation financières est saisi pour avis par le ministre chargé de l'économie de tout projet de loi ou d'ordonnance et de toute proposition de règlement ou de directive communautaires avant son examen par le Conseil de l'Union européenne, traitant de questions relatives au secteur de l'assurance, au secteur bancaire, aux émetteurs de monnaie électronique, aux prestataires de services de paiement et aux entreprises d'investissement, à l'exception des textes portant sur l'Autorité des marchés financiers ou entrant dans les compétences de celle-ci.

Les projets de décret ou d'arrêté, autres que les mesures individuelles, intervenant dans les mêmes domaines ne peuvent être adoptés qu'après l'avis du Comité consultatif de la législation et de la réglementation financières. Il est également saisi pour avis par le ministre chargé de l'économie des demandes d'homologation des codes de conduite mentionnés à l'article L. 611-3-1. Il ne peut être passé outre à un avis défavorable du comité sur ces projets qu'après que le ministre chargé de l'économie a demandé une deuxième délibération de ce comité.

Le comité comprend parmi ses membres un député et un sénateur.

La composition du comité, les conditions de désignation de ses membres et de son président ainsi que ses règles d'organisation et de fonctionnement sont précisées par décret.

Art. L. 614-3 *(Rempl., L. n° 2003-706, 1er août 2003).* – Les salariés membres du Comité consultatif du secteur financier ou du Comité consultatif de la législation et de la réglementation financières disposent du temps nécessaire pour assurer la préparation des réunions, et pour s'y rendre et y participer. Ce temps est assimilé à du travail effectif pour la détermination des droits aux prestations d'assurances sociales. Les salariés concernés doivent informer leur employeur lors de leur désignation et, pour chaque réunion, dès réception de la convocation.

CHAPITRE V. – AUTRES INSTITUTIONS

(L. n° 2006-387, 31 mars 2006)

Section I. – Commissaires du Gouvernement et mission de contrôle des activités financières

(Anc. sect. unique devenue la présente section, Ord. n° 2009-866, 15 juill. 2009)

Art. L. 615-1 *(Anc. § II de l'article L. 511-32, transféré au présent article, L. n° 2006-387, 31 mars 2006 ; mod., Ord. n° 2013-544, 27 juin 2013).* – **Le ministre chargé de l'économie nomme un commissaire du Gouvernement auprès de tout organe central mentionné à l'article L. 511-30, établissement de crédit ou société de financement lorsque l'État leur a confié des prérogatives de puissance publique ou une mission d'intérêt public.**

Un décret définit les modalités d'application du présent article. Il précise notamment les conditions dans lesquelles le commissaire du Gouvernement peut s'opposer aux décisions des organes délibérants de l'organe central, de l'établissement de crédit ou de la société de financement relatives à la mise en œuvre des prérogatives de puissance publique ou de la mission d'intérêt public qui lui ont été confiées.

Section II. – Le comité de la médiation bancaire

(Ord. 2009-866, 15 juill. 2009)

Bibliographie : J.-P. Meurice, *L'action du Comité de la médiation bancaire : RD bancaire et fin.* juill. 2012, dossier 28.

Art. L. 615-2 *(Abr., Ord. n° 2015-1033, 20 août 2015).*

Partie réglementaire

CHAPITRE Ier. – RÉGLEMENTATION

Art. R. 611-1 *(Mod., D. n° 2005-1068, 30 août 2005).* – **Le ministre chargé de l'économie peut étendre à la Caisse des dépôts et consignations et aux** *(Mots rempl., D. n° 2014-551, 27 mai 2014)* **« comptables de la direction générale des finances publiques » les dispositions relatives aux conditions des opérations de banque effectuées par les établissements de crédit prises en application du présent chapitre.**

Toutefois, les dispositions mentionnées à l'alinéa précédent ne peuvent être rendues applicables ni aux consignations, ni au régime des fonds dont des dispositions législatives ou réglementaires propres à ces fonds confient la gestion à la Caisse des dépôts et consignations en raison du statut de cet établissement.

Art. R. 611-2 *(Mod., D. n° 2005-1068, 30 août 2005).* – **Le ministre chargé de l'économie peut étendre à la Caisse des dépôts et consignations et aux** *(Mots rempl., D. n° 2014-551, 27 mai 2014)* **« comptables de la direction générale des finances publiques » les dispositions relatives à l'organisation des services communs aux établissements de crédit prises en application du présent chapitre.**

Art. R. 611-3 *(Mod., D. n° 2005-1068, 30 août 2005).* – **Le ministre chargé de l'économie peut étendre aux** *(Mots rempl., D. n° 2014-551, 27 mai 2014)* **« comptables de la direction générale des finances publiques » les dispositions comptables prises en application du présent chapitre. Toutefois, cette extension ne peut aller au-delà de l'établissement de tableaux de correspondance permettant de fournir sur les opérations de banque qu'ils effectuent des informations comptables identiques à celles des établissements de crédit.**

Le ministre chargé de l'économie peut étendre à la Caisse des dépôts et consignations les dispositions comptables prises en application du présent chapitre.

CHAPITRE II. – L'AUTORITÉ DE CONTRÔLE PRUDENTIEL

(Rempl., D. n° 2010-217, 3 mars 2010)

Section I. – Missions et champ d'application

La présente section ne comprend pas de dispositions réglementaires.

Section II. – Composition et fonctionnement

Sous-section 1 – Composition

Art. D. 612-1 *(D. n° 2010-218, 3 mars 2010 ; mod., D. n° 2013-978, 30 oct. 2013).* – Le vice-président de l'Autorité reçoit une rémunération d'activité équivalente à celle d'un sous-gouverneur de la Banque de France, telle que prévue au premier alinéa de l'article R. 142-19 ainsi qu'une indemnité de fonction de même montant que l'indemnité allouée à un sous-gouverneur de la Banque de France en application du deuxième alinéa du même article.

Les membres du collège de supervision et de la commission des sanctions, à l'exception du président de l'Autorité, du vice-président et du président de la commission des sanctions, perçoivent, pour chaque séance, une indemnité dont le montant est fixé dans les conditions prévues respectivement par le règlement intérieur du collège de supervision et par celui de la commission des sanctions. Le montant des indemnités versées annuellement à chacun de ces membres ne doit pas dépasser un quart du traitement moyen afférent au cinquième groupe supérieur des emplois de l'État classés hors échelle ou, lorsque ces membres participent à au moins deux formations du collège de supervision compétentes pour examiner des questions individuelles, la moitié du traitement moyen afférent au cinquième groupe supérieur des emplois de l'État classés hors échelle.

Le président de la commission des sanctions reçoit une rémunération annuelle égale à la moitié du traitement moyen afférent au premier groupe supérieur des emplois de l'État classés hors échelle.

Art. R. 612-2 *(D. n° 2010-217, 3 mars 2010 ; mod., D. n° 2013-978, 30 oct. 2013).* – I. – Sur proposition de son président et à la majorité des deux tiers de ses membres, la formation plénière du collège de supervision de l'Autorité peut constituer une ou plusieurs commissions spécialisées mentionnées à l'article L. 612-8.

La décision constituant une commission spécialisée fixe :

1° Les matières dans lesquelles cette dernière est habilitée à prendre des décisions de portée individuelle ;

2° Sa composition. Chaque commission spécialisée comprend, outre le président ou le vice-président, qui la préside, quatre à sept autres membres. Le règlement intérieur de l'Autorité fixe les conditions de remplacement du président de la commission en cas d'empêchement de ce dernier ;

3° La durée pour laquelle elle est habilitée à prendre les décisions mentionnées au 1°.

Cette décision est publiée au *Journal officiel* de la République française.

II. – Une décision d'une commission spécialisée est exécutoire dans les conditions prévues par l'article R. 612-3.

Art. R. 612-3 *(D. n° 2010-217, 3 mars 2010 ; mod., D. n° 2011-769, 28 juin 2011 ; D. n° 2013-978, 30 oct. 2013).* – Le directeur général du Trésor ou, le cas échéant, le directeur de la sécurité sociale ou leurs représentants dispose d'un délai de trois jours ouvrés suivant la réunion du collège de supervision pour demander une seconde délibération au collège de supervision.

Le directeur général du Trésor ou, le cas échéant, le directeur de la sécurité sociale ou leurs représentants peut demander une seconde délibération d'une commission spécialisée soit devant cette commission, soit devant une autre formation du collège de supervision.

Tout membre d'une commission spécialisée peut demander au président de l'Autorité de contrôle prudentiel et de résolution une seconde délibération devant le collège de supervision.

Lorsque la décision a été prise par voie de consultation écrite, le délai mentionné au premier alinéa court à compter de la réception de la décision.

Sous-section 2 – Organisation

Art. R. 612-4 *(D. n° 2010-217, 3 mars 2010 ; mod., D. n° 2013-978, 30 oct. 2013).* – Chaque formation du collège de supervision ou du collège de résolution de l'Autorité se réunit sur convocation de son président.

Lorsque, en application de l'article L. 612-10, un membre ne prend pas part à une délibération du collège de supervision ou du collège de résolution, il compte au titre du quorum.

Il est établi un compte rendu des séances de l'Autorité. Mention y est faite des noms des membres présents et parmi ceux-ci des membres n'ayant pas pris part aux délibérations du collège de supervision ou du collège de résolution en application de l'article L. 612-10.

Le compte rendu est soumis à l'approbation de la formation du collège de supervision concernée ou à celle du collège de résolution de l'Autorité.

Art. R. 612-5 *(D. n° 2010-217, 3 mars 2010 ; mod., D. n° 2011-769, 28 juin 2011 ; D. n° 2013-978, 30 oct. 2013).* – Lorsqu'une formation du collège de supervision, ou le cas échéant une commission spécialisée, statue par voie de consultation écrite, en application du troisième alinéa de l'article L. 612-13, le président recueille, dans un délai qu'il fixe, les votes des membres et les observations du directeur général du Trésor et, le cas échéant, du directeur de la sécurité sociale ou de leurs représentants. Ce délai ne peut être inférieur à deux jours ouvrés. Si un membre en fait la demande écrite dans ce délai, la délibération intervient au cours de la réunion suivante de la formation concernée. Pour que ses résultats puissent être pris en compte, la consultation doit avoir permis de recueillir la moitié au moins des votes des membres de la formation concernée dans le délai fixé par le président. Le président informe par écrit dans les meilleurs délais les membres de la formation concernée et le directeur général du Trésor et, le cas échéant, le directeur de la sécurité sociale de la décision prise.

Les décisions prises par voie de consultation écrite sont réputées être intervenues à l'issue du délai mentionné au premier alinéa. Elles sont annexées au compte rendu de la séance suivante de la formation concernée. Mention y est faite du nom des membres ayant voté et de celui des membres n'ayant pas pris part à la consultation.

Art. D. 612-5-1 *(D. n° 2015-1160, 17 sept. 2015).* – Lorsque le collège de résolution statue par voie de consultation écrite en application du premier alinéa du IV de l'article L. 612-8-1, le président recueille les votes des membres dans un délai qu'il fixe. Ce délai ne peut être inférieur à quarante-huit heures à compter de l'envoi des documents. Si un membre en fait la demande écrite dans ce délai, la délibération intervient au cours de la réunion suivante du collège. Pour que ses résultats puissent être pris en compte, la consultation doit avoir permis de recueillir la moitié au moins des votes des membres du collège dans le délai fixé par le président. Le président informe par écrit dans les meilleurs délais les membres du collège de la décision prise.

Les décisions prises par voie de consultation écrite sont réputées être intervenues à l'issue du délai mentionné au premier alinéa. Elles sont annexées au compte rendu de la séance suivante du collège. Mention y est faite du nom des membres ayant voté et de celui des membres n'ayant pas pris part à la consultation.

Art. R. 612-6 *(D. n° 2010-217, 3 mars 2010 ; mod., D. n° 2013-978, 30 oct. 2013).* – Afin de garantir l'identification et la participation effective à la séance d'une formation du collège de supervision statuant par des moyens de téléconférence en application du quatrième alinéa de l'article L. 612-13, ces moyens permettent au moins de transmettre la voix des participants et satisfont à des caractéristiques techniques permettant la retransmission continue et simultanée des délibérations.

Art. R. 612-7 *(D. n° 2010-217, 3 mars 2010 ; mod., D. n° 2013-978, 30 oct. 2013).* – I. – En application du 1° du II de l'article L. 612-14, le collège de supervision peut déléguer compétence au président ou, en cas d'absence ou d'empêchement de celui-ci, au vice-président ou à un autre de ses membres, pour prendre les décisions à caractère individuel relevant de sa compétence, à l'exception de celles mentionnées aux articles L. 511-41-3, L. 522-15-1, L. 526-29, L. 612-30, L. 612-32 à L. 612-34 et au premier alinéa de l'article L. 612-38 du Code monétaire et financier ainsi qu'à l'article L. 334-1 du Code des assurances.

En vertu du cinquième alinéa de l'article L. 612-15, le collège de supervision peut également donner compétence au secrétaire général, sauf en matière d'agréments ou de modification de participations dans une personne contrôlée, des mesures mentionnées aux articles L. 612-30 à L. 612-34 et au premier alinéa de l'article L. 612-38 du Code monétaire et financier ainsi qu'à l'article L. 334-1 du Code des assurances, de saisine du procureur de la République ou des autorités de concurrence, de constitution de partie civile, de manquement d'un commissaire aux comptes à une disposition législative ou réglementaire qui lui est applicable, de mesures spécifiques à l'application des dispositions du livre VI du Code de commerce.

II. – En application du 2° du II de l'article L. 612-14, le président peut, après en avoir informé le collège de supervision, déléguer sa signature au secrétaire général ou au premier secrétaire général adjoint, ou en cas d'absence ou d'empêchement de ceux-ci à d'autres agents des services.

III. – Il est rendu compte au collège de supervision des décisions prises en vertu des délégations mentionnées aux I et II.

IV. – Dans les matières relevant de sa compétence propre, le secrétaire général peut déléguer sa signature au premier secrétaire général adjoint ou à tout autre agent des services dans les limites qu'il détermine et désigner les personnes habilitées à le représenter.

V. – Lorsque le président met en œuvre la faculté offerte au 3° du II de l'article L. 612-14, il rend compte au collège de supervision des circonstances exceptionnelles qui ont justifié la mise en œuvre de cette faculté ainsi que de la motivation de sa décision lors de sa plus prochaine réunion et au plus tard dans le mois qui suit sa décision.

VI. – Les délégations sont publiées au *Journal officiel* de la République française.

Art. R. 612-7-1 *(D. n° 2015-1160, 17 sept. 2015)*. – Les services mentionnés au II de l'article L. 612-8-1, chargés de préparer les travaux du collège de résolution et de mettre en œuvre ses décisions, sont constitués en direction de la résolution au sein de l'Autorité de contrôle prudentiel et de résolution.

Cette direction peut obtenir des autres services de l'Autorité de contrôle prudentiel et de résolution, outre l'accès aux informations mentionnées au dernier alinéa du I de l'article L. 612-8-1, la communication de tous documents ou travaux internes utiles à l'exercice de sa mission.

Art. R. 612-7-2 *(D. n° 2015-1160, 17 sept. 2015)*. – I. – En application du IV de l'article L. 612-8-1, le collège de résolution peut, à l'occasion de l'ouverture d'une procédure de résolution, déléguer à son président le pouvoir de prendre les décisions à caractère individuel s'inscrivant dans le cadre de cette procédure. Cette délégation ne peut porter sur les décisions d'ouverture d'une procédure de sanction mentionnées à l'article L. 612-38.

II. – En application du III de l'article L. 612-15-1, le collège de résolution peut également déléguer au directeur chargé des services mentionnés à l'article L. 612-8-1 le pouvoir de prendre des décisions relevant de sa compétence, sauf celui de décider de l'ouverture d'une procédure de sanction, de constater que sont réunies les conditions de déclenchement d'une procédure de résolution en application des articles L. 613-49 et L. 613-49-1, ou de prendre des décisions dans le cadre de l'application du livre VI du Code de commerce.

III. – Il est rendu compte au collège de résolution des décisions prises en application des délégations mentionnées au I et au II.

IV. – Les délibérations relatives aux délégations mentionnées ci-dessus sont publiées sur le site internet de l'Autorité de contrôle prudentiel et de résolution.

Sous-section 3. – Fonctionnement

Art. D. 612-8 *(D. n° 2010-218, 3 mars 2010)*. – La rémunération, le cas échéant complémentaire par rapport aux dispositions statutaires applicables, du secrétaire général est fixée par le président après avis du vice-président.

Art. R. 612-9 *(D. n° 2010-217, 3 mars 2010 ; mod., L. n° 2013-672, 26 juill. 2013)*. – I. – La notification d'une décision individuelle à une personne relevant de la compétence de l'Autorité de contrôle prudentiel et de résolution conformément à l'article L. 612-2 du Code monétaire et financier est effectuée par lettre recommandée avec demande d'avis de réception, remise en main propre contre récépissé ou acte d'huissier ou par tout autre moyen permettant de s'assurer de la date de sa réception.

II. – L'Autorité est dispensée du ministère d'avocat devant la juridiction administrative.

Section III. – Moyens de fonctionnement

Art. R. 612-10 *(D. n° 2010-217, 3 mars 2010 ; mod., L. n° 2013-672, 26 juill. 2013 ; D. n° 2014-1315, 3 nov. 2014 ; D. n° 2015-513, 7 mai 2015)*. – L'Autorité de contrôle prudentiel et de résolution assure la publication par voie électronique des informations suivantes :

1° Les orientations, méthodes et critères généraux qu'elle met en œuvre et applique pour les besoins de la surveillance prudentielle, notamment les modalités d'exercice des facultés prévues par la législation communautaire en matière prudentielle ;

2° Les solutions retenues par la France, parmi les options ouvertes par la législation communautaire en matière prudentielle, notamment dans le cadre du règlement (UE) n° 575/2013 du Parlement européen et du Conseil du 26 juin 2013 et de la directive 2009/138/CE du Parlement européen et du Conseil du 25 novembre 2009 ou de la transposition de la directive 2013/36/ UE du Parlement européen et du Conseil du 26 juin 2013 et de la directive 2009/138/CE du Parlement européen et du Conseil du 25 novembre 2009 ;

3° Le texte des dispositions législatives et réglementaires dont l'Autorité de contrôle prudentiel et de résolution fait application ;

4° Des données statistiques agrégées sur les principaux aspects de la mise en œuvre de la surveillance prudentielle ;

5° Pour la mise en œuvre de la cinquième partie du règlement (UE) n° 575/2013 du Parlement européen et du Conseil du 26 juin 2013 et de la directive 2009/138/CE du Parlement européen et du Conseil du 25 novembre 2009 :

a) Les critères généraux et méthodes adoptés par l'Autorité pour vérifier le respect des articles 405 à 409 du règlement (UE) n° 575/2013 précité ;

b) Sans préjudice des dispositions de l'article L. 612-17 et du chapitre II du titre III du présent livre, une description sommaire des résultats de la surveillance prudentielle et une description des mesures imposées dans les cas, observés chaque année, de non-respect des articles 405 à 409 du règlement (UE) n° 575/2013 précité ;

6° Lorsque l'Autorité exerce la faculté prévue au paragraphe 3 de l'article 7 du règlement (UE) n° 575/2013 précité :

a) Les critères qu'elle applique pour déterminer qu'il n'existe, en droit ou en fait, aucun obstacle significatif, actuel ou prévu, au transfert rapide de fonds propres ou au remboursement rapide de passifs ;

b) Le nombre d'établissements de crédit mères ou d'entreprises d'investissement mères bénéficiant de l'exercice de la faculté prévue au paragraphe 3 de l'article 7 du règlement (UE) n° 575/2013 précité et, parmi ceux-ci, le nombre d'établissements de crédit ou d'entreprises d'investissement autres que des sociétés de gestion de portefeuille qui ont des filiales situées dans un État non membre de l'Union européenne et qui n'est pas partie à l'accord sur l'Espace économique européen ;

c) Sur une base agrégée pour la France :

– le montant total des fonds propres sur base consolidée de l'établissement de crédit mère ou de l'entreprise d'investissement mère bénéficiant de l'exercice de la faculté prévue au paragraphe 3 de l'article 7 du règlement (UE) n° 575/2013 précité, qui sont détenus dans des filiales situées dans un État non membre de l'Union européenne et qui n'est pas partie à l'accord sur l'Espace économique européen ;

– le pourcentage du total des fonds propres sur base consolidée des établissements de crédit mères ou des entreprises d'investissement mères bénéficiant de l'exercice de la faculté prévue au paragraphe 3 de l'article 7 du même règlement, que représentent les fonds propres détenus dans des filiales situées dans un État non membre de l'Union européenne et qui n'est pas partie à l'accord sur l'Espace économique européen ;

– le pourcentage du montant total de fonds propres sur base consolidée, exigé au titre de l'article 92 du même règlement, des établissements de crédit mères ou d'entreprises d'investissement mères bénéficiant de l'exercice de la faculté prévue au paragraphe 3 de l'article 7 du même règlement, que représentent les fonds propres détenus dans des filiales situées dans un État non membre de l'Union européenne et qui n'est pas partie à l'accord sur l'Espace économique européen ;

7° Lorsque l'Autorité exerce la faculté prévue au paragraphe 1 de l'article 9 du règlement (UE) n° 575/2013 précité :

a) Les critères qu'elle applique pour déterminer qu'il n'existe, en droit ou en fait, aucun obstacle significatif, actuel ou prévu, au transfert rapide de fonds propres ou au remboursement rapide de passifs ;

b) Le nombre d'établissements de crédit mères ou d'entreprises d'investissement mères bénéficiant de l'exercice de la faculté prévue, paragraphe 1 de l'article 9 du règlement précité et, parmi ceux-ci, le nombre d'établissements de crédit mères ou d'entreprises d'investissement mères qui ont des filiales situées dans un État non membre de l'Union européenne et qui n'est pas partie à l'accord sur l'Espace économique européen ;

c) Sur une base agrégée pour la France :

– le montant total des fonds propres d'établissements de crédit mères ou d'entreprises d'investissement mères bénéficiant de l'exercice de la faculté prévue au paragraphe 1 de l'article 9 du règlement (UE) n° 575/2013 précité détenus dans des filiales situées dans un État non membre de l'Union européenne et qui n'est pas partie à l'accord sur l'Espace économique européen ;

– le pourcentage du total des fonds propres des établissements de crédit mères ou des entreprises d'investissement mères bénéficiant de l'exercice de la faculté prévue au paragraphe 1 de l'article 9 du règlement (UE) n° 575/2013 précité, que représentent les fonds propres détenus dans des filiales situées dans un État non membre de l'Union européenne et qui n'est pas partie à l'accord sur l'Espace économique européen ;

– le pourcentage du montant total de fonds propres, exigé au titre de l'article 92 du règlement (UE) n° 575/2013 précité, des établissements de crédit mères ou des entreprises d'investissement mères bénéficiant de l'exercice de la faculté prévue au paragraphe 1 de l'article 9 du règlement, que représentent les fonds propres détenus dans des filiales situées dans un État non membre de l'Union européenne et qui n'est pas partie à l'accord sur l'Espace économique européen.

Ces informations doivent permettre une comparaison utile des approches adoptées par les autorités compétentes en matière de surveillance prudentielle des États membres de l'Union européenne ou parties à l'accord sur l'Espace économique européen.

Ces informations sont accessibles sur le site de l'Autorité, à partir d'une adresse électronique unique.

Art. R. 612-11 *(D. n° 2010-217, 3 mars 2010 ; mod., D. n° 2013-978, 30 oct. 2013).* – Sur proposition du secrétaire général, la formation plénière du collège de supervision :

1° Adopte le budget annuel de l'Autorité et ses modifications en cours d'année ;

2° Adopte le rapport d'exécution budgétaire de l'exercice clos ;

3° Autorise, au-delà d'un montant qu'elle fixe, la conclusion des transactions prévues aux articles 2044 à 2058 du Code civil ;

4° Autorise, au-delà d'un montant qu'elle fixe, en matière de recouvrement de la contribution prévue à l'article L. 612-20, les remises gracieuses en application de l'article L. 247 du livre des procédures fiscales.

Art. R. 612-12 *(D. n° 2010-217, 3 mars 2010 ; mod., D. n° 2013-978, 30 oct. 2013).* – Le collège de supervision crée en son sein un comité d'audit chargé notamment de délivrer un avis, préalable à leur adoption, sur les projets de budget et de rapport sur l'exécution budgétaire.

Le règlement intérieur de l'Autorité de contrôle prudentiel et de résolution fixe la composition et les missions du comité.

Art. R. 612-13 *(D. n° 2010-217, 3 mars 2010 ; mod., L. n° 2013-672, 26 juill. 2013).* – Avant le début de chaque exercice, préalablement à l'adoption du budget par la Banque de France, l'autorité arrête son budget.

Le budget comporte la prévision des recettes, y compris les revenus attendus du placement des contributions reportées au titre d'exercices précédents, les prélèvements prévus sur les réserves inscrites au compte « contributions reportées de l'Autorité de contrôle prudentiel et de résolution » tenu dans les livres de la Banque de France conformément à l'article L. 612-18, les dotations additionnelles décidées par le Conseil général de la Banque de France et des dépenses prévues par l'autorité pour l'exercice de ses missions.

Art. R. 612-14 *(D. n° 2010-217, 3 mars 2010 ; mod., L. n° 2013-672, 26 juill. 2013).* – Les coûts des moyens et des prestations, autres que ceux délivrés directement par un fournisseur, procurés par la Banque de France à l'Autorité de contrôle prudentiel et de résolution, mis à la charge de cette dernière, sont déterminés à partir de la comptabilité analytique de la Banque de France, conformément aux conventions passées, après avis du comité d'audit prévu à l'article R. 612-12, entre l'Autorité de contrôle prudentiel et de résolution et la Banque de France.

Art. R. 612-15 *(D. n° 2010-217, 3 mars 2010 ; mod., D. n° 2013-978, 30 oct. 2013).* – I. – Le rapport sur l'exécution budgétaire, présentant l'ensemble des dépenses et des recettes de l'Autorité de contrôle prudentiel et de résolution de l'exercice clos et la variation du compte « contributions reportées de l'Autorité de contrôle prudentiel et de résolution » tenu dans les livres de la Banque de France conformément à l'article L. 612-18 au cours de l'exercice précédent, sont soumis avec l'avis du comité d'audit à l'approbation du collège de supervision, préalablement à l'arrêté des comptes de la Banque de France.

Le rapport présente l'ensemble des recettes et des dépenses de l'Autorité de contrôle prudentiel et de résolution. Il expose l'ensemble des dépenses, analyse les éléments de refacturation des moyens prévus à l'article R. 612-14 ainsi que les écarts entre prévisions et exécution budgétaire.

II. – Après approbation par le collège de supervision du rapport d'exécution budgétaire, le solde d'exécution budgétaire est inscrit au compte « contributions reportées de l'Autorité de contrôle prudentiel et de résolution » tenu dans les livres de la Banque de France conformément à l'article L. 612-18.

Art. R. 612-16 *(D. n° 2010-217, 3 mars 2010).* – Les opérations de l'Autorité sont enregistrées selon les règles comptables applicables à la Banque de France, notamment à l'article R. 144-5.

Art. R. 612-17 *(D. n° 2010-217, 3 mars 2010 ; mod., L. n° 2013-672, 26 juill. 2013).* – I. – À l'exception de la contribution mentionnée à l'article L. 612-20, de l'astreinte prévue à l'article L. 612-25 et des astreintes et des sanctions prévues aux articles L. 612-39 à L. 612-41, la Banque de France adresse les factures aux débiteurs et reçoit leurs règlements.

Sous réserve des dispositions des articles L. 612-20, L. 612-25 et L. 612-39 à L. 612-41, la Banque de France recouvre les créances de l'Autorité de contrôle prudentiel et de résolution.

II. – Lorsque les créances de l'Autorité de contrôle, autres que la contribution mentionnée à l'article L. 612-20, l'astreinte prévue à l'article L. 612-25 et les astreintes et les sanctions prévues aux articles L. 612-39 à L. 612-41 du code, n'ont pu être recouvrées à l'amiable, les poursuites sont conduites comme en matière de créances commerciales.

Art. R. 612-18 *(D. n° 2010-217, 3 mars 2010 ; mod., D. n° 2013-978, 30 oct. 2013).* – I. – Afin de permettre au comptable public d'émettre un avis de mise en recouvrement conformément au VIII de l'article L. 612-20, la Banque de France, après avis conforme de l'Autorité de contrôle prudentiel et de résolution, notifie à ce comptable les renseignements suivants : la personne débitrice, la nature de la contribution, le fondement de la contribution, le montant de la contribution, la majoration et le montant total des intérêts de retard applicables.

II. – Le comptable public compétent pour effectuer le recouvrement de la contribution, des astreintes et des sanctions prévues aux articles L. 612-20, L. 612-25 et L. 612-39 à L. 612-41 est désigné par arrêté du ministre chargé du budget.

III. – Une convention entre la Banque de France, l'Autorité de contrôle prudentiel et de résolution et l'État représenté par le ministre chargé du recouvrement des impôts détermine notamment les modalités de transmission des documents et de reversement des fonds collectés. Elle est approuvée par le collège de supervision de l'autorité.

IV. – Lorsque les créances mentionnées au II sont irrécouvrables, le comptable public compétent adresse à l'Autorité de contrôle prudentiel et de résolution ses propositions d'admission en non-valeur.

Les décisions d'admission en non-valeur sont notifiées au comptable public compétent par l'Autorité de contrôle prudentiel et de résolution. Toutefois, lorsque le montant des créances dont l'admission en non-valeur est proposée n'excède pas cinq mille euros, l'absence de réponse dans un délai de six mois à compter de la réception de la proposition d'admission en non-valeur vaut acceptation de celle-ci.

Art. R. 612-19 *(D. n° 2010-217, 3 mars 2010 ; mod., D. n° 2013-978, 30 oct. 2013).* – I. – Le secrétaire général exécute le budget arrêté par le collège de supervision de l'Autorité de contrôle prudentiel et de résolution.

Dans le cadre général établi par le collège de supervision en formation plénière, le secrétaire général a qualité pour procéder au recrutement et à la gestion des personnels de l'Autorité de contrôle prudentiel et de résolution pour le compte de la Banque de France.

Le secrétaire général prend toutes les mesures conservatoires et exerce toutes les actions en justice dans les matières relevant de sa compétence propre.

II. – Le collège de supervision fixe les seuils en dessous desquels le secrétaire général peut :

1° Conclure les transactions prévues aux articles 2044 à 2058 du Code civil ;

2° Autoriser, en matière de recouvrement de la contribution prévue à l'article L. 612-20, les remises gracieuses en application de l'article L. 247 du livre des procédures fiscales.

Section IV. – Agréments et modifications de participations

Art. R. 612-20 *(Rempl. à compter du 3 janvier 2018, D. n° 2017-1253, 9 août 2017).* – I. – En application de l'article L. 612-21, l'Autorité de contrôle prudentiel et de résolution établit et met à jour, sous forme de registre électronique, les listes des personnes suivantes :

1° Les personnes mentionnées au A du I de l'article L. 612-2 *(Mots aj. à compter du 13 janvier 2018, D. n° 2017-1313, 31 août 2017)* « et aux 2°, 3° et 4° de l'article L. 612-21 » ;

2° Les établissements de crédit, les établissements financiers et les entreprises d'investissement ayant leur siège social dans un autre État partie à l'accord sur l'Espace économique européen et qui exercent leur activité en France en vertu du libre établissement ou de la libre prestation de services conformément aux dispositions du présent code ;

3° Les établissements de paiement *(Mots aj. à compter du 13 janvier 2018, D. n° 2017-1313, 31 août 2017)* « et les prestataires de services d'information sur les comptes mentionnés à l'article L. 522-1, » et les établissements de monnaie électronique ayant leur siège social en France qui fournissent des services de paiement dans les autres États parties à l'accord sur l'Espace économique européen en vertu du libre établissement ou de la libre prestation de services conformément aux dispositions du présent code ;

4° Les établissements de monnaie électronique ayant leur siège social en France qui émettent, gèrent ou distribuent de la monnaie électronique dans les autres États parties à l'accord sur l'Espace économique européen en vertu du libre établissement ou de la libre prestation de services conformément aux dispositions du présent code, en précisant le cas échéant le recours à des personnes mentionnées à l'article L. 525-8 pour distribuer, pour leur compte, de la monnaie électronique dans ces mêmes États.

Le registre électronique précise le cas échéant l'activité ou le service pour lesquels les personnes sont agréées, enregistrées ou autorisées. Il est accessible sur un site internet.

II. – 1. En application de l'article L. 612-21, l'Autorité de contrôle prudentiel et de résolution dresse chaque année les listes, arrêtées au 1er janvier, des personnes mentionnées au B du I de l'article L. 612-2 et des conglomérats financiers. Ces listes précisent le cas échéant l'activité, le service ou la branche pour lesquels ces personnes sont agréées ;

2. L'Autorité est destinataire des informations données par les autorités compétentes des autres États parties à l'accord sur l'Espace économique européen sur des personnes mentionnées au B du I de l'article L. 612-2 qui exercent leur activité en France en vertu du libre établissement ou de la libre prestation de services conformément aux dispositions du Code des assurances. Elle établit la liste de ces personnes ;

3. Les listes mentionnées aux 1 et 2 sont publiées au registre officiel de l'Autorité, sous forme électronique. ;

Art. R. 612-20-1 *(D. n° 2013-388, 10 mai 2013 ; mod., D. n° 2014-12, 8 janv. 2014 ; D. n° 2014-1315, 3 nov. 2014 ; mod. à compter du 3 janvier 2018, D. n° 2017-1253, 9 août 2017)*. – I. – L'Autorité de contrôle prudentiel et de résolution communique à l'Autorité des marchés financiers les décisions relatives à l'agrément ou l'habilitation des personnes mentionnées au 2° du A du I de l'article L. 612-2 et les décisions relatives à l'agrément des établissements de crédit fournissant des services d'investissement.

II *(II rempl. à compter du 13 janvier 2018, D. n° 2017-1313, 31 août 2017)*. – L'Autorité de contrôle prudentiel et de résolution communique sans délai à l'Autorité bancaire européenne les décisions relatives à l'agrément, l'enregistrement ou l'autorisation des personnes suivantes :

1° Les personnes mentionnées aux 1°, 3° et 8° du A du I de l'article L. 612-2 ;

2° Les personnes mentionnées aux 2°, 3° et 4° de l'article L. 612-21.

Lorsque la décision porte sur un retrait d'agrément ou d'enregistrement, l'Autorité de contrôle prudentiel et de résolution communique également les motifs de ce retrait.

III. – L'Autorité de contrôle prudentiel et de résolution communique au moins une fois par an aux autorités compétentes des autres États membres de l'Union européenne et des autres États parties à l'accord sur l'Espace économique européen, à la Commission européenne et à l'Autorité bancaire européenne la liste des compagnies financières holding et des compagnies financières holding mixtes.

IV. – L'Autorité de contrôle prudentiel et de résolution communique au moins une fois par an à la Commission européenne et à l'Autorité bancaire européenne le nombre et la nature des cas dans lesquels elle a refusé qu'un établissement de crédit ayant son siège social en France puisse, dans un autre État membre de l'Union européenne ou un autre État partie à l'accord sur l'Espace économique européen, créer une succursale en vue de fournir des services bancaires ou poursuivre son activité à la suite d'un changement de situation.

V. – L'Autorité de contrôle prudentiel et de résolution communique au moins une fois par an à l'Autorité bancaire européenne la liste des dirigeants d'établissement de crédit autorisés à exercer un mandat supplémentaire, conformément au II de l'article L. 511-52.

L'Autorité de contrôle prudentiel et de résolution communique au moins une fois par an à l'Autorité des marchés financiers, qui la transmet à l'Autorité européenne des marchés financiers, la liste des dirigeants d'entreprise d'investissement autorisés à exercer un mandat supplémentaire, conformément au II de l'article L. 533-26.

VI. – L'Autorité de contrôle prudentiel et de résolution communique au moins une fois par an à l'Autorité bancaire européenne, au comité bancaire européen institué par la décision de la Commission européenne 2004/10/ CE du 5 novembre 2003 et à la Commission européenne les agréments délivrés aux succursales d'établissements de crédit ayant leur siège dans un État non membre de l'Union européenne ni partie à l'accord sur l'Espace économique européen.

VII *(VII mod., D. n° 2017-1171, 18 juill. 2017)* – L'Autorité de contrôle prudentiel et de résolution communique au moins une fois par an à l'Autorité européenne des assurances et des pensions professionnelles la liste *(Mots suppr. à compter du 1er janvier 2023, D. n° 2017-1171, 18 juill. 2017)* « des entreprises d'assurance agréées en application de l'article L. 143-1 du Code des assurances, » des fonds de retraite professionnelle supplémentaire agréés en application de l'article L. 382-1 *(Mots aj. à compter du 31 décembre 2017, D. n° 2017-1765, 26 déc. 2017)* « du Code des assurances, » *(Mots suppr. à compter du 1er janvier 2023, D. n° 2017-1765, 26 déc. 2017)* « des mutuelles agréées en application de l'article L. 222-3 du Code de la mutualité », *(Mots aj. à compter du 31 décembre 2017, D. n° 2017-1765, 26 déc. 2017)* « des mutuelles ou unions de retraite professionnelle supplémentaire agréées en application de l'article L. 222-18 du Code de la mutualité, *(Mots suppr. à compter du 1er janvier 2023, D. n° 2017-1765, 26 déc. 2017)* « des institutions de prévoyance agréées au titre de l'article L. 932-40 du Code de la sécurité sociale » *(Mots aj. à compter du 31 décembre 2017, D. n° 2017-1765, 26 déc. 2017)* », des institutions de retraite professionnelle supplémentaire agréées en application de l'article L. 942-7 du Code de la sécurité sociale, » ainsi que des personnes morales administrant une institution de retraite professionnelle collective mentionnées à l'article 8 de l'ordonnance n° 2006-344 du 23 mars 2006 relative aux retraites professionnelles supplémentaires et habilitées conformément au 5° de l'article L. 542-1 et à l'article R. 542-1 du présent code.

Cette liste indique, pour chaque *(Mots suppr. à compter du 1er janvier 2023, D. n° 2017-1171, 18 juill. 2017)* « entreprise d'assurance, » *(Mots suppr. à compter du 1er janvier 2023, D. n° 2017-1765, 26 déc. 2017)* « mutuelle, institution de prévoyance » *(Mots aj., D. n° 2017-1171, 18 juill. 2017)* « , fonds de retraite professionnelle supplémentaire, » *(Mots aj. à compter du 31 décembre 2017, D. n° 2017-1765, 26 déc. 2017)* « mutuelle ou union de retraite professionnelle supplémentaire, institution de retraite professionnelle supplémentaire » et personne morale administrant une institution de retraite professionnelle collective mentionnée à l'alinéa précédent et agréée en France, les autres États membres de l'Union européenne et les autres États parties à l'accord sur l'Espace économique européen dans lesquels ces organismes exercent une activité.

Voir : la rédaction de cet article issue du décret n° 2019-576 du 12 juin 2019, en *addendum*, p. 3371.

Art. R. 612-21 *(D. n° 2010-217, 3 mars 2010)*. – L'Autorité peut déterminer, après avis de la commission consultative mentionnée au I de l'article L. 612-14, des dossiers types de demande comprenant notamment la liste, le format et les modalités de transmission des informations qui lui sont nécessaires. Ils sont publiés au registre officiel de l'Autorité sous forme électronique.

Art. R. 612-21-1 *(D. n° 2015-564, 20 mai 2015)*. – Lorsque l'Autorité de contrôle prudentiel et de résolution propose à la Banque centrale européenne de prononcer le retrait de l'agrément de l'établissement de crédit en cause, elle recueille au préalable l'avis du collège de résolution lorsque cet établissement de crédit fait l'objet de l'une des mesures de résolution prévues à l'article L. 613-31-16.

Section V. – Exercice du contrôle

Art. R. 612-22 *(D. n° 2010-217, 3 mars 2010)*. – Les contrôleurs appelés à exercer une mission de contrôle permanent sont accrédités auprès des personnes soumises à leur contrôle. Ils peuvent à toute époque de l'année vérifier sur pièces et sur place toutes les opérations de ces personnes.

Le secrétaire général peut en outre diligenter des missions de contrôle sur place par lettre de mission précisant l'objet de la mission de contrôle et désignant le ou les contrôleurs qui en sont chargés. Cette lettre est présentée à la personne contrôlée en réponse à toute demande.

Art. D. 612-23 *(D. n° 2010-217, 3 mars 2010 ; mod., L. n° 2013-672, 26 juill. 2013)*. – Au moins une fois par an, le secrétaire général de l'Autorité de contrôle prudentiel et de résolution et le directeur général de la concurrence, de la consommation et de la répression des fraudes échangent des informations sur les activités de contrôle relatives aux dispositions du Code de la consommation.

Art. R. 612-24 *(D. n° 2010-217, 3 mars 2010 ; mod., L. n° 2013-672, 26 juill. 2013)*. – I. – Lorsque, pour l'exercice de ses contrôles, le secrétaire général décide de faire appel à des personnes qui n'appartiennent ni à ses services ni à ceux d'une autre autorité compétente mentionnée à l'article L. 612-23, le recours à ces personnes s'inscrit dans le cadre d'un protocole d'accord conclu avec l'Autorité de contrôle prudentiel et de résolution, qui énonce les missions à mener et précise les conditions dans lesquelles elles doivent être exécutées.

Le protocole d'accord comporte une clause stipulant que ces personnes agissent et s'organisent de manière à éviter tout conflit d'intérêts, sont averties des obligations de secret professionnel auquel elles sont soumises, notamment en application des dispositions de l'article L. 612-17, et s'assurent que les informations obtenues dans l'exercice des missions qui leur sont confiées ne sont utilisées que pour l'accomplissement de celles-ci.

Le secrétaire général s'assure que ces personnes ont les capacités nécessaires à l'exécution de toutes leurs missions.

II. – Lorsque le secrétaire général décide de faire appel à d'autres autorités ou corps de contrôle chargés en France de missions complémentaires avec ses propres missions pour effectuer ses contrôles, un protocole d'accord prévoit les conditions dans lesquelles ces missions sont exécutées.

III. – L'autorité peut également faire appel pour l'exercice de ses contrôles à des autorités exerçant dans d'autres États des fonctions homologues et à leur personnel. Les conditions d'exécution de ces contrôles peuvent être fixées dans le cadre des accords de coopération prévus par les articles L. 613-20-2 et L. 633-5 et des conventions prévues par l'article L. 632-15, ou par des accords particuliers.

IV. – Pour l'application du II et du III, le secrétaire général veille à ce que le cadre qui s'impose aux personnes en charge des contrôles présente des garanties équivalentes à celui applicable à son propre personnel.

Art. R. 612-25 *(D. n° 2010-217, 3 mars 2010).* – Nul ne peut effectuer un contrôle s'il a fait l'objet de l'une des condamnations mentionnées au II de l'article L. 500-1 du présent code.

Avant de confier un ordre de mission à l'une des personnes mentionnées au I de l'article R. 612-24, le secrétaire général s'assure que la personne pressentie n'est pas susceptible d'être en conflit d'intérêts avec la personne appelée à être l'objet de la mission de contrôle. À cette fin, la personne pressentie doit informer le secrétaire général de l'ensemble des relations professionnelles qu'elle a eues avec la personne appelée à être l'objet de la mission, au cours des trois années précédentes. Le secrétaire général ne peut lui confier une mission si, au cours de ces trois années, elle a contrôlé ou conseillé la personne concernée dans les domaines liés à l'objet de la mission.

Art. R. 612-26 *(D. n° 2010-217, 3 mars 2010). – (Mod., D. n° 2011-769, 28 juin 2011)* Les personnes en charge des contrôles peuvent se faire communiquer, vérifier sur pièces et sur place tous les livres, registres, contrats, bordereaux, procès-verbaux, pièces comptables ou documents relatifs à la situation de la personne contrôlée et à toutes les opérations qu'elle pratique. Elles peuvent en obtenir copie, éventuellement sous forme électronique. Elles peuvent effectuer toutes vérifications de caisse et de portefeuille. Elles peuvent procéder à leurs vérifications en ayant accès aux outils et aux données informatiques utilisés par la personne contrôlée.

Les personnes contrôlées doivent mettre à la disposition des personnes en charge des contrôles dans les services du siège ou, à la demande des personnes en charge des contrôles, dans les agences tous les documents nécessaires aux opérations mentionnées à l'alinéa précédent, ainsi que le personnel qualifié pour leur fournir les renseignements qu'ils jugent nécessaires.

(Mod., D. n° 2011-769, 28 juin 2011) Les procès-verbaux mentionnés au deuxième alinéa de l'article L. 612-27 énoncent la nature, la date et le lieu des constatations opérées. Ils sont signés par la personne en charge du contrôle et par la personne contrôlée. En cas de refus de celle-ci, mention en est faite au procès-verbal.

Art. R. 612-27 *(D. n° 2010-217, 3 mars 2010 ; mod., D. n° 2014-1315, 3 nov. 2014).* – Pour l'application du sixième alinéa de l'article L. 612-24, la convocation est adressée à l'intéressé selon les modalités prévues à l'article R. 612-9, huit jours au moins avant la date de convocation. Elle rappelle à la personne convoquée qu'elle est en droit de se faire assister des personnes de son choix.

Art. R. 612-28 *(D. n° 2010-217, 3 mars 2010 ; mod., D. n° 2013-978, 30 oct. 2013).* – Lorsqu'une formation du collège de supervision décide d'assortir une injonction du prononcé d'une astreinte, en application de l'article L. 612-25, elle le fait par la même décision. Le montant journalier de l'astreinte ne peut dépasser quinze mille euros.

Cette décision est notifiée à la personne concernée selon les modalités prévues à l'article R. 612-9.

En cas d'inexécution totale ou partielle ou d'exécution tardive, la formation concernée du collège de supervision procède à la liquidation de l'astreinte qu'elle avait prononcée. Le montant de l'astreinte est liquidé en tenant compte du comportement de la personne concernée et des difficultés d'exécution qu'elle a rencontrées. L'astreinte n'est pas liquidée ou n'est liquidée qu'en partie s'il est établi que l'inexécution ou le retard dans l'exécution provient, en tout ou partie, d'une cause étrangère.

Art. R. 612-29 *(D. n° 2010-217, 3 mars 2010).* – La décision d'extension du contrôle prévue à l'article L. 612-26 est portée à la connaissance de la personne à qui le contrôle est étendu par lettre, adressée selon les modalités prévues à l'article R. 612-9.

Art. R. 612-29-1 *(D. n° 2011-769, 28 juin 2011 ; mod., L. n° 2013-672, 26 juill. 2013).* – L'Autorité de contrôle prudentiel et de résolution dispose d'un délai de quatre mois pour statuer sur la demande d'approbation de tout ou partie d'un Code de bonne conduite présentée en application de l'article L. 612-29-1. Elle peut, au cours de cette période, décider de porter ce délai à six mois.

Art. R. 612-29-2 *(D. n° 2011-769, 28 juin 2011).* – La décision d'approbation prévue à l'article L. 612-29-1 est publiée au Journal officiel de la République française.

Art. R. 612-29-3 *(D. n° 2014-1357, 13 nov. 2014 ; mod., D. n° 2016-1560, 18 nov. 2016 ; D. n° 2017-1253, 9 août 2017).* – I. – La notification à l'Autorité de contrôle prudentiel et de résolution de la nomination ou du renouvellement des personnes physiques mentionnées au I et au II de l'article L. 612-23-1 est réalisée dans les quinze jours suivant leur nomination ou leur renouvellement.

Les entreprises mentionnées au I et au II de l'article L. 612-23-1 adressent à l'Autorité de contrôle prudentiel et de résolution un dossier dont le contenu est déterminé par l'autorité dans les conditions mentionnées à l'article R. 612-21.

À compter de la réception du dossier complet, l'Autorité de contrôle prudentiel et de résolution dispose d'un délai de deux mois pour s'opposer à cette nomination ou à ce renouvellement. Pour les prestataires de services d'investissement autres que les sociétés de gestion de portefeuille, le délai court à compter de l'expiration du délai d'un mois imparti à l'Autorité des marchés financiers pour faire savoir à l'Autorité de contrôle prudentiel et de résolution et au déclarant que la désignation de la personne physique notifiée n'est pas compatible avec l'approbation du programme d'activités précédemment délivré.

Lorsque l'Autorité de contrôle prudentiel et de résolution envisage de s'opposer à la nomination ou au renouvellement, elle notifie les éléments justifiant son opposition à l'entreprise et à la personne physique concernées par lettre recommandée avec accusé de réception ou remise contre récépissé et les invite à présenter leurs observations écrites dans un délai d'un mois. Le délai de deux mois mentionné à l'alinéa précédent est alors suspendu jusqu'à réception des observations précédemment mentionnées et, au plus tard, jusqu'à l'expiration du délai de réponse.

Le mandat ou la fonction des personnes physiques dont la nomination ou le renouvellement a fait l'objet d'une opposition de la part de l'Autorité de contrôle prudentiel et de résolution dans les conditions mentionnées au III de l'article L. 612-23-1 cessent quinze jours après la notification de la décision d'opposition à l'entreprise et à la personne physique concernée par lettre recommandée avec accusé de réception ou remise contre récépissé.

L'Autorité de contrôle prudentiel et de résolution consulte la banque de données centrale de l'Autorité bancaire européenne concernant les sanctions administratives lorsque, pour l'application de l'article L. 612-23-1, elle évalue les conditions d'honorabilité posées par les articles L. 511-51, L. 533-25, L. 517-5 et L. 517-9.

II. – La notification du renouvellement du mandat des personnes physiques membres du conseil d'administration ou de surveillance ou de tout autre organe exerçant des fonctions équivalentes des personnes morales mentionnées au I de l'article L. 612-23-1 porte sur les seuls changements intervenus depuis leur précédente nomination.

À défaut de changement mentionné dans la notification, la non-opposition de l'Autorité de contrôle prudentiel et de résolution au renouvellement du mandat est présumée acquise dès la réception de la notification. En cas de changement mentionné dans la notification ou si l'Autorité de contrôle prudentiel et de résolution dispose d'autres informations de nature à remettre en cause les éléments notifiés, elle notifie, dans un délai de deux mois, à l'entreprise et à la personne physique concernée par lettre recommandée avec demande d'avis de réception que la procédure décrite au I est mise en œuvre.

Les dispositions du présent II s'appliquent aux notifications relatives à la ratification par l'assemblée générale de la nomination à titre provisoire d'un administrateur, d'un membre du conseil de surveillance ou d'un organe exerçant des fonctions équivalentes.

III. – Lorsque l'Autorité de contrôle prudentiel et de résolution envisage de s'opposer à la poursuite du mandat d'une des personnes mentionnées au V de l'article L. 612-23-1, elle notifie les éléments justifiant son opposition à l'entreprise, à la personne physique concernée et au président de l'organe dont elle est membre par lettre recommandée avec avis de réception ou remise contre récépissé et les invite à présenter leurs observations écrites dans un délai d'un mois.

Le mandat ou la fonction des personnes ayant fait l'objet d'une opposition dans les conditions prévues au V de l'article L. 612-23-1 cessent quinze jours après la notification de la décision d'opposition à l'entreprise et à la personne physique concernée par lettre recommandée avec avis de réception ou remise contre récépissé.

Art. R. 612-29-4 *(D. n° 2014-1357, 13 nov. 2014).* – La demande d'avis mentionnée au IV de l'article L. 612-23-1 doit être adressée à l'Autorité de contrôle prudentiel et de résolution au plus tard deux mois et au plus tôt six mois avant que ne doive intervenir la nomination ou le renouvellement des personnes concernées. À cette fin, il est adressé à l'Autorité un dossier dont le contenu est déterminé dans les conditions mentionnées à l'article R. 612-21.

L'Autorité de contrôle prudentiel et de résolution dispose d'un délai de deux mois, à compter de la réception de la demande, pour faire connaître son avis sur la proposition de nomination ou de renouvellement des personnes physiques concernées. En l'absence de réponse dans le délai imparti, l'avis de l'Autorité est réputé favorable.

L'avis favorable de l'Autorité ne dispense pas de l'obligation de notifier à celle-ci la nomination ou le renouvellement des personnes mentionnées par l'avis dans les conditions prévues à l'article R. 612-29-3 à l'exception des pièces justificatives déjà transmises.

Section VI. – Mesures de police administrative

Art. R. 612-30 *(D. n° 2010-217, 3 mars 2010 ; mod., L. n° 2013-672, 26 juill. 2013).* – Lorsque l'Autorité de contrôle prudentiel et de résolution exige d'une personne la remise pour approbation d'un programme de rétablissement prévu à l'article L. 612-32, cette dernière est tenue de le lui remettre dans un délai d'un mois au maximum.

L'Autorité désigne un contrôleur qui doit être tenu informé en permanence de l'élaboration du programme de rétablissement qu'elle a exigé et de la mise en œuvre des décisions et mesures qu'il contient afin de veiller à son exécution.

Art. R. 612-30-1 *(D. n° 2014-1357, 13 nov. 2014).* – Lorsque l'Autorité de contrôle prudentiel et de résolution exige d'une entreprise la remise pour approbation d'un programme de formation prévu au V de l'article L. 612-23-1, cette dernière est tenue de le lui remettre dans un délai de quarante-cinq jours.

L'Autorité est tenue régulièrement informée de la mise en œuvre du programme de formation qu'elle a exigé.

Art. R. 612-31 *(D. n° 2010-217, 3 mars 2010 ; mod., L. n° 2013-672, 26 juill. 2013).* – Lorsque l'Autorité de contrôle prudentiel et de résolution place une personne soumise à son contrôle sous surveillance spéciale, elle désigne un contrôleur et détermine la liste, le modèle, la fréquence et les délais de transmission des documents et informations qui doivent être remis à ce dernier.

Art. R. 612-31-1 *(D. n° 2017-293, 6 mars 2017).* – Lorsque l'Autorité de contrôle prudentiel et de résolution prend, à l'égard d'une personne mentionnée aux 1°, 3° et 5° du B du I de l'article L. 612-2, la mesure conservatoire prévue au 13° de l'article L. 612-33, elle est régulièrement informée, par la personne concernée et selon les modalités qu'elle a définies, des opérations relatives au transfert de portefeuille.

Art. R. 612-31-2 *(D. n° 2017-293, 6 mars 2017 ; mod., D. n° 2018-179, 13 mars 2018).* – I. – Lorsque l'Autorité de contrôle prudentiel et de résolution lance l'appel d'offres prévu au deuxième alinéa de l'article L. 612-33-2 en vue du transfert d'office de portefeuille de contrats prévu au 14° de l'article L. 612-33, l'organisme concerné met à la disposition des candidats au transfert les éléments suivants :

1° La dernière version de ses statuts ;

2° L'ensemble de ses contrats, opérations ou règlements ;

3° Ses comptes des trois exercices précédents comprenant le bilan, le compte de résultat, les comptes de résultats techniques, le tableau des engagements hors bilan et les annexes ;

4° Les rapports des commissaires aux comptes pour ces trois exercices ;

5° Les comptes des deux derniers exercices de ses filiales ;

6° Le cas échéant, la liste des entités qu'il substitue et les conventions de substitution associées ;

7° L'intégralité de ses traités de réassurance ;

8° L'intégralité des conventions par lesquelles il externalise des activités ;

9° Toute information relative à la sinistralité de l'exercice en cours comprenant notamment les ratios de sinistres, les liquidations des provisions pour sinistres à payer et l'estimation des recours à encaisser ;

10° Les états relatifs à la variation de capitaux propres, le compte de résultat par catégorie, et pour les organismes pratiquant une activité d'assurance sur la vie, les états relatifs à la participation aux bénéfices ou aux excédents.

II. – Lorsqu'il relève du régime dit « Solvabilité II », l'organisme concerné met, en outre, à la disposition des candidats au transfert les éléments complémentaires suivants pour les trois derniers exercices aux échéances annuelles et, le cas échéant, trimestrielles :

1° Le bilan prudentiel et les éléments hors bilan ;

2° L'état prudentiel relatif à l'activité par pays, le cas échéant ;

3° Les états prudentiels relatifs aux actifs ;

4° Les états prudentiels relatifs aux provisions techniques qui lui sont applicables ;

5° Les états prudentiels relatifs au niveau et à la composition des fonds propres ;

6° Les états prudentiels relatifs au calcul du capital de solvabilité requis et du minimum de capital requis ;

7° Le cas échéant, les états relatifs aux impacts des mesures transitoires.

III. – Lorsqu'il ne relève pas du régime dit « Solvabilité II », l'organisme concerné met, en outre, à la disposition des candidats au transfert les éléments complémentaires suivants pour les trois derniers exercices :

1° Le tableau complémentaire à l'état des placements ;

2° Les états prudentiels remis à l'Autorité de contrôle prudentiel et de résolution, qui sont susceptibles d'apporter une information pertinente sur le portefeuille concerné ;

3° Les états trimestriels des trois premiers trimestres de l'exercice en cours.

IV. – Les dossiers de candidature à une reprise totale ou partielle qui sont adressés à l'Autorité de contrôle prudentiel et de résolution doivent comprendre :

1° La copie des statuts et règlements de l'organisme candidat ;

2° Le procès-verbal de l'organe délibérant compétent autorisant l'organisme à se porter candidat ;

3° La liste des engagements qu'il est envisagé de reprendre ;

4° La liste et le montant des actifs qu'il est envisagé de reprendre ;

5° Les conditions financières du transfert ;

6° La justification de la proposition de reprise, notamment de sa cohérence en termes de stratégie de développement et d'organisation de l'activité dans une vision prospective ;

7° Les moyens mis en œuvre pour poursuivre, sans rupture matérielle, la gestion des contrats en cours ;

8° La date à laquelle le transfert est envisagé ;

9° Un bilan comptable et un compte de résultat prévisionnel pour l'exercice en cours ne tenant pas compte de l'opération de transfert ;

10° Un bilan comptable et un compte de résultat prévisionnel pour l'exercice en cours intégrant le portefeuille transféré ;

11° L'état relatif aux plus-values latentes et à la quote-part des actifs de l'organisme cédant avant transfert et de l'organisme cessionnaire avant et après transfert tel qu'il résulte de l'application des dispositions des articles L. 212-6 et R. 212-10 du Code de la mutualité, L. 344-1 et R. 344-1 du Code des assurances, L. 931-32 et R. 931-11-9 du Code de la sécurité sociale ;

12° La liste des contrats à transférer avec les provisions mathématiques correspondantes ainsi que les éléments démontrant le maintien des droits des assurés en termes de participation aux bénéfices ou aux excédents et le descriptif du traitement concret de l'obligation de comptabilisation distincte des actifs transférés prévue à l'article L. 324-7 du Code des assurances, pour les transferts d'opérations d'assurance vie et de capitalisation ;

13° Les prévisions relatives aux fonds propres de base éligibles permettant la couverture du minimum de capital requis et des fonds propres de base éligibles permettant la couverture du capital de solvabilité requis à l'issue du transfert, notamment le bilan prudentiel, ainsi que les fonds propres, les éléments hors bilan et les estimations pour l'ensemble des actifs et des passifs transférés, pour les organismes relevant du régime dit « Solvabilité II » ;

14° Le capital de solvabilité requis, ainsi que le minimum de capital requis avant et après transfert, pour les organismes relevant du régime dit « Solvabilité II » ;

15° Les états prudentiels, avant et après transfert, définis par arrêté du ministre chargé de l'économie, pour les organismes ne relevant pas du régime dit « Solvabilité II ».

Art. R. 612-31-3 *(D. n° 2017-293, 6 mars 2017).* – Lorsqu'elle décide le transfert d'office d'un portefeuille de contrats d'assurance conclus sur le territoire d'un ou de plusieurs États membres de l'Espace économique européen, en application du 14° de l'article L. 612-33, l'Autorité de contrôle en avise les autorités compétentes de ces différents États.

Lorsque l'entreprise cessionnaire est originaire d'un État membre de l'Espace économique européen, l'Autorité de contrôle prudentiel et de résolution s'assure auprès des autorités compétentes de cet État membre que l'entreprise possède, compte tenu du transfert, les fonds propres éligibles nécessaires pour la couverture de son capital de solvabilité requis et son minimum de capital requis.

La décision de transfert et le nom de l'entreprise cessionnaire font l'objet d'une publication au *Journal officiel*, à la diligence de l'Autorité de contrôle prudentiel et de résolution.

Art. R. 612-32 *(D. n° 2010-217, 3 mars 2010 ; mod., L. n° 2013-672, 26 juill. 2013 ; D. n° 2014-1315, 3 nov. 2014).* – Lorsque l'Autorité de contrôle prudentiel et de résolution suspend, restreint ou interdit temporairement la libre disposition de tout ou partie des actifs d'une personne soumise à son contrôle, en application du 4° de l'article L. 612-33, l'Autorité peut prescrire selon les modalités prévues à l'article R. 612-9 à toute société ou collectivité émettrice ou dépositaire de refuser l'exécution de toute opération portant sur des comptes ou des titres appartenant à la personne en cause, ainsi que le paiement des intérêts et dividendes afférents auxdits titres, ou subordonner l'exécution de ces opérations au visa préalable d'un contrôleur.

L'Autorité peut exiger le dépôt à la Caisse des dépôts et consignations des copies exécutoires de prêts hypothécaires consentis par ladite personne.

L'Autorité peut enfin exiger que tous les fonds, titres et valeurs détenus ou possédés par la personne en cause soient, dans des délais et conditions qu'elle fixe, transférés à la Banque de France pour y être déposés dans un compte bloqué ouvert au nom de la personne contrôlée. Ce compte ne peut être débité sur ordre de son titulaire que sur autorisation expresse de l'Autorité ou de toute personne désignée par elle, et seulement pour un montant déterminé.

Art. R. 612-33 *(D. n° 2010-217, 3 mars 2010).* – Les décisions de nomination d'un administrateur provisoire prises en application de l'article L. 612-34 précisent la durée prévisible de la mission confiée ainsi que les conditions de la rémunération mensuelle, qui tiennent compte notamment de la nature et de l'importance de la mission ainsi que de la situation de l'administrateur désigné.

Art. R. 612-34 *(D. n° 2010-217, 3 mars 2010 ; mod., D. n° 2013-978, 30 oct. 2013).* – I. – 1° Lorsqu'une formation du collège de supervision envisage de prendre l'une des mesures prévues aux articles L. 612-30 à L. 612-34, elle porte à la connaissance de la personne en cause les mesures envisagées et les motifs qui lui paraissent susceptibles de justifier de telles mesures.

2° Lorsque le collège de supervision estime qu'il y a lieu de prendre l'une des mesures prévues aux articles L. 612-30 à L. 612-32, la personne en cause est informée du délai, qui ne peut être inférieur à cinq jours ouvrés à compter de sa réception, dont elle dispose pour faire connaître par écrit ses observations. Avant de statuer, le collège de supervision prend connaissance des observations formulées, le cas échéant, par la personne concernée.

3° Lorsque le collège de supervision estime qu'il y a lieu de prendre l'une des mesures prévues aux articles L. 612-33 et L. 612-34, le représentant légal de la personne concernée est convoqué pour être entendu par le collège de supervision.

La convocation doit lui parvenir cinq jours ouvrés au moins avant la date de la réunion du collège de supervision. Elle précise le délai, qui ne peut être inférieur à cinq jours ouvrés, dont dispose le représentant légal de la personne concernée pour adresser ses observations au collège de supervision. Elle indique que la personne concernée peut se faire assister ou représenter par les personnes de son choix.

4° Si, compte tenu de l'urgence, le collège de supervision s'est prononcé sans procédure contradictoire, l'Autorité engage sans délai la procédure contradictoire décrite au 3. L'autorité statue de façon définitive dans un délai de trois mois.

II. – Les mesures et décisions mentionnées au I sont notifiées par lettre envoyée selon les modalités prévues à l'article R. 612-9.

Art. R. 612-34-1 *(D. n° 2014-1315, 3 nov. 2014)*. – L'Autorité de contrôle prudentiel et de résolution communique au moins une fois par an à l'Autorité bancaire européenne les décisions du collège de supervision prises en application des dispositions du quatrième alinéa du I de l'article L. 511-12-1, du cinquième alinéa du I et du II de l'article L. 531-6 et de l'article L. 611-2.

L'Autorité de contrôle prudentiel et de résolution informe l'Autorité bancaire européenne de la méthode utilisée pour justifier les décisions prises en application du II de l'article L. 511-41-3 et des articles L. 612-32 et L. 612-33.

Voir : l'article R. 612-34-2 créé par le décret n° 2019-576 du 12 juin 2019, en *addendum*, p. 3371.

Section VII. – Pouvoir disciplinaire

Sous-section 1. – Procédure disciplinaire

Art. R. 612-35 *(D. n° 2010-217, 3 mars 2010 ; mod., D. n° 2011-769, 28 juin 2011)*. – I. – La commission des sanctions dispose d'un secrétariat composé de personnels de l'autorité. Ce secrétariat a notamment pour mission d'assister le rapporteur.

II. – En tant que de besoin la commission des sanctions précise, dans son règlement intérieur, les modalités de son fonctionnement qui ne seraient pas définies dans le présent code.

Méconnaissance du principe d'impartialité par l'ancienne commission bancaire. La possibilité conférée à une juridiction de se saisir de sa propre initiative d'affaires qui entrent dans le domaine de compétence qui lui est attribué n'est pas, en soi, contraire à l'exigence d'équité dans le procès énoncé par les stipulations de l'article 6 de la Convention européenne des droits de l'homme. Toutefois, ce pouvoir doit être suffisamment encadré pour ne pas donner à penser que les membres de la formation disciplinaire tiennent les faits visés par la décision d'ouverture de la procédure ou la notification subséquente des griefs comme d'ores et déjà établis ou leur caractère répréhensibles au regard des règles ou principes à appliquer comme d'ores et déjà reconnu, en méconnaissance du principe d'impartialité reconnu par l'article 6 précité. Ainsi que l'a jugé la Cour européenne des droits de l'homme par l'arrêt du 11 juin 2009 rendu dans l'affaire *Dubus SA* contre *France*, cet encadrement était insuffisant dans le cas de la Commission bancaire, au regard de l'étendue des pouvoirs dont elle disposait, couvrant à la fois le contrôle des établissements de crédit, la décision d'ouvrir une procédure disciplinaire et de définir les griefs reprochés, l'instruction de la procédure et le prononcé des sanctions disciplinaires ; eu égard à l'insuffisance des garanties dont la procédure était entourée, la circonstance que les mêmes personnes se prononcent sur la décision de poursuivre, d'une part, et sur la sanction, d'autre part, était de nature à faire naître un doute objectivement justifié sur l'impartialité de cette juridiction. ▪ CE, 9e et 10e ss-sect. réunies, 8 nov. 2010, n° 329384 et n° 330042 : *JurisData* n° 2010-020877 ; *D.* 2010, act. p. 2764 ; *RD bancaire et fin.* janv.-févr. 2011, p. 62, note F.-J. Crédot et Th. Samin ; *Bull. Joly Bourse* 2011, p. 76, note P. Collin, F. Crédot et Th. Samin.

Art. R. 612-36 *(D. n° 2010-217, 3 mars 2010 ; mod., D. n° 2011-769, 28 juin 2011)*. – La notification des griefs informe la personne mise en cause qu'elle peut prendre connaissance et copie des pièces du dossier auprès du secrétariat de la commission des sanctions et se faire assister ou représenter par tout conseil de son choix. La notification des griefs mentionne que toute notification ultérieure serait adressée à la personne mise en cause à l'adresse à laquelle la notification de griefs lui est parvenue, ou, le cas échéant, à la dernière adresse qu'elle aura signalée au secrétariat de la commission par lettre recommandée avec demande d'avis de réception.

La lettre de notification des griefs est adressée selon les modalités prévues au I de l'article R. 612-9. Elle est transmise simultanément au président de la commission des sanctions.

Art. R. 612-37 *(D. n° 2010-217, 3 mars 2010 ; rempl., D. n° 2011-769, 28 juin 2011 ; mod., D. n° 2015-513, 7 mai 2015)*. – Le cas échéant, l'autorité peut informer de l'ouverture de la procédure de sanction :

1° L'entreprise qui contrôle la personne mise en cause au sens du I de l'article L. 511-20 du présent code ou du 1 de l'article L. 356-1 du Code des assurances ;

2° L'organe central auquel la personne mise en cause est affiliée ;

3° La société de groupe d'assurance, l'union mutualiste de groupe ou la société de groupe assurantiel de protection sociale à laquelle la personne mise en cause est affiliée ou liée.

Art. R. 612-38 *(D. n° 2010-217, 3 mars 2010 ; rempl., D. n° 2011-769, 28 juin 2011 ; mod., D. n° 2013-978, 30 oct. 2013).* – I. - Le président de la commission des sanctions désigne un rapporteur parmi les membres de la commission ou, si l'un d'entre eux renonce à participer à tous les stades de la procédure aux travaux de la commission sur les griefs notifiés, parmi leurs suppléants. Le président en informe la personne mise en cause et le représentant du collège de supervision ou du collège de résolution prévu à l'article L. 612-38 selon les modalités prévues au I de l'article R. 612-9.

Le fait pour le rapporteur d'être exclu du délibéré, conformément aux dispositions de l'article L. 612-38 du Code monétaire et financier, ne constitue pas, en tant que tel, un motif rendant nécessaire la désignation d'un suppléant.

Selon les modalités prévues au I de l'article R. 612-9, le rapporteur précise à la personne mise en cause le délai dont elle dispose, qui ne peut être inférieur à trente jours francs à compter de la réception de la notification des griefs, pour transmettre au président de la commission des sanctions ses observations écrites sur ces griefs.

Il procède à toute diligence utile et peut en particulier entendre toute personne dont l'audition lui paraît nécessaire. Ses convocations sont adressées selon les modalités prévues au I de l'article R. 612-9. La personne mise en cause peut être entendue à sa demande par le rapporteur.

Il communique les pièces du dossier aux parties, notamment au représentant du collège de supervision ou du collège de résolution mentionné à l'article L. 612-38.

S'il estime que les griefs doivent être complétés ou sont susceptibles d'être notifiés à une ou plusieurs personnes autres que celles mises en cause, le rapporteur saisit le collège de supervision ou le collège de résolution. Le collège de supervision ou le collège de résolution statue sur cette demande du rapporteur dans les conditions et formes prévues aux articles L. 612-12, L. 612-13 et L. 612-38.

En cas de notification complémentaire de griefs, la personne mise en cause dispose d'un délai minimal de trente jours francs pour présenter ses observations en réponse.

II. - Le rapporteur transmet son rapport écrit à la personne mise en cause et au représentant du collège de supervision ou du collège de résolution mentionné à l'article L. 612-38 selon les modalités prévues au I de l'article R. 612-9.

Art. R. 612-39 *(D. n° 2010-217, 3 mars 2010 ; rempl., D. n° 2011-769, 28 juin 2011).* – La personne mise en cause est convoquée devant la commission des sanctions dans un délai qui ne peut être inférieur à trente jours francs à compter de la communication du rapport prévu au II de l'article R. 612-38. La convocation mentionne la composition de la commission des sanctions et précise que la personne mise en cause dispose d'un délai de quinze jours francs pour faire connaître par écrit ses observations sur ce rapport. Elle est adressée selon les modalités prévues au I de l'article R. 612-9.

Art. R. 612-40 *(D. n° 2010-217, 3 mars 2010).* – Le membre de la commission des sanctions qui, sans préjudice des cas prévus à l'article L. 612-10, suppose en sa personne une cause de récusation ou estime en conscience devoir s'abstenir informe le président de la commission des sanctions qu'il ne siégera pas.

Art. R. 612-41 *(D. n° 2010-217, 3 mars 2010 ; rempl., D. n° 2011-769, 28 juin 2011).* – La personne mise en cause qui demande la récusation d'un membre de la commission doit, à peine d'irrecevabilité, en former la demande :

1° S'il s'agit du rapporteur, dans le délai de quinze jours francs à compter de la notification de la décision désignant celui-ci ;

2° S'il s'agit d'un membre délibérant, dans le délai de huit jours francs à compter de la notification de la composition de la formation appelée à délibérer ;

3° Dans le cas où le motif invoqué n'a pu être connu de la personne mise en cause dans les délais prévus aux 1° et 2°, au plus tard avant la fin de la séance prévue à l'article R. 612-46.

Art. R. 612-42 *(D. n° 2010-217, 3 mars 2010).* – La récusation est demandée par la personne mise en cause ou par son mandataire. Elle est formée par lettre adressée au secrétariat de la commission qui en accuse réception, ou par une déclaration qui est consignée par ce secrétariat dans un procès-verbal. Elle doit, à peine d'irrecevabilité, indiquer avec précision les motifs de la récusation et être accompagnée des pièces propres à la justifier.

Art. R. 612-43 *(D. n° 2010-217, 3 mars 2010)*. – Le secrétariat de la commission communique immédiatement la demande de récusation au membre qui en fait l'objet et en informe le président de la commission.

Au plus tard l'avant-veille de la séance prévue à l'article R. 612-46, le membre récusé fait connaître par écrit soit son acquiescement à la récusation, soit les motifs pour lesquels il s'y oppose.

Si le membre récusé acquiesce à la demande de récusation, il est remplacé par son suppléant.

Dans le cas contraire, la commission se prononce sur la demande. L'auteur de la récusation est averti immédiatement et par tout moyen de la date de cette réunion. Il est informé de la possibilité qu'il aura de présenter des observations orales, et de se faire assister ou représenter par tout conseil de son choix.

La commission statue sans la participation de celui de ses membres dont la récusation est demandée. S'il n'est pas le membre dont la récusation est demandée, le rapporteur participe à la délibération.

Si la récusation est admise, le membre sera remplacé par son suppléant lors de la réunion prévue à l'article R. 612-46. La décision de la commission précise la nouvelle composition de la commission. Cette décision est notifiée immédiatement et par tout moyen à l'auteur de la demande et au membre intéressé.

Art. R. 612-44 *(D. n° 2010-217, 3 mars 2010)*. – La récusation ne remet pas en cause les actes accomplis par la commission des sanctions en présence du membre récusé avant la demande de récusation.

Art. R. 612-45 *(D. n° 2010-217, 3 mars 2010)*. – La décision de la commission sur la demande de récusation ne peut donner lieu à recours qu'avec la décision statuant sur les griefs.

Art. R. 612-46 *(D. n° 2010-217, 3 mars 2010 ; rempl., D. n° 2011-769, 28 juin 2011)*. – La commission des sanctions se réunit sur convocation de son président. Elle ne peut délibérer qu'en présence de trois membres au moins. Lorsque, en application de l'article L. 612-10, un membre autre que le président ne prend pas part à la délibération, il est remplacé par son suppléant.

En cas d'absence ou d'empêchement du président, la séance est présidée par le second conseiller d'État titulaire nommé en application de l'article L. 612-9 et le suppléant du président siège en tant que membre délibérant.

En cas d'empêchement du président et du second conseiller d'État, l'audience est présidée par le suppléant du président ou, le cas échéant, par celui du second conseiller d'État. En cas d'empêchement de tous les conseillers d'État, le président ou, le cas échéant, le second conseiller d'État confie à l'un des autres membres le soin de présider la séance.

Art. R. 612-47 *(D. n° 2010-217, 3 mars 2010)*. – [Une] personne mise en cause peut demander que l'audience ne soit pas publique.

Le président de la commission des sanctions peut interdire au public l'accès de la salle pendant tout ou partie de l'audience dans l'intérêt de la moralité, de l'ordre public, de la sécurité nationale ou lorsque la protection des secrets d'affaires ou de tout autre secret protégé par la loi l'exige.

Le président de la commission des sanctions assure la police de l'audience. Il peut faire entendre toute personne dont il estime l'audition utile.

Art. R. 612-48 *(D. n° 2010-217, 3 mars 2010 ; rempl., D. n° 2011-769, 28 juin 2011 ; mod., D. n° 2013-978, 30 oct. 2013)*. – I. – Lors de la séance, le rapporteur présente son rapport. Le directeur général du Trésor et, le cas échéant, le directeur de la sécurité sociale ou leurs représentants peuvent présenter des observations. Le représentant du collège de supervision ou du collège de résolution ou l'agent des services de l'autorité qui l'assiste ou le représente peut présenter des observations au soutien des griefs notifiés. La personne mise en cause et, le cas échéant, son conseil présente sa défense. Dans tous les cas, la personne mise en cause et, le cas échéant, son conseil doivent pouvoir prendre la parole en dernier.

II. – La commission statue en la seule présence de ses membres et, le cas échéant, d'un agent de son secrétariat faisant office de secrétaire de séance. Lorsqu'elle s'estime insuffisamment éclairée, elle demande au rapporteur de poursuivre ses diligences selon la procédure définie à l'article R. 612-38.

Art. R. 612-49 *(D. n° 2010-217, 3 mars 2010 ; rempl., D. n° 2011-769, 28 juin 2011)*. – Le secrétaire de séance établit un compte rendu de l'audience. Le compte rendu est signé par le président de la commission, le rapporteur et le secrétaire de séance puis transmis à toutes les personnes qui ont siégé ou ont été convoquées à l'audience.

Art. R. 612-50 *(D. n° 2010-217, 3 mars 2010 ; mod., D. n° 2011-769, 28 juin 2011 ; D. n° 2013-978, 30 oct. 2013).* – La décision, signée par le président de la commission des sanctions, mentionne les noms des membres de la commission qui ont statué. Elle est notifiée aux parties selon les modalités prévues au I de l'article R. 612-9 ainsi qu'au président de l'autorité, qui en rend compte au collège de supervision ou au collège de résolution.

La décision est communiquée par le secrétariat de la commission au directeur général du Trésor et, le cas échéant, au directeur de la sécurité sociale.

L'Autorité informe, le cas échéant, les autorités compétentes des autres États membres de l'Union européenne des décisions qu'elle prend en application de la présente section.

Art. R. 612-50-1 *(D. n° 2014-1315, 3 nov. 2014).* – Pour l'application du XI de l'article L. 612-40 et sous réserve du deuxième alinéa ci-dessous, les décisions de la commission des sanctions sont notamment publiées pour une durée d'au moins cinq ans au registre officiel de l'Autorité, accessible par voie électronique. Sont mentionnés à ce titre le type et la nature de l'infraction, de même que l'identité de la personne physique ou morale à laquelle la sanction a été infligée.

Les données à caractère personnel sont maintenues sur le site officiel de l'Autorité dans le respect des règles notamment de durée énoncées par la loi n° 78-17 du 6 janvier 1978 relative à l'informatique, aux fichiers et aux libertés.

Le cas échéant, sont également mentionnés sur le registre cité ci-dessus les recours formés contre les décisions de sanctions, leur État d'avancement et leurs résultats.

Art. R. 612-51 *(D. n° 2010-217, 3 mars 2010).* – Lorsqu'une notification est effectuée au titre de la présente section par un huissier de justice, celui-ci procède selon les modalités prévues par les articles 555 à 563 du Code de procédure pénale.

La rémunération des huissiers de justice intervenant au titre de la présente section est tarifée comme prévu par les articles R. 181 à R. 184 du Code de procédure pénale.

La décision de sanction mentionne, le cas échéant, ceux des frais de procédure qui sont à la charge de la personne à l'encontre de laquelle une sanction a été prononcée.

Art. R. 612-51-1 *(D. n° 2015-564, 20 mai 2015).* – Lorsque, dans les cas prévus au onzième alinéa de l'article L. 612-39 et au dernier alinéa du I de l'article L. 612-40 où l'Autorité de contrôle prudentiel et de résolution a proposé à la Banque centrale européenne de prononcer le retrait de l'agrément d'un établissement de crédit, la Banque centrale européenne a décidé de ne pas prononcer ce retrait, l'Autorité communique sans délai cette décision au président de la commission des sanctions et, selon les modalités prévues au I de l'article R. 612-9, à l'établissement mis en cause.

Sous réserve des dispositions ci-après du présent article, la commission des sanctions délibère à nouveau sur la même affaire dans les conditions prévues aux articles R. 612-38 à R. 612-51.

Selon les modalités prévues au I de l'article R. 612-9, le rapporteur précise à l'établissement le délai dont il dispose, qui ne peut être inférieur à trente jours francs à compter de la réception de la décision de la Banque centrale européenne, pour transmettre au président de la commission des sanctions ses observations écrites s'y rapportant.

Les membres de la commission des sanctions qui ont exercé la fonction de rapporteur ou participé en qualité de membre délibérant au précédent examen au fond de l'affaire ne peuvent exercer cette fonction ni participer aux délibérations de la commission lors du nouvel examen qui fait suite à la décision de refus de la Banque centrale européenne de prononcer le retrait d'agrément.

Sous-section 2. – Liste des sanctions

Art. R. 612-52 *(D. n° 2010-217, 3 mars 2010).* – Lorsque la commission décide d'assortir sa décision de sanction d'une astreinte, en application des dispositions des articles L. 612-39 à L. 612-42, elle le fait par la même décision. Son montant journalier ne peut excéder quinze mille euros.

En cas d'inexécution totale ou partielle ou d'exécution tardive, la commission procède à la liquidation de l'astreinte qu'elle avait prononcée. Le montant de l'astreinte est liquidé en tenant compte du comportement de la personne concernée et des difficultés d'exécution qu'elle a rencontrées. L'astreinte n'est pas liquidée ou n'est liquidée qu'en partie s'il est établi que l'inexécution ou le retard dans l'exécution provient, en tout ou partie, d'une cause étrangère.

Section VIII. – Relations avec les commissaires aux comptes

Art. D. 612-53 *(D. n° 2010-218, 3 mars 2010 ; mod., L. n° 2013-672, 26 juill. 2013 ; D. n° 2016-1026, 26 juill. 2016).* – Toute personne mentionnée au premier alinéa de l'article L. 612-43 doit faire connaître à l'Autorité de contrôle prudentiel et de résolution le nom du ou des commissaires aux comptes qu'elle se propose de nommer ou de renouveler. Lorsqu'elle informe l'autorité de son intention de désigner comme commissaire aux comptes une société de commissaires aux comptes, elle précise le nom du commissaire aux comptes personne physique associé, actionnaire ou dirigeant de ladite société, pressenti pour exercer la mission au nom de cette société, conformément aux dispositions prévues au premier alinéa de l'article L. 822-9 du Code de commerce.

L'Autorité dispose d'un délai de deux mois, à compter de la réception de la demande d'avis, pour faire connaître son avis sur la proposition de désignation du commissaire aux comptes. En l'absence de réponse dans le délai imparti, l'avis de l'autorité est réputé favorable.

Si l'Autorité l'estime nécessaire, elle peut demander des informations complémentaires par lettre recommandée avec demande d'avis de réception adressée soit à la personne concernée, soit au commissaire aux comptes proposé. Dans ce dernier cas, l'Autorité en informe la personne concernée et fixe dans sa demande d'informations complémentaires un délai de réponse, lequel ne peut être inférieur à un mois. Le délai prévu à l'alinéa précédent est alors suspendu jusqu'à la réception des informations complémentaires, et au plus tard jusqu'à l'expiration du délai de réponse.

Art. D. 612-54 *(D. n° 2010-218, 3 mars 2010).* – L'Autorité peut prendre en compte les informations relatives au commissaire aux comptes proposé ou, le cas échéant, à la personne physique pressentie pour exercer la mission, qui lui sont transmises par l'une des autorités avec lesquelles elle procède à un échange d'informations en application de l'article L. 631-1.

Art. D. 612-55 *(D. n° 2010-218, 3 mars 2010 ; mod., L. n° 2013-672, 26 juill. 2013).* – Lorsque l'Autorité envisage d'émettre un avis défavorable ou un avis assorti de réserves, elle invite le commissaire aux comptes concerné à faire connaître ses observations sur le projet d'avis dans un délai qui ne peut être inférieur à un mois. Cette invitation est adressée au commissaire aux comptes concerné et à la personne soumise au contrôle de l'Autorité de contrôle prudentiel et de résolution par lettre adressée selon les modalités prévues à l'article R. 612-9. Le délai indiqué au deuxième alinéa de l'article D. 612-53 est suspendu jusqu'à réception des informations complémentaires demandées et, au plus, jusqu'à l'expiration du délai prévu à la première phrase.

Art. D. 612-56 *(D. n° 2010-218, 3 mars 2010 ; mod., L. n° 2013-672, 26 juill. 2013).* – Un avis défavorable ou assorti de réserves est motivé. Il peut notamment être fondé sur le fait que le commissaire aux comptes proposé, ou la personne physique qui est pressentie pour exercer la mission, ne présente pas toutes les garanties d'expérience, de compétence ou d'indépendance nécessaires à l'exercice de ces fonctions compte tenu de la nature et des caractéristiques de l'activité de la personne soumise au contrôle de l'Autorité de contrôle prudentiel et de résolution.

Art. D. 612-57 *(D. n° 2010-218, 3 mars 2010 ; mod., D. n° 2014-1316, 3 nov. 2014).* – L'avis défavorable ou assorti de réserves est notifié à la personne concernée et au commissaire aux comptes proposé par lettre adressée selon les modalités prévues à l'article R. 612-9. Une copie de cet avis est adressée à la compagnie régionale dont est membre le commissaire aux comptes. Les dirigeants de la personne concernée communiquent l'avis de l'Autorité à l'organe compétent pour désigner les commissaires aux comptes.

Art. D. 612-58 *(D. n° 2010-218, 3 mars 2010).* – Les dispositions des articles D. 612-53 à D. 612-57 sont applicables à la nomination et au renouvellement des commissaires aux comptes titulaires et des commissaires aux comptes suppléants, ainsi qu'en cas de changement de la personne physique pressentie pour exercer la mission.

Art. R. 612-59 *(D. n° 2010-217, 3 mars 2010).* – Lorsque l'Autorité envisage de procéder, en application de l'article L. 612-43, à la désignation d'un commissaire aux comptes supplémentaire, elle adresse le projet de décision à la personne soumise au contrôle de l'Autorité et aux commissaires aux comptes en fonctions. Ceux-ci sont invités à présenter des observations écrites dans un délai qui ne peut être inférieur à un mois.

La lettre de l'Autorité est adressée selon les modalités prévues à l'article R. 612-9.

Art. R. 612-60 *(D. n° 2010-217, 3 mars 2010).* – Lorsqu'une demande de récusation présentée en application de l'article L. 823-6 du Code de commerce concerne un commissaire aux comptes d'une personne soumise au contrôle de l'Autorité à laquelle s'appliquent les dispositions du premier alinéa de l'article L. 612-43, le tribunal statue dans les conditions prévues à l'article R. 823-5 du Code de commerce après consultation du président de l'Autorité.

Section IX. – Coopération

Sous-section 1. – Coopération avec les fonds de garantie

Art. R. 612-61 *(D. n° 2010-217, 3 mars 2010).* – L'Autorité de contrôle prudentiel peut consulter les fonds de garantie compétents lorsqu'elle envisage de prendre l'une des décisions suivantes :

1° Retrait d'agrément, sauf lorsqu'il est prononcé à titre de sanction ;

2° Changement de contrôle d'une personne mentionnée au I de l'article L. 612-2 ;

3° Fusion concernant au moins une personne mentionnée au I de l'article L. 612-2 ;

4° Transfert de portefeuilles prévu par le Code des assurances, le Code de la mutualité et le Code de la sécurité sociale.

Sous-section 2. – Coordination en matière de supervision des relations entre les professions assujetties et leurs clientèles

Cette sous-section ne comprend pas de dispositions réglementaires.

CHAPITRE III. – DISPOSITIONS SPÉCIFIQUES AUX ÉTABLISSEMENTS DE CRÉDIT, SOCIÉTÉS DE FINANCEMENT, ENTREPRISES D'INVESTISSEMENT, ÉTABLISSEMENTS DE MONNAIE ÉLECTRONIQUE ET ÉTABLISSEMENTS DE PAIEMENT

Section I. – Surveillance des groupes sur une base consolidée

Sous-section 1. – Dispositions communes

Art. R. 613-1 A *(D. n° 2014-1315, 3 nov. 2014).* – I. – L'Autorité de contrôle prudentiel et de résolution et les autres autorités compétentes d'un État membre de l'Union européenne ou d'un État partie à l'accord sur l'Espace économique européen disposent d'un délai de quatre mois à partir de la transmission du rapport prévu au premier alinéa de l'article R. 613-3-3 pour :

1° Aboutir à une décision commune sur le niveau requis de fonds propres prévue au II de l'article L. 613-20-4 et à l'article L. 613-21-3 ;

2° Saisir, en l'absence de décision commune, l'Autorité bancaire européenne en application de l'article L. 613-21-3 ;

3° En l'absence de décision commune et de saisine de l'Autorité bancaire européenne, prendre une décision soit sur une base consolidée en application du IV de l'article L. 613-20-4, soit sur une base individuelle ou sur une base sous-consolidée en application de l'article L. 613-21-4.

II. – L'Autorité de contrôle prudentiel et de résolution et les autres autorités compétentes d'un État membre de l'Union européenne ou d'un État partie à l'accord sur l'Espace économique européen disposent d'un délai d'un mois à partir de la transmission du rapport prévu au second alinéa de l'article R. 613-3-3 pour :

1° Aboutir à une décision commune sur les mesures à prendre en présence de toute question ou constatation d'importance significative concernant la surveillance de la liquidité prévue au III de l'article L. 613-20-4 et à l'article L. 613-21-3 ;

2° Saisir, en l'absence de décision commune, l'Autorité bancaire européenne en application de l'article L. 613-21-3 ;

3° En l'absence de décision commune et de saisine de l'Autorité bancaire européenne, prendre une décision soit sur une base consolidée en application du IV de l'article L. 613-20-4, soit sur une base individuelle ou sur une base sous-consolidée en application de l'article L. 613-21-4.

Art. R. 613-1 B *(D. n° 2014-1315, 3 nov. 2014 ; mod., D. n° 2017-1253, 9 août 2017).* – I. – Pour l'application des articles L. 613-20-1 et L. 613-21-1, les informations sont considérées comme essentielles si elles peuvent avoir une incidence significative sur l'évaluation de la solidité financière d'un établissement de crédit, d'une entreprise d'investissement, ou d'un établissement financier dans un autre État membre de l'Union européenne ou partie à l'accord sur l'Espace économique européen.

Les informations essentielles recouvrent notamment les éléments suivants :

1° L'identification de la structure juridique du groupe, de sa structure de gouvernance, de sa structure organisationnelle, englobant les entreprises mères, les entités réglementées, les entités non réglementées, les filiales non réglementées et les succursales d'importance significative ;

2° L'identification des autorités compétentes dont relèvent les entités réglementées du groupe ;

3° Les procédures régissant la collecte d'informations auprès des établissements de crédit ou entreprises d'investissement du groupe et la vérification de ces informations ;

4° Les évolutions négatives que connaissent les établissements de crédit ou entreprises d'investissement ou d'autres entités d'un groupe et qui sont de nature à les affecter sérieusement ;

5° Les sanctions significatives prises sur le fondement de l'article L. 612-40, les mesures exceptionnelles décidées par les autorités compétentes, dont l'imposition d'une exigence spécifique de fonds propres en vertu de l'article L. 511-41-3 et une limitation à l'utilisation d'une approche par mesure avancée pour le calcul des exigences de fonds propres en vertu du paragraphe 2 de l'article 312 du règlement (UE) n° 575/2013 du Parlement européen et du Conseil du 26 juin 2013.

II. – Pour l'application des articles L. 613-20-1 et L. 613-21-1, les informations pertinentes sont les informations sollicitées par une autorité compétente d'un autre État membre de l'Union européenne ou partie à l'accord sur l'Espace économique européen pour l'exercice de ses missions de surveillance, prévues notamment par l'article L. 612-1 et par le règlement (UE) n° 575/2013 du Parlement européen et du Conseil du 26 juin 2013, concernant une filiale importante pour le système financier de cet État.

Art. R. 613-1 C *(D. n° 2014-1315, 3 nov. 2014)*. – L'Autorité de contrôle prudentiel et de résolution peut saisir l'Autorité bancaire européenne dans l'une des situations suivantes :

1° Une demande de coopération, en particulier d'échange d'informations pertinentes, a été rejetée par une autorité compétente d'un autre État membre de l'Union européenne ou d'un autre État partie à l'accord sur l'Espace économique européen ou n'a pas été suivie d'effet dans un délai raisonnable ;

2° L'autorité qui exerce la surveillance sur une base consolidée du groupe ne s'acquitte pas des tâches qui lui incombent à ce titre ;

3° En cas de désaccord sur le fonctionnement des collèges d'autorités de surveillance auxquels elle participe ;

4° Une autorité compétente d'un autre État membre de l'Union européenne ou d'un autre État partie à l'accord sur l'Espace économique européen n'a pas communiqué des informations essentielles ;

5° Une autorité compétente d'un autre État membre de l'Union européenne ou d'un autre État partie à l'accord sur l'Espace économique européen ne coopère pas avec l'autorité de surveillance sur une base consolidée dans la mesure exigée aux fins de l'exécution des tâches qui lui incombent à ce titre.

Sous-section 2. – Surveillance sur une base consolidée par l'Autorité de contrôle prudentiel et de résolution et collège de superviseurs

Paragraphe 1. – Collège de superviseurs

Art. R. 613-1 *(D. n° 2014-1315, 3 nov. 2014)*. – L'Autorité de contrôle prudentiel et de résolution préside et organise les réunions des collèges des superviseurs en fonction de la pertinence de l'activité de surveillance à planifier ou à coordonner, et, notamment, de l'impact potentiel sur la stabilité du système financier dans les États membres concernés.

L'Autorité de contrôle prudentiel et de résolution, lorsqu'elle institue un collège de superviseurs conformément à l'article L. 613-20-2, collabore étroitement avec l'Autorité bancaire européenne. Elle l'informe des activités du collège, y compris dans les situations d'urgence, et lui communique toute information particulièrement pertinente au regard de l'objectif de convergence en matière de surveillance.

Art. R. 613-1-1 *(D. n° 2011-18, 5 janv. 2011 ; mod., L. n° 2013-672, 26 juill. 2013)*. – L'Autorité de contrôle prudentiel et de résolution informe, avant chaque réunion d'un collège des superviseurs, tous les membres de celui-ci de l'organisation de la réunion, des principales questions à aborder et des activités qui seront examinées.

Elle informe tous les membres des mesures prises ou des actions menées.

Art. R. 613-1-2 *(Mod., D. n° 2014-1315, 3 nov. 2014)*. – L'Autorité de contrôle prudentiel et de résolution peut inviter l'autorité compétente d'un État membre de l'Union européenne ou d'un autre État partie à l'accord sur l'Espace économique européen en charge de la surveillance d'une succursale ayant une importance significative à devenir membre du collège des superviseurs de l'entité surveillée par l'Autorité de contrôle prudentiel et de résolution.

Art. R. 613-2 *(Mod., D. n° 2014-1315, 3 nov. 2014)*. – L'Autorité de contrôle prudentiel et de résolution s'assure, avant d'inviter une autorité de surveillance d'un État tiers à participer à un des collèges de superviseurs mentionnés à l'article L. 613-20-2, que les autres membres du collège des superviseurs considèrent que les obligations de confidentialité qui pèsent sur cette autorité en application de sa réglementation nationale sont de niveau équivalent à celles qui s'imposent en application de l'article L. 612-17 et que les informations échangées dans le cadre du collège ne pourront être utilisées par l'autorité de surveillance de l'État tiers que pour l'exercice de sa mission de supervision et ne pourront être transmises à toute autre personne ou entité qu'avec l'accord préalable de l'autorité à l'origine de l'information.

Paragraphe 2. – Surveillance sur une base consolidée par l'Autorité de contrôle prudentiel et de résolution

Art. R. 613-3 *(D. n° 2014-1315, 3 nov. 2014)*. – Les dispositions du présent paragraphe sont applicables à l'Autorité de contrôle prudentiel et de résolution lorsqu'elle est en charge de la surveillance des groupes sur une base consolidée prévue à l'article L. 613-20-1.

Art. R. 613-3-1 *(D. n° 2014-1315, 3 nov. 2014 ; mod., D. n° 2017-1253, 9 août 2017)*. – I. – Avant de prendre les décisions mentionnées aux deuxième et troisième alinéas du I de l'article L. 613-20-1, l'Autorité de contrôle prudentiel et de résolution, en concertation avec les autres autorités compétentes, consulte :

1° Soit l'entreprise mère située dans un État membre de l'Union européenne ou dans un État partie à l'accord sur l'Espace économique européen ;

2° Soit l'établissement de crédit ou l'entreprise d'investissement, située dans un État membre de l'Union européenne ou un État partie à l'accord sur l'Espace économique européen et qui affiche le total de bilan le plus élevé.

II. – L'Autorité de contrôle prudentiel et de résolution notifie à la Commission européenne et à l'Autorité bancaire européenne les décisions mentionnées aux deuxième et troisième alinéas du I de l'article L. 613-20-1.

III. – Lorsque l'Autorité de contrôle prudentiel et de résolution accepte, par voie d'accord bilatéral, la responsabilité de la surveillance d'une filiale en application du IV de l'article L. 613-20-1, elle en informe l'Autorité bancaire européenne.

Art. R. 613-3-2 *(Mod., D. n° 2014-1315, 3 nov. 2014)*. – Lorsque l'Autorité de contrôle prudentiel et de résolution est saisie d'une demande d'autorisation en application du I de l'article L. 613-20-4, elle se prononce au plus tard dans un délai de six mois à compter de la réception du dossier complet de demande.

L'Autorité de contrôle prudentiel et de résolution transmet, dans les meilleurs délais, la demande aux autres autorités compétentes intéressées des États membres de l'Union européenne ou parties à l'accord sur l'Espace économique européen, et se concerte avec elles en vue de parvenir à une décision commune.

Art. R. 613-3-3 *(Mod., D. n° 2014-1315, 3 nov. 2014)*. – Pour l'application du II de l'article L. 613-20-4, l'Autorité de contrôle prudentiel et de résolution établit et transmet aux autres autorités compétentes des États membres de l'Union européenne et des autres États parties à l'accord sur l'Espace économique européen concernées un rapport contenant l'évaluation du risque du groupe.

Pour l'application du III de l'article L. 613-20-4, l'Autorité de contrôle prudentiel et de résolution établit et transmet aux autres autorités compétentes des États membres de l'Union européenne et des autres États parties à l'accord sur l'Espace économique européen concernées un rapport contenant l'évaluation du profil de risque de liquidité du groupe.

Art. R. 613-3-4 *(Mod., D. n° 2014-1315, 3 nov. 2014).* – Les décisions communes de l'Autorité de contrôle prudentiel et de résolution sur le niveau requis de fonds propres ou sur les mesures à prendre en présence de toute question ou constatation importantes ayant une incidence sur la surveillance de la liquidité mentionnées respectivement aux II et au III de l'article L. 613-20-4 prennent en considération l'évaluation du risque des filiales réalisée par les autorités compétentes concernées.

Ces décisions communes sont motivées.

Ces décisions communes ainsi que celle prise à la suite de la saisine de l'Autorité bancaire européenne, conformément au IV de l'article L. 613-20-4, sont notifiées à l'entreprise mère ou, le cas échéant, à l'organe central au sens de l'article L. 511-30.

Art. R. 613-3-5 *(Mod., D. n° 2014-1315, 3 nov. 2014).* – En cas de désaccord sur la décision commune, dûment notifiée, l'Autorité de contrôle prudentiel et de résolution consulte l'Autorité bancaire européenne, soit de sa propre initiative, soit à la demande d'une autorité compétente concernée d'un État membre de l'Union européenne ou d'un État partie à l'accord sur l'Espace économique européen.

Art. R. 613-3-6 *(Mod., D. n° 2014-1315, 3 nov. 2014).* – Pour l'application du IV de l'article L. 613-20-4, l'Autorité de contrôle prudentiel et de résolution tient compte, dans la motivation de sa décision sur base consolidée, des avis et des réserves exprimés dans les délais mentionnés à l'article R. 613-1 A, ainsi que de l'évaluation du risque des filiales réalisée par les autres autorités compétentes concernées d'un État membre de l'Union européenne ou d'un État partie à l'accord sur l'Espace économique européen.

L'Autorité communique sa décision prise sur base consolidée aux autorités compétentes concernées d'un autre État membre de l'Union européenne ou partie à l'accord sur l'Espace économique européen, à l'établissement mère ou, le cas échéant, à l'organe central au sens de l'article L. 511-30.

Art. R. 613-3-7 *(D. n° 2011-18, 5 janv. 2011 ; mod., L. n° 2013-672, 26 juill. 2013).* – L'Autorité de contrôle prudentiel et de résolution communique à l'entreprise mère dans l'Union européenne et dans les autres États parties à l'accord sur l'Espace économique européen, aux organes centraux pour les établissements mutualistes ou coopératifs et à toutes les autorités compétentes concernées des autres États membres de l'Union européenne ou des autres États parties à l'accord sur l'Espace économique européen un document rassemblant toutes les décisions individuelles ou sous-consolidées relatives au niveau requis de fonds propres prises par elle-même et les autres autorités compétentes concernées des États membres de l'Union européenne ou parties à l'accord sur l'Espace économique européen.

Art. R. 613-3-8 *(Mod., D. n° 2014-1315, 3 nov. 2014).* – Les décisions communes mentionnées aux II et III de l'article L. 613-20-4 sont mises à jour tous les ans.

Art. R. 613-3-9 *(Mod., D. n° 2014-1315, 3 nov. 2014).* – Dans des cas exceptionnels, l'Autorité de contrôle prudentiel et de résolution organise de sa propre initiative ou à la demande motivée de toute autorité compétente en charge de la supervision d'une filiale dans un autre État membre de l'Union européenne ou dans un autre État partie à l'accord sur l'Espace économique européen la mise à jour des décisions prises en application des II et IV de l'article L. 511-41-3.

Cette mise à jour peut être examinée par l'Autorité de contrôle prudentiel et de résolution et de résolution et la seule autorité compétente à l'origine de la demande.

Art. R. 613-3-10 *(D. n° 2015-1160, 17 sept. 2015).* – Lorsqu'en application du II de l'article L. 613-20-6, l'Autorité de contrôle prudentiel et de résolution décide d'évaluer l'incidence probable des mesures prévues à ce même II sur la filiale, sur les entités du groupe dans les autres États membres ou sur l'ensemble du groupe, elle communique cette évaluation aux autorités compétentes dans un délai de trois jours.

Art. R. 613-3-11 *(D. n° 2015-1160, 17 sept. 2015).* – L'Autorité de contrôle prudentiel et de résolution adopte une décision en application du III de l'article L. 613-20-6 dans un délai de cinq jours suivant la notification mentionnée au I du même article.

Sous-section 3. – Surveillance sur une base consolidée par une autorité compétente d'un autre État membre de l'Union européenne ou d'un autre État partie à l'accord sur l'Espace économique européen

Art. R. 613-4 *(D. n° 2011-18, 5 janv. 2011 ; mod., L. n° 2013-672, 26 juill. 2013).* **– Les dispositions de la présente sous-section sont applicables à l'Autorité de contrôle prudentiel et de résolution lorsque celle-ci agit en tant qu'autorité en charge de la supervision d'une filiale d'une entreprise ayant son siège dans un autre État membre de l'Union européenne ou dans un autre État partie à l'accord sur l'Espace économique européen.**

Art. R. 613-4-1 *(Mod., D. n° 2014-1315, 3 nov. 2014).* **– Lorsque l'Autorité de contrôle prudentiel et de résolution délègue, en application de l'article L. 613-21-6, sa responsabilité de surveillance d'une filiale aux autorités compétentes qui ont agréé et qui surveillent l'entreprise mère, elle le fait par voie d'accord bilatéral conformément à l'article 28 du règlement (UE) n° 1093/2010 du Parlement européen et du Conseil du 24 novembre 2010. Elle en informe l'Autorité bancaire européenne.**

Art. R. 613-5 *(Mod., D. n° 2014-1315, 3 nov. 2014).* **– L'Autorité de contrôle prudentiel et de résolution peut, en cas de désaccord avec une décision commune qui lui est communiquée par l'autorité en charge de surveillance sur une base consolidée, demander à cette autorité de consulter l'Autorité bancaire européenne.**

Art. R. 613-6 *(Mod., D. n° 2014-1315, 3 nov. 2014).* **– Pour l'application de l'article L. 613-21-4, la décision individuelle ou sur une base sous-consolidée prise par l'Autorité de contrôle prudentiel et de résolution est dûment motivée. Elle tient compte de l'évaluation du risque, des avis et des réserves, exprimés dans les délais mentionnés à l'article R. 613-1 A, des autres autorités compétentes des autres États membres de l'Union européenne ou parties à l'accord sur l'Espace économique européen. Elle est communiquée à toutes les autorités compétentes concernées des autres États membres de l'Union européenne ou parties à l'accord sur l'Espace économique européen et à l'établissement mère dans l'Union et dans les autres États parties à l'accord sur l'Espace économique européen.**

Art. R. 613-7 *(Mod., D. n° 2014-1315, 3 nov. 2014).* **– L'Autorité de contrôle prudentiel et de résolution effectue chaque année la mise à jour des décisions prises sur une base individuelle ou sur une base sous-consolidée en application de l'article L. 613-21-4.**

Art. R. 613-8 *(Mod., D. n° 2014-1315, 3 nov. 2014).* **– L'Autorité de contrôle prudentiel et de résolution peut présenter à l'autorité de surveillance sur une base consolidée une demande écrite dûment motivée de mise à jour des décisions qu'elle a prises concernant le niveau des exigences de fonds propres ou de liquidité de l'entreprise mère mentionnées aux II et IV de l'article L. 511-41-3**

Art. R. 613-9 *(Mod., D. n° 2014-1315, 3 nov. 2014).* **– L'Autorité de contrôle prudentiel et de résolution peut demander à l'autorité chargée de la surveillance sur une base consolidée des informations concernant la mise en œuvre d'approches et de méthodes prévues par le livre V du présent code ou par le règlement (UE) n° 575/2013 du Parlement européen et du Conseil du 26 juin 2013.**

Section II. – Dispositions relatives au traitement des établissements de crédit, des établissements de monnaie électronique, des établissements de paiement et des entreprises d'investissement en difficulté

(Anc. sect. VI, dénum., D. n° 2010-217, 3 mars 2010 ; intitulé rempl., D. n° 2010-257, 12 mars 2010 ; D. n° 2013-383, 6 mai 2013)

Sous-section 1 – Mesures spécifiques à la sauvegarde, au redressement ou à la liquidation judiciaires des établissements de crédit, des établissements de monnaie électronique, des établissements de paiement et des entreprises d'investissement

(Intitulé rempl., D. n° 2010-257, 12 mars 2010 ; D. n° 2013-383, 6 mai 2013)

§ 1. – Procédure de désignation des liquidateurs

Art. R. 613-10 *(Mod., D. n° 2014-1315, 3 nov. 2014).* **– Lorsque l'Autorité de contrôle prudentiel et de résolution estime qu'il y a lieu de désigner un liquidateur en application de l'article L. 613-24, elle porte à la connaissance de l'établissement de crédit, de la société de financement, de l'établissement de monnaie**

électronique, de l'établissement de paiement ou de l'entreprise concerné, par une lettre recommandée avec demande d'avis de réception adressée à son représentant légal ou par tout autre moyen permettant de s'assurer de sa réception par ledit représentant, les motifs pour lesquels elle envisage de procéder à une telle désignation. Le représentant de l'établissement ou de l'entreprise est convoqué, selon les modalités prévues au 3° du I de l'article R. 612-34, pour être entendu par l'Autorité de contrôle prudentiel et de résolution.

Lorsque l'établissement ou la société est affilié à un organe central, l'Autorité de contrôle prudentiel et de résolution informe ce dernier de l'ouverture de cette procédure.

Art. R. 613-11 *(Mod., D. n° 2014-1315, 3 nov. 2014)*. – Le représentant de l'établissement de crédit, de la société de financement, de l'établissement de monnaie électronique, de l'établissement de paiement ou de l'entreprise d'investissement doit adresser ses observations au président de l'Autorité de contrôle prudentiel et de résolution dans un délai fixé par la lettre mentionnée à l'article R. 613-10. Ce délai ne peut être inférieur à trois jours.

Le représentant de l'établissement ou de l'entreprise est convoqué, selon les modalités prévues au 3° du I de l'article R. 612-34, pour être entendu par l'Autorité de contrôle prudentiel et de résolution. Cette convocation doit lui parvenir trois jours au moins avant la date de la réunion de la commission.

Il peut se faire assister par un avocat et un représentant de l'organe central auquel l'établissement ou la société est affilié ou de l'association professionnelle à laquelle l'établissement de crédit ou l'entreprise adhère.

Art. R. 613-12 *(Mod., D. n° 2014-1315, 3 nov. 2014)*. – Lorsqu'elle a prononcé les mesures prévues à l'article L. 613-24 sans procédure contradictoire, l'Autorité de contrôle prudentiel et de résolution en avertit immédiatement l'établissement de crédit, de la société de financement, l'établissement de monnaie électronique, l'établissement de paiement ou l'entreprise concerné et dispose dès lors d'un délai de trois mois pour faire connaître sa décision de lever ou confirmer ces mêmes mesures en suivant la procédure prévue aux articles R. 613-10 et R. 613-11.

Les délais prévus par ces articles sont dans ce cas portés à huit jours.

La mesure provisoire cesse de produire ses effets, si elle n'a pas été confirmée dans le délai de trois mois.

Art. R. 613-13 *(Mod., L. n° 2013-672, 26 juill. 2013)*. – Les décisions de nomination d'un liquidateur précisent la durée prévisible des missions confiées ainsi que les conditions de la rémunération mensuelle, qui tiennent compte notamment de la nature et du volume de l'activité ainsi que de la situation de l'établissement de crédit ou de l'entreprise concerné.

Les liquidateurs sont nommés pour une mission d'une durée au plus égale à trois ans renouvelable, si les circonstances le justifient, par décision de l'Autorité de contrôle prudentiel et de résolution prise à la majorité des membres composant celle-ci.

Art. R. 613-13-1 *(Abr., D. n° 2010-217, 3 mars 2010)*.

§ 2. – Dispositions relatives aux procédures de sauvegarde, de redressement, de liquidation judiciaire et aux procédures de conciliation applicables aux établissements de crédit, aux établissements de monnaie électronique, aux établissements de paiement et aux entreprises d'investissement

(Intitulé rempl., D. n° 2010-257, 12 mars 2010 ; D. n° 2013-383, 6 mai 2013)

Art. R. 613-14 *(Mod., D. n° 2009-295, 16 mars 2009 ; Ord. n° 2010-76, 21 janv. 2010 ; L. n° 2013-672, 26 juill. 2013 ; D. n° 2014-1315, 3 nov. 2014 ; D. n° 2015-1160, 17 sept. 2015)*. – I. – Avant qu'il ne soit statué sur l'ouverture d'une procédure de sauvegarde, de redressement ou de liquidation judiciaires instituées par le livre VI du Code de commerce à l'égard d'un établissement de crédit, d'une société de financement, d'un établissement de monnaie électronique, d'un établissement de paiement, d'une entreprise d'investissement, d'un adhérent d'une chambre de compensation ainsi que d'une compagnie financière holding, d'une compagnie financière holding mixte ou d'une compagnie holding mixte, mentionnées aux 4° à 6° du I de l'article L. 613-34, le président du tribunal saisit l'Autorité de contrôle prudentiel et de résolution d'une demande d'avis. Le greffier transmet cette demande sans délai. Il en informe le procureur de la République.

La saisine de l'Autorité de contrôle prudentiel et de résolution est écrite. Elle est accompagnée des pièces nécessaires à son information. Cette saisine est, à la diligence de l'Autorité de contrôle prudentiel et de résolution, portée sans délai à la connaissance du président du directoire du fonds de garantie des dépôts et de résolution lorsque la personne concernée est un adhérent du fonds.

II. – L'avis de l'Autorité de contrôle prudentiel et de résolution est émis par le collège de supervision, qui se prononce dans un délai de vingt et un jours francs à compter de la réception de la demande d'avis. En cas d'urgence, le délai peut être abrégé par le président du tribunal, sans pouvoir toutefois être inférieur à cinq jours francs ouvrables.

Par dérogation au précédent alinéa, lorsque la saisine porte sur l'ouverture d'une procédure de liquidation judiciaire à l'égard d'une personne relevant du champ d'application du I de l'article L. 613-34, l'avis est émis par le collège de résolution, qui se prononce dans un délai de sept jours francs à compter de la réception de la demande d'avis. Le collège de résolution ne peut s'opposer à l'ouverture de cette procédure dès lors qu'il n'a pas l'intention de prendre une mesure de résolution à l'égard de la personne concernée.

III. – En l'absence de réponse de l'Autorité de contrôle prudentiel et de résolution dans les délais impartis au II, son avis est réputé favorable à l'ouverture de la procédure.

L'avis de l'Autorité de contrôle prudentiel et de résolution est écrit. Il précise si la personne participe à un système et, dans ce cas, rappelle les dispositions du dernier alinéa du II de l'article L. 330-1. Il est transmis par tout moyen au greffier, qui le remet au président du tribunal et au procureur de la République. L'avis est versé au dossier.

IV. – La procédure décrite au présent article est également applicable avant qu'il ne soit statué sur l'ouverture de la conciliation instituée par le livre VI du Code de commerce à l'égard d'un établissement de crédit, d'une société de financement, d'un établissement de monnaie électronique, d'un établissement de paiement ou d'une entreprise d'investissement.

Art. R. 613-15 *(Mod., L. n° 2013-672, 26 juill. 2013).* – Lorsque le tribunal ouvre une procédure de sauvegarde, de redressement ou de liquidation judiciaires instituées par le livre VI du Code de commerce à l'encontre d'une des personnes mentionnées à l'article R. 613-14, le greffier transmet cette information, par écrit et sans délai, à l'Autorité de contrôle prudentiel et de résolution.

Art. R. 613-16 *(Mod., Ord. n° 2010-76, 21 janv. 2010 ; L. n° 2013-672, 26 juill. 2013 ; D. n° 2014-1315, 3 nov. 2014).* – Le représentant légal d'un établissement de crédit, d'une société de financement, d'un établissement de monnaie électronique, d'un établissement de paiement ou d'une entreprise d'investissement qui envisage de déposer une requête tendant à l'ouverture d'une procédure de conciliation doit, par lettre recommandée avec accusé de réception ou lettre remise contre récépissé, saisir l'Autorité de contrôle prudentiel et de résolution d'une demande d'avis préalablement à la saisine du président du tribunal. Cette demande comporte les pièces nécessaires à l'information de l'Autorité de contrôle prudentiel et de résolution. La demande d'avis est, à la diligence de l'Autorité de contrôle prudentiel et de résolution, portée sans délai à la connaissance du président du directoire du fonds de garantie.

L'Autorité de contrôle prudentiel et de résolution rend son avis dans un délai d'un mois à compter de la réception de la demande d'avis. En l'absence de réponse de l'Autorité de contrôle prudentiel et de résolution dans le délai imparti, son avis est réputé favorable à l'ouverture de la procédure.

L'avis de l'Autorité de contrôle prudentiel et de résolution est écrit et transmis par tout moyen au demandeur. Celui-ci joint cet avis, ou à défaut le récépissé de sa demande, à sa requête selon les modalités prévues aux deuxième et troisième alinéas de l'article 36 du décret n° 85-295 du 1er mars 1985 pris pour l'application de la loi n° 84-148 du 1er mars 1984 relative à la prévention et au règlement amiable des difficultés des entreprises.

Art. R. 613-17 *(Mod., L. n° 2013-672, 26 juill. 2013).* – Lorsque le président du tribunal rend une ordonnance prononçant la suspension provisoire des poursuites à l'encontre d'une des personnes mentionnées à l'article R. 613-16, le greffier transmet cette information, par écrit et sans délai, à l'Autorité de contrôle prudentiel et de résolution.

Art. R. 613-18 *(Mod., L. n° 2013-672, 26 juill. 2013 ; D. n° 2014-1315, 3 nov. 2014).* – I. – L'Autorité de contrôle prudentiel et de résolution est tenue de porter à la connaissance, sans délai et par tout moyen, du gestionnaire des systèmes mentionnés à l'article L. 330-1 auxquels la personne concernée participe et de la Banque de France, ainsi que, lorsqu'il s'agit d'un système de règlement et de livraison d'instruments financiers, de l'Autorité des marchés financiers, les informations dont elle dispose dans les cas suivants :

1° Lorsqu'elle est informée de l'ouverture d'une procédure mentionnée à l'article R. 613-15 ou du prononcé des mesures prévues à l'article R. 613-17 ;

2° Lorsqu'un participant à un système a fait l'objet d'une mesure de radiation prise en application du I de l'article L. 312-5, du II de l'article L. 313-50, de l'article L. 322-2, de l'article L. 612-39 ou de l'article L. 612-40 ;

3° Lorsqu'un participant à un système fait l'objet d'un retrait d'agrément ;

4° Lorsqu'elle est informée par une autorité d'un État membre ou d'un pays tiers compétente pour la surveillance d'un établissement de crédit ou d'une entreprise d'investissement de l'ouverture d'une procédure ayant un effet comparable à celui des procédures mentionnées aux 1° et 2° pour un participant à un système.

II. – L'Autorité de contrôle prudentiel et de résolution informe, dans les mêmes conditions, le Comité européen du risque systémique, les autorités désignées à cette fin par les États membres de l'Union européenne et l'Autorité européenne des marchés financiers des mesures mentionnées au 1° et au 2° du I prises à l'encontre d'un établissement de crédit, d'une entreprise d'investissement ou d'un adhérent d'une chambre de compensation qui participe à un système de règlement interbancaire ou de règlement et de livraison d'instruments financiers, qui a établi une succursale dans un autre État membre ou qui y exerce ses activités en libre prestation de services.

Art. R. 613-19 *(Mod., L. n° 2013-672, 26 juill. 2013).* – En cas d'ouverture d'une procédure de redressement ou de liquidation judiciaires à l'égard d'un établissement de crédit ou d'une entreprise d'investissement, le fonds de garantie des dépôts et de résolution mentionné à l'article L. 312-4, s'il intervient, informe chaque déposant du montant des créances exclues de son champ d'intervention dans le même temps qu'il lui indique le montant et la nature des créances couvertes par le mécanisme de garantie des dépôts ou par le mécanisme de garantie des titres prévu par le présent code.

Il lui indique également que le montant des créances entrant en tout ou partie dans son champ d'intervention, y compris la partie excédant le plafond d'indemnisation relatif au mécanisme de garantie applicable, n'a pas à être déclaré au représentant des créanciers. Le fonds précise au déposant, en ce qui concerne les créances totalement exclues de son champ d'intervention, les modalités de déclaration prévues par l'article L. 622-24 du Code de commerce et le décret n° 85-1388 du 27 décembre 1985 relatif au redressement et à la liquidation judiciaires des entreprises ainsi que par les articles R. 613-21 et R. 613-22.

Le fonds de garantie informe le représentant des créanciers ou le liquidateur judiciaire des éventuelles prolongations de délais accordées par l'Autorité de contrôle prudentiel et de résolution en vue de l'indemnisation des déposants.

Art. R. 613-20 *(Mod., L. n° 2013-672, 26 juill. 2013).* – Au vu des documents et à partir des informations fournis par le débiteur, les déposants, le fonds de garantie, les administrateurs désignés par l'Autorité de contrôle prudentiel et de résolution et par le tribunal, ainsi que par le liquidateur nommé par l'Autorité de contrôle prudentiel et de résolution, le représentant des créanciers ou le liquidateur judiciaire vérifie les créances mentionnées au premier alinéa de l'article L. 613-30.

Les relevés de ces créances sont établis par le représentant des créanciers ou le liquidateur judiciaire au plus tard neuf mois après le prononcé du jugement d'ouverture. Ils mentionnent l'identité de chacun des déposants, le nombre, la nature et le montant des dépôts en précisant le montant non couvert par les mécanismes de garantie des dépôts ou des titres. Les relevés sont, à la diligence du représentant des créanciers ou du liquidateur judiciaire, remis au fonds de garantie après avoir été mentionnés par le juge commissaire et déposés au greffe du tribunal de commerce.

Art. R. 613-20-1 *(D. n° 2010-257, 12 mars 2010 ; mod., L. n° 2013-672, 26 juill. 2013).* – Au vu des documents et à partir des informations fournies par le débiteur, les utilisateurs de services de paiement, les administrateurs désignés par l'Autorité de contrôle prudentiel et de résolution et par le tribunal, ainsi que par le liquidateur nommé par l'Autorité de contrôle prudentiel et de résolution, le représentant des créanciers ou le liquidateur judiciaire vérifie les créances correspondant aux fonds mentionnés au deuxième alinéa de l'article L. 613-30-1.

Les relevés de ces créances sont établis par le représentant des créanciers ou le liquidateur judiciaire au plus tard neuf mois après le prononcé du jugement d'ouverture. Ils mentionnent l'identité de chacun des utilisateurs de services de paiement, le nombre, la nature des créances mentionnées aux deuxième et troisième alinéas de l'article L. 613-30-1 et le montant des fonds correspondants.

Art. R. 613-20-2 *(D. n° 2013-383, 6 mai 2013 ; mod., L. n° 2013-672, 26 juill. 2013).* – Au vu des documents et à partir des informations fournies par le débiteur, les détenteurs de monnaie électronique, les administrateurs désignés par l'Autorité de contrôle prudentiel et de résolution et par le tribunal, ainsi que par le liquidateur nommé par l'Autorité de contrôle prudentiel et de résolution, le représentant des créanciers ou le liquidateur judiciaire vérifie les créances correspondant aux fonds mentionnés au deuxième alinéa de l'article L. 613-30-2.

Les relevés de ces créances sont établis par le représentant des créanciers ou le liquidateur judiciaire au plus tard neuf mois après le prononcé du jugement d'ouverture. Ils mentionnent l'identité de chacun des détenteurs de monnaie électronique, le nombre, la nature des créances mentionnées aux deuxième et troisième alinéas de l'article L. 613-30-2 et le montant des fonds correspondants.

Art. R. 613-21 *(Mod., L. n° 2013-672, 26 juill. 2013).* – Les créances mentionnées à l'article R. 613-20 font l'objet, à la diligence du représentant des créanciers ou du liquidateur judiciaire, de la publication, au Bulletin officiel des annonces civiles et commerciales et dans un journal habilité à recevoir des annonces légales dans le département du siège du débiteur, d'un avis indiquant que les relevés de ces créances sont déposés au greffe du tribunal de commerce. Cet avis est signé par le représentant des créanciers ou le liquidateur judiciaire et daté du jour de la publication au Bulletin officiel susmentionné. Cette date fait courir le délai de forclusion fixé au troisième alinéa de l'article L. 613-30.

Parallèlement, le représentant des créanciers ou le liquidateur judiciaire informe par tout moyen chaque déposant et le fonds de garantie de la nature et du montant de leurs créances en précisant celles qui ont été admises ou rejetées et lui indique la date du dépôt au greffe du relevé les concernant. Il lui rappelle que le délai de forclusion prévu au troisième alinéa de l'article L. 613-30 court à compter de la publication mentionnée au précédent alinéa.

Les déposants peuvent être relevés de leur forclusion dans les conditions prévues à l'article L. 621-46 du Code de commerce et dans le délai d'un an à compter de la mesure de publicité prévue au premier alinéa.

Le fonds de garantie des dépôts et de résolution, les administrateurs désignés par l'Autorité de contrôle prudentiel et de résolution et par le tribunal, ainsi que le liquidateur nommé par l'Autorité de contrôle prudentiel et de résolution, fournissent au représentant des créanciers ou au liquidateur judiciaire toutes les informations utiles sur les contestations ou instances en cours relatives à ces créances.

Art. R. 613-22. – Les créances qui ne sont pas mentionnées à l'article R. 613-20 peuvent, par dérogation aux dispositions de l'article 66 du décret n° 85-1388 du 27 décembre 1985 susmentionné, être déclarées jusqu'à l'expiration d'un délai de deux mois à compter de la mesure de publicité prévue à l'article R. 613-21.

Ces créances font ensuite l'objet, à la diligence du représentant des créanciers ou du liquidateur judiciaire, d'une publication d'un avis au *Bulletin officiel des annonces civiles et commerciales* et dans un journal habilité à recevoir des annonces légales dans le département du siège du débiteur. Cet avis indique que les relevés de ces créances sont déposés au greffe du tribunal de commerce. Il est signé par le représentant des créanciers ou le liquidateur judiciaire et daté du jour de la publication au *Bulletin officiel* susmentionné. Cette date fait courir le délai de forclusion fixé au troisième alinéa de l'article L. 613-30.

Les créanciers dont la créance n'a pas été déclarée peuvent être relevés de leur forclusion dans les conditions prévues à l'article L. 621-46 du Code de commerce et dans le délai d'un an à compter de la mesure de publicité prévue à l'alinéa précédent.

Art. R. 613-23 *(Mod., D. n° 2014-1315, 3 nov. 2014).* – Par dérogation aux dispositions des articles R. 814-27 et R. 814-28 du Code de commerce, la rémunération de l'administrateur judiciaire, du mandataire judiciaire et du liquidateur judiciaire d'un établissement de crédit, d'une société de financement, d'un établissement de monnaie électronique, d'un établissement.

Sous-section 2. – Mesures d'assainissement
et de liquidation des établissements de crédit communautaires

Art. R. 613-24 *(Mod., L. n° 2013-672, 26 juill. 2013)*. – **I. – Lorsque le tribunal compétent ou l'Autorité de contrôle prudentiel et de résolution décide de prendre une mesure d'assainissement ou de liquidation à l'égard d'un établissement de crédit ayant une ou plusieurs succursales dans un autre État membre au sens de l'article L. 613-31-1, l'Autorité de contrôle prudentiel et de résolution en informe sans délai l'autorité compétente pour la surveillance des établissements de crédit de chaque État membre concerné.**

Lorsque le tribunal compétent ou l'Autorité de contrôle prudentiel et de résolution décide de prendre une mesure d'assainissement ou de liquidation à l'égard d'une succursale en France d'un établissement de crédit ayant son siège hors de l'Espace économique européen, l'Autorité de contrôle prudentiel et de résolution en informe sans délai l'autorité compétente pour la surveillance des établissements de crédit de chaque État membre dans lequel cet établissement dispose d'une succursale.

Cette information précise les effets que cette décision peut emporter.

II. – L'administrateur ou le liquidateur, désigné dans le cadre d'une procédure ouverte à l'égard d'une succursale d'établissement ayant son siège hors de l'Espace économique européen, s'efforce de coordonner ses actions avec ses homologues désignés, le cas échéant, dans les autres États membres où l'établissement a créé des succursales.

III. – Lorsque le tribunal compétent ou l'Autorité de contrôle prudentiel et de résolution estime nécessaire de mettre en œuvre une mesure d'assainissement à l'égard d'une succursale en France d'un établissement de crédit ayant son siège dans un autre État membre, l'Autorité de contrôle prudentiel et de résolution en informe sans délai l'autorité compétente pour la surveillance des établissements de crédit de cet autre État membre.

IV. – Les informations relatives aux mesures d'assainissement prises par les autorités compétentes d'un État membre accueillant une succursale d'un établissement de crédit ayant son siège en France sont communiquées à l'Autorité de contrôle prudentiel et de résolution.

Art. R. 613-25. – **I. – L'administrateur ou le liquidateur, désigné dans le cadre d'une procédure ouverte à l'égard d'un établissement de crédit ayant son siège en France, fait procéder à la publication dans les meilleurs délais au *Journal officiel* de l'Union européenne et dans deux journaux à diffusion nationale de chaque État membre dans lequel l'établissement a une succursale d'un extrait des mesures suivantes :**

1° Les mesures mentionnées au 3 du I de l'article L. 613-21 ;

2° Le jugement ouvrant un règlement amiable ou un redressement judiciaire ;

3° Le jugement arrêtant un plan de continuation ou de cession ;

4° Le jugement ouvrant ou prononçant une liquidation judiciaire ;

5° La cession d'une ou de plusieurs unités de production sur le fondement de l'article L. 622-17 du Code de commerce.

L'extrait prévu au premier alinéa doit mentionner, dans la langue ou les langues officielles des États membres concernés, notamment l'objet et le fondement juridique de la mesure adoptée, les délais de recours et la date d'expiration de ces derniers ainsi que l'adresse de la juridiction compétente pour connaître d'un recours.

II. – S'agissant des décisions mentionnées aux 4° et 5° du I, l'extrait doit préciser en outre que tout créancier peut prendre connaissance du rapport de liquidation auprès du greffe du tribunal compétent, conformément à l'article 123 du décret n° 85-1388 du 27 décembre 1985 relatif au redressement et à la liquidation judiciaires des entreprises.

Art. R. 613-26. – I. – En application de l'article 66 du décret n° 85-1388 du 27 décembre 1985 mentionné au II de l'article R. 613-25, le représentant des créanciers avertit les créanciers connus d'avoir à lui déclarer leurs créances. Cet avertissement est intitulé : « Invitation à produire une créance. Délais à respecter ». Cet intitulé est rédigé dans toutes les langues officielles de l'Union européenne.

Le représentant des créanciers adresse en outre aux créanciers connus un formulaire intitulé : « Production de créance ». Cet intitulé est également rédigé dans toutes les langues officielles de l'Union européenne.

Le créancier connu peut remplir le formulaire mentionné à l'alinéa précédent en recourant à la ou à l'une des langues officielles de l'État membre dans lequel il a son domicile, sa résidence habituelle ou son siège statutaire.

II. – Pour l'application de l'article 72 du décret [n° 85-1388] du 27 décembre 1985 mentionné au II de l'article R. 613-25, le représentant des créanciers avise le créancier de la possibilité de présenter des observations relatives à sa créance. Cet avis est intitulé : « Invitation à présenter les observations relatives à une créance. Délais à respecter ». Cet intitulé est rédigé dans toutes les langues officielles de l'Union européenne.

Le représentant des créanciers joint à cet avis un formulaire intitulé : « Présentation des observations relatives aux créances ». Cet intitulé est rédigé dans toutes les langues officielles de l'Union européenne.

Le créancier peut remplir le formulaire mentionné à l'alinéa précédent en recourant à la ou à l'une des langues officielles de l'État membre dans lequel il a son domicile, sa résidence habituelle ou son siège statutaire.

III. – Dans tous les cas, le représentant des créanciers peut exiger d'un créancier une traduction en langue française de la production de la créance et des observations y afférentes.

Art. R. 613-27. – En cas de mise en œuvre d'une mesure d'assainissement ou d'ouverture d'une procédure de liquidation d'un établissement de crédit, la preuve de la nomination d'un administrateur ou d'un liquidateur par l'État membre sur le territoire duquel est situé le siège de cet établissement est établie par la présentation d'une copie certifiée conforme à l'original de l'acte qui le nomme ou de tout autre certificat délivré par les autorités compétentes de cet État.

Pour pouvoir agir sur le territoire français, l'administrateur ou le liquidateur désigné dans un État membre autre que la France doit également produire la traduction en français de la copie certifiée conforme de l'acte ou du certificat délivré par les autorités compétentes de son pays.

Art. R. 613-28 *(D. n° 2018-710, 3 août 2018)*. – I. – Est considéré comme non structuré au sens du 4° du I de l'article L. 613-30-3 un titre, une créance, un instrument ou un droit qui présente les caractéristiques suivantes :

1° Le principal émis ou emprunté, son remboursement ainsi que le paiement des intérêts ou des coupons, sont libellés en euros ou dans une unique devise ;

2° L'échéance initiale minimale du titre, de la créance, de l'instrument ou du droit est supérieure à un an ;

3° Le principal est remboursable au pair ou au moins au pair lorsque aucun versement d'aucun coupon ou intérêt n'est prévu ;

4° Sous réserve du 6°, le montant du remboursement et de la rémunération à chaque échéance est prévu par le contrat d'émission du titre ou le contrat régissant la créance, l'instrument ou le droit. Ce montant ainsi que la date de ces échéances ne dépendent pas contractuellement de la survenance ou de la non-survenance d'événements futurs incertains ;

5° A. – Lorsque le contrat prévoit le versement d'intérêts, cette rémunération est selon le cas :

a) À taux fixe ;

b) À un taux variable égal à un indice de référence de taux d'intérêt qui répond à la date de l'émission ou de l'emprunt à la définition du 22) du paragraphe 1 de l'article 3 du règlement (UE) 2016/1011 du Parlement européen et du Conseil du 8 juin 2016 concernant les indices utilisés comme indices de référence dans le cadre d'instruments et de contrats financiers ou pour mesurer la performance de fonds d'investissement et modifiant les directives 2008/48/ CE et 2014/17/ UE et le règlement (UE) n° 596/2014 ; ce taux peut être assorti, le cas échéant, d'une marge fixe.

B. – Le contrat peut prévoir des changements de rémunération conduisant à appliquer, après une ou plusieurs dates prédéterminées, une autre rémunération dès lors que cette dernière répond aux conditions décrites au a ou au b du A. Lorsque la nouvelle rémunération est à taux fixe, ce taux peut être égal soit à un taux fixe prédéterminé, soit à un taux usuel du marché interbancaire, du marché monétaire, du marché obligataire ou au taux des emprunts émis par un État assorti, le cas échéant, d'une marge fixe.

C. – Les dispositions du B sont également applicables dans l'hypothèse où l'émetteur ou l'emprunteur a renoncé à exercer une faculté qu'il détient en application du b du 6° ci-après ;

6° Le titre, la créance, l'instrument ou le droit peut faire l'objet d'un remboursement anticipé si le contrat prévoit cette possibilité :

a) À l'initiative de l'émetteur ou de l'emprunteur, dans le cas d'un changement de circonstances ayant pour effet de modifier le traitement comptable, fiscal ou règlementaire, initialement prévu lors de l'émission ou de l'emprunt ;

b) À l'initiative de l'émetteur ou de l'emprunteur, à une ou plusieurs dates prédéterminées ;

7° Le contrat prévoit, le cas échéant, la possibilité pour l'emprunteur ou l'émetteur de modifier unilatéralement certaines de ses clauses afin de maintenir le traitement comptable, fiscal ou réglementaire initialement prévu lors de l'émission ou de l'emprunt.

II. – Est également considéré comme non structuré le titre, la créance, l'instrument ou le droit qui répond aux conditions fixées au I mais ayant une durée indéterminée.

....

CHAPITRE IV. – INSTITUTIONS CONSULTATIVES

Section I. – Comité consultatif du secteur financier et comité consultatif de la législation et de la réglementation financières

Art. D. 614-1 *(Mod., D. n° 2014-1316, 3 nov. 2014 ; D. n° 2015-1607, 7 déc. 2015 ; D. n° 2017-1324, 6 sept. 2017).* – I. – Le comité consultatif du secteur financier comprend trente-deux membres et leurs suppléants nommés par arrêté du ministre chargé de l'économie :

1° Un député, désigné par le président de l'Assemblée nationale ;

2° Un sénateur, désigné par le président du Sénat ;

3° Onze représentants des établissements de crédit, des sociétés de financement, des établissements de monnaie électronique et des établissements de paiement, des entreprises d'investissement, des sociétés de gestion de portefeuille, des entreprises d'assurance, des agents généraux, des courtiers d'assurance et des intermédiaires en opérations de banque et en services de paiement, dont :

a) Quatre représentants des établissements de crédit, des sociétés de financement des entreprises d'investissement et des sociétés de gestion de portefeuille ;

b) Un représentant des établissements de monnaie électronique et des établissements de paiement ;

c) Trois représentants des entreprises d'assurance ;

d) Un représentant des agents généraux ;

e) Un représentant des courtiers d'assurance ;

f) Un représentant des intermédiaires en opérations de banque et en services de paiement.

4° Cinq représentants du personnel des établissements de crédit, des sociétés de financement, des établissements de monnaie électronique et des établissements de paiement, des entreprises d'assurance, des sociétés de gestion de portefeuille et des entreprises d'investissement, désignés après consultation des organisations syndicales représentatives au plan national ;

5° Onze représentants des clientèles des établissements de crédit, des sociétés de financement, des établissements de monnaie électronique et des établissements de paiement, des entreprises d'assurance, des sociétés de gestion de portefeuille et des entreprises d'investissement, dont :

a) Sept représentants de la clientèle de particuliers ;

b) Quatre représentants de la clientèle de professionnels et d'entreprises ;

6° Trois personnalités nommées en raison de leur compétence.

Le président du comité consultatif du secteur financier est nommé parmi les personnalités qualifiées désignées au 6° par arrêté du ministre chargé de l'économie. Il dispose d'un secrétariat général chargé de l'assister dans l'exercice de ses fonctions.

Des représentants de l'État et, à la demande du président, de toute autre autorité publique, dont la Banque de France, peuvent participer aux séances du comité. Ils ne prennent pas part au vote.

II. – Dans le cadre de ses attributions, le comité peut, à la majorité absolue de ses membres, charger certains de ses membres d'étudier des questions particulières et, à cette fin, constituer en son sein des groupes de travail ou d'étude. Le comité peut, sur proposition de son président, entendre tout expert.

III. – Le comité se réunit sur convocation de son président. Il ne peut délibérer que sur les questions inscrites à l'ordre du jour annexé à la convocation. En cas de partage égal des voix, celle du président est prépondérante.

IV. – Le comité assure la mise en ligne d'une information permettant de comparer les tarifs des établissements mentionnés à l'avant-dernier alinéa de l'article L. 614-1 pour les principaux services offerts à leurs clients personnes physiques n'agissant pas pour des besoins professionnels.

V. – En application du dernier alinéa de l'article L. 614-1, le professionnel saisit le président du comité pour la désignation de son médiateur en proposant une ou plusieurs candidatures.

Le président réunit un organe collégial composé :
– de deux représentants d'associations de consommateurs agréées, titulaires ou suppléants du comité ;
– de deux représentants du professionnel concerné, proposés par celui-ci.

Ces représentants sont nommés par le président du comité. Ce dernier nomme également les suppléants des représentants d'associations de consommateurs agréées.

Le médiateur est désigné à la majorité des voix de ces représentants, sans participation au vote du président du comité ou de son représentant qui assiste aux débats.

Art. D. 614-2 *(Mod., D. n° 2010-218, 3 mars 2010 ; D. n° 2012-1382, 10 déc. 2012 ; L. n° 2013-672, 26 juill. 2013 ; D. n° 2014-1316, 3 nov. 2014).* – I. – Le comité consultatif de la législation et de la réglementation financières est présidé par le ministre chargé de l'économie ou son représentant. Le comité comprend dix-sept autres membres :

1° Un député, désigné par le président de l'Assemblée nationale ;

2° Un sénateur, désigné par le président du Sénat ;

3° Un membre du Conseil d'État en activité, désigné sur proposition du vice-président du Conseil d'État ;

4° Le gouverneur de la Banque de France, président de l'Autorité de contrôle prudentiel et de résolution, ainsi qu'un autre membre de l'Autorité qu'il désigne, ou leurs représentants ;

5° Le directeur des affaires civiles et du sceau au ministère de la justice, ou son représentant ;

5° *bis* Le directeur de la sécurité sociale ou son représentant ;

6° Trois représentants des établissements de crédit, des sociétés de financement et des entreprises d'investissement ;

7° Trois représentants des organismes d'assurance ;

8° Un représentant des organisations syndicales représentatives au plan national du personnel des secteurs bancaire et de l'assurance, et des entreprises d'investissement ;

9° Un représentant des clientèles des établissements de crédit, des sociétés de financement, des entreprises d'assurance et des entreprises d'investissement ;

10° Deux personnalités choisies en raison de leur compétence.

Lorsqu'il examine des prescriptions d'ordre général touchant à l'activité des prestataires des services d'investissement, le comité consultatif de la législation et de la réglementation financières comprend également le président de l'Autorité des marchés financiers ou son représentant.

Les membres désignés aux 1° et 2° participent aux travaux du comité lorsque sont examinés des projets de règlement ou de directive communautaires ou des projets de loi.

Les membres du comité désignés aux 1°, 2°, 3°, 6°, 7°, 8°, 9° et 10° et leurs suppléants sont nommés par arrêté du ministre chargé de l'économie.

II. – Le comité consultatif de la législation et de la réglementation financières dispose d'un secrétariat général dirigé par un secrétaire général nommé par arrêté du ministre chargé de l'économie. Le secrétaire général est assisté d'un secrétaire général adjoint nommé dans les mêmes conditions.

III. – Le comité se réunit sur convocation de son président. Il ne peut délibérer que sur les questions inscrites à l'ordre du jour annexé à la convocation. En cas de partage égal des voix, celle du président est prépondérante.

IV. – En cas d'urgence constatée par son président, le comité peut statuer par voie de consultation écrite.

Lorsque le comité fait usage de cette possibilité, le président recueille, dans un délai qu'il fixe mais qui ne peut être inférieur à deux jours ouvrés, les observations et avis des membres du comité. Toutefois, si un membre en fait la demande écrite dans ce délai, le président réunit le comité dans les formes et conditions prévues au III.

Pour que ses résultats puissent être pris en compte, la consultation écrite doit avoir permis de recueillir des avis de la moitié au moins des membres du comité dans le délai fixé par le président. Le président informe, dans les meilleurs délais, les membres du comité de la décision résultant de cette consultation.

Les avis rendus par voie de consultation écrite sont annexés au procès-verbal de la séance suivante. Mention y est faite du nom des membres ayant émis un avis et des membres n'ayant pas pris part à la consultation.

Art. D. 614-3. – I. – Les fonctions de membre du comité consultatif du secteur financier et de membre du comité consultatif de la législation et de la réglementation financières sont gratuites.

II. – La Banque de France met à la disposition des secrétariats généraux des comités consultatifs des agents et des moyens nécessaires à l'exercice de leurs missions.

III. – Les représentants des assemblées parlementaires siègent au sein des comités consultatifs jusqu'au renouvellement du mandat au titre duquel ils ont été désignés. Il est procédé à leur remplacement à l'occasion de ce renouvellement. Les autres membres des comités, à l'exception des membres de droit, sont nommés pour une durée de trois ans.

En cas de décès ou de démission d'un membre ou de perte en cours de mandat de la qualité ayant justifié sa désignation, il est procédé dans les deux mois et dans les mêmes formes à son remplacement pour la durée restant à courir de son mandat.

IV. – Les membres des comités consultatifs ont un devoir de discrétion pour les informations dont ils ont connaissance à raison de leurs fonctions.

V. – Le comité consultatif du secteur financier et le comité consultatif de la législation et de la réglementation financières adressent chacun un rapport annuel au Président de la République et au Parlement. Ces rapports sont publics.

CHAPITRE V. – AUTRES INSTITUTIONS

Section I. – Commissaires du Gouvernement et mission de contrôle des activités financières

Art. D. 615-1. – Les commissaires du Gouvernement représentent l'État auprès des organismes dans lesquels ils sont nommés en application des dispositions du II de l'article L. 511-32. Ils assurent également cette représentation auprès des organismes dotés d'un commissaire du Gouvernement en vertu des textes législatifs ou réglementaires spécifiques.

Art. D. 615-2. – Les commissaires du Gouvernement, dont le nombre ne peut être supérieur à dix, sont nommés par arrêté du ministre chargé de l'économie, sur proposition du directeur général du Trésor et de la politique économique. Les commissaires du Gouvernement désignés parmi les contrôleurs d'État sont nommés après avis du chef du service du contrôle général économique et financier.

Art. D. 615-3. – Les commissaires du Gouvernement nommés auprès d'un organisme en application des dispositions du II de l'article L. 511-32 s'assurent que celui-ci, soit directement, soit par l'intermédiaire de ses filiales ou des établissements dont il détient le contrôle, exerce son activité d'intérêt public conformément aux textes qui le régissent. Ils rendent compte au ministre chargé de l'économie des missions d'intérêt public confiées à l'organisme auprès duquel ils sont nommés et lui adressent un rapport annuel sur l'activité de l'établissement.

Art. D. 615-4 *(Mod., L. n° 2013-672, 26 juill. 2013).* – Les commissaires du Gouvernement participent aux séances du conseil d'administration et du conseil de surveillance ainsi qu'aux assemblées générales. Ils sont également invités aux réunions des comités et des commissions chargés de préparer les décisions des instances précitées ou ayant reçu de celles-ci des délégations de pouvoirs.

Les commissaires du Gouvernement peuvent se faire remettre par l'organisme tout document et communiquer tout renseignement nécessaire à l'exercice de leur mission.

L'organisme leur communique les rapports d'inspection internes et d'audit externes, ainsi que les rapports d'inspection et les décisions de l'Autorité de contrôle prudentiel et de résolution nécessaires à l'exercice de leur mission.

Art. D. 615-5. – Les commissaires du Gouvernement peuvent adresser, en application de l'article D. 615-3, à l'organisme auprès desquels ils sont nommés des recommandations et peuvent leur demander de faire procéder aux inspections ou aux contrôles qu'ils jugent utiles, y compris sur tout établissement qui lui est affilié.

Art. D. 615-6. – Le commissaire du Gouvernement peut s'opposer à toute délibération ou décision engageant l'organisme dans la mise en œuvre des prérogatives de puissance publique ou de la mission d'intérêt public qui lui ont été confiées, et demander une seconde délibération. Il dispose à cet effet d'un délai de quinze jours. Sa demande doit être motivée. Il en rend compte au ministre chargé de l'économie.

Si, après une seconde délibération, le désaccord subsiste, le commissaire du Gouvernement peut opposer un refus motivé à cette décision.

Art. D. 615-7. – Les organismes contrôlés mettent à la disposition des commissaires du Gouvernement les moyens nécessaires à l'exercice de leur mission.

Art. D. 615-8. – Ceux des commissaires du Gouvernement qui n'exercent pas d'autres fonctions à l'administration centrale du ministère chargé de l'économie sont réunis au sein de la mission de contrôle des activités financières rattachée à la direction générale du Trésor et de la politique économique.

Cette mission est dirigée par l'un de ses membres nommé par arrêté du ministre chargé de l'économie.

Section II. – Comité de la médiation bancaire

(Anc. ss-sect. 3 de la section I du chapitre II du titre Ier du livre III devenue la présente section, D. n° 2010-257, 12 mars 2010 ; abrogée, D. n° 2015-1382, 30 oct. 2015)

Art. R. 615-9 à R. 615-12 *(Abr., D. n° 2015-1382, 30 oct. 2015).*

CHAPITRE VI. – INCOMPATIBILITÉS

Art. R. 616-1 *(Mod., L. n° 2013-672, 26 juill. 2013 ; D. n° 2014-1315, 3 nov. 2014).* **– Les personnes assurant le secrétariat du comité consultatif du secteur financier, du comité consultatif de la législation et de la réglementation financières, de l'Autorité de contrôle prudentiel et de résolution ainsi que les agents de la Banque de France et les personnes chargés d'effectuer les contrôles sur pièces et sur place ne peuvent exercer aucune fonction rétribuée dans un établissement de crédit, une société de financement, un établissement de monnaie électronique, un établissement de paiement ou une entreprise d'investissement.**

Partie législative

TITRE II. – L'AUTORITÉ DES MARCHÉS FINANCIERS

(Intitulé rempl., L. n° 2003-706, 1er août 2003)

Bibliographie : S. Castagne, *L'Autorité des marchés financiers : Dr. sociétés* mars 2004, p. 10. • J.-J. Daigre, *La création de l'Autorité des marchés financiers : Rev. sociétés* 2003, p. 822. • N. Decoopman, *La mise en place de l'Autorité des marchés financiers, Décret n° 2003-1109 : JCP* G 2004, p. 2. • Cl. Ducouloux-Favard, *Où va le contentieux boursier ? : LPA* 15 juill. 2004, p. 8. • O. Dufour, *L'Autorité des marchés financiers est née : LPA* déc. 2003, p. 4 ; *Vers un renforcement des pouvoirs de sanction du régulateur boursier : LPA* 23 sept. 2004, p. 3 ; *L'Autorité des marchés financiers affiche une politique de fermeté : LPA* 13 juin 2005. • B. Gizard, *Directive MIF : quel impact sur l'activité de l'AMF ? : Banque* 2008, n° 698, p. 40. • C. Goyet, N. Rontchevsky et M. Storck, *Installation de l'Autorité des marchés financiers : RTD com.* 2004, p. 122. • A. Jenecourt, *L'adaptation du système administratif aux enjeux de la régulation : l'exemple de l'AMF : Banque et droit* nov.-déc. 2006, p. 10. • J.-Ph. Kovar et J. Lasserre Capdeville, *L'indépendance des autorités de régulation financière : RD bancaire et fin.* mai 2012, étude 10. • G. Rameix, *L'Autorité des marchés financiers : LPA* 14 nov. 2003, p. 12. • N. Rontchevsky, *L'installation de l'Autorité des marchés financiers : Bull. Joly Bourse* 2004, p. 147. • F. Roussel, *Organisation et missions de l'Autorité des marchés financiers : Bull. Joly Bourse* mars 2004, p. 139. • M. Teller, *L'AMF à l'heure des bilans : les résultats de 2005, les perspectives à compter de 2007 : Bull. Joly Bourse* 2006, p. 633. • S. Thomasset-Pierre, *L'Autorité des marchés financiers : quelques aspects procéduraux : Procédures* déc. 2003, p. 3. • *Adde* C. Ducouloux-Favard, *JCl.* Sociétés traité, Fasc. 1600 *(Infractions boursières).*

CHAPITRE UNIQUE. – L'AUTORITÉ DES MARCHÉS FINANCIERS

(Anc. chap. I, dénum. et intitulé rempl., L. n° 2003-706, 1er août 2003)

Bibliographie : *Ancienne Commission des opérations de bourse.* P. Bezard, *La Commission des opérations de bourse et le droit des sociétés : RJ com.* 1982, p. 41. • P. Bezard et Y. Chaput, *La COB et la protection des actionnaires minoritaires dans les groupes de sociétés : Rev. sociétés* 1982, p. 481. • M. Boitard, *La Commission des opérations de bourse : JCP* 1968, I, 2161. • F. Bucher, *Vers un progrès des droits de la défense devant la COB : Rev. sociétés* 1997, p. 48. • A. Canivet, *Le juge et l'autorité de marché : RJ com.* 1992, p. 185. • P. Clermontel, *L'émergence d'une notion autonome de placement privé : JCP* E 1998, p. 1868. • A. Couret, *Les droits de la défense devant la COB : BJS* 1991, p. 1081. • J.-J. Daigre, *Une nouvelle source de droit, le communiqué ? À propos d'un communiqué de la COB du 4 mai 1999 : JCP* E 1999, p. 1261. • N. Decoopman, *La Commission des opérations de bourse et le droit des sociétés, Économica,* 1980 ; *Le pouvoir d'injonction des autorités administratives indépendantes : JCP* 1987, I, 3303 ; *Le rescrit boursier : Rev. sociétés* 1991, p. 449. • C. Delicostopoulos, *L'encadrement processuel des autorités de marché en droit français et communautaire. Contentieux de la concurrence et de la bourse,* LGDJ, 2002. • P. Delvolvé, *La nature des recours devant la cour d'appel de Paris contre les actes des autorités boursières : BJS* 1990, p. 499. • L. Faugérolas, *La nature juridique des actes* *administratifs pris par la COB : BJS* 1987, p. 913. • B. Genevois, *Le Conseil constitutionnel et l'extension des pouvoirs de la COB : RFDA* 1989, 679. • M. Guillaume-Hofnung, *Réflexions sur la nature juridique de la Commission des opérations de bourse : RDP* 1982, p. 1343. • V. Guillaumin, *La cohabitation boursière ou les rôles des pouvoirs respectifs de la COB et du CBV : Bull. Joly Bourse* 1993, p. 347. • Y. Guyon, *Le rôle de la Commission des opérations de bourse dans l'évolution du droit des sociétés commerciales : RTD com.* 1975, p. 447 ; *Les attributions de la Commission des opérations de bourse en matière d'offres publiques d'achat ou d'échange d'actions : Mél. J. Derruppé*, éd. Joly et Litec 1991, p. 245. • P. Le Cannu, *Le rescrit de la COB : un nouvel instrument d'interprétation du droit boursier : BJS* 1990, p. 927. • T. Michel, *La surveillance des marchés par la COB : présentation du système d'alerte : Bull. COB* déc. 2001, p. 37. • R. Ramette, *Le pouvoir de sanction administrative de la COB : Bull. Joly Bourse* 1994, p. 365. • L. Richer et A. Viandier, *Le rescrit boursier : JCP* E 1991, I, 10. • C. Romey, *Évolution des marchés et pratique des avertissements par la COB : Bull. COB* déc. 2001, p. 59. • M. Vasseur, *La Commission des opérations de bourse : Banque* 1969, p. 84. • D. Vatel, *Aspects judiciaires et juridictionnels du pouvoir de sanction de la COB : Rev. sociétés* 1994, p. 25.

Section I. – Missions

Art. L. 621-1 ***(Rempl., L. n° 2003-706, 1er août 2003 ; mod., Ord. n° 2008-1271, 5 déc. 2008 ; Ord. n° 2009-80, 22 janv. 2009 et L. n° 2009-526, 12 mai 2009 ; L. n° 2010-1249, 22 oct. 2010 ; L. n° 2016-819, 21 juin 2016).*** **– L'Autorité des marchés financiers, autorité publique indépendante *(Mots suppr., L. n° 2017-55, 20 janv. 2017)* « ... », veille à la protection de l'épargne investie dans les instruments financiers, les unités mentionnées à l'article L. 229-7 du Code de l'environnement et les actifs mentionnés au II de l'article L. 421-1 du présent code donnant lieu à une offre au public ou à une admission aux négociations sur un marché réglementé et dans tous autres placements offerts au public. Elle veille également à l'information des investisseurs et au bon fonctionnement des marchés d'instruments financiers, d'unités mentionnées à l'article L. 229-7 du Code de l'environnement et d'actifs mentionnés au II de l'article L. 421-1 du présent code. Elle apporte son concours à la régulation de ces marchés aux échelons européen et international. *(Phrase aj., L. n° 2019-486, 22 mai 2019)* Elle veille à la qualité de l'information fournie par les sociétés de gestion pour la gestion de placements collectifs sur leur stratégie d'investissement et leur gestion des risques liés aux effets du changement climatique.**

Dans l'accomplissement de ses missions, l'Autorité des marchés financiers prend en compte les objectifs de stabilité financière dans l'ensemble de l'Union européenne et de l'Espace économique européen et de mise en œuvre convergente des dispositions nationales et de l'Union européenne en tenant compte des bonnes pratiques et recommandations issues des dispositifs de supervision de l'Union européenne. Elle coopère avec les autorités compétentes des autres États.

Elle veille également à ce que les entreprises soumises à son contrôle mettent en œuvre les moyens adaptés pour se conformer aux codes de conduite homologués mentionnés à l'article L. 611-3-1.

Voir : Sociétés civiles autorisées à faire publiquement appel à l'épargne, C. monét. fin., art. L. 214-50, p. 1042 ; D. n° 2002-371, 14 mars 2002 ; Régl. AMF, 12 oct. 2004, art. 223-2, I.

Possibilité pour le président de former un pourvoi en cassation. Le président du collège de l'Autorité des marchés financiers, **ayant** qualité pour agir au nom de celle-ci devant toute juridiction, peut à ce titre, dans l'exercice de la mission confiée à cette Autorité et sans qu'il soit porté atteinte à l'indépendance de la commission investie du pouvoir de prononcer des sanctions, former au nom de l'AMF un pourvoi en cassation contre l'arrêt ayant invalidé une décision rendue par cette commission : ▪ Cass. com., 14 juin 2005 : *Dr. sociétés* janv. 2006, 9, obs. Th. Bonneau ; *Bull. Joly Bourse* 2005, 117, note D. Schmidt et M. Delespaul.

Loi n° 2003-706 du 1er août 2003

de sécurité financière

(JO 2 août)

Art. 46. – [...].

V. – Dans toutes les dispositions législatives et réglementaires :

1° Les références à la Commission des opérations de bourse, au Conseil des marchés financiers et au Conseil de discipline de la gestion financière sont remplacées par la référence à l'Autorité des marchés financiers ;

2° Les références aux règlements de la Commission des opérations de bourse et au règlement général du Conseil des marchés financiers sont remplacées par la référence au règlement général de l'Autorité des marchés financiers ;

3° Les références au Conseil national du crédit et du titre et au comité consultatif mentionnés au chapitre IV du titre I du livre VI du Code monétaire et financier sont remplacées par la référence au Comité consultatif du secteur financier.

Section II. – Composition

Art. L. 621-2 *(Mod., L. n° 2001-420, 15 mai 2001 ; rempl., L. n° 2003-706, 1er août 2003 ; mod., L. n° 2013-672, 26 juill. 2013 ; Ord. n° 2015-948, 31 juill. 2015 ; L. n° 2017-55, 20 janv. 2017 ; Ord. n° 2017-1107, 22 juin 2017 ; L. n° 2019-222, 23 mars 2019).* **– I. – L'Autorité des marchés financiers comprend un collège, une commission des sanctions et, le cas échéant, des commissions spécialisées et des commissions consultatives.**

Sauf disposition contraire, les attributions confiées à l'Autorité des marchés financiers sont exercées par le collège.

II. – Le collège est composé de seize membres :

1° Un président, nommé par décret du Président de la République ;

2° Un membre du Conseil d'État désigné par le vice-président du Conseil d'État ;

Rédaction future. 2° Un *(Mot rempl. à compter du prochain renouvellement de chaque commission, L. n° 2019-222, 23 mars 2019)* « membre du Conseil » d'État désigné par le vice-président du Conseil d'État ;

3° Un membre de la Cour de cassation désigné par le premier président de la Cour de cassation ;

Rédaction future. 3° Un *(Mots rempl. à compter du prochain renouvellement de chaque commission, L. n° 2019-222, 23 mars 2019)* « membre de » la Cour de cassation désigné par le premier président de la Cour de cassation ;

4° Un magistrat de la Cour des comptes désigné par le premier président de la Cour des comptes ;

Rédaction future. 4° Un *(Mots rempl. à compter du prochain renouvellement de chaque commission, L. n° 2019-222, 23 mars 2019)* « magistrat de » la Cour des comptes désigné par le premier président de la Cour des comptes ;

5° Un sous-gouverneur de la Banque de France désigné par le gouverneur ;

6° Le président de l'Autorité des normes comptables ;

7° Trois membres désignés, à raison de leur compétence financière et juridique ainsi que de leur expérience en matière d'offre au public de titres financiers, d'admission d'instruments financiers aux négociations sur un marché réglementé et d'investissement de l'épargne dans des instruments financiers, respectivement par le Président du Sénat, le Président de l'Assemblée nationale et le président du Conseil économique, social et environnemental ;

8° Six membres désignés, à raison de leur compétence financière et juridique ainsi que de leur expérience en matière d'offre au public de titres financiers, d'admission d'instruments financiers aux négociations sur un marché réglementé et d'investissement de l'épargne dans des instruments financiers, par le ministre chargé de l'économie après consultation des organisations représentatives des sociétés industrielles et commerciales dont les titres font l'objet d'offre au public ou d'admission aux négociations sur un marché réglementé, des sociétés de gestion de placements collectifs et des autres investisseurs, des prestataires de services d'investissement, autres que des sociétés de gestion de portefeuille, des entreprises de marché, des chambres de compensation, des gestionnaires de systèmes de règlement livraison et des dépositaires centraux ;

9° Un représentant des salariés actionnaires désigné par le ministre chargé de l'économie après consultation des organisations syndicales et des associations représentatives.

Les membres nommés au titre des 2°, 3°, 4° et 7° comprennent un nombre égal de femmes et d'hommes. Lorsque les désignations effectuées en vue de la nomination de ces membres ne permettent pas de respecter cette règle ou en l'absence de désignation à l'expiration d'un délai fixé par décret, il est procédé à un tirage au sort, dont les modalités sont fixées par décret, entre les autorités ayant désigné une personne du sexe surreprésenté, afin de déterminer lesquelles doivent désigner ou proposer une femme ou un homme.

L'écart entre le nombre de femmes et d'hommes parmi les membres nommés au titre des 8° et 9° ne peut être supérieur à un.

Le président de l'Autorité des marchés financiers a qualité pour agir au nom de celle-ci devant toute juridiction.

Le président de l'Autorité des marchés financiers exerce ses fonctions à temps plein.

La durée du mandat du président est de cinq ans à compter de sa nomination. Ce mandat n'est pas renouvelable.

La durée du mandat des autres membres, à l'exception de ceux mentionnés aux 5° et 6°, est de cinq ans. Ce mandat est renouvelable une fois, sous réserve des onzième et douzième alinéas du présent II. Après l'expiration de la période de cinq ans, les membres restent en fonction jusqu'à la première réunion du collège dans sa nouvelle composition.

En cas de vacance d'un siège de membre du collège autre que le président pour quelque cause que ce soit, il est procédé à son remplacement, dans le respect des règles de parité mentionnées aux onzième et douzième alinéas, pour la durée du mandat restant à courir. Un mandat exercé pendant moins de deux ans n'est pas pris en compte pour l'application de la règle de renouvellement fixée à l'alinéa précédent.

Le président de l'Autorité des marchés financiers désigne, après avis du collège, un membre du collège chargé d'assurer sa suppléance en cas de vacance ou d'empêchement.

III. – Dans des conditions fixées par décret en Conseil d'État, le collège peut donner délégation à des commissions spécialisées constituées en son sein et présidées par le président de l'Autorité des marchés financiers pour prendre des décisions de portée individuelle.

Le collège peut également constituer des commissions consultatives, dans lesquelles il nomme, le cas échéant, des experts pour préparer ses décisions.

IV. – L'Autorité des marchés financiers comprend une commission des sanctions chargée de prononcer les sanctions mentionnées aux articles L. 621-15 et L. 621-17.

Cette commission des sanctions comprend douze membres :

1° Deux membres du Conseil d'État désignés par le vice-président du Conseil d'État ;

Rédaction future. 1° Deux *(Mots rempl. à compter du prochain renouvellement de chaque commission, L. n° 2019-222, 23 mars 2019)* « membres du Conseil » d'État désignés par le vice-président du Conseil d'État ;

2° Deux membres de la Cour de cassation désignés par le premier président de la Cour de cassation ;

Rédaction future. 2° Deux *(Mots rempl. à compter du prochain renouvellement de chaque commission, L. n° 2019-222, 23 mars 2019)* « membres de » la Cour de cassation désignés par le premier président de la Cour de cassation ;

3° Six membres désignés, à raison de leur compétence financière et juridique ainsi que de leur expérience en matière d'offre au public de titres financiers, d'admission d'instruments financiers aux négociations sur un marché réglementé et d'investissement de l'épargne dans des instruments financiers, par le ministre chargé de l'économie après consultation des organisations représentatives des sociétés industrielles et commerciales dont les titres font l'objet d'offre au public ou d'admission aux négociations sur un marché réglementé, des sociétés de gestion de placements collectifs et des autres investisseurs, des prestataires de services d'investissement autres que des sociétés de gestion de portefeuille, des entreprises de marché, des chambres de compensation, des gestionnaires de systèmes de règlement livraison et des dépositaires centraux ;

4° Deux représentants des salariés des entreprises ou établissements prestataires de services d'investissement autres que des sociétés de gestion de portefeuille, des sociétés de gestion de placements collectifs, des entreprises de marché, des chambres de compensation, des gestionnaires de systèmes de règlement livraison et des dépositaires centraux, désignés par le ministre chargé de l'économie après consultation des organisations syndicales représentatives.

Les membres nommés en application, respectivement, du 1°, du 2°, du 3° et du 4° comprennent un nombre égal de femmes et d'hommes.

Le président est élu par les membres de la commission des sanctions parmi les personnes mentionnées aux 1° et 2°.

La commission des sanctions peut constituer des sections de six membres, présidées par l'une des personnes mentionnées aux 1° et 2°.

Les fonctions de membre de la commission des sanctions sont incompatibles avec celles de membre du collège.

La durée du mandat des membres de la commission des sanctions est de cinq ans. Ce mandat est renouvelable une fois sous réserve du septième alinéa. Après l'expiration de la période de cinq ans, les membres restent en fonction jusqu'à la première réunion de la commission des sanctions dans sa nouvelle composition.

En cas de vacance d'un siège de membre de la commission des sanctions pour quelque cause que ce soit, il est procédé à son remplacement dans le respect des règles de parité mentionnées au septième alinéa pour la durée du mandat restant à courir.

Selon des modalités fixées par décret en Conseil d'État, la commission des sanctions est, à l'exception de son président, renouvelée par moitié tous les trente mois.

V. – Les salariés désignés comme membres de l'Autorité des marchés financiers disposent du temps nécessaire pour assurer la préparation des réunions, et pour s'y rendre et y participer. Ce temps est assimilé à du travail effectif pour la détermination des droits aux prestations d'assurances sociales. Le salarié concerné doit informer son employeur lors de sa désignation et, pour chaque réunion, dès réception de la convocation.

NB : Conformément au A du XXIV de l'article 109 de la loi n° 2019-222 du 23 mars 2019, ces dispositions entrent en vigueur à compter du prochain renouvellement de chaque commission.

Section III. – Règles de fonctionnement

Art. L. 621-3 *(Rempl., L. n° 2003-706, 1er août 2003 ; L. n° 2010-1249, 22 oct. 2010).* **– I. – Le directeur général du Trésor ou son représentant siège auprès de toutes les formations de l'Autorité des marchés financiers, sans voix délibérative.** *(Phrase suppr., L. n° 2019-486, 22 mai 2019)* « ... ».

II. – Les décisions de chaque formation de l'Autorité des marchés financiers sont prises à la majorité des voix. En cas de partage égal des voix, sauf en matière de sanctions, la voix du président est prépondérante.

En cas d'urgence constatée par son président, le collège peut, sauf en matière de sanctions, statuer par voie de consultation écrite.

Un décret en Conseil d'État fixe les règles applicables à la procédure et aux délibérations des formations de l'Autorité des marchés financiers.

L'Autorité des marchés financiers détermine dans son règlement général les modalités de mise en œuvre de ces règles.

Voir : C. monét. fin., art. R. 621-2, p. 1616.

Art. L. 621-4 *(Rempl., L. n° 2003-706, 1er août 2003 ; mod., L. n° 2017-55, 20 janv. 2017).* – I. – *(Abrogé).*

II. – Les *(Mots suppr., L. n° 2017-55, 20 janv. 2017)* « ... » personnels et préposés de l'Autorité des marchés financiers [,] *(Mots aj. à compter du 3 janvier 2018, Ord. n° 2017-1107, 22 juin 2017)* « ses experts mandatés, » ainsi que les experts nommés dans les commissions consultatives mentionnées au III de l'article L. 621-2 sont tenus au secret professionnel dans les conditions et sous les peines prévues à l'article L. 642-1.

Ce secret n'est pas opposable à l'autorité judiciaire agissant dans le cadre soit d'une procédure pénale, soit d'une procédure de *(Mots aj. à compter du 3 janvier 2018, Ord. n° 2017-1107, 22 juin 2017)* « redressement ou de » liquidation judiciaire ouverte à l'égard d'une personne mentionnée au II de l'article L. 621-9.

III. – Les dispositions du chapitre VIII du titre II du livre 1er du Code de commerce sont applicables aux membres de l'Autorité des marchés financiers. Nul ne peut être membre de l'Autorité des marchés financiers s'il a été sanctionné au cours des cinq années passées au titre des dispositions du présent code.

Voir : Sanctions pénales, C. monét. fin., art. R. 621-1, p. 1616 et art. L. 642-1, p. 1653.

Bibliographie : N. Decoopman, *Autorité des marchés financiers : sanction des règles relatives aux conflits d'intérêts : Dr. sociétés* oct. 2003, p. 3.

Art. L. 621-5 *(Rempl., L. n° 2001-420, 15 mai 2001 ; L. n° 2003-706, 1er août 2003).* – Un décret en Conseil d'État fixe les conditions et limites dans lesquelles :

1° Le collège peut donner délégation au président ou, en cas d'absence ou d'empêchement de celui-ci, à un autre de ses membres, pour prendre les décisions à caractère individuel relevant de sa compétence ;

2° Le collège peut donner délégation à une commission spécialisée conformément au III de l'article L. 621-2 ;

3° Le président de l'Autorité des marchés financiers peut déléguer sa signature dans les matières où il tient de dispositions législatives ou réglementaires une compétence propre.

Voir : C. monét. fin., art. R. 621-3 et C. monét. fin., art. R. 621-9, p. 1618.

Art. L. 621-5-1 *(L. n° 2003-706, 1er août 2003 ; mod., L. n° 2009-526,12 mai 2009 ; L. n° 2017-55, 20 janv. 2017).* – Un secrétaire général est chargé du fonctionnement et de la coordination des services sous l'autorité du président.

Le personnel des services de l'Autorité des marchés financiers est composé d'agents contractuels de droit public et de salariés de droit privé. Dans des conditions fixées par décret en Conseil d'État, des agents publics peuvent être placés auprès de l'Autorité des marchés financiers dans une position prévue par le statut qui les régit.

Les dispositions des articles L. 2111-1, L. 2141-4, L. 2311-1 et L. 2312-1 à L. 2312-5, L. 2321-1, L. 2322-1 à L. 2322-4, L. 4523-11 et L. 4523-12, L. 4523-14 à L. 4523-17 et L. 4524-1 du Code du travail sont applicables au personnel des services de l'Autorité des marchés financiers. Toutefois, ces dispositions peuvent faire l'objet d'adaptations résultant de décrets en Conseil d'État.

Le collège de l'Autorité des marchés financiers établit le cadre général des rémunérations du personnel des services de l'Autorité des marchés financiers. Le secrétaire général rend compte de la gestion des services au collège dans des conditions fixées par celui-ci.

Art. L. 621-5-2 *(L. n° 2003-706, 1er août 2003 ; mod., Ord. n° 2006-460, 21 avr. 2006 ; L. n° 2017-55, 20 janv. 2017).* – L'Autorité des marchés financiers perçoit le produit des taxes établies à l'article L. 621-5-3.

Un décret en Conseil d'État fixe le régime indemnitaire de ses membres, son régime comptable et les modalités d'application du présent article.

Art. L. 621-5-3 *(L. n° 2003-706, 1er août 2003 ; mod., Ord. n° 2007-544, 12 avr. 2007 ; L. n° 2013-672, 26 juill. 2013 ; Ord. n° 2014-559, 30 mai 2014 ; L. n° 2014-1655, 29 déc. 2014 ; L. n° 2015-1785, 29 déc. 2015 ; L. n° 2017-1837, 30 déc. 2017 ; L. n° 2018-1317, 28 déc. 2018).* – I. – Il est institué un droit fixe dû par les personnes soumises au contrôle de l'Autorité des marchés financiers, lorsque la législation ou la réglementation le prévoit, dans les cas suivants :

1° À l'occasion de la publication par l'Autorité des marchés financiers d'une déclaration faite par une personne agissant seule ou de concert en application du II ou du VII de l'article L. 233-7 du Code de commerce ou de l'article L. 233-11 du même code, le droit dû, fixé par décret, est supérieur à 500 euros et inférieur ou égal à 1 000 euros. Il est exigible le jour de la publication de la déclaration ;

2° À l'occasion de l'examen de l'obligation de dépôt d'une offre publique mentionnée au I de l'article L. 433-1 et au 3° du I de l'article L. 433-4, le droit dû, fixé par décret, est supérieur à 2 000 euros et inférieur ou égal à 4 000 euros. Il est exigible le jour de la publication de la décision de l'Autorité des marchés financiers ;

3° À l'occasion de la soumission par un émetteur, autre qu'un organisme de financement au sens de l'article L. 214-166-1 du présent code, d'un document d'information sur un programme d'émission, une émission, une cession ou une admission d'instruments financiers mentionnés au 2 du II ou au III de l'article L. 211-1 donnant lieu au visa préalable de l'Autorité des marchés financiers en application de l'article L. 621-8, le droit dû, fixé par décret, est supérieur à 2 000 euros et inférieur ou égal à 10 000 euros. Il est exigible le jour du dépôt du document ;

4° À l'occasion d'une notification ou d'une autorisation de commercialisation en France d'un placement collectif de droit étranger ou d'un fonds d'investissement de droit étranger ou d'un compartiment d'un tel placement collectif ou fonds d'investissement, le droit dû, fixé par décret, est supérieur à 1 000 euros et inférieur ou égal à 4 000 euros ;

5° À l'occasion du dépôt auprès de l'Autorité des marchés financiers des projets de documents d'information et de contrat type mentionnés à l'article *(Mots rempl., L. n° 2019-486, 22 mai 2019)* « L. 551-3 conformes aux articles L. 551-1 à L. 551-5 », le droit dû, fixé par décret, est supérieur à 6 000 euros et inférieur ou égal à 15 000 euros.

6° *(Abrogé)* ;

7° *(Abrogé)* ;

II. – Il est institué une contribution due par les personnes soumises au contrôle de l'Autorité des marchés financiers, lorsque la législation ou la réglementation le prévoit, dans les cas suivants :

1° À l'occasion de toute offre publique mentionnée aux articles L. 433-1 à L. 433-5, la contribution est la somme, d'une part, d'un droit fixé à 10 000 euros et, d'autre part, d'un montant égal à la valeur des instruments financiers achetés, échangés, présentés ou indemnisés, multipliée par un taux, fixé par décret, qui ne peut être supérieur à 0,30 pour mille lorsque l'opération est réalisée sur des titres donnant ou pouvant donner accès directement ou indirectement au capital ou aux droits de vote, et à 0,15 pour mille dans les autres cas, dans des conditions prévues par décret.

Cette contribution est exigible de tout initiateur d'une offre, quel qu'en soit le résultat, le jour de la publication des résultats de l'opération ;

2° À l'occasion de la soumission par un émetteur, à l'exception des placements collectifs mentionnés à l'article L. 214-86, d'un document d'information sur une émission ou une cession dans le public de parts sociales ou de certificats mutualistes au visa préalable de l'Autorité des marchés financiers en application de l'article L. 621-8, cette contribution est assise sur la valeur, des parts sociales ou des certificats mutualistes émis ou cédés pendant la durée de validité du visa de douze mois à compter de la publication du visa. Son taux est fixé par décret et ne peut excéder 0,25 pour mille et son montant ne peut être inférieur à 1 000 euros. Cette contribution est exigible à l'expiration du délai de validité du visa ;

3° À l'occasion de la mise en œuvre d'un programme de rachat par un émetteur redevable de la contribution sur la capitalisation boursière prévue au II *bis* du présent article.

Cette contribution est exigible le 1er janvier de chaque année et est assise sur le montant brut annuel des rachats effectués au cours de l'année civile précédente. Son taux est fixé par décret et ne peut excéder 0,25 pour mille. Son montant ne peut être inférieur à 1 000 euros ;

4° Dans le cadre du contrôle des personnes suivantes, cette contribution est calculée comme suit :

a) Pour les entreprises d'investissement et les établissements de crédit agréés en France au 1er janvier pour fournir au moins un service d'investissement mentionné à l'article L. 321-1, autre que celui mentionné au 4 du même article L. 321-1, ou habilités à la même date pour fournir le service connexe mentionné au 1 de l'article L. 321-2, la contribution est égale à un montant fixé par décret, supérieur à 30 000 euros et inférieur ou égal à 60 000 euros ;

b) Pour les succursales d'entreprises d'investissement et d'établissements de crédit de pays tiers agréées en France au 1er janvier pour fournir au moins un service d'investissement mentionné à l'article L. 321-1 ou agréées à la même date pour fournir le service connexe mentionné au 1 de l'article L. 321-2, la contribution est égale à un montant fixé par décret, supérieur à 30 000 euros et inférieur ou égal à 60 000 euros ;

c) Pour les entreprises d'investissement et les établissements de crédit habilités à fournir en libre établissement en France, au 1er janvier, au moins un service d'investissement mentionné à l'article L. 321-1 ou habilités à la même date à fournir le service connexe mentionné au 1 de l'article L. 321-2, la contribution est égale à un montant fixé par décret, supérieur à 20 000 euros et inférieur ou égal à 40 000 euros ;

d) Pour les entreprises d'investissement et les établissements de crédit agréés en France pour fournir le service d'investissement mentionné au 4 de l'article L. 321-1, la contribution est fixée à un montant égal à l'encours des actifs gérés sous mandat, quel que soit le pays où les actifs sont conservés ou inscrits en compte, multiplié par un taux fixé par décret qui ne peut excéder 0,015 pour mille, sans pouvoir être inférieure à 1 500 euros. Les encours sont calculés au 31 décembre de l'année précédente ;

e) Pour les sociétés de gestion de placements collectifs mentionnées à l'article L. 543-1 et les placements collectifs n'ayant pas délégué globalement la gestion de leur portefeuille au sens des articles L. 214-7-1 et L. 214-24 agréés en France, la contribution est fixée à un montant égal à l'encours des parts, des actions ou des titres de créance émis par les placements collectifs de droit français et de droit étranger et les fonds d'investissement de droit étranger, et des actifs gérés sous mandat, quel que soit le pays où les actifs sont conservés ou inscrits en compte, multiplié par des taux fixés par décret qui ne peuvent excéder 0,015 pour mille, sans pouvoir être inférieure à 1 500 euros. Les encours sont calculés au 31 décembre de l'année précédente.

Par dérogation au premier alinéa du présent e, pour les personnes morales qui gèrent des fonds d'investissement alternatifs mentionnés au 3° du III du même article L. 214-24, la contribution est égale à un montant fixé par décret, supérieur à 1 000 euros et inférieur ou égal à 2 000 euros ;

f) Pour les sociétés de gestion mentionnées aux articles L. 532-20-1 et L. 532-21-3, la contribution est fixée à un montant égal à l'encours global des parts ou des actions des organismes de placement collectif en valeurs mobilières ou fonds d'investissement alternatifs de droit français qu'elles gèrent, multiplié par un taux fixé par décret qui ne peut excéder 0,015 pour mille, sans pouvoir être inférieure à 1 500 euros. Les encours sont calculés au 31 décembre de l'année précédente ;

g) Pour les sociétés de gestion qui gèrent des organismes de placement collectif en valeurs mobilières ou des fonds d'investissement alternatifs et qui sont habilitées à fournir en libre établissement en France, au 1er janvier, au moins un service d'investissement mentionné à l'article L. 321-1, la contribution est égale à un montant fixé par décret, supérieur à 20 000 euros et inférieur ou égal à 40 000 euros. Ce montant est acquitté une seule fois lorsque la société de gestion gère à la fois des organismes de placement collectif en valeurs mobilières et des fonds d'investissement alternatifs ;

h) Pour les dépositaires centraux, entreprises de marché et chambres de compensation d'instruments financiers, la contribution est fixée à un montant égal à leur produit d'exploitation réalisé au cours de l'exercice précédent, multiplié par un taux fixé par décret qui ne peut dépasser 0,9 % ;

i) Pour les administrateurs d'indices de référence mentionnés au 6 du 1 de l'article 3 du règlement (UE) 2016/ 1011 du Parlement européen et du Conseil du 8 juin 2016 concernant les indices utilisés comme indices de référence dans le cadre d'instruments et de contrats financiers ou pour mesurer la performance de fonds d'investissement et modifiant les directives 2008/48/ CE et 2014/17/ UE et le règlement (UE) n° 596/ 2014, lorsqu'ils ne sont pas soumis au paiement d'une contribution au titre d'une autre disposition du présent article, la contribution est égale à un montant fixé par décret, supérieur à 400 euros et inférieur ou égal à 1 500 euros ;

j) Pour les prestataires de services de communication de données mentionnés à l'article L. 549-1 du présent code, lorsqu'ils ne sont pas soumis au paiement d'une contribution au titre d'une autre disposition du présent article, la contribution est égale à un montant fixé par décret, supérieur à 400 euros et inférieur ou égal à 1 500 euros ;

k) Pour les conseillers en investissements financiers, la contribution est égale à un montant fixé par décret, supérieur à 400 euros et inférieur ou égal à 1 000 euros ;

l) Pour les conseillers en investissements participatifs, la contribution est égale à un montant fixé par décret, supérieur à 400 euros et inférieur ou égal à 1 000 euros.

II *bis*. – Il est institué une contribution, exigible le 1er janvier de chaque année, due, à partir d'un seuil de capitalisation boursière d'un milliard d'euros apprécié au 1er janvier de l'année d'imposition, par les émetteurs français dont les titres de capital sont admis à cette date aux négociations sur un marché réglementé de l'Espace économique européen et par les émetteurs étrangers dont les titres de capital sont admis à cette date aux négociations sur un marché réglementé français lorsque celui-ci est le marché sur lequel le volume des échanges de titres est le plus élevé. Le montant de cette contribution, compris entre 20 000 € et 460 000 €, est fixé en fonction de la capitalisation boursière moyenne de l'émetteur constatée le dernier jour de négociation des trois années précédentes ou, lorsque les titres de capital de l'émetteur sont admis aux négociations sur un marché réglementé depuis moins de trois ans, de sa capitalisation boursière constatée le dernier jour de négociation de l'année précédente. Les tranches du barème progressif de cette contribution, au nombre de six, ainsi que les montants correspondants sont fixés par décret.

II *ter*. – Il est institué une contribution annuelle due par les prestataires de services d'investissement autres que les sociétés de gestion de portefeuille ayant leur siège en France et habilités au 1er janvier à exercer le service d'investissement mentionné au 3 de l'article L. 321-1. Le redevable de la contribution est le prestataire de services d'investissement, autre qu'une société de gestion de portefeuille, qui établit ses comptes sous forme consolidée, ou, à défaut, celle des entités consolidées du groupe habilitées à exercer le service d'investissement mentionné au même 3 ayant son siège en France dont le montant du produit net bancaire au titre du dernier exercice comptable est le plus élevé. Cette contribution n'est pas due par les prestataires de services d'investissement autres que les sociétés de gestion de portefeuille compris dans le périmètre consolidé d'une société ayant son siège hors de France.

L'assiette de cette contribution est la fraction excédant un montant de 12 milliards d'euros de l'assiette mentionnée au A du II de l'article L. 612-20. Son taux, fixé par décret, est compris entre 0,06 pour mille et 0,14 pour mille. Cette contribution est liquidée au vu des exigences en fonds propres mentionnées dans l'appel à contribution mentionné au 1° du V du même article L. 612-20. L'Autorité de contrôle prudentiel et de résolution communique cet appel à l'Autorité des marchés financiers avant le 30 avril. L'Autorité des marchés financiers communique avant le 31 mai aux personnes assujetties le montant de la contribution due. Les personnes assujetties acquittent le paiement correspondant au plus tard le 31 juillet de chaque année. Les contestations du montant des exigences en fonds propres sur lequel cette contribution est assise suivent le régime applicable aux contestations prévues au 3° du V de l'article L. 612-20. Lorsque, en application du VII du même article L. 612-20, l'Autorité de contrôle prudentiel et de résolution révise le montant des exigences en fonds propres de la personne assujettie à cette contribution, elle communique à l'Autorité des marchés financiers l'appel à contribution rectificatif accompagné de l'avis de réception par la personne assujettie. Lorsque le montant des exigences en fonds propres est révisé à la hausse, le complément de la contribution qui en résulte est exigible à la date de réception de l'appel à contribution rectificatif. Le complément de contribution est acquitté auprès de l'Autorité des marchés financiers, dans les deux mois de son exigibilité. Lorsque le montant des exigences en fonds propres est révisé à la baisse, la personne assujettie peut adresser à l'Autorité des marchés financiers, dans un délai d'un mois après réception de l'appel à contribution rectificatif, une demande écrite de restitution du montant correspondant. Il est procédé à cette restitution dans un délai d'un mois après réception de ce courrier.

III. – Les décrets prévus par le présent article sont pris après avis du collège de l'Autorité des marchés financiers.

Voir : C. monét. fin., art. D. 621-27 et s.

Art. L. 621-5-4 *(L. n° 2003-706, 1er août 2003 ; mod., L. n° 2018-1317, 28 déc. 2018)*. **– I. – Les droits et contributions mentionnés à l'article L. 621-5-3 sont liquidés, ordonnancés et recouvrés selon les modalités prévues pour les recettes des établissements publics administratifs de l'État. Les contestations relatives à ces droits et contributions sont portées devant le tribunal administratif de Paris.**

Ils sont acquittés dans des conditions et à une date fixées par décret.

II. – Lorsqu'un avis de paiement est requis, le délai de paiement est de trente jours à compter de la date de réception de l'avis de paiement. Le montant est majoré du taux d'intérêt légal mensualisé par mois de retard à compter du trente et unième jour suivant la date de réception de l'avis de paiement, tout mois entamé étant compté en entier.

Dans les autres cas, à l'exception des conseillers en investissements financiers et des conseillers en investissements participatifs, le montant est majoré du taux d'intérêt légal mensualisé par mois de retard à compter du premier jour suivant la date limite de paiement, tout mois entamé étant compté en entier.

Lorsqu'un redevable ne donne pas les renseignements demandés nécessaires à la détermination de l'assiette de la contribution et de sa mise en recouvrement, le montant de la contribution est majoré de 10 %.

III. – La majoration peut être portée à 40 % lorsque le document contenant les renseignements n'a pas été déposé dans les trente jours suivant la réception d'une mise en demeure notifiée par pli recommandé d'avoir à le produire dans ce délai, et à 80 % lorsque ce document n'a pas été déposé dans les trente jours suivant la réception d'une deuxième mise en demeure notifiée dans les mêmes formes que la première.

Les majorations prévues aux deux alinéas précédents ne peuvent être prononcées avant l'expiration d'un délai de trente jours à compter de la notification du document indiquant au redevable la majoration qu'il est envisagé de lui appliquer, les motifs de celle-ci et la possibilité dont dispose l'intéressé de présenter dans ce délai ses observations.

IV. – Les services de l'Autorité des marchés financiers peuvent contrôler les déclarations. À cette fin, ils peuvent demander aux redevables tous renseignements, justifications ou éclaircissements relatifs aux déclarations souscrites.

Art. L. 621-5-5 *(L. n° 2017-1837, 30 déc. 2017)*. **– L'Autorité des marchés financiers peut recevoir des contributions versées à titre volontaire par des associations professionnelles représentant les personnes soumises à son contrôle, en vue du financement de projets d'intérêt commun.**

Un arrêté du ministre chargé de l'économie précise l'affectation de ces contributions et les associations mentionnées au premier alinéa.

Section IV. – Pouvoirs

Bibliographie : G. Eckert, *La responsabilité administrative des autorités de régulation : RD bancaire et fin.* mars 2009, étude 13. • J.-Ph. Kovar, *La responsabilité des autorités de régulation face au dualisme juridictionnel : RD bancaire et fin.* mars 2009, étude 12. • J. Lasserre Capdeville, *La responsabilité pénale des autorités de régulation financière : RD bancaire et fin.* mars 2009, étude 15. • G. Tabourin, *La responsabilité des autorités de régulation. – Point de vue opérationnel : RD bancaire et fin.* mars 2009, étude 14.

Sous-section 1. – Réglementation et décisions

(Intitulé rempl., L. n° 2003-706, 1er août 2003)

Art. L. 621-6 *(Rempl., L. n° 2003-706, 1er août 2003)*. **– Pour l'exécution de ses missions, l'Autorité des marchés financiers prend un règlement général qui est publié au *Journal officiel* de la République française, après homologation par arrêté du ministre chargé de l'économie.**

L'Autorité des marchés financiers peut, pour l'application de son règlement général et l'exercice de ses autres compétences, prendre des décisions de portée individuelle. Elle peut également publier des instructions et des recommandations aux fins de préciser l'interprétation du règlement général.

Voir : Régl. gén. AMF, du 12 oct. 2004, art. 121-1 et s., p. 1574.

Bibliographie : A. Masson, *La force juridique de la doctrine des autorités de régulation : Bull. Joly Bourse* 2006, n° 3, p. 292. • H. de Vauplane, *La portée juridique des principes généraux de l'AMF : Banque* 2006, n° 677, p. 96. • Ch. De Watrigant, *La doctrine de l'Autorité des marchés financiers : Dr. sociétés* mars 2014, alerte 9.

Pour le refus exprimé par le Conseil d'État de renvoyer au Conseil constitutionnel une QPC portant sur la conformité à la Constitution de l'article 621-6 du Code monétaire et financier : ▪ CE, 6e et 1re ss-sect. réunies, 13 sept. 2013, n° 369454 : *JurisData* n° 2013-019055 ; *Dr. sociétés* déc. 2013, comm. 207, note S. Torck.

Loi n° 2003-706 du 1er août 2003

de sécurité financière

(JO 2 août)

Art. 47. – Les règlements *(Mod., L. n° 2006-387, 31 mars 2006)* « ... » de la Commission des opérations de bourse et le règlement général du Conseil des marchés financiers demeurent applicables. Ils peuvent être modifiés ou abrogés *(Mod., L. n° 2006-387, 31 mars 2006)* « ... » par l'Autorité des marchés financiers dans les conditions *(Mod., L. n° 2006-387, 31 mars 2006)* « prévues à l'article L. 621-6 du Code monétaire et financier ».

Voir : Régl. gén. AMF, du 12 oct. 2004, art. 121-1 et s., p. 1574.

Art. L. 621-7 *(Rempl., L. n° 2003-706, 1er août 2003 ; L. n° 2005-811, 20 juill. 2005 ; L. n° 2007-212, 20 févr. 2007 ; Ord. n° 2007-544, 12 avr. 2007 ; L. n° 2010-1249, 22 oct. 2010 ; mod., Ord. n° 2013-676, 25 juill. 2013 ; Ord. n° 2014-559, 30 mai 2014 ; Ord. n° 2015-1686, 17 déc. 2015 ; L. n° 2016-1691, 9 déc. 2016 ; Ord. n° 2017-1433, 4 oct. 2017).* **– Le règlement général de l'Autorité des marchés financiers détermine notamment :**

Les règles de pratique professionnelle qui s'imposent aux émetteurs lorsqu'ils procèdent à une offre au public *(Mots aj., L. n° 2019-486, 22 mai 2019)* **« , à une offre mentionnée au 1 du I de l'article L. 411-2 » ou à une offre ne donnant pas lieu à la publication du document d'information mentionné au premier alinéa du I de l'article L. 412-1 et réalisée par l'intermédiaire d'un prestataire de services d'investissement ou d'un conseiller en investissements participatifs au moyen de son site internet, ou dont les instruments financiers sont admis aux négociations sur un marché réglementé ainsi que les règles qui doivent être respectées lors d'opérations sur des instruments financiers, des unités mentionnées à l'article L. 229-7 du Code de l'environnement et des actifs mentionnés au II de l'article L. 421-1 admis aux négociations sur une plate-forme de négociation.**

I *bis*. *(I bis créé, L. n° 2019-486, 22 mai 2019)* **Les règles qui s'imposent aux prestataires agréés conformément à l'article L. 54-10-5.**

I *ter*. *(I ter créé, L. n° 2019-486, 22 mai 2019)* **Les règles qui s'imposent aux émetteurs de jetons, au sens du chapitre II du titre V du livre V du présent code.**

Les règles relatives aux offres publiques d'acquisition portant sur des titres financiers admis aux négociations sur un marché réglementé ;

Les règles de bonne conduite, les règles d'organisation, les règles relatives à la négociation algorithmique et les autres obligations professionnelles que doivent respecter à tout moment les personnes mentionnées au II de l'article L. 621-9 ;

Concernant les prestataires de services d'investissement autres que les sociétés de gestion de portefeuille, les entreprises de marché et les membres des marchés réglementés, les chambres de compensation et leurs adhérents :

1° Les conditions d'exercice, par les prestataires de services d'investissement autres que les sociétés de gestion de portefeuille, des services définis à l'article L. 321-2 ;

2° Les conditions d'adhésion aux chambres de compensation et d'exercice des activités des adhérents des chambres de compensation mentionnées à l'article L. 440-2 ;

3° Les conditions dans lesquelles peut être délivrée ou retirée une carte professionnelle aux personnes physiques placées sous l'autorité ou agissant pour le compte des prestataires de services d'investissement autres que les sociétés de gestion de portefeuille, des entreprises de marché, des membres des marchés réglementés et des chambres de compensation ;

4° Les règles applicables aux personnes mentionnées à l'article L. 532-18-1 ;

5° Les conditions dans lesquelles, en application de l'article L. 440-1, l'Autorité des marchés financiers approuve les règles des chambres de compensation, sans préjudice des compétences conférées à la Banque de France par l'article L. 141-4 ;

6° Les conditions d'exercice, par les membres d'un marché réglementé, d'activités pour compte propre et pour compte de tiers sur des unités mentionnées à l'article L. 229-7 du Code de l'environnement ou des actifs mentionnés au II de l'article L. 421-1 du présent code ;

Concernant les activités de gestion pour le compte de tiers et les placements collectifs :

1° *(Supprimé)* ;

2° Les conditions d'agrément et d'exercice de l'activité des sociétés de gestion de placements collectifs mentionnées à l'article L. 543-1 ;

3° Les conditions d'agrément des placements collectifs mentionnés au I de l'article L. 214-1 ;

4° Les conditions d'exercice de l'activité de dépositaire de placements collectifs mentionnés au I de l'article L. 214-1 ;

5° Les conditions dans lesquelles, en application de l'article L. 533-10-1, la méthode de gestion des risques est mise en place pour les sociétés de gestion de portefeuille et les prestataires de services d'investissement qui fournissent le service d'investissement mentionné au 4 du l'article L. 321-1 ;

6° Les conditions dans lesquelles peut être délivrée ou retirée une carte professionnelle aux personnes physiques placées sous l'autorité ou agissant pour le compte des sociétés de gestion de portefeuille.

Concernant la conservation et l'administration d'instruments financiers, les dépositaires centraux et les systèmes de règlement et de livraison d'instruments financiers :

1° Les conditions d'exercice des activités de conservation ou d'administration d'instruments financiers par les personnes morales qui effectuent des opérations d'offre au public de titres financiers ou d'admission d'instruments financiers aux négociations sur un marché réglementé et les intermédiaires habilités à ce titre dans les conditions fixées à l'article L. 542-1 ;

2° Les conditions dans lesquelles, en application de l'article L. 441-1, l'Autorité des marchés financiers approuve les règles de fonctionnement des dépositaires centraux et des systèmes de règlement et de livraison d'instruments financiers qu'ils gèrent, sans préjudice des compétences conférées à la Banque de France par l'article L. 141-4 ;

3° Les conditions dans lesquelles une carte professionnelle peut être délivrée ou retirée aux personnes physiques placées sous l'autorité ou agissant pour le compte des dépositaires centraux.

Concernant les plates-formes de négociation et leurs gestionnaires au sens de l'article L. 420-1 :

1° Les principes généraux d'organisation et de fonctionnement que doivent respecter les marchés réglementés, ainsi que les règles relatives à l'exécution des transactions sur instruments financiers, unités mentionnées à l'article L. 229-7 du Code de l'environnement et actifs mentionnés au II de l'article L. 421-1 du présent code négociés ou admis aux négociations sur ces marchés ;

2° Les conditions dans lesquelles l'Autorité des marchés financiers, en application des articles L. 421-4, L. 421-5 et L. 421-10, propose la reconnaissance, la révision ou le retrait de la qualité de marché réglementé au sens de l'article L. 421-1 et les conditions dans lesquelles l'entreprise de marché, en application de l'article L. 421-10, publie les règles de marché ;

3° Les principes généraux d'organisation et de fonctionnement des systèmes multilatéraux de négociation et des systèmes organisés de négociation ;

4° Les principes généraux d'organisation et de fonctionnement des entreprises de marché dans les conditions prévues au III de l'article L. 421-11 ;

5° Les conditions dans lesquelles l'Autorité des marchés financiers autorise une entreprise de marché à gérer un système multilatéral de négociation, conformément aux dispositions du troisième alinéa de l'article L. 424-1, ou à gérer un système organisé de négociation, conformément aux dispositions du neuvième alinéa de l'article L. 425-1 ;

6° Les règles relatives à l'information de l'Autorité des marchés financiers et du public concernant les ordres, les transactions et les positions sur instruments financiers, unités mentionnées à l'article L. 229-7 du Code de l'environnement et actifs mentionnés au II de l'article L. 421-1 du présent code négociés ou admis aux négociations sur un marché réglementé ;

7° Les conditions dans lesquelles, en application des articles L. 420-10 et L. 421-15, les décisions d'admission, de suspension ou de radiation d'un instrument financier des négociations sont rendues publiques par les personnes qui les ont prises ;

8° Les obligations incombant aux membres du marché réglementé, ainsi que les conditions d'application de l'article L. 421-17 ;

9° Les conditions dans lesquelles l'entreprise de marché décide de l'admission des membres au marché réglementé, en application de l'article L. 421-17, et vérifie le respect des règles de marché par ces membres, contrôle les transactions sur ce marché et prévient les abus de marché, en application de l'article L. 420-9 ;

10° Les conditions dans lesquelles les règles du système multilatéral de négociation ou du système organisé de négociation sont publiées par le gestionnaire du système et les informations fournies au public ou aux membres par le gestionnaire du système, en application des articles L. 424-2 et L. 425-2 ;

11° Les conditions dans lesquelles, en application de l'article L. 425-4, l'exécution des ordres sur un système organisé de négociation est mise en œuvre dans un cadre discrétionnaire.

Les conditions d'exercice de l'activité des personnes, autres que celles mentionnées aux 1° et 7° du II de l'article L. 621-9, qui produisent et diffusent à titre de profession habituelle des analyses financières ou des recommandations d'investissement au sens des points 34 et 35 du 1 de l'article 3 du règlement (UE) n° 596/2014 du Parlement européen et du Conseil du 16 avril 2014 sur les abus de marché et les règles de bonne conduite s'appliquant aux personnes physiques placées sous leur autorité ou agissant pour leur compte.

Les modalités d'exécution, par dépôt ou par diffusion par voie de presse écrite et par voie électronique ou par la mise à disposition gratuite d'imprimés, des obligations de publicité et d'information édictées par le présent code au titre de la transparence des marchés financiers et dans le cadre des opérations d'offre au public de titres financiers ou d'admission d'instruments financiers aux négociations sur un marché réglementé.

Les critères selon lesquels un marché de titres de dette souveraine est considéré comme liquide, en application du II de l'article L. 425-5.

Les connaissances nécessaires aux personnes physiques qui fournissent pour le compte d'une entreprise d'investissement et, le cas échéant, d'une société de gestion de portefeuille des conseils en investissements ou des informations sur des instruments financiers, des services d'investissement ou des services connexes à des clients, en application de l'article L. 533-12-6 et du VII de l'article L. 532-9.

Les critères de détermination des marchés étrangers reconnus, en application de l'article L. 423-1.

Les conditions de fixation et de révision des limites de position et de fourniture des déclarations de position en application des articles L. 420-11 à L. 420-16.

Les modalités selon lesquelles les entités ou les personnes mentionnées au II de l'article L. 621-9 :

1° Peuvent remettre, fournir, mettre à disposition ou communiquer des informations ou des documents relatifs à un contrat à leurs clients par voie dématérialisée sur un support durable et accessible ;

2° Peuvent conclure ou modifier des contrats avec leurs clients par voie de signature électronique.

NB : Conformément à l'article 29 de l'ordonnance n° 2017-1433 du 4 octobre 2017, les dispositions du présent article entrent en vigueur le 1er avril 2018.

Voir : C. monét. fin., art. R. 621-30-1, p. 1624 et C. monét. fin., art. R. 621-30-3.

Principe de la légalité des délits et des peines. Le règlement COB n° 90-05 relatif à l'utilisation abusive des pouvoirs ou des mandats ne méconnaît pas le principe de légalité des délits et des peines qui s'applique aux sanctions administratives au même titre qu'aux sanctions pénales et qui implique que les éléments constitutifs des infractions soient définis de façon précise et complète : ▪ CE, 9 oct. 1996 : *D.* 1996, inf. rap. p. 237.

Règlement général de l'Autorité des marchés financiers du 12 octobre 2004
(Règl. homologué, A. 23 févr. 2004 ; A. 12 oct. 2004 ; A. 12 nov. 2004)

TITRE II. – PROCÉDURE DE RESCRIT DE L'AUTORITÉ DES MARCHÉS FINANCIERS

CHAPITRE I. – DEMANDE DE RESCRIT

Bibliographie : Th. Granier, *Un rescrit de l'Autorité des marchés financiers relatif au champ d'application de l'appel public à l'épargne : Bull. Joly Bourse* 2006, p. 499. • V. Jamet, *Le rescrit financier, « nouvel » instrument d'interprétation pour une « meilleure régulation » ? : Bull. Joly Bourse* 2006, n° 6, p. 723. • Pour un exemple de rescrit, voir Avis AMF, 1er déc. 2005 : *Rev. AMF* mars 2006, n° 23, p. 103 ; *Dr. sociétés* juin 2006, n° 92, obs. Th. Bonneau.

Art. 121-1. – L'AMF, consultée par écrit préalablement à la réalisation d'une opération et sur une question relative à l'interprétation du présent règlement, rend un avis sous forme de rescrit. Cet avis précise si, au regard des éléments communiqués par l'intéressé, l'opération n'est pas contraire au présent règlement.

Art. 121-2. – La faculté de saisir l'AMF d'une demande de rescrit est ouverte aux personnes mentionnées à l'article L. 621-7 du Code monétaire et financier, qui prennent l'initiative de réaliser l'opération.

Art. 121-3. – La demande de rescrit est faite de bonne foi et concerne une opération précise.

La demande émane d'une personne qui est partie à l'opération. Elle est faite par lettre recommandée avec avis de réception et comporte, de manière apparente, la mention « demande de rescrit ».

Art. 121-4. – La demande de rescrit précise les dispositions du présent règlement dont l'interprétation est sollicitée et décrit les éléments de l'opération envisagée sur lesquels porte la demande.

La demande de rescrit est accompagnée d'un document séparé dont l'AMF assure la confidentialité et qui mentionne le nom des personnes concernées par l'opération et, s'il y a lieu, tous autres éléments nécessaires à l'appréciation de l'AMF.

Art. 121-5. – Toute demande déposée à l'AMF qui ne remplit pas les conditions énoncées aux articles précédents est classée sans examen par l'AMF. Le demandeur est informé de ce classement.

CHAPITRE II. – EXAMEN DE LA DEMANDE

Art. 122-1. – Dans un délai de trente jours de négociation à compter de la réception de la demande, l'AMF rend un rescrit qui est notifié au demandeur. Si la demande est imprécise ou incomplète, l'auteur de celle-ci peut être invité à déposer des renseignements complémentaires. Le délai de trente jours de négociation est alors suspendu jusqu'à la réception des éléments complémentaires demandés par l'AMF.

Art. 122-2. – Lorsqu'elle n'est pas en mesure d'apprécier la portée véritable de l'opération, ou lorsque la demande lui paraît n'être pas faite de bonne foi, l'AMF informe le requérant, dans le délai fixé par l'article 122-1, de son refus de rendre un rescrit.

Art. 122-3. – Le rescrit ne vaut que pour le demandeur.

Dans la mesure où le demandeur se conforme de bonne foi au rescrit, l'opération pour ses éléments décrits dans ce dernier ne donne pas lieu, de la part de l'AMF, à sanction ou à saisine de l'autorité disciplinaire ou judiciaire.

CHAPITRE III. – PUBLICITÉ DU RESCRIT

Art. 123-1. – Le rescrit accompagné de la demande fait l'objet d'une publication intégrale dans la prochaine revue mensuelle de l'AMF et sur son site internet.

Toutefois, l'AMF peut, à la requête du demandeur ou de sa propre initiative, différer cette publication pendant une durée au plus égale à 180 jours à compter du jour où le rescrit a été rendu. Si l'opération n'est pas achevée à cette date, ce délai peut être prorogé jusqu'à la fin de l'opération.

Art. L. 621-7-1 *(Ord. n° 2007-544, 12 avr. 2007 ; mod., Ord. n° 2017-1107, 22 juin 2017).* **– Le règlement général de l'Autorité des marchés financiers peut également fixer des règles relatives à l'information de l'Autorité des marchés financiers et du public concernant les ordres, les transactions et les positions sur des instruments financiers et unités mentionnées à l'article L. 229-7 du Code de l'environnement non admis aux négociations sur un marché réglementé.**

Art. L. 621-7-2 *(Anc. art. L. 621-7-1, dénum., Ord. n° 2007-544, 12 avr. 2007).* – En cas de carence de l'Autorité des marchés financiers malgré une mise en demeure adressée par le ministre chargé de l'économie, les mesures urgentes nécessitées par les circonstances sont prises par décret.

Sous-section 2. – Autorisation de certaines opérations portant sur des instruments financiers

(Rempl., L. n° 2005-842, 26 juill. 2005)

Art. L. 621-8 *(Mod., L. n° 2001-420, 15 mai 2001 ; rempl., L. n° 2005-842, 26 juill. 2005 ; mod., L. n° 2006-387, 31 mars 2006 ; Ord. n° 2012-1240, 8 nov. 2012).* – I. - Le projet de document mentionné *(Réf. rempl., L. n° 2019-486, 22 mai 2019)* « aux I et II » de l'article L. 412-1, ou tout document équivalent requis par la législation d'un autre État partie à l'accord sur l'Espace économique européen, est soumis au visa préalable de l'Autorité des marchés financiers pour toute opération réalisée sur le territoire de l'Espace économique européen lorsque l'émetteur des titres qui font l'objet de l'opération a son siège statutaire en France et que l'opération porte sur des titres de capital ou des titres donnant accès au capital au sens de l'article L. 212-7 ou sur des titres de créance dont la valeur nominale est inférieure à 1 000 € et qui ne sont pas des instruments du marché monétaire au sens de la *(Réf. rempl. à compter du 3 janvier 2018, Ord. n° 2016-827, 23 juin 2016)* « directive 2014/65/ UE du Parlement européen et du Conseil du 15 mai 2014 » concernant les marchés d'instruments financiers, dont l'échéance est inférieure à douze mois.

II. – Le projet de document mentionné au I est également soumis au visa préalable de l'Autorité des marchés financiers dans les cas fixés par son règlement général pour toute opération réalisée sur le territoire de l'Espace économique européen lorsque l'opération est réalisée en France ou que l'émetteur des titres objets de l'opération y a son siège social et que l'opération porte sur des titres de créance, autres que des titres donnant accès au capital au sens de l'article L. 212-7, donnant le droit d'acquérir ou de vendre tout autre titre ou donnant lieu à un règlement en espèces, notamment des warrants, ou sur des titres de créance dont la valeur nominale est supérieure ou égale à 1 000 € et qui ne sont pas des instruments du marché monétaire, au sens de la *(Réf. rempl. à compter du 3 janvier 2018, Ord. n° 2016-827, 23 juin 2016)* « directive 2014/65/ UE du Parlement européen et du Conseil du 15 mai 2014 » précitée, dont l'échéance est inférieure à douze mois.

III. – Le projet de document mentionné au I est également soumis au visa préalable de l'Autorité des marchés financiers dans les cas fixés par son règlement général pour toute opération réalisée sur le territoire de l'Espace économique européen lorsque l'émetteur des titres qui font l'objet de l'opération a son siège statutaire hors du territoire de l'Espace économique européen et que l'opération porte sur des instruments financiers dont la première émission ou cession dans le public sur le territoire de l'Espace économique européen ou la première admission sur un marché réglementé d'un État partie à l'accord sur l'Espace économique européen a eu lieu en France.

IV. – Le projet de document mentionné au I est également soumis au visa préalable de l'Autorité des marchés financiers pour toute opération réalisée en France et portant sur des instruments financiers autres que ceux mentionnés aux I et II.

V. – Lorsque l'Autorité des marchés financiers n'est pas l'autorité compétente pour viser le projet de document mentionné au I, elle peut, dans les conditions fixées par son règlement général et à la demande de l'autorité de contrôle d'un autre État partie à l'accord sur l'Espace économique européen, viser le projet de document susmentionné.

VI. – Dans les cas mentionnés aux I à III, l'Autorité des marchés financiers peut demander à l'autorité de contrôle d'un autre État partie à l'accord sur l'Espace économique européen de viser le projet de document mentionné au I.

Lorsque l'autorité de contrôle de l'autre État partie à l'accord sur l'Espace économique européen accepte la demande, l'Autorité des marchés financiers en informe la personne qui réalise l'opération dans un délai de trois jours ouvrables.

VII. – Hors les cas prévus à l'article L. 412-1, le projet de document soumis au visa de l'Autorité des marchés financiers est établi et publié dans les conditions prévues par son règlement général.

VIII. – Tout fait nouveau ou toute erreur ou inexactitude concernant les informations contenues dans le document mentionné au I et visé par l'Autorité des marchés financiers, qui est susceptible d'avoir une influence significative sur l'évaluation des instruments financiers et survient ou est constaté entre l'obtention du visa et la clôture définitive de l'opération ou, le cas échéant, le début de la négociation sur un marché réglementé si cet événement intervient plus tard, est mentionné dans une note complémentaire au document mentionné au I. Cette note fait l'objet d'un visa dans des conditions fixées par le règlement général de l'Autorité des marchés financiers.

Le résumé, et toute traduction éventuelle de celui-ci, donne également lieu à un complément, si cela s'avère nécessaire, pour tenir compte des nouvelles informations figurant dans la note complémentaire.

VIII *bis*. - *(VIII bis créé, L. n° 2019-486, 22 mai 2019)* Tout fait nouveau ou toute erreur ou inexactitude concernant les informations contenues dans le document synthétique mentionné au III de l'article L. 412-1 qui est susceptible d'avoir une influence significative sur l'évaluation des instruments financiers et survient ou est constaté entre le début de l'offre et la clôture définitive de l'opération est mentionné dans une note complémentaire dans des conditions fixées par le règlement général de l'Autorité des marchés financiers.

IX. - Dans des conditions et selon des modalités fixées par son règlement général, l'Autorité des marchés financiers appose également un visa préalable quand une personne physique ou morale fait une offre publique d'acquisition d'instruments financiers dans les conditions prévues par l'article L. 433-1. La note sur laquelle la commission appose un visa préalable contient les orientations en matière d'emploi de la personne physique ou morale qui effectue l'offre publique.

Voir : Admission des instruments financiers aux négociations sur un marché réglementé, C. monét. fin., art. L. 421-4, p. 1253.

Voir : sur les contrôles et enquêtes, Règl. AMF, 12 oct. 2004, art. 131-1 et s.

1) Portée du visa.

a) **Délivrance.** Le visa délivré par la COB n'implique ni approbation de l'opportunité, ni appréciation des modalités de l'opération soumise à son contrôle, et ne vaut pas davantage authentification des éléments comptables et financiers contenus dans la note d'opération, le contrôle de la commission visant à vérifier la pertinence et la cohérence de l'information diffusée aux investisseurs : ▪ CA Paris, 7 juill. 1995 : *Bull. Joly Bourse* 1995, 117, note H. de Vauplane ; *D. affaires* 1995, n° 3, p. 61. ▪ CA Paris, 19 mai 1998 : *JCP* E 1998, p. 1307, obs. A. Viandier et J.-J. Caussain ; *Bull. Joly Bourse* 1998, 651, note A. Couret ; *JCP* E 1999, n° 37, p. 1434, note J.-J. Daigre. ▪ CA Paris, 14 mai 2002 : *RD bancaire et fin.* 2002, n° 208, p. 278, obs. A. Couret. – V. égal. en ce sens ▪ CA Paris, 21 oct. 2003 : *JCP* E 2004, n° 27, p. 1102, obs. A. Deprez-Graff ; *Banque et droit* mars-avr. 2004, 34, obs. H. de Vauplane et J.-J. Daigre. ▪ CA Paris, 4 juill. 2006 : *Bull. Joly Bourse* 2006, p. 553, note B. Descours. – Concernant un projet d'offre publique de retrait, doit être rejetée la demande d'annulation de la décision de la COB dès lors qu'il n'est pas établi que la note d'information élaborée par des analystes, dont l'objectivité est contestée en raison de leurs relations d'affaires, ait, compte tenu de la diversité et de la fiabilité des méthodes employées, faussé l'information donnée au public : ▪ Cass. com., 10 mai 2006 : *Bull. Joly Bourse* 2006, p. 588, note D. Schmidt.

b) **Refus de délivrance.** Sur la nécessité, pour la décision de la COB [AMF] ne donnant pas une suite favorable à une demande de visa, de comporter et de préciser l'ensemble des éléments et des pièces permettant un contrôle réel et effectif de la motivation retenue, V. ▪ CA Paris, 25 avr. 2000 : *JCP* E 2001, n° 1, p. 30, obs. J.-J. Daigre ; *Bull. Joly Bourse* 2000, 449, note Th. Granier ; *Banque et droit* nov.-déc. 2000, 35, obs. H. de Vauplane et J.-J. Daigre ; *RD bancaire et fin.* 2000, 183, obs. M.-A. Frison-Roche.

c) **Pouvoirs liés à l'instruction d'une demande de visa.** Pour l'instruction d'une demande devisa, la COB dispose du pouvoir de demander toute explication ou justification, notamment au sujet de la situation, de l'activité et des résultats de la société, afin d'assurer sa mission de contrôle *a priori* de l'information à l'occasion d'une opération sollicitant l'appel public à l'épargne : ▪ CA Paris, 26 janv. 1999 : *JCP* E 1999, n° 37, p. 1434, obs. J.-J. Daigre ; *Bull. Joly Bourse* 1999, 475, note A. Couret ; *RD bancaire et fin.* 1999, 34, obs. M. Germain et M.-A. Frison-Roche ; *Banque et droit* mars-avr. 1999, 38, obs. H. de Vauplane. – V. aussi ▪ Cass. com., 4 déc. 2001 : *RTD com.* 2002, p. 342, obs. N. Rontchevsky ; *RJDA* 2002, n° 262 ; *Banque et droit* mars-avr. 2002, 32, obs. H. de Vauplane et J.-J. Daigre.

2) Responsabilité de l'État.

a) **Conditions de mise en jeu.** Seule la commission d'**une faute lourde** est de nature à engager la responsabilité de l'État à raison du fonctionnement de la COB : ▪ CE, 22 juin 1984 : *Rev. sociétés* 1984, p. 634, note J.-J. Daigre. ▪ TA Paris, 5 mars 1990 : *JCP* E 1990, 15838, n° 14, obs. A. Viandier et J.-J. Caussain. ▪ CA Paris, 6 avr. 1994 : *Bull. Joly Bourse* 1994, p. 260, note J.-M. Desaché ; *Dr. sociétés* 1994, 182, obs. H. Hovasse ; *Gaz. Pal.* 1994, 1, 343, concl. Jobard ; *D.* 1994, p. 511, note N. Decoopman. ▪ Cass. com., 9 juill. 1996 : *Bull. civ.* IV, n° 203 ; *Bull. Joly Bourse* 1996, 609, obs. H. de Vauplane ; *D. affaires* 1996, p. 993. ▪ Cass. com., 30 nov. 1999 : *RD bancaire et fin.* 2000, n° 84, obs. M.-A. Frison-Roche et M. Germain.

b) **Compétence.** Les demandes d'indemnité fondées sur l'illégalité dont seraient entachées les décisions de la COB relèvent de la compétence du **juge judiciaire**, ▪ T. confl., 22 juin 1992 : *JCP* 1993, 22035, concl. Flipo ; *D.* 1993, p. 439, note N. Decoopman. – Sur cette question, V. aussi C. monét. fin., art. L. 621-30, p. 1612.

c) **Qualité pour agir.** Est irrecevable le recours formé par le président du conseil de surveillance de la société concernée contre une décision de la COB car il ne saurait être qualifié de tiers intéressé : ▪ Cass. com., 15 mars 1994 : *Bull. Joly Bourse* 1994, p. 269, note Th. Bonneau.

d) **Prescription.** L'action en responsabilité contre l'État pour faute de la COB est soumise à l'article 2270-1 du Code civil, selon lequel les actions en responsabilité civile extracontractuelle se prescrivent par dix ans à compter de la manifestation du dommage ou de son aggravation : ▪ CA Paris, 29 avr. 1997 : *RD bancaire et fin.* 1997, obs. M. Germain et M.-A. Frison-Roche ; *D.* 1998, somm. 64, obs. I. Bon-Garcin.

Art. L. 621-8-1 *(L. n° 2005-842, 26 juill. 2005).* **– I. – Pour délivrer le visa mentionné à l'article L. 621-8, l'Autorité des marchés financiers vérifie si le document est complet et compréhensible, et si les informations qu'il contient sont cohérentes. L'Autorité des marchés financiers indique, le cas échéant, les énonciations à modifier ou les informations complémentaires à insérer.**

L'Autorité des marchés financiers peut également demander toutes explications ou justifications, notamment au sujet de la situation, de l'activité et des résultats de l'émetteur ainsi que des garants éventuels des instruments financiers objets de l'opération.

II. - L'Autorité des marchés financiers peut suspendre *(Mots rempl., L. n° 2019-486, 22 mai 2019)* **« toute opération mentionnée à l'article L. 412-1 » pour une durée qui ne peut excéder une limite fixée par son règlement général lorsqu'elle a des motifs raisonnables de soupçonner qu'elle est contraire aux dispositions législatives ou réglementaires qui lui sont applicables.**

L'Autorité des marchés financiers peut interdire l'opération :

1° Lorsqu'elle a des motifs raisonnables de soupçonner qu'une émission ou une cession est contraire aux dispositions législatives et réglementaires qui lui sont applicables ;

2° Lorsqu'elle constate qu'un projet d'admission aux négociations sur un marché réglementé est contraire aux dispositions législatives ou réglementaires qui lui sont applicables.

Actualisation du prospectus. Une société cotée qui n'actualise pas son prospectus d'augmentation de capital lorsqu'elle reçoit une proposition de redressement fiscal pour un montant très significatif (le lendemain du visa de l'AMF) est passible d'une sanction administrative, même si sa propre évaluation du risque l'amène à passer une provision comptable pour un montant beaucoup plus faible et que la suite du contentieux lui donne plutôt raison : AMF, comm. sanct., 3 juill. 2012 : *Bull. Joly Bourse* 2012, § 201, p. 466, note F. Martin Laprade.

Art. L. 621-8-2 *(L. n° 2005-842, 26 juill. 2005 ; mod., Ord. n° 2009-80, 22 janv. 2009).* **– Le règlement général de l'Autorité des marchés financiers définit les conditions et les modalités selon lesquelles les opérations d'offre au public de titres financiers** *(Mots aj., L. n° 2019-486, 22 mai 2019)* **« , d'offre relevant du 1 du I de l'article L. 411-2 » ou d'admission d'instruments financiers aux négociations sur un marché réglementé peuvent faire l'objet de communications à caractère promotionnel.**

L'autorité peut interdire ou suspendre pendant dix jours de bourse les communications à caractère promotionnel lorsqu'elle a des motifs raisonnables de soupçonner qu'elles sont contraires aux dispositions du présent article.

Art. L. 621-8-3 *(L. n° 2005-842, 26 juill. 2005 ; mod., L. n° 2013-100, 28 janv. 2013).* **– Lorsque l'Autorité des marchés financiers n'est pas l'autorité compétente pour viser le projet de document mentionné au I de l'article L. 621-8 et qu'elle établit, à l'occasion d'une opération d'offre au public de titres financiers ou d'admission d'instruments financiers aux négociations sur un marché réglementé réalisée sur le territoire français, que des irrégularités ont été commises par la personne qui réalise l'opération ou par les établissements chargés du placement, elle en informe l'autorité de contrôle de l'État partie à l'accord sur l'Espace économique européen ayant approuvé ce document et l'Autorité européenne des marchés financiers.**

Si, en dépit des mesures prises par cette dernière ou en raison de leur inadéquation, l'émetteur ou les établissements chargés du placement persistent à enfreindre les dispositions législatives ou réglementaires qui leur sont applicables, l'Autorité des marchés financiers peut, après en avoir informé l'autorité de contrôle ayant approuvé le document et l'Autorité européenne des marchés financiers, prendre toutes les mesures qui s'imposent pour protéger les investisseurs.

L'Autorité des marchés financiers informe la Commission européenne et l'Autorité européenne des marchés financiers de ces mesures dans les meilleurs délais.

Sous-section 2 *bis*. – Veille et surveillance

Art. L. 621-8-4 *(L. n° 2013-672, 26 juill. 2013)*. – **L'Autorité des marchés financiers peut se faire communiquer, par les personnes ou entités mentionnées au II de l'article L. 621-9, tous documents ou informations, quel qu'en soit le support, utiles à l'exercice de sa mission de veille et de surveillance.**

Sous-section 3. – Contrôles et enquêtes

(Intitulé rempl., L. n° 2003-706, 1er août 2003)

Bibliographie : N. Dissaux, *Le déroulement des enquêtes diligentées par l'AMF et des procédures de sanction : JCP* E 2010, 1464.

Art. L. 621-9 ***(Rempl., L. n° 2003-706, 1er août 2003 ; mod., Ord. n° 2005-429, 6 mai 2005 ; Ord. n° 2005-1278, 13 oct. 2005 ; Ord. n° 2006-344, 23 mars 2006 ; L. n° 2006-1770, 30 déc. 2006 ; Ord. n° 2007-544, 12 avr. 2007 ; Ord. n° 2007-1490, 18 oct. 2007 ; Ord. n° 2011-915, 1er août 2011 ; L. n° 2014-344, 17 mars 2014 ; Ord. n° 2014-559, 30 mai 2014 ; Ord. n° 2016-520, 28 avr. 2016 ; L. n° 2017-55, 20 janv. 2017 ; Ord. n° 2017-1107, 22 juin 2017).*** **– I *(I rempl., L. n° 2019-486, 22 mai 2019)* Afin d'assurer l'exécution de sa mission, l'Autorité des marchés financiers réalise des contrôles et des enquêtes.**

Elle veille à la régularité des offres et opérations suivantes :

1° Les opérations effectuées sur des instruments financiers lorsqu'ils sont offerts au public et sur des instruments financiers, unités mentionnées à l'article L. 229-7 du Code de l'environnement et actifs mentionnés au II de l'article L. 421-1 du présent code admis aux négociations sur une plateforme de négociation ou pour lesquels une demande d'admission à la négociation sur une telle plateforme a été présentée ;

2° Les offres au public de parts sociales mentionnées au quatrième alinéa de l'article L. 512-1 du présent code ou à l'article 11 de la loi n° 47-1775 du 10 septembre 1947 portant statut de la coopération et les offres au public de certificats mutualistes mentionnées au premier alinéa du II de l'article L. 322-26-8 du Code des assurances ;

3° Les offres mentionnées au 1 du I de l'article L. 411-2 du présent code ;

4° Les offres ne donnant pas lieu à la publication du document d'information mentionné au premier alinéa du I de l'article L. 412-1 et réalisées par l'intermédiaire d'un prestataire de services d'investissement ou d'un conseiller en investissements participatifs au moyen de son site internet, ainsi que les offres de minibons mentionnés à l'article L. 223-6 et les offres de jetons mentionnées à l'article L. 552-3 ;

5° Les opérations effectuées sur des contrats commerciaux relatifs à des matières premières, liés à un ou plusieurs instruments financiers ou unités mentionnées à l'article L. 229-7 du Code de l'environnement.

Ne sont pas soumis au contrôle de l'Autorité des marchés financiers les marchés d'instruments créés en représentation des opérations de banque qui, en application de l'article L. 214-20 du présent code, ne peuvent pas être détenus par des OPCVM.

II. – L'Autorité des marchés financiers veille également au respect des obligations professionnelles auxquelles sont astreintes, en vertu des dispositions législatives et réglementaires, les entités ou personnes suivantes ainsi que les personnes physiques placées sous leur autorité ou agissant pour leur compte :

1° Les prestataires de services d'investissement autres que les sociétés de gestion de portefeuille agréés ou exerçant leur activité en libre établissement en France ainsi que les personnes morales placées sous leur autorité ou agissant pour leur compte ;

2° Les personnes autorisées à exercer l'activité de conservation ou d'administration d'instruments financiers mentionnées à l'article L. 542-1 ;

3° Les dépositaires centraux ;

4° Les membres des marchés réglementés non prestataires de services d'investissement ;

5° Les entreprises de marché ;

6° Les chambres de compensation d'instruments financiers ;

7° Les placements collectifs mentionnés au I de l'article L. 214-1 et les sociétés de gestion de placements collectifs mentionnées à l'article L. 543-1 ;

7° *bis* Les sociétés de gestion établies dans un autre État membre de l'Union européenne ou partie à l'accord sur l'Espace économique européen ayant une succursale ou fournissant des services en France, qui gèrent un ou plusieurs OPCVM agréés conformément à la directive 2009/65/CE du Parlement européen et du Conseil du 13 juillet 2009 ;

7° *ter* Les sociétés de gestion établies dans un autre État membre de l'Union européenne *(Mots aj., L. n° 2019-486, 22 mai 2019)* « ou partie à l'accord sur l'Espace économique européen » ou les gestionnaires établis dans un pays tiers ayant une succursale ou fournissant des services en France, qui gèrent un ou plusieurs FIA au sens de la directive 2011/61/UE du Parlement européen et du Conseil du 8 juin 2011 ;

8° Les intermédiaires en biens divers mentionnés à l'article *(Réf. rempl., L. n° 2019-486, 22 mai 2019)* « L. 551-1 » ;

9° Les personnes habilitées à procéder au démarchage mentionnées aux articles L. 341-3 et L. 341-4 ;

10° Les conseillers en investissements financiers ;

10° *bis* Les conseillers en investissements participatifs ;

11° Les personnes, autres que celles mentionnées aux 1° et 7°, produisant et diffusant des analyses financières ;

12° Les dépositaires de placements collectifs mentionnés au I de l'article L. 214-1 ;

13° Les experts externes en évaluation mentionnés à l'article L. 214-24-15 ;

14° Les personnes morales administrant des institutions de retraite professionnelle collectives mentionnées au I de l'article 8 de l'ordonnance n° 2006-344 du 23 mars 2006 ou des plans d'épargne pour la retraite collectifs mentionnés aux articles L. 3334-1 à L. 3334-9 et L. 3334-11 à L. 3334-16 du Code du travail ;

15° Les agents liés mentionnés à l'article L. 545-1 ;

16° Les succursales agréées conformément à l'article L. 532-48 ;

17° Les associations professionnelles agréées mentionnées aux articles L. 541-4 et L. 547-4 ;

18° Les prestataires de services de communication de données mentionnés à l'article L. 549-1.

19° *(19° créé, L. n° 2019-486, 22 mai 2019)* Les administrateurs d'indice de référence, y compris le représentant légal situé en France d'un administrateur situé dans un pays tiers, les entités surveillées et toute personne intervenant dans la fourniture d'un indice de référence et contribuant à sa définition au sens du règlement (UE) 2016/1011 du Parlement européen et du Conseil du 8 juin 2016 concernant les indices utilisés comme indices de référence dans le cadre d'instruments et de contrats financiers ou pour mesurer la performance de fonds d'investissement et modifiant les directives 2008/48/ CE et 2014/17/ UE et le règlement (UE) n° 596/2014 ;

20° *(20° créé, L. n° 2019-486, 22 mai 2019)* Les personnes mentionnées aux 4 et 5 de l'article 29 du règlement (UE) 2017/2402 du Parlement européen et du Conseil du 12 décembre 2017 créant un cadre général pour la titrisation ainsi qu'un cadre spécifique pour les titrisations simples, transparentes et standardisées, et modifiant les directives 2009/65/ CE, 2009/138/ CE et 2011/61/ UE et les règlements (CE) n° 1060/2009 et (UE) n° 648/2012 ;

21° *(21° créé, L. n° 2019-486, 22 mai 2019)* Les prestataires agréés conformément à l'article L. 54-10-5.

L'Autorité des marchés financiers veille au respect par ces mêmes entités ou personnes, ainsi que par les personnes physiques placées sous leur autorité ou agissant pour leur compte, des dispositions des règlements européens applicables.

Pour les personnes ou entités autres que celles fournissant des services mentionnés au 4 de l'article L. 321-1 ou que les personnes ou entités mentionnées aux 7°, 7° *bis*, 7° *ter*, 8°, 10°, 10° *bis* et 11° du présent II ci-dessus, pour lesquelles l'Autorité des marchés financiers est seule compétente, le contrôle s'exerce sous réserve des compétences de l'Autorité de contrôle prudentiel et de résolution et, pour celles mentionnées aux 3° et 6°, sans préjudice des compétences conférées à la Banque de France par l'article L. 141-4.

L'Autorité des marchés financiers est également chargée d'assurer le respect, par les prestataires de services d'investissement mentionnés à l'article L. 532-18-1, des dispositions législatives et réglementaires qui leur sont applicables, dans les conditions prévues aux articles L. 532-18-2, L. 532-19 et L. 532-20-1-B.

Voir : C. monét. fin., art. D. 621-29, p. 1622.

Voir : Sanctions pénales, C. monét. fin., art. L. 642-2, p. 1653. – Règl. AMF, 12 oct. 2004, art. 143-1 et s.

Art. L. 621-9-1 *(L. n° 2003-706, 1er août 2003 ; mod., L. n° 2010-1249, 22 oct. 2010).* – **Lorsque le secrétaire général de l'Autorité des marchés financiers, ou le secrétaire général adjoint spécialement délégué à cet effet, décide de procéder à des enquêtes, il habilite les enquêteurs selon des modalités fixées par le règlement général.**

Les personnes susceptibles d'être habilitées répondent à des conditions d'exercice définies par décret en Conseil d'État.

Voir : Sanctions pénales, C. monét. fin., art. L. 642-2, p. 1653.

Art. L. 621-9-2 *(L. n° 2003-706, 1er août 2003 ; mod., Ord. n° 2009-80, 22 janv. 2009 ; L. n° 2010-1249, 22 oct. 2010 ; Ord. n° 2014-559, 30 mai 2014 ; L. n° 2016-819, 21 juin 2016 ; Ord. n° 2017-1107, 22 juin 2017).* – **Dans les conditions fixées par un décret en Conseil d'État, l'Autorité des marchés financiers peut :**

1° Déléguer aux entreprises de marché et, le cas échéant, aux chambres de compensation le contrôle de l'activité et des opérations effectuées par les membres d'un marché réglementé ainsi que par les prestataires de services d'investissement ayant transmis des ordres sur ce marché. Cette délégation fait l'objet d'un protocole d'accord. Elle peut être retirée à tout moment ;

2° Recourir, pour ses contrôles et enquêtes, à des corps de contrôle extérieurs, à des commissaires aux comptes, à des experts inscrits sur une liste d'experts judiciaires ou à des personnes ou autorités compétentes. Ces personnes peuvent recevoir une rémunération de l'Autorité des marchés financiers à ce titre ;

3° Déléguer aux associations mentionnées aux articles L. 541-4 et L. 547-4 le contrôle de l'activité de leurs membres. Cette délégation fait l'objet d'un protocole d'accord et peut être retirée à tout moment.

Le collège ou le secrétaire général de l'Autorité des marchés financiers peuvent demander aux commissaires aux comptes des sociétés dont les titres financiers sont admis aux négociations sur une plate-forme de négociation, ou pour lequel une demande d'admission aux négociations sur de telles plates-formes a été présentée ou à un expert inscrit sur une liste d'experts judiciaires de procéder auprès des personnes ou entités dont les titres financiers sont admis aux négociations sur une plate-forme de négociation, ou pour lequel une demande d'admission aux négociations sur de telles plates-formes a été présentée et des personnes mentionnées au II de l'article L. 621-9 à toute analyse complémentaire ou vérification qui leur paraît nécessaire. Les frais et honoraires sont à la charge de l'Autorité des marchés financiers. Les dispositions de cet alinéa sont également applicables aux commissaires aux comptes qui effectuent des missions dans le cadre d'offres au public.

Voir : Sanctions pénales, C. monét. fin., art. L. 642-2, p. 1653 et C. monét. fin., art. L. 621-31.

Art. L. 621-9-3 *(L. n° 2003-706, 1er août 2003).* – **Dans le cadre des contrôles et enquêtes mentionnés aux articles L. 621-9 et L. 621-9-1, le secret professionnel ne peut être opposé à l'Autorité des marchés financiers ni, le cas échéant, aux entreprises de marché ou aux chambres de compensation, corps de contrôle, personnes ou autorités mentionnés à l'article L. 621-9-2, lorsqu'ils assistent l'Autorité des marchés financiers, sauf par les auxiliaires de justice.**

Pour l'application de la présente sous-section, les commissaires aux comptes sont déliés du secret professionnel à l'égard de l'Autorité des marchés financiers.

Est souligné par une décision de la chambre commerciale de la Cour de cassation, dans le cadre d'une enquête de l'AMF, le droit pour les personnes concernées de **s'opposer** à la communication des messageries électroniques contenant des courriers couverts par le secret professionnel de l'avocat, de même que l'interdiction pour les enquêteurs de procéder à leur exploitation : ▪ Cass. com., 29 janv. 2013, n° 11-27.333, P : *JurisData* n° 2013-001113 ; *Dr. sociétés* avr. 2013, comm. 68, note S. Torck.

Bibliographie : P. Treille et M. Guillemot, *Le secret professionnel des avocats à l'épreuve des enquêtes de l'AMF* : *RD bancaire et fin.* 2018, prat. 6.

Art. L. 621-10 *(Mod., L. fin. rect. 2001-1276, 28 déc. 2001 ; L. n° 2003-706, 1er août 2003 ; L. n° 2004-575, 21 juin 2004 ; L. n° 2004-669, 9 juill. 2004 ; L. n° 2013-672, 26 juill. 2013).* – **Les enquêteurs et les contrôleurs peuvent, pour les nécessités de l'enquête ou du contrôle, se faire communiquer tous documents, quel qu'en soit le support.** *(Mots abr. à compter du 31 décembre 2018, Cons. const., 21 juill. 2017, n° 2017-646/647 QPC, art. 1er : JurisData n° 2017-015012 ; JO 23 juill. 2017)* **Les**

enquêteurs peuvent également se faire communiquer les données conservées et traitées par les opérateurs de télécommunications dans le cadre de l'article L. 34-1 du Code des postes et des communications électroniques et les prestataires mentionnés aux 1 et 2 du I de l'article 6 de la loi n° 2004-575 du 21 juin 2004 pour la confiance dans l'économie numérique et en obtenir la copie.

Les enquêteurs et les contrôleurs peuvent convoquer et entendre toute personne susceptible de leur fournir des informations. Ils peuvent accéder aux locaux à usage professionnel. Ils peuvent recueillir des explications sur place dans des conditions prévues par décret en Conseil d'État.

Inconstitutionnalité suite à réponse à QPC. Est déclarée inconstitutionnelle la deuxième phrase l'article L. 621-10 du Code monétaire et financier qui autorise les agents de l'Autorité des marchés financiers à se faire communiquer les données de connexion détenues par les opérateurs de communications électroniques : ▪ Cons. const., 21 juill. 2017, déc. n° 2017-646/647 QPC : *JurisData* n° 2017-015012 ; *Dr. sociétés* 2017, comm. 193, note R. Vabres.

Art. L. 621-10-1 *(L. n° 2013-672, 26 juill. 2013)*. **– Lorsque les personnes et entités mentionnées au II de l'article L. 621-9 fournissent leurs services sur internet, les enquêteurs et les contrôleurs peuvent, pour accéder aux informations et éléments disponibles sur ces services, faire usage d'une identité d'emprunt sans en être pénalement responsables.**

Un décret en Conseil d'État précise les conditions dans lesquelles les enquêteurs et les contrôleurs procèdent dans ces cas à leurs constatations.

Bibliographie : A. Gaudemet et D. Schmidt, *Sur la sélection des pièces par les enquêteurs de l'AMF* : *Bull. Joly Bourse* 2012, p. 152.

1) Audition. Doit être cassé l'arrêt d'appel qui a rejeté la demande tendant à l'annulation de la procédure en raison du caractère irrégulier de l'audition du dirigeant par les enquêteurs habilités par le secrétaire-général de l'AMF. En effet, cet arrêt (▪ CA Paris, 30 mars 2010 : *JurisData* n° 2010-006960), après avoir énoncé que l'existence de la procédure spécifique d'audition réglementée par les articles L. 621-11 et R. 621-35 du Code monétaire et financier ne faisait pas échec à la possibilité ouverte aux enquêteurs de consigner les déclarations et témoignages spontanés, à la double condition que le procès-verbal réponde aux exigences du dernier alinéa du second de ces textes et que l'entretien se déroule dans des conditions qui ne soient pas de nature à affecter la portée des propos relatés, ni la loyauté de la procédure, a retenu que tel a été le cas en l'espèce, a précisé que les enquêteurs ont pris soin de communiquer préalablement à la personne dont les propos ont été consignés une copie des articles L. 621-9-3 et L. 621-10 du CMF ainsi qu'un document récapitulatif de ses droits et a ajouté que ses déclarations constituent un récit cohérent, de sorte que les soupçons des requérants sur « l'interrogatoire » qu'aurait subi ce dernier apparaissent gratuits. Or, en se déterminant ainsi, sans constater que la personne dont les déclarations ont été recueillies par les enquêteurs avait, préalablement à celles-ci, renoncé au bénéfice des règles applicables aux auditions, visant à assurer la loyauté de l'enquête, la cour d'appel n'a pas donné de base légale à sa décision au regard des articles L. 621-10, L. 621-11 et R. 621-35 du Code monétaire et financier, ensemble le principe de loyauté dans l'administration de la preuve : ▪ Cass. com., 24 mai 2011, n° 10-18.267 : *JurisData* n° 2011-009154 ; *JCP E* 2011, 1044 ; *Dr. sociétés* 2011, comm. 157, note S. Torck.

2) Sélection des pièces. Le fait que l'AMF ait procédé à une sélection des pièces du dossier finalement soumis à la commission des sanctions n'est pas en soi de nature à vicier la procédure à moins qu'il ne soit démontré que, manquant à son devoir de loyauté, elle n'ait distrait des éléments de nature à influer sur l'appréciation par la Commission des sanctions, puis le cas échéant par la cour, du bien-fondé des griefs retenus ou qu'elle a porté concrètement atteinte aux droits de la défense : ▪ Cass. com., 20 sept. 2011, n° 10-13.911 : *JurisData* n° 2011-023387. ▪ Cass. com., 20 sept. 2011, n° 10-13.591 : *JurisData* n° 2011-019472. ▪ Cass. com., 20 sept. 2011, n° 10-13.878 : *JurisData* n° 2011-019490 ; *Dr. sociétés* 2011, comm. 221, note S. Torck ; *Bull. Joly Bourse* 2011, p. 588 ; *Bull. Joly Bourse* 2012, p. 6, note Ph. Goutay.

3) Application des droits de la défense aux enquêtes de l'AMF. Jugé que le respect du principe des droits de la défense s'impose à toutes les autorités investies d'un pouvoir de sanction sans qu'il soit besoin pour le législateur d'en rappeler l'existence : ▪ Cass. com., 12 juill. 2011, n° 10-28.375 QPC : *Bull. Joly Bourse* 2011, p. 582.

4) Nullité des déclarations irrégulièrement recueillies : principe et répercussions. Jugé que les enquêteurs ne peuvent entendre une personne susceptible de leur fournir des informations sans respecter les garanties, destinées à assurer la loyauté de l'enquête, prévues par les articles L. 621-10, L. 621-11 et R. 621-35 du CMF, à moins que la personne concernée renonce expressément, en toute connaissance de cause et avant d'être entendue sur le fond, au bénéfice desdites garanties. Les déclarations irrégulièrement recueillies sont nulles ; ayant servi de support nécessaire aux actes d'enquête subséquents, leur nullité emporte l'annulation de l'ensemble de la procédure. La décision de la commission des sanctions ayant retenu ces déclarations est annulée : ▪ CA Paris, pôle 5, ch. 5-7, 13 sept. 2012, n° 2011/17362 : *Bull. Joly Bourse* 2013, p. 6, note D. Schmidt.

Art. L. 621-10-2 *(L. n° 2018-898, 23 oct. 2018)*. – **Pour la recherche des abus de marché définis par le règlement (UE) n° 596/2014 du Parlement européen et du Conseil du 16 avril 2014 sur les abus de marché (règlement relatif aux abus de marché) et abrogeant la directive 2003/6/ CE du Parlement européen et du Conseil et les directives 2003/124/ CE, 2003/125/ CE et 2004/72/ CE de la Commission, les enquêteurs peuvent se faire communiquer les données conservées et traitées par les opérateurs de télécommunication, dans les conditions et sous les limites prévues à l'article L. 34-1 du Code des postes et des communications électroniques, et par les prestataires mentionnés aux 1 et 2 du I de l'article 6 de la loi n° 2004-575 du 21 juin 2004 pour la confiance dans l'économie numérique.**

La communication des données mentionnées au premier alinéa du présent article fait l'objet d'une autorisation préalable par un contrôleur des demandes de données de connexion.

Le contrôleur des demandes de données de connexion est, en alternance, un membre du Conseil d'État, en activité ou honoraire, élu par l'assemblée générale du Conseil d'État, puis un magistrat de la Cour de cassation, en activité ou honoraire, élu par l'assemblée générale de ladite Cour. Son suppléant, issu de l'autre juridiction, est désigné selon les mêmes modalités. Le contrôleur des demandes de données de connexion et son suppléant sont élus pour une durée de quatre ans non renouvelable.

Il ne peut être mis fin aux fonctions du contrôleur des demandes de données de connexion que sur sa demande ou en cas d'empêchement constaté, selon le cas, par le vice-président du Conseil d'État ou par le premier président de la Cour de cassation ou le procureur général près ladite Cour, sur saisine du ministre chargé de l'économie.

Le contrôleur des demandes de données de connexion ne peut recevoir ou solliciter aucune instruction de l'Autorité des marchés financiers ni d'aucune autre autorité dans l'exercice de sa mission. Il est tenu au secret professionnel dans les conditions prévues à l'article L. 621-4 du présent code.

Il est saisi par demande motivée du secrétaire général ou du secrétaire général adjoint de l'Autorité des marchés financiers. Cette demande comporte les éléments de nature à en justifier le bien-fondé.

L'autorisation est versée au dossier d'enquête.

Les enquêteurs utilisent les données communiquées par les opérateurs de télécommunication et les prestataires mentionnés au premier alinéa du présent article exclusivement dans le cadre de l'enquête au titre de laquelle ils ont reçu l'autorisation.

Les données de connexion relatives aux faits faisant l'objet de notifications de griefs par le collège de l'Autorité des marchés financiers sont détruites à l'expiration d'un délai de six mois à compter de la décision définitive de la commission des sanctions ou des juridictions de recours. En cas de composition administrative, le délai de six mois court à compter de l'exécution de l'accord.

Les données de connexion relatives à des faits n'ayant pas fait l'objet d'une notification de griefs par le collège de l'Autorité des marchés financiers sont détruites à l'expiration d'un délai d'un mois à compter de la décision du collège.

En cas de transmission du rapport d'enquête au procureur de la République financier ou en cas de mise en mouvement de l'action publique par le procureur de la République financier en application des III et IV de l'article L. 465-3-6, les données de connexion sont remises au procureur de la République financier et ne sont pas conservées par l'Autorité des marchés financiers.

Les modalités d'application du présent article sont fixées par décret en Conseil d'État.

Art. L. 621-11 *(Anc. Ord. n° 67-833, 28 sept. 1967 ; mod., L. n° 2003-706, 1er août 2003 ; L. n° 2013-672, 26 juill. 2013)*. – **Toute personne convoquée ou entendue a le droit de se faire assister d'un conseil de son choix. Les modalités de cette convocation ou du recueil de ses explications sur place et les conditions dans lesquelles est assuré l'exercice de ce droit sont déterminées par décret en Conseil d'État.**

Voir : Communication d'informations entre autorités de surveillance, C. monét. fin., art. L. 631-1, p. 1634.

Art. L. 621-12 *(Anc. Ord. n° 67-833, 28 sept. 1967 ; mod., L. n° 2003-706, 1er août 2003 ; Ord. n° 2009-233, 26 févr. 2009 ; L. n° 2013-672, 26 juill. 2013 ; L. n° 2014-1662, 30 déc. 2014 ; L. n° 2016-1691, 9 déc. 2016 ; Ord. n° 2017-1107, 22 juin 2017).* – Pour la recherche des infractions définies aux articles L. 465-1 à L. 465-3-3 et des faits susceptibles d'être qualifiés de délit contre les biens et d'être sanctionnés par la commission des sanctions de l'Autorité des marchés financiers en application de l'article L. 621-15, le juge des libertés et de la détention du tribunal de grande instance dans le ressort duquel sont situés les locaux à visiter peut, sur demande motivée du secrétaire général de l'Autorité des marchés financiers, autoriser par ordonnance les enquêteurs de l'autorité à effectuer des visites en tous lieux ainsi qu'à procéder à la saisie de documents et au recueil, dans les conditions et selon les modalités mentionnées aux articles L. 621-10 et L. 621-11, des explications des personnes sollicitées sur place.

Lorsque les locaux visités sont situés dans le ressort de plusieurs juridictions et qu'une action simultanée doit être menée dans chacun d'eux, une ordonnance unique peut être délivrée par l'un des juges des libertés et de la détention compétents.

Le juge doit vérifier que la demande d'autorisation qui lui est soumise est fondée ; cette demande doit comporter tous les éléments d'information en possession de l'Autorité de nature à justifier la visite. Il désigne l'officier de police judiciaire chargé d'assister à ces opérations et de le tenir informé de leur déroulement. Lorsque les opérations ont lieu en dehors du ressort de son tribunal de grande instance, le juge des libertés et de la détention saisi peut se déplacer sur les lieux quelle que soit leur localisation sur le territoire national.

L'ordonnance mentionnée au premier alinéa fait mention de la faculté pour l'occupant des lieux ou son représentant de faire appel à un conseil de son choix. L'exercice de cette faculté n'entraîne pas la suspension des opérations de visite et de saisie. Le délai et la voie de recours sont mentionnés dans l'ordonnance.

L'ordonnance est notifiée verbalement et sur place au moment de la visite à l'occupant des lieux ou à son représentant qui en reçoit copie intégrale contre récépissé ou émargement au procès-verbal prévu aux onzième et douzième alinéas du présent article. En l'absence de l'occupant des lieux ou de son représentant, l'ordonnance est notifiée, après la visite, par lettre recommandée avec avis de réception. La notification est réputée faite à la date de réception figurant sur l'avis. À défaut de réception, il est procédé à la signification de l'ordonnance par acte d'huissier de justice. Une copie de l'ordonnance est adressée par lettre recommandée avec avis de réception à l'auteur présumé des délits mentionnés à l'alinéa premier.

L'ordonnance mentionnée au premier alinéa est exécutoire au seul vu de la minute. Cette ordonnance est susceptible de recours devant le premier président de la cour d'appel ou son délégué dans le ressort de laquelle le juge a autorisé la mesure. Les parties ne sont pas tenues de constituer avocat. Suivant les règles prévues par le Code de procédure civile, cet appel doit être exclusivement formé par déclaration remise ou adressée, par pli recommandé ou à compter du 1er janvier 2009 par voie électronique, au greffe de la cour dans un délai de quinze jours. Ce délai court à compter soit de la remise, soit de la réception, soit de la signification de l'ordonnance. Cet appel n'est pas suspensif. Le greffe du tribunal de grande instance transmet sans délai le dossier de l'affaire au greffe de la cour d'appel où les parties peuvent le consulter. L'ordonnance du premier président de la cour d'appel est susceptible d'un pourvoi en cassation, selon les règles prévues par le Code de procédure civile. Le délai du pourvoi en cassation est de quinze jours.

La visite s'effectue sous l'autorité et le contrôle du juge qui l'a autorisée. Il peut se rendre dans les locaux pendant l'intervention. À tout moment, il peut décider la suspension ou l'arrêt de la visite.

La visite ne peut être commencée avant six heures ou après vingt-et-une heures ; dans les lieux ouverts au public, elle peut également être commencée pendant les heures d'ouverture de l'établissement. Elle est effectuée en présence de l'occupant des lieux ou de son représentant ; en cas d'impossibilité, l'officier de police judiciaire requiert deux témoins choisis en dehors des personnes relevant de son autorité ou de celle de l'Autorité.

Les enquêteurs de l'Autorité, l'occupant des lieux ou son représentant et l'officier de police judiciaire peuvent seuls prendre connaissance des pièces avant leur saisie.

L'officier de police judiciaire veille au respect du secret professionnel et des droits de la défense conformément aux dispositions du troisième alinéa de l'article 56 du Code de procédure pénale. L'article 58 de ce code est applicable.

Lorsque la visite domiciliaire est effectuée dans le cabinet d'un avocat ou à son domicile, dans les locaux d'une entreprise de presse ou de communication audiovisuelle, dans le cabinet d'un médecin, d'un notaire ou d'un huissier, les dispositions des articles 56-1, 56-2 ou 56-3 du Code de procédure pénale, selon les cas, sont applicables.

Le procès-verbal de visite relatant les modalités et le déroulement de l'opération est dressé sur-le-champ par les enquêteurs de l'Autorité. Un inventaire des pièces et documents saisis lui est annexé. Le procès-verbal et l'inventaire sont signés par les enquêteurs de l'Autorité et par l'officier de police judiciaire ainsi que les personnes mentionnées au sixième alinéa du présent article ; en cas de refus de signer, mention en est faite au procès-verbal. Si l'inventaire sur place présente des difficultés, les pièces et documents saisis sont placés sous scellés. L'occupant des lieux ou son représentant est avisé qu'il peut assister à l'ouverture des scellés qui a lieu en présence de l'officier de police judiciaire ; l'inventaire est alors établi.

Le premier président de la cour d'appel dans le ressort de laquelle le juge a autorisé la mesure connaît des recours contre le déroulement des opérations de visite ou de saisie autorisées en application du premier alinéa. Le procès-verbal et l'inventaire rédigés à l'issue de ces opérations mentionnent le délai et la voie de recours. Les parties ne sont pas tenues de constituer avocat. Suivant les règles prévues par le Code de procédure civile, ce recours doit être exclusivement formé par déclaration remise ou adressée par pli recommandé ou à compter du 1er janvier 2009 par voie électronique au greffe de la cour dans un délai de quinze jours. Ce délai court à compter de la remise ou de la réception soit du procès-verbal, soit de l'inventaire. Ce recours n'est pas suspensif. L'ordonnance du premier président est susceptible d'un pourvoi en cassation selon les règles prévues par le Code de procédure civile. Le délai du pourvoi en cassation est de quinze jours.

Les originaux du procès-verbal de visite et de l'inventaire sont, dès qu'ils ont été établis, adressés au juge qui a délivré l'ordonnance ; une copie de ces mêmes documents est remise à l'occupant des lieux ou à son représentant, ou en leur absence, adressée par lettre recommandée avec avis de réception à l'occupant des lieux et le cas échéant à la personne visée par l'autorisation donnée dans l'ordonnance mentionnée au premier alinéa du présent article qui pourrait avoir commis une infraction ou un fait mentionnés au même premier alinéa. À défaut de réception, il est procédé à la signification de ces documents par acte d'huissier de justice. Ces documents mentionnent le délai et la voie de recours.

Les pièces et documents qui ne sont plus utiles à la manifestation de la vérité sont restitués à l'occupant des lieux.

1) Non-application du principe du contradictoire aux enquêtes préalables. Doit être approuvée la décision des juges du fond ayant retenu, pour rejeter la demande de réformation d'une décision de l'AMF émanant d'un dirigeant social, que le principe de la contradiction, figurant au rang des garanties du procès équitable prévues par l'article 6 de la CEDH, ne saurait s'appliquer aux enquêtes, préalables à la notification des griefs, auxquelles le secrétaire général de l'Autorité des marchés financiers peut décider de procéder, selon les modalités régies par les articles L. 621-9 et suivants du Code monétaire et financier : ▪ Cass. com., 6 févr. 2007, n° 05-20.811, F-P+B, *Becquard c/ AMF* : *JurisData* n° 2007-037257 ; *JCP* E 2008, 1345, comm. 35, obs. M. Galland ; *RD bancaire et fin.* 2007, n° 2, 83, note Th. Bonneau ; *RTDF* 2007, n° 2, p. 129, obs. N. Rontchevsky ; *Bull. Joly Bourse* 2007, § 37, p. 254.

2) Droit au respect du domicile. Les pouvoirs conférés par l'article L. 621-10 du Code monétaire et financier aux enquêteurs de la COB, excluant les perquisitions ou saisies, ne comportant aucune possibilité de contrainte matérielle et ne constituant ainsi pas, au sens de l'article 8, § 2 de la CEDH, une ingérence de l'autorité publique dans l'exercice du droit au respect du domicile reconnu par le § 1er du même texte, c'est à bon droit qu'une cour d'appel a sanctionné, au visa des articles L. 621-14 et L. 621-15 du Code monétaire et financier et de l'article 1er du règlement n° 98-07 de la COB alors applicable (actuellement Règl. AMF, art. 222-1), le dirigeant d'une société émettrice au titre des manquements à l'obligation d'information imposée au groupement par ce dernier corps de texte : ▪ Cass. com., 30 mai 2007, n° 06-11.314 : *JurisData* n° 2007-039053 ; *JCP* E 2007, act., p. 301 ; *JCP* E 2008, 1345, comm. 39, obs. M. Galland ; *D.* 2007, act. jurispr. p. 1669 ; *Banque et droit* 2007, n° 114, p. 26, obs. H. de Vauplane, J.-J. Daigre, B. de Saint Mars et J.-J. Bornet ; *Dr. sociétés* nov. 2007, comm. 201, note Th. Bonneau ; *Bull. Joly Bourse* 2007, § 106, p. 461, note N. Decoopman ; *Rev. sociétés* 2007, p. 851, note Ch. Arsouze. – V. égal. S. Torck, *Visites domiciliaires et saisies de l'AMF : RD bancaire et fin.* mai 2009, comm. 109. – Se prononçant en faveur de la *conformité* de la **visite domiciliaire** sollicitée auprès du juge par l'Autorité des marchés financiers aux dispositions de l'article 6 de la Convention européenne des droits de l'homme : ▪ Cass. crim., 16 avr. 2008, n° 06-88.978, FD : *JurisData* n° 2008-044572 ; *Dr. sociétés* 2008, n° 7, comm. 163, note R. Salomon. – Jugé que les dispositions de l'article 495 du Code de procédure civile (CPC) prévoyant qu'une copie de la requête sollicitant une ordonnance du juge est laissée à la personne à laquelle elle est opposée ne sont pas applicables lors du déroulement de la visite domiciliaire mise en œuvre par l'AMF : ▪ Cass. com., 11 mai 2017, n° 15-22.173 : *JurisData* n° 2017-008848 ; *Dr. sociétés* 2017, comm. 128, note R. Vabres. – V. F. Molinié, *Visites domiciliaires de l'AMF et droits fondamentaux : panorama et perspectives au regard de quelques évolutions récentes : RD bancaire et fin.* 2018, étude 5.

3) Droit au silence (non). Jugé par le Conseil d'État que l'article 6, § 3 de la Convention EDH, reconnaissant aux personnes entendues le droit de se taire et d'être informées de ce droit, ne s'applique pas au cours de la phase préalable des enquêtes réalisées par les agents de l'AMF : ▪ CE, 12 juin 2013, n°s 359245 et 359477 : *JurisData* n° 2013-012405 ; *JCP E* 2013, act. 609, note D. Martin et M. Françon.

4) Portée de l'enquête. L'enquête de la COB et l'avis donné par celle-ci ne sont pas la condition de l'engagement des poursuites et ne sont nullement indissociables de la procédure pénale : ▪ CA Paris, 6 juill. 1994 : *Bull. Joly Bourse* 1994, p. 583, note M. Jeantin.

5) Caractère d'acte de poursuite de la visite domicilaire (non). Ne constitue pas un acte de poursuite la visite domiciliaire de l'Autorité des marchés financiers, qui a pour seul but de rechercher la preuve d'agissements contraires à la loi. Ne méconnaît ni la règle ne *bis in idem*, ni le principe de nécessité des délits et des peines, une telle visite conduite parallèlement à une instruction pénale portant sur les mêmes faits. Dérogent au Code de procédure civile, de sorte que l'article 495 de ce dernier n'est pas applicable lors du déroulement d'une telle visite, les dispositions de l'article L. 621-12 du Code monétaire et financier, qui prévoient seulement la notification de la décision du juge des libertés et de la détention lors des opérations de visite et de saisie de l'Autorité des marchés financiers : ▪ Cass. com., 13 juin 2018, n° 16-25.415, FS-D, K. c/ AMF : *Rev. sociétés* 2019 p. 260, note E. Dezeuze et Chl. Méléard.

6) QPC. Refuse de transmettre à la Cour de cassation une QPC portant sur le régime des visites domiciliaires en droit financier la cour d'appel de Paris, en estimant que le dispositif actuel ne saurait sérieusement être suspecté de ne pas répondre aux exigences du procès équitable : ▪ CA Paris P. 5, ch. 7, 4 janv. 2011, n° 10/1353 : *Bull. Joly Bourse* 2011, § 205, p. 418, note M. Roussille.

Art. L. 621-12-1 *(L. n° 2014-344, 17 mars 2014).* **– L'Autorité des marchés financiers peut transmettre à la juridiction saisie d'une action en réparation d'un préjudice qui en fait la demande les procès-verbaux et les rapports d'enquête ou de contrôle qu'elle détient dont la production est utile à la solution du litige.**

Sous-section 4. – Injonctions et mesures d'urgence

(Intitulé rempl., L. n° 2003-706, 1er août 2003)

Art. L. 621-13 *(Mod., L. n° 2003-706, 1er août 2003 ; Ord. n° 2013-676, 25 juill. 2013).* **– Le président du tribunal de grande instance peut, sur demande motivée du président ou du secrétaire général de l'Autorité des marchés financiers, prononcer la mise sous séquestre, en quelque main qu'ils se trouvent, des fonds, valeurs, titres ou droits appartenant aux personnes mises en cause par elle ainsi que tout actif détenu par un FIA. Il statue par ordonnance sur requête, à charge pour tout intéressé de lui en référer. Il peut prononcer dans les mêmes conditions l'interdiction temporaire de l'activité professionnelle.**

Le président du tribunal de grande instance, sur demande motivée du président ou du secrétaire général de l'Autorité des marchés financiers, peut ordonner, en la forme des référés, qu'une personne mise en cause soit astreinte à consigner une somme d'argent.

Il fixe le montant de la somme à consigner, le délai pour consigner et son affectation.

En cas de mise en examen de la personne consignataire, le juge d'instruction saisi statue pour donner mainlevée, totale ou partielle, de la consignation ou pour la maintenir ou l'augmenter par décision rendue en application du 11° de l'article 138 du Code de procédure pénale.

Voir : la rédaction de cet article issue de l'ordonnance n° 2019-738 du 17 juillet 2019, en *addendum*, p. 3371.

Voir : Sanctions pénales, C. monét. fin., art. L. 642-3, p. 1653.

Art. L. 621-13-1 *(Ord. n° 2011-915, 1er août 2011 ; mod., L. n° 2016-1691, 9 déc. 2016).* **– I. – L'Autorité des marchés financiers peut désigner un administrateur provisoire auprès d'une personne mentionnée à l'article L. 543-1, auquel sont transférés tous les pouvoirs d'administration, de direction et de représentation de la personne morale. L'administrateur provisoire dispose des biens meubles et immeubles de celle-ci dans l'intérêt d'une bonne administration.**

Cette désignation est faite soit à la demande des dirigeants lorsqu'ils estiment ne plus être en mesure d'exercer normalement leurs fonctions, soit à l'initiative de l'Autorité des marchés financiers lorsque la gestion de la personne contrôlée ne peut plus être assurée dans des conditions normales ou en cas d'interdiction d'exercer de l'un ou de plusieurs de ses dirigeants en application du *b* du III de l'article L. 621-15.

La rémunération de l'administrateur provisoire est fixée par l'Autorité des marchés financiers. Elle est prise en charge, ainsi que les frais engagés par l'administrateur provisoire, par la personne auprès de laquelle il est désigné.

II. – L'Autorité des marchés financiers décide de la désignation d'un administrateur provisoire au terme d'une procédure contradictoire. Lorsque des circonstances particulières d'urgence le justifient, l'Autorité des marchés financiers peut, à titre provisoire, ordonner sans procédure contradictoire cette désignation. Une procédure contradictoire est alors immédiatement engagée aux fins de lever, adapter ou confirmer cette mesure commandée par l'urgence.

III. – Les décisions de l'Autorité des marchés financiers relatives à une personne contrôlée prise en application du I du présent article peuvent être communiquées à l'entreprise qui exerce sur cette personne un contrôle exclusif au sens de l'article L. 233-16 du Code de commerce.

IV. – Un décret en Conseil d'État détermine les modalités d'application du présent article.

Art. L. 621-13-2 *(L. n° 2013-672, 26 juill. 2013 ; mod., L. n° 2016-1691, 9 déc. 2016).* – L'Autorité des marchés financiers peut exiger la suspension, à titre provisoire, du rachat de parts ou d'actions ou de l'émission de parts ou d'actions nouvelles d'un organisme de placement collectif lorsque des circonstances exceptionnelles l'exigent et si l'intérêt des porteurs de parts, des actionnaires ou du public le commande.

Elle peut également exiger qu'il soit mis fin au plafonnement ou à la suspension des rachats de parts ou actions, ou limiter à titre provisoire le recours à de tels plafonnements ou suspensions, par un ou plusieurs organismes de placement collectif, si l'intérêt des porteurs de parts, des actionnaires ou du public le commande.

Art. L. 621-13-3 *(Ord. n° 2013-676, 25 juill. 2013 ; mod., L. n° 2016-1691, 9 déc. 2016).* – L'Autorité des marchés financiers peut exiger la suspension, à titre provisoire, du rachat de parts ou d'actions ou de l'émission de parts ou d'actions nouvelles d'un FIA lorsque des circonstances exceptionnelles l'exigent et si l'intérêt des porteurs de parts, des actionnaires ou du public le commande.

Elle peut également exiger qu'il soit mis fin au plafonnement ou à la suspension des rachats de parts ou actions d'un FIA, et limiter à titre provisoire le recours à de tels plafonnements ou suspensions, si l'intérêt des porteurs de parts, des actionnaires ou du public le commande.

Art. L. 621-13-4 *(Ord. n° 2013-676, 25 juill. 2013 ; mod., L. n° 2016-1691, 9 déc. 2016).* – Lorsqu'une société de gestion de FIA n'est pas en mesure de garantir le respect des dispositions de la sous-section 1 de la section 2 du chapitre IV du titre Ier du livre II dont un FIA ou une autre entité agissant pour son compte est responsable, elle en informe immédiatement l'Autorité des marchés financiers et, si nécessaire, les autorités compétentes du FIA de l'Union européenne *(Mots aj., L. n° 2019-486, 22 mai 2019)* « ou d'un État partie à l'accord sur l'Espace économique européen » concerné. L'Autorité des marchés financiers exige que la société de gestion prenne les mesures nécessaires pour remédier à la situation.

Si, en dépit des mesures prises par les autorités compétentes dont relève le FIA, le non-respect des exigences persiste, et dans la mesure où il s'agit d'une société de gestion établie dans l'Union européenne *(Mots aj., L. n° 2019-486, 22 mai 2019)* « ou d'un État partie à l'accord sur l'Espace économique européen » ou d'un FIA de l'Union européenne *(Mots aj., L. n° 2019-486, 22 mai 2019)* « ou d'un État partie à l'accord sur l'Espace économique européen », l'Autorité des marchés financiers exige la démission de cette société en sa qualité de société de gestion de ce FIA dans les conditions fixées par le règlement général de l'Autorité des marchés financiers. Dans ce cas, le FIA n'est plus commercialisé dans l'Union européenne *(Mots aj., L. n° 2019-486, 22 mai 2019)* « ou d'un État partie à l'accord sur l'Espace économique européen ». S'il s'agit d'un gestionnaire établi dans un pays tiers qui gère un FIA de pays tiers, ce FIA n'est plus commercialisé dans l'Union européenne *(Mots aj., L. n° 2019-486, 22 mai 2019)* « ou d'un État partie à l'accord sur l'Espace économique européen ». L'Autorité des marchés financiers informe immédiatement les autorités compétentes des États *(Mot suppr., L. n° 2019-486, 22 mai 2019)* « ... » d'accueil du gestionnaire. Le mandataire désigné par l'Autorité des marchés financiers pour contrôler la société jusqu'à la prise d'effet de sa démission choisit, le cas échéant, une autre société de gestion de portefeuille pour gérer le FIA. Ce mandataire est rémunéré pour l'accomplissement de sa mission par la société de gestion de portefeuille, dans les conditions fixées par le règlement général de l'Autorité des marchés financiers.

Le présent article est applicable aux sociétés de gestion des FIA :

a) Relevant du II de l'article L. 214-24, à l'exclusion de ceux mentionnés à son dernier alinéa, et à l'exclusion des FIA relevant du I l'article L. 214-167 et de ceux mentionnés au second alinéa du III de l'article L. 532-9 ;

b) Relevant du 1° du III de l'article L. 214-24.

Art. L. 621-13-5 *(L. n° 2016-1691, 9 déc. 2016 ; mod., L. n° 2019-486, 22 mai 2019).* – I. - Le président de l'Autorité des marchés financiers adresse, par tout moyen propre à en établir la date de réception, une mise en demeure aux opérateurs suivants :

1° Les opérateurs offrant des services d'investissement en ligne non agréés en application de l'article L. 532-1, ne figurant pas au nombre des personnes mentionnées à l'article L. 531-2 et n'entrant pas dans le champ d'application des articles L. 532-16 à L. 532-22 ;

2° Les opérateurs proposant en ligne des offres de titres financiers ou de bons de caisse qui satisfont aux conditions suivantes :

a) Ils ne sont pas agréés en application de l'article L. 532-1, ne figurent pas au nombre des personnes mentionnées à l'article L. 531-2 et n'entrent pas dans le champ d'application des articles L. 532-16 à L. 532-22 ;

b) Ils ne sont pas immatriculés en qualité de conseillers en investissements participatifs conformément aux articles L. 546-1 et L. 547-4-1 ;

3° Les opérateurs proposant au public de souscrire des rentes viagères ou d'acquérir des droits dans les conditions prévues au 1° du I ou au II de l'article L. 551-1 sans avoir, préalablement à toute communication à caractère promotionnel ou à tout démarchage, soumis à l'examen de l'Autorité des marchés financiers les documents mentionnés à l'article L. 551-3 ;

4° Les opérateurs entrant dans le champ d'application de l'article L. 54-10-3 qui ne sont pas enregistrés par l'Autorité des marchés financiers dans les conditions prévues au même article L. 54-10-3 ;

5° Les opérateurs fournissant des services sur actifs numériques au sens de l'article L. 54-10-2 qui diffusent des informations comportant des indications inexactes ou trompeuses ou utilisent une dénomination, une raison sociale, une publicité ou tout autre procédé laissant croire qu'ils sont agréés dans les conditions prévues à l'article L. 54-10-5 ;

6° Les opérateurs procédant à une offre au public de jetons au sens de l'article L. 552-3 qui diffusent des informations comportant des indications inexactes ou trompeuses ou utilisent une dénomination, une raison sociale, une publicité ou tout autre procédé laissant croire qu'ils ont obtenu le visa prévu à l'article L. 552-4.

La mise en demeure rappelle les sanctions encourues par ces différents opérateurs au titre du chapitre III du titre VII du livre V et les dispositions du II du présent article. Il est enjoint à l'opérateur de respecter l'interdiction qui lui est applicable et de présenter ses observations dans un délai de huit jours à compter de la réception de la mise en demeure.

II. - Il adresse également aux personnes mentionnées au 2 du I de l'article 6 de la loi n° 2004-575 du 21 juin 2004 pour la confiance dans l'économie numérique, par tout moyen propre à en établir la date de réception, une copie de la mise en demeure prévue au I du présent article et leur enjoint de prendre toute mesure propre à empêcher un accès au contenu du service de communication au public en ligne proposé par l'opérateur mentionné au même I. Ces personnes sont invitées à présenter leurs observations dans un délai de huit jours.

III. - À l'issue des délais mentionnés aux I et II du présent article, en cas d'inexécution des injonctions prévues aux mêmes I et II ou si l'offre illicite en ligne reste accessible, le président de l'Autorité des marchés financiers peut saisir le président du tribunal de grande instance de Paris aux fins d'ordonner, en la forme des référés, l'arrêt de l'accès à ce service aux personnes mentionnées au 1 du I de l'article 6 de la loi n° 2004-575 du 21 juin 2004 précitée.

Il peut également saisir le président du tribunal de grande instance de Paris aux mêmes fins si l'offre demeure accessible, nonobstant l'éventuelle exécution par les personnes mentionnées au II du présent article, sans avoir à procéder à de nouvelles injonctions de même nature.

Le président de l'Autorité des marchés financiers peut saisir par requête le président du tribunal de grande instance de Paris aux mêmes fins lorsque ce service de communication au public en ligne est accessible à partir d'autres adresses.

Voir : la rédaction de cet article issue de l'ordonnance n° 2019-738 du 17 juillet 2019, en *addendum*, p. 3371.

Art. L. 621-13-6 *(Ord. n° 2017-1107, 22 juin 2017).* – **I. – Le président de l'Autorité des marchés financiers ou le représentant qu'il désigne peut exiger de toute personne qu'elle prenne des mesures pour réduire le volume de sa position ou de son exposition sur un instrument financier, sur une unité mentionnée à l'article L. 229-7 du Code de l'environnement ou sur les actifs mentionnés au II de l'article L. 421-1.**

II. – Le président de l'Autorité des marchés financiers ou le représentant qu'il désigne peut limiter la faculté de toute personne d'acquérir ou de céder un instrument dérivé sur matière première, notamment en fixant des limites au volume d'une position que toute personne peut détenir à tout moment.

III. – L'Autorité des marchés financiers notifie à l'Autorité européenne des marchés financiers et, le cas échéant, aux autorités compétentes concernées d'autres États membres de l'Union européenne ou parties à l'accord sur l'Espace économique européen toute décision prise en application du I ou du II.

Lorsque l'Autorité des marchés financiers se voit notifier par une autorité compétente d'un autre État membre de l'Union européenne ou d'un autre État partie à l'accord sur l'Espace économique européen des décisions de la nature de celles mentionnées ci-dessus, son président ou le représentant qu'il désigne peut prendre les mesures mentionnées au I ou II, dans le respect des dispositions du présent paragraphe, s'il estime que cela est nécessaire pour atteindre l'objectif poursuivi par cette dernière autorité.

Art. L. 621-13-7 *(Ord. n° 2017-1107, 22 juin 2017).* – **I. – L'Autorité des marchés financiers peut suspendre la commercialisation ou la vente d'instruments financiers, des unités mentionnées à l'article L. 229-7 du Code de l'environnement ou des actifs mentionnés au II de l'article L. 421-1 lorsque les conditions des articles 42 du règlement (UE) n° 600/2014 du Parlement européen et du Conseil du 15 mai 2014 sont remplies.**

II. – L'Autorité des marchés financiers peut suspendre la commercialisation ou la vente d'instruments financiers, des unités mentionnées à l'article L. 229-7 du Code de l'environnement ou des actifs mentionnés au II de l'article L. 421-1 lorsque l'entreprise d'investissement n'a pas développé ou appliqué un véritable processus d'approbation de produit, ou ne s'est pas conformée aux prescriptions du 3 du II de l'article L. 533-10, à l'article L. 533-24 et aux 3 et 4 de l'article L. 533-24-1.

Art. L. 621-13-8 *(Ord. n° 2017-1107, 22 juin 2017).* – **Le président ou le secrétaire général de l'Autorité des marchés financiers peut enjoindre la suspension ou la révocation d'une personne mentionnée à l'article L. 421-7, si cette personne ne remplit plus les conditions fixées à cet article pour l'exercice des fonctions qu'elle occupe, ou pour mettre fin à des violations par cette personne de la réglementation applicable dans des conditions de nature à porter atteinte au bon fonctionnement d'une entreprise de marché.**

Le président de l'Autorité des marchés financiers ou le représentant qu'il désigne, peut enjoindre la suspension ou la révocation d'une personne mentionnée au I de l'article L. 533-26 pour mettre fin à des violations par cette personne de la réglementation applicable dans des conditions de nature à porter atteinte aux intérêts des clients ou au bon fonctionnement d'une entreprise d'investissement.

Un décret précise les conditions d'application du présent article.

Art. L. 621-13-9 *(Ord. n° 2017-1107, 22 juin 2017).* – **L'Autorité des marchés financiers peut faire une déclaration publique mentionnant toute personne responsable d'un manquement aux règlements européens, lois, règlements ou règles professionnelles approuvés par l'Autorité des marchés financiers et la nature de ce dernier.**

Art. L. 621-14 *(Rempl., L. n° 2003-706, 1er août 2003 ; mod., L. n° 2013-672, 26 juill. 2013 ; Ord. n° 2015-1576, 3 déc. 2015 ; L. n° 2016-1691, 9 déc. 2016).* – **I. – Dans les cas de manquements mentionnés au II de l'article L. 621-15, le collège de l'Autorité des marchés financiers peut rendre publique une déclaration qui précise l'identité de la personne physique ou morale en cause, de même que la nature du manquement.**

II. – Le collège peut, après avoir mis la personne concernée en mesure de présenter ses explications, ordonner qu'il soit mis fin, en France et à l'étranger, aux manquements aux obligations résultant des règlements européens, des dispositions législatives ou réglementaires ou des règles professionnelles visant à protéger les investisseurs contre les opérations d'initiés, les manipulations de marché et la divulgation illicite d'informations privilégiées mentionnées aux *c* et *d* du II de l'article L. 621-15, ou à tout autre manquement de nature à porter atteinte à la protection des investisseurs, au bon fonctionnement des marchés ou à tout autre manquement aux obligations relatives à la lutte contre le blanchiment des capitaux et le financement du terrorisme prévues aux chapitres I et II du titre VI du livre V du présent code. Ces décisions sont rendues publiques dans les conditions et selon les modalités prévues au V du même article L. 621-15.

Le collège dispose des mêmes pouvoirs que ceux mentionnés au premier alinéa du présent II à l'encontre des manquements aux obligations résultant des règlements européens, des dispositions législatives ou réglementaires visant à protéger les investisseurs et le marché contre les opérations d'initié, les manipulations de marché et la divulgation illicite d'informations privilégiées mentionnées aux *c* et *d* du II de l'article L. 621-15, commis sur le territoire français et concernant des instruments financiers, des unités mentionnées à l'article L. 229-7 du Code de l'environnement ou des actifs mentionnés au II de l'article L. 421-1 du présent code admis aux négociations sur un marché réglementé d'un autre État membre de l'Union européenne ou partie à l'accord sur l'Espace économique européen ou pour lesquels une demande d'admission aux négociations sur un tel marché a été présentée.

III. – Le président de l'Autorité des marchés financiers peut demander en justice qu'il soit ordonné à la personne qui est responsable de la pratique relevée de se conformer aux règlements européens, aux dispositions législatives ou réglementaires, de mettre fin à l'irrégularité ou d'en supprimer les effets.

La demande est portée devant le président du tribunal de grande instance de Paris qui statue en la forme des référés et dont la décision est exécutoire par provision. Il peut prendre, même d'office, toute mesure conservatoire et prononcer pour l'exécution de son ordonnance une astreinte versée au Trésor public.

En cas de poursuites pénales, l'astreinte, si elle a été prononcée, n'est liquidée qu'après que la décision sur l'action publique est devenue définitive.

Voir : la rédaction de cet article issue de l'ordonnance nº 2019-738 du 17 juillet 2019, en *addendum*, p. 3371.

Le **juge des référés** peut enjoindre, à la demande du président de l'Autorité des marchés financiers, le dépôt d'un projet d'offre publique dans des conditions qui l'auraient rendu recevable à la date du franchissement de seuil du tiers, peu important que la société cible ait été mise ultérieurement en redressement judiciaire : ▪ CA Paris, 19 oct. 2005 : *Dr. sociétés* mars 2006, 45, obs. Th. Bonneau ; *Bull. Joly Bourse* 2006, 41, note J.-J. Daigre.

Sous-section 4 *bis*. – Composition administrative

Bibliographie : S. Schiller, *L'action de l'Autorité des marchés financiers : la composition administrative : Bull. Joly Bourse* 2017, p. 147.

Art. L. 621-14-1 *(L. n° 2010-1249, 22 oct. 2010 ; mod., L. n° 2016-1691, 9 déc. 2016)*. **– Lorsque le rapport d'enquête ou de contrôle établi par les services de l'Autorité des marchés financiers fait état de manquements commis par une personne mentionnée au 9° du II de l'article L. 621-9, au II de l'article L. 621-15, sauf en cas de manquement mentionné au f du II du même article L. 621-15, et aux obligations professionnelles mentionnées à l'article L. 621-17, le collège de l'Autorité peut, en même temps qu'il notifie les griefs dans les conditions prévues à la première phrase du deuxième alinéa du I de l'article L. 621-15, lui adresser une proposition d'entrée en voie de composition administrative.**

Cette proposition suspend le délai fixé au deuxième alinéa du I de l'article L. 621-15.

Toute personne à qui il a été proposé d'entrer en voie de composition administrative s'engage, dans le cadre d'un accord arrêté avec le secrétaire général de l'Autorité des marchés financiers, à verser au Trésor public une somme dont le montant maximum est celui de la sanction pécuniaire encourue au titre du III de l'article L. 621-15.

L'accord est soumis au collège puis, s'il est validé par celui-ci, à la commission des sanctions, qui peut décider de l'homologuer. L'accord ainsi homologué est rendu public.

En l'absence d'accord homologué ou en cas de non-respect de celui-ci, la notification de griefs est transmise à la commission des sanctions qui fait application de l'article L. 621-15.

Les décisions du collège et de la commission des sanctions mentionnées au présent article sont soumises aux voies de recours prévues à l'article L. 621-30.

Les modalités d'application du présent article sont fixées par décret en Conseil d'État.

Sous-section 5. – Sanctions

(Anc. ss-sect. 4 bis, L. n° 2003-706, 1er août 2003, dénum., Ord. n° 2005-429, 6 mai 2005)

Bibliographie : K. Angel et E. Dezeuze, *Le décret n° 2008-293 du 2 septembre 2008 et l'avenir de la procédure de sanction de l'Autorité des marchés financiers : RD bancaire et fin.* janv. 2009, étude 1. ● Ch. Arsouze, *Procédures boursières – Sanctions et contentieux des sanctions, GLN Joly*, 2008. ● D. Bompoint, *La réforme des pouvoirs de sanction administrative de l'Autorité des marchés financiers par la loi RBF* du 22 octobre 2010, in *Loi de régulation bancaire et financière* du 22 oct. 2010 : aspects de droit boursier : *RD bancaire et fin.* mars-avr. 2011, p. 99 et s., spéc. p. 114 à 119 ; *L'influence des décisions de sanction de l'AMF sur la réparation civile du préjudice : RD bancaire et fin.* juill. 2012, dossier 34. • E. Chvika, *La responsabilité des intervenants dans le cadre d'une introduction en bourse. – (bilan des décisions récentes de l'AMF sur les banquiers, émetteurs et commissaires aux comptes) : JCP* E 2008, 2386 ; *RD bancaire et fin.* sept. 2008, étude 19. • S. Dariosecq, *Le pouvoir de sanction de l'AMF : évolutions importantes : Bull. Joly Bourse* 2011, p. 115. • G. Eckert, *Les autorités de régulation et l'article 6 de la CEDH : quelle cohérence ? : RD. bancaire et fin.* mai 2010, dossier, p. 76. • J.-P. Felmer Roa, *Le pouvoir de sanction de l'Autorité des marchés financiers : Dr. sociétés* févr. 2008, alerte 7. • M. Guyomar, *La jurisprudence du Conseil d'État sur les décisions de l'AMF : 15 ans de réflexion : Bull. Joly Bourse* 2012, § 246, p. 555. • J.-Ph. Kovar, *La soumission des autorités de régulation aux garanties du procès équitable : RD. bancaire et fin.* mai 2010, dossier, p. 83. • F. Leplat, *Les garanties encadrant les sanctions administratives prononcées par l'AMF : LPA* 4 août 2003, p. 15. • C. D. Martin et M. Françon, *Recherche des preuves d'abus de marché : RTD fin.* n° 3-2011, p. 10. • N. Mennesson, *Abus de marché : vers une refonte du régime communautaire ? : JCP* E 2011, 1881. • A.-C. Muller, *Décisions de la Commission des sanctions de l'AMF relatives à l'information financière : RD bancaire et fin.* 2007, n° 4, 166. • Y. Paclot, *L'article L. 621-15 toujours recommencé : RD bancaire et fin.* nov.-déc. 2010, p. 3 ; *L'Autorité des marchés financiers* et les principes du procès équitable : *Études à la mémoire de Fernand-Charles Jeantet*, Litec 2010. • P. Pailler, *Comment analyser les décisions du Conseil constitutionnel en matière de cumul de sanctions ? : RD bancaire et fin.* sept. 2016, alerte 63. • D. Pasturel et N. Cuntz, *Précisions sur la prescription de la procédure de sanction de l'AMF : RD bancaire et fin.* juill. 2012, étude 20. • F. Peltier, *Vers une cohérence des sanctions administratives ou pénales des abus de marché : JCP* E 2011, 1905. • H. Pisani, *La responsabilité de la société et de ses dirigeants en matière d'information financière : RTDF* 2010, n° 2, p. 35. • N. Rontchevsky : *Les sanctions administratives : régime et recours : Bull. Joly Bourse* 2004, § 1, p. 10. • M. Roussille, *Rapport sur l'indemnisation des préjudices boursiers : comment l'AMF voit sa place : Dr. sociétés* avr. 2011, 4. • R. Salomon, *Le pouvoir de sanction des autorités administratives indépendantes en matière économique et financière et les garanties fondamentales : RD bancaire et fin.* 2001, p. 40. • D. Schmidt et A.-V. Le Fur, *Pour un tribunal des marchés financiers : Bull. Joly Bourse* 2015, p. 24. • L. Schwebel, *La publication des décisions de sanction dans le secteur financier : JCP* E 2009, 1861. • N. Spitz, *La réparation des préjudices boursiers : RB* éd. 2010. • S. Thomasset-Pierre, *L'Autorité de régulation boursière face aux garanties procédurales fondamentales*, préf. F. Ferrand, LGDJ, 2003.

Art. L. 621-15 ***(Rempl., L. n° 2003-706, 1er août 2003 ; mod., Ord. n° 2005-429, 6 mai 2005 ; L. n° 2005-842, 26 juill. 2005 ; L. n° 2005-1564, 15 déc. 2005 ; L. n° 2006-1770, 30 déc. 2006 ; Ord. n° 2007-544, 12 avr. 2007 ; Ord. n° 2014-158, 20 févr. 2014 ; Ord. n° 2014-158, 20 févr. 2014 ; Ord. n° 2016-520, 28 avr. 2016 ; L. n° 2016-1691, 9 déc. 2016 ; Ord. n° 2017-1107, 22 juin 2017 ; Ord. n° 2018-1125, 12 déc. 2018).*** **– I. – Le collège examine le rapport d'enquête ou de contrôle établi par les services de l'Autorité des marchés financiers, ou la demande formulée par le président de l'Autorité de contrôle prudentiel et de résolution.**

Sous réserve de l'article L. 465-3-6, s'il décide l'ouverture d'une procédure de sanction, il notifie les griefs aux personnes concernées. Il transmet la notification des griefs à la commission des sanctions, qui désigne un rapporteur parmi ses membres. La commission des sanctions ne peut être saisie de faits remontant à plus de *(Mot rempl., L. n° 2019-486, 22 mai 2019)* **« six » ans s'il n'a été fait pendant ce délai aucun acte tendant à leur recherche, à leur constatation ou à leur sanction.** *(Phrases créées, L. n° 2019-486, 22 mai 2019)* **Le point de départ de ce délai de prescription est fixé au jour où le manquement a été commis ou, si le manquement est occulte ou dissimulé, au jour où le manquement est apparu et a pu être constaté dans des conditions permettant l'exercice par l'Autorité des marchés financiers de ses missions d'enquête ou de contrôle. Dans ce dernier cas, le délai de prescription ne peut excéder douze années révolues.**

Un membre du collège est convoqué à l'audience. Il y assiste sans voix délibérative. Il peut être assisté ou représenté par les services de l'Autorité des marchés financiers. Il peut présenter des observations au soutien des griefs notifiés et proposer une sanction.

La commission des sanctions peut entendre tout agent des services de l'autorité.

En cas d'urgence, le collège peut suspendre d'activité les personnes mentionnées aux a et b du II contre lesquelles des procédures de sanction sont engagées.

Si le collège transmet au procureur de la République le rapport mentionné au premier alinéa, le collège peut décider de rendre publique la transmission.

II. – La commission des sanctions peut, après une procédure contradictoire, prononcer une sanction à l'encontre des personnes suivantes :

a) **Les personnes mentionnées aux 1° à 8° et 11° à** *(Réf. rempl., L. n° 2019-486, 22 mai 2019)* **« 21° » du II de l'article L. 621-9, au titre de tout manquement à leurs obligations professionnelles définies par les règlements**

européens, les lois, règlements et règles professionnelles approuvées par l'Autorité des marchés financiers en vigueur, sous réserve des dispositions des articles L. 612-39 et L. 612-40 ;

b) Les personnes physiques placées sous l'autorité ou agissant pour le compte de l'une des personnes mentionnées aux 1° à 8° et 11° à *(Réf. rempl., L. n° 2019-486, 22 mai 2019)* « 21° » du II de l'article L. 621-9 au titre de tout manquement à leurs obligations professionnelles définies par les règlements européens, les lois, règlements et règles professionnelles approuvées par l'Autorité des marchés financiers en vigueur, sous réserve des dispositions des articles L. 612-39 et L. 612-40 ;

c) Toute personne qui, sur le territoire français ou à l'étranger :

1° S'est livrée ou a tenté de se livrer à une opération d'initié ou à une manipulation de marché, au sens des articles 8 ou 12 du règlement (UE) n° 596/2014 du Parlement européen et du Conseil du 16 avril 2014 sur les abus de marché (règlement relatif aux abus de marché) et abrogeant la directive 2003/6/CE du Parlement européen et du Conseil et les directives 2003/124/CE, 2003/125/CE et 2004/72/CE de la Commission ;

2° A recommandé à une autre personne d'effectuer une opération d'initié, au sens de l'article 8 du même règlement, ou a incité une autre personne à effectuer une telle opération ;

3° S'est livrée à une divulgation illicite d'informations privilégiées, au sens de l'article 10 dudit règlement ;

4° Ou s'est livrée à tout autre manquement mentionné au premier alinéa du II de l'article L. 621-14,

dès lors que ces actes concernent :

– un instrument financier ou une unité mentionnés à l'article L. 229-7 du Code de l'environnement, négociés sur une plate-forme de négociation située sur le territoire français ou pour lesquels une demande d'admission à la négociation sur une telle plate-forme de négociation a été présentée ;

– un instrument financier ou une unité mentionnée au même article L. 229-7 autres que ceux mentionnés au septième alinéa du présent c dont le cours ou la valeur dépend du cours ou de la valeur d'un instrument financier ou d'une unité mentionné au même septième alinéa ou dont le cours ou la valeur a un effet sur le cours ou la valeur d'un instrument financier ou une unité mentionné audit septième alinéa ;

– un contrat au comptant sur matières premières au sens du 1° du II de l'article L. 465-3-4 du présent code lorsque l'opération, le comportement ou la diffusion est de nature ou est destiné à avoir un effet sur le cours d'un instrument financier ou d'une unité mentionné aux septième ou huitième alinéas du présent c ;

– un indice mentionné à l'article L. 465-3-3 ;

d) Toute personne qui, sur le territoire français :

1° S'est livrée ou a tenté de se livrer à une opération d'initié ou à une manipulation de marché, au sens des articles 8 ou 12 du règlement (UE) n° 596/2014 du Parlement européen et du Conseil du 16 avril 2014 précité ;

2° A recommandé à une autre personne d'effectuer une opération d'initié, au sens de l'article 8 du même règlement, ou a incité une autre personne à effectuer une telle opération ;

3° S'est livrée à une divulgation illicite d'informations privilégiées, au sens de l'article 10 dudit règlement ;

4° Ou s'est livrée à tout autre manquement mentionné au premier alinéa du II de l'article L. 621-14,

dès lors que ces actes concernent :

– un instrument financier ou une unité mentionnée à l'article L. 229-7 du Code de l'environnement, négociés sur une plate-forme de négociation d'un autre État membre de l'Union européenne ou partie à l'Espace économique européen ou pour lesquels une demande d'admission à la négociation sur une telle plate-forme de négociation a été présentée ;

– un instrument financier ou une unité mentionnée au même article L. 229-7 autres que ceux mentionnés au septième alinéa du présent d dont le cours ou la valeur dépend du cours ou de la valeur d'un instrument financier ou d'une unité mentionné au même septième alinéa ou dont le cours ou la valeur a un effet sur le cours ou la valeur d'un instrument financier ou une unité mentionnés audit septième alinéa ;

– un contrat au comptant sur matières premières au sens du 1° du II de l'article L. 465-3-4 du présent code lorsque l'opération, le comportement ou la diffusion est de nature ou est destiné à avoir un effet sur le cours d'un instrument financier ou d'une unité mentionnés aux septième ou huitième alinéas du présent d ;

– un instrument financier ou une unité mentionnée à l'article L. 229-7 du Code de l'environnement dont le cours ou la valeur a un effet sur le cours ou la valeur d'un contrat au comptant sur matières premières mentionné au 2° du II de l'article L. 465-3-4 du présent code, lorsque l'opération, le comportement ou la diffusion a ou est susceptible d'avoir un effet sur le cours ou la valeur d'un contrat au comptant sur matières premières ;

– un indice mentionné à l'article L. 465-3-3 ;

e) *(e mod., L. n° 2019-486, 22 mai 2019)* Toute personne qui, sur le territoire français ou à l'étranger, s'est livrée ou a tenté de se livrer à la diffusion d'une fausse information ou s'est livrée à tout autre manquement mentionné au premier alinéa du II de l'article L. 621-14, lors :

– d'une offre au public de titres financiers définie à l'article L. 411-1 ;

– d'une offre de titres financiers définie au 1 du I de l'article L. 411-2 ;

– d'une offre de parts sociales mentionnée à l'article 11 de la loi n° 47-1775 du 10 septembre 1947 portant statut de la coopération qui satisfait à la condition prévue au 1 du I de l'article L. 411-2 du présent code ;

– d'une offre de titres financiers définie à l'article L. 411-2 proposée par l'intermédiaire d'un prestataire de services d'investissement ou d'un conseiller en investissements participatifs au moyen d'un site internet remplissant les caractéristiques fixées par le règlement général de l'Autorité des marchés financiers ;

– d'une offre de minibons mentionnés à l'article L. 223-6 ;

– *(Al. créé, L. n° 2019-486, 22 mai 2019)* ou d'une offre de jetons pour laquelle l'émetteur a sollicité le visa prévu à l'article L. 552-4 ;

f) Toute personne qui, dans le cadre d'une enquête ou d'un contrôle effectués en application du I de l'article L. 621-9, sur demande des enquêteurs ou des contrôleurs et sous réserve de la préservation d'un secret légalement protégé et opposable à l'Autorité des marchés financiers, refuse de donner accès à un document, quel qu'en soit le support, et d'en fournir une copie, refuse de communiquer des informations ou de répondre à une convocation, ou refuse de donner accès à des locaux professionnels ;

g) Toute autre personne au titre de manquements aux obligations résultant des règlements européens entrant dans le champ de compétence de l'Autorité des marchés financiers ;

h) Toute personne qui, sur le territoire français ou à l'étranger, s'est livrée à un manquement aux obligations relatives aux offres au public de parts sociales mentionnées au quatrième alinéa de l'article L. 512-1 *(Mots aj., L. n° 2019-486, 22 mai 2019)* « ou à l'article 11 de la loi n° 47-1775 du 10 septembre 1947 portant statut de la coopération » ou aux offres au public de certificats mutualistes mentionnées au premier alinéa du II de l'article L. 322-26-8 du Code des assurances ;

i) Toute personne qui, sur le territoire français ou à l'étranger, ne respecte pas les règles relatives aux limites de position et aux déclarations des positions mentionnées aux articles L. 420-11 à L. 420-16 ;

j) Toute personne qui, sur le territoire français ou à l'étranger au titre des manquements aux obligations qui s'imposent à elle lorsqu'elle recourt à la négociation algorithmique définie à l'article L. 533-10-3..

III. – Les sanctions applicables sont :

a) Pour les personnes mentionnées aux 1° à 8°, 11°, 12°, 15° à *(Réf. rempl., L. n° 2019-486, 22 mai 2019)* « 19° et 21° » du II de l'article L. 621-9, l'avertissement, le blâme, l'interdiction à titre temporaire ou définitif de l'exercice de tout ou partie des services fournis, la radiation du registre mentionné à l'article L. 546-1 ; la commission des sanctions peut prononcer soit à la place, soit en sus de ces sanctions une sanction pécuniaire dont le montant ne peut être supérieur à 100 millions d'euros ou au décuple du montant de l'avantage retiré du manquement si celui-ci peut être déterminé ; les sommes sont versées au fonds de garantie auquel est affiliée la personne sanctionnée ou, à défaut, au Trésor public ;

b) Pour les personnes physiques placées sous l'autorité ou agissant pour le compte de l'une des personnes mentionnées aux 1° à 8°, 11°, 12° et 15° à *(Réf. rempl., L. n° 2019-486, 22 mai 2019)* « 21° » du II de l'article L. 621-9, ou exerçant des fonctions dirigeantes, au sens de l'article L. 533-25, au sein de l'une de ces personnes, l'avertissement, le blâme, le retrait temporaire ou définitif de la carte professionnelle, l'interdiction temporaire de négocier pour leur compte propre, l'interdiction à titre temporaire ou définitif de l'exercice de tout ou partie des activités ou de l'exercice des fonctions de gestion au sein d'une personne mentionnée aux 1° à 8°, 11°, 12° et 15° à 18° du II de l'article L. 621-9. La commission des sanctions peut prononcer soit à la place, soit en sus de ces sanctions une sanction pécuniaire dont le montant ne peut être supérieur à 15 million d'euros ou au décuple du montant de l'avantage retiré du manquement si ce montant peut être déterminé, en cas de pratiques mentionnées au II du présent article. Les sommes sont versées au fonds de garantie auquel est affiliée la personne morale sous l'autorité ou pour le compte de qui agit la personne sanctionnée ou, à défaut, au Trésor public ;

c) Pour les personnes autres que l'une des personnes mentionnées au II de l'article L. 621-9, auteurs des faits mentionnés aux c à h du II du présent article, une sanction pécuniaire dont le montant ne peut être supérieur à 100 millions d'euros ou au décuple du montant de l'avantage retiré du manquement si celui-ci peut être déterminé ; les sommes sont versées au Trésor public.

d) (d créé, L. n° 2019-486, 22 mai 2019) Pour les personnes mentionnées aux 4 et 5 de l'article 29 du règlement (UE) 2017/2402 du Parlement européen et du Conseil du 12 décembre 2017 créant un cadre général pour la titrisation ainsi qu'un cadre spécifique pour les titrisations simples, transparentes et standardisées et modifiant les directives 2009/65/ CE, 2009/138/ CE et 2011/61/ UE et les règlements (CE) n° 1060/2009 et (UE) n° 648/2012, les sanctions prévues aux points *c* à *h* du 2 de l'article 32 du même règlement.

Les sanctions pécuniaires prononcées en application du présent III peuvent faire l'objet d'une majoration, dans la limite de 10 % de leur montant, mise à la charge de la personne sanctionnée et destinée à financer l'aide aux victimes.

Le fonds de garantie mentionné aux a et b peut, dans des conditions fixées par son règlement intérieur et dans la limite de 300 000 euros par an, affecter à des actions éducatives dans le domaine financier une partie du produit des sanctions pécuniaires prononcées par la commission des sanctions qu'il perçoit.

III *bis*. – Le montant de la sanction pécuniaire mentionnée aux a et c du III peut être porté jusqu'à 15 % du chiffre d'affaires annuel total de la personne sanctionnée en cas de manquement aux obligations :

1° Fixées par le règlement (UE) n° 596/2014 du Parlement européen et du Conseil du 16 avril 2014 sur les abus de marché (règlement relatif aux abus de marché) et abrogeant la directive 2003/6/CE du Parlement européen et du Conseil et les directives 2013/124/CE, 2013/125/CE et 2004/72/CE de la Commission ;

2° Fixées par le règlement (UE) n° 909/2014 du Parlement européen et du Conseil du 23 juillet 2014 concernant l'amélioration du règlement de titres dans l'Union européenne et les dépositaires centraux de titres, et modifiant les directives 98/26/CE et 2014/65/UE ainsi que le règlement (UE) n° 236/2012 ;

3° Fixées par le règlement (UE) n° 1286/2014 du Parlement européen et du Conseil du 26 novembre 2014 sur les documents d'informations clés relatifs aux produits d'investissement packagés de détail et fondés sur l'assurance ;

4° Fixées par le règlement (UE) n° 600/2014 du Parlement européen et du Conseil du 15 mai 2014 concernant les marchés d'instruments financiers et modifiant le règlement (UE) n° 648/2012 ;

5° Définies par les règlements européens et par le présent code ou le règlement général de l'Autorité des marchés financiers, commis par les sociétés de gestion et dépositaires mentionnés aux 7°, 7° *bis* et 12° du II de l'article L. 621-9, relatifs à des placements collectifs mentionnés au 1° du I de l'article L. 214-1 ;

6° Prévues à l'article L. 233-7 et au II de l'article L. 233-8 du Code de commerce et à l'article L. 451-1-2 du présent code.

Le chiffre d'affaires annuel total mentionné au premier alinéa du présent III *bis* s'apprécie tel qu'il ressort des derniers comptes disponibles approuvés par l'assemblée générale. Lorsque la personne morale est une entreprise ou une filiale d'une entreprise tenue d'établir des comptes consolidés en application de l'article L. 233-16 du Code de commerce, le chiffre d'affaires annuel total à prendre en considération est le chiffre d'affaires annuel total tel qu'il ressort des derniers comptes annuels consolidés approuvés par l'assemblée générale.

III *ter*. – Dans la mise en œuvre des sanctions mentionnées au III et III *bis*, il est tenu compte notamment :

– de la gravité et de la durée du manquement ;

– de la qualité et du degré d'implication de la personne en cause ;

– de la situation et de la capacité financières de la personne en cause, au vu notamment de son patrimoine et, s'agissant d'une personne physique de ses revenus annuels, s'agissant d'une personne morale de son chiffre d'affaires total ;

– de l'importance soit des gains ou avantages obtenus, soit des pertes ou coûts évités par la personne en cause, dans la mesure où ils peuvent être déterminés ;

– des pertes subies par des tiers du fait du manquement, dans la mesure où elles peuvent être déterminées ;

– du degré de coopération avec l'Autorité des marchés financiers dont a fait preuve la personne en cause, sans préjudice de la nécessité de veiller à la restitution de l'avantage retiré par cette personne ;

– des manquements commis précédemment par la personne en cause ;

– de toute circonstance propre à la personne en cause, notamment des mesures prises par elle pour remédier aux dysfonctionnements constatés, provoqués par le manquement qui lui est imputable et le cas échéant pour réparer les préjudices causés aux tiers, ainsi que pour éviter toute réitération du manquement.

III *quater*. – Dans les conditions fixées par décret en Conseil d'État, la récusation d'un membre de la commission des sanctions est prononcée à la demande de la personne mise en cause s'il existe une raison sérieuse de mettre en doute l'impartialité de ce membre.

IV. – La commission des sanctions statue par décision motivée, hors la présence du rapporteur. Aucune sanction ne peut être prononcée sans que la personne concernée ou son représentant ait été entendu ou, à défaut, dûment appelé.

IV *bis*. – Les séances de la commission des sanctions sont publiques.

Toutefois, d'office ou sur la demande d'une personne mise en cause, le président de la formation saisie de l'affaire peut interdire au public l'accès de la salle pendant tout ou partie de l'audience dans l'intérêt de l'ordre public, de la sécurité nationale ou lorsque la protection des secrets d'affaires ou de tout autre secret protégé par la loi l'exige.

V. – La décision de la commission des sanctions est rendue publique dans les publications, journaux ou supports qu'elle désigne, dans un format proportionné à la faute commise et à la sanction infligée. Les frais sont supportés par les personnes sanctionnées.

La commission des sanctions peut décider de reporter la publication d'une décision ou de publier cette dernière sous une forme anonymisée ou de ne pas la publier dans l'une ou l'autre des circonstances suivantes :

a) Lorsque la publication de la décision est susceptible de causer à la personne en cause un préjudice grave et disproportionné, notamment, dans le cas d'une sanction infligée à une personne physique, lorsque la publication inclut des données à caractère personnel ;

b) Lorsque la publication serait de nature à perturber gravement la stabilité du système financier, de même que le déroulement d'une enquête ou d'un contrôle en cours.

Les décisions portant sur des manquements, par toute personne, aux obligations prévues à l'article L. 233-7 et au II de l'article L. 233-8 du Code de commerce et à l'article L. 451-1-2 du présent code font obligatoirement l'objet d'une publication.

Lorsqu'une décision de sanction prise par la commission des sanctions fait l'objet d'un recours, l'Autorité des marchés financiers publie immédiatement sur son site internet cette information ainsi que toute information ultérieure sur le résultat de ce recours. Toute décision qui annule une décision précédente imposant une sanction ou une mesure est publiée.

Toute décision publiée sur le site internet de l'Autorité des marchés financiers demeure disponible pendant une période d'au moins cinq ans à compter de cette publication. Le maintien des données à caractère personnel figurant dans la décision publiée sur le site internet de l'Autorité des marchés financiers ne peut excéder cinq ans.

VI. – Les personnes sanctionnées par une interdiction à titre définitif de l'exercice de tout ou partie des activités ou des services fournis ou par un retrait définitif de leur carte professionnelle peuvent, à leur demande, être relevées de cette sanction après l'expiration d'un délai d'au moins dix ans, dans des conditions et selon des modalités déterminées par un décret en Conseil d'État.

NB : Conformément à l'article 29 de l'ordonnance n° 2018-1125 du 12 décembre 2018, ces dispositions entrent en vigueur en même temps que le décret modifiant le décret n° 2005-1309 du 20 octobre 2005 pris pour l'application de la loi n° 78-17 du 6 janvier 1978 relative à l'informatique, aux fichiers et aux libertés, dans sa rédaction résultant de ladite ordonnance, et au plus tard le 1er juin 2019.

NB : Conformément à l'article 3 V de la loi n° 2016-819 du 21 juin 2016, les dispositions de l'article L. 621-15, dans leur rédaction issues du III de l'article 3, entrent en vigueur à la date d'entrée en vigueur de l'ordonnance prise en application de l'article 28 de la loi n° 2014-1662 du 30 décembre 2014 portant diverses dispositions d'adaptation de la législation au droit de l'Union européenne en matière économique et financière.

Conformément à l'article 28 de l'ordonnance n° 2016-827 du 23 juin 2016, les présentes dispositions entrent en vigueur le 3 janvier 2018.

Voir : Règl. AMF, 12 oct. 2004, art. 143-5 et 144-4 et s. – C. monét. fin., art. R. 621-38 et s., p. 1628.

1) Personnes punissables.

a) **Principe.** Les dispositions de l'article L. 621-15 du Code monétaire et financier permettent le prononcé de sanctions **tant** à l'égard des prestataires habilités personnes morales que des personnes physiques placées sous leur autorité ou agissant pour leur compte, au titre de tout manquement à leurs obligations professionnelles définies par les lois, règlements et règles professionnelles approuvées par l'Autorité des marchés financiers : ▪ AMF, déc., 6 mai 2004 : *RTD com.* 2004, 786, obs. N. Rontchevsky ; *Banque et droit* juill.-août 2004, 39, obs. H. de Vauplane et J.-J. Daigre. – Pour l'application [des dispositions de l'article L. 621-15, C. monét. fin.] et en raison des responsabilités qui incombent aux prestataires de services d'investissement pour assurer le bon fonctionnement des marchés financiers, les manquements commis **non seulement** par les dirigeants et représentants de ces sociétés mais aussi par leurs préposés sont de nature à leur être **directement** imputés en leur qualité de personnes morales, sans que soit méconnu le principe constitutionnel de responsabilité personnelle, **dès lors que ces préposés ont**

agi dans le cadre de leurs fonctions. Toutefois, en l'**absence** au regard de ce principe, **de toute présomption** irréfragable, les prestataires ont, au cours de la procédure engagée à leur encontre, la **faculté** de faire valoir en défense, pour s'exonérer de leur responsabilité, qu'ils ont adopté et effectivement mis en œuvre des modes de fonctionnement et d'organisation de nature à prévenir et à détecter les manquements professionnels de leurs préposés, sauf pour ces derniers précisément à s'affranchir du cadre de leurs fonctions, notamment en agissant à des fins étrangères à l'intérêt de leurs commettants : ▪ CE, sect., 6 juin 2008, n° 299203, *Sté Tradition securities and futures : JurisData* n° 2008-073664 ; *JCP* G 2008, IV, 2230 ; *Dr. sociétés* déc. 2008, comm. 257, note Th. Bonneau ; *RD bancaire et fin.* sept. 2008, comm. 154, note A.-C. Muller ; *JCP* E 2009, 1618, note Y. Paclot. – V. égal. en ce sens ▪ CE, sect., 6 juin 2008, n° 300619, *Sté CM CIC Securities : JurisData* n° 2008-073665. – En revanche, n'ayant **pas** à établir elle-même que des mesures préventives ou correctrices appropriées n'ont pas été mises en œuvre par les prestataires poursuivis, la commission des sanctions de l'AMF ne commet pas d'erreur de droit lorsqu'elle fait valoir que les faits commis par ces préposés, dans le cadre de leurs fonctions, sont susceptibles d'être retenus à l'encontre du prestataire de service d'investissement, sans qu'il doive être établi ni que les organes dirigeants aient eu connaissance de ces manquements, ni qu'ils n'aient pas pris au préalable les dispositions appropriées pour en prévenir la survenance : ▪ CE, sect., 6 juin 2008, préc. – Sur ce principe, V. égal. ▪ AMF, commission des sanctions, déc., 24 janv. 2008 : *Rev. AMF* juin 2008, p. 101 ; *RD bancaire et fin.* nov. 2008, comm. 187, note A.-C. Muller. Il est à noter que le constat de l'absence de violation des normes d'exercice professionnel dans l'élaboration du rapport sur les comptes consolidés et dans l'établissement des attestations accompagnant le rapport semestriel permet d'écarter la responsabilité administrative des commissaires aux comptes en matière d'information financière : ▪ AMF, commission des sanctions, 31 mars 2011 : *Bull. Joly Bourse* 2011, § 245, p. 480, note Th. Granier.

b) **Illustrations.** Pour l'exemple d'une sanction pécuniaire prononcée à l'encontre d'un **prestataire de services** d'investissement, V. ▪ AMF, déc., 22 avr. 2004 : *RTD com.* 2004, 786, obs. N. Rontchevsky ; *Bull. Joly Bourse* 2005, 49, note L. Ruet ; *Dr. sociétés* 2004, n° 177, obs. Th. Bonneau. – **Le dirigeant** d'une société prestataire de services d'investissement peut faire l'objet d'une sanction disciplinaire en cas de manquement à ses obligations professionnelles. À ce titre, l'argument tiré de la complexité des règles statuaires d'organisation et de répartition des compétences au sein de la société, conférant au comité d'audit une compétence de principe en matière d'organisation interne, étant suffisant à l'exonérer, dans la mesure où il lui revenait au moins d'alerter ce comité de tous les dysfonctionnements ou anomalies constatés : ▪ CE, 15 mai 2006, n° 276375 : *RTD com.* 2006, p. 629, obs. N. Rontchevsky ; *Dr. sociétés* 2006, comm. 148, p. 26, note Th. Bonneau. – Puisqu'il résulte de la combinaison des articles L. 621-14 et L. 621-15 du Code monétaire et financier et des articles 1er et 3 du règlement de la COB qu'une sanction pécuniaire peut être prononcée à l'encontre de toute personne ayant porté atteinte à la bonne information du public par la communication d'une information inexacte, imprécise ou trompeuse, cette sanction peut valablement être prononcée à l'encontre **d'un commissaire aux comptes** (V. déjà en ce sens ▪ CA Paris, 28 juin 2005 : *D.* 2005, obs. A. Lienhard ; *Bull. Joly Bourse* 2006, 4, note G. Roch), dans la mesure où la cour d'appel, a décidé de bon droit et conformément à l'article L. 632-1 du règlement général de l'AMF que ce dernier avait, par la communication d'une information dont il savait ou aurait dû savoir qu'elle était inexacte ou trompeuse, faussé le fonctionnement du marché et ainsi commis le manquement reproché. Il importe peu à cet égard, que puisse également être sanctionnée au même titre la personne morale au nom et pour le compte de laquelle le commissaire au compte a agi, à savoir la société de commissaire aux comptes à laquelle il était lié par un contrat de travail : ▪ Cass. com., 11 juill. 2006 (2 arrêts) : *JurisData* n° 2006-034759 ; *JCP* E 2006, 2564, note Y. Paclot ; *D.* 2006, act. jurispr. p. 2033, obs. A. Lienhard. – Peuvent également faire l'objet d'une décision de sanction de l'AMF **les commissaires aux comptes** qui, en affirmant que les comptes consolidés étaient réguliers et sincères et donnaient une image fidèle du patrimoine, de la situation financière et des résultats, ont communiqué une information dont ils auraient dû savoir qu'elle était incomplète, inexacte et trompeuse : ▪ AMF, décision de sanction, 5 juill. 2007, *Marionnaud : BJS* 2007, p. 1261, note J.-F. Barbièri. – Un **dirigeant personne physique**, quand bien même il n'aurait pas commis une faute détachable de ses fonctions, peut être **poursuivi** au titre d'un manquement administratif, au même titre que la personne morale au nom et pour le compte de laquelle il agit : ▪ Cass. com., 31 mars 2004 : *JurisData* n° 2004-023105 ; *Dr. sociétés* 2004, comm. 131, note Th. Bonneau. – En effet, le dirigeant agissant dans l'exercice de ses fonctions incarnant la société au nom et pour le compte de laquelle il s'exprime, la communication par celui-ci d'informations inexactes peut être imputée à cette dernière, laquelle peut à ce titre être condamnée par la commission des sanctions de l'AMF : ▪ Cass. com., 19 déc. 2006, n° 05-18.833, (PBIR), *AMF c/ Messier* *et Vivendi Universal* : *JurisData* n° 2006-036773 ; *BJS* 2007, p. 580, note Ch. Arsouze ; *D.* 2007, act. jurispr. p. 233, A. Lienhard ; *Rev. AMF* 2007, n° 32, p. 93 ; *Dr. sociétés* avr. 2007, comm. 80, note Th. Bonneau ; *ibid.*, comm. 65, note H. Lécuyer. – V. déjà ▪ CA Paris, 14 juin 2005 : *Bull. Joly Bourse* 2005, 144, note Cl. Ducouloux-Favard. ▪ CA Paris, 1er avr. 2003 : *JurisData* n° 2003-206962 ; *Banque et droit* 2003, n° 90, p. 45, obs. H. de Vauplane et J.-J. Daigre. – La solution est identique lorsqu'il s'agit d'un **salarié** : ▪ Cass. com., 11 juill. 2006 : *JurisData* n° 2006-034595 ; *D.* 2006, act. jurispr. 2033, obs. A. Lienhard ; *Bull. Joly Bourse* 2006, § 102, p. 442, note B. Garrigues et S. Bonfils : *Dr. sociétés* 2006, comm. 180, note Th. Bonneau.

2) Caractère public de la séance et anonymat de la sanction.

a) **Séance publique.** Sachant qu'aux termes du I de l'article 20 du décret du 21 novembre 2003, la séance n'est publique qu'à la demande de l'une des personnes mises en cause, la circonstance que des agents de l'AMF, qui sont astreints au secret professionnel, assistent à la séance avec l'accord du président de la formation concernée de la commission des sanctions **ne confère** pas à cette séance un caractère public. Ainsi, la demande d'annulation d'une sanction prononcée par l'AMF à l'encontre d'une société de gestion ne peut qu'être rejetée, le moyen tiré de ce que deux agents de la direction des affaires juridiques de l'AMF ont assisté aux débats devant la commission des sanctions, préalablement à sa délibération, alors qu'aucune des personnes mises en cause n'avait demandé que la séance fût publique, devant être écarté : ▪ CE, 4 févr. 2005 : *RTD com.* 2005, p. 384, obs. N. Rontchevsky ; *Bull. Joly Bourse* 2005, 227, note N. Decoopman ; *Banque et droit* mai-juin 2005, 44, obs. H. de Vauplane et J.-J. Daigre ; *Dr. sociétés* nov. 2006, 197, note Th. Bonneau.

b) **Anonymat.** Une décision rendue par la commission des sanctions de l'AMF peut tout à la fois faire l'objet d'une **publication** et **préserver** l'anonymat des personnes physiques visées : ▪ AMF, commission des sanctions, déc., 28 sept. 2006 : *Rev. AMF* 2007, n° 40, p. 237 ; *RD bancaire et fin.* 2008, n° 1 comm. 25, note Th. Bonneau. – En effet, la publication de la décision mentionnant l'identité de la personne concernée constitue une **sanction complémentaire**, bien que celle-ci n'ait pas à faire l'objet d'une motivation spécifique, distincte de la motivation d'ensemble de la sanction principale : ▪ CE, 7 févr. 2007, n° 288373 : *JurisData* n° 2007-071442 ; *RD bancaire et fin.* 2007, comm. 167, note Th. Bonneau ; *Bull. Joly Bourse* 2007, p. 250, concl. Y. Aguila. – *Adde* ▪ CE, 9 nov. 2007, n° 298911 : *JCP* E 2007, 2463 ; *JCP* E 2008, 1345, comm. 37, obs. M. Galland. – V. cependant sur la nature de sanction autonome, et non de sanction complémentaire, que présenterait la publication des décisions de l'AMF : ▪ CE, 6 juin 2008, n° 316001 : *RD bancaire et fin.* sept. 2008, comm. 148, note E.-A. Caprioli. Pour des exemples de décisions faisant l'objet d'une publication, V. not. AMF, commission des sanctions, déc., 16 nov. 2006 : *Dr. sociétés* 2007, comm. 140, note Th. Bonneau. – ▪ AMF, commission des sanctions, déc., 7 déc. 2006, *à l'égard de M. Nicolas Miguet et de la société Foch Investissements SNC* : *Rev. AMF* 2007, n° 36, p. 81. – ▪ AMF, commission des sanctions, déc., 19 janv. 2007 : *Rev. AMF* 2007, n° 36, p. 93. V. égal. pour l'exemple d'une forme particulière de publication-sanction prononcée par la Commission des sanctions, devant être spécialement réalisée dans des revues éditées par la personne condamnée, sur le service audiotel de la personne condamnée ainsi que dans l'ensemble des revues largement diffusées auprès des épargnants : ▪ AMF, comm. sanct., 16 déc. 2010 : *Rev. sociétés* 2011, p. 257, note Ph. Didier ; *Bull. Joly Bourse* 2011, p. 309, note H. Bouthinion-Dumas. – Jugé cependant que si la décision par laquelle la commission des sanctions rend publique la sanction prononcée a le caractère d'une sanction complémentaire, elle n'a pas à faire l'objet d'une motivation spécifique, distincte de la motivation d'ensemble de la sanction principale : ▪ CE, 3 févr. 2017, n° 387581 : *JurisData* n° 2017-001870 : *Dr. sociétés* 2017, comm. 66, note R. Vabres. – Sur l'ensemble de la question, V. L. Schwebel, *La publication des décisions de sanction dans le secteur financier* : *JCP* E 2009, 1861. – Il est à noter que **la publicité** des décisions de la Commission des sanctions de l'AMF, auparavant facultative, est **obligatoire** depuis la loi de régulation financière en date du 22 octobre 2010. – Sur la question, A. Gaudemet : *Décisions de la Commission des sanctions de l'AMF et de la cour d'appel de Paris : quelles règles d'anonymisation ?* : *RD bancaire et fin.* oct. 2013, comm. 143.

c) **Principe de personnalité des peines.** Bien qu'une société absorbante puisse être tenue pécuniairement responsable des infractions commises par une société absorbée, celle-ci ne peut, en vertu du principe de personnalité des peines, se voir appliquer la sanction complémentaire consistant en la publication de la décision de sanction : ▪ CE, 17 déc. 2008, n° 316000, *Sté Oddo & Cie* : *JurisData* n° 2008-074658 ; *RD bancaire et fin.* mars 2009, comm. 75, note D. Bompoint.

3) Conformité à la Constitution. Suite à une QPC, le Conseil constitutionnel a jugé que les articles L. 621-14 et L. 621-15 du Code monétaire et financier ne méconnaissent pas ni le principe de légalité, ni le principe de nécessité et de proportionnalité des peines : ▪ Cons. const., 5 juin 2017, n° 2017-634 QPC du 2 juin 2017 : *JurisData* n° 2017-010606 ; *Dr. sociétés* 2017, comm. 149 ; *RD. bancaire et fin.* 2017, comm. 225, note P. Pailler.

4) Conformité avec l'article 6 § 1 de la CEDH.

a) **Qualité d'organe juridictionnel** au sens de l'article 6, § 1 de la Conv. EDH. La seule dénomination de « commission des sanctions », qui n'implique pas que cette commission soit investie du seul pouvoir de sanctionner des manquements préalablement établis, n'est pas de nature à faire naître un doute légitime quant à la conformité de cet organe aux exigences du procès équitable : ▪ Cass. com., 19 janv. 2010, n° 08.22.084 : *Rev. sociétés* 2010, p. 387, note Y. Paclot.

b) **Principe d'impartialité.** Quand elle est saisie d'agissements pouvant donner lieu aux sanctions prévues par l'article L. 621-15 du Code monétaire et financier, la commission des sanctions de l'AMF doit être regardée comme décidant du bien-fondé d'accusations en matière pénale au sens de la Convention européenne de sauvegarde des droits de l'homme et des libertés fondamentales. Ainsi, et compte tenu du fait que sa décision peut faire l'objet d'un recours de pleine juridiction devant le Conseil d'État, la circonstance que la procédure suivie devant elle ne serait pas en tous points conforme aux prescriptions de l'article 6, § 1, de la Convention européenne n'est **pas de nature** à entraîner dans tous les cas une méconnaissance du droit à un procès équitable. Cependant – et alors même qu'ainsi qu'il a été dit ci-dessus la commission des sanctions de l'Autorité des marchés financiers n'est **pas une juridiction** au regard du droit interne –, le moyen tiré de ce qu'elle aurait statué dans des conditions qui ne respecteraient pas **le principe d'impartialité** rappelé à l'article 6, § 1 de la Convention européenne peut, eu égard à la nature, à la composition et aux attributions de cet organisme, être utilement invoqué à l'appui d'un recours formé devant le Conseil d'État à l'encontre de sa décision : ▪ CE, 4 févr. 2005, préc. annot. ci-dessus. – Ainsi, doit être favorablement accueilli le moyen tiré de la **méconnaissance** du principe d'impartialité et ainsi annulée la sanction prononcée lorsque le membre de la commission des sanctions de l'AMF désigné, en vertu des articles R. 621-39 et R. 621-40 du Code monétaire et financier, rapporteur de l'affaire, a exercé des fonctions d'administrateur au sein d'une société qui était, à l'époque des faits reprochés au groupement visé par les sanctions, l'un de ses principaux concurrents : ▪ CE, 6e et 1re ss-sect., 26 juill. 2007, n° 293908 : *JurisData* n° 2007-072231 ; *JCP E* 2007, 2224, note Y. Paclot ; *Bull. Joly Bourse* 2007, § 137, p. 645, note M. Guyomar. – De la même façon, doit être annulée pour **violation** du principe d'impartialité garanti par la CEDH la décision de la commission des sanctions de l'AMF dont un membre a pu, par le passé, participer à la constitution d'une société avec la personne visée par les mesures prononcées : ▪ CE, sect. cont., 27 oct. 2006, nos 276069, 277198 et 277460 : *JurisData* n° 2006-070936 ; *RD bancaire et fin.* 2007, n° 2, p. 86, note D. Bompoint ; *Dr. sociétés* 2007, comm. 55, note Th. Bonneau ; *Bull. Joly Bourse* 2007, § 6, p. 80, note M. Guyomar. – Doit par ailleurs encourir le même sort la décision de la commission des sanctions de l'AMF, laquelle ne saurait constituer un tribunal impartial au sens de la CEDH dès lors qu'un membre de la commission appartient également au comité exécutif d'un organisme bancaire en litige avec la personne poursuivie : ▪ CE, 6e et 1re ss-sect., 30 mai 2007, n° 288538 : *JurisData* n° 2007-071939 et ▪ CE, 6e et 1re ss-sect., 30 mai 2007, n° 293408 : *JurisData* n° 2007-072024 ; *RD bancaire et fin.* 2007, n° 6, comm. 328, note Th. Bonneau ; *Bull. Joly Bourse* 2007, § 71, p. 371, note M. Guyomar. – **Bien que le rapporteur dispose**, conformément aux dispositions réglementaires du Code monétaire et financier (Voir C. monét. fin., art. R. 621-38 à R. 621-40, p. 1628) et lorsque les griefs concernant une affaire qui lui est attribuée sont susceptibles d'être notifiés à une ou plusieurs personnes autres que celles mises en cause, **d'un pouvoir de proposition**, il appartient **au seul** collège de **décider des griefs** notifiés et des personnes mises en cause **et** à la commission des sanctions qui siège hors de la présence du rapporteur de statuer sur **d'éventuelles** sanctions. Pour ces raisons, **le fait qu'un rapporteur**, qui, conformément à sa mission, a pu prendre parti sur la nature et la qualification des faits susceptibles d'être retenus à l'encontre d'une personne mise en cause, **soit** désigné pour instruire des griefs notifiés à une ou plusieurs autres personnes sur le fondement des mêmes faits n'est **pas** par lui-même contraire au principe d'impartialité : ▪ CE, 28 déc. 2009 : *D.* 2009, p. 206 ; *Bull. Joly Bourse* 2010, p. 138, note B. Garrigues. – De même, le fait que, conformément à sa mission, le rapporteur prenne parti dans son rapport sur la réalité des manquements susceptibles d'être retenus et sur les sanctions que ces manquements lui semblent appeler n'est pas davantage de nature, dès lors que le rapporteur ne participe pas au délibéré, à mettre en cause l'impartialité de la procédure conduite devant la commission des sanctions : ▪ Cass. com., 19 janv. 2010, n° 08.22.084 : préc. annot. n° 3 *a)*. – Dès lors que la notification des griefs émane d'un organe distinct de la commission des sanctions de l'Autorité des marchés financiers, il ne saurait utilement être soutenu, à l'appui d'une demande d'annulation de la décision prise par cette dernière, qu'en tenant pour établis les faits dont elle faisait état et en prenant parti sur leur qualification, cette notification aurait constitué un pré-jugement de l'affaire entachant la décision de sanction de méconnaissance du principe d'impartialité rappelé au premier paragraphe de l'article 6 de la Convention EDH. De même, la seule circonstance qu'un membre de la formation de la commission des sanctions en question ait été rapporteur, quelques années auparavant, d'une affaire dans laquelle le requérant était mis en cause et portant sur des manquements similaires ne méconnaît pas non plus ce principe d'impartialité, dès lors que les deux procédures portaient sur des faits distincts : ▪ CE, 6e et 1re ss-sect., 18 févr. 2011, n° 316854 : *Bull. Joly Bourse* 2011, § 176, p. 356, note J. Lasserre Capdeville. – Dans la même affaire, et confirmant l'impartialité de la commission des sanctions de l'AMF, V. ▪ CEDH, 5e sect., 1er sept. 2016, n° 48158/11, *X et Y c/ France : Rev. sociétés* 2017, p. 51, note P.-H. Conac. – Ne constitue pas une atteinte au principe d'indépendance et d'impartialité garanti par l'article 6, § 1 de la Convention européenne des droits de l'homme le fait pour le Président de l'AMF d'émettre un avis au cours de la procédure de sanction : ▪ CEDH, 1er sept. 2016, n° 48158/11, *X et Y c/ France : Dr. sociétés* déc. 2016, comm. 212 ; *Bull. Joly Bourse* 2016, p. 461, note E. Rogey.

– Saisi d'une demande de sursis à exécution d'une décision de la commission des sanctions de l'AMF, le premier président de la cour d'appel de Paris doit l'apprécier avec impartialité et en se bornant à rechercher si la sanction emporte pour l'intéressé des conséquences manifestement excessives : ▪ Cass. com., 14 févr. 2012, n° 11-15.062 (inédit) : *Bull. Joly Bourse* 2012, § 97, 206, note D. Bompoint. – Constitue une composante du droit à un procès équitable garanti par la CEDH **le droit de récusation** d'un membre délibérant de la Commission des sanctions de l'Autorité des marchés financiers : ▪ CA Paris, pôle 5, ch. 5-7, 24 oct. 2013, n° 2012/14904 : *JurisData* n° 2013-024131 ; *RD bancaire et fin.* janv. 2014, comm. 32, note P. Pailler ; *JCP* E 2013, somm. 1628.

– À noter : les membres de la direction de l'instruction de la commission des sanctions de l'AMF doivent respecter les principes d'impartialité et de loyauté de la procédure : ▪ Cass. com., 20 sept. 2017, nos 15-29.098 et 15-29.144 : *JurisData* n° 2017-018231 ; *RD. bancaire et fin.* 2017, comm. 271, note P. Pailler.

c) **Obligation de traduction.** L'obligation de traduction de pièces résultant de l'article 6 § 3 *a)* de la CEDH – reconnaissant à tout accusé le droit « d'être informé, dans le plus court délai, dans une langue qu'il comprend et d'une manière détaillée, de la nature et de la cause de l'accusation portée contre lui » – ne s'applique qu'à l'acte d'accusation, c'est-à-dire à la notification des griefs : ▪ AMF, commission des sanctions, déc., 29 mars 2007 : *Dr. sociétés* nov. 2007, comm. 203, note Th. Bonneau ; *RD bancaire et fin.* 2007, n° 4, p. 168, note D. Bompoint ; *Bull. Joly Bourse* 2007, § 141, p. 679.

d) **Égalité des armes.** Doit être confirmée la décision de la commission des sanctions de l'AMF dès lors que la société sanctionnée ne montre pas en quoi la mise dans le débat d'une audition réalisée en cours d'enquête au moment de la clôture du rapport du rapporteur de la commission l'aurait concrètement placé dans une situation de net désavantage par rapport à l'accusation ou lui aurait fait grief : ▪ CA Paris, 9 sept. 2010, n° 2010/00128 : *Rev. sociétés* 2011, p. 176, note M. Goldberg-Darmon et V. Caillat ; *Bull. Joly Bourse* 2011, p. 231, note D. Bompoint. – Jugé que, lors d'un recours exercé contre une décision de la commission des sanctions de l'AMF devant la cour d'appel de Paris dans le cadre duquel ministère public intervient alors en tant que partie jointe, les droits de la défense n'ont pas été méconnus par le fait que ce dernier ait communiqué ses conclusions tardivement, dès lors que la partie mise en cause a pu y répondre, notamment en ayant la parole en dernier : ▪ Cass. com., 7 déc. 2010, n° 09-72.581 : *Bull. Joly Bourse* 2011, p. 226, note H. Bouthinion-Dumas.

5) Respect des droits de la défense. Le conseil de discipline de la gestion financière et la commission des sanctions de l'AMF décidant du bien-fondé d'accusations en matière pénale au sens de l'article 6 § 1 de la CEDH dès lors qu'ils sont saisis d'agissements pouvant donner lieu aux sanctions prévues par le Code monétaire et financier, la circonstance selon laquelle la procédure suivie devant eux ne serait pas en tous points conforme aux prescriptions de l'article 6 § 3 de la CEDH ne saurait systématiquement entraîner une méconnaissance du droit à un procès équitable. Néanmoins, et alors même que le conseil de discipline de la gestion financière et la commission des sanctions de l'AMF ne peuvent être regardées comme des juridictions au sens du droit interne, l'application du principe des droits de la défense, rappelé par l'article 6 § 1 de la CEDH, est requise pour garantir, dès l'origine de la procédure, son caractère équitable par le **respect de la conduite** contradictoire des débats : *JCP* E 2006, act., p. 482. – Ainsi, doit être censurée, parce qu'elle est entachée d'une méconnaissance des droits de la défense, la décision de la commission des sanctions de l'AMF **omettant** de faire figurer l'un des griefs retenus dans la notification, qui, adressée à l'intéressé, ouvre la procédure disciplinaire et en délimite les contours, privant ainsi ce dernier de la possibilité de faire valoir sa défense en présentant ses observations : ▪ CE, 15 mars 2006, n° 276370 : *RTD com.* 2006, p. 629, obs. Rontchevsky. – V. cependant la décision par laquelle les juges estiment qu'aucun principe ou texte n'empêche le prononcé d'une sanction à l'encontre d'une personne mise en cause dans le cadre d'un manquement visé à l'article L. 621-15 du Code monétaire et financier, en retenant des faits non mentionnés dans la notification de griefs pour caractériser les comportements qui y sont visés. Au surplus, la commission des sanctions n'est pas tenue de prononcer une sanction distincte pour chaque manquement : ▪ Cass. com., 27 avr. 2011, n° 10-12.125 : *Bull. Joly Bourse* 2011, § 246, p. 487, note M. Samuelian et G. Berruyer. – Néanmoins, ne peut se prévaloir d'une telle méconnaissance des droits de la défense l'intéressé qui, bien que n'ayant pas été rendu destinataire du rapport d'enquête du Conseil des marchés financiers, a pu, dans le cadre de la procédure disciplinaire ouverte par la notification des griefs, consulter l'entier de la procédure – incluant le rapport – et faire valoir les observations que le document appelait de sa part : ▪ CE, 15 mars 2006, n° 276375 : *RTD com.* 2006, p. 629, obs. N. Rontchevsky. – **Ne saurait constituer une méconnaissance des droits** de la défense **l'absence de compte rendu** des entretiens réalisés avec les commissaires aux comptes, dès lors que la décision de la COB n'était aucunement fondée sur les déclarations faites par ces derniers, qu'il s'agisse de la matérialité des faits, de leur imputabilité aux requérantes ou de l'appréciation de leur gravité : ▪ Cass. com., 25 sept. 2007 : *Rev. sociétés* 2008, p. 634, note E. Bouretz et J.-L. Emery. – *Adde* J.-F. Feldman, *L'AMF respecte-t-elle les droits de la défense ? : D.* 2009, p. 2756. – Si tout procès pénal, y compris ses aspects procéduraux, doit revêtir un caractère contradictoire et garantir l'égalité des armes entre l'accusation et la défense, ce principe vaut pour les observations et pièces présentées par les parties, mais aussi par un magistrat indépendant tel que le commissaire du Gouvernement, par une administration ou par la juridiction auteur du jugement entrepris. Il n'y a **pas violation** de l'article 6 de la Convention EDH si **l'audition** du témoin seulement au stade de l'audience n'a pas nui à la défense et si l'accès aux divers documents n'a pas été refusé : ▪ CEDH, 5e sect., 30 juin 2011, n° 25041/07 : *Bull. Joly Bourse* 2011, § 325, p. 634, note N. Rontchevsky ; *Procédures*, 2011, n° 8, comm. 267, note N. Fricero. – Doit être rejeté le recours en annulation d'une sanction prise par la commission des sanctions de l'AMF dès lors que cette dernière a écarté des débats devant elle les cotes du dossier correspondant à des **courriels** échangés entre la société condamnée et son avocat. Par ailleurs, la société mise en cause n'explique pas en quoi la mise dans le débat d'une pièce au moment de la clôture du rapport l'aurait placée dans une situation de net désavantage, les délais de l'article R. 621-39 du Code monétaire et financier ayant été respectés et la société ayant bénéficié d'un délai largement suffisant pour pouvoir discuter de ladite pièce : ▪ Cass. 1re civ., 8 mars 2012, n° 10-26.288 : *Bull. Joly Bourse* 2012, § 117, p. 242, note D. Bompoint.

6) Application de la règle *non bis* in idem (non-application). La règle *non bis* in idem, principe général du droit repris par un grand nombre de textes et traités internationaux, dont l'article 4 du protocole n° 7 de la CEDH, n'est pas applicable, s'agissant de faits ne constituant pas des infractions pénales et qui sont appréhendés sous des qualifications différentes, notamment lorsqu'elles sont susceptibles de constituer des violations du Règlement général du Conseil des marchés financiers et de certaines de ses décisions, ainsi que des Règlements de la COB : ▪ AMF, commission des sanctions, déc., 21 avr. 2005 : *D.* 2005, act. jurispr. p. 2221, obs. A. Lienhard. – La règle non *bis* in idem, consacrée par l'article 4 du protocole n° 7, additionnel à la convention européenne des droits de l'homme, ne trouvant pas à s'appliquer, selon les réserves faites par la France en marge de ce protocole, que pour les infractions relevant en droit français de la compétence des tribunaux statuant en matière pénale, le juge pénal peut sanctionner le même comportement que l'AMF : ▪ Cass. crim., 28 janv. 2009, n° 07-81.674, *FD : JurisData* n° 2009-047081 : *Dr. sociétés* juin 2009, comm. 122, note Th. Bonneau. – V. égal. en ce sens ▪ Cass. crim., 2 avr. 2008, nos 07-85.179, 00-81.980, 03-85.041, *FD : JurisData* n° 2008-043762 ; *Dr. sociétés* juin 2008, comm. 136, note R. Salomon. – V. cependant la **condamnation** par la CEDH de la position de l'Italie, considérant également le principe non applicable en raison de ses réserves d'interprétation de la Convention, laissant augurer d'une probable condamnation de la France : ▪ CEDH, 4 mars 2014, n° 18640/18, *Grande Stevens et a. c/ Italie : Bull. Joly Bourse* 2014, p. 209, note J. Chacornac. Sur cette décision et ses conséquences potentielles, V. S. Torck, *Chronique d'une mort annoncée ou la vaine résistance de la Chambre criminelle de la Cour de cassation : Dr. sociétés* mars 2014, comm. 87 ; Th. Bonneau, *Quel avenir pour la double répression pénale et administrative des abus de marché ? : RD bancaire et fin.* juill. 2014, repère 4. – Un prestataire de services d'investissement peut être **sanctionné** pour les mêmes faits, tant par la Commission bancaire que par l'Autorité des marchés financiers, dès lors que ceux-ci constituent **des infractions** distinctes au droit bancaire, d'une part, et au droit des marchés financiers, d'autre part : ▪ CE, 6 et 1re ss-sect., 30 mai 2007, n° 283888 : *JurisData* n° 2007-072023 ; *Dr. sociétés* 2007, comm. 15, note Th. Bonneau ; *RD bancaire et fin.* 2008, n° 1, comm. 27, note. D. Bompoint ; *Bull. Joly Bourse* 2007, § 111, p. 521, note S. Bonfils ; *Rev. AMF* sept. 2007, n° 39, p. 145. – À noter que la Cour de cassation a refusé la **Question Prioritaire de Constitutionnalité** au motif qu'elle ne présentait pas un caractère sérieux lorsque, sur le fait de savoir si les dispositions de l'article L. 621-15 du Code monétaire et financier, en ce qu'elles prévoient la possibilité pour la commission des sanctions de prononcer à l'encontre des pratiques mentionnées au I de l'article L. 621-14 du même code une sanction pécuniaire sans réserver le cas où l'auteur desdites pratiques aurait, pour les mêmes faits, été pénalement poursuivi ou condamné, étaient contraire à la règle *non bis* in idem, principe fondamental reconnu par les lois de la République et résultant notamment de l'article 8 de la DDHC. En effet, la Cour de cassation relève que, sous réserve de l'exigence constitutionnelle de proportionnalité, laquelle implique que le montant global des sanctions éventuellement prononcé n'excède pas le montant le plus élevé de l'une des sanctions encourues, le principe selon lequel une même personne ne peut pas être punie deux fois ne reçoit pas application au cas de cumul entre sanctions pénales et sanctions administratives : ▪ Cass., 8 juill. 2010, n° 09-71.252 : *JurisData* n° 2010-023258 ; *JCP* E 2010, 2125 ; *D.* 2010, act. 1783 ; *RD bancaire et fin.* nov.-déc. 2010, p. 1, note H. Le Nabasque ; *Rev. sociétés* 2011, p. 300, note Ch. Arsouze. – Constatant la conventionalité du cumul des poursuites et sanctions en matière boursière, tant à l'égard de la CEDH que de la Charte des droits fondamentaux de l'UE : ▪ Cass. crim., 22 janv. 2014, n° 12-83.579 : *JurisData* n° 2014-000571 ; *Bull. Joly Bourse* 2014, p. 203, note J. Chacornac ; *RD bancaire et fin.* mars 2014, comm. 83, note P. Pailler.

7) Principe de légalité des délits et des peines. Ne saurait être retenu un moyen tiré de la violation du principe de légalité des délits et des peines en raison de l'imprécision ou de la nature du texte fixant les obligations sanctionnées : ▪ AMF, commission des sanctions, déc., 21 juin 2007 : *Dr. sociétés* févr. 2008, comm. 37, note Th. Bonneau.

8) Visa. Peut maintenir par une substitution de motifs la sanction prononcée par la Commission des sanctions le Conseil d'État qui avait été saisi d'un recours contre cette décision, dès lors qu'une lettre de griefs adressée à une personne poursuivie pour manquement d'initié est valide même si, visant les articles L. 621-14 et L. 621-15 du CMF, ce document ne précise pas l'alinéa applicable : ▪ CE, 6e et 1re ss.-sect., 22 mai 2012, n° 344589 : *JurisData* n° 2012-011562 ; *Dr. sociétés* nov. 2012, étude 17, note J.-H. Robert.

9) Application rétroactive de la disposition nouvelle plus douce. La disposition nouvelle du règlement général de l'AMF, qui modifie les conditions susceptibles de déclencher l'application d'une sanction dans un sens favorable à la personne poursuivie, constitue une disposition plus douce que le texte antérieur, ce qui implique qu'il s'applique de façon rétroactive aux faits antérieurs dès lors que la sanction n'a pas été prononcée : ▪ Cass. com., 19 déc. 2006, n° 05-18.833 (PBIR) : *JurisData* n° 2006-036773 ; *BJS* 2007, p. 580, note Ch. Arsouze ; *D.* 2007, act. jurispr. p. 233, A. Lienhard ; *Rev. AMF* 2007, n° 32, p. 93 ; *Dr. sociétés* avr. 2007, comm. 80, note Th. Bonneau ; *ibid.*, comm. 65, note H. Lécuyer.

10) Possibilité de suspension de la sanction. Eu égard à l'obligation de ne pas infliger une sanction disproportionnée, aux efforts de redressement entrepris par la société et à l'imprécision des éléments chiffrés figurant au dossier, une décision de sanction de l'AMF peut être suspendue lorsque apparaît un doute sérieux quant au montant de la sanction : ▪ CE, ord., 22 juin 2006, n° 293625 : *JurisData* n° 2007-072231 ; *JCP* E 2007, 2224, note Y. Paclot ; *Bull. Joly Bourse* 2007, § 5, p. 62, note I. Riassetto ; *Rev. AMF* 2006, p. 149 ; *Dr. sociétés* 2006, comm. 178, note Th. Bonneau.

11) Sursis à exécution. Saisi d'une demande de sursis à exécution d'une décision de la commission des sanctions de l'AMF, le premier président de la cour d'appel de Paris doit l'apprécier avec impartialité et en se bornant à rechercher si la sanction emporte pour l'intéressé des conséquences manifestement excessives : ▪ Cass. com., 14 févr. 2012, n° 11-15.062, (n° inédit) : *Bull. Joly Bourse* 2012, § 97, p. 206, note D. Bompoint. – V. également en ce sens ▪ Cass. com., 17 mars 2015, nos 14-11.630 et 14-11.968 : *JurisData* n° 2015-005879 ; *JCP* E 2015, act. 276 ; *Bull. Joly Bourse* 2015, p. 202, note J. Lasserre-Capdeville ; *D.* 2015, 732 ; *Dr. sociétés* juin 2015, comm. 115, note S. Torck.

12) Montant de la sanction. Sur la possibilité pour l'AMF de tenir compte de circonstances atténuantes pour déterminer le montant des sanctions prononcées à l'encontre d'un prestataire de services d'investissement, et notamment en ce qui concerne les manquements commis à l'occasion de la commercialisation des actions EDF, lors de l'introduction en bourse de cette société sur le marché Eurolist d'Euronext Paris : ▪ AMF, déc., 11 sept. 2008 : *Dr. sociétés* févr. 2009, comm. 36, note Th. Bonneau. – Bien que doive être nécessairement sanctionné le dirigeant de société qui a cédé un certain nombre des titres de sa société admise sur le marché Alternext sans avoir, dans les délais normalement impartis, procédé à la déclaration complète de ces opérations à l'Autorité des marchés financiers, conformément à l'obligation édictée à l'article L. 621-18-2 du Code monétaire et financier et à l'article 223-22 du Règlement général de l'AMF, il y a lieu, selon la Commission des sanctions, de modérer le *quantum* de ladite sanction, en tenant compte de ce que les faits reprochés sont intervenus peu de temps après que l'obligation de déclaration des opérations des dirigeants d'une société sur les titres de celles-ci, qui incombait précédemment à cette société, a été mise à la charge des dirigeants eux-mêmes, et qu'ainsi la portée de cette modification pouvait ne pas apparaître pleinement aux dirigeants d'une société introduite sur le marché Alternext en 2005 seulement : ▪ AMF, commission des sanctions, déc.,

17 sept. 2009 : *RD bancaire et fin.* janv. 2010, comm. 32, note S. Torck. – Étant noté que le montant de la sanction prononcée par la commission des sanctions de l'AMF doit être fixé en fonction de la gravité des manquements commis et en relation avec les avantages ou profits éventuellement tirés de ces manquements, les dispositions de l'article L. 621-5 du Code monétaire et financier n'imposent pas de fixer la sanction pécuniaire en relation avec le profit éventuellement retiré des opérations incriminées, dès lors que cette sanction reste inférieure au plafond applicable en l'absence de profit : ▪ Cass. com., 23 mars 2010, n° 09-11. 366, FPB : *JurisData* n° 2010-002537 ; *Dr. sociétés* juin 2010, comm. 120, obs. R. Mortier ; *Rev. sociétés* 2010, p. 320, note E. Dezeuze ; *D.* 2010, 890, obs. A. Lienhard. – Les termes « profits éventuellement réalisés » utilisés à l'article L. 621-15 III, et utilisés afin de déterminer le plafond absolu de la sanction pécuniaire infligée par la commission en cas de manquements d'initiés tels qu'ils sont définis par l'article L. 621-15 du Code monétaire et financier, désignant, de manière suffisamment précise, les avantages économiques éventuellement retirés de l'opération, c'est à bon droit et sans se livrer à une interprétation extensive de l'article précité qu'une cour d'appel a retenu que ces profits incluaient les pertes évitées : ▪ Cass. com., 8 févr. 2011, n° 10-10.965 : *D.* 2011, act. 593.

13) Fait justificatif. Jugé que dès lors qu'est établie la matérialité du manquement d'initié défini par l'article 622-1 du RGAMF, il appartient à la personne mise en cause à ce titre de démontrer que l'opération incriminée a été justifiée par un **motif impérieux**. Tel n'est pas le cas lorsque l'initié, pour justifier son comportement, invoque la nécessité impérieuse de se procurer des fonds destinés à la souscription de l'augmentation de capital de la société dont les titres ont fait l'objet de ses opérations : ▪ Cass. com., 23 mars 2010, n° 09-11.366, FPB : préc., annot. 9.

14) Annulation partielle. Dès lors qu'elle repose en partie sur des faits non établis, qui ont pu justifier que certaines règles aient été appliquées à tort, une décision de sanction disciplinaire de l'AMF peut faire l'objet d'une annulation partielle : ▪ CE, 6e et 1re ss-sect. réunies, 13 juill. 2006, n° 259231 : *JurisData* n° 2006-070521 ; *Dr. sociétés* déc. 2006, comm. 189, note Th. Bonneau.

15) Levée d'une sanction en cours. Jugé que le président de l'AMF outrepasse sa compétence et commet une erreur de droit en refusant de transmettre à la commission des sanctions la demande tendant à la levée d'une sanction en cours, en contrariété avec les engagements pris par les États contractants de se conformer aux arrêts définitifs de la CEDH : ▪ CE, ass., 30 juill. 2014, n° 358564 : *JurisData* n° 2014-018642 ; *Dr. sociétés* nov. 2014, comm. 168, note S. Torck. – V. cependant, dans la même affaire, la décision de rejet rendue par l'AMF saisie d'une requête en relèvement fondée sur la décision précitée du Conseil d'État : ▪ AMF, déc. sanct., 30 juill. 2014, *M. A. : Dr. sociétés* 2015, comm. 177, note S. Torck. – Saisie d'une demande en relèvement de l'une de ses sanctions, la commission des sanctions de l'Autorité des marchés financiers doit examiner s'il existe des éléments nouveaux de droit ou de fait devant être pris en considération et apprécier s'ils sont de nature à remettre en cause la poursuite de l'exécution de la sanction qu'elle a prononcée et, le cas échéant, y mettre fin, en tout ou en partie, pour l'avenir : ▪ AMF sanct., 19 juin 2015 : *Bull. Joly Bourse* 2015, 112x6, note J.-Ph. Pons-Henry et M. Robert. – Pour une illustration du relèvement de l'interdiction dans les conditions visées par l'article L. 621-15 VI du Code monétaire et financier, V. AMF, comm. sanctions, déc. n° 18, 8 déc. 2018 : *Dr. sociétés* 2019, comm. 52, n° 3, note R. Vabres.

16) Prescription. Jugé par la Commission des sanctions qu'il n'est pas envisageable de subordonner l'action de l'AMF à la prise de conscience, par les investisseurs, de ce que les résultats financiers n'ont pas atteint ceux que les documents promotionnels leur avaient laissé espérer et, en conséquence, de reporter le point de départ de la prescription fixé par l'article L. 621-15, I du CMF : ▪ AMF, comm. sanct., 16 avr. 2012 : *Dr. sociétés* août 2012, comm. 147, note S. Torck. – *Adde* D. Pasturel et N. Cuntz, *Précisions sur la prescription de la procédure de sanction de l'AMF : RD bancaire et fin.* juill. 2012, étude 20. – Lorsque sont en cause des manquements aux obligations professionnelles relatives à la cohérence, avec les caractéristiques de l'investissement proposé, de l'information délivrée au public dans les documents accompagnant la commercialisation de produits financiers, le point de départ du délai de prescription doit être fixé au jour où le manquement est apparu et a pu être constaté dans des conditions permettant l'exercice, par l'Autorité des marchés financiers, de ses missions de contrôle, notamment en vue de l'ouverture d'une procédure de sanction : ▪ CE, 23 mars 2014, n° 360344 : *JurisData* n° 2014-005887 ; *Dr. sociétés* juin 2014, comm. 105, note S. Torck.

17) Annulation procédurale et reprise des poursuites. Pour un exemple de reprise des poursuites par la commission des sanctions, malgré l'annulation d'une première décision par la cour d'appel de Paris, sur la base des éléments qui n'avaient pas été affectés par la décision d'annulation : ▪ AMF, commission des sanctions, 6 oct. 2014 : *Bull. Joly Bourse* 2015, p. 5, note Ph. Goutay et A. Mialon.

DÉCISIONS RENDUES AVANT LA MODIFICATION DU DÉCRET N° 90-263 DU 23 MARS 1990 PAR LE DÉCRET N° 2000-721 DU 1er MARS 2000

18) Droits de la défense.

a) **Présomption d'innocence.** – Les prescriptions de l'article 6 de la Convention européenne des droits de l'homme s'appliquent aux sanctions pécuniaires prévues par l'article 9-2 de l'ordonnance du 28 septembre 1967 *[C. monét. fin., art. L. 621-15]* qui, bien que de nature administrative, visent, comme en matière pénale, par leur montant élevé et la publicité qui leur est donnée, à punir les auteurs de faits contraires aux normes générales édictées par les règlements de la COB et à dissuader les opérateurs de se livrer à de telles pratiques ; en outre, la COB n'est investie d'un pouvoir de sanction qu'à la condition que ce pouvoir soit assorti par la loi des mesures destinées à sauvegarder les droits et libertés garantis par la Constitution, au nombre desquels figurent les droits de la défense et la présomption d'innocence : ▪ CA Paris, 7 mai 1997 : *D.* 1997, inf. rap. p. 142. ▪ CA Paris, 5 mars 2002 : *JurisData* n° 2002-170307 ; *JCP* E 2002, p. 742, n° 708 ; *Dr. sociétés* 2002, n° 180, 1re esp., obs. Th. Bonneau. – Violent le principe de la présomption d'innocence les déclarations du président de la COB, publiées par un quotidien et faisant état de lacunes dans l'information et de la mise en place d'un mécanisme de dissimulation, dès lors qu'il est établi que ces déclarations ont été faites entre la notification des griefs au prévenu et le prononcé de la sanction prise contre lui sous la présidence de leur auteur : ▪ Cass. com., 18 juin 1996 : *D.* 1996, inf. rap. p. 169.

– En vertu de l'article 6, § 1 et 2 de la Convention européenne des droits de l'homme, toute personne a droit à ce que sa cause soit entendue par un tribunal impartial qui décidera du bien-fondé de l'accusation portée contre elle en matière pénale à laquelle sont assimilées les poursuites en vue de sanctions pécuniaires ayant le caractère d'une punition prononcée par une autorité administrative, et est présumée innocente jusqu'à ce que sa culpabilité ait été légalement établie ; en déclarant publiquement, avant l'ouverture de la procédure par la COB et la notification des griefs, que la société en cause se livrait à des acrobaties comptables, le président de cette commission a porté atteinte à la présomption d'innocence ; il importe peu qu'ayant cessé ses fonctions, il n'ait pas participé à la délibération décidant des poursuites, ni à la décision sur le fond : ▪ Cass. com., 1er déc. 1998 : *JCP* E 1999, p. 372, note E. Garaud, et p. 1434, obs. J.-J. Daigre ; *RD bancaire et bourse* 1999, p. 32, obs. M. Germain et M.-A. Frison-Roche ; *LPA* 15 janv. 1999, note C. Ducouloux-Favard. – *Adde* ▪ CA Paris, 2 juill. 1999 : *JurisData* n° 1999-023404 ; *JCP* E 1999, p. 1272.

b) **Séparation des fonctions.** Si un membre de la COB, nommé rapporteur, a été chargé de procéder à une instruction avec le concours des services administratifs, il ne saurait participer au délibéré : ▪ Cass. ass. plén., 5 févr. 1999 : *JCP* E 1999, p. 957, note E. Garaud, et p. 1435, obs. J.-J. Daigre ; *JCP* 1999, II, 10060, note H. Matsopoulou ; *RD bancaire et bourse* 1999, p. 32, obs. M. Germain et M.-A. Frison-Roche ; *D.* 1999, somm. p. 249, obs. I. Bon-Garcin et Y. Reinhard.

c) **Modalités concrètes de mise en œuvre des attributions.** La COB n'est pas tenue de satisfaire, sous tous leurs aspects, aux prescriptions de forme du paragraphe 1 de l'article 6 de la Convention européenne des droits de l'homme dès lors que ses décisions subissent *a posteriori*, sur les points de fait, les questions de droit, ainsi que sur la proportionnalité de la sanction prononcée avec la gravité de la faute commise, le contrôle effectif d'un organe judiciaire offrant toute les garanties d'un tribunal. Le cumul au sein de cette autorité des fonctions de poursuite, d'instruction et de jugement, n'est pas, par lui-même, contraire aux exigences de la convention. Il y a lieu de rechercher si, compte tenu des modalités concrètes de mise en œuvre de ces attributions, spécialement au regard de la composition des organes appelés à les exercer, le droit de la personne poursuivie à un procès équitable a été ou non méconnu : ▪ CA Paris, 7 mars 2000 : *JurisData* n° 2000-106246 ; *JCP* E 2000, p. 800, obs. A. Viandier et J.-J. Caussain ; *JCP* E 2000, p. 986, obs. E. Garaud ; *JCP* E 2000, p. 992, note A. Couret ; *Dr. sociétés* 2000, n° 80, obs. H. Hovasse ; *D.* 2000, act. jurispr. p. 212, obs. M. Boizard.

19) Imputabilité de la sanction. Le principe de la personnalité des poursuites et des sanctions fait obstacle à ce qu'une amende soit prononcée à l'égard de sociétés résultant d'une scission à raison de manquements de la société scindée : ▪ CA Paris, 14 mai 1997 : *JurisData* n° 1997-021433 ; *Dr. sociétés* 1997, n° 146, note H. Hovasse.

20) Doubles poursuites. La règle *non bis in idem* consacrée par l'article 4 du protocole n° 7, additionnel à la Convention européenne des droits de l'homme, n'interdit pas l'exercice de poursuites devant le juge répressif parallèlement à une procédure conduite devant la COB aux fins de sanction administrative ; l'annulation, par un arrêt de la cour d'appel de Paris, d'une procédure administrative d'enquête et des sanctions pécuniaires prononcées contre un dirigeant de société n'est pas de nature à entacher de nullité la procédure et le rapport de la COB transmis au procureur de la République, ni le réquisitoire introductif subséquent : ▪ Cass. crim., 1er mars 2000 : *RD bancaire et fin.* 2001, n° 137, obs. M.-A. Frison-Roche, M. Germain, J.-Cl. Marin et Chr. Pénichon ; *D.* 2000, act. jurispr. p. 229, obs. A. Lienhard.

21) Sursis à des décisions de sanction.

a) Le sursis à **exécution** de la **publication d'une décision de sanction** doit être ordonné lorsque cette publication peut avoir pour conséquence immédiate et irréversible, en divulguant les soupçons pesant sur la personne sanctionnée, de porter atteinte à son crédit personnel, de compromettre l'exercice des fonctions de responsabilité qu'elle occupe au sein d'une entreprise de dimension stratégique et, par voie de conséquence, d'affecter de manière sensible l'image de cette dernière dans une phase décisive de la vie sociale : ▪ CA Paris, 6 déc. 2001 : *JurisData* n° 2001-161975 ; *Dr. sociétés* 2002, n° 100, 1re esp., obs. Th. Bonneau.

b) Le sursis d'une **décision prononçant une sanction pécuniaire** doit être rejeté quand les demandeurs ne produisent aucun document comptable ou financier permettant d'apprécier l'incidence des condamnations financières critiquées sur leur situation patrimoniale, le juge devant seulement déterminer si la COB a fait une juste application du principe de la proportionnalité des sanctions : ▪ CA Paris, 16 janv. 2002 : *Dr. sociétés* 2002, n° 100, 2e esp., obs. Th. Bonneau ; *Bull. COB* janv. 2002, n° 364, p. 307.

Loi n° 2003-706 du 1er août 2003
de sécurité financière
(JO 2 août)

Art. 49. – [...].

IV. – La validité des actes de constatation et de procédure accomplis antérieurement à la première réunion de la commission des sanctions de l'Autorité des marchés financiers ou de la Commission de contrôle des assurances, des mutuelles et des institutions de prévoyance s'apprécie au regard des dispositions législatives et réglementaires en vigueur à la date à laquelle ils ont été pris ou accomplis.

Les procédures de sanction devant la Commission des opérations de bourse, le Conseil des marchés financiers et le Conseil de discipline de la gestion financière en cours à la date de la première réunion du collège de l'Autorité des marchés financiers sont poursuivies de plein droit par celui-ci devant la commission des sanctions dans les conditions prévues à l'article L. 621-15 du Code monétaire et financier dans sa rédaction issue de la présente loi. Lorsque les griefs ont été notifiés par la Commission des opérations de bourse, le Conseil des marchés financiers et le Conseil de discipline de la gestion financière, la commission des sanctions est saisie du dossier en l'état.

Les procédures de sanction devant la Commission de contrôle des assurances et la Commission de contrôle des mutuelles et des institutions de prévoyance en cours à la date de la première réunion de la Commission de contrôle des assurances, des mutuelles et des institutions de prévoyance sont poursuivies de plein droit par cette dernière.

Art. L. 621-15-2 *(D. n° 2006-344, 23 mars 2006)*. **– Lorsqu'une institution mentionnée à l'article L. 370-1 du Code des assurances et proposant les opérations mentionnées à l'article L. 443-1-2 du Code du travail a enfreint l'une des dispositions mentionnées au deuxième alinéa de l'article L. 370-2 du Code des assurances, l'Autorité des marchés financiers, de sa propre initiative ou sur saisine des autorités compétentes, notifie cette infraction sans délai à l'autorité compétente de l'État dans lequel est agréée l'institution, et lui demande, en coopération avec cette autorité de contrôle, de prendre les mesures nécessaires pour mettre un terme à l'infraction.**

Si, passé un délai de deux mois après cette notification, l'infraction persiste, l'Autorité des marchés financiers peut ouvrir une procédure de sanction à l'encontre de l'institution selon les modalités prévues à l'article L. 621-15. Les sanctions applicables sont celles mentionnées à l'article L. 621-15 (III, *a*).

L'Autorité des marchés financiers peut décider de reporter sa décision d'ouvrir une procédure de sanction à l'issue d'un délai qu'elle impartit à l'institution pour prendre toute mesure de nature à mettre fin à l'infraction.

Art. L. 621-16 ***(Mod., L. n° 2003-706, 1er août 2003 ; abr. à compter du 1er septembre 2016, Cons. const. n° 2014-453/454 QPC et n° 2015-462 QPC, 18 mars 2015 et consid. 35 et 36 : JO 20 mars 2015 ; mod., L. n° 2016-819, L. 21 juin 2016).*** **– Lorsque la Commission des sanctions de l'Autorité des marchés financiers a prononcé une sanction pécuniaire devenue définitive avant que le juge pénal ait statué définitivement sur des faits connexes, celui-ci peut ordonner que la sanction pécuniaire s'impute sur l'amende qu'il prononce.**

Art. L. 621-16-1 *(L. n° 2003-706, 1er août 2003 ; mod., L. n° 2016-819, 21 juin 2016)*. – **Lorsque des poursuites sont engagées en application des articles L. 465-1 à L. 465-3-3 l'Autorité des marchés financiers peut exercer les droits de la partie civile. À défaut, le président de l'Autorité des marchés financiers ou son représentant peut être présent à l'audience de la juridiction saisie et peut déposer des conclusions et les développer oralement.**

Art. L. 621-17 *(Anc. Ord. n° 67-833, 28 sept. 1967 ; rempl., L. n° 2003-706, 1er août 2003 ; mod., Ord. n° 2014-559, 30 mai 2014 ; L. n° 2016-1691, 9 déc. 2016)*. – **Tout manquement par les conseillers en investissements financiers définis à l'article L. 541-1 ou par les conseillers en investissements participatifs mentionnés à l'article L. 547-1 aux lois, règlements et obligations professionnelles les concernant est passible des sanctions prononcées par la commission des sanctions selon les modalités prévues aux I, *a* et *b* du III et III *bis* à V de l'article L. 621-15.**

Voir : Action en justice des associations de défense des investisseurs en valeurs mobilières ou en produits financiers, C. monét. fin., art. L. 452-1, p. 1319.

Procédure d'injonction à l'égard d'un associé majoritaire. L'article L. 621-17 permet au président de la COB de demander en justice qu'il soit ordonné à la personne responsable d'une atteinte aux droits des épargnants – en l'occurrence la carence d'une société à mettre en œuvre une garantie de cours, violant ainsi le principe d'égalité des actionnaires qui implique que les actionnaires minoritaires se voient offrir la possibilité de vendre leurs titres au même prix et à la même époque que les vendeurs du bloc majoritaire – de mettre fin à l'irrégularité ou d'en supprimer les effets ; sans violer l'autorité de la chose jugée, la cour d'appel, qui ne statuait pas en référé, a décidé à bon droit que le prononcé d'intérêts moratoires avait pour objet de « supprimer les effets » à l'égard des minoritaires de la pratique à laquelle l'injonction avait pour objet de mettre fin, en les plaçant rétroactivement dans la même situation que celle des vendeurs du bloc majoritaire à la date à laquelle la garantie de cours aurait dû être faite : ▪ Cass. com., 24 févr. 1998 : *JurisData* n° 1998-000849 ; *JCP* E 1998, p. 636.

Art. L. 621-17-1-1 *(Ord. n° 2013-676, 25 juill. 2013 ; mod., L. n° 2016-1691, 9 déc. 2016)*. – **Tout manquement par les experts externes en évaluation mentionnés à l'article L. 214-24-15 aux lois, règlements et obligations professionnelles les concernant est passible des sanctions prononcées par la commission des sanctions selon les modalités prévues aux I, *a* et *b* du III et III *bis* à V de l'article L. 621-15**

Sous-section 6. – Déclaration d'opérations suspectes

(L. n° 2005-811, 20 juill. 2005)

Art. L. 621-17-3 *(L. n° 2005-811, 20 juill. 2005 ; mod., L. n° 2013-1117, 6 déc. 2013 ; L. n° 2016-819, 21 juin 2016)*. – **Lorsque l'Autorité des marchés financiers transmet, en application de l'article L. 621-20-1, certains faits ou informations au procureur de la République financier, la déclaration ou la notification prévue à l'article 16 du règlement (UE) n° 596/2014 du Parlement européen et du Conseil du 16 avril 2014 sur les abus de marché (règlement relatif aux abus de marché) et abrogeant la directive 2003/6/CE du Parlement européen et du Conseil et les directives 2003/124/CE, 2003/125/CE et 2004/72/CE de la Commission, dont le procureur de la République est avisé, ne figure pas au dossier de la procédure.**

Art. L. 621-17-5 *(L. n° 2005-811, 20 juill. 2005 ; mod., L. n° 2016-819, 21 juin 2016)*. – **Est puni des peines prévues à l'article 226-13 du Code pénal le fait, pour les dirigeants ou les préposés des personnes mentionnées à l'article 16 du règlement (UE) n° 596/2014 du Parlement européen et du Conseil du 16 avril 2014 sur les abus de marché (règlement relatif aux abus de marché) et abrogeant la directive 2003/6/CE du Parlement européen et du Conseil et les directives 2003/124/CE, 2003/125/CE et 2004/72/CE de la Commission, de porter à la connaissance de quiconque, et en particulier des personnes ou des parties liées aux personnes pour le compte desquelles les opérations déclarées ou notifiées ont été effectuées, l'existence de la déclaration ou de la notification mentionnée au même article ou de donner des informations sur les suites réservées à celle-ci.**

Art. L. 621-17-6 *(L. n° 2005-811, 20 juill. 2005 ; mod., Ord. n° 2007-1490, 18 oct. 2007 ; L. n° 2016-819, 21 juin 2016)*. – **Sans préjudice de l'article 40 du Code de procédure pénale, des articles L. 621-17-3 et L. 621-20-1 du présent code et de l'exercice de ses pouvoirs par l'Autorité des marchés financiers, il est interdit à cette dernière, ainsi qu'à chacun de ses membres, experts nommés dans les**

commissions consultatives mentionnées au III de l'article L. 621-2, membres de son personnel et préposés, de révéler les informations recueillies en application de l'article 16 du règlement (UE) n° 596/2014 du Parlement européen et du Conseil du 16 avril 2014 sur les abus de marché (règlement relatif aux abus de marché) et abrogeant la directive 2003/6/CE du Parlement européen et du Conseil et les directives 2003/124/CE, 2003/125/CE et 2004/72/CE de la Commission. Si l'Autorité des marchés financiers utilise le concours des personnes mentionnées à l'article L. 621-9-2, cette interdiction s'applique également à ces personnes, ainsi qu'à leurs dirigeants et préposés.

Le fait pour un membre de l'Autorité des marchés financiers, un expert nommé dans les commissions consultatives mentionnées au III de l'article L. 621-2, un membre de son personnel ou un préposé, de révéler le contenu de la déclaration ou l'identité des personnes qu'elle concerne, est puni des peines prévues à l'article L. 642-1. Si l'Autorité des marchés financiers utilise le concours des personnes mentionnées à l'article L. 621-9-2, ces peines s'appliquent également à ces personnes, ainsi qu'à leurs dirigeants et préposés.

Lorsque des opérations ayant fait l'objet de la déclaration relèvent de la compétence d'une autorité compétente d'un autre État membre de l'Union européenne ou partie à l'accord sur l'Espace économique européen, l'Autorité des marchés financiers transmet sans délai la déclaration à cette autorité, ainsi que les éventuels compléments d'information fournis par le déclarant à la demande de cette dernière, dans les conditions prévues à l'article L. 632-16.

Art. L. 621-17-7 *(L. n° 2005-811, 20 juill. 2005 ; mod., L. n° 2016-819, 21 juin 2016).* – Concernant les opérations ayant fait l'objet de la déclaration ou de la notification mentionnée à l'article 16 du règlement (UE) n° 596/2014 du Parlement européen et du Conseil du 16 avril 2014 sur les abus de marché (règlement relatif aux abus de marché) et abrogeant la directive 2003/6/CE du Parlement européen et du Conseil et les directives 2003/124/CE, 2003/125/CE et 2004/72/CE de la Commission, aucune poursuite fondée sur l'article 226-13 du Code pénal ne peut être engagée contre les dirigeants et les préposés des personnes mentionnées à l'article 16 du même règlement qui, de bonne foi, ont effectué cette déclaration ou cette notification.

Aucune action en responsabilité civile ne peut être engagée contre une personne mentionnée au même article 16, ses dirigeants ou ses préposés qui ont effectué de bonne foi cette déclaration ou cette notification.

Sauf concertation frauduleuse avec l'auteur de l'opération ayant fait l'objet de la déclaration, le déclarant est dégagé de toute responsabilité : aucune poursuite pénale ne peut être engagée contre ses dirigeants ou ses préposés par application des articles L. 465-1 à L. 465-3-1 du présent code et des articles 321-1 à 321-3 du Code pénal, et aucune procédure de sanction administrative ne peut être engagée à leur encontre pour des faits liés à une opération d'initié ou à une manipulation de cours.

Les dispositions du présent article s'appliquent même si la preuve du caractère fautif ou délictueux des faits à l'origine de la déclaration n'est pas rapportée ou si ces faits font l'objet d'une décision de non-lieu ou de relaxe et n'ont donné lieu à aucune sanction de la part de l'Autorité des marchés financiers ou de l'autorité compétente mentionnée au troisième alinéa de l'article L. 621-17-6.

Voir : Règl. AMF, 12 oct. 2004, art. 315-42 et s.

Sous-section 7. – Autres compétences

(Anc. ss-sect. 5, dénum. en ss-sect. 6, Ord. n° 2005-429, 6 mai 2005 puis dénum. en ss-sect. 7, L. n° 2005-811, 20 juill. 2005)

Art. L. 621-18 *(Rempl., L. n° 2005-842, 26 juill. 2005 ; mod., L. n° 2013-672, 26 juill. 2013 ; L. n° 2016-1691, 9 déc. 2016).* – L'Autorité des marchés financiers s'assure que les publications prévues par les dispositions législatives ou réglementaires sont régulièrement effectuées par les émetteurs mentionnés à l'article L. 451-1-2 ou les émetteurs dont les titres sont admis aux négociations sur un système multilatéral de négociation soumis aux dispositions du II de l'article L. 433-3.

Elle vérifie les informations que ces émetteurs publient. À cette fin, elle peut exiger des émetteurs, des personnes qui les contrôlent ou sont contrôlées par eux et de leurs commissaires aux comptes ou contrôleurs légaux ou statutaires qu'ils fournissent tous documents et informations utiles.

Elle peut ordonner à ces émetteurs de procéder à des publications rectificatives ou complémentaires dans le cas où des inexactitudes ou des omissions auraient été relevées dans les documents publiés. Faute pour les émetteurs concernés de déférer à cette injonction, l'Autorité des marchés financiers peut, après avoir entendu l'émetteur, procéder elle-même à ces publications rectificatives ou complémentaires.

L'Autorité des marchés financiers peut porter à la connaissance du public les observations qu'elle a été amenée à faire à un émetteur ou les informations qu'elle estime nécessaires.

Les frais occasionnés par les publications mentionnées aux deux alinéas précédents sont à la charge des émetteurs concernés.

Si la commission a la possibilité de porter à la connaissance du public les observations qu'elle a été amenée à faire à une société ou les informations qu'elle estime nécessaires, elle ne peut toutefois user de cette faculté dans des conditions qui portent atteinte aux **droits et libertés constitutionnellement garantis** dont est assortie la procédure de sanction prévue par l'article L. 621-15 : ▪ CA Paris, 15 janv. 1993 : *D.* 1993, p. 273, note C. Ducouloux-Favard.

Art. L. 621-18-1 *(Anc. art. L. 622-21, dénum. et mod., L. n° 2003-706, 1er août 2003 ; mod., Ord. n° 2017-1107, 22 juin 2017).* – À la demande d'un ou plusieurs prestataires de services d'investissement ou d'une association professionnelle de prestataires de services d'investissement, l'Autorité des marchés financiers peut, après avis de la Banque de France, certifier des contrats types d'opérations sur instruments financiers ou unités mentionnées à l'article L. 229-7 du Code de l'environnement ou les actifs mentionnés au II de l'article L. 421-1.

Art. L. 621-18-2 *(L. n° 2003-706, 1er août 2003 ; rempl., L. n° 2005-811, 20 juill. 2005 ; mod., L. n° 2009-526, 12 mai 2009 ; L. n° 2012-387, 22 mars 2012 ; L. n° 2016-819, 21 juin 2016).* – I. – Sont communiquées par les personnes mentionnées aux *a* à *c* à l'Autorité des marchés financiers et rendues publiques par cette dernière, dans les conditions mentionnées par le règlement (UE) n° 596/2014 du Parlement européen et du Conseil du 16 avril 2014 sur les abus de marché (règlement relatif aux abus de marché) et abrogeant la directive 2003/6/CE du Parlement européen et du Conseil et les directives 2003/124/CE, 2003/125/CE et 2004/72/CE de la Commission, les opérations mentionnées à l'article 19 du même règlement, lorsque ces opérations sont réalisées par :

a) Les membres du conseil d'administration, du directoire, du conseil de surveillance, le directeur général, le directeur général unique, le directeur général délégué ou le gérant de cette personne ;

b) Toute autre personne qui, dans les conditions définies par le règlement général de l'Autorité des marchés financiers a, d'une part, au sein de l'émetteur, le pouvoir de prendre des décisions de gestion concernant son évolution et sa stratégie, et a, d'autre part, un accès régulier à des informations privilégiées concernant directement ou indirectement cet émetteur ;

c) Des personnes ayant, dans des conditions définies par décret en Conseil d'État, des liens personnels étroits avec les personnes mentionnées aux *a* et *b*.

Les personnes mentionnées aux *a* à *c* sont tenues de communiquer à l'émetteur, lors de la communication à l'Autorité des marchés financiers prévue au premier alinéa, une copie de cette communication. Le règlement général de l'Autorité des marchés financiers définit les modalités de la communication à celle-ci ainsi que les conditions dans lesquelles l'assemblée générale des actionnaires est informée des opérations mentionnées au présent article.

Le règlement général de l'Autorité des marchés financiers fixe le seuil au-dessus duquel les opérations doivent être communiquées et les modalités d'application de ce seuil.

II. – *(Abrogé).*

III. – *(Abrogé).*

Voir : Régl. AMF, 12 oct. 2004, art. 223-22 A et s. – C. monét. fin., art. R. 621-43-1, p. 1632.

Art. L. 621-18-3 *(L. n° 2003-706, 1er août 2003 ; mod., L. n° 2006-1770, 30 déc. 2006 ; L. n° 2008-649, 3 juill. 2008 ; Ord. n° 2009-80, 22 janv. 2009 ; L. n° 2016-1691, 9 déc. 2016 ; Ord. n° 2017-1162, 12 juill. 2017).* – Les personnes morales ayant leur siège statutaire en France et dont les titres financiers sont admis aux négociations sur un marché réglementé rendent publiques les informations requises par le rapport mentionné au dernier alinéa de l'article L. 225-37 et L. 225-68 du Code de commerce ainsi que, le cas échéant, les informations mentionnées au 5° et au dernier alinéa de l'article L. 225-100-1 dans des conditions fixées par le règlement général de l'Autorité des marchés financiers. Celle-ci établit chaque année un rapport sur la base de ces informations et peut approuver toute recommandation qu'elle juge utile.

L'Autorité des marchés financiers peut prévoir que l'obligation mentionnée au premier alinéa est également applicable, dans les conditions et selon les modalités fixées par son règlement général, aux sociétés ayant un siège statutaire en France et dont les titres financiers sont offerts au public sur un système multilatéral de négociation soumis aux dispositions du II de l'article L. 433-3 du présent code.

NB : Conformément à l'article 16 de l'ordonnance n° 2017-1162 du 12 juillet 2017, ces dispositions sont applicables aux rapports afférents aux exercices ouverts à compter du 1er janvier 2017.

Bibliographie : V. Magnier, *Les manquements des sociétés cotées à la règle de conformité* : *JCP* E 2010, 1234 ; *La règle de conformité ou l'illustration d'une acculturation méthodologique complexe*, in *La gouvernance des sociétés cotées face à la crise*, LGDJ, coll. « Droit des affaires », 2010.

Art. L. 621-18-5 *(Ord. n° 2012-827, 28 juin 2012 ; mod., Ord. n° 2015-1024, 20 août 2015)*. **– I. – L'Autorité des marchés financiers délivre l'autorisation prévue au paragraphe 2 de l'article 18 du règlement (UE) n° 1031/2010 de la Commission européenne du 12 novembre 2010 relatif au calendrier, à la gestion et aux autres aspects de la mise aux enchères des quotas d'émission de gaz à effet de serre. Son règlement général précise les conditions de délivrance et de retrait de cette autorisation, le cas échéant après avis de la Commission de régulation de l'énergie.**

II. – L'Autorité des marchés financiers dispose, à l'égard des personnes autorisées en application du I, d'un pouvoir de contrôle, d'enquête et de sanction, dans les conditions prévues par la section 4 du chapitre unique du titre II du livre VI.

III. – L'Autorité met en place les procédures nécessaires au traitement des plaintes qui lui sont adressées lorsqu'une personne ayant reçu l'autorisation mentionnée au I ou à l'article L. 613-70 manque à ses obligations au titre des paragraphes 2 et 3 de l'article 59 du règlement (UE) n° 1031/2010 de la Commission européenne du 12 novembre 2010.

Art. L. 621-18-6 *(L. n° 2013-672, 26 juill. 2013)*. **– L'Autorité des marchés financiers est compétente pour l'application des dispositions des articles 4, 5, 9 et 10 du règlement (UE) n° 648/2012 du Parlement européen et du Conseil du 4 juillet 2012 sur les produits dérivés de gré à gré, les contreparties centrales et les référentiels centraux s'agissant du respect des obligations de compensation, de notification et de déclaration par les contreparties à un contrat financier au sens dudit règlement.**

La notification des transactions intragroupe prévue aux articles 4 et 11 du même règlement s'effectue auprès de l'Autorité des marchés financiers lorsque la contrepartie est une contrepartie non financière ou une personne ou entité mentionnée aux 7° et 7° *bis* du II de l'article L. 621-9.

L'Autorité des marchés financiers est également compétente pour le contrôle des dispositions de l'article 11 dudit règlement pour les personnes ou entités mentionnées aux mêmes 7° et 7° *bis* du II de l'article L. 621-9, les contreparties non financières ainsi que les prestataires de services d'investissement dans les conditions prévues aux articles L. 621-9 et L. 533-10.

Art. L. 621-18-7 *(L. n° 2013-672, 26 juill. 2013)*. **– L'Autorité des marchés financiers peut recevoir délégation de l'Autorité européenne des marchés financiers dans les conditions prévues à l'article 74 du règlement (UE) n° 648/2012 du Parlement européen et du Conseil du 4 juillet 2012 sur les produits dérivés de gré à gré, les contreparties centrales et les référentiels centraux pour le contrôle des référentiels centraux.**

Art. L. 621-18-8 *(L. n° 2013-672, 26 juill. 2013)*. **– L'Autorité des marchés financiers évalue les risques que pourrait entraîner le recours à l'effet de levier par un FIA ou sa société de gestion. Elle peut, lorsqu'elle le juge nécessaire, pour assurer la stabilité et l'intégrité du système financier, après notification à l'Autorité européenne des marchés financiers, au Comité européen du risque systémique et aux autorités compétentes dont relève le FIA concerné, imposer des limites au niveau de levier auquel elle a habilité un FIA ou sa société de gestion à recourir ou d'autres restrictions pour limiter la mesure dans laquelle le recours à l'effet de levier contribue à l'accroissement des risques systémiques dans le système financier ou aux risques de désorganisation des marchés.**

L'Autorité des marchés financiers informe l'Autorité européenne des marchés financiers, le Comité européen du risque systémique et les autorités compétentes dont relève le FIA des mesures prises selon les modalités prévues aux articles L. 632-1, L. 632-6 et L. 632-8.

Le présent article est applicable aux sociétés de gestion des FIA et aux FIA :

1° Relevant du II de l'article L. 214-24, à l'exclusion de ceux mentionnés à son dernier alinéa, et à l'exclusion des FIA relevant du I de l'article L. 214-167 et de ceux mentionnés au second alinéa du III de l'article L. 532-9 ;

2° Relevant du 1° du III de l'article L. 214-24.

Art. L. 621-19 *(Mod., L. n° 2003-706, 1er août 2003 ; Ord. n° 2015-1033, 20 août 2015 ; L. n° 2017-55, 20 janv. 2017).* **– I. – Le médiateur de l'Autorité des marchés financiers est nommé par le président de l'Autorité des marchés financiers après avis du collège, pour une durée de trois ans renouvelable.**

Il est habilité à recevoir de tout intéressé les réclamations qui entrent par leur objet dans la compétence de l'Autorité des marchés financiers et à leur donner la suite qu'elles appellent.

Il accomplit sa mission de médiation à l'égard des consommateurs dans les conditions prévues au titre Ier du livre VI du Code de la consommation.

La saisine du médiateur de l'Autorité des marchés financiers suspend la prescription de l'action civile et administrative à compter du jour où le médiateur est saisi *(Mots suppr., L. n° 2019-486, 22 mai 2019)* **« ... ».** *(L. n° 2019-486, 22 mai 2019)* **En application de l'article 2238 du Code civil, celle-ci court à nouveau pour une durée qui ne peut être inférieure à six mois lorsque le médiateur de l'Autorité des marchés financiers déclare la médiation terminée.**

Le médiateur de l'Autorité des marchés financiers coopère avec ses homologues étrangers en vue du règlement extrajudiciaire des litiges transfrontaliers.

Il publie chaque année un rapport qui rend compte de sa mission.

II. – L'Autorité des marchés financiers peut formuler des propositions de modifications des lois et règlements concernant l'information des porteurs d'instruments financiers et du public, les marchés d'instruments financiers, d'unités mentionnées à l'article L. 229-7 du Code de l'environnement, et d'actifs mentionnés au II de l'article L. 421-1 du présent code et le statut des prestataires de services d'investissement.

Elle établit chaque année un rapport au Président de la République et au Parlement, qui est publié au *Journal officiel* de la République française. Ce rapport présente, en particulier, les évolutions du cadre réglementaire de l'Union européenne applicable aux marchés financiers et dresse le bilan de la coopération avec les autorités de régulation de l'Union européenne et des autres États membres.

Bibliographie : AMF, communiqué 19 févr. 2008, *Actualisation de la charte de la médiation de l'AMF : JCP* E 2008, act., p. 118.

Caractère facultatif de la mesure de conciliation. Eu égard à la nature de la mission prévue à l'article L. 621-19 du Code monétaire et financier, laquelle suppose l'accord des parties, et dont l'exercice ne constitue pour l'AMF qu'une simple faculté, la décision par laquelle celle-ci refuse de donner suite à une demande de conciliation ou de médiation n'est pas susceptible de recours pour excès de pouvoir : ▪ CE, 6e et 1re ss-sect., 18 oct. 2006, n° 277597, *Miller : JurisData* n° 2006-070874 ; *RD bancaire et fin.* 2007, n° 1, p. 35, note Th. Bonneau.

Art. L. 621-20 *(Rempl., L. n° 2003-706, 1er août 2003).* **– Pour l'application des dispositions entrant dans le champ de compétence de l'Autorité des marchés financiers, les juridictions civiles, pénales ou administratives peuvent appeler le président de celle-ci ou son représentant à déposer des conclusions et à les développer oralement à l'audience sans préjudice des dispositions de l'article L. 466-1.**

Appréciation par les juges du fond de l'opportunité de convoquer le président de l'AMF. Dans la mesure où le refus d'ordonner une mesure d'instruction, relevant du pouvoir discrétionnaire des juges du fond, ne saurait, même fondé sur des motifs erronés, constituer un excès de pouvoir, doit être déclaré irrecevable le pourvoi formé contre un arrêt ayant refusé d'inviter le président de l'AMF à répondre aux questions formulées par les appelants et qui s'est borné à statuer sur une mesure d'instruction sans trancher dans son dispositif une partie du principal : ▪ Cass. com., 3 avr. 2007, n° 06-12.762 : *Bull. Joly Bourse* 2007, § 77, p. 408, note B. Descours.

Art. L. 621-20-1 *(L. n° 2003-706, 1er août 2003).* **– Si, dans le cadre de ses attributions, l'Autorité des marchés financiers acquiert la connaissance d'un crime ou d'un délit, elle est tenue d'en donner avis sans délai au procureur de la République et de transmettre à ce magistrat tous les renseignements, procès-verbaux et actes qui y sont relatifs.**

(Mod., Ord. n° 2007-544, 12 avr. 2007) **« Sous réserve des dispositions du troisième alinéa de l'article L. 632-16 », le procureur de la République peut obtenir de l'Autorité des marchés financiers la communication de tous les renseignements détenus par celle-ci dans le cadre de l'exercice de ses missions, sans que puisse lui être opposée l'obligation au secret.**

Art. L. 621-20-2 *(L. n° 2013-100, 28 janv. 2013)*. – I. – L'Autorité des marchés financiers est l'autorité compétente au sens de l'article 32 du règlement (UE) n° 236/2012 du Parlement européen et du Conseil, du 14 mars 2012, sur la vente à découvert et certains aspects des contrats d'échange sur risque de crédit.

II. – En application du I, l'Autorité des marchés financiers peut sanctionner tout manquement aux dispositions dudit règlement dans les conditions fixées à l'article L. 621-15.

Art. L. 621-20-3 *(Ord. n° 2013-676, 25 juill. 2013)* (1). – L'Autorité des marchés financiers peut prendre toutes les mesures requises afin d'assurer le bon fonctionnement des marchés au cas où l'activité d'un ou de plusieurs FIA sur le marché d'un instrument financier pourrait mettre en péril le bon fonctionnement de ce marché.

Le présent article est applicable aux FIA :

1° Relevant du II de l'article L. 214-24, à l'exclusion de ceux mentionnés à son dernier alinéa, et à l'exclusion des FIA relevant du I de l'article L. 214-167 et de ceux mentionnés au second alinéa du III de l'article L. 532-9 ;

2° Relevant du 1° du III de l'article L. 214-24.

Art. L. 621-20-4 *(L. n° 2014-1545, 20 déc. 2014)*. – Les procès-verbaux ou rapports d'enquête ou toute autre pièce de la procédure pénale ayant un lien direct avec des faits susceptibles d'être soumis à l'appréciation de la commission des sanctions de l'Autorité des marchés financiers peuvent être communiqués par le procureur de la République financier, le cas échéant, après avis du juge d'instruction, d'office ou à leur demande :

1° Au secrétaire général de l'Autorité des marchés financiers, avant l'ouverture d'une procédure de sanction ;

2° Ou au rapporteur de la commission des sanctions, après l'ouverture d'une procédure de sanction.

Art. L. 621-20-5 *(L. n° 2016-1691, 9 déc. 2016)*. – L'Autorité des marchés financiers est l'autorité compétente au sens de l'article 40 du règlement (UE) 2016/1011 du Parlement européen et du Conseil du 8 juin 2016 concernant les indices utilisés comme indices de référence dans le cadre d'instruments et de contrats financiers ou pour mesurer la performance de fonds d'investissement et modifiant les directives 2008/48/CE et 2014/17/UE et le règlement (UE) n° 596/2014.

Art. L. 621-20-6 *(L. fin. rect. n° 2017-1775, 28 déc. 2017)*. – L'Autorité des marchés financiers veille au respect, par les institutions financières mentionnées au 2° du I de l'article L. 561-36, de l'article L. 564-2.

Art. L. 621-20-7 *(Créé, L. n° 2019-486, 22 mai 2019)*. – L'Autorité des marchés financiers est l'autorité compétente, au sens du 1 de l'article 67 de la directive 2014/65/ UE du Parlement européen et du Conseil du 15 mai 2014 concernant les marchés d'instruments financiers et modifiant la directive 2002/92/ CE et la directive 2011/61/ UE, pour l'application des dispositions du règlement (UE) n° 600/2014 du Parlement européen et du Conseil du 15 mai 2014 concernant les marchés d'instruments financiers et modifiant le règlement (UE) n° 648/2012, sous réserve des pouvoirs de l'Autorité de contrôle prudentiel et de résolution concernant les dépôts structurés au titre des articles 42 et 43 du même règlement (UE) n° 648/2012 et conformément à l'article L. 511-105 du présent code.

Art. L. 621-20-8 *(Créé, L. n° 2019-486, 22 mai 2019)*. – L'Autorité des marchés financiers est l'autorité compétente au sens de l'article 22 du règlement (CE) n° 1060/2009 du Parlement européen et du Conseil du 16 septembre 2009 sur les agences de notation de crédit.

Art. L. 621-20-9 *(Créé, L. n° 2019-486, 22 mai 2019)*. – L'Autorité des marchés financiers est l'autorité compétente au sens des 4 et 5 de l'article 29 du règlement (UE) 2017/2402 du Parlement européen et du Conseil du 12 décembre 2017 créant un cadre général pour la titrisation ainsi qu'un cadre spécifique pour les titrisations simples, transparentes et standardisées, et modifiant les directives 2009/65/ CE, 2009/138/ CE et 2011/61/ UE et les règlements (CE) n° 1060/2009 et (UE) n° 648/2012.

---

(1) Deux articles L. 621-20-3 coexistent, le premier créé par l'article 27 de l'ordonnance n° 2013-676 du 25 juillet 2013 et le second créé à compter du 1er février 2014 par les articles 71, 1° et 73 de la loi n° 2013-1117 du 6 décembre 2013. – NDLR.

Sous-section 8. – Coopération avec la Commission de régulation de l'énergie

Art. L. 621-21 *(L. n° 2010-1249, 22 oct. 2010).* – **I. – L'Autorité des marchés financiers et la Commission de régulation de l'énergie coopèrent entre elles. Elles se communiquent les renseignements utiles à l'accomplissement de leurs missions respectives.**

L'Autorité des marchés financiers saisit la Commission de régulation de l'énergie, pour avis, de toute question entrant dans le champ des compétences de celle-ci.

II. – Lorsqu'elle est saisie par la Commission de régulation de l'énergie en application de l'article 39-1 de la loi n° 2000-108 du 10 février 2000 relative à la modernisation et au développement du service public de l'électricité, l'Autorité des marchés financiers informe la Commission de régulation de l'énergie de l'évolution de l'instruction de l'affaire. La Commission de régulation de l'énergie peut demander à l'Autorité des marchés financiers que lui soient communiquées toutes les informations en lien avec l'affaire et utiles à l'exercice de ses missions.

III. – Par exception aux dispositions de l'article L. 631-1, l'Autorité des marchés financiers peut communiquer à la Commission de régulation de l'énergie des informations couvertes par le secret professionnel.

Les renseignements recueillis conformément aux I et II sont couverts par le secret professionnel en vigueur dans les conditions applicables à l'organisme qui les a communiqués et à l'organisme destinataire.

Ces renseignements ne peuvent être utilisés, par les autorités mentionnées aux I et II, que pour l'accomplissement de leurs missions, sauf si l'autorité qui les a communiqués y consent.

Art. L. 621-21-1 *(Ord. n° 2017-1107, 22 juin 2017).* – **L'Autorité des marchés financiers coopère avec les instances compétentes pour la surveillance, la gestion et la régulation des marchés agricoles physiques** *(Mot aj., L. n° 2019-486, 22 mai 2019)* **« , désignées » dans les conditions prévues par le règlement (UE) n° 1308/2013 du Parlement européen et du Conseil du 17 décembre 2013.**

Elles se communiquent les renseignements utiles à l'accomplissement de leurs missions respectives dans des conditions analogues à celles prévues à l'article L. 621-21. *(Phrase créée, L. n° 2019-486, 22 mai 2019)* **À cette fin, ces instances peuvent communiquer à l'Autorité des marchés financiers des informations couvertes par le secret professionnel.**

Décret n° 2003-1109 du 21 novembre 2003

relatif à l'Autorité des marchés financiers

(JO 23 nov.)

(Abr. à l'exception de ses art. 46 à 55 et 70 à 77 et partiellement codifié, D. n° 2005-1007, 2 août 2005)

Voir : C. monét. fin., art. R. 621-1 à R. 621-26, p. 1616 et R. 621-31 à R. 621-46, p. 1624.

Section V. – Relations avec les commissaires aux comptes

(Intitulé rempl., L. n° 2003-706, 1er août 2003)

Bibliographie : A. Robert, *Le commissaire aux comptes devant la Commission des sanctions de l'Autorité des marchés financiers : JCP* E 2009, 1510.

Art. L. 621-22 *(Rempl., L. n° 2003-706, 1er août 2003 ; mod., L. n° 2005-842, 26 juill. 2005 ; Ord. n° 2009-80, 22 janv. 2009 ; Ord. n° 2016-315, 17 mars 2016 ; L. n° 2016-1691, 9 déc. 2016).* – **I. –** *(Abrogé).*

II. – L'Autorité des marchés financiers peut demander aux commissaires aux comptes de personnes dont les titres financiers sont admis aux négociations sur un marché réglementé tous renseignements sur les personnes qu'ils contrôlent.

Les commissaires aux comptes des personnes mentionnées à l'alinéa précédent informent l'autorité de tout fait ou décision justifiant leur intention de refuser la certification des comptes.

III. – Les commissaires aux comptes de personnes dont les titres financiers sont admis aux négociations sur un marché réglementé peuvent interroger l'Autorité des marchés financiers sur toute question rencontrée dans l'exercice de leur mission et susceptible d'avoir un effet sur l'information financière de la personne.

IV. – Les commissaires aux comptes de sociétés dont les titres financiers sont admis aux négociations sur un marché réglementé communiquent à l'Autorité des marchés financiers copie de l'écrit transmis au président du conseil d'administration ou au directoire en application du deuxième alinéa de l'article L. 234-1 du Code de commerce. Ils transmettent également à l'autorité les conclusions du rapport qu'ils envisagent de présenter à l'assemblée générale en application des articles L. 823-12 et L. 822-15 du même code.

V. – Les commissaires aux comptes sont déliés du secret professionnel et leur responsabilité ne peut de ce seul fait être engagée pour les informations données en exécution des obligations et démarches prévues au présent article et à l'article L. 621-18.

VI. – Les dispositions du présent article sont applicables aux commissaires aux comptes de personnes dont les titres financiers sont offerts au public sur un système multilatéral de négociation soumis aux dispositions du II de l'article L. 433-3.

VII. – Les dispositions prévues aux III et V du présent article sont applicables aux commissaires aux comptes qui effectuent des missions dans le cadre d'offres au public. L'Autorité des marchés financiers peut demander aux commissaires aux comptes tous renseignements sur les personnes qu'ils contrôlent, lorsque ces personnes procèdent à une opération d'offre au public.

Art. L. 621-23 *(Rempl., L. n° 2003-706, 1er août 2003 ; mod., Ord. n° 2017-1107, 22 juin 2017).* – Les commissaires aux comptes des sociétés de gestion de portefeuille et des prestataires de services de communication de données sont déliés du secret professionnel à l'égard de l'Autorité des marchés financiers.

Les commissaires aux comptes sont tenus de signaler dans les meilleurs délais à l'Autorité des marchés financiers tout fait ou décision concernant une société de gestion de portefeuille et des prestataires de service de communication de données, dont ils ont eu connaissance dans l'exercice de leur mission, de nature :

1. À constituer une violation des dispositions législatives ou réglementaires applicables à cette société et susceptible d'avoir des effets significatifs sur la situation financière, le résultat ou le patrimoine ;
2. À porter atteinte à la continuité de son exploitation ;
3. À entraîner l'émission de réserves ou le refus de la certification des comptes.

La même obligation s'applique aux faits et aux décisions dont ils viendraient à avoir connaissance dans l'exercice de leur mission auprès d'une entreprise mère ou filiale d'une société ci-dessus mentionnée.

La responsabilité des commissaires aux comptes ne peut être engagée pour les informations ou divulgations de faits auxquelles ils procèdent en exécution de leur mission ou des obligations imposées par le présent article.

L'Autorité des marchés financiers peut également transmettre aux commissaires aux comptes des sociétés de gestion de portefeuille et des prestataires de service de communication de données les informations nécessaires à l'accomplissement de leur mission. Les informations transmises sont couvertes par la règle du secret professionnel.

Art. L. 621-24 *(Rempl. par l'anc. art. L. 622-11, L. n° 2003-706, 1er août 2003).* – Les commissaires aux comptes sont tenus de signaler dans les meilleurs délais au conseil tout fait ou décision concernant un prestataire de services d'investissement ou un intermédiaire habilité en vue de la conservation ou de l'administration d'instruments financiers, dont ils ont eu connaissance dans l'exercice de leur mission et de nature à constituer une violation des dispositions du règlement général de l'Autorité des marchés financiers relatives aux règles de bonne conduite ou aux conditions d'exercice des activités de conservation ou d'administration d'instruments financiers. L'Autorité des marchés financiers peut également transmettre aux commissaires aux comptes des prestataires de services d'investissement les informations nécessaires à l'accomplissement de leur mission. Les informations ainsi transmises sont couvertes par la règle du secret professionnel.

Art. L. 621-25 *(Rempl. par l'anc. art. L. 622-12, L. n° 2003-706, 1er août 2003 ; mod., Ord. n° 2013-676, 25 juill. 2013).* – L'Autorité des marchés financiers peut demander aux commissaires aux comptes d'un prestataire de services d'investissement, d'un FIA, d'une entreprise de marché ou d'un intermédiaire habilité en vue de la conservation ou de l'administration d'instruments financiers tout renseignement concernant l'application par ce prestataire, cette entreprise de marché ou cet intermédiaire des dispositions du livre IV ou des dispositions du titre III du livre V du présent code ou du règlement général de l'Autorité des marchés financiers relatives aux règles de bonne conduite ou aux conditions d'exercice des activités de conservation ou d'administration d'instruments financiers.

Section VI. – Voies de recours

(Anc. sect. VII, dénum., L. n° 2003-706, 1er août 2003)

Art. L. 621-30 *(Anc. Ord. n° 67-833, 28 sept. 1967 ; rempl., L. n° 2003-706, 1er août 2003 ; mod., L. n° 2014-1662, 30 déc. 2014).* **– L'examen des recours formés contre les décisions individuelles de l'Autorité des marchés financiers autres que celles, y compris les sanctions prononcées à leur encontre, relatives aux personnes et entités mentionnées au II de l'article L. 621-9 est de la compétence du juge judiciaire. Ces recours n'ont pas d'effet suspensif sauf si la juridiction en décide autrement. Dans ce cas, la juridiction saisie peut ordonner qu'il soit sursis à l'exécution de la décision contestée si celle-ci est susceptible d'entraîner des conséquences manifestement excessives.**

Lorsque les recours mentionnés au premier alinéa du présent article visent une décision individuelle de l'Autorité des marchés financiers relative à une offre publique mentionnée aux sections 1 à 3 du chapitre III du titre III du livre IV, la juridiction saisie se prononce dans un délai de cinq mois à compter de la déclaration de recours.

Les décisions prononcées par la commission des sanctions peuvent faire l'objet d'un recours par les personnes sanctionnées et par le président de l'Autorité des marchés financiers, après accord du collège. En cas de recours d'une personne sanctionnée, le président de l'autorité peut, dans les mêmes conditions, former un recours.

Un décret en Conseil d'État précise les modalités d'application du présent article.

Voir : C. monét. fin., art. R. 621-44 et s., p. 1633.

Bibliographie : E. Dezeuze, *Une compétence concurrente du juge judiciaire et du juge administratif en matière de manquements boursiers : Bull. Joly Bourse* 2017, p. 142. • A. Poncelet, *La fin de la prorogation systématique des offres publiques en cas de recours après l'ordonnance du premier président de la Cour d'appel de Paris du 10 avril 2014 ? : RD bancaire et fin.* mai-juin 2014, études 11. • Ch. de Watrigant, *Le recours de l'article L. 621-30 du Code monétaire et financier (particulièrement contre une décision de recevabilité d'un projet d'OPR) : JCP E* 2006, p. 262.

1) Répartition des compétences entre l'ordre administratif et l'ordre judiciaire.

a) L'ordonnance du 28 septembre 1967 a entendu donner compétence aux juridictions de l'ordre judiciaire pour connaître de **toute contestation relative aux décisions** de la Commission des opérations de bourse visées à l'article 12 *[C. monét. fin., art. L. 621-30]*, y compris les demandes d'indemnité fondées sur l'illégalité dont seraient entachées ces décisions ; il s'ensuit qu'il appartient aux juridictions judiciaires de connaître des demandes d'indemnités formées contre l'État pour obtenir réparation des préjudices causés par la décision de la commission ayant mis fin à la validité du numéro d'enregistrement d'une société et lui interdisant de conclure de nouveaux contrats avec des épargnants : ■ T. confl., 22 juin 1992 : *BJS* 1992, 314, note A. Couret ; *D.* 1993, p. 439, note N. Decoopman ; *Rev. sociétés* 1992, p. 774, note Y. Guyon ; *JCP* 1993, II, 22035, concl. Flipo et note M.-A. Frison-Roche ; *Dr. sociétés* 1992, 235, obs. H. Hovasse.

b) L'appel n'étant pas ouvert contre les décisions de nature administrative émanant de l'AMF, lesquelles ne peuvent être attaquées devant le juge judiciaire **que par la voie du recours prévu à l'article L. 621-30 du Code monétaire et financier**, l'acte portant la mention « déclaration d'appel » et ne précisant pas l'objet du recours est irrecevable : ■ CA Paris, 7 déc. 2004 : *Dr. sociétés* avr. 2005, 74, note Th. Bonneau ; *Bull. Joly Bourse* 2005, 43, note B. Descours. – V. égal. en ce sens, réaffirmant que le recours prévu à l'article L. 621-30 du Code monétaire et financier ne saurait être considéré comme un appel : ■ Cass. com., 29 janv. 2008, n° 07-12.945, F-D, *Sté Partners international Advisers et a. : JurisData* n° 2008-042621 ; *Dr. sociétés* juin 2008, comm. 133, note Th. Bonneau ; *Bull. Joly Bourse* mars-avr. 2008, § 11, p. 116, note F.-L. Simon. – La décision de l'AMF fixant le calendrier de l'offre n'étant **qu'une simple mesure d'application ne faisant pas grief** au requérant, le recours formé contre elle doit être jugé irrecevable : ■ Cass. com., 21 juin 2011, n° 09-16.652 : *JurisData* n° 2011-012273 ; *Dr. sociétés* 2011, comm. 199, note S. Torck.

c) La décision par laquelle la COB a **interdit la diffusion** dans le public d'un document d'information en mettant fin à la validité de son numéro d'enregistrement et a enjoint la cessation des activités en cause n'a **pas de caractère réglementaire** et n'est pas davantage relative à l'agrément des OPCVM ou des gérants de portefeuille ; dès lors les conclusions dirigées contre cette décision ne relèvent **pas de la compétence de la juridiction administrative**, ■ CE, 6 juill. 1990 : *BJS* 1990, p. 1056, note L. Faugérolas. – Le visa accordé par l'AMF au document informatif relatif à une introduction en bourse dont le requérant demande en référé l'annulation étant une décision qui ne présente pas de caractère réglementaire, la requête ne relève pas de la compétence de la juridiction administrative : ■ CE, 6 juill. 2005 : *Bull. Joly Bourse* 2006, 8, F.-L. Simon.

d) Si l'article L. 621-30 du Code monétaire et financier réserve à l'autorité judiciaire compétence pour connaître des recours formés contre les décisions individuelles de l'Autorité des marchés financiers autres que celles relatives aux personnes et entités mentionnées au II de l'article L. 621-9 du Code monétaire et financier, et si, par suite, il en va de même pour les actions tendant à la réparation des conséquences dommageables nées de telles décisions, en revanche, **les actions mettant en cause le fonctionnement défectueux des services de cette autorité publique relèvent de la compétence de la juridiction administrative.** Tel est le cas pour la demande de la requérante, prestataire de services d'investissement agréé, qui sollicite l'indemnisation des préjudices qu'elle estime avoir subis du fait des conditions fautives dans lesquelles, au cours des années 2002 à 2004, la COB, puis l'AMF, auraient instruit les demandes de visa des documents d'information du public qu'elle lui avait présentées, pour plusieurs sociétés clientes souhaitant avoir accès au marché boursier. Dans ce cas, le litige qui l'oppose à l'AMF, étranger à toute décision individuelle que celle-ci aurait prise, concerne l'exécution par cette autorité de sa mission de service public administratif ; dès lors, ce litige relève de la juridiction administrative : ▪ T. confl., 2 mai 2011, n° 3766 : *JurisData* n° 2011-007963 ; *JCP* E 2011, 1445.

2) Compétence de la cour d'appel de Paris. *a)* Dans la mesure où la connaissance des recours en annulation emporte celle des **demandes d'indemnisation fondées sur l'illégalité de la décision annulée**, ces demandes doivent être portées devant la cour d'appel de Paris car, juge de l'excès de pouvoir au plan national, il lui incombe d'apprécier le dommage imputable aux décisions qu'elle annule : ▪ CA Paris, 6 avr. 1994 : *Bull. Joly Bourse* 1994, 259, note J.-M. Desaché ; *Dr. sociétés* 1994, n° 182, obs. H. Hovasse ; *D.* 1994, p. 511, note N. Decoopman.

b) La compétence de la cour d'appel de Paris est également étendue **aux recours en indemnisation** fondés sur **l'absence de décision faisant grief**, ▪ CA Paris, 15 févr. 1995 : *JCP* 1994, II, 22470, note Th. Granier ; *Bull. Joly Bourse* 1995, 187, note P. Le Cannu ; *Dr. sociétés* 1995, n° 84, obs. H. Hovasse ; *Gaz. Pal.* 1995,1, 242, concl. Jobard.

c) Sur la compétence de la cour d'appel de Paris pour connaître **des demandes d'indemnisation** d'un préjudice subi à l'occasion de **la procédure de l'octroi d'un visa** de la COB ou de l'instruction préalable à cet octroi (recel de la violation du secret professionnel, détournement de procédure...) : ▪ CA Paris, 26 janv. 1999 : *RTD com.* 1999, 464, note N. Rontchevsky ; *RD bancaire et bourse* 1999, 34, obs. M. Germain et M.-A. Frison-Roche. – V. égal. ▪ CA Paris, 2 juill. 1999 : *Banque et droit* juill.-août 1999, 31, obs. H. de Vauplane.

d) Viole les articles 12 de l'ordonnance du 28 septembre 1967 *[C. monét. fin., art. L. 621-30]* et 6 du décret du 23 mars 1967, la cour d'appel de Paris qui retient que la demande d'indemnisation d'une association de défense des épargnants victimes de la COB étant fondée sur une voie de fait relève des juridictions de droit commun et échappe à sa compétence alors qu'elle était une juridiction de l'ordre judiciaire, ce qui suffisait à justifier sa compétence pour connaître de la demande litigieuse : ▪ Cass. com., 5 mars 1996 : *Bull. civ.* IV, n° 71 ; *Rev. sociétés* 1996, 576, note N. Decoopman ; *Bull. Joly Bourse* 1996, 283, note Th. Bonneau ; *Dr. sociétés* 1996, n° 91, obs. H. Hovasse ; *D. affaires* 1996, 612 ; *LPA* 19 avr. 1996, p. 15, note C. Ducouloux-Favard.

e) **Limites.** La juridiction de la cour d'appel de Paris, lorsqu'elle est saisie d'un recours à l'encontre d'une décision par laquelle la COB appose son visa sur des documents d'information destinés au public, ne peut s'exercer que dans la seule limite des compétences relevant de l'autorité qui s'est prononcé en première instance ; elle **ne saurait** en conséquence **s'étendre à des problèmes externes** à l'offre publique en cause, notamment à ceux relevant exclusivement du droit privé des obligations : ▪ CA Paris, 23 oct. 2001 : *JCP* E 2002, n° 3, 122, note A. Viandier ; *Dr. sociétés* 2002, n° 73, note Th. Bonneau ; *LPA* 5 févr. 2002, p. 20, note C. Ducouloux-Favard.

f) **Répartition des pouvoirs entre le président de la cour d'appel et la cour.** Aux termes de l'article L. 621-30, le recours contre les décisions de la COB prononçant les sanctions prévues par l'article L. 621-15 n'est pas suspensif ; toutefois, **le premier président** de la cour d'appel de Paris **peut ordonner qu'il soit sursis à l'exécution de la décision** si celle-ci est susceptible d'entraîner des conséquences manifestement excessives ; par application de ce texte, le premier président est sans pouvoir pour se prononcer sur les moyens visant à l'annulation ou à la réformation de la décision, lesquels relèvent de l'appréciation de la cour d'appel de Paris, saisie du recours formé contre ladite décision ; il ne peut davantage examiner la proportionnalité de la sanction : ▪ CA Paris, 12 févr. 1997 : *D.* 1997, inf. rap. p. 201. – Sur la possibilité, pour le premier président, d'accorder le sursis à exécution d'une décision de la COB, en prenant en considération le risque de porter atteinte au crédit de l'entreprise visée par cette décision : ▪ CA Paris, 6 déc. 2002 : *Gaz. Pal.* 21-22 févr. 2003, p. 29, note C. Ducouloux-Favard.

g) **Effet dévolutif de l'appel.** Jugé que lorsque l'irrégularité ayant motivé l'annulation d'une décision de la commission des sanctions de l'Autorité des marchés financiers n'est pas de nature à affecter la validité de la procédure antérieure ni des actes de saisine, il appartient à la cour d'appel, en vertu de l'effet dévolutif du recours, de se prononcer sur le fond de l'affaire qui lui est soumise : ▪ Cass. com., 24 oct. 2018, n° 16-15.008 : *JurisData* n° 2018-018657 : *Dr. sociétés* 2019, comm. 11, n° 1, note R. Vabres ; *RLDA* 2018, n° 143

3) Qualité à agir. Le caractère personnel attaché aux sanctions administratives impliquant que leur contestation soit réservée à la personne qui en a fait l'objet, même dans l'hypothèse où cette dernière se trouve en liquidation judiciaire, les recours respectivement exercés par un créancier individuel et par le représentant des créanciers du débiteur failli sont irrecevables : ▪ CA Paris, 8 juin 2004 : *Dr. sociétés* janv. 2005, 15, note Th. Bonneau. – Les règles de compétence énoncées par les articles L. 621-30 et R. 621-45 du Code monétaire et financier ne sont déterminées que par la qualité de la personne sanctionnée et non par la sanction, de nature professionnelle ou non : ▪ Cass. com., 4 oct. 2011, n° 10-27.310 : *JurisData* n° 2011-021082 ; *Dr. sociétés* 2011, comm. 220, note S. Torck ; *Bull. Joly Bourse* 2011, § 323, p. 637, note Th. Bonneau.

Art. L. 621-31 ancien *(Abr., L. n° 2003-706, 1er août 2003).*

1) Nature du Conseil des marchés financiers. Le Conseil des marchés financiers n'est qu'une autorité de tutelle professionnelle de droit privé auquel la mission de service public dont il est investi ne saurait conférer la nature de service de l'État ni d'établissement public : ▪ CA Paris, 11 juin 1997 : *RD bancaire et bourse* 1997, p. 167, n° 1, obs. M. Germain et M.-A. Frison-Roche.

2) Portée. Les dispositions d'ordre public économique de la loi du 2 juillet 1996 et le règlement général du Conseil des marchés financiers s'imposent à tout opérateur qui intervient sur un marché réglementé français : ▪ CA Paris, 13 janv. 1998 : *RD bancaire et bourse* 1998, p. 64, obs. M. Germain et M.-A. Frison-Roche ; *Rev. sociétés* 1998, p. 572, note P. Le Cannu ; *D.* 1999, somm. p. 255, obs. Y. Reinhard.

Section VII. – Recommandations d'investissement produites ou diffusées dans le cadre d'une activité journalistique

(L. n° 2005-842, 26 juill. 2005)

Art. L. 621-31 *(L. n° 2005-842, 26 juill. 2005). – (Al. mod., L. n° 2016-1691, 9 déc. 2016 ; rempl., L. n° 2019-486, 22 mai 2019)* **Conformément au dernier alinéa de l'article 20 du règlement (UE) n° 596/2014 du Parlement européen et du Conseil du 16 avril 2014 sur les abus de marché (règlement relatif aux abus de marché) et abrogeant la directive 2003/6/ CE du Parlement européen et du Conseil et les directives 2003/124/ CE, 2003/125/ CE et 2004/72/ CE de la Commission, ne sont pas soumis aux dispositions du règlement délégué (UE) 2016/958 de la Commission du 9 mars 2016 complétant le règlement (UE) n° 596/2014 du Parlement européen et du Conseil par des normes techniques de réglementation définissant les modalités techniques de présentation objective de recommandations d'investissement ou d'autres informations recommandant ou suggérant une stratégie d'investissement et la communication d'intérêts particuliers ou de l'existence de conflits d'intérêts :**

1° Les entreprises suivantes, au titre de leurs activités journalistiques, lorsqu'elles adhèrent à l'association constituée dans les conditions et selon les modalités prévues à l'article L. 621-32 :

– les éditeurs de publications de presse au sens de la loi n° 86-897 du 1er août 1986 portant réforme du régime juridique de la presse ;

– les éditeurs de services de radio ou de télévision au sens de la loi n° 86-1067 du 30 septembre 1986 relative à la liberté de communication ;

– les éditeurs de services de communication au public en ligne au sens de la loi n° 2004-575 du 21 juin 2004 pour la confiance dans l'économie numérique ;

– les agences de presse au sens de l'ordonnance n° 45-2646 du 2 novembre 1945 portant réglementation provisoire des agences de presse ;

2° Les journalistes, au sens de l'article L. 761-2 du Code du travail, lorsqu'ils exercent leur profession dans une ou plusieurs des entreprises mentionnées au 1°.

Art. L. 621-32 *(L. n° 2005-842, 26 juill. 2005 ; mod., L. n° 2016-1691, 9 déc. 2016).* **– L'association mentionnée au 1° de l'article L. 621-31 est constituée par les personnes énumérées à ce même 1°, conformément à la loi du 1er juillet 1901 relative au contrat d'association. Seules peuvent y adhérer les personnes relevant des catégories énumérées au même 1°.**

L'association établit un code de bonne conduite. Ce code définit les règles spécifiques destinées à garantir le respect par les adhérents de l'association, lorsqu'ils produisent ou diffusent des recommandations d'investissement ou d'autres informations recommandant ou suggérant une stratégie d'investissement, définies à l'article 3 du règlement (UE) n° 596/2014 du Parlement européen et du Conseil du 16 avril 2014 sur les abus de marché (règlement relatif aux abus de marché) et abrogeant la directive 2003/6/CE du Parlement européen et du Conseil et les directives 2003/124/CE, 2003/125/CE et 2004/72/CE de la Commission, le respect des obligations de présentation objective et de mention des conflits d'intérêts prévues à l'article 20 du règlement précité. Ces règles sont équivalentes aux normes techniques de réglementation mentionnées au même article 20.

Le directeur de la publication ou, à défaut, le représentant légal de l'entreprise adhérente s'assure de la bonne application des règles définies dans le code de bonne conduite par les journalistes qui exercent leur profession sous sa responsabilité.

Bibliographie : I. Riassetto et M. Storck, *Les codes de bonne conduite en droit des marchés financiers : d'un code à l'autre*, in *Mélanges G. Wiederkehr*, Dalloz, 2009, p. 669 et s. • M. Storck, *Organisation professionnelle, Codes de bonne conduite : RD bancaire et fin.* juill. 2009, comm. 140.

Art. L. 621-33 *(L. n° 2005-842, 26 juill. 2005)*. – **L'association mentionnée à l'article L. 621-32 soit se saisit d'office, soit est saisie par l'Autorité des marchés financiers de faits susceptibles de constituer un manquement d'un adhérent aux règles du code de bonne conduite mentionné au même article.**

Par dérogation aux articles 42 et suivants de la loi n° 86-1067 du 30 septembre 1986 relative à la liberté de communication, lorsqu'il a connaissance d'un fait susceptible de constituer un manquement imputable à une entreprise éditrice de services de radio ou de télévision, le Conseil supérieur de l'audiovisuel en avertit immédiatement l'Autorité des marchés financiers aux fins d'enquête.

Lorsqu'elle se saisit ou qu'elle est saisie de tout fait mentionné au premier alinéa, l'association invite les entreprises adhérentes intéressées, leur directeur de la publication ou, à défaut, leur représentant légal à présenter leurs observations. Elle peut, à l'issue de cette procédure contradictoire, prononcer une sanction à l'encontre de ces personnes pour tout manquement aux règles définies dans le code de bonne conduite.

Art. L. 621-34 *(L. n° 2005-842, 26 juill. 2005)*. – **L'association peut prononcer à l'égard des entreprises adhérentes, de leur directeur de la publication ou, à défaut, de leur représentant légal, en fonction de la gravité du manquement, l'une des sanctions suivantes :**

1° L'avertissement ;

2° Le blâme ;

3° L'insertion obligatoire d'un avis ou d'un communiqué dans le support concerné ;

4° La diffusion d'un communiqué à l'antenne.

L'association peut également exclure temporairement ou définitivement l'un de ses adhérents. Cette mesure ne peut être prononcée que dans les cas où l'adhérent concerné n'exécute pas une sanction prononcée à son encontre ou lorsqu'il a été sanctionné de façon répétée pour des manquements aux règles définies dans le code de bonne conduite.

Aucune sanction ne peut être prononcée sans que la personne poursuivie ou son représentant ait été entendu ou, à défaut, dûment appelé.

L'association se prononce au plus tard dans les trois mois qui suivent sa saisine. Elle informe, dans le mois suivant sa décision, l'Autorité des marchés financiers de cette dernière. En l'absence de décision à l'expiration de ce délai de trois mois, l'association est réputée avoir décidé qu'il n'y avait pas lieu à sanction.

L'association peut rendre publique sa décision dans les publications, journaux ou supports qu'elle désigne. Les frais y afférents sont supportés par l'adhérent sanctionné.

Les statuts de l'association prévoient les modalités de déclenchement et de déroulement de la procédure de sanction prévue aux alinéas précédents.

Art. L. 621-35 *(L. n° 2005-842, 26 juill. 2005)*. – **L'association établit chaque année un rapport faisant le bilan de son activité. Elle transmet ce rapport à l'Autorité des marchés financiers qui fournit, dans son rapport annuel, ses observations et recommandations sur l'activité de l'association.**

Partie réglementaire

Section II. – Composition

Art. R. 621-1 *(Mod., D. n° 2011-977, 16 août 2011 ; D. n° 2018-572, 3 juill. 2018).* – I. – Le collège se réunit sur convocation de son président ou à la demande de la moitié de ses membres. En cas d'absence, le président confie à l'un des autres membres du collège le soin de présider la séance. Le collège ne peut délibérer que si la moitié au moins de ses membres est présente. Un membre qui ne prend pas part à une délibération ou qui s'abstient de siéger en application de l'article 12 de la loi n° 2017-55 du 20 janvier 2017 portant statut général des autorités administratives indépendantes et autorités publiques indépendantes n'est pas pris en compte au titre du quorum, dans les conditions fixées aux articles 1er à 4 du décret n° 2014-90 du 31 janvier 2014 portant application de l'article 2 de la loi n° 2013-907 du 11 octobre 2013 relative à la transparence de la vie publique. Un membre peut donner pouvoir à un autre membre de voter en son nom lors d'une séance à laquelle il ne peut assister. Chaque membre ne peut disposer que d'un seul pouvoir.

II. – Un agent des services de l'Autorité des marchés financiers, faisant office de secrétaire de séance, établit un procès-verbal des délibérations du collège. Mention y est faite des noms des membres présents, des membres ayant donné pouvoir, des membres ayant reçu pouvoir et des membres qui se sont abstenus de siéger ou de délibérer au motif qu'ils s'estiment en situation de conflit d'intérêts en application de l'article 12 de la loi du 20 janvier 2017 mentionnée ci-dessus. Le procès-verbal est soumis à l'approbation du collège. Une fois approuvé, ce procès-verbal est signé par le président de séance et copie en est tenue à la disposition de chacun des membres du collège et du directeur général du Trésor.

III. – Tout membre du collège qui, hors le cas de force majeure constaté par le président, n'a pas assisté à trois séances consécutives du collège en est réputé démissionnaire d'office. Le président de l'Autorité des marchés financiers en informe le ministre chargé de l'économie.

Art. R. 621-2 *(Mod., D. n° 2011-977, 16 août 2011 ; D. n° 2018-572, 3 juill. 2018).* – Lorsque le collège, ou le cas échéant une commission spécialisée, statue par voie de consultation écrite, en application du deuxième alinéa du II de l'article L. 621-3, le président recueille, dans un délai qu'il fixe, les votes des membres et les observations du directeur général du Trésor. Ce délai ne peut être inférieur à un jour. Si un membre en fait la demande écrite dans ce délai, la délibération intervient au cours de la réunion suivante de la formation concernée. Pour que ses résultats puissent être pris en compte, la consultation doit avoir permis de recueillir la moitié au moins des votes des membres de la formation concernée dans le délai fixé par le président. Le président informe dans les meilleurs délais les membres de la formation concernée et le directeur général du Trésor de la décision prise.

Les décisions prises par voie de consultation écrite sont réputées être intervenues à l'issue du délai mentionné au premier alinéa. Elles sont annexées au procès-verbal de la séance suivante de la formation concernée. Mention y est faite du nom des membres ayant voté et de celui des membres n'ayant pas pris part à la consultation ainsi que des membres qui se sont abstenus de délibérer au motif qu'ils s'estiment en situation de conflit d'intérêts en application de l'article 12 de la loi du 20 janvier 2017 mentionnée ci-dessus. Un membre qui n'a pas pris part à la délibération en application de cet article n'est pas pris en compte au titre du quorum dans les conditions fixées aux articles 1er et 4 du décret du 31 janvier 2014 mentionné ci-dessus. Lorsque, en application de l'article L. 621-4, un membre n'a pas pris part à la délibération, il est réputé avoir pris part au vote au titre du décompte des voix mentionné au premier alinéa.

Art. R. 621-3 *(Mod., D. n° 2018-572, 3 juill. 2018).* – Lorsque le collège constitue une commission spécialisée, il fixe :

1° Les matières dans lesquelles il l'habilite à prendre les décisions de portée individuelle. Ces décisions ne peuvent intervenir dans les matières mentionnées au II de l'article L. 621-14.

2° Sa composition. Chaque commission spécialisée comprend, outre le président, cinq membres au moins.

3° La durée pour laquelle il l'habilite à prendre les décisions mentionnées au 1°.

Cette décision est publiée au Journal officiel de la République française.

Lorsque plusieurs commissions spécialisées sont habilitées pour une même matière, le président de l'Autorité des marchés financiers répartit entre elles les dossiers.

Le président de l'Autorité des marchés financiers rend compte à la plus prochaine réunion du collège des décisions adoptées par chaque commission spécialisée.

Art. R. 621-4 *(Mod., D. n° 2018-572, 3 juill. 2018)*. – I. – Chaque commission spécialisée se réunit sur convocation du président de l'Autorité des marchés financiers ou à la demande de la moitié de ses membres. En cas d'absence, le président de l'Autorité des marchés financiers confie à l'un des autres membres de la commission spécialisée le soin de présider la séance. Chaque commission spécialisée ne peut délibérer que si la moitié au moins de ses membres est présente. Un membre qui ne prend pas part à une délibération ou qui s'abstient de siéger en application de l'article 12 de la loi n° 2017-55 du 20 janvier 2017 portant statut général des autorités administratives indépendantes et autorités publiques indépendantes n'est pas pris en compte au titre du quorum, dans les conditions fixées aux articles 1er à 4 du décret n° 2014-90 du 31 janvier 2014 portant application de l'article 2 de la loi n° 2013-907 du 11 octobre 2013 relative à la transparence de la vie publique. Un membre peut donner pouvoir à un autre membre de voter en son nom lors d'une séance à laquelle il ne peut assister. Chaque membre ne peut disposer que d'un seul pouvoir.

II. – Un agent des services de l'Autorité des marchés financiers, faisant office de secrétaire de séance, établit un procès-verbal des délibérations de la commission spécialisée. Mention y est faite des noms des membres présents, des membres ayant donné pouvoir, des membres ayant reçu pouvoir et des membres qui se sont abstenus de siéger ou de délibérer au motif qu'ils s'estiment en situation de conflit d'intérêts en application de l'article 12 de la loi du 20 janvier 2017 mentionnée ci-dessus. Le procès-verbal est soumis à l'approbation de la commission spécialisée. Une fois approuvé, ce procès-verbal est signé par le président de séance et copie en est tenue à la disposition de chacun des membres du collège et du directeur général du Trésor.

III. – Tout membre d'une commission spécialisée qui, hors le cas de force majeure constaté par le président, n'a pas assisté à trois séances consécutives de la commission spécialisée en est réputé démissionnaire d'office.

Art. R. 621-5 *(Mod., D. n° 2011-977, 16 août 2011 ; D. n° 2018-572, 3 juill. 2018)*. – Le président de la commission des sanctions est élu, sous la présidence du doyen d'âge, à la majorité des membres, pour la durée de son mandat de membre de cette commission.

Pour le renouvellement par moitié des membres de la commission des sanctions, la durée du mandat est décomptée à partir de la première réunion suivant la nomination des nouveaux membres.

Un agent des services de l'Autorité des marchés financiers, faisant office de secrétaire de séance, établit un procès-verbal de ces opérations. Le procès-verbal est signé par chacun des membres de la commission des sanctions et par le directeur général du Trésor ou son représentant. Il est transmis au ministre chargé de l'économie et au président de l'Autorité des marchés financiers.

Art. R. 621-6. – Lorsque la commission des sanctions constitue une section :

1° Elle en fixe la composition. Chaque section comprend un membre choisi parmi les personnes mentionnées au 1° du IV de l'article L. 621-2, un membre choisi parmi les personnes mentionnées au 2° du IV de l'article L. 621-2, trois membres choisis parmi les personnes mentionnées au 3° du IV de l'article L. 621-2 et un membre choisi parmi les personnes mentionnées au 4° du IV de l'article L. 621-2 ;

2° Elle désigne le président de la section.

Cette décision est publiée au *Journal officiel* de la République française.

Art. R. 621-7 *(Mod., D. n° 2008-893, 2 sept. 2008 ; D. n° 2018-572, 3 juill. 2018)*. – I. – La commission des sanctions se réunit sur convocation de son président lorsqu'elle statue en formation plénière, sur convocation du président de la section concernée dans les autres cas. Elle ne peut délibérer qu'en présence de sept membres au moins lorsqu'elle statue en formation plénière, de trois membres au moins lorsqu'elle statue en section. Lorsque, en application de l'article 12 de la loi du 20 janvier 2017 mentionnée ci-dessus, un membre ne prend pas part à la délibération d'une section, il est remplacé dans les conditions prévues au dernier alinéa du présent I.

En cas d'absence, le président de la commission confie à l'un des autres membres relevant du 1° ou du 2° du IV de l'article L. 621-2 le soin de présider la séance de la formation plénière.

En cas d'absence, le président d'une section peut être suppléé par le président de l'autre section ou à défaut par un autre membre relevant du 1° ou du 2° du IV de l'article L. 621-2, auquel il confie le soin de présider la séance.

En cas d'absence d'un membre relevant de l'une des catégories de personnes mentionnées au 3° ou 4° du IV de l'article L. 621-2, le président de la section peut demander à un membre de l'autre section, choisi dans la même catégorie de personnes, de le suppléer. En cas d'absence d'un autre membre, le président de la section peut demander à un autre membre de l'autre section, choisi dans une des catégories de personnes mentionnées au 1° ou 2° du IV de l'article L. 621-2, de le suppléer.

II. – Tout membre de la commission des sanctions qui, hors le cas de force majeure constaté par le président, n'a pas assisté à trois séances consécutives en est réputé démissionnaire d'office. Le président de la commission des sanctions en informe le ministre chargé de l'économie.

Bibliographie : A.-C. Muller, *Procédure de récusation : RD bancaire et fin.* nov. 2008, comm. 185.

Art. R. 621-8 *(Mod., D. n° 2011-977, 16 août 2011)*. – Le directeur général du Trésor dispose d'un délai de 3 jours ouvrés pour demander une deuxième délibération. Lorsque le collège, ou le cas échéant une commission spécialisée, a statué par voie de consultation écrite, ce délai court à compter de la réception de la décision.

Art. R. 621-9. – I. – Le collège de l'Autorité des marchés financiers peut donner délégation à son président et, en cas d'absence ou d'empêchement de celui-ci, à un autre de ses membres pour prendre les décisions de portée individuelle relevant de sa compétence, à l'exception de celles mentionnées au I de l'article L. 621-15. Le délégataire rend compte à la plus prochaine séance du collège des décisions prises en vertu de cette délégation.

II. – Dans les matières où il dispose d'une compétence propre, le président de l'Autorité des marchés financiers peut, après en avoir informé le collège, donner délégation pour signer tous les actes pris en vertu de cette compétence au secrétaire général et le cas échéant à des personnes exerçant des fonctions d'encadrement ou assimilées, sur proposition du secrétaire général.

III. – Les délégations sont publiées au *Journal officiel* de la République française.

Section III. – Règles de fonctionnement

Art. R. 621-10. – Le collège de l'Autorité des marchés financiers délibère sur :

1° Le budget annuel et ses modifications en cours d'année ;

2° Le compte financier et l'affectation des résultats ;

3° Le règlement comptable et financier, qui est transmis au ministre chargé de l'économie ;

4° Les conditions générales de recrutement, d'emploi et de rémunération du personnel ;

5° Le règlement intérieur et les règles de déontologie applicables au personnel des services ;

6° Les conditions générales de passation des contrats, conventions et marchés ;

7° Les conditions générales d'emploi des fonds disponibles et de placement des réserves ;

8° Les acquisitions, échanges et aliénations de biens immobiliers ;

9° Les emprunts ;

10° Les transactions au-delà d'un montant qu'il fixe, sur proposition du *(Mots rempl., D. n° 2018-572, 3 juill. 2018)* « président » ;

11° Les dons et legs.

Art. R. 621-11 *(Mod., D. n° 2018-572, 3 juill. 2018)*. – Outre les attributions qu'il tient de l'application des premiers alinéas des articles 16 et 18 de loi du 20 janvier 2017 mentionnée ci-dessus, le président exerce les compétences du chef d'entreprise pour l'application du code du travail. Il représente l'Autorité des marchés financiers dans tous les actes de la vie civile et en justice.

Dans le cadre des règles générales fixées par le collège, le président a qualité pour :

1° Liquider et ordonnancer les recettes et les dépenses ;

2° Tenir la comptabilité des engagements de dépenses, dans les conditions définies par le règlement comptable et financier ;

3° Gérer les disponibilités et décider des placements ;

4° Passer au nom de l'Autorité des marchés financiers tous contrats, conventions et marchés et décider des prises ou cessions à bail de biens immobiliers ;

5° Engager, gérer et licencier le personnel et fixer les rémunérations et les indemnités ;

6° Proposer au collège le règlement intérieur et les règles de déontologie applicables au personnel des services ;

7° Fixer le régime des indemnités de mission et de déplacement des personnels de l'Autorité des marchés financiers.

Dans les matières relevant de sa compétence, le secrétaire général est autorisé à transiger au nom de l'Autorité des marchés financiers dans les conditions fixées par les articles 2044 à 2052 du Code civil.

Dans les matières relevant de sa compétence, le secrétaire général peut déléguer sa signature dans les limites qu'il détermine et désigner les personnes habilitées à le représenter.

La rémunération du secrétaire général est fixée par le président après avis du collège.

Art. R. 621-12 *(Mod., D. n° 2015-1382, 30 oct. 2015)*. – I. – Le président de l'Autorité des marchés financiers reçoit une rémunération annuelle égale au traitement afférent au premier groupe supérieur des emplois de l'État classés hors échelle, assortie d'une indemnité de fonction fixée par le ministre chargé de l'économie.

II. – Les membres du collège autres que le président reçoivent une indemnité annuelle égale au tiers du traitement moyen afférent au cinquième groupe supérieur des emplois de l'État classés hors échelle.

III. – Le président de la commission des sanctions reçoit une indemnité annuelle égale à la moitié du traitement moyen afférent au premier groupe supérieur des emplois de l'État classés hors échelle et une indemnité complémentaire de sujétions fixée par le ministre chargé de l'économie.

Le président d'une section de la commission des sanctions, s'il n'est pas président de la commission des sanctions, reçoit une indemnité annuelle égale au tiers du traitement moyen afférent au premier groupe supérieur des emplois de l'État classés hors échelle et une indemnité complémentaire de sujétions fixée par le ministre chargé de l'économie.

Les membres de la commission des sanctions, autres que ceux mentionnés au premier et au deuxième alinéa du III, reçoivent une indemnité annuelle égale au sixième du traitement moyen afférent au cinquième groupe supérieur des emplois de l'État classés hors échelle.

IV. – Le collège peut fixer :

1° Pour les membres du collège, autres que le président, une indemnité complémentaire au titre de leur participation aux travaux des commissions spécialisées *(Mots aj., D. n° 2018-572, 3 juill. 2018)* « et de la présidence et vice-présidence des commissions consultatives » ;

2° Pour les membres de la commission des sanctions désignés en qualité de rapporteur, une indemnité complémentaire par rapport déposé.

V. – Le montant des indemnités prévues au I et au IV, ainsi que des indemnités complémentaires de sujétions mentionnées au III, est publié au *Journal officiel* de la République française.

VI. – Le médiateur reçoit une indemnité fixée par le président de l'Autorité des marchés financiers, après avis du collège.

Art. R. 621-13 *(Mod., D. n° 2011-977, 16 août 2011)*. – L'exercice budgétaire et comptable débute le 1er janvier et s'achève le 31 décembre.

Le collège arrête le budget de l'Autorité des marchés financiers chaque année avant le début de l'exercice. Le budget comporte la prévision des recettes attendues et des dépenses nécessitées par l'exercice des missions confiées à l'Autorité des marchés financiers. Il peut être modifié en cours d'année. Les crédits inscrits au budget n'ont pas de caractère limitatif.

Avant que le collège ne délibère sur le budget, le *(Mots rempl., D. n° 2018-572, 3 juill. 2018)* « président » recueille l'avis du président de la commission des sanctions sur les moyens affectés à son fonctionnement.

Les délibérations du collège relatives au budget et à ses modifications sont exécutoires de plein droit à l'issue du délai dont dispose le directeur général du Trésor pour demander une seconde délibération.

Art. R. 621-14. – L'Autorité des marchés financiers est dotée d'un agent comptable nommé par arrêté du ministre chargé du budget.

L'agent comptable est responsable personnellement et pécuniairement dans les conditions de l'article 60 de la loi de finances pour 1963 (n° 63-156 du 23 février 1963) *(Mots rempl., D. n° 2018-572, 3 juill. 2018)* « et du décret n° 2008-228 du 5 mars 2008 relatif à la constatation et à l'apurement des débets des comptables publics et assimilés ». Il est chargé de la tenue des comptabilités de l'Autorité des marchés financiers, du recouvrement des droits et contributions mentionnés à l'article L. 621-5-3 et de toutes autres recettes de l'Autorité des marchés financiers, du paiement des dépenses et du maniement des fonds et des mouvements de comptes de disponibilités.

Avec l'accord du secrétaire général, l'agent comptable peut confier sous son contrôle la comptabilité analytique et la comptabilité matière aux services de l'Autorité des marchés financiers.

L'agent comptable peut nommer des mandataires qui sont agréés par le secrétaire général.

Art. R. 621-15. – Les comptes de l'Autorité des marchés financiers sont établis selon les règles du plan comptable général. Celui-ci peut faire l'objet d'adaptations proposées par le secrétaire général après avis du collège et approuvées par le ministre chargé du budget.

Les taux d'amortissement et de dépréciation ainsi que les modalités de tenue des inventaires sont fixés par le règlement comptable et financier.

L'agent comptable établit un compte financier au terme de chaque exercice. Le compte financier comprend le compte de résultat, le bilan, l'annexe, la balance générale des comptes à la clôture de l'exercice, le tableau de rapprochement des prévisions et des réalisations effectives et, le cas échéant, la balance des comptes spéciaux.

(Al. mod., D. n° 2018-572, 3 juill. 2018) Le compte financier est préparé par l'agent comptable et soumis par le secrétaire général au collège qui entend l'agent comptable. Le compte financier est arrêté par le collège. Il est transmis à la Cour des comptes par le secrétaire général, accompagné des délibérations du collège relatives au budget, à ses modifications et au compte financier, et de tous les autres documents demandés par les ministres ou par la cour, dans les quatre mois qui suivent la clôture de l'exercice.

Le rapport annuel fait une présentation du compte financier et reproduit le compte de résultat et le bilan.

Art. R. 621-16 *(Mod., D. n° 2018-572, 3 juill. 2018)*. – L'agent comptable est tenu de faire diligence pour assurer le recouvrement de toutes les ressources de l'Autorité des marchés financiers. Les recettes sont recouvrées par l'agent comptable soit spontanément, soit en exécution des instructions du président. À l'exception des droits et contributions mentionnés à l'article L. 621-5-3 dont le recouvrement relève de la procédure de l'état exécutoire, l'agent comptable adresse aux débiteurs les factures correspondantes et reçoit leurs règlements. Tous les droits acquis au cours d'un exercice doivent être pris en compte au titre de cet exercice.

Art. R. 621-17 *(Mod., D. n° 2018-572, 3 juill. 2018)*. – Lorsque les créances de l'Autorité des marchés financiers, autres que les droits et contributions mentionnés à l'article L. 621-5-3, n'ont pu être recouvrées à l'amiable, les poursuites sont conduites conformément aux usages du commerce ou peuvent faire l'objet d'états rendus exécutoires par le président. Les états exécutoires peuvent être notifiés aux débiteurs par lettre recommandée avec accusé de réception. Leur recouvrement est poursuivi jusqu'à opposition devant la juridiction compétente.

Art. R. 621-18 *(Mod., D. n° 2018-572, 3 juill. 2018)*. – L'agent comptable procède aux poursuites. Celles-ci peuvent, à tout moment, être suspendues sur ordre écrit du président si la créance est l'objet d'un litige. Le président suspend également les poursuites si, en accord avec l'agent comptable, il estime que la créance est irrécouvrable ou que l'octroi d'un délai par l'agent comptable est conforme à l'intérêt de l'Autorité des marchés financiers

Art. R. 621-19 *(Mod., D. n° 2018-572, 3 juill. 2018)*. – Le président peut décider, après l'avis conforme de l'agent comptable :

1° En cas de gêne des débiteurs, d'accorder une remise gracieuse des créances de l'Autorité des marchés financiers, sauf pour les droits et contributions mentionnés à l'article L. 621-5-3 ;

2° Sur demande justifiée des débiteurs, d'accorder la remise totale ou partielle des majorations de retard ou des pénalités appliquées aux droits et contributions mentionnés à l'article L. 621-5-4 ;

3° Une admission en non-valeur des créances de l'Autorité des marchés financiers, en cas d'irrécouvrabilité avérée ou d'insolvabilité des débiteurs.

Le collège fixe le montant au-delà duquel l'une des remises mentionnées au 1° ou 2° est soumise à son approbation.

Lorsque la remise gracieuse, totale ou partielle, concerne une dette de l'agent comptable, l'avis prévu par l'article 9 du décret [n° 2008-228] du 5 mars 2008 mentionné ci-dessus est rendu par le collège.

Art. R. 621-20 *(Mod., D. n° 2018-572, 3 juill. 2018)*. – L'agent comptable suspend le paiement des dépenses lorsqu'il constate, à l'occasion de l'exercice de ses contrôles, des irrégularités ou que les certifications délivrées par le président sont inexactes. Il en informe le président.

Lorsque l'agent comptable a suspendu le paiement des dépenses, le président peut, par écrit et sous sa responsabilité, requérir l'agent comptable de payer. L'agent comptable défère à la réquisition et rend compte au ministre chargé du budget, qui transmet l'ordre de réquisition à la Cour des comptes.

Par dérogation aux dispositions du deuxième alinéa ci-dessus, l'agent comptable doit refuser de déférer à l'ordre de réquisition lorsque la suspension du paiement est motivée par :

1° L'absence de justification du service fait ;

2° Le caractère non libératoire du règlement ;

3° Le manque de fonds disponibles.

Dans les cas de refus de la réquisition, l'agent comptable rend immédiatement compte au ministre chargé du budget.

Art. R. 621-21 *(Mod., D. n° 2018-572, 3 juill. 2018)*. – Toutes les dépenses doivent être liquidées et ordonnancées au cours de l'exercice auquel elles se rattachent. Les dépenses de l'Autorité des marchés financiers sont réglées par l'agent comptable sur l'ordre donné par le président ou après avoir été acceptées par ce dernier. Les ordres de dépenses sont appuyés des pièces justificatives nécessaires, et notamment des factures, mémoires, marchés, baux ou conventions. L'acceptation de la dépense revêt la forme soit d'une mention datée et signée apposée sur le mémoire, la facture ou toute autre pièce en tenant lieu, soit d'un certificat séparé d'exécution de service, l'une ou l'autre précisant que le règlement peut être valablement opéré pour la somme indiquée.

L'agent comptable peut payer sans ordonnancement préalable certaines catégories de dépenses dans les conditions prévues par le règlement comptable et financier.

Art. R. 621-22 *(Mod., D. n° 2018-572, 3 juill. 2018)*. – La liste des pièces justificatives de recettes et de dépenses est préparée par l'agent comptable et proposée par le président à l'agrément du ministre chargé du budget. En cas de perte, destruction ou vol des justifications remises à l'agent comptable, le ministre chargé du budget peut autoriser ce dernier à pourvoir à leur remplacement. Les pièces justificatives sont conservées dans les archives de l'agent comptable pendant dix ans au moins à partir de la date de clôture de l'exercice auquel elles se rapportent.

Art. R. 621-23. – Des régies de recettes et de dépenses peuvent être créées auprès de l'Autorité des marchés financiers par décision du *(Mots rempl., D. n° 2018-572, 3 juill. 2018)* « président » sur avis conforme de l'agent comptable dans les conditions fixées par le décret n° 92-681 du 20 juillet 1992 relatif aux régies de recettes et aux régies d'avances des organismes publics et par le règlement comptable et financier.

Art. R. 621-24. – L'Autorité des marchés financiers dépose ses fonds au Trésor. Elle peut également ouvrir des comptes auprès d'un établissement de crédit ou d'un établissement mentionné à l'article L. 518-1. Des comptes bancaires à l'étranger peuvent être ouverts sur autorisation du collège. Les fonds de l'Autorité des marchés financiers peuvent donner lieu à rémunération et faire l'objet de placements selon les conditions générales définies par le collège.

Art. R. 621-25. – Les comptes de l'agent comptable de l'Autorité des marchés financiers sont jugés directement par la Cour des comptes. Le contrôle de la gestion de l'agent comptable est également assuré par le *(Mots rempl., D. n° 2014-551, 27 mai 2014)* « directeur régional des finances publiques d'Île-de-France et du département de Paris ».

Art. R. 621-26 *(Rempl., D. n° 2018-572, 3 juill. 2018)*. – L'Autorité des marchés financiers est soumise aux dispositions de l'ordonnance n° 2015-899 du 23 juillet 2015 et du décret n° 2016-360 du 25 mars 2016 relatifs aux marchés publics.

Art. D. 621-27 *(Mod., D. n° 2010-1724, 30 déc. 2010 ; D. n° 2013-687, 25 juill. 2013 ; rempl., D. n° 2015-421, 14 avr. 2015 ; mod. à compter du 1er janvier 2019, D. n° 2018-1327, 28 déc. 2018).* – Le droit fixe dû au titre du I de l'article L. 621-5-3 est fixé à :

1° 750 euros pour tout dépôt de document de la déclaration mentionnée au 1° ;

2° 3 200 euros à l'occasion de l'examen de l'obligation de dépôt d'une offre publique mentionnée au 2° ;

3° 5 000 euros par dépôt d'un document d'information sur un programme d'émission, une émission, une cession ou une admission de titres de créances ou de contrats financiers soumis au visa de l'Autorité des marchés financiers ;

4° 2 000 euros pour toute notification ou autorisation de commercialisation en France d'un placement collectif de droit étranger ou d'un fonds d'investissement de droit étranger ou d'un compartiment d'un tel placement collectif ou fonds d'investissement. La première année, le droit fixe est exigible le jour de la transmission de la lettre de notification par l'autorité étrangère à l'Autorité des marchés financiers, ou au plus tard trente jours après l'autorisation. Le droit fixe est acquitté le 30 avril les années suivantes. Dans tous les cas, le justificatif de règlement est transmis à l'Autorité des marchés financiers ;

5° 8 000 euros par dépôt d'un dossier mentionné au 5°. Le droit fixe est acquitté au plus tard trente jours après le jour où les communications à caractère promotionnel ou le démarchage sont autorisés dans les conditions prévues à l'article L. 550-3 ;

Art. D. 621-28 *(Mod., D. n° 2009-1662, 29 déc. 2009 ; D. n° 2015-421, 14 avr. 2015 ; mod. à compter du 1er janvier 2019, D. n° 2018-1327, 28 déc. 2018).* – Le taux des contributions dues au titre du II de l'article L. 621-5-3 est fixé :

1° Pour les offres publiques mentionnées au 1°, à 0,30 ‰ de la valeur des instruments financiers achetés, échangés, présentés ou indemnisés lorsque l'opération est réalisée sur des titres donnant ou pouvant donner accès directement ou indirectement au capital ou aux droits de vote, et à 0,15 ‰ dans les autres cas, ces taux servant à calculer le montant qui s'ajoute à une contribution fixe de 10 000 euros par opération. La valeur des instruments financiers achetés est égale au nombre de titres achetés multiplié par le prix de l'offre publique. La valeur des instruments financiers échangés est égale au nombre de titres offerts en échange des titres apportés multiplié par le premier cours coté du titre offert le jour de la publication du résultat de l'offre par l'Autorité des marchés financiers ;

2° Dans le cas des opérations mentionnées aux 2° et 3°, à 0,20 pour mille de la valeur des parts sociales ou des certificats mutualistes émis ou cédés, et des titres rachetés.

Art. D. 621-29 *(Mod., D. n° 2010-1724, 30 déc. 2010 ; D. n° 2015-421, 14 avr. 2015 ; D. n° 2017-1875, 30 déc. 2017 ; rempl. à compter du 1er janvier 2019, D. n° 2018-1327, 28 déc. 2018).* – Le montant des contributions et les taux prévus au 4° du II de l'article L. 621-5-3 sont ainsi fixés :

1° La contribution due par les personnes mentionnées au a du 4° du II de l'article L. 621-5-3 est fixée à 30 000 euros. Elle est acquittée au plus tard le 30 juin et le justificatif de règlement est transmis à l'Autorité des marchés financiers ;

2° La contribution due par les personnes mentionnées au *b* du 4° du II de l'article L. 621-5-3 est fixée à 30 000 euros. Elle est acquittée au plus tard le 30 juin et le justificatif de règlement est transmis à l'Autorité des marchés financiers ;

3° La contribution due par les personnes mentionnées au *c* du 4° du II de l'article L. 621-5-3 est fixée à 20 000 euros. Elle est acquittée au plus tard le 30 juin et le justificatif de règlement est transmis à l'Autorité des marchés financiers ;

4° Le taux mentionné au d du 4° du II de l'article L. 621-5-3 est fixé à 0,008 5 pour mille.

Ce taux s'applique à l'actif net des portefeuilles suivants :

a) Les portefeuilles gérés directement, que leur gestion soit déléguée à un tiers ou non ;

b) Les portefeuilles ou les placements collectifs de droit étranger et fonds d'investissement de droit étranger gérés par délégation reçue de prestataires étrangers.

Les encours sont déclarés au plus tard le 30 avril. La déclaration à l'Autorité des marchés financiers est accompagnée du versement de la contribution ;

5° Le taux mentionné au premier alinéa du *e* du 4° du II de l'article L. 621-5-3 est fixé à 0,0085 pour mille, sauf pour les fonds monétaires relevant du règlement (UE) 2017/1131 du Parlement européen et du Conseil du 14 juin 2017, ainsi que les organismes de titrisation mentionnés au I de l'article L. 214-167, pour lesquels le taux est fixé à 0,008 pour mille.

Ces taux s'appliquent à l'actif net :

a) Des placements collectifs de droit français et de droit étranger et des fonds d'investissement de droit étranger ou des portefeuilles gérés directement, que leur gestion soit déléguée à un tiers ou non ;

b) Des placements collectifs de droit étranger et des fonds d'investissement de droit étranger ou des portefeuilles gérés par délégation reçue de prestataires étrangers.

Lorsque ces encours, déduction faite de ceux des fonds monétaires relevant du règlement (UE) 2017/1131 du Parlement européen et du Conseil du 14 juin 2017, ainsi que des organismes de titrisation mentionnés au I de l'article L. 214-167, excèdent le seuil de 15 milliards d'euros, le taux applicable à la fraction des encours excédant ce seuil est fixé à 0,006 52 pour mille.

Les encours sont déclarés au plus tard le 30 avril et la déclaration à l'Autorité des marchés financiers est accompagnée du versement de la contribution.

La contribution due par les personnes mentionnées au second alinéa du *e* du 4° du II de l'article L. 621-5-3 est fixée à 1 500 euros ; elle est acquittée au plus tard le 30 avril et le justificatif de règlement est transmis à l'Autorité des marchés financiers ;

6° Le taux mentionné au *f* du 4° du II de l'article L. 621-5-3 est fixé à 0,008 5 pour mille, sauf pour les fonds monétaires relevant du règlement (UE) 2017/1131 du Parlement européen et du Conseil du 14 juin 2017, pour lesquels le taux est fixé à 0,008 pour mille. Ce taux s'applique à l'actif net des OPCVM de droit français ou des FIA de droit français gérés directement, que leur gestion soit déléguée à un tiers ou non. Les encours sont déclarés au plus tard le 30 avril. La déclaration à l'Autorité des marchés financiers est accompagnée du versement de la contribution ;

7° La contribution due par les personnes mentionnées au *g* du 4° du II de l'article L. 621-5-3 est fixée à 20 000 euros. Elle est acquittée au plus tard le 30 avril et le justificatif de règlement est transmis à l'Autorité des marchés financiers ;

8° Le taux mentionné au *h* du 4° du II de l'article L. 621-5-3 est fixé à 0,3 % ; le produit d'exploitation est déclaré et la contribution est acquittée au plus tard dans les trois mois suivant la clôture de l'exercice précédent ;

9° La contribution due par les personnes mentionnées au *i* du 4° du II de l'article L. 621-5-3 est fixée à 450 euros. Cette contribution est acquittée au plus tard trente jours après l'enregistrement ou l'agrément de l'administrateur d'indices de référence la première année et le 1er mars les années suivantes. Le justificatif de règlement est transmis à l'Autorité des marchés financiers ;

10° La contribution due par les personnes mentionnées au *j* du 4° du II de l'article L. 621-5-3 est fixée à 450 euros. Cette contribution est acquittée au plus tard trente jours après l'agrément du prestataire la première année et le 1e mars les années suivantes. Le justificatif de règlement est transmis à l'Autorité des marchés financiers ;

« 11° La contribution due par les personnes mentionnées au *k* du 4° du II de l'article L. 621-5-3 est fixée à 450 euros. Elle est acquittée dans les conditions prévues à l'article L. 546-1 ;

12° La contribution due par les personnes mentionnées au *l* du 4° du II de l'article L. 621-5-3 est fixée à 450 euros. Elle est acquittée dans les conditions prévues à l'article L. 546-1.

Art. D. 621-29-1 *(D. n° 2010-1724, 30 déc. 2010 ; mod. à compter du 1er janvier 2019, D. n° 2018-1327, 28 déc. 2018).* – I. - Le montant de la contribution mentionnée au II *bis* de l'article L. 621-5-3 est fixé à 20 000 euros lorsque la capitalisation boursière de l'émetteur est inférieure à 2 milliards d'euros et supérieure à 1 milliard d'euros, à 70 000 euros lorsque la capitalisation boursière de l'émetteur est inférieure à 5 milliards d'euros et supérieure à 2 milliards d'euros, à 120 000 euros lorsque la capitalisation boursière de l'émetteur est inférieure à 10 milliards d'euros et supérieure à 5 milliards d'euros, à 240 000 euros lorsque la capitalisation boursière de l'émetteur est inférieure à 20 milliards d'euros et supérieure à 10 milliards d'euros, à 360 000 euros lorsque la capitalisation boursière de l'émetteur est supérieure à 20 milliards d'euros et inférieure à 50 milliards d'euros, à 460 000 euros lorsque la capitalisation boursière de l'émetteur est supérieure à 50 milliards d'euros. La capitalisation boursière moyenne visée au II *bis* de l'article précité correspond à la moyenne des capitalisations au 31 décembre de chacune des trois dernières années.

II. - Le taux de la contribution due au titre du II *ter* de l'article L. 621-5-3 est fixé à 0,09 pour mille.

Art. D. 621-30 *(Mod., D. n° 2010-1724, 30 déc. 2010 ; D. n° 2015-421, 14 avr. 2015 ; mod. à compter du 1er janvier 2019, D. n° 2018-1327, 28 déc. 2018).* – Pour l'application du 2° du II de l'article L. 621-5-3, les émetteurs redevables de la contribution déclarent chaque année à l'issue du délai de douze mois à compter de la publication du visa, le montant des parts sociales et des certificats mutualistes émis ou cédés.

Pour l'application du 3° du II de l'article L. 621-5-3, les émetteurs redevables de la contribution déclarent chaque année au 31 mars le montant brut des rachats effectués au titre de l'année civile précédente.

Pour l'application du II *bis* de l'article L. 621-5-3, les émetteurs redevables de la contribution déclarent chaque année avant le 31 mars à l'Autorité des marchés financiers leur capitalisation boursière moyenne. Cette déclaration est accompagnée du versement de la contribution due.

Section IV. – Pouvoirs

Sous-section 1. – Réglementation et décisions

Art. R. 621-30-1 *(D. n° 2006-256, 2 mars 2006 ; D. n° 2011-1254, 7 oct. 2011 ; mod., D. n° 2017-1253, 9 août 2017).* – L'Autorité des marchés financiers communique à l'Autorité européenne des marchés financiers :

– les décisions relatives à l'agrément des entreprises d'investissement ;

– au moins une fois par an, la liste des dirigeants d'entreprise d'investissement autorisés à exercer un mandat supplémentaire, conformément au II de l'article L. 533-26.

Voir : Règl. AMF, 12 oct. 2004, art. 313-25 et s.

Art. R. 621-30-2 à R. 621-30-4 *(Abr. à compter du 3 janvier 2018, D. n° 2017-1253, 9 août 2017).*

Sous-section 3. – Contrôles et enquêtes

Art. R. 621-31 *(Mod., L. n° 2013-672, 26 juill. 2013 ; D. n° 2014-1315, 3 nov. 2014 ; D. n° 2017-1253, 9 août 2017).* – I. – Pour exercer ses pouvoirs de contrôle et d'enquête, l'Autorité des marchés financiers peut recourir :

1° Aux membres de son personnel ;

2° En application du 2° de l'article L. 621-9-2 :

a) Au secrétariat général de l'Autorité de contrôle prudentiel et de résolution ;

b) Aux organes centraux mentionnés à l'article L. 511-30, pour les établissements affiliés à ces derniers ;

c) Aux dépositaires centraux mentionnés au 3° du II de l'article L. 621-9, pour les établissements adhérents de ces dépositaires ;

d) À une autorité d'un autre État membre de l'Union européenne ou partie à l'accord sur l'Espace économique européen chargée du contrôle des marchés financiers ou des prestataires de services d'investissement ;

e) À des commissaires aux comptes ;

f) À des experts-comptables ;

g) À des experts inscrits sur une liste d'experts judiciaires ;

h) À des personnes ou organismes compétents en matière d'études ou de conseil dans le domaine financier.

II. – En application du 1° de l'article L. 621-9-2, l'Autorité des marchés financiers peut recourir à une entreprise de marché ou une chambre de compensation pour assurer le contrôle de l'activité et des opérations effectuées par les membres d'un marché réglementé ou par un prestataire de services d'investissement ayant transmis des ordres sur le marché.

III. – En application du 3° de l'article L. 621-9-2, l'Autorité des marchés financiers peut recourir aux associations de conseillers en investissements financiers mentionnées à l'article L. 541-4 et aux associations de conseillers en investissements participatifs mentionnés à l'article L. 547-4 pour assurer le contrôle de l'activité de leurs membres.

Art. R. 621-32 *(Mod., D. n° 2012-100, 26 janv. 2012).* – I. – Le recours à l'une des personnes mentionnées « au 2° du I, au II et au III de l'article R. 621-31 » s'inscrit dans le cadre d'un protocole d'accord conclu avec l'Autorité des marchés financiers, qui énonce les missions à mener et précise les conditions dans lesquelles elles doivent être exécutées.

II. – L'Autorité des marchés financiers s'assure que les personnes mentionnées au I de l'article R. 621-31 ont les capacités et les ressources nécessaires à l'exécution effective de toutes leurs missions.

III. – Le protocole d'accord comporte une clause stipulant que les personnes mentionnées au I agissent et s'organisent de manière à éviter tout conflit d'intérêts et s'assurent que les informations obtenues dans l'exercice des missions qui leur sont confiées ne sont utilisées que pour l'accomplissement de celles-ci.

IV. – Les ordres de mission sont établis par le secrétaire général qui précise leur objet et les personnes qui en sont chargées.

Art. R. 621-33 *(Mod., D. n° 2012-100, 26 janv. 2012)*. – I. – Nul ne peut être habilité ou désigné pour effectuer une enquête ou un contrôle s'il a fait l'objet de l'une des condamnations mentionnées à l'article L. 500-1.

Nul ne peut être désigné pour effectuer une enquête ou un contrôle auprès d'une personne morale au sein de laquelle il a exercé une activité professionnelle au cours des trois années précédentes.

II. – Avant de confier un ordre de mission à l'une des personnes mentionnées au 2° du I, au II et au III de l'article R. 621-31, le secrétaire général s'assure que la personne pressentie n'est pas susceptible d'être en conflit d'intérêts avec la personne appelée à être l'objet de la mission de contrôle ou d'enquête. À cette fin, lorsque la personne pressentie est l'une de celles mentionnées aux *e*, *f*, *g* ou *h* du 2° du I de l'article R. 621-31, le secrétaire général lui demande de l'informer de l'ensemble des relations professionnelles qu'elle a eues avec la personne appelée à être l'objet de la mission, au cours des trois années précédentes. Le secrétaire général ne peut lui confier une mission si, au cours de la période considérée, elle a contrôlé ou conseillé les personnes concernées sur les services ou transactions en cause.

III. – Pour être habilitée par le secrétaire général en qualité d'enquêteur, la personne pressentie doit avoir le statut de cadre ou assimilé ou justifier d'une expérience professionnelle de deux ans minimum.

Dans le cas d'une enquête confiée à l'une des personnes mentionnées au 2° du I de l'article R. 621-31, le secrétaire général s'assure, avant de procéder à l'habilitation des enquêteurs, que les conditions prévues au présent article sont remplies.

Art. R. 621-34 *(Mod., D. n° 2014-498, 16 mai 2014)*. – Les enquêteurs et les contrôleurs peuvent convoquer et entendre toute personne susceptible de leur fournir des informations. Ils présentent leur ordre de mission nominatif établi par le secrétaire général en réponse à toute demande faite dans le cadre de leurs investigations.

La convocation est adressée à l'intéressé par lettre recommandée avec demande d'avis de réception ou remise en main propre contre récépissé ou acte d'huissier *(Mots aj., D. n° 2018-572, 3 juill. 2018)* « ou par tout autre moyen permettant de s'assurer de sa date de réception », huit jours au moins avant la date de convocation. Elle fait référence à l'ordre de mission nominatif de l'enquêteur ou du contrôleur. Elle rappelle à la personne convoquée qu'elle est en droit de se faire assister d'un conseil de son choix, en application de l'article L. 621-11.

Lorsque les enquêteurs et les contrôleurs souhaitent entendre l'intéressé par un système de visioconférence ou d'audioconférence, la convocation adressée dans les conditions prévues à l'alinéa précédent doit en faire état, préciser que la conférence sera enregistrée et solliciter l'accord exprès de la personne concernée.

Les enquêteurs et les contrôleurs peuvent recueillir des explications sur place, sur le fondement du second alinéa de l'article L. 621-10 ou de l'article L. 621-12, sous réserve que la personne entendue ait été expressément informée du droit de se faire assister du conseil de son choix et ait expressément renoncé au bénéfice du délai prévu en cas de convocation.

Art. R. 621-35 *(Mod., D. n° 2014-498, 16 mai 2014)*. – Les procès-verbaux établis dans le cadre des enquêtes ou des contrôles énoncent la nature, la date et le lieu des constatations opérées. Ils sont signés par l'enquêteur ou le contrôleur et la personne concernée par les investigations. En cas de refus de celle-ci, mention en est faite au procès-verbal.

Lorsque les enquêteurs ou les contrôleurs recueillent des explications sur place, un procès-verbal distinct du procès-verbal de visite est dressé. Ce procès-verbal mentionne que la personne entendue a été informée de son droit d'être assistée du conseil de son choix et qu'elle a renoncé au bénéfice du délai prévu en cas de convocation.

Lorsque les enquêteurs ou les contrôleurs ont entendu l'intéressé par un système de visioconférence ou d'audioconférence, l'enregistrement audiovisuel ou sonore auquel ces opérations donnent lieu fait l'objet d'un procès-verbal de transcription soumis pour signature à l'intéressé. À cet effet, ce procès-verbal, accompagné de l'enregistrement, lui est adressé dans un délai d'un mois à compter de la date de la visioconférence ou de l'audioconférence.

Lorsque les enquêteurs ou les contrôleurs font usage d'une identité d'emprunt au sens de l'article L. 621-10-1, afin de consulter un site internet sur lequel les personnes et entités mentionnées au II de l'article L. 621-9 fournissent leurs services, ils dressent un procès-verbal des modalités de consultation et d'utilisation de ce site, des réponses obtenues et de leurs constatations. Y sont annexées les pages du site renseignées. Ce procès-verbal est adressé à la personne ou entité concernée avant la fin de l'enquête ou du contrôle.

Art. R. 621-35-1 *(Créé, D. n° 2018-1188, 19 déc. 2018).* – I. - La demande d'autorisation de communication des données de connexion mentionnée au sixième alinéa de l'article L. 621-10-2 précise pour chaque enquête :

1° Le nom de la personne suspectée d'avoir commis un abus de marché mentionné au premier alinéa de l'article L. 621-10-2 ou le nom de toute autre personne pour laquelle l'accès aux données de connexion apparait nécessaire à l'enquête ou, le cas échéant, le numéro de téléphone, l'adresse IP ou toute autre donnée de connexion en possession des enquêteurs et pour lesquels des éléments supplémentaires sont nécessaires à l'enquête ;

2° Les données de connexion ou les types de données de connexion demandés pour chaque personne ou dans chaque cas mentionnés au 1° ;

3° Les périodes au titre desquelles les données de connexion sont demandées ;

4° Les éléments de fait et de droit permettant de justifier cette demande.

Si nécessaire, des demandes complémentaires peuvent être présentées au titre d'une enquête pour laquelle une demande a déjà été introduite.

II. - La demande d'autorisation de communication des données de connexion mentionnée au sixième alinéa de l'article L. 621-10-2 adressée au contrôleur des demandes de données de connexion et l'autorisation préalable délivrée par celui-ci mentionnée au deuxième et au septième alinéa de l'article L. 621-10-2 sont formulées par écrit et transmises par tout moyen permettant d'en assurer la confidentialité et d'attester de leur réception.

Art. R. 621-35-2 *(Créé, D. n° 2018-1188, 19 déc. 2018).* – Les données transmises par les opérateurs de télécommunication sont recueillies et conservées jusqu'à leur destruction selon des modalités propres à garantir leur confidentialité.

Art. R. 621-35-3 *(Créé, D. n° 2018-1188, 19 déc. 2018).* – La destruction à l'expiration de leur délai de conservation des données de connexion collectées au cours d'une même enquête effectuée dans les conditions prévues par l'article L. 621-10-2 donne lieu à un procès-verbal établi par les enquêteurs de l'Autorité des marchés financiers. Les demandes d'autorisation d'accès aux données de connexion adressées au contrôleur des demandes de données de connexion ainsi que les autorisations délivrées par ce dernier sont détruites dans les mêmes conditions.

Art. R. 621-35-4 *(Créé, D. n° 2018-1188, 19 déc. 2018).* – Le contrôleur des demandes de données de connexion ou, le cas échéant, son suppléant, reçoivent une indemnité dont le montant est fixé par arrêté des ministres chargés de l'économie, du budget et de la fonction publique.

Art. R. 621-36 *(Mod., D. n° 2014-498, 16 mai 2014).* – Les résultats des enquêtes et des contrôles font l'objet d'un rapport écrit. Ce rapport indique notamment les faits relevés susceptibles de constituer des manquements aux règlements européens, au présent code, au Code de commerce, au règlement général de l'Autorité des marchés financiers et aux règles approuvées par l'Autorité, des manquements aux autres obligations professionnelles ou une infraction pénale.

Sous-section 4. – Injonctions et mesures d'urgence

Art. R. 621-37 *(D. n° 2017-1253, 9 août 2017).* – Lorsque le secrétaire général propose au collège de mettre en œuvre la procédure prévue au II de l'article L. 621-14, il indique au préalable à la personne concernée par lettre recommandée avec demande d'avis de réception, remise en main propre contre récépissé ou acte d'huissier *(Mots aj., D. n° 2018-572, 3 juill. 2018)* « ou par tout autre moyen permettant de s'assurer de sa date de réception », les pratiques qui lui paraissent susceptibles d'être contraires aux dispositions législatives ou réglementaires et de nature à produire l'un des effets mentionnés au II de l'article L. 621-14 susmentionné. Il lui précise qu'elle dispose d'un délai qu'il fixe à trois jours ouvrés au moins pour faire connaître par écrit ses observations.

Avant de statuer, le collège prend connaissance des observations formulées, le cas échéant, par la personne concernée.

Art. R. 621-37-1 *(D. n° 2011-922, 1er août 2011)*. – Lorsque le secrétaire général propose au collège la désignation d'un administrateur provisoire en application de l'article L. 621-13-1, il indique au préalable à la personne concernée par lettre recommandée avec demande d'avis de réception, remise en main propre contre récépissé ou acte d'huissier *(Mots aj., D. n° 2018-572, 3 juill. 2018)* « ou par tout autre moyen permettant de s'assurer de sa date de réception », les motifs qui lui paraissent susceptibles de justifier une telle mesure. Il lui précise qu'elle dispose d'un délai qu'il fixe à trois jours ouvrés au moins pour faire connaître par écrit ses observations.

Avant de statuer, le collège prend connaissance des observations formulées, le cas échéant, par la personne concernée.

Si, compte tenu de l'urgence, le collège s'est prononcé sans procédure contradictoire, l'Autorité des marchés financiers engage sans délai la procédure contradictoire décrite ci-dessus. L'Autorité des marchés financiers statue de façon définitive dans un délai de trois mois.

Les décisions de nomination d'un administrateur provisoire prises en application de l'article L. 621-13-1 précisent la durée prévisible de la mission confiée ainsi que les conditions de la rémunération mensuelle, qui tiennent compte, notamment, de la nature et de l'importance de la mission ainsi que de la situation de l'administrateur désigné.

Les décisions prises en application de l'article L. 621-13-1 sont notifiées par lettre recommandée avec demande d'avis de réception, remises en main propre contre récépissé ou acte d'huissier ou par tout autre moyen permettant de s'assurer de la date de leur réception.

Art. R. 621-37-1-1 *(D. n° 2017-1253, 9 août 2017)*. – La notification mentionnée au premier alinéa du III de l'article L. 621-13-6 comprend l'ensemble des éléments et informations relatifs à la mesure prise en application du I ou II du même article, notamment :

1° L'identité de la ou des personnes auxquelles elle a été adressée ;

2° Les motifs de la mesure ;

3° La teneur des limites imposées notamment :

a) La personne concernée ;

b) Les instruments financiers ou les unités mentionnées à l'article L. 229-7 du Code de l'environnement concernés ;

c) Les éventuelles limites concernant la taille des positions que la personne peut détenir à tout moment ;

d) Les dérogations éventuellement accordées conformément à l'article L. 420-12 et les motifs de ces dérogations.

La notification est effectuée au plus tard vingt-quatre heures avant la prise d'effet prévue des mesures prises en application du I ou II de l'article L. 621-13-6 ou, en cas d'impossibilité et à titre exceptionnel dans un délai plus court.

Art. D. 621-37-1-2 *(D. n° 2017-1324, 6 sept. 2017)*. – I. – La décision de suspension et, le cas échéant, de mise à pied à effet immédiat mentionnée à l'article L. 1332-3 du Code du travail, prise en application de l'article L. 631-13-8, est notifiée à la personne concernée et à la société qu'elle dirige par lettre recommandée avec demande d'avis de réception, remise en main propre contre récépissé ou acte d'huissier, et précise les motifs qui justifient cette mesure et sa durée.

II. – Lorsque sur le fondement des éléments portés à sa connaissance le président ou le secrétaire général estime qu'il y a lieu d'enjoindre la révocation d'une personne conformément aux dispositions de l'article L. 631-13-8, il informe cette personne par lettre recommandée avec demande d'avis de réception, remise en main propre contre récépissé ou acte d'huissier, des motifs qui lui paraissent susceptibles de justifier cette mesure et lui précise qu'elle dispose d'un délai de trente jours ouvrés pour faire connaître par écrit ses observations.

Avant de prendre une décision de révocation, le président ou le secrétaire général prend connaissance des observations formulées, le cas échéant, par la personne concernée. Il se prononce de façon définitive dans un délai d'un mois.

La décision de révocation est notifiée à la personne concernée et à la société qu'elle dirige par lettre recommandée avec demande d'avis de réception, remise en main propre contre récépissé ou acte d'huissier.

Art. D. 621-37-1-3 *(D. n° 2017-1324, 6 sept. 2017)*. – La mesure de suspension et, le cas échéant, de mise à pied à effet immédiat ne peut excéder la durée du mandat restant à effectuer.

Sous-section 4 *bis*. – Composition administrative

Art. R. 621-37-2 *(D. n° 2011-977, 16 août 2011 ; mod., D. n° 2013-687, 25 juill. 2013)*. – La notification des griefs qui comporte la proposition d'entrée en voie de composition administrative est adressée à la personne mise en cause dans les conditions prévues au premier alinéa de l'article R. 621-38. Elle précise que son destinataire peut prendre connaissance et copie des pièces du dossier auprès du secrétariat du collège et se faire assister ou représenter par tout conseil de son choix.

Le destinataire dispose d'un délai d'un mois à compter de la réception de cette notification pour se prononcer sur la proposition, par lettre recommandée avec demande d'avis de réception.

Art. R. 621-37-3 *(D. n° 2011-977, 16 août 2011 ; mod., D. n° 2013-687, 25 juill. 2013)*. – À compter de *(Mots aj., D. n° 2018-572, 3 juill. 2018)* « la réception par l'Autorité des marchés financiers de » l'acceptation de la proposition d'entrée en voie de composition administrative, l'accord mentionné au troisième alinéa de l'article L. 621-14-1 est conclu dans un délai de quatre mois.

Art. R. 621-37-4 *(D. n° 2011-977, 16 août 2011 ; mod., D. n° 2013-687, 25 juill. 2013)*. – Lorsque l'accord conclu est validé par le collège, il est transmis pour homologation au président de la commission des sanctions qui en saisit à cette fin l'une de ses sections dans les conditions fixées au I de l'article R. 621-7.

Lorsque l'accord conclu n'est pas validé par le collège, celui-ci peut demander au secrétaire général de soumettre un nouveau projet d'accord à la personne à qui il a été proposé d'entrer en voie de composition administrative. Le nouvel accord est conclu dans un délai qui ne peut être supérieur à un mois à compter de la notification du refus de validation. Cette procédure ne peut être mise en œuvre qu'une fois.

Les décisions du collège et de la commission des sanctions sont notifiées à la personne à qui il a été proposé d'entrer en voie de composition administrative.

Art. R. 621-37-5 *(D. n° 2013-687, 25 juill. 2013)*. – La procédure de composition administrative est définitivement interrompue :

1° Lorsque la personne à laquelle elle a été proposée exprime un refus ou omet de se prononcer dans le délai fixé à l'article R. 621-37-2 ;

2° À défaut d'accord conclu dans les délais mentionnés à l'article R. 621-37-3 et au deuxième alinéa de l'article R. 621-37-4 ;

3° Lorsque l'accord n'est pas validé par le collège et qu'il n'est pas fait application de la procédure mentionnée au deuxième alinéa de l'article R. 621-37-4 ;

4° Lorsque la commission des sanctions refuse d'homologuer l'accord validé par le collège ;

5° En cas de non-respect de l'accord par la personne signataire.

Il est alors fait application des articles R. 621-38 à R. 621-42.

Sous-section 5. – Sanctions

Art. R. 621-38 *(Mod., D. n° 2008-893, 2 sept. 2008 ; L. n° 2013-672, 26 juill. 2013)*. – Lorsque le collège décide de l'ouverture d'une procédure de sanction, la notification des griefs est adressée, par lettre recommandée avec demande d'avis de réception, remise en main propre contre récépissé ou acte d'huissier *(Mots aj., D. n° 2018-572, 3 juill. 2018)* « ou par tout autre moyen permettant de s'assurer de sa date de réception », à la personne mise en cause, accompagnée du rapport d'enquête ou de contrôle ou de la demande formulée par le président de l'Autorité de contrôle prudentiel et de résolution.

La notification des griefs mentionne que sera réputée faite à la personne mise en cause toute notification ultérieure à elle destinée et faite à l'adresse à laquelle la notification de griefs lui est parvenue, ou, le cas échéant, à la dernière adresse qu'elle aura signalée au secrétariat de la commission par lettre recommandée avec demande d'avis de réception.

La notification des griefs est transmise au président de la commission des sanctions.

La personne mise en cause dispose d'un délai de deux mois pour transmettre au président de la commission des sanctions ses observations écrites sur les griefs qui lui ont été notifiés. La notification des griefs mentionne ce délai et précise que la personne mise en cause peut prendre connaissance et copie des autres pièces du dossier auprès de la commission des sanctions et se faire assister ou représenter par tout conseil de son choix.

Le membre du collège mentionné au troisième alinéa du I de l'article L. 621-15 ou son représentant désigné en application de cette disposition, qui a accès à l'ensemble des pièces du dossier, reçoit, de la part du secrétariat de la commission, une copie des observations écrites de la personne mise en cause sur les griefs qui lui ont été notifiés et peut y répondre par écrit. Ces observations écrites sont communiquées à la personne mise en cause.

Art. R. 621-39 *(Mod., D. n° 2010-1524, 8 déc. 2010)*. – I. – Le président de la commission des sanctions attribue l'affaire soit à cette dernière soit à l'une de ses sections. Il désigne le rapporteur. Celui-ci procède à toutes diligences utiles. Il peut s'adjoindre le concours des services de l'Autorité des marchés financiers. La personne mise en cause et le membre du collège mentionné au troisième alinéa du I de l'article L. 621-15 ou son représentant désigné en application de cette disposition peuvent être entendus par le rapporteur à leur demande ou si celui-ci l'estime utile. Le rapporteur peut également entendre toute personne dont l'audition lui paraît utile.

Lorsqu'il estime que les griefs doivent être complétés ou que les griefs sont susceptibles d'être notifiés à une ou plusieurs personnes autres que celles mises en cause, le rapporteur saisit le collège. Le collège statue sur cette demande du rapporteur dans les conditions et formes prévues à l'article R. 621-38. Le délai prévu au *(Réf. rempl., D. n° 2018-572, 3 juill. 2018)* « quatrième » alinéa de l'article R. 621-38 est applicable en cas de notification complémentaire des griefs.

II. - Le rapporteur consigne par écrit le résultat de ces opérations dans un rapport. Celui-ci est communiqué à la personne mise en cause par lettre recommandée avec demande d'avis de réception, remise en main propre contre récépissé ou acte d'huissier *(Mots aj., D. n° 2018-572, 3 juill. 2018)* « ou par tout autre moyen permettant de s'assurer de sa date de réception ». Le rapport est également communiqué au membre du collège mentionné au troisième alinéa du I de l'article L. 621-15 ou à son représentant désigné en application de cette disposition, qui peut présenter par écrit ses observations sur le rapport. Ces observations écrites sont communiquées à la personne mise en cause.

III. – La personne mise en cause est convoquée devant la commission des sanctions ou la section par lettre recommandée avec demande d'avis de réception, remise en main propre contre récépissé ou acte d'huissier, dans un délai qui ne peut être inférieur à 30 jours francs. Cette lettre précise que la personne mise en cause dispose d'un délai de 15 jours francs pour faire connaître par écrit ses observations sur le rapport. Ces observations sont communiquées au membre du collège mentionné au troisième alinéa du I de l'article L. 621-15 ou son représentant désigné en application de cette disposition.

Art. R. 621-39-1 *(D. n° 2008-893, 2 sept. 2008)*. – Le membre de la commission des sanctions qui, sans préjudice des cas prévus à *(Réf. rempl., D. n° 2018-572, 3 juill. 2018)* « l'article 12 de la loi [n° 2017-55] du 20 janvier 2017 mentionnée ci-dessus », suppose en sa personne une cause de récusation ou estime en conscience devoir s'abstenir ne siège pas. Lorsque la commission se réunit en section, il est remplacé dans les conditions prévues à l'article R. 621-7.

Art. R. 621-39-2 *(D. n° 2008-893, 2 sept. 2008)*. – La personne mise en cause qui veut récuser un membre de la commission doit, à peine d'irrecevabilité, en former la demande :

1° S'il s'agit du rapporteur, dans le délai d'un mois à compter de la notification de la décision procédant à la désignation de celui-ci ;

2° S'il s'agit d'un membre de la formation appelée à délibérer, dans le délai de quinze jours à compter de la notification de la composition de cette formation ;

3° Dans le cas où le motif invoqué n'a pu être connu de la personne mise en cause dans le délai prévu au 1° ou au 2°, au plus tard avant la fin de la séance prévue à l'article R. 621-40.

Les notifications prévues aux 1° et 2° sont faites à la personne mise en cause par lettre recommandée avec demande d'avis de réception, remise en main propre contre récépissé ou acte d'huissier*(Mots aj., D. n° 2018-572, 3 juill. 2018)* « ou par tout autre moyen permettant de s'assurer de sa date de réception ». Elles reproduisent les dispositions du présent article et des articles R. 621-39-3 et R. 621-39-4.

Art. R. 621-39-3 *(D. n° 2008-893, 2 sept. 2008)*. – La récusation est demandée par la personne mise en cause ou par son mandataire.

Art. R. 621-39-4 *(D. n° 2008-893, 2 sept. 2008).* – La demande de récusation est formée par acte remis au secrétariat de la commission qui en délivre récépissé ou par une déclaration qui est consignée par ce secrétariat dans un procès-verbal.

Elle doit, à peine d'irrecevabilité, indiquer avec précision les motifs de la récusation et être accompagnée des pièces propres à la justifier.

Art. R. 621-39-5 *(D. n° 2008-893, 2 sept. 2008).* – Le secrétariat de la commission communique la copie de la demande de récusation au membre qui en est l'objet.

Art. R. 621-39-6 *(D. n° 2008-893, 2 sept. 2008).* – Dès qu'il a communication de la demande, le membre récusé s'abstient jusqu'à ce qu'il ait été statué sur la demande.

Art. R. 621-39-7 *(D. n° 2008-893, 2 sept. 2008).* – Dans les huit jours de cette communication, le membre récusé fait connaître par écrit soit son acquiescement à la récusation, soit les motifs pour lesquels il s'y oppose.

Art. R. 621-39-8 *(D. n° 2008-893, 2 sept. 2008).* – Si le membre récusé acquiesce à la demande de récusation, il est procédé pour son remplacement comme il est dit à l'article R. 621-39-1.

Dans le cas contraire, la commission se prononce sur la demande. L'auteur de celle-ci est averti par tous moyens de la date à laquelle elle sera examinée ainsi que de la possibilité qu'il aura de présenter des observations orales.

La commission statue sans la participation de celui de ses membres dont la récusation est demandée. S'il n'est pas le membre récusé, le rapporteur participe à la délibération.

La décision de la commission est notifiée à l'auteur de la demande et au membre intéressé.

Si la récusation est admise, il est procédé pour le remplacement du membre récusé comme il est dit à l'article R. 621-39-1.

Art. R. 621-39-9 *(D. n° 2008-893, 2 sept. 2008).* – Les actes accomplis par le membre récusé avant qu'il ait eu connaissance de la demande de récusation ne peuvent être remis en cause.

Art. R. 621-39-10 *(D. n° 2008-893, 2 sept. 2008).* – La décision de la commission ne peut donner lieu à recours qu'avec la décision statuant sur les griefs.

Art. R. 621-40 *(Mod., D. n° 2008-893, 2 sept. 2008 ; L. n° 2013-672, 26 juill. 2013 ; D. n° 2017-1253, 9 août 2017).* – I. – En application du IV *bis* de l'article L. 621-15, le président de la formation saisie de l'affaire assure la police de la séance.

II *(II mod., D. n° 2018-572, 3 juill. 2018).* - Lors de la séance, le rapporteur présente son rapport. Le directeur général du Trésor ou son représentant peut présenter des observations. Le membre du collège mentionné au troisième alinéa du I de l'article L. 621-15 ou son représentant désigné en application de cette disposition peut présenter des observations au soutien des griefs notifiés et proposer une sanction. La personne mise en cause, si elle est présente, et son conseil présentent la défense de celle-ci. Le président de la formation saisie peut faire entendre toute personne dont il estime l'audition utile. Dans tous les cas, la personne mise en cause, si elle est présente, et son conseil doivent pouvoir prendre la parole en dernier. Lorsque la formation s'estime insuffisamment éclairée, elle demande au rapporteur de poursuivre ses diligences selon la procédure définie aux II et III de l'article R. 621-39.

III. – La formation statue en la seule présence de ses membres et d'un agent des services de l'Autorité des marchés financiers faisant office de secrétaire de séance, hors la présence du rapporteur du membre du collège mentionné au troisième alinéa du I de l'article L. 621-15 ou son représentant désigné en application de cette disposition et du directeur général du Trésor ou son représentant.

IV. – Le secrétaire de séance établit un compte rendu de la séance. Le compte rendu est signé par le président de la formation, le rapporteur et le secrétaire de séance puis transmis aux membres de la commission des sanctions et au directeur général du Trésor.

V. - La décision mentionne les noms des membres de la formation qui ont statué. Elle est notifiée à la personne concernée par lettre recommandée avec demande d'avis de réception, remise en main propre contre récépissé ou acte d'huissier *(Mots aj., D. n° 2018-572, 3 juill. 2018)* « ou par tout autre moyen permettant de s'assurer de sa date de réception ».

La décision est communiquée au directeur général du Trésor ainsi qu'au président de l'Autorité des marchés financiers qui en rend compte au collège.

Lorsqu'elle concerne un prestataire de services d'investissement autre qu'une société de gestion de portefeuille, la décision est également notifiée à l'Autorité de contrôle prudentiel et de résolution.

VI. – La décision de sanction mentionne, le cas échéant, ceux des frais de procédure qui sont à la charge de la personne à l'encontre de laquelle une sanction a été prononcée.

La rémunération des huissiers de justice intervenant au titre de la présente section est tarifée comme prévu par les articles R. 181 à R. 184 du Code de procédure pénale.

VII. – Lorsqu'une notification est effectuée au titre de la présente section par un huissier de justice, celui-ci procède selon les modalités prévues par les articles 555 à 563 du Code de procédure pénale.

Art. R. 621-41. – Lorsqu'une sanction d'interdiction temporaire ou définitive d'activité ou une mesure de suspension temporaire d'activité est prononcée à l'encontre de l'une des personnes morales mentionnées au II de l'article L. 621-9, le président de l'Autorité des marchés financiers, après avoir sollicité l'avis de la personne morale sanctionnée, désigne une autre de ces personnes avec l'accord de cette dernière, pour exercer l'activité en cause. La mission de la personne ainsi désignée expire soit à la fin de la période d'interdiction ou de suspension, soit lorsqu'il n'existe plus aucune position ouverte pour le compte d'un des clients.

Art. R. 621-41-1 *(D. n° 2017-865, 9 mai 2017)*. – Peuvent présenter une demande de relèvement des sanctions au titre du VI de l'article L. 621-15 du Code monétaire et financier les personnes physiques ou morales qui satisfont aux conditions suivantes :

1° La décision ayant prononcé la sanction d'interdiction d'exercice à titre définitif ou de retrait définitif de la carte professionnelle n'est plus susceptible de recours ;

2° Les sanctions d'interdiction d'exercice ou de retrait de la carte professionnelle ont déjà été exécutées pendant au moins dix ans ;

3° La sanction pécuniaire, éventuellement prononcée en sus de l'interdiction d'exercice ou du retrait de la carte professionnelle, a été intégralement acquittée ;

4° Aucune condamnation, n'a été inscrite sur le bulletin n° 3 du casier judiciaire postérieurement à la sanction, ni aucune nouvelle sanction ayant acquis un caractère définitif n'a été prononcée à l'encontre du demandeur sur le fondement du présent code, de ses textes d'application ou de règlements européens ayant un champ d'application similaire, pour des faits distincts de ceux ayant donné lieu à la décision d'interdiction d'exercice ou de retrait de la carte professionnelle.

Art. R. 621-41-2 *(D. n° 2017-865, 9 mai 2017)*. – La demande de relèvement est présentée dans les formes et conditions suivantes :

1° La demande est adressée, par lettre recommandée avec demande d'avis de réception, au président de la commission des sanctions ;

2° La demande mentionne, pour les personnes physiques, l'indication des nom, prénom, profession et domicile du requérant ; elle mentionne, pour les personnes morales, l'indication de leur dénomination, forme et siège social ainsi que de l'organe qui les représente légalement ;

3° Sont joints :

a) Une copie de la décision ayant prononcé la sanction d'interdiction d'exercice à titre définitif ou de retrait définitif de la carte professionnelle dont il est demandé le relèvement ainsi que, le cas échéant, copie des décisions des juridictions de recours ;

b) Un exposé détaillé des raisons justifiant la demande de relèvement ;

c) En tant que de besoin, les pièces que le demandeur souhaite invoquer à l'appui de sa demande.

Art. R. 621-41-3 *(D. n° 2017-865, 9 mai 2017)*. – Le président de la commission des sanctions examine si la demande satisfait aux conditions mentionnées aux articles R. 621-41-1 et R. 621-41-2. En ce cas, il est procédé conformément à l'article R. 621-39.

Art. R. 621-41-4 *(D. n° 2017-865, 9 mai 2017)*. – Le demandeur est convoqué par lettre recommandée avec demande d'avis de réception pour être entendu par la commission des sanctions.

Il peut être assisté ou représenté par la personne de son choix.

Si le demandeur ou la personne qui le représente ne se présente pas à la séance sans motif légitime, il est réputé s'être désisté. Il lui en est donné acte.

La commission statue après avoir recueilli les observations du représentant du collège ainsi que du demandeur.

La séance n'est pas publique, sauf demande de l'intéressé acceptée par le président de la commission.

Art. R. 621-41-5 *(D. n° 2017-865, 9 mai 2017).* – Pour apprécier le bien-fondé de la demande de relèvement, la commission tient compte, le cas échéant, des éléments nouveaux susceptibles de justifier le relèvement de la sanction, tels que la constatation par la Cour européenne des droits de l'Homme d'une méconnaissance des droits garantis par la convention européenne de sauvegarde des droits de l'homme et des libertés fondamentales, une décision de relaxe définitive prise par le juge pénal, ou les dispositions prises par le demandeur pour mettre fin à la situation à l'origine du manquement sanctionné et pour remédier aux conséquences préjudiciables pour les tiers de ce manquement.

Art. R. 621-41-6 *(D. n° 2017-865, 9 mai 2017).* – La décision statuant sur la demande de relèvement est motivée. Elle est notifiée par lettre recommandée avec demande d'avis de réception au demandeur et au président du collège, qui peuvent exercer un recours devant le Conseil d'État selon les modalités prévues par le Code de justice administrative et le I de l'article R. 621-45. Elle est publiée dans les conditions prévues au V de l'article L. 621-15.

Art. R. 621-42 *(Mod., D. n° 2013-687, 25 juill. 2013 ; D. n° 2014-1315, 3 nov. 2014).* – L'Autorité des marchés financiers informe, le cas échéant, la Commission européenne et les autorités compétentes des autres États membres de l'Union européenne des décisions qu'elle prend en application de la présente section.

Elle informe également l'Autorité européenne des marchés financiers des décisions prises à l'encontre des sociétés de gestion de FIA en application de la présente section.

Sous-section 6. – Autres compétences

(Anc. ss-sect. 6, dénum., D. n° 2006-256, 2 mars 2006)

Art. R. 621-43 *(Abr., D. n° 2007-901, 15 mai 2007).*

Art. R. 621-43-1 *(D. n° 2006-256, 2 mars 2006).* – Les personnes mentionnées au *c* de l'article L. 621-18-2, qui ont des liens personnels étroits avec l'une des personnes mentionnées aux *a* ou *b* du même article, sont :

1° Son conjoint non séparé de corps ou le partenaire avec lequel elle est liée par un pacte civil de solidarité ;

2° Les enfants sur lesquels elle exerce l'autorité parentale, ou résidant chez elle habituellement ou en alternance, ou dont elle a la charge effective et permanente ;

3° Tout autre parent ou allié résidant à son domicile depuis au moins un an à la date de la transaction concernée ;

4° *(4° mod., D. n° 2018-572, 3 juill. 2018)* Toute personne morale ou entité, autre que la personne mentionnée au premier alinéa de l'article L. 621-18-2, constituée sur le fondement du droit français ou d'un droit étranger, et :

a) Dont la direction, l'administration ou la gestion est assurée par l'une des personnes mentionnées aux *a* et *b* de l'article L. 621-18-2 ou par l'une des personnes mentionnées aux 1°, 2° ou 3° ;

b) Ou qui est contrôlée, directement ou indirectement, au sens de l'article L. 233-3 du Code de commerce, par l'une des personnes mentionnées aux *a* et *b* de l'article L. 621-18-2 ou par l'une des personnes mentionnées aux 1°, 2° ou 3° ;

c) Ou qui est constituée au bénéfice de l'une des personnes mentionnées aux *a* et *b* de l'article L. 621-18-2 ou de l'une des personnes mentionnées aux 1°, 2° ou 3° ;

d) Ou pour laquelle les intérêts économiques sont substantiellement équivalents à ceux d'une des personnes mentionnées aux a et b de l'article L. 621-18-2 ou l'une des personnes mentionnées aux 1°, 2° ou 3° du présent article.

....

Section VI. – Voies de recours

Art. R. 621-44 *(Mod., D. n° 2009-1409, 17 nov. 2009).* – Le délai de recours contre les décisions individuelles prises par l'Autorité des marchés financiers est de dix jours, sauf en matière de sanctions, où il est de deux mois. Le délai court, pour les personnes qui font l'objet de la décision, à compter de sa notification et, pour les autres personnes intéressées, à compter de sa publication.

La mise en ligne de ces décisions sur le site internet de l'Autorité des marchés financiers fait courir le délai de recours à l'égard des tiers. La date de mise en ligne est expressément mentionnée sur le site internet.

L'Autorité des marchés financiers garantit l'accès effectif du public à ce site ainsi que la continuité de la mise en ligne pendant toute la durée du délai de recours. Elle assure la conservation et l'archivage des décisions mises en ligne.

Art. R. 621-45 *(Mod., D. n° 2011-977, 16 août 2011).* – I. – Les recours contre les décisions de portée individuelle prises par l'Autorité des marchés financiers relatives aux agréments ou aux sanctions concernant les personnes et entités mentionnées au II de l'article L. 621-9 sont portés devant le Conseil d'État, selon les modalités prévues par le Code de justice administrative.

En matière de sanction, les recours sont des recours de pleine juridiction. Le Conseil d'État peut, sur le recours principal ou incident du président de l'Autorité des marchés financiers, soit confirmer la décision de la commission des sanctions, soit l'annuler ou la réformer en tout ou en partie, dans un sens favorable ou défavorable à la personne mise en cause.

Les parties et l'Autorité des marchés financiers ont la faculté de se faire assister par un avocat au Conseil d'État et à la Cour de cassation.

Le recours incident du président de l'Autorité des marchés financiers prévu à la seconde phrase du deuxième alinéa de l'article L. 621-30 doit être formé dans un délai de deux mois à compter de la notification à l'Autorité des marchés financiers du recours de la personne sanctionnée.

II. – Les recours contre les décisions de portée individuelle prises par l'Autorité des marchés financiers, autres que celles mentionnées au I, sont portés devant la cour d'appel de Paris. Par dérogation aux dispositions du titre VI du livre II du Nouveau Code de procédure civile, les recours sont formés, instruits et jugés conformément aux dispositions de l'article R. 621-46 du présent code.

Art. R. 621-46 *(Mod., D. n° 2011-977, 16 août 2011).* – I. – Le recours devant la cour d'appel de Paris est formé par une déclaration écrite déposée en quadruple exemplaire au greffe de la cour d'appel de Paris contre récépissé. À peine d'irrecevabilité prononcée d'office, elle comporte les mentions prescrites par l'article 648 du Nouveau Code de procédure civile et précise l'objet du recours. Lorsque la déclaration ne contient pas l'exposé des moyens invoqués, le demandeur doit, sous la même sanction, déposer cet exposé au greffe dans les 15 jours qui suivent le dépôt de la déclaration. La déclaration de recours mentionne la liste des pièces et documents justificatifs produits. Ces pièces et documents sont remis au greffe de la cour d'appel en même temps que la déclaration. Le demandeur au recours joint à la déclaration une copie de la décision attaquée.

II. – Les demandes de sursis à exécution doivent être présentées dans le même délai que celui prévu pour le recours. Elles sont formulées auprès du premier président de la cour d'appel de Paris par simple requête déposée au greffe. À peine d'irrecevabilité, elle contient l'exposé des moyens invoqués et précise la date à laquelle a été formé le recours contre la décision dont le sursis à exécution est demandé. Le premier président ou son délégué fixe par ordonnance la date de l'audience à laquelle la demande de sursis sera examinée.

III. – Dès l'enregistrement du recours, le greffe de la cour d'appel transmet par lettre recommandée avec demande d'avis de réception une copie de la déclaration à l'Autorité des marchés financiers. Si le recours émane d'une personne autre que celle qui a fait l'objet de la décision, la déclaration de recours est dénoncée par le greffe à cette dernière personne dans les mêmes formes. Une copie de la déclaration est remise par le greffe au parquet général.

IV. – L'affaire est communiquée au ministère public, qui est avisé de la date de l'audience.

V. – Le premier président de la cour d'appel ou son délégué fixe les délais dans lesquels les auteurs du recours principal, le cas échéant les auteurs d'un recours incident, puis l'Autorité des marchés financiers et les autres personnes à qui les recours ont été notifiés doivent se communiquer leurs observations écrites et en déposer copie au greffe de la cour d'appel, ainsi que la date des débats. Le greffe notifie ces délais et cette date aux

parties et à l'Autorité des marchés financiers et les convoque à l'audience prévue pour les débats, par lettre recommandée avec demande d'avis de réception.

Le premier président ou son délégué ordonne les mesures d'instruction. Il constate le désistement.

VI. - Le recours incident du président de l'Autorité des marchés financiers prévu à la seconde phrase du *(Réf. rempl., D. n° 2018-572, 3 juill. 2018)* « troisième » alinéa de l'article L. 621-30 doit être formé dans un délai de deux mois à compter de la notification à l'Autorité des marchés financiers du recours de la personne sanctionnée. Ce recours est formé dans les conditions prévues au I du présent article, par une déclaration contenant l'exposé des moyens invoqués ; il est notifié aux parties par le greffe de la cour d'appel. En tant que de besoin, le délai prévu pour les échanges peut être modifié par le premier président ou son délégué.

La cour d'appel peut, sur le recours principal ou incident du président de l'Autorité des marchés financiers, soit confirmer la décision de la commission des sanctions, soit l'annuler ou la réformer en tout ou en partie, dans un sens favorable ou défavorable à la personne mise en cause.

VII. – À l'audience, les parties sont entendues en leurs observations. Lorsque le président de l'Autorité des marchés financiers n'a pas exercé de recours, celle-ci peut présenter à l'audience des observations orales après les autres parties. Le ministère public a la parole en dernier, sauf les répliques éventuelles des parties mises en cause.

VIII. – La représentation et l'assistance des parties et de l'Autorité des marchés financiers s'exercent dans les conditions fixées par l'article 931 du Code de procédure civile.

Les décisions de la cour d'appel de Paris ou de son premier président sont notifiées par le greffe, par lettre recommandée avec demande d'avis de réception.

Communication du dossier du collège. Dès lors que la communication du « dossier du collège » n'est prévue par aucun texte, l'article R. 621-46 du Code monétaire et financier ne prévoyant que la possibilité pour l'Autorité des marchés financiers (AMF) de présenter des « observations écrites » en n'exigeant d'elle aucun autre document, la cour d'appel de Paris ne saurait ordonner une telle communication au seul motif qu'un requérant la sollicite. Dans l'exercice de ses compétences, strictement encadrées par le champ des missions dévolues par le législateur à l'AMF, la cour d'appel de Paris doit exclusivement examiner les moyens qui remettent en cause la régularité et le bien-fondé de la décision de l'AMF. Les principes généraux de procédure comme l'article 6 de la Convention EDH, applicables aux recours contre ces décisions, ne créent pas davantage d'obligation à la charge de l'AMF. Pour obtenir la communication de tout ou partie du « dossier du collège », un requérant devrait rapporter *in concreto* la preuve d'une atteinte à l'exercice de ses droits de la défense : ▪ CA Paris P. 5, ch. 7 ord. prés., 17 févr. 2011, n° 2011/00690 : *Bull. Joly Bourse* 2011, § 181, p. 375, note B. Descours.

Partie législative

TITRE III. – COOPÉRATION, ÉCHANGES D'INFORMATIONS ET SURVEILLANCE COMPLÉMENTAIRE DES CONGLOMÉRATS FINANCIERS

(Intitulé rempl., Ord. n° 2007-544, 12 avr. 2007)

CHAPITRE I. – COOPÉRATION ET ÉCHANGE D'INFORMATIONS SUR LE TERRITOIRE NATIONAL

(Intitulé rempl., Ord. n° 2007-544, 12 avr. 2007)

Section I. – Coopération et échanges d'informations entre autorités

(Intitulé rempl., Ord. n° 2007-544, 12 avr. 2007)

Art. L. 631-1 ***(Mod., L. n° 2003-706, 1er août 2003 ; rempl., Ord. n° 2007-544, 12 avr. 2007 ; Ord. n° 2010-76, 21 janv. 2010 ; mod., L. n° 2013-672, 26 juill. 2013 ; Ord. n° 2016-301, 14 mars 2016 ; L. n° 2016-1691, 9 déc. 2016 ; Ord. n° 2017-1107, 22 juin 2017).*** **– I. – La Banque de France, l'Institut d'émission des départements d'outre-mer, l'Institut d'émission d'outre-mer, l'Autorité de contrôle prudentiel et de résolution et l'Autorité des marchés financiers coopèrent entre elles. Elles se communiquent les renseignements utiles à l'accomplissement de leurs missions respectives.**

L'Autorité de contrôle prudentiel et de résolution, l'Autorité des marchés financiers et le Haut Conseil du commissariat aux comptes peuvent également se communiquer les renseignements utiles à l'exercice de leurs missions respectives.

II. – Les autorités mentionnées au I, le fonds de garantie des dépôts et de résolution institué par l'article L. 312-4, le fonds de garantie institué par l'article L. 423-1 du Code des assurances, le fonds de garantie des assurances obligatoires de dommages institué par l'article L. 421-1 du même code, le fonds paritaire de garantie institué par l'article L. 931-35 du Code de la sécurité sociale, le fonds de garantie institué par l'article L. 431-1 du Code de la mutualité, les entreprises de marché et les chambres de compensation sont autorisés à se communiquer les renseignements nécessaires à l'accomplissement de leurs missions respectives.

L'Autorité de contrôle prudentiel et de résolution, l'Autorité des marchés financiers et l'autorité administrative chargée de la concurrence et de la consommation peuvent également se communiquer les renseignements utiles à l'exercice de leurs missions respectives dans le domaine des pratiques de commercialisation.

(Al. créé, L. n° 2019-486, 22 mai 2019) **L'Autorité des marchés financiers et l'autorité nationale en charge de la sécurité des systèmes d'information peuvent se communiquer les renseignements utiles à l'exercice de leurs missions respectives dans le domaine de la sécurité des systèmes d'information.**

La Banque de France, l'Autorité de contrôle prudentiel et de résolution et l'autorité administrative chargée de la concurrence et de la consommation se communiquent les renseignements utiles à l'exercice de leurs missions respectives afin d'assurer le respect du règlement (UE) n° 260/2012 du Parlement européen et du Conseil du 14 mars 2012 établissant des exigences techniques et commerciales pour les virements et les prélèvements en euros et modifiant le règlement (CE) n° 924/2009.

L'autorité administrative chargée de la concurrence et de la consommation détermine, par convention avec la Banque de France et l'Autorité de contrôle prudentiel et de résolution, les conditions dans lesquelles elle peut avoir recours à leur concours pour procéder, dans la limite de leurs compétences respectives, à des expertises nécessaires au contrôle du respect du règlement (UE) n° 2015/751 du Parlement européen et du Conseil du 29 avril 2015 relatif aux commissions d'interchange pour les opérations de paiement liées à une carte. Ces trois autorités se communiquent tous les renseignements utiles au contrôle de ces dispositions.

III. – Les renseignements recueillis conformément aux I et II sont couverts par le secret professionnel en vigueur dans les conditions applicables à l'organisme qui les a communiqués et à l'organisme destinataire.

Ces renseignements ne peuvent être utilisés, par les autorités mentionnées aux I, que pour l'accomplissement de leurs missions et, par les autres entités mentionnées au II, qu'aux fins pour lesquelles ils leur ont été communiqués, sauf si l'organisme qui les a communiqués y consent.

Les autorités mentionnées au I peuvent également échanger entre elles des informations couvertes par le secret professionnel avec l'accord de l'autorité ou de la personne qui a communiqué ces informations.

Le secret professionnel n'est pas opposable à l'autorité judiciaire agissant dans le cadre soit d'une procédure pénale, soit d'une procédure fiscale, soit d'une procédure mentionnée aux titres II, III et IV du livre VI du Code de commerce ouverte à l'égard d'une personne mentionnée au II de l'article L. 621-9.

Bibliographie : N. Decoopman, *Renforcement des pouvoirs et coordination des autorités de contrôle du secteur financier : RD bancaire et fin.* 1999, p. 138. • F. Jappont, *L'encadrement juridique de la coopération entre les autorités de régulation : D.* 2005, p. 893.

L'article L. 631-1, dans sa rédaction issue de l'ordonnance du 12 avril 2007, est applicable aux renseignements recueillis antérieurement à son entrée en vigueur et dont l'utilisation n'a pas fait l'objet d'un litige définitivement tranché à cette date : ▪ Cass. com., 30 mars 2010, n° 08-17.841, PBRI : *JCP* E 2010, 1416, note A. Couret.

Section II. – Le collège des autorités de contrôle des entreprises du secteur financier

Art. L. 631-2 *(Mod., L. n° 2001-420, 15 mai 2001 ; L. n° 2003-706, 1er août 2003 ; rempl., L. n° 2010-1249, 22 oct. 2010 ; mod., L. n° 2013-672, 26 juill. 2013).* **– Le Haut Conseil de stabilité financière est composé de huit membres :**

1° Le ministre chargé de l'économie, président ;

2° Le gouverneur de la Banque de France, président de l'Autorité de contrôle prudentiel et de résolution, assisté du vice-président de cette autorité ;

3° Le président de l'Autorité des marchés financiers ;

4° Le président de l'Autorité des normes comptables ;

5° Trois personnalités qualifiées désignées, pour une durée de cinq ans, à raison de leurs compétences dans les domaines monétaire, financier ou économique, respectivement, par le Président de l'Assemblée nationale, le Président du Sénat et le ministre chargé de l'économie.

Les nominations des personnalités qualifiées respectent le principe ou, à défaut, l'objectif de parité entre les femmes et les hommes au sein du haut conseil. Si le respect de ce principe requiert la nomination d'une femme et de deux hommes ou de deux femmes et d'un homme, un tirage au sort indique si la personne devant être nommée par chacune des trois autorités mentionnées au 5° est une femme ou un homme. Les modalités de mise en œuvre du présent alinéa sont déterminées par décret en Conseil d'État.

Sur convocation de son président, le haut conseil se réunit au minimum quatre fois par an et en tant que de besoin.

Art. L. 631-2-1 *(L. n° 2010-1249, 22 oct. 2010 ; rempl., L. n° 2013-672, 26 juill. 2013 ; mod., Ord. n° 2017-484, 6 avr. 2017).* – Sans préjudice des compétences respectives des institutions que ses membres représentent, le Haut Conseil de stabilité financière exerce la surveillance du système financier dans son ensemble, dans le but d'en préserver la stabilité et la capacité à assurer une contribution soutenable à la croissance économique. À ce titre, il définit la politique macroprudentielle et assume les missions suivantes :

1° Il veille à la coopération et à l'échange d'informations entre les institutions que ses membres représentent, de même qu'entre ces institutions et lui-même. L'Autorité de contrôle prudentiel et de résolution et l'Autorité des marchés financiers peuvent, à cet effet, lui transmettre des informations couvertes par le secret professionnel ;

2° Il identifie et évalue la nature et l'ampleur des risques systémiques résultant de la situation du secteur et des marchés financiers, compte tenu, notamment, des avis et recommandations des institutions européennes compétentes ;

3° Il formule tous avis ou recommandations de nature à prévenir tout risque systémique et toute menace à la stabilité financière. Il peut rendre publics ses avis ou recommandations ;

4° Il peut, sur proposition du gouverneur de la Banque de France, imposer aux personnes mentionnées au 1° et au 9° du A du I de l'article L. 612-2 ainsi qu'aux personnes définies à l'article L. 533-2-1 la mise en place d'un coussin contra-cyclique prévu au 1° du II de l'article L. 511-41-1 A et à l'article L. 533-2-1 ;

4° *bis* Il peut, sur proposition du gouverneur de la Banque de France, imposer aux personnes mentionnées au 1° et au 9° du A du I de l'article L. 612-2 ainsi qu'aux personnes définies à l'article L. 533-2-1 la mise en place d'un coussin pour le risque systémique prévu au 4° du II de l'article L. 511-41-1 A et à l'article L. 533-2-1 ;

4° *ter* Il peut, sur proposition du gouverneur de la Banque de France, président de l'Autorité de contrôle prudentiel et de résolution, prendre les mesures prévues à l'article 458 du règlement (UE) n° 575/2013 du Parlement européen et du Conseil du 26 juin 2013, à l'égard des entreprises auxquelles cet article est applicable ainsi qu'à l'égard des sociétés de financement ;

5° Il peut, sur proposition du gouverneur de la Banque de France et en vue de prévenir l'apparition de mouvements de hausses excessives sur le prix des actifs de toute nature ou d'un endettement excessif des agents économiques, fixer des conditions d'octroi de crédit par les entités soumises au contrôle de l'Autorité de contrôle prudentiel et de résolution ou de l'Autorité des marchés financiers et ayant reçu l'autorisation d'exercer cette activité, lorsque ces entités consentent des prêts à des agents économiques situés sur le territoire français ou destinés au financement d'actifs localisés sur le territoire français ;

5° *bis* Il peut, sur proposition du gouverneur de la Banque de France, président de l'Autorité de contrôle prudentiel et de résolution, moduler les règles de constitution et de reprise de la provision pour participation aux bénéfices pour l'ensemble ou un sous-ensemble des personnes mentionnées aux 1°, 3°, 5° et 9° à 11° du B du I de l'article L. 612-2 ;

5° *ter* Il peut, sur proposition du gouverneur de la Banque de France, président de l'Autorité de contrôle prudentiel et de résolution, après avis du collège de supervision de cette autorité, à l'égard de l'ensemble ou d'un sous-ensemble des personnes mentionnées aux 1° à 5° et 9° à 11° du B du I du même article L. 612-2, afin de prévenir des risques représentant une menace grave et caractérisée pour la situation financière de l'ensemble ou d'un sous-ensemble significatif de ces personnes ou pour la stabilité du système financier, prendre les mesures conservatoires suivantes :

a) Limiter temporairement l'exercice de certaines opérations ou activités, y compris l'acceptation de primes ou versements ;

b) Restreindre temporairement la libre disposition de tout ou partie des actifs ;

c) Limiter temporairement, pour tout ou partie du portefeuille, le paiement des valeurs de rachat ;

d) Retarder ou limiter temporairement, pour tout ou partie du portefeuille, la faculté d'arbitrages ou le versement d'avances sur contrat ;

e) Limiter temporairement la distribution d'un dividende aux actionnaires, d'une rémunération des certificats mutualistes ou paritaires ou d'une rémunération des parts sociales aux sociétaires.

Le Haut Conseil de stabilité financière décide des mesures prévues au présent 5° *ter* pour une période maximale de trois mois, qui peut être renouvelée si les conditions ayant justifié la mise en place de ces mesures n'ont pas disparu, après consultation du comité consultatif de la législation et de la réglementation financières. Les mesures prévues au *c* du présent 5° *ter* ne peuvent être maintenues plus de six mois consécutifs.

Dans sa décision, le Haut Conseil veille à la protection de la stabilité financière et des intérêts des assurés, adhérents et bénéficiaires ;

6° Il peut adresser aux institutions européennes compétentes tout avis visant à recommander l'adoption des mesures nécessaires à la prévention de tout risque systémique menaçant la stabilité financière de la France ;

7° Il facilite la coopération des institutions représentées par ses membres pour l'élaboration des normes internationales et européennes applicables au secteur financier et peut émettre tout avis à ce sujet.

Dans l'accomplissement de ses missions, le Haut Conseil de stabilité financière prend en compte les objectifs de stabilité financière au sein de l'Union européenne et dans l'Espace économique européen. Il coopère avec les autorités homologues des autres États membres et avec les institutions européennes compétentes.

Le ministre chargé de l'économie, la Banque de France, l'Autorité de contrôle prudentiel et de résolution, l'Autorité des marchés financiers et l'Autorité des normes comptables veillent, pour ce qui les concerne, à la mise en œuvre des décisions du Haut Conseil de stabilité financière.

Le gouverneur de la Banque de France peut décider de rendre publique la proposition qu'il formule au titre des 4° à 5° *ter* du présent article.

Les décisions du Haut Conseil de stabilité financière mentionnées aux mêmes 4° à 5° *ter* peuvent faire l'objet d'un recours en annulation devant le Conseil d'État.

Les décisions mentionnées aux 4°, 4° *bis*, 5° *bis* et 5° *ter* font l'objet d'une publication.

Un décret en Conseil d'État précise les conditions d'application du présent article.

Art. L. 631-2-2 *(L. n° 2010-1249, 22 oct. 2010 ; mod., Ord. n° 2013-544, 27 juin 2013 ; L. n° 2013-672, 26 juill. 2013 ; L. n° 2016-1691, 9 déc. 2016 ; Ord. n° 2017-1107, 22 juin 2017)*. – Pour l'accomplissement des missions définies à l'article L. 631-2-1, le Haut Conseil de stabilité financière peut entendre des représentants des établissements de crédit, des sociétés de financement, des entreprises d'investissement, des sociétés de gestion de portefeuille, des entreprises d'assurance, des mutuelles et des institutions de prévoyance ainsi que toute personne dont l'audition lui paraît utile. Ces personnes peuvent, à cet effet, lui transmettre des informations couvertes par le secret professionnel.

Le Haut Conseil de stabilité financière établit un rapport public annuel remis au Parlement.

Le président du Haut Conseil de stabilité financière est entendu, sur leur demande, par les commissions des finances de l'Assemblée nationale et du Sénat et peut demander à être entendu par elles.

Art. L. 631-2-3 *(L. n° 2013-672, 26 juill. 2013)*. – I. – Les personnes mentionnées au 5° de l'article L. 631-2 doivent informer le président du Haut Conseil de stabilité financière :

1° Des intérêts qu'elles ont détenus au cours des deux années précédant leur nomination, qu'elles détiennent ou qu'elles viendraient à détenir ;

2° Des fonctions qu'elles ont exercées au cours des deux années précédant leur nomination, dans une activité sociale, économique ou financière, qu'elles exercent ou viendraient à exercer ;

3° De tout mandat qu'elles ont détenu au sein d'une personne morale au cours des deux années précédant leur nomination, qu'elles détiennent ou qu'elles viendraient à détenir.

Ces informations sont rendues publiques par le président du haut conseil.

Aucun membre du Haut Conseil de stabilité financière ne peut détenir un mandat ou un intérêt dans une entité soumise au contrôle de l'Autorité de contrôle prudentiel et de résolution ou de l'Autorité des marchés financiers ni être salarié ou prestataire d'une telle entité.

Nul ne peut être nommé membre du Haut Conseil de stabilité financière au titre du 5° de l'article L. 631-2 s'il détient un mandat ou un intérêt dans une entité soumise au contrôle de l'Autorité de contrôle prudentiel et de résolution ou de l'Autorité des marchés financiers ou s'il est salarié ou prestataire d'une telle entité.

Il est interdit aux membres du Haut Conseil de stabilité financière qui cessent temporairement ou définitivement leurs fonctions de travailler, de prendre ou de recevoir une participation par conseil ou capitaux dans une personne dont ils ont été chargés d'assurer la surveillance dans le cadre de leurs fonctions au sein dudit conseil, pendant les trois années qui suivent la fin de ces fonctions.

II. – Toute personne qui participe ou a participé à l'accomplissement des missions du Haut Conseil de stabilité financière est tenue au secret professionnel, dans les conditions prévues à l'article L. 641-1.

Ce secret n'est pas opposable :

1° À l'autorité judiciaire agissant dans le cadre soit d'une procédure de liquidation judiciaire ouverte à l'égard d'une personne soumise au contrôle des institutions que ses membres représentent, soit d'une procédure pénale ;

2° Aux juridictions administratives saisies d'un contentieux relatif à l'activité du Haut Conseil de stabilité financière ;

3° En cas d'audition par une commission d'enquête dans les conditions prévues au dernier alinéa du II de l'article 6 de l'ordonnance n° 58-1100 du 17 novembre 1958 relative au fonctionnement des assemblées parlementaires ;

4° À la Cour des comptes, dans le cadre des contrôles que la loi lui confie.

CHAPITRE II. – COOPÉRATION ET ÉCHANGE D'INFORMATIONS AVEC L'ÉTRANGER

(Rempl., Ord. n° 2007-544, 12 avr. 2007)

Section I. – Dispositions concernant la surveillance, les contrôles et les enquêtes

Sous-section I. – Dispositions générales

Art. L. 632-1 A *(Ord. n° 2014-158, 20 févr. 2014)*. – Les informations confidentielles reçues par l'Autorité de contrôle prudentiel et de résolution, la Banque de France et l'Autorité des marchés financiers de la part d'une autorité européenne de surveillance, du Comité européen du risque systémique, d'une autorité au sein d'un État membre de l'Union européenne ou d'un État partie à l'accord sur l'Espace économique européen ou d'un pays tiers ne peuvent être divulguées sans l'accord exprès de l'autorité ou du comité qui les a communiquées et, le cas échéant, aux seules fins pour lesquelles son accord a été donné.

Sous-section II. – Coopération et échanges d'informations avec les autorités d'autres États membres de l'Union européenne ou d'autres États parties à l'accord sur l'Espace économique européen

Art. L. 632-1 *(Mod., Ord. n° 2014-158, 20 févr. 2014 ; Ord. n° 2017-1107, 22 juin 2017)*. – Par dérogation aux dispositions de la loi n° 68-678 du 26 juillet 1968 relative à la communication des documents et renseignements d'ordre économique, commercial, industriel, financier ou technique à des personnes physiques ou morales étrangères, l'Autorité de contrôle prudentiel et de résolution et l'Autorité des marchés financiers coopèrent avec les autorités des autres États membres de l'Union européenne ou des autres États parties à l'accord sur l'Espace économique européen exerçant des fonctions homologues, dans les conditions prévues au présent chapitre. Elles échangent notamment avec ces dernières autorités les informations nécessaires à l'accomplissement de leurs missions respectives. Lorsqu'une situation d'urgence susceptible de menacer la stabilité du système financier d'un autre État membre de l'Union européenne ou d'un autre État partie à l'accord sur l'Espace économique européen le justifie, elles sont également autorisées à échanger toute information nécessaire avec les ministères de ces États en charge du secteur financier, dans le respect des règles fixées par le présent article, l'article L. 631-1 et les articles L. 632-2 à L. 632-4.

La coopération prévue au premier alinéa ne peut être refusée au motif que les actes sur lesquels porte le contrôle ou l'enquête ne contreviennent pas à une disposition législative ou réglementaire en vigueur en France.

Un décret en Conseil d'État précise les modalités d'application du présent article.

Cette coopération s'exerce notamment dans le but de faciliter le recouvrement des sanctions pécuniaires

Art. L. 632-2 *(Ord. n° 2007-544, 12 avr. 2007 ; mod., L. n° 2013-672, 26 juill. 2013).* – Par dérogation aux dispositions de la loi n° 68-678 du 26 juillet 1968 relative à la communication des documents et renseignements d'ordre économique, commercial, industriel, financier ou technique à des personnes physiques ou morales étrangères, les autorités homologues d'un autre État membre de l'Union européenne ou d'un autre État partie à l'accord sur l'Espace économique européen peuvent requérir la coopération de l'Autorité de contrôle prudentiel et de résolution ou de l'Autorité des marchés financiers dans le cadre d'une activité de surveillance, d'un contrôle sur place ou d'une enquête.

Dans le même cadre, lorsque l'Autorité de contrôle prudentiel et de résolution ou l'Autorité des marchés financiers reçoit une demande concernant un contrôle sur place ou une enquête, elle y donne suite soit en y procédant elle-même, soit en permettant à l'autorité requérante d'y procéder directement, soit en permettant à des commissaires aux comptes ou à des experts d'y procéder.

Lorsqu'elle ne procède pas elle-même au contrôle sur place ou à l'enquête, l'autorité qui a présenté la demande peut, si elle le souhaite, y être associée.

Art. L. 632-3 *(Ord. n° 2007-544, 12 avr. 2007 ; mod., Ord. n° 2010-76, 21 janv. 2010 ; L. n° 2013-672, 26 juill. 2013).* – L'Autorité de contrôle prudentiel et de résolution et l'Autorité des marchés financiers ne peuvent utiliser les informations couvertes par le secret professionnel qu'elles reçoivent que pour l'accomplissement de leurs missions.

Un décret en Conseil d'État précise les conditions d'application du présent article.

Voir : C. monét. fin., art. R. 632-1.

Art. L. 632-4 *(Ord. n° 2007-544, 12 avr. 2007 ; mod., L. n° 2013-672, 26 juill. 2013 ; Ord. n° 2017-1107, 22 juin 2017).* – Nonobstant les dispositions du présent chapitre, et par dérogation aux dispositions de la loi n° 68-678 du 26 juillet 1968 relative à la communication de documents et renseignements d'ordre économique, commercial, industriel, financier ou technique à des personnes physiques ou morales étrangères, l'Autorité de contrôle prudentiel et de résolution et l'Autorité des marchés financiers peuvent transmettre au Système européen de banques centrales ou à la Banque centrale européenne agissant en qualité d'autorités monétaires des informations couvertes par le secret professionnel destinées à l'exécution de leurs missions.

Nonobstant les dispositions du présent chapitre, la Banque de France, l'Autorité de contrôle prudentiel et de résolution et l'Autorité des marchés financiers peuvent transmettre à d'autres autorités publiques chargées de la surveillance des systèmes de paiement et des systèmes de règlement et de livraison des instruments financiers des informations couvertes par le secret professionnel destinées à l'exécution de leurs missions.

Art. L. 632-5 *(Ord. n° 2007-544, 12 avr. 2007 ; mod., L. n° 2013-672, 26 juill. 2013 ; Ord. n° 2017-1107, 22 juin 2017).* – Lorsque l'Autorité de contrôle prudentiel et de résolution ou l'Autorité des marchés financiers est invitée à coopérer à une enquête, à un contrôle sur place ou à une activité de surveillance conformément à l'article L. 632-2, ou à un échange d'informations conformément à l'article L. 632-1, elle ne peut refuser de donner suite à une telle requête que lorsque la demande est de nature à porter atteinte à la souveraineté, à la sécurité ou à l'ordre public français ou lorsqu'une procédure pénale quelconque a déjà été engagée en France sur la base des mêmes faits et contre les mêmes personnes, ou bien lorsque celles-ci ont déjà été sanctionnées par une décision passée en force de chose jugée pour les mêmes faits.

En cas de refus, l'Autorité de contrôle prudentiel et de résolution ou l'Autorité des marchés financiers en informe l'autorité compétente et l'Autorité européenne des marchés financiers.

Art. L. 632-6 *(Ord. n° 2007-544, 12 avr. 2007 ; mod., L. n° 2013-672, 26 juill. 2013 ; Ord. n° 2017-1107, 22 juin 2017).* – I. - Lorsque l'Autorité de contrôle prudentiel et de résolution et l'Autorité des marchés financiers a des motifs raisonnables de soupçonner que des actes enfreignant les dispositions applicables aux prestataires de services d'investissement, aux sociétés de gestion gérant des OPCVM agréés conformément à la directive 2009/65/CE du Parlement européen et du Conseil du 13 juillet 2009, aux sociétés de gestion de FIA au sens de la directive 2011/61/ UE du Parlement européen et du Conseil du 8 juin 2011, aux prestataires de services de communication de données, aux plateformes de négociation ou aux entreprises de marché ont été commis sur le territoire d'un autre État membre de l'Union européenne ou d'un autre État partie à l'accord sur l'Espace économique européen par des entités qui ne sont pas soumises à sa surveillance, elle en informe l'autorité compétente de cet autre État et l'Autorité européenne des marchés financiers d'une manière aussi circonstanciée que possible.

II. – Lorsque l'Autorité de contrôle prudentiel et de résolution ou l'Autorité des marchés financiers est informée par une autorité d'un autre État membre de l'Union européenne ou d'un autre État partie à l'accord sur l'Espace économique européen que des actes enfreignant les dispositions applicables aux prestataires de service d'investissement, aux sociétés de gestion gérant des OPCVM agréés conformément à la directive 2009/65/ CE du Parlement européen et du Conseil du 13 juillet 2009, aux sociétés de gestion de FIA au sens de la directive 2011/61/ UE du Parlement européen et du Conseil du 8 juin 2011, aux prestataires de services de communication de données, aux plateformes de négociation ou aux entreprises de marché sont susceptibles d'avoir été commis sur le territoire de la France métropolitaine, en Guadeloupe, en Guyane, en Martinique, à La Réunion, à Mayotte ainsi qu'à Saint-Martin par une entité non soumise à la surveillance de cette autorité, elle prend les mesures appropriées. Elle communique les résultats de son intervention à l'autorité compétente qui l'a informée ainsi qu'à l'Autorité européenne des marchés financiers dans le cas d'une société de gestion de FIA, et, dans la mesure du possible, lui communique les éléments importants intervenus dans l'intervalle.

Sous-section III. – Coopération et échanges d'informations avec les autorités européennes de supervision

Art. L. 632-6-1 *(L. n° 2013-100, 28 janv. 2013 ; mod., Ord. n° 2014-158, 20 févr. 2014 ; Ord. n° 2017-1107, 22 juin 2017)*. – Par dérogation aux dispositions de la loi n° 68-678 du 26 juillet 1968 relative à la communication de documents et renseignements d'ordre économique, commercial, industriel, financier ou technique à des personnes physiques ou morales étrangères, l'Autorité de contrôle prudentiel et de résolution et l'Autorité des marchés financiers coopèrent avec l'Autorité européenne des marchés financiers, instituée par le règlement (UE) n° 1095/2010 du Parlement européen et du Conseil, du 24 novembre 2010, instituant une Autorité européenne de surveillance (Autorité européenne des marchés financiers), l'Autorité bancaire européenne, instituée par le règlement (UE) n° 1093/2010 du Parlement européen et du Conseil, du 24 novembre 2010, instituant une Autorité européenne de surveillance (Autorité bancaire européenne), l'Autorité européenne des assurances et des pensions professionnelles, instituée par le règlement (UE) n° 1094/2010 du Parlement européen et du Conseil, du 24 novembre 2010, instituant une Autorité européenne de surveillance (Autorité européenne des assurances et des pensions professionnelles) et le Comité européen du risque systémique, institué par le règlement (UE) n° 1092/2010 du Parlement européen et du Conseil, du 24 novembre 2010, relatif à la surveillance macroprudentielle du système financier dans l'Union européenne et instituant un Comité européen du risque systémique, et échangent avec eux, sans délai excessif, les informations utiles à l'accomplissement de leurs missions, dans le respect des conditions posées par les règlements les ayant institués. L'Autorité de contrôle prudentiel et de résolution et l'Autorité des marchés financiers peuvent, à cet effet, transmettre des informations couvertes par le secret professionnel.

Les conditions d'application du présent article sont fixées par décret en Conseil d'État.

Art. L. 632-6-2 *(Ord. n° 2013-676, 25 juill. 2013)*. – L'Autorité des marchés financiers communique aux autorités compétentes d'autres États membres les informations utiles pour suivre les conséquences potentielles des activités de sociétés de gestion fournissant le service de gestion de portefeuille pour le compte de tiers ou exerçant l'activité de gestion de placements collectifs, sur la stabilité d'établissements financiers présentant une importance systémique, et sur le bon fonctionnement des marchés sur lesquels les gestionnaires sont actifs, et pour réagir à ces conséquences.

Elle informe l'Autorité européenne des marchés financiers et le Comité européen du risque systémique des éléments mentionnés au premier alinéa et leur communique des informations agrégées relatives aux activités des sociétés de gestion de FIA qui sont sous sa responsabilité.

Art. L. 632-6-3 *(Ord. n° 2015-1024, 20 août 2015)*. – Par dérogation aux dispositions de la loi n° 68-678 du 26 juillet 1968 relative à la communication des documents et renseignements d'ordre économique, commercial, industriel, financier ou technique à des personnes physiques ou morales étrangères, l'Autorité de contrôle prudentiel et de résolution, son collège de supervision et son collège de résolution peuvent échanger, pour l'accomplissement des missions prévues au 4° du II de l'article L. 612-1, des informations couvertes par le secret professionnel avec la Banque centrale européenne et le Conseil de résolution unique, sans préjudice des règles applicables au traitement et à la transmission de *(Mots rempl. à compter de la date prévue à l'article 29 de l'ordonnance n° 2018-1125 du 12 décembre 2018, et au plus tard le 1er juin 2019, Ord. n° 2018-1125, 12 déc. 2018)* « données à caractère personnel ».

Sous-section IV. – Coopération et échanges d'informations avec les autorités des États non membres de l'Union européenne et non parties à l'accord sur l'Espace économique européen

Art. L. 632-7 *(Ord. n° 2007-544, 12 avr. 2007 ; mod., Ord. n° 2010-76, 21 janv. 2010 ; Ord. n° 2014-158, 20 févr. 2014 ; L. n° 2014-1662, 30 déc. 2014 ; Ord. n° 2015-378, 2 avr. 2015 ; L. n° 2016-819, 21 juin 2016 ; Ord. n° 2017-1107, 22 juin 2017).* – I. – Par dérogation aux dispositions de la loi n° 68-678 du 26 juillet 1968 relative à la communication des documents et renseignements d'ordre économique, commercial, industriel, financier ou technique à des personnes physiques ou morales étrangères, l'Autorité de contrôle prudentiel et de résolution et l'Autorité des marchés financiers peuvent conclure, avec des autorités homologues relevant d'un État non membre de l'Union européenne et non partie à l'accord sur l'Espace économique européen, des accords de coopération prévoyant notamment l'échange d'informations. Par dérogation aux mêmes dispositions, la Banque de France peut conclure, avec des autorités publiques chargées de la surveillance des systèmes de paiement et des systèmes de règlement et de livraison des instruments financiers, des accords de coopération prévoyant notamment l'échange d'informations. Les informations communiquées doivent bénéficier de garanties de secret professionnel au moins équivalentes à celles auxquelles sont soumises les autorités françaises parties à ces accords. Cet échange d'informations doit être destiné à l'exécution des missions desdites autorités compétentes.

II. – L'Autorité de contrôle prudentiel et de résolution et l'Autorité des marchés financiers peuvent également conclure des accords de coopération prévoyant notamment l'échange d'informations avec des autorités ou personnes relevant d'un État non membre de l'Union européenne et non partie à l'accord sur l'Espace économique européen, qui sont :

a) Responsables de la surveillance des établissements de crédit, des entreprises d'investissement, des sociétés de gestion de portefeuille, des autres établissements financiers et des entreprises d'assurance ou de réassurance et des marchés financiers et d'unités mentionnées à l'article L. 229-7 du Code de l'environnement ;

b) Chargées des procédures collectives des établissements de crédit, des entreprises d'investissement, des sociétés de gestion de portefeuille, des entreprises d'assurance et de réassurance, et de toute autre procédure analogue ;

c) Chargées de procéder au contrôle légal des comptes des entreprises mentionnées au a du présent article, dans le cadre de l'exercice de leurs fonctions de surveillance, ou de l'exercice de leurs fonctions dans le cas des gestionnaires des systèmes d'indemnisation ;

d) Responsables de la surveillance des organismes intervenant dans les procédures collectives des établissements de crédit, des entreprises d'investissement, des sociétés de gestion de portefeuille, des entreprises d'assurance et de réassurance, ou dans toute autre procédure analogue ;

e) Responsables de la surveillance des personnes chargées du contrôle légal des comptes des entreprises mentionnées au a du présent II ;

f) Chargées de la gestion des systèmes de garantie des dépôts et des systèmes d'indemnisation des investisseurs ;

*f bis)*Responsables de la régularité des opérations effectuées sur des contrats commerciaux relatifs à des marchandises liés à un ou plusieurs instruments financiers ;

g) Chargées de la gestion de procédures de liquidation forcée ou de fonds de garantie pour les entreprises d'assurance et de réassurance ;

h) Des actuaires indépendants des entreprises d'assurance ou des entreprises de réassurance exerçant, en vertu de leur législation nationale, une fonction de contrôle sur celles-ci ainsi que les organes chargés du contrôle de ces actuaires ;

i) Responsables de la surveillance des personnes exerçant des activités sur les marchés des quotas d'émission ;

j) Responsables de la surveillance des personnes exerçant des activités sur les marchés dérivés de matières premières agricoles.

Les informations communiquées bénéficient de garanties de secret professionnel au moins équivalentes à celles auxquelles sont soumises les autorités françaises parties à ces accords.

Cet échange d'informations doit être destiné à l'exécution des missions desdites autorités ou personnes.

II *bis*. – Lorsqu'elles proviennent d'une autorité d'un autre État membre de l'Union européenne ou d'un autre État partie à l'accord sur l'Espace économique européen ou d'un pays tiers, les informations ne peuvent être divulguées sans l'accord exprès de l'autorité qui les a communiquées et, le cas échéant, aux seules fins pour lesquelles elle a donné son accord.

III. – L'Autorité des marchés financiers donne son autorisation expresse préalablement à toute transmission, par les autorités compétentes d'un pays tiers aux autorités d'autres pays tiers, de données et analyses de données relatives aux FIA et à leurs gestionnaires qu'elle leur a communiquées.

Dès lors qu'il s'agit de réprimer des abus de marché, n'est pas obligatoirement subordonnée à la conclusion d'un accord de coopération la coopération de l'AMF et d'une autorité homologue d'un pays tiers : AMF, commission des sanctions, déc. 12 avr. 2013 : *Dr. sociétés* juill. 2013, comm. 124, note S. Torck.

Voir : C. monét. fin., art. D. 632-1-1.

Sous-section IV. – Dispositions particulières à l'Autorité des marchés financiers

Art. L. 632-8 *(Ord. n° 2007-544, 12 avr. 2007 ; mod., Ord. n° 2013-676, 25 juill. 2013 ; L. n° 2013-672, 26 juill. 2013 ; Ord. n° 2017-1107, 22 juin 2017)*. – L'Autorité des marchés financiers est l'autorité unique servant de point de contact pour recevoir les demandes d'échanges d'information ou de coopération des autorités des autres États membres de l'Union européenne ou des autres États parties à l'accord sur l'Espace économique européen ainsi que de l'Autorité européenne des marchés financiers lorsque ces demandes portent sur l'exécution de la directive 2011/61/UE du Parlement européen et du Conseil du 8 juin 2011. L'Autorité des marchés financiers est également l'autorité unique servant de point de contact pour recevoir les demandes d'échanges d'information ou de coopération des autorités des autres États membres de l'Union européenne ou des autres États parties à l'accord sur l'Espace économique européen lorsque ces demandes sont présentées en application des dispositions de la directive 2014/65/ UE du Parlement européen et du Conseil du 15 mai 2014 concernant les marchés d'instruments financiers et du règlement (UE) n° 600/2014 du 15 mai 2014 concernant les marchés d'instruments financiers.

L'Autorité des marchés financiers communique immédiatement les informations requises aux fins de l'exécution de leurs missions aux autorités compétentes des autres États membres de l'Union européenne ou des autres États parties à l'accord sur l'Espace économique européen qui ont été désignées comme points de contact pour l'application du paragraphe 1 de l'article 67 de la directive 2014/65/ UE du Parlement européen et du Conseil du 15 mai 2014 concernant les marchés d'instruments financiers et à celles compétentes pour l'application de la directive 2009/65/CE du 13 juillet 2009 portant coordination des dispositions législatives, réglementaires et administratives concernant certains organismes de placement collectif en valeurs mobilières.

L'Autorité des marchés financiers communique sans retard et de manière bilatérale aux autorités compétentes des autres États membres de l'Union européenne directement concernés des informations quant au risque de contrepartie important qu'un FIA ou sa société de gestion sous sa responsabilité est susceptible de présenter pour un établissement de crédit ou d'autres établissements d'importance systémique dans ces autres États.

L'Autorité des marchés financiers transmet immédiatement les informations reçues au titre du présent article, du II de l'article L. 612-44 et des articles L. 621-23 et L. 632-7 à l'Autorité de contrôle prudentiel et de résolution. Elle ne les transmet à d'autres organismes ou personnes qu'avec le consentement exprès des autorités compétentes qui les ont divulguées et qu'aux fins pour lesquelles ces autorités ont donné leur consentement, sauf si l'urgence le justifie. Dans ce dernier cas, l'Autorité des marchés financiers informe immédiatement son homologue qui a envoyé les informations.

Lorsque l'Autorité des marchés financiers reçoit, de la part des autorités compétentes d'un autre État membre de l'Union européenne ou d'un pays tiers, des données à caractère personnel, ces données sont conservées pendant une durée maximale de cinq ans.

Art. L. 632-9 *(Ord. n° 2007-544, 12 avr. 2007 ; mod., Ord. n° 2014-158, 20 févr. 2014 ; Ord. n° 2017-1107, 22 juin 2017).* – Lorsque les activités d'une plateforme de négociation mentionnée à l'article L. 420-1 qui a installé des dispositifs d'accès dans un autre État membre de l'Union européenne ou dans un autre État partie à l'accord sur l'Espace économique européen y ont acquis une importance substantielle pour le fonctionnement des marchés d'instruments financiers et la protection des investisseurs, l'Autorité des marchés financiers met en place des dispositifs de coopération proportionnés avec l'autorité compétente de cet État.

Art. L. 632-10 *(Ord. n° 2007-544, 12 avr. 2007 ; mod., Ord. n° 2014-158, 20 févr. 2014 ; Ord. n° 2017-1107, 22 juin 2017).* – L'Autorité des marchés financiers peut demander des informations directement aux prestataires de services d'investissement membres d'un marché réglementé, qui ne sont pas établis en France. Dans ce cas, elle en informe l'autorité compétente de l'État membre de l'Union européenne ou de l'autre État partie à l'accord sur l'Espace économique européen dont ils relèvent.

Art. L. 632-11 *(Ord. n° 2007-544, 12 avr. 2007 ; mod., Ord. n° 2014-158, 20 févr. 2014).* – Lorsque l'Autorité des marchés financiers reçoit des comptes rendus de transactions conformément à l'article L. 533-9, elle transmet ces informations à l'autorité compétente du marché le plus pertinent en termes de liquidité pour l'instrument financier considéré, lorsque ce marché est situé dans un autre État membre de l'Union européenne ou dans un autre État partie à l'accord sur l'Espace économique européen.

Lorsque l'Autorité des marchés financiers reçoit des comptes rendus de transactions d'une succursale en France métropolitaine ou dans les départements d'outre-mer ou du Département de Mayotte ou à Saint-Martin de prestataires de services d'investissement ayant leur siège dans un autre État membre de l'Union européenne ou dans un autre État partie à l'accord sur l'Espace économique européen, elle les communique à l'autorité compétente de l'État d'origine de la succursale. Toutefois, elle est dispensée de cette communication si cette dernière autorité indique qu'elle ne souhaite pas les recevoir.

Art. L. 632-11-1 *(Ord. n° 2017-1107, 22 juin 2017).* – Par dérogation aux dispositions de la loi n° 68-678 du 26 juillet 1968 relative à la communication de documents et renseignements d'ordre économique, commercial, industriel, financier ou technique à des personnes physiques ou morales étrangères, l'Autorité des marchés financiers coopère avec :

1° Les organismes compétents pour la surveillance des marchés au comptant et des marchés aux enchères d'unités mentionnées à l'article L. 229-7 du Code de l'environnement ainsi qu'avec les autorités compétentes chargées du contrôle de conformité prévu par la directive 2003/87/CE du Parlement européen et du Conseil du 13 octobre 2003 ;

2° Les instances compétentes pour la surveillance, la gestion et la régulation des marchés agricoles physiques dans les conditions prévues par le règlement (UE) n° 1308/2013 du Parlement européen et du Conseil du 17 décembre 2013.

Art. L. 632-11-2 *(Créé, L. n° 2019-486, 22 mai 2019).* – Par dérogation à la loi n° 68-678 du 26 juillet 1968 relative à la communication de documents et renseignements d'ordre économique, commercial, industriel, financier ou technique à des personnes physiques ou morales étrangères, l'Autorité des marchés financiers coopère avec le Fonds monétaire international, le Conseil de stabilité financière, la Banque des règlements internationaux, l'Organisation internationale des commissions de valeurs et le Comité sur les paiements et les infrastructures de marché et échange avec eux, sans délai excessif, les informations utiles à l'accomplissement de leurs missions. L'Autorité des marchés financiers peut, à cet effet, transmettre des informations couvertes par le secret professionnel.

Section II. – Autres dispositions

Sous-section I. – Dispositions particulières à l'Autorité de contrôle prudentiel et de résolution

(Intitulé rempl. à compter du 1er janvier 2016, Ord. n° 2015-378, 2 avr. 2015)

Art. L. 632-12 *(Ord. n° 2007-544, 12 avr. 2007 ; mod., Ord. n° 2009-866, 15 juill. 2009 ; Ord. n° 2010-76, 21 janv. 2010 ; L. n° 2013-100, 28 janv. 2013 ; Ord. n° 2014-158, 20 févr. 2014 ; Ord. n° 2015-378, 2 avr. 2015 ; mod., Ord. n° 2017-484, 6 avr. 2017).* – Les contrôles sur place de l'Autorité de contrôle prudentiel et de résolution peuvent être étendus aux personnes morales mentionnées à l'article L. 612-26 situées dans un autre État membre de l'Union européenne ou dans un autre État partie à l'accord sur l'Espace économique européen. [L'Autorité] demande aux autorités compétentes de l'autre État membre de l'Union européenne ou de l'autre État partie à l'accord sur l'Espace économique européen qu'elles procèdent à ces contrôles. Avec l'autorisation de ces autorités, elle peut désigner des représentants pour procéder aux contrôles. Lorsqu'elle ne procède pas elle-même à la vérification, l'Autorité de contrôle prudentiel et de résolution peut, si elle le souhaite, y être associée.

Pour assurer la surveillance d'un établissement soumis à son contrôle, l'Autorité de contrôle prudentiel et de résolution peut exiger des agents, prestataires de services externalisés ou succursales établies dans un autre État membre de l'Union européenne ou dans un autre État partie à l'accord sur l'Espace économique européen communication de toutes informations utiles à l'exercice de cette surveillance et, après en avoir informé l'autorité de cet État compétente pour assurer la surveillance des établissements de crédit, des établissements de monnaie électronique, des établissements de paiement, des entreprises d'investissement, des entreprises d'assurance ou de réassurance ou des institutions de retraite professionnelle mentionnées à l'article L. 370-1 du Code des assurances, faire procéder par ses représentants à un contrôle sur place des agents, prestataires de services externalisés ou succursales de cet établissement.

Lorsque les autorités d'un État membre de l'Union européenne ou d'un autre État partie à l'accord sur l'Espace économique européen, compétentes pour la surveillance d'un établissement de crédit, d'un établissement de monnaie électronique, d'un établissement de paiement, d'une entreprise d'investissement, d'une entreprise d'assurance ou de réassurance ou d'une institution de retraite professionnelle souhaitent, dans des cas déterminés, vérifier des informations portant sur l'une des personnes morales mentionnées à l'article L. 612-26 situées en France, l'Autorité de contrôle prudentiel et de résolution doit répondre à leur demande soit en procédant elle-même à la vérification, soit en permettant à des représentants de ces autorités d'y procéder. Lorsqu'elles ne procèdent pas elles-mêmes à la vérification, les autorités compétentes qui ont présenté cette demande peuvent, si elles le souhaitent, y être associées.

Par dérogation aux dispositions de la loi n° 68-678 du 26 juillet 1968 relative à la communication des documents et renseignements d'ordre économique, commercial, industriel, financier, ou technique à des personnes physiques ou morales étrangères, l'Autorité de contrôle prudentiel et de résolution peut en outre échanger toute information utile à l'exercice de leurs contrôles avec les autorités des autres États membres de l'Union européenne ou des autres États parties à l'accord sur l'Espace économique européen, chargées de la surveillance des établissements de crédit, des établissements de monnaie électronique, des établissements de paiement, des entreprises d'investissement, des autres institutions financières, des entreprises d'assurance ou de réassurance et des institutions de retraite professionnelle.

Un décret en Conseil d'État précise les modalités d'application du présent article.

Art. L. 632-12-1 *(Ord. n° 2014-158, 20 févr. 2014 ; mod., Ord. n° 2015-378, 2 avr. 2015)*. – Par dérogation aux dispositions de la loi n° 68-678 du 26 juillet 1968 relative à la communication des documents et renseignements d'ordre économique, commercial, industriel, financier ou technique à des personnes physiques ou morales étrangères, l'Autorité de contrôle prudentiel et de résolution peut échanger toute information utile avec des autorités ou personnes relevant d'un autre État membre de l'Union européenne ou d'un autre État partie à l'accord sur l'Espace économique européen, qui sont :

a) Chargées des procédures collectives des entreprises d'investissement, des entreprises d'assurance ou de réassurance et de toute autre procédure analogue ;

b) Responsables de la surveillance des organismes impliqués dans la liquidation et la faillite des établissements de crédit et des entreprises d'investissement, des entreprises d'assurance ou de réassurance et dans d'autres procédures similaires ;

c) Chargées de la gestion des systèmes de garantie des dépôts et des systèmes d'indemnisation des investisseurs ;

d) Chargées des systèmes de protection contractuels ou institutionnels définis au paragraphe 7 de l'article 113 du règlement (UE) n° 575/2013 du Parlement européen et du Conseil du 26 juin 2013 ;

e) Responsables de la surveillance des organismes chargés des systèmes de protection contractuels ou institutionnels définis au paragraphe 7 de l'article 113 du règlement (UE) n° 575/2013 du Parlement européen et du Conseil du 26 juin 2013 ;

f) Chargées de procéder au contrôle légal des comptes des entreprises d'investissement, des établissements financiers au sens de l'article L. 511-21, des établissements de crédit, des établissements de paiement, des établissements de monnaie électronique et des entreprises d'assurance ou de réassurance, dans le cadre de l'exercice de leur fonction de surveillance ou de l'exercice de leurs fonctions dans le cas des gestionnaires des systèmes d'indemnisation ;

g) Responsables de la surveillance des personnes chargées du contrôle légal des comptes des entreprises d'investissement, des établissements financiers au sens de l'article L. 511-21, des établissements de crédit, des établissements de paiement, des établissements de monnaie électronique et des entreprises d'assurance ou de réassurance ;

h) Chargées de la gestion de procédures de liquidation forcée ou de fonds de garantie pour les entreprises d'assurance ou de réassurance ;

i) Des actuaires indépendants des entreprises d'assurance ou des entreprises de réassurance exerçant, en vertu de leur législation nationale, une fonction de contrôle sur celles-ci ainsi que les organes chargés du contrôle de ces actuaires.

Cet échange d'informations doit être destiné à l'exécution des missions des autorités ou personnes mentionnées au premier alinéa.

Les informations communiquées doivent en outre bénéficier des garanties de secret professionnel au moins équivalentes à celles auxquelles est soumise l'Autorité de contrôle prudentiel et de résolution.

Voir : la rédaction de cet article issue de l'ordonnance n° 2019-575 du 12 juillet 2019, en *addendum*, p. 3371.

Art. L. 632-13 *(Ord. n° 2007-544, 12 avr. 2007 ; mod., Ord. n° 2014-158, 20 févr. 2014 ; Ord. n° 2015-378, 2 avr. 2015 ; Ord. n° 2017-484, 6 avr. 2017).* – L'Autorité de contrôle prudentiel et de résolution peut, par dérogation aux dispositions de la loi n° 68-678 du 26 juillet 1968 relative à la communication des documents et renseignements d'ordre économique, commercial, industriel, financier, ou technique à des personnes physiques ou morales étrangères, conclure avec les autorités d'un État non membre de l'Union européenne et non partie à l'accord sur l'Espace économique européen et chargées d'une mission similaire à celle confiée en France à l'Autorité de contrôle prudentiel et de résolution, à condition que ces autorités soient elles-mêmes soumises au secret professionnel, des conventions bilatérales, ayant pour objet, cumulativement ou non :

1. L'extension des contrôles sur place aux succursales ou filiales implantées à l'étranger d'un organisme soumis au contrôle de l'Autorité de contrôle prudentiel et de résolution ;

2. La réalisation par l'Autorité de contrôle prudentiel et de résolution, à la demande de ces autorités étrangères, de contrôles sur place sur des établissements soumis à son contrôle en France et qui sont des succursales ou des filiales d'établissements soumis au contrôle de ces autorités. Ces contrôles peuvent être effectués conjointement avec ces autorités étrangères ;

3. La définition des conditions dans lesquelles l'Autorité de contrôle prudentiel et de résolution peut transmettre, recevoir ou échanger des informations utiles à l'exercice de ses compétences et de celles des autorités étrangères chargées de la surveillance des établissements de crédit, des entreprises d'investissement, des autres institutions financières, des entreprises d'assurance ou de réassurance, des institutions de retraite professionnelle ou des marchés financiers.

Art. L. 632-13-1 *(Ord. n° 2015-1024, 20 août 2015).* – En l'absence d'un accord international conclu par l'Union européenne avec un ou plusieurs États non membres de l'Union européenne relatif aux modalités de coopération entre les autorités de résolution et les autorités homologues des États non membres de l'Union européenne, concernant notamment les plans préventifs de rétablissement et les plans préventifs de résolution, l'Autorité de contrôle prudentiel et de résolution peut conclure dans les conditions fixées à l'article L. 632-7 des accords de coopération avec les autorités de surveillance et de résolution de ces États.

Ces accords sont conformes, le cas échéant, aux accords-cadres conclus par l'Autorité bancaire européenne dans ce domaine avec les autorités concernées des États non membres de l'Union européenne.

Les conditions d'application de cet article sont fixées par décret en Conseil d'État, notamment les conditions dans lesquelles la conclusion des accords mentionnés ci-dessus fait intervenir les collèges de supervision et de résolution selon leurs compétences respectives.

Art. L. 632-14 *(Ord. n° 2007-544, 12 avr. 2007 ; mod., L. n° 2013-672, 26 juill. 2013 ; Ord. n° 2015-378, 2 avr. 2015 ; Ord. n° 2017-484, 6 avr. 2017).* – Les contrôles effectués en application des articles L. 632-12 et L. 632-13 par les représentants d'une autorité de contrôle étrangère compétente pour la surveillance des établissements de crédit, des établissements de monnaie électronique, des établissements de paiement, des entreprises d'assurance ou de réassurance ou des institutions de retraite professionnelle ne peuvent porter que sur le respect des normes prudentielles de gestion de l'État concerné afin de permettre un contrôle de la situation financière des groupes bancaires ou financiers ou n'être exercés qu'aux fins du contrôle des groupes prévu à l'article L. 356-2 du Code des assurances. Ces contrôles font l'objet d'un compte rendu à l'Autorité de contrôle prudentiel et de résolution. Seule cette autorité peut prononcer des sanctions à l'égard de la filiale ou de la succursale contrôlée en France.

Pour permettre l'exercice des contrôles prévus par les articles L. 632-12 et L. 632-13, les personnes qui participent à la direction ou à la gestion des établissements ou entreprises mentionnés à l'alinéa précédent ou qui sont employées par ceux-ci devront donner suite aux demandes des représentants des autorités de contrôle étrangères, sans pouvoir opposer le secret professionnel.

Les dispositions de l'article L. 632-5 sont applicables aux activités couvertes par le présent article.

Sous réserve des attributions de l'Autorité des marchés financiers, les dispositions du présent article et des articles L. 632-12 et L. 632-13 s'appliquent aux entreprises d'investissement et aux activités de services d'investissement des établissements de crédit.

Art. L. 632-15 *(Ord. n° 2007-544, 12 avr. 2007 ; mod., L. n° 2010-1249, 22 oct. 2010 ; Ord. n° 2014-158, 20 févr. 2014 ; Ord. n° 2015-378, 2 avr. 2015 ; Ord. n° 2017-484, 6 avr. 2017).* – Par dérogation aux dispositions de la loi n° 68-678 du 26 juillet 1968 relative à la communication des documents et renseignements d'ordre économique, commercial, industriel, financier ou technique à des personnes physiques ou morales étrangères, l'Autorité de contrôle prudentiel et de résolution peut, en dehors du cadre des accords mentionnés aux articles L. 632-7 et L. 632-13, transmettre des informations aux autorités des États non membres de l'Union européenne et non parties à l'accord sur l'Espace économique européen chargées de la surveillance des personnes mentionnées aux 1° à 3° du A et aux 1° à 3°, 5°, 6° et 8° à 11° du B du I de l'article L. 612-2 et aux 1° à 4° de l'article L. 612-26 du présent code, sous réserve de réciprocité et pour autant que les informations communiquées bénéficient de garanties de secret professionnel au moins équivalentes à celles auxquelles sont soumises les autorités françaises.

Art. L. 632-15-1 *(Ord. n° 2014-158, 20 févr. 2014).* – Les informations confidentielles reçues par l'Autorité de contrôle prudentiel et de résolution de la part d'une autorité ou d'une personne relevant d'un autre État membre de l'Union Européenne ou d'un autre État partie à l'accord sur l'Espace économique européen ou d'un pays tiers ne peuvent être divulguées sans l'accord exprès de l'autorité ou de la personne qui les a communiquées et, le cas échéant, aux seules fins pour lesquelles elle a donné son accord.

Sous-section 2. – Dispositions particulières à l'Autorité des marchés financiers

Art. L. 632-16 *(Ord. n° 2007-544, 12 avr. 2007 ; mod., Ord. n° 2014-158, 20 févr. 2014).* – L'Autorité des marchés financiers peut conduire des activités de surveillance, de contrôle et d'enquêtes à la demande d'autorités étrangères ayant des compétences analogues. Lorsque ces activités sont exercées pour le compte d'autorités d'un État non membre de l'Union européenne et qui n'est pas partie à l'accord sur l'Espace économique européen, elles sont exercées sous réserve de réciprocité.

L'obligation de secret professionnel prévue au II de l'article L. 621-4 ne fait pas obstacle à ce que l'Autorité des marchés financiers, par dérogation aux dispositions de la loi n° 68-678 du 26 juillet 1968 relative à la communication de documents et renseignements d'ordre financier ou technique à des personnes physiques ou morales étrangères, puisse communiquer les informations qu'elle détient ou qu'elle recueille à leur demande à des autorités étrangères exerçant des compétences analogues et astreintes aux mêmes obligations de secret professionnel. Lorsque la communication est faite à des autorités d'un État non membre de l'Union européenne et qui n'est pas partie à l'accord sur l'Espace économique européen, elle est effectuée sous réserve de réciprocité. L'Autorité des marchés financiers peut également, dans l'exercice de ses missions, échanger des informations confidentielles relatives aux obligations mentionnées aux articles L. 412-1, L. 451-1-2 et L. 451-1-3 avec des entités auxquelles ces autorités ont délégué le contrôle de leurs obligations, dès lors que ces entités sont astreintes aux mêmes obligations de secret professionnel. À cette fin, l'Autorité des marchés financiers peut conclure des accords organisant ses relations avec ces entités déléguées.

Les dispositions des articles L. 632-5 et L. 632-1 A sont applicables aux activités régies par le présent article.

Outre les accords mentionnés à l'article L. 632-7, l'Autorité des marchés financiers peut, pour la mise en œuvre des alinéas précédents, conclure des accords organisant ses relations avec des autorités étrangères exerçant des compétences analogues aux siennes.

Les accords mentionnés à l'article L. 632-7 ainsi qu'au précédent alinéa sont approuvés par l'Autorité des marchés financiers dans les conditions prévues à l'article L. 621-3.

Voir : C. monét. fin., art. R. 632-3.

Sous-section 3. – Dispositions diverses

Art. L. 632-17 *(Ord. n° 2007-544, 12 avr. 2007 ; rempl., L. n° 2010-1249, 22 oct. 2010 ; mod., L. n° 2019-486, 22 mai 2019).* – I. – Les infrastructures de marché qui diffusent ou tiennent à la disposition de l'Autorité des marchés financiers ou de l'Autorité de contrôle prudentiel et de résolution des informations relatives aux transactions sur instruments financiers peuvent communiquer à leurs homologues étrangers ainsi qu'aux autorités homologues de l'Autorité des marchés financiers ou de l'Autorité de contrôle prudentiel et de résolution les informations nécessaires à l'accomplissement de leurs missions, y compris les informations couvertes par le secret professionnel, à condition que ces organismes homologues soient eux-mêmes soumis au secret professionnel dans un cadre législatif offrant des garanties équivalentes à celles applicables en France et sous réserve de réciprocité.

Lorsque ces échanges d'informations interviennent entre les infrastructures de marché et les autorités homologues de l'Autorité des marchés financiers ou de l'Autorité de contrôle prudentiel et de résolution, ils sont effectués dans les conditions prévues par un accord de coopération mentionné à l'article L. 632-7.

Dans le cadre de la surveillance des risques encourus par les membres, ces informations peuvent notamment recouvrir les positions prises sur le marché, les dépôts de garantie ou de couverture et leur composition ainsi que les appels de marge.

Un décret définit les infrastructures de marché soumises aux présentes dispositions.

II. - Les établissements de crédit et les entreprises d'investissement qui sont soumis au contrôle de l'Autorité des marchés financiers et de l'Autorité de contrôle prudentiel et de résolution peuvent, dans les conditions prévues par un accord de coopération mentionné à l'article L. 632-7, sous réserve de réciprocité, communiquer aux autorités homologues de l'Autorité des marchés financiers ou de l'Autorité de contrôle prudentiel et de résolution les informations nécessaires à l'accomplissement de leurs missions, y compris les informations couvertes par le secret professionnel, à condition que ces autorités homologues soient elles-mêmes soumises au secret professionnel dans un cadre législatif offrant des garanties équivalentes à celles applicables en France.

CHAPITRE III. – SURVEILLANCE COMPLÉMENTAIRE DES CONGLOMÉRATS FINANCIERS

(Ord. n° 2004-1201, 12 nov. 2004)

Section I. – Identification des conglomérats financiers

Art. L. 633-1 *(Ord. n° 2004-1201, 12 nov. 2004 ; mod., Ord. n° 2010-76, 21 janv. 2010 ; Ord. n° 2014-158, 20 févr. 2014).* – L'Autorité de contrôle prudentiel et de résolution et l'Autorité des marchés financiers, en liaison, le cas échéant, avec les autorités de surveillance des entités réglementées des États membres ou autres États parties à l'accord sur l'Espace économique européen, identifient les groupes entrant dans le champ de la surveillance complémentaire des conglomérats financiers et échangent à cet effet toute information utile à l'accomplissement de leurs missions respectives.

Lorsque un groupe a été identifié comme un conglomérat financier et que l'Autorité de contrôle prudentiel et de résolution est désignée, conformément aux dispositions de l'article L. 633-2, comme le coordonnateur de la surveillance complémentaire, elle en informe l'entité tête de groupe ou, à défaut, l'entité réglementée qui affiche le total du bilan le plus élevé dans le secteur financier le plus important du groupe. Elle en informe également les autorités compétentes qui ont agréé les entités réglementées du groupe, les autorités compétentes de l'État membre ou autre État partie à l'accord sur l'Espace économique européen dans lequel la compagnie financière holding mixte a son siège social, ainsi que le comité mixte des autorités européennes de surveillance au sens de l'article 54 du règlement (UE) n° 1093/2010, du règlement (UE) n° 1094/2010 et du règlement (UE) n° 1095/2010.

Si l'Autorité de contrôle prudentiel et de résolution ou, le cas échéant, l'Autorité des marchés financiers estime qu'une entité réglementée mentionnée à l'article L. 517-2 et soumise à son contrôle en application des articles L. 612-2 ou L. 621-9 appartient à un groupe qui peut être un conglomérat financier et qui n'a pas encore été identifié comme tel, elle en informe les autres autorités compétentes concernées et le Comité mixte des autorités européennes de surveillance.

Voir : C. monét. fin., art. R. 633-1 et s., p. 1651.

Section II. – Désignation du coordonnateur

Art. L. 633-2 *(Ord. n° 2004-1201, 12 nov. 2004 ; mod., Ord. n° 2014-158, 20 févr. 2014).* – I. – Le coordonnateur est l'autorité compétente responsable de la coordination et de l'exercice de la surveillance complémentaire. Il peut décider, après consultation des autorités compétentes concernées et du conglomérat financier, quelle méthode de calcul des exigences complémentaires en matière d'adéquation des fonds propres est appliquée, et décider de ne pas inclure une entité particulière dans le périmètre de calcul des exigences complémentaires en matière d'adéquation des fonds propres.

II. – Le coordonnateur est l'autorité compétente d'un des États parties à l'accord sur l'Espace économique européen qui remplit des critères déterminés en fonction de la structure et de l'organisation du conglomérat.

III. – Les dispositions du présent article sont précisées par arrêté des ministres chargés de l'économie, de la sécurité sociale et de la mutualité.

Section III. – Mission du coordonnateur

Art. L. 633-3 *(Ord. n° 2004-1201, 12 nov. 2004 ; mod., Ord. n° 2014-158, 20 févr. 2014).* – Lorsqu'elle est désignée comme coordonnateur, l'Autorité de contrôle prudentiel et de résolution assure, au titre de la surveillance complémentaire :

a) La coordination de la collecte et de la diffusion de toute information utile dans la marche normale des affaires comme dans les situations d'urgence, et en particulier de toute information importante intéressant la surveillance prudentielle exercée par une autorité compétente en vertu des règles sectorielles ;

b) Le contrôle prudentiel et l'évaluation de la situation financière d'un conglomérat financier ;

c) L'évaluation de l'application des règles relatives à l'adéquation des fonds propres, à la concentration de risques et aux transactions entre les différentes entités du conglomérat conformément aux dispositions de l'article L. 517-8 ;

d) L'évaluation de la structure, de l'organisation et des dispositifs de contrôle interne du conglomérat financier ;

e) La planification et la coordination des activités prudentielles, en coopération avec les autorités compétentes concernées.

Elle peut soumettre le conglomérat financier à des exercices de simulation de crise, en coopération avec les autorités compétentes concernées.

Section IV. – Coopération et échanges d'informations aux fins de la surveillance complémentaire

Art. L. 633-4 *(Ord. n° 2004-1201, 12 nov. 2004).* – Lorsque le coordonnateur d'un conglomérat financier est une autorité d'un autre État membre ou partie à l'accord sur l'Espace économique européen, il assure, à l'égard des entités établies en France, les missions définies à l'article L. 633-3.

Art. L. 633-5 *(Ord. n° 2004-1201, 12 nov. 2004 ; mod., Ord. n° 2014-158, 20 févr. 2014).* – Afin de faciliter l'exercice de la surveillance complémentaire, l'Autorité de contrôle prudentiel et de résolution conclut avec les autorités compétentes concernées, et, en tant que de besoin, toute autre autorité compétente intéressée, des accords de coordination. Ces accords peuvent confier des missions supplémentaires au coordonnateur et préciser les procédures à suivre dans le cadre de la surveillance complémentaire. Ils peuvent également préciser les modalités de coordination avec d'autres autorités compétentes.

Les conditions d'application du présent article sont précisées par décret en Conseil d'État.

Art. L. 633-6 *(Ord. n° 2004-1201, 12 nov. 2004 ; mod., Ord. n° 2014-158, 20 févr. 2014).* – L'Autorité de contrôle prudentiel et de résolution et, le cas échéant, l'Autorité des marchés financiers coopèrent avec les autorités compétentes chargées de la surveillance des entités réglementées appartenant à un conglomérat financier et, lorsqu'elles n'exercent pas ce rôle, avec le coordonnateur. Les conditions d'application du présent article sont fixées par décret en Conseil d'État.

Art. L. 633-7 *(Ord. n° 2004-1201, 12 nov. 2004 ; mod., Ord. n° 2014-158, 20 févr. 2014).* – Pour les besoins de l'exercice de leurs fonctions respectives, les autorités compétentes peuvent échanger des informations relatives aux entités réglementées appartenant à un conglomérat financier avec les banques centrales des États membres ou autres États parties à l'accord sur l'Espace économique européen, le Système européen des banques centrales, la Banque centrale européenne, le comité européen du risque systémique ainsi qu'avec le Comité mixte des autorités européennes de surveillance.

Les conditions d'application du présent article sont précisées par décret en Conseil d'État.

Art. L. 633-7-1 *(Ord. n° 2014-158, 20 févr. 2014 ; mod., Ord. n° 2015-378, 2 avr. 2015).* – La coopération entre autorités, l'accomplissement des missions du coordonnateur et, s'il y a lieu, la coordination et la coopération appropriées avec les autorités de surveillance concernées des pays tiers sont assurés, dans le respect des exigences de confidentialité et du droit applicable, par l'intermédiaire des collèges de superviseurs mentionnés à l'article L. 613-20-2 ou des collèges de contrôleurs mentionnés au 7° de l'article L. 356-1 du Code des assurances.

Le coordonnateur, en tant que président d'un collège, désigne les autorités compétentes mentionnées au 4° de l'article L. 517-2 qui participent à une réunion ou à toute activité du collège, sous réserve des règles sectorielles applicables.

Les accords de coordination établis conformément à l'article L. 633-5 sont repris séparément dans les accords de coordination écrits mis en place dans les collèges de superviseurs ou instances homologues mentionnés ci-dessus.

Section V. – Exercice du contrôle

Art. L. 633-8 *(Ord. n° 2004-1201, 12 nov. 2004 ; mod., Ord. n° 2014-158, 20 févr. 2014).* – Les articles L. 612-24, L. 612-26 et L. 612-44 sont applicables à l'ensemble des entités situées dans un État membre ou un autre État partie à l'accord sur l'Espace économique européen, réglementées ou non, appartenant à un conglomérat financier dont l'Autorité de contrôle prudentiel et de résolution est le coordonnateur.

Art. L. 633-9 *(Ord. n° 2004-1201, 12 nov. 2004).* – Par dérogation à la loi n° 68-678 du 26 juillet 1968 relative à la communication de documents et renseignements d'ordre économique, commercial, industriel, financier ou technique à des personnes physiques ou morales étrangères, toute entité établie en France *(Mots rempl., L. n° 2013-100, 28 janv. 2013)* « appartenant à un conglomérat financier est tenue de transmettre aux autorités européennes de surveillance les informations utiles à l'accomplissement de leurs missions. Si le coordonnateur est une autorité d'un État membre ou d'un autre État partie à l'accord sur l'Espace économique européen, elle est tenue de transmettre au coordonnateur, à sa demande, toute information pouvant intéresser la surveillance complémentaire ».

Art. L. 633-10 *(Ord. n° 2004-1201, 12 nov. 2004 ; mod., Ord. n° 2014-158, 20 févr. 2014).* – I. – Lorsque les autorités compétentes d'un État membre ou d'un autre État partie à l'accord sur l'Espace économique européen souhaitent, dans des cas déterminés, vérifier les informations relatives à une entité établie en France, réglementée ou non, appartenant à un conglomérat financier et mentionnée à l'article L. 612-26, elles demandent à l'Autorité de contrôle prudentiel et de résolution ou, le cas échéant, à l'Autorité des marchés financiers de faire procéder à cette vérification.

L'Autorité de contrôle prudentiel et de résolution ou, le cas échéant, l'Autorité des marchés financiers y donne suite, dans le cadre de ses compétences, soit en procédant elle-même à cette vérification, soit en permettant à l'autorité qui a présenté la demande d'y procéder elle-même, soit en permettant qu'un commissaire aux comptes ou un expert y procède.

Lorsqu'elle ne procède pas elle-même à la vérification, l'autorité compétente qui a présenté la demande peut, si elle le souhaite, y être associée.

II. – Lorsque l'Autorité de contrôle prudentiel et de résolution ou, le cas échéant, l'Autorité des marchés financiers souhaite, dans des cas déterminés, vérifier les informations relatives à une entité, réglementée ou non, qui appartient à un conglomérat financier et qui a son siège dans un autre État membre de l'Union européenne ou partie à l'accord sur l'Espace économique européen, elle demande aux autorités compétentes de cet État de faire procéder à cette vérification selon la procédure mentionnée au I.

Art. L. 633-11 *(Ord. n° 2004-1201, 12 nov. 2004 ; mod., L. n° 2013-672, 26 juill. 2013)*. – Aux fins de la surveillance complémentaire prévue par le présent chapitre, l'Autorité de contrôle prudentiel et de résolution peut conclure les accords prévus à l'article L. 632-13 avec les autorités compétentes d'un État non partie à l'accord sur l'Espace économique européen en vue du contrôle de toute entité appartenant à un conglomérat financier.

Section VI. – Mesures d'exécution

Art. L. 633-12 *(Ord. n° 2004-1201, 12 nov. 2004 ; mod., Ord. n° 2014-158, 20 févr. 2014)*. – I. – Si l'Autorité de contrôle prudentiel et de résolution, lorsqu'elle est désignée en tant que coordonnateur, constate que les entités réglementées d'un conglomérat financier respectent les exigences visées à l'article L. 517-8 mais que leur solvabilité risque néanmoins d'être compromise, ou que les transactions entre les entités du groupe ou les concentrations de risques menacent la situation financière desdites entités réglementées, elle peut mettre en œuvre à l'encontre de la compagnie financière holding mixte les pouvoirs dont elle dispose au titre de la section 1 du chapitre III du titre Ier du livre VI du présent code.

II. – Si l'Autorité de contrôle prudentiel et de résolution, lorsqu'elle est désignée en tant que coordonnateur, constate qu'une ou plusieurs entités réglementées ou qu'une compagnie financière holding mixte d'un conglomérat financier ne se conforment pas aux exigences visées à l'article L. 517-8 ou à l'article L. 517-9, ou n'ont pas répondu à une recommandation, ou n'ont pas tenu compte d'une mise en garde, ou n'ont pas respecté les conditions particulières posées ou les engagements pris au titre de la surveillance complémentaire, ou n'ont pas déféré à une injonction, elle peut, à l'encontre de la compagnie financière holding mixte prononcer les sanctions prévues aux articles L. 612-39 et L. 612-40.

III. – Les autorités compétentes sectorielles, y compris l'Autorité de contrôle prudentiel et de résolution, peuvent faire usage, aux fins de la surveillance complémentaire, des pouvoirs de sanctions dont elles disposent au titre de la surveillance sectorielle à l'égard des entités réglementées soumises à leur contrôle.

IV. – Lorsque le coordonnateur est une autorité compétente d'un autre État membre ou partie à l'accord sur l'Espace économique européen, il peut prononcer à l'encontre d'une compagnie financière holding mixte ayant son siège en France les sanctions prévues au présent article ou prendre les mesures prévues par son droit national.

Art. L. 633-13 *(Ord. n° 2004-1201, 12 nov. 2004 ; mod., L. n° 2013-672, 26 juill. 2013 ; Ord. n° 2017-1107, 22 juin 2017)*. – Lorsqu'une entité réglementée utilise son appartenance à un conglomérat financier pour se soustraire, totalement ou partiellement, à l'application des règles sectorielles dont elle relève, l'Autorité de contrôle prudentiel et de résolution peut faire usage des pouvoirs prévus aux sections 5 à 7 du chapitre II et à la section 1 du chapitre III du titre Ier du livre VI.

Lorsque l'entité réglementée mentionnée à l'alinéa précédent est une entreprise d'investissement ou une société de gestion de portefeuille, l'Autorité des marchés financiers peut faire usage, sous réserve des compétences de l'Autorité de contrôle prudentiel et de résolution, des pouvoirs prévus aux sous-sections 3, 4 et 5 de la section IV du chapitre unique du titre II du livre VI.

Section VII. – Entreprises mères ayant leur siège en dehors de l'Espace économique européen

Art. L. 633-14 *(Ord. n° 2004-1201, 12 nov. 2004 ; mod., L. n° 2013-100, 28 janv. 2013 ; Ord. n° 2014-158, 20 févr. 2014)*. – Lorsque des entités réglementées appartenant à un groupe exerçant des activités à la fois dans le secteur de la banque et des services d'investissement et dans le secteur de l'assurance ont pour entreprise mère une société dont le siège social se situe dans un État non membre ni partie à l'accord sur l'Espace économique européen, l'Autorité de contrôle prudentiel et de résolution, lorsqu'elle remplit les conditions fixées par l'article L. 633-2 pour être coordonnateur, vérifie, de sa propre initiative ou à la demande de l'entreprise mère ou d'une entité réglementée agréée dans un État membre ou un autre État partie à l'accord sur l'Espace économique européen, que ces entités réglementées sont soumises, par une autorité compétente du pays tiers, à une surveillance complémentaire équivalente à celle prévue à la présente sous-section. Cette autorité consulte les autorités compétentes concernées. Si une autorité compétente concernée saisit l'Autorité bancaire européenne ou l'Autorité européenne des assurances et des pensions professionnelles, l'Autorité de contrôle prudentiel et de résolution suspend sa décision et prend une décision conforme à celle retenue par l'autorité saisie.

En l'absence d'une surveillance complémentaire équivalente, les autorités compétentes concernées désignent un coordonnateur et appliquent par analogie à ces entités réglementées les dispositions relatives à la surveillance complémentaire.

Afin d'assurer la surveillance complémentaire des entités réglementées appartenant à un conglomérat financier dont l'entreprise mère a son siège social dans un État qui n'est pas partie à l'accord sur l'Espace économique européen, les autorités compétentes concernées peuvent également appliquer d'autres méthodes qu'elles jugent appropriées. Ces méthodes doivent avoir été validées par l'Autorité de contrôle prudentiel et de résolution, lorsqu'elle remplit les conditions fixées par l'article L. 633-2 pour être coordonnateur, après consultation des autres autorités compétentes concernées. Les autorités compétentes concernées peuvent notamment exiger la constitution d'une compagnie financière holding mixte ayant son siège social dans un État membre ou dans un autre État partie à l'accord sur l'Espace économique européen et appliquer les dispositions relatives à la surveillance complémentaire aux entités réglementées du conglomérat financier coiffées par cette compagnie financière holding mixte. Les méthodes mentionnées au présent alinéa sont notifiées aux autorités compétentes concernées et à la commission européenne.

Art. L. 633-15 *(L. n° 2013-672, 26 juill. 2013)*. – Aux fins de la surveillance complémentaire prévue par le présent chapitre, l'Autorité de contrôle prudentiel et de résolution peut conclure les accords prévus à l'article L. 633-5 avec les autorités compétentes d'un État non partie à l'accord sur l'Espace économique européen en vue du contrôle de toute entité, réglementée ou non, appartenant à un conglomérat financier.

Partie réglementaire

Art. R. 633-1 *(Anc. art. R. 631-1, dénum., D. n° 2007-901, 15 mai 2007 ; mod., L. n° 2013-672, 26 juill. 2013 ; D. n° 2014-1315, 3 nov. 2014)*. – Lorsque l'entité de tête d'un conglomérat financier a son siège social dans un autre État membre ou un autre État partie à l'accord sur l'Espace économique européen et que l'Autorité de contrôle prudentiel et de résolution ou, le cas échéant, l'Autorité des marchés financiers en est le coordonnateur, ce dernier peut inviter les autorités compétentes de cet État, d'une part, à demander à cette entité de leur fournir toutes informations utiles à l'accomplissement de sa mission de coordination, telle qu'elle est définie à l'article L. 633-3, d'autre part, à lui communiquer les informations ainsi collectées.

L'Autorité de contrôle prudentiel et de résolution ou, le cas échéant, l'Autorité des marchés financiers communique, à la demande d'un coordonnateur d'un autre État membre ou d'un autre État partie à l'accord sur l'Espace économique européen, toutes informations utiles à l'accomplissement de la mission de ce coordonnateur mentionnée à l'article L. 633-4.

Art. R. 633-2 *(Anc. art. R. 631-2, dénum., D. n° 2007-901, 15 mai 2007 ; mod., L. n° 2013-672, 26 juill. 2013 ; D. n° 2014-1315, 3 nov. 2014)*. – L'Autorité de contrôle prudentiel et de résolution ou, le cas échéant, l'Autorité des marchés financiers coopère étroitement avec les autres autorités compétentes en vue de s'assurer de l'effectivité des sanctions ou mesures qu'elle a adoptées en application des articles L. 633-12 et L. 633-13.

Art. R. 633-3 *(Anc. art. R. 631-2, dénum., D. n° 2007-901, 15 mai 2007 ; rempl., D. n° 2013-388, 10 mai 2013 ; mod., L. n° 2013-672, 26 juill. 2013 ; D. n° 2014-1315, 3 nov. 2014)*. – Lorsque l'Autorité de contrôle prudentiel et de résolution est l'autorité chargée de la vérification mentionnée à l'article L. 633-14, elle consulte les autres autorités compétentes concernées et met en œuvre les orientations élaborées par l'intermédiaire du comité mixte des autorités européennes de surveillance.

Art. R. 633-4 *(Anc. art. R. 631-4, dénum., D. n° 2007-901, 15 mai 2007 ; mod., L. n° 2013-672, 26 juill. 2013 ; D. n° 2014-1315, 3 nov. 2014).* – La coopération entre autorités compétentes prévue aux articles L. 633-5 et L. 633-6 s'exerce dans les conditions suivantes :

1° Sans préjudice de leurs responsabilités respectives, les autorités compétentes et le coordonnateur communiquent, de leur propre initiative, toute information essentielle ou, sur demande, toute information utile permettant à ces autorités d'exercer leurs fonctions prudentielles, au titre de la surveillance complémentaire des conglomérats financiers.

Ces informations portent notamment sur :

a) L'identification de la structure juridique du groupe, de son système de gouvernance et de sa structure organisationnelle, y compris toutes les entités réglementées, les filiales non réglementées et les succursales d'importance significative appartenant au conglomérat financier, les détenteurs de participations qualifiées au niveau de l'entreprise mère ultime, ainsi que les autorités compétentes de ces entités réglementées ;

b) Les stratégies du conglomérat financier ;

c) La situation financière du conglomérat financier, notamment en ce qui concerne l'adéquation des fonds propres, les transactions intragroupe, la concentration des risques et la rentabilité ;

d) Les principaux actionnaires et dirigeants ;

e) Le dispositif de gestion des risques et le système de contrôle interne ;

f) Les procédures de collecte et de vérification d'informations auprès des entités du conglomérat financier ;

g) Les difficultés éventuellement rencontrées par ces dernières ;

h) Les principales sanctions et mesures exceptionnelles prises à leur encontre par les autorités compétentes ;

2° Sans préjudice de leurs responsabilités respectives, avant de prendre une décision susceptible de relever des fonctions prudentielles exercées par d'autres autorités compétentes, les autorités compétentes intéressées se consultent et échangent des informations sur la modification structurelle de l'actionnariat, sur l'organisation ou la direction des entités réglementées d'un conglomérat financier requérant l'approbation ou l'autorisation des autorités compétentes ainsi que sur les principales sanctions et mesures exceptionnelles envisagées par les autorités compétentes.

En cas d'urgence ou lorsque cette consultation risquerait de compromettre l'efficacité de la décision, une autorité compétente peut décider de ne pas consulter ses homologues, sous réserve de les informer sans délai de cette décision ;

3° Lorsque des informations provenant d'entités réglementées ou non appartenant à un conglomérat financier et pouvant intéresser la surveillance complémentaire ont déjà été communiquées à une autorité compétente en application des règles sectorielles, l'Autorité de contrôle prudentiel et de résolution ou, le cas échéant, l'Autorité des marchés financiers, en tant que coordonnateur, peut s'adresser à elle pour obtenir ces informations.

Art. R. 633-5 *(D. n° 2014-1315, 3 nov. 2014).* – En application de l'article L. 633-7, l'Autorité de contrôle prudentiel et de résolution ou, le cas échéant, l'Autorité des marchés financiers, en tant que coordonnateur, fournit au comité mixte des autorités européennes de surveillance les informations définies au *a* du 1° de l'article R. 633-4.

Partie législative

TITRE IV. – DISPOSITIONS PÉNALES

CHAPITRE I. – DISPOSITIONS RELATIVES À L'AUTORITÉ DE CONTRÔLE PRUDENTIEL ET DE RÉSOLUTION

(Rempl., Ord. n° 2010-76, 21 janv. 2010)

Art. L. 641-1 *(Rempl., Ord. n° 2010-76, 21 janv. 2010 ; mod., L. n° 2013-672, 26 juill. 2013).* – Est puni des peines prévues à l'article 226-13 du Code pénal le fait, pour toute personne qui participe ou a participé à l'accomplissement des missions de l'Autorité de contrôle prudentiel et de résolution, de violer le secret professionnel institué par l'article L. 612-17, sous réserve des dispositions de l'article 226-14 du Code pénal.

Art. L. 641-2 *(Abr., Ord. n° 2010-76, 21 janv. 2010).*

CHAPITRE II. – DISPOSITIONS RELATIVES À L'AUTORITÉ DES MARCHÉS FINANCIERS

(Intitulé rempl., L. n° 2003-706, 1er août 2003)

Art. L. 642-1 *(Rempl., L. n° 2003-706, 1er août 2003).* **– Est puni des peines prévues à l'article 226-13 du Code pénal le fait, pour tout membre, tout membre du personnel ou préposé de l'Autorité des marchés financiers, ainsi que pour tout expert nommé dans une commission consultative mentionnée au III de l'article L. 621-2, de violer le secret professionnel institué par l'article L. 621-4, sous réserve des dispositions de l'article 226-14 du Code pénal.**

Art. L. 642-2 *(Rempl., L. n° 2003-706, 1er août 2003).* **– Est puni d'un emprisonnement de deux ans et d'une amende de 300 000 € le fait, pour toute personne, de mettre obstacle à une mission de contrôle ou d'enquête de l'Autorité des marchés financiers effectuée dans les conditions prévues aux articles L. 621-9 à L. 621-9-2 ou de lui communiquer des renseignements inexacts.**

Art. L. 642-3 *(Mod., L. n° 2003-706, 1er août 2003).* **– Est puni d'un emprisonnement de deux ans et d'une amende de 300 000 € le fait, pour toute personne, de mettre obstacle aux mesures de séquestre ou de ne pas respecter l'interdiction temporaire d'activité professionnelle prononcées en application de l'article L. 621-13.**

Est puni d'un emprisonnement de deux ans et d'une amende de 75 000 euros le fait, pour toute personne, de ne pas consigner la somme fixée par le juge, en application de l'article L. 621-13, dans le délai de quarante-huit heures suivant la date à laquelle la décision est devenue exécutoire.

....

Partie réglementaire

TITRE IV. – DISPOSITIONS PÉNALES

CHAPITRE UNIQUE – DISPOSITIONS APPLICABLES AUX AUTORITÉS COMPÉTENTES EN MATIÈRE DE RÉGLEMENTATION ET DE CONTRÔLE

(D. n° 2010-217, 3 mars 2010)

Art. R. 641-1 *(D. n° 2010-217, 3 mars 2010).* **– Est puni de la peine d'amende prévue par les contraventions de cinquième classe le fait pour tout dirigeant d'une personne mentionnée au I et au II de l'article L. 612-2 de ne pas produire un programme de rétablissement prescrit conformément aux dispositions de l'article R. 612-30 ou de ne pas l'exécuter dans les conditions et délais prévus.**

La récidive de la contravention prévue au présent article est réprimée conformément à l'article 132-11 du Code pénal.

Art. R. 641-2 *(D. n° 2010-217, 3 mars 2010).* **– Est puni de la peine d'amende prévue par les contraventions de cinquième classe le fait pour tout dirigeant d'une personne mentionnée au I et au 3° du II de l'article L. 612-2 de ne pas effectuer le transfert mentionné au dernier alinéa de l'article R. 612-32.**

La récidive de la contravention prévue au présent article est réprimée conformément à l'article 132-11 du Code pénal.

Art. R. 641-3 *(D. n° 2010-217, 3 mars 2010).* **– Pour l'application des pénalités énumérées au présent titre, sont considérés comme dirigeants d'entreprise le président-directeur général, le président, les administrateurs, les directeurs généraux, les directeurs généraux adjoints, les directeurs, les membres du conseil de surveillance et du directoire, les gérants, et tout dirigeant de fait d'une entreprise française, et, dans le cas d'une entreprise étrangère, le mandataire général ou son représentant légal.**

3.2. – VALEURS MOBILIÈRES

(Textes non codifiés)

Loi du 30 janvier 1907

portant fixation du budget général des dépenses et des recettes de l'exercice 1907

(JO 31 janv.) (Mod., Ord. n° 2000-916, 19 sept. 2000 : JO 22 sept.)

Art. 3 *(Abr., D. n° 2008-258, 13 mars 2008).*

Décret du 30 octobre 1935

relatif à la protection des obligataires

(JO 5 nov., et rect. 7 et 20 nov.)

(Abr., Ord. n° 2017-970, 10 mai 2017)

Décret n° 48-1683 du 30 octobre 1948

fixant certaines caractéristiques des valeurs mobilières

(JO 31 oct. et rect. 14 nov.)

Art. 1er – (V. *L. 24 juill. 1867*).

Art. 2 *(Mod., D. n° 49-631, 4 mai 1949).* – Les dispositions de l'article premier ne s'appliquent pas aux actions émises avant l'entrée en vigueur du présent décret ni à celles qui seraient émises après cette entrée en vigueur en augmentation du capital à condition que ces actions nouvelles soient assimilables aux actions anciennes ou, au cas où celles-ci seraient de différentes catégories, assimilables à celles d'une ou plusieurs de ces catégories

Toutefois, lorsque la valeur nominale des actions est inférieure à 1 000 francs (10 F) et leur cours moyen en Bourse pendant l'année précédente inférieur à 10 000 francs (10 F), l'augmentation de capital d'une société par incorporation de réserves ne pourra être réalisée que par l'élévation de la valeur nominale de ces actions, sous réserve des dispositions des deux alinéas ci-après :

Lorsqu'il existe plusieurs catégories d'actions ayant des droits différents, la société pourra, lors des augmentations de capital par incorporation de réserves, émettre des actions gratuites d'une valeur nominale même inférieure à 1 000 francs (10 F), à condition que ces actions soient assimilables à celles d'une ou plusieurs catégories existantes, et que l'opération ait pour but de supprimer l'une ou plusieurs de ces catégories.

Lorsqu'il existe des parts de fondateur, la société pourra, lors des augmentations de capital par incorporation de réserves, émettre au seul profit des porteurs de parts, des actions gratuites d'une valeur nominale même inférieure à 1 000 francs (10 F), à condition que ces actions soient assimilables à celles d'une ou plusieurs catégories d'actions existantes.

Art. 3 *(Abr., D. n° 88-418, 22 avr. 1988).*

Art. 4 *(Mod., D. n° 49-631, 4 mai 1949).* – À partir d'une date qui sera fixée par arrêté du ministre de l'Économie et des Finances et nonobstant toute clause contraire des statuts de la société émettrice, l'ensemble des intérêts, dividendes ou autres produits périodiques revenant aux actions ou aux parts de fondateur ou bénéficiaires pour un exercice social déterminé, devra être payé en une seule fois, sauf dérogation spéciale accordée par le ministre de l'Économie et des Finances. La date du paiement unique sera fixée par l'assemblée générale des actionnaires. Celle-ci pourra toutefois charger le conseil d'administration des sociétés par actions ou les gérants des sociétés en commandite par actions de procéder à cette fixation.

Toute société ayant décidé de valoriser un coupon d'actions ou de parts bénéficiaires émises par elle, en vue de la distribution d'un dividende ou de l'attribution d'actions gratuites, devra notifier cette décision à la chambre syndicale d'agents de change à la cote desquels ces actions ou ces parts sont inscrites.

Cette notification devra parvenir à l'organisme intéressé au plus tard le septième jour précédant la date de mise en paiement ou le début des opérations d'attribution.

Art. 5 *(D. n° 49-631, 4 mai 1949 ; mod., D. n° 51-391, 31 mars 1951).* – À partir de la date prévue au premier alinéa de l'article précédent, le montant de tout coupon d'action ou de part de fondateur ou bénéficiaire tel qu'il s'établit après déduction des impôts, ne devra être effectivement mis en paiement que pour une somme arrondie au franc [ancien] inférieur.

Les fractions de franc [ancien] non payées aux actions et aux parts de fondateurs ou bénéficiaires constitueront deux masses distinctes. Chacune d'elles s'ajoutera au montant net de la prochaine distribution revenant à l'ensemble des titres existant dans chacune de ces deux catégories.

Art. 6 *(Mod. à compter du 1er juin 2015, D. n° 2015-545, 18 mai 2015).* – Par dérogation au premier alinéa de l'article 31 de la loi du 24 juillet 1867 [*L. n° 66-537, 24 juill. 1966, art. 153, al. 1*] les opérations de regroupement d'actions décidées avant ou après l'entrée en vigueur du présent décret par les assemblées générales d'actionnaires des sociétés par actions ou en commandite par actions, comporteront, nonobstant toute clause contraire des statuts ou des résolutions des assemblées d'actionnaires, l'obligation pour les actionnaires de procéder aux achats ou aux cessions d'actions nécessaires pour réaliser le regroupement dans un délai de trente jours à compter du début de l'opération de regroupement.

Les dividendes dont le paiement aura été suspendu en exécution du précédent alinéa seront, après le regroupement, versés aux propriétaires des actions anciennes dans la mesure où ils n'auront pas été atteints par la prescription.

Les titres de capital qui n'ont pu être attribués individuellement et correspondant aux droits formant rompus sont vendus dans les conditions et suivant les modalités prévues au premier alinéa et, selon le cas, au deuxième, au troisième ou au cinquième alinéa de l'article R. 228-12 du Code de commerce

(D. n° 49-631, 4 mai 1949) Nonobstant toute clause contraire des statuts ou des résolutions des assemblées d'actionnaires, la gérance des sociétés en commandite par actions ou le conseil d'administration des sociétés anonymes pourra décider que les opérations de regroupement d'actions comprises dans les certificats nominatifs ne donneront pas lieu à la délivrance de nouveaux certificats, et que les certificats anciens seront maintenus sous réserve de faire mention du regroupement des actions anciennes en actions nouvelles et d'indiquer, le cas échéant, soit la délivrance du nombre d'actions anciennes insuffisant pour donner droit à une action nouvelle, soit la remise par l'actionnaire des actions anciennes acquises dans les conditions prévues au premier alinéa du présent article.

Les dispositions du présent article ne sont applicables qu'aux actions admises aux négociations sur un marché réglementé ou sur un système multilatéral de négociation.

TITRE II. – OBLIGATIONS

Art. 7 *(Abr., D. n° 99-257, 1er avr. 1999).*

Art. 8 *(Abr., D. n° 83-598, 4 juill. 1983).*

Art. 9. – L'organisme émetteur aura, à tout moment, la faculté d'échanger d'office et à ses frais les titres d'un montant inférieur à 10 000 francs (50 F) appartenant à chaque porteur contre des titres dont le montant nominal devra être, sauf dérogation accordée par le ministre de l'Économie et des Finances, de 10 000 francs (100 F) ou d'un multiple de 10 000 francs (100 F).

La date de l'opération sera fixée par l'organisme émetteur en accord avec les chambres syndicales d'agents de change qui auront admis à leur cote les obligations dont il s'agit.

Cet échange sera obligatoire, sauf dérogation spécialement accordée par le ministre de l'Économie et des Finances, lors du plus prochain renouvellement ou recouponnement global des titres, pour tous les emprunts comportant des titres inférieurs à 2 000 francs (20 F) de valeur nominale.

Lors de ces échanges, les titres provenant d'un dépôt en vue de l'échange, ou du reliquat d'un dépôt, inférieur à la valeur nominale du titre nouveau, pourront, au gré de l'émetteur, soit être remis en circulation munis d'une nouvelle feuille de coupons, soit être échangés contre des coupures d'appoint de valeur nominale égale à celle des titres soumis au regroupement, soit être remboursés par anticipation et sans indemnité, nonobstant toute clause contraire ou disposition légale ou conventionnelle stipulant l'inaliénabilité des titres ; ces titres seront remboursés à la valeur nominale majorée, le cas échéant, de la fraction acquise de la prime de remboursement.

S'il s'agit d'emprunts remboursables avec lots, la valeur de remboursement comportera la répartition uniforme entre les porteurs d'une somme correspondant à la valeur actuelle des lots et autres avantages qui resteraient attribués à ces titres en vertu du contrat d'émission ; cette valeur actuelle sera déterminée, à la date fixée pour le remboursement, d'après le taux d'intérêt sur la base duquel a été constituée pour chaque émission la réserve mathématique destinée à assurer le remboursement.

Le ministre de l'économie et des finances aura, à partir du 1er janvier 1951, la faculté d'ordonner par arrêté l'échange des titres de montant nominal inférieur à 2 000 francs (20 F) d'emprunts émis dans le public contre des titres d'un montant nominal de 10 000 francs (100 F) ou multiple de 10 000 francs (100 F).

Art. 10. – Le ministre de l'économie et des finances déterminera par arrêté les conditions de délai et de publicité dans lesquelles seront réalisées les opérations de regroupement prévues à l'article 9.

Pour les emprunts amortissables par tirages au sort dont les titres auront fait l'objet de mesures de regroupement, il fixera également les règles applicables au numérotage et au tirage des titres.

Art. 11. – À l'expiration du délai fixé par l'arrêté prévu à l'article précédent, les titres anciens seront rayés de la cote et les ordres d'achat en Bourse de titres nouveaux ne seront plus reçus que s'ils portent sur un nombre de titres d'une valeur nominale de 10 000 francs (100 F) ou multiple de 10 000 francs (100 F).

Lorsque seront livrés par le vendeur des titres anciens remis en circulation ou des coupures d'appoint émises, en application de l'alinéa 4 de l'article 9, ces titres seront transmis par l'intermédiaire chargé de l'ordre d'achat à l'organisme émetteur, qui sera tenu de les remplacer par un ou plusieurs titres de 10 000 francs (100 F) ou d'un multiple de 10 000 francs (100 F) Ceux-ci seront retirés par le déposant au profit de son client.

Nonobstant les dispositions qui précèdent, le solde des titres anciens ou coupures d'appoint offerts et non vendus à l'issue de chaque séance de Bourse pourra faire l'objet d'une application au profit de l'établissement émetteur ou d'un organisme désigné par lui.

Art. 12 *(Mod., D. n° 49-631, 4 mai 1949)*. – Les nouveaux titres émis ou les titres antérieurs remis en circulation en application des dispositions de l'article 9 ne devront plus comporter, nonobstant toute clause contraire des contrats d'émission, qu'un seul coupon par an groupant le paiement des intérêts annuels sur une échéance unique. La nouvelle échéance sera déterminée par l'organisme émetteur dans des conditions qui seront fixées par arrêté du ministre de l'Économie et des Finances. Elle ne pourra être postérieure à la date moyenne entre les échéances antérieurement prévues.

Nonobstant toute clause contraire des contrats d'émission pour les emprunts amortissables par tirage au sort, il ne sera opéré qu'un seul tirage par an et le remboursement des titres sortis à ce tirage aura lieu chaque année à la date d'échéance qui figurait sur le coupon portant le numéro pair des titres soumis au regroupement.

Art. 13 *(Mod., D. n° 49-631, 4 mai 1949)*. – Les collectivités ou sociétés françaises ayant émis des emprunts représentés par des titres négociables soumis à l'impôt sur le revenu des valeurs mobilières devront arrondir au franc inférieur le montant net à payer des coupons mis en paiement à partir d'une date qui sera fixée par arrêté du ministre de l'Économie et des Finances.

Les fractions de franc non payées seront reportées sur le prochain paiement ; toutefois, la fraction reportée du dernier coupon sera ajoutée au montant du remboursement des titres amortis, lequel sera uniformément arrondi au franc supérieur.

Cette fraction de franc, éventuellement majorée pour parfaire, au franc supérieur, le montant du remboursement, ne donne pas lieu à la perception d'impôts ou taxes.

Lorsqu'un coupon impair, payable en exécution de l'article 8 (alinéa 1er) du présent décret simultanément avec le coupon pair qui le suit, comporte une fraction de franc, cette fraction est reportée sur le montant du coupon pair.

Art. 14 *(Mod., D. n° 50-562, 18 mai 1950)*. – En ce qui concerne les emprunts remboursables avec lots, le paiement des coupons des titres non échangés sera suspendu à partir de la date fixée pour le début des opérations de regroupement.

Les intérêts et autres produits ne pourront être encaissés que sur présentation des coupons des nouveaux titres, dans la mesure où ils n'auront pas été atteints par la prescription.

À partir de cette date, seuls les titres nouveaux et les coupures d'appoint participeront aux tirages.

À l'expiration du délai fixé par l'arrêté prévu à l'article 10, les titres anciens seront rayés de la cote. Les dispositions de l'article 11 ne seront pas applicables aux négociations des titres nouveaux et des coupures d'appoint.

La valeur totale des lots attachés à chaque emprunt fera l'objet d'une nouvelle répartition qui sera approuvée par arrêté du ministre de l'Économie et des Finances.

Art. 15. – À l'expiration du délai fixé par l'arrêté prévu à l'article 10, les coupons des titres non échangés cesseront d'être payables. Les intérêts et autres produits ne pourront être encaissés que sur présentation des coupons des nouveaux titres ou des nouvelles feuilles de coupons, dans la mesure où ils n'auront pas été atteints par la prescription.

À l'expiration du même délai, les titres non échangés cesseront de participer aux tirages au sort en vue de l'amortissement.

TITRE III. – DISPOSITIONS DIVERSES

Art. 16. – Quelles que soient les modifications apportées par le présent décret et par l'arrêté visé à l'article 10, notamment en ce qui concerne la valeur nominale, le numérotage, les dates d'échéance des intérêts et l'amortissement, les titres nouveaux présenteront les mêmes caractéristiques et conféreront de plein droit et sans l'accomplissement d'aucune formalité les mêmes droits réels et de créances que les titres anciens qu'ils remplaceront.

Les droits réels et les nantissements seront reportés de plein droit sur les titres nouveaux attribués en remplacement des titres anciens qui en sont grevés.

Art. 17. – En cas d'opposition sur des titres au porteur ayant fait l'objet d'un regroupement, l'établissement débiteur avisera l'opposant que son opposition est irrecevable, en lui indiquant les nom et adresse de celui qui a demandé le regroupement, et enverra duplicata de cet avis à la chambre syndicale des agents de change de Paris qui opérera d'office la radiation des numéros des titres au bulletin des oppositions.

Art. 18. – Les organismes émetteurs qui auraient effectué un paiement en contravention des dispositions des articles 4, 5, 8 et 13, ceux qui ne se conformeraient pas aux prescriptions des articles 7, 9 (3e alinéa) et 12 seront passibles de l'amende prévue à l'article 14 de la loi du 24 juillet 1867, modifiée par l'ordonnance du 18 octobre 1945.

Art. 19. – En ce qui concerne les propriétaires de titres qui n'ont pas la libre et complète administration de leurs biens, la demande d'échange des anciens titres sera assimilée à un acte de simple administration, sauf si les nouveaux titres sont demandés sous la forme au porteur en échange de titres nominatifs.

Art. 20. – Les opérations de regroupement et d'échange prévues aux titres I et II du présent décret ne peuvent donner lieu à aucune perception de droits de timbre ou d'enregistrement.

Art. 21 *(D. n° 49-631, 4 mai 1949)*. – Les dispositions du présent décret ne sont pas applicables aux valeurs inscrites au Grand-Livre de la Dette publique, ni aux valeurs dont le service est gagé par les annuités inscrites au budget de l'État.

Arrêté du 6 décembre 1948

pris en application du décret n° 48-1683 du 30 octobre 1948
fixant certaines caractéristiques des valeurs mobilières
(JO 8 déc. rect. 11 déc.)

Art. 1er. – La date à partir de laquelle s'appliqueront les dispositions des articles 4, 5, 7, 8 et 13 du décret n° 48-1683 du 30 octobre 1948 est fixée au 1er janvier 1949.

Art. 2. – Toute décision d'assemblée générale de société par actions ou en commandite par actions prévoyant le regroupement des actions conformément aux dispositions de l'article 6 du décret n° 48-1683 du 30 octobre 1948, devra faire l'objet d'une publication au *Bulletin des annonces légales obligatoires*.

Cette publication indiquera, pour les opérations de regroupement décidées avant l'entrée en vigueur du décret susvisé, la date à laquelle elles ont commencé et, pour les opérations de regroupement décidées après l'entrée en vigueur de ce décret, la date à partir *(Rect. JO 11 déc. 1948)* « de laquelle débuteront ces opérations ; cette » dernière date devra être postérieure de quinze jours au moins à celle de la publication.

Cette publication indiquera en outre :

1° La dénomination et la forme de la société ;

2° Le siège social ;
3° Le montant du capital social ;
4° Le nombre des actions soumises au regroupement, la valeur nominale de chacune d'elles, le numéro du dernier coupon détaché et la ou les cotes boursières auxquelles sont inscrites les actions ;
5° Le nombre des actions à provenir du regroupement et la valeur nominale de chacune d'elles ;
6° Les bases d'échange des actions soumises au regroupement contre les actions à provenir du regroupement ;
7° La date de l'assemblée générale ayant décidé le regroupement ;
8° La date à laquelle expirera le délai prévu à l'article 6 du décret 48-1683 du 30 octobre 1948 ;
9° Le ou les lieux où les actions anciennes devront être présentées aux fins de regroupement.

Art. 3. – La date à partir de laquelle et les modalités selon lesquelles s'effectueront *(Rect. JO 11 déc. 1948)* « les opérations de regroupement obligatoires » ou décidées par l'organisme émetteur concernant des emprunts obligataires visés à l'article 9 du décret n° 48-1683 du 30 octobre 1948 devront faire l'objet d'une publication au *Bulletin des annonces légales obligatoires* si les titres affectés par ces opérations ont été émis dans le public ou sont inscrits à une cote boursière ou, dans le cas contraire, d'une insertion dans un journal habilité à recevoir les annonces légales dans le département du siège de l'établissement débiteur.

Cette date, fixée dans les conditions prévues par l'alinéa 2 dudit article, devra être postérieure de quinze jours au moins à celle de la publication.

Cette publication indiquera en outre :
1° La dénomination et la forme de la société ou de la collectivité émettrice ;
2° *(Rect. JO 11 déc. 1948)* « Le siège social » ;
3° Le montant initial de l'emprunt obligataire faisant l'objet du regroupement, l'année au cours de laquelle il a été émis, son taux d'intérêt, les dates d'échéance des coupons, le numérotage des titres, les conditions d'amortissement (rachat ou tirage et, dans ce dernier cas, la date du ou des tirages annuels), le montant en circulation au 31 décembre de l'année précédant celle au cours de laquelle débutera l'opération de regroupement et la valeur nominale de chacune des obligations soumises au regroupement ;
4° La valeur nominale de chacune des obligations à provenir du regroupement ;
5° Les bases d'échange des obligations soumises au regroupement contre les obligations à provenir du regroupement :
6° Le régime des titres provenant d'un dépôt en vue de l'échange ou du reliquat d'un dépôt inférieur à la valeur nominale du titre nouveau ;
7° La date du début de l'opération de regroupement ;
8° La date à laquelle expireront les délais prévus à l'article 4 du présent arrêté et à l'article 14 du décret n° 48-1683 du 30 octobre 1948 ;
9° *(Rect. JO 11 déc. 1948)* « Le ou les lieux où les obligations anciennes devront être présentées au regroupement ; »

(Rect. JO 11 déc. 1948) « 10° La date et le ou les lieux auxquels les titres visés au 6° ci-dessus seront remboursables, le cas échéant, ainsi que le montant qui sera payé pour chacun d'eux par l'organisme émetteur. »

Art. 4. – Le délai prévu par l'article 10 du décret 48-1683 du 30 octobre 1948 est fixé à six mois à compter de la date de début des opérations de regroupement.

Art. 5. – Les titres émis à la suite d'opérations de regroupement, en application de l'article 9 du décret n° 48-1683 du 30 octobre 1948, seront numérotés dans l'ordre de leur création en commençant par le numéro suivant immédiatement le dernier numéro affecté aux titres de l'émission d'origine.

Toutefois, lorsque l'émission de coupures d'appoint aura été décidée et à la condition que les titres représentant l'emprunt faisant l'objet de la mesure de regroupement doivent en totalité être retirés de la circulation, les nouveaux titres pourront être numérotés à partir de 1.

Dans ce cas, les titres nouveaux devront être d'une couleur différente de celle des titres anciens.

Art. 6. – Nonobstant toutes dispositions contraires des cahiers des charges ou prospectus d'émission, les tirages au sort en vue de l'amortissement sans lot des emprunts visés à l'article 9 dudit décret s'effectueront par tirage d'un seul numéro qui devra être celui d'un titre en circulation. Les titres seront appelés au remboursement, à partir de ce numéro, suivant la suite naturelle des nombres et compte tenu des titres

amortis ou échangés antérieurement, jusqu'à concurrence du montant nominal dont le remboursement est à effectuer Pour l'application de cette disposition, le numéro un sera considéré comme succédant au numéro du dernier titre mis en circulation lors du tirage.

Au cas où le déroulement des opérations d'amortissement conduirait à laisser subsister une fraction de titre, le montant nominal restant à amortir sur ce titre devra faire l'objet d'un remboursement anticipé.

Art. 7. – **Le coupon annuel unique des titres d'emprunts obligataires émis, ou remis en circulation en application des dispositions de l'article 9 du décret n° 48-1683 du 30 octobre 1948, devra être payable à une date postérieure de trois mois au plus à l'échéance du coupon impair du groupe des deux coupons semestriels qu'il remplace.**

Toutefois, le coupon annuel sera payable à l'échéance dudit coupon impair dans le cas où l'emprunt obligataire faisant l'objet de la mesure de regroupement est représenté en partie par des titres non soumis à cette mesure et dont les intérêts sont payables à une échéance unique annuelle.

Loi n° 49-874 du 5 juillet 1949

relative à diverses dispositions d'ordre économique et financier

(JO 6 juill. et rect. 28 juill.)

Art. 26 ***(Mod., L. n° 49-981, 22 juill. 1949 ; D. n° 64-969, 14 sept. 1964). – Sont abrogés :*** **l'acte dit loi du 28 février 1941 relatif à la forme et à la négociation des actions, l'acte dit loi du 18 juin 1941, relatif à la création d'une caisse centrale de dépôts et de virements de titres, et l'acte dit loi du 3 février 1943, relatif à la forme des actions.**

Un « décret en Conseil d'État » déterminera les modalités de liquidation de la CCDVT ainsi que le nouveau régime des valeurs mobilières, dans le cadre de la loi du 17 août 1948. Il fixera la date d'application du présent article, laquelle ne pourra être postérieure au 31 août 1949.

Ce décret en Conseil d'État déterminera le régime applicable à titre transitoire aux actions des sociétés admises aux opérations de la caisse centrale de dépôts et de virements de titres dont le retrait n'aura pu être réalisé à cette date.

Il fixera également les conditions dans lesquelles les établissements qui reçoivent des valeurs mobilières en dépôt seront autorisés à tenir des comptes courants de ces titres et à les restituer aux déposants, sans identité de numéro et déterminera la situation juridique de ces déposants.

Décret n° 55-1595 du 7 décembre 1955

relatif au régime des titres nominatifs

(JO 8 et rect. 20 déc.)

Art. 1er ***(Abr., D. n° 83-359, 2 mai 1983).***

Art. 2. – **Tout propriétaire de titres faisant partie d'une émission qui comprend des titres au porteur a la faculté, nonobstant toute convention contraire, de convertir ses titres au porteur en titres nominatifs et réciproquement.**

(Al. abr., D. n° 2005-1007, 2 août 2005).

Art. 3 et 4 ***(Abr., D. n° 2005-1007, 2 août 2005).***

TITRE PREMIER. – PAIEMENT DES PRODUITS

Art. 5. – **Sauf disposition réglementaire ou convention contraire, les produits des titres nominatifs sont payables aux guichets de la personne morale émettrice sur présentation du certificat, qui est revêtu d'une estampille constatant le payement et restitué immédiatement au porteur. Nonobstant toute stipulation contraire, ce dernier ne peut être tenu de justifier qu'il est le titulaire du titre.**

Les conventions que passent les personnes morales émettrices avec les établissements visés à l'article 38 doivent habiliter également les établissements désignés à payer les produits des titres nominatifs dans les conditions prévues à l'alinéa précédent.

En cas d'opposition, la responsabilité de la personne morale émettrice n'est engagée, à l'égard de l'opposant, en ce qui concerne les payements de produits effectués par l'intermédiaire de l'un des établissements visés à l'alinéa qui précède, que si le paiement est intervenu plus de cinq jours après la signification de l'opposition au siège de la personne morale.

Art. 6 *(Abr., D. n° 2005-1007, 2 août 2005).*

Art. 7 *(D. n° 2006-1115, 5 sept. 2006).* – Le titulaire d'un titre nominatif ou son représentant qualifié peut, sur simple demande signée de lui obtenir de la personne morale émettrice le paiement des produits de son titre par chèque ou virement de banque, à son choix. Cette demande doit être accompagnée du certificat et parvenir à la personne morale émettrice un mois au moins avant l'échéance. Elle reste valable jusqu'à révocation expresse.

Sauf en ce qui concerne les titres émis par l'État, la personne morale émettrice doit effectuer le paiement des produits des titres nominatifs, lorsqu'ils dépassent la somme de 1 000 F par certificat et par échéance, par chèque barré ou virement en banque au choix des titulaires de ces titres ou de leurs représentants qualifiés.

La personne morale émettrice peut, dans tous les cas, imposer aux titulaires de certificats ou à leurs représentants le paiement des produits de leurs titres par chèque ou virement de banque, à leur choix.

Dans les cas prévus aux trois alinéas précédents, les titres sont, aux frais des personnes morales émettrices et à leur choix, soit laissés entre les mains de leurs titulaires après que toutes les cases en ont été annulées, soit échangés contre un certificat sans cases d'estampille, soit déposés dans les caisses de la personne morale contre remise d'un récépissé.

Dans tous les cas visés au présent article, l'envoi du chèque ou de l'ordre du virement doit être effectué, aux frais des personnes morales émettrices, dans le délai de neuf jours à compter de la mise en paiement.

Art. 8 *(D. n° 2006-1115, 5 sept. 2006).* – La certification de la signature du titulaire d'un titre nominatif ou de son représentant qualifié, par un notaire, un agent de change, le maire ou le commissaire de police du domicile du requérant, peut être exigée lorsque le paiement des produits de son titre est demandé par chèque non barré ou virement bancaire à un compte ouvert au nom d'un tiers.

Toutefois, cette certification ne peut être exigée si la demande, présentée au guichet de la personne morale émettrice ou de l'un des établissements désignés par elle conformément aux dispositions de l'article 38 est signée en présence du représentant de la personne morale par le demandeur justifiant de son identité dans les conditions prévues à l'article 37, alinéa 1.

Art. 9 *(Abr., D. n° 2005-1007, 2 août 2005).*

TITRE II. – MUTATION DES TITRES NOMINATIFS

Art. 10 à 22 *(Abr., D. n° 83-359, 2 mai 1983).*

TITRE III. – TRANSFERT, CONVERSION ET REMBOURSEMENT DES TITRES NOMINATIFS

CHAPITRE I. – TRANSFERT ET CONVERSION INTERVENANT À LA SUITE D'UNE NÉGOCIATION

Section I. – Titres non essentiellement nominatifs

Art. 23 *(D. n° 67-264, 30 mars 1967).* – Les titres autres que ceux visés à l'article 28 ci-après se négocient en Bourse en titres au porteur et se livrent entre agents de change soit sous cette forme, soit sous forme de virements.

Pour les rentes sur l'État, la livraison peut se faire :

1° Par le moyen des comptes courants collectifs ouverts en application de l'article 8 de la loi du 23 décembre 1946 ou, à défaut, par tradition de titres au porteur ou de coupures inscrites au nom de la Compagnie des agents de change ;

2° Par transfert direct au nom de l'acquéreur lorsque la vente et l'achat sont poursuivis par le même agent de change ou qu'il a été convenu entre l'agent de change vendeur et l'agent de change acheteur que la livraison aurait lieu sous cette forme.

L'agent de change vendeur est chargé de poursuivre la conversion au porteur ou le transfert des titres visés aux précédents alinéas.

Art. 24. – L'agent de change vendeur doit, dans un délai de cinq jours à compter de la date de la négociation en Bourse, remettre à la personne morale émettrice ou à l'établissement chargé par elle du service des transferts les titres nominatifs accompagnés de la demande de conversion au porteur, revêtue de la signature, certifiée par lui, du vendeur ou de son mandataire.

Pour les transferts et les conversions au porteur de rentes sur l'État, l'agent de change vendeur doit, dans le délai prévu à l'alinéa précédent, déposer au fonctionnaire compétent les extraits d'inscription et les pièces justificatives utiles accompagnés d'une déclaration et d'un certificat dressés dans les conditions fixées par la loi du 11 juin 1909 et le décret du 10 novembre 1949.

Art. 25. – Les personnes morales émettrices ou les établissements chargés par elles du service des transferts sont tenus de délivrer à l'agent de change, dans un délai de six jours à partir du dépôt de la demande de conversion, les titres au porteur ou les virements correspondants.

Le Trésor public est tenu, dans le même délai de six jours, de procéder aux écritures requises sur les comptes courants collectifs ou de remettre les valeurs provenant de l'opération.

L'agent de change vendeur doit, le lendemain du jour où les titres, coupures ou virements peuvent être retirés, mettre le prix de vente soit à la disposition du vendeur dans le cas où l'ordre a été donné directement par ce dernier à l'agent de change, soit, dans le cas contraire, à la disposition du transmetteur d'ordre, ou du vendeur si le transmetteur d'ordre y consent. Quand la livraison des rentes sur l'État est faite par le moyen des comptes courants collectifs, ce délai court du jour où la situation de compte constatant l'opération peut être retirée.

Art. 26. – Dans le cas de transmission par la poste, l'agent de change est déchargé, au point de vue des délais, par la remise du récépissé postal constatant l'envoi recommandé.

L'acquit donné au service postal lors de la réception constitue la prise en charge par la personne morale émettrice ou l'établissement chargé par elle du service des transferts.

Art. 27 *(Abr., D. n° 68-336, 5 avr. 1968).*

Section II. – Titres essentiellement nominatifs

Art. 28. – Les titres essentiellement nominatifs, c'est-à-dire ceux qui ne peuvent, d'après la loi ou d'après les statuts de la personne morale émettrice, exister que sous la forme nominative, se livrent entre agents de change sous la forme nominative.

L'agent de change vendeur est chargé de poursuivre le transfert de ces titres. Il doit, dans un délai de cinq jours à compter de la date de la négociation en Bourse, remettre à la personne morale émettrice ou à l'établissement chargé par elle du service des transferts les certificats accompagnés de la demande de transfert revêtue de la signature, certifiée par lui, du vendeur ou de son mandataire. Il doit indiquer les noms des agents de change acheteurs et la quantité de titres achetés par chacun d'eux. Ces titres font obligatoirement l'objet d'un transfert au nom de chacun des agents de change acheteurs, sous réserve de ce qui sera dit aux articles 31 et 32.

Le transfert d'ordre est constaté par la remise à l'agent de change vendeur d'une déclaration d'inscription au nom de l'agent de change acheteur sur les registres de la personne morale émettrice, délivrée par un représentant qualifié de celle-ci.

Les personnes morales émettrices ou les établissements chargés par elles du service des transferts sont tenus de délivrer à l'agent de change, dans un délai de six jours à partir du dépôt de la demande de transfert, les déclarations d'inscription.

L'agent de change vendeur doit, le lendemain du jour où les déclarations d'inscription peuvent être retirées mettre le prix de vente soit à la disposition du vendeur, dans le cas où l'ordre a été remis directement par ce dernier à l'agent de change, soit, dans le cas contraire, à la disposition du transmetteur d'ordre, ou du vendeur si le transmetteur d'ordre y consent.

Art. 29. – Les transferts d'ordre ont un caractère provisoire.

Dans les dix jours du transfert d'ordre, l'agent de change acheteur doit notifier à la personne morale émettrice ou à l'établissement chargé par elle du service des transferts le nom de son donneur d'ordre et lui remettre, pour les titres non libérés, l'acceptation de celui-ci.

Il est procédé au transfert définitif au nom du donneur d'ordre sur la simple réquisition de l'agent de change bénéficiaire dudit t//ransfert d'ordre et les nouveaux certificats doivent être tenus à la disposition de ce dernier dans un délai de dix jours à compter du dépôt de la demande.

Art. 30. – Lorsque les nouveaux titulaires de titres essentiellement nominatifs doivent, aux termes des statuts, être agréés par le conseil d'administration, le transfert d'ordre, la remise du prix de vente et le dépôt de la demande de transfert définitif sont opérés comme il est prévu aux articles précédents. La société doit exercer son droit d'agrément dans le délai prévu par les statuts qui ne peut excéder trente jours.

En cas d'agrément, elle doit procéder au transfert définitif et aviser l'agent de change du jour où les nouveaux certificats pourront être retirés, cette mise à disposition devant intervenir dans un délai de cinq jours après la décision d'agrément.

En cas de refus d'agrément, elle peut indiquer dans la notification de refus le nom d'un acquéreur agréé par elle qui est substitué à l'acquéreur refusé. À défaut, les titres sont revendus par l'agent de change acheteur aux risques et périls de l'acheteur non agréé, dès réception par ledit agent de change de la notification de non-agrément.

Art. 31. – Lorsque la vente et l'achat des titres essentiellement nominatifs sont poursuivis par le même agent de change, celui-ci peut en requérir le transfert direct en indiquant le nom de l'acheteur.

Dans ce cas, les personnes morales émettrices sont tenues de délivrer à l'agent de change, dans un délai de dix jours à compter du dépôt de la demande, les nouveaux certificats immatriculés au nom de l'acheteur.

Les dispositions du présent article ne sont pas applicables aux titres essentiellement nominatifs dont le nouveau titulaire doit être agréé par le conseil d'administration.

Art. 32. – Lorsque la vente et l'achat ne sont pas poursuivis par le même agent de change, l'agent de change vendeur a le droit, par dérogation aux dispositions du deuxième alinéa de l'article 28, pour les titres dont le nouveau titulaire n'est pas soumis à l'agrément du conseil d'administration, de les faire transférer directement au nom du bénéficiaire définitif sans opérer un transfert d'ordre.

L'agent de change vendeur doit alors remettre à l'agent de change acheteur, dans un délai de cinq jours à compter de la date de la négociation en Bourse, les certificats accompagnés de la demande de transfert revêtue de la signature, certifiée par lui, du vendeur ou de son mandataire.

Dès le jour de cette remise, le prix de vente est mis par l'agent de change acheteur à la disposition de l'agent de change vendeur, qui doit en tenir compte le lendemain au vendeur dans le cas où l'ordre a été donné directement par ce dernier à l'agent de change, ou, dans le cas contraire, au transmetteur d'ordre, ou au vendeur si le transmetteur d'ordre y consent.

La réquisition de transfert au nom de son client ou, à défaut, la réquisition d'un transfert provisoire à son propre nom, doit être déposée par l'agent de change acheteur à la personne morale émettrice ou à l'établissement chargé par elle du service des transferts dans le délai de cinq jours à compter du versement des fonds à l'agent de change vendeur, sous peine de perdre tout recours contre ce dernier.

La personne morale émettrice ou l'établissement chargé par elle du service des transferts doit, dans le délai de dix jours à compter du dépôt de cette réquisition, procéder au transfert et tenir le nouveau certificat à la disposition de l'agent de change acheteur ou faire connaître à celui-ci son refus de procéder au transfert, sous peine d'être garant à l'égard de l'acheteur de la bonne fin de l'opération demandée.

En cas de refus de transfert, l'agent de change acheteur doit en informer l'agent de change vendeur dès le lendemain du jour où il a été lui-même avisé de ce refus, faute de quoi l'agent de change vendeur est définitivement déchargé de toute responsabilité.

Art. 33. – Les dispositions des articles 26 et 27 sont applicables en cas de négociation de titres essentiellement nominatifs.

CHAPITRE II. – OPÉRATIONS SUR TITRES NOMINATIFS NE RÉSULTANT PAS D'UNE NÉGOCIATION

Art. 34. – En cas de demande de conversion du porteur au nominatif, les personnes morales émettrices ou les établissements chargés par elles du service des transferts doivent procéder à l'opération sur la production des titres et la seule réquisition du déposant, dans un délai de dix jours à compter de la date du dépôt de la réquisition. Aucune justification ne peut être demandée à l'appui des opérations de cette nature. La production des titres est remplacée soit par un virement, lorsque les titres sont déposés à la « Société interprofessionnelle pour la compensation des valeurs mobilières », soit par un ordre de débit, quand il s'agit de rentes sur l'État inscrites en comptes courants collectifs.

Art. 35. – En cas de demande de transfert direct sans négociation en Bourse, du nom du titulaire cédant au nom du cessionnaire, l'opération est effectuée dans un délai de dix jours à compter du dépôt de la demande, ou, éventuellement, de cinq jours au plus après l'expiration du délai prévu par les statuts pour l'agrément du cessionnaire par le conseil d'administration, délai qui ne peut excéder trente jours.

En cas de demande de conversion du nominatif au porteur, les titres convertis doivent être remis au déposant dans le délai de six jours.

En cas de transfert de garantie prévu à l'article 91, alinéa 3, du Code de commerce, les personnes morales émettrices doivent, dans un délai de dix jours à compter du dépôt des dossiers, soit procéder au transfert, soit tenir à la disposition du déposant une note motivée de rejet. Ces dispositions s'appliquent également aux opérations d'annulation du transfert de garantie.

En cas de remboursement total ou partiel, les fonds et, s'il y a lieu, les certificats, doivent être tenus à la disposition des requérants dans un délai de dix jours à compter du dépôt de la demande. Les personnes morales émettrices ne peuvent exiger que les certificats nominatifs remboursés soient revêtus de l'acquit du titulaire ou de ses ayants droit.

Art. 36 *(D. n° 59-296, 13 févr. 1959 ; D. n° 67-264, 30 mars 1967).* – En cas de transfert direct sans négociation en Bourse, de transfert de garantie prévu par l'article 91, alinéa 3, du Code de commerce ou d'annulation d'un tel transfert, de conversion au porteur, de remboursement d'un titre nominatif, la certification de la signature du requérant peut, sous réserve des articles suivants, être exigée nonobstant toute disposition ou convention contraires. Cette certification est valablement délivrée, au choix du requérant, soit par un agent de change, soit par un notaire, soit par le maire ou le commissaire de police du domicile du requérant nonobstant toute disposition ou convention contraires.

Toutefois, pour opérer le transfert direct sans négociation en Bourse, ou la conversion au porteur de rentes nominatives sur l'État, le Trésor peut exiger l'accomplissement des formalités prévues par la loi du 11 juin 1909.

Art. 37 *(D. n° 59-296, 13 févr. 1959).* – Lorsque les opérations visées à l'alinéa 1er de l'article précédent sont demandées au guichet de la personne morale émettrice par le titulaire ou son représentant qualifié justifiant de son identité, la certification de la signature du requérant ne peut être exigée si cette signature est apposée par lui en présence du représentant de la personne morale. L'identité est suffisamment établie par la présentation de la carte nationale d'identité du requérant ou de toute autre pièce régulièrement délivrée par l'administrative et portant l'indication des nom et prénoms de l'intéressé, de ses qualités, nationalité, date de naissance, domicile et revêtue du spécimen de sa signature et de sa photographie régulièrement oblitérée.

En l'absence de mutation, le remboursement total ou partiel d'un titre nominatif peut être effectué par chèque barré *(Mots rempl., D. n° 2006-1115, 5 sept. 2006)* « , ou virement bancaire », à la demande du titulaire ou de son représentant qualifié, à condition que le chèque soit établi ou que le compte à créditer soit ouvert au nom du titulaire du certificat, sans que la signature du requérant ait à être certifiée. Pour les certificats collectifs, la demande n'a pas à être renouvelée. L'avis d'inscription au compte ou l'avis de débit délivré soit par le service postal, soit par la banque intéressée, constitue la décharge de la personne morale émettrice. Les frais de virement sont à la charge de cette dernière.

En ce qui concerne les titres émis par l'État, les départements et les communes, les conditions et modalités d'application du précédent alinéa sont fixées par décision du ministre de l'Économie et des Finances.

Art. 38 *(D. n° 67-264, 30 mars 1967 ; D. n° 68-336, 5 avr. 1968).* – Toute société dont les titres sont inscrits à la cote officielle des bourses de valeurs doit s'assurer le concours d'une ou de plusieurs banques ou établissements financiers auprès desquels les opérations énumérées à l'article 36, alinéa 1er, peuvent être demandées par les titulaires ou leurs représentants qualifiés. Les autres personnes morales ont la faculté de s'assurer le même concours. Seules peuvent être exigées par les banques ou établissements financiers ainsi désignés les formalités prévues aux articles 36 et 37.

Les dossiers doivent être transmis par ces établissements aux personnes morales émettrices dans un délai de trois ou six jours, suivant que l'opération est demandée au siège de l'établissement ou dans l'une de ses agences ou succursales.

Cette transmission emporte l'attestation par les banques et établissements financiers de l'identité des requérants. À cet égard, la responsabilité de l'établissement intermédiaire est substituée à celle de la personne morale émettrice. Mais cette dernière répond de la solvabilité des établissements désignés par elle.

Art. 39 *(D. n° 59-296, 13 févr. 1959).* – Les transferts de garantie de rentes nominatives sur l'État visés par l'alinéa 3 de l'article 91 du Code de commerce peuvent être réalisés de la façon suivante lorsqu'ils doivent être effectués au profit de la Banque de France, conformément à l'article 12 du décret du 16 janvier 1808 et à l'article 2 de l'ordonnance du 15 juin 1834 : il est déposé au Trésor une déclaration écrite aux termes de laquelle le rentier ou son représentant légal ou conventionnel affecte, à titre de gage au profit de la Banque de France, des rentes nominatives sur l'État dont il peut disposer régulièrement. Cette déclaration, certifiée par le gouverneur de la Banque de France ou son délégué, vaut transfert de garantie à l'égard de tous intéressés à compter de son acceptation par le fonctionnaire compétent. Cette acceptation est notifiée à la Banque de France par l'envoi d'une lettre annexe à l'extrait d'inscription faisant l'objet de la déclaration susvisée.

Du fait de la certification prévue à l'alinéa précédent, la Banque de France est exclusivement responsable, tant à l'égard du Trésor que de tous tiers, de la régularité du nantissement ainsi constitué.

En cas de remboursement, de transfert ou de conversion au porteur de rentes nominatives sur l'État affectées à titre de gage au profit de la Banque de France, la signature, par le gouverneur de cet établissement ou son délégué, de la demande de remboursement ou des déclarations et certificats de transfert, dégage entièrement la responsabilité du Trésor et de l'agent de change négociateur quant aux pouvoirs de ladite banque d'encaisser le montant du remboursement ou de disposer des titres en question sans le concours de leurs propriétaires et sans autorisation judiciaire.

Art. 40 *(D. n° 64-769, 23 juill. 1964 ; D. n° 75-340, 5 mai 1975).* – Nonobstant toutes dispositions contraires, en l'absence d'opposition ou de déclaration de perte régulièrement notifiée, les titres non essentiellement nominatifs, dont la valeur nominale n'excède pas 1 000 F par certificat, peuvent, sauf l'exception prévue au troisième alinéa ci-après, être échangés contre des titres au porteur sans autre formalité que la remise des certificats nominatifs correspondants. La responsabilité de la personne morale ne peut en aucun cas se trouver engagée du fait de cet échange, quels que soient la capacité du titulaire et le libellé des titres.

La personne morale émettrice doit, avant d'opérer la remise des titres au porteur provenant de l'échange, s'assurer de l'identité du requérant dans les conditions prévues à l'article 37, 1er alinéa ci-dessus. Dans le cas où il lui serait notifié ultérieurement une opposition ou une déclaration de perte concernant un titre nominatif ayant fait l'objet d'échange, elle ne serait tenue que d'indiquer à l'opposant ou à l'auteur de la déclaration de perte le nom et l'adresse du requérant.

Les dispositions du présent article ne sont pas applicables aux titres nominatifs émis en représentation d'actions ou de parts bénéficiaires.

Art. 41 *(D. n° 75-340, 5 mai 1975).* – Dans le cas où le capital à rembourser sur un certificat nominatif non frappé d'opposition n'excède pas la somme de 1 000 F, le remboursement est libératoire pour la personne morale émettrice lorsqu'il est fait au présentateur du certificat nominatif ou du certificat de remboursement.

La personne morale émettrice doit, avant d'opérer le remboursement, s'assurer de l'identité du présentateur dans les conditions prévues à l'article 37, alinéa 1er, ci-dessus, sans que la signature de celui-ci ait à être certifiée.

Art. 42. – Toute demande de conversion de titres au porteur en titres nominatifs, de transfert direct sans négociation en Bourse ou de garantie, ou de remboursement partiel ou total des titres, donne lieu, sauf dans les cas de remboursement immédiat sur simple présentation du titre, à la délivrance d'un récépissé par la personne morale émettrice ou par l'établissement chargé par elle du service des transferts.

Ce récépissé détaché d'un carnet à souche ou établi en double exemplaire doit contenir :
1° L'indication du jour de la remise des titres accompagnés de la demande ;
2° La désignation de ces titres. Toutefois, l'énonciation des numéros des titres compris dans un certificat nominatif n'est pas obligatoire. Pour les titres représentés par un virement il suffit d'indiquer les références permettant l'identification de celui-ci ;
3° La date à laquelle aura lieu la remise des fonds ou des titres entre les mains du demandeur.
Ledit récépissé doit être revêtu de la signature d'un représentant qualifié de la personne morale émettrice ou de l'établissement.
Au lieu et place de ce récépissé, la personne morale émettrice peut remettre, en représentation du titre déposé, un extrait de ce titre daté du jour de la remise et signé.

CHAPITRE III. – ACCEPTATION DU TRANSFERT. SIGNIFICATION. EXAMEN DES DOSSIERS

Art. 43. – **Nonobstant toute clause ou disposition contraire, sauf en ce qui concerne les titres non libérés, les personnes morales émettrices ne peuvent exiger l'acceptation du transfert par le cessionnaire.**
En ce qui concerne les titres non libérés, l'acceptation du transfert par le cessionnaire doit être établie dans la forme fixée par arrêté du ministre de l'Économie et des Finances.

Art. 44. – **Toute signification affectant des titres nominatifs émis par des sociétés doit, à peine de nullité, être faite au siège des sociétés émettrices à l'exclusion de leurs succursales.**
Les significations sont sans effet si elles sont faites à une date postérieure soit à l'inscription du nouveau titulaire sur les registres de la société, soit après l'expiration des délais impartis aux articles 25 alinéa 1er, 28 alinéa 4, 30, 31, 32 et 35, pour réaliser l'opération demandée.

Art. 45 *(Abr., D. n° 83-359, 2 mai 1983).*

TITRE IV. – RESPONSABILITÉ DES PERSONNES MORALES ÉMETTRICES ET DES INTERMÉDIAIRES

Art. 46 à 48 *(Abr., D. n° 83-359, 2 mai 1983).*

Art. 49 *(D. n° 68-336, 5 avr. 1968).* – **Lorsqu'une demande de transfert, de conversion, de remboursement ou de retrait de droits concernant des titres nominatifs est transmise à une personne morale émettrice, ou à l'établissement chargé par elle du service des transferts, par un agent de change, la certification de la signature du requérant donnée par l'agent de change implique de sa part la vérification de l'identité, de la capacité et de la qualité dudit requérant ainsi que de la régularité de l'opération. Dans ce cas, la personne morale émettrice est dégagée de toute responsabilité à cet égard, nonobstant toutes dispositions ou conventions contraires et elle doit effectuer l'opération demandée sans pouvoir exiger aucune autre justification ni se prévaloir du délai accordé par l'article 45.**
Ces dispositions ne s'appliquent pas aux rentes sur l'État.

TITRE V. – COMPUTATION DES DÉLAIS ET INDEMNITÉS

Art. 50 *(Mod., D. n° 67-264, 30 mars 1967 ; D. n° 2008-484 du 22 mai 2008).* – **Tous les délais prévus par le présent décret sont francs et ne comprennent pas les jours où la bourse est fermée** (1).
Le défaut d'accomplissement dans lesdits délais des opérations prévues au présent décret [*sanctions*] donne lieu, au bénéfice du titulaire, à une indemnité exigible de plein droit, fixée à 1 p. 1. 0000 [*pourcentage*] par jour de la valeur des titres au jour de l'expiration des délais, sans qu'elle puisse excéder ladite valeur, mais sans préjudice, s'il y a lieu, de tous dommages-intérêts. La valeur des titres négociables est déterminée par le cours moyen de ce jour ou du dernier jour où les titres ont été cotés, ainsi qu'il est prévu à l'article suivant.

(1) Toutes les expressions ou indications tendant à conférer aux délais de procédure la qualité de délai franc sont supprimés ; ces délais sont désormais décomptés comme il est dit aux articles 610 et suivants du Code de procédure civile (D. n° 72-788, 28 août 1972, art. 192).

Les délais sont comptés de minuit à minuit et non d'heure à heure. Dans le cas de vente, les délais sont comptés à partir du jour de la négociation qui est notifiée à l'intéressé par lettre d'avis ou bordereau de vente. Dans les autres cas visés aux articles 24 et 25, 28 à 32, 34 et 35, 38 et 45, ils sont comptés du jour de la remise des titres et de la demande faite contre récépissé à la personne morale émettrice. Si le service des transferts n'est pas assuré au siège de la personne morale émettrice [*sociétés, collectivités*] les délais sont comptés du jour de la remise des titres et de la demande faite à l'établissement chargé de ce service.

Toute transmission par les comptables du Trésor, succursales, agences des personnes morales émettrices, ou par d'autres intermédiaires, n'entre pas dans le calcul des délais.

Art. 51 *(D. n° 67-264, 30 mars 1967 ; D. n° 68-336, 5 avr. 1968)*. – Si les fonds ou les titres ne sont pas mis à la disposition de l'ayant droit à l'expiration du délai total prévu pour chacune des opérations visées aux articles 24 et 25, 28 à 32, 34 et 35, 38 et 45, le retard est constaté dans les formes suivantes :

L'ayant droit requiert, par lettre recommandée ou par sommation d'huissier, soit l'agent de change dans le cas des articles 24 et 25 et 28 à 32, soit la personne morale émettrice ou l'établissement chargé par elle du service des transferts dans le cas des articles 34 et 35, soit l'établissement désigné pour la transmission des dossiers dans le cas de l'article 38, soit l'agent de change ou la personne morale émettrice ou l'établissement chargé par elle du service des transferts dans le cas de l'article 45, de lui délivrer une reconnaissance, dûment datée et signée, constatant que les fonds ou les titres ne sont pas mis à sa disposition et indiquant le jour où le retrait pourra en être effectué. L'agent de change est tenu de transmettre immédiatement cette réquisition à la personne morale émettrice ou à l'établissement chargé par elle du service des transferts, lorsque ladite personne morale ou ledit établissement aura dépassé les délais.

La reconnaissance est due par toute personne ou établissement ayant dépassé les délais. Chacun d'eux, mis en demeure par la réquisition, est tenu, sous réserve de son droit d'établir que le dépassement des délais ne lui est pas imputable en tout ou en partie, de payer le montant de l'indemnité prévue au second alinéa du précédent article.

Le cours moyen servant de base au calcul de l'indemnité est établi en prenant la moyenne entre le cours le plus haut et le cours le plus bas cotés à la Bourse où a été effectuée la négociation.

S'il s'agit de transfert direct sans négociation en Bourse, de conversion au nominatif ou de conversion au porteur, le cours moyen est celui de la Bourse où la valeur est cotée.

En cas de remboursement, l'indemnité est fixée d'après le montant du remboursement.

TITRE VI. – DISPOSITIONS DIVERSES

Art. 52. – Les demandes de conversion, de transfert ou de remboursement doivent être établies en simple original dans la forme du modèle homologué par arrêté du ministre de l'Économie et des Finances.

Art. 53. – Les personnes morales émettrices et les établissements chargés par elles du service de conversion et de transfert de leurs titres ne peuvent exiger, nonobstant toute convention contraire, aucune formalité ou production de pièce autre que celles prévues par les dispositions du présent décret.

Art. 54. – Toute personne morale émettrice, dont le service des transferts n'est pas assuré au siège même, est tenue de publier au *Bulletin des annonces légales obligatoires* la dénomination et l'adresse de l'établissement chargé par elle de ce service.

Elle doit publier dans les mêmes conditions la liste des banques ou établissements financiers désignés par elle en exécution des dispositions des articles 5 et 38.

Art. 55. – Pour l'application des dispositions du présent décret, indépendamment des grosses et expéditions complètes, le notaire, détenteur de la minute d'un contrat de mariage, est autorisé à délivrer sous sa responsabilité des attestations de régime matrimonial dans les conditions fixées par un arrêté du garde des Sceaux.

Dans ce cas, ni les intermédiaires, ni les personnes morales émettrices, ni les établissements chargés par elles du service des transferts ne peuvent exiger la production des grosses ou expéditions et leur responsabilité est entièrement dégagée du chef des attestations fournies par le notaire.

Art. 56. – Le présent décret est applicable aux personnes morales émettrices ayant leur siège dans les départements du Bas-Rhin, du Haut-Rhin et de la Moselle sans qu'il soit dérogé aux dispositions du titre II de la loi civile du 1er juin 1924 relative au certificat d'héritier.

Art. 57. – Dans le présent décret, le terme « rentes sur l'État » désigne non seulement les rentes perpétuelles et amortissables inscrites au grand-livre de la dette publique, mais, quelle qu'en soit la dénomination, toute valeur que la réglementation en vigueur assimile à ces rentes.

Art. 58. – Sont abrogés les articles 36 à 53 de la loi du 26 mars 1927, le décret du 9 mai 1928, le décret modifié du 25 octobre 1934, le décret modifié du 26 octobre 1934, ainsi que toutes dispositions contraires au présent décret.

Art. 59. – Les dispositions du présent décret seront applicables à compter du 1er janvier 1956.

Décret n° 59-1053 du 7 septembre 1959

portant simplification de la gestion des titres nominatifs d'emprunts

(JO 11 sept.)

Art. 1er *(D. n° 63-1166, 21 nov. 1963 ; D. n° 70-145, 17 févr. 1970).* – Lorsque l'amortissement d'un emprunt est réalisé par séries désignées à l'aide de lettres ou de numéros de séries ou par tirage de nombres de un ou plusieurs chiffres formant la terminaison des numéros des titres, la personne morale émettrice a la faculté de ne plus faire figurer sur les certificats nominatifs les numéros individuels ; dans ce cas les lettres ou numéros de séries ou terminaisons sont seuls mentionnés.

Cette faculté est également offerte lorsque l'amortissement est réalisé par réduction uniforme de la valeur nominale de chaque titre ou par remboursement, en une fois, de la totalité de l'emprunt à l'expiration de sa durée.

Art. 2 *(D. n° 63-1166, 21 nov. 1963 ; D. n° 70-145, 17 févr. 1970).* – Lors de toute conversion au porteur de certificats nominatifs, y compris ceux déjà émis, comportant l'indication de numéros individuels, les titres au porteur délivrés peuvent comporter des numéros individuels différents de ceux des titres déposés lors de la conversion au nominatif sous condition, s'il y a lieu, du maintien des lettres, des numéros de séries ou des terminaisons des titres.

De même, et sous les mêmes conditions, les certificats nominatifs qui sont délivrés à la suite d'une opération quelconque peuvent ne plus comporter l'indication des numéros individuels des titres.

Art. 3 *(D. n° 63-1166, 21 nov. 1963 ; D. n° 64-970, 14 sept. 1964).* – Lors de toute opération de conversion au nominatif, les déposants sont tenus, néanmoins, d'inscrire sur le bordereau de conversion prévu à l'article 52 du décret n° 55-1595 du 7 décembre 1955, outre les lettres ou numéros de série s'il y a lieu, les numéros individuels des titres classés par séries et dans l'ordre numérique, sauf s'il s'agit de titres précédemment remis avec fongibilité à l'un des organismes ou établissements visés à l'article 5 du décret susvisé du 4 août 1949.

Art. 4. – Lors du dépôt pour conversion au nominatif d'un titre appartenant à un emprunt de la catégorie prévue à l'article 1er, la personne morale émettrice est tenue de vérifier que ce titre ne fait l'objet d'aucune opposition encore valable. Au cas où elle aurait accepté ou livré un titre frappé d'opposition, elle serait responsable dans les conditions du droit commun.

Toute publication d'opposition postérieure au dépôt d'un titre est sans effet et l'opposant qui en a été antérieurement dépossédé ne pourra exercer aucune action en revendication.

Art. 5. – *(Dispositions périmées : Algérie).*

Art. 6. – Lorsque la personne morale émettrice entendra user de la faculté prévue au présent décret, il devra être fait mention de son intention soit dans l'arrêté d'autorisation pour les emprunts soumis à l'autorisation du ministre de l'Économie et des Finances, soit dans la notice publiée au *Bulletin des annonces légales obligatoires* pour les emprunts des sociétés.

Art. 7. – La liste des emprunts émis antérieurement à l'entrée en vigueur du présent décret auxquels ses dispositions seront applicables fera l'objet d'une publication, par arrêté du ministre de l'Économie et des Finances, inséré au *Journal officiel* de la République française.

Pour les emprunts émis par des sociétés, mention de chaque emprunt compris dans l'arrêté prévu ci-dessus sera faite, en outre, à la diligence de la société intéressée, au *Bulletin des annonces légales obligatoires*.

Loi n° 64-697 du 10 juillet 1964

relative au regroupement des actions non cotées

Art. 1er *(Abr. sauf en ce qui concerne la Polynésie française, Ord. n° 2004-604, 24 juin 2004).* – Les actions ayant une valeur nominale inférieure ou égale à 25 F et non inscrites à une cote d'agents de change peuvent être regroupées nonobstant toute disposition législative ou statutaire contraire. Ces regroupements sont décidés par les assemblées générales d'actionnaires statuant dans les conditions prévues pour la modification des statuts et conformément aux dispositions de l'article 2 ci-dessous.

Art. 2 *(Abr. sauf en ce qui concerne la Polynésie française, Ord. n° 2004-604, 24 juin 2004).* – Les regroupements d'actions prévus à l'article 1er comportent l'obligation, pour les actionnaires, de procéder aux achats ou aux cessions d'actions nécessaires pour réaliser le regroupement.

La valeur nominale des actions regroupées ne peut être supérieure à 100 F.

Pour faciliter ces opérations la société devra, avant la décision de l'assemblée générale, obtenir d'un ou de plusieurs actionnaires l'engagement de servir pendant un délai de deux ans, au prix fixé par l'assemblée, la contrepartie tant à l'achat qu'à la vente des offres portant sur les rompus ou des demandes tendant à compléter le nombre des titres appartenant à chacun des actionnaires intéressés.

Art. 3 *(Abr. sauf en ce qui concerne la Polynésie française, Ord. n° 2004-604, 24 juin 2004).* – À l'expiration du délai qui sera fixé par le décret prévu à l'article 10, les actions non présentées en vue de leur regroupement perdent leur droit de vote et leur droit au dividende est suspendu.

Le décret mentionné à l'alinéa précédent pourra accorder un délai supplémentaire aux actionnaires ayant pris l'engagement prévu à l'article 2.

Les dividendes dont le paiement aura été suspendu en exécution du premier alinéa du présent article seront, en cas de regroupement ultérieur, versés aux propriétaires des actions anciennes dans la mesure où ils n'auront pas été atteints par la prescription.

Art. 4 *(Abr. sauf en ce qui concerne la Polynésie française, Ord. n° 2004-604, 24 juin 2004).* – En ce qui concerne les propriétaires de titres qui n'ont pas la libre et complète administration de leurs biens, la demande d'échange des anciens titres et les achats ou cessions de rompus nécessaires pour réaliser le regroupement sont assimilés à des actes de simple administration, sauf si les nouveaux titres sont demandés sous la forme au porteur en échange de titres nominatifs.

Art. 5 *(Abr. sauf en ce qui concerne la Polynésie française, Ord. n° 2004-604, 24 juin 2004).* – Les titres nouveaux présenteront les mêmes caractéristiques et conféreront de plein droit et sans l'accomplissement d'aucune formalité les mêmes droits réels ou de créances que les titres anciens qu'ils remplaceront.

Les droits réels et les nantissements seront reportés de plein droit sur les titres nouveaux attribués en remplacement des titres anciens qui en sont grevés.

Art. 6 *(Abr., L. n° 83-1, 3 janv. 1983).*

Art. 7 *(Abr. sauf en ce qui concerne la Polynésie française, Ord. n° 2004-604, 24 juin 2004).* – Les dispositions de l'article 1er, des alinéas 1 et 3 de l'article 2 ainsi que celles des articles 3 à 6 ci-dessus sont applicables aux regroupements d'actions non cotées entrepris antérieurement à la publication de la présente loi à condition que l'assemblée générale des actionnaires décide d'achever le regroupement dans les conditions prévues par la présente loi et que la société obtienne d'un ou de plusieurs de ses actionnaires l'engagement prévu à l'article 2.

Un délai qui sera fixé par le décret prévu à l'article 10 est ouvert aux propriétaires des actions non regroupées à la date de la décision de l'assemblée générale prise en application du présent article pour procéder aux achats et aux cessions d'actions nécessaires pour réaliser le regroupement.

La vente des actions nouvelles dont les ayants droit n'auront pas demandé la délivrance ne pourra être entreprise avant l'expiration d'un délai de cinq ans à compter de la même date.

Art. 8 *(Abr. sauf en ce qui concerne la Polynésie française, Ord. n° 2004-604, 24 juin 2004).* – Les opérations d'achat et de vente prévues à l'article 2 ci-dessus ne peuvent donner lieu à la perception de l'impôt sur les opérations de bourse de valeurs. Toutefois, cette exonération est limitée à une opération d'achat ou de vente par actionnaire autre que celui ou ceux assurant la contrepartie et elle est subordonnée à la condition que le nombre d'actions négociées soit inférieur au nombre nécessaire à l'attribution d'une action regroupée.

Art. 9 *(Abr. sauf en ce qui concerne la Polynésie française, Ord. n° 2004-604, 24 juin 2004).* – En cas d'inobservation par la société soit des articles 1er, 2 ou 7 ci-dessus, soit des conditions dans lesquelles doivent être prises les décisions des assemblées générales et des formalités de publicité fixées par le décret prévu à l'article 10, le regroupement restera facultatif pour les actionnaires et les dispositions des articles 3 et 6 ne seront pas applicables.

Si le ou les actionnaires ayant pris l'engagement prévu aux articles 2 et 7 ne remplissent pas cet engagement, les opérations de regroupement pourront être annulées à la demande de tout intéressé. Dans ce cas les achats et les ventes de rompus pourront être annulés à la demande des actionnaires qui y auront procédé ou de leurs ayants cause, à l'exception des actionnaires défaillants, sans préjudice de tous dommages-intérêts, s'il y a lieu.

Art. 10 *(Abr. sauf en ce qui concerne la Polynésie française, Ord. n° 2004-604, 24 juin 2004).* – Un décret en Conseil d'État fixera les modalités d'application de la présente loi, notamment les conditions non prévues à l'article 1er dans lesquelles devront être prises les décisions des assemblées générales d'actionnaires et accomplies les formalités de publicité de ces décisions

Art. 11 *(Abr. sauf en ce qui concerne la Polynésie française, Ord. n° 2004-604, 24 juin 2004).* – La présente loi est applicable dans les territoires d'outre-mer de la République française.

3.3. – RÈGLEMENT GÉNÉRAL DE L'AUTORITÉ DES MARCHÉS FINANCIERS (AMF)

Règlement général de l'Autorité des marchés financiers du 12 octobre 2004

(Règl. homologué, A. 23 févr. 2004, A. 12 oct. 2004 et A. 12 nov. 2004)
Voir le site www.amf-france.org/

Bibliographie : H. Letreguilly, *Règlement général de l'Autorité des marchés financiers : textes et commentaires*, Dalloz, 2010.

Section III. – Information du public

3.4. – RÈGLES DE MARCHÉ

Règles de marchés d'Euronext du 25 septembre 2006 applicable au 1er octobre 2006 et **Règles particulières du 4 avril 2005** applicables aux marchés réglementés français, voir sur le site **www.euronext.com**.

Bibliographie : E. Blary-Clément et J.-Ch. Duhamel, *Le transfert d'Euronext vers Alternext, la transparence au cœur du débat : Bull. Joly Bourse* 2010, p. 348. • Ch. de Watrigant, *JCl. Sociétés traité*, Fasc. 680.

LIVRE QUATRIÈME. – CONCURRENCE. CONCENTRATION

4.1. – DES PRATIQUES ANTICONCURRENTIELLES

Code de commerce

Partie législative

(Titre II du Livre IV)

Bibliographie : L. Arcelin, *De quelques incidences des procédures connexes devant le Conseil de la concurrence : Contrats, conc. consom.* 2007, étude 8, n° 6. • P. Arhel, *L'activité de la cour d'appel de Paris dans le domaine des pratiques anticoncurrentielles : LPA* 4 mai 2005, p. 3 ; *Communication de la Commission sur l'application de l'article 82 CE aux abus d'exclusion de position dominante : JCP* E 2008, act., p. 561. • Y. Auget, *Nouvelles régulations économiques et nouveaux contentieux du droit de la concurrence devant les tribunaux de commerce : LPA* 2 sept. 2004, p. 3. • A. Bénabent, *La mise en jeu de la responsabilité civile : LPA* 20 janv. 2005, n° spécial sur les sanctions judiciaires des pratiques anticoncurrentielles, p. 31. • C. Bloud-Rey, *Loyauté et pratiques anticoncurrentielles : antinomie ? : LPA* 24 nov. 2011, n° 234, p. 20. • J. Bombardier et M. Vaz d'Almeida, *Décisions de pratiques anticoncurrentielles de l'Autorité de la concurrence – Bilan 2016 : Contrats, conc. consom.* 2017, dossier 9. • D. Bosco, *Obligations d'exclusivité et abus de position dominante : Concurrences,* 2006, n° 3, p. 176 ; *L'avenir contractuel et administratif de la compensation des dommages concurrentiels : Contrats, conc. consom.* 2017, rep. 7. • B. Bouloc, *La sanction judiciaire des pratiques anticoncurrentielles par la voie pénale : LPA* 20 janv. 2005, n° spécial, préc., p. 11. • B. Brun, *La prise en compte toujours accrue des groupes de sociétés en droit de la concurrence : Dr. sociétés* 2006, étude 13. • G. Canivet et F. Jenny, *Vers une modernisation de notre droit économique : JCP* G 2018, doctr. 263. • M. Chagny, *Faut-il prendre en compte les objectifs du droit de la concurrence dans les actions en dommages et intérêts : Rev. Lamy dr. aff.* 2007, p. 96 ; *Regards sur le droit des pratiques anticoncurrentielles : les développements en matière de distribution : LPA* 29 nov. 2007, p. 25 ; *Rétrospectives 2012 et prospectives : pratiques anticoncurrentielles et pratiques restrictives : Contrats, conc. consom.* 2013, dossier 2. • F. Chaput, *L'autonomie de la filiale en droit des pratiques anticoncurrentielles : Contrats, conc. consom.* 2010, étude 1. • E. Claudel, *L'actualité du droit français des pratiques anticoncurrentielles : LPA* 9 déc. 2004, p. 13 ; *L'essor des sanctions en droit de la concurrence. – Quelle efficacité ? Quelles garanties ? : Contrats, conc. consom.* 2015, dossier 13 et J.-L. Fourgoux, *ibid.* dossier 14 ; *Responsabilité au sein des groupes en droit de la concurrence : Cah. dr. entr.* sept. 2017, p. 23. • *Dix ans de droit de la concurrence : Rétrospectives et perspectives. – Rapport introductif colloque AFEC : Contrats, conc. consom.* 2016, dossier 11. • A. Condomines, *La durée des pratiques anticoncurrentielles : enjeux et critères d'appréciation en droit français et européen : Contrats, conc. consom.* 2016, étude 10. • G. Damy, *Les réformes législatives du droit français de la concurrence : Contrats, conc. consom.* 2003, p. 13. • G. Decocq et A.-L. H. des Ylouses, *Le secret des affaires et le droit des ententes anticoncurrentielles : JCP* E 2016, 1456. • E. Garcia-Rosado, *Pratiques concurrentielles au sein des oligopoles : le lien entre les ententes et les abus de position dominante collective : RLC* 2005, n° 3, p. 139. • M. Glais, *La sanction des abus de dépendance économique : entre désillusion et espoir : Contrats, conc. consom.* 2006, dossier 25. • C. Grynfogel, *De quelques variations sur le même thème : l'échange d'informations et le droit de la concurrence : RJDA* 2008, p. 221. • D. Guevel, *Quelques aspects de la loi NRE en matière de concurrence : Gaz. Pal.* 29 mai 2002, p. 36. • I. Hoefpner-Léger, *Les poursuites privées en matière de pratiques anticoncurrentielles : JCP* E 2006, 2710. • L. Idot, *La responsabilité pénale des personnes morales : les leçons du droit européen de la concurrence : Concurrences,* 1-2012, art. n° 41678, p. 55. • H. Kazzi, *L'analyse des barrières à l'entrée : entre convergences et risques : Contrats, conc. consom.* 2007, étude 15, n° 12. • V. Lasserre-Kiesow, *La promotion des sanctions civiles en droit des pratiques anticoncurrentielles : D.* 2007, p. 2116. • M. Le Coq, *Dix ans après la création de l'autorité de la concurrence : regard sur les mutations du droit de la concurrence : Contrats, conc. consom.* 2019, alerte 1. • V. Ledoux et J.-C. Roda, *Les « compliance programs » en droit de la concurrence : Contrats, conc. consom.* 2007, étude 14, n° 12. • Ch. Lemaire, *Responsabilité concurrentielle des groupes de sociétés : Contrats, conc. consom.* 2017, dossier 5. • J.-L. Lesquins, *L'établissement des pratiques anticoncurrentielles lors du procès civil : LPA* 20 janv. 2005, n° spécial, préc., p. 17. • I. Luc, *Le contentieux civil de la concurrence : actualité 2015 : Contrats, conc. consom.* 2016, dossier 15. • V. Michel-Amsellem, *L'actualité des ententes en droit de l'Union en 2015 : Contrats, conc. consom.* 2016, dossier 12. • B. Mounier-Kuhn, *Responsabilité des dirigeants et collaborateurs de l'entreprise dans le cadre des pratiques anticoncurrentielles : perspectives : JCP* E 2008, 1232. • P. Nigri, *Prévenir les situations d'entente : Contrats-Marchés publ.* 2016, pratique 1. • C. Prieto, *La lutte contre les pratiques anticoncurrentielles : l'élan donné par la loi sur les nouvelles* *régulations économiques* : *Dr. et patr.* 12/2001, p. 74 ; *La généralisation de l'analyse fondée sur les effets : ententes et abus de position dominante* : *LPA* 29 nov. 2007, p. 8 ; *Numérique et abus de position dominante* : *CDE* 2019, dossier 18. • J.-Ch. Roda, *Adoption par l'ECA de principes concernant les sanctions pécuniaires en droit de la concurrence* : *Contrats, conc. consom.* 2008, alerte 64. • *Les droits de la concurrence, chance ou contrainte pour l'entreprise ?* : *Contrats, conc. consom.* 2006, n° 12, n° spécial, études 21 et s. • Y. Picod, *Loyauté et liberté de la concurrence* : *Rev. Lamy dr. conc.* nov. 2017, p. 11. • V. Pironon, *Les groupes de sociétés en droit des pratiques anticoncurrentielles* : *LPA* 6 oct. 2011, n° 199, p. 3. • F. Prunet, *Les conflits d'intérêts en droit de la concurrence* : *Gaz. Pal.* 2011, n° 341 à 342, p. 22. • I. Sylva, *Actualité 2016 du droit européen et français de la concurrence* : *Contrats, conc. consom.* 2017, dossier 2. • D. Théophyle et E. Thauvin, *Le droit des ententes en 2015* : *Contrats, conc. consom.* 2016, dossier 13. • J. Théry-Schultz, *Pratiques continues et infractions complexes* : *Contrats, conc. consom.* 2009, étude 3. • *Adde L'année 2013 en droit de la concurrence, colloque AFEC du 11 févr. 2014* : *Contrats, conc. consom.* 2014, dossiers 10 à 17. • *L'année 2015 en droit de la concurrence, colloque AFEC 12 févr. 2016* : *Contrats, conc. consom.* 2016, dossiers 10 à 16. • *L'année 2017 en droit de la concurrence, colloque AFEC* : *Contrats, conc. consom.* 2018, dossiers 2 à 4.

Art. L. 420-1 *(Mod., L. n° 2001-420, 15 mai 2001)*. **– Sont prohibées, même par l'intermédiaire direct ou indirect d'une société du groupe implantée hors de France, lorsqu'elles ont pour objet ou peuvent avoir pour effet d'empêcher, de restreindre ou de fausser le jeu de la concurrence sur un marché, les actions concertées, conventions, ententes expresses ou tacites ou coalitions, notamment lorsqu'elles tendent à :**

1° Limiter l'accès au marché ou le libre exercice de la concurrence par d'autres entreprises ;

2° Faire obstacle à la fixation des prix par le libre jeu du marché en favorisant artificiellement leur hausse ou leur baisse ;

3° Limiter ou contrôler la production, les débouchés, les investissements ou le progrès technique ;

4° Répartir les marchés ou les sources d'approvisionnement.

Voir : **Sanctions pénales,** C. com., art. L. 420-6, p. 1674. – **Compétence juridictionnelle,** C. com., art. L. 420-7, p. 1674.

Conditions de l'entente au sein d'un groupe. Lorsqu'une société mère contrôle étroitement la stratégie commerciale de ses filiales, il n'existe pas d'ententes entre elles, en l'absence d'autonomie des participants : ▪ Cons. conc., déc. n° 87-D25, 7 juill. 1987 : *BOCC* 27 févr. 1988. ▪ Cons. conc., déc. n° 02-D-67, 7 nov. 2002 : *BOCC* 28 févr. 2003 ; *Contrats, conc. consom.* 2003, n° 73, obs. M. Malaurie-Vignal. – Aux fins de l'application des règles de concurrence sur les ententes, l'absence d'autonomie de comportement sur les marchés de filiales vis-à-vis de leur société mère prime normalement sur la séparation formelle de ces sociétés qui résulte de leurs personnalités juridiques distinctes : ▪ Cons. conc., déc. n° 06-D-26, 15 sept. 2006 : *BOCC* 26 janv. 2007 ; *D.* 2007, act. jurispr. p. 2599, obs. E. Chevrier ; *RDLC* 2006, n° 4, p. 130, obs. V. Michel-Amsellem. – Lorsqu'une société mère détient la totalité ou la quasi-totalité du capital de sa filiale ayant enfreint les règles de concurrence, la présomption réfragable selon laquelle la société mère exerce effectivement une influence déterminante sur sa filiale, peut être renversée par la preuve contraire, rapportée par la société mère, prenant en considération l'ensemble des éléments pertinents relatifs aux liens économiques, organisationnels et juridiques qui les unissent, établissant que sa filiale se comporte de manière autonome sur le marché et ne constitue donc pas avec elle une unité économique. À défaut d'une telle preuve, la sanction prononcée contre la société mère peut être d'un montant supérieur à celle de sa filiale lorsque, à la différence de cette dernière, elle ne bénéficie pas de la procédure de non-contestation des griefs : ▪ Cass. com., 18 oct. 2017, n° 16-19.120 : *JurisData* n° 2017-020500 ; *Contrats, conc. consom.* 2018, comm. 13, note G. Decocq ; *BJS* 2017, p. 732, note E. Claudel.

Art. L. 420-2 *(Rempl., L. n° 2001-420, 15 mai 2001 ; mod., L. n° 2005-882, 2 août 2005)*. **– Est prohibée, dans les conditions prévues à l'article L. 420-1, l'exploitation abusive par une entreprise ou un groupe d'entreprises d'une position dominante sur le marché intérieur ou une partie substantielle de celui-ci. Ces abus peuvent notamment consister en refus de vente, en ventes liées ou en conditions de vente discriminatoires ainsi que dans la rupture de relations commerciales établies, au seul motif que le partenaire refuse de se soumettre à des conditions commerciales injustifiées.**

Est en outre prohibée, dès lors qu'elle est susceptible d'affecter le fonctionnement ou la structure de la concurrence, l'exploitation abusive par une entreprise ou un groupe d'entreprises de l'état de dépendance économique dans lequel se trouve à son égard une entreprise cliente ou fournisseur. Ces abus peuvent notamment consister en refus de vente, en ventes liées, en pratiques discriminatoires visées au I de l'article L. 442-6 ou en accords de gamme.

Voir : la rédaction de cet article issue de l'ordonnance n° 2019-698 du 3 juillet 2019, en *addendum*, p. 3371.

Voir : **Sanctions pénales,** C. com., art. L. 420-6, p. 1674. – **Compétence juridictionnelle,** C. com., art. L. 420-7, p. 1674.

1) Personne morale responsable. L'entreprise dont les moyens humains et matériels ont concouru à la mise en œuvre d'une pratique prohibée par les articles L. 420-1 et L. 420-2 encourt les sanctions prévues à l'article L. 464-2 tant qu'elle conserve une personnalité juridique, indépendamment de la cession desdits moyens humains et matériels. Si une société, auteur des pratiques prohibées, a cédé une partie de ses actifs, puis a fait l'objet d'une fusion-absorption avec effet rétroactif à la date de la cession partielle d'actifs, elle avait encore la personnalité morale au jour de sa fusion-absorption : ▪ Cass. com., 20 nov. 2001 : *JurisData* n° 2001-011780 ; *JCP* E 2002, n° 1044, p. 1146, note L. Arcelin.

2) Association. Une association régie par la loi du 1er juillet 1901, dès lors qu'elle exerce une activité économique, peut faire l'objet d'une sanction fondée sur les articles 102 du TFUE et L. 420-2 du Code de commerce qui prohibent l'abus de position dominante ; toutefois, la sanction applicable en vertu de l'article L. 464-2, I, alinéa 4, du Code de commerce prévoit un plafond de sanctions différent selon que l'entité contrevenante est ou non une entreprise, le législateur ayant entendu distinguer les personnes condamnées en fonction de la nature de leurs facultés contributives respectives : ▪ Cass. com., 8 févr. 2017, n° 15-15.005, FS-P+B : *JurisData* n° 2017-001995.

Art. L. 420-2-1 *(L. n° 2012-1270, 20 nov. 2012).* **– Sont prohibés, dans les collectivités relevant de l'article 73 de la Constitution et dans les collectivités d'outre-mer de Saint-Barthélemy, de Saint-Martin, de Saint-Pierre-et-Miquelon et de Wallis-et-Futuna, les accords ou pratiques concertées ayant pour objet ou pour effet d'accorder des droits exclusifs d'importation à une entreprise ou à un groupe d'entreprises.**

Art. L. 420-2-2 *(L. n° 2016-1920, 29 déc. 2016).* **– Sont prohibés les accords, les pratiques concertées et les pratiques unilatérales ayant pour objet ou pour effet d'interdire ou de limiter substantiellement la possibilité pour une entreprise qui exécute des prestations de transport public particulier de personnes ou des services occasionnels de transport collectif de personnes effectués au moyen de véhicules légers :**

1° De recourir simultanément à plusieurs intermédiaires ou acteurs de mise en relation avec des clients en vue de la réalisation de ces prestations ;

2° Sans préjudice de l'article L. 3142-5 du Code des transports, de commercialiser sans intermédiaire les services de transport qu'elle exécute ;

3° De faire la promotion, au moyen de signes extérieurs sur le véhicule, d'une ou plusieurs offres de transport, y compris celles qu'elle commercialise sans intermédiaire.

Art. L. 420-3 *(L. n° 2012-1270, 20 nov. 2012 ; mod., L. n° 2016-1920, 29 déc. 2016).* **– Est nul tout engagement, convention ou clause contractuelle se rapportant à une pratique prohibée par les articles L. 420-1, L. 420-2, L. 420-2-1 et L. 420-2-2.**

Voir : Compétence juridictionnelle, C. com., art. L. 420-7, p. 1674.

Art. L. 420-4 *(Mod., L. n° 2001-420, 15 mai 2001 ; L. n° 2016-1920, 29 déc. 2016).* **– I. – Ne sont pas soumises aux dispositions des articles L. 420-1 et L. 420-2 les pratiques :**

1° Qui résultent de l'application d'un texte législatif ou d'un texte réglementaire pris pour son application ;

2° Dont les auteurs peuvent justifier qu'elles ont pour effet d'assurer un progrès économique, y compris par la création ou le maintien d'emplois, et qu'elles réservent aux utilisateurs une partie équitable du profit qui en résulte, sans donner aux entreprises intéressées la possibilité d'éliminer la concurrence pour une partie substantielle des produits en cause. Ces pratiques qui peuvent consister à organiser, pour les produits agricoles ou d'origine agricole, sous une même marque ou enseigne, les volumes et la qualité de production ainsi que la politique commerciale, y compris en convenant d'un prix de cession commun ne doivent imposer des restrictions à la concurrence, que dans la mesure où elles sont indispensables pour atteindre cet objectif de progrès.

II. – Certaines catégories d'accords ou certains accords, notamment lorsqu'ils ont pour objet d'améliorer la gestion des entreprises moyennes ou petites, peuvent être reconnus comme satisfaisant à ces conditions par décret pris après avis conforme de l'Autorité de la concurrence.

III. – Ne sont pas soumis aux dispositions des articles L. 420-2-1 et L. 420-2-2 les accords ou pratiques dont les auteurs peuvent justifier qu'ils sont fondés sur des motifs objectifs tirés de l'efficacité économique et qui réservent aux consommateurs une partie équitable du profit qui en résulte.

Certaines catégories d'accords ou de pratiques, certains accords ou certaines pratiques, notamment lorsqu'ils ont pour objet de favoriser l'apparition d'un nouveau service, peuvent être reconnus comme satisfaisant aux conditions mentionnées au premier alinéa du présent III, par arrêté conjoint des ministres chargés de l'économie et des transports, pris après avis conforme de l'Autorité de la concurrence et pour une durée ne pouvant excéder cinq ans.

Voir : C. com., art. R. 420-1 et R. 420-2, p. 1675.

Compétence juridictionnelle, C. com., art. L. 420-7, p. 1674.

Les missions du Conseil de la concurrence diffèrent selon qu'il se trouve saisi dans le cadre d'une procédure consultative ou contentieuse. Lorsqu'il est saisi au contentieux, il revient au Conseil d'apprécier si les pratiques en cause peuvent être justifiées par des dispositions législatives ou réglementaires visées à l'article L. 420-4 du Code de commerce : ▪ Cons. conc., déc., 28 oct. 2004 : *D.* 2004, p. 3066.

Art. L. 420-5 *(Mod., L. n° 2017-256, 28 févr. 2017).* **– Sont prohibées les offres de prix ou pratiques de prix de vente aux consommateurs abusivement bas par rapport aux coûts de production, de transformation et de commercialisation, dès lors que ces offres ou pratiques ont pour objet ou peuvent avoir pour effet d'éliminer d'un marché ou d'empêcher d'accéder à un marché une entreprise ou l'un de ses produits.**

En Guadeloupe, en Guyane, en Martinique, à La Réunion et dans le département de Mayotte, lorsque des denrées alimentaires identiques ou similaires à celles qui sont produites et commercialisées localement sont proposées aux consommateurs à des prix manifestement inférieurs à ceux pratiqués dans l'hexagone, la conclusion d'un accord entre les acteurs de l'importation et de la distribution, d'une part, et ceux de la production et de la transformation locales, d'autre part, peut être rendue obligatoire par le représentant de l'État dans le territoire. Celui-ci prend en compte les volumes de produits concernés, la situation économique des producteurs locaux et l'intérêt des consommateurs à très faibles revenus. Cet accord, dont la négociation est conduite sous l'égide de l'État et des collectivités compétentes en matière de développement économique, doit mentionner les opérations continues menées par la distribution afin d'offrir au consommateur des denrées produites localement ainsi que la politique menée par les producteurs locaux afin de satisfaire au mieux les besoins des consommateurs. L'accord est rendu public par arrêté préfectoral. En l'absence d'accord dans le délai de dix jours ouvrables à compter de l'ouverture des négociations, le représentant de l'État dans le territoire prend par arrêté toute mesure relevant de sa compétence et permettant de répondre aux objectifs précités.

Les coûts de commercialisation comportent également et impérativement tous les frais résultant des obligations légales et réglementaires liées à la sécurité des produits.

(Mots rempl., L. n° 2018-938, 30 oct. 2018) **« Les premier et troisième alinéas du présent article » ne sont pas applicables en cas de revente en l'état, à l'exception des enregistrements sonores reproduits sur supports matériels et des vidéogrammes destinés à l'usage privé du public.**

Voir : Compétence juridictionnelle, C. com., art. L. 420-7, p. 1674.

Art. L. 420-6 *(Mod., L. n° 2001-420, 15 mai 2001 ; Ord. n° 2008-1161, 13 nov. 2008 ; L. n° 2016-1920, 29 déc. 2016).* **– Est puni d'un emprisonnement de quatre ans et d'une amende de 75 000 euros le fait, pour toute personne physique de prendre frauduleusement une part personnelle et déterminante dans la conception, l'organisation ou la mise en œuvre de pratiques visées aux articles L. 420-1, L. 420-2 et L. 420-2-2.**

Le tribunal peut ordonner que sa décision soit publiée intégralement ou par extraits dans les journaux qu'il désigne, aux frais du condamné.

Les actes interruptifs de la prescription devant l'Autorité de la concurrence en application de l'article L. 462-7 sont également interruptifs de la prescription de l'action publique.

Bibliographie : B. Bouloc, *Sanction judiciaire des pratiques anticoncurrentielles par la voie pénale : LPA* 20 janv. 2005, p. 11. • Fl. Prunet, *Concurrence et responsabilité pénale des personnes morales : un effet inattendu de la loi Perben II : Gaz. Pal.* 2005, doctr. 3786.

Art. L. 420-7 *(L. n° 2001-420, 15 mai 2001 ; rempl., Ord. n° 2004-1173, 4 nov. 2004).* **– Sans préjudice des articles L. 420-6, L. 462-8, L. 463-1 à L. 463-4, L. 463-6, L. 463-7 et L. 464-1 à L. 464-8, les litiges relatifs à l'application des règles contenues dans les articles L. 4201 à L. 420-5 ainsi que dans les articles 81**

et 82 du traité instituant la Communauté européenne et ceux dans lesquels ces dispositions sont invoquées sont attribués, selon le cas et sous réserve des règles de partage de compétences entre les ordres de juridiction, *(Mots rempl., Ord. n° 2011-337, 29 mars 2011)* « aux juridictions civiles ou commerciales » dont le siège et le ressort sont fixés par décret en Conseil d'État. Ce décret détermine également le siège et le ressort de la ou des cours d'appel appelées à connaître des décisions rendues par ces juridictions.

Voir : C. com., art. R. 420-3 à R. 420-5, p. 1675.

Bibliographie : R. Camaro, *De quelques cailloux procéduraux dans les bottes des victimes de pratiques anticoncurrentielles... – Les questions de compétence matérielle laissées sans réponse : Contrats, conc. consom.* 2015, étude 4.

Partie réglementaire

Art. R. 420-1. – **Les accords présentés au ministre chargé de l'économie, en application du II de l'article L. 420-4, sont accompagnés des informations suivantes :**

1° L'identification détaillée des entreprises parties à l'accord ;

2° Les objectifs fixés par l'accord ;

3° La délimitation du marché concerné par l'accord ;

4° Les produits, biens ou services concernés ;

5° Les produits, biens ou services substituables ;

6° Les parts de marché détenues par chaque partie à l'accord (en volume et en chiffre d'affaires) ;

7° L'impact sur la concurrence.

Si les entreprises estiment que certains des documents inclus dans ce dossier présentent un caractère confidentiel, elles peuvent porter sur ce document la mention : « secret des affaires ». Dans ce cas, le ministre chargé de l'économie leur demande de lui indiquer les informations dont elles souhaitent qu'il ne soit pas fait mention dans le décret et dans l'avis *(Mots rempl., Ord. n° 2008-1161, 13 nov. 2008)* « de l'Autorité de la concurrence ».

Art. R. 420-2. – **Un mois avant leur transmission à *(Mots rempl., Ord. n° 2008-1161, 13 nov. 2008)* « l'Autorité de la concurrence », les projets de décret prévus au II de l'article L. 420-4 doivent faire l'objet d'une publication au *Bulletin officiel de la concurrence, de la consommation et de la répression des fraudes.* Les observations éventuelles des personnes intéressées, recueillies dans ce délai, sont communiquées *(Mots rempl., Ord. n° 2008-1161, 13 nov. 2008)* « à l'Autorité de la concurrence ».**

Art. R. 420-3. – **Pour l'application de l'article L. 420-7, le siège et le ressort des juridictions commerciales compétentes en métropole et dans les départements d'outre-mer sont fixés conformément aux tableaux de l'annexe 4-2 du présent livre.**

Art. R. 420-4. – **Pour l'application de l'article L. 420-7, la liste des tribunaux de grande instance compétents en métropole et dans les départements d'outre-mer est fixée conformément aux tableaux de l'annexe 4-1 du présent livre.**

Art. R. 420-5. – **Pour l'application de la deuxième phrase de l'article L. 420-7, la cour d'appel de Paris est compétente.**

Code de commerce

Partie législative

(Ord. n° 2017-303, 9 mars 2017)

Bibliographie : R. Amaro, *Actions en réparation en matière de pratiques anticoncurrentielles : la directive 2014/104/UE est transposée ! : Contrats, conc. consom.* 2017, p. 12. ● M. Béhar-Touchais, *Du débiteur de la réparation dans l'ordonnance du 9 mars 2017 relative aux actions en dommages et intérêts du fait des pratiques anticoncurrentielles : RDC* 2017, p. 310. ● S. Carval, *Les actions en dommages-intérêts des victimes de pratiques anticoncurrentielles à propos de l'ordonnance et du décret du 9 mars 2017 : JCP* E 2017, 298. ● A. Constans et Th. D'Alès, *L'ordonnance et le décret du 9 mars 2017 relatifs aux actions en dommages et intérêts du fait des pratiques anticoncurrentielles au-delà d'une simple transposition de la directive*

2014/104 : JCP E 2017, act. 242. • M. Chagny, *Responsabilité civile et concurrentielle de l'entreprise : Contrats, conc. consom.* 2017, dossier 6. • Fl. Ninane, *Transposition en France de la directive sur le contentieux indemnitaire en matière de pratiques anticoncurrentielles. – Un fragile équilibre entre encouragement des actions indemnitaires, préservation de l'efficacité de l'action publique et protection du secret des affaires : Contrats, conc. consom.* 2017, dossier 4.

Art. L. 481-1. – **Toute personne physique ou morale formant une entreprise ou un organisme mentionné à l'article L. 464-2 est responsable du dommage qu'elle a causé du fait de la commission d'une pratique anticoncurrentielle définie aux articles L. 420-1, L. 420-2, L. 420-2-1, L. 420-2-2 et L. 420-5 ainsi qu'aux articles 101 et 102 du traité sur le fonctionnement de l'Union européenne.**

Art. L. 481-2. – **Une pratique anticoncurrentielle mentionnée à l'article L. 481-1 est présumée établie de manière irréfragable à l'égard de la personne physique ou morale désignée au même article dès lors que son existence et son imputation à cette personne ont été constatées par une décision qui ne peut plus faire l'objet d'une voie de recours ordinaire pour la partie relative à ce constat, prononcée par l'Autorité de la concurrence ou par la juridiction de recours.**

Une décision qui ne peut plus faire l'objet d'une voie de recours ordinaire pour la partie relative au constat de l'existence et de l'imputation d'une pratique anticoncurrentielle, prononcée par une autorité de concurrence ou par une juridiction de recours d'un autre État membre de l'Union européenne à l'égard d'une personne physique ou morale, constitue un moyen de preuve de la commission de cette pratique.

Lorsqu'une décision définitive de la Commission, statuant sur les accords, décisions ou pratiques relevant de l'article 101 ou 102 du traité sur le fonctionnement de l'Union européenne, a constaté une pratique anticoncurrentielle prévue à ces articles et imputé cette pratique à une personne physique ou morale mentionnée à l'article L. 481-1, la juridiction nationale saisie d'une action en dommages et intérêts du fait de cette pratique ne peut, conformément au paragraphe 1 de l'article 16 du règlement (CE) n° 1/2003 du Conseil du 16 décembre 2002 relatif à la mise en œuvre des règles de concurrence prévues aux articles 81 et 82 du traité instituant la Communauté économique européenne, devenus articles 101 et 102 du traité sur le fonctionnement de l'Union européenne, prendre une décision qui irait à l'encontre de la décision adoptée par la Commission.

Art. L. 481-3. – **Le préjudice subi par le demandeur du fait de la pratique anticoncurrentielle mentionnée à l'article L. 481-1 comprend notamment :**

1° La perte faite, résultant :

***a)* Du surcoût correspondant à la différence entre le prix du bien ou du service qu'il a effectivement payé et celui qui l'aurait été en l'absence de commission de l'infraction, sous réserve de la répercussion totale ou partielle de ce surcoût qu'il a éventuellement opérée sur son contractant direct ultérieur ;**

***b)* De la minoration résultant d'un prix plus bas que lui a payé l'auteur de l'infraction ;**

2° Le gain manqué résultant notamment de la diminution du volume des ventes liée à la répercussion partielle ou totale du surcoût qu'il a été amené à opérer sur ses contractants directs ou de la prolongation certaine et directe des effets de la minoration des prix qu'il a dû pratiquer ;

3° La perte de chance ;

4° Le préjudice moral.

Art. L. 481-4. – **L'acheteur direct ou indirect, qu'il s'agisse de biens ou de services, est réputé n'avoir pas répercuté le surcoût sur ses contractants directs, sauf la preuve contraire d'une telle répercussion totale ou partielle apportée par le défendeur, auteur de la pratique anticoncurrentielle.**

Art. L. 481-5. – **L'acheteur direct ou indirect, qu'il s'agisse de biens ou de services, qui prétend avoir subi l'application ou la répercussion d'un surcoût doit en prouver l'existence et l'ampleur.**

Toutefois, l'acheteur indirect, qu'il s'agisse de biens ou de services, est réputé avoir apporté la preuve de cette répercussion lorsqu'il justifie que :

1° Le défendeur a commis une pratique anticoncurrentielle mentionnée à l'article L. 481-1 ;

2° Cette pratique a entraîné un surcoût pour le contractant direct du défendeur ;

3° Il a acheté des biens ou utilisé des services concernés par la pratique anticoncurrentielle, ou acheté des biens ou utilisé des services dérivés de ces derniers ou les contenant.

Le défendeur peut cependant démontrer que le surcoût n'a pas été répercuté sur l'acheteur indirect ou qu'il ne l'a été que partiellement par son contractant antérieur.

Art. L. 481-6. – Les règles de preuve prévues aux articles L. 481-4 et L. 481-5 sont applicables aux fournisseurs directs ou indirects de l'auteur de la pratique anticoncurrentielle qui invoquent un préjudice résultant d'une baisse du prix des biens ou services concernés par cette pratique.

Art. L. 481-7. – Il est présumé jusqu'à preuve contraire qu'une entente entre concurrents cause un préjudice.

Art. L. 481-8. – Les dommages et intérêts sont évalués au jour du jugement, en tenant compte de toutes les circonstances qui ont pu affecter la consistance et la valeur du préjudice depuis le jour de la manifestation du dommage, ainsi que de son évolution raisonnablement prévisible.

Art. L. 481-9. – Lorsque plusieurs personnes physiques ou morales ont concouru à la réalisation d'une pratique anticoncurrentielle mentionnée à l'article L. 481-1, elles sont solidairement tenues de réparer le préjudice en résultant. Elles contribuent entre elles à la dette de réparation à proportion de la gravité de leurs fautes respectives et de leur rôle causal dans la réalisation du dommage.

Art. L. 481-10. – Par dérogation à l'article L. 481-9, une petite ou moyenne entreprise n'est pas tenue solidairement de réparer le préjudice subi par les victimes autres que ses contractants directs ou indirects lorsque :

1° Sa part de marché sur le marché pertinent est inférieure à 5 % pendant toute la durée de la commission de la pratique anticoncurrentielle ;

2° L'application de l'article L. 481-9 compromettrait irrémédiablement sa viabilité économique et ferait perdre toute valeur à ses actifs.

Cette dérogation n'est pas applicable lorsque la petite ou moyenne entreprise a été l'instigatrice de la pratique anticoncurrentielle, a contraint d'autres personnes à y participer ou a précédemment commis une telle pratique constatée par une décision d'une autorité de concurrence ou une juridiction de recours.

Est une petite ou moyenne entreprise pour l'application du présent article une personne relevant de la catégorie des petites et moyennes entreprises au sens de l'article 51 de la loi n° 2008-776 du 4 août 2008 de modernisation de l'économie et des mesures réglementaires prises pour son application.

Art. L. 481-11. – La personne mentionnée à l'article L. 481-1 ayant bénéficié d'une exonération totale de sanction pécuniaire en application d'une procédure de clémence n'est tenue solidairement de réparer le préjudice subi par les victimes autres que ses contractants directs ou indirects que si ces victimes n'ont pas pu obtenir la réparation intégrale de leur préjudice auprès des autres codébiteurs solidaires après les avoir préalablement et vainement poursuivis.

Art. L. 481-12. – Lorsque les victimes indemnisées sont les contractants directs ou indirects des codébiteurs solidaires, le montant de la contribution de la personne physique ou morale mentionnée à l'article L. 481-1 qui a bénéficié d'une exonération totale de sanction pécuniaire en application d'une procédure de clémence est déterminé conformément à la règle prévue à la seconde phrase de l'article L. 481-9 sans pouvoir excéder le montant du préjudice subi par ses contractants directs ou indirects.

Art. L. 481-13. – La victime qui a conclu une transaction avec l'un des codébiteurs solidaires ne peut réclamer aux autres codébiteurs non parties à la transaction que le montant de son préjudice diminué de la part du préjudice imputable au codébiteur partie à la transaction. Les codébiteurs non parties à la transaction ne peuvent réclamer au codébiteur partie à celle-ci une contribution à la somme qu'ils ont payée à cette victime.

Sauf stipulation contraire, la victime peut réclamer au codébiteur partie à la transaction le paiement du solde de son préjudice imputable aux autres codébiteurs solidaires non parties à la transaction après les avoir préalablement et vainement poursuivis.

Art. L. 481-14. – Pour fixer le montant de la contribution qu'un codébiteur peut récupérer auprès des autres codébiteurs solidaires, le juge tient également compte de l'ensemble des indemnités déjà versées par les codébiteurs en exécution d'une transaction antérieurement conclue par eux avec l'une des victimes de la pratique anticoncurrentielle.

Art. L. 482-1. – L'action en dommages et intérêts fondée sur l'article L. 481-1 se prescrit à l'expiration d'un délai de cinq ans. Ce délai commence à courir du jour où le demandeur a connu ou aurait dû connaître de façon cumulative :

1° Les actes ou faits imputés à l'une des personnes physiques ou morales mentionnées à l'article L. 481-1 et le fait qu'ils constituent une pratique anticoncurrentielle ;

2° Le fait que cette pratique lui cause un dommage ;

3° L'identité de l'un des auteurs de cette pratique.

Toutefois, la prescription ne court pas tant que la pratique anticoncurrentielle n'a pas cessé.

Elle ne court pas à l'égard des victimes du bénéficiaire d'une exonération totale de sanction pécuniaire en application d'une procédure de clémence tant qu'elles n'ont pas été en mesure d'agir à l'encontre des auteurs de la pratique anticoncurrentielle autres que ce bénéficiaire.

Art. L. 483-1. – Les demandes de communication ou de production de pièces ou de catégorie de pièces formées en vue ou dans le cadre d'une action en dommages et intérêts par un demandeur qui allègue de manière plausible un préjudice causé par une pratique anticoncurrentielle mentionnée à l'article L. 481-1 sont régies par les dispositions du Code de procédure civile ou celles du Code de justice administrative sous réserve des dispositions du présent chapitre.

Lorsqu'il statue sur une demande présentée en application du premier alinéa, le juge en apprécie la justification en tenant compte des intérêts légitimes des parties et des tiers. Il veille en particulier à concilier la mise en œuvre effective du droit à réparation, en considération de l'utilité des éléments de preuve dont la communication ou la production est demandée, et la protection du caractère confidentiel de ces éléments de preuve ainsi que la préservation de l'efficacité de l'application du droit de la concurrence par les autorités compétentes.

Art. L. 483-2 *(Abr., L. n° 2018-670, 30 juill. 2018).*

Rédaction antérieure. Art. L. 483-2. – Lorsque à l'occasion d'une instance en réparation d'un dommage causé par une pratique anticoncurrentielle, fondée sur l'article L. 481-1, il est fait état ou est demandée la communication ou la production d'une pièce dont il est allégué par une partie ou un tiers ou dont il a été jugé qu'elle est de nature à porter atteinte à un secret des affaires, le juge peut, d'office ou à la demande des parties, si la protection de ce secret ne peut être autrement assurée, décider que les débats auront lieu et que la décision sera prononcée hors la présence du public. Il peut, à la même fin et sous la même condition, déroger au principe du contradictoire, limiter la communication ou la production de la pièce à certains de ses éléments, restreindre l'accès à cette pièce et adapter la motivation de sa décision aux nécessités de la protection du secret des affaires, sans préjudice de l'exercice des droits de la défense.

Art. L. 483-3 *(Abr., L. n° 2018-670, 30 juill. 2018).*

Rédaction antérieure. Art. L. 483-3. – Toute personne ayant accès à une pièce ou au contenu de cette pièce considérée par le juge comme étant susceptible d'être couverte par le secret des affaires est tenue à une obligation de confidentialité lui interdisant toute utilisation ou divulgation des informations qu'elle contient.

Dans le cas d'une personne morale, l'obligation prévue à l'alinéa précédent s'applique aussi à ses représentants.

Les personnes ayant accès à la pièce ou à son contenu ne sont liées par cette obligation ni dans leurs rapports entre elles ni à l'égard des représentants de la personne morale partie à l'instance indemnitaire. De même, les conseils des parties ne sont pas liés par cette obligation à l'égard de celles-ci.

L'obligation de confidentialité perdure à l'issue de l'instance. Toutefois elle prend fin si une juridiction décide, par une décision qui n'est plus susceptible de recours, qu'il n'existe pas de secret des affaires ou si les informations en cause ont entretemps cessé de constituer un secret des affaires ou sont devenues aisément accessibles.

Art. L. 483-4. – Le juge ne peut pas ordonner à l'Autorité de la concurrence, au ministre chargé de l'économie, à toute autorité de concurrence d'un autre État membre ou à la Commission européenne la production d'une pièce figurant dans son dossier lorsque l'une des parties ou un tiers est raisonnablement en mesure de fournir cette pièce.

Art. L. 483-5. – Le juge ne peut pas enjoindre la communication ou la production d'une pièce comportant :

1° Un exposé écrit ou la transcription de déclarations orales présenté volontairement à une autorité de concurrence par une personne mentionnée à l'article L. 481-1 ou en son nom, et contribuant à établir la réalité d'une pratique anticoncurrentielle prévue aux articles L. 420-1 et 101 du traité sur le fonctionnement de l'Union européenne et à en identifier ses auteurs, en vue de bénéficier d'une exonération totale ou partielle de sanctions en application d'une procédure de clémence ;

2° Un exposé écrit ou la transcription de déclarations orales présenté volontairement à une autorité de concurrence par une personne mentionnée à l'article L. 481-1 ou en son nom, traduisant sa volonté de renoncer à contester la réalité des griefs qui lui sont notifiés et la responsabilité qui en découle, ou reconnaissant sa participation à une pratique anticoncurrentielle et la responsabilité qui en découle, établi pour permettre à l'Autorité de la concurrence d'appliquer la procédure prévue au III de l'article L. 464-2, ou au ministre chargé de l'économie d'appliquer la procédure prévue au deuxième alinéa de l'article L. 464-9 ou aux autorités de concurrence des autres États membres et à la Commission européenne d'appliquer une procédure simplifiée ou accélérée.

Cette interdiction s'applique également aux passages d'une pièce établie à l'occasion d'une enquête ou d'une instruction devant une autorité de concurrence et qui comporteraient une transcription ou citation littérale des exposés mentionnés aux alinéas précédents.

Le juge écarte des débats les pièces mentionnées au présent article qui seraient produites ou communiquées par les parties lorsque ces pièces ont été obtenues uniquement grâce à l'accès au dossier d'une autorité de concurrence.

Art. L. 483-6. – À la demande d'une partie, le juge vérifie le contenu de la pièce figurant dans le dossier d'une autorité de concurrence dont il est allégué qu'elle relève de l'interdiction prévue à l'article L. 483-5. À cette fin, il se fait communiquer cette pièce par la personne ou l'autorité de concurrence qui la détient et en prend seul connaissance. Il peut, hors la présence de toute autre personne, entendre l'auteur de la pièce litigieuse assisté ou représenté par toute personne habilitée.

Le juge peut se prononcer hors la présence du public. Il adapte la motivation de sa décision aux nécessités de la protection de la confidentialité de la pièce concernée.

Art. L. 483-7. – Lorsque seulement une partie d'une pièce est couverte par l'interdiction prévue à l'article L. 483-5, les autres parties en sont communiquées selon les modalités du présent chapitre.

Art. L. 483-8. – Tant que la procédure concernée n'est pas close par une décision adoptée par l'Autorité de la concurrence sur le fondement du I de l'article L. 464-2 et des articles L. 462-8, L. 464-3, L. 464-6 ou L. 464-6-1, par le ministre chargé de l'économie sur le fondement des premier et deuxième alinéas de l'article L. 464-9 ou par une autorité de concurrence d'un autre État membre de l'Union européenne ou la Commission européenne sur le fondement de dispositions équivalentes, le juge ne peut pas enjoindre la communication ou la production d'une pièce comportant :

1° Des informations préparées par une personne physique ou morale mentionnée à l'article L. 481-1 ou toute autre personne physique ou morale concernée, ainsi que par les autorités administratives que l'Autorité de la concurrence consulte, aux fins d'une enquête ou d'une instruction menée par une autorité de concurrence ;

2° Des informations établies par une autorité de concurrence et communiquées à la personne physique ou morale mentionnée à l'article L. 481-1 ou à toute autre personne physique ou morale concernée au cours de la procédure ;

3° Un exposé écrit ou une transcription ou citation littérale d'un exposé écrit ou oral, mentionné au 2° de l'article L. 483-5, lorsque la personne mentionnée à l'article L. 481-1 auteur de l'exposé s'est retirée unilatéralement de la procédure.

Le juge écarte des débats les pièces mentionnées aux 1° à 3° qui seraient produites ou communiquées par les parties alors que la procédure concernée n'est pas close lorsque ces pièces ont été obtenues uniquement grâce à l'accès au dossier d'une autorité de concurrence.

Art. L. 483-9. – Les articles L. 483-5 et L. 483-8 ne s'appliquent pas à une pièce qui existe indépendamment de la procédure engagée devant une autorité de concurrence, qu'elle figure ou non dans le dossier de ladite autorité.

Art. L. 483-10. – Lorsqu'une pièce ne relevant pas des interdictions prévues aux articles L. 483-5 et L. 483-8 a été obtenue par une personne physique ou morale uniquement grâce à son accès au dossier d'une autorité de concurrence, cette pièce ne peut être utilisée que dans le cadre d'une action mentionnée au présent titre par ladite personne ou son ayant droit.

Art. L. 483-11. – Un décret en Conseil d'État précise les modalités d'application du présent titre.

Partie réglementaire

Art. R. 481-1 *(D. n° 2017-305, 9 mars 2017).* – Le juge peut, après avoir recueilli les observations des parties, solliciter l'Autorité de la concurrence afin d'obtenir des orientations sur l'évaluation du préjudice dont il est demandé réparation.

L'Autorité de la concurrence dispose d'un délai de deux mois pour communiquer ses observations au juge. À défaut de réponse dans ce délai, l'instance est poursuivie à l'initiative des parties ou à la diligence du juge.

Art. R. 483-1 *(D. n° 2017-305, 9 mars 2017).* – La catégorie de pièces mentionnée à l'article L. 483-1 est identifiée, de manière aussi précise et étroite que possible, par référence à des caractéristiques communes et pertinentes de ses éléments constitutifs, tels que la nature, l'objet, le moment de l'établissement ou le contenu des documents dont la communication ou la production est demandée.

Art. R. 483-2 *(Abr., D. n° 2018-1126, 11 déc. 2018).*

Art. R. 483-3 *(Abr., D. n° 2018-1126, 11 déc. 2018).*

Art. R. 483-4 *(Abr., D. n° 2018-1126, 11 déc. 2018).*

Art. R. 483-5 *(Abr., D. n° 2018-1126, 11 déc. 2018).*

Art. R. 483-6 *(Abr., D. n° 2018-1126, 11 déc. 2018).*

Art. R. 483-7 *(Abr., D. n° 2018-1126, 11 déc. 2018).*

Art. R. 483-8 *(Abr., D. n° 2018-1126, 11 déc. 2018).*

Art. R. 483-9 *(Abr., D. n° 2018-1126, 11 déc. 2018).*

Art. R. 483-10 *(Abr., D. n° 2018-1126, 11 déc. 2018).*

Art. R. 483-11 *(D. n° 2017-305, 9 mars 2017).* – Lorsque la pratique anticoncurrentielle invoquée à l'appui d'une action fondée sur l'article L. 481-1 fait également l'objet d'une procédure en cours devant une autorité de concurrence, les parties concernées par cette procédure l'informent de toute demande, qu'elles ont formée ou dont elles sont destinataires, ayant pour objet la communication ou la production de pièces figurant dans le dossier de l'autorité.

Art. R. 483-12 *(D. n° 2017-305, 9 mars 2017).* – Une autorité de concurrence peut, de sa propre initiative, donner son avis écrit sur une demande de communication ou de production de toute pièce figurant dans son dossier dont la juridiction est saisie. L'autorité de concurrence transmet cet avis aux parties.

Art. R. 483-13 *(D. n° 2017-305, 9 mars 2017).* – Pour s'assurer qu'une pièce relève de l'interdiction prévue à l'article L. 483-5, le juge peut demander l'avis de l'autorité de concurrence compétente et lui communiquer à cet effet la pièce concernée. Cet avis préserve la confidentialité des informations contenues dans la pièce. Le greffe communique cet avis aux parties et, le cas échéant, au tiers détenteur de ladite pièce.

Le juge peut statuer sans audience, après avoir informé les parties et, le cas échéant, le tiers détenteur de la pièce litigieuse de la date du prononcé de sa décision.

Art. R. 483-14 *(D. n° 2017-305, 9 mars 2017).* – Les parties à l'instance, les tiers et leurs représentants légaux peuvent être condamnés par la juridiction saisie au paiement d'une amende civile d'un montant maximum de 10 000 €, sans préjudice des dommages et intérêts qui seraient réclamés, dans l'un quelconque des cas suivants :

1° Le défaut de respect ou le refus de se conformer à une injonction de communication ou de production de pièces ;

2° La destruction de pièces pertinentes en vue de faire obstacle à l'action prévue au présent titre ;

3° Le non-respect des obligations imposées par une injonction du juge protégeant des informations confidentielles ou le refus de s'y conformer.

Le juge peut également tirer toute conséquence de fait ou de droit au préjudice de la partie ayant été à l'origine de l'un quelconque des comportements mentionnés au présent article.

4.2. – DE LA CONCENTRATION ÉCONOMIQUE

Code de commerce

Partie législative

(Titre III du Livre IV)

Bibliographie : M. Bazeix et S. Blazy, *Les dispositions de la LME relatives au contrôle des opérations de la concentration entre entreprises : quelle régulation pour le contrôle des opérations de concentration ? : Contrats, conc. consom.* 2008, dossier 7. • D. Bosco, *L'année 2010 en droit des concentrations : Contrats, conc. consom.* 2011, dossier 4 ; *De la théodulisation du droit de la concurrence : Contrats, conc. consom.* 2014, repère 5. • D. Brault et J. Buhart, *Progrès économique et contrôle de la concentration : LPA* 6 sept. 2002, p. 9. • F. Brunet et I. Girgenson, *Le nouveau régime de contrôle des concentrations : les ambivalences d'une « révolution antitrust » à la française : JCP* E 2002, n° 1638, p. 1802. • M. Cousin, *Droit des concentrations : faut-il réformer pour mieux contrôler ? : Contrats, conc. consom.* 2018, dossier 4. • D. Caramalli, *L'entrée en vigueur de la nouvelle réglementation relative au contrôle des concentrations en droit français : LPA* 16 mai 2002, p. 4. • P.-D. Cervetti, *La concurrence de l'associée : Contrats, conc. consom.* 2014, étude 2. • M. Cousin, *Regards sur le contrôle des concentrations dans les secteurs régulés en 2006 : LPA* 29 nov. 2007, p. 39. • M. de Drouas, *Intervention des tiers lors de l'examen d'une concentration par l'Autorité de la concurrence : Contrats, conc. consom.* 2016, étude 8. • A. Kalaani, *Les obligataires dans les opérations de concentration : RLDA* 2016, n° 120, p. 35 et s. • C. Paulhac, *Contrôle des concentrations en France : vers une procédure allégée, plus simple et plus rapide : Contrats, conc. consom.* 2018, alerte 38. • I. Da Silva, *La modernisation et la simplication du contrôle des concentrations : JCP* E 2018, 1460. • Ch. Vilmart, *Le transfert du contrôle des concentrations à l'Autorité de la concurrence : Contrats, conc. consom.* 2009, alerte 10. • Ch. Vilmart et J.-L. Fourgoux, *Le nouveau contrôle des concentrations en droit français : Gaz. Pal.* 3 févr. 2002, doctr. p. 3. • Ch. Vilmart et Ch. Vilmart, *Les nouvelles lignes directrices sur le contrôle des concentrations : Contrats, conc. consom.* 2013, étude 13. • L. Vogel et J. Vogel, *Quelles sont les incidences du nouveau droit français des concentrations pour les entreprises ? : JCP* E 2002, n° 1162, p. 1274. • P. Wilhelm et F. Vever, *La notion de concentration en droit interne et communautaire : tentative de définition : Contrats, conc. consom.* 2007, n° 11, étude 13.

Art. L. 430-1 ***(Mod., Ord. n° 2000-916, 19 sept. 2000 ; rempl., L. n° 2001-420, 15 mai 2001).*** **– I. – Une opération de concentration est réalisée :**

1° Lorsque deux ou plusieurs entreprises antérieurement indépendantes fusionnent ;

2° Lorsqu'une ou plusieurs personnes, détenant déjà le contrôle d'une entreprise au moins ou lorsqu'une ou plusieurs entreprises acquièrent, directement ou indirectement, que ce soit par prise de participation au capital ou achat d'éléments d'actifs, contrat ou tout autre moyen, le contrôle de l'ensemble ou de parties d'une ou plusieurs autres entreprises.

II. – La création d'une entreprise commune accomplissant de manière durable toutes les fonctions d'une entité économique autonome constitue une concentration au sens du présent article.

III. – Aux fins de l'application du présent titre, le contrôle découle des droits, contrats ou autres moyens qui confèrent, seuls ou conjointement et compte tenu des circonstances de fait ou de droit, la possibilité d'exercer une influence déterminante sur l'activité d'une entreprise, et notamment :

– des droits de propriété ou de jouissance sur tout ou partie des biens d'une entreprise ;

– des droits ou des contrats qui confèrent une influence déterminante sur la composition, les délibérations ou les décisions des organes d'une entreprise.

Notion d'influence déterminante. Dans le contrôle des concentrations, il y a lieu de tenir compte pour l'appréciation du caractère déterminant de l'influence d'une entreprise sur une autre, des rapports entre les actionnaires de la société acheteuse : ▪ CE, 31 janv. 2007 : *JCP* E 2007, n° 18, p. 30, note G. Marson ; *D.* 2007, act. jurispr. p. 500, obs. E. Chevrier ; *RJ com.* 2007, p. 144, note A. Decocq ; *Gaz. Pal.* 2007, n° 94, p. 34, note J. Philippe et Th. Janssens ; *RJDA* 2007, n° 408, p. 307, concl. E. Glaser. – L'autonomie dont jouit une entreprise de plein exercice au sens du droit du contrôle des opérations de concentration ne signifie pas que cette entreprise commune n'est pas sous l'influence déterminante de ses sociétés mères au regard de l'article 101, TFUE : ▪ CJUE, 26 sept. 2013, aff. C-172/12 P et C-179/12 P : *Contrats, conc. consom.* 2014, comm. 13, note G. Decocq.

Art. L. 430-2 ***(Rempl., L. n° 2001-420, 15 mai 2001 ; mod., L. n° 2003-660, 21 juill. 2003 ; Ord. n° 2004-274, 25 mars 2004 ; rempl., date de promulgation de l'ordonnance prévue à l'article 97 de la loi n° 2008-776 du 4 août 2008, L. n° 2008-776, 4 août 2008 ; mod., L. n° 2015-990, 6 août 2015).*** **– I. – Est**

soumise aux dispositions des articles L. 430-3 et suivants du présent titre toute opération de concentration, au sens de l'article L. 430-1, lorsque sont réunies les trois conditions suivantes :

– le chiffre d'affaires total mondial hors taxes de l'ensemble des entreprises ou groupes de personnes physiques ou morales parties à la concentration est supérieur à 150 millions d'euros ;

– le chiffre d'affaires total hors taxes réalisé en France par deux au moins des entreprises ou groupes de personnes physiques ou morales concernés est supérieur à 50 millions d'euros ;

– l'opération n'entre pas dans le champ d'application du règlement (CE) n° 139/2004 du Conseil, du 20 janvier 2004, relatif au contrôle des concentrations entre entreprises.

II. – Lorsque deux au moins des parties à la concentration exploitent un ou plusieurs magasins de commerce de détail, est soumise aux dispositions des articles L. 430-3 et suivants du présent titre toute opération de concentration, au sens de l'article L. 430-1, lorsque sont réunies les trois conditions suivantes :

– le chiffre d'affaires total mondial hors taxes de l'ensemble des entreprises ou groupes de personnes physiques ou morales parties à la concentration est supérieur à 75 millions d'euros ;

– le chiffre d'affaires total hors taxes réalisé en France dans le secteur du commerce de détail par deux au moins des entreprises ou groupes de personnes physiques ou morales concernés est supérieur à 15 millions d'euros ;

– l'opération n'entre pas dans le champ d'application du règlement (CE) n° 139/2004 du Conseil, du 20 janvier 2004, précité.

III. – Lorsque au moins une des parties à la concentration exerce tout ou partie de son activité dans un ou plusieurs départements d'outre-mer, dans le Département de Mayotte, dans les îles Wallis-et-Futuna ou dans les collectivités d'outre-mer de Saint-Pierre-et-Miquelon, Saint-Martin et Saint-Barthélemy, est soumise aux dispositions des articles L. 430-3 et suivants du présent titre toute opération de concentration, au sens de l'article L. 430-1, lorsque sont réunies les trois conditions suivantes :

– le chiffre d'affaires total mondial hors taxes de l'ensemble des entreprises ou groupes de personnes physiques ou morales parties à la concentration est supérieur à 75 millions d'euros ;

– le chiffre d'affaires total hors taxes réalisé individuellement dans au moins un des départements ou collectivités territoriales concernés par deux au moins des entreprises ou groupes de personnes physiques ou morales concernés est supérieur à 15 millions d'euros, ou à 5 millions d'euros dans le secteur du commerce de détail sans qu'il soit nécessaire que ce seuil soit atteint par l'ensemble des entreprises concernées dans le même département ou la même collectivité territoriale ;

– l'opération n'entre pas dans le champ d'application du règlement (CE) n° 139/2004 du Conseil, du 20 janvier 2004, précité.

IV. – Une opération de concentration visée aux I, II ou III entrant dans le champ du règlement (CE) n° 139/2004 du Conseil, du 20 janvier 2004, précité qui a fait l'objet d'un renvoi total ou partiel à l'Autorité de la concurrence est soumise, dans la limite de ce renvoi, aux dispositions du présent titre.

V. – Les chiffres d'affaires visés aux I, II et III sont calculés selon les modalités définies par l'article 5 du règlement (CE) n° 139/2004 du Conseil, du 20 janvier 2004, précité.

Voir : C. com., art. R. 430-1, p. 1686.

Bibliographie : Ch. Vilmart et E. Leguin, *La loi de modernisation de l'économie : une tentative encore inachevée de modernisation du droit français de la concurrence : JCP E 2008, 1997.*

Art. L. 430-3 *(Rempl., L. n° 2001-420, 15 mai 2001 ; mod., L. n° 2004-1343, 9 déc. 2004 ; rempl., date de promulgation de l'ordonnance prévue à l'article 97 de la loi n° 2008-776 du 4 août 2008, L. n° 2008-776, 4 août 2008 ; mod., L. n° 2015-990, 6 août 2015).* – L'opération de concentration doit être notifiée à l'Autorité de la concurrence avant sa réalisation. La notification peut intervenir dès lors que la ou les parties concernées sont en mesure de présenter un projet suffisamment abouti pour permettre l'instruction du dossier et notamment lorsqu'elles ont conclu un accord de principe, signé une lettre d'intention ou dès l'annonce d'une offre publique. Le renvoi à l'Autorité de la concurrence de tout ou partie d'un cas de concentration notifié à la Commission européenne vaut notification au sens du présent article.

L'obligation de notification incombe aux personnes physiques ou morales qui acquièrent le contrôle de tout ou partie d'une entreprise ou, dans le cas d'une fusion ou de la création d'une entreprise commune, à toutes les parties concernées qui doivent alors notifier conjointement. Le contenu du dossier de notification est fixé par décret.

La réception de la notification d'une opération, ou le renvoi total ou partiel d'une opération relevant de la compétence de l'Union européenne, fait l'objet d'un communiqué publié par l'Autorité de la concurrence selon des modalités fixées par décret.

Dès réception du dossier, l'Autorité de la concurrence en adresse un exemplaire au ministre chargé de l'économie.

Voir : C. com., art. R. 430-1, p. 1686.

Art. L. 430-4 *(Rempl., L. n° 2001-420, 15 mai 2001 ; rempl., date de promulgation de l'ordonnance prévue à l'article 97 de la loi n° 2008-776 du 4 août 2008, L. n° 2008-776, 4 août 2008 ; mod., L. n° 2015-990, 6 août 2015).* – La réalisation effective d'une opération de concentration ne peut intervenir qu'après l'accord de l'Autorité de la concurrence ou, lorsqu'il a évoqué l'affaire dans les conditions prévues à l'article L. 430-7-1, celui du ministre chargé de l'économie.

En cas de nécessité particulière dûment motivée, les parties qui ont procédé à la notification peuvent demander à l'Autorité de la concurrence une dérogation leur permettant de procéder à la réalisation effective de tout ou partie de la concentration sans attendre la décision mentionnée au premier alinéa et sans préjudice de celle-ci. L'octroi de cette dérogation peut être assorti de conditions.

La dérogation mentionnée au deuxième alinéa cesse d'être valable si, dans un délai de trois mois à compter de la réalisation effective de l'opération, l'Autorité de la concurrence n'a pas reçu la notification complète de l'opération.

Voir : C. com., art. R. 430-5, p. 1687.

Art. L. 430-5 *(Rempl., L. n° 2001-420, 15 mai 2001 ; rempl., date de promulgation de l'ordonnance prévue à l'article 97 de la loi n° 2008-776 du 4 août 2008, L. n° 2008-776, 4 août 2008 ; mod., L. n° 2015-990, 6 août 2015).* – I. – L'Autorité de la concurrence se prononce sur l'opération de concentration dans un délai de vingt-cinq jours ouvrés à compter de la date de réception de la notification complète.

II. – Les parties à l'opération peuvent s'engager à prendre des mesures visant notamment à remédier, le cas échéant, aux effets anticoncurrentiels de l'opération soit à l'occasion de la notification de cette opération, soit à tout moment avant l'expiration du délai de vingt-cinq jours ouvrés à compter de la date de réception de la notification complète, tant que la décision prévue au I n'est pas intervenue.

Si des engagements sont reçus par l'Autorité de la concurrence, le délai mentionné au I est prolongé de quinze jours ouvrés.

L'Autorité de la concurrence peut suspendre le délai mentionné au I du présent article lorsque les parties ayant procédé à la notification ont manqué de l'informer dès sa survenance d'un fait nouveau, qui aurait dû être notifié s'il s'était produit avant une notification au sens de l'article L. 430-3, ou ont manqué de lui communiquer tout ou partie des informations demandées dans le délai imparti, ou lorsque des tiers ont manqué de lui communiquer, pour des raisons imputables aux parties ayant procédé à la notification, les informations demandées. Le délai reprend son cours dès la disparition de la cause ayant justifié la suspension.

En cas de nécessité particulière, telle que la finalisation des engagements mentionnés à l'alinéa précédent, les parties peuvent demander à l'Autorité de la concurrence de suspendre les délais d'examen de l'opération dans la limite de quinze jours ouvrés.

III. –L'Autorité de la concurrence peut :

– soit constater, par décision motivée, que l'opération qui lui a été notifiée n'entre pas dans le champ défini par les articles L. 430-1 et L. 430-2 ;

– soit autoriser l'opération, en subordonnant éventuellement, par décision motivée, cette autorisation à la réalisation effective des engagements pris par les parties ;

– soit, si elle estime qu'il subsiste un doute sérieux d'atteinte à la concurrence, engager un examen approfondi dans les conditions prévues à l'article L. 430-6.

IV. – Si l'Autorité de la concurrence ne prend aucune des trois décisions prévues au III dans le délai mentionné au I, éventuellement prolongé en application du II, elle en informe le ministre chargé de l'économie. L'opération est réputée avoir fait l'objet d'une décision d'autorisation au terme du délai ouvert au ministre chargé de l'économie par le I de l'article L. 430-7-1.

Voir : C. com., art. R. 430-6 à R. 430-9, p. 1687.

Art. L. 430-6 *(Mod., L. n° 2001-420, 15 mai 2001 ; L. n° 2005-882, 2 août 2005 ; rempl., L. n° 2008-776, 4 août 2008).* – **Lorsqu'une opération de concentration fait l'objet, en application du dernier alinéa du III de l'article L. 430-5, d'un examen approfondi, l'Autorité de la concurrence examine si elle est de nature à porter atteinte à la concurrence, notamment par création ou renforcement d'une position dominante ou par création ou renforcement d'une puissance d'achat qui place les fournisseurs en situation de dépendance économique. Elle apprécie si l'opération apporte au progrès économique une contribution suffisante pour compenser les atteintes à la concurrence.**

La procédure applicable à cet examen approfondi de l'opération par l'Autorité de la concurrence est celle prévue au deuxième alinéa de l'article L. 463-2 et aux articles L. 463-4, L. 463-6 et L. 463-7. Toutefois, les parties qui ont procédé à la notification et le commissaire du Gouvernement doivent produire leurs observations en réponse à la communication du rapport dans un délai de quinze jours ouvrés.

Avant de statuer, l'autorité peut entendre des tiers en l'absence des parties qui ont procédé à la notification. Les comités d'entreprise des entreprises parties à l'opération de concentration sont entendus à leur demande par l'autorité dans les mêmes conditions.

Art. L. 430-7 *(Mod., L. n° 2001-420, 15 mai 2001 ; rempl., L. n° 2008-776, 4 août 2008 ; mod., L. n° 2015-990, 6 août 2015).* – **I. – Lorsqu'une opération de concentration fait l'objet d'un examen approfondi, l'Autorité de la concurrence prend une décision dans un délai de soixante-cinq jours ouvrés à compter de l'ouverture de celui-ci.**

II. – Après avoir pris connaissance de l'ouverture d'un examen approfondi en application du dernier alinéa du III de l'article L. 430-5, les parties peuvent proposer des engagements de nature à remédier aux effets anticoncurrentiels de l'opération. Lorsque des engagements ou des modifications apportées à des engagements déjà proposés sont transmis à l'Autorité de la concurrence moins de vingt jours ouvrés avant la fin du délai mentionné au I, celui-ci expire vingt jours ouvrés après leur réception, dans la limite de quatre-vingt-cinq jours ouvrés à compter de l'ouverture de l'examen approfondi.

En cas de nécessité particulière, telle que la finalisation des engagements mentionnés à l'alinéa précédent, les parties peuvent demander à l'Autorité de la concurrence de suspendre les délais d'examen de l'opération dans la limite de vingt jours ouvrés. Ces délais peuvent également être suspendus à l'initiative de l'Autorité de la concurrence lorsque les parties ayant procédé à la notification ont manqué de l'informer d'un fait nouveau dès sa survenance ou de lui communiquer, en tout ou partie, les informations demandées dans le délai imparti, ou que des tiers ont manqué de lui communiquer, pour des raisons imputables aux parties ayant procédé à la notification, les informations demandées. En ce cas, le délai reprend son cours dès la disparition de la cause ayant justifié sa suspension.

III. – L'Autorité de la concurrence peut, par décision motivée :

– soit interdire l'opération de concentration et enjoindre, le cas échéant, aux parties de prendre toute mesure propre à rétablir une concurrence suffisante ;

– soit autoriser l'opération en enjoignant aux parties de prendre toute mesure propre à assurer une concurrence suffisante ou en les obligeant à observer des prescriptions de nature à apporter au progrès économique une contribution suffisante pour compenser les atteintes à la concurrence.

Les injonctions et prescriptions mentionnées aux deux alinéas précédents s'imposent quelles que soient les clauses contractuelles éventuellement conclues par les parties.

Le projet de décision est transmis aux parties intéressées, auxquelles un délai raisonnable est imparti pour présenter leurs observations.

IV. – Si l'Autorité de la concurrence n'entend prendre aucune des décisions prévues au III, elle autorise l'opération par une décision motivée. L'autorisation peut être subordonnée à la réalisation effective des engagements pris par les parties qui ont procédé à la notification.

V. – Si aucune des décisions prévues aux III et IV n'a été prise dans le délai mentionné au I, éventuellement prolongé en application du II, l'Autorité de la concurrence en informe le ministre chargé de l'économie. L'opération est réputée avoir fait l'objet d'une décision d'autorisation au terme du délai ouvert au ministre chargé de l'économie par le II de l'article L. 430-7-1.

Il résulte des dispositions combinées des articles L. 430-7, L. 461-1 et L. 461-3 du Code de commerce que les décisions prévues à l'article L. 430-7 doivent être adoptées par l'Autorité de la concurrence siégeant soit en formation plénière, soit en sections, soit en commission permanente, mais ne peuvent être adoptées, contrairement aux décisions relatives à des concentrations ne faisant pas l'objet d'un examen approfondi, par le seul président ou un vice-président désigné par lui. Il appartient à l'Autorité de la concurrence de n'accepter des engagements que s'ils sont suffisamment certains et mesurables pour garantir que les effets anticoncurrentiels qu'ils ont pour finalité de prévenir ne seront pas susceptibles de se produire dans un avenir relativement proche, ▪ CE, 23 déc. 2013, n° 363978, *Sté Métropole Télévision (M6) : Contrats, conc. consom.* 2014, comm. 71, note G. Decocq.

Art. L. 430-7-1 *(L. n° 2008-776, 4 août 2008 ; mod., L. n° 2015-990, 6 août 2015)*. **– I. – Dans un délai de cinq jours ouvrés à compter de la date à laquelle il a reçu la décision de l'Autorité de la concurrence ou en a été informé en vertu de l'article L. 430-5, le ministre chargé de l'économie peut demander à l'Autorité de la concurrence un examen approfondi de l'opération dans les conditions prévues aux articles L. 430-6 et L. 430-7.**

II. – Dans un délai de vingt-cinq jours ouvrés à compter de la date à laquelle il a reçu la décision de l'Autorité de la concurrence ou en a été informé en vertu de l'article L. 430-7, le ministre chargé de l'économie peut évoquer l'affaire et statuer sur l'opération en cause pour des motifs d'intérêt général autres que le maintien de la concurrence et, le cas échéant, compensant l'atteinte portée à cette dernière par l'opération.

Les motifs d'intérêt général autres que le maintien de la concurrence pouvant conduire le ministre chargé de l'économie à évoquer l'affaire sont, notamment, le développement industriel, la compétitivité des entreprises en cause au regard de la concurrence internationale ou la création ou le maintien de l'emploi.

Lorsqu'en vertu du présent II le ministre chargé de l'économie évoque une décision de l'Autorité de la concurrence, il prend une décision motivée statuant sur l'opération en cause après avoir entendu les observations des parties à l'opération de concentration. Cette décision peut éventuellement être conditionnée à la mise en œuvre effective d'engagements.

Cette décision est transmise sans délai à l'Autorité de la concurrence.

Si le ministre chargé de l'économie estime que les parties n'ont pas exécuté dans les délais fixés un engagement figurant dans sa décision, il peut prendre les décisions prévues aux 1° à 3° du IV de l'article L. 430-8.

Voir : C. com., art. R. 430-6 à R. 430-10, p. 1687.

Art. L. 430-8 *(L. n° 2001-420, 15 mai 2001 ; rempl., L. n° 2008-776, 4 août 2008 ; mod., L. n° 2015-990, 6 août 2015)*. **– I. – Si une opération de concentration a été réalisée sans être notifiée, l'Autorité de la concurrence enjoint sous astreinte, dans la limite prévue au II de l'article L. 464-2, aux parties de notifier l'opération, à moins de revenir à l'état antérieur à la concentration. La procédure prévue aux articles L. 430-5 à L. 430-7 est alors applicable.**

En outre, l'autorité peut infliger aux personnes auxquelles incombait la charge de la notification une sanction pécuniaire dont le montant maximum s'élève, pour les personnes morales, à 5 % de leur chiffre d'affaires hors taxes réalisé en France lors du dernier exercice clos, augmenté, le cas échéant, de celui qu'a réalisé en France durant la même période la partie acquise et, pour les personnes physiques, à 1,5 million d'euros.

II. – Si une opération de concentration notifiée et ne bénéficiant pas de la dérogation prévue au deuxième alinéa de l'article L. 430-4 a été réalisée avant l'intervention de la décision prévue au premier alinéa du même article, l'Autorité de la concurrence peut infliger aux personnes ayant procédé à la notification une sanction pécuniaire qui ne peut dépasser le montant défini au I.

III. – En cas d'omission ou de déclaration inexacte dans une notification, l'Autorité de la concurrence peut infliger aux personnes ayant procédé à la notification une sanction pécuniaire qui ne peut dépasser le montant défini au I.

Cette sanction peut s'accompagner du retrait de la décision ayant autorisé la réalisation de l'opération. A moins de revenir à l'état antérieur à la concentration, les parties sont alors tenues de notifier de nouveau l'opération dans un délai d'un mois à compter du retrait de la décision, sauf à encourir les sanctions prévues au I.

IV. – Si elle estime que les parties n'ont pas exécuté dans les délais fixés une injonction, une prescription ou un engagement figurant dans sa décision, l'Autorité de la concurrence constate l'inexécution. Elle peut :

1° Retirer la décision ayant autorisé la réalisation de l'opération. À moins de revenir à l'état antérieur à la concentration, les parties sont tenues de notifier de nouveau l'opération dans un délai d'un mois à compter du retrait de la décision, sauf à encourir les sanctions prévues au I ;

2° Enjoindre sous astreinte, dans la limite prévue au II de l'article L. 464-2, aux parties auxquelles incombait l'obligation non exécutée d'exécuter dans un délai qu'elle fixe les injonctions, prescriptions ou engagements figurant dans la décision ;

3° Enjoindre sous astreinte, dans la limite prévue au II de l'article L. 464-2, aux parties auxquelles incombait l'obligation, d'exécuter dans un délai qu'elle fixe des injonctions ou des prescriptions en substitution de l'obligation non exécutée.

En outre, l'Autorité de la concurrence peut infliger aux personnes auxquelles incombait l'obligation non exécutée une sanction pécuniaire qui ne peut dépasser le montant défini au I.

La procédure applicable est celle prévue au deuxième alinéa de l'article L. 463-2 et aux articles L. 463-4, L. 463-6 et L. 463-7. Toutefois, les parties qui ont procédé à la notification et le commissaire du Gouvernement doivent produire leurs observations en réponse à la communication du rapport dans un délai de quinze jours ouvrés.

L'Autorité de la concurrence se prononce dans un délai de soixante-quinze jours ouvrés.

V. – Si une opération de concentration a été réalisée en contravention des décisions prises en application des articles L. 430-7 et L. 430-7-1, l'Autorité de la concurrence enjoint sous astreinte, dans la limite prévue au II de l'article L. 464-2, aux parties de revenir à l'état antérieur à la concentration.

En outre, l'Autorité de la concurrence peut infliger aux personnes auxquelles les décisions précitées s'imposaient la sanction pécuniaire prévue au I.

Voir : C. com., art. R. 430-6, R. 430-7, R. 430-8 et R. 430-10, p. 1687.

Bibliographie : L. Idot, *Procédures quasi répressives en droit de la concurrence : Rev. sc. crim.* 2013, p. 167.

QPC. Les dispositions de l'article L. 430-8, IV du Code de commerce, ont pour objet d'assurer un fonctionnement concurrentiel du marché dans un secteur déterminé et ne portent pas une atteinte disproportionnée à la liberté d'entreprendre : ▪ Cons. const., 12 oct. 2012, déc. n° 2012-280 : *Contrats, conc. consom.* 2013, chron. 1, n° 3, obs. D. Bosco ; *D.* 2012, p. 2382.

Art. L. 430-9 *(Mod., L. n° 2001-420, 15 mai 2001 ; rempl., L. n° 2008-776, 4 août 2008)*. **– L'Autorité de la concurrence peut, en cas d'exploitation abusive d'une position dominante ou d'un état de dépendance économique, enjoindre, par décision motivée, à l'entreprise ou au groupe d'entreprises en cause de modifier, de compléter ou de résilier, dans un délai déterminé, tous accords et tous actes par lesquels s'est réalisée la concentration de la puissance économique qui a permis les abus même si ces actes ont fait l'objet de la procédure prévue au présent titre.**

Bibliographie : Th. Picot, *Injonctions structurelles et positions dominante : « les glissements progressifs » de l'abus : LPA* 16 nov. 2012, p. 5.

Art. L. 430-10 *(Mod., L. n° 2001-420, 15 mai 2001 ; rempl., L. n° 2008-776, 4 août 2008)*. **– Lorsqu'ils interrogent des tiers au sujet de l'opération, de ses effets et des engagements proposés par les parties, et rendent publique leur décision dans des conditions fixées par décret, l'Autorité de la concurrence et le ministre chargé de l'économie tiennent compte de l'intérêt légitime des parties qui procèdent à la notification ou des personnes citées à ce que leurs secrets d'affaires ne soient pas divulgués.**

Voir : C. com., art. R. 430-8, p. 1687.

Partie réglementaire

Art. R. 430-1 *(Abr., D. n° 2009-139, 10 févr. 2009).*

Art. R. 430-2. – Le dossier de notification mentionné à l'article L. 430-3 comprend les éléments énumérés aux annexes 4-3 à 4-5 du présent livre. Il est adressé en *(Mots rempl., D. n° 2019-339, 18 avr. 2019)* **« un exemplaire ».**

Lorsque *(Mots rempl., D. n° 2009-139, 10 févr. 2009)* **« l'Autorité de la concurrence » constate que le dossier est incomplet ou que certains de ses éléments ne sont pas conformes aux définitions retenues dans les annexes susmentionnées, notamment en ce qui concerne la délimitation des marchés concernés, elle demande que le dossier soit complété ou rectifié.**

La notification complète fait l'objet d'un accusé de réception.

Art. R. 430-3 *(Mod., D. n° 2009-139, 10 févr. 2009 ; D. n° 2019-339, 18 avr. 2019).* – Si la Commission européenne décide, en application de l'article 9 du règlement (CE) n° 139/2004 du Conseil du 20 janvier 2004 relatif au contrôle des concentrations entre entreprises, de renvoyer aux autorités françaises tout ou partie d'une concentration de dimension européenne, les entreprises concernées communiquent sans délai à l'Autorité de la concurrence un exemplaire du dossier de notification de l'opération qu'elles ont adressé à la Commission.

Art. R. 430-4. – Le communiqué prévu au troisième alinéa de l'article L. 430-3 contient notamment les éléments suivants :

1° Les noms des entreprises concernées et des groupes auxquels elles appartiennent ;

2° La nature de l'opération ;

3° Les secteurs économiques concernés ;

4° Les éléments renvoyés, dans le cas d'un renvoi partiel d'une opération de dimension *(Mots rempl., D. n° 2019-339, 18 avr. 2019)* « européenne » par la Commission européenne ;

5° Le délai dans lequel les tiers intéressés sont invités à faire connaître leurs observations ;

6° Le résumé non confidentiel de l'opération fourni par les parties.

(Al. mod., D. n° 2009-139, 10 févr. 2009 ; D. n° 2019-339, 18 avr. 2019) Ce communiqué est rendu public dans les cinq jours ouvrés suivant la date de réception du dossier de notification ou la date à laquelle l'Autorité de la concurrence est informée de la décision de renvoi de la Commission européenne.

Art. R. 430-5. – Lorsqu'une concentration est réalisée par achat ou échange de titres sur un marché réglementé, sa réalisation effective, au sens de l'article L. 430-4, intervient lorsque sont exercés les droits attachés aux titres. L'absence de décision *(Mots rempl., D. n° 2009-139, 10 févr. 2009)* « de l'Autorité de la concurrence » ne fait pas obstacle au transfert desdits titres.

Art. R. 430-6 *(Rempl., D. n° 2009-139, 10 févr. 2009).* – Lorsqu'une décision a été prise en application des articles L. 430-5, L. 430-7, L. 430-7-1, L. 430-8 ou L. 430-9, l'Autorité de la concurrence ou, le cas échéant, le ministre chargé de l'économie en rendent public le sens dans les cinq jours ouvrables suivant la décision.

Art. R. 430-7 *(Rempl., D. n° 2009-139, 10 févr. 2009).* – Les décisions mentionnées à l'article L. 430-5 sont notifiées à l'auteur ou aux auteurs de la notification de l'opération de concentration mentionnée à l'article L. 430-3, ainsi qu'au ministre chargé de l'économie.

Lorsqu'elles reçoivent notification des décisions prises en application des articles L. 430-5, L. 430-7, L. 430-7-1, L. 430-8 et L. 430-9, les entreprises concernées disposent d'un délai de quinze jours pour indiquer à l'Autorité de la concurrence ou, le cas échéant, au ministre chargé de l'économie les mentions qu'elles considèrent comme relevant du secret des affaires.

Art. R. 430-8 *(Abr., D. n° 2009-139, 10 févr. 2009).*

Art. D. 430-8 *(Créé à compter de la date prévue à l'article 2 du décret n° 2009-186 du 17 février 2009, D. n° 2009-186, 17 févr. 2009 et rect. JO, 21 févr. 2009).* – Les décisions de l'Autorité de la concurrence et du ministre chargé de l'économie relatives aux opérations de concentration sont rendues publiques.

L'Autorité de la concurrence assure la publicité de ses décisions par une diffusion sur son site Internet. La liste des opérations réputées avoir fait l'objet d'une décision d'autorisation est également diffusée sur ce site Internet.

La publicité des décisions motivées du ministre chargé de l'économie est assurée par une publication dans l'édition électronique du *Bulletin officiel de la concurrence, de la consommation et de la répression des fraudes*.

Les décisions de l'Autorité de la concurrence et du ministre sont publiées dans le respect de l'intérêt légitime des parties qui procèdent à la notification et de celui des personnes citées à ce que leurs secrets d'affaires ne soient pas divulgués.

Art. R. 430-9 *(Rempl., D. n° 2009-139, 10 févr. 2009).* – En cas d'annulation totale ou partielle d'une décision prise par l'Autorité de la concurrence ou par le ministre chargé de l'économie sur le fondement des articles L. 430-5, L. 430-7, L. 430-7-1, L. 430-8 ou L. 430-9 et s'il y a lieu à réexamen du dossier, les

entreprises concernées qui ont procédé à la notification soumettent une notification actualisée dans un délai de deux mois à compter de la date de notification de la décision du Conseil d'État.

Art. R. 430-10 *(Mod., D. n° 2009-139, 10 févr. 2009).* **– Les sanctions pécuniaires prononcées en application de l'article L. 430-8 sont recouvrées comme les créances de l'État étrangères à l'impôt et au domaine.**

Les astreintes prononcées par « l'Autorité de la concurrence » en application du même article sont recouvrées dans les mêmes conditions.

Règlement (CE) du Conseil n° 139/2004 du 20 janvier 2004

relatif au contrôle des concentrations entre entreprises
(JOUE n° L 24, 29 janv.)

Bibliographie : A. de Brousse et F. Gordon, *Faut-il élargir les seuils de notifications devant la Commission européenne : JCP* E 2016, 1199. • C. Paulhac, *La Commission européenne lance une nouvelle consultation publique sur le contrôle des concentrations dans l'Union européenne : Contrats, conc. consom.* 2016, alerte 84. • *Adde JCl. Europe Traité*, Fasc. 1480, par D. Berlin.

Art. 1er. – *Champ d'application.* – 1. Sans préjudice de l'article 4, paragraphe 5, et de l'article 22, le présent règlement s'applique à toutes les concentrations de dimension communautaire telles qu'elles sont définies au présent article.

2. Une concentration est de dimension communautaire lorsque :

a) le chiffre d'affaires total réalisé sur le plan mondial par l'ensemble des entreprises concernées représente un montant supérieur à 5 milliards d'euros, et

b) le chiffre d'affaires total réalisé individuellement dans la Communauté par au moins deux des entreprises concernées représente un montant supérieur à 250 millions d'euros,

à moins que chacune des entreprises concernées réalise plus des deux tiers de son chiffre d'affaires total dans la Communauté à l'intérieur d'un seul et même État membre.

3. Une concentration qui n'atteint pas les seuils fixés au paragraphe 2 est de dimension communautaire lorsque :

a) le chiffre d'affaires total réalisé sur le plan mondial par l'ensemble des entreprises concernées représente un montant supérieur à 2,5 milliards d'euros ;

b) dans chacun d'au moins trois États membres, le chiffre d'affaires total réalisé par toutes les entreprises concernées est supérieur à 100 millions d'euros ;

c) dans chacun d'au moins trois États membres inclus aux fins du point *b)*, le chiffre d'affaires total réalisé individuellement par au moins deux des entreprises concernées est supérieur à 25 millions d'euros, et

d) le chiffre d'affaires total réalisé individuellement dans la Communauté par au moins deux des entreprises concernées représente un montant supérieur à 100 millions d'euros,

à moins que chacune des entreprises concernées réalise plus des deux tiers de son chiffre d'affaires total dans la Communauté à l'intérieur d'un seul et même État membre.

4. Sur la base des données statistiques susceptibles d'être régulièrement fournies par les États membres, la Commission fait rapport au Conseil sur la mise en œuvre des seuils et critères figurant aux paragraphes 2 et 3 avant le 1er juillet 2009, et peut présenter des propositions conformément au paragraphe 5.

5. À la suite du rapport visé au paragraphe 4 et sur proposition de la Commission, les seuils et les critères mentionnés au paragraphe 3 peuvent être révisés par le Conseil statuant à la majorité qualifiée.

Art. 2. – *Appréciation des concentrations.* – 1. Les concentrations visées par le présent règlement sont appréciées en fonction des objectifs du présent règlement et des dispositions qui suivent en vue d'établir si elles sont ou non compatibles avec le marché commun.

Dans cette appréciation, la Commission tient compte :

a) de la nécessité de préserver et de développer une concurrence effective dans le marché commun au vu notamment de la structure de tous les marchés en cause et de la concurrence réelle ou potentielle d'entreprises situées à l'intérieur ou à l'extérieur de la Communauté ;

b) de la position sur le marché des entreprises concernées et de leur puissance économique et financière, des possibilités de choix des fournisseurs et des utilisateurs, de leur accès aux sources d'approvisionnement ou aux débouchés, de l'existence en droit ou en fait de barrières à l'entrée, de l'évolution de l'offre et de la demande des produits et services concernés, des intérêts des consommateurs intermédiaires et finals ainsi que de l'évolution du progrès technique et économique pour autant que celle-ci soit à l'avantage des consommateurs et ne constitue pas un obstacle à la concurrence.

2. Les concentrations qui n'entraveraient pas de manière significative une concurrence effective dans le marché commun ou une partie substantielle de celui-ci, notamment du fait de la création ou du renforcement d'une position dominante, doivent être déclarées compatibles avec le marché commun.

3. Les concentrations qui entraveraient de manière significative une concurrence effective dans le marché commun ou une partie substantielle de celui-ci, notamment du fait de la création ou du renforcement d'une position dominante, doivent être déclarées incompatibles avec le marché commun.

4. Pour autant que la création d'une entreprise commune constituant une concentration au sens de l'article 3 ait pour objet ou pour effet la coordination du comportement concurrentiel d'entreprises qui restent indépendantes, cette coordination est appréciée selon les critères de l'article 81, paragraphes 1 et 3, du traité en vue d'établir si la concentration est compatible ou non avec le marché commun.

5. Dans cette appréciation, la Commission tient notamment compte de :

– la présence significative et simultanée de deux entreprises fondatrices ou plus sur le même marché que celui de l'entreprise commune, sur un marché situé en amont ou en aval de ce marché ou sur un marché voisin étroitement lié à ce marché,

– la possibilité donnée aux entreprises concernées par leur coordination résultant directement de la création de l'entreprise commune d'éliminer la concurrence pour une partie substantielle des produits et services en cause.

Art. 3. – *Définition de la concentration.* - 1. Une concentration est réputée réalisée lorsqu'un changement durable du contrôle résulte :

a) de la fusion de deux ou de plusieurs entreprises ou parties de telles entreprises, ou

b) de l'acquisition, par une ou plusieurs personnes détenant déjà le contrôle d'une entreprise au moins ou par une ou plusieurs entreprises, du contrôle direct ou indirect de l'ensemble ou de parties d'une ou de plusieurs autres entreprises, que ce soit par prise de participations au capital ou achat d'éléments d'actifs, contrat ou tout autre moyen.

2. Le contrôle découle des droits, contrats ou autres moyens qui confèrent, seuls ou conjointement et compte tenu des circonstances de fait ou de droit, la possibilité d'exercer une influence déterminante sur l'activité d'une entreprise, et notamment :

a) des droits de propriété ou de jouissance sur tout ou partie des biens d'une entreprise ;

b) des droits ou des contrats qui confèrent une influence déterminante sur la composition, les délibérations ou les décisions des organes d'une entreprise.

3. Le contrôle est acquis par la ou les personnes ou entreprises :

a) qui sont titulaires de ces droits ou bénéficiaires de ces contrats, ou

b) qui, n'étant pas titulaires de ces droits ou bénéficiaires de ces contrats, ont le pouvoir d'exercer les droits qui en découlent.

4. La création d'une entreprise commune accomplissant de manière durable toutes les fonctions d'une entité économique autonome constitue une concentration au sens du paragraphe 1, point *b)*.

5. Une concentration n'est pas réputée réalisée :

a) lorsque des établissements de crédits, d'autres établissements financiers ou des sociétés d'assurances, dont l'activité normale inclut la transaction et la négociation de titres pour compte propre ou pour compte d'autrui, détiennent, à titre temporaire, des participations qu'ils ont acquises dans une entreprise en vue de leur revente, pour autant qu'ils n'exercent pas les droits de vote attachés à ces participations en vue de déterminer le comportement concurrentiel de cette entreprise ou pour autant qu'ils n'exercent ces droits de vote qu'en vue de préparer la réalisation de tout ou partie de cette entreprise ou de ses actifs, ou la réalisation de ces participations, et que cette réalisation intervient dans un délai d'un an à compter de la date de l'acquisition ; ce délai peut être prorogé sur demande par la Commission lorsque ces établissements ou ces sociétés justifient que cette réalisation n'a pas été raisonnablement possible dans le délai imparti ;

b) lorsque le contrôle est acquis par une personne mandatée par l'autorité publique en vertu de la législation d'un État membre relative à la liquidation, à la faillite, à l'insolvabilité, à la cessation de paiement, au concordat ou à une autre procédure analogue ;

c) lorsque les opérations visées au paragraphe 1, point *b)*, sont réalisées par des sociétés de participation financière visées à l'article 5, paragraphe 3, de la quatrième directive 78/660/ CEE du Conseil du 25 juillet 1978 fondée sur l'article 54, paragraphe 3, point *g)*, du traité et concernant les comptes annuels de certaines formes de sociétés, sous la restriction toutefois que les droits de vote attachés aux participations détenues ne soient exercés, notamment par la voie de la nomination des membres des organes de direction et de surveillance des entreprises dont elles détiennent des participations, que pour sauvegarder la pleine valeur de ces investissements et non pour déterminer directement ou indirectement le comportement concurrentiel de ces entreprises.

Art. 4. – *Notification préalable des concentrations et renvoi en prénotification à la demande des parties notifiantes.* – 1. Les concentrations de dimension communautaire visées par le présent règlement doivent être notifiées à la Commission avant leur réalisation et après la conclusion de l'accord, la publication de l'offre publique d'achat ou d'échange ou l'acquisition d'une participation de contrôle.

La notification peut également être faite lorsque les entreprises concernées démontrent de bonne foi à la Commission leur intention de conclure un accord ou, dans le cas d'une offre publique d'achat ou d'échange, lorsqu'elles ont annoncé publiquement leur intention de faire une telle offre, à condition que l'accord ou l'offre envisagés aboutisse à une concentration de dimension communautaire.

Aux fins du présent règlement, l'expression « concentration notifiée » vise aussi les projets de concentration notifiés au titre du deuxième alinéa. Aux fins des paragraphes 4 et 5 du présent article, le terme « concentration » comprend les projets de concentrations au sens du deuxième alinéa.

2. Les concentrations qui consistent en une fusion au sens de l'article 3, paragraphe 1, point *a)*, ou dans l'établissement d'un contrôle en commun au sens de l'article 3, paragraphe 1, point *b)*, doivent être notifiées conjointement par les parties à la fusion ou à l'établissement du contrôle en commun. Dans les autres cas, la notification doit être présentée par la personne ou l'entreprise qui acquiert le contrôle de l'ensemble ou de parties d'une ou de plusieurs entreprises.

3. Lorsque la Commission constate qu'une concentration notifiée relève du présent règlement, elle publie le fait de la notification, en indiquant les noms des entreprises concernées, leur pays d'origine, la nature de la concentration ainsi que les secteurs économiques concernés. La Commission tient compte de l'intérêt légitime des entreprises à ce que leurs secrets d'affaires ne soient pas divulgués.

4. Avant la notification d'une concentration au sens du paragraphe 1, les personnes ou entreprises visées au paragraphe 2 peuvent informer la Commission, au moyen d'un mémoire motivé, que la concentration risque d'affecter de manière significative la concurrence sur un marché à l'intérieur d'un État membre qui présente toutes les caractéristiques d'un marché distinct et qu'elle doit par conséquent être examinée, en tout ou en partie, par cet État membre.

La Commission transmet sans délai ce mémoire à tous les États membres. L'État membre visé dans le mémoire motivé doit, dans un délai de quinze jours ouvrables suivant la réception du mémoire, exprimer son accord ou son désaccord sur la demande de renvoi de l'affaire. Lorsque cet État membre ne prend pas de décision dans ce délai, il est réputé être d'accord.

Sauf si cet État membre exprime son désaccord, la Commission, lorsqu'elle considère qu'un tel marché distinct existe et que la concurrence sur ce marché risque d'être affectée de manière significative par la concentration, peut décider de renvoyer tout ou partie de l'affaire aux autorités compétentes de cet État membre en vue de l'application du droit national de la concurrence de cet État.

La décision de renvoyer ou de ne pas renvoyer l'affaire en application du troisième alinéa doit être prise dans un délai de vingt-cinq jours ouvrables à compter de la réception du mémoire motivé par la Commission. La Commission informe de sa décision les autres États membres et les personnes ou les entreprises concernées. Si elle ne prend pas de décision dans ce délai, elle est réputée avoir adopté une décision de renvoi de l'affaire conformément au mémoire présenté par les personnes ou entreprises concernées.

Si la Commission décide ou est réputée avoir décidé, conformément aux troisième et quatrième alinéas, de renvoyer l'ensemble de l'affaire, il n'y a pas lieu de procéder à une notification conformément au paragraphe 1 et le droit national de la concurrence s'applique. L'article 9, paragraphes 6 à 9, est applicable *mutatis mutandis*.

5. Dans le cas d'une concentration telle que définie à l'article 3, qui n'est pas de dimension communautaire au sens de l'article 1er et qui est susceptible d'être examinée en vertu du droit national de la concurrence d'au moins trois États membres, les personnes ou entreprises visées au paragraphe 2 peuvent, avant toute notification aux autorités compétentes, informer la Commission, au moyen d'un mémoire motivé, que la concentration doit être examinée par elle.

La Commission transmet sans délai ce mémoire à tous les États membres.

Tout État membre compétent pour examiner la concentration en vertu de son droit national de la concurrence peut, dans un délai de quinze jours ouvrables suivant la réception du mémoire motivé, exprimer son désaccord sur la demande de renvoi.

Lorsqu'au moins un État membre a exprimé son désaccord conformément au troisième alinéa dans le délai de quinze jours ouvrables, l'affaire n'est pas renvoyée. La Commission informe alors sans délai tous les États membres et les personnes ou entreprises concernées du désaccord exprimé.

Lorsque aucun État membre n'a exprimé son désaccord conformément au troisième alinéa dans le délai de quinze jours ouvrables, la concentration est réputée avoir une dimension communautaire et doit être notifiée à la Commission conformément aux paragraphes 1 et 2. Dans ce cas, aucun État membre n'applique son droit national de la concurrence à cette concentration.

6. La Commission fait rapport au Conseil sur la mise en œuvre des paragraphes 4 et 5 avant le 1er juillet 2009. Suivant ce rapport, et sur proposition de la Commission, le Conseil, statuant à la majorité qualifiée, peut réviser les paragraphes 4 et 5.

Art. 5. – *Calcul du chiffre d'affaires.* – 1. Le chiffre d'affaires total au sens du présent règlement comprend les montants résultant de la vente de produits et de la prestation de services réalisées par les entreprises concernées au cours du dernier exercice et correspondant à leurs activités ordinaires, déduction faite des réductions sur ventes ainsi que de la taxe sur la valeur ajoutée et d'autres impôts directement liés au chiffre d'affaires. Le chiffre d'affaires total d'une entreprise concernée ne tient pas compte des transactions intervenues entre les entreprises visées au paragraphe 4 du présent article.

Le chiffre d'affaires réalisé soit dans la Communauté, soit dans un État membre, comprend les produits vendus et les services fournis à des entreprises ou des consommateurs soit dans la Communauté, soit dans cet État membre.

2. Par dérogation au paragraphe 1, lorsque la concentration consiste en l'acquisition de parties, constituées ou non en entités juridiques, d'une ou de plusieurs entreprises, seul le chiffre d'affaires se rapportant aux parties qui sont l'objet de la concentration est pris en considération dans le chef du ou des cédants.

Cependant, deux ou plusieurs opérations au sens du premier alinéa qui ont eu lieu au cours d'une période de deux années entre les mêmes personnes ou entreprises sont à considérer comme une seule concentration intervenant à la date de la dernière opération.

3. Le chiffre d'affaires est remplacé :

a) pour les établissements de crédit et autres établissements financiers, par la somme des postes de produits suivants, tels qu'ils sont définis dans la directive 86/635/CEE du Conseil, déduction faite, le cas échéant, de la taxe sur la valeur ajoutée et d'autres impôts directement liés auxdits produits :

i) intérêts et produits assimilés ;

ii) revenus de titres :

- revenus d'actions, de parts et d'autres titres à revenu variable,
- revenus de participations,
- revenus de parts dans des entreprises liées ;

iii) commissions perçues ;

iv) bénéfice net provenant d'opérations financières ;

v) autres produits d'exploitation.

Le chiffre d'affaires d'un établissement de crédit ou d'un établissement financier dans la Communauté ou dans un État membre comprend les postes de produits, tels que définis ci-dessus, de la succursale ou de la division dudit établissement établie dans la Communauté ou dans l'État membre en question, selon le cas ;

b) pour les entreprises d'assurances, par la valeur des primes brutes émises qui comprennent tous les montants reçus et à recevoir au titre de contrats d'assurance établis par elles ou pour leur compte, y compris les primes cédées aux réassureurs et après déduction des impôts ou des taxes parafiscales perçus sur la base du montant des primes ou du volume total de celui-ci ; en ce qui concerne l'article 1er, paragraphe 2, point *b)*, et paragraphe 3, points *b)*, *c)* et *d)*, et la dernière partie de phrase desdits deux paragraphes, il est tenu compte respectivement des primes brutes versées par des résidents de la Communauté et par des résidents d'un État membre.

4. Sans préjudice du paragraphe 2, le chiffre d'affaires total d'une entreprise concernée au sens du présent règlement résulte de la somme des chiffres d'affaires :

a) de l'entreprise concernée ;

b) des entreprises dans lesquelles l'entreprise concernée dispose directement ou indirectement :

i) soit de plus de la moitié du capital ou du capital d'exploitation ;

ii) soit du pouvoir d'exercer plus de la moitié des droits de vote ;

iii) soit du pouvoir de désigner plus de la moitié des membres du conseil de surveillance ou d'administration ou des organes représentant légalement l'entreprise ;

iv) soit du droit de gérer les affaires de l'entreprise ;

c) des entreprises qui disposent, dans une entreprise concernée, des droits ou pouvoirs énumérés au point *b)* ;

d) des entreprises dans lesquelles une entreprise visée au point *c)* dispose des droits ou pouvoirs énumérés au point *b)* ;

e) des entreprises dans lesquelles plusieurs entreprises visées aux point *a)* à *d)* disposent conjointement des droits ou pouvoirs énumérés au point *b)*.

5. Lorsque des entreprises concernées par la concentration disposent conjointement des droits ou pouvoirs énumérés au paragraphe 4, point *b)*, il y a lieu, dans le calcul du chiffre d'affaires des entreprises concernées au sens du présent règlement :

a) de ne pas tenir compte du chiffre d'affaires résultant de la vente de produits et de la prestation de services réalisées entre l'entreprise commune et chacune des entreprises concernées ou toute autre entreprise liée à l'une d'entre elles au sens du paragraphe 4, points *b)* à *e)* ;

b) de tenir compte du chiffre d'affaires résultant de la vente de produits et de la prestation de services réalisées entre l'entreprise commune et toute entreprise tierce. Ce chiffre d'affaires est imputé à parts égales aux entreprises concernées.

Art. 6. – *Examen de la notification et engagement de la procédure.* – 1. La Commission procède à l'examen de la notification dès sa réception.

a) Si elle aboutit à la conclusion que la concentration notifiée ne relève pas du présent règlement, elle le constate par voie de décision.

b) Si elle constate que la concentration notifiée, bien que relevant du présent règlement, ne soulève pas de doutes sérieux quant à sa compatibilité avec le marché commun, elle décide de ne pas s'y opposer et la déclare compatible avec le marché commun.

La décision déclarant la concentration compatible est réputée couvrir les restrictions directement liées et nécessaires à la réalisation de la concentration.

c) Sans préjudice du paragraphe 2, si la Commission constate que la concentration notifiée relève du présent règlement et soulève des doutes sérieux quant à sa compatibilité avec le marché commun, elle décide d'engager la procédure. Sans préjudice de l'article 9, cette procédure sera close par voie de décision conformément à l'article 8, paragraphes 1 à 4, à moins que les entreprises concernées n'aient démontré, à la satisfaction de la Commission, qu'elles ont abandonné la concentration.

2. Si la Commission constate que, après modifications apportées par les entreprises concernées, une concentration notifiée ne soulève plus de doutes sérieux au sens du paragraphe 1, point *c)*, elle déclare la concentration compatible avec le marché commun, conformément au paragraphe 1, point *b)*.

La Commission peut assortir la décision qu'elle prend en vertu du paragraphe 1, point *b)*, de conditions et de charges destinées à assurer que les entreprises concernées respectent les engagements qu'elles ont pris à son égard en vue de rendre la concentration compatible avec le marché commun.

3. La Commission peut révoquer la décision qu'elle a prise en vertu du paragraphe 1, point *a)* ou *b)* :

a) si la décision repose sur des indications inexactes dont une des entreprises concernées est responsable ou si elle a été obtenue par tromperie,

ou

b) si les entreprises concernées contreviennent à une charge dont est assortie sa décision.

4. Dans les cas visés au paragraphe 3, la Commission peut prendre une décision en vertu du paragraphe 1, sans être tenue par les délais visés à l'article 10, paragraphe 1.

5. La Commission informe sans délai de sa décision les entreprises concernées ainsi que les autorités compétentes des États membres.

Art. 7. – *Suspension de la concentration.* – 1. Une concentration de dimension communautaire telle que définie à l'article 1er ou qui doit être examinée par la Commission en vertu de l'article 4, paragraphe 5, ne peut être réalisée ni avant d'être notifiée ni avant d'avoir été déclarée compatible avec le marché commun par une décision prise en vertu de l'article 6, paragraphe 1, point *b)*, ou de l'article 8, paragraphes 1 ou 2, ou sur la base de la présomption établie à l'article 10, paragraphe 6.

2. Le paragraphe 1 ne fait pas obstacle à la réalisation d'une offre publique d'achat ou d'échange ou d'opérations par lesquelles le contrôle au sens de l'article 3 est acquis par l'intermédiaire de plusieurs vendeurs au moyen d'une série de transactions sur titres, y compris sur ceux qui sont convertibles en d'autres titres admis à être négociés sur un marché tel qu'une bourse de valeurs pour autant :

a) que la concentration soit notifiée sans délai à la Commission conformément à l'article 4, et

b) que l'acquéreur n'exerce pas les droits de vote attachés aux participations concernées ou ne les exerce qu'en vue de sauvegarder la pleine valeur de son investissement et sur la base d'une dérogation octroyée par la Commission conformément au paragraphe 3.

3. La Commission peut, sur demande, octroyer une dérogation aux obligations prévues aux paragraphes 1 ou 2. La demande d'octroi d'une dérogation doit être motivée. Lorsqu'elle se prononce sur la demande, la Commission doit prendre en compte notamment les effets que la suspension peut produire sur une ou

plusieurs entreprises concernées par la concentration ou sur une tierce partie, et la menace que la concentration peut présenter pour la concurrence. Cette dérogation peut être assortie de conditions et de charges destinées à assurer des conditions de concurrence effective. Elle peut être demandée et accordée à tout moment, que ce soit avant la notification ou après la transaction.

4. La validité de toute transaction qui serait réalisée en ne respectant pas le paragraphe 1 dépend de la décision prise en application de l'article 6, paragraphe 1, point *b)*, ou de l'article 8, paragraphes 1, 2 ou 3, ou de la présomption établie à l'article 10, paragraphe 6.

Toutefois, le présent article n'a aucun effet sur la validité des transactions sur des titres, y compris ceux convertibles en d'autres titres, qui sont admis à être négociés sur un marché tel qu'une bourse de valeurs, sauf si les acheteurs et les vendeurs savent ou devraient savoir que la transaction est réalisée en ne respectant pas le paragraphe 1.

Art. 8. – *Pouvoirs de décision de la Commission.* – 1. Lorsque la Commission constate qu'une concentration notifiée répond au critère défini à l'article 2, paragraphe 2, et, dans les cas visés à l'article 2, paragraphe 4, aux critères de l'article 81, paragraphe 3, du traité, elle prend une décision déclarant la concentration compatible avec le marché commun.

La décision déclarant la concentration compatible est réputée couvrir les restrictions directement liées et nécessaires à la réalisation de la concentration.

2. Lorsque la Commission constate qu'une concentration notifiée, après modifications apportées par les entreprises concernées, répond au critère défini à l'article 2, paragraphe 2, et, dans les cas visés à l'article 2, paragraphe 4, aux critères définis à l'article 81, paragraphe 3, du traité, elle prend une décision déclarant la concentration compatible avec le marché commun.

La Commission peut assortir sa décision de conditions et de charges destinées à assurer que les entreprises concernées se conforment aux engagements qu'elles ont pris à son égard en vue de rendre la concentration compatible avec le marché commun.

La décision déclarant la concentration compatible est réputée couvrir les restrictions directement liées et nécessaires à la réalisation de la concentration.

3. Lorsque la Commission constate qu'une concentration répond au critère défini à l'article 2, paragraphe 3, ou, dans les cas visés à l'article 2, paragraphe 4, ne répond pas aux critères de l'article 81, paragraphe 3, du traité, elle prend une décision déclarant la concentration incompatible avec le marché commun.

4. Si la Commission constate qu'une concentration :

a) a déjà été réalisée et qu'elle a été déclarée incompatible avec le marché commun, ou

b) a été réalisée en violation d'une condition dont est assortie une décision prise en vertu du paragraphe 2 et indiquant que, faute de respecter cette condition, la concentration répondrait au critère énoncé à l'article 2, paragraphe 3, ou que, dans les cas visés à l'article 2, paragraphe 4, elle ne répondrait pas aux critères énoncés à l'article 81, paragraphe 3, du traité, la Commission peut :

– ordonner aux entreprises concernées de dissoudre la concentration, notamment par la séparation des entreprises fusionnées ou la cession de la totalité des actions ou actifs acquis, afin de rétablir la situation antérieure à la réalisation de la concentration. Dans le cas où un tel rétablissement ne serait pas possible, la Commission peut prendre toute autre mesure appropriée pour rétablir, dans la mesure du possible, la situation antérieure à la réalisation de la concentration,

– ordonner toute autre mesure appropriée afin que les entreprises concernées dissolvent la concentration ou prennent des mesures visant à rétablir la situation antérieure à la réalisation de la concentration, comme requis dans sa décision.

Dans les cas relevant du premier alinéa, point *a)*, ces mesures peuvent être imposées sous la forme d'une décision prise en vertu du paragraphe 3 ou d'une décision distincte.

5. La Commission peut prendre des mesures provisoires appropriées pour rétablir ou maintenir les conditions d'une concurrence effective lorsqu'une concentration :

a) a été réalisée en violation de l'article 7 et qu'aucune décision n'a encore été prise concernant sa compatibilité avec le marché commun ;

b) a été réalisée en violation d'une condition dont est assortie une décision prise en vertu de l'article 6, paragraphe 1, point *b)*, ou du paragraphe 2 du présent article ;

c) a déjà été réalisée et est déclarée incompatible avec le marché commun.

6. La Commission peut révoquer la décision qu'elle a prise au titre des paragraphes 1 ou 2 :

a) si la déclaration de compatibilité repose sur des indications inexactes dont une des entreprises concernées est responsable ou si elle a été obtenue frauduleusement, ou

b) si les entreprises concernées contreviennent à une charge dont est assortie sa décision.

7. La Commission peut prendre une décision au titre des paragraphes 1 à 3 sans être tenue par les délais visés à l'article 10, paragraphe 3, dans les cas où :

a) elle constate qu'une concentration a été réalisée :

i) en violation d'une condition dont est assortie une décision prise en vertu de l'article 6, paragraphe 1, point *b)*,

ou

ii) en violation d'une condition dont est assortie une décision prise en vertu du paragraphe 2 et conformément à l'article 10, paragraphe 2, aux termes de laquelle le non-respect de cette condition soulèverait de sérieux doutes quant à la compatibilité de cette concentration avec le marché commun, ou

b) une décision a été révoquée conformément au paragraphe 6.

8. La Commission informe sans délai de sa décision les entreprises concernées ainsi que les autorités compétentes des États membres.

Art. 9. – *Renvoi aux autorités compétentes des États membres.* - 1. La Commission peut, par voie de décision qu'elle notifie sans délai aux entreprises concernées et dont elle informe les autorités compétentes des autres États membres, renvoyer aux autorités compétentes de l'État membre concerné un cas de concentration notifiée, dans les conditions suivantes.

2. Dans le délai de quinze jours ouvrables à compter de la réception de la copie de la notification, un État membre peut, de sa propre initiative ou sur invitation de la Commission, faire savoir à la Commission, qui en informe les entreprises concernées, que :

a) une concentration menace d'affecter de manière significative la concurrence dans un marché à l'intérieur de cet État membre qui présente toutes les caractéristiques d'un marché distinct, ou

b) une concentration affecte la concurrence dans un marché à l'intérieur de cet État membre qui présente toutes les caractéristiques d'un marché distinct et qui ne constitue pas une partie substantielle du marché commun.

3. Si la Commission considère que, compte tenu du marché des produits ou services en cause et du marché géographique de référence au sens du paragraphe 7, un tel marché distinct et une telle menace existent :

a) soit elle traite elle-même le cas conformément au présent règlement ;

b) soit elle renvoie tout ou partie du cas aux autorités compétentes de l'État membre concerné en vue de l'application du droit national de la concurrence dudit État.

Si, au contraire, la Commission considère qu'un tel marché distinct ou une telle menace n'existent pas, elle prend une décision à cet effet qu'elle adresse à l'État membre concerné et traite elle-même le cas conformément au présent règlement.

Dans les cas où un État membre informe la Commission, conformément au paragraphe 2, point *b)*, qu'une concentration affecte un marché distinct à l'intérieur de son territoire, qui n'est pas une partie substantielle du marché commun, la Commission renvoie tout ou partie du cas afférent à ce marché distinct, si elle considère qu'un tel marché distinct est affecté.

4. Les décisions de renvoi ou de refus de renvoi prises conformément au paragraphe 3 interviennent :

a) soit, en règle générale, dans le délai prévu à l'article 10, paragraphe 1, deuxième alinéa, lorsque la Commission n'a pas engagé la procédure conformément à l'article 6, paragraphe 1, point *b)* ;

b) soit dans un délai maximal de soixante-cinq jours ouvrables à compter de la notification de la concentration concernée, lorsque la Commission a engagé la procédure conformément à l'article 6, paragraphe 1, point *c)*, sans entreprendre les démarches préparatoires à l'adoption des mesures nécessaires au titre de l'article 8, paragraphes 2, 3 ou 4, pour préserver ou rétablir une concurrence effective sur le marché concerné.

5. Si, dans le délai de soixante-cinq jours ouvrables visé au paragraphe 4, point *b)*, la Commission, en dépit d'un rappel de l'État membre concerné, n'a ni pris les décisions de renvoi ou de refus de renvoi prévues au paragraphe 3 ni entrepris les démarches préparatoires visées au paragraphe 4, point *b)*, elle est réputée avoir décidé de renvoyer le cas à l'État membre concerné, conformément au paragraphe 3, point *b)*.

6. Les autorités compétentes de l'État membre concerné statuent sur l'affaire dans les meilleurs délais.

Dans un délai de quarante-cinq jours ouvrables après le renvoi par la Commission, les autorités compétentes de l'État membre concerné informent les entreprises concernées des résultats de l'analyse concurrentielle préliminaire et des mesures supplémentaires qu'elles proposent de prendre le cas échéant. L'État membre concerné peut exceptionnellement suspendre ce délai lorsque les informations nécessaires ne lui ont pas été fournies par les entreprises concernées conformément à son droit national de la concurrence.

Lorsqu'une notification est demandée en vertu du droit national, le délai de quarante-cinq jours ouvrables court à partir du jour ouvrable suivant celui de la réception d'une notification complète par les autorités compétentes de cet État membre.

7. Le marché géographique de référence est constitué par un territoire sur lequel les entreprises concernées interviennent dans l'offre et la demande de biens et de services, sur lequel les conditions de concurrence sont suffisamment homogènes et qui peut être distingué des territoires voisins, en particulier en raison des conditions de concurrence sensiblement différentes de celles prévalant sur ces territoires. Dans cette appréciation, il convient notamment de tenir compte de la nature et des caractéristiques des produits ou services concernés, de l'existence de barrières à l'entrée, de préférences des consommateurs, ainsi que de l'existence, entre le territoire concerné et les territoires voisins, de différences considérables de parts de marché des entreprises ou de différences de prix substantielles.

8. Pour l'application du présent article, l'État membre concerné ne peut prendre que les mesures strictement nécessaires pour préserver ou rétablir une concurrence effective sur le marché concerné.

9. Conformément aux dispositions pertinentes du traité, tout État membre peut former un recours devant la Cour de justice et demander en particulier l'application de l'article 243 du traité, aux fins de l'application de son droit national de la concurrence.

Art. 10. – *Délais d'engagement de la procédure et des décisions.* – 1. Sans préjudice de l'article 6, paragraphe 4, les décisions visées à l'article 6, paragraphe 1, doivent intervenir dans un délai maximal de vingt-cinq jours ouvrables. Ce délai court à partir du jour ouvrable suivant celui de la réception de la notification ou, si les renseignements à fournir lors de la notification sont incomplets, à partir du jour ouvrable suivant celui de la réception des renseignements complets.

Ce délai est porté à trente-cinq jours ouvrables lorsque la Commission est saisie d'une demande d'un État membre conformément à l'article 9, paragraphe 2, ou lorsque les entreprises concernées proposent, conformément à l'article 6, paragraphe 2, des engagements afin de rendre la concentration compatible avec le marché commun.

2. Les décisions de l'article 8, paragraphe 1 ou 2, concernant des concentrations notifiées, doivent être prises dès qu'il apparaît que les doutes sérieux visés à l'article 6, paragraphe 1, point *c)*, sont levés, notamment en raison de modifications apportées par les entreprises concernées, et au plus tard dans le délai fixé au paragraphe 3.

3. Sans préjudice de l'article 8, paragraphe 7, les décisions de l'article 8, paragraphes 1 à 3, concernant des concentrations notifiées, doivent être prises dans un délai maximal de quatre-vingt-dix jours ouvrables à compter de la date d'ouverture de la procédure. Ce délai est porté à cent cinq jours ouvrables lorsque les entreprises concernées proposent des engagements en vue de rendre la concentration compatible avec le marché commun conformément à l'article 8, paragraphe 2, deuxième alinéa, à moins que ces engagements n'aient été proposés moins de cinquante-cinq jours ouvrables suivant l'ouverture de la procédure.

Les délais fixés au premier alinéa sont également prolongés si les parties notifiantes présentent une demande à cet effet au plus tard quinze jours ouvrables suivant l'ouverture de la procédure en vertu de l'article 6, paragraphe 1, point *c)*. Les parties notifiantes ne peuvent présenter qu'une seule demande à cet effet. De même, à tout moment après l'ouverture de la procédure, les délais fixés au premier alinéa peuvent être prolongés par la Commission sous réserve de l'accord des parties notifiantes. La durée totale des prolongations accordées conformément au présent alinéa ne dépasse pas vingt jours ouvrables.

4. Les délais fixés aux paragraphes 1 et 3 sont exceptionnellement suspendus lorsque la Commission, en raison de circonstances dont une des entreprises participant à la concentration est responsable, a été contrainte de demander un renseignement par voie de décision en application de l'article 11 ou d'ordonner une inspection par voie de décision en application de l'article 13.

Le premier alinéa s'applique également au délai visé à l'article 9, paragraphe 4, point *b)*.

5. Lorsque la Cour de justice rend un arrêt qui annule en tout ou en partie une décision de la Commission qui fait l'objet d'un délai fixé par le présent article, cette dernière réexamine la concentration en vue d'adopter une décision en vertu de l'article 6, paragraphe 1.

La concentration est réexaminée à la lumière des conditions prévalant alors sur le marché.

Les parties notifiantes soumettent une nouvelle notification ou complètent la notification originale sans délai si la notification originale est devenue incomplète à cause de changements des conditions du marché ou des faits présentés dans la notification. Lorsqu'il n'y a pas de changement, les parties le certifient sans délai.

Les délais fixés au paragraphe 1 commencent à courir le jour ouvrable suivant celui de la réception des renseignements complets dans une nouvelle notification, une notification complétée ou une certification au sens du troisième alinéa.

Les deuxième et troisième alinéas s'appliquent également dans les cas visés à l'article 6, paragraphe 4, et à l'article 8, paragraphe 7.

6. Si la Commission n'a pas pris de décision au titre de l'article 6, paragraphe 1, points *b)* ou *c)*, ou au titre de l'article 8, paragraphes 1, 2 ou 3, dans les délais respectivement déterminés aux paragraphes 1 et 3, la concentration est réputée déclarée compatible avec le marché commun, sans préjudice de l'article 9.

Art. 11. – *Demande de renseignements*. – 1. Pour l'accomplissement des tâches qui lui sont assignées par le présent règlement, la Commission peut, par une simple demande ou par voie de décision, demander aux personnes visées à l'article 3, paragraphe 1, point *b)*, ainsi qu'aux entreprises et associations d'entreprises, de fournir tous les renseignements nécessaires.

2. Lorsqu'elle envoie une simple demande de renseignements à une personne, à une entreprise ou à une association d'entreprises, la Commission indique la base juridique et le but de la demande, précise les renseignements demandés et fixe le délai dans lequel ils doivent être fournis, ainsi que les sanctions prévues à l'article 14 au cas où un renseignement inexact ou dénaturé serait fourni.

3. Lorsque la Commission demande par une décision à une personne, à une entreprise ou à une association d'entreprises de fournir des renseignements, elle indique la base juridique et l'objet de la demande, précise les renseignements demandés et fixe le délai dans lequel ils doivent être fournis. Elle indique également les sanctions prévues à l'article 14 et indique ou inflige les sanctions prévues à l'article 15. Elle indique aussi le droit de recours ouvert devant la Cour de justice contre la décision.

4. Sont tenus de fournir les renseignements demandés, au nom des entreprises concernées, les propriétaires des entreprises ou leurs représentants et, dans le cas de personnes morales, d'entreprises ou d'associations n'ayant pas la personnalité juridique, les personnes chargées de les représenter selon la loi ou les statuts. Les personnes dûment mandatées peuvent fournir les renseignements demandés au nom de leurs mandants. Ces derniers restent pleinement responsables du caractère complet, exact et non dénaturé des renseignements fournis.

5. La Commission transmet sans délai une copie de toute décision prise en vertu du paragraphe 3 aux autorités compétentes de l'État membre sur le territoire duquel est situé le domicile de la personne ou le siège de l'entreprise ou association d'entreprises et à l'autorité compétente de l'État membre dont le territoire est affecté. À la demande expresse de l'autorité compétente d'un État membre, la Commission transmet également à cette dernière des copies des simples demandes d'informations relatives à une concentration notifiée.

6. À la demande de la Commission, les gouvernements et autorités compétentes des États membres fournissent à la Commission tous les renseignements nécessaires à l'accomplissement des tâches qui lui sont assignées par le présent règlement.

7. Pour l'accomplissement des tâches qui lui sont assignées par le présent règlement, la Commission peut entendre toute personne physique ou morale qui accepte d'être interrogée aux fins de la collecte d'informations relatives à l'objet d'une enquête. Au début de l'entretien, qui peut être conduit par téléphone ou par d'autres moyens électroniques, la Commission indique la base juridique et l'objet de l'entretien.

Lorsque l'entretien n'est réalisé ni dans les locaux de la Commission ni par téléphone ni par d'autres moyens électroniques, la Commission en informe au préalable l'autorité compétente de l'État membre sur le territoire duquel l'entretien a lieu. Les agents de l'autorité compétente de l'État membre concerné peuvent, si celle-ci le demande, prêter assistance aux agents et autres personnes mandatés par la Commission pour conduire l'entretien.

Art. 12. – *Inspections par les autorités des États membres*. – 1. Sur demande de la Commission, les autorités compétentes des États membres procèdent aux inspections que la Commission juge indiquées au titre de l'article 13, paragraphe 1, ou qu'elle a ordonnées par voie de décision prise en application de l'article 13, paragraphe 4. Les agents des autorités compétentes des États membres chargés de procéder aux inspections, ainsi que les agents mandatés ou désignés par celles-ci, exercent leurs pouvoirs conformément à leur législation nationale.

2. Les agents et autres personnes les accompagnant mandatés par la Commission peuvent, sur sa demande ou sur celle de l'autorité compétente de l'État membre sur le territoire duquel l'inspection doit être effectuée, prêter assistance aux agents de l'autorité concernée.

Art. 13. – *Pouvoirs de la Commission en matière d'inspection*. – 1. Pour l'accomplissement des tâches qui lui sont assignées par le présent règlement, la Commission peut procéder à toutes les inspections nécessaires auprès des entreprises et associations d'entreprises.

2. Les agents et autres personnes les accompagnant mandatés par la Commission pour procéder à une inspection sont investis des pouvoirs suivants :

a) accéder à tous les locaux, terrains et moyens de transport des entreprises et associations d'entreprises ;

b) contrôler les livres et autres documents en rapport avec l'activité, quel qu'en soit le support ;

c) prendre ou obtenir sous quelque forme que ce soit copie ou extrait des livres et documents ;

d) apposer des scellés sur tous les locaux commerciaux et livres ou documents pendant la durée de l'inspection et dans la mesure où cela est nécessaire aux fins de celle-ci ;

e) demander à tout représentant ou membre du personnel de l'entreprise ou de l'association d'entreprises des explications sur des faits ou documents en rapport avec l'objet et le but de l'inspection et enregistrer ses réponses.

3. Les agents et autres personnes les accompagnant mandatés par la Commission pour procéder à une inspection exercent leurs pouvoirs sur production d'un mandat écrit qui indique l'objet et le but de l'inspection, ainsi que les sanctions prévues à l'article 14 au cas où les livres ou autres documents en rapport avec l'activité qui sont requis seraient présentés de manière incomplète et où les réponses aux demandes faites en application du paragraphe 2 du présent article seraient inexactes ou dénaturées. La Commission avise, en temps utile avant l'inspection, l'autorité compétente de l'État membre sur le territoire duquel l'inspection doit être effectuée.

4. Les entreprises et associations d'entreprises sont tenues de se soumettre aux inspections que la Commission a ordonnées par voie de décision. La décision indique l'objet et le but de l'inspection, fixe la date à laquelle elle commence et indique les sanctions prévues aux articles 14 et 15, ainsi que le recours ouvert devant la Cour de justice contre la décision. La Commission prend ces décisions après avoir entendu l'autorité compétente de l'État membre sur le territoire duquel l'inspection doit être effectuée.

5. Les agents de l'autorité compétente de l'État membre sur le territoire duquel l'inspection doit être effectuée et les agents mandatés ou désignés par celle-ci prêtent, à la demande de cette autorité ou de la Commission, activement assistance aux agents et autres personnes les accompagnant mandatés par la Commission. Ils disposent à cette fin des pouvoirs définis au paragraphe 2.

6. Lorsque les agents et autres personnes les accompagnant mandatés par la Commission constatent qu'une entreprise s'oppose à une inspection, et notamment à l'apposition de scellés sur des locaux commerciaux, des livres ou des documents, ordonnée en vertu du présent article, l'État membre concerné leur prête l'assistance nécessaire, en requérant au besoin la force publique ou une autorité répressive équivalente, pour leur permettre d'exécuter leur mission d'inspection.

7. Si, en vertu du droit national, l'assistance prévue au paragraphe 6 requiert l'autorisation d'une autorité judiciaire, cette autorisation doit être sollicitée. L'autorisation peut également être demandée à titre préventif.

8. Lorsqu'une autorisation visée au paragraphe 7 est demandée, l'autorité judiciaire nationale contrôle que la décision de la Commission est authentique et que les mesures coercitives envisagées ne sont ni arbitraires ni excessives par rapport à l'objet de l'inspection. Lorsqu'elle contrôle la proportionnalité des mesures coercitives, l'autorité judiciaire nationale peut demander à la Commission, directement ou par l'intermédiaire de l'autorité compétente de l'État membre, des explications détaillées concernant l'objet de l'inspection. Cependant, l'autorité judiciaire nationale ne peut ni remettre en cause la nécessité de l'inspection ni exiger la communication des informations figurant dans le dossier de la Commission. Le contrôle de la légalité de la décision de la Commission est réservé à la Cour de justice.

Art. 14. – *Amendes.* – 1. La Commission peut, par voie de décision, infliger aux personnes visées à l'article 3, paragraphe 1, point *b)*, et aux entreprises et associations d'entreprises, des amendes jusqu'à concurrence de 1 % du chiffre d'affaires total réalisé par l'entreprise ou association d'entreprises concernée au sens de l'article 5 lorsque, de propos délibéré ou par négligence :

a) elles fournissent un renseignement inexact ou dénaturé dans un mémoire, une certification, une notification ou un complément de celle-ci présentés conformément à l'article 4, à l'article 10, paragraphe 5, ou à l'article 22, paragraphe 3 ;

b) elles fournissent un renseignement inexact ou dénaturé en réponse à une demande faite en vertu de l'article 11, paragraphe 2 ;

c) en réponse à une demande faite par voie de décision prise en application de l'article 11, paragraphe 3, elles fournissent un renseignement inexact, incomplet ou dénaturé ou ne fournissent pas un renseignement dans le délai prescrit ;

d) elles présentent de façon incomplète, lors des inspections effectuées au titre de l'article 13, les livres ou autres documents professionnels requis ou ne se soumettent pas à une inspection ordonnée par voie de décision prise en application de l'article 13, paragraphe 4 ;

e) en réponse à une question posée conformément à l'article 13, paragraphe 2, point *e)* :

- elles fournissent une réponse inexacte ou dénaturée,
- elles ne rectifient pas dans le délai fixé par la Commission une réponse inexacte, incomplète ou dénaturée fournie par un membre du personnel, ou
- elles omettent ou refusent de fournir une réponse complète en rapport avec l'objet et le but d'une inspection ordonnée par une décision adoptée conformément à l'article 13, paragraphe 4 ;

f) des scellés apposés en application de l'article 13, paragraphe 2, point *d)*, par les agents ou personnes les accompagnant mandatés par la Commission ont été brisés.

2. La Commission peut, par voie de décision, infliger aux personnes visées à l'article 3, paragraphe 1, point *b)*, ou aux entreprises concernées des amendes jusqu'à concurrence de 10 % du chiffre d'affaires total réalisé par les entreprises concernées au sens de l'article 5, lorsque de propos délibéré ou par négligence :

a) elles omettent de notifier une concentration conformément à l'article 4 ou à l'article 22, paragraphe 3, avant sa réalisation, à moins qu'elles n'y soient expressément autorisées par l'article 7, paragraphe 2, ou par une décision prise en vertu de l'article 7, paragraphe 3 ;

b) elles réalisent une concentration en violation de l'article 7 ;

c) elles réalisent une concentration déclarée incompatible avec le marché commun par voie de décision prise en vertu de l'article 8, paragraphe 3, ou ne prennent pas les mesures ordonnées par voie de décision prise en vertu de l'article 8, paragraphe 4 ou 5 ;

d) elles contreviennent à une condition ou une charge imposée par décision prise en vertu de l'article 6, paragraphe 1, point *b)*, de l'article 7, paragraphe 3, ou de l'article 8, paragraphe 2, deuxième alinéa.

3. Pour fixer le montant de l'amende, il y a lieu de prendre en considération la nature, la gravité et la durée de l'infraction.

4. Les décisions prises en vertu des paragraphes 1, 2 et 3 n'ont pas un caractère pénal.

Art. 15. – *Astreintes.* – 1. La Commission peut, par voie de décision, infliger aux personnes visées à l'article 3, paragraphe 1, point *b)*, et aux entreprises ou associations d'entreprises des astreintes jusqu'à concurrence de 5 % du chiffre d'affaires total journalier moyen de l'entreprise ou association d'entreprises concernée au sens de l'article 5 par jour ouvrable de retard à compter de la date qu'elle fixe dans sa décision, pour les contraindre :

a) à fournir d'une manière complète et exacte un renseignement qu'elle a demandé par voie de décision prise en application de l'article 11, paragraphe 3 ;

b) à se soumettre à une inspection qu'elle a ordonnée par voie de décision prise en application de l'article 13, paragraphe 4 ;

c) à exécuter une charge imposée par décision prise en application de l'article 6, paragraphe 1, point *b)*, de l'article 7, paragraphe 3, ou de l'article 8, paragraphe 2, deuxième alinéa, ou

d) à prendre les mesures ordonnées par une décision prise en application de l'article 8, paragraphes 4 ou 5.

2. Lorsque les personnes visées à l'article 3, paragraphe 1, point *b)*, les entreprises ou les associations d'entreprises ont satisfait à l'obligation pour l'exécution de laquelle l'astreinte a été infligée, la Commission peut fixer le montant définitif de celle-ci à un chiffre inférieur à celui qui résulte de la décision initiale.

Art. 16. – *Contrôle de la Cour de justice.* – La Cour de justice statue avec compétence de pleine juridiction au sens de l'article 229 du traité sur les recours intentés contre les décisions par lesquelles la Commission fixe une amende ou une astreinte ; elle peut supprimer, réduire ou majorer l'amende ou l'astreinte infligée.

Art. 17. – *Secret professionnel.* – 1. Les informations recueillies en application du présent règlement ne peuvent être utilisées que dans le but poursuivi par la demande de renseignements, le contrôle ou l'audition.

2. Sans préjudice de l'article 4, paragraphe 3, et des articles 18 et 20, la Commission et les autorités compétentes des États membres ainsi que leurs fonctionnaires et autres agents et les autres personnes travaillant sous le contrôle de ces autorités, ainsi que les fonctionnaires et agents d'autres autorités des États membres sont tenus de ne pas divulguer les informations qu'ils ont recueillies en application du présent règlement et qui, par leur nature, sont couvertes par le secret professionnel.

3. Les paragraphes 1 et 2 ne s'opposent pas à la publication de renseignements généraux ou d'études ne comportant pas d'indications individuelles sur les entreprises ou associations d'entreprises.

Art. 18. – *Audition des intéressés et des tiers.* – 1. Avant de prendre les décisions prévues à l'article 6, paragraphe 3, à l'article 7, paragraphe 3, à l'article 8, paragraphes 2 à 6, ainsi qu'aux articles 14 et 15, la Commission donne aux personnes, entreprises et associations d'entreprises intéressées l'occasion de faire connaître, à tous les stades de la procédure jusqu'à la consultation du comité consultatif, leur point de vue au sujet des objections retenues à leur encontre.

2. Par dérogation au paragraphe 1, les décisions rendues en vertu de l'article 7, paragraphe 3, et de l'article 8, paragraphe 5, peuvent être prises à titre provisoire, sans donner aux personnes, entreprises et associations d'entreprises intéressées l'occasion de faire connaître leur point de vue au préalable, à condition que la Commission leur en fournisse l'occasion le plus rapidement possible après avoir pris sa décision.

3. La Commission ne fonde ses décisions que sur les objections au sujet desquelles les intéressés ont pu faire valoir leurs observations. Les droits de la défense des intéressés sont pleinement assurés dans le déroulement de la procédure. L'accès au dossier est ouvert au moins aux parties directement intéressées tout en respectant l'intérêt légitime des entreprises à ce que leurs secrets d'affaires ne soient pas divulgués.

4. Dans la mesure où la Commission ou les autorités compétentes des États membres l'estiment nécessaire, elles peuvent aussi entendre d'autres personnes physiques ou morales. Si des personnes physiques ou morales justifiant d'un intérêt suffisant, et notamment des membres des organes d'administration ou de direction des entreprises concernées ou des représentants reconnus des travailleurs de ces entreprises, demandent à être entendues, il est fait droit à leur demande.

Art. 19. – *Liaison avec les autorités des États membres.* - 1. La Commission transmet dans un délai de trois jours ouvrables aux autorités compétentes des États membres copie des notifications ainsi que, dans les meilleurs délais, les pièces les plus importantes qui lui sont adressées ou qui sont émises par elle en application du présent règlement. Ces pièces incluent les engagements proposés par les entreprises concernées à la Commission en vue de rendre la concentration compatible avec le marché commun conformément à l'article 6, paragraphe 2, ou l'article 8, paragraphe 2, deuxième alinéa.

2. La Commission mène les procédures visées au présent règlement en liaison étroite et constante avec les autorités compétentes des États membres qui sont habilitées à formuler toutes observations sur ces procédures. Aux fins de l'application de l'article 9, elle recueille les communications des autorités compétentes de l'État membre visées au paragraphe 2 dudit article et leur donne l'occasion de faire connaître leur point de vue à tous les stades de la procédure jusqu'à l'adoption d'une décision au titre du paragraphe 3 dudit article, en leur ouvrant à cet effet l'accès à son dossier.

3. Un comité consultatif en matière de concentrations entre entreprises est consulté préalablement à toute décision en application de l'article 8, paragraphes 1 à 6, ainsi que de l'article 14 ou 15, à l'exception des décisions provisoires prises conformément à l'article 18, paragraphe 2.

4. Le comité consultatif est composé de représentants des autorités compétentes des États membres. Chaque État membre désigne un ou deux représentants qui peuvent être remplacés en cas d'empêchement par un autre représentant. L'un au moins de ces représentants doit être compétent en matière de pratiques restrictives de concurrence et de positions dominantes.

5. La consultation a lieu au cours d'une réunion commune sur invitation de la Commission qui en assume la présidence. À cette invitation sont annexés un exposé de l'affaire avec indication des pièces les plus importantes et un avant-projet de décision pour chaque cas à examiner. La réunion a lieu au plus tôt dix jours ouvrables après l'envoi de la convocation. La Commission peut exceptionnellement abréger ce délai de manière appropriée en vue d'éviter un préjudice grave à une ou plusieurs entreprises concernées par une concentration.

6. Le comité consultatif émet son avis sur le projet de décision de la Commission, le cas échéant en procédant à un vote. Le comité consultatif peut émettre un avis, même si des membres sont absents et n'ont pas été représentés. Cet avis est consigné par écrit et sera joint au projet de décision. La Commission tient le plus grand compte de l'avis émis par le comité. Elle informe le comité de la façon dont elle a tenu compte de cet avis.

7. La Commission communique l'avis du comité consultatif, accompagné de la décision, aux destinataires de celle-ci. Elle rend publics l'avis et la décision, en tenant compte de l'intérêt légitime des entreprises à la protection de leurs secrets d'affaires.

Art. 20. – *Publication des décisions.* - 1. La Commission publie au *Journal officiel de l'Union européenne* les décisions qu'elle arrête en application de l'article 8, paragraphes 1 à 6, et des articles 14 et 15, à l'exception des décisions provisoires prises en application de l'article 18, paragraphe 2, accompagnées de l'avis du comité consultatif.

2. La publication mentionne les parties intéressées et l'essentiel de la décision ; elle doit tenir compte de l'intérêt légitime des entreprises à ce que leurs secrets d'affaires ne soient pas divulgués.

Art. 21. – *Application du règlement et compétence.* - 1. Le présent règlement est seul applicable aux concentrations telles que définies à l'article 3, et les règlements du Conseil (CE) n° 1/2003, (CEE) n° 1017/68, (CEE) n° 4056/86 et (CEE) n° 3975/87 ne sont pas applicables, sauf aux entreprises communes qui n'ont pas de dimension communautaire et qui ont pour objet ou pour effet la coordination du comportement concurrentiel d'entreprises qui restent indépendantes.

2. Sous réserve du contrôle de la Cour de justice, la Commission a compétence exclusive pour arrêter les décisions prévues au présent règlement.

3. Les États membres n'appliquent pas leur législation nationale sur la concurrence aux concentrations de dimension communautaire.

Le premier alinéa ne préjuge pas du pouvoir des États membres de procéder aux enquêtes nécessaires à l'application de l'article 4, paragraphe 4, de l'article 9, paragraphe 2, et de prendre, après renvoi, conformément à l'article 9, paragraphe 3, premier alinéa, point *b)*, ou paragraphe 5, les mesures strictement nécessaires en application de l'article 9, paragraphe 8.

4. Nonobstant les paragraphes 2 et 3, les États membres peuvent prendre les mesures appropriées pour assurer la protection d'intérêts légitimes autres que ceux qui sont pris en considération par le présent règlement et compatibles avec les principes généraux et les autres dispositions du droit communautaire.

Sont considérés comme intérêts légitimes, au sens du premier alinéa, la sécurité publique, la pluralité des médias et les règles prudentielles.

Tout autre intérêt public doit être communiqué par l'État membre concerné à la Commission et reconnu par celle-ci après examen de sa compatibilité avec les principes généraux et les autres dispositions du droit communautaire avant que les mesures visées ci-dessus puissent être prises. La Commission notifie sa décision à l'État membre concerné dans un délai de vingt-cinq jours ouvrables à dater de ladite communication.

Art. 22. – *Renvoi à la Commission.* – 1. Un ou plusieurs États membres peuvent demander à la Commission d'examiner toute concentration, telle que définie à l'article 3, qui n'est pas de dimension communautaire au sens de l'article 1er, mais qui affecte le commerce entre États membres et menace d'affecter de manière significative la concurrence sur le territoire du ou des États membres qui formulent cette demande.

Une telle demande doit être présentée au plus tard dans un délai de quinze jours ouvrables à compter de la date de notification de la concentration ou, si aucune notification n'est requise, de sa communication à l'État membre intéressé.

2. La Commission informe sans délai les autorités compétentes des États membres et les entreprises concernées de toute demande reçue conformément au paragraphe 1.

Tout autre État membre a le droit de se joindre à la demande initiale dans un délai de quinze jours ouvrables à compter de la date à laquelle la Commission l'a informé de la demande initiale.

Tous les délais nationaux relatifs à la concentration sont suspendus jusqu'à ce que, conformément à la procédure prévue au présent article, le lieu d'examen de la concentration ait été fixé. Dès qu'un État membre informe la Commission et les entreprises concernées qu'il ne souhaite pas se joindre à la demande, la suspension de ses délais nationaux prend fin.

3. La Commission peut, dans un délai de dix jours ouvrables suivant l'expiration du délai fixé au paragraphe 2, décider d'examiner la concentration si elle estime que celle-ci affecte le commerce entre États membres et menace d'affecter de manière significative la concurrence sur le territoire du ou des États membres qui formulent la demande. Si la Commission ne prend pas de décision dans ce délai, elle est réputée avoir adopté une décision d'examen de la concentration conformément à la demande.

La Commission informe tous les États membres et les entreprises concernées de sa décision. Elle peut demander qu'une notification lui soit faite conformément à l'article 4.

Le ou les États membres ayant formulé la demande n'appliquent plus leur droit national de la concurrence à la concentration concernée.

4. L'article 2, l'article 4, paragraphes 2 et 3, les articles 5 et 6 ainsi que les articles 8 à 21 sont applicables lorsque la Commission examine une concentration conformément au paragraphe 3. L'article 7 est applicable pour autant que la concentration n'ait pas été réalisée à la date à laquelle la Commission informe les entreprises concernées qu'une demande a été déposée.

Lorsqu'une notification au sens de l'article 4 n'est pas requise, le délai fixé à l'article 10, paragraphe 1, pendant lequel la procédure peut être ouverte court à compter du jour ouvrable suivant celui où la Commission informe les entreprises concernées qu'elle a décidé d'examiner la concentration en vertu du paragraphe 3.

5. La Commission peut informer un ou plusieurs États membres qu'elle considère qu'une concentration répond aux critères énoncés au paragraphe 1. Dans ce cas, elle peut inviter ce ou ces États membres à présenter une demande sur la base du paragraphe 1.

Art. 23. – *Dispositions d'application.* – 1. La Commission est autorisée à arrêter, conformément à la procédure visée au paragraphe 2 :

a) des dispositions d'application concernant la forme, la teneur et les autres modalités de notifications et mémoires présentés en application de l'article 4 ;

b) des dispositions d'application concernant les délais prévus à l'article 4, paragraphes 4 et 5, ainsi qu'aux articles 7, 9, 10 et 22 ;

c) la procédure et les délais pour la présentation et l'exécution des engagements en application de l'article 6, paragraphe 2, et de l'article 8, paragraphe 2 ;

d) des dispositions d'application concernant les auditions visées à l'article 18.

2. La Commission est assistée d'un comité consultatif composé des représentants des États membres.

a) Avant de publier le projet de dispositions d'application et avant d'adopter ces dispositions, la Commission consulte le comité consultatif.

b) La consultation a lieu lors d'une réunion convoquée à l'invitation de la Commission et présidée par celle-ci. Le texte du projet de dispositions d'application à adopter est transmis avec l'invitation. La réunion se déroule au plus tôt dix jours ouvrables après l'envoi de l'invitation.

c) Le comité consultatif rend un avis sur le projet de dispositions d'application, en procédant à un vote si nécessaire. La Commission tient le plus grand compte de l'avis rendu par le comité.

Art. 24. – *Relations avec les pays tiers.* – 1. Les États membres informent la Commission des difficultés d'ordre général que rencontrent leurs entreprises dans leurs concentrations définies à l'article 3 dans un pays tiers.

2. La Commission établit, pour la première fois un an au plus tard après l'entrée en vigueur du présent règlement et ensuite périodiquement, un rapport examinant le traitement réservé aux entreprises ayant leur siège ou leurs principaux domaines d'activité dans la Communauté, au sens des paragraphes 3 et 4, en ce qui concerne les concentrations dans les pays tiers. La Commission transmet ces rapports au Conseil, le cas échéant assortis de recommandations.

3. Lorsque la Commission constate, soit sur la base des rapports mentionnés au paragraphe 2, soit sur la base d'autres informations, qu'un pays tiers n'accorde pas aux entreprises, ayant leur siège ou leurs principaux domaines d'activité dans la Communauté, un traitement comparable à celui qu'offre la Communauté aux entreprises de ce pays tiers, elle peut soumettre des propositions au Conseil en vue d'obtenir un mandat de négociation approprié pour obtenir des possibilités de traitement comparables pour les entreprises ayant leur siège ou leurs principaux domaines d'activité dans la Communauté.

4. Les mesures prises au titre du présent article devront être conformes aux obligations qui incombent à la Communauté ou aux États membres, sans préjudice de l'article 307 du traité, en vertu d'accords internationaux, tant bilatéraux que multilatéraux.

Art. 25. – *Dispositions abrogatoires.* – 1. Sans préjudice de l'article 26, paragraphe 2, les règlements (CEE) n° 4064/89 et (CE) n° 1310/97 sont abrogés avec effet au 1er mai 2004.

2. Les références aux règlements abrogés s'entendent comme faites au présent règlement et sont à lire selon le tableau de correspondance figurant à l'annexe.

Art. 26. – *Entrée en vigueur et dispositions transitoires.* – 1. Le présent règlement entre en vigueur le vingtième jour suivant celui de sa publication au *Journal officiel de l'Union européenne*.

Il est applicable à partir du 1er mai 2004.

2. Le règlement (CEE) n° 4064/89 reste applicable à toute concentration qui a fait l'objet d'un accord ou d'une annonce ou pour laquelle le contrôle a été acquis au sens de l'article 4, paragraphe 1, de ce règlement avant la date d'application du présent règlement, sous réserve, notamment, des dispositions en matière d'applicabilité fixées à l'article 25, paragraphes 2 et 3, du règlement (CEE) n° 4064/89 et à l'article 2 du règlement (CE) n° 1310/97.

3. En ce qui concerne les concentrations auxquelles le présent règlement s'applique du fait de l'adhésion, la date de l'adhésion remplace la date d'application du présent règlement.

Le présent règlement est obligatoire dans tous ses éléments et directement applicable dans tout État membre.

Fait à Bruxelles, le 20 janvier 2004.

(Annexe. – Tableau de correspondance [V. *JOUE* n° L 24, 29 janv. 2004]).

LIVRE CINQUIÈME. – DROIT FISCAL

5.1. – DE L'IMPOSITION DES BÉNÉFICES

Bibliographie : M. Cozian, Fl. Deboissy et M. Chadefaux, *Précis de fiscalité des entreprises*, LexisNexis, 42e éd. 2018/2019.

5.1.1. – Groupements relevant de l'impôt sur le revenu

Code général des impôts

Art. 8. – Sous réserve des dispositions de l'article 6, les associés des sociétés en nom collectif et les commandités des sociétés en commandite simple sont, lorsque ces sociétés n'ont pas opté pour le régime fiscal des sociétés de capitaux, personnellement soumis à l'impôt sur le revenu pour la part de bénéfices sociaux correspondant à leurs droits dans la société. En cas de démembrement de la propriété de tout ou partie des parts sociales, l'usufruitier est soumis à l'impôt sur le revenu pour la quote-part correspondant aux droits dans les bénéfices que lui confère sa qualité d'usufruitier. Le nu-propriétaire n'est pas soumis à l'impôt sur le revenu à raison du résultat imposé au nom de l'usufruitier.

Il en est de même, sous les mêmes conditions :

1° *(D. cod. n° 2012-653, 4 mai 2012)* des membres des sociétés civiles qui ne revêtent pas, en droit ou en fait, l'une des formes de sociétés visées au 1 de l'article 206 et qui, sous réserve des exceptions prévues à l'article 239 *ter*, ne se livrent pas à une exploitation ou à des opérations visées aux articles 34 et 35 ;

2° des membres des sociétés en participation – y compris les syndicats financiers – qui sont indéfiniment responsables et dont les noms et adresses ont été indiqués à l'Administration ;

3° *(D. cod. n° 2012-653, 4 mai 2012)* des membres des sociétés à responsabilité limitée qui ont opté pour le régime fiscal des sociétés de personnes dans les conditions prévues au IV de l'article 3 du décret n° 55-594 du 20 mai 1955 modifié ou dans celles prévues par l'article 239 *bis* AA ;

4° de l'associé unique d'une société à responsabilité limitée lorsque cet associé est une personne physique ;

5° *(Rempl., L. n° 2006-11, 5 janv. 2006)* de l'associé unique ou des associés d'une exploitation agricole à responsabilité limitée ;

6° *(L. n° 2008-776, 4 août 2008)* Des membres des sociétés anonymes, des sociétés par actions simplifiées et des sociétés à responsabilité limitée qui ont opté pour le régime fiscal des sociétés de personnes dans les conditions prévues par l'article 239 *bis* AB.

7° *(L. fin. rect. n° 2011-1978, 28 déc. 2011)* Nonobstant les dispositions du 1°, des membres des sociétés interprofessionnelles de soins ambulatoires mentionnées à l'article L. 4041-1 du Code de la santé publique.

Art. 8 *bis*. – Les associés ou actionnaires des sociétés visées à l'article 1655 *ter* sont personnellement soumis à l'impôt sur le revenu pour la part des revenus sociaux correspondant à leurs droits dans la société.

Art. 8 *ter*. – Les associés des sociétés civiles professionnelles constituées pour l'exercice en commun de la profession de leurs membres et fonctionnant conformément aux dispositions de la loi n° 66-879 du 29 novembre 1966 modifiée sont personnellement soumis à l'impôt sur le revenu pour la part des bénéfices sociaux qui leur est attribuée même lorsque ces sociétés ont adopté le statut de coopérative.

Art. 8 *quater* *(Mod., D. n° 2012-653, 4 mai 2012)*. – Chaque membre des copropriétés de navires régies par les articles L. 5114-30 à L. 5114-50 du Code des transports est personnellement soumis à l'impôt sur le revenu à raison de la part correspondant à ses droits dans les résultats déclarés par la copropriété.

Art. 8 *quinquies*. – Chaque membre des copropriétés de cheval de course ou d'étalon qui respectent les conditions mentionnées à l'article 238 *bis* M est personnellement soumis à l'impôt sur le revenu à raison de la part correspondant à ses droits dans les résultats déclarés par la copropriété.

Pour l'application de ces dispositions, les statuts et les modalités de fonctionnement des copropriétés d'étalon doivent être conformes à des statuts types approuvés par décret.

5.1.2. – Groupements relevant de l'impôt sur les sociétés

Code général des impôts

Art. 206 *(Mod., L. n° 2008-776, 4 août 2008 ; L. n° 2016-1918, 29 déc. 2016 ; L. n° 2017-1837, 30 déc. 2017 ; D. n° 2018-500, 20 juin 2018)*. – 1. Sous réserve des dispositions des articles 8 *ter*, 239 *bis* AA, 239 *bis* AB et 1655 *ter*, sont passibles de l'impôt sur les sociétés, quel que soit leur objet, les sociétés anonymes, les sociétés en commandite par actions, les sociétés à responsabilité limitée n'ayant pas opté pour le régime fiscal des sociétés de personnes dans les conditions prévues au IV de l'article 3 du décret n° 55-594 du 20 mai 1955 modifié, les sociétés coopératives et leurs unions ainsi que, sous réserve des dispositions des 6° et 6° *bis* du 1 de l'article 207, les établissements publics, les organismes de l'État jouissant de l'autonomie financière, les organismes des départements et des communes et toutes autres personnes morales se livrant à une exploitation ou à des opérations de caractère lucratif.

1 *bis*. Toutefois, ne sont pas passibles de l'impôt sur les sociétés prévu au 1 les associations régies par la loi du 1er juillet 1901, les associations régies par la loi locale maintenue en vigueur dans les départements de la Moselle, du Bas-Rhin et du Haut-Rhin, les syndicats régis par les articles L. 2131-1 à L. 2136-2 du Code du travail, les fondations reconnues d'utilité publique, les fondations d'entreprise, les fonds de dotation et les congrégations, dont la gestion est désintéressée, lorsque leurs activités non lucratives restent significativement prépondérantes et le montant de leurs recettes d'exploitation encaissées au cours de l'année civile au titre de leurs activités lucratives n'excède pas 62 250 €. Cette limite est indexée, chaque année, sur la prévision de l'indice des prix à la consommation, hors tabac, retenue dans le projet de loi de finances de l'année. Sont réputées lucratives les activités de gestion et de capitalisation, par les fonds de dotation, de dons, droits et legs dont les fruits sont versés à des organismes autres que ceux mentionnés au présent alinéa ou à des organismes publics pour l'exercice d'activités lucratives.

Les organismes mentionnés au premier alinéa deviennent passibles de l'impôt sur les sociétés prévu au 1 à compter du 1er janvier de l'année au cours de laquelle l'une des trois conditions prévues à l'alinéa précité n'est plus remplie.

Les organismes mentionnés au premier alinéa sont assujettis à l'impôt sur les sociétés prévu au 1 en raison des résultats de leurs activités financières lucratives et de leurs participations.

2. Sous réserve des dispositions de l'article 239 *ter*, les sociétés civiles sont également passibles dudit impôt, même lorsqu'elles ne revêtent pas l'une des formes visées au 1, si elles se livrent à une exploitation ou à des opérations visées aux articles 34 et 35.

Toutefois, les sociétés civiles dont l'activité principale entre dans le champ d'application de l'article 63 peuvent bénéficier des dispositions de l'article 75 lorsqu'elles sont soumises à un régime réel d'imposition. Celles relevant du régime prévu à l'article 64 *bis* ne sont pas passibles de l'impôt visé au 1 lorsque les activités accessoires visées aux articles 34 et 35 qu'elles peuvent réaliser n'excèdent pas les seuils fixés à l'article 75 : les bénéfices résultant de ces activités sont alors déterminés et imposés d'après les règles qui leur sont propres.

3. Sont soumis à l'impôt sur les sociétés s'ils optent pour leur assujettissement à cet impôt dans les conditions prévues à l'article 239 :

a. Les sociétés en nom collectif ;

b. Les sociétés civiles mentionnées au 1° de l'article 8 ;

c. Les sociétés en commandite simple ;

d. Les sociétés en participation ;

e. Les sociétés à responsabilité limitée dont l'associé unique est une personne physique ;

f. Les exploitations agricoles à responsabilité limitée mentionnées au 5° de l'article 8 ;

g. Les groupements d'intérêt public mentionnés à l'article 239 *quater* B ;

h. Les sociétés civiles professionnelles visées à l'article 8 *ter* ;

i. Les groupements de coopération sanitaire et les groupements de coopération sociale et médico-sociale mentionnés à l'article 239 *quater* D ;

j. Les sociétés interprofessionnelles de soins ambulatoires mentionnées au 7° de l'article 8.

Cette option entraîne l'application auxdites sociétés et auxdits groupements, sous réserve des exceptions prévues par le présent code, de l'ensemble des dispositions auxquelles sont soumises les personnes morales visées au 1.

4. Même à défaut d'option, l'impôt sur les sociétés s'applique, sous réserve des dispositions de l'article 1655 *ter*, dans les sociétés en commandite simple et dans les sociétés en participation, y compris les syndicats financiers, à la part de bénéfices correspondant aux droits des commanditaires et à ceux des associés autres que ceux indéfiniment responsables ou dont les noms et adresses n'ont pas été indiqués à l'administration.

5. Sous réserve des exonérations prévues aux articles 1382 et 1394, les établissements publics, autres que les établissements scientifiques, d'enseignement et d'assistance, ainsi que les associations et collectivités non soumis à l'impôt sur les sociétés en vertu d'une autre disposition, à l'exception, d'une part, des fondations reconnues d'utilité publique et, d'autre part, des fonds de dotation dont les statuts ne prévoient pas la possibilité de consommer leur dotation en capital, sont assujettis audit impôt en raison des revenus patrimoniaux qui ne se rattachent pas à leurs activités lucratives.

Sont qualifiés de revenus patrimoniaux :

a. Les revenus de la location des immeubles bâtis et non bâtis dont ils sont propriétaires, et de ceux auxquels ils ont vocation en qualité de membres de sociétés immobilières de copropriété visées à l'article 1655 *ter* ;

b. Les revenus de l'exploitation des propriétés agricoles ou forestières ;

c. les revenus de capitaux mobiliers dont ils disposent, lorsque ces revenus n'entrent pas dans le champ d'application de la retenue à la source visée à l'article 119 *bis* ; ces revenus sont comptés dans le revenu imposable pour leur montant brut ;

d. *(Abr. à compter des exercices clos à compter du 31 décembre 2009)* ;

e. *(Abr. à compter des exercices clos à compter du 31 décembre 2009)*.

5 *bis*. Les associations intermédiaires conventionnées, mentionnées à l'article L. 5132-7 du Code du travail dont la gestion est désintéressée et les associations de services aux personnes, agréées en application de l'article L. 7232-1 du même code ou autorisées en application de l'article L. 313-1 du Code de l'action sociale et des familles sont soumises à l'impôt sur les sociétés dans les conditions prévues au 5.

5 *ter*. *(Transféré au VIII de l'article 209)*.

6. 1° L'organe central du crédit agricole, les caisses régionales de crédit agricole mutuel mentionnées à l'article L. 512-21 du Code monétaire et financier et les caisses locales de crédit agricole mutuel affiliées à ces dernières sont assujetties à l'impôt sur les sociétés dans les conditions de droit commun.

2° Lorsqu'elles n'exercent aucune activité bancaire pour leur propre compte ou aucune activité rémunérée d'intermédiaire financier, les caisses locales mentionnées au 1° sont redevables de l'impôt sur les sociétés dans les conditions prévues au 5 et à l'article 219 *bis*.

3° Un décret en Conseil d'État fixe les modalités d'application du présent 6, notamment les dispositions transitoires qui seraient nécessaires en raison de la modification du régime fiscal applicable aux organismes mentionnés au 1°.

7. Les caisses de crédit mutuel mentionnées à l'article L. 512-55 du Code monétaire et financier sont assujetties à l'impôt sur les sociétés dans les conditions de droit commun.

Un décret en Conseil d'État fixe, en tant que de besoin, les conditions d'application de cette disposition.

8. *(Disposition devenue sans objet)*.

9. Les caisses de crédit mutuel agricole et rural affiliées à la fédération centrale du crédit mutuel agricole et rural visée à l'article L. 511-30 du Code monétaire et financier sont assujetties à l'impôt sur les sociétés dans les conditions de droit commun.

Un décret fixe les conditions d'application du présent 9.

10. Les caisses d'épargne et de prévoyance et les caisses de crédit municipal sont assujetties à l'impôt sur les sociétés ;

11. *(Abr. à compter de la date d'entrée en vigueur de la loi n° 2002-73 du 17 janvier 2002)*.

....

5.1.3. – Option entre le régime des sociétés de capitaux ou le régime des sociétés de personnes

5.1.3.1. – Option pour le régime des sociétés de capitaux

Code général des impôts

Art. 239 *(Mod., L. n° 99-1173, 30 déc. 1999 ; L. n° 2018-1317, 28 déc. 2018).* – 1. Les sociétés et groupements mentionnés au 3 de l'article 206 peuvent opter, dans des conditions qui sont fixées par arrêté ministériel, pour le régime applicable aux sociétés de capitaux. Dans ce cas, l'impôt sur le revenu dû par les associés en nom, commandités, coparticipants, l'associé unique de société à responsabilité limitée et les associés d'exploitations agricoles est établi suivant les règles prévues aux articles 62 et 162.

L'option doit être notifiée avant la fin du troisième mois de l'exercice au titre duquel l'entreprise souhaite être soumise pour la première fois à l'impôt sur les sociétés. Toutefois, en cas de transformation d'une société de capitaux en une des formes de société mentionnées au 3 de l'article 206 ou en cas de réunion de toutes les parts d'une société à responsabilité limitée entre les mains d'une personne physique, l'option peut être notifiée avant la fin du troisième mois qui suit cette transformation ou cette réunion pour prendre effet à la même date que celle-ci.

Les sociétés et groupements mentionnés au premier alinéa du présent 1 qui désirent renoncer à leur option pour le régime des sociétés de capitaux notifient leur choix à l'administration avant la fin du mois précédant la date limite de versement du premier acompte d'impôt sur les sociétés de l'exercice au titre duquel s'applique la renonciation à l'option. En cas de renonciation à l'option, les sociétés et groupements ne peuvent plus opter à nouveau pour le régime des sociétés de capitaux. En l'absence de renonciation avant la fin du mois précédant la date limite de versement du premier acompte d'impôt sur les sociétés du cinquième exercice suivant celui au titre duquel l'option a été exercée, l'option devient irrévocable.

Les dispositions du présent 1 ne sont pas applicables :

a. aux sociétés immobilières de copropriété visées à l'article 1655 *ter* ;

b. aux sociétés de personnes issues de la transformation de sociétés de capitaux intervenue depuis moins de quinze ans lorsqu'elles n'ont pas exercé l'option lors de cette transformation, dans le délai mentionné au deuxième alinéa ;

c. aux sociétés civiles mentionnées aux articles 238 *ter*, 239 *ter*, 239 *quater* A et 239 *septies*.

2. *(Disposition périmée).*

3. Les sociétés de personnes qui ont opté avant le 1er janvier 1981 pour l'imposition selon le régime fiscal des sociétés de capitaux mentionné au 1 et exerçant une activité industrielle, commerciale ou artisanale peuvent renoncer à leur option si elles sont formées entre personnes parentes en ligne directe ou entre frères et soeurs, ainsi que les conjoints. La renonciation ne peut être effectuée qu'avec l'accord de tous les associés.

5.1.3.2. – Option pour le régime des sociétés de personnes

Code général des impôts

Art. 239 *bis* AA. – Les sociétés à responsabilité limitée exerçant une activité industrielle, commerciale, artisanale ou agricole, et formées uniquement entre personnes parentes en ligne directe ou entre frères et sœurs, ainsi que les conjoints et les partenaires liés par un pacte civil de solidarité défini à l'article 515-1 du Code civil, peuvent opter pour le régime fiscal des sociétés de personnes mentionné à l'article 8. L'option ne peut être exercée qu'avec l'accord de tous les associés. Elle cesse de produire ses effets dès que des personnes autres que celles prévues dans le présent article deviennent associées.

Art. 239 *bis* AB *(L. n° 2008-776, 4 août 2008 ; mod., L. n° 2015-1785, 29 déc. 2015 ; mod., L. n° 2019-486, 22 mai 2019).* – I. - Les sociétés anonymes, les sociétés par actions simplifiées et les sociétés à responsabilité limitée dont les titres ne sont pas admis aux négociations sur un marché d'instruments financiers, dont le capital et les droits de vote sont détenus à hauteur de 50 % au moins par une ou des personnes physiques et à hauteur de 34 % au moins par une ou plusieurs personnes ayant, au sein desdites sociétés, la qualité de président, directeur général, président du conseil de surveillance, membre du directoire ou gérant, ainsi que par les membres de leur foyer fiscal au sens de l'article 6, peuvent opter pour le régime fiscal des sociétés de personnes mentionné à l'article 8.

Pour la détermination des pourcentages mentionnés au premier alinéa, les participations de sociétés de capital-risque, des fonds communs de placement à risques, des fonds professionnels spécialisés relevant de l'article L. 214-37 du Code monétaire et financier dans sa rédaction antérieure à l'ordonnance n° 2013-676 du 25 juillet 2013 modifiant le cadre juridique de la gestion d'actifs, des fonds professionnels de capital investissement, des sociétés de libre partenariat, des sociétés de développement régional, des sociétés financières d'innovation et des sociétés unipersonnelles d'investissement à risque ou de structures équivalentes établies dans un autre État de la Communauté européenne ou dans un État ou territoire ayant conclu avec la France une convention fiscale qui contient une clause d'assistance administrative en vue de lutter contre la fraude ou l'évasion fiscale ne sont pas prises en compte à la condition qu'il n'existe pas de lien de dépendance au sens du 12 de l'article 39 entre la société en cause et ces sociétés, fonds ou structures équivalentes.

Pour l'application du 1° du II de l'article 163 *quinquies* B, du 1 du I de l'article 208 D, du premier alinéa du I de l'article L. 214-30 et du premier alinéa du I de l'article L. 214-31 du Code monétaire et financier et du troisième alinéa du 1° de l'article 1er-1 de la loi n° 85-695 du 11 juillet 1985 portant diverses dispositions d'ordre économique et financier, les sociétés ayant exercé l'option prévue au I sont réputées soumises à l'impôt sur les sociétés dans les conditions de droit commun au taux normal.

II. – L'option prévue au I est subordonnée au respect des conditions suivantes :

1° La société exerce à titre principal une activité industrielle, commerciale, artisanale, agricole ou libérale, à l'exclusion de la gestion de son propre patrimoine mobilier ou immobilier ;

2° La société emploie moins de cinquante salariés et a réalisé un chiffre d'affaires annuel ou a un total de bilan inférieur à 10 millions d'euros au cours de l'exercice ;

3° La société est créée depuis moins de cinq ans.

La condition relative à l'effectif salarié mentionnée au 2° du présent II est appréciée selon les modalités prévues au I de l'article L. 130-1 du Code de la sécurité sociale. En cas de dépassement du seuil d'effectif salarié déterminé selon les modalités prévues au II du même article L. 130-1, l'article 206 du présent code devient applicable à la société.

Les conditions mentionnées aux 1° et 2° du présent II, autres que celle relative à l'effectif salarié, ainsi que la condition de détention du capital mentionnée au I s'apprécient de manière continue au cours des exercices couverts par l'option. Lorsque l'une de ces conditions n'est plus respectée au cours de l'un de ces exercices, l'article 206 est applicable à la société, à compter de ce même exercice.

La condition mentionnée au 3° du présent II s'apprécie à la date d'ouverture du premier exercice d'application de l'option.

III. – L'option ne peut être exercée qu'avec l'accord de tous les associés, à l'exclusion des associés mentionnés au deuxième alinéa du I. Elle doit être notifiée au service des impôts auprès duquel est souscrite la déclaration de résultats dans les trois premiers mois du premier exercice au titre duquel elle s'applique.

Elle est valable pour une période de cinq exercices, sauf renonciation notifiée dans les trois premiers mois de la date d'ouverture de l'exercice à compter duquel la renonciation s'applique.

En cas de sortie anticipée du régime fiscal des sociétés de personnes, quel qu'en soit le motif, la société ne peut plus opter à nouveau pour ce régime en application du présent article.

NB : Conformément au III B de l'article 12 de la loi n° 2019-486 du 22 mai 2019, ces dispositions s'appliquent aux exercices ouverts à compter du 1er janvier 2019.

5.2. – DU RÉGIME FISCAL DES DROITS SOCIAUX

5.2.1. – Droits de mutation à titre onéreux

Code général des impôts

Art. 726 *(Mod., L. n° 2003-721, 1er août 2003 ; L. n° 2004-1485, 30 déc. 2004 ; L. n° 2006-1770, 30 déc. 2006 ; L. n° 2008-776, 4 août 2008 ; L. fin. rect. n° 2011-1117, 19 sept. 2011 ; L. fin.*

n° 2011-1977, 28 déc. 2011 ; L. fin. rect. n° 2012-354, 14 mars 2012 ; L. fin. rect. 2014-891, 8 août 2014). – I. – Les cessions de droits sociaux sont soumises à un droit d'enregistrement dont le taux est fixé :

1° À 0,1 % :

– pour les actes portant cessions d'actions, de parts de fondateurs ou de parts bénéficiaires des sociétés par actions négociées sur un marché réglementé d'instruments financiers au sens de l'article L. 421-1 du Code monétaire et financier ou sur un système multilatéral de négociation au sens de l'article L. 424-1 du même Code ;

– pour les cessions, autres que celles soumises au taux visé au 2°, d'actions, de parts de fondateurs ou de parts bénéficiaires des sociétés par actions non négociées sur un marché réglementé d'instruments financiers au sens de l'article L. 421-1 du Code monétaire et financier ou sur un système multilatéral de négociation au sens de l'article L. 424-1 du même code, et de parts ou titres du capital, souscrits par les clients, des établissements de crédit mutualistes ou coopératifs.

Lorsque les cessions mentionnées aux deuxième et troisième alinéas du présent 1° s'opèrent par acte passé à l'étranger et qu'elles portent sur des actions ou parts de sociétés ayant leur siège en France, ces cessions sont soumises au droit d'enregistrement dans les conditions prévues au présent 1°, sauf imputation, le cas échéant, d'un crédit d'impôt égal au montant des droits d'enregistrement effectivement acquittés dans l'État d'immatriculation ou l'État de résidence de chacune des personnes concernées, conformément à la législation de cet État et dans le cadre d'une formalité obligatoire d'enregistrement de chacune de ces cessions. Ce crédit d'impôt est imputable sur l'impôt français afférent à chacune de ces cessions, dans la limite de cet impôt.

1° *bis* À 3 % :

– pour les cessions, autres que celles soumises au taux mentionné au 2°, de parts sociales dans les sociétés dont le capital n'est pas divisé en actions. Dans ce cas, il est appliqué sur la valeur de chaque part sociale un abattement égal au rapport entre la somme de 23 000 € et le nombre total de parts sociales de la société ;

2° À 5 % :

– pour les cessions de participations dans des personnes morales à prépondérance immobilière.

Est à prépondérance immobilière la personne morale, quelle que soit sa nationalité, dont les droits sociaux ne sont pas négociés sur un marché réglementé d'instruments financiers au sens de l'article L. 421-1 du Code monétaire et financier ou sur un système multilatéral de négociation au sens de l'article L. 424-1 du même code et dont l'actif est, ou a été au cours de l'année précédant la cession des participations en cause, principalement constitué d'immeubles ou de droits immobiliers situés en France ou de participations dans des personnes morales, quelle que soit leur nationalité, dont les droits sociaux ne sont pas négociés sur un marché réglementé d'instruments financiers au sens de l'article L. 421-1 du Code monétaire et financier ou sur un système multilatéral de négociation au sens de l'article L. 424-1 du même code et elles-mêmes à prépondérance immobilière. Toutefois, les organismes d'habitations à loyer modéré et les sociétés d'économie mixte exerçant une activité de construction ou de gestion de logements sociaux ne sont pas considérés comme des personnes morales à prépondérance immobilière.

Lorsque les cessions de ces participations sont réalisées à l'étranger, elles doivent être constatées dans le délai d'un mois par un acte reçu en la forme authentique par un notaire exerçant en France.

I *bis*. – *(Abrogé)*.

II. – Le droit d'enregistrement prévu au I est assis sur le prix exprimé et le capital des charges qui peuvent ajouter au prix ou sur une estimation des parties si la valeur réelle est supérieure au prix augmenté des charges.

Toutefois, ce droit n'est pas applicable aux acquisitions de droits sociaux effectuées par une société créée en vue de racheter une autre société dans les conditions prévues aux articles 220 *quater* ou 220 *quater* A. Lorsque le rachat a été soumis à l'accord du ministre chargé des finances, prévu à l'article 220 *quater* B, le bénéfice des présentes dispositions est subordonné à cet accord. Cet avantage n'est plus applicable à compter de l'année au cours de laquelle l'une des conditions prévues à l'article 220 *quater* A cesse d'être satisfaite.

Les perceptions mentionnées au I ne sont pas applicables aux cessions de droits sociaux résultant d'opérations de pensions régies par les articles L. 211-27 à L. 211-34 du Code monétaire et financier.

Les perceptions mentionnées aux 1° et 1° *bis* du I ne sont pas applicables :

a) aux acquisitions de droits sociaux réalisées dans le cadre du rachat de ses propres titres par une société destinés à être cédés aux adhérents d'un plan d'épargne d'entreprise dans le cadre du titre III du livre III de la troisième partie du Code du travail ou d'une augmentation de capital, à l'exception des rachats d'actions effectués dans les conditions prévues à l'article L. 225-209-2 du Code de commerce ;

b) aux acquisitions de droits sociaux de sociétés placées sous procédure de sauvegarde ou en redressement judiciaire ;

c) aux acquisitions de droits sociaux entre sociétés membres du même groupe, au sens de l'article L. 233-3 du Code de commerce, au moment de l'acquisition de droits concernée, aux acquisitions de droits entre sociétés du même groupe, au sens de l'article 223 A ou de l'article 223 A *bis* du présent code, et aux acquisitions intervenant dans les conditions prévues aux articles 210 A, 210 B, 220 *quater*, 220 *quater* A et 220 *quater* B ;

d) aux opérations taxées au titre de l'article 235 *ter* ZD.

III. – *(Abrogé).*

II. – Régimes spéciaux

Art. 727. – I. – 1° Lorsqu'elles interviennent dans les trois ans de la réalisation définitive de l'apport fait à la société, les cessions de parts sociales, dans les sociétés dont le capital n'est pas divisé en actions, sont considérées, au point de vue fiscal, comme ayant pour objet les biens en nature représentés par les titres cédés.

2° Pour la perception de l'impôt, chaque élément d'apport est évalué distinctement, avec indication des numéros des parts attribuées en rémunération à chacun d'eux. À défaut de ces évaluations et indications, les droits sont perçus au tarif immobilier.

3° Les dispositions qui précèdent sont applicables aux cessions d'actions d'apport et de parts de fondateur effectuées pendant la période de non-négociabilité.

4° Dans tous les cas où une cession de parts ou d'actions a donné lieu à la perception du droit de mutation en vertu du présent article, l'attribution pure et simple, à la dissolution de la société, des biens représentés par les titres cédés ne donne ouverture au droit de mutation que si elle est faite à un autre que le cessionnaire.

II. – Les dispositions du I ne sont pas applicables aux cessions d'actions ou de parts émises par des personnes morales passibles de l'impôt sur les sociétés.

Art. 728. – Sans préjudice des dispositions de l'article 1655 *ter*, les cessions d'actions ou de parts conférant à leurs possesseurs le droit à la jouissance d'immeubles ou de fractions d'immeubles sont réputées avoir pour objet lesdits immeubles ou fractions d'immeubles pour la perception des droits d'enregistrement.

Art. 729. – Les conventions qui portent sur des parts ou actions et qui sont considérées au regard des droits d'enregistrement comme translatives à titre onéreux de propriété immobilière en vertu des articles 727, 728 et 1655 *ter* sont soumises à ces droits selon le tarif prévu en ce qui concerne les mutations à titre onéreux d'immeubles ou de droits immobiliers qui donnent lieu au paiement de la taxe de publicité foncière.

Art. 730 *(Mod., L. n° 2004-1485, 30 déc. 2004).* – Les cessions de droits sociaux visées au *(Rempl., L. fin. rect. n° 2010-237, 9 mars 2010)* « I » de l'article 257 qui donnent lieu au paiement de la taxe sur la valeur ajoutée donnent lieu à la perception d'un droit d'enregistrement de 125 €.

Art. 730 *bis*. – Les cessions de gré à gré de parts de groupements agricoles d'exploitation en commun, d'exploitations agricoles à responsabilité limitée mentionnées au 5° de l'article 8 et de toutes sociétés civiles à objet principalement agricole, même non exploitantes, sont enregistrées au droit fixe de 125 €.

Art. 730 *ter* *(Mod., L. n° 2004-1485, 30 déc. 2004).* – Les cessions de parts de groupements fonciers agricoles, de groupements fonciers ruraux et de groupements forestiers représentatives d'apports de biens indivis sont soumises à un droit d'enregistrement de 2,50 % *(Rempl., L. fin. rect. n° 2011-900, 29 juill. 2011)* lorsqu'elles interviennent entre les apporteurs desdits biens, leurs conjoints survivants ou leurs ayants droit à titre gratuit, dès lors que ces apporteurs étaient parents ou alliés jusqu'au quatrième degré inclus.

Art. 730 *quater* *(Mod., Ord. n° 2013-676, 25 juill. 2013 ; L. n° 2015-990, 6 août 2015).* – Les cessions de parts de fonds communs de placement à risques, de fonds professionnels spécialisés relevant de l'article L. 214-37 du Code monétaire et financier dans sa rédaction antérieure à l'ordonnance n° 2013-676 du 25 juillet 2013 modifiant le cadre juridique de la gestion d'actifs, de fonds professionnels de capital investissement et de sociétés de libre partenariat n'entraînent l'exigibilité d'aucun droit d'enregistrement.

Art. 730 *quinquies* *(L. n° 2005-1720, 30 déc. 2005 ; mod., Ord. n° 2013-676, 25 juill. 2013)*. – Les cessions de parts ou actions des organismes de placement collectif immobilier et des organismes professionnels de placement collectif immobilier sont exonérées de droit d'enregistrement sauf :

a) Lorsque l'acquéreur détient ou détiendra suite à son acquisition plus de 10 % des parts ou actions de l'organisme de placement collectif immobilier ou de l'organisme professionnel de placement collectif immobilier, directement ou par l'intermédiaire de son conjoint ou de leurs ascendants ou descendants ou de leurs frères ou sœurs, ou indirectement par l'intermédiaire d'une ou plusieurs sociétés dont lui-même ou les personnes précitées détiendraient plus de 50 % des droits financiers et des droits de vote ;

b) Ou lorsque l'acquéreur, personne morale ou fonds, détient ou détiendra suite à son acquisition plus de 20 % des parts ou actions de l'organisme de placement collectif immobilier ou de l'organisme professionnel de placement collectif immobilier au sens de l'article L. 214-45 du Code monétaire et financier.

Dans les hypothèses mentionnées aux *a* et *b*, les cessions sont soumises à un droit d'enregistrement au taux fixé au 2° du I de l'article 726.

5.2.2. – Droits de mutation à titre gratuit (exonérations)

5.2.2.1. – Parts et actions de société transmises par décès ou entre vifs

Code général des impôts

Art. 787 B *(L. fin. rect. n° 2006-1771, 30 déc. 2006 ; mod., L. fin. rect. n° 2006-1771, 30 déc. 2006 ; L. fin. n° 2007-1822, 24 déc. 2007 ; L. fin. rect. n° 2007-1824, 25 déc. 2007 ; L. fin. n° 2008-1425, 27 déc. 2008 ; L. fin. n° 2009-1673, 30 déc. 2009 ; L. fin. rect. n° 2011-900, 29 juill. 2011 ; L. n° 2016-1918, 29 déc. 2016 ; L. n° 2017-1837, 30 déc. 2017 ; L. n° 2018-1317, 28 déc. 2018 ; L. n° 2019-486, 22 mai 2019)*. – Sont exonérées de droits de mutation à titre gratuit, à concurrence de 75 % de leur valeur, les parts ou les actions d'une société ayant une activité industrielle, commerciale, artisanale, agricole ou libérale transmises par décès, entre vifs ou, en pleine propriété, à un fonds de pérennité mentionné à l'article 177 de la loi n° 2019-486 du 22 mai 2019 relative à la croissance et la transformation des entreprises si les conditions suivantes sont réunies :

a. Les parts ou les actions mentionnées ci-dessus doivent faire l'objet d'un engagement collectif de conservation d'une durée minimale de deux ans en cours au jour de la transmission, qui a été pris par le défunt ou le donateur, pour lui et ses ayants cause à titre gratuit, avec d'autres associés. Le présent engagement peut être pris par une personne seule, pour elle et ses ayants cause à titre gratuit, sous les mêmes conditions ;

Lorsque les parts ou actions transmises par décès n'ont pas fait l'objet d'un engagement collectif de conservation, un ou des héritiers ou légataires peuvent entre eux ou avec d'autres associés conclure dans les six mois qui suivent la transmission l'engagement prévu au premier alinéa ;

b. 1. L'engagement collectif de conservation doit porter sur au moins 10 % des droits financiers et 20 % des droits de vote attachés aux titres émis par la société s'ils sont admis à la négociation sur un marché réglementé ou, à défaut, sur au moins 17 % des droits financiers et 34 % des droits de vote, y compris les parts ou actions transmises.

Ces pourcentages doivent être respectés tout au long de la durée de l'engagement collectif de conservation. Les associés de l'engagement collectif de conservation peuvent effectuer entre eux des cessions ou donations des titres soumis à l'engagement. Ils peuvent également admettre un nouvel associé dans l'engagement collectif à condition que cet engagement collectif soit reconduit pour une durée minimale de deux ans.

L'engagement collectif de conservation est opposable à l'administration à compter de la date de l'enregistrement de l'acte qui le constate. Dans le cas de titres admis à la négociation sur un marché réglementé, l'engagement collectif de conservation est soumis aux dispositions de l'article L. 233-11 du Code de commerce.

2. L'engagement collectif de conservation est réputé acquis lorsque les parts ou actions détenues depuis deux ans au moins, directement ou indirectement dans les conditions prévues au 3 du présent b, par une personne physique seule ou avec son conjoint, le partenaire avec lequel elle est liée par un pacte civil de solidarité ou son

concubin notoire atteignent les seuils prévus au premier alinéa du 1, sous réserve que cette personne ou son conjoint, le partenaire lié à elle par un pacte civil de solidarité ou son concubin notoire exerce depuis deux ans au moins dans la société concernée son activité professionnelle principale ou l'une des fonctions énumérées au 1° du 1 du III de l'article 975 lorsque la société est soumise à l'impôt sur les sociétés. En cas de détention indirecte, l'exonération partielle est accordée dans les proportions et sous les conditions prévues au 3 du présent b.

3. Pour le calcul des pourcentages prévus au premier alinéa du 1, il est tenu compte des titres détenus par une société possédant directement une participation dans la société dont les parts ou actions font l'objet de l'engagement collectif de conservation visé au a et auquel elle a souscrit.

La valeur des titres de cette société qui sont transmis bénéficie de l'exonération partielle à proportion de la valeur réelle de son actif brut qui correspond à la participation ayant fait l'objet de l'engagement collectif de conservation ;

L'exonération s'applique également lorsque la société détenue directement par le redevable possède une participation dans une société qui détient les titres de la société dont les parts ou actions font l'objet de l'engagement de conservation.

Dans cette hypothèse, l'exonération partielle est appliquée à la valeur des titres de la société détenus directement par le redevable, dans la limite de la fraction de la valeur réelle de l'actif brut de celle-ci représentative de la valeur de la participation indirecte ayant fait l'objet d'un engagement de conservation.

Le bénéfice de l'exonération partielle est subordonné à la condition que les participations soient conservées inchangées à chaque niveau d'interposition pendant toute la durée de l'engagement collectif. Toutefois, le bénéfice du régime de faveur n'est pas remis en cause en cas d'augmentation de la participation détenue par les sociétés interposées.

c. Chacun des héritiers, donataires ou légataires prend l'engagement dans la déclaration de succession ou l'acte de donation, pour lui et ses ayants cause à titre gratuit, de conserver les parts ou les actions transmises pendant une durée de quatre ans à compter de la date d'expiration du délai visé au a.

Le cas échéant, la société dont les titres sont transmis, qui possède directement ou indirectement dans les conditions prévues au 3 du b une participation dans la société dont les parts ou actions font l'objet de l'engagement collectif de conservation mentionné au a, doit conserver cette participation durant cette même période ;

d. L'un des associés mentionnés au a ou l'un des héritiers, donataires ou légataires mentionnés au c exerce effectivement dans la société dont les parts ou actions font l'objet de l'engagement collectif de conservation, pendant la durée de l'engagement prévu au a et pendant les trois années qui suivent la date de la transmission, son activité professionnelle principale si celle-ci est une société de personnes visée aux articles 8 et 8 *ter*, ou l'une des fonctions énumérées au 1° du 1 du III de l'article 975 lorsque celle-ci est soumise à l'impôt sur les sociétés, de plein droit ou sur option ;

d *bis*. Les parts ou actions ne sont pas inscrites sur un compte PME innovation mentionné à l'article L. 221-32-4 du Code monétaire et financier. Le non-respect de cette condition par l'un des signataires jusqu'au terme du délai mentionné au c entraîne la remise en cause de l'exonération partielle dont il a bénéficié ;

e. La déclaration de succession ou l'acte de donation doit être appuyée d'une attestation de la société dont les parts ou actions font l'objet de l'engagement collectif de conservation certifiant que les conditions prévues aux a et b ont été remplies jusqu'au jour de la transmission.

L'héritier, le donataire ou le légataire adresse, sur demande de l'administration et dans un délai de trois mois à compter de cette demande, une attestation, que la société dont les parts ou actions font l'objet des engagements de conservation mentionnés aux a et c lui transmet, certifiant que les conditions prévues aux a à d ont été respectées de manière continue depuis la date de la transmission.

Dans un délai de trois mois à compter du terme de l'engagement de conservation mentionné au c, l'héritier, le donataire ou le légataire adresse à l'administration une attestation, que la société lui transmet, certifiant que les conditions prévues aux a à d ont été respectées jusqu'à leur terme.

En cas de détention indirecte des parts ou actions faisant l'objet des engagements de conservation mentionnés aux a et c, chacune des sociétés composant la chaîne de participation transmet aux personnes soumises à ces engagements, dans les cas prévus aux deuxième et troisième alinéas du présent e, une attestation certifiant du respect, à son niveau, des obligations de conservation prévues aux a et c ;

e *bis*. En cas de non-respect de la condition prévue au a par l'un des signataires, l'exonération partielle n'est pas remise en cause à l'égard des signataires autres que le cédant si :

1° Soit les titres que ces autres signataires détiennent ensemble respectent la condition prévue au b et ceux-ci les conservent jusqu'au terme initialement prévu ;

2° Soit le cessionnaire s'associe à l'engagement collectif à raison des titres cédés afin que le pourcentage prévu au b demeure respecté. Dans ce cas, l'engagement collectif est reconduit pour une durée minimale de deux ans pour l'ensemble des signataires.

e *ter*. En cas de non-respect de la condition de conservation prévue au a, par l'un des héritiers, donataires ou légataires à la suite de la cession ou de la donation, à un autre associé de l'engagement mentionné au a d'une partie des parts ou actions qui lui ont été transmises à titre gratuit, l'exonération partielle n'est remise en cause pour le cédant ou le donateur qu'à hauteur des seules parts ou actions cédées ou données ;

f. En cas de non-respect des conditions prévues aux a et c par suite d'un apport partiellement rémunéré par la prise en charge d'une soulte consécutive à un partage ou d'un apport pur et simple de titres d'une société ayant une activité industrielle, commerciale, artisanale, agricole ou libérale à une société dont la valeur réelle de l'actif brut est, à l'issue de l'apport et jusqu'au terme des engagements de conservation mentionnés aux a et c, composée à plus de 50 % de participations dans la société soumises à ces engagements, l'exonération partielle n'est pas remise en cause si les conditions suivantes sont réunies :

1° Les trois-quarts au moins du capital et des droits de vote y afférents de la société bénéficiaire de l'apport sont, à l'issue de l'apport, détenus par les personnes soumises aux obligations de conservation prévues aux a et c. Cette société est dirigée directement par une ou plusieurs de ces personnes. Les conditions tenant à la composition de l'actif de la société, à la détention de son capital et à sa direction doivent être respectées à l'issue de l'opération d'apport et jusqu'au terme des engagements mentionnés aux a et c ;

2° La société bénéficiaire de l'apport prend l'engagement de conserver les titres apportés jusqu'au terme des engagements mentionnés aux a et c ;

3° Les personnes mentionnées au 1°, associées de la société bénéficiaire des apports, doivent conserver, pendant la durée mentionnée au 2°, les titres reçus en contrepartie de l'opération d'apport.

Le présent f s'applique également, sous les mêmes conditions, à l'apport de titres d'une société possédant directement une participation dans la société dont les parts ou actions font l'objet de l'engagement de conservation mentionné aux a ou c. Dans ce cas, à l'issue de l'apport et jusqu'au terme des engagements de conservation mentionnés aux a et c, la valeur réelle de l'actif brut de la société bénéficiaire de l'apport est composée à plus de 50 % de participations indirectes dans la société soumises aux obligations de conservation prévues aux a et c ;

g) En cas de non-respect des conditions prévues aux a ou b, par suite d'une fusion ou d'une scission au sens de l'article 817 A, d'une augmentation de capital ou d'une offre publique d'échange préalable à une fusion ou une scission dès lors que cette fusion ou cette scission est opérée dans l'année qui suit la clôture de l'offre publique d'échange, l'exonération partielle accordée lors d'une mutation à titre gratuit avant l'une de ces opérations n'est pas remise en cause si les signataires respectent l'engagement prévu au a jusqu'à son terme. Les titres reçus en contrepartie de ces opérations doivent être conservés jusqu'au même terme. De même, cette exonération n'est pas non plus remise en cause lorsque la condition prévue au b n'est pas respectée par suite d'une annulation des titres pour cause de pertes ou de liquidation judiciaire ;

h) En cas de non-respect de la condition prévue au c par suite d'une fusion ou d'une scission au sens de l'article 817 A, d'une augmentation de capital, ou d'une offre publique d'échange préalable à une fusion ou une scission dès lors que cette fusion ou cette scission est opérée dans l'année qui suit la clôture de l'offre publique d'échange, l'exonération partielle accordée lors de la mutation à titre gratuit n'est pas remise en cause si les titres reçus en contrepartie de ces opérations sont conservés par le signataire de l'engagement jusqu'à son terme.

De même, cette exonération n'est pas remise en cause lorsque la condition prévue aux b ou c n'est pas respectée par suite d'une annulation des titres pour cause de pertes ou de liquidation judiciaire ;

i) En cas de non-respect de la condition prévue au c par suite d'une donation, l'exonération partielle accordée au titre de la mutation à titre gratuit n'est pas remise en cause, à condition que le ou les donataires soient le ou les descendants du donateur et que le ou les donataires poursuivent l'engagement prévu au c jusqu'à son terme.

Les dispositions du présent article s'appliquent en cas de donation avec réserve d'usufruit à la condition que les droits de vote de l'usufruitier soient statutairement limités aux décisions concernant l'affectation des bénéfices.

Un décret en Conseil d'État détermine les modalités d'application du présent article, notamment les obligations déclaratives incombant aux redevables et aux sociétés.

NB : Conformément au II de l'article 40 e la loi n° 2018-1317 du 28 décembre 2018, ces dispositions s'appliquent à compter du 1er janvier 2019. Les dispositions du premier alinéa telles qu'elles résultent des deux derniers alinéas du a du 2° du I dudit article s'appliquent aux engagements collectifs souscrits à compter de cette même date.

Celles du quatrième alinéa résultant du b du même 2° s'appliquent aux engagements collectifs réputés acquis à compter de cette même date.

5.2.2.2. – Donations aux salariés

Code général des impôts

Art. 790 A. – *(Rempl., L. n° 2003-721, 1er août 2003 ; mod., L. n° 2008-776, 4 août 2008).* – **I. – Pour la liquidation des droits de mutation à titre gratuit, en cas de donation en pleine propriété de fonds artisanaux, de fonds de commerce, de fonds agricoles ou de clientèles d'une entreprise individuelle ou de parts ou actions d'une société, il est appliqué, sur option du donataire, un abattement de 300 000 € sur la valeur du fonds ou de la clientèle ou sur la fraction de la valeur des titres représentative du fonds ou de la clientèle, si les conditions suivantes sont réunies :**

a) **L'entreprise ou la société exerce une activité industrielle, commerciale, artisanale ou libérale ;**

b) **La donation est consentie aux personnes titulaires d'un contrat de travail à durée indéterminée depuis au moins deux ans et qui exercent leur fonction à temps plein ou d'un contrat d'apprentissage en cours au jour de la transmission, conclu avec l'entreprise dont le fonds de commerce ou la clientèle est transmis ou avec la société dont les parts ou actions sont transmises ;**

c) (Abr., L. n° 2008-776, 4 août 2008) ;

d) **Lorsqu'ils ont été acquis à titre onéreux, le fonds ou la clientèle mentionnés ci-dessus doivent avoir été détenus depuis plus de deux ans par le donateur ou la société ;**

e) **Lorsque la transmission porte sur des parts ou actions acquises à titre onéreux, celles-ci ont été détenues depuis plus de deux ans par le donateur ;**

f) **Les donataires poursuivent à titre d'activité professionnelle unique et de manière effective et continue pendant les cinq années qui suivent la date de la transmission l'exploitation du fonds ou de la clientèle transmis ou l'activité de la société dont les parts ou actions sont transmises et dont l'un d'eux assure, pendant la même période, la direction effective de l'entreprise. Dans le cas où l'entreprise fait l'objet d'une procédure de liquidation judiciaire prévue aux articles L. 622-1 et suivants du Code de commerce dans les cinq années qui suivent la date de la transmission, il n'est pas procédé à la déchéance du régime de faveur prévu au premier alinéa.**

II. – Lorsque les donataires ont exercé l'option prévue au I, le bénéfice de ses dispositions est exclusif de l'application de l'article 787 B sur la fraction de la valeur des parts représentative des biens autre que le fonds artisanal, le fonds de commerce ou la clientèle, et de l'article 787 C à raison de la donation à la même personne des biens autres que le fonds artisanal, le fonds de commerce ou la clientèle, affectés à l'exploitation de l'entreprise.

III. – Le I ne peut s'appliquer qu'une seule fois entre un même donateur et un même donataire.

5.2.2.3. – Parts de groupements forestiers et groupements fonciers agricoles

Code général des impôts

Art. 793 *(Mod., L. n° 2001-602, 9 juill. 2001 ; D. n° 2012-653, 4 mai 2012 ; L. n° 2013-403, 17 mai 2013 ; L. n° 2013-1278, 29 déc. 2013 ; L n° 2017-285, 6 mars 2017 ; L. n° 2017-348, 20 mars 2017).* – **Sont exonérés des droits de mutation à titre gratuit :**

1. 1° *(Périmé)* ;

2° *(Abrogé)* ;

3° les parts d'intérêts détenues dans un groupement forestier à concurrence des trois-quarts de la fraction de la valeur nette correspondant aux biens visés au *a* ci-après et les sommes déposées sur un compte d'investissement forestier et d'assurance prévu au chapitre II du titre V du livre III du Code forestier, à condition :

a. que l'acte constatant la donation ou la déclaration de la succession soit appuyé d'un certificat délivré sans frais par le directeur départemental des territoires ou le directeur départemental des territoires et de la mer attestant que :

les bois et forêts du groupement sont susceptibles de présenter une des garanties de gestion durable prévues aux articles L. 124-1 et L. 124-3 et à l'article L. 313-2 du Code forestier ;

les friches et landes appartenant au groupement sont susceptibles de reboisement et présentent une vocation forestière ;

les terrains pastoraux appartenant au groupement sont susceptibles d'un régime d'exploitation normale ;

b. que le groupement forestier prenne, selon le cas, l'un des engagements prévus au *b* du 2° du 2 et au *b* du 3 ;

Ce groupement doit s'engager en outre :

à reboiser ses friches et landes dans un délai de cinq ans à compter de la délivrance du certificat et à les soumettre ensuite au régime défini au *b* du 2° du 2 ;

à soumettre pendant trente ans ses terrains pastoraux à un régime d'exploitation normale ou, à défaut, à les reboiser ;

c. que les parts aient été détenues depuis plus de deux ans par le donateur ou le défunt, lorsqu'elles ont été acquises à titre onéreux à compter du 5 septembre 1979 ;

4° Les parts des groupements fonciers agricoles et celles des groupements agricoles fonciers, créés conformément à la loi n° 62-933 du 8 août 1962 et répondant aux diverses caractéristiques des articles L. 322-1 à L. 322-21 et L. 322-23 du Code rural et de la pêche maritime, à concurrence des trois-quarts de la fraction de la valeur nette des biens donnés à bail à long terme ou à bail cessible, sous réserve des dispositions de l'article 793 *bis*, à condition :

a) Que les statuts du groupement lui interdisent l'exploitation en faire-valoir direct ;

b) Que les immeubles à destination agricole constituant le patrimoine du groupement aient été donnés à bail à long terme dans les conditions prévues par les articles L. 416-1 à L. 416-6, L. 416-8 et L. 416-9 du Code rural et de la pêche maritime ou à bail cessible dans les conditions prévues par les articles L. 418-1 à L. 418-5 du Code rural et de la pêche maritime ;

c) Que les parts aient été détenues depuis deux ans au moins par le donateur ou le défunt.

Ce délai n'est pas exigé lorsque le donateur ou le défunt ont été parties au contrat de constitution du groupement foncier agricole et, à ce titre, ont effectué des apports constitués exclusivement par des immeubles ou des droits immobiliers à destination agricole.

L'exonération ne s'applique pas aux parts de groupements fonciers agricoles qui sont détenues par une société civile régie par la section III du chapitre IV du titre premier du livre II du Code monétaire et financier ou par une entreprise d'assurance ou de capitalisation.

Conformément aux dispositions de l'article L. 322-18 du Code rural et de la pêche maritime, le remboursement des avantages fiscaux prévus aux articles L. 322-1 à L. 322-24 du même code n'est pas dû lorsque la condition de parenté prévue à l'article L. 322-11 du code précité cesse d'être respectée à la suite de transmissions à titre gratuit.

Peuvent être étendues aux départements d'outre-mer dans des conditions fixées par décret en Conseil d'État, après avis des conseils départementaux desdits départements, les dispositions des articles L. 322-1 à L. 322-21 et L. 322-23 du Code rural et de la pêche maritime ;

5° les reversions de rentes viagères entre parents en ligne directe ;

6° la transmission par décès du bénéfice du contrat de travail à salaire différé dont la dévolution est régie par l'article L. 321-14 du Code rural et de la pêche maritime ;

2. 1° *(Abrogé)* ;

2° les successions et donations entre vifs, à concurrence des trois-quarts de leur montant, intéressant les propriétés en nature de bois et forêts, à la condition :

a. que l'acte constatant la donation ou la déclaration de succession soit appuyé d'un certificat délivré sans frais par le directeur départemental des territoires ou le directeur départemental des territoires et de la mer attestant que les bois et forêts sont susceptibles de présenter une des garanties de gestion durable prévues aux articles L. 124-1 à L. 124-4 et à l'article L. 313-2 du Code forestier ;

b. qu'il contienne l'engagement par l'héritier, le légataire ou le donataire, pris pour lui et ses ayants cause :

– soit d'appliquer pendant trente ans aux bois et forêts objets de la mutation l'une des garanties de gestion durable prévues aux articles L. 124-1 à L. 124-4 et à l'article L. 313-2 dudit code ;

– soit lorsque, au moment de la mutation, aucune garantie de gestion durable n'est appliquée aux bois et forêts en cause, de présenter dans le délai de trois ans à compter de la mutation et d'appliquer jusqu'à l'expiration du délai de trente ans précité une telle garantie. Dans cette situation, le bénéficiaire s'engage en outre à appliquer le régime d'exploitation normale prévu au décret du 28 juin 1930 aux bois et forêts pendant le délai nécessaire à la présentation de l'une des garanties de gestion durable.

En cas de transmission de bois et forêts à l'État ou aux collectivités et organismes mentionnés aux I et II de l'article 1042, l'engagement est réputé définitivement satisfait à concurrence d'une fraction de la valeur des biens exonérée déterminée par le rapport entre la superficie des biens objets de la transmission et la superficie totale des biens sur lesquels l'engagement a été souscrit. La même règle s'applique aux mutations de jouissance ou de propriété au profit d'établissements ou de sociétés, en vue de la réalisation d'équipements, aménagements ou constructions d'intérêt public, qui pourraient donner lieu à l'établissement d'une servitude d'utilité publique au titre de ladite mutation, ainsi qu'aux bois et forêts faisant l'objet d'une interdiction de reconstituer les boisements après coupe rase en application des deuxième à neuvième alinéas de l'article L. 126-1 du Code rural et de la pêche maritime ;

3° Les biens donnés à bail dans les conditions prévues aux articles L. 416-1 à L. 416-6, L. 416-8 et L. 416-9 ainsi qu'aux articles L. 418-1 à L. 418-5 du Code rural et de la pêche maritime, à concurrence des trois quarts de leur valeur, sous réserve des dispositions de l'article 793 *bis* ;

4° Lors de leur première transmission à titre gratuit, les immeubles acquis neufs ou en état futur d'achèvement dont la déclaration de l'achèvement des travaux prévue par la réglementation de l'urbanisme est déposée avant le 1er juillet 1994 à la mairie de la commune sur le territoire de laquelle l'immeuble concerné a été édifié et dont l'acquisition par le donateur ou le défunt est constatée par un acte authentique signé entre le 1er juin 1993 et le 31 décembre 1994.

L'exonération est subordonnée à la condition que les immeubles aient été exclusivement affectés de manière continue à l'habitation principale pendant une durée minimale de cinq ans à compter de l'acquisition ou de l'achèvement s'il est postérieur. En cas de donation, le délai s'impose au donataire si la durée de cinq ans à compter de la date de l'acquisition ou de l'achèvement, s'il est postérieur, n'est pas expirée.

La condition de cinq ans n'est pas opposable en cas de décès de l'acquéreur durant ce délai.

Les dispositions qui précèdent ne s'appliquent pas aux immeubles dont l'acquéreur a bénéficié des réductions d'impôt prévues aux articles 199 *undecies* et 199 *undecies* A.

Un décret en Conseil d'État détermine les modalités d'application des dispositions du présent 4°, notamment les obligations déclaratives incombant aux redevables et les pièces justificatives à fournir lors de l'enregistrement de la transmission mentionnée au premier alinéa ;

5° lors de leur première transmission à titre gratuit, les immeubles acquis neufs dont la déclaration de l'achèvement des travaux prévue par la réglementation de l'urbanisme a été déposée avant le 31 décembre 1994 à la mairie de la commune sur le territoire de laquelle l'immeuble concerné a été édifié et dont l'acquisition par le donateur ou le défunt est constatée par un acte authentique signé entre le 1er août 1995 et le 31 décembre 1995.

L'exonération est subordonnée à la condition que les immeubles aient été exclusivement affectés de manière continue à l'habitation principale pendant une durée minimale de deux ans à compter de l'acquisition et que le donataire, l'héritier ou le légataire ou leurs ayants cause prennent l'engagement de ne pas affecter les immeubles à un autre usage que l'habitation pendant une durée minimale de trois ans à compter de la transmission à titre gratuit.

La condition de deux ans n'est pas opposable en cas de décès de l'acquéreur durant ce délai.

Les dispositions qui précèdent ne s'appliquent pas aux immeubles dont l'acquéreur a bénéficié des réductions d'impôt prévues aux articles 199 *undecies* et 199 *undecies* A.

Un décret en Conseil d'État détermine les modalités d'application des dispositions du présent 5° ;

6° lors de leur première transmission à titre gratuit, les immeubles ou fractions d'immeubles mentionnés aux articles 710 et 711, à concurrence des trois-quarts de leur valeur, lorsque l'acquisition par le donateur ou le défunt est constatée par un acte authentique signé entre le 1er août 1995 et le 31 décembre 1996 et qu'elle n'a pas donné lieu au paiement de la taxe sur la valeur ajoutée.

L'exonération est subordonnée à la condition que les immeubles aient été donnés en location par le propriétaire dans les conditions prévues aux 3° et 4° de l'article 199 *decies* B, pendant une durée minimale de neuf ans, à une personne qui les affecte de manière exclusive et continue à son habitation principale.

La location doit avoir pris effet dans les six mois de l'acquisition de l'immeuble.

Lorsqu'au jour de la transmission à titre gratuit, le délai de neuf ans n'est pas expiré, le bénéfice de l'exonération partielle est subordonné à l'engagement des donataires, héritiers ou légataires pour eux et leurs ayants cause de maintenir en location, dans les mêmes conditions, les biens transmis jusqu'à l'expiration de ce délai.

Un décret en Conseil d'État détermine les modalités d'application des dispositions du présent 6°, notamment les obligations déclaratives incombant aux redevables et pièces justificatives à fournir lors de l'enregistrement de la transmission mentionnée au premier alinéa.

7° Les successions et donations entre vifs, à concurrence des trois quarts de leur montant, intéressant les propriétés non bâties qui ne sont pas en nature de bois et forêts et qui sont incluses dans les espaces naturels délimités en application des articles L. 331-2, L. 332-2 à L. 332-2-2, L. 341-2 et L. 414-1 du Code de l'environnement et de leurs textes d'application, ou délimités en application des articles L. 121-23 et L. 121-50 du Code de l'urbanisme, à la condition :

a) Que l'acte constatant la donation ou la déclaration de succession soit appuyé d'un certificat délivré sans frais par le directeur départemental des territoires ou le directeur départemental des territoires et de la mer attestant que les propriétés concernées font l'objet d'un engagement de gestion conforme aux objectifs de conservation de ces espaces ;

b) Qu'il contienne l'engagement par l'héritier, le légataire ou le donataire, pris pour lui et ses ayants cause, d'appliquer pendant dix-huit ans aux espaces naturels objets de la mutation des garanties de gestion conformes aux objectifs de conservation de ces espaces et dont le contenu est défini par décret.

Cette exonération n'est pas cumulable avec une autre exonération applicable en matière de droits de mutation à titre gratuit.

En cas de transmission de propriétés non bâties, qui sont incluses dans les espaces naturels délimités en application des articles L. 331-2, L. 332-2 à L. 332-2-2, L. 341-2 et L. 414-1 du Code de l'environnement et de leurs textes d'application, ou délimités en application des articles L. 121-23 et L. 121-50 du Code de l'urbanisme, à l'État ou aux collectivités et organismes mentionnés aux I et II de l'article 1042 du présent code, l'engagement est réputé définitivement satisfait à concurrence d'une fraction de la valeur des biens exonérée, celle-ci étant déterminée par le rapport entre la superficie des biens objets de la transmission et la superficie totale des biens sur lesquels l'engagement a été souscrit. La même règle s'applique aux mutations de jouissance ou de propriété au profit d'établissements ou de sociétés, en vue de la réalisation d'équipements, aménagements ou constructions d'intérêt public, qui pourraient donner lieu à l'établissement d'une servitude d'utilité publique au titre de ladite mutation.

8° Les immeubles et droits immobiliers, à concurrence de 50 % de leur valeur, lors de la première mutation postérieure à la reconstitution des titres de propriété y afférents, sous réserve que ces titres de propriété aient été constatés par un acte régulièrement transcrit ou publié entre le 1er octobre 2014 et le 31 décembre 2027.

Cette exonération est exclusive de l'application au même bien, au titre de la même mutation ou d'une mutation antérieure, de toute autre exonération de droits de mutation à titre gratuit ;

3. Les sommes, à concurrence des trois quarts de leur montant, déposées sur le compte d'investissement forestier et d'assurance mentionné aux articles L. 352-1 à L. 352-5 du Code forestier, à condition :

a) Que l'acte constatant la donation ou la déclaration de succession soit appuyé d'un certificat délivré par le directeur départemental des territoires ou le directeur départemental des territoires et de la mer attestant que les bois et forêts du titulaire du compte sont susceptibles de présenter une des garanties de gestion durable prévues à l'article L. 124-1 du Code forestier ;

b) Qu'il contienne l'engagement par l'héritier, le légataire ou le donataire, pris pour lui et ses ayants cause, d'employer les sommes objets de la mutation conformément à l'article L. 352-3 du même code pendant trente ans.

Art. 793 *bis*. – L'exonération partielle prévue au 4° du 1 et au 3° du 2 de l'article 793 est subordonnée à la condition que le bien reste la propriété du donataire, héritier et légataire pendant cinq ans à compter de la date de la transmission à titre gratuit. Lorsque cette condition n'est pas respectée, les droits sont rappelés, majorés de l'intérêt de retard visé à l'article 1727.

Lorsque la valeur totale des biens susceptibles de bénéficier de l'exonération partielle visée au premier alinéa, transmis par le donateur ou le défunt à chaque donataire, héritier ou légataire, excède *(Mots rempl., L. fin. n° 2018-1317, 28 déc. 2018)* « 300 000 € » l'exonération partielle de droits de mutation à titre gratuit est ramenée à 50 % au-delà de cette limite.

Pour l'appréciation de cette limite, il est tenu compte de l'ensemble des donations consenties par la même personne à un titre, à une date et sous une forme quelconques, à l'exception des donations passées depuis plus de quinze ans.

L'exonération partielle visée au premier alinéa ne s'applique pas lorsque le bail a été consenti depuis moins de deux ans au donataire de la transmission, à son conjoint, à un de leurs descendants ou à une société contrôlée par une ou plusieurs de ces personnes.

Art. 793 *ter*. – L'exonération prévue aux 4°, 5° et 6° du 2 de l'article 793 est plafonnée à 46 000 € par part reçue par chacun des donataires, héritiers ou légataires. Pour l'appréciation de cette limite de 46 000 €, il est tenu compte de l'ensemble des transmissions à titre gratuit consenties par la même personne.

Art. 793 *quater* *(L. n° 95-885, 4 août 1995)*. – Lorsque l'engagement prévu au quatrième alinéa du 6° du 2 de l'article 793 n'est pas respecté, les droits sont rappelés, majorés de l'intérêt de retard visé à l'article 1727.

5.2.2.4. – Parts de sociétés civiles afférents à des immeubles classés ou inscrits sur l'ISMH

Code général des impôts

Art. 795 A *(Mod., L. n° 2018-1317, 28 déc. 2018)*. – Sont exonérés des droits de mutation à titre gratuit les biens immeubles par nature ou par destination qui sont, pour l'essentiel, classés ou inscrits au titre des monuments historiques, ainsi que les biens meubles qui en constituent le complément historique ou artistique, dès lors que les héritiers, les donataires ou les légataires ont souscrit avec le ministre chargé de la culture, après avis conforme du ministre chargé du budget, une convention à durée indéterminée prévoyant le maintien dans l'immeuble des meubles exonérés et leurs conditions de présentation, les modalités d'accès du public ainsi que les conditions d'entretien des biens exonérés, conformément à des dispositions types approuvées par décret.

En cas de non-respect des règles fixées par cette convention, les biens exonérés sont soumis aux droits de mutation sur la base de leur valeur au jour où la convention n'est pas respectée ou de la valeur déclarée lors de la donation ou du décès si cette valeur est supérieure et aux taux auxquels ils auraient été soumis lors de leurs transmission.

Les dispositions des premier et deuxième alinéas s'appliquent, dans les mêmes conditions, aux parts des sociétés civiles qui détiennent en pleine propriété et gèrent des biens mentionnés au premier alinéa et dont les revenus sont imposés dans la catégorie des revenus fonciers. Ces sociétés doivent être constituées uniquement entre personnes parentes en ligne directe ou entre frères et soeurs, leurs conjoints et, le cas échéant, les enfants de ces différentes personnes. Les parts de ces sociétés doivent rester la propriété de ces personnes ou de leurs descendants.

L'exonération de ces parts ne s'applique qu'à concurrence de la fraction de leur valeur nette qui correspond aux biens mentionnés au premier alinéa. Elle est, par ailleurs, subordonnée aux conditions suivantes :

a) Les parts doivent être détenues depuis plus de deux ans par le donateur ou le défunt lorsque celui-ci les a souscrites ou acquises à titre onéreux ;

b) Les parts doivent rester la propriété du donataire, héritier ou légataire pendant un délai de cinq ans à compter de la date de la transmission à titre gratuit. Lorsque cette condition n'est pas respectée, les droits sont rappelés, majorés de l'intérêt de retard visé à l'article 1727 ;

c) Les bénéficiaires de la mutation à titre gratuit doivent prendre l'engagement d'adhérer à la convention mentionnée au premier alinéa qui aura été signée entre la société civile et le ministre chargé de la culture ;

d) *(Abrogé)* ;

Les conditions d'application des troisième à septième alinéas, notamment les obligations déclaratives, sont déterminées par décret.

NB : Conformément aux dispositions du II de l'article 120 de la loi n° 2018-1317 du 28 décembre 2018, les dispositions de l'article 795 A, s'appliquent aux demandes de convention ou d'adhésion à des conventions existantes déposées à compter du 1er janvier 2019 ainsi qu'à celles déposées avant cette date qui n'ont pas fait l'objet d'une signature des ministres chargés de la Culture et du Budget ou d'un refus.

5.3. – DE L'IMPOSITION DES DIRIGEANTS DE SOCIÉTÉS

5.3.1. – Rémunérations allouées aux gérants et associés de certaines sociétés

Code général des impôts

Art. 62 *(Mod., L. n° 2008-776, 4 août 2008)*. – **Les traitements, remboursements forfaitaires de frais et toutes autres rémunérations sont soumis à l'impôt sur le revenu au nom de leurs bénéficiaires s'ils sont admis en déduction des bénéfices soumis à l'impôt sur les sociétés par application de l'article 211, même si les résultats de l'exercice social sont déficitaires, lorsqu'ils sont alloués :**

– aux gérants majoritaires des sociétés à responsabilité limitée n'ayant pas opté pour le régime fiscal des sociétés de personnes dans les conditions prévues à l'article 3-IV du décret n° 55-594 du 20 mai 1955 modifié ou dans celles prévues à l'article 239 *bis* AA ou à l'article 239 *bis* AB ;

– aux gérants des sociétés en commandite par actions ;

– aux associés en nom des sociétés de personnes, aux membres des sociétés en participation et aux associés mentionnés aux 4° et 5° de l'article 8 lorsque ces sociétés ou exploitations ont opté pour le régime fiscal des sociétés de capitaux.

Le montant imposable des rémunérations visées au premier alinéa est déterminé, après déduction des cotisations et primes mentionnées à l'article 154 *bis*, selon les règles prévues en matière de traitements et salaires.

5.3.2. – Rémunérations imposées dans la catégorie des traitements et salaires

Code général des impôts

Art. 80 ter. – ***a)* Les indemnités, remboursements et allocations forfaitaires pour frais versés aux dirigeants de sociétés sont, quel que soit leur objet, soumis à l'impôt sur le revenu.**

***b)* Ces dispositions sont applicables :**

1° Dans les sociétés anonymes :

Au président du conseil d'administration ;

Au directeur général ;

À l'administrateur provisoirement délégué ;

Aux membres du directoire ;

À tout administrateur ou membre du conseil de surveillance chargé de fonctions spéciales ;

2° Dans les sociétés à responsabilité limitée : aux gérants minoritaires ;

3° Dans les autres entreprises ou établissements passibles de l'impôt sur les sociétés : aux dirigeants soumis au régime fiscal des salariés ;

4° Dans toute entreprise : à toute personne occupant un emploi salarié dont la rémunération totale excède la plus faible des rémunérations allouées aux dirigeants de cette entreprise. Toutefois, il n'est pas tenu compte des rémunérations versées aux administrateurs ou aux membres du conseil de surveillance chargés de fonctions spéciales pour l'application de cette disposition.

5.4. – DE LA RESPONSABILITÉ FISCALE DES DIRIGEANTS

Bibliographie : M.-C. Bergerès, *La responsabilité fiscale des dirigeants sociaux : D.* 1993, chron. p. 199. • J.-C. Bouchard, *La responsabilité fiscale du dirigeant : Gaz. Pal.* 26 sept. 2000, p. 13. • M. Cozian, *La responsabilité fiscale des dirigeants de société : LPA* 24 juin 1998, p. 7. • D. Davoust, *L'engagement de la responsabilité pécuniaire des associés et dirigeants d'entreprise par l'administration fiscale : LPA* 1995, n° 19, p. 4. • T. Jany, *La responsabilité fiscale des dirigeants sociaux : Les Nouvelles fiscales* 15 févr. 2005, p. 26. • J.-P. Le Gall et G. Blanluet, *La responsabilité fiscale des dirigeants sociaux : Rev. sociétés* 1992, p. 669. • G. Legrand, *Spécificités du régime de la responsabilité fiscale des dirigeants : Les Nouvelles fiscales* 1er nov. 2003, p. 22. • A. Lienhard, *La responsabilité fiscale des dirigeants de société en droit français : Rev. proc. coll.* 2002, p. 10. • F. Pillet, *La responsabilité fiscale des dirigeants de sociétés, personnes morales et groupements : JCP* E 1989, II, 15429. • B. Poullain, *Responsabilité fiscale des dirigeants de personnes morales : Dr. et patrimoine* 1998, p. 35. • B. Vigneron, *La responsabilité fiscale des dirigeants sociaux : Dr. et patrimoine* 1994, n° 14, p. 38. • *Adde*, B. Le Bars, *JCl. Sociétés traité*, Fasc. 43-30 *(Responsabilité fiscale des dirigeants – Action fiscale en paiement contre les dirigeants)*.

Livre des procédures fiscales

Art. L. 267 ***(Mod., L. n° 2005-842, 26 juill. 2005 ; Ord. n° 2010-420, 27 avr. 2010).*** **– Lorsqu'un dirigeant d'une société, d'une personne morale ou de tout autre groupement, est responsable des manœuvres frauduleuses ou de l'inobservation grave et répétée des obligations fiscales qui ont rendu impossible le recouvrement des impositions et des pénalités dues par la société, la personne morale ou le groupement, ce dirigeant peut, s'il n'est pas déjà tenu au paiement des dettes sociales en application d'une autre disposition, être déclaré solidairement responsable du paiement de ces impositions et pénalités par le président du tribunal de grande instance. À cette fin, le comptable public compétent assigne le dirigeant devant le président du tribunal de grande instance du lieu du siège social. Cette disposition est applicable à toute personne exerçant en droit ou en fait, directement ou indirectement la direction effective de la société, de la personne morale ou du groupement.**

Les voies de recours qui peuvent être exercées contre la décision du président du tribunal de grande instance ne font pas obstacle à ce que le comptable prenne à leur encontre des mesures conservatoires en vue de préserver le recouvrement de la créance du Trésor.

LIVRE SIXIÈME. – DROIT DU TRAVAIL

6.1. – COMITÉ SOCIAL ET ÉCONOMIQUE

Bibliographie : G. Borenfreund, *La fusion des institutions représentatives du personnel : RDT* 2017, p. 608. • E. Jeansen, *Les représentants de proximité, une représentation du personnel à dessiner : JCP S* 2018, 1084. • J.-Y. Kerbourc'h, *La refonte des institutions représentatives du personnel : JCP S* 2017, 1313. • G. Loiseau, *Le comité social et économique : Dr. sociétés* 2017, p. 1044. • A. Teissier, *La phase transitoire de mise en place du CSE : JCP S* 2018, 1075. • B. Teyssié, *Le conseil d'entreprise : JCP S* 2018, 1011 ; *Santé et sécurité dans le droit du comité social et économique : JCP S* 2018, 1001.

Ordonnance n° 2017-1386 du 22 septembre 2017

relative à la nouvelle organisation du dialogue social et économique dans l'entreprise et favorisant l'exercice et la valorisation des responsabilités syndicales

Art. 9 *(Mod., L. n° 2018-217, 29 mars 2018)*. **– I. – Les dispositions de la présente ordonnance, autres que celles mentionnées à l'article 8, entrent en vigueur à la date d'entrée en vigueur des décrets pris pour leur application, et au plus tard le 1er janvier 2018, sous réserve des dispositions prévues par le présent article.**

II. – Le comité social et économique est mis en place au terme du mandat des délégués du personnel ou des membres élus du comité d'entreprise, de la délégation unique du personnel, de l'instance regroupée mise en place par accord du comité d'hygiène, de sécurité et des conditions de travail, lors du renouvellement de l'une de ces institutions, et au plus tard le 31 décembre 2019 sous réserve des dispositions suivantes :

1° Lorsqu'a été conclu, avant la publication de la présente ordonnance, un protocole d'accord préélectoral en vue de la constitution ou du renouvellement des instances représentatives du personnel, il est procédé à l'élection de celles-ci conformément aux dispositions en vigueur avant cette publication et le comité social et économique est mis en place à compter du 1er janvier 2020 ou à une date antérieure fixée, soit par accord collectif, soit par décision de l'employeur après consultation du comité d'entreprise ou, à défaut, des délégués du personnel ou, le cas échéant, de la délégation unique du personnel ou de l'instance regroupée ;

2° Lorsque, en dehors du cas prévu au 1° du présent I, les mandats des délégués du personnel, des membres élus du comité d'entreprise, de la délégation unique du personnel, de l'instance regroupée mise en place par accord et du comité d'hygiène, de sécurité et des conditions de travail arrivent à échéance entre la date de publication de la présente ordonnance et le 31 décembre 2017, ces mandats sont prorogés jusqu'à cette date ; leur durée peut être également prorogée au plus d'un an, soit par accord collectif, soit par décision de l'employeur après consultation du comité d'entreprise ou, à défaut, des délégués du personnel ou, le cas échéant, de la délégation unique du personnel ou de l'instance regroupée ;

3° Lorsque, en dehors du cas prévu au 1° du présent II, les mandats des délégués du personnel, des membres élus du comité d'entreprise, de la délégation unique du personnel, de l'instance regroupée mise en place par accord et du comité d'hygiène, de sécurité et des conditions de travail arrivent à échéance entre le 1er janvier et le 31 décembre 2018, leur durée peut être réduite ou prorogée au plus d'un an, soit par accord collectif, soit par décision de l'employeur, après consultation du comité d'entreprise ou, à défaut, des délégués du personnel ou, le cas échéant, de la délégation unique du personnel ou de l'instance regroupée ;

4° Lorsque, en dehors du cas prévu au 1° du présent II, les mandats des délégués du personnel, des membres élus du comité d'entreprise, de la délégation unique du personnel, de l'instance regroupée mise en place par accord et du comité d'hygiène, de sécurité et des conditions de travail arrivent à échéance entre le 1er janvier et le 31 décembre 2019, leur durée peut être réduite d'une durée maximum d'un an soit par accord collectif, soit par décision de l'employeur, après consultation du comité d'entreprise ou, à défaut, des délégués du personnel ou, le cas échéant, de la délégation unique du personnel ou de l'instance regroupée.

III. – Pour assurer la mise en place du comité social et économique, la durée du mandat des délégués du personnel, des membres élus du comité d'entreprise, de la délégation unique du personnel, de l'instance regroupée mise en place par accord et du comité d'hygiène, de sécurité et des conditions de travail peut être,

pour un établissement ou pour l'ensemble de l'entreprise, prorogée ou réduite, soit par accord collectif, soit par décision de l'employeur après consultation du comité d'entreprise ou, à défaut, des délégués du personnel ou, le cas échéant, de la délégation unique du personnel ou de l'instance regroupée, de manière à ce que leur échéance coïncide avec la date de la mise en place du comité social et économique et, le cas échéant, du comité social et économique d'établissement et du comité social et économique central.

L'accord collectif et la décision de l'employeur mentionnés au premier alinéa du présent III peuvent fixer, pour le premier cycle électoral suivant la mise en place du comité social et économique, des durées de mandat des représentants des comités d'établissement différentes pour chaque établissement, dans une limite comprise entre deux et quatre ans.

IV. – En cas de modification dans la situation juridique de l'employeur prévue à l'article L. 1224-1 et lorsque n'a pas été mis en place un comité social et économique au sein de l'entreprise absorbée, les dispositions suivantes sont applicables :

1° Si cette entreprise devient un établissement distinct, en l'absence d'un accord collectif en disposant autrement, il est procédé à des élections en son sein pour la mise en place du comité social et économique d'établissement, sauf si le renouvellement du comité social et économique central dans l'entreprise absorbante doit intervenir dans un délai de moins de douze mois suivant la modification dans la situation juridique ;

2° Si la modification porte sur un ou plusieurs établissements qui conservent ce caractère, en l'absence d'un accord collectif en disposant autrement, il est procédé à des élections au sein de chaque établissement concerné pour la mise en place du comité social et économique d'établissement, sauf si le renouvellement du comité social et économique central dans l'entreprise absorbante doit intervenir dans un délai de moins de douze mois suivant la modification dans la situation juridique ;

3° Si la modification porte sur un ou plusieurs établissements qui conservent ce caractère, lorsque l'entreprise absorbante n'est pas pourvue d'instances représentatives du personnel, en l'absence d'un accord collectif en disposant autrement, il est procédé à des élections au sein de chaque établissement concerné pour la mise en place d'un comité social et économique d'établissement. Il est également procédé à des élections pour la mise en place d'un comité social et économique central.

V. – Lorsqu'il est fait application des dispositions prévues au I du présent article, ainsi que pendant la durée des mandats en cours, les dispositions des titres Ier et II du livre III de la deuxième partie du Code du travail relatives aux délégués du personnel et au comité d'entreprise, les dispositions du titre VIII du livre III de la même partie du Code du travail sur le comité d'hygiène, de sécurité et des conditions de travail, les dispositions du titre IX du livre III de la même partie du Code du travail sur le regroupement par accord des institutions représentatives du personnel, les dispositions du titre X du livre III de la même partie du Code du travail sur les réunion communes des institutions représentatives du personnel ainsi que les dispositions du titre Ier du livre VI de la quatrième partie, relatives au comité d'hygiène, de sécurité et des conditions de travail demeurent applicables dans leur rédaction antérieure à la date de publication de la présente ordonnance.

Pour l'application des dispositions du Code du travail autres que celles citées au premier alinéa du présent VI, modifiées par les ordonnances prises en application de la loi n° 2017-1340 du 15 septembre 2017 susvisée, jusqu'au 31 décembre 2019, il convient de lire selon les cas « comité social et économique » ou « comité d'entreprise » ou « comité d'entreprise, ou à défaut, des délégués du personnel » ou « comité d'hygiène, de sécurité et des conditions de travail ».

VI. – L'ensemble des biens, droits et obligations, créances et dettes des comités d'entreprise, des comités d'établissement, des comités centraux entreprises, des délégations uniques du personnel, des comités d'hygiène, de sécurité et des conditions de travail et des instances prévues à l'article L. 2391-1 du Code du travail dans sa rédaction antérieure à la publication de la présente ordonnance, existant à la date de publication de la présente ordonnance sont transférés de plein droit et en pleine propriété aux comités sociaux et économiques prévus au titre Ier du livre III de la deuxième partie du Code du travail mis en place au terme du mandat en cours des instances précitées et au plus tard au 31 décembre 2019.

Lors de leur dernière réunion, les instances mentionnées au premier alinéa décident de l'affectation des biens de toute nature dont elles disposent à destination du futur comité social et économique et, le cas échéant, les conditions de transfert des droits et obligations, créances et dettes relatifs aux activités transférées. Lors de sa première réunion, le comité social et économique décide, à la majorité de ses membres, soit d'accepter les affectations prévues par les instances mentionnées au premier alinéa lors de leur dernière réunion, soit de décider

d'affectations différentes. Les transferts de biens meubles ou immeubles prévus au présent article ne donnent lieu ni à un versement de salaires ou honoraires au profit de l'État ni à perception de droits ou de taxes.

VII. – Les stipulations des accords d'entreprise, des accords de branche et des accords couvrant un champ territorial ou professionnel plus large prises en application dispositions des titres Ier et II du livre III de la deuxième partie du Code du travail relatives aux délégués du personnel et au comité d'entreprise, les dispositions du titre VIII du livre III de la même partie du Code du travail sur le comité d'hygiène, de sécurité et des conditions de travail, les dispositions du titre IX du livre III de la même partie du Code du travail sur le regroupement par accord des institutions représentatives du personnel, les dispositions du titre X du livre III de la même partie du Code du travail sur les réunions communes des institutions représentatives du personnel ainsi que les dispositions du titre Ier du livre VI de la quatrième partie, relatives au comité d'hygiène, de sécurité et des conditions de travail, cessent de produire effet à compter de la date du premier tour des élections des membres de la délégation du personnel du comité social et économique.

6.1.1. – Champ d'application

Code du travail

Partie législative

CHAPITRE I. – CHAMP D'APPLICATION

Art. L. 2311-1. – Les dispositions du présent titre sont applicables aux employeurs de droit privé ainsi qu'à leurs salariés.

Elles sont également applicables :

1° Aux établissements publics à caractère industriel et commercial ;

2° Aux établissements publics à caractère administratif lorsqu'ils emploient du personnel dans les conditions du droit privé.

Ces dispositions peuvent, compte tenu des caractères particuliers de certains des établissements mentionnés aux 1° et 2° et des instances de représentation du personnel éventuellement existantes, faire l'objet d'adaptations, par décrets en Conseil d'État, sous réserve d'assurer les mêmes garanties aux salariés de ces établissements.

Art. L. 2311-2. – Un comité social et économique est mis en place dans les entreprises d'au moins onze salariés.

Sa mise en place n'est obligatoire que si l'effectif d'au moins onze salariés est atteint pendant douze mois consécutifs.

Les modalités de calcul des effectifs sont celles prévues aux articles L. 1111-2 et L. 1251-54.

6.1.2. – Attributions

Code du travail

Partie législative

Chapitre II. – Attributions

Section I. – Dispositions générales

Art. L. 2312-1. – Les attributions du comité social et économique des entreprises de moins de cinquante salariés sont définies par la section II du présent chapitre.

Les attributions du comité social et économique des entreprises d'au moins cinquante salariés sont définies par la section III du présent chapitre.

Les attributions du comité social et économique sont définies en fonction de l'effectif de l'entreprise.

Art. L. 2312-2. – Lorsque, postérieurement à la mise en place du comité social et économique, l'effectif de l'entreprise atteint au moins cinquante salariés pendant douze mois consécutifs, le comité exerce l'ensemble des attributions récurrentes d'information et de consultation définies par la section III à l'expiration d'un délai de douze mois à compter de la date à laquelle le seuil de 50 salariés a été atteint pendant douze mois consécutifs. Dans le cas où, à l'expiration de ce délai de douze mois, le mandat du comité restant à courir est inférieur à un an, ce délai court à compter de son renouvellement.

Lorsque l'entreprise n'est pas pourvue d'un comité social et économique, dans le cas où l'effectif de l'entreprise atteint au moins cinquante salariés pendant douze mois consécutifs, le comité exerce l'ensemble des attributions définies par la section III à l'expiration d'un délai d'un an à compter de sa mise en place.

Art. L. 2312-3. – Lorsque, postérieurement à la mise en place du comité social et économique, l'effectif de l'entreprise atteint au moins cinquante salariés pendant douze mois consécutifs, le comité exerce l'ensemble des attributions récurrentes d'information et de consultation définies par la section III à l'expiration d'un délai de douze mois à compter de la date à laquelle le seuil de 50 salariés a été atteint pendant douze mois consécutifs. Dans le cas où, à l'expiration de ce délai de douze mois, le mandat du comité restant à courir est inférieur à un an, ce délai court à compter de son renouvellement.

Lorsque l'entreprise n'est pas pourvue d'un comité social et économique, dans le cas où l'effectif de l'entreprise atteint au moins cinquante salariés pendant douze mois consécutifs, le comité exerce l'ensemble des attributions définies par la section III à l'expiration d'un délai d'un an à compter de sa mise en place.

Art. L. 2312-4. – Les dispositions du présent chapitre ne font pas obstacle aux dispositions plus favorables relatives aux attributions du comité social et économique résultant d'accords collectifs de travail ou d'usages.

Section II. – Attributions du comité social et économique dans les entreprises d'au moins onze salariés et de moins de cinquante salariés

Art. L. 2312-5. – La délégation du personnel au comité social et économique a pour mission de présenter à l'employeur les réclamations individuelles ou collectives relatives aux salaires, à l'application du Code du travail et des autres dispositions légales concernant notamment la protection sociale, ainsi que des conventions et accords applicables dans l'entreprise.

Elle contribue à promouvoir la santé, la sécurité et l'amélioration des conditions de travail dans l'entreprise et réalise des enquêtes en matière d'accidents du travail ou de maladies professionnelles ou à caractère professionnel.

Elle exerce le droit d'alerte dans les conditions prévues aux articles L. 2312-59 et L. 2312-60.

Dans une entreprise en société anonyme, lorsque les membres de la délégation du personnel du comité social et économique présentent des réclamations auxquelles il ne pourrait être donné suite qu'après délibération du conseil d'administration, ils sont reçus par celui-ci, sur leur demande, en présence du directeur ou de son représentant ayant connaissance des réclamations présentées.

Les membres de la délégation du personnel du comité peuvent saisir l'inspection du travail de toutes les plaintes et observations relatives à l'application des dispositions légales dont elle est chargée d'assurer le contrôle.

Art. L. 2312-6. – Les attributions de la délégation du personnel au comité social et économique s'exercent au profit des salariés, ainsi que :

1° Aux travailleurs au sens de l'article L. 4111-5, en matière de santé, sécurité et conditions de travail ;

2° Aux salariés d'entreprises extérieures qui, dans l'exercice de leur activité, ne se trouvent pas placés sous la subordination directe de l'entreprise utilisatrice, pour leurs réclamations individuelles et collectives, intéressant les conditions d'exécution du travail qui relèvent du chef d'établissement utilisateur ;

3° Aux salariés temporaires pour leurs réclamations intéressant l'application des dispositions des articles :

a) L. 1251-18 en matière de rémunération ;

b) L. 1251-21 à L. 1251-23 en matière de conditions de travail ;

c) L. 1251-24 en matière d'accès aux moyens de transport collectifs et aux installations collectives.

Art. L. 2312-7. – Les travailleurs conservent le droit de présenter eux-mêmes leurs observations à l'employeur ou à ses représentants.

Section III. – Attributions du comité social et économique dans les entreprises d'au moins cinquante salariés

Sous-section 1. – Attributions générales

Art. L. 2312-8. – Le comité social et économique a pour mission d'assurer une expression collective des salariés permettant la prise en compte permanente de leurs intérêts dans les décisions relatives à la gestion et à l'évolution économique et financière de l'entreprise, à l'organisation du travail, à la formation professionnelle et aux techniques de production.

Le comité est informé et consulté sur les questions intéressant l'organisation, la gestion et la marche générale de l'entreprise, notamment sur :

1° Les mesures de nature à affecter le volume ou la structure des effectifs ;

2° La modification de son organisation économique ou juridique ;

3° Les conditions d'emploi, de travail, notamment la durée du travail, et la formation professionnelle ;

4° L'introduction de nouvelles technologies, tout aménagement important modifiant les conditions de santé et de sécurité ou les conditions de travail ;

5° Les mesures prises en vue de faciliter la mise, la remise ou le maintien au travail des accidentés du travail, des invalides de guerre, des invalides civils, des personnes atteintes de maladies chroniques évolutives et des travailleurs handicapés, notamment sur l'aménagement des postes de travail.

Le comité social et économique mis en place dans les entreprises d'au moins cinquante salariés exerce également les attributions prévues à la section II.

Art. L. 2312-9. – Dans le champ de la santé, de la sécurité et des conditions de travail, le comité social et économique :

1° Procède à l'analyse des risques professionnels auxquels peuvent être exposés les travailleurs, notamment les femmes enceintes, ainsi que des effets de l'exposition aux facteurs de risques professionnels mentionnés à l'article L. 4161-1 ;

2° Contribue notamment à faciliter l'accès des femmes à tous les emplois, à la résolution des problèmes liés à la maternité, l'adaptation et à l'aménagement des postes de travail afin de faciliter l'accès et le maintien des personnes handicapées à tous les emplois au cours de leur vie professionnelle ;

3° Peut susciter toute initiative qu'il estime utile et proposer notamment des actions de prévention du harcèlement moral, du harcèlement sexuel et des agissements sexistes définis à l'article L. 1142-2-1. Le refus de l'employeur est motivé.

Art. L. 2312-10. – Lors des visites de l'agent de contrôle de l'inspection du travail mentionné à l'article L. 8112-1, les membres de la délégation du personnel au comité social et économique sont informés de sa présence par l'employeur et peuvent présenter leurs observations.

L'agent de contrôle se fait accompagner par un membre de la délégation du personnel du comité, si ce dernier le souhaite.

Sous-section 2. – Modalités d'exercice des attributions générales

Art. L. 2312-11. – Le comité exerce ses missions sans préjudice des dispositions relatives aux délégués syndicaux et à l'expression collective des salariés.

Art. L. 2312-12. – Le comité social et économique formule, à son initiative, et examine, à la demande de l'employeur, toute proposition de nature à améliorer les conditions de travail, d'emploi et de formation professionnelle des salariés, leurs conditions de vie dans l'entreprise ainsi que les conditions dans lesquelles ils bénéficient de garanties collectives complémentaires mentionnées à l'article L. 911-2 du Code de la sécurité sociale.

Art. L. 2312-13. – Le comité social et économique procède, à intervalles réguliers, à des inspections en matière de santé, de sécurité et des conditions de travail. Il réalise des enquêtes en matière d'accidents du travail ou de maladies professionnelles ou à caractère professionnel. Le comité peut demander à entendre le chef d'une entreprise voisine dont l'activité expose les travailleurs de son ressort à des nuisances particulières. Il est informé des suites réservées à ses observations.

Le comité peut faire appel à titre consultatif et occasionnel au concours de toute personne de l'entreprise qui lui paraîtrait qualifiée.

Art. L. 2312-14. – Les décisions de l'employeur sont précédées de la consultation du comité social et économique, sauf, en application de l'article L. 2312-49, avant le lancement d'une offre publique d'acquisition.

Les projets d'accord collectif, leur révision ou leur dénonciation ne sont pas soumis à la consultation du comité.

Les entreprises ayant conclu un accord relatif à la gestion prévisionnelle des emplois et des compétences ne sont pas soumises, dans ce domaine, à l'obligation de consultation du comité social et économique.

Art. L. 2312-15. – Le comité social et économique émet des avis et des vœux dans l'exercice de ses attributions consultatives.

Il dispose à cette fin d'un délai d'examen suffisant et d'informations précises et écrites transmises ou mises à disposition par l'employeur, et de la réponse motivée de l'employeur à ses propres observations.

Il a également accès à l'information utile détenue par les administrations publiques et les organismes agissant pour leur compte, conformément aux dispositions légales relatives à l'accès aux documents administratifs.

Le comité peut, s'il estime ne pas disposer d'éléments suffisants, saisir le président du tribunal de grande instance statuant en la forme des référés, pour qu'il ordonne la communication par l'employeur des éléments manquants. Le juge statue dans un délai de huit jours.

Cette saisine n'a pas pour effet de prolonger le délai dont dispose le comité pour rendre son avis. Toutefois, en cas de difficultés particulières d'accès aux informations nécessaires à la formulation de l'avis motivé du comité, le juge peut décider la prolongation du délai prévu au deuxième alinéa.

L'employeur rend compte, en la motivant, de la suite donnée aux avis et vœux du comité.

Voir : la rédaction de cet article issue de l'ordonnance n° 2019-738 du 17 juillet 2019, en *addendum*, p. 3371.

Art. L. 2312-16. – Sauf dispositions législatives spéciales, l'accord défini à l'article L. 2312-19 et à l'article L. 2312-55 ou, en l'absence de délégué syndical, un accord entre l'employeur et le comité social et économique ou, le cas échéant, le comité social et économique central, adopté à la majorité des membres titulaires de la délégation du personnel du comité, ou, à défaut d'accord, un décret en Conseil d'État fixe les délais dans lesquels les avis du comité social et économique ou, le cas échéant, du comité social et économique central sont rendus dans le cadre des consultations prévues au présent code.

Ces délais permettent au comité social et économique ou, le cas échéant, au comité central d'exercer utilement sa compétence, en fonction de la nature et de l'importance des questions qui lui sont soumises.

À l'expiration de ces délais ou du délai mentionné au cinquième alinéa de l'article L. 2312-15, le comité ou, le cas échéant, le comité central, est réputé avoir été consulté et avoir rendu un avis négatif.

Sous-section 3. – Consultations et informations récurrentes

Paragraphe 1er. – Ordre public

Art. L. 2312-17. – Le comité social et économique est consulté dans les conditions définies à la présente section sur :

1° Les orientations stratégiques de l'entreprise ;

2° La situation économique et financière de l'entreprise ;

3° La politique sociale de l'entreprise, les conditions de travail et l'emploi.

Art. L. 2312-18. – Une base de données économiques et sociales rassemble l'ensemble des informations nécessaires aux consultations et informations récurrentes que l'employeur met à disposition du comité social et économique. Ces informations comportent en particulier des indicateurs relatifs à l'égalité professionnelle entre les femmes et les hommes, notamment sur les écarts de rémunération *(Mots aj., L. n° 2018-771, 5 sept. 2018)* « et les informations sur la méthodologie et le contenu des indicateurs prévus à l'article L. 1142-8 ».

Les éléments d'information transmis de manière récurrente au comité sont mis à la disposition de leurs membres dans la base de données et cette mise à disposition actualisée vaut communication des rapports et informations au comité, dans les conditions et limites fixées par un décret en Conseil d'État.

Lorsque les dispositions du présent code prévoient également la transmission à l'autorité administrative des rapports et informations mentionnés au deuxième alinéa, les éléments d'information qu'ils contiennent sont mis à la disposition de l'autorité administrative à partir de la base de données et la mise à disposition actualisée vaut transmission à cette autorité.

Paragraphe 2. – Champ de la négociation

Art. L. 2312-19. – Un accord d'entreprise, conclu dans les conditions prévues au premier alinéa de l'article L. 2232-12 ou, en l'absence de délégué syndical, un accord entre l'employeur et le comité social et économique, adopté à la majorité des membres titulaires de la délégation du personnel du comité, peut définir :

1° Le contenu, la périodicité et les modalités des consultations récurrentes du comité social et économique mentionnées à l'article L. 2312-17 ainsi que la liste et le contenu des informations nécessaires à ces consultations ;

2° Le nombre de réunions annuelles du comité prévues à l'article L. 2315-27, qui ne peut être inférieur à six ;

3° Les niveaux auxquels les consultations sont conduites et, le cas échéant, leur articulation ;

4° Les délais mentionnés à l'article L. 2312-15 dans lesquels les avis du comité sont rendus.

Il peut également prévoir la possibilité pour le comité social et économique d'émettre un avis unique portant sur tout ou partie des thèmes de consultation prévus à l'article L. 2312-17.

La périodicité des consultations prévue par l'accord ne peut être supérieure à trois ans.

Art. L. 2312-20. – Un accord de groupe peut prévoir que la consultation sur les orientations stratégiques est effectuée au niveau du comité de groupe. Il prévoit les modalités de transmission de l'avis du comité de groupe :

1° À chaque comité social et économique du groupe, qui reste consulté sur les conséquences de ces orientations stratégiques ;

2° À l'organe chargé de l'administration de l'entreprise dominante de ce groupe, définie à l'article L. 2331-1.

Art. L. 2312-21. – Un accord d'entreprise conclu dans les conditions prévues au premier alinéa de l'article L. 2232-12 ou, en l'absence de délégué syndical, un accord entre l'employeur et le comité social et économique, adopté à la majorité des membres titulaires de la délégation du personnel du comité, définit :

1° L'organisation, l'architecture et le contenu de la base de données économiques et sociales ;

2° Les modalités de fonctionnement de la base de données économiques et sociales, notamment les droits d'accès et le niveau de mise en place de la base dans les entreprises comportant des établissements distincts, son support, ses modalités de consultation et d'utilisation.

La base de données comporte au moins les thèmes suivants : l'investissement social, l'investissement matériel et immatériel, l'égalité professionnelle entre les femmes et les hommes au sein de l'entreprise, les fonds propres, l'endettement, l'ensemble des éléments de la rémunération des salariés et dirigeants, les activités sociales et culturelles, la rémunération des financeurs, les flux financiers à destination de l'entreprise.

L'accord peut également intégrer dans la base de données les informations nécessaires aux négociations obligatoires prévues à l'article L. 2242-1, au 1° de l'article L. 2242-11 ou à l'article L. 2242-13 et aux consultations ponctuelles du comité social et économique prévues à l'article L. 2312-8 et à la sous-section 4.

L'organisation, l'architecture, le contenu et les modalités de fonctionnement de la base de données sont tels qu'ils permettent au comité social et économique et, le cas échéant, aux délégués syndicaux d'exercer utilement leurs compétences.

À défaut d'accord prévu à l'alinéa premier, un accord de branche peut définir l'organisation, l'architecture, le contenu et les modalités de fonctionnement de la base de données économiques et sociales dans les entreprises de moins de trois cents salariés.

Paragraphe 3. – Dispositions supplétives

Art. L. 2312-22. – En l'absence d'accord prévu à l'article L. 2312-19, le comité social et économique est consulté chaque année sur :

1° Les orientations stratégiques de l'entreprise dans les conditions définies au sous-paragraphe 1er ;

2° La situation économique et financière de l'entreprise dans les conditions définies au sous-paragraphe 2 ;

3° La politique sociale de l'entreprise, les conditions de travail et l'emploi dans les conditions définies au sous-paragraphe 3.

Les consultations prévues aux 1° et 2° sont conduites au niveau de l'entreprise, sauf si l'employeur en décide autrement et sous réserve de l'accord de groupe prévu à l'article L. 2312-20. La consultation prévue au 3° est conduite à la fois au niveau central et au niveau des établissements lorsque sont prévues des mesures d'adaptation spécifiques à ces établissements.

Art. L. 2312-23. – En l'absence d'accord prévu à l'article L. 2312-21, la base de données économiques et sociales est mise en place dans les conditions définies au sous-paragraphe 4.

Sous-paragraphe 1er. – Consultation annuelle sur les orientations stratégiques

Art. L. 2312-24. – Le comité social et économique est consulté sur les orientations stratégiques de l'entreprise, définies par l'organe chargé de l'administration ou de la surveillance de l'entreprise, et sur leurs conséquences sur l'activité, l'emploi, l'évolution des métiers et des compétences, l'organisation du travail, le recours à la sous-traitance, à l'intérim, à des contrats temporaires et à des stages. Cette consultation porte, en outre, sur la gestion prévisionnelle des emplois et des compétences, sur les orientations de la formation professionnelle *(Mots aj., L. n° 2018-771, 5 sept. 2018)* « et sur le plan de développement des compétences ».

Le comité émet un avis sur les orientations stratégiques de l'entreprise et peut proposer des orientations alternatives. Cet avis est transmis à l'organe chargé de l'administration ou de la surveillance de l'entreprise, qui formule une réponse argumentée. Le comité en reçoit communication et peut y répondre.

Sous-paragraphe 2. – Consultation annuelle sur la situation économique et financière de l'entreprise

Art. L. 2312-25. – I. – La consultation annuelle sur la situation économique et financière de l'entreprise porte également sur la politique de recherche et de développement technologique de l'entreprise, y compris sur l'utilisation du crédit d'impôt pour les dépenses de recherche.

La consultation sur l'utilisation du crédit d'impôt pour la compétitivité et l'emploi prévu à l'article 244 *quater* C du Code général des impôts est intégrée dans la présente consultation. L'avis du comité social et économique est transmis à l'organe chargé de l'administration ou de la surveillance de l'entreprise. Lorsque le comité constate que tout ou partie du crédit d'impôt n'a pas été utilisé conformément au Code général des impôts, il peut demander des explications selon les modalités prévues aux articles L. 2312-61 et L. 2312-62.

II. – En vue de cette consultation, l'employeur met à la disposition du comité, dans les conditions prévues par l'accord mentionné à l'article L. 2312-21 ou à défaut d'accord au sous-paragraphe 4 :

1° Les informations sur l'activité et sur la situation économique et financière de l'entreprise ainsi que sur ses perspectives pour l'année à venir. Ces informations sont tenues à la disposition de l'autorité administrative ;

2° Pour toutes les sociétés commerciales, les documents obligatoirement transmis annuellement à l'assemblée générale des actionnaires ou à l'assemblée des associés, notamment le rapport de gestion prévu à l'article L. 225-102-1 du Code de commerce qui comprend les informations relatives à la responsabilité sociale et environnementale des entreprises, les communications et les copies transmises aux actionnaires dans les conditions prévues aux articles L. 225-100 à L. 225-102-2, L. 225-108 et L. 225-115 à L. 225-118 du Code de commerce, ainsi que le rapport des commissaires aux comptes. Le conseil peut convoquer les commissaires aux comptes pour recevoir leurs explications sur les différents postes des documents communiqués ainsi que sur la situation financière de l'entreprise ;

3° Pour les sociétés commerciales mentionnées à l'article L. 232-2 du Code de commerce et les groupements d'intérêt économique mentionnés à l'article L. 251-13 du même code, les documents établis en application du même article L. 251-13 et des articles L. 232-3 et L. 232-4 dudit code. Ces documents sont réputés confidentiels, au sens de l'article L. 2315-3 du présent code ;

4° Pour les entreprises ne revêtant pas la forme de société commerciale, les documents comptables qu'elles établissent ;

5° Les informations relatives à la politique de recherche et de développement technologique de l'entreprise.

Sous-paragraphe 3. – Consultation annuelle sur la politique sociale de l'entreprise, les conditions de travail et l'emploi

Art. L. 2312-26. – **I. – La consultation annuelle sur la politique sociale de l'entreprise, les conditions de travail et l'emploi porte sur l'évolution de l'emploi, les qualifications, le programme pluriannuel de formation, les actions de formation envisagées par l'employeur, l'apprentissage, les conditions d'accueil en stage, les actions de prévention en matière de santé et de sécurité, les conditions de travail, les congés et l'aménagement du temps de travail, la durée du travail, l'égalité professionnelle entre les femmes et les hommes et les modalités d'exercice du droit d'expression des salariés dans les entreprises non couvertes par un accord sur l'égalité professionnelle et la qualité de vie au travail contenant des dispositions sur ce droit.**

Le comité peut se prononcer par un avis unique portant sur l'ensemble des thèmes énoncés au premier alinéa ou par des avis séparés organisés au cours de consultations propres à chacun de ces thèmes.

II. – À cette fin, l'employeur met à la disposition du comité, dans les conditions prévues par l'accord mentionné à l'article L. 2312-21 ou à défaut d'accord au sous-paragraphe 4 :

1° Les informations sur l'évolution de l'emploi, des qualifications, de la formation et des salaires, sur les actions en faveur de l'emploi des travailleurs handicapés, sur le nombre et les conditions d'accueil des stagiaires, sur l'apprentissage et sur le recours aux contrats de travail à durée déterminée, aux contrats de mission conclus avec une entreprise de travail temporaire ou aux contrats conclus avec une entreprise de portage salarial ;

2° Les informations et les indicateurs chiffrés sur la situation comparée des femmes et des hommes au sein de l'entreprise, mentionnés au 2° de l'article L. 2312-36, ainsi que l'accord relatif à l'égalité professionnelle entre les femmes et les hommes issu de la négociation mentionnée au 2° de l'article L. 2242-1 ou, à défaut, le plan d'action mentionné à l'article L. 2242-3 ;

3° Les informations sur le plan de formation du personnel de l'entreprise ;

4° Les informations sur la mise en œuvre des contrats et des périodes de professionnalisation et du compte personnel de formation ;

***(Aj., L. n° 2018-771, 5 sept. 2018)* 4° *bis* Les informations sur la mise en œuvre des entretiens professionnels et de l'état des lieux récapitulatifs prévus à l'article L. 6315-1 ;**

5° Les informations sur la durée du travail portant sur :

***a)* Les heures supplémentaires accomplies dans la limite et au-delà du contingent annuel applicable dans l'entreprise ;**

***b)* À défaut de détermination du contingent annuel d'heures supplémentaires par voie conventionnelle, les modalités de son utilisation et de son éventuel dépassement dans les conditions prévues aux articles L. 3121-28 à L. 3121-39 ;**

***c)* Le bilan du travail à temps partiel réalisé dans l'entreprise ;**

***d)* Le nombre de demandes individuelles formulées par les salariés à temps partiel pour déroger à la durée hebdomadaire minimale prévue au premier alinéa de l'article L. 3123-7 et aux articles L. 3123-19 et L. 3123-27 ;**

***e)* La durée, l'aménagement du temps de travail, la période de prise des congés payés prévue aux articles L. 3141-13 à L. 3141-16, les conditions d'application des aménagements de la durée et des horaires prévus à l'article L. 3121-44 lorsqu'ils s'appliquent à des salariés à temps partiel, le recours aux conventions de forfait et les modalités de suivi de la charge de travail des salariés concernés ;**

6° Les informations sur les mesures prises en vue de faciliter l'emploi des accidentés du travail, des invalides de guerre et assimilés, des invalides civils et des travailleurs handicapés, notamment celles relatives à l'application de l'obligation d'emploi des travailleurs handicapés ;

7° Les informations sur l'affectation de la contribution sur les salaires au titre de l'effort de construction ainsi que sur les conditions de logement des travailleurs étrangers que l'entreprise se propose de recruter ;

8° Les informations sur les modalités d'exercice du droit d'expression des salariés prévues à l'article L. 2281-11 ;

9° Les informations relatives aux contrats de mise à disposition conclus avec les entreprises de travail temporaires, aux contrats d'accompagnement dans l'emploi, aux contrats initiative emploi et les éléments qui l'ont conduit à faire appel, au titre de l'année écoulée, et qui pourraient le conduire à faire appel pour l'année à venir, à des contrats de travail à durée déterminée, à des contrats de mission conclus avec une entreprise de travail temporaire ou à des contrats conclus avec une entreprise de portage salarial.

Art. L. 2312-27. – Dans le cadre de la consultation sur la politique sociale, l'employeur présente également au comité social et économique :

1° Un rapport annuel écrit faisant le bilan de la situation générale de la santé, de la sécurité et des conditions de travail dans l'entreprise et des actions menées au cours de l'année écoulée dans ces domaines. Les questions du travail de nuit et de prévention des effets de l'exposition aux facteurs de risques professionnels mentionnés à l'article L. 4161-1 sont traitées spécifiquement ;

2° Un programme annuel de prévention des risques professionnels et d'amélioration des conditions de travail. Ce programme fixe la liste détaillée des mesures devant être prises au cours de l'année à venir qui comprennent les mesures de prévention des effets de l'exposition aux facteurs de risques professionnels mentionnés à l'article L. 4161-1, ainsi que, pour chaque mesure, ses conditions d'exécution et l'estimation de son coût.

Lors de l'avis rendu sur le rapport et sur le programme annuels de prévention, le comité peut proposer un ordre de priorité et l'adoption de mesures supplémentaires.

Lorsque certaines des mesures prévues par l'employeur ou demandées par le comité n'ont pas été prises au cours de l'année concernée par le programme, l'employeur énonce les motifs de cette inexécution, en annexe au rapport annuel.

Le procès-verbal de la réunion du comité consacrée à l'examen du rapport et du programme est joint à toute demande présentée par l'employeur en vue d'obtenir des marchés publics, des participations publiques, des subventions, des primes de toute nature ou des avantages sociaux ou fiscaux.

Art. L. 2312-28. – Dans les entreprises et organismes mentionnés au premier alinéa de l'article L. 2311-1 ainsi que dans les entreprises mentionnées à l'article L. 2312-35, la consultation sur la politique sociale de l'entreprise, les conditions de travail et l'emploi prévue au 3° de l'article L. 2312-17 porte, en outre, sur le bilan social de l'entreprise lorsque l'entreprise compte au moins trois cents salariés. À cette fin, l'employeur met à la disposition du comité social et économique, dans les conditions prévues par l'accord mentionné à l'article L. 2312-21 ou à défaut d'accord au sous-paragraphe 4, les données relatives à ce bilan social.

Dans les entreprises comportant des établissements distincts, le comité social et économique d'établissement est consulté sur le bilan social particulier à chaque établissement dont l'effectif est au moins de trois cents salariés.

Art. L. 2312-29. – Lorsque l'effectif de l'entreprise ou de l'établissement atteint le seuil d'assujettissement de trois cents salariés conformément aux dispositions de l'article L. 2312-34, le premier bilan social de l'entreprise ou de l'établissement porte sur l'année suivant celle au cours de laquelle le seuil a été atteint.

Le premier bilan social peut ne concerner que l'année écoulée. Le deuxième bilan peut ne concerner que les deux dernières années écoulées.

Lorsque l'effectif de l'entreprise ou de l'établissement devient inférieur au seuil d'assujettissement de trois cents salariés, un bilan social est néanmoins présenté pour l'année en cours.

Art. L. 2312-30. – Le bilan social récapitule les principales données chiffrées permettant d'apprécier la situation de l'entreprise dans le domaine social, d'enregistrer les réalisations effectuées et de mesurer les changements intervenus au cours de l'année écoulée et des deux années précédentes.

Le bilan social comporte des informations sur l'emploi, les rémunérations et charges accessoires, les conditions de santé et de sécurité, les autres conditions de travail, la formation, les relations professionnelles, le nombre de salariés détachés et le nombre de travailleurs détachés accueillis ainsi que sur les conditions de vie des salariés et de leurs familles dans la mesure où ces conditions dépendent de l'entreprise.

Art. L. 2312-31. – Les informations du bilan social sont mises à la disposition de tout salarié qui en fait la demande.

Elles sont mises à la disposition de l'agent de contrôle de l'inspection du travail mentionné à l'article L. 8112-1 avec l'avis du comité social et économique dans un délai de quinze jours à compter de la réunion de ce dernier.

Art. L. 2312-32. – Dans les sociétés par actions, le dernier bilan social accompagné de l'avis du comité social et économique prévu à l'article L. 2312-28 est adressé aux actionnaires ou mis à leur disposition dans les mêmes conditions que les documents prévus aux articles L. 225-108 et L. 225-115 du Code de commerce.

Art. L. 2312-33. – Le bilan social sert de base à l'application des dispositions de l'article L. 6331-12 ainsi que de celles qui prévoient l'établissement de programmes annuels de formation.

Art. L. 2312-34. – Le seuil de trois cents salariés mentionné au présent chapitre est réputé franchi lorsque l'effectif de l'entreprise dépasse ce seuil pendant douze mois consécutifs.

L'employeur dispose d'un délai d'un an à compter du franchissement de ce seuil pour se conformer complètement aux obligations d'information et de consultation du comité social et économique qui en découlent.

Art. L. 2312-35. – Un décret en Conseil d'État précise le contenu des informations prévues au présent paragraphe.

Des décrets en Conseil d'État déterminent les mesures d'adaptation nécessaires à l'application des dispositions des articles L. 2312-28 à L. 2312-33 dans les entreprises tenues de constituer un comité social et économique ou des organismes de représentation du personnel qui en tiennent lieu en vertu soit de dispositions légales autres que celles du Code du travail, soit de stipulations conventionnelles.

Ces décrets sont pris après avis des organisations syndicales représentatives dans les entreprises intéressées.

Le nombre et la teneur de ces informations sont adaptés à la taille de l'entreprise et de l'établissement par arrêté du ou des ministres compétents.

Certaines branches d'activité peuvent être dotées, dans les mêmes formes, de bilans sociaux spécifiques.

Sous-Paragraphe 4. – La base de données économiques et sociales

Art. L. 2312-36. – En l'absence d'accord prévu à l'article L. 2312-21, une base de données économiques et sociales, mise régulièrement à jour, rassemble un ensemble d'informations que l'employeur met à disposition du comité social et économique.

La base de données est accessible en permanence aux membres de la délégation du personnel du comité social et économique ainsi qu'aux membres de la délégation du personnel du comité social et économique central d'entreprise, et aux délégués syndicaux.

Les informations contenues dans la base de données portent sur les thèmes suivants :

1° Investissements : investissement social (emploi, évolution et répartition des contrats précaires, des stages et des emplois à temps partiel, formation professionnelle *(Mots aj., L. n° 2018-771, 5 sept. 2018)* « , évolution professionnelle » et conditions de travail), investissement matériel et immatériel et, pour les sociétés mentionnées aux I et II de l'article L. 225-102-1 du Code du commerce, les informations en matière environnementale présentées en application du III du même article ;

2° Égalité professionnelle entre les femmes et les hommes au sein de l'entreprise : diagnostic et analyse de la situation comparée des femmes et des hommes pour chacune des catégories professionnelles de l'entreprise en matière d'embauche, de formation, de promotion professionnelle, de qualification, de classification, de conditions de travail, de sécurité et de santé au travail, de rémunération effective et d'articulation entre l'activité professionnelle et la vie personnelle et familiale, analyse des écarts de salaires et de déroulement de carrière en fonction de l'âge, de la qualification et de l'ancienneté, évolution des taux de promotion respectifs des femmes et des hommes par métiers dans l'entreprise, part des femmes et des hommes dans le conseil d'administration ;

3° Fonds propres et endettement ;

4° Ensemble des éléments de la rémunération des salariés et dirigeants ;

5° Activités sociales et culturelles ;

6° Rémunération des financeurs ;

7° Flux financiers à destination de l'entreprise, notamment aides publiques et crédits d'impôts ;

8° Sous-traitance ;

9° Le cas échéant, transferts commerciaux et financiers entre les entités du groupe.

Ces informations portent sur les deux années précédentes et l'année en cours et intègrent des perspectives sur les trois années suivantes.

Le contenu de ces informations ainsi que les modalités de fonctionnement de la base sont déterminés par un décret en Conseil d'État, le contenu pouvant varier selon que l'effectif de l'entreprise est inférieur ou au moins égal à trois cents salariés.

Les membres de la délégation du personnel du comité social et économique, du comité social et économique central d'entreprise et les délégués syndicaux sont tenus à une obligation de discrétion à l'égard des informations contenues dans la base de données revêtant un caractère confidentiel et présentées comme telles par l'employeur.

Sous-section 4. – Consultations et informations ponctuelles

Paragraphe 1er. – Ordre public

Art. L. 2312-37. – **Outre les thèmes prévus à l'article L. 2312-8, le comité social et économique est consulté dans les conditions définies à la présente section dans les cas suivants :**

1° Mise en œuvre des moyens de contrôle de l'activité des salariés ;

2° Restructuration et compression des effectifs ;

3° Licenciement collectif pour motif économique ;

3° *bis* Opération de concentration ;

4° Offre publique d'acquisition ;

5° Procédures de sauvegarde, de redressement et de liquidation judiciaire.

Sous-paragraphe 1er. – Méthodes de recrutement et moyens de contrôle de l'activité des salariés

Art. L. 2312-38. – **Le comité social et économique est informé, préalablement à leur utilisation, sur les méthodes ou techniques d'aide au recrutement des candidats à un emploi ainsi que sur toute modification de celles-ci.**

Il est aussi informé, préalablement à leur introduction dans l'entreprise, sur les traitements automatisés de gestion du personnel et sur toute modification de ceux-ci.

Le comité est informé et consulté, préalablement à la décision de mise en œuvre dans l'entreprise, sur les moyens ou les techniques permettant un contrôle de l'activité des salariés.

Sous-paragraphe 2. – Restructuration et compression des effectifs

Art. L. 2312-39. – **Le comité social et économique est saisi en temps utile des projets de restructuration et de compression des effectifs.**

Il émet un avis sur l'opération projetée et ses modalités d'application dans les conditions et délais prévus à l'article L. 1233-30, lorsqu'elle est soumise à l'obligation d'établir un plan de sauvegarde de l'emploi.

Cet avis est transmis à l'autorité administrative.

Le présent article n'est pas applicable en cas d'accords collectifs visés aux articles L. 1237-17 et suivants.

Sous-paragraphe 3. – Licenciement collectif pour motif économique

Art. L. 2312-40. – **Lorsque l'employeur envisage de procéder à un licenciement collectif pour motif économique, le comité social et économique est consulté dans les conditions prévues par le titre III du livre II de la première partie du présent code.**

Sous-paragraphe 4. – Opération de concentration

Art. L. 2312-41. – **Lorsqu'une entreprise est partie à une opération de concentration, telle que définie à l'article L. 430-1 du Code de commerce, l'employeur réunit le comité social et économique au plus tard dans un délai de trois jours à compter de la publication du communiqué relatif à la notification du projet de concentration, émanant soit de l'autorité administrative française en application de l'article L. 430-3 du même code, soit de la Commission européenne en application du règlement (CE) n° 139/2004 du Conseil du 20 janvier 2004 sur les concentrations.**

Au cours de cette réunion, le comité social et économique ou, le cas échéant, la commission économique peut proposer le recours à un expert-comptable dans les conditions prévues aux articles L. 2315-92 et L. 2315-93. Dans ce cas, le comité ou la commission économique tient une deuxième réunion afin d'entendre les résultats des travaux de l'expert.

Les dispositions du premier alinéa sont réputées satisfaites lorsque le comité social et économique se réunit suite au dépôt d'une offre publique d'acquisition en application des dispositions du sous-paragraphe 5.

Sous-paragraphe 5. – Offre publique d'acquisition

Art. L. 2312-42. – Lors du dépôt d'une offre publique d'acquisition, l'employeur de l'entreprise sur laquelle porte l'offre et l'employeur qui est l'auteur de cette offre réunissent immédiatement leur comité social et économique respectif pour les en informer.

L'employeur auteur de l'offre réunit le comité social et économique dans les conditions prévues à l'article L. 2312-49.

Au cours de la réunion du comité social et économique de l'entreprise qui fait l'objet de l'offre, l'employeur indique si l'offre a été sollicitée ou non. Le comité social et économique décide s'il souhaite procéder à l'audition de l'auteur de l'offre et désigner un expert-comptable dans les conditions prévues aux articles L. 2315-92 et L. 2315-93. Il peut également se prononcer sur le caractère amical ou hostile de l'offre.

Art. L. 2312-43. – L'audition de l'auteur de l'offre mentionnée au dernier alinéa de l'article L. 2312-42 se tient dans un délai d'une semaine à compter du dépôt du projet d'offre publique d'acquisition.

Lors de son audition, l'auteur de l'offre peut se faire assister des personnes de son choix. Il présente au comité social et économique sa politique industrielle et financière, ses plans stratégiques pour la société concernée et les répercussions de la mise en œuvre de l'offre sur l'ensemble des intérêts, l'emploi, les sites d'activité et la localisation des centres de décision de cette société.

Le comité social et économique peut se faire assister de l'expert-comptable désigné en application du dernier alinéa du même article L. 2312-42.

Art. L. 2312-44. – L'auteur de l'offre adresse au comité social et économique qui en fait l'objet, dans les trois jours suivant sa publication, la note d'information mentionnée au IX de l'article L. 621-8 du Code monétaire et financier.

Art. L. 2312-45. – L'expert-comptable désigné en application du dernier alinéa de l'article L. 2312-42 établit un rapport qui évalue la politique industrielle et financière et les plans stratégiques que l'auteur de l'offre envisage d'appliquer à la société objet de l'offre, ainsi que les répercussions de leur mise en œuvre sur l'ensemble des intérêts, l'emploi, les sites d'activité et la localisation des centres de décision de cette dernière société. Il dispose d'un délai de trois semaines à compter du dépôt du projet d'offre publique d'acquisition.

Art. L. 2312-46. – I. – Préalablement à l'avis motivé rendu par le conseil d'administration ou le conseil de surveillance sur l'intérêt de l'offre et sur les conséquences de celle-ci pour la société visée, ses actionnaires et ses salariés, le comité social et économique de la société faisant l'objet de l'offre est réuni et consulté sur le projet d'offre. Au cours de cette réunion, il examine le rapport établi par l'expert-comptable en application de l'article L. 2312-45 et peut demander la présence de l'auteur de l'offre.

Le comité social et économique émet son avis dans un délai d'un mois à compter du dépôt du projet d'offre publique d'acquisition. En l'absence d'avis dans ces délais, il est réputé avoir été consulté.

L'avis du comité social et économique ainsi que le rapport de l'expert-comptable sont reproduits dans la note en réponse établie par la société faisant l'objet de l'offre ou, s'il y a lieu, dans la note d'information commune établie par l'auteur de l'offre et la société faisant l'objet de l'offre.

II. – Les membres de la délégation du personnel du comité social et économique peuvent, s'ils estiment ne pas disposer d'éléments suffisants, saisir le président du tribunal de grande instance statuant en la forme des référés en dernier ressort pour qu'il ordonne la communication, par la société faisant l'objet de l'offre et par l'auteur de l'offre, des éléments manquants. Le juge statue dans un délai de huit jours.

Cette saisine n'a pas pour effet de prolonger le délai dont dispose le comité social et économique pour rendre son avis. Toutefois, en cas de difficultés particulières d'accès aux informations nécessaires à la formulation de l'avis du comité social et économique, le juge peut décider la prolongation du délai prévu au deuxième alinéa du I, sauf lorsque ces difficultés résultent d'une volonté manifeste de retenir ces informations de la part de la société faisant l'objet de l'offre.

Voir : la rédaction de cet article issue de l'ordonnance n° 2019-738 du 17 juillet 2019, en *addendum*, p. 3371.

Art. L. 2312-47. – À la demande de l'employeur auteur de l'offre, l'employeur de l'entreprise sur laquelle porte l'offre peut réunir son comité social et économique dans les deux jours ouvrables suivant l'annonce de cette offre. Les articles L. 2312-42 à L. 2312-46 s'appliquent. Les délais prévus à ces mêmes articles courent à compter de l'annonce de l'offre.

En cas de modification significative des informations présentées au comité social et économique entre l'annonce et le dépôt de l'offre, l'avis rendu, le cas échéant, par le comité social et économique est caduc. Ce dernier est réuni dans les deux jours suivant le dépôt de l'offre et rend un avis dans les conditions prévues auxdits articles L. 2312-42 à L. 2312-46.

Art. L. 2312-48. – La société ayant déposé une offre et dont l'employeur, ou le représentant qu'il désigne parmi les mandataires sociaux ou les salariés de l'entreprise, ne se rend pas à la réunion du comité social et économique à laquelle il a été invité dans les conditions prévues aux articles L. 2312-42 et L. 2312-46, ne peut exercer les droits de vote attachés aux titres de la société faisant l'objet de l'offre qu'elle détient ou viendrait à détenir. Cette interdiction s'étend aux sociétés qui la contrôlent ou qu'elle contrôle au sens de l'article L. 233-16 du Code de commerce.

Une sanction identique s'applique à l'auteur de l'offre, personne physique, qui ne se rend pas à la réunion du comité social et économique à laquelle il a été invité dans les conditions prévues aux articles L. 2312-42 et L. 2312-46.

La sanction est levée le lendemain du jour où l'auteur de l'offre a été entendu par le comité social et économique de la société faisant l'objet de l'offre.

La sanction est également levée si l'auteur de l'offre n'est pas convoqué à une nouvelle réunion du comité social et économique dans les quinze jours qui suivent la réunion à laquelle il avait été préalablement convoqué.

Art. L. 2312-49. – Par dérogation à l'article L. 2312-14, l'employeur qui lance une offre publique d'acquisition portant sur le capital d'une entreprise n'est pas tenu de consulter le comité social et économique avant ce lancement.

En revanche, il réunit le comité social et économique dans les deux jours ouvrables suivant la publication de l'offre ou de l'annonce de l'offre dans le cas prévu à l'article L. 2312-47 en vue de lui transmettre des informations écrites et précises sur le contenu de l'offre et sur les conséquences en matière d'emploi qu'elle est susceptible d'entraîner.

Art. L. 2312-50. – Si l'offre publique d'acquisition est déposée par une entreprise dépourvue de comité social et économique, l'employeur en informe directement les salariés. De même, à défaut de comité social et économique dans l'entreprise qui fait l'objet de l'offre, l'employeur de cette entreprise en informe directement les salariés. Dans ce cas et dans les trois jours suivant la publication de la note d'information mentionnée au IX de l'article L. 621-8 du Code monétaire et financier, l'auteur de l'offre la transmet à l'employeur faisant l'objet de l'offre qui la transmet lui-même aux salariés sans délai.

Art. L. 2312-51. – Si, à l'issue de l'offre publique, l'auteur de l'offre a acquis le contrôle de l'entreprise faisant l'objet de l'offre au sens des articles L. 233-1, L. 233-3 et L. 233-16 du Code de commerce, il rend compte au comité social et économique de cette société, au cours du sixième, du douzième et du vingt-quatrième mois suivant la clôture de l'offre, de la manière dont il a mis en œuvre les déclarations d'intention et, le cas échéant, les engagements qu'il a pris auprès du comité social et économique, dans le cadre des auditions prévues aux articles L. 2312-43 et L. 2312-46 du présent code, en matière d'emploi, de maintien des sites d'activité et de localisation des centres de décision exprimés dans la note d'information mentionnée au IX de l'article L. 621-8 du Code monétaire et financier.

Art. L. 2312-52. – Les articles L. 2312-45 à L. 2312-51 du présent code ne s'appliquent pas aux offres mentionnées aux articles L. 225-207 et L. 225-209 du Code de commerce ou lorsque la société fait l'objet d'une offre publique engagée par des entités, agissant seules ou de concert au sens de l'article L. 233-10 du même code, détenant plus de la moitié du capital ou des droits de vote de la société faisant l'objet de l'offre.

Sous-paragraphe 6. – Procédures de sauvegarde, de redressement et de liquidation judiciaire

Art. L. 2312-53. – Le comité social et économique est informé et consulté :

1° Avant le dépôt au greffe d'une demande d'ouverture d'une procédure de redressement judiciaire ou de liquidation judiciaire ;

2° Lors d'une procédure de sauvegarde, dans les situations prévues aux articles L. 623-3 et L. 626-8 du Code de commerce ;

3° Lors d'une procédure de redressement judiciaire, dans les situations et conditions prévues aux articles L. 631-17, L. 631-18, L. 631-19 et L. 631-22 du Code de commerce ;

4° Lors d'une procédure de liquidation judiciaire, dans les situations et conditions prévues au I de l'article L. 641-1, à l'article L. 641-4, au troisième alinéa de l'article L. 641-10, aux premier et avant-dernier alinéas de l'article L. 642-5 et au deuxième alinéa de l'article L. 642-9 du Code de commerce.

En cas de licenciements économiques prononcés dans les cas prévus aux 3° et 4°, le comité est réuni et consulté dans les conditions prévues à l'article L. 1233-58 du présent code.

Art. L. 2312-54. – La ou les personnes désignées par le comité social et économique, selon les dispositions de l'article L. 661-10 du Code de commerce, sont entendues par la juridiction compétente :

1° Lors d'une procédure de sauvegarde dans les situations prévues aux articles L. 621-1, L. 622-10, L. 626-9 et L. 626-26 du Code de commerce ;

2° Lors d'une procédure de redressement judiciaire dans les situations et conditions prévues à l'article L. 631-7, au II de l'article L. 631-15, au I de l'article L. 631-19 et à l'article L. 631-22 du Code de commerce ;

3° Lors d'une procédure de liquidation judiciaire dans les situations prévues au premier alinéa de l'article L. 642-5 et aux articles L. 642-6, L. 642-13 et L. 642-17 du Code de commerce.

Paragraphe 2. – Champ de la négociation

Art. L. 2312-55. – Un accord d'entreprise, conclu dans les conditions prévues au premier alinéa de l'article L. 2232-12 ou, en l'absence de délégué syndical, un accord entre l'employeur et le comité social et économique, adopté à la majorité des membres titulaires de la délégation du personnel du comité peut définir :

1° Le contenu des consultations et informations ponctuelles du comité social et économique prévues aux articles L. 2312-8 et L. 2312-37 dans le respect des dispositions du paragraphe 1 de la présente sous-section ;

2° Les modalités de ces consultations ponctuelles, notamment le nombre de réunions ;

3° Les délais mentionnés à l'article L. 2312-15 dans lesquels les avis du comité sont rendus.

Art. L. 2312-56. – Un accord de groupe peut prévoir que les consultations et informations ponctuelles mentionnées aux articles L. 2312-8 et L. 2312-37 sont effectuées au niveau du comité de groupe. Il prévoit les modalités de transmission de l'avis du comité de groupe :

1° À chaque comité social et économique des entreprises du groupe, qui reste consulté sur les conséquences des projets sur l'entreprise ;

2° À l'organe chargé de l'administration de l'entreprise dominante de ce groupe, définie à l'article L. 2331-1.

Sous-paragraphe 1er. – Information remise lors de la mise en place

Art. L. 2312-57. – À défaut d'accord, un mois après chaque élection du comité social et économique, l'employeur lui communique une documentation économique et financière précisant :

1° La forme juridique de l'entreprise et son organisation ;

2° Les perspectives économiques de l'entreprise telles qu'elles peuvent être envisagées ;

3° Le cas échéant, la position de l'entreprise au sein du groupe ;

4° Compte tenu des informations dont dispose l'employeur, la répartition du capital entre les actionnaires détenant plus de 10 % du capital et la position de l'entreprise dans la branche d'activité à laquelle elle appartient.

Sous-paragraphe 2. – Restructuration et compression des effectifs

Art. L. 2312-58. – À défaut d'accord, lorsque le projet de restructuration et de compression des effectifs soumis au comité social et économique est de nature à affecter le volume d'activité ou d'emploi d'une entreprise sous-traitante, l'entreprise donneuse d'ordre en informe immédiatement l'entreprise sous-traitante.

Le comité social et économique de cette dernière, en est immédiatement informé et reçoit toute explication utile sur l'évolution probable de l'activité et de l'emploi.

Sous-section 5. – Droits d'alerte

Paragraphe 1er. – Alerte en cas d'atteinte aux droits des personnes

Art. L. 2312-59. – Si un membre de la délégation du personnel au comité social et économique constate, notamment par l'intermédiaire d'un travailleur, qu'il existe une atteinte aux droits des personnes, à leur santé physique et mentale ou aux libertés individuelles dans l'entreprise qui ne serait pas justifiée par la nature de la tâche à accomplir, ni proportionnée au but recherché, il en saisit immédiatement l'employeur. Cette atteinte peut notamment résulter de faits de harcèlement sexuel ou moral ou de toute mesure discriminatoire en matière d'embauche, de rémunération, de formation, de reclassement, d'affectation, de classification, de qualification, de promotion professionnelle, de mutation, de renouvellement de contrat, de sanction ou de licenciement.

L'employeur procède sans délai à une enquête avec le membre de la délégation du personnel du comité et prend les dispositions nécessaires pour remédier à cette situation.

En cas de carence de l'employeur ou de divergence sur la réalité de cette atteinte, et à défaut de solution trouvée avec l'employeur, le salarié, ou le membre de la délégation du personnel au comité social et économique si le salarié intéressé averti par écrit ne s'y oppose pas, saisit le bureau de jugement du conseil de prud'hommes qui statue selon la forme des référés.

Le juge peut ordonner toutes mesures propres à faire cesser cette atteinte et assortir sa décision d'une astreinte qui sera liquidée au profit du Trésor.

Voir : la rédaction de cet article issue de l'ordonnance n° 2019-738 du 17 juillet 2019, en *addendum*, p. 3371.

Paragraphe 2. – Alerte en cas de danger grave et imminent

Art. L. 2312-60. – Un membre de la délégation du personnel au comité social et économique exerce les droits d'alerte en situation de danger grave et imminent ainsi qu'en matière de santé publique et d'environnement dans les conditions prévues, selon le cas, aux articles L. 4132-1 à L. 4132-5 et L. 4133-1 à L. 4133-4.

Paragraphe 3. – Alerte en cas d'utilisation non conforme du crédit d'impôt pour la compétitivité et l'emploi

Art. L. 2312-61. – Lorsque, dans le cadre de la consultation prévue au 2° de l'article L. 2312-17, le comité social et économique constate que tout ou partie du crédit d'impôt n'a pas été utilisé conformément à l'article 244 *quater* C du Code général des impôts, la demande d'explications prévue à l'article L. 2312-25 est inscrite de droit à l'ordre du jour de la prochaine réunion du comité.

Si le comité n'a pu obtenir d'explications suffisantes de l'employeur ou si celles-ci confirment l'utilisation non conforme de ce crédit d'impôt, il établit un rapport.

Ce rapport est transmis à l'employeur et au comité de suivi régional, créé par le IV de l'article 66 de la loi n° 2012-1510 du 29 décembre 2012 de finances rectificative pour 2012, qui adresse une synthèse annuelle au comité national de suivi.

Art. L. 2312-62. – Au vu du rapport prévu à l'article L. 2312-61, le comité social et économique peut décider, à la majorité des membres présents, de saisir de ses conclusions l'organe chargé de l'administration ou de la surveillance dans les sociétés ou personnes morales qui en sont dotées, ou d'en informer les associés dans les autres formes de sociétés ou les membres dans les groupements d'intérêt économique.

Dans les sociétés dotées d'un conseil d'administration ou d'un conseil de surveillance, la demande d'explication sur l'utilisation du crédit d'impôt est inscrite à l'ordre du jour de la prochaine séance du conseil d'administration ou du conseil de surveillance, à condition que celui-ci ait pu être saisi au moins quinze jours à l'avance. La réponse de l'employeur est motivée et adressée au comité.

Dans les autres formes de sociétés ou dans les groupements d'intérêt économique, lorsque le comité a décidé d'informer les associés ou les membres de l'utilisation du crédit d'impôt, le gérant ou les administrateurs leur communiquent le rapport du comité.

Dans les autres personnes morales, le présent article s'applique à l'organe chargé de l'administration ou de la surveillance.

Paragraphe 4. – Droit d'alerte économique

Art. L. 2312-63. – Lorsque le comité social et économique a connaissance de faits de nature à affecter de manière préoccupante la situation économique de l'entreprise, il peut demander à l'employeur de lui fournir des explications.

Cette demande est inscrite de droit à l'ordre du jour de la prochaine séance du comité.

Si le comité n'a pu obtenir de réponse suffisante de l'employeur ou si celle-ci confirme le caractère préoccupant de la situation, il établit un rapport. Dans les entreprises employant au moins mille salariés et en l'absence d'accord prévu à l'article L. 2315-45, ce rapport est établi par la commission économique prévue par l'article L. 2315-46.

Ce rapport, au titre du droit d'alerte économique, est transmis à l'employeur et au commissaire aux comptes.

Art. L. 2312-64. – Le comité social et économique ou, le cas échéant, la commission économique peut se faire assister, une fois par exercice comptable, de l'expert-comptable prévu à l'article L. 2315-92, convoquer le commissaire aux comptes et s'adjoindre avec voix consultative deux salariés de l'entreprise choisis pour leur compétence et en dehors du comité social et économique.

Ces salariés disposent de cinq heures chacun pour assister le comité ou la commission économique en vue de l'établissement du rapport prévu à l'article L. 2312-63. Ce temps est rémunéré comme temps de travail.

Art. L. 2312-65. – Le rapport du comité social et économique ou, le cas échéant, de la commission économique conclut en émettant un avis sur l'opportunité de saisir de ses conclusions l'organe chargé de l'administration ou de la surveillance dans les sociétés ou personnes morales qui en sont dotées, ou d'en informer les associés dans les autres formes de sociétés ou les membres dans les groupements d'intérêt économique.

Au vu de ce rapport, le comité social et économique peut décider, à la majorité des membres présents de procéder à cette saisine ou de faire procéder à cette information. Dans ce cas, l'avis de l'expert-comptable est joint à la saisine ou à l'information.

Art. L. 2312-66. – Dans les sociétés à conseil d'administration ou à conseil de surveillance, la demande d'explication sur le caractère préoccupant de la situation économique de l'entreprise est inscrite à l'ordre du jour de la prochaine séance du conseil d'administration ou du conseil de surveillance, à condition que celui-ci ait pu être saisi au moins quinze jours à l'avance. La réponse de l'employeur est motivée.

Dans les autres personnes morales, ces dispositions s'appliquent à l'organe chargé de l'administration ou de la surveillance, lorsqu'elles en sont dotées.

Dans les autres formes de sociétés ou dans les groupements d'intérêt économique, lorsque le comité social et économique a décidé d'informer les associés ou les membres de la situation de l'entreprise, le gérant ou les administrateurs leur communiquent le rapport de la commission économique ou du comité.

Art. L. 2312-67. – Les informations concernant l'entreprise communiquées en application du présent paragraphe ont par nature un caractère confidentiel. Toute personne pouvant y accéder est tenue à leur égard à une obligation de discrétion.

Art. L. 2312-68. – À défaut de la consultation prévue à l'article L. 2312-25, les aides publiques en faveur des activités de recherche et de développement technologique sont suspendues.

Art. L. 2312-69. – Chaque trimestre, dans les entreprises d'au moins trois cents salariés, l'employeur met à la disposition du comité social et économique, dans les conditions prévues par l'accord mentionné à l'article L. 2312-21 ou à défaut d'accord au sous-paragraphe 4 du paragraphe 3 de la sous-section 3 de la présente section, des informations sur :

1° L'évolution générale des commandes et l'exécution des programmes de production ;

2° Les éventuels retards de paiement de cotisations sociales par l'entreprise ;

3° L'évolution des effectifs et de la qualification des salariés par sexe.

Un décret en Conseil d'État précise le contenu des informations prévues au 3° du présent article.

Paragraphe 5. – Droit d'alerte sociale

Art. L. 2312-70. – Lorsque le nombre des salariés titulaires d'un contrat de travail à durée déterminée et le nombre de salariés temporaires connaît un accroissement important par rapport à la situation existant lors de la dernière réunion du comité social et économique ayant abordé ce sujet, l'examen de cette question est inscrit de plein droit à l'ordre du jour de la prochaine réunion ordinaire du comité si la majorité des membres du comité le demande.

Lors de cette réunion ordinaire, l'employeur communique au comité le nombre de salariés titulaires d'un contrat de travail à durée déterminée et de salariés temporaires, les motifs l'ayant amené à y recourir ainsi que le nombre des journées de travail accomplies par les intéressés depuis la dernière communication faite à ce sujet.

Art. L. 2312-71. – Lorsque le comité social et économique a connaissance de faits susceptibles de caractériser un recours abusif aux contrats de travail à durée déterminée, aux contrats conclus avec une entreprise de portage salarial et au travail temporaire, ou lorsqu'il constate un accroissement important du nombre de salariés titulaires de contrats de travail à durée déterminée et de contrats de mission, il peut saisir l'agent de contrôle de l'inspection du travail mentionné à l'article L. 8112-1.

Sans préjudice des compétences qu'il détient en vertu des articles L. 8112-1 et suivants et de l'article L. 8113-7, l'agent de contrôle de l'inspection du travail mentionné à l'article L. 8112-1 adresse à l'employeur le rapport de ses constatations.

L'employeur communique ce rapport au comité en même temps que sa réponse motivée aux constatations de l'agent de contrôle de l'inspection du travail mentionné à l'article L. 8112-1. Dans sa réponse, l'employeur précise, en tant que de besoin, les moyens qu'il met en œuvre dans le cadre d'un plan de résorption de la précarité destiné à limiter le recours à ces formes de contrats de travail.

Sous-section 6. – Participation aux conseils d'administration ou de surveillance des sociétés

Art. L. 2312-72. – Dans les sociétés, deux membres de la délégation du personnel du comité social et économique et appartenant l'un à la catégorie des cadres techniciens et agents de maîtrise, l'autre à la catégorie des employés et ouvriers, assistent avec voix consultative à toutes les séances du conseil d'administration ou du conseil de surveillance, selon le cas.

Dans les sociétés où sont constitués trois collèges électoraux, en application de l'article L. 2314-11, la délégation du personnel au conseil d'administration ou au conseil de surveillance est portée à quatre membres. Deux de ces membres appartiennent à la catégorie des ouvriers et employés, le troisième à la catégorie de la maîtrise et le quatrième à la catégorie des ingénieurs, chefs de service et cadres administratifs, commerciaux ou techniques assimilés sur le plan de la classification.

Art. L. 2312-73. – Les membres de la délégation du personnel au conseil d'administration ou au conseil de surveillance ont droit aux mêmes documents que ceux adressés ou remis aux membres de ces instances à l'occasion de leurs réunions.

Ils peuvent soumettre les vœux du comité social et économique au conseil d'administration ou au conseil de surveillance, lequel donne un avis motivé sur ces vœux.

Art. L. 2312-74. – Dans les entreprises mentionnées à l'article 1er de la loi n° 83-675 du 26 juillet 1983 relative à la démocratisation du secteur public, à l'exception de celles qui figurent à l'annexe III de cette loi et dans les sociétés relevant du I de l'article 7 de l'ordonnance n° 2014-948 du 20 août 2014 relative à la gouvernance et aux opérations sur le capital des sociétés à participation publique, la représentation du comité social et économique auprès du conseil d'administration ou de surveillance est assurée par le secrétaire du comité ou de l'organe qui en tient lieu.

Art. L. 2312-75. – Dans les sociétés anonymes et les sociétés en commandite par actions dans lesquelles le conseil d'administration ou de surveillance comprend au moins un administrateur ou un membre élu ou désigné par les salariés au titre des articles L. 225-27, L. 225-27-1, L. 225-79, L. 225-79-2 et L. 226-5-1 du Code de commerce, la représentation du comité social et économique auprès de ces conseils est assurée par un membre titulaire du comité social et économique désigné par ce dernier.

Art. L. 2312-76. – Dans les sociétés par actions simplifiées, les statuts précisent l'organe social auprès duquel les membres de la délégation du personnel du comité social et économique exercent les droits définis par la présente sous-section.

Art. L. 2312-77. – Dans les sociétés, le comité social et économique peut demander en justice la désignation d'un mandataire chargé de convoquer l'assemblée générale des actionnaires en cas d'urgence.

Il peut également requérir l'inscription de projets de résolutions à l'ordre du jour des assemblées.

Deux membres du conseil, désignés par le comité social et économique et appartenant l'un à la catégorie des cadres techniciens et agents de maîtrise, l'autre à la catégorie des employés et ouvriers, ou les personnes mentionnées aux articles L. 2312-74 et L. 2312-75 peuvent assister aux assemblées générales. Ils sont entendus, à leur demande, lors de toutes les délibérations requérant l'unanimité des associés.

Sous-section 7. – Attributions en matière d'activités sociales et culturelles

Paragraphe 1er. – Attributions générales

Art. L. 2312-78. – Le comité social et économique assure, contrôle ou participe à la gestion de toutes les activités sociales et culturelles établies dans l'entreprise prioritairement au bénéfice des salariés, de leur famille et des stagiaires, quel qu'en soit le mode de financement, dans des conditions déterminées par décret en Conseil d'État.

Ce décret détermine notamment les conditions dans lesquelles les pouvoirs du comité peuvent être délégués à des organismes créés par lui et soumis à son contrôle, ainsi que les règles d'octroi et d'étendue de la personnalité civile des comités sociaux et économiques et des organismes créés par eux. Il fixe les conditions de financement des activités sociales et culturelles.

Art. L. 2312-79. – Les salariés sont informés de la politique de l'entreprise concernant ses choix de mécénat et de soutien aux associations et aux fondations.

Art. L. 2312-80. – Le comité social et économique assure ou contrôle la gestion des activités physiques ou sportives et peut décider de participer à leur financement.

Il émet également un avis sur la conclusion des conventions, prévues à l'article L. 221-8 du Code du sport, destinées à faciliter l'emploi d'un sportif, arbitre ou juge de haut niveau et sa reconversion professionnelle.

Paragraphe 2. – Financement

Art. L. 2312-81. – La contribution versée chaque année par l'employeur pour financer des institutions sociales du comité social et économique est fixée par accord d'entreprise.

À défaut d'accord, le rapport de cette contribution à la masse salariale brute ne peut être inférieur au même rapport existant pour l'année précédente.

Art. L. 2312-82. – Dans les entreprises comportant plusieurs comités sociaux et économiques d'établissement, la détermination du montant global de la contribution patronale versée pour financer les activités sociales et culturelles du comité est effectuée au niveau de l'entreprise dans les conditions prévues à l'article L. 2312-81.

La répartition de la contribution entre les comités d'établissement est fixée par un accord d'entreprise au prorata des effectifs des établissements ou de leur masse salariale ou de ces deux critères combinés. À défaut d'accord, cette répartition est effectuée au prorata de la masse salariale de chaque établissement.

Art. L. 2312-83. – Pour l'application du présent paragraphe, la masse salariale brute est constituée par l'ensemble des gains et rémunérations soumis à cotisations de sécurité sociale en application des dispositions de l'article L. 242-1 du Code de la sécurité sociale ou de l'article L. 741-10 du Code rural et de la pêche maritime, à l'exception des indemnités versées à l'occasion de la rupture du contrat de travail à durée indéterminée.

Art. L. 2312-84. – Un comité social et économique est mis en place au niveau de l'entreprise.

Des comités sociaux et économiques d'établissement et un comité social et économique central d'entreprise sont constitués dans les entreprises d'au moins cinquante salariés comportant au moins deux établissements distincts.

6.1.3. – Mise en place et suppression du comité social et économique

Code du travail

Partie législative

CHAPITRE III. – MISE EN PLACE DU COMITÉ SOCIAL ET ÉCONOMIQUE

Section I. – Cadre de mise en place du comité social et économique

Sous-section 1. – Mise en place au niveau de l'entreprise

Paragraphe 1. – Mise en place du comité social et économique et des comités sociaux et économiques d'établissement

Art. L. 2313-1. – **Un comité social et économique est mis en place au niveau de l'entreprise.**

Des comités sociaux et économiques d'établissement et un comité social et économique central d'entreprise sont constitués dans les entreprises d'au moins cinquante salariés comportant au moins deux établissements distincts.

Art. L. 2313-2. – **Un accord d'entreprise, conclu dans les conditions prévues au premier alinéa de l'article L. 2232-12, détermine le nombre et le périmètre des établissements distincts.**

Art. L. 2313-3. – **En l'absence d'accord conclu dans les conditions mentionnées à l'article L. 2313-2 et en l'absence de délégué syndical, un accord entre l'employeur et le comité social et économique, adopté à la majorité des membres titulaires élus de la délégation du personnel du comité, peut déterminer le nombre et le périmètre des établissements distincts.**

Art. L. 2313-4. – **En l'absence d'accord conclu dans les conditions mentionnées aux articles L. 2313-2 et L. 2313-3, l'employeur fixe le nombre et le périmètre des établissements distincts, compte tenu de l'autonomie de gestion du responsable de l'établissement, notamment en matière de gestion du personnel.**

1) Définition. Caractérise, au sens de l'article L. 2313-4 du Code du travail, un établissement distinct l'établissement qui présente, notamment en raison de l'étendue des délégations de compétence dont dispose son responsable, une autonomie suffisante en ce qui concerne la gestion du personnel et l'exécution du service : ▪ Cass. soc., 19 déc. 2018, n° 18-23.655 : *JCP* S 2019, 1021, note A. Coeuret et F. Duquesne ; *RDT* 2019, p. 119, note C. Wolmark.

2) Détermination. Ce n'est que lorsque, à l'issue d'une tentative loyale de négociation, un accord collectif n'a pu être conclu que l'employeur peut fixer par décision unilatérale le nombre et le périmètre des établissements distincts : ▪ Cass. soc., 17 avr. 2019, n° 18-22.948, publié. La notification de la décision prise par l'employeur en matière de fixation du nombre et du périmètre des établissements distincts consiste en une information, spécifique et préalable à l'organisation des élections professionnelles au sein des établissements distincts, qui fait courir le délai de recours devant la Direccte. En l'absence d'information préalable régulière, le délai de contestation ne court pas (même arrêt).

Art. L. 2313-5. – **En cas de litige portant sur la décision de l'employeur prévue à l'article L. 2313-4, le nombre et le périmètre des établissements distincts sont fixés par l'autorité administrative du siège de l'entreprise dans des conditions prévues par décret en Conseil d'État. Lorsqu'elle intervient dans le cadre d'un processus électoral global, la saisine de l'autorité administrative suspend ce processus jusqu'à la décision administrative et entraîne la prorogation des mandats des élus en cours jusqu'à la proclamation des résultats du scrutin.**

La décision de l'autorité administrative peut faire l'objet d'un recours devant le juge judiciaire, à l'exclusion de tout autre recours administratif ou contentieux.

Prérogatives du tribunal d'instance. Il appartient au tribunal d'instance d'examiner l'ensemble des contestations, qu'elles portent sur la légalité externe ou sur la légalité interne de la décision de la Direccte et, s'il les dit mal fondées, de confirmer la décision, s'il les accueille partiellement ou totalement, de statuer à nouveau, par une décision se substituant à celle de l'autorité administrative, sur les questions demeurant en litige : ▪ Cass. soc., 19 déc. 2018, n° 18-23.655 : *JCP* S 2019, 1021, note A. Coeuret et F. Duquesne ; *RDT* 2019, p. 119, note C. Wolmark.

Art. L. 2313-6. – La perte de la qualité d'établissement distinct dans les cas prévus aux articles L. 2313-2 à L. 2313-5 emporte la cessation des fonctions des membres de la délégation du personnel du comité social et économique de cet établissement, sauf si un accord contraire, conclu entre l'employeur et les organisations syndicales représentatives dans les conditions prévues au premier alinéa de l'article L. 2232-12, ou à défaut d'accord d'entreprise, un accord entre l'employeur et le comité social et économique concerné, permet aux membres de la délégation du personnel du comité d'achever leur mandat.

Paragraphe 2. – Les représentants de proximité

Art. L. 2313-7. – L'accord d'entreprise défini à l'article L. 2313-2 peut mettre en place des représentants de proximité.

L'accord définit également :

1° Le nombre de représentants de proximité ;

2° Les attributions des représentants de proximité, notamment en matière de santé, de sécurité et de conditions de travail ;

3° Les modalités de leur désignation ;

4° Leurs modalités de fonctionnement, notamment le nombre d'heures de délégation dont bénéficient les représentants de proximité pour l'exercice de leurs attributions.

Les représentants de proximité sont membres du comité social et économique ou désignés par lui pour une durée qui prend fin avec celle du mandat des membres élus du comité.

Sous-section 2. – Mise en place du comité social et économique au niveau de l'unité économique et sociale

Art. L. 2313-8. – Lorsqu'une unité économique et sociale regroupant au moins onze salariés est reconnue par accord collectif ou par décision de justice entre plusieurs entreprises juridiquement distinctes, un comité social et économique commun est mis en place.

Des comités sociaux et économiques d'établissement et un comité social et économique central d'entreprise sont constitués dans les unités économiques et sociales comportant au moins deux établissements.

Un accord d'entreprise conclu au niveau de l'unité économique et sociale dans les conditions prévues au premier alinéa de l'article L. 2232-12 détermine le nombre et le périmètre des établissements distincts.

En l'absence d'un tel accord et en l'absence de délégué syndical désigné au niveau de l'unité économique et sociale, un accord entre les entreprises regroupées au sein de l'unité économique et sociale et le comité social et économique, adopté à la majorité des membres titulaires élus de la délégation du personnel du comité, peut déterminer le nombre et le périmètre des établissements distincts.

En l'absence d'accord d'entreprise ou d'accord conclu avec le comité social et économique, l'un des employeurs mandatés par les autres fixe le nombre et le périmètre des établissements distincts, compte tenu de l'autonomie de gestion du responsable de l'établissement, notamment en matière de gestion du personnel.

En cas de litige portant sur cette décision, le nombre et le périmètre des établissements distincts sont fixés par l'autorité administrative du siège de l'entreprise qui a pris la décision dans des conditions prévues par décret en Conseil d'État. Lorsqu'elle intervient dans le cadre d'un processus électoral global, la saisine de l'autorité administrative suspend ce processus jusqu'à la décision administrative et entraîne la prorogation des mandats des élus en cours jusqu'à la proclamation des résultats du scrutin.

La décision de l'autorité administrative peut faire l'objet d'un recours devant le juge judiciaire, à l'exclusion de tout autre recours administratif ou contentieux.

Sous-section 3. – Mise en place du comité social et économique interentreprises

Art. L. 2313-9. – Lorsque la nature et l'importance de problèmes communs aux entreprises d'un même site ou d'une même zone le justifient, un accord collectif interentreprises conclu entre les employeurs des entreprises du site ou de la zone et les organisations syndicales représentatives au niveau interprofessionnel ou au niveau départemental peut mettre en place un comité social et économique interentreprises.

L'accord définit :

1° Le nombre de membres de la délégation du personnel du comité social et économique interentreprises ;

2° Les modalités de leur élection ou désignation ;
3° Les attributions du comité social et économique interentreprises ;
4° Les modalités de fonctionnement du comité social et économique interentreprises.

L'accord collectif peut également décider que dans les entreprises d'au moins onze salariés du site ou de la zone ayant mis en place un comité social et économique, un membre de la délégation du personnel de chaque comité social et économique participe aux réunions mensuelles.

Section II. – Suppression du comité social et économique

Art. L. 2313-10. – À l'expiration du mandat des membres de la délégation du personnel du comité social et économique, l'instance n'est pas renouvelée si l'effectif de l'entreprise est resté en dessous de onze salariés pendant au moins douze mois consécutifs.

6.1.4. – Fonctionnement

Code du travail

Partie législative

CHAPITRE V. – FONCTIONNEMENT

Section III. – Dispositions particulières des entreprises d'au moins cinquante salariés

Sous-section 10. – Expertise

Paragraphe 1er. – Dispositions générales

Sous-paragraphe 1er. – Champ de l'expertise

Art. L. 2315-78. – Le comité social et économique peut, le cas échéant sur proposition des commissions constituées en son sein, décider de recourir à un expert-comptable ou à un expert habilité dans les cas prévus à la présente sous-section.

Art. L. 2315-79. – Un accord d'entreprise, ou à défaut un accord conclu entre l'employeur et le comité social et économique, adopté à la majorité des membres titulaires élus de la délégation du personnel, détermine le nombre d'expertises dans le cadre des consultations récurrentes prévues au paragraphe 2 sur une ou plusieurs années.

Sous-paragraphe 2. – Financement

Art. L. 2315-80. – Lorsque le comité social et économique décide du recours à l'expertise, les frais d'expertise sont pris en charge :

1° Par l'employeur concernant les consultations prévues par les articles L. 2315-88, L. 2315-91, au 3° de l'article L. 2315-92 et au 1° de l'article L. 2315-94 ainsi qu'au 3° du même article L. 2315-94 en l'absence de tout indicateur relatif à l'égalité professionnelle prévu à l'article L. 2312-18 ;

2° Par le comité, sur son budget de fonctionnement, à hauteur de 20 %, et par l'employeur, à hauteur de 80 %, concernant la consultation prévue à l'article L. 2315-87 et les consultations ponctuelles hors celles visées au deuxième alinéa ;

3° Par l'employeur concernant les consultations mentionnées au 2° du présent article, lorsque le budget de fonctionnement du comité social et économique est insuffisant pour couvrir le coût de l'expertise et n'a pas donné lieu à un transfert d'excédent annuel au budget destiné aux activités sociales et culturelles prévu à l'article L. 2312-84 au cours des trois années précédentes.

Art. L. 2315-81. – Par dérogation aux articles L. 2315-78 et L. 2315-80, le comité social et économique peut faire appel à tout type d'expertise rémunérée par ses soins pour la préparation de ses travaux.

Sous-paragraphe 3. – Choix de l'expert

Art. L. 2315-81-1. – À compter de la désignation de l'expert par le comité social et économique, les membres du comité établissent au besoin et notifient à l'employeur un cahier des charges. L'expert notifie à l'employeur le coût prévisionnel, l'étendue et la durée d'expertise, dans un délai fixé par décret en Conseil d'État.

Sous-paragraphe 4. – Droits et obligations de l'expert

Art. L. 2315-82. – Les experts mentionnés aux paragraphes 2 et 3 ont libre accès dans l'entreprise pour les besoins de leur mission.

Art. L. 2315-83. – L'employeur fournit à l'expert les informations nécessaires à l'exercice de sa mission.

Art. L. 2315-84. – L'expert est tenu aux obligations de secret et de discrétion définies à l'article L. 2315-3.

Sous-paragraphe 5. – Délai de l'expertise

Art. L. 2315-85. – Un décret en Conseil d'État détermine :

1° Pour chaque catégorie d'expertise, le délai maximal dans lequel l'expert remet son rapport, en l'absence d'accord d'entreprise ou d'accord conclu entre l'employeur et le comité social et économique, adopté à la majorité des membres titulaires de la délégation du personnel du comité, le définissant ;

2° Les modalités et conditions de réalisation de l'expertise, lorsqu'elle porte sur plusieurs champs.

Sous-paragraphe 6. – Contestation

Art. L. 2315-86. – Sauf dans le cas prévu à l'article L. 1233-35-1, l'employeur saisit le juge judiciaire dans un délai fixé par décret en Conseil d'État de :

1° La délibération du comité social et économique décidant le recours à l'expertise s'il entend contester la nécessité de l'expertise ;

2° La désignation de l'expert par le comité social et économique s'il entend contester le choix de l'expert ;

3° La notification à l'employeur du cahier des charges et des informations prévues à l'article L. 2315-81-1 s'il entend contester le coût prévisionnel, l'étendue ou la durée de l'expertise ;

4° La notification à l'employeur du coût final de l'expertise s'il entend contester ce coût.

Le juge statue, en la forme des référés, en premier et dernier ressort, dans les dix jours suivant sa saisine. Cette saisine suspend l'exécution de la décision du comité, ainsi que les délais dans lesquels il est consulté en application de l'article L. 2312-15, jusqu'à la notification du jugement.

En cas d'annulation définitive par le juge de la délibération du comité social et économique, les sommes perçues par l'expert sont remboursées par ce dernier à l'employeur. Le comité social et économique peut, à tout moment, décider de les prendre en charge.

Paragraphe 2. – Expertise dans le cadre de consultations récurrentes

Sous-paragraphe 1er. – Expertise dans le cadre de la consultation sur les orientations stratégiques de l'entreprise

Art. L. 2315-87. – Le comité social et économique peut décider de recourir à un expert-comptable en vue de la consultation sur les orientations stratégiques de l'entreprise prévu au 1° de l'article L. 2312-17.

Sous-paragraphe 2. – Expertise dans le cadre de la consultation sur la situation économique et financière

Art. L. 2315-88. – Le comité social et économique peut décider de recourir à un expert-comptable en vue de la consultation sur la situation économique et financière de l'entreprise prévue au 2° de l'article L. 2312-17.

Art. L. 2315-89. – La mission de l'expert-comptable porte sur tous les éléments d'ordre économique, financier ou social nécessaires à la compréhension des comptes et à l'appréciation de la situation de l'entreprise.

Art. L. 2315-90. – Pour opérer toute vérification ou tout contrôle entrant dans l'exercice de ses missions, l'expert-comptable a accès aux mêmes documents que le commissaire aux comptes de l'entreprise.

Sous-paragraphe 3. – Expertise dans le cadre de la consultation sur la politique sociale de l'entreprise, les conditions de travail et l'emploi

Art. L. 2315-91. – Le comité social et économique peut décider de recourir à un expert-comptable dans le cadre de la consultation sur la politique sociale de l'entreprise, les conditions de travail et l'emploi mentionnée au 3° de l'article L. 2312-17.

Paragraphe 3. – Autres cas de recours à l'expertise

Art. L. 2315-92. – I. – Un expert-comptable peut être désigné par le comité social et économique :

1° Dans les conditions prévues à l'article L. 2312-41 relatif aux opérations de concentration ;

2° Dans les conditions prévues aux articles L. 2312-63 et suivants, relatifs à l'exercice du droit d'alerte économique ;

3° En cas de licenciements collectifs pour motif économique, dans les conditions prévues aux articles L. 1233-34 et suivants ;

4° Dans les conditions prévues aux articles L. 2312-42 à L. 2312-52, relatifs aux offres publiques d'acquisition.

II. – Le comité peut également mandater un expert-comptable afin qu'il apporte toute analyse utile aux organisations syndicales pour préparer les négociations prévues aux articles, L. 2254-2 et L. 1233-24-1. Dans ce dernier cas, l'expert est le même que celui désigné en application du 3° du I.

Art. L. 2315-93. – L'expert-comptable a accès aux informations dans les conditions prévues aux articles L. 2315-83 et L. 2315-90.

Lorsqu'il est saisi dans le cadre d'une opération de concentration prévue à l'article L. 2312-41 ou d'une opération de recherche de repreneurs prévue à la section 4 *bis* du chapitre III du titre III du livre II de la première partie, l'expert a accès aux documents de toutes les sociétés intéressées par l'opération.

Lorsqu'il est saisi dans le cadre d'une offre publique d'acquisition dans les conditions prévues aux articles L. 2312-42 à L. 2312-52, l'expert-comptable a accès aux documents nécessaires à l'élaboration du rapport prévu à l'article L. 2312-45.

Art. L. 2315-94. – Le comité social et économique peut faire appel à un expert habilité dans des conditions prévues par décret en Conseil d'État :

1° Lorsqu'un risque grave, identifié et actuel, révélé ou non par un accident du travail, une maladie professionnelle ou à caractère professionnel est constaté dans l'établissement ;

2° En cas d'introduction de nouvelles technologies ou de projet important modifiant les conditions de santé et de sécurité ou les conditions de travail, prévus au 4° de l'article L. 2312-8 ;

3° Dans les entreprises d'au moins trois cents salariés, en vue de préparer la négociation sur l'égalité professionnelle.

Art. L. 2315-95. – Dans les entreprises d'au moins trois cents salariés, le comité social et économique peut décider de recourir à un expert technique de son choix en vue de préparer la négociation sur l'égalité professionnelle.

6.1.5. – Comité social et économique central et comité social et économique d'établissement

Code du travail

Partie législative

CHAPITRE VI. – COMITÉ SOCIAL ET ÉCONOMIQUE CENTRAL ET COMITÉ SOCIAL ET ÉCONOMIQUE D'ÉTABLISSEMENT

Section I. – Comité social et économique central

Sous-section 1. – Attributions

Art. L. 2316-1. – Le comité social et économique central d'entreprise exerce les attributions qui concernent la marche générale de l'entreprise et qui excèdent les limites des pouvoirs des chefs d'établissement.

Il est seul consulté sur :

1° Les projets décidés au niveau de l'entreprise qui ne comportent pas de mesures d'adaptation spécifiques à un ou plusieurs établissements. Dans ce cas, son avis accompagné des documents relatifs au projet est transmis, par tout moyen, aux comités sociaux et économiques d'établissement ;

2° Les projets et consultations récurrentes décidés au niveau de l'entreprise lorsque leurs éventuelles mesures de mise en œuvre, qui feront ultérieurement l'objet d'une consultation spécifique au niveau approprié, ne sont pas encore définies ;

3° Les mesures d'adaptation communes à plusieurs établissements des projets prévus au 4° de l'article 2312-8.

Art. L. 2316-2. – Le comité social et économique central d'entreprise est informé et consulté sur tous les projets importants concernant l'entreprise en matière économique et financière notamment dans les cas définis aux articles L. 2312-42 à L. 2312-51 ainsi qu'en matière de santé, de sécurité et des conditions de travail, notamment dans les cas définis au 4° de l'article L. 2312-8.

Art. L. 2316-3. – Si la désignation d'un expert prévue à la sous-section 10 de la section III du chapitre V du présent titre est envisagée dans le cadre des projets mentionnés à l'article L. 2316-2, elle est effectuée par le comité social et économique central.

Sous-section 3. – Fonctionnement

Art. L. 2316-13. – Le comité social et économique central est doté de la personnalité civile.

Il est présidé par l'employeur ou son représentant, assisté éventuellement de deux collaborateurs qui ont voix consultative.

Le comité désigne un secrétaire et un secrétaire adjoint en charge des attributions en matière de santé, sécurité et des conditions de travail.

Art. L. 2316-14. – Le comité social et économique central détermine, dans un règlement intérieur, les modalités de son fonctionnement et de ses rapports avec les salariés de l'entreprise pour l'exercice des missions qui lui sont conférées par le présent titre.

Les décisions du comité social et économique central portant sur ses modalités de fonctionnement et l'organisation de ses travaux ainsi que ses résolutions sont prises à la majorité des membres présents.

Art. L. 2316-15. – Le comité social et économique central d'entreprise se réunit au moins une fois tous les six mois au siège de l'entreprise sur convocation de l'employeur.

Il peut tenir des réunions exceptionnelles à la demande de la majorité de ses membres.

Art. L. 2316-16. – Le recours à la visioconférence pour réunir le comité social et économique central peut être autorisé par accord entre l'employeur et les membres élus du comité. En l'absence d'accord, ce recours est limité à trois réunions par année civile. Un décret détermine les conditions dans lesquelles le comité social et économique central peut, dans ce cadre, procéder à un vote à bulletin secret.

Art. L. 2316-17. – L'ordre du jour des réunions du comité social et économique central est arrêté par le président et le secrétaire.

Les consultations rendues obligatoires par une disposition législative ou réglementaire ou par un accord collectif de travail sont inscrites de plein droit à l'ordre du jour par le président ou le secrétaire.

L'ordre du jour est communiqué aux membres huit jours au moins avant la séance.

Art. L. 2316-18. – Une commission santé, sécurité et conditions de travail centrale est mise en place dans les entreprises d'au moins trois cents salariés dans les conditions prévues aux articles L. 2315-36 à L. 2315-44.

Art. L. 2316-19. – La sous-section 9 de la section III du chapitre V du présent titre et le sous-paragraphe 5 du paragraphe 3 de la sous-section 6 de la même section III sont applicables au comité social et économique central dans des conditions déterminées par décret.

Section II. – Comité social et économique d'établissement

Sous-section 1. – Attributions

Art. L. 2316-20. – Le comité social et économique d'établissement a les mêmes attributions que le comité social et économique d'entreprise, dans la limite des pouvoirs confiés au chef de cet établissement.

Le comité social et économique d'établissement est consulté sur les mesures d'adaptation des décisions arrêtées au niveau de l'entreprise spécifiques à l'établissement et qui relèvent de la compétence du chef de cet établissement.

Art. L. 2316-21. – Le comité social et économique d'établissement peut faire appel à un expert prévu à la sous-section 10 de la section III du chapitre V du présent titre lorsqu'il est compétent conformément aux dispositions du présent code.

Art. L. 2316-22. – Lorsqu'il y a lieu de consulter à la fois le comité social et économique central et un ou plusieurs comités sociaux et économiques d'établissement, un accord peut définir l'ordre et les délais dans lesquels le comité social et économique central et le ou les comités sociaux et économiques d'établissement rendent et transmettent leurs avis.

À défaut d'accord, l'avis de chaque comité social et économique d'établissement est rendu et transmis au comité social et économique central et l'avis du comité social et économique central est rendu dans des délais fixés par décret en Conseil d'État.

Art. L. 2316-23. – Les comités sociaux et économiques d'établissement assurent et contrôlent la gestion de toutes les activités sociales et culturelles.

Toutefois, les comités sociaux et économiques d'établissement peuvent confier au comité social et économique central la gestion d'activités communes.

Un accord entre l'employeur et une ou plusieurs organisations syndicales de salariés représentatives dans l'entreprise, conclu dans les conditions prévues au premier alinéa de l'article L. 2232-12, peut définir les compétences respectives du comité social et économique central et des comités sociaux et économiques d'établissement.

En cas de transfert au comité social et économique central de la gestion d'activités sociales et culturelles en application du présent article, ce transfert fait l'objet d'une convention entre les comités sociaux et économiques d'établissement et le comité social et économique central. Cette convention comporte des clauses conformes à des clauses types déterminées par décret.

Sous-section 2. – Composition

Art. L. 2316-24. – La composition des comités sociaux et économiques d'établissement est identique à celle du comité social et économique prévu aux articles L. 2314-1 à L. 2314-3.

Sous-section 3. – Fonctionnement

Art. L. 2316-25. – Dans les entreprises d'au moins cinquante salariés, les comités sociaux et économiques d'établissement sont dotés de la personnalité civile.

Art. L. 2316-26. – Le fonctionnement des comités sociaux et économiques d'établissement est identique à celui des comités sociaux et économiques d'entreprise.

6.1.5. – Conseil d'entreprise

Code du travail

Partie législative

TITRE II. – CONSEIL D'ENTREPRISE

Art. L. 2321-1. – Le conseil d'entreprise exerce l'ensemble des attributions définies au chapitre II du titre Ier du présent livre et est seul compétent pour négocier, conclure et réviser les conventions et accords d'entreprise ou d'établissement.

Ses modalités de fonctionnement sont celles définies au chapitre V du titre Ier du présent livre

Art. L. 2321-2. – Le conseil d'entreprise peut être institué par accord d'entreprise conclu dans les conditions prévues au premier alinéa de l'article L. 2232-12. Cet accord est à durée indéterminée. Il peut également être constitué par accord de branche étendu pour les entreprises dépourvues de délégué syndical.

L'accord précise les modalités selon lesquelles les négociations se déroulent au niveau des établissements.

Art. L. 2321-3. – L'accord prévu à l'article L. 2321-2 fixe la liste des thèmes tels que l'égalité professionnelle, soumis à l'avis conforme du conseil d'entreprise. La formation professionnelle constitue un thème obligatoire.

Art. L. 2321-4. – L'accord prévu à l'article L. 2321-2 fixe le nombre d'heures de délégation dont bénéficient les élus du conseil d'entreprise participant aux négociations. Cette durée ne peut, sauf circonstances exceptionnelles, être inférieure à un nombre d'heures défini par décret en Conseil d'État, en fonction de l'effectif de l'entreprise.

Art. L. 2321-5. – Le temps passé à la négociation est de plein droit considéré comme temps de travail et payé à l'échéance normale.

Art. L. 2321-6. – L'accord prévu à l'article L. 2321-2 comporte des stipulations relatives à l'indemnisation des frais de déplacement.

Art. L. 2321-7. – Le cas échéant, l'accord prévu à l'article L. 2321-2 peut fixer la composition de la délégation qui négocie les conventions et accords d'entreprise ou d'établissement.

Art. L. 2321-8. – L'accord prévu à l'article L. 2321-2 peut fixer la périodicité de tout ou partie des thèmes de négociation du conseil d'entreprise.

Art. L. 2321-9. – La validité d'une convention ou d'un accord d'entreprise ou d'établissement conclu par le conseil d'entreprise est subordonnée à sa signature par la majorité des membres titulaires élus du conseil ou par un ou plusieurs membres titulaires ayant recueilli plus de 50 % des suffrages exprimés lors des dernières élections professionnelles. Pour l'appréciation de ce dernier seuil, il est tenu compte des suffrages recueillis lors du premier tour des élections pour les élus au premier tour de scrutin, et de ceux recueillis lors du second tour pour les élus au second tour de scrutin.

Art. L. 2321-10. – Le conseil d'entreprise défini au présent titre peut être mis en place dans les entreprises appartenant à une unité économique et sociale. L'accord défini à l'article L. 2321-2 est conclu soit au niveau d'une ou de plusieurs entreprises composant l'unité économique et sociale, soit au niveau de l'unité économique et sociale. Dans ce dernier cas, les règles de validité de l'accord sont appréciées en tenant compte des suffrages valablement exprimés dans l'ensemble des entreprises.

6.2. – DÉLÉGUÉS DU PERSONNEL

Bibliographie : J. Savatier, *Les attributions des délégués du personnel* : *Dr. soc.* 1993, p. 746. • V. Bonin, *Quelle raison d'être pour les délégués du personnel* : *Bull. soc. Fr. Lefebvre* 2009, p. 521.

Code du travail

Partie législative

LIVRE TROISIÈME. – LES INSTITUTIONS REPRÉSENTATIVES DU PERSONNEL

TITRE PREMIER. – DÉLÉGUÉS DU PERSONNEL

CHAPITRE I. – CHAMP D'APPLICATION

Art. L. 2311-1. – Les dispositions du présent titre sont applicables aux employeurs de droit privé ainsi qu'à leurs salariés.

Elles sont également applicables :

1° Aux établissements publics à caractère industriel et commercial ;

2° Aux établissements publics à caractère administratif lorsqu'ils emploient du personnel dans les conditions du droit privé.

Ces dispositions peuvent, compte tenu des caractères particuliers de certains des établissements mentionnés aux 1° et 2° et des instances de représentation du personnel éventuellement existantes, faire l'objet d'adaptations, par décrets en Conseil d'État, sous réserve d'assurer les mêmes garanties aux salariés de ces établissements.

CHAPITRE II. – CONDITIONS DE MISE EN PLACE

Art. L. 2312-1 *(Mod., L. n° 2012-387, 22 mars 2012)*. – Le personnel élit des délégués dans tous les établissements d'au moins onze salariés.

Art. L. 2312-2 *(Mod., L. n° 2012-387, 22 mars 2012)*. – La mise en place des délégués du personnel n'est obligatoire que si l'effectif d'au moins onze salariés est atteint pendant douze mois, consécutifs ou non, au cours des trois années précédentes.

Art. L. 2312-3. – À l'expiration du mandat des délégués du personnel, l'institution n'est pas renouvelée si les effectifs de l'établissement sont restés en dessous de onze salariés pendant au moins douze mois.

Dans ce cas, le renouvellement intervient dès que les conditions d'effectifs prévues à l'article L. 2312-2 sont à nouveau remplies, la période de trois ans étant calculée à partir de la fin du dernier mandat des délégués du personnel.

Art. L. 2312-4. – Dans les établissements employant moins de onze salariés, des délégués du personnel peuvent être institués par convention ou accord collectif de travail.

Art. L. 2312-5 *(Mod., L. n° 2008-789, 20 août 2008 ; L. n° 2012-387, 22 mars 2012)*. – Dans les établissements employant habituellement moins de onze salariés et dont l'activité s'exerce sur un même site où sont employés durablement au moins cinquante salariés, l'autorité administrative peut, de sa propre initiative ou à la demande des organisations syndicales de salariés, imposer l'élection de délégués du personnel lorsque la nature et l'importance des problèmes communs aux entreprises du site le justifient.

Les conditions de ces élections sont définies par accord entre l'autorité gestionnaire du site ou le représentant des employeurs concernés et les organisations syndicales de salariés conclu selon les conditions de l'article L. 2314-3-1.

À défaut d'accord, l'autorité administrative fixe le nombre et la composition des collèges électoraux ainsi que le nombre des sièges et leur répartition entre les collèges par application des dispositions du présent titre.

(Aj., L. n° 2014-288, 5 mars 2014) La saisine de l'autorité administrative suspend le processus électoral jusqu'à la décision administrative et entraîne la prorogation des mandats des élus en cours jusqu'à la proclamation des résultats du scrutin.

1) **Établissement distinct.** L'établissement distinct permettant l'élection de délégués du personnel se caractérise par le regroupement d'au moins onze salariés constituant une communauté de travail ayant des intérêts propres, susceptible de générer des réclamations communes et spécifiques et travaillant sous la direction d'un représentant de l'employeur, peu important que celui-ci ait le pouvoir de se prononcer sur ces réclamations : ▪ Cass. soc., 29 janv. 2003 : *Bull. civ.* V, n° 360 ; *Dr. soc.* 2003, p. 453, obs. J. Savatier. ▪ Cass. soc., 7 déc. 2017, n° 14-27.232 : *JCP* S 2017, 1042, note J.-Y. Kerbourc'h (reprenant la définition de l'établissement énoncée dans l'arrêt précité, la Cour de cassation ajoute qu'il en résulte que l'existence d'un établissement distinct ne peut être reconnue que si l'effectif de l'établissement permet la mise en place de délégués du personnel).

2) **Compétence judiciaire.** Si le tribunal d'instance n'est pas compétent pour procéder au découpage de l'entreprise en établissements distincts en vue de l'élection de délégués du personnel, il l'est pour statuer sur la validité de l'accord procédant à un tel découpage : ▪ Cass. soc., 2 mars 2011, n° 09-60.483 : *JCP* S 2011, 1217, note E. Jeansen.

3) **Unité économique et sociale.** Voir sous C. trav., art. L. 2322-4, annot. n° 1 s., p. 1754.

Art. L. 2312-6. – Les dispositions du présent titre ne font pas obstacle aux clauses plus favorables résultant de conventions ou d'accords et relatives à la désignation et aux attributions des délégués du personnel.

Art. L. 2312-7. – Aucune limitation ne peut être apportée aux dispositions relatives à la désignation et à l'exercice des fonctions de délégué du personnel par note de service ou décision unilatérale de la direction.

Art. L. 2312-8. – Pour l'application du présent titre, les modalités de calcul des effectifs sont celles prévues aux articles L. 1111-2 et L. 1251-54.

CHAPITRE III. – ATTRIBUTIONS

Section I. – Attributions générales

Art. L. 2313-1. – Les délégués du personnel ont pour mission :

1° De présenter aux employeurs toutes les réclamations individuelles ou collectives relatives aux salaires, à l'application du Code du travail et des autres dispositions légales concernant la protection sociale, la santé et la sécurité, ainsi que des conventions et accords applicables dans l'entreprise ;

2° De saisir l'inspection du travail de toutes les plaintes et observations relatives à l'application des dispositions légales dont elle est chargée d'assurer le contrôle.

Art. L. 2313-2. – Si un délégué du personnel constate, notamment par l'intermédiaire d'un salarié, qu'il existe une atteinte aux droits des personnes, à leur santé physique et mentale ou aux libertés individuelles dans l'entreprise qui ne serait pas justifiée par la nature de la tâche à accomplir, ni proportionnée au but recherché, il en saisit immédiatement l'employeur. Cette atteinte peut notamment résulter *(Mots aj., L. n° 2012-954, 6 août 2012)* « de faits de harcèlement sexuel ou moral ou » de toute mesure discriminatoire en matière d'embauche, de rémunération, de formation, de reclassement, d'affectation, de classification, de qualification, de promotion professionnelle, de mutation, de renouvellement de contrat, de sanction ou de licenciement.

L'employeur procède sans délai à une enquête avec le délégué et prend les dispositions nécessaires pour remédier à cette situation.

En cas de carence de l'employeur ou de divergence sur la réalité de cette atteinte, et à défaut de solution trouvée avec l'employeur, le salarié, ou le délégué si le salarié intéressé averti par écrit ne s'y oppose pas, saisit le bureau de jugement du conseil de prud'hommes qui statue selon la forme des référés.

Le juge peut ordonner toutes mesures propres à faire cesser cette atteinte et assortir sa décision d'une astreinte qui sera liquidée au profit du Trésor.

Pour une illustration de la faculté reconnue par cette disposition aux délégués du personnel de saisir le bureau de jugement du conseil des prud'hommes, en la forme des référés, en cas d'atteinte aux droits des personnes et aux libertés individuelles : V. ■ Cass. soc., 17 juin 2009, n° 08-40.274 : *Bull. civ.* V, n° 153.

Art. L. 2313-3. – Les salariés d'entreprises extérieures qui, dans l'exercice de leur activité, ne se trouvent pas placés sous la subordination directe de l'entreprise utilisatrice peuvent faire présenter leurs réclamations individuelles et collectives, intéressant celles des conditions d'exécution du travail qui relèvent du chef d'établissement, par les délégués du personnel de cet établissement dans les conditions fixées au présent titre.

Art. L. 2313-4. – Dans les entreprises utilisatrices, les salariés temporaires peuvent faire présenter par les délégués du personnel de ces entreprises leurs réclamations intéressant l'application des dispositions des articles :

1° L. 1251-18 en matière de rémunération ;

2° L. 1251-21 à L. 1251-23 en matière de conditions de travail ;

3° L. 1251-24 en matière d'accès aux moyens de transport collectifs et aux installations collectives.

Art. L. 2313-5. – Les délégués du personnel peuvent prendre connaissance des contrats de mise à disposition conclus avec les entreprises de travail temporaire ainsi que des contrats suivants :

1° Contrats d'accompagnement dans l'emploi ;

2° *(Abr., L. n° 2008-1249, 1er déc. 2008, en vigueur au 1er janv. 2010)* ;

3° « Contrats initiative emploi » ;

4° *(Abr., L. n° 2008-1249, 1er déc. 2008, en vigueur au 1er janv. 2010).*

(Aj., L. n° 2008-596, 25 juin 2008) « En l'absence de comité d'entreprise, l'employeur informe les délégués du personnel, une fois par an, des éléments qui l'ont conduit à faire appel, au titre de l'année écoulée, et qui pourraient le conduire à faire appel pour l'année à venir, à des contrats de travail à durée déterminée, à des contrats de mission conclus avec une entreprise de travail temporaire ou à des contrats conclus avec une entreprise de portage salarial ».

Art. L. 2313-6. – Lorsque les délégués du personnel tiennent de la loi un droit d'accès aux registres mentionnés à l'article L. 8113-6, l'employeur les consulte préalablement à la mise en place d'un support de substitution dans les conditions prévues à ce même article.

Art. L. 2313-7. – Dans les entreprises de moins de cinquante salariés, lorsque l'employeur envisage de procéder à un licenciement collectif pour motif économique, les délégués du personnel sont consultés dans les conditions prévues par le titre III du livre II de la première partie.

Code du travail

Art. L. 1233-20. – Le procès-verbal de la réunion des délégués du personnel consultés sur un projet de licenciement collectif pour motif économique est transmis à l'autorité administrative.

Art. L. 2313-7-1 *(L. n° 2013-504, 14 juin 2013).* – Dans les entreprises de moins de cinquante salariés, les délégués du personnel sont informés et consultés sur l'utilisation du crédit d'impôt prévu à l'article 244 *quater* C du Code général des impôts, selon les modalités prévues aux articles *(Réf. mod., L. n° 2015-994, 17 août 2015)* « L. 2323-12, L. 2323-56 et L. 2323-57 » du présent code.

Art. L. 2313-8. – Dans les entreprises de moins de cinquante salariés, les délégués du personnel exercent les missions du comité d'entreprise en matière de formation professionnelle.

À ce titre, ils bénéficient des moyens prévus aux articles L. 2315-1 et suivants.

Art. L. 2313-9. – Lorsqu'il existe un comité d'entreprise, les délégués du personnel ont qualité pour lui communiquer les suggestions et observations du personnel sur toutes les questions entrant dans la compétence du comité.

Il en est de même lorsqu'il existe un comité d'hygiène, de sécurité et des conditions de travail.

Art. L. 2313-10. – Les salariés conservent le droit de présenter eux-mêmes leurs observations à l'employeur ou à ses représentants.

Art. L. 2313-11. – Lors de ses visites, *(Mots rempl., L. n° 2016-1088, 8 août 2016)* « l'agent de contrôle de l'inspection du travail mentionné à l'article L. 8112-1 » se fait accompagner par le délégué du personnel compétent, si ce dernier le souhaite.

Art. L. 2313-12. – Lorsque, dans les entreprises de moins de *(Mod., L. n° 2015-994, 17 août 2015)* « trois cents » salariés, l'employeur met en place une délégation unique du personnel dans les conditions fixées à l'article L. 2326-1, les délégués du personnel constituent également la délégation du personnel au comité d'entreprise.

Section II. – Attributions particulières dans les entreprises de cinquante salariés et plus dépourvues de comité d'entreprise ou de comité d'hygiène, de sécurité et des conditions de travail

Art. L. 2313-13. – En l'absence de comité d'entreprise, par suite d'une carence constatée aux élections, les attributions économiques de celui-ci, mentionnées à la section I du chapitre III du titre II, sont exercées temporairement par les délégués du personnel.

Les informations sont communiquées et les consultations ont lieu au cours de la réunion mensuelle des délégués du personnel.

Un procès-verbal concernant les questions économiques examinées est établi. Il est adopté après modifications éventuelles lors de la réunion suivante et peut être affiché après accord entre les délégués du personnel et l'employeur.

Dans ce cadre, les délégués du personnel sont tenus au respect des dispositions relatives au secret professionnel et à l'obligation de discrétion prévues à l'article L. 2325-5.

Les délégués du personnel peuvent avoir recours aux experts rémunérés par l'employeur dans les conditions prévues aux articles L. 2325-35 et suivants.

Le budget de fonctionnement dont le montant est déterminé à l'article L. 2325-43 est géré conjointement par l'employeur et les délégués du personnel.

Les délégués du personnel bénéficient de la formation économique dans les conditions prévues à l'article L. 2325-44.

Incidence sur les subventions. En l'absence de comité d'entreprise par suite d'une carence constatée dans les conditions prévues à l'article L. 433-13 [nouv. art. L. 2324-8], l'employeur et les délégués du personnel sont tenus de gérer conjointement le budget de fonctionnement du comité d'entreprise et d'assurer le fonctionnement de toutes les institutions sociales pour son compte. L'obligation légale et annuelle de versement de la subvention de fonctionnement et de contribution au financement des institutions sociales à la charge de l'employeur n'est pas suspendue par la carence du comité d'entreprise : ▪ Cass. soc., 13 sept. 2005 : *Bull. civ.* V, n° 256 ; *JCP* S 2005, 1300, obs. J.-M. Olivier.

Art. L. 2313-14. – En l'absence de comité d'entreprise, par suite d'une carence constatée aux élections ou lorsque le comité d'entreprise a été supprimé, les délégués du personnel peuvent, pour l'exercice du droit d'alerte économique prévu à l'article *(Réf. mod., L. n° 2015-994, 17 août 2015)* « L. 2323-50 », demander des explications dans les mêmes conditions que le comité d'entreprise.

Cette demande est inscrite de droit à l'ordre du jour de la première réunion entre les délégués du personnel et l'employeur suivant la demande. À cette occasion, un procès-verbal est établi.

S'ils n'ont pu obtenir de réponse suffisante de l'employeur ou si celle-ci révèle le caractère préoccupant de la situation économique de l'entreprise, les délégués du personnel, après avoir pris l'avis d'un expert-comptable dans les conditions prévues aux articles L. 2325-35 et suivants et du commissaire aux comptes, s'il en existe un, peuvent :

1° Dans les sociétés à conseil d'administration ou à conseil de surveillance ainsi que dans les autres personnes morales dotées d'un organe collégial, saisir de la situation l'organe chargé de l'administration ou de la surveillance dans les conditions prévues à l'article *(Réf. mod., L. n° 2015-994, 17 août 2015)* « L. 2323-53 » ;

2° Dans les autres formes de sociétés ou dans les groupements d'intérêt économique, décider que doivent être informés de la situation les associés ou les membres du groupement, auxquels le gérant ou les administrateurs sont tenus de communiquer les demandes d'explication des délégués.

L'avis de l'expert-comptable est joint à la saisine ou à l'information mentionnées aux 1° et 2°.

Les informations concernant l'entreprise, communiquées en application du présent article, ont par nature un caractère confidentiel. Toute personne qui a accès à ces informations est tenue à une obligation de discrétion à leur égard.

Code du travail

Partie réglementaire

Art. R. 2313-1. – Lorsque les délégués du personnel ont saisi l'organe chargé de l'administration ou de la surveillance en application du droit d'alerte économique, conformément à l'article L. 2313-14, cet organe délibère dans le mois de sa saisine.

L'extrait du procès-verbal des délibérations dans lequel figure la réponse motivée à la demande d'explication faite en application de ce même article est adressé aux délégués du personnel dans le mois qui suit la réunion de cet organe.

Art. R. 2313-2. – Dans les sociétés autres que celles qui ont un conseil d'administration ou de surveillance ou dans les groupements d'intérêt économique, le gérant ou les administrateurs communiquent, dans un délai de huit jours, aux associés ou aux membres du groupement la demande d'explication des délégués du personnel faite en application du droit d'alerte économique. Ce délai court à compter de la réunion au cours de laquelle les délégués du personnel ont demandé cette communication.

Art. L. 2313-15. – En l'absence de comité d'entreprise, les délégués du personnel peuvent communiquer à leur employeur toutes les suggestions tendant à l'amélioration de la productivité et de l'organisation générale de l'entreprise.

Ils assurent, en outre, conjointement avec l'employeur, le fonctionnement de toutes les institutions sociales de l'établissement, quelles qu'en soient la forme et la nature.

De plus, ils sont consultés sur les mesures prises en vue de faciliter la mise ou la remise au travail des travailleurs handicapés et notamment lorsqu'elles interviennent avec l'aide de l'État.

Code du travail

Art. L. 2316-1 *(Mod., L. n° 2015-990, 6 août 2015)*. – Le fait de porter ou de tenter de porter atteinte à la libre désignation des délégués du personnel est puni d'un emprisonnement d'un an et d'une amende de 7 500 €.

Le fait de porter ou de tenter de porter atteinte à l'exercice régulier de leurs fonctions est puni d'une amende de 7 500 €.

....

Art. L. 2432-1. – Le fait de rompre le contrat de travail d'un salarié délégué du personnel, candidat à cette fonction, ancien délégué, ou d'un salarié ayant demandé l'organisation d'élections pour la désignation de délégués, en méconnaissance des dispositions relatives à la procédure d'autorisation administrative prévues par le présent livre, est puni d'un emprisonnement d'un an et d'une amende de 3 750 €.

Le fait de transférer le contrat de travail d'un délégué du personnel compris dans un transfert partiel d'entreprise ou d'établissement, en méconnaissance des dispositions relatives à la procédure d'autorisation administrative, est puni des mêmes peines.

Art. L. 2313-16. – Dans les établissements *(Mots rempl., L. n° 2012-387, 22 mars 2012)* **« d'au moins cinquante salariés », s'il n'existe pas de comité d'hygiène, de sécurité et des conditions de travail, les délégués du personnel exercent les missions attribuées à ce comité avec les mêmes moyens et obligations que celui-ci.**

Dans les établissements de moins de cinquante salariés, s'il n'existe pas de comité d'hygiène, de sécurité et des conditions de travail, les délégués du personnel exercent les missions attribuées à ce comité avec les moyens attribués aux délégués du personnel. Ils sont soumis aux mêmes obligations que les membres du comité d'hygiène, de sécurité et des conditions de travail.

6.3. – COMITÉ D'ENTREPRISE

Bibliographie : M. Cohen et L. Milet, *Le droit des comités d'entreprise et des comités de groupe*, LGDJ, 12e éd. 2016. • J.-F. Césaro, *Le champ de la consultation du comité d'entreprise* : *JCP* S 2015, 1169. • F. Favennec-Héry, *La consultation des représentants du personnel sur le transfert de l'entreprise* : *Dr. soc.* 2005, p. 729 ; *L'information du comité d'entreprise* : *JCP* S 2015, 1164. • B. Gauriau, *Les temps de la consultation du comité d'entreprise* : *JCP* S 2015, 1173. • A. Martinon, *L'information et la consultation des représentants du personnel : nouveaux droits ou nouveau partage de responsabilité ?* : *JCP* S 2013, 1263. • A. Martinon et L. Marquet de Vasselot, *Les comptes du comité d'entreprise* : *JCP* S 2015, 1168. • Y. Médail et M.-C. Agal, *Le comité d'entreprise : interlocuteur obligé de l'assemblée générale* : *JCP* E 2002, n° 1840. • P. Morvan, *La consultation du comité d'entreprise lors d'opérations de cession ou de restructuration : un corps malade ?* : *JCP* S 2015, 1171. • J.-M. Moulin, *La participation des salariés à la gestion de la société (le comité d'entreprise actionnaire)* : *BJS* 2002, p. 571. • J.-F. Ronget, *L'action en justice du comité d'entreprise* : *JCP* E 2004, p. 504. • F. Taquet, *L'amélioration des conditions d'information des comités d'entreprise* : *JCP* E 2001, p. 1205. • A. Teissier, *L'entrée des OPA dans le champ de la consultation du comité* : *JCP* S 2015, 1170. • H. Tissandier, *Information et consultation du comité d'entreprise : rationalisation ou changement de paradigme ?* : *Dr. soc.* 2015, p. 889. • R. Vatinet, *Les experts du comité d'entreprise* : *JCP* S 2015, 1166. • *Adde*, Y. Chalaron, *JCl. Sociétés traité*, Fasc. 34-10 (*Organisation*), 20 (*Fonctionnement*). • E. Jeansen, *JCl. Sociétés traité*, Fasc. 34-30 (Comité de groupe). • Y. Chalaron, *JCl. Sociétés traité*, Fasc. 34-40 (Information et consultation des salariés dans les entreprises et les groupes de dimension communautaire – Comité d'entreprise européen).

6.3.1. – Champ d'application

Code du travail

Partie législative

CHAPITRE I. – CHAMP D'APPLICATION

Art. L. 2321-1. – Les dispositions du présent titre sont applicables aux employeurs de droit privé ainsi qu'à leurs salariés.

Elles sont également applicables :

1° Aux établissements publics à caractère industriel et commercial ;

2° Aux établissements publics à caractère administratif lorsqu'ils emploient du personnel dans les conditions du droit privé.

Ces dispositions peuvent, compte tenu des caractères particuliers de certains des établissements mentionnés aux 1° et 2° et des instances de représentation du personnel éventuellement existantes, faire l'objet d'adaptations, par décrets en Conseil d'État, sous réserve d'assurer les mêmes garanties aux salariés de ces établissements.

Il résulte des dispositions combinées des articles L. 2321-1, L. 2325-35 et L. 2325-36 du Code du travail, que le comité d'entreprise d'une CPAM a, peu important les spécificités de la comptabilité de cet organisme, la faculté de se faire assister par un expert-comptable pour l'examen des comptes annuels de la caisse dès lors qu'il l'estime nécessaire : ■ Cass. soc., 8 oct. 2014, n° 13-15.769 : *JCP* S 2014, 1484, note B. Gauriau.

6.3.2. – Conditions de mise en place et de suppression

Code du travail

Partie législative

TITRE II. – COMITÉ D'ENTREPRISE

CHAPITRE II. – CONTIONS DE MISE EN PLACE ET DE SUPPRESSION

Section I. – Conditions de mise en place

Art. L. 2322-1. – Un comité d'entreprise est constitué dans toutes les entreprises employant *(Mots rempl., L. n° 2012-387, 22 mars 2012)* « au moins cinquante salariés ».

Art. L. 2322-2. – La mise en place d'un comité d'entreprise n'est obligatoire que si l'effectif *(Mots rempl., L. n° 2012-387, 22 mars 2012)* « d'au moins cinquante salariés » est atteint pendant douze mois, consécutifs ou non, au cours des trois années précédentes.

***(Al. aj., L. n° 2013-504, 14 juin 2013)* L'employeur dispose d'un délai d'un an à compter du franchissement de ce seuil pour se conformer complètement aux obligations récurrentes d'information et de consultation du comité d'entreprise prévues au présent code *(Mots suppr., L. n° 2015-994, 17 août 2015)* « ... ».**

Art. L. 2322-3. – Dans les entreprises employant moins de cinquante salariés, des comités d'entreprise peuvent être créés par convention ou accord collectif de travail.

Art. L. 2322-4. – Lorsqu'une unité économique et sociale regroupant *(Mots rempl., L. n° 2012-387, 22 mars 2012)* « au moins cinquante salariés » est reconnue par convention ou par décision de justice entre plusieurs entreprises juridiquement distinctes, la mise en place d'un comité d'entreprise commun est obligatoire.

Bibliographie : *Unité économique et sociale.* G. Auzero, *Mystérieuse unité économique : RJS* 4/2016, p. 267. • G. Blanc-Jouvan, *L'unité économique et sociale et la notion d'entreprise : Dr. soc.* 2005, p. 68. • B. Boubli, *L'unité économique et sociale... État des lieux et souhaits de réforme : Semaine sociale Lamy* 16 févr. 2004 et 23 févr. 2004, p. 6. • A. Coeuret, *Du nouveau sur la reconnaissance de l'unité économique et sociale : RJS* 10/09, p. 671 • I. Desbarats, *La notion d'unité économique et sociale en droit du travail : Mél. dédiés à M. Despax, Presses de l'Université des Sciences sociales de Toulouse*, 2002, p. 75. • J.-S. Lipski, *Modalités de reconnaissance d'une unité économique et sociale : JCP S* 2009, 1475. • M.-L. Morin, *L'unité économique et sociale : personnalité morale et qualité d'employeur : Dr. ouvrier* 2009, p. 117. • Y. Pagnerre, *Le pragmatisme en matière d'UES, pour toujours et à jamais : JCP S* 2019, 1010. • *Adde, L'unité économique et sociale*, dossier spéc. : *JCP S* 2006, n° 40.

1) Critères.

a) Caractérise une unité économique et sociale, entre personnes juridiques distinctes, le tribunal d'instance qui constate l'unicité de direction, l'existence d'activités complémentaires ou connexes et celle d'une communauté de travailleurs : ▪ Cass. soc., 17 déc. 2003 : *Dr. soc.* 2004, p. 323, obs. J. Savatier.

b) L'unité économique nécessite la présence en son sein de l'entité juridique qui exerce le pouvoir de direction sur l'ensemble des salariés inclus dans l'unité sociale ; des sociétés syndics de copropriétés correspondant à un ensemble de résidences-services ne sont que les mandataires des différents syndicats de copropriétaires, lesquels restent libres de désigner un nouveau syndic, ce qui s'oppose à la reconnaissance d'une unité économique : ▪ Cass. soc., 23 mai 2000 : *Dr. soc.* 2000, p. 852, concl. P. Lyon-Caen, obs. J. Savatier. – V. toutefois, Soc. 15 avr. 2015, n° 13-24.253 : *BJS* 2015, p. 352, note B. Saintourens ; *Lexbase hebdo, éd. sociale*, n° 612, note G. Auzero ; *Rev. sociétés* 2015, p. 500, note A. Couret et N. de Sevin, qui admet l'existence d'une unité économique et sociale, peu important que la société holding concentrant les pouvoirs ne soient pas intégrée dans son périmètre.

c) En revanche, dès lors qu'il constate que les éléments constitutifs d'une unité économique et sociale sont réunis entre des sociétés d'opérations, le tribunal d'instance qui intègre au sein de cette unité économique et sociale la société holding qui détient le pouvoir, justifie légalement sa décision : ▪ Cass. soc., 26 janv. 2005 : *BJS* 2005, p. 594, note C. Néau-Leduc.

d) L'absence de contestation dans les délais prévus à l'article L. 2143-8 du Code du travail de la désignation d'un délégué syndical dans le périmètre d'une unité économique et sociale n'établit pas à elle seule l'existence de cette unité : ▪ Cass. soc., 4 mars 2009, n° 08-60.497 : *Bull. civ.* V, n° 61 ; *RJS* 10/09, p. 671, chron. A. Coeuret.

2) Reconnaissance.

a) Au sein d'un groupe, une unité économique et sociale peut être reconnue par convention ou par décision de justice entre des entités juridiquement distinctes **qu'elles soient ou non dotées de la personnalité morale**, dès lors qu'est caractérisée entre ces structures, d'une part, une concentration des pouvoirs de direction à l'intérieur du périmètre considéré ainsi qu'une similarité ou une complémentarité des activités déployées par ces différentes entités, d'autre part, une communauté de travailleurs résultant de leur statut social et de conditions de travail similaires pouvant se traduire en pratique par une certaine mutabilité des salariés : ▪ Cass. soc., 21 nov. 2018, n° 16-27.690 : *JCP* S 2019, 1010, art. Y. Pagnerre ; *SSL* 2018, n° 1842-1843, p. 6, note G. Auzero. Comp., l'existence d'une unité économique et sociale ne peut être retenue **qu'entre des personnes juridiquement distinctes**, prises dans l'ensemble de leurs établissements et de leurs personnels : ▪ Cass. soc., 7 mai 2002 : *JCP* E 2002, n° 1688, p. 1875, note M.-B. Salgado ; *BJS* 2002, p. 1044, note B. Saintourens. – Toutefois, l'unité économique peut exister entre deux sociétés, même si l'activité de l'une, dans son « ensemble » n'est complémentaire que de l'activité d'un secteur de production de l'autre, si tous les salariés des deux sociétés constituent une seule communauté de travail : ▪ Cass. soc., 12 janv. 2005 : *BJS* 2005, p. 592, note C. Néau-Leduc. Une unité économique et sociale ne pouvant être reconnue qu'entre des entités juridiques distinctes prises dans l'ensemble de leurs établissements et de leur personnel, toutes les organisations syndicales représentatives présentes dans ces entités doivent être invitées à la négociation portant sur la reconnaissance entre elles d'une unité économique et sociale : ▪ Cass. soc., 10 nov. 2010, n° 09-60.451 : *JCP* S 2010, 1555, note E. Jeansen.

b) La reconnaissance judiciaire d'une UES ne peut être demandée par une personne étrangère à la collectivité de travail dont il s'agit d'assurer la représentation : ▪ Cass. soc., 16 nov. 2010, n° 09-40.555 : *JCP* S 2011, note B. Bossu.

c) L'intéressement, la participation ou un plan d'épargne d'entreprise pouvant être mis en place au sein d'un groupe constitué par des entreprises juridiquement indépendantes, mais ayant établi entre elles des liens financiers et économiques, la conclusion d'un tel accord ne postule pas l'existence d'une unité économique et sociale : ▪ Cass. soc., 13 oct. 2010, n° 09-60.473 : *JCP* S 2010, 1514, note J. Daniel.

d) Il ne résulte ni de l'article L. 2322-4 du Code du travail, ni d'aucun autre texte que la décision judiciaire qui tend à la reconnaissance d'une unité économique et sociale est rendue en dernier ressort. Si, dans ses arrêts antérieurs, la Cour de cassation jugeait qu'étaient en dernier ressort les décisions rendues sur une demande de reconnaissance d'une unité économique et sociale formées à l'occasion d'un litige électoral, l'entrée en vigueur de la loi du 20 août 2008 conduit à revenir sur cette jurisprudence dès lors que la demande de reconnaissance ne peut plus désormais être formulée à l'occasion d'un contentieux en matière d'élection professionnelle ou de désignation de représentants syndicaux pour lesquels le tribunal d'instance a compétence en dernier ressort. Il s'en déduit que la demande de reconnaissance d'une unité économique et sociale, qu'elle ait pour objet ou pour conséquence la mise en place d'institutions représentatives correspondantes, est indéterminée et que le jugement est susceptible d'appel : ▪ Cass. soc., 31 janv. 2012, n°s 11-20.232 et 11-20.233 : *Lexbase hebdo – éd. sociale*, n° 473, note G. Auzero ; *JCP* S 2012, 1131, étude B. Boubli.

e) La reconnaissance ou la modification conventionnelle d'une unité économique et sociale ne relève pas du protocole d'accord préélectoral mais de l'accord collectif signé, aux conditions de droit commun, par les syndicats représentatifs au sein des entités faisant partie de cette UES : ▪ Cass. soc., 14 nov. 2013, n° 13-12.712 : *JCP* S 2014, 1087, note J.-S. Lipski.

3) Unité économique et sociale et groupe. L'existence d'une unité économique et sociale pour la constitution d'un comité d'entreprise ne peut être reconnue à un niveau où existe déjà un comité de groupe : ▪ Cass. soc., 20 oct. 1999 : *JCP* E 2000, 980, note M.-L. Morin. ▪ Cass. soc., 25 janv. 2006 : *Dr. soc.* 2006, p. 468, note J. Savatier ; *JCP* S 2006, 1281, note R. Vatinet. – La comparaison des périmètres respectifs de l'unité économique et sociale et du groupe doté d'un comité doit être effectuée à la date de la requête tendant à la reconnaissance de l'unité économique et sociale : ▪ Cass. soc., 25 janv. 2006 : *Bull. civ.* V, n° 34.

4) Conception « objective ». La notion d'unité économique et sociale n'est pas relative et sa reconnaissance par le juge selon des critères propres indépendants de la finalité des institutions représentatives comprises dans son périmètre, même si elle modifie nécessairement la configuration des institutions existantes, n'implique pas du juge une appréciation de l'opportunité de la demande sollicitant cette reconnaissance : ▪ Cass. soc., 13 juill. 2004 : *Dr. soc.* 2004, p. 944, note J. Savatier ; *BJS* 2004, p. 1489, note B. Saintourens. – Pour une confirmation, ▪ Cass. soc., 19 sept. 2007, n° 06-60.199 : *BJS* 2008, p. 10, note Ch. Néau-Leduc.

5) Date d'appréciation. L'existence d'une unité économique et sociale doit être appréciée à la date de la requête introductive d'instance, peu important le moment où se sont déroulées les élections. Le jugement reconnaissant l'existence d'une unité économique et sociale a un caractère déclaratif à la date de la requête introductive d'instance : ▪ Cass. soc., 20 févr. 2008, n° 06-40.949 : *Bull. civ.* V, n° 41.

6) Restructuration des membres d'une UES. Lorsqu'une unité économique et sociale regroupant cinquante salariés ou plus est reconnue par convention ou par décision de justice entre plusieurs entreprises juridiquement distinctes, la mise en place d'un comité d'entreprise est obligatoire ; il s'en déduit qu'il appartient aux parties de définir lors de chaque scrutin la composition et le périmètre de l'unité économique et sociale : ▪ Cass. soc., 31 mars 2009, n° 08-60.494 : *BJS* 2009, p. 837, note B. Saintourens.

7) Absence de personnalité morale. Si la reconnaissance d'une UES permet l'expression collective de l'intérêt des travailleurs appartenant à cette collectivité, elle ne se substitue pas aux entités juridiques qui la composent, de sorte qu'elle n'a pas la personnalité morale ; il s'ensuit que si un accord collectif reconnaissant une UES peut étendre ses effets au-delà des institutions représentatives du personnel et créer des obligations pour les différentes entités juridiques composant l'UES, il ne peut faire d'une UES l'employeur des salariés : ▪ Cass. soc., 16 déc. 2008, n° 07-43.875 : *D.* 2009, p. 986, note F. Petit. Est irrecevable toute prétention émise par ou contre une personne dépourvue du droit d'agir. Cette situation n'est pas susceptible d'être régularisée lorsque la prétention est émise par ou contre une partie, telle une unité économique et sociale, dépourvue de personnalité juridique : ▪ Cass. soc., 23 juin 2010, n° 09-60.341 : *JCP* S 2010, 1363, note S. Brissy.

8) Effets. Si les conditions d'effectifs et de nombre de licenciements dont dépend l'obligation d'établir un plan de sauvegarde de l'emploi s'apprécient au niveau de l'entreprise que dirige l'employeur, il en va autrement lorsque, dans le cadre d'une unité économique et sociale, la décision de licencier a été prise au niveau de cette UES : ▪ Cass. soc., 16 nov. 2010, n° 09-69.485 : *JCP* S 2010, 1007, note N. Dauxerre.

Art. L. 2322-5. – Dans chaque entreprise, *(Mots aj., L. n° 2014-288, 5 mars 2014)* « lorsqu'au moins une organisation syndicale a répondu à l'invitation à négocier de l'employeur et » à défaut d'accord entre l'employeur et les organisations syndicales intéressées *(Aj., L. n° 2008-789, 20 août 2008)* « conclu selon

les conditions de l'article L. 2324-4-1 », l'autorité administrative du siège de l'entreprise a compétence pour reconnaître le caractère d'établissement distinct.

(Aj., L. n° 2014-288, 5 mars 2014) **La saisine de l'autorité administrative mentionnée au premier alinéa suspend le processus électoral jusqu'à la décision administrative et entraîne la prorogation des mandats des élus en cours jusqu'à la proclamation des résultats du scrutin.**

La perte de la qualité d'établissement distinct *(Mots suppr., L. n° 2014-288, 5 mars 2014)* emporte suppression du comité de l'établissement considéré, sauf si un accord conclu entre l'employeur et les organisations syndicales *(Mod., L. n° 2008-789, 20 août 2008)* « intéressées, conclu selon les conditions de l'article L. 2324-4-1, » prévoit que les membres du comité d'établissement achèvent leur mandat.

(Al. créé, L. n° 2016-1088, 8 août 2016) **La décision de l'autorité administrative peut faire l'objet d'un recours devant le juge judiciaire, à l'exclusion de tout autre recours administratif ou contentieux.**

1) **Perte de la qualité d'établissement distinct.** La perte de la qualité d'établissement distinct, reconnue par décision administrative, laquelle est d'application immédiate, emporte la suppression du comité d'établissement considéré et s'impose au juge : ▪ Cass. soc., 6 janv. 2009, n° 08-82.736 : *JCP* S 2009, 1216, note J.-Y. Kerbourc'h.

2) **Conclusion d'un accord.** L'accord conclu en vertu de l'article L. 2322-5, alinéa 2, du Code du travail en vue d'assurer la continuité du comité d'établissement et la permanence du mandant de ses membres ne peut intervenir qu'après la décision administrative et produit nécessairement un effet remontant à jour de cette décision : ▪ Cass. soc., 13 janv. 2009, n° 07-16.969 : *Bull. civ.* V, n° 7.

3) **Désignation des délégués syndicaux.** Sauf accord collectif en disposant autrement, le périmètre de désignation des délégués syndicaux est le même que celui retenu, lors des dernières élections, pour la mise en place du comité d'entreprise ou d'établissement : ▪ Cass. soc., 18 mai 2011, n° 10-60.383 : *JCP* S 2011, 1314, note L. Dauxerre.

4) **Compétence judiciaire.** V. *supra*, note 2, ss art. L. 2312-5.

Art. L. 2322-6. – **Pour l'application du présent titre, les modalités de calcul des effectifs sont celles prévues aux articles L. 1111-2 et L. 1251-54.**

Section II. – Conditions de suppression

Art. L. 2322-7 ***(Mod., L. n° 2015-994, 17 août 2015).*** – **Lorsque l'effectif de cinquante salariés n'a pas été atteint pendant vingt-quatre mois, consécutifs ou non, au cours des trois années précédant la date du renouvellement du comité d'entreprise, l'employeur peut supprimer le comité d'entreprise.**

6.3.3. – Attributions

Code du travail

Partie législative

CHAPITRE III. – ATTRIBUTIONS

Section I. – Attributions économiques

Sous-section 1. – Mission générale d'information et de consultation du comité d'entreprise

Art. L. 2323-1. – **Le comité d'entreprise a pour objet d'assurer une expression collective des salariés permettant la prise en compte permanente de leurs intérêts dans les décisions relatives à la gestion et à l'évolution économique et financière de l'entreprise, à l'organisation du travail, à la formation professionnelle et aux techniques de production.**

(Aj., L. n° 2015-994, 17 août 2015) **Il est informé et consulté sur les questions intéressant l'organisation, la gestion et la marche générale de l'entreprise, notamment sur les mesures de nature à affecter le volume ou la structure des effectifs, la durée du travail ou les conditions d'emploi, de travail et de formation professionnelle, lorsque ces questions ne font pas l'objet des consultations prévues à l'article L. 2323-6.**

Il formule, à son initiative, et examine, à la demande de l'employeur, toute proposition de nature à améliorer les conditions de travail, d'emploi et de formation professionnelle des salariés, leurs conditions de vie dans l'entreprise ainsi que les conditions dans lesquelles ils bénéficient de garanties collectives complémentaires mentionnées à l'article L. 911-2 du Code de la sécurité sociale.

Il exerce ses missions sans préjudice des dispositions relatives à l'expression des salariés, aux délégués du personnel et aux délégués syndicaux.

Bibliographie : G. Auzero, *Les restructurations vues sous l'angle des prérogatives du comité d'entreprise : du légal au conventionnel* : *BJS* 2006, p. 867. • I. Ayache-Revah et S. Langot, *Projet de cession de filiales : à quel moment doit-on consulter le comité d'entreprise* : *JCP* E 2006, 2762. • S. Béal et M.-N. Katchadourian, *Projet complexe : à quel moment et comment le comité d'entreprise doit-il être informé et consulté ?* : *JCP* S 2009, 1463. • F. Favennec-Héry, *La consultation des représentants du personnel sur le transfert d'entreprise* : *Dr. soc.* 2005, p. 729. • Fl. Fromont-Meurice et R. Chiss, *Les attributions du comité d'entreprise à l'occasion d'opération de cessions de parts ou d'actions* : *JCP* S 2009, 1051. • A. Teissier, *Les restructurations et les instances de représentation du personnel* : *JCP* S 2010, 1532. • B. Teyssié, *Délocalisation d'entreprise et relations collectives de travail* : *Dr. soc.* 2005, p. 759.

1) Avis du comité. L'avis du comité d'entreprise ne peut être exprimé que par les membres du comité d'entreprise et non par les organisations syndicales auxquelles ils appartiennent : ▪ Cass. soc., 5 déc. 2006, n° 05-21.641 : *JCP* S 2007, 1107, note J.-M. Olivier.

2) Absence de quorum. Aucun quorum n'étant fixé pour l'adoption d'une résolution, d'une décision ou d'un avis du comité d'entreprise, la délibération prise par un seul des membres du comité à la suite du départ des autres membres est régulière : ▪ Cass. soc., 30 sept. 2009, n° 07-20.525 : *JCP* S 2009, 1526, note Fl. Aubonnet et C. Ventéjou.

3) Action en justice. Le comité d'entreprise, dès lors qu'il est signataire de l'accord de fin de conflit, a qualité pour demander, conjointement avec les organisations syndicales signataires, son application ou l'indemnisation du préjudice résultant de son inexécution par l'employeur : ▪ Cass. soc., 5 juill. 2006 : *Dr. trav.* 2006, p. 401, obs. M. Grévy.

4) Autonomie des procédures d'information et de consultation. La nullité de la procédure de licenciement prévue par l'article L. 1235-10 du Code du travail en cas de nullité du plan de sauvegarde de l'emploi n'affecte pas la procédure de consultation prévue aux articles L. 2323-1 et suivants de ce code : ▪ Cass. soc., 25 sept. 2013, n° 12-20.986 : *JCP* S 2013, 1477, note P. Morvan.

5) Compétence générale.

a) Le comité d'entreprise ne doit être obligatoirement consulté qu'au sujet des décisions revêtant une certaine **importance** : ▪ Cass. crim., 29 mars 1994 : *RJS* 8-9/1994, n° 1005. ▪ Cass. crim., 3 mai 1994 : *Bull. crim.* 1994, n° 375.

b) La consultation du comité d'entreprise ne s'impose à l'employeur que lorsque les mesures que ce dernier envisage de prendre ne revêtent pas un **caractère ponctuel, temporaire ou individuel** : ▪ Cass. crim., 9 févr. 1988 : *Bull. crim.* 1988, n° 67. ▪ Cass. crim., 3 mai 1994, préc.

c) Eu égard à la mission du comité d'entreprise définie par cette disposition, le comité d'entreprise ne relève pas des personnes morales de droit privé créées pour satisfaire spécifiquement des besoins d'intérêt général au sens de l'article 10 de l'ordonnance n° 2015-899 du 23 juillet 2015 relative aux marchés publics, quand bien même il exerce sa mission au sein d'une personne morale visée audit article : ▪ Cass. avis., 4 avr. 2018, n° 15005 : *JCP* S 2018, 1176, note K. Pagani.

6) Transmission d'une partie du capital. La transmission négociée d'une partie du capital social, qui aboutit à placer la société qui exploite une entreprise sous la dépendance d'une autre société, équivaut, dans l'ordre économique, à la cession de l'entreprise elle-même, et ses conséquences sont nécessairement de nature à influer sur la condition des salariés ; une telle opération doit être regardée, au sens du Code du travail, comme posant une question intéressant l'organisation, la gestion ou la marche de ladite entreprise : ▪ Cass. crim., 4 avr. 1979 : *Bull. crim.* 1979, n° 140, décision rendue sur le fondement de l'ancien article L. 432-4 et confirmée par l'article L. 432-1, alinéa 4, réd. L. n° 82-915, 28 oct. 1982. – V. égal., dans le même sens : ▪ Cass. soc., 29 oct. 1991 : *RJS* 1/1992, n° 47.

7) Prise de participation. Les dispositions relatives à l'information et à la consultation du comité d'entreprise, lors d'une prise de participation, n'établissent aucune distinction selon que l'entreprise prend une participation dans une société déjà constituée ou à constituer. En outre, le chef d'entreprise est tenu de consulter le comité sans que cette obligation soit limitée aux seuls projets économiques et financiers importants : ▪ Cass. crim., 3 févr. 2004 : *BJS* 2004, p. 652, note P. Le Cannu.

8) Privatisations. En vertu de l'article L. 432-1 du Code du travail, le chef d'entreprise a l'obligation de consulter le comité d'entreprise en cas de cession de l'entreprise. Si cette consultation doit avoir lieu préalablement à l'intervention d'un acte autorisant la sortie d'une entreprise du secteur public, il résulte des termes mêmes de l'article L. 432-1 du Code du travail [nouv. art. L. 2323-6] que seul doit être informé et consulté le comité d'entreprise de l'entreprise qui fait l'objet de la cession, non le comité d'entreprise des entreprises filiales de celle-ci : ▪ CE, 26 juill. 1996 : *RJS* 10/1996, n° 1065. – En revanche, si la direction de l'entreprise dont la privatisation a été décidée doit consulter le comité sur les objectifs et les répercussions de cette opération, il n'y a pas matière à consultation pour le choix qu'il appartient à une autorité de l'État d'opérer, sur avis conforme d'une commission indépendante, entre les offres des candidats à l'acquisition : ▪ CE, 13 juin 1997 : *BJS* 1997, p. 698 ; *RJS* 10/1997, n° 111.

9) Plan de restructuration. Si la responsabilité pénale d'une société ne pouvait être recherchée sur le terrain du délit d'entrave à défaut de disposition spéciale autorisant la poursuite des personnes morales ainsi que le prévoyait l'article L. 121-1 du Code du travail, dans sa rédaction applicable aux faits en cause, ses dirigeants personnes physiques peuvent l'être pour n'avoir pas, à l'occasion de la mise en œuvre d'un plan de restructuration échelonné dans le temps, consulté le comité d'entreprise avant de procéder à l'avancement de calendrier, une telle modification ayant nécessairement une répercussion sur la marche générale de l'entreprise au sens de l'article L. 432-1 du Code du travail [nouv. art. L. 2323-6] : ▪ Cass. crim., 19 sept. 2006, n° 05-86.668 : *JCP* S 2006, 2015, note J.-F. Césaro.

10) Procédure complexe. Lorsque les mesures de nature à affecter le volume et la structure des effectifs, la durée du travail, les conditions d'emploi, de travail et de formation professionnelle s'inscrivent dans une procédure complexe comportant des décisions échelonnées, le comité d'entreprise doit être consulté à l'occasion de chacune d'elles : ▪ Cass. soc., 7 févr. 1996, n° 93-18.756 : *Bull. civ.* V, n° 47. Mais l'information fournie dès l'origine doit être suffisamment précise pour que les représentants du personnel puissent se prononcer en ayant une vision satisfaisante des objectifs poursuivis, des moyens pour y parvenir et des conséquences en termes d'emploi : ▪ CA Paris, Pôle 1, 31 juill. 2009, n° 09/14577 : *JCP* S 2009, 1463, note S. Béal et M.-N. Katchadourian.

11) Application d'un accord de branche. Le comité d'entreprise est informé et consulté sur les questions intéressant l'organisation et la marche générale de l'entreprise et, notamment, sur les mesures de nature à affecter le volume ou la structure des effectifs, la durée du travail, les conditions d'emploi, de travail et de formation professionnelle, sans qu'il y ait lieu de distinguer selon que la mise en œuvre de ces mesures résulte d'une décision unilatérale de l'employeur ou lui soit imposée par un accord collectif étendu : ▪ Cass. soc., 21 nov. 2012, n° 11-10.625 : *Lexbase hebdo – éd. sociale*, n° 509, note G. Auzero ; *JCP* S 2013, 1106, chron. M. Morand.

12) OPA portant sur la société mère. En l'absence de comité d'entreprise européen instauré par un accord précisant les modalités de l'articulation des consultations en application de l'article L. 2342-9, 4°, du Code du travail, l'institution représentative du personnel d'une société contrôlée par une société mère ayant son siège dans un autre État membre de l'Union européenne doit être consultée sur tout projet concernant l'organisation, la gestion et la marche générale de l'entreprise, notamment sur les mesures de nature à affecter le volume ou la structure des effectifs résultant des modifications de l'organisation économique ou juridique de l'entreprise, y compris lorsqu'une offre publique d'acquisition porte sur les titres de la société mère : ▪ Cass. soc., 19 déc. 2018, n° 18-14.520 : *JCP* S 2019, 1066, note A. Teissier ; *RDT* 2019, p. 202, note Y. Ferkane.

Art. L. 2323-2. – **Les décisions de l'employeur sont précédées de la consultation du comité d'entreprise, sauf, en application de l'article** ***(Réf. mod., L. n° 2015-994, 17 août 2015)*** **« L. 2323-42 », avant le lancement d'une offre publique d'acquisition.**

(Al. créé, L. n° 2015-994, 17 août 2015) **Les projets d'accord collectif, leur révision ou leur dénonciation ne sont pas soumis à l'avis du comité d'entreprise.**

Nature de la décision. Si une décision s'entend d'une manifestation de volonté d'un organe dirigeant qui oblige l'entreprise, il ne s'en déduit pas qu'elle implique nécessairement des mesures précises et concrètes ; un projet, même formulé en termes généraux, doit être soumis à consultation du comité d'entreprise lorsque son objet est assez déterminé pour que son adoption ait une incidence sur l'organisation, la gestion et la marche générale de l'entreprise, peu important qu'il ne soit pas accompagné de mesures précises et concrètes d'application, dès lors que la discussion ultérieure de ces mesures n'est pas de nature à remettre en cause, dans son principe, le projet adopté : ▪ Cass. soc., 12 nov. 1997 : *Bull. civ.* V, n° 375 ; *Dr. soc.* 1998, p. 87, obs. M. Cohen.

Art. L. 2323-3. – Dans l'exercice de ses attributions consultatives *(Mots suppr., L. n° 2015-994, 17 août 2015)* le comité d'entreprise émet des avis et vœux.

***(Al. aj., L. n° 2013-504, 14 juin 2013)* Il dispose d'un délai d'examen suffisant.**

***(Al. aj., L. n° 2013-504, 14 juin 2013)* Sauf dispositions législatives spéciales, *(Mots aj., L. n° 2015-994, 17 août 2015)* « l'accord défini à l'article L. 2323-7 ou, en l'absence de délégué syndical, » un accord entre l'employeur et le comité d'entreprise ou, le cas échéant, le comité central d'entreprise, adopté à la majorité des membres titulaires élus du comité, ou, à défaut d'accord, un décret en Conseil d'État fixe les délais dans lesquels les avis du comité d'entreprise sont rendus dans le cadre des consultations prévues aux articles *(Mots rempl., L. n° 2015-994, 17 août 2015)* « L. 2323-10, L. 2323-12, L. 2323-15 et *(Réf. rempl., L. n° 2016-1088, 8 août 2016)* « L. 3121-28 à L. 3121-39 », ainsi qu'aux consultations ponctuelles prévues à la présente section ». Ces délais, qui ne peuvent être inférieurs à quinze jours, doivent permettre au comité d'entreprise d'exercer utilement sa compétence, en fonction de la nature et de l'importance des questions qui lui sont soumises et, le cas échéant, de l'information et de la consultation du ou des comités d'hygiène, de sécurité et des conditions de travail.**

***(Al. aj., L. n° 2013-504, 14 juin 2013)* À l'expiration de ces délais ou du délai mentionné au dernier alinéa de l'article L. 2323-4, le comité d'entreprise est réputé avoir été consulté et avoir rendu un avis négatif.**

L'employeur rend compte, en la motivant, de la suite donnée à ces avis et vœux.

Bibliographie : S. Béal, *Délais de consultation du comité d'entreprise et du CHSCT* : *JCP* S 2014, 1383.

1) Si un accord conclu entre l'employeur et la majorité de leurs membres titulaires fixe les délais impartis au comité central d'entreprise et au comité d'établissement pour rendre leur avis sur le projet de réorganisation d'une partie des activités de l'employeur, ces deux institutions sont irrecevables à solliciter, après l'expiration de ces délais, tant la caducité de l'accord que la consultation du CHSCT : ▪ Cass. soc., 3 nov. 2016, n° 15-16.082 : *RJS* 1/2017, n° 34.

2) À défaut d'accord conclu entre l'employeur et le comité d'entreprise adopté, lors d'un vote organisé en son sein, à la majorité des membres titulaires élus du comité, cette instance ne peut se prévaloir de la tenue d'une réunion postérieure à l'expiration du délai réglementaire pour établir que celui-ci a été prolongé jusqu'à cette date : ▪ Cass. soc., 21 sept. 2016, n° 15-19.003 : *JCP* S 2016, 1342, note P. Morvan ; *BJS* 2016, p. 637, note G. Auzero.

3) Dès lors que l'employeur n'a pas mis à la disposition du comité la base de données économiques et sociales rendue obligatoire par la loi, le délai de consultation n'a pu commencer à courir : ▪ *Cass. soc.*, 28 mars 2018, n° 17-13.081 : *JCP* S 2018, 1167, note S. Guedes da Costa.

Code du travail

Art. L. 2328-1 *(Mod., L. n° 2015-990, 6 août 2015)*. **–** Le fait d'apporter une entrave soit à la constitution d'un comité d'entreprise, d'un comité d'établissement ou d'un comité central d'entreprise, soit à la libre désignation de leurs membres, notamment par la méconnaissance des dispositions des articles L. 2324-3 à L. 2324-5 et L. 2324-8, est puni d'un emprisonnement d'un an et d'une amende de 7 500 €.

Le fait d'apporter une entrave à leur fonctionnement régulier est puni d'une amende de 7 500 €.

Art. L. 2328-2 *(Mod., L. n° 2012-387, 22 mars 2012 ; L. n° 2015-990, 6 août 2015)*. **–** Le fait, dans une entreprise [d']au moins trois cents salariés ou dans un établissement distinct comportant au moins trois cents salariés, de ne pas établir et soumettre annuellement au comité d'entreprise ou d'établissement le bilan social d'entreprise ou d'établissement prévu à l'article L. 2323-20 est puni d'une amende de 7 500 €.

Code du travail

Partie réglementaire

Art. R. 2323-1 *(D. n° 2013-1305, 27 déc. 2013)*. **–** Pour l'ensemble des consultations mentionnées au troisième alinéa de l'article L. 2323-3 pour lesquelles la loi n'a pas fixé de délai spécifique, le délai de consultation du comité d'entreprise court à compter de la communication par l'employeur des informations prévues par le Code du travail pour la consultation ou de l'information par l'employeur de leur mise à disposition dans la base de données dans les conditions prévues aux articles R. 2323-1-5 et suivants.

Art. R. 2323-1-1 *(D. n° 2013-1305, 27 déc. 2013)*. – I. – Pour les consultations mentionnées à l'article R. 2323-1, à défaut d'accord, le comité d'entreprise est réputé avoir été consulté et avoir rendu un avis négatif à l'expiration d'un délai d'un mois à compter de la date fixée à cet article.

En cas d'intervention d'un expert, le délai mentionné au premier alinéa est porté à deux mois.

Le délai mentionné au premier alinéa est porté à trois mois en cas de saisine *(Mots aj., D. n° 2016-868, 29 juin 2016)* « par l'employeur ou le comité d'entreprise » d'un ou de plusieurs comités d'hygiène, de sécurité et des conditions de travail et à quatre mois si une instance de coordination des comités d'hygiène, de sécurité et des conditions de travail est mise en place à cette occasion, que le comité d'entreprise soit assisté ou non d'un expert.

L'avis du ou des comités d'hygiène, de sécurité et des conditions de travail *(Mots aj., D. n° 2016-868, 29 juin 2016)* « et, le cas échéant, de l'instance de coordination » est transmis au comité d'entreprise au plus tard sept jours avant l'expiration du délai mentionné au troisième alinéa.

II *(D. n° 2016-868, 29 juin 2016)*. – Lorsqu'il y a lieu de consulter à la fois le comité central d'entreprise et un ou plusieurs comités d'établissement en application du troisième alinéa de l'article L. 2327-15, les délais prévus au I du présent article s'appliquent au comité central d'entreprise. Dans ce cas, l'avis de chaque comité d'établissement est rendu et transmis au comité central d'entreprise, le cas échéant accompagné de l'avis du comité d'hygiène, de sécurité et des conditions de travail ou de l'instance de coordination, au plus tard sept jours avant la date à laquelle le comité central d'entreprise est réputé avoir été consulté et avoir rendu un avis négatif en application du I du présent article. À défaut, l'avis du comité d'établissement est réputé négatif.

1) Le juge des référés qui a été saisi par le comité central d'entreprise d'une filiale d'une demande de suspension de la mise en œuvre d'un projet de création d'une entité commune avec une autre filiale du même groupe, en raison de l'absence de consultation d'un comité d'établissement et d'un CHSCT, ne peut plus statuer sur cette demande dès lors que le délai de trois mois dont disposait le CCE pour donner son avis sur le projet, sur lequel il avait reçu communication par l'employeur d'informations précises et écrites était expiré : ▪ Cass. soc., 21 sept. 2016, n° 15-13.363 : *JCP* S 2016, 1342, note P. Morvan ; *BJS* 2016, p. 637, note G. Auzero. Dès lors que le CHSCT saisit le juge des référés d'une demande de communication par l'employeur d'un certain nombre de pièces et d'informations après l'expiration du délai de 3 mois imparti au comité d'entreprise pour donner son avis, sa demande est irrecevable : ▪ Cass. soc., 15 nov. 2017, n° 15-26.338 : *JCP* S 2017, 1424, note J.-B. Cottin.

2) Est tardive l'action en prorogation de délai engagée devant le juge des référés par un comité central d'entreprise, sur le fondement de l'article L. 2323-4 du Code du travail, après l'expiration du délai résultant des articles L. 2323-3 et R. 2323-1-1 du même code, qui avait commencé à courir à compter de la première réunion extraordinaire de cette instance au cours de laquelle lui avait été remis un document portant sur le projet de fusion-absorption le mettant en mesure d'apprécier l'importance de l'opération envisagée et de saisir le président du TGI s'il estimait que l'information communiquée était insuffisante : ▪ Cass. soc., 21 sept. 2016, n° 15-19.003 : *JCP* S 2016, 1342, note P. Morvan ; *BJS* 2016, p. 637, note G. Auzero. Aucune disposition légale n'autorise le président du TGI à accorder un nouveau délai après l'expiration du délai initial (même arrêt).

Art. L. 2323-4. – Pour lui permettre de formuler un avis motivé, le comité d'entreprise dispose d'informations précises et écrites transmises par l'employeur *(Mots aj., L. n° 2015-990, 6 août 2015)* ou, le cas échéant, mises à disposition dans les conditions prévues à l'article *(Réf. mod., L. n° 2015-994, 17 août 2015)* « L. 2323-9 », et de la réponse motivée de l'employeur à ses propres observations.

***(Al. aj., L. n° 2013-504, 14 juin 2013)* Les membres élus du comité peuvent, s'ils estiment ne pas disposer d'éléments suffisants, saisir le président du tribunal de grande instance statuant en la forme des référés, pour qu'il ordonne la communication par l'employeur des éléments manquants. Le juge statue dans un délai de huit jours.**

***(Al. aj., L. n° 2013-504, 14 juin 2013)* Cette saisine n'a pas pour effet de prolonger le délai dont dispose le comité pour rendre son avis. Toutefois, en cas de difficultés particulières d'accès aux informations nécessaires à la formulation de l'avis motivé du comité d'entreprise, le juge peut décider la prolongation du délai prévu à l'article L. 2323-3.**

Bibliographie : S. Beal, *Annonce publique et information du comité d'entreprise* : *JCP* E 2002, n° 1288, p. 1418.

1) Informations. Les juges du fond apprécient souverainement le caractère suffisant des informations transmises au comité d'entreprise avant la réunion et du délai dont celui-ci a disposé pour en prendre connaissance : ■ Cass. soc., 25 juin 2003 : *Bull. civ.* V, n° 210 ; *RJS* 12/2003, n° 1411, 1re esp. – En matière de durée du travail, l'information du comité d'entreprise est nécessairement écrite, ainsi que l'exige l'article L. 431-5, alinéa 2 du Code du travail [nouv. art. L. 2323-4] et individualisée : ■ Cass. crim., 15 févr. 2005 : *Bull. crim.* 2005, n° 61 ; *RJS* 5/2005, n° 537.

2) Avis motivé. L'examen de la question de l'introduction d'un nouvel outil informatique, fixée à l'ordre du jour du comité d'entreprise, doit être précédé d'informations précises et écrites transmises par l'employeur. Il ne saurait faire l'objet d'une simple communication à l'issue de laquelle seraient formulées une appréciation et une objection qui ne peuvent s'analyser comme un avis motivé : ■ Cass. crim., 27 mars 2012, n° 11-80.565 : *JCP* S 2012, 1276, note Th. Passerone.

3) Action en justice des syndicats. Les syndicats professionnels ne sont pas recevables à agir pour demander communication à leur profit de documents qui, selon eux, auraient dû être transmis au comité d'entreprise : ■ Cass. soc., 11 sept. 2012, n° 11-22.014 : *JCP* S 2012, 1521, note G. Loiseau. Ils ne peuvent, pas plus, demander au juge d'ordonner à l'employeur de communiquer au comité d'entreprise les informations qui lui sont dues : ■ Cass. soc., 16 déc. 2014, n° 13-22.308, publié.

Art. L. 2323-5. – **Pour l'exercice de ses missions, le comité d'entreprise a accès à l'information utile détenue par les administrations publiques et les organismes agissant pour leur compte, conformément aux dispositions légales relatives à l'accès aux documents administratifs.**

Art. L. 2323-6 *(L. n° 2015-994, 17 août 2015)*. – **Le comité d'entreprise est consulté chaque année dans les conditions définies à la présente section sur :**

1° Les orientations stratégiques de l'entreprise ;

2° La situation économique et financière de l'entreprise ;

3° La politique sociale de l'entreprise, les conditions de travail et l'emploi.

(L. n° 2016-1088, 8 août 2016) **Sauf accord collectif contraire, lorsque le représentant du personnel élu ou désigné est un salarié mentionné à l'article L. 3121-58, le crédit d'heures est regroupé en demi-journées qui viennent en déduction du nombre annuel de jours travaillés fixé dans la convention individuelle du salarié. Une demi-journée correspond à quatre heures de mandat. Lorsque le crédit d'heures ou la fraction du crédit d'heures restant est inférieur à quatre heures, le représentant du personnel en bénéficie dans des conditions définies par un décret en Conseil d'État.**

Art. L. 2323-7 *(L. n° 2015-994, 17 août 2015)*. – **Un accord d'entreprise, conclu dans les conditions prévues à l'article L. 2232-12, peut définir :**

1° Les modalités des consultations récurrentes du comité d'entreprise prévues aux sous-sections 3 et 4 de la présente section ;

2° La liste et le contenu des informations récurrentes prévues aux sous-sections 3, 4 et 6, à l'exception des documents comptables mentionnés à l'article L. 2323-13 et des données mentionnées au 2° de l'article L. 2323-17 ;

3° Le nombre de réunions annuelles du comité d'entreprise prévues à l'article L. 2325-14, qui ne peut être inférieur à six.

L'accord d'entreprise peut également définir les délais dans lesquels les avis du comité d'entreprise mentionnés au troisième alinéa de l'article L. 2323-3 sont rendus.

Art. L. 2323-8 *(L. n° 2013-504, 14 juin 2013 ; renum., L. n° 2015-994, 17 août 2015, anc. art. L. 2323-7-2)*. – **Une base de données économiques et sociales, mise régulièrement à jour, rassemble un ensemble d'informations que l'employeur met à disposition du comité d'entreprise et, à défaut, des délégués du personnel** *(Mots aj., L. n° 2015-994, 17 août 2015)* **« ainsi que du comité d'hygiène, de sécurité et des conditions de travail ».**

La base de données est accessible en permanence aux membres du comité d'entreprise ou, à défaut, aux délégués du personnel, ainsi qu'aux membres du comité central d'entreprise, du comité d'hygiène, de sécurité et des conditions de travail et aux délégués syndicaux.

Les informations contenues dans la base de données portent sur les thèmes suivants :

1° Investissements : investissement social (emploi, évolution et répartition des contrats précaires, des stages et des emplois à temps partiel, formation professionnelle et conditions de travail), investissement matériel et immatériel et, pour les entreprises mentionnées au sixième alinéa de l'article L. 225-102-1 du Code de commerce, les informations en matière environnementale présentées en application du cinquième alinéa du même article ;

(Al. créé, L. n° 2015-994, 17 août 2015) 1° *bis* Égalité professionnelle entre les femmes et les hommes au sein de l'entreprise : diagnostic et analyse de la situation *(Mot rempl., L. n° 2016-1088, 8 août 2016)* « comparée » des femmes et des hommes pour chacune des catégories professionnelles de l'entreprise en matière d'embauche, de formation, de promotion professionnelle, de qualification, de classification, de conditions de travail, de sécurité et de santé au travail, de rémunération effective et d'articulation entre l'activité professionnelle et la vie personnelle *(Mots aj., L. n° 2016-1088, 8 août 2016)* « et familiale », analyse des écarts de salaires et de déroulement de carrière en fonction de l'âge, de la qualification et de l'ancienneté, évolution des taux de promotion respectifs des femmes et des hommes par métiers dans l'entreprise *(Mots aj., L. n° 2016-1088, 8 août 2016)* « , part des femmes et des hommes dans le conseil d'administration » ;

2° Fonds propres et endettement ;

3° Ensemble des éléments de la rémunération des salariés et dirigeants ;

4° Activités sociales et culturelles ;

5° Rémunération des financeurs ;

6° Flux financiers à destination de l'entreprise, notamment aides publiques et crédits d'impôts ;

7° Sous-traitance ;

8° Le cas échéant, transferts commerciaux et financiers entre les entités du groupe.

Ces informations portent sur les deux années précédentes et l'année en cours et intègrent des perspectives sur les trois années suivantes.

Le contenu de ces informations est déterminé par un décret en Conseil d'État et peut varier selon que l'entreprise compte plus ou moins de trois cents salariés. Il peut être enrichi par un accord de branche ou d'entreprise ou, le cas échéant, un accord de groupe, en fonction de l'organisation et du domaine d'activité de l'entreprise.

Les membres du comité d'entreprise, du comité central d'entreprise, du comité d'hygiène, de sécurité et des conditions de travail, les délégués syndicaux et, le cas échéant, les délégués du personnel sont tenus à une obligation de discrétion à l'égard des informations contenues dans la base de données revêtant un caractère confidentiel et présentées comme telles par l'employeur.

Code du travail

Partie réglementaire

Art. R. 2323-1-2 *(D. n° 2013-1305, 27 déc. 2013)*. – La base de données prévue à l'article *(Réf. rempl., D. n° 2016-868, 29 juin 2016)* « L. 2323-8 » permet la mise à disposition des informations nécessaires *(Mots rempl., D. n° 2016-868, 29 juin 2016)* « aux trois consultations annuelles prévues à l'article L. 2323-6 ». L'ensemble des informations de la base de données contribue à donner une vision claire et globale de la formation et de la répartition de la valeur créée par l'activité de l'entreprise.

La base comporte également l'ensemble des informations communiquées de manière récurrente au comité d'entreprise *(Mots aj., D. n° 2016-868, 29 juin 2016)* « et au comité d'hygiène, de sécurité et des conditions de travail ».

Art. R. 2323-1-3. – Dans les entreprises d'au moins trois cents salariés, la base de données prévue à l'article *(Réf. rempl., D. n° 2016-868, 29 juin 2016)* « L. 2323-8 » comporte une présentation de la situation de l'entreprise, notamment le chiffre d'affaires, la valeur ajoutée, le résultat d'exploitation et le résultat net.

Elle rassemble les informations suivantes :

A. – Investissements :

1° Investissement social :

a) Évolution des effectifs par type de contrat, par âge, par ancienneté ;

b) Évolution des emplois par catégorie professionnelle ;

c) Situation en matière d'égalité professionnelle entre les femmes et les hommes et mesures prises en ce sens ;

d) Évolution de l'emploi des personnes handicapées et mesures prises pour le développer ;

e) Évolution du nombre de stagiaires ;

f) Formation professionnelle : investissements en formation, publics concernés ;
g) Conditions de travail : durée du travail dont travail à temps partiel et aménagement du temps de travail, exposition aux risques et aux facteurs de pénibilité, accidents du travail, maladies professionnelles, absentéisme, dépenses en matière de sécurité ;
2° Investissement matériel et immatériel :
a) Évolution des actifs nets d'amortissement et de dépréciations éventuelles (immobilisations) ;
b) Le cas échéant, dépenses de recherche et développement ;
3° Pour les entreprises soumises aux dispositions du cinquième alinéa de l'article L. 225-102-1 du Code de commerce, informations environnementales présentées en application de cet alinéa et mentionnées au 2° du I de l'article R. 225-105-1 de ce code.
A *bis (D. n° 2016-868, 29 juin 2016)*. – Égalité professionnelle entre les femmes et les hommes au sein de l'entreprise :
1° Diagnostic et analyse de la situation respective des femmes et des hommes pour chacune des catégories professionnelles de l'entreprise dans les domaines suivants :
a) Embauche ;
b) Formation ;
c) Promotion professionnelle ;
d) Qualification ;
e) Classification ;
f) Conditions de travail ;
g) Sécurité et santé au travail ;
h) Rémunération effective ;
i) Articulation entre l'activité professionnelle et la vie personnelle ;
2° Analyse des écarts de salaires et de déroulement de carrière en fonction de l'âge, de la qualification et de l'ancienneté ;
3° Évolution des taux de promotion respectifs des femmes et des hommes par métiers dans l'entreprise.
B. – Fonds propres, endettement et impôts :
1° Capitaux propres de l'entreprise ;
2° Emprunts et dettes financières dont échéances et charges financières ;
3° Impôts et taxes.
C. – Rémunération des salariés et dirigeants, dans l'ensemble de leurs éléments :
1° Évolution des rémunérations salariales :
a) Frais de personnel y compris cotisations sociales, évolutions salariales par catégorie et par sexe, salaire de base minimum, salaire moyen ou médian, par sexe et par catégorie professionnelle ;
b) Pour les entreprises soumises aux dispositions de l'article L. 225-115 du Code de commerce, montant global des rémunérations mentionnées au 4° de cet article ;
2° Épargne salariale : intéressement, participation ;
3° Rémunérations accessoires : primes par sexe et par catégorie professionnelle, avantages en nature, régimes de prévoyance et de retraite complémentaire ;
4° Rémunérations des dirigeants mandataires sociaux telles que présentées dans le rapport de gestion en application des trois premiers alinéas de l'article L. 225-102-1 du Code de commerce, pour les entreprises soumises à l'obligation de présenter le rapport visé à l'article L. 225-102 du même code.
D. – Activités sociales et culturelles :
1° Montant de la contribution aux activités sociales et culturelles du comité d'entreprise ;
2° Dépenses directement supportées par l'entreprise ;
3° Mécénat.
E. – Rémunération des financeurs, en dehors des éléments mentionnés au B :
1° Rémunération des actionnaires (revenus distribués) ;
2° Rémunération de l'actionnariat salarié (montant des actions détenues dans le cadre de l'épargne salariale, part dans le capital, dividendes reçus).
F. – Flux financiers à destination de l'entreprise :
1° Aides publiques ;
2° Réductions d'impôts ;
3° Exonérations et réductions de cotisations sociales ;
4° Crédits d'impôts ;
5° Mécénat.

G. – Sous-traitance :

1° Sous-traitance utilisée par l'entreprise ;

2° Sous-traitance réalisée par l'entreprise.

H. – Pour les entreprises appartenant à un groupe, transferts commerciaux et financiers entre les entités du groupe :

1° Transferts de capitaux tels qu'ils figurent dans les comptes individuels des sociétés du groupe lorsqu'ils présentent une importance significative ;

2° Cessions, fusions, et acquisitions réalisées.

Art. R. 2323-1-4. – Dans les entreprises de moins de trois cents salariés, la base de données prévue à l'article *(Réf. rempl., D. n° 2016-868, 29 juin 2016)* « L. 2323-8 » comporte une présentation de la situation de l'entreprise, notamment le chiffre d'affaires, la valeur ajoutée, le résultat d'exploitation, le résultat net et les informations suivantes :

A. – Investissements :

1° Investissement social :

a) Évolution des effectifs par type de contrat ;

b) Évolution des emplois par catégorie professionnelle ;

c) Situation en matière d'égalité professionnelle entre les femmes et les hommes et mesures prises en ce sens ;

d) Évolution de l'emploi des personnes handicapées et mesures prises pour le développer ;

e) Évolution du nombre de stagiaires ;

f) Formation professionnelle : investissements en formation, publics concernés ;

g) Conditions de travail : durée du travail dont travail à temps partiel et aménagement du temps de travail ;

2° Investissement matériel et immatériel :

a) Évolution des actifs nets d'amortissement et de dépréciations éventuelles (immobilisations) ;

b) Le cas échéant, dépenses de recherche et développement.

A *bis (D. n° 2016-868, 29 juin 2016)*. – Égalité professionnelle entre les femmes et les hommes au sein de l'entreprise :

1° Diagnostic et analyse de la situation respective des femmes et des hommes pour chacune des catégories professionnelles de l'entreprise dans les domaines suivants :

a) Embauche ;

b) Formation ;

c) Promotion professionnelle ;

d) Qualification ;

e) Classification ;

f) Conditions de travail ;

g) Sécurité et santé au travail ;

h) Rémunération effective ;

i) Articulation entre l'activité professionnelle et la vie personnelle ;

2° Analyse des écarts de salaires et de déroulement de carrière en fonction de l'âge, de la qualification et de l'ancienneté ;

3° Évolution des taux de promotion respectifs des femmes et des hommes par métiers dans l'entreprise.

B. – Fonds propres, endettement et impôts :

1° Capitaux propres de l'entreprise ;

2° Emprunts et dettes financières dont échéances et charges financières ;

3° Impôts et taxes.

C. – Rémunération des salariés et dirigeants, dans l'ensemble de leurs éléments :

1° Évolution des rémunérations salariales :

a) Frais de personnel y compris cotisations sociales, évolutions salariales par catégorie et par sexe, salaire de base minimum, salaire moyen ou médian, par sexe et par catégorie professionnelle ;

b) Pour les entreprises soumises aux dispositions de l'article L. 225-115 du Code de commerce, montant global des rémunérations visées au 4° de cet article ;

c) Épargne salariale : intéressement, participation.

D. – Activités sociales et culturelles : montant de la contribution aux activités sociales et culturelles du comité d'entreprise, mécénat.

E. – Rémunération des financeurs, en dehors des éléments mentionnés au B :

1° Rémunération des actionnaires (revenus distribués) ;

2° Rémunération de l'actionnariat salarié (montant des actions détenues dans le cadre de l'épargne salariale, part dans le capital, dividendes reçus).

F. – Flux financiers à destination de l'entreprise :
1° Aides publiques ;
2° Réductions d'impôts ;
3° Exonérations et réductions de cotisations sociales ;
4° Crédits d'impôts ;
5° Mécénat.
G. – Sous-traitance :
1° Sous-traitance utilisée par l'entreprise ;
2° Sous-traitance réalisée par l'entreprise.
H. – Pour les entreprises appartenant à un groupe, transferts commerciaux et financiers entre les entités du groupe :
1° Transferts de capitaux tels qu'ils figurent dans les comptes individuels des sociétés du groupe lorsqu'ils présentent une importance significative ;
2° Cessions, fusions, et acquisitions réalisées.

Art. R. 2323-1-5. – Les informations figurant dans la base de données portent sur l'année en cours, sur les deux années précédentes et, telles qu'elles peuvent être envisagées, sur les trois années suivantes.

Ces informations sont présentées sous forme de données chiffrées ou à défaut, pour les années suivantes, sous forme de grandes tendances. L'employeur indique, pour ces années, les informations qui, eu égard à leur nature ou aux circonstances, ne peuvent pas faire l'objet de données chiffrées ou de grandes tendances, pour les raisons qu'il précise.

Art. R. 2323-1-6. – La base de données prévue à l'article *(Réf. rempl., D. n° 2016-868, 29 juin 2016)* « L. 2323-8 » est constituée au niveau de l'entreprise. Dans les entreprises dotées d'un comité central d'entreprise, la base de données comporte les informations que l'employeur met à disposition de ce comité et des comités d'établissement.

Les éléments d'information sont régulièrement mis à jour, au moins dans le respect des périodicités prévues par le présent code.

Art. R. 2323-1-7. – La base de données est tenue à la disposition des personnes mentionnées au dernier alinéa de l'article *(Réf. rempl., D. n° 2016-868, 29 juin 2016)* « L. 2323-8 » sur un support informatique ou papier.

L'employeur informe ces personnes de l'actualisation de la base de données selon des modalités qu'il détermine et fixe les modalités d'accès, de consultation et d'utilisation de la base.

Ces modalités permettent aux personnes mentionnées au dernier alinéa de l'article *(Réf. rempl., D. n° 2016-868, 29 juin 2016)* « L. 2323-8 » d'exercer utilement leurs compétences respectives.

Art. R. 2323-1-8. – Les informations figurant dans la base de données qui revêtent un caractère confidentiel doivent être présentées comme telles par l'employeur qui indique la durée du caractère confidentiel de ces informations que les personnes mentionnées au dernier alinéa de l'article *(Réf. rempl., D. n° 2016-868, 29 juin 2016)* « L. 2323-8 » sont tenues de respecter.

Art. R. 2323-1-9. – La mise à disposition actualisée dans la base de données des éléments d'information contenus dans les rapports et des informations transmis de manière récurrente au comité d'entreprise vaut communication à celui-ci des rapports et informations lorsque les conditions cumulatives suivantes sont remplies :
1° La condition fixée au second alinéa de l'article R. 2323-1-6 est remplie ;
2° L'employeur met à disposition des membres du comité d'entreprise les éléments d'analyse ou d'explication lorsqu'ils sont prévus par le présent code.

Art. R. 2323-1-10. – Sans préjudice de l'obligation de mise en place d'une base de données au niveau de l'entreprise, une convention ou un accord de groupe peut prévoir la constitution d'une base de données au niveau du groupe.

La convention ou l'accord détermine notamment les personnes ayant accès à cette base ainsi que les modalités d'accès, de consultation et d'utilisation de cette base.

NB : Conformément aux dispositions du IV de l'article 8 de la loi n° 2013-504 du 14 juin 2013 relative à la sécurisation de l'emploi, la base de données est mise en place à compter du 14 juin 2014 pour les entreprises d'au moins trois cents salariés et du 14 juin 2015 pour les entreprises de moins de trois cents salariés.

Au titre de l'année 2014 pour les entreprises d'au moins trois cents salariés et de l'année 2015 pour les entreprises de moins de trois cents salariés, les entreprises ne sont pas tenues d'intégrer dans la base de données mentionnée à l'article L. 2323-7-2 les informations relatives aux deux années précédentes.

Les éléments d'information contenus dans les rapports et informations transmis de manière récurrente au comité d'entreprise sont mis à la disposition de ses membres dans la base de données mentionnée à l'article L. 2323-7-2 au plus tard le 31 décembre 2016 (art. 2, D. n° 2013-1305, 23 déc. 2013).

Art. L. 2323-9 *(L. n° 2013-504, 14 juin 2013 ; renum., L. n° 2015-994, 17 août 2015, anc. art. L. 2323-7-2).* **– Les éléments d'information** *(Mots suppr., L. n° 2015-994, 17 août 2015)* **« ... » transmis de manière récurrente au comité d'entreprise** *(Mots aj., L. n° 2015-994, 17 août 2015)* **« et au comité d'hygiène, de sécurité et des conditions de travail » sont mis à la disposition de** *(Mot rempl., L. n° 2015-994, 17 août 2015)* **« leurs » membres dans la base de données mentionnée à l'article** *(Réf. rempl., L. n° 2015-994, 17 août 2015)* **« L. 2323-8 » et cette mise à disposition actualisée vaut communication des rapports et informations au comité d'entreprise** *(Mots aj., L. n° 2016-1088, 8 août 2016)* **et au comité d'hygiène, de sécurité et des conditions de travail, dans les conditions et limites fixées par un décret en Conseil d'État.**

(Al. créé, Ord. n° 2014-699, 26 juin 2014) **Lorsque les dispositions du présent code prévoient également la transmission à l'autorité administrative des rapports et informations mentionnés au premier alinéa, les éléments d'information qu'ils contiennent sont mis à la disposition de l'autorité administrative à partir de la base de données et la mise à disposition actualisée vaut transmission à cette autorité.**

Les consultations du comité d'entreprise *(Mots aj., L. n° 2015-994, 17 août 2015)* **« et du comité d'hygiène, de sécurité et des conditions de travail » pour des événements ponctuels continuent de faire l'objet de l'envoi de ces rapports et informations.**

NB : L'article L. 2323-7-3 du même code entre en vigueur à une date fixée par décret en Conseil d'État et, au plus tard, au 31 décembre 2016 (L. n° 2013-504, 14 juin 2013, art. 8, IV).

Sous-section 2. – Consultation annuelle sur les orientations stratégiques de l'entreprise
(Mod., L. n° 2015-994, 17 août 2015)

Art. L. 2323-10 *(L. n° 2013-504, 14 juin 2013 ; renum., L. n° 2015-994, 17 août 2015, anc. art. L. 2323-7-1).* **– Chaque année, le comité d'entreprise est consulté sur les orientations stratégiques de l'entreprise, définies par l'organe chargé de l'administration ou de la surveillance de l'entreprise, et sur leurs conséquences sur l'activité, l'emploi, l'évolution des métiers et des compétences, l'organisation du travail, le recours à la sous-traitance, à l'intérim, à des contrats temporaires et à des stages.** *(Phrase aj., L. n° 2015-994, 17 août 2015)* **« Cette consultation porte, en outre, sur la gestion prévisionnelle des emplois et des compétences et sur les orientations de la formation professionnelle. »**

Le comité émet un avis sur *(Mots rempl., L. n° 2015-994, 17 août 2015)* **« les orientations stratégiques de l'entreprise » et peut proposer des orientations alternatives. Cet avis est transmis à l'organe chargé de l'administration ou de la surveillance de l'entreprise, qui formule une réponse argumentée. Le comité en reçoit communication et peut y répondre.**

La base de données mentionnée à l'article *(Réf. rempl., L. n° 2015-994, 17 août 2015)* **« L. 2323-8 » est le support de préparation de cette consultation.**

Le comité d'entreprise peut se faire assister de l'expert-comptable de son choix en vue de l'examen des orientations stratégiques de l'entreprise. Cette possibilité de recours à l'expert-comptable ne se substitue pas aux autres expertises. Par dérogation à l'article L. 2325-40 et sauf accord entre l'employeur et le comité d'entreprise, le comité contribue, sur son budget de fonctionnement, au financement de cette expertise à hauteur de 20 %, dans la limite du tiers de son budget annuel.

Bibliographie : F. Géa, *La réforme de l'information et de la consultation du comité d'entreprise : Dr. soc.* 2013, p. 717. • J. Harteman, *La consultation du comité d'entreprise sur les orientations stratégiques et leurs conséquences sociales : aspects juridiques et pratiques : JCP* S 2014, 1467. • A. Martinon, *L'information et la consultation des représentants du personnel : nouveaux droits ou nouveau partage de responsabilités ? : JCP* S 2013, 1263. • S. Niel, *Consulter le comité d'entreprise sur les orientations stratégiques : Les cahiers du DRH* 2013, n° 199.

Art. L. 2323-11 *(L. n° 2015-994, 17 août 2015).* – Un accord de groupe peut prévoir que la consultation sur les orientations stratégiques est effectuée au niveau du comité de groupe. Il prévoit les modalités de transmission de l'avis du comité de groupe :

1° Aux comités d'entreprise du groupe, qui restent consultés sur les conséquences de ces orientations stratégiques ;

2° Pour l'application de l'article L. 2323-10, à l'organe chargé de l'administration de l'entreprise dominante de ce groupe, définie à l'article L. 2331-1.

Sous-section 3. – Consultation annuelle sur la situation économique et financière de l'entreprise

Art. L. 2323-12 *(L. n° 2015-994, 17 août 2015).* – La consultation annuelle sur la situation économique et financière de l'entreprise porte également sur la politique de recherche et de développement technologique de l'entreprise, y compris sur l'utilisation du crédit d'impôt pour les dépenses de recherche, et sur l'utilisation du crédit d'impôt pour la compétitivité et l'emploi.

L'avis du comité d'entreprise est transmis à l'organe chargé de l'administration ou de la surveillance de l'entreprise.

Partie réglementaire

Art. R. 2323-1-11 *(D. n° 2016-868, 29 juin 2016).* – En vue de la consultation prévue à l'article L. 2323-12 dans les entreprises de moins de 300 salariés, l'employeur met à la disposition du comité d'entreprise dans les conditions prévues à l'article L. 2323-9, les informations prévues à l'article R. 2323-8.

Dans les entreprises d'au moins 300 salariés, l'employeur met à disposition du comité d'entreprise les informations prévues à l'article R. 2323-11.

Art. L. 2323-13 *(L. n° 2015-994, 17 août 2015).* – En vue de la consultation prévue à l'article L. 2323-12, l'employeur met à la disposition du comité d'entreprise, dans les conditions prévues à l'article L. 2323-9 :

1° Les informations sur l'activité et sur la situation économique et financière de l'entreprise ainsi que sur ses perspectives pour l'année à venir. Ces informations sont tenues à la disposition de l'autorité administrative ;

2° Pour toutes les sociétés commerciales, les documents obligatoirement transmis annuellement à l'assemblée générale des actionnaires ou à l'assemblée des associés *(Mots aj., L. n° 2016-1088, 8 août 2016)* « , notamment le rapport de gestion prévu à l'article L. 225-102-1 du Code de commerce qui comprend les informations relatives à la responsabilité sociale et environnementale des entreprises », les communications et les copies transmises aux actionnaires dans les conditions prévues aux articles L. 225-100 à L. 225-102-2, L. 225-108 et L. 225-115 à L. 225-118 du Code de commerce, ainsi que le rapport des commissaires aux comptes. Le comité peut convoquer les commissaires aux comptes pour recevoir leurs explications sur les différents postes des documents communiqués ainsi que sur la situation financière de l'entreprise ;

3° Pour les sociétés commerciales mentionnées à l'article L. 232-2 du Code de commerce et les groupements d'intérêt économique mentionnés à l'article L. 251-13 du même code, les documents établis en application du même article L. 251-13 et des articles L. 232-3 et L. 232-4 dudit code. Ces documents sont réputés confidentiels, au sens de l'article L. 2325-5 du présent code ;

4° Pour les entreprises ne revêtant pas la forme de société commerciale, les documents comptables qu'elles établissent ;

5° Les informations sur les sommes reçues par l'entreprise au titre du crédit d'impôt prévu à l'article 244 *quater* C du Code général des impôts et sur leur utilisation ;

6° Les informations relatives à la politique de recherche et de développement technologique de l'entreprise.

Art. L. 2323-14 *(L. n° 2015-994, 17 août 2015).* – Un décret en Conseil d'État précise le contenu des informations prévues à la présente sous-section, qui peut varier selon que l'entreprise compte plus ou moins de trois cents salariés.

Sous-section 4. – Consultation annuelle sur la politique sociale de l'entreprise, les conditions de travail et l'emploi

Paragraphe 1. – Dispositions communes

Art. L. 2323-15 *(L. n° 2015-994, 17 août 2015)*. **– La consultation annuelle sur la politique sociale de l'entreprise, les conditions de travail et l'emploi porte sur l'évolution de l'emploi, les qualifications, le programme pluriannuel de formation, les actions de prévention et de formation envisagées par l'employeur, l'apprentissage, les conditions d'accueil en stage, les conditions de travail, les congés et l'aménagement du temps de travail, la durée du travail, l'égalité professionnelle entre les femmes et les hommes et les modalités d'exercice du droit d'expression des salariés dans les entreprises où aucun délégué syndical n'a été désigné ou dans lesquelles aucun accord sur le droit d'expression n'a été conclu.**

(Al. créé, L. n° 2016-1088, 8 août 2016) **Cette consultation porte également, le cas échéant, sur les conséquences pour les salariés de l'accord conclu en vue de la préservation ou du développement de l'emploi mentionné à l'article L. 2254-2.**

Partie réglementaire

Art. R. 2323-1-12 *(D. n° 2016-868, 29 juin 2016)*. – En vue de la consultation prévue à l'article L. 2323-15, l'employeur met à la disposition du comité d'entreprise, dans les conditions prévues à l'article L. 2323-9, les informations prévues aux articles D. 2323-5 et D. 2323-6.

Dans les entreprises de moins de 300 salariés, il met également à disposition les informations prévues à l'article R. 2323-9.

Dans les entreprises d'au moins 300 salariés, il met également à disposition les informations prévues aux articles R. 2323-12 et R. 2323-17.

Art. L. 2323-16 *(L. n° 2015-994, 17 août 2015)*. **– Afin d'étudier l'incidence sur les conditions de travail des problèmes généraux résultant de l'organisation du travail, de la technologie, des conditions d'emploi, de l'organisation du temps de travail, des qualifications et des modes de rémunération, le comité d'entreprise bénéficie du concours du comité d'hygiène, de sécurité et des conditions de travail dans les matières relevant de la compétence de ce dernier.**

Le comité d'entreprise peut confier au comité d'hygiène, de sécurité et des conditions de travail le soin de procéder à des études portant sur des matières de la compétence de ce dernier.

Art. L. 2323-17 *(L. n° 2015-994, 17 août 2015)*. **– En vue de la consultation prévue à l'article L. 2323-15, l'employeur met à la disposition du comité d'entreprise, dans les conditions prévues à l'article L. 2323-9 :**

1° Les informations sur l'évolution de l'emploi, des qualifications, de la formation et des salaires, sur les actions en faveur de l'emploi des travailleurs handicapés, sur le nombre et les conditions d'accueil des stagiaires, sur l'apprentissage et sur le recours aux contrats de travail à durée déterminée, aux contrats de mission conclus avec une entreprise de travail temporaire ou aux contrats conclus avec une entreprise de portage salarial ;

2° Les informations et les indicateurs chiffrés sur la situation comparée des femmes et des hommes au sein de l'entreprise, mentionnés au 1° ***bis*** **de l'article L. 2323-8, ainsi que l'accord ou, à défaut, le plan d'action mentionnés au troisième alinéa du 2° de l'article L. 2242-8 en faveur de l'égalité professionnelle entre les femmes et les hommes ;**

3° Les informations sur le plan de formation du personnel de l'entreprise ;

4° Les informations sur la mise en œuvre des contrats et des périodes de professionnalisation et du compte personnel de formation ;

5° Les informations sur la durée du travail, portant sur :

a) **Les heures supplémentaires accomplies dans la limite et au-delà du contingent annuel applicable dans l'entreprise ;**

b) **À défaut de détermination du contingent annuel d'heures supplémentaires par voie conventionnelle, les modalités de son utilisation et de son éventuel dépassement dans les conditions prévues** *(Réf. rempl., L. n° 2016-1088, 8 août 2016)* **« aux articles L. 3121-28 à L. 3121-19 » ;**

c) Le bilan du travail à temps partiel réalisé dans l'entreprise ;

d) Le nombre de demandes individuelles formulées par les salariés à temps partiel pour déroger à la durée hebdomadaire minimale prévue *(Réf. rempl., L. n° 2016-1088, 8 août 2016)* « au premier alinéa de l'article L. 3123-7 et aux articles L. 3123-19 et L. 3123-27 » ;

e) La durée, l'aménagement du temps de travail, la période de prise des congés payés prévue *(Réf. rempl., L. n° 2016-1088, 8 août 2016)* « aux articles L. 3141-13 à L. 3141-16 », les conditions d'application des aménagements de la durée et des horaires prévus *(Réf. rempl., L. n° 2016-1088, 8 août 2016)* « à l'article L. 3121-44 » lorsqu'ils s'appliquent à des salariés à temps partiel, le recours aux conventions de forfait et les modalités de suivi de la charge de travail des salariés concernés ;

6° Les éléments figurant dans le rapport et le programme annuels de prévention présentés par l'employeur au comité d'hygiène, de sécurité et des conditions de travail, prévus à l'article L. 4612-16 ;

7° Les informations sur les mesures prises en vue de faciliter l'emploi des accidentés du travail, des invalides de guerre et assimilés, des invalides civils et des travailleurs handicapés, notamment celles relatives à l'application de l'obligation d'emploi des travailleurs handicapés ;

8° Les informations sur l'affectation de la contribution sur les salaires au titre de l'effort de construction ainsi que sur les conditions de logement des travailleurs étrangers que l'entreprise se propose de recruter ;

9° Les informations sur les modalités d'exercice du droit d'expression des salariés prévues à l'article L. 2281-11.

Art. L. 2323-18 *(L. n° 2015-994, 17 août 2015)*. – Les informations mentionnées aux 1° à 9° de l'article L. 2323-17 sont mises à la disposition de *(Mots. rempl., L. n° 2016-1088, 8 août 2016)* « l'agent de contrôle de l'inspection du travail mentionné à l'article L. 8112-1 », accompagnées de l'avis du comité, dans les quinze jours qui suivent la réunion de ce dernier.

Art. L. 2323-19 *(L. n° 2015-994, 17 août 2015)*. – Un décret en Conseil d'État précise le contenu des informations prévues au présent paragraphe, qui peut varier selon que l'entreprise compte plus ou moins de trois cents salariés.

Paragraphe 2. – Dispositions complémentaires pour les entreprises d'au moins trois cents salariés

Art. L. 2323-20 *(Renum., L. n° 2015-994, 17 août 2015, anc. art. L. 2323-68)*. – Dans les entreprises et organismes mentionnés au premier alinéa de l'article L. 2321-1 ainsi que dans les entreprises mentionnées à l'article *(Réf. mod., L. n° 2015-994, 17 août 2015)* « L. 2323-27 », *(Mots rempl., L. n° 2015-994, 17 août 2015)* « la consultation prévue à l'article L. 2323-15 porte, en outre, sur le bilan social de l'entreprise lorsque l'entreprise compte plus » de trois cents salariés. *(Phrase. aj., L. n° 2015-994, 17 août 2015)* À cette fin, l'employeur met à la disposition du comité d'entreprise, dans les conditions prévues à l'article L. 2323-9, les données relatives à ce bilan social.

Dans les entreprises comportant des établissements distincts, *(Mots rempl., L. n° 2015-994, 17 août 2015)* « le comité d'établissement est consulté sur le » bilan social particulier à chaque établissement dont l'effectif habituel est au moins de trois cents salariés.

Ces obligations ne se substituent à aucune des obligations d'information et de consultation du comité d'entreprise ou d'établissement qui incombent à l'employeur en application, soit de dispositions légales, soit de stipulations conventionnelles.

Art. L. 2323-21 *(Renum., L. n° 2015-994, 17 août 2015, anc. art. L. 2323-69)*. – Lorsque l'effectif de l'entreprise ou de l'établissement atteint le seuil d'assujettissement de trois cents salariés, le premier bilan social de l'entreprise ou de l'établissement porte sur l'année suivant celle au cours de laquelle le seuil a été atteint.

Le premier bilan social peut ne concerner que l'année écoulée. Le deuxième bilan peut ne concerner que les deux dernières années écoulées.

Lorsque l'effectif de l'entreprise ou de l'établissement devient inférieur au seuil d'assujettissement de trois cents salariés, un bilan social est néanmoins présenté pour l'année en cours.

Art. L. 2323-22 *(Renum., L. n° 2015-994, 17 août 2015, anc. art. L. 2323-70)*. – Le bilan social récapitule les principales données chiffrées permettant d'apprécier la situation de l'entreprise dans le domaine social, d'enregistrer les réalisations effectuées et de mesurer les changements intervenus au cours de l'année écoulée et des deux années précédentes.

Le bilan social comporte des informations sur l'emploi, les rémunérations et charges accessoires, les conditions de santé et de sécurité, les autres conditions de travail, la formation, les relations professionnelles, le nombre de salariés détachés et le nombre de travailleurs détachés accueillis ainsi que sur les conditions de vie des salariés et de leurs familles dans la mesure où ces conditions dépendent de l'entreprise.

Art. L. 2323-23 *(Renum., L. n° 2015-994, 17 août 2015, anc. art. L. 2323-71).* – Après consultation des organisations professionnelles d'employeurs et de salariés représentatives au niveau national *(Mots aj., L. n° 2015-994, 17 août 2015)* et interprofessionnel, un décret en Conseil d'État détermine la liste des informations figurant dans le bilan social d'entreprise et dans le bilan social d'établissement.

Le nombre et la teneur de ces informations sont adaptés à la taille de l'entreprise et de l'établissement par arrêté du ou des ministres compétents.

Certaines branches d'activité peuvent être dotées, dans les mêmes formes, de bilans sociaux spécifiques.

Art. L. 2323-24 *(Renum., L. n° 2015-994, 17 août 2015, anc. art. L. 2323-72 ; mod., L. n° 2015-994, 17 août 2015).* – Les informations du bilan social sont mises à la disposition de tout salarié qui en fait la demande.

Elles sont mises à la disposition de *(Mots rempl., L. n° 2016-1088, 8 août 2016)* « l'agent de contrôle de l'inspection du travail mentionné à l'article L. 8112-1 » avec l'avis du comité d'entreprise dans un délai de quinze jours à compter de la réunion du comité d'entreprise.

Art. L. 2323-25 *(Renum., L. n° 2015-994, 17 août 2015, anc. art. L. 2323-74).* – Dans les sociétés par actions, le dernier bilan social accompagné de l'avis du comité d'entreprise est adressé aux actionnaires ou mis à leur disposition dans les mêmes conditions que les documents prévus aux articles L. 225-108 et L. 225-115 du Code de commerce.

Art. L. 2323-26 *(Renum., L. n° 2015-994, 17 août 2015, anc. art. L. 2323-75).* – Le bilan social sert de base à l'application des dispositions de l'article L. 6331-12 ainsi que de celles qui prévoient l'établissement de programmes annuels de formation.

Art. L. 2323-26-1 *(L. n° 2016-1088, 8 août 2016).* – Le seuil de trois cents salariés mentionné au présent chapitre est réputé franchi lorsque l'effectif de l'entreprise dépasse ce seuil pendant douze mois, dans des conditions déterminées par décret en Conseil d'État.

L'employeur dispose d'un délai d'un an à compter du franchissement de ce seuil pour se conformer complètement aux obligations d'information et de consultation du comité d'entreprise qui en découlent.

Art. L. 2323-27 *(Renum., L. n° 2015-994, 17 août 2015, anc. art. L. 2323-77).* – *(Al. créé, L. n° 2015-994, 17 août 2015)* Un décret en Conseil d'État précise le contenu des informations prévues au présent paragraphe.

Des décrets en Conseil d'État déterminent les mesures d'adaptation nécessaires à l'application des dispositions *(Réf. rempl., L. n° 2015-994, 17 août 2015)* « des articles L. 2323-20 à L. 2323-26 » dans les entreprises tenues de constituer un comité d'entreprise ou des organismes de représentation du personnel qui en tiennent lieu en vertu soit de dispositions légales autres que celles du Code du travail, soit de stipulations conventionnelles.

Ces décrets sont pris après avis des organisations syndicales représentatives dans les entreprises intéressées.

Sous-section 5. – Consultations et informations ponctuelles du comité d'entreprise

§ 1. – Organisation et marche de l'entreprise

Sous-§ 1. – Organisation de l'entreprise

Art. L. 2323-28 *(Renum., L. n° 2015-994, 17 août 2015, anc. art. L. 2323-7).* – Un mois après chaque élection du comité d'entreprise, l'employeur lui communique une documentation économique et financière précisant :

1° La forme juridique de l'entreprise et son organisation ;

2° Les perspectives économiques de l'entreprise telles qu'elles peuvent être envisagées ;

3° Le cas échéant, la position de l'entreprise au sein du groupe ;
4° Compte tenu des informations dont dispose l'employeur, la répartition du capital entre les actionnaires détenant plus de 10 % du capital et la position de l'entreprise dans la branche d'activité à laquelle elle appartient.

Code du travail

Art. R. 2323-7-1 *(D. n° 2009-349, 30 mars 2009)*. – Le comité d'entreprise est informé et consulté après notification à l'entreprise de l'attribution directe, par une personne publique, de subventions, prêts ou avances remboursables dont le montant excède un seuil fixé par arrêté pris par les ministres chargés du travail, de l'économie, du budget et des collectivités territoriales. Cette disposition s'applique dans les mêmes conditions aux subventions, prêts et avances remboursables attribués dans le cadre de programmes ou de fonds communautaires.

L'information et la consultation portent sur la nature de l'aide, son objet, son montant et les conditions de versement et d'emploi fixées, le cas échéant, par la personne publique attributrice.

Ces dispositions ne sont applicables, ni aux financements mentionnés au premier alinéa qui sont attribués par les collectivités publiques aux établissements publics qui leur sont rattachés, ni aux subventions pour charges de service public attribuées par une collectivité publique.

Sous-§ 2. – Introduction de nouvelles technologies

Art. L. 2323-29 *(Renum., L. n° 2015-994, 17 août 2015, anc. art. L. 2323-13)*. – **Le comité d'entreprise est informé et consulté, préalablement à tout projet important d'introduction de nouvelles technologies, lorsque celles-ci sont susceptibles d'avoir des conséquences sur l'emploi, la qualification, la rémunération, la formation ou les conditions de travail.**

Les membres du comité reçoivent, un mois avant la réunion, des éléments d'information sur ces projets et leurs conséquences sur chacun des sujets mentionnés au premier alinéa.

1) Projet.

a) N'est pas tardive une demande d'expertise technologique, même postérieure au choix et à l'acquisition du nouveau logiciel, dès lors que la mise en œuvre de celui-ci est encore à l'état de projet : ▪ Cass. soc., 28 oct. 1996 : *Bull. civ.* V, n° 352 ; *Dr. soc.* 1996, p. 1105, obs. M. Cohen.

b) Il ne peut être recouru à l'expertise que lorsque le comité d'entreprise a été saisi d'un projet « élaboré » : ▪ Cass. soc., 3 mars 1988 : *D.* 1988, somm., p. 312, obs. A. Lyon-Caen.

2) Projet important. L'obligation prescrite par l'article L. 432-2 du Code du travail [nouv. art. L. 2323-13] s'apprécie nécessairement en fonction des modifications que le projet apporte dans l'organisation et la marche de l'entreprise et des conséquences qu'il peut avoir sur l'emploi, la qualification, la rémunération et la formation ou les conditions de travail du personnel : ▪ Cass. crim., 3 mai 1994 : *Bull. crim.* 1994, n° 164. – V. égal., ▪ Cass. soc., 28 oct. 1996 : *Bull. civ.* V, n° 352.

Art. L. 2323-30 *(Renum., L. n° 2015-994, 17 août 2015, anc. art. L. 2323-14)*. – **Lorsque l'employeur envisage de mettre en œuvre des mutations technologiques importantes et rapides, il établit un plan d'adaptation.**

Ce plan est transmis, pour information et consultation, au comité d'entreprise en même temps que les autres éléments d'information relatifs à l'introduction de nouvelles technologies.

Le comité d'entreprise est régulièrement informé et consulté sur la mise en œuvre de ce plan.

Nouvelles technologies.

a) N'entre pas dans les prévisions de l'article L. 432-2 du Code du travail [nouv. art. L. 2323-13] un projet de regroupement de moyens et de réorganisation de la production nullement lié à l'introduction de nouvelles **technologies** : ▪ Cass. soc., 15 oct. 1987 : *Bull. civ.* V, n° 569.

b) Constitue une « nouvelle » technologie l'introduction dans l'entreprise d'une technologie jusqu'alors inappliquée au sein de celle-ci : ▪ Cass. soc., 28 oct. 1996 : *Bull. civ.* V, n° 352. ▪ Cass. soc., 9 juill. 1997 : *RJS* 11/1997, n° 1252.

Sous-§ 3. – Restructuration et compression des effectifs

Art. L. 2323-31 *(Renum., L. n° 2015-994, 17 août 2015, anc. art. L. 2323-15)*. – **Le comité d'entreprise est saisi en temps utile des projets de restructuration et de compression des effectifs.**

Il émet un avis sur l'opération projetée et ses modalités d'application *(Mots aj., L. n° 2013-504, 14 juin 2013)* « dans les conditions et délais prévus à l'article L. 1233-30, lorsqu'elle est soumise à l'obligation d'établir un plan de sauvegarde de l'emploi ».

Cet avis est transmis à l'autorité administrative.

Art. L. 2323-32 *(Renum., L. n° 2015-994, 17 août 2015, anc. art. L. 2323-16).* **– Lorsque le projet de restructuration et de compression des effectifs soumis au comité d'entreprise est de nature à affecter le volume d'activité ou d'emploi d'une entreprise sous-traitante, l'entreprise donneuse d'ordre en informe immédiatement l'entreprise sous-traitante.**

Le comité d'entreprise de cette dernière, ou à défaut les délégués du personnel, en sont immédiatement informés et reçoivent toute explication utile sur l'évolution probable de l'activité et de l'emploi.

Sous-§ 4. – Modification dans l'organisation économique ou juridique de l'entreprise

Art. L. 2323-33 *(Renum., L. n° 2015-994, 17 août 2015, anc. art. L. 2323-19).* **– Le comité d'entreprise est informé et consulté sur les modifications de l'organisation économique ou juridique de l'entreprise, notamment en cas de fusion, de cession, de modification importante des structures de production de l'entreprise ainsi que lors de l'acquisition ou de la cession de filiales au sens de l'article L. 233-1 du Code de commerce.**

L'employeur indique les motifs des modifications projetées et consulte le comité d'entreprise sur les mesures envisagées à l'égard des salariés lorsque ces modifications comportent des conséquences pour ceux-ci.

Il consulte également le comité d'entreprise lorsqu'il prend une participation dans une société et l'informe d'une prise de participation dont son entreprise est l'objet lorsqu'il en a connaissance.

1) **Restructuration.** La transmission négociée d'une partie du capital social s'analysant comme une opération de restructuration et de réorganisation susceptible d'avoir des incidences sur les effectifs, le juge des référés est fondé à reporter la réunion de consultation pour avis du comité à une date lui permettant d'émettre un avis en connaissance de cause : ▪ Cass. soc., 16 avr. 1996 : *Bull. civ.* V, n° 163 ; *Dr. soc.* 1996, p. 484, note A. Lyon-Caen. V. aussi, sur l'obligation de consulter le comité d'entreprise lorsque les modifications économiques et juridiques résultent d'une loi : ▪ Cass. soc., 26 oct. 2010, n° 09-67.760 : *JCP* S 2010, 1542, note L. Sébille.

2) **OPA portant sur la société mère.** En l'absence de comité d'entreprise européen instauré par un accord précisant les modalités de l'articulation des consultations en application de l'article L. 2342-9, 4°, du Code du travail, l'institution représentative du personnel d'une société contrôlée par une société mère ayant son siège dans un autre État membre de l'Union européenne doit être consultée sur tout projet concernant l'organisation, la gestion et la marche générale de l'entreprise, notamment sur les mesures de nature à affecter le volume ou la structure des effectifs résultant des modifications de l'organisation économique ou juridique de l'entreprise, y compris lorsqu'une offre publique d'acquisition porte sur les titres de la société mère : ▪ Cass. soc., 19 déc. 2018, n° 18-14.520 : *JCP* S 2019, 1066, note A. Teissier ; *RDT* 2019, p. 202, note Y. Ferkane.

Art. L. 2323-34 *(Renum., L. n° 2015-994, 17 août 2015, anc. art. L. 2323-20).* **– Lorsqu'une entreprise est partie à une opération de concentration, telle que définie à l'article L. 430-1 du Code de commerce, l'employeur réunit le comité d'entreprise au plus tard dans un délai de trois jours à compter de la publication du communiqué relatif à la notification du projet de concentration, émanant soit de l'autorité administrative française en application de l'article L. 430-3 du même code, soit de la Commission européenne en application du règlement (CE) n° 139/2004 du Conseil du 20 janvier 2004 sur les concentrations.**

Au cours de cette réunion, le comité d'entreprise ou la commission économique se prononce sur le recours à un expert dans les conditions prévues aux articles L. 2325-35 et suivants. Dans ce cas, le comité d'entreprise ou la commission économique tient une deuxième réunion afin d'entendre les résultats des travaux de l'expert.

Les dispositions du premier alinéa sont réputées satisfaites lorsque le comité d'entreprise se réunit suite au dépôt d'une offre publique d'acquisition en application des dispositions *(Réf. rempl., L. n° 2015-994, 17 août 2015)* « du sous-paragraphe 5 ».

1) Notion de « partie » à l'opération de concentration. Sont parties à l'opération de concentration l'ensemble des entités économiques qui sont affectées, directement ou indirectement, par la prise de contrôle : ▪ Cass. soc., 26 oct. 2010, n° 09-65.565 : *JCP* S 2010, 1543, note J.-S. Lipski. Dès lors que ne sont démontrées ni l'existence d'une situation de concurrence entre une société filiale et les sociétés du groupe partie à l'opération, ni celle de conséquences actuelles ou futures mais certaines ou prévisibles de cette opération sur l'emploi et l'activité de cette filiale et, par là, sur la situation de ses salariés, la cour d'appel peut en déduire que cette société ne peut être retenue comme partie à l'opération de concentration : ▪ Cass. soc., 2 juill. 2014, n° 13-17.357 : *JCP* S 2014, 1410, note J.-Y. Kerbourc'h.

2) Recours à un expert-comptable. L'article L. 432-1 *bis* [nouv. art. L. 2323-20] ne prévoit pas que le comité d'entreprise puisse être assisté d'un expert rémunéré par l'entreprise en cas d'information-consultation sur un projet de cession de l'entreprise : ▪ Cass. soc., 14 mars 2006 : *Bull. civ.* V, n° 101 ; *RDT* 2006, p. 115, note E. Peskine.

Sous-§ 5. – Offre publique d'acquisition

Art. L. 2323-35 *(Renum., L. n° 2015-994, 17 août 2015, anc. art. L. 2323-21).* **– Lors du dépôt d'une offre publique d'acquisition, l'employeur de l'entreprise sur laquelle porte l'offre et l'employeur qui est l'auteur de cette offre réunissent immédiatement leur comité d'entreprise respectif pour l'en informer.**

L'employeur auteur de l'offre réunit le comité d'entreprise dans les conditions prévues à l'article L. 2323-25.

Au cours de la réunion du comité de l'entreprise qui fait l'objet de l'offre, *(Mots rempl., L. n° 2014-384, 29 mars 2014)* **« l'employeur indique si l'offre a été sollicitée ou non. Le comité d'entreprise décide s'il souhaite procéder à l'audition de l'auteur de l'offre et désigner un expert-comptable dans les conditions prévues à l'article** *(Réf. rempl., L. n° 2015-994, 17 août 2015)* **« L. 2323-42 ». Il peut également » se prononcer sur le caractère amical ou hostile de l'offre.**

NB : Le présent article est applicable aux offres publiques d'acquisition dont le dépôt intervient à compter du premier jour du quatrième mois suivant la promulgation de la loi n° 2014-384 mars 2014.

Art. L. 2323-36 *(L. n° 2014-384, 29 mars 2014 ; renum., L. n° 2015-994, 17 août 2015, anc. art. L. 2323-21-1).* **– L'audition de l'auteur de l'offre mentionnée au dernier alinéa de l'article** *(Réf. rempl., L. n° 2015-994, 17 août 2015)* **« L. 2323-35 » se tient dans un délai d'une semaine à compter du dépôt du projet d'offre publique d'acquisition.**

Lors de son audition, l'auteur de l'offre peut se faire assister des personnes de son choix. Il présente au comité d'entreprise sa politique industrielle et financière, ses plans stratégiques pour la société concernée et les répercussions de la mise en œuvre de l'offre sur l'ensemble des intérêts, l'emploi, les sites d'activité et la localisation des centres de décision de cette société.

Le comité d'entreprise peut se faire assister de l'expert-comptable désigné en application du dernier alinéa du même article L. 2323-21.

NB : Le présent article est applicable aux offres publiques d'acquisition dont le dépôt intervient à compter du premier jour du quatrième mois suivant la promulgation de la loi n° 2014-384 mars 2014.

Art. L. 2323-37 *(Renum., L. n° 2015-994, 17 août 2015, anc. art. L. 2323-22).* **– L'auteur de l'offre adresse au comité de l'entreprise qui en fait l'objet, dans les trois jours suivant sa publication, la note d'information mentionnée au IX de l'article L. 621-8 du Code monétaire et financier.**

Art. L. 2323-38 *(L. n° 2014-384, 29 mars 2014 ; renum., L. n° 2015-994, 17 août 2015, anc. art. L. 2323-22-1).* **– L'expert-comptable désigné en application du dernier alinéa de l'article (Réf. rempl., L. n° 2015-994, 17 août 2015) « L. 2323-35 » établit un rapport qui évalue la politique industrielle et financière et les plans stratégiques que l'auteur de l'offre envisage d'appliquer à la société objet de l'offre, ainsi que les répercussions de leur mise en œuvre sur l'ensemble des intérêts, l'emploi, les sites d'activité et la localisation des centres de décision de cette dernière société. Il dispose d'un délai de trois semaines à compter du dépôt du projet d'offre publique d'acquisition.**

NB : Le présent article est applicable aux offres publiques d'acquisition dont le dépôt intervient à compter du premier jour du quatrième mois suivant la promulgation de la loi n° 2014-384 mars 2014.

Art. L. 2323-39 *(Mod., L. n° 2014-384, 29 mars 2014 ; renum., L. n° 2015-994, 17 août 2015, anc. art. L. 2323-23)*. – **I. – Préalablement à l'avis motivé rendu par le conseil d'administration ou le conseil de surveillance sur l'intérêt de l'offre et sur les conséquences de celle-ci pour la société visée, ses actionnaires et ses salariés, le comité de l'entreprise faisant l'objet de l'offre est réuni et consulté sur le projet d'offre. Au cours de cette réunion, il examine le rapport établi par l'expert-comptable en application de l'article** *(Réf. rempl., L. n° 2015-994, 17 août 2015)* **« L. 2323-38 » et peut demander la présence de l'auteur de l'offre.**

Le comité d'entreprise émet son avis dans un délai d'un mois à compter du dépôt du projet d'offre publique d'acquisition. En l'absence d'avis dans ces délais, il est réputé avoir été consulté.

L'avis du comité d'entreprise ainsi que le rapport de l'expert-comptable sont reproduits dans la note en réponse établie par la société faisant l'objet de l'offre ou, s'il y a lieu, dans la note d'information commune établie par l'auteur de l'offre et la société faisant l'objet de l'offre.

II. – Les membres élus du comité d'entreprise peuvent, s'ils estiment ne pas disposer d'éléments suffisants, saisir le président du tribunal de grande instance statuant en la forme des référés en dernier ressort pour qu'il ordonne la communication, par la société faisant l'objet de l'offre et par l'auteur de l'offre, des éléments manquants. Le juge statue dans un délai de huit jours.

Cette saisine n'a pas pour effet de prolonger le délai dont dispose le comité pour rendre son avis. Toutefois, en cas de difficultés particulières d'accès aux informations nécessaires à la formulation de l'avis du comité d'entreprise, le juge peut décider la prolongation du délai prévu au deuxième alinéa du I, sauf lorsque ces difficultés résultent d'une volonté manifeste de retenir ces informations de la part de la société faisant l'objet de l'offre.

NB : Le présent article est applicable aux offres publiques d'acquisition dont le dépôt intervient à compter du premier jour du quatrième mois suivant la promulgation de la loi n° 2014-384 mars 2014.

Art. L. 2323-40 *(L. n° 2014-384, 29 mars 2014 ; renum., L. n° 2015-994, 17 août 2015, anc. art. L. 2323-23-1)*. – **À la demande de l'employeur auteur de l'offre, l'employeur de l'entreprise sur laquelle porte l'offre peut réunir son comité d'entreprise dans les deux jours ouvrables suivant l'annonce de cette offre. Les articles** *(Réf. rempl., L. n° 2015-994, 17 août 2015)* **« L. 2323-35 à L. 2323-39 » s'appliquent. Les délais prévus à ces mêmes articles courent à compter de l'annonce de l'offre.**

En cas de modification significative des informations présentées au comité d'entreprise entre l'annonce et le dépôt de l'offre, l'avis rendu, le cas échéant, par le comité d'entreprise est caduc. Le comité d'entreprise est réuni dans les deux jours suivant le dépôt de l'offre et rend un avis dans les conditions prévues auxdits articles *(Réf. rempl., L. n° 2015-994, 17 août 2015)* **« L. 2323-35 à L. 2323-39 ».**

NB : Le présent article est applicable aux offres publiques d'acquisition dont le dépôt intervient à compter du premier jour du quatrième mois suivant la promulgation de la loi n° 2014-384 mars 2014.

Art. L. 2323-41 *(Renum., L. n° 2015-994, 17 août 2015, anc. art. L. 2323-24)*. – **La société ayant déposé une offre et dont l'employeur, ou le représentant qu'il désigne parmi les mandataires sociaux ou les salariés de l'entreprise, ne se rend pas à la réunion du comité d'entreprise à laquelle il a été invité dans les conditions prévues aux articles** *(Réf. rempl., L. n° 2015-994, 17 août 2015)* **« L. 2323-35 et L. 2323-39 », ne peut exercer les droits de vote attachés aux titres de la société faisant l'objet de l'offre qu'elle détient ou viendrait à détenir. Cette interdiction s'étend aux sociétés qui la contrôlent ou qu'elle contrôle au sens de l'article L. 233-16 du Code de commerce.**

Une sanction identique s'applique à l'auteur de l'offre, personne physique, qui ne se rend pas à la réunion du comité d'entreprise à laquelle il a été invité dans les conditions prévues aux articles *(Réf. rempl., L. n° 2015-994, 17 août 2015)* **« L. 2323-35 et L. 2323-39 ».**

La sanction est levée le lendemain du jour où l'auteur de l'offre a été entendu par le comité d'entreprise de la société faisant l'objet de l'offre.

La sanction est également levée si l'auteur de l'offre n'est pas convoqué à une nouvelle réunion du comité d'entreprise dans les quinze jours qui suivent la réunion à laquelle il avait été préalablement convoqué.

Art. L. 2323-42 *(Renum., L. n° 2015-994, 17 août 2015, anc. art. L. 2323-25)*. – **Par dérogation à l'article L. 2323-2, l'employeur qui lance une offre publique d'acquisition portant sur le capital d'une entreprise n'est pas tenu de consulter le comité d'entreprise avant ce lancement.**

En revanche, il réunit le comité d'entreprise dans les deux jours ouvrables suivant la publication de l'offre *(Mots aj., L. n° 2014-384, 29 mars 2014)* **« , ou de l'annonce de l'offre dans le cas prévu à l'article L. 2323-40, » en vue de lui transmettre des informations écrites et précises sur le contenu de l'offre et sur les conséquences en matière d'emploi qu'elle est susceptible d'entraîner.**

NB : Le présent article est applicable aux offres publiques d'acquisition dont le dépôt intervient à compter du premier jour du quatrième mois suivant la promulgation de la loi n° 2014-384 mars 2014.

Art. L. 2323-43 *(Renum., L. n° 2015-994, 17 août 2015, anc. art. L. 2323-26).* **– Si l'offre publique d'acquisition est déposée par une entreprise dépourvue de comité d'entreprise, et sans préjudice de l'article L. 2313-13, l'employeur en informe directement les salariés.**

De même, à défaut de comité d'entreprise dans l'entreprise qui fait l'objet de l'offre, l'employeur de cette entreprise en informe directement les salariés. Dans ce cas et dans les trois jours suivant la publication de la note d'information mentionnée au IX de l'article L. 621-8 du Code monétaire et financier, l'auteur de l'offre la transmet à l'employeur faisant l'objet de l'offre qui la transmet lui-même aux salariés sans délai.

Art. L. 2323-44 *(L. n° 2014-384, 29 mars 2014 ; renum., L. n° 2015-994, 17 août 2015, anc. art. L. 2323-26-1 A).* **– Si, à l'issue de l'offre publique, l'auteur de l'offre a acquis le contrôle de l'entreprise faisant l'objet de l'offre au sens des articles L. 233-1, L. 233-3 et L. 233-16 du Code de commerce, il rend compte au comité d'entreprise de cette société, au cours du sixième, du douzième et du vingt-quatrième mois suivant la clôture de l'offre, de la manière dont il a mis en œuvre les déclarations d'intention et, le cas échéant, les engagements qu'il a pris auprès du comité d'entreprise, dans le cadre des auditions prévues aux articles** *(Réf. rempl., L. n° 2015-994, 17 août 2015)* **« L. 2323-36 et L. 2323-39 » du présent code, en matière d'emploi, de maintien des sites d'activité et de localisation des centres de décision exprimés dans la note d'information mentionnée au IX de l'article L. 621-8 du Code monétaire et financier.**

NB : Le présent article est applicable aux offres publiques d'acquisition dont le dépôt intervient à compter du premier jour du quatrième mois suivant la promulgation de la loi n° 2014-384 mars 2014.

Art. L. 2323-45 *(L. n° 2014-384, 29 mars 2014 ; renum., L. n° 2015-994, 17 août 2015, anc. art. L. 2323-26-1 B).* **– Les articles** *(Réf. rempl., L. n° 2015-994, 17 août 2015)* **« L. 2323-38 à L. 2323-44 » du présent code ne s'appliquent pas aux offres mentionnées aux articles L. 225-207 et L. 225-209 du Code de commerce ou lorsque la société fait l'objet d'une offre publique engagée par des entités, agissant seules ou de concert au sens de l'article L. 233-10 du même code, détenant plus de la moitié du capital ou des droits de vote de la société faisant l'objet de l'offre.**

NB : Le présent article est applicable aux offres publiques d'acquisition dont le dépôt intervient à compter du premier jour du quatrième mois suivant la promulgation de la loi n° 2014-384 mars 2014.

§ 2. – Conditions de travail

Art. L. 2323-46 *(Renum., L. n° 2015-994, 17 août 2015, anc. art. L. 2323-27).* **– Le comité d'entreprise est informé et consulté** *(Mots rempl., L. n° 2015-994, 17 août 2015)* **« en cas de problème ponctuel » intéressant les conditions de travail résultant de l'organisation du travail, de la technologie, des conditions d'emploi, de l'organisation du temps de travail, des qualifications et des modes de rémunération.**

À cet effet, il étudie les incidences sur les conditions de travail des projets et décisions de l'employeur dans les domaines mentionnés au premier alinéa et formule des propositions. Il bénéficie du concours du comité d'hygiène, de sécurité et des conditions de travail dans les matières relevant de sa compétence. Les avis de ce comité lui sont transmis.

Articulation avec la consultation du CHSCT. Lorsqu'il est consulté sur les problèmes généraux intéressant les conditions de travail, le comité d'entreprise doit disposer de l'avis du comité d'hygiène, de sécurité et des conditions de travail. Il s'ensuit que le comité d'entreprise est recevable à invoquer dans le cadre de sa propre consultation l'irrégularité de la procédure de consultation préalable du CHSCT : ▪ Cass. soc., 4 juill. 2012, n° 11-19.678 : *JCP* S 2012, 1399, note L. Cailloux-Meurice ; *JCP* E 2012, 1542, note F. Duquesne. – V. aussi, ▪ Cass. soc., 10 juill. 2013, n° 12-17.196 : *JCP* S 2014, 1051, note C. Arandel.

Art. L. 2323-47 ***(Renum., L. n° 2015-994, 17 août 2015, anc. art. L. 2323-32).*** **– Le comité d'entreprise est informé, préalablement à leur utilisation, sur les méthodes ou techniques d'aide au recrutement des candidats à un emploi ainsi que sur toute modification de celles-ci.**

Il est aussi informé, préalablement à leur introduction dans l'entreprise, sur les traitements automatisés de gestion du personnel et sur toute modification de ceux-ci.

Le comité d'entreprise est informé et consulté, préalablement à la décision de mise en œuvre dans l'entreprise, sur les moyens ou les techniques permettant un contrôle de l'activité des salariés.

Si un système de contrôle et d'évaluation individuels des salariés ne peut être instauré qu'après information et consultation du comité d'entreprise, tel n'est pas le cas d'un audit mis en œuvre pour apprécier, à un moment donné, l'organisation d'un service : ▪ Cass. soc., 12 juill. 2010, n° 09-66.339 : *JCP* S 2010, 1457, note A. Barège.

§ 3. – Procédure de sauvegarde, de redressement et de liquidation judiciaire

Art. L. 2323-48 ***(Renum., L. n° 2015-994, 17 août 2015, anc. art. L. 2323-44).*** **– Le comité d'entreprise est informé et consulté :**

1° Avant le dépôt au greffe d'une demande d'ouverture d'une procédure de redressement judiciaire ou de liquidation judiciaire ;

2° Lors d'une procédure de sauvegarde, dans les situations prévues aux articles L. 623-3 et L. 626-8 du Code de commerce ;

3° Lors d'une procédure de redressement judiciaire, dans les situations et conditions prévues aux articles L. 631-17, L. 631-18, L. 631-19 et L. 631-22 du Code de commerce ;

4° Lors d'une procédure de liquidation judiciaire, dans les situations et conditions prévues aux articles L. 641-1 (I), L. 641-4, L. 641-10, troisième alinéa, L. 642-5, dernier alinéa, et L. 642-9, deuxième alinéa, du Code de commerce.

En cas de licenciements économiques prononcés dans les cas prévus aux 3° et 4°, le comité d'entreprise est réuni et consulté dans conditions prévues à l'article L. 1233-58 du présent code.

Art. L. 2323-49 ***(Renum., L. n° 2015-994, 17 août 2015, anc. art. L. 2323-45).*** **– La ou les personnes désignées par le comité d'entreprise, selon les dispositions de l'article L. 661-10 du Code de commerce, sont entendues par la juridiction compétente :**

1° Lors d'une procédure de sauvegarde dans les situations prévues aux articles L. 621-1, L. 622-10, ***(Réf. suppr., Ord. n° 2014-326, 12 mars 2014)*** **L. 626-9 et L. 626-26 du Code de commerce ;**

2° Lors d'une procédure de redressement judiciaire dans les situations et conditions prévues aux articles L. 631-7, L. 631-15 (II), L. 631-19 (I) et L. 631-22 du Code de commerce ;

3° Lors d'une procédure de liquidation judiciaire dans les situations prévues aux articles L. 642-5, premier alinéa, L. 642-6, L. 642-13 et L. 642-17 du Code de commerce.

Sous-section 6. – Droit d'alerte économique et utilisation des aides publiques

§ 1. – Droit d'alerte économique

Art. L. 2323-50 ***(Renum., L. n° 2015-994, 17 août 2015, anc. art. L. 2323-78).*** **– Lorsque le comité d'entreprise a connaissance de faits de nature à affecter de manière préoccupante la situation économique de l'entreprise, il peut demander à l'employeur de lui fournir des explications.**

Cette demande est inscrite de droit à l'ordre du jour de la prochaine séance du comité d'entreprise.

Si le comité d'entreprise n'a pu obtenir de réponse suffisante de l'employeur ou si celle-ci confirme le caractère préoccupant de la situation, il établit un rapport. Dans les entreprises employant au moins mille salariés, ce rapport est établi par la commission économique prévue par l'article L. 2325-23.

Ce rapport, au titre du droit d'alerte économique, est transmis à l'employeur et au commissaire aux comptes.

1) Comité d'établissement. Si les comités d'établissement ont les mêmes attributions que les comités d'entreprise, l'exercice du droit d'alerte prévu par l'article L. 432-5 du Code du travail [nouv. art. L. 2323-78] étant subordonné à l'existence de faits de nature à affecter de manière préoccupante la situation économique de l'entreprise, les comités d'établissement ne sont pas investis de cette prérogative : ▪ Cass. soc., 1er mars 2005 : *Bull. civ.* V, n° 77 ; *Dr. soc.* 2005, p. 587, obs. G. Couturier ; *JCP* S 2005, 1377, note C. Néau-Leduc ; *BJS* 2005, obs. B. Saintourens. ▪ Cass. soc., 12 oct. 2005, n° 04-15.794 : *BJS* 2006, p. 321, note G. Auzero.

2) **Notion de situation préoccupante.** L'appréciation du caractère préoccupant de la situation dont se saisit le comité d'entreprise qui exerce le droit d'alerte relève du pouvoir souverain des juges du fond et échappe au contrôle de la Cour de cassation : ▪ Cass. soc., 11 mars 2003 : *Bull. civ.* V, n° 92.

3) **Trouble manifestement illicite.** La procédure d'alerte engagée par le comité d'entreprise ne constitue pas un trouble manifestement illicite ; le juge des référés ne peut considérer dès lors que l'engagement de cette procédure est infondé : ▪ Cass. soc., 8 mars 1995 : *Bull. civ.* V, n° 81.

4) **Finalité et limites.** Dès lors que la réorganisation de l'entreprise, qui concernait son activité ingénierie au niveau mondial, était de nature à affecter la situation de l'entreprise et que les réponses de la direction aux questions du comité étaient contradictoires, insuffisantes ou incohérentes, le comité a décidé sans abus d'exercer son droit d'alerte : ▪ Cass. soc., 18 janv. 2011, n° 10-30.126 : *JCP* S 2011, act. 51 ; *Dr. soc.* 2011, p. 342, obs. G. Couturier.

5) **Groupe de sociétés.** Les difficultés financières d'une filiale peuvent rendre indispensable pour le comité d'entreprise d'obtenir des informations sur la stratégie de la société mère à l'égard de sa filiale, compte tenu de la situation de dépendance de cette dernière : ▪ Cass. soc., 21 sept. 2016, n° 15-17.658 : *JCP* S 2016, 1395, note J.-B. Cottin ; *BJS* 2016, p. 704, note G. Auzero.

Art. L. 2323-51 *(Renum., L. n° 2015-994, 17 août 2015, anc. art. L. 2323-79).* **– Le comité d'entreprise ou la commission économique peut se faire assister, une fois par exercice comptable, de l'expert-comptable prévu à l'article L. 2325-35, convoquer le commissaire aux comptes et s'adjoindre avec voix consultative deux salariés de l'entreprise choisis pour leur compétence et en dehors du comité d'entreprise.**

Ces salariés disposent de cinq heures chacun pour assister le comité d'entreprise ou la commission économique en vue de l'établissement du rapport prévu à l'article *(Réf. rempl., L. n° 2015-994, 17 août 2015)* **« L. 2323-50 ». Ce temps est rémunéré comme temps de travail.**

1) **Nomination de l'expert-comptable.** La procédure de nomination prévue par l'article L. 432-5 [nouv. art. L. 2323-79] est respectée lorsque la désignation d'un expert par le comité d'entreprise intervient en même temps que sa décision d'établir un rapport, peu important qu'elle ait été évoquée avant : ▪ Cass. soc., 19 févr. 2002 : *Bull. civ.* V, n° 70.

2) **Périodicité.** Si le comité d'entreprise ne peut se faire assister qu'une seule fois par un expert-comptable lorsqu'il exerce son droit d'alerte, il conserve la faculté de préciser et de compléter la mission de l'expert lorsque des faits en relation avec ceux ayant motivé l'exercice de ce droit sont portés à sa connaissance pendant le cours de sa mission : ▪ Cass. soc., 11 mars 2003 : *Bull. civ.* V, n° 92.

3) **Cas de recours.** Un comité d'entreprise ne peut demander l'assistance d'un expert-comptable au motif exclusif de l'annonce d'un projet de fusion, car une telle intervention se situe dans le cadre de l'article L. 432-1 du Code du travail [nouv. art. L. 2323-6] qui ne figure pas parmi les textes pour l'application desquels l'article L. 434-6 [nouv. art. L. 2323-35] prévoit l'assistance du comité d'entreprise par un expert-comptable : ▪ Cass. soc., 30 juin 1993 : *Bull. civ.* V, n° 190 ; *Dr. soc.* 1993, p. 777.

4) **Rôle de l'expert-comptable.** La mission de l'expert-comptable s'étend aux faits de nature à confirmer la situation économique préoccupante de l'entreprise qui sont la suite nécessaire de ceux qui ont motivé l'exercice du droit d'alerte : ▪ Cass. soc., 29 sept. 2009, n° 08-15.035 : *JCP* S 2009, 1598, note J-Y. Kerbourc'h ; *BJS* 2010, p. 16, note P.-Y. Verkindt.

Art. L. 2323-52 *(Renum., L. n° 2015-994, 17 août 2015, anc. art. L. 2323-80).* **– Le rapport du comité d'entreprise ou de la commission économique conclut en émettant un avis sur l'opportunité de saisir de ses conclusions l'organe chargé de l'administration ou de la surveillance dans les sociétés ou personnes morales qui en sont dotées, ou d'en informer les associés dans les autres formes de sociétés ou les membres dans les groupements d'intérêt économique.**

Au vu de ce rapport, le comité d'entreprise peut décider, à la majorité des membres présents de procéder à cette saisine ou de faire procéder à cette information. Dans ce cas, l'avis de l'expert-comptable est joint à la saisine ou à l'information.

Art. L. 2323-53 *(Renum., L. n° 2015-994, 17 août 2015, anc. art. L. 2323-81).* **– Dans les sociétés à conseil d'administration ou à conseil de surveillance, la demande d'explication sur le caractère préoccupant**

de la situation économique de l'entreprise est inscrite à l'ordre du jour de la prochaine séance du conseil d'administration ou du conseil de surveillance, à condition que celui-ci ait pu être saisi au moins quinze jours à l'avance. La réponse de l'employeur est motivée.

Dans les autres personnes morales, ces dispositions s'appliquent à l'organe chargé de l'administration ou de la surveillance, lorsqu'elles en sont dotées.

Dans les autres formes de sociétés ou dans les groupements d'intérêt économique, lorsque le comité d'entreprise a décidé d'informer les associés ou les membres de la situation de l'entreprise, le gérant ou les administrateurs leur communiquent le rapport de la commission économique ou du comité d'entreprise.

Art. L. 2323-54 *(Renum., L. n° 2015-994, 17 août 2015, anc. art. L. 2323-82)*. **– Les informations concernant l'entreprise communiquées en application** *(Mots. rempl., L. n° 2015-994, 17 août 2015)* **« du présent paragraphe » ont par nature un caractère confidentiel. Toute personne pouvant y accéder est tenue à leur égard à une obligation de discrétion.**

Code du travail

Art. R. 2323-18. – Lorsque le comité d'entreprise a saisi l'organe chargé de l'administration ou de la surveillance en application de l'article L. 2323-80, cet organe délibère dans le mois de la saisine. L'extrait du procès-verbal des délibérations où figure la réponse motivée à la demande d'explication faite en application de l'article L. 2323-81 est adressé au comité d'entreprise dans le mois qui suit la réunion de cet organe.

Art. R. 2323-19. – Dans les sociétés autres que celles qui ont un conseil d'administration ou de surveillance ou dans les groupements d'intérêt économique, les administrateurs communiquent aux associés et aux membres du groupement le rapport de la commission économique ou du comité d'entreprise dans les huit jours de la délibération du comité d'entreprise demandant cette communication.

§ 2. – Aides publiques

Art. L. 2323-55 *(Renum., L. n° 2015-994, 17 août 2015, anc. art. L. 2323-12)*. – *(Al. suppr., L. n° 2015-994, 17 août 2015)*.

À défaut *(Mots aj., L. n° 2015-994, 17 août 2015)* **« de consultation du comité d'entreprise sur la politique de recherche et de développement technologique prévue à la sous-section 3 de la section 1 du présent chapitre », les aides publiques en faveur des activités de recherche et de développement technologique sont suspendues.**

Art. L. 2323-56 *(L. n° 2013-504, 14 juin 2013 ; renum., L. n° 2015-994, 17 août 2015, anc. art. L. 2323-26-2)*. **– Lorsque le comité d'entreprise constate que tout ou partie du crédit d'impôt n'a pas été utilisé conformément à l'article 244 *quater* C du Code général des impôts, il peut demander à l'employeur de lui fournir des explications.**

Cette demande est inscrite de droit à l'ordre du jour de la prochaine séance du comité d'entreprise.

Si le comité d'entreprise n'a pu obtenir d'explications suffisantes de l'employeur ou si celles-ci confirment l'utilisation non conforme de ce crédit d'impôt, il établit un rapport.

Ce rapport est transmis à l'employeur et au comité de suivi régional, créé par le IV de l'article 66 de la loi n° 2012-1510 du 29 décembre 2012 de finances rectificative pour 2012, qui adresse une synthèse annuelle au comité national de suivi.

Art. L. 2323-57 *(L. n° 2013-504, 14 juin 2013 ; renum., L. n° 2015-994, 17 août 2015, anc. art. L. 2323-26-3)*. **– Au vu de ce rapport, le comité d'entreprise peut décider, à la majorité des membres présents, de saisir de ses conclusions l'organe chargé de l'administration ou de la surveillance dans les sociétés ou personnes morales qui en sont dotées, ou d'en informer les associés dans les autres formes de sociétés ou les membres dans les groupements d'intérêt économique.**

Dans les sociétés dotées d'un conseil d'administration ou d'un conseil de surveillance, la demande d'explication sur l'utilisation du crédit d'impôt est inscrite à l'ordre du jour de la prochaine séance du conseil d'administration ou du conseil de surveillance, à condition que celui-ci ait pu être saisi au moins quinze jours à l'avance. La réponse de l'employeur est motivée et adressée au comité d'entreprise.

Dans les autres formes de sociétés ou dans les groupements d'intérêt économique, lorsque le comité d'entreprise a décidé d'informer les associés ou les membres de l'utilisation du crédit d'impôt, le gérant ou les administrateurs leur communiquent le rapport du comité d'entreprise.

Dans les autres personnes morales, le présent article s'applique à l'organe chargé de l'administration ou de la surveillance.

§ 3. – Droit d'alerte sociale

Art. L. 2323-58 *(Mod., L. n° 2008-67, 21 janv. 2008 ; renum. et mod., L. n° 2015-994, 17 août 2015, anc. art. L. 2323-53).* **– Lorsque le nombre des salariés titulaires d'un contrat de travail à durée déterminée et le nombre de salariés temporaires connaît un accroissement important par rapport à la situation existant lors de la dernière réunion du comité ayant abordé ce sujet, l'examen de cette question est inscrit de plein droit à l'ordre du jour de la prochaine réunion ordinaire du comité si la majorité des membres du comité le demande.**

Lors de cette réunion ordinaire, l'employeur communique au comité d'entreprise le nombre de salariés titulaires d'un contrat de travail à durée déterminée et de salariés temporaires, les motifs l'ayant amené à y recourir ainsi que le nombre des journées de travail accomplies par les intéressés depuis la dernière communication faite à ce sujet.

Art. L. 2323-59 *(Renum., L. n° 2015-994, 17 août 2015, anc. art. L. 2323-17).* **– Lorsque le comité d'entreprise a connaissance de faits susceptibles de caractériser un recours abusif aux contrats de travail à durée déterminée** *(Mots aj., Ord. n° 2015-380, 2 avr. 2015)* **« , aux contrats conclus avec une entreprise de portage salarial » et au travail temporaire, ou lorsqu'il constate un accroissement important du nombre de salariés titulaires de contrats de travail à durée déterminée et de contrats de mission, il peut saisir l'inspecteur du travail.**

Sans préjudice des compétences qu'il détient en vertu des articles L. 8112-1 et suivants et de l'article L. 8113-7, l'inspecteur du travail adresse à l'employeur le rapport de ses constatations.

L'employeur communique ce rapport au comité d'entreprise en même temps que sa réponse motivée aux constatations de l'inspecteur du travail. Dans sa réponse, l'employeur précise, en tant que de besoin, les moyens qu'il met en œuvre dans le cadre d'un plan de résorption de la précarité destiné à limiter le recours à ces formes de contrats de travail.

À défaut de comité d'entreprise, les délégués du personnel peuvent exercer les attributions conférées au comité d'entreprise pour l'application du présent article.

§ 4. – Informations trimestrielles du comité d'entreprise

Art. L. 2323-60 *(L. n° 2015-994, 17 août 2015).* **– Chaque trimestre, dans les entreprises d'au moins trois cents salariés, l'employeur** *(Mots rempl., L. n° 2016-1088, 8 août 2016)* **« met à la disposition du comité d'entreprise, dans les conditions prévues à l'article L. 2323-9, » des informations sur :**

1° L'évolution générale des commandes et l'exécution des programmes de production ;

2° Les éventuels retards de paiement de cotisations sociales par l'entreprise ;

3° Le nombre de contrats de mission conclus avec une entreprise de travail temporaire.

Art. L. 2323-61 *(L. n° 2015-994, 17 août 2015).* **– Un décret en Conseil d'État précise le contenu des informations énumérées à l'article L. 2323-60.**

Sous-section 7. – Participation aux conseils d'administration ou de surveillance des sociétés

Art. L. 2323-62. – Dans les sociétés, deux membres du comité d'entreprise, délégués par le comité et appartenant l'un à la catégorie des cadres techniciens et agents de maîtrise, l'autre à la catégorie des employés et ouvriers, assistent avec voix consultative à toutes les séances du conseil d'administration ou du conseil de surveillance, selon le cas.

Dans les sociétés où sont constitués trois collèges électoraux, en application de l'article L. 2324-11, la délégation du personnel au conseil d'administration ou au conseil de surveillance est portée à quatre membres. Deux de ces membres appartiennent à la catégorie des ouvriers et employés, le troisième à la catégorie de la maîtrise et le quatrième à la catégorie des ingénieurs, chefs de service et cadres administratifs, commerciaux ou techniques assimilés sur le plan de la classification.

Absence des salariés. L'absence des salariés qui ont voix consultative, hors toute fraude, n'entache pas de nullité une délibération dont le seul objet est l'exercice d'une action en justice : ▪ Cass. soc., 26 mai 1998 : *BJS* 1999, p. 264, note P. Le Cannu.

Art. L. 2323-63. – Les membres de la délégation du personnel au conseil d'administration ou au conseil de surveillance ont droit aux mêmes documents que ceux adressés ou remis aux membres de ces instances à l'occasion de leurs réunions.

Ils peuvent soumettre les vœux du comité au conseil d'administration ou au conseil de surveillance, lequel donne un avis motivé sur ces vœux.

Art. L. 2323-64. – Dans les entreprises mentionnées à l'article 1er de la loi n° 83-675 du 26 juillet 1983 relative à la démocratisation du secteur public, à l'exception de celles qui figurent à l'annexe III de cette loi *(Mots aj., Ord. n° 2014-948, 20 août 2014)* « et dans les sociétés relevant du I de l'article 7 de l'ordonnance n° 2014-948 du 20 août 2014 relative à la gouvernance et aux opérations sur le capital des sociétés à participation publique », la représentation du comité d'entreprise auprès du conseil d'administration ou de surveillance est assurée par le secrétaire du comité d'entreprise ou de l'organe qui en tient lieu.

Art. L. 2323-65 *(Mod., L. n° 2013-504, 14 juin 2013)*. – Dans les sociétés anonymes et les sociétés en commandite par actions dans lesquelles le conseil d'administration ou de surveillance comprend au moins un administrateur ou un membre élu ou désigné par les salariés au titre des articles L. 225-27, L. 225-27-1, L. 225-79, L. 225-79-2 et L. 226-5-1 du Code de commerce, la représentation du comité d'entreprise auprès de ces conseils est assurée par un membre titulaire du comité désigné par ce dernier.

Art. L. 2323-66. – Dans les sociétés par actions simplifiées, les statuts précisent l'organe social auprès duquel les délégués du comité d'entreprise exercent les droits définis par la présente sous-section.

Art. L. 2323-67. – Dans les sociétés, le comité d'entreprise peut demander en justice la désignation d'un mandataire chargé de convoquer l'assemblée générale des actionnaires en cas d'urgence.

Il peut également requérir l'inscription de projets de résolutions à l'ordre du jour des assemblées.

Deux membres du comité d'entreprise, désignés par le comité et appartenant l'un à la catégorie des cadres techniciens et agents de maîtrise, l'autre à la catégorie des employés et ouvriers, ou les personnes mentionnées aux articles L. 2323-64 et L. 2323-65 peuvent assister aux assemblées générales. Ils sont entendus, à leur demande, lors de toutes les délibérations requérant l'unanimité des associés.

Le fondement de la demande de convocation d'une assemblée générale contenue dans le Code du travail est une disposition autonome soumise à la seule condition de **l'urgence**. Le comité d'entreprise n'a donc pas à démontrer l'existence d'une situation exceptionnelle. Mais le comité ne peut demander l'inscription à l'ordre du jour d'un projet de résolution portant sur le pouvoir donné à la direction de la société de signer avec les représentants des salariés un accord garantissant l'emploi et les droits des salariés. En effet, un tel projet a pour conséquence d'imposer des actes de gestion aux organes de direction en leur donnant des injonctions de faire, ce qui est contraire à la **répartition des pouvoirs** entre ces organes et l'assemblée : ▪ T. com. Marseille, 7 nov. 2001 : *BJS* 2002, p. 106, note B. Saintourens.

Code du travail

Art. R. 2323-13. – Le comité d'entreprise représenté par un de ses membres peut, dans les conditions prévues au premier alinéa de l'article L. 2323-67, demander au président du tribunal de commerce statuant en référé la désignation d'un mandataire de justice chargé de convoquer l'assemblée des actionnaires.

L'ordonnance fixe l'ordre du jour.

Art. R. 2323-14 *(Mod., D. n° 2009-557, 19 mai 2009)*. **–** Les demandes d'inscription à l'ordre du jour des projets de résolution mentionnés au deuxième alinéa de l'article L. 2323-67 sont réalisées comme suit :

1° Lorsque toutes les actions de la société revêtent la forme nominative :

a) Les demandes sont adressées par le comité d'entreprise représenté par un de ses membres, au siège social de la société ;

b) Elles sont formulées par lettre recommandée avec avis de réception ou par voie électronique si cette dernière forme est autorisée pour les actionnaires ;

c) Elles sont adressées dans un délai de vingt-cinq jours avant la date de l'assemblée réunie sur première convocation ;

2° Lorsque toutes les actions de la société ne revêtent pas la forme nominative :

a) Les demandes sont adressées au siège social selon les modalités décrites au *a* du 1° ;

b) Elles sont adressées, dans le délai de dix jours à compter de la publication de l'avis prévu à l'article R. 225-73 du Code de commerce.

Les demandes sont accompagnées du texte des projets de résolution qui peuvent être assortis d'un bref exposé des motifs.

Art. R. 2323-15. – Dans le délai de cinq jours à compter de la réception des projets de résolution, le président du conseil d'administration, le président ou le directeur général du directoire, ou le gérant de la société par actions accusent réception au représentant du comité d'entreprise des projets de résolution par lettre recommandée ou par voie électronique dans les conditions définies à l'article R. 225-63 du Code de commerce.

Art. R. 2323-16. – Par dérogation aux dispositions des articles R. 2323-14 et R. 2323-15, dans les sociétés par actions simplifiées, les statuts fixent les règles relatives aux modalités d'examen des demandes d'inscription des projets de résolution adressées par les comités d'entreprise.

Section II. – Attributions en matière d'activités sociales et culturelles

Sous-section 1. – Attributions générales

Art. L. 2323-83. – Le comité d'entreprise assure, contrôle ou participe à la gestion de toutes les activités sociales et culturelles établies dans l'entreprise prioritairement au bénéfice des salariés, *(Rempl., L. n° 2011-893, 28 juill. 2011)* « de leur famille et des stagiaires », quel qu'en soit le mode de financement, dans des conditions déterminées par décret en Conseil d'État.

Ce décret détermine notamment les conditions dans lesquelles les pouvoirs du comité d'entreprise peuvent être délégués à des organismes créés par lui et soumis à son contrôle, ainsi que les règles d'octroi et d'étendue de la personnalité civile des comités d'entreprise et des organismes créés par eux. Il fixe les conditions de financement des activités sociales et culturelles.

Lorsqu'il exerce la mission définie par l'article L. 2323-83 du Code du travail, le comité d'entreprise agit à des fins qui n'entrent pas dans le cadre d'une activité commerciale, industrielle, artisanale, libérale ou agricole, en sorte que, non-professionnel, il bénéficie des dispositions de l'article L. 136-1 du Code de la consommation : ▪ Cass. 1re civ., 15 juin 2016, n° 15-17.369 : *JCP* S 2016, 1351, note J.-Y. Kerbourc'h.

Art. L. 2323-84. – Les salariés sont informés de la politique de l'entreprise concernant ses choix de mécénat et de soutien aux associations et aux fondations.

Art. L. 2323-85. – Le comité d'entreprise assure ou contrôle la gestion des activités physiques ou sportives et peut décider de participer à leur financement.

Il émet également un avis sur la conclusion des conventions, prévues à l'article L. 221-8 du Code du sport, destinées à faciliter l'emploi d'un sportif *(Mots aj., L. n° 2015-1541, 27 nov. 2015)* « , arbitre ou juge » de haut niveau et sa reconversion professionnelle.

Sous-section 2. – Financement

Art. L. 2323-86. – La contribution versée chaque année par l'employeur pour financer des institutions sociales du comité d'entreprise ne peut, en aucun cas, être inférieure au total le plus élevé des sommes affectées aux dépenses sociales de l'entreprise atteint au cours des trois dernières années précédant la prise en charge des activités sociales et culturelles par le comité d'entreprise, à l'exclusion des dépenses temporaires lorsque les besoins correspondants ont disparu.

Le rapport de cette contribution au montant global des salaires payés ne peut non plus être inférieur au même rapport existant pour l'année de référence définie au premier alinéa.

1) Assiette de calcul. Sauf engagement plus favorable, la masse salariale servant au calcul de la subvention de fonctionnement comme de la contribution aux activités sociales et culturelles, s'entend de la masse salariale brute constituée par l'ensemble des gains et rémunérations soumis à cotisations de sécurité sociale en application de l'article L. 242-1 du Code de la sécurité sociale : ▪ Cass. soc., 7 févr. 2018, n°s 16-16.086 et 16-24.231 : *JCP* S 2018, 1089, note A. Teissier ; *Cah. soc.* mars 2018, p. 146, obs. G. Auzero. Les indemnités versées à l'occasion de la rupture du contrat de travail doivent être prises en compte dans le calcul de ces budgets, pour leur part assujettie aux cotisations de sécurité sociale, dès lors qu'elles ne concourent pas à l'indemnisation d'un préjudice : ▪ Cass. soc., 19 déc. 2018, n° 17-22.583 : *JCP* S 2019, 1041, note M. Lepoutre. La rémunération versée aux salariés temporaires n'a pas à être incluse dans la masse salariale brute de l'entreprise utilisatrice servant de base au calcul de la subvention de fonctionnement et de la contribution patronale aux activités sociales et culturelles : ▪ Cass. soc., 10 mars 2010, n° 08-21.529 : *JCP* S 2010, 1232, note J.-Y. Kerbourc'h. Il en va de même de la rémunération versée aux salariés mis à disposition : ▪ Cass. soc., 7 févr. 2018, n° 16-24.231, préc. Le montant de la contribution de l'employeur au financement des activités sociales et culturelles doit être fixé en tenant compte de la totalité des dépenses sociales de la période de référence. Dès lors, la taxe sur la valeur ajoutée facturée à l'employeur au titre de l'activité sociale de transport doit être incluse dans l'assiette de la subvention : ▪ Cass. soc., 21 sept. 2016, n° 14-25.847 : *JCP* S 2016, 1385, note H. Guyot.

2) Calcul de la contribution. La contribution globale due au comité d'entreprise pour le financement des œuvres sociales et culturelles doit être calculée conformément aux dispositions d'ordre public de l'article L. 2323-86 du Code du travail, peu important que le comité d'entreprise ait délégué à l'employeur la gestion de l'activité de restauration : ▪ Cass. soc., 30 mars 2010, n° 09-12.074 : *JCP* S 2010, 1233, note F. Dumont.

Art. L. 2323-86-1 *(L. n° 2016-1088, 8 août 2016)*. – **Dans les entreprises comportant plusieurs comités d'établissement, la détermination du montant global de la contribution patronale versée pour financer les activités sociales et culturelles du comité d'entreprise est effectuée au niveau de l'entreprise dans les conditions prévues à l'article L. 2323-86.**

La répartition de la contribution entre les comités d'établissement peut être fixée par un accord d'entreprise, conclu dans les conditions prévues à l'article L. 2232-12, au prorata des effectifs des établissements ou de leur masse salariale ou de ces deux critères combinés.

À défaut d'accord, cette répartition est effectuée au prorata de la masse salariale de chaque établissement.

Art. L. 2323-87. – **En cas de reliquat budgétaire et dans la limite de 1 % de son budget, les membres du comité d'entreprise peuvent décider de verser ces fonds à une association humanitaire reconnue d'utilité publique afin de favoriser les actions locales ou régionales de lutte contre l'exclusion ou des actions de réinsertion sociale.**

6.3.4. – Composition, élection et mandat

Code du travail

Partie législative

CHAPITRE IV. – COMPOSITION, ÉLECTION ET MANDAT

Section I. – Composition

Art. L. 2324-1 *(Mod., L. n° 2008-789, 20 août 2008 ; L. n° 2014-288, 5 mars 2014)*. – **Le comité d'entreprise comprend l'employeur et une délégation du personnel comportant un nombre de membres déterminé par décret en Conseil d'État compte tenu du nombre des salariés.**

La délégation du personnel comporte un nombre égal de titulaires et de suppléants. Les suppléants assistent aux séances du comité avec voix consultative.

Le nombre de membres peut être augmenté par accord entre l'employeur et les organisations syndicales intéressées, conclu selon les conditions de l'article L. 2324-4-1.

Art. L. 2324-2. – **Sous réserve des dispositions applicables dans les entreprises de moins de trois cents salariés, prévues à l'article L. 2143-22, *(Mod., L. n° 2008-789, 20 août 2008)* « chaque organisation syndicale *(Mots rempl., L. n° 2014-288, 5 mars 2014)* « représentative dans l'entreprise ou l'établissement peut désigner un représentant syndical au comité ». Il assiste aux séances avec voix consultative. Il est choisi parmi les membres du personnel de l'entreprise et doit remplir les conditions d'éligibilité au comité d'entreprise fixées à l'article L. 2324-15.**

1) **Liste commune.** Une organisation syndicale ne peut désigner un représentant au comité d'entreprise ou d'établissement que si elle a au moins deux élus au sein de ce comité ; en cas de constitution d'une liste commune pour les élections au comité d'entreprise ou d'établissement, le nombre d'élus obtenu par chaque organisation syndicale s'apprécie sur la base indiquée par les organisations syndicales concernées lors du dépôt de leur liste et, à défaut, se répartit par parts égales entre les organisations concernées : ▪ Cass. soc., 4 nov. 2009, n° 09-60.066 : *JCP* S 2010, 1059, note J.-Y. Kerbourc'h. En cas de constitution d'une liste commune pour les élections au comité d'entreprise ou d'établissement, un représentant syndical peut être désigné d'un commun accord entre les syndicats ayant présenté cette liste, dès lors que le nombre d'élus de la liste est au moins égal à deux : ▪ Cass. soc., 31 janv. 2012, n° 11-11.856 : *JCP* S 2012, act. 91.

2) **Affiliation confédérale.** L'affiliation confédérale sous laquelle un syndicat a présenté des candidats aux élections des membres du comité d'entreprise constituant un élément essentiel du vote des électeurs, il s'ensuit que, pour apprécier les conditions d'ouverture du droit pour un syndicat de désigner un représentant syndical au comité d'entreprise, ne peuvent être considérés comme ses élus les salariés qui n'ont pas été candidats sur les listes présentées par ce syndicat lors des dernières élections : ▪ Cass. soc., 18 mai 2011, n° 10-60.273 : *JCP* S 2011, 1365, note B. Gauriau.

3) **Double appartenance syndicale.** Lorsqu'un candidat aux élections du comité d'entreprise est adhérent à plusieurs syndicats, il ne constitue un des élus permettant la désignation d'un représentant syndical au comité d'entreprise que pour l'organisation syndicale sous l'étiquette de laquelle il a été élu : ▪ Cass. soc., 14 déc. 2010, n° 09-60.412 : *JCP* S 2011, 1173, note J.-Y. Kerbourc'h.

4) **Désignation.** Le représentant de la section syndicale n'est pas de droit représentant syndical au comité d'entreprise ou d'établissement : ▪ Cass. soc., 14 déc. 2012, n° 11-14.642 : *JCP* S 2012, 1075, note Y. Pagnerre. C'est à la date des dernières élections que s'apprécient les conditions d'ouverture du droit pour un syndicat de désigner un représentant au comité d'entreprise : ▪ Cass. soc., 28 sept. 2011, n° 10-60.357 : *JCP* S 2011, 1585, note Y. Pagnerre.

5) **Fin du mandat.** Le mandat de représentant syndical au comité d'entreprise prenant fin lors du renouvellement des membres de cette institution, il s'ensuit que tout intéressé peut faire constater l'expiration du mandat sans que puisse lui être opposé le délai prévu par l'article R. 2324-24 du Code du travail : ▪ Cass. soc., 10 mars 2010, n° 09-60.347 : *JCP* S 2010, 1205, note J.-Y. Kerbourc'h.

6.3.5. – Fonctionnement

Code du travail

Partie législative

CHAPITRE V. – FONCTIONNEMENT

Section I. – Dispositions générales

Art. L. 2325-1. – **Le comité d'entreprise est doté de la personnalité civile et gère son patrimoine.**

Il est présidé par l'employeur, assisté éventuellement de deux collaborateurs qui ont voix consultative.

Le comité désigne un secrétaire *(Mots aj., L. n° 2014-288, 5 mars 2014)* « et un trésorier » dans des conditions déterminées par décret en Conseil d'État.

Bibliographie : D. Jourdan, *Réunir le comité d'entreprise* : *JCP* S 2005, 1150.

1) **Abus de biens sociaux.** Voir sous C. com., art. L. 242-6, annot. n° 67, p. 590.

2) **Procédure disciplinaire.** Le comité d'entreprise doit établir un règlement intérieur qui détermine les modalités de son fonctionnement. Il en résulte qu'en l'absence d'une disposition d'un règlement intérieur le prévoyant, seule une délégation spéciale donnée par le comité d'entreprise peut habiliter une personne pour l'exercice du pouvoir disciplinaire : ▪ Cass. soc., 12 juill. 2006, n° 04-47.737 : *JCP* S 2006, 1953, note J.-Y. Kerbouc'h.

3) **Représentation en justice.** La délégation permanente expresse et générale donnée par délibération au secrétaire du comité central d'entreprise pour représenter en justice ce dernier emporte, en l'absence de disposition contraire du règlement intérieur ou de délibération contraire du comité d'entreprise, le pouvoir d'engager une action en annulation de la désignation de l'un des salariés du comité en qualité de délégué syndical : ▪ Cass. soc., 24 mai 2006, n° 05-60.354 : *JCP* S 2006, 1588, note J.-Y. Kerbouc'h.

4) **Délégation de pouvoirs.** Même lorsqu'il confie à un représentant le soin de présider le comité d'entreprise, le chef d'entreprise doit s'assurer de la consultation du comité lorsqu'il prend une décision entrant dans les prévisions de l'article L. 432-1 du Code du travail [nouv. art. L. 2323-6]. Il ne peut donc pas opposer l'argument d'une délégation de pouvoirs pour s'exonérer de sa responsabilité pénale : ▪ Cass. crim., 3 mars 1998 : *Bull. crim.* 1998, n° 81. – Voir dans le même sens, ▪ Cass. crim., 14 oct. 2003 : *BJS* 2004, note G. Auzero.

5) **Budget de fonctionnement.** Le comité d'entreprise ne peut être créancier de sommes correspondant à la subvention destinée à son fonctionnement pour une période antérieure à sa création : ▪ Cass. soc., 27 mars 2012, n° 11-11.176 : *JCP* S 2012, 1275, note M. d'Allende. En revanche, le comité d'entreprise délibérément mis en sommeil et qui, durant cette période, n'a pas perdu la personnalité morale, est en droit de réclamer les fonds qu'il aurait dû percevoir : ▪ Cass. soc., 13 sept. 2005, n° 04-10.961 : *Bull. civ.* V, n° 256.

Art. L. 2325-2. – **Le comité d'entreprise détermine, dans un règlement intérieur, les modalités de son fonctionnement et celles de ses rapports avec les salariés de l'entreprise, pour l'exercice des missions qui lui sont conférées par le présent titre.**

1) **Contenu du règlement intérieur.** Si le comité d'entreprise détermine, dans son règlement intérieur, les modalités de son fonctionnement, ce texte ne lui permet pas d'inclure dans ce règlement des dispositions concernant une mesure qui relève des prérogatives de l'employeur, sauf pour celui-ci à répondre d'un éventuel abus dans leur exercice : ▪ Cass. soc., 15 janv. 2013, n° 11-28.324 : *JCP* S 2013, 1138, note J. Daniel.

2) **Illégalité du règlement intérieur.** Un salarié est recevable à soulever, par voie d'exception, l'illégalité du règlement intérieur du comité d'entreprise qui lui fait grief : ▪ Cass. soc., 11 avr. 2012, n° 11-14.476 : *JCP* S 2012, 1262, note E. Jeansen.

3) **Accès aux archives et aux documents comptables et administratifs.** En l'absence de disposition dans le règlement intérieur du comité d'entreprise, il n'appartient pas au juge des référés de limiter l'exercice par certains membres du comité de leur droit à consultation des archives et des documents comptables et financiers de celui-ci : ▪ Cass. soc., 7 nov. 2018, n° 17-23.157 : *JCP* S 2018, 1400, note Y. Pagnerre.

Art. L. 2325-3. – **Les conditions de fonctionnement du comité d'entreprise doivent permettre une prise en compte effective des intérêts des salariés exerçant leur activité hors de l'entreprise ou dans des unités dispersées.**

Art. L. 2325-4. – **Les dispositions du présent titre ne font pas obstacle aux dispositions plus favorables relatives au fonctionnement ou aux pouvoirs du comité d'entreprise résultant d'accords collectifs de travail ou d'usages.**

Art. L. 2325-5. – **Les membres du comité d'entreprise sont tenus au secret professionnel pour toutes les questions relatives aux procédés de fabrication.**

Les membres du comité d'entreprise et les représentants syndicaux sont tenus à une obligation de discrétion à l'égard des informations revêtant un caractère confidentiel et présentées comme telles par l'employeur.

1) **Nature confidentielle de l'information.** Pour satisfaire aux conditions de l'article L. 2325-5 du Code du travail, l'information donnée aux membres du comité d'entreprise doit non seulement être déclarée confidentielle par l'employeur, mais encore être de nature confidentielle, au regard des intérêts légitimes de l'entreprise, ce qu'il appartient à l'employeur d'établir : ▪ Cass. soc., 5 nov. 2014, n° 13-17.270 : *JCP* S 2015, 1017, note J.-Y. Kerbourc'h ; *BJS* 2015, p. 66, note G. Auzero.

2) Déclaration de confidentialité. Les membres du comité d'entreprise et les représentants syndicaux ne sont tenus à une obligation de discrétion qu'à l'égard des informations présentant un caractère confidentiel et données comme telles par l'employeur ou son représentant. Dès lors que le procès-verbal du comité d'entreprise ne mentionnait pas ce caractère confidentiel, il ne peut être reproché à un délégué syndical d'avoir divulgué des informations données par l'employeur et déclarées confidentielles après la réunion d'un comité : ▪ Cass. soc., 12 juill. 2006 : *BJS* 2006, p. 1429, note G. Auzero ; *RDT* 2006, p. 402, obs. H. Tissandier. Un arrêt plus récent, simplement diffusé, semble énoncer un revirement : ▪ Cass. soc., 6 mars 2012, n° 10-24.367 : *JCP* S 2012, 1248, note E. Jeansen.

3) Violation de l'obligation de confidentialité. Est légitime la sanction disciplinaire prononcée par l'employeur à l'encontre d'un représentant du personnel qui, alors que les conditions de l'article L. 2325-5 étaient réunies, a divulgué les informations à l'extérieur de l'entreprise, qui plus est en les déformant, ce qui était de nature à nuire aux intérêts de l'entreprise : ▪ Cass. soc., 6 mars 2012, préc.

Art. L. 2325-5-1 *(L. n° 2015-994, 17 août 2015)*. **– Le recours à la visioconférence pour réunir le comité d'entreprise peut être autorisé par accord entre l'employeur et les membres élus du comité. En l'absence d'accord, ce recours est limité à trois réunions par année civile. Un décret détermine les conditions dans lesquelles le comité peut, dans ce cadre, procéder à un vote à bulletin secret.**

Section II. – Heures de délégation

Art. L. 2325-6. – L'employeur laisse le temps nécessaire à l'exercice de leurs fonctions, dans la limite d'une durée qui, sauf circonstances exceptionnelles, ne peut excéder vingt heures par mois :

1° Aux membres titulaires du comité d'entreprise ;

2° Aux représentants syndicaux au comité d'entreprise, dans les entreprises *(Mots rempl., L. n° 2012-387, 22 mars 2012)* « d'au moins cinq cent un salariés » ;

3° Aux représentants syndicaux au comité central d'entreprise dans les entreprises *(Mots rempl., L. n° 2012-387, 22 mars 2012)* « d'au moins cinq cent un salariés », mais dont aucun des établissements distincts n'atteint ce seuil.

***(Al. aj., L. n° 2016-1088, 8 août 2016)* Sauf accord collectif contraire, lorsque le représentant du personnel élu ou désigné est un salarié mentionné à l'article L. 3121-58, le crédit d'heures est regroupé en demi-journées qui viennent en déduction du nombre annuel de jours travaillés fixé dans la convention individuelle du salarié. Une demi-journée correspond à quatre heures de mandat. Lorsque le crédit d'heures ou la fraction du crédit d'heures restant est inférieur à quatre heures, le représentant du personnel en bénéficie dans des conditions définies par un décret en Conseil d'État.**

Art. L. 2325-7. – Le temps passé en heures de délégation est de plein droit considéré comme temps de travail et payé à l'échéance normale.

L'employeur qui entend contester l'utilisation faite des heures de délégation saisit le juge judiciaire.

Art. L. 2325-8. – Le temps passé par les membres titulaires et suppléants aux séances du comité d'entreprise et aux réunions de la commission de la formation prévue à l'article L. 2325-26 est rémunéré comme temps de travail.

Ce temps n'est pas déduit des vingt heures de délégation prévues pour les membres titulaires.

Art. L. 2325-9. – Le temps passé aux séances du comité par les représentants syndicaux au comité d'entreprise est rémunéré comme temps de travail.

Ce temps n'est pas déduit des heures de délégation dans les entreprises *(Mots rempl., L. n° 2012-387, 22 mars 2012)* « d'au moins cinq cent un salariés ».

Art. L. 2325-10. – Dans les entreprises de travail temporaire, les heures de délégation utilisées entre deux missions, conformément à des dispositions conventionnelles, par un membre titulaire du comité d'entreprise pour l'exercice de son mandat, sont considérées comme des heures de travail.

Ces heures de délégation sont réputées rattachées, en matière de rémunération et de charges sociales, au dernier contrat de mission avec l'entreprise de travail temporaire au titre de laquelle il a été élu membre titulaire du comité d'entreprise.

Section III. – Déplacement et circulation

Art. L. 2325-11. – **Pour l'exercice de leurs fonctions, les membres élus du comité d'entreprise et les représentants syndicaux au comité d'entreprise peuvent, durant les heures de délégation, se déplacer hors de l'entreprise.**

Ils peuvent également, tant durant les heures de délégation qu'en dehors de leurs heures habituelles de travail, circuler librement dans l'entreprise et y prendre tous contacts nécessaires à l'accomplissement de leur mission, notamment auprès d'un salarié à son poste de travail, sous réserve de ne pas apporter de gêne importante à l'accomplissement du travail des salariés.

Section IV. – Local

Art. L. 2325-12. – **L'employeur met à la disposition du comité d'entreprise un local aménagé et le matériel nécessaire à l'exercice de ses fonctions.**

Art. L. 2325-13. – **Le comité d'entreprise peut organiser, dans le local mis à sa disposition, des réunions d'information, internes au personnel, portant notamment sur des problèmes d'actualité.**

Le comité peut inviter des personnalités extérieures, syndicales ou autres, dans les conditions prévues par les dispositions des articles L. 2142-10 et L. 2142-11.

Ces réunions ont lieu en dehors du temps de travail des participants. Toutefois, les membres du comité peuvent se réunir sur leur temps de délégation.

Présence de tiers. Si le président du comité d'entreprise ne peut imposer à la majorité de ses membres la présence de tiers aux réunions de cet organisme, cette même majorité ne peut davantage inviter des personnes étrangères au comité sans l'accord de l'employeur : ▪ Cass. soc., 22 nov. 1988 : *Dr. soc.* 1989, p. 205, note M. Cohen.

Section V. – Réunions

Sous-section 1. – Périodicité

Art. L. 2325-14. – **Dans les entreprises *(Mots rempl., L. n° 2012-387, 22 mars 2012)* « d'au moins *(Mots rempl., L. n° 2015-994, 17 août 2015)* "trois cents" », le comité d'entreprise se réunit au moins une fois par mois sur convocation de l'employeur ou de son représentant.**

Dans les entreprises de moins de *(Mots rempl., L. n° 2015-994, 17 août 2015)* « trois cents » salariés, le comité se réunit au moins une fois tous les deux mois *(Mots suppr., L. n° 2015-994, 17 août 2015)* « ... ».

Le comité peut tenir une seconde réunion à la demande de la majorité de ses membres.

Lorsque l'employeur est défaillant, et à la demande d'au moins la moitié des membres du comité, celui-ci peut être convoqué par l'inspecteur du travail et siéger sous sa présidence.

1) Le pouvoir de convoquer inclut nécessairement le pouvoir de fixer la date de la réunion du comité d'entreprise, sauf accord entre la majorité des élus du comité d'entreprise et l'employeur : ▪ Cass. soc., 15 janv. 2013, n° 11-28.324 : *JCP* S 2013, 1066, note J. Daniel.

2) La majorité des membres du comité d'entreprise visée à l'article L. 2325-14 du Code du travail s'entend de la majorité des membres élus ayant voix délibérative : ▪ Cass. soc., 13 févr. 2019, n° 17-27.889 : *JCP* S 2019, 1099, note Y. Pagnerre.

Art. L. 2325-14-1 ***(L. n° 2015-994, 17 août 2015).*** – **Le seuil de trois cents salariés mentionné *(Mots rempl., L. 2016-1088, 8 août 2016)* « au présent chapitre » est réputé franchi lorsque l'effectif de l'entreprise dépasse ce seuil pendant *(Mots rempl., L. 2016-1088, 8 août 2016)* « douze » mois, dans des conditions déterminées par décret en Conseil d'État.**

L'employeur dispose d'un délai d'un an à compter du franchissement de ce seuil pour se conformer complètement aux obligations d'information du comité d'entreprise qui en découlent.

Sous-section 2. – Ordre du jour

Art. L. 2325-15. – **L'ordre du jour des réunions du comité d'entreprise est arrêté par l'employeur et le secrétaire.**

Toutefois, lorsque sont en cause des consultations rendues obligatoires par une disposition législative, réglementaire ou par un accord collectif de travail, elles y sont inscrites de plein droit par l'employeur ou le secrétaire.

L'élaboration conjointe de l'ordre du jour demeurant la règle, les dispositions de l'article L. 2325-15, alinéa 2, du Code du travail ne dispensent pas l'employeur qui entend faire inscrire une question à l'ordre du jour de la réunion du comité d'entreprise de la soumettre préalablement au secrétaire du comité, alors même que la consultation de cette institution est obligatoire : ▪ Cass. soc., 12 juill. 2010, n° 08-40.740 : *JCP* S 2010, 1419, note F. Dumont.

Art. L. 2325-16. – L'ordre du jour des réunions du comité d'entreprise est communiqué aux membres trois jours au moins avant la séance.

Art. L. 2325-17. – Lorsque le comité d'entreprise se réunit à la demande de la majorité de ses membres, les questions jointes à la demande de convocation sont inscrites à l'ordre du jour de la séance.

Sous-section 3. – Votes et délibérations

Art. L. 2325-18. – Les résolutions du comité d'entreprise sont prises à la majorité des membres présents.

Le président du comité ne participe pas au vote lorsqu'il consulte les membres élus du comité en tant que délégation du personnel.

Art. L. 2325-19. – Le comité d'entreprise peut décider que certaines de ses délibérations seront transmises à l'autorité administrative.

Les *(Mots rempl., L. n° 2016-1088, 8 août 2016)* « agents de contrôle de l'inspection du travail mentionnés à l'article L. 8112-1 » peuvent, sur leur demande, et à tout moment, prendre connaissance des délibérations du comité d'entreprise.

Sous-section 4. – Procès-verbal

Art. L. 2325-20 *(Aj., L. n° 2015-994, 17 août 2015)*. – « Les délibérations du comité d'entreprise sont consignées dans un procès-verbal établi par le secrétaire du comité dans un délai et selon des modalités définis par un accord conclu dans les conditions prévues au troisième alinéa de l'article L. 2323-3 ou, à défaut, par un décret. »

(Mod., L. n° 2015-994, 17 août 2015) « À l'issue du délai mentionné au premier alinéa, le procès-verbal est transmis à l'employeur, qui fait connaître lors de la réunion du comité d'entreprise suivant cette transmission sa décision motivée sur les propositions qui lui ont été soumises. »

Les déclarations sont consignées dans le procès-verbal.

(Al. créé, L. n° 2015-994, 17 août 2015) « Un décret définit les conditions dans lesquelles il peut être recouru à l'enregistrement ou à la sténographie des séances du comité. ».

Art. L. 2325-21. – Le procès-verbal des réunions du comité d'entreprise peut, après avoir été adopté, être affiché ou diffusé dans l'entreprise par le secrétaire du comité, selon des modalités précisées par le règlement intérieur du comité.

Section VI. – Commissions

Sous-section 1. – Création et fonctionnement

Art. L. 2325-22. – Le comité d'entreprise peut créer des commissions pour l'examen de problèmes particuliers.

Il peut adjoindre aux commissions avec voix consultative des experts et des techniciens appartenant à l'entreprise et choisis en dehors du comité. Les dispositions de l'article L. 2325-5 relatives au secret professionnel et à l'obligation de discrétion leur sont applicables.

Les rapports des commissions sont soumis à la délibération du comité.

Sous-section 2. – Commission économique

Art. L. 2325-23. – Dans les entreprises *(Mots rempl., L. n° 2012-387, 22 mars 2012)* « d'au moins mille salariés », une commission économique est créée au sein du comité d'entreprise ou du comité central d'entreprise.

Cette commission est chargée notamment d'étudier les documents économiques et financiers recueillis par le comité d'entreprise et toute question que ce dernier lui soumet.

Art. L. 2325-24. – La commission économique comprend au maximum cinq membres représentants du personnel, dont au moins un représentant de la catégorie des cadres. Ils sont désignés par le comité d'entreprise ou le comité central d'entreprise parmi leurs membres.

La commission est présidée dans des conditions déterminées par décret.

Art. L. 2325-25. – La commission économique se réunit au moins deux fois par an.

Elle peut demander à entendre tout cadre supérieur ou dirigeant de l'entreprise après accord de l'employeur.

Elle peut se faire assister par l'expert-comptable qui assiste le comité d'entreprise et par les experts choisis par le comité d'entreprise dans les conditions fixées à la section VII.

L'employeur laisse aux membres de la commission le temps nécessaire pour tenir leurs réunions dans la limite d'une durée globale ne pouvant excéder quarante heures par an. Ce temps est rémunéré comme temps de travail.

Sous-section 3. – Commission de la formation

Art. L. 2325-26. – Dans les entreprises *(Mots rempl., L. n° 2012-387, 22 mars 2012)* « d'au moins *(Mots rempl., L. n° 2015-994, 17 août 2015)* "trois cents" salariés », le comité d'entreprise constitue une commission de la formation.

Cette commission est chargée :

1° De préparer les délibérations du comité d'entreprise prévues aux articles *(Mots rempl., L. n° 2015-994, 17 août 2015)* « L. 2323-10 et L. 2323-15 dans les domaines qui relèvent de sa compétence » ;

2° D'étudier les moyens permettant de favoriser l'expression des salariés en matière de formation et de participer à leur information dans ce domaine ;

3° D'étudier les problèmes spécifiques concernant l'emploi et le travail des jeunes et des handicapés.

Sous-section 4. – Commission d'information et d'aide au logement

Art. L. 2325-27. – Dans les entreprises *(Mots rempl., L. n° 2012-387, 22 mars 2012)* « d'au moins trois cents salariés », une commission d'information et d'aide au logement des salariés est créée au sein du comité d'entreprise.

Les entreprises de moins de trois cents salariés peuvent se grouper entre elles pour former cette commission.

Art. L. 2325-28. – La commission d'information et d'aide au logement facilite le logement et l'accession des salariés à la propriété et à la location des locaux d'habitation.

À cet effet, la commission :

1° Recherche les possibilités d'offre de logements correspondant aux besoins du personnel, en liaison avec les organismes habilités à collecter la participation des employeurs à l'effort de construction ;

2° Informe les salariés sur leurs conditions d'accès à la propriété ou à la location d'un logement et les assiste dans les démarches nécessaires pour l'obtention des aides financières auxquelles ils peuvent prétendre.

Art. L. 2325-29. – La commission d'information et d'aide au logement des salariés aide les salariés souhaitant acquérir ou louer un logement au titre de la participation des employeurs à l'effort de construction, ou investir les fonds provenant des droits constitués en application des dispositions relatives à l'intéressement, à la participation et à l'épargne salariale.

À cet effet, la commission propose, dans chaque entreprise, des critères de classement des salariés candidats à l'accession à la propriété ou à la location d'un logement tenant compte, notamment, des charges de famille des candidats.

Priorité est accordée aux bénéficiaires des dispositions du Code des pensions militaires d'invalidité et des victimes de la guerre ayant la qualité de grands mutilés de guerre, conjoints survivants, pupilles de la nation,

(Mots suppr., L. n° 2013-504, 14 juin 2013) « ... » aux titulaires de pensions d'invalidité servies par un régime obligatoire de sécurité sociale, *(Mots rempl., L. n° 2013-504, 14 juin 2013)* « aux bénéficiaires d'une rente d'accident du travail correspondant à un taux d'incapacité au moins égal à 66 %, aux jeunes de moins de trente ans, aux salariés en mobilité professionnelle, ainsi qu'aux salariés répondant aux critères prévus au deuxième alinéa du II de l'article L. 44162-3 du Code de la construction et de l'habitation ».

Le comité d'entreprise examine pour avis les propositions de la commission.

Art. L. 2325-30. – Le temps passé par les membres titulaires ou par leurs suppléants aux séances de la commission d'information et d'aide au logement des salariés est rémunéré comme temps de travail dans la limite de vingt heures par an. Ce temps n'est pas déduit des vingt heures de délégation prévues à l'article L. 2325-6 au bénéfice des membres titulaires du comité d'entreprise.

Art. L. 2325-31. – La commission peut s'adjoindre, avec l'accord de l'employeur, à titre consultatif, un ou plusieurs conseillers délégués par des organisations professionnelles, juridiques ou techniques.

Art. L. 2325-32. – Sous réserve des dispositions de l'article L. 2325-33, un décret en Conseil d'État détermine :

1° Les conditions dans lesquelles la commission d'information et d'aide au logement des salariés est constituée ;

2° Les conditions dans lesquelles les droits constitués en application des dispositions relatives à l'intéressement, à la participation et à l'épargne salariale sont négociables ou exigibles avant l'expiration du délai prévu à l'article L. 3323-5 ou à l'article L. 3324-10, en vue de constituer ou de compléter l'apport initial nécessaire à l'acquisition du logement principal.

Art. L. 2325-33. – Un décret détermine :

1° Le nombre maximum de membres de la commission d'information et d'aide au logement des salariés ;

2° Les conditions dans lesquelles les conseillers que s'adjoint la commission sont, le cas échéant, rémunérés.

Sous-section 5. – Commission de l'égalité professionnelle

Art. L. 2325-34. – Dans les entreprises *(Mots rempl., L. n° 2012-387, 22 mars 2012)* d'au moins *(Mots rempl., L. n° 2015-994, 17 août 2015)* « trois cents » salariés, une commission de l'égalité professionnelle est créée au sein du comité d'entreprise.

Cette commission est notamment chargée de préparer les délibérations du comité d'entreprise prévues à l'article *(Réf. rempl., L. n° 2016-1088, 8 août 2016)* « L. 2323-15 ».

Sous-section 6. – Commission des marchés

Art. L. 2325-34-1 *(L. n° 2014-288, 5 mars 2014)*. – Une commission des marchés est créée au sein du comité d'entreprise qui dépasse, pour au moins deux des trois critères mentionnés au II de l'article L. 2325-45, des seuils fixés par décret.

Art. L. 2325-34-2 *(L. n° 2014-288, 5 mars 2014)*. – Pour les marchés dont le montant est supérieur à un seuil fixé par décret, le comité d'entreprise détermine, sur proposition de la commission des marchés, les critères retenus pour le choix des fournisseurs et des prestataires du comité d'entreprise et la procédure des achats de fournitures, de services et de travaux.

La commission des marchés choisit les fournisseurs et les prestataires du comité d'entreprise. Elle rend compte de ces choix, au moins une fois par an, au comité d'entreprise, selon des modalités déterminées par le règlement intérieur du comité.

Art. L. 2325-34-3 *(L. n° 2014-288, 5 mars 2014)*. – Les membres de la commission des marchés sont désignés par le comité d'entreprise parmi ses membres titulaires.

Le règlement intérieur du comité d'entreprise fixe les modalités de fonctionnement de la commission, le nombre de ses membres, les modalités de leur désignation et la durée de leur mandat.

Art. L. 2325-34-4 *(L. n° 2014-288, 5 mars 2014)*. – La commission des marchés établit un rapport d'activité annuel, joint en annexe au rapport mentionné à l'article L. 2325-50.

Section VII. – Recours à un expert

Sous-section 1. – Experts rémunérés par l'entreprise

§ 1. – Recours à un expert-comptable

Art. L. 2325-35 *(Mod., L. n° 2009-526, 12 mai 2009 ; L. n° 2012-387, 22 mars 2012 ; L. n° 2013-504, 14 juin 2013)*. – **I. – Le comité d'entreprise peut se faire assister d'un expert-comptable de son choix :**

1° En vue de *(Mots rempl., L. n° 2015-994, 17 août 2015)* **« la consultation annuelle sur la situation économique et financière prévue à l'article L. 2323-12 » ;**

1° *bis* **En vue de l'examen des orientations stratégiques de l'entreprise prévu à l'article** *(Réf. rempl., L. n° 2015-994, 17 août 2015)* **« L. 2323-10 » ;**

2° *(Mod., L. n° 2015-994, 17 août 2015)* **« En vue de la consultation annuelle sur la politique sociale de l'entreprise, les conditions de travail et l'emploi définie à l'article L. 2323-15 » ;**

3° Dans les conditions prévues à l'article *(Réf. rempl., L. n° 2015-994, 17 août 2015)* **« L. 2323-34 », relatif aux opérations de concentration ;**

4° Dans les conditions prévues aux articles *(Réf. rempl., L. n° 2015-994, 17 août 2015)* **« L. 2323-50 » et suivants, relatifs à l'exercice du droit d'alerte économique ;**

5° Lorsque la procédure de consultation pour licenciement économique d'au moins dix salariés dans une même période de trente jours, prévue à l'article L. 1233-30, est mise en œuvre ;

6° *(6° créé, L. n° 2014-288, 5 mars 2014)* **Dans les conditions prévues aux articles** *(Réf. rempl., L. n° 2015-994, 17 août 2015)* **« L. 2323-35 à L. 2323-44 », relatifs aux offres publiques d'acquisition.**

II. – Le comité peut également mandater un expert-comptable afin qu'il apporte toute analyse utile aux organisations syndicales pour préparer les négociations prévues aux articles L. 5125-1 *(Réf. aj., L. n° 2016-1088, 8 août 2016)* **« , L. 2254-2 » et L. 1233-24-1. Dans ce dernier cas, l'expert est le même que celui désigné en application du 5° du I.**

NB : Le présent article est applicable aux offres publiques d'acquisition dont le dépôt intervient à compter du premier jour du quatrième mois suivant la promulgation de la loi n° 2014-384 mars 2014.

Bibliographie : B. Teyssié, *L'expert-comptable du comité d'entreprise* : *JCP* E 2003, p. 1745 et 1789. • L. Dauxerre, *Le recours à un expert-comptable lors d'une opération de concentration* : *JCP* S 2011, 1117. • A. Sauret et Ch. Windal, *L'expert-comptable du comité et les comptes annuels : ne pas oublier les impératifs du Code de commerce* : *JCP* S 2012, 1107. • A. Coeuret et G. Navarro, *L'accès du comité d'établissement à l'expertise-comptable : un cas d'allergie au critère des pouvoirs délégués ?* : *JCP* E 2012, 1131. • R. Vatinet, *Les experts du comité d'entreprise* : *JCP* S 2015, 1166.

1) *a)* Le **comité d'établissement** peut se faire assister d'un expert-comptable pour l'examen des comptes annuels, car il a les mêmes attributions que le comité d'entreprise dans la limite des pouvoirs confiés au chef d'établissement : ▪ Cass. soc., 14 déc. 1999 : *JCP* E 2000, p. 2054, note Q. Urban ; *BJS* 2000, p. 722, note G. Auzero. – La mise en place d'un comité d'établissement suppose que l'établissement dispose d'une autonomie suffisante en matière de gestion du personnel et de conduite de l'activité économique de l'établissement : ▪ Cass. soc., 18 nov. 2009, n° 08-16.260 : *JCP* S 2010, note J.-Y. Kerbourc'h ; *BJS* 2010, p. 220, note B. Saintourens. V. aussi, ▪ Cass. soc., 9 nov. 2011, n° 10-16.702 : *JCP* S 2012, 1100, note Y. Pagnerre. ▪ Cass. soc., 8 oct. 2014, n° 13-16.845 : *BJS* 2014, p. 692, note G. Auzero. ▪ Cass. soc., 16 janv. 2019, n° 17-26.660 : *JCP* S 2019, 1058, note V. Piccoli ; *BJS* 2019, p. 8, note G. Auzero.

b) Il appartient au seul comité d'établissement d'apprécier l'opportunité de se faire assister d'un expert pour l'examen des comptes de cet établissement, sans que le droit du comité central d'entreprise d'être lui-même assisté pour l'examen annuel des comptes de l'entreprise ne soit de nature à le priver de cette prérogative : ▪ Cass. soc., 8 avr. 2014, n° 13-10.541 : *JCP* S 2014, 1229, note F. Duquesne. Le droit du comité central d'entreprise d'être assisté pour l'examen annuel des comptes de l'entreprise ne prive pas le comité d'établissement du droit d'être assisté par un expert-comptable chargé de lui fournir tous les éléments d'ordre économique social et financier nécessaires à la compréhension des documents comptables de l'établissement et à l'appréciation de sa situation : ▪ Cass. soc., 18 nov. 2009, n° 08-16.260, préc. ▪ Cass. soc., 9 nov. 2011, n° 10-16.702, préc. ▪ Cass. soc., 8 oct. 2014, n° 13-16.845, préc. ▪ CA Lyon, 26 mars 2013 : *JCP* S 2013, 1346, note F. Duquesne. – V. aussi, à propos d'une UES : ▪ CA Lyon, 14 nov. 2000 : *RJS* 5/2001, n° 618. – L'expert-comptable désigné par le comité d'établissement ne peut donc être mandaté pour procéder à l'examen des comptes généraux de l'entreprise qui relève des attributions du comité central d'entreprise, alors même que celui-ci n'a pas été mis en place : ▪ CA Paris, 7 sept. 2007 : *BJS* 2008, p. 12, note G. Auzero.

c) La délibération du comité d'établissement décidant du recours à l'expert-comptable déjà désigné par le comité central d'entreprise et qui a examiné les comptes de l'entreprise pour la même période est nulle : ▪ Cass. soc., 14 mars 2006, n° 05-14.148 : *JCP* S 2006, 1337.

2) Cas de recours. Les cas de recours à un expert-comptable étant déterminés par le législateur de manière limitative, le comité d'entreprise ne saurait avoir recours à un tel expert, dans le cadre de l'article L. 434-6 [nouv. art. L. 2325-35], à l'occasion d'une fusion : ▪ Cass. soc., 30 juin 1993 : *RJS* 10/1993, n° 997 ; dans l'hypothèse où un projet de transfert d'activité d'une société à une autre entreprise n'implique aucun licenciement économique : ▪ Cass. soc., 26 nov. 1996 : *RJS* 2/1997, n° 161 ; ou encore lorsqu'il est consulté sur un projet de cession d'entreprise : ▪ Cass. soc., 14 mars 2006 : *JCP* S 2007, 1042, note Ch. Néau-Leduc ; *RJS* 5/2006, n° 593. Sur la faculté de faire appel à un expert-comptable en cas d'opération de concentration, V. ▪ Cass. soc., 26 oct. 2010, n° 09-65.565 : *JCP* S 2010, 1543, note J.-S. Lipski. En revanche, il résulte des dispositions combinées des articles L. 2321-1, L. 2325-35 et L. 2325-36 du Code du travail que le comité d'entreprise d'une CPAM a, peu important les spécificités de la comptabilité de cet organisme, la faculté de se faire assister par un expert-comptable pour l'examen des comptes annuels de la caisse dès lors qu'il l'estime nécessaire : ▪ Cass. soc., 8 oct. 2014, n° 13-15.769 : *JCP* S 2014, 1484, note B. Gauriau.

3) Exercice de son droit par le comité d'entreprise. Le droit du comité d'entreprise de se faire assister par un expert-comptable pour l'examen des comptes annuels de la société pour l'exercice clos est indépendant de la date de l'examen des mêmes comptes par l'assemblée générale de la société : ▪ Cass. soc., 17 févr. 2004 : *BJS* 2004, p. 977, note B. Saintourens. – Pour une confirmation, ▪ Cass. soc., 18 déc. 2007, n° 06-17.389 : *JCP* S 2008, 1323, note J.-Y. Kerbouc'h. – Si le droit de recourir à un expert-comptable s'exerce au moment où les comptes sont transmis au comité d'entreprise, il ne résulte pas de la loi que la désignation de cet expert doit intervenir lors de la réunion d'information au cours de laquelle les comptes lui sont présentés, cette désignation devant cependant intervenir dans un délai raisonnable : ▪ Cass. soc., 15 déc. 2009, n° 08-17.722 : *JCP* S 2010, 1071, note J.-Y. Kerbourc'h. En revanche, si la désignation de l'expert-comptable intervient avant la réunion de présentation et de transmission des comptes, sa rémunération reste à la charge du comité : ▪ *Cass. soc.*, 28 mars 2018, n° 16-12.707 : *JCP* S 2018, 1175, note V. Piccoli.

4) Licenciements économiques. Pour se faire assister d'un expert-comptable, le comité d'entreprise doit en avoir pris la décision de principe dès la première réunion d'information-consultation. Sauf circonstance de nature à justifier le report de la désignation de l'expert-comptable à une réunion ultérieure, il appartient également au comité d'entreprise de procéder, dès cette première réunion, à cette désignation : ▪ CE, 23 nov. 2016, n° 388855.

Code du travail

Partie réglementaire

Art. R. 2325-6-1. – En cas d'application du 1° *bis* du I de l'article L. 2325-35, à défaut d'accord, si les membres élus demandent à l'expert-comptable la production d'un rapport, ce rapport est remis au plus tard quinze jours avant l'expiration du délai qu'a le comité d'entreprise pour rendre son avis. L'expert-comptable demande à l'employeur, au plus tard dans les trois jours de sa désignation, toutes les informations complémentaires qu'il juge nécessaires à la réalisation de sa mission. L'employeur répond à cette demande dans les cinq jours.

Art. R. 2325-6-2. – En cas d'application du 3° du I de l'article L. 2325-35, à défaut d'accord, l'expert remet son rapport dans un délai de huit jours à compter de la notification de la décision de l'Autorité de la concurrence ou de la Commission européenne saisie du dossier. Ce rapport est présenté au cours de la deuxième réunion du comité prévue au deuxième alinéa de l'article L. 2323-20. Il demande à l'employeur, au plus tard dans les trois jours de sa désignation, toutes les informations qu'il juge nécessaires à la réalisation de sa mission. L'employeur répond à cette demande dans les cinq jours.

Art. L. 2325-36. – **La mission de l'expert-comptable porte sur tous les éléments d'ordre économique, financier ou social nécessaires à la compréhension des comptes et à l'appréciation de la situation de l'entreprise.**

1) La mission de l'expert-comptable du comité d'entreprise porte sur **tous les documents** d'ordre économique, financier ou social nécessaires à l'intelligence des comptes et à l'appréciation de la situation de la société. L'expert-comptable a, comme le commissaire aux comptes, accès aux comptes et documents des sociétés mères ou filiales. En conséquence, il doit recevoir communication des informations relatives aux sociétés du groupe situées sur le territoire d'un autre pays : ▪ Cass. soc., 27 nov. 2001 : *BJS* 2002, p. 610, note G. Auzero. – Relève de la mission de l'expert l'étude de la structure des rémunérations du personnel destinée à fournir au comité des explications cohérentes sur la situation de l'entreprise. Il n'en va pas en revanche de même de l'analyse de la situation comparée des hommes et des femmes au sein de l'entreprise : ▪ Cass. soc., 10 janv. 2012, n° 10-21.270 : *JCP* S 2012, 1242, note M. d'Allende. – La mission de l'expert-comptable portant sur tous les éléments d'ordre économique, financier ou social nécessaires à la compréhension des comptes et à l'appréciation de la situation de l'entreprise, l'analyse des fichiers relatifs à la rémunération du personnel relève de cette mission : ▪ Cass. soc., 5 févr. 2014, n° 12-23.345 : *BJS* 2014, p. 224, note G. Auzero. – La présence d'un comité d'entreprise européen ne peut constituer un obstacle à l'accès de l'expert-comptable d'un comité d'entreprise aux documents jugés utiles à l'exercice de sa mission. Une société française est donc tenue de communiquer à l'expert-comptable désigné par le comité d'entreprise, les documents concernant le groupe de dimension communautaire auquel elle appartient : ▪ Cass. soc., 5 mars 2008, n° 07-12.754 : *Bull. civ.* V, n° 50 ; *JCP* S 2008, 1323, note J.-Y. Kerbourc'h.

2) Les **pouvoirs d'investigation** de l'expert-comptable du comité d'entreprise ne sauraient être étendus à la comptabilité analytique : ▪ CA ▪ Paris, 4 mars 1986 : *JCP* 1986, II, 20663, obs. B. Teyssié. – Pour les comptes prévisionnels : ▪ Cass. soc., 30 avr. 1997 : *JurisData* n° 1997-001840.

3) Constitue un **trouble manifestement illicite** le refus par l'employeur de communiquer à l'expert-comptable les documents demandés, nécessaires à l'intelligence des comptes et à l'appréciation de la situation de l'entreprise : ▪ Cass. soc., 17 févr. 2004 : *BJS* 2004, p. 977, note B. Saintourens.

Art. L. 2325-37. – Pour opérer toute vérification ou tout contrôle entrant dans l'exercice de ses missions, l'expert-comptable a accès aux mêmes documents que le commissaire aux comptes.

Lorsqu'il est saisi dans le cadre d'une opération de concentration prévue à l'article *(Réf. rempl., L. n° 2015-994, 17 août 2015)* « L. 2323-34 », *(Mots aj., L. n° 2013-504, 14 juin 2013)* « ou d'une opération de recherche de repreneurs prévue à *(Mots rempl., L. n° 2014-384, 29 mars 2014)* "la section 4 *bis* du chapitre III du titre III du livre II de la première partie" », l'expert a accès aux documents de toutes les sociétés intéressées par l'opération.

***(Al. créé, L. n° 2014-384, 29 mars 2014)* Lorsqu'il est saisi dans le cadre d'une offre publique d'acquisition dans les conditions prévues aux articles *(Réf. rempl., L. n° 2015-994, 17 août 2015)* « L. 2323-35 à L. 2323-44 », l'expert-comptable a accès aux documents nécessaires à l'élaboration du rapport prévu à l'article *(Réf. rempl., L. n° 2015-994, 17 août 2015)* « L. 2323-38 ».**

NB : L'article 8 de la loi n° 2014-384 du 29 mars 2014 est applicable aux offres publiques d'acquisition dont le dépôt intervient à compter du premier jour du quatrième mois suivant la promulgation de la loi.

1) Libre appréciation des documents utiles. Il appartient au seul expert-comptable désigné par le comité d'entreprise de déterminer les documents utiles à l'exercice de sa mission : ▪ Cass. soc., 13 mai 2014, n° 12-25.544 : *Bull. civ.* V, n° 113. L'expert-comptable est seul juge de l'utilité concrète des documents demandés pour réaliser sa mission auprès d'un comité de groupe sauf abus caractérisé par le juge : ▪ Cass. soc., 12 sept. 2013, n° 13-12.200 : *BJS* 2013, p. 709, note B. Saintourens. L'expert-comptable peut, dans le cadre d'une mission nécessaire à la compréhension des comptes et à l'appréciation de la situation de l'entreprise, se faire communiquer tous les documents qu'il estime utiles ; il en résulte qu'il ne peut être reproché à une cour d'appel de n'avoir pas recherché si les documents demandés étaient nécessaires à l'accomplissement de la mission de l'expert : ▪ Cass. soc., 15 déc. 2009, n° 08-18.228 : *JCP* S 2010, 1085, note J.-Y. Kerbourc'h.

2) Obligation de discrétion de l'expert. Tenu à des obligations de secret et de discrétion, l'expert-comptable ne peut se voir opposer le caractère confidentiel des documents demandés : ▪ Cass. soc., 15 déc. 2009, n° 08-18.228, préc.

3) Existence matérielle des documents. L'expert-comptable ne peut exiger la production de documents n'existant pas et dont l'établissement n'est pas obligatoire pour l'entreprise : ▪ Cass. soc., 27 mai 1997, n° 95-20.156 : *Bull. civ.* V, n° 192.

4) Forme des documents. Les dispositions de l'article L. 2325-37 du Code du travail ne font pas obstacle à la communication à l'expert-comptable de la déclaration annuelle des données sociales sous forme électronique : ▪ Cass. soc., 10 janv. 2012, n° 10-21.270 : *JCP* S 2012, 1242, note M. d'Allende.

5) Recours au juge. L'expert-comptable désigné par le comité d'entreprise en application de l'article L. 2325-35 du Code du travail disposant d'un droit de communication des documents nécessaires à l'accomplissement de sa mission, a qualité pour saisir le juge des référés d'une demande de communication de ces pièces : ▪ Cass. soc., 26 mars 2014, n° 12-26.964 : *JCP* S 2014, 1334, note L. Dauxerre.

§ 2. – Recours à d'autres experts

Art. L. 2325-38. – Dans les entreprises *(Mots rempl., L. n° 2012-387, 22 mars 2012)* « d'au moins trois cents salariés », le comité d'entreprise peut recourir à un expert technique à l'occasion de tout projet important dans les cas énumérés aux articles *(Réf. rempl., L. n° 2015-994, 17 août 2015)* « L. 2323-29 et L. 2323-30 » *(Mots aj., L. n° 2015-994, 17 août 2015)* « et en vue de préparer la négociation sur l'égalité professionnelle ».

Le recours à cet expert fait l'objet d'un accord entre l'employeur et la majorité des membres élus du comité. Cet expert dispose des éléments d'information prévus à ces mêmes articles.

En cas de désaccord sur la nécessité d'une expertise, sur le choix de l'expert ou sur l'étendue de la mission qui lui est confiée, la décision est prise par le président du tribunal de grande instance statuant en urgence.

Code du travail

Partie réglementaire

Art. R. 2325-6-3. – En cas de recours à l'expert technique mentionné à l'article L. 2325-38, à défaut d'accord, l'expert remet son rapport dans un délai de vingt-et-un jours à compter de sa désignation. Il demande à l'employeur, au plus tard dans les trois jours de sa désignation, toutes les informations qu'il juge nécessaires à la réalisation de sa mission. L'employeur répond à cette demande dans les cinq jours.

§ 3. – Accès dans l'entreprise et rémunération

Art. L. 2325-39. – L'expert-comptable et l'expert technique mentionné à l'article L. 2325-38 ont libre accès dans l'entreprise.

Art. L. 2325-40. – L'expert-comptable et l'expert technique mentionné à l'article L. 2325-38 sont rémunérés par l'entreprise.

Le président du tribunal de grande instance est compétent en cas de litige sur leur rémunération.

Bibliographie : Ph. Thomas et V. Hamel, *Les honoraires des experts du comité d'entreprise et du CHSCT* : *JCP* S 2013, 1405.

1) L'expertise décidée par le comité d'entreprise et réalisée pour son compte n'est pas soumise aux règles qui régissent les relations entre l'employeur et ses prestataires de service ; lorsque l'employeur est une collectivité territoriale, il lui appartient de procéder aux formalités permettant le règlement d'une dépense légalement obligatoire : ▪ Cass. soc., 18 déc. 2007, n° 06-17.389 : *Bull. civ.* V, n° 214.

2) L'expert-comptable désigné par le comité d'entreprise en vue de l'assister pour l'examen du rapport annuel relatif à la réserve spéciale de participation est rémunéré par l'employeur : ▪ Cass. soc., 28 janv. 2009, n° 07-18.284 : *JCP* S 2009, 1192, note J.-Y. Kerbourc'h.

3) Lorsque le président du tribunal de grande instance est saisi d'un litige sur la rémunération de l'expert-comptable, il a aussi le pouvoir de statuer sur la demande connexe de communication de documents par une décision au fond : ▪ Cass. soc., 26 oct. 2010, n° 09-15.601 : *JCP* S 2010, 1546, note S. Brissy.

4) L'employeur peut contester la rémunération de l'expert-comptable mandaté par le comité de groupe. Un tel litige relève de la compétence du président du tribunal de grande instance statuant en la forme des référés : ▪ Cass. soc., 6 juin 2018, n° 16-27.291 : *JCP* S 2018, 1279, note V. Piccoli.

Sous-section 2. – Experts rémunérés par le comité d'entreprise

Art. L. 2325-41. – Le comité d'entreprise peut faire appel à tout expert rémunéré par ses soins pour la préparation de ses travaux.

Le recours à un expert donne lieu à délibération du comité.

L'expert choisi par le comité dispose des documents détenus par celui-ci. Il a accès au local du comité et, dans des conditions définies par accord entre l'employeur et la majorité des membres élus du comité, aux autres locaux de l'entreprise.

Sur le délai imparti au comité d'entreprise pour faire procéder à l'expertise, V. ▪ Cass. soc., 16 oct. 2013, n° 12-17.484 : *BJS* 2014, p. 80, note G. Auzero.

Art. L. 2325-41-1 *(L. n° 2016-1088, 8 août 2016)*. **– Le comité d'entreprise peut, à tout moment, décider de prendre en charge, au titre de sa subvention de fonctionnement prévue à l'article L. 2325-43, les frais d'une expertise du comité d'hygiène, de sécurité et des conditions de travail en application du troisième alinéa de l'article L. 4614-13.**

Sous-section 3. – Obligation de secret et de discrétion des experts

Art. L. 2325-42. – Les experts mentionnés dans la présente section sont tenus aux obligations de secret et de discrétion définies à l'article L. 2325-5.

Bibliographie : P. Morvan, *Aspects sociaux de la confidentialité dans les restructurations* : *Dr. soc.* 2010, p. 541.

Code du travail

Art. R. 2325-7. – Lorsqu'il est appelé à prendre les décisions prévues aux articles L. 2325-38 et L. 2325-40, le président du tribunal de grande instance statue en la forme des référés.

Sous-section 4. – Délai de l'expertise
(L. n° 2013-504, 14 juin 2013)

Art. L. 2325-42-1 *(L. n° 2013-504, 14 juin 2013)*. **– L'expert-comptable ou l'expert technique mentionnés à la présente section remettent leur rapport dans un délai raisonnable fixé par un accord entre l'employeur et le comité d'entreprise ou, à défaut d'accord, par décret en Conseil d'État. Ce délai ne peut être prorogé que par commun accord.**

L'accord ou, à défaut, le décret mentionné au premier alinéa détermine, au sein du délai prévu au même alinéa, le délai dans lequel l'expert désigné par le comité d'entreprise peut demander à l'employeur toutes les informations qu'il juge nécessaires à la réalisation de sa mission et le délai de réponse de l'employeur à cette demande.

Section VIII. – Subvention de fonctionnement

Art. L. 2325-43. – L'employeur verse au comité d'entreprise une subvention de fonctionnement d'un montant annuel équivalent à 0,2 % de la masse salariale brute.

Ce montant s'ajoute à la subvention destinée aux activités sociales et culturelles, sauf si l'employeur fait déjà bénéficier le comité d'une somme ou de moyens en personnel équivalents à 0,2 % de la masse salariale brute.

(L. n° 2016-1088, 8 août 2016) **Le comité d'entreprise peut décider, par une délibération, de consacrer une partie de son budget de fonctionnement au financement de la formation des délégués du personnel et des délégués syndicaux de l'entreprise.**

Cette somme et ses modalités d'utilisation sont inscrites, d'une part, dans les comptes annuels du comité d'entreprise ou, le cas échéant, dans les documents mentionnés à l'article L. 2325-46 et, d'autre part, dans le rapport mentionné à l'article L. 2325-50.

Bibliographie : A. Coeuret et D. Jonin, *Les subventions du comité d'entreprise. Existence, assiette de calcul et prescription de la créance* : *JCP* E 2012, 1428. • P. Morvan, *Quelle « masse salariale » pour le budget du comité d'entreprise ?* : *RJS* 2/13, p. 83.

1) Entreprise à établissements multiples. Les comités d'établissement sont titulaires d'un droit propre à l'égard de la subvention de fonctionnement ; toutefois, le comité central d'entreprise ayant lui-même des frais de fonctionnement, il est légitime que les comités d'établissement lui rétrocèdent une partie de leur subvention de fonctionnement : ▪ Cass. soc., 15 mai 2001 : *Bull. civ.* V, n° 172. ▪ Cass. crim., 11 févr. 2003 : *Bull. crim.* 2003, n° 31 ; *Dr. soc.* 2003, p. 897, obs. M. Cohen. – V. égal.,

▪ Cass. soc., 26 sept. 2007, n° 06-44.246 : *Bull. civ.* V, n° 139, qui souligne qu'en matière de subvention de fonctionnement, la prescription est trentenaire.

2) **Transmission des dettes du cédant.** La vente d'un fonds de commerce ne transmet pas au cessionnaire les dettes du cédant à l'égard du comité d'entreprise et, si le comité mis en place dans le cadre d'un établissement cédé demeure en fonction, il n'en résulte pas que l'employeur est tenu des dettes du cédant : ▪ Cass. soc., 28 mai 2008, n° 07-40.904 : *Bull. civ.* V, n° 119.

3) **Masse salariale.** Sauf engagement plus favorable, la masse salariale servant au calcul de la subvention de fonctionnement comme de la contribution aux activités sociales et culturelles, s'entend de la masse salariale brute constituée par l'ensemble des gains et rémunérations soumis à cotisations de sécurité sociale en application de l'article L. 242-1 du Code de la sécurité sociale : ▪ Cass. soc., 7 févr. 2018, n°s 16-16.086 et 16-24.231 : *JCP* S 2018, 1089, note A. Teissier ; *Cah. soc.* mars 2018, p. 146, obs. G. Auzero. La masse salariale brute qui, en application de l'article L. 2325-43, sert de base pour le calcul de la subvention de fonctionnement du comité d'entreprise comprend tous les salaires payés dans l'année dans l'entreprise, et que l'employeur n'est pas fondé à contester l'intégration dans l'assiette de calcul de la subvention de fonctionnement du comité d'entreprise de sommes déclarées avoir été versées à l'administration à titre de salaires : ▪ Cass. soc., 2 déc. 2008, n° 07-42.506 : *Bull. civ.* V, n° 241. Les indemnités versées à l'occasion de la rupture du contrat de travail doivent être prises en compte dans le calcul de ces budgets, pour leur part assujettie aux cotisations de sécurité sociale, dès lors qu'elles ne concourent pas à l'indemnisation d'un préjudice : ▪ Cass. soc., 19 déc. 2018, n° 17-22.583 : *JCP* S 2019, 1041, note M. Lepoutre. La rémunération versée aux salariés temporaires n'a pas à être incluse dans la masse salariale brute de l'entreprise utilisatrice servant de base au calcul de la subvention de fonctionnement et de la contribution patronale aux activités sociales et culturelles : ▪ Cass. soc., 10 mars 2010, n° 08-21.529 : *JCP* S 2010, 1232, note J.-Y. Kerbourc'h. Il en va de même de la rémunération versée aux salariés mis à disposition : ▪ Cass. soc., 7 févr. 2018, n° 16-24.231, préc.

4) **Prescription.** La prescription de l'action en paiement de la subvention de fonctionnement ne court pas tant que le comité d'entreprise n'a pas eu connaissance des éléments nécessaires à l'appréciation de ses droits : ▪ Cass. soc., 23 févr. 2011, n° 10-30.160 : *Bull. civ.* V, n° 44.

5) **Bénéfice.** Le comité d'entreprise ne peut être créancier de sommes correspondant à la subvention destinée à son fonctionnement pour une période antérieure à sa création : ▪ Cass. soc., 27 mars 2012, n° 11-11.176 : *JCP* S 2012, 1275, note M. d'Allende. En revanche, le comité d'entreprise délibérément mis en sommeil et qui, durant cette période, n'a pas perdu la personnalité morale, est en droit de réclamer les fonds qu'il aurait dû percevoir : ▪ Cass. soc., 13 sept. 2005, n° 04-10.961 : *Bull. civ.* V, n° 256.

6) **Utilisation.** Si le comité d'entreprise décide librement de l'utilisation des fonds reçus au titre de son budget de fonctionnement, ses dépenses doivent s'inscrire dans le cadre du fonctionnement du comité d'entreprise et de ses missions économiques : ▪ Cass. soc., 27 mars 2012, n° 11-10.825 : *JCP* S 2012, 1247, note H. Guyot. Le juge du tribunal de grande instance, statuant en référé, a le pouvoir d'ordonner la suspension des décisions du comité d'entreprise dont l'illégalité caractérise un trouble manifestement illicite (même arrêt).

Section IX. – Formation des membres du comité d'entreprise

Art. L. 2325-44. – Les membres titulaires du comité d'entreprise élus pour la première fois bénéficient, dans les conditions et limites prévues à l'article *(Réf. rempl., L. n° 2016-1088, 8 août 2016)* « L. 2145-11 », d'un stage de formation économique d'une durée maximale de cinq jours dispensé soit par un organisme figurant sur une liste arrêtée par l'autorité administrative dans des conditions déterminées par décret en Conseil d'État, soit par un des organismes mentionnés à l'article *(Réf. rempl., L. n° 2016-1088, 8 août 2016)* « L. 2145-5 ». Cette formation est renouvelée lorsqu'ils ont exercé leur mandat pendant quatre ans, consécutifs ou non.

Le temps consacré à cette formation est pris sur le temps de travail et est rémunéré comme tel. Il n'est pas déduit des heures de délégation. Il est imputé sur la durée du congé de formation économique, sociale et syndicale prévu aux articles *(Réf. rempl., L. n° 2016-1088, 8 août 2016)* « L. 2145-5 » et suivants.

Le financement de la formation économique est pris en charge par le comité d'entreprise.

Art. L. 2325-45 *(L. n° 2014-288, 5 mars 2014)*. **– Le comité d'entreprise est soumis aux obligations comptables définies à l'article L. 123-12 du Code de commerce. Ses comptes annuels sont établis selon les modalités définies par un règlement de l'Autorité des normes comptables.**

II. – Le comité d'entreprise dont le nombre de salariés, les ressources annuelles et le total du bilan n'excèdent pas, à la clôture d'un exercice, pour au moins deux de ces trois critères, des seuils fixés par décret peut adopter une présentation simplifiée de ses comptes, selon des modalités fixées par un règlement de l'Autorité des normes comptables, et n'enregistrer ses créances et ses dettes qu'à la clôture de l'exercice.

Art. L. 2325-46 *(L. n° 2014-288, 5 mars 2014)*. – Par dérogation à l'article L. 2325-45, le comité d'entreprise dont les ressources annuelles n'excèdent pas un seuil fixé par décret peut s'acquitter de ses obligations comptables en tenant un livre retraçant chronologiquement les montants et l'origine des dépenses qu'il réalise et des recettes qu'il perçoit et en établissant, une fois par an, un état de synthèse simplifié portant sur des informations complémentaires relatives à son patrimoine et à ses engagements en cours. Le contenu et les modalités de présentation de cet état sont définis par un règlement de l'Autorité des normes comptables.

Art. L. 2325-47 *(L. n° 2014-288, 5 mars 2014)*. – Le comité d'entreprise fournit des informations sur les transactions significatives qu'il a effectuées. Ces informations sont fournies dans l'annexe à ses comptes, s'il s'agit d'un comité d'entreprise relevant de l'article L. 2325-45, ou dans le rapport mentionné à l'article L. 2325-50, s'il s'agit d'un comité d'entreprise relevant de l'article L. 2325-46.

Art. L. 2325-48 *(L. n° 2014-288, 5 mars 2014)*. – Lorsque l'ensemble constitué par le comité d'entreprise et les entités qu'il contrôle, au sens de l'article L. 233-16 du Code de commerce, dépasse, pour au moins deux des trois critères mentionnés au II de l'article L. 2325-45 du présent code, des seuils fixés par décret, le comité d'entreprise établit des comptes consolidés, dans les conditions prévues à l'article L. 233-18 du Code de commerce.

Les prescriptions comptables relatives à ces comptes consolidés sont fixées par un règlement de l'Autorité des normes comptables.

NB : Conformément à l'article 32, V de la loi n° 2014-288 du 5 mars 2014, à l'exception de l'article L. 2327-16 du Code du travail, dans sa rédaction résultant du 2° du III du présent article, les I à III de l'article 32 de la présente loi s'appliquent pour les exercices ouverts à compter du 1er janvier 2015 ; toutefois, les articles L. 2325-48, L. 2325-54 et L. 2325-55 du même code, dans leur rédaction résultant du I du présent article, s'appliquent pour les exercices ouverts à compter du 1er janvier 2016.

Art. L. 2325-49 *(L. n° 2014-288, 5 mars 2014)*. – Les comptes annuels du comité d'entreprise sont arrêtés, selon des modalités prévues par son règlement intérieur, par des membres élus du comité d'entreprise désignés par lui et au sein de ses membres élus.

Les documents ainsi arrêtés sont mis à la disposition, le cas échéant, du ou des commissaires aux comptes mentionné(s) à l'article L. 2325-54.

Ils sont approuvés par les membres élus du comité réunis en séance plénière. La réunion au cours de laquelle les comptes sont approuvés porte sur ce seul sujet. Elle fait l'objet d'un procès-verbal spécifique.

Le présent article s'applique également aux documents mentionnés à l'article L. 2325-46.

Art. L. 2325-50 *(L. n° 2014-288, 5 mars 2014)*. – Le comité d'entreprise établit, selon des modalités prévues par son règlement intérieur, un rapport présentant des informations qualitatives sur ses activités et sur sa gestion financière, de nature à éclairer l'analyse des comptes par les membres élus du comité et les salariés de l'entreprise.

Lorsque le comité d'entreprise établit des comptes consolidés, le rapport porte sur l'ensemble constitué par le comité d'entreprise et les entités qu'il contrôle, mentionné à l'article L. 2325-48.

Le contenu du rapport, déterminé par décret, varie selon que le comité d'entreprise relève des I ou II de l'article L. 2325-45 ou de l'article L. 2325-46.

Ce rapport est présenté aux membres élus du comité d'entreprise lors de la réunion en séance plénière mentionnée à l'article L. 2325-49.

Art. L. 2325-51 *(L. n° 2014-288, 5 mars 2014)*. – Le trésorier du comité d'entreprise ou, le cas échéant, le commissaire aux comptes présente un rapport sur les conventions passées, directement, indirectement ou par personne interposée, entre le comité d'entreprise et l'un de ses membres.

Ce rapport est présenté aux membres élus du comité d'entreprise lors de la réunion en séance plénière mentionnée au troisième alinéa de l'article L. 2325-49.

Art. L. 2325-52 *(L. n° 2014-288, 5 mars 2014)*. – Au plus tard trois jours avant la réunion en séance plénière mentionnée à l'article L. 2325-49, les membres du comité d'entreprise chargés d'arrêter les comptes du comité communiquent aux membres du comité d'entreprise les comptes annuels ou, le cas échéant, les documents mentionnés à l'article L. 2325-46, accompagnés du rapport mentionné à l'article L. 2325-50.

Art. L. 2325-53 *(L. n° 2014-288, 5 mars 2014)*. – Le comité d'entreprise porte à la connaissance des salariés de l'entreprise, par tout moyen, ses comptes annuels ou, le cas échéant, les documents mentionnés à l'article L. 2325-46, accompagnés du rapport mentionné à l'article L. 2325-50.

Art. L. 2325-54 *(L. n° 2014-288, 5 mars 2014)*. – Lorsque le comité d'entreprise dépasse, pour au moins deux des trois critères mentionnés au II de l'article L. 2325-45, des seuils fixés par décret, il est tenu de nommer au moins un commissaire aux comptes et un suppléant, distincts de ceux de l'entreprise.

Le comité d'entreprise tenu d'établir des comptes consolidés nomme deux commissaires aux comptes en application de l'article L. 823-2 du Code de commerce.

Le coût de la certification des comptes est pris en charge par le comité d'entreprise sur sa subvention de fonctionnement.

NB : Conformément à l'article 32, V de la loi n° 2014-288 du 5 mars 2014, à l'exception de l'article L. 2327-16 du Code du travail, dans sa rédaction résultant du 2° du III du présent article, les I à III de l'article 32 de la présente loi s'appliquent pour les exercices ouverts à compter du 1er janvier 2015 ; toutefois, les articles L. 2325-48, L. 2325-54 et L. 2325-55 du même code, dans leur rédaction résultant du I du présent article, s'appliquent pour les exercices ouverts à compter du 1er janvier 2016.

Art. L. 2325-55 *(L. n° 2014-288, 5 mars 2014)*. – Lorsque le commissaire aux comptes du comité d'entreprise relève, à l'occasion de l'exercice de sa mission, des faits de nature à compromettre la continuité de l'exploitation du comité d'entreprise, il en informe le secrétaire et le président du comité d'entreprise, dans des conditions fixées par décret en Conseil d'État.

À défaut de réponse du secrétaire du comité d'entreprise dans un délai fixé par décret en Conseil d'État ou si cette réponse ne lui permet pas d'être assuré de la continuité de l'exploitation du comité d'entreprise, le commissaire aux comptes établit un rapport spécial et invite l'employeur, par un document écrit dont la copie est transmise au président du tribunal de grande instance compétent et aux membres du comité d'entreprise, à réunir le comité d'entreprise afin que ce dernier délibère sur les faits relevés. Le commissaire aux comptes est convoqué à cette réunion, qui se tient dans des conditions et délais fixés par décret en Conseil d'État.

En l'absence de réunion du comité d'entreprise dans le délai prévu au deuxième alinéa du présent article, en l'absence de convocation du commissaire aux comptes ou si, à l'issue de la réunion du comité d'entreprise, le commissaire aux comptes constate que les décisions prises ne permettent pas d'assurer la continuité de l'exploitation, il informe de ses démarches le président du tribunal de grande instance et lui en communique les résultats. Le I de l'article L. 611-2 du Code de commerce est applicable, dans les mêmes conditions, au comité d'entreprise. Pour l'application du présent article, le président du tribunal de grande instance est compétent et il exerce les mêmes pouvoirs que ceux qui sont attribués au président du tribunal de commerce.

Dans un délai de six mois à compter du déclenchement de la procédure d'alerte, le commissaire aux comptes peut reprendre le cours de la procédure au point où il avait estimé pouvoir y mettre un terme lorsque, en dépit des éléments ayant motivé son appréciation, la continuité de l'exploitation du comité d'entreprise demeure compromise et que l'urgence commande l'adoption de mesures immédiates.

Le présent article n'est pas applicable lorsqu'une procédure de conciliation ou de sauvegarde a été engagée par le débiteur en application des articles L. 611-6 ou L. 620-1 du Code de commerce.

NB : Conformément à l'article 32, V de la loi n° 2014-288 du 5 mars 2014, à l'exception de l'article L. 2327-16 du Code du travail, dans sa rédaction résultant du 2° du III du présent article, les I à III de l'article 32 de la présente loi s'appliquent pour les exercices ouverts à compter du 1er janvier 2015 ; toutefois, les articles L. 2325-48, L. 2325-54 et L. 2325-55 du même code, dans leur rédaction résultant du I du présent article, s'appliquent pour les exercices ouverts à compter du 1er janvier 2016.

Art. L. 2325-56 *(L. n° 2014-288, 5 mars 2014)*. – Les comptes annuels et, le cas échéant, les documents mentionnés à l'article L. 2325-46, ainsi que les pièces justificatives qui s'y rapportent, sont conservés pendant dix ans à compter de la date de clôture de l'exercice auquel ils se rapportent.

Art. L. 2325-57 *(L. n° 2014-288, 5 mars 2014)*. – **Le comité d'entreprise dont les ressources annuelles excèdent le seuil prévu à l'article L. 2325-46 et qui n'excède pas, pour au moins deux des trois critères mentionnés au II de l'article L. 2325-45, des seuils fixés par décret confie la mission de présentation de ses comptes annuels à un expert-comptable.**

Le coût de la mission de présentation de ses comptes est pris en charge par le comité d'entreprise sur sa subvention de fonctionnement.

Art. L. 2325-58 *(L. n° 2014-288, 5 mars 2014)*. – **Pour l'application de la présente section, la définition des ressources annuelles pour l'appréciation des seuils mentionnés au II de l'article L. 2325-45 et à l'article L. 2325-46 est précisée par décret.**

6.3.6. – Délégation unique du personnel

Code du travail

Partie législative

CHAPITRE VI. – DÉLÉGATION UNIQUE DU PERSONNEL

Section I. – Mise en place

Art. L. 2326-1. – **Dans les entreprises de moins de** *(Mots rempl., L. n° 2015-994, 17 août 2015)* **« trois cents » salariés, l'employeur peut décider que les délégués du personnel constituent la délégation du personnel au comité d'entreprise. Il ne peut prendre cette décision qu'après avoir consulté les délégués du personnel et, s'il existe, le comité d'entreprise** *(Mots aj., L. n° 2015-994, 17 août 2015)* **« et au comité d'hygiène, de sécurité et des conditions de travail ».** *(Phrase rempl., L. n° 2015-994, 17 août 2015)* **Il prend cette décision après avoir consulté les délégués du personnel et, s'ils existent, le comité d'entreprise et le comité d'hygiène, de sécurité et des conditions de travail.**

La faculté de mettre en place une délégation unique est ouverte lors de la constitution *(Mots rempl., L. n° 2015-994, 17 août 2015)* **« de l'une des institutions mentionnées au premier alinéa ou du renouvellement de l'une d'entre elles. »**

(Rempl., L. n° 2015-994, 17 août 2015) **La durée du mandat des délégués du personnel, des membres du comité d'entreprise et du comité d'hygiène, de sécurité et des conditions de travail peut être prorogée ou réduite dans la limite de deux années, de manière à ce que leur échéance coïncide avec la date de mise en place de la délégation unique.**

(Al. créé, L. n° 2015-994, 17 août 2015) **Lorsque l'employeur met en place une délégation unique du personnel au niveau d'une entreprise comportant plusieurs établissements, une délégation unique du personnel est mise en place au sein de chaque établissement distinct, au sens de l'article L. 2327-1.**

1) **Mise en place par l'employeur.** Le choix de mettre en place une délégation unique du personnel appartient à l'employeur seul : ▪ Cass. soc., 28 sept. 2011, n° 10-21.752 : *JCP* S 2011, 1573, note J.-Y. Kerbourc'h.

2) **Obligation de consultation.** Pour décider qu'ils constitueront la délégation du personnel au comité d'entreprise, l'employeur doit consulter les délégués du personnel, ainsi que s'il existe, le comité d'entreprise. Il en résulte qu'en l'absence de cette consultation, les élections des délégués du personnel appelés à constituer la délégation du personnel au comité d'entreprise sont entachées d'une irrégularité justifiant leur annulation : ▪ Cass. soc., 7 déc. 2016, n° 15-25.317 : *JCP* S 2017, 1070, note J.-Y. Kerbourc'h.

Section II. – Composition et élection

Art. L. 2326-2 *(Mod., L. n° 2015-994, 17 août 2015)*. – **La délégation unique du personnel est composée des représentants du personnel élus dans les conditions prévues à la section 2 du chapitre IV du présent titre.**

Art. L. 2326-2-1 *(L. n° 2015-994, 17 août 2015)*. – **Le nombre de représentants constituant la délégation unique du personnel est fixé par décret en Conseil d'État.**

Un accord conclu entre l'employeur et les organisations syndicales mentionnées aux articles L. 2314-3 et L. 2324-4 peut augmenter le nombre de représentants du personnel constituant la délégation unique du personnel.

Section III. – Attributions et fonctionnement

Art. L. 2326-3 *(Mod., L. n° 2015-994, 17 août 2015).* – Dans le cadre de la délégation unique du personnel, les délégués du personnel, le comité d'entreprise et le comité d'hygiène, de sécurité et des conditions de travail conservent l'ensemble de leurs attributions.

Art. L. 2326-4 *(L. n° 2015-994, 17 août 2015).* – Les membres de la délégation unique du personnel désignent un secrétaire et un secrétaire adjoint dans des conditions déterminées par décret en Conseil d'État.

Art. L. 2326-5 *(L. n° 2015-994, 17 août 2015).* – Les délégués du personnel, le comité d'entreprise et le comité d'hygiène, de sécurité et des conditions de travail conservent leurs règles de fonctionnement respectives, sous réserve des adaptations suivantes :

1° La délégation est réunie au moins une fois tous les deux mois sur convocation de l'employeur. Au moins quatre de ces réunions annuelles portent en tout ou partie sur des sujets relevant des attributions du comité d'hygiène, de sécurité et des conditions de travail ;

2° Le secrétaire et le secrétaire adjoint désignés en application de l'article L. 2326-4 exercent les fonctions dévolues au secrétaire du comité d'entreprise et au secrétaire du comité d'hygiène, de sécurité et des conditions de travail ;

3° Un ordre du jour commun de chaque réunion est établi par l'employeur et le secrétaire de la délégation unique du personnel. Les consultations rendues obligatoires par une disposition légale ou conventionnelle sont inscrites de plein droit. L'ordre du jour est communiqué aux membres ayant qualité pour siéger huit jours au moins avant la séance ;

4° Lorsqu'est inscrite à l'ordre du jour une question relevant à la fois des attributions du comité d'entreprise et du comité d'hygiène, de sécurité et des conditions de travail, un avis unique de la délégation unique du personnel est recueilli au titre de ces deux institutions, sous réserve que les personnes mentionnées à l'article L. 4613-2 aient été convoquées à la réunion et que *(Mots rempl., L. n° 2016-1088, 8 août 2016)* « l'agent de contrôle de l'inspection du travail mentionné à l'article L. 8112-1 » en ait été prévenu en application de l'article L. 4614-11 ;

5° Lorsqu'une expertise porte à la fois sur des sujets relevant des attributions du comité d'entreprise et sur des sujets relevant des attributions du comité d'hygiène, de sécurité et des conditions de travail, la délégation unique du personnel a recours à une expertise commune, dans des conditions précisées par décret en Conseil d'État. L'expert ou les experts menant une expertise commune doivent répondre aux mêmes exigences que celles définies aux articles L. 2325-35 et L. 4614-12 ;

6° Les avis de la délégation unique du personnel sont rendus dans les délais applicables aux avis du comité d'entreprise ;

7° Les membres suppléants de la délégation unique du personnel participent aux réunions avec voix consultative ;

8° *(Al. aj., L. n° 2016-1088, 8 août 2016)* Les réunions de la délégation unique du personnel peuvent se dérouler en visioconférence, dans les conditions prévues à l'article L. 2325-5-1, y compris lorsque l'ordre du jour comporte des points relevant uniquement des attributions des délégués du personnel.

Art. L. 2326-6 *(L. n° 2015-994, 17 août 2015).* – Les règles en matière de crédit d'heures de délégation pour chacune des institutions sont adaptées comme suit :

1° Les membres titulaires de la délégation unique du personnel disposent du temps nécessaire à l'exercice des attributions dévolues aux délégués du personnel, au comité d'entreprise et au comité d'hygiène, de sécurité et des conditions de travail. Ce temps ne peut excéder, sauf circonstances exceptionnelles, un nombre d'heures fixé par décret en Conseil d'État en fonction des effectifs de l'entreprise ou de l'établissement et du nombre de représentants constituant la délégation unique. Ce temps peut être utilisé cumulativement dans la limite de douze mois. Cette règle ne peut conduire un membre à disposer, dans le mois, de plus d'une fois et demie le crédit d'heures de délégation dont il bénéficie. Les conditions d'utilisation des heures de délégation sont fixées par décret en Conseil d'État ;

2° Les membres titulaires de la délégation unique du personnel peuvent, chaque mois, répartir entre eux et avec les membres suppléants le crédit d'heures de délégation dont ils disposent. Ils en informent l'employeur. Cette répartition ne peut conduire un membre de la délégation à disposer, dans le mois, de plus d'une fois et demie le crédit d'heures de délégation dont bénéficie un membre titulaire en application du 1° ;

3° Un accord de branche ou d'entreprise peut comporter des dispositions plus favorables que celles mentionnées au présent article.

(Al. aj., L. n° 2016-1088, 8 août 2016) **Sauf accord collectif contraire, lorsque le représentant du personnel élu ou désigné est un salarié mentionné à l'article L. 3121-58, le crédit d'heures est regroupé en demi-journées qui viennent en déduction du nombre annuel de jours travaillés fixé dans la convention individuelle du salarié. Une demi-journée correspond à quatre heures de mandat. Lorsque le crédit d'heures ou la fraction du crédit d'heures restant est inférieur à quatre heures, le représentant du personnel en bénéficie dans des conditions définies par un décret en Conseil d'État.**

Section IV. – Conditions de suppression

Art. L. 2326-7 *(L. n° 2015-994, 17 août 2015).* **– L'employeur peut, après avoir recueilli l'avis de la délégation unique du personnel, décider de ne pas la renouveler à l'échéance du mandat de ses membres. Dans ce cas, il procède sans délai à l'organisation de l'élection des délégués du personnel, des membres du comité d'entreprise ainsi qu'à la désignation des membres du comité d'hygiène, de sécurité et des conditions de travail, conformément aux dispositions du présent code relatives à chacune des institutions concernées. Le mandat des membres de la délégation unique du personnel est, le cas échéant, prorogé jusqu'à la mise en place de ces institutions.**

Art. L. 2326-8 *(L. n° 2015-994, 17 août 2015).* **– Lorsque l'effectif de l'entreprise passe sous le seuil de cinquante salariés dans les conditions prévues à l'article L. 2322-7 et que l'employeur fait application du même article, les délégués du personnel cessent de plein droit d'exercer les attributions reconnues à la délégation du personnel, au comité d'entreprise et au comité d'hygiène, de sécurité et des conditions de travail. Ils exercent leurs attributions propres jusqu'au terme de leur mandat si l'effectif de l'entreprise reste au moins égal à onze salariés.**

Art. L. 2326-9 *(L., n° 2015-994, 17 août 2015).* **– Lorsque l'effectif de l'entreprise passe au-dessus du seuil de trois cents salariés, les membres de la délégation unique du personnel continuent d'exercer leur mandat jusqu'à son terme, dans les conditions prévues au présent chapitre. À l'échéance du mandat des membres de la délégation unique du personnel, il peut être procédé à un regroupement des institutions représentatives du personnel dans les conditions prévues à l'article L. 2391-1. À défaut, l'employeur procède sans délai à l'organisation de l'élection des délégués du personnel et des membres du comité d'entreprise ainsi qu'à la désignation des membres du comité d'hygiène, de sécurité et des conditions de travail, en application des dispositions du présent code relatives à chacune des institutions concernées.**

NB : Pour les entreprises ayant mis en place une délégation unique du personnel à la date d'entrée en vigueur du présent article, l'employeur peut décider, après avoir recueilli l'avis de ses membres, de maintenir la délégation unique du personnel exerçant les seules attributions des délégués du personnel et du comité d'entreprise, conformément aux règles applicables avant l'entrée en vigueur du présent article, dans la limite de deux cycles électoraux suivant la fin des mandats en cours à la date d'entrée en vigueur du présent article.

À l'issue de cette période, il met en place sans délai, après avoir consulté les membres de la délégation unique du personnel, soit une délégation unique du personnel dans les conditions prévues au présent article, soit un comité d'entreprise, une délégation du personnel et un comité d'hygiène, de sécurité et des conditions de travail *(L. n° 2015-994, 17 août 2015, art. 13, VI).*

6.3.7. – Comité central d'entreprise et comités d'établissements

Code du travail

Partie législative

CHAPITRE VII. – COMITÉ CENTRAL D'ENTREPRISE ET COMITÉS D'ÉTABLISSEMENTS

Section I. – Conditions de mise en place

Art. L. 2327-1. – Des comités d'établissement et un comité central d'entreprise sont constitués dans les entreprises comportant des établissements distincts.

1) Établissements distincts. Des départements fonctionnels peuvent recevoir la qualification d'établissements distincts dès lors qu'ils disposent, du fait des délégations de compétence, d'une autonomie suffisante dans la gestion du personnel, alors même qu'ils regroupent des agents travaillant en des lieux différents et n'ont pas une implantation géographique séparée : ▪ CE, 27 mars 1996 : *Dr. soc.* 1996, p. 938, concl. Ch. Maugüé. – V. aussi : ▪ CE, 23 juill. 2003 : *RJS* 12/2003, n° 1409.

2) Comité de groupe. L'existence d'un comité de groupe n'exclut pas la mise en place d'un comité central d'entreprise dans le cadre de l'unité économique et sociale formée par certaines sociétés du groupe : ▪ Cass. soc., 30 mai 2001 : *RJS* 2001, n° 707.

3) Licenciement des salariés du comité d'établissement. Le pouvoir reconnu au directeur d'un comité d'établissement de représenter l'employeur dans toutes les actions liées à la gestion des ressources humaines emporte pouvoir de licencier au nom de ce dernier : ▪ Cass. soc., 29 sept. 2010, n° 09-42.296 : *JCP* S 2010, 1541, note B. Bossu.

Section II. – Comité central d'entreprise

Sous-section 1. – Attributions

Art. L. 2327-2. – Le comité central d'entreprise exerce les attributions économiques qui concernent la marche générale de l'entreprise et qui excèdent les limites des pouvoirs des chefs d'établissement.

Il est informé et consulté sur tous les projets économiques et financiers importants concernant l'entreprise, notamment dans les cas définis aux articles *(Réf. rempl., L. n° 2015-994, 17 août 2015)* « L. 2323-35 à L. 2323-43 ».

***(Al. créé, L. n° 2015-994, 17 août 2015)* Il est seul consulté sur les projets décidés au niveau de l'entreprise qui ne comportent pas de mesures d'adaptation spécifiques à un ou plusieurs établissements. Dans ce cas, son avis accompagné des documents relatifs au projet est transmis, par tout moyen, aux comités d'établissement. Le comité central d'entreprise est également seul consulté sur les projets décidés au niveau de l'entreprise lorsque leurs éventuelles mesures de mise en œuvre, qui feront ultérieurement l'objet d'une consultation spécifique au niveau approprié, ne sont pas encore définies.**

1) Projet économique important. Lorsque l'entreprise prend une participation dans une société, le chef d'entreprise est tenu de consulter le comité central d'entreprise, sans que cette obligation soit limitée aux seuls projets économiques et financiers importants : ▪ Cass. crim., 3 févr. 2004 : *Bull. crim.* 2004, n° 30 ; *RJS* 5/2004, n° 561.

2) Gestion des activités sociales et culturelles. Le projet d'accord, consécutif à l'opération de fusion-absorption, fixant le taux moyen pondéré de la contribution patronale aux œuvres sociales pour l'ensemble de l'entreprise et déterminant des règles de répartition prenant en compte les besoins propres à chaque comité d'établissement requiert, par son objet, simultanément, la consultation du comité central d'entreprise et des comités d'établissement : ▪ Cass. crim., 11 févr. 2003 : *Bull. crim.* 2003, n° 31 ; *Dr. soc.* 2003, p. 897, obs. M. Cohen.

3) Consultation du comité central d'entreprise. Le comité central d'entreprise doit être consulté chaque fois que la mesure envisagée excède les pouvoirs des chefs d'établissement ou concerne plusieurs établissements simultanément : ▪ Cass. soc., 27 mai 1997 : *RJS* 7/1997, n° 805. – Toutefois, il peut être nécessaire de mener une double consultation (comité central d'entreprise, comités d'établissement) lorsque le projet d'établissement peut avoir une incidence sur l'entreprise ou si, inversement, la mise en œuvre de la décision arrêtée au niveau de l'entreprise nécessite l'élaboration de dispositions particulières relevant normalement du chef d'établissement : ▪ Cass. crim., 27 mars 1990 : *RJS* 6/1990, n° 502. ▪ Cass. soc., 25 juin 2002 : *JCP* E 2002, 1315. ▪ Cass. crim., 11 févr. 2003 : *BJS* 2003, p. 574, note G. Auzero.

4) Consultation du comité d'établissement. Si la mise en œuvre d'une décision prise par un directeur d'établissement et les dispositions spécifiques à l'établissement nécessitées par l'application d'une décision de la direction générale doivent faire l'objet d'une information-consultation du comité d'établissement, ce dernier n'a pas à être informé et consulté sur la décision de principe emportant création de pôles dans le cadre d'une réorganisation de l'entreprise ou du groupe qui relève de la décision de la direction générale et de la compétence du comité central d'entreprise : ▪ Cass. soc., 5 juill. 2006, n° 04-18.814 : *JCP* S 2006, 1951, obs. B. Gauriau. De même, dès lors qu'un usage est d'application générale et n'implique aucune intervention des chefs d'établissement, de sorte que sa dénonciation procède d'une décision de la direction générale et ne nécessite pas, pour sa mise en œuvre, de décisions particulières de la part des chefs d'établissement, est seule requise la consultation du comité central d'entreprise : ▪ Cass. soc., 13 oct. 2010, n° 09-13.110 : *JCP* S 2011, 1143, note L. Drai. Dès lors qu'un projet de réorganisation de plusieurs établissements emportant des transferts de personnel vers l'établissement-siège a un effet direct local sur les conditions de travail des salariés de ce dernier, le comité de cet établissement doit être consulté préalablement à la mise en œuvre du projet dans l'établissement, peu important que la décision émane de la seule direction générale de la société : ▪ Cass. soc., 21 sept. 2016, n° 15-13.364 : *JCP* 2016, 1435, note J.-Y. Kerbourc'h ; *BJS* 2016, p. 704, note G. Auzero.

5) Articulation avec la consultation du CHSCT. Dès lors que le projet soumis pour avis au CCE aboutit à une transformation importante des postes de travail découlant d'une réorganisation conséquente de certaines tâches, le CCE est fondé, pour pouvoir émettre un avis sur ce projet, à demander que lui soient transmis préalablement les avis des CHSCT existant dans les entités affectées par la réorganisation : ▪ Cass. soc., 10 juill. 2013, n° 12-17.196 : *JCP* S 2014, 1051, note C. Arandel.

Sous-section 2. – Composition, élection et mandat

§ 1. – Composition

Art. L. 2327-3. – Le comité central d'entreprise est composé d'un nombre égal de délégués titulaires et de suppléants, élus, pour chaque établissement, par le comité d'établissement parmi ses membres. Ce nombre est déterminé par décret en Conseil d'État.

Le nombre total des membres titulaires ne peut excéder un maximum également déterminé par décret en Conseil d'État.

Art. L. 2327-4. – Lorsqu'un ou plusieurs établissements de l'entreprise constituent trois collèges électoraux en application de l'article L. 2324-11, un délégué titulaire et un délégué suppléant au moins au comité central d'entreprise appartiennent à la catégorie des ingénieurs, chefs de service et cadres administratifs, commerciaux ou techniques assimilés sur le plan de la classification.

Art. L. 2327-5. – Lorsqu'aucun établissement de l'entreprise ne constitue trois collèges électoraux mais que plusieurs établissements distincts groupent ensemble *(Mots rempl., L. n° 2012-387, 22 mars 2012)* « au moins cinq cents salariés » ou au moins vingt-cinq membres du personnel appartenant à la catégorie des ingénieurs, chefs de service et cadres administratifs, commerciaux ou techniques assimilés sur le plan de la classification, au moins un délégué titulaire au comité central d'entreprise appartient à cette catégorie.

Art. L. 2327-6. – Chaque organisation syndicale représentative dans l'entreprise désigne un représentant au comité central d'entreprise choisi soit parmi les représentants de cette organisation aux comités d'établissement, soit parmi les membres élus de ces comités.

Ce représentant assiste aux séances du comité central avec voix consultative.

§ 2. – Élection

Art. L. 2327-7 *(Mod., L. n° 2008-789, 20 août 2008)*. – Dans chaque entreprise le nombre d'établissements distincts et la répartition des sièges entre les différents établissements et les différentes catégories font l'objet d'un accord entre l'employeur et les organisations syndicales intéressées, conclu selon les conditions de l'article L. 2324-4-1.

***(Mots rempl., L. n° 2014-288, 5 mars 2014)* « Lorsqu'au moins une organisation syndicale a répondu à l'invitation à négocier de l'employeur et que l'accord mentionné au premier alinéa du présent article » ne peut être obtenu, l'autorité administrative dans le ressort duquel se trouve le siège de l'entreprise décide de ce nombre et de cette répartition.**

***(Al. créé, L. n° 2014-288, 5 mars 2014)* La saisine de l'autorité administrative suspend le processus électoral jusqu'à la décision administrative et entraîne la prorogation des mandats en cours des élus concernés jusqu'à la proclamation des résultats du scrutin.**

***(Al. créé, L. n° 2014-288, 5 mars 2014)* Même si elles interviennent alors que le mandat de certains membres n'est pas expiré, la détermination du nombre d'établissements distincts et la répartition des sièges entre les établissements et les différentes catégories sont appliquées sans qu'il y ait lieu d'attendre la date normale de renouvellement de toutes les délégations des comités d'établissement ou de certaines d'entre elles.**

(Aj., L. n° 2015-990, 6 août 2015 ; rempl., L. n° 2016-1088, 8 août 2016) **La décision de l'autorité administrative peut faire l'objet d'un recours devant le juge judiciaire, à l'exclusion de tout autre recours administratif ou contentieux.**

Art. L. 2327-8. – Les contestations relatives à l'électorat, à la régularité des opérations électorales et à la désignation des représentants syndicaux sont de la compétence du juge judiciaire.

Lorsqu'une contestation rend indispensable le recours à une mesure d'instruction, les dépenses afférentes à cette mesure sont à la charge de l'État.

§ 3. – Durée et fin du mandat

Art. L. 2327-9. – L'élection a lieu tous les quatre ans, après l'élection générale des membres des comités d'établissement.

Art. L. 2327-10. – Par dérogation aux dispositions de l'article L. 2327-9, un accord de branche, un accord de groupe ou un accord d'entreprise, selon le cas, peut fixer une durée du mandat des représentants du personnel au comité central d'entreprise comprise entre deux et quatre ans.

§ 4. – Circonstances susceptibles d'affecter le mandat

Art. L. 2327-11. – En cas de modification dans la situation juridique de l'employeur prévue à l'article L. 1224-1 le comité central de l'entreprise absorbée demeure en fonctions si l'entreprise conserve son autonomie juridique.

Si cette entreprise devient un établissement distinct de l'entreprise d'accueil, le comité d'entreprise désigne parmi ses membres deux représentants titulaires et suppléants au comité central de l'entreprise absorbante.

Si la modification porte sur un ou plusieurs établissements distincts qui conservent ce caractère, ces établissements sont représentés au comité central de l'entreprise d'accueil par leurs représentants au comité central de l'entreprise dont ils faisaient partie.

Dans les cas mentionnés aux deuxième et troisième alinéas, la représentation est assurée dans ces conditions pendant un délai d'un an au plus et peut entraîner le dépassement du nombre maximal de représentants au comité central d'entreprise prévu par le décret mentionné à l'article L. 2327-3.

Sort du comité central d'entreprise. Le comité central de l'entreprise absorbée demeure en fonction si l'entreprise conserve en fait son autonomie, peu important qu'elle ait perdu son autonomie juridique : ▪ Cass. soc., 15 mai 2002 : *RJS* 2002, n° 833.

Sous-section 3. – Fonctionnement

Art. L. 2327-12. – Le comité central d'entreprise est doté de la personnalité civile.

Il est présidé par l'employeur, assisté éventuellement de deux collaborateurs qui ont voix consultative.

Le comité central désigne un secrétaire *(Mots aj., L. n° 2014-288, 5 mars 2014)* **« et un trésorier ».**

NB : Tel que modifié par la loi n° 2014-288 du 5 mars 2014, ce texte d'applique pour les exercices ouverts à compter du 1er janvier 2015.

Art. L. 2327-12-1 *(L. n° 2014-288, 5 mars 2014)*. **– Le comité central d'entreprise détermine, dans un règlement intérieur, les modalités de son fonctionnement et de ses rapports avec les salariés de l'entreprise pour l'exercice des missions qui lui sont conférées par le présent titre.**

NB : Ce texte s'applique pour les exercices ouverts à compter du 1er janvier 2015.

Art. L. 2327-13. – Le comité central d'entreprise se réunit au moins une fois tous les six mois au siège de l'entreprise sur convocation de l'employeur.

Il peut tenir des réunions exceptionnelles à la demande de la majorité de ses membres.

Art. L. 2327-13-1 *(L. n° 2015-994, 17 août 2015)*. **– Le recours à la visioconférence pour réunir le comité central d'entreprise peut être autorisé par accord entre l'employeur et les membres élus du comité. En l'absence d'accord, ce recours est limité à trois réunions par année civile. Un décret détermine les conditions dans lesquelles le comité central d'entreprise peut, dans ce cadre, procéder à un vote à bulletin secret.**

Art. L. 2327-14. – L'ordre du jour des réunions du comité central d'entreprise est arrêté par l'employeur et le secrétaire.

Toutefois, lorsque des consultations rendues obligatoires par une disposition législative, réglementaire ou par un accord collectif de travail sont en cause, elles sont inscrites de plein droit par l'un ou par l'autre.

L'ordre du jour est communiqué aux membres huit jours au moins avant la séance.

Art. L. 2327-14-1 *(L. n° 2014-288, 5 mars 2014).* – La section 10 du chapitre V du présent titre et la sous-section 6 de la section 6 du même chapitre sont applicables au comité central d'entreprise, dans des conditions déterminées par décret.

Section III. – Comités d'établissement

Sous-section 1. – Attributions

Art. L. 2327-15 *(Mod., L. n° 2015-994, 17 août 2015).* – Le comité d'établissement a les mêmes attributions que le comité d'entreprise, dans la limite des pouvoirs confiés au chef de cet établissement.

Le comité d'établissement est consulté sur les mesures d'adaptation des projets décidés au niveau de l'entreprise spécifiques à l'établissement et qui relèvent de la compétence du chef de cet établissement.

(Al. créé, L. n° 2016-1088, 8 août 2016) Lorsqu'il y a lieu de consulter à la fois le comité central d'entreprise et un ou plusieurs comités d'établissement, un accord peut définir l'ordre et les délais dans lesquels le comité central d'entreprise et le ou les comités d'établissement rendent et transmettent leurs avis.

(Mod., L. n° 2016-1088, 8 août 2016) À défaut d'accord, l'avis de chaque comité d'établissement est rendu et transmis au comité central d'entreprise et l'avis du comité central d'entreprise est rendu dans des délais fixés par décret en Conseil d'État.

V. annot. n° 1, ss art. L. 2325-35.

Art. L. 2327-16 *(Mod., L. n° 2008-789, 20 août 2008).* – Les comités d'établissement assurent et contrôlent la gestion de toutes les activités sociales et culturelles.

Toutefois, les comités d'établissement peuvent confier au comité central d'entreprise la gestion d'activités communes.

Un accord entre l'employeur et une ou plusieurs organisations syndicales de salariés représentatives dans l'entreprise, conclu dans les conditions prévues à l'article L. 2232-12, peut définir les compétences respectives du comité central d'entreprise et des comités d'établissement.

(Aj., L. n° 2014-288, 5 mars 2014) En cas de transfert au comité central d'entreprise de la gestion d'activités sociales et culturelles en application du présent article, ce transfert fait l'objet d'une convention entre les comités d'établissement et le comité central d'entreprise. Cette convention comporte des clauses conformes à des clauses types déterminées par décret.

Fusion-absorption. Le projet d'accord, consécutif à l'opération de fusion-absorption, fixant le taux moyen pondéré de la contribution patronale aux œuvres sociales pour l'ensemble de l'entreprise et déterminant des règles de répartition prenant en compte les besoins propres à chaque comité d'établissement requiert, par son objet, simultanément la consultation du comité central d'entreprise et des comités d'établissement : ▪ Cass. crim., 11 févr. 2003, n° 01-88.650 : *Bull. crim.* 2003, n° 31 ; *Dr. soc.* 2003, p. 897, obs. M. Cohen.

Sous-section 2. – Composition

Art. L. 2327-17. – La composition des comités d'établissement est identique à celle des comités d'entreprise.

Sous-section 3. – Fonctionnement

Art. L. 2327-18. – Les comités d'établissement sont dotés de la personnalité civile.

Art. L. 2327-19. – Le fonctionnement des comités d'établissement est identique à celui des comités d'entreprise.

6.3.8. – Comité de groupe

Bibliographie : M. Cohen, *Le droit des comités d'entreprise et de groupe*, LGDJ, 9e éd. 2009 ; *Les confusions relatives au périmètre de l'unité économique et sociale* : *RJS* 3/2001, p. 183 • D. Plantamp, *L'originalité du groupe de sociétés au sens de l'article L. 439-1 du Code du travail* : *D.* 1991, chron. p. 69. • Ch. Hillig-Poudevigne et G. Louvel, *La notion de groupe à l'épreuve du droit social* : *JCP S* 2005, 1393. • *Adde*, E. Jeansen, *JCl. Sociétés traité*, Fasc. 34-30.

Code du travail

Partie législative

TITRE III. – COMITÉ DE GROUPE

CHAPITRE I. – MISE EN PLACE

Art. L. 2331-1. – **I. – Un comité de groupe est constitué au sein du groupe formé par une entreprise appelée entreprise dominante, dont le siège social est situé sur le territoire français, et les entreprises qu'elle contrôle dans les conditions définies à l'article L. 233-1, aux I et II de l'article L. 233-3 et à l'article L. 233-16 du Code de commerce.**

II. – Est également considérée comme entreprise dominante, pour la constitution d'un comité de groupe, une entreprise exerçant une influence dominante sur une autre entreprise dont elle détient au moins 10 % du capital, lorsque la permanence et l'importance des relations de ces entreprises établissent l'appartenance de l'une et de l'autre à un même ensemble économique.

L'existence d'une influence dominante est présumée établie, sans préjudice de la preuve contraire, lorsqu'une entreprise, directement ou indirectement :

– peut nommer plus de la moitié des membres des organes d'administration, de direction ou de surveillance d'une autre entreprise ;

– ou dispose de la majorité des voix attachées aux parts émises par une autre entreprise ;

– ou détient la majorité du capital souscrit d'une autre entreprise.

Lorsque plusieurs entreprises satisfont, à l'égard d'une même entreprise dominée, à un ou plusieurs des critères susmentionnés, celle qui peut nommer plus de la moitié des membres des organes de direction, d'administration ou de surveillance de l'entreprise dominée est considérée comme l'entreprise dominante, sans préjudice de la preuve qu'une autre entreprise puisse exercer une influence dominante.

1) **Personnalité juridique.** Le comité de groupe est doté d'une possibilité d'expression collective pour la défense des intérêts dont il a la charge et possède donc la personnalité civile qui lui permet d'ester en justice : ▪ Cass. soc., 23 janv. 1990 : *Bull. civ.* V, n° 20 ; *Dr. soc.* 1990, note J. Savatier.

2) **Unité économique et sociale.** La notion d'unité économique et sociale et celle de comité de groupe sont incompatibles ; en reconnaissant l'existence d'une unité économique et sociale au niveau où existait déjà un comité de groupe, un tribunal d'instance a violé les articles L. 431-1 et L. 439-1 du Code du travail [nouv. art. L. 2322-1 et L. 2331-1] : ▪ Cass. soc., 20 oct. 1999 : *Bull. civ.* V, n° 391. – V. aussi, ▪ Cass. soc., 30 mai 2001 : *Bull. civ.* V, n° 191 ; *RJS* 8-9/1991, n° 1032. ▪ Cass. soc., 25 janv. 2006, n° 04-60.234 : *Bull. civ.* V, n° 34.

3) **Filiales.** Une filiale commune, dont le capital est partagé entre deux sociétés ou groupes de sociétés qui la gèrent sur un plan de stricte égalité, n'appartient à aucun groupe ; en effet, « une société n'appartient à un groupe au sens de l'article L. 439-1 du Code du travail [nouv. art. L. 2331-1], que si elle dépend d'une société dominante qui, soit possède directement ou indirectement plus de la moitié de son capital social, soit la contrôle effectivement et forme avec elle un même ensemble économique » : ▪ Cass. soc., 9 févr. 1994 : *Bull. civ.* V, n° 52 ; *Dr. soc.* 1994, p. 251, rapp. Ph. Waquet.

Art. L. 2331-2. – **Le** ***(Mots rempl. à compter de la date prévue au I de l'article 9 et sous réserve des II à VI de ce même article, Ord. n° 2017-1386, 22 sept. 2017)*** **« comité social et économique » d'une entreprise contrôlée ou d'une entreprise sur laquelle s'exerce une influence dominante au sens de l'article L. 2331-1 peut demander, pour l'application des dispositions du présent titre, l'inclusion de l'entreprise dans le groupe ainsi constitué. La demande est transmise par l'intermédiaire du chef de l'entreprise concernée au chef de l'entreprise dominante qui, dans un délai de trois mois, fait droit à cette demande.**

La disparition, entre les deux entreprises, des relations définies à l'article L. 2331-1 fait l'objet d'une information préalable et motivée au *(Mots rempl. à compter de la date prévue au I de l'article 9 et sous réserve des II à VI de ce même article, Ord. n° 2017-1386, 22 sept. 2017)* « comité social et économique » concernée. Celle-ci cesse d'être prise en compte pour la composition du comité de groupe.

Lorsque le comité de groupe est déjà constitué, toute entreprise qui établit avec l'entreprise dominante, de façon directe ou indirecte, les relations définies à l'article L. 2331-1, est prise en compte pour la constitution du comité de groupe lors du renouvellement de celui-ci.

Art. L. 2331-3. – En cas de litige résultant de l'application des articles L. 2331-1, L. 2331-2 et L. 2331-6, le *(Mots rempl. à compter de la date prévue au I de l'article 9 et sous réserve des II à VI de ce même article, Ord. n° 2017-1386, 22 sept. 2017)* « comité social et économique » ou les organisations syndicales représentatives dans l'entreprise considérée ou d'une entreprise du groupe peuvent porter ce litige devant le juge judiciaire du siège de l'entreprise dominante.

Art. L. 2331-4. – Ne sont pas considérées comme entreprises dominantes, les entreprises mentionnées aux points *a* et *c* du paragraphe 5 de l'article 3 du règlement (CE) n° 139/2004 du Conseil du 20 janvier 2004 sur les concentrations.

Art. L. 2331-5. – Les réseaux bancaires comportant un organe central, au sens des articles L. 511-30 et L. 511-31 du Code monétaire et financier relatifs à l'activité et au contrôle des établissements de crédit, constituent un comité de groupe quand cet organe central n'est pas un établissement public.

Pour l'application du présent titre, l'organe central est considéré comme l'entreprise dominante.

Pour une illustration, V. ■ Cass. soc., 4 déc. 2007, n° 06-11.206 : *Bull. civ.* V, n° 205 ; *JCP* S 2008, 1163, note S. Béal.

Art. L. 2331-6. – Les dispositions du présent titre sont applicables quel que soit le nombre de salariés employés.

Code du travail

Art. R. 2331-1. – La demande d'inclusion dans un groupe, mentionnée au premier alinéa de l'article L. 2331-2, est transmise par le chef de l'entreprise intéressée au chef de l'entreprise dominante. Cette demande est adressée par lettre recommandée avec avis de réception.

La notification de la décision du chef de l'entreprise dominante est adressée dans la même forme.

Art. R. 2331-2. – Le *(Mots rempl. à compter du 1er janvier 2018, D. n° 2017-1819, 29 déc. 2017)* « comité social et économique » ou les organisations syndicales représentatives de l'entreprise dominante ou d'une entreprise du groupe peuvent saisir le tribunal de grande instance du siège de l'entreprise dominante pour les litiges relatifs :

1° À la constitution et à la composition du comité de groupe ;

2° À l'inclusion dans le comité de groupe.

Art. R. 2331-3. – Les organisations syndicales représentatives peuvent saisir le tribunal d'instance du siège de l'entreprise dominante pour les litiges relatifs à la désignation des représentants du personnel au comité de groupe.

Le tribunal statue dans les conditions prévues à l'article R. 2324-24 et R. 2324-25.

Art. R. 2331-4. – La saisine du tribunal de grande instance en application du II de l'article L. 2331-1 est, à peine d'irrecevabilité, accomplie dans les trois mois suivant la notification prévue à l'article R. 2331-1.

À défaut de notification, la saisine est accomplie à l'expiration du délai de trois mois prévu au premier alinéa de l'article L. 2331-2.

Lorsque le tribunal recourt à une mesure d'instruction exécutée par un technicien, la provision à valoir sur la rémunération de ce technicien est avancée par la société dominante.

CHAPITRE II. – ATTRIBUTIONS

Art. L. 2332-1. – Le comité de groupe reçoit des informations sur l'activité, la situation financière, l'évolution et les prévisions d'emploi annuelles ou pluriannuelles et les actions éventuelles de prévention

envisagées compte tenu de ces prévisions, dans le groupe et dans chacune des entreprises qui le composent. Il reçoit communication, lorsqu'ils existent, des comptes et du bilan consolidés ainsi que du rapport du commissaire aux comptes correspondant.

Il est informé, dans ces domaines, des perspectives économiques du groupe pour l'année à venir. *(Phrase aj., L. n° 2013-504, 14 juin 2013)* Les avis rendus dans le cadre de la procédure fixée à l'article *(Réf. rempl., L. n° 2015-994, 17 août 2015)* « L. 2323-10 » lui sont communiqués.

Art. L. 2332-2. – En cas d'annonce d'offre publique d'acquisition portant sur l'entreprise dominante d'un groupe, l'employeur de cette entreprise en informe immédiatement le comité de groupe. Sont alors appliquées, au niveau du comité de groupe, les dispositions prévues aux articles *(Réf. rempl., L. n° 2015-994, 17 août 2015)* « L. 2323-35 à L. 2323-39 » pour *(Mots rempl. à compter de la date prévue au I de l'article 9 et sous réserve des II à VI de ce même article, Ord. n° 2017-1386, 22 sept. 2017)* « comité social et économique ».

Le respect de ces dispositions dispense des obligations définies aux articles *(Réf. rempl., L. n° 2015-994, 17 août 2015)* « L. 2323-26 à L. 2323-44 » pour les comités d'entreprise des sociétés appartenant au groupe.

CHAPITRE III. – COMPOSITION, ÉLECTION ET MANDAT

Art. L. 2333-1. – Le comité de groupe est composé du chef de l'entreprise dominante, assisté de deux personnes de son choix ayant voix consultative et de représentants du personnel des entreprises constituant le groupe.

Le nombre maximum des représentants du personnel au comité de groupe est déterminé par décret en Conseil d'État.

Code du travail

Art. D. 2332-2 *(Mod., D. n° 2017-1819, 29 déc. 2017)*. – La représentation du personnel au comité de groupe, prévue à l'article L. 2333-1, comprend trente membres au plus.

Lorsque moins de quinze entreprises du groupe sont dotées d'un comité social et économique *(Mots aj., D. n° 2018-921, 26 oct. 2018)* « exerçant les attributions prévues au deuxième alinéa de l'article L. 2312-1 », le nombre de membres du comité de groupe ne peut être supérieur au double du nombre de ces entreprises.

Un tribunal d'instance fixe à bon droit à six le nombre des membres d'un comité de groupe constitué de cinq sociétés, dès lors que ce nombre ne dépasse pas le nombre maximum de membres fixés par l'article D. 439-1 : ■ Cass. soc., 21 nov. 1989 : *Bull. civ.* V, n° 671.

Art. L. 2333-2. – Les représentants du personnel sont désignés par les organisations syndicales de salariés parmi leurs élus aux *(Mots rempl. à compter de la date prévue au I de l'article 9 et sous réserve des II à VI de ce même article, Ord. n° 2017-1386, 22 sept. 2017)* « comités sociaux et économiques » de l'ensemble des entreprises du groupe et à partir des résultats des dernières élections.

1) **Représentativité syndicale.** Les syndicats qui ont valablement désigné des représentants du personnel au comité de groupe parmi leurs élus aux comités d'entreprise ou aux comités d'établissement sont par là même représentatifs au niveau du groupe pour y désigner un représentant syndical lorsqu'un accord collectif prévoit une telle désignation : ■ Cass. soc., 13 mai 2003 : *Bull. civ.* V, n° 165 ; *JCP* E 2004, 564, obs. S. Miara ; *Dr. soc.* 2003, p. 1030, obs. M. Cohen.

2) **Personnes pouvant être désignées.** Un syndicat ne peut désigner au comité de groupe qu'un représentant du personnel élu sur sa propre liste : ■ Cass. soc., 31 mars 2009, n° 08-60.482 : *JCP* S 2009, act., 197.

Art. L. 2333-3. – La désignation des représentants du personnel au comité de groupe a lieu tous les quatre ans.

Toutefois, un accord de branche, un accord de groupe ou un accord d'entreprise, selon le cas, peut fixer une durée du mandat des représentants du personnel aux comités de groupe comprise entre deux et quatre ans.

Art. L. 2333-4. – Le nombre total des sièges au comité de groupe est réparti entre les élus des différents collèges électoraux proportionnellement à l'importance numérique de chaque collège.

Les sièges affectés à chaque collège sont répartis entre les organisations syndicales proportionnellement au nombre d'élus qu'elles ont obtenus dans ces collèges, selon la règle de la représentation proportionnelle au plus fort reste.

Lorsque, pour l'ensemble des entreprises faisant partie du groupe, la moitié au moins des élus d'un ou plusieurs collèges ont été présentés sur des listes autres que syndicales, l'autorité administrative dans le ressort duquel se trouve le siège de la société dominante répartit les sièges entre les élus du ou des collèges en cause. Elle effectue cette désignation en tenant compte de la répartition des effectifs du collège considéré entre les entreprises constitutives du groupe, de l'importance relative de chaque collège au sein de l'entreprise et du nombre des suffrages recueillis par chaque élu.

1) Collèges électoraux. Les collèges électoraux servant de base de répartition pour la constitution du comité de groupe sont nécessairement ceux qui ont présidé à l'élection des membres des comités d'entreprise ou d'établissement, tels qu'ils ont été arrêtés à l'occasion des élections. Il en résulte que la classification d'un salarié dans un collège au sein duquel il a été élu exclut, sauf accord unanime postérieur aux élections qu'il puisse être désigné représentant au comité de groupe pour un autre collège : ▪ Cass. soc., 15 févr. 2006 : *Bull. civ.* V, n° 76.

2) Accord unanime. Seul un accord unanime peut, à l'occasion de la désignation des représentants du personnel au comité de groupe, modifier le nombre et la composition de ces collèges électoraux, selon des règles autres que les règles légales fixées par l'article L. 433-2 du Code du travail [nouv. art. L. 2324-11] : ▪ Cass. soc., 19 nov. 2002 : *Bull. civ.* V, n° 345.

Art. L. 2333-5. – Le comité de groupe est constitué à l'initiative de l'entreprise dominante, dès que la configuration du groupe est définie en application des dispositions du présent chapitre, soit à la suite d'un accord des parties intéressées, soit, à défaut, par une décision de justice.

Cette constitution a lieu au plus tard dans les six mois suivant la conclusion de cet accord ou l'intervention de la décision de justice.

Négociation des accords relatifs au fonctionnement du comité de groupe. Le droit de désigner des représentants au comité de groupe étant reconnu, en son principe, à toute organisation syndicale ayant obtenu des élus dans l'un au moins des comités d'entreprise ou d'établissement dépendant du groupe, ces organisations doivent être invitées à participer à la négociation de tout accord concernant le fonctionnement du comité de groupe : ▪ Cass. soc., 30 mars 2010, n° 08-21.199 : *JCP* S 2010, 1206, note E. Jeansen.

Art. L. 2333-6. – Lorsqu'un représentant du personnel au sein du comité de groupe cesse ses fonctions, son remplaçant, pour la durée du mandat restant à courir, est désigné par les organisations syndicales dans le cas prévu à l'article L. 2333-2 ou par l'autorité administrative dans celui fixé au troisième alinéa de l'article L. 2333-4.

CHAPITRE IV. – FONCTIONNEMENT

Art. L. 2334-1. – Le comité de groupe est présidé par le chef de l'entreprise dominante.

Il désigne un secrétaire.

Art. L. 2334-2. – Le comité de groupe se réunit au moins une fois par an sur convocation de son président.

L'ordre du jour de la réunion est arrêté par le président et le secrétaire et communiqué aux membres quinze jours au moins avant la séance.

Le temps passé par les représentants du personnel aux séances du comité de groupe est rémunéré comme temps de travail.

***(Aj., L. n° 2015-994, 17 août 2015)* Le recours à la visioconférence pour réunir le comité de groupe peut être autorisé par accord entre le président et les représentants du personnel siégeant au comité. En l'absence d'accord, ce recours est limité à trois réunions par année civile. Un décret détermine les conditions dans lesquelles le comité de groupe peut, dans ce cadre, procéder à un vote à bulletin secret.**

Art. L. 2334-3. – Le comité de groupe est réuni pour la première fois, à l'initiative de l'entreprise dominante, dès qu'il est constitué et au plus tard dans les six mois qui suivent sa création.

Art. L. 2334-4. – Pour l'exercice des missions prévues par l'article L. 2332-1, le comité de groupe peut se faire assister par un expert-comptable. Celui-ci est rémunéré par l'entreprise dominante.

Pour opérer toute vérification ou tout contrôle entrant dans l'exercice de ces missions, l'expert-comptable a accès aux mêmes documents que les commissaires aux comptes des entreprises constitutives du groupe.

1) **Personnalité civile.** Sur la personnalité civile des comités de groupe : ▪ CA Paris, 1er juin 1986 : *JCP* E 1986, 20678, obs. B. Teyssié et A. Viandier. ▪ Cass. soc., 23 janv. 1990 : *JCP* E 1990, 15755.

2) **Mission de l'expert-comptable.** Il résulte de l'article L. 439-2 [nouv. art. L. 2334-4] que l'expert-comptable du comité de groupe a accès aux mêmes documents que le commissaire aux comptes des entreprises constitutives du groupe dont la compétence s'étend, en application de l'article 228 de la loi du 24 juillet 1966 sur les sociétés commerciales *[C. com., art. L. 225-235]*, à toutes les entreprises comprises dans la consolidation, y compris les sociétés étrangères qui ne sont pas représentées dans le comité de groupe : ▪ Cass. soc., 6 déc. 1994 : *BJS* 1995, p. 242, note J.-F. Barbièri ; *D.* 1995, inf. rap. p. 21.

3) **Pouvoirs de l'expert-comptable.** L'expert-comptable est seul juge de l'utilité concrète des documents demandés pour réaliser sa mission auprès d'un comité de groupe sauf abus caractérisé par le juge : ▪ Cass. soc., 12 sept. 2013, n° 13-12.200 : *BJS* 2013, p. 709, note B. Saintourens.

4) **Contestation de la rémunération de l'expert.** L'employeur peut contester la rémunération de l'expert-comptable mandaté par le comité de groupe. Un tel litige relève de la compétence du président du tribunal de grande instance statuant en la forme des référés : ▪ Cass. soc., 6 juin 2018, n° 16-27.291 : *JCP* S 2018, 1279, note V. Piccoli.

6.3.9. – Comité d'entreprise européen ou procédure d'information et de consultation dans les entreprises de dimension communautaire

Code du travail

Partie législative

TITRE IV. – COMITÉ D'ENTREPRISE EUROPÉEN OU PROCÉDURE D'INFORMATION ET DE CONSULTATION DANS LES ENTREPRISES DE DIMENSION COMMUNAUTAIRE

CHAPITRE I. – CHAMP D'APPLICATION ET MISE EN PLACE

Bibliographie : G. Bélier, *Restructurations en Europe. Quelle place pour le comité de groupe européen ?*. • G. Bélier et E. Bledniak, *Débat sur le comité d'entreprise européen : Semaine sociale Lamy* 2004, n° 1150 ; *Dr. soc.* 2006, p. 319. • L. Driguez, *Refonte de la Directive sur le comité d'entreprise européen : un rendez-vous manqué : Rev. Europe*, août 2009, comm., 312 ; *Information et consultation des représentants des travailleurs et groupe de sociétés : Rev. Europe*, nov. 2009, comm. 417. • R. Dupiré, *Instances transnationales de représentation du personnel et législation sociale internationale : JCP* S 2013, 1066 ; *Instances transnationales de représentation du personnel : comité européen ou comité mondial ? : JCP* S 2014, 1066. • B. Krief, *L'articulation du comité d'entreprise européen et des instances nationales de représentation du personnel : JCP* S 2012, 1116. • P. Rodière, *Le comité d'entreprise européen, quel impact sur le devenir des comités d'entreprise ? : Dr. soc.* 2007, p. 1015. • A. Teissier, *Le contenu des accords instituant un comité d'entreprise européen : JCP* S 2011, 1490. • B. Teyssié, *Le comité d'entreprise européen* (Dir. 2009/38/CE, 6 mai 2009. • Ord. n° 2011-1328, 20 oct. 2011) : *JCP* S 2011, 1489.

Art. L. 2341-1. – Pour l'application du présent titre, on entend par entreprise de dimension communautaire l'entreprise ou l'organisme qui emploie *(Mots rempl., L. n° 2012-387, 22 mars 2012)* « au moins mille salariés » dans les États membres de la Communauté européenne *(Mots rempl., Ord. n° 2011-1328, 20 oct. 2011)* « ou de l'Espace économique européen » et qui comporte au moins un établissement employant *(Mots rempl., L. n° 2012-387, 22 mars 2012)* « au moins cent cinquante salariés » dans au moins deux de ces États.

Pour une application de ce texte : ▪ Cass. crim., 11 juin 2002 : *D.* 2002, p. 2378.

Art. L. 2341-2. – Pour l'application du présent titre, on entend par groupe d'entreprises de dimension communautaire, le groupe, au sens de l'article L. 2331-1, satisfaisant aux conditions d'effectifs et d'activité

mentionnées à l'article L. 2341-1 et comportant au moins une entreprise employant *(Mots rempl., L. n° 2012-387, 22 mars 2012)* « au moins cent cinquante salariés » dans au moins deux des États mentionnés à ce même article.

Art. L. 2341-3. – Les dispositions du présent titre s'appliquent :

1° À l'entreprise ou au groupe d'entreprises de dimension communautaire dont le siège social ou celui de l'entreprise dominante est situé en France ;

2° À l'entreprise ou au groupe d'entreprises de dimension communautaire dont le siège social ou celui de l'entreprise dominante se trouve dans un État autre que ceux mentionnés à l'article L. 2341-1 et qui a désigné, pour l'application des dispositions du présent titre, un représentant en France ;

3° À l'entreprise ou au groupe d'entreprises de dimension communautaire dont le siège social ou celui de l'entreprise dominante se trouve dans un État autre que ceux mentionnés à l'article L. 2341-1, qui n'a pas procédé à la désignation d'un représentant dans aucun de ces États et dont l'établissement ou l'entreprise qui emploie le plus grand nombre de salariés au sein de ces États est situé en France.

Art. L. 2341-4. – Un comité d'entreprise européen ou une procédure d'information et de consultation est institué dans les entreprises ou groupes d'entreprises de dimension communautaire afin de garantir le droit des salariés à l'information et à la consultation à l'échelon européen.

Art. L. 2341-5. – Pour l'application du présent titre, l'entreprise dominante s'entend au sens de l'article L. 2331-1.

Art. L. 2341-6 *(Rempl., Ord. n° 2011-1328, 20 oct. 2011).* – La consultation prévue par le présent titre consiste, pour le chef de l'entreprise ou de l'entreprise dominante du groupe d'entreprises de dimension communautaire ou tout autre niveau de direction plus approprié, à organiser un échange de vues et à établir un dialogue avec les représentants des salariés à un moment, d'une façon et avec un contenu qui permettent à ceux-ci d'exprimer, sur la base des informations fournies et dans un délai raisonnable, un avis concernant les mesures faisant l'objet de la consultation, qui peut être pris en compte au sein de l'entreprise ou du groupe d'entreprises de dimension communautaire, sans préjudice des responsabilités de l'employeur.

Art. L. 2341-7 *(Rempl., Ord. n° 2011-1328, 20 oct. 2011).* – L'information prévue par le présent titre consiste, pour le chef de l'entreprise ou de l'entreprise dominante du groupe d'entreprises de dimension communautaire ou tout autre niveau de direction plus approprié, à transmettre des données aux représentants des salariés afin de permettre à ceux-ci de prendre connaissance du sujet traité et de l'examiner. L'information s'effectue à un moment, d'une façon et avec un contenu appropriés, qui permettent notamment aux représentants des salariés de procéder à une évaluation en profondeur de l'incidence éventuelle de ces données et de préparer, le cas échéant, des consultations avec le chef de l'entreprise ou de l'entreprise dominante du groupe d'entreprises de dimension communautaire ou tout autre niveau de direction plus approprié.

Art. L. 2341-8 *(Rempl., Ord. n° 2011-1328, 20 oct. 2011).* – La compétence du comité d'entreprise européen ou la procédure mentionnée à l'article L. 2341-4 porte sur les questions transnationales. Sont considérées comme telles les questions qui concernent l'ensemble de l'entreprise ou du groupe d'entreprises de dimension communautaire ou au moins deux entreprises ou établissements de l'entreprise ou du groupe situés dans deux États membres.

Art. L. 2341-9 *(Rempl., Ord. n° 2011-1328, 20 oct. 2011).* – L'information et la consultation du comité d'entreprise européen sont articulées avec celles des autres institutions représentatives du personnel mentionnées au présent livre et celles mises en place en application du droit de l'État membre sur le territoire duquel est implanté l'entreprise ou l'établissement, en fonction de leurs compétences et domaines d'intervention respectifs.

Lorsque le comité d'entreprise européen est constitué en l'absence d'accord ou lorsque l'accord ne prévoit pas les modalités d'articulation visées au 4° de l'article L. 2342-9 et dans le cas où des décisions susceptibles d'entraîner des modifications importantes dans l'organisation du travail ou dans les contrats de travail sont envisagées, le processus d'information et de consultation est mené tant au sein du comité d'entreprise européen que des institutions nationales représentatives du personnel.

Art. L. 2341-10 *(Rempl., Ord. n° 2011-1328, 20 oct. 2011).* – Si des modifications significatives interviennent dans la structure de l'entreprise ou du groupe d'entreprises de dimension communautaire, soit en l'absence de dispositions prévues par le ou les accords en vigueur, soit en cas de conflits entre les dispositions de deux ou plusieurs accords applicables, le chef de l'entreprise ou de l'entreprise dominante du groupe d'entreprises de dimension communautaire engage les négociations mentionnées à l'article L. 2342-1 de sa propre initiative ou à la demande écrite d'au moins cent salariés ou de leurs représentants, relevant d'au moins deux entreprises ou établissements situés dans au moins deux États différents mentionnés à l'article L. 2341-1.

Un groupe spécial de négociation est composé des membres désignés en application des articles L. 2344-2 à L. 2344-6 et d'au moins trois membres du comité d'entreprise européen existant ou de chacun des comités d'entreprise européens existants.

Le ou les comités d'entreprise européens existants continuent à fonctionner pendant la durée de cette négociation, selon des modalités éventuellement adaptées par accord conclu entre les membres du ou des comités d'entreprise européens et le chef de l'entreprise ou de l'entreprise dominante du groupe d'entreprises de dimension communautaire.

Art. L. 2341-11 *(Rempl., Ord. n° 2011-1328, 20 oct. 2011).* – Par dérogation aux articles L. 2341-6 et L. 2341-7, le chef de l'entreprise ou de l'entreprise dominante du groupe d'entreprises de dimension communautaire qui lance une offre publique d'acquisition portant sur le capital d'une entreprise n'est pas tenu de saisir le comité d'entreprise européen ou les représentants des salariés dans le cadre d'une procédure d'information et de consultation préalablement à ce lancement.

En revanche, il réunit le comité d'entreprise européen ou la représentation des salariés dans le délai le plus rapproché suivant la publication de l'offre permettant la présence effective de ses membres en vue de leur transmettre des informations écrites et précises sur le contenu de l'offre et sur les conséquences en matière d'emploi qu'elle est susceptible d'entraîner.

Art. L. 2341-12 *(L. n° 2015-994, 17 août 2015).* – Le recours à la visioconférence pour réunir le comité d'entreprise européen peut être autorisé par accord entre le chef de l'entreprise dominante du groupe et les représentants du personnel siégeant au comité. En l'absence d'accord, ce recours est limité à trois réunions par année civile. Un décret détermine les conditions dans lesquelles le comité d'entreprise européen peut, dans ce cadre, procéder à un vote à bulletin secret.

CHAPITRE II. – COMITÉ OU PROCÉDURE D'INFORMATION ET DE CONSULTATION INSTITUÉ PAR ACCORD

Section I. – Groupe spécial de négociation

Art. L. 2342-1. – Le chef de l'entreprise ou de l'entreprise dominante du groupe d'entreprises de dimension communautaire met en place un groupe spécial de négociation composé de représentants de l'ensemble des salariés, conformément aux dispositions de l'article L. 2344-1, en vue de la conclusion d'un accord destiné à mettre en œuvre le droit des salariés à l'information et à la consultation à l'échelon européen.

Art. L. 2342-2. – Le groupe spécial de négociation détermine avec l'employeur, par un accord écrit, d'une part les entreprises ou établissements concernés, d'autre part soit la composition, les attributions et la durée du mandat du ou des comités d'entreprise européens, soit les modalités de mise en œuvre d'une procédure d'information et de consultation.

Art. L. 2342-3 *(Mod., Ord. n° 2011-1328, 20 oct. 2011).* – L'employeur engage la procédure de constitution du groupe spécial de négociation lorsque les effectifs mentionnés à l'article L. 2341-1 sont atteints en moyenne sur l'ensemble des deux années précédentes.

Le calcul des effectifs s'effectue conformément aux dispositions de l'article L. 1111-2 pour les entreprises ou établissements situés en France et conformément au droit national dans les autres États.

Les responsables de l'obtention et de la transmission aux salariés et à leurs représentants mentionnés à l'article L. 2342-4 des informations indispensables à l'ouverture des négociations mentionnées à l'article L. 2342-1, notamment des informations relatives à la structure de l'entreprise ou du groupe et à ses effectifs, sont :

1° Tout chef d'une entreprise ou de l'entreprise dominante d'un groupe d'entreprises de dimension communautaire ;

2° Tout chef d'une entreprise appartenant à un groupe d'entreprises de dimension communautaire ;

3° Tout chef d'un établissement d'une entreprise de dimension communautaire ou appartenant à un groupe d'entreprises de dimension communautaire ;

4° En l'absence de représentant en France désigné en application du 2° de l'article L. 2341-3, le chef de l'établissement de l'entreprise de dimension communautaire ou le chef de l'entreprise dominante du groupe d'entreprises de dimension communautaire mentionnés au 3° de cet article.

Art. L. 2342-4. – À défaut d'initiative de l'employeur, la procédure de constitution du groupe spécial de négociation est engagée à la demande écrite de cent salariés ou de leurs représentants, relevant d'au moins deux entreprises ou établissements situés dans au moins deux États différents mentionnés à l'article L. 2341-1.

Aucun salarié ne peut être sanctionné ou licencié en raison de l'exercice de ce droit d'initiative. Toute décision ou tout acte contraire est nul de plein droit.

Art. L. 2342-5 *(Mod., Ord. n° 2011-1328, 20 oct. 2011).* – Le chef de l'entreprise ou de l'entreprise dominante du groupe d'entreprises de dimension communautaire invite et convoque le groupe spécial de négociation à une réunion.

(Rempl., Ord. n° 2011-1328, 20 oct. 2011) Il informe de la composition du groupe spécial de négociation et du début des négociations les chefs des établissements de l'entreprise ou les chefs des entreprises du groupe d'entreprises de dimension communautaire et les organisations européennes de salariés et d'employeurs consultées par la Commission européenne.

(Ord. n° 2011-1328, 20 oct. 2011) Avant et après les réunions avec le chef de l'entreprise ou de l'entreprise dominante du groupe d'entreprises de dimension communautaire, le groupe spécial de négociation peut se réunir, avec les moyens nécessaires et adaptés à la communication entre ses membres, hors la présence des représentants du chef de l'entreprise ou de l'entreprise dominante du groupe d'entreprises de dimension communautaire.

Art. L. 2342-6. – Le temps passé en réunion par les membres du groupe spécial de négociation est considéré comme temps de travail et payé à l'échéance normale.

Les dépenses nécessaires à la bonne exécution de la mission du groupe spécial de négociation sont à la charge de l'entreprise ou de l'entreprise dominante du groupe d'entreprises.

Art. L. 2342-7. – Pour négocier, le groupe spécial de négociation peut être assisté d'experts de son choix. *(Mots aj., Ord. n° 2011-1328, 20 oct. 2011)* « parmi lesquels peuvent figurer des représentants des organisations européennes de salariés mentionnées à l'article L. 2342-5 ».

(Al. aj., Ord. n° 2011-1328, 20 oct. 2011) Les experts et les représentants des organisations précitées peuvent, à la demande du groupe spécial de négociation, assister, à titre consultatif, aux réunions de négociation.

L'entreprise ou l'entreprise dominante du groupe d'entreprises de dimension communautaire prend en charge les frais afférents à l'intervention d'un expert.

Art. L. 2342-8. – La décision de conclure un accord est prise par le groupe spécial de négociation à la majorité de ses membres.

Le groupe peut décider, par au moins deux tiers des voix, de ne pas ouvrir de négociations ou de mettre fin aux négociations déjà en cours. Dans ce cas, une nouvelle demande de constitution d'un groupe spécial de négociation ne peut être introduite que deux ans au plus tôt après cette décision, sauf si les parties concernées fixent un délai plus court.

Le groupe cesse d'exister lorsqu'une procédure d'information et de consultation ou un comité d'entreprise européen est mis en place, ou s'il décide de mettre fin aux négociations dans les conditions prévues au deuxième alinéa.

Section II. – Comité d'entreprise européen institué par accord

Art. L. 2342-9. – Lorsqu'il opte pour la constitution d'un comité d'entreprise européen, le groupe spécial de négociation conclut un accord qui détermine :

1° Les établissements de l'entreprise de dimension communautaire ou les entreprises membres du groupe d'entreprises de dimension communautaire concernés par l'accord ;

2° La composition du comité d'entreprise européen, en particulier le nombre de ses membres, la répartition des sièges *(Mots aj., Ord. n° 2011-1328, 20 oct. 2011)* « permettant de prendre en compte le besoin de représentation équilibrée des salariés selon les activités, les catégories de salariés et le sexe » et la durée du mandat ;

3° Les attributions du comité d'entreprise européen et les modalités selon lesquelles l'information et la consultation se déroulent en son sein ;

4° *(Al. aj., Ord. n° 2011-1328, 20 oct. 2011)* Les modalités de l'articulation entre l'information et la consultation du comité d'entreprise européen et celles des autres institutions représentatives du personnel mentionnées au présent livre et celles mises en place en application du droit de l'État membre sur le territoire duquel est implanté l'entreprise ou l'établissement, en fonction de leurs compétences et domaines d'intervention respectifs ;

5° *(Mod., Ord. n° 2011-1328, 20 oct. 2011)* Le lieu, la fréquence et la durée des réunions du comité d'entreprise européen ;

6° *(Al. aj., Ord. n° 2011-1328, 20 oct. 2011)* Le cas échéant, la composition, les modalités de désignation, les attributions et les modalités de réunion du bureau constitué au sein du comité d'entreprise européen ;

7° *(Mod., Ord. n° 2011-1328, 20 oct. 2011)* Les moyens matériels et financiers alloués au comité d'entreprise européen ;

8° *(Al. aj., Ord. n° 2011-1328, 20 oct. 2011)* La date d'entrée en vigueur de l'accord et sa durée, les modalités selon lesquelles l'accord peut être amendé ou dénoncé ainsi que les cas dans lesquels l'accord doit être renégocié et la procédure de sa renégociation, notamment lorsque des modifications interviennent dans la structure de l'entreprise ou du groupe d'entreprises de dimension communautaire.

1) **Moment de la consultation.** Lorsqu'est en cause une fusion de sociétés, la consultation du comité d'entreprise européen doit intervenir avant la tenue du conseil d'administration devant arrêter le projet de fusion qui est irréversible selon les dispositions combinées des articles L. 236-6 du Code de commerce et 254 modifié du décret du 23 mars 1967 *[C. com., art. R. 236-1]* : ▪ Cass. soc., 16 janv. 2008, n° 07-10.597 : *BJS* 2008, p. 562, note C. Néau-Leduc ; *Semaine sociale Lamy* n° 133, p. 11, obs. F. C.

2) **Information.** Les procédures de consultation du comité d'entreprise et du comité d'entreprise européen n'ayant pas le même objet ni le même champ d'application, les renseignements fournis lors de la réunion du premier n'assurent pas nécessairement une complète information du second : ▪ Cass. soc., 16 janv. 2008, préc.

Art. L. 2342-10. – Les membres du comité d'entreprise européen institué par accord ainsi que les experts qui les assistent sont tenus :

1° Au secret professionnel pour toutes les questions relatives aux procédés de fabrication ;

2° À une obligation de discrétion à l'égard des informations présentant un caractère confidentiel et données comme telles par l'employeur.

Art. L. 2342-10-1 *(Ord., n° 2011-1328, 20 oct. 2011)*. – Les membres du comité d'entreprise européen institué par accord informent les représentants du personnel des établissements ou des entreprises d'un groupe d'entreprises de dimension communautaire ou, à défaut de représentants, l'ensemble des salariés de la teneur et des résultats de la procédure d'information et de consultation mise en œuvre, dans le respect des dispositions relatives au secret professionnel et à l'obligation de discrétion mentionnées à l'article L. 2342-10.

Art. L. 2342-10-2 *(Ord. n° 2011-1328, 20 oct. 2011)*. – Les membres du comité d'entreprise européen institué par accord bénéficient sans perte de salaire des formations nécessaires à l'exercice de leur mandat dans des conditions déterminées par l'accord.

Section III. – Procédure d'information et de consultation instituée par accord

Art. L. 2342-11. – Lorsque, au lieu de créer un comité d'entreprise européen, le groupe spécial de négociation opte pour l'institution d'une ou de plusieurs procédures d'information et de consultation, l'accord prévoit selon quelles modalités les représentants des salariés peuvent se réunir pour procéder à une consultation sur les informations qui leur sont communiquées et qui portent, notamment, sur des questions transnationales affectant considérablement les intérêts des salariés.

Art. L. 2342-12. – Les représentants des salariés dans le cadre d'une procédure d'information et de consultation ainsi que les experts qui les assistent sont tenus :

1° Au secret professionnel pour toutes les questions relatives aux procédés de fabrication ;

2° À une obligation de discrétion à l'égard des informations présentant un caractère confidentiel et données comme telles par l'employeur.

CHAPITRE III. – COMITÉ INSTITUÉ EN L'ABSENCE D'ACCORD

Section I. – Mise en place

Art. L. 2343-1. – Un comité d'entreprise européen est institué conformément aux dispositions du présent chapitre dans les cas suivants :

1° Lorsque le chef de l'entreprise ou de l'entreprise dominante de dimension communautaire refuse de mettre en place un groupe spécial de négociation ou d'ouvrir des négociations dans un délai de six mois à compter de la réception de la demande prévue à l'article L. 2342-4 ;

2° Lorsque le groupe spécial de négociation n'a pas conclu d'accord dans un délai de trois ans à compter de la réception de la demande prévue à l'article L. 2342-4 ou de l'initiative prise par la direction de l'entreprise ou du groupe, sans préjudice des dispositions de l'article L. 2342-8.

Le comité d'entreprise européen est constitué et réuni au plus tard à l'expiration d'un délai de six mois suivant l'arrivée des termes de six mois ou de trois ans, mentionnés aux 1° et 2°.

Section II. – Attributions

Art. L. 2343-2 *(Anc. art. L. 2343-3 dénum. et mod., Ord. n° 2011-1328, 20 oct. 2011).* **– Le comité d'entreprise européen se réunit au moins une fois par an.**

Il est notamment informé sur :

1° La structure de l'entreprise ou du groupe d'entreprises ;

2° Sa situation économique et financière ;

3° L'évolution probable de ses activités ;

4° La production et les ventes ;

5° La situation et l'évolution probable de l'emploi ;

6° Les investissements ;

7° Les changements substantiels concernant l'organisation, l'introduction de nouvelles méthodes de travail ou de nouveaux procédés de production ;

8° Les transferts de production ;

9° Les fusions ;

10° La réduction de la taille ou la fermeture d'entreprises, d'établissements ou de parties importantes de ceux-ci ;

11° Les licenciements collectifs.

Les procédures de consultation du comité d'entreprise et du comité d'entreprise européen d'entreprise n'ayant pas le même objet ni le même champ d'application, les renseignements fournis lors de la réunion du comité d'entreprise n'assurent pas nécessairement une complète information du comité d'entreprise européen : ▪ Cass. soc., 16 janv. 2008, n° 07-10.597 : *Bull. civ.* V, n° 6 ; *Dr. trav.* 2008, p. 191, note H. Tissandier.

Art. L. 2343-3 *(Ord. n° 2011-1328, 20 oct. 2011).* **– Au moins une fois par an, le comité d'entreprise européen est consulté lors d'une réunion sur un rapport portant sur les 5° à 11° de l'article L. 2343-2.**

La consultation s'effectue de façon à permettre aux représentants des salariés de se réunir avec l'employeur et d'obtenir une réponse motivée à tout avis qu'ils pourraient émettre.

Art. L. 2343-4. – Lorsque surviennent des circonstances exceptionnelles *(Mots aj., Ord. n° 2011-1328, 20 oct. 2011)* « ou des décisions » affectant considérablement les intérêts des salariés, notamment en cas de délocalisation, de fermeture d'entreprises ou d'établissements ou de licenciements collectifs, le bureau mentionné à l'article L. 2343-7 ou, s'il n'en n'existe pas, le comité d'entreprise européen, en est informé.

Le bureau ou le comité se réunit à sa demande avec l'employeur afin d'être informé et consulté sur les mesures affectant considérablement les intérêts des salariés.

Les membres du comité d'entreprise européen élus ou désignés par les établissements ou les entreprises directement concernés par les mesures en cause ont également le droit de participer à la réunion du bureau.

Cette réunion a lieu dans les meilleurs délais, à partir d'un rapport établi par le chef d'entreprise. Un avis peut être émis à l'issue de la réunion ou dans un délai raisonnable sur ce rapport.

Cette réunion ne porte pas atteinte aux prérogatives du chef d'entreprise.

Pour l'application de ces dispositions, l'employeur peut être remplacé par son représentant ou tout autre responsable à un niveau de direction plus approprié au sein de l'entreprise ou du groupe d'entreprises de dimension communautaire doté d'un pouvoir de décision.

Section II. – Composition

Art. L. 2343-5. – Le comité d'entreprise européen est composé :

1° Du chef de l'entreprise ou de l'entreprise dominante du groupe de dimension communautaire, assisté de deux personnes de son choix ayant voix consultative ;

2° De représentants du personnel des établissements de l'entreprise ou des entreprises constituant le groupe de dimension communautaire.

(Al. aj., Ord. n° 2011-1328, 20 oct. 2011) Le chef de l'entreprise ou de l'entreprise dominante du groupe d'entreprises de dimension communautaire et tout autre niveau de direction approprié sont informés de la désignation des représentants des salariés au comité d'entreprise européen.

Art. L. 2343-6. – Les modifications de la composition du comité d'entreprise européen qui résultent des changements intervenus dans la structure ou la dimension de l'entreprise ou du groupe d'entreprises de dimension communautaire peuvent être décidées par accord conclu en son sein entre l'employeur et les représentants des salariés.

Section IV. – Fonctionnement

Art. L. 2343-7. – Le comité d'entreprise européen est doté de la personnalité civile.

Il est présidé par le chef d'entreprise ou de l'entreprise dominante du groupe de dimension communautaire.

Le comité désigne un secrétaire.

(Rempl., Ord. n° 2011-1328, 20 oct. 2011) Il élit un bureau d'au maximum cinq membres qui bénéficie de conditions matérielles lui permettant d'exercer son activité de façon régulière.

Code du travail

Partie réglementaire

Art. R. 2343-1. – Le secrétaire du comité d'entreprise européen est désigné à la majorité des voix parmi ses membres.

Les membres du bureau sont élus parmi les membres du comité.

Art. L. 2343-8. – Le comité d'entreprise européen adopte un règlement intérieur qui fixe ses modalités de fonctionnement.

Ce règlement intérieur peut organiser la prise en compte des répercussions, sur le comité d'entreprise européen, des changements intervenus dans la structure ou la dimension de l'entreprise ou du groupe d'entreprises de dimension communautaire. L'examen de tels changements peut avoir lieu à l'occasion de la réunion annuelle du comité.

Art. L. 2343-9. – La réunion annuelle du comité d'entreprise européen est provoquée sur convocation de son président, à partir d'un rapport établi par celui-ci.

Ce rapport retrace l'évolution des activités de l'entreprise de dimension communautaire ou du groupe d'entreprises de dimension communautaire et ses perspectives.

Les directeurs des établissements ou les chefs d'entreprise des entreprises du groupe sont informés de ce rapport.

Art. L. 2343-10. – L'ordre du jour de la réunion annuelle du comité d'entreprise européen est arrêté par le président et le secrétaire. Il est communiqué aux membres du comité quinze jours au moins avant la séance.

À défaut d'accord sur le contenu de l'ordre du jour, celui-ci est fixé par le président et communiqué aux membres du comité dix jours au moins avant la date de la réunion.

Art. L. 2343-11. – Avant les réunions, les représentants des salariés au comité d'entreprise européen ou le bureau, le cas échéant élargi conformément à l'article L. 2343-4, peuvent se réunir hors la présence des représentants de la direction de l'entreprise.

Art. L. 2343-12 *(Mod., Ord. n° 2011-1328, 20 oct. 2011).* – La délégation du personnel du comité d'entreprise européen informe les représentants du personnel des établissements ou des entreprises d'un groupe d'entreprises de dimension communautaire ou, à défaut de représentants, l'ensemble des salariés, de la teneur et des résultats de la procédure d'information et de consultation mises en œuvre conformément aux dispositions du présent chapitre, dans le respect des dispositions relatives au secret professionnel et à l'obligation de discrétion.

Art. L. 2343-13. – Le comité d'entreprise européen et son bureau peuvent être assistés d'experts de leur choix.

L'entreprise ou l'entreprise dominante du groupe d'entreprises de dimension communautaire prend en charge les frais afférents à l'intervention d'un expert.

Art. L. 2343-14. – Les dépenses de fonctionnement du comité d'entreprise européen sont supportées par l'entreprise ou l'entreprise dominante du groupe d'entreprises de dimension communautaire.

Les membres du comité sont dotés des moyens matériels ou financiers nécessaires à l'accomplissement de leurs missions.

En particulier, l'entreprise prend en charge, sauf s'il en a été convenu autrement, les frais d'organisation des réunions et d'interprétariat ainsi que les frais de séjour et de déplacement des membres du comité et du bureau.

Art. L. 2343-15. – L'employeur laisse au secrétaire et aux membres du bureau du comité d'entreprise européen le temps nécessaire à l'exercice de leurs fonctions dans la limite d'une durée qui, sauf circonstances exceptionnelles, ne peut excéder cent vingt heures annuelles pour chacun d'entre eux.

Ce temps est considéré comme temps de travail et payé à l'échéance normale.

Le temps passé par le secrétaire et les membres du bureau aux séances du comité et aux réunions du bureau n'est pas déduit de ces cent vingt heures.

L'employeur qui entend contester l'usage fait du temps ainsi alloué saisit le juge judiciaire.

Art. L. 2343-16. – Le temps passé en réunion par les membres du comité d'entreprise européen est considéré comme temps de travail et payé à l'échéance normale.

Art. L. 2343-17. – Les documents communiqués aux représentants des salariés comportent une version en français.

Art. L. 2343-18. – Quatre ans après l'institution du comité d'entreprise européen dans les cas prévus par l'article L. 2343-1, celui-ci examine s'il convient de le renouveler ou d'engager des négociations en vue de la conclusion de l'accord mentionné aux articles L. 2342-2 et L. 2342-9.

Dans cette dernière hypothèse, les membres du comité forment le groupe spécial de négociation habilité à conclure l'accord mentionné au premier alinéa.

L'employeur convoque une réunion à cet effet dans un délai de six mois à compter du terme de quatre ans.

Le comité demeure en fonction tant qu'il n'a pas été renouvelé ou remplacé.

Art. L. 2343-19. – **Lorsqu'un groupe d'entreprises a mis en place un comité d'entreprise européen, l'accord mentionné à l'article L. 2342-2 ou un accord passé au sein du groupe peut décider d'un aménagement des conditions de fonctionnement du comité de groupe.**

L'entrée en vigueur de l'accord est subordonnée à un vote favorable du comité de groupe.

Renouvellement d'un accord d'anticipation. La reconduction d'un accord portant création anticipée d'une instance européenne de représentation du personnel dans une entreprise ou un groupe de dimension communautaire suppose une décision en ce sens de l'ensemble de ses signataires : ■ CA Paris, 12 oct. 2006, *SA Bouygues c/ Amelineau* : *JurisData* n° 2006-313481 : *JCP* S 2006, 1954, note B. Teyssié.

CHAPITRE IV. – DISPOSITIONS COMMUNES AU GROUPE SPÉCIAL DE NÉGOCIATION ET AU COMITÉ INSTITUÉ EN L'ABSENCE D'ACCORD

Section I. – Répartition des sièges

Art. L. 2344-1. – **Le nombre de sièges au groupe spécial de négociation et au comité d'entreprise européen institué en l'absence d'accord ainsi que le nombre minimum et maximum de représentants du personnel au comité d'entreprise européen institué dans les mêmes conditions sont fixés par décret en Conseil d'État.**

L'employeur et les représentants des salariés peuvent décider d'associer aux travaux du groupe spécial de négociation ou du comité d'entreprise européen des représentants des salariés employés dans des États autres que ceux mentionnés à l'article L. 2341-1. Ces membres associés n'ont pas le droit de vote au sein de l'instance considérée.

Code du travail

Partie réglementaire

Art. R. 2344-1 *(Rempl., D. n° 2011-1414, 31 oct. 2011)*. – Le nombre de sièges au groupe spécial de négociation et au comité d'entreprise européen institué en l'absence d'accord pour chacun des États mentionnés à l'article L. 2341-1 est fixé selon les règles suivantes :

1° Jusqu'à 10 % de l'effectif total : 1 siège ;
2° De plus de 10 % à 20 % de l'effectif total : 2 sièges ;
3° De plus de 20 % à 30 % de l'effectif total : 3 sièges ;
4° De plus de 30 % à 40 % de l'effectif total : 4 sièges ;
5° De plus de 40 % à 50 % de l'effectif total : 5 sièges ;
6° De plus de 50 % à 60 % de l'effectif total : 6 sièges ;
7° De plus de 60 % à 70 % de l'effectif total : 7 sièges ;
8° De plus de 70 % à 80 % de l'effectif total : 8 sièges ;
9° De plus de 80 % à 90 % de l'effectif total : 9 sièges ;
10° Plus de 90 % de l'effectif total : 10 sièges.

Art. R. 2344-3. – Les contestations relatives à la désignation des membres du groupe spécial de négociation et des représentants au comité d'entreprise européen des salariés des établissements ou des entreprises implantés en France sont de la compétence du tribunal d'instance du siège de l'entreprise ou de la filiale française dominante du groupe d'entreprises de dimension communautaire.

Section II. – Désignation, élection et statut des membres

Art. L. 2344-2. – **Les membres du groupe spécial de négociation et les représentants des salariés des établissements ou des entreprises implantés en France au comité d'entreprise européen sont désignés par les organisations syndicales de salariés parmi leurs élus aux *(Mots rempl. à compter de la date prévue au I de l'article 9 et sous réserve des II à VI de ce même article, Ord. n° 2017-1386, 22 sept. 2017)* « comités sociaux et économiques » ou leurs représentants syndicaux dans l'entreprise ou le groupe, à partir des résultats des dernières élections.**

Il en va de même des représentants des salariés des établissements ou entreprises situés en France appartenant à une entreprise ou un groupe de dimension communautaire pour la constitution d'un groupe spécial de négociation ou d'un comité d'entreprise européen dans un État autre que la France.

Modification de la composition. Les dispositions de l'article L. 439-19 [nouv. art. L. 2344-2] ne permettent pas de modifier la composition du groupe spécial de négociation en fonction des résultats des scrutins intervenus postérieurement à sa mise en place : ▪ Cass., avis, 21 oct. 2005, n° 05-00.024 : *Bull. civ.* 2005, avis, n° 8 ; *JCP* S 2005, 1405, obs. B. Teyssié. Il en est de même en ce qui concerne le comité d'entreprise européen institué en l'absence d'accord : ▪ Cass. soc., 21 janv. 2009, n° 08-60.426 : *JCP* S 2009, 1164, note A. Martinon.

Art. L. 2344-3. – Pour les établissements ou entreprises implantés en France, les sièges sont répartis entre les collèges proportionnellement à l'importance numérique de chacun d'entre eux.

Les sièges affectés à chaque collège sont répartis entre les organisations syndicales proportionnellement au nombre d'élus qu'elles ont obtenu dans ces collèges, selon la règle de la représentation proportionnelle au plus fort reste.

Art. L. 2344-4. – Pour les établissements ou les entreprises implantés dans un des États mentionnés à l'article L. 2341-1, autre que la France, les membres du groupe spécial de négociation et les représentants des salariés au comité d'entreprise européen, mis en place en application de l'article L. 2343-1, sont élus ou désignés selon les règles ou usages en vigueur dans ces États.

Art. L. 2344-5. – Pour l'entreprise ou le groupe d'entreprises de dimension communautaire dont le siège social ou celui de l'entreprise dominante est implanté en France, lorsqu'il n'existe pas d'organisation syndicale, les représentants du personnel au groupe spécial de négociation ou au comité d'entreprise européen sont élus directement, selon les règles applicables au *(Mots rempl. à compter de la date prévue au I de l'article 9 et sous réserve des II à VI de ce même article, Ord. n° 2017-1386, 22 sept. 2017)* « comité social et économique ».

Art. L. 2344-6. – Pour l'entreprise ou le groupe d'entreprise de dimension communautaire devant mettre en place un comité d'entreprise européen ou une procédure d'information et de consultation dans un des États autres que la France mentionnés à l'article L. 2341-1, les dispositions de l'article L. 2344-5 s'appliquent, lorsqu'il n'existe pas d'organisation syndicale, à l'établissement ou à l'entreprise implanté en France comprenant *(Mots rempl., L. n° 2012-387, 22 mars 2012)* « au moins cinquante salariés ».

Art. L. 2344-7. – Les contestations relatives à la désignation des membres du groupe spécial de négociation et des représentants au comité d'entreprise européen des salariés des établissements ou des entreprises implantés en France sont portées devant le juge judiciaire.

1) Pourvoi en cassation. L'article L. 439-19-1 [nouv. art. L. 2344-7] ne précisant pas que le tribunal d'instance statue en dernier ressort, et la demande de validation de la désignation d'un salarié au sein du groupe spécial de négociation en vue de la constitution d'un comité d'entreprise européen pour le groupe étant indéterminée, il résulte des dispositions de l'article 40 du Code de procédure civile que le tribunal d'instance s'est prononcé en premier ressort ; il s'ensuit que le pourvoi est irrecevable : ▪ Cass. soc., 18 juin 2003 : *Bull. civ.* V, n° 200. – Voir aussi, ▪ Cass. soc., 24 sept. 2008, n° 07-60.350 : *RJS* 12/2008, n° 1206 ; *JCP* S 2009, 1060, note A. Martinon.

2) Compétence du juge. La désignation des représentants des filiales françaises d'un groupe au sein d'un comité d'entreprise européen ayant été opéré en application d'un avenant modifiant un accord d'anticipation, les dispositions des articles L. 2344-7 et R. 2344-3 du Code du travail sont applicables et fondent directement la compétence du juge français auquel il appartient de surseoir à statuer dans le cas où l'issue du litige serait subordonnée, au fond, à une question préjudicielle relative à l'interprétation, à l'exécution ou à la validité de l'accord : ▪ Cass. soc., 4 nov. 2009, n° 08-17.469 : *JCP* S 2010, 1122, note A. Martinon.

Art. L. 2344-8. – Les membres du groupe spécial de négociation et les membres du comité d'entreprise européen institué en vertu des dispositions de l'article L. 2343-1, ainsi que les experts qui les assistent, sont tenus :

1° Au secret professionnel pour toutes les questions relatives aux procédés de fabrication ;

2° À une obligation de discrétion à l'égard des informations présentant un caractère confidentiel et données comme telles par l'employeur.

Art. L. 2344-9 *(Ord. n° 2011-1328, 20 oct. 2011)*. – **Les membres du groupe spécial de négociation et du comité d'entreprise européen institué en l'absence d'accord bénéficient, sans perte de salaire, des formations nécessaires à l'exercice de leur mandat.**

Code du travail

Art. L. 2411-11. – Le licenciement d'un membre du groupe spécial de négociation ou d'un membre du comité d'entreprise européen ne peut intervenir qu'après autorisation de l'inspecteur du travail.

Indemnisation du salarié. Le salarié membre du comité d'entreprise européen licencié par son employeur sans autorisation administrative et qui ne demande pas sa réintégration a le droit d'obtenir, d'une part, au titre de la méconnaissance du statut protecteur, le montant de la rémunération qu'il aurait dû percevoir entre son éviction et l'expiration de la période de protection, dans la limite de la durée de protection accordée aux membres du comité d'entreprise par l'article L. 436-1 du Code du travail [nouv. art. L. 2421-3], d'autre part, outre ses indemnités de rupture, une indemnité réparant l'intégralité du préjudice résultant du caractère illicite du licenciement et au moins égale à celle prévue par l'article L. 122-14-4 du Code du travail [nouv. art. L. 1235-11] : ▪ Cass. soc., 16 mars 2005 : *Bull. civ.* V, n° 96 ; *JCP* G 2005, IV, 2013.

CHAPITRE V. – SUPPRESSION DU COMITÉ

Art. L. 2345-1. – **Lorsque, du fait d'une baisse des effectifs, l'entreprise ou le groupe d'entreprises de dimension communautaire ne remplit plus les conditions de seuils mentionnées à l'article L. 2341-1, le comité d'entreprise européen, qu'il ait été institué ou non par accord, peut être supprimé par accord.**

À défaut d'accord, l'autorité administrative peut autoriser la suppression du comité en cas de réduction importante et durable du personnel ramenant l'effectif au-dessous de ces seuils.

Code du travail

Partie réglementaire

Art. R. 2345-1. – Le directeur régional des entreprises, de la concurrence, de la consommation, du travail et de l'emploi peut autoriser la suppression du comité d'entreprise européen dans les conditions énoncées à l'article L. 2345-1.

Art. L. 2345-2. – **Lorsqu'un groupe d'entreprises a mis en place un comité d'entreprise européen, l'accord mentionné à l'article L. 2342-2 ou un accord passé au sein du groupe peut décider de la suppression du comité de groupe. L'entrée en vigueur de l'accord est subordonnée à un vote favorable du comité de groupe.**

En cas de suppression du comité de groupe, les dispositions des articles L. 2332-1, L. 2332-2 et L. 2334-4 sont applicables au comité d'entreprise européen.

CHAPITRE VI. – DISPOSITIONS PÉNALES

Art. L. 2346-1 *(Mod. L. n° 2015-990, 6 août 2015)*. – **Le fait d'apporter une entrave soit à la constitution d'un groupe spécial de négociation, d'un comité d'entreprise européen ou à la mise en œuvre d'une procédure d'information et de consultation, soit à la libre désignation de leurs membres notamment par la méconnaissance des articles L. 2342-1 à L. 2342-7 et L. 2343-1, est puni d'un emprisonnement d'un an et d'une amende de 7 500 €.**

Le fait d'apporter une entrave à leur fonctionnement régulier est puni d'une amende de 7 500 €.

Ordonnance n° 2011-1328 du 20 octobre 2011

Art. 5. – I. – Sauf dans le cas prévu à l'article L. 2341-10 du Code du travail, ne sont pas soumis aux dispositions du titre IV du livre III de la deuxième partie du même code dans sa rédaction issue de la présente ordonnance :

1° Les accords applicables à l'ensemble des salariés prévoyant des instances ou autres modalités d'information, d'échanges de vues et de dialogue à l'échelon communautaire mentionnés à l'article 5 de la loi du 12 novembre 1996 susvisée ;

2° Les accords applicables à l'ensemble des salariés prévoyant des instances ou autres modalités d'information, d'échanges de vues et de dialogue à l'échelon communautaire mentionnés à l'article 2 de l'ordonnance du 22 février 2001 susvisée ;

3° Les accords conclus conformément à l'article L. 2342-9 du Code du travail dans sa rédaction issue de la loi du 12 novembre 1996 susvisée et signés ou révisés entre le 5 juin 2009 et le 5 juin 2011.

Il en va de même si, lorsque les accords mentionnés aux 1°, 2° et 3° arrivent à expiration, les parties signataires décident conjointement de les reconduire ou de les réviser.

II. – Sauf dans le cas prévu à l'article L. 2341-10 du Code du travail, les dispositions du titre IV du livre III de la deuxième partie du Code du travail dans leur rédaction issue de la loi du 12 novembre 1996 susvisée continuent de s'appliquer aux accords mentionnés au 3° du I.

6.4. – IMPLICATION DES SALARIÉS DANS LA SOCIÉTÉ EUROPÉENNE ET COMITÉ DE LA SOCIÉTÉ EUROPÉENNE

Code du travail

Partie législative

TITRE V. – IMPLICATION DES SALARIÉS DANS LA SOCIÉTÉ EUROPÉENNE ET COMITÉ DE LA SOCIÉTÉ EUROPÉENNE

Bibliographie : M.-D. Fishelson, *L'implication des salariés dans les différentes structures européennes* : *BJS* 2008, p. 818. • A. Teissier, *L'implication des salariés dans la société européenne : la constitution d'un groupe spécial de négociation, approche de droit comparé* : *JCP* S 2006, 1095. • B. Teyssié, *L'implication des salariés dans la société européenne parties à la négociation* : *JCP* S 2006, act., p. 127 ; *Les accords relatifs à l'implication des salariés dans les sociétés européennes, le déroulement de la négociation* : *JCP* S 2006, act. 147 ; *L'implication des salariés dans la société européenne, normes subsidiaires : la participation aux organes de direction* : *JCP* S 2006, act., p. 187.

CHAPITRE I. – DISPOSITIONS GÉNÉRALES

Art. L. 2351-1. – Les dispositions du présent titre s'appliquent :

1° Aux sociétés européennes ayant leur siège en France constituées conformément au règlement (CE) n° 2157/2001 du Conseil du 8 octobre 2001 relatif au statut de la société européenne (SE) ;

2° Aux sociétés participant à la constitution d'une société européenne et ayant leur siège en France ;

3° Aux filiales et établissements situés en France d'une société européenne située dans un autre État membre de la Communauté européenne ou de l'Espace économique européen.

Art. L. 2351-2. – Lorsqu'une société européenne mentionnée à l'article L. 2351-1 est une entreprise de dimension communautaire ou un groupe d'entreprises de dimension communautaire au sens de l'article L. 2341-2, les dispositions du titre IV relatif au comité d'entreprise européen ou à la procédure d'information et de consultation dans les entreprises de dimension communautaire ne sont applicables ni à la société européenne ni à ses filiales.

Art. L. 2351-3. – Les modalités de l'implication des salariés dans la société européenne recouvrent l'information, la consultation et, le cas échéant, la participation.

Elles sont arrêtées par accord conclu entre les dirigeants des sociétés participantes et les représentants des salariés conformément aux dispositions du présent titre.

À défaut d'accord, ces modalités sont arrêtées conformément aux dispositions du chapitre III.

Art. L. 2351-4. – On entend par information celle fournie par l'organe dirigeant de la société européenne à l'organe représentant les salariés sur les questions qui soit concernent la société européenne elle-même et toute filiale ou tout établissement situé dans un autre État membre, soit excèdent les pouvoirs des instances de décision situées dans un État membre.

Cette information se fait selon des modalités permettant aux représentants des salariés d'en évaluer l'incidence éventuelle et, le cas échéant, de préparer des consultations avec l'organe compétent de la société européenne.

Art. L. 2351-5. – On entend par consultation l'instauration d'un dialogue et d'un échange de vues entre l'organe représentant les salariés ou les représentants des salariés et l'organe compétent de la société européenne selon des modalités permettant aux représentants des salariés, à partir des informations fournies, d'exprimer un avis sur les mesures envisagées par l'organe compétent.

Cet avis peut être pris en considération dans le cadre du processus décisionnel au sein de la société européenne.

Art. L. 2351-6. – On entend par participation l'influence exercée par l'organe représentant les salariés ou par les représentants des salariés sur les affaires d'une société sous les formes suivantes :

- Soit en exerçant leur droit d'élire ou de désigner certains membres de l'organe de surveillance ou d'administration de la société ;
- soit en exerçant leur droit de recommander la désignation d'une partie ou de l'ensemble des membres de l'organe de surveillance ou d'administration de la société ou de s'y opposer.

Art. L. 2351-7. – Le décompte des effectifs des sociétés participantes, filiales ou établissements concernés situés en France s'effectue conformément aux dispositions de l'article L. 1111-2.

Code du travail

Partie réglementaire

Art. D. 2351-1. – Lorsque les dirigeants des sociétés participant à la constitution de cette société européenne décident que son siège est établi sur le territoire français, le projet de constitution de cette société précise que le groupe spécial de négociation est constitué au lieu de ce siège.

CHAPITRE II. – IMPLICATION DES SALARIÉS DANS LA SOCIÉTÉ EUROPÉENNE PAR ACCORD DU GROUPE SPÉCIAL DE NÉGOCIATION

Section I. – Groupe spécial de négociation

Sous-section 1. – Mise en place et objet

Art. L. 2352-1. – Un groupe spécial de négociation est institué dès que possible après la publication du projet de fusion ou de constitution de la holding ou après l'adoption d'un projet de constitution d'une filiale ou de transformation en une société européenne.

Il est doté de la personnalité juridique.

Art. L. 2352-2. – Le groupe spécial de négociation détermine avec les dirigeants des sociétés participant à la création de la société européenne ou leurs représentants, par un accord écrit, les modalités de l'implication des salariés au sein de la société européenne mentionnées à l'article L. 2351-3.

Sous-section 2. – Désignation, élection et statut des membres

Art. L. 2352-3. – Les sièges au sein du groupe spécial de négociation sont répartis entre les États membres en proportion du nombre de salariés employés dans chacun de ces États par rapport aux effectifs des sociétés participantes et des filiales ou établissements concernés dans l'ensemble des États membres. Leur nombre est fixé par décret en Conseil d'État.

À l'issue de la répartition ainsi opérée, le nombre de salariés que chaque membre du groupe spécial de négociation représente est déterminé aux fins de procéder aux calculs et votes mentionnés à l'article L. 2352-13.

Art. L. 2352-4. – Lorsqu'une société européenne se constitue par voie de fusion et qu'au moins une société participante perd son existence juridique propre et n'est pas représentée directement par un membre du groupe spécial de négociation, ce dernier comprend, outre les sièges alloués conformément à l'article L. 2352-3, un ou plusieurs sièges supplémentaires.

Toutefois, quel que soit le nombre de sociétés en cause, le nombre de membres supplémentaires ne peut excéder 20 % du nombre total de membres déterminé par application de l'article L. 2352-3. Si les sièges supplémentaires sont en nombre inférieur au nombre de sociétés perdant leur existence juridique propre et n'ayant aucun salarié désigné membre du groupe spécial de négociation, ils sont attribués à ces sociétés selon l'ordre décroissant de leurs effectifs. Si cet ordre comporte successivement deux sociétés ayant leur siège social dans le même État, le siège supplémentaire suivant est attribué à la société qui a l'effectif immédiatement inférieur dans un État différent.

Il est procédé, selon des modalités fixées par décret, à la détermination du nombre de salariés représentés par chaque membre du groupe spécial de négociation.

Art. L. 2352-5. – Les membres du groupe spécial de négociation sont désignés par les organisations syndicales de salariés parmi leurs élus *(Mots rempl., Ord. n° 2017-1386, 22 sept. 2017)* « aux comités sociaux et économiques » ou leurs représentants syndicaux, sur la base des résultats des dernières élections.

Il en va de même des représentants des salariés des sociétés participantes, filiales ou établissements concernés situés en France et relevant d'une société européenne située dans un État autre que la France.

Pour les sociétés situées en France, les sièges sont répartis entre les collèges proportionnellement à l'importance numérique de chacun d'entre eux. Les sièges affectés à chaque collège sont répartis selon la règle de la représentation proportionnelle au plus fort reste entre les organisations syndicales, proportionnellement au nombre d'élus qu'elles ont obtenu dans ces collèges.

Les membres du groupe spécial de négociation désignés par les sociétés participantes implantées dans un des États membres autre que la France sont élus ou désignés selon les règles en vigueur dans chaque État membre.

La désignation de ces membres est notifiée par l'organisation syndicale à l'employeur dans des conditions déterminées par voie réglementaire.

Art. L. 2352-6. – Lorsqu'il n'existe pas d'organisation syndicale dans la société européenne dont le siège social se trouve en France, les représentants du personnel au groupe spécial de négociation sont élus directement selon les règles applicables *(Mots rempl., Ord. n° 2017-1386, 22 sept. 2017)* « au comité social et économique ».

Il en va de même lorsqu'il n'existe pas d'organisation syndicale dans l'établissement ou l'entreprise implanté en France et appartenant à une société européenne.

Art. L. 2352-7. – Si des changements substantiels interviennent durant les négociations, notamment un transfert de siège, une modification de la composition de la société européenne ou une modification dans les effectifs susceptible d'entraîner une modification dans la répartition des sièges d'un ou plusieurs États membres au sein du groupe spécial de négociation, la composition de ce dernier est modifiée en conséquence.

Art. L. 2352-8. – Les contestations relatives à la désignation des membres du groupe spécial de négociation et des représentants des salariés au comité de la société européenne dont le siège se situe en France, ainsi que des salariés des sociétés participantes, des établissements ou filiales implantés en France sont portées devant le juge judiciaire.

Sous-section 3. – Fonctionnement

Art. L. 2352-9. – Les dirigeants des sociétés participant à la constitution de la société européenne invitent le groupe spécial de négociation à se réunir et communiquent à cet effet aux représentants du personnel et aux dirigeants des établissements et filiales concernés, qui en l'absence de représentants du personnel en informent directement les salariés, l'identité des sociétés participantes ainsi que le nombre de salariés qu'elles comprennent.

Les négociations débutent dès que le groupe spécial de négociation est constitué. Elles peuvent se poursuivre pendant les six mois qui suivent, sauf si les parties décident, d'un commun accord, de prolonger ces négociations dont la durée totale ne peut dépasser un an.

Durant cette période, le groupe spécial de négociation est régulièrement informé du processus de création de la société européenne.

Art. L. 2352-10. – Le temps passé en réunion par les membres du groupe spécial de négociation est considéré comme temps de travail et payé à l'échéance normale.

Art. L. 2352-11. – Les dépenses nécessaires à la bonne exécution de la mission du groupe spécial de négociation sont à la charge des sociétés participantes.

Art. L. 2352-12. – Pour négocier, le groupe spécial de négociation peut être assisté d'experts de son choix à tout niveau qu'il estime approprié. Ces experts participent aux réunions du groupe à titre consultatif.

L'ensemble des sociétés participantes prend en charge les dépenses relatives aux négociations et à l'assistance d'un seul expert.

Art. L. 2352-13 *(Mod., L. n° 2008-89, 30 janv. 2008)*. – Le groupe spécial de négociation prend ses décisions à la majorité absolue de ses membres, laquelle doit également représenter la majorité absolue des salariés des sociétés participantes, des filiales et établissements concernés.

Par dérogation à ces dispositions, la décision de ne pas entamer les négociations ou de clore des négociations déjà entamées et d'appliquer la réglementation relative à l'information et à la consultation dans les États membres où la société européenne emploie des salariés, est prise à la majorité des deux tiers des membres du groupe spécial de négociation, issus d'au moins deux États membres et à la condition qu'ils représentent au moins les deux tiers des salariés des sociétés participantes, des filiales et établissements concernés. Dans ce cas, les dispositions prévues par le chapitre III ne sont pas applicables. Une telle décision ne peut être prise dans le cas d'une société européenne constituée par transformation, lorsqu'il existe un système de participation dans la société qui doit être transformée.

Lorsque la participation concerne une proportion du nombre total des salariés employés par les sociétés participantes d'au moins 25 % en cas de constitution d'une société européenne par fusion, et d'au moins 50 % en cas de constitution par holding ou filiale commune, et lorsque le groupe spécial de négociation envisage de fixer un nombre ou une proportion des membres de l'organe de surveillance ou d'administration par lesquels les salariés exercent leurs droits à participation à un niveau inférieur à celui qui était le plus élevé au sein de l'une des sociétés participantes, la décision est prise dans les conditions de majorité prévues au deuxième alinéa.

Art. L. 2352-14. – Aucun salarié ne peut être sanctionné ou licencié en raison de l'exercice du droit prévu par l'article L. 2352-13. Toute décision ou tout acte contraire est nul de plein droit.

Art. L. 2352-15. – Les membres du groupe spécial de négociation ainsi que les experts qui les assistent sont tenus au secret professionnel et à l'obligation de discrétion prévus à l'article L. 2325-5.

Section II. – Contenu de l'accord

Art. L. 2352-16. – Sous réserve des dispositions du deuxième alinéa de l'article L. 2352-13, les dirigeants de chacune des sociétés participantes et le groupe spécial de négociation négocient en vue de parvenir à un accord qui détermine :

1° Les sociétés participantes, les établissements et filiales concernés par l'accord ;

2° La composition, le nombre de membres et la répartition des sièges de l'organe de représentation qui est l'interlocuteur de l'organe dirigeant de la société européenne pour l'information et la consultation des salariés de la société européenne et de ses filiales ou établissements ;

3° Les attributions et la procédure prévue pour l'information et la consultation de l'organe de représentation ;

4° La fréquence des réunions de l'organe de représentation ;

5° Les ressources financières et matérielles à allouer à l'organe de représentation ;

6° Les modalités de mise en œuvre de procédures d'information et de consultation lorsque celles-ci ont été instituées, par accord entre les parties, en lieu et place d'un organe de représentation ;

7° La date d'entrée en vigueur de l'accord et sa durée, les cas dans lesquels l'accord doit être renégocié et la procédure pour sa renégociation.

Art. L. 2352-17. – Si, au cours des négociations, les parties décident de fixer des modalités de participation, l'accord détermine la teneur de ces dispositions y compris, le cas échéant, le nombre de membres de l'organe d'administration ou de surveillance de la société européenne que les salariés ont le droit d'élire, de désigner, de recommander ou à la désignation desquels ils peuvent s'opposer, les procédures à

suivre pour que les salariés puissent élire, désigner ou recommander ces membres ou s'opposer à leur désignation, ainsi que leurs droits.

Art. L. 2352-18. – **Lorsque la société européenne est constituée par transformation, l'accord prévoit un niveau d'information, de consultation et de participation au moins équivalent à celui qui existe dans la société devant être transformée en société européenne.**

Art. L. 2352-19. – **Lorsqu'il existe au sein des sociétés participantes plusieurs formes de participation, le groupe spécial de négociation qui décide de mettre en œuvre les modalités de participation prévues à l'article L. 2352-17 choisit au préalable, dans les conditions prévues à l'article L. 2352-13, laquelle de ces formes est appliquée au sein de la société européenne.**

Art. L. 2352-20. – **Les dirigeants des sociétés participantes et le groupe spécial de négociation peuvent décider, par accord, d'appliquer les dispositions de références relatives à la mise en place du comité de la société européenne prévues au chapitre III.**

Code du travail

Partie réglementaire

Art. D. 2352-1. – Dans le délai d'un mois à compter de la publication du projet de constitution d'une société européenne, les dirigeants des sociétés participantes portent à la connaissance de leurs organisations syndicales, de celle de leurs filiales et établissements qui disposent de représentants ou d'élus au sens du premier alinéa de l'article L. 2352-5 :

1° L'identité des sociétés, filiales et établissements ;
2° Le lieu de leur implantation ;
3° Leur statut juridique ;
4° La nature de leurs activités.

Art. D. 2352-2. – Les dirigeants des sociétés participantes indiquent à leurs organisations syndicales, à leurs filiales et à leurs établissements disposant de représentants ou d'élus :

1° Le nombre de leurs salariés, à la date de la publication du projet de constitution, en France collège par collège et dans les autres États membres ;
2° Les formes de participation existant au sens de l'article L. 2351-6 ;
3° Le nombre de sièges au groupe spécial de négociation revenant à chaque État membre, calculé conformément aux dispositions de l'article L. 2352-3.

Art. D. 2352-3. – En cas de constitution de la société européenne par voie de fusion et dans les hypothèses mentionnées à l'article L. 2352-4, les dirigeants fixent le nombre des sièges supplémentaires et indiquent ceux alloués aux sociétés ayant leur siège en France.

Art. D. 2352-4. – À défaut de représentants ou d'élus dans l'entreprise, les renseignements mentionnés aux articles D. 2352-1 et D. 2352-2 sont communiqués directement, par tout moyen, aux salariés des sociétés, filiales et établissements intéressés.

Art. R. 2352-5. – En application du premier alinéa de l'article L. 2352-3, le nombre de sièges par État membre au sein du groupe spécial de négociation est égal à :

1° Jusqu'à 10 % de l'effectif total : 1 siège ;
2° De plus de 10 % à 20 % de l'effectif total : 2 sièges ;
3° De plus de 20 % à 30 % de l'effectif total : 3 sièges ;
4° De plus de 30 % à 40 % de l'effectif total : 4 sièges ;
5° De plus de 40 % à 50 % de l'effectif total : 5 sièges ;
6° De plus de 50 % à 60 % de l'effectif total : 6 sièges ;
7° De plus de 60 % à 70 % de l'effectif total : 7 sièges ;
8° De plus de 70 % à 80 % de l'effectif total : 8 sièges ;
9° De plus de 80 % à 90 % de l'effectif total : 9 sièges ;
10° De plus de 90 % de l'effectif total : 10 sièges.

Art. D. 2352-6. – Lorsqu'il existe des représentants ou des élus dans toutes les sociétés, filiales et établissements, les organisations syndicales désignent les membres du groupe spécial de négociation conformément aux modalités fixées aux articles D. 2352-8 et D. 2352-9.

Art. D. 2352-7. – L'organisation syndicale notifie à l'employeur la désignation des membres du groupe spécial de négociation par lettre recommandée avec avis de réception.

Art. D. 2352-8. – Pour procéder à la répartition des sièges du groupe spécial de négociation entre les collèges conformément aux dispositions du troisième alinéa de l'article L. 2352-5, l'effectif à prendre en compte est la somme des effectifs des salariés appartenant aux collèges des sociétés, filiales et établissements.

Il est déterminé un quotient égal à l'effectif calculé au premier alinéa divisé par le nombre de sièges revenant à la France au sein du groupe spécial de négociation.

Il est attribué à chaque collège autant de sièges que le total de ses effectifs dans chaque société, filiale ou établissement contient de fois le quotient.

Le ou les sièges non attribués par application des dispositions du troisième alinéa sont attribués au plus fort reste. En cas d'égalité de restes, le siège revient au collège qui représente le plus grand nombre de salariés.

Art. D. 2352-9. – Pour procéder à la répartition des sièges alloués à chaque collège entre les organisations syndicales, il est calculé un quotient égal au nombre total d'élus de ce collège dans les *(Mots rempl. à compter du 1er janvier 2018, D. n° 2017-1819, 29 déc. 2017)* « comités sociaux et économiques ou comités sociaux et économiques d'établissement » des sociétés, filiales et établissements, divisé par le nombre de sièges attribués à ce collège.

Il est attribué à chaque organisation syndicale, par collège, autant de sièges que son nombre d'élus dans ce collège contient de fois le quotient.

Le ou les sièges non attribués par application des dispositions du deuxième alinéa sont attribués au plus fort reste. En cas d'égalité de restes, le siège revient à l'organisation syndicale qui a obtenu le plus grand nombre de suffrages cumulés lors du premier tour des élections ayant conduit à la désignation de ses élus.

Art. D. 2352-10. – Lorsque seules certaines sociétés, filiales et établissements ont un représentant ou un élu, les membres du groupe spécial de négociation sont :

1° Soit désignés selon les modalités définies aux articles D. 2352-6 et suivants ;

2° Soit élus conformément aux dispositions de l'article D. 2352-11.

Les nombres respectifs des membres désignés et des membres élus pour pourvoir les sièges revenant à la France au sein du groupe spécial de négociation sont déterminés en fonction de la part des effectifs cumulés des sociétés, filiales et établissements ayant ou non un représentant ou un élu dans l'ensemble des effectifs des sociétés, filiales et établissements implantés en France. Cette détermination se fait selon le système de la représentation proportionnelle au plus fort reste.

Art. D. 2352-11. – Lorsqu'aucune des sociétés, filiales et établissements n'a de représentant ou d'élu, les membres du groupe spécial de négociation sont élus directement par les salariés. L'élection a lieu collège par collège. Elle est commune à l'ensemble des sociétés, filiales et établissements.

La répartition des sièges entre les différentes catégories et la répartition des salariés dans les collèges électoraux sont accomplies sur la base de leurs effectifs cumulés dans les sociétés, filiales et établissements.

Les listes de candidats comportent autant de noms que de sièges revenant à la France au sein du groupe spécial de négociation.

Le vote peut se dérouler séparément dans les locaux de chaque société, filiale ou établissement. Le dépouillement ne peut commencer avant la clôture du dernier scrutin.

Les sièges sont attribués à chaque liste conformément aux dispositions des articles R. 2324-18 et suivants.

Art. D. 2352-12. – Lorsqu'un siège supplémentaire est attribué à une société participante en application de l'article L. 2352-4, ce siège est attribué :

1° S'il existe un *(Mots rempl. à compter du 1er janvier 2018, D. n° 2017-1819, 29 déc. 2017)* « comité social et économique », à l'organisation syndicale qui compte le plus de représentants au sein de ce comité. En cas d'égalité, le siège est attribué à celle ayant recueilli le plus grand nombre de suffrages au premier tour de scrutin de l'élection des membres de ce comité ;

2° En l'absence de *(Mots rempl. à compter du 1er janvier 2018, D. n° 2017-1819, 29 déc. 2017)* « comité social et économique », à un représentant élu directement à cet effet par les salariés de la société.

L'élection a lieu au scrutin uninominal à un tour.

Art. D. 2352-13. – Les désignations des membres du groupe spécial de négociation sont notifiées aux dirigeants de la société, filiale ou établissement au sein duquel travaillent les représentants des salariés ou, le cas échéant, à l'organe de direction mandaté à cet effet.

Les dirigeants des sociétés, filiales et établissements transmettent aux dirigeants des sociétés participantes le nom des personnes ainsi désignées et celui des personnes élues en application des dispositions des articles D. 2352-10 à D. 2352-12.

Ils font connaître ces informations à leurs salariés, par affichage ou par tout autre moyen, ainsi qu'à l'inspecteur du travail.

Art. D. 2352-14. – Les dirigeants des sociétés participantes convoquent les membres du groupe spécial de négociation à une première réunion. La convocation fixe la date de la réunion. Elle est faite par lettre recommandée avec avis de réception.

Le délai de six mois mentionné au deuxième alinéa de l'article L. 2352-9 court à compter de la date de cette première réunion.

Art. D. 2352-15. – Les membres du groupe spécial de négociation sont tenus informés :

1. Du mode de constitution de la société européenne et des effets de celui-ci pour les sociétés participantes ainsi que pour leurs filiales et établissements ;

2. Des modalités d'information, de consultation et de participation instituées au sein de ces sociétés, filiales et établissements, que le lieu de leur implantation soit situé en France ou dans un autre État membre de la Communauté européenne ou de l'Espace économique européen ;

3. Des modalités de transfert des droits et obligations des sociétés participantes en matière de conditions d'emploi résultant de la législation et des relations collectives et individuelles de travail.

Art. D. 2352-16. – Pour le calcul des majorités de salariés mentionnées aux premier et deuxième alinéas de l'article L. 2352-13, chaque membre occupant un siège au sein du groupe spécial de négociation alloué à un État membre représente un nombre de salariés égal au nombre total des salariés employés dans les sociétés participantes, les filiales et les établissements situés dans cet État membre, divisé par le nombre de sièges attribués à cet État membre, arrondi à l'entier inférieur. Lorsqu'il est fait application des dispositions de l'article L. 2352-4, le titulaire de chaque siège supplémentaire représente un nombre de salariés égal à l'effectif de la société à laquelle a été attribué ce siège. Le nombre total des salariés calculé, pour l'État membre dans lequel est située cette société, conformément au premier alinéa, est alors réduit à concurrence de cet effectif.

Art. R. 2352-17. – Les éléments fournis, en application du quatrième alinéa de l'article L. 229-3 du Code de commerce, par la société, la filiale ou l'établissement concernés par la fusion pour attester que les modalités relatives à l'implication des salariés ont été fixées conformément aux dispositions des articles L. 2351-1, à L. 2352-13, L. 2352-16 à L. 2353-25, L. 2353-27 à L. 2353-32 et L. 2354-1, sont transmis à l'inspecteur du travail.

Art. R. 2352-18. – Le tribunal d'instance compétent pour statuer sur la contestation de la désignation et de l'élection des membres du groupe spécial de négociation est celui dans le ressort duquel est situé le siège, selon le cas, de la société européenne, de la société, de la filiale ou de l'établissement concernés.

La contestation est formée, instruite et jugée selon les modalités prévues aux articles R. 2324-24 et R. 2324-25.

Toutefois, la contestation est formée :

1° Dans un délai de quinze jours à compter de la notification de la désignation à l'employeur ;

2° Par les salariés, dans un délai de quinze jours, à compter de la date à laquelle la désignation à l'employeur ou l'élection est portée à leur connaissance.

Art. R. 2352-19. – Les litiges auxquels donne lieu l'application des dispositions de la présente section, autres que ceux mentionnés à l'article R. 2352-18, sont portés devant le président du tribunal de grande instance du domicile du défendeur. Il statue en la forme des référés.

CHAPITRE III. – COMITÉ DE LA SOCIÉTÉ EUROPÉENNE ET PARTICIPATION DES SALARIÉS EN L'ABSENCE D'ACCORD

Section I. – Comité de la société européenne

Sous-section 1. – Mise en place

Art. L. 2353-1. – Un comité de la société européenne est institué lorsque, à l'issue de la période de négociation prévue à l'article L. 2352-9, aucun accord n'a été conclu et que le groupe spécial de négociation n'a pas pris la décision mentionnée à l'article L. 2352-13.

Art. L. 2353-2. – **Dans le cas prévu à l'article L. 2353-1, l'immatriculation de la société européenne ne peut intervenir que si les parties décident de mettre en œuvre les dispositions du présent chapitre ainsi que du chapitre IV ou que si les dirigeants des sociétés participantes s'engagent à en faire application.**

Code du travail

Partie réglementaire

Art. D. 2353-1. – Dans les hypothèses prévues à l'article L. 2353-2, est joint à la demande d'immatriculation de la société européenne :

1° L'accord portant sur la mise en place du comité de la société européenne et d'un système de participation des salariés prévu à l'article L. 2353-2 ;

2° À défaut de l'accord mentionné au 1°, l'engagement écrit des dirigeants des sociétés participantes de faire application des dispositions des articles L. 2351-2, L. 2351-7, L. 2352-14, L. 2352-15, L. 2353-1, L. 2353-3 à L. 2353-32, L. 2354-1.

Art. D. 2353-2. – Les membres du comité de la société européenne sont :

1° Soit désignés selon les modalités définies aux articles D. 2352-6 et suivants ;

2° Soit élus conformément aux dispositions de l'article D. 2352-11 lorsque les conditions prévues à l'article L. 2352-6 sont réunies.

Art. R. 2353-3. – Les contestations relatives à la désignation des représentants des salariés et à l'élection des membres du comité de la société européenne dont le siège se situe en France, ainsi que des salariés des sociétés participantes, des établissements ou filiales implantés en France, sont de la compétence du tribunal d'instance du siège de la société européenne, de la société participante ou de la filiale ou de l'établissement intéressé.

Ces contestations sont formées, instruites et jugées selon les modalités prévues aux articles R. 2324-24 et R. 2324-25.

Le recours est formé dans un délai de quinze jours à compter de la notification de la désignation à l'employeur.

Sous-section 2. – Attributions

Art. L. 2353-3. – **La compétence du comité de la société européenne est limitée aux questions concernant la société européenne elle-même ou toute filiale ou tout établissement situé dans un autre État membre, ou excédant les pouvoirs des instances de décision dans un seul État membre.**

Art. L. 2353-4. – **Le comité de la société européenne se réunit au moins une fois par an.**

La réunion annuelle porte notamment sur :

1° La situation économique et financière de la société européenne, de ses filiales et établissements ;

2° L'évolution probable des activités ;

3° La production et les ventes ;

4° La situation et l'évolution probable de l'emploi ;

5° Les investissements ;

6° Les changements substantiels intervenus concernant l'organisation, l'introduction de nouvelles méthodes de travail ou de nouveaux procédés de production ;

7° Les transferts de production ;

8° Les fusions ;

9° La réduction de taille ou la fermeture d'entreprises ou de parties de celles-ci ;

10° Les licenciements collectifs.

Art. L. 2353-5. – **Lorsque surviennent des circonstances exceptionnelles affectant considérablement les intérêts des salariés, notamment en cas de délocalisation, de fermeture d'entreprise ou d'établissement ou de licenciement collectif, le comité de la société européenne ou, s'il en décide ainsi, le bureau, est de plein droit réuni, s'il en fait la demande, par le dirigeant de la société européenne afin d'être informé et consulté sur les mesures affectant considérablement les intérêts des salariés.**

Art. L. 2353-6. – **Le dirigeant de la société européenne qui décide de lancer une offre publique d'acquisition sur une entreprise peut n'informer le comité de la société européenne qu'une fois l'offre rendue publique.**

Dans ce cas, il réunit le comité dans les huit jours suivant la publication de l'offre en vue de lui transmettre des informations écrites et précises sur le contenu de l'offre et sur les conséquences qu'elle est susceptible d'entraîner sur l'emploi.

Sous-section 3. – Composition

Art. L. 2353-7. – **Le comité de la société européenne est composé :**

1° Du dirigeant de la société européenne ou de son représentant, assisté de deux collaborateurs de son choix ayant voix consultative ;

2° De représentants du personnel des sociétés participantes, filiales et établissements concernés, désignés conformément à l'article L. 2353-9.

Art. L. 2353-8. – **Le nombre de sièges du comité de la société européenne est fixé conformément aux dispositions de l'article L. 2352-3.**

Art. L. 2353-9. – **Les membres du comité de la société européenne représentant le personnel des sociétés participantes, filiales et établissements concernés implantés en France et relevant d'une société européenne dont le siège social est situé en France sont désignés conformément aux dispositions de l'article L. 2352-5.**

Art. L. 2353-10. – **Lorsqu'il n'existe pas d'organisation syndicale dans la société européenne dont le siège social se trouve en France, les représentants du personnel au comité de la société européenne sont élus directement selon les règles applicables au** ***(Mots rempl. à compter de la date prévue au I de l'article 9 et sous réserve des II à VI de ce même article, Ord. n° 2017-1386, 22 sept. 2017)*** **« comité social et économique ».**

Il en va de même lorsqu'il n'existe pas d'organisation syndicale dans l'établissement ou l'entreprise implanté en France et appartenant à une société européenne.

Art. L. 2353-11. – **Les contestations relatives à la désignation des représentants des salariés au comité de la société européenne dont le siège se situe en France, ainsi que des salariés des sociétés participantes, des établissements ou filiales implantés en France sont portées devant le juge judiciaire.**

Art. L. 2353-12. – **Les modifications de la composition du comité de la société européenne résultant des changements intervenus dans la structure ou la dimension de la société européenne peuvent être décidées par accord passé en son sein.**

Sous-section 4. – Fonctionnement

Art. L. 2353-13. – **Le comité de la société européenne a la personnalité juridique.**

Il est présidé par le dirigeant de la société européenne.

Le comité désigne un secrétaire.

Il élit un bureau de trois membres lorsqu'il comprend au moins dix représentants du personnel.

Art. L. 2353-14. – **Le comité de la société européenne prend ses décisions par un vote à la majorité de ses membres.**

Art. L. 2353-15. – **Le comité de la société européenne adopte un règlement intérieur qui fixe ses modalités de fonctionnement.**

Ce règlement intérieur peut organiser la prise en compte des répercussions, sur le comité, des changements intervenus dans la structure ou la dimension de la société européenne. L'examen de tels changements peut intervenir à l'occasion de la réunion annuelle du comité de la société européenne.

Art. L. 2353-16. – **La réunion annuelle du comité de la société européenne est provoquée sur convocation de son président, à partir de rapports réguliers établis par celui-ci. Ces rapports retracent l'évolution des activités de la société européenne et ses perspectives.**

Les directeurs des filiales et établissements constituant la société européenne sont informés de ces rapports.

Art. L. 2353-17. – L'ordre du jour des réunions du comité de la société européenne est arrêté par le président et le secrétaire.

Il est communiqué aux membres du comité au moins quinze jours avant la date de la réunion.

À défaut d'accord sur le contenu de l'ordre du jour de la réunion obligatoire, celui-ci est fixé par le président ou le secrétaire et communiqué aux membres du comité au moins dix jours avant la date de la réunion.

Le dirigeant de la société européenne fournit au comité l'ordre du jour des réunions de l'organe d'administration ou de surveillance ainsi que des copies de tous les documents soumis à l'assemblée générale des actionnaires.

Art. L. 2353-18. – Avant toute réunion, les représentants des salariés au comité de la société européenne ou, le cas échéant, son bureau, sont habilités à se réunir en l'absence de son président.

Art. L. 2353-19. – Lorsque la direction décide de ne pas suivre l'avis exprimé par le comité de la société européenne, ce dernier est de plein droit réuni de nouveau, s'il en fait la demande, par le dirigeant, pour tenter de parvenir à un accord.

Art. L. 2353-20. – Lorsqu'une réunion est organisée avec le bureau, les membres du comité de la société européenne représentant des salariés directement concernés par les mesures en question peuvent participer à cette réunion.

Art. L. 2353-21. – Les documents communiqués aux représentants des salariés comportent au moins une version en français.

Art. L. 2353-22. – Le comité de la société européenne et son bureau peuvent être assistés d'experts de leur choix à tout niveau qu'ils estiment approprié, pour autant que ce soit nécessaire à l'accomplissement de leurs tâches.

Les frais afférents à l'intervention d'un seul expert sont pris en charge par la société européenne dans le cadre de la réunion annuelle prévue à l'article L. 2353-4.

Art. L. 2353-23. – Les représentants du personnel siégeant au comité de la société européenne informent les représentants du personnel des établissements et filiales de la société européenne ou, à défaut, l'ensemble des salariés, de la teneur et des résultats des travaux de ce comité, dans le respect du secret professionnel et de l'obligation de discrétion prévus à l'article L. 2325-5.

Art. L. 2353-24. – Les dépenses de fonctionnement du comité de la société européenne et de son bureau sont prises en charge par la société européenne qui dote les représentants du personnel des ressources financières et matérielles nécessaires pour leur permettre de s'acquitter de leur mission d'une manière appropriée.

La société européenne prend également en charge les frais d'organisation des réunions et d'interprétariat ainsi que les frais de séjour et de déplacement des membres du comité et du bureau.

Art. L. 2353-25. – Le secrétaire et les membres du comité de la société européenne et de son bureau disposent du temps nécessaire à l'exercice de leurs fonctions dans la limite d'une durée qui, sauf circonstances exceptionnelles, ne peut excéder cent vingt heures annuelles pour chacun d'entre eux.

Ce temps est considéré comme temps de travail et payé à l'échéance normale.

Le dirigeant de la société européenne qui entend contester l'usage fait du temps ainsi alloué saisit le juge judiciaire.

Le temps passé par le secrétaire et les membres du comité et de son bureau aux séances du comité de la société européenne et aux réunions du bureau n'est pas déduit de ces cent vingt heures.

Art. L. 2353-26. – Les membres du comité de la société européenne ainsi que les experts qui les assistent sont tenus au secret professionnel et à l'obligation de discrétion prévus à l'article L. 2325-5.

Art. L. 2353-27. – Les membres du comité de la société européenne ont droit à un congé de formation dans les conditions fixées à l'article L. 2325-44.

Art. L. 2353-27-1 *(L. n° 2015-994, 17 août 2015)*. – Le recours à la visioconférence pour réunir le comité de la société européenne peut être autorisé par accord entre le président et les représentants du personnel siégeant au comité. En l'absence d'accord, ce recours est limité à trois réunions par année civile. Un décret détermine les conditions dans lesquelles le comité de la société européenne peut, dans ce cadre, procéder à un vote à bulletin secret.

Code du travail

Art. L. 2411-12 *(Mod., L. n° 2008-649, 3 juill. 2008)*. – Le licenciement d'un membre du groupe spécial de négociation, d'un représentant au comité de la société européenne, d'un représentant au comité de la société coopérative européenne ou d'un représentant au comité de la société issue d'une fusion transfrontalière ne peut intervenir qu'après autorisation de l'inspecteur du travail.

....

Art. R. 2353-4. – Le secrétaire du comité de la société européenne est désigné parmi ses membres. Le bureau est élu parmi ses membres.

Art. R. 2353-5. – Les éléments fournis, en application du quatrième alinéa de l'article L. 229-3 du Code de commerce, par la société, la filiale ou l'établissement concernés par la fusion pour attester que les modalités relatives à l'implication des salariés ont été fixées conformément aux dispositions des articles L. 2351-1, à L. 2352-13, L. 2352-16 à L. 2353-25, L. 2353-27 à L. 2353-32 et L. 2354-1, sont transmis à l'inspecteur du travail.

Section II. – Participation des salariés au conseil d'administration et de surveillance

Art. L. 2353-28. – Lorsque aucun accord n'a été conclu et que le groupe spécial de négociation n'a pas pris la décision prévue au deuxième alinéa de l'article L. 2352-13, la participation des salariés dans la société européenne est régie par les dispositions suivantes :

1° Dans le cas d'une société européenne constituée par transformation, s'il existe un système de participation des salariés dans l'organe d'administration ou de surveillance avant l'immatriculation, tous les éléments de la participation des salariés continuent de s'appliquer à la société européenne ;

2° Dans les autres cas de constitution d'une société européenne, et lorsque la participation au sein des sociétés participant à la constitution de la société européenne atteint les seuils fixés au troisième alinéa de l'article L. 2352-13, la forme applicable de participation des salariés au conseil d'administration ou au conseil de surveillance, selon le cas, est déterminée après examen des différents systèmes nationaux existant au sein de chacune des sociétés participantes concernées avant l'immatriculation de la société européenne.

Art. L. 2353-29. – Si une seule forme de participation existe au sein des sociétés participantes, ce système est appliqué à la société européenne en retenant pour sa mise en place la proportion ou, selon le cas, le nombre le plus élevé de membres concernés par les droits à participation au sein de l'organe d'administration ou de surveillance.

Si plusieurs formes de participation existent au sein des sociétés participantes, le groupe spécial de négociation détermine laquelle de ces formes est instaurée dans la société européenne.

Art. L. 2353-30. – À défaut d'accord du groupe spécial de négociation sur le choix de la forme de participation, les dirigeants déterminent la forme de participation applicable.

Il est toujours retenu, pour la mise en place du système applicable, la proportion ou le nombre le plus élevé de membres de l'organe d'administration ou de surveillance concernés par les droits à participation.

Art. L. 2353-31. – Lorsque la forme de participation applicable consiste en la recommandation ou l'opposition à la désignation de membres du conseil d'administration ou du conseil de surveillance, le comité de la société européenne détermine les conditions dans lesquelles s'exerce cette forme de participation.

Lorsque la forme de participation choisie consiste en l'élection *(Aj., L. n° 2008-89, 30 janv. 2008)* « de membres du conseil d'administration ou, le cas échéant, du conseil de surveillance », la procédure se déroule conformément aux dispositions des articles L. 225-28 à L. 225-34 et L. 225-80 du Code de commerce, exception faite de l'exigence de territorialité prévue au premier alinéa de l'article L. 225-28.

Art. L. 2353-32. – Dès lors que le nombre de sièges au sein de l'organe de gestion concerné a été déterminé dans les conditions prévues à l'article L. 2353-31, le comité de la société européenne veille à leur répartition, proportionnellement au nombre de salariés de la société européenne employés dans chaque État membre.

Par dérogation à ces dispositions, le comité assure, dans la mesure du possible, à chaque État membre disposant d'un système de participation avant l'immatriculation de la société européenne l'attribution d'au moins un siège.

CHAPITRE IV. – DISPOSITIONS APPLICABLES POSTÉRIEUREMENT À L'IMMATRICULATION DE LA SOCIÉTÉ EUROPÉENNE

Art. L. 2354-1. – **Lorsqu'une société européenne est immatriculée, l'accord mentionné à l'article L. 2352-16 ou un accord collectif conclu au niveau approprié peut décider de la suppression ou d'un aménagement des conditions de fonctionnement, éventuellement sous la forme d'une redéfinition de leur périmètre national d'intervention, des institutions représentatives du personnel qui auraient vocation à disparaître du fait de la perte de l'autonomie juridique d'une ou de plusieurs sociétés participantes situées en France, après immatriculation de la société européenne.**

Art. L. 2354-2. – **Quatre ans après l'institution du comité de la société européenne, celui-ci examine s'il convient d'engager des négociations en vue de conclure l'accord dans les conditions définies au chapitre II. À cet effet, le dirigeant de la société européenne convoque une réunion du comité dans un délai de six mois à compter du terme de quatre ans.**

Pour mener ces négociations, le comité fait office de groupe spécial de négociation.

Le comité demeure en fonction tant qu'il n'a pas été renouvelé ou remplacé.

Art. L. 2354-3. – **Lorsque le groupe spécial de négociation a pris la décision prévue à l'article L. 2352-13, il est convoqué par le dirigeant de la société européenne à la demande écrite d'au moins 10 % des salariés de la société européenne, de ses filiales et établissements ou de leurs représentants, au plus tôt deux ans après la date de cette décision, à moins que les parties ne conviennent de rouvrir les négociations plus rapidement.**

En cas d'échec des négociations, les dispositions du chapitre III ne sont pas applicables.

Art. L. 2354-4. – **Si, après l'immatriculation de la société européenne, des changements interviennent dans la structure de l'entreprise, la localisation de son siège ou le nombre de travailleurs qu'elle occupe et qu'ils sont susceptibles d'affecter substantiellement la composition du comité de la société européenne ou les modalités d'implication des travailleurs telles qu'arrêtées par l'accord issu des négociations engagées avant l'immatriculation de la société européenne ou en application de l'article L. 2353-28 et suivants, une nouvelle négociation est engagée dans les conditions prévues par le chapitre II.**

Dans ce cas, l'échec des négociations entraîne l'application des dispositions des articles L. 2353-2 et suivants.

Code du travail

Partie réglementaire

Art. R. 2354-1. – Le président du tribunal de grande instance du lieu du siège de la société européenne statue en la forme des référés sur toutes les contestations relatives à l'application de l'article L. 2354-4. Il ordonne la constitution d'un groupe spécial de négociation si la composition du comité de la société européenne ou les modalités d'implication des salariés ne correspondent plus à l'effectif ou à la structure de la société.

6.5. – IMPLICATION DES SALARIÉS DANS LA SOCIÉTÉ COOPÉRATIVE EUROPÉENNE ET COMITÉ DE LA SOCIÉTÉ COOPÉRATIVE EUROPÉENNE

Code du travail

Partie législative

TITRE VI – IMPLICATION DES SALARIÉS DANS LA SOCIÉTÉ COOPÉRATIVE EUROPÉENNE ET COMITÉ DE LA SOCIÉTÉ COOPÉRATIVE EUROPÉENNE

CHAPITRE I – DISPOSITIONS GÉNÉRALES

Bibliographie : C. Cathiard, *La société coopérative européenne* : *JCP* E 2009, 1012.

Art. L. 2361-1. – Le présent titre s'applique :

1° Aux sociétés coopératives européennes constituées conformément au règlement (CE) n° 1435/2003 du Conseil du 22 juillet 2003 relatif au statut de la société coopérative européenne et ayant leur siège social et leur administration centrale en France ;

2° Aux personnes morales ayant leur siège social en France et aux personnes physiques résidant en France qui participent à la constitution d'une société coopérative européenne ;

3° Aux filiales et établissements situés en France des sociétés coopératives européennes constituées dans un autre État membre de la Communauté européenne ou de l'Espace économique européen.

Art. L. 2361-2. – Lorsqu'une société coopérative européenne mentionnée à l'article L. 2361-1 est une entreprise de dimension communautaire ou un groupe d'entreprises de dimension communautaire au sens de l'article L. 2341-2, le titre IV du présent livre relatif au comité d'entreprise européen ou à la procédure d'information et de consultation dans les entreprises de dimension communautaire n'est applicable ni à la société coopérative européenne ni à ses filiales.

Par dérogation au premier alinéa, lorsque le groupe spécial de négociation prend la décision de ne pas engager de négociation ou de clore des négociations déjà engagées, le même titre IV s'applique.

Art. L. 2361-3. – Les modalités de l'implication des salariés recouvrent l'information, la consultation et, le cas échéant, la participation.

Elles sont arrêtées par accord conclu entre les dirigeants des personnes morales participantes ou les personnes physiques participantes et les représentants des salariés conformément aux dispositions du présent titre.

À défaut d'accord, ces modalités sont arrêtées conformément aux dispositions du chapitre III du présent titre.

Art. L. 2361-4. – Les dispositions des articles L. 2351-4 à L. 2351-6 relatives à la définition de l'information, de la consultation et de la participation des salariés dans la société européenne et le comité de la société européenne sont applicables aux sociétés coopératives européennes et aux personnes morales et personnes physiques participantes ainsi qu'à leurs filiales ou établissements entrant dans le champ d'application du présent titre.

Art. L. 2361-5. – Le décompte des effectifs des sociétés participantes, filiales ou établissements concernés situés en France est effectué conformément aux dispositions de l'article L. 1111-2.

Art. L. 2361-6. – Les dispositions d'application du présent titre relatives à la procédure applicable aux litiges et aux informations transmises à l'inspection du travail en cas de constitution de la société coopérative européenne par fusion sont déterminées par décret en Conseil d'État.

CHAPITRE II. – IMPLICATION DES SALARIÉS DANS LA SOCIÉTÉ COOPÉRATIVE EUROPÉENNE PAR ACCORD DU GROUPE SPÉCIAL DE NÉGOCIATION

Section I – Groupe spécial de négociation

Sous-section 1 – Mise en place et objet

Art. L. 2362-1. – Un groupe spécial de négociation est institué dès que possible après la publication du projet de fusion ou de transformation ou, s'agissant d'une société coopérative européenne constituée par tout autre moyen que la fusion de coopératives ou la transformation d'une coopérative, après l'adoption du projet de constitution de la société coopérative européenne.

Il est doté de la personnalité juridique.

Art. L. 2362-2. – Le groupe spécial de négociation détermine avec les dirigeants des personnes morales ou les personnes physiques participant à la création d'une société coopérative européenne ayant son siège social et son administration centrale en France, ou leurs représentants, par un accord écrit, les modalités de l'implication des salariés mentionnées à l'article L. 2361-3.

Sous-section 2 – Désignation, élection et statut des membres

Art. L. 2362-3. – Les dispositions des articles L. 2352-3 à L. 2352-8 relatives à la désignation, à l'élection et au statut des membres du groupe spécial de négociation s'appliquent à la société coopérative européenne.

Sous-section 3 – Fonctionnement

Art. L. 2362-4. – Les dirigeants des personnes morales et les personnes physiques participant à la constitution de la société coopérative européenne invitent le groupe spécial de négociation à se réunir et communiquent à cet effet aux représentants du personnel et aux dirigeants des établissements et filiales concernés qui, en l'absence de représentants du personnel, en informent directement les salariés, l'identité des personnes morales participantes et, le cas échéant, des personnes physiques participantes ainsi que le nombre de salariés qu'elles emploient.

Les négociations débutent dès que le groupe spécial de négociation est constitué. Elles peuvent se poursuivre pendant les six mois qui suivent sauf si les parties décident, d'un commun accord, de prolonger ces négociations dont la durée totale ne peut dépasser un an.

Durant cette période, le groupe spécial de négociation est régulièrement informé du processus de création de la société coopérative européenne.

Le temps passé en réunion par les membres du groupe spécial de négociation est considéré comme temps de travail et payé à l'échéance normale.

Art. L. 2362-5. – Les dépenses nécessaires à la bonne exécution de la mission du groupe spécial de négociation sont à la charge des personnes participantes.

Art. L. 2362-6. – Pour négocier, le groupe spécial de négociation peut être assisté d'experts de son choix à tout niveau qu'il estime approprié. Ces experts participent aux réunions du groupe à titre consultatif.

L'ensemble des personnes participant à la constitution de la société coopérative européenne prend en charge les dépenses relatives à la négociation et à l'assistance d'un seul expert.

Art. L. 2362-7. – Le groupe spécial de négociation prend ses décisions à la majorité absolue de ses membres, laquelle doit représenter également la majorité absolue des salariés des personnes participantes ainsi que des filiales ou établissements concernés. *(Phrase aj., L. n° 2008-649, 3 juill. 2008)* « Chaque membre dispose d'une voix. »

Par dérogation au premier alinéa, la décision de ne pas engager les négociations ou de clore des négociations déjà engagées et d'appliquer la réglementation relative à l'information et à la consultation en vigueur dans les États membres où la société coopérative européenne emploie des salariés est prise à la majorité des deux tiers des membres du groupe spécial de négociation, issus d'au moins deux États membres et à la condition qu'ils représentent au moins les deux tiers des salariés des personnes participantes ainsi que des filiales et établissements concernés. Dans ce cas, le chapitre III du présent titre n'est pas applicable. Une telle décision ne peut être prise dans le cas d'une société coopérative européenne constituée par transformation lorsqu'il existe un système de participation dans la coopérative qui doit être transformée.

Lorsque la participation concerne au moins 25 % du nombre total de salariés des personnes participantes en cas de constitution d'une société coopérative européenne par voie de fusion, ou au moins 50 % de ce nombre total en cas de constitution par tout autre moyen, à l'exception du cas prévu au premier alinéa de l'article L. 2362-12, la majorité requise est celle prévue au deuxième alinéa du présent article si le groupe spécial de négociation envisage de fixer un nombre ou une proportion des membres de l'organe de surveillance ou d'administration par lesquels les salariés exercent leurs droits à participation à un niveau inférieur à celui qui était le plus élevé au sein de l'une des entités participantes.

Art. L. 2362-8. – Les documents communiqués aux représentants des salariés comportent au moins une version en français.

Art. L. 2362-9. – Les dispositions des articles L. 2352-14 et L. 2352-15 relatives à la protection contre le licenciement et au secret professionnel des membres du groupe spécial de négociation de la société européenne s'appliquent à la société coopérative européenne.

Section II – Contenu de l'accord

Art. L. 2362-10. – **Sous réserve des dispositions du deuxième alinéa de l'article L. 2362-7, les dirigeants de chacune des personnes morales participantes et, le cas échéant, les personnes physiques participantes négocient avec le groupe spécial de négociation en vue de parvenir à un accord dont le contenu est fixé conformément aux dispositions des articles L. 2352-16 à L. 2352-20.**

Art. L. 2362-11. – **L'accord inclut dans les cas de renégociation l'hypothèse des modifications intervenues postérieurement à la constitution de la société coopérative européenne et touchant à sa structure, ainsi qu'à celle de ses filiales et de ses établissements.**

Art. L. 2362-12. – **Lorsque la société coopérative européenne est constituée par transformation d'une coopérative, l'accord prévoit un niveau d'information, de consultation et de participation au moins équivalent à celui qui existe dans la coopérative qui doit être transformée.**

L'accord conclu en violation des dispositions du premier alinéa est nul. Dans un tel cas, les dispositions du chapitre III du présent titre relatives à l'implication des salariés en l'absence d'accord s'appliquent.

CHAPITRE II. – COMITÉ DE LA SOCIÉTÉ COOPÉRATIVE EUROPÉENNE ET PARTICIPATION DES SALARIÉS EN L'ABSENCE D'ACCORD

Section I – Comité de la société coopérative européenne

Sous-section 1 – Mise en place

Art. L. 2363-1. – **Un comité de la société coopérative européenne est institué lorsque, à l'issue de la période de négociation prévue à l'article *(Mod., L. n° 2008-649, 3 juill. 2008)* « L. 2362-4 », aucun accord n'a été conclu et que le groupe spécial de négociation n'a pas pris la décision prévue au deuxième alinéa de l'article L. 2362-7.**

Art. L. 2363-2. – **Dans le cas prévu à l'article L. 2363-1, l'immatriculation de la société coopérative européenne ne peut intervenir que si les parties décident de mettre en œuvre les dispositions du présent chapitre et du chapitre IV du présent titre, ou que si les dirigeants des personnes morales participantes ou les personnes physiques participantes s'engagent à en faire application.**

Sous-section 2 – Attributions

Art. L. 2363-3. – **Les attributions du comité de la société coopérative européenne sont fixées conformément aux dispositions des articles L. 2353-3 à L. 2353-6 relatives aux attributions du comité de la société européenne.**

Sous-section 3 – Composition

Art. L. 2363-4. – **La composition du comité de la société coopérative européenne est fixée conformément aux dispositions des articles L. 2353-7 à L. 2353-12 relatives à la composition du comité de la société européenne.**

Art. L. 2363-5. – **Les membres du comité de la société coopérative européenne représentant le personnel des personnes participantes, filiales et établissements concernés implantés en France sont désignés conformément aux dispositions de l'article L. 2352-5 et, le cas échéant, de l'article L. 2352-6.**

Sous-section 4 – Fonctionnement

Art. L. 2363-6. – **Les dispositions des articles L. 2353-13 à *(Réf. rempl., L. n° 2016-1088, 8 août 2016)* « L. 2353-27-1 » relatives au fonctionnement du comité de la société européenne s'appliquent à la société coopérative européenne.**

Art. L. 2363-7. – **Les membres du comité de la société européenne ainsi que les experts qui les assistent sont tenus au secret professionnel et à l'obligation de discrétion prévus à l'article L. 2325-5.**

Section II – Participation des salariés au conseil d'administration et de surveillance

Art. L. 2363-8. – Lorsqu'aucun accord n'a été conclu et que le groupe spécial de négociation n'a pas pris la décision prévue au deuxième alinéa de l'article *(Mod., L. n° 2008-649, 3 juill. 2008)* « L. 2362-7 », la participation des salariés dans la société coopérative européenne est régie par les dispositions suivantes :

1° Dans le cas d'une société coopérative européenne constituée par transformation, s'il existe un système de participation dans la coopérative qui doit être transformée, le niveau des droits de participation est au moins équivalent à celui dont bénéficiaient les salariés ;

2° Dans le cas d'une société coopérative européenne constituée par tout autre moyen et lorsque la participation au sein des personnes morales participantes atteint les seuils fixés au troisième alinéa de l'article L. 2362-7, la forme applicable de participation est déterminée après examen des différents systèmes nationaux existant au sein des personnes morales participantes.

Art. L. 2363-9. – En l'absence d'accord, les dispositions des articles L. 2353-29 à L. 2353-32 relatives à la participation des salariés au conseil d'administration et de surveillance au sein de la société européenne s'appliquent à la société coopérative européenne.

Art. L. 2363-10. – Par dérogation aux dispositions de l'article L. 2363-9 en ce qu'il fait référence au premier alinéa de l'article L. 2353-32, l'État dans lequel est situé le siège social de la société coopérative européenne bénéficie, en tout état de cause, d'au moins un siège.

Art. L. 2363-11 *(Mod., L. n° 2012-387, 22 mars 2012)*. – Les articles L. 2362-1 à L. 2363-10 ne sont pas applicables lorsque la société coopérative européenne est constituée exclusivement par des personnes physiques ou par une seule personne morale et plusieurs personnes physiques, employant ensemble moins de cinquante salariés, ou au moins cinquante salariés mais au sein d'un seul État membre.

Section III – Dispositions applicables aux sociétés coopératives européennes non soumises initialement à la constitution du groupe spécial de négociation

Art. L. 2363-12. – Dans le cas de la société coopérative européenne mentionnée à l'article L. 2363-11, les modalités de l'implication mentionnées au chapitre I du présent titre sont déterminées dans les conditions suivantes :

1° Au sein de la société coopérative européenne, l'information et la consultation sont régies par les titres I et II du présent livre et la participation est organisée, le cas échéant, selon les articles L. 225-27 à L. 225-34, L. 225-79 et L. 225-80 du Code de commerce, à l'exception de la condition de territorialité mentionnée au premier alinéa de l'article L. 225-28. La répartition des sièges au conseil d'administration ou au conseil de surveillance est effectuée proportionnellement au nombre de salariés employés dans chaque État membre ;

2° Au sein des filiales et établissements de la société coopérative européenne, l'information et la consultation sont régies par les dispositions applicables dans l'État membre dans lequel ces filiales et établissements sont situés.

Art. L. 2363-13. – Si, après immatriculation d'une société coopérative européenne, au moins un tiers des salariés de la société coopérative européenne et de ses filiales et établissements, employés dans au moins deux États membres, le demandent ou si le seuil de cinquante salariés employés dans au moins deux États membres est atteint ou dépassé, un groupe spécial de négociation est institué et une négociation est organisée conformément aux dispositions du chapitre II du présent titre.

Art. L. 2363-14. – Lorsque, à l'issue de la période de négociation prévue à l'article L. 2363-13, aucun accord n'a été conclu et que le groupe spécial de négociation n'a pas pris la décision prévue au deuxième alinéa de l'article L. 2362-7, il est institué un comité de la société coopérative européenne dont la mise en place, les attributions et les règles de fonctionnement sont fixées conformément aux dispositions des articles L. 2363-1 à L. 2363-7.

Art. L. 2363-15. – Les membres du comité de la société coopérative européenne représentant les salariés des personnes participantes, établissements et filiales situés en France sont désignés conformément aux dispositions du premier alinéa de l'article L. 2352-5 ou, le cas échéant, de l'article L. 2352-6.

Les membres du comité de la société coopérative européenne représentant les salariés des personnes participantes, établissements et filiales situés dans un autre État membre de la Communauté européenne sont désignés selon les règles en vigueur dans cet État.

Art. L. 2363-16. – Lorsque, à l'issue de la période de négociation prévue à l'article L. 2363-14, aucun accord n'a été conclu et que le groupe spécial de négociation n'a pas pris la décision prévue au deuxième alinéa de l'article L. 2362-7, la participation des salariés est organisée conformément aux dispositions des articles L. 2363-8 à L. 2363-10.

Art. L. 2363-17. – En cas de transfert dans un autre État membre de la Communauté européenne du siège d'une société coopérative européenne régie par des règles de participation, les droits de participation des salariés sont maintenus à un niveau au moins équivalent.

Section IV – Dispositions relatives à la participation des salariés à l'assemblée générale ou aux assemblées de section ou de branche

Art. L. 2363-18. – Dans le cas d'une société coopérative européenne dont le siège social est situé dans un État membre dont la loi admet, dans les conditions prévues au 4 de l'article 59 du règlement (CE) n° 1435/2003 du Conseil du 22 juillet 2003 relatif au statut de la société coopérative européenne, la possibilité de prévoir dans les statuts que les salariés participent, avec droit de vote, à l'assemblée générale ou aux assemblées de section ou de branche, et qui est régie par un tel système, les dirigeants des filiales ou établissements situés en France organisent, selon les modalités applicables dans la société coopérative européenne, les modalités de désignation des représentants des salariés appelés à participer aux réunions de ces assemblées.

Art. L. 2363-19. – Le temps passé en réunion par les salariés participant aux réunions des assemblées mentionnées au premier alinéa de l'article L. 2363-18 est considéré comme temps de travail et payé à l'échéance normale.

CHAPITRE IV – DISPOSITIONS APPLICABLES POSTÉRIEUREMENT À L'IMMATRICULATION DE LA SOCIÉTÉ COOPÉRATIVE EUROPÉENNE

Art. L. 2364-1. – Lorsqu'une société coopérative européenne est immatriculée, l'accord mentionné à l'article L. 2362-10 ou un accord collectif conclu au niveau approprié peut décider de la suppression ou d'un aménagement des conditions de fonctionnement, éventuellement sous la forme d'une redéfinition de leur périmètre national d'intervention, des institutions représentatives du personnel qui auraient vocation à disparaître du fait de la perte de l'autonomie juridique d'une ou de plusieurs sociétés participantes situées en France, après immatriculation de la société coopérative européenne.

Art. L. 2364-2. – Quatre ans après l'institution du comité de la société coopérative européenne, celui-ci examine s'il convient d'engager des négociations en vue de conclure l'accord dans les conditions définies au chapitre II du présent titre.

Pour mener ces négociations, le comité de la société coopérative européenne fait office de groupe spécial de négociation tel que prévu aux articles L. 2362-1 et L. 2362-2.

Le comité de la société coopérative européenne demeure en fonction tant qu'il n'a pas été renouvelé ou remplacé.

Art. L. 2364-3. – Les articles L. 2354-3 et L. 2354-4 relatifs aux règles applicables postérieurement à l'immatriculation de la société européenne s'appliquent aux sociétés coopératives européennes.

Art. L. 2364-4. – Les représentants des salariés siégeant au sein de l'organe d'administration ou de surveillance, ou participant à l'assemblée générale ou aux assemblées de section ou de branche, sont tenus au secret professionnel et à l'obligation de discrétion prévus à l'article L. 2325-5.

Art. L. 2364-5. – Les représentants des salariés au conseil d'administration ou de surveillance ainsi que les représentants des salariés participant à l'assemblée générale ou aux assemblées de section ou de branche bénéficient de la protection instituée à l'article *(Mots rempl., L. n° 2013-504, 14 juin 2013)* « L. 2411-1 ».

CHAPITRE V – DISPOSITIONS PÉNALES

Art. L. 2365-1 *(Mod., L. n° 2015-990, 6 août 2015)*. – Le fait d'apporter une entrave soit à la constitution d'un groupe spécial de négociation ou d'un comité de la société coopérative européenne mis en place ou non par accord, soit à la libre désignation de leurs membres est puni d'un emprisonnement d'un an et d'une amende de 7 500 €.

Le fait d'apporter une entrave à leur fonctionnement régulier est puni d'une amende de 7 500 €.

Partie réglementaire

CHAPITRE I. – DISPOSITIONS GÉNÉRALES

(D. n° 2008-440, 7 mai 2008)

Art. D. 2361-1 *(D. n° 2008-440, 7 mai 2008)*. – Lorsque les dirigeants des personnes morales ou les personnes physiques participant à la constitution d'une société coopérative européenne décident que son siège est établi sur le territoire français, le projet de constitution de cette société précise que le groupe spécial de négociation est constitué au lieu de ce siège.

CHAPITRE II. – IMPLICATION DES SALARIÉS DANS LA SOCIÉTÉ COOPÉRATIVE EUROPÉENNE PAR ACCORD DU GROUPE SPÉCIAL DE NÉGOCIATION PARTIE RÉGLEMENTAIRE

Section unique. – Groupe spécial de négociation

Sous-section 1.

Art. D. 2362-1 *(D. n° 2008-440, 7 mai 2008)*. – Dans le délai d'un mois à compter de la publication du projet de constitution d'une société coopérative européenne, les dirigeants des personnes morales ou les personnes physiques participant à la création d'une société coopérative européenne portent à la connaissance de leurs organisations syndicales, de celle de leurs filiales et établissements qui disposent de représentants ou d'élus au sens du premier alinéa de l'article L. 2362-3 en ce qu'il renvoie à l'article L. 2352-5 :

1° L'identité des personnes morales ou des personnes physiques, filiales et établissements ;

2° Le lieu de leur implantation ;

3° Leur statut juridique ;

4° La nature de leurs activités.

Art. D. 2362-2 *(D. n° 2008-440, 7 mai 2008)*. – Les dirigeants des personnes morales ou les personnes physiques indiquent à leurs organisations syndicales, à leurs filiales et à leurs établissements disposant de représentants ou d'élus :

1° Le nombre de leurs salariés à la date de la publication du projet de constitution, en France collège par collège et dans les autres États membres ;

2° Lorsque la société coopérative européenne n'est pas composée exclusivement de personnes physiques, les formes de participation existant au sens de l'article L. 2361-4 en ce qu'il renvoie à l'article L. 2351-6 ;

3° Le nombre de sièges au groupe spécial de négociation revenant à chaque État membre, calculé conformément aux dispositions de l'article L. 2362-3 en ce qu'il renvoie à l'article L. 2352-3.

Art. D. 2362-3 *(D. n° 2008-440, 7 mai 2008).* – En cas de constitution de la société coopérative européenne par voie de fusion et dans les hypothèses mentionnées à l'article L. 2362-3 en ce qu'il renvoie à l'article L. 2352-4, les dirigeants des personnes morales fixent le nombre des sièges supplémentaires et indiquent ceux alloués aux sociétés ayant leur siège en France.

Art. D. 2362-4 *(D. n° 2008-440, 7 mai 2008).* – Lorsque les salariés des personnes morales ou personnes physiques, filiales et établissements intéressés sont dépourvus de toute forme de représentation, les renseignements mentionnés aux articles D. 2362-1 et D. 2362-2 leur sont directement communiqués par tout moyen.

Sous-section 2. – Désignation, élection et statut des membres

Art. R. 2362-5 *(D. n° 2008-439, 7 mai 2008).* – En application du premier alinéa de l'article L. 2362-3 en ce qu'il renvoie à l'article L. 2352-3, le nombre de sièges par État membre au sein du groupe spécial de négociation est égal à :

1° Jusqu'à 10 % de l'effectif total : 1 siège ;
2° De plus de 10 % à 20 % de l'effectif total : 2 sièges ;
3° De plus de 20 % à 30 % de l'effectif total : 3 sièges ;
4° De plus de 30 % à 40 % de l'effectif total : 4 sièges ;
5° De plus de 40 % à 50 % de l'effectif total : 5 sièges ;
6° De plus de 50 % à 60 % de l'effectif total : 6 sièges ;
7° De plus de 60 % à 70 % de l'effectif total : 7 sièges ;
8° De plus de 70 % à 80 % de l'effectif total : 8 sièges ;
9° De plus de 80 % à 90 % de l'effectif total : 9 sièges ;
10° De plus de 90 % de l'effectif total : 10 sièges.

Art. D. 2362-6 *(D. n° 2008-440, 7 mai 2008).* – Lorsqu'il existe des représentants ou des élus pour toutes les personnes morales ou personnes physiques, filiales et établissements, les organisations syndicales désignent les membres du groupe spécial de négociation conformément aux modalités fixées aux articles D. 2362-8 et D. 2362-9.

Art. D. 2362-7 *(D. n° 2008-440, 7 mai 2008).* – L'organisation syndicale notifie à l'employeur la désignation des membres du groupe spécial de négociation par lettre recommandée avec avis de réception.

Art. D. 2362-8 *(D. n° 2008-440, 7 mai 2008).* – Pour procéder à la répartition des sièges du groupe spécial de négociation entre les collèges conformément à l'article L. 2362-3 en ce qu'il renvoie aux dispositions du troisième alinéa de l'article L. 2352-5, l'effectif à prendre en compte est la somme des effectifs des salariés appartenant aux collèges des personnes morales et des salariés assimilés des personnes physiques, filiales et établissements.

Il est déterminé un quotient égal à l'effectif calculé au premier alinéa divisé par le nombre de sièges revenant à la France au sein du groupe spécial de négociation.

Le ou les sièges non attribués par application des dispositions du troisième alinéa sont attribués au plus fort reste. En cas d'égalité de restes, le siège revient au collège qui représente le plus grand nombre de salariés.

Art. D. 2362-9 *(D. n° 2008-440, 7 mai 2008).* – Pour procéder à la répartition des sièges alloués à chaque collège entre les organisations syndicales, il est calculé un quotient égal au nombre total d'élus de ce collège dans les *(Mots rempl. à compter du 1er janvier 2018, D. n° 2017-1819, 29 déc. 2017)* « comités sociaux et économiques ou comités sociaux et économiques d'établissement » des sociétés, filiales et établissements, divisé par le nombre de sièges attribués à ce collège.

Il est attribué à chaque organisation syndicale, par collège, autant de sièges que son nombre d'élus dans ce collège contient de fois le quotient.

Le ou les sièges non attribués par application des dispositions du deuxième alinéa sont attribués au plus fort reste. En cas d'égalité de restes, le siège revient à l'organisation syndicale qui a obtenu le plus grand nombre de suffrages cumulés lors du premier tour des élections ayant conduit à la désignation de ses élus.

Art. D. 2362-10 *(D. n° 2008-440, 7 mai 2008).* – Lorsque seules certaines personnes morales ou personnes physiques, filiales et établissements ont un représentant ou un élu, les membres du groupe spécial de négociation sont :

1° Soit désignés selon les modalités définies aux articles D. 2362-6 et suivants ;

2° Soit élus conformément aux dispositions de l'article D. 2362-11.

Les nombres respectifs des membres désignés et des membres élus pour pourvoir les sièges revenant à la France au sein du groupe spécial de négociation sont déterminés en fonction de la part des effectifs cumulés des personnes morales et personnes physiques, filiales et établissements ayant ou non un représentant ou un élu dans l'ensemble des effectifs des personnes morales ou personnes physiques, filiales et établissements implantés en France. Cette détermination se fait selon le système de la représentation proportionnelle au plus fort reste.

Art. D. 2362-11 *(D. n° 2008-440, 7 mai 2008).* – Lorsque aucune des personnes morales ou personnes physiques, filiales et établissements n'a de représentant ou d'élu, les membres du groupe spécial de négociation sont élus directement par les salariés.

L'élection a lieu collège par collège. Elle est commune à l'ensemble des personnes morales ou personnes physiques, filiales et établissements.

La répartition des sièges entre les différentes catégories et la répartition des salariés dans les collèges électoraux sont accomplies sur la base de leurs effectifs cumulés des personnes morales ou personnes physiques, filiales et établissements.

Les listes de candidats comportent autant de noms que de sièges revenant à la France au sein du groupe spécial de négociation.

Le vote peut se dérouler séparément dans les locaux de chaque personne morale ou personne physique, filiale ou établissement. Le dépouillement ne peut commencer avant la clôture du dernier scrutin.

Les sièges sont attribués à chaque liste conformément aux dispositions des articles R. 2324-18 et suivants.

Art. D. 2362-12 *(D. n° 2008-440, 7 mai 2008).* – Lorsqu'un siège supplémentaire est attribué à une personne morale ou personne physique en application de l'article L. 2362-3 en ce qu'il renvoie à l'article L. 2352-4, ce siège est attribué :

1° S'il existe un *(Mots rempl. à compter du 1er janvier 2018, D. n° 2017-1819, 29 déc. 2017)* « comité social et économique », à l'organisation syndicale qui compte le plus de représentants au sein de ce comité. En cas d'égalité, le siège est attribué à celle ayant recueilli le plus grand nombre de suffrages au premier tour de scrutin de l'élection des membres de ce comité ;

2° En l'absence de *(Mots rempl. à compter du 1er janvier 2018, D. n° 2017-1819, 29 déc. 2017)* « comité social et économique », à un représentant élu directement à cet effet par les salariés de la personne morale ou personne physique.

L'élection a lieu au scrutin uninominal à un tour.

Art. D. 2362-13 *(D. n° 2008-440, 7 mai 2008).* – Les désignations des membres du groupe spécial de négociation sont notifiées à la personne morale ou la personne physique, filiale ou établissement au sein duquel travaillent les représentants des salariés ou, le cas échéant, à l'organe de direction mandaté à cet effet.

Les dirigeants des personnes morales ou les personnes physiques, filiales et établissements transmettent aux dirigeants des personnes morales ou personnes physiques participantes le nom des personnes ainsi désignées et celui des personnes élues en application des dispositions des articles D. 2362-10 à D. 2362-12.

Ils font connaître ces informations à leurs salariés, par affichage ou par tout autre moyen, ainsi qu'à l'inspecteur du travail.

Sous-section 3. – Fonctionnement

Art. D. 2362-14 *(D. n° 2008-440, 7 mai 2008)*. – Les dirigeants des personnes morales ou les personnes physiques participant à la création de la société coopérative européenne convoquent les membres du groupe spécial de négociation à une première réunion. La convocation fixe la date de la réunion. Elle est faite par lettre recommandée avec avis de réception.

Le délai de six mois mentionné au deuxième alinéa de l'article L. 2362-4 court à compter de la date de cette première réunion.

Art. D. 2362-15 *(D. n° 2008-440, 7 mai 2008)*. – Les membres du groupe spécial de négociation sont tenus informés :

1° Du mode de constitution de la société coopérative européenne et des effets de celui-ci pour les personnes morales et personnes physiques participantes ainsi que pour leurs filiales et établissements ;

2° Des modalités d'information, de consultation et de participation instituées au sein de ces personnes morales ou personnes physiques, filiales et établissements, que le lieu de leur implantation soit situé en France ou dans un autre État membre de la Communauté européenne ou de l'Espace économique européen ;

3° Des modalités de transfert des droits et obligations des personnes morales ou des personnes physiques participantes en matière de conditions d'emploi résultant de la législation et des relations collectives et individuelles de travail.

Art. D. 2362-16 *(D. n° 2008-440, 7 mai 2008)*. – Pour le calcul des majorités de salariés mentionnées aux premier et deuxième alinéas de l'article L. 2362-7, chaque membre occupant un siège au sein du groupe spécial de négociation alloué à un État membre représente un nombre de salariés égal au nombre total des salariés employés dans les personnes morales participantes, les filiales et les établissements situés dans cet État membre, divisé par le nombre de sièges attribués à cet État membre, arrondi à l'entier inférieur.

Lorsqu'il est fait application de l'article L. 2362-3 en ce qu'il renvoie aux dispositions de l'article L. 2352-4, le titulaire de chaque siège supplémentaire représente un nombre de salariés égal à l'effectif de la société à laquelle a été attribué ce siège. Le nombre total des salariés calculé, pour l'État membre dans lequel est située cette société, conformément au premier alinéa, est alors réduit à concurrence de cet effectif.

Art. R. 2362-17 *(D. n° 2008-439, 7 mai 2008)*. – Les éléments fournis, en application du quatrième alinéa de l'article L. 229-3 du Code de commerce, par la société, la filiale ou l'établissement concernés par la fusion pour attester que les modalités relatives à l'implication des salariés ont été fixées conformément aux dispositions des articles L. 2361-1 à L. 2362-8, L. 2362-10 à L. 2363-6, L. 2363-8 à L. 2363-11 et L. 2364-1, sont transmis à l'inspecteur du travail.

Sous-section 4. – Contestations

Art. R. 2362-18 *(D. n° 2008-439, 7 mai 2008)*. – Le tribunal d'instance compétent pour statuer sur la contestation de la désignation et de l'élection des membres du groupe spécial de négociation est celui dans le ressort duquel est situé soit le siège, selon le cas, de la société coopérative européenne, de la personne morale, de la filiale ou de l'établissement concerné, soit le domicile de la personne physique participant à la constitution de la société coopérative européenne.

La contestation est formée, instruite et jugée selon les modalités prévues aux articles R. 2324-24 et R. 2324-25. Toutefois, la contestation est formée :

1° Dans un délai de quinze jours à compter de la notification de la désignation à l'employeur ;

2° Par les salariés, dans un délai de quinze jours, à compter de la date à laquelle la désignation à l'employeur ou l'élection est portée à leur connaissance.

Art. R. 2362-19 *(D. n° 2008-439, 7 mai 2008)*. – Les litiges auxquels donne lieu l'application des dispositions de la présente section, autres que ceux mentionnés à l'article R. 2362-18, sont portés devant le président du tribunal de grande instance du domicile du défendeur. Il statue en la forme des référés.

CHAPITRE III. — COMITÉ DE LA SOCIÉTÉ COOPÉRATIVE EUROPÉENNE ET PARTICIPATION DES SALARIÉS EN L'ABSENCE D'ACCORD

Section unique. – Comité de la société coopérative européenne

Sous-section 1. – Mise en place

Art. D. 2363-1 *(D. n° 2008-440, 7 mai 2008).* – Dans les hypothèses prévues à l'article L. 2363-2, est joint à la demande d'immatriculation de la société coopérative européenne :

1° L'accord portant sur la mise en place du comité de la société coopérative européenne et, lorsque la société coopérative européenne n'est pas composée exclusivement de personnes physiques, d'un système de participation des salariés prévu à l'article L. 2363-2 ;

2° À défaut de l'accord mentionné au 1°, l'engagement écrit des dirigeants des personnes morales ou des personnes physiques participantes de faire application des dispositions des articles L. 2361-2, L. 2361-5, L. 2362-9, L. 2363-1, L. 2363-3 à L. 2363-11, L. 2364-1.

Art. D. 2363-2 *(D. n° 2008-440, 7 mai 2008).* – Les membres du comité de la société coopérative européenne sont :

1° Soit désignés selon les modalités définies aux articles D. 2362-6 et suivants ;

2° Soit élus conformément aux dispositions de l'article D. 2362-11 lorsque les conditions prévues à l'article L. 2362-3 en ce qu'il renvoie à l'article L. 2352-6 sont réunies.

Art. R. 2363-3 *(D. n° 2008-439, 7 mai 2008).* – Les contestations relatives à la désignation des représentants des salariés et à l'élection des membres du comité de la société coopérative européenne dont le siège se situe en France, ainsi qu'à la désignation des représentants des salariés des personnes participantes, des établissements ou filiales implantés en France, sont de la compétence du tribunal d'instance soit du siège, selon le cas, de la société coopérative européenne, de la personne morale, de la filiale ou de l'établissement concerné, soit du domicile de la personne physique participant à la constitution de la société coopérative européenne.

Ces contestations sont formées, instruites et jugées selon les modalités prévues aux articles R. 2324-24 et R. 2324-25.

Le recours est formé dans un délai de quinze jours à compter de la notification de la désignation à l'employeur.

Sous-section 2. – Fonctionnement

Art. R. 2363-4 *(D. n° 2008-439, 7 mai 2008).* – Le secrétaire du comité de la société coopérative européenne est désigné parmi ses membres.

Le bureau est élu parmi ses membres.

Art. R. 2363-5 *(D. n° 2008-439, 7 mai 2008).* – Les éléments fournis, en application du quatrième alinéa de l'article L. 229-3 du Code de commerce, par les dirigeants de la société, la filiale ou l'établissement concernés par la fusion pour attester que les modalités relatives à l'implication des salariés ont été fixées conformément aux dispositions des articles L. 2361-1 à L. 2362-8, L. 2362-10 à L. 2363-6, L. 2363-8 à L. 2363-11 et L. 2364-1, sont transmis à l'inspecteur du travail.

CHAPITRE IV. – DISPOSITIONS APPLICABLES POSTÉRIEUREMENT À L'IMMATRICULATION DE LA SOCIÉTÉ COOPÉRATIVE EUROPÉENNE

Art. R. 2364-1 *(D. n° 2008-439, 7 mai 2008).* – Le président du tribunal de grande instance du lieu du siège de la société coopérative européenne statue en la forme des référés sur toutes les contestations relatives à l'application de l'article L. 2364-3 en ce qu'il renvoie à l'article L. 2354-4.

Il ordonne la constitution d'un groupe spécial de négociation si la composition du comité de la société coopérative européenne ou les modalités d'implication des salariés ne correspondent plus à l'effectif ou à la structure de la société.

CHAPITRE V. – DISPOSITIONS PÉNALES

Le présent chapitre ne comprend pas de dispositions réglementaires.

6.6. – PARTICIPATION DES SALARIÉS DANS LES SOCIÉTÉS ISSUES DE FUSIONS TRANSFRONTALIÈRES

Code du travail

Partie législative

TITRE VII. – PARTICIPATION DES SALARIÉS DANS LES SOCIÉTÉS ISSUES DE FUSIONS TRANSFRONTALIÈRES

CHAPITRE I. – DISPOSITIONS GÉNÉRALES

Bibliographie : A. Seifert, *L'implication des travailleurs dans une fusion transfrontalière*, in *Fusions transfrontalières de sociétés*, ss dir. P.-H. Conac, Larcier, 2010, p. 121. • A. Teissier, *Les fusions transfrontalières des sociétés de capitaux : la participation des salariés* : *JCP* S 2008, 1517.

Art. L. 2371-1. – **Le présent titre s'applique :**

1° Aux sociétés ayant leur siège en France issues d'une fusion transfrontalière mentionnée à l'article L. 236-25 du Code de commerce ;

2° Aux sociétés participant à une fusion transfrontalière et ayant leur siège en France ;

3° Aux filiales et établissements situés en France d'une société issue d'une fusion transfrontalière située dans un autre État membre de la Communauté européenne.

Art. L. 2371-2. – **La société issue d'une fusion transfrontalière n'est pas tenue d'instituer des règles relatives à la participation des salariés si, à la date de son immatriculation, aucune société participant à la fusion n'est régie par ces règles.**

Art. L. 2371-3. – **Les modalités de la participation des salariés, au sens de l'article L. 2351-6, sont arrêtées par accord conclu entre les dirigeants des sociétés participant à la fusion transfrontalière et les représentants des salariés conformément au présent chapitre et au chapitre II du présent titre. À défaut d'accord, ces modalités sont arrêtées conformément au chapitre III du présent titre.**

Par dérogation au premier alinéa, les dirigeants des sociétés participant à la fusion transfrontalière peuvent choisir de mettre en place, sans négociation préalable, les modalités de participation des salariés conformément au chapitre III du présent titre.

Art. L. 2371-4. – **Le décompte des effectifs des sociétés participantes, filiales ou établissements concernés situés en France est effectué conformément à l'article L. 1111-2.**

Art. L. 2371-5. – **Les dispositions d'application du présent titre relatives à la procédure applicable aux litiges et aux informations transmises à l'inspection du travail en cas de constitution de la société issue de la fusion transfrontalière sont déterminées par décret en Conseil d'État.**

CHAPITRE II. – PARTICIPATION DES SALARIÉS DANS LA SOCIÉTÉ ISSUE D'UNE FUSION TRANSFRONTALIÈRE PAR ACCORD DU GROUPE SPÉCIAL DE NÉGOCIATION

Section I. – Groupe spécial de négociation

Sous-section 1. – Mise en place

Art. L. 2372-1. – **La participation des salariés est mise en œuvre conformément aux articles L. 225-28 à L. 225-56 et L. 225-79 à L. 225-93 du Code de commerce.**

Par dérogation au premier alinéa, un groupe spécial de négociation, doté de la personnalité juridique, est institué dès que possible après la publication du projet de fusion lorsque l'une des conditions suivantes est satisfaite :

1° Au moins une des sociétés participant à la fusion transfrontalière applique des règles relatives à la participation et emploie, pendant la période de six mois qui précède la publication du projet de fusion, au moins cinq cents salariés ;

2° En application des articles L. 225-27 et L. 225-79 du Code de commerce, la société issue de la fusion transfrontalière ne garantit pas au moins le même niveau de participation des salariés, apprécié en fonction de la proportion de représentants parmi les membres du conseil d'administration, du conseil de surveillance ou du comité mentionné à l'article L. 2373-1 du présent code, que le niveau de participation des salariés qui s'applique aux sociétés participant à la fusion transfrontalière.

Art. L. 2372-2. – **Le groupe spécial de négociation détermine avec les dirigeants des sociétés participant à la fusion transfrontalière ou leurs représentants, par un accord écrit, les modalités de la participation des salariés au sein de la société issue de la fusion.**

Sous-section 2. – Désignation, élection et statut des membres

Art. L. 2372-3. – **Les dispositions des articles L. 2352-3 à L. 2352-8, relatives à la désignation, à l'élection et au statut des membres du groupe spécial de négociation dans la société européenne, s'appliquent à la société issue d'une fusion transfrontalière.**

Sous-section 3. – Fonctionnement

Art. L. 2372-4. – **Le groupe spécial de négociation prend ses décisions à la majorité absolue de ses membres, laquelle doit représenter également la majorité absolue des salariés des sociétés participantes, des filiales et des établissements concernés. Chaque membre dispose d'une voix.**

Par dérogation au premier alinéa, la décision de ne pas engager les négociations ou de clore des négociations déjà engagées et de se fonder sur la réglementation relative à la participation en vigueur dans l'État membre de la Communauté européenne où la société issue de la fusion transfrontalière aura son siège est prise à la majorité des deux tiers des membres du groupe spécial de négociation, issus d'au moins deux États membres de la Communauté européenne et à la condition qu'ils représentent au moins les deux tiers des salariés des sociétés participantes, des filiales et des établissements concernés. Dans ce cas, le chapitre III n'est pas applicable.

Lorsque la participation concerne au moins 25 % du nombre total de salariés des sociétés participantes et lorsque le groupe spécial de négociation envisage de fixer un nombre ou une proportion des membres de l'organe de surveillance ou d'administration par lequel les salariés exercent leurs droits à participation à un niveau inférieur à celui qui était le plus élevé au sein de l'une des sociétés participantes, la décision est prise dans les conditions prévues au deuxième alinéa.

Art. L. 2372-5. – **Aucun salarié ne peut être sanctionné ou licencié en raison de sa participation à la prise d'une décision en application de l'article L. 2372-4. Toute décision ou tout acte contraire à cette interdiction est nul de plein droit.**

Les autres modalités de fonctionnement du groupe spécial de négociation sont régies par les articles L. 2352-9 à L. 2352-12 et L. 2352-15.

Section II. – Contenu de l'accord

Art. L. 2372-6. – **Sous réserve des dispositions du deuxième alinéa de l'article L. 2372-4, les dirigeants de chacune des sociétés participant à la fusion négocient avec le groupe spécial de négociation en vue de parvenir à un accord qui détermine :**

1° Les sociétés participantes, les établissements et les filiales concernés par l'accord ;

2° Les modalités de participation, y compris, le cas échéant :

a) **Le nombre de membres de l'organe d'administration ou de surveillance de la société issue d'une fusion transfrontalière que les salariés ont le droit d'élire, de désigner, de recommander ou à la désignation desquels ils peuvent s'opposer ;**

b) Les procédures à suivre pour que les salariés puissent élire, désigner ou recommander ces membres ou s'opposer à leur désignation ;

c) Les droits de ces membres ;

3° La date d'entrée en vigueur de l'accord et sa durée ;

4° Les cas dans lesquels l'accord est renégocié et la procédure suivie pour sa renégociation.

Art. L. 2372-7. – Lorsqu'il existe au sein des sociétés participant à la fusion plusieurs formes de participation, le groupe spécial de négociation qui décide de mettre en œuvre les modalités prévues au 2° de l'article L. 2372-6 choisit au préalable, dans les conditions prévues au premier alinéa de l'article L. 2372-4, laquelle de ces formes est appliquée au sein de la société issue de la fusion transfrontalière.

Art. L. 2372-8. – Les dirigeants des sociétés participantes et le groupe spécial de négociation peuvent décider, par accord, d'appliquer le chapitre III du présent titre.

CHAPITRE III. – COMITÉ DE LA SOCIÉTÉ ISSUE DE LA FUSION TRANSFRONTALIÈRE ET PARTICIPATION DES SALARIÉS EN L'ABSENCE D'ACCORD

Section I. – Comité de la société issue de la fusion transfrontalière

Sous-section 1. – Mise en place

Art. L. 2373-1. – Un comité de la société issue d'une fusion transfrontalière est institué lorsque, à l'issue de la période de négociation prévue à l'article L. 2352-9, aucun accord n'a été conclu et que le groupe spécial de négociation n'a pas pris la décision prévue au deuxième alinéa de l'article L. 2372-4 ou lorsque les dirigeants des sociétés participant à la fusion transfrontalière choisissent sans négociation préalable de mettre en place les modalités de participation des salariés.

Art. L. 2373-2. – Dans le cas prévu à l'article L. 2373-1, l'immatriculation de la société issue d'une fusion transfrontalière ne peut intervenir que si les parties décident de mettre en œuvre les dispositions du présent chapitre et du chapitre IV ou que si les dirigeants des sociétés participantes s'engagent à en faire application.

Sous-section 2. – Attributions, composition et fonctionnement

Art. L. 2373-3. – Les dispositions relatives aux attributions, à la composition et au fonctionnement du comité de la société européenne, prévues aux articles L. 2353-3 à *(Réf. rempl., L. n° 2016-1088, 8 août 2016)* « L. 2353-27-1 », sont applicables au comité de la société issue de la fusion transfrontalière pour la mise en œuvre des modalités de la participation des salariés telle que définie à l'article L. 2351-6.

Section II. – Participation des salariés au conseil d'administration et fonctionnement

Art. L. 2373-4. – Lorsque la participation des salariés au sein des sociétés participant à la fusion transfrontalière concerne au moins un tiers du nombre total des salariés employés par ces sociétés, ou lorsque ce seuil n'est pas atteint et que le groupe spécial de négociation en décide ainsi, la forme de participation des salariés à l'organe d'administration ou de surveillance de la société issue de la fusion est déterminée après examen des différents systèmes nationaux existant au sein de chacune des sociétés participantes avant l'immatriculation de cette société.

Art. L. 2373-5. – Si une seule forme de participation des salariés existe au sein des sociétés participantes, ce système est appliqué à la société issue de la fusion transfrontalière en retenant, pour sa mise en place, la proportion ou, selon le cas, le nombre le plus élevé de membres concernés par les droits à participation au sein de l'organe d'administration ou de surveillance. Si plusieurs formes de participation des salariés existent au sein des sociétés participantes, le groupe spécial de négociation détermine laquelle de ces formes est instaurée dans la société issue de la fusion transfrontalière.

Art. L. 2373-6. – À défaut d'accord du groupe spécial de négociation sur le choix de la forme de participation des salariés, les dirigeants des sociétés participant à la fusion transfrontalière déterminent la forme de participation applicable.

Il est toujours retenu, pour la mise en place du système applicable, la proportion ou le nombre le plus élevé de membres de l'organe d'administration ou de surveillance concernés par les droits à participation des salariés.

Art. L. 2373-7. – **Lorsque la forme de participation des salariés applicable consiste en la recommandation ou l'opposition à la désignation de membres de l'organe d'administration ou de surveillance, le comité de la société détermine les conditions dans lesquelles s'exerce cette forme de participation des salariés.**

Lorsque la forme de participation des salariés choisie consiste en l'élection, la procédure se déroule conformément aux articles L. 225-28 à L. 225-34 et L. 225-80 du Code de commerce, exception faite de l'exigence de territorialité prévue au premier alinéa de l'article L. 225-28.

Art. L. 2373-8. – **Dès lors que le nombre de sièges au sein de l'organe d'administration ou de surveillance a été déterminé dans les conditions prévues à l'article L. 2373-7, le comité de la société issue de la fusion transfrontalière veille à leur répartition, proportionnellement au nombre de salariés de la société employés dans chaque État membre de la Communauté européenne.**

Par dérogation au premier alinéa, le comité assure, dans la mesure du possible, à chaque État membre disposant d'un système de participation des salariés avant l'immatriculation de la société, l'attribution d'au moins un siège.

CHAPITRE IV. – DISPOSITIONS APPLICABLES POSTÉRIEUREMENT À L'IMMATRICULATION DE LA SOCIÉTÉ ISSUE DE LA FUSION TRANSFRONTALIÈRE

Art. L. 2374-1. – **Lorsqu'une société issue d'une fusion transfrontalière est immatriculée, l'accord mentionné à l'article L. 2372-6 ou un accord collectif conclu au niveau approprié peut décider de la suppression ou d'un aménagement des conditions de fonctionnement, éventuellement sous la forme d'une redéfinition de leur périmètre national d'intervention, des institutions représentatives du personnel qui auraient vocation à disparaître du fait de la perte de l'autonomie juridique d'une ou de plusieurs sociétés participantes situées en France.**

Art. L. 2374-2. – **Lorsqu'un système de participation des salariés existe dans la société issue de la fusion transfrontalière, cette société est tenue, pendant un délai de trois ans après la fusion transfrontalière, de prendre les mesures nécessaires à la protection de la participation des salariés en cas de fusions nationales ultérieures conformément aux règles prévues au présent titre.**

Art. L. 2374-3. – **Les représentants des salariés siégeant au sein de l'organe d'administration ou de surveillance, ou participant à l'assemblée générale ou aux assemblées de section ou de branche de la société issue de la fusion transfrontalière, sont tenus au secret professionnel et à l'obligation de discrétion prévus à l'article L. 2325-5.**

Art. L. 2374-4. – **Les représentants des salariés siégeant au sein de l'organe d'administration ou de surveillance, ou participant à l'assemblée générale ou aux assemblées de section ou de branche de la société issue de la fusion transfrontalière, bénéficient de la protection instituée à l'article *(Mots rempl., L. n° 2013-504, 14 juin 2013)* « L. 2411-1 ».**

CHAPITRE V. – DISPOSITIONS PÉNALES

Art. L. 2375-1. – ***(Mod., 2015-990, 6 août 2015)*** **Le fait d'apporter une entrave soit à la constitution d'un groupe spécial de négociation ou d'un comité de la société issue de la fusion transfrontalière mis en place ou non par accord, soit à la libre désignation de leurs membres est puni d'un emprisonnement d'un an et d'une amende de 7 500 €.**

(Aj., L. n° 2015-990, 6 août 2015) **Le fait d'apporter une entrave à leur fonctionnement régulier est puni d'une amende de 7 500 €.**

Partie réglementaire

DEUXIÈME PARTIE. – LES RELATIONS COLLECTIVES DE TRAVAIL

LIVRE TROISIÈME. – LES INSTITUTIONS REPRÉSENTATIVES DU PERSONNEL

TITRE VII. – PARTICIPATION DES SALARIÉS
DANS LES SOCIÉTÉS ISSUES DE SOCIÉTÉS TRANSFRONTALIÈRES
(D. n° 2008-1116, 31 oct. 2008)

CHAPITRE I. – DISPOSITION GÉNÉRALE

Art. D. 2371-1 *(D. n° 2008-1117, 31 oct. 2008)*. **– Lorsque les dirigeants des sociétés participant à la constitution d'une société issue de la fusion transfrontalière décident que son siège est établi sur le territoire français, le projet de constitution de cette société précise que le groupe spécial de négociation prévu à l'article L. 2372-1 est constitué au lieu de ce siège.**

CHAPITRE II. – PARTICIPATION DES SALARIÉS
DANS LA SOCIÉTÉ ISSUE D'UNE FUSION
TRANSFRONTALIÈRE PAR ACCORD DU GROUPE SPÉCIAL DE NÉGOCIATION

Section unique. – Groupe spécial de négociation

Sous-section 1. – Mise en place et objet

Art. D. 2372-1 *(D. n° 2008-1117, 31 oct. 2008)*. **– Dans le délai d'un mois à compter de la publication du projet de constitution d'une société issue de la fusion transfrontalière, les dirigeants des sociétés participantes portent à la connaissance de leurs organisations syndicales et à celle de leurs filiales et établissements qui disposent de représentants ou d'élus au sens de l'article L. 2352-5 :**

1° L'identité des sociétés, filiales et établissements ;

2° Le lieu de leur implantation ;

3° Leur statut juridique ;

4° La nature de leurs activités.

Art. D. 2372-2 *(D. n° 2008-1117, 31 oct. 2008)*. **– Les dirigeants des sociétés participantes indiquent à leurs organisations syndicales, à leurs filiales et à leurs établissements disposant de représentants ou d'élus :**

1° Le nombre de leurs salariés à la date de la publication du projet de fusion, en France collège par collège et dans les autres États membres ;

2° Les formes de participation existant au sens de l'article L. 2371-3 en ce qu'il renvoie à l'article L. 2351-6 ;

3° Le nombre de sièges au groupe spécial de négociation revenant à chaque État membre, calculé conformément aux dispositions de l'article L. 2372-3 en ce qu'il renvoie à l'article L. 2352-3.

Art. D. 2372-3 *(D. n° 2008-1117, 31 oct. 2008)*. **– Dans les hypothèses mentionnées à l'article L. 2352-4, les dirigeants fixent le nombre des sièges supplémentaires et indiquent ceux alloués aux sociétés ayant leur siège en France.**

Art. D. 2372-4 *(D. n° 2008-1117, 31 oct. 2008)*. **– Lorsque les sociétés, filiales et établissements intéressés sont dépourvus de toute forme de représentation, les renseignements mentionnés aux articles D. 2372-1 et D. 2372-2 sont directement communiqués, par tout moyen, à leurs salariés.**

Sous-section 2. – Désignation, élection et statut des membres

Art. R. 2372-5 *(D. n° 2008-1116, 31 oct. 2008)*. **– En application de l'article L. 2372-3 en ce qu'il renvoie à l'article L. 2352-3, le nombre de sièges par État membre au sein du groupe spécial de négociation est égal à :**

1° Jusqu'à 10 % de l'effectif total : 1 siège ;

2° De plus de 10 % à 20 % de l'effectif total : 2 sièges ;

3° De plus de 20 % à 30 % de l'effectif total : 3 sièges ;
4° De plus de 30 % à 40 % de l'effectif total : 4 sièges ;
5° De plus de 40 % à 50 % de l'effectif total : 5 sièges ;
6° De plus de 50 % à 60 % de l'effectif total : 6 sièges ;
7° De plus de 60 % à 70 % de l'effectif total : 7 sièges ;
8° De plus de 70 % à 80 % de l'effectif total : 8 sièges ;
9° De plus de 80 % à 90 % de l'effectif total : 9 sièges ;
10° De plus de 90 % de l'effectif total : 10 sièges.

Art. D. 2372-6 *(D. n° 2008-1117, 31 oct. 2008).* – Lorsqu'il existe des représentants ou des élus dans toutes les sociétés, filiales et établissements, les organisations syndicales désignent les membres du groupe spécial de négociation conformément aux modalités fixées aux articles D. 2372-8 et D. 2372-9.

Art. D. 2372-7 *(D. n° 2008-1117, 31 oct. 2008).* – L'organisation syndicale notifie à l'employeur la désignation des membres du groupe spécial de négociation par lettre recommandée avec avis de réception.

Art. D. 2372-8 *(D. n° 2008-1117, 31 oct. 2008).* – Pour procéder à la répartition des sièges du groupe spécial de négociation entre les collèges conformément à l'article L. 2372-3 en ce qu'il renvoie aux dispositions du troisième alinéa de l'article L. 2352-5, l'effectif à prendre en compte est la somme des effectifs des salariés appartenant aux collèges des sociétés, filiales et établissements.

Il est déterminé un quotient égal à l'effectif calculé au premier alinéa divisé par le nombre de sièges revenant à la France au sein du groupe spécial de négociation.

Il est attribué à chaque collège autant de sièges que le total de ses effectifs dans chaque société, filiale ou établissement contient de fois le quotient.

Le ou les sièges non attribués par application des dispositions du troisième alinéa sont attribués au plus fort reste. En cas d'égalité de restes, le siège revient au collège qui représente le plus grand nombre de salariés.

Art. D. 2372-9 *(D. n° 2008-1117, 31 oct. 2008).* – Pour procéder à la répartition des sièges alloués à chaque collège entre les organisations syndicales, il est calculé un quotient égal au nombre total d'élus de ce collège dans les *(Mots rempl.à compter du 1er janvier 2018, D. n° 2017-1819, 29 déc. 2017)* « comités sociaux et économiques ou comités sociaux et économiques d'établissement » des sociétés, filiales et établissements, divisé par le nombre de sièges attribués à ce collège.

Il est attribué à chaque organisation syndicale, par collège, autant de sièges que son nombre d'élus dans ce collège contient de fois le quotient.

Le ou les sièges non attribués par application des dispositions du deuxième alinéa sont attribués au plus fort reste. En cas d'égalité de restes, le siège revient à l'organisation syndicale qui a obtenu le plus grand nombre de suffrages cumulés lors du premier tour des élections ayant conduit à la désignation de ses élus.

Art. D. 2372-10 *(D. n° 2008-1117, 31 oct. 2008).* – Lorsque seuls certains sociétés, filiales et établissements ont un représentant ou un élu, les membres du groupe spécial de négociation sont :

1° Soit désignés selon les modalités définies aux articles D. 2372-6 à D. 2372-9 ;
2° Soit élus conformément aux dispositions de l'article D. 2372-11.

Les nombres respectifs des membres désignés et des membres élus pour pourvoir les sièges revenant à la France au sein du groupe spécial de négociation sont déterminés en fonction de la part des effectifs cumulés des sociétés, filiales et établissements ayant ou non un représentant ou un élu dans l'ensemble des effectifs des sociétés, filiales et établissements implantés en France. Cette détermination se fait selon le système de la représentation proportionnelle au plus fort reste.

Art. D. 2372-11 *(D. n° 2008-1117, 31 oct. 2008).* – Lorsque aucune des sociétés et filiales et aucun des établissements n'a de représentant ou d'élu, les membres du groupe spécial de négociation sont élus directement par les salariés.

L'élection a lieu collège par collège. Elle est commune à l'ensemble des sociétés, filiales et établissements.

La répartition des sièges entre les différentes catégories et la répartition des salariés dans les collèges électoraux sont accomplies sur la base de leurs effectifs cumulés dans les sociétés, filiales et établissements.

Les listes de candidats comportent autant de noms que de sièges revenant à la France au sein du groupe spécial de négociation.

Le vote peut se dérouler séparément dans les locaux de chaque société, filiale ou établissement. Le dépouillement ne peut commencer avant la clôture du dernier scrutin.

Les sièges sont attribués à chaque liste conformément aux dispositions des articles R. 2324-18 et suivants.

Art. D. 2372-12 *(D. n° 2008-1117, 31 oct. 2008)*. – Lorsqu'un siège supplémentaire est attribué à une société participante en application de l'article L. 2372-3 en ce qu'il renvoie à l'article L. 2352-4, ce siège est attribué :

1° S'il existe un *(Mots rempl.à compter du 1er janvier 2018, D. n° 2017-1819, 29 déc. 2017)* « comité social et économique », à l'organisation syndicale qui compte le plus de représentants au sein de ce comité. En cas d'égalité, le siège est attribué à celle ayant recueilli le plus grand nombre de suffrages au premier tour de scrutin de l'élection des membres de ce comité ;

2° En l'absence de *(Mots rempl.à compter du 1er janvier 2018, D. n° 2017-1819, 29 déc. 2017)* « comité social et économique », à un représentant élu directement à cet effet par les salariés de la société.

L'élection a lieu au scrutin uninominal à un tour.

Art. D. 2372-13 *(D. n° 2008-1117, 31 oct. 2008)*. – Les désignations des membres du groupe spécial de négociation sont notifiées aux dirigeants de la société, filiale ou établissement au sein duquel travaillent les représentants des salariés ou, le cas échéant, à l'organe de direction mandaté à cet effet.

Les dirigeants des sociétés, filiales et établissements transmettent aux dirigeants des sociétés participantes le nom des personnes ainsi désignées et celui des personnes élues en application des dispositions des articles D. 2372-10 à D. 2372-12.

Ils font connaître ces informations à leurs salariés, par affichage ou par tout autre moyen, ainsi qu'à l'inspecteur du travail.

Sous-section 3. – Fonctionnement

Art. D. 2372-14 *(D. n° 2008-1117, 31 oct. 2008)*. – Les dirigeants des sociétés participantes convoquent les membres du groupe spécial de négociation à une première réunion. La convocation fixe la date de la réunion. Elle est faite par lettre recommandée avec avis de réception.

Le délai de six mois mentionné au deuxième alinéa de l'article L. 2352-9 court à compter de la date de cette première réunion.

Art. D. 2372-15 *(D. n° 2008-1117, 31 oct. 2008)*. – Les membres du groupe spécial de négociation sont tenus informés :

1° Du mode de constitution de la société issue de la fusion transfrontalière et des effets de celui-ci pour les sociétés participantes ainsi que pour leurs filiales et établissements ;

2° Des modalités de participation instituées au sein de ces sociétés participantes, filiales et établissements, que le lieu de leur implantation soit situé en France ou dans un autre État membre de la Communauté européenne ou de l'Espace économique européen ;

3° Des modalités de transfert des droits et obligations des sociétés participantes en matière de conditions d'emploi résultant de la législation et des relations collectives et individuelles de travail.

Art. D. 2372-16 *(D. n° 2008-1117, 31 oct. 2008)*. – Pour le calcul des majorités de salariés mentionnées aux premier et deuxième alinéas de l'article L. 2372-4, chaque membre occupant un siège au sein du groupe spécial de négociation alloué à un État membre représente un nombre de salariés égal au nombre total des salariés employés dans les sociétés participantes, les filiales et les établissements situés dans cet État membre, divisé par le nombre de sièges attribués à cet État membre, arrondi à l'entier inférieur.

Lorsqu'il est fait application de l'article L. 2372-3 en ce qu'il renvoie aux dispositions de l'article L. 2352-4, le titulaire de chaque siège supplémentaire représente un nombre de salariés égal à l'effectif de la société à laquelle a été attribué ce siège. Le nombre total des salariés calculé, pour l'État membre dans lequel est située cette société, conformément au premier alinéa, est alors réduit à concurrence de cet effectif.

Art. R. 2372-17 *(D. n° 2008-1116, 31 oct. 2008).* – **Les éléments fournis, en application du quatrième alinéa de l'article L. 229-3 du Code de commerce, par la société, la filiale ou l'établissement concernés par la fusion pour attester que les modalités relatives à la participation des salariés ont été fixées conformément aux dispositions des articles L. 2371-1 à L. 2371-3, L. 2372-1 à L. 2372-4, du second alinéa de l'article L. 2372-5 et des articles L. 2372-6 à L. 2374-2 sont transmis à l'inspecteur du travail.**

Sous-section 4. – Contestations

Art. R. 2372-18 *(D. n° 2008-1116, 31 oct. 2008).* – **Le tribunal d'instance compétent pour statuer sur la contestation de la désignation et de l'élection des membres du groupe spécial de négociation est celui dans le ressort duquel est situé le siège, selon le cas, de la société issue de la fusion transfrontalière, de la société, de la filiale ou de l'établissement concerné.**

La contestation est formée, instruite et jugée selon les modalités prévues aux articles R. 2324-24 et R. 2324-25.

Toutefois, la contestation est formée :

1° Dans un délai de quinze jours à compter de la notification de la désignation à l'employeur ;

2° Par les salariés, dans un délai de quinze jours, à compter de la date à laquelle la désignation à l'employeur ou l'élection est portée à leur connaissance.

Art. R. 2372-19 *(D. n° 2008-1116, 31 oct. 2008).* – **Les litiges auxquels donne lieu l'application des dispositions de la présente section, autres que ceux mentionnés à l'article R. 2372-18, sont portés devant le président du tribunal de grande instance du domicile du défendeur. Il statue en la forme des référés.**

CHAPITRE III. – COMITÉ DE LA SOCIÉTÉ ISSUE DE LA FUSION TRANSFRONTALIÈRE ET PARTICIPATION DES SALARIÉS EN L'ABSENCE D'ACCORD

Section unique. – Comité de la société issue de la fusion transfrontalière

Sous-section 1. – Mise en place

Art. D. 2373-1 *(D. n° 2008-1117, 31 oct. 2008).* – **Dans les hypothèses prévues à l'article L. 2373-2, est joint à la demande d'immatriculation de la société issue de la fusion transfrontalière :**

1° L'accord portant sur la mise en place du comité de la société issue de la fusion transfrontalière et, lorsque la société issue de la fusion transfrontalière n'est pas composée exclusivement de personnes physiques, d'un système de participation des salariés prévu à l'article L. 2373-2 ;

2° À défaut de l'accord mentionné au 1°, l'engagement écrit des dirigeants des sociétés participantes de faire application des dispositions des articles L. 2371-4, L. 2372-5, deuxième alinéa, en ce qu'il renvoie à l'article L. 2352-9, L. 2373-1, L. 2373-3, L. 2374-1.

Art. D. 2373-2 *(D. n° 2008-1117, 31 oct. 2008).* – **Les membres du comité de la société issue de la fusion transfrontalière sont :**

1° Soit désignés selon les modalités définies aux articles D. 2372-6 à D. 2372-9 ;

2° Soit élus conformément aux dispositions de l'article D. 2372-11 lorsque les conditions prévues à l'article L. 2372-3 en ce qu'il renvoie à l'article L. 2352-6 sont réunies.

Art. R. 2373-3 *(D. n° 2008-1116, 31 oct. 2008).* – **Les contestations relatives à la désignation des représentants des salariés et à l'élection des membres du comité de la société issue de la fusion transfrontalière dont le siège se situe en France, ainsi qu'à la désignation des représentants des salariés des sociétés participantes, des établissements ou filiales implantés en France, sont de la compétence du tribunal d'instance du siège de la société issue de la fusion transfrontalière, de la société participante, de la filiale ou de l'établissement concerné.**

Ces contestations sont formées, instruites et jugées selon les modalités prévues aux articles R. 2324-24 et R. 2324-25.

Le recours est formé dans un délai de quinze jours à compter de la notification de la désignation à l'employeur.

Sous-section 2. – Fonctionnement

Art. R. 2373-4 *(D. n° 2008-1116, 31 oct. 2008)*. – **Le secrétaire du comité de la société issue de la fusion transfrontalière est désigné parmi ses membres.**

Le bureau est élu parmi ses membres.

Art. R. 2373-5 *(D. n° 2008-1116, 31 oct. 2008)*. – **Les éléments fournis, en application du quatrième alinéa de l'article L. 229-3 du Code de commerce, par les dirigeants de la société, la filiale ou l'établissement concernés par la fusion pour attester que les modalités relatives à la participation des salariés ont été fixées conformément aux dispositions des articles L. 2371-1 à L. 2371-3, L. 2372-1 à L. 2372-4, du second alinéa de l'article L. 2372-5 et des articles L. 2372-6 à L. 2374-2 sont transmis à l'inspecteur du travail.**

CHAPITRE IV. – DISPOSITIONS APPLICABLES POSTÉRIEUREMENT À L'IMMATRICULATION DE LA SOCIÉTÉ ISSUE DE LA FUSION TRANSFRONTALIÈRE

Le présent chapitre ne comprend pas de dispositions réglementaires.

CHAPITRE V. – DISPOSITIONS PÉNALES

Le présent chapitre ne comprend pas de dispositions réglementaires.

6.7. – REGROUPEMENT PAR ACCORD DES INSTITUTIONS REPRÉSENTATIVES DU PERSONNEL

Code du travail

Partie législative

LIVRE TROISIÈME. – LES INSTITUTIONS REPRÉSENTATIVES DU PERSONNEL

TITRE IX. – REGROUPEMENT PAR ACCORD DES INSTITUTIONS REPRÉSENTATIVES DU PERSONNEL

(Titre créé, L. n° 2015-994, 17 août 2015 ; abr., Ord. n° 2017-1718, 20 déc. 2017)

CHAPITRE I. – MISE EN PLACE ET ATTRIBUTION

Rédaction antérieure. Art. L. 2391-1. – Dans les entreprises d'au moins trois cents salariés, un accord *(Mots suppr., L. n° 2016-1088, 8 août 2016)* « ... » peut prévoir le regroupement des délégués du personnel, du comité d'entreprise et du comité d'hygiène, de sécurité et des conditions de travail ou de deux de ces institutions représentatives au sein d'une instance exerçant l'ensemble des attributions des institutions faisant l'objet du regroupement.

L'instance est dotée de la personnalité civile et gère, le cas échéant, son patrimoine.

Sa mise en place a lieu lors de la constitution de l'une des trois institutions représentatives mentionnées au premier alinéa ou lors du renouvellement de l'une d'entre elles.

L'accord mentionné au même premier alinéa prévoit la prorogation ou la réduction de la durée du mandat des membres des institutions faisant l'objet du regroupement, de manière à ce que leur échéance coïncide avec la date de mise en place de l'instance prévue audit premier alinéa.

Rédaction antérieure. Art. L. 2391-2. – Dans les entreprises comportant des établissements distincts, l'instance mentionnée à l'article L. 2391-1 peut être mise en place au niveau d'un ou de plusieurs établissements, le cas échéant, selon des modalités de regroupement distinctes en fonction des établissements.

Rédaction antérieure. Art. L. 2391-3. – En l'absence d'accord prévu à l'article L. 2391-1, un accord conclu au niveau de l'établissement dans les conditions mentionnées au même article peut prévoir la création de l'instance mentionnée audit article.

Rédaction antérieure. Art. L. 2391-4. – L'instance définie au présent chapitre peut être mise en place dans les entreprises appartenant à une unité économique et sociale regroupant au moins trois cents salariés, quel que soit leur effectif. L'accord défini à l'article L. 2391-1 est conclu soit au niveau d'une ou de plusieurs entreprises composant l'unité économique et sociale, soit au niveau de l'unité économique et sociale. Dans ce dernier cas, les règles de validité de l'accord sont appréciées en tenant compte des suffrages valablement exprimés dans l'ensemble des entreprises.

CHAPITRE II. – COMPOSITION ET ÉLECTION

Rédaction antérieure. Art. L. 2392-1. – L'accord mentionné aux articles L. 2391-1 ou L. 2391-3 définit le nombre de représentants du personnel titulaires et suppléants élus au sein de l'instance, qui ne peut être inférieur à des seuils fixés par décret en Conseil d'État en fonction des effectifs de l'entreprise ou de l'établissement.

Rédaction antérieure. Art. L. 2392-2. – Les représentants syndicaux mentionnés à l'article L. 2324-2 assistent aux réunions de l'instance portant sur les attributions dévolues au comité d'entreprise, dans les conditions prévues au même article.

Les personnes figurant sur la liste prévue à l'article L. 4613-2 assistent, avec voix consultative, aux réunions portant sur les attributions dévolues au comité d'hygiène, de sécurité et des conditions de travail. *(Mots rempl., L. n° 2016-1088, 8 août 2016)* « L'agent de contrôle de l'inspection du travail mentionné à l'article L. 8112-1 » peut également y assister dans les conditions prévues à l'article L. 4614-11.

Rédaction antérieure. Art. L. 2392-3. – Les élections des membres de l'instance se déroulent dans les conditions prévues à la section 2 du chapitre IV du titre II du présent livre lorsque le regroupement défini par l'accord prévu aux articles L. 2391-1 ou L. 2391-3 intègre le comité d'entreprise ou d'établissement, et dans les conditions prévues à la section 2 du chapitre IV du titre Ier du présent livre dans les autres cas.

Rédaction antérieure. Art. L. 2392-4 *(L. n° 2016-1088, 8 août 2016)*. – Par dérogation aux dispositions prévoyant la répartition en établissements distincts prévues aux articles L. 2314-31, L. 2322-5 et L. 2327-7, l'accord mentionné à l'article L. 2391-1 peut déterminer le nombre et le périmètre du ou des établissements distincts pour les élections de la ou des instances regroupées conformément à cet accord dans l'entreprise. Par dérogation aux dispositions prévoyant la répartition en établissements distincts prévues aux articles L. 2314-31 et L. 2322-5, l'accord mentionné à l'article L. 2391-3 peut déterminer le périmètre du ou des établissements distincts pour l'élection de la ou des instances regroupées conformément à cet accord dans l'établissement.

CHAPITRE III. – FONCTIONNEMENT

Rédaction antérieure. Art. L. 2393-1. – L'accord mentionné aux articles L. 2391-1 ou L. 2391-3 fixe les modalités de fonctionnement de l'instance, notamment :

1° Le nombre minimal de réunions, qui ne peut être inférieur à une réunion tous les deux mois ;

2° Les modalités selon lesquelles l'ordre du jour est établi et communiqué aux représentants du personnel ;

3° Le rôle respectif des membres titulaires et des membres suppléants ;

4° Le nombre d'heures de délégation dont bénéficient les membres de l'instance pour l'exercice de leurs attributions, qui ne peut être inférieur à un seuil fixé par décret en Conseil d'État en fonction des effectifs de l'entreprise ou de l'établissement et des compétences de l'instance ;

5° Le nombre de jours de formation dont bénéficient les membres pour l'exercice de leurs attributions, qui ne peut être inférieur à un seuil fixé par décret en Conseil d'État ;

6° Lorsque l'instance inclut le comité d'hygiène, de sécurité et des conditions de travail :

a) La composition et le fonctionnement au sein de l'instance d'une commission d'hygiène, de sécurité et des conditions de travail à laquelle peuvent être confiées, par délégation, tout ou partie des attributions reconnues au comité d'hygiène, de sécurité et des conditions de travail et que la commission exerce pour le compte de l'instance ;

b) Un nombre minimal de réunions de l'instance consacrées, en tout ou partie, à l'exercice de ses attributions en matière d'hygiène, de sécurité et des conditions de travail, qui ne peut être inférieur à quatre par an.

Rédaction antérieure. Art. L. 2393-2. – L'accord peut prévoir la mise en place des commissions prévues aux articles L. 2325-23, L. 2325-26, L. 2325-27 et L. 2325-34, dans les conditions prévues aux mêmes articles. Une commission des marchés est mise en place dès lors que l'instance remplit les critères prévus à l'article L. 2325-34-1.

Rédaction antérieure. Art. L. 2393-3. – À défaut de stipulations de l'accord sur ces sujets, les règles de fonctionnement de l'instance relatives au nombre de représentants et au nombre de jours de formation et d'heures de délégation sont déterminées par décret en Conseil d'État.

Les autres règles de fonctionnement sont celles prévues :

1° Pour le comité d'entreprise au chapitre V du titre II du présent livre, lorsque l'instance procède au regroupement notamment du comité d'entreprise ou d'établissement ;

2° Pour le comité d'hygiène, de sécurité et des conditions de travail au chapitre IV du titre Ier du livre VI de la quatrième partie, lorsque l'instance ne procède pas au regroupement du comité d'entreprise.

(Al. créé, L. n° 2016-1088, 8 août 2016) Sauf accord collectif contraire, lorsque le représentant du personnel élu ou désigné est un salarié mentionné à l'article L. 3121-58, le crédit d'heures est regroupé en demi-journées qui viennent en déduction du nombre annuel de jours travaillés fixé dans la convention individuelle du salarié. Une demi-journée correspond à quatre heures de mandat. Lorsque le crédit d'heures ou la fraction du crédit d'heures restant est inférieur à quatre heures, le représentant du personnel en bénéficie dans des conditions définies par un décret en Conseil d'État.

CHAPITRE IV. – SUPPRESSION

Rédaction antérieure. Art. L. 2394-1. – Par dérogation à l'article L. 2261-10, la dénonciation de l'accord mentionné aux articles L. 2391-1 ou L. 2391-3 prend effet dès la fin du préavis défini à l'article L. 2261-9. L'employeur procède sans délai à l'élection ou à la désignation des membres des institutions regroupées, conformément aux dispositions relatives à chacune d'elles. Le mandat des membres de l'instance est prorogé jusqu'à la date de mise en place de ces institutions.

Titre X. – Réunions communes des institutions représentatives du personnel

(Titre créé, L. n° 2015-994, 17 août 2015 ; abr., Ord. n° 2017-1718, 20 déc. 2017)

Rédaction antérieure. Art. L. 23-101-1. – L'employeur peut organiser des réunions communes de plusieurs des institutions représentatives du personnel définies au présent livre et à l'article L. 4616-1 lorsqu'un projet nécessite leur information ou leur consultation.

Il inscrit ce projet à l'ordre du jour de la réunion commune, qui peut comporter des points complémentaires selon les règles propres à chaque institution. Cet ordre du jour est communiqué au moins huit jours avant la séance aux membres des institutions réunies.

Les règles de composition et de fonctionnement de chaque institution sont respectées.

Lorsque l'ordre du jour prévoit le recueil d'un avis, celui-ci est valablement recueilli au cours de cette réunion commune, sous réserve que l'institution devant rendre son avis soit consultée selon ses règles propres.

Rédaction antérieure. Art. L. 23-101-2. – Le recours à la visioconférence pour tenir les réunions communes prévues à l'article L. 23-101-1 peut être autorisé par accord entre l'employeur et les membres des institutions réunies. En l'absence d'accord, ce recours est limité à trois réunions par année civile. Un décret détermine les conditions dans lesquelles il est possible, dans ce cadre, de procéder à un vote à bulletin secret.

6.8. – INTÉRESSEMENT, PARTICIPATION ET PLANS D'ÉPARGNE SALARIALE

Bibliographie : G. Auzero, *Loi n° 2001-152 du 19 février 2001 sur l'épargne salariale, présentation générale* : *BJS* 2001, p. 345 ; *Développement de la participation et de l'actionnariat salarié (L. n° 2006-1770, 30 déc. 2006, Titres I et II)* : *BJS* 2007, p. 331. • Rapp. Balligand, De Foucauld, *L'épargne salariale au cœur du contrat social*, Doc. fr., coll. « Rapports officiels », 2000. • Rapp. J. Cherioux, *L'actionnariat salarié : vers un véritable partenariat dans l'entreprise*, Doc. Sénat 1998-1999. • C. Cumunel, *L'actionnariat salarié : réalités, perspectives et enjeux* : *Gaz. Pal.* 24 mars 2001, p. 30. • Fl. Deboissy et P. Lokiec, *Condition de présence du salarié dans la société et droits d'associé* : *JCP* S 2013, 1443. • R. Foy et P. de Fréminet, *Loi pour le développement de la participation et de l'actionnariat salarié* : *Rev. sociétés* 2007, p. 1. • J. Hannelais et F. Martin-Laprade, *La réglementation de l'épargne salariale un an après la loi Fabius* : *Banque et droit* nov. 2002, p. 15. • J. Kovac et L. Gaudemet-Toulemonde, *Épargne salariale : que prévoient les décrets d'application de la loi Macron à la lumière de l'instruction interministérielle du 18 février 2016 ?* : *JCP* S 2016, 1105. • C. Lassalas, *L'actionnariat des salariés* : *Mél. J. Stoufflet*, LGDJ, 2001, p. 165. • P. Maillard, *Épargne salariale : les apports de la nouvelle loi* : *Banque* avr. 2001, p. 36. • C. Malecki, *Le nouveau souffle de l'actionnariat salarié dans la loi du 30 décembre 2006* : *D.* 2007, p. 524. • A. Sauret et J.-S. Lipski, *L'intéressement des salariés aux résultats ou aux performances de l'entreprise : l'impact de la recodification* : *JCP* S 2009, 1279. • V. Tandeau de Marsac et A.-E. Combes, *Salariés actionnaires : un délicat mélange des genres* : *Gaz. Pal.* 26 mai 2004, n° spéc. *Actionnariat des sociétés non cotées*, p. 24. • Th. Salomé et G. Bordier, *Restructurations juridiques et épargne salariale – Mesurer et anticiper les conséquences de ces opérations* : *JCP* S 2010, 1478. • J.-P. Valuet, *Les systèmes légaux de l'épargne et l'actionnariat des salariés* : *Gaz. Pal.* 24 mars 2001, p. 4. • R. Vatinet, *Développement de la participation des salariés* : *JCP* S 2007, 1001 ; *La loi en faveur des revenus du travail* : *JCP* S 2008, 1644. • *Adde*, G. Bordier *JCl. Sociétés traité*, Fasc. 173-15 (Intéressement) ; 20 (Participation aux résultats). • R. Foy, *JCl. Sociétés traité*, Fasc. 173-30 (Plan d'épargne d'entreprise). • Circulaire du 14 septembre 2005 relative à l'épargne salariale ; Circulaire du 15 mai 2007 relative à la mise en œuvre de la loi n° 2006-1770 du 30 décembre 2006 pour le développement de la participation et de l'actionnariat salarié et portant diverses dispositions d'ordre économique et social ; Circulaire DGT n° 2009/13 du 19 mai 2009 relative à la loi en faveur des revenus du travail.

6.8.1. – Intéressement, participation et épargne salariale

6.8.1.1. – Intéressement

Code du travail

Partie législative

LIVRE TROISIÈME. – DIVIDENDE DU TRAVAIL : INTÉRESSEMENT, PARTICIPATION ET ÉPARGNE SALARIALE
(Titre mod., L. n° 2008-1258, 3 déc. 2008)

TITRE PREMIER. – INTÉRESSEMENT

CHAPITRE I. – CHAMP D'APPLICATION

Art. L. 3311-1. – Les dispositions du présent titre sont applicables aux employeurs de droit privé ainsi qu'à leurs salariés.

Elles sont également applicables :

1° Aux établissements publics à caractère industriel et commercial ;

2° Aux établissements publics administratifs lorsqu'ils emploient du personnel de droit privé.

***(Al. créé à compter du 1er janvier 2019, L. n° 2019-486, 22 mai 2019)* Pour l'application du présent titre, l'effectif salarié et le franchissement du seuil sont déterminés selon les modalités prévues au I de l'article L. 130-1 du Code de la sécurité sociale.**

Un décret en Conseil d'État détermine les conditions dans lesquelles les dispositions du présent titre sont applicables aux entreprises publiques et aux sociétés nationales ne pouvant pas conclure une convention ou un accord collectif de travail mentionné à l'article L. 3312-5 *(Mots aj. à compter du 1er janvier 2019, L. n° 2019-486, 22 mai 2019)* « du présent code ».

1) Entreprises publiques. *a)* Il résulte de la combinaison des articles L. 441-1, L. 131-2 et L. 134-1 du Code du travail [nouv. art. L. 3311-1, L. 2211-1 et L. 2233-1] que les dispositions relatives à l'intéressement des salariés ne sont applicables aux établissements publics qui assurent tout à la fois une mission de service public à caractère administratif et à caractère industriel et commercial que s'ils figurent sur une liste déterminée par décret et emploient du personnel dans les conditions du droit privé : ▪ Cass. soc., 23 mars 2005, n° 02-14.575 [chambre de commerce et d'industrie].

b) Une entreprise privée qui exerce une activité purement commerciale est assujettie à la participation, quel que soit l'origine de son capital : ▪ Cass. soc., 6 juin 2000 : *RJS* 2000, n° 835 [entreprise privée détenue à plus de 50 % par une entreprise publique].

2) Entreprise étrangère. Une entreprise étrangère qui dispose d'un établissement distinct en France est tenue de constituer une réserve spéciale de participation dès lors qu'elle est assujettie à l'impôt dans les conditions déterminées par l'article L. 3324-1 du Code du travail : ▪ Cass. soc., 8 févr. 2012, n° 10-28.526 : *JCP* S 2012, 1165, note J.-S. Lipski.

Voir : Application de ces dispositions aux salariés des entreprises publiques, D. n° 87-947, 26 nov. 1987 (*JO* 27 nov. 1981).

3) Concierges et employés d'immeubles. Les concierges et employés d'immeubles à usage d'habitation peuvent prétendre à l'intéressement et à la participation : ▪ Cass. soc., 20 janv. 2010, n° 08-45.018 : *Bull. civ.* V, n° 18.

CHAPITRE II. – MISE EN PLACE DE L'INTÉRESSEMENT

Art. L. 3312-1. – L'intéressement a pour objet d'associer collectivement les salariés aux résultats ou aux performances de l'entreprise.

Il présente un caractère aléatoire et résulte d'une formule de calcul liée à ces résultats ou performances.

Il est facultatif.

Absence de contractualisation. Il résulte des articles L. 3312-2 et L. 3313-2 du Code du travail que la référence dans le contrat de travail d'un salarié aux modalités de calcul de la prime d'intéressement telles que prévues par l'accord collectif alors en vigueur n'emporte pas contractualisation, au profit du salarié, de ce mode de calcul : ▪ Cass. soc., 6 mars 2019, n° 18-10.615 : *JCP* S 2019, 1123, note N. Anciaux.

Art. L. 3312-2 *(Mod., L. n° 2008-1258, 3 déc. 2008).* **– Toute entreprise qui satisfait aux obligations incombant à l'employeur en matière de représentation du personnel peut instituer, par voie d'accord, un intéressement collectif des salariés.**

(Aj., L. n° 2015-990, 6 août 2015) **Toute entreprise employant moins de cinquante salariés peut bénéficier d'un dispositif d'intéressement conclu par la branche.**

Le salarié d'un groupement d'employeurs peut bénéficier du dispositif d'intéressement mis en place dans chacune des entreprises adhérentes du groupement auprès de laquelle il est mis à disposition dans des conditions fixées par décret.

Bibliographie : P. Fadeuilhe, *Groupements d'employeurs et dispositifs d'épargne salariale. – Les apports de l'article 7 de la loi du 3 décembre 2008* : *JCP* S 2009, 1062.

Art. L. 3312-3. **– Dans les entreprises dont l'effectif habituel est compris entre un et** *(Mod., L. n° 2008-1258, 3 déc. 2008)* **« deux cent cinquante » salariés, peuvent bénéficier des dispositions du présent titre :**

1° Les chefs de ces entreprises ;

2° Les présidents, directeurs généraux, gérants ou membres du directoire s'il s'agit de personnes morales ;

3° Le conjoint *(Mots aj., L. n° 2019-486, 22 mai 2019)* **« ou le partenaire lié par un pacte civil de solidarité » du chef d'entreprise s'il a le statut de conjoint collaborateur ou de conjoint associé mentionné à l'article L. 121-4 du Code de commerce ou à l'article L. 321-5 du Code rural et de la pêche maritime.**

Toutefois, un accord d'intéressement ne peut être conclu dans une entreprise dont l'effectif est limité à un salarié si celui-ci a également la qualité de président, directeur général, gérant ou membre du directoire.

(Al. créé, L. n° 2019-486, 22 mai 2019) **Par dérogation à l'avant-dernier alinéa de l'article L. 3311-1 du présent code, le II de l'article L. 130-1 du Code la sécurité sociale ne s'applique pas au franchissement du seuil d'un salarié.**

Groupement d'intérêt économique. L'accord d'intéressement conclu par un groupement d'intérêt économique qui n'est pas exclu des entreprises visées par l'article 1er de l'ordonnance n° 86-1134 du 21 octobre 1986 devenu l'articles L. 3311-1 et suivants du Code du travail, peut, pour le calcul de l'intéressement, prendre en compte les résultats des entreprises, membres du groupement : ▪ Cass. soc., 1er juin 2005 : *Bull. civ.* V, n° 186 ; *JCP* S 2005, 1101, note P. Morvan ; *Dr. soc.* 2005, p. 925, obs. J. Savatier [*solution aujourd'hui consacrée par l'art. L. 3414-2 et s.*, C. trav.].

Rédaction future. Art. L. 3312-3 ***(Mod., L. n° 2008-1258, 3 déc. 2008 ; L. n° 2012-387, 22 mars 2012).* –** Dans les entreprises *(Mots rempl. à compter du 1er janvier 2020, L. n° 2019-486, 22 mai 2019)* « employant au moins un salarié et moins de deux cent cinquante salariés », peuvent bénéficier des dispositions du présent titre :

1° Les chefs de ces entreprises ;

2° Les présidents, directeurs généraux, gérants ou membres du directoire s'il s'agit de personnes morales ;

3° Le conjoint *(Mots aj., L. n° 2019-486, 22 mai 2019)* « ou le partenaire lié par un pacte civil de solidarité » du chef d'entreprise s'il a le statut de conjoint collaborateur ou de conjoint associé mentionné à l'article L. 121-4 du Code de commerce ou à l'article L. 321-5 du Code rural et de la pêche maritime.

Toutefois, un accord d'intéressement ne peut être conclu dans une entreprise dont l'effectif est limité à un salarié si celui-ci a également la qualité de président, directeur général, gérant ou membre du directoire.

(Al. créé, L. n° 2019-486, 22 mai 2019) Par dérogation à l'avant-dernier alinéa de l'article L. 3311-1 du présent code, le II de l'article L. 130-1 du Code la sécurité sociale ne s'applique pas au franchissement du seuil d'un salarié.

Art. L. 3312-4. **– Les sommes attribuées aux bénéficiaires en application de l'accord d'intéressement ou au titre du supplément d'intéressement mentionné à l'article L. 3314-10** *(Mots rempl., Ord. n° 2018-474, 12 juin 2018)* **« sont exclues des assiettes des cotisations définies aux articles L. 134-6 et L. 242-1 du Code de la sécurité sociale et aux articles L. 731-14, L. 131-15 et L. 741-10 du Code rural et de la pêche maritime ». Ces sommes ne peuvent se substituer à aucun des éléments de rémunération, au sens des mêmes articles, en vigueur dans l'entreprise ou qui deviennent obligatoires en vertu de dispositions légales ou de clauses contractuelles.**

Toutefois, en cas de suppression totale ou partielle d'un élément de rémunération, cette règle de non-substitution ne peut avoir pour effet de remettre en cause les exonérations prévues tant au présent article qu'aux articles L. 3315-1 à L. 3315-3, dès lors qu'un délai de douze mois s'est écoulé entre le dernier versement de cet élément de rémunération et la date d'effet de cet accord.

Les sommes mentionnées au premier alinéa n'ont pas le caractère d'élément de salaire pour l'application de la législation du travail.

1) Substitution prohibée.

a) Un accord d'intéressement conclu en même temps qu'un accord supprimant le paiement d'une prime réalise la substitution prohibée et un salarié peut être reçu en sa demande de rappel de salaire au titre de l'accord salarial dénoncé : [▪ Cass. soc., 9 oct. 2001 : *Bull. civ.* V, n° 305 ; *Dr. soc.* 2001, p. 1120, obs. J. Savatier]. – Cette solution doit être appliquée en cas de substitution partielle : ▪ Cass. soc., 21 mars 1996 : *Bull. civ.* V, n° 109. ▪ Cass. soc., 17 févr. 2004 : *RJS* 5/2004, n° 583.

b) C'est à tort que pour valider le redressement effectué par l'URSSAF au titre de l'accord d'intéressement, l'arrêt retient en substance que la conclusion de l'accord s'est accompagnée de mesures de compensation. En statuant ainsi, alors que seule la formule de calcul liée aux résultats ou aux performances de l'entreprise ou d'une ou plusieurs des sociétés du groupe, doit être prise en compte pour l'appréciation du caractère aléatoire ou non de l'intéressement, et que seule est prohibée la substitution de l'intéressement à un élément de rémunération en vigueur dans l'entreprise, la cour d'appel a violé les articles L. 441-2 [L. 3313-1 et s.] et L. 441-4 [L. 3312-4] du Code du travail : ▪ Cass. soc., 16 mai 2007, n° 05-17.288.

c) La prime « amortisseur » créée afin de compléter l'intéressement et se substituer à la prime d'intéressement lorsque celle-ci diminue est un élément de salaire : ▪ Cass. 2e civ., 17 déc. 2009, n° 08-20.797 : *JCP* E 2010, 1133, note F. Taquet.

2) Renoncement aux primes d'intéressement. Les disparités entre rémunérations provoquées par la reprise de salariés en application de l'article L. 1224-1 du Code du travail, ne peuvent être résolues, même au nom du principe « à travail égal, salaire égal », par le renoncement de ces derniers aux avantages de l'intéressement en vigueur dans l'entreprise qui les reprend ; un tel renoncement remet nécessairement en cause le caractère de rémunération collective que, selon l'article L. 3312-4, doit présenter l'intéressement pour ouvrir droit à l'exonération des cotisations sociales. Cette remise en cause conduit à requalifier en salaires les sommes versées au titre de l'intéressement : ▪ Cass. 2e civ., 12 mars 2009, n° 08-10.770 : *JCP* S 2009, 1453, note R. Vatinet.

3) Restitution des primes versées. L'employeur peut prétendre à la restitution des primes d'intéressement versées au titre d'un accord privé d'effet, à condition que son action ne soit pas prescrite : ▪ Cass. soc., 16 févr. 2011, n° 09-43.089 : *JCP* E 2011, 1447, note S. Béal.

Art. L. 3312-5 ***(Mod., L. n° 2008-1258, 3 déc. 2008).*** **– Les accords d'intéressement sont conclus pour une durée de trois ans, selon l'une des modalités suivantes :**

1° Par convention ou accord collectif de travail ;

2° Par accord entre l'employeur et les représentants d'organisations syndicales représentatives dans l'entreprise ;

3° Par accord conclu au sein du ***(Mots rempl., Ord. n° 2017-1386, 22 sept. 2017)*** **« comité social et économique » ;**

4° À la suite de la ratification, à la majorité des deux tiers du personnel, d'un projet d'accord proposé par l'employeur. Lorsqu'il existe dans l'entreprise une ou plusieurs organisations syndicales représentatives ou un ***(Mots rempl., Ord. n° 2017-1386, 22 sept. 2017)*** **« comité social et économique », la ratification est demandée conjointement par l'employeur et une ou plusieurs de ces organisations ou ce comité.**

Si aucune des parties habilitées à négocier ou à ratifier un accord d'intéressement dans les conditions prévues ***(Mots rempl., L. n° 2015-990, 6 août 2015)*** **« au présent article » ne demande de renégociation dans les trois mois précédant la date d'échéance de l'accord, ce dernier est renouvelé par tacite reconduction** ***(Mots aj., L. n° 2015-990, 6 août 2015)*** **« pour une durée de trois ans », si l'accord d'origine en prévoit la possibilité.**

Pouvoirs du juge. Il n'entre pas dans les pouvoirs du juge de déterminer le contenu d'un accord d'intéressement, fût-ce en se référant aux clauses d'un accord antérieur et d'en imposer l'application : ▪ Cass. soc., 2 mars 2010, n° 08-12.238 : *JCP* S 2010, 1247, note A. Martinon.

Art. L. 3312-6 ***(Mod., L. n° 2008-67, 21 janv. 2008).*** **– Dans les entreprises ou les groupes disposant d'un accord d'intéressement et concourant avec d'autres entreprises à une activité caractérisée et coordonnée, un accord peut être conclu pour prévoir que tout ou partie des salariés bénéficie d'un intéressement de projet.**

Cet accord d'intéressement de projet est négocié dans les conditions prévues au présent chapitre s'il n'implique que tout ou partie des salariés d'une même entreprise ou d'un même groupe. Il est négocié selon des modalités

identiques à celles prévues au premier alinéa de l'article L. 3333-2 s'il concerne tout ou partie des salariés d'entreprises qui ne constituent pas un groupe.

Dans les deux cas, la majorité des deux tiers requise pour la ratification s'entend sur les personnels entrant dans le champ d'application du projet.

***(Al. créé, L. n° 2019-486, 22 mai 2019)* Dans les entreprises disposant d'un accord d'intéressement, cet accord peut comporter un intéressement de projet définissant un objectif commun à tout ou partie des salariés de l'entreprise.**

L'accord définit un champ d'application et une période de calcul spécifiques, qui peuvent différer de ceux prévus aux articles L. 3311-1 et L. 3312-5 sans pouvoir excéder trois ans.

L'application à l'intéressement de projet des dispositions du premier alinéa de l'article L. 3312-4 ne donne pas lieu à application de l'article L. 131-7 du Code de la sécurité sociale.

Art. L. 3312-7 ***(Abr., L. n° 2015-994, 17 août 2015).***

Art. L. 3312-8 ***(L. n° 2008-1258, 3 déc. 2008).*** **– Un régime d'intéressement peut être établi au niveau de la branche. *(Phrase suppr., L. n° 2015-990, 6 août 2015)* Elles concluent à cet effet un accord dans les conditions prévues à l'article L. 3312-5.**

Art. L. 3312-9 ***(Abr., L. n° 2019-486, 22 mai 2019).***

Rédaction antérieure. Art. L. 3312-9 ***(L. n° 2015-990, 6 août 2015).*** **–** Un régime d'intéressement, établi selon les modalités prévues aux articles L. 3312-1 à L. 3312-4, est négocié par branche, au plus tard le 30 décembre 2017. Il est adapté aux spécificités des entreprises employant moins de cinquante salariés au sein de la branche.

Les entreprises de la branche mentionnées à l'article L. 3312-8 peuvent opter pour l'application de l'accord ainsi négocié.

À défaut d'initiative de la partie patronale au plus tard le 31 décembre 2016, la négociation s'engage dans les quinze jours suivant la demande d'une organisation de salariés représentative.

CHAPITRE III. – CONTENU ET RÉGIME DES ACCORDS

Section I. – Contenu des accords

Art. L. 3313-1. – L'accord d'intéressement institue un système d'information du personnel et de vérification des modalités d'exécution de l'accord.

Il comporte notamment un préambule indiquant les motifs de l'accord ainsi que les raisons du choix des modalités de calcul de l'intéressement et des critères de répartition de ses produits.

Art. L. 3313-2. – L'accord d'intéressement définit notamment :

1° La période pour laquelle il est conclu ;

2° Les établissements concernés ;

3° Les modalités d'intéressement retenues ;

4° Les modalités de calcul de l'intéressement et les critères de répartition de ses produits dans le respect des dispositions prévues aux articles L. 3314-1 à L. 3314-7 ;

5° Les dates de versement ;

6° Les conditions dans lesquelles le comité *(Mots rempl., Ord. n° 2017-1386, 22 sept. 2017)* « comité social et économique ou une commission spécialisée créée par lui dispose » des moyens d'information nécessaires sur les conditions d'application des clauses du contrat ;

7° Les procédures convenues pour régler les différends qui peuvent surgir dans l'application de l'accord ou lors de sa révision.

Bibliographie : R. Hubert, *Les risques engendrés par le versement d'une avance sur intéressement* : *JCP* S 2006, 1859.

Modalités de calcul. L'accord devant préciser les critères et les modalités servant au calcul et à la répartition des produits de l'intéressement, la cour d'appel a exactement décidé que les objectifs assignés aux salariés n'ayant pas été préalablement définis dans l'accord, la prime litigieuse ne pouvait ouvrir droit aux allégements de charges pratiqués : ▪ Cass. soc., 25 avr. 2007, n° 06-12.772, inédit. Pour le calcul de l'intéressement, un accord d'intéressement peut prendre en compte les résultats de certaines des entreprises du groupe au sein duquel cet accord s'applique : ▪ Cass. soc., 16 mai 2007, n° 05-17.288 : *RJS* 7/2007, n° 878.

Section II. – Régime des accords

Sous-section 1. – Dépôt et contrôle administratif

Art. L. 3313-3. – L'accord d'intéressement est déposé auprès de l'autorité administrative dans un délai déterminé par voie réglementaire.

***(Al. créé, L. n° 2019-486, 22 mai 2019)* En l'absence d'observation de l'autorité administrative à l'expiration du délai prévu à l'article L. 3345-2, les exonérations prévues aux articles L. 3315-1 à L. 3315-3 sont réputées acquises pour la durée de l'accord prévue à l'article L. 3312-2.**

***(Al. créé, L. n° 2019-486, 22 mai 2019)* Par dérogation au deuxième alinéa du présent article, l'autorité administrative peut, jusqu'à la fin du sixième mois suivant le dépôt des accords d'intéressement, formuler des demandes de modification de dispositions contraires aux dispositions légales afin que l'entreprise puisse se mettre en conformité pour les exercices suivants celui du dépôt. Si l'autorité administrative n'a pas formulé de telles demandes dans ce nouveau délai, les exonérations prévues aux articles L. 3312-4 et L. 3315-1 à L. 3315-3 sont réputées acquises pour la durée de l'accord prévue à l'article L. 3312-2.**

Sous-section 2. – Modification dans la situation juridique de l'entreprise

Art. L. 3313-4. – *(Al. créé, L. n° 2019-486, 22 mai 2019)*. – Lorsqu'une modification survenue dans la situation juridique de l'entreprise, notamment par fusion, cession ou scission, nécessite la mise en place de nouvelles institutions représentatives du personnel, l'accord d'intéressement se poursuit ou peut être renouvelé selon l'une des modalités prévues à l'article L. 3312-5.

***(Al. mod., L. n° 2019-486, 22 mai 2019)* Lorsque cette modification rend impossible l'application de l'accord d'intéressement, cet accord cesse de produire effet entre le nouvel employeur et les salariés de l'entreprise.**

En l'absence d'accord d'intéressement applicable à la nouvelle entreprise, celle-ci engage dans un délai de six mois une négociation, selon l'une des modalités prévues à l'article L. 3312-5, en vue de la conclusion éventuelle d'un nouvel accord.

L'impossibilité d'appliquer un accord d'intéressement au sens de l'article L. 441-7 [nouv. art. L. 3313-4] du Code du travail relève de l'appréciation souveraine des juges du fond : ■ Cass. soc., 13 mai 2003, n° 01-14.565 : *Bull. civ.* V, n° 159 ; *JCP* G 2003, IV, 2222. – V. G. Jolivet et H. Ouaissi, *Le sort des régimes d'épargne salariale lors de transferts d'entreprise* : *JCP* S 2007, 1466.

CHAPITRE IV. – CALCUL, RÉPARTITION ET DISTRIBUTION DE L'INTÉRESSEMENT

Section I. – Calcul de l'intéressement

Art. L. 3314-1. – Les modalités de calcul de l'intéressement peuvent varier selon les établissements et les unités de travail. À cet effet, l'accord d'intéressement peut renvoyer à des accords d'établissement.

À l'occasion d'un litige intéressant les VRP, la Cour de cassation a précisé que, de par leur situation, leur mode de rémunération et leurs conditions de travail, ces salariés constituaient, non pas une unité de travail, mais une catégorie professionnelle pour laquelle la loi n'autorise pas l'application de modalités de calcul de l'intéressement différentes : ■ Cass. soc., 20 juin 2006, n° 04-45.932 : *Bull. civ.* V, n° 219 ; *JCP* S 2006, 1842, note R. Vatinet.

Art. L. 3314-2. – Pour ouvrir droit aux exonérations prévues aux articles L. 3315-1 à L. 3315-3, l'intéressement collectif des salariés doit présenter un caractère aléatoire et résulter d'une formule de calcul liée :

1° Soit aux résultats ou aux performances de l'entreprise au cours d'une année ou d'une période d'une durée inférieure, exprimée en nombre entier de mois au moins égal à trois ;

2° Soit aux résultats de l'une ou plusieurs de ses filiales au sens de l'article L. 233-16 du Code de commerce, dès lors que, à la date de conclusion de l'accord, au moins deux tiers des salariés de ces filiales situées en France sont couverts par un accord d'intéressement.

***(Al. créé, L. n° 2019-486, 22 mai 2019)* La formule de calcul décrite au 1° peut être complétée d'un objectif pluriannuel lié aux résultats ou aux performances de l'entreprise.**

1) Caractère aléatoire.

a) L'**appréciation** du caractère aléatoire de l'accord d'intéressement relève du pouvoir souverain des juges du fond : ▪ Cass. soc., 17 déc. 2002 : *Bull. civ.* V, n° 394. – La Cour de cassation maintient toutefois son contrôle sur la motivation des juges du fond : dès lors qu'ils constatent l'existence d'un aléa, même faible, les juges doivent en déduire que l'accord d'intéressement satisfait aux exigences légales : ▪ Cass. soc., 2 juill. 2003, n° 00-22.101 : *RJS* 10/2003, n° 1199.

b) Un accord prévoyant une prime calculée en **pourcentage de la valeur ajoutée** réalise un intéressement conforme aux dispositions légales : ▪ Cass. soc., 24 oct. 1996 : *Bull. civ.* V, n° 346.

2) Caractère collectif.

a) Un accord d'intéressement peut, sans méconnaître le caractère collectif, prendre en considération des critères tenant à l'**amélioration de la sécurité** dans l'entreprise : ▪ Cass. soc., 24 sept. 2002 : *Bull. civ.* V, n° 277 ; *RJS* 12/2002, n° 1422.

b) La disposition d'un accord d'intéressement, qui a pour effet d'exclure du bénéfice de l'intéressement non seulement les salariés ayant moins de six mois d'ancienneté au cours de l'exercice, mais aussi ceux qui, remplissant la condition d'ancienneté, ne justifieraient pas de six mois de présence en raison **d'absences** non assimilées à un temps de travail effectif, ôte leur caractère de rémunération collective aux primes distribuées en exécution de l'accord, peu important l'application qui a pu en être faite et l'action indemnitaire dont disposeraient les salariés : ▪ Cass. soc., 21 oct. 2003 : *Bull. civ.* V, n° 257. – Ne présente pas un caractère collectif l'intéressement dont l'accord soumet le calcul à l'application conjuguée de deux critères liés au salaire et à l'absentéisme, un tel accord étant de nature à priver certains salariés de tout intéressement pour un exercice donné : ▪ Cass. soc., 14 juin 2005, n° 03-16.083 : *JCP* S 2005, 1239, obs. A. Martinon. – En revanche, pour la répartition des primes d'intéressement, l'article L. 441-2 [nouv. art. L. 3314-2] permet de prendre en considération les absences des salariés au cours de l'exercice, à condition toutefois que l'abattement pratiqué soit strictement proportionnel à la durée des absences : ▪ Cass. soc., 25 févr. 2003 : *Bull. civ.* V, n° 67.

3) Bénéficiaires. Sous réserve de la durée minimale d'ancienneté exigée par l'accord, celui-ci ne peut valablement écarter du bénéfice de l'intéressement une catégorie de salariés : ▪ Cass. soc., 23 nov. 1999 : *Bull. civ.* V, n° 454 *[VRP]* ; ▪ Cass. soc., 27 juin 2000 : *Bull. civ.* V, n° 252 (apprentis). L'article L. 3314-2 du Code du travail n'autorise pas l'application de modalités de calcul de l'intéressement différentes selon les catégories professionnelles ; la situation des VRP, leur mode de rémunération et leurs conditions de travail permettent de caractériser l'existence d'une catégorie professionnelle et non celle d'une unité de travail : ▪ Cass. soc., 20 juin 2006, n° 04-45.932 : *JCP* S 2006, 1842, note R. Vatinet.

Art. L. 3314-3. – **L'intéressement aux résultats des salariés d'un groupement d'intérêt économique ou d'un groupement d'employeurs peut prendre en compte les résultats ou les performances des entreprises membres du groupement.**

Prise en compte des résultats du groupe. Pour le calcul de l'intéressement, l'accord d'intéressement peut prendre en compte les résultats du groupe auquel appartient l'entreprise au sein de laquelle il s'applique : ▪ Cass. soc., 28 mars 2006, n° 04-30.211 : *JCP* S 2006, 1550, obs. R. Vatinet.

Art. L. 3314-4. – **Pour ouvrir droit aux exonérations prévues aux articles L. 3315-1 à L. 3315-3, l'accord d'intéressement doit avoir été conclu avant le premier jour de la deuxième moitié de la période de calcul suivant la date de sa prise d'effet.**

Il résulte des articles L. 242-1 du Code de la sécurité sociale et L. 441-2, alinéa 9, L. 441-4 et R. 441-1 devenus L. 3314-4, D. 3313-1, D. 3313-5 et D. 3313-6 du Code du travail que le bénéfice de l'exonération de cotisations qu'ils prévoient, est subordonné notamment au dépôt, selon les modalités qu'ils fixent, de l'accord d'intéressement auprès de la direction départementale du travail ; cette formalité s'imposant également aux avenants qui modifient l'accord initial : ▪ Cass. 2e civ., 22 janv. 2015, n° 14-10.701 : *JCP* S 2015, 1159, note J. Kovac et L. Gaudemet-Toulemonde.

Section II. – Répartition de l'intéressement

Art. L. 3314-5. – **La répartition de l'intéressement entre les bénéficiaires peut être uniforme, proportionnelle à la durée de présence dans l'entreprise au cours de l'exercice ou proportionnelle aux salaires. L'accord peut également retenir conjointement ces différents critères. Ces critères peuvent varier selon les établissements et les unités de travail. À cet effet, l'accord peut renvoyer à des accords d'établissement.**

Sont assimilées à des périodes de présence :

1° Les périodes de congé de maternité prévu à l'article L. 1225-17 et de congé d'adoption prévu à l'article L. 1225-37 ;

2° Les périodes de suspension du contrat de travail consécutives à un accident du travail ou à une maladie professionnelle en application de l'article L. 1226-7.

Art. L. 3314-6. – Pour les personnes mentionnées à l'article L. 3312-3, lorsqu'elle est proportionnelle aux salaires, la répartition prend en compte la rémunération annuelle ou le revenu professionnel imposé à l'impôt sur le revenu au titre de l'année précédente, dans la limite d'un plafond égal au salaire le plus élevé versé dans l'entreprise.

(Al. créé, L. n° 2019-486, 22 mai 2019) Toutefois, si l'accord le prévoit, pour les personnes mentionnées au 3° du même article L. 3312-3, la répartition proportionnelle aux salaires peut retenir un montant qui ne peut excéder le quart du plafond mentionné au premier alinéa de l'article L. 241-3 du Code de la sécurité sociale.

Art. L. 3314-7. – L'accord d'intéressement homologué en application de l'ordonnance n° 59-126 du 7 janvier 1959 tendant à favoriser l'association ou l'intéressement des travailleurs à l'entreprise peut continuer de retenir les critères de répartition fondés sur l'ancienneté et la qualification tel qu'il a été homologué dans ce cadre, dès lors qu'il aura été renouvelé sans discontinuité depuis sa dernière homologation.

Section III. – Distribution de l'intéressement

Art. L. 3314-8. – Le montant global des primes distribuées aux bénéficiaires ne doit pas dépasser annuellement 20 % du total des salaires bruts et, le cas échéant, de la rémunération annuelle ou du revenu professionnel des bénéficiaires mentionnés à l'article L. 3312-3 imposé à l'impôt sur le revenu au titre de l'année précédente versés aux personnes concernées.

Le montant des primes distribuées à un même bénéficiaire ne peut, au titre d'un même exercice, excéder une somme égale *(Mots rempl., L. n° 2019-486, 22 mai 2019)* « aux trois quarts » du montant du plafond annuel moyen retenu pour le calcul des cotisations de sécurité sociale.

Art. L. 3314-9. – Toute somme versée aux bénéficiaires en application de l'accord d'intéressement au-delà du *(Mots rempl., L. n° 2015-990, 6 août 2015)* « dernier jour du cinquième mois suivant la clôture de l'exercice produit un intérêt de retard égal à 1,33 fois le taux fixé à l'article 14 de la loi n° 47-1775 du 10 septembre 1947 portant statut de la coopération ». Ces intérêts, à la charge de l'entreprise, sont versés en même temps que le principal et bénéficient du régime d'exonération prévu aux articles L. 3315-1 à L. 3315-3.

Lorsque la formule de calcul de l'intéressement retient une période inférieure à une année, les intérêts commencent à courir le premier jour du troisième mois suivant la fin de la période de calcul de l'intéressement.

NB : Ces dispositions sont applicables aux droits à intéressement et à participation des salariés aux résultats de l'entreprise attribués au titre des exercices clos après la publication de la loi n° 2015-990 du 6 août 2015.

Voir : sous C. trav., art. L. 3313-2, annot. n° 1, p. 1856.

Art. L. 3314-10 *(Mod., L. n° 2008-67, 21 janv. 2008)*. – Le conseil d'administration ou le directoire peut décider de verser un supplément d'intéressement collectif au titre de l'exercice clos, dans le respect des plafonds mentionnés à l'article L. 3314-8 et selon les modalités de répartition prévues par l'accord d'intéressement ou par un accord spécifique conclu selon les modalités prévues à l'article L. 3312-5.

Ces sommes peuvent notamment être affectées à la réalisation d'un plan d'épargne d'entreprise, d'un plan d'épargne interentreprises ou d'un plan d'épargne pour la retraite collectif.

Dans une entreprise où il n'existe ni conseil d'administration, ni directoire, l'employeur peut décider le versement d'un supplément d'intéressement, dans les conditions prévues au présent article.

L'application au supplément d'intéressement des dispositions du premier alinéa de l'article L. 3312-4 ne donne pas lieu à application de l'article L. 131-7 du Code de la sécurité sociale.

Art. L. 3314-11 *(Créé, L. n° 2019-486, 22 mai 2019)*. – Les sommes qui n'auraient pu être mises en distribution en raison des règles définies aux articles L. 3314-5 et L. 3314-8 font l'objet, si l'accord le prévoit, d'une répartition immédiate entre tous les salariés et, le cas échéant, les bénéficiaires mentionnés à l'article L. 3312-3 auxquels ont été versées des sommes d'un montant inférieur au plafond des droits individuels fixé à l'article L. 3314-8. Ce plafond ne peut être dépassé du fait de cette répartition supplémentaire, effectuée selon les mêmes modalités que la répartition originelle.

CHAPITRE V. – STATUT SOCIAL ET FISCAL DE L'INTÉRESSEMENT

Art. L. 3315-1. – Les entreprises qui mettent en œuvre l'intéressement dans les conditions prévues au présent titre peuvent déduire des bases retenues pour l'assiette de l'impôt sur les sociétés ou de l'impôt sur le revenu le montant des sommes versées en espèces aux bénéficiaires en application de l'accord d'intéressement.

Ces sommes sont soumises à l'impôt sur le revenu selon les règles fixées au *a* du 5 de l'article 158 du Code général des impôts.

Ces dispositions ne sont pas applicables aux sommes versées aux exploitants individuels, aux associés de sociétés de personnes et assimilées n'ayant pas opté pour leur assujettissement à l'impôt sur les sociétés et aux conjoints collaborateurs et associés.

Art. L. 3315-2. – Lorsqu'un bénéficiaire a adhéré à un plan d'épargne d'entreprise mentionné au titre III et qu'il affecte, dans un délai prévu par voie réglementaire, à la réalisation de ce plan tout ou partie des sommes qui lui sont attribuées par l'entreprise au titre de l'intéressement, ces sommes sont exonérées d'impôt sur le revenu dans la limite d'un montant égal *(Mots rempl., L. n° 2019-486, 22 mai 2019)* « aux trois quarts » du plafond annuel moyen retenu pour le calcul des cotisations de sécurité sociale.

(Aj., L. n° 2015-990, 6 août 2015) Lorsque le salarié et, le cas échéant, le bénéficiaire mentionné au 1° de l'article L. 3312-3 ne demandent pas le versement, en tout ou partie, des sommes qui leur sont attribuées au titre de l'intéressement, ni leur affectation au plan prévu au premier alinéa du présent article, leur quote-part d'intéressement y est affectée dans les conditions prévues par l'accord mentionné à l'article L. 3312-5. Cet accord précise les modalités d'information du salarié sur cette affectation. À défaut de précision dans l'accord, ces conditions et ces modalités sont déterminées par décret.

NB : Ces dispositions sont applicables aux droits à intéressement attribués à compter du 1er janvier 2016.

Art. L. 3315-3. – Lorsqu'un bénéficiaire mentionné au troisième alinéa de l'article L. 3315-1 qui a adhéré à un plan d'épargne salariale prévu au titre III affecte à la réalisation de ce plan tout ou partie des sommes qui lui sont attribuées par l'entreprise au titre de l'intéressement, ces sommes sont exclues de l'assiette des bénéfices non commerciaux et de l'assiette des bénéfices industriels et commerciaux, dans la limite d'un plafond égal *(Mots rempl., L. n° 2019-486, 22 mai 2019)* « aux trois quarts » du plafond annuel moyen retenu pour le calcul des cotisations de sécurité sociale.

Art. L. 3315-4. – Les accords d'intéressement conclus au sein d'un groupe de sociétés établies dans plusieurs États membres de la Communauté européenne ouvrent droit aux exonérations prévues aux articles L. 3315-1 à L. 3315-3 pour les primes versées à leurs salariés ainsi qu'aux personnes mentionnées à l'article L. 3312-3 par les entreprises situées en France, parties à ces accords.

Art. L. 3315-5. – Lorsqu'un accord, valide au sens de l'article L. 2232-2, a été conclu ou déposé hors délai, il produit ses effets entre les parties mais n'ouvre droit aux exonérations que pour les périodes de calcul ouvertes postérieurement au dépôt.

6.8.1.2. – Participation aux résultats de l'entreprise

Code du travail

Partie législative

TITRE II. – PARTICIPATION AUX RÉSULTATS DE L'ENTREPRISE

CHAPITRE I. – CHAMP D'APPLICATION

Art. L. 3321-1 *(Mod., L. n° 2008-1258, 3 déc. 2008)*. – Les dispositions du présent titre sont applicables aux employeurs de droit privé et à leurs salariés.

Un décret en Conseil d'État détermine les établissements publics de l'État à caractère industriel et commercial et les sociétés, groupements ou personnes morales, quel que soit leur statut juridique, dont plus de la moitié du

capital est détenue directement par l'État, qui sont soumis aux dispositions du présent titre. Ce décret fixe les conditions dans lesquelles ces dispositions leur sont applicables.

Les dispositions du présent titre sont également applicables aux sociétés, groupements ou personnes morales, quel que soit leur statut juridique, dont plus de la moitié du capital est détenue, ensemble ou séparément, indirectement par l'État et directement ou indirectement par ses établissements publics, s'ils ne bénéficient pas de subventions d'exploitation, ne sont pas en situation de monopole et ne sont pas soumis à des prix réglementés.

Un décret en Conseil d'État peut déterminer les sociétés, groupements ou personnes morales, quel que soit leur statut juridique, dont plus de la moitié du capital est détenue, ensemble ou séparément, indirectement par l'État et directement ou indirectement par ses établissements publics, bénéficiant de subventions d'exploitation, étant en situation de monopole ou soumis à des prix réglementés, qui sont soumis aux dispositions du présent titre. Ce décret fixe les conditions dans lesquelles ces dispositions leur sont applicables.

***(Al. créé à compter du 1er janvier 2019 ; L. n° 2019-486, 22 mai 2019)* Lorsque, dans le présent titre, il est fait référence à l'effectif salarié, cet effectif et le franchissement du seuil sont déterminés au niveau de l'entreprise ou de l'unité économique et sociale selon les modalités prévues à l'article L. 130-1 du Code de la sécurité sociale.**

Champ d'application. Les enseignants recrutés par l'État pour être mis à la disposition d'un organisme de droit privé et qui accomplissent un travail pour le compte de celui-ci dans un rapport de subordination se trouvent liés à cet organisme par un contrat de travail ; dès lors, la cour d'appel a décidé à bon droit que les enseignants avaient vocation à bénéficier de la réserve de participation : ▪ Cass. soc., 1er juill. 1998 : *JCP* G 1998, IV, 2969. – Les concierges et employés d'immeubles à usage d'habitation peuvent aussi prétendre à la participation : ▪ Cass. soc., 20 janv. 2010, n° 08-45.018 : *JCP* S 2010, act. 60. V. aussi, sur la participation aux résultats dans le secteur public : ▪ Cass. soc., 28 févr. 2018, n° 16-21.476 : *JCP* S 2018, 1126, note K. Pagani.

Art. L. 3321-2. – **Un décret en Conseil d'État détermine les conditions dans lesquelles le présent titre est appliqué aux sociétés mères et aux sociétés filiales.**

CHAPITRE II. – MISE EN PLACE DE LA PARTICIPATION

Section I. – Mise en place dans l'entreprise

Bibliographie : R. Foy, *JCl. Sociétés traité*, Fasc. 173-30.

Art. L. 3322-1 ***(Mod., L. n° 2008-1258, 3 déc. 2008).*** – **La participation a pour objet de garantir collectivement aux salariés le droit de participer aux résultats de l'entreprise.**

Elle prend la forme d'une participation financière à effet différé, calculée en fonction du bénéfice net de l'entreprise, constituant la réserve spéciale de participation.

Elle est obligatoire dans les entreprises mentionnées au présent chapitre. *(Mots aj. à compter du 1er janvier 2019 ; L. n° 2019-486, 22 mai 2019)* « L'obligation s'applique à compter du premier exercice ouvert postérieurement à la période des cinq années civiles consécutives mentionnées au premier alinéa du II de l'article L. 130-1 du Code de la sécurité sociale ».

Elle concourt à la mise en œuvre de la gestion participative dans l'entreprise.

1) **Caractère collectif.** Le caractère collectif du système d'épargne d'entreprise s'oppose à ce que le montant des versements de l'employeur soit fondé sur les critères de performance individuelle des salariés : ▪ Cass. soc., 10 déc. 2003 : *RJS* 2/2004, n° 244. – De même, le caractère collectif du système d'épargne d'entreprise s'oppose à ce que le montant des versements de l'employeur soit fixé par celui-ci en dehors de tout critère résultant de l'accord ayant établi le plan d'épargne d'entreprise : ▪ Cass. soc., 10 janv. 2006, n° 04-30.048 : *JCP* S 2006, 1266, note R. Vatinet.

2) **Mise en place.** En vertu de l'article L. 443-1 [nouv. art. L. 3332-1] du Code du travail, les plans d'épargne d'entreprise peuvent être établis dans toute entreprise à l'initiative de celle-ci ou en vertu d'un accord avec le personnel. Aux termes de l'article R. 443-1 [nouv. art. R. 3232-7] du même code, lorsque les plans d'épargne sont établis en vertu d'accords avec le personnel, ces accords doivent être conclus selon l'une des procédures énumérées à l'article L. 442-10 [nouv. art. L. 3322-6]. Dès lors, en condamnant l'employeur au paiement de dommages-intérêts au

motif qu'il ne justifiait pas de ce que le choix de l'emploi des fonds du plan d'épargne avait été avalisé par les salariés ou leurs représentants, alors qu'elle avait constaté que le plan d'épargne avait été établi à l'initiative de l'employeur conformément aux dispositions de l'article L. 443-1 [nouv. art. L. 3332-1] du Code du travail, ce dont il résultait qu'il n'avait pas à être conclu selon l'une des procédures énumérées à l'article L. 442-10 [nouv. art. L. 3322-6] du même code, la cour d'appel a violé les textes susvisés : ▪ Cass. soc., 21 nov. 2000 : *Bull. civ.* V, n° 379.

Art. L. 3322-2 ***(Mod., L. n° 2008-1258, 3 déc. 2008 ; L. n° 2012-387, 22 mars 2012 ; L. n° 2015-990, 6 août 2015). – (Al. rempl. à compter du 1er janvier 2019, L. n° 2019-486, 22 mai 2019)*** **Les entreprises employant au moins cinquante salariés garantissent le droit de leurs salariés à participer aux résultats de l'entreprise. Il en va de même pour les entreprises constituant une unité économique et sociale mentionnée à l'article L. 2313-8 et composée d'au moins cinquante salariés.**

La base, les modalités de calcul, ainsi que les modalités d'affectation et de gestion de la participation sont fixées par accord dans les conditions prévues par le présent titre.

Le salarié d'un groupement d'employeurs peut bénéficier du dispositif de participation mis en place dans chacune des entreprises adhérentes du groupement auprès de laquelle il est mis à disposition dans des conditions fixées par décret.

Voir aussi : Application de ces dispositions aux salariés des entreprises publiques, D. n° 87-947, 26 nov. 1987 (*JO* 27 nov. 1987).

1) Champ d'application.

a) L'article L. 442-1 [nouv. art. L. 3322-2] a pour effet d'inclure dans son champ d'application les groupements d'intérêt économique dès lors que la condition d'effectif minimal est remplie : ▪ CA Versailles, 14 juin 2001 : *JurisData* n° 2001-169379. – Il résulte de l'article L. 442-1 [nouv. art. L. 3322-2] qu'un accord de participation n'est obligatoire que dans les entreprises de cinquante salariés et plus ; il s'ensuit qu'un tel accord, même conclu pour une durée déterminée, peut valablement prévoir par une clause particulière qu'il ne s'appliquera pas en cas d'abaissement des effectifs de l'entreprise en dessous de cinquante personnes : ▪ Cass. soc., 18 sept. 2002 : *Bull. civ.* V, n° 271 ; *JurisData* n° 2002-015503.

b) L'effectif à partir duquel la participation est obligatoire s'apprécie au niveau de l'entreprise et non de l'établissement : ▪ Cass. soc., 24 janv. 2006, n° 03-43.073 : *Bull. civ.* V, n° 20 ; *JCP* G 2006, IV, 1360 ; *JCP* S 2006, 1363, note R. Vatinet. – L'entreprise ne peut soutenir pour la première fois devant la Cour de cassation qu'il était légalement possible de conclure des accords de participation dont le champ d'application géographique serait limité et qu'un établissement situé hors du territoire métropolitain en serait exclu (même arrêt).

c) Le calcul de l'effectif, pour la mise en place de la participation aux résultats de l'entreprise, doit être effectué mois par mois au cours des douze mois précédents. L'effectif au titre d'un mois donné se calcule nécessairement à la fin de la période considérée. Les salariés titulaires d'un contrat à durée indéterminée à temps plein sont pris en compte, pour une unité, dans l'effectif du mois au cours duquel ils ont été engagés : ▪ Cass. soc., 8 déc. 2010, n° 09-65.380 : *JCP* S 2011, 1064, note R. Vatinet.

d) En vue du calcul des effectifs pour la détermination du seuil d'assujettissement à la participation, les salariés titulaires d'un contrat à durée déterminée doivent être pris en compte au prorata de leur temps de présence, sur une période de douze mois précédant la date concernée pour calculer les effectifs. Le calcul doit s'opérer mois par mois, peu important que le contrat de travail des salariés concernés ait pris fin à la fin du mois où s'effectue le décompte : ▪ Cass. soc., 1er juin 2017, n° 16-16.779 : *JCP* S 2017, 1233, note J. Kovac et L. Gaudemet-Toulemonde.

2) AGS. Selon le premier alinéa de l'article L. 143-11-3 [nouv. art. L. 3253-10] du Code du travail, lorsqu'elles revêtent la forme d'un droit de créance sur l'entreprise, les sommes dues au titre de l'intéressement, au titre de la participation des salariés aux fruits de l'expansion, ou en application d'un accord créant un fonds salarial sont couvertes par l'assurance prévue à l'article L. 143-11-1 [nouv. art. L. 3253-6] : ▪ Cass. soc., 30 sept. 2004 : *Bull. civ.* V, n° 242 ; *JCP* G 2004, IV, 3132. – V. aussi, ▪ Cass. soc., 28 nov. 2007, n° 05-45.354 : *Bull. civ.* V, n° 198 : « Mais attendu, d'abord, que l'article L. 143-11-3 [nouv. art. L. 3253-10] du Code du travail, d'une part, ne prévoit pas que la garantie de l'AGS s'applique aux versements de sommes effectués par les salariés sur un plan d'épargne d'entreprise du seul fait de l'affectation de ces sommes à ce plan, d'autre part, ne fait bénéficier de cette garantie les sommes dues au titre de la participation des salariés aux fruits de l'expansion que si elles revêtent la forme d'un droit de créance sur l'entreprise, ce qui n'est pas le cas de celles qui, en application d'un accord de participation, ont été employées à l'acquisition de parts d'un fonds commun de placement dont les salariés sont devenus copropriétaires ».

3) Participation et abus de biens sociaux. La diminution du montant des primes perçues au titre de la participation n'étant qu'une conséquence indirecte des abus de biens sociaux, la cour d'appel ne peut allouer des dommages-intérêts à des salariés et à une section syndicale d'une société réparant le préjudice résultant de ces abus : ▪ Cass. crim., 28 janv. 2004 : *RJS* 2004, n° 1176.

Art. L. 3322-3. – *(Rempl., L. n° 2015-990, 6 août 2015)* **Lorsqu'une entreprise ayant conclu un accord d'intéressement vient à employer au moins cinquante salariés, les obligations prévues à la présente section ne s'appliquent qu'au troisième exercice clos après le franchissement du seuil d'assujettissement à la participation, si l'accord est appliqué sans discontinuité pendant cette période.**

À cette date, un accord de participation peut être conclu dans les conditions de l'article L. 3324-2 sur une base de calcul et de répartition reprenant celle de l'accord d'intéressement ayant expiré.

Art. L. 3322-4 *(Abr., L. n° 2019-486, 22 mai 2019).*

Rédaction antérieure. Art. L. 3322-4. – Pour l'appréciation du seuil de cinquante salariés, l'effectif des salariés employés habituellement par les entreprises de travail temporaire est calculé en ajoutant au nombre des salariés permanents le nombre moyen par jour ouvrable des salariés qui ont été liés par un contrat de travail temporaire au cours de l'exercice.

Art. L. 3322-4-1 *(Ord. n° 2015-380, 2 avr. 2015).* – **Pour l'appréciation du seuil de cinquante salariés, l'effectif des salariés employés habituellement par les entreprises de portage salarial mentionnées aux articles L. 1254-1 et suivants est calculé en ajoutant au nombre des salariés permanents de l'entreprise de portage salarial le nombre moyen par jour ouvrable des salariés qui ont effectué des prestations de portage salarial dans le cadre d'un contrat de travail conclu avec cette entreprise au cours de l'exercice.**

Art. L. 3322-5. – **Dans les entreprises nouvelles dont la création ne résulte pas d'une fusion, totale ou partielle, d'entreprises préexistantes, les accords de participation sont conclus à partir du troisième exercice clos après leur création.**

Art. L. 3322-6. – **Les accords de participation sont conclus selon l'une des modalités suivantes :**

1° Par convention ou accord collectif de travail ;

2° Par accord entre l'employeur et les représentants d'organisations syndicales représentatives dans l'entreprise ;

3° Par accord conclu au sein du *(Mots rempl., Ord. n° 2017-1386, 22 sept. 2017)* **« comité social et économique » ;**

4° À la suite de la ratification, à la majorité des deux tiers du personnel, d'un projet de contrat proposé par l'employeur. S'il existe dans l'entreprise une ou plusieurs organisations syndicales représentatives ou un *(Mots rempl., Ord. n° 2017-1386, 22 sept. 2017)* **« comité social et économique » la ratification est demandée conjointement par l'employeur et une ou plusieurs de ces organisations ou ce comité.**

1) Nécessité d'un accord. Ce n'est que lorsque les plans d'épargne sont établis en vertu d'accords avec le personnel qu'ils doivent être conclus selon l'une des procédures énumérées à l'article L. 442-10 : ▪ Cass. soc., 21 nov. 2000 : *Bull. civ.* V, n° 379.

2) Prérogative du comité d'entreprise. Si, lorsque les effectifs de l'entreprise ont atteint le seuil rendant la participation obligatoire, l'employeur est tenu de mettre en place un régime de participation, il n'a pas l'obligation d'engager une négociation à cet effet avec le comité d'entreprise, de sorte que ce dernier ne dispose d'aucun droit propre à la mise en place d'un régime de participation : ▪ Cass. soc., 18 janv. 2011, n° 08-19.398.

Art. L. 3322-7. – **Par dérogation à l'article L. 3322-6, un accord de groupe peut être passé entre les sociétés d'un même groupe ou seulement certaines d'entre elles.**

Cet accord est conclu selon l'une des modalités suivantes :

1° Entre le mandataire des sociétés intéressées et le ou les salariés appartenant à l'une des entreprises du groupe mandatés à cet effet par une ou plusieurs organisations syndicales représentatives ;

2° Entre le mandataire des sociétés intéressées et les représentants mandatés par chacun des *(Mots rempl., Ord. n° 2017-1386, 22 sept. 2017)* **« comités sociaux et économiques » concernés ;**

3° À la suite de la ratification, à la majorité des deux tiers du personnel, d'un projet d'accord proposé par le mandataire des sociétés du groupe. S'il existe dans les sociétés intéressées une ou plusieurs organisations syndicales représentatives ou, lorsque toutes les sociétés du groupe sont intéressées, s'il existe un comité de

groupe, la ratification est demandée conjointement par le mandataire des sociétés du groupe et soit une ou plusieurs de ces organisations, soit la majorité des *(Mots rempl., Ord. n° 2017-1386, 22 sept. 2017)* « comités sociaux et économiques » des sociétés concernées, soit le comité de groupe. La majorité des deux tiers est appréciée au niveau de l'ensemble des sociétés concernées.

Art. L. 3322-8. – Un décret en Conseil d'État détermine les modalités de calcul de l'effectif de l'entreprise pour l'application de l'article L. 3322-2.

Section II. – Mise en place dans la branche

Art. L. 3322-9 *(Abr., L. n° 2019-486, 22 mai 2019).*

Rédaction antérieure. Art. L. 3322-9. – Un régime de participation, établi selon les modalités prévues à l'article L. 3324-1 ou à l'article L. 3324-2, est négocié par branche, au plus tard le 30 décembre *(Année rempl., L. n° 2015-990, 6 août 2015)* « 2017 ».

Les entreprises de la branche *(Mots aj., L. n° 2015-990, 6 août 2015)* « mentionnées à l'article L. 3323-6 » peuvent opter pour l'application de l'accord ainsi négocié *(Mots suppr., L. n° 2015-990, 6 août 2015).*

Si l'accord de branche prévoit, conformément aux dispositions du chapitre III du titre III, la mise en place d'un plan d'épargne interentreprises, l'entreprise est libre d'opter pour l'adhésion à celui-ci dans les conditions prévues à cet article.

À défaut d'initiative de la partie patronale au plus tard le 31 décembre *(Année rempl., L. n° 2015-990, 6 août 2015)* « 2016 », la négociation s'engage dans les quinze jours suivant la demande d'une organisation de salariés représentative.

CHAPITRE III. – CONTENU ET RÉGIME DES ACCORDS

Section I. – Contenu des accords

Art. L. 3323-1. – L'accord de participation détermine :

1° Les conditions dans lesquelles les salariés sont informés de l'application des dispositions du présent titre ;

2° La nature et les modalités de gestion des droits reconnus aux salariés sur les sommes constituant la réserve spéciale de participation prévue à l'article L. 3324-1.

Art. L. 3323-2. – L'accord de participation peut prévoir l'affectation des sommes constituant la réserve spéciale de participation :

1° À des comptes ouverts au nom des intéressés en application d'un plan d'épargne salariale remplissant les conditions fixées au titre III ;

2° *(2° abr., L. n° 2019-486, 22 mai 2019).*

(Rempl., L. n° 2010-1330, 9 nov. 2010) **Tout accord de participation existant à la date de promulgation de la loi n° 2010-1330 du 9 novembre 2010 portant réforme des retraites doit être mis en conformité avec le présent article et l'article L. 3323-3 au plus tard le 1er janvier 2013.**

Art. L. 3323-3 *(Mod., L. n° 2012-387, 22 mars 2012 ; L. n° 2019-486, 22 mai 2019).* **– Par dérogation à l'article L. 3323-2, les accords de participation conclus au sein des sociétés coopératives de production peuvent prévoir l'emploi de la totalité de la réserve spéciale de participation en parts sociales ou en comptes courants bloqués. Les mêmes accords peuvent stipuler que, en cas d'emploi de la réserve spéciale de participation en comptes courants bloqués, les associés qui sont employés dans l'entreprise sont en droit, nonobstant l'article L. 225-128 du Code de commerce, d'affecter leur créance à la libération de parts sociales qui restent soumises à la même indisponibilité.**

Section II. – Régime des accords

Sous-section 1. – Dépôt

Art. L. 3323-4. – Les accords de participation sont déposés auprès de l'autorité administrative.

Ce dépôt conditionne l'ouverture du droit aux exonérations prévues au chapitre V.

Sous-section 2. – Dispositions applicables en l'absence d'accord

Art. L. 3323-5 *(Mod., L. n° 2008-1258, 3 déc. 2008 ; L. n° 2019-486, 22 mai 2019)*. **– Lorsque, dans un délai d'un an suivant la clôture de l'exercice au titre duquel sont nés les droits des salariés, un accord de participation n'a pas été conclu, cette situation est constatée par l'inspecteur du travail.**

Les sommes attribuées aux salariés sont affectées sur un compte courant que l'entreprise doit consacrer à des investissements et, sous réserve des cas prévus par décret en application de l'article L. 3324-10, bloquées pour huit ans, sauf si le salarié demande le versement de tout ou partie des sommes correspondantes dans des conditions fixées par décret. La demande peut être présentée à l'occasion de chaque versement effectué au titre de la répartition de la réserve spéciale de participation. Les sommes précitées, versées à des comptes courants, portent intérêt à un taux fixé par arrêté du ministre chargé du budget et de l'économie.

La provision pour investissement prévue à l'article L. 3325-3 ne peut être constituée.

Voir : A. 17 juill. 1987 (*JO* 31 juill. 1987) [taux fixé à 10 %]. - C. trav., art. R. 3324-22 et R. 3324-35, p. 1899.

1) Juridiction compétente. Les litiges relatifs à la constatation par l'inspecteur du travail du défaut d'accord de participation ne relèvent pas des juridictions administratives compte tenu de l'article L. 442-13 [nouv. art. L. 3326-1] : ▪ CE 18 juin 2003 : *RJS* 2003, n° 1198.

2) Absence de constat. L'absence de constat par l'inspecteur du travail du défaut de conclusion d'un contrat de participation dans le délai d'un an suivant la clôture de l'exercice au cours duquel sont nés les droits des salariés d'une entreprise ne prive pas ces derniers du droit de demander au juge de faire application du régime légal de participation prévu par l'article L. 442-12 [nouv. art. L. 3323-5] lorsque les conditions de sa mise en œuvre sont réunies : ▪ Cass. soc., 13 sept. 2005 : *JCP* G 2005, IV, 3199 ; *Dr. soc.* 2005, p. 1051, note J. Savatier ; *JCP* S 2005, 1446, note R. Vatinet.

Sous-section 3. – Participation volontaire

Art. L. 3323-6 *(Mod., L. n° 2008-1258, 3 déc. 2008)*. **– Les entreprises qui ne sont pas tenues de mettre en application un régime de participation peuvent, par un accord de participation, se soumettre volontairement aux dispositions du présent titre.**

Les chefs de ces entreprises ou, s'il s'agit de personnes morales, leurs présidents, directeurs généraux, gérants ou membres du directoire, ainsi que le conjoint *(Mots aj., L. n° 2019-486, 22 mai 2019)* **« ou le partenaire lié par un pacte civil de solidarité » du chef d'entreprise s'il bénéficie du statut de conjoint collaborateur ou de conjoint associé mentionné à l'article L. 121-4 du Code de commerce, peuvent bénéficier de ce régime.**

En cas d'échec des négociations, l'employeur peut mettre en application unilatéralement un régime de participation conforme aux dispositions du présent titre. Le *(Mots rempl., Ord. n° 2017-1386, 22 sept. 2017)* **« comité social et économique est consulté » sur le projet d'assujettissement unilatéral à la participation au moins quinze jours avant son dépôt auprès de l'autorité administrative.**

Ces entreprises *(Mod., L. n° 2008-1258, 3 déc. 2008)*, **« leurs salariés et les bénéficiaires visés au deuxième alinéa se voient appliquer le » régime social et fiscal prévu au chapitre V.**

Sous-section 4. – Participation dans les entreprises

Art. L. 3323-7. – Une convention ou un accord de branche étendu peut prévoir la mise en application d'un régime de participation dans les entreprises agricoles employant des salariés mentionnés aux 1° à 3°, 6° et 7° de l'article L. 722-20 du Code rural et de la pêche maritime selon des modalités dérogeant aux dispositions de l'article L. 3324-1.

Ces entreprises et leurs salariés bénéficient alors, dans les mêmes conditions, du régime social et fiscal prévu au chapitre V.

Sous-section 5. – Modification dans la situation juridique de l'entreprise

Art. L. 3323-8. – Lorsque survient une modification dans la situation juridique de l'entreprise, par fusion, cession ou scission, rendant impossible l'application d'un accord de participation, cet accord cesse de produire effet entre le nouvel employeur et le personnel de l'entreprise.

En l'absence d'accord de participation applicable à la nouvelle entreprise, celle-ci engage, dans un délai de six mois à compter de la clôture de l'exercice au cours duquel est intervenue la modification, une négociation en vue de la conclusion d'un nouvel accord, selon l'un des modes prévus à l'article L. 3322-6.

Sous-section 6. – Sociétés coopératives ouvrières de production, coopératives agricoles et entreprises publiques

Art. L. 3323-9 *(Mod., L. n° 2008-1258, 3 déc. 2008 ; L. n° 2014-856, 31 juill. 2014)*. **– Les dispositions du présent titre ainsi que celles régissant les sociétés coopératives de production et les coopératives agricoles sont adaptées, par décret en Conseil d'État, pour les rendre applicables à ces sociétés.**

Par dérogation à l'article L. 3324-10, l'accord de participation applicable dans ces sociétés peut prévoir que tout ou partie de la réserve spéciale de participation n'est exigible qu'à l'expiration d'un délai de cinq ans à compter de l'ouverture de ces droits.

Voir : Sociétés coopératives ouvrières de production, C. trav., art. R. 3323-9 et s., p. 1894. – **Coopératives agricoles**, C. rur., art. R. 523-8 et s., p. 2650.

Bibliographie : J. d'Aleman, *Le droit à participation des salariés dans les entreprises publiques* : *JCP* S 2005, 1330

De la combinaison de l'article 15 de l'ordonnance n° 86-1134 du 21 octobre 1986 [nouv. art. L. 3323-9] et de l'article 1er du décret n° 87-948 du 26 novembre 1987, il résulte que **n'est pas soumise** de plein droit au régime obligatoire de participation des salariés aux résultats de l'entreprise celle dont la majorité du capital social est conjointement détenue, directement ou indirectement, par une ou plusieurs entreprises publiques non inscrites sur la liste figurant à l'article 4 du décret et par une entreprise publique figurant sur cette même liste : ▪ CA Paris, 16 janv. 1996 : *D.* 1996, inf. rap. p. 67. – Spécialement, lorsqu'une partie du capital social d'une société est indirectement détenue, d'une part, par la SNCF, d'autre part, par les AGF ou par les filiales ou sous-filiales de ces deux entreprises, une expertise doit être ordonnée pour rechercher la part du capital social détenue par ces entreprises et leurs filiales ou sous-filiales : ▪ CA Paris, 16 janv. 1996, préc.

Art. L. 3323-10. – Les dispositions du présent titre ne sont pas applicables aux exercices antérieurs à l'exercice suivant *(Mod., L. n° 2008-1258, 3 déc. 2008)* **« le 1er janvier 2005 » pour les sociétés, groupements ou personnes morales, quel que soit leur statut juridique, dont plus de la moitié du capital est détenue, ensemble ou séparément, directement ou indirectement, par les établissements publics et les entreprises publiques mentionnées au deuxième alinéa de l'article L. 3321-1, à l'exception de celles et ceux pour lesquels ces dispositions s'appliquaient en vertu du décret n° 87-948 du 26 novembre 1987 dans sa rédaction antérieure** *(Mod., L. n° 2008-1258, 3 déc. 2008)* **« au 1er janvier 2005 ».**

CHAPITRE VI. – CALCUL ET GESTION DE LA PARTICIPATION

Section I. – Calcul de la réserve spéciale de participation

Art. L. 3324-1 *(Mod., Ord. n° 2008-205, 27 févr. 2008 ; L. n° 2011-1977, 28 déc. 2011)*. **– La réserve spéciale de participation des salariés est constituée comme suit :**

1° Les sommes affectées à cette réserve spéciale sont, après clôture des comptes de l'exercice, calculées sur le bénéfice réalisé en France métropolitaine et *(Mots rempl., Ord. n° 2017-1491, 25 oct. 2017)* **« en Guadeloupe, en Guyane, en Martinique, à Mayotte, à La Réunion » à Saint-Barthélemy et à Saint-Martin, tel qu'il est retenu pour être imposé à l'impôt sur le revenu ou aux taux de l'impôt sur les sociétés prévus au deuxième alinéa et au *b* du I de l'article 219 du Code général des impôts et majoré des bénéfices exonérés en application des dispositions des articles 44 *sexies*, 44 *sexies* A, 44 *septies*, 44 *octies*, 44 *octies* A, 44 *undecies* et 208 C du Code général des impôts. Ce bénéfice est diminué de l'impôt correspondant qui, pour les entreprises soumises à l'impôt sur le revenu, est déterminé dans les conditions déterminées par décret en Conseil d'État ;**

2° Une déduction représentant la rémunération au taux de 5 % des capitaux propres de l'entreprise est opérée sur le bénéfice net ainsi défini ;

3° Le bénéfice net est augmenté du montant de la provision pour investissement prévue à l'article L. 3325-3. Si cette provision est rapportée au bénéfice imposable d'un exercice déterminé, son montant est exclu, pour le calcul de la réserve de participation, du bénéfice net à retenir au titre de l'exercice au cours duquel ce rapport a été opéré ;

4° La réserve spéciale de participation des salariés est égale à la moitié du chiffre obtenu en appliquant au résultat des opérations effectuées conformément aux dispositions des 1° et 2° le rapport des salaires à la valeur ajoutée de l'entreprise.

NB : Conformément à la loi n° 2011-1977 du 28 décembre 2011, article 17 II, ces dispositions s'appliquent à compter des exercices ouverts à partir du 21 septembre 2011.

1) **Bénéfice net fiscal.** La réserve spéciale de participation doit être calculée par référence au bénéfice net fiscal. Ce bénéfice net fiscal doit correspondre à celui qui résulte d'une attestation établie par l'inspecteur des impôts ou le commissaire aux comptes : ▪ Cass. soc., 11 mars 2009, n° 08-41.140 : *JCP* S 2009, 1454, note R. Vatinet.

2) **Crédits d'impôts.** Pour l'application des dispositions de l'article L. 3324-1 du Code du travail, l'impôt correspondant au bénéfice que l'entreprise a réalisé au cours d'un exercice déterminé, qui doit être retranché de ce bénéfice, ne peut s'entendre que de l'impôt sur les sociétés, au taux de droit commun, résultant des règles d'assiette et de liquidation qui régissent ordinairement l'imposition des bénéfices. Dans le cas où une entreprise bénéficie de crédits d'impôts imputables sur le montant de cet impôt, il n'y a pas lieu, par suite, de tenir compte du montant de ces crédits : ▪ Cass. soc., 10 janv. 2017, n° 14-23.888 : *JCP* S 2017, 1081, note G. Duchange.

3) **Entreprise étrangère.** Une entreprise étrangère qui dispose d'un établissement distinct en France est tenue de constituer une réserve spéciale de participation dès lors qu'elle est assujettie à l'impôt dans les conditions déterminées par l'article L. 3324-1 du Code du travail : ▪ Cass. soc., 8 févr. 2012, n° 10-28.526 : *JCP* S 2012, 1165, note J.-S. Lipski.

Art. L. 3324-2 ***(Mod., L. n° 2008-1258, 3 déc. 2008).*** **– L'accord de participation peut établir un régime de participation comportant une base de calcul et des modalités différentes de celles définies à l'article L. 3324-1. Cet accord ne dispense de l'application des règles définies à cet article que si, respectant les principes posés par le présent titre, il comporte pour les salariés des avantages au moins équivalents. La base de calcul retenue peut ainsi être le tiers du bénéfice net fiscal. La réserve spéciale de participation peut être calculée en prenant en compte l'évolution de la valeur des actions ou parts sociales de l'entreprise ou du groupe au cours du dernier exercice clos.**

Lorsqu'un accord est conclu au sein d'un groupe de sociétés, l'équivalence des avantages consentis aux salariés s'apprécie globalement au niveau du groupe et non entreprise par entreprise.

Dans les entreprises dont l'effectif habituel est compris entre un et deux cent cinquante salariés, la part de la réserve spéciale de participation excédant le montant qui aurait résulté d'un calcul effectué en application de l'article L. 3324-1 peut être répartie entre les salariés et les chefs de ces entreprises, les présidents, directeurs généraux, gérants ou membres du directoire s'il s'agit de personnes morales, le conjoint ***(Mots aj., L. n° 2019-486, 22 mai 2019)*** **« ou le partenaire lié par un pacte civil de solidarité » du chef d'entreprise s'il a le statut de conjoint collaborateur ou de conjoint associé mentionné à l'article L. 121-4 du Code de commerce.**

L'accord n'ouvre droit au régime social et fiscal prévu au chapitre V que si la réserve spéciale de participation n'excède pas la moitié du bénéfice net comptable, ou, au choix des parties, l'un des trois plafonds suivants :

1° Le bénéfice net comptable diminué de 5 % des capitaux propres ;

2° Le bénéfice net fiscal diminué de 5 % des capitaux propres ;

3° La moitié du bénéfice net fiscal.

L'accord précise le plafond retenu.

(Al. créé, L. n° 2019-486, 22 mai 2019) **Par dérogation au dernier alinéa de l'article L. 3321-1, le II de l'article L. 130-1 du Code de la sécurité sociale ne s'applique pas au franchissement du seuil d'un salarié.**

Rédaction future. Art. L. 3324-2 *(Mod., L. n° 2008-1258, 3 déc. 2008).* – L'accord de participation peut établir un régime de participation comportant une base de calcul et des modalités différentes de celles définies à l'article L. 3324-1. Cet accord ne dispense de l'application des règles définies à cet article que si, respectant les principes posés par le présent titre, il comporte pour les salariés des avantages au moins équivalents. La base de calcul retenue peut ainsi être le tiers du bénéfice net fiscal. La réserve spéciale de participation peut être calculée en prenant en compte l'évolution de la valeur des actions ou parts sociales de l'entreprise ou du groupe au cours du dernier exercice clos.

Lorsqu'un accord est conclu au sein d'un groupe de sociétés, l'équivalence des avantages consentis aux salariés s'apprécie globalement au niveau du groupe et non entreprise par entreprise.

Dans les entreprises *(Mots rempl. à compter du 1er janvier 2020, L. n° 2019-486, 22 mai 2019)* « employant au moins un salarié et moins de deux cent cinquante salariés », la part de la réserve spéciale de participation excédant le montant qui aurait résulté d'un calcul effectué en application de l'article L. 3324-1 peut être répartie entre les salariés et les chefs de ces entreprises, les présidents, directeurs généraux, gérants ou membres du directoire s'il s'agit de personnes morales, le conjoint *(Mots aj., L. n° 2019-486, 22 mai 2019)* « ou le partenaire lié par un pacte civil de solidarité » du chef d'entreprise s'il a le statut de conjoint collaborateur ou de conjoint associé mentionné à l'article L. 121-4 du Code de commerce.

L'accord n'ouvre droit au régime social et fiscal prévu au chapitre V que si la réserve spéciale de participation n'excède pas la moitié du bénéfice net comptable, ou, au choix des parties, l'un des trois plafonds suivants :

1° Le bénéfice net comptable diminué de 5 % des capitaux propres ;

2° Le bénéfice net fiscal diminué de 5 % des capitaux propres ;

3° La moitié du bénéfice net fiscal.

L'accord précise le plafond retenu.

(Al. créé, L. n° 2019-486, 22 mai 2019) Par dérogation au dernier alinéa de l'article L. 3321-1, le II de l'article L. 130-1 du Code de la sécurité sociale ne s'applique pas au franchissement du seuil d'un salarié.

Caractère aléatoire. Le caractère aléatoire de la participation des salariés aux résultats de l'entreprise auquel est subordonnée l'exonération des cotisations sociales s'oppose à ce que les dispositions d'un accord relatives au calcul du montant de la réserve spéciale au regard des résultats de l'exercice à partir desquels elle est établie : ▪ Cass. soc., 19 nov. 1998 : *Bull. civ.* V, n° 510 ; *RJS* 1/1999, n° 82.

Art. L. 3324-3. – Dans les entreprises relevant de l'impôt sur le revenu, le bénéfice à retenir, avant déduction de l'impôt correspondant, est égal au bénéfice imposable de cet exercice, diminué :

1° De la rémunération normale du travail du chef d'entreprise lorsque cette rémunération n'est pas admise dans les frais généraux pour l'assiette de l'impôt de droit commun ;

2° Des résultats déficitaires enregistrés au cours des cinq années antérieures qui ont été imputés sur des revenus d'une autre nature mais n'ont pas déjà été pris en compte pour le calcul de la participation afférente aux exercices précédents.

Rémunération du chef d'entreprise. Il résulte des dispositions de l'article L. 442-3 *[L. 3324-3]* du Code du travail que la rémunération du chef d'entreprise, qui vient en diminution (et non en déduction) du bénéfice net établi par l'inspecteur des impôts indépendamment des éventuels déficits fiscaux antérieurs, s'entend de la seule rémunération afférente à l'année au titre de laquelle chaque attestation doit être établie. Le chef d'entreprise n'est dès lors pas autorisé à rendre fictivement déficitaires les résultats déclarés pour une année en demandant la prise en compte de la partie de sa rémunération non comprise dans les frais généraux et qui n'aurait pas servi pour le calcul de la réserve d'années antérieures : ▪ TA Paris, 28 mars 2006 : *JurisData* n° 2006-325923.

Art. L. 3324-4. – Un décret en Conseil d'État détermine le mode de calcul, éventuellement forfaitaire, de la réduction opérée au titre de l'impôt sur le revenu prévue à l'article L. 3324-3.

Section II. – Répartition de la réserve spéciale de participation

Art. L. 3324-5 *(Mod., L. n° 2008-1258, 3 déc. 2008 ; L. n° 2019-486, 22 mai 2019)*. **– La répartition de la réserve spéciale de participation entre les bénéficiaires est calculée proportionnellement au salaire perçu dans la limite de trois fois le plafond mentionné au premier alinéa de l'article L. 241-3 du Code de la sécurité sociale. Pour les bénéficiaires visés au deuxième alinéa de l'article L. 3323-6 du présent code et au troisième alinéa de l'article L. 3324-2, la répartition est calculée proportionnellement à la rémunération annuelle ou au revenu professionnel imposé à l'impôt sur le revenu au titre de l'année précédente, plafonnés au niveau du salaire le plus élevé versé dans l'entreprise, et dans les limites de plafonds de répartition individuelle déterminés par décret.**

Toutefois, l'accord de participation peut décider que cette répartition entre les bénéficiaires est uniforme, proportionnelle à la durée de présence dans l'entreprise au cours de l'exercice, ou retenir conjointement plusieurs de ces critères.

L'accord peut fixer un salaire plancher servant de base de calcul à la part individuelle.

Le plafond de répartition individuelle déterminé par le décret prévu au premier alinéa ne peut faire l'objet d'aucun aménagement, à la hausse ou à la baisse, y compris par un accord mentionné à l'article L. 3323-1.

Bénéficiaires.
a) Tous les salariés de l'entreprise où a été conclu un accord de participation doivent pouvoir bénéficier de la répartition des résultats sans que puisse leur être opposé le fait que leur salaire n'est pas assujetti à la taxe sur les salaires et n'est pas pris en compte pour le calcul de la réserve spéciale de participation : ▪ Cass. soc., 22 mai 2001 : *Bull. civ.* V, n° 179.

b) Les modalités de calcul et la répartition de la réserve spéciale de participation entre les salariés bénéficiaires ne peuvent faire l'objet d'une distinction suivant que les salariés d'une même entreprise travaillent en France ou à l'étranger : ▪ Cass. soc., 29 oct. 2002 : *Bull. civ.* V, n° 324 ; *Dr. soc.* 2003, p. 138, obs. J. Savatier. – V. aussi dans le même sens, ▪ Cass. soc., 28 nov. 2006, n° 04-19.623, inédit.

Art. L. 3324-6. – **Sont assimilées à des périodes de présence, quel que soit le mode de répartition retenu par l'accord :**

1° Les périodes de congé de maternité prévu à l'article L. 1225-17 et de congé d'adoption prévu à l'article L. 1225-37 ;

2° Les périodes de suspension du contrat de travail consécutives à un accident du travail ou à une maladie professionnelle en application de l'article L. 1226-7.

Art. L. 3324-7. – **Les sommes qui n'auraient pu être mises en distribution en raison des règles définies aux articles L. 3324-5 et L. 3324-6 font l'objet d'une répartition immédiate entre tous les salariés** ***(Aj., L. n° 2008-1258, 3 déc. 2008)*** **« et, le cas échéant, les bénéficiaires visés au deuxième alinéa de l'article L. 3323-6 et au troisième alinéa de l'article L. 3324-2, » auxquels ont été versées, en application de ces articles, des sommes d'un montant inférieur au plafond des droits individuels déterminé par décret. Ce plafond ne peut être dépassé du fait de cette répartition supplémentaire.**

Les sommes qui, en raison des règles définies par l'article précité et celles du premier alinéa du présent article, n'auraient pu être mises en distribution demeurent dans la réserve spéciale de participation des salariés pour être réparties au cours des exercices ultérieurs.

Art. L. 3324-8. – **Lorsqu'un accord unique est conclu au sein d'une unité économique et sociale en application de l'article L. 3322-2 pour les entreprises qui n'entrent pas dans un même périmètre de consolidation ou de combinaison des comptes au sens du deuxième alinéa de l'article L. 3344-1, la répartition des sommes est effectuée entre tous les salariés** ***(Aj., L. n° 2008-1258, 3 déc. 2008)*** **« et, le cas échéant, les bénéficiaires visés au deuxième alinéa de l'article L. 3323-6 et au troisième alinéa de l'article L. 3324-2, » employés dans les entreprises sur la base du total des réserves de participation constituées dans chaque entreprise.**

Art. L. 3324-9 ***(L. n° 2008-67, 21 janv. 2008).*** – **Le conseil d'administration ou le directoire peut décider de verser un supplément de réserve spéciale de participation au titre de l'exercice clos, dans le respect des plafonds mentionnés à l'article L. 3324-5 et selon les modalités de répartition prévues par l'accord de participation ou par un accord spécifique conclu selon les modalités prévues à l'article L. 3322-6.**

Si l'entreprise dispose d'un accord de participation conclu conformément à l'article L. 3324-2, la réserve spéciale de participation, y compris le supplément, ne peut excéder le plafond prévu au dernier alinéa de cet article. En l'absence d'un tel accord, elle ne peut excéder le plus élevé des plafonds mentionnés à l'avant-dernier alinéa du même article.

Dans une entreprise où il n'existe ni conseil d'administration, ni directoire, l'employeur peut décider le versement d'un supplément de réserve spéciale de participation, dans les conditions prévues au présent article.

L'application au supplément de réserve spéciale de participation des dispositions du second alinéa de l'article L. 3325-1 ne donne pas lieu à application de l'article L. 131-7 du Code de la sécurité sociale.

Section III. – Indisponibilité des droits des salariés

Art. L. 3324-10. – **Les droits constitués au profit des salariés en application des dispositions du présent titre sont négociables ou exigibles à l'expiration d'un délai de cinq ans à compter** ***(Mots rempl., L. n° 2015-990, 6 août 2015)*** **« du premier jour du sixième mois suivant l'exercice au titre duquel les droits sont nés »** ***(Aj., L. n° 2008-1258, 3 déc. 2008)*** **« sauf si le salarié demande le versement de tout ou partie des sommes correspondantes dans des conditions fixées par décret. La demande peut être présentée à**

l'occasion de chaque versement effectué au titre de la répartition de la réserve spéciale de participation. Toutefois, un accord collectif qui, en application de l'article L. 3324-2, établit un régime de participation comportant une base de calcul différente de celle établie à l'article L. 3324-1, peut prévoir que tout ou partie de la part des sommes versées aux salariés au titre de la participation aux résultats de l'entreprise supérieure à la répartition d'une réserve spéciale de participation calculée selon les modalités de l'article L. 3324-1 n'est négociable ou exigible qu'à l'expiration d'un délai de cinq ans à compter *(Mots rempl., L. n° 2015-990, 6 août 2015)* "du premier jour du sixième mois suivant l'exercice au titre duquel les droits sont nés" ».

***(Mod. L. n° 2008-1258, 3 déc. 2008)* « Lorsque les sommes ont été affectées dans les conditions prévues à l'article L. 3323-2, » un décret en Conseil d'État détermine les conditions liées à la situation ou aux projets du salarié, dans lesquelles ces droits peuvent être exceptionnellement liquidés ou transférés avant l'expiration de ces délais.**

NB : Ces dispositions sont applicables aux droits à intéressement et à participation des salariés aux résultats de l'entreprise attribués au titre des exercices clos après la publication de la loi n° 2015-990 du 6 août 2015.

Les dispositions du deuxième alinéa de l'article L. 442-7 [nouv. art. L. 3324-10], selon lesquelles : « L'accord conclu dans les conditions fixées à l'article L. 442-10 [nouv. art. L. 3322-6] peut ramener ce délai à trois ans. Cette disposition ne s'applique pas aux sociétés coopératives ouvrières de production ni aux sociétés anonymes à participation ouvrière », **demeurent applicables** aux accords en vigueur à la date du 20 février 2001, date de publication de la loi sur l'épargne salariale *(L. n° 2001-152, 19 févr. 2001, art. 7)*.

Section IV. – Paiement et déblocage anticipé

Art. L. 3324-11 ***(Mod., L. n° 2008-1258, 3 déc. 2008).* – Les entreprises peuvent payer directement aux salariés et, le cas échéant, aux bénéficiaires visés au deuxième alinéa de l'article L. 3323-6 et au troisième alinéa de l'article L. 3324-2, les sommes leur revenant lorsque celles-ci n'atteignent pas un montant fixé par un arrêté ministériel.**

Voir : A. 10 oct. 2001 (*JO* 18 oct. 2001) *[montant fixé à 80 €]*. – C. trav., art. D. 3324-17, p. 1897 et D. 3324-25, p. 1899.

Section V. – Affectation à un plan d'épargne salariale

Art. L. 3324-12. – *(Rempl., L. n° 2010-1330, 9 nov. 2010)* Lorsque le salarié, et le cas échéant le bénéficiaire visé au deuxième alinéa de l'article L. 3323-6 et au troisième alinéa de l'article L. 3324-2, ne demande pas le versement en tout ou partie des sommes qui lui sont attribuées au titre de la participation dans les conditions prévues à l'article L. 3324-10 ou qu'il ne décide pas de les affecter dans l'un des dispositifs prévus par l'article L. 3323-2, sa quote-part de réserve spéciale de participation, dans la limite de celle calculée à l'article L. 3324-1, est affectée, pour moitié, dans un plan d'épargne pour la retraite collectif lorsqu'il a été mis en place dans l'entreprise et, pour moitié, dans les conditions prévues par l'accord mentionné à l'article L. 3323-1. Les modalités d'information du salarié sur cette affectation sont déterminées par décret. *(Phrase aj., L. n° 2015-990, 6 août 2015)* La fraction de la quote-part affectée dans le plan d'épargne pour la retraite collectif est investie conformément au second alinéa de l'article L. 3334-11.

Les modalités d'affectation de la part des sommes versées aux salariés au titre de la participation aux résultats de l'entreprise supérieure à celle calculée selon les modalités de l'article L. 3324-1 peuvent être fixées par l'accord de participation.

Le plan peut également être alimenté, suivant les modalités qu'il fixe, par les versements complémentaires de l'entreprise et les versements opérés volontairement par les salariés.

NB : Ces dispositions sont applicables aux versements effectués sur un plan d'épargne pour la retraite collectif à compter du 1er janvier 2016.

CHAPITRE V. – RÉGIME SOCIAL ET FISCAL DE LA PARTICIPATION

Art. L. 3325-1. – Les sommes portées à la réserve spéciale de participation au cours d'un exercice sont déductibles pour l'assiette de l'impôt sur les sociétés ou de l'impôt sur le revenu exigible au titre de l'exercice au cours duquel elles sont réparties entre les salariés.

Elles ne sont pas prises en considération pour l'application de la législation du travail *(Mots rempl., Ord. n° 2018-474, 12 juin 2018)* « sont exclues de l'assiette des cotisations définie à l'article L. 242-1 du Code de la sécurité sociale ».

Les dispositions du deuxième alinéa de l'article L. 442-7 *[nouv. art. L. 3324-10]*, selon lesquelles : « L'accord conclu dans les conditions fixées à l'article L. 442-10 peut ramener ce délai à trois ans. Cette disposition ne s'applique pas aux sociétés coopératives ouvrières de production ni aux sociétés anonymes à participation ouvrière », **demeurent applicables** aux accords en vigueur à la date du 20 février 2001, date de publication de la loi sur l'épargne salariale *(L. n° 2001-152, 19 févr. 2001, art. 7)*.

Art. L. 3325-2. – Les sommes *(Mod., L. n° 2008-1258, 3 déc. 2008)* « affectées dans les conditions prévues à l'article L. 3323-2 » sont exonérées d'impôt sur le revenu.

Les revenus provenant des sommes attribuées au titre de la participation et recevant la même affectation qu'elles sont exonérés dans les mêmes conditions. Ils se trouvent alors frappés de la même indisponibilité que ces sommes et sont définitivement exonérés à l'expiration de la période d'indisponibilité correspondante.

Après l'expiration de la période d'indisponibilité, l'exonération est toutefois maintenue pour les revenus provenant de sommes utilisées pour acquérir des actions de l'entreprise ou versées à des organismes de placement extérieurs à l'entreprise tels que ceux énumérés au 1° de l'article L. 3323-2, tant que les salariés *(Aj., L. n° 2008-1258, 3 déc. 2008)* « et, le cas échéant, les bénéficiaires visés au deuxième alinéa de l'article L. 3323-6 et au troisième alinéa de l'article L. 3324-2, » ne demandent pas la délivrance des droits constitués à leur profit.

(Al. abr., L. n° 2019-486, 22 mai 2019).

(Al. abr., L. n° 2013-1278, 29 déc. 2013).

NB : Conformément à l'article 26 XI 5 de la loi n° 2013-1278 du 29 décembre 2013 de finances pour 2014, les dispositions de l'article L. 3325-2, dans leur rédaction issue de la présente loi, s'appliquent aux emprunts contractés à compter du 1er janvier 2017.

Art. L. 3325-3. – Les conditions dans lesquelles les entreprises peuvent constituer en franchise d'impôt une provision pour investissement sont fixées par le Code général des impôts.

Art. L. 3325-4. – Les dispositions du présent chapitre sont applicables au supplément de réserve spéciale de participation mentionné à l'article L. 3324-9.

CHAPITRE VI. – CONTESTATIONS ET SANCTIONS

Art. L. 3326-1. – Le montant du bénéfice net et celui des capitaux propres de l'entreprise sont établis par une attestation de l'inspecteur des impôts ou du commissaire aux comptes. Ils ne peuvent être remis en cause à l'occasion des litiges nés de l'application du présent titre.

Les contestations relatives au montant des salaires et au calcul de la valeur ajoutée prévus au 4° de l'article L. 3324-1 sont réglées par les procédures stipulées par les accords de participation. À défaut, elles relèvent des juridictions compétentes en matière d'impôts directs. Lorsqu'un accord de participation est intervenu, les juridictions ne peuvent être saisies que par les signataires de cet accord.

Tous les autres litiges relatifs à l'application du présent titre sont de la compétence du juge judiciaire.

1) **Contestation.** L'impossibilité de mettre en cause le montant du bénéfice net et celui des capitaux propres de l'entreprise établis par une attestation de l'inspecteur des impôts ou du commissaire aux comptes est limitée aux litiges opposant le salarié à son employeur : ▪ Cass. soc., 10 févr. 1999 : *Bull. civ.* V, n° 62 ; *RJS* 3/1999, n° 402. V. aussi, ▪ Cass. soc., 11 mars 2009, n° 08-41.140 : *Bull. civ.* V, n° 80. ▪ Cass. soc., 8 déc. 2010, n° 09-65.810 : *JCP* S 2011, 1063, note R. Vatinet. Il résulte de la combinaison des articles D. 3325-4 et L. 3326-1, qui sont d'ordre public absolu, que les actions en responsabilité tant contractuelle que délictuelle des salariés qui ne sont plus présents dans l'entreprise lors de l'exercice au cours duquel le redressement fiscal est devenu définitif sont irrecevables : ▪ Cass. soc., 18 févr. 2016, n° 14-12.614 : *JCP* S 2016, 1119, note J. Kovac.

2) **Action des syndicats.** L'impossibilité de remettre en cause le montant du bénéfice net de l'entreprise, auquel doit être assimilé l'excédent net répartissable des coopératives agricoles et de leurs unions, prévu par l'article L. 3326-1 du Code du travail est applicable aux syndicats qui agissent en exécution d'un accord de participation, qu'ils en soient signataires ou non : ▪ Cass. soc., 9 févr. 2009, n° 08-11.338, inédit. V. aussi, ▪ Cass. soc., 28 févr. 2018, n° 16-17.994, publié.

3) **Compétence du juge judiciaire.** Le juge judiciaire est en principe compétent pour tous les

litiges portant sur un accord de participation : ▪ Cass. soc., 28 févr. 2018, n° 16-13.682 : *JCP* S 2018, 1131, note S. Brissy. Il en résulte qu'un litige qui ne porte pas sur le montant des salaires déclarés à l'administration fiscale relève de la juridiction judiciaire : ▪ Cass. soc., 2 déc. 2008, n° 07-16.615 : *JCP* S 2009, 1074, note J.-Y. Kerbourc'h. L'attestation établie par l'inspecteur des impôts ayant pour seul objet de garantir la concordance entre le montant du bénéfice déclaré à l'administration et celui utilisé par l'entreprise pour le calcul de la réserve spéciale de participation des salariés, elle n'a pas le caractère d'un acte administratif détachable du contentieux s'y rapportant. En conséquence, la demande en annulation d'une attestation rectificative, qui tend à contester le montant du bénéfice net porté sur cette attestation, ressortit de la compétence de la juridiction judiciaire : ▪ T. confl., 11 déc. 2017, n° 4104 : *Cah. soc.* févr. 2018, p. 41, obs. G. Auzero. Pour une première mise en œuvre de cette solution, V. ▪ CE, 26 avr. 2018, n° 396196, inédit.

4) **Prescription.** La prescription de cinq ans ne s'applique pas lorsque la créance, même périodique, dépend d'éléments qui, comme pour la participation aux fruits de l'expansion de l'entreprise, ne sont pas connus du bénéficiaire : ▪ Cass. soc., 26 oct. 2011, n° 10-14.175 : *JCP* S 2012, 1003, note H. Guyot.

5) **Contenu de l'attestation.** L'attestation délivrée par le commissaire aux comptes doit préciser le montant des capitaux propres, celui de l'excédent net répartissable retenu et l'exercice auquel ces montants se rapportent : ▪ Cass. soc., 30 janv. 2013, n° 12-1.875 : *BJS* 2013, p. 256, note G. Auzero et J.-M. Chonnier.

6) **Portée de l'attestation.** Le montant du bénéfice net établi par une attestation de l'inspecteur des impôts ou du commissaire aux comptes ne peut être remis en cause à l'occasion des litiges nés de l'application des dispositions légales relatives à la participation des salariés aux résultats de l'entreprise : ▪ Cass. soc., 10 janv. 2017, n° 14-23.888 : *JCP* S 2017, 1081, note G. Duchange. V., déjà en ce sens, ▪ Cass. soc., 24 nov. 1982 : *Bull. civ.* V, n° 636. Le montant du bénéfice net devant être retenu pour le calcul de la réserve de participation qui a été certifié par une attestation du commissaire aux comptes de la société dont les syndicats ne contestent pas la sincérité ne peut être remis en cause dans un litige relatif à la participation, quand bien même l'action des syndicats est fondée sur la fraude ou l'abus de droit invoqués à l'encontre des actes de gestion de la société : ▪ Cass. soc., 28 févr. 2018, n° 16-50.015 : *JCP* S 2018, 1144, avis R. Weissmann et note J. Kovac et G. Loiseau ; *Cah. soc.* avr. 2018, p. 212, obs. G. Auzero.

Art. L. 3326-2. – **Des astreintes peuvent être prononcées par le juge judiciaire contre les entreprises qui n'exécutent pas les obligations qui leur incombent en application du présent titre.**

Les salariés de l'entreprise en cause et le procureur de la République dans le ressort duquel cette entreprise est située ont seuls qualité pour agir.

L'astreinte a un caractère provisoire et est liquidée par le juge après exécution par l'entreprise de ses obligations. Il est tenu compte, lors de sa liquidation, notamment du préjudice effectivement causé et de la résistance opposée par l'entreprise.

6.8.2. – Plans d'épargne salariale

Code du travail

Partie législative

CHAPITRE I. – CHAMP D'APPLICATION

Art. L. 3331-1. – **Les dispositions du présent titre sont applicables aux employeurs de droit privé ainsi qu'à leurs salariés.**

(Al. créé, L. n° 2019-486, 22 mai 2019) **Lorsque, dans le présent titre, il est fait référence à l'effectif salarié, cet effectif et le franchissement du seuil sont déterminés selon les modalités prévues à l'article L. 130-1 du Code de la sécurité sociale.**

CHAPITRE II. – PLANS D'ÉPARGNE ENTREPRISE

Section I. – Conditions de mise en place

Sous-section 1. – Bénéficiaires

Art. L. 3332-1. – Le plan d'épargne d'entreprise est un système d'épargne collectif ouvrant aux salariés de l'entreprise la faculté de participer, avec l'aide de celle-ci, à la constitution d'un portefeuille de valeurs mobilières.

Art. L. 3332-2 *(Mod., L. n° 2008-1258, 3 déc. 2008)*. **– Les anciens salariés ayant quitté l'entreprise à la suite d'un départ à la retraite ou en préretraite peuvent continuer à effectuer des versements au plan d'épargne d'entreprise.**

Dans les entreprises dont l'effectif habituel est compris entre un et deux cent cinquante salariés, peuvent également participer aux plans d'épargne d'entreprise :

1° Les chefs de ces entreprises ;

2° Les présidents, directeurs généraux, gérants ou membres du directoire, s'il s'agit de personnes morales ;

3° Le conjoint *(Mots aj., L. n° 2019-486, 22 mai 2019)* **« ou le partenaire lié par un pacte civil de solidarité » du chef d'entreprise s'il a le statut de conjoint collaborateur ou de conjoint associé mentionné à l'article L. 121-4 du Code de commerce** *(Mots aj., L. n° 2012-387, 22 mars 2012)* **« ou à l'article L. 321-5 du Code rural et de la pêche maritime ».**

Le salarié d'un groupement d'employeurs peut bénéficier du plan d'épargne salariale mis en place dans chacune des entreprises adhérentes du groupement auprès de laquelle il est mis à disposition dans des conditions fixées par décret.

Les travailleurs non salariés visés à l'article L. 134-1 du Code de commerce ou au titre IV du livre V du Code des assurances ayant un contrat individuel avec une entreprise dont ils commercialisent des produits peuvent bénéficier du plan d'épargne salariale mis en place dans l'entreprise, si le règlement le prévoit, dans des conditions fixées par décret.

(Al. créé, L. n° 2019-486, 22 mai 2019) **Par dérogation au second alinéa de l'article L. 3331-1 du présent code, le II de l'article L. 130-1 du Code de la sécurité sociale ne s'applique pas au franchissement du seuil d'un salarié.**

> **Rédaction future. Art. L. 3332-2** *(Mod., L. n° 2008-1258, 3 déc. 2008 ; L. n° 2012-387, 22 mars 2012)*. **–** Les anciens salariés ayant quitté l'entreprise à la suite d'un départ à la retraite ou en préretraite peuvent continuer à effectuer des versements au plan d'épargne d'entreprise.
>
> Dans les entreprises *(Mots rempl. à compter du 1er janvier 2020, L. n° 2019-486, 22 mai 2019)* « employant au moins un salarié et moins de deux cent cinquante salariés », peuvent également participer aux plans d'épargne d'entreprise :
>
> 1° Les chefs de ces entreprises ;
>
> 2° Les présidents, directeurs généraux, gérants ou membres du directoire, s'il s'agit de personnes morales ;
>
> 3° Le conjoint du chef d'entreprise s'il a le statut de conjoint collaborateur ou de conjoint associé mentionné à l'article L. 121-4 du Code de commerce ou à l'article L. 321-5 du Code rural et de la pêche maritime.
>
> Le salarié d'un groupement d'employeurs peut bénéficier du plan d'épargne salariale mis en place dans chacune des entreprises adhérentes du groupement auprès de laquelle il est mis à disposition dans des conditions fixées par décret.
>
> Les travailleurs non salariés visés à l'article L. 134-1 du Code de commerce ou au titre IV du livre V du Code des assurances ayant un contrat individuel avec une entreprise dont ils commercialisent des produits peuvent bénéficier du plan d'épargne salariale mis en place dans l'entreprise, si le règlement le prévoit, dans des conditions fixées par décret.
>
> *(Al. créé, L. n° 2019-486, 22 mai 2019)* Par dérogation au second alinéa de l'article L. 3331-1 du présent code, le II de l'article L. 130-1 du Code de la sécurité sociale ne s'applique pas au franchissement du seuil d'un salarié.

Sous-section 2. – Mise en place

Art. L. 3332-3. – Le plan d'épargne d'entreprise peut être établi dans l'entreprise à l'initiative de celle-ci ou par un accord avec le personnel *(Mots aj., L. n° 2015-990, 6 août 2015)* **« , conclu dans les conditions prévues à l'article L. 3322-6 », notamment en vue de recevoir les versements effectués en application des titres I et II relatifs à l'intéressement et à la participation des salariés aux résultats de l'entreprise.**

Art. L. 3332-4. – Lorsque l'entreprise compte au moins un délégué syndical ou est dotée d'un *(Mots rempl., Ord. n° 2017-1386, 22 sept. 2017)* **« comité social et économique », le plan d'épargne d'entreprise**

est négocié dans les conditions prévues à l'article L. 3322-6. Si, au terme de la négociation, aucun accord n'a été conclu, un procès-verbal de désaccord est établi dans lequel sont consignées en leur dernier état les propositions respectives des parties et les mesures que l'employeur entend appliquer unilatéralement.

Toutefois, ces dispositions ne sont pas applicables à la modification des plans d'épargne d'entreprise mis en place à l'initiative de l'entreprise avant la date de publication de la loi n° 2004-804 du 9 août 2004 pour le soutien à la consommation et à l'investissement.

Art. L. 3332-5. – Lorsque le plan d'épargne d'entreprise n'est pas établi en vertu d'un accord avec le personnel, le *(Mots rempl., Ord. n° 2017-1386, 22 sept. 2017)* « comité social et économique est consulté » sur le projet de règlement du plan au moins quinze jours avant son dépôt auprès de l'autorité administrative.

Art. L. 3332-6. – Lors de la négociation des accords prévus aux titres I et II, la question de l'établissement d'un plan d'épargne d'entreprise est examinée.

Sous-section 3. – Information des salariés

Art. L. 3332-7. – Le règlement du plan d'épargne d'entreprise détermine les conditions dans lesquelles le personnel est informé de son existence et de son contenu. *(Mots aj., L. n° 2019-486, 22 mai 2019)* « Il prévoit des conditions de mise en œuvre d'une aide à la décision pour les bénéficiaires. »

L'obligation d'information dont est débiteur l'employeur dès l'instauration du plan d'épargne d'entreprise ne peut se limiter à la simple existence de ce plan, mais porte également sur son contenu : ▪ Cass. soc., 5 mars 2008, n° 06-45.205 : *Bull. civ.* V, n° 45. – Il en résulte l'obligation pour l'employeur d'informer en temps utile chacun des salariés des modifications intervenues par rapport au règlement initial portant sur les dates auxquelles les versements des salariés doivent être réalisés : ▪ Cass. soc., 17 juin 2009, n° 07-45.560 : *JCP* S 2009, 1455, note R. Vatinet.

Art. L. 3332-7-1 *(Créé, L. n° 2019-486, 22 mai 2019)*. – La personne chargée de la tenue de registre des comptes administratifs fournit à tout bénéficiaire d'un plan d'épargne salariale un relevé annuel de situation comportant le choix d'affectation de son épargne, ainsi que le montant de ses valeurs mobilières estimé au 31 décembre de l'année précédente.

Un décret détermine les mentions devant figurer au sein de ce relevé annuel de situation, notamment les versements et retraits de l'année précédente, ainsi que la date à laquelle ce relevé est au plus tard édité.

Art. L. 3332-8. – Lorsque le plan d'épargne d'entreprise n'est pas établi en vertu d'un accord avec le personnel, les entreprises communiquent la liste nominative de la totalité de leurs salariés à l'établissement habilité pour les activités de conservation ou d'administration d'instruments financiers, en application de l'article L. 542-1 du Code monétaire et financier, auquel elles ont confié la tenue des comptes des adhérents. Cet établissement informe nominativement par courrier chaque salarié de l'existence d'un plan d'épargne d'entreprise dans l'entreprise.

Ces dispositions ne s'appliquent pas aux entreprises ayant remis à l'ensemble de leurs salariés une note d'information individuelle sur l'existence et le contenu du plan prévue par le règlement du plan d'épargne d'entreprise.

Sous-section 4. – Dépôt

Art. L. 3332-9. – Les règlements des plans d'épargne d'entreprise sont déposés auprès de l'autorité administrative.

Section II. – Versements

Art. L. 3332-10 *(Mod., Ord. n° 2013-676, 25 juill. 2013 ; Ord. n° 2011-915, 1er août 2011 ; L. n° 2012-387, 22 mars 2012 ; L. n° 2015-990, 6 août 2015 ; L. n° 2019-486, 22 mai 2019)*. – Les versements annuels d'un salarié ou d'une personne mentionnée à l'article L. 3332-2 aux plans d'épargne d'entreprise auxquels il participe ne peuvent excéder un quart de sa rémunération annuelle ou de son revenu professionnel imposé à l'impôt sur le revenu au titre de l'année précédente. Ces versements ne peuvent excéder une fois la rémunération annuelle ou le revenu professionnel imposé à l'impôt sur le

revenu au titre de l'année précédente lorsqu'ils sont effectués à destination du fonds commun de placement mentionné à l'article L. 3332-16

Pour le conjoint du chef d'entreprise mentionné au 3° du même article et pour le salarié dont le contrat de travail est suspendu, qui n'ont perçu aucune rémunération au titre de l'année de versement, les versements ne peuvent excéder le quart du montant annuel du plafond prévu à l'article L. 241-3 du Code de la sécurité sociale. Ces versements ne peuvent excéder une fois le montant annuel du plafond prévu au même article L. 241-3 lorsqu'ils sont effectués à destination du fonds commun de placement régi par l'article L. 3332-16 du présent code.

Le montant des droits inscrits à un compte épargne-temps ainsi que le montant des sommes correspondant à des jours de repos non pris et qui sont utilisés pour alimenter un plan d'épargne pour la retraite collectif défini au chapitre IV ne sont pas pris en compte pour l'appréciation du plafond mentionné au premier alinéa. Il en est de même des droits utilisés pour alimenter un plan d'épargne d'entreprise, à condition qu'ils servent à l'acquisition de titres de l'entreprise ou d'une entreprise qui lui est liée au sens des articles L. 3344-1 et L. 3344-2, ou de parts ou d'actions de fonds d'épargne salariale mentionnés aux articles L. 214-165 et L. 214-166 du Code monétaire et financier.

Art. L. 3332-11 *(Mod., L. n° 2008-1258, 3 déc. 2008 ; L. n° 2019-486, 22 mai 2019)*. – Les sommes versées annuellement par une ou plusieurs entreprises pour un salarié ou une personne mentionnée à l'article L. 3332-2 constituent l'abondement de l'employeur et ne peuvent excéder un plafond fixé par voie réglementaire pour les versements à un plan d'épargne d'entreprise, sans pouvoir excéder le triple de la contribution du bénéficiaire. Cette contribution peut être constituée des sommes provenant de l'intéressement, de la participation aux résultats de l'entreprise et des versements volontaires des bénéficiaires.

L'entreprise peut majorer l'abondement mentionné au premier alinéa à concurrence du montant consacré par le salarié ou la personne mentionnée à l'article L. 3332-2 à l'acquisition d'actions ou de certificats d'investissement émis par l'entreprise ou par une entreprise incluse dans le même périmètre de consolidation ou de combinaison des comptes au sens du deuxième alinéa de l'article L. 3344-1, sans que cette majoration puisse excéder 80 %.

En outre, les entreprises peuvent, même en l'absence de contribution du salarié :

1° Si le règlement du plan le prévoit, effectuer des versements sur ce plan, sous réserve d'une attribution uniforme à l'ensemble des salariés, pour l'acquisition d'actions ou de certificats d'investissement émis par l'entreprise ou par une entreprise incluse dans le même périmètre de consolidation ou de combinaison des comptes au sens du deuxième alinéa de l'article L. 3344-1. Les actions ou certificats d'investissement ainsi acquis par le salarié ne sont disponibles qu'à l'expiration d'un délai minimum de cinq ans à compter de ce versement ;

2° Effectuer des versements sur ce plan dans les conditions prévues au chapitre XI du titre III du livre II du Code de commerce, dans la limite de 30 % du montant annuel du plafond mentionné à l'article L. 241-3 du Code de la sécurité sociale. Ces versements ne sont pas pris en compte pour l'appréciation du plafond mentionné au premier alinéa du présent article ;

Un décret détermine les conditions d'application des 1° et 2° du présent article. Les versements mentionnés aux mêmes 1° et 2° sont soumis au même régime social et fiscal que les versements des entreprises mentionnés au premier alinéa. Les sommes excédant le plafond mentionné au 2° sont versées directement au salarié bénéficiaire et constituent un revenu d'activité au sens de l'article L. 136-1-1 du Code de la sécurité sociale, imposable à l'impôt sur le revenu dans les conditions prévues à l'article 80 sexdecies du Code général des impôts.

Art. L. 3332-12. – La modulation éventuelle *(Mots rempl., L. n° 2019-486, 22 mai 2019)* « de l'abondement de » l'entreprise ne saurait résulter que de l'application de règles à caractère général, qui ne peuvent, en outre, en aucun cas avoir pour effet de rendre le rapport entre le versement de l'entreprise et celui du salarié ou de la personne mentionnée à l'article L. 3332-2 croissant avec la rémunération de ce dernier.

Ordre public absolu (non). Un plan d'épargne d'entreprise résultant d'un accord signé le 2 mars 2000 au sein du comité central d'entreprise conformément aux articles L. 443-1 et R. 443-1 du Code de travail alors applicables, et n'ayant pas été dénoncé, ne peut être contesté au regard des dispositions postérieures de l'article L. 3332-12 issues de la loi n° 2001-152 du 19 février 2001, lesquelles ne sont pas d'ordre public absolu : ▪ Cass. soc., 21 sept. 2016, n° 13-24.437 : *JCP* S 2016, 1370, note J. Kovac et L. Gaudemet-Toulemonde.

Art. L. 3332-13. – *(Mots rempl., L. n° 2019-486, 22 mai 2019)* « L'abondement de l'entreprise ne peut » se substituer à aucun des éléments de rémunération *(Mots rempl., Ord. n° 2018-474, 12 juin 2018)* « tels qu'ils sont pris en compte pour la détermination de l'assiette des cotisations définies à » l'article L. 242-1 du Code de la sécurité sociale, en vigueur dans l'entreprise au moment de la mise en place d'un plan mentionné au présent article ou qui deviennent obligatoires en vertu de règles légales ou contractuelles. Toutefois, cette règle ne peut avoir pour effet de remettre en cause les exonérations fiscales et sociales prévues à l'article L. 3332-27, dès lors qu'un délai de douze mois s'est écoulé entre le dernier versement de l'élément de rémunération en tout ou partie supprimé et la date de mise en place du plan.

Principe de non-substitution. L'employeur ne peut pas s'acquitter de son obligation de paiement de tout ou partie du salaire sous forme de versement au plan d'épargne d'entreprise ; en conséquence, après avoir relevé que la prime conventionnelle de treizième mois avait été attribuée par un versement sur le plan d'épargne d'entreprise, un conseil de prud'hommes ne peut débouter la salariée de ses demandes en paiement de ladite prime : ▪ Cass. soc., 10 mai 2007, n° 05-45.676 : *JCP* S 2007, 1818, obs. R. Vatinet ; *JurisData* n° 2007-038886.

Art. L. 3332-14. – Les actions gratuites attribuées aux salariés dans les conditions prévues aux articles L. 225-197-1 à L. 225-197-3 du Code de commerce, sans préjudice des dispositions particulières prévues par le présent alinéa, peuvent être versées, à l'expiration de la période d'acquisition mentionnée au *(Mot rempl., L. n° 2015-990, 6 août 2015)* « sixième » alinéa du I de l'article L. 225-197-1 du même code, sur un plan d'épargne d'entreprise, dans la limite d'un montant égal à 7,5 % du plafond annuel de la sécurité sociale par adhérent, sous réserve d'une attribution à l'ensemble des salariés de l'entreprise.

La répartition des actions entre les salariés fait l'objet d'un accord d'entreprise. À défaut d'accord, elle fait l'objet d'une décision du conseil d'administration, du directoire ou du chef d'entreprise.

La répartition peut être uniforme, proportionnelle à la durée de présence dans l'entreprise au cours de l'exercice ou proportionnelle aux salaires ou retenir conjointement ces différents critères.

Section III. – Composition et gestion du plan

Art. L. 3332-15. – Les sommes recueillies par un plan d'épargne d'entreprise peuvent être affectées à l'acquisition :

1° De titres émis par des sociétés d'investissement à capital variable régies par les *(Réf. rempl., Ord. n° 2011-915, 1er août 2011)* « articles L. 214-7 à L. 214-7-4 » *(Réf. aj., Ord. n° 2013-676, 25 juill. 2013)* « et L. 214-24-29 à L. 214-24-33 » du Code monétaire et financier ;

2° De parts de fonds communs de placement ou des titres émis par des sociétés d'investissement à capital variable régis par les articles *(Réf. rempl., Ord. n° 2013-676, 25 juill. 2013)* « L. 214-164 et L. 214-165 du Code monétaire et financier » ;

3° D'actions émises par des sociétés mentionnées au paragraphe II de l'article 83 *bis* et à l'article 220 *quater* A du Code général des impôts ;

4° D'actions émises par des sociétés créées dans les conditions prévues à l'article 220 *nonies* du Code général des impôts.

Les actifs des fonds communs de placement peuvent également comprendre soit exclusivement des valeurs mobilières émises par l'entreprise ou par une entreprise du même groupe au sens des articles L. 3344-1 et L. 3344-2, soit des valeurs mobilières diversifiées émises par une personne morale ayant son siège dans un État partie à l'accord sur l'Espace économique européen comprenant ou non des titres de l'entreprise, y compris les *(Mots aj., L. n° 2019-486, 22 mai 2019)* « parts » ou titres de capital émis par les entreprises régies par la loi n° 47-1775 du 10 septembre 1947 portant statut de la coopération, sans préjudice des dispositions spécifiques qui régissent, le cas échéant, la souscription de ces *(Mots aj., L. n° 2019-486, 22 mai 2019)* « parts ou » titres par les salariés.

Lorsque tout ou partie de l'épargne recueillie par le plan est destinée à être consacrée à l'acquisition de valeurs mobilières émises par l'entreprise ou par une entreprise du même groupe au sens des articles L. 3344-1 et L. 3344-2, l'institution d'un fonds commun de placement n'est pas obligatoire pour la gestion de cet investissement.

Le règlement du plan d'épargne d'entreprise peut prévoir que les fonds communs de placement régis par l'article *(Réf. rempl., Ord. n° 2013-676, 25 juill. 2013)* « L. 214-164 » du Code monétaire et financier qui peuvent recevoir les sommes versées dans le plan disposent d'un conseil de surveillance commun. Il peut également fixer la composition des conseils de surveillance des fonds communs de placement régis par les articles *(Réf. rempl., Ord. n° 2013-676, 25 juill. 2013)* « L. 214-164 et L. 214-165 » du même code. En ce cas, il est fait application des dispositions de ces articles. Le règlement précise les modalités de désignation de ces conseils.

L'entreprise dont les titres ne sont pas admis aux négociations sur un marché réglementé et qui a proposé ses titres aux adhérents de son plan d'épargne d'entreprise sans déterminer le prix de cession conformément aux dispositions légales relatives à l'évaluation de ses titres ne bénéficie pas, au titre de cette opération, des exonérations fiscales et sociales prévues aux articles L. 3332-22 et L. 3332-27.

Art. L. 3332-16 *(Mod., Ord. n° 2013-676, 25 juill. 2013 ; L. n° 2019-486, 22 mai 2019)*. – Un plan d'épargne d'entreprise établi par accord avec le personnel peut prévoir l'affectation des sommes versées à un fonds dédié au rachat des titres de cette entreprise ou d'actions émises par des sociétés créées dans les conditions prévues à l'article 220 *nonies* du Code général des impôts, ainsi que de titres d'une entreprise du même groupe au sens du deuxième alinéa de l'article L. 3344-1, dans le cadre d'une opération de rachat réservée aux salariés.

Les sommes ou valeurs inscrites aux comptes des participants, sur décision individuelle de ces derniers, doivent être détenues jusqu'au terme de l'opération de rachat mentionnée au 2°, sans que la durée de détention puisse être inférieure à trois ans. Toutefois, un décret précise les cas dans lesquels les sommes ou valeurs mentionnées ci-dessus peuvent être exceptionnellement débloquées avant l'expiration de ce délai.

Par dérogation aux dispositions de l'article L. 3332-17, l'actif de ce fonds peut être investi à 95 % en titres de l'entreprise.

Par dérogation aux dispositions de l'article L. 214-165 du Code monétaire et financier, les membres du conseil de surveillance sont élus par l'ensemble des salariés porteurs de parts.

La mise en place de ce fonds est subordonnée aux conditions suivantes :

1° Au moins dix salariés, ou au moins 20 % des salariés si les effectifs de l'entreprise n'excèdent pas cinquante salariés, sont impliqués dans l'opération de rachat réservée aux salariés ;

2° L'accord avec le personnel précise l'identité des salariés impliqués dans l'opération, le contrôle final de l'entreprise au sens de l'article L. 233-16 du Code de commerce et le terme de l'opération.

Art. L. 3332-17 *(Mod., L. n° 2008-776, 4 août 2008)*. – Le règlement du plan d'épargne d'entreprise prévoit qu'une partie des sommes recueillies peut être affectée à l'acquisition de parts de fonds investis, dans les limites prévues à l'article *(Réf. rempl., Ord. n° 2013-676, 25 juill. 2013)* « L. 214-164 » du Code monétaire et financier, dans les entreprises solidaires au sens de l'article L. 3332-17-1 du présent code.

Le règlement du plan d'épargne d'entreprise ouvre à ses participants au moins une possibilité d'acquérir soit des titres émis par des sociétés d'investissement à capital variable mentionnés au 1° de l'article L. 3332-15, soit des parts de fonds communs de placement d'entreprise dont l'actif est composé de valeurs mobilières admises aux négociations sur un marché réglementé et, à titre accessoire, de liquidités, selon les règles fixées en application de l'article *(Mots rempl., Ord. n° 2013-676, 25 juill. 2013)* « L. 214-24-55 du Code monétaire et financier, ou de parts d'organismes de placement collectif en valeurs mobilières ou de placements collectifs relevant des paragraphes 1, 2 et 6 de la sous-section 2, du paragraphe 2 ou du sous-paragraphe 1 du paragraphe 1 de la sous-section 3 de la section 2 du chapitre IV du titre Ier du livre II du Code monétaire et financier » dont l'actif est ainsi composé. Cette disposition n'est pas exigée lorsqu'un plan d'épargne de groupe ou un plan d'épargne interentreprises de même durée minimum de placement offre aux participants de l'entreprise la possibilité de placer les sommes versées dans un organisme de placement collectif en valeurs mobilières *(Mots aj., Ord. n° 2013-676, 25 juill. 2013)* « ou dans un placement collectif relevant des paragraphes 1, 2 et 6 de la sous-section 2, du paragraphe 2 ou du sous-paragraphe 1 du paragraphe 1 de la sous-section 3, ou de la sous-section 4 de la section 2 du chapitre IV du titre Ier du livre II du Code monétaire et financier » présentant les mêmes caractéristiques.

Lorsqu'un fonds commun de placement d'entreprise mentionné au 2° de l'article L. 3332-15 est investi en titres de l'entreprise et que ceux-ci ne sont pas admis aux négociations sur un marché réglementé, l'actif de ce fonds doit comporter au moins un tiers de titres liquides. Cette condition n'est pas exigée dans l'un des cas suivants :

1° Lorsqu'il est instauré un mécanisme garantissant la liquidité de ces valeurs dans des conditions déterminées par décret ;

2° Lorsque, pour l'application du présent livre, l'entreprise, la société qui la contrôle ou toute société contrôlée par elle au sens de l'article L. 233-16 du Code de commerce s'est engagée à racheter, dans la limite de 10 % de son capital social, les titres non admis aux négociations sur un marché réglementé détenus par le fonds commun de placement d'entreprise.

Dans ce dernier cas, la valeur liquidative du fonds commun de placement d'entreprise est publiée au moins une fois par an. Après communication de la valeur d'expertise de l'entreprise, les salariés disposent d'un délai de deux mois avant la publication de la valeur liquidative du fonds pour présenter leur demande de souscription, de rachat ou d'arbitrage de leurs avoirs.

Un fonds commun de placement peut détenir au plus 30 % de titres émis par un fonds commun de placement mentionné *(Mots rempl., Ord. n° 2013-676, 25 juill. 2013)* « à l'article L. 214-28 ou L. 214-30 » du Code monétaire et financier *(Mots aj., L. n° 2015-990, 6 août 2015)* « ou par un organisme de placement collectif immobilier mentionné au paragraphe 3 de la sous-section 2 de la section 2 du chapitre IV du titre Ier du livre II du même code ».

Art. L. 3332-17-1 *(L. n° 2008-776, 4 août 2008 ; rempl., L. n° 2014-856, 31 juill. 2014)*. – I. – Peut prétendre à l'agrément « entreprise solidaire d'utilité sociale » l'entreprise qui relève de l'article 1er de la loi n° 2014-856 du 31 juillet 2014 relative à l'économie sociale et solidaire et qui remplit les conditions cumulatives suivantes :

1° L'entreprise poursuit comme objectif principal la recherche d'une utilité sociale, définie à l'article 2 de la même loi ;

2° *(2° rempl., L. n° 2019-486, 22 mai 2019)* La charge induite par ses activités d'utilité sociale a un impact significatif sur son compte de résultat ;

3° La politique de rémunération de l'entreprise satisfait aux deux conditions suivantes :

a) La moyenne des sommes versées, y compris les primes, aux cinq salariés ou dirigeants les mieux rémunérés n'excède pas, au titre de l'année pour un emploi à temps complet, un plafond fixé à sept fois la rémunération annuelle perçue par un salarié à temps complet sur la base de la durée légale du travail et du salaire minimum de croissance, ou du salaire minimum de branche si ce dernier est supérieur ;

b) Les sommes versées, y compris les primes, au salarié ou dirigeant le mieux rémunéré n'excèdent pas, au titre de l'année pour un emploi à temps complet, un plafond fixé à dix fois la rémunération annuelle mentionnée au *a* ;

4° Les titres de capital de l'entreprise, lorsqu'ils existent, ne sont pas admis aux négociations sur un marché d'instruments financiers, français ou étranger, dont le fonctionnement est assuré par une entreprise de marché ou un prestataire de services d'investissement *(Mots aj., Ord. n° 2017-1107, 22 juin 2017)* « autre qu'une société de gestion de portefeuille » ou tout autre organisme similaire étranger ;

5° *(5° rempl, L. n° 2019-486, 22 mai 2019)* La condition mentionnée au 1° figure dans les statuts.

II. - Bénéficient de plein droit de l'agrément mentionné au I, sous réserve de satisfaire aux conditions fixées à l'article 1er de la loi n° 2014-856 du 31 juillet 2014 précitée et *(Mots rempl., L. n° 2019-486, 22 mai 2019)* « aux conditions fixées aux 3° et 4° » du I du présent article :

1° Les entreprises d'insertion ;

2° Les entreprises de travail temporaire d'insertion ;

3° Les associations intermédiaires ;

4° Les ateliers et chantiers d'insertion ;

5° Les organismes d'insertion sociale relevant de l'article L. 121-2 du Code de l'action sociale et des familles ;

6° Les services de l'aide sociale à l'enfance ;

7° Les centres d'hébergement et de réinsertion sociale ;

8° Les régies de quartier ;

9° Les entreprises adaptées ;

10° *(10° abr. à compter du 1er janvier 2019, L. n° 2018-771, 5 sept. 2018)* ;

11° Les établissements et services d'aide par le travail ;

12° Les organismes agréés mentionnés à l'article L. 365-1 du Code de la construction et de l'habitation ;

13° Les associations et fondations reconnues d'utilité publique et considérées comme recherchant une utilité sociale au sens de l'article 2 de la loi n° 2014-856 du 31 juillet 2014 précitée ;

14° Les organismes agréés mentionnés à l'article L. 265-1 du Code de l'action sociale et des familles ;

15° Les établissements et services accompagnant et accueillant des enfants et des adultes handicapés mentionnés aux 2°, 3° et 7° du I de l'article L. 312-1 du même code.

III. – Sont assimilés aux entreprises solidaires d'utilité sociale agréées en application du présent article :

1° Les organismes de financement dont l'actif est composé pour au moins 35 % de titres émis par des entreprises de l'économie sociale et solidaire définies à l'article 1er de la loi n° 2014-856 du 31 juillet 2014 précitée dont au moins cinq septièmes de titres émis par des entreprises solidaires d'utilité sociale définies au présent article ;

2° Les établissements de crédit dont au moins 80 % de l'ensemble des prêts et des investissements sont effectués en faveur des entreprises solidaires d'utilité sociale.

IV. – Les entreprises solidaires d'utilité sociale sont agréées par l'autorité compétente.

V. – Un décret en Conseil d'État précise les conditions d'application du présent article.

Section IV. – Augmentation de capital

Art. L. 3332-18. – Les sociétés peuvent procéder à des augmentations de capital réservées aux adhérents d'un plan d'épargne d'entreprise.

Art. L. 3332-19. – Lorsque les titres sont admis aux négociations sur un marché réglementé, le prix de cession est fixé d'après les cours de bourse.

La décision fixant la date de souscription est prise par le conseil d'administration, le directoire ou leur délégué. Lorsque l'augmentation de capital est concomitante à une première introduction sur un marché réglementé, le prix de souscription est déterminé par référence au prix d'admission sur le marché, à condition que la décision du conseil d'administration ou du directoire, ou de leur délégué, intervienne au plus tard dix séances de bourse après la date de la première cotation.

Le prix de souscription ne peut être supérieur à ce prix d'admission sur le marché ni, lorsqu'il s'agit de titres déjà cotés sur un marché réglementé, à la moyenne des cours cotés aux vingt séances de bourse précédant le jour de la décision fixant la date d'ouverture de la souscription. Il ne peut, en outre, être inférieur de plus de *(Taux rempl., L. n° 2019-486, 22 mai 2019)* « 30 % » à ce prix d'admission ou à cette moyenne, ou de *(Taux rempl., L. n° 2019-486, 22 mai 2019)* « 40 % » lorsque la durée d'indisponibilité prévue par le plan en application des articles L. 3332-25 et L. 3332-26 est supérieure ou égale à dix ans.

Art. L. 3332-20. – Lorsque les titres ne sont pas admis aux négociations sur un marché réglementé, le prix de cession est déterminé conformément aux méthodes objectives retenues en matière d'évaluation d'actions en tenant compte, selon une pondération appropriée à chaque cas, de la situation nette comptable, de la rentabilité et des perspectives d'activité de l'entreprise. Ces critères sont appréciés, le cas échéant, sur une base consolidée ou, à défaut, en tenant compte des éléments financiers issus de filiales significatives.

À défaut, le prix de cession est déterminé en divisant par le nombre de titres existants le montant de l'actif net réévalué d'après le bilan le plus récent. Celui-ci est ainsi déterminé à chaque exercice sous le contrôle du commissaire aux comptes.

(Aj., L. n° 2008-1258, 3 déc. 2008) « À compter du troisième exercice clos, le prix de cession des titres émis par des entreprises employant moins de cinq cents salariés peut être déterminé, au choix de l'entreprise, selon l'une des méthodes décrites aux deux alinéas précédents ».

Le prix de souscription ne peut être ni supérieur au prix de cession ainsi déterminé, ni inférieur de plus de *(Taux rempl., L. n° 2019-486, 22 mai 2019)* « 30 % » à celui-ci ou de *(Taux rempl., L. n° 2019-486, 22 mai 2019)* « 40 % » lorsque la durée d'indisponibilité prévue par le plan, en application des articles L. 3332-25 et L. 3332-26, est supérieure ou égale à dix ans.

Art. L. 3332-21. – L'assemblée générale qui décide l'augmentation de capital peut prévoir l'attribution gratuite d'actions ou d'autres titres donnant accès au capital.

L'avantage total résultant de cette attribution et, le cas échéant, de l'écart entre le prix de souscription et la moyenne des cours mentionnée à l'article L. 3332-19, ou entre le prix de souscription et le prix de cession déterminé en application de l'article L. 3332-20, ne peut pas dépasser l'avantage dont auraient bénéficié les adhérents au plan d'épargne si cet écart avait été de *(Taux rempl., L. n° 2019-486, 22 mai 2019)* « 30 % » ou de *(Taux rempl., L. n° 2019-486, 22 mai 2019)* « 40 % » lorsque la durée d'indisponibilité prévue par le plan en application des articles L. 3332-25 et L. 3332-26 est supérieure ou égale à dix ans.

Par ailleurs, l'assemblée générale peut également prévoir une attribution gratuite d'actions ou d'autres titres donnant accès au capital, sous réserve que la prise en compte de leur contre-valeur pécuniaire, évaluée au prix de souscription, n'ait pour effet de dépasser les limites prévues à l'article L. 3332-11.

Art. L. 3332-22. – L'avantage constitué par l'écart entre le prix de souscription et la moyenne des cours mentionnés à l'article L. 3332-19, par l'écart entre le prix de souscription et le prix de cession déterminé en application de l'article L. 3332-20 et, le cas échéant, par l'attribution gratuite d'actions ou de titres donnant accès au capital est exonéré d'impôt sur le revenu et de taxe sur les salaires et n'entre pas dans l'assiette des cotisations sociales définie à l'article L. 242-1 du Code de la sécurité sociale.

Art. L. 3332-23. – Lorsqu'une société propose aux adhérents d'un plan d'épargne d'entreprise de souscrire des obligations qu'elle a émises, le prix de cession est fixé selon des conditions déterminées par décret en Conseil d'État.

Art. L. 3332-24. – La présente section s'applique aux cessions par une société de ses titres, dans la limite de 10 % du total des titres qu'elle a émis, aux adhérents d'un plan d'épargne d'entreprise.

Portée. L'article L. 443-5 [nouv. art. L. 3332-18 à L. 3332-24] ne créant pas un régime spécial, le régime général de décision et de délégation fixé par l'article L. 225-129, III [nouv. art. L. 225-129-6] du Code de commerce trouve à s'appliquer, sous réserve d'une résolution particulière prise par l'assemblée générale, comme il est précisé au quatrième alinéa de l'article L. 225-129, III : Rép. min. : *JOAN* Q, 25 mars 2002, p. 1702 ; *JCP* E 2002, p. 644.

Section V. – Indisponibilité des sommes, déblocage anticipé et liquidation

Art. L. 3332-25. – Sauf dans les cas énumérés par le décret en Conseil d'État prévu à l'article L. 3324-10, les actions ou parts acquises pour le compte des salariés et des anciens salariés leur sont délivrées à l'expiration d'un délai minimum de cinq ans courant à compter de la date d'acquisition des titres.

(Al. mod., L. n° 2019-486, 22 mai 2019) Ce délai ne s'applique pas si la liquidation des avoirs acquis dans le cadre du plan d'épargne d'entreprise sert à acheter des parts de l'entreprise ou à lever des options consenties dans les conditions prévues à l'article L. 225-177 ou à l'article L. 225-179 du Code de commerce. Les actions ou les parts de l'entreprise ainsi souscrites ou achetées sont versées dans le plan d'épargne et ne sont disponibles qu'à l'expiration d'un délai minimum de cinq ans à compter de ce versement. Toutefois, les actions peuvent être apportées à une société ou à un fonds commun de placement dont l'actif est exclusivement composé de titres de capital ou donnant accès au capital émis par l'entreprise ou par une entreprise du même groupe au sens du deuxième alinéa de l'article L. 3344-1. Le délai de cinq ans mentionné au présent alinéa reste applicable, pour la durée restant à courir à la date de l'apport, aux actions ou parts reçues en contrepartie de l'apport.

Art. L. 3332-26. – Les actions gratuites mentionnées à l'article L. 3332-14 ne sont disponibles qu'à l'expiration d'un délai minimum de cinq ans à compter de leur versement sur le plan.

Les dispositions des articles L. 225-197-4 et L. 225-197-5 du Code de commerce sont applicables.

Section VI. – Régime social et fiscal

Art. L. 3332-27. – Les sommes mentionnées à l'article L. 3332-11 peuvent être déduites par l'entreprise de son bénéfice pour l'assiette de l'impôt sur les sociétés ou de l'impôt sur le revenu, selon le cas.

Elles ne sont pas prises en considération pour l'application de la législation du travail *(Mots rempl., Ord. n° 2018-474, 12 juin 2018)* « sont exclues de l'assiette des cotisations définie à l'article L. 242-1 du Code de la sécurité sociale ».

Elles sont exonérées de l'impôt sur le revenu des bénéficiaires.

Pour ouvrir droit à ces exonérations fiscales et sociales, les règlements des plans d'épargne d'entreprise établis à compter de la publication de la loi n° 2001-152 du 19 février 2001 sur l'épargne salariale doivent être déposés dans les conditions prévues à l'article L. 3332-9.

Modification du règlement du plan. Pour l'application de l'alinéa 4 de l'article L. 3332-27 du Code du travail, toute modification, autre que de forme, apportée au règlement d'un plan d'épargne, équivaut à l'établissement d'un règlement nouveau : ▪ Cass. soc., 16 déc. 2008, n°s 07-14.610 et 07-14.611 : *JCP* S 2009, 1455, note R. Vatinet.

Section VII. – Dispositions d'application

Art. L. 3332-28. – Un décret en Conseil d'État détermine les modalités d'application du présent chapitre.

CHAPITRE III. – PLAN D'ÉPARGNE INTERENTREPRISES

Art. L. 3333-1. – Sous réserve des dispositions particulières du présent chapitre, les dispositions relatives au plan d'épargne d'entreprise sont applicables au plan d'épargne interentreprises.

Art. L. 3333-2. – Un plan d'épargne interentreprises peut être institué par accord collectif conclu dans les conditions prévues au livre II de la deuxième partie.

Si ce plan est institué entre plusieurs employeurs pris individuellement, il peut également être conclu au sein du *(Mots rempl., Ord. n° 2017-1386, 22 sept. 2017)* « comité social et économique » ou à la suite de la ratification à la majorité des deux tiers du personnel de chaque entreprise du projet d'accord instituant le plan. Dans ce cas, l'accord est approuvé dans les mêmes termes au sein de chacune des entreprises et celles qui souhaitent y adhérer ou en sortir doivent recueillir l'accord de leur *(Mots rempl., Ord. n° 2017-1386, 22 sept. 2017)* « comité social et économique » ou de la majorité des deux tiers de leur personnel.

Art. L. 3333-3. – L'accord fixe le règlement du plan d'épargne interentreprises.

Ce règlement détermine notamment :

1° Les entreprises signataires ou le champ d'application professionnel et géographique ;

2° La nature des sommes qui peuvent être versées ;

3° Les différentes possibilités d'affectation des sommes recueillies, en particulier le nombre, l'orientation de gestion et le profil de risque des fonds utilisés ;

4° Les conditions dans lesquelles les frais de tenue de compte sont pris en charge par les employeurs ;

5° La liste de différents taux et plafonds d'abondement parmi lesquels les entreprises souhaitant effectuer des versements complémentaires à ceux de leurs salariés pourront opter ;

6° Les conditions dans lesquelles sont désignés les membres des conseils de surveillance des fonds communs de placement prévus par le règlement du plan et les modalités de fonctionnement des conseils.

Art. L. 3333-4. – Le plan d'épargne interentreprises peut recueillir des sommes provenant de l'intéressement, de la participation aux résultats de l'entreprise, de versements volontaires des salariés et des personnes mentionnées à l'article L. 3332-2 appartenant aux entreprises entrant dans le champ de l'accord et, le cas échéant, des versements complémentaires de ces entreprises.

Art. L. 3333-5. – *(Al. abr., L. n° 2019-486, 22 mai 2019).*

Lorsqu'il prévoit de recueillir les sommes issues de la participation, l'accord instituant le plan d'épargne interentreprises dispense les entreprises mentionnées aux articles L. 3323-6 et L. 3323-7 de conclure un accord de participation. Son règlement inclut alors les clauses prévues aux articles L. 3323-1 à L. 3323-3 et L. 3324-5.

Art. L. 3333-6 *(Mod., Ord. n° 2013-676, 25 juill. 2013)*. – Par dérogation aux dispositions du 2° de l'article L. 3332-15, le plan d'épargne interentreprises ne peut pas prévoir l'acquisition de parts de fonds communs de placement régis par l'article L. 214-165 du Code monétaire et financier.

Lorsque le plan prévoit l'acquisition de parts de fonds communs de placement régis par l'article L. 214-164 du même code, ceux-ci ne peuvent détenir plus de 10 % de titres non admis aux négociations sur un marché réglementé. Cette limitation ne s'applique pas aux parts et actions d'organismes de placement collectif en valeurs mobilières ou de placements collectifs relevant des paragraphes 1, 2 et 6 de la sous-section 2, du

paragraphe 2 ou du sous-paragraphe 1 du paragraphe 1 de la sous-section 3 de la section 2 du chapitre IV du titre Ier du livre II du Code monétaire et financier éventuellement détenus par le fonds.

Art. L. 3333-7 *(Mod., L. n° 2008-1258, 3 déc. 2008 ; L. n° 2009-1255, 19 oct. 2009).* – Un avenant au plan d'épargne interentreprises peut être conclu selon les modalités prévues au présent chapitre.

Toutefois, le règlement d'un plan institué entre plusieurs employeurs pris individuellement et ouvert à l'adhésion d'autres entreprises peut *(Mots rempl., L. n° 2015-990, 6 août 2015)* « valablement être modifié pour intégrer des dispositions législatives ou réglementaires postérieures à l'institution du plan ou de nouvelles dispositions relatives aux 2°, 3° et 5° du règlement de ce plan conformément à l'article L. 3333-3, si cette modification fait l'objet d'une information » des entreprises parties prenantes au plan.

(Phrase rempl., L. n° 2015-990, 6 août 2015) La modification prévue au deuxième alinéa du présent article s'applique à la condition que la majorité des entreprises parties prenantes ne s'y oppose pas dans un délai d'un mois à compter de la date d'envoi de l'information et, pour chaque entreprise, à compter du premier exercice suivant la date d'envoi de l'information. En cas contraire, le plan est fermé à tout nouveau versement. *(Phrase suppr., L. n° 2015-990, 6 août 2015).*

Art. L. 3333-8. – Un décret en Conseil d'État détermine les modalités d'application du présent chapitre.

CHAPITRE IV. – PLAN D'ÉPARGNE POUR LA RETRAITE COLLECTIF

Section I. – Mise en place

Art. L. 3334-1. – Sous réserve des dispositions particulières du présent chapitre et des articles L. 3332-18 à L. 3332-24, les dispositions relatives au plan d'épargne d'entreprise sont applicables au plan d'épargne pour la retraite collectif.

Art. L. 3334-2. – Un plan d'épargne pour la retraite collectif peut être mis en place *(Aj., L. n° 2008-125, 3 déc. 2008)* « à l'initiative de l'entreprise ou » *(Mots rempl., L. n° 2015-990, 6 août 2015)* « selon l'une des modalités mentionnées à l'article L. 3322-6. Le plan peut être mis en place » sans recourir aux services de l'institution mentionnée au I de l'article 8 de l'ordonnance n° 2006-344 du 23 mars 2006, lorsque ce plan n'est pas proposé sur le territoire d'un autre État membre ou dans un autre État partie à l'accord sur l'Espace économique européen. Dans ce cas, l'accord mettant en place le plan précise les modalités d'exécution des obligations mentionnées au dernier alinéa du I et aux premier et deuxième alinéas du II de cet article.

(Aj., L. n° 2008-1258, 3 déc. 2008) « Lorsque l'entreprise compte au moins un délégué syndical ou est dotée d'un *(Mots rempl., Ord. n° 2017-1386, 22 sept. 2017)* « comité social et économique », le plan d'épargne pour la retraite collectif est négocié dans les conditions prévues à l'article L. 3322-6. Si, au terme de la négociation, aucun accord n'a été conclu, un procès-verbal de désaccord est établi dans lequel sont consignées en leur dernier état les propositions respectives des parties et les mesures que l'employeur entend *(Mots aj., L. n° 2015-990, 6 août 2015)* « soumettre à la ratification du personnel dans les conditions prévues au 4° du même article L. 3322-6 ou » appliquer unilatéralement ».

Art. L. 3334-3 *(Mod., L. n° 2008-1258, 3 déc. 2008).* – L'entreprise qui a mis en place un plan d'épargne d'entreprise depuis plus de trois ans ouvre une négociation en vue de la mise en place d'un plan d'épargne pour la retraite collectif ou d'un contrat mentionné au *b* du 1 du I de l'article 163 *quatervicies* du Code général des impôts ou d'un régime mentionné au 2° de l'article 83 du même code.

Art. L. 3334-4. – Le plan d'épargne pour la retraite collectif peut également être créé en tant que plan d'épargne interentreprises dans les conditions prévues au chapitre III.

Art. L. 3334-5 *(Abr., L. n° 2019-486, 22 mai 2019).*

Rédaction antérieure. Art. L. 3334-5. – Le plan d'épargne pour la retraite collectif ne peut être mis en place que si les salariés et les personnes mentionnées à l'article L. 3332-2 ont la possibilité d'opter pour un plan de durée plus courte régi par cet article ou par le plan d'épargne interentreprises.

Art. L. 3334-5-1 *(L. n° 2008-1258, 3 déc. 2008).* – Un plan d'épargne pour la retraite collectif peut prévoir l'adhésion par défaut des salariés de l'entreprise, sauf avis contraire de ces derniers. Les salariés sont informés de cette clause dans des conditions prévues par décret.

Section II. – Versement

Art. L. 3334-6. – Le plan d'épargne pour la retraite collectif peut recevoir, à l'initiative des participants, les versements des sommes issues de l'intéressement, de la participation ainsi que d'autres versements volontaires et des contributions des entreprises prévues aux articles L. 3332-11 à L. 3332-13 et L. 3334-10.

(Rempl., L. n° 2015-990, 6 août 2015) En outre, si le règlement du plan le prévoit, les entreprises peuvent, même en l'absence de contribution du salarié :

1° Effectuer un versement initial sur ce plan ;

2° Effectuer des versements périodiques sur ce plan, sous réserve d'une attribution uniforme à l'ensemble des salariés. La périodicité de ces versements est précisée dans le règlement du plan.

Les plafonds de versement annuel sont fixés par décret.

Ces versements sont soumis au même régime social et fiscal que les contributions des entreprises mentionnées au premier alinéa du présent article. Ils respectent l'article L. 3332-13.

Art. L. 3334-7. – Un ancien salarié peut continuer à effectuer des versements sur le plan d'épargne pour la retraite collectif. Ces versements ne bénéficient pas des versements complémentaires de l'entreprise et les frais afférents à leur gestion sont à la charge exclusive de l'ancien salarié qui effectue ces versements. *(Mots aj., L. n° 2019-486, 22 mai 2019)* « Ces frais font l'objet de plafonds fixés par décret ».

Cette possibilité n'est pas ouverte au salarié qui a accès à un plan d'épargne pour la retraite collectif dans la nouvelle entreprise où il est employé.

Art. L. 3334-8 *(Mod., L. n° 2010-1330, 9 nov. 2010)*. – Les droits inscrits au compte épargne-temps peuvent être versés sur le plan d'épargne pour la retraite collectif ou contribuer au financement de prestations de retraite qui revêtent un caractère collectif et obligatoire déterminé dans le cadre d'une des procédures mentionnées à l'article L. 911-1 du Code de la sécurité sociale.

En l'absence de compte épargne-temps dans l'entreprise, le salarié peut, dans la limite de *(Mot rempl., L. n° 2015-990, 6 août 2015)* « dix » jours par an, verser les sommes correspondant à des jours de repos non pris sur le plan d'épargne pour la retraite collectif ou faire contribuer ces sommes au financement de prestations de retraite qui revêtent un caractère collectif et obligatoire déterminé dans le cadre d'une des procédures mentionnées à l'article L. 911-1 du Code de la sécurité sociale. Le congé annuel ne peut être affecté à l'un de ces dispositifs que pour sa durée excédant vingt-quatre jours ouvrables.

Les sommes ainsi épargnées bénéficient de l'exonération prévue à l'article L. 242-4-3 du même code ou aux articles L. 741-4 et L. 741-15 du Code rural et de la pêche maritime en tant qu'ils visent l'article L. 242-4-3 du Code de la sécurité sociale.

Elles bénéficient également, selon le cas, des régimes prévus aux 2° ou 2° 0 *bis* de l'article 83 du Code général des impôts ou de l'exonération prévue au *b* du 18° de l'article 81 du même code.

Art. L. 3334-9. – Par dérogation aux dispositions des articles L. 3332-11 à L. 3332-13 et L. 3334-10, les sommes issues de la participation qui sont versées au plan d'épargne pour la retraite collectif peuvent donner lieu à versement complémentaire de l'entreprise dans les limites prévues à ces articles.

Art. L. 3334-10. – Les sommes provenant d'un compte épargne-temps dans les conditions mentionnées au *(Réf. rempl., L. n° 2016-1088, 8 août 2016)* « 2° de l'article L. 3152-4 », correspondant à un abondement de l'employeur et transférées sur un ou plusieurs plans d'épargne pour la retraite collectifs, sont assimilées à des versements des employeurs à un ou plusieurs de ces plans.

Section III. – Composition et gestion du plan

Art. L. 3334-11 *(Mod., L. n° 2010-1330, 9 nov. 2010)*. – Les participants au plan d'épargne pour la retraite collectif bénéficient d'un choix entre au moins trois organismes de placement collectif en valeurs mobilières *(Mots rempl., L. n° 2014-1, 2 janv. 2014)* ou placements collectifs mentionnés à l'article L. 3332-15, présentant différents profils d'investissement, sous réserve des restrictions prévues à l'article L. 3334-12.

Il leur est également proposé une allocation de l'épargne permettant de réduire progressivement les risques financiers dans des conditions fixées par décret. *(Phrase aj., L. n° 2015-990, 6 août 2015)* À

défaut de choix explicite du participant, ses versements dans le plan d'épargne pour la retraite collectif sont affectés selon cette allocation.

NB : Ces dispositions sont applicables aux versements effectués sur un plan d'épargne pour la retraite collectif à compter du 1er janvier 2016.

Art. L. 3334-12 *(Mod., rempl., Ord. n° 2013-676, 25 juill. 2013)*. **– Par dérogation aux dispositions du 2° de l'article L. 3332-15, le plan d'épargne pour la retraite collectif ne peut pas prévoir l'acquisition de parts de fonds communs de placement régis par l'article « L. 214-165 » du Code monétaire et financier, ni d'actions de sociétés d'investissement à capital variable régies par l'article L. 214-166 du même code, ni de titres de l'entreprise ou d'une société qui lui est liée au sens des articles L. 3344-1 et L. 3344-2.**

(Al. mod., L. n° 2019-486, 22 mai 2019) **Lorsque le plan prévoit l'acquisition de parts de fonds communs de placement régis par l'article L. 214-164 du Code monétaire et financier et sans préjudice des dispositions du seizième alinéa de cet article, ceux-ci ne peuvent détenir plus de 10 % de titres non admis aux négociations sur un marché réglementé ou plus de 10 % de titres de l'entreprise qui a mis en place le plan ou de sociétés qui lui sont liées au sens des articles L. 3344-1 et L. 3344-2. Cette limitation ne s'applique pas aux parts et actions d'organismes de placement collectif en valeurs mobilières ou de placements collectifs relevant des paragraphes 1, 2, 3 et 6 de la sous-section 2, du paragraphe 2 ou du sous paragraphe 1 du paragraphe 1 de la sous-section 3 de la section 2 du chapitre IV du titre Ier du livre II du Code monétaire et financier éventuellement détenues par le fonds.**

Art. L. 3334-13 *(Mod., L. n° 2008-776, 4 août 2008)*. **– Le règlement du plan d'épargne pour la retraite collectif prévoit qu'une partie des sommes recueillies peut être affectée à l'acquisition de parts de fonds investis, dans les limites prévues à l'article** *(Réf. rempl., Ord. n° 2013-676, 25 juill. 2013)* **« L. 214-164 » du Code monétaire et financier, dans les entreprises solidaires au sens de l'article L. 3332-17-1 du présent code.**

Section IV. – Indisponibilité, déblocage anticipé et délivrance des sommes

Art. L. 3334-14. – Les sommes ou valeurs inscrites aux comptes des participants sont détenues jusqu'au départ à la retraite.

Toutefois, dans des cas liés à la situation ou au projet du participant, ces sommes ou valeurs peuvent être exceptionnellement débloquées avant le départ en retraite.

Art. L. 3334-15. – Sans préjudice des cas de déblocage anticipé prévus à l'article L. 3334-14, la délivrance des sommes ou valeurs inscrites aux comptes des participants s'effectue sous forme de rente viagère acquise à titre onéreux.

Toutefois, l'accord qui établit le plan d'épargne pour la retraite collectif peut prévoir des modalités de délivrance en capital et de conversion en rente de ces sommes ou valeurs, ainsi que les conditions dans lesquelles chaque participant au plan exprime son choix.

Section V. – Dispositions d'application

Art. L. 3334-16. – Un décret en Conseil d'État détermine les modalités d'application du présent chapitre.

CHAPITRE V. – TRANSFERTS

Art. L. 3335-1. – En cas de modification survenue dans la situation juridique d'une entreprise ayant mis en place un plan d'épargne d'entreprise, notamment par fusion, cession, absorption ou scission, *(Mot rempl., L. n° 2019-486, 22 mai 2019)* **« et lorsqu'elle rend » impossible la poursuite de l'ancien plan d'épargne, les sommes qui y étaient affectées peuvent être transférées dans le plan d'épargne de la nouvelle entreprise, après information des représentants du personnel dans des conditions prévues par décret.**

Dans ce cas, le délai d'indisponibilité écoulé des sommes transférées s'impute sur la durée de blocage prévue par le nouveau plan.

En cas de transfert d'un salarié au sens de l'article L. 1224-1 du Code du travail, celui-ci, s'il conserve ses droits au sein du plan d'épargne d'entreprise mis en place par l'employeur sortant, dispose seulement de la faculté de transférer ses avoirs au sein du plan d'épargne d'entreprise, s'il existe, de son nouvel employeur : ■ Cass. soc., 19 mai 2016, n° 14-29.786 : *Lexbase Hebdo, éd. sociale*, n° 657, note G. Auzero.

Art. L. 3335-2 *(L. n° 2008-1258, 3 déc. 2008).* – Les sommes détenues par un salarié, au titre de la réserve spéciale de la participation des salariés aux résultats de l'entreprise, dont il n'a pas demandé la délivrance au moment de la rupture de son contrat de travail, peuvent être affectées dans le plan d'épargne mentionné aux articles L. 3332-1, L. 3333-1 et L. 3334-1 de son nouvel employeur. Dans ce cas, le délai d'indisponibilité écoulé des sommes transférées s'impute sur la durée de blocage prévue par le plan d'épargne mentionné aux articles L. 3332-1 et L. 3333-1 sur lequel elles ont été transférées, sauf si ces sommes sont utilisées pour souscrire à une augmentation de capital prévue à l'article L. 3332-18.

Les sommes détenues par un salarié dans un plan d'épargne mentionné aux articles L. 3332-1 et L. 3333-1 peuvent être transférées, à la demande du salarié, avec ou sans rupture de son contrat de travail, dans un autre plan d'épargne mentionné aux mêmes articles, comportant dans son règlement une durée de blocage d'une durée minimale équivalente à celle figurant dans le règlement du plan d'origine. Dans ce cas, le délai d'indisponibilité déjà écoulé des sommes transférées s'impute sur la durée de blocage prévue par le plan sur lequel elles ont été transférées, sauf si ces sommes sont utilisées pour souscrire à une augmentation de capital prévue à l'article L. 3332-18.

Les sommes détenues par un salarié dans un plan d'épargne mentionné aux articles L. 3332-1, L. 3333-1 et L. 3334-1 peuvent être transférées, à la demande du salarié, avec ou sans rupture de son contrat de travail, dans un plan d'épargne mentionné à l'article L. 3334-1.

Les sommes transférées ne sont pas prises en compte pour l'appréciation du plafond mentionné au premier alinéa de l'article L. 3332-10. Elles ne donnent pas lieu au versement complémentaire de l'entreprise prévu à l'article L. 3332-11, sauf si le transfert a lieu à l'expiration de leur délai d'indisponibilité ou si les sommes sont transférées d'un plan d'épargne mentionné aux articles L. 3332-1, L. 3333-1 vers un plan d'épargne mentionné à l'article L. 3334-1. Les sommes qui ont bénéficié du supplément d'abondement dans les conditions prévues au deuxième alinéa de l'article L. 3332-11 ne peuvent être transférées, sauf si le règlement du plan au titre duquel le supplément d'abondement a été versé l'autorise.

6.8.3. – Dispositions communes

Code du travail

Partie législative

CHAPITRE I. – REPRÉSENTATION ET INFORMATION DES SALARIÉS

Section I. – Participation aux assemblées générales des actionnaires de la société

Art. L. 3341-1 *(Mod., Ord. n° 2013-676, 25 juill. 2013).* – Les dispositions de la présente section sont applicables aux salariés de l'entreprise, membres des conseils de surveillance des fonds communs de placement d'entreprise prévus aux articles L. 214-164 et L. 214-165 du Code monétaire et financier.

Section II. – Formation économique, financière et juridique des représentants des salariés

Art. L. 3341-2 *(Rempl., L. n° 2019-486, 22 mai 2019).* – Les administrateurs des SICAV d'actionnariat salarié représentant les salariés actionnaires ou les membres du conseil de surveillance des fonds communs de placement d'entreprise représentant les porteurs de parts bénéficient, dans les conditions et les limites prévues à l'article L. 2145-11, d'une formation économique, financière et juridique, d'une durée minimale de trois jours.

Cette formation est dispensée par un organisme figurant sur une liste arrêtée par voie réglementaire.

Art. L. 3341-3. – Le temps consacré à la formation économique, financière et juridique est pris sur le temps de travail et est rémunéré comme tel. Il est imputé sur la durée du congé de formation économique, sociale et syndicale prévu aux articles *(Réf. rempl., L. n° 2016-1088, 8 août 2016)* « L. 2145-5 » et suivants.

(Al. abr., L. n° 2018-771, 5 sept. 2018).

Art. L. 3341-4. – Les dispositions de la présente section sont applicables aux salariés de l'entreprise, membres des conseils de surveillance des fonds communs de placement d'entreprise prévus aux articles *(Réf. rempl., Ord. n° 2013-676, 25 juill. 2013)* « L. 214-164 et L. 214-165 » du Code monétaire et financier.

Section III. – Information des représentants du personnel

Art. L. 3341-5. – L'accord de participation ou le règlement d'un plan d'épargne salariale peuvent prévoir les conditions dans lesquelles le *(Mots rempl., Ord. n° 2017-1386, 22 sept. 2017)* « comité social et économique ou une commission spécialisée créée par lui dispose » des moyens d'information nécessaires sur les conditions d'application de cet accord ou de ce règlement.

Section IV. – Information des salariés

Art. L. 3341-6. – Tout salarié d'une entreprise proposant un dispositif d'intéressement, de participation, un plan d'épargne entreprise, un plan d'épargne interentreprises ou un plan d'épargne pour la retraite collectif reçoit, lors de la conclusion de son contrat de travail, un livret d'épargne salariale présentant *(Mots aj., L. n° 2015-990, 6 août 2015)* « les dispositifs mis en place au sein de l'entreprise ».

(Aj., L. n° 2015-990, 6 août 2015) Le livret d'épargne salariale est également porté à la connaissance des représentants du personnel, le cas échéant, en tant qu'élément de la base de données économiques et sociales établie en application de l'article *(Réf. mod., L. n° 2015-994, 17 août 2015)* « L. 2323-8 ».

Art. L. 3341-7. – Tout bénéficiaire quittant l'entreprise reçoit un état récapitulatif de l'ensemble des sommes et valeurs mobilières épargnées ou transférées au sein de l'entreprise dans le cadre des dispositifs prévus aux titres II et III.

Cet état distingue les actifs disponibles, en mentionnant tout élément utile au salarié pour en obtenir la liquidation ou le transfert, et ceux qui sont affectés au plan d'épargne pour la retraite collectif, en précisant les échéances auxquelles ces actifs seront disponibles ainsi que tout élément utile au transfert éventuel vers un autre plan.

L'état récapitulatif est inséré dans un livret d'épargne salariale dont les modalités de mise en place et le contenu sont fixés par un décret en Conseil d'État.

Le numéro d'inscription au répertoire national d'identification des personnes physiques est la référence pour la tenue du livret du salarié. Il peut figurer sur les relevés de compte individuels et l'état récapitulatif.

(Aj., L. n° 2015-990, 6 août 2015) Lors du départ de l'entreprise, cet état récapitulatif informe le bénéficiaire que les frais de tenue de compte-conservation sont pris en charge soit par l'entreprise, soit par prélèvements sur les avoirs.

Art. L. 3341-8. – Les références de l'ensemble des établissements habilités pour les activités de conservation ou d'administration d'instruments financiers en application de l'article L. 542-1 du Code monétaire et financier, gérant des sommes et valeurs mobilières épargnées ou transférées par le salarié dans le cadre des dispositifs prévus au présent livre, figurent sur chaque relevé de compte individuel et chaque état récapitulatif.

CHAPITRE II. – CONDITIONS D'ANCIENNETÉ

Art. L. 3342-1. – Tous les salariés d'une entreprise compris dans le champ des accords d'intéressement et de participation ou des plans d'épargne salariale bénéficient de leurs dispositions.

Toutefois, une condition d'ancienneté dans l'entreprise ou dans le groupe d'entreprises défini aux articles L. 3344-1 et L. 3344-2 peut être exigée. Elle ne peut excéder trois mois. Pour la détermination de l'ancienneté éventuellement requise, sont pris en compte tous les contrats de travail exécutés au cours de la période de calcul et des douze mois qui la précèdent. Le salarié temporaire est réputé compter trois mois d'ancienneté dans l'entreprise ou dans le groupe qui l'emploie s'il a été mis à la disposition d'entreprises utilisatrices pendant une durée totale d'au moins soixante jours au cours du dernier exercice.

(Al. créé, Ord. n° 2015-380, 2 avr. 2015) Le salarié porté mentionné aux articles L. 1254-1 et suivants est réputé compter trois mois d'ancienneté dans l'entreprise de portage ou dans le groupe qui l'emploie s'il a réalisé une prestation dans une entreprise cliente pendant une durée totale d'au moins soixante jours au cours du dernier exercice.

La condition maximale d'ancienneté de trois mois, prévue au premier alinéa, remplace de plein droit, à compter de la date de publication de la loi n° 2001-152 du 19 février 2001 sur l'épargne salariale, toute condition maximale d'ancienneté supérieure figurant dans les accords d'intéressement et de participation et dans les règlements de plan d'épargne d'entreprise en vigueur à cette même date.

Salariés bénéficiaires. Les salariés en congé de reclassement entrent nécessairement dans le champ d'application de l'accord de participation en vigueur dans leur entreprise. Ce droit n'est pas lié à la prise en compte, dans le calcul de la réserve spéciale de participation, de leur rémunération : ▪ Cass. soc., 7 nov. 2018, n° 17-18.936 : *JCP* S 2018, 1399, note J. Kovac. Les salariés détachés à l'étranger ne peuvent être exclus du bénéfice du dispositif de participation ou d'intéressement. Est réputée non écrite la clause d'un accord de participation ou d'intéressement les en privant : ▪ Cass. soc., 6 juin 2018, n° 17-14.372, publié.

CHAPITRE III. – VERSEMENT SUR LE COMPTE ÉPARGNE TEMPS

Art. L. 3343-1. – Si la convention ou l'accord instituant un compte épargne-temps le prévoit, le salarié peut verser dans ce compte tout ou partie des primes qui lui sont attribuées en application d'un accord d'intéressement, ainsi que, à l'issue de leur période d'indisponibilité, tout ou partie des sommes issues de la répartition de la réserve de participation, les sommes qu'il a versées dans un plan d'épargne d'entreprise et celles versées par l'entreprise en application des articles L. 3332-11 à L. 3332-13 et L. 3334-10.

Lorsque des droits à congé rémunéré ont été accumulés en contrepartie du versement des sommes énumérées au premier alinéa, les indemnités compensatrices correspondantes ne bénéficient pas de l'exonération de cotisations sociales prévues aux articles L. 3312-4, L. 3325-1 à L. 3325-3 et L. 3332-27. Elles sont exonérées de l'impôt sur le revenu des bénéficiaires.

L'accord d'intéressement précise les modalités selon lesquelles le choix du salarié s'opère lors de la répartition de l'intéressement.

CHAPITRE IV. – MISE EN PLACE DANS UN GROUPE D'ENTREPRISES ET DANS LES ENTREPRISES DÉPOURVUES D'ÉPARGNE SALARIALE

Section I. – Mise en place dans un groupe d'entreprises

Art. L. 3344-1. – L'intéressement, la participation ou un plan d'épargne d'entreprise peut être mis en place au sein d'un groupe constitué par des entreprises juridiquement indépendantes, mais ayant établi entre elles des liens financiers et économiques.

Toutefois, les dispositifs d'augmentation du capital prévus aux articles L. 3332-18 et suivants ainsi que de majoration des sommes versées annuellement par une ou plusieurs entreprises prévus au deuxième alinéa de l'article L. 3332-11 ne peuvent s'appliquer qu'au sein d'un groupe d'entreprises incluses dans le même périmètre de consolidation ou de combinaison des comptes en application des dispositions suivantes :

1° Article L. 345-2 du Code des assurances pour les entreprises régies par ce code ;

2° Article L. 233-16 du Code de commerce pour les entreprises régies par ce code ;

3° Article L. 511-36 du Code monétaire et financier pour les établissements de crédit *(Mots aj., Ord. n° 2013-544, 27 juin 2013)* « et les sociétés de financement » ;

4° Dispositions du Code de la mutualité pour les mutuelles ;

5° Article L. 931-34 du Code de la sécurité sociale pour les institutions de prévoyance.

L'intéressement, la participation ou un plan d'épargne d'entreprise pouvant être mis en place au sein d'un groupe constitué par des entreprises juridiquement indépendantes, mais ayant établi entre elles des liens financiers et économiques, la conclusion d'un tel accord ne postule pas l'existence d'une unité économique et sociale : ▪ Cass. soc., 13 oct. 2010, n° 09-60.473 : *JCP* S 2010, 1514, note J. Daniel.

Art. L. 3344-2. – Les dispositifs d'augmentation du capital mentionnés à l'article L. 3344-1 peuvent également être mis en place au sein d'un groupe constitué par des sociétés régies par la loi n° 47-1775 du 10 septembre 1947 portant statut de la coopération, les unions qu'elles ont constituées et les filiales que celles-ci détiennent.

Section II – Entreprises dépourvues de dispositif d'épargne salariale

Art. L. 3344-3. – **Dans les entreprises dépourvues de délégué syndical dans lesquelles un** *(Mots rempl., Ord. n° 2017-1386, 22 sept. 2017)* **« comité social et économique existe » et aucun accord d'intéressement ou de participation n'est en vigueur, l'employeur propose, tous les trois ans, un examen des conditions dans lesquelles pourraient être mis en œuvre un ou plusieurs des dispositifs mentionnés aux titres I à III.**

CHAPITRE V. – DÉPÔT ET CONTRÔLE DE L'AUTORITÉ ADMINISTRATIVE

Section I. – Dépôt

Art. L. 3345-1. – **L'accord d'intéressement, l'accord de participation et le règlement d'un plan d'épargne salariale, lorsqu'ils sont conclus concomitamment, peuvent faire l'objet d'un dépôt commun dans les conditions applicables aux accords d'intéressement.**

Section II. – Contrôle de l'autorité administrative

Art. L. 3345-2. – **L'autorité administrative dispose d'un délai de quatre mois à compter du dépôt d'un accord d'intéressement, d'un accord de participation ou d'un règlement d'un plan d'épargne salariale pour demander, après consultation de l'organisme en charge du recouvrement des cotisations de sécurité sociale dont relève l'entreprise, le retrait ou la modification des dispositions contraires aux dispositions légales.**

Sur le fondement de cette demande, l'accord ou le règlement peut être dénoncé à l'initiative d'une des parties en vue de la renégociation d'un accord conforme aux dispositions légales.

Charge de la preuve des observations. Il n'appartient pas à l'employeur de justifier de l'absence d'observations de la DIRECCTE dans le délai de quatre mois qui suit le dépôt d'un accord d'intéressement, d'un accord de participation, ou du règlement d'un plan d'épargne salariale : ▪ Cass. 2e civ., 19 janv. 2017, n° 16-11.312 : *JCP* S 2017, 1058, note J. Kovac.

Art. L. 3345-3. – **En l'absence de demande de l'autorité administrative pendant le délai de quatre mois, aucune contestation ultérieure de la conformité des termes de l'accord ou du règlement aux dispositions légales en vigueur au moment de sa conclusion ne peut avoir pour effet de remettre en cause les exonérations fiscales et sociales attachées aux avantages accordés aux salariés au titre des exercices en cours ou antérieurs à la contestation.**

Art. L. 3345-4. – **La présente section est également applicable aux accords de participation et aux accords instituant des plans d'épargne interentreprises conclus dans une branche.**

CHAPITRE VI. – CONSEIL D'ORIENTATION DE LA PARTICIPATION, DE L'INTÉRESSEMENT, DE L'ÉPARGNE SALARIALE ET DE L'ACTIONNARIAT SALARIÉ

(L. n° 2008-1258, 3 déc. 2008)

Art. L. 3346-1. – **Le Conseil d'orientation de la participation, de l'intéressement, de l'épargne salariale et de l'actionnariat salarié a pour missions :**

1° De promouvoir auprès des entreprises et des salariés les dispositifs de participation, d'intéressement, d'épargne salariale et d'actionnariat salarié ;

2° D'évaluer ces dispositifs et de formuler toute proposition susceptible de favoriser leur diffusion.

(Phrase aj., L. n° 2015-990, 6 août 2015) **Il est saisi par le Gouvernement de tout projet de loi ou d'ordonnance de déblocage de l'épargne salariale. Il peut en outre être saisi par le Gouvernement et par les commissions compétentes de chaque assemblée de toute question entrant dans son champ de compétences. Les rapports et recommandations établis par le conseil d'orientation sont communiqués au Parlement et rendus publics.**

(Al. rempl., L. n° 2018-699, 3 août 2018) **Le conseil d'orientation comprend parmi ses membres deux députés et deux sénateurs.**

Un décret précise les missions, la composition du conseil d'orientation et ses modalités de fonctionnement, dans des conditions de nature à assurer son indépendance et sa représentativité et à garantir la qualité de ses travaux.

Partie réglementaire

LIVRE TROISIÈME. – INTÉRESSEMENT, PARTICIPATION ET ÉPARGNE SALARIALE

TITRE PREMIER. – INTÉRESSEMENT

CHAPITRE I. – CHAMP D'APPLICATION

Art. R. 3311-1. – Dans les entreprises publiques dont le personnel est soumis pour les conditions de travail à un statut législatif ou réglementaire, les accords d'intéressement peuvent fixer un montant maximum des sommes à distribuer dans la limite du cinquième du total des salaires bruts versés aux salariés intéressés.

Art. R. 3311-2. – Dans les entreprises publiques, les accords d'intéressement ne peuvent entrer en application qu'après avoir été homologués par arrêté du ministre chargé de l'économie et du ministre de tutelle après avis de la commission interministérielle de coordination des salaires.

Art. R. 3311-3 *(D. n° 2008-350, 30 mars 2009)*. – Les dispositions du présent titre sont également applicables aux personnes mentionnées aux articles L. 3312-2 et L. 3312-3.

Art. D. 3311-4 *(D. n° 2008-351, 30 mars 2009)*. – Les salariés d'un groupement d'employeurs qui n'a pas mis en place un dispositif d'intéressement peuvent bénéficier du dispositif d'intéressement mis en place dans chacune des entreprises du groupement auprès de laquelle ils sont mis à disposition si l'accord le prévoit.

CHAPITRE II. – MISE EN PLACE DE L'INTÉRESSEMENT

Art. R. 3312-1. – Le projet d'accord d'intéressement est soumis au *(Mots rempl., D. n° 2017-1819, 29 déc. 2017)* « comité social et économique » pour avis au moins quinze jours avant sa signature.

Art. R. 3312-2. – Les dispositions du présent titre sont applicables à l'intéressement de projet mentionné à l'article L. 3312-6.

CHAPITRE III. – CONTENU ET RÉGIME DES ACCORDS

Section I. – Régime des accords

Sous-section 1. – Dépôt et contrôle administratif

Art. D. 3313-1. – L'accord d'intéressement est déposé à la direction régionale des entreprises, de la concurrence, de la consommation, du travail et de l'emploi du lieu où il a été conclu par la partie la plus diligente, dans un délai de quinze jours à compter de la date limite prévue à l'article L. 3314-4.

Art. D. 3313-2. – Lorsqu'un accord de branche d'intéressement ouvre des choix aux parties signataires au niveau de l'entreprise, l'accord déposé peut ne contenir que les clauses résultant de ces choix.

L'adhésion à un accord de branche d'intéressement n'ouvrant pas de possibilité de choix, ou ouvrant un choix qui n'a pas été exercé, donne lieu à une simple notification à la direction régionale des entreprises, de la concurrence, de la consommation, du travail et de l'emploi.

Art. D. 3313-3. – Lorsque l'accord qui assure l'intéressement des salariés à l'entreprise résulte d'une formule de calcul prenant en compte les résultats de l'une ou plusieurs des entreprises qui lui sont liées, au sens de l'article L. 233-16 du Code de commerce, la liste de ces entreprises dont le siège social est situé en France est annexée au texte de l'accord déposé.

Il est fait mention, pour chaque entreprise liée, de l'adresse de son siège social, de ses effectifs ainsi que des dates de conclusion, d'effet et de dépôt de l'accord d'intéressement en vigueur dans l'entreprise.

Art. D. 3313-4. – Le directeur régional des entreprises, de la concurrence, de la consommation, du travail et de l'emploi accuse, sans délai, réception de l'accord et des autres documents mentionnés à la présente sous-section.

Sous-section 2. – Modification et dénonciation

Art. D. 3313-5. – L'accord d'intéressement ne peut être modifié ou dénoncé que par l'ensemble des signataires et dans la même forme que sa conclusion, sauf en cas de dénonciation prévu au deuxième alinéa de l'article L. 3345-2.

Art. D. 3313-6. – L'avenant modifiant l'accord d'intéressement en vigueur est déposé selon les mêmes formalités et délais que l'accord.

Art. D. 3313-7. – La dénonciation est notifiée au directeur régional des entreprises, de la concurrence, de la consommation, du travail et de l'emploi.

Pour être applicable à l'exercice en cours, la dénonciation respecte les mêmes conditions de délais et de dépôt que l'accord.

Sous-section 3. – Reconduction
(Intitulé mod., D. n° 2015-1606, 7 déc. 2015)

Art. D. 3313-7-1 *(D. n° 2009-351, 30 mars 2009 ; D. n° 2015-1606, 7 déc. 2015)*. – Si l'accord est conclu selon la modalité prévue au 4° de l'article L. 3312-5, la demande de renégociation est formalisée par la production d'un des documents mentionnés au 3° de l'article D. 3345-1.

Section II – Information des salariés

Art. D. 3313-8. – Une note d'information, qui mentionne notamment les dispositions prévues à l'article D. 3313-11, est remise au salarié bénéficiaire d'un accord d'intéressement.

Art. D. 3313-9. – La somme attribuée à un salarié en application de l'accord d'intéressement fait l'objet d'une fiche distincte du bulletin de paie.

Cette fiche mentionne :

1° Le montant global de l'intéressement ;

2° Le montant moyen perçu par les bénéficiaires ;

3° Le montant des droits attribués à l'intéressé ;

4° La retenue opérée au titre de la contribution sociale généralisée et de la contribution au remboursement de la dette sociale ;

5° *(Aj., D. n° 2015-1606, 7 déc. 2015)* Lorsque l'intéressement est investi sur un plan d'épargne salariale, le délai à partir duquel les droits nés de cet investissement sont négociables ou exigibles et les cas dans lesquels ces droits peuvent être exceptionnellement liquidés ou transférés avant l'expiration de ce délai ;

6° Les modalités d'affectation par défaut au plan d'épargne d'entreprise des sommes attribuées au titre de l'intéressement, conformément aux dispositions de l'article L. 3315-2.

Elle comporte également, en annexe, une note rappelant les règles essentielles de calcul et de répartition prévues par l'accord d'intéressement.

(Aj., D. n° 2009-351, 30 mars 2009) Avec l'accord du salarié concerné, la remise de cette fiche distincte peut être effectuée par voie électronique, dans des conditions de nature à garantir l'intégrité des données.

Art. D. 3313-10. – Lorsqu'un salarié susceptible de bénéficier de l'intéressement quitte l'entreprise avant que celle-ci ait été en mesure de calculer les droits dont il est titulaire, l'employeur lui demande l'adresse à laquelle il pourra être informé de ses droits et lui demande de le prévenir de ses changements d'adresse éventuels.

Lorsque l'accord d'intéressement a été mis en place après que des salariés susceptibles d'en bénéficier ont quitté l'entreprise, ou lorsque le calcul et la répartition de l'intéressement interviennent après un tel départ, la fiche et la note prévue à l'article D. 3313-9 sont également adressées à ces bénéficiaires pour les informer de leurs droits.

Art. D. 3313-11 *(Mod., D. n° 2009-351, 30 mars 2009 ; D. n° 2011-1450, 7 nov. 2011).* – Lorsque le bénéficiaire ne peut être atteint à la dernière adresse indiquée par lui, les sommes auxquelles il peut prétendre sont tenues à sa disposition par l'entreprise pendant une durée d'un an à compter de la date limite de versement de l'intéressement prévue à l'article L. 3314-9.

Passé ce délai, ces sommes sont remises à la Caisse des dépôts et consignations où l'intéressé peut les réclamer jusqu'au terme *(Mots rempl., D. n° 2015-1606, 7 déc. 2015)* « des délais prévus au III de l'article L. 312-20 du Code monétaire et financier ».

Section III – Disponibilité des droits des bénéficiaires

(D. n° 2015-1606, 7 déc. 2015)

Art. R. 3313-12. – I. – L'accord d'intéressement prévoit les modalités d'information de chaque bénéficiaire.

Cette information porte notamment sur :

1° Les sommes qui sont attribuées au titre de l'intéressement ;

2° Le montant dont il peut demander le versement ;

3° Le délai dans lequel il peut formuler sa demande ;

4° L'affectation de ces sommes au plan d'épargne d'entreprise ou au plan d'épargne interentreprises, dès lors que l'un ou l'autre plan a été mis en place au sein de l'entreprise, en cas d'absence de demande de sa part, conformément aux dispositions de l'article L. 3315-2.

II. – La demande du bénéficiaire est formulée dans un délai de quinze jours à compter de la date à laquelle il a été informé du montant qui lui est attribué. L'accord précise la date à laquelle le bénéficiaire est présumé avoir été informé.

En l'absence de stipulation conventionnelle, le bénéficiaire formule sa demande dans un délai de quinze jours à compter de la réception, par tout moyen permettant d'apporter la preuve de celle-ci, du document l'informant du montant qui lui est attribué et dont il peut demander le versement.

Si le bénéficiaire ne demande pas le versement de ces sommes, et lorsque l'entreprise a mis en place un plan d'épargne d'entreprise ou, le cas échéant, un plan d'épargne interentreprises, elles ne sont négociables ou exigibles qu'à l'expiration du délai d'indisponibilité prévu dans le règlement du plan.

Art. D. 3313-13. – Lorsqu'un bénéficiaire demande le versement de l'intéressement conformément aux dispositions de l'article R. 3313-12, ou lorsque l'intéressement est affecté à un plan d'épargne salariale, l'entreprise effectue ce versement avant le premier jour du sixième mois suivant la clôture de l'exercice de calcul au titre duquel l'intéressement est dû. Lorsque cet exercice de calcul est inférieur à douze mois, le versement intervient avant le premier jour du troisième mois.

Passé ces délais, l'entreprise complète le versement prévu au premier alinéa par un intérêt de retard égal à 1,33 fois le taux moyen de rendement des obligations des sociétés privées mentionné à l'article 14 de la loi n° 47-1775 du 10 septembre 1947 portant statut de la coopération.

Les intérêts sont versés en même temps que le principal.

CHAPITRE IV. – CALCUL, RÉPARTITION ET DISTRIBUTION DE L'INTÉRESSEMENT

Art. D. 3314-1. – Les salaires à prendre en considération pour le calcul du plafond prévu au premier alinéa de l'article L. 3314-8 sont le total des salaires bruts versés à l'ensemble des salariés de l'entreprise ou d'un ou plusieurs établissements, suivant le champ d'application de l'accord d'entreprise.

Art. D. 3314-2. – Les primes versées aux salariés en application de l'accord d'intéressement et déductibles du résultat imposable en application de l'article L. 3315-1 peuvent provenir de la répartition, entre l'ensemble des salariés de l'entreprise ou d'un ou plusieurs établissements, selon le champ d'application de l'accord :

1° Soit d'une somme globale résultant du mode d'intéressement retenu pour cette entreprise ou ce ou ces établissements ;

2° Soit de sommes dont les critères et modalités de calcul et de répartition peuvent être, le cas échéant, adaptés aux différents établissements ou unités de travail dans les conditions prévues par l'accord.

Art. R. 3314-3. – Lorsque la répartition de l'intéressement est proportionnelle aux salaires, les salaires à prendre en compte au titre des périodes de congés, de maternité et d'adoption ainsi que des périodes de suspension consécutives à un accident du travail ou à une maladie professionnelle sont ceux qu'aurait perçus le bénéficiaire s'il avait été présent.

Art. R. 3314-4. – Les dispositions du présent titre sont, à l'exception de celles des articles D. 3313-5 à D. 3313-7, applicables au supplément d'intéressement prévu à l'article L. 3314-10 et à l'accord spécifique de répartition auquel il peut donner lieu.

CHAPITRE V. – RÉGIME SOCIAL ET FISCAL DE L'INTÉRESSEMENT

Le présent chapitre ne comprend pas de dispositions réglementaires.

TITRE II. – PARTICIPATION AUX RÉSULTATS DE L'ENTREPRISE

CHAPITRE I. – CHAMP D'APPLICATION

Art. R. 3321-1 *(D. n° 2009-350, 30 mars 2009)*. – Les dispositions du présent titre, à l'exception des articles R. 3322-1, R. 3322-2, D. 3323-4, R. 3323-6, R. 3323-10 et D. 3324-1, sont également applicables aux personnes mentionnées au deuxième alinéa de l'article L. 3323-6 et au troisième alinéa de l'article L. 3324-2.

Art. D. 3321-2 *(D. n° 2009-351, 30 mars 2009)*. – Les salariés d'un groupement d'employeurs qui n'a pas mis en place un dispositif de participation peuvent bénéficier des dispositifs de participation mis en place dans chacune des entreprises du groupement auprès de laquelle ils sont mis à disposition si l'accord le prévoit.

CHAPITRE II. – MISE EN PLACE DE LA PARTICIPATION

Art. R. 3322-1. – La condition d'emploi habituel prévue à l'article L. 3322-2 est remplie dès lors que l'effectif de cinquante salariés prévu à cet article a été atteint, *(Mots rempl., D. n° 2015-1606, 7 déc. 2015)* « au cours des trois derniers exercices, pendant une durée de douze mois au moins », consécutifs ou non.

Dans les entreprises dont l'activité est saisonnière, cette condition est remplie si cet effectif a été atteint pendant au moins la moitié de la durée d'activité saisonnière *(Mots aj., D. n° 2015-1606, 7 déc. 2015)* « au cours des trois derniers exercices ».

Art. R. 3322-2. – Les entreprises constituant une unité économique et sociale mettent en place la participation, soit par un accord unique couvrant l'unité économique et sociale, soit par des accords distincts couvrant l'ensemble des salariés de ces entreprises.

CHAPITRE III. – CONTENU ET RÉGIME DES ACCORDS

Section I. – Régime des accords

Sous-section 1. – Dépôt

Art. D. 3323-1. – L'accord de participation est déposé à la direction régionale des entreprises, de la concurrence, de la consommation, du travail et de l'emploi du lieu où il a été conclu.

Art. D. 3323-2. – Dans l'hypothèse où un accord de branche de participation ouvre des choix aux parties signataires au niveau de l'entreprise, l'accord déposé à la direction régionale des entreprises, de la concurrence, de la consommation, du travail et de l'emploi peut ne contenir que les clauses résultant de ces choix.

L'adhésion à un accord mentionné au premier alinéa n'ouvrant pas de possibilité de choix, ou ouvrant un choix qui n'a pas été exercé, donne lieu à une simple notification à la direction départementale du travail, de l'emploi et de la formation professionnelle.

Art. D. 3323-3. – Si le régime de participation est mis en place à l'initiative de l'entreprise, la décision précisant les modalités de cet assujettissement unilatéral est déposée avec le procès-verbal de la consultation du *(Mots rempl., D. n° 2017-1819, 29 déc. 2017)* « comité social et économique » prévue au deuxième alinéa de l'article L. 3323-6.

Art. D. 3323-4. – Lorsqu'un accord de participation de groupe est conclu, les documents déposés à la direction régionale des entreprises, de la concurrence, de la consommation, du travail et de l'emploi comportent :

1° Quel que soit le mode de conclusion de l'accord, les mandats habilitant le mandataire des différentes sociétés intéressées à signer l'accord de groupe ;

2° Si l'accord a été conclu avec un ou plusieurs salariés appartenant à l'une des entreprises du groupe mandatés à cet effet par une ou plusieurs organisations syndicales, les mandats les habilitant à signer l'accord de groupe ;

3° Si l'accord a été conclu avec les représentants mandatés par chacun des *(Mots rempl., D. n° 2017-1819, 29 déc. 2017)* « comité sociaux et économiques » intéressés, les procès-verbaux de séance établissant que la délégation du personnel statuant à la majorité a explicitement donné mandat à ces représentants pour signer l'accord de groupe ;

4° Si l'accord résulte, après consultation de l'ensemble des salariés inscrits à l'effectif de chacune des sociétés intéressées, de la ratification par les deux tiers de ces salariés du projet proposé par le mandataire de ces sociétés :

a) Soit l'émargement, sur la liste nominative de l'ensemble des salariés de chacune des sociétés intéressées, des salariés signataires ;

b) Soit un procès-verbal rendant compte de la consultation, au niveau de chacune des entreprises ou au niveau du groupe.

Art. R. 3323-5. – Lorsque la ratification d'un accord de groupe est demandée conjointement par le mandataire des sociétés intéressées et une ou plusieurs organisations syndicales, ou la majorité des *(Mots rempl., D. n° 2017-1819, 29 déc. 2017)* « comité sociaux et économiques » des sociétés intéressées, ou le comité de groupe, il en est fait mention dans les documents déposés.

Art. R. 3323-6. – Lorsque le projet d'accord de groupe ratifié par les salariés ne fait pas mention d'une demande conjointe, il est déposé avec l'accord :

1° Une attestation des différents chefs d'entreprise intéressés selon laquelle ils n'ont été saisis d'aucune désignation de délégué syndical ;

2° Et, pour les entreprises assujetties à la législation sur les *(Mots rempl., D. n° 2017-1819, 29 déc. 2017)* « comité sociaux et économiques », un procès-verbal de carence datant de moins de quatre ans.

Art. D. 3323-7. – Le directeur régional des entreprises, de la concurrence, de la consommation, du travail et de l'emploi accuse, sans délai, réception de l'accord de branche de participation et des autres documents mentionnés à la présente sous-section.

Sous-section 2. – Dénonciation de l'accord

Art. D. 3323-8. – La partie qui dénonce un accord de participation ou l'employeur, dans le cas où le régime de participation a été mis en place conformément au *(Mots rempl., D. n° 2015-1606, 7 déc. 2015)* « troisième alinéa » de l'article L. 3323-6, notifie aussitôt cette décision au directeur régional des entreprises, de la concurrence, de la consommation, du travail et de l'emploi.

La dénonciation d'un accord conclu au sein d'un *(Mots rempl., D. n° 2017-1819, 29 déc. 2017)* « comité social et économique » est constatée au procès-verbal de la séance au cours de laquelle cette dénonciation a eu lieu.

Sous-section 3. – Sociétés coopératives ouvrières de production, coopératives agricoles

Art. R. 3323-9. – **Dans les sociétés coopératives de production, la réserve spéciale de participation des salariés est calculée sur les bases suivantes :**

1° Le bénéfice est réputé égal, pour chaque exercice, aux excédents nets de gestion définis à l'article 32 de la loi n° 78-763 du 19 juillet 1978 portant statut des sociétés coopératives de production, déduction faite de la fraction égale à 25 % de ceux-ci, prévue au 3° de l'article 33 de cette loi. Ce bénéfice est diminué d'une somme calculée par application à celui-ci du taux de droit commun de l'impôt sur les sociétés ;

2° Les capitaux propres de l'entreprise sont réputés égaux au montant du capital social effectivement libéré à la clôture de l'exercice considéré.

Art. R. 3323-10. – **La part des excédents nets de gestion répartie entre les salariés en application du 3° de l'article 33 de la loi du 19 juillet 1978 précitée peut, aux termes d'un accord de participation, être affectée en tout ou partie à la constitution de la réserve spéciale de participation.**

Dans ce cas, la réserve spéciale de participation et la provision pour investissement sont constituées avant la clôture des comptes de l'exercice.

Art. R. 3323-11. – **Un accord de participation conclu au sein d'une société coopérative de production peut prévoir que l'emploi de la réserve spéciale de participation en parts sociales, quelle que soit la forme juridique de la société, est réservé aux associés employés dans l'entreprise.**

Section II. – Information des salariés

Art. D. 3323-12. – **Les salariés sont informés de l'existence et du contenu de l'accord de participation par tout moyen prévu à cet accord et, à défaut, par voie d'affichage.**

Art. D. 3323-13. – **L'employeur présente, dans les six mois qui suivent la clôture de chaque exercice, un rapport au *(Mots rempl., D. n° 2017-1819, 29 déc. 2017)* « comité social et économique » ou à la commission spécialisée éventuellement créée par ce comité.**

Ce rapport comporte notamment :

1° Les éléments servant de base au calcul du montant de la réserve spéciale de participation des salariés pour l'exercice écoulé ;

2° Des indications précises sur la gestion et l'utilisation des sommes affectées à cette réserve.

Art. D. 3323-14. – **Lorsque le *(Mots rempl., D. n° 2017-1819, 29 déc. 2017)* « comité social et économique » est appelé à siéger pour examiner le rapport relatif à l'accord de participation, les questions ainsi examinées font l'objet de réunions distinctes ou d'une mention spéciale à son ordre du jour.**

Le comité peut se faire assister par l'expert-comptable prévu à l'article L. 2325-35.

Rémunération de l'expert-comptable. L'expert-comptable désigné par le comité d'entreprise en vue de l'assister pour l'examen du rapport annuel relatif à la réserve spéciale de participation est rémunéré par l'employeur : ■ Cass. soc., 28 janv. 2009, n° 07-18.284 : *RJS* 4/2009, n° 388.

Art. D. 3323-15. – **Lorsqu'il n'existe pas de *(Mots rempl., D. n° 2017-1819, 29 déc. 2017)* « comité social et économique », le rapport relatif à l'accord de participation est adressé à chaque salarié présent dans l'entreprise à l'expiration du délai de six mois suivant la clôture de l'exercice.**

Art. D. 3323-16. – **La somme attribuée à un salarié en application de l'accord de participation fait l'objet d'une fiche distincte du bulletin de paie.**

Cette fiche mentionne :

1° Le montant total de la réserve spéciale de participation pour l'exercice écoulé ;

2° Le montant des droits attribués à l'intéressé ;

3° La retenue opérée au titre de la contribution sociale généralisée et de la contribution au remboursement de la dette sociale ;

4° S'il y a lieu, l'organisme auquel est confiée la gestion de ces droits ;

5° La date à partir de laquelle ces droits sont négociables ou exigibles ;

6° Les cas dans lesquels ces droits peuvent être exceptionnellement liquidés ou transférés avant l'expiration de ce délai.

7° *(Al. aj., D. n° 2011-1450, 7 nov. 2011)* « Les modalités d'affectation par défaut au plan d'épargne pour la retraite collectif des sommes attribuées au titre de la participation, conformément aux dispositions de l'article L. 3324-12 ».

Elle comporte également, en annexe, une note rappelant les règles de calcul et de répartition prévues par l'accord de participation.

(Aj., D. n° 2009-351, 30 mars 2009) Avec l'accord du salarié concerné, la remise de cette fiche distincte peut être effectuée par voie électronique, dans des conditions de nature à garantir l'intégrité des données.

Art. D. 3323-17. – Chaque salarié est informé des sommes et valeurs qu'il détient au titre de la participation dans les six mois qui suivent la clôture de chaque exercice.

Art. D. 3323-18. – Lorsque l'accord de participation a été mis en place après que des salariés susceptibles d'en bénéficier ont quitté l'entreprise, ou lorsque le calcul et la répartition de la réserve spéciale de participation interviennent après un tel départ, la fiche et la note prévues à l'article D. 3323-16 sont également adressées à ces bénéficiaires pour les informer de leurs droits.

CHAPITRE IV. – CALCUL ET GESTION DE LA PARTICIPATION

Section I. – Calcul de la réserve spéciale de participation

Art. D. 3324-1. – Les salaires à retenir pour le calcul du montant de la réserve spéciale de participation des salariés mentionnée à l'article L. 3324-1 sont les *(Mots rempl., D. n° 2018-821, 27 sept. 2018)* « revenus d'activité tels qu'ils sont pris en compte pour la détermination de l'assiette des cotisations définie à » l'article L. 242-1 du Code de la sécurité sociale.

(Aj., D. n° 2009-351, 30 mars 2009) Lorsque l'accord de participation prévoit que les salariés d'un groupement d'employeurs mis à la disposition de l'entreprise bénéficient de ses dispositions, le montant de leurs salaires correspondant à leur activité dans l'entreprise utilisatrice est ajouté au montant des salaires des salariés de l'entreprise. Ce montant est communiqué à l'entreprise par le groupement d'employeurs.

Assiette de calcul. Les rémunérations servant de base de calcul à la réserve spéciale de participation sont celles que désigne l'article L. 242-1 du Code de la sécurité sociale, qu'elles soient ou non assujetties à des cotisations sociales : ▪ Cass. soc., 29 oct. 2013, n° 12-23.866 : *JCP* S 2014, 1059, note Ph. Rozec et V. Manigot.

Art. D. 3324-2. – La valeur ajoutée de l'entreprise mentionnée au 4° de l'article L. 3324-1 est déterminée en faisant le total des postes du compte de résultats énumérés ci-après, pour autant qu'ils concourent à la formation d'un bénéfice réalisé en France métropolitaine et dans les départements d'outre-mer :

1° Les charges de personnel ;

2° Les impôts, taxes et versements assimilés, à l'exclusion des taxes sur le chiffre d'affaires ;

3° Les charges financières ;

4° Les dotations de l'exercice aux amortissements ;

5° Les dotations de l'exercice aux provisions, à l'exclusion des dotations figurant dans les charges exceptionnelles ;

6° Le résultat courant avant impôts.

Art. D. 3324-3. – Par dérogation aux dispositions de l'article D. 3324-2, la valeur ajoutée des entreprises de banque et d'assurances est déterminée comme suit :

1° Pour les établissements de crédit *(Mots aj., D. n° 2014-1316, 3 nov. 2014)* « et les sociétés de financement », par le revenu bancaire hors taxe augmenté des produits nets du portefeuille titres et des revenus des immeubles. Le revenu bancaire est égal à la différence entre, d'une part, les perceptions opérées sur les clients et, d'autre part, les frais financiers de toute nature ;

2° Pour les entreprises d'assurances régies par le Code des assurances et les entreprises de réassurance, par la différence existant entre, d'une part, la somme des primes nettes d'impôts et des produits de placements et, d'autre part, le total des dotations aux provisions techniques et des prestations payées au cours de l'exercice aux assurés et bénéficiaires de contrats d'assurances.

Art. D. 3324-4. – Les capitaux propres mentionnés au 2° de l'article L. 3324-1 comprennent le capital, les primes liées au capital social, les réserves, le report à nouveau, les provisions qui ont supporté l'impôt ainsi que les provisions réglementées constituées en franchise d'impôts par application d'une disposition particulière du Code général des impôts. Leur montant est retenu d'après les valeurs figurant au bilan de clôture de l'exercice au titre duquel la réserve spéciale de participation est calculée. Toutefois, en cas de variation du capital au cours de l'exercice, le montant du capital et des primes liées au capital social est pris en compte à due proportion du temps.

La réserve spéciale de participation des salariés ne figure pas parmi les capitaux propres.

Pour les sociétés de personnes et les entreprises individuelles, la somme définie ci-dessus est augmentée des avances en compte courant faites par les associés ou l'exploitant. La quotité des avances à retenir au titre de chaque exercice est égale à la moyenne algébrique des soldes des comptes courants en cause tels que ces soldes existent à la fin de chaque trimestre civil inclus dans l'exercice considéré.

Le montant des capitaux propres auxquels s'applique le taux de 5 % prévu au 2° de l'article susmentionné est obtenu en retranchant des capitaux propres définis aux alinéas précédents ceux qui sont investis à l'étranger calculés à due proportion du temps en cas d'investissement en cours d'année.

Le montant de ces capitaux est égal au total des postes nets de l'actif correspondant aux établissements situés à l'étranger après application à ce total du rapport des capitaux propres aux capitaux permanents.

Le montant des capitaux permanents est obtenu en ajoutant au montant des capitaux propres, les dettes à plus d'un an autres que celles incluses dans les capitaux propres.

Art. D. 3324-5. – Par dérogation aux dispositions de l'article D. 3324-4, les capitaux propres comprennent, en ce qui concerne les offices publics et ministériels dont le titulaire n'a pas la qualité de commerçant :

1° D'une part, la valeur patrimoniale du droit de présentation appartenant au titulaire de l'office ;

2° D'autre part, la valeur nette des autres biens affectés à l'usage professionnel et appartenant au titulaire de l'office au premier jour de la période au titre de laquelle la participation est calculée.

Art. D. 3324-6. – La valeur patrimoniale du droit de présentation est estimée dans les conditions prévues pour les cessions d'offices publics et ministériels mentionnés à l'article D. 3324-5.

Cette estimation est établie au 1er janvier de la première année d'application du régime de participation des salariés à l'office intéressé ou, en cas de changement de titulaire, à la date de cession de cet office.

La valeur nette des autres biens affectés à l'usage professionnel et appartenant au titulaire de l'office est égale à leur prix de revient diminué du montant des amortissements qui s'y rapportent.

Art. R. 3324-7. – Dans les entreprises relevant de l'impôt sur le revenu, l'impôt à retenir pour le calcul du bénéfice net s'obtient en appliquant au bénéfice imposable de l'exercice rectifié dans les conditions prévues à l'article L. 3324-3, le taux moyen d'imposition à l'impôt sur le revenu de l'exploitant.

Ce taux moyen est égal à cent fois le chiffre obtenu en divisant l'impôt sur le revenu dû pour l'exercice considéré par le montant des revenus soumis à cet impôt. Toutefois le taux moyen retenu est, dans tous les cas, limité au taux de droit commun de l'impôt sur les sociétés.

Art. D. 3324-8. – Dans les entreprises soumises au régime fiscal des sociétés de personnes, le bénéfice net est obtenu par la somme des éléments suivants :

1° La fraction du bénéfice imposable de l'exercice qui revient à ceux des associés passibles de l'impôt sur les sociétés diminué de l'impôt que ces entreprises auraient acquitté si elles étaient personnellement soumises à l'impôt sur les sociétés, calculé au taux de droit commun de cet impôt ;

2° La fraction du bénéfice imposable de l'exercice rectifiée dans les conditions prévues à l'article L. 3324-3 qui revient aux associés personnes physiques, diminuée des impôts supportés par chacun de ces associés à ce titre, calculés conformément aux dispositions de l'article R. 3324-7. Toutefois, le montant total des impôts imputables est dans tous les cas limité à la somme qui résulterait de l'application à cette fraction du bénéfice imposable rectifiée du taux de droit commun de l'impôt sur les sociétés ;

3° La fraction du bénéfice net de l'exercice calculé, conformément aux 1° et 2° à partir de la fraction du bénéfice imposable de l'exercice revenant aux associés qui seraient eux-mêmes des entreprises soumises au régime fiscal des sociétés de personnes.

Art. D. 3324-9. – **Le bénéfice net des associés des entreprises soumises au régime fiscal des sociétés de personnes est calculé sans tenir compte de la quote-part du résultat de ces entreprises qui leur revient, ni de l'impôt qui correspond à ce résultat.**

Section II. – Répartition de la réserve spéciale de participation

Art. D. 3324-10. – **Le salaire servant de base à la répartition proportionnelle de la réserve spéciale de participation est égal au total** ***(Mots rempl., D. n° 2018-821, 27 sept. 2018)*** **« revenus d'activité tels qu'ils sont pris en compte pour la détermination de l'assiette des cotisations définie à » de l'article L. 242-1 du Code de la sécurité sociale, perçues par chaque bénéficiaire au cours de l'exercice considéré sans que ce total puisse excéder une somme, qui est identique pour tous les salariés et figure dans l'accord. Cette somme est au plus égale à quatre fois le plafond annuel retenu pour la détermination du montant maximum des cotisations de sécurité sociale et d'allocations familiales.**

(Aj., D. n° 2009-351, 30 mars 2009) **Pour les salariés des groupements d'employeurs bénéficiaires de la participation dans leur entreprise utilisatrice, le salaire servant de base à la répartition proportionnelle est le salaire mentionné au dernier alinéa de l'article D. 3324-1. Pour les bénéficiaires mentionnés au deuxième alinéa de l'article L. 3323-6 et au troisième alinéa de l'article L. 3324-2 s'appliquent les dispositions du premier alinéa de l'article L. 3324-5.**

Ordre public. L'ensemble des dispositions légales et réglementaires relatives à la participation obligatoire des salariés aux résultats de l'entreprise qui vise à la constitution d'épargne salariale et à son orientation vers un secteur déterminé de l'économie nationale étant d'ordre public absolu, il ne peut y être dérogé qu'avec l'autorisation expresse de la loi ; l'article R. 442-6 du Code du travail [nouv. art. D. 3324-10] qui fixe le plafond du montant des droits susceptibles d'être attribués à un même salarié pour un même exercice, ne prévoit pas une telle dérogation : ■ Cass. soc., 23 mai 2007 : *RJS* 2007, n° 980.

Art. D. 3324-11. – **Pour les périodes d'absence liées au congé de maternité ou au congé d'adoption et pour les périodes de suspension du contrat de travail consécutives à un accident du travail ou à une maladie professionnelle, les salaires à prendre en compte sont ceux qu'aurait perçus le bénéficiaire s'il n'avait pas été absent.**

Art. D. 3324-12. – **Le montant des droits susceptibles d'être attribués à un même salarié ne peut, pour un même exercice, excéder une somme égale aux trois quarts du montant du plafond prévu à l'article D. 3324-10.**

Art. D. 3324-13. – **Lorsque le salarié n'a pas accompli une année entière dans la même entreprise, les plafonds prévus aux articles D. 3324-10 et D. 3324-12 sont calculés à due proportion de la durée de présence.**

Art. D. 3324-14. – **Les sommes qui demeurent dans la réserve spéciale de participation des salariés, en application du deuxième alinéa de l'article L. 3324-7, ne peuvent ouvrir droit au bénéfice des déductions et exonérations prévues aux articles L. 3325-1 et L. 3325-2 qu'au titre des exercices au cours desquels elles sont réparties.**

Art. D. 3324-15. – **Les plafonds prévus aux articles D. 3324-10 et D. 3324-12 s'appliquent à la totalité de la participation attribuée à chaque salarié.**

Art. R. 3324-16. – **Les dispositions du présent titre sont, à l'exception de celles des articles R. 3322-1, D. 3323-8 à R. 3323-11, D. 3324-1 à D. 3324-10 et D. 3325-1 à R. 3326-1, applicables au supplément de réserve spéciale de participation prévu à l'article L. 3324-9 et à l'accord spécifique de répartition auquel il peut donner lieu.**

Section III. – Évaluation des titres

Art. D. 3324-17. – **Dans le cas prévu au 1° de l'article L. 3323-2, l'accord de participation détermine la forme des titres attribués, les modalités de conservation de ces titres et les mesures prises pour assurer le respect de l'interdiction de les négocier pendant cinq ans, sauf dans les cas prévus à l'article R. 3324-22.**

Art. D. 3324-18. – En cas d'attribution d'actions de l'entreprise, les titres sont évalués sur la base de la moyenne de leur cours de bourse pendant les vingt jours de cotation précédant la date de leur attribution. Cette moyenne est obtenue par référence au premier cours coté de chaque séance.

Art. D. 3324-19. – Lorsque les titres ne sont pas admis aux négociations sur un marché réglementé, le prix auquel les titres sont attribués est déterminé conformément aux méthodes définies à l'article L. 3332-20, sans préjudice des dispositions légales qui fixent les conditions de détermination de la valeur de certaines catégories de titres.

Art. D. 3324-20 *(Mod., D. n° 2009-351, 30 mars 2009).* – Les titres sont évalués par l'entreprise, sous le contrôle du commissaire aux comptes, au moins une fois par exercice et chaque fois qu'un événement ou une série d'événements intervenus au cours d'un exercice sont susceptibles de conduire à une évolution substantielle de la valeur des actions de l'entreprise.

Il est, en outre, procédé à une évaluation par des experts au moins tous les cinq ans. Cette évaluation est facultative dans les entreprises mentionnées au troisième alinéa de l'article L. 3332-20 dont les titres sont évalués en application du deuxième alinéa de ce même article.

Art. D. 3324-21. – Les salariés attributaires d'actions de l'entreprise peuvent négocier les droits de souscription ou d'attribution afférents à ces titres même au cours de la période où ceux-ci ne sont pas négociables en application de l'article L. 3324-10.

Section IV. – Disponibilité des droits des bénéficiaires

(Mod., D. n° 2009-350, 30 mars 2009)

Art. R. 3324-21-1 *(D. n° 2009-350, 30 mars 2009).* – L'accord de participation prévoit les modalités d'information de chaque bénéficiaire.

(Rempl., D. n° 2011-1449, 7 nov. 2011) Cette information porte notamment sur :

a) Les sommes qui sont attribuées au titre de la participation ;

b) Le montant dont il peut demander en tout ou partie le versement ;

c) Le délai dans lequel il peut formuler sa demande ;

d) L'affectation d'une quote-part de ces sommes au plan d'épargne pour la retraite collectif, en cas d'absence de réponse de sa part, conformément aux dispositions de l'article L. 3424-12 ».

La demande du bénéficiaire est formulée dans un délai de quinze jours à compter de la date à laquelle il a été informé du montant qui lui est attribué. L'accord précise la date à laquelle le bénéficiaire est présumé avoir été informé.

En l'absence de stipulation conventionnelle, le bénéficiaire formule sa demande dans un délai de quinze jours à compter de la réception de la lettre recommandée avec avis de réception ou remise contre récépissé l'informant du montant qui lui est attribué et du montant dont il peut demander en tout ou partie le versement.

Si le bénéficiaire ne demande pas le versement de ces sommes dans le délai de quinze jours mentionné ci-dessus, elles ne sont négociables ou exigibles qu'à l'expiration d'un délai de cinq ans à compter *(Mots rempl., D. n° 2015-1606, 7 déc. 2015)* « premier jour du sixième mois » suivant l'exercice au titre duquel les droits sont nés, conformément aux dispositions de l'article L. 3324-10, ou d'un délai de huit ans, dans les mêmes conditions, conformément aux dispositions de l'article L. 3323-5.

(Al. aj., D. n° 2011-1449, 7 nov. 2011) « Toutefois, lorsque ces sommes sont inscrites sur un plan d'épargne pour la retraite collectif, leur délivrance ne peut intervenir qu'à l'échéance ou dans les conditions prévues à l'article *(Réf. rempl., D. n° 2015-1606, 7 déc. 2015)* « L. 3334-14 ».

Art. D. 3324-21-2 *(D. n° 2009-351, 30 mars 2009).* – Lorsqu'un bénéficiaire demande le versement de la participation conformément aux dispositions de l'article R. 3324-21-1, les entreprises effectuent ce versement avant le *(Mots rempl., D. n° 2015-1606, 7 déc. 2015)* « premier jour du sixième mois » suivant la clôture de l'exercice au titre duquel la participation est attribuée.

Passé ce délai, les entreprises complètent le versement prévu au premier alinéa par un intérêt de retard égal à 1,33 fois le *(Mots rempl., D. n° 2015-1606, 7 déc. 2015)* « taux mentionné à l'article 14 de la loi n° 47-1775 du 10 septembre 1947 portant statut de la coopération ».

Les intérêts sont versés en même temps que le principal.

Art. R. 3324-22 *(Mod., D. n° 2009-350, 30 mars 2009)*. – Dans le cas où le bénéficiaire n'a pas opté pour la disponibilité immédiate, les cas dans lesquels, en application de l'article L. 3324-10, les droits constitués au profit des bénéficiaires peuvent être exceptionnellement liquidés avant l'expiration des délais fixés au premier alinéa de cet article et au deuxième alinéa de l'article L. 3323-5 sont les suivants :

1° Le mariage ou la conclusion d'un pacte civil de solidarité par l'intéressé ;

2° La naissance ou l'arrivée au foyer d'un enfant en vue de son adoption, dès lors que le foyer compte déjà au moins deux enfants à sa charge ;

3° Le divorce, la séparation ou la dissolution d'un pacte civil de solidarité lorsqu'ils sont assortis *(Mots aj., D. n° 2016-1907, 28 déc. 2016)* « d'une convention ou » d'un jugement prévoyant la résidence habituelle unique ou partagée d'au moins un enfant au domicile de l'intéressé ;

4° L'invalidité de l'intéressé, de ses enfants, de son conjoint ou de son partenaire lié par un pacte civil de solidarité. Cette invalidité s'apprécie au sens des 2° et 3° de l'article L. 341-4 du Code de la sécurité sociale ou est reconnue par décision de la commission des droits et de l'autonomie des personnes handicapées, à condition que le taux d'incapacité atteigne au moins 80 % et que l'intéressé n'exerce aucune activité professionnelle ;

5° Le décès de l'intéressé, de son conjoint ou de son partenaire lié par un pacte civil de solidarité ;

6° La rupture du contrat de travail, la cessation de son activité par l'entrepreneur individuel, la fin du mandat social, la perte du statut de conjoint collaborateur ou de conjoint associé ;

7° L'affectation des sommes épargnées à la création ou reprise, par l'intéressé, ses enfants, son conjoint ou son partenaire lié par un pacte civil de solidarité, d'une entreprise industrielle, commerciale, artisanale ou agricole, soit à titre individuel, soit sous la forme d'une société, à condition d'en exercer effectivement le contrôle au sens de l'article R. 5141-2, à l'installation en vue de l'exercice d'une autre profession non salariée ou à l'acquisition de parts sociales d'une société coopérative de production ;

8° L'affectation des sommes épargnées à l'acquisition ou agrandissement de la résidence principale emportant création de surface habitable nouvelle telle que définie à l'article R. 111-2 du Code de la construction et de l'habitation, sous réserve de l'existence d'un permis de construire ou d'une déclaration préalable de travaux, ou à la remise en état de la résidence principale endommagée à la suite d'une catastrophe naturelle reconnue par arrêté ministériel ;

9° La situation de surendettement de l'intéressé définie à l'article L. 331-2 du Code de la consommation, sur demande adressée à l'organisme gestionnaire des fonds ou à l'employeur, soit par le président de la commission de surendettement des particuliers, soit par le juge lorsque le déblocage des droits paraît nécessaire à l'apurement du passif de l'intéressé.

Art. R. 3324-23. – La demande du salarié de liquidation anticipée est présentée dans un délai de six mois à compter de la survenance du fait générateur, sauf dans les cas de rupture du contrat de travail, décès, invalidité et surendettement. Dans ces derniers cas, elle peut intervenir à tout moment.

La levée anticipée de l'indisponibilité intervient sous forme d'un versement unique qui porte, au choix du salarié, sur tout ou partie des droits susceptibles d'être débloqués.

Art. R. 3324-24. – Le jugement arrêtant le plan de cession totale de l'entreprise, ou ouvrant ou prononçant la liquidation judiciaire de l'entreprise rend immédiatement exigibles les droits à participation non échus en application de l'article L. 643-1 du Code de commerce et de l'article L. 3253-10 du présent code.

Section V. – Gestion de la réserve spéciale

Art. D. 3324-25 *(Mod., D. n° 2009-351, 30 mars 2009)*. – Lorsque les parties ont choisi d'utiliser la réserve spéciale de participation dans les conditions prévues au 1° de l'article L. 3323-2, les entreprises réalisent les versements correspondants avant le *(Mots rempl., D. n° 2015-1606, 7 déc. 2015)* « premier jour du sixième mois » suivant la clôture de l'exercice au titre duquel la participation est attribuée.

Passé ce délai, les entreprises complètent les versements prévus au premier alinéa par un intérêt de retard égal à 1,33 fois le *(Mots rempl., D. n° 2015-1606, 7 déc. 2015)* « taux mentionné à l'article 14 de la loi n° 47-1775 du 10 septembre 1947 portant statut de la coopération ».

Les intérêts sont versés en même temps que le principal et employés dans les mêmes conditions.

Art. D. 3324-26. – Lorsque la réserve spéciale de participation est consacrée à l'acquisition de titres émis par des sociétés d'investissement à capital variable, le portefeuille de ces sociétés est composé, au moins pour la moitié, de valeurs d'entreprises dont le siège est situé dans un État membre de la Communauté européenne ou d'un autre État partie à l'accord sur l'Espace économique européen.

Ces sociétés inscrivent au nom de chacun des bénéficiaires le nombre d'actions ou de coupures d'actions correspondant aux sommes qui reviennent à celui-ci.

Art. D. 3324-27. – Lorsque l'accord de participation prévoit que les sommes revenant aux salariés seront utilisées selon une ou plusieurs des modalités mentionnées à l'article L. 3323-2 et laisse aux salariés la possibilité de choisir individuellement le mode de gestion des sommes qui leur sont attribuées, il prévoit les modalités d'exercice de ce choix et précise le sort des droits des salariés n'ayant pas expressément opté pour l'un des modes de placement proposés.

Art. D. 3324-28. – Lorsque l'accord de participation offre plusieurs instruments de placement, il précise les modalités selon lesquelles le salarié peut modifier l'affectation de son épargne.

Toutefois, l'accord peut prévoir des restrictions à la possibilité de modification du choix de placement initial dans les cas qu'il définit. Il précise alors la ou les modifications pouvant intervenir à l'occasion du départ du salarié de l'entreprise.

Sans préjudice des dispositions du cinquième alinéa de l'article *(Réf. rempl., D. n° 2013-687, 25 juill. 2013)* « L. 214-164 » et du septième alinéa de l'article *(Réf. rempl., D. n° 2013-687, 25 juill. 2013)* « L. 214-165 » du Code monétaire et financier, les signataires de l'accord peuvent modifier l'affectation de l'épargne des salariés investis dans des *(Mots rempl., D. n° 2013-687, 25 juill. 2013)* « organismes de placement collectif en valeurs mobilières ou des placements collectifs relevant des paragraphes 1, 2 et 6 de la sous-section 2, du paragraphe 2 ou du sous-paragraphe 1 du paragraphe 1 de la sous-section 3, ou de la sous-section 4 de la section 2 du chapitre IV du titre Ier du livre II du Code monétaire et financier lorsque les caractéristiques des nouveaux organismes ou des placements collectifs sont identiques à celles des organismes ou des placements collectifs » antérieurement prévus.

Art. D. 3324-29. – Lorsque les droits à participation sont affectés, au cours ou à l'issue de la période de blocage, à un plan d'épargne d'entreprise, le délai d'indisponibilité couru de ces sommes au moment de l'affectation s'impute sur la durée de blocage prévue par le plan d'épargne d'entreprise.

Art. D. 3324-30. – L'accord de participation prévoyant le choix individuel entre le versement immédiat ou le réinvestissement des intérêts précise le régime applicable à défaut d'option exercée par le salarié.

Art. D. 3324-31. – En l'absence de stipulation des accords, les revenus des droits de créance des salariés sont versés annuellement aux bénéficiaires.

Art. D. 3324-32. – Lorsque les intérêts correspondants aux sommes placées dans les conditions prévues au 2° de l'article L. 3323-2 sont réinvestis, ils sont capitalisés annuellement.

Art. D. 3324-33. – Les sommes attribuées au titre de la participation et affectées à un fonds d'investissement de l'entreprise sont rémunérées pour tous les salariés à un taux identique. Ce taux ne peut être inférieur au *(Mots rempl., D. n° 2015-1606, 7 déc. 2015)* « taux mentionné à l'article 14 de la loi n° 47-1775 du 10 septembre 1947 portant statut de la coopération ».

Art. D. 3324-34. – Les fonds communs de placement constitués en application d'un accord de participation sont régis par les règles applicables aux fonds communs de placement d'entreprise mentionnés aux articles *(Réf. rempl., D. n° 2013-687, 25 juill. 2013)* « L. 214-164 et L. 214-165 » du Code monétaire et financier.

En outre, le règlement du fonds peut prévoir la possibilité pour celui-ci de recevoir, à la demande de tout salarié disposant, en application du 2° de l'article L. 3323-2, d'un droit de créance sur une entreprise au titre de la participation des salariés, les sommes qui lui ont été attribuées à ce titre. Dans ce cas, les sommes sont versées directement par l'entreprise dans les deux mois qui suivent la décision du salarié.

Art. D. 3324-35. – Lorsqu'aucun accord de participation n'a été conclu, les sommes inscrites en compte courant portent intérêt à compter du *(Mots rempl., D. n° 2015-1606, 7 déc. 2015)* « premier jour du sixième mois » suivant la clôture de l'exercice au titre duquel la participation est attribuée.

Art. D. 3324-36. – Lorsqu'un salarié titulaire de droits sur la réserve spéciale de participation quitte l'entreprise sans faire valoir ses droits à déblocage ou avant que l'entreprise ait été en mesure de liquider à la date de son départ la totalité des droits dont il est titulaire, l'employeur :

1° Lui remet l'état récapitulatif prévu à l'article L. 3341-7 ;

2° Lui demande l'adresse à laquelle doivent lui être envoyés les avis de mise en paiement des dividendes et d'échéance des intérêts, des titres remboursables et des avoirs devenus disponibles, et, le cas échéant, le compte sur lequel les sommes correspondantes doivent lui être versées ;

3° L'informe qu'il l'avisera des éventuels changements d'adresse de l'entreprise ou de l'organisme gestionnaire.

Injonction adressée à l'employeur. Viole les articles 36 de la loi du 9 juillet 1991 et R. 442-15 [nouv. art. D. 3324-36] du Code du travail la cour d'appel qui supprime, sans relever de cause étrangère la justifiant, l'astreinte liée à l'injonction adressée à l'employeur de satisfaire aux prescriptions légales concernant l'information de la salariée licenciée sur ses droits éventuels à la participation aux résultats de l'entreprise et de remettre l'attestation indiquant la nature et le montant de la participation ainsi que le ou les dates à partir desquelles ceux-ci deviendront exigibles : ▪ Cass. soc., 27 mai 1999 : *Bull. civ.* V, n° 240.

Art. D. 3324-37 *(Mod., D. n° 2009-351, 30 mars 2009 ; D. n° 2011-1450, 7 nov. 2011)*. – Lorsque le bénéficiaire ne peut être atteint à la dernière adresse indiquée par lui, les sommes auxquelles il peut prétendre sont tenues à sa disposition par l'entreprise pendant une durée d'un an à compter de la date d'expiration du délai prévu soit à l'article L. 3323-5, soit à l'article L. 3324-10 selon le cas.

Passé ce délai, ces sommes sont remises à la Caisse des dépôts et consignations où l'intéressé peut les réclamer jusqu'au terme *(Mots rempl., D. n° 2015-1606, 7 déc. 2015)* « des délais prévus au III de l'article L. 312-20 du Code monétaire et financier ».

Art. D. 3324-38 *(Mod., D. n° 2009-351, 30 mars 2009 ; D. n° 2011-1450, 7 nov. 2011)*. – La conservation des parts de fonds communs de placement et des actions de sociétés d'investissement à capital variable (SICAV) acquises en application du 1° de l'article L. 3323-2 continue d'être assurée par l'organisme qui en est chargé et auprès duquel l'intéressé peut les réclamer jusqu'au terme *(Mots rempl., D. n° 2015-1606, 7 déc. 2015)* « des délais prévus au III de l'article L. 312-20 du Code monétaire et financier ».

Art. D. 3324-39. – En cas de décès du salarié, ses ayants droit demandent la liquidation de ses droits.

Le régime fiscal prévu au 4 du III de l'article 150-0 A du Code général des impôts cesse de leur être attaché à compter du septième mois suivant le décès.

Art. D. 3324-40 *(Mod., D. n° 2009-351, 30 mars 2009)*. – Lorsque la déclaration des résultats d'un exercice est rectifiée par l'administration ou par le juge de l'impôt, le montant de la participation des salariés au bénéfice de cet exercice fait l'objet d'un nouveau calcul, compte tenu des rectifications apportées.

Le montant de la réserve spéciale de participation est modifié en conséquence au cours de l'exercice pendant lequel les rectifications opérées par l'administration ou par le juge de l'impôt sont devenues définitives ou ont été formellement acceptées par l'entreprise. Ce montant est majoré d'un intérêt dont le taux est égal au *(Mots rempl., D. n° 2015-1606, 7 déc. 2015)* « taux mentionné à l'article 14 de la loi n° 47-1775 du 10 septembre 1947 portant statut de la coopération » et qui court à partir du *(Mots rempl., D. n° 2015-1606, 7 déc. 2015)* « premier jour du sixième mois » de l'exercice qui suit celui au titre duquel les rectifications ont été opérées.

1) Effets sur les droits des salariés. Dans la mesure où le complément à la réserve spéciale de participation résultant d'un redressement fiscal doit être affecté au montant de la réserve spéciale de participation de l'exercice au cours duquel les rectifications opérées par l'Administration ou par le juge de l'impôt sont devenues définitives ou ont été formellement acceptées par l'entreprise, seuls les salariés présents lors de cet exercice peuvent prétendre à une répartition de cette réserve : ▪ Cass. soc.,

18 févr. 2016, n° 14-12.614 : *JCP* S 2016, 1119, note J. Kovac. L'article R. 442-23 [nouv. art. D. 3324-40] du Code du travail ne s'applique que dans l'hypothèse où le montant de la réserve spéciale de participation est modifié à la suite de rectifications opérées par l'administration ou par le juge de l'impôt. Le tribunal qui a constaté qu'une erreur avait été commise dans l'assiette de calcul de la réserve spéciale de participation au titre des exercices 1994 et 1995 ayant pour effet de minorer la participation au titre de ces exercices et de majorer l'intéressement, a, en décidant que l'accord conclu entre les partenaires sociaux pour corriger cette erreur n'était pas opposable à l'intéressé qui avait quitté l'entreprise avant sa conclusion et en lui accordant pour les exercices litigieux, au cours desquels il était présent, une somme correspondant à la différence entre le complément dû au titre de la participation et le trop perçu au titre de l'intéressement, justifié sa décision : ▪ Cass. soc., 5 juin 2001 : *Bull. civ.* V, n° 207.

2) Conséquences des rectifications sur la réserve spéciale de participation. Le premier alinéa de l'article R. 442-23 [nouv. art. D. 3324-40] du Code du travail, qui prévoit une modification de la participation compte tenu des rectifications des résultats d'un exercice opérées par l'administration ne fait aucune distinction entre une modification à la hausse et une modification à la baisse. De plus, le champ d'application de ce texte n'est pas limité au seul cas de hausse de la réserve spéciale de participation, mais s'applique également en cas de baisse de cette dernière : ▪ Cass. soc., 1er juill. 1998 : *Bull. civ.* V, n° 357.

Section VI. – Paiement et déblocage anticipé

Art. D. 3324-41. – Pour obtenir le transfert des sommes qu'il détient au titre de la participation, le salarié indique à l'entreprise qu'il quitte les avoirs qu'il souhaite transférer en utilisant les mentions faites dans l'état récapitulatif ou dans le dernier relevé dont il dispose et lui demande de liquider ces avoirs.

Art. D. 3324-42. – Lorsque le transfert est réalisé vers un plan d'épargne d'entreprise dont il bénéficie au sein de la nouvelle entreprise qui l'emploie, le salarié précise dans sa demande l'affectation de son épargne au sein du plan ou des plans qu'il a choisis.

Lorsque le transfert est réalisé vers un plan dont il bénéficie au titre d'un nouvel emploi, le salarié communique à l'entreprise qu'il a quittée le nom et l'adresse de son nouvel employeur et de l'établissement mentionné à l'article R. 3333-5. Il informe ces derniers de ce transfert et de l'affectation de son épargne.

Art. D. 3324-43. – L'entreprise que le salarié quitte procède elle-même à la liquidation des sommes bloquées en application du 2° de l'article L. 3323-2 ou de l'article L. 3323-5 et demande sans délai à l'établissement chargé du registre des comptes la liquidation des actions ou parts détenues au sein des plans d'épargne.

La liquidation réalisée, l'entreprise transfère les sommes correspondantes vers le plan concerné, en indiquant les périodes d'indisponibilité déjà courues ainsi que les éléments nécessaires à l'application de la législation sociale.

Art. D. 3324-44. – L'arrêté ministériel prévu à l'article L. 3324-11 est pris conjointement par les ministres chargés de l'économie et du travail.

CHAPITRE V. – RÉGIME SOCIAL ET FISCAL DE LA PARTICIPATION

Art. D. 3325-1. – Sur demande de l'entreprise, l'attestation du montant du bénéfice net et des capitaux propres est établie soit par le commissaire aux comptes, soit par l'*(Mots rempl., D. n° 2014-552, 27 mai 2014)* « inspecteur des finances publiques ».

Dans ce dernier cas, la demande est accompagnée d'un état annexe rempli par l'entreprise, conformément à un modèle arrêté par le ministre chargé de l'économie.

Art. D. 3325-2. – L'attestation est délivrée par l'*(Mots rempl., D. n° 2014-552, 27 mai 2014)* « inspecteur des finances publiques » dans les trois mois qui suivent celui de la demande de l'entreprise ou, si la déclaration fiscale des résultats correspondants à l'exercice considéré est souscrite après la présentation de cette demande, dans les trois mois qui suivent celui du dépôt de cette déclaration.

Art. D. 3325-3. – Lorsqu'aucune demande d'attestation n'a été présentée six mois après la clôture d'un exercice, l'inspecteur du travail peut se substituer à l'entreprise pour obtenir cette attestation.

Art. D. 3325-4. – La modification d'assiette du bénéfice net intervenue après la délivrance d'une attestation donne lieu à l'établissement d'une attestation rectificative établie dans les mêmes conditions que l'attestation initiale.

Il résulte de la combinaison des articles D. 3325-4 et L. 3326-1, qui sont d'ordre public absolu, que les actions en responsabilité tant contractuelle que délictuelle des salariés qui ne sont plus présents dans l'entreprise lors de l'exercice au cours duquel le redressement fiscal est devenu définitif sont irrecevables : ▪ Cass. soc., 18 févr. 2016, n° 14-12.614 : *JCP* S 2016, 1119, note J. Kovac.

Art. D. 3325-5. – La constitution en franchise d'impôt de la provision pour investissement prévue à l'article L. 3325-3 et au II de l'article 237 *bis* A du Code général des impôts est subordonnée au respect des dispositions prévues à l'article 171 *bis* de l'annexe II au Code général des impôts.

Art. D. 3325-6. – L'avoir fiscal et le crédit d'impôt attachés aux revenus des valeurs mobilières attribuées aux salariés ou acquises pour leur compte au titre de la participation donnent lieu à délivrance d'un certificat distinct, conformément aux dispositions de l'article 77 de l'annexe II au Code général des impôts et sous les deux modalités suivantes :

1° Lorsque ces revenus sont totalement exonérés, conformément aux dispositions de l'article L. 3325-2, le certificat est établi pour la totalité de l'avoir fiscal ou du crédit d'impôt au nom de l'organisme chargé de la conservation des titres et la restitution de l'avoir fiscal ou du crédit d'impôt mentionné sur ce certificat est demandée par cet organisme ;

2° Lorsque l'exonération ne porte que sur la moitié de ces revenus le certificat établi au nom de l'organisme chargé de la conservation des titres ne mentionne que la moitié de l'avoir fiscal ou du crédit d'impôt qui s'attache à ces revenus. La restitution demandée par l'organisme porte alors sur un montant réduit de moitié.

Art. D. 3325-7. – La demande de restitution, accompagnée du certificat, est adressée au service des impôts du siège de l'organisme qui l'a établie.

La restitution est opérée au profit de cet organisme, à charge pour lui d'employer les sommes correspondantes de la même façon que les revenus auxquels elles se rattachent.

CHAPITRE VI. – CONTESTATIONS ET SANCTIONS

Art. R. 3326-1. – Les litiges relatifs à l'application du présent titre, autres que ceux mentionnés aux premier et deuxième alinéas de l'article L. 3326-1, relèvent du tribunal de grande instance dans les conditions fixées à l'article R. 311-1 du Code de l'organisation judiciaire.

Compétence de la juridiction prud'homale. Les litiges individuels opposant un ou plusieurs salariés à leur employeur en matière de participation ou d'intéressement relèvent de la compétence des conseils de prud'hommes : ▪ Cass. soc., 28 févr. 2018, n° 16-13.682 : *JCP* S 2018, 1131, note S. Brissy.

TITRE III. – PLANS D'ÉPARGNE SALARIALE

CHAPITRE I. – CHAMP D'APPLICATION

Art. R. 3331-1 *(D. n° 2009-350, 30 mars 2009)*. – Les dispositions du présent titre, à l'exception de l'article D. 3334-3-1, sont également applicables aux personnes mentionnées au dernier alinéa de l'article L. 3332-2.

Art. D. 3331-2 *(D. n° 2009-351, 30 mars 2009)*. – Les salariés d'un groupement d'employeurs qui n'a pas mis en place un plan d'épargne salariale peuvent bénéficier du plan d'épargne salariale mis en place dans chacune des entreprises du groupement auprès de laquelle ils sont mis à disposition si le règlement le prévoit.

Art. D. 3331-3 *(D. n° 2009-351, 30 mars 2009)*. – L'ancienneté des personnes mentionnées au dernier alinéa de l'article L. 3332-2 éventuellement requise par le règlement se décompte à compter de la date d'effet du contrat individuel.

CHAPITRE II. – PLAN D'ÉPARGNE D'ENTREPRISE

Section I. – Conditions de mise en place

Sous-section 1. – Choix de placement

Art. R. 3332-1. – Le règlement du plan d'épargne d'entreprise comporte, en annexe, les critères de choix et la liste des instruments de placement ainsi que les notices des sociétés d'investissement à capital variable (SICAV) et des fonds communs de placement offerts aux adhérents.

Art. R. 3332-2. – Lorsque le plan offre plusieurs instruments de placement, son règlement précise les modalités selon lesquelles l'adhérent peut modifier l'affectation de son épargne entre ces instruments.

Toutefois, le règlement du plan peut prévoir des restrictions à la faculté de modifier le choix de placement initial dans des cas qu'il définit. L'investissement des sommes qui ont bénéficié du supplément d'abondement dans les conditions prévues au deuxième alinéa de l'article L. 3332-11 ne peut être modifié.

Art. R. 3332-3. – Le règlement du plan précise les modifications du choix de placement initial pouvant intervenir à l'occasion du départ du salarié de l'entreprise.

Sans préjudice des dispositions du cinquième alinéa de l'article *(Réf. rempl., D. n° 2013-687, 25 juill. 2013)* L. 214-164 et du septième alinéa de l'article *(Réf. rempl., D. n° 2013-687, 25 juill. 2013)* « L. 214-165 du Code monétaire et financier », les signataires de l'accord peuvent modifier l'affectation de l'épargne des salariés investie dans des *(Mots rempl., D. n° 2013-687, 25 juill. 2013)* « organismes de placement collectif en valeurs mobilières ou des placements collectifs relevant des paragraphes 1, 2 et 6 de la sous-section 2, du paragraphe 2 ou du sous-paragraphe 1 du paragraphe de la sous-section 3, ou de la sous-section 4 de la section 2 du chapitre IV du titre 1er du livre II du Code monétaire et financier lorsque les caractéristiques des nouveaux organismes ou des placements collectifs sont identiques à celles des organismes ou des placements collectifs » antérieurement prévus.

Lorsque la modification de l'affectation des sommes intervient durant la période d'indisponibilité, la durée totale de celle-ci n'est pas remise en cause.

Sous-section 2. – Dépôt

Art. R. 3332-4. – Le règlement du plan d'épargne d'entreprise mentionné aux articles L. 3332-7 et L. 3332-9 est déposé *(Mots aj., D. n° 2015-1606, 7 déc. 2015)* « , avec les annexes relatives aux critères de choix et à la liste des instruments de placements, » à la direction régionale des entreprises, de la concurrence, de la consommation, du travail et de l'emploi.

Art. R. 3332-5. – Si le plan d'épargne d'entreprise est mis en place à l'initiative de l'entreprise, le procès-verbal de consultation du *(Mots rempl., D. n° 2017-1819, 29 déc. 2017)* « comité social et économique » est déposé avec le règlement du plan.

Art. R. 3332-6. – Le directeur régional des entreprises, de la concurrence, de la consommation, du travail et de l'emploi accuse, sans délai, réception de l'accord et des documents mentionnés à la présente sous-section.

Art. R. 3332-7. – Le plan d'épargne d'entreprise, établi par accord avec le personnel, est conclu selon l'une des modalités prévues à l'article L. 3322-6.

Section II. – Versements

Art. R. 3332-8. – Le plafond prévu à l'article L. 3332-11 est fixé à 8 % du montant annuel du plafond prévu à l'article L. 241-3 du Code de la sécurité sociale.

Art. R. 3332-9. – Un plan d'épargne d'entreprise peut recueillir, à l'initiative des participants, les versements des sommes issues de l'intéressement, de la participation, des versements volontaires et des contributions des entreprises prévues à l'article L. 3332-11.

Le règlement du plan d'épargne d'entreprise peut prévoir, pour chaque versement volontaire des participants, un montant minimum par support de placement. Celui-ci ne peut toutefois pas excéder une somme fixée par arrêté conjoint des ministres chargés de l'économie et du travail.

Art. D. 3332-9-1 *(D. n° 2009-351, 30 mars 2009)*. – Les versements annuels d'un bénéficiaire mentionné au dernier alinéa de l'article L. 3332-2 aux plans d'épargne salariale auxquels il participe ne peuvent excéder un quart de son revenu professionnel imposé à l'impôt sur le revenu au titre de l'année précédente.

Art. R. 3332-10. – Les sommes versées par les adhérents à un plan d'épargne d'entreprise, les sommes complémentaires versées par l'entreprise, les sommes attribuées au titre de l'intéressement et affectées volontairement par des salariés à ce plan d'épargne ainsi que les sommes attribuées aux salariés au titre de la participation aux résultats et affectées à la réalisation de ce plan sont, dans un délai de quinze jours à compter respectivement de leur versement par l'adhérent ou de la date à laquelle elles sont dues, employées à l'acquisition d'actions de sociétés d'investissement à capital variable ou de parts de fonds communs de placement d'entreprise ou de titres émis par l'entreprise ou, le cas échéant, par des sociétés créées dans les conditions prévues à l'article 11 de la loi n° 84-578 du 9 juillet 1984 sur le développement de l'initiative économique.

Art. R. 3332-11. – L'affectation à la réalisation du plan des sommes complémentaires que l'entreprise s'est engagée à verser intervient concomitamment aux versements de l'adhérent ou, au plus tard, à la fin de chaque exercice et avant le départ de l'adhérent de l'entreprise.

Art. R. 3332-12. – Les sommes attribuées au titre de l'intéressement que les salariés souhaitent affecter à la réalisation d'un plan d'épargne d'entreprise sont versées dans ce plan dans un délai maximum de quinze jours à compter de la date à laquelle elles ont été perçues.

Art. R. 3332-13 *(Mod., D. n° 2009-350, 30 mars 2009)*. – Lorsque l'ancien salarié de l'entreprise n'a pas accès à un plan d'épargne pour la retraite collectif, il peut continuer à effectuer des versements dans le plan d'épargne pour la retraite collectif de son ancienne entreprise. Sauf dans ce cas, l'ancien salarié qui l'a quittée pour un motif autre que le départ en retraite ou en préretraite ne peut effectuer de nouveaux versements au plan d'épargne d'entreprise.

Toutefois, lorsque le versement de l'intéressement ou de la participation au titre de la dernière période d'activité du salarié intervient après son départ de l'entreprise, il peut affecter cet intéressement ou cette participation au plan d'épargne de l'entreprise qu'il vient de quitter. Le règlement du plan peut prévoir que ce versement fait l'objet d'un versement complémentaire de l'entreprise suivant les conditions prévues pour l'ensemble des salariés.

Art. R. 3332-13-1 *(D. n° 2015-1606, 7 déc. 2015)*. – À défaut de stipulation conventionnelle, les sommes sont affectées à une société d'investissement à capital variable régie par les articles L. 214-7 à L. 214-7-4 et L. 214-24-29 à L. 214-24-33 du Code monétaire et financier ou à un fonds d'épargne salariale régi par les articles L. 214-163 à L. 214-166 du même code présentant le profil d'investissement le moins risqué dans le plan d'épargne d'entreprise ou, à défaut, dans le plan d'épargne du groupe. En l'absence de l'un et de l'autre de ces plans, les sommes sont affectées dans le plan d'épargne interentreprises, lorsqu'il a été mis en place.

Section III. – Composition et gestion du plan

Art. R. 3332-14. – L'entreprise tient le registre des comptes administratifs ouverts au nom de chaque adhérent.

Ce registre comporte, par adhérent, les sommes affectées au plan d'épargne ainsi que la ventilation des investissements réalisés et les délais d'indisponibilité restant à courir.

Art. R. 3332-15. – La tenue du registre des comptes administratifs peut être déléguée. Dans ce cas, le contrat de délégation précise les modalités d'information du délégataire. Les coordonnées de la personne chargée de la tenue du registre sont mentionnées dans le règlement du plan d'épargne d'entreprise.

Art. R. 3332-16. – La personne chargée de la tenue du registre des comptes administratifs établit un relevé des actions ou des parts appartenant à chaque adhérent. Une copie de ce relevé est adressée, au moins une fois par an, aux intéressés avec l'indication de l'état de leur compte.

Art. R. 3332-17. – Les frais de tenue de compte-conservation des anciens salariés de l'entreprise lorsqu'ils ne sont pas pris en charge par l'entreprise peuvent être perçus par prélèvement sur les avoirs dans les conditions fixées par l'accord de participation ou par l'accord collectif instituant le plan d'épargne d'entreprise ou, à défaut, par le règlement du fonds.

Art. R. 3332-18. – Les dispositions de l'article D. 3324-34 sont applicables aux fonds communs de placement constitués pour l'emploi des sommes affectées à la réalisation d'un plan d'épargne d'entreprise.

Art. R. 3332-19. – Pour l'application du cinquième alinéa de l'article L. 3332-17, la valeur d'expertise de l'entreprise est déterminée selon les modalités prévues aux articles R. 3332-22 et R. 3332-23.

L'employeur informe individuellement les salariés de cette valeur d'expertise, de son évolution par rapport à la dernière valeur communiquée, de la date de la prochaine publication de la valeur liquidative du fonds commun de placement de l'entreprise, des coordonnées de l'établissement auquel ils peuvent adresser leur demande de souscription, de rachat ou d'arbitrage de leurs avoirs, ainsi que du délai dans lequel ils peuvent adresser cette demande. Cet établissement et le conseil de surveillance du fonds sont également informés par l'employeur.

Art. R. 3332-20. – Lorsque la situation juridique d'une entreprise ayant mis en place un plan d'épargne d'entreprise est modifiée, notamment par fusion, cession, absorption ou scission, les signataires de l'accord ou, lorsque le plan n'a pas été mis en place en application d'un accord, l'employeur, peuvent décider de transférer les avoirs des salariés dans le plan d'épargne de la nouvelle entreprise, si celui-ci comporte des *(Mots rempl., D. n° 2013-687, 25 juill. 2013)* « organismes de placement collectif en valeurs mobilières ou des placements collectifs relevant des paragraphes 1, 2 et 6 de la sous-section 2, du paragraphe 2 ou du sous-paragraphe 1 du paragraphe 1 de la sous-section 3, ou de la sous-section 4 de la section 2 du chapitre IV du titre Ier du livre II du Code monétaire et financier dont les caractéristiques sont identiques à celles des organismes ou des placements collectifs » prévus dans le plan d'origine.

En cas d'impossibilité juridique de réunir les signataires initiaux, le transfert peut être mis en place par un accord avec le personnel ou avec les *(Mots rempl., D. n° 2017-1819, 29 déc. 2017)* « comités sociaux et économiques ».

En cas de transfert d'un salarié au sens de l'article L. 1224-1 du Code du travail, celui-ci, s'il conserve ses droits au sein du plan d'épargne d'entreprise mis en place par l'employeur sortant, dispose seulement de la faculté de transférer ses avoirs au sein du plan d'épargne d'entreprise, s'il existe, de son nouvel employeur : ■ Cass. soc., 19 mai 2016, n° 14-29.786 : *Lexbase Hebdo, éd. sociale*, n° 657, note G. Auzero.

Art. R. 3332-21. – Dans le cas prévu à l'article R. 3332-20, lorsque le plan d'épargne salariale n'a pas été institué en application d'un accord avec le personnel, le *(Mots rempl., D. n° 2017-1819, 29 déc. 2017)* « comité social et économique quand il existe, est consulté » sur le projet de transfert au moins quinze jours avant sa réalisation effective.

Art. R. 3332-21-1 *(D. n° 2009-304, 18 mars 2009 ; rempl., D. n° 2015-719, 23 juin 2015)*. – La condition prévue au 2° du I de l'article L. 3332-17-1 est remplie lorsque l'une ou l'autre des deux conditions suivantes est remplie :

1° Les charges d'exploitation liées aux activités participant à la recherche d'une utilité sociale, au sens de l'article 2 de la loi n° 2014-856 du 31 juillet 2014 relative à l'économie sociale et solidaire, représentent au moins 66 % de l'ensemble des charges d'exploitation du compte de résultat de l'entreprise au cours des trois derniers exercices clos ;

2° Le rapport entre, d'une part, la somme des dividendes et de la rémunération des concours financiers non bancaires mentionnés aux articles L. 213-5, L. 213-32 à L. 213-35, L. 313-13, L. 512-1 à L. 512-8 du Code monétaire et financier et aux alinéas 2 et 3 de l'article L. 312-2 du même code, et, d'autre part, la somme des capitaux propres et des concours financiers non bancaires susmentionnés est inférieur, au cours des trois derniers exercices clos, au taux moyen de rendement des obligations des sociétés privées mentionné à l'article 14 de la loi n° 47-1775 du 10 septembre 1947 portant statut de la coopération, majoré d'un taux de 5 %. L'entreprise doit également prendre l'engagement de continuer à respecter pendant la durée de l'agrément le rapport ainsi défini.

Le taux de majoration de 5 % mentionné à l'alinéa précédent peut être modifié par arrêté du ministre chargé de l'économie sociale et solidaire pour tenir compte de l'évolution des conditions de financement des entreprises dans la limite de plus ou moins un quart de ce taux.

Pour les entreprises créées depuis moins de trois ans à la date de la demande d'agrément, les conditions mentionnées au 1° et au 2° sont vérifiées sur l'ensemble de leurs exercices clos.

Art. D. 3332-21-2 *(D. n° 2009-304, 18 mars 2009 ; rempl., D. n° 2019-719, 23 juin 2015).* – Pour l'application du 3° du I de l'article L. 3332-17-1 aux sociétés, les dirigeants de sociétés s'entendent au sens des personnes mentionnées au premier alinéa du 1° de l'article 885 O *bis* du Code général des impôts.

Art. R. 3332-21-3 *(D. n° 2009-304, 18 mars 2009 ; rempl., D. n° 2015-719, 23 juin 2015).* – I. – L'agrément « entreprise solidaire d'utilité sociale » prévu à l'article L. 3332-17-1 est délivré par le préfet du département où l'entreprise a son siège social.

Lorsque l'entreprise a son siège social dans un autre État membre de l'Union européenne, elle présente sa demande d'agrément au préfet du département de son principal établissement en France.

II. – La demande d'agrément est adressée par le représentant légal de l'entreprise au préfet par tout moyen donnant date certaine à sa réception.

La composition du dossier qui doit être joint à cette demande est fixée par arrêté du ministre chargé de l'économie sociale et solidaire et du ministre chargé du travail.

Le silence gardé par le préfet pendant deux mois à compter de la réception d'un dossier complet vaut décision d'acceptation.

III. – L'agrément est délivré pour une durée de cinq ans. Par exception, pour les entreprises créées depuis moins de trois ans à la date de la demande d'agrément, l'agrément est délivré pour une durée de deux ans.

Pour le renouvellement de l'agrément, l'entreprise apporte, selon des modalités fixées par l'arrêté mentionné au quatrième alinéa les éléments justifiant du respect des conditions prévues à l'article R. 3332-21-1 pendant toute la période de son agrément précédent.

IV. – L'agrément est délivré de plein droit aux personnes morales mentionnées au II de l'article L. 3332-17-1 qui justifient qu'elles relèvent de ces dispositions selon des modalités fixées par l'arrêté mentionné au quatrième alinéa.

V. – Les décisions d'agrément font l'objet d'une publication au recueil des actes administratifs de la préfecture de département.

Une liste nationale des entreprises bénéficiant de l'agrément est mise à la disposition du public à l'initiative du ministre chargé de l'économie sociale et solidaire.

Art. R. 3332-21-4 *(D. n° 2009-304, 18 mars 2009).* – Les titres émis par des entreprises solidaires s'entendent des titres de capital, des titres obligataires, des billets à ordre, des bons de caisse, des avances en comptes courants, des titres participatifs et des prêts participatifs émis ou consentis par ces mêmes entreprises.

Art. R. 3332-21-5 *(D. n° 2009-304, 18 mars 2009).* – Les entreprises solidaires *(Mots aj., D. n° 2015-719, 23 juin 2015)* « d'utilité sociale » indiquent dans l'annexe de leurs comptes annuels les informations qui attestent du respect des conditions *(Mots rempl., D. n° 2015-719, 23 juin 2015)* « qui s'appliquent à elles en application du I et du II de l'article L. 3332-17-1 et des articles R. 3332-21-1 et R. 3332-21-2 ».

Section IV. – Évaluation des titres

Art. R. 3332-22. – Lorsque les instruments de placement d'un plan d'épargne d'entreprise comportent la possibilité d'investir en titres de l'entreprise qui ne sont pas admis aux négociations sur un marché réglementé, leur évaluation est déterminée conformément aux méthodes définies à l'article L. 3332-20, sans préjudice des dispositions légales spécifiques qui fixent les conditions de détermination de la valeur de ces titres.

Art. R. 3332-23. – Les titres sont évalués par l'entreprise, sous le contrôle du commissaire aux comptes, au moins une fois par exercice et chaque fois qu'un événement ou une série d'événements intervenus au cours d'un exercice sont susceptibles de conduire à une évolution substantielle de la valeur des actions de l'entreprise.

Il est, en outre, procédé à une évaluation par des experts au moins tous les cinq ans. *(Aj., D. n° 2009-350, 30 mars 2009)* « Cette évaluation est facultative dans les entreprises mentionnées au troisième alinéa de l'article L. 3332-20 dont les titres sont évalués en application du deuxième alinéa du même article ».

Section V – Augmentation de capital

Art. R. 3332-24. – Lorsqu'une société procède à des augmentations de capital ou à des cessions de titres réservées aux adhérents à un plan d'épargne d'entreprise, par l'intermédiaire d'un fonds commun de placement, le bulletin de souscription est signé par le gestionnaire du fonds.

La société émettrice notifie au gestionnaire du fonds le nombre d'actions souscrites ou le nombre de titres cédés. Le gestionnaire informe chaque adhérent du nombre de parts souscrit et lui adresse un relevé nominatif mentionnant la date de cessibilité de ces parts.

Art. R. 3332-25. – Lorsqu'une société propose aux adhérents d'un plan d'épargne d'entreprise d'acquérir des actions ou des certificats d'investissement qu'elle a émis, soit par achat, soit par souscription, et qu'un plan d'épargne commun à plusieurs entreprises du même groupe au sens des articles L. 3344-1 et L. 3344-2 a été mis en place afin de permettre aux adhérents à ce plan d'acquérir les actions ou les certificats d'investissement de cette société, les dispositions des articles L. 3332-11 et L. 3332-27 s'appliquent dans chacune des entreprises du groupe participant au plan d'épargne d'entreprise commun.

Art. R. 3332-26. – Lorsque les obligations mentionnées à l'article L. 3332-23 sont admises aux négociations sur un marché réglementé, ces titres sont évalués à leur valeur de marché.

Art. R. 3332-27. – Lorsque les obligations mentionnées à l'article L. 3332-23 ne sont pas admis aux négociations sur un marché réglementé, ces titres sont évalués à leur valeur nominale augmentée du coupon couru.

Dans ce cas, ou bien la société émettrice, ou une entreprise du même groupe au sens des articles L. 3344-1 et L. 3344-2, s'engage à racheter ces titres à première demande du souscripteur à leur valeur nominale augmentée du coupon couru, ou bien il est instauré un mécanisme équivalent, garantissant leur rachat à ces mêmes conditions. En outre, lorsque ces titres de créance figurent à l'actif d'un fonds commun de placement ou d'une société d'investissement à capital variable régis par les articles *(Réf. rempl., D. n° 2013-687, 25 juill. 2013)* « L. 214-164, L. 214-165 ou L. 214-166 » du Code monétaire et financier, la méthode de valorisation est définie par un expert indépendant, lors de la souscription par le fonds de ces titres et chaque fois qu'un évènement ou une série d'évènements ultérieurs sont susceptibles de conduire à une évolution substantielle du risque de défaillance de l'entreprise.

Section VI. – Indisponibilité des sommes, déblocage anticipé et liquidation

Art. R. 3332-28. – Les cas dans lesquels les actions ou parts acquises pour le compte des adhérents leur sont délivrées avant l'expiration du délai d'indisponibilité minimum de cinq ans sont les cas énumérés à l'article R. 3324-22.

(Abr., D. n° 2009-350, 30 mars 2009).

Art. R. 3332-29. – Les faits en raison desquels, en application du deuxième alinéa de l'article L. 3332-16, les droits constitués au profit des participants peuvent être exceptionnellement débloqués avant l'expiration du terme de l'opération de rachat mentionné au 2° de cet article sont les suivants :

1° L'invalidité du salarié, appréciée au sens des 2° et 3° de l'article L. 341-4 du Code de la sécurité sociale ;

2° La mise à la retraite du salarié ;

3° Le décès du salarié.

En cas de décès du salarié, il appartient à ses ayants droit de demander la liquidation de ses droits. Dans ce cas, les dispositions du 4 du III de l'article 150-0-A du Code général des impôts cessent d'être applicables à l'expiration des délais fixés par l'article 641 du même code.

Art. R. 3332-30. – Les dispositions des articles D. 3324-37 à D. 3324-39 s'appliquent aux investissements réalisés au sein de plans d'épargne d'entreprise, selon les modalités précisées par le règlement de ces plans.

Section VII. – Régime social et fiscal

Art. R. 3332-31. – L'avoir fiscal et le crédit d'impôt attachés aux revenus du portefeuille collectif ou des titres détenus individuellement acquis dans le cadre d'un plan d'épargne d'entreprise donnent lieu à la délivrance d'un certificat distinct, conformément aux dispositions de l'article 77 de l'annexe II au Code général des impôts.

Lorsque ces revenus sont totalement exonérés, conformément aux dispositions des deux premières phrases du II de l'article 163 *bis* B du Code général des impôts, le certificat est établi pour la totalité de l'avoir fiscal ou du crédit d'impôt au nom de l'organisme chargé de la conservation des titres. La restitution de l'avoir fiscal ou du crédit d'impôt mentionné sur ce certificat est demandée par cet organisme.

Art. R. 3332-32. – La demande de restitution de l'avoir fiscal ou du crédit d'impôt, accompagnée du certificat, est adressée au service des impôts du siège de l'organisme qui l'a établie.

La restitution est opérée au profit de cet organisme, à charge pour ce dernier d'employer les sommes correspondantes de la même façon que les revenus auxquels elles se rattachent.

CHAPITRE III. – PLAN D'ÉPARGNE INTERENTREPRISES

Art. R. 3333-1 *(Mod., D. n° 2009-350, 30 mars 2009)*. – Les dispositions relatives aux versements, à la composition et à la gestion du plan d'épargne entreprise prévues aux articles R. 3332-8 à R. 3332-14, puis des articles R. 3332-16 au R. 3332-18 ainsi que celles relatives à l'indisponibilité des sommes et au régime social et fiscal prévues aux articles R. 3332-28 à R. 3332-32, s'appliquent au plan d'épargne interentreprises.

Art. R. 3333-2. – Le plan d'épargne interentreprises peut recueillir les sommes issues soit de la participation prévue par accord ou mise en place conformément au deuxième alinéa de l'article L. 3323-6, soit de l'accord qui institue le plan.

Art. R. 3333-3. – En cas de participation volontaire dans les conditions de l'article L. 3323-6, l'accord instituant le plan d'épargne interentreprises précise la formule de calcul de la réserve spéciale de participation.

Si l'accord n'a pas retenu la formule prévue aux articles L. 3324-1 et L. 3324-3, il comporte, conformément à l'article L. 3324-2, la clause d'équivalence des avantages et l'un des quatre plafonds prévus du quatrième au sixième alinéas de cet article.

Art. R. 3333-4. – Le règlement du plan d'épargne interentreprises précise les modalités de la contribution des entreprises qui ne peut être inférieure à la prise en charge des frais de tenue de compte.

En cas de liquidation de l'entreprise, les frais de tenue de compte dus postérieurement à la liquidation sont mis à la charge des participants.

Art. R. 3333-5. – L'accord instituant le plan d'épargne interentreprises désigne les sociétés ou établissements qui sont chargés de la tenue du registre mentionné à l'article R. 3332-14.

Art. R. 3333-6 *(D. n° 2015-1606, 7 déc. 2015)*. – L'avenant à un règlement d'un plan d'épargne interentreprises institué entre plusieurs employeurs pris individuellement, conclu conformément aux dispositions des deuxième et troisième alinéas de l'article L. 3333-7, est déposé à la direction régionale des entreprises, de la concurrence, de la consommation, du travail et de l'emploi auprès de laquelle a été déposé le règlement du plan conformément aux dispositions de l'article R. 3332-4.

CHAPITRE IV. – PLAN D'ÉPARGNE POUR LA RETRAITE COLLECTIF

Art. R. 3334-1. – Les dispositions relatives aux versements, à la composition, à la gestion du plan d'épargne entreprise et à l'évaluation des titres prévues aux articles R. 3332-9 à R. 3332-23 ainsi que celles relatives à l'indisponibilité des sommes et au régime social et fiscal prévues aux articles R. 3332-30 à R. 3332-32 s'appliquent au plan d'épargne pour la retraite collectif.

Art. R. 3334-1-1 *(D. n° 2011-1449, 7 nov. 2011)*. – I. – Dans la limite fixée à l'article L. 3334-8, les jours de congés investis dans le plan d'épargne pour la retraite collectif, à la demande du salarié, le sont pour la valeur de l'indemnité de congés calculée selon les dispositions des articles *(Réf. rempl., D. n° 2016-1551, 18 nov. 2016)* « L. 3141-24 à L. 3141-27 ».

II. – Le règlement du plan d'épargne pour la retraite collectif prévoit les modalités d'affectation par défaut des sommes correspondant à la quote-part de réserve spéciale de participation attribuée au bénéficiaire, affectée au plan d'épargne pour la retraite collectif lorsqu'il a été mis en place dans l'entreprise, *(Mots rempl., D. n° 2015-1606, 7 déc. 2015)* « conformément aux dispositions du second alinéa de l'article L. 3334-11 ».

(Rempl., D. n° 2015-1606, 7 déc. 2015) Lorsque plusieurs plans d'épargne pour la retraite collectifs ont été mis en place dans l'entreprise, les sommes sont affectées au plan d'épargne pour la retraite collectif de l'entreprise ou, à défaut, dans le plan d'épargne pour la retraite collectif du groupe. En l'absence de l'un et de l'autre de ces plans, les sommes sont affectées dans le plan d'épargne pour la retraite collectif interentreprises.

Art. R. 3334-1-2 *(D. n° 2011-1449, 7 nov. 2011)*. – Pour l'application du second alinéa de l'article L. 3334-11, le règlement du plan d'épargne pour la retraite collectif définit les conditions dans lesquelles est proposée à chaque participant une option d'allocation de l'épargne ayant pour objectif de réduire progressivement les risques financiers pesant sur la valeur des actifs détenus dans les organismes de placement collectif en valeurs mobilières *(Mots aj., D. n° 2013-687, 25 juill. 2013)* « ou les placements collectifs relevant des paragraphes 1, 2 et 6 de la sous-section 2, du paragraphe 2 ou du sous-paragraphe 1 du paragraphe 1 de la sous-section 3, ou de la sous-section 4 de la section 2 du chapitre IV du titre Ier du livre II du Code monétaire et financier » du plan.

Lorsque le participant a choisi cette option *(Mots aj., D. n° 2015-1606, 7 déc. 2015)* « ou lorsqu'il s'agit d'une affectation par défaut, conformément aux dispositions du second alinéa de l'article L. 3334-11 », celle-ci est organisée de la manière suivante :

1° L'allocation de l'épargne conduit à une augmentation progressive de la part des sommes investies dans un ou des organismes de placement collectif en valeurs mobilières *(Mots aj., D. n° 2013-687, 25 juill. 2013)* « ou les placements collectifs relevant des paragraphes 1, 2 et 6 de la sous-section 2, du paragraphe 2 ou du sous-paragraphe 1 du paragraphe 1 de la sous-section 3, ou de la sous-section 4 de la section 2 du chapitre IV du titre Ier du livre II du Code monétaire et financier » présentant un profil d'investissement à faible risque, tel que défini lors de l'agrément prévu par *(Réf. rempl., D. n° 2013-687, 25 juill. 2013)* « les articles L. 214-3 et L. 214-24-24 » du Code monétaire et financier ;

2° Deux ans au plus tard avant l'échéance de sortie du plan d'épargne pour la retraite collectif, le portefeuille de parts que le participant détient doit être composé, à hauteur d'au moins 50 % des sommes investies, de parts dans des fonds communs de placement présentant un profil d'investissement à faible risque.

Le règlement du plan détermine les modalités selon lesquelles les sommes et parts investies par le participant sont progressivement transférées sur les supports d'investissement répondant aux exigences du présent article, en tenant compte de l'horizon de placement retenu ou, à défaut, de l'échéance de sortie du plan.

Art. R. 3334-1-3 *(D. n° 2011-1449, 7 nov. 2011)*. – L'information relative à l'option prévue à l'article R. 3334-1-2 est assurée par l'établissement habilité pour les activités de conservation ou d'administration d'instruments financiers auquel a été confiée la tenue de compte des participants. L'information est adressée, avec le relevé de compte individuel annuel mentionné à l'article L. 3341-7, à chaque participant à compter de son quarante-cinquième anniversaire.

Art. R. 3334-2. – Le plafond prévu à l'article L. 3332-11 est fixé à 16 % du montant annuel du plafond prévu à l'article L. 241-3 du Code de la sécurité sociale.

Art. R. 3334-3 *(Mod., D. n° 2011-1449, 7 nov. 2011).* – Le règlement du plan d'épargne pour la retraite collectif prévoit les conditions de délivrance des sommes ou valeurs inscrites aux comptes des participants sous forme de rente viagère acquise à titre onéreux.

Toutefois, lorsque *(Mot rempl., D. n° 2015-1606, 7 déc. 2015)* « le règlement » prévoit des modalités de délivrance en capital ou de conversion en rente des sommes ou valeurs inscrites aux comptes des participants, chaque participant exprime son choix lors du déblocage des sommes ou valeurs selon les modalités et dans les conditions définies par *(Mot rempl., D. n° 2015-1606, 7 déc. 2015)* « ce règlement ».

Art. D. 3334-3-1 *(D. n° 2009-351, 30 mars 2009).* – Lorsque le règlement du plan d'épargne pour la retraite collectif prévoit l'adhésion par défaut des salariés, l'entreprise en informe chaque salarié suivant les modalités prévues par le règlement du plan. Le salarié dispose d'un délai de quinze jours à compter de cette communication pour renoncer de manière expresse à cette adhésion.

Le salarié peut être informé par voie électronique, dans des conditions de nature à garantir l'intégrité des données.

Art. D. 3334-3-2 *(D. n° 2009-351, 30 mars 2009 ; rempl., D. n° 2015-1606, 7 déc. 2015).* – Le versement initial et le versement périodique d'une entreprise dans le plan d'épargne pour la retraite collectif prévus à l'article L. 3334-6 bénéficient à l'ensemble des adhérents qui satisfont aux conditions d'ancienneté éventuellement prévues par le règlement du plan. Le montant total de ces deux versements ne peut excéder 2 % du montant annuel du plafond prévu au premier alinéa de l'article L. 241-3 du Code de la sécurité sociale.

Ces versements sont pris en compte pour apprécier le respect du plafond d'abondement prévu par le règlement et du plafond mentionné à l'article R. 3334-2 du présent code.

Art. R. 3334-4. – Les cas dans lesquels, en application de l'article L. 3334-14, les droits constitués dans le cadre du plan d'épargne pour la retraite collectif au profit des salariés peuvent être, sur leur demande, exceptionnellement liquidés avant le départ à la retraite sont les suivants :

1° L'invalidité de l'intéressé, de ses enfants, de son conjoint ou de son partenaire lié par un pacte civil de solidarité. Cette invalidité s'apprécie au sens des 2° et 3° de l'article L. 341-4 du Code de sécurité sociale, ou est reconnue par décision de la commission des droits et de l'autonomie des personnes handicapées prévue à l'article L. 241-5 du Code de l'action sociale et des familles à condition que le taux d'incapacité atteigne au moins 80 % et que l'intéressé n'exerce aucune activité professionnelle. Le déblocage pour chacun de ces motifs ne peut intervenir qu'une seule fois ;

2° Le décès de l'intéressé, de son conjoint ou de son partenaire lié par un pacte civil de solidarité. En cas de décès de l'intéressé, il appartient à ses ayants droit de demander la liquidation de ses droits et les dispositions du 4 du III de l'article 150-0-A du Code général des impôts cessent d'être applicables à l'expiration des délais fixés par l'article 641 du même code ;

3° L'affectation des sommes épargnées à l'acquisition de la résidence principale ou à la remise en état de la résidence principale endommagée à la suite d'une catastrophe naturelle reconnue par arrêté interministériel ;

4° La situation de surendettement du participant définie à l'article L. 331-2 du Code de la consommation, sur demande adressée à l'organisme gestionnaire des fonds ou à l'employeur, soit par le président de la commission de surendettement des particuliers, soit par le juge lorsque le déblocage des droits paraît nécessaire à l'apurement du passif de l'intéressé ;

5° L'expiration des droits à l'assurance chômage de l'intéressé.

Art. R. 3334-5. – La levée anticipée de l'indisponibilité intervient sous forme d'un versement unique qui porte, au choix de l'intéressé, sur tout ou partie des droits susceptibles d'être débloqués.

CHAPITRE V. – TRANSFERTS

Art. D. 3335-1. – Pour obtenir le transfert des sommes qu'il détient au sein d'un plan d'épargne, le salarié indique à l'entreprise qu'il quitte les avoirs qu'il souhaite transférer en utilisant les mentions faites dans l'état récapitulatif ou dans le dernier relevé dont il dispose et lui demande de liquider ces avoirs.

Art. D. 3335-2. – Lorsque le transfert est réalisé vers un plan dont il bénéficie au sein de la nouvelle entreprise qui l'emploie, le salarié précise dans sa demande l'affectation de son épargne au sein du plan ou des plans qu'il a choisis.

Lorsque le transfert est réalisé vers un plan dont le salarié bénéficie au titre d'un nouvel emploi, le salarié communique à l'entreprise qu'il a quittée le nom et l'adresse de son nouvel employeur et de l'établissement mentionné à l'article R. 3332-15. Il informe ces derniers de ce transfert et de l'affectation de son épargne.

Art. D. 3335-3. – L'entreprise procède elle-même à la liquidation des sommes bloquées en application du 2° de l'article L. 3323-2 ou de l'article L. 3323-5 et demande sans délai à l'établissement chargé du registre des comptes la liquidation des actions ou parts détenues au sein des plans d'épargne.

La liquidation réalisée, l'entreprise transfère les sommes correspondantes vers le plan concerné, en indiquant les périodes d'indisponibilité déjà courues ainsi que les éléments nécessaires à l'application de la législation sociale.

TITRE IV. – DISPOSITIONS COMMUNES

CHAPITRE I. – REPRÉSENTATION ET INFORMATION DES SALARIÉS

Section I. – Participation aux assemblées générales des actionnaires de la société

Art. D. 3341-1. – Le salarié désigné comme mandataire des actionnaires salariés de l'entreprise, dans les conditions de l'article L. 225-106 du Code de commerce, confirme par écrit à l'employeur, au plus tard quarante-huit heures après sa désignation, son intention de participer à l'assemblée générale des actionnaires en indiquant la durée prévisible de son absence.

Art. D. 3341-2. – L'employeur n'est pas tenu de rémunérer le temps passé hors de l'entreprise pendant les heures de travail pour l'exercice du mandat de représentation, ni de défrayer le salarié mandaté de ses frais de déplacement.

Section II. – Formation économique, financière et juridique des représentants des salariés

Art. D. 3341-3. – Bénéficient d'une formation à l'exercice de leurs fonctions dans les six mois suivant la prise de poste :

1° Les administrateurs désignés en application de l'article L. 225-23 du Code de commerce ;

2° Les membres des conseils de surveillance désignés en application de l'article L. 225-71 du même code ;

3° Les membres des conseils de surveillance des fonds communs de placement d'entreprise.

Art. D. 3341-4. – La liste prévue à l'article L. 3341-2 est arrêtée par le préfet de région, après avis du *(Mots rempl., D. n° 2014-1055, 16 sept. 2014)* « comité régional de l'emploi, de la formation de l'orientation professionnelles ».

Section III. – Information des salariés

Art. R. 3341-5 *(D. n° 2009-350, 30 mars 2009 ; D. n° 2011-1449, 7 nov. 2011)*. – Le livret d'épargne salariale prévu à l'article L. 3341-6 est établi sur tout support durable et est remis à chaque salarié lors de la conclusion de son contrat de travail. Il comporte :

1° *(Rempl., D. n° 2015-1606, 7 déc. 2015)* Un rappel des dispositifs suivants d'épargne salariale, lorsqu'ils sont mis en place dans l'entreprise :

a) L'intéressement ;

b) La participation ;

c) Le plan d'épargne d'entreprises ;

d) Le plan d'épargne interentreprises ;

e) Le plan d'épargne pour la retraite collectif ;

2° Le cas échéant, une attestation indiquant la nature et le montant des droits liés à la réserve spéciale de participation ainsi que la date à laquelle seront répartis les droits éventuels du salarié au titre de l'exercice en cours ;

3° L'indication des modalités d'affectation par défaut au plan d'épargne pour la retraite collectif des sommes attribuées au titre de la participation, *(Mots rempl., D. n° 2015-1606, 7 déc. 2015)* « conformément aux dispositions du second alinéa de l'article L. 3334-11 » ;

4° L'état récapitulatif mentionné à l'article L. 3341-7 lorsque le salarié quitte l'entreprise.

Les dispositions du présent article s'appliquent aux bénéficiaires d'un accord d'intéressement, de participation ou d'un plan d'épargne salariale mentionnés à l'article L. 3312-3, au deuxième alinéa de l'article L. 3323-6, au troisième alinéa de l'article L. 3324-2 et au dernier alinéa de l'article L. 3332-2.

NB : jusqu'à la renégociation des accords prévue au premier alinéa de l'article R. 3324-21-1 du Code du travail et au plus tard le 30 avril 2010, les modalités d'information des bénéficiaires peuvent être fixées par l'employeur, après consultation du comité d'entreprise, ou à défaut des délégués du personnel, au titre du premier exercice clos depuis la promulgation de la loi n° 2008-1258 du 3 décembre 2008 *(D. n° 2009-350, 30 mars 2009, art. 5)*.

Art. R. 3341-6. – L'état récapitulatif comporte les informations et mentions suivantes :

1° L'identification du bénéficiaire ;

2° La description de ses avoirs acquis ou transférés dans l'entreprise par accord de participation et plans d'épargne dans lesquels il a effectué des versements, avec mention le cas échéant des dates auxquelles ces avoirs sont disponibles ;

3° L'identité et l'adresse des teneurs de registre mentionnés à l'article R. 3332-15 auprès desquels le bénéficiaire a un compte ;

4° *(Aj., D. n° 2015-1606, 7 déc. 2015)* La prise en charge éventuelle par l'entreprise, lorsque le bénéficiaire se trouve dans la situation prévue au 6° de l'article R. 3324-22 et qu'il n'a pas demandé la liquidation de ses avoirs, des frais de tenue de compte-conservation. Dans le cas où ceux-ci incombent au bénéficiaire, l'état récapitulatif précise les modalités de prise en charge, notamment s'il est fait application des dispositions de l'article R. 3332-17.

CHAPITRE II. – CONDITIONS D'ANCIENNETÉ

Art. D. 3342-1 *(D. n° 2009-351, 30 mars 2009)*. – Le salarié d'un groupement d'employeurs qui bénéficie d'un accord d'intéressement, de participation ou d'un plan d'épargne salariale, mis en place dans une entreprise du groupement auprès de laquelle il est mis à disposition, prévoyant une condition d'ancienneté qui ne peut excéder trois mois, conformément aux dispositions de l'article L. 3342-1, est réputé compter trois mois d'ancienneté s'il a été mis à disposition de l'entreprise pendant une durée totale d'au moins soixante jours au cours du dernier exercice.

CHAPITRE III. – VERSEMENTS SUR LE COMPTE ÉPARGNE-TEMPS

Le présent chapitre ne comprend pas de dispositions réglementaires.

CHAPITRE IV – MISE EN PLACE DANS UN GROUPE D'ENTREPRISES ET DANS LES ENTREPRISES DÉPOURVUES D'ÉPARGNE SALARIALE

Le présent chapitre ne comprend pas de dispositions réglementaires.

CHAPITRE V – DÉPÔT ET CONTRÔLE DE L'AUTORITÉ ADMINISTRATIVE

Art. D. 3345-1. – Lorsqu'un accord d'intéressement ou de participation, ou un plan d'épargne d'entreprise, interentreprises ou pour la retraite collectif est conclu autrement que dans le cadre d'une convention ou d'un accord collectif de travail, les documents qui sont déposés à la direction régionale des entreprises, de la concurrence, de la consommation, du travail et de l'emploi comportent :

1° Si l'accord a été conclu entre l'employeur et les représentants d'organisations syndicales, la mention que ces représentants ont la qualité de délégués syndicaux ou, à défaut, le texte du mandat les habilitant à signer l'accord ;

2° Si l'accord a été conclu au sein d'un *(Mots rempl., D. n° 2017-1819, 29 déc. 2017)* « comité social et économique » entre l'employeur et la délégation du personnel statuant à la majorité, le procès-verbal de la séance ;

3° Si l'accord résulte, après consultation de l'ensemble des salariés inscrit à l'effectif de l'entreprise, de la ratification par les deux tiers des salariés du projet proposé par l'employeur :

a) Soit l'émargement, sur la liste nominative de l'ensemble des salariés, des salariés signataires ;

b) Soit un procès-verbal rendant compte de la consultation.

Art. D. 3345-2. – Lorsque la ratification d'un accord est demandée conjointement par l'employeur et une ou plusieurs organisations syndicales de salariés ou le *(Mots rempl., D. n° 2017-1819, 29 déc. 2017)* « comité social et économique », il en est fait mention dans les documents déposés.

Art. D. 3345-3. – Lorsque le projet ratifié par les salariés ne fait pas mention d'une demande conjointe, sont déposés avec l'accord une attestation de l'employeur selon laquelle il n'a été saisi d'aucune désignation de délégué syndical et, pour les entreprises assujetties à la législation sur les *(Mots rempl., D. n° 2017-1819, 29 déc. 2017)* « comité sociaux et économiques », un procès-verbal de carence datant de moins de deux ans.

Art. D. 3345-4 *(Mod., D. n° 2009-351, 30 mars 2009)*. – Le dépôt d'un des accords ou règlements mentionnés à l'article D. 3345-1, de leurs avenants et de leurs annexes, est opéré dans les conditions prévues au premier et au deuxième alinéas de l'article D. 2231-2.

Art. D. 3345-5. – Le directeur régional des entreprises, de la concurrence, de la consommation, du travail et de l'emploi accuse, sans délai, réception de l'accord et des autres documents mentionnés au présent chapitre.

CHAPITRE VI. – CONSEIL D'ORIENTATION DE LA PARTICIPATION, DE L'INTÉRESSEMENT DE L'ÉPARGNE SALARIALE ET DE L'ACTIONNARIAT SALARIÉ

(D. n° 2009-351, 30 mars 2009)

Art. D. 3346-1 *(Rempl., D. n° 2009-351, 30 mars 2009)*. – Le Conseil d'orientation de la participation, de l'intéressement, de l'épargne salariale et de l'actionnariat salarié est composé de *(Mots. rempl., D. n° 2013-1164, 14 déc. 2013)* « trente-et-un » membres, répartis comme suit :

1° Dix membres représentant les partenaires sociaux :

a) Un membre désigné par la Confédération générale du travail (CGT) ;

b) Un membre désigné par la Confédération française démocratique du travail (CFDT) ;

c) Un membre désigné par la Confédération générale du travail-Force ouvrière (CGT-FO) ;

d) Un membre désigné par la Confédération française des travailleurs chrétiens (CFTC) ;

e) Un membre désigné par la Confédération française de l'encadrement-Confédération générale des cadres (CFE-CGC) ;

f) Un membre désigné par le Mouvement des entreprises de France (MEDEF) ;

g) Un membre désigné par la *(Mots rempl., D. n° 2017-1720, 20 déc. 2017)* « Confédération des petites et moyennes entreprises (CPME) » ;

h) Un membre désigné par l'*(Mots rempl., D. n° 2017-1720, 20 déc. 2017)* « Union des entreprises de proximité (U2P) » ;

i) Un membre désigné par la Fédération nationale des syndicats d'exploitants agricoles (FNSEA) ;

j) Un membre désigné par l'*(Mots rempl., D. n° 2017-1720, 20 déc. 2017)* « Union des employeurs de l'économie sociale et solidaire (UDES) » ;

2° Six représentants des administrations :

a) Le directeur général du travail ;

b) Le directeur des affaires civiles et du sceau ;

c) Le directeur général du Trésor ;

d) Le directeur de la législation fiscale ;

e) Le directeur de l'animation de la recherche, des études et des statistiques ;

f) Le directeur de la sécurité sociale ;

3° *(Mots rempl., D. n° 2013-1164, 14 déc. 2013)* Le commissaire général à la stratégie et à la prospective ou son représentant ;

4° Le président du Conseil d'orientation *(Mots rempl., D. n° 2017-1720, 20 déc. 2017)* « des » retraites ou son représentant ;

5° Le président de l'Autorité des marchés financiers ou son représentant ;

6° Deux députés et deux sénateurs désignés par leur assemblée respective ;

7° *(Mot rempl., D. n° 2013-1164, 14 déc. 2013)* « Huit » personnalités choisies en raison de leur compétence et de leur expérience.

Art. D. 3346-2 *(Rempl., D. n° 2009-351, 30 mars 2009).* – Le Premier ministre désigne le vice-président du Conseil d'orientation de la participation, de l'intéressement, de l'épargne salariale et de l'actionnariat salarié parmi les membres mentionnés *(Mots rempl., D. n° 2013-1164, 14 déc. 2013)* « aux 1°, 6° et 7° de l'article D. 3346-1 ».

Art. D. 3346-3 *(Rempl., D. n° 2009-351, 30 mars 2009).* – Les désignations prévues au 6° de l'article D. 3346-1 sont renouvelées à chaque renouvellement général de l'Assemblée nationale en ce qui concerne les députés et à chaque renouvellement triennal du Sénat en ce qui concerne les sénateurs.

Les membres du conseil mentionnés aux 1° et 7° du même article sont nommés pour une durée de trois ans par arrêté du ministre chargé du travail.

Art. D. 3346-4 *(Rempl., D. n° 2009-351, 30 mars 2009).* – Sauf dispositions législatives contraires, les administrations de l'État et les établissements publics de l'État sont tenus de communiquer au Conseil d'orientation de la participation, de l'intéressement, de l'épargne salariale et de l'actionnariat salarié les éléments d'information et les études dont ils disposent et qui apparaissent nécessaires à ce conseil pour l'exercice de ses missions. Le conseil leur fait connaître ses besoins afin qu'ils soient pris en compte dans les programmes de travaux statistiques et d'études de ces administrations et de ces établissements.

Art. D. 3346-5 *(Rempl., D. n° 2009-351, 30 mars 2009).* – Les fonctions des membres du conseil ne sont pas rémunérées.

Des frais de déplacement et de séjour peuvent être alloués aux membres du conseil dans les conditions fixées par arrêté conjoint des ministres chargés du travail et du budget.

Art. D. 3346-6 *(Rempl., D. n° 2009-351, 30 mars 2009).* – Le conseil se réunit sur convocation de son président ou de son vice-président. Les membres, autres que ceux prévus aux 3°, 4° et 5° de l'article D. 3346-3, ne sont pas autorisés à se faire représenter et siègent personnellement lors des réunions du conseil.

Art. D. 3346-7 *(Rempl., D. n° 2009-351, 30 mars 2009).* – Pour son fonctionnement, le conseil dispose de crédits gérés par le secrétariat général rattaché au ministre chargé du travail. Le secrétariat général assure l'organisation des travaux du conseil ainsi que l'établissement de ses rapports.

La direction générale du travail assure le secrétariat général du Conseil d'orientation de la participation, de l'intéressement, de l'épargne salariale et de l'actionnariat salarié.

6.9. – PRIME DE PARTAGE DES PROFITS

Bibliographie : G. Briens et J.-B. Allanic, *La prime de partage des profits : Semaine sociale Lamy* 2011, n° 1505. • J. Daniel et A. de Roux, *La prime de partage des profits (Formule) : JCP* S 2011, 1386. • J.-S. Lipski, *La prime de partage des profits : une chimère juridique : JCP* E 2011, 1676. • R. Vatinet, *Une étrange prime de partage des profits : JCP* S 2011, 1385.

Loi n° 2011-894 du 28 juillet 2011

de financement rectificative de la sécurité sociale pour 2011

(Abr., L. n° 2014-1554, 22 déc. 2014)

6.8. – PARTICIPATION AU CAPITAL : ENCOURAGEMENT DE L'ACTIONNARIAT SALARIÉ

Code monétaire et financier

Voir : C. monét. fin., art. L. 212-13, p. 992 et L. 212-14, p. 992, intéressement et participation des salariés aux résultats de l'entreprise.

Bibliographie : G. Auzero, *Action de préférences et actionnariat salarié* : *BJS* 2006, Dossier « Actions de préférence », p. 1288. • C. Lassalas, *L'actionnariat des salariés : Mél. J. Stoufflet*, LGDJ, 2001, p. 165. • V. Tandeau de Marsac et A.-E. Combes, *Salariés actionnaires : un délicat mélange des genres* : *Gaz. Pal.* 26 mai 2004, n° spéc. *Actionnariat des sociétés non cotées*, p. 24. • V. aussi *Le salarié, sujet de droit des sociétés* : *BJS* juill. 2005, n° spéc.

6.9.1. – Des augmentations de capital réservées aux salariés

Voir : C. com., art. L. 225-129-6, p. 340 ; C. monét. fin., art. L. 212-15, p. 992.

6.9.2. – De la souscription et de l'achat d'actions par les salariés

Voir : C. com., art. L. 225-177, p. 351 à L. 225-197, p. 359 ; C. monét. fin., art. L. 212-16, p. 992.

6.9.3. – Des attributions gratuites d'actions aux salariés

Voir : C. com., art. L. 225-197-1, p. 359 à L. 225-197-5, p. 361.

6.9.4. – Des bons de souscription de parts de créateurs d'entreprise

Voir : C. monét. fin., art. L. 212-17, p. 992.

6.10. – REPRÉSENTATION DES SALARIÉS DANS LES ORGANES DE GESTION DE LA SOCIÉTÉ ANONYME

Bibliographie : E. Pichot, *La participation des salariés aux organes des sociétés en Europe* : *LPA* 16 avr. 2002, p. 12. *Adde* • E. Jeansen, *Représentation des salariés dans les organes de gestion de la société anonyme* : *JCl. Sociétés traité*, 2011, Fasc. 130-60.

6.10.1. – Représentants élus par les salariés : régime facultatif

Voir : Conseil d'administration, C. com., art. L. 225-27, p. 252 à L. 225-34, p. 256. – **Conseil de surveillance,** C. com., art. L. 225-79, p. 304 et L. 225-80, p. 307.

6.10.2. – Représentants désignés par le comité d'entreprise

Voir : C. trav., art. L. 2323-62, p. 1779.

6.10.3. – Représentation des salariés dans les sociétés privatisées

Loi n° 86-912 du 6 août 1986

relative aux modalités des privatisations

(JO 7 août)

Art. 8-1 *(Abr., Ord. n° 2014-948, 20 août 2014).*

Voir : Secteur public ou semi-public.

6.10.4. – Représentation des salariés actionnaires

Voir : Conseil d'administration, C. com., art. L. 225-23, p. 248 et **Conseil de surveillance,** C. com., art. L. 225-71, p. 301.

6.11. – SOCIÉTÉS DE SALARIÉS

6.11.1. – Sociétés anonymes à participation ouvrière

Voir : Sociétés anonymes à participation ouvrière, C. com., art. L. 225-258 et s., p. 384.

6.11.2. – Sociétés coopératives ouvrières de production

Voir : Sociétés coopératives ouvrières de production, L. n° 78-763, 19 juill. 1978, p. 2692.

6.12. – DISTRIBUTION GRATUITE D'ACTIONS

Bibliographie : Y. Guyon, *La distribution gratuite d'actions aux salariés* : *JCP* CI 1981, II, 13457. • G. Klein, *La difficile application d'un texte par les entreprises* : *Études dédiées à R. Roblot*, LGDJ, 1984, p. 357. • M. Vasseur, *La loi du 24 octobre 1980 créant une distribution d'actions en faveur des salariés des entreprises et les principes du droit français* : *D.* 1981, chron. p. 63. • A. Viandier, *La loi créant une distribution gratuite d'actions et le droit des sociétés* : *Rev. sociétés* 1981, p. 475.

Loi n° 80-834 du 24 octobre 1980
créant une distribution d'actions en faveur des salariés
des entreprises industrielles et commerciales
(JO 25 oct.)

CHAPITRE I. – DISPOSITIONS APPLICABLES AUX SOCIÉTÉS PAR ACTIONS

Art. 1er. – Les dispositions de la présente loi sont applicables aux sociétés par actions ayant leur siège sur le territoire français, lorsqu'elles ont distribué au moins deux dividendes au titre de deux des exercices clos au cours des cinq années civiles précédant la réunion de l'assemblée générale extraordinaire prévue aux articles suivants.

Art. 2. – Dans les sociétés dont les actions sont inscrites à la cote officielle ou au compartiment spécial du marché hors cote d'une bourse française de valeurs ou font l'objet sur le marché hors cote de transactions d'une importance et d'une fréquence fixées par décret, le conseil d'administration ou le directoire, selon le cas, est tenu de convoquer une assemblée générale extraordinaire.

Cette assemblée générale extraordinaire doit décider s'il y a lieu ou non de procéder à une distribution d'actions en faveur des salariés de la société. Elle doit être réunie au plus tard à la date de la plus prochaine assemblée générale qui suivra la promulgation de la présente loi.

Dans un délai de quatre mois à compter de la promulgation de la présente loi, le conseil d'administration ou le directoire, selon le cas, doit se réunir en vue d'élaborer le projet de résolution qui sera présenté à l'assemblée générale extraordinaire prévue aux alinéas précédents. Dans les trente jours suivant la réunion du conseil d'administration ou du directoire, selon le cas, ce projet de résolution qui ne peut être modifié est porté à la connaissance de chaque salarié selon des conditions fixées par décret en Conseil d'État.

Voir : D. n° 80-935, 26 nov. 1980, art. 1er, p. 1921 et 7, p. 1922.

La distribution gratuite d'actions ayant été une mesure ponctuelle, il n'y a pas lieu de modifier la rédaction des textes pour tenir compte de l'évolution du vocabulaire boursier.

Art. 3. – Dans les sociétés ne remplissant pas les conditions énoncées à l'article précédent, le conseil d'administration ou le directoire, selon le cas, peut soumettre à l'assemblée générale extraordinaire un projet de résolution tendant à décider de procéder à une distribution d'actions en faveur des salariés de la société.

Cette assemblée générale extraordinaire doit être réunie avant la clôture du deuxième exercice ouvert après la promulgation de la présente loi.

Art. 4. – Les pouvoirs délivrés par les actionnaires en vue de leur représentation à l'assemblée générale extraordinaire convoquée pour l'application de la présente loi sont exonérés du droit de timbre de dimension prévu au 5° de l'article 899 du Code général des impôts.

Art. 5. – La décision de l'assemblée générale extraordinaire de procéder à la distribution prévue à l'article 2 vaut renonciation de tous les actionnaires à l'attribution à leur profit des actions nouvelles à émettre en application du présent chapitre.

Art. 6. – I. – Les actions distribuées aux salariés résultent d'une augmentation de capital. Le nombre de ces actions est déterminé de manière que le montant de l'augmentation de capital soit égal à 3 % du capital social. Toutefois, ce nombre est éventuellement réduit de telle sorte que son produit par la valeur de négociation des actions nouvelles soit égal au produit de 762,25 euros par le nombre des salariés bénéficiaires.

Pour l'application de l'alinéa précédent, la valeur de négociation des actions est déterminée comme suit :

Pour les sociétés mentionnées à l'article 2, cette valeur est égale à la moyenne des cours cotés lors des soixante dernières séances de bourse précédant le premier jour du mois au cours duquel est prise la décision du conseil d'administration ou du directoire, selon le cas, de réunir l'assemblée générale extraordinaire prévue à l'article 2.

Pour les sociétés mentionnées à l'article 3, cette valeur est fixée au choix de chaque société :

Soit en divisant par le nombre de titres existants le montant de l'actif net calculé d'après le bilan le plus récent ;

Soit à dire d'expert désigné en justice à la demande du président du conseil d'administration ou du directoire, selon le cas.

L'application des règles de détermination de la valeur de négociation est vérifiée par les commissaires aux comptes qui présentent un rapport spécial à l'assemblée générale extraordinaire.

Le nombre des actions à distribuer et celui des salariés bénéficiaires sont constatés à la date à laquelle le conseil d'administration ou le directoire, selon le cas, s'est réuni en application des articles 2 et 3.

II. – Lorsque la valeur de négociation des actions déterminée en application du I du présent article, est inférieure à leur montant nominal, le conseil d'administration ou le directoire, selon le cas, ne peut proposer à l'assemblée générale extraordinaire de procéder à l'augmentation de capital prévue par la présente loi.

Art. 7. – I. – L'augmentation de capital prévue à l'article 6 ouvre droit à une créance sur l'État égale à 65 % de la valeur des actions distribuées aux salariés déterminée conformément audit article.

Toutefois, lorsque le montant de la créance, tel que déterminé à l'alinéa précédent, est inférieur au montant nominal total des actions émises, elle est portée à ce montant.

La créance porte intérêt à compter de la date de jouissance des actions à un taux égal au taux de rendement moyen constaté sur le marché des emprunts émis par l'État ne bénéficiant d'aucun avantage fiscal particulier et assortis de conditions d'amortissement comparables à celles de la créance prévue au présent article. Ce taux est constaté dans des conditions fixées par décret en Conseil d'État, le 31 décembre précédant l'assemblée générale extraordinaire mentionnée aux articles 2 et 3.

La créance est remboursée en dix ans par annuités constantes, le premier remboursement intervenant un an après la date de jouissance des actions.

Cette créance n'est pas cessible sauf dans des conditions fixées par décret en Conseil d'État.

La créance sur l'État prévue au présent article est réputée constituer, pour son montant nominal, un apport en nature des salariés. Les dispositions de l'article L. 225-147 du Code de commerce ne sont pas applicables.

II. – Pour l'application de la présente loi, les sociétés ne peuvent émettre des actions à dividende prioritaire sans droit de vote.

III. – Dans un délai de trois mois à compter de la réunion de l'assemblée générale extraordinaire, le conseil d'administration ou le directoire, selon le cas, informe chaque salarié mentionné à l'article 8 ci-après de la décision de ladite assemblée et, le cas échéant, du nombre d'actions ou de coupures d'actions qui lui seront distribuées.

IV. – Lorsque le montant par action de la créance sur l'État est supérieur au montant nominal de l'action, cette différence constitue une prime au sens de l'article L. 225-128 du Code de commerce précité.

V. – Le conseil d'administration ou le directoire, selon le cas, arrête la liste des salariés bénéficiaires de la distribution d'actions. Cette liste est publiée selon des conditions déterminées par décret en Conseil d'État.

Les actions nouvelles portent jouissance à compter du premier jour de l'exercice au cours duquel l'assemblée générale extraordinaire visée aux articles 2 et 3 s'est réunie.

Voir : D. n° 80-935, 26 nov. 1980, art. 2, 3, p. 1921 et 8, p. 1922.

Art. 8. – I. – Bénéficient de la distribution tous les salariés de la société de nationalité française ou ressortissants d'un État membre de la Communauté économique européenne, comptant au moins deux ans d'ancienneté dans la société à la date mentionnée au dernier alinéa du paragraphe I de l'article 6.

Il en est de même des salariés autres que ceux visés à l'alinéa précédent pourvu qu'ils justifient d'une présence continue de cinq ans dans un établissement de l'entreprise situé sur le territoire français.

II. – Sont assimilés aux salariés de la société ceux des sociétés, quelle que soit leur forme, dont elle détient, directement ou indirectement, plus de la moitié du capital, sous réserve que les intéressés remplissent les conditions prévues au premier alinéa du I du présent article et ne bénéficient pas déjà d'une distribution d'actions, soit au titre de la société qui les emploie, soit au titre d'une autre société détenant, directement ou indirectement, plus de la moitié du capital de la société qui les emploie.

III. – Un salarié ne peut bénéficier d'une distribution d'actions qu'au titre d'une seule société.

Art. 9. – L'assemblée générale extraordinaire décide que la détermination du nombre d'actions ou de coupures d'actions distribué à chaque salarié s'effectue soit à l'intérieur d'un écart maximum de 1 à 3 par référence au salaire perçu par les intéressés et à leur ancienneté dans la société soit conformément aux règles de répartition prévues par l'accord de participation en vigueur dans la société.

Art. 10. – I. – Les actions distribuées aux salariés en application des dispositions de la présente loi sont indisponibles pendant un délai fixé par l'assemblée générale extraordinaire. Ce délai ne peut être ni inférieur à trois ans, ni supérieur à cinq ans. Dans ces limites, l'assemblée générale extraordinaire peut prévoir un échelonnement de la levée de cette indisponibilité.

Un décret en Conseil d'État fixe les conditions dans lesquelles ces actions pourront être exceptionnellement négociées ou cédées avant l'expiration du délai prévu à l'alinéa précédent.

Les droits de souscription et les droits d'attribution afférents à ces actions sont immédiatement négociables ; il en est de même des actions souscrites ou attribuées sur présentation de ces droits.

II. – Par dérogation aux dispositions du I du présent article, les salariés peuvent répondre aux offres publiques d'achat ou d'échange selon des conditions déterminées par décret.

Les sommes ou les actions ainsi obtenues sont indisponibles jusqu'à l'expiration du délai prévu au I du présent article.

Voir : D. n° 80-935, 26 nov. 1980, art. 14 et 15, p. 1923.

Art. 11. – I. – Si les actions ne revêtent pas la forme nominative, elles doivent être déposées, pendant la période d'incessibilité prévue à l'article 10, auprès d'un intermédiaire agréé choisi par la société sur une liste fixée par décret. Dans ce cas, les bénéficiaires reçoivent des certificats représentatifs des actions qui leur sont distribuées.

II. – Le conseil d'administration ou le directoire, selon le cas, peut décider que, pendant la période d'indisponibilité, la gestion des actions distribuées est confiée à un fonds commun de placement propre à la société et constitué en application du titre II de la loi n° 79-594 du 13 juillet 1979 relative aux fonds communs de placement.

Les actifs compris dans ce fonds commun de placement sont composés exclusivement par des actions émises par la société.

Les salariés conservent les droits de vote attachés aux actions distribuées en application de la présente loi ; l'article 37 de la loi n° 79-594 du 13 juillet 1979 n'est pas applicable aux produits de ces actions.

III. – Dans les sociétés visées à l'article 3, les actions distribuées aux salariés, en application de la présente loi, ne peuvent être vendues qu'à la société qui les a émises, sauf si l'assemblée générale a expressément renoncé à ce droit de rachat ; la valeur de ces actions est déterminée selon les modalités retenues au paragraphe I de l'article 6.

Toutefois, la société doit disposer de réserves autres que la réserve légale, d'un montant au moins égal à la valeur de l'ensemble des actions qu'elle détient.

Elle ne peut conserver les actions acquises en application du III du présent article pendant plus de deux exercices consécutifs. Elle ne peut les céder que dans le cadre des accords de participation mentionnés à l'article L. 442-5 du Code du travail ; à défaut, ces actions sont annulées.

Les actions détenues en application du III du présent article doivent revêtir la forme nominative ; un registre des achats de ces actions doit être tenu, dans les conditions fixées par décret, par la société ou la personne chargée du service de ces titres. La société ne peut voter valablement avec les actions qu'elle détient en application du III du présent article.

Quiconque aura contrevenu aux dispositions du III du présent article sera puni des peines prévues à l'article L. 242-23 du Code de commerce précité.

Voir : D. n° 80-935, 26 nov. 1980, art. 4 et 5, p. 1921.

Art. 12. – Les augmentations de capital réalisées en application des dispositions de la présente loi sont exonérées de droit d'enregistrement.

Les sommes correspondant aux actions distribuées aux salariés ne sont pas soumises à la taxe sur les salaires prévue à l'article 231 du Code général des impôts et ne sont pas prises en considération pour l'application de la législation du travail. Elles ne sont pas soumises à l'impôt sur le revenu.

Art. 13. – Toute distribution d'actions réalisée en application de la présente loi fait l'objet d'une information préalable du comité d'entreprise. Quiconque contreviendra aux dispositions du présent alinéa sera puni des sanctions prévues à l'article L. 463-1 du Code du travail.

L'information du comité d'entreprise est complétée par une formation économique et financière des salariés.

Un décret en Conseil d'État fixera les modalités d'application du présent article, ainsi que les conditions et limites dans lesquelles les dépenses résultant de la formation prévue au premier alinéa pourront être imputées sur les sommes prévues à l'article L. 950-2 du Code du travail.

Voir : D. n° 80-935, 26 nov. 1980, art. 11 et 12, p. 1922.

Art. 14. – I. – Les sociétés qui procèdent à l'application de la présente loi doivent le faire connaître à l'autorité compétente dans les conditions fixées par décret.

II. – Lorsque le conseil d'administration ou le directoire, selon le cas, n'a pas appliqué les dispositions de l'article 2, le ministère public peut saisir le tribunal de commerce du lieu du siège social aux fins de désignation d'un mandataire chargé de convoquer l'assemblée générale extraordinaire dans les conditions prévues par la présente loi.

Ce mandataire de justice est investi, pour les besoins de sa mission, des mêmes pouvoirs que le conseil d'administration ou le directoire, selon le cas.

Voir : D. n° 80-935, 26 nov. 1980, art. 16, p. 1923.

CHAPITRE II. – DISPOSITIONS DIVERSES

Art. 15. – Les dispositions du chapitre I de la présente loi ne sont pas applicables :

– aux sociétés immobilières d'investissement régies par la loi n° 63-254 du 15 mars 1963 ;

– *(Abr., L. n° 2011-525, 17 mai 2011)* ;

– aux sociétés immobilières pour le commerce et l'industrie créées par l'ordonnance n° 67-837 du 28 septembre 1967 ;

– aux sociétés agréées pour le financement des télécommunications et régies par la loi n° 69-1160 du 24 décembre 1969 ;

– aux sociétés nationales visées par les lois n° 73-8 et 73-9 du 4 janvier 1973 ;

– aux sociétés d'investissement à capital variable visées par la loi n° 79-12 du 3 janvier 1979 ;

– aux sociétés sidérurgiques mentionnées par la loi n° 78-1022 du 23 octobre 1978.

Art. 16. – Pour l'application de la présente loi, les sociétés peuvent diviser leurs actions en coupures dont le montant nominal ne peut être inférieur à une somme fixée par décret.

Voir : D. n° 80-935, 26 nov. 1980, art. 6, p. 1922.

Art. 17. – Seront punies d'un emprisonnement de deux ans et d'une amende de 750 000 euros, ou de l'une de ces deux peines seulement, les personnes mentionnées à l'article L. 225-109 du Code de commerce précité qui, directement ou par personne interposée, auront réalisé sur le marché boursier toute opération dans le but d'augmenter artificiellement la valeur de négociation prévue à l'article 6.

En cas de poursuites engagées en application de l'alinéa précédent, l'Autorité des marchés financiers est obligatoirement consultée par les autorités judiciaires compétentes.

Art. 18. – Les crédits nécessaires à l'application de la présente loi seront inscrits dans les lois de finances.

Art. 19. – I. – Les attributions conférées par la présente loi au conseil d'administration ou au directoire, selon le cas, sont, dans les sociétés en commandite par actions, exercées par le ou les gérants.

II. – Les dispositions de la présente loi ne sont pas applicables au président, ni aux membres du conseil d'administration, aux directeurs généraux, aux membres du directoire d'une société anonyme ou aux gérants d'une société en commandite par actions ; il en est de même de leur conjoint non séparé de corps.

Art. 20. – Le gouvernement saisira le Parlement, avant le 31 décembre 1985, d'un rapport décrivant les résultats de l'application de la présente loi.

Un second rapport, relatif à la situation de l'actionnariat salarié résultant de la distribution instituée par la présente loi, sera déposé par le gouvernement devant le Parlement, avant le 31 décembre 1989.

Décret n° 80-935 du 26 novembre 1980

fixant les modalités d'application de la loi n° 80-834 du 24 octobre 1980 créant une distribution d'actions en faveur des salariés des entreprises industrielles et commerciales

(JO 27 nov.)

CHAPITRE I. – DISPOSITIONS FINANCIÈRES

Art. 1er. – Sont soumises aux dispositions du premier alinéa de l'article 2 de la loi susvisée du 24 octobre 1980 les sociétés dont les actions sont admises à la négociation du marché hors cote d'une bourse française de valeurs lorsque sont remplies les deux conditions suivantes :

a) Leurs actions ont fait l'objet, durant chacune des deux périodes de douze mois comprises entre le 1er octobre 1978 et le 30 septembre 1980, d'au moins cinquante cotations sur la Bourse de Paris ou vingt-cinq cotations sur les autres bourses ;

b) Le montant cumulé des transactions dont ces actions ont fait l'objet au cours de ces vingt-quatre mois a été au moins égal à 500 000 F pour la Bourse de Paris ou à 200 000 F pour les autres bourses.

Pour l'application des dispositions qui précèdent sont retenus la fréquence des cotations et le volume des transactions enregistrés par la chambre syndicale des agents de change.

Les sociétés remplissant les conditions définies au présent article sont inscrites sur une liste établie par le ministre de l'Économie.

Art. 2. – Le taux de rendement moyen des emprunts émis par l'État mentionné au troisième alinéa du I de l'article 7 de la loi est égal à la moyenne arithmétique des taux observés, sur le marché boursier, chaque vendredi ouvrable de la période des douze mois qui précèdent le 30 novembre de chaque année, calculée et constatée à partir des emprunts d'État ne bénéficiant d'aucun avantage fiscal particulier et dont la durée moyenne d'amortissement est comprise entre cinq et huit ans.

Le taux de rendement moyen constaté dans les conditions définies à l'alinéa précédent est publié par arrêté du ministre de l'Économie.

Art. 3. – La créance sur l'État mentionnée à l'article 7 de la loi peut être cédée par la société qui en est titulaire en vue d'un apport partiel d'actif soumis à la procédure de l'article 387 de la loi n° 66-537 du 24 juillet 1966, d'un apport d'une branche complète d'activité, d'une scission ou d'une fusion. Elle peut également être cédée ou attribuée dans le cadre des opérations de dissolution et de liquidation de la société, ainsi qu'en cas de suspension provisoire des poursuites, de règlement judiciaire ou de liquidation des biens.

Art. 4. – Peuvent être dépositaires des actions distribuées aux salariés, en vertu des dispositions du I de l'article 11 de la loi :

La Banque de France ;

La Caisse des dépôts et consignations ;

Les banques inscrites par le conseil consultatif du secteur financier ;

Les banques populaires ;

Les établissements financiers enregistrés au conseil consultatif du secteur financier autorisés à effectuer des opérations de gestion de portefeuille et justifiant d'un capital minimal de quatre millions de francs pour les entreprises constituées sous la forme de sociétés par actions ou à responsabilité limitée et de 600 000 F pour les autres ;

Les prestataires de services d'investissement ;

Le conseil des bourses de valeur ;

Le Crédit foncier de France ;

La caisse nationale de crédit agricole et les caisses régionales de crédit agricole mutuel, agréées par celle-ci ;

La société anonyme Natexis ou toute société qu'elle contrôle au sens de l'article 355-1 de la loi n° 66-537 du 24 juillet 1966 sur les sociétés commerciales ;

Les entreprises d'assurance et de capitalisation régies par le Code des assurances ;

La caisse centrale de crédit mutuel et les caisses fédérales de crédit mutuel agréées par celle-ci ;

L'organe central des caisses d'épargne et des banques populaires ;

Le Crédit foncier communal d'Alsace et de Lorraine.

Art. 5. – Le registre des achats tenu en application de l'avant-dernier alinéa du III de l'article 11 de la loi indique pour chaque opération réalisée :

1° La date de l'achat ;

2° Le prix total ;

3° Le nombre des actions achetées.

Il indique également le nombre des actions ainsi acquises détenues à la fin de chaque exercice, le prix global de ces actions ainsi que le nombre de celles qui sont cédées aux salariés dans le cadre des accords de participation mentionnés à l'article L. 442-5 du Code du travail.

Art. 6. – Le montant nominal des coupures d'actions mentionné à l'article 16 de la loi ne peut être inférieur à 10 F. En cas de réduction de la valeur nominale des actions à un montant égal ou inférieur à celui des coupures, celles-ci seront échangées contre des actions.

CHAPITRE II. – INFORMATION ET FORMATION DES SALARIÉS

Art. 7. – Dans les sociétés mentionnées aux articles 2 et 3 de la loi, le projet de résolution arrêté par le conseil d'administration ou le directoire, selon le cas, ainsi que, le cas échéant, une note explicative précisant les modalités de la distribution d'actions envisagée, sont, dans les trente jours suivant la réunion du conseil d'administration ou du directoire, affichés dans chacun des établissements de la société. Ils sont, en outre, dans le même délai, remis ou adressés à chaque salarié en même temps que son bulletin de salaire ou par lettre séparée.

Art. 8. – À la suite de l'assemblée générale extraordinaire prévue à l'article 2 ou à l'article 3 de la loi, le conseil d'administration ou le directoire, selon le cas, arrête définitivement la liste des salariés bénéficiaires. Cette liste comporte les nom et prénom usuel de chaque intéressé et le nombre d'actions ou coupures d'actions qui lui est attribué.

Figurent sur la liste mentionnée à l'alinéa précédent tous les salariés employés dans les sociétés concernées à la date de l'assemblée générale extraordinaire et remplissant les conditions d'ancienneté prévues à l'article 8 de la loi.

Cette liste est déposée au siège de chacune des sociétés dont les salariés sont bénéficiaires de la distribution ainsi que dans chacun de leurs établissements. Tout salarié est informé par affichage qu'il peut en prendre connaissance et en obtenir copie à ses frais.

Art. 9. – Dans le délai prévu au III de l'article 7 de la loi, le conseil d'administration ou le directoire, selon le cas, informe chaque salarié bénéficiaire du nombre d'actions ou coupures d'actions lui revenant et lui adresse une note explicative. Cette note précise, notamment, le montant de l'augmentation de capital, le nombre des salariés bénéficiaires, le mode de répartition des actions ou coupures d'actions entre les intéressés et le nombre d'actions ou coupures d'actions qui leur sont attribuées.

Elle mentionne, en outre :

La durée de l'indisponibilité des actions ou coupures d'actions ;

Éventuellement, les modalités d'une levée échelonnée de ladite indisponibilité ;

Les cas de levée anticipée de cette indisponibilité ;

La forme nominative des titres ou leur mode de dépôt ou de gestion ;

Pour les sociétés visées à l'article 3 de la loi, si la société entend, ou non, utiliser son droit de rachat prévu au III de l'article 11 de ladite loi.

Art. 10. – Lorsque la distribution doit, en application du II de l'article 8 de la loi, bénéficier à des salariés autres que ceux de la société émettrice, les dispositions des articles 7, 9 et 11 du présent décret sont appliquées à ces salariés par l'intermédiaire de chacune des sociétés concernées.

Art. 11. – Le comité d'entreprise est informé de la décision du conseil d'administration ou du directoire, selon le cas, dans les trente jours de la délibération visée aux articles 2 et 3 de la loi.

Il doit, à l'issue de l'assemblée générale extraordinaire, recevoir communication du texte de la résolution et des documents communiqués aux actionnaires.

Il reçoit, en outre, les éléments d'information suivants :

Montant de l'augmentation de capital ;

Valeur des actions distribuées, telle que constatée selon les modalités fixées au I de l'article 6 de la loi ;

Liste des sociétés filiales dont les salariés sont bénéficiaires ;

Nombre de salariés bénéficiaires ;

Modalité de répartition individuelle ;

Durée fixée par l'indisponibilité des titres ;

Le cas échéant, modalités de l'échelonnement de la levée d'indisponibilité ;

Date à laquelle sera réalisée la distribution.

Art. 12. – La formation économique et financière mentionnée au deuxième alinéa de l'article 13 de la loi a pour but, notamment, de faciliter l'exercice, par les salariés, des droits qu'ils tiennent de cette loi et des textes législatifs et réglementaires ayant des objets comparables.

Les dépenses supportées par les entreprises au titre de cette formation sont imputables sur la participation au financement de la formation professionnelle continue dans les conditions fixées par les articles R. 950-3 et suivants du Code du travail.

CHAPITRE III. – DISPOSITIONS DIVERSES

Art. 13. – La décision de l'assemblée générale extraordinaire d'autoriser le conseil d'administration ou le directoire, selon le cas, à augmenter le capital aux fins d'une distribution d'actions aux salariés emporte autorisation de fixer le montant de cette augmentation de capital au nombre d'actions nécessaires à cette distribution. Le montant définitif de l'augmentation de capital est égal à la somme des valeurs nominales des actions ou coupures d'actions distribuées, telle qu'elle résulte de la liste mentionnée à l'article 8 du présent décret.

Art. 14. – Les cas dans lesquels les actions distribuées aux salariés pourront être exceptionnellement négociées ou cédées avant l'expiration du délai prévu au I de l'article 10 de la loi sont les suivants :

Mariage de l'intéressé ;

Divorce lorsque l'intéressé conserve la garde d'au moins un enfant ;

Cessation du contrat de travail ;

Invalidité du bénéficiaire ou de son conjoint correspondant au classement dans la 2e ou la 3e des catégories prévues à l'article L. 310 du Code de la sécurité sociale ;

Décès du conjoint ;

Acquisition du logement principal dans les conditions prévues par le décret n° 76-1292 du 30 décembre 1976 fixant les conditions d'application de la loi n° 76-463 du 31 mai 1976 tendant à faciliter l'accession des salariés à la propriété et à la location des locaux d'habitation destinés à leur usage personnel.

Art. 15. – En cas d'offre publique d'achat ou d'échange portant sur les actions d'une société qui, en application de la loi, a procédé à une distribution de ses actions, cette société doit aviser les salariés bénéficiaires de cette distribution de l'opération envisagée en leur précisant le lieu où ils peuvent consulter ou se procurer les notes d'information, revêtues du visa de l'Autorité des marchés financiers, relatives à l'offre publique dont il s'agit.

Les sommes obtenues par les salariés ayant répondu à l'offre publique d'achat sont rémunérées chaque année par un intérêt fixé au taux des avances sur titres de la Banque de France en vigueur à la date du versement des sommes.

Art. 16. – Dans le mois qui suit la délibération du conseil d'administration ou du directoire, selon le cas, les sociétés mentionnées à l'article 2 de la loi ainsi que celles mentionnées à l'article 3 dont le conseil d'administration ou le directoire a décidé de proposer une distribution d'actions sont tenues de transmettre au ministère du Travail et de la Participation un exemplaire du projet de résolution.

Elles devront, en outre, après la tenue de l'assemblée générale extraordinaire, envoyer au ministère susmentionné le texte de la résolution adoptée accompagné des éléments d'information dont la communication au comité d'entreprise est prévue par l'article 11, alinéa 3, du présent décret.

Les sociétés mentionnées à l'article 2 de la loi adresseront également les mêmes documents à l'Autorité des marchés financiers.

LIVRE SEPTIÈME. – DROIT DE LA SÉCURITÉ SOCIALE

7.1. – RÉGIME GÉNÉRAL

Bibliographie : B. Chrétien, *La protection sociale, risques et opportunités pour le chef d'entreprise* : *Dr. et patrimoine* déc. 2000, p. 67. • B. Miellet, *Le statut des dirigeants* : *Gaz. Pal.* 9 oct. 1998, p. 31. • L. Nurit-Pontier, *Le statut social des dirigeants de sociétés* : *JCP E* 2002, 222 ; *Détermination du statut social du gérant de SARL* : *JCP E* 2007, 1754.

Code de la sécurité sociale

Partie législative

Art. L. 137-13. – I. – Il est institué, au profit *(Mots rempl., L. n° 2013-1203, 23 déc. 2013)* « de la Caisse nationale des allocations familiales », une contribution due par les employeurs :

– sur les options consenties dans les conditions prévues aux articles L. 225-177 à L. 225-186 du Code de commerce ;

– sur les actions attribuées dans les conditions prévues aux articles L. 225-197-1 à *(Réf. mod., L. n° 2015-990, 6 août 2015)* « L. 225-197-6 » du même code.

(Aj., L. n° 2015-990, 6 août 2015) Cette contribution ne s'applique pas aux attributions d'actions gratuites décidées par les sociétés qui n'ont procédé à aucune distribution de dividendes depuis leur création et qui répondent à la définition des petites et moyennes entreprises donnée à l'annexe à la recommandation 2003/361/CE de la Commission, du 6 mai 2003, concernant la définition des micro, petites et moyennes entreprises, dans la limite, par salarié, du plafond mentionné à l'article L. 241-3 du présent code. Cette limite s'apprécie en faisant masse des actions gratuites dont l'acquisition est intervenue pendant l'année en cours et les trois années précédentes. L'ensemble de ces conditions s'apprécie à la date de la décision d'attribution. Le bénéfice de cet abattement est subordonné au respect du règlement (UE) n° 1407/2013 de la Commission, du 18 décembre 2013, relatif à l'application des articles 107 et 108 du traité sur le fonctionnement de l'Union européenne aux aides de minimis.

En cas d'options de souscription ou d'achat d'actions, cette contribution s'applique, au choix de l'employeur, sur une assiette égale soit à la juste valeur des options telle qu'elle est estimée pour l'établissement des comptes consolidés pour les sociétés appliquant les normes comptables internationales adoptées par le règlement (CE) n° 1606/2002 du Parlement européen et du Conseil du 19 juillet 2002 sur l'application des normes comptables internationales, soit à 25 % de la valeur des actions sur lesquelles portent ces options, à la date de décision d'attribution. Ce choix est exercé par l'employeur pour la durée de l'exercice pour l'ensemble des options de souscription ou d'achat d'actions qu'il attribue ; il est irrévocable durant cette période.

(Rempl., L. n° 2015-990, 6 août 2015) En cas d'attribution d'actions gratuites, cette contribution s'applique sur la valeur, à leur date d'acquisition, des actions attribuées.

(Rempl., L. n° 2015-990, 6 août 2015) II. – Le taux de cette contribution est fixé à :

1° 30 % sur les options consenties dans les conditions prévues aux articles L. 225-177 à L. 225-186-1 du Code de commerce. Elle est exigible le mois suivant la date de décision d'attribution des options ;

2° *(Taux rempl., L. fin. n° 2017-1836, 30 déc. 2017)* « 20 % » sur les actions attribuées dans les conditions prévues aux articles L. 225-197-1 à L. 225-197-6 du même code. Elle est exigible le mois suivant la date d'acquisition des actions par le bénéficiaire.

III. – Ces dispositions sont également applicables lorsque l'option est consentie ou l'attribution est effectuée, dans les mêmes conditions, par une société dont le siège est situé à l'étranger et qui est mère ou filiale de l'entreprise dans laquelle le bénéficiaire exerce son activité.

(Abr., L. n° 2011-1906, 21 déc. 2011).

Art. L. 137-14. – Il est institué, au profit *(Mots rempl., L. n° 2013-1203, 23 déc. 2013)* « de la Caisse nationale des allocations familiales », une contribution salariale de *(Taux rempl., L. n° 2012-958, 16 août*

2012) « 10 % » assise sur le montant des avantages *(Mots rempl., L. n° 2013-1203, 23 déc. 2013)* « mentionnés au I *(Mots rempl., L. n° 2015-990, 6 août 2015)* « de l'article 80 *bis* » du Code général des impôts *(Phrase suppr., L. n° 2012-958, 16 août 2012) (Mots aj., L. n° 2016-1917, 29 déc. 2016)* « et au I de l'article 80 *quaterdecies* du même code lorsque ces derniers sont imposés à l'impôt sur le revenu suivant les règles de droit commun des traitements et salaires ».

Cette contribution est établie, recouvrée et contrôlée dans les conditions et selon les modalités prévues au III de l'article L. 136-6 du présent code.

Art. L. 137-15 *(L. n° 2008-1330, 17 déc. 2008 ; mod., L. n° 2009-1646, 24 déc. 2009 ; L. n° 2010-1330, 9 nov. 2010).* – Les *(Mots rempl., Ord. n° 2018-474, 12 juin 2018)* « revenus d'activité » assujettis à la contribution mentionnée à l'article L. 136-1 et exclus de l'assiette des cotisations de sécurité sociale définie au premier alinéa de l'article L. 242-1 du présent code et au deuxième alinéa de l'article L. 741-10 du Code rural sont soumis à une contribution à la charge de l'employeur, à l'exception :

1° De ceux assujettis à la contribution prévue à l'article L. 137-13 du présent code *(Mots aj., L. n° 2015-990, 6 août 2015)* « et de ceux exonérés en application du quatrième alinéa du I du même article » ;

2° *(2° abr., L. n° 2011-1906, 21 déc. 2011) ;*

3° *(3° rempl., L. n° 2012-1404, 17 déc. 2012)* Des indemnités de licenciement, de mise à la retraite ainsi que de départ volontaire versées dans le cadre d'un plan de sauvegarde de l'emploi *(Mots aj., L. n° 2018-1203, 22 déc. 2018)* « et des indemnités mentionnées au 7° de l'article L. 1237-18-2 du Code du travail et aux 5° et 7° de l'article L. 1237-19-1 du même code, » qui sont exclues de l'assiette des cotisations de sécurité sociale en application du douzième alinéa de l'article L. 242-1 du présent code ;

4° De l'avantage prévu à l'article L. 411-9 du Code du tourisme.

Sont également soumises à cette contribution les sommes entrant dans l'assiette définie au premier alinéa du présent article versées aux personnes mentionnées à l'article L. 3312-3 du Code du travail.

Sont également soumises à cette contribution les rémunérations visées aux articles L. 225-44 et L. 225-85 du Code de commerce perçues par les administrateurs et membres des conseils de surveillance de sociétés anonymes et des sociétés d'exercice libéral à forme anonyme.

Sont également soumises à cette contribution les sommes correspondant à la prise en charge par l'employeur de la part salariale des cotisations ou contributions destinées au financement des régimes de retraite complémentaire mentionnée au *(Mots rempl., Ord. n° 2018-474, 12 juin 2018)* « *b* du 2° du III de l'article L. 136-1-1 ».

(L. n° 2012-1404, 17 déc. 2012) Sont également soumises à cette contribution les indemnités versées à l'occasion de la rupture conventionnelle mentionnée aux articles L. 1237-11 à L. 1237-15 du Code du travail, pour leur part exclue de l'assiette de la contribution mentionnée à l'article L. 136-1 du présent code en application du *(Mots rempl., Ord. n° 2018-474, 12 juin 2018)* « *a* du 5° du III de l'article L. 136-1-1 ».

(L. n° 2011-1906, 21 déc. 2011) Par dérogation au premier alinéa, ne sont pas assujettis à cette contribution les employeurs de moins de *(Mot rempl., L. fin. n° 2015-1785, 29 déc. 2015)* « onze » salariés au titre des contributions versées au bénéfice des salariés, anciens salariés et de leurs ayants droit pour le financement de prestations complémentaires de prévoyance.

(L. fin. n° 2015-1785, 29 déc. 2015 ; abr. à compter du 1er janvier 2020, L. n° 2019-486, 22 mai 2019) L'exonération prévue à l'avant-dernier alinéa continue de s'appliquer pendant trois ans aux employeurs qui atteignent ou dépassent au titre des années 2016, 2017 ou 2018 l'effectif de onze salariés.

(Al. créé, L. n° 2018-1203, 22 déc. 2018) Par dérogation au premier alinéa du présent article, ne sont pas assujetties à cette contribution les sommes versées au titre de la participation aux résultats de l'entreprise mentionnée au titre II du livre III de la troisième partie du Code du travail et au titre de l'intéressement mentionné au titre Ier du même livre III ainsi que les versements des entreprises mentionnés au titre III dudit livre III quel que soit le support sur lequel ces sommes sont investies, dans les entreprises qui ne sont pas soumises à l'obligation de mettre en place un dispositif de participation des salariés aux résultats de l'entreprise prévue à l'article L. 3322-2 du même code.

(Al. créé, L. n° 2018-1203, 22 déc. 2018) Par dérogation au premier alinéa du présent article, ne sont pas assujetties les entreprises qui emploient au moins cinquante salariés et moins de deux cent cinquante salariés pour les sommes versées au titre de l'intéressement mentionné au titre Ier du livre III de la troisième partie du Code du travail.

Bibliographie : J. Kovac, *Suppression du forfait social et accords « clés en mains » : JCP* S 2019, 1079.

Art. L. 137-16 *(Mod., L. n° 2012-958, 16 août 2012).* – Le taux de la contribution mentionnée à l'article L. 137-15 est fixé à 20 %.

Toutefois, ce taux est fixé à 8 % pour les contributions des employeurs destinées au financement des prestations complémentaires de prévoyance versées au bénéfice de leurs salariés, anciens salariés et de leurs ayants droit, ainsi que pour les sommes affectées à la réserve spéciale de participation conformément aux modalités définies à l'article L. 3323-3 du Code du travail au sein des sociétés coopératives ouvrières de production soumises à la loi n° 78-763 du 19 juillet 1978 portant statut des sociétés coopératives de production *(Mots aj., L. n° 2018-1203, 22 déc. 2018)* « sans préjudice de l'application des quatrième à dernier alinéas du présent article ».

(Al. rempl., L. n° 2018-1203, 22 déc. 2018) Ce taux est fixé à 10 % pour les versements des entreprises prévus à l'article L. 3332-11 du Code du travail lorsque l'entreprise abonde la contribution versée par le salarié ou la personne mentionnée à l'article L. 3332-2 du même code pour l'acquisition d'actions ou de certificats d'investissement émis par l'entreprise ou par une entreprise incluse dans le même périmètre de consolidation ou de combinaison des comptes au sens de l'article L. 3344-1 dudit code.

(Rempl., L. n° 2015-990, 6 août 2015) Le taux de la contribution mentionnée à l'article L. 137-15 du présent code est fixé à 16 % pour les versements des sommes issues de l'intéressement et de la participation ainsi que pour les contributions des entreprises mentionnées au premier alinéa de l'article L. 3334-6 du Code du travail et versées sur un plan d'épargne pour la retraite collectif dont le règlement respecte les conditions suivantes :

1° Les sommes recueillies sont affectées par défaut, dans les conditions prévues au second alinéa de l'article L. 3334-11 du même code ;

2° L'allocation de l'épargne est affectée à l'acquisition de parts de fonds, dans des conditions fixées par décret, qui comportent au moins 7 % de titres susceptibles d'être employés dans un plan d'épargne en actions destiné au financement des petites et moyennes entreprises et des entreprises de taille intermédiaire, dans les conditions prévues à l'article L. 221-32-2 du Code monétaire et financier.

> **Rédaction future.** Art. L. 137-16 *(L. n° 2008-1330, 17 déc. 2008 ; mod., L. n° 2009-1646, 24 déc. 2009 ; L. n° 2010-1594, 20 déc. 2010 ; L. n° 2011-1906, 21 déc. 2011 ; L. fin. rect. n° 2012-958, 16 août 2012 ; L. n° 2012-1404, 17 déc. 2012 ; L. n° 2013-1203, 23 déc. 2013 ; L. n° 2014-1554, 22 déc. 2014 ; L. n° 2015-990, 6 août 2015 ; mod. à compter du 1er janvier 2019, L. n° 2018-1203, 22 déc. 2018).* – Le taux de la contribution mentionnée à l'article L. 137-15 est fixé à 20 %.
>
> Toutefois, ce taux est fixé à 8 % pour les contributions des employeurs destinées au financement des prestations complémentaires de prévoyance versées au bénéfice de leurs salariés, anciens salariés et de leurs ayants droit, ainsi que pour les sommes affectées à la réserve spéciale de participation conformément aux modalités définies à l'article L. 3323-3 du Code du travail au sein des sociétés coopératives de production soumises à la loi n° 78-763 du 19 juillet 1978 portant statut des sociétés coopératives ouvrières de production sans préjudice de l'application des quatrième à dernier alinéas du présent article.
>
> Ce taux est fixé à 10 % pour les versements des entreprises prévus à l'article L. 3332-11 du Code du travail lorsque l'entreprise abonde la contribution versée par le salarié ou la personne mentionnée à l'article L. 3332-2 du même code pour l'acquisition d'actions ou de certificats d'investissement émis par l'entreprise ou par une entreprise incluse dans le même périmètre de consolidation ou de combinaison des comptes au sens de l'article L. 3344-1 dudit code.
>
> *(Trois alinéas rempl. par un alinéa à compter d'une date fixée par décret et au plus tard le 1er janvier 2020, L. n° 2019-486, 22 mai 2019)* Le taux de la contribution mentionnée à l'article L. 137-15 du présent code est fixé à 16 % pour les versements par l'employeur des sommes mentionnées aux 2° et 3° de l'article L. 224-2 du Code monétaire et financier, lorsque le plan d'épargne retraite d'entreprise prévoit que l'allocation de l'épargne mentionnée au dernier alinéa de l'article L. 224-3 du même code est affectée, selon des modalités fixées par décret, à l'acquisition de parts de fonds comportant au moins 10 % de titres susceptibles d'être employés dans un plan d'épargne en actions destiné au financement des petites et moyennes entreprises et des entreprises de taille intermédiaire, dans les conditions prévues à l'article L. 221-32-2 dudit code.

Art. L. 137-17 *(L. n° 2015-990, 6 août 2015 ; mod., L. n° 2015-1702, 21 déc. 2015).* – Le produit de la contribution mentionnée à l'article L. 137-15 est versé à la Caisse nationale d'assurance vieillesse *(Mots suppr. Ord. n° 2018-470, 12 juin 2018)* « ... ».

Art. L. 137-18 *(Mod., L. n° 2013-1203, 23 déc. 2013).* – Il est institué une contribution sociale libératoire au taux de 30 % assise sur les distributions et gains nets mentionnés à l'article 80 *quindecies* du Code général des impôts qui, en application du même article, sont imposables à l'impôt sur le revenu au nom des salariés et dirigeants bénéficiaires selon les règles applicables aux traitements et salaires. Elle est mise à la charge de ces salariés et dirigeants et affectée à la Caisse nationale des allocations familiales.

Cette contribution est établie, recouvrée et contrôlée dans les conditions et selon les modalités prévues au III de l'article L. 136-6.

Art. L. 242-1 *(Rempl., Ord. n° 2018-474, 12 juin 2018)*. – I. - Les cotisations de sécurité sociale dues au titre de l'affiliation au régime général des personnes mentionnées aux articles L. 311-2 et L. 311-3 sont assises sur les revenus d'activité tels qu'ils sont pris en compte pour la détermination de l'assiette définie à l'article L. 136-1-1. Elles sont dues pour les périodes au titre desquelles ces revenus sont attribués.

II. - Par dérogation au I, sont exclus de l'assiette des cotisations de sécurité sociale :

1° Les sommes allouées au salarié au titre de l'intéressement prévu à l'article L. 3312-4 du Code du travail ;

2° Les sommes réparties au titre de la réserve spéciale de participation conformément aux dispositions de l'article L. 3324-5 du même code ;

3° Les sommes versées par l'employeur à un plan d'épargne en application de l'article L. 3332-11 du même code ;

4° Les contributions des employeurs destinées au financement des prestations de protection sociale complémentaire entrant dans le champ des articles L. 911-1 et L. 911-2 du présent code, servies au bénéfice de leurs salariés, anciens salariés et de leurs ayants droit, par des institutions de prévoyance, par des institutions de gestion de retraite supplémentaire, par des mutuelles et unions pratiquant des opérations d'assurance et de capitalisation ou par des entreprises régies par le code des assurances, lorsque les garanties revêtent un caractère obligatoire et bénéficient à titre collectif à l'ensemble des salariés ou à une partie d'entre eux, sous réserve qu'ils appartiennent à une catégorie établie à partir de critères objectifs déterminés par décret en Conseil d'État :

a) Dans des limites fixées par décret, pour les contributions au financement de prestations de retraite supplémentaire déterminées par décret. L'abondement de l'employeur à un plan d'épargne pour la retraite collectif exonéré aux termes de l'article L. 3334-6 du Code du travail est pris en compte pour l'application de ces limites ;

b) Dans des limites fixées par décret, pour les contributions au financement de prestations complémentaires de prévoyance, à condition, lorsque ces contributions financent des garanties portant sur la prise en charge de frais de santé, que ces garanties soient conformes aux dispositions de l'article L. 871-1 du présent code. L'exclusion d'assiette est aussi applicable au versement de l'employeur mentionné à l'article L. 911-7-1.

Les dispositions du présent 4° ne sont pas applicables lorsque les contributions des employeurs se substituent à d'autres revenus d'activité qui ont été soumis à cotisations en application du I du présent article et versés au cours des douze derniers mois ;

5° La contribution de l'employeur d'une entreprise de moins de cinquante salariés à l'acquisition des chèques-vacances, dans les conditions fixées aux articles L. 411-9 et L. 411-10 du Code du tourisme ;

6° Les avantages mentionnés au I des articles 80 *bis* et 80 quaterdecies du Code général des impôts. L'avantage correspondant à la différence définie au II de l'article 80 *bis* du même code est pris en compte dans la détermination de l'assiette définie au I du présent article lors de la levée de l'option ;

7° Dans la limite de deux fois le montant annuel du plafond défini à l'article L. 241-3 du présent code, les indemnités versées à l'occasion de la rupture du contrat de travail ou de la cessation forcée des fonctions de mandataires sociaux, dirigeants et personnes mentionnées à l'article 80 *ter* du Code général des impôts qui ne sont pas imposables en application de l'article 80 duodecies du même code. Toutefois, sont intégralement assujetties à cotisations les indemnités versées à l'occasion de la cessation forcée des fonctions de mandataires sociaux, dirigeants et personnes mentionnées à l'article 80 *ter* du même code d'un montant supérieur à cinq fois le montant annuel du plafond défini à l'article L. 241-3 du présent code, ainsi que celles versées à l'occasion de la rupture du contrat de travail d'un montant supérieur à dix fois le montant de ce même plafond. En cas de cumul d'indemnités versées à l'occasion de la cessation forcée des fonctions et de la rupture du contrat de travail, il est fait masse de l'ensemble de ces indemnités ; lorsque le montant de celles-ci est supérieure à cinq fois le montant annuel du plafond défini à l'article L. 241-3, ces indemnités sont intégralement assujetties à cotisations. »

Assiette des cotisations sociales. Dès leur versement, les sommes mises à la disposition du dirigeant de la société par le conseil d'administration, fût-ce à titre provisionnel, entrent dans l'assiette des cotisations sociales, au sens des dispositions de l'article L. 242-1 du Code de la sécurité sociale, peu important qu'elles aient été ultérieurement restituées à la société et que le conseil d'administration ait pris acte de cette restitution : ▪ Cass. 2e civ., 25 avr. 2013, n° 12-19.144 : *JCP* S 2013, 1339, note G. Vachet ; *BJS* 2013, p. 565, note G. Auzero.

Art. L. 311-1 *(Mod., L. n° 2001-1246, 21 déc. 2001)*. – Les assurances sociales du régime général *(Mots rempl., L. n° 2015-1702, 21 déc. 2015)* « assurent le versement des prestations en espèces liées aux » risques ou charges de maladie, d'invalidité, de vieillesse, de décès, de veuvage, de maternité, ainsi que de paternité, dans les conditions fixées par les articles suivants.

Art. L. 311-2. – Sont affiliées obligatoirement aux assurances sociales du régime général, quel que soit leur âge et même si elles sont titulaires d'une pension, toutes les personnes quelle que soit leur nationalité, de l'un ou de l'autre sexe, salariées ou travaillant, à quelque titre ou en quelque lieu que ce soit, pour un ou plusieurs employeurs et quels que soient le montant et la nature de leur rémunération, la forme, la nature ou la validité de leur contrat.

Art. L. 311-3 *(L. n° 89-475, 10 juill. 1989 ; mod., L. n° 90-1259, 31 déc. 1990 ; L. n° 91-1, 3 janv. 1991 ; L. n° 91-1406, 31 déc. 1991 ; L. n° 93-121, 27 janv. 1993 ; L. n° 94-126, 11 févr. 1994 ; L. n° 98-1194, 23 déc. 1998 ; L. n° 2001-1246, 21 déc. 2001 ; L. n° 2002-73, 17 janv. 2002 ; L. n° 2003-721, 1er août 2003 ; L. n° 2004-810, 13 août 2004 ; L. n° 2006-450, 18 avr. 2006 ; L. n° 2006-1294, 23 oct. 2006 ; L. n° 2008-776, 8 août 2008 ; L. n° 2009-526, 12 mai 2009 ; L. fin. n° 2009-1673, 30 déc. 2009 ; L. n° 2010-241, 10 mars 2010 ; L. n° 2010-1594, 20 déc. 2010 ; L. n° 2011-525, 17 mai 2011)*. – Sont notamment compris parmi les personnes auxquelles s'impose l'obligation prévue à l'article L. 311-2, même s'ils ne sont pas occupés dans l'établissement de l'employeur ou du chef d'entreprise, même s'ils possèdent tout ou partie de l'outillage nécessaire à leur travail et même s'ils sont rétribués en totalité ou en partie à l'aide de pourboires :

1° les travailleurs à domicile soumis aux dispositions des articles L. 721-1 et suivants du Code du travail ;

2° les voyageurs et représentants de commerce soumis aux dispositions des articles L. 751-1 et suivants du Code du travail ;

3° les employés d'hôtel, café et restaurant ;

4° sans préjudice des dispositions du 5° du présent article réglant la situation des sous-agents d'assurances, les mandataires non assujettis à la contribution économique territoriale mentionnés au 4° de l'article R. 511-2 du Code des assurances rémunérés à la commission, qui effectuent d'une façon habituelle et suivie des opérations de présentation d'assurances pour une ou plusieurs entreprises d'assurances telles que définies par l'article L. 310-1 du Code des assurances et qui ont tiré de ces opérations plus de la moitié de leurs ressources de l'année précédente ;

5° les sous-agents d'assurances travaillant d'une façon habituelle et suivie pour un ou plusieurs agents généraux et à qui il est imposé, en plus de la prospection de la clientèle, des tâches sédentaires au siège de l'agence ;

6° les gérants non salariés des coopératives et les gérants de dépôts de sociétés à succursales multiples ou d'autres établissements commerciaux ou industriels ;

7° *(7° abr. à compter du 1er janvier 2017, L. n° 2015-990, 6 août 2015)* ;

8° les porteurs de bagages occupés dans les gares s'ils sont liés, à cet effet, par un contrat avec l'exploitation [l'exploitant] ou avec un concessionnaire ;

9° les ouvreuses de théâtre, cinéma et autres établissements de spectacles, ainsi que les employés qui sont dans les mêmes établissements chargés de la tenue des vestiaires et qui vendent aux spectateurs des objets de nature diverse ;

10° les personnes assurant habituellement à leur domicile, moyennant rémunération, la garde et l'entretien d'enfants qui leur sont confiés par les parents, une administration ou une œuvre au contrôle desquels elles sont soumises ;

11° les gérants de sociétés à responsabilité limitée et de sociétés d'exercice libéral à responsabilité limitée à condition que lesdits gérants ne possèdent pas ensemble plus de la moitié du capital social, étant entendu que les parts appartenant, en toute propriété ou en usufruit, au conjoint, au partenaire lié par un pacte civil de solidarité et aux enfants mineurs non émancipés d'un gérant sont considérées comme possédées par ce dernier ;

12° les présidents du conseil d'administration, les directeurs généraux et les directeurs généraux délégués des sociétés anonymes et des sociétés d'exercice libéral à forme anonyme *(Mots aj. à compter du 1er janvier 2016, Ord. n° 2015-1497, 18 nov. 2015)* « et les directeurs généraux et les directeurs généraux délégués des institutions de prévoyance, des unions d'institutions de prévoyance et des sociétés de groupe assurantiel de protection sociale » ;

13° les membres des sociétés coopératives de production ainsi que les gérants, les directeurs généraux, les présidents du conseil d'administration et les membres du directoire des mêmes coopératives lorsqu'ils perçoivent une rémunération au titre de leurs fonctions et qu'ils n'occupent pas d'emploi salarié dans la même société ;

14° les délégués à la sécurité des ouvriers des carrières exerçant leurs fonctions dans des entreprises ne relevant pas du régime spécial de la sécurité sociale dans les mines, les obligations de l'employeur étant, en ce qui les concerne, assumées par le ou les exploitants intéressés ;

15° les artistes du spectacle et les mannequins auxquels sont reconnues applicables les dispositions des articles L. 762-1 et suivants, L. 763-1 et L. 763-2 du Code du travail.

Les obligations de l'employeur sont assumées à l'égard des articles du spectacle et des mannequins mentionnés à l'alinéa précédent, par les entreprises, établissements, services, associations, groupements ou personnes qui font appel à eux, même de façon occasionnelle ;

16° les journalistes professionnels et assimilés, au sens des articles L. 761-1 et L. 761-2 du Code du travail, dont les fournitures d'articles, d'informations, de reportages, de dessins ou de photographies à une agence de presse ou à une entreprise de presse quotidienne ou périodique, sont réglées à la pige, quelle que soit la nature du lien juridique qui les unit à cette agence ou entreprise ;

17° les personnes agréées qui accueillent des personnes âgées ou handicapées adultes et qui ont passé avec celles-ci à cet effet un contrat conforme aux dispositions de l'article L. 442-1 du Code de l'action sociale et des familles ;

18° les vendeurs-colporteurs de presse et porteurs de presse, visés aux paragraphes I et II de l'article 22 de la loi n° 91-1 du 3 janvier 1991 tendant au développement de l'emploi par la formation dans les entreprises, l'aide à l'insertion sociale et professionnelle et l'aménagement du temps de travail, pour l'application du troisième plan pour l'emploi, non immatriculés au registre du commerce (et des sociétés) ou au registre des métiers ;

19° les avocats salariés, sauf pour les risques gérés par la Caisse nationale des barreaux français *(Mots suppr., Ord. n° 2018-470, 12 juin 2018)* « ... » à l'exception des risques invalidité-décès ;

20° *(20° mod., Ord. n° 2018-474, 12 juin 2018)* les vendeurs à domicile visés à l'article L. 135-1 du Code de commerce, non immatriculés au registre du commerce (et des sociétés) ou au registre spécial des agents commerciaux. Lorsqu'ils procèdent par achat et revente de produits ou de services, ils sont tenus de communiquer le pourcentage de leur marge bénéficiaire à l'entreprise avec laquelle ils sont liés ;

21° *(21° rempl., L. n° 2014-1554, 22 déc. 2014)* Les personnes qui contribuent à l'exécution d'une mission de service public à caractère administratif pour le compte d'une personne publique ou privée, lorsque cette activité revêt un caractère occasionnel *(Mots aj., L. n° 2018-1203, 22 déc. 2018)* « , à l'exception des experts requis, commis ou désignés par les juridictions de l'ordre judiciaire ou par les personnes agissant sous leur contrôle afin d'accomplir une mission d'expertise indépendante et qui sont affiliés à un régime de travailleurs non-salariés ».

Un décret précise les sommes, les activités et les employeurs entrant dans le champ d'application du présent 21°. Il fixe les conditions dans lesquelles, lorsque la participation à la mission de service public constitue le prolongement d'une activité salariée, les sommes versées en rétribution de la participation à cette mission peuvent, en accord avec l'ensemble des parties, être versées à l'employeur habituel pour le compte duquel est exercée l'activité salariée, quand ce dernier maintient en tout ou partie la rémunération.

Il fixe également les conditions dans lesquelles les deux premiers alinéas du présent 21° ne sont pas applicables, sur leur demande, *(Mots rempl., L. n° 2016-1827, 23 déc. 2016)* « aux travailleurs indépendants participant à la mission de service public ». Dans ce cas, les sommes versées en rétribution de l'activité occasionnelle sont assujetties dans les mêmes conditions, selon les mêmes modalités et sous les mêmes garanties que le revenu d'activité non salarié, défini à l'article L. 131-6 du présent code, ou les revenus professionnels, définis à l'article L. 731-14 du Code rural et de la pêche maritime, que ces personnes tirent de leur profession ;

22° Les dirigeants des associations remplissant les conditions prévues au deuxième alinéa du *d* du 1° du 7 de l'article 261 du Code général des impôts ;

23° Les présidents et dirigeants des sociétés par actions simplifiées et des sociétés d'exercice libéral par actions simplifiées ;

24° Les administrateurs des groupements mutualistes qui perçoivent une indemnité de fonction et qui ne relèvent pas, à titre obligatoire, d'un régime de sécurité sociale.

25° Les personnes bénéficiaires d'un appui à la création ou à la reprise d'une activité économique dans les conditions définies par l'article L. 127-1 du Code de commerce.

26° Les personnes mentionnées au 2° de l'article L. 781-1 du Code du travail.

27° Les fonctionnaires et agents publics autorisés à faire des expertises ou à donner des consultations au titre du décret du 29 octobre 1936 relatif aux cumuls de retraites, de rémunérations et de fonctions, dans le cadre d'activités de recherche et d'innovation, ainsi que ceux qui sont autorisés à apporter leur concours scientifique à une entreprise qui assure la valorisation de leurs travaux au titre de l'article *(Réf. rempl., Ord. n° 2014-135, 17 févr. 2014)* L. 531-8 du Code de la recherche. Toutefois, ces dispositions ne sont pas applicables, sur leur demande, aux personnes inscrites auprès des unions de recouvrement des cotisations de sécurité sociale et d'allocations familiales en qualité de travailleurs indépendants lorsque l'existence d'un lien de subordination avec le donneur d'ouvrage ne peut être établi ;

28° Les personnes ayant souscrit un service civique dans les conditions prévues au chapitre II du titre Ier *bis* du livre Ier du Code du service national ;

29° Les arbitres et juges, mentionnés à l'article L. 223-1 du Code du sport, au titre de leur activité d'arbitre ou de juge.

30° les présidents des sociétés coopératives de banque, mentionnées aux articles L. 512-61 à L. 512-67 du Code monétaire et financier.

31° Les salariés au titre des sommes ou avantages mentionnés au premier alinéa de l'article L. 242-1-4.

32° *(32° créé, L. n° 2014-856, 31 juill. 2014)* Les entrepreneurs salariés et les entrepreneurs salariés associés mentionnés aux articles L. 7331-2 et L. 7331-3 du Code du travail.

33° *(33° créé à compter d'une date fixée par décret, et au plus tard le 1er janvier 2017, L. n° 2015-1702, 21 déc. 2015)* Les gens de mer salariés définis au 4° de l'article L. 5511-1 du Code des transports, à l'exclusion des marins définis au 3° du même article, qui remplissent les conditions prévues au 2° de l'article L. 5551-1 du même code ;

34° *(34° créé, L. n° 2015-1702, 21 déc. 2015)* Les gens de mer salariés employés à bord d'un navire mentionné à l'article L. 5561-1 du Code des transports, sous réserve qu'ils ne soient soumis ni au régime spécial de sécurité sociale des marins ni au régime de protection sociale d'un État membre de l'Union européenne ou d'un État partie à l'accord sur l'Espace économique européen autre que la France.

35° *(35° créé, L. n° 2016-1827, 23 déc. 2016 ; mod., L. n° 2017-1836, 30 déc. 2017 ; Ord. n° 2018-470, 12 juin 2018)* Les personnes mentionnées aux 6° et 7° de l'article L. 611-1 du présent code qui exercent l'option mentionnée à cet article dès lors que leurs recettes ne dépassent pas les seuils mentionnés aux *a* et *b* du 1° du I de l'article 293 B du Code général des impôts. Les cotisations et contributions de sécurité sociale dues par ces personnes sont calculées sur une assiette constituée de leurs recettes diminuées d'un abattement de 60 %. Par dérogation, cet abattement est fixé à 87 % pour les personnes mentionnées au 6° de l'article L. 613-1 du présent code lorsqu'elles exercent une location de locaux d'habitation meublés de tourisme, définis conformément à l'article L. 324-1 du Code du tourisme ;

36° *(Aj., L. n° 2017-1836, 30 déc. 2017)* « Les particuliers qui font appel pour leur usage personnel à d'autres particuliers pour effectuer de manière ponctuelle un service de conseil ou de formation en contrepartie d'une rémunération au sens de l'article L. 242-1 du présent code, pour des activités dont la durée et la nature sont définies au décret mentionné au 8° de l'article L. 133-5-6 ».

Un décret fixe les modalités d'application du présent article.

NB : Conformément aux dispositions du VII de l'article 14 de la loi n° 2017-1836 du 30 décembre 2017, les dispositions de l'article L. 311-3 résultant dudit article 14 entrent en vigueur le 1er janvier 2019.

1) Gérant majoritaire.

a) Un gérant ne saurait faire valoir qu'il est en instance de divorce avec son épouse pour écarter la règle selon laquelle les parts appartenant en toute propriété ou en usufruit au conjoint du gérant sont considérées comme possédées par lui pour l'appréciation du caractère majoritaire ou minoritaire de la gérance : ▪ Cass. soc., 22 mars 1990 : *Bull. civ.* V, n° 144.

b) Le gérant de droit porteur de la moitié des parts sociales doit être obligatoirement affilié aux assurances sociales, sans qu'il y ait lieu de prendre en compte les parts détenues par le cogérant de fait prétendu : ▪ Cass. 2e civ., 6 déc. 2006, n° 05-20.016 : *BJS* 2007, p. 489, obs. P. Scholer.

c) **Gérant majoritaire de SELARL.** Un chirurgien-dentiste qui constitue une SELARL continue d'exercer sa profession à titre libéral et conventionné sous couvert de la société ; la loi du 31 décembre 1990 relative aux société d'exercice libéral n'ayant prévu aucune dérogation au régime de protection sociale obligatoire institué pour cette catégorie professionnelle, l'associé, nonobstant ses fonctions de gérant, reste tenu de la même obligation d'affiliation en matière de cotisations sociales, dont l'assurance vieillesse, qu'avant la création de la structure sociale, les cotisations ayant pour assiette les bénéfices distribués, qui constituent le produit de son activité professionnelle : ▪ Cass. 2e civ., 15 mai 2008, n° 06-21.741 : *D.* 2008, p. 1488. – Voir désormais, CSS, art. L. 131-6.

2) **Collège de gérants de SARL.** Les membres d'un collège de gérants de SARL et de SELARL ne sont pas affiliés obligatoirement au régime général lorsqu'ils détiennent ensemble plus de la moitié du capital social, même si certains d'entre eux ne sont pas porteurs de parts : ▪ Cass. 2e civ., 31 mai 2018, n° 17-17.518 : *BJS* 2018, p. 577, note M.-H. Monsérié-Bon.

3) **EURL.**

a) **Cogérant.** Le cogérant d'une EURL, cogérant avec l'associé unique de la société et en conséquence membre d'une cogérance majoritaire, doit, comme tel, être assujetti au régime d'assurance vieillesse des travailleurs non salariés des professions industrielles et commerciales : ▪ Cass. soc., 3 déc. 1998 : *RJS* 1/1999, n° 125.

b) **Conjoint de l'associé unique.** L'époux de l'unique associé, seule détentrice des parts, doit être considéré comme gérant majoritaire et comme tel affilié au régime d'assurance vieillesse des travailleurs non salariés des professions artisanales : ▪ Cass. soc., 22 nov. 2001 : *RJS* 3/2002, n° 358.

c) **Interposition de personne.** Encourt la cassation pour manque de base légale la décision qui retient que le gérant d'une EURL dont le capital est détenu par une SAS dont il est l'associé unique ne relève pas du régime social des indépendants sans rechercher s'il ne détenait pas, par lui-même ou par l'intermédiaire de son conjoint ou de ses enfants mineurs, le contrôle de la société, de sorte que, par personne ou société interposée, il détiendrait les parts sociales de l'EURL : ▪ Cass. soc., 16 févr. 2012, n° 11-14.202.

4) **Dirigeants de société anonyme.** Bien qu'ils ne soient pas expressément mentionnés à l'article L. 311-3, 12°, les directeurs généraux délégués relèvent, comme les présidents et directeurs généraux, du régime général de la sécurité sociale : Rép. min. n° 43981 : *JOAN Q*, 19 juill. 2005, p. 7187.

5) **Sociétés coopératives ouvrières de production.** Une cour d'appel décide à bon droit que les jetons de présence versés aux administrateurs d'une SCOP entrent dans l'assiette des cotisations sociales en tant qu'élément de salaire, après avoir relevé que les intéressés étaient tous salariés de la société et que leur activité n'était qu'une des formes de leur travail au sein de la coopérative : ▪ Cass. soc., 6 mars 2003, n° 01-21.307 : *RJS* 5/2003, n° 682.

6) **Assiette des cotisations.** Les sommes mises à la disposition du dirigeant salarié de la société par inscription à son compte courant personnel doivent être considérées comme des avantages en espèces, peu important qu'elles aient été ultérieurement restituées à la société. En outre, dès lors qu'il n'est justifié d'aucune rupture du contrat de travail du gérant salarié et qu'il n'est pas établi que le versement des sommes litigieuses a un lien avec la cessation de son mandat social, ces sommes ne constituent pas une indemnité de rupture. C'est donc à bon droit que l'Urssaf a réintégré lesdites sommes dans l'assiette des cotisations sociales : ▪ Cass. 2e civ., 14 mars 2007, n° 06-11.619 : *BJS* 2007, p. 980, note Ph. Coursier.

Art. L. 311-6. – Est affilié au régime général de sécurité sociale le conjoint d'un travailleur non salarié qui participe effectivement à l'entreprise ou à l'activité de son époux, à titre professionnel et habituel, et perçoit un salaire correspondant au salaire normal de sa catégorie professionnelle.

S'il exerce au sein de l'entreprise des activités diverses ou une activité qui n'est pas définie par une convention collective, sa rémunération horaire minimale est égale au salaire minimum de croissance.

Art. L. 412-2. – Bénéficient notamment des dispositions du présent livre, même si elles ne sont pas occupées dans l'établissement de l'employeur ou chef d'entreprise, même si elles possèdent tout ou partie de l'outillage nécessaire à leur travail, les personnes mentionnées à l'article L. 311-3. Toutefois, les personnes mentionnées aux 10° et 17° dudit article n'en bénéficient que dans les conditions fixées par décret en Conseil d'État.

L'employeur au sens du présent livre est celui qui est désigné au livre III.

7.2. – RÉGIME DES TRAVAILLEURS NON SALARIÉS

7.2.1. – Cotisations sur les revenus d'activités des travailleurs non salariés des professions non agricoles

Code de la sécurité sociale

Partie législative

Bibliographie : D. Jonin et F. Kessler, *La notion de revenu professionnel, assiette de calcul des cotisations sociales d'un indépendant gérant majoritaire d'une SEL* : *BJS* 2009, p. 434. • F. Taquet, *Les principales dispositions de la loi de financement de la sécurité sociale pour 2009* : *JCP* E 2009, 1027.

Art. L. 131-6 *(Rempl., Ord. n° 2018-474, 12 juin 2018 ; mod., L. n° 2018-1203, 22 déc. 2018).* **– I. - L'assiette des cotisations d'assurance maladie et maternité, d'allocations familiales, d'assurance invalidité-décès et d'assurance vieillesse des travailleurs indépendants non agricoles ne relevant pas du dispositif prévu à l'article L. 613-7 du présent code est constituée des revenus d'activité indépendante à retenir pour le calcul de l'impôt sur le revenu, sous réserve des dispositions des présents II et III.**

II. - L'assiette prévue au I inclut :

1° Les sommes qui ont été déduites pour le calcul de l'impôt sur le revenu :

***a)* Les exonérations fiscales ;**

***b)* Les moins-values à long terme prévues à l'article 39 quindecies du Code général des impôts ;**

***c)* Les reports déficitaires ;**

***d)* Les déductions du chef des frais professionnels prévues au deuxième alinéa du 3° de l'article 83 du même code ;**

e) Les frais, droits et intérêts d'emprunt prévus au dernier alinéa du 3° de l'article 83 du même code ;

f) Les cotisations versées aux régimes facultatifs mentionnés au second alinéa du I de l'article 154 *bis* du même code pour les assurés ayant adhéré aux régimes en cause à compter du 13 février 1994 ;

2° Les revenus tirés de la location de tout ou partie d'un fonds de commerce, d'un établissement artisanal, commercial ou industriel muni du mobilier ou du matériel nécessaire à son exploitation, que la location, dans ce dernier cas, comprenne ou non tout ou partie des éléments incorporels du fonds de commerce ou d'industrie, lorsque ces revenus sont perçus par une personne qui réalise des actes de commerce au titre de l'entreprise louée ou y exerce une activité ;

3° La part des revenus mentionnés aux articles 108 à 115 du même code perçus par le travailleur indépendant non agricole, son conjoint ou le partenaire auquel il est lié par un pacte civil de solidarité ou leurs enfants mineurs non émancipés et des revenus mentionnés au 4° de l'article 124 du même code qui est supérieure à 10 % du capital social et des primes d'émission et des sommes versées en compte courant détenus en toute propriété ou en usufruit par ces mêmes personnes. Un décret en Conseil d'État précise la nature des apports retenus pour la détermination du capital social au sens du présent 3° ainsi que les modalités de prise en compte des sommes versées en compte courant ;

4° Pour les travailleurs indépendants non agricoles qui font application de la section 2 du chapitre VI du titre II du livre V du Code de commerce et sont assujettis à ce titre à l'impôt sur les sociétés, la part des revenus mentionnés aux articles 108 à 115 du Code général des impôts qui excède 10 % du montant de la valeur des biens du patrimoine affecté constaté en fin d'exercice ou la part de ces revenus qui excède 10 % du montant du bénéfice net au sens de l'article 38 du même code si ce dernier montant est supérieur. Un décret en Conseil d'État précise les modalités d'application du présent 4°.

III. - Sont exclus de l'assiette prévue au I :

1° Le montant des plus-values professionnelles à long terme prévues à l'article 39 quindecies et au a du I de l'article 219 *quinquies* du Code général des impôts ;

2° La majoration de 25 % prévue au 7 de l'article 158 du même code.

Rédaction future. Art. L. 131-6 *(Rempl., Ord. n° 2018-474, 12 juin 2018 ; mod., L. n° 2018-1203, 22 déc. 2018 ; mod. à compter du 1er janvier 2020, L. n° 2018-1203, 22 déc. 2018).* – I. - Les cotisations de sécurité sociale dues par les travailleurs indépendants non agricoles ne relevant pas du dispositif prévu à l'article L. 613-7 sont assises sur une assiette nette constituée du montant des revenus d'activité indépendante à retenir, sous réserve des dispositions des II à IV du présent article, pour le calcul de l'impôt sur le revenu, diminuée du montant de cotisations calculé selon les modalités fixées au V.

II. - Les revenus mentionnés au I sont établis avant déduction au titre de l'impôt sur le revenu des sommes suivantes :

1° Les exonérations fiscales ;

2° Les moins-values à long terme prévues à l'article 39 quindecies du Code général des impôts ;

3° Les reports déficitaires ;

4° Les déductions du chef des frais professionnels prévues au deuxième alinéa du 3° de l'article 83 du même code ;

5° Les frais, droits et intérêts d'emprunt prévus au dernier alinéa du 3° de l'article 83 du même code ;

6° Les cotisations versées à des régimes obligatoires, de base ou complémentaires, de sécurité sociale et les autres sommes mentionnées au I de l'article 154 *bis* du même code.

III. - Les revenus mentionnés au I comprennent en outre :

1° Les revenus tirés de la location de tout ou partie d'un fonds de commerce, d'un établissement artisanal, commercial ou industriel muni du mobilier ou du matériel nécessaire à son exploitation, que la location, dans ce dernier cas, comprenne ou non tout ou partie des éléments incorporels du fonds de commerce ou d'industrie, lorsque ces revenus sont perçus par une personne qui réalise des actes de commerce au titre de l'entreprise louée ou y exerce une activité ;

2° La part des revenus mentionnés aux articles 108 à 115 du même code perçus par le travailleur indépendant non agricole, son conjoint ou le partenaire auquel il est lié par un pacte civil de solidarité ou leurs enfants mineurs non émancipés et des revenus mentionnés au 4° de l'article 124 du même code qui est supérieure à 10 % du capital social et des primes d'émission et des sommes versées en compte courant détenus en toute propriété ou en usufruit par ces mêmes personnes. Un décret en Conseil d'État précise la nature des apports retenus pour la détermination du capital social au sens du présent 3° ainsi que les modalités de prise en compte des sommes versées en compte courant ;

3° Pour les travailleurs indépendants non agricoles qui font application de la section 2 du chapitre VI du titre II du livre V du Code de commerce et sont assujettis à ce titre à l'impôt sur les sociétés, la part des revenus mentionnés aux articles 108 à 115 du Code général des impôts qui excède 10 % du montant de la valeur des biens du patrimoine affecté constaté en fin d'exercice ou la part de ces revenus qui excède 10 % du montant du bénéfice net au sens de l'article 38 du même code si ce dernier montant est supérieur. Un décret en Conseil d'État précise les modalités d'application du présent 4°.

IV. - Sont exclus des revenus mentionnés au I :

1° Le montant des plus-values professionnelles à long terme prévues à l'article 39 quindecies et au *a* du I de l'article 219 *quinquies* du Code général des impôts ;

2° La majoration de 25 % prévue au 7 de l'article 158 du même code.

V. - Le montant de cotisations mentionné au I est égal au produit du montant des revenus établi en application des II à IV et de la somme des taux de cotisations en vigueur l'année au titre de laquelle les cotisations sont dues, applicables pour l'assiette nette mentionnée au I, rapporté à cette même somme de taux de cotisations augmentée de un.

En vue de l'établissement des comptes des travailleurs indépendants dont le bénéfice est déterminé en application des articles 38 et 93 A du Code général des impôts, les organismes mentionnés aux articles L. 213-1 et L. 752-4 du présent code communiquent à l'issue de la déclaration des revenus énumérés aux II et III du présent article le montant de cotisations calculé selon les modalités fixées au premier alinéa du présent V. Ces organismes mettent en place, avec le concours des organismes mentionnés aux articles L. 641-2, L. 641-5 et L. 651-1, un téléservice permettant de procéder à tout moment à ce calcul.

Art. L. 131-6-1 *(L. n° 2003-721, 1er août 2003 ; mod., Ord. n° 2003-1213, 18 déc. 2003 ; L. n° 2007-290, 5 mars 2007 ; L. n° 2008-1330, 17 déc. 2008 ; L. n° 2011-1906, 21 déc. 2011 ; L. n° 2014-626, 18 juin 2014)*. **– Par dérogation à l'article L. 131-6-2 et au quatrième alinéa de l'article L. 953-1 du Code du travail, le travailleur indépendant non agricole** *(Mots rempl., Ord. n° 2018-470, 12 juin 2018)* **« autres que ceux mentionnés à l'article L. 613-7 » du présent code peut demander qu'il ne lui soit exigé aucune cotisation ou contribution, provisionnelle ou définitive, pendant les douze premiers mois suivant le début de l'activité non salariée.**

Les cotisations définitives dues au titre de cette période peuvent faire l'objet, à la demande du travailleur non salarié, d'un paiement par fractions annuelles sur une période qui ne peut excéder cinq ans. Chaque fraction annuelle ne peut être inférieure à 20 % du montant total des cotisations dues. Le bénéfice de cet étalement n'emporte aucune majoration de retard.

Le bénéfice de ces dispositions ne peut être obtenu plus d'une fois par période de cinq ans, au titre d'une création ou reprise d'entreprise.

Le présent article n'est pas applicable à raison d'une modification des conditions dans lesquelles une entreprise exerce son activité.

Art. L. 131-6-1-1 *(Créé, L. n° 2018-1203, 22 déc. 2018)*. **– Par dérogation à l'article L. 131-6-2 du présent code et au premier alinéa de l'article L. 6331-51 du Code du travail, les travailleurs indépendants non agricoles autres que ceux mentionnés à l'article L. 613-7 du présent code et les travailleurs indépendants affiliés au régime mentionné au 3° de l'article L. 722-8 du Code rural et de la pêche maritime bénéficient**

d'un report des cotisations ou contributions, provisionnelles ou définitives, pour toute la période pendant laquelle ils perçoivent une indemnité journalière mentionnée soit aux 2° des I et III de l'article L. 623-1 du présent code, soit aux articles L. 732-10 et L. 732-10-1 du Code rural et de la pêche maritime.

Les cotisations ou contributions ayant fait l'objet d'un report mentionnées au premier alinéa du présent article peuvent faire l'objet d'un plan de paiement échelonné d'une durée maximale de douze mois, qui peut être portée à vingt-quatre mois par le directeur de l'Union de recouvrement des cotisations de sécurité sociale et d'allocations familiales, de la Caisse générale de sécurité sociale ou de la caisse de mutualité sociale agricole en cas de circonstances exceptionnelles.

Ce report ne donne lieu à aucune majoration ni pénalité de retard.

Art. L. 131-6-2 *(L. n° 2011-1906, 21 déc. 2011 ; mod., L. n° 2013-1203, 23 déc. 2013 ; L. n° 2014-626, 18 juin 2014)*. – Les cotisations des travailleurs indépendants non agricoles *(Mots rempl., Ord. n° 2018-470, 12 juin 2018)* « autres que ceux mentionnés à l'article L. 613-7 » sont dues annuellement. Leurs taux respectifs sont fixés par décret.

Elles sont calculées, à titre provisionnel, sur la base du revenu d'activité de l'avant-dernière année. Pour les deux premières années d'activité, les cotisations provisionnelles sont calculées sur la base d'un revenu forfaitaire fixé par décret après consultation des conseils d'administration des organismes de sécurité sociale concernés. Lorsque le revenu d'activité de la dernière année écoulée est définitivement connu, les cotisations provisionnelles, à l'exception de celles dues au titre de la première année d'activité, sont recalculées sur la base de ce revenu.

Lorsque le revenu d'activité de l'année au titre de laquelle elles sont dues est définitivement connu, les cotisations font l'objet d'une régularisation sur la base de ce revenu.

Par dérogation au deuxième alinéa, sur demande du cotisant, les cotisations provisionnelles peuvent être calculées sur la base du revenu estimé de l'année en cours. Lorsque le revenu définitif est supérieur de plus d'un tiers au revenu estimé par le cotisant, une majoration de retard est appliquée sur la différence entre les cotisations provisionnelles calculées dans les conditions de droit commun et les cotisations provisionnelles calculées sur la base des revenus estimés, sauf si les éléments en la possession du cotisant au moment de sa demande justifiaient son estimation. Le montant et les conditions d'application de cette majoration sont fixés par décret.

Lorsque les données nécessaires au calcul des cotisations n'ont pas été transmises, celles-ci sont calculées dans les conditions prévues à l'article L. 242-12-1.

....

Art. L. 133-6-8 *(Dénum., Ord. n° 2018-470, 12 juin 2018. – V. CSS, art. L. 613-7)*. – I. - Les cotisations et les contributions de sécurité sociale dont sont redevables les travailleurs indépendants mentionnés au II du présent article bénéficiant des régimes définis aux articles 50-0 et 102 *ter* du Code général des impôts sont calculées mensuellement ou trimestriellement, en appliquant au montant de leur chiffre d'affaires ou de leurs recettes effectivement réalisés le mois ou le trimestre précédent un taux global fixé par décret pour chaque catégorie d'activité mentionnée aux mêmes articles, de manière à garantir un niveau équivalent entre le taux effectif des cotisations et des contributions sociales versées et celui applicable aux mêmes titres aux revenus des travailleurs indépendants ne relevant pas du régime prévu au présent article. Un taux global différent peut être fixé par décret pour les périodes au cours desquelles le travailleur indépendant est éligible à une exonération de cotisations et de contributions de sécurité sociale. Ce taux global ne peut être, compte tenu des taux d'abattement mentionnés *(Mots rempl. à compter du 1er janvier 2017, L. n° 2016-1827, 23 déc. 2016)* « au même II », inférieur à la somme des taux des contributions mentionnées à l'article L. 136-3 du présent code et à l'article 14 de l'ordonnance n° 96-50 du 24 janvier 1996 relative au remboursement de la dette sociale.

(Rempl., L. n° 2015-1702, 21 déc. 2015) Les travailleurs indépendants bénéficiant des régimes définis aux articles 50-0 et 102 *ter* du Code général des impôts peuvent demander que leurs cotisations ne soient pas inférieures au montant minimal de cotisations de sécurité sociale fixé :

1° Pour les *(Mots rempl. à compter du 1er janvier 2017, L. n° 2016-1827, 23 déc. 2016)*travailleurs indépendants qui relèvent de l'assurance vieillesse du régime social des indépendants, en application du *(Mots rempl., L. n° 2017-1836, 30 déc. 2017)* « troisième alinéa de l'article L. 621-1, du deuxième alinéa de l'article » L. 633-10 et du dernier alinéa de l'article L. 635-5 ainsi que, le cas échéant, du quatrième alinéa de l'article L. 635-1 ;

2° Pour les *(Mots rempl. à compter du 1er janvier 2017, L. n° 2016-1827, 23 déc. 2016)*travailleurs indépendants mentionnés à l'article L. 640-1, en application *(Réf. suppr., L. n° 2015-1702, 21 déc. 2015)* « ... » de l'avant-dernier alinéa de l'article L. 642-1 et, le cas échéant, des articles L. 644-1 et L. 644-2.

(Aj., L. n° 2015-1702, 21 déc. 2015) Cette demande est adressée *(Mots rempl., L. n° 2017-1836, 30 déc. 2017)* « aux organismes mentionnés aux articles L. 213-1 et L. 752-4 » du présent code au plus tard le 31 décembre de l'année précédant celle pour laquelle le régime prévu au présent article doit être appliqué ou, en cas de création d'activité, au plus tard le dernier jour du troisième mois qui suit celui de cette création. Elle s'applique tant qu'elle n'a pas été expressément dénoncée dans les mêmes conditions.

Les cotisations et contributions sociales des personnes qui ont effectué la demande mentionnée au deuxième alinéa du présent article sont calculées et recouvrées selon les dispositions prévues aux articles L. 131-6-1 et L. 131-6-2.

II. - Le présent article s'applique aux travailleurs indépendants relevant *(Mots rempl. à compter du 1er janvier 2017, L. n° 2016-1827, 23 déc. 2016)* « de l'assurance vieillesse du régime social des indépendants ». Le bénéfice de ces dispositions peut être étendu par décret, pris après consultation des conseils d'administration des organismes de sécurité sociale concernés, à tout ou partie des cotisations et des contributions de sécurité sociale dues par les autres travailleurs indépendants.

(Al. créé, L. n° 2016-1827, 23 déc. 2016) Les prestations attribuées aux personnes mentionnées au présent article sont calculées sur la base de leur chiffre d'affaires ou de leurs recettes après application, pour les travailleurs indépendants relevant de l'assurance vieillesse du régime social des indépendants, d'un taux d'abattement de 71 % lorsqu'ils appartiennent à la première catégorie mentionnée au 1 de l'article 50-0 du Code général des impôts et de 50 % dans le cas contraire et, pour les travailleurs indépendants mentionnés à l'article L. 640-1 du présent code, d'un taux d'abattement de 34 %. *(Mots aj., L. n° 2016-1827, 23 déc. 2016)* Par dérogation, cet abattement est fixé au niveau de celui mentionné au deuxième alinéa du I de l'article 64 *bis* du Code général des impôts pour les personnes mentionnées au 8° de l'article L. 613-1 du présent code lorsqu'elles exercent une activité de location de locaux d'habitation meublés de tourisme, définis conformément à l'article L. 324-1 du Code du tourisme.

III. – Le régime prévu au présent article cesse de s'appliquer à la date à laquelle les travailleurs indépendants cessent de bénéficier des régimes définis aux articles 50-0 et 102 *ter* du Code général des impôts. Par dérogation, le régime prévu au présent article cesse de s'appliquer au 31 décembre de l'année au cours de laquelle sont exercées les options prévues au 4 du même article 50-0 et au 5 du même article 102 *ter*.

IV. – Les cotisations et les contributions de sécurité sociale dues par les conjoints collaborateurs des travailleurs indépendants relevant du régime prévu au présent article sont calculées, à la demande de ces derniers, sur la base soit d'un revenu forfaitaire, soit d'un pourcentage du chiffre d'affaires ou des recettes du chef d'entreprise.

V. – Les modalités d'application du présent article sont fixées par décret.

NB : Aux termes du II de l'article 15 de la loi n° 2015-1702 du 21 décembre 2015, par dérogation, les travailleurs indépendants bénéficiant des régimes définis aux articles 50-0 et 102 *ter* du Code général des impôts qui relevaient, au 31 décembre 2015, du régime défini à l'article L. 131-6-2 du Code de la sécurité sociale continuent de relever de ce régime, sauf demande contraire.

Aux termes du III du même article, ces dispositions sont applicables aux cotisations et aux contributions de sécurité sociale dues au titre des périodes courant à compter du 1er janvier 2016.

Art. L. 133-6-8-1 *(Dénum., Ord. n° 2018-470, 12 juin 2018. – V. CSS, art. L. 613-8)*. – Les travailleurs indépendants relevant du régime prévu à l'article L. 133-6-8 déclarent chaque mois, ou au maximum chaque trimestre, leur chiffre d'affaires ou leurs recettes, y compris lorsque leur montant est nul. Les modalités d'application à ces travailleurs indépendants de l'article L. 242-12-1 et des chapitres III et IV du titre IV du livre II, notamment les majorations et les pénalités applicables en cas de défaut ou de retard de déclaration, sont déterminées par décret en Conseil d'État.

Les cotisations et les contributions de sécurité sociale dues par les conjoints collaborateurs de ces travailleurs indépendants sont recouvrées simultanément, dans les mêmes formes et conditions que celles dues personnellement par ces travailleurs indépendants.

NB : Le présent article s'applique aux cotisations et aux contributions de sécurité sociale dues au titre des périodes courant à compter d'une date fixée par décret et, au plus tard, à compter du 1er janvier 2016.

Code rural et de la pêche maritime

Art. L. 731-14-1 *(L. n° 2010-658, 15 juin 2010)*. **–** Pour les chefs d'exploitation ou d'entreprise agricole qui font application des articles L. 526-6 à L. 526-21 du Code de commerce et sont assujettis à ce titre à l'impôt sur les sociétés, les revenus professionnels mentionnés à l'article L. 731-14 du présent code intègrent également la part des revenus mentionnés aux articles 108 à 115 du Code général des impôts qui excède 10 % du montant de la valeur des biens du patrimoine affecté constaté en fin d'exercice ou la part de ces revenus qui excède 10 % du montant du bénéfice net au sens de l'article 38 du même code si ce dernier montant est supérieur. Un décret en Conseil d'État précise les modalités d'application du présent article.

Voir : CSS, art. R. 131-3.

Art. R. 731-32-1 *(D. n° 2011-1481, 8 nov. 2011 ; mod., D. n° 2016-192, 25 févr. 2016)*. **–** Les dispositions de l'article R. 131-8 du Code de la sécurité sociale sont applicables à la détermination de l'assiette des cotisations des chefs d'exploitation ou d'entreprise agricole mentionnés au premier alinéa de l'article L. 731-14-1 du présent code. À cet effet, la référence *(Mots rempl., D. n° 2018-821, 27 sept. 2018)* « au 4° du II » de l'article L. 131-6 du Code de la sécurité sociale est remplacée par la référence à l'article L. 731-14-1 du présent code.

Partie réglementaire

Art. R. 131-7 *(Anc. art. R. 131-2 créé, D. n° 2009-423, 16 avr. 2009 ; dénum., D. n° 2016-192, 25 févr. 2016)*. – Pour l'application *(Mots rempl., D. 2018-821, 22 sept. 2018)* « du 3° du II » de l'article L. 131-6 :

1° Les apports retenus pour la détermination du capital social sont les apports en numéraire intégralement libérés et les apports en nature à l'exclusion de ceux constitués par des biens incorporels qui n'ont fait l'objet ni d'une transaction préalable en numéraire ni d'une évaluation par un commissaire aux apports ;

2° Les sommes versées en compte courant correspondent au solde moyen annuel du compte courant d'associé. Ce solde moyen annuel est égal à la somme des soldes moyens du compte courant de chaque mois divisée par le nombre de mois compris dans l'exercice ;

3° Le montant du capital social, des primes d'émission et des sommes versées en compte courant d'associé est apprécié au dernier jour de l'exercice précédant la distribution des revenus mentionnés aux articles 108 à 115 du Code général des impôts et le versement des revenus visés au 4° de l'article 124 du même code.

Art. R. 131-8 *(Anc. art. R. 131-3 créé, D. n° 2011-1481, 8 nov. 2011 ; mod., D. n° 2012-1550, 28 déc. 2012 ; dénum., D. n° 2016-192, 25 févr. 2016)*. – Pour l'application *(Mots rempl., D. 2018-821, 22 sept. 2018)* « du 4° du II » de l'article L. 131-6 :

1° Le montant de la valeur des biens du patrimoine affecté correspond à leur valeur brute, déduction faite des encours des emprunts y afférents, appréciés au dernier jour de l'exercice précédant la distribution des revenus mentionnés aux articles 108 à 115 du Code général des impôts ;

2° Le bénéfice correspond à celui de l'exercice précédant la distribution des revenus mentionnés aux articles 108 à 115 du Code général des impôts.

7.2.2. – Assurance maladie et assurance maternité

Code de la sécurité sociale

Art. L. 611-1 *(Anc. art. L. 613-1, dénum. en article L. 611-1 et modifié à compter du 1er janvier 2018, sous réserve des dispositions du XVI de l'article 15 de la loi n° 2017-1836 du 30 décembre 2017, L. n° 2017-1836, 30 déc. 2017 ; mod., Ord. n° 2018-470, 12 juin 2018)*. **– Le présent livre s'applique aux personnes suivantes :**

1° Les travailleurs non salariés qui ne sont pas affiliés au régime mentionné au 3° de l'article L. 722-8 du Code rural et de la pêche maritime ;

2° Les débitants de tabacs ;

3° Pour des raisons impérieuses de sécurité, les moniteurs de ski titulaires d'un brevet d'État ou d'une autorisation d'exercer, organisés en association ou en syndicat professionnel pour la mise en œuvre de leur activité ; ces moniteurs sont considérés comme exerçant une activité non salariée, quel que soit le public auquel ils s'adressent ;

4° Les personnes bénéficiaires de l'agrément prévu à l'article L. 472-1 du Code de l'action sociale et des familles ;

5° Sous réserve des dispositions du 1° de l'article L. 722-1 du Code rural et de la pêche maritime, les loueurs de chambres d'hôtes mentionnées à l'article L. 324-3 du Code du tourisme dont le revenu imposable de l'activité est supérieur à un montant fixé par décret ;

6° Les personnes, autres que celles mentionnées au 7° du présent article, exerçant une activité de location de locaux d'habitation meublés dont les recettes sont supérieures au seuil mentionné au 2° du 2 du IV de l'article 155 du Code général des impôts, lorsque ces locaux sont loués à une clientèle y effectuant un séjour à la journée, à la semaine ou au mois et n'y élisant pas domicile, sauf option contraire de ces personnes lors de l'affiliation pour relever du régime général dans les conditions prévues au 35° de l'article L. 311-3 du présent code, ou lorsque ces personnes remplissent les conditions mentionnées au 1° du 2 du IV de l'article 155 du Code général des impôts ;

7° Les personnes exerçant une activité de location de biens meubles mentionnée au 4° de l'article L. 110-1 du Code de commerce et dont les recettes annuelles tirées de cette activité sont supérieures à 20 % du montant annuel du plafond mentionné à l'article L. 241-3 du présent code, sauf option contraire de ces personnes lors de l'affiliation pour relever du régime général dans les conditions prévues au 35° de l'article L. 311-3.

Il s'applique en outre aux conjoints collaborateurs et associés des personnes mentionnées au 1° dans les conditions fixées par le titre 6.

NB : Tel que modifié par la loi n° 2014-626 du 18 juin 2014, cet article s'applique aux cotisations et aux contributions de sécurité sociale dues au titre des périodes courant à compter du 1er janvier 2015.

1) Affiliation obligatoire du gérant majoritaire de SARL. Le gérant majoritaire non salarié de SARL est obligatoirement affilié au régime d'assurance vieillesse des professions industrielles et commerciales et est tenu, même en l'absence de revenus professionnels, au paiement des cotisations forfaitaires minimales prévues par ce régime : ▪ Cass. soc., 16 juin 1994 : *Bull. civ.* V, n° 199. ▪ Cass. soc., 28 mai 1998 : *Bull. civ.* V, n° 289 ; *JCP* E 1999, p. 1192, obs. G. Vachet.

2) Limites de l'assimilation à un travailleur indépendant. Ce n'est pas parce qu'un gérant de SARL est assimilé à un travailleur indépendant en vertu de la législation de la Sécurité sociale, qu'il doit être considéré comme tel au regard du droit des entreprises en difficulté : ▪ CA Chambéry, 14 mai 2007 : *BJS* 2007, p. 1234, obs. G. Auzero.

3) Société en nom collectif. Le fonctionnement d'une société en nom collectif implique nécessairement de la part de ses associés une activité professionnelle consistant dans le contrôle et la surveillance de la société. Dès lors, l'associé d'une telle société relève obligatoirement du régime d'assurance maladie et maternité des travailleurs non salariés des professions non agricoles : ▪ Cass. 2e civ., 11 oct. 2005 : *Dr. soc.* 2006, p. 111, obs. G. François-Dainville.

7.2.3. – Assurance vieillesse

Code de la sécurité sociale

Art. L. 661-1 *(Anc. art. L. 622-8, dénum. et mod., L. n° 2017-1836, 30 déc. 2017 ; rempl., Ord. n° 2018-470, 12 juin 2018).* **– Sous réserve de l'application des dispositions des articles L. 311-2 et L. 311-6, les conjoints associés, au sens des dispositions de l'article L. 121-4 du Code de commerce, des travailleurs indépendants mentionnés au 1° de l'article L. 611-1 sont soumis à titre personnel et obligatoire aux dispositions du présent livre.**

Sous réserve de l'application des dispositions des mêmes articles L. 311-2 et L. 311-6, les conjoints collaborateurs, au sens des dispositions de l'article L. 121-4 du Code de commerce, des travailleurs indépendants mentionnés au 1° de l'article L. 611-1 qui relèvent des assurances vieillesse, invalidité et

décès, ou, pour le versement des prestations en espèces, maladie ou maternité instituées en application du présent livre, à l'exception du chapitre V de son titre IV, sont affiliés à titre personnel et obligatoire, pour ces mêmes risques, aux mêmes régimes que leur conjoint. Ils bénéficient à ce titre des dispositions du présent livre sous réserve des chapitres suivants.

Art. L. 622-9 *(Abr., L. n° 2016-1827, 23 déc. 2016).*

Associé d'une EURL. Il ressort de l'article L. 622-9 du Code de la Sécurité sociale que l'associé unique d'une entreprise unipersonnelle à responsabilité limitée n'est assujetti au régime d'assurance vieillesse des travailleurs non-salariés des professions non agricoles que s'il exerce lui-même l'activité donnant lieu à l'assujettissement : ▪ Cass. soc., 12 oct. 2000 : *RJS* 12/2000, n° 1303. – V. aussi, antérieurement, ▪ Cass. soc., 3 avr. 1997 : *Bull. civ.* V, n° 139 ; *Dr. soc.* 1997, p. 649, obs. J. Savatier.

LIVRE HUITIÈME. – PROCÉDURE CIVILE ET VOIES D'EXÉCUTION

8.1. – APPLICATIONS PARTICULIÈRES DES RÈGLES DE PROCÉDURE AUX PERSONNES MORALES

8.1.1. – Règles de forme

Bibliographie : Ch. Attias, *L'action en justice du prétendu représentant d'une personne morale (qualité civile et qualité procédurale)* : *D.* 2003, p. 1583. • L. Bore, *La défense des intérêts collectifs par les associations devant les juridictions administratives et judiciaires*, LGDJ, 1997. • L. Coupet, *L'action en justice des personnes morales de droit privé*, thèse dact., Aix-Marseille, 1974. • E. Savaux, *La personne morale en procédure civile* : *RTD civ.* 1995, p. 1. • G. Sousi, *Représentation en justice d'une personne morale et nullité des actes de procédure* : *Gaz. Pal.* 1984, doctr. p. 427. • *Adde*, Y. Desdevises : *JCl. Procédures civiles*, Fasc. 126-2.

8.1.1.1. – Assignation

Code de procédure civile
(L. n° 2007-1787, 20 déc. 2007)

Art. 55. – L'assignation est l'acte d'huissier de justice par lequel le demandeur cite son adversaire à comparaître devant le juge.

Art. 56. – L'assignation contient à peine de nullité, outre les mentions prescrites pour les actes d'huissier de justice :

1° L'indication de la juridiction devant laquelle la demande est portée ;

2° *(Mod., D. n° 98-1231, 28 déc. 1998)* L'objet de la demande avec un exposé des moyens en fait et en droit ;

3° L'indication *(Mots aj., D. n° 2012-66, 20 janv. 2012)* « des modalités de comparution devant la juridiction et la précision » que, faute pour le défendeur de comparaître, il s'expose à ce qu'un jugement soit rendu contre lui sur les seuls éléments fournis par son adversaire ;

4° Le cas échéant, les mentions relatives à la désignation des immeubles exigées pour la publication au fichier immobilier.

(Mod., D. n° 98-1231, 28 déc. 1998) Elle comprend en outre l'indication des pièces sur lesquelles la demande est fondée. Ces pièces sont énumérées sur un bordereau qui lui est annexé.

(D. n° 2015-282, 11 mars 2015) Sauf justification d'un motif légitime tenant à l'urgence ou à la matière considérée, en particulier lorsqu'elle intéresse l'ordre public, l'assignation précise également les diligences entreprises en vue de parvenir à une résolution amiable du litige.

Elle vaut conclusions.

Voir : Défaut de désignation de l'organe représentant légalement une personne morale sous CPC, art. 117, annot. n° 2, p. 1947.

....

Art. 58. – La requête ou la déclaration est l'acte par lequel le demandeur saisit la juridiction sans que son adversaire en ait été préalablement informé.

Elle contient à peine de nullité :

1° Pour les personnes physiques : l'indication des nom, prénoms, profession, domicile, nationalité, date et lieu de naissance du demandeur.

Pour les personnes morales : l'indication de leur forme, leur dénomination, leur siège social et de l'organe qui les représente légalement ;

2° L'indication des nom, prénoms et domicile de la personne contre laquelle la demande est formée, ou, s'il s'agit d'une personne morale, de sa dénomination et de son siège social ;
3° L'objet de la demande.
(D. n° 2015-282, 11 mars 2015) Sauf justification d'un motif légitime tenant à l'urgence ou à la matière considérée, en particulier lorsqu'elle intéresse l'ordre public, la requête ou la déclaration qui saisit la juridiction de première instance précise également les diligences entreprises en vue de parvenir à une résolution amiable du litige.
Elle est datée et signée.

1) Siège social statutaire. S'agissant de l'indication du siège social requise dans la déclaration d'appel, une société, tant qu'elle n'a pas fait le choix d'un nouveau siège social, est réputée conserver son siège social au lieu fixé par les statuts et publié au RCS, sous réserve de la preuve de son caractère fictif ou frauduleux : ▪ Cass. 2e civ., 14 nov. 2013, n° 12-26.106 : *BJS* 2014, p. 72, note O. Staes.

2) Expulsion du siège social. Est valable la déclaration d'appel portant l'indication d'un siège social dont la société a été expulsée, car tant qu'elle n'a pas fait choix d'un nouveau siège social, elle est réputée conserver son siège social au lieu fixé par les statuts et publié au RCS, sous réserve de la preuve de son caractère fictif ou frauduleux : ▪ Cass. 2e civ., 17 févr. 2011, n° 08-19.952 : *BJS* 2011, p. 474, note J.-J. Barbièri.

Art. 59. – Le défendeur doit, à peine d'être déclaré, même d'office, irrecevable en sa défense, faire connaître :
a) S'il s'agit d'une personne physique, ses nom, prénoms, profession, domicile, nationalité, date et lieu de naissance ;
b) S'il s'agit d'une personne morale, sa forme, sa dénomination, son siège social et l'organe qui le représente.

8.1.1.2. – Formes des actes d'huissier de justice

Code de procédure civile

(L. n° 2007-1787, 20 déc. 2007)

Art. 648. – Tout acte d'huissier de justice indique, indépendamment des mentions prescrites par ailleurs :
1° sa date ;
2° *a)* si le requérant est une personne physique : ses nom, prénoms, profession, domicile, nationalité, date et lieu de naissance ;
b) si le requérant est une personne morale : sa forme, sa dénomination, son siège social et l'organe qui la représente légalement ;
3° les nom, prénoms, demeure et signature de l'huissier de justice ;
4° si l'acte doit être signifié, les nom et domicile du destinataire, ou, s'il s'agit d'une personne morale, sa dénomination et son siège social.
Ces mentions sont prescrites à peine de nullité.

1) Dénomination sociale d'une société étrangère et assignation en justice. S'agissant d'une société de droit saoudien possédant une dénomination en langue arabe et une autre en langue anglaise, est valable l'assignation délivrée sous sa seule dénomination en langue anglaise : ▪ Cass. com., 13 janv. 2009, n° 07-17.961 : *BJS* 2009, p. 651, note P. Le Cannu.

2) Défaut de désignation de l'organe représentant légalement une personne morale. Voir CPC, art. 117, annot. n° 2, p. 1947.

8.1.1.3. – La forme des notifications

Code de procédure civile

(L. n° 2007-1787, 20 déc. 2007)

Art. 651. – Les actes sont portés à la connaissance des intéressés par la notification qui leur en est faite.
La notification faite par acte d'huissier de justice est une signification.
La notification peut toujours être faite par voie de signification alors même que la loi l'aurait prévue sous une autre forme.

La signification

Art. 654. – La signification doit être faite à personne.

La signification à une personne morale est faite à personne lorsque l'acte est délivré à son représentant légal, à un fondé de pouvoir de ce dernier, ou à toute autre personne habilitée à cet effet.

1) **Signification d'une ordonnance d'exequatur.** En application de l'article 42 du Règlement du Conseil n° 44/2001 du 22 décembre 2000 concernant la compétence judiciaire et l'exécution des décisions en matière civile et commerciale, s'agissant d'une ordonnance ayant déclaré exécutoire en France un jugement italien rendu contre une société italienne, l'ordonnance mentionnant que cette société a désormais son siège en France et une nouvelle dénomination, le recours formé par la société française contre cette ordonnance est irrecevable dès lors qu'il est formé plus d'un mois après sa signification, laquelle n'était pas autrement critiquée : ■ Cass. com., 27 oct. 2009, n° 08-16115 : *BJS* 2010, p. 176, note M. Menjucq.

2) **Signification et liquidation judiciaire.** La signification de l'arrêt d'appel, confirmant la liquidation judiciaire d'une société, délivrée à la personne de son ancien représentant légal qui, bien que privé de ses pouvoirs de représentation dès le prononcé de la liquidation judiciaire de la société, demeurait une personne habilitée à recevoir la signification de l'arrêt, fait courir le délai de deux mois du pourvoi en cassation : ■ Cass. com., 30 juin 2004 : *Dr. sociétés* janv. 2005, n° 8, obs. J.-P. Legros ; *JCP* E 2005, 31, n° 5, obs. Ph. Pétel ; *Rev. sociétés* 2004, p. 959, note P.-M. Le Corre. – Même solution, mais précisant en outre que l'ancien dirigeant est sans pouvoir pour interjeter appel ou pour former un pourvoi en cassation : ■ Cass. com., 15 nov. 2005, n° 04-14.144 : *JurisData* n° 2005-030879 ; *Dr. sociétés* mars 2006, n° 39, obs. J.-P. Legros. ■ Cass. com., 29 nov. 2005 : *JurisData* n° 2005-031068 ; *Dr. sociétés* mars 2006, n° 39, obs. J.-P. Legros. – *Adde*, ■ CA Paris, 7 oct. 2003 : *Dr. sociétés* janv. 2005, n° 8, obs. J.-P. Legros. – Voir : C. com., art. L. 641-9, I, p. 165.

3) **Gérant de société sous curatelle.** Le curateur d'une personne protégée à laquelle a été dévolue la fonction de gérant d'une société n'est pas investi du pouvoir d'assister la société de sorte que l'article 467, alinéa 3, du Code civil n'étant pas applicable, la dénonciation de la saisie-attribution destinée à la SCI n'a pas lieu d'être signifiée au curateur de son gérant : ■ Cass. 2e civ., 7 avr. 2016, n° 15-12.739 : *Dr. sociétés* 2016, n° 122, obs. H. Hovasse.

Art. 655. – Si la signification à personne s'avère impossible, l'acte peut être délivré soit à domicile, soit, à défaut de domicile connu, à résidence.

(Deux al. rempl. par trois al., D. n° 2005-1678, 28 déc. 2005) **L'huissier de justice doit relater dans l'acte les diligences qu'il a accomplies pour effectuer la signification à la personne de son destinataire et les circonstances caractérisant l'impossibilité d'une telle signification.**

(D. n° 2005-1678, 28 déc. 2005) **La copie peut être remise à toute personne présente au domicile ou à la résidence du destinataire.**

(D. n° 2005-1678, 28 déc. 2005) **La copie ne peut être laissée qu'à condition que la personne présente l'accepte et déclare ses nom, prénoms et qualité.**

L'huissier de justice doit laisser, dans tous ces cas, au domicile ou à la résidence du destinataire, un avis de passage daté l'avertissant de la remise de la copie et mentionnant la nature de l'acte, le nom du requérant ainsi que les indications relatives à la personne à laquelle la copie a été remise.

Art. 656 ***(Rempl., D. n° 2005-1678, 28 déc. 2005).*** **– Si personne ne peut ou ne veut recevoir la copie de l'acte et s'il résulte des vérifications faites par l'huissier de justice, dont il sera fait mention dans l'acte de signification, que le destinataire demeure bien à l'adresse indiquée** ***(Mots aj., D. n° 2006-1805, 23 déc. 2006)*** **« , la signification est faite à domicile. Dans ce cas, » l'huissier de justice laisse au domicile ou à la résidence de celui-ci un avis de passage conforme aux prescriptions du dernier alinéa de l'article 655. Cet avis mentionne, en outre, que la copie de l'acte doit être retirée dans le plus bref délai à l'étude de l'huissier de justice, contre récépissé ou émargement, par l'intéressé ou par toute personne spécialement mandatée.**

La copie de l'acte est conservée à l'étude pendant trois mois. Passé ce délai, l'huissier de justice en est déchargé.

L'huissier de justice peut, à la demande du destinataire, transmettre la copie de l'acte à une autre étude où celui-ci pourra le retirer dans les mêmes conditions.

Art. 657. – *(Rempl., D. n° 2005-1678, 28 déc. 2005)* **Lorsque l'acte n'est pas délivré à personne, l'huissier de justice mentionne sur la copie les conditions dans lesquelles la remise a été effectuée.**

La copie de l'acte signifié doit être placée sous enveloppe fermée ne portant que l'indication des nom et adresse du destinataire de l'acte, et le cachet de l'huissier apposé sur la fermeture du pli.

Art. 658. – **Dans tous les cas prévus aux articles 655 et 656, l'huissier de justice doit aviser l'intéressé de la signification, le jour même ou au plus tard le premier jour ouvrable, par lettre simple comportant les mêmes mentions que l'avis de passage et rappelant, si la copie de l'acte a été** *(Mots rempl., D. n° 2005-1678, 28 déc. 2005)* **« déposée en son étude », les dispositions du dernier alinéa de l'article 656. La lettre contient en outre une copie de l'acte de signification.**

Il en est de même en cas de signification à domicile élu ou lorsque la signification est faite à une personne morale.

Le cachet de l'huissier est apposé sur l'enveloppe.

Une signification infructueuse au domicile élu est insuffisante lorsqu'aucune signification n'a été opérée au siège social : ▪ Cass. 3e civ., 4 mai 1994 : *RJDA* 1994, p. 636.

Art. 659 *(D. n° 84-618, 13 juill. 1984 ; D. n° 86-585, 14 mars 1986 ; D. n° 89-511, 20 juill. 1989)*. – **Lorsque la personne à qui l'acte doit être signifié n'a ni domicile, ni résidence, ni lieu de travail connus, l'huissier de justice dresse un procès-verbal où il relate avec précision les diligences qu'il a accomplies pour rechercher le destinataire de l'acte.**

Le même jour ou, au plus tard le premier jour ouvrable suivant, à peine de nullité, l'huissier de justice envoie au destinataire, à la dernière adresse connue, par lettre recommandée avec demande d'avis de réception, une copie du procès-verbal à laquelle est jointe une copie de l'acte objet de la signification.

Le jour même, l'huissier de justice avise le destinataire, par lettre simple, de l'accomplissement de cette formalité.

Les dispositions du présent article sont applicables à la signification d'un acte concernant une personne morale qui n'a plus d'établissement connu au lieu indiqué comme siège social par le registre du commerce et des sociétés.

Une société doit être considérée comme n'ayant plus d'établissement connu lorsque, à l'adresse du siège social figurant sur l'extrait K *bis*, il n'existe qu'une boîte aux lettres sur laquelle figure le nom d'une cinquantaine de sociétés et que la société n'exerce aucune activité dans l'immeuble dont les locaux sont inoccupés et dépourvus de tout équipement de bureaux : ▪ Cass. 2e civ., 28 févr. 2006, n° 04-14.696 : *D.* 2006, act. p. 743.

……………………………………………………………………………………

La notification des actes en la forme ordinaire

Art. 665. – **La notification doit contenir toutes indications relatives aux nom et prénoms ou à la dénomination ou raison sociale de la personne dont elle émane et au domicile ou siège social de cette personne.**

Elle doit désigner de la même manière la personne du destinataire.

……………………………………………………………………………………

Le lieu des notifications

Art. 690. – **La notification destinée à une personne morale de droit privé ou à un établissement public à caractère industriel ou commercial, est faite au lieu de son établissement.**

À défaut d'un tel lieu, elle l'est en la personne de l'un de ses membres habilité à la recevoir.

1) Assignation délivrée au représentant légal.

a) **Principes.** Les notifications destinées à une société sont valables lorsqu'elles ont été délivrées à la personne de son gérant, et à son adresse personnelle : ▪ Cass. 2e civ., 30 avr. 2009, n° 07-15.582, PB. – Néanmoins, la signification faite à l'adresse du siège social et non à l'adresse personnelle du gérant est valable : ▪ Cass. 2e civ., 19 févr. 2015, n° 13-28.140, PB : *BJS* 2015, p. 224, note O. Staes ; *Dr. sociétés* 2015, n° 70, obs. D. Gallois-Cochet.

b) **Personne morale ayant son siège social à l'étranger.** La délivrance d'une assignation destinée à une personne morale ayant son siège à l'étranger est régulière dès lors qu'elle est faite à la personne de son représentant légal, celui-ci étant domicilié en France et malgré l'absence d'établissement en France, de sorte que ne sont pas applicables les dispositions du règlement n° 1393/2007 relatif à la signification et à la notification dans les États membres des actes judiciaires et extrajudiciaires en matière civile et commerciale : ■ Cass. com., 20 nov. 2012, n° 11-17.653 (PB) : *Rev. sociétés* 2013, p. 154, note J.-F. Barbièri. – S'agissant d'une société ayant son siège social à l'étranger, la signification peut être faite à son représentant légal qui a un domicile en France : ■ Cass. 2e civ., 12 mai 1975 : *Bull. civ.* II, n° 144.

2) Signification au siège de la personne morale.

a) **Société n'ayant plus d'activité.** S'agissant d'une société n'ayant plus d'activité à l'adresse statutaire, est valable la signification faite au siège social selon les modalités de l'article 659 du CPC, la signification à l'adresse personnelle du gérant ne s'imposant pas en cette circonstance : ■ Cass. 2e civ., 19 févr. 2015, n° 13-28.140, PB : *Rev. sociétés* 2015, p. 438, note A. Reygrobellet.

b) **Possibilité de signification en un autre lieu.** La société est assignée devant le tribunal du siège social ; toutefois, l'assignation peut être signifiée en un lieu autre que celui où la société localise son siège social, lorsqu'elle dispose en ce lieu de représentants ou de préposés qualifiés : ■ Cass. soc., 21 mars 1973 : *Bull. civ.* V, n° 178.

Art. 692. – Les notifications destinées aux collectivités publiques et aux établissements publics sont faites au lieu où ils sont établis à toute personne habilitée à les recevoir.

Art. 692-1 ***(D. n° 2015-282, 11 mars 2015).*** **– Nonobstant toute disposition contraire, les convocations destinées aux personnes morales de droit privé, aux administrations de l'État, aux collectivités territoriales, aux établissements publics à caractère administratif, aux organismes de sécurité sociale et aux autres organismes chargés de la gestion d'un service public administratif peuvent leur être adressées par le greffe par tous moyens auxquels ils ont préalablement consenti.**

La convocation adressée dans ces conditions est réputée notifiée à personne à la date à laquelle son destinataire en a accusé réception. À défaut, elle est réputée notifiée à domicile.

8.1.2. – Intérêt et qualité pour agir

Bibliographie : M. Bandrac, *L'action en justice, droit fondamental : Mél. R. Perrot*, Dalloz, 1996, p. 1. • Y. Desdevises, *Le contrôle de l'intérêt légitime, essai sur les limites de la distinction du droit et de l'action*, thèse Nantes, 1973. • C. Giverdon, *La qualité, condition de recevabilité de l'action en justice* : *D.* 1952, p. 85 et s. • P. Hebraud, *Observations sur l'évolution des rapports entre le droit et l'action dans la formation et le développement des systèmes juridiques : Mél. P. Raynaud*, Dalloz-Sirey, 1985, p. 237. • L. Garaud, *L'intérêt pour agir en justice, contribution à la notion d'intérêt en droit positif*, thèse Poitiers, 1959. • R. Gassin, *La qualité à agir*, thèse Aix, 1955. • Japiot, *Action et demande en justice* : *RTD civ.* 1915, p. 419. • H. Motulsky, *Le droit subjectif et l'action en justice : Arch. phil. dr.* 1964, p. 215 et s. • R. Martin, *Un virus dans le système de défense du Nouveau Code de procédure civile : le droit d'action* : *RGDP* 1998, p. 419. p. 147 et s. • G. Martin, *La représentation des sociétés commerciales par leurs organes*, thèse Nancy II, 1977. • A. Piédelièvre, *Remarques sur la notion de qualité*, Ann. Fac. Dr. Clermont-Ferrand, 1969, Fasc. 6, p. 215. • A. Tribes, *Le rôle de la notion d'intérêt en matière civile*, thèse Paris, 1975. • H. Vizioz, *Études de procédures*, éd. Bière, Bordeaux, 1956. • G. Wicker, *La légitimité de l'intérêt à agir : Mél. Serra*, Dalloz, 2006, p. 455. • G. Wiederkehr, *La notion d'action en justice d'après l'article 30 du CPC : Mél. P. Hebraud*, p. 949. • *Adde*, Y. Desdevises, *JCl. Procédures civiles*, Fasc. 126-1 à 126-3.

Code de procédure civile

(L. n° 2007-1787, 20 déc. 2007)

Art. 30. – L'action est le droit, pour l'auteur d'une prétention, d'être entendu sur le fond de celle-ci afin que le juge la dise bien ou mal fondée.

Pour l'adversaire, l'action est le droit de discuter le bien-fondé de cette prétention.

Art. 31. – **L'action est ouverte à tous ceux qui ont un intérêt légitime au succès ou au rejet d'une prétention, sous réserve des cas dans lesquels la loi attribue le droit d'agir aux seules personnes qu'elle qualifie pour élever ou combattre une prétention, ou pour défendre un intérêt déterminé.**

Bibliographie : L. Bore, *La défense des intérêts collectifs par les associations devant les juridictions administratives et judiciaires*, LGDJ, 1997. • L. Boy, *Réflexions sur l'action en justice* : *RTD civ.* 1979, p. 497. • M. Cappeletti, *La protection d'intérêts collectifs et de groupe dans le procès civil (Métamorphoses de la procédure civile)* : *RID comp.* 1975, p. 571. • G. Cornu et J. Foyer, *Procédure civile*, PUF, coll. « Thémis », 2e éd. 1996, n° 77-78, spéc. p. 335 à 338 *[distinction entre action banale et action attitrée]*. • S. Guinchard, *L'action de groupe en procédure civile française* : *RID comp.* 1990, p. 599 et s. • B. Le Bars, *Les associations de défense d'actionnaires et d'investisseurs*, LGDJ, 2003. • R. Martin et J. Martin, *L'action collective* : *JCP* 1984, I, doctr. p. 3162. • A. Mairot, *Les conditions d'existence du droit d'action dans l'instance* : *Dr. sociétés* 2011, p. 12.

Art. 32. – **Est irrecevable toute prétention émise par ou contre une personne dépourvue du droit d'agir.**

Bibliographie : A. Omar, *La notion d'irrecevabilité en droit judiciaire privé français*, LGDJ, 1967. • A. Perdriau, *Une action en justice peut-elle être déclarée à la fois irrecevable et mal fondée ?* : *JCP* G 1999, I, p. 162.

1) Société en formation. Voir sous C. civ., art. 1843, annot. n° 3, p. 48.

2) Société civile non immatriculée au 1er novembre 2002. Voir sous L. 4 janv. 1978, art. 4, p. 153.

3) Société absorbée. Voir sous C. com., art. L. 236-3, annot. n° 36, p. 535.

4) Association dépourvue de la personnalité morale. V. sous L. 1er juill. 1901, art. 5, annot. n° 1-1, p. 720.

Art. 122. – **Constitue une fin de non-recevoir tout moyen qui tend à faire déclarer l'adversaire irrecevable en sa demande, sans examen au fond, pour défaut de droit d'agir, tel le défaut de qualité, le défaut d'intérêt, la prescription, le délai préfix, la chose jugée.**

Bibliographie : A. Beguet, *Étude critique de la notion de fin de non-recevoir en droit français* : *RTD civ.* 1947, p. 133. • G. Block, *Les fins de non-recevoir en procédure civile*, Bruylant, 2002. • R. Martin, *Un virus dans le système de défense du Nouveau Code de procédure civile : le droit d'action* : *RGDP* 1998, p. 419. • J. Normand, *Les excroissances de la notion de fin de non-recevoir* : *RTD civ.* 1981, p. 684. • A. Omar, *La notion d'irrecevabilité en droit judiciaire privé français*, LGDJ, 1967. • A. Perdriau, *Une action en justice peut-elle être déclarée à la fois irrecevable et mal fondée ?* : *JCP* 1998, I, n° 16.

---

1) Clause de conciliation préalable. S'agissant d'une cession de titres sociaux, la clause du contrat instituant une procédure de conciliation obligatoire et préalable à la saisine du juge constitue une fin de non-recevoir licite, les fins de non-recevoir n'étant pas limitativement énumérées, qui s'impose au juge si les parties l'invoquent : ▪ Cass. ch. mixte, 14 févr. 2003, nos 00-19.423 et 00-19.424 : *JCP* E 2003, 707, note H. Croze et D. Gautier ; *JCP* E 2003, 627, n° 4, obs. J.-J. Caussain, Fl. Deboissy et G. Wicker. – S'agissant du litige relatif à la mise en œuvre de la faculté de retrait de l'associé d'une société civile, dès lors que les statuts instituent une procédure de conciliation obligatoire, préalable à la saisine du juge, son inobservation entraîne l'irrecevabilité de la demande : ▪ Cass. com., 15 juin 2010, n° 09-16.323 : *Dr. sociétés* 2010, n° 179, obs. H. Hovasse ; *JCP* E 2010, 1878, note J.-P. Legros ; *Rev. sociétés* 2011, p. 235, note J.-F. Barbièri. – En revanche, la clause de conciliation préalable prévue par une convention de garantie de passif ne s'applique pas à la demande de remboursement d'un compte-courant : ▪ Cass. com., 2 juin 2015, n° 14-13.289 : *BJS* 2015, p. 480, note E. Putman. – Comp., retenant qu'est recevable la demande de sanction d'un abus d'égalité après qu'un premier vote n'ait fait ressortir aucune majorité alors que les statuts de la société prévoyaient dans ce cas la convocation d'une seconde assemblée générale, au motif que la seconde convocation ne se justifiait pas parce que, d'une part, tous les associés étaient présents à la première assemblée et, d'autre part, cette seconde convocation était inutile dans la mesure où les positions exprimées par les parties dans la procédure ne laissaient pas espérer que soit dégagée une majorité : ▪ Cass. 3e civ., 16 déc. 2009, n° 09-10.209, PB : *D.* 2010, p. 147, obs. A. Lienhard ; *Dr. sociétés* 2010, n° 44, obs. H. Hovasse ; *JCP* E 2010, 1145, n° 2, obs. Fl. Deboissy et G. Wicker. – *Adde* H. Kenfack, *La reconnaissance des véritables clauses de médiation ou de conciliation obligatoire hors de toute instance* : *D.* 2015, p. 384. – J.-B. Tap, *Les clauses de conciliation et de média-*

tion face aux conflits sociétaires : *Rev. sociétés* 2017, p. 615.

2) Défaut de qualité pour agir et interdiction de gérer. Une société est irrecevable à agir lorsque son gérant frappé une interdiction de gérer se trouve par là même dépourvu de la qualité pour agir au nom de la société : ■ CA Paris, 22 déc. 2017, n° 16/11808 : *Bull. Joly Sociétés* 2018, p. 198, note O. Staes.

Art. 126. – Dans le cas où la situation donnant lieu à fin de non-recevoir est susceptible d'être régularisée, l'irrecevabilité sera écartée si sa cause a disparu au moment où le juge statue.

Il en est de même lorsque, avant toute forclusion, la personne ayant qualité pour agir devient partie à l'instance.

8.1.3. – Capacité et pouvoir pour agir

Code de procédure civile

(L. n° 2007-1787, 20 déc. 2007)

Art. 117. – Constituent des irrégularités de fond affectant la validité de l'acte :

Le défaut de capacité d'ester en justice ;

Le défaut de pouvoir d'une partie ou d'une personne figurant au procès comme représentant soit d'une personne morale, soit d'une personne atteinte d'une incapacité d'exercice ;

Le défaut de capacité ou de pouvoir d'une personne assurant la représentation d'une partie en justice.

Bibliographie : C. Atias, *L'étrange position procédurale de la personne morale en cas de défaut de pouvoir de son représentant* : *D.* 2008, p. 2241 ; *Le changement de représentant d'une personne morale en cours d'instance* : *D.* 2013, p. 186. • D. Cholet, *La mention du représentant légal d'une personne morale dans les actes de procédure* : *BJS* 2002, p. 663. • S. Manciaux, *La représentation en justice des personnes morales de droit privé* : *RGDP* 1999, p. 153. • *Adde*, Y. Desdevises, *JCl. Procédures civiles*, Fasc. 126-4. • J. Beauchard, *JCl. Procédures civiles*, Fasc. 138.

1) Action en justice en l'absence de représentant légal.

a) **Action intentée par la personne morale.** Le commandement de payer, délivré à la requête d'une personne morale dont le représentant légal était décédé à la date de la délivrance de l'acte, est affecté d'une irrégularité de fond qui n'est pas susceptible d'être couverte et qui entraîne la nullité de tous les actes subséquents : ■ Cass. 2e civ., 21 mars 2013, n° 12-17.107, PB : *BJS* 2013, p. 381, note J.-J. Barbièri ; *Rev. sociétés* 2014, p. 97, note V. Thomas. – En l'absence de gérant, l'assignation délivrée à la société par l'un des associés en vue de la désignation d'un administrateur judiciaire est nulle alors qu'il appartient à l'associé de demander au président du tribunal, statuant sur requête, la désignation d'un mandataire chargé de réunir les associés en vue de nommer un gérant : ■ CA Versailles, 27 avr. 2011, n° 10/05050 : *BJS* 2012, p. 223, note O. Staes.

b) **Action dirigée contre la personne morale.** Dès lors que la gérance de la société débitrice est devenue vacante depuis le décès intervenu en cours d'instance, il y a lieu, avant dire droit, d'inviter le créancier à saisir le tribunal compétent pour faire désigner un administrateur *ad hoc* chargé de représenter légalement le groupement en justice : ■ CA Pau, 22 sept. 2009 : *BJS* 2010, p. 148, note J.-F. Barbièri. – L'intervention volontaire, en cours de procédure de saisie immobilière, de l'administrateur provisoire d'une SCI afin de faire constater la nullité des actes introductifs délivrée par le créancier poursuivant à l'administrateur *ad hoc* chargé d'organiser une assemblée suite au décès du gérant et au notaire chargé de la succession n'a pas pour effet de couvrir la nullité de fond affectant ces actes : ■ Cass. 2e civ., 26 sept. 2013, n° 12-25.875, PB : *BJS* 2013, p. 815, note J.-J. Barbièri.

2) Défaut de désignation dans l'acte de l'organe représentant légalement une personne morale.

a) Jugé à propos de l'**assignation** qui doit contenir à peine de nullité les mentions prescrites pour les actes d'huissier de justice *[CPC, art. 56]*, et doit en conséquence, dans l'hypothèse où le requérant est une personne morale, indiquer la forme, la dénomination, le siège social et l'organe qui la représente légalement *[CPC, art. 648]*, que le défaut de désignation de l'organe représentant légalement une personne morale dans un acte de procédure, lorsque cette mention est prévue à peine de nullité, ne constitue qu'un vice de forme : ■ Cass. ch. mixte, 22 févr. 2002 : *BJS* 2002, p. 688 ; *Rev. sociétés* 2002, p. 293, note Y. Chartier. ■ Cass. 1re civ., 6 déc. 2005, n° 03-12.342 : *Dr. sociétés* oct. 2006, n° 137, obs. H. Lécuyer. ■ Cass. 1re civ., 28 févr. 2006, n° 03-17.849 : *Dr. sociétés* oct. 2006, n° 137, obs. H. Lécuyer.

b) **Déclaration d'appel.** Le défaut de désignation de l'organe représentant légalement une personne morale dans un acte d'appel **avec repré-**

sentation obligatoire, lorsque cette mention est prévue à peine de nullité, ne constitue qu'un vice de forme, la nullité ne pouvant être prononcée qu'à charge pour l'adversaire qui l'invoque de prouver le grief que lui cause l'irrégularité ; en l'espèce, constituait une simple irrégularité formelle la formule « agissant pour suites et diligences en la personne de ses représentants légaux domiciliés audit siège » : ▪ Cass. com., 1er oct. 2002 : *BJS* déc. 2002, p. 1298, note F.-X. Lucas. – Le défaut de désignation de l'organe représentant légalement une personne morale dans un acte d'appel **avec ou sans représentation obligatoire**, lorsque cette mention est prévue à peine de nullité, ne constitue qu'un vice de forme : ▪ Cass. 2e civ., 18 sept. 2003 : *BJS* 2004, p. 100, note J.-J. Barbièri. ▪ Cass. 3e civ., 13 nov. 2013, n° 12-24.870, PB : *BJS* 2014, p. 10, note E. Putman.

3) *Désignation d'une partie.*

a) **Par son enseigne.** La désignation de la société intimée dans une déclaration d'appel par la dénomination constituant en réalité l'enseigne sous laquelle cette partie exerce son activité est un vice de forme, qui ne peut entraîner la nullité de l'acte que sur justification d'un grief : ▪ Cass. 2e civ., 24 mai 2007, n° 06-11.006 : *BJS* 2007, p. 1249, note J.-J. Barbièri.

b) **Par son nom commercial.** L'assignation délivrée par une société étrangère sous le nom commercial de son établissement français est seulement entachée d'une irrégularité de forme, le fait que la société se soit présentée sous le nom commercial qu'elle utilise en France ne la privant pas de la capacité d'ester en justice qui est attachée à la personne quelle que soit sa désignation : ▪ Cass. 2e civ., 11 déc. 2008, n° 07-18.511 (PB) : *BJS* 2009, p. 363, note O. Staes.

4) Absence d'indication dans l'assignation du nom de la société. Le fait pour un avocat associé d'une **société civile professionnelle** de faire délivrer un acte de procédure mentionnant non le nom de la SCP mais son nom personnel constitue une irrégularité de forme et non de fond car, chaque associé exerçant les fonctions d'avocat au nom de la société, l'avocat du demandeur agit nécessairement au nom de la SCP dont il est membre : ▪ Cass. 2e civ., 5 avr. 2007, n° 06-14.818 : *BJS* 2007, p. 1020, note J.-J. Daigre. – V. dans le même sens, à propos d'une société civile professionnelle de mandataire liquidateur, ensuite transformée en SELARL : ▪ Cass. 2e civ., 4 juill. 2007, n° 06-15.451 : *BJS* 2007, p. 1163, note J.-J. Daigre.

5) Indication inexacte dans l'assignation du numéro d'immatriculation d'une société. L'assignation délivrée au nom d'une société avec indication d'un numéro d'immatriculation au RCS qui est celui d'une société dissoute, quoi qu'ayant la même dénomination sociale, le même siège social et un capital social d'un montant identique, est entachée non d'une simple erreur matérielle, mais d'une irrégularité de fond qui, correspondant au défaut de personnalité morale, est insusceptible d'être couverte : ▪ CA Paris, 10 sept. 2008 : *Dr. sociétés* 2009, n° 65, obs. M.-L. Coquelet.

6) Assignation délivrée au nom de l'entreprise individuelle de l'associé. Constitue un vice de forme et non un vice de fond l'assignation indiquant comme destinataire le nom de l'entreprise individuelle de l'un des associés et non celui de la société ayant le nom de celui-ci comme dénomination sociale ; et il n'y a pas lieu à nullité faute de grief dès lors que l'entreprise et la société étant localisée au même endroit et la société étant dirigée par cet associé, les modalités de délivrance de l'acte impliquaient nécessairement que la société en ait eu connaissance : ▪ Cass. com., 18 sept. 2007, n° 05-20.708 : *BJS* 2008, p. 174, note O. Staes.

7) Inexistence de la personne morale. Voir pour la société absorbée, sous C. com., art. L. 236-3, annot. n° 36, p. 535.

8) Pouvoir du représentant de la personne morale.

a) **Défaut de pouvoir.** Le défaut de pouvoir d'une personne figurant au procès comme représentant d'une personne morale constitue une irrégularité de fond, peu important que l'acte d'appel ait été formé par un avocat investi d'un mandat *ad litem* : ▪ Cass. soc., 5 déc. 2007, nos 06-43.365 et 06-43.366. – L'irrecevabilité de l'appel déclaré par le directeur juridique d'une société qui n'est ni son représentant légal, ni titulaire d'un pouvoir spécial donné à cet effet, ne méconnaît pas les dispositions de la CEDH : ▪ Cass. soc., 2 déc. 2008, n° 07-44.097. – Même solution s'agissant d'un agent général d'assurance : ▪ Cass. 2e civ., 13 janv. 2013, n° 12-20.140 : *BJS* 2013, p. 631, note C.-M. Bénard.

b) **Justification du pouvoir.** Ne constitue pas une irrégularité de fond le défaut de justification, à l'appui d'un recours, du pouvoir d'une personne figurant au procès comme représentant d'une personne morale : ▪ Cass. soc., 17 avr. 2013, n° 12-22.745 : *BJS* 2013, p. 538, note J.-J. Barbièri. – En cas de contestation, il peut être justifié d'un pouvoir spécial jusqu'au jour où le juge statue : ▪ Cass. 2e civ., 21 mars 2013, n° 12-13.381 : *BJS* 2013, p. 538, note J.-J. Barbièri. – Néanmoins, la décision de l'organe social dont procède le pouvoir doit être intervenue avant l'expiration du délai de pourvoi : ▪ Cass. 3e civ., 4 avr. 2013, n° 11-22.127 : *BJS* 2013, p. 538, note J.-J. Barbièri.

c) **Dispense de preuve.** En application de l'article R. 197-4 du Livre des procédures fiscales, lorsque la personne morale pour le compte de laquelle l'avocat a agi est une société commerciale dont les dispositions législatives qui la régissent désignent elles-mêmes le représentant, comme c'est le cas pour une SARL, l'avocat, duquel il n'est pas exigé de mandat, est dispensé de justifier du pouvoir de la personne physique représentant la personne morale : ■ CE, 8e et 3e ss-sect., 26 mars 2008, n° 294449 : *Dr. fisc.* 2008, n° 25, comm. 390, note B. Toulemont et M. Le Tacon ; *RJF* 2008, n° 727.

9) Délégation de pouvoir.

a) **Absence de droit de critique des tiers.** Les tiers à la délégation, bien que parties au procès, ne peuvent critiquer la régularité de la délégation de pouvoir en vertu de laquelle le préposé d'une société a donné mandat à une autre pour agir en justice au nom de la première : ■ Cass. 1re civ., 29 mai 2013, n° 11-24.278, PB : *BJS* 2013, p. 627, note E. Putman.

b) **Délégation à durée indéterminée.** Aucune disposition n'exige que la délégation du pouvoir de représenter une société en justice soit donnée pour une durée déterminée : ■ Cass. com., 17 janv. 2012, n° 10-24.811, PB : *BJS* 2012, § 182, p. 293, note D. Poracchia ; *Dr. sociétés* 2012, n° 75, obs. R. Mortier ; *Rev. sociétés* 2012, p. 627, note V. Thomas.

c) **Absence de limitation géographique de la délégation.** La délégation de pouvoirs donnée au préposé d'une personne morale pour la représenter en justice et agir en son nom devant toutes les juridictions est valable, sans qu'il soit nécessaire qu'elle soit limitée à une certaine étendue géographique : ■ Cass. com., 13 sept. 2017, n° 15-26.666 : *Bull. Joly Sociétés* 2017, p. 724, note N. Ferrier.

10) Liquidateur.

a) **Défaut de mention de la qualité de liquidateur.** L'acte de signification délivré au seul nom du liquidateur, et sans indication de sa qualité de liquidateur d'une société en liquidation judiciaire, est affecté d'un vice de forme : ■ Cass. 2e civ., 4 juill. 2007, n° 05-20.362 : *Dr. sociétés* 2007, n° 217, obs. J.-P. Legros.

b) **Défaut de pouvoir du liquidateur en cas de renouvellement tardif.** Voir C. com., art. L. 237-21, annot. n° 3, p. 560.

c) **Assignation du liquidateur ès qualité.** En vertu de l'article 14 du Code de procédure civile, le liquidateur amiable ne peut être personnellement condamné pour faute dès lors que l'assignation lui a été délivrée pris en sa qualité de liquidateur, quand bien même celui-ci aurait conclu devant le tribunal puis devant la cour d'appel à titre personnel : ■ Cass. com., 14 sept. 2010, n° 09-69.659.

11) Représentation en justice d'une filiale. L'article 828 du Code de procédure civile énumérant limitativement les personnes habilitées à assister ou représenter les parties devant un tribunal d'instance, et visant à ce titre les personnes exclusivement attachées à l'entreprise, il s'ensuit que le directeur juridique d'un groupe de sociétés, bien qu'il ait reçu une délégation de pouvoir de la gérante de la société filiale afin de représenter cette dernière devant le tribunal d'instance, n'est pas habile à la représenter faute d'avoir la qualité de salarié de la filiale : ■ Cass. soc., 5 mars 2008, n° 06-60.125 : *BJS* 2008, p. 474, note B. Saintourens.

Art. 121. – **Dans les cas où elle est susceptible d'être couverte, la nullité ne sera pas prononcée si sa cause a disparu au moment où le juge statue.**

8.1.4. – Compétence territoriale

Bibliographie : A. Le Bayon, *JCl. Procédures civiles*, Fasc. 211.

Code de procédure civile

(L. n° 2007-1787, 20 déc. 2007)

Art. 42 *(Mod., D. n° 81-500, 12 mai 1981)*. – **La juridiction territorialement compétente est, sauf disposition contraire, celle du lieu où demeure le défendeur.**

S'il y a plusieurs défendeurs, le demandeur saisit, à son choix, la juridiction du lieu où demeure l'un d'eux.

Si le défendeur n'a ni domicile ni résidence connus, le demandeur peut saisir la juridiction du lieu où il demeure ou celle de son choix s'il demeure à l'étranger.

1) Inapplication de la jurisprudence dite des « gares principales » au bénéfice du demandeur. Lorsque le défendeur n'a ni domicile ni résidence connus, la faculté accordée au demandeur de saisir la juridiction du lieu où il demeure permet seulement, s'agissant d'une personne morale, d'assigner le défendeur devant la juridiction du lieu de son siège social, à l'exclusion du lieu où elle possède une agence principale : ▪ Cass. 2e civ., 29 janv. 1992, n° 90-18.258 : *Bull. civ.* II, n° 35, p. 17 ; *JCP* 1992, IV, n° 920 ; *Dr. sociétés* oct. 1992, n° 202, obs. Th. Bonneau.

2) Option de compétence. S'agissant de l'action exercée tant contre la société que ses dirigeants, le défendeur bénéficie de l'option de compétence offerte par l'article 42 du Code de procédure civile dès lors que qu'il exerce une action directe et personnelle contre chacun d'eux, qu'il y a une unité d'objet du litige et que l'assignation n'a pas pour objet de détourner la compétence naturelle du juge pour en connaître : ▪ CA, 26 sept. 2017, n° 17/07910 : *Rev. sociétés* 2018, p. 181, note B. Saintourens.

Règlement (CE) du Conseil n° 44/2001 du 22 décembre 2000

concernant la compétence judiciaire, la reconnaissance et l'exécution des décisions en matière civile et commerciale

Art. 22. – Sons seuls compétents, sans considération de domicile :

.../...

2) en matière de validité, de nullité ou de dissolution des sociétés ou personnes morales ayant leur siège sur le territoire d'un État membre, ou de validité des décisions de leurs organes, les tribunaux de cet État membre. Pour déterminer le siège, le juge applique les règles de son droit international privé.

1) Fictivité de la société ne constituant pas l'objet principal de l'action. La règle de compétence définie à l'article 22.2 du Règlement CE n° 44/2001 du 22 décembre 2000 ne s'applique pas dès lors que la question de la fictivité de la société ne constitue pas l'objet principal de l'action : ▪ Cass. 1re civ., 4 mai 2017, n° 16-12.853, PB : *BJS* 2017, p. 539, note M. Menjucq ; *Rev. sociétés* 2017, p. 648, note T. Mastrullo.

2) Compétence internationale en matière de validité des décisions des organes des sociétés. S'agissant d'un litige opposant une société non domiciliée dans un État membre de l'UE et une société française relativement au défaut d'autorisation d'un acte de cession par le conseil d'administration de cette dernière, il n'y a pas lieu d'appliquer l'article 42 du CPC mais l'article 22.2 du Règlement CE n° 44/2001 du 22 décembre 2000 donnant compétence à la juridiction française : ▪ Cass. com., 15 nov. 2011, n° 09-72.027 : *BJS* 2011, p. 917, note M. Menjucq ; *Dr. sociétés* 2011, n° 152, obs. M. Roussille ; *JCP* E 2011, 1529, note J.-P. Legros ; *Rev. sociétés* 2011, p. 714, note T. Mastrullo.

Art. 43. – Le lieu où demeure le défendeur s'entend :

– s'il s'agit d'une personne physique, du lieu où celle-ci a son domicile ou, à défaut, sa résidence,

– s'il s'agit d'une personne morale, du lieu où celle-ci est établie.

Jurisprudence dite des « gares principales ».

a) **Principe.** ▪ Cass. civ., 15 avr. 1893 : *DP* 1894, I, 539.

b) **Applications.** La théorie des gares principales s'applique à condition que l'affaire litigieuse se rapporte à l'activité de la succursale : ▪ CA Paris, 16 févr. 1994 : *BJS* 1994, p. 503, note J.-J. Daigre. – Une personne morale pouvant être assignée devant la juridiction du ressort dans lequel elle dispose d'une succursale ou d'une agence ayant le pouvoir de la représenter à l'égard des tiers à la condition que l'affaire se rapporte à son activité ou que les faits générateurs de responsabilité se soient produits dans le ressort de celle-ci, est compétent le tribunal du ressort où la société dispose d'un agent général habilité à la représenter s'agissant d'une action quasi contractuelle relative aux rapports entre la société et son agent général : ▪ Cass. 2e civ., 6 avr. 2006, n° 04-17.849 : *JurisData* n° 2006-033135 ; *D.* 2006, inf. rap. p. 1185 ; *JCP* E 2007, 1414, note J.-P. Legros.

Art. 48. – Toute clause qui, directement ou indirectement, déroge aux règles de compétence territoriale est réputée non écrite à moins qu'elle n'ait été convenue entre des personnes ayant toutes contracté en qualité de commerçant et qu'elle n'ait été spécifiée de façon très apparente dans l'engagement de la partie à qui elle est opposée.

Bibliographie : J.-P. Legros, *Portée d'une clause attributive de compétence insérée dans les statuts d'une société* : *Dr. sociétés* 2000, étude 14 ; *L'inefficacité de la clause attributive de compétence territoriale insérée dans des statuts homologués* : *Dr. sociétés* mai 2007, n° 5. • *Adde*, J.-P. Legros, *JCl. Sociétés traité, Compétence territoriale : Prorogation des règles de compétence territoriale*, Fasc. 29-22.

8.1.5. – Comparution personnelle

Code de procédure civile
(L. n° 2007-1787, 20 déc. 2007)

Art. 197. – Le juge peut faire comparaître les incapables sous réserve des règles relatives à la capacité des personnes et à l'administration de la preuve, ainsi que leurs représentants légaux ou ceux qui les assistent.

Il peut faire comparaître les personnes morales, y compris les collectivités publiques et les établissements publics, en la personne de leurs représentants qualifiés.

Il peut en outre faire comparaître tout membre ou agent d'une personne morale pour être interrogé tant sur les faits qui lui sont personnels que sur ceux qu'il a connus en raison de sa qualité.

8.1.6. – Tierce opposition

Bibliographie : L. Boyer, *Les effets des jugements à l'égard des tiers* : *RTD civ.* 1951, p. 163. • R. Martin, *De l'utilité de la tierce opposition* : *Gaz. Pal.* 1991, doctr. p. 303. • R. Perrot, *Les aspects nouveaux de la tierce opposition en droit judiciaire français* : *Mél. Segni*, t. 3, p. 675. • H. Roland, *Chose jugée et tierce opposition*, thèse Lyon, 1958. • P. et D. Veaux, *Les surprises de la tierce opposition* : *Mél. H.-D. Cosnard*, Économica, 1990, p. 409. • *Adde* P. Chevallier, *JCl. Procédures civiles*, Fasc. 105. • Y. Desdevises et J.-M. Le Masson, *JCl. Procédures civiles*, Fasc. 117. • R. Martin, *JCl. Procédures civiles*, Fasc. 137.

Code de procédure civile
(L. n° 2007-1787, 20 déc. 2007)

Art. 582. – La tierce opposition tend à faire rétracter ou réformer un jugement au profit du tiers qui l'attaque.

Elle remet en question relativement à son auteur les points jugés qu'elle critique, pour qu'il soit à nouveau statué en fait et en droit.

Art. 583 *(Mod., D. n° 81-500, 12 mai 1981)*. **– Est recevable à former tierce opposition toute personne qui y a intérêt, à la condition qu'elle n'ait été ni partie ni représentée au jugement qu'elle attaque.**

Les créanciers et autres ayants cause d'une partie peuvent toutefois former tierce opposition au jugement rendu en fraude de leurs droits ou s'ils invoquent des moyens qui leur sont propres.

En matière gracieuse, la tierce opposition n'est ouverte qu'aux tiers auxquels la décision n'a pas été notifiée ; elle l'est également contre les jugements rendus en dernier ressort même si la décision leur a été notifiée.

Voir : Tierce opposition à une décision prononçant la nullité de la société, D. n° 78-704, 3 juill. 1978, art. 16, p. 158 et C. com., art. R. 235-3, p. 695.

1) Irrecevabilité de la tierce opposition à une décision prononçant le retrait d'un associé de société civile. Un litige relatif au retrait de trois associés d'une société civile n'est pas un litige entre associés mais un litige entre la société et les associés ; par suite, des associés non retrayants, demandeurs à la tierce opposition, n'ont pas d'intérêt à agir dans la mesure où ils sont réputés avoir été représentés à l'instance par la société ayant agi régulièrement par l'intermédiaire de son gérant : ▪ Cass. 3e civ., 29 mars 2000 : *Rev. sociétés* 2000, p. 304, note B. Saintourens ; *RJDA* août-sept. 2000, n° 88.

2) Recevabilité de la tierce opposition à une décision prononcée à l'encontre d'une société créée de fait. La société créée de fait étant dépourvue de la personnalité juridique, et ne représentant pas en conséquence son associé de fait, celui-ci, n'ayant été ni partie ni représenté au jugement *[décision d'extension de la liquidation judiciaire à la société créée de fait]*, ne peut agir que par la voie de la tierce opposition : ▪ Cass. com., 11 févr. 2004 : *Bull. civ.* IV, n° 31, p. 29 ; *JCP* E 2005, 623, note D. Gibirila.

3) Irrecevabilité de la tierce opposition exercée par les membres d'un GIE. Bien que les membres d'un GIE n'aient pas la qualité de parties au jugement auquel le GIE est partie, ce qui leur interdit de se prévaloir des dispositions de l'article 478 du CPC concernant le défaut de notification des jugements, les membres du GIE n'en sont pas moins valablement représentés aux instances dans lesquelles le GIE est engagé, de sorte qu'ils sont irrecevables à former tierce opposition : ▪ Cass. 2e civ., 9 juill. 2009, n° 08-16.153 : *BJS* 2010, p. 150, note O. Staes.

4) Irrecevabilité de la tierce opposition à une décision prononcée contre une société dissoute. Une société dissoute ayant été régulièrement assignée en la personne de son gérant devenu son liquidateur, les associés qui ont été représentés à l'instance par ce représentant légal sont irrecevables, en l'absence de collusion frauduleuse entre le représentant et le demandeur, à former tierce opposition au jugement réputé contradictoire en raison de la non-comparution de la société : ▪ Cass. com., 23 mai 2006, n° 04-20.149 : *JurisData* n° 2006-033729 ; *BJS* 2006, p. 1173, note J.-J. Barbièri ; *D.* 2006, p. 1742, obs. A. Lienhard ; *JCP* E 2006, 2038.

5) **Recevabilité de la tierce opposition à une décision ayant condamné au paiement une société à risque illimité.** Le droit effectif au juge implique que l'associé d'une société civile poursuivi en paiement de dettes sociales, dont il répond indéfiniment à proportion de sa part dans le capital social, soit recevable à former tierce opposition à l'encontre de la décision condamnant la société au paiement, dès lors que cet associé invoque des moyens que la société n'a pas soutenus : ▪ Cass. 3e civ., 6 oct. 2010, n° 08-20.959, PB : *BJS* 2011, p. 120, note F.-X. Lucas ; *D.* 2010, p. 2361, obs. A. Lienhard ; *JCP* E 2010, 1993, n° 4, obs. Fl. Deboissy et G. Wicker et 2026, note S. Reifergerste.

6) **Recevabilité de la tierce opposition à une décision prononçant la liquidation judiciaire d'une société à risque illimité.**

a) **Associé de SCI.** Jugé sous le droit antérieur à la réforme du 26 juillet 2005, que le droit effectif au juge *[CEDH, art. 6-1]* implique que l'associé d'une SCI, qui répond indéfiniment des dettes sociales à proportion de sa part dans le capital social, soit recevable à former tierce opposition à l'encontre du jugement ouvrant la liquidation judiciaire de la société : ▪ Cass. com., 19 déc. 2006, n° 05-14.816, PBIR : *Bull. civ.* IV, n° 254 ; *BJS* 2007, p. 467, note P. Cagnoli et J. Vallansan ; *D.* 2007, p. 157, obs. A. Lienhard ; *Dr. sociétés* févr. 2007, n° 22, obs. H. Lécuyer et n° 24, obs. F.-X. Lucas ; *JCP* E 2007, 1186, note D. Cholet et 1877, n° 9, obs. J.-J. Caussain, Fl. Deboissy et G. Wicker ; *Rev. sociétés* 2007, p. 401, note Th. Bonneau ; *Rev. proc. coll.* 2007, p. 169, obs. Ch. Lebel. – *Adde*, I. Orsini, *L'associé de la société civile et le droit au juge* : *D.* 2007, p. 1321. – V. égal., ▪ Cass. com., 26 mai 2010, n° 09-14.241 : *D.* 2010, p. 1415 ; *BJS* 2010, p. 839, note O. Staes ; *Dr. sociétés* 2010, n° 158, obs. H. Hovasse ; *JCP* E 2010, 1861, note R. Perrot. – V. dans le même sens pour une extension de procédure prononcée en 2008 : ▪ Cass. com., 22 nov. 2011, n° 10-23.088 : *BJS* 2012, p. 153, note R. Mortier.

b) **Dirigeant social.** La cessation des paiements fixée dans le jugement d'ouverture de la procédure collective d'une personne morale ou dans un jugement de report étant opposable à son dirigeant, celui-ci, ayant un intérêt personnel à critiquer cette date, est recevable à former une tierce opposition dès lors qu'il la conteste à titre personnel, peu important que sa démission ait ou non été publiée : ▪ Cass. com., 5 sept. 2018, n° 17-15.395 : *BJS* 2018, p. 707, note K. Luciano.

7) **Tierce opposition des créanciers au jugement d'ouverture d'une procédure d'insolvabilité.** Voir sous Règl. (CE) n° 1346/2000, 29 mai 2000, relatif aux procédures d'insolvabilité, p. 2277.

8) **Représentant légal démissionnaire.** Malgré le défaut d'accomplissement des formalités de publicité, le représentant légal [président de SAS] démissionnaire d'une société a la qualité de tiers aux instances introduites ultérieurement : ▪ Cass. com., 12 mai 2015, n° 14-12.483, PB : *BJS* 2015, p. 431, note P.-L. Perrin et T. Dupont-Sentilles ; *Rev. sociétés* 2015, p. 594, note A. Reygrobellet.

8.1.7. – Constitution d'avocat et conclusions

Art. 960 ***(Mod., D. n° 2012-634, 3 mai 2012).*** **– La constitution d'avocat par l'intimé ou par toute personne qui devient partie en cours d'instance est dénoncée aux autres parties par notification entre avocats.**

Cet acte indique :

a) **Si la partie est une personne physique, ses nom, prénoms, profession, domicile nationalité, date et lieu de naissance ;**

b) **S'il s'agit d'une personne morale, sa forme, sa dénomination, son siège social et l'organe qui la représente légalement.**

Art. 961 ***(Mod., D. n° 2012-634, 3 mai 2012 ; D. n° 2017-891, 6 mai 2017).*** **– Les conclusions des parties sont signées par leur avocat et notifiées dans la forme des notifications entre avocats. Elles ne sont pas recevables tant que les indications mentionnées à l'alinéa 2 de l'article précédent n'ont pas été fournies. Cette fin de non-recevoir peut être régularisée jusqu'au jour du prononcé de la clôture ou, en l'absence de mise en état, jusqu'à l'ouverture des débats.**

La communication des pièces produites est valablement attestée par la signature de l'avocat destinataire apposée sur le bordereau établi par l'avocat qui procède à la communication.

Conclusions d'appel mentionnant un siège social fictif. L'irrecevabilité des conclusions d'appel d'une société qui mentionnent un siège social fictif n'est pas subordonnée à la justification d'un grief causé par cette irrégularité : ▪ Cass. 2e civ., 24 sept. 2015, n° 14-23.169 : *BJS* 2015, p. 560, note E. Putman.

8.2. – COMPÉTENCE JURIDICTIONNELLE

8.2.1. – Compétence des tribunaux de commerce

Code de commerce

Partie législative

Art. L. 721-2 *(Ord. n° 2006-673, 8 juin 2006).* **– Dans les circonscriptions où il n'est pas établi de tribunal de commerce, le tribunal de grande instance connaît des matières attribuées aux tribunaux de commerce.**

Art. L. 721-3 *(COJ, anc. art. L. 411-4 recodifié, Ord. n° 2006-673, 8 juin 2006).* **– Les tribunaux de commerce connaissent :**

1° Des contestations relatives aux engagements entre commerçants, *(Mots aj. à compter d'une date fixée par décret et au plus tard le 1er janvier 2022, L. n° 2016-1547, 18 nov. 2016)* **« entre artisans, » entre établissements de crédit** *(Mots aj. à compter du 1er janvier 2014, Ord. n° 2013-544, 27 juin 2013)* **« , entre sociétés de financement ou entre eux » ;**

2° De celles relatives aux sociétés commerciales ;

3° De celles relatives aux actes de commerce entre toutes personnes.

Toutefois, les parties peuvent, au moment où elles contractent, convenir de soumettre à l'arbitrage les contestations ci-dessus énumérées.

Bibliographie : Th. Massart, *La commercialité de la cession des droits sociaux d'une société commerciale* : *BJS* 2008, p. 366.

1) Personnes morales commerçantes. La juridiction commerciale est compétente, nonobstant la nature civile du contrat qui unissait les parties, dès lors que le litige oppose deux personnes morales ayant la qualité de commerçante à l'occasion de l'exercice de leur activité statutaire : ▪ Cass. com., 10 mars 1998 : *Bull. civ.* IV, n° 101 ; *BJS* 1998, p. 665, note J.-J. Daigre. – Par exception, les actes conclus entre une SARL et une SA ayant pour objet l'édification d'un immeuble destiné à l'exploitation directe sont des actes civils qui relèvent de la compétence du tribunal de grande instance : ▪ CA Rouen, 25 nov. 1993 : *BRDA* 2/1994, p. 4.

2) Associé d'une société commerciale. Relève de la compétence des juridictions commerciales le litige portant sur la nullité de la cession de parts intervenue entre deux associés personnes physiques d'une société commerciale, peu important que ses associés n'aient pas la qualité de commerçant et que la cession soit un acte de nature civile : ▪ CA Paris, 25 sept. 2018, n° 18/04571 : *BJS* 2019, p. 34, note O. Staes.

3) Relève de la compétence des juridictions commerciales un litige portant tant sur des **prises de participations majoritaires dans les sociétés de divers groupes**, que sur l'organisation ou la gestion de ceux-ci et des sociétés en cause : ▪ Cass. com., 14 déc. 2004 : *BJS* 2005, p. 728, note F. Fages et C. Vexliard ; *D.* 2005, p. 146, obs. A. Lienhard ; *Dr. sociétés* 2005, n° 31, obs. H. Hovasse ; *JCP* E 2005, 163.

4) Validité de la clause compromissoire figurant dans une cession de contrôle. La convention ayant pour objet principal une promesse de cession de contrôle constitue un acte commercial au sens de l'article 721-3-3° qui entre dans les prévisions de l'article 2061 du Code civil, de sorte que doit recevoir application la clause compromissoire qui y est stipulée : ▪ Cass. 1re civ., 22 oct. 2014, n° 13-11.568, PBI : *D.* 2015, p. 56, note B. Dondero ; *Dr. sociétés* 2015, n° 3, obs. R. Mortier.

5) Participation au développement du capital. Relève de la compétence des juridictions commerciales le litige entre les associés d'une société relatif au nombre d'actions de cette société devant être attribuées à l'un d'eux en l'exécution de conventions conclues entre la société et ces divers associés et portant sur l'engagement de l'un d'eux de souscrire à des augmentations de capital successives : ▪ Cass. com., 14 févr. 2006, n° 03-19.823 : *JCP* E 2007, 1390, note J.-P. Legros ; *Rev. sociétés* 2006, p. 787, note B. Saintourens.

6) Acquisition de la qualité d'associé. Relève des prévisions de l'article L. 411-4 du

Code de l'organisation judiciaire *[C. com., art. L. 721-3]* le litige qui, ayant pour objet l'existence même de la qualité d'associé, a trait au pacte social ; en conséquence le tribunal de commerce est compétent s'agissant de la contestation de l'exécution d'une **promesse de cession d'actions**, laquelle était de nature à faire perdre ou acquérir la qualité d'associé : ▪ CA Versailles, 13 mai 2004 : *JCP* E 2005, 33, note J.-P. Legros ; *Rev. sociétés* 2004, p. 731, obs. I. Urbain-Parléani.

7) Dispositions accessoires à des cessions.

a) **Clause de non-concurrence.** Le litige portant sur la clause de non-concurrence souscrite par les cédants dans la convention de cession d'actions, étant né à l'occasion d'une cession de titres de société commerciale, relève de la compétence du tribunal de commerce : ▪ Cass. com., 10 juill. 2007, n° 06-16.548, PBI : *D.* 2007, p. 2042, obs. A. Lienhard ; *BJS* 2007, p. 1242, note D. Poracchia ; *D.* 2008, p. 518, note Thevenet-Montfrond ; *Dr. sociétés* 2007, n° 179, obs. H. Hovasse ; *Rev. sociétés* 2007, p. 793, note B. Saintourens.

b) **Cession de compte courant.** Le litige relatif à la cession de créance en compte courant incluse dans l'acte de cession des actions, étant née à l'occasion de la cession des titres d'une société commerciale, ressortit à la compétence du tribunal de commerce : ▪ Cass. com., 12 févr. 2008, n° 07-14.912 (PB) : *D.* 2008, p. 612, obs. A. Lienhard ; *Dr. sociétés* avr. 2008, n° 78, obs. H. Hovasse ; *BJS* 2008, p. 485, note J.-F. Barbièri.

c) **Contrat de conseil financier.** Le litige relatif aux honoraires d'une prestation de conseil financier préparatoire à une cession de contrôle, cette prestation étant exclusivement affectée à la réalisation de la cession qui en constitue la cause, relève comme cette convention de la compétence de la juridiction commerciale : ▪ Cass. com., 15 janv. 2008, n° 07-12.102 : *BJS* 2008, p. 386, note D. Vidal.

d) **Garantie de passif.** Le litige relatif à l'application d'une clause de garantie de passif et de l'actif étant né à l'occasion de la cession des titres de la société, dont la clause est une stipulation, relève de ce fait de la compétence commerciale dès lors que la cession de parts a opéré le transfert du contrôle de la société : ▪ CA Douai, 31 mars 2010 : *JurisData* n° 018202 ; *Dr. sociétés* 2010,1, n° 2, obs. M.-L. Coquelet.

8) Action en responsabilité contre un dirigeant.

a) **Faute de gestion.** Pour déterminer si les juridictions commerciales sont compétentes pour statuer sur l'action en responsabilité intentée contre un dirigeant social, il convient de rechercher si les faits allégués se rattachent par un lien direct à la gestion d'une société commerciale, peu important que le dirigeant n'ait pas la qualité de commerçant non plus que celle de dirigeant de droit de cette société : ▪ Cass. com., 27 oct. 2009, n° 08-20.384, PBIR : *BJS* 2010, p. 118, note S. Messaï-Bahri ; *D.* 2009, p. 2679, obs. X. Delpech et 2010, p. 296, note B. Dondero ; *JCP* E 2010, 1017, note J.-P. Legros ; *Rev. sociétés* 2010, p. 30, note B. Saintourens. – Le tribunal de commerce est compétent pour une action en responsabilité relative au manquement commis par le dirigeant d'une société commerciale à l'occasion de l'exécution d'un contrat se rattachant par un lien direct à la gestion de celui-ci, peu important que le gérant n'ait pas la qualité de commerçant ou n'ait pas accompli d'actes de commerce : ▪ Cass. com., 14 nov. 2018, n° 16-26.115, *PBI* : *BJS* 2019, p. 17, note A. Reygrobellet ; *JCP* E 2019, 1145, n° 5, note R. Raffray et 1632, note D. Houtcieff ; *JCP* G 2019, 45, note C. Lebel ; *Dr. sociétés* 2019, n° 23, obs. C. Coupet.

b) **Liquidation amiable fautive.** Est de la compétence de la juridiction commerciale, et non du tribunal administratif, l'action en responsabilité dirigée contre le liquidateur amiable d'une société pour avoir ignoré, dans les opérations de liquidation, une créance relative à l'exécution d'un marché de travaux publics : ▪ Cass. com., 29 sept. 2009, n° 08-18.192 : *Rev. sociétés* 2010, p. 34, note J.-F. Barbièri. – Le tribunal de commerce est compétent pour une action en responsabilité dirigée contre le liquidateur, lequel agit dans l'intérêt social et réalise des opérations se rattachant directement à la gestion de la société commerciale : ▪ Cass. com., 14 nov. 2018, n° 16-26.115, *PBI* : *BJS* 2019, p. 17, note A. Reygrobellet ; *JCP* E 2019, 1145, n° 5, note R. Raffray et 1632, note D. Houtcieff ; *JCP* G 2019, 45, note C. Lebel ; *Dr. sociétés* 2019, n° 23, obs. C. Coupet.

9) Expertise *in futurum*. Relève de la compétence du tribunal de commerce la demande tendant à voir ordonner une expertise *in futurum* dirigée contre une société d'expertise comptable, société constituée sous la forme d'une SARL et non d'une SEL, et par ailleurs commissaire aux comptes de la société demanderesse : ▪ Cass. com., 29 sept. 2009, n° 08-17.025 : *BJS* 2010, p. 32, note L. Godon.

10) Pacte d'actionnaires.

a) **Litige relatif à une société commerciale.** Le litige relatif à un pacte d'associés prévoyant la souscription d'actions d'une société commerciale relève du tribunal de commerce, peu important l'absence de qualité de commerçant des personnes physiques signataires du pacte : ▪ CA Paris, 6 nov. 2018, n° 18/05751 : *BJS* avr. 2019, p. 30, note O. Staes.

b) **Pacte conclu par un actionnaire salarié.** V. sous C. civ., art. 1835, annot. n° 26, p. 33.

11) Stock-options. V. sous C. com., art. L. 225-177, annot. n° 5, p. 354.

12) GIE à objet commercial. Peut être attrait devant le tribunal de commerce le GIE que ses statuts autorisent à effectuer toutes opérations commerciales se rattachant directement ou indirectement à la réalisation de son objet, de sorte que ce groupement effectue des actes de commerce et que son objet présente un caractère commercial : ▪ Cass. com., 15 juin 2010, n° 09-15.130.

13) Exécution de l'étranger d'une commission rogatoire. En ce qu'elle n'entre pas dans le champ de compétence défini par l'article L. 721-3, l'exécution d'une commission rogatoire de l'étranger à l'occasion d'une demande d'obtention de preuve par application de la Convention de la Haye du 18 mars 1970 relève de la compétence du TGI quand bien même le litige oppose deux sociétés commerciales : ▪ Cass., avis, 18 mars 2013, n° 1270020 : *BJS* 2013, p. 354, note D. Cholet.

Art. L. 721-5 ***(COJ, anc. art. L. 411-6 recodifié, Ord. n° 2006-673, 8 juin 2006).*** **– Par dérogation au 2° de l'article L. 721-3 et sous réserve des compétences des juridictions disciplinaires et nonobstant toute disposition contraire, les tribunaux civils sont seuls compétents pour connaître des actions en justice dans lesquelles l'une des parties est une société constituée conformément à la loi n° 90-1258 du 31 décembre 1990 relative à l'exercice sous forme de sociétés des professions libérales soumises à un statut législatif ou réglementaire ou dont le titre est protégé, ainsi que des contestations survenant entre associés d'une telle société.**

Néanmoins, les associés peuvent convenir, dans les statuts, de soumettre à des arbitres les contestations qui surviendraient entre eux pour raison de leur société.

Voir : Sociétés d'exercice libéral, L. n° 90-1258, 31 déc. 1990, p. 2847.

Bibliographie : J.-J. Daigre, *Objet passe forme : de la nature civile des SEL* : *JCP* E 1998, p. 213.

1) Professions soumises impérativement au régime des SEL.

a) Viole la loi *[C. com., art. 631-1, devenu L. 721-5]*, l'arrêt qui, s'agissant d'une SA de **conseils juridiques**, puis d'**avocats**, retient la compétence d'attribution du tribunal de commerce au motif que, la société étant une société anonyme, sa forme détermine sa nature commerciale lors même que son activité est par nature civile : ▪ Cass. 2e civ., 6 mai 1997 : *BJS* 1997, p. 991, note J.-J. Daigre ; *JCP* E 1997, 983, note Th. Bonneau. – *Contra*, ▪ CA Paris, 1re ch. A, 8 oct. 1996 : *BJS* 1997, note J.-J. Daigre, selon lequel une **société d'avocats** constituée antérieurement à la loi du 31 décembre 1990 et ne justifiant pas s'être mise en conformité avec les dispositions de ce texte, ne peut se prévaloir des dispositions de l'article 631-1 du Code de commerce *[C. com., art. L. 721-5]*, peu important que son objet soit civil.

b) Sur la compétence des juridictions civiles pour ouvrir une **procédure collective** à l'encontre d'une société anonyme d'exercice libéral d'**avocats** : ▪ CA Paris, 6 juill. 1994 : *JCP* E 1994, II, 598, note J.-J. Daigre ; infirmant (▪ T. com. Paris, 22 mars 1994 : *BJS* 1994, p. 673, note M. Jeantin ; *D.* 1994, 288, note F. Derrida).

2) Professions bénéficiant d'une option entre le régime des SEL et le régime des sociétés commerciales.

a) Une société constituée par des **experts-comptables** sous la forme d'une SARL, non régie par la loi du 31 décembre 1990 relative aux SEL et n'ayant pas modifié ses statuts pour se transformer en SEL, relève de la compétence du tribunal de commerce : ▪ Cass. com., 16 nov. 2004 : *BJS* 2005, p. 226, note J.-J. Daigre ; *Rev. sociétés* 2005, p. 389, note J.-P. Sortais. – *Contra*, ▪ CA Chambéry, 2 juill. 2002 : *JCP* E 2003, 647, selon lequel la loi attribue compétence à la juridiction civile à l'occasion de tout litige dans lequel est partie une société d'exercice de profession libérale soumise à un statut législatif ou réglementaire ou dont le titre est protégé, même si cette société exerce sous la forme d'une société commerciale ; en conséquence le fait qu'une société d'**experts-comptables** n'ait pas fait précéder sa dénomination de la mention SELAFA au lieu de SA est sans incidence.

b) V. ▪ CA Paris, 1re ch. D, 9 mai 2001 : *BJS* 2001, p. 1170, note J.-J. Daigre, retenant la compétence des juridictions civiles pour une SARL d'**architectes**.

8.2.2. – Conventions d'arbitrage

Code de procédure civile

(L. n° 2007-1787, 20 déc. 2007)

Bibliographie : E. Gaillard, *Le nouveau droit français de l'arbitrage interne et international : clause compromissoire application au dirigeant de la personne morale associée* : *D.* 2011, p. 175 • G. Notté, *Réforme de l'arbitrage* : *JCP* E 2011, act. 26. • E. Scholastique, *Arbitrage et droit des sociétés* : *Dr. et patrimoine* juin 2002, p. 52.

Art. 1442 *(D. n° 81-500, 12 mai 1981 ; rempl., D. n° 2011-48, 13 janv. 2011)*. **– La convention d'arbitrage prend la forme d'une clause compromissoire ou d'un compromis.**

La clause compromissoire est la convention par laquelle les parties à un ou plusieurs contrats s'engagent à soumettre à l'arbitrage les litiges qui pourraient naître relativement à ce ou à ces contrats.

Le compromis est la convention par laquelle les parties à un litige né soumettent celui-ci à l'arbitrage.

Bibliographie : F. Fages, *L'application dans le temps du nouveau régime de la clause compromissoire : JCP* G 2004, p. 189. • F. Fages et L. Jaeger, *Les nouveaux domaines de la clause compromissoire en droit des sociétés : BJS* 2001, p. 772. • Ph. Fouchard, *La laborieuse réforme de la clause compromissoire par la loi du 15 mai 2001 : Rev. arb.* 2001, p. 397. • C. Jarrosson, *Le nouvel essor de la clause compromissoire de la loi du 15 mai 2001 : JCP* N 2002, p. 98. • Th. Le Bars, *L'application rétroactive de l'article 2061 du Code civil relatif aux clauses compromissoires : JCP* G 2004, p. 1186. • Ph. Marini et F. Fages, *La réforme de la clause compromissoire : D.* 2001, p. 2658. • A. Mourre, *L'impact de la réforme de la clause compromissoire sur les litiges relatifs aux sociétés : Gaz. Pal.* 18 déc. 2002, doctr. p. 22. • M.-C. Rivier, *La réforme de la clause compromissoire : LPA* 2 oct. 2003, p. 26. • J.-A. Robert, R. Castel et N. Dejean de La Batie, *Loi NRE : premières réactions sur la modification du régime des clauses compromissoires : Dr. et patrimoine* 7/2001, p. 19.

Code civil

Art. 2061 *(Abr., L. 22 juill. 1867 ; rétabli, L. n° 72-626, 5 juill. 1972 ; rempl., L. n° 2001-420, 15 mai 2001 ; L. n° 2016-1547, 18 nov. 2016)*. **–** La clause compromissoire doit avoir été acceptée par la partie à laquelle on l'oppose, à moins que celle-ci n'ait succédé aux droits et obligations de la partie qui l'a initialement acceptée.

Lorsque l'une des parties n'a pas contracté dans le cadre de son activité professionnelle, la clause ne peut lui être opposée.

Sous réserve des dispositions législatives particulières, la clause compromissoire est valable dans les contrats conclus à raison d'une activité professionnelle.

Bibliographie : I. Gallmeister, *De la validité de la clause compromissoire contenue dans un acte mixte : LPA* 29 oct. 2004, p. 12. • V.-L. Meiller, *L'application dans le temps de l'article 2061 du Code civil : Gaz. Pal.* 28 avr. 2005, p. 11.

1) Opposabilité à l'associé de la clause compromissoire insérée dans les statuts. *a)* **Principe.** La clause compromissoire insérée dans les statuts, même en cours de vie sociale, est opposable à tous les actionnaires, y compris à ceux qui ont émis un vote défavorable à son adoption : ▪ CA Douai, 24 avr. 2010 : *JurisData* n° 2010-018075 ; *Dr. sociétés* 2011, n° 10, obs. M. Roussille. – En conséquence, le litige initié par un actionnaire en vue d'obtenir l'annulation de la décision collective ayant décidé de l'insertion de la clause compromissoire relève, non du tribunal de commerce, mais du tribunal arbitral à qui il appartient de statuer sur sa propre compétence : ▪ CA Douai, 28 avr. 2010, n° 09-8863.

b) **Application à l'associé de fait.** La clause compromissoire est opposable à l'associé de fait dont il ne pouvait ignorer la teneur et qu'il avait implicitement acceptée compte tenu de son immixtion dans le fonctionnement de la société : ▪ Cass. com., 6 oct. 2010, n° 08-20.563, PBI : *JCP* E 2011, 1031, note A. Couret et B. Dondero.

2) Application de la clause compromissoire au dirigeant de la personne morale associée. Les dispositions des statuts et du règlement intérieur de la société *[société coopérative de commerçants détaillants]* étant opposable aux personnes physiques dirigeant des personnes morales membres du groupement, leur est applicable la clause compromissoire stipulée dans le règlement intérieur : ▪ Cass. 1re civ., 20 sept. 2006, n° 05-10.781 : *D.* 2006, inf. rap. p. 2343. – Le règlement intérieur de la société stipulant que la personnalité et l'activité d'une société, personne morale, se confondent avec la personnalité et l'activité de celui ou de ceux qui la contrôlent, directement ou indirectement, et la dirigent, le dirigeant d'une société adhérente de la première se trouve nécessairement avoir adhéré à titre personnel à ce règlement et accepté d'être lié par les clauses des statuts, particulièrement la clause d'arbitrage et celle relative au droit de préemption : ▪ Cass. 1re civ., 22 oct. 2008, n° 07-18.744 : *BJS* 2009, p. 360, note P. Le Cannu. – V. pour l'application au dirigeant, composant par ailleurs à lui-seul un groupe identifié d'associés, de la clause compromissoire stipulée dans les statuts, ▪ CA Paris, 7 oct. 2014, n° 14/08056 : *Dr. sociétés* 2014, n° 187, note M. Roussille.

3) Opposabilité de la clause compromissoire à la société bénéficiaire de la garantie de passif. La clause d'arbitrage stipulée dans le contrat instituant une garantie de passif s'impose à la société qui bénéficie de la garantie au titre d'une stipulation pour autrui : ▪ Cass. 1re civ., 11 janv. 2006, n° 03-11.983 : *JCP* E 2749, note C. Legros.

4) Validité de la clause compromissoire figurant dans une cession de contrôle. V. sous C. com., art. 721-3, annot. n° 3.

Art. 1443 *(D. n° 81-500, 12 mai 1981 ; rempl., D. n° 2011-48, 13 janv. 2011).* **– À peine de nullité, la convention d'arbitrage est écrite. Elle peut résulter d'un échange d'écrits ou d'un document auquel il est fait référence dans la convention principale.**

Art. 1444 *(D. n° 81-500, 12 mai 1981 ; rempl., D. n° 2011-48, 13 janv. 2011).* **– La convention d'arbitrage désigne, le cas échéant par référence à un règlement d'arbitrage, le ou les arbitres, ou prévoit les modalités de leur désignation. À défaut, il est procédé conformément aux dispositions des articles 1451 à 1454.**

Art. 1445 *(D. n° 81-500, 12 mai 1981 ; rempl., D. n° 2011-48, 13 janv. 2011).* **– À peine de nullité, le compromis détermine l'objet du litige.**

Art. 1446 *(D. n° 81-500, 12 mai 1981 ; rempl., D. n° 2011-48, 13 janv. 2011).* **– Les parties peuvent compromettre même au cours d'une instance déjà engagée devant une juridiction.**

Art. 1447 *(D. n° 81-500, 12 mai 1981 ; rempl., D. n° 2011-48, 13 janv. 2011).* **– La convention d'arbitrage est indépendante du contrat auquel elle se rapporte. Elle n'est pas affectée par l'inefficacité de celui-ci.**

Lorsqu'elle est nulle, la clause compromissoire est réputée non écrite.

Art. 1448 *(D. n° 81-500, 12 mai 1981 ; rempl., D. n° 2011-48, 13 janv. 2011).* **– Lorsqu'un litige relevant d'une convention d'arbitrage est porté devant une juridiction de l'État, celle-ci se déclare incompétente sauf si le tribunal arbitral n'est pas encore saisi et si la convention d'arbitrage est manifestement nulle ou manifestement inapplicable.**

La juridiction de l'État ne peut relever d'office son incompétence.

Toute stipulation contraire au présent article est réputée non écrite.

Principe de compétence. Seules la nullité ou l'inapplicabilité manifeste de la clause d'arbitrage sont de nature à faire obstacle à la compétence prioritaire de l'arbitre pour statuer sur l'existence, la validité et l'étendue de la convention d'arbitrage ; doit donc être cassé pour violation des articles 1458 et 1466 l'arrêt qui déclare irrecevable la demande en désignation d'un arbitre par application de la clause compromissoire contenue dans une garantie de passif au motif que la convention était devenue caduque faute de mise en jeu de la garantie avant le terme stipulé : ▪ Cass. 2e civ., 8 avr. 2004 : *BJS* 2004, p. 1242, note N. Rontchevsky.

Art. 1449 *(D. n° 81-500, 12 mai 1981 ; rempl., D. n° 2011-48, 13 janv. 2011).* **– L'existence d'une convention d'arbitrage ne fait pas obstacle, tant que le tribunal arbitral n'est pas constitué, à ce qu'une partie saisisse une juridiction de l'État aux fins d'obtenir une mesure d'instruction ou une mesure provisoire ou conservatoire.**

Sous réserve des dispositions régissant les saisies conservatoires et les sûretés judiciaires, la demande est portée devant le président du tribunal de grande instance ou de commerce, qui statue sur les mesures d'instruction dans les conditions prévues à l'article 145 et, en cas d'urgence, sur les mesures provisoires ou conservatoires sollicitées par les parties à la convention d'arbitrage.

Art. 1450 *(D. n° 81-500, 12 mai 1981 ; rempl., D. n° 2011-48, 13 janv. 2011).* **– La mission d'arbitre ne peut être exercée que par une personne physique jouissant du plein exercice de ses droits.**

Si la convention d'arbitrage désigne une personne morale, celle-ci ne dispose que du pouvoir d'organiser l'arbitrage.

8.3. – VOIES D'EXÉCUTION SUR LES DROITS D'ASSOCIÉ ET LES VALEURS MOBILIÈRES

Code des procédures civiles d'exécution

(Ord. n° 2011-1895, 19 déc. 2011)

Partie législative

8.3.1. – Dispositions générales : les biens saisissables

Code des procédures civiles d'exécution

(Ord. n° 2011-1895, 19 déc. 2011)

Partie législative

Art. L. 112-1. – Les saisies peuvent porter sur tous les biens appartenant au débiteur alors même qu'ils seraient détenus par des tiers.

Elles peuvent également porter sur les créances conditionnelles, à terme ou à exécution successive. Les modalités propres à ces obligations s'imposent au créancier saisissant.

Art. L. 112-2. – Ne peuvent être saisis :

1° Les biens que la loi déclare insaisissables ;

2° Les biens que la loi rend incessibles à moins qu'il n'en soit disposé autrement ;

3° Les provisions, sommes et pensions à caractère alimentaire, sauf pour le paiement des aliments déjà fournis par le saisissant à la partie saisie ;

4° Les biens disponibles déclarés insaisissables par le testateur ou le donateur, sauf autorisation du juge, et, pour la portion qu'il détermine, par les créanciers postérieurs à l'acte de donation ou à l'ouverture du legs ;

5° Les biens mobiliers nécessaires à la vie et au travail du saisi et de sa famille, si ce n'est pour paiement de leur prix, dans les limites fixées par décret en Conseil d'État et sous réserve des dispositions du 6°. Ils deviennent cependant saisissables s'ils se trouvent dans un lieu autre que celui où le saisi demeure ou travaille habituellement, s'ils sont des biens de valeur, en raison notamment de leur importance, de leur matière, de leur rareté, de leur ancienneté ou de leur caractère luxueux, s'ils perdent leur caractère de nécessité en raison de leur quantité ou s'ils constituent des éléments corporels d'un fonds de commerce ;

6° Les biens mobiliers mentionnés au 5°, même pour paiement de leur prix, lorsqu'ils sont la propriété des bénéficiaires de prestations d'aide sociale à l'enfance prévues aux articles L. 222-1 à L. 222-7 du Code de l'action sociale et des familles ;

7° Les objets indispensables aux personnes handicapées ou destinés aux soins des personnes malades.

8.3.2. – Dispositions spécifiques aux mesures d'exécution forcées : la saisie des droits incorporels

Code des procédures civiles d'exécution

(Ord. n° 2011-1895, 19 déc. 2011)

Partie législative

Art. L. 231-1. – Tout créancier muni d'un titre exécutoire constatant une créance liquide et exigible peut faire procéder à la saisie et à la vente des droits incorporels, autres que les créances de sommes d'argent, dont son débiteur est titulaire.

Art. L. 233-1. – Seuls sont admis à faire valoir leurs droits sur le prix de la vente les créanciers saisissants ou opposants qui se sont manifestés avant la vente.

8.3.3. – Dispositions spécifiques aux mesures conservatoires

Code des procédures civiles d'exécution

(Ord. n° 2011-1895, 19 déc. 2011)

Partie législative

Art. L. 521-1. – **La saisie conservatoire peut porter sur tous les biens mobiliers, corporels ou incorporels, appartenant au débiteur.**

Elle les rend indisponibles.

Sous réserve des dispositions de l'article L. 523-1, un bien peut faire l'objet de plusieurs saisies conservatoires.

Art. L. 522-1. – **Le créancier qui a obtenu ou possède un titre exécutoire constatant une créance liquide et exigible peut faire procéder à la vente des biens qui ont été rendus indisponibles jusqu'à concurrence du montant de sa créance.**

Art. L. 523-1. – **Lorsque la saisie porte sur une créance ayant pour objet une somme d'argent, l'acte de saisie la rend indisponible à concurrence du montant autorisé par le juge ou, lorsque cette autorisation n'est pas nécessaire, à concurrence du montant pour lequel la saisie est pratiquée. La saisie produit les effets d'une consignation prévus à l'article 2350 du Code civil.**

Art. L. 523-2. – **Si la saisie conservatoire porte sur une créance, le créancier, muni d'un titre exécutoire, peut en demander le paiement. Cette demande emporte attribution immédiate de la créance saisie jusqu'à concurrence du montant de la condamnation et des sommes dont le tiers saisi s'est reconnu ou a été déclaré débiteur.**

II. – Les sûretés judiciaires

Art. L. 531-1. – **Une sûreté judiciaire peut être constituée à titre conservatoire sur les immeubles, les fonds de commerce, les actions, parts sociales et valeurs mobilières.**

Art. L. 531-2. – **Les biens grevés d'une sûreté judiciaire demeurent aliénables. Le prix en est payé et distribué dans les conditions fixées par décret en Conseil d'État.**

Toutefois, en cas de vente de valeurs mobilières inscrites sur un compte tenu et géré par un intermédiaire habilité, le prix peut être utilisé pour acquérir d'autres valeurs qui sont alors subrogées aux valeurs vendues.

Art. L. 532-1. – **Les sûretés judiciaires sont opposables aux tiers du jour de l'accomplissement des formalités de publicité prescrites par décret en Conseil d'État.**

8.3.4. – La saisie des droits d'associés et des valeurs mobilières

Code des procédures civiles d'exécution

Partie réglementaire

(D. n° 2012-783, 30 mai 2012)

Bibliographie : D. Baraderie, *Le nantissement judiciaire des droits d'associés et des valeurs mobilières* : *Gaz. Pal.* 13 juill. 1993. • F.-J. Credot et Y. Gérard, *Aspects bancaires de la réforme des procédures civiles d'exécution* : *RD bancaire et bourse* 1993, p. 2. • H. Croze, *Le décret du 31 juillet 1992 instituant de nouvelles règles relatives aux procédures civiles d'exécution* : *JCP* E 1993, I, 202. • G. Dahan, *La saisie des droits incorporels, un fleuve pas toujours tranquille* : *Ann. loyers* 2001, p. 528. • J.-M. Delecci, *Secret bancaire et procédures civiles d'exécution* : *Gaz. Pal.* 27 juin 2004, doctr. p. 21. • P. Le Cannu, *Saisie des valeurs mobilières : vers des techniques autonomes ?* : *BJS* 1991, p. 779 ; *Adjudication et vente forcée des valeurs mobilières* : *BJS* 1993, p. 1218 ; *Les mesures conservatoires portant sur des droits d'associés ou des valeurs mobilières* : *BJS* 1993, p. 16 ; *Procédures civiles d'exécution, droit des sociétés et droit boursier*, in *La réforme des procédures civiles d'exécution* : *RTD civ.* 1993, n° spéc., p. 87 ; *La saisie des valeurs mobilières* : *LPA* 22 déc. 1999, p. 23. • E. Putman, *La saisie des droits d'associés et des valeurs mobilières* : *JCP* G 1993, p. 305. • Ph. Théry, *La saisie des valeurs mobilières et des droits d'associés* : *JCP* E 1993, I, 239. • S.-P. Thomasset, *La coexistence réussie du droit des sociétés et des nouvelles procédures civiles d'exécution* : *JCP* E 1995, p. 235.

Titre III – La saisie des droits incorporels

Chapitre Ier – Dispositions générales

Art. R. 231-1. – Sauf dispositions contraires, la saisie des droits incorporels est régie par le présent titre dans la mesure où leur spécificité n'y met pas obstacle.

CHAPITRE II. – LES OPÉRATIONS DE SAISIE

Art. R. 232-1 *(D. n° 2012-783, 30 mai 2012)*. **– Les droits d'associé et les valeurs mobilières dont le débiteur est titulaire sont saisis auprès de la société ou de la personne morale émettrice.**

1) Saisissabilité des parts sociales. L'article 39 du décret n° 92-755 du 31 juillet 1992 déclarant insaisissables les biens nécessaires au travail du saisi et de sa famille ne s'applique pas aux parts sociales : ▪ Cass. 2e civ., 2 déc. 2010, n° 09-17.495, PB.

2) Saisie des titres d'une société en liquidation judiciaire. La personnalité morale d'une société subsistant pour les besoins de sa liquidation, les parts ou actions des associés conservent, jusqu'à la clôture de celle-ci, leur caractère mobilier, et peuvent être cédées ; en conséquence, la saisie-arrêt des parts d'une SCI en cours de liquidation judiciaire est encore réalisable : ▪ Cass. com., 3 oct. 2006, n° 04-14.611 : *JurisData* n° 2006-035338 ; *Bull. civ.* IV, n° 203 ; *Rev. proc. coll.* 2007, p. 40, n° 3, obs. Ch. Lebel ; *Dr. sociétés* 2006, n° 178, note F.-X. Lucas ; *BJS* 2007, p. 237, note M.-N. Legrand.

Art. R. 232-2 *(D. n° 2012-783, 30 mai 2012)*. **– Les valeurs mobilières nominatives dont les comptes sont tenus par un mandataire de la société sont saisies auprès de ce mandataire.**

La société est tenue de faire connaître à l'huissier de justice le nom du mandataire chargé de la tenue de ses comptes.

Art. R. 232-3 *(D. n° 2012-783, 30 mai 2012)*. **– Les valeurs mobilières au porteur sont saisies auprès de l'intermédiaire habilité chez qui l'inscription a été prise.**

Si le titulaire de valeurs nominatives a chargé un intermédiaire habilité de gérer son compte, la saisie doit être opérée auprès de ce dernier.

Art. R. 232-4 *(D. n° 2012-783, 30 mai 2012)*. **– La saisie peut aussi être opérée auprès d'un intermédiaire habilité pour l'ensemble des valeurs mobilières inscrites en compte au nom du débiteur.**

Art. R. 232-5 *(D. n° 2012-783, 30 mai 2012)*. **– Le créancier procède à la saisie par la signification d'un acte qui contient, à peine de nullité :**

1° Les nom et domicile du débiteur ou, s'il s'agit d'une personne morale, sa dénomination et son siège social ;

2° L'indication du titre exécutoire en vertu duquel la saisie est pratiquée ;

3° Le décompte des sommes réclamées en principal, frais et intérêts échus, ainsi que l'indication du taux des intérêts ;

4° L'indication que la saisie rend indisponibles les droits pécuniaires attachés à l'intégralité des parts ou valeurs mobilières dont le débiteur est titulaire ;

5° La sommation de faire connaître l'existence d'éventuels nantissements ou saisies.

Art. R. 232-6 *(D. n° 2012-783, 30 mai 2012)*. **– Dans un délai de huit jours, à peine de caducité, la saisie est portée à la connaissance du débiteur par acte d'huissier de justice. Cet acte contient, à peine de nullité :**

1° Une copie du procès-verbal de saisie ;

2° En caractères très apparents, l'indication que les contestations doivent être soulevées, à peine d'irrecevabilité, dans le délai d'un mois qui suit la signification de l'acte avec la date à laquelle expire ce délai ;

3° La désignation du juge de l'exécution compétent, qui est celui du domicile du débiteur ;

4° En caractères très apparents, l'indication que le débiteur dispose d'un délai d'un mois pour procéder à la vente amiable des valeurs saisies dans les conditions prescrites, soit à l'article 187, soit, s'il s'agit de droits d'associés ou de valeurs mobilières non admises à la cote officielle ou à celle du second marché, aux articles 107 à 109 ;

5° Si la saisie porte sur des valeurs mobilières cotées, l'indication qu'il peut, en cas de vente forcée et jusqu'à la réalisation de celle-ci, faire connaître au tiers saisi l'ordre dans lequel elles devront être vendues ;

6° La reproduction des articles 107 à 109 et 187.

Art. R. 232-7 *(D. n° 2012-783, 30 mai 2012 ; mod., D. n° 2017-892, 6 mai 2017).* **– À peine d'irrecevabilité, la contestation est dénoncée le même jour ou, au plus tard, le premier jour ouvrable suivant, par lettre recommandée avec demande d'avis de réception, à l'huissier de justice qui a procédé à la saisie.**

L'auteur de la contestation en informe le tiers saisi par lettre simple.

Art. R. 232-8 *(D. n° 2012-783, 30 mai 2012).* **– L'acte de saisie rend indisponibles les droits pécuniaires du débiteur.**

Celui-ci peut en obtenir la mainlevée en consignant une somme suffisante pour désintéresser le créancier. Cette somme est spécialement affectée au profit du créancier saisissant.

Sort des bénéfices attachés aux parts saisies. Les bénéfices distribuables attachés aux droits sociaux saisis sont des droits pécuniaires du débiteur et sont donc rendus indisponibles par la saisie conservatoire pratiquée : ▪ Cass. 2e civ., 21 juin 2007, n° 06-13.386 (FS-P+B) : *JurisData* n° 2007-039636 ; *BJS* 2007, p. 1367, note J.-J. Daigre ; *RD bancaire et fin.* 2007, n° 191, obs. S. Piédelièvre ; *Defrénois* 2008, p. 423, obs. Ph. Théry. – Dans la même affaire, même solution : ▪ Cass. 2e civ., 21 oct. 2010, n° 09-69.687 : *Rev. sociétés* 2011, p. 356, note J.-F. Barbièri.

CHAPITRE III. – LES OPÉRATIONS DE VENTE

Section I. – Dispositions générales

Art. R. 233-1 *(Mod., D. n° 2005-1678, 28 déc. 2005 ; D. n° 2012-783, 30 mai 2012).* **– La vente forcée est effectuée à la demande du créancier sur la présentation d'un certificat délivré par le « greffe ou établi par l'huissier de justice qui a procédé à la saisie » attestant qu'aucune contestation n'a été formée dans le mois suivant la dénonciation de la saisie ou, le cas échéant, d'un jugement rejetant la contestation soulevée par le débiteur.**

Art. R. 233-2 *(D. n° 2012-783, 30 mai 2012).* **– En cas de pluralité de saisies, le produit de la vente est réparti entre les créanciers qui ont procédé à une saisie avant la vente.**

Toutefois, si une saisie conservatoire a été pratiquée avant la saisie qui a conduit à la vente, le créancier prend part à la distribution du prix mais les sommes qui lui reviennent sont consignées jusqu'à ce qu'il ait obtenu un titre exécutoire.

Section II. – Les modalités de la vente

Sous-section 1. – Les valeurs mobilières admises aux négociations sur un marché réglementé ou sur un système multilatéral de négociation

Art. R. 233-3 *(D. n° 2012-783, 30 mai 2012).* **– Le débiteur peut, dans le mois de la signification qui lui a été faite, donner l'ordre de vendre les valeurs mobilières saisies. Le produit de la vente est indisponible entre les mains de l'intermédiaire habilité pour être affecté spécialement au paiement du créancier.**

Si les sommes provenant de la vente suffisent à désintéresser le ou les créanciers, l'indisponibilité cesse pour le surplus des valeurs mobilières saisies.

Art. R. 233-4 *(D. n° 2012-783, 30 mai 2012).* **– Jusqu'à la réalisation de la vente forcée, le débiteur peut indiquer au tiers saisi l'ordre dans lequel les valeurs mobilières seront vendues. À défaut, aucune contestation n'est recevable sur leur choix.**

Sous-section 2. – Les droits d'associé et valeurs mobilières non admises aux négociations sur un marché réglementé ou sur un système multilatéral de négociation

Art. R. 233-5 *(D. n° 2012-783, 30 mai 2012).* **– À défaut de vente amiable comme il est dit aux articles 107 à 109, la vente est faite sous forme d'adjudication.**

Art. R. 233-6 *(D. n° 2012-783, 30 mai 2012)*. **– Le cahier des charges établi en vue de la vente contient, outre le rappel de la procédure antérieure :**

1° Les statuts de la société ;

2° Tout document nécessaire à l'appréciation de la consistance et de la valeur des droits mis en vente.

Les conventions instituant un agrément ou créant un droit de préférence au profit des associés ne s'imposent à l'adjudicataire que si elles figurent dans le cahier des charges.

Art. R. 233-7 *(D. n° 2012-783, 30 mai 2012)*. **– Une copie du cahier des charges est notifiée à la société qui en informe les associés.**

Le même jour, une sommation est notifiée, s'il y a lieu, aux autres créanciers opposants d'avoir à prendre connaissance du cahier des charges chez la personne chargée de la vente.

Tout intéressé peut formuler auprès de cette dernière des observations sur le contenu du cahier des charges. Ces observations ne sont plus recevables à l'expiration d'un délai de deux mois courant à compter de la notification prévue au premier alinéa.

La société qui entend se prévaloir des dispositions du deuxième alinéa de l'article 1868 du Code civil en informe la personne chargée de la vente.

Art. R. 233-8 *(D. n° 2012-783, 30 mai 2012)*. **– La publicité indiquant les jour, heure et lieu de la vente est effectuée par voie de presse et, si nécessaire, par voie d'affiches.**

Cette publicité doit être effectuée un mois au plus et quinze jours au moins avant la date fixée pour la vente.

Le débiteur, la société et, s'il y a lieu, les autres créanciers opposants sont informés de la date de la vente par voie de notification.

Art. R. 233-9 *(D. n° 2012-783, 30 mai 2012)*. **– Les procédures légales et conventionnelles d'agrément, de préemption ou de substitution sont mises en œuvre conformément aux dispositions propres à chacune d'elles.**

8.3.5. – Les saisies conservatoires et les sûretés judiciaires

Code des procédures civiles d'exécution

Partie réglementaire

(D. n° 2012-783, 30 mai 2012)

TITRE II. – LES SAISIES CONSERVATOIRES

Chapitre Ier. – Dispositions générales

Art. R. 521-1 *(D. n° 2012-783, 30 mai 2012)*. **– Sur présentation, selon le cas, de l'autorisation du juge ou du titre en vertu duquel la loi permet une mesure conservatoire, une saisie peut être pratiquée sur les biens meubles corporels ou incorporels appartenant au débiteur, même s'ils sont détenus par un tiers ou s'ils ont fait l'objet d'une saisie conservatoire antérieure.**

....

Chapitre IV. – La saisie conservatoire des droits d'associé et des valeurs mobilières

Section 1. – Les opérations de saisie

Art. R. 524-1 *(D. n° 2012-783, 30 mai 2012)*. **– Le créancier procède à la saisie par la signification d'un acte à l'une des personnes mentionnées aux articles 178 à 181 selon le cas.**

Cet acte contient, à peine de nullité :

1° Les nom et domicile du débiteur ou, s'il s'agit d'une personne morale, sa dénomination et son siège social ;

2° L'indication de l'autorisation ou du titre en vertu duquel la saisie est pratiquée ;

3° Le décompte des sommes pour lesquelles la saisie est pratiquée ;

4° L'indication que la saisie rend indisponibles les droits pécuniaires attachés à l'intégralité des parts ou valeurs mobilières dont le débiteur est titulaire ;

5° La sommation de faire connaître l'existence d'éventuels nantissements ou saisies.

Art. R. 524-2 *(D. n° 2012-783, 30 mai 2012).* – Dans un délai de huit jours, à peine de caducité, la saisie conservatoire est portée à la connaissance du débiteur par acte d'huissier de justice.

Cet acte contient, à peine de nullité :

1° Une copie de l'autorisation du juge ou du titre en vertu duquel la saisie a été pratiquée ; toutefois, s'il s'agit d'une obligation notariée ou d'une créance de l'État, des collectivités territoriales ou de leurs établissements publics, il est seulement fait mention de la date, de la nature du titre ainsi que du montant de la dette ;

2° Une copie du procès-verbal de saisie ;

3° La mention, en caractères très apparents, du droit qui appartient au débiteur, si les conditions de validité de la saisie ne sont pas réunies, d'en demander la mainlevée au juge de l'exécution du lieu de son domicile ;

4° La désignation de la juridiction devant laquelle seront portées les autres contestations, notamment celles relatives à l'exécution de la saisie ;

5° La reproduction des articles 210 à 219.

Art. R. 524-3 *(D. n° 2012-783, 30 mai 2012).* – Les dispositions de l'article 184 sont applicables.

Section 2. – La conversion en saisie-vente

Art. R. 524-4 *(D. n° 2012-783, 30 mai 2012).* – Le créancier qui obtient un titre exécutoire constatant l'existence de sa créance signifie au débiteur un acte de conversion qui contient à peine de nullité :

1° La référence au procès-verbal de saisie conservatoire ;

2° L'énonciation du titre exécutoire ;

3° Le décompte distinct des sommes à payer en principal, frais et intérêts échus, ainsi que l'indication du taux des intérêts ;

4° Un commandement d'avoir à payer cette somme, faute de quoi il sera procédé à la vente des biens saisis ;

5° L'indication, en caractères très apparents, que le débiteur dispose d'un délai d'un mois pour procéder à la vente amiable des valeurs saisies dans les conditions prescrites soit à l'article 187, soit, s'il s'agit de droits d'associés ou de valeurs mobilières non admises à la cote officielle ou à celle du second marché, aux articles 107 à 109 ;

6° Si la saisie porte sur des valeurs mobilières cotées, l'indication qu'il peut, en cas de vente forcée et jusqu'à la réalisation de celle-ci, faire connaître au tiers saisi l'ordre dans lequel elles devront être vendues ;

7° La reproduction des articles 107 à 109 et 187.

Art. R. 524-5 *(D. n° 2012-783, 30 mai 2012).* – Une copie de l'acte de conversion est signifiée au tiers saisi.

Art. R. 524-6 *(D. n° 2012-783, 30 mai 2012).* – La vente est effectuée selon les modalités fixées aux articles 187 à 193.

TITRE III. – LES SÛRETÉS JUDICIAIRES

Chapitre II. – La publicité provisoire

Section 1. – Les formalités

……………………………………………………………………

Art. R. 532-3 *(D. n° 2012-783, 30 mai 2012).* – Le nantissement des parts sociales est opéré par la signification à la société d'un acte contenant :

1° La désignation du créancier et celle du débiteur ;

2° L'indication de l'autorisation ou du titre en vertu duquel la sûreté est requise ;

3° L'indication du capital de la créance et de ses accessoires.

En outre, s'il s'agit d'une société civile immatriculée, l'acte de nantissement est publié au registre du commerce et des sociétés.

Le nantissement grève l'ensemble des parts à moins qu'il ne soit autrement précisé dans l'acte.

Art. R. 532-4 *(D. n° 2012-783, 30 mai 2012).* – Le nantissement des valeurs mobilières est opéré par la signification d'une déclaration à l'une des personnes mentionnées aux articles 178 à 181 selon le cas.

Cette déclaration contient :

1° La désignation du créancier et du débiteur ;

2° L'indication de l'autorisation ou du titre en vertu duquel la sûreté est requise ;

3° L'indication du capital de la créance et de ses accessoires.

Le nantissement grève l'ensemble des valeurs mobilières à moins qu'il ne soit autrement précisé dans l'acte.

Section 2. – Dispositions communes

Art. R. 532-5 *(D. n° 2012-783, 30 mai 2012).* – À peine de caducité, huit jours au plus tard après le dépôt des bordereaux d'inscription ou la signification du nantissement, le débiteur en est informé par acte d'huissier de justice.

Cet acte contient, à peine de nullité :

1° Une copie de l'ordonnance du juge ou du titre en vertu duquel la sûreté a été prise ; toutefois, s'il s'agit d'une obligation notariée ou d'une créance de l'État, des collectivités territoriales ou de leurs établissements publics, il n'est fait mention que de la date, de la nature du titre et du montant de la dette ;

2° L'indication, en caractères très apparents, que le débiteur peut demander la mainlevée de la sûreté comme il est dit à l'article 217 ;

3° La reproduction des articles 210 à 219 et 256.

Art. R. 532-6 *(D. n° 2012-783, 30 mai 2012).* – Lorsque le créancier est déjà titulaire d'un titre exécutoire, la mainlevée de la publicité provisoire peut être demandée jusqu'à la publicité définitive, laquelle ne peut intervenir moins d'un mois après la signification de l'acte prévu à l'article 255.

Art. R. 532-7 *(D. n° 2012-783, 30 mai 2012).* – La publicité provisoire conserve la sûreté pendant trois ans. Elle peut être renouvelée pour la même durée.

Le renouvellement est effectué dans les conditions prévues aux articles 61 et suivants du décret n° 55-1350 du 14 octobre 1955 modifié portant application du décret n° 55-22 du 4 janvier 1955 portant réforme de la publicité foncière, pour l'inscription provisoire d'hypothèque, et dans les mêmes formes que la publicité initiale pour les autres sûretés judiciaires.

Art. R. 532-8 *(D. n° 2012-783, 30 mai 2012).* – Si le bien est vendu avant que la publicité définitive ait été accomplie, le créancier titulaire de la sûreté judiciaire jouit des mêmes droits que le titulaire d'une sûreté conventionnelle ou légale. Toutefois, la part qui lui revient dans la distribution du prix est consignée.

Cette part lui est remise s'il justifie de l'accomplissement de la publicité définitive dans le délai prévu. À défaut, elle est remise aux créanciers en ordre de la recevoir ou au débiteur.

Art. R. 532-9 *(D. n° 2012-783, 30 mai 2012).* – Lorsque la valeur des biens grevés est manifestement supérieure au montant des sommes garanties, le débiteur peut faire limiter par le juge les effets de la sûreté provisoire s'il justifie que les biens demeurant grevés ont une valeur double du montant de ces sommes.

Chapitre III. – La publicité définitive

Art. R. 533-1 *(D. n° 2012-783, 30 mai 2012).* – La publicité provisoire doit être confirmée par une publicité définitive. Cette publicité donne rang à la sûreté à la date de la formalité initiale, dans la limite des sommes conservées par cette dernière.

Art. R. 533-2 *(D. n° 2012-783, 30 mai 2012).* – La publicité définitive est opérée, pour l'hypothèque, conformément à l'article 2148 du Code civil et, pour le nantissement du fonds de commerce, conformément à l'article 24 de la loi du 17 mars 1909 relative à la vente et au nantissement du fonds de commerce.

Il n'est dû *(Mots rempl. à compter du 1er janvier 2013, D. n° 2012-1462, 26 déc. 2012)* « qu'un seul émolument ou qu'une seule contribution de sécurité immobilière prévue à l'article 879 du Code général des impôts » pour les inscriptions provisoire et définitive.

Art. R. 533-3 *(D. n° 2012-783, 30 mai 2012)*. – La publicité définitive du nantissement des parts sociales et valeurs mobilières est opérée dans les mêmes formes que la publicité provisoire.

Après avoir accompli cette formalité, le créancier peut demander l'agrément du nantissement, s'il y a lieu.

Art. R. 533-4 *(D. n° 2012-783, 30 mai 2012)*. – La publicité définitive doit être effectuée dans un délai de deux mois courant selon le cas :

1° Du jour où le titre constatant les droits du créancier est passé en force de chose jugée ;

2° Si la procédure a été mise en œuvre avec un titre exécutoire, du jour de l'expiration du délai d'un mois visé à l'article 256 ou, si une demande de mainlevée a été formée, du jour de la décision rejetant cette contestation ; toutefois, si le titre n'était exécutoire qu'à titre provisoire, le délai court comme il est dit au 1° ;

3° Si le caractère exécutoire du titre est subordonné à une procédure d'exequatur, du jour où la décision qui l'accorde est passée en force de chose jugée.

Le créancier présente tout document attestant que les conditions prévues ci-dessus sont remplies.

Art. R. 533-5 *(D. n° 2012-783, 30 mai 2012)*. – Si après la vente du bien, le prix en a été régulièrement consigné pour être distribué, la publicité définitive est remplacée par la signification du titre du créancier à la personne chargée de la répartition du prix, dans le délai de deux mois prévu à l'article 263.

Art. R. 533-6 *(D. n° 2012-783, 30 mai 2012)*. – À défaut de confirmation dans le délai, la publicité provisoire est caduque et sa radiation peut être demandée au juge de l'exécution.

En cas d'extinction de l'instance introduite par le créancier ou si sa demande est rejetée, la radiation est demandée au juge saisi du fond ; à défaut, elle est ordonnée par le juge de l'exécution.

La radiation est effectuée sur présentation de la décision passée en force de chose jugée.

Les frais sont supportés par le créancier.

Si la part du créancier titulaire de la sûreté provisoire a été consignée, elle est remise, selon le cas, aux créanciers en ordre de la recevoir ou au débiteur.

LIVRE NEUVIÈME. – CONFLITS ET DIFFICULTÉS DES ENTREPRISES

9.1. – DES DIFFICULTÉS DES ENTREPRISES

Bibliographie : *Bibliographie générale.* J.-J. Ansault, *Réforme du droit des contrats et procédures collectives : BJE* 2017, p. 148 ; *Opérations sur capital et procédures collectives à l'aune de la loi du 18 novembre 2016 : Journ. sociétés* sept. 2017, p. 12. • L. Antonini-Cochin et L.-C. Henri, *L'essentiel du droit des entreprises en difficulté*, Gualino, 7e éd., 2018 ; *Droit des entreprises en difficulté*, 1re éd., mémento, Gualino, 2018. • I. Arnaud-Grossi, *Financement forcé de l'entreprise en difficulté : responsabilité et droit des sociétés : Journ. sociétés* n° 137, janv. 2016, p. 10. • S. Atsarias, *La protection des garants des dettes de l'entreprise* : Bibliothèque de droit des entreprises en difficulté, t. 12 : *LGDJ-Lextenso* 2018, préf. F. Macorig-Venier. • F. Aubert et M.-Ch. Piniot, *La personnalité morale des sociétés face au droit des procédures collectives dans la jurisprudence de la chambre commerciale de la Cour de cassation : de la confrontation à la conciliation : Mél. Bézard*, LPA-Montchrestien, 2002, p. 287. • H. Ballone, *Le traitement fiscal de l'abandon de créance à caractère financier octroyé par une mère à l'une de ses filiales en difficulté : BJE* 2015, p. 343. • S. Barbé, *La gestion opérationnelle : différences entre procédure française et procédures américaines : BJE* 2018, 4, p. 290. • B. Berger-Perrin, *Du bon usage de la fiducie en droit des entreprises en difficulté : Option fin.* 2018, n° 1461, p. 40. • C. Bertin-Aynès, *Le conjoint du chef d'entreprise en difficulté : Journ. sociétés* avr. 2017, p. 58. • H. Berthoud-Ribaute, *Le sort de la société civile immobilière dans la procédure collective : RTD com.* 2003, p. 259 et s. • G. Blanc, *Le dispositif de la loi Macron relatif aux entreprises de plus de cent cinquante salariés : D.* 2015, p. 2460. • F. Bonan, *Les spécificités des procédures collectives concernant les sociétés cotées en Bourse : LPA* 17 janv. 2001, p. 6. • J. Bonnard, *Droit des entreprises en difficulté*, 7e éd., Hachette, 2016. • Th. Bonneau, *Le droit des faillites bancaires et financières : état des lieux : RD bancaire et fin.* 1997, 2. • N. Borga, *Livre VI du Code de commerce et surendettement des particuliers : concurrence ou complémentarité : BJE* 2012, § 162. • N. Borga et F. Pérochon, *La réalisation des garanties réelles : en restructuration ou en liquidation ? Dans ou hors la procédure ? : Rev. proc. coll.* 2018, dossier 20. • H. Bourbouloux, *Nouveau contexte, nouveaux débiteurs : BJE* 2012, § 161. • A. Brenac et M. Menjucq, *La coopérative agricole : un acteur spécifique : Rev. proc. coll.* 2018, 5, Dossier n° 33. • B. Brignon et A. Cérati-Gauthier, *Les saisines d'office confrontées aux dernières réformes du droit des entreprises en difficulté : D.* 2014, p. 2248. • O. Buisine, *Imprévision et droit des entreprises en difficulté : Rev. proc. coll.* 2018, étude 18. • M. Cabrillac, *Les ambiguïtés de l'égalité des créanciers : Mél. A. Breton et F. Derrida*, Dalloz, 1991, p. 31. • B. Cambon, P. Goubard et V. Legrand, *Le traitement des difficultés : un outil de rebond du débiteur : Rev. proc. coll.* 2017, dossier 8. • P. Cagnoli, *Le recouvrement des créances du débiteur : Rev. proc. coll.* 2018, dossier 14. • C. Cavalier, *Le paiement des créances fiscales dans le droit des procédures collectives : JCP* E 2015, 1029. • A. Cérati-Gauthier, *La promotion de la « reprise interne » dans l'ordonnance n° 2014-326 du 12 mars 2014 : JCP* E 2014, 1435 ; *La fusion, outil de redressement d'une entreprise en difficulté ? : BJE* 2016, p. 140 ; *Favoriser le redressement des « grandes » entreprises (L. n° 2015-990 du 6 août 2015) : JCP* E 2015, 1419. • A. Cérati-Gauthier et V. Perruchot-Triboulet, *Les procédures collectives complexes*, Joly Editions, 2017. • J.-N. Clément, *Le droit de l'environnement dans les procédures collectives : Journ. sp. sociétés* 13 avr. 2016, p. 12. • G. Couturier, *Droit des sociétés et droit des entreprises en difficulté*, thèse LGDJ, 2013. • R. Dammann et M. Guermonprez, *Pistes de réflexion pour une réforme des procédures collectives : D.* 2018, p. 629. • G. Dedeurwaerder, *Les entreprises en difficulté face au droit fiscal : Dr. fisc.* 2012, doctr. 284. • Ch. Delattre, *L'intervention de l'État dans les entreprises en difficulté : Rev. proc. coll.* 2016, étude 10 ; *La rémunération du débiteur et du dirigeant en procédure collective : Rev. proc. coll.* 2017, alerte 39 ; *Le cadre de l'intervention du ministère publique en droit des entreprises en difficulté*: Joly éditions, 2018 ; *L'intervention nécessaire du ministère publique dans la désignation des organes de la procédure collective en cas de risque d'action en responsabilité contre l'État : Rev. proc. coll.* 2018, étude 24, n° 5. • Ph. Delebecque, N. Binctin et L. Andreu, *Effets de commerce et entreprises en difficulté : LGDJ*, coll. Traités, 14e éd., 2018 • J.-M. Deleneuville, *L'entreprise et la loi du 25 janvier 1985 : Rev. proc. coll.* 1998, p. 445. • S. Delrieu, *Indivision et procédures collectives*, Defrénois, coll. « Doctorat et notariat », 2010. • F. Derrida, *Redressement judiciaire et régime de communauté : D.* 1994, chron. p. 108. • M.-P. Dumont-Lefrand, *Le créancier titulaire de sûretés agricoles : Rev. proc. coll.* 2018, 5, Dossier n° 34. • J. Ernst Degenhardt, *Voyage à travers les pays de la subordination des prêts d'associé : BJE* 2015, p. 175 ; *Le droit français est-il conforme à la proposition de directive européenne du 22 novembre 2016 visant à harmoniser le droit des procédures collectives : BJE* 2017, p. 153. • M.-P. Dumont-Lefrand, *La situation personnelle du débiteur en procédure collective : Dr. et patrimoine* 2014, n° 238, p. 65. • M.-P. Dumont-Lefrand et C. Lisanti (dir), *Groupe de sociétés et procédures collectives : de l'autonomie patrimoniale à l'unité patrimoniale du groupe ?*, LexisNexis, act. droit de l'entreprise, vol. 34, 2018. • Ph. Dupichot, E. Merly, M. Sénéchal et F. Kopf, *Réforme des contrats et difficultés des entreprises : BJE* 2016, p. 352. • Th. Favario, *De l'attractivité du droit des* *entreprises en difficulté : Rev. proc. coll.* 2009, étude 18 ; *L'associé, financeur de l'entreprise en difficulté : Rev. proc. coll.* 2017, étude 17 ; *Le dirigeant de la société en difficulté : LPA* 31 juill. 2018, n° 152, p. 40. • L. Fin-Langer, *L'adaptation du droit du travail au droit des entreprises en difficulté : Rev. proc. coll.* 2018, dossier 11. • L. Fin-Langer et D. Jacotot, *La loi Travail et le droit des procédures collectives : JCP* S 2016, 1345. • M.-A. Frison-Roche, *Le caractère collectif des procédures collectives : RJ com.* 1996, p. 293. • Y. Guyon, *Droit des affaires*, t. II, Économica, 9ᵉ éd. 2003 ; *Le réalisme de la loi du 25 janvier 1985 sur les procédures collectives : Mél. P. Bézard*, éd. LPA-Montchrestien, 2002, p. 311. • A. Gaudemet et M.-H. Monsérié-Bon, *La reprise interne d'une entreprise en difficulté : Rev. proc. coll.* 2015, dossier 56. • B. Ghandour, *Le traitement judiciaire des entreprises en difficulté*, préf. D. Voinot : *LGDJ*, 2018. • Ch. Gorrins, *Évolution de la cession judiciaire d'entreprise en prévention et en procédure collective : BJE* 2015, p. 185. • A. Gourio, *Sûretés et procédures collectives : Rev. proc. coll.* 2018, dossier 24. • P. Gruber, *Procédures collectives et sûretés réelles en droit allemand : Rev. proc. coll.* 2018, dossier 22. • J.-P. Hael, *L'entreprise familiale dans les procédures collectives : Defrénois* 2001, art. 37314, p. 299. • M. Houssin, *La subordination de créance, analyse de la subordination à l'épreuve de la procédure collective*, préf. F.-X. Lucas : *LGDJ*, 2018. • A. Jacquemont, Th. Mastrullo et R. Vabres, *Droit des entreprises en difficulté*, 10ᵉ éd., LexisNexis, 2017. • G. Jazottes, *Droit des contrats et droit des entreprises en difficulté, continuité ou renouveau ? : BJE* 2019, dossier p. 38. • Ph. Jeannerot, *Le choix entre les procédures. Le choix entre la sauvegarde et le redressement judiciaire : Rev. proc. coll.* 2015, étude 10. • M. Jeantin et P. Le Cannu, *Droit commercial, entreprises en difficulté*, Dalloz, 8ᵉ éd., 2019, à paraître ; *Le droit des sociétés à l'épreuve des procédures collectives*, Journée nationale d'études organisée par le CRAJEFE, Nice Sophia-Antipolis, 19 mai 2001 : *LPA* 9 janv. 2003, n° spéc., p. 31 et s. ; *La situation personnelle du chef d'entreprise dans les procédures collectives*, colloque Université des sciences sociales de Toulouse : *Rev. proc. coll.* 2003, n° 2, p. 167 et s. • J.-E. Kuntz et V. Nurit, *Vers une procédure collective adaptée aux collectivités publiques ? : BJE* 2013, § 7. • J.-E. Kuntz et J. Cavelier, *Rupture des relations commerciales établies et procédures collectives : BJE* 2016, p. 131. • B. Lagarde, *Entreprises en difficulté, Traité économique et fiscal*, éd. Lagarde, 2019. • Ch. Lebel, *Le débiteur marié ou l'influence réciproque du droit des entreprises en difficulté et des régimes matrimoniaux : Journ. sociétés* avr. 2017, p. 26. • P. Le Cannu, *La loi du 10 juin 1994 : aspect du droit des sociétés : BJS* 1994, p. 748 et 1066 ; *Les précisions apportées par le droit des procédures collectives au régime de la délégation de pouvoirs dans une société : BJS* 1997, p. 62. • P.-M. Le Corre, *Droit et pratique des procédures collectives*, Dalloz action 10ᵉ éd., 2019/2020 ; *1807-2007. 200 ans pour passer de la faillite du débiteur au droit de sauvegarde de l'entreprise : Gaz. Pal.* 20-21 juill. 2007, doctr. p. 3 ; *La loi J21 et le droit des entreprises en difficulté : BJE* 2016, p. 377 ; *Droit des entreprises en difficulté*, Dalloz, coll. « Mémentos », 6ᵉ éd. 2014 ; *Les grands concepts du droit des entreprises en difficulté : Dalloz*, coll. Thèmes et commentaires, 2019. • M.-N. Legrand, *Les pouvoirs du débiteur dessaisi : Rev. proc. coll.* 1991, p. 11. • V. Legrand, *Le sort des cautions dirigeantes : LPA* 18 juill. 2012, p. 7. • A. Lienhard, *Procédures collectives*: Delmas, 8ᵉ éd., 2019/2020 • F. Macorig-Venier (dir), *Le droit des entreprises en difficulté, 30 ans après : droit dérogatoire, précurseur ou révélateur ?*, PU Toulouse 1 Capitole, 2017. • J.-P. Legros, *Le droit des sociétés en difficulté après la loi Macron : Dr. sociétés* 2015, étude 17. • V. L'Hôte, *L'application des procédures collectives aux sociétés d'économie mixte locales : AJDA* 2003, p. 2233. • A. Lienhard, *Sauvegarde des entreprises : le nouveau droit des procédures collectives*, Delmas, 2006 ; *Procédures collectives*, Delmas, 8ᵉ éd., 2019-2020. • F.-X. Lucas, *Élimination de l'associé de société civile « failli » ou « déconfit » : BJS* 1999, p. 436 ; *Y a-t-il ou non transmission universelle, à son associé unique, du patrimoine d'une société unipersonnelle dissoute par l'effet d'un jugement de liquidation judiciaire ? : Rev. proc. coll.* 2002, p. 73 ; *Les devoirs de l'actionnaire d'une société en difficulté : les dispositifs légaux : Gaz. Pal.* 6 juin 2016, hors-série n° 2, p. 50 ; *Manuel de droit de la faillite*, 2ᵉ éd., PUF, 2018. • F.-X. Lucas et R. Dammann, *Faut-il réformer la réforme du 12 mars 2014 ? : BJE* 2014, p. 143. • Th. Météyé, *La politique de labellisation de l'AGS : un partenariat gagnant-gagnant : Rev. proc. coll.* 2018, dossier 12. • F. Macorig-Venier, *Les créanciers et leurs garanties : Rev. proc. coll.* 2015, dossier 53. • P. Marcou, *L'incidence du droit des procédures collectives dans la mise en œuvre d'une restructuration entraînant transmission universelle de patrimoine : JCP* E 2018, 16, 1191. • M.-C. Mariani-Riela, *L'associé en difficulté : Dr. sociétés* 2016, dossier 7. • J.-Y. Marquet et J.-M. Briquet, *L'actionnaire d'une société non cotée en redressement ou en liquidation judiciaire : Gaz. Pal.* 26 mai 2004, p. 43. • V. Martineau-Bourgninaud, *Les remèdes à la souffrance du chef d'entreprise en difficulté : D.* 2016, p. 2529. • M. di Martino, *Procédures collectives et restructuration financière de l'entreprise : BJE* 2016, p. 136. • J. Mazé, *L'efficacité de la garantie de la garantie de passif face au risque de procédure collective du cédant : Dr. sociétés* 2016, dossier 12 et 13. • Th. Mastrullo et M. Menjucq, *Procédure collective du mandataire et revendication des sommes d'argent spécialement affectées au paiement du mandant : Rev. proc. coll.* 2016, étude 11. • A. Mauléon et C. Nerguararian, *La restructuration d'une dette* high yield *en France : BJE* 2018, 4, p. 306. • Th. Montéran, *L'état de cessation des paiements clef de voûte des procédures collectives : Rev. proc. coll.* 2001, p. 1. • Th. Montéran et M. Simonnot, *L'impact des procédures collectives sur la rémunération des dirigeants : Journ. sociétés* sept. 2012, p. 46. • M.-E. Pancrazi, *L'actif étranger du débiteur en procédure collective : JDI* 2013, doctr. 2. • N. Pelletier, *Les conséquences sur le dirigeant des aléas consécutifs à la procédure collective de la société : Actes prat. ing. sociétaire* 2013, n° 132, p. 62 et s. • A. Perrodet, *Le conjoint du débiteur en redressement judiciaire : RTD com.* 1999, p. 3. • F. Pérochon, *Entreprises en difficulté*, LGDJ, 10ᵉ éd. 2014 ; (resp.) *Le traitement des difficultés de l'entreprise à l'épreuve des cloisonnements de patrimoines : vers l'implosion de la procédure collective : BJE* 2013, p. 328 (atelier). • F. Pérochon et A. Donnette-Boissière, *Entreprises en difficulté*: LGDJ, coll. Exercices pratiques, 8ᵉ éd., 2016. • Ph. Pétel, *Procédures collectives*, Dalloz, 9ᵉ éd. 2017 ; *Les dispositions relatives aux entreprises en difficulté de la loi de modernisation de la justice du XXIe siècle : JCP* G 2016, 1341. • A. Piétrancosta et S. Vermeille, *Le droit des procédures collectives à l'épreuve de l'analyse du droit. Perspectives d'avenir ? : RJ com.* 2010, p. 104. • I. Rohart-Messager, *Réforme des contrats et droit des entreprises en difficulté : JCP* E 2018, 1328. • M. Rakotovahiny, *L'information des associés d'une entreprise en difficulté : LPA* 31 juill. 2018, n° 152, p. 3. • M. Rolain, *Entre contractualisation et sujétions : le brouillage des pistes dans le traitement des difficultés : LPA* 17 déc. 2014, p. 7. • P. Rossi, *Le pouvoir du juge en matière de procédures collectives : BJE* 2015, p. 44 ; *Dispositions de la loi Macron concernant les livres VI et VIII du Code de commerce. Obstination ou obsession ? : Rev. proc. coll.* 2015, étude 15. • Ph. Roussel-Galle (ss dir.), *Entreprises en difficulté*, LexisNexis, coll. « Droit 360 », 2012 ; *L'introuvable droit des sociétés en difficulté*, in *Liber Amicorum, Mélanges en l'honneur de Philippe Merle*, Dalloz 2012, p. 607 ; *La protection du dirigeant : insaisissabilité, EIRL... : Rev. proc. coll.* 2016, dossier 25 ; *Quelques « petites » idées de réforme à droit constant du droit des entreprises en difficulté : JCP* E 2018, 1175 ; *L'émergence d'un droit spécial des sociétés en difficulté : JCP* E 2018, 1331 ; *Les difficultés des entreprises agricoles – Propos conclusifs : Rev. proc. coll.* 2018, 5, Dossier 41. • Ph. Roussel-Galle et M.-F. Bonneau, *Adaptation du traitement des difficultés des entreprises par la loi de modernisation de la justice du XXIe siècle : Rev. proc. coll.* 2016, étude 21. • J. Rousselet, *Les règles applicables en matière d'aides publiques allouées à des entreprises en difficulté : BJE* 2018, 3, p. 229 ; *BJE* 2018, 4, p. 275. • P. Rubellin, *Le divorce sans juge : une aubaine pour les organes de la procédure collective ! : BJE* 2018, 4, p. 246. • C. Saint-Alary-Houin, *Droit des entreprises en difficulté*, Montchrestien, 11e éd., 2018. • C. Saint-Alary-Houin et M.-H. Monsèrié-Bon, *Prévention et traitement amiable des difficultés des entreprises*: LGDJ-Lextenso, coll. Droit au paiement, 2018. • C. Saint-Alary-Houin, C. Domenget et C. Izembart, *Les difficultés économiques et juridiques des entreprises agricoles et les risques inhérents aux activités exercées : Rev. proc. coll.* 2018, 5, dossier 28, table ronde. • B. Saintourens, *Ouvertures des procédures : mises aux normes constitutionnelles et nouveautés procédurales : Rev. proc. coll.* 2014, dossier 16. • B. Saintourens et J.-C. Saint-Pau (ss dir.), *La responsabilité du chef de l'entreprise en difficulté* : actes de colloque, Cujas, 2013. • L. Sautonie-Laguionie, *Les biens soumis à la procédure collective : Dr. et patrimoine* avr. 2018, p. 30 ; *La contractualisation du droit des entreprises en difficulté : un nouveau défi pour le juriste dans la cité, Études en la mémoire de Philippe Neau-Leduc, Le juriste dans la cité* : LGDJ-Lextenso, 2018, p. 925. • S. Schiller, *Pactes d'actionnaires et droit des entreprises en difficulté : Rev. sociétés* 2016, n° 2, p. 75 et s. • M. Sénéchal, *Plaidoyer pour le grand soir : BJE* 2018, 4, p. 237. • L. Spizzichino, J. Longmire, G. Flandin et W. Eguchi, *La restructuration transfrontalière de la dette* high yield : *BJE* 2018, 4, p. 303. • Th. Stefania, *La coopération du débiteur avec les organes de la procédure collective : juste une illusion ? : JCP* E 2017, 1213. • B. Soinne, *Le bateau ivre (à propos de l'évolution récente du droit des procédures collectives) : Rev. proc. coll.* 1997, p. 105. • G. Teboul, *Procédures collectives : les effets du dessaisissement : RJ com.* 2002, p. 360 ; *Les conventions intragroupe et les procédures collectives : LPA* 27 mai 2005, p. 5 ; *Confidentialité, cessation des paiements, cautions, plans de sauvegarde, procédures : du nouveau pour les entreprises en difficulté : LPA* 16 juill. 2018, n° 141, p. 5. • F. Terré, *Droit de la faillite ou faillite du droit : RJ com.* 1991, p. 1. • B. Thullier , *La réforme du droit commun des contrats et les cocontractants du débiteur en procédure collective : BJE* 2017, p. 240. • B. Thullier et A. Diesbecq, *Le traitement des difficultés, un outil de gestion des débiteurs personnes morales : Rev. proc. coll.* 2017, dossier 7. • R. Vabre, *Aspects fiscaux des entreprises en difficulté : BJE* 2018, 5, p. 403. • J. Vallansan, *Le groupe de sociétés en droit des entreprises en difficulté : Dr. sociétés* 2017, dossier 14. • J. Vallansan et L. Fin-Langer, *Guide des procédures collectives*, LexisNexis, 2018. • J. Vallansan, (dir) ; P. Cagnoli et L. Fin-Langer, *Difficultés des entreprises. Commentaire article par article du livre VI du Code de commerce*, Litec, 6e éd. 2012 ; *La difficile application du Livre VI à la personne physique*, in Actes du colloque de Caen du 15 oct. 2010 *Risques et responsabilités en droit des procédures collectives : Rev. proc. coll.* 2010, art. 3. • J.-L. Vallens, *Bicentenaire du Code de commerce : le droit des faillites de 1807 à aujourd'hui : D.* 2007, p. 669. – *Mélanges en l'honneur de J.-L. Vallens*, Joly éditions, 2017 ; *L'harmonisation progressive des droits nationaux et les enjeux de la prise en compte des groupes : BJE* 2018, 4, p. 325 ; *Le droit des entreprises en difficulté un outil pour l'attractivité du droit français : Rev. proc. coll.* 2018, étude 14 ; *Ordre public et procédures d'insolvabilité : le défi d'une justice sous contrôle : Rev. proc. coll.* 2018, 6, étude 27. • J.-L. Vallens et G.-C. Giorgini, *Étude comparative des différentes procédures d'insolvabilité : SLC* 2015. • D. Vidal et G.-C. Giorgini, *Droit des entreprises en difficulté*, Gualino, 2e éd., 2016-2017. • C. Vincent, *La qualité du débiteur dépourvu d'entreprise : JCP* E 2016, 1340. • V. Vitani-Bru, *Le créancier titulaire de sûretés agricoles. L'expérience du praticien : Rev. proc. coll.* 2018, 5, Dossier n° 35. • D. Voinot, *Procédures collectives : Montchrestien* 2013 – *Droit économique des entreprises en difficulté : LGDJ*, 2007 ; *Les clauses d'augmentation du passif de l'entreprise en difficulté : BJE* 2017, p. 143 ; *Les frais de justice du débiteur : quelle prise en charge ? : Rev. proc. coll.* 2018, dossier 8. • N° spécial sur *la réforme des procédures collectives : LPA* 10 juin 2004, p. 3. • *La loi du 25 janvier 1985 a 20 ans ! Entre bilan et réforme : Rev. Lamy dr. aff.* mars 2005, n° spécial, suppl. au n° 80. • *Les entreprises en difficulté : terre de conflits. Synthèse des intérêts contraires : Gaz. Pal.* 26 juin 2008, n° spécial, p. 9. • *Procédure civile et procédures collectives*, Actes du colloque du CRAJEFE : *LPA* 28 nov. 2008, n° spécial ; *Sûretés réelles et droit des entreprises en difficulté*, Actes du colloque du CRAJEFE-CERDP : *LPA* 11 févr. 2011, n° spécial. • *La confrontation du droit des entreprises en difficulté et du droit des sociétés : Rev. proc. coll.* 2010, n° 5, p. 55 (table ronde). • *Entreprises en difficulté : les bonnes pratiques des professionnels* (actes du colloque du CNAJMJ 2012) : *BJE* 2012, § 203 et s. • *Le droit des entreprises en difficulté à l'épreuve de la crise économique : BJE* 2012, § 158 et s. (dossier). • *Le droit des entreprises en difficulté à l'épreuve... : BJE* 2013, p. 317 et s. (dossier). • *La reprise d'entreprises en difficulté, Actes du colloque du CDA de Toulouse, du 9 oct. 2015 : Rev. proc. coll.* 2015, dossier 50 et s. • *30 ans déjà !, Dossier Rev. proc. coll.* 2016, dossiers 1 et s. • *Loi Macron et procédures collectives, Réaction et perspective* : dossier ss dir. F. Pérochon : *BJE* 2015,

p. 395 et s. • *Échanges sur la hiérarchisation des intérêts dans les procédures collectives : 3e rencontres jurisprudence – doctrine*, Bordeaux, ss dir. L. Sautonie-Laguionie : *BJE* 2016, n° 3. • *Le traitement des créances : pratique et actualités*, ss dir. M.-H. Monsérié-Bon : *BJE* 2017, p. 50 et s. • *Le patrimoine de la personne physique à l'épreuve des procédures collectives*, Actes colloque Montpellier, ss dir. M.-P. Dumont et C. Lisanti, LexisNexis, coll. Actualités droit de l'entreprise, 2016. • *Le financement des entreprises en difficulté* : dossier, *Journ. sociétés* 2016, n° 137. • *Le dirigeant de l'entreprise en difficulté*, actes de colloque ss dir. Ph. Roussel-Galle : *Rev. proc. coll.* 2016, dossier 22 à 27. • *Le droit des entreprises en difficulté : le renouvellement des enjeux*, ss dir. L. Fin-Langer et Fl. Petit : *Rev. proc. coll.* 2017, dossier 1 à 12. • *Propriété et procédures collectives*, ss dir. F. Macorig-Venier : *Rev. proc. coll.* 2017, dossier 13 à 24. • *Les coûts de faillite : le droit des entreprises en difficulté est-il performant ?* ss dir. D. Voinot, E. Séverin et M. Eeckhoudt : *Rev. proc. coll.* 2018, dossiers 1 à 14. • *Le traitement des difficultés des entreprises agricoles*, ss dir. M. Menjucq, avec A. Charrier, D. Hazane, P. Rossi et S. Vermue : *Rev. proc. coll.* 2017, table ronde 3. • *Les conséquences des ordonnances relatives au droit du travail sur les procédures collectives*, ss dir. M. Menjucq, avec J. Cabooter, N. Kerouaz, Th. Météyé et R. Petavy : *Rev. proc. coll.* 2018, table ronde 1. • *Droit des sociétés et procédures collectives*, ss dir. L.-C. Henry, L'harmattan 2018, actes des 30 ans du CRAJEFE. • *Le traitement des difficultés des établissements bancaires et institutions financières – Approche croisée*, LexisNexis, FNDE, vol. 34, 2018. • *Les procédures collectives complexes*, ss dir. A. Cérati-Gauthier et V. Perruchot-Triboulet : *Joly Éd.* 2017. • *Réformes du droit des contrats et du droit de l'insolvabilité : regards croisés franco-allemands* : *LPA* 30 mars 2018, n° 65. • *La restructuration financière d'un groupe en difficulté dans un contexte international : le droit en action – International Insolvency Institute et France Amériques*, ss dir. H. Bourbouloux et J.-L. Vallens : *BJE* 2018, 4, dossier p. 284. • *Procédures collectives et sûretés réelles : à la recherche d'équilibre et d'articulations*, ss. dir. Ph. Roussel-Galle : *Rev. proc. coll.* 2018, dossier p. 67 et s. • *Les difficultés de l'entreprise agricole – Actes du colloque de Montpellier du 25 mai 2018* : *Rev. proc. coll.* 2018, 5, p. 32 et s. • *Gérer les petites procédures collectives* : *Rev. proc. coll.* 2018, 5, table ronde 3. • *Contrat(s) et entreprises en difficulté – Toulouse 12 octobre 2018*, ss dir. G. Jazottes : *BJE* 2019, n° 1, dossier p. 37. • *L'AGS au cœur du traitement des difficultés des entreprises – Actes du colloque organisé par l'université Paris-Descartes le 5 décembre 2018*, ss dir. Th. Météyé : *Rev. proc. coll.* 2019, 2, dossiers 3 à 9. • *Adde* A. Martin-Serf, *JCl. Sociétés traité*, Fasc. 41-10 *(Conditions de fond)*, 41-20 *(Cas d'ouverture)*, 41-30 *(Compétence)*, 41-40 *(Saisine et décision du tribunal)*, 41-45 *(Effets à l'égard de la personne morale)*, 41-48 *(Effets à l'égard des membres de la personne morale)*, 41-50 *(Effets à l'égard des dirigeants sociaux)*, 41-52 *(id.)*, 41-60 *(Effets à l'égard des créanciers)*, 41-70 *(Personnel de la procédure)*, 41-72 *(Administration de la personne morale)*, 41-80 *(Sanctions professionnelles et pénales)*, 41-85 *(id.)*.

Bibliographie relative à la loi n° 2005-845 du 26 juillet 2005. *La sauvegarde des entreprises*, Actes du colloque de l'Université des Sciences sociales de Toulouse : *Rev. proc. coll.* 2005, p. 342. • *Loi du 26 juillet 2005 de sauvegarde des entreprises* : *Gaz. Pal.* 7-8 et 9-10 sept. 2005, n° spécial ; *Journal soc.* 24 sept. 2005, n° spécial ; *JCP* N 2005, n° 42, n° spécial, *La loi n° 2005-845 du 26 juillet 2005 de sauvegarde des entreprises* ; *JCP* E 2005, n° 42, n° spécial, *La loi n° 2005-845 du 26 juillet 2005 relative à la sauvegarde des entreprises* ; *LPA* 8-9 févr. 2006, n° spécial, *La loi de sauvegarde article par article* ; *LPA* 17 févr. 2006, n° spécial, *Regards croisés de praticiens sur la loi de sauvegarde*. • Dossier *Les grandes options de la loi de sauvegarde* : *Dr. et patrimoine* mars 2006, p. 59. • Colloque *Droit des procédures collectives. Les dernières réformes* : *Rev. proc. coll.* 2006, p. 117. • Colloque *La loi du 26 juillet 2005 relative à la sauvegarde des entreprises : Université de la Réunion-Saint-Denis, 27 et 28 févr. 2006* : *LPA* 20 mars 2007. • Colloque *Échanges sur la loi de sauvegarde des entreprises : de la Côte d'Or à la Côte d'Azur : colloques de Dijon (LDPA – 10 mars 2006) et de Nice (CRAJEFE – 1er avr. 2006)* : *LPA* 14 juin 2007. • *La loi du 26 juillet 2005 de sauvegarde des entreprises*, Actes du Colloque organisé par la Faculté de Droit et de Science Politique d'Aix-Marseille et le Barreau de Marseille (16 nov. 2005), PU Aix-Marseille, 2006. • *La loi de sauvegarde des entreprises : quelles procédures ? Quelles responsabilités ?*, Colloque 24 févr. 2006, ss dir. V. Martineau-Bourgninaud, Université de Nantes, Litec, coll. « Colloques et débats », 2007. • *Les leçons de cinq ans d'application de la loi de sauvegarde*, actes du colloque de Montpellier du 27 mai 2011 : *Rev. proc. coll.* 2011/4, p. 30. • A. Brunet, *Sauvegarde, conciliation et redressement judiciaire : l'illusoire diversification des procédures destinées à sauver les entreprises en difficultés* : *Mél. offerts à P. Didier*, Économica, 2008, p. 33. • A. Cerati-Gauthier, *L'associé dans la loi de sauvegarde des entreprises* : *Rev. sociétés* 2006, p. 305. • Y. Chaput, *Une nouvelle architecture du droit des entreprises en difficulté* : *JCP* 2005, I, 184. • H. Croze, *Loi de sauvegarde des entreprises. Les procédures contre les dirigeants, associés ou membres d'une personne morale* : *Procédures* 2006, étude 8 ; *Loi de sauvegarde des entreprises : panorama général et procédural* : *Procédures* 2005, étude 11. • M.-P. Dumont, *Procédure collective et droit des sociétés* : *Rev. proc. coll.* 2005, p. 226. • L.-C. Henry, *La loi de sauvegarde et l'Europe* : *Dr. et patrimoine* 2013, dossier 223. • P.-M. Le Corre, *Premiers regards sur la loi de sauvegarde des entreprises* : *D.* 2005, chron. 2297 ; *Les créanciers dans la loi de sauvegarde des entreprises* : *Rev. proc. coll.* 2006, p. 336. • J.-P. Legros, *La loi du 26 juillet 2005 de sauvegarde des entreprises* : *Dr. sociétés* nov. 2005, p. 7 ; *Loi du 26 juillet 2005 de sauvegarde des entreprises : la réforme des procédures traditionnelles* : *Dr. sociétés* déc. 2005, étude 14 ; *Loi du 26 juillet 2005 de sauvegarde des entreprises : le sort des membres et dirigeants des personnes morales* : *Dr. sociétés* janv. 2006, p. 10. • F.-X. Lucas, *Bref aperçu sur la réforme des procédures collectives* : *Journ. soc.* 24 sept. 2005, p. 29 ; *Aperçu de la réforme du droit des entreprises en difficulté par la loi de sauvegarde des entreprises du 26 juillet 2005* : *BJS* 2005, p. 1181 ; *Risques et responsabilités induits par les procédures collectives* : *RD bancaire et fin.* 2013, dossier 13. • F.-X. Lucas et *alii*, *La situation de l'associé en procédure collective* : *BJE* 2012, n° 6, p. 416. • F.-X. Lucas et H. Lécuyer (ss dir.), *La réforme des procédures collectives. La loi de sauvegarde article par article*, LGDJ, 2006. • M.-H. Monsérié-Bon, *Vivre en procédure collective. Les droits des associés : Rev. proc. coll.* 2013, dossier 7. • M.-H. Monsérié-Bon et C. Saint-Alary-Houin, *La loi de sauvegarde des entreprises : nécessité et intérêts d'une réforme annoncée : D.* 2008, p. 941. • E. Mouial-Bassilana et L.-C. Henry, *L'agencement des différentes procédures instaurées par la loi de sauvegarde : : LPA* 14 juin 2007, p. 49. • Ph. Pétel, *Le nouveau droit des entreprises en difficulté : JCP* E 2005, p. 1730. • S. Piédelièvre, *La loi de sauvegarde des entreprises : JCP* N 2005, p. 1586. • Ph. Roussel-Galle, *Réforme du droit des entreprises en difficulté. De la théorie à la pratique*, Litec coll. « Litec professionnels », 2e éd. 2007. • Ph. Roussel-Galle et D. Tricot, *La réforme du droit des entreprises en difficulté par la loi de sauvegarde des entreprises du 26 juillet 2005*, Litec, 2005. • C. Saint-Alary-Houin, *Présentation générale de la réforme : LPA* 17 févr. 2006, p. 4 ; *La loi de sauvegarde des entreprises, de nouvelles procédures, pour de nouvelles stratégies : Rev. proc. coll.* 2007, p. 13. • C. Saint-Alary-Houin et F. Macorig-Venier, *La situation des créanciers dans la loi du 26 juillet 2005 de sauvegarde des entreprises : RD bancaire et fin.* 2006, p. 60. • B. Saintourens, *Conditions d'ouverture. Ouverture des procédures : conditions de fond : Rev. proc. coll.* mars 2006, p. 40 ; *Rapport de synthèse, Colloque « Le nouveau droit de l'entreprise en difficulté », Lille, 22 juin 2006 : Rev. proc. coll.* 2006, p. 352. • J. Vallansan, *Généralités, environnement des réformes – Rapport introductif : Rev. proc. coll.* 2006, p. 119. • J.-L. Vallens, *La réforme du droit français des entreprises en difficulté : Lamy Droit commercial* sept. 2005, bull. n° 8 ; *L'attractivité du nouveau droit français de l'insolvabilité*, in Colloque *Échanges sur la loi de sauvegarde des entreprises : de la Côte d'Or à la Côte d'Azur : LPA* 14 juin 2007, p. 55 ; *Les « effets pervers » de la loi de sauvegarde des entreprises : RTD com.* 2007, p. 604. • F. Vinckel, *Le droit d'action des créanciers chirographaires dans la loi n° 2005-845 du 26 juillet 2005 : Rev. proc. coll.* mars 2007, p. 6.

Bibliographie relative à l'ordonnance n° 2008-1345 du 18 décembre 2008. S. Boughida et P. Lombard, *Réforme de la sauvegarde : le nouveau dispositif sera-t-il plus efficace ? : JCP* E 2009, 1380. • H. Croze et Ch. Croze, *Procédures collectives : conséquences procédurales de l'ordonnance du 18 décembre 2008 et de son décret d'application : Procédures* 2009, étude 3. • P.-M. Le Corre, *La réforme du droit des entreprises en difficulté : commentaire de l'ordonnance du 18 décembre 2008 et du décret du 12 février 2009*, Dalloz, 2009. • J.-P. Legros, *L'ordonnance du 18 décembre 2008 réformant la loi de sauvegarde des entreprises. – Première partie : prévention, confusion des patrimoines et sauvegarde : Dr. sociétés* 2009, étude 5 ; *L'ordonnance du 18 décembre 2008 réformant la loi de sauvegarde des entreprises. Seconde partie : redressement, obligataires, liquidation et sanctions : Dr. sociétés* 2009, étude 8. • F. Patrizio et T. Gagnepain, *Entreprises en difficulté et protection des dirigeants : l'ordonnance du 18 décembre 2008 poursuit l'œuvre de séduction : Journal des sociétés* juill. 2009, p. 20. • Ph. Pétel, *Le nouveau droit des entreprises en difficulté. Acte II. Commentaire de l'ordonnance n° 2008-1345 du 18 décembre 2008 : JCP* E 2009, 1049 ; *JCP* G 2009, I, 110. • Ph. Roussel-Galle, *Le dirigeant de société et le « nouveau » droit des entreprises en difficulté issu de la réforme du 18 décembre 2008 : Rev. sociétés* 2009, p. 249. • C. Saint-Alary-Houin, *Entreprises en difficulté : un droit enfin arrivé à maturité : Dr. et patrimoine* mars 2009, p. 32. • C. Saint-Alary-Houin et V. Macorig-Venier, *Les créanciers dans l'ordonnance n° 2008-1345 du 18 décembre 2008 portant réforme du droit des entreprises en difficulté : Rev. proc. coll.* 2009, p. 65. • B. Soinne, *Prolégomènes sur l'ordonnance n° 2008-1345 du 18 décembre 2008 portant réforme du droit des entreprises en difficulté : Rev. proc. coll.* 2009, repère 1. • A.-S. Texier et E. Russo, *Le nouveau droit des entreprises en difficulté après l'ordonnance du 18 décembre 2008 et son décret d'application du 12 février 2009 : LPA* 2 mars 2009, p. 3. • *Réforme des procédures collectives : ordonnance n° 2008-1345 du 18 décembre 2008 : Rev. proc. coll.* 2009, dossier spécial, p. 35 et s. • *Loi de sauvegarde : première réforme : Gaz. proc. coll.* 6-7 et 10 mars 2009, numéro spécial. • *Réforme du droit des entreprises en difficulté (ordonnance n° 2008-1345 du 18 décembre 2008 et décret n° 2009-160 du 12 février 2009)* : dossier : *D.* 2009, p. 638.

Bibliographie relative à l'ordonnance n° 2014-326 du 12 mars 2014. C. Gailhbaud, *Les dispositions concernant les salariés dans l'ordonnance du 12 mars 2014 : D.* 2014, p. 755. • C. Gailhbaud et D. Jacotot, *Apports de la réforme du livre VI du Code de commerce en matière de droit du travail : Gaz. Pal.* 5-7 oct. 2014, p. 11. • L.-C. Henry, *Les groupes de sociétés et la réforme de 2014, l'ombre du droit européen : BJE* 2014, p. 290. • J.-P. Legros, *Le traitement des sociétés en difficulté après l'ordonnance du 12 mars 2014 : Dr. sociétés* 2014, étude 11. • A. Lienhard, *Ordonnance de réforme : D.* 2014, p. 661 et s. • P.-M. Le Corre, *Premiers regards sur l'ordonnance du 12 mars 2014 réformant le droit des entreprises en difficulté. Dispositions générales : D.* 2014, p. 733 et s. ; *L'ordonnance du 12 mars 2014 sur la réforme du droit des entreprises en difficulté : un duel créanciers/débiteurs à armes égales ? : Gaz. Pal.* 2014, nos 85-86, p. 6. • F.-X. Lucas, *Présentation de l'ordonnance portant réforme de la prévention des difficultés des entreprises et des procédures collectives : BJE* 2014, p. 111 ; *L'ordonnance du 12 mars 2014 et le droit des sociétés : BJS* 2014, p. 403. • M.-H. Monsérié-Bon, *Les retouches apportées au « droit des sociétés en difficulté » : Dr. et patrimoine* 2014, n° 238, p. 69 ; *La situation des associés après l'ordonnance du 12 mars 2014 : BJE* 2014, p. 178. • Ph. Pétel, *Entreprises en difficulté : encore une réforme : JCP* E 2014, 1223. • Ph. Roussel Galle et P. Rossi, *Un nouveau droit des entreprises en difficulté, plus efficace et plus équilibré : Rev. proc. coll.* 2014, dossier, p. 42. • P. Rossi, *Sauvegarde des entreprises : une discipline en mouvement perpétuel : D.* 2014, p. 220 ; *Réforme de la prévention et des procédures collectives : acte I : Act. proc. coll.* 2014, comm. 86. • P. Rossi, A.-L. Khov, M. Lobry-Igelman et A.-C. Soulard, *Quelques idées forces de la réforme du droit des entreprises en difficulté : LPA* 25 juill. 2014, n° 148, p. 7. • G. Teboul, *L'ordonnance du 12 mars 2014 sur la réforme du droit des entreprises en difficulté : un duel* *créanciers /débiteurs à armes égales ?* : *Gaz. Pal.* 27 mars 2014, n° 86, p. 6 ; *Le renforcement du rôle des créanciers dans le cadre de la nouvelle réforme du droit des entreprises en difficulté* : V. *LPA* 21 janv. 2014, n° 15, p. 6 et s. ; *LPA* 31 janv. 2014, n° 23, p. 6 et s. ; *LPA* 7 févr. 2014, n° 28, p. 4-8 et s. • B. Thullier, *Les droits du débiteur dans le projet d'ordonnance portant réforme de la prévention des difficultés des entreprises et des procédures collectives* : *Rev. Lamy dr. aff.* mars 2014, n° 91, p. 18 et s. • J.-L. Vallens, *Une réforme efficace et mesure du livre VI du Code de commerce* : *Rev. Lamy dr. aff.* mai 2014, p. 24. • *Prévention et procédures collectives : nouvelle réforme !* : dossier spécial : *BJE* 2014, p. 170 et s. ; *La réforme du droit des entreprises en difficulté : enjeux, conseils pratiques et perspectives* : dossier : *BJE* 2014, p. 390 et s. • *2014 : un nouveau souffle pour les procédures collectives* : *Rev. proc. coll.* 2014, dossier 13. • *Ordonnance du 12 mars 2014 : une nouvelle métamorphose du « droit des faillites »* : *Dr. et patrimoine* 2014, n° 238, dossier spécial, p. 39 et s. • *La réforme de la loi de sauvegarde des entreprises : acte 2* : *Gaz. Pal.* 2014, n°s 96-98, p. 3 et s., dossier spécial. • *Le nouveau droit des entreprises en difficulté* : *Gaz. Pal.* 2015, n° 365, p. 3 et s., actes du colloque du CRJFC.

Bibliographie relative à la loi PACTE n° 2019-486 du 22 mai 2019. A. Bisdorff, *Entreprises en difficulté : le projet de loi PACTE, une bonne nouvelle pour le cessionnaire en cas de plan de cession* : *Option fin.* 2018, 1486, p. 48. • N. Borga, *Le projet de loi PACTE et les titres d'entreposage : nouvelle entorse à la discipline collective ?* : *BJE* 2019, n° 1, p. 8. • J. Brouillet, *Loi PACTE : réforme des seuils d'audit et modernisation de la profession du chiffre* : *RLDA* 2018, 147, p. 4. • A. Diesbecq, *Loi PACTE : une occasion manquée pour les personnes physiques en liquidation judiciaire* : *Rev. proc. coll.* 2018, 5, étude 23. • F. Kendérian, *Projet de loi PACTE et bail commercial : mise à l'écart de la clause de solidarité du cessionnaire en plan de cession* : *JCP* E 2019, act. 96. • M. Lebreton, *Oraison funèbre du commissaire aux comptes : le Gouvernement pactisera-t-il au détriment de la détection précoce des difficultés des entreprises ?* : *BJE* 2018, 5, p. 460. • Ph. Merle, *La fin du commissariat aux comptes obligatoire dans les PME* : *D.* 2018, p. 2016. • M.-H. Monsèrié-Bon, *Le projet de loi PACTE, une avancée pour le droit des entreprises en difficulté ?* : *BJE* 2018, 5, p. 338. • Ph. Roussel-Galle, *Principales innovations intéressant le droit des entreprises en difficulté dans le projet de loi PACTE* : *Rev. proc. coll.* 2018, étude 15 ; *Projet de loi relatif à la croissance et à la transformation des entreprises*, in Ph. Roussel Galle et Fl. Reille, *Chron. Droit des entreprises en difficulté* : *Rev. huissiers* 2018, p. 10, n° 7. • F. Vauvillé, *Projet de loi PACTE : neutralisation de la clause de solidarité en cas de cession d'entreprise en difficulté* : *Defrénois* 2019, 9, p. 31. • S. Zinty, *Projet de loi « PACTE » : examen des mesures relatives au droit des entreprises en difficulté* : *JCP* E 2018, act. 563.

Code de commerce

Partie législative

Art. L. 610-1 ***(L. n° 2005-845, 26 juill. 2005).*** **– Un décret en Conseil d'État détermine, dans chaque département, le tribunal ou les tribunaux appelés à connaître des procédures prévues par le présent livre, ainsi que le ressort dans lequel ces tribunaux exercent les attributions qui leur sont dévolues.**

Voir : C. com., art. R. 600-1, p. 2139.

Bibliographie : H. Lecuyer et F.-X. Lucas, *La loi de sauvegarde article par article* : *LPA* 8 févr. 2006, p. 5.

9.1.1. – Livre sixième du Code de commerce (Partie législative)

9.1.1.1. – De la prévention des difficultés des entreprises

Bibliographie : ***Bibliographie antérieure à la loi n° 2005-845 du 26 juillet 2005.*** Berger, *Le règlement amiable devant la Cour européenne des droits de l'homme* : *D.* 1990, p. 122. • De Bermond De Vaulx, *Le secret des affaires à l'épreuve des mesures de prévention des difficultés des entreprises* : *JCP* E 1995, I, 493. • Y. Chaput, *Le règlement amiable et la prévention des difficultés par les établissements de crédit* : *CDE* 1988, n° 18, p. 3. • De Guillenchmidt, *Le règlement amiable et le redressement judiciaire de l'exploitation agricole* : *Gaz. Pal.* 1989, 2, doctr. p. 567. • M. Jeantin, *Le paradoxe de la prévention* : *LPA* 16 déc. 1993. • D. Kling, *Le commissaire aux comptes et la prévention* : *RJ com.* 2001, n° 9, p. 10. • *Le droit des procédures collectives à l'épreuve du droit des sociétés* : *LPA* 9 janv. 2002, n° spécial, CRAJEF Nice Sophia-Antipolis, 19 mai 2001. • P. Le Cannu, *Règlement amiable et droit des sociétés* : *BJS* 1986, p. 811. • R. Robinet-Duffo, *La prévention des difficultés : le rôle des unions patronales et des partenaires de l'entreprise* : *RJ com.* 1997, p. 85. • M. Rouger, *Sur le traitement des difficultés des entreprises* : *RJ com.* 2004, p. 59.

Bibliographie relative à la loi n° 2005-845 du 26 juillet 2005. N° spécial sur *la réforme des procédures collectives*, Centre de recherche sur les aspects juridiques et financiers de l'entreprise, Nice, 27 mars 2004 : *LPA* 10 juin 2004, p. 3. • J.-P. Legros, *La loi du 26 juillet 2005 de sauvegarde des entreprises, Les mesures de prévention du nouveau titre I du livre VI du Code de* *commerce (1re partie) : Dr. sociétés* 2005, étude 9. • Ph. Reigné, *L'application aux professions libérales des procédures de prévention et de traitement des difficultés des entreprises : LPA* 10 juin 2004, p. 10. • *Adde* D. Vidal, *JCl. Sociétés traité*, Fasc. 40-10 (*Prévention des difficultés des entreprises*).

Code de commerce

CHAPITRE I. – DE LA PRÉVENTION DES DIFFICULTÉS DES ENTREPRISES, DU MANDAT *AD HOC* ET DE LA PROCÉDURE DE CONCILIATION

Remarque : les dispositions des articles L. 611-1 et suivants du Code de commerce ne sont pas applicables aux syndicats de copropriétaires (L. n° 65-557, 10 juill. 1965, art. 29-6, réd. L. n° 2000-1208, 13 déc. 2000, art. 81). – La loi n° 88-1202 du 30 décembre 1988, codifiée partiellement au livre III du Code rural (art. L. 351-1 et s.), a institué une procédure de règlement amiable propre aux exploitations agricoles. Cependant, les sociétés commerciales exerçant une activité agricole demeurent soumises au Code de commerce.

Bibliographie : G. Bouté, *La médiation préventive ou d'accompagnement – L'exemple du droit de l'entreprise en difficulté : CDE* 2016, dossier 20. • A. Bories, *La prévention hors des codes : l'exemple du rééchelonnement des dettes fiscales et sociales de l'agriculteur : Rev. proc. coll.* 2018, 5, dossier 29. • O. Buisine, *Prévention des difficultés des entreprises : évolutions et prospective : Rev. proc. coll.* 2018, étude 16. • H. Croze, *Loi de sauvegarde des entreprises – Mandat* ad hoc *et procédure de conciliation : Procédures* 2005, étude 12. • Ch. Delattre, *Prévention : amélioration de la conciliation : Rev. proc. coll.* 2009, p. 37. • J.-E. Kuntz, *La loi de sauvegarde article par article : LPA* 8 févr. 2006, p. 5. • J.-P. Legros, *L'ordonnance du 18 décembre 2008 réformant la loi de sauvegarde des entreprises. – Première partie : prévention, confusion des patrimoines et sauvegarde : Dr. sociétés* 2009, étude 5. • F. Macorig-Venier, *Entreprises en difficulté : prévention et règlement amiable : loi n° 2005-845 du 26 juillet 2005 : RTD com.* 2005, chron. p. 829. • F. Macorig-Venier et C. Saint-Alary-Houin, *La prévention et le traitement amiable des difficultés des entreprises : entre transparence et confidentialité, efficacité et fragilité ! : BJE* 2014, p. 10 et s. • M.-H. Monsérié-Bon, *Mandat* ad hoc *et conciliation : un fragile équilibre à conserver : BJE* 2015, p. 345. • Th. Montéran, *Présentation générale de la prévention et de la procédure de conciliation : Gaz. Pal.* 7-8 sept. 2005, p. 8. • F. Pérochon, *Vents mauvais contre la prévention : BJE* 2018, 6, p. 409. • F. Pérochon et Ph. Roussel-Galle, *Règlement amiable et conciliation. Suspension ou interdiction des poursuites, même combat ! Mélanges offerts au professeur P. Bloch*, Bruylant 2015, p. 177. • P. Rey, *Militante de la prévention : Dr. et patrimoine* mars 2006, p. 10. • I. Rohart-Messager, *L'amélioration de la prévention : Gaz. proc. coll.* 6-7 mars 2009, p. 5. • I. Rohart-Messager, N. Borga, F. Legrand et Ch. Thevenot, *Techniques de négociation et utilisation des modes alternatifs de résolution des différends en procédure amiable et collective : BJE* 2018, 5, p. 378. • C. Saint-Alary-Houin, *La réforme de la prévention et du traitement amiable des difficultés : Dr. et patrimoine* 2014, n° 238, p. 40 ; *Les procédures de prévention des difficultés des entreprises : la vision du droit français in « Réformes du droit des contrats et du droit de l'insolvabilité : regards croisés franco-allemands » : LPA* 30 mars 2018, n° 65, p. 16. • C. Saint-Alary-Houin et M.-H. Monsérié-Bon, *Prévention et traitement amiable des difficultés des entreprises*: LGDJ-Lextenso, coll. Droit au paiement, 2018. • J.-P. Sortais, *Entreprises en difficultés. Les mécanismes d'alerte et de conciliation* : 2e éd., Lextenso éditions, LGDJ, 2015. • G. Teboul, *Vers une nouvelle réforme de la prévention des difficultés des entreprises ? : BJE* 2013, § 47. • C. Thévenot, *Mandat* ad hoc *et conciliation : de nouveaux outils pour une meilleure prévention : LPA* 17 févr. 2006, n° spécial, *Regards croisés de praticiens sur la loi de sauvegarde*, p. 20 et s. • J.-M. Tomaszyk, *La prévention hors des codes : l'identification et l'accompagnement des agriculteurs en difficulté : Rev. proc. coll.* 2018, 5, dossier 30. • B. Thullier, *Pour un peu plus de transparence sur les traitements amiables du droit des entreprises en difficulté : Rev. proc. coll.* 2019, 1, dossier 2. • N. Vignal, *La prévention dans les codes : règlement amiable agricole et mandat* ad hoc *: Rev. proc. coll.* 2018, 5, dossier 31. • L. Watrin, *L'exception d'inexécution anticipée : une menace contre l'efficacité des procédures amiables ? : Rev. proc. coll.* 2018, étude 17. • Dossier, *La prévention et le traitement amiable des difficultés des entreprises à la lumière de la réforme : Rev. proc. coll.* 2014, p. 73 et s., actes du colloque de l'AJDE du 15 novembre 2013.

Art. L. 611-1 ***(Anc. L. n° 84-148, 1er mars 1984 ; mod., L. n° 2003-721, 1er août 2003 ; L. n° 2005-845, 26 juill. 2005).*** **– Toute personne immatriculée au registre du commerce et des sociétés ou au répertoire des métiers ainsi que** ***(Mots aj., Ord. n° 2010-1512, 9 déc. 2010)*** **« tout entrepreneur individuel à responsabilité limitée et » toute personne morale de droit privé peut adhérer à un groupement de prévention agréé par arrêté du représentant de l'État dans la région.**

Ce groupement a pour mission de fournir à ses adhérents, de façon confidentielle, une analyse des informations économiques, comptables et financières que ceux-ci s'engagent à lui transmettre régulièrement.

Lorsque le groupement relève des indices de difficultés, il en informe le chef d'entreprise et peut lui proposer l'intervention d'un expert.

À la diligence du représentant de l'État, les administrations compétentes prêtent leur concours aux groupements de prévention agréés. Les services de la Banque de France peuvent également, suivant des modalités prévues par

convention, être appelés à formuler des avis sur la situation financière des entreprises adhérentes. Les groupements de prévention agréés peuvent aussi bénéficier des aides des collectivités territoriales.

Les groupements de prévention agréés sont habilités à conclure, notamment avec les établissements de crédit *(Mots aj., Ord. n° 2013-544, 27 juin 2013)* « , les sociétés de financement » et les entreprises d'assurance, des conventions au profit de leurs adhérents.

Bibliographie : Boukhris, *Les groupements de prévention agréés : Gaz. Pal.* 1984, 2, doctr. 138. • D. Legeais, *Les groupements de prévention agréés : JCP* E 1987, 15066. • G. Teboul, *Secret et transparence dans la prévention des difficultés des entreprises : RJ com.* sept. 2001, p. 17.

Voir : **Création et conditions de fonctionnement dans les régions de groupements destinés à la prévention des difficultés des entreprises,** C. com., art. D. 611-1 et s., p. 2140. - Circ. 26 nov. 2004 (*JO* 1er déc.). - **Avantages fiscaux liés à l'adhésion à un groupement de prévention agréé,** L. n° 89-549, 2 août 1989, art. 9.

Art. L. 611-2 *(Anc. L. n° 84-148, 1er mars 1984 ; L. n° 2005-845, 26 juill. 2005 ; Ord. n° 2010-1512, 9 déc. 2010)*. **– I. – Lorsqu'il résulte de tout acte, document ou procédure qu'une société commerciale, un groupement d'intérêt économique, ou une entreprise individuelle, commerciale ou artisanale connaît des difficultés de nature à compromettre la continuité de l'exploitation, ses dirigeants peuvent être convoqués par le président du tribunal de commerce pour que soient envisagées les mesures propres à redresser la situation.**

À l'issue de cet entretien ou si les dirigeants ne se sont pas rendus à sa convocation, le président du tribunal peut, nonobstant toute disposition législative ou réglementaire contraire, obtenir communication, par les commissaires aux comptes, les membres et représentants du personnel, les administrations publiques, les organismes de sécurité et de prévoyance sociales ainsi que les services chargés de la centralisation des risques bancaires et des incidents de paiement, des renseignements de nature à lui donner une exacte information sur la situation économique et financière du débiteur.

II. – Lorsque les dirigeants d'une société commerciale ne procèdent pas au dépôt des comptes annuels dans les délais prévus par les textes applicables, le président du tribunal peut, *(Mots aj., L. n° 2015-1268, 14 oct. 2015)* « , le cas échéant, sur demande du président d'un des observatoires mentionnés à l'article L. 910-1 A, » leur adresser une injonction de le faire à bref délai sous astreinte.

Si cette injonction n'est pas suivie d'effet dans un délai fixé par décret en Conseil d'État, le président du tribunal peut également faire application à leur égard des dispositions du deuxième alinéa du I.

Le II est applicable, dans les mêmes conditions, à tout entrepreneur individuel à responsabilité limitée qui ne procède pas au dépôt des comptes annuels ou documents mentionnés au premier alinéa de l'article L. 526-14, lorsque l'activité professionnelle à laquelle le patrimoine est affecté est commerciale ou artisanale.

Voir : C. com., art. R. 600-2 et R. 611-10 et s., p. 2139.

Bibliographie : Ch. Delattre, *Les pouvoirs d'investigation du président du tribunal de commerce en matière d'alerte et de conciliation : Rev. proc. coll.* 2013, étude 3. • M. Gandin, *Information et consultation des représentants des salariés dans le cadre de la prévention des difficultés. Loi du 26 juillet 2005 : JCP* E 2006, 2557. • J.-P. Hael, *Le droit d'alerte du président du tribunal : article 34 nouveau de la loi du 1er mars 1984 : LPA* 14 sept. 1994, p. 45 ; *La consécration du droit d'alerte du président du tribunal : LPA* 30 sept. 1994, p. 13. • J. Raibaut, *Une politique juridictionnelle : la prévention des difficultés des entreprises : Rev. proc. coll.* 2009, dossier, 20.

Art. L. 611-2-1 *(Ord. n° 2014-326, 12 mars 2014)*. **– Les dispositions du I de l'article L. 611-2 sont applicables, dans les mêmes conditions, aux personnes morales de droit privé et aux personnes physiques exerçant une activité professionnelle agricole ou indépendante, y compris une profession libérale soumise à un statut législatif ou réglementaire ou dont le titre est protégé. Pour l'application du présent article, le tribunal de grande instance est compétent et son président exerce les mêmes pouvoirs que ceux conférés au président du tribunal de commerce.**

Par exception, lorsque la personne physique ou morale concernée exerce la profession d'avocat, d'administrateur judiciaire, de mandataire judiciaire ou d'officier public ou ministériel, le président du tribunal de grande instance ne procède qu'à l'information de l'ordre professionnel ou de l'autorité compétente dont elle relève, sur les difficultés portées à sa connaissance relativement à la situation économique, sociale, financière et patrimoniale du professionnel.

Art. L. 611-3 *(Rempl., L. n° 2005-845, 26 juill. 2005 ; mod., Ord. n° 2008-1345, 18 déc. 2008 ; Ord. n° 2014-326, 12 mars 2014 ; L. n° 2016-1547, 18 nov. 2016).* **– Le président du tribunal peut, à la demande d'un débiteur, désigner un mandataire *ad hoc* dont il détermine la mission. Le débiteur peut proposer le nom d'un mandataire *ad hoc*. La décision nommant le mandataire *ad hoc* est communiquée pour information aux commissaires aux comptes lorsqu'il en a été désigné.**

Le tribunal compétent est le tribunal de commerce si le débiteur exerce une activité commerciale ou artisanale et le tribunal de grande instance dans les autres cas.

Le débiteur n'est pas tenu d'informer le comité d'entreprise ou, à défaut, les délégués du personnel de la désignation d'un mandataire *ad hoc*.

Voir : C. com., art. R. 611-18 et s., p. 2143. – Sur la faculté de renvoi de l'affaire devant une autre juridiction, *adde* C. com., art. R. 662-8 et s., p. 2212.

Bibliographie : P.-N. Ferrand, *Le mandataire* ad hoc *dans le cadre de l'article 35 de la loi n° 84-148 du 1er mars 1984 : LPA* 8 janv. 1996, p. 12. • A. Lesaulnier, *Le mandat* ad hoc *devant le tribunal de commerce après la réforme du droit des entreprises en difficulté : RTD com.* 2016, p. 225. • M. Picard, *Le mandat* ad hoc *: un instrument à redécouvrir*, in Colloque *Échanges sur la loi de sauvegarde des entreprises : de la Côte d'Or à la Côte d'Azur : LPA* 14 juin 2007.

La désignation d'un mandataire *ad hoc* ne prive pas le dirigeant de la société débitrice de l'exercice de ses pouvoirs et ne le dispense pas de ses obligations. En conséquence, sa responsabilité pour insuffisance d'actif peut être recherchée lorsqu'il a commis une faute de gestion en poursuivant une activité déficitaire : ■ Cass. com., 18 mai 2016, n° 14-16.895 : *Rev. sociétés* 2016, p. 621, note N. Morelli ; *BJS* 2016, p. 619, note E. Mouial-Bassilana ; *Gaz. Pal.* 18 oct. 2016, p. 38, note Th. Montéran.

Art. L. 611-4 *(L. n° 2005-845, 26 juill. 2005).* **– Il est institué, devant le tribunal de commerce, une procédure de conciliation dont peuvent bénéficier** *(Mots rempl., Ord. n° 2010-1512, 9 déc. 2010)* **« les débiteurs » exerçant une activité commerciale ou artisanale qui éprouvent une difficulté juridique, économique ou financière, avérée ou prévisible, et ne se trouvent pas en cessation des paiements depuis plus de quarante-cinq jours.**

Bibliographie : M. Bayle, *L'enchaînement des procédures de prévention et de traitement de la cessation des paiements : LPA* 23 oct. 2008, p. 3. • N. Borga, *La conciliation, une procédure collective comme les autres ? : BJE* 2018, 3, p. 165. • A. Delfosse et J.-F. Peniguel, *La conciliation : JCP* N 2005 p. 1386 • A. Jacquemont, *La future procédure de conciliation : une attractivité nouvelle pour l'entreprise en difficulté et ses créanciers : Rev. proc. coll.* 2004, p. 290. • P. Lavigne, *La procédure de conciliation*, in Colloque *La loi du 26 juillet 2005 relative à la sauvegarde des entreprises : LPA* 20 mars 2007, p. 26. • F.-X. Lucas, *La conciliation : réalité ou poudre aux yeux ?*, in *Actes du colloque La loi de sauvegarde des entreprises : quelles procédures ? Quelles responsabilités ?*, Litec, coll. « Colloques et débats », 2007, p. 17. • J. Pépin Foundoux, *Procédure de conciliation des entreprises, formule : JCP* E 2009, 1280. • Ph. Roussel-Galle, *Bref aperçu sur les nouvelles procédures de conciliation et de sauvegarde : Dr. et procédures* 2005, p. 260. • L. Sapin, *La conciliation. De la phase amiable à la procédure collective : CDE* 2016, dossier 30. • L. Sautonie-Laguionie, *Pour une dualité de la procédure de conciliation : Mélanges J.-L. Vallens* : Joly éd. 2018, p. 231. • J. Vallansan, *La conciliation, rapidité, souplesse et confidentialité ?*, in Colloque *Échanges sur la loi de sauvegarde des entreprises : de la Côte d'Or à la Côte d'Azur : LPA* 14 juin 2007.

Art. L. 611-5 *(L. n° 2005-845, 26 juill. 2005).* **– La procédure de conciliation est applicable, dans les mêmes conditions, aux personnes morales de droit privé et aux personnes physiques exerçant une activité professionnelle indépendante, y compris une profession libérale soumise à un statut législatif ou réglementaire ou dont le titre est protégé. Pour l'application du présent article, le tribunal de grande instance est compétent et son président exerce les mêmes pouvoirs que ceux attribués au président du tribunal de commerce.**

(Al. mod., L. n° 2019-486, 22 mai 2019) **La procédure de conciliation n'est pas applicable aux personnes exerçant une activité agricole définie à l'article L. 311-1 du Code rural et de la pêche maritime qui bénéficient de la procédure prévue aux articles L. 351-1 à L. 351-7 du même code.**

Art. L. 611-6 *(Rempl., L. n° 2005-845, 26 juill. 2005 ; mod., Ord. n° 2008-1345, 18 déc. 2008 ; Ord. n° 2014-326, 12 mars 2014 ; L. n° 2016-1547, 18 nov. 2016).* **– Le président du tribunal est saisi par une requête du débiteur exposant sa situation économique, financière, sociale et patrimoniale, ses besoins de financement ainsi que, le cas échéant, les moyens d'y faire face. Le débiteur peut proposer le nom d'un conciliateur.**

La procédure de conciliation est ouverte par le président du tribunal qui désigne un conciliateur pour une période n'excédant pas quatre mois mais qu'il peut, par une décision motivée, proroger à la demande de ce dernier sans que la durée totale de la procédure de conciliation ne puisse excéder cinq mois. Si une demande de constatation ou d'homologation a été formée en application de l'article L. 611-8 avant l'expiration de cette période, la mission du conciliateur et la procédure sont prolongées jusqu'à la décision, selon le cas, du président du tribunal ou du tribunal. À défaut, elles prennent fin de plein droit et une nouvelle conciliation ne peut être ouverte dans les trois mois qui suivent.

La décision ouvrant la procédure de conciliation est communiquée au ministère public et, si le débiteur est soumis au contrôle légal de ses comptes, aux commissaires aux comptes. Lorsque le débiteur exerce une profession libérale soumise à un statut législatif ou réglementaire ou dont le titre est protégé, la décision est également communiquée à l'ordre professionnel ou à l'autorité compétente dont, le cas échéant, il relève. Elle est susceptible d'appel de la part du ministère public. Le débiteur n'est pas tenu d'informer le comité d'entreprise ou, à défaut, les délégués du personnel de l'ouverture de la procédure.

Le débiteur peut récuser le conciliateur dans des conditions et délais fixés par décret en Conseil d'État.

(Al. mod., L. n° 2019-486, 22 mai 2019) Après ouverture de la procédure de conciliation, le président du tribunal peut, nonobstant toute disposition législative ou réglementaire contraire, obtenir communication de tout renseignement lui permettant d'apprécier la situation économique, financière, sociale et patrimoniale du débiteur et ses perspectives de règlement, notamment par les commissaires aux comptes, les experts-comptables, les notaires, les membres et représentants du personnel, les administrations et organismes publics, les organismes de sécurité et de prévoyance sociales, les établissements de crédit, les sociétés de financement, les établissements de monnaie électronique, les établissements de paiement, les entreprises d'assurance mentionnées à l'article L. 310-2 du Code des assurances pratiquant les opérations d'assurance-crédit ainsi que les services chargés de centraliser les risques bancaires et les incidents de paiement. En outre, il peut charger un expert de son choix d'établir un rapport sur la situation économique, financière, sociale et patrimoniale du débiteur.

Voir : C. com., art. R. 611-22 et s., p. 2143.

Bibliographie : Ch. Delattre, *Le ministère public : organe de contrôle dans la procédure de conciliation : Rev. proc. coll.* 2017, étude 15. • G.-A. Lafont de Sentenac, *Rôle du commissaire aux comptes et de l'expert-comptable dans la détermination du passif du débiteur en conciliation ou sauvegarde : BJS* 2006, p. 1083.

Art. L. 611-7 *(L. n° 2005-845, 26 juill. 2005 ; mod., L. n° 2008-776, 4 août 2008 ; à compter du 1er juillet 2014, Ord. n° 2014-326, 12 mars 2014).* – Le conciliateur a pour mission de favoriser la conclusion entre le débiteur et ses principaux créanciers ainsi que, le cas échéant, ses cocontractants habituels, d'un accord amiable destiné à mettre fin aux difficultés de l'entreprise. Il peut également présenter toute proposition se rapportant à la sauvegarde de l'entreprise, à la poursuite de l'activité économique et au maintien de l'emploi. Il peut être chargé, à la demande du débiteur et après avis des créanciers participants, d'une mission ayant pour objet l'organisation d'une cession partielle ou totale de l'entreprise qui pourrait être mise en œuvre, le cas échéant, dans le cadre d'une procédure ultérieure de sauvegarde, de redressement judiciaire ou de liquidation judiciaire.

Le conciliateur peut, pour exercer sa mission, obtenir du débiteur tout renseignement utile. Le président du tribunal communique au conciliateur les renseignements dont il dispose et, le cas échéant, les résultats de l'expertise mentionnée au cinquième alinéa de l'article L. 611-6.

Les administrations financières, les organismes de sécurité sociale, les institutions gérant le régime d'assurance chômage prévu par les articles L. 5422-1 et suivants du Code du travail *(Anc. art. L. 351-3 et s., dénum., Ord. n° 2007-329, 12 mars 2007)* et les institutions régies par le livre IX du Code de la sécurité sociale peuvent consentir des remises de dettes dans les conditions fixées à l'article L. 626-6 du présent code. Des cessions de rang de privilège ou d'hypothèque ou l'abandon de ces sûretés peuvent être consenties dans les mêmes conditions.

Le conciliateur rend compte au président du tribunal de l'état d'avancement de sa mission et formule toutes observations utiles sur les diligences du débiteur.

Au cours de la procédure, le débiteur mis en demeure ou poursuivi par un créancier peut demander au juge qui a ouvert celle-ci de faire application *(Mots rempl. à compter du 1er octobre 2016, Ord. n° 2016-131, 10 févr. 2016)* « de l'article 1343-5 du Code civil ». Le juge statue après avoir recueilli les observations du conciliateur. Il

peut subordonner la durée des mesures ainsi prises à la conclusion de l'accord prévu au présent article. Dans ce cas, le créancier intéressé est informé de la décision selon des modalités fixées par décret en Conseil d'État.

Voir : C. com., art. R. 611-35 et s., p. 2146.

Bibliographie : M. Douaoui-Chamseddine, *Le prepack cession dans les procédures collectives : Rev. Lamy dr. aff.* 2014, n° 97, p. 69. • Ph. Dupichot, *Le financement des entreprises en difficulté : BJE* 2018, 5, p. 394. • M.-H. Monsérié-Bon, B. Amizet, G. Azam et Ch. Cavigliolí, *Le prepack cession Fram : expériences et enseignements : BJE* 2016, p. 144. • Th. Montéran et M. Mieulle, *Le vade-mecum du plan de cession « prepack » : BJE* 2015, p. 164. • G. Teboul, *Le prepack cession : quoi de neuf ? : Rev. proc. coll.* 2016, étude 22. • C. Vincent, *La faillite du plan de cession (ou les incidences du prepack-cession) : D.* 2015, p. 577.

Art. L. 611-8 *(L. n° 2005-845, 26 juill. 2005)*. **– I. – Le président du tribunal, sur la requête conjointe des parties, constate leur accord et donne à celui-ci force exécutoire. Il statue au vu d'une déclaration certifiée du débiteur attestant qu'il ne se trouvait pas en cessation des paiements lors de la conclusion de l'accord, ou que ce dernier y met fin. La décision constatant l'accord n'est pas soumise à publication et n'est pas susceptible de recours. Elle met fin à la procédure de conciliation.**

II. – Toutefois, à la demande du débiteur, le tribunal homologue l'accord obtenu si les conditions suivantes sont réunies :

1° Le débiteur n'est pas en cessation des paiements ou l'accord conclu y met fin ;

2° Les termes de l'accord sont de nature à assurer la pérennité de l'activité de l'entreprise ;

3° L'accord ne porte pas atteinte aux intérêts des créanciers non signataires, *(Mots suppr., Ord. n° 2008-1345, 18 déc. 2008)* « ... ».

III *(Créé à compter du 1er juillet 2014, Ord. n° 2014-326, 12 mars 2014)*. **– Lorsque le président du tribunal constate l'accord ou que le tribunal homologue celui-ci, il peut, à la demande du débiteur, désigner le conciliateur en tant que mandataire à l'exécution de l'accord pendant la durée de cette exécution. En cas de difficultés faisant obstacle à l'exécution de sa mission, le mandataire désigné présente sans délai un rapport, selon le cas, au président du tribunal ou au tribunal, qui peut alors mettre fin à sa mission par décision notifiée au débiteur. Ce dernier peut également, à tout moment, solliciter la fin de cette mission.**

Voir : C. com., art. R. 611-39 et R. 611-40, p. 2146.

Bibliographie : Ph. Pétel, *Engagement cambiaire et délais imposés par le juge de la conciliation, Études en la mémoire de Philippe Neau-Leduc, Le juriste dans la cité* : LGDJ-Lextenso, 2018, p. 791.

Art. L. 611-8-1 *(Créé à compter du 1er juillet 2014, Ord. n° 2014-326, 12 mars 2014)*. **– Le comité d'entreprise ou, à défaut, les délégués du personnel sont informés par le débiteur du contenu de l'accord lorsque celui-ci demande l'homologation.**

Art. L. 611-9 *(L. n° 2005-845, 26 juill. 2005)*. **– Le tribunal statue sur l'homologation après avoir entendu ou dûment appelé en chambre du conseil le débiteur, les créanciers parties à l'accord, les représentants du comité d'entreprise ou, à défaut, des délégués du personnel, le conciliateur et le ministère public. L'ordre professionnel ou l'autorité compétente dont relève, le cas échéant, le débiteur qui exerce une profession libérale soumise à un statut législatif ou réglementaire ou dont le titre est protégé, est entendu ou appelé dans les mêmes conditions.**

Le tribunal peut entendre toute autre personne dont l'audition lui paraît utile.

Voir : C. com., art. R. 611-40, p. 2147.

Art. L. 611-10 *(L. n° 2005-845, 26 juill. 2005)*. **– L'homologation de l'accord met fin à la procédure de conciliation.**

(Al. mod., Ord. n° 2008-1345, 18 déc. 2008) **Lorsque le débiteur est soumis au contrôle légal de ses comptes, l'accord homologué est transmis à son commissaire aux comptes. Le jugement d'homologation est déposé au greffe où tout intéressé peut en prendre connaissance et fait l'objet d'une mesure de publicité. Il est susceptible d'appel de la part du ministère public et, en cas de contestation relative au privilège mentionné à l'article L. 611-11, de la part des parties à l'accord. Il peut également être frappé de tierce opposition. Le jugement rejetant l'homologation ne fait pas l'objet d'une publication. Il est susceptible d'appel.**

(Trois al. abr., Ord. n° 2008-1345, 18 déc. 2008).

Voir : C. com., art. R. 611-41 et s., p. 2147.

Art. L. 611-10-1 *(Ord. n° 2008-1345, 18 déc. 2008). – (Mod., Ord. n° 2014-326, 12 mars 2014 ; à compter du 1er octobre 2016, Ord. n° 2016-131, 10 févr. 2016)* **Pendant la durée de son exécution, l'accord constaté ou homologué interrompt ou interdit toute action en justice et arrête ou interdit toute poursuite individuelle tant sur les meubles que les immeubles du débiteur dans le but d'obtenir le paiement des créances qui en font l'objet ; nonobstant les dispositions de l'article 1343-2 du Code civil, les intérêts échus de ces créances ne peuvent produire des intérêts. Il interrompt, pour la même durée, les délais impartis aux créanciers parties à l'accord à peine de déchéance ou de résolution des droits afférents aux créances mentionnées par l'accord.**

(Ord. n° 2014-326, 12 mars 2014 ; mod. à compter du 1er octobre 2016, Ord. n° 2016-131, 10 févr. 2016) **Si, au cours de cette même durée, le débiteur est mis en demeure ou poursuivi par l'un des créanciers appelés à la conciliation dans le but d'obtenir le paiement d'une créance qui n'a pas fait l'objet de l'accord, le juge qui a ouvert la procédure de conciliation peut, à la demande du débiteur et après avoir recueilli, le cas échéant, les observations du mandataire à l'exécution de l'accord, faire application des dispositions de l'article 1343-5 du Code civil, en prenant en compte les conditions d'exécution de l'accord. Les dispositions du présent alinéa ne sont pas applicables aux créanciers mentionnés au troisième alinéa de l'article L. 611-7.**

Art. L. 611-10-2 *(Ord. n° 2008-1345, 18 déc. 2008 ; mod., Ord. n° 2010-1512, 9 déc. 2010).* **– Les personnes coobligées ou ayant consenti une sûreté personnelle ou ayant affecté ou cédé un bien en garantie peuvent se prévaloir** *(Mots aj. à compter du 1er juillet 2014, Ord. n° 2014-326, 12 mars 2014)* **« des mesures accordées au débiteur en application du cinquième alinéa de l'article L. 611-7 ainsi que » des dispositions de l'accord constaté ou homologué.**

L'accord homologué entraîne la levée de plein droit de toute interdiction d'émettre des chèques conformément à l'article L. 131-73 du Code monétaire et financier, mise en œuvre à l'occasion du rejet d'un chèque émis avant l'ouverture de la procédure de conciliation. Lorsque le débiteur est un entrepreneur individuel à responsabilité limitée, cette interdiction est levée sur les comptes afférents au patrimoine visé par la procédure.

Art. L. 611-10-3 *(Ord. n° 2008-1345, 18 déc. 2008).* **– Saisi par l'une des parties à l'accord constaté, le président du tribunal, s'il constate l'inexécution des engagements résultant de cet accord, prononce la résolution de celui-ci.**

Dans les mêmes conditions, le tribunal prononce la résolution de l'accord homologué.

Le président du tribunal ou le tribunal qui décide la résolution de l'accord peut aussi prononcer la déchéance de tout délai de paiement accordé en application du cinquième alinéa de l'article L. 611-7 *(Mots aj. à compter du 1er juillet 2014, Ord. n° 2014-326, 12 mars 2014)* **« ou du second alinéa de l'article L. 611-10-1 ».**

Bibliographie : S. Ravenne, *La résolution de l'accord de conciliation : Rev. proc. coll.* 2009, étude 30, p. 11.

Art. L. 611-11 *(L. n° 2005-845, 26 juill. 2005). – (Rempl., Ord. n° 2008-1345, 18 déc. 2008)* **En cas d'ouverture d'une procédure de sauvegarde, de redressement judiciaire ou de liquidation judiciaire, les personnes qui avaient consenti, « dans le cadre d'une procédure de conciliation ayant donné lieu à l'accord homologué »** *(Mots mod. à compter du 1er juillet 2014, Ord. n° 2014-326, 12 mars 2014)* **mentionné au II de l'article L. 611-8, un nouvel apport en trésorerie au débiteur en vue d'assurer la poursuite d'activité de l'entreprise et sa pérennité, sont payées, pour le montant de cet apport, par privilège avant toutes les autres créances, selon le rang prévu au II de l'article L. 622-17 et au II de l'article L. 641-13. Les personnes qui fournissent, dans « le même cadre »** *(Mots mod. à compter du 1er juillet 2014, Ord. n° 2014-326, 12 mars 2014)*, **un nouveau bien ou service en vue d'assurer la poursuite d'activité de l'entreprise et sa pérennité bénéficient du même privilège pour le prix de ce bien ou de ce service.**

Cette disposition ne s'applique pas aux apports consentis par les actionnaires et associés du débiteur dans le cadre d'une augmentation de capital.

Les créanciers signataires de l'accord ne peuvent bénéficier directement ou indirectement de cette disposition au titre de leurs concours antérieurs à l'ouverture de la conciliation.

Bibliographie : J.-F. Barbièri, *Dirigeants et associés d'une entreprise en difficulté : entre partenaires et débiteurs : LPA* 30 sept. 2008, p. 6. • Ph. Dupichot, *Le financement des entreprises en difficulté : BJE* 2018, 5, p. 394. • J.-E. Kuntz et V.-P. Merat, *L'introduction au bénéfice des investisseurs financiers d'un super-privilège de paiement et d'un principe général d'irresponsabilité civile : Journ. soc.* 24 sept. 2005, p. 50. • N. Laurent et O. Assant, *Bilan de l'efficacité du privilège de new* money *instauré par la loi de sauvegarde du 26 juillet 2005 ; La publicité du jugement de conciliation homologué a-t-elle tué ce privilège ? : JCP* 2008, I, 157. • P.-M. Le Corre, *Le privilège de la conciliation : Gaz. Pal.* 7-8 sept. 2005, p. 50. • C. Saint-Alary-Houin, *Les privilèges de la procédure*, in Colloque *Échanges sur la loi de sauvegarde des entreprises : de la Côte d'Or à la Côte d'Azur : LPA* 14 juin 2007, p. 70.

Art. L. 611-12 ***(L. n° 2005-845, 26 juill. 2005).*** **– L'ouverture d'une procédure de sauvegarde, de redressement judiciaire ou de liquidation judiciaire met fin de plein droit à l'accord constaté ou homologué en application de l'article L. 611-8. En ce cas, les créanciers recouvrent l'intégralité de leurs créances et sûretés, déduction faite des sommes perçues, sans préjudice des dispositions prévues à l'article L. 611-11.**

Bibliographie : S. Ravenne, *La résolution de l'accord de conciliation : Rev. proc. coll.* 2009, étude 30, p. 11.

Art. L. 611-13 ***(L. n° 2005-845, 26 juill. 2005 ; mod., L. n° 2016-1547, 18 nov. 2016).*** **– Les missions de mandataire *ad hoc* ou de conciliateur ne peuvent être exercées par une personne ayant, au cours des vingt-quatre mois précédents, perçu, à quelque titre que ce soit, directement ou indirectement, une rémunération ou un paiement de la part du débiteur intéressé, de tout créancier du débiteur ou d'une personne qui en détient le contrôle ou est contrôlée par lui au sens de l'article L. 233-16, sauf s'il s'agit d'une rémunération perçue au titre d'un mandat *ad hoc* ou d'un mandat de justice confié dans le cadre d'une procédure de règlement amiable ou d'une procédure de conciliation à l'égard du même débiteur ou du même créancier ou de la rémunération perçue au titre d'un mandat de justice, autre que celui de commissaire à l'exécution du plan, confié dans le cadre d'une procédure de sauvegarde ou de redressement judiciaire. L'existence d'une rémunération ou d'un paiement perçus de la part d'un débiteur entrepreneur individuel à responsabilité limitée est appréciée en considération de tous les patrimoines dont ce dernier est titulaire. La personne ainsi désignée doit attester sur l'honneur, lors de l'acceptation de son mandat, qu'elle se conforme à ces interdictions.**

Les missions de mandataire *ad hoc* ou de conciliateur ne peuvent être confiées à un juge consulaire en fonction ou ayant quitté ses fonctions depuis moins de cinq ans.

Bibliographie : H. Croze, *Loi de sauvegarde des entreprises – Mandat* ad hoc *et procédure de conciliation : Procédures* 2005, étude 12. • R. Valliot, *La loi du 26 juillet 2005 portant réforme du droit des entreprises en difficulté : le point de vue de l'administrateur judiciaire* ad hoc *et conciliateur : JCP* E 2005, 1515.

Art. L. 611-14 ***(L. n° 2005-845, 26 juill. 2005). – (Rempl. à compter du 1er juillet 2014, Ord. n° 2014-326, 12 mars 2014)*** **Après avoir recueilli l'accord du débiteur et, en cas de recours à la conciliation et au mandat à l'exécution de l'accord, l'avis du ministère public dans les conditions fixées par décret en Conseil d'État, le président du tribunal fixe, au moment de leur désignation, les conditions de la rémunération du mandataire *ad hoc*, du conciliateur, du mandataire à l'exécution de l'accord et, le cas échéant, de l'expert, en fonction des diligences qu'implique l'accomplissement de leur mission. Leur rémunération est arrêtée à l'issue de celle-ci par ordonnance du président du tribunal qui est communiquée au ministère public. La rémunération ne peut être liée au montant des abandons de créances obtenus ni faire l'objet d'un forfait pour ouverture du dossier**

Les recours contre *(Mots rempl., Ord. n° 2008-1345, 18 déc. 2008)* « la décision arrêtant la rémunération » sont portés devant le premier président de la cour d'appel dans un délai fixé par décret en Conseil d'État.

Voir : C. com., art. R. 611-47 et s., p. 2148.

Art. L. 611-15 ***(L. n° 2005-845, 26 juill. 2005).*** **– Toute personne qui est appelée à la procédure de conciliation ou à un mandat *ad hoc* ou qui, par ses fonctions, en a connaissance est tenue à la confidentialité.**

Bibliographie : Ch. Delattre, *La levée de la confidentialité : pour quoi faire ? (ou la levée des tabous) : Rev. proc. coll.* 2018, 6, étude 26.

Art. L. 611-16 ***(Créé à compter du 1er juillet 2014, Ord. n° 2014-326, 12 mars 2014).*** **– Est réputée non écrite toute clause qui modifie les conditions de poursuite d'un contrat en cours en diminuant les droits ou en aggravant les obligations du débiteur du seul fait de la désignation d'un mandataire *ad hoc* en application de l'article L. 611-3 ou de l'ouverture d'une procédure de conciliation en application de l'article L. 611-6 ou d'une demande formée à cette fin.**

Est réputée non écrite toute clause mettant à la charge du débiteur, du seul fait de la désignation d'un mandataire *ad hoc* en application de l'article L. 611-3 ou de l'ouverture d'une procédure de conciliation en application de l'article L. 611-6, les honoraires du conseil auquel le créancier a fait appel dans le cadre de ces procédures pour la quote-part excédant la proportion fixée par arrêté du garde des sceaux, ministre de la justice.

Bibliographie : F. Macorig-Venier, *L'efficacité des « clauses d'anticipation » : BJE* 2019, n° 1, dossier p. 40.

CHAPITRE II. – DES DISPOSITIONS APPLICABLES AUX PERSONNES MORALES DE DROIT PRIVÉ NON COMMERÇANTES AYANT UNE ACTIVITÉ ÉCONOMIQUE

Bibliographie : F.-X. Lucas, *La loi de sauvegarde article par article : LPA* 8 févr. 2006, p. 20.

Art. L. 612-1 ***(Mod., L. n° 2005-845, 26 juill. 2005 ; Ord. n° 2006-1225, 5 oct. 2006).*** **– Les personnes morales de droit privé non commerçantes ayant une activité économique dont le nombre de salariés, le montant hors taxes du chiffre d'affaires ou les ressources et le total du bilan dépassent, pour deux de ces critères, des seuils fixés par décret en Conseil d'État, doivent établir chaque année un bilan, un compte de résultat et une annexe. Les modalités d'établissement de ces documents sont précisées par décret.**

Ces personnes morales sont tenues de nommer au moins un commissaire aux comptes et *(Mots aj., L. n° 2019-486, 22 mai 2019)* « , lorsque les conditions définies au deuxième alinéa du I de l'article L. 823-1 sont réunies, » un suppléant.

Pour les coopératives agricoles et sociétés d'intérêt collectif agricole qui n'ont pas la forme commerciale et qui ne font pas appel public à l'épargne, cette obligation peut être satisfaite, dans les conditions définies à l'article L. 527-1-1 du Code rural, par le recours au service d'une fédération agréée pour la révision mentionnée à l'article L. 527-1 du même code.

Pour les coopératives agricoles et sociétés d'intérêt collectif agricole qui n'ont pas la forme commerciale et *(Mots rempl., Ord. n° 2009-80, 22 janv. 2009)* « dont les titres financiers ne sont pas admis aux négociations sur un marché réglementé », cette obligation peut être satisfaite, dans les conditions définies à l'article L. 527-1-1 du Code rural, par le recours au service d'une fédération agréée pour la révision mentionnée à l'article L. 527-1 du même code.

Les peines prévues par l'article L. 242-8 sont applicables aux dirigeants des personnes morales mentionnées au premier alinéa du présent article qui n'auront pas, chaque année, établi un bilan, un compte de résultat et une annexe.

Même si les seuils visés au premier alinéa ne sont pas atteints, les personnes morales de droit privé non commerçantes ayant une activité économique peuvent nommer un commissaire aux comptes et un suppléant dans les mêmes conditions que celles prévues au deuxième alinéa. Dans ce cas, le commissaire aux comptes et son suppléant sont soumis aux mêmes obligations, encourent les mêmes responsabilités civile et pénale et exercent les mêmes pouvoirs que s'ils avaient été désignés en application du premier alinéa.

Bibliographie : G. Blanc, *La situation du commissaire aux comptes après la loi n° 84-148 du 1er mars 1984 : JCP* E 1984, II, 14304.

Voir : C. rur., art. R. 527-12, p. 2668.

Art. L. 612-2 ***(Anc. L. n° 84-148, 1er mars 1984).*** **– Les personnes morales de droit privé non commerçantes ayant une activité économique dont, soit le nombre de salariés, soit le montant hors taxes du chiffre d'affaires ou les ressources dépassent un seuil défini par décret en Conseil d'État, sont tenues d'établir une situation de l'actif réalisable et disponible, valeurs d'exploitation exclues, et du passif exigible, un compte de résultat prévisionnel, un tableau de financement et un plan de financement.**

La périodicité, les délais et les modalités d'établissement de ces documents sont précisés par décret.

Ces documents sont analysés dans des rapports écrits sur l'évolution de la personne morale, établis par l'organe chargé de l'administration. Ces documents et rapports sont communiqués simultanément au commissaire aux comptes, au comité d'entreprise *(L. n° 2005-845, 26 juill. 2005)* « ou, à défaut, aux délégués du personnel » et à l'organe chargé de la surveillance, lorsqu'il en existe.

En cas de non-observation des dispositions prévues aux alinéas précédents ou si les informations données dans les rapports visés à l'alinéa précédent appellent des observations de sa part, le commissaire aux comptes le signale dans un rapport écrit qu'il communique à l'organe chargé de l'administration ou de la direction. Ce

rapport est communiqué au comité d'entreprise ***(L. n° 2005-845, 26 juill. 2005)*** **« ou, à défaut, aux délégués du personnel ». Il est donné connaissance de ce rapport à la prochaine réunion de l'organe délibérant.**

Bibliographie : Y. Guyon, *L'information prévisionnelle : JCP* E 1985, I, 14608.

Art. L. 612-3 ***(Mod., L. n° 2005-845, 26 juill. 2005).*** **– Lorsque le commissaire aux comptes d'une personne morale visée aux articles L. 612-1 et L. 612-4 relève, à l'occasion de l'exercice de sa mission, des faits de nature à compromettre la continuité de l'exploitation de cette personne morale, il en informe les dirigeants de la personne morale dans des conditions fixées par décret en Conseil d'État.**

À défaut de réponse dans un délai fixé par décret en Conseil d'État, ou si celle-ci ne permet pas d'être assuré de la continuité de l'exploitation, le commissaire aux comptes invite, par un écrit dont la copie est transmise au président du tribunal de grande instance, les dirigeants à faire délibérer l'organe collégial de la personne morale sur les faits relevés. Le commissaire aux comptes est convoqué à cette séance. La délibération de l'organe collégial est communiquée au comité d'entreprise ou, à défaut, aux délégués du personnel et au président du tribunal de grande instance.

(Mots rempl., L. n° 2011-525, 17 mai 2011) **Lorsque l'organe collégial de la personne morale n'a pas été réuni pour délibérer sur les faits relevés ou lorsque le commissaire aux comptes n'a pas été convoqué à cette séance ou si le commissaire aux comptes constate qu'en dépit des décisions prises la continuité de l'exploitation demeure compromise, une assemblée générale est convoquée dans des conditions et délais fixés par décret en Conseil d'État. Le commissaire aux comptes établit un rapport spécial qui est présenté à cette assemblée. Ce rapport est communiqué au comité d'entreprise ou, à défaut, aux délégués du personnel.**

Si, à l'issue de la réunion de l'assemblée générale, le commissaire aux comptes constate que les décisions prises ne permettent pas d'assurer la continuité de l'exploitation, il informe de ses démarches le président du tribunal et lui en communique les résultats.

(L. n° 2011-525, 17 mai 2011) **Dans un délai de six mois à compter du déclenchement de la procédure, le commissaire aux comptes peut en reprendre le cours au point où il avait estimé pouvoir y mettre un terme lorsque, en dépit des éléments ayant motivé son appréciation, la continuité de l'exploitation demeure compromise et que l'urgence commande l'adoption de mesures immédiates.**

Les dispositions du présent article ne sont pas applicables lorsqu'une procédure de conciliation ou de sauvegarde a été engagée par le débiteur en application des articles L. 611-6 et L. 620-1.

Voir : C. com., art. R. 612-4, p. 2149.

Bibliographie : G. Blanc, *La situation du commissaire aux comptes après la loi n° 84-148 du 1er mars 1984 : JCP* E 1984, II, 14304. • J.-F. Barbièri, *L'amélioration de la prévention et la procédure d'alerte*, in *La réforme du droit des entreprises en difficulté : LPA* 14 sept. 1994, p. 40. • M. Lebreton, *Oraison funèbre du commissaire aux comptes : le Gouvernement pactisera-t-il au détriment de la détection précoce des difficultés des entreprises ? : BJE* 2018, 5, p. 460.

Art. L. 612-4 ***(Anc. L. n° 84-148, 1er mars 1984 ; L. n° 2005-845, 26 juill. 2005 ; Ord. n° 2005-856, 28 juill. 2005).*** **– « Toute association ayant reçu annuellement des autorités administratives, au sens de l'article 1er de la loi [n° 2000-321] du 12 avril 2000, ou des établissements publics à caractère industriel et commercial une ou plusieurs subventions dont le montant global dépasse un seuil fixé par décret, doit établir des comptes annuels comprenant un bilan, un compte de résultat et une annexe dont les modalités d'établissement sont fixées par décret. Ces associations doivent assurer, dans des conditions déterminées par décret en Conseil d'État, la publicité de leurs comptes annuels et du rapport du commissaire aux comptes ».**

Ces mêmes associations sont tenues de nommer au moins un commissaire aux comptes et ***(Mots aj., L. n° 2019-486, 22 mai 2019)*** **« , lorsque les conditions définies au deuxième alinéa du I de l'article L. 823-1 sont réunies, » un suppléant.**

(L. n° 2014-856, 31 juill. 2014) **Les peines prévues à l'article L. 242-8 sont applicables aux dirigeants des associations mentionnées au premier alinéa du présent article qui n'ont pas, chaque année, établi un bilan, un compte de résultat et une annexe.**

(L. n° 2014-856, 31 juill. 2014) **À la demande de tout intéressé, le président du tribunal, statuant en référé, peut enjoindre sous astreinte aux dirigeants de toute association mentionnée au premier alinéa d'assurer la publicité des comptes annuels et du rapport du commissaire aux comptes. Le président peut, dans les mêmes conditions et à cette même fin, désigner un mandataire chargé d'effectuer ces formalités.**

Décret n° 2009-540 du 14 mai 2009

portant sur les obligations des associations et des fondations relatives à la publicité de leurs comptes annuels *(JO 16 mai)*

Art. 1er. – Les associations et fondations soumises aux prescriptions du premier alinéa de l'article L. 612-4 du Code de commerce assurent la publicité de leurs comptes annuels et du rapport du commissaire aux comptes sur le site internet de la Direction des Journaux officiels.

À cette fin, elles transmettent par voie électronique à la Direction des Journaux officiels, dans les trois mois à compter de l'approbation des comptes par l'organe délibérant statutaire, les documents mentionnés audit alinéa et, le cas échéant, ceux prévus au quatrième alinéa de l'article 4 de la loi [n° 91-772] du 7 août 1991 susvisée. Un arrêté du Premier ministre fixe les modalités de cette transmission.

Ces documents sont publiés sous forme électronique par la Direction des Journaux officiels, dans des conditions de nature à garantir leur authenticité et leur accessibilité gratuite.

Cette prestation donne lieu à rémunération pour service rendu dans les conditions prévues par le décret [n° 2005-1073] susvisé du 31 août 2005.

Art. 2 *(V. D. n° 2005-1073, 31 août 2005).*

Art. 3. – Pour les comptes annuels des exercices comptables ouverts à compter du 1er janvier 2006 et approuvés avant la publication de l'arrêté mentionné au deuxième alinéa de l'article 1er, le délai de transmission prévu au même alinéa court à compter de cette publication.

Art. L. 612-5 *(L. n° 2001-420, 15 mai 2001 ; mod., L. n° 2003-706, 1er août 2003).* **– Le représentant légal ou, s'il en existe un, le commissaire aux comptes d'une personne morale de droit privé non commerçante ayant une activité économique ou d'une association visée à l'article L. 612-4 présente à l'organe délibérant ou, en l'absence d'organe délibérant, joint aux documents communiqués aux adhérents un rapport sur les conventions passées directement ou par personne interposée entre la personne morale et l'un de ses administrateurs ou l'une des personnes assurant un rôle de mandataire social.**

Il est de même des conventions passées entre cette personne morale et une *(Mot rempl., Ord. n° 2008-1345, 18 déc. 2008)* **« autre personne morale » dont un associé indéfiniment responsable, un gérant, un administrateur, le directeur général, un directeur général délégué, un membre du directoire ou du conseil de surveillance, un actionnaire disposant d'une fraction des droits de vote supérieure à 10 % est simultanément administrateur ou assure un rôle de mandataire social de ladite personne morale.**

L'organe délibérant statue sur ce rapport.

Un décret en Conseil d'État précise les conditions dans lesquelles le rapport est établi.

Une convention non approuvée produit néanmoins ses effets. Les conséquences préjudiciables à la personne morale résultant d'une telle convention peuvent être mises à la charge, individuellement ou solidairement selon le cas, de l'administrateur ou de la personne assurant le rôle de mandataire social.

Les dispositions du présent article ne sont pas applicables aux conventions courantes conclues à des conditions normales qui, en raison de leur objet ou de leurs implications financières, ne sont significatives pour aucune des parties.

Voir : C. com., art. R. 612-6 et R. 612-7, p. 2150.

Loi n° 84-148 du 1er mars 1984

relative à la prévention et au règlement amiable des difficultés des entreprises
(JO 2 mars)

Art. 30 *(Mod., L. n° 85-98, 25 janv. 1985 ; rempl., L. n° 2003-706, 1er août 2003 ; mod., L. fin. n° 2004-1484, 30 déc. 2004 ; L. n° 2006-387, 31 mars 2006 ; Ord. n° 2009-80, 22 janv. 2009 ; L. n° 2014-1545, 20 déc. 2014 ; L. n° 2019-486, 22 mai 2019).* **–** 1. Les établissements publics de l'État non soumis aux règles de la comptabilité publique sont tenus de désigner au moins un commissaire aux comptes et, lorsque les conditions définies au deuxième alinéa du I de l'article L. 823-1 du Code de commerce sont réunies, un suppléant. Toutefois, cette obligation ne s'impose pas lorsque le nombre de salariés, le montant hors taxes du chiffre d'affaires ou des ressources ainsi que le total du bilan ne dépassent pas, pour deux de ces critères, des seuils fixés par décret en Conseil d'État.

Les établissements publics de l'État, qu'ils soient ou non soumis aux règles de la comptabilité publique, sont tenus de nommer au moins deux commissaires aux comptes et, lorsque les conditions définies au deuxième alinéa du I de l'article L. 823-1 du Code de commerce sont réunies, deux suppléants lorsqu'ils établissent des comptes consolidés en application de l'article 13 de la loi n° 85-11 du 3 janvier 1985 relative aux comptes consolidés de certaines sociétés commerciales et entreprises publiques.

Néanmoins, quand les conditions posées aux premier et deuxième alinéas ne sont pas remplies, les établissements publics de l'État peuvent nommer au moins un commissaire aux comptes et, lorsque les conditions définies au deuxième alinéa du I de l'article L. 823-1 du Code de commerce sont réunies, un suppléant. Il en va de même dans les groupements d'intérêt public dont l'État ou un établissement public de l'État est membre.

2. Les commissaires aux comptes des établissements publics de l'État sont désignés dans les conditions prévues à l'article L. 823-1 du Code de commerce. Lorsque des titres financiers de l'établissement sont admis aux négociations sur un marché réglementé, cette désignation est effectuée après avis de l'Autorité des marchés financiers, dans des conditions fixées par décret.

Art. 31 *(Mod., L. n° 85-98, 25 janv. 1985)*. **–** Le commissaire aux comptes exerce ses fonctions dans les conditions prévues par la loi du 24 juillet 1966 précitée. Les dispositions de l'article 457 de la loi n° 66-537 du 24 juillet 1966 précitée sont applicables.

Les missions temporaires définies à l'article 220-4° de la loi du 24 juillet précitée ne peuvent être confiées au commissaire aux comptes par l'établissement ou l'entreprise mentionné à l'article précédent qu'à la demande soit de la Cour des comptes, soit de l'autorité qui a désigné le commissaire aux comptes, soit de l'Autorité des marchés financiers pour ceux qui font publiquement appel à l'épargne.

Art. 32. – Dans les établissements et entreprises mentionnés à l'article 30 qui répondent à l'un des critères définis à l'article 340-1 de la loi du 24 juillet 1966 précitée, le conseil d'administration ou le directoire est tenu d'établir les documents mentionnés à cet article. Les dispositions de l'article 340-2 de la loi du 24 juillet 1966 sont applicables.

CHAPITRE VI *BIS*. – CHAMBRES DE COMMERCE ET D'INDUSTRIE

(L. n° 95-116, 4 févr. 1995)

Art. 32 *bis* *(Abr. et codifié, Ord. n° 2000-912, 18 sept. 2000)*. **–** V. désormais, C. com., art. L. 712-3.

CHAPITRE VII. – GROUPEMENTS DE PRÉVENTION AGRÉÉS ET RÈGLEMENT AMIABLE

Art. 33 à 38 *(Abr. et codifié, Ord. n° 2000-912, 18 sept. 2000)*. **–** V. désormais, C. com., art. L. 611-1 à L. 611-6.

CHAPITRE VIII. – MODIFICATIONS DU CODE DU TRAVAIL

Art. 39 à 44 *(Abr., Ord. n° 2000-912, 18 sept. 2000).*

CHAPITRE IX. – AUTRES MESURES D'INFORMATION

Art. 45 à 47*(Abr., Ord. n° 2000-912, 18 sept. 2000).*

Art. 48 *(Abr. et codifié, Ord. n° 2000-1223, 14 déc. 2000)*. **–** V. désormais, C. monét. fin., art. L. 313-22.

Art. 49 *(Abr., Ord. n° 2000-912, 18 sept. 2000).*

CHAPITRE X. – DISPOSITIONS PÉNALES

Art. 50 à 54 *(Abr., Ord. n° 2000-912, 18 sept. 2000).*

CHAPITRE XI. – DISPOSITIONS DIVERSES

Art. 55 et 56 *(Abr., Ord. n° 2000-912, 18 sept. 2000).*

Art. 57. – Les dispositions de l'article 219-3, troisième alinéa, de la loi du 24 juillet 1966 précitée ne sont pas applicables aux personnes occupant un emploi salarié qui étaient inscrites sur la liste des commissaires aux comptes à la date de la promulgation de la présente loi.

Art. 58 *(Abr., Ord. n° 2000-912, 18 sept. 2000).*

Art. 59. – Un décret en Conseil d'État adaptera, pour les banques et les entreprises de réassurance, les dispositions des articles 340-1, 341-1 et 341-2 de la loi n° 66-537 du 24 juillet 1966 précitée, en particulier la forme et le contenu des documents qui doivent être établis.

L'application de la présente loi aux entreprises d'assurance et de capitalisation s'effectue dans les conditions prévues par l'article L. 310-3 du Code des assurances.

Art. 60 à 62 *(Abr., Ord. n° 2000-912, 18 sept. 2000).*

Décret n° 85-295 du 1er mars 1985

pris pour l'application de la loi n° 84-148 du 1er mars 1984 relative à la prévention et au règlement amiable des difficultés des entreprises
(JO 5 mars)

Art. 33 *(Mod., D. n° 2001-373, 27 avr. 2001 ; rempl., D. n° 2005-747, 1er juill. 2005).* – 1. La désignation d'au moins un commissaire aux comptes et d'un suppléant prévue à l'article 30 de la loi n° 84-148 du 1er mars 1984 relative à la prévention et au règlement amiable des difficultés des entreprises est obligatoire dès lors que deux des trois seuils sont franchis :

a) Nombre moyen de salariés permanents : 50 ;
b) Montant hors taxes du chiffre d'affaires et des ressources liées à l'activité courante : 3 100 000 euros ;
c) Total du bilan : 1 550 000 euros.

Le nombre de salariés, le chiffre d'affaires et le total du bilan sont calculés selon la méthode définie aux alinéas 4, 5 et 6 de l'article 17 du décret n° 83-1020 du 29 novembre 1983 pris en application de la loi n° 83-353 du 30 avril 1983 et relatif aux obligations comptables des commerçants.

Le montant des ressources comprend les subventions et produits de toute nature liés à l'activité courante.

Les établissements publics de l'État mentionnés au premier alinéa de l'article 30 de la loi [n° 84-148] du 1er mars 1984 précitée ne sont plus tenus de recourir à un commissaire aux comptes dès lors qu'ils n'ont pas dépassé les seuils de deux des trois critères fixés aux deuxième, troisième et quatrième alinéas du présent article pendant les deux exercices précédant l'expiration du mandat du commissaire aux comptes.

2. Lorsque *(Mots rempl., D. n° 2009-557, 19 mai 2009)* « les titres financiers de l'établissement sont admis aux négociations sur un marché réglementé », le ministre chargé de l'économie saisit pour avis l'Autorité des marchés financiers avant de procéder à la nomination des commissaires aux comptes. À défaut de réponse de l'autorité dans un délai d'un mois, l'accord de cette dernière est réputé acquis.

Art. 34 *(D. n° 87-169, 13 mars 1987 ; D. n° 2001-373, 27 avr. 2001).* – Les établissements publics de l'État et les entreprises nationales mentionnés à l'article 30 de la loi du 1er mars 1984 précitée qui, à la clôture de l'exercice social, comptent trois cents salariés ou plus ou dont le montant hors taxes du chiffre d'affaires est supérieur ou égal à 18 000 000 €, sont tenus d'établir les documents mentionnés à l'article 340-1 de la loi sur les sociétés commerciales et les rapports correspondants. Ces critères sont définis selon les dispositions prévues aux alinéas 3 et 4 de l'article 244 du décret n° 67-236 du 23 mars 1967 modifié sur les sociétés commerciales.

Ils cessent d'être assujettis à cette obligation lorsqu'ils ne dépassent aucun des chiffres fixés pour ces critères pendant deux exercices successifs.

Le conseil d'administration ou l'organe qui en tient lieu établit et analyse ces documents dans les conditions prévues aux articles 244-1 à 244-4 du décret précité. Il communique ces documents et les rapports correspondants, dans les délais prévus à ces articles, au commissaire aux comptes ainsi qu'au comité d'entreprise et à l'organe chargé de la surveillance, lorsqu'il en existe.

Le commissaire aux comptes formule, le cas échéant, dans les conditions prévues à l'article 244-5 du décret précité, ses observations dans un rapport écrit qu'il communique au conseil d'administration ou à l'organe qui en tient lieu et au comité d'entreprise.

....

Art. 57 *(Mod., D. n° 98-327, 27 avr. 1998).* – Le présent décret est applicable dans la collectivité territoriale de Mayotte.

Les dispositions du présent décret sont également applicables dans les territoires de Nouvelle-Calédonie et des îles Wallis-et-Futuna à l'exception, d'une part, des deuxième et septième alinéas de l'article R. 524-10 du Code rural institué par l'article 27, de l'article 31, de l'article R. 531-6 du Code rural institué par l'article 32, du chapitre VI et des articles 42, 43, 52 et 53, d'autre part, pour le seul territoire de la Nouvelle-Calédonie, du chapitre V.

9.1.1.2. – De la sauvegarde

Code de commerce

Bibliographie : A. Besse et N. Morelli, *Le prepackaged plan à la française : pour une saine utilisation de la procédure de sauvegarde* : *JCP* E 2009, 1628. • C. Caviglioli et C. Leguevaques, *Aperçu de la procédure de sauvegarde à l'usage du chef d'entreprise* : *LPA* 17 févr. 2006, p. 28. • N. Cayrol, *La nature de la procédure de sauvegarde des entreprises* : *LPA* 19 sept. 2006, p. 3. • H. Croze, *Loi de sauvegarde des entreprises : Procédure de sauvegarde* : *Procédures* déc. 2005, étude 13. • R. Dammann et M. Guermonprez, *L'harmonisation franco-allemande des procédures collectives : adaptation de la sauvegarde* : *BJE* 2018, 2, p. 77. • R. Dammann et V. Rotaru, *Pour une réforme cohérente du droit des sûretés et de la loi de sauvegarde dans une approche d'harmonisation franco-allemande* : *Rev. proc. coll.* 2018, dossier 23. • J. Deharveng, *La procédure de sauvegarde est l'anticipation du redressement judiciaire plutôt qu'un redressement judiciaire anticipé : théorie et pratique au terme d'une année d'application* : *LPA* 16 févr. 2007, p. 4. • Ph. Delebecque, *Le risque de détournement de la procédure de sauvegarde* : *BJE* mai 2016, n° 113 j7. • A. Delfosse et J.-F. Peniguel, *La sauvegarde* : *JCP* N 2005, p. 1402. • Ph. Hameau, *Plaidoyer pour la sauvegarde* : *LPA* 22 oct. 2007, p. 1. • N. Laugier-Taillard, *L'anticipation judiciaire du risque de défaillance économique après l'ordonnance du 18 décembre 2008* : *LPA* 15 sept. 2009, p. 3. • H. Lécuyer et F.-X. Lucas, *La loi de sauvegarde article par article* : *LPA* 8 févr. 2006, p. 23. • J.-P. Legros, *La loi du 26 juillet 2005 de sauvegarde des entreprises : la nouvelle procédure de sauvegarde* : *Dr. sociétés* 2005, étude 11 ; *L'ordonnance du 18 décembre 2008 réformant la loi de sauvegarde des entreprises. – Première partie : prévention, confusion des patrimoines et sauvegarde* : *Dr. sociétés* 2009, étude 5. • Ch. Lestournelle, *La nouvelle procédure de sauvegarde des entreprises. Approche du praticien*, in *La loi du 26 juillet 2005 de sauvegarde des entreprises*, PU Aix-Marseille, 2006, p. 81. • F.-X. Lucas et M. Sénéchal, *Fiducie vs Sauvegarde. Fiducie ou sauvegarde, il faut choisir* : *D.* 2008, p. 29. • A. Martin-Serf, *La procédure de sauvegarde – 2e partie, ... tout en restant chef dans son entreprise*, in Colloque *Échanges sur la loi de sauvegarde des entreprises : de la Côte d'Or à la Côte d'Azur* : *LPA* 14 juin 2007. • M. Menjucq, *L'instrumentalisation de la procédure de sauvegarde est-elle frauduleuse ?* : *BJE* mai 2016, n° 113 j9. • M.-H. Monsérié-Bon, *La procédure de sauvegarde – 1re partie : Se mettre sous la protection de la justice...*, in Colloque *Échanges sur la loi de sauvegarde des entreprises : de la Côte d'Or à la Côte d'Azur* : *LPA* 14 juin 2007. • P. Rey, *De la sauvegarde des entreprises* : *JCP* E 2005, p. 1770. • J.-P. Rémery, *Le refus jurisprudentiel de la prise en compte des mobiles du débiteur dans le droit des entreprises en difficulté* : *BJE* mai 2016, 113 j4. • Ph. Roussel-Galle, *Bref aperçu sur les nouvelles procédures de conciliation et de sauvegarde* : *Dr. et proc.* 2005, p. 260 ; *La procédure de sauvegarde. Quand et pourquoi se mettre sous la protection de la justice* : *JCP* E 2006, 2437 ; *L'ouverture des procédures* : *D.* 2009, p. 644. • B. Saintourens, *L'instrumentalisation de la procédure de sauvegarde est-elle frauduleuse ?* : *BJE* mai 2016, n° 113 k2. • G. Teboul, *La procédure de sauvegarde : le nouveau Janus. Le nouveau texte : espoir ou perplexité ?* : *Journ. soc.* 24 sept. 2005, p. 32 ; *La procédure de sauvegarde : la boîte à outils* : *LPA* 17 févr. 2006, p. 20. • D. Tricot, *L'intérêt de la réforme du régime de sauvegarde* : *JCP* E 2009, 1575. • D. Voinot, *La nouvelle procédure de sauvegarde* : *Gaz. Pal.* 7-8 sept. 2005, p. 24.

Art. L. 620-1 *(Rempl., L. n° 2005-845, 26 juill. 2005). – (Al. mod., Ord. n° 2008-1345, 18 déc. 2008)* **Il est institué une procédure de sauvegarde ouverte sur demande d'un débiteur mentionné à l'article L. 620-2 qui, sans être en cessation des paiements, justifie de difficultés qu'il n'est pas en mesure de surmonter. Cette procédure est destinée à faciliter la réorganisation de l'entreprise afin de permettre la poursuite de l'activité économique, le maintien de l'emploi et l'apurement du passif.**

La procédure de sauvegarde donne lieu à un plan arrêté par jugement à l'issue d'une période d'observation et, le cas échéant, à la constitution de deux comités de créanciers, conformément aux dispositions des articles L. 626-29 et L. 626-30.

Bibliographie : M. Bayle, *L'enchaînement des procédures de prévention et de traitement de la cessation des paiements* : *LPA* 23 oct. 2008, p. 3. • C. Lebel, *Être ou ne pas être en cessation des paiements* : *Gaz. Pal.* 7-8 sept. 2005, p. 14. • Ph. Pétel, *Le critère d'ouverture de la sauvegarde* : *BJE* 2012, § 308. • B. Saintourens, *Les conditions d'ouverture des procédures après l'ordonnance du 18 décembre 2008 portant réforme du droit des entreprises en difficulté* : *Rev. proc. coll.* 2009, p. 40. • D. Voinot, *L'ouverture des procédures collectives. Ordonnance du 18 décembre 2008 et décret du 12 février 2009* : *Gaz. proc. coll.* 6-7 mars 2009, p. 10.

1) Critère d'ouverture. L'existence des conditions d'ouverture d'une procédure de sauvegarde d'une société filiale doivent être appréciées sans tenir compte des capacités financières du groupe : ▪ Cass. com., 26 juin 2007, n° 06-20.820 : *Bull. civ.* IV, n° 177 ; *JurisData* n° 2007-039782 ; *JCP* G 2007, II, 10147, note J. Vallansan ; *JCP* G 2008, I, 117, n° 1, obs. Ph. Pétel ; *D.* 2007, p. 1864, obs. A. Lienhard ; *Dr. sociétés* 2007, n° 177, obs. J.-P. Legros ; *BJS* 2007, p. 1165, note C. Régnaut-Moutier ; *Rev. proc. coll.* 2007, p. 223, obs. B. Saintourens.

Hors le cas de fraude, l'ouverture de la procédure de sauvegarde ne peut être refusée au débiteur, au motif qu'il chercherait ainsi à échapper à ses obligations contractuelles, dès lors qu'il justifie de difficultés qu'il n'est pas en mesure de surmonter et qui sont de nature à le conduire à la cessation des paiements, et sans qu'il ne soit requis d'établir que les difficultés invoquées affectent l'activité : ▪ Cass. com., 8 mars 2011, n°s 10-13.988, 10-13.989 et 10-13.990 : *Bull. civ.* IV, n° 33 ; *JurisData* n° 2011-002852 ; *JCP* E 2011, 1215, note A. Couret et B. Dondero ; *ibid.*, 1263, n° 1, obs. Ph. Pétel ; *D.* 2011, p. 919, note P.-M. Le Corre ; *Act. proc. coll.* 2011, comm. 106, obs. B. Saintourens ; conf. par ▪ CA Versailles, 19 janv. 2012, n° 11/03519 : *Rev. proc. coll.* 2012, étude 7, M. Menjucq ; *ibid.*, comm. 19, obs. B. Saintourens.

2) **Date d'appréciation.** L'existence des conditions d'ouverture d'une procédure de sauvegarde d'une société filiale doivent être appréciées au jour du jugement d'ouverture : ▪ Cass. com., 26 juin 2007, n° 1, préc.

Art. L. 620-2 *(Rempl., L. n° 2005-845, 26 juill. 2005 ; mod., Ord. n° 2008-1345, 18 déc. 2008 ; Ord. n° 2010-1512, 9 déc. 2010).* **– La procédure de sauvegarde est applicable à toute personne exerçant une activité commerciale** *(Mots rempl., L. n° 2019-486, 22 mai 2019)* **« , artisanale ou une activité agricole définie à l'article L. 311-1 du Code rural et de la pêche maritime et » à toute autre personne physique exerçant une activité professionnelle indépendante, y compris une profession libérale soumise à un statut législatif ou réglementaire ou dont le titre est protégé, ainsi qu'à toute personne morale de droit privé.**

À moins qu'il ne s'agisse de patrimoines distincts de l'entrepreneur individuel à responsabilité limitée, Il ne peut être ouvert de nouvelle procédure de sauvegarde à l'égard d'un débiteur déjà soumis à une telle procédure, ou à une procédure de redressement judiciaire ou de liquidation judiciaire, tant qu'il n'a pas été mis fin aux opérations du plan qui en résulte ou que la procédure de liquidation n'a pas été clôturée.

Bibliographie : A. Cérati-Gauthier, *Application de la loi de sauvegarde des entreprises aux professions libérales : JCP* E 2008, 2436. • H. Favario, *L'avocat en difficulté (application de la loi de sauvegarde à l'avocat exerçant en nom) : BJS* 2006, p. 691. • Ch. Lebel, *Éligibilité des associés de certaines sociétés de personnes aux procédures collectives : JCP* E 2014, 1207. • H. Lécuyer, *Les nouveaux débiteurs : Rev. proc. coll.* 2006, p. 332. • R. Martin et P. Neveu, *L'application à la profession de la loi du 26 juillet 2005 sur la sauvegarde des entreprises : JCP* 2006, I, 125. • Ph. Reigné, *La prévention et le traitement des difficultés des professions libérales*, in *Actes du colloque La loi de sauvegarde des entreprises : quelles procédures ? Quelles responsabilités ?*, Litec, coll. « Colloques et débats », 2007, p. 7. • S. Rétif, *L'extension des procédures collectives aux professions libérales : Dr. et patrimoine* mars 2006, p. 95 ; *ibid. : Rev. proc. coll.* 2006, p. 152. • B. Soinne, *Profession libérale et procédure collective : Rev. proc. coll.* 1997, p. 377 ; *L'application du droit des procédures collectives aux titulaires d'offices publics et ministériels (la situation des huissiers de justice) : Rev. proc. coll.* 2011, étude 18. • J. Vallansan, *L'évolution des personnes assujetties à la procédure collective : 1985-2005*, in *La loi du 25 janvier 1985 a vingt ans ! Entre bilan et réforme : Rev. Lamy dr. aff.* mars 2005, suppl. p. 12. • O. Varin, *Les professions libérales : aspects pratiques : Rev. proc. coll.* 2006, p. 156. • F. Verger et A. Mignone, *Aspect pratiques de l'application de la loi du 26 juillet 2005 aux professionnels libéraux : D.* 2006, p. 2234. • N. Vignal, *L'extension du droit des entreprises en difficulté aux professions libérales*, in *La loi du 26 juillet 2005 de sauvegarde des entreprises*, PU Aix-Marseille, 2006, p. 31. • C. Vincent, *Associés indéfiniment responsables et droit des entreprises en difficulté : Rev. jur. com.* 2015, p. 244 ; *La qualité du débiteur dépourvu d'entreprise : JCP* E 2016, 1340. • *Adde* A. Martin-Serf, *JCl. Sociétés traité*, Fasc. 41-10.

1) **Unité de la procédure.**

a) **Principe.** Le principe de l'unité du patrimoine des personnes juridiques interdit l'ouverture de deux procédures collectives contre un seul débiteur, même si celui-ci exerce des activités distinctes ou exploite plusieurs fonds : ▪ Cass. com., 19 févr. 2002 : *Bull. civ.* IV, n° 39 ; *D.* 2002, 2523, note A. Perdriau et F. Derrida ; *RTD com.* 2002, p. 376, obs. J.-L. Vallens ; *Procédures* 2002, n° 96, obs. H. Croze. ▪ Cass. com., 4 févr. 2003 : *Act. proc. coll.* 2003, n° 79, obs. F.-X. Lucas ; *Dr. sociétés* 2003, n° 168, obs. J.-P. Legros.

b) **Cas du dirigeant.** Toutefois, l'existence d'une procédure collective à l'égard d'une personne ne fait pas obstacle au prononcé, à titre de sanction, d'une nouvelle procédure collective à l'égard de la même personne prise en sa qualité de dirigeant d'une personne morale elle-même soumise à une procédure collective : ▪ Cass. com., 4 janv. 2005 : *D.* 2005, act. jurispr. 215, obs. A. Lienhard ; *JCP* E 2005, n° 17, p. 712, obs. Ph. Pétel ; *Dr. sociétés* 2005, n° 69, obs. J.-P. Legros ; *Dr. et patrimoine* avr. 2005, 158, obs. M.-H. Monsérié-Bon ; *Dr. et proc.* 2005, p. 158, note P.-M. Le Corre ; *Gaz. Pal.* 29-30 avr. 2005, p. 26, obs. F.-X. Lucas ; *ibid.* p. 52, obs. Th. Montéran ; *Defrénois* 2005, p. 1000, obs. D. Gibirila ; *BJS* 2005, p. 571, note M. Sénéchal.

2) **Domaine d'application du droit des procédures collectives.** J.-Cl. Hallouin, *Les sociétés non immatriculées face au redressement et à la liquidation judiciaires : JCP* E 1989, II, 15416. – F. Derrida, *Les sociétés créées de fait et le droit*

du redressement et de la liquidation judiciaires (étude de jurisprudence) : Mél. Bézard, LPA-Montchrestien, 2002, p. 305.

a) **Exclusion des sociétés non dotées de la personnalité morale** (▪ Cass. com., 3 déc. 1991 : *Dr. sociétés* 1992, n° 49, obs. Y. Chaput) :

– **sociétés créées de fait.** ▪ Cass. com., 23 nov. 2004, n° 02-14.262 : *JurisData* n° 2004-025865 ; *Rev. proc. coll.* 2005, p. 203, obs. Ch. Lebel ; *Dr. sociétés* 2005, n° 29, note J.-P. Legros. – L'associé d'une société créée de fait ne peut dès lors faire l'objet d'une procédure collective que s'il est démontré qu'il a exercé des actes de commerce et en a fait sa profession habituelle ou qu'il a exploité lui-même l'entreprise commerciale, objet de la société : ▪ Cass. com., 27 avr. 1993 : *Bull. civ.* IV, n° 158 ; *BJS* 1993, p. 776, note H. Le Nabasque ; *Dr. sociétés* 1993, n° 135, note Th. Bonneau ;

– **sociétés absorbées.** Une procédure collective ne peut être ouverte à l'encontre d'une société dont la personnalité morale a disparu à la suite de son absorption par une autre société, qui seule a la personnalité morale : ▪ Cass. com., 28 sept. 2004 : *Act. proc. coll.* 2004, n° 227, obs. Rétif.

b) **Application aux personnes morales de droit privé :**

– **groupement frappé de nullité.** Le prononcé de la nullité d'un groupement d'intérêt économique ne fait pas obstacle à l'ouverture à son égard d'une procédure collective : ▪ Cass. com., 5 avr. 1994 : *BJS* 1994, p. 662, note P. Le Cannu ;

– **société radiée du RCS.** La radiation d'office d'une société du registre du commerce et des sociétés étant sans effet sur sa personnalité morale, une procédure de redressement ou de liquidation judiciaire peut être prononcée à son encontre : ▪ CA Paris, 13 sept. 1994 : *Dr. sociétés* déc. 1994, p. 1 ; *JCP* E 1995, II, 655, note Th. Bonneau. ▪ CA Besançon, 26 juin 2001 : *Act. proc. coll.* 2001, n° 215 ;

– **mutuelles,** ▪ CA Paris, 13 janv. 1988 : *Gaz. Pal.* 1988, 1, somm. 92 ; *Rev. proc. coll.* 1988, p. 345, obs. P. Didier ;

– **associations.** Les associations sont soumises à la loi du 25 janvier 1985 *[L. 26 juill. 2005]* en tant que personnes morales de droit privé : ▪ CA Paris, 3 févr. 1995 : *Dr. sociétés* 1995, n° 74, obs. Y. Chaput ; *Rev. sociétés* 1995, p. 367, obs. Y. Guyon.

c) **Exclusion des personnes morales de droit public,** ▪ CA Paris, 15 févr. 1991 : *Gaz. Pal.* 1991, 1, p. 365, note Marchi ; *BJS* 1991, p. 427, note Auby.

d) **Exclusion du dirigeant exerçant ses fonctions au nom de la société.** – Voir sous C. com., art. L. 631-2, annot. n° 1, p. 2043, pour l'impossibilité d'ouvrir un redressement judiciaire contre le gérant d'une SARL qui, agissant au nom de la société, n'exerce pas d'activité indépendante.

e) **Cas de l'associé d'une société exerçant une profession indépendante.** Voir sous C. com., art. L. 631-2, annot. n° 2, p. 2043 et sous C. com., art. L. 640-2, annot. n° 2, p. 2058.

3) Faillite internationale. W. Kornberg et B. S. Hermann, *Organization, recognition and implementation of parallel and coordinated proceedings in France and the United States : BJE* 2018, 4, p. 287. - N. Meier et R. Rodriguez, *Le nouveau droit international privé suisse régissant la faillite : Rev. proc. coll.* 2019, 2, étude 6. - J.-L. Vallens, *Adoption de la loi type de la CNUDCI sur la reconnaissance et l'exécution des jugements rendus dans une procédure d'insolvabilité : BJE* 2018, 5, p. 457. - J.-L. Vallens et R. Sorieul, *Codifier le droit international privé en matière de procédures collectives ? : D.* 2007, p. 1225.

a) **Principe d'universalité de la faillite.** R. Damman et M. Ollivry, *Réflexions sur l'aménagement du principe d'universalité de la faillite : JCP* E 2006, 2628. Sous réserve des traités internationaux ou d'actes communautaires, et dans la mesure de l'acceptation par les ordres juridiques étrangers, le redressement judiciaire prononcé en France produit ses effets partout où le débiteur a des biens : ▪ Cass. 1re civ., 19 nov. 2002 : *Bull. civ.* I, n° 275 ; *JCP* 2002, II, 10201, concl. J. Sainte-Rose et note S. Chaillé de Neré ; *JCP* E 2003, n° 20, p. 848, obs. Ph. Pétel ; *ibid.* n° 42, p. 1675, note M. Menjucq ; *D.* 2002, act. jurispr. p. 3341, note A. Lienhard ; *RTD com.* 2003, 169, obs. J.-L. Vallens. – L'article 6 § 1 de la Convention européenne des droits de l'Homme ne saurait faire obstacle au principe d'universalité de la faillite ainsi qu'à celui de l'égalité des créanciers chirographaires qui caractérisent toute procédure collective et qui postulent l'interdiction des poursuites individuelles et la soumission des créanciers aux obligations du plan de redressement : même arrêt.

b) **Effet en France de la procédure collective ouverte à l'étranger.** L'ouverture à l'étranger d'une procédure collective à l'égard d'un débiteur ne met obstacle au prononcé en France d'un redressement judiciaire de ce même débiteur que si la décision étrangère doit y être reconnue de plein droit en vertu d'un traité ou a déjà reçu l'exequatur : ▪ Cass. com., 11 avr. 1995 : *Bull. civ.* IV, n° 126 ; D. 1995, p. 640, obs. M. Vasseur ; *BJS* 1995, p. 696, obs. A. Martin-Serf.

c) **Effet à l'étranger de la procédure collective ouverte en France.** À défaut de siège en territoire français, une juridiction française est compétente pour ouvrir une procédure collective lorsque le débiteur possède le centre principal de ses intérêts en France. Le redressement ou la liquidation judiciaire prononcé en France produit ses effets partout où le débiteur a des biens sous réserve des traités internationaux et actes communautaires, et dans la mesure de l'acceptation par les ordres juridiques étrangers. Dès lors, pour prononcer la liquidation judiciaire d'une société algérienne dont le centre principal des intérêts est en France, les juges n'ont pas à rechercher si une telle mesure est acceptée par l'ordre juridique algérien, cette acceptation n'étant pas une condition de l'ouverture de la procédure en France : ▪ Cass. com., 21 mars 2006, n° 04-17.869 : *JurisData* n° 2006-032818 ; *Bull. civ.* IV, n° 74 ; *Dr. sociétés* 2006, comm. 106 et *JCP* E 2006, 2072, obs. J.-P. Legros ; *BJS* 2006, p. 930, note D. Bureau ; *D.* 2006, p. 1466, note L.-C. Henry ; *ibid.*, act. jurispr., p. 914, obs. A. Lienhard ; *BJS* 2006, note D. Bureau ; *Act. proc. coll.* 2006, n° 124, obs. P. Callé ; *Rev. sociétés* 2006, p. 653, note S. Bollée. ▪ Cass. com., 21 mars 2006, n° 04-17.871 : *Juris-Data* n° 2006-032845 ; *Rev. sociétés* 2006, n° 179, obs. J.-P. Legros.

d) **Ordre public international.** L'exequatur d'une décision étrangère ouvrant une procédure collective à l'égard d'un non-commerçant n'est pas contraire à la conception française de l'ordre public international : ▪ Cass. com., 18 janv. 2000 : *Bull. civ.* IV, n° 17 ; *JCP* E 2000, n° 14, p. 611, note Y. Chaput ; *ibid.* n° 17, p. 699, obs. Ph. Pétel ; *LPA* 12 avr. 2000, p. 12, note J.-L. Vallens. – **Voir** : Règl. (UE) n° 2015/848, 20 mai 2015, relatif aux procédures d'insolvabilité, p. 2223.

CHAPITRE I. – DE L'OUVERTURE DE LA PROCÉDURE

Bibliographie : H. Lécuyer et P. Roussel, *La loi de sauvegarde article par article* : *LPA* 8 févr. 2006, p. 26.

Art. L. 621-1 ***(L. n° 2005-845, 26 juill. 2005 ; mod., Ord. n° 2010-1512, 9 déc. 2010 ; Ord. n° 2014-326, 12 mars 2014 ; L. n° 2016-1547, 18 nov. 2016).*** **– Le tribunal statue sur l'ouverture de la procédure, après avoir entendu ou dûment appelé en chambre du conseil le débiteur et les représentants du comité d'entreprise ou, à défaut, des délégués du personnel.**

En outre, lorsque le débiteur exerce une profession libérale soumise à un statut législatif ou réglementaire ou dont le titre est protégé, le tribunal statue après avoir entendu ou dûment appelé, dans les mêmes conditions, l'ordre professionnel ou l'autorité compétente dont, le cas échéant, il relève.

Lorsque la situation du débiteur ne fait pas apparaître de difficultés qu'il ne serait pas en mesure de surmonter, le tribunal invite celui-ci à demander l'ouverture d'une procédure de conciliation au président du tribunal. Il statue ensuite sur la seule demande de sauvegarde.

Le tribunal peut, avant de statuer, commettre un juge pour recueillir tous renseignements sur la situation financière, économique et sociale de l'entreprise. Ce juge peut faire application des dispositions prévues à l'article L. 623-2. Il peut se faire assister de tout expert de son choix.

L'ouverture d'une procédure de sauvegarde à l'égard d'un débiteur qui bénéficie ou a bénéficié d'un mandat *ad hoc* ou d'une procédure de conciliation dans les dix-huit mois qui précèdent doit être examinée en présence du ministère public, à moins qu'il ne s'agisse de patrimoines distincts d'un entrepreneur individuel à responsabilité limitée.

Dans ce cas, le tribunal peut, d'office ou à la demande du ministère public, obtenir communication des pièces et actes relatifs au mandat *ad hoc* ou à la conciliation, nonobstant les dispositions de l'article L. 611-15.

Voir : C. com., art. R. 621-1 à R. 621-5, p. 2150.

Bibliographie : Ch. Delattre, *La levée de la confidentialité : pour quoi faire ? (ou la levée des tabous)* : *Rev. proc. coll.* 2018, 6, étude 26. • G.-A. Lafont de Sentenac, *Rôle du commissaire aux comptes et de l'expert-comptable dans la détermination du passif du débiteur en conciliation ou sauvegarde* : *BJS* 2006, p. 1083.

Art. L. 621-2 ***(Anc. art. L. 621-5, dénum. et mod., L. n° 2005-845, 26 juill. 2005 ; mod., Ord. n° 2008-1345, 18 déc. 2008 ; Ord. n° 2010-1512, 9 déc. 2010 ; L. n° 2012-346, 12 mars 2012).*** **– Le tribunal compétent est le tribunal de commerce si le débiteur exerce une activité commerciale ou artisanale. Le tribunal de grande instance est compétent dans les autres cas.**

(Mod. à compter du 1er juillet 2014, Ord. n° 2014-326, 12 mars 2014) **À la demande de l'administrateur, du mandataire judiciaire, du débiteur ou du ministère public, la procédure ouverte peut être étendue à une ou plusieurs autres personnes en cas de confusion de leur patrimoine avec celui du débiteur ou de fictivité de la personne morale.**

Dans les mêmes conditions, un ou plusieurs autres patrimoines du débiteur entrepreneur individuel à responsabilité limitée peuvent être réunis au patrimoine visé par la procédure, en cas de confusion avec celui-ci. Il en va de même lorsque le débiteur a commis un manquement grave ***(Mots suppr., L. n° 2019-486, 22 mai***

2019) **« ... » aux obligations prévues à l'article L. 526-13 ou encore une fraude à l'égard d'un créancier titulaire d'un droit de gage général sur le patrimoine visé par la procédure.**

Pour l'application des deuxième et troisième alinéas du présent article, le président du tribunal peut ordonner toute mesure conservatoire utile à l'égard des biens du défendeur à l'action mentionnée à ces mêmes alinéas, à la demande de l'administrateur, du mandataire judiciaire, du ministère public ou d'office.

(Créé à compter du 1er juillet 2014, Ord. n° 2014-326, 12 mars 2014) **Le tribunal ayant ouvert la procédure initiale reste compétent pour ces demandes. Lorsque le débiteur soumis à la procédure initiale ou le débiteur visé par l'extension exerce une profession libérale soumise à un statut législatif ou réglementaire ou dont le titre est protégé, le tribunal statue en chambre du conseil après avoir entendu ou dûment appelé l'ordre professionnel ou l'autorité compétente dont, le cas échéant, il relève.**

Bibliographie : J.-F. Barbièri, *Confusion des patrimoines et fictivité des sociétés : LPA* 25 oct. 1996, p. 9. • J.-L. Courtier, *Droit de créance individuel et procédure d'extension : Dr. sociétés* 1999, chron. 13 • R. Dammann, *Faut-il encadrer davantage le recours à l'action en extension de procédure ? : BJE* 2017, p. 175. • J.-M. Deleneuville, *L'extension de procédure pour confusion, fictivité ou fiction : Rev. proc. coll.* 1999, p. 63. • P. Delmotte, *Les critères de la confusion des patrimoines dans la jurisprudence de la chambre commerciale de la Cour de cassation (panorama de jurisprudence 1998-2005) : RJDA* 2006, p. 539. • D. Demeyere, *Le maintien par l'ordonnance du 18 décembre 2008 du dispositif de l'extension de procédure dans la sauvegarde : pour quoi faire ? : D.* 2009, p. 2297. • F. Derrida, *L'unité d'entreprise est-elle une cause autonome d'extension de la procédure de redressement judiciaire ? : Mél. J. Derruppé*, 1991, p. 29 et s. ; *À propos de l'extension des procédures de redressement ou de liquidation judiciaire : Mél. M. Cabrillac*, Litec, 1999, p. 687. • M. Douaoui-Chamseddine, *Les actions en responsabilité pour insuffisance d'actif et en extension s'appliqueront-elles à l'entrepreneur individuel à responsabilité limitée ? : Rev. Lamy dr. aff.* 2010, étude 53. • L. Firley, *L'extension de procédure à la demande du débiteur instaurée par l'ordonnance du 12 mars 2014 : une réforme à la portée limitée : Rev. proc. coll.* 2014, étude 13. • F. Hervouet, *Confusion de patrimoine : pour en finir avec la confusion : Dr. sociétés* mars 2004, p. 3. • P.-M. Le Corre, *Le point sur les voies de recours ouvertes aux tiers à l'encontre du jugement d'extension sur le fondement de la confusion des patrimoines : LPA* 4 févr. 2005, p. 11 ; *L'apparition de l'état de cessation des paiements et la résolution d'un plan arrêté au profit de diverses sociétés à patrimoines confondus : BJS* 2009. • J.-P. Legros, *De la compétence en cas de faillite d'une société commerciale : Dr. sociétés* 2007, repère 1 ; *L'ordonnance du 18 décembre 2008 réformant la loi de sauvegarde des entreprises. – Première partie : prévention, confusion des patrimoines et sauvegarde : Dr. sociétés* 2009, étude 5. • N. Morelli, *Propos iconoclastes sur la confusion des patrimoines : Rev. sociétés* 2015, p. 433. • Fl. Reille, *La notion de confusion des patrimoines, cause d'extension des procédures collectives*, thèse Montpellier, 2005 ; *Les conditions de l'extension de procédure collective : Gaz. Pal.* 19 janv. 2016, n° 3, p. 80 ; *Le régime de l'extension de procédure collective : Gaz. Pal.* 18 oct. 2016, p. 71. • D. Robine, *L'extension de la procédure de redressement ou de liquidation judiciaire : Mél. AEDBF-France, Rev. Banque* 2004, p. 325. • Ph. Pétel, *La vie après la confusion de patrimoines*, in *Liber Amicorum, Mélanges en l'honneur de Philippe Merle*, Dalloz 2012, p. 577. • C. Saint-Alary-Houin, *Les effets de la confusion des patrimoines et de la fictivité des sociétés en redressement judiciaire, unité ou dualisme ? : Mél. M. Jeantin*, Dalloz, 1999, p. 453. • B. Soinne, *Identité ou diversité des notions de fictivité et de confusion des patrimoines : LPA* 6 déc. 1995, p. 12 ; *La « faillite » de la banque Pallas Stern (contribution à l'étude des notions de confusion de patrimoine et de plan) : LPA* juill. 1997, n° 88 ; *Hésitations sur la « confusion » : Rev. proc. coll.* 2000, p. 177. • A. Souleau-Travers et G.-A. de Sentenac, *Groupe de sociétés, société holding, fictivité, confusion des patrimoines, extension de procédure : BJS* 2004, p. 1358. • D. Tricot, *La confusion des patrimoines et les procédures collectives : Rapp. C. cass.* 1997, p. 169. • B. Vaillant, *Les cas de figure de confusion des patrimoines au regard des procédures collectives : D. affaires* 1999, p. 154. Comp. la confusion des patrimoines et la fictivité avec l'hypothèse du coemploi : M. Lafargue, *Au cœur des paradoxes, le coemploi : JCP S* 2018, 1253. *Adde* à propos du coemploi : O. Dutheillet de Lamothe, *Jean-Yves Frouin, un magistrat dans le siècle. 2014-2018, quatre ans de jurisprudence de la Cassation : JCP G* 2019, n° 7, p. 321-330. • Y. Pagnerre, *Groupes de sociétés - Une mère indigne : JCP S* 2018, 1252.

Sur les mesures conservatoires issues de la loi n° 2012-1190 du 12 mars 2012 et son décret n° 2012-1190, du 26 oct. 2012. P. Cagnoli, *La loi Pétroplus a son décret d'application ! Phase 1 ! l'obtention de mesures conservatoires : Act. proc. coll.* 2012, n° 18, alerte 272. • L.-C. Henry, *Le décret « Pétroplus » du 25 oct. 2012 : encadrement salutaire de la loi : Rev. sociétés* 2012, p. 726. • P.-M. Le Corre, *Pour quelques barils de plus chez la fille, et pour quelques dollars de moins... chez la mère : la loi Pétroplus du 12 mars 2012 : Rev. sociétés* 2012, p. 412. • J.-P. Legros, *Mesures conservatoires : le décret d'application de la loi dite « Petroplus » du 12 mars 2012 : Dr. sociétés* 2013, comm. 13. • P. Morvan, *La loi Pétroplus, les procédures collectives et... les salariés : JCP E* 2013, 1047. • P. Rossi, *Le décret d'application de la loi Pétroplus : un texte prudent : BJE* 2013, § 38. • S. Piedelièvre, *Saisie conservatoire et procédures collectives : RD bancaire et fin.* 2013, comm. 21. • Ph. Roussel-Galle, *Le décret Pétroplus est arrivé ! : Rev. proc. coll.* 2012, étude 40. • G. Teboul, *La nouvelle loi sur les mesures conservatoires en matière de procédures collectives : une loi de circonstance ou une sanction préventive : LPA* 2 mars 2012, n° 45, p. 5. • *Adde* A. Martin-Serf, *JCl. Sociétés traité*, Fasc. nos 41-10 et 41-30.

I – TRIBUNAL COMPÉTENT

1) Compétence du tribunal de commerce. Th. Montéran, *L'accueil du débiteur en cessation de paiement devant les tribunaux de commerce : Gaz. Pal.* 22 sept. 2004, p. 2. – Nonobstant sa nature civile et son objet social, une **société civile immobilière** immatriculée au registre du commerce et des sociétés en précisant une activité de marchand de biens et ayant une activité portant sur l'acquisition de biens immobiliers destinés à la revente est justiciable du tribunal de commerce pour l'ouverture d'une procédure collective : ▪ CA Paris, 5 sept. 2000 : *Dr. sociétés* 2000, n° 77, obs. Y. Chaput ; *Banque et droit* janv.-févr. 2001, p. 37, obs. P. Storck.

2) Compétence du tribunal de grande instance. J.-J. Daigre, *Des difficultés d'application des procédures collectives aux sociétés d'exercice libéral : JCP* E 1994, 1, 370. – Le tribunal de grande instance est compétent pour connaître de la procédure collective ouverte contre une société d'avocats ayant pris la forme d'une **société d'exercice libéral à forme anonyme**, ▪ CA Paris, 6 juill. 1994 : *JCP* E 1994, II, 598, note J.-J. Daigre ; *BJS* 1994, 1006, note M. Jeantin. – Il est également compétent pour ouvrir une procédure collective à l'encontre d'une société de construction-vente qui construit des immeubles pour les revendre, même si elle est gérée par une SARL : ▪ CA Versailles, 15 oct. 2009 : *JurisData* n° 2009-012511 ; *Dr. sociétés* 2010, comm. 34, obs. J.-P. Legros.

II – EXTENSION POUR CONFUSION DES PATRIMOINES

3) Critères : imbrication des patrimoines et/ou flux financiers anormaux. Ne suffisent pas à démontrer la confusion des patrimoines de deux sociétés, la présence de dirigeants communs, d'un même siège social, de moyens de gestion centralisés, d'une communauté de clientèle dès lors que n'est pas établie une imbrication des éléments d'actif et de passif des patrimoines de chaque société et/ou l'existence de flux financiers anormaux : ▪ Cass. com., 11 mai 1993 : *Bull. civ.* IV, n° 187. ▪ Cass. com., 14 mars 1995 : *Bull. civ.* IV, n° 82 ; *BJS* 1995 ; *RJDA* 1995, n° 886. ▪ Cass. com., 31 janv. 1995 : *Rev. sociétés* 1995, p. 757, note D. Randoux ; *BJS* 1995, p. 439, note Ph. Pétel. ▪ Cass. com., 24 oct. 1995 : *BJS* 1996, p. 159, note P. Scholer. – L'imbrication des patrimoines peut résulter de l'absence de comptabilité propre et de la vocation de l'une des sociétés à assumer tout le passif tandis que les autres sociétés avaient vocation à préserver l'actif : ▪ Cass. com., 23 janv. 1996 : *BJS* 1996, p. 317. – Pour un exemple « d'imbrication inextricable des comptes » : V. ▪ Cass. com., 24 oct. 1995, préc. – L'existence de flux financiers anormaux peut résulter de la mise à disposition de locaux sans contrepartie par une société assumant seule l'intégralité des loyers et charges afférents à ces locaux : ▪ Cass. com., 15 févr. 2005, n° 03-13.224. – La **preuve** de la confusion des patrimoines peut découler des constatations de l'expert chargé d'examiner la situation comptable de chacune des sociétés du groupe : ▪ CA Lyon, 27 nov. 2003 : *Dr. sociétés* 2004, n° 170, note J.-P. Legros. – Pour caractériser des relations financières anormales, constitutives d'une confusion des patrimoines, il n'est pas nécessaire d'établir qu'elles ont causé un préjudice aux créanciers : ▪ Cass. com., 16 juin 2015, n° 14-10.187 : *JurisData* n° 2015-014549 ; *D.* 2015, p. 1366, obs. A. Lienhard ; *JCP* E 2015, 1578, note O. Maraud : *Dr. sociétés* 2015, comm. 155, note J.-P. Legros ; *Rev. sociétés* 2015, p. 545, obs. Ph. Roussel-Galle ; *BJS* 2015, p. 458, note E. Mouial-Bassilana ; *BJE* 2015, n° 5, p. 282, obs. L. Le Mesle ; *Gaz. Pal.* 2015, n° 293, p. 27, note Fl. Reille. – La confusion des patrimoines de plusieurs sociétés peut se caractériser par la seule existence de relations financières anormales entre elles, sans qu'il soit nécessaire d'établir que ces relations ont appauvri la société débitrice soumise à la procédure collective dont l'extension est demandée ou de constater que les actifs et passifs des différentes sociétés en cause sont imbriqués de manière inextricable (▪ Cass. com., 2 nov. 2016, n° 15-13.006 : *JurisData* n° 2016-022989 ; *Dr. sociétés* 2017, comm. 50, note J.-P. Legros ; *BJS* 2017, p. 143, note E. Mouial-Bassilana) ou de manière permanente (▪ Cass. com., 16 janv. 2019, n° 17-20.725 : *BJS* mars 2019, n° 119q9, p. 43, obs. K. Luciano). – Sur le caractère indifférent de l'existence d'une comptabilité certifiée et approuvée, qui ne permet pas d'écarter l'existence de relations financières anormales, V. ▪ Cass. com., 27 sept. 2016, n° 14-29.278 : *BJS* 2016, p. 745, note J.-M. Moulin ; *Rev. sociétés* 2017, p. 106, note N. Morelli ; *Gaz. Pal.* 10 janv. 2017, p. 57, note F. Reille.

4) Illustrations.

a) **Société civile immobilière/société d'exploitation.** M. Cozian, *Société civile immobilière – société d'exploitation : est-ce vraiment un couple infernal ? : JCP* E 1997, I, 634. – C. Cutajar, *Le montage société civile immobilière/société d'exploitation à l'épreuve de l'extension jurisprudentielle de la procédure collective : BJS* 1999, chron. 247, p. 1057. – J.-P. Garçon, *La séparation de l'actif immobilier et de l'actif commercial par superposition de deux sociétés civile et commerciale, et la confusion des patrimoines : BJS* 1996, p. 901. – H. Hovasse, *La société civile immobilière à l'épreuve de la procédure collective de son loca-*

taire : Defrénois 1996, art. 36377, p. 961. – G. Teboul, *L'extension d'une procédure collective d'une société commerciale à l'encontre d'une SCI : Gaz. Pal.* 19-20 avr. 2000, p. 3. – N. Morelli, *La confusion des patrimoines, entre constance et nuance : Rev. sociétés* 2011, p. 119.

L'existence de **flux financiers anormaux** peut se déduire :

– de la non-perception des loyers par la SCI alors qu'il s'agissait de sa seule source de revenus : ▪ Cass. com., 14 janv. 2004 : *Rev. sociétés* 2004, p. 948, note B. Saintourens ; *RJDA* 2004, n° 587 ; *AJDI* 2004, note P.-M. Le Corre. – *Adde* ▪ Cass. com., 20 janv. 2009, n° 07-17.026 : *JurisData* n° 2009-046685 ; *JCP* E 2009, 1391, obs. Ph. Pétel ; *Dr. sociétés* 2009, comm. 58, obs. J.-P. Legros ; *Rev. proc. coll.* 2009, n° 102, obs. B. Saintourens. ▪ Cass. com., 8 janv. 2013, n° 11-30.640 : *JurisData* n° 2013-000141 ; *BJE* 2013, § 32, note A. Cerati-Gauthier ; *Gaz. Pal.* 2013, n 121 à 124, p. 15, obs. Fl. Reille ; *Rev. proc. coll.* 2013, comm. 118, note B. Saintourens ;

– de la perception de loyers excessifs par une SCI ayant, par la suite, mis son seul actif à la disposition de la société locataire sans contrepartie : ▪ Cass. com., 7 janv. 2003 : *BJS* 2003, p. 405, F.-X. Lucas. – V. aussi : ▪ Cass. com., 1er oct. 1997 : *BJS* 1997, p. 1089, note J.-J. Daigre : détournement des ressources d'une SARL par une SCI. – *Adde* ▪ Cass. com., 13 janv. 2015, n° 13-27.868 : *Rev. sociétés* 2015, p. 313, note B. Saintourens ;

– de la vocation de la SCI à faire échapper la partie immobilière de la SARL aux créanciers de cette dernière, le patrimoine immobilier de la SCI ayant été constitué grâce aux ressources de la SARL : ▪ Cass. com., 28 mars 1995 : *Dr. et patrimoine* 1995, p. 83, note M.-H. Monsérié-Bon. – Mais doit être cassé l'arrêt qui étend la liquidation judiciaire ouverte contre une association et une société civile de moyens à une SCI, alors que cette dernière ne procédait pas de la volonté de détourner les ressources de la société civile de moyens et de soustraire l'immeuble loué au gage des créanciers : ▪ CA Paris, 27 sept. 2005 : *Rev. sociétés* 2006, p. 423, note J.-P. Sortais ;

– du financement par la société d'exploitation d'importants travaux d'aménagements, équivalents à six années de loyers, quand le bail prévoit que la SCI est propriétaire, sans indemnité, de tout aménagement des locaux : ▪ Cass. com., 13 sept. 2011, n° 10-24.536 : *JurisData* n° 2011-0118734 ; *BJS* 2012, n° 18, note E. Mouial Bassilana ; *Dr. sociétés* 2012, n° 14, obs. J.-P. Legros ; *BJE* 2012, n° 12, note A. Cerati-Gauthier.

b) **Groupe de sociétés.** R. Dammann et G. Podeur, *Les groupes de sociétés face aux procédures d'insolvabilité : Rev. Lamy dr. aff.* mai 2007, p. 65. – P. Delebecque, *Groupe de sociétés et procédures collectives : confusion des patrimoines et responsabilité des membres du groupe : Rev. proc. coll.* 1998, p. 129. – J.-M. Deleneuville, *La qualité de débiteur : des difficultés de l'extension de procédure au sein des groupes de sociétés : Rev. proc. coll.* juin 2001, p. 61. – C. Grelon et C. Dessus-Larive, *La confusion des patrimoines au sein d'un groupe : Rev. sociétés* 2006, p. 281. – A. Lienhard, *Conditions de la confusion des patrimoines d'une filiale et de la société holding : D.* 2004, p. 2500. – C. Saint-Alary-Houin, *L'action en extension d'une procédure collective dans les groupes de sociétés, une action à parfaire* in *Liber Amicorum, Mélanges en l'honneur de Philippe Merle*, Dalloz 2012, p. 637. – X. Vamparys, *Extension de la procédure collective aux sociétés d'un groupe et droit de la faillite aux États-Unis : la substantative consolidation : BJS* 2006, chron. 30, p. 151 et s.

– Extension de la liquidation judiciaire d'une société à d'autres sociétés du groupe pour une confusion des patrimoines résultant de flux financiers anormaux : ▪ Cass. com., 15 févr. 2000 : *RJDA* 2000, n° 1003. – L'existence de relations financières anormales ne peut être déduite de conventions de gestion, de trésorerie et de change, de l'échange de personnel et de l'avance de fonds entre la société mère et sa filiale *[aff. Métaleurop]* : ▪ Cass. com., 19 avr. 2005, n° 05-10.094 : *Bull. civ.* IV, n° 92 ; *JCP* 2005, II, 10088, note Bouru et M. Menjucq ; *JCP* E 2005, p. 721, note B. Roland ; *D.* 2005, act. jurispr. p. 1225, obs. A. Lienhard ; *Banque et droit* mai-juin 2005, p. 56, obs. Urban ; confirmé par ▪ CA Paris, 11 oct. 2005 : *D.* 2005, act. jurispr. p. 2943, obs. A. Lienhard ; *BJS* 2006, p. 478, note P. Scholer. – *Adde* ▪ Cass. com., 16 déc. 2014, n° 13-24.161, F-P +B : *JurisData* n° 2014-031667 ; *JCP* E 2015, 1122, note E. Demeyere ; *Rev. sociétés* 2015, p. 202, note L.-C. Henry ; *BJE* 2015, p. 83, note Th. Favario, qui retient que dans un groupe de sociétés, une convention de trésorerie, des activités communes, des contributions financières au profit de la société mère et le fait de présenter une demande de conciliation au niveau du groupe ne démontrent pas la confusion des patrimoines des sociétés ou la fictivité de certaines d'entre elles, qui sont seules de nature à justifier l'existence, par voie d'extension, d'une procédure collective unique.

– Absence de confusion des patrimoines en cas d'abandon par une holding de la créance qu'elle détenait sur sa filiale dès lors qu'un remboursement en cas de retour à meilleure fortune était prévu par une convention écrite : ▪ CA Paris, 7 sept. 2004 : *D.* 2004, act. jurispr. 2500, obs. A. Lienhard ; *BJS* 2004, p. 1358, note Souleau-Travers et de Sentenac.

– La détention de la quasi-totalité des actions de la filiale par la société mère, l'identité de dirigeant et des versements faits sans contrepartie, dont il n'est pas démontré qu'ils ont procédé d'une volonté systématique, ne suffisent pas à établir la confusion des patrimoines entre deux sociétés dont les mouvements financiers ont été identifiés en comptabilité : ▪ Cass. com., 2 mai 2007, n° 06-12.378 : *JurisData* n° 2007-038692 ; *Dr. sociétés* 2008, n° 29, note J.-P. Legros ; *BJS* 2007, p. 941, note M. Sénéchal.

c) **Sociétés d'assurance.** Après la clôture d'une liquidation d'une société d'assurance régie par le Code des assurances, l'ouverture d'une liquidation judiciaire est possible et permet, dans ce cadre, d'étendre la procédure à une autre société d'assurance : ▪ Cass. com., 26 janv. 2010, n° 08-70.369 : *JurisData* n° 2010-051315 ; *Dr. sociétés* 2010, comm. 148, obs. J.-P. Legros.

d) **Associations.** Extension de la procédure collective ouverte à l'encontre d'une association à une association ayant le même objet et ayant bénéficié de l'apport d'une créance en compte courant sans motif sérieux et sans contrepartie : ▪ Cass. com., 5 juill. 2005, n° 02-10.233 : *Bull. civ.* IV, n° 149 ; *JurisData* n° 2005-029367 ; *D.* 2005, act. jurispr. p. 2219, obs. A. Lienhard ; *Rev. sociétés* 2006, p. 182, note J.-P. Sortais ; *Rev. proc. coll.* 2006, p. 298, n° 4.

e) **Personne physique et personne morale.** J.-M. Deleneuville, *Critères de la confusion de patrimoines entre sociétés commerciales et personnes physiques ou le fabuleux destin de l'article L. 621-5 du Code de commerce : Rev. proc. coll.* 2002, p. 157.

– Extension de la procédure collective ouverte à l'encontre d'une société à un **consultant**, qui n'était pas dirigeant de droit et dont il n'était pas allégué qu'il ait été dirigeant de fait ; l'existence de flux financiers anormaux résultant de la remise de chèques en blanc et d'avances d'honoraires : ▪ Cass. com., 7 déc. 2004, n° 03-12.030 : *BJS* 2005, p. 579, note Ph. Pétel.

– Extension de la procédure collective ouverte à l'encontre d'une **association** à ses **fondateurs**, qui utilisaient les subventions versées pour leurs frais et dettes personnels, et qui mélangeaient les comptes de l'association et leurs comptes personnels : ▪ Cass. com., 5 avr. 2011, n° 10-16.494 : *JurisData* n° 2011-022352 ; *Rev. proc. coll.* 2011, comm. 114, obs. Ch. Lebel ; *Dr. sociétés* 2011, comm. 225, obs. J.-P. Legros. – Le soutien financier apporté par deux associés à une société ne suffit pas à établir la confusion des patrimoines : ▪ Cass. com., 1er oct. 1997 : *BJS* 1998, p. 550, note J.-J. Daigre. ▪ Cass. com., 4 juill. 2000 : *RJDA* 2000, n° 1134 ; *JCP* E 2001, p. 173, n° 1, obs. Ph. Pétel ; *D. affaires.* 2000, act. jurispr. p. 375, obs. A. Lienhard. – Le paiement par les **dirigeants** de dettes de la société sur leurs deniers personnels ne suffit pas à caractériser la confusion des patrimoines : ▪ Cass. com., 4 juill. 2000 : *JCP* E 2001, n° 4, p. 173, obs. M. Cabrillac et Ph. Pétel ; *Act. proc. coll.* 2000, n° 174.

f) **Personnes physiques.** S. Castagné, *Femmes, soyez soumises !... – Après la loi de sauvegarde des entreprises du 26 juillet 2005 : JCP* N 2006, 1225. – L. Griffon, *L'extension de la procédure collective au conjoint du débiteur : Defrénois* 2003, art. 37709. – M.-C. Larcher et J.-C. Chevallier, *Les tentatives d'extension de la procédure collective au conjoint de l'entrepreneur [98e Congrès des notaires de France] : JCP* N 2002, 1491. Confusion des patrimoines :

– entre **époux,** ▪ Cass. com., 15 févr. 2000 : *BJS* 2000, p. 611, note Dom ; *RJDA* 2000, n° 682. ▪ Cass. com., 10 juill. 2001 : *RJDA* 2001, n° 989 ; *RD bancaire et fin.* 2001, n° 228, obs. F.-X. Lucas ;

– entre un **propriétaire et l'acquéreur d'un fonds de commerce,** ▪ Cass. com., 28 mai 1996 : *Bull. civ.* IV, n° 147 ;

g) **EIRL**, Le dépôt d'une déclaration d'affectation ne mentionnant aucun des biens, droits, obligations et sûretés affectés à l'activité professionnelle est constitutif d'un manquement grave justifiant la réunion des patrimoines personnel et professionnel de l'EIRL : ▪ Cass. com., 7 févr. 2018, n° 16-24.481 : *JurisData* n° 2018-001413 ; *JCP* E 2018, 279, obs. J.-D. Pellier ; *BJS* 2018, p. 226, note B. Saintourens ; *D.* 2018, p. 594, obs. S. Tisseyre ; *LPA* 16 mars 2018, p. 10, note V. Legrand.

5) Date de la confusion des patrimoines. Seuls des **faits antérieurs** au jugement peuvent justifier l'extension de la procédure à l'encontre d'une autre personne morale ou physique : ▪ Cass. com., 28 nov. 2000 : *Bull. civ.* IV, n° 187 ; *BJS* 2001, p. 249, obs. B. Saintourens ; *RJDA* 2001, n° 168 ; *JCP* E 2001, p. 750, n° 1, obs. Ph. Pétel ; *D. affaires* 2001, act. jurispr. p. 309, obs. A. Lienhard. ▪ Cass. com., 16 oct. 2012, n° 12-23.036 : *JurisData* n° 2012-023472 ; *LPA* 8 mars 2013, n° 49, p. 6, note E. Gicquiaud ; *Dr. sociétés* 2013, comm. 165, note J.-P. Legros. – La procédure de liquidation judiciaire ouverte suite à la résolution du plan de redressement étant une procédure distincte de la précédente procédure de redressement judiciaire, les flux financiers anormaux intervenus antérieurement à l'ouverture de la première procédure ne peuvent justifier la demande d'extension, pour confusion des patrimoines de la seconde procédure : ▪ Cass. com., 17 mai 2017, n° 15-28.871 : *Act. proc. coll.* 2017, comm. 181 ; *Rev. proc. coll.* 2018, comm. 17, obs. B. Saintourens.

6) Effets : unicité de la procédure.

a) **Issue unique.** La confusion des patrimoines étant constatée, une procédure unique doit être suivie, ce qui impose une issue unique : ▪ Cass. com., 17 nov. 1992 : *Bull. civ.* IV, n° 357. – Doit donc être cassé l'arrêt admettant la possibilité de solutions différenciées et prononçant la liquidation judiciaire partielle de l'entreprise : ▪ Cass. com., 17 févr. 1998 : *Bull. civ.* IV, n° 75 ; *LPA* 12 juin 1998, p. 22, note B. Soinne ; *BJS* 1998, p. 658, note Ph. Pétel. – La confusion de patrimoines ayant pour effet de créer une seule masse active et passive, prise en compte dans une procédure collective unique, le sort du plan de continuation adopté au profit des deux sociétés est nécessairement commun : ▪ Cass. com., 17 sept. 2013, n° 12-17.657 : *BJE* 2014, p. 16, note Th. Favario.

b) **Déclaration unique des créances.** P.-M. Le Corre, *Le sort des créances en cas d'extension d'une procédure collective : D.* 2002, chron. p. 1122.

– **Une seule déclaration** des créances vaut pour n'importe laquelle des sociétés du groupe dont les passifs ont été confondus : ▪ Cass. com., 1er oct. 1997 : *RJDA* 1998, n° 318 ; *BJS* 1997, p. 1087, note J.-J. Daigre ; *D. affaires* 1999, p. 1222. – **Toutefois, la confusion des patrimoines ne se présumant pas**, lorsque plusieurs sociétés d'un groupe font l'objet de procédures collectives, un créancier ne peut valablement déclarer ses créances sur ces différentes sociétés dans la procédure d'une seule société, alors même que le jugement d'ouverture a mentionné que la procédure sera unique : ▪ CA Amiens, 25 mars 2004 : *Bull. inf. C. cass.* 2005, n° 439 ; *JCP* E 2005, n° 13, p. 553.

– **Absence d'effet de la déclaration** de créance dans la procédure ouverte à l'encontre d'une société à l'égard des autres sociétés du groupe auxquelles la procédure a été étendue lorsque cette déclaration est **antérieure à la constatation de la confusion des patrimoines,** ▪ Cass. com., 19 févr. 2002, n° 98-22.011 : *Bull. civ.* IV, n° 34 ; *JCP* E 2002, p. 763, n° 8, obs. Ph. Pétel ; *D. affaires* 2002, act. jurispr. p. 956, obs. A. Lienhard ; *BJS* 2004, p. 783, note Ph. Pétel.

– **Cas des codébiteurs solidaires** : chacun des codébiteurs solidaires s'engageant distinctement à l'égard du même créancier, le jugement qui étend à l'un la procédure collective ouverte à l'égard de l'autre fait courir au profit de ce créancier, à compter de sa date de publication un nouveau délai pour déclarer sa créance quand bien même il l'a déjà déclarée au passif de la procédure initialement ouverte, et les créanciers titulaires de sûretés publiées doivent être avertis personnellement : ▪ Cass. com., 28 juin 2017, n° 16-16.746, P+B+I : *JurisData* n° 2017-012579 ; *JCP* E 2017, 1478, obs. A. Cérati-Gauthier ; *Rev. dr. bancaire* 2017, comm. 221, obs. C. Houin-Bressand ; *BJE* 2017, p. 403, obs. A. Bézert ; *Rev. sociétés* 2017, p. 524, note Ph. Roussel-Galle.

c) **Cessation des paiements.** – En cas de confusion des patrimoines, il n'y a pas lieu de constater la cessation des paiements de la personne à laquelle la procédure est étendue : ▪ Cass. com., 18 nov. 1986 : *D.* 1987, somm. 73, obs. A. Honorat. ▪ Cass. com., 3 avr. 2001 : *RJDA* 2001, n° 874. – L'unicité de la procédure collective des sociétés, dont la confusion des patrimoines a été constatée, suppose que la **date de report de la cessation des paiements** soit déterminée par comparaison entre le passif exigible et l'actif disponible de ces sociétés, lesquelles constituent une même entreprise : ▪ Cass. com., 7 janv. 2003 : *Bull. civ.* IV, n° 2 ; *RJDA* 2003, n° 511 ; *D. affaires* 2003, act. jurispr. p. 347 ; *BJS* 2003, p. 402, note F.-X. Lucas ; *RTD com.* 2003, p. 813, obs. C. Saint-Alary-Houin. – Prise en compte d'une date de cessation des paiements unique pour la détermination des nullités de la période suspecte : ▪ Cass. com., 16 juin 2004 : *Bull. civ.* IV, n° 128 ; *D.* 2004, act. jurispr. 1973, obs. A. Lienhard ; *Dr. et patrimoine* nov. 2004, p. 95, obs. M.-H. Monsérié-Bon.

d) **Appel de la décision d'extension.** – En raison de l'unicité de la procédure de liquidation judiciaire découlant d'une décision d'extension fondée sur la confusion du patrimoine des débiteurs, ceux-ci ont un liquidateur judiciaire unique de sorte qu'il importe peu que le débiteur appelant d'une telle décision n'ait pas précisé en intimant ce liquidateur que celui-ci était aussi intimé en qualité de liquidateur de sa propre liquidation judiciaire : ▪ Cass. com., 6 déc. 2011, n° 10-24.885 : *JurisData* n° 2011-024885 ; *Rev. proc. coll.* 2012, p. 35, obs. P. Cagnoli ;

e) **Fin de la procédure unique.** L'extension de procédure résultant de la confusion des patrimoines cesse avec le jugement prononçant la résolution du plan. En conséquence, l'ouverture d'une liquidation judiciaire subséquente à l'encontre de l'un des débiteurs ne vaut pas ouverture de cette procédure à l'encontre du débiteur auquel la procédure initiale avait été étendue : ▪ Cass. com., 29 avr. 2014, n° 12-27.058 (P+B) : *JurisData* n° 2014-008578 ; *Rev. sociétés* 2014, p. 403, obs. Ph. Roussel-Galle ; *D.* 2014, 1083, obs. A. Lienhard ; *BJS* 2014, p. 233, note Th. Favario. *Adde* ▪ Cass. com., 26 janv. 2016, n° 14-17.672, F-P+B : *JurisData* n° 2016-001025 ; *JCP* E 2016, 1107, note B. Brignon ; *D.* 2016, p. 311 : après la résolution d'un plan de redressement adopté en faveur de deux débiteurs dont les patrimoines étaient confondus, il ne peut y avoir jonction des procédures de liquidation judiciaire ouvertes que si une nouvelle confusion des patrimoines était retenue.

f) **Limites à l'unicité de la procédure :**

– **absence d'effet rétroactif du jugement d'extension** au jour du jugement initial d'ouverture : ▪ Cass. com., 28 sept. 2004, n° 02-12.552 : *Bull. civ.* IV, n° 170 ; *JCP* E 2005, n° 1-2, p. 25, obs. Ph. Pétel ; *BJS* 2005, n° 28, note F.-X. Lucas ; *Dr. sociétés* 2005, n° 28, note J.-P. Legros (2e esp.) ; *RJ* *com.* 2005, p. 70, note J.-P. Sortais. – Dès lors, la règle de l'arrêt des poursuites individuelles ne peut être opposée à la saisie-vente pratiquée antérieurement au jugement d'extension de la procédure : même arrêt. – De même, l'avis à tiers détenteur portant sur une créance née entre le jugement d'ouverture de la procédure initiale et le jugement prononçant l'extension de la procédure à l'égard de la société débitrice est efficace : ▪ Cass. com., 16 juin 2004, préc. ;

– **absence d'incidence** de la procédure d'extension **sur l'action** du liquidateur **en paiement** de la fraction non libérée du capital dirigée contre les anciens actionnaires de l'une des sociétés tenus solidairement au paiement : ▪ Cass. com., 26 mai 1999, n° 97-14.865 : *Bull. civ.* IV, n° 109 ; *LPA* 7 janv. 2000, p. 17, note J.-L. Courtier ; *BJS* 1999, p. 971, obs. B. Saintourens ; *RD bancaire et fin.* 1999, p. 99, obs. M. Germain et M.-A. Frison-Roche ; *D. affaires* 1999, p. 995, note A. Lienhard ;

– **impossibilité d'étendre le cautionnement des dettes propres d'une société** aux dettes des filiales de cette société auxquelles la procédure a été étendue : ▪ Cass. com., 25 nov. 1997 : *Bull. civ.* IV, n° 300 ; *BJS* 1998, p. 109, note J.-F. Barbièri ; *JCP* E 1998, n° 17, p. 652, obs. Ph. Pétel ;

– **responsabilité pour insuffisance d'actif.** Sur la condamnation au comblement du passif du dirigeant d'une personne morale dont la procédure collective a été étendue à d'autres personnes morales sur le fondement d'une confusion des patrimoines, Voir sous C. com., art. L. 651-2, annot. n° 6, p. 2098 ;

– **soutien abusif.** La recherche de la faute d'un établissement de crédit pour soutien abusif et crédit ruineux doit s'apprécier à la date de l'octroi du crédit pour chacune des sociétés à laquelle la procédure collective a été étendue. Lorsque la faute n'est établie qu'à l'encontre d'une des sociétés, la condamnation de l'établissement de crédit doit être limitée au préjudice subi par cette seule société : ▪ Cass. com., 30 sept. 2008, n° 07-17.384 : *Bull. civ.* IV, n° 162 ; *JurisData* n° 2008-045189 ; *JCP* E 2009, 1008, n° 17, obs. Ph. Pétel ; *Act. proc. coll.* 2008, n° 263, obs. C. Regnaut-Moutier ; *D.* 2008, p. 2596, obs. A. Lienhard.

7) Effets de l'extension à la caution. En cas d'ouverture d'une procédure collective à l'égard de la caution par extension de la procédure ouverte contre le débiteur principal, l'obligation issue du cautionnement s'éteint par voie de confusion en application des articles 1300 et 2311 du Code civil : ▪ Cass. com., 17 févr. 2009, n° 07-16.558 : *Bull. civ.* IV, n° 23 ; *JurisData* n° 2009-047109 ; *JCP* 2009 I 150, n° 13, obs. Ph. Simler et Ph. Delebecque ; *JCP* E 2009, 1814, n° 15, obs. M. Cabrillac ; *D.* 2009, p. 628, obs. A. Lienhard ; *Act. proc. coll.* 2009, n° 96, obs. P. Cagnoli ; *Rev. proc. coll.* 2009, n° 103, obs. B. Saintourens ; *RTD com.* 2009, p. 615, obs. A. Martin-Serf.

8) Absence d'indivision après clôture de la procédure unique. L'extension de la procédure collective d'une société à une autre pour confusion de leurs patrimoines ne fait pas disparaître la personnalité morale de chacune et n'emporte pas création d'une indivision entre elles ; doit donc être rejetée toute demande de partage après la fin de la procédure pour bonne exécution du plan : ▪ Cass. com., 30 juin 2009, n° 08-15.715 : *JurisData* n° 2009-049188 ; *Dr. sociétés* 2009, comm. 209, obs. J.-P. Legros.

III – EXTENSION POUR FICTIVITÉ

9) Distinction entre la confusion des patrimoines et la fictivité. V. ▪ Cass. com., 8 févr. 1994 : *Rev. sociétés* 1995, p. 101, note A. Honorat et A.-M. Romani, retenant une procédure collective unique du fait de la fictivité, et non de la confusion des patrimoines, de quatre sociétés permettant à leur dirigeant commun, en se servant de cadres juridiques différents mais fictifs, de poursuivre la même activité commerciale. – Lorsque les sociétés sont fictives, la procédure collective est unique même si la confusion des patrimoines n'a pas été retenue : même arrêt.

10) Critères.

a) **Absence d'activité économique réelle.** Fictivité de la société en état de dépendance économique et dépourvue d'activité réelle, l'acquisition d'un patrimoine immobilier, dont l'exploitation effective n'était pas démontrée, ne suffisant pas à établir l'existence d'une activité autonome : ▪ Cass. com., 21 nov. 1995 : *JCP* E 1996, II, 852, note J.-J. Daigre ; *RJDA* 1996, n° 118. **Absence d'activité économique propre et défaut d'autonomie décisionnelle.** La société qui ne fait que continuer l'activité qui était antérieurement celle de son dirigeant et qui n'a aucune autonomie décisionnelle est fictive : ▪ Cass. com., 15 oct. 2013, n° 12-24.389 : *JurisData* n° 2013-022884 ; *Dr. sociétés* 2014, comm. 131, note J.-P. Legros.

b) **Conditions du contrat de société non remplies.** Il y a lieu d'écarter la fictivité dès lors que ne sont pas établis le défaut d'apports, l'absence de partage des bénéfices et l'absence d'*affectio societatis* : ▪ Cass. com., 3 févr. 1998, n° 95-21.174 : *Bull. civ.* IV, n° 54 ; *BJS* 1998, p. 654, note J.-J. Daigre. – *Adde* ▪ Cass. com., 13 oct. 1998 : *BJS* 1999, p. 58, note Serlooten ; *Banque et droit* 1999, p. 44, note C. Cutajar.

c) **Éléments insuffisants à établir la fictivité.** L'existence de gérants et d'associés communs et la similitude des activités de deux sociétés liées par un contrat de location-gérance ne suffisent pas à démontrer la fictivité : ■ Cass. com., 14 oct. 1997 : *BJS* 1998, p. 56, note J.-J. Daigre. – La similitude de sigles, de l'identité des dirigeants, du siège social et la dépendance totale d'une société à l'égard de l'autre sont impropres à caractériser la fictivité d'une société : ■ Cass. com., 27 oct. 1998 : *JCP* E 1998, pan. 1955 ; *RJDA* 1999, n° 42. – La « seule absence de vie sociale » expliquée par la santé de sa gérante est insuffisante pour caractériser la fictivité d'une société, ■ Cass. com., 15 nov. 2017, n° 16-20.193 : *JurisData* n° 2017-025502 ; *Dr. sociétés* 2018, comm. 53, note J.-P. Legros ; *BJS* 2018, p. 118, obs. J. Théron.

11) Groupe de sociétés. Dans un groupe de sociétés, la fictivité ne concerne pas seulement les rapports entre société mère et filiale mais les **rapports entre filiales.** Deux filiales peuvent donc, sous le couvert de personnes morales distinctes, ne former qu'une entreprise sans former une seule entité avec la société mère : ■ CA Paris, 16 nov. 1993 : *BJS* 1994, p. 73.

12) Extension à un associé. La fictivité de la société étant constatée, la procédure ne peut être étendue à un associé que s'il est établi qu'il était le **maître de l'affaire** sous couvert de la personne morale : ■ Cass. com., 19 févr. 2002 : *D. affaires* 2002, act. jurispr. p. 1071 ; *JCP* 2003, II, 10148, note Ayssi Manga ; *JCP* E 2002, chron. 1380, n° 1, obs. Ph. Pétel ; *ibid.* p. 1510, note J.-P. Legros.

13) Preuve. La preuve de la fictivité d'une société en raison du caractère artificiel de sa création peut être établie par des faits postérieurs à cette création : ■ Cass. com., 13 oct. 1998, préc.

14) Unicité de la procédure. L'extension d'une procédure de redressement judiciaire d'une SARL à une SCI fictive emportant unicité de la procédure collective, le plan de continuation concernant la SARL ne peut être adopté s'il ne se prononce pas sur les éléments d'actifs et de passifs provenant de la SCI : ■ Cass. com., 7 janv. 2003 : *Bull. civ.* IV, n° 3 ; *JCP* E 2003, n° 20, p. 849, obs. Ph. Pétel ; *BJS* 2003, p. 407, note F.-X. Lucas ; *RTD com.* 2003, p. 813, obs. C. Saint-Alary-Houin ; *Dr. sociétés* 2005, n° 7, note J.-P. Legros (2e esp.).

IV – PROCÉDURE D'EXTENSION

15) Conformité de l'article L. 621-2 C. com., al. 2, à la Constitution : refus d'un renvoi d'une QPC en l'absence d'une atteinte disproportionnée au droit de propriété et à la liberté d'entreprendre par la procédure d'extension d'une procédure collective : ■ Cass. com., 8 déc. 2012, n° 12-40.058, FS-PBI : *JurisData* n° 2012-031882 ; *Dr. sociétés* 2013, comm. 53, obs. J.-P. Legros ; *BJS* 2012, p. 866, n° 467, obs. Fl. Reille ; *Rev. sociétés* 2012, p. 728, note Ph. Roussel Galle.

16) Droit transitoire. Les procédures d'extensions prononcées après le 1er janvier 2006 mais dont la procédure initiale a été ouverte avant cette date relèvent du droit antérieur à la loi du 26 juillet 2005 : ■ Cass. com., 21 sept. 2010, n° 09-69.109 : *JurisData* n° 2010-016552 ; *D.* 2010, p. 2288, obs. A. Lienhard ; *Act. proc. coll.* 2010, comm. 242, obs. J. Vallansan ; *JCP* E 2011, 1030, n° 1, obs. Ph. Pétel ; *Rev. sociétés* 2010, p. 537, note Ph. Roussel-Galle ; *Dr. et proc.* 2010/11, n° 2, p. 15, obs. P. Crocq ; *Dr. sociétés* 2011, comm. 57, obs. J.-P. Legros ; *Rev. proc. coll.* 2011, étude 3, M.-H. Monsérié-Bon ; *Gaz. Pal.* 7 et 8 janv. 2011, p. 23, note Fl. Reille.

17) Irrecevabilité : plan de cession. Est irrecevable la demande d'extension de la procédure de liquidation judiciaire d'un débiteur dont l'entreprise a fait l'objet d'un plan de cession totale : ■ Cass. com., 5 avr. 2016, n° 14-19.869 : *JurisData* n° 2016-006835 ; *Act. proc. coll.* 2016, repère 114, note D. Robine ; *BJS* 2016, p. 310, note A. Bézert. ■ Cass. com., 27 sept. 2017, n° 16-16.670, FS-P+B : *JurisData* n° 2017-018656 ; *Rev. proc. coll.* 2018, comm. 18, B. Saintourens ; *Dr. sociétés* 2017, comm. 214, obs. J.-P. Legros ; *BJS* nov. 2017, p. 54, obs. L. Fin-Langer ; *Rev. sociétés* 2017, p. 735, obs. L.-C. Henry ; *D.* 2017, p. 1909, obs. A. Lienhard ; *Rev. proc. coll.* 2018, comm. 8, note P. Cagnoli. – Il en va de même en cas de plan de cession partielle des actifs : ■ Cass. com., 5 déc. 2018, n° 17-25.664 : *JurisData* n° 2018-022103 ; *JCP* E 2019, 1120, obs. G. Berthelot ; *JCP* G 2019, 1342, obs. A. Cérati-Gauthier ; *Act. proc. coll.* 2019, comm. 16, obs. B. Saintourens ; *Rev. proc. coll.* 2019, comm. 1, obs. P. Cagnoli ; *Dr. sociétés* 2019, comm. 54, obs. J.-P. Legros.

18) Procédure d'extension à une société déjà en redressement. Une procédure de redressement judiciaire peut être étendue, sur le fondement de la confusion des patrimoines ou de la fictivité, à une autre personne morale en redressement sauf si un plan de redressement a été arrêté, ■ Cass. com., 4 janv. 2000, n° 97-11.712 : *Bull. civ.* IV, n° 3 ; *D.* 2000, act. jurispr. 72, obs. A. Lienhard ; *JCP* E 2000, n° 17, p. 698, obs. Ph. Pétel ; *RTD com.* 2000, p. 464, obs. J.-L. Vallens. – Pour l'impossibilité d'étendre la procédure à une entreprise faisant l'objet d'un plan de redressement, par voie de cession ou par voie de continuation : V. ■ Cass. com., 22 oct. 1996 : *Bull. civ.* IV, n° 256 ; *Dr. sociétés* 1997, n° 6, obs. Y. Chaput ; *BJS* 1997, p. 166, note Le Cannu ; *JCP* E 1997, I, 681, n° 2, obs. Ph. Pétel. ■ Cass. com., 19 nov. 2003 : *RD bancaire et fin.* 2004, n° 72, obs. F.-X. Lucas ; *Dr. sociétés* 2004, n° 78, note J.-P. Legros. ■ Cass. com., 18 janv. 2005 : *RJDA* 2005, n° 285.

19) Incidence de l'absence de confusion des patrimoines ou de fictivité.

a) En cas de coexploitation d'un fonds de commerce, et en l'absence de confusion des patrimoines, il y a lieu d'ouvrir autant de procédures distinctes que de personnes, et non d'étendre la procédure déjà ouverte contre l'un des coexploitants : ▪ Cass. com., 15 mars 2005, n° 03-19.359 : *D.* 2005, act. jurispr. 952, obs. A. Lienhard ; *Act. proc. coll.* 2005, n° 81, obs. J. Vallansan ; *JCP* E 2005, n° 1789, p. 2098, note Th. Leobon. – En l'absence de confusion des patrimoines ou de fictivité, l'ouverture d'une procédure collective suppose d'établir la cessation des paiements de chacune des sociétés du groupe, ▪ Cass. com., 5 avr. 1994 : *Rev. sociétés* 1994, p. 320, note Y. Guyon.

b) Autorité de chose jugée de la décision ayant écarté la confusion des patrimoines, et en conséquence, ayant ouvert deux procédures collectives distinctes : ▪ Cass. com., 5 févr. 2013, n° 12-12.808 : *JurisData* n° 2013-001611 ; *Act. proc. coll.* 2013-4, comm. 47, P. Cagnoli ; *D.* 2013, p. 431, obs. A. Lienhard ; *Rev. sociétés* 2013, p. 181, obs. Ph. Roussel-Galle ; *Gaz. Pal.* 2013, n°s 121 à 124, p. 5, obs. Fl. Reille ; *Rev. proc. coll.* 2013, comm. 116, note B. Saintourens ; *Dr. sociétés* 2013, comm. 108, note J.-P. Legros. En conséquence, la compensation ne peut être invoquée par un créancier, pour une créance qu'il détient contre l'un des débiteurs et la créance détenue par l'autre débiteur à son encontre, faute de réciprocité : même arrêt.

20) Juridiction compétente en cas d'extension.

a) Le tribunal initialement saisi reste compétent en cas d'extension fondée sur l'existence d'une confusion des patrimoines ou sur la fictivité des personnes morales : ▪ Cass. com., 1er déc. 1992, n° 90-20.423 : *Bull. civ.* IV, n° 377 ; *D.* 1993, somm. 192, obs. A. Honorat ; *BJS* 1993, p. 261, note J.-J. Daigre. – *Adde* ▪ CA Paris, 17 déc. 1986 : *Gaz. Pal.* 1987, 1, 256, confirmé par ▪ Cass. com., 8 nov. 1988, n° 87-11.233. – Dans l'hypothèse où une procédure collective est étendue, sur le fondement de la confusion des patrimoines, à une personne déjà mise en redressement judiciaire par un autre tribunal, la procédure d'extension déroge aux règles de compétence territoriale et le tribunal initialement saisi reste compétent : ▪ Cass. com., 4 janv. 2000, préc. – Le tribunal de commerce saisi par l'exploitant d'un hôtel-restaurant connaît également de la procédure fondée sur la confusion des patrimoines dirigée à l'encontre de diverses sociétés civiles : ▪ CA Montpellier, 24 juin 2008 : *JurisData* n° 2008-006034 ; *Dr. sociétés* 2009, n° 123, note J.-P. Legros.

b) Application à un groupe de sociétés. La jonction de procédures de liquidation judiciaire des sociétés d'un groupe, fût-ce de procédures déjà ouvertes, ne peut être ordonnée sur le fondement de l'article 7 *[C. com., art. L. 621-2]*, sans qu'ait été constatée la confusion des patrimoines des sociétés du groupe ou la fictivité de certaines d'entre elles : ▪ Cass. com., 9 avr. 1991 : *Bull. civ.* IV, n° 128 ; *D.* 1992, somm. 3, obs. F. Derrida. – Un groupe de sociétés n'ayant ni personnalité morale, ni siège propre, le tribunal de commerce du siège social d'une société en redressement judiciaire est compétent pour étendre par un seul et même jugement cette procédure à d'autres sociétés appartenant au même groupe mais ayant leur siège social ailleurs : ▪ Cass. com., 19 oct. 1993 : *Bull. civ.* IV, n° 346.

21) Qualité pour agir. N'ont donc pas qualité pour agir : les créanciers agissant à titre individuel, ▪ Cass. com., 16 mars 1999 : *Bull. civ.* IV, n° 67 ; *JCP* E 1999, p. 1529, obs. M. Cabrillac et Ph. Pétel ; *D. affaires* 1999, p. 635, obs. A. Lienhard. ▪ Cass. com., 15 mai 2001 : *Bull. civ.* IV n° 91 ; *Dr. sociétés* 2001, n° 129, obs. J.-P. Legros ; *D.* 2001, somm. 3245, obs. A. Honorat ; *ibid.* act. jurispr. 1949, obs. A. Lienhard ; *BJS* 2001, p. 979, note Ph. Pétel. – Les associés d'une EARL : ▪ Cass. com., 26 janv. 2016, n° 15-13.986 : *JurisData* n° 2016-001038 ; *Rev. proc. coll.* 2016, comm. 76, note Ch. Lebel. – Mais ont qualité pour agir : l'administrateur judiciaire : ▪ Cass. com., 15 déc. 2009, n° 08-20.934 : *JurisData* n° 2009-050788 ; *JCP* E 2010, 1120 ; *Dr. sociétés* 2010, comm. 56, obs. J.-P. Legros ; *D.* 2010, p. 86, obs. A. Lienhard ; *Procédures* 2010, comm. 41, note Bl. Rolland ; *Rev. proc. coll.* 2010, p. 11, n° 1, obs. Fl. Petit (V. désormais C. com., art. L. 621-2). – Un créancier nommé contrôleur, en cas de carence du mandataire judiciaire : C. cass., avis, 13 juin 2013, n° 15010 : *JurisData* n° 2013-011854, concl. R. Bonhomme ; *Rev. proc. coll.* 2013, étude 18 ; *Act. proc. coll.* 2013, comm. 167, P. Cagnoli ; *Rev. proc. coll.* 2013, comm. 117, note B. Saintourens. – Sur le caractère non exclusif de la demande en extension, V. note sous C. com., art. R. 631-2, p. 2180.

22) Délai pour agir en tierce opposition. En l'absence de publicité du jugement d'extension de la procédure, le délai pour agir en tierce opposition ne court pas, ▪ Cass. com., 8 oct. 2003 : *D.* 2003, p. 2817, note P.-M. Le Corre ; *LPA* 16 févr. 2004, p. 9, obs. H. Lécuyer.

23) Professions réglementées. Le tribunal ne peut se prononcer sur l'extension d'une procédure collective qu'après avoir entendu ou dûment appelé l'ordre professionnel ou l'autorité compétente dont relève le débiteur visé par cette extension : ▪ Cass. com., 5 nov. 2013, n° 12-21.799 : *JurisData* n° 2013-024997 ; *Act. proc. coll.* 2013-19, comm. 278, P. Cagnoli ; *Dr.*

sociétés 2014, comm. 32, note J.-P. Legros ; *BJS* 2013, p. 823, note F.-X. Lucas ; *D.* 2013, p. 2692, obs. A. Lienhard ; *Rev. sociétés* 2013, p. 724, obs. Ph. Roussel Galle ; *Gaz. Pal.* 12-14 janv. 2014, p. 14, note F. Reille ; *Rev. proc. coll.* 2014, comm. 48, note B. Saintourens.

Art. L. 621-3 ***(Anc. art. L. 621-6, dénum. et mod., L. n° 2005-845, 26 juill. 2005 ; mod., L. n° 2016-1547, 18 nov. 2016).*** **– Le jugement ouvre une période d'observation d'une durée maximale de six mois qui peut être renouvelée une fois, pour une durée maximale de six mois, par décision motivée à la demande de l'administrateur, du débiteur ou du ministère public. Elle peut en outre être exceptionnellement prolongée à la demande du procureur de la République par décision motivée du tribunal pour une durée maximale de six mois.**

Lorsqu'il s'agit d'une exploitation agricole, le tribunal peut proroger la durée de la période d'observation en fonction de l'année culturale en cours et des usages spécifiques aux productions de l'exploitation.

Bibliographie : R. Dalmau et C. Domenget, *L'appréhension du temps agricole par les procédures collectives : Rev. proc. coll.* 2018, 5, dossier 32. • C. Lebel, *Période d'observation : Rev. proc. coll.* 2005, p. 197. • P. Le Cannu, *La société et les groupes de sociétés pendant la période d'observation : LPA* 9 janv. 2002, p. 48.

Voir : C. com., art. R. 621-9, p. 2153.

Art. L. 621-4 ***(Rempl., L. n° 2005-845, 26 juill. 2005 ; mod., Ord. n° 2008-1345, 18 déc. 2008 ; Ord. n° 2009-112, 30 janv. 2009 ; Ord. n° 2010-1512, 9 déc. 2010 ; Ord. n° 2014-326, 12 mars 2014 ; L. n° 2015-990, 6 août 2015 ; L. n° 2016-1547, 18 nov. 2016).*** **– Dans le jugement d'ouverture, le tribunal désigne le juge-commissaire dont les fonctions sont définies à l'article L. 621-9. Il peut, en cas de nécessité, en désigner plusieurs. Le président du tribunal, s'il a connu du débiteur en application du titre Ier du présent livre, ne peut être désigné juge-commissaire.**

Il invite le comité d'entreprise ou, à défaut, les délégués du personnel à désigner un représentant parmi les salariés de l'entreprise. En l'absence de comité d'entreprise et de délégués du personnel, les salariés élisent leur représentant, qui exerce les fonctions dévolues à ces institutions par les dispositions du présent titre. Les modalités de désignation ou d'élection du représentant des salariés sont précisées par décret en Conseil d'État. Lorsque aucun représentant des salariés ne peut être désigné ou élu, un procès-verbal de carence est établi par le débiteur.

Dans le même jugement, sans préjudice de la possibilité de nommer un ou plusieurs experts en vue d'une mission qu'il détermine, le tribunal désigne deux mandataires de justice qui sont le mandataire judiciaire et l'administrateur judiciaire, dont les fonctions sont respectivement définies à l'article L. 622-20 et à l'article L. 622-1. Il peut, d'office ou à la demande du ministère public, ou du débiteur et après avoir sollicité les observations du débiteur si celui-ci n'a pas formé la demande, désigner plusieurs mandataires judiciaires ou plusieurs administrateurs judiciaires.

Toutefois, le tribunal n'est pas tenu de désigner un administrateur judiciaire lorsque la procédure est ouverte au bénéfice d'un débiteur dont le nombre de salariés et le chiffre d'affaires hors taxes sont inférieurs à des seuils fixés par décret en Conseil d'État. Dans ce cas, les dispositions du chapitre VII du présent titre sont applicables. Jusqu'au jugement arrêtant le plan, le tribunal peut, à la demande du débiteur, du mandataire judiciaire ou du ministère public, décider de nommer un administrateur judiciaire.

Le ministère public peut soumettre à la désignation du tribunal le nom d'un ou de plusieurs administrateurs et mandataires judiciaires, sur lequel le tribunal sollicite les observations du débiteur. Le rejet de la proposition du ministère public est spécialement motivé. Le débiteur peut proposer le nom d'un ou plusieurs administrateurs. Lorsque la procédure est ouverte à l'égard d'un débiteur qui bénéficie ou a bénéficié d'un mandat *ad hoc* ou d'une procédure de conciliation dans les dix-huit mois qui précèdent, le ministère public peut en outre s'opposer à ce que le mandataire *ad hoc* ou le conciliateur soit désigné en qualité d'administrateur ou de mandataire judiciaire. Lorsque la procédure est ouverte à l'égard d'un débiteur dont le nombre de salariés est au moins égal à un seuil fixé par décret en Conseil d'État, le tribunal sollicite les observations des institutions mentionnées à l'article L. 3253-14 du Code du travail sur la désignation du mandataire judiciaire et de l'administrateur judiciaire.

Si le débiteur en fait la demande, le tribunal désigne, en considération de leurs attributions respectives telles qu'elles résultent des dispositions qui leur sont applicables, un commissaire-priseur judiciaire, un huissier de justice, un notaire ou un courtier en marchandises assermenté aux fins de réaliser l'inventaire prévu à l'article L. 622-6. Dans le cas contraire, l'article L. 622-6-1 est applicable.

Les mandataires de justice et les personnes mentionnées à l'alinéa précédent font connaître sans délai au tribunal tout élément qui pourrait justifier leur remplacement.

Voir : C. com., art. R. 621-10 et R. 621-11, p. 2153.

Bibliographie : D. Bachasson, *La représentation du débiteur et des créanciers dans les procédures collectives : Gaz. Pal.* 1998, 2, doctr. 1699. • Ch. Bidan, *Les organes de la procédure : l'administrateur : Gaz. proc. coll.* 6-7 oct. 2006. • Ch. Bidan, et S. Gorrias, *Les organes de la procédure : Gaz. Pal.* 20-21 juill. 2007, doctr. p. 48. • G. Bolard, *Les fonctions des mandataires de justice : Rev. proc. coll.* 2006, p. 205. • M. Chavaux, *Les acteurs professionnels et en particulier l'administrateur judiciaire*, in *Colloque La loi du 26 juillet 2005 relative à la sauvegarde des entreprises : LPA* 20 mars 2007, p. 9. • Ch. Delattre, *La désignation de l'administrateur judiciaire et du mandataire judiciaire moins de 18 mois après une conciliation ou un mandat* ad hoc *: Rev. proc. coll.* 2010, ét. 4, p. 20 ; *Le rôle de l'AGS dans la désignation des organes de la procédure : BJE* 2016, p. 386. • Ph. Duprat et B. Saintourens, *Les droits des salariés dans l'ordonnance du 18 décembre 2008 portant réforme du droit des entreprises en difficulté : Gaz. proc. coll.* 8-10 mars 2009, p. 40. • Ch. Gailhbaut, *Les dispositions concernant les salariés de l'ordonnance du 12 mars 2014 : D.* 2014, p. 755. • S. Gorrias, *Organes de la procédure. Le mandataire judiciaire : Gaz. Pal.* 4-5 nov. 2005, p. 25 ; *Les organes de la procédure. Le mandataire judiciaire et le commissaire à l'exécution du plan (responsabilité des organes ; rémunération des organes) : Gaz. proc. coll.* 7-8 nov. 2008, p. 43. • A. Géniteau, *L'administrateur judiciaire et le nouveau livre VI du Code de commerce : Rev. proc. coll.* 2006, p. 1. • P. Morvan, *Le comité d'entreprise et ses doubles dans le droit des procédures collectives : JCP* E 2003, p. 1852. • F. Pérochon, *L'AGS contrôleur, l'AGS et la désignation des administrateurs judiciaires et des mandataires judiciaires : Rev. proc. coll..* 2019, 2, dossier 4. • I. Rivière-Pavard, *La représentation des créanciers*, in *Colloque La loi du 26 juillet 2005 relative à la sauvegarde des entreprises : LPA* 20 mars 2007, p. 12. • Q. Urban, *Quelle est l'implication des institutions représentatives du personnel dans le traitement juridique des difficultés des entreprises depuis la loi du 26 juillet 2005 ? : Rev. proc. coll.* 2008, p. 35.

Art. L. 621-4-1 *(L. n° 2015-990, 6 août 2015).* **– Le tribunal désigne au moins un deuxième administrateur judiciaire et un deuxième mandataire judiciaire dans le jugement d'ouverture de la procédure à l'encontre d'un débiteur lorsque ce dernier :**

1° Possède un nombre d'établissements secondaires situés dans le ressort d'un tribunal où il n'est pas immatriculé au moins égal à un seuil fixé par voie réglementaire ;

2° Ou détient ou contrôle, au sens des articles L. 233-1 ou L. 233-3, au moins deux sociétés à l'encontre desquelles est ouverte une procédure de sauvegarde, de redressement ou de liquidation judiciaire ;

3° Ou est détenu ou contrôlé, au sens des mêmes articles L. 233-1 ou L. 233-3, par une société à l'encontre de laquelle est ouverte une procédure de sauvegarde, de redressement ou de liquidation judiciaire, cette société détenant ou contrôlant elle-même au moins une autre société à l'encontre de laquelle est ouverte une telle procédure,

et lorsque le chiffre d'affaires du débiteur ou de l'une des sociétés mentionnées aux 2° ou 3° dépasse un seuil défini par voie réglementaire.

Ce deuxième administrateur et ce deuxième mandataire sont, chacun en ce qui le concerne, communs au débiteur et aux sociétés mentionnées aux mêmes 2° et 3°.

Les seuils mentionnés au 1° et au cinquième alinéa, ainsi que les conditions d'expérience et de moyens que doivent remplir le deuxième administrateur et le deuxième mandataire au regard de la complexité de la procédure ou de la taille des entreprises concernées sont précisés par décret en Conseil d'État.

Art. L. 621-5 *(L. n° 2005-845, 26 juill. 2005).* **– Aucun parent ou allié, jusqu'au quatrième degré inclusivement, du** *(Mot rempl., Ord. n° 2008-1345, 18 déc. 2008)* **« débiteur personne physique » ou des dirigeants, s'il s'agit d'une personne morale, ne peut être désigné à l'une des fonctions prévues à l'article L. 621-4 sauf dans les cas où cette disposition empêche la désignation d'un représentant des salariés.**

Art. L. 621-6 *(Anc. art. L. 621-9, dénum., L. n° 2005-845, 26 juill. 2005).* **– Le représentant des salariés ainsi que les salariés participant à sa désignation ne doivent avoir encouru aucune des condamnations prévues par l'article L. 6 du Code électoral. Le représentant des salariés doit être âgé de dix-huit ans accomplis.**

Les contestations relatives à la désignation du représentant des salariés sont de la compétence du tribunal d'instance qui statue en dernier ressort.

Voir : C. com., art. R. 621-15, p. 2154.

Art. L. 621-7 *(Anc. art. L. 621-10, dénum. et rempl., L. n° 2005-845, 26 juill. 2005 ; rempl., Ord. n° 2008-1345, 18 déc. 2008).* – Le tribunal peut, soit d'office, soit sur proposition du juge-commissaire ou à la demande du ministère public, procéder au remplacement de l'administrateur, de l'expert ou du mandataire judiciaire ou encore adjoindre un ou plusieurs administrateurs ou mandataires judiciaires à ceux déjà nommés.

L'administrateur, le mandataire judiciaire ou un créancier nommé contrôleur peut demander au juge-commissaire de saisir à cette fin le tribunal.

Lorsque le débiteur exerce une profession libérale soumise à un statut législatif ou réglementaire ou dont le titre est protégé, l'ordre professionnel ou l'autorité compétente dont, le cas échéant, il relève peut saisir le ministère public à cette même fin.

(Rempl. à compter du 1er juillet 2014, Ord. n° 2014-326, 12 mars 2014) Le débiteur peut demander au juge-commissaire de saisir le tribunal aux fins de remplacer l'administrateur, le mandataire judiciaire ou l'expert. Dans les mêmes conditions, tout créancier peut demander le remplacement de l'administrateur ou du mandataire judiciaire.

(Créé à compter du 1er juillet 2014, Ord. n° 2014-326, 12 mars 2014) Le juge-commissaire statue par ordonnance, dans les meilleurs délais, sur la demande de remplacement qui lui est adressée de saisir le tribunal à cette fin.

Par dérogation aux alinéas qui précèdent, lorsque l'administrateur ou le mandataire judiciaire demande son remplacement, le président du tribunal, saisi à cette fin par le juge-commissaire, est compétent pour y procéder. Il statue par ordonnance sur requête.

Le comité d'entreprise ou, à défaut, les délégués du personnel ou, à défaut, les salariés de l'entreprise peuvent seuls procéder au remplacement du représentant des salariés.

Voir : C. com., art. R. 621-17 et R. 621-18, p. 2154.

Art. L. 621-8 *(Anc. art. L. 621-11, dénum., L. n° 2005-845, 26 juill. 2005).* – L'administrateur et le mandataire judiciaire tiennent informés le juge-commissaire et le ministère public du déroulement de la procédure. Ceux-ci peuvent à toute époque requérir communication de tous actes ou documents relatifs à la procédure.

Le ministère public communique au juge-commissaire sur la demande de celui-ci ou d'office, nonobstant toute disposition législative contraire, tous les renseignements qu'il détient et qui peuvent être utiles à la procédure.

Voir : C. com., art. R. 621-19 et R. 621-20, p. 2155.

Art. L. 621-9 *(Anc. art. L. 621-12, dénum. et mod., L. n° 2005-845, 26 juill. 2005 ; Ord. n° 2008-1345, 18 déc. 2008).* – Le juge-commissaire est chargé de veiller au déroulement rapide de la procédure et à la protection des intérêts en présence.

Lorsque la désignation d'un technicien est nécessaire, seul le juge-commissaire peut y procéder en vue d'une mission qu'il détermine, sans préjudice de la faculté pour le tribunal prévue à l'article L. 621-4 de désigner un ou plusieurs experts. Les conditions de la rémunération de ce technicien sont fixées par un décret en Conseil d'État.

Le président du tribunal est compétent pour remplacer le juge-commissaire empêché ou ayant cessé ses fonctions. L'ordonnance par laquelle il est pourvu au remplacement est une mesure d'administration judiciaire.

L'exercice par le liquidateur d'une action en responsabilité civile pour insuffisance d'actif ne prive pas le juge-commissaire de son pouvoir de désigner à tout moment un technicien en vue d'une mission qu'il détermine : ▪ Cass. com., 13 sept. 2016, n° 15-11.174 (FS + B + R + I) : *JurisData* n° 2016-018484 ; *D.* 2016, p. 1814, obs. A. Lienhard ; *BJS* 2016, p. 675, note G. Couturier ; *Act. proc. coll.* 2016, comm. 216, J. Vallansan ; *Rev. sociétés* 2016, p. 675, note L.-C. Henry ; *Rev. proc. coll.* 2017, comm. 88, note A. Martin-Serf.

Art. L. 621-10 *(L. n° 2005-845, 26 juill. 2005 ; Ord. n° 2008-1345, 18 déc. 2008).* – Le juge-commissaire désigne un à cinq contrôleurs parmi les créanciers qui lui en font la demande. Lorsqu'il désigne plusieurs contrôleurs, il veille à ce qu'au moins l'un d'entre eux soit choisi parmi les créanciers titulaires de sûretés et qu'un autre soit choisi parmi les créanciers chirographaires.

(Créé à compter du 1er juillet 2014, Ord. n° 2014-326, 12 mars 2014) Les administrations financières, les organismes et les institutions mentionnées au premier alinéa de l'article L. 626-6 sont désignés contrôleurs s'ils en font la demande ; s'il est saisi de plusieurs demandes à ce titre, le juge-commissaire désigne un seul contrôleur

parmi eux. Sont également désignées contrôleur, si elles en font la demande, les institutions mentionnées à l'article L. 3253-14 du Code du travail.

Aucun parent ou allié jusqu'au quatrième degré inclusivement du débiteur personne physique ou des dirigeants de la personne morale, ni aucune personne détenant directement ou indirectement tout ou partie du capital de la personne morale débitrice ou dont le capital est détenu en tout ou partie par cette même personne, ne peut être nommé contrôleur ou représentant d'une personne morale désignée comme contrôleur.

Lorsque le débiteur exerce une profession libérale soumise à un statut législatif ou réglementaire ou dont le titre est protégé, l'ordre professionnel ou l'autorité compétente dont, le cas échéant, il relève est d'office contrôleur. Dans ce cas, le juge-commissaire ne peut désigner plus de quatre contrôleurs.

La responsabilité du contrôleur n'est engagée qu'en cas de faute lourde. Il peut se faire représenter par l'un de ses préposés ou par ministère d'avocat. Tout créancier nommé contrôleur peut être révoqué par le tribunal à la demande du ministère public.

Voir : C. com., art. R. 621-17, R. 621-24 et R. 621-25, p. 2154.

Bibliographie : J.-M. Calendini, *La revalorisation du rôle des contrôleurs : LPA* 14 sept. 1994, p. 67. • P. Cagnoli, *La responsabilité des autres acteurs de la procédure collective*, in Actes du colloque de Caen, 15 oct. 2010, *Risques et responsabilités en droit des procédures collectives : Rev. proc. coll.* 2010, art. 13. • J.-B. Carpentier et A. Charveriat, *Les contrôleurs : Gaz. Pal.* 1995, 1, doctr. 255. • R. Damman, *Réforme de la loi de sauvegarde : vers un renforcement du rôle des contrôleurs ? : BJE* 2014, n° 2, p. 74. • F. Pérochon, *L'AGS contrôleur, l'AGS et la désignation des administrateurs judiciaires et des mandataires judiciaires : Rev. proc. coll.* 2019, 2, dossier 4. • Ph. Roussel-Galle, *Les contrôleurs, gardiens de l'intérêt collectif : Gaz. Pal.* 9-10 sept. 2005, p. 3. • G. Teboul, *Les contrôleurs : constat et perspectives : JCP* N 1999, n° 156, p. 9.

Art. L. 621-11 *(L. n° 2005-845, 26 juill. 2005)*. **– Les contrôleurs assistent le mandataire judiciaire dans ses fonctions et le juge-commissaire dans sa mission de surveillance de l'administration de l'entreprise. Ils peuvent prendre connaissance de tous les documents transmis à l'administrateur et au mandataire judiciaire. Ils sont tenus à la confidentialité. Les fonctions de contrôleur sont gratuites.**

Art. L. 621-12 *(L. n° 2005-845, 26 juill. 2005 ; mod., Ord. n° 2008-1345, 18 déc. 2008 ; Ord. n° 2014-1088, 26 sept. 2014 ; L. n° 2016-1547, 18 nov. 2016)*. **– S'il apparaît, après l'ouverture de la procédure, que le débiteur était déjà en cessation des paiements au moment du prononcé du jugement, le tribunal le constate et fixe la date de la cessation des paiements dans les conditions prévues à l'article L. 631-8. Il convertit la procédure de sauvegarde en une procédure de redressement judiciaire. Si nécessaire, il peut modifier la durée de la période d'observation restant à courir ou la prolonger pour une durée maximale de six mois. Aux fins de réaliser la prisée des actifs du débiteur au vu de l'inventaire établi pendant la procédure de sauvegarde, il désigne, en considération de leurs attributions respectives telles qu'elles résultent des dispositions qui leur sont applicables, un commissaire-priseur judiciaire, un huissier de justice, un notaire ou un courtier en marchandises assermenté.**

Le tribunal est saisi par le débiteur, l'administrateur, le mandataire judiciaire ou le ministère public. Il se prononce après avoir entendu ou dûment appelé le débiteur.

Voir : C. com., art. R. 621-26, p. 2156.

Bibliographie : A. Didier, *La protection des salariés en cas de jugement de conversion d'une procédure de sauvegarde en une autre procédure collective : JCP* S 2016, 1053. • E. André, *L'évaluation des biens incorporels à l'ouverture de la procédure collective : BJE* 2018, 4, p. 278.

Constitutionnalité. Les dispositions de l'alinéa 2 de l'article L. 621-12 (dans sa rédaction antérieure à l'ordonnance du 26 septembre 2014) ne méconnaissant pas le principe d'impartialité des juridictions, ledit article est conforme à la Constitution : ▪ Cons. const., 16 janv. 2015, n° 2014-438 QPC : *BJE* 2015, p. 108, note Th. Favario.

CHAPITRE II. – DE L'ENTREPRISE AU COURS DE LA PÉRIODE D'OBSERVATION

Bibliographie : S. Becque-Ickowicz, *La loi de sauvegarde article par article : LPA* 8 févr. 2006, p. 39. • P. Le Cannu, *Les sociétés et les groupes de sociétés pendant la période d'observation : LPA* 9 janv. 2002, p. 48.

Art. L. 622-1 *(Anc. art. L. 621-22, dénum. et mod., L. n° 2005-845, 26 juill. 2005 ; Ord. n° 2008-1345, 18 déc. 2008)*. **– I. – L'administration de l'entreprise est assurée par son dirigeant.**

II. – Lorsque le tribunal, en application des dispositions de l'article L. 621-4, désigne un ou plusieurs administrateurs, il les charge ensemble ou séparément de surveiller le débiteur dans sa gestion ou de l'assister pour tous les actes de gestion ou pour certains d'entre eux.

III. – Dans sa mission d'assistance, l'administrateur est tenu au respect des obligations légales et conventionnelles incombant au chef d'entreprise.

IV. – À tout moment, le tribunal peut modifier la mission de l'administrateur sur la demande de celui-ci, du mandataire judiciaire ou du ministère public.

V. – L'administrateur peut faire fonctionner sous sa signature les comptes bancaires ou postaux dont le débiteur est titulaire si ce dernier a fait l'objet des interdictions prévues aux articles 65-2 et 68, troisième alinéa, du décret du 30 octobre 1935 unifiant le droit en matière de chèques *[C. monét. fin., art. L. 131-72 et L. 163-6]*.

Voir : C. com., art. R. 622-1, p. 2156.

Bibliographie : Ch. Bidan, *Les organes de la procédure : l'administrateur : Gaz. proc. coll.* 6-7 oct. 2006. • Ch. Bidan, et S. Gorrias, *Les organes de la procédure : Gaz. Pal.* 20-21 juill. 2007, doctr. p. 48. • G. Bolard, *Les fonctions des mandataires de justice : Rev. proc. coll.* 2006, p. 205. • M. Chavaux, *Les acteurs professionnels et en particulier l'administrateur judiciaire*, in *Colloque La loi du 26 juillet 2005 relative à la sauvegarde des entreprises : LPA* 20 mars 2007, p. 9.

Lorsqu'un administrateur a été désigné avec mission d'assistance, il appartient au débiteur en redressement judiciaire de déclarer ses créances avec son contreseing, cet administrateur n'ayant ni le pouvoir de les déclarer seul, ni l'obligation de demander que sa mission soit, à cette fin, étendue à l'administration de l'entreprise : ▪ Cass. com., 27 mai 2014, n° 12-28.657 : *Bull. civ.* IV, n° 92 ; *JCP* E 2014, 1397, note A. Cerati-Gauthier ; *BJE* 2014, p. 317, note Th. Favario ; *Rev. sociétés* 2014, p. 529, note Ph. Roussel-Galle ; *RTD com.* 2014, 687, note A. Martin-Serf.

Lorsque l'administrateur a une mission d'assistance du débiteur pour tous les actes de gestion, il doit être mis en cause par le demandeur d'une action en justice dirigée contre le débiteur en sauvegarde, sous peine d'une irrecevabilité de la demande : ▪ Cass. com., 5 juin 2008, n° 07-12.2862 : *JurisData* n° 2008-044254 ; *Dr. sociétés* 2008, comm. 181, obs. J.-P. Legros ; *Procédures* 2008, comm. 241, obs. Bl. Rolland.

Art. L. 622-2 *(Abr., Ord. n° 2008-1345, 18 déc. 2008).*

Art. L. 622-3 *(Anc. art. L. 621-23, dénum. et mod., L. n° 2005-845, 26 juill. 2005).* **– Le débiteur continue à exercer sur son patrimoine les actes de disposition et d'administration, ainsi que les droits et actions qui ne sont pas compris dans la mission de l'administrateur.**

En outre, sous réserve des dispositions des articles 622-7 et L. 622-13, les actes de gestion courante qu'accomplit seul le débiteur sont réputés valables à l'égard des tiers de bonne foi.

Art. L. 622-4 *(Anc. art. L. 621-16, dénum., L. n° 2005-845, 26 juill. 2005 ; mod., Ord. n° 2008-1345, 18 déc. 2008).* **– Dès son entrée en fonction, l'administrateur est tenu de requérir du débiteur ou, selon le cas, de faire lui-même tous actes nécessaires à la conservation des droits de l'entreprise contre les débiteurs de celle-ci et à la préservation des capacités de production.**

L'administrateur a qualité pour inscrire au nom de l'entreprise tous hypothèques, nantissements, gages ou privilèges que le débiteur aurait négligé de prendre ou de renouveler.

Bibliographie : S. Atsarias et B. Roussel, *Le maintien et la reconstitution de l'actif et des ressources de l'entreprise agricole : Rev. proc. coll.* 2018, 5, dossier 37. • Ch. Lebel, *Les mesures conservatoires dans l'ordonnance du 18 décembre 2008 : Rev. proc. coll.* 2009, p. 52.

Art. L. 622-5 *(Anc. art. L. 621-17, dénum. et mod., L. n° 2005-845, 26 juill. 2005).* **– Dès le jugement d'ouverture, tout tiers détenteur est tenu de remettre à l'administrateur ou, à défaut, au mandataire judiciaire, à la demande de celui-ci, les documents et livres comptables en vue de leur examen.**

Voir : C. com., art. R. 622-3, p. 2156.

Art. L. 622-6 *(L. n° 2005-845, 26 juill. 2005 ; mod., Ord. n° 2008-1345, 18 déc. 2008 ; Ord. n° 2010-1512, 9 déc. 2010 ; L. n° 2013-100, 28 janv. 2013 ; Ord. n° 2013-544, 27 juin 2013).* **– Dès l'ouverture de la procédure, il est dressé un inventaire du patrimoine du débiteur ainsi que des garanties qui le grèvent. Cet inventaire, remis à l'administrateur et au mandataire judiciaire, est complété par le débiteur par la**

mention des biens qu'il détient susceptibles d'être revendiqués par un tiers. Le débiteur entrepreneur individuel à responsabilité limitée y fait en outre figurer les biens détenus dans le cadre de l'activité à raison de laquelle la procédure a été ouverte qui sont compris dans un autre de ses patrimoines et dont il est susceptible de demander la reprise dans les conditions prévues par l'article L. 624-19.

Le débiteur remet à l'administrateur et au mandataire judiciaire la liste de ses créanciers, du montant de ses dettes et des principaux contrats en cours. Il les informe des instances en cours auxquelles il est partie.

L'administrateur ou, s'il n'en a pas été nommé, le mandataire judiciaire peut, nonobstant toute disposition législative ou réglementaire contraire, obtenir communication par les administrations et organismes publics, les organismes de prévoyance et de sécurité sociale, les établissements de crédit, les sociétés de financement, les établissements de monnaie électronique, les établissements de paiement ainsi que les services chargés de centraliser les risques bancaires et les incidents de paiement, des renseignements de nature à lui donner une exacte information sur la situation patrimoniale du débiteur.

Lorsque le débiteur exerce une profession libérale soumise à un statut législatif ou réglementaire ou dont le titre est protégé, l'inventaire est dressé en présence d'un représentant de l'ordre professionnel ou de l'autorité compétente dont, le cas échéant, il relève. En aucun cas l'inventaire ne peut porter atteinte au secret professionnel si le débiteur y est soumis.

L'absence d'inventaire ne fait pas obstacle à l'exercice des actions en revendication ou en restitution.

Un décret en Conseil d'État fixe les conditions d'application du présent article.

Voir : C. com., art. R. 622-4 et R. 622-5, p. 2156.

Bibliographie : E. André, *L'évaluation des biens incorporels à l'ouverture de la procédure collective : BJE* 2018, 4, p. 278.

Art. L. 622-6-1 *(Ord. n° 2008-1345, 18 déc. 2008 ; Ord. n° 2009-112, 30 janv. 2009 ; L. n° 2011-850, 20 juill. 2011).* – Sauf s'il a été procédé, dans le jugement d'ouverture de la procédure, à la désignation d'un officier public ou d'un courtier de marchandises assermenté chargé de dresser l'inventaire, celui-ci est établi par le débiteur et certifié par un commissaire aux comptes ou attesté par un expert-comptable. Les dispositions du quatrième alinéa de l'article L. 622-6 ne sont, en ce cas, pas applicables.

Si le débiteur n'engage pas les opérations d'inventaire dans un délai de huit jours à compter du jugement d'ouverture ou ne les achève pas dans un délai fixé par ce jugement, le juge-commissaire désigne pour y procéder ou les achever un commissaire-priseur judiciaire, un huissier de justice, un notaire ou un courtier en marchandises assermenté en considération de leurs attributions respectives telles qu'elles résultent des dispositions qui leur sont applicables. Il est saisi par l'administrateur, le mandataire judiciaire ou le ministère public. Il peut également se saisir d'office. Le délai fixé pour achever les opérations d'inventaire peut être prorogé par le juge-commissaire.

Art. L. 622-7 *(Anc. art. L. 621-24, dénum. et mod., L. n° 2005-845, 26 juill. 2005 ; mod., Ord. n° 2006-346, 23 mars 2006 ; rempl., Ord. n° 2008-1345, 18 déc. 2008).* – I. – Le jugement ouvrant la procédure emporte, de plein droit, interdiction de payer toute créance née antérieurement au jugement d'ouverture, à l'exception du paiement par compensation de créances connexes. Il emporte également, de plein droit, interdiction de payer toute créance née après le jugement d'ouverture, non mentionnée au I de l'article L. 622-17. Ces interdictions ne sont pas applicables au paiement des créances alimentaires.

De même, il emporte, de plein droit, inopposabilité du droit de rétention conféré par le 4° de l'article 2286 du Code civil pendant la période d'observation et l'exécution du plan, sauf si le bien objet du gage est compris dans une cession d'activité décidée en application de l'article L. 626-1.

Il fait enfin obstacle à la conclusion et à la réalisation d'un pacte commissoire.

II. – Le juge-commissaire peut autoriser le débiteur à faire un acte de disposition étranger à la gestion courante de l'entreprise, à consentir une hypothèque, un gage ou un nantissement ou à compromettre ou transiger. *(Mots aj. à compter du 1er juillet 2014, Ord. n° 2014-326, 12 mars 2014)* « Néanmoins, si cet acte est susceptible d'avoir une incidence déterminante sur l'issue de la procédure, le juge-commissaire ne peut statuer qu'après avoir recueilli l'avis du ministère public. »

Le juge-commissaire peut aussi l'autoriser à payer des créances antérieures au jugement, pour retirer le gage ou une chose légitimement retenue ou encore pour obtenir le retour de biens et droits transférés à titre de garantie dans un patrimoine fiduciaire, lorsque ce retrait ou ce retour est justifié par la poursuite de l'activité. Ce paiement peut en outre être autorisé pour lever l'option d'achat d'un contrat de crédit-bail, lorsque cette levée d'option est justifiée par la poursuite de l'activité *(Mots suppr. à compter du 1er juillet 2014, Ord. n° 2014-326, 12 mars 2014)* « ... ».

III. – Tout acte ou tout paiement passé en violation des dispositions du présent article est annulé à la demande de tout intéressé ou du ministère public, présentée dans un délai de trois ans à compter de la conclusion de l'acte ou du paiement de la créance. Lorsque l'acte est soumis à publicité, le délai court à compter de celle-ci.

Voir : C. com., art. R. 622-6, p. 2157.

Bibliographie : R. Apery, *La situation des créanciers : vision pratique : Rev. proc. coll.* 2006, p. 151. • A. Aynès, *Précisions sur le sort du gage sans dépossession en cas de procédure collective : JCP* E 2009, I, 119. • N. Borga, *Le projet de loi PACTE et les titres d'entreposage : nouvelle entorse à la discipline collective ? : BJE* 2019, n° 1, p. 8. • J.-C. Boulay, *Les créanciers antérieurs dans les procédures de sauvegarde, de redressement et de liquidation judiciaires : Rev. proc. coll.* 2006, p. 135. • M.-J. Campana, *Droit de rétention et procédures collectives : la dissipation des dernières ambiguïtés ? : JCP* E 1998, p. 1082. • R. Chendeb, *Les créances alimentaires et les procédures collectives : Rev. proc. coll.* 2009, étude 21. • J.-L. Courtier, *Les pouvoirs donnés au juge-commissaire par l'article 33 alinéa 3 de la loi du 25 janvier 1985 : Rev. proc. coll.* 1999, p. 210. • F. Derrida, *La réalisation des immeubles dans les procédures de redressement ou de liquidation judiciaire : Defrénois* 1995, p. 1073. • L.-C. Henry, *Délimitation des créances antérieures et postérieures : Gaz. proc. coll.* 2007, n° 4, p. 39. • J.-E. Kuntz et C. Gotzorides, *Transaction et procédure collective : BJE* 2018, 5, p. 371. • P.-M. Le Corre, *L'invincibilité du droit de rétention dans les procédures collectives de paiement : D.* 2001, p. 2815 ; *Les créanciers dans la loi de sauvegarde des entreprises : Rev. proc. coll.* 2006, p. 336 ; *La mesure de l'efficacité des gages sans dépossession dans les procédures collectives. L'inopposabilité du droit de rétention conféré par l'article 2286-4° du Code civil aux créanciers gagistes sans dépossession : JCP* E 2009, 1204 ; *La règle de l'interdiction des paiements au lendemain de l'ordonnance du 18 décembre 2008 : Gaz. proc. coll.* 8-10 mars 2009, p. 25 ; *Le sort des créanciers. Quel état des lieux ? : Dr. et patrimoine* 2013, dossier 65. • C. Leguevaques, *Le sort des créanciers après la loi de sauvegarde des entreprises : entre renforcement des droits et allègement des devoirs : LPA* 17 févr. 2006, p. 63. • O. Lutun, *La compensation en droit des procédures collectives : un cadre strict pour les uns, un espace de liberté pour les autres : JCP* E 2003, p. 260. • F. Pérochon, *Les interdictions de paiement et le traitement des sûretés réelles : D.* 2009, p. 651. • C. Pourquier, *Faculté de rétention et procédures collectives : D. affaires* 1998, p. 936. • S. Reifegerste, *La connexité de créances contractuelles, pour une approche juridique d'une condition originale de la compensation : LPA* 4 avr. 2000, p. 6. • I. Rohart-Messager, N. Borga, F. Legrand et Ch. Thevenot, *Techniques de négociation et utilisation des modes alternatifs de résolution des différends en procédure amiable et collective : BJE* 2018, 5, p. 378. • Ph. Roussel-Galle, *Les créanciers antérieurs. Situation générale, contrôleurs, arrêt des poursuites individuelles et des voies d'exécution, nullités de la période suspecte : Gaz. Pal.* 4-5 nov. 2005, p. 35. • C. Saint-Alary-Houin et F. Macorig-Venier, *La situation des créanciers dans la loi du 26 juillet 2005 de sauvegarde des entreprises : RD bancaire et fin.* 2006, p. 60 ; *Les créanciers dans l'ordonnance n° 2008-1345 du 18 décembre 2008 portant réforme du droit des entreprises en difficulté : Rev. proc. coll.* 2009, p. 65. • M. Sénéchal et G. Couturier, *Créanciers antérieurs : l'égalité a-t-elle vécu ? : BJE* 2012, § 166. • J. Théron, *Valorisation et optimisation des cessions d'actifs : mieux vendre ! : BJE* 2018, 5, p. 383. • F. Vinckel, *Le droit d'action des créanciers chirographaires dans la loi n° 2005-845 du 26 juillet 2005 : Rev. proc. coll.* mars 2007, p. 6.

La créance d'intérêts nés d'une créance en compte courant antérieure au jugement d'ouverture est, par voie d'accessoire, une créance antérieure, peu important que le cours de ces intérêts n'ait pas été arrêté postérieurement au jugement d'ouverture. Elle est donc soumise à déclaration : ▪ Cass. com., 27 sept. 2017, n° 16-19.394 : *JurisData* n° 2017-018670 ; *Dr. sociétés* 2018, comm. 14, obs. J.-P. Legros ; *BJS* 2017, p. 749, obs. J. Heinich.

Art. L. 622-8 *(Anc. art. L. 621-25, dénum. et mod., L. n° 2005-845, 26 juill. 2005 ; mod., Ord. n° 2008-1345, 18 déc. 2008).* **– En cas de vente d'un bien grevé d'un privilège spécial, d'un gage, d'un nantissement ou d'une hypothèque, la quote-part du prix correspondant aux créances garanties par ces sûretés est versée en compte de dépôt à la Caisse des dépôts et consignations. Après l'adoption du plan, les créanciers bénéficiaires de ces sûretés ou titulaires d'un privilège général sont payés sur le prix suivant l'ordre de préférence existant entre eux et conformément à l'article L. 626-22 lorsqu'ils sont soumis aux délais du plan.**

Le juge-commissaire peut ordonner le paiement provisionnel de tout ou partie de leur créance aux créanciers titulaires de sûretés sur le bien. Sauf décision spécialement motivée du juge-commissaire ou lorsqu'il intervient au bénéfice du Trésor ou des organismes sociaux ou organismes assimilés, ce paiement provisionnel est subordonné à la présentation par son bénéficiaire d'une garantie émanant d'un établissement de crédit *(Mots aj. à compter du 1er janvier 2014, Ord. n° 2013-544, 27 juin 2013)* **« ou d'une société de financement ».**

Le débiteur peut proposer aux créanciers, la substitution aux garanties qu'ils détiennent de garanties équivalentes. En l'absence d'accord, le juge-commissaire peut ordonner cette substitution. Le recours contre cette ordonnance est porté devant la cour d'appel.

Voir : C. com., art. R. 622-7, R. 622-8 et R. 661-1, p. 2157.

Bibliographie : P. Crocq, *Réforme des procédures collectives et sort des créanciers munis de sûretés : Dr. et patrimoine* mars 2006, p. 90 ; *L'ordonnance du 18 décembre 2008 et le droit des sûretés : JCP* E 2009, 1313 ; *ibid., Rev. proc. coll.* 2009, p. 75. • M. Farge et O. Gout, *L'impact du nouveau droit des entreprises en difficulté sur le droit des sûretés : Rev. Lamy dr. aff.* 2009, n° 58, p. 25. • E. Garaud, *Sûretés et procédures collectives : l'articulation des réformes : LPA* 17 juin 2009, p. 4.

Art. L. 622-9 *(Anc. art. L. 621-26, dénum., L. n° 2005-845, 26 juill. 2005).* **– L'activité de l'entreprise est poursuivie pendant la période d'observation, sous réserve des dispositions des articles** *(L. n° 2005-845, 26 juill. 2005)* **« L. 622-10 à L. 622-16 ».**

Voir : C. com., art. R. 622-9, p. 2158.

Art. L. 622-10 *(L. n° 2005-845, 26 juill. 2005 ; mod., Ord. n° 2008-1345, 18 déc. 2008 ; Ord. n° 2014-326, 12 mars 2014 ; L. n° 2016-1547, 18 nov. 2016).* **– À tout moment de la période d'observation, le tribunal, à la demande du débiteur peut ordonner la cessation partielle de l'activité.**

Dans les mêmes conditions, à la demande du débiteur, de l'administrateur, du mandataire judiciaire, du ministère public ou d'office, il convertit la procédure en un redressement judiciaire, si les conditions de l'article L. 631-1 sont réunies, ou prononce la liquidation judiciaire, si les conditions de l'article L. 640-1 sont réunies.

À la demande du débiteur ou, à la demande de l'administrateur, du mandataire judiciaire ou du ministère public, lorsqu'aucun plan n'a été adopté conformément aux dispositions de l'article L. 626-30-2 et, le cas échéant, de l'article L. 626-32 par les comités mentionnés à la section III du chapitre VI du présent titre, il décide également la conversion en redressement judiciaire si l'adoption d'un plan de sauvegarde est manifestement impossible et si la clôture de la procédure conduirait, de manière certaine et à bref délai, à la cessation des paiements.

Il statue après avoir entendu ou dûment appelé le débiteur, l'administrateur, le mandataire judiciaire, les contrôleurs et les représentants du comité d'entreprise ou, à défaut, des délégués du personnel, et avoir recueilli l'avis du ministère public.

Lorsqu'il convertit la procédure de sauvegarde en procédure de redressement judiciaire, le tribunal peut, si nécessaire, modifier la durée de la période d'observation restant à courir ou la prolonger pour une durée maximale de six mois.

Aux fins de réaliser la prisée des actifs du débiteur au vu de l'inventaire établi pendant la procédure de sauvegarde, il désigne, en considération de leurs attributions respectives telles qu'elles résultent des dispositions qui leur sont applicables, un commissaire-priseur judiciaire, un huissier de justice, un notaire ou un courtier en marchandises assermenté.

Voir : C. com., art. R. 622-10 et R. 622-11, p. 2158.

Bibliographie : E. André, *L'évaluation des biens incorporels à l'ouverture de la procédure collective : BJE* 2018, 4, p. 278.

Art. L. 622-11 *(Rempl., L. n° 2005-845, 26 juill. 2005 ; mod., Ord. n° 2008-1345, 18 déc. 2008).* **– Lorsque le tribunal prononce la liquidation, il met fin à la période d'observation et, sous réserve des dispositions de l'article L. 641-10, à la mission de l'administrateur. Dans les conditions prévues au dernier alinéa de l'article L. 622-10, il désigne une personne chargée de réaliser la prisée des actifs du débiteur.**

Art. L. 622-12 *(Rempl., L. n° 2005-845, 26 juill. 2005 ; mod., Ord. n° 2008-1345, 18 déc. 2008).* **– Lorsque les difficultés qui ont justifié l'ouverture de la procédure ont disparu, le tribunal y met fin à la demande du débiteur. Il statue dans les conditions prévues au quatrième alinéa de l'article L. 622-10.**

Voir : C. com., art. R. 622-12, p. 2158.

Bibliographie : J.-E. Kuntz et V. Nurit, *Une alternative au plan de sauvegarde : la négociation aboutissant à la disparition des difficultés du débiteur ou les vertus de l'article L. 622-12 du Code de commerce : BJE* 2013, p. 254.

Art. L. 622-13 *(Anc. art. L. 621-28, dénum. et mod., L. n° 2005-845, 26 juill. 2005 ; rempl., Ord. n° 2008-1345, 18 déc. 2008).* **– I. – Nonobstant toute disposition légale ou toute clause contractuelle, aucune indivisibilité, résiliation ou résolution d'un contrat en cours ne peut résulter du seul fait de l'ouverture d'une procédure de sauvegarde.**

Le cocontractant doit remplir ses obligations malgré le défaut d'exécution par le débiteur d'engagements antérieurs au jugement d'ouverture. Le défaut d'exécution de ces engagements n'ouvre droit au profit des créanciers qu'à déclaration au passif.

II. – L'administrateur a seul la faculté d'exiger l'exécution des contrats en cours en fournissant la prestation promise au cocontractant du débiteur.

(Mod. à compter du 1er juillet 2014, Ord. n° 2014-326, 12 mars 2014) **Au vu des documents prévisionnels dont il dispose, l'administrateur s'assure, au moment où il demande l'exécution du contrat, qu'il disposera des fonds nécessaires pour assurer le paiement en résultant. S'il s'agit d'un contrat à exécution ou paiement échelonnés dans le temps, l'administrateur y met fin s'il lui apparaît qu'il ne disposera pas des fonds nécessaires pour remplir les obligations du terme suivant.**

III. – Le contrat en cours est résilié de plein droit :

1° Après une mise en demeure de prendre parti sur la poursuite du contrat adressée par le cocontractant à l'administrateur et restée plus d'un mois sans réponse. Avant l'expiration de ce délai, le juge-commissaire peut impartir à l'administrateur un délai plus court ou lui accorder une prolongation, qui ne peut excéder deux mois, pour se prononcer ;

2° À défaut de paiement dans les conditions définies au II et d'accord du cocontractant pour poursuivre les relations contractuelles. En ce cas, le ministère public, l'administrateur, le mandataire judiciaire ou un contrôleur peut saisir le tribunal aux fins de mettre fin à la période d'observation.

IV. – À la demande de l'administrateur, la résiliation est prononcée par le juge-commissaire si elle est nécessaire à la sauvegarde du débiteur et ne porte pas une atteinte excessive aux intérêts du cocontractant.

V. – Si l'administrateur n'use pas de la faculté de poursuivre le contrat ou y met fin dans les conditions du II ou encore si la résiliation est prononcée en application du IV, l'inexécution peut donner lieu à des dommages et intérêts au profit du cocontractant, dont le montant doit être déclaré au passif. Le cocontractant peut néanmoins différer la restitution des sommes versées en excédent par le débiteur en exécution du contrat jusqu'à ce qu'il ait été statué sur les dommages et intérêts.

VI. – Les dispositions du présent article ne concernent pas les contrats de travail. Elles ne concernent pas non plus le contrat de fiducie, à l'exception de la convention en exécution de laquelle le débiteur conserve l'usage ou la jouissance de biens ou droits transférés dans un patrimoine fiduciaire.

Voir : C. com., art. R. 622-13, p. 2158.

Bibliographie : A. Bac, *De la notion de contrat en cours dans les procédures et de ses conséquences, notamment pour les cautions : JCP* E 2000, p. 22. • B. Boccara, *Procédures collectives et contrats en cours : la loi de réforme du 10 juin 1994 : JCP* E 1994, p. 411 ; *Le compte courant cautionné, sa continuation, et la procédure collective : LPA* juill. 1997, n° 86. • D. Boustani, *La continuation du contrat et ses effets : BJE* 2019, n° 1, dossier p. 45. • C. Brunetti-Pons, *La spécificité du régime des contrats en cours : RTD com.* 2000, p. 783. • M. Delteil et L. Lautrette, *Le sort des contrats de travail dans la loi de sauvegarde des entreprises : LPA* 17 févr. 2006, p. 42. • J.-Ph. Dom, *Le sort de la fiducie en cas de procédure collective du débiteur est aménagé (ordonnance du 18 décembre 2008) : Act. proc. coll.* 2009, comm. 17. • M.-P. Dumont, *La période d'observation. Continuation des contrats en cours : Gaz. Pal.* 4-5 nov. 2005, p. 23. • Ph. Dupichot, *Le financement des entreprises en difficulté : BJE* 2018, 5, p. 394. • C. Galokho, *Les clauses aggravant la situation du débiteur du fait de l'ouverture d'une procédure préventive ou collective : Rev. proc. coll.* 2017, étude 11. • C. Houin-Bressand, *Contrats de crédit : BJE* 2019, n° 1, dossier, p. 53. • G. Kalflèche, *Entreprises en difficulté et contrats administratifs : BJE* 2019, n° 1, dossier p. 63. • E. Le Corre-Broly, *Les modifications apportées au droit commun de la continuation des contrats en cours : D.* 2009, p. 663. • F. Macorig-Venier, *La rupture des contrats : LPA* 6 sept. 2000, p. 21 ; *L'efficacité des « clauses d'anticipation » : BJE* 2019, n° 1, dossier p. 40. • N. Martial-Braz, *Contrats de propriété intellectuelle et entreprises en difficulté : BJE* 2019, n° 1, dossier p. 68. • M.-H. Monsèrié-Bon, *La résiliation de plein droit : BJE* 2019, n° 1, dossier p. 48. • Th. Montéran, *L'influence des procédures collectives sur la poursuite et la fin des contrats : Gaz. Pal.* 28 sept. 2003, doctr. p. 2. • Fl. Reille, *Continuation des contrats en cours : Gaz. proc. coll.* 2007, n° 4, p. 38. • Ph. Roussel-Galle, *Contrats en cours : Rev. proc. coll.* 2005, p. 204. • Ph. Roussel-Galle, *Les « nouveaux » régimes des contrats en cours et du bail : Rev. proc. coll.* 2009, p. 55 ; *Risques et responsabilité des cocontractants*, in Actes du colloque de Caen, 15 oct. 2010, *Risques et responsabilités en droit des procédures collectives : Rev. proc. coll.* 2010, art. 9. • C. Saint-Alary-Houin et J.-P. Abbadie, *Contrats de construction et procédures collectives : BJE* 2019, n° 1, dossier p. 66. • Y. Sala, *Contrats d'assurance et principe de continuation des contrats en cours : la fin d'une regrettable exception : LPA* 17 févr. 2006, p. 38. • G. Teboul, *Le sort des contrats pendant les procédures collectives : quel choix opérer ? : Gaz. Pal.* 23 avr. 2004, doctr. p. 7. • J. Vallansan, *La notion de contrat en cours : BJE* 2019, n° 1, dossier p. 43.

1) Contrat de société. Le contrat de société liant un associé mis en procédure collective n'est pas un contrat en cours au sens de l'article L. 621-28 *[L. 622-13]*. En conséquence, le redressement judiciaire de l'associé d'une société civile entraîne le remboursement de ses droits sociaux et la perte de sa qualité d'associé par application de l'article 1860 du Code civil : ▪ Cass. com., 10 juill. 2007, n° 60-11.680 : *JurisData* n° 2007-040144 ; *JCP* E 2008, 1207, n° 12, obs. Ph. Pétel ; *BJS* 2008, p. 47, note F.-X. Lucas ; *D.* 2007, p. 2107, obs. A. Lienhard ; *RJDA* 2008, p. 6, note V. Michel-Amsellem ; *Dr. sociétés* 2007, n° 196, note J.-P. Legros ; *Rev. proc. coll.* 2008, p. 76, n° 17, obs. Ph. Roussel-Galle.

2) Contrat de coopération. Le contrat d'apport de récolte d'un associé coopérateur, fut-il lié au contrat de société, est un contrat en cours dont l'administrateur peut exiger la continuation ou la résiliation : ▪ Cass. com., 19 févr. 2013, n° 12-23.146 : *JurisData* n° 2013-002662 ; *Dr. sociétés* 2013, comm. 109 ; *BJS* 2013, p. 417, note B. Dondero.

Art. L. 622-14 *(Rempl., L. n° 2005-845, 26 juill. 2005 ; mod., Ord. n° 2008-1345, 18 déc. 2008 ; Ord. n° 2010-1512, 9 déc. 2010).* **– Sans préjudice de l'application du I et du II de l'article L. 622-13, la résiliation du bail des immeubles donnés à bail au débiteur et utilisés pour l'activité de l'entreprise intervient dans les conditions suivantes :**

1° Au jour où le bailleur est informé de la décision de l'administrateur de ne pas continuer le bail. Dans ce cas, l'inexécution peut donner lieu à des dommages et intérêts au profit du cocontractant, dont le montant doit être déclaré au passif. Le cocontractant peut néanmoins différer la restitution des sommes versées en excédent par le débiteur en exécution du contrat jusqu'à ce qu'il ait été statué sur les dommages et intérêts ;

2° Lorsque le bailleur demande la résiliation ou fait constater la résiliation du bail pour défaut de paiement des loyers et charges afférents à une occupation postérieure au jugement d'ouverture, le bailleur ne pouvant agir qu'au terme d'un délai de trois mois à compter dudit jugement.

Si le paiement des sommes dues intervient avant l'expiration de ce délai, il n'y a pas lieu à résiliation.

Nonobstant toute clause contraire, le défaut d'exploitation pendant la période d'observation dans un ou plusieurs immeubles loués par l'entreprise n'entraîne pas résiliation du bail.

Voir : C. com., art. R. 622-13, p. 2158.

Bibliographie : F. Auque, *Le bail commercial n'est pas un contrat comme les autres (articles 37 et 38 nouveaux de la loi du 25 janvier 1985) : Rev. proc. coll.* 1997, p. 131 ; *Le nouveau droit de l'entreprise en difficulté : le cas particulier du bailleur : Rev. proc. coll.* 2006, p. 341. • J.-Y. David, *La mise en œuvre de la clause résolutoire avant l'ouverture d'une procédure collective in « Bail commercial et difficultés économiques des locataires » : AJDI* 2018, p. 251 s. • O. Fradin et P. Martin, *Une clarification inachevée : l'ordonnance n° 2008-1345 du 18 décembre 2008 et la mise en demeure d'opter sur le sort du bail des immeubles affectés à l'activité de l'entreprise : Procédures* 2009, alerte 27. • J. Gaudin, *Le sort du bail commercial en cas de redressement ou de liquidation judiciaire du preneur : D. affaires* 1996, p. 1083. • F. Kendérian, *Le bail commercial relève-t-il du régime des contrats en cours en cas de procédure collective du bailleur ? : D.* 2003, p. 610 ; *Le bail des locaux professionnels dans les procédures collectives après l'ordonnance du 18 décembre 2008 : Gaz. proc. coll.* 6-7 mars 2009, p. 31 ; *Le sort du bail commercial dans les procédures collectives* : Litec, 2e éd. 2008. • D. Krajeski, *Le sort du bail rural et du prêt de terres agricoles : Rev. proc. coll.* 2018, 5, dossier 36. • J.-E. Kuntz et V. Nurit, *Le bail et la procédure collective : une valse à trois temps : BJE* 2011, n° 154. • V. Leloup-Thomas et I. Rohart-Messager, *La mise en œuvre de la clause résolutoire dans le cadre d'une procédure collective in « Bail commercial et difficultés économiques des locataires » : AJDI* 2018, p. 256. • Ph. Roussel-Galle, *Les « nouveaux » régimes des contrats en cours et du bail : Rev. proc. coll.* 2009, p. 55. • B. Saintourens, *Le régime du bail commercial après la réforme des procédures collectives (loi du 26 juillet 2005 de sauvegarde des entreprises) : Loyers et copr.* 2005, étude 11. • J. Théron, *Baux commerciaux et procédures collectives, question de responsabilité des professionnels : BJE* 2019, n° 1, dossier p. 55. • C. Trivaudey-Bourdin, *Le bail commercial à l'épreuve de la procédure collective du bailleur : Rev. proc. coll.* 2004, p. 30. • J.-L. Vallens, *Bail commercial et redressement judiciaire : la résiliation du bail après la loi du 10 juin 1994 : JCP* E 1996, p. 93. • J. Varoclier, *Le bailleur, mal-aimé des procédures collectives* : *Gaz. Pal.* 2 avr. 2011, n° 91, p. 4.

Art. L. 622-15 *(Anc. art. L. 621-30, dénum. et mod.,, L. n° 2005-845, 26 juill. 2005).* **– En cas de cession du bail, toute clause imposant au cédant des dispositions solidaires avec le cessionnaire est réputée non écrite.**

Art. L. 622-16 *(Anc. art. L. 621-31, dénum., L. n° 2005-845, 26 juill. 2005).* **– En cas de** *(L. n° 2005-845, 26 juill. 2005)* **« procédure de sauvegarde », le bailleur n'a privilège que pour les deux dernières années de loyers avant le jugement d'ouverture de la procédure.**

Si le bail est résilié, le bailleur a, en outre, privilège pour l'année courante, pour tout ce qui concerne l'exécution du bail et pour les *(L. n° 2005-845, 26 juill. 2005)* « dommages et intérêts » qui pourront lui être alloués par les tribunaux.

Si le bail n'est pas résilié, le bailleur ne peut exiger le paiement des loyers à échoir lorsque les sûretés qui lui ont été données lors du contrat sont maintenues ou lorsque celles qui ont été fournies depuis le jugement d'ouverture sont jugées suffisantes.

Le juge-commissaire peut autoriser le débiteur ou l'administrateur, selon le cas, à vendre des meubles garnissant les lieux loués soumis à dépérissement prochain, à dépréciation imminente ou dispendieux à conserver, ou dont la réalisation ne met pas en cause, soit l'existence du fonds, soit le maintien de garanties suffisantes pour le bailleur.

Art. L. 622-17 *(Anc. art. L. 621-32, dénum. et mod., L. n° 2005-845, 26 juill. 2005 ; mod., Ord. n° 2008-1345, 18 déc. 2008)*. **– I. – Les créances nées régulièrement après le jugement d'ouverture pour les besoins du déroulement de la procédure ou de la période d'observation, ou en contrepartie d'une prestation fournie au débiteur pendant cette période, sont payées à leur échéance.**

II. – Lorsqu'elles ne sont pas payées à l'échéance, ces créances sont payées par privilège avant toutes les autres créances, assorties ou non de privilèges ou sûretés, à l'exception de celles garanties par le privilège établi aux articles L. 3253-2 à L. 3253-4, L. 7313-8 du Code du travail ***(Anc. art. L. 143-10, L. 143-11 et L. 751-15, dénum., Ord. n° 2007-329, 12 mars 2007)*****, des frais de justice nés régulièrement après le jugement d'ouverture pour les besoins du déroulement de la procédure et de celles garanties par le privilège établi par l'article L. 611-11 du présent code.**

III. – Leur paiement se fait dans l'ordre suivant :

1° Les créances de salaires dont le montant n'a pas été avancé en application des articles L. 3253-6 et L. 3253-8 à L. 3253-13 du Code du travail ***(Anc. art. L. 143-11-1 à L. 143-11-3, dénum., Ord. n° 2007-329, 12 mars 2007)*** **;**

2° Les prêts consentis ainsi que les créances résultant de l'exécution des contrats poursuivis conformément aux dispositions de l'article L. 622-13 et dont le cocontractant accepte de recevoir un paiement différé ; ces prêts et délais de paiement sont autorisés par le juge-commissaire dans la limite nécessaire à la poursuite de l'activité pendant la période d'observation et font l'objet d'une publicité. En cas de résiliation d'un contrat régulièrement poursuivi, les indemnités et pénalités sont exclues du bénéfice du présent article ;

3° Les autres créances, selon leur rang.

IV. – Les créances impayées perdent le privilège que leur confère le II du présent article si elles n'ont pas été portées à la connaissance de l'administrateur et, à défaut, du mandataire judiciaire ou, lorsque ces organes ont cessé leurs fonctions, du commissaire à l'exécution du plan ou du liquidateur, dans le délai d'un an à compter de la fin de la période d'observation. ***(Mots aj. à compter du 1er juillet 2014, Ord. n° 2014-326, 12 mars 2014)*** **« Lorsque cette information porte sur une créance déclarée pour le compte du créancier en application de l'article L. 622-24, elle rend caduque cette déclaration si le juge n'a pas statué sur l'admission de la créance. »**

Voir : C. com., art. R. 622-14 et R. 622-15, p. 2158.

Bibliographie : R. Apery, *La situation des créanciers : vision pratique : Rev. proc. coll.* 2006, p. 151. • M.-J. Campana, *La nouvelle protection des droits des créanciers : Rev. proc. coll.* 1994, p. 491 ; *Le nouvel article 40 de la loi du 25 janvier 1985 : LPA* 14 sept. 1994, p. 49. • A. Donette, *La notion de « créances de salaires » au sens des articles L. 622-17, III, 1° et L. 641-13, III, 1° du Code de commerce : BJE* 2013, § 169. • Ph. Dupichot, *Le financement des entreprises en difficulté : BJE* 2018, 5, p. 394. • I. Fosset-Lefebvre, *Le privilège spécial immobilier du syndicat des copropriétaires et l'article L. 621-32 du Code de commerce : Rev. proc. coll.* 2002, p. 4. • F. Gréau, *Pour un véritable privilège de procédure : LPA* 12 juin 2008, p. 41. • F. Gréau, *Pour un véritable privilège de procédure : LPA* 12 juin 2008, p. 4. • L.-C. Henry, *La période d'observation. Délimitation des créances antérieures et postérieures. Régime des créances postérieures : Gaz. Pal.* 4-5 nov. 2005, p. 25. • G. Jazottes, *Les créanciers de l'article 40 : LPA* 6 sept. 2000, p. 36 ; *La protection des droits des créanciers : Dr. et patr.* 2014, n° 238, p. 73. • P.-M. Le Corre, *Les créanciers dans la loi de sauvegarde des entreprises : Rev. proc. coll.* 2006, p. 336 ; *Continuation des contrats en cours, date de naissance des créances et mandat : D.* 2009, chron. p. 2172. ; *Pour l'instauration d'une vérification des créances postérieures privilégiées : Gaz. Pal.* 9 oct. 2018, n° 34, p. 50 ; *La récupération des avances de l'AGS à l'épreuve des autres créanciers : Rev. proc. coll.* 2019, 2, dossier 6. • C. Lèguevaques, *Le sort des créanciers après la loi de sauvegarde des entreprises : entre renforcement des droits et allègement des devoirs : LPA* 17 févr. 2006, p. 63. • F. Pérochon, *Les créanciers postérieurs et la réforme du 26 juillet 2005 : Gaz. Pal.* 7-8 sept. 2005, p. 57 ; *Les interdictions de paiement et le traitement des sûretés réelles : D.* 2009, p. 651. • Ph. Pétel, *Les créanciers postérieurs : Rev.*

proc. coll. 2006, p. 142. • F. Reille, *Les retouches apportées au sort des créanciers postérieurs élus : Gaz. proc. coll.* 6-7 mars 2009, p. 38. • C. Saint-Alary-Houin, *La date de naissance des créances en droit des procédures collectives : LPA* 9 nov. 2004, p. 11 ; *Créanciers postérieurs : Rev. proc. coll.* 2005, p. 221 ; *Les privilèges de la procédure*, in Colloque *Échanges sur la loi de sauvegarde des entreprises : de la Côte d'Or à la Côte d'Azur : LPA* 14 juin 2007, p. 70 ; *L'évolution de la garantie de l'AGS, plus... toujours plus ! : Rev. proc. coll.* 2019, 2, dossier 5. • C. Saint-Alary-Houin et F. Macorig-Venier, *La situation des créanciers dans la loi du 26 juillet 2005 de sauvegarde des entreprises : RD bancaire et fin.* 2006, p. 60 ; *Les créanciers dans l'ordonnance n° 2008-1345 du 18 décembre 2008 portant réforme du droit des entreprises en difficulté : Rev. proc. coll.* 2009, p. 65. • G. Teboul, *Le casse-tête des créances utiles méritantes : une tentative d'éclaircissement : Gaz. Pal.* 2011, n°s 240 à 244, p. 7. • N. Thomassin, *La date de naissance des créances contractuelles : RTD com.* 2007, p. 655.

La créance de dividende de l'associé d'une société en liquidation judiciaire n'est pas une créance née pour les besoins de la procédure collective ou en contrepartie d'une prestation fournie à cette société pour les besoins de son activité professionnelle, ■ Cass. com., 11 oct. 2016, n° 14-20.581 : *JurisData* n° 2016-01119 ; *JCP E* 2016, n° 1681, note Ch. Lebel. L'indemnité contractuelle consécutive à la révocation des fonctions de dirigeant constitue une créance d'indemnité de résiliation d'un contrat en cours exclue par l'article L. 622-17, III, 2° du Code de commerce, du bénéfice des dispositions de ce texte : ■ Cass. com., 12 juill. 2016, n° 14-23.668, F-P +B : *JurisData* n° 2016-013670 ; *Dr. sociétés* 2016, comm. 215 ; *Act. proc. coll.* 2016, comm. 219, obs. J.-Ch. Pagnucco ; *Rev. sociétés* 2016, p. 549, obs. L.-C. Henry ; *Rev. proc. coll.* 2017, comm. 144, C. Houin-Bressand.

Art. L. 622-18 ***(Anc. art. L. 621-33, dénum. et mod., L. n° 2005-845, 26 juill. 2005).*** **– Toute somme perçue par l'administrateur ou le mandataire judiciaire qui n'est pas portée sur les comptes bancaires ou postaux du débiteur, pour les besoins de la poursuite d'activité, doit être versée immédiatement en compte de dépôt à la Caisse des dépôts et consignations.**

En cas de retard, l'administrateur ou le mandataire judiciaire doit, pour les sommes qu'il n'a pas versées, un intérêt dont le taux est égal au taux de l'intérêt légal majoré de cinq points.

Voir : C. com., art. R. 622-16, p. 2159.

Art. L. 622-19 ***(Anc. art. L. 621-38, dénum., L. n° 2005-845, 26 juill. 2005).*** **– Toute somme versée par l'association mentionnée à l'article L. 3253-14 du Code du travail** ***(Anc. art. L. 143-11-4, dénum., Ord. n° 2007-329, 12 mars 2007)*** **en application des articles L. 3253-6 et L. 3253-8 à L. 3253-13 du même code** ***(Anc. art. L. 143-11-1 à L. 143-11-3, dénum., Ord. n° 2007-329, 12 mars 2007)*** **donne lieu à déclaration à l'administration fiscale.**

Voir : C. com., art. R. 622-17, p. 2159.

Art. L. 622-20 ***(Anc. art. L. 621-39, dénum. et mod., L. n° 2005-845, 26 juill. 2005).*** **– Le mandataire judiciaire désigné par le tribunal a seul qualité pour agir au nom et dans l'intérêt collectif des créanciers. Toutefois, en cas de carence du mandataire judiciaire, tout créancier nommé contrôleur peut agir dans cet intérêt dans des conditions fixées par décret en Conseil d'État.**

(Al. créé à compter du 1er juillet 2014, Ord. n° 2014-326, 12 mars 2014) **Le mandataire judiciaire a qualité pour mettre en demeure un associé ou un actionnaire de verser les sommes restant dues sur le montant des parts et actions souscrites par lui.**

Le mandataire judiciaire communique au juge-commissaire et au ministère public les observations qui lui sont transmises à tout moment de la procédure par les contrôleurs.

Les sommes recouvrées à l'issue des actions introduites par le mandataire judiciaire ou, à défaut, par le ou les créanciers nommés contrôleurs, entrent dans le patrimoine du débiteur et sont affectées en cas de continuation de l'entreprise selon les modalités prévues pour l'apurement du passif.

Voir : C. com., art. R. 622-18, p. 2159.

Bibliographie : G. Auzero, *L'intérêt personnel des salariés : BJE* 2016, p. 220. • D. Bachasson, *La représentation du débiteur et des créanciers dans les procédures collectives : Gaz. Pal.* 11 déc. 1998, doctr. p. 2. • G. Bolard, *Les fonctions des mandataires de justice : Rev. proc. coll.* 2006, p. 205. • A. Brunet, *La qualité de représentant des créanciers : Rev. proc. coll.* 1986, n° 3, p. 35. • P. Cagnoli, *La qualité pour agir, questions procédurales : Rev. proc. coll.* 2006, p. 209. • Ph. Delmotte, *L'accès au juge dans les procédures collectives : LPA* 28 nov. 2008, p. 50. • S. Gorrias, *Organes de la procédure. Le mandataire judiciaire : Gaz. Pal.* 4 et 5 nov. 2005, p. 25 ; *Les organes de la procédure. Le mandataire judiciaire et le commissaire à l'exécution du plan (responsabilité des organes ; rémunération des organes) : Gaz. proc. coll.* 7-8 nov. 2008, p. 43 ; *Le mandataire judiciaire* *dans l'ordonnance du 18 décembre 2008 et le décret du 12 février 2009 : Gaz. proc. coll.* 6-7 mars 2009, p. 21. • P.-M. Le Corre, *Les créanciers dans la loi de sauvegarde des entreprises : Rev. proc. coll.* 2006, p. 336 ; *L'intérêt collectif est-il l'intérêt de tous les créanciers ? : BJE* mai 2016, n° 113 k7. • F.-X. Lucas, *La qualité à agir du contrôleur nommé à l'occasion d'une procédure collective. Contribution à la définition des actions attitrées : Mélanges en l'honneur du professeur D.-R. Martin*, LGDJ, Lextenso éditions, 2015, p. 433. • C. Maréchal, *L'intérêt collectif des créanciers : Rev. proc. coll.* 2014, étude 10. • D. Martin, *Le représentant des créanciers et l'article 46 de la loi du 25 janvier 1985 : RD bancaire et fin.* 1990, p. 64. • F. Pérochon, *L'intérêt collectif des créanciers n'est pas l'intérêt de tous les créanciers sans exception : BJE* mai 2016, n° 113 k8. • M.-A. Rakotovahiny, *L'intérêt collectif des créanciers : LPA* 31 janv. 2000, p. 4. • Ph. Roussel-Galle, *Les contrôleurs, gardiens de l'intérêt collectif : Gaz. Pal.* 9-10 sept. 2005, p. 3 ; *Les créanciers antérieurs. Situation générale, contrôleurs, arrêt des poursuites individuelles et des voies d'exécution, nullités de la période suspecte : Gaz. Pal.* 4-5 nov. 2005, p. 35. • I. Rivière-Pavard, *La représentation des créanciers*, in Colloque *La loi du 26 juillet 2005 relative à la sauvegarde des entreprises : LPA* 20 mars 2007, p. 12. • C. Saint-Alary-Houin et F. Macorig-Venier, *La situation des créanciers dans la loi du 26 juillet 2005 de sauvegarde des entreprises : RD bancaire et fin.* 2006, p. 60 ; *Les créanciers dans l'ordonnance n° 2008-1345 du 18 décembre 2008 portant réforme du droit des entreprises en difficulté : Rev. proc. coll.* 2009, p. 65. • J. Vallansan, *La notion d'intérêt collectif vue par la chambre commerciale de la Cour de cassation : BJE* mai 2016, n° 113 k9. • F. Vinckel, *Le droit d'action des créanciers chirographaires dans la loi n° 2005-845 du 26 juillet 2005 : Rev. proc. coll.* mars 2007, p. 6.

1) Action individuelle d'un créancier. La recevabilité d'une action s'appréciant au jour où elle est formée, l'action en responsabilité contre un dirigeant social par un créancier est recevable dès lors qu'elle a été introduite avant l'ouverture de la procédure de redressement judiciaire : ▪ Cass. com., 10 févr. 2009, n° 07-20.445 (PB) : *Bull. civ.* IV, n° 21 ; *JurisData* n° 2009-047001 ; *D.* 2009, p. 559, obs. A. Lienhard et p. 1243, obs. R. Salomon ; *Rev. Lamy dr. aff.* 38/2009, n° 2271, p. 12, note B. Marpeau ; *RJDA* 5/2009, n° 445, p. 425 ; *Dr. sociétés* 2009, comm. 143, obs. J.-P. Legros.

2) Notion d'intérêt collectif.

a) **Définition.** Au titre de l'intérêt collectif des créanciers, les organes de la procédure collective ont qualité à agir pour la protection et la reconstitution du gage commun des créanciers : ▪ Cass. com., 2 juin 2015, n° 13-24.714, F-P+B+R+I : *JurisData* n° 2015-013215 ; *JCP E* 2015, 1422, n° 7, obs. Ph. Pétel ; *Act. proc. coll.* 2015-12, repère 184, F.-X. Lucas ; *D.* 2015, p. 1970, obs. P.-M. Le Corre ; *BJE* 2015, p. 313, note A. Donnette-Boissière ; *Gaz. Pal.* 22 sept. 2015, p. 19, note J. Théron.

b) Action en paiement contre les associés de société civile (non). Les associés d'une société civile demeurent tenus personnellement à l'égard des créanciers sociaux même en cas de procédure collective de cette société ; dès lors, ni le représentant des créanciers de cette société, ni, en cas de liquidation judiciaire, le liquidateur, n'ont qualité pour exercer l'action en paiement des dettes sociales (C. civ., art. 1857) : ▪ Cass. com., 24 janv. 2006, n° 04-19.061 : *Bull. civ.* 2006, IV, n° 17 ; *BJS* 2006, p. 588, note J.-J. Daigre ; *D.* 2006, act. jurispr. p. 445, obs. A. Lienhard ; *Rev. sociétés* 2006, p. 410, note J.-F. Barbièri et p. 637, note Th. Bonneau ; *RTD com.* 2006, p. 435, obs. M.-H. Monsèrié-Bon et, p. 916, obs. A. Martin-Serf ; *Dr. sociétés* 2006, n° 73, obs. F.-X. Lucas ; *Act. proc. coll.* 2006, n° 40, obs. C. Regnaut-Moutier. ▪ CA Paris, 6 juill. 2010, n° 09/00212 : *BJS* 2010, obs. O. Staes.

c) Action en extension de procédure pour confusion des patrimoines ou fictivité (oui) : C. cass., avis, 13 juin 2013, n° 15010 : *JurisData* n° 2013-011854, concl. R. Bonhomme ; *Rev. proc. coll.* 2013, étude 18 ; *Act. proc. coll.* 2013, comm. 167, P. Cagnoli ; *Rev. proc. coll.* 2013, comm. 117, note B. Saintourens. – Sur l'intérêt collectif défendu par le liquidateur : V. C. com., art. L. 641-4, note n° 5, p. 2064.

3) Préjudice individuel. Le préjudice allégué par l'associé en raison de la perte de fonds avancés en compte courant d'associé n'est pas le corollaire de celui subi par l'ensemble des créanciers de la procédure collective : ▪ Cass. com., 10 déc. 2013, n° 11-22.188 : *JurisData* n° 2013-028446 ; *Dr. sociétés* 2014, comm. 97, obs. R. Mortier. – La perte de valeur des actions ou parts ne constitue pas un dommage personnel distinct de celui subi collectivement par tous les créanciers du fait de l'amoindrissement ou de la disparition de ce patrimoine : ▪ Cass. com., 28 janv. 2014, n° 12-27.901 : *Bull. civ.* IV, n° 22 ; *JurisData* n° 2014-001108 ; *Rev. proc. coll.* 2015, comm. 44, note F. Reille ; *Act. proc. coll.* 2014, comm. 83, C. Regnaut-Moutier ; *Dr. sociétés* 2014, comm. 118, note J.-P. Legros. – La perte pour l'avenir des rémunérations dues au titre de sa qualité de dirigeant social constitue un préjudice individuel : ▪ Cass. com., 29 sept. 2015, n° 13-27.587, F-P+B : *JurisData* n° 2015-021539 ; *Act. proc. coll.* 2015-18, alerte 287, J.-Ch. Pagnucco ; *D.* 2015, p. 2205, obs. S. Tréard ; *Rev. proc. coll.* 2016, comm. 15, note Fl. Reille ; *BJS* 2015, p. 661, note I. Parachkévova. ▪ Cass. 1re civ., 3 févr. 2016, nos 14-25.695 et 14-25.733, F+P+B : *JurisData* n° 2016-001527 ; *Act. proc. coll.* 2016-4, comm. 57 ; *BJS* 2016, p. 222, note E. Mouial-Bassilana. En revanche, la dépréciation de la valeur du fonds de commerce liée à la mise en liquidation judiciaire du fonds n'est qu'une fraction du préjudice collectif subi par tous les créanciers du fait de l'amoindrissement ou de la disparition du patrimoine social, ▪ Cass. 1re civ., 3 févr. 2016, préc.

Art. L. 622-21 *(Anc. art. L. 621-40, dénum. et mod., L. n° 2005-845, 26 juill. 2005 ; mod., Ord. n° 2008-1345, 18 déc. 2008).* **– I. – Le jugement d'ouverture interrompt ou interdit toute action en justice de la part de tous les créanciers dont la créance n'est pas mentionnée au I de l'article L. 622-17 et tendant :**

1° À la condamnation du débiteur au paiement d'une somme d'argent ;

2° À la résolution d'un contrat pour défaut de paiement d'une somme d'argent.

II. – Il arrête ou interdit également toute procédure d'exécution de la part de ces créanciers tant sur les meubles que sur les immeubles ainsi que toute procédure de distribution n'ayant pas produit un effet attributif avant le jugement d'ouverture.

III. – Les délais impartis à peine de déchéance ou de résolution des droits sont en conséquence interrompus.

Voir : C. com., art. R. 622-19, p. 2159.

Bibliographie : P. Alix, *Les poursuites individuelles non suspendues par l'ouverture d'une procédure de redressement judiciaire : Gaz. Pal.* 1996, 1, doctr. 412. • F. Aubert, *Droit d'action des créanciers antérieurs à l'ouverture de la procédure collective : Dr. et patrimoine* 1998, p. 46. • J.-J. Bissieux et V. Cuisinier, *Les voies d'exécution à l'épreuve des procédures collectives : Procédures* 2008, dossier 8. • P. Canet, *Premières remarques sur les modifications apportées par l'ordonnance n° 2008-1345 du 18 décembre 2008 en matière de voies d'exécution : Rev. proc. coll.* 2009, p. 63. • Ch. Laporte, *Des incidences de l'ouverture d'une procédure collective sur une procédure en cours : Procédures* juill. 2007, étude 19. • P.-M. Le Corre, *Les créanciers dans la loi de sauvegarde des entreprises : Rev. proc. coll.* 2006, p. 336 ; *Le sort des créanciers. Quel état des lieux ? : Dr. et patrimoine* 2013, dossier 65. • C. Lèguevaques, *Le sort des créanciers après la loi de sauvegarde des entreprises : entre renforcement des droits et allègement des devoirs : LPA* 17 févr. 2006, p. 63. • Ph. Roussel-Galle, *Les créanciers antérieurs. Situation générale, contrôleurs, arrêt des poursuites individuelles et des voies d'exécution, nullités de la période suspecte : Gaz. Pal.* 4-5 nov. 2005, p. 35. • C. Saint-Alary-Houin et F. Macorig-Venier, *La situation des créanciers dans la loi du 26 juillet 2005 de sauvegarde des entreprises : RD bancaire et fin.* 2006, p. 60 ; *Les créanciers dans l'ordonnance n° 2008-1345 du 18 décembre 2008 portant réforme du droit des entreprises en difficulté : Rev. proc. coll.* 2009, p. 65. • F. Vinckel, *Le droit d'action des créanciers chirographaires dans la loi n° 2005-845 du 26 juillet 2005 : Rev. proc. coll.* mars 2007, p. 6.

1) L'ouverture d'une procédure collective d'une société n'a pas pour effet d'interdire à un tiers, créancier d'un associé, d'en faire établir la fictivité, une telle action ne tendant pas au paiement par la société d'une somme d'argent : ▪ Cass. com., 11 mars 2008, n° 06-19.968 : *JurisData* n° 2008-043213 ; *Rev. proc. coll.* 2009, comm. 63, obs. M.-P. Dumont-Lefrand.

2) L'arrêt des procédures d'exécution entraîne la mainlevée d'une procédure de saisie des droits d'associés lorsque, à la date du jugement d'ouverture, cette procédure d'exécution n'a pas, par la vente des droits d'associés, produit ses effets : ▪ Cass. 2e civ., 28 janv. 2016, n° 15-13.222, P+B : *JurisData* n° 2016-001002 ; *Procédures* 2016, comm. 94, note L. Raschel ; *Act. proc. coll.* 2016, alerte 8, obs. P. Cagnoli ; *Rev. sociétés* 2016, p. 196, note Ph. Roussel-Galle.

Art. L. 622-22 *(Anc. art. L. 621-41, dénum. et mod., L. n° 2005-845, 26 juill. 2005).* **– Sous réserve des dispositions de l'article L. 625-3, les instances en cours sont interrompues jusqu'à ce que le créancier poursuivant ait procédé à la déclaration de sa créance. Elles sont alors reprises de plein droit, le mandataire judiciaire et, le cas échéant, l'administrateur ou le commissaire à l'exécution du plan nommé en application de l'article L. 626-25 dûment appelés, mais tendent uniquement à la constatation des créances et à la fixation de leur montant.**

(Al. créé à compter du 1er juillet 2014, Ord. n° 2014-326, 12 mars 2014) **Le débiteur, partie à l'instance, informe le créancier poursuivant de l'ouverture de la procédure dans les dix jours de celle-ci.**

Voir : C. com., art. R. 622-20, p. 2159.

Bibliographie : Ch. Laporte, *Des incidences de l'ouverture d'une procédure collective sur une procédure en cours : Procédures* juill. 2007, étude 19. • O. Staes, *Créanciers antérieurs : instances en cours : Rev. proc. coll.* 2005, p. 215.

Toutes les créances. L'article L. 621-41 5 *[art. L. 622-22]*, qui soumet la reprise des actions en paiement à une déclaration préalable de la créance, ne distingue pas suivant qu'un plan de cession a été ou non arrêté. Le jugement arrêtant le plan de cession met fin à l'interruption de l'instance provoquée par l'ouverture d'une procédure de redressement judiciaire. Mais il n'en résulte pas que l'article L. 621-41 *[art. L. 622-22]* n'est pas applicable à la demande en paiement d'une créance antérieure non déclarée, au motif qu'un plan de cession a été arrêté : ▪ CA Paris, 18 janv. 2002 : *JurisData* n° 2002-187497.

Art. L. 622-23 *(Anc. art. L. 621-42, dénum. et mod., L. n° 2005-845, 26 juill. 2005 ; rempl., Ord. n° 2008-1345, 18 déc. 2008).* **– Les actions en justice et les procédures d'exécution autres que celles visées à l'article L. 622-21 sont poursuivies au cours de la période d'observation à l'encontre du débiteur, après mise en cause du mandataire judiciaire et de l'administrateur lorsqu'il a une mission d'assistance ou après une reprise d'instance à leur initiative.**

Art. L. 622-23-1 *(Ord. n° 2008-1345, 18 déc. 2008).* **– Lorsque des biens ou droits présents dans un patrimoine fiduciaire font l'objet d'une convention en exécution de laquelle le débiteur constituant en conserve l'usage ou la jouissance, aucune cession ou aucun transfert de ces biens ou droits ne peut intervenir au profit du fiduciaire ou d'un tiers du seul fait de l'ouverture de la procédure, de l'arrêté du plan ou encore d'un défaut de paiement d'une créance née antérieurement au jugement d'ouverture. Cette interdiction est prévue à peine de nullité de la cession ou du transfert.**

Bibliographie : J.-Ph. Dom, *Le sort de la fiducie en cas de procédure collective du débiteur est aménagé (ordonnance du 18 décembre 2008) : Act. proc. coll.* 2009, comm. 17. • M. Grimaldi et R. Dammann, *La fiducie sur ordonnances : D.* 2009, p. 670.

Art. L. 622-24 *(Anc. art. L. 621-43, dénum. et mod., L. n° 2005-845, 26 juill. 2005 ; mod., Ord. n° 2008-1345, 18 déc. 2008 ; mod. à compter du 1er juillet 2014, Ord. n° 2014-326, 12 mars 2014).* **– À partir de la publication du jugement, tous les créanciers dont la créance est née antérieurement au jugement d'ouverture, à l'exception des salariés, adressent la déclaration de leurs créances au mandataire judiciaire dans des délais fixés par décret en Conseil d'État. Lorsque le créancier a été relevé de forclusion conformément à l'article L. 622-26, les délais ne courent qu'à compter de la notification de cette décision ; ils sont alors réduits de moitié. Les créanciers titulaires d'une sûreté publiée ou liés au débiteur par un contrat publié sont avertis personnellement ou, s'il y a lieu, à domicile élu. Le délai de déclaration court à l'égard de ceux-ci à compter de la notification de cet avertissement.**

La déclaration des créances peut être faite par le créancier ou par tout préposé ou mandataire de son choix. Le créancier peut ratifier la déclaration faite en son nom jusqu'à ce que le juge statue sur l'admission de la créance.

Lorsque le débiteur a porté une créance à la connaissance du mandataire judiciaire, il est présumé avoir agi pour le compte du créancier tant que celui-ci n'a pas adressé la déclaration de créance prévue au premier alinéa.

(Al. mod., L. n° 2019-486, 22 mai 2019) **La déclaration des créances doit être faite alors même qu'elles ne sont pas établies par un titre. Celles dont le montant n'est pas encore définitivement fixé sont déclarées sur la base d'une évaluation. Les créances du Trésor public et des organismes de prévoyance et de sécurité sociale ainsi que les créances recouvrées par les organismes visés à l'article L. 351-21 du Code du travail qui n'ont pas fait l'objet d'un titre exécutoire au moment de leur déclaration sont admises à titre provisionnel pour leur montant déclaré. En tout état de cause, les déclarations du Trésor et de la sécurité sociale sont toujours faites sous réserve des impôts et autres créances non établis à la date de la déclaration. Sous réserve des procédures judiciaires ou administratives en cours, leur établissement définitif doit, à peine de forclusion, être effectué dans le délai prévu à l'article L. 624-1. Si la détermination de l'assiette et du calcul de l'impôt est en cours, l'établissement définitif des créances admises à titre provisionnel doit être effectué par l'émission du titre exécutoire dans un délai de douze mois à compter de la publication du jugement d'ouverture. Toutefois, si une procédure de contrôle ou de rectification de l'impôt a été engagée, l'établissement définitif des créances qui en font l'objet doit être réalisé avant le dépôt au greffe du compte rendu de fin de mission par le mandataire judiciaire. Le délai de cet établissement définitif est suspendu par la saisine de l'une des commissions mentionnées à l'article L. 59 du Livre des procédures fiscales jusqu'à la date de réception par le contribuable ou son représentant de l'avis de cette commission ou celle d'un désistement.**

Les institutions mentionnées à l'article L. 3253-14 du Code du travail *(Anc. art. L. 143-11-4, dénum., Ord. n° 2007-329, 12 mars 2007)* **du Code du travail sont soumises aux dispositions du présent article pour les sommes qu'elles ont avancées et qui leur sont remboursées dans les conditions prévues pour les créances nées antérieurement au jugement ouvrant la procédure.**

Les créances nées régulièrement après le jugement d'ouverture, autres que celles mentionnées au I de l'article L. 622-17, sont soumises aux dispositions du présent article. Les délais courent à compter de la date d'exigibilité de la créance. Toutefois, les créanciers dont les créances résultent d'un contrat à exécution successive déclarent l'intégralité des sommes qui leur sont dues dans des conditions prévues par décret en Conseil d'État.

Le délai de déclaration, par une partie civile, des créances nées d'une infraction pénale court dans les conditions prévues au premier alinéa ou à compter de la date de la décision définitive qui en fixe le montant, lorsque cette décision intervient après la publication du jugement d'ouverture.

Les créances alimentaires ne sont pas soumises aux dispositions du présent article.

Voir : C. com., art. R. 622-21 et R. 622-22, p. 2160.

Bibliographie : R. Apery, *La situation des créanciers : vision pratique : Rev. proc. coll.* 2006, p. 151. • J.-F. Barbièri, *Survie des créances non déclarées : BJS* 2011, n° 446. • S. Bénilsi, *La dédramatisation de la déclaration de créance : LPA* 4 févr. 2015, n° 25, p. 7. • J.-C. Boulay, *Les créanciers antérieurs dans les procédures de sauvegarde, de redressement et de liquidation judiciaires : Rev. proc. coll.* 2006, p. 135. • R. Chendeb, *Les créances alimentaires et les procédures collectives : Rev. proc. coll.* 2009, étude 21. • J.-M. Deleneuville, *Les modalités de déclaration et d'admission des créances fiscales : Rev. proc. coll.* 1997, p. 137. • B. Dureuil, *L'actualité judiciaire en matière de déclaration et de vérification des créances dans les procédures collectives : Dr. et patrimoine* sept. 1998, p. 46. • Y. Guillou, *Fait générateur, origine, exigibilité de l'impôt dans les procédures collectives : Rev. proc. coll.* 1999, p. 57. • L.-C. Henry, *Les modifications apportées par l'ordonnance du 18 décembre 2008 à la fixation du passif non salarial dans les procédures collectives : Gaz. proc. coll.* 8-10 mars 2009, p. 32. • L.-C. Henry et Fl. Reille, *Déclaration et décision d'admission des créances : RLDA* janv. 2019, n° 144, dossier p. 22 s. • B. Lagarde, *Le Trésor public : un créancier comme les autres : Gaz. Pal.* 9-10 sept. 2005, p. 28. • J. Larrieu, *La déclaration des créances : LPA* 6 sept. 2000, p. 15. • A. Larcena et A. Elineau, *Pratique des délégations de pouvoirs : règles et évolutions récentes de cet outil de répartition des pouvoirs et des responsabilités : Dr. sociétés* 2012, étude 4. • P.-M. Le Corre, *Les nouvelles règles de fixation du passif du débiteur : Gaz. Pal.* 9-10 sept. 2005, p. 17 ; *Les créanciers antérieurs. Déclaration, vérification et admission des créances : Gaz. Pal.* 4 et 5 nov. 2005, p. 38 ; *Les créanciers dans la loi de sauvegarde des entreprises : Rev. proc. coll.* 2006, p. 336 ; *Les déclarations de créances* in Colloque *Échanges sur la loi de sauvegarde des entreprises : de la Côte d'Or à la Côte d'Azur : LPA* 14 juin 2007, p. 64 ; *Déclaration, vérification, admission des créances et procédure civile : LPA* 28 nov. 2008, p. 72 ; *Le sort des créanciers. Quel état des lieux ? : Dr. et patrimoine* 2013, dossier 65. • E. Le Corre-Broly, *La déclaration de créance du bailleur financier et du crédit bailleur : Gaz. Pal.* 29 avr. 2005, doctr. p. 14. • C. Leguevaques : *Le sort des créanciers après la loi de sauvegarde des entreprises : entre renforcement des droits et allègement des devoirs : LPA* 17 févr. 2006, p. 63. • J. Levy et Th. De Ravel d'Esclapon, *Réflexions autour de l'article L. 622-24, alinéa 3, du Code de commerce : BJE* 2018, p. 63. • A. Lienhard, *Déclaration des créances : nouvelles modalités à compter du 1er juillet 2014 : D.* 2014, p. 1448. • L. Martello, *L'action civile dans les procédures collectives : LPA* 28 nov. 2008, p. 15. • P. Pailler, *Actualité de la déclaration de créance par voie de représentant : Rev. proc. coll.* 2012, étude 4. • S. Pelletier, *Le sort des créances non déclarées, suite et fin ? : Rev. proc. coll.* 2014, étude 19. • Ph. Pétel, *Les créanciers postérieurs : Rev. proc. coll.* 2006, p. 142. • J.-P. Remery, *La déclaration des créances. Délégation de pouvoirs et mandat : JCP* E 1999, p. 406 ; *Les aspects européens de la déclaration des créances dans une procédure collective ouverte en France : Rev. proc. coll.* 2003, p. 66. • C. Saint-Alary-Houin, *La date de naissance des créances en droit des procédures collectives : LPA* 9 nov. 2004, p. 11. • C. Saint-Alary-Houin et F. Macorig-Venier, *La situation des créanciers dans la loi du 26 juillet 2005 de sauvegarde des entreprises : RD bancaire et fin.* 2006, p. 1 ; *Les créanciers dans l'ordonnance n° 2008-1345 du 18 décembre 2008 portant réforme du droit des entreprises en difficulté : Rev. proc. coll.* 2009, p. 65. • N. Thomassin, *La date de naissance des créances contractuelles : RTD com.* 2007, p. 655. • Y. Sexer et N. Martial, *Des moyens de surmonter la forclusion en matière de déclaration de créances : Rev. proc. coll.* 2004, p. 117. • *Adde* Ch. Lebel, *Délégation de pouvoir en vue de déclarer une créance* (formule) : *Rev. proc. coll.* 2011, formule 2.

1) Déclaration des créances par le représentant légal de la société.

a) **Absence d'incidence du défaut de publication de la nomination du représentant légal.** La déclaration de créances effectuée par un président du conseil d'administration après sa nomination, ce dont il résulte qu'il avait à cette date la qualité de représentant légal de la société, est régulière, peu important que sa nomination n'ait été publiée qu'ultérieurement au RCS : ▪ Cass. com., 12 juill. 2004 : *JurisData* n° 2004-024691 ; *Bull. civ.* IV, n° 157 ; *BJS* 2004, p. 1525, note J.-M. Bahans et P. Le Cannu ; *JCP* E 2004, act., p. 1519 ; *Rev. sociétés* 2005, p. 216, note Y. Chartier. – Même solution pour la déclaration de créance par le **liquidateur amiable** de la société régulièrement désigné et dont la désignation n'a pas encore été publiée au jour de la déclaration : ▪ Cass. com., 12 juill. 2004 : *Bull. civ.* IV, n° 156 ; *D.* 2004, act. jurispr. p. 2153, obs. A. Lienhard.

b) **Défaut de qualité à agir.** La qualité d'**administrateur** d'une SA ne confère pas le pouvoir de représenter la société en justice, et ne permet donc pas de procéder à la déclaration des créances au nom de la société : ▪ Cass. com., 3 oct. 2006, n° 05-13.244 : *JurisData* n° 2006-035456 ; *RTD com.* 2007, p. 165.

c) **Faute du dirigeant en cas de non déclaration.** Engage sa responsabilité le gérant qui commet intentionnellement une faute d'une particulière gravité incompatible avec l'exercice normal de ses fonctions en s'abstenant de mentionner la créance de la société filiale sur la liste des dettes de la société mère remise au mandataire judiciaire de celle-ci et en ne la déclarant pas. Il importe peu que la créance ait été également connue des organes de la procédure collective : ■ Cass. com., 27 mai 2014, n° 12-28.657 : *Bull. civ.* IV, n° 92 ; *JCP* E 2014, 1397, note A. Cerati-Gauthier ; *BJE* 2014, p. 317, note Th. Favario ; *Rev. sociétés* 2014, p. 529, note Ph. Roussel-Galle ; *RTD com.* 2014, 687, note A. Martin-Serf.

2) Déclaration des créances par un préposé de la société. M.-J. Campana et M. Calendini, *La déclaration de créance effectuée par un préposé du créancier : JCP* E 1993, I, 230. – P. Le Cannu, *Les précisions apportées par le droit des procédures collectives au régime de la délégation de pouvoirs dans une société : BJS* 1997, p. 628. – J.-P. Rémery, *La déclaration des créances. Délégation de pouvoirs et mandat : JCP* E 1999, p. 406. – A. Lienhard, *Modalités de déclaration des créances : D.* 2001, p. 1011.

a) **Principe.** Dans le cas où le créancier est une personne morale, la déclaration de créances peut être faite par tout préposé titulaire d'une délégation de pouvoirs lui permettant d'accomplir un tel acte, sans que ce pouvoir soit soumis aux règles applicables au mandat de représentation en justice dont les tiers peuvent être investis : V. not. ■ Cass. com., 30 mars 1999 : *Bull. civ.* IV, n° 75 ; *D.* 1999, p. 763, obs. A. Lienhard ; *Act. proc. coll.* 1999, n° 101, obs. J.-P. Legros ; *BJS* 1999, p. 764, note J.-J. Daigre. – La **subdélégation** du pouvoir de déclarer les créances est également valable si elle émane d'une personne ayant reçu une délégation régulière du pouvoir de déclarer les créances et comportant la faculté de subdélégation : ■ Cass. com., 14 févr. 1995 : *Bull. civ.* IV, n° 43 ; *BJS* 1995, p. 442, note J.-J. Daigre. – Est donc régulière la déclaration de créances faite au nom d'une personne morale qui justifie d'une chaîne ininterrompue de délégations de pouvoirs jusqu'au signataire de la déclaration : ■ CA Paris, 18 oct. 2007 : *RJ com.* 2008, p. 46 (2e esp.), obs. J.-P. Sortais. – Mais un préposé subdélégué ne peut valablement déclarer une créance lorsque son pouvoir procède d'une délégation principale ayant fait l'objet d'une annulation : ■ Cass. com., 5 févr. 2008, n° 06-19.879 : *JurisData* n° 2008-042665 ; *Bull. civ.* IV, n° 4 ; *JCP* 2008, I, 142, obs. Ph. Pétel ; *BJS* 2008, p. 426, note N. Ferrier ; *D.* 2008, act. jurispr. p. 611, obs. A. Lienhard ; *Act. proc. coll.* 2008, n° 59, obs. J. Vallansan. – Le débiteur, tiers à la société déclarante, ne peut contester le pouvoir de l'auteur de la déclaration en opposant l'irrégularité de sa désignation au regard des statuts de la société : ■ Cass. com., 26 janv. 2016, n° 14-18.615 : *Act. proc. coll.* 2016, alerte 49, J.-C. Pagnucco.

b) **Auteur de la délégation.** – Le **conseil d'administration** a le pouvoir de nommer un préposé de la société pour déclarer les créances ou représenter la société en justice : ■ Cass. com., 28 sept. 2004 : *Bull. civ.* IV, n° 173 ; *D.* 2004, p. 2653 ; *Act. proc. coll.* 2004, n° 207, obs. J. Vallansan ; *BJS* 2005, p. 37, note P. Le Cannu. – Rappr. ■ Cass. com., 21 juin 2011, n° 10-20.878 : *JurisData* n° 2011-0122275 ; *Dr. sociétés* 2011, comm. 174, D. Gallois-Cochet ; *D.* 2011, p. 1753, obs. A. Lienhard ; *Bull. Joly* 2011, n° 440, note J.-P. Legros et Ph. Roussel-Galle ; *RTDF* 2011, p. 233, note D. Poracchia ; *Rev. Lamy dr. aff.* 2011, 3638, note Ch. Lebel, qui permet au conseil d'administration d'une SAS de désigner, conformément aux statuts, un directeur général délégué, et lui confie le pouvoir de déclarer les créances de la société.

– Il en va ainsi même si une clause fait du président du conseil d'administration le représentant de la société, dès lors qu'une autre clause habilite le conseil d'administration à faire encaisser toute créance due à la société : ■ Cass. com., 15 avr. 2008, n° 07-10.535. ■ Cass. com., 15 avr. 2008, n° 07-10.536. ■ Cass. com., 15 avr. 2008, n° 07-10.537 : *RTD com.* 2008, p. 620, obs. A. Martin-Serf ; *BJS* 2008, obs. P. Le Cannu.

– Il en va de même du **directoire** : ■ Cass. com., 22 janv. 2008, n° 06-20.379 : *Bull. civ.* IV, n° 9 ; *JurisData* n° 2008-042401 ; *D.* 2008, act. jurispr. p. 1413, obs. A. Lienhard ; *BJS* 2008, p. 419, note L. Nurit-Pontier ; *Rev. sociétés* 2008, 179, note J.-F. Barbièri ; *Defrénois* 2008, art. 38783, n° 7 p. 1237, obs. D. Gibirila ; *RTD com.* 2009, p. 204, n° 1, obs. A. Martin-Serf. – *Adde* J.-P. Legros, *La déclaration de créances facilitée dans la SA : Dr. sociétés* 2008, repère 10.

c) **Validité de la délégation de pouvoirs en dépit du changement du dirigeant délégant.** La délégation de pouvoirs faite par le président du conseil d'administration agissant au nom et pour le compte de la société, et non en son nom personnel, reste valable malgré le changement de président du conseil d'administration, tant qu'elle n'a pas été révoquée : ■ Cass. com., 15 mars 2005 : *JurisData* n° 2005-027609 ; *Bull. civ.* IV, n° 64 ; *JCP* E 2005 p. 1165, n° 2, obs. J.-J. Caussain, Fl. Deboissy et G. Wicker ; *D.* 2005, p. 957, note A. Lienhard ; *Dr. sociétés* 2005, n° 119, note H. Hovasse. – *Adde*, ■ Cass. com., 8 juill. 2008, n° 07-13.868 : *Bull. civ.* IV, n° 146 ; *JurisData* n° 2008-044797 ; *JCP* E 2008, 2181 ; *JCP* E 2009, 1008, n° 12, obs. Ph. Pétel ; *D.* 2008, act. jurispr. p. 2072, obs. A. Lienhard ; *RTD com.* 2009, p. 206, n° 2, obs. A. Martin-Serf. – Rappr. ■ Cass. com., 3 juin 2009, n° 08-13.355 : *Bull. civ.* IV, n° 74 ; *Juris-*

Data n° 2009-048526 ; *JCP* E 2009, 1926, comm. H. Hovasse ; *D.* 2009, p. 1603, obs. A. Lienhard ; *Rev. sociétés* 2009, p. 865, obs. J.-P. Sortais et p. 868, obs. J.-F. Barbièri ; *BJS* 2010, obs. L. Nurit-Pontier, qui retient que la délégation de pouvoir faite par le président du conseil d'administration reste valable tant qu'elle n'a pas été révoquée et que la dissociation ultérieure des fonctions de président du conseil d'administration et de directeur général de la société, en application de la loi n° 2001-420 du 15 mai 2001, est sans incidence.

d) **Restriction à la faculté de délégation de pouvoir** du représentant de la société. Le directeur général d'une société anonyme qui, en application de l'article L. 621-43 du Code de commerce, a le pouvoir de déclarer les créances au nom de la société, ne peut voir ce pouvoir restreint que par une délibération expresse du conseil d'administration ou par une clause des statuts de la société. Est donc valable la déclaration de créance faite par le délégué, alors même qu'une délibération du conseil d'administration reconnaissait au directeur général la faculté de substituer les pouvoirs figurant dans une annexe, laquelle ne visait pas le pouvoir de déclarer les créances : ▪ Cass. com., 10 févr. 2009, n° 07-21.216 : *BJS* 2009, note N. Ferrier ; *Dr. sociétés* 2009, comm. 102, obs. J.-P. Legros. – *Adde* ▪ Cass. com., 15 oct. 2013, n° 12-24.881, F-D : *JurisData* n° 2013-022885 ; *JCP* E 2014, 1058, note M. Roussille ; *BJE* 2013, p. 650, note M.-H. Monsérié-Bon.

e) **Preuve de la délégation de pouvoirs.** L'attestation de l'existence d'une délégation de pouvoirs au profit d'un préposé de la personne morale pour déclarer les créances de celle-ci doit émaner d'un représentant légal de la personne morale ou d'une personne qui a reçu délégation régulière de pouvoirs avec faculté de subdélégation : ▪ Cass. com., 26 mai 1999 : *Bull. civ.* IV, n° 109 ; *RJDA* 1999, n° 803. ▪ Cass. com., 10 mai 2005 : *Bull. civ.* IV, n° 97 ; *Act. proc. coll.* 2005, n° 130, obs. J. Vallansan ; *BJS* 2005, p. 1405, note M. Sénéchal. – La délégation de pouvoirs pour déclarer les créances au nom d'une personne morale ne peut être déduite des fonctions occupées par le déclarant : ▪ Cass. com., 28 mai 1996 : *Bull. civ.* IV, n° 148. – Ainsi, le seul fait pour le déclarant d'occuper un emploi défini par la convention collective de travail applicable comme comportant une délégation de pouvoirs de déclarer les créances ne suffit pas à établir que l'intéressé tenait son pouvoir des organes habilités par la loi à représenter la personne morale : ▪ Cass. com., 22 oct. 1996 : *Bull. civ.* IV, n° 248 ; *JCP* E 1997, p. 661, n° 9, obs. Ph. Pételel. – Il peut être justifié de l'existence de la délégation de pouvoirs jusqu'à ce que le juge statue sur l'admission de la créance, par la production de documents établissant la délégation, ayant ou non acquis date certaine : ▪ Cass. com., 14 déc. 1993 : *Bull. civ.* IV, n° 471 ; *JCP* E 1994, II, 573, note M.-J. Campana et M. Calendini ; *BJS* 1994, p. 196, note M. Jeantin ; *Rev. sociétés* 1994, n° 100, note Y. Chartier. – Lorsque l'identité du signataire de la déclaration de créance est contestée, il appartient à la société créancière d'établir que le signataire de la déclaration est bien le préposé qu'elle avait investi de la délégation de pouvoirs à cette fin : ▪ Cass. com., 3 juin 2009, n° 08-15.527 : *D.* 2009, p. 1691, obs. A. Lienhard. ▪ Cass. com., 3 juin 2009, n° 08-15528.

3) Déclaration de créance par l'associé d'une société de mandataires judiciaires, V. note sous C. com., art. L. 812-2, p. 2302.

4) Déclaration par un tiers. *a)* **Nécessité d'un pouvoir spécial.** La personne qui déclare la créance d'un tiers doit, si elle n'est pas avocat, être munie d'un pouvoir spécial, donné par écrit, avant l'expiration du délai de déclaration des créances : ▪ Cass. ass. plén., 26 janv. 2001, n° 99-15.153 : *Bull. civ.* 2001, IV, n° 1 ; *D.* 2001, p. 631 ; *RTD com.* 2001, p. 507, obs. A. Martin-Serf, et p. 746, obs. M. Cabrillac ; *RTD civ.* 2002, p. 805, obs. J. Mestre et B. Fages ; *JCP* E 2001, n° 14, p. 614, note M. Béhar-Touchais. ▪ Cass. ass. plén., 4 févr. 2011, n° 09-14.619 : *Bull.* ▪ Cass. ass. plén. n° 2 ; *JurisData* n° 2011-001033 ; *JCP* G 2011, note 381, obs. L.-C. Henry ; *JCP* E 2011, 1263, n° 7, obs. Ph. Pétel ; *ibid.*, 1264, comm. Ph. Roussel-Galle ; *D.* 2011, p. 439, obs. A. Lienhard ; *Act. proc. coll.* 2011, comm. n° 80, note Ph. Roussel-Galle ; *Rev. proc. coll.* 2011, comm. 23, obs. P. Cagnoli ; *Gaz. Pal.* 10 mars 2011, n° 69, p. 13, note L. Antonini-Cochin (chef de file d'un pool bancaire).

b) **Preuve du pouvoir.** En cas de contestation, il peut être justifié du pouvoir spécial jusqu'au jour où le juge statue : ▪ Cass. ass. plén., 4 févr. 2011, préc. (revirement).

5) Présomption tirée de la liste fournie par le débiteur. Les créances portées par le débiteur à la connaissance du mandataire judiciaire dans le délai fixé à l'article R. 622-24 du Code de commerce font présumer de la déclaration de sa créance par son titulaire, mais seulement dans la limite du contenu de l'information fournie au mandataire judiciaire. Si seule l'identité du créancier est mentionnée, il ne s'ensuit aucune présomption de déclaration : ▪ Cass. com., 5 sept. 2018, n° 17-18.516, F-P+B+I : *JurisData* n° 2018-015019 ; *JCP* E 2018, 1563, note Th. Stefania ; *Gaz. Pal.* 15 janv. 2019, n° 339 v8, p. 44, obs. P.-M. Le Corre ; *BJE* nov. 2018, n° 116 j8, p. 432, note G. Jazottes ; *Rev. sociétés* 2018, p. 747, obs. L.C. Henry.

6) Créances à déclarer. La créance de dividende de l'associé d'une société en liquidation judiciaire n'est pas une créance née pour les besoins de la procédure collective ou en contrepartie d'une prestation fournie à cette société pour les besoins de son activité professionnelle, de sorte qu'elle doit être déclarée pour être opposable à la procédure collective et pour être payée, le cas échéant, par compensation avec une dette connexe, ■ Cass. com., 11 oct. 2016, n° 14-20.581 : *JurisData* n° 2016-01119 ; *JCP* E 2016, n° 1681, note Ch. Lebel.

Art. L. 622-25 *(Mod., L. n° 2003-7, 3 janv. 2003 ; anc. art. L. 621-44, dénum., L. n° 2005-845, 26 juill. 2005).* **– La déclaration porte le montant de la créance due au jour du jugement d'ouverture avec indication des sommes à échoir et de la date de leurs échéances. Elle précise la nature du privilège ou de la sûreté dont la créance est éventuellement assortie.**

Lorsqu'il s'agit de créances en monnaie étrangère, la conversion en euros a lieu selon le cours du change à la date du jugement d'ouverture.

Sauf si elle résulte d'un titre exécutoire, la créance déclarée est certifiée sincère par le créancier. Le visa du commissaire aux comptes ou, à défaut, de l'expert-comptable sur la déclaration de créance peut être demandé par le juge-commissaire. Le refus de visa est motivé.

Voir : C. com., art. R. 622-23, p. 2160.

Art. L. 622-25-1 *(Créé à compter du 1er juillet 2014, Ord. n° 2014-326, 12 mars 2014).* **– La déclaration de créance interrompt la prescription jusqu'à la clôture de la procédure ; elle dispense de toute mise en demeure et vaut acte de poursuites.**

Art. L. 622-26 *(L. n° 2005-845, 26 juill. 2005 ; mod., Ord. n° 2008-1345, 18 déc. 2008 ; L. n° 2009-526, 12 mai 2009).* **– À défaut de déclaration dans des délais prévus à l'article L. 622-24, les créanciers ne sont pas admis dans les répartitions et les dividendes à moins que le juge-commissaire ne les relève de leur forclusion s'ils établissent que leur défaillance n'est pas due à leur fait ou qu'elle est due à une omission** *(Mots suppr. à compter du 1er juillet 2014, Ord. n° 2014-326, 12 mars 2014)* **« ... » du débiteur lors de l'établissement de la liste prévue au deuxième alinéa de l'article L. 622-6. Ils ne peuvent alors concourir que pour les distributions postérieures à leur demande.**

Les créances non déclarées régulièrement dans ces délais sont inopposables au débiteur pendant l'exécution du plan et après cette exécution lorsque les engagements énoncés dans le plan ou décidés par le tribunal ont été tenus. Pendant l'exécution du plan, elles sont également inopposables aux personnes physiques coobligées ou ayant consenti une sûreté personnelle ou ayant affecté ou cédé un bien en garantie.

L'action en relevé de forclusion ne peut être exercée que dans le délai de six mois. Ce délai court à compter de la publication du jugement d'ouverture ou, pour les institutions mentionnées à l'article L. 3253-14 du Code du travail *(Anc. art. L. 143-11-4, dénum., Ord. n° 2007-329, 12 mars 2007)* **du Code du travail, de l'expiration du délai pendant lequel les créances résultant du contrat de travail sont garanties par ces institutions. Pour les créanciers titulaires d'une sûreté publiée ou liés au débiteur par un contrat publié, il court à compter de la réception de l'avis qui leur est donné.** *(Mots rempl. à compter du 1er juillet 2014, Ord. n° 2014-326, 12 mars 2014)* **« Par exception, si le créancier justifie avoir été placé dans l'impossibilité de connaître l'obligation du débiteur avant l'expiration du délai de six mois, le délai court à compter de la date à laquelle il est établi qu'il ne pouvait ignorer l'existence de sa créance ».**

Voir : C. com., art. R. 622-24 et R. 622-25, p. 2160.

Bibliographie : C. Delattre, *Incidence de la fraude du débiteur sur la demande en relevé de forclusion* : *RJDA* 2002, p. 720. • L.-C. Henry, *Les modifications apportées par l'ordonnance du 18 décembre 2008 à la fixation du passif non salarial dans les procédures collectives* : *Gaz. proc. coll.* 8-10 mars 2009, p. 32. • M.-H. Monsérié-Bon, *Les effets inattendus de l'absence d'extinction des créances non déclarées menacent-ils la procédure de sauvegarde ?* : *D.* 2006, p. 1282. • F. Pérochon, *Procédures collectives et cautionnement* : *Dr. et patrimoine* juill.-août 2008, p. 77. • Ph. Simler, *Le défaut de déclaration des créances n'emportera plus extinction et ne libérera plus, par conséquent, les cautions* : *JCP* E 2005, p. 2202.

Code de commerce

Art. L. 621-46 ancien *(L. n° 85-98, 25 janv. 1985 ; version en vigueur jusqu'au 1er janv. 2006, L. n° 2005-845, 26 juill. 2005, abr. à compter du 1er janv. 2006).* **–** À défaut de déclaration dans des délais fixés par décret en Conseil d'État, les créanciers ne sont pas admis dans les répartitions et dividendes à moins que le juge-commissaire ne les relève de leur forclusion s'ils établissent que leur défaillance n'est pas due à leur fait. En ce cas, ils ne peuvent concourir que pour la distribution des répartitions postérieures à leur demande.

La forclusion n'est pas opposable aux créanciers mentionnés dans la seconde phrase du premier alinéa de l'article L. 621-43, dès lors qu'ils n'ont pas été avisés personnellement.

L'action en relevé de forclusion ne peut être exercée que dans le délai d'un an à compter de la décision d'ouverture ou, pour les institutions mentionnées à l'article L. 143-11-4 du Code du travail, de l'expiration du délai pendant lequel les créances résultant du contrat de travail sont garanties par ces institutions. L'appel de la décision du juge-commissaire statuant sur le relevé de forclusion est porté devant la cour d'appel.

Les créances qui n'ont pas été déclarées et n'ont pas donné lieu à relevé de forclusion sont éteintes.

Cette extinction vaut régularisation de l'incident de paiement au sens de l'article 65-3 du décret du 30 octobre 1935 unifiant le droit en matière de chèques et relatif aux cartes de paiement *[C. monét. fin., art. L. 131-73]*.

La condamnation de l'associé d'une société en participation à payer une certaine somme à un tiers, au titre d'une opération rentrant dans l'objet de ladite société, fait naître une créance de cet associé sur son coassocié, qui doit être déclarée au passif du redressement judiciaire de ce dernier, lorsque cette condamnation intervient avant l'ouverture de la procédure collective de ce coassocié : ▪ Cass. com., 8 juill. 2014, n° 13-19.010 : *BJE* 2014, p. 368, note M.-H. Monsérié-Bon.

Art. L. 622-27 ***(Anc. art. L. 621-47, dénum. et mod., L. n° 2005-845, 26 juill. 2005).*** **– S'il y a discussion sur tout ou partie d'une créance autre que celles mentionnées à l'article L. 625-1, le mandataire judiciaire en avise le créancier intéressé en l'invitant à faire connaître ses explications. Le défaut de réponse dans le délai de trente jours interdit toute contestation ultérieure de la proposition du mandataire judiciaire** ***(Mots aj. à compter du 1er juillet 2014, Ord. n° 2014-326, 12 mars 2014)*** **« , à moins que la discussion ne porte sur la régularité de la déclaration de créances ».**

Voir : C. com., art. R. 624-1, p. 2161.

La personne morale créancière peut répondre à la lettre l'avisant d'une discussion sur tout ou partie de la créance déclarée, par tout préposé de son choix, sans que ce préposé soit tenu de justifier qu'il est titulaire d'une délégation de pouvoir à cette fin : ▪ Cass. com., 16 sept. 2008, n° 07-17.273 : *JurisData* n° 2008-045017 ; *Bull. civ.* IV, n° 154 ; *JCP* E 2009, 1008, n° 13, obs. Ph. Pétel ; *D.* 2008, act. jurispr. p. 2345, obs. A. Lienhard ; *Gaz. Pal.* 7-8 nov. 2008, p. 53, obs. E. Le Corre-Broly ; *Procédures* 2008, comm. 307, obs. B. Rolland ; *RTD com.* 2008, p. 873, obs. J.-L. Vallens ; *RTD com.* 2009, p. 207, n° 3, obs. A. Martin-Serf.

L'absence de contestation de la créance par le représentant légal de la société débitrice principale du montant de la créance ne caractérise pas de sa part un aveu judiciaire qu'il en garantit personnellement le paiement en qualité de caution : ▪ Cass. com., 24 juin 2014, n° 13-21.074 : *Bull. civ.* IV, n° 110 ; *BJS* 2014, p. 519, note J.-F. Barbiéri.

Art. L. 622-28 ***(Anc. art. L. 621-48, dénum. et mod., L. n° 2005-845, 26 juill. 2005 ; Ord. n° 2008-1345, 18 déc. 2008).*** **– Le jugement d'ouverture arrête le cours des intérêts légaux et conventionnels, ainsi que de tous intérêts de retard et majorations, à moins qu'il ne s'agisse des intérêts résultant de contrats de prêt conclus pour une durée égale ou supérieure à un an ou de contrats assortis d'un paiement différé d'un an ou plus. Les personnes physiques coobligées ou ayant consenti une sûreté personnelle ou ayant affecté ou cédé un bien en garantie peuvent se prévaloir des dispositions du présent alinéa.** ***(Mots aj., Ord. n° 2014-326, 12 mars 2014 ; mod. à compter du 1er octobre 2016, Ord. n° 2016-131, 10 févr. 2016)*** **« Nonobstant les dispositions de l'article 1343-2 du Code civil, les intérêts échus de ces créances ne peuvent produire des intérêts ».**

Le jugement d'ouverture suspend jusqu'au jugement arrêtant le plan ou prononçant la liquidation toute action contre les personnes physiques coobligées ou ayant consenti une sûreté personnelle ou ayant affecté ou cédé un bien en garantie. Le tribunal peut ensuite leur accorder des délais ou un différé de paiement dans la limite de deux ans.

Les créanciers bénéficiaires de ces garanties peuvent prendre des mesures conservatoires.

Voir : C. com., art. R. 622-26, p. 2161.

Bibliographie : G. Gauthier, *La continuation du cours des intérêts dans le cadre de la liquidation judiciaire : Gaz. Pal.* 28 févr. 2001, p. 51. • C. Houin-Bressand, *Contrats de crédit* : *BJE* 2019, n° 1, dossier, p. 53. • P.-M. Le Corre, *Cautions, coobligés et garants dans les procédures collectives d'aujourd'hui et de demain : Rev. proc. coll.* 2004, p. 181 ; *Les cautions, codébiteurs, garants et le conjoint. Cautions : Gaz. Pal.* 4-5 nov. 2005, p. 49. • Ch. Lebel, *Les mesures conservatoires dans* *l'ordonnance du 18 décembre 2008 : Rev. proc. coll.* 2009, p. 52. • M.-M. Leroux, *Garants et dirigeants dans les procédures collectives au regard de la loi nouvelle*, in *La loi du 26 juillet 2005 de sauvegarde des entreprises*, PU Aix-Marseille, 2006, p. 81. • F. Macorig-Venier, *Créanciers antérieurs : arrêt des actions en paiement et en résolution, arrêt des inscriptions : Rev. proc. coll.* 2005, p. 210. • F. Pérochon, *Procédures collectives et cautionnement : Dr. et patrimoine* juill.-août 2008, p. 77. • Ph. Pétel, *Le dirigeant garant*, in Actes du colloque de Caen, 15 oct. 2010, *Risques et responsabilités en droit des procédures collectives : Rev. proc. coll.* 2010, art. 7. • O. Salvat, *La situation des garants : Rev. proc. coll.* 2006, p. 147. • C. Souweine, *Garants et dirigeants dans les procédures collectives au regard de la loi nouvelle*, in *La loi du 26 juillet 2005 de sauvegarde des entreprises*, PU Aix-Marseille, 2006, p. 145.

1) L'arrêt du cours des intérêts bénéficie aux associés d'une société civile poursuivis en paiement [*anc. art. L. 621-48, C. com.*] : ▪ Cass. com., 29 mars 2011, n° 10-15.554.

2) Le **compte courant d'associé**, qui ne précise pas la durée de mise à disposition des fonds, ne constitue pas un prêt de plus d'un an au sens de l'article L. 622-28 du Code de commerce : ▪ Cass. com., 23 avr. 2013, n° 12.14.283 : *JurisData* n° 2013-007981 ; *Bull. civ.* IV, n° 71 ; *JCP* E 2013, 1414, n° 1, obs. Ph. Pétel ; *Gaz. Pal.* 12 et 13 juill. 2013, p. 21, obs. Ph. Roussel Galle. – Sur l'obligation de déclarer la créance d'intérêts, née d'une créance en compte courant, dont le cours n'a pas été arrêté après le jugement d'ouverture, V. ▪ Cass. com., 27 sept. 2017, préc. *supra*, sous l'article L. 622-7.

Art. L. 622-29 *(Anc. art. L. 621-49, dénum. et mod., L. n° 2005-845, 26 juill. 2005).* **– Le jugement d'ouverture ne rend pas exigibles les créances non échues à la date de son prononcé. Toute clause contraire est réputée non écrite.**

Art. L. 622-30 *(Anc. art. L. 621-50, dénum. et mod., L. n° 2005-845, 26 juill. 2005 ; Ord. n° 2008-1345, 18 déc. 2008).* **– Les hypothèques, gages, nantissements et privilèges ne peuvent plus être inscrits postérieurement au jugement d'ouverture. Il en va de même des actes et des décisions judiciaires translatifs ou constitutifs de droits réels, à moins que ces actes n'aient acquis date certaine ou que ces décisions ne soient devenues exécutoires avant le jugement d'ouverture.**

Toutefois, le Trésor public conserve son privilège pour les créances qu'il n'était pas tenu d'inscrire à la date du jugement d'ouverture et pour les créances mises en recouvrement après cette date si ces créances sont déclarées dans les conditions prévues à l'article L. 622-24.

Le vendeur du fonds de commerce, par dérogation aux dispositions du premier alinéa, peut inscrire son privilège.

Bibliographie : C. Biguenet-Maurel, *La publication des actes translatifs postérieurement au jugement d'ouverture : JCP* E 2005, p. 1692. • P. Crocq, *Réforme des procédures collectives et sort des créanciers munis de sûretés : Dr. et patrimoine* mars 2006, p. 90 ; *L'ordonnance du 18 décembre 2008 et le droit des sûretés : JCP* E 2009, 1313 ; *Rev. proc. coll.* 2009, p. 75. • M. Farge et O. Gout, *L'impact du nouveau droit des entreprises en difficulté sur le droit des sûretés : Rev. Lamy dr. aff.* 2009, n° 58, p. 25. • E. Garaud, *Sûretés et procédures collectives : l'articulation des réformes : LPA* 17 juin 2009, p. 4. • F.-X. Lucas, *L'efficacité des sûretés réelles et les difficultés des entreprises : Rev. proc. coll.* 2009, dossier 17. • S. Grosjean, *Le sort des inscriptions hypothécaires sur les immeubles appartenant concurremment au débiteur en redressement judiciaire et à d'autres personnes : Defrénois* 1998, p. 1345.

Art. L. 622-31 *(Anc. art. L. 621-51, dénum. et mod., L. n° 2005-845, 26 juill. 2005).* **– Le créancier, porteur d'engagements souscrits, endossés ou garantis solidairement par deux ou plusieurs coobligés soumis à une procédure de sauvegarde, peut déclarer sa créance pour la valeur nominale de son titre, dans chaque procédure.**

Bibliographie : C. Berger, *Le sort de la caution en cas de cession de contrat dans le cadre d'une procédure collective : D.* 2003, p. 1382. • M.-J. Campana, *Le cautionnement et l'entreprise en difficulté : Gaz. Pal.* 1986, doctr. p. 717. • J.-J. Fraimout, *La caution exerçant ses recours ; Un intrus dans la procédure collective du débiteur cautionné : Gaz. Pal.* 2000, doctr. 1598. • E. Lacassagne, *Les cautions à l'épreuve de la loi de sauvegarde : cautionnera bien qui préviendra le premier : LPA* 17 févr. 2006, p. 50. • P.-M. Le Corre, *Cautions, coobligés et garants dans les procédures collectives d'aujourd'hui et de demain : Rev. proc. coll.* 2004, p. 181 ; *Les cautions, codébiteurs, garants et le conjoint. Cautions : Gaz. Pal.* 4-5 nov. 2005, p. 49. • C. Leguevaques, *La loi de sauvegarde et les cautions : au bonheur des cautions ? : Rev. proc. coll.* 2005, p. 296. • M.-M. Leroux, *Garants et dirigeants dans les procédures collectives au regard de la loi nouvelle*, in *La loi du 26 juillet 2005 de sauvegarde des entreprises*, PU Aix-Marseille, 2006, p. 81. • A. Lienhard, *Le cautionnement dans le cadre des procédures de redressement et de liquidation judiciaires : Rev. proc. coll.* 1988, p. 121. • Ph. Pétel, *Le dirigeant garant*, in Actes du colloque de Caen, 15 oct. 2010, *Risques et responsabilités en droit des procédures collectives : Rev. proc. coll.* 2010, art. 7. • J.-L. Puygautier, *Cautionnement et procédures collectives : JCP* N 1995, p. 1259. • O. Salvat, *La situation des garants : Rev. proc. coll.* 2006, p. 147. • C. Souweine, *Garants et dirigeants dans les procédures collectives au regard de la loi nouvelle*, in *La loi du 26 juillet 2005 de sauvegarde des entreprises*, PU Aix-Marseille, 2006, p. 145.

Art. L. 622-32 *(Anc. art. L. 621-52, dénum. et mod., L. n° 2005-845, 26 juill. 2005).* **– Aucun recours pour les paiements effectués n'est ouvert aux coobligés soumis à une procédure de sauvegarde les uns contre les autres à moins que la réunion des sommes versées en vertu de chaque procédure n'excède le montant total de la créance, en principal et accessoire ; en ce cas, cet excédent est dévolu, suivant l'ordre des engagements, à ceux des coobligés qui auraient les autres pour garants.**

Bibliographie : P.-M. Le Corre, *Cautions, coobligés et garants dans les procédures collectives d'aujourd'hui et de demain : Rev. proc. coll.* 2004, p. 181 ; *Les cautions, codébiteurs, garants et le conjoint. Cautions : Gaz. Pal.* 4-5 nov. 2005, p. 49. • O. Salvat, *La situation des garants : Rev. proc. coll.* 2006, p. 147.

Art. L. 622-33 *(Anc. art. L. 621-53, dénum. et mod., L. n° 2005-845, 26 juill. 2005).* **– Si le créancier porteur d'engagements solidairement souscrits par le débiteur soumis à une procédure de sauvegarde et d'autres coobligés a reçu un acompte sur sa créance avant le jugement d'ouverture, il ne peut déclarer sa créance que sous déduction de cet acompte et conserve, sur ce qui lui reste dû, ses droits contre le coobligé ou la caution.**

Le coobligé ou la caution qui a fait le paiement partiel peut déclarer sa créance pour tout ce qu'il a payé à la décharge du débiteur.

Art. L. 622-34 *(Abr., L. n° 2005-845, 26 juill. 2005).*

CHAPITRE III. – DE L'ÉLABORATION DU BILAN ÉCONOMIQUE, SOCIAL ET ENVIRONNEMENTAL

Bibliographie : H. Lécuyer, *La loi de sauvegarde article par article : LPA* 8 févr. 2006, p. 64.

Art. L. 623-1 *(Anc. art. L. 621-54, dénum. et mod., L. n° 2005-845, 26 juill. 2005 ; Ord. n° 2008-1345, 18 déc. 2008).* **– L'administrateur, avec le concours du débiteur et l'assistance éventuelle d'un ou plusieurs experts, est chargé de dresser dans un rapport le bilan économique et social de l'entreprise.**

Le bilan économique et social précise l'origine, l'importance et la nature des difficultés de l'entreprise.

Dans le cas où l'entreprise exploite une ou des installations classées au sens du titre Ier du livre V du Code de l'environnement, le bilan économique et social est complété par un bilan environnemental que l'administrateur fait réaliser dans des conditions prévues par décret en Conseil d'État.

Voir : C. com., art. R. 623-1 et R. 623-2, p. 2161.

Bibliographie : B. Rolland, *Les nouvelles incidences du droit de l'environnement sur le droit commercial (après la loi n° 2003-699 du 30 juillet 2003) : JCP* N 2004, p. 959. • D. Voinot, *La dépollution des sites : nouvel objectif du droit des entreprises en difficulté ? : Rev. proc. coll.* 2017, dossier 9.

Art. L. 623-2 *(Anc. art. L. 621-55, dénum., L. n° 2005-845, 26 juill. 2005).* **– Le juge-commissaire peut, nonobstant toute disposition législative ou réglementaire contraire, obtenir communication par les commissaires aux comptes, les experts-comptables,** *(Mots aj. à compter du 1er juillet 2014, Ord. n° 2014-326, 12 mars 2014)* **« les notaires, » les membres et représentants du personnel, par les administrations et organismes publics, les organismes de prévoyance et de sécurité sociales, les établissements de crédit,** *(Mots aj., L. n° 2013-100, 28 janv. 2013)* **« les établissements de monnaie électronique, » les établissements de paiement ainsi que les services chargés de centraliser les risques bancaires et les incidents de paiement des renseignements de nature à lui donner une exacte information sur la situation économique, financière, sociale et patrimoniale du débiteur.**

Art. L. 623-3 *(Anc. art. L. 621-56, dénum. et mod., L. n° 2005-845, 26 juill. 2005 ; Ord. n° 2008-1345, 18 déc. 2008).* **– L'administrateur reçoit du juge-commissaire tous renseignements et documents utiles à l'accomplissement de sa mission et de celle des experts.**

Lorsque la procédure est ouverte à l'égard d'une entreprise qui bénéficie de l'accord amiable homologué prévu à l'article L. 611-8 du présent code ou à l'article L. 351-6 du Code rural, l'administrateur reçoit communication du

rapport d'expertise mentionné à l'article L. 611-6 ou, le cas échéant, du rapport d'expertise et du compte rendu mentionnés aux articles L. 351-3 et L. 351-6 du Code rural.

L'administrateur consulte le mandataire judiciaire et entend toute personne susceptible de l'informer sur la situation et les perspectives de redressement de l'entreprise, les modalités de règlement du passif et conditions sociales de la poursuite de l'activité. Il en informe le débiteur et recueille ses observations.

Il informe de l'avancement de ses travaux le mandataire judiciaire ainsi que le comité d'entreprise ou, à défaut, les délégués du personnel.

Lorsque le débiteur exerce une profession libérale soumise à un statut législatif ou réglementaire ou dont le titre est protégé, l'administrateur consulte l'ordre professionnel ou l'autorité compétente dont, le cas échéant, relève le débiteur.

CHAPITRE IV. – DE LA DÉTERMINATION DU PATRIMOINE DU DÉBITEUR

Bibliographie : H. Lécuyer, *La loi de sauvegarde article par article : LPA* 8 févr. 2006, p. 66.

Section I. – De la vérification et de l'admission des créances

Bibliographie : G. Amlon, *La vérification des créances fiscales dans les procédures collectives : LPA* 25 janv. 2001, p. 6. • J.-M. Deleneuville, *La vérification des créances : Rev. proc. coll.* 2002, p. 34. • P.-M. Le Corre, *Procédure de vérification des créances et dissolution des sociétés placées en liquidation judiciaire : Gaz. Pal.* 7 avr. 2004, p. 2. • B. Soinne, *Principes et pratiques de la nouvelle vérification des créances : Rev. proc. coll.* 1986, n° 4, p. 1.

Art. L. 624-1 ***(Anc. art. L. 621-103, dénum. et mod., L. n° 2005-845, 26 juill. 2005).*** **– Dans le délai fixé par le tribunal, le mandataire judiciaire établit, après avoir sollicité les observations du débiteur, la liste des créances déclarées avec ses propositions d'admission, de rejet ou de renvoi devant la juridiction compétente. Il transmet cette liste au juge-commissaire.**

(Créé à compter du 1er juillet 2014, Ord. n° 2014-326, 12 mars 2014) **Les observations du débiteur sont faites dans un délai fixé par décret en Conseil d'État. Le débiteur qui ne formule pas d'observations dans ce délai ne peut émettre aucune contestation ultérieure sur la proposition du mandataire judiciaire.**

Le mandataire judiciaire ne peut être rémunéré au titre des créances déclarées ne figurant pas sur la liste établie dans le délai mentionné ci-dessus sauf pour des créances déclarées après ce délai, en application des deux derniers alinéas de l'article L. 622-24.

Voir : C. com., art. R. 624-1 et R. 624-2, p. 2161.

Qualité à agir. Seul le débiteur a qualité pour se prévaloir de l'irrégularité de la procédure de vérification des créances, née du fait que le liquidateur n'a pas recueilli ses observations, à l'exclusion du dirigeant de fait, qui n'est ni le débiteur, ni le dirigeant de droit de la personne morale débitrice : ▪ Cass. com., 6 oct. 2009, n° 08-15.378 : *JurisData* n° 2009-049844 ; *Dr. sociétés* 2010, comm. 14, obs. J.-P. Legros ; *BJS* 2010, obs. P.-M. Le Corre. – Une société en liquidation judiciaire qui, par la personne de son ancien dirigeant, a participé à la procédure de vérification des créances sans invoquer le défaut de pouvoir de celui-ci n'est pas recevable à contester l'état des créances établi à l'issue de ladite procédure en se prévalant de l'éventuelle irrégularité de cette dernière : ▪ Cass. com., 3 juin 2009, n° 08-12.279 : *JurisData* n° 2009-048524 ; *Bull. civ.* IV, n° 73 ; *JCP* E 2009 1712.

Art. L. 624-2 ***(Anc. art. L. 621-104, dénum. et mod., L. n° 2005-845, 26 juill. 2005).*** **– Au vu des propositions du mandataire judiciaire, le juge-commissaire décide de l'admission ou du rejet des créances ou constate soit qu'une instance est en cours, soit que la contestation ne relève pas de sa compétence.** ***(Mots aj. à compter du 1er juillet 2014, Ord. n° 2014-326, 12 mars 2014)*** **« En l'absence de contestation sérieuse, le juge-commissaire a également compétence, dans les limites de la compétence matérielle de la juridiction qui l'a désigné, pour statuer sur tout moyen opposé à la demande d'admission. »**

Voir : C. com., art. R. 624-3 et s., p. 2162.

Bibliographie : D. Boustani, *De quelques aspects procéduraux de la contestation des créances au regard de l'ordonnance du 12 mars 2014 : BJE* 2015, p. 52. • P. Cagnoli, *Réflexions critiques sur les restrictions jurisprudentielles au pouvoir juridictionnel du juge-commissaire, en matière de vérification des créances : Rev. proc. coll.* 2009, étude 23. • J.-M. Deleneuville, *Les limites de la compétence du juge-commissaire en matière d'admission des créances : Rev. proc. coll.* 1995, p. 391.

En application de l'article L. 624-2 du Code de commerce, dans sa rédaction issue de l'ordonnance du 12 mars 2014, le juge-commissaire doit se prononcer au préalable sur le caractère sérieux de la contestation du débiteur et son incidence sur l'existence ou le montant de la créance déclarée. Si tel est le cas, il doit surseoir à statuer sur l'admission après avoir invité les parties à saisir le juge compétent et si, à l'inverse, la contestation n'est pas sérieuse ou sans influence sur l'admission, il doit l'écarter et admettre la créance déclarée : ■ Cass. com., 21 nov. 2018, n° 17-18.978 : *JurisData* n° 2018-021291 ; *JCP* E 2019, 1206, chron. 12, obs. A. Tehrani ; *RD bancaire et fin.* 2019, comm. 12, note D. Legeais.

Art. L. 624-3 ***(Anc. art. L. 621-105, dénum. et mod., L. n° 2005-845, 26 juill. 2005).*** **– Le recours contre les décisions du juge commissaire prises en application de la présente section est ouvert au créancier, au débiteur ou au mandataire judiciaire.**

Toutefois, le créancier dont la créance est discutée en tout ou en partie et qui n'a pas répondu au mandataire judiciaire dans le délai mentionné à l'article L. 622-27 ne peut pas exercer de recours contre la décision du juge-commissaire lorsque celle-ci confirme la proposition du mandataire judiciaire.

Les conditions et les formes du recours prévu au premier alinéa sont fixées par décret en Conseil d'État.

Voir : C. com., art. R. 624-7, p. 2163.

Le débiteur peut exercer seul, sans l'assistance de l'administrateur judiciaire, fût-il investi d'une mission d'assistance pour tous les actes de gestion, le recours ouvert par l'article L. 624-3 du Code de commerce : ■ Cass. com., 24 janv. 2018, n° 16-21.701 (F-PBI) : *JurisData* n° 2018-000715 ; *BJE* 2018, p. 208, note M. Houssin ; *Dr. sociétés* 2018, comm. 155, obs. J.-P. Legros.

Art. L. 624-3-1 ***(Ord. n° 2008-1345, 18 déc. 2008).*** **– Les décisions d'admission ou de rejet des créances ou d'incompétence prononcées par le juge-commissaire sont portées sur un état qui est déposé au greffe du tribunal. Toute personne intéressée, à l'exclusion de celles mentionnées à l'article L. 624-3, peut former une réclamation devant le juge-commissaire dans des conditions fixées par décret en Conseil d'État.**

Art. L. 624-4 ***(Anc. art. L. 621-106, dénum. et mod., L. n° 2005-845, 26 juill. 2005).*** **– Le juge-commissaire statue en dernier ressort dans les cas prévus à la présente section lorsque la valeur de la créance en principal n'excède pas le taux de compétence en dernier ressort du tribunal qui a ouvert la procédure.**

Section II. – Des droits du conjoint

Bibliographie : L. Antonini-Cochin, *« Pour le meilleur et pour le pire... » ou les droits du conjoint du débiteur soumis à une procédure collective : JCP* G 2010, 584 ; *JCP* N 2010, 1216. ● S. Castagné, *Femmes, soyez soumises !... Après la loi de sauvegarde des entreprises du 26 juillet 2005 : JCP* N 2006, 1225. ● F. Derrida, *La situation des créanciers personnels du conjoint face à la procédure ouverte contre un débiteur marié sous un régime de communauté : LPA* 1er mars 1995, p. 20. ● Centre de recherche sur les aspects juridiques et financiers de l'entreprise (CRAJEFE), Nice Sophia Antipolis, 23 mars 2003 : *LPA* 24 avr. 2003, n° spécial sur *Le droit patrimonial de la famille et les entreprises en difficulté.* ● S. Lambert, *Le sort du conjoint* in bonis *engagé aux côtés de son époux surendetté ou soumis à une procédure collective : RTD com.* 2007, p. 485. ● J. Leprovaux, *Statut matrimonial et procédures collectives*, in Actes du colloque de Caen, 15 oct. 2010, *Risques et responsabilités en droit des procédures collectives : Rev. proc. coll.* 2010, art. 4. ● F.-X. Lucas, *L'attraction du conjoint in bonis dans la procédure collective*, n° spécial sur *Le droit patrimonial de la famille et les entreprises en difficulté*, préc., p. 4 ; *La protection du conjoint d'un débiteur en difficulté : LPA* 12 juill. 2002, p. 42. ● P. Rubellin, *Retour sur le statut du conjoint du débiteur commun en biens : BJE* 2014, p. 62 et s. ● C. Saint-Alary-Houin, *Il est temps de repenser la situation du conjoint dans les procédures ! : BJE* 2016, p. 87. ● Ph. Simler, *Les interférences des régimes matrimoniaux et des procédures collectives : LPA* 17 juin 1998, p. 28.

Art. L. 624-5 ***(Anc. art. L. 621-111, dénum. et mod., L. n° 2005-845, 26 juill. 2005 ; Ord. n° 2008-1345, 18 déc. 2008).*** **– Le conjoint du débiteur soumis à une procédure de sauvegarde établit la consistance de ses biens personnels conformément aux règles des régimes matrimoniaux et dans les conditions prévues par les articles L. 624-9 et L. 624-10.**

Art. L. 624-6 ***(Anc. art. L. 621-112, abr., Cons. const. n° 2011-212 QPC, 20 janv. 2012).***

Bibliographie : R. Bonhomme, S. Becqué-Icqowicz et S. Cabrillac, *Le coup de grâce constitutionnel à la « présomption mucienne » : BJE* 2012, n° 61. • M.-P. Dumont-Lefrand et C. Lisanti, *Feu l'article L. 624-6 du Code de commerce : Rev. proc. coll.* 2012, étude 8. • Ch. Lebel, *L'abrogation de l'article L. 624-6 du Code de commerce : JCP* E 2012, 1194.

Art. L. 624-7 *(Anc. art. L. 621-113, dénum. et mod., L. n° 2005-845, 26 juill. 2005).* **– Les reprises faites en application de l'article L. 624-5 ne sont exercées qu'à charge des dettes et hypothèques dont ces biens sont légalement grevés.**

Art. L. 624-8 *(L. n° 2005-845, 26 juill. 2005 ; mod., Ord. n° 2008-1345, 18 déc. 2008).* **– Le conjoint du débiteur qui, lors de son mariage, dans l'année de celui-ci ou dans l'année suivante, était agriculteur ou exerçait une activité commerciale, artisanale ou toute autre activité professionnelle indépendante, ne peut exercer dans la procédure de sauvegarde aucune action à raison des avantages faits par l'un des époux à l'autre, dans le contrat de mariage ou pendant le mariage. Les créanciers ne peuvent, de leur côté, se prévaloir des avantages faits par l'un des époux à l'autre.**

Section III. – Des droits du vendeur de meubles, des revendications et des restitutions

Bibliographie : B. Amizet, *Le sort des biens non revendiqués : Rev. proc. coll.* 2017, dossier 19. • B. Favarel-Veidig, *La procédure de revendication après l'adoption de la loi de sauvegarde des entreprises : LPA* 17 févr. 2006, p. 53. • E. Le Corre-Broly, *Les modifications apportées par l'ordonnance du 18 décembre 2008 en matière de revendications et restitutions : Gaz. proc. coll.* 8-10 mars 2009, p. 48 ; *Les biens susceptibles de revendication : Rev. proc. coll.* 2017, dossier 16. • G. Jazottes, *La procédure et les modalités de la revendication : Rev. proc. coll.* 2017, dossier 17. • E. Lecéa, *Les biens situés à l'étranger susceptibles de revendication : Rev. proc. coll.* 2017, dossier 18. • C. Maréchal, *L'acquiescement à la revendication : Rev. proc. coll.* 2017, étude 12. • F. Pérochon, *La procédure des revendications et des restitutions dans les procédures collectives : LPA* 28 nov. 2008, p. 56 ; *Le revendiquant : Rev. proc. coll.* 2017, dossier 15.

Art. L. 624-9 *(Anc. art. L. 621-115, dénum. et mod., L. n° 2005-845, 26 juill. 2005 ; Ord. n° 2008-1345, 18 déc. 2008).* **– La revendication des meubles ne peut être exercée que dans le délai de trois mois suivant la publication du jugement ouvrant la procédure.**

Voir : C. com., art. R. 624-13, p. 2164.

Bibliographie : Y. Chaput, *L'influence du droit des entreprises en difficulté sur le crédit-bail : RD bancaire et fin.* 1997, p. 46. • J.-M. Deleneuville : *Revendications : État des lieux sur l'actualité jurisprudentielle, modalités procédurales et voies de recours : Rev. proc. coll.* 2004, p. 199. • A. Martin-Serf, *Revendications et restitutions, questions procédurales : LPA* 28 oct. 1998, p. 23. • M.-H. Monsérié-Bon, *Revendications et restitutions : Rev. proc. coll.* 2003, p. 306 ; *ibid.* 2004, p. 378. • F. Pérochon, *Les revendications : dernières évolutions jurisprudentielles : LPA* 13 févr. 2002, p. 4.

Art. L. 624-10 *(Anc. art. L. 621-116, dénum. et mod., L. n° 2005-845, 26 juill. 2005).* **– Le propriétaire d'un bien est dispensé de faire reconnaître son droit de propriété lorsque le contrat portant sur ce bien a fait l'objet d'une publicité. Il peut réclamer la restitution de son bien dans des conditions fixées par décret en Conseil d'État.**

Voir : C. com., art. R. 624-14 et R. 624-15, p. 2164.

L'article L. 624-10 est applicable aux procédures en cours au jour de l'entrée en vigueur (1er janv. 2006), voir L. n° 2005-845, 26 juill. 2005, art. 190.

Art. L. 624-10-1 *(Ord. n° 2008-1345, 18 déc. 2008).* **– Lorsque le droit à restitution a été reconnu dans les conditions prévues aux articles L. 624-9 ou L. 624-10 et que le bien fait l'objet d'un contrat en cours au jour de l'ouverture de la procédure, la restitution effective intervient au jour de la résiliation ou du terme du contrat.**

Art. L. 624-11 *(Anc. art. L. 621-117, dénum. et mod., L. n° 2005-845, 26 juill. 2005 ; Ord. n° 2006-346, 23 mars 2006).* **– Le privilège et le droit de revendication établis par le 4° de l'article 2332 du Code civil au profit du vendeur de meubles ainsi que l'action résolutoire ne peuvent être exercés que dans la limite des dispositions des articles L. 624-12 à L. 624-18 du présent code.**

Art. L. 624-12 *(Anc. art. L. 621-118, dénum. et mod., L. n° 2005-845, 26 juill. 2005).* **– Peuvent être revendiquées, si elles existent en nature, en tout ou partie, les marchandises dont la vente a été résolue antérieurement au jugement ouvrant la procédure soit par décision de justice, soit par le jeu d'une condition résolutoire acquise.**

La revendication doit pareillement être admise bien que la résolution de la vente ait été prononcée ou constatée par décision de justice postérieurement au jugement ouvrant la procédure lorsque l'action en revendication ou en résolution a été intentée antérieurement au jugement d'ouverture par le vendeur pour une cause autre que le défaut de paiement du prix.

Art. L. 624-13 *(Anc. art. L. 621-119, dénum., L. n° 2005-845, 26 juill. 2005).* – Peuvent être revendiquées les marchandises expédiées au débiteur tant que la tradition n'en a point été effectuée dans ses magasins ou dans ceux du commissionnaire chargé de les vendre pour son compte.

Néanmoins, la revendication n'est pas recevable si, avant leur arrivée, les marchandises ont été revendues sans fraude, sur factures ou titres de transport réguliers.

Art. L. 624-14 *(Anc. art. L. 621-120, dénum., L. n° 2005-845, 26 juill. 2005).* – Peuvent être retenues par le vendeur les marchandises qui ne sont pas délivrées ou expédiées au débiteur ou à un tiers agissant pour son compte.

Art. L. 624-15 *(Anc. art. L. 621-121, dénum., L. n° 2005-845, 26 juill. 2005).* – Peuvent être revendiqués, s'ils se trouvent encore dans le portefeuille du débiteur, les effets de commerce ou autres titres non payés, remis par leur propriétaire pour être recouvrés ou pour être spécialement affectés à des paiements déterminés.

Art. L. 624-16 *(Anc. art. L. 621-122, dénum. et mod., L. n° 2005-845, 26 juill. 2005 ; Ord. n° 2006-346, 23 mars 2006 ; Ord. n° 2008-1345, 18 déc. 2008).* – Peuvent être revendiqués, à condition qu'ils se retrouvent en nature, les biens meubles remis à titre précaire au débiteur ou ceux transférés dans un patrimoine fiduciaire dont le débiteur conserve l'usage ou la jouissance en qualité de constituant.

Peuvent également être revendiqués, s'ils se retrouvent en nature au moment de l'ouverture de la procédure, les biens vendus avec une clause de réserve de propriété. Cette clause doit avoir été convenue entre les parties dans un écrit au plus tard au moment de la livraison. Elle peut l'être dans un écrit régissant un ensemble d'opérations commerciales convenues entre les parties.

La revendication en nature peut s'exercer dans les mêmes conditions sur les biens mobiliers incorporés dans un autre bien lorsque la séparation de ces biens peut être effectuée sans qu'ils en subissent un dommage. La revendication en nature peut également s'exercer sur des biens fongibles lorsque des biens de même nature et de même qualité se trouvent entre les mains du débiteur ou de toute personne les détenant pour son compte.

Dans tous les cas, il n'y a pas lieu à revendication si, sur décision du juge-commissaire, le prix est payé immédiatement. Le juge-commissaire peut également, avec le consentement du créancier requérant, accorder un délai de règlement. Le paiement du prix est alors assimilé à celui des créances mentionnées au I de l'article L. 622-17.

Bibliographie : L. Andreu, *Cession Dailly et procédures collectives : Rev. proc. coll.* 2017, étude 21. • G. Azam et A. Thérani, *Fiducie : utilisation et perspectives d'évolution : Rev. proc. coll.* 2017, étude 20. • A. Bac, *Réserve de propriété : les obstacles de la dernière heure, les parades possibles : JCP* E 1998, p. 1294. • Benezra, *Réserve de propriété et procédure collective : Gaz. Pal.* 1989, 1, doctr. 1. • M.-J. Campana, *Les revendications après la réforme du 10 juin 1994*, in *Le nouveau droit des défaillances d'entreprises*, Dalloz, 1995. • J.-Ph. Dom, *Le sort de la fiducie en cas de procédure collective du débiteur est aménagé (ordonnance du 18 décembre 2008) : Act. proc. coll.* 2009, comm. 17. • J. Ghestin et C. Jamin, *La protection du vendeur sous réserve de propriété et la survie de l'entreprise en difficulté : Rev. proc. coll.* 1989, p. 291. • M. Grimaldi et R. Dammann, *La fiducie sur ordonnance : D.* 2009, p. 670. • A. Houtmann, *De quelques réflexions à propos des difficultés d'application de la clause de réserve de propriété dans le droit des procédures collectives : LPA* 18 juin 1999, p. 6. • C. Lavabre, *Actualité de la clause de réserve de propriété : RJDA* 2/1998, p. 83. • D.-R. Martin, *De la revendication des sommes d'argent : D.* 2002, doctr. 3279. • F. Pérochon, *La revendication favorisée (loi du 10 juin 1994) : D.* 1994, chron. 251 ; *Les propriétaires : Gaz. Pal.* 20-21 juill. 2007, doctr. p. 53. • D. Voinot, *Le refus par l'acheteur de la clause de réserve de propriété : D.* 1997, chron. 312.

Art. L. 624-17 *(Anc. art. L. 621-123, dénum., L. n° 2005-845, 26 juill. 2005 ; mod., L. n° 2005-845, 26 juill. 2005 ; Ord. n° 2006-346, 23 mars 2006).* – L'administrateur avec l'accord du débiteur ou à défaut le débiteur après accord du mandataire judiciaire peut acquiescer à la demande en revendication ou en restitution d'un bien visé à la présente section. À défaut d'accord ou en cas de contestation, la demande est

portée devant le juge-commissaire qui statue sur le sort du contrat, au vu des observations du créancier, du débiteur et du mandataire de justice saisi.

Bibliographie : E. Le Corre-Broly et P.-M. Le Corre, *L'analyse jurisprudentielle de la demande en acquiescement de revendication : D.* 2002, p. 948. • C. Maréchal, *L'acquiescement à la revendication : Rev. proc. coll.* 2017, étude 12.

Art. L. 624-18 *(Anc. art. L. 621-124, dénum. et mod., L. n° 2005-845, 26 juill. 2005 ; mod., Ord. n° 2006-346, 23 mars 2006 ; Ord. n° 2008-1345, 18 déc. 2008)*. **– Peut être revendiqué le prix ou la partie du prix des biens visés à l'article L. 624-16 qui n'a été ni payé, ni réglé en valeur, ni compensé entre le débiteur et l'acheteur à la date du jugement ouvrant la procédure. Peut être revendiquée dans les mêmes conditions l'indemnité d'assurance subrogée au bien.**

Voir : C. com., art. R. 624-15, p. 2164.

Bibliographie : R. Cabrillac, *Réserve de propriété, bordereau Dailly et créance de prix de vente : D.* 1988, p. 225. • D. Martin, *Du conflit relatif à la créance du prix de revente d'une marchandise acquise sous réserve de propriété : D.* 1986, p. 323. • F. Pérochon, *Les revendications : dernières évolutions jurisprudentielles : LPA* 13 févr. 2002, p. 4.

Section IV. – Dispositions particulières au débiteur entrepreneur individuel à responsabilité limitée

(Ord. n° 2010-1512, 9 déc. 2010)

Art. L. 624-19 *(Ord. n° 2010-1512, 9 déc. 2010)*. **– Le débiteur entrepreneur individuel à responsabilité limitée établit, dans les conditions prévues par l'article L. 624-9, la consistance des biens détenus dans le cadre de l'activité à raison de laquelle la procédure a été ouverte qui sont compris dans un autre de ses patrimoines. L'administrateur, avec l'accord du mandataire judiciaire, peut acquiescer à la demande tendant à la reprise du bien. À défaut d'acquiescement ou en l'absence d'administrateur, la demande est portée devant le juge-commissaire.**

Section V. – Dispositions particulières aux sociétés

(Créée à compter du 1er juillet 2014, Ord. n° 2014-326, 12 mars 2014)

Art. L. 624-20 *(Créé à compter du 1er juillet 2014, Ord. n° 2014-326, 12 mars 2014)*. **– Le jugement d'ouverture rend immédiatement exigible le montant non libéré du capital social.**

Bibliographie : M. Menjucq, *Contrat de société et droit des entreprises en difficulté : BJE* 2019, n° 1, dossier p. 60.

CHAPITRE V. – DU RÈGLEMENT DES CRÉANCES RÉSULTANT DU CONTRAT DE TRAVAIL

Bibliographie : G. Blanc-Jouvan, *La loi de sauvegarde article par article : LPA* 8 févr. 2006, p. 70. • Ph. Duprat et B. Saintourens, *Les droits des salariés dans l'ordonnance du 18 décembre 2008 portant réforme du droit des entreprises en difficulté : Gaz. proc. coll.* 8-10 mars 2009, p. 40. • E. Fabriès-Lecéa, *Quels nouveaux droits pour les salariés ? : Dr. et patrimoine* 2014, n° 238, p. 80. • H. de Fremont, *Droit du travail et procédure collective : une réforme impossible ? : BJE* 2014, p. 123. • Ch. Gailhbaut, *Les dispositions concernant les salariés de l'ordonnance du 12 mars 2014 : D.* 2014, p. 755. • L. Fin-Langer, *Ordonnance portant réforme du droit des entreprises en difficulté : mesures sociales : JCP S* 2009, act. 4 ; *Les risques subis par les salariés*, in Actes du colloque de Caen, 15 oct. 2010, *Risques et responsabilités en droit des procédures collectives : Rev. proc. coll.* 2010, art. 10. • V. aussi, *Entreprise en difficulté et relations de travail, dossier : Cah. soc.* 2015, n° 227, p. 455.

Section I. – De la vérification des créances

Bibliographie : A. Arseguel, *Aspects généraux du contentieux prud'homal relatif aux créances salariales depuis la loi du 25 janvier 1985 : Dr. soc.* 1987, p. 807. • J. Blanchard, *Le sort des créances salariales dans le cadre des procédures collectives : Rev. proc. coll.* 2001, p. 242. • P. Rossi, *La vérification des créances résultant d'un contrat de travail : les faux amis : LPA* 5 juill. 2002, p. 18.

Art. L. 625-1 *(Anc. art. L. 621-125, dénum. et mod., L. n° 2005-845, 26 juill. 2005)*. **– Après vérification, le mandataire judiciaire établit, dans les délais prévus aux articles L. 3253-15 et L. 3253-19 à L. 3253-21 du Code du travail** *(Anc. art. L. 143-11-7, dénum., Ord. n° 2007-329, 12 mars 2007)*, **les relevés des créances résultant d'un contrat de travail, le débiteur entendu ou dûment appelé. Les relevés des créances sont soumis**

au représentant des salariés dans les conditions prévues à l'article L. 625-2. Ils sont visés par le juge-commissaire, déposés au greffe du tribunal et font l'objet d'une mesure de publicité dans des conditions fixées par décret en Conseil d'État.

Le salarié dont la créance ne figure pas en tout ou en partie sur un relevé peut saisir à peine de forclusion le conseil de prud'hommes dans un délai de deux mois à compter de l'accomplissement de la mesure de publicité mentionnée à l'alinéa précédent. Il peut demander au représentant des salariés de l'assister ou de le représenter devant la juridiction prud'homale.

(Rempl., Ord. n° 2008-1345, 18 déc. 2008) Le débiteur et l'administrateur lorsqu'il a une mission d'assistance sont mis en cause.

Voir : C. com., art. R. 625-1 et s., p. 2165.

Art. L. 625-2 *(Anc. art. L. 621-36, dénum. et mod., L. n° 2005-845, 26 juill. 2005)*. – Les relevés des créances résultant des contrats de travail sont soumis pour vérification par le mandataire judiciaire au représentant des salariés mentionné à l'article L. 621-4. Le mandataire judiciaire doit lui communiquer tous documents et informations utiles. En cas de difficultés, le représentant des salariés peut s'adresser à l'administrateur et, le cas échéant, saisir le juge-commissaire. Il est tenu à l'obligation de discrétion mentionnée à l'article L. 2325-5 du Code du travail *(Anc. art. L. 432-7, dénum., Od. n° 2007-329, 12 mars 2007)*. Le temps passé à l'exercice de sa mission tel qu'il est fixé par le juge-commissaire est considéré de plein droit comme temps de travail et payé *(Mots suppr., Ord. n° 2008-1345, 18 déc. 2008)* « ... » à l'échéance normale.

Bibliographie : P. Cagnoli, *La responsabilité des autres acteurs de la procédure collective*, in Actes du colloque de Caen, 15 oct. 2010, *Risques et responsabilités en droit des procédures collectives : Rev. proc. coll.* 2010, art. 13.

Art. L. 625-3 *(Anc. art. L. 621-126, dénum. et mod., L. n° 2005-845, 26 juill. 2005 ; Ord. n° 2008-1345, 18 déc. 2008)*. – Les instances en cours devant la juridiction prud'homale à la date du jugement d'ouverture sont poursuivies en présence du mandataire judiciaire et de l'administrateur lorsqu'il a une mission d'assistance ou ceux-ci dûment appelés.

Le mandataire judiciaire informe dans les dix jours la juridiction saisie et les salariés parties à l'instance de l'ouverture de la procédure.

Voir : C. com., art. R. 625-5, p. 2165.

Art. L. 625-4 *(Anc. art. L. 621-127, dénum. et mod., L. n° 2005-845, 26 juill. 2005)*. – Lorsque les institutions mentionnées à l'article L. 3253-14 du Code du travail *(Anc. art. L. 143-11-4, dénum., Ord. n° 2007-329, 12 mars 2007)* refusent pour quelque cause que ce soit de régler une créance figurant sur un relevé des créances résultant d'un contrat de travail, elles font connaître leur refus au mandataire judiciaire qui en informe immédiatement le représentant des salariés et le salarié concerné.

(Mod., Ord. n° 2008-1345, 18 déc. 2008) Ce dernier peut saisir du litige le conseil de prud'hommes. Le mandataire judiciaire, le débiteur et l'administrateur lorsqu'il a une mission d'assistance sont mis en cause.

Le salarié peut demander au représentant des salariés de l'assister ou de le représenter devant la juridiction prud'homale.

Voir : C. com., art. R. 625-6, p. 2165.

Art. L. 625-5 *(Anc. art. L. 621-128, dénum. et mod., L. n° 2005-845, 26 juill. 2005)*. – Les litiges soumis au conseil de prud'hommes en application des articles L. 625-1 et L. 625-4 sont portés directement devant le bureau de jugement.

Art. L. 625-6 *(Anc. art. L. 621-129, dénum. et mod., L. n° 2005-845, 26 juill. 2005)*. – Les relevés des créances résultant d'un contrat de travail, visés par le juge-commissaire, ainsi que les décisions rendues par la juridiction prud'homale sont portés sur l'état des créances déposé au greffe. Toute personne intéressée, à l'exclusion de celles visées aux articles L. 625-1, L. 625-3 et L. 625-4, peut former une réclamation ou une tierce opposition dans des conditions prévues par décret en Conseil d'État.

Voir : C. com., art. R. 625-7, p. 2166.

Est une personne intéressée autorisée à former une tierce-opposition, le dirigeant poursuivi en responsabilité pour insuffisance d'actif, en ce qu'il a intérêt à contester le principe et le montant du passif salarial : ▪ Cass. com., 17 mai 2017, n° 14-28.820 : *JurisData* n° 2017-009377 ; *Dr. sociétés* 2017, comm. 171, obs. J.-P. Legros ; *BJS* 2017, p. 547, note B. Saintourens.

Section II. – Du privilège des salariés

Art. L. 625-7 ***(Anc. art. L. 621-130, dénum., L. n° 2005-845, 26 juill. 2005).*** **– Les créances résultant d'un contrat de travail sont garanties en cas d'ouverture d'une procédure** ***(L. n° 2005-845, 26 juill. 2005)*** **« de sauvegarde » :**

1° Par le privilège établi par les articles L. 3253-2, L. 3253-3, L. 3253-4, L. 7313-8 du Code du travail ***(Anc. art. L. 143-10, L. 143-11 et L. 751-15, dénum., Ord. n° 2007-329, 12 mars 2007)*** **et par l'article L. 742-6 de l'ancien Code du travail, pour les causes et montants définis auxdits articles ;**

2° Par le privilège du 4° de l'article 2331 ***(Anc. art. 2101, rempl., Ord. n° 2006-346, 23 mars 2006)*** **et du 2° de l'article 2104 du Code civil.**

Art. L. 625-8 ***(Anc. art. L. 621-131, dénum. et mod., L. n° 2005-845, 26 juill. 2005 ; Ord. n° 2008-1345, 18 déc. 2008).*** **– Nonobstant l'existence de toute autre créance, les créances que garantit le privilège établi aux articles L. 3253-2, L. 3253-3, L. 3253-4, L. 7313-8 du Code du travail** ***(Anc. art. L. 143-10, L. 143-11 et L. 751-15, dénum., Ord. n° 2007-329, 12 mars 2007)*** **et par l'article L. 742-6 de l'ancien Code du travail doivent, sur ordonnance du juge-commissaire, être payées dans les dix jours du prononcé du jugement ouvrant la procédure par le débiteur ou, lorsqu'il a une mission d'assistance, par l'administrateur, si le débiteur ou l'administrateur dispose des fonds nécessaires.**

Toutefois, avant tout établissement du montant de ces créances, le débiteur ou l'administrateur s'il a une mission d'assistance doit, avec l'autorisation du juge-commissaire et dans la mesure des fonds disponibles, verser immédiatement aux salariés, à titre provisionnel, une somme égale à un mois de salaire impayé, sur la base du dernier bulletin de salaire, et sans pouvoir dépasser le plafond visé à l'article L. 3253-2 et L. 3253-3 du Code du travail ***(Anc. art. L. 143-10, dénum., Ord. n° 2007-329, 12 mars 2007).***

À défaut de disponibilités, les sommes dues en vertu des deux alinéas précédents doivent être acquittées sur les premières rentrées de fonds.

Bibliographie : B. Soinne, *À propos de la notion de fonds disponibles au sens de l'article L. 621-131 du nouveau Code de commerce : Rev. proc. coll.* 2001, p. 59.

Section III. – De la garantie du paiement des créances résultant du contrat de travail

Art. L. 625-9 ***(Anc. art. L. 621-132, dénum., L. n° 2005-845, 26 juill. 2005 ; rempl., Ord. n° 2008-1345, 18 déc. 2008).*** **– Sans préjudice des règles fixées aux articles L. 625-7 et L. 625-8, les créances résultant du contrat de travail ou du contrat d'apprentissage sont garanties dans les conditions fixées aux articles L. 3253-2 à L. 3253-4, L. 3253-6 à L. 3253-21 et L. 8252-3 du Code du travail.**

Bibliographie : S. Bazi, *La garantie et la fixation des créances salariales : Dr. ouvrier* 1998, p. 1118. • Ch. Gailhbaud, *L'AGS dans la procédure de sauvegarde : LPA* 28 nov. 2008, p. 3. • Th. Météyé, *Loi de sauvegarde des entreprises : le point de vue des AGS : LPA* 17 févr. 2006, p. 48. • Ph. Pétel, *L'AGS et la réforme des procédures collectives : RJ com.* 2006, p. 174. • C. Saint-Alary-Houin, *L'évolution de la garantie de l'AGS, plus... toujours plus ! : Rev. proc. coll.* 2019, 2, dossier 5. • J.-M. Sportouch, *Les créances salariales : quelles évolutions face aux difficultés actuelles : BJE* 2012, § 171. • *L'AGS, 40 ans de solidarité et d'engagement au cœur des enjeux des procédures collectives : BJE* 2014, p. 407 et s., dossier.

CHAPITRE VI. – DU PLAN DE SAUVEGARDE

Bibliographie : N. Borga, *La modification du plan : CDE* 2016, dossier 36. • O. Buisine et V. Rousseau, *L'exécution anticipée du plan : Rev. proc. coll.* 2018, 6, étude 28. • Y. Chaput, *Les plans de sauvegarde et de redressement : renaissance légale de l'homme et de l'entreprise ? : Mél. P. Didier*, Économica, 2008, p. 115. • R. Dammann et G. Podeur, *Les sûretés-propriété face au plan de sauvegarde : D.* 2008, p. 928. • R. Dammann et M. Robinet, *La sauvegarde, un outil pour protéger les associés du débiteur ? : BJS* 2009. • J.-J. Fraimout, *La réforme des plans de sauvegarde et de redressement : Rev. proc. coll.* 2009, p. 84. • Ch. Lebel, *Les plans de sauvegarde et de redressement dans l'ordonnance du 18 décembre 2008 : Gaz. proc. coll.* 6-7 mars 2009, p. 46. • Ch. Lebel et J.-F. Blanc, *Les plans des entreprises agricoles : Rev. proc. coll.* 2018, 5, dossier 38. • P.-M. Le Corre, *La fiducie-sûreté, un instrument de sécurisation de la bonne exécution du plan de sauvegarde ou de* *redressement : D.* 2009, p. 882. • F. Legrand, *Le traitement différencié des créanciers dans le cadre du plan de sauvegarde et du plan de redressement : CDE* 2016, dossier 35. • F.-X. Lucas, *Du plan de continuation au plan de sauvegarde, la restructuration de l'entreprise*, in *La loi du 25 janvier 1985 a 20 ans ! Entre bilan et réforme : Rev. Lamy dr. aff.* mars 2005, suppl. au n° 80, p. 35. • M.-H. Monsérié-Bon, *Le plan de sauvegarde issu de la loi du 26 juillet 2005 : Dr. et patrimoine* mars 2006, p. 73. • C. Pérot-Reboul, *Les plans dans la loi de sauvegarde des entreprises : LPA* 17 févr. 2006, p. 30. • Y. Piette, *Les restructurations d'entreprise face aux contraintes du marché : BJE* 2018, 4, p. 316. • Ph. Roussel-Galle, *Associés, dirigeants et plans de continuation dans la société en difficulté : BJS* 2009. • B. Saintourens, *Les associés et le plan de continuation : Rev. proc. coll.* 2015, dossier 42. • F. Vinckel, *L'exécution forcée du plan de sauvegarde depuis la loi du 4 août 2008 de modernisation de l'économie et l'ordonnance du 18 décembre 2008 portant réforme du droit des entreprises en difficulté : Rev. proc. coll.* 2009, étude 13, p. 26. • V. aussi, *Les plans dans le livre VI du Code de commerce*, Actes du colloque de Caen du 10 avril 2015 : *Rev. proc. coll.* 2015, dossier 36 et s. • *L'élaboration des plans : Rev. proc. coll.* 2019, 1, table ronde 1.

Art. L. 626-1 ***(L. n° 2005-845, 26 juill. 2005 ; Ord. n° 2008-1345, 18 déc. 2008).*** **– Lorsqu'il existe une possibilité sérieuse pour l'entreprise d'être sauvegardée, le tribunal arrête dans ce but un plan qui met fin à la période d'observation.**

(Al. mod. à compter du 1er juillet 2014, Ord. n° 2014-326, 12 mars 2014) **Le plan de sauvegarde comporte, s'il y a lieu, l'arrêt, l'adjonction ou la cession d'une ou de plusieurs activités.**

(Al. créé à compter du 1er juillet 2014, Ord. n° 2014-326, 12 mars 2014) **Les cessions faites en application du présent article sont soumises aux dispositions de la section 1 du chapitre II du titre IV et à celles de l'article L. 642-22. Toutefois, le mandataire judiciaire exerce les missions confiées au liquidateur. En outre, le tribunal peut, par un jugement spécialement motivé, après avoir recueilli l'avis du ministère public et demandé celui des contrôleurs, déroger aux interdictions prévues au premier alinéa de l'article L. 642-3 et autoriser la cession à l'une des personnes mentionnées à cet alinéa, à l'exception des contrôleurs et du débiteur au titre de l'un quelconque de ses patrimoines.**

(Al. crée compter du 1er juillet 2014, Ord. n° 2014-326, 12 mars 2014) **Lorsqu'un plan de sauvegarde de l'emploi doit être élaboré, il est fait application des dispositions du III de l'article L. 1233-58 du Code du travail.**

Les droits de préemption institués par le Code rural ou le Code de l'urbanisme ne peuvent s'exercer sur un bien compris dans une cession d'une ou de plusieurs activités décidée en application du présent article.

Bibliographie : M. Cazajus, *Le droit de préemption de la SAFER confronté aux procédures collectives – Regard notarial : Rev. proc. coll.* 2018, 5, dossier 40. • C. de Girval, *Mettre en œuvre un plan de sauvegarde de l'emploi dans une entreprise en redressement judiciaire : BJE* 2016, p. 443. • D. Jacotot, *L'AGS et le plan de sauvegarde de l'emploi : Rev. proc. coll.* 2019, 2, dossier 7. • F.-X. Lucas, *La loi de sauvegarde article par article : LPA* 8 févr. 2006, p. 74. • C. Pérot-Reboul, *Les plans dans la loi de sauvegarde des entreprises : LPA* 17 févr. 2006, p. 30. • D. Voinot, *Les issues de la procédure. Plans de sauvegarde, de continuation, de cession et liquidation judiciaire : Gaz. Pal.* 4-5 nov. 2005, p. 28.

Section I. – De l'élaboration du projet de plan

Bibliographie : G. Blanc-Jouvan, *La loi de sauvegarde article par article : LPA* 8 févr. 2006, p. 75. • G. Bolard, *L'élaboration du plan et l'exercice des voies de recours : Rev. proc. coll.* 2003, p. 252.

Art. L. 626-2 ***(L. n° 2005-845, 26 juill. 2005 ; mod., Ord. n° 2008-1345, 18 déc. 2008).*** **– Au vu du bilan économique, social et, le cas échéant, environnemental, le débiteur, avec le concours de l'administrateur, propose un plan, sans préjudice de l'application des dispositions de l'article L. 622-10.**

Le projet de plan détermine les perspectives de redressement en fonction des possibilités et des modalités d'activités, de l'état du marché et des moyens de financement disponibles.

Il définit les modalités de règlement du passif et les garanties éventuelles que le débiteur doit souscrire pour en assurer l'exécution.

Ce projet expose et justifie le niveau et les perspectives d'emploi ainsi que les conditions sociales envisagées pour la poursuite d'activité. Lorsque le projet prévoit des licenciements pour motif économique, il rappelle les mesures déjà intervenues et définit les actions à entreprendre en vue de faciliter le reclassement et l'indemnisation des salariés dont l'emploi est menacé. Le projet tient compte des travaux recensés par le bilan environnemental.

Il recense, annexe et analyse les offres d'acquisition portant sur une ou plusieurs activités, présentées par des tiers. Il indique la ou les activités dont sont proposés l'arrêt ou l'adjonction.

Bibliographie : P. Bailly, *Les licenciements et les procédures collectives : Gaz. proc. coll.* 7-8 nov. 2008, p. 3. • C. Calomili et C. Gatto, *Les licenciements économiques dans les plans de cession : LPA* 28 nov. 2008, p. 8. • L. Fin-Langer, *Ordonnance portant réforme du droit des entreprises en difficulté : mesures sociales : JCP* S 2009, act. 4 ; *Les risques subis par les salariés*, in Actes du colloque de Caen, 15 oct. 2010, *Risques et responsabilités en droit des procédures collectives : Rev. proc. coll.* 2010, art. 10. • H. de Frémont, *Les licenciements et les procédures collectives : un compromis acceptable ? : Gaz. proc. coll.* 2009, n° 1, p. 11 ; *Droit du travail et procédure collective : une réforme impossible ? : BJE* 2014, p. 123. • Ch. Gailhbaut, *Les dispositions concernant les salariés de l'ordonnance du 12 mars 2014 : D.* 2014, p. 755 ; *La réforme du licenciement économique : analyse en regard du droit des procédures collectives : Gaz. Pal.* 17 avr. 2018, n° 15, p. 89. • D. Jacotot, *Les apports de la loi de sécurisation de l'emploi applicables aux entreprises en difficultés : Rev. proc. coll.* 2014, étude 24. • *Adde Droit social et procédures collectives : Rev. proc. coll.* 2012, dossier 1, actes du séminaire de l'AJDE du 14 octobre 2011.

Art. L. 626-2-1 *(L. n° 2014-856, 31 juill. 2014).* **– Lorsque le débiteur exerce une activité, bénéficiant d'une autorisation administrative, d'un agrément, d'un conventionnement ou d'une habilitation, mentionnée au II de l'article 1er de la loi n° 2014-856 du 31 juillet 2014 relative à l'économie sociale et solidaire, il consulte l'autorité administrative ou l'autorité de contrôle et de tarification pour l'élaboration du projet de plan. Lorsqu'un créancier soumet un projet de plan en application de l'article L. 626-30-2, il consulte également cette autorité. L'administrateur, lorsqu'il en a été désigné, s'assure qu'il a été procédé à ces consultations. Le débiteur ou, s'il y a lieu, l'administrateur fait connaître au tribunal les diligences effectuées ainsi que l'avis de l'autorité administrative ou de l'autorité de contrôle et de tarification. L'autorité administrative ou l'autorité de contrôle et de tarification rend son avis dans le délai d'un mois, en tenant compte du *b* du 3° du I de l'article 1er de la loi n° 2014-856 du 31 juillet 2014 précitée. L'absence d'avis dans ce délai ne peut faire obstacle au jugement du tribunal.**

Art. L. 626-3 *(Anc. art. L. 621-58, dénum. et mod., L. n° 2005-845, 26 juill. 2005 ; Ord. n° 2014-326, 12 mars 2014 ; L. n° 2016-1547, 18 nov. 2016).* **– Lorsque le projet de plan prévoit une modification du capital ou des statuts, l'assemblée générale extraordinaire ou l'assemblée des associés ainsi que, lorsque leur approbation est nécessaire, les assemblées spéciales mentionnées aux articles L. 225-99 et L. 228-35-6 ou les assemblées générales des masses visées à l'article L. 228-103 sont convoquées dans des conditions définies par décret en Conseil d'État. Le tribunal peut décider que l'assemblée compétente statuera sur les modifications statutaires, sur première convocation, à la majorité des voix dont disposent les associés ou actionnaires présents ou représentés dès lors que ceux-ci possèdent au moins la moitié des parts ou actions ayant le droit de vote. Sur deuxième convocation, il est fait application des dispositions de droit commun relatives au *quorum* et à la majorité.**

Si, du fait des pertes constatées dans les documents comptables, les capitaux propres sont inférieurs à la moitié du capital social, l'assemblée est d'abord appelée à reconstituer ces capitaux à concurrence du montant proposé par l'administrateur et qui ne peut être inférieur à la moitié du capital social. Elle peut également être appelée à décider la réduction et l'augmentation du capital en faveur d'une ou plusieurs personnes qui s'engagent à exécuter le plan.

Les engagements pris par les actionnaires ou associés ou par de nouveaux souscripteurs sont subordonnés dans leur exécution à l'acceptation du plan par le tribunal.

En cas d'augmentation du capital social prévu par le projet de plan, les associés ou actionnaires peuvent bénéficier de la compensation à concurrence du montant de leurs créances admises et dans la limite de la réduction dont elles sont l'objet dans le projet de plan.

Voir : C. com., art. R. 626-1 à R. 626-3, p. 2166.

Bibliographie : J.-F. Barbièri, *Dirigeants et associés d'une entreprise en difficulté : entre partenaires et débiteurs : LPA* 30 sept. 2008, p. 6. • A. Cérati-Gaulthier, *L'associé dans la loi de sauvegarde des entreprises : Rev. sociétés* 2006, p. 305. • S. Golshani et A. Loric, *Le poids des actionnaires minoritaires : BJE* 2018, 4, p. 322.

Le jugement arrêtant le plan ne peut imposer les modifications du capital social de la société débitrice ; celles-ci sont simplement mentionnées au plan et doivent être votées par l'assemblée compétente des associés : ▪ Cass. com., 29 juill. 2013, n° 12-18.902 : *Gaz. Pal.* 29 sept. 2013, p. 25, note Ch. Lebel.

Art. L. 626-4 *(Abr., Ord. n° 2008-1345, 18 déc. 2008).*

Code de commerce

Rédaction antérieure. Art. L. 626-4 ***(Anc. art. L. 621-59, dénum., L. n° 2005-845, 26 juill. 2005 ; abr., Ord. n° 2008-1345, 18 déc. 2008). – (L. n° 2005-845, 26 juill. 2005)*** « Lorsque la sauvegarde de l'entreprise le requiert, le tribunal, sur la demande du ministère public, peut subordonner l'adoption du plan au remplacement d'un ou plusieurs dirigeants de l'entreprise, sauf lorsque le débiteur exerce une activité professionnelle libérale soumise à un statut législatif ou réglementaire ».

(L. n° 2005-845, 26 juill. 2005) « À cette fin et dans les mêmes conditions, le tribunal peut prononcer l'incessibilité des parts sociales, titres de capital ou valeurs mobilières donnant accès au capital, détenus par un ou plusieurs dirigeants de droit ou de fait et décider que le droit de vote y attaché sera exercé, pour une durée qu'il fixe, par un mandataire de justice désigné à cet effet. De même, il peut ordonner la cession de ces parts sociales, titres de capital ou valeurs mobilières donnant accès au capital détenus par ces mêmes personnes, le prix de cession étant fixé à dire d'expert ».

Pour l'application du présent article, les dirigeants et les représentants du comité d'entreprise ou, à défaut, des délégués du personnel sont entendus ou dûment appelés.

Voir : C. com., art. R. 626-4 (ancien) à R. 626-6, p. 2166.

Bibliographie : J.-F. Barbièri, *Associés et obligataires d'une société « faillie » : Rev. proc. coll.* 1991, p. 153. • A. Cérati-Gautier, *La cession forcée des titres des dirigeants sociaux : LPA* 1er janv. 2004, p. 4. • J.-M. de Bermond de Vaulx, *Le sort des droits sociaux détenus par le dirigeant d'une société en redressement ou en liquidation judiciaire : Rev. sociétés* 1990, p. 221. • C. Régnaut-Moutier, *Les dirigeants de société : Rev. proc. coll.* 2006, p. 159. • *Adde* A. Martin-Serf, *JCl. Sociétés traité*, Fasc. 41-45.

1) Notion de dirigeants de faits.

a) L'application de l'article L. 621-59 du Code de commerce *[art. L. 626-4]* aux **membres d'un conseil de surveillance** suppose que soit établie leur qualité de dirigeants de fait ; doit donc être cassé l'arrêt qui retient une telle application aux motifs que les intéressés étaient majoritaires en voix et en capital de sorte qu'ils exerçaient une influence certaine sur la marche et la conduite de la société alors que de tels motifs sont impropres à caractériser en quoi ils avaient exercé, en fait, en toute indépendance une activité positive de direction de la société : ▪ Cass. com., 12 juill. 2005, nos 03-14.045 et 03-15.855 ; *BJS* 2006, p. 22, avis A.-M. Lafortune et note B. Saintourens ; *JCP* E 2006, p. 1066, n° 17, obs. Ph. Pétel ; *Dr. sociétés* 2005, n° 175, note J.-P. Legros ; *Rev. sociétés* 2006, p. 162, note F.-X. Lucas ; *D.* 2005, act. jurispr. p. 2071, obs. A. Lienhard ; *JCP* 2006, I, 115, n° 8, obs. J.-J. Caussain, Fl. Deboissy et G. Wicker ; *Rev. proc. coll.* 2006, n° 2, p. 290, obs. A. Martin-Serf.

b) **En droit des procédures collectives.** V. sous C. com., art. L. 651-2, bibliographie et annot. n° 1, p. 2094 ; C. com., art. L. 653-1, annot. n° 1, p. 2109 ; C. com., art. L. 654-1, annot. n° 1, p. 2115.

c) **En droit des sociétés.** V. sous C. com., art. L. 241-9, bibliographie et annot. n° 1 s., p. 572.

2) Droit d'agir. Ni la société soumise à la procédure collective, ni le gérant n'ont le droit d'agir en vue de la cession forcée des parts d'un associé : ▪ Cass. com., 4 févr. 2003 : *RD bancaire et fin.* 2003, n° 153, obs. F.-X. Lucas ; *Dr. sociétés* 2003, n° 144, obs. J.-P. Legros. – Seul le Ministère public peut demander la cession forcée des actions des dirigeants : ▪ CA Paris, 18 juin 2009, n° 08/20924 : *D.* 2009, p. 2163, obs. A. Lienhard.

3) Voies de recours. La disposition du jugement qui ordonne la cession des actions d'un ou plusieurs dirigeants en application de l'article L. 621-59 *[art. L. 626-4]* du Code de commerce est susceptible d'appel de la part de ces dirigeants : ▪ Cass. com., 26 juin 2001 : *Bull. civ.* IV, n° 127 ; *D.* 2001, act. jurispr. p. 2299, obs. A. Lienhard ; *Dr. sociétés* 2001, n° 175, obs. J.-P. Legros ; *JCP* E 2002, n° 3, p. 127, obs. Ph. Pétel ; *D.* 2002, p. 1482, obs. A. Honorat.

4) Cession forcée des droits sociaux. La qualité de dirigeant, de droit ou de fait, du détenteur des actions ou des parts sociales dont le tribunal peut ordonner la cession lorsque la survie de l'entreprise le requiert, s'apprécie à la date du jugement qui ordonne cette cession. La cession forcée des droits sociaux ne peut donc être imposée au dirigeant démissionnaire au jour du jugement, peu important que sa démission n'ait pas été publiée : ▪ Cass. com., 19 févr. 2008, n° 06-18.446 : *JurisData* n° 2008-042879 ; *Dr. sociétés* 2008, comm. 126, note J.-P. Legros ; *JCP* E 2008, 1716, étude A. Cerati-Gauthier ; *ibid.*, 2062, n° 14, obs. Ph. Pétel ; *Act. proc. coll.* 2008, comm. 98, note J-C. Pagnucco ; *Rev. proc. coll.* 2008, comm. 117, obs. Ch. Lebel ; *RTD com.* 2008, p. 852, obs. C. Saint-Alary-Houin ; *Gaz. Pal.* 27-29 avr. 2008, p. 22, obs. D. Voinot.

Art. L. 626-5 ***(L. n° 2005-845, 26 juill. 2005 ; mod., Ord. n° 2008-1345, 18 déc. 2008 ; L. n° 2010-1249, 22 oct. 2010).*** **– Les propositions pour le règlement des dettes peuvent porter sur des délais, remises et conversions en titres donnant ou pouvant donner accès au capital. Elles sont, au fur et à**

mesure de leur élaboration et sous surveillance du juge-commissaire, communiquées par l'administrateur au mandataire judiciaire, aux contrôleurs ainsi qu'au comité d'entreprise ou, à défaut, aux délégués du personnel.

Lorsque la proposition porte sur des délais et remises, le mandataire judiciaire recueille, individuellement ou collectivement, l'accord de chaque créancier qui a déclaré sa créance conformément à l'article L. 622-24. En cas de consultation par écrit, le défaut de réponse, dans le délai de trente jours à compter de la réception de la lettre du mandataire judiciaire, vaut acceptation. Ces dispositions sont applicables aux institutions visées à l'article L. 3253-14 du Code du travail *(Anc. art. L. 143-11-4, dénum., Ord. n° 2007-329, 12 mars 2007)* du Code du travail pour les sommes mentionnées au quatrième alinéa de l'article L. 622-24, même si leurs créances ne sont pas encore déclarées. Elles le sont également aux créanciers mentionnés au premier alinéa de l'article L. 626-6 lorsque la proposition qui leur est soumise porte exclusivement sur des délais de paiement.

Lorsque la proposition porte sur une conversion en titres donnant ou pouvant donner accès au capital, le mandataire judiciaire recueille, individuellement et par écrit, l'accord de chaque créancier qui a déclaré sa créance conformément à l'article L. 622-24. Le défaut de réponse, dans le délai de trente jours à compter de la réception de la lettre du mandataire judiciaire, vaut refus.

Le mandataire judiciaire n'est pas tenu de consulter les créanciers pour lesquels le projet de plan ne modifie pas les modalités de paiement ou prévoit un paiement intégral en numéraire dès l'arrêté du plan ou dès l'admission de leurs créances.

Voir : C. com., art. R. 626-7 et R. 626-8, p. 2166.

Bibliographie : S. Farhi, *La conversion des titres de créances en titres de capital lors d'une procédure collective : Rev. proc. coll.* 2019, 1, étude 3. • L. Fin-Langer et J. Vallansan, *AGS et plan de redressement : Rev. proc. coll.* 2019, 2, dossier 9.

Art. L. 626-6 *(Rempl., L. n° 2005-845, 26 juill. 2005 ; mod., L. n° 2009-179, 17 févr. 2009).* **– Les administrations financières, les organismes de sécurité sociale, les institutions gérant le régime d'assurance chômage prévu par les articles L. 5422-1 et suivants du Code du travail *(Anc. art. L. 351-3 et s., dénum., Ord. n° 2007-329, 12 mars 2007)* et les institutions régies par le livre IX du Code de la sécurité sociale peuvent accepter, de remettre tout ou partie de ses dettes au débiteur dans des conditions similaires à celles que lui octroierait, dans des conditions normales de marché, un opérateur économique privé placé dans la même situation.**

Dans ce cadre, les administrations financières peuvent remettre l'ensemble des impôts directs perçus au profit de l'État et des collectivités territoriales ainsi que des produits divers du budget de l'État dus par le débiteur. S'agissant des impôts indirects perçus au profit de l'État et des collectivités territoriales, seuls les intérêts de retard, majorations, pénalités ou amendes peuvent faire l'objet d'une remise.

Les conditions de la remise de la dette sont fixées par décret.

Les créanciers visés au premier alinéa peuvent également décider des cessions de rang de privilège ou d'hypothèque ou de l'abandon de ces sûretés.

Bibliographie : P. Cocheteux, *Remises de dettes consenties par les créanciers publics en faveur des entreprises en difficulté : LPA* 21 déc. 2007, p. 8. • M. Cozian, *Le traitement fiscal des abandons de créances dans le cadre de la loi du 26 juillet 2005 sur la sauvegarde des entreprises*, in Colloque *Échanges sur la loi de sauvegarde des entreprises : de la Côte d'Or à la Côte d'Azur : LPA* 14 juin 2007. • H. Croze, *Conditions d'octroi des remises par les administrations financières et les organismes sociaux : Procédures* 2007, comm. 90. • G. Notté, *Remises de dettes au débiteur en difficulté par les créanciers sociaux et fiscaux : JCP* E 2007, inf. rap. 81. • S. Rétif, *Les remises accordées par les créanciers à une entreprise en difficulté : Dr. et patrimoine* févr. 2008, p. 30. • F. Tognaccioli, *Les remises de dettes consenties par les créanciers publics : une procédure dans la procédure : Rev. proc. coll.* 2008, p. 14.

Art. L. 626-7 *(L. n° 2005-845, 26 juill. 2005 ; mod., Ord. n° 2008-1345, 18 déc. 2008).* **– Le mandataire judiciaire dresse un état des réponses faites par les créanciers. Cet état est adressé au débiteur et à l'administrateur ainsi qu'aux contrôleurs.**

Art. L. 626-8 *(Anc. art. L. 621-61, dénum. et mod., L. n° 2005-845, 26 juill. 2005 ; mod., Ord. n° 2008-1345, 18 déc. 2008).* **– Le comité d'entreprise ou, à défaut, les délégués du personnel et le mandataire judiciaire sont informés et consultés sur les mesures que le débiteur envisage de proposer dans le projet de plan au vu des informations et offres reçues.**

Ils le sont également, ainsi que le ou les contrôleurs, sur le bilan économique et social et sur le projet de plan, qui leur sont communiqués par l'administrateur et complétés, le cas échéant, de ses observations.

Les documents mentionnés au deuxième alinéa sont simultanément adressés à l'autorité administrative compétente en matière de droit du travail. Le procès-verbal de la réunion à l'ordre du jour de laquelle a été inscrite la consultation des représentants du personnel est transmis au tribunal ainsi qu'à l'autorité administrative mentionnée ci-dessus.

Le ministère public en reçoit communication.

Section II. – Du jugement arrêtant le plan et de l'exécution du plan

Bibliographie : V. Laubie, *Le plan de continuation ou de cession de l'entreprise : Rev. proc. coll.* 1986, n° 4, p. 19 • F.-X. Lucas, *La loi de sauvegarde article par article : LPA* 8 févr. 2006, p. 80. • Ph. Saigne, *Pour la mise en œuvre d'urgence d'un traitement préventif des sociétés sous plan de continuation : BJE* 2015, p. 58.

Art. L. 626-9 *(L. n° 2005-845, 26 juill. 2005 ; Ord. n° 2008-1345, 18 déc. 2008)*. **– Après avoir entendu ou dûment appelé le débiteur, l'administrateur, le mandataire judiciaire, les contrôleurs ainsi que les représentants du comité d'entreprise ou, à défaut, des délégués du personnel, le tribunal statue au vu des documents prévus à l'article L. 626-8, après avoir recueilli l'avis du ministère public. Lorsque la procédure est ouverte au bénéfice d'un débiteur qui emploie un nombre de salariés ou qui justifie d'un chiffre d'affaires hors taxes supérieurs à des seuils fixés par décret en Conseil d'État, les débats doivent avoir lieu en présence du ministère public.**

Voir : C. com., art. R. 626-17 et s., p. 2169.

Art. L. 626-10 *(Anc. art. L. 621-63, dénum. et mod., L. n° 2005-845, 26 juill. 2005 ; mod., Ord. n° 2008-1345, 18 déc. 2008 ; L. n° 2016-1547, 18 nov. 2016)*. **– Le plan désigne les personnes tenues de l'exécuter et mentionne l'ensemble des engagements qui ont été souscrits par elles et qui sont nécessaires à la sauvegarde de l'entreprise. Ces engagements portent sur l'avenir de l'activité, les modalités du maintien et du financement de l'entreprise, le règlement du passif soumis à déclaration ainsi que, s'il y a lieu, les garanties fournies pour en assurer l'exécution.**

Le plan expose et justifie le niveau et les perspectives d'emploi ainsi que les conditions sociales envisagés pour la poursuite d'activité.

Les personnes qui exécuteront le plan, même à titre d'associés, ne peuvent pas se voir imposer des charges autres que les engagements qu'elles ont souscrits au cours de sa préparation, sous réserve des dispositions prévues à l'article L. 626-3.

Portée du cautionnement du plan en cas de liquidation subséquente. Le cautionnement du dirigeant donné en garantie des échéances du plan de continuation de la société en redressement peut être mis en œuvre par le liquidateur après la résolution du plan : ▪ Cass. com., 8 juill. 2008, n° 07-13.274 : *JurisData* n° 2008-044792 ; *JCP G* 2008, IV, 2504 ; *RD bancaire et fin.* 2008, comm. 137, obs. A. Cerles ; *Dr. sociétés* 2008, comm. 227, obs. J.-P. Legros.

Art. L. 626-11 *(Anc. art. L. 621-65, dénum. et rempl., L. n° 2005-845, 26 juill. 2005 ; mod., Ord. n° 2008-1345, 18 déc. 2008)*. **– Le jugement qui arrête le plan en rend les dispositions opposables à tous.**

À l'exception des personnes morales, les coobligés et les personnes ayant consenti une sûreté personnelle ou ayant affecté ou cédé un bien en garantie peuvent s'en prévaloir.

Bibliographie : P.-M. Le Corre, *Cautions, coobligés et garants dans les procédures collectives d'aujourd'hui et de demain : Rev. proc. coll.* 2004, p. 181 ; *Les cautions, codébiteurs, garants et le conjoint. Cautions : Gaz. Pal.* 4-5 nov. 2005, p. 49. • F. Pérochon, *Procédures collectives et cautionnement : Dr. et patrimoine* juill. août 2008, p. 77. • Ph. Pétel, *Le dirigeant garant*, in Actes du colloque de Caen, 15 oct. 2010, *Risques et responsabilités en droit des procédures collectives : Rev. proc. coll.* 2010, art. 7.

Art. L. 626-12 *(L. n° 2005-845, 26 juill. 2005)*. **– Sans préjudice de l'application des dispositions de l'article L. 626-18, la durée du plan est fixée par le tribunal. Elle ne peut excéder dix ans. Lorsque le débiteur est** *(Mots rempl., L. n° 2019-486, 22 mai 2019)* **« une personne exerçant une activité agricole définie à l'article L. 311-1 du Code rural et de la pêche maritime », elle ne peut excéder quinze ans.**

Art. L. 626-13 *(Anc. art. L. 621-71, dénum., L. n° 2005-845, 26 juill. 2005 ; mod., L. n° 2005-845, 26 juill. 2005 ; Ord. n° 2010-1512, 9 déc. 2010).* – L'arrêt du plan par le tribunal entraîne la levée de plein droit de toute interdiction d'émettre des chèques conformément à l'article L. 131-73 du Code monétaire et financier, mise en œuvre à l'occasion du rejet d'un chèque émis avant le jugement d'ouverture de la procédure. Lorsque le débiteur est un entrepreneur individuel à responsabilité limitée, cette interdiction est levée sur les comptes afférents au patrimoine visé par la procédure.

Voir : C. com., art. R. 626-24, p. 2170.

Art. L. 626-14 *(Anc. art. L. 621-72, dénum. et mod., L. n° 2005-845, 26 juill. 2005 ; mod., Ord. n° 2008-1345, 18 déc. 2008).* – Dans le jugement arrêtant le plan ou le modifiant, le tribunal peut décider que les biens qu'il estime indispensables à la continuation de l'entreprise ne pourront être aliénés, pour une durée qu'il fixe, sans son autorisation. La durée de l'inaliénabilité ne peut excéder celle du plan.

Lorsque le tribunal est saisi d'une demande d'autorisation d'aliéner un bien rendu inaliénable en application du premier alinéa, il statue, à peine de nullité, après avoir recueilli l'avis du ministère public.

La publicité de l'inaliénabilité temporaire est assurée dans des conditions fixées par décret en Conseil d'État.

Tout acte passé en violation des dispositions du premier alinéa est annulé à la demande de tout intéressé ou du ministère public, présentée dans le délai de trois ans à compter de la conclusion de l'acte. Lorsque l'acte est soumis à publicité, le délai court à compter de celle-ci.

Voir : C. com., art. R. 626-25 et R. 626-31, p. 2170.

Art. L. 626-15 *(Abr., L. n° 2016-1547, 18 nov. 2016).*

Art. L. 626-16 *(Abr., L. n° 2016-1547, 18 nov. 2016).*

Voir : C. com., art. R. 626-32, p. 2171.

Art. L. 626-16-1 *(Abr., L. n° 2016-1547, 18 nov. 2016).*

Art. L. 626-17 *(Abr., L. n° 2016-1547, 18 nov. 2016).*

Bibliographie : A. Cerati-Gaulthier, *L'associé dans la loi de sauvegarde des entreprises : Rev. sociétés* 2006, p. 305. • F. Pujol, *La libération du capital social dans les procédures collectives : Dr. et patrimoine* 2003, n° 116, p. 36.

Art. L. 626-18 *(Anc. art. L. 621-76, dénum., L. n° 2005-845, 26 juill. 2005 ; rempl., L. n° 2010-1249, 22 oct. 2010 ; mod., Ord. n° 2014-326, 12 mars 2014 ; L. n° 2016-1547, 18 nov. 2016).* – Le tribunal donne acte des délais et remises acceptés par les créanciers dans les conditions prévues au deuxième alinéa de l'article L. 626-5 et à l'article L. 626-6. Ces délais et remises peuvent, le cas échéant, être réduits par le tribunal.

Le tribunal homologue les accords de conversion en titres acceptés par les créanciers dans les conditions prévues au troisième alinéa de l'article L. 626-5, sauf s'ils portent atteinte aux intérêts des autres créanciers. Il s'assure également, s'il y a lieu, de l'approbation des assemblées mentionnées à l'article L. 626-3.

Pour les créanciers autres que ceux visés aux premier et deuxième alinéas du présent article, lorsque les délais de paiement stipulés par les parties avant l'ouverture de la procédure sont supérieurs à la durée du plan, le tribunal ordonne le maintien de ces délais.

Dans les autres cas, le tribunal impose des délais uniformes de paiement, sous réserve du cinquième alinéa du présent article. Le premier paiement ne peut intervenir au-delà d'un délai d'un an. Le montant de chacune des annuités prévues par le plan, à compter de la troisième, ne peut être inférieur à 5 % de chacune des créances admises, sauf dans le cas d'une exploitation agricole.

Lorsque le principal d'une créance reste à échoir en totalité au jour du premier paiement prévu par le plan, son remboursement commence à la date de l'annuité prévue par le plan qui suit l'échéance stipulée par les parties avant l'ouverture de la procédure. À cette date, le principal est payé à concurrence du montant qui aurait été perçu par le créancier s'il avait été soumis depuis le début du plan aux délais uniformes de paiement imposés par le tribunal aux autres créanciers. Le montant versé au titre des annuités suivantes est déterminé conformément aux délais uniformes de paiement imposés aux autres créanciers. Si aucun créancier n'a été soumis à des délais uniformes de paiement, le montant versé au titre des annuités suivantes correspond à des fractions annuelles égales du montant du principal restant dû.

Les délais de paiement imposés en application des quatrième et cinquième alinéas ne peuvent excéder la durée du plan.

Le crédit preneur peut, à l'échéance, lever l'option d'achat avant l'expiration des délais prévus au présent article. Il doit alors payer l'intégralité des sommes dues dans la limite de la réduction dont elles font l'objet dans le plan sous forme de remises.

Voir : C. com., art. R. 626-33, p. 2171.

Bibliographie : Y. Chaput, *L'influence du droit des entreprises en difficulté sur le crédit-bail : RD bancaire et fin.* 1997, p. 46. • P.-M. Le Corre, *Les délais de remboursement d'un plan supérieurs à dix ans : Gaz. Pal.* 2012, nos 216 et 217, p. 5.

Art. L. 626-19 *(Anc. art. L. 621-77, dénum. et mod., L. n° 2005-845, 26 juill. 2005 ; mod., Ord. n° 2008-1345, 18 déc. 2008).* **– Le plan peut prévoir un choix pour les créanciers comportant un paiement dans des délais uniformes plus brefs mais assorti d'une réduction proportionnelle du montant de la créance.**

La réduction de créance n'est définitivement acquise qu'après versement, au terme fixé, de la dernière échéance prévue par le plan pour son paiement.

Art. L. 626-20 *(Anc. art. L. 621-78, dénum., L. n° 2005-845, 26 juill. 2005).* **– I. – Par dérogation aux dispositions des articles L. 626-18 et L. 626-19, ne peuvent faire l'objet de remises ou de délais** *(Mots aj. à compter du 1er juillet 2014, Ord. n° 2014-326, 12 mars 2014)* **« qui n'auraient pas été acceptés par les créanciers » :**

1° Les créances garanties par le privilège établi aux articles L. 3253-2 à L. 3253-4, L. 7313-8 du Code du travail *(Anc. art. L. 143-10, L. 143-11 et L. 751-15, dénum., Ord. n° 2007-329, 12 mars 2007)* **et à l'article L. 742-6 de l'ancien Code du travail ;**

2° Les créances résultant d'un contrat de travail garanties par les privilèges prévus au 4° de l'article 2331 *(Anc. art. 2101, rempl., Ord. n° 2006-346, 23 mars 2006)* **et au 2° de l'article 2375 du Code civil** *(Anc. art. 2104, rempl., Ord. n° 2006-346, 23 mars 2006)* **lorsque le montant de celles-ci n'a pas été avancé par les institutions mentionnées à l'article L. 3253-14 du Code du travail** *(Anc. art. L. 143-11-4, dénum., Ord. n° 2007-329, 12 mars 2007)* **ou n'a pas fait l'objet d'une subrogation ;**

3° *(Créé à compter du 1er juillet 2014, Ord. n° 2014-326, 12 mars 2014)* **Les créances garanties par le privilège établi au premier alinéa de l'article L. 611-11.**

II. – Dans la limite de 5 % du passif estimé, les créances les plus faibles prises dans l'ordre croissant de leur montant et sans que chacune puisse excéder un montant fixé par décret, sont remboursées sans remise ni délai. Cette disposition ne s'applique pas lorsque le montant des créances détenues par une même personne excède un dixième du pourcentage ci-dessus fixé ou lorsqu'une subrogation a été consentie ou un paiement effectué pour autrui.

Voir : C. com., art. R. 626-34, p. 2171.

Bibliographie : Ph. Dupichot, *Le financement des entreprises en difficulté : BJE* 2018, 5, p. 394. • L. Fin-Langer et J. Vallansan, *AGS et plan de redressement : Rev. proc. coll.* 2019, 2, dossier 9. • F. Pérochon et F.-X. Lucas, *Créanciers de la new money, le retour : BJE* 2015, p. 192.

Art. L. 626-21 *(Anc. art. L. 621-79, dénum., L. n° 2005-845, 26 juill. 2005 ; mod., L. n° 2010-1249, 22 oct. 2010).* **– L'inscription d'une créance au plan et l'acceptation par le créancier de délais, remises ou conversions en titres donnant ou pouvant donner accès au capital ne préjugent pas l'admission définitive de la créance au passif.**

Lorsque le mandataire judiciaire a proposé l'admission d'une créance et que le juge-commissaire n'a été saisi d'aucune contestation sur tout ou partie de cette créance, les versements y afférents sont effectués à titre provisionnel dès que la décision arrêtant le plan est devenue définitive, à condition que cette décision le prévoie.

Les sommes à répartir correspondant aux créances litigieuses ne sont versées qu'à compter de l'admission définitive de ces créances au passif. Toutefois, la juridiction saisie du litige peut décider que le créancier participera à titre provisionnel, en tout ou partie, aux répartitions faites avant l'admission définitive.

Sauf disposition législative contraire, les paiements prévus par le plan sont portables.

Le tribunal fixe les modalités du paiement des dividendes arrêtés par le plan. Les dividendes sont payés entre les mains du commissaire à l'exécution du plan, qui procède à leur répartition. Lorsque la bonne exécution du plan le requiert au regard de la nature particulière des paiements à effectuer, le tribunal peut, par décision spécialement motivée et après avis du ministère public, autoriser le commissaire à l'exécution du plan, sous sa responsabilité, à régler les créanciers par l'intermédiaire d'un établissement de crédit spécialement organisé pour effectuer des paiements de masse en numéraire ou en valeurs mobilières.

Bibliographie : P. Huille, *Les répartitions provisionnelles : leur régime juridique et leur fréquence en pratique : Gaz. Pal.* 2001, doctr. p. 298.

Art. L. 626-22 *(Anc. art. L. 621-80, dénum. et mod., L. n° 2005-845, 26 juill. 2005).* **– En cas de vente d'un bien grevé d'un privilège spécial,** *(Mots aj., Ord. n° 2008-1345, 18 déc. 2008)* **« d'un gage, » d'un nantissement ou d'une hypothèque, la quote-part du prix correspondant aux créances garanties par ces sûretés est versée en compte de dépôt à la Caisse des dépôts et consignations et les créanciers bénéficiaires de ces sûretés ou titulaires d'un privilège général sont payés sur le prix après le paiement des créances garanties par le privilège établi aux articles L. 3253-2 à L. 3253-4, L. 7313-8 du Code du travail** *(Anc. art. L. 143-10, L. 143-11 et L. 751-15, dénum., Ord. n° 2007-329, 12 mars 2007)* **et à l'article L. 742-6 de l'ancien Code du travail.**

Ils reçoivent les dividendes à échoir d'après le plan, réduits en fonction du paiement anticipé, suivant l'ordre de préférence existant entre eux.

Si un bien est grevé d'un privilège, *(Mots aj., Ord. n° 2008-1345, 18 déc. 2008)* **« d'un gage » d'un nantissement ou d'une hypothèque, une autre garantie peut lui être substituée en cas de besoin, si elle présente des avantages équivalents. En l'absence d'accord, le tribunal peut ordonner cette substitution.**

Voir : C. com., art. R. 626-35, R. 626-36 et R. 661-1, p. 2171.

Bibliographie : P. Crocq, *Réforme des procédures collectives et sort des créanciers munis de sûretés : Dr. et patrimoine* mars 2006, p. 90 ; *L'ordonnance du 18 décembre 2008 et le droit des sûretés : JCP* E 2009, 1313 ; *Rev. proc. coll.* 2009, p. 75. • M. Farge et O. Gout, *L'impact du nouveau droit des entreprises en difficulté sur le droit des sûretés : Rev. Lamy dr. aff.* 2009, n° 58, p. 25. • E. Garaud, *Sûretés et procédures collectives : l'articulation des réformes : LPA* 17 juin 2009, p. 4. • P.-M. Le Corre, *La récupération des avances de l'AGS à l'épreuve des autres créanciers : Rev. proc. coll.* 2019, 2, dossier 6.

Art. L. 626-23 *(Anc. art. L. 621-81, dénum. et mod., L. n° 2005-845, 26 juill. 2005).* **– En cas de cession partielle d'actifs, le prix est versé au débiteur sous réserve de l'application de l'article L. 626-22.**

Bibliographie : H. Bourbouloux et Ch. Fort, *Cession partielle ou cession isolée au service du redressement d'un groupe fortement intégré : Gare à l'effet de trompe-l'œil : BJE* 2016, p. 237. • F. Vauvillé, *La cession d'actifs après la réforme du 26 juillet 2005 : Dr. et patrimoine* mars 2006, p. 80.

Art. L. 626-24 *(Anc. art. L. 621-67, dénum. et mod., L. n° 2005-845, 26 juill. 2005 ; mod., Ord. n° 2008-1345, 18 déc. 2008).* **– Le tribunal peut charger l'administrateur d'effectuer les actes, nécessaires à la mise en œuvre du plan, qu'il détermine.**

Le mandataire judiciaire demeure en fonction pendant le temps nécessaire à la vérification et à l'établissement définitif de l'état des créances.

Lorsque la mission de l'administrateur et du mandataire judiciaire est achevée, il est mis fin à la procédure dans des conditions fixées par décret en Conseil d'État.

Voir : C. com., art. R. 626-38 et s., p. 2172.

Bibliographie : Ch. Bidan, *Les organes de la procédure : l'administrateur : Gaz. proc. coll.* 6-7 oct. 2006. • G. Bolard, *Les fonctions des mandataires de justice : Rev. proc. coll.* 2006, p. 205. • M. Chavaux, *Les acteurs professionnels et en particulier l'administrateur judiciaire*, in Colloque *La loi du 26 juillet 2005 relative à la sauvegarde des entreprises : LPA* 20 mars 2007, p. 9. • Ph. Froehlich, *La nouvelle répartition des rôles entre administrateurs et mandataires judiciaires dans la cession*, in Colloque *Échanges sur la loi de sauvegarde des entreprises : de la Côte d'Or à la Côte d'Azur : LPA* 14 juin 2007, p. 79 ; *Premiers regards de la profession d'administrateur et mandataire judiciaire sur la réforme du droit des entreprises en difficulté : BJS* 2009, étude 41.

Art. L. 626-25 *(Anc. art. L. 621-68, dénum. et mod., L. n° 2005-845, 26 juill. 2005 ; mod., Ord. n° 2008-1345, 18 déc. 2008 ; Ord. n° 2009-112, 30 janv. 2009 ; L. n° 2016-1547, 18 nov. 2016).* – **Le tribunal nomme, pour la durée fixée à l'article L. 626-12, l'administrateur ou le mandataire judiciaire en qualité de commissaire chargé de veiller à l'exécution du plan. Le tribunal peut, en cas de nécessité, nommer plusieurs commissaires.**

À la demande du débiteur, le tribunal peut confier à l'administrateur ou au mandataire judiciaire qui n'ont pas été nommés en qualité de commissaire à l'exécution du plan une mission subséquente rémunérée, d'une durée maximale de vingt-quatre mois, dans les conditions prévues par décret en Conseil d'État.

Les actions introduites avant le jugement qui arrête le plan et auxquelles l'administrateur ou le mandataire judiciaire est partie sont poursuivies par le commissaire à l'exécution du plan ou, si celui-ci n'est plus en fonction, par un mandataire de justice désigné spécialement à cet effet par le tribunal.

Le commissaire à l'exécution du plan est également habilité à engager des actions dans l'intérêt collectif des créanciers.

Le commissaire à l'exécution du plan peut se faire communiquer tous les documents et informations utiles à sa mission.

Il rend compte au président du tribunal et au ministère public du défaut d'exécution du plan. Il en informe le comité d'entreprise ou, à défaut, les délégués du personnel.

Toute somme perçue par le commissaire à l'exécution du plan est immédiatement versée en compte de dépôt à la Caisse des dépôts et consignations. En cas de retard, le commissaire à l'exécution du plan doit, pour les sommes qu'il n'a pas versées, un intérêt dont le taux est égal au taux de l'intérêt légal majoré de cinq points.

Le commissaire à l'exécution du plan peut être remplacé par le tribunal, soit d'office, soit à la demande du ministère public. Lorsque le remplacement est demandé par le commissaire à l'exécution du plan, le président du tribunal statue par ordonnance.

Voir : C. com., art. R. 626-43, R. 626-47 et R. 626-44, p. 2172.

Bibliographie : T. Brill-Venkatasamy, *Le sort des actions en responsabilité à l'encontre des tiers non dirigeants après l'adoption d'un plan de redressement : RJ com.* 1994, p. 1. • E. Étienne-Martin et M. Soudani, *Abandon de compte courant d'associé et clause de retour à meilleure fortune : Rev. proc. coll.* 2012, étude 33. • R. Gomez, *Réflexions sur la durée de la mission du commissaire à l'exécution du plan : Rev. proc. coll.* 2008, p. 28. • S. Gorrias, *Les organes de la procédure. Le mandataire judiciaire et le commissaire à l'exécution du plan (responsabilité des organes ; rémunération des organes) : Gaz. proc. coll.* 7-8 nov. 2008, p. 43. • P.-M. Le Corre, *Procédures collectives : nouvel aperçu sur la durée des fonctions du commissaire à l'exécution du plan de cession : Gaz. Pal.* 30 déc. 2004, p. 2. • T. Montéran, *Les pouvoirs du commissaire à l'exécution du plan : Rev. proc. coll.* 2003, p. 294. • B. Soinne, *Le nouveau Kafka (à propos de la répartition des pouvoirs entre les organes de la procédure après le jugement arrêtant le plan) : Rev. proc. coll.* 2001, p. 163 ; *Rev. proc. coll.* 2003, p. 3.

Défaut de qualité du commissaire à l'exécution du plan à agir en **libération des apports des associés**, voir sous C. civ., art. 1843-3, annot. n° 19, p. 59.

Qualité à agir du commissaire à l'exécution du plan **pour une constitution de partie civile du chef de banqueroute**. V. sous C. com., art. L. 654-17, annot. n° 1, p. 2122.

Art. L. 626-26 *(Anc. art. L. 621-69, dénum. et rempl., L. n° 2005-845, 26 juill. 2005 ; mod., L. n° 2008-776, 4 août 2008).* – **Une modification substantielle dans les objectifs ou les moyens du plan ne peut être décidée que par le tribunal, à la demande du débiteur et sur le rapport du commissaire à l'exécution du plan.** *(Mots aj. à compter du 1er juillet 2014, Ord. n° 2014-326, 12 mars 2014)* **« Lorsque la situation du débiteur permet une modification substantielle du plan au profit des créanciers, la saisine du tribunal peut émaner du commissaire à l'exécution du plan. »**

L'article L. 626-6 est applicable.

Le tribunal statue après avoir recueilli l'avis du ministère public et avoir entendu ou dûment appelé le débiteur, le commissaire à l'exécution du plan, les contrôleurs, les représentants du comité d'entreprise ou, à défaut, des délégués du personnel et toute personne intéressée.

Voir : C. com., art. R. 626-45 et R. 626-46, p. 2173.

Art. L. 626-27 *(L. n° 2005-845, 26 juill. 2005 ; mod., Ord. n° 2008-1345, 18 déc. 2008).* – **I. – En cas de défaut de paiement des dividendes par le débiteur, le commissaire à l'exécution du plan procède à leur recouvrement conformément aux dispositions arrêtées. Il y est seul habilité.** *(Mots aj. à compter du 1er juillet*

***2014, Ord. n° 2014-326, 12 mars 2014)* « Lorsque le commissaire à l'exécution du plan a cessé ses fonctions, tout intéressé peut demander au tribunal la désignation d'un mandataire *ad hoc* chargé de procéder à ce recouvrement. »**

Le tribunal qui a arrêté le plan peut, après avis du ministère public, en décider la résolution si le débiteur n'exécute pas ses engagements dans les délais fixés par le plan.

Lorsque la cessation des paiements du débiteur est constatée au cours de l'exécution du plan, le tribunal qui a arrêté ce dernier décide, après avis du ministère public, sa résolution et ouvre une procédure de redressement judiciaire ou, si le redressement est manifestement impossible, une procédure de liquidation judiciaire.*(Mots aj., L. n° 2019-486, 22 mai 2019)* « Avant de statuer, le tribunal examine si la situation du débiteur répond aux conditions posées aux articles L. 645-1 et L. 645-2 et ouvre, le cas échéant, avec son accord, une procédure de rétablissement professionnel ».

Le jugement qui prononce la résolution du plan met fin aux opérations et à la procédure lorsque celle-ci est toujours en cours. Sous réserve des dispositions du deuxième alinéa de l'article L. 626-19, il fait recouvrer aux créanciers l'intégralité de leurs créances et sûretés, déduction faite des sommes perçues, et emporte déchéance de tout délai de paiement accordé.

II. – Dans les cas mentionnés aux deuxième et troisième alinéas du I, le tribunal est saisi par un créancier, le commissaire à l'exécution du plan ou le ministère public. *(Phrase suppr. à compter du 9 mars 2014, Cons. const. n° 2013-372 QPC, 7 mars 2014)* « ... ».

III. – *(Rempl. à compter du 1er juillet 2014, Ord. n° 2014-326, 12 mars 2014)* Après résolution du plan et ouverture d'une nouvelle procédure par le même jugement ou par une décision ultérieure constatant que cette résolution a provoqué l'état de cessation des paiements, les créanciers soumis à ce plan ou admis au passif de la première procédure sont dispensés de déclarer leurs créances et sûretés. Les créances inscrites à ce plan sont admises de plein droit, déduction faite des sommes déjà perçues. Bénéficient également de la dispense de déclaration les créances portées à la connaissance de l'une des personnes mentionnées au IV de l'article L. 622-17 dans les conditions prévues par ce texte.

Voir : C. com., art. R. 626-47 et R. 626-48, p. 2173.

L'article L. 626-27 est applicable aux procédures de redressement judiciaire en cours au jour de l'entrée en vigueur [1er janv. 2006] de la loi n° 2005-845 du 26 juillet 2005, voir L. n° 2005-845, 26 juill. 2005, art. 191.

Bibliographie : B. Feugère, *Le plan de continuation : de la résolution à la caducité : JCP* E 2001, p. 1078. • A.-M. Frison-Roche, *Le sort des engagements non financiers des plans : Rev. proc. coll.* 1994, p. 339. • P.-M. Le Corre, *La résolution du plan de sauvegarde et du plan de redressement : Gaz. Pal.* 21 juill. 2015, n° 202, p. 32. • J.-P. Rémery, *Les résolutions de plans dans le droit des entreprises en difficulté : JCP* G 2009, 406. • J. Seube, *Réflexions sur les effets de la résolution des plans de redressement : JCP* E 1999, p. 564. • J.-L. Vallens, *La résolution du plan de redressement : JCP* E 1987, II, 14979.

Art. L. 626-28 ***(L. n° 2005-845, 26 juill. 2005)*. – Quand il est établi que les engagements énoncés dans le plan ou décidés par le tribunal ont été tenus, celui-ci, à la requête du commissaire à l'exécution du plan, du débiteur ou de tout intéressé, constate que l'exécution du plan est achevée.**

Voir : C. com., art. R. 626-50 et R. 626-51, p. 2174.

Section III. – Des comités de créanciers

Bibliographie : M.-A. Baret, *Le comité des créanciers*, in *Colloque La loi du 26 juillet 2005 relative à la sauvegarde des entreprises : LPA* 20 mars 2007, p. 22. • V. Bourgninaud, *La loi de sauvegarde article par article : LPA* 8 févr. 2006, p. 85. • R. Dammann et G. Podeur, *Les enjeux de la réforme des comités de créanciers : JCP* E 2009, 2094. • M. Douaoui-Chamseddine, *Le droit de vote des créanciers en droit des procédures collectives à l'épreuve de l'abus de majorité : Mélanges offerts au professeur P. Bloch*, Bruylant 2015, p. 31. • J.-P. Farges, *Complexité dans l'organisation et la constitution des comités de créanciers : le cas d'école de la sauvegarde de CGC : BJE* 2018, 4, p. 293. • M. Houssin, *Le test du respect des intérêts des créanciers ou* « best interest test » *: Rev. proc. coll.* 2018, étude 19. • P.-M. Le Corre, *Les irrégularités affectant la composition et le vote des comités de créanciers dans les procédures de sauvegarde et de redressement judiciaire : D.* 2007, p. 822. • S. Pelletier, *Les comités de créanciers : la loi de la majorité peut-elle vraiment imposer des conversions forcées des créances aux minoritaires ? : Rev. proc. coll.* 2017, étude 10. • F. Pérochon, *Réflexions sur la constitution des comités de créanciers : BJE* 2017, p. 447. • Ph. Pétel, *Procédures collectives avec comités de créanciers : qui vote à l'assemblée générale unique des obligataires ? : Rev. proc. coll.* 2017, étude 4. • Ch. Thevenot, *Quelques observations sur l'avènement des classes de créanciers : Rev. proc. coll.* 2018, dossier 18. • J. Vallansan, *La constitution et le fonctionnement des comités de créanciers sont améliorés (ordonnance du 18 décembre 2008) : Act. proc. coll.* 2009, comm. 19. • J.-L. Vallens,

L'avènement des classes de créanciers, une révolution pour les sûretés réelles ? : Rev. proc. coll. 2018, dossier 17. • C. Verroust-Vallot et S. Pelletier, *Comités de créanciers : la loi de la majorité peut-elle vraiment imposer des conversions forcées de créances aux minoritaires ? : Rev. proc. coll.* 2017, étude 10.

Art. L. 626-29 *(L. n° 2005-845, 26 juill. 2005 ; Mod., Ord. n° 2008-1345, 18 déc. 2008).* **– Les débiteurs dont les comptes ont été certifiés par un commissaire aux comptes ou établis par un expert-comptable et dont le nombre de salariés ou le chiffre d'affaires sont supérieurs à des seuils fixés par décret en Conseil d'État sont soumis aux dispositions de la présente section. Les autres dispositions du présent chapitre qui ne lui sont pas contraires sont également applicables.**

À la demande du débiteur ou de l'administrateur, le juge-commissaire peut autoriser qu'il en soit également fait application en deçà de ce seuil.

Voir : C. com., art. R. 626-53, p. 2174.

Art. L. 626-30 *(L. n° 2005-845, 26 juill. 2005 ; rempl., Ord. n° 2008-1345, 18 déc. 2008).* **– Les** *(Mots aj. à compter du 1er janvier 2014, Ord. n° 2013-544, 27 juin 2013)* **« sociétés de financement, les » établissements de crédit et ceux assimilés, tels que définis par décret en Conseil d'État ainsi que les principaux fournisseurs de biens ou de services, sont constitués en deux comités de créanciers par l'administrateur judiciaire. La composition des comités est déterminée au vu des créances nées antérieurement au jugement d'ouverture de la procédure.**

Les *(Mots aj. à compter du 1er janvier 2014, Ord. n° 2013-544, 27 juin 2013)* **« sociétés de financement, les » établissements de crédit et ceux assimilés, ainsi que tous les titulaires d'une créance acquise auprès de ceux-ci ou d'un fournisseur de biens ou de services, sont membres de droit du comité des établissements de crédit.**

À l'exclusion des collectivités territoriales et de leurs établissements publics, chaque fournisseur de biens ou de services est membre de droit du comité des principaux fournisseurs lorsque sa créance représente plus de 3 % du total des créances des fournisseurs. Les autres fournisseurs, sollicités par l'administrateur, peuvent en être membres.

Pour l'application des dispositions qui précèdent aux créanciers bénéficiaires d'une fiducie constituée à titre de garantie par le débiteur, sont seules prises en compte, lorsqu'elles existent, celles de leurs créances non assorties d'une telle sûreté.

Voir : C. com., art. R. 626-55 et s., p. 2174.

Bibliographie : J.-Ph. Dom, *Le sort de la fiducie en cas de procédure collective du débiteur est aménagé (ordonnance du 18 décembre 2008) : Act. proc. coll.* 2009, comm. 17. • M. Grimaldi et R. Dammann, *La fiducie par ordonnances : D.* 2009, p. 670.

Art. L. 626-30-1 *(Ord. n° 2008-1345, 18 déc. 2008).* **– L'obligation ou, le cas échéant, la faculté de faire partie d'un comité constitue un accessoire de la créance née antérieurement au jugement d'ouverture de la procédure et se transmet de plein droit à ses titulaires successifs nonobstant toute clause contraire.**

L'appartenance à l'Autorité de contrôle prudentiel ou au comité des principaux fournisseurs de biens ou de services est déterminée conformément aux deuxième et troisième alinéas de l'article L. 626-30.

Le titulaire de la créance transférée n'est informé des propositions du débiteur et admis à exprimer un vote qu'à compter du jour où le transfert a été porté à la connaissance de l'administrateur selon des modalités prévues par décret en Conseil d'État.

Le créancier dont la créance est éteinte ou transmise perd la qualité de membre.

Art. L. 626-30-2 *(Ord. n° 2008-1345, 18 déc. 2008 ; L. n° 2010-1249, 22 oct. 2010 ; mod. à compter du 1er juillet 2014, Ord. n° 2014-326, 12 mars 2014 ; L. n° 2016-1547, 18 nov. 2016).* **– Le débiteur, avec le concours de l'administrateur, présente aux comités de créanciers des propositions en vue d'élaborer le projet de plan mentionné à l'article L. 626-2. Tout créancier membre d'un comité peut également soumettre un projet de plan qui fera l'objet d'un rapport de l'administrateur.**

Les projets de plan proposés aux comités ne sont soumis ni aux dispositions de l'article L. 626-12 ni à celles de l'article L. 626-18, à l'exception de son dernier alinéa. Chaque projet peut notamment prévoir des délais de paiement, des remises et, lorsque le débiteur est une société par actions dont tous les actionnaires ne supportent les pertes qu'à concurrence de leurs apports, des conversions de créances en titres donnant ou pouvant donner

accès au capital. Chaque projet peut établir un traitement différencié entre les créanciers si les différences de situation le justifient. Ne peuvent faire l'objet de remises ou de délais qui n'auraient pas été acceptés par les créanciers les créances garanties par le privilège établi au premier alinéa de l'article L. 611-11. Chaque projet prend en compte les accords de subordination entre créanciers conclus avant l'ouverture de la procédure.

Après discussion avec le débiteur et l'administrateur, les comités se prononcent sur chaque projet, le cas échéant, modifié, dans un délai de vingt à trente jours suivant la transmission des propositions du débiteur. À la demande du débiteur ou de l'administrateur, le juge-commissaire peut augmenter ou réduire ce délai, qui ne peut toutefois être inférieur à quinze jours. À défaut de proposition du débiteur, l'administrateur fixe la date à laquelle les comités se prononceront.

La décision est prise par chaque comité à la majorité des deux tiers du montant des créances détenues par les membres ayant exprimé un vote, tel qu'il a été indiqué par le débiteur et certifié par son ou ses commissaire aux comptes ou, lorsqu'il n'en a pas été désigné, établi par son expert-comptable. Pour les créanciers bénéficiaires d'une fiducie constituée à titre de garantie par le débiteur, sont seuls pris en compte les montants de leurs créances non assorties d'une telle sûreté. Chaque créancier membre de l'un des comités institués en application de l'article L. 626-30 informe, s'il y a lieu, l'administrateur de l'existence de toute convention soumettant son vote à des conditions ou ayant pour objet le paiement total ou partiel de la créance par un tiers ainsi que de l'existence d'accords de subordination. L'administrateur soumet à ce créancier les modalités de calcul des voix correspondant aux créances lui permettant d'exprimer un vote. En cas de désaccord, le créancier ou l'administrateur peut saisir le président du tribunal statuant en référé.

Ne prennent pas part au vote les créanciers pour lesquels le projet de plan ne prévoit pas de modification des modalités de paiement ou prévoit un paiement intégral en numéraire dès l'arrêté du plan ou dès l'admission de leurs créances.

Bibliographie : G. Archibald, *Valorisation de la société et droits de vote au sein des comités de créanciers : BJE* 2018, p. 232. • J.-Ph. Dom, *Le sort de la fiducie en cas de procédure collective du débiteur est aménagé (ordonnance du 18 décembre 2008) : Act. proc. coll.* 2009, comm. 17. • Ph. Dubois, J. Gumpelson, D. Chazeau et S. Lemseffer, *Du comité à la classe de créanciers : modalités de vote et de décision des créanciers seniors en France et aux États-Unis : BJE* 2018, 4, p. 296. • S. Farhi, *La conversion des titres de créances en titres de capital lors d'une procédure collective : Rev. proc. coll.* 2019, 1, étude 3. • O. Fourcault et P.-Y. Denez, *La conversion de créance en capital dans la loi de sauvegarde : Journal des sociétés* sept. 2009, p. 26. • M. Grimaldi et R. Dammann, *La fiducie par ordonnances : D.* 2009, p. 670. • G. Teboul, *La dépossession des actionnaires comme mode de traitement des difficultés d'une entreprise : JCP* E 2009, 2171.

Art. L. 626-30-3 ***(Créé à compter du 1er juillet 2014, Ord. n° 2014-326, 12 mars 2014).*** **– Lorsque le projet de plan adopté conformément aux dispositions de l'article L. 626-30-2 et, le cas échéant, de l'article L. 626-32, n'est pas celui proposé par le débiteur en application de l'article L. 626-2, il donne lieu aux communications prévues à l'article L. 626-8.**

Art. L. 626-31 ***(L. n° 2005-845, 26 juill. 2005 ; mod., Ord. n° 2008-1345, 18 déc. 2008 ; mod. à compter du 1er juillet 2014, Ord. n° 2014-326, 12 mars 2014).*** **– Lorsque le projet de plan a été adopté par chacun des comités conformément aux dispositions de l'article L. 626-30-2 et, le cas échéant, par l'assemblée des obligataires dans les conditions prévues par l'article L. 626-32, le tribunal statue sur celui-ci ainsi que sur le projet de plan mentionné à l'article L. 626-2, selon les modalités prévues à la section 2 du présent chapitre ; il s'assure que les intérêts de tous les créanciers sont suffisamment protégés et, s'il y a lieu, que l'approbation de l'assemblée ou des assemblées mentionnées à l'article L. 626-3 a été obtenue dans les conditions prévues audit article. Sa décision rend applicables à tous leurs membres les propositions acceptées par les comités.**

La mission du commissaire à l'exécution du plan ne prend fin qu'au paiement de la dernière échéance prévue par le plan si celle-ci est postérieure à l'échéance stipulée par les parties avant l'ouverture de la procédure.

Par dérogation aux dispositions de l'article L. 626-26, une modification substantielle dans les objectifs ou les moyens du plan arrêté par le tribunal en application du premier alinéa ne peut intervenir que selon les modalités prévues par la présente section. Dans ce cas, le commissaire à l'exécution du plan exerce les pouvoirs dévolus à l'administrateur judiciaire.

Art. L. 626-32 ***(L. n° 2005-845, 26 juill. 2005 ; rempl., Ord. n° 2008-1345, 18 déc. 2008 ; mod., L. n° 2012-387, 22 mars 2012).*** **– Lorsqu'il existe des obligataires, une assemblée générale constituée de l'ensemble des créanciers titulaires d'obligations émises en France ou à l'étranger est convoquée dans des**

conditions définies par décret en Conseil d'État, afin de délibérer sur le projet de plan adopté par les comités de créanciers.

La délibération peut notamment porter sur des délais de paiement, un abandon total ou partiel des créances obligataires et, lorsque le débiteur est une société par actions dont tous les actionnaires ne supportent les pertes qu'à concurrence de leurs apports, des conversions de créances en titres donnant ou pouvant donner accès au capital. Le projet de plan peut établir un traitement différencié entre les créanciers obligataires si les différences de situation le justifient. Il prend en compte les accords de subordination entre créanciers conclus avant l'ouverture de la procédure.

(Mod. à compter du 1er juillet 2014, Ord. n° 2014-326, 12 mars 2014) **La décision est prise à la majorité des deux tiers du montant des créances obligataires détenues par les porteurs ayant exprimé leur vote, nonobstant toute clause contraire et indépendamment de la loi applicable au contrat d'émission. Pour les porteurs bénéficiaires d'une fiducie constituée à titre de garantie par le débiteur, sont seuls pris en compte les montants de leurs créances obligataires non assorties d'une telle sûreté. Ne prennent pas part au vote les créanciers obligataires pour lesquels le projet de plan ne prévoit pas de modification des modalités de paiement ou prévoit un paiement intégral en numéraire dès l'arrêté du plan ou dès l'admission de leurs créances. Les dispositions du quatrième alinéa de l'article L. 626-30-2 sont applicables au vote de l'assemblée générale.**

Bibliographie : N. Ankri et S. Lamay-Cubeddu, *Le vote des créanciers obligataires* high yield *dans la procédure de sauvegarde de la société CGC : BJE* 2018, 4, p. 309. • A. Bebe Epale et Ch. Garcia, *Les plans face aux accords de subordination : LPA* 23 juill. 2012, p. 4. • J.-D. Daudier de Cassini et A.-S. Noury, *Obligataires et procédures collectives : BJS* 2009. • R. Dammann et G. Podeur, *La conversion de créances en capital dans les entreprises en difficultés : BJS* 2009. • O. Fourcault et P.-Y. Denez, *La conversion de créance en capital dans la loi de sauvegarde : Journal des sociétés* sept. 2009, p. 26. • P.-M. Le Corre, *Porteurs de titres super-subordonnés et élaboration des plans de sauvegarde ou de redressement avec comités : D.* 2010, chron. p. 839. • Ph. Pétel, *Procédures collectives avec comités de créanciers : qui vote à l'assemblée générale unique des obligataires ? : JCP* E 2016, 1680.

1) Les porteurs de titres supersubordonnés, qui ne peuvent pas être exclus de l'assemblée unique des obligataires et du plan de sauvegarde, ne peuvent pas obtenir, en raison de l'absence d'influence de l'irrégularité sur les résultats du vote, la nullité de la délibération de l'assemblée ayant approuvé le plan qui les a privés de leur droit aux intérêts futurs : ▪ Cass. com., 21 févr. 2012, n° 11-11.693 : *JurisData* n° 2012-002584 ; *JCP* E 2012, 1228, comm. Th. Bonneau.

2) Sur la nécessité de consulter la masse des obligataires en cas de réduction de capital à zéro suivi d'une augmentation de capital, au sein d'un plan de sauvegarde : V. ▪ Cass. com., 10 juill. 2012, n° 11-22.898 : *JurisData* n° 2012-015924 ; *Rev. sociétés* 2012, p. 536, note L.-C. Henry ; *JCP* E 2012, 1571, note J.-M. Moulin ; *Dr. sociétés* 2012, 215, obs. J.-P. Legros ; *BJE* 2012, § 173, note Ph. Roussel-Galle ; *BJS* 2012, § 423, obs. F.-X. Lucas. – Si tel n'est pas le cas, le représentant de la masse des obligataires est recevable à former tierce opposition contre le jugement ayant adopté le plan de sauvegarde : même arrêt.

Art. L. 626-33 ***(L. n° 2005-845, 26 juill. 2005). – (Rempl., Ord. n° 2008-1345, 18 déc. 2008)*** **Les créanciers qui ne sont pas membres des comités institués en application de l'article L. 626-30, et pour leurs créances assorties de cette sûreté, les créanciers bénéficiaires d'une fiducie constituée à titre de garantie par le débiteur sont consultés selon les dispositions des articles L. 626-5 à L. 626-6.**

Les dispositions du plan relatives aux créanciers qui ne sont pas membres des comités institués en application de l'article L. 626-30 sont arrêtées selon les dispositions des articles L. 626-12 et L. 626-18 à L. 626-20.

Bibliographie : J.-Ph. Dom, *Le sort de la fiducie en cas de procédure collective du débiteur est aménagé (ordonnance du 18 décembre 2008) : Act. proc. coll.* 2009, comm. 17. • M. Grimaldi et R. Dammann, *La fiducie par ordonnances : D.* 2009, p. 670.

Art. L. 626-34 ***(L. n° 2005-845, 26 juill. 2005 ; mod., Ord. n° 2008-1345, 18 déc. 2008 ; rempl. à compter du 1er juillet 2014, Ord. n° 2014-326, 12 mars 2014). –*** **Lorsque l'un ou l'autre des comités et, le cas échéant, l'assemblée des obligataires ne se sont pas prononcés sur un projet de plan dans un délai de six mois à compter du jugement d'ouverture de la procédure ou si le tribunal n'a pas arrêté le plan en application de l'article L. 626-31, la procédure est reprise pour préparer un plan dans les conditions prévues aux articles L. 626-5 à L. 626-7 afin qu'il soit arrêté selon les dispositions des articles L. 626-12 et L. 626-18 à L. 626-20.**

Toutefois, à la demande de l'administrateur, le tribunal peut fixer aux comités et, le cas échéant, à l'assemblée des obligataires un nouveau délai qui ne peut excéder la durée de la période d'observation. »

Art. L. 626-34-1 *(Ord. n° 2008-1345, 18 déc. 2008)*. – **Le tribunal statue dans un même jugement sur les contestations relatives à l'application des articles L. 626-30 à L. 626-32 et sur l'arrêté ou la modification du plan.**

Les créanciers ne peuvent former une contestation qu'à l'encontre de la décision du comité ou de l'assemblée dont ils sont membres.

Bibliographie : R. Dammann et M. Guermonprez, *Les recours contre l'organisation et les décisions des comités et assemblées de créanciers en France : BJE* 2018, 4, p. 300.

Art. L. 626-35 *(L. n° 2005-845, 26 juill. 2005)*. – **Un décret en Conseil d'État détermine les conditions d'application de la présente section.**

CHAPITRE VII. – DISPOSITIONS PARTICULIÈRES EN L'ABSENCE D'ADMINISTRATEUR JUDICIAIRE

Bibliographie : V. Bourgninaud, *La loi de sauvegarde article par article : LPA* 8 févr. 2006, p. 91.

Art. L. 627-1 *(L. n° 2005-845, 26 juill. 2005)*. – **Les dispositions du présent chapitre sont applicables lorsqu'il n'a pas été désigné d'administrateur judiciaire en application** *(Mots rempl., Ord. n° 2008-1345, 18 déc. 2008)* **« du quatrième » alinéa de l'article L. 621-4. Les autres dispositions du présent titre sont applicables dans la mesure où elles ne sont pas contraires à celles du présent chapitre.**

Art. L. 627-2 *(L. n° 2005-845, 26 juill. 2005 ; mod., Ord. n° 2008-1345, 18 déc. 2008)*. – **Le débiteur exerce, après avis conforme du mandataire judiciaire, la faculté ouverte à l'administrateur de poursuivre des contrats en cours et de demander la résiliation du bail en application des articles L. 622-13 et L. 622-14. En cas de désaccord, le juge-commissaire est saisi par tout intéressé.**

Voir : C. com., art. R. 627-1, p. 2176.

Art. L. 627-3 *(Anc. art. L. 621-139, dénum. et rempl., L. n° 2005-845, 26 juill. 2005 ; mod., Ord. n° 2008-1345, 18 déc. 2008)*. – **Pendant la période d'observation, le débiteur établit un projet de plan avec l'assistance éventuelle d'un expert nommé par le tribunal. Il n'est pas dressé de bilan économique, social et environnemental.**

Le débiteur communique au mandataire judiciaire et au juge-commissaire les propositions de règlement du passif prévues à l'article L. 626-5 et procède aux informations, consultations et communications prévues à l'article L. 626-8.

Pour l'application de l'article L. 626-3, l'assemblée générale extraordinaire ou l'assemblée des associés ainsi que, lorsque leur approbation est nécessaire, les assemblées spéciales mentionnées aux articles L. 225-99 et L. 228-35-6 ou les assemblées générales des masses visées à l'article L. 228-103 sont convoquées dans des conditions fixées par décret en Conseil d'État. Le juge-commissaire fixe le montant de l'augmentation du capital proposée à l'assemblée pour reconstituer les capitaux propres.

Art. L. 627-4 *(L. n° 2005-845, 26 juill. 2005)*. – **Après le dépôt au greffe du projet de plan par le débiteur, le tribunal statue au vu du rapport du juge-commissaire.**

CHAPITRE VIII. – DE LA SAUVEGARDE ACCELERÉE

(L. n° 2010-1249, 22 oct. 2010 ; rempl. à compter du 1er juillet 2014, Ord. n° 2014-326, 12 mars 2014)

Section 1. – Dispositions générales

Sous-section 1. – De l'ouverture de la procédure

Bibliographie : G. Berthelot, *L'avènement de la sauvegarde financière accélérée : Dr. sociétés* 2011, alerte 1. • J. Ernst Degenhardt, *Sauvegarde accélérée en cessation des paiements : des faveurs injustifiées pour les garants personnes physiques ? : BJE* 2015, p. 60. • G. Couturier, *Les créanciers et la sauvegarde financière de l'entreprise en difficulté : BJS*

2010. • Ch. Gorins, *La sauvegarde financière accélérée : Rev. Banque* déc. 2010, p. 96. • L.-C. Henry, *De la sauvegarde financière accélérée ou les leçons de la pratique : LPA* 22 nov. 2010, n° 232, p. 4. • J.-E. Kuntz et V. Nurit, *De la conciliation à la sauvegarde financière accélérée : la combinaison est-elle efficace ? : BJE* 2012, § 193. • G. Notté, *Procédure de sauvegarde financière accélérée : JCP* E 2010, act. 550. • Th. Montéran, *De la pratique du plan pré-négocié à la procédure de sauvegarde financière accélérée : Journ. soc.* nov. 2010, n° 81, p. 36. • N. Nef Naf, *Retour sur le régime juridique de la sauvegarde financière accélérée : Rev. proc. coll.* 2017, étude 5. • Ph. Roussel-Galle, *Premières vues sur la sauvegarde financière accélérée et les modifications apportées au droit des entreprises en difficulté par la loi du 22 octobre 2010 : JCP* E 2010, act. 594. • J. Théron, *La procédure de sauvegarde accélérée : Dr. et patrimoine* 2014, n° 238, p. 46. • V. aussi, *La procédure de SFA est un outil particulièrement adapté au traitement des difficultés financières d'une société ayant des titres de dettes cotées ou largement diffusés, entretien : BJE* 2015, p. 211.

Art. L. 628-1 *(L. n° 2010-1249, 22 oct. 2010 ; mod., L. n° 2012-387, 22 mars 2012 ; rempl. à compter du 1er juillet 2014, Ord. n° 2014-326, 12 mars 2014).* – **Il est institué une procédure de sauvegarde accélérée soumise aux règles du présent titre sous réserve des dispositions du présent chapitre. N'y sont pas applicables les dispositions du III et du IV de l'article L. 622-13 et celles des sections 3 et 4 du chapitre IV.**

La procédure de sauvegarde accélérée est ouverte à la demande d'un débiteur engagé dans une procédure de conciliation qui justifie avoir élaboré un projet de plan tendant à assurer la pérennité de l'entreprise. Ce projet doit être susceptible de recueillir, de la part des créanciers à l'égard de qui l'ouverture de la procédure produira effet, un soutien suffisamment large pour rendre vraisemblable son adoption dans le délai prévu à l'article L. 628-8 ou, le cas échéant, à l'article L. 628-10.

La procédure ne peut être ouverte qu'à l'égard d'un débiteur :

– dont les comptes ont été certifiés par un commissaire aux comptes ou établis par un expert-comptable et dont le nombre de salariés, le chiffre d'affaires ou le total de bilan sont supérieurs à *(Mots rempl. à compter du 28 septembre 2014, Ord. n° 2014-1088, 26 sept. 2014)* **« l'un au moins des seuils » fixés par décret ; ou**

– qui a établi des comptes consolidés conformément à l'article L. 233-16.

La circonstance que le débiteur soit en cessation des paiements ne fait pas obstacle à l'ouverture de la procédure de sauvegarde accélérée si cette situation ne précède pas depuis plus de quarante-cinq jours la date de la demande d'ouverture de la procédure de conciliation.

Art. L. 628-2 *(Rempl. à compter du 1er juillet 2014, Ord. n° 2014-326, 12 mars 2014).* – **Le tribunal statue sur l'ouverture de la procédure après un rapport du conciliateur sur le déroulement de la conciliation et les perspectives d'adoption du projet de plan par les créanciers concernés. Il peut obtenir communication des pièces et actes relatifs à la conciliation et, le cas échéant, au mandat *ad hoc* nonobstant les dispositions de l'article L. 611-15.**

L'ouverture de la procédure est examinée en présence du ministère public.

Art. L. 628-3 *(L. n° 2010-1249, 22 oct. 2010 ; rempl. à compter du 1er juillet 2014, Ord. n° 2014-326, 12 mars 2014).* – **Le tribunal désigne un ou plusieurs administrateurs judiciaires. Lorsque le conciliateur est inscrit sur la liste prévue à l'article L. 811-2 ou sur celle prévue à l'article L. 812-2, le tribunal le désigne soit comme administrateur judiciaire, soit comme mandataire judiciaire, selon la profession qu'il exerce. Par décision spécialement motivée, il peut désigner une autre personne dans les conditions prévues à ces mêmes articles.**

À sa demande, le tribunal peut dispenser le débiteur de procéder à l'inventaire prévu par l'article L. 622-6.

Art. L. 628-4 *(L. n° 2010-1249, 22 oct. 2010 ; rempl. à compter du 1er juillet 2014, Ord. n° 2014-326, 12 mars).* – **Lorsque le débiteur n'est pas soumis à l'obligation de constituer les comités de créanciers prévue à l'article L. 626-29, l'ouverture de la procédure de sauvegarde accélérée est subordonnée à cette constitution. À cette fin, le tribunal ordonne leur constitution dans le jugement d'ouverture.**

Art. L. 628-5 *(L. n° 2010-1249, 22 oct. 2010 ; rempl. à compter du 1er juillet 2014, Ord. n° 2014-326, 12 mars 2014).* – **Le ministère public saisit le tribunal à l'effet de mettre fin à la procédure de sauvegarde** *(Mot rempl. à compter du 28 septembre. 2014, Ord. n° 2014-1088, 26 sept. 2014)* **« accélérée » s'il est établi que la date de la cessation des paiements est antérieure à celle mentionnée à l'article L. 611-4.**

Sous-section 2. – Des effets de la sauvegarde accélérée

Art. L. 628-6 *(L. n° 2010-1249, 22 oct. 2010 ; rempl. à compter du 1er juillet 2014, Ord. n° 2014-326, 12 mars 2014)*. – **L'ouverture d'une procédure de sauvegarde accélérée ne produit d'effet qu'à l'égard des créanciers mentionnés à l'article L. 622-24 et soumis à l'obligation de déclaration prévue par ce texte ainsi qu'à l'égard des cocontractants mentionnés aux articles L. 622-13 et L. 622-14.**

Art. L. 628-7 *(L. n° 2010-1249, 22 oct. 2010 ; rempl. à compter du 1er juillet 2014, Ord. n° 2014-326, 12 mars 2014)*. – **Sans préjudice de l'article L. 622-6, le débiteur établit la liste des créances de chaque créancier ayant participé à la conciliation qui doivent faire l'objet de la déclaration prévue par le premier alinéa de l'article L. 622-24. Cette liste comporte les indications prévues aux deux premiers alinéas de l'article L. 622-25. Elle est certifiée par le commissaire aux comptes ou, à défaut, fait l'objet d'une attestation de l'expert-comptable ; elle est déposée au greffe du tribunal par le débiteur.**

Le mandataire judiciaire transmet à chaque créancier figurant sur la liste l'extrait de la liste déposée concernant sa créance.

Le dépôt de la liste au greffe du tribunal vaut déclaration au nom des créanciers si ceux-ci n'adressent pas la déclaration de leurs créances dans les conditions prévues aux articles L. 622-24 à L. 622-26.

L'actualisation des créances mentionnées sur la liste déposée est faite dans le délai prévu par le premier alinéa de l'article L. 622-24.

Un décret en Conseil d'État précise les modalités d'application du présent article.

Art. L. 628-8 *(Ord. n° 2014-326, 12 mars 2014)*. – **Le tribunal arrête le plan dans les conditions prévues à l'article L. 626-31 dans un délai de trois mois à compter du jugement d'ouverture.**

À défaut d'arrêté de plan dans ce délai, le tribunal met fin à la procédure.

Les dispositions du quatrième alinéa de l'article L. 626-18 ne sont pas applicables.

Section 2. – Dispositions propres à la sauvegarde financière accélérée

Art. L. 628-9 *(Créé à compter du 1er juillet 2014, Ord. n° 2014-326, 12 mars 2014)*. – **Lorsque les comptes du débiteur font apparaître que la nature de l'endettement rend vraisemblable l'adoption d'un plan par les seuls créanciers ayant la qualité de membres de comité des établissements de crédit et, s'il y a lieu, ceux mentionnés à l'article L. 626-32, le débiteur peut, s'il répond aux conditions de l'article L. 628-1, demander l'ouverture d'une procédure de sauvegarde financière accélérée. Celle-ci n'aura d'effet qu'à l'égard de ces créanciers.**

Art. L. 628-10 *(Créé à compter du 1er juillet 2014, Ord. n° 2014-326, 12 mars 2014)*. – **Lorsque le tribunal ouvre la procédure, seuls le comité des établissements de crédit prévu à l'article L. 626-30 et, s'il y a lieu, l'assemblée générale des obligataires prévue à l'article L. 626-32, sont constitués. Le délai de quinze jours fixé au troisième alinéa de l'article L. 626-30-2 est réduit à huit jours.**

Le délai prévu à l'article L. 628-8 est réduit à un mois. Toutefois, le tribunal peut le proroger d'un mois au plus.

9.1.1.3. – Du redressement judiciaire

Code de commerce

Bibliographie : H. Croze, *Loi de sauvegarde des entreprises – Redressement judiciaire : un air de famille : Procédures* 2006, étude 1. • J.-P. Legros, *L'ordonnance du 18 décembre 2008 réformant la loi de sauvegarde des entreprises. Seconde partie : redressement, obligataires, liquidation et sanctions : Dr. sociétés* 2009, étude 8.

CHAPITRE I. – DE L'OUVERTURE ET DU DÉROULEMENT DU REDRESSEMENT JUDICIAIRE

Bibliographie : A. Delfosse et J.-F. Peniguel, *La procédure de redressement judiciaire : JCP* N 2005, p. 1412. • P.-G. Marly, *La loi de sauvegarde article par article : LPA* 8 févr. 2006, p. 94. • Ph. Roussel-Galle, *L'ouverture des procédures : D.* 2009, p. 644.

Art. L. 631-1 *(L. n° 2005-845, 26 juill. 2005 ; Mod., Ord. n° 2008-1345, 18 déc. 2008).* – **Il est institué une procédure de redressement judiciaire ouverte à tout débiteur mentionné aux articles L. 631-2 ou L. 631-3 qui, dans l'impossibilité de faire face au passif exigible avec son actif disponible, est en cessation des paiements. Le débiteur qui établit que les réserves de crédit ou les moratoires dont il bénéficie de la part de ses créanciers lui permettent de faire face au passif exigible avec son actif disponible n'est pas en cessation des paiements.**

La procédure de redressement judiciaire est destinée à permettre la poursuite de l'activité de l'entreprise, le maintien de l'emploi et l'apurement du passif. Elle donne lieu à un plan arrêté par jugement à l'issue d'une période d'observation et, le cas échéant, à la constitution de deux comités de créanciers, conformément aux dispositions des articles L. 626-29 et L. 626-30.

Bibliographie : F. Arbelot, *La notion de « réserve de crédit » en droit des entreprises en difficulté : JCP* E 2012, 1102. • G. Bachasson et H. Chriqui, *Pour une révision de la notion de cessation des paiements : Gaz. Pal.* 13 janv. 1999, 1, doctr. 92. • M. Bayle, *L'enchaînement des procédures de prévention et de traitement de la cessation des paiements : LPA* 23 oct. 2008, p. 3. • G. Berthelot, *La cessation des paiements, une notion déterminante et perfectible : JCP* E 2008, 2238. • M. Buchberger, *Avances de trésorerie, avances en compte courant et cessation des paiements : BJE* 2011, n° 119. • J. Calvo, *La notion de cessation des paiements dans les procédures collectives : LPA* 7 sept. 1999, p. 4. • C. Delattre, *La notion de cessation des paiements de l'article L. 621-1 du Code de commerce : passif exigible ou passif exigé ? : Gaz. Pal.* 2002, doctr. 152. • C. Lebel, *Être ou ne pas être en cessation des paiements : Gaz. Pal.* 7-8 sept. 2005, p. 14 ; *Éligibilité des associés de certaines sociétés de personnes aux procédures collectives : JCP* E 2014, 1207. • D. Gibirila, *La notion de cessation des paiements, critère de distinction entre la société* in bonis *et l'entreprise en difficulté : LPA* 31 juill. 2018, n° 152, p. 5. • J.-Cl. Lhommeau, *La cessation des paiements,* in *Actes du colloque La loi de sauvegarde des entreprises : quelles procédures ? Quelles responsabilités ?,* Litec, coll. « Colloques et débats », 2007, p. 67. • V. Martineau-Bourgninaud, *La cessation des paiements, notion fonctionnelle : RTD com.* 2002, p. 245. • M. Nussenbaum, *Définir la date de cessation des paiements d'une banque : RD bancaire et fin.* oct. 1996, p. 60. • B. Saintourens, *Les conditions d'ouverture des procédures après l'ordonnance du 18 décembre 2008 portant réforme du droit des entreprises en difficulté : Rev. proc. coll.* 2009, p. 40. • G. Teboul, *La cessation des paiements : une définition sans avenir : Gaz. Pal.* 2007, n° 319, p. 2 ; *La cessation des paiements : un critère malmené mais vivace : Rev. proc. coll.* 2015, étude 6. • D. Tricot, *La cessation des paiements : une notion stable : Gaz. Pal.* 29 avr. 2005, p. 13 ; *La cessation des paiements, une notion stable, souple et sûre : LPA* 14 juin 2007, p. 44. • J.-L. Vallens, *De la cessation des paiements à l'insolvabilité : JCP* 2008, I, 148 ; *La preuve de la cessation des paiements : Rev. proc. coll.* 2009, étude 25. • D. Voinot, *L'ouverture des procédures collectives. Ordonnance du 18 décembre 2008 et décret du 12 février 2009 : Gaz. proc. coll.* 6-7 mars 2009, p. 10. • *Adde* A. Martin-Serf, *JCl. Sociétés traité*, Fasc. 41-20.

1) Déclaration de la cessation des paiements. En cas de suspension des associés d'une SCP, l'administrateur provisoire désigné agit en leur lieu et place tant dans leurs activités professionnelles que dans leurs pouvoirs de gérants. Il peut donc valablement déclarer l'état de cessation des paiements de la société : ▪ Cass. 1re civ., 27 févr. 2007, n° 05-21.872 : *JurisData* n° 2007-037702 ; *Dr. sociétés* 2007, n° 195, note J.-P. Legros.

2) Notion de passif exigible. Les dettes financières de la société débitrice à l'égard des autres sociétés du groupe font partie du passif exigible, même si leur remboursement n'a pas été demandé, puisque les relations économiques de sociétés au sein d'un groupe ne sauraient conduire en droit chacune de celles-ci à renoncer à recouvrer ses créances : ▪ Cass. com., 24 mars 2009, n° 08-12.212 : *JurisData* n° 2009-047604 ; *BJS* 2009, note F.-X. Lucas ; *Act. proc. coll.* 2009/8, n° 121, obs. J. Vallansan ; *Rev. proc. coll.* 2009, n° 107, obs. B. Saintourens ; *L'essentiel Dr. entr. en difficulté* juin 2009, p. 1, obs. F.-X. Lucas.

3) Notion d'actif disponible. Une avance en compte courant consentie à une société par l'un de ses associés constitue un actif disponible si elle n'est pas bloquée ou si son remboursement n'a pas été demandé : ▪ Cass. com., 12 mai 2009, n° 08-13.741 : *JurisData* n° 2009-044273 ; *Rev. proc. coll.* 2009, n° 104, obs. B. Saintourens. – Rappr. ▪ Cass. com., 10 janv. 2012, n° 11-10.018 : *BJS* 2012, n° 177, obs. F.-X. Lucas ; *BJE* 2012, § 113, note J.-P. Sortais. – Mais lorsque les avances en compte courant, consenties par la société mère à sa filiale, constituent une trésorerie artificiellement entretenue, il n'y a pas lieu de les prendre en compte dans l'appréciation de la cessation des paiements, ce qui peut permettre d'en reporter la date : ▪ Cass. com., 17 mai 2011, n° 10-30.425 : *JurisData* n° 2011-009000 ; *Gaz. Pal. proc. coll.* oct. 2011, p. 20, note Fl. Reille ; *BJE* 2011, p. 273, note J.-P. Sortais ; *Rev. proc. coll.* 2012, comm. 20, obs. B. Saintourens. – Le capital social non libéré est une créance de la société contre ses associés ; en conséquence, il ne peut être assimilé à un actif disponible ou à une réserve de crédit : ▪ Cass. com., 23 avr. 2013, n° 12-18.453 : *JurisData* n° 2013-007920 ; *Bull. civ.* IV, n° 69 ; *BJE* 2013, p. 225 ; *Act. proc. coll.* 2013, comm. 130, obs. J.-C. Pagnucco. – L'apport de sommes en numéraires, sous séquestre, pouvant être versée à la société sous la condition d'une infirmation du jugement d'ouverture de la procédure collective, peut être considéré comme une réserve de crédit : ▪ Cass. com., 29 nov. 2016, n° 15-19.474 : *JurisData* n° 2016-025418 : *Rev. proc. coll.* 2017, comm. 18, note B. Saintourens.

4) Caractère indifférent des mobiles du débiteur. Lorsque l'état de cessation des paiements est avéré, le juge saisi d'une demande d'ouverture d'une procédure collective ne peut la rejeter en raison des mobiles du débiteur, qui est légalement tenu de déclarer cet état : ▪ Cass. com., 3 juill. 2012, n° 11-18.026 (sodimédical) : *Bull. civ.* IV, n° 146 ; *BJS* 2012, § 356, note N. Pelletier ; *BJE* 2012, § 172, note R. Bonhomme et Ch. Neau-Leduc ; *JCP* G 2012, 1073. – *Rappr.* ▪ Cass. com., 15 nov. 2017, n° 16-19.690, P+B+I : *JurisData* n° 2017-022848 ; *BJS* 2018, p. 115, note E. Mouail-Bassilana ; *Rev. proc. coll.* 2018, comm. 55, note B. Saintourens.

5) Caractérisation de la cessation des paiements d'une filiale indépendamment des ressources de la société mère. V. not. ▪ Cass. com., 7 janv. 2003, n° 00-15.316 : *JurisData* n° 2003-017226. ▪ Cass. com., 3 juill. 2012, n° 11-18.026 : *JurisData* n° 2012-015231. ▪ Cass. com., 15 nov. 2017, préc., note 4.

Art. L. 631-2 ***(L. n° 2005-845, 26 juill. 2005 ; mod., Ord. n° 2008-1345, 18 déc. 2008 ; Ord. n° 2010-1512, 9 déc. 2010).*** **– La procédure de redressement judiciaire est applicable à toute personne exerçant une activité commerciale *(Mots rempl., L. n° 2019-486, 22 mai 2019)* « , artisanale ou une activité agricole définie à l'article L. 311-1 du Code rural et de la pêche maritime et » à toute autre personne physique exerçant une activité professionnelle indépendante y compris une profession libérale soumise à un statut législatif ou réglementaire ou dont le titre est protégé, ainsi qu'à toute personne morale de droit privé.**

À moins qu'il ne s'agisse de patrimoines distincts d'un entrepreneur individuel à responsabilité limitée, Il ne peut être ouvert de nouvelle procédure de redressement judiciaire à l'égard d'un débiteur soumis à une telle procédure, à une procédure de sauvegarde ou à une procédure de liquidation judiciaire, tant qu'il n'a pas été mis fin aux opérations du plan qui en résulte ou que la procédure de liquidation n'a pas été clôturée.

Bibliographie : A. Cérati-Gauthier, *Application de la loi de sauvegarde des entreprises aux professions libérales : JCP* E 2008, 2436. • H. Favario, *L'avocat en difficulté (application de la loi de sauvegarde à l'avocat exerçant en nom) : BJS* 2006, p. 691. • V. Legrand, *Quel sort réserver au gérant de SARL surendetté ? : Gaz. Pal.* 3 oct. 2016, p. 8. • R. Martin et P. Neveu, *L'application à la profession de la loi du 26 juillet 2005 sur la sauvegarde des entreprises : JCP* 2006, I, 125. • S. Rétif, *L'extension des procédures collectives aux professions libérales : Dr. et patrimoine* mars 2006, p. 95. • B. Soinne, *Profession libérale et procédure collective : Rev. proc. coll.* 1997, p. 377 ; *L'application du droit des procédures collectives aux titulaires d'offices publics et ministériels (la situation des huissiers de justice) : Rev. proc. coll.* 2011, étude 18. • J. Vallansan, *L'évolution des personnes assujetties à la procédure collective : 1985-2005*, in *La loi du 25 janvier 1985 a vingt ans ! Entre bilan et réforme : Rev. Lamy dr. aff.* mars 2005, suppl. p. 12. • J.-L. Vallens, *Le redressement judiciaire des professions libérales : LPA* 22 juill. 1998, p. 15. • O. Varin, *Les professions libérales : aspects pratiques : Rev. proc. coll.* 2006, p. 156.

1) Le gérant majoritaire, personne physique, d'une SARL agissant au nom de la société, et non en son nom personnel, n'exerce pas une activité indépendante au sens de l'article L. 631-2 du Code de commerce. En conséquence, il n'y a pas lieu de mettre le gérant en redressement judiciaire personnel : ▪ CA Chambéry, 14 mai 2007, n° 06/01536 : *BJS* 2007, p. 1235, note G. Auzero ; *Rev. proc. coll.* 2008, comm. 111, obs. B. Saintourens, confirmé par ▪ Cass. com., 12 nov. 2008, n° 07-16.998 : *Bull. civ.* IV, n° 191 ; *JCP* E 2009, 1023, concl. R. Bonhomme, note Ch. Lebel ; *Dr. sociétés* 2009, comm. 15, obs. J.-P. Legros ; *D.* 2008, p. 2929, obs. A. Lienhard ; *Act. proc. coll.* 2008, comm. 310, obs. C. Régnaut-Moutier ; *BJS* 2009, note P.-M. Le Corre ; *Rev. sociétés* 2009, p. 607, note Ph. Roussel-Galle. – *Adde* dans le même sens, ▪ Cass. com., 12 nov. 2008, n° 07-15.648. ▪ Cass. com., 20 sept. 2017, n° 15-24.644 (F-P+B+I) : *JurisData* n° 2017-018235 ; *Dr. sociétés* 2017, comm. 215, note J.-P. Legros ; *JCP* E 2017, 1643, obs. A. Cérati-Gauthier ; *BJE* 2017, p. 401, note C. Vincent ; *BJS* 2017, p. 690, obs. B. Saintourens, qui écarte toute présomption de la seule inscription de l'intéressé au répertoire SIRENE de l'INSEE. – *Adde* pour le gérant-associé unique d'une EURL, ▪ Cass. 2e civ., 13 oct. 2016, n° 15-24.301 : *JurisData* n° 2016-021140 ; *JCP* E 2016, 1650, obs. Cerati-Gauthier ; *BJS* 2017, p. 141, note N. Pelletier ; *D.* 2016, p. 2602, note N. Borga ; *Dr. sociétés* 2016, comm. 206, note M. Roussille. – La seule qualité de gérante d'une société ne suffit pas à faire relever la personne concernée du régime des procédures collectives et à l'exclure du champ d'application du régime du surendettement des particuliers : ▪ Cass. 2e civ., 21 janv. 2010, n° 08-19.984 : *D.* 2010, p. 321, obs. A. Lienhard.

2) Associé d'une société exerçant une profession libérale. L'avocat, qui a cessé d'exercer son activité à titre individuel pour devenir associé d'une société civile professionnelle, n'agit plus en son nom propre mais exerce ses fonctions au nom de la société. Il cesse dès lors d'exercer une activité professionnelle indépendante au sens de l'article L. 631-2 du Code de commerce. Néanmoins, il peut faire l'objet d'un redressement judiciaire, après sa cessation d'activité à titre indépendant, lorsque tout ou partie de son passif provient de cette dernière. Si la procédure est ouverte sur l'assignation d'un créancier, celle-ci doit intervenir dans le délai d'un an à compter de la cessation de l'activité individuelle : ▪ Cass. com., 9 févr. 2010, n° 08-17.670 : *Bull. civ.* IV, n° 38 ; *JurisData* n° 2010-051509 ; *JCP* E 2010, act. 126 ; *JCP* G 2010, 220, obs. J.-F. Barbièri ; *D.* 2010, p. 434, obs. A. Lienhard. ▪ Cass. com., 16 sept. 2014, n° 13-17.147 : *JurisData* n° 2014-020954 ; *JCP* E 2014, 1550, note A. Cerati-Gauthier ; *Dr. sociétés* 2014, comm. 193, note J.-P. Legros ; *Journ. Sociétés* déc. 2014, p. 46, note D. Gibirila ; *Gaz. Pal.* 18 janv. 2015, p. 14, obs. F. Reille ; *Rev. proc. coll.* 2015, comm. 27, note Ch. Lebel. – *Adde* ▪ Cass. 2e civ., 1er juin 2017, n° 16-17.077 : *JurisData* n° 2017-010455 ; *BJS* 2017, p. 618, note J.-J. Ansault ; *Rev. proc. coll.* 2017, comm. 94, note S. Gjidara-Decaix. – *Contra* : ▪ CA Montpellier, 20 mai 2008, n° 07/05711 : *JurisData* n° 2008-001816 ; *Dr. sociétés* 2009, comm. 59, note J.-P. Legros. ▪ CA Paris, 26 juin 2008, n° 07/18808 : *JurisData* n° 2008-367578 ; *Gaz. Pal.* 14-16 sept. 2008, nos 258 à 260, p. 19 et s., note F. Iacovelli. ▪ CA Paris, 18 sept. 2008, n° 07/17034 : *JurisData* n° 2008-370702 ; *D.* 2008, p. 2666, obs. A. Lienhard ; *Dr. sociétés* 2008, comm. 252, note J.-P. Legros, qui retient que la loi du 26 juillet 2005 ne subordonne pas son application aux personnes physiques exerçant une profession indépendante à la condition qu'elles n'exercent pas en société. – *Comp.* : ▪ CA Paris, 20 nov. 2007, n° 07-03359 : *JurisData* n° 2007-346183 ; *JCP* E 2008, 1045, note Ch. Lebel ; *BJS* 2008, p. 210, note N. Tagliarino-Vignal ; *D.* 2007, act. jurispr. p. 3074, obs. A. Lienhard ; *Dr. sociétés* 2008, comm. 76, obs. J.-P. Legros ; *LPA* 28 mars 2008, n° 64, p. 16, note G. Chabot ; *Rev. proc. coll.* 2008, comm. 110, obs. B. Saintourens ; *Dr. et patrimoine* juill.-août 2008, p. 103, obs. M.-H. Monsérié-Bon. ▪ CA Aix-en-Provence 17 janv. 2008 : *JurisData* n° 2008-362979 ; *Dr. sociétés* 2008, comm. 183, obs. J.-P. Legros. ▪ CA Paris, 11 mars 2008, n° 07-18826 : *BJS* 2008, note B. Saintourens.

Voir : C. com., art. L. 640-2, annot. n° 2, p. 2058, pour l'application de la solution au stade de la liquidation judiciaire.

3) Associé d'une SNC. Les associés gérants d'une société en nom collectif, qui ont de droit la qualité de commerçants, sont réputés exercer une activité commerciale au sens des articles L. 631-2 et L. 640-2 du Code de commerce qui disposent, dans leur rédaction issue de l'ordonnance n° 2008-1345 du 18 décembre 2008, que les procédures de redressement et liquidation judiciaires sont applicables à « toutes personnes exerçant une activité commerciale ou artisanale ». Ils sont exclus du bénéfice des dispositions relatives au surendettement des particuliers en application de l'article L. 333-1 du Code de la consommation : ▪ Cass. 2e civ., 5 déc. 2013, n° 11-28.092, F-P+B : *JurisData* n° 2013-027856 ; *BJS* 2014, n° 3, p. 184, note F.-X. Lucas ; *JCP* G 2013, 2392 ; *JCP* E 2014, 1021, note A. Cerati-Gauthier ; *D.* 2013, p. 2911, obs. A. Lienhard. – Arrêt rendu sur avis : ▪ Cass. com., 9 juill. 2013, n° 11-28.092, avis n° 9003. V. auparavant, *contra* L'associé en nom qui n'exerce ni une activité commerciale ni artisanale, ni une activité indépendante, puisqu'en l'espèce, il est salarié intérimaire, n'est pas éligible à une procédure de redressement judiciaire : ▪ CA Paris, 6 juill. 2010 : *JurisData* n° 2010-014283 ; *D.* 2010, p. 2222, obs. A. Lienhard ; *Rev. sociétés* 2010, p. 534, note Ph. Roussel-Galle ; *Dr. sociétés* 2011, comm. 14, obs. J.-P. Legros.

4) Une personne physique exerçant une activité professionnelle indépendante, y compris une profession libérale soumise à un statut législatif ou réglementaire ou dont le titre est protégé, relève, à compter du 1er janvier 2006, des procédures collectives de la loi du 26 juillet 2005 ; il en résulte que cette personne se trouve **exclue** des dispositions relatives au traitement des situations de **surendettement** prévues aux articles L. 330-1 et suivants du Code de la consommation : ▪ Cass. com., 17 mai 2011, n° 10-13.460 : *BJE* 2011, n° 120, note N. Tagliarino-Vignal.

5) Le gérant « associé exploitant » d'une EARL, qui participe directement à l'exploitation de l'activité agricole au sens de l'article L. 311-1 du Code rural et de la pêche maritime, et qui est affilié à la mutuelle sociale agricole, peut faire l'objet d'un redressement judiciaire : ▪ Cass. com., 4 nov. 2014, n° 13-20.711, F-D : *JurisData* n° 2014-027144 ; *Rev. proc. coll.* 2015, comm. 31, note C. Lebel ; *Bull. Joly Sociétés* 2015, p. 26, note B. Brignon ; *Dr. sociétés* 2016, repère 1, J.-P. Legros. – Sur la nécessité de rechercher si la participation du gérant de SARL aux travaux agricoles résultait de l'exercice individuel d'une activité distincte de l'exploitation de la SARL, V. ▪ Cass. com., 15 oct. 2016, n° 14-29.043 : *JurisData* n° 2016-023980 ; *Dr. sociétés* 2017, comm. 45, obs. C. Coupet ; *JCP* E 2017, 1032, obs. A. Cerati-Gauthier ; *BJS* 2017, p. 38, note B. Saintourens. – V. encore ▪ Cass. com., 3 oct. 2018, n° 17-17.812, inédit : *JurisData* n° 2018-016919 ; *RD rur.* 2019, comm. 6, note C. Lebel ; *BJE* 2019/1, n° 116p9, p. 30, obs. M. Dols-Magneville ; *Dr. sociétés* 2019, comm. 56, obs. J.-P. Legros, qui retient que seul l'exercice individual d'une activité agricole distincte de l'exploitation de l'EARL permet d'ouvrir une procédure collective personnelle contre le gérant d'une EARL.

Art. L. 631-3 *(L. n° 2005-845, 26 juill. 2005 ; mod., Ord. n° 2008-1345, 18 déc. 2008 ; Ord. n° 2009-2112, 30 janv. 2009).* – **La procédure de redressement judiciaire est également applicable aux personnes mentionnées au premier alinéa de l'article L. 631-2 après la cessation de leur activité professionnelle si tout ou partie de leur passif provient de cette dernière.**

Lorsqu'une personne exerçant une activité commerciale ou artisanale, un agriculteur ou toute autre personne physique exerçant une activité professionnelle indépendante, y compris une profession libérale soumise à un statut législatif ou réglementaire ou dont le titre est protégé, est décédé en cessation des paiements, le tribunal peut être saisi, dans le délai d'un an à compter de la date du décès, sur l'assignation d'un créancier, quelle que soit la nature de sa créance, ou sur requête du ministère public. Le tribunal *(Mots suppr. à compter du 1er juillet 2014, Ord. n° 2014-326, 12 mars 2014)* **« ... » peut être saisi sans condition de délai par tout héritier du débiteur.**

Voir : C. com., art. R. 631-5, p. 2180.

Bibliographie : F. Julienne, *Succession et procédure collective : le sort du patrimoine du débiteur : Dr. et patr.* sept. 2018, p. 14. • S. Robinne, *Redressement et liquidation judiciaires d'un commerçant décédé : LPA* 5 juill. 1999, p. 10. • B. Saintourens, *La réforme de l'ouverture de la procédure en cas de décès du débiteur : Rev. proc. coll.* mars 2006, p. 45, n° 12. • J.-P. Sénéchal, *Le décès du débiteur soumis à la procédure collective : LPA* 24 avr. 2003, p. 55.

Art. L. 631-3-1 *(Créé à compter du 1er juillet 2014, Ord. n° 2014-326, 12 mars 2014).* – **Lorsqu'il est porté à la connaissance du président du tribunal des éléments faisant apparaître que le débiteur est en état de cessation des paiements, le président en informe le ministère public par une note exposant les faits de nature à motiver la saisine du tribunal. Le président ne peut siéger, à peine de nullité du jugement, dans la formation de jugement ni participer aux délibérés si le ministère public demande l'ouverture d'une procédure de redressement judiciaire ou de liquidation judiciaire à l'égard de ce débiteur.**

Art. L. 631-4 *(L. n° 2005-845, 26 juill. 2005).* – **L'ouverture** *(Mots rempl. à compter du 1er juillet 2014, Ord. n° 2014-326, 12 mars 2014)* **« d'une procédure de redressement judiciaire » doit être demandée par le débiteur au plus tard dans les quarante-cinq jours qui suivent la cessation des paiements s'il n'a pas, dans ce délai, demandé l'ouverture d'une procédure de conciliation.**

(Suppr. à compter du 1er juillet 2014, Ord. n° 2014-326, 12 mars 2014).

Voir : C. com., art. R. 631-1 et R. 631-3, p. 2179.

Art. L. 631-5 *(L. n° 2005-845, 26 juill. 2005 ; mod., Ord. n° 2008-1345, 18 déc. 2008).* – **Lorsqu'il n'y a pas de procédure de conciliation en cours, le tribunal peut également** *(Mots suppr. à compter du 8 décembre 2012, Cons. const. 7 déc. 2012, n° 2012-286 QPC)* **« ... » être saisi sur requête du ministère public aux fins d'ouverture de la procédure de redressement judiciaire.**

Sous cette même réserve, la procédure peut aussi être ouverte sur l'assignation d'un créancier, quelle que soit la nature de sa créance. Toutefois, lorsque le débiteur a cessé son activité professionnelle, cette assignation doit intervenir dans le délai d'un an à compter de :

1° La radiation du registre du commerce et des sociétés. S'il s'agit d'une personne morale, le délai court à compter de la radiation consécutive à la publication de la clôture des opérations de liquidation ;

2° La cessation de l'activité, s'il s'agit d'une personne exerçant une activité artisanale, d'un agriculteur ou d'une personne physique exerçant une activité professionnelle indépendante, y compris une profession libérale soumise à un statut législatif ou réglementaire ou dont le titre est protégé ;

3° La publication de l'achèvement de la liquidation, s'il s'agit d'une personne morale non soumise à l'immatriculation.

En outre, la procédure ne peut être ouverte à l'égard d'un débiteur exerçant une activité agricole qui n'est pas constitué sous la forme d'une société commerciale que si le président du tribunal de grande instance a été saisi, préalablement à l'assignation, d'une demande tendant à la désignation d'un conciliateur présentée en application de l'article L. 351-2 du Code rural et de la pêche maritime.

Voir : C. com., art. R. 631-2 et s., p. 2180.

Bibliographie : Ch. Delattre, *La saisine du tribunal par le ministère public : une réalité concrète : Rev. proc. coll.* 2017, étude 2.

Les mots « se saisir d'office ou » de l'article L. 631-5 du Code de commerce sont déclarés contraires à la Constitution et ce à compter de la publication de la décision : ▪ Cons. const., 7 déc. 2012, déc. n° 2012-286 QPC : *JCP* E 2013, 1048, note N. Fricéro ; *BJE* 2013, § 5, note Th. Favario ; *Rev. proc. coll.* 2013, étude 2, B. Saintourens.

Art. L. 631-6 *(L. n° 2005-845, 26 juill. 2005)*. **– Le comité d'entreprise ou, à défaut, les délégués du personnel peuvent communiquer au président du tribunal ou au ministère public tout fait révélant la cessation des paiements du débiteur.**

Art. L. 631-7 *(L. n° 2005-845, 26 juill. 2005)*. **– Les articles L. 621-1, L. 621-2 et L. 621-3 sont applicables à la procédure de redressement judiciaire.**

(Al. créé à compter du 28 septembre 2014, Ord. n° 2014-1088, 26 sept. 2014) **Lorsque la situation du débiteur qui a déclaré être en état de cessation des paiements apparaît manifestement insusceptible de redressement, le tribunal invite celui-ci, en l'absence de demande subsidiaire aux fins d'ouverture d'une procédure de liquidation judiciaire, à présenter ses observations sur l'existence des conditions de l'article L. 640-1. Il statue ensuite, dans la même décision, sur la demande de redressement judiciaire et, le cas échéant, sur l'ouverture d'une procédure de liquidation judiciaire.**

(Al. créé, L. n° 2019-486, 22 mai 2019) **Avant de statuer, le tribunal examine si la situation du débiteur répond aux conditions posées aux articles L. 645-1 et L. 645-2 et ouvre, le cas échéant, avec son accord, une procédure de rétablissement professionnel.**

Art. L. 631-8 *(L. n° 2005-845, 26 juill. 2005 ; mod., Ord. n° 2008-1345, 18 déc. 2008)*. **– Le tribunal fixe la date de cessation des paiements** *(Mots aj. à compter du 1er juillet 2014, Ord. n° 2014-326, 12 mars 2014)* **« après avoir sollicité les observations du débiteur ». À défaut de détermination de cette date, la cessation des paiements est réputée être intervenue à la date du jugement d'ouverture de la procédure.**

Elle peut être reportée une ou plusieurs fois, sans pouvoir être antérieure de plus de dix-huit mois à la date du jugement d'ouverture de la procédure. Sauf cas de fraude, elle ne peut être reportée à une date antérieure à la décision définitive ayant homologué un accord amiable en application du II de l'article L. 611-8. *(Mots aj. à compter du 1er juillet 2014, Ord. n° 2014-326, 12 mars 2014)* **« L'ouverture d'une procédure mentionnée à l'article L. 628-1 ne fait pas obstacle à l'application de ces dispositions. »**

Le tribunal est saisi par l'administrateur, le mandataire judiciaire ou le ministère public. Il se prononce après avoir entendu ou dûment appelé le débiteur.

La demande de modification de date doit être présentée au tribunal dans le délai d'un an à compter du jugement d'ouverture de la procédure.

Lorsqu'il a été fait application de l'article L. 621-12, le jugement d'ouverture mentionné aux premier et deuxième alinéas est celui de la procédure de sauvegarde et le point de départ du délai mentionné au quatrième alinéa est le jour du jugement ayant converti la procédure de sauvegarde.

Voir : C. com., art. R. 631-13, p. 2181.

Bibliographie : J.-L. Courtier, *Les modalités procédurales de la demande de report de la date de cessation des paiements : Rev. proc. coll.* 1999, p. 139. • P. Diener, *Du caractère suspect de l'absence de période suspecte : D.* 1993, chron. 255. • E. Mourial-Bassilana, *L'articulation de la période suspecte et des différentes procédures après la loi de sauvegarde du 26 juillet 2005 : D.* 2006, p. 1959. • B. Saintourens, *L'incidence de l'homologation de l'accord de conciliation sur la date de cessation des paiements : Rev. proc. coll.* mars 2006, p. 44, n° 10 ; *La réforme des conditions de modification de la date de cessation des paiements : Rev. proc. coll.* mars 2006, p. 44, n° 11. • G. Teboul, *Le report de la date de cessation des paiements : RJ com.* juin 2000, p. 204. • G. Wicker, *La période suspecte après la loi de sauvegarde des entreprises : Rev. proc. coll.* mars 2006, p. 12.

La date de la cessation des paiements, fixée dans le jugement d'ouverture de la procédure collective d'une personne morale ou dans un jugement de report, est opposable à son dirigeant qui, ayant un intérêt personnel à critiquer cette date, est recevable à former un appel ou une tierce opposition contre cette décision, selon qu'il était présent ou non à titre personnel à l'instance : ▪ Cass. com., 5 sept. 2018, n° 17-15.395, inédit : *JurisData* n° 2018-015837 ; *JCP* E 2018, 1510, obs. A. Cérati-Gauthier ; *Procédures* 2018/11, comm. 343, obs. B. Rolland ; *Dr. sociétés* 2018, comm. 72, obs. J.-P. Legros ; *Rev. proc. coll.* 2018, comm. 204, obs. A. Martin-Serf.

Art. L. 631-9 *(L. n° 2005-845, 26 juill. 2005 ; rempl., Ord. n° 2008-1345, 18 déc. 2008 ; mod., L. n° 2009-526, 12 mai 2009 ; Ord. n° 2014-326, 12 mars 2014 ; L. n° 2015-990, 6 août 2015).* **– L'article L. 621-4, à l'exception** *(Mots suppr., L. n° 2019-486, 22 mai 2019)* **« ... » de la première phrase du sixième alinéa, ainsi que les articles L. 621-4-1 à L. 621-11 sont applicables à la procédure de redressement judiciaire. Le tribunal peut se saisir d'office ou à la demande du créancier poursuivant aux fins mentionnées au troisième alinéa de l'article L. 621-4. Il peut se saisir d'office aux fins mentionnées au quatrième alinéa du même article L. 621-4.**

Le tribunal sollicite les observations du créancier poursuivant sur la désignation du mandataire judiciaire et celles du débiteur sur la désignation de l'administrateur judiciaire.

Aux fins de réaliser l'inventaire prévu à l'article L. 622-6 et la prisée des actifs du débiteur, le tribunal désigne, en considération de leurs attributions respectives telles qu'elles résultent des dispositions qui leur sont applicables, un commissaire-priseur judiciaire, un huissier de justice, un notaire ou un courtier en marchandises assermenté.

Voir : C. com., art. R. 631-16, p. 2182.

Art. L. 631-9-1 *(Créé à compter du 1er juillet 2014, Ord. n° 2014-326, 12 mars 2014 ; mod., L. n° 2016-1547, 18 nov. 2016).* **– Si les capitaux propres n'ont pas été reconstitués dans les conditions prévues par l'article L. 626-3, l'administrateur a qualité pour demander la désignation d'un mandataire en justice chargé de convoquer l'assemblée compétente et de voter la reconstitution du capital, à concurrence du montant proposé par l'administrateur, à la place du ou des associés ou actionnaires opposants lorsque le projet de plan prévoit une modification du capital en faveur d'une ou plusieurs personnes qui s'engagent à exécuter le plan.**

Bibliographie : M. Menjucq, *Contrat de société et droit des entreprises en difficulté : BJE* 2019, n° 1, dossier p. 60.

Art. L. 631-10 *(Anc. art. L. 621-19, dénum. et mod., L. n° 2005-845, 26 juill. 2005 ; mod., Ord. n° 2008-1345, 18 déc. 2008).* **– À compter du jugement d'ouverture, les parts sociales, titres de capital ou valeurs mobilières donnant accès au capital de la personne morale qui a fait l'objet du jugement d'ouverture et qui sont détenus, directement ou indirectement par les dirigeants de droit ou de fait, rémunérés ou non, ne peuvent être cédés, à peine de nullité, que dans les conditions fixées par le tribunal.**

Les titres de capital ou valeurs mobilières donnant accès au capital sont virés à un compte spécial bloqué, ouvert par l'administrateur au nom du titulaire et tenu par la société ou l'intermédiaire financier selon le cas. Aucun mouvement ne peut être effectué sur ce compte sans l'autorisation du juge-commissaire.

L'administrateur fait, le cas échéant, mentionner sur les registres de la personne morale l'incessibilité des parts détenues directement ou indirectement par les dirigeants.

Voir : C. com., art. R. 631-14, p. 2181.

Bibliographie : J.-M. de Bermond de Vaulx, *Le sort des droits sociaux détenus par le dirigeant d'une société en redressement ou en liquidation judiciaire : Rev. sociétés* 1990, p. 221. • Ch. Lebel, *Le départ d'un associé d'une société en difficulté : LPA* 31 juill. 2018, n° 152, p. 29. • Fl. Maury, *Incessibilité, cession forcée : les droits sociaux du dirigeant de société à l'épreuve du droit des entreprises en difficulté : LPA* 31 juill. 2018, n° 152, p. 35. • C. Régnaut-Moutier, *Les dirigeants de société : Rev. proc. coll.* 2006, p. 159.

Une société, membre du conseil d'administration d'une société en redressement judiciaire, et son représentant permanent ont la qualité de dirigeants de droit et ne peuvent donc plus, à peine de nullité, céder leurs actions que dans les conditions fixées par le tribunal ; doit donc être rejetée la demande des bénéficiaires d'une promesse unilatérale de cession ayant levé l'option après le jugement d'ouverture, la cession, non autorisée par le tribunal, étant devenue parfaite pendant la période d'observation : ▪ Cass. com., 20 oct. 2009, n° 08-18.942 : *BJS* 2010, obs. Ph. Pétel.

Sauf décision contraire du tribunal, l'interdiction, pour les dirigeants, de céder librement leurs parts sociales à compter du jugement d'ouverture, édictée par l'article L. 621-19 du Code de commerce, dans sa rédaction antérieure à la loi du 26 juillet 2005 de sauvegarde des entreprises [*art. L. 631-10*] cesse avec le jugement qui arrête le plan de continuation : ▪ Cass. com., 17 nov. 2015, n° 14-12.372 : *JurisData* n° 2015-025820 ; *JCP* E 2016, 158, note B. Brignon ; *JCP* E 2016, 1624, note A. Cérati-Gauthier ; *D.* 2016, p. 2438, obs. A. Lienhard ; *Act. proc. coll.* 2015, alerte 317, note J. Vallansan ; *Rev. sociétés* 2016, p. 194, note L.-C. Henry ; *BJE* 2016, p. 19, note M.-H. Monsérié-Bon ; *BJS* 2016, p. 48, note M. Laroche ; *Rev. proc. coll.* 2016, comm. 92, note A. Martin-Serf.

Sur les difficultés posées par le refus d'inscription au RCS de la cession opérée par l'associé majoritaire de ses titres, et l'appréciation de la qualité de dirigeant de fait par le juge chargé de la surveillance des registres, V. ▪ Cass. com., 29 nov. 2016, n° 15-13.396 (F-P+B+I) : *Juris-Data* n° 2016-025367 ; *Rev. sociétés* 2017, p. 286, obs. A. Reybrobellet ; *JCP* E 2017, 1214, n° 12, obs. M. Caffin-Moi ; *BJS* 2017, p. 190, note F. Mélin.

Art. L. 631-10-1 *(L. n° 2012-346, 12 mars 2012)*. **– À la demande de l'administrateur ou du mandataire judiciaire, le président du tribunal saisi peut ordonner toute mesure conservatoire utile à l'égard des biens du dirigeant de droit ou de fait à l'encontre duquel l'administrateur ou le mandataire judiciaire a introduit une action en responsabilité fondée sur une faute ayant contribué à la cessation des paiements du débiteur.**

Bibliographie : P. Cagnoli, *La loi Pétroplus a son décret d'application ! Phase 1 ! l'obtention de mesures conservatoires : Act. proc. coll.* 2012, n° 18, alerte 272. • L.-C. Henry, *Le décret « Pétroplus » du 25 oct. 2012 : encadrement salutaire de la loi : Rev. sociétés* 2012, p. 726. • P.-M. Le Corre, *Pour quelques barils de plus chez la fille, et pour quelques dollars de moins... chez la mère : la loi Pétroplus du 12 mars 2012 : Rev. sociétés* 2012, p. 412. • J.-P. Legros, *Mesures conservatoires : le décret d'application de la loi dite « Petroplus » du 12 mars 2012 : Dr. sociétés* 2013, comm. 13. • P. Morvan, *La loi Pétroplus, les procédures collectives et... les salariés : JCP E* 2013, 1047. • P. Rossi, *Le décret d'application de la loi Pétroplus : un texte prudent : BJE* 2013, § 38. • S. Piedelièvre, *Saisie conservatoire et procédures collectives : RD bancaire et fin.* 2013, comm. 21. • Ph. Roussel-Galle, *Le décret Pétroplus est arrivé ! : Rev. proc. coll.* 2012, étude 40. • G. Teboul, *La nouvelle loi sur les mesures conservatoires en matière de procédures collectives : une loi de circonstance ou une sanction préventive : LPA* 2 mars 2012, n° 45, p. 5.

Art. L. 631-10-2 *(L. n° 2012-346, 12 mars 2012)*. **– Les représentants du comité d'entreprise ou, à défaut, des délégués du personnel sont informés par l'administrateur ou, à défaut, le mandataire judiciaire des modalités de mise en œuvre des mesures conservatoires prises en application de l'article L. 621-2.**

Art. L. 631-11 *(Anc. art. L. 621-21, dénum., L. n° 2005-845, 26 juill. 2005 ; Ord. n° 2010-1512, 9 déc. 2010)*. **–** *(Al. rempl., L. n° 2019-486, 22 mai 2019)* **La rémunération afférente aux fonctions exercées par le débiteur, s'il est une personne physique, ou les dirigeants de la personne morale est maintenue en l'état, au jour de l'ouverture de la procédure, sauf décision contraire du juge-commissaire saisi sur demande de l'administrateur judiciaire, du mandataire judiciaire ou du ministère public.**

En l'absence de rémunération, les personnes mentionnées à l'alinéa précédent peuvent obtenir sur l'actif, pour eux et leur famille, des subsides fixés par le juge-commissaire. Lorsque le débiteur est un entrepreneur individuel à responsabilité limitée, le juge-commissaire tient compte des revenus éventuellement perçus au titre des patrimoines non visés par la procédure.

Voir : C. com., art. R. 631-15, p. 2181.

Bibliographie : C. Galokho, *La liberté de gestion et l'encadrement de la fixation de la rémunération des dirigeants d'entreprises en difficulté : Rev. proc. coll.* 2018, étude 11. • C. Régnaut-Moutier, *Les dirigeants de société : Rev. proc. coll.* 2006, p. 159.

Art. L. 631-12 *(L. n° 2005-845, 26 juill. 2005)*. **– Outre les pouvoirs qui leur sont conférés par le présent titre, la mission du ou des administrateurs est fixée par le tribunal.**

Ce dernier les charge ensemble ou séparément d'assister le débiteur pour tous les actes relatifs à la gestion ou certains d'entre eux, ou d'assurer seuls, entièrement ou en partie, l'administration de l'entreprise. Lorsque le ou les administrateurs sont chargés d'assurer seuls et entièrement l'administration de l'entreprise et que chacun des seuils mentionnés au quatrième alinéa de l'article L. 621-4 est atteint, le tribunal désigne un ou plusieurs experts aux fins de les assister dans leur mission de gestion. Dans les autres cas, il a la faculté de les désigner. Le président du tribunal arrête la rémunération de ces experts, mise à la charge de la procédure.

Dans sa mission, l'administrateur est tenu au respect des obligations légales et conventionnelles incombant au débiteur.

À tout moment, le tribunal peut modifier la mission de l'administrateur sur la demande de celui-ci, du mandataire judiciaire, du ministère public ou d'office.

L'administrateur fait fonctionner, sous sa signature, les comptes bancaires ou postaux dont le débiteur est titulaire quand ce dernier a fait l'objet des interdictions prévues aux articles L. 131-72 ou L. 163-6 du Code monétaire et financier.

Voir : C. com., art. R. 631-17, p. 2182.

Bibliographie : Ch. Bidan, *Les organes de la procédure : l'administrateur : Gaz. proc. coll.* 6-7 oct. 2006. • G. Bolard, *Les fonctions des mandataires de justice : Rev. proc. coll.* 2006, p. 205. • L.-C. Caviglioli, *La construction d'une solution durable du redressement : le rôle de l'administrateur judiciaire : Rev. Lamy dr. aff.* mars 2005, p. 28. • M. Chavaux, *Les acteurs professionnels et en particulier l'administrateur judiciaire*, in Colloque *La loi du 26 juillet 2005 relative à la sauvegarde des entreprises : LPA* 20 mars 2007, p. 9. • A. Géniteau, *L'administrateur judiciaire et le nouveau livre VI du Code de commerce : Rev. proc. coll.* 2006, p. 1. • M.-H. Monsérié-Bon, *Pouvoirs de gestion dans le redressement judiciaire : Rev. proc. coll.* 2003, p. 168. • Ph. Roussel-Galle, *Débiteur personne physique : du dessaisissement au rebond : BJE* 2018, 5, p. 389.

Art. L. 631-13 *(L. n° 2005-845, 26 juill. 2005)*. **– Dès l'ouverture de la procédure, les tiers sont admis à soumettre à l'administrateur des offres tendant au maintien de l'activité de l'entreprise, par une cession totale ou partielle de celle-ci selon les dispositions de la section I du chapitre II du titre IV.**

(Al. créé, L. n° 2014-384, 29 mars 2014) **L'administrateur informe les représentants du comité d'entreprise ou, à défaut, les délégués du personnel ou le représentant des salariés de la possibilité qu'ont les salariés de soumettre une ou plusieurs offres.**

Bibliographie : P. Froehlich, *L'ambivalence du plan de cession totale dans la loi de sauvegarde des entreprises : D.* 2005, chron. 2878. • M. Rakotovahiny, *L'obscure clarté de la reprise en SCOP d'une entreprise en difficulté : Journal des sociétés* 2018, n° 166, p. 11. • J. Vallansan, *Fonds de commerce et plan de cession : BJE* 2013, § 6.

Art. L. 631-14 *(L. n° 2005-845, 26 juill. 2005 ; rempl., Ord. n° 2008-1345, 18 déc. 2008 ; mod, L. 2009-526, 12 mai 2009)*. **– Les articles L. 622-3 à L. 622-9, à l'exception de l'article L. 622-6-1, et L. 622-13 à L. 622-33 sont applicables à la procédure de redressement judiciaire, sous réserve des dispositions qui suivent.**

Il est réalisé une prisée des actifs du débiteur concomitamment à l'inventaire prévu à l'article L. 622-6.

Lorsque l'administrateur a une mission de représentation, il exerce les prérogatives conférées au débiteur par le II de l'article L. 622-7 et par le troisième alinéa de l'article L. 622-8. En cas de mission d'assistance, il les exerce concurremment avec le débiteur.

(Al. créé à compter du 1er juillet 2014, Ord. n° 2014-326, 12 mars 2014) **Lorsqu'est exercée la faculté prévue par le II de l'article L. 622-13 et que la prestation porte sur le paiement d'une somme d'argent, celui-ci doit se faire au comptant, sauf pour l'administrateur à obtenir l'acceptation de délais de paiement par le cocontractant du débiteur. Au vu des documents prévisionnels dont il dispose, l'administrateur s'assure, au moment où il demande l'exécution, qu'il disposera des fonds nécessaires à cet effet.**

Lorsque la procédure de redressement judiciaire a été ouverte en application du deuxième alinéa de l'article L. 626-27 et que le débiteur a transféré des biens ou droits dans un patrimoine fiduciaire avant l'ouverture de la procédure de sauvegarde ayant donné lieu au plan résolu, la convention en exécution de laquelle celui-ci conserve l'usage ou la jouissance de ces biens ou droits n'est pas soumise aux dispositions de l'article L. 622-13 et les dispositions de l'article L. 622-23-1 ne sont pas applicables.

Pour l'application de l'article L. 622-23, l'administrateur doit également être mis en cause lorsqu'il a une mission de représentation.

Les personnes coobligées ou ayant consenti une sûreté personnelle ou ayant affecté ou cédé un bien en garantie ne bénéficient pas de l'inopposabilité prévue au deuxième alinéa de l'article L. 622-26 et ne peuvent se prévaloir des dispositions prévues au premier alinéa de l'article L. 622-28.

Voir : C. com., art. R. 631-18 et s. et R. 631-27, p. 2182.

Art. L. 631-15 *(L. n° 2005-845, 26 juill. 2005 ; mod., Ord. n° 2008-1345, 18 déc. 2008)*. **– I. – Au plus tard au terme d'un délai de deux mois à compter du jugement d'ouverture, le tribunal ordonne la poursuite de la période d'observation s'il lui apparaît que le débiteur dispose à cette fin de capacités de financement suffisantes. Toutefois, lorsque le débiteur exerce une activité agricole, ce délai peut être modifié en fonction de l'année culturale en cours et des usages spécifiques aux productions de cette exploitation.**

Le tribunal se prononce au vu d'un rapport, établi par l'administrateur ou, lorsqu'il n'en a pas été désigné, par le débiteur.

II. – À tout moment de la période d'observation, le tribunal, à la demande du débiteur, de l'administrateur, du mandataire judiciaire, d'un contrôleur, du ministère public ou d'office, peut ordonner la cessation partielle de l'activité ou prononce la liquidation judiciaire si le redressement est manifestement impossible.

Il statue après avoir entendu ou dûment appelé le débiteur, l'administrateur, le mandataire judiciaire, les contrôleurs et les représentants du comité d'entreprise ou, à défaut, des délégués du personnel, et avoir recueilli l'avis du ministère public.

Lorsque le tribunal prononce la liquidation, il met fin à la période d'observation et, sous réserve des dispositions de l'article L. 641-10, à la mission de l'administrateur.

Voir : C. com., art. R. 631-23 et R. 631-24, p. 2182.

Bibliographie : R. Dalmau et C. Domenget, *L'appréhension du temps agricole par les procédures collectives : Rev proc. coll.* 2018, 5, dossier 32. • Ch. Delattre, *La conversion du redressement judiciaire en liquidation judiciaire repose sur un cadre juridique précis : Rev. proc. coll.* 2018, étude 20 ; *Le tribunal ne peut convertir le redressement judiciaire en liquidation judiciaire s'il n'a pas été saisi en ce sens : Rev. proc. coll.* 2019, 2, étude 5.

La conversion du redressement judiciaire en liquidation judiciaire, en application de l'article L. 631-15 II du Code de commerce, n'impose pas la constatation de la cessation des paiements, mais seulement la caractérisation de l'impossibilité manifeste du redressement : ▪ Cass. com., 28 févr. 2018, n° 16-19.422 (P-P+B+I) : *JurisData* n° 2018-002729 ; *JCP* E 2018, 1250, comm. S. Zinty.

Art. L. 631-16 *(L. n° 2005-845, 26 juill. 2005)*. **– S'il apparaît, au cours de la période d'observation, que le débiteur dispose des sommes suffisantes pour désintéresser les créanciers et acquitter les frais et les dettes afférents à la procédure, le tribunal peut mettre fin à celle-ci.**

Il statue à la demande du débiteur, dans les conditions prévues au deuxième alinéa du II de l'article L. 631-15.

Voir : C. com., art. R. 631-25, p. 2183.

Art. L. 631-17. – Lorsque des licenciements pour motif économique présentent un caractère urgent, inévitable et indispensable pendant la période d'observation, l'administrateur peut être autorisé par le juge-commissaire à procéder à ces licenciements.

(Al. mod., L. n° 2013-504, 14 juin 2013) **Préalablement à la saisine du juge-commissaire, l'administrateur met en œuvre le plan de licenciement dans les conditions prévues à l'article L. 1233-58 du Code du travail. Il joint, à l'appui de la demande qu'il adresse au juge-commissaire, l'avis recueilli et les justifications de ses diligences en vue de faciliter l'indemnisation et le reclassement des salariés, ainsi que la décision de l'autorité administrative prévue à l'article L. 1233-57-4 du Code du travail.**

Voir : C. com., art. R. 631-26, p. 2183.

Bibliographie : P. Bailly, *Les licenciements et les procédures collectives : Gaz. proc. coll.* 7-8 nov. 2008, p. 3. • L. Fin-Langer, *Ordonnance portant réforme du droit des entreprises en difficulté : mesures sociales : JCP S* 2009, act. 4 ; *Les risques subis par les salariés*, in Actes du colloque de Caen, 15 oct. 2010, *Risques et responsabilités en droit des procédures collectives : Rev. proc. coll.* 2010, art. 10. • H. de Frémont, *Les licenciements et les procédures collectives : un compromis acceptable ? : Gaz. proc. coll.* 2009, n° 1, p. 11 ; *Droit du travail et procédure collective : une réforme impossible ? : BJE* 2014, p. 123. • Ch. Gailhbaut, *Les dispositions concernant les salariés de l'ordonnance du 12 mars 2014 : D.* 2014, p. 755. • D. Jacotot, *Les apports de la loi de sécurisation de l'emploi applicables aux entreprises en difficultés : Rev. proc. coll.* 2014, étude 24. • D. Jacotot et L. Fin-Langer, *Les ordonnances du 22 septembre 2017 et la rupture des contrats de travail dans une entreprise en difficulté : Rev. proc. coll.* 2017, étude 21. • C. Jottreau, *Le sort de la relation de travail dans les entreprises en difficulté : Gaz. Pal.* 12 avr. 2016, n° 14, p. 50. • *Adde Droit social et procédures collectives : Rev. proc. coll.* 2012, dossier 1, actes du séminaire de l'AJDE du 14 octobre 2011. • *Les conséquences des ordonnances relatives au droit du travail sur les procédures collectives*, ss dir. M. Menjucq, avec J. Cabooter, N. Kerouaz, Th. Météyé et R. Petavy : *Rev. proc. coll.* 2018, table ronde 1.

Art. L. 631-18 *(L. n° 2005-845, 26 juill. 2005 ; rempl., Ord. n° 2008-1345, 18 déc. 2008)*. **– Les dispositions des chapitres III, IV et V du titre II du présent livre sont applicables à la procédure de redressement judiciaire, sous réserve des dispositions qui suivent.**

Pour l'application du quatrième alinéa de l'article L. 623-3, la consultation porte sur les mesures que l'administrateur envisage de proposer et le débiteur est également consulté.

Le recours prévu au premier alinéa de l'article L. 624-3 est également ouvert à l'administrateur, lorsque celui-ci a pour mission d'assurer l'administration de l'entreprise.

Pour l'application de l'article L. 625-1, le mandataire judiciaire cité devant le conseil de prud'hommes ou, à défaut, le demandeur appelle devant la juridiction prud'homale les institutions mentionnées à l'article

L. 3253-14 du Code du travail *(Anc. art. L. 143-11-4, dénum., Ord. n° 2007-329, 12 mars 2007)*. L'administrateur est seul mis en cause lorsqu'il a pour mission d'assurer l'administration de l'entreprise.

Pour l'application de l'article L. 625-3, les institutions mentionnées à l'article L. 3253-14 du Code du travail *(Anc. art. L. 143-11-4, dénum., Ord. n° 2007-329, 12 mars 2007)* sont mises en cause par le mandataire judiciaire ou, à défaut, par les salariés requérants, dans les dix jours du jugement d'ouverture de la procédure de redressement judiciaire ou du jugement convertissant une procédure de sauvegarde en procédure de redressement. Les instances en cours devant la juridiction prud'homale à la date du jugement d'ouverture sont poursuivies en présence du mandataire judiciaire et de l'administrateur ou ceux-ci dûment appelés.

Pour l'application de l'article L. 625-4, outre le mandataire judiciaire, l'administrateur est seul mis en cause lorsqu'il a pour mission d'assurer l'administration de l'entreprise.

L'administrateur est seul tenu des obligations prévues à l'article L. 625-8 lorsqu'il a pour mission d'assurer l'administration de l'entreprise.

Voir : C. com., art. R. 631-28 et s., p. 2183.

Art. L. 631-19 *(L. n° 2005-845, 26 juill. 2005 ; rempl. à compter du 1er juillet 2014, Ord. n° 2014-326, 12 mars 2014)*. **– Les dispositions du chapitre VI du titre II, à l'exception des troisième et quatrième alinéas de l'article L. 626-1, sont applicables au plan de redressement, sous réserve des dispositions qui suivent.**

***(Mod., L. n° 2014-856, 31 juill. 2014)* Il incombe à l'administrateur, avec le concours du débiteur, d'élaborer le projet de plan et, le cas échéant, de présenter aux comités de créanciers les propositions prévues au premier alinéa de l'article L. 626-30-2. Pour l'application de l'article L. 626-2-1, la consultation est faite par l'administrateur, lorsqu'il en a été désigné un. Les comités se prononcent sur chacune des propositions faites. Pour l'application du premier alinéa de l'article L. 626-8, l'information et la consultation portent sur les mesures qui sont soumises au vote des comités de créanciers.**

Lorsqu'une ou plusieurs personnes autres que les associés ou actionnaires s'engagent à exécuter le plan de redressement, sous la condition d'une participation au capital de la société à l'égard de laquelle la procédure a été ouverte, le projet de plan voté par les comités prévus à l'article L. 626-30 et, s'il y a lieu, par l'assemblée prévue par l'article L. 626-32, est soumis aux assemblées mentionnées à l'article L. 626-3.

Les assemblées sont appelées à délibérer sur chacun des projets de plan arrêtés.

II. – En cas de modification du capital social ou de cession des droits sociaux prévue dans le projet de plan ou dans le plan, les clauses d'agrément sont réputées non écrites.

III. – Le plan est arrêté par le tribunal après que la procédure prévue au I de l'article L. 1233-58 du Code du travail a été mise en œuvre par l'administrateur. L'avis du comité d'entreprise et, le cas échéant, celui du comité d'hygiène et de sécurité des conditions de travail et de l'instance de coordination sont rendus au plus tard le jour ouvré avant l'audience du tribunal qui statue sur le plan. L'absence de remise du rapport de l'expert mentionné aux articles L. 1233-34, L. 1233-35, L. 2325-35 et L. 4614-12-1 du Code du travail ne peut avoir pour effet de reporter ce délai.

Le plan précise notamment les licenciements qui doivent intervenir dans le délai d'un mois après le jugement, sur simple notification de l'administrateur, sous réserve des droits de préavis prévus par la loi, les conventions ou accords collectifs du travail.

Lorsqu'un plan de sauvegarde de l'emploi doit être élaboré, l'administrateur met en œuvre la procédure prévue au II de l'article L. 1233-58 dans le délai d'un mois après le jugement. Le délai de huit jours mentionné au II du même article court à compter de la date de la réception de la demande qui est postérieure au jugement arrêtant le plan.

Lorsque le licenciement concerne un salarié bénéficiant d'une protection particulière en matière de licenciement, l'intention de rompre doit être manifestée dans le délai d'un mois prévu à l'alinéa précédent.

Bibliographie : P. Bailly, *Les licenciements et les procédures collectives : Gaz. proc. coll.* 7-8 nov. 2008, p. 3. • N. Borga, *La modification du plan : CDE* 2016, dossier 36. • C. Calomili et C. Gatto, *Les licenciements économiques dans les plans de cession : LPA* 28 nov. 2008, p. 8. • Y. Chaput, *Les plans de sauvegarde et de redressement : renaissance légale de l'homme et de l'entreprise ? : Mél. P. Didier*, Économica, 2008, p. 115. • M. Delteil et L. Lautrette, *Le sort des contrats de travail dans la loi de sauvegarde des entreprises : LPA* 17 févr. 2006, p. 42. • Ph. Duprat et B. Saintourens, *Les droits des salariés dans l'ordonnance du 18 décembre 2008 portant réforme du droit des entreprises en difficulté : Gaz. proc. coll.* 8-10 mars 2009, p. 40. • J.-J. Fraimout, *La réforme des plans de sauvegarde et de redressement : Rev. proc. coll.* 2009, p. 84. • L. Fin-Langer, *Ordonnance portant réforme du droit des entreprises en difficulté : mesures sociales : JCP* S 2009, act. 4 ; *Les risques subis par* *les salariés*, in Actes du colloque de Caen, 15 oct. 2010, *Risques et responsabilités en droit des procédures collectives : Rev. proc. coll.* 2010, art. 10. • H. de Frémont, *Les licenciements et les procédures collectives : un compromis acceptable ? : Gaz. proc. coll.* 2009, n° 1, p. 11 ; *Droit du travail et procédure collective : une réforme impossible ? : BJE* 2014, p. 123. • Ch. Gailhbaut, *Les dispositions concernant les salariés de l'ordonnance du 12 mars 2014 : D.* 2014, p. 755. • D. Jacotot, *Les apports de la loi de sécurisation de l'emploi applicables aux entreprises en difficultés : Rev. proc. coll.* 2014, étude 24. • Ch. Lebel, *Les plans de sauvegarde et de redressement dans l'ordonnance du 18 décembre 2008 : Gaz. proc. coll.* 6-7 mars 2009, p. 46. • P.-M. Le Corre, *La résolution du plan de sauvegarde et du plan de redressement : Gaz. Pal.* 21 juill. 2015, n° 202, p. 32. • F. Legrand, *Le traitement différencié des créanciers dans le cadre du plan de sauvegarde et du plan de redressement : CDE* 2016, dossier 35. • C. Perot-Reboul, *Les plans dans la loi de sauvegarde des entreprises : LPA* 17 févr. 2006, p. 30. • B. Saintourens, *Les associés et le plan de continuation : Rev. proc. coll.* 2015, dossier 42. • D. Voinot, *Les issues de la procédure. Plans de sauvegarde, de continuation, de cession et liquidation judiciaire : Gaz. Pal.* 4-5 nov. 2005, p. 28 ; *Adde Droit social et procédures collectives : Rev. proc. coll.* 2012, dossier 1, actes du séminaire de l'AJDE du 14 octobre 2011. • V. aussi, *Les plans dans le livre VI du Code de commerce*, Actes du colloque de Caen du 10 avril 2015 : *Rev. proc. coll.* 2015, dossier 36 et s.

Voir : C. com., art. R. 631-34 et s., p. 2184.

Prise en compte de l'intérêt du groupe de sociétés. V. ▪ Cass. com., 19 déc. 2018, n° 17-27.947 : *JurisData* n° 2018-023706 ; *Act. proc. coll.* 2019, comm. 37, obs. J.-Ch. Pagnucco ; *Rev. sociétés* 2019, comm. 55, obs. J.-P. Legros ; *JCP* E 2019, 1206, chron. 8, obs. Ph. Pétel ; *BJE* 2019/1, n° 410, p. 10, note Ph. Roussel-Galle, qui retient que si le principe de l'autonomie de la personne morale impose d'apprécier séparément les conditions d'ouverture d'une procédure collective à l'égard de chacune des sociétés d'un groupe, rien n'interdit au tribunal, lors de l'examen de la solution proposée pour chacune d'elles, de tenir compte, par une approche globale, de la cohérence du projet au regard des solutions envisagées pour les autres sociétés du groupe.

Art. L. 631-19-1 ***(Ord. n° 2008-1345, 18 déc. 2008).*** **– Lorsque le redressement de l'entreprise le requiert, le tribunal, sur la demande du ministère public, peut subordonner l'adoption du plan au remplacement d'un ou plusieurs dirigeants de l'entreprise.**

À cette fin et dans les mêmes conditions, le tribunal peut prononcer l'incessibilité des parts sociales, titres de capital ou valeurs mobilières donnant accès au capital, détenus par un ou plusieurs dirigeants de droit ou de fait et décider que le droit de vote y attaché sera exercé, pour une durée qu'il fixe, par un mandataire de justice désigné à cet effet. De même, il peut ordonner la cession de ces parts sociales, titres de capital ou valeurs mobilières donnant accès au capital détenu par ces mêmes personnes, le prix de cession étant fixé à dire d'expert.

Le tribunal statue après avoir entendu ou dûment appelé les dirigeants et les représentants du comité d'entreprise ou, à défaut, des délégués du personnel.

Les dispositions du présent article ne sont pas applicables lorsque le débiteur exerce une activité professionnelle libérale soumise à un statut législatif ou réglementaire.

Bibliographie : A. Cerati-Gauthier, *Droit de vote de l'associé : des atteintes mesurées : LPA* 31 juill. 2018, n° 152, p. 16. • Ch. Lebel, *Le départ d'un associé d'une société en difficulté : LPA* 31 juill. 2018, n° 152, p. 29. • Fl. Maury, *Incessibilité, cession forcée : les droits sociaux du dirigeant de société à l'épreuve du droit des entreprises en difficulté : LPA* 31 juill. 2018, n° 152, p. 35. • M. Menjucq, *Contrat de société et droit des entreprises en difficulté : BJE* 2019, n° 1, dossier p. 60.

Par application de l'article R. 631-34-1 du Code de commerce, le ministère public doit formuler une demande de cession forcée des titres sociaux du dirigeant par écrit : ▪ Cass. com., 22 mai 2013, n° 12-15.305 (F-P+B) : *JurisData* n° 2013-009959 ; *JCP* E 2013, 1357, note A. Cerati-Gauthier.

L'article L. 631-19-1 du Code de commerce, qui permet de subordonner l'adoption d'un plan de redressement à la cession des parts sociales d'un dirigeant, n'exige pas qu'à la date de l'adoption du plan, le dirigeant ait été définitivement évincé après le paiement de la valeur de ses droits sociaux : ▪ Cass. com., 26 janv. 2016, n° 14-14.742, FS - P + B : *JurisData* n° 2016-001027 ; *JCP* E 2016, 1150, note A. Cerati-Gauthier ; *Rev. sociétés* 2016, p. 196, note L.-C. Henry ; *Rev. proc. coll.* 2016, comm. 79, note J.-J. Fraimout.

Art. L. 631-19-2 ***(L. n° 2015-990, 6 août 2015 ; mod., L. n° 2016-1691, 9 déc. 2016).*** **– Lorsque la cessation d'activité d'une entreprise d'au moins cent cinquante salariés ou constituant, au sens de l'article L. 2331-1 du Code du travail, une entreprise dominante d'une ou de plusieurs entreprises dont l'effectif total est d'au moins cent cinquante salariés est de nature à causer un trouble grave à l'économie nationale ou régionale et au bassin d'emploi et si la modification du capital apparaît comme la seule solution sérieuse**

permettant d'éviter ce trouble et de permettre la poursuite de l'activité, après examen des possibilités de cession totale ou partielle de l'entreprise, le tribunal peut, à la demande de l'administrateur judiciaire ou du ministère public et à l'issue d'un délai de trois mois après le jugement d'ouverture, en cas de refus par les assemblées mentionnées au I de l'article L. 631-19 d'adopter la modification du capital prévue par le projet de plan de redressement en faveur d'une ou de plusieurs personnes qui se sont engagées à exécuter celui-ci :

1° Désigner un mandataire chargé de convoquer l'assemblée compétente et de voter l'augmentation de capital en lieu et place des associés ou actionnaires ayant refusé la modification de capital, à hauteur du montant prévu par le plan.

L'augmentation de capital doit être réalisée dans le délai maximal de trente jours à compter de la délibération. Elle peut être libérée par les personnes qui se sont engagées à exécuter le plan de redressement, par compensation à raison du montant des créances sur la société qui ont été admises et dans la limite de la réduction dont elles sont l'objet dans le plan.

Si l'augmentation de capital est souscrite par apports en numéraire, les actions émises sont offertes par préférence aux actionnaires, proportionnellement à la partie du capital représentée par leurs actions ;

2° Ou ordonner, au profit des personnes qui se sont engagées à exécuter le projet de plan, la cession de tout ou partie de la participation détenue dans le capital par les associés ou actionnaires ayant refusé la modification de capital et qui détiennent, directement ou indirectement, une fraction du capital leur conférant une majorité des droits de vote ou une minorité de blocage dans les assemblées générales de cette société ou qui disposent seuls de la majorité des droits de vote dans cette société en application d'un accord conclu avec d'autres associés ou actionnaires, non contraire à l'intérêt de la société. Toute clause d'agrément est réputée non écrite.

Les associés ou actionnaires autres que ceux mentionnés au 2° disposent du droit de se retirer de la société et de demander simultanément le rachat de leurs droits sociaux par les cessionnaires.

Lorsque le tribunal est saisi de la demande de cession, en l'absence d'accord entre les intéressés sur la valeur des droits des associés ou actionnaires cédants et de ceux qui ont fait valoir leur volonté de se retirer de la société, cette valeur est déterminée à la date la plus proche de la cession par un expert désigné, à la demande de la partie la plus diligente, de l'administrateur ou du ministère public, par le président du tribunal. Le président statue en la forme des référés. L'ordonnance de désignation de l'expert n'est pas susceptible de recours. L'expert est tenu de respecter le principe du contradictoire.

Lorsque le tribunal statue sur la demande prévue aux 1° ou 2°, les débats ont lieu en présence du ministère public. Le tribunal entend les associés ou actionnaires concernés, les associés ou actionnaires dirigeants, les créanciers ou tiers qui se sont engagés à exécuter le plan et les représentants du comité d'entreprise ou, à défaut, des délégués du personnel. À défaut de délégués du personnel, le tribunal entend le représentant des salariés élu mentionné à l'article L. 621-4.

Le tribunal ne peut statuer sur la demande tendant à la cession qu'après avoir consulté l'Autorité des marchés financiers si les titres concernés sont cotés sur un marché réglementé ou sur un système multilatéral de négociation soumis aux dispositions du II de l'article L. 433-3 du Code monétaire et financier. Il est fait application, pour les actionnaires, des articles L. 433-1 et suivants du même code.

Le tribunal statue par un seul et même jugement sur la cession et sur la valeur des droits sociaux cédés. Il désigne, dans ce jugement, un mandataire de justice chargé de passer les actes nécessaires à la réalisation de la cession ordonnée et d'en verser le prix aux associés ou actionnaires cédants.

Le tribunal subordonne l'adoption du plan à l'engagement du souscripteur ou du cessionnaire des parts sociales, titres de capital ou valeurs mobilières donnant accès au capital de conserver ses droits pendant une durée qui ne peut excéder celle du plan.

Le tribunal peut subordonner l'adoption du plan à la présentation, par les associés ou actionnaires souscripteurs ou cessionnaires, d'une garantie par un organisme de crédit, d'un montant égal à leurs engagements, figurant dans le plan de redressement. Il peut également subordonner cette conversion de créances en parts sociales, titres de capital ou valeurs mobilières donnant accès au capital de l'entreprise.

Le plan est arrêté sous la condition du paiement comptant du prix par les associés ou actionnaires souscripteurs ou cessionnaires. À défaut, le tribunal prononce, à la demande d'un associé cédant, du débiteur, du commissaire à l'exécution du plan, du mandataire de justice ou du ministère public, la résolution de la souscription ou de la cession des parts sociales, titres de capital ou valeurs mobilières donnant accès au capital.

Le commissaire à l'exécution du plan vérifie que les associés ou actionnaires souscripteurs ou cessionnaires respectent leurs obligations. Il a qualité pour agir à l'encontre des souscripteurs ou cessionnaires pour obtenir l'exécution de leurs engagements financiers. Il informe le comité d'entreprise ou, à défaut, les délégués du personnel de l'exécution du plan de redressement, ainsi que du respect de leurs engagements par les associés souscripteurs ou cessionnaires.

Le tribunal peut modifier le plan en application de l'article L. 626-26 et du dernier alinéa de l'article L. 626-31 du présent code.

En cas de défaillance d'un associé ou actionnaire souscripteur ou cessionnaire, le tribunal, saisi par le commissaire à l'exécution du plan ou par le ministère public, par le comité d'entreprise ou, à défaut, par les délégués du personnel, peut prononcer la résolution du plan de redressement, sans préjudice de la réparation du préjudice subi. Il statue en présence du ministère public. Le prix payé par le souscripteur ou le cessionnaire reste acquis.

Le présent article n'est pas applicable lorsque le débiteur exerce une activité professionnelle libérale soumise à un statut législatif ou réglementaire.

Voir : la rédaction de cet article issue de l'ordonnance nº 2019-738 du 17 juillet 2019, en *addendum*, p. 3371.

Bibliographie : H. Bourbouloux et Ch. Fort, *L'éviction des actionnaires d'une société en redressement judiciaire : BJE* juill. 2016, n° 4, p. 287. • A. Cerati-Gauthier, *Droit de vote de l'associé : des atteintes mesurées : LPA* 31 juill. 2018, n° 152, p. 16. • R. Dammann et F.-X. Lucas, *Le nouveau dispositif de dilution ou d'éviction de l'associé qui ne finance pas le plan de redressement de la société : BJS* 2015, p. 521 et s. • R. Dammann et Ch. Paulus, *Le debt-to-equity swap dans le cadre des procédures collectives en Allemagne et en France : état des lieux et perspectives* in *Réformes du droit des contrats et du droit de l'insolvabilité : regards croisés franco-allemands : LPA* 30 mars 2018, n° 65, p. 21. • J.-E. Degenhardt, *La hiérarchie du bec toujours renversée en procédure collective ? L'augmentation forcée du capital et la cession forcée des parts sociales : BJE* 2015, p. 432. • L. Driguez, *Retour sur la théorie de « l'employeur seul juge » à partir du droit des procédures collectives : Rev. dr. trav.* 2016, p. 88. • A. Genestoux, *Le devoir des associés face à l'équilibre des pouvoirs dans les procédures collectives : Rev. proc. coll.* 2015, alerte 17. • Ch. Lebel, *Le départ d'un associé d'une société en difficulté : LPA* 31 juill. 2018, n° 152, p. 29. • P.-M. Le Corre, *La loi Macron et le droit des entreprises en difficulté : Gaz. Pal.* 20 oct. 2015, n° 293, p. 7. • F.-X. Lucas et D. Poracchia, *L'expropriation de l'associé qui ne finance pas la restructuration de la dette en redressement judiciaire, études en la mémoire de Philippe Neau-Leduc, Le juriste dans la cité : LGDJ-Lextenso*, 2018, p. 629. • Fl. Maury, *Incessibilité, cession forcée : les droits sociaux du dirigeant de société à l'épreuve du droit des entreprises en difficulté : LPA* 31 juill. 2018, n° 152, p. 35. • M. Menjucq, *Contrat de société et droit des entreprises en difficulté : BJE* 2019, n° 1, dossier p. 60. • A.-S. Noury, *L'État actionnaire dans les restructurations financières des sociétés cotées : BJE* 2018, 4, p. 313. • I. Parachkevova, *L'augmentation de capital forcée dans la loi Macron : BJS* 2015, p. 529-535. • N. Partouche, *Les créanciers actionnaires : risques et opportunités : BJE* 2018, 4, p. 319.

Art. L. 631-20 *(L. n° 2005-845, 26 juill. 2005)*. **– Par dérogation aux dispositions de l'article L. 626-11, les coobligés et les personnes ayant consenti** *(Mots rempl., Ord. n° 2008-1345, 18 déc. 2008)* **« une sûreté personnelle ou ayant affecté ou cédé un bien en garantie » ne peuvent se prévaloir des dispositions du plan.**

Bibliographie : S. Frémeaux, *Remises de dettes et plans de règlement : LPA* 29 déc. 1997, p. 4. • P.-M. Le Corre, *Cautions, coobligés et garants dans les procédures collectives d'aujourd'hui et de demain : Rev. proc. coll.* 2004, p. 181 ; *Les cautions, codébiteurs, garants et le conjoint. Cautions : Gaz. Pal.* 4-5 nov. 2005, p. 49. • M.-M. Leroux, *Garants et dirigeants dans les procédures collectives au regard de la loi nouvelle*, in *La loi du 26 juillet 2005 de sauvegarde des entreprises*, PU Aix-Marseille, 2006, p. 81 ; *La poursuite de la caution personne physique d'un débiteur ayant obtenu un plan de redressement : Gaz. Pal.* 2012, nos 286 et 287, p. 7. • E. Nsie, *Les remises de dettes consenties au débiteur en difficulté : Rev. proc. coll.* 1998, p. 138. • F. Pérochon, *Procédures collectives et cautionnement : Dr. et patrimoine* juill.-août 2008, p. 77. • Ph. Pétel, *Le dirigeant garant*, in Actes du colloque de Caen, 15 oct. 2010, *Risques et responsabilités en droit des procédures collectives : Rev. proc. coll.* 2010, art. 7. • C. Souweine, *Garants et dirigeants dans les procédures collectives au regard de la loi nouvelle*, in *La loi du 26 juillet 2005 de sauvegarde des entreprises*, PU Aix-Marseille, 2006, p. 145.

Art. L. 631-20-1 *(Ord. n° 2008-1345, 18 déc. 2008)*. **– Par dérogation aux dispositions du troisième alinéa de l'article L. 626-27, lorsque la cessation des paiements du débiteur est constatée au cours de l'exécution du plan, le tribunal qui a arrêté ce dernier décide, après avis du ministère public, sa résolution et ouvre une procédure de liquidation judiciaire.** *(Mots aj., L. n° 2019-486, 22 mai 2019)* **« Avant de statuer, le tribunal examine si la situation du débiteur répond aux conditions posées aux articles L. 645-1 et L. 645-2 et ouvre, le cas échéant, avec son accord, une procédure de rétablissement professionnel ».**

Art. L. 631-21 *(L. n° 2005-845, 26 juill. 2005).* – Les dispositions du chapitre VII du titre II sont applicables au plan de redressement.

Pendant la période d'observation, l'activité est poursuivie par le débiteur qui exerce les prérogatives dévolues à l'administrateur par l'article L. 631-17 et procède aux notifications prévues au second alinéa du II de l'article L. 631-19.

Le mandataire judiciaire exerce les fonctions dévolues à l'administrateur par les deuxième et troisième alinéas de l'article L. 631-10.

Voir : C. com., art. R. 631-38, p. 2185.

Art. L. 631-21-1 *(Ord. n° 2008-1345, 18 déc. 2008).* – Lorsque le tribunal estime que la cession totale ou partielle de l'entreprise est envisageable, il désigne un administrateur, s'il n'en a pas déjà été nommé un, aux fins de procéder à tous les actes nécessaires à la préparation de cette cession et, le cas échéant, à sa réalisation.

Art. L. 631-22 *(L. n° 2005-845, 26 juill. 2005 ; rempl., Ord. n° 2008-1345, 18 déc. 2008).* – *(Mod. à compter du 1er juillet 2014, Ord. n° 2014-326, 12 mars 2014)* À la demande de l'administrateur, le tribunal peut ordonner la cession totale ou partielle de l'entreprise si le ou les plans proposés apparaissent manifestement insusceptibles de permettre le redressement de l'entreprise ou en l'absence de tels plans. Les dispositions de la section 1 du chapitre II du titre IV, à l'exception du I de l'article L. 642-2, et l'article L. 642-22 sont applicables à cette cession. Le mandataire judiciaire exerce les missions dévolues au liquidateur.

L'administrateur reste en fonction pour passer tous les actes nécessaires à la réalisation de la cession.

Lorsque la cession totale ou partielle a été ordonnée en application du premier alinéa, la procédure est poursuivie dans les limites prévues par l'article L. 621-3. Si l'arrêté d'un plan de redressement ne peut être obtenu, le tribunal prononce la liquidation judiciaire et met fin à la période d'observation ainsi qu'à la mission de l'administrateur, sous réserve des dispositions de l'article L. 641-10. Les biens non compris dans le plan de cession sont alors cédés dans les conditions de la section II du chapitre II du *(Mot rempl. à compter du 28 septembre 2014, Ord. n° 2014-1088, 26 sept. 2014)* « titre » IV.

Voir : C. com., art. R. 631-39 et s., p. 2185.

Bibliographie : P. Froehlich, *L'ambivalence du plan de cession totale dans la loi de sauvegarde : D.* 2005, chron. 2878. • L.-C. Henry, *Le plan de cession et la loi de sauvegarde des entreprises : Gaz. Pal.* 7-8 sept. 2005, p. 39. • J. Vallansan, *Fonds de commerce et plan de cession : BJE* 2013, § 6.

CHAPITRE II. – DE LA NULLITÉ DE CERTAINS ACTES

Bibliographie : J.-P. Arrighi, *Les nouveaux cas de nullités de la période suspecte : Gaz. Pal.* 9-10 sept. 2005, p. 9. • S. Atsarias et B. Roussel, *Le maintien et la reconstitution de l'actif et des ressources de l'entreprise agricole : Rev. proc. coll.* 2018, 5, dossier 37. • D. Briand-Mélédo, *Quelques repères sur les nullités de la période suspecte : Mél. Paillusseau*, Dalloz, 2003, p. 385. • J.-Ph. Dom, *Le sort de la fiducie en cas de procédure collective du débiteur est aménagé (ordonnance du 18 décembre 2008) : Act. proc. coll.* 2009, comm. 17. • Ph. Dupichot, *Le financement des entreprises en difficulté : BJE* 2018, 5, p. 394. • B. Feugère, *Le sort d'une remise de dette consentie au cours de la période suspecte : RJ com.* 2001, p. 173. • M. Grimaldi et R. Dammann, *La fiducie par ordonnances : D.* 2009, p. 670. • P.-G. Marly, *La loi de sauvegarde article par article : LPA* 8 févr. 2006, p. 102. • A. Martin-Serf, *Les nullités de la période suspecte, l'avis à tiers détenteur et la loi Dailly : Rev. proc. coll.* 2000, p. 167. • E. Mourial-Bassilana, *L'articulation de la période suspecte et des différentes procédures après la loi de sauvegarde du 26 juillet 2005 : D.* 2006, p. 1959. • S. Neuville, *La transaction suspecte : observations sur la notion de transaction au regard des nullités de la période suspecte : D.* 2000, chron. 571. • Ph. Roussel-Galle, *Les créanciers antérieurs. Situation générale, contrôleurs, arrêt des poursuites individuelles et des voies d'exécution, nullités de la période suspecte : Gaz. Pal.* 4-5 nov. 2005, p. 35 ; *Créanciers antérieurs. Interdiction des paiements. Nullités de la période suspecte : Gaz. proc. coll.* 2007, n° 4, p. 46. • O. Staes, *Le contrat de transaction : BJE* 2019, n° 1, dossier p. 58. • G. Teboul, *Actualité des nullités de la période suspecte : RJ com.* 2001, p. 172 ; *La transmission du patrimoine à titre gratuit : les nullités de la période suspecte : Gaz. Pal.* 2001, doctr. 1525. • F. Vinckel, *Le nouveau régime de la période suspecte dans la loi n° 2005-845 du 26 juillet 2005 et le décret n° 2005-1677 du 28 décembre 2005 : une réforme en trompe l'œil : JCP E* 2005, n° 1118, p. 129. • G. Wicker, *La période suspecte après la loi de sauvegarde des entreprises : Rev. proc. coll.* mars 2006, p. 12.

Art. L. 632-1 *(Anc. art. L. 621-107, dénum., L. n° 2005-845, 26 juill. 2005 ; mod., Ord. n° 2006-346, 23 mars 2006 ; L. n° 2007-211, 19 févr. 2007 ; Ord. n° 2008-1345, 18 déc. 2008 ; Ord. n° 2010-1512, 9 déc. 2010).* **– I. – Sont nuls, lorsqu'ils sont intervenus depuis la date de cessation des paiements, les actes suivants :**

1° Tous les actes à titre gratuit translatifs de propriété mobilière ou immobilière ;

2° Tout contrat commutatif dans lequel les obligations du débiteur excèdent notablement celles de l'autre partie ;

3° Tout paiement, quel qu'en ait été le mode, pour dettes non échues au jour du paiement ;

4° Tout paiement pour dettes échues, fait autrement qu'en espèces, effets de commerce, virements, bordereaux de cession visés par la loi n° 81-1 du 2 janvier 1981 facilitant le crédit aux entreprises ou tout autre mode de paiement communément admis dans les relations d'affaires ;

5° Tout dépôt et toute consignation de sommes effectués en application de l'article 2075-1 du Code civil, à défaut d'une décision de justice ayant acquis force de chose jugée ;

6° Toute hypothèque conventionnelle, toute hypothèque judiciaire ainsi que l'hypothèque légale des époux et tout droit de nantissement ou de gage constitués sur les biens du débiteur pour dettes antérieurement contractées ;

7° Toute mesure conservatoire, à moins que l'inscription ou l'acte de saisie ne soit antérieur à la date de cessation de paiement ;

8° Toute autorisation et levée d'options définies aux articles L. 225-177 et suivants du présent code ;

9° Tout transfert de biens ou de droits dans un patrimoine fiduciaire, à moins que ce transfert ne soit intervenu à titre de garantie d'une dette concomitamment contractée ;

10° Tout avenant à un contrat de fiducie affectant des droits ou biens déjà transférés dans un patrimoine fiduciaire à la garantie de dettes contractées antérieurement à cet avenant ;

11° Lorsque le débiteur est un entrepreneur individuel à responsabilité limitée, toute affectation ou modification dans l'affectation d'un bien, sous réserve du versement des revenus mentionnés à l'article L. 526-18, dont il est résulté un appauvrissement du patrimoine visé par la procédure au bénéfice d'un autre patrimoine de cet entrepreneur ;

12° *(Créé à compter du 1er juillet 2014, Ord. n° 2014-326, 12 mars 2014)* **La déclaration d'insaisissabilité faite par le débiteur en application de l'article L. 526-1.**

II. – Le tribunal peut, en outre, annuler les actes à titre gratuit visés au 1° du I *(Mots aj. à compter du 1er juillet 2014, Ord. n° 2014-326, 12 mars 2014)* **« et la déclaration visée au 12° » faits dans les six mois précédant la date de cessation des paiements.**

Apports en société. Doit être annulé, au titre des nullités de la période suspecte frappant les contrats commutatifs déséquilibrés, l'apport d'un bien immobilier fait par un associé en état de cessation des paiements s'il existe une disproportion entre la valeur du bien apporté et celle des parts sociales reçues en contrepartie : ▪ CA Grenoble, 8 avr. 2003 : *JurisData* n° 2003-226541 ; *Dr. sociétés* 2004, n° 75, obs. F.-X. Lucas. – Lorsque, pendant la période suspecte, un débiteur apporte un bien commun à une société et reçoit en contrepartie un nombre insuffisant de titres sociaux, la nullité de l'apport atteint l'acte en son entier : ▪ Cass. com., 3 mai 2011, n° 10-17.011 : *Bull. civ.* IV, n° 64 ; *JurisData* n° 2011-007706 ; *BJS* 2012, n° 21, note P. Le Cannu ; *D.* 2011, p. 1343, note A. Lienhard ; *BJE* 2011, n° 149, note L. Sautonie-Laguionie ; *Dr. sociétés* 2011, comm. 179, obs. J.-P. Legros.

Art. L. 632-2 *(Anc. art. L. 621-108, dénum. et mod., L. n° 2005-845, 26 juill. 2005 ; Ord. n° 2008-1345, 18 déc. 2008 ; L. Fin. rect. n° 2017-1775, 28 déc. 2017).* **– Les paiements pour dettes échues effectués à compter de la date de cessation des paiements et les actes à titre onéreux accomplis à compter de cette même date peuvent être annulés si ceux qui ont traité avec le débiteur ont eu connaissance de la cessation des paiements.**

Toute saisie administrative, toute saisie attribution ou toute opposition peut également être annulée lorsqu'elle a été délivrée ou pratiquée par un créancier à compter de la date de cessation des paiements et en connaissance de celle-ci.

1) Connaissance de la cessation des paiements. La connaissance de la cessation des paiements du débiteur, exigée pour la nullité d'un paiement de dette échu, ne résulte pas nécessairement, lorsque le débiteur est une personne morale, de la qualité de dirigeant du bénéficiaire : ▪ Cass. com., 19 nov. 2013, n° 12-25.925, P+B : *JurisData* n° 2013-026145 ; *Rev. sociétés* 2014, p. 203, note L.-C. Henry ; *D.* 2013, p. 2767, obs. A. Lienhard ; *Dr. sociétés* 2014, comm. 107, obs. J.-P. Legros.

2) Saisie-attribution. Un apport en capital non libéré peut être valablement saisi par le créancier d'une société, ultérieurement mise en liquidation judiciaire, sa nullité sur le fondement de l'article L. 632-2 n'étant que facultative, et n'ayant pas été retenue : ■ Cass. 2e civ., 12 mai 2016, n° 15-13.883 : *JurisData* n° 2016-008991 ; *LPA* 19 oct. 2016, p. 13, note J.-P. Legros ; *Act. proc. coll.* 2016, act. 158, obs. J.-M. Moulin.

Art. L. 632-3 ***(Anc. art. L. 621-109, dénum. et mod., L. n° 2005-845, 26 juill. 2005).*** **– Les dispositions des articles L. 632-1 et L. 632-2 ne portent pas atteinte à la validité du paiement d'une lettre de change, d'un billet à ordre ou d'un chèque.**

Toutefois, l'administrateur ou le mandataire judiciaire peut exercer une action en rapport contre le tireur de la lettre de change ou, dans le cas de tirage pour compte, contre le donneur d'ordre, ainsi que contre le bénéficiaire d'un chèque et le premier endosseur d'un billet à ordre, s'il est établi qu'ils avaient connaissance de la cessation des paiements.

Bibliographie : A. Pariset, *Le droit cambiaire et les règles de la période suspecte : JCP* 1972, II, 10676.

Art. L. 632-4 ***(Anc. art. L. 621-110, dénum. et mod., L. n° 2005-845, 26 juill. 2005 ; Ord. n° 2008-1345, 18 déc. 2008).*** **– L'action en nullité est exercée par l'administrateur, le mandataire judiciaire, le commissaire à l'exécution du plan ou le ministère public. Elle a pour effet de reconstituer l'actif du débiteur.**

9.1.1.4. – De la liquidation judiciaire et du rétablissement professionnel

Code de commerce

Bibliographie : G. Berthelot, *Les aménagements de la liquidation judiciaire issus de l'ordonnance du 18 décembre 2008 : JCP* E 2009, 1312 ; *La durée de la liquidation judiciaire à l'épreuve du temps : JCP* E 2016, 1295. • P. Canet, *La liquidation judiciaire et la sauvegarde de l'emploi : RJDA* juill. 1997, p. 587 ; *Liquidation judiciaire : Rev. proc. coll.* 2005, p. 223 ; *Premières remarques sur les modifications apportées par l'ordonnance n° 2008-1345 du 18 décembre 2008 en matière de liquidation judiciaire : Rev. proc. coll.* 2009, p. 91. • C. Capel et Th. Lange, *Bref aperçu de quelques difficultés nées de la confrontation de l'indivision à la liquidation judiciaire : Gaz. Pal.* 28 nov. 2017, p. 51. • P. Froehlich, *La liquidation judiciaire dans la loi de sauvegarde des entreprises : Lamy Droit commercial* oct. 2005, bull. 181, p. 1. • P. Froehlich et M. Sénéchal, *La loi de sauvegarde article par article : LPA* 9 févr. 2006, p. 4. • S. Gorrias, *Panorama rapide de la liquidation judiciaire dans la loi de sauvegarde : LPA* 17 févr. 2006, p. 96. • J.-P. Legros, *L'ordonnance du 18 décembre 2008 réformant la loi de sauvegarde des entreprises. Seconde partie : redressement, obligataires, liquidation et sanctions : Dr. sociétés* 2009, étude 8. • F. Pérochon, *À propos de la réforme de la liquidation judiciaire par l'ordonnance du 18 décembre 2008 : Gaz. proc. coll.* 8-10 mars 2009, p. 3. • B. Rolland, *Les difficultés dues à la liquidation judiciaire des sociétés unipersonnelles : JCP* E 2000, p. 451. • Ph. Roussel-Galle, *La liquidation judiciaire : rapidité, simplicité, efficacité*, in Colloque *Échanges sur la loi de sauvegarde des entreprises : de la Côte d'Or à la Côte d'Azur : LPA* 14 juin 2007. • M. Sénéchal, *Les issues de la procédure. Effets de la liquidation. Réalisation d'actifs. Répartitions : Gaz. proc. coll.* 2006, n° 2, p. 35 ; *ibid.* n° 3, p. 28. • J.-P. Sénéchal, *La réforme de la liquidation judiciaire : LPA* 10 juin 2004, p. 43.

CHAPITRE PRÉLIMINAIRE. – DE LA LIQUIDATION JUDICIAIRE ET DU RÉTABLISSEMENT PROFESSIONNEL

(Intitulé rempl., Ord. n° 2008-1345, 18 déc. 2008 ; Ord. n° 2014-326, 12 mars 2014)

Art. L. 640-1 ***(L. n° 2005-845, 26 juill. 2005).*** **– Il est institué une procédure de liquidation judiciaire ouverte à tout débiteur mentionné à l'article L. 640-2 en cessation des paiements et dont le redressement est manifestement impossible.**

La procédure de liquidation judiciaire est destinée à mettre fin à l'activité de l'entreprise ou à réaliser le patrimoine du débiteur par une cession globale ou séparée de ses droits et de ses biens.

Le redressement d'une société dépourvue d'activité, de compte bancaire et dont les locaux sont vides est manifestement impossible, ce qui justifie l'ouverture d'une liquidation judiciaire immédiate : ■ Cass. com., 12 janv. 2010, n° 08-70.147 : *JurisData* n° 2010-051096 ; *Dr. sociétés* 2010, comm. 210, obs. J.-P. Legros.

Art. L. 640-2 ***(L. n° 2005-845, 26 juill. 2005 ; mod., Ord. n° 2008-1345, 18 déc. 2008 ; Ord. n° 2010-1512, 9 déc. 2010).*** **– La procédure de liquidation judiciaire est applicable à toute personne exerçant une activité commerciale *(Mots rempl., L. n° 2019-486, 22 mai 2019)* « , artisanale ou une activité**

agricole définie à l'article L. 311-1 du Code rural et de la pêche maritime et » à toute autre personne physique exerçant une activité professionnelle indépendante y compris une profession libérale soumise à un statut législatif ou réglementaire ou dont le titre est protégé, ainsi qu'à toute personne morale de droit privé.

À moins qu'il ne s'agisse de patrimoines distincts d'un entrepreneur individuel à responsabilité limitée, Il ne peut être ouvert de nouvelle procédure de liquidation judiciaire à l'égard d'un débiteur soumis à une telle procédure tant que celle-ci n'a pas été clôturée ou à une procédure de sauvegarde ou de redressement judiciaire, tant qu'il n'a pas été mis fin aux opérations du plan qui en résulte.

Bibliographie : A. Cérati-Gauthier, *Application de la loi de sauvegarde des entreprises aux professions libérales : JCP* E 2008, 2436. • H. Favario, *L'avocat en difficulté (application de la loi de sauvegarde à l'avocat exerçant en nom) : BJS* 2006, p. 691. • J.-P. Legros, *Procédures collectives ou procédure de surendettement des associés : Dr. sociétés* 2008, repère 5. • R. Martin et P. Neveu, *L'application à la profession de la loi du 26 juillet 2005 sur la sauvegarde des entreprises : JCP* 2006, I, 125. • S. Rétif, *L'extension des procédures collectives aux professions libérales : Dr. et patrimoine* mars 2006, p. 95. • B. Saintourens, *Les conditions d'ouverture des procédures après l'ordonnance du 18 décembre 2008 portant réforme du droit des entreprises en difficulté : Rev. proc. coll.* 2009, p. 40. • B. Soinne, *Profession libérale et procédure collective : Rev. proc. coll.* 1997, p. 377 ; *L'application du droit des procédures collectives aux titulaires d'offices publics et ministériels (la situation des huissiers de justice) : Rev. proc. coll.* 2011, étude 18. • J. Vallansan, *L'évolution des personnes assujetties à la procédure collective : 1985-2005*, in *La loi du 25 janvier 1985 a vingt ans ! Entre bilan et réforme : Rev. Lamy dr. aff.* mars 2005, suppl. p. 12. • O. Varin, *Les professions libérales : aspects pratiques : Rev. proc. coll.* 2006, p. 156. • D. Voinot, *L'ouverture des procédures collectives. Ordonnance du 18 décembre 2008 et décret du 12 février 2009 : Gaz. proc. coll.* 6-7 mars 2009, p. 10.

1) Les **associés gérants d'une société en nom collectif**, qui ont de droit la qualité de commerçants, sont réputés exercer une activité commerciale au sens des articles L. 631-2 et L. 640-2 du Code de commerce qui disposent, dans leur rédaction issue de l'ordonnance n° 2008-1345 du 18 décembre 2008, que les procédures de redressement et liquidation judiciaires sont applicables à « toutes personnes exerçant une activité commerciale ou artisanale ». Ils sont exclus du bénéfice des dispositions relatives au surendettement des particuliers en application de l'article L. 333-1 du Code de la consommation : ▪ Cass. 2e civ., 5 déc. 2013, n° 11-28.092, F-P+B : *JurisData* n° 2013-027856 ; *BJS* 2014, n° 3 p. 184, note F.-X. Lucas ; *JCP* G 2013, 2392 ; *JCP* E 2014, 1021, note A. Cerati-Gauthier ; *D.* 2013, p. 2911, obs. A. Lienhard. – Arrêt rendu sur avis : ▪ Cass. com., 9 juill. 2013, n° 11-28.092, avis n° 9003.

Voir : C. com., art. L. 631-2, annot. n° 3, p. 2044, pour l'application de la solution au stade du redressement judiciaire.

2) L'avocat, qui a cessé d'exercer son activité à titre individuel pour devenir associé d'une société d'exercice libéral, n'agit plus en son nom propre mais exerce ses fonctions au nom de la société. Il cesse dès lors d'exercer une activité professionnelle indépendante au sens de l'article L. 640-2 du Code de commerce. Néanmoins, il peut faire l'objet d'une liquidation judiciaire, après sa cessation d'activité à titre indépendant, lorsque tout ou partie de son passif provient de cette dernière. Si la procédure est ouverte sur l'assignation d'un créancier, celle-ci doit intervenir dans le délai d'un an à compter de la cessation de l'activité individuelle : ▪ Cass. com., 9 févr. 2010, nos 08-17.144 et 08-15.191 : *Bull. civ.* IV, n° 36 ; *JurisData* n° 2010-051507 et 2010-051508 ; *JCP* G 2010, 220, obs. J.-F. Barbièri ; *D.* 2010, p. 434, obs. A. Lienhard. – *Contra* ▪ CA Montpellier, 20 mai 2008, n° 07/05711 : *JurisData* n° 2008-001816 ; *Dr. sociétés* 2009, comm. 59, note J.-P. Legros. ▪ CA Paris, 26 juin 2008, n° 07-18808 : *JurisData* n° 2008-367578 ; *Gaz. Pal.* 14-16 sept. 2008, nos 258 à 260, p. 19 et s., note F. Iacovelli. ▪ CA Paris, 18 sept. 2008, n° 07/17034 : *JurisData* n° 2008-370702 ; *D.* 2008, p. 2666, obs. A. Leinhard ; *Dr. sociétés* 2008, comm. 252, note J.-P. Legros, qui retient que la loi du 26 juillet 2005 ne subordonne pas son application aux personnes physiques exerçant une profession indépendante à la condition qu'elles n'exercent pas en société. – *Comp.* ▪ CA Paris, 20 nov. 2007, n° 07-03359 : *JurisData* n° 2007-346183 ; *JCP* E 2008, 1045, note Ch. Lebel ; *BJS* 2008, p. 210, note N. Tagliarino-Vignal ; *D.* 2007, act. jurispr. p. 3074, obs. A. Lienhard ; *Dr. sociétés* 2008, comm. 76, obs. J.-P. Legros ; *LPA* 28 mars 2008, n° 64, p. 16, note G. Chabot.

Voir : C. com., art. L. 631-2, annot. n° 2, p. 2043, pour l'application de la solution au stade du redressement judiciaire.

Voir : C. com., art. L. 631-2, annot. n° 1, p. 2043, pour l'impossibilité d'ouvrir un redressement judiciaire contre le gérant d'une SARL qui, agissant au nom de la société, n'exerce pas d'activité indépendante.

3) La preuve de la qualité de commerçant s'apprécie au jour de l'état allégué de la cessation des paiements. À cette date, la société en commandite par actions s'étant transformée en SAS, l'associé a perdu sa qualité de commerçant, ce qui s'analyse comme une cessation d'activité.

Une liquidation judiciaire ne peut dont être ouverte à la demande d'un créancier que dans le délai d'un an à compter de cette date : ▪ CA Paris, 5 avr. 2012, n° 11-03.323 : *JurisData* n° 2012-007659 ; *Dr. sociétés* 2013, comm. 12, note J.-P. Legros ; *Rev. proc. coll.* 2013, comm. 1, note B. Saintourens.

4) Une personne physique exerçant une activité professionnelle indépendante, y compris une profession libérale soumise à un statut législatif ou réglementaire ou dont le titre est protégé, relève, à compter du 1er janvier 2006, des procédures collectives de la loi du 26 juillet 2005 ; il en résulte que cette personne se trouve **exclue** des dispositions relatives au traitement des situations de **surendettement** prévues aux articles L. 330-1 et suivants du Code de la consommation : ▪ Cass. com., 17 mai 2011, n° 10-13.460 : *BJE* 2011, n° 120, note N. Tagliarino-Vignal ; *LPA* 2011, n° 166, p. 8, note A. Diaka.

5) Une société, dissoute par survenance du terme, mais dont l'activité s'est maintenue et l'*affectio societatis* a persisté, est devenue de fait et peut faire l'objet d'une procédure de liquidation judiciaire : ▪ CA Aix-en-Provence, 26 mars 2009 : *JurisData* n° 2009-012424 ; *Dr. sociétés* 2010, comm. 189, obs. J.-P. Legros.

6) Un syndicat professionnel, qui est une personne morale de droit privé, peut faire l'objet d'une liquidation judiciaire : ▪ Cass. com., 16 mars 2010, n° 09-12.539 : *JurisData* n° 2010-002028 ; *Rev. sociétés* 2010/5, p. 191, note Ph. Roussel-Galle ; *Dr. sociétés* 2010, comm. 149, obs. J.-P. Legros.

Art. L. 640-3 *(L. n° 2005-845, 26 juill. 2005 ; mod., Ord. n° 2008-1345, 18 déc. 2008 ; Ord. n° 2009-112, 30 janv. 2009).* **– La procédure de liquidation judiciaire est également ouverte aux personnes mentionnées au premier alinéa de l'article L. 640-2 après la cessation de leur activité professionnelle, si tout ou partie de leur passif provient de cette dernière.**

Lorsqu'une personne exerçant une activité commerciale ou artisanale, un agriculteur ou toute autre personne physique exerçant une activité professionnelle indépendante, y compris une profession libérale soumise à un statut législatif ou réglementaire ou dont le titre est protégé, est décédé en cessation des paiements, le tribunal peut être saisi, dans le délai d'un an à compter de la date du décès, sur l'assignation d'un créancier, quelle que soit la nature de sa créance, ou sur requête du ministère public. *(Mots suppr. à compter du 1er juillet 2014, Ord. n° 2014-326, 12 mars 2014)* **« ... ». Il peut être saisi sans condition de délai par tout héritier du débiteur.**

Art. L. 640-3-1 *(Créé à compter du 1er juillet 2014, Ord. n° 2014-326, 12 mars 2014).* **– Lorsqu'il est porté à la connaissance du président du tribunal, des éléments faisant apparaître que les conditions de l'article L. 640-1 sont remplies, il en informe le ministère public par une note exposant les faits de nature à motiver la saisine du tribunal. Le président ne peut siéger, à peine de nullité du jugement, dans la formation de jugement ni participer aux délibérés si le ministère public demande l'ouverture d'une procédure de liquidation judiciaire à l'égard du débiteur concerné.**

Art. L. 640-4 *(L. n° 2005-845, 26 juill. 2005).* **– L'ouverture de cette procédure doit être demandée par le débiteur au plus tard dans les quarante-cinq jours qui suivent la cessation des paiements, s'il n'a pas dans ce délai demandé l'ouverture d'une procédure de conciliation.**

(Al. abr. à compter du 1er juillet 2014, Ord. n° 2014-326, 12 mars 2014).

Voir : C. com., art. R. 640-1, p. 2186.

Art. L. 640-5 *(L. n° 2005-845, 26 juill. 2005).* **– Lorsqu'il n'y a pas de procédure de conciliation en cours, le tribunal peut également** *(Mots suppr. à compter du 9 mars 2014, Cons. const. n° 2013-368 QPC, 7 mars 2013)* **« ... » être saisi sur requête du ministère public aux fins d'ouverture de la procédure de liquidation judiciaire.**

Sous cette même réserve, la procédure peut aussi être ouverte sur l'assignation d'un créancier, quelle que soit la nature de sa créance. Toutefois, lorsque le débiteur a cessé son activité professionnelle, cette assignation doit intervenir dans le délai d'un an à compter de :

1° La radiation du registre du commerce et des sociétés. S'il s'agit d'une personne morale, le délai court à compter de la radiation consécutive à la publication de la clôture des opérations de liquidation ;

2° La cessation de l'activité, s'il s'agit d'une personne *(Mots rempl., Ord. n° 2008-1345, 18 déc. 2008)* **« exerçant une activité artisanale », d'un agriculteur ou d'une personne physique exerçant une activité professionnelle indépendante, y compris une profession libérale soumise à un statut législatif ou réglementaire ou dont le titre est protégé ;**

3° La publication de l'achèvement de la liquidation, s'il s'agit d'une personne morale non soumise à l'immatriculation.

(Rempl. à compter du 1er juillet 2014, Ord. n° 2014-326, 12 mars 2014) **Lorsque sont applicables les dispositions relatives à la procédure prévue à l'article L. 351-1 du Code rural et de la pêche maritime, le président du tribunal de grande instance doit être saisi, préalablement à l'assignation, d'une demande tendant à la désignation d'un conciliateur présentée en application de l'article L. 351-2 de ce code sauf si la procédure de rétablissement professionnel prévue au chapitre V du présent titre est en cours.**

Voir : C. com., art. R. 640-1, p. 2186.

Voir : C. com., art. L. 640-2, annot. nos 2 et 4, p. 2058, pour la cessation d'activité consécutive à la perte de la qualité de professionnel éligible aux procédures collectives.

Une société, assignée en liquidation judiciaire par un créancier, ne peut s'y soustraire en invoquant sa dissolution au jour de la demande, alors qu'à cette date, l'inscription de la dissolution au registre du commerce et des sociétés n'était pas réalisée, ce qui la rendait inopposable aux tiers, peu important que ceux-ci en aient eu personnellement connaissance : ▪ Cass. com., 11 sept. 2012, n° 11-11.141 : *BJS* 2013, § 6, obs. J.-L. Vallens.

Art. L. 640-6 *(L. n° 2005-845, 26 juill. 2005)*. **– Le comité d'entreprise ou, à défaut, les délégués du personnel peuvent communiquer au président du tribunal ou au ministère public tout fait révélant la cessation des paiements du débiteur.**

CHAPITRE I. – DU JUGEMENT DE LIQUIDATION JUDICIAIRE

Art. L. 641-1 *(L. n° 2005-845, 26 juill. 2005 ; Ord. n° 2008-1345, 18 déc. 2008 ; mod., Ord. n° 2014-326, 12 mars 2014 ; L. n° 2016-1547, 18 nov. 2016)*. **– I. – Les dispositions des articles L. 621-1 et L. 621-2 ainsi que celles de l'article L. 622-6 relatives aux obligations incombant au débiteur sont applicables à la procédure de liquidation judiciaire.**

Lorsque la situation du débiteur qui a déclaré être en état de cessation des paiements n'apparaît pas manifestement insusceptible de redressement, le tribunal invite celui-ci, en l'absence de demande subsidiaire aux fins d'ouverture d'une procédure de redressement judiciaire, à présenter ses observations sur l'existence des conditions de l'article L. 631-1. Il statue ensuite, dans la même décision, sur la demande de liquidation judiciaire et, le cas échéant, sur l'ouverture d'une procédure de redressement judiciaire.

(Al. créé, L. n° 2019-486, 22 mai 2019) **Avant de statuer, le tribunal examine si la situation du débiteur répond aux conditions posées aux articles L. 645-1 et L. 645-2 et ouvre, le cas échéant, avec son accord, une procédure de rétablissement professionnel.**

II. – Dans le jugement qui ouvre la liquidation judiciaire, le tribunal désigne le juge-commissaire. Il peut, en cas de nécessité, en désigner plusieurs. Le président du tribunal, s'il a connu du débiteur en application du titre Ier du présent livre, ne peut être désigné juge-commissaire.

Dans le même jugement, sans préjudice de la possibilité de nommer un ou plusieurs experts en vue d'une mission qu'il détermine, le tribunal désigne, en qualité de liquidateur, un mandataire judiciaire inscrit ou une personne choisie sur le fondement du premier alinéa du II de l'article L. 812-2 ou, pour les procédures mentionnées au III de ce même article, un huissier de justice ou un commissaire-priseur judiciaire. Il peut, à la demande du ministère public, du débiteur ou du créancier poursuivant ou d'office, en désigner plusieurs.

Le ministère public peut proposer un liquidateur à la désignation du tribunal. Le rejet de cette proposition doit être spécialement motivé. Lorsque la procédure est ouverte à l'égard d'un débiteur qui bénéficie ou a bénéficié d'un mandat *ad hoc* ou d'une procédure de conciliation dans les dix-huit mois qui précèdent, le ministère public peut en outre s'opposer à ce que le mandataire *ad hoc* ou le conciliateur soit désigné en qualité de liquidateur.

Lorsque la procédure est ouverte à l'égard d'un débiteur dont le nombre de salariés est au moins égal à un seuil fixé par décret en Conseil d'État, le tribunal sollicite les observations des institutions mentionnées à l'article L. 3253-14 du Code de travail sur la désignation du liquidateur.

Un représentant des salariés est désigné dans les conditions prévues au deuxième alinéa de l'article L. 621-4 et à l'article L. 621-6. Il exerce la mission prévue à l'article L. 625-2. En l'absence de comité d'entreprise et de délégués du personnel, le représentant des salariés exerce les fonctions dévolues à ces institutions par les dispositions du présent titre.

Les contrôleurs sont désignés et exercent leurs attributions dans les conditions prévues au titre II.

Sans préjudice de l'application de l'article L. 641-2, le tribunal désigne, aux fins de réaliser, s'il y a lieu, l'inventaire prévu par l'article L. 622-6 et la prisée de l'actif du débiteur, un commissaire-priseur judiciaire, un huissier de justice, un notaire ou un courtier en marchandises assermenté, en considération des attributions respectives qui leur sont conférées par les dispositions qui leur sont applicables.

Les mandataires de justice et les personnes désignées à l'alinéa précédent font connaître sans délai tout élément qui pourrait justifier leur remplacement.

III. – Lorsque la liquidation judiciaire est prononcée au cours de la période d'observation d'une procédure de sauvegarde ou de redressement judiciaire, le tribunal nomme le mandataire judiciaire en qualité de liquidateur. Toutefois, le tribunal peut, par décision motivée, à la demande de l'administrateur, d'un créancier, du débiteur, des institutions mentionnées à l'article L. 3253-14 du Code du travail ou du ministère public, désigner en qualité de liquidateur une autre personne dans les conditions prévues à l'article L. 812-2.

Lorsque le débiteur exerce une profession libérale soumise à un statut législatif ou réglementaire ou dont le titre est protégé, la demande peut aussi être faite au tribunal par l'ordre professionnel ou l'autorité compétente dont, le cas échéant, il relève.

IV. – La date de cessation des paiements est fixée dans les conditions prévues à l'article L. 631-8.

Voir : C. com., art. R. 641-1 et s. et R. 641-36, p. 2186.

Bibliographie : F. Pérochon, *L'AGS contrôleur, l'AGS et la désignation des administrateurs judiciaires et des mandataires judiciaires : Rev. proc. coll.* 2019, 2, dossier 4.

Art. L. 641-1-1 *(Ord. n° 2008-1345, 18 déc. 2008)*. **– Le tribunal peut, soit d'office, soit sur proposition du juge-commissaire ou à la demande du ministère public, procéder au remplacement du liquidateur, de l'expert ou de l'administrateur s'il en a été désigné en application de l'article L. 641-10 ou encore adjoindre un ou plusieurs liquidateurs ou administrateurs à ceux déjà nommés.**

Le liquidateur, l'administrateur ou un créancier nommé contrôleur peut demander au juge-commissaire de saisir à cette fin le tribunal.

Lorsque le débiteur exerce une profession libérale soumise à un statut législatif ou réglementaire ou dont le titre est protégé, l'ordre professionnel ou l'autorité compétente dont, le cas échéant, il relève peut saisir le ministère public à cette même fin.

Le débiteur peut demander au juge-commissaire de saisir le tribunal aux fins de remplacer l'expert. Dans les mêmes conditions, tout créancier peut demander le remplacement du liquidateur.

Par dérogation aux alinéas qui précèdent, lorsque le liquidateur ou l'administrateur demande son remplacement, le président du tribunal, saisi à cette fin par le juge-commissaire, est compétent pour y procéder. Il statue par ordonnance.

(Créé à compter du 1er juillet 2014, Ord. n° 2014-326, 12 mars 2014) **Le juge-commissaire statue par ordonnance, dans les meilleurs délais, sur les demandes de saisine du tribunal aux fins de remplacement qui lui sont adressées en application du présent article.**

Le comité d'entreprise ou, à défaut, les délégués du personnel ou, à défaut, les salariés de l'entreprise peuvent seuls procéder au remplacement du représentant des salariés.

Art. L. 641-1-2 *(L. n° 2015-990, 6 août 2015)*. **– Lorsque sont réunies les conditions prévues à l'article L. 621-4-1, le tribunal désigne en qualité de liquidateur au moins deux mandataires judiciaires, dont un commun au débiteur et aux sociétés mentionnées aux 2° et 3° du même article.**

Art. L. 641-2 *(L. n° 2005-845, 26 juill. 2005 ; rempl., Ord. n° 2008-1345, 18 déc. 2008 ; mod., L. n° 2016-1547, 18 nov. 2016)*. **– Il est fait application de la procédure simplifiée prévue au chapitre IV du présent titre si l'actif du débiteur ne comprend pas de bien immobilier et si le nombre de ses salariés au cours des six mois précédant l'ouverture de la procédure ainsi que son chiffre d'affaires hors taxes sont égaux ou inférieurs à des seuils fixés par décret.**

Si le tribunal dispose des éléments lui permettant de vérifier que les conditions mentionnées au premier alinéa sont réunies, il statue sur cette application dans le jugement de liquidation judiciaire et peut confier au liquidateur la mission de réaliser, s'il y a lieu, l'inventaire dans cette procédure. Dans le cas contraire, le président du tribunal statue au vu d'un rapport sur la situation du débiteur établi par le liquidateur dans le mois de sa désignation.

Voir aussi : C. com., art. D. 641-10, p. 2188.

Art. L. 641-2-1 *(Abr., L. n° 2019-486, 22 mai 2019).*

> **Rédaction antérieure.** Art. L. 641-2-1 *(Ord. n° 2008-1345, 18 déc. 2008).* – En l'absence de bien immobilier et si le nombre des salariés du débiteur ainsi que son chiffre d'affaires hors taxes sont supérieurs aux seuils fixés en application de l'article L. 641-2 sans excéder des seuils fixés par décret, la procédure simplifiée prévue au chapitre IV du présent titre peut être ordonnée.
>
> Si la liquidation judiciaire est prononcée au cours d'une période d'observation, le tribunal statue sur cette application dans le jugement de liquidation judiciaire. Dans le cas contraire, la décision est prise par le président du tribunal au vu d'un rapport sur la situation du débiteur établi par le liquidateur dans le mois de sa désignation.

Art. L. 641-3 *(L. n° 2005-845, 26 juill. 2005 ; mod., Ord. n° 2008-1345, 18 déc. 2008 ; Ord. n° 2014-326, 12 mars 2014 ; L. fin. rect. n° 2015-1786, 29 déc. 2015).* – **Le jugement qui ouvre la liquidation judiciaire a les mêmes effets que ceux qui sont prévus en cas de sauvegarde par les premier et troisième alinéas du I et par le III de l'article L. 622-7, par les articles L. 622-21 et L. 622-22, par la première phrase de l'article L. 622-28 et par l'article L. 622-30.**

Le juge-commissaire peut autoriser le liquidateur ou l'administrateur lorsqu'il en a été désigné à payer des créances antérieures au jugement, pour retirer le gage ou la chose légitimement retenue ou encore pour lever l'option d'achat d'un contrat de crédit-bail.

Lorsque les dirigeants de la personne morale débitrice ne respectent pas leurs obligations en matière d'arrêté et d'approbation des comptes annuels, le liquidateur peut saisir le président du tribunal aux fins de désignation d'un mandataire *ad hoc*.

(Al. mod., L. n° 2019-486, 22 mai 2019) **Les créanciers déclarent leurs créances au liquidateur selon les modalités prévues aux articles L. 622-24 à L. 622-27 et L. 622-31 à L. 622-33. Si la détermination de l'assiette et du calcul de l'impôt est en cours, l'établissement définitif des créances du Trésor public admises à titre provisionnel doit être effectué par l'émission du titre exécutoire dans le délai prévu à l'article L. 624-1. Toutefois, si une procédure de contrôle ou de rectification de l'impôt a été engagée, l'établissement définitif, l'établissement définitif des créances qui en font l'objet doit être réalisé avant le dépôt au greffe du compte rendu de fin de mission par le liquidateur. Le délai de cet établissement définitif est suspendu par la saisine de l'une des commissions ou du comité mentionnés à l'article L. 59 du Livre des procédures fiscales jusqu'à la date de réception par le contribuable ou son représentant de l'avis de cette commission ou celle d'un désistement.**

Voir : C. com., art. R. 641-23 et s., p. 2189.

Bibliographie : G. Amlon, *L'attribution judiciaire du gage en cas de procédures collectives : JCP* E 1990, II, 15815. • Y. Neveu, *L'attribution judiciaire du gage : une arme absolue ? : Banque* 1985, p. 1030. • F. Pérochon, *Le choix de garanties efficaces : BJE* 2012, § 164. • C. Pourquier, *Faculté de rétention et procédures collectives : D. affaires* 1998, p. 936 ; *La rétention du gagiste ou la supériorité du fait sur le droit : RTD com.* 2000, p. 569.

Art. L. 641-4 *(L. n° 2005-845, 26 juill. 2005 ; mod., Ord. n° 2008-1345, 18 déc. 2008 ; Ord. n° 2010-1512, 9 déc. 2010 ; L. n° 2013-504, 14 juin 2013 ; mod. à compter du 1er juillet 2014, Ord. n° 2014-326, 12 mars 2014 ; mod. à compter du 28 septembre 2014, Ord. n° 2014-1088, 26 sept. 2014).* – **Le liquidateur procède aux opérations de liquidation en même temps qu'à la vérification des créances. Il peut introduire ou poursuivre les actions qui relèvent de la compétence du mandataire judiciaire.**

Il n'est pas procédé à la vérification des créances chirographaires s'il apparaît que le produit de la réalisation de l'actif sera entièrement absorbé par les frais de justice et les créances privilégiées, à moins que, s'agissant d'une personne morale ou d'un entrepreneur individuel à responsabilité limitée, il n'y ait lieu de mettre à la charge des dirigeants sociaux de droit ou de fait ou de cet entrepreneur tout ou partie du passif conformément à l'article L. 651-2.

Lorsqu'il apparaît nécessaire de reprendre la vérification des créances, le juge-commissaire fixe pour y procéder un délai supplémentaire qui ne peut excéder six mois. La fixation de ce délai supplémentaire a les mêmes conséquences que celle du délai prévu à l'article L. 624-1.

Le liquidateur exerce les missions dévolues à l'administrateur et au mandataire judiciaire par les articles L. 622-6, L. 622-20, L. 622-22, L. 622-23, L. 625-3, L. 625-4 et L. 625-8.

Les licenciements auxquels procède le liquidateur en application de la décision ouvrant ou prononçant la liquidation, le cas échéant au terme du maintien provisoire de l'activité autorisé par le tribunal, sont soumis aux dispositions de l'article L. 1233-58 du Code du travail. L'avis du comité d'entreprise et, le cas échéant, celui du comité d'hygiène et de sécurité des conditions de travail et de l'instance de coordination sont rendus au plus

tard dans les douze jours de la décision prononçant la liquidation, ou, si le maintien provisoire de l'activité a été autorisé par le tribunal, dans les douze jours suivant le terme de cette autorisation. L'absence de remise du rapport de l'expert mentionné aux articles L. 1233-34, L. 1233-35, L. 2325-35 ou L. 4614-12-1 du Code du travail ne peut avoir pour effet de reporter ce délai.

Voir : C. com., art. R. 641-14 et s., p. 2188.

Bibliographie : P. Bailly, *Les licenciements et les procédures collectives : Gaz. proc. coll.* 7-8 nov. 2008, p. 3. • P. Cagnoli, *Le droit variable des créanciers sur l'immeuble déclaré insaisissable de leur débiteur liquidé : D.* 2018, chron. p. 1829. • L. Fin-Langer, *Ordonnance portant réforme du droit des entreprises en difficulté : mesures sociales : JCP S* 2009, act. 4 ; *Les risques subis par les salariés*, in Actes du colloque de Caen, 15 oct. 2010, *Risques et responsabilités en droit des procédures collectives : Rev. proc. coll.* 2010, art. 10. • H. de Frémont, *Les licenciements et les procédures collectives : un compromis acceptable ? : Gaz. proc. coll.* 2009, n° 1, p. 11 ; *Droit du travail et procédure collective : une réforme impossible ? : BJE* 2014, p. 123. • Ch. Gailhbaut, *Les dispositions concernant les salariés de l'ordonnance du 12 mars 2014 : D.* 2014, p. 755. • D. Jacotot, *Les apports de la loi de sécurisation de l'emploi applicables aux entreprises en difficultés : Rev. proc. coll.* 2014, étude 24. • A. Leborgne, *Insaisissabilité et procédures collectives : D.* 2018, chron. p. 1223. • F. Reille, *Insaisissabilité et liquidation judiciaire, Les trois temps d'une décennie de relations délicates : Cah. dr. entr.* 2016, dossier 38. • *Adde Droit social et procédures collectives : Rev. proc. coll.* 2012, dossier 1, actes du séminaire de l'AJDE du 14 octobre 2011.

1) Le liquidateur judiciaire est recevable à agir à l'encontre des associés d'une société civile de moyens ou d'une société en nom collectif pour voir fixer leur contribution aux pertes sociales par la prise en compte, outre du montant de leurs apports, de celui du passif social et du produit de la réalisation des actifs. V. sous C. civ., art. 1832, annot. n° 28 c, p. 12.

2) Si le liquidateur représente le débiteur, il est également chargé de la défense de l'intérêt collectif des créanciers. Étant à ce titre tiers par rapport à la société débitrice, il est recevable à agir en inopposabilité de cessions des parts sociales de cette dernière, pour manquement aux formalités de publicité : ▪ Cass. com., 25 sept. 2012, n° 11-30.018 : *BJE* 2013, § 16, note N. Tagliarino-Vignal.

3) Pouvoirs du liquidateur et intérêt collectif des créanciers. La déclaration d'insaisissabilité n'étant opposable à la liquidation judiciaire que si elle a fait l'objet d'une publicité régulière, le liquidateur, qui a qualité pour agir au nom et dans l'intérêt collectif des créanciers, est recevable à en contester la régularité à l'appui d'une demande tendant à reconstituer le gage commun des créanciers : ▪ Cass. com., 15 nov. 2016, n° 14-26.287, FS - P + B + I : *JurisData* n° 2016-023984 ; *JCP* E 2017, 1610, note Ch. Lebel ; *D.* 2016, p. 2333, obs. A. Lienhard ; *Gaz. Pal.* 10 janv. 2017, p. 52, note P.-M. Le Corre ; *BJE* 2017, p. 109, note N. Borga ; *Rev. proc. coll.* 2017, comm. 3, note F. Reille. – V. *contra* auparavant : ▪ Cass. com., 13 mars 2012, n° 11-15.438 : *Bull. civ.* IV, n° 53 ; *JCP* E 2012, 1325, note P.-M. Le Corre ; *BJS* 2012, p. 495, note M.-H. Monsérié-Bon ; *BJE* 2012, p. 147, obs. L. Camensuli-Feuillard ; *D.* 2012, p. 807, obs. A. Lienhard, *ibid.* p. 1460, note F. Marmoz, p. 1574, obs. P. Crocq, p. 2203, obs. P.-M. Le Corre ; *Rev. sociétés* 2012, 394, obs. L.-C. Henry : Le liquidateur n'a pas qualité pour agir dans l'intérêt des seuls créanciers postérieurs à la déclaration d'insaisissabilité en inopposabilité de celle-ci puisqu'il ne peut agir que dans l'intérêt de tous les créanciers. – Le revirement opéré par la Cour de cassation le 15 novembre 2016 permet au liquidateur de s'en prévaloir pour des faits antérieurs audit revirement : ▪ Cass. com., 30 janv. 2019, n° 17-24.584 : *JurisData* n° 2019-001095 ; *Rev. proc. coll.* 2019, comm. 53, obs. C. Lisanti. – Commet un excès de pouvoir le juge-commissaire qui autorise le liquidateur à procéder à la vente d'un immeuble dont l'insaisissabilité lui était opposable, ▪ Cass. civ., 24 mars 2015 : *JCP* E 2015, 1245, note A. Cérat-Gauthier ; *Rev. sociétés* 2015, p. 404, note L.-C. Henry ; *D.* 2015, p. 799, obs. A. Lienhard et p. 1302, note N. Borga ; *Rev. proc. coll.* 2015, comm. 79, obs. M.-P. Dumont-Lefrand ; *BJE* 2015, p. 224, note L. Le Mesle. – Le liquidateur, qui ne peut légalement agir que dans l'intérêt de tous les créanciers et non dans l'intérêt personnel d'un créancier ou d'un groupe de créanciers, ne peut agir en licitation-partage d'un immeuble déclaré insaisissable, quand bien même la déclaration d'insaisissabilité serait inopposable à deux des créanciers de la procédure : ▪ Cass. com., 30 juin 2015, n° 14-14.757 : *JurisData* n° 2015-016239 ; *JCP* E 2015, 1608, note Ch. Lebel ; *Rev. dr. bancaire* 2015, comm. 162, note S. Piédelièvre ; *D.* 2015, p. 1486, obs. A. Lienhard ; *BJE* 2015, p. 294, note F. Pérochon. – Pour une application à un bien indivis déclaré insaisissable, V. ▪ Cass. com., 14 mars 2018, n° 16-27.302, F-P+B+I : *JurisData* n° 2018-003673 ; *JCP* N 2018, act. 325, obs. Ch. Lebel ; *Act. proc. coll.* 2018, alerte 118, obs. J. Leprovaux ; *BJE* 2018, p. 201, note V. Legrand ; *Rev. proc. coll.* 2019, comm. 52, obs. C. Lisanti. – Faute de pouvoir prétendre agir dans l'intérêt collectif des créanciers, puisque la déclaration d'insaisissabilité est d'ores et déjà inopposable aux créanciers de la procédure dont les droits lui sont antérieurs, le liquidateur n'a pas qualité pour en demander l'inopposabilité sur le fondement de l'action paulienne : ▪ Cass. com., 23 avr. 2013, n° 12-16.035 : *Bull. civ.* IV, n° 63 ; *D.* 2013, p. 1127, obs. A. Lienhard, p. 2363, note F.-X. Lucas ; *Rev. sociétés* 2013, p. 377, obs. P. Roussel Galle ; *JCP* G 2013, 767, note Ph. Pétel ; *BJE* 2013, p. 217, obs. L. Camensuli-Feuillard ; *Rev. proc. coll.* 2013, comm. 113, note F. Reille ; *RD bancaire et fin.* 2013, comm. 135, obs. S. Piédelièvre. – Comp. ▪ Cass. 1re civ., 29 mai 2013, n° 12-16.541 (FD) : *BJE* 2013, p. 298, note L. Sautonie-Laguionie : le droit conféré aux créanciers par l'article 1167 du Code civil peut également être exercé, en leur nom et dans l'intérêt collectif des créanciers, par leur représentant et la recevabilité de son action n'est pas subordonnée à la condition que plusieurs créanciers puissent exercer l'action paulienne. – Comp. nouvel art. L. 632-1, 12°, C. com. et nouvel art. L. 526-1, C. com. – *Adde* M. Cazajus, *L'immeuble insaisissable en liquidation judiciaire en 10 questions : Defrénois* 1er févr. 2018, p. 13. – C. Lisanti, *Déclaration notariée d'insaisissabilité : une protection efficace du patrimoine de l'entrepreneur ? : JCP* N 2017, 1330. – F. Pérochon, *Efficacité de la déclaration d'insaisissabilité... : oui, mais après ? : Rev. proc. coll.* 2013, dossier 25. – Ph. Roussel-Galle, *Le point sur l'insaisissabilité de la résidence principale : Rev. proc. coll.* 2017, repère 6. – F. Vauvillé, *Opposabilité de la déclaration d'insaisissabilité au mandataire et incidence de la loi Macron : Defrénois* 2016, p. 282. – Sur les droits du créancier titulaire d'une sûreté réelle et auquel la déclaration d'insaisissabilité est inopposable, V. *infra* ▪ Cass. com., 5 avr. 2016, n° 14-24.640, FS-P+B : *JurisData* n° 2016-006837, sous art. L. 643-2, p. 2082. – Sur le droit du créancier auquel la déclaration d'insaisissabilité est inopposable d'obtenir un titre exécutoire contre le débiteur afin d'exercer son droit de poursuite sur l'immeuble, V. ▪ Cass. com., 13 sept. 2017, n° 16-10.296 (FS-P+B+I) : *JurisData* n° 2017-017689 ; *JCP* G 2017, 1223, obs. R. Vabres ; *JCP* E 1561, obs. A. Cérati-Gauthier ; *BJE* 2017, p. 416, obs. C. Lisanti ; *Gaz. Pal.* 16 janv. 2018, p. 68, obs. P.-M. Le Corre ; *RTD com.* 2017, p. 994, obs. A. Martin-Serf.

4) Sur la notion d'intérêt collectif des créanciers, donnant qualité à agir au liquidateur, V. *supra* ▪ Cass. com., 2 juin 2015, préc. sous C. com., art. L. 622-20, annot. n° 2 *a)*, p. 2008.

5) La dispense de vérification des créances chirographaires ne fait pas obstacle à l'action en responsabilité pour insuffisance d'actif dès lors que celle-ci est établie : ▪ Cass. com., 5 nov. 2013, n° 12-22.510, FS-P+B : *JurisData* n° 2013-025011 ; *Rev. sociétés* 2013, p. 730, note Ph. Roussel-Galle ; *Rev. Lamy dr. aff.* 2013, n° 88, p. 24, note A. Farache.

Art. L. 641-5 ***(Anc. art. L. 622-5, dénum., L. n° 2005-845, 26 juill. 2005 ; mod., L. n° 2005-845, 26 juill. 2005).*** **– Lorsque la liquidation judiciaire est prononcée au cours de la période d'observation d'une procédure de sauvegarde ou de redressement judiciaire, le liquidateur procède aux opérations de liquidation en même temps qu'il achève éventuellement la vérification des créances et qu'il établit l'ordre des créanciers. Il poursuit les actions introduites avant le jugement de liquidation, soit par l'administrateur, soit par le mandataire judiciaire, et peut introduire les actions qui relèvent de la compétence du mandataire judiciaire.**

Art. L. 641-6 ***(Anc. art. L. 622-6, dénum., L. n° 2005-845, 26 juill. 2005 ; rempl., Ord. n° 2008-1345, 18 déc. 2008).*** **– Aucun conjoint ou partenaire lié par un pacte civil de solidarité, aucun parent ou allié jusqu'au quatrième degré inclusivement, du débiteur personne physique ou des dirigeants, s'il s'agit d'une personne morale, ne peut être désigné à l'une des fonctions prévues à l'article L. 641-1 ou L. 641-10, sauf dans les cas où cette disposition empêche la désignation d'un représentant des salariés.**

Art. L. 641-7 ***(L. n° 2005-845, 26 juill. 2005 ; mod., Ord. n° 2008-1345, 18 déc. 2008).*** **– Le liquidateur tient informés, au moins tous les trois mois, le juge-commissaire, le débiteur et le ministère public du déroulement des opérations.**

Le juge-commissaire et le ministère public peuvent à toute époque requérir communication de tous actes ou documents relatifs à la procédure.

Voir : C. com., art. R. 641-38, p. 2191.

Art. L. 641-8 ***(Anc. art. L. 622-8, dénum., L. n° 2005-845, 26 juill. 2005 ; Ord. n° 2008-1345, 18 déc. 2008).*** **– Toute somme reçue par le liquidateur dans l'exercice de ses fonctions est immédiatement versée en compte de dépôt à la Caisse des dépôts et consignations. En cas de retard, le liquidateur doit, pour les sommes qu'il n'a pas versées, un intérêt dont le taux est égal au taux de l'intérêt légal majoré de cinq points.**

Toute somme versée par l'association mentionnée à l'article L. 3253-14 du Code du travail en application des articles L. 3253-8 à L. 3253-13 du même code donne lieu à déclaration à l'administration fiscale par le liquidateur.

Bibliographie : R. Tudela, *Des conséquences manifestement excessives du règlement entre les mains d'un liquidateur : Gaz. Pal.* 1999, doctr. p. 1223.

Art. L. 641-9 ***(Anc. art. L. 622-9, dénum., L. n° 2005-845, 26 juill. 2005 ; Ord. n° 2010-1512, 9 déc. 2010).*** **– I. – Le jugement qui ouvre ou prononce la liquidation judiciaire emporte de plein droit, à partir de sa date, dessaisissement pour le débiteur de l'administration et de la disposition de ses biens même de ceux qu'il a acquis à quelque titre que ce soit tant que la liquidation judiciaire n'est pas clôturée. Les droits et actions du débiteur concernant son patrimoine sont exercés pendant toute la durée de la liquidation judiciaire par le liquidateur.**

Toutefois, le débiteur peut se constituer partie civile dans le but d'établir la culpabilité de l'auteur d'un crime ou d'un délit dont il serait victime.

Le débiteur accomplit également les actes et exerce les droits et actions qui ne sont pas compris dans la mission du liquidateur ou de l'administrateur lorsqu'il en a été désigné.

II. – ***(Rempl. à compter du 1er juillet 2014, Ord. n° 2014-326, 12 mars 2014).*** **– Lorsque le débiteur est une personne morale, un mandataire peut être désigné, en cas de nécessité, au lieu et place des dirigeants sociaux par ordonnance du président du tribunal sur requête de tout intéressé, du liquidateur ou du ministère public.**

III. – Lorsque le débiteur est une personne physique, il ne peut exercer, au cours de la liquidation judiciaire, aucune des activités mentionnées au premier alinéa de l'article L. 640-2. Toutefois, le débiteur entrepreneur individuel à responsabilité limitée peut poursuivre l'exercice d'une ou de plusieurs de ces activités, si celles-ci engagent un patrimoine autre que celui visé par la procédure.

IV ***(Créé à compter du 1er juillet 2014, Ord. n° 2014-326, 12 mars 2014).*** **– Le liquidateur ne peut, sauf accord du débiteur, réaliser les biens ou droits acquis au titre d'une succession ouverte après l'ouverture ou le prononcé de la liquidation judiciaire, ni provoquer le partage de l'indivision pouvant en résulter.**

Bibliographie : A. Beuve, *La coexistence du liquidateur judiciaire et du liquidateur amiable après la loi de sauvegarde des entreprises (C. com., art. L. 641-9 II) : JCP* N 2007, 1170. • Ch. Boillot, *Portée du dessaisissement du débiteur en liquidation judiciaire et qualité pour ester en justice : LPA* 27 juin 2012, n° 128, p. 14. • H. Cantin, *La représentation d'une société en liquidation judiciaire : Rev. proc. coll.* 2008, p. 21. • Ph. Delmotte, *L'accès au juge dans les procédures collectives : LPA* 28 nov. 2008, p. 50. • L.-C. H. Henry et Ch.-H. Carboni, *La place du dirigeant : de la liberté de gestion au dessaisissement : Rev. proc. coll.* 2016, dossier 24. • Ch. Lebel, *Les indisponibilités en droit des procédures collectives : Dr. et patrimoine* 2014, p. 232. • M.-N. Legrand, *Les pouvoirs du débiteur dessaisi : Rev. proc. coll.* 1991, p. 11. • F.-X. Lucas, *Dessaisissement : D.* 2018, chron. p. 1829. • L. Martello, *L'action civile dans les procédures collectives : LPA* 28 nov. 2008, p. 15. • S. Le Normand, *Le dessaisissement du débiteur en liquidation judiciaire à l'épreuve des évolutions récentes : JCP* E 2012, 1337. • Y. Paclot et Ph. Roussel-Galle, *Quelques remarques sur la réparation du préjudice d'une société dissoute par l'effet d'une liquidation judiciaire : JCP* E 2008, 2101. • J.-L. Puygauthier, *Le dessaisissement du débiteur et ses conséquences pour le notaire : JCP* E 2017, 1334. • J.-P. Rémery, *L'incidence de l'ouverture d'une procédure collective sur l'instance de cassation (civile) : quelques réflexions : D.* 2015, p. 2453. • Ph. Roussel-Galle, *Débiteur personne physique : du dessaisissement au rebond : BJE* 2018, 5, p. 389. • C. Saint-Alary-Houin, *Le dessaisissement du débiteur en liquidation judiciaire. Les pouvoirs du chef d'entreprise : Rev. proc. coll.* 2003, p. 173. • L. Sautonie-Laguionie, *Les biens soumis à la procédure collective : Dr. et patrimoine* avr. 2018, p. 30. • G. Teboul, *Procédures collectives : les effets du dessaisissement : RJ com.* 2002, p. 360. • J. Théron, *Les contours du dessaisissement du débiteur en liquidation judiciaire : Rev. proc. coll.* 2013, dossier 3. • D. Tricot, *La représentation des sociétés et les procédures collectives : Rev. Lamy dr. aff.* mars 2005, suppl. n° 80, p. 103.

I – DESSAISISSEMENT DU DÉBITEUR

1) Conformité à la Constitution. Refus de renvoi d'une QPC : ▪ Cass. com., 18 déc. 2012, n° 12-40.076 : *JurisData* n° 2012-029878 ; *Dr. sociétés* 2013, comm. 54, note J.-P. Legros ; *BJE* 2013, § 45, note S. Bénilsi.

2) Portée du dessaisissement du débiteur. Le jugement de liquidation judiciaire d'une personne physique emporte dessaisissement pour le débiteur de l'administration et de la disposition de ses biens, notamment des parts dans le capital d'une société mais ne le dessaisit pas de ses fonctions de représentant légal de cette société : ▪ Cass. com., 27 nov. 2001 : *Bull. civ.* IV, n° 189 ; *JCP* E 2002, p. 805, obs. Ph. Pétel ; *D.* 2002, act. jurispr. p. 92, obs. A. Lienhard ; *Act. proc. coll.* 2002, n° 12, obs. J. Vallansan ; *Dr. sociétés* 2002, n° 24, note J.-P. Legros ; *BJS* 2002, p. 212, note

M. Sénéchal. – Le liquidateur, qui ne peut donc agir qu'au nom du débiteur actionnaire de la société, n'est pas recevable à demander la désignation d'un administrateur provisoire de la société, au motif que son représentant légal est soumis à une procédure de liquidation judiciaire : même arrêt. – Demeurant le représentant légal de la société, le dirigeant soumis à une liquidation judiciaire peut valablement recevoir la signification d'une décision portant condamnation de la société qu'il représente : ▪ Cass. 3ᵉ civ., 19 déc. 2007, n° 06-18.811 : *D.* 2008, act. jurispr. p. 159, obs. A. Lienhard. – Le jugement qui ouvre ou prononce la liquidation judiciaire d'une personne physique emporte dessaisissement pour le débiteur de l'administration et de la disposition de ses biens, mais ne le dessaisit pas de l'exercice des droits attachés à sa personne ; le liquidateur n'a donc pas qualité pour exercer les actions liées à sa qualité d'associé ou de gérant et concernant le patrimoine de la personne morale, non plus que son droit de participer aux décisions collectives : ▪ Cass. com., 18 oct. 2011, n° 10-19.647 : *Bull. civ.* IV, n° 163 ; *JurisData* n° 2011-022336 ; *JCP* E 2012, 1018, note Ch. Lebel ; *ibid.*, 1000, n° 4, obs. Ph. Pétel ; *D.* 2012, p. 593, note B. Dondero ; *Dr. sociétés* 2011, comm. 213, H. Hovasse ; *Gaz. Pal.* 20-21 janv. 2012, p. 27, note D. Voinot ; *D.* 2011, p. 2970, note F. Marmoz ; *BJS* 2011, n° 547, note F.-X. Lucas ; *BJE* 2012, n° 55, note M.-L. Coquelet. – *Adde* ▪ Cass. com., 19 juin 2012, n° 11-19.775 : *BJS* 2012, § 403, note F.-X. Lucas ; *Rev. sociétés* 2012, p. 532, note L.-C. Henry ; *Gaz. Pal.* 2012, nᵒˢ 286 et 287, p. 28, note D. Voinot. – L'action en paiement du solde d'un compte-courant d'associé n'est pas une action liée à la qualité d'associé concernant le patrimoine de la personne morale mais tend au recouvrement de la créance dont dispose l'associé contre la personne morale, et doit donc être exercée par le liquidateur : ▪ Cass. com., 23 sept. 2014, nᵒˢ 12-29.262 et 13-15.437 : *Bull. civ.* IV, n° 135 ; *JurisData* n° 2014-021772 ; *JCP* G 2015, 182, B. Dondero ; *BJS* 2014, p. 712, note E. Mouial-Bassilana ; *JCP* E 2014, 1605, note Ch. Lebel ; *Rev. proc. coll.* 2015, comm. 43, note Fl. Reille. – L'action en contestation de l'état liquidatif d'une société n'est pas une action liée à la qualité d'associé concernant le patrimoine de celle-ci mais tend au recouvrement de la créance dont dispose l'associé au titre de ses droits sociaux, de la reprise de ses apports, de ses droits aux dividendes et au boni de liquidation, et doit donc être exercée par le liquidateur : ▪ Cass. com., 6 sept. 2017, n° 16-10.711 : *JurisData* n° 2017-017429 ; *Dr. sociétés* 2017, comm. 195, obs. J.-P. Legros ; *BJS* 2017, p. 700, obs. N. Borga. – La demande de reconnaissance de créance de salaire différé à l'égard d'une succession n'entre pas dans la catégorie des droits propres du débiteur : ▪ Cass. com., 11 juin 2014, n° 12-28.769 : *JurisData* n° 2014-012792 ; *JCP* E 2014, 1500, note Ch. Lebel ; *Rev. proc. coll.* 2015, comm. 23, G. Berthelot.

3) Domaine du dessaisissement.

a) Action publique. Le liquidateur judiciaire ne représente la personne morale que pour les actions à caractère patrimonial, ce qui n'inclut pas la défense à l'action publique dans le cadre de poursuites pénales : ▪ Cass. crim., 10 févr. 2010, n° 08-87.357 : *Bull. crim.* n° 22 ; *JurisData* n° 2010-000754 ; *JCP* E 2010, 1742, n° 8, obs. M. Cabrillac ; *Act. proc. coll.* 2010, comm. 99, obs. P. Cagnoli ; *Dr. sociétés* 2010, comm. 211, obs. J.-P. Legros ; *BJS* 2010, obs. E. Mouial Bassilana. – Le représentant statutaire ou mandataire d'une société mise en liquidation judiciaire dispose du droit propre, dans les intérêts de la société qui soutient être victime d'un délit, de s'associer à l'action publique, tandis que le liquidateur de cette société dispose concurremment de cette faculté afin d'assurer la défense des intérêts patrimoniaux de la société : ▪ Cass. crim., 30 janv. 2019, n° 17-86.344 : *JurisData* n° 2019-001043 ; *Dr. sociétés* 2019, comm. 76, R. Salomon.

b) **Voies de recours.** La SCI liquidée, représentée par un mandataire *ad hoc*, dispose d'un droit propre s'agissant d'une instance en paiement engagée à son encontre avant le jugement d'ouverture, ce qui lui permet d'intervenir volontairement, à titre accessoire, dans l'instance ouverte sur la tierce opposition formée par un associé de cette SCI : ▪ Cass. com., 26 mai 2010, n° 09-14.241 : *BJS* 2010, obs. O. Staes. – Lorsqu'une instance, tendant à la condamnation du débiteur au paiement d'une somme d'argent pour une cause antérieure au jugement d'ouverture de sa liquidation judiciaire, est en cours à la date de ce jugement, le débiteur a, dans ce cas, le droit propre d'exercer les voies de recours prévues par la loi contre la décision statuant sur la demande de condamnation : ▪ Cass. com., 8 sept. 2015, n° 14-14.192 : *JurisData* n° 2015-019885 ; *Act. proc. coll.* 2015, alerte 256, obs. P. Cagnoli ; *D.* 2015, p. 1839, obs. A. Lienhard ; *Dr. sociétés* 2015, comm. 203, J.-P. Legros ; *Procédures* 2015, comm. 334, B. Rolland ; *Gaz. Pal.* 19 janv. 2016, note D. Voinot ; *Rev. proc. coll.* 2016, comm. 52, obs. Fl. Reille. – Le dessaisissement du débiteur n'emporte pas changement de capacité de celui-ci, fût-il une personne morale, et ne constitue donc pas une cause d'interruption du délai d'appel, au sens de l'article 531 du Code de procédure civile, qui était en cours au moment de l'ouverture de la liquidation judiciaire pour une décision qui lui avait été régulièrement notifiée : ▪ Cass. com., 18 mai 2016, n° 14-25.997 : *JurisData* n° 2016-009445 ; *JCP* E 2016, 1435, note A. Cerati-Gauthier et 1465, n° 3, obs. Ph. Pétel ; *BJE* 2016, n° 382, p. 1, note J.-P. Rémery ; *RTD com.* 2016, p. 857, note J.-L. Vallens ; *Act. proc. coll.* 2016, comm. 149, obs. T. Le Bars ; *Dr. sociétés* 2016, comm. 170, note J.-P. Legros. – *Adde* ■ Cass. com., 22 févr. 2107, n° 15-17.939 : *Act. proc. coll.* 2017, alerte 93, note J. Leprovaux ; qui retient que le débiteur dispose d'un droit propre pour faire appel du jugement rendu à l'occasion d'une instance en cours à la date du jugement d'ouverture de la liquidation judiciaire et que l'absence de signification de la première décision au liquidateur n'a aucune incidence sur le délai d'appel dont il dispose. – Le débiteur dispose d'un droit propre à former un recours contre l'ordonnance autorisant le liquidateur à signer une transaction, dès lors que cette dernière a, notamment, pour objet la cession d'un actif dépendant de la liquidation judiciaire : ■ Cass. com., 24 janv. 2018, n° 16-50.033, P+B+I : *JurisData* n° 2018-000713 ; *Rev. proc. coll.* 2018, comm. 73, obs. G. Berthelot ; *BJS* 2018, p. 224, obs. E. Brocard ; *Act. proc. coll.* 2018, alerte 55, obs. J. Vallansan ; *BJE* 2018, p. 196, comm. J. Théron ; *Dr. sociétés* 2018, comm. 153, obs. J.-P. Legros.

c) Déclaration d'insaisissabilité (non). Le débiteur peut opposer la déclaration d'insaisissabilité qu'il a effectuée avant qu'il ne soit mis en liquidation judiciaire, en dépit de la règle du dessaisissement : ■ Cass. com., 28 juin 2011, n° 10-15.482 : *Bull. civ.* IV, n° 109 ; *JurisData* n° 2011-012491 ; *JCP* E 2011, 1551, note F. Pérochon ; *ibid.*, 1596, n° 7, obs. Ph. Pétel ; *JCP* N 2011, 1238, comm. Ch. Lebel ; *D.* 2011, p. 1751, obs. A. Lienhard. – Le liquidateur n'a pas qualité pour agir dans l'intérêt des seuls créanciers postérieurs à la déclaration d'insaisissabilité en inopposabilité de celle-ci puisqu'il ne peut agir que dans l'intérêt de tous les créanciers : ■ Cass. com., 13 mars 2012, n° 11-15.438 : *Bull. civ.* IV, n° 53 ; *D.* 2012, p. 807, obs. A. Lienhard, *ibid.* p. 1460, note F. Marmoz, p. 1574, obs. P. Crocq, p. 2203, obs. P.-M. Le Corre ; *Rev. sociétés* 2012, 394, obs. L.-C. Henry. – *Adde*, J. Leprovaux et J. Vallansan, *Vivre en procédure collective. Le sort de la résidence de la famille, protégée par la déclaration notariée d'insaisissabilité* : *Rev. proc. coll.* 2013, dossier 6.

d) Action en recouvrement des créances (oui). – Le débiteur dessaisi a le droit propre de contester son passif, mais non d'exercer les actions tendant au recouvrement des créances. En conséquence, le désistement du liquidateur suffit à emporter extinction de l'instance : ■ Cass. com., 18 sept. 2012, n° 11-17.546 : *BJE* 2012, § 202, note L. Sautonie-Laguionie ; *Gaz. Pal.* 19 janv. 2013, n° 19, p. 29, note D. Voinot.

e) **Contestation des répartitions (oui)**. – Aucun droit propre faisant échec au dessaisissement du débiteur en liquidation judiciaire ne l'autorise à contester seul l'attribution à un créancier du prix d'adjudication d'un immeuble et à relever, en conséquence, appel des décisions relatives à cette attribution : ■ Cass. com., 13 nov. 2013, n° 12-28.572 : *JurisData* n° 2013-025500 ; *Bull. civ.* IV, n° 165 ; *JCP* E 2014, 1020, n° 5, obs. Ph. Pétel ; *Procédures* 2014, p. 19, note B. Rolland.

f) **Action en nullité d'un contrat pour insanité d'esprit (non)**. Aux termes de l'article 414-2 du Code civil, l'action en nullité fondée sur l'insanité d'esprit n'appartient de son vivant qu'à l'intéressé, il s'en déduit que l'action exercée par le débiteur est exclusivement attachée à sa personne : ■ Cass. com., 16 déc. 2014, n° 13-21.479 : *JurisData* n° 2014-031673 ; *BJE* 2015, p. 92, note M.-L. Mathieu ; *JCP* E 2015, 1068, note Ch. Lebel.

g) Le **partage successoral** est un acte d'administration et de disposition d'un patrimoine pouvant constituer le gage des créanciers, la **signature** d'un tel acte relève donc des seuls pouvoirs du liquidateur : ■ Cass. com., 15 janv. 2015, n° 13-12.590 : *JurisData* n° 2015-000241 ; *JCP* E 2015, 1148, note Ch. Lebel ; *BJE* 2015, p. 95, note S. Benilsi ; *Defrénois* 2015, p. 1098, note B. Vareille ; *Rev. proc. coll.* 2015, comm. 78, note M.-P. Lefrand. – ■ Comp. Cass. com., 21 nov. 2018, n° 17-12.761 : *JurisData* n° 2018-020770 ; *Act. proc. coll.* 2019, alerte 10, obs. J. Leprovaux ; *JCP* E 2019, 1206, chron. 5, obs. Ph. Pétel : Lorsqu'est pendante, à la date du jugement d'ouverture de sa liquidation judiciaire, une instance relative aux opérations de compte, liquidation et partage d'une indivision successorale dans laquelle il a des droits à faire valoir en qualité d'héritier, le débiteur dispose d'un droit propre pour continuer à défendre seul dans cette instance et n'est donc pas dessaisi de l'administration et de la disposition de ses biens et de ses droits relativement à une telle action.

h) Le **pourvoi** du débiteur, en tant que **partie civile**, est irrecevable s'il est formé seul, sans le concours du liquidateur, alors que ne sont plus en cause que des intérêts civils, ■ Cass. com., 9 mars 2016, n° 14-86.631 (FS-P+B) : *JurisData* n° 2016-004134.

i) **Action en report de la date de la cessation des paiements** (non) : le débiteur dispose d'un droit propre de s'y défendre : ■ Cass. com., 19 mai 2015, n° 14-14.258 : *JurisData* n° 2015-011752 ; *Rev. proc. coll.* 2016, comm. 9, note G. Berthelot et Cl. Faure.

j) **Déclarations de revenus**. Dès lors que l'obligation de déclarer ses revenus est une obligation personnelle incombant au seul titulaire de ces revenus dont la méconnaissance est passible de poursuites pénales, le contribuable placé en liquidation judiciaire demeure tenu de procéder lui-même à cette déclaration. Il en va autrement de la déclaration de revenus catégoriels se rattachant à l'activité objet de la liquidation judiciaire qui doit être remplie par le liquidateur et pour laquelle la mise en demeure de l'administration fiscale doit par conséquent être adressée au liquidateur : ▪ CE, 28 juill. 2017, n° 398632 : *BJE* 2018, p. 54, obs. G. Dedeurwaerder ; *Dr. fisc.* 2018, p. 64, obs. E. Crépey ; *Gaz. Pal.* 10 oct. 2017, p. 70, obs. D. Voinot ; *Rev. proc. coll.* 2017, comm. 118, obs. R. Vabres.

k) **Action en divorce (oui).** Le débiteur a qualité pour intenter seul une action en divorce ou y défendre, action attachée à sa personne, qui inclut la fixation de la prestation compensatoire mise à sa charge, sans préjudice de l'exercice par le liquidateur, qui entend rendre inopposable à la procédure collective l'abandon en pleine propriété d'un bien propre appartenant au débiteur décidé par le juge du divorce à titre de prestation compensatoire, d'une tierce opposition contre cette disposition du jugement de divorce : ▪ Cass. com., 16 janv. 2019, n° 17-16.334 : *JurisData* n° 2019-000331 ; *JCP* N 2019, act. 233, obs. S. Piédelièvre et comm. 35, obs. F. Petit ; *JCP* E 2019, 1206, chron. 7, obs. Ph. Pétel.

4) Effets du dessaisissement du débiteur. Le dessaisissement de plein droit de l'administration et de la disposition des biens de la société, résultant, en application des dispositions de l'article L. 622-9 [L. 641-9] du Code de commerce, du jugement de liquidation judiciaire, n'entraîne pas la disparition de son droit de propriété sur l'immeuble litigieux, ce qui rend la société en liquidation redevable de la taxe annuelle prévue par l'article 990 D du Code général des impôts : ▪ Cass. com., 8 avr. 2008, n° 06-16.343 : *Bull. civ.* IV, n° 80 ; *RJF* 2008, n° 908. – Rappr. en matière d'ISF : ▪ Cass. com., 18 oct. 2017, n° 16-11.180 : *BJE* 2018, p. 93, note M.-H. Monsérié-Bon.

5) Incidence de la désignation d'un mandataire en application de l'article L. 643-9, alinéa 3 du Code de commerce. En ce cas, le débiteur ne recouvre pas l'exercice de ses droits et actions en ce qui concerne les instances en cours dont la poursuite a été confiée au mandataire, ni sur leur produit éventuel : ▪ Cass. com., 24 mai 2018, n° 17-11.513 : *JurisData* n° 2018-008579 ; *Act. proc. coll.* 2018, comm. 171, obs. P. Cagnoli ; *Dr. sociétés* 2018, comm. 33, obs. J.-P. Legros.

6) Sort de l'acte accompli par le débiteur seul. L'acte accompli par le débiteur seul au mépris du dessaisissement est inopposable à la procédure collective : ▪ Cass. com., 19 mai 2004 : *JurisData* n° 2004-023806 ; *Bull. civ.* IV, n° 96 ; *D.* 2004, p. 1813, obs. A. Lienhard ; *JCP* E 2004, 1292, n° 6, obs. P. Pétel. ▪ Cass. com., 5 juill. 2005, n° 04-13.266 : *JurisData* n° 2005-029373 ; *Bull. civ.* IV, n° 152 ; *D.* 2005, p. 2146, obs. A. Lienhard ; *JCP* E 2006, 1066, n° 5, obs. P. Pétel. ▪ Cass. com., 8 sept. 2015, n° 14-13.273 : *JurisData* n° 2015-019879 ; *Rev. proc. coll.* 2016, comm. 13, note G. Berthelot. – Y compris en cas d'éventuelles fautes du liquidateur : ▪ Cass. com., 22 févr. 2017, n° 15-13.899 : *JurisData* n° 2017-004642 ; *Dr. sociétés* 2017, comm. 88, obs. J.-P. Legros ; *Gaz. Pal.* 27 juin 2017, p. 54, obs. D. Voinot. – Par application de l'article L. 622-9, dans sa rédaction antérieure à la loi du 26 juillet 2005, est inopposable l'acte conclu en méconnaissance du dessaisissement du débiteur sans qu'il y ait lieu de rechercher si le ou les tiers concernés sont de bonne foi : ▪ Cass. com., 16 sept. 2014, n° 13-11.737 : *JurisData* n° 2014-021069 ; *Act. proc. coll.* 2014, comm. 280, obs. D. Robine ; *LPA* 12 févr. 2015, n° 31, p. 11, note Th. Stefania ; *BJE* 2014, p. 362, note S. Benilsi. – Sur un bail conclu par un débiteur au mépris de son dessaisissement et au mépris des règles de l'indivision, V. ▪ Cass. 3e civ., 26 févr. 2017, n° 14-29.272 : qui retient que l'acte est inopposable au syndic, comme aux coïndivisaires ou aux acquéreurs éventuels.

7) Opposabilité de l'irrégularité. Pour l'admission des intimés à soulever l'irrecevabilité de l'appel interjeté par le débiteur seul, V. ▪ Cass. com., 13 nov. 2013, préc. *supra* 3, *e)* (revirement). – *Adde* ▪ Cass. com., 5 sept. 2018, n° 16-24.663 : *JurisData* n° 2018-015852 ; *Dr. sociétés* 2019, comm. 74, obs. J.-P. Legros, qui admet que le défendeur à une action en responsabilité invoque le défaut de qualité à agir du débiteur par voie d'intervention volontaire pour demander l'indemnisation d'un préjudice purement patrimonial.

8) Prescription. À l'égard du liquidateur judiciaire qui exerce les droits et actions du débiteur, concernant son patrimoine, à la suite de son dessaisissement, la prescription commence à courir à compter de la même date qu'à l'égard de ce dernier : ▪ Cass. com., 13 déc. 2017, n° 16-21.207 : *JurisData* n° 2017-025776 ; *Dr. sociétés* 2018, comm. 34, obs. J.-P. Legros. – *Adde* sur l'absence de suspension du délai de prescription pour le débiteur en liquidation judiciaire, ▪ Cass. com., 24 janv. 2018, n° 16-50.033 : *BJE* 2018, p. 95, obs. V. Perruchot-Triboulet.

9) Reprise de la liquidation judiciaire. L'effet rétroactif de la reprise de la liquidation judiciaire est limité à la saisie et la réalisation des actifs et l'exercice des actions qui ont été omis dans la procédure clôturée, et n'emporte donc pas dessaisissement du débiteur : ▪ Cass. com., 22 mars 2017, n° 15-21.146 : *JurisData* n° 2017-005033 ; *JCP* E 2017, 1327, note A. Cérati-Gauthier ; *Rev. sociétés* 2017, p. 387, note L.-C. Henry ; *RTD com.* 2017, p. 438, note J.-L. Vallens ; *Dr. sociétés* 2017, comm. 111, obs. J.-P. Legros ; *BJS* 2017, p. 403, note P. Rubellin ; *Rev. proc. coll.* 2017, comm. 69, obs. G. Berthelot.

II – MAINTIEN DES DIRIGEANTS SOCIAUX EN FONCTION

10) **Pouvoirs des dirigeants sociaux maintenus en fonction.** En vertu de l'article L. 641-9 du Code de commerce, les dirigeants sociaux en fonction lors du prononcé du jugement de liquidation judiciaire le demeurent et ont ainsi pouvoir pour former appel pour le compte de la société débitrice contre la décision prononçant sa mise en liquidation. Le gérant de la société ayant valablement fait appel au nom de celle-ci, l'appel formé par un mandataire *ad hoc* agissant au nom de la société est donc irrecevable en ce qu'il est contraire au nouveau texte et dépourvu d'intérêt : ▪ CA Colmar, 5 juin 2007, n° 07/00663 : *JurisData* n° 2007-338128 ; *Act. proc. coll.* 2007, comm. 192, obs. J.-C. Pagnucco.

11) **Dispositions contraires des statuts.** Lorsque les statuts prévoient que les pouvoirs du gérant prennent fin en cas de dissolution de la société, l'appel d'un jugement de liquidation de la société formé par le gérant est irrecevable : ▪ CA Montpellier, 16 déc. 2008 : *JurisData* n° 2008-006044 ; *Dr. sociétés* 2009, comm. 101, obs. J.-P. Legros (2e esp.).

12) Les dispositions de l'article L. 641-9, II, ne font pas obstacle à l'exercice, par le liquidateur, des actions tendant à l'allocation de dommages et intérêts en réparation du préjudice résultant des infractions commises (abus de biens sociaux) par les dirigeants de la personne morale en liquidation judiciaire : ▪ Cass. crim., 5 déc. 2012, n° 11-85.838 : *L'essentiel droit des entreprises en difficulté* 2013, n° 1, p. 7, note J. Lasserre Capdeville ; *Gaz. Pal.* 2013, nos 121 à 124, p. 46, obs. C. Robazewski.

Art. L. 641-10 *(Anc. art. L. 622-10, dénum. et mod., L. n° 2005-845, 26 juill. 2005 ; Ord. n° 2008-1345, 18 déc. 2008)*. **– Si la cession totale ou partielle de l'entreprise est envisageable ou si l'intérêt public ou celui des créanciers l'exige, le maintien de l'activité peut être autorisé par le tribunal pour une durée maximale fixée par décret en Conseil d'État. Elle peut être prolongée à la demande du ministère public pour une durée fixée par la même voie. Lorsqu'il s'agit d'une exploitation agricole, ce délai est fixé par le tribunal en fonction de l'année culturale en cours et des usages spécifiques aux productions concernées.**

Le liquidateur administre l'entreprise.

Dans les conditions prévues à l'article L. 631-17, il peut procéder aux licenciements.

Le cas échéant, il prépare un plan de cession, passe les actes nécessaires à sa réalisation, en reçoit et en distribue le prix.

Toutefois, lorsque le nombre des salariés ou le chiffre d'affaires est supérieur ou égal à des seuils fixés par décret en Conseil d'État ou, en cas de nécessité, le tribunal désigne un administrateur judiciaire pour administrer l'entreprise. Dans ce cas, l'administrateur exerce les prérogatives conférées au liquidateur par les articles L. 641-11-1 et L. 641-12. Il prépare le plan de cession, passe les actes nécessaires à sa réalisation et, dans les conditions prévues à l'article L. 631-17, peut procéder aux licenciements. *(Mots aj. à compter du 1er juillet 2014, Ord. n° 2014-326, 12 mars 2014)* **« Le ministère public peut proposer le nom d'un administrateur judiciaire à la désignation du tribunal qui ne peut le rejeter que par décision spécialement motivée. »**

Lorsque l'administrateur ne dispose pas des sommes nécessaires à la poursuite de l'activité, il peut, sur autorisation du juge-commissaire, se les faire remettre par le liquidateur.

Le liquidateur ou l'administrateur, lorsqu'il en a été désigné, exerce les fonctions conférées, selon le cas, à l'administrateur ou au mandataire judiciaire par les articles L. 622-4 et L. 624-6.

L'arrêté d'un plan de cession totale ou l'expiration du délai fixé en application du premier alinéa met fin au maintien de l'activité. Le tribunal peut également décider d'y mettre fin à tout moment si celui-ci n'est plus justifié.

Voir : C. com., art. R. 641-18 à R. 641-20, p. 2189.

Bibliographie : P. Bailly, *Les licenciements et les procédures collectives : Gaz. proc. coll.* 7-8 nov. 2008, p. 3. • R. Dalmau et C. Domenget, *L'appréhension du temps agricole par les procédures collectives : Rev. proc. coll.* 2018, 5, dossier 32. • G. Dedessus-Le Moustier, *Licenciement et cession : de la préparation à l'exécution : LPA* 28-29 mars 2016, p. 16. • O. Fradin et P. Martin, *La mise en demeure d'opter sur le sort du bail dans le cadre d'une liquidation judiciaire : Procédures* mai 2007, étude 7. • L. Fin-Langer, *Ordonnance portant réforme du droit des entreprises en difficulté : mesures sociales : JCP* S 2009, act. 4 ; *Les risques subis par les salariés*, in Actes du colloque de Caen, 15 oct. 2010, *Risques et responsabilités en droit des procédures collectives : Rev. proc. coll.* 2010, art. 10. • H. de Frémont, *Les licenciements et les procédures collectives : un compromis acceptable ? : Gaz. proc. coll.* 2009, n° 1, p. 11 ; *Droit du travail et procédure collective : une réforme impossible ? : BJE* 2014, p. 123. • Ch. Gailhbaut, *Les dispositions concernant les salariés de l'ordonnance du 12 mars 2014 : D.* 2014, p. 755. • D. Jacotot, *Les apports de la loi de sécurisation de l'emploi applicables aux entreprises en difficultés : Rev. proc. coll.* 2014, étude 24. • *Adde Droit social et procédures collectives : Rev. proc. coll.* 2012, dossier 1, actes du séminaire de l'AJDE du 14 octobre 2011.

Art. L. 641-11 *(L. n° 2005-845, 26 juill. 2005 ; mod., Ord. n° 2008-1345, 18 déc. 2008 ; L. n° 2019-486, 22 mai 2019).* **– Le juge-commissaire exerce les compétences qui lui sont dévolues par les articles L. 621-9 et L. 623-2 et par le quatrième alinéa de l'article L. 622-16. Il fixe la rémunération afférente aux fonctions exercées par le débiteur s'il est une personne physique ou les dirigeants de la personne morale et exerce les compétences qui lui sont dévolues par le second alinéa de l'article L. 631-11. Lorsqu'il est empêché ou a cessé ses fonctions, il est remplacé dans les conditions prévues au troisième alinéa de l'article L. 621-9.**

Les renseignements détenus par le ministère public lui sont communiqués selon les règles prévues au deuxième alinéa de l'article 621-8.

Le liquidateur et l'administrateur, lorsqu'il en a été désigné, reçoivent du juge-commissaire tous les renseignements utiles à l'accomplissement de leur mission.

Art. L. 641-11-1 *(Ord. n° 2008-1345, 18 déc. 2008).* **– I. – Nonobstant toute disposition légale ou toute clause contractuelle, aucune indivisibilité, résiliation ou résolution d'un contrat en cours ne peut résulter du seul fait de l'ouverture ou du prononcé d'une liquidation judiciaire.**

Le cocontractant doit remplir ses obligations malgré le défaut d'exécution par le débiteur d'engagements antérieurs au jugement d'ouverture. Le défaut d'exécution de ces engagements n'ouvre droit au profit des créanciers qu'à déclaration au passif.

II. – Le liquidateur a seul la faculté d'exiger l'exécution des contrats en cours en fournissant la prestation promise au cocontractant du débiteur.

Lorsque la prestation porte sur le paiement d'une somme d'argent, celui-ci doit se faire au comptant, sauf pour le liquidateur à obtenir l'acceptation, par le cocontractant du débiteur, de délais de paiement. Au vu des documents prévisionnels dont il dispose, le liquidateur s'assure, au moment où il demande l'exécution, qu'il disposera des fonds nécessaires à cet effet. S'il s'agit d'un contrat à exécution ou paiement échelonnés dans le temps, le liquidateur y met fin s'il lui apparaît qu'il ne disposera pas des fonds nécessaires pour remplir les obligations du terme suivant.

III. – Le contrat en cours est résilié de plein droit :

1° Après une mise en demeure de prendre parti sur la poursuite du contrat adressée par le cocontractant au liquidateur et restée plus d'un mois sans réponse. Avant l'expiration de ce délai, le juge-commissaire peut impartir au liquidateur un délai plus court ou lui accorder une prolongation, qui ne peut excéder deux mois, pour se prononcer ;

2° À défaut de paiement dans les conditions définies au II et d'accord du cocontractant pour poursuivre les relations contractuelles ;

3° Lorsque la prestation du débiteur porte sur le paiement d'une somme d'argent, au jour où le cocontractant est informé de la décision du liquidateur de ne pas poursuivre le contrat.

IV. – À la demande du liquidateur, lorsque la prestation du débiteur ne porte pas sur le paiement d'une somme d'argent, la résiliation est prononcée par le juge-commissaire si elle est nécessaire aux opérations de liquidation et ne porte pas une atteinte excessive aux intérêts du cocontractant.

V. – Si le liquidateur n'use pas de la faculté de poursuivre le contrat ou y met fin dans les conditions du II ou encore si la résiliation du contrat est prononcée en application du IV, l'inexécution peut donner lieu à des dommages et intérêts au profit du cocontractant, dont le montant doit être déclaré au passif. Le cocontractant peut néanmoins différer la restitution des sommes versées en excédent par le débiteur en exécution du contrat jusqu'à ce qu'il ait été statué sur les dommages et intérêts.

VI. – Les dispositions du présent article ne concernent pas les contrats de travail. Elles sont également inapplicables au contrat de fiducie et à la convention en exécution de laquelle le débiteur constituant conserve l'usage ou la jouissance de biens ou droits transférés dans un patrimoine fiduciaire.

Bibliographie : B. Amizet, *Double location-gérance et liquidation judiciaire : le sort des contrats de travail : BJE* 2018, 6, p. 463. • J.-Ph. Dom, *Le sort de la fiducie en cas de procédure collective du débiteur est aménagé (ordonnance du 18 décembre 2008) : Act. proc. coll.* 2009, comm. 17. • E. Le Corre-Broly, *Les modifications apportées au droit commun de la continuation des contrats en cours : D.* 2009, p. 663. • M. Grimaldi et R. Dammann, *La fiducie par ordonnances : D.* 2009, p. 670. • F. Macorig-Venier, *L'efficacité des « clauses d'anticipation » : BJE* 2019, dossier p. 40. • M.-H. Monsèrié-Bon, *La résiliation de plein droit : BJE* 2019, n° 1, dossier p. 48. • J. Vallansan, *La notion de contrat en cours : BJE* 2019, n° 1, dossier p. 43.

Art. L. 641-12 *(Anc. art. L. 622-13, dénum. et mod., L. n° 2005-845, 26 juill. 2005 ; rempl., Ord. n° 2008-1345, 18 déc. 2008 ; mod., Ord. n° 2010-1512, 9 déc. 2010)*. – **Sans préjudice de l'application du I et du II de l'article L. 641-11-1, la résiliation du bail des immeubles utilisés pour l'activité de l'entreprise intervient dans les conditions suivantes :**

1° Au jour où le bailleur est informé de la décision du liquidateur de ne pas continuer le bail ;

2° Lorsque le bailleur demande la résiliation judiciaire ou fait constater la résiliation de plein droit du bail pour des causes antérieures au jugement de liquidation judiciaire ou, lorsque ce dernier a été prononcé après une procédure de sauvegarde ou de redressement judiciaire, au jugement d'ouverture de la procédure qui l'a précédée. Il doit, s'il ne l'a déjà fait, introduire sa demande dans les trois mois de la publication du jugement de liquidation judiciaire ;

3° Le bailleur peut également demander la résiliation judiciaire ou faire constater la résiliation de plein droit du bail pour défaut de paiement des loyers et charges afférents à une occupation postérieure au jugement de liquidation judiciaire, dans les conditions prévues aux troisième à cinquième alinéas de l'article L. 622-14.

Le liquidateur peut céder le bail dans les conditions prévues au contrat conclu avec le bailleur avec tous les droits et obligations qui s'y rattachent. En ce cas, toute clause imposant au cédant des dispositions solidaires avec le cessionnaire est réputée non écrite.

Le privilège du bailleur est déterminé conformément aux trois premiers alinéas de l'article L. 622-16.

Bibliographie : O. Fradin et P. Martin, *La mise en demeure d'opter sur le sort du bail dans le cadre d'une liquidation judiciaire : Procédures* 2007, étude 7. • J.-E. Kuntz et V. Nurit, *Le bail et la procédure collective : une valse à trois temps : BJE* 2011, n° 154. • D. Krajeski, *Le sort du bail rural et du prêt de terres agricoles : Rev. proc. coll.* 2018, 5, dossier 36. • E. Le Corre-Broly, *La résiliation de plein droit des contrats du fait de la liquidation judiciaire non assortie d'une période de poursuite provisoire d'activité : JCP* E 2002, n° 1423, p. 1565. • B. Saintourens, *Le régime du bail commercial après la réforme des procédures collectives : Loyers et copr.* 2005, étude 11. • J. Théron, *Baux commerciaux et procédures collectives, question de responsabilité des professionnels : BJE* 2019, n° 1, dossier p. 55.

Art. L. 641-12-1 *(Ord. n° 2008-1345, 18 déc. 2008)*. – **Si le débiteur est constituant et seul bénéficiaire d'un contrat de fiducie, l'ouverture ou le prononcé d'une liquidation judiciaire à son égard entraîne la résiliation de plein droit de ce contrat et le retour dans son patrimoine des droits, biens ou sûretés présents dans le patrimoine fiduciaire.**

Bibliographie : J.-Ph. Dom, *Le sort de la fiducie en cas de procédure collective du débiteur est aménagé (ordonnance du 18 décembre 2008) : Act. proc. coll.* 2009, comm. 17. • M. Grimaldi et R. Dammann, *La fiducie par ordonnances : D.* 2009, p. 670.

Art. L. 641-13 *(L. n° 2005-845, 26 juill. 2005 ; mod., Ord. n° 2008-1345, 18 déc. 2008 ; Ord. n° 2014-326, 12 mars 2014 ; L. n° 2016-1547, 18 nov. 2016)*. – **I. – Sont payées à leur échéance les créances nées régulièrement après le jugement qui ouvre ou prononce la liquidation judiciaire :**

– si elles sont nées pour les besoins du déroulement de la procédure ou du maintien provisoire de l'activité autorisé en application de l'article L. 641-10 ;

– si elles sont nées en contrepartie d'une prestation fournie au débiteur pendant le maintien de l'activité ou en exécution d'un contrat en cours régulièrement décidée après le jugement d'ouverture de la procédure de sauvegarde ou de redressement judiciaire, s'il y a lieu, et après le jugement d'ouverture de la procédure de liquidation judiciaire ;

– ou si elles sont nées des besoins de la vie courante du débiteur, personne physique.

En cas de prononcé de la liquidation judiciaire, sont également payées à leur échéance, les créances nées régulièrement après le jugement d'ouverture de la procédure de sauvegarde ou de redressement judiciaire mentionnées au I de l'article L. 622-17.

II. – Lorsqu'elles ne sont pas payées à l'échéance, ces créances sont payées par privilège avant toutes les autres créances, sans préjudice des droits de rétention opposables à la procédure collective, à l'exception de celles qui sont garanties par le privilège établi aux articles L. 3253-2, L. 3253-4 et L. 7313-8 du Code du travail, des frais de justice nés régulièrement après le jugement d'ouverture pour les besoins du déroulement de la procédure, de celles qui sont garanties par le privilège établi par l'article L. 611-11 du présent code et de celles qui sont garanties par des sûretés immobilières.

III. – Leur paiement se fait dans l'ordre suivant :

1° Les créances de salaires dont le montant n'a pas été avancé en application des articles L. 3253-6 et L. 3253-8 à L. 3253-12 du Code du travail ;

2° Les prêts consentis ainsi que les créances résultant de la poursuite d'exécution des contrats en cours conformément aux dispositions de l'article L. 622-13 du présent code et dont le cocontractant accepte de recevoir un paiement différé ; ces prêts et délais de paiement sont autorisés par le juge-commissaire dans la limite nécessaire à la poursuite de l'activité et font l'objet d'une publicité. En cas de résiliation d'un contrat régulièrement poursuivi, les indemnités et pénalités sont exclues du bénéfice du présent article ;

3° Les sommes dont le montant a été avancé en application du 5° de l'article L. 3253-8 du Code du travail ;

4° Les autres créances, selon leur rang.

IV. – Les créances impayées perdent le privilège que leur confère le II du présent article si elles n'ont pas été portées à la connaissance du mandataire judiciaire, de l'administrateur lorsqu'il en est désigné ou du liquidateur au plus tard, dans le délai de six mois à compter de la publication du jugement ouvrant ou prononçant la liquidation ou, à défaut, dans le délai d'un an à compter de celle du jugement arrêtant le plan de cession. Lorsque cette information porte sur une créance déclarée pour le compte du créancier en application de l'article L. 622-24, elle rend caduque cette déclaration si le juge n'a pas statué sur l'admission de la créance.

Voir : C. com., art. R. 641-39, p. 2191.

Bibliographie : F. Barrière, *L'ordre de paiements des créanciers en cas de liquidation judiciaire : Dr. et proc.* 2018, n° 11, p. 257. • P. Crocq, *Réforme des procédures collectives et sort des créanciers munis de sûretés : Dr. et patrimoine* mars 2006, p. 90 ; *L'ordonnance du 18 décembre 2008 et le droit des sûretés : JCP* E 2009, 1313 ; *Rev. proc. coll.* 2009, p. 75. • A. Donette, *La notion de « créances de salaires » au sens des articles L. 622-17, III, 1° et L. 641-13, III, 1° du Code de commerce : BJE* 2013, §169. • E. Garaud, *Sûretés et procédures collectives : l'articulation des réformes : LPA* 17 juin 2009, p. 4. • M. Farge et O. Gout, *L'impact du nouveau droit des entreprises en difficulté sur le droit des sûretés : Rev. Lamy dr. aff.* 2009, n° 58, p. 25. • P.-M. Le Corre, *La récupération des avances de l'AGS à l'épreuve des autres créanciers : Rev. proc. coll.* 2019, 2, dossier 6. • F. Pérochon, *Le choix de garanties efficaces : BJE* 2012, § 164.

Art. L. 641-14 *(L. n° 2005-845, 26 juill. 2005 ; Ord. n° 2008-1345, 18 déc. 2008).* **– Les dispositions des chapitres IV** *(Mots aj. à compter du 1er juillet 2014, Ord. n° 2014-326, 12 mars 2014)* **« , à l'exception de celles de l'article L. 624-17, » et V du titre II du présent livre relatives à la détermination du patrimoine du débiteur et au règlement des créances résultant du contrat de travail ainsi que les dispositions du chapitre II du titre III du présent livre relatives aux nullités de certains actes s'appliquent à la procédure de liquidation judiciaire.**

Toutefois, pour l'application de l'article L. 625-1, le liquidateur cité devant le conseil de prud'hommes ou, à défaut, le demandeur appelle devant la juridiction prud'homale les institutions visées à l'article L. 3253-14 du Code du travail *(Anc. art. L. 143-11-4, dénum., Ord. n° 2007-329, 12 mars 2007).*

Pour l'application de l'article L. 625-3 du présent code, les institutions mentionnées à l'article L. 3253-14 du Code du travail *(Anc. art. L. 143-11-4, dénum., Ord. n° 2007-329, 12 mars 2007)* **sont mises en cause par le liquidateur ou, à défaut, par les salariés requérants, dans les dix jours du jugement d'ouverture de la procédure de liquidation judiciaire ou du jugement la prononçant.**

Voir : C. com., art. R. 641-27 et s., p. 2189.

Art. L. 641-14-1 *(Créé à compter du 1er juillet 2014, Ord. n° 2014-326, 12 mars 2014).* **– Le liquidateur, avec l'accord de l'administrateur, s'il en a été désigné, peut acquiescer à la demande en revendication ou en restitution d'un bien mentionné à la section 3 du chapitre IV du titre II du présent livre. À défaut d'accord entre eux ou en cas de contestation, la demande est portée devant le juge-commissaire qui statue au vu des observations du demandeur, du débiteur, du liquidateur et, le cas échéant, de l'administrateur.**

Art. L. 641-15 *(L. n° 2005-845, 26 juill. 2005 ; mod., Ord. n° 2010-1512, 9 déc. 2010).* **– Pendant la procédure de liquidation judiciaire, le juge-commissaire peut ordonner que le liquidateur ou l'administrateur, lorsqu'il en a été désigné, soit le destinataire du courrier adressé au débiteur.**

Le débiteur, préalablement informé, peut assister à l'ouverture du courrier. Toutefois, une convocation devant une juridiction, une notification de décisions ou tout autre courrier ayant un caractère personnel doit être immédiatement remis ou restitué au débiteur. Lorsque le débiteur est un entrepreneur individuel à

responsabilité limitée, il y a également lieu à remise ou restitution immédiate du courrier intéressant un patrimoine autre que celui visé par la procédure.

Le juge-commissaire peut autoriser l'accès du liquidateur *(Mots aj., Ord. n° 2008-1345, 18 déc. 2008)* **« et de l'administrateur, lorsqu'il en a été désigné, » au courrier électronique reçu par le débiteur dans des conditions déterminées par décret en Conseil d'État.**

Lorsque le débiteur exerce une activité pour laquelle il est soumis au secret professionnel, les dispositions du présent article ne sont pas applicables.

Voir : C. com., art. R. 641-40, p. 2192.

CHAPITRE II. – DE LA RÉALISATION DE L'ACTIF

Bibliographie : M. Sénéchal, *Les issues de la procédure. Effets de la liquidation. Réalisation d'actifs. Répartitions : Gaz. Pal.* 4-5 nov. 2005, p. 31. • N. Leuret et P.-M. Le Corre, *Les répartitions en liquidation judiciaire : LPA* 28-29 mars 2016, n°s 62-63, p. 27. • Ch. Hugon, *Plan de cession et cession d'actifs – Table ronde : Rev. proc. coll.* 2018, 5, dossier 39. • F. Kendérian, *Cession du bail dans le cadre d'un plan de cession et hors plan de cession* in *« Bail commercial et difficultés économiques du locataire » : AJDI* avr. 2018, p. 259. • B. Rolland, *Retour sur l'obligation d'information de l'acquéreur en matière de cessions dans le cadre des procédures collectives : Rev. proc. coll.* 2018, étude 12. • J. Théron, *Valorisation et optimisation des cessions d'actifs : mieux vendre ! : BJE* 2018, 5, p. 383.

Section I. – De la cession de l'entreprise

Bibliographie : ***Bibliographie générale.*** Th. Bellot, *Quelques réflexions sur la reprise d'entreprises en difficulté : Dr. sociétés* 2010, alerte 27. • S. Chatelon et F. Grillier, *Les conséquences incertaines du plan de cession : Rev. proc. coll.* 2002, p. 47. • P. Cordier, *Le plan de cession devant la Cour de cassation, panorama de dix années de jurisprudence : RJDA* 2000, p. 95. • A. Couret, *Le plan de cession, mesure de redressement ou de liquidation*, in *La loi du 25 janvier 1985 a 20 ans ! Entre bilan et réforme : Rev. Lamy dr. aff.* mars 2005, suppl. au n° 80, p. 42. • F. Derrida, *À propos des plans de redressement de l'entreprise : Dévoiement... : D.* 1992, chron. 301. • H. Le Nabasque, *La cession de l'entreprise en redressement judiciaire : JCP E* 1990, II, 15770. • D. Martin, *De la rétention d'actif à la cession de l'entreprise : Gaz. Pal.* 1988, 1, doctr. 67. • J.-F. Martin, *La cession de l'entreprise aux dirigeants ou actionnaires de la personne morale en redressement judiciaire ou à une société constituée par eux : Gaz. Pal.* 1989, 2, doctr. 711. • M.-H. Monsèrié-Bon, *Quid des sûretés réelles dans le plan de cession ? : Rev. proc. coll.* 2018, dossier 19 ; *Plan de cession et AGS : Rev. proc. coll.* 2019, 2, dossier 9. • F. Pérochon, *Halte au détournement de la cession judiciaire d'entreprise : D.* 1990, p. 252. • M. Rakotovahiny, *L'obscure clarté de la reprise en SCOP d'une entreprise en difficulté : Journal des sociétés* 2018, n° 166, p. 11. • D. Robinot et A. Lafortune, *Le cessionnaire peut-il se substituer toute personne de son choix pour exécuter le plan de redressement de l'entreprise ? : Gaz. Pal.* 1990, 1, doctr. 221. • G. Teboul, *Le plan de cession : actualité : Gaz. Pal.* 4-5 juill. 2003, p. 2. • J. Vallansan, *Fonds de commerce et plan de cession : BJE* 2013, § 6. • D. Wernert, *Offres dans le cadre du redressement judiciaire : plan de cession : JCP E* 1999, p. 111.

Bibliographie relative à la loi n° 2005-845 du 26 juillet 2005. G. Couturier, *Le plan de cession, instrument de restructuration des entreprises défaillantes : BJS* 2008, p. 142. • H. Croze, *Loi de sauvegarde – Liquidation judiciaire : le nouveau cadre de la cession d'entreprise en difficulté : Procédures* 2006, étude 5. • J. Deharveng, *Le plan de cession dans la nouvelle architecture des procédures collectives, un événement et non plus une issue du cours de la procédure : D.* 2005, chron. 148. • A. Delfosse et J.-F. Péniguel, *Administration de l'entreprise : cession de l'entreprise et des actifs du débiteur : JCP N* 2005, p. 1757. • P. Froehlich, *L'ambivalence du plan de cession totale dans la loi de sauvegarde des entreprises : D.* 2005, chron. 2878. • L.-C. Henry, *Le plan de cession et la loi de sauvegarde de l'entreprise : Gaz. Pal.* 7-8 sept. 2005, p. 39. • J.-C. Pagnucco, *Les associés et le plan de cession : Rev. proc. coll.* 2015, dossier 43. • C. Perot-Reboul, *Les plans dans la loi de sauvegarde des entreprises : LPA* 17 févr. 2006, p. 30. • S. Rétif, *Observations à propos du plan de cession de l'entreprise libérale individuelle : Rev. proc. coll.* 2006, p. 232. • B. Soinne, *Problématique de la nouvelle cession d'entreprise : Rev. proc. coll.* 2006, p. 313. • F. Vauvillé, *La cession d'actifs après la réforme du 26 juillet 2005 : Dr. et patrimoine* mars 2006, p. 80. • J.-P. Sortais, *Les attraits de la liquidation-cession*, in Colloque *Échanges sur la loi de sauvegarde des entreprises : de la Côte d'Or à la Côte d'Azur : LPA* 14 juin 2007. • D. Voinot, *Les issues de la procédure. Plans de sauvegarde, de continuation, de cession et liquidation judiciaire : Gaz. Pal.* 4-5 nov. 2005, p. 28.

Art. L. 642-1 *(L. n° 2005-845, 26 juill. 2005 ; mod., L. n° 2006-11, 5 janv. 2006 ; Ord. n° 2008-1345, 18 déc. 2008)*. – **La cession de l'entreprise a pour but d'assurer le maintien d'activités susceptibles d'exploitation autonome, de tout ou partie des emplois qui y sont attachés et d'apurer le passif.**

Elle peut être totale ou partielle. Dans ce dernier cas, elle porte sur un ensemble d'éléments d'exploitation qui forment une ou plusieurs branches complètes et autonomes d'activités.

Lorsqu'un ensemble est essentiellement constitué du droit à un bail rural, le tribunal peut, sous réserve des droits à indemnité du preneur sortant et nonobstant les autres dispositions du statut du fermage, soit autoriser le bailleur, son conjoint ou l'un de ses descendants à reprendre le fonds pour l'exploiter, soit attribuer le bail rural à un autre preneur proposé par le bailleur ou, à défaut, à tout repreneur dont l'offre a été recueillie dans les conditions fixées aux articles L. 642-2, L. 642-4 et L. 642-5. Les dispositions relatives au contrôle des structures des exploitations agricoles ne sont pas applicables. Toutefois, lorsque plusieurs offres ont été recueillies, le tribunal tient compte des *(Mots rempl., L. n° 2014-1170, 13 oct. 2014)* « priorités du schéma directeur régional des exploitations agricoles mentionné à l'article L. 312-1 du Code rural et de la pêche maritime ».

Lorsque le débiteur est un officier public ou ministériel, le liquidateur peut exercer le droit du débiteur de présenter son successeur au garde des sceaux, ministre de la justice.

Voir : C. com., art. R. 661-3, p. 2209.

Art. L. 642-2 *(L. n° 2005-845, 26 juill. 2005 ; mod., Ord. n° 2014-326, 12 mars 2014 ; L. n° 2016-1547, 18 nov. 2016)*. – I. – Lorsque le tribunal estime que la cession totale ou partielle de l'entreprise est envisageable, il autorise la poursuite de l'activité et il fixe le délai dans lequel les offres de reprise doivent parvenir au liquidateur et à l'administrateur lorsqu'il en a été désigné.

Toutefois, si les offres reçues en application de l'article L. 631-13 ou formulées dans le cadre des démarches effectuées par le mandataire *ad hoc* ou le conciliateur désigné en application des articles L. 611-3 ou L. 611-6 remplissent les conditions prévues au II du présent article et sont satisfaisantes, le tribunal peut décider de ne pas faire application de l'alinéa précédent. Lorsque la mission du mandataire *ad hoc* ou du conciliateur avait pour objet l'organisation d'une cession partielle ou totale de l'entreprise, ceux-ci rendent compte au tribunal des démarches effectuées en vue de recevoir des offres de reprise, nonobstant l'article L. 611-15. L'avis du ministère public est recueilli lorsque l'offre a été reçue par le mandataire *ad hoc* ou le conciliateur.

II. – Toute offre doit être écrite et comporter l'indication :

1° De la désignation précise des biens, des droits et des contrats inclus dans l'offre ;

2° Des prévisions d'activité et de financement ;

3° Du prix offert, des modalités de règlement, de la qualité des apporteurs de capitaux et, le cas échéant, de leurs garants. Si l'offre propose un recours à l'emprunt, elle doit en préciser les conditions, en particulier de durée ;

4° De la date de réalisation de la cession ;

5° Du niveau et des perspectives d'emploi justifiés par l'activité considérée ;

6° Des garanties souscrites en vue d'assurer l'exécution de l'offre ;

7° Des prévisions de cession d'actifs au cours des deux années suivant la cession ;

8° De la durée de chacun des engagements pris par l'auteur de l'offre ;

9° Des modalités de financement des garanties financières envisagées lorsqu'elles sont requises au titre des articles L. 516-1 et L. 516-2 du Code de l'environnement.

III. – Lorsque le débiteur exerce une profession libérale soumise à un statut législatif ou réglementaire ou dont le titre est protégé, l'offre doit en outre comporter l'indication de la qualification professionnelle du cessionnaire.

IV. – Le liquidateur ou l'administrateur lorsqu'il en a été désigné informe le débiteur, le représentant des salariés et les contrôleurs du contenu des offres reçues. Il les dépose au greffe où tout intéressé peut en prendre connaissance.

Elles sont notifiées, le cas échéant, à l'ordre professionnel ou à l'autorité compétente dont le débiteur relève.

V. – L'offre ne peut être ni modifiée, sauf dans un sens plus favorable aux objectifs mentionnés au premier alinéa de l'article L. 642-1, ni retirée. Elle lie son auteur jusqu'à la décision du tribunal arrêtant le plan.

En cas d'appel de la décision arrêtant le plan, seul le cessionnaire reste lié par son offre.

Voir : C. com., art. R. 642-1, p. 2192.

Art. L. 642-3 *(L. n° 2005-845, 26 juill. 2005 ; mod., Ord. n° 2008-1345, 18 déc. 2008 ; Ord. n° 2010-1512, 9 déc. 2010)*. – Ni le débiteur, au titre de l'un quelconque de ses patrimoines, ni les dirigeants de droit ou de fait de la personne morale en liquidation judiciaire, ni les parents ou alliés jusqu'au deuxième degré inclusivement de ces dirigeants ou du débiteur personne physique, ni les personnes ayant ou ayant eu la qualité de contrôleur au cours de la procédure ne sont admis, directement ou par personne interposée, à présenter une offre.

De même, il est fait interdiction à ces personnes d'acquérir, dans les cinq années suivant la cession, tout ou partie des biens compris dans cette cession, directement ou indirectement, ainsi que d'acquérir des parts ou titres de capital de toute société ayant dans son patrimoine, directement ou indirectement, tout ou partie de ces biens, ainsi que des valeurs mobilières donnant accès, dans le même délai, au capital de cette société.

Toutefois, lorsqu'il s'agit d'une exploitation agricole, le tribunal peut déroger à ces interdictions et autoriser la cession à l'une des personnes visées au premier alinéa, à l'exception des contrôleurs et du débiteur au titre de l'un quelconque de ses patrimoines. Dans les autres cas et sous réserve des mêmes exceptions, le tribunal, sur requête du ministère public, peut autoriser la cession à l'une des personnes visées au premier alinéa par un jugement spécialement motivé, après avoir demandé l'avis des contrôleurs.

Tout acte passé en violation du présent article est annulé à la demande de tout intéressé ou du ministère public, présentée dans un délai de trois ans à compter de la conclusion de l'acte. Lorsque l'acte est soumis à publicité, le délai court à compter de celle-ci.

Bibliographie : D. Carammali, *La qualité du tiers de repreneur à une offre en plan de cession : la candidature des actionnaires : D.* 2005 p. 2210. • A. Cerati-Gaulthier, *L'associé dans la loi de sauvegarde des entreprises : Rev. sociétés* 2006, p. 305.

Voir : Application à l'administrateur provisoire, sous CPC, art. 873, annot. n° 6, p. 2337.

Il ne résulte pas de l'article L. 642-3, alinéa 1er du Code de commerce que l'ancien dirigeant de droit de la personne morale débitrice est frappé d'une interdiction de présenter une offre d'acquisition de l'entreprise, sauf en cas de fraude : ▪ Cass. com., 23 sept. 2014, nos 13-19.713 et 13-25.708, FS-P+B : *JurisData* n° 2014-021756 ; *Act. proc. coll.* 2014, comm. 290, L. Fin-Langer ; *RJDA* 2014/12, n° 920, p. 880 ; *BJS* 2014, p. 446, note A. Cerati-Gauthier ; *D.* 2014, p. 1935, obs. A. Lienhard ; *Rev. sociétés* 2014, p. 750, note Ph. Roussel Galle ; *JCP* E 2014, 1617, n° 2, obs. Ph. Pétel; *Gaz. Pal.* 2014, nos 330-331, p. 12, comm. E. Lecéa.

L'interposition de personne au sens de l'article L. 642-3 du Code de commerce s'entend de l'intervention d'une personne qui masque, de quelque manière que ce soit, la participation des dirigeants de la société débitrice à l'opération d'acquisition : ▪ Cass. com., 8 mars 2017, n° 15-22.987, F-P+B+I : *BJE* 2017, p. 263, note J. Théron.

Art. L. 642-4 *(L. n° 2005-845, 26 juill. 2005).* **– Le liquidateur ou l'administrateur lorsqu'il en a été désigné donne au tribunal tous éléments permettant de vérifier le caractère sérieux de l'offre ainsi que la qualité de tiers de son auteur au sens des dispositions de l'article L. 642-3.**

Il donne également au tribunal tous éléments permettant d'apprécier les conditions d'apurement du passif, notamment au regard du prix offert, des actifs résiduels à recouvrer ou à réaliser, des dettes de la période de poursuite d'activité et, le cas échéant, des autres dettes restant à la charge du débiteur.

Art. L. 642-4-1 *(L. n° 2014-856, 31 juill. 2014).* **– Lorsque le débiteur exerce une activité, bénéficiant d'une autorisation administrative, d'un agrément, d'un conventionnement ou d'une habilitation, mentionnée au 1° ou 2° du II de l'article 1er de la loi n° 2014-856 du 31 juillet 2014 relative à l'économie sociale et solidaire, l'auteur de l'offre consulte l'autorité administrative ou l'autorité de contrôle et de tarification. Le liquidateur ou l'administrateur, lorsqu'il en a été désigné un, s'assure qu'il a été procédé à cette consultation. L'auteur de l'offre ou, s'il y a lieu, le liquidateur ou l'administrateur fait connaître au tribunal les diligences effectuées ainsi que l'avis de l'autorité administrative ou de l'autorité de contrôle et de tarification. L'autorité administrative ou l'autorité de contrôle et de tarification rend son avis dans le délai d'un mois, en tenant compte du *b* du 3° du I du même article 1er. L'absence d'avis dans ce délai ne peut faire obstacle au jugement du tribunal.**

Art. L. 642-5 *(L. n° 2005-845, 26 juill. 2005 ; mod., Ord. n° 2010-1512, 9 déc. 2010 ; L. n° 2013-504, 14 juin 2013 ; Ord. n° 2014-699 du 26 juin 2014).* **– Après avoir recueilli l'avis du ministère public et entendu ou dûment appelé le débiteur, le liquidateur, l'administrateur lorsqu'il en a été désigné, les représentants du comité d'entreprise ou, à défaut, des délégués du personnel et les contrôleurs, le tribunal retient l'offre qui permet dans les meilleures conditions d'assurer le plus durablement l'emploi attaché à l'ensemble cédé, le paiement des créanciers et qui présente les meilleures garanties d'exécution. Il arrête un ou plusieurs plans de cession.**

Les débats doivent avoir lieu en présence du ministère public lorsque la procédure est ouverte au bénéfice d'un débiteur dont le nombre de salariés ou le chiffre d'affaires hors taxes est supérieur à un seuil fixé par décret en Conseil d'État.

Le jugement qui arrête le plan en rend les dispositions applicables à tous.

Les droits de préemption institués par le Code rural et de la pêche maritime ou le Code de l'urbanisme ne peuvent s'exercer sur un bien compris dans ce plan.

Lorsque le plan prévoit des licenciements pour motif économique, il ne peut être arrêté par le tribunal qu'après que la procédure prévue au I de l'article L. 1233-58 du Code du travail a été mise en œuvre. L'avis du comité d'entreprise et, le cas échéant, l'avis du comité d'hygiène et de sécurité des conditions de travail et de l'instance de coordination sont rendus au plus tard le jour ouvré avant l'audience du tribunal qui statue sur le plan. L'absence de remise du rapport de l'expert mentionné aux articles L. 1233-34, L. 1233-35, L. 2325-35 ou L. 4614-12-1 du Code du travail ne peut avoir pour effet de reporter ce délai. Le plan précise notamment les licenciements qui doivent intervenir dans le délai d'un mois après le jugement sur simple notification du liquidateur ou de l'administrateur lorsqu'il en a été désigné, sous réserve des droits de préavis prévus par la loi, les conventions ou les accords collectifs du travail. Lorsqu'un plan de sauvegarde de l'emploi doit être élaboré, le liquidateur ou l'administrateur met en œuvre la procédure prévue au II de l'article L. 1233-58 du même code dans le délai d'un mois après le jugement. Le délai de quatre jours mentionné au II du même article court à compter de la date de la réception de la demande, qui est postérieure au jugement arrêtant le plan.

Lorsque le licenciement concerne un salarié bénéficiant d'une protection particulière en matière de licenciement, ce délai d'un mois après le jugement est celui dans lequel l'intention de rompre le contrat de travail doit être manifestée.

Voir : C. com., art. R. 642-3 et s., p. 2192.

Bibliographie : P. Bailly, *Les licenciements et les procédures collectives : Gaz. proc. coll.* 7-8 nov. 2008, p. 3. • C. Calomili et C. Gatto, *Les licenciements économiques dans les plans de cession : LPA* 28 nov. 2008, p. 8. • Ph. Duprat et B. Saintourens, *Les droits des salariés dans l'ordonnance du 18 décembre 2008 portant réforme du droit des entreprises en difficulté : Gaz. proc. coll.* 8-10 mars 2009, p. 40. • L. Fin-Langer, *Ordonnance portant réforme du droit des entreprises en difficulté : mesures sociales : JCP S* 2009, act. 4 ; *Les risques subis par les salariés*, in Actes du colloque de Caen, 15 oct. 2010, *Risques et responsabilités en droit des procédures collectives : Rev. proc. coll.* 2010, art. 10. • H. de Frémont, *Les licenciements et les procédures collectives : un compromis acceptable ? : Gaz. proc. coll.* 2009, n° 1, p. 11 ; *Droit du travail et procédure collective : une réforme impossible ? : BJE* 2014, p. 123. • Ch. Gailhbaut, *Les dispositions concernant les salariés de l'ordonnance du 12 mars 2014 : D.* 2014, p. 755. • D. Jacotot, *Les apports de la loi de sécurisation de l'emploi applicables aux entreprises en difficultés : Rev. proc. coll.* 2014, étude 24. • *Adde Droit social et procédures collectives : Rev. proc. coll.* 2012, dossier 1, actes du séminaire de l'AJDE du 14 octobre 2011.

Art. L. 642-6 *(L. n° 2005-845, 26 juill. 2005).* **– Une modification substantielle dans les objectifs et les moyens du plan ne peut être décidée que par le tribunal, à la demande du cessionnaire.**

Le tribunal statue après avoir entendu ou dûment appelé le liquidateur, l'administrateur judiciaire lorsqu'il en a été désigné, les contrôleurs, les représentants du comité d'entreprise ou, à défaut, des délégués du personnel et toute personne intéressée et après avoir recueilli l'avis du ministère public.

Toutefois, le montant du prix de cession tel qu'il a été fixé dans le jugement arrêtant le plan ne peut être modifié.

Voir : C. com., art. R. 642-5 et R. 642-6, p. 2192.

Art. L. 642-7 *(L. n° 2005-845, 26 juill. 2005 et rect. JO 22 oct. 2005 ; mod., Ord. n° 2008-1345, 18 déc. 2008).* **– Le tribunal détermine les contrats de crédit-bail, de location ou de fourniture de biens ou services nécessaires au maintien de l'activité au vu des observations des cocontractants du débiteur transmises au liquidateur ou à l'administrateur lorsqu'il en a été désigné.**

Le jugement qui arrête le plan emporte cession de ces contrats, même lorsque la cession est précédée de la location-gérance prévue à l'article L. 642-13.

Ces contrats doivent être exécutés aux conditions en vigueur au jour de l'ouverture de la procédure, nonobstant toute clause contraire. *(Mots aj., L. n° 2019-486, 22 mai 2019)* **« Par dérogation, toute clause imposant au cessionnaire d'un bail des dispositions solidaires avec le cédant est réputée non écrite ».**

(L. n° 2014-626, 18 juin 2014) **Le tribunal peut, si un contrat de bail soumis au chapitre V du titre IV du livre Ier portant sur un ou plusieurs immeubles ou locaux utilisés pour l'activité de l'entreprise figure dans le plan de cession, autoriser dans le jugement arrêtant le plan le repreneur à adjoindre à l'activité prévue au contrat des activités connexes ou complémentaires. Le tribunal statue après avoir entendu ou dûment appelé le bailleur.**

En cas de cession d'un contrat de crédit-bail, le crédit-preneur ne peut lever l'option d'achat qu'en cas de paiement des sommes restant dues dans la limite de la valeur du bien fixée d'un commun accord entre les parties ou, à défaut, par le tribunal à la date de la cession.

La convention en exécution de laquelle le débiteur constituant conserve l'usage ou la jouissance de biens ou droits transférés à titre de garantie dans un patrimoine fiduciaire ne peut être cédée au cessionnaire, sauf accord des bénéficiaires du contrat de fiducie.

***(Créé à compter du 1er juillet 2014, Ord. n° 2014-326, 12 mars 2014)* Le cocontractant dont le contrat n'a pas fait l'objet de la cession prévue par le deuxième alinéa peut demander au juge-commissaire qu'il en prononce la résiliation si la poursuite de son exécution n'en est pas demandée par le liquidateur.**

Voir : C. com., art. R. 642-7, R. 642-8 et R. 661-3, p. 2193.

Bibliographie : S. Benilsi, *Vers une neutralisation des clauses de solidarité inversée dans les plans de cession : BJE* 2018, 6, p. 418. • A. Bisdorff, *Entreprises en difficulté : le projet de loi PACTE, une bonne nouvelle pour le cessionnaire en cas de plan de cession : Option fin.* 2018, 1486, p. 48. • C. Berger, *Le sort de la caution en cas de cession de contrat dans le cadre d'une procédure collective : D.* 2003, p. 1682. • E.-M. Bey, *Cession de contrats de crédit-bail : RJDA* 1992, p. 651. • J.-L. Coudert, *La caution est-elle encore engagée après la prise en charge d'un contrat de prêt par un cessionnaire ? : LPA* 14 juin 1999, p. 8. • J.-Ph. Dom, *Le sort de la fiducie en cas de procédure collective du débiteur est aménagé (ordonnance du 18 décembre 2008) : Act. proc. coll.* 2009, comm. 17. • F. Kendérian, *Projet de loi PACTE et bail commercial : mise à l'écart de la clause de solidarité du cessionnaire en plan de cession : JCP* E 2019, act. 96. • P.-M. Le Corre, *Cession du bail commercial en cas de redressement judiciaire et plan de cession : AJDI* 2002, p. 437 ; *Le sort du contrat non cédé dans le plan de cession : JCP* E 2006, 2671 ; *La cession judiciaire des contrats : Gaz. Pal.* 10 juill. 2018, n° 25, p. 65. • J. Monéger, *La déspécialisation et les difficultés économiques du locataire in Bail commercial et difficultés économiques des locataires : AJDI* 2018, p. 268. • B. Saintourens, *La cession des contrats : BJE* 2019, n° 1, dossier p. 50. • B. Thullier, *Cession judiciaire des contrats et loi de sauvegarde des entreprises : moins de pouvoirs pour le juge : D. affaires* 2006, p. 130. • F. Vauvillé, *Projet de loi PACTE : neutralisation de la clause de solidarité en cas de cession d'entreprise en difficulté : Defrénois* 2019, 9, p. 31.

Art. L. 642-8 *(L. n° 2005-845, 26 juill. 2005)*. **– En exécution du plan arrêté par le tribunal, le liquidateur ou l'administrateur lorsqu'il en a été désigné passe tous les actes nécessaires à la réalisation de la cession. Dans l'attente de l'accomplissement de ces actes et sur justification de la consignation du prix de cession ou d'une garantie équivalente, le tribunal peut confier au cessionnaire, à sa demande et sous sa responsabilité, la gestion de l'entreprise cédée.**

Lorsque la cession comprend un fonds de commerce, aucune surenchère n'est admise.

Voir : C. com., art. R. 642-9 à R. 642-11, p. 2193.

Bibliographie : H. Bureau, *La période intermédiaire entre l'adoption et la réalisation d'un plan de cession : JCP* E 1999, p. 1182.

Art. L. 642-9 *(L. n° 2005-845, 26 juill. 2005)*. **– Tant que le prix de cession n'est pas intégralement payé, le cessionnaire ne peut, à l'exception des stocks, aliéner ou donner en location-gérance les biens corporels ou incorporels qu'il a acquis.**

Toutefois, leur aliénation totale ou partielle, leur affectation à titre de sûreté, leur location ou leur location-gérance peut être autorisée par le tribunal après rapport du liquidateur qui doit préalablement consulter le comité d'entreprise ou, à défaut, les délégués du personnel. Le tribunal doit tenir compte des garanties offertes par le cessionnaire.

Toute substitution de cessionnaire doit être autorisée par le tribunal dans le jugement arrêtant le plan de cession, sans préjudice de la mise en œuvre des dispositions de l'article L. 642-6. L'auteur de l'offre retenue par le tribunal reste garant solidairement de l'exécution des engagements qu'il a souscrits.

Tout acte passé en violation des alinéas qui précèdent est annulé à la demande de tout intéressé ou du ministère public, présentée dans le délai de trois ans à compter de la conclusion de l'acte. Lorsque l'acte est soumis à publicité, le délai court à compter de celle-ci.

Bibliographie : J.-B. Seube, *Réflexions sur les effets de la résolution des plans de redressement : JCP* E 1999, p. 564. • C. Vincent, *Portée de la garantie de l'offre de reprise assortie d'une faculté de substitution : D.* 2004, chron. 686.

Art. L. 642-10 *(L. n° 2005-845, 26 juill. 2005 ; mod., Ord. n° 2008-1345, 18 déc. 2008)*. **– Le tribunal peut prévoir dans le jugement arrêtant le plan de cession que tout ou partie des biens cédés ne pourront être aliénés, pour une durée qu'il fixe, sans son autorisation.**

La publicité de l'inaliénabilité temporaire est assurée dans des conditions fixées par un décret en Conseil d'État.

Lorsque le tribunal est saisi d'une demande d'autorisation d'aliéner un bien rendu inaliénable en application du premier alinéa, il statue, à peine de nullité, après avoir recueilli l'avis du ministère public.

Tout acte passé en violation des dispositions du premier alinéa est annulé à la demande de tout intéressé ou du ministère public, présentée dans le délai de trois ans à compter de la conclusion de l'acte. Lorsque l'acte est soumis à publicité, le délai court à compter de celle-ci.

Voir : C. com., art. R. 642-12, p. 2193.

Art. L. 642-11 *(L. n° 2005-845, 26 juill. 2005)*. – **Le cessionnaire rend compte au liquidateur de l'application des dispositions prévues par le plan de cession.**

Si le cessionnaire n'exécute pas ses engagements, le tribunal peut, à la demande du ministère public d'une part, du liquidateur, d'un créancier, de tout intéressé ou d'office, après avoir recueilli l'avis du ministère public, d'autre part, prononcer la résolution du plan sans préjudice de dommages et intérêts.

Le tribunal peut prononcer la résolution ou la résiliation des actes passés en exécution du plan résolu. Le prix payé par le cessionnaire reste acquis.

Voir : C. com., art. R. 642-18, p. 2194.

Bibliographie : J.-P. Rémery, *Les résolutions de plans dans le droit des entreprises en difficulté : JCP* G 2009, 406.

Art. L. 642-12 *(L. n° 2005-845, 26 juill. 2005 ; Ord. n° 2008-1345, 18 déc. 2008). – (Rempl. à compter du 1er juillet 2014, Ord. n° 2014-326, 12 mars 2014)* **Lorsque la cession porte sur des biens grevés d'un privilège spécial, d'un gage, d'un nantissement ou d'une hypothèque, le tribunal affecte à chacun de ces biens, pour la répartition du prix et l'exercice du droit de préférence, la quote-part du prix, déterminée au vu de l'inventaire et de la prisée des actifs et correspondant au rapport entre la valeur de ce bien et la valeur totale des actifs cédés.**

Le paiement du prix de cession fait obstacle à l'exercice à l'encontre du cessionnaire des droits des créanciers inscrits sur ces biens.

Jusqu'au paiement complet du prix qui emporte purge des inscriptions grevant les biens compris dans la cession, les créanciers bénéficiant d'un droit de suite ne peuvent l'exercer qu'en cas d'aliénation du bien cédé par le cessionnaire.

Toutefois, la charge des sûretés immobilières et mobilières spéciales garantissant le remboursement d'un crédit consenti à l'entreprise pour lui permettre le financement d'un bien sur lequel portent ces sûretés est transmise au cessionnaire. Celui-ci est alors tenu d'acquitter entre les mains du créancier les échéances convenues avec lui et qui restent dues à compter du transfert de la propriété ou, en cas de location-gérance, de la jouissance du bien sur lequel porte la garantie. Il peut être dérogé aux dispositions du présent alinéa par accord entre le cessionnaire et les créanciers titulaires des sûretés.

Les dispositions du présent article n'affectent pas le droit de rétention acquis par un créancier sur des biens compris dans la cession.

Voir : C. com., art. R. 642-19 et R. 642-20, p. 2194.

Bibliographie : F. Credot, *La cession de l'entreprise et le droit de rétention : LPA* 1987, n° 68, p. 12. • P.-M. Le Corre, *L'invicibilité du droit de rétention dans les procédures collectives de paiement : D.* 2001, p. 2815. • D. Martin, *De la survie du gage à la cession de l'entreprise : RJ com.* 1987, p. 81. • F. Pérochon, *Le choix de garanties efficaces : BJE* 2012, § 164. • J.-P. Sénéchal, *L'inclusion d'un matériel nanti dans un plan de cession de la loi du 25 janvier 1985 : Mél. Derruppé*, GLN Joly et Litec, 1991, p. 367. • B. Soltner, *Sûretés spéciales et cession d'entreprises : RJ com.* 1999, p. 381. • Stephan et Perrot, *Plan de cession et matériel nanti : Banque et droit* 1991, p. 28. • S. Vigreux, *Les difficultés d'application de l'article 93 de la loi du 25 janvier 1985 : Rev. proc. coll.* 1999, p. 141.

Art. L. 642-13 *(L. n° 2005-845, 26 juill. 2005)*. – **Par le jugement qui arrête le plan de cession, le tribunal peut autoriser la conclusion d'un contrat de location-gérance, même en présence de toute clause contraire notamment dans le bail de l'immeuble, au profit de la personne qui a présenté l'offre d'acquisition permettant dans les meilleures conditions d'assurer le plus durablement l'emploi et le paiement des créanciers.**

Le tribunal statue après avoir entendu ou dûment appelé le liquidateur, l'administrateur judiciaire lorsqu'il en a été désigné, les contrôleurs, les représentants du comité d'entreprise ou, à défaut, des délégués du personnel et toute personne intéressée et après avoir recueilli l'avis du ministère public.

Art. L. 642-14 *(L. n° 2005-845, 26 juill. 2005).* **– Les dispositions des articles L. 144-3, L. 144-4 et L. 144-7 sur la location-gérance ne sont pas applicables.**

Art. L. 642-15 *(L. n° 2005-845, 26 juill. 2005).* **– En cas de location-gérance, l'entreprise doit être effectivement cédée dans les deux ans du jugement qui arrête le plan.**

Art. L. 642-16 *(L. n° 2005-845, 26 juill. 2005).* **– Le liquidateur peut se faire communiquer par le locataire-gérant tous les documents et informations utiles à sa mission. Il rend compte au tribunal de toute atteinte aux éléments pris en location-gérance ainsi que de l'inexécution des obligations incombant au locataire-gérant.**

Le tribunal, d'office ou à la demande du liquidateur ou du ministère public, peut ordonner la résiliation du contrat de location-gérance et la résolution du plan.

Voir : C. com., art. R. 642-21, p. 2194.

Les procédures ouvertes en vertu de l'article L. 621-98, dans sa rédaction antérieure à la loi n° 2005-845 du 26 juillet 2005, ne sont pas affectées par son entrée en vigueur, voir L. n° 2005-845, 26 juill. 2005, art. 192.

Code de commerce

Rédaction antérieure. Art. L. 621-98 *(Anc. L. n° 85-98, 25 janv. 1985 ; version en vigueur jusqu'au 1er janv. 2006, L. n° 2005-845, 26 juill. 2005, rempl. à compter du 1er janv. 2006).* – Le commissaire à l'exécution du plan peut se faire communiquer par le locataire-gérant tous les documents et informations utiles à sa mission. Il rend compte au tribunal de toute atteinte aux éléments pris en location-gérance ainsi que de l'inexécution des obligations incombant au locataire-gérant.

Le tribunal, d'office ou à la demande du commissaire à l'exécution du plan ou du procureur de la République, peut ordonner la résiliation du contrat de location-gérance et la résolution du plan.

La résolution du plan entraîne l'ouverture d'une nouvelle procédure de redressement judiciaire à l'égard du loueur. Les créanciers appelés à la répartition du prix de cession recouvrent l'intégralité de leurs créances et sûretés, déduction faite des sommes perçues.

Art. L. 642-17 *(L. n° 2005-845, 26 juill. 2005).* **– Si le locataire-gérant n'exécute pas son obligation d'acquérir dans les conditions et délais fixés par le plan, le tribunal, d'office ou à la demande du liquidateur ou du ministère public, ordonne la résiliation du contrat de location-gérance et la résolution du plan sans préjudice de tous dommages et intérêts.**

Toutefois, lorsque le locataire-gérant justifie qu'il ne peut acquérir aux conditions initialement prévues pour une cause qui ne lui est pas imputable, il peut demander au tribunal de modifier ces conditions, sauf en ce qui concerne le montant du prix et le délai prévu à l'article L. 642-15. Le tribunal statue avant l'expiration du contrat de location et après avoir recueilli l'avis du ministère public et entendu ou dûment appelé le liquidateur, l'administrateur lorsqu'il en est désigné, les contrôleurs, les représentants du comité d'entreprise ou, à défaut, des délégués du personnel et toute personne intéressée.

Section II. – De la cession des actifs du débiteur

Art. L. 642-18 *(Anc. art. L. 622-16, dénum., L. n° 2005-845, 26 juill. 2005 ; mod, Ord. n° 2006-461, 21 avr. 2006 ; Ord. n° 2008-1345, 18 déc. 2008).* **– Les ventes d'immeubles ont lieu conformément aux articles L. 322-5 à L. 322-12 du Code des procédures civiles d'exécution** *(Anc. art. 2204 à 2212 du C. civ., dénum., Ord. n° 2011-1895, 19 déc. 2011)*, **à l'exception des articles L. 322-6 et L. 322-9** *(Anc. art. 2206 et 2211 du C. civ., dénum., Ord. n° 2011-1895, 19 déc. 2011)*, **sous réserve que ces dispositions ne soient pas contraires à celles du présent code. Le juge-commissaire fixe la mise à prix et les conditions essentielles de la vente.**

Lorsqu'une procédure de saisie immobilière engagée avant l'ouverture de la procédure de sauvegarde, de redressement ou de liquidation judiciaires a été suspendue par l'effet de cette dernière, le liquidateur peut être subrogé dans les droits du créancier saisissant pour les actes que celui-ci a effectués, lesquels sont

réputés accomplis pour le compte du liquidateur qui procède à la vente des immeubles. La saisie immobilière peut alors reprendre son cours au stade où le jugement d'ouverture l'avait suspendue.

Le juge-commissaire peut, si la consistance des biens, leur emplacement ou les offres reçues sont de nature à permettre une cession amiable dans de meilleures conditions, ordonner la vente par adjudication amiable sur la mise à prix qu'il fixe ou autoriser la vente de gré à gré aux prix et conditions qu'il détermine. En cas d'adjudication amiable, les articles L. 322-7, L. 322-8 à L. 322-11 et L. 322-12 du Code des procédures civiles d'exécution *(Anc. art. 2205, 2207 à 2209 et 2212 du C. civ., dénum., Ord. n° 2011-1895, 19 déc. 2011)*, sont applicables, sous la réserve prévue au premier alinéa, et il peut toujours être fait surenchère.

Pour les adjudications réalisées en application des alinéas qui précèdent, le paiement du prix au liquidateur et des frais de la vente emportent purge des hypothèques et de tout privilège du chef du débiteur. L'adjudicataire ne peut, avant d'avoir procédé à ces paiements, accomplir un acte de disposition sur le bien à l'exception de la constitution d'une hypothèque accessoire à un contrat de prêt destiné à l'acquisition de ce bien.

Le liquidateur répartit le produit des ventes et règle l'ordre entre les créanciers, sous réserve des contestations qui sont portées devant le juge de l'exécution.

***(Mod. à compter du 1er juillet 2014, Ord. n° 2014-326, 12 mars 2014)* En cas de liquidation judiciaire d'un débiteur, personne physique, le tribunal peut, en considération de sa situation personnelle et familiale, lui accorder des délais de grâce dont il détermine la durée pour quitter sa maison d'habitation principale.**

Les modalités d'application du présent article sont fixées par décret en Conseil d'État.

Voir : C. com., art. R. 642-22 et s. et R. 642-39, p. 2195.

Bibliographie : F. Aubert, *La réalisation de gré à gré : LPA* 12 janv. 2000, p. 21. • C. Delattre, *De la réalisation des actifs d'une entreprise en liquidation judiciaire : ordonnance du juge-commissaire et rétractation : RJDA* avr. 2003, p. 323. • M. Cazajus, *Le droit de préemption de la SAFER confronté aux procédures collectives – Regard notarial : Rev. proc. coll.* 2018, 5, dossier 40. • F. Derrida, *Réalisation des immeubles dans les procédures de redressement ou de liquidation judiciaire : LPA* 4 oct. 1995, p. 12. • C.-H. Gallet, *La vente des immeubles d'une entreprise en liquidation judiciaire à la requête d'un créancier privilégié : Gaz. Pal.* 1990, 2, doctr. 595. • Gardera, *La vente des immeubles d'une entreprise en liquidation judiciaire à la requête d'un créancier privilégié : Gaz. Pal.* 1992, 1, doctr. 239. • J. Gatsi, *La sauvegarde des intérêts des coïndivisaires du débiteur : JCP* E 1999, p. 1762. • S. Jaffrain, *Modalités de vente d'un fonds de commerce dans le cadre d'une liquidation judiciaire : JCP* E 1993, I, 205. • Ch. Laporte, *Reprise de la saisie immobilière par le liquidateur : Procédures* 2018, form. 8. • F. Macorig-Venier, *Les ventes de gré à gré dans la liquidation judiciaire : actualité et perspectives : JCP* N 2004, p. 1070. • P. Neveu et M. Bottin, *Le régime de la vente de l'immeuble du débiteur en liquidation judiciaire confrontée aux règles de la saisie immobilière : qui se ressemble peut-il ou doit-il s'assembler ? : Rev. proc. coll.* 2018, étude 21. • M.-A. Rakotovahiny, *La cession « amiable » d'actifs dans la liquidation judiciaire : propos sur une certaine institutionnalisation de la vente : LPA* 31 janv. 2000, p. 4. • B. Saintourens, *Les cessions d'actifs : Dr. et patrimoine* avr. 2018, p. 43. • J.-P. Sénéchal, *Les ventes d'immeubles aux enchères publiques : LPA* 12 janv. 2000, p. 30. • M. Sénéchal, *La réalisation des droits du créancier hypothécaire dans les procédures de liquidation judiciaire : D.* 2004, p. 2845. • F. Vauvillé, *La cession d'actifs après la réforme du 26 juillet 2005 : Dr. et patrimoine* mars 2006, p. 73. • *Adde La cession des actifs isolés : Rev. proc. coll.* 2015, dossier 18.

Art. L. 642-19 ***(Anc. art. L. 622-18, dénum. et mod., L. n° 2005-845, 26 juill. 2005 ; mod., Ord. n° 2008-1345, 18 déc. 2008 ; L. n° 2016-1547, 18 nov. 2016).*** **– Le juge-commissaire soit ordonne la vente aux enchères publiques, soit autorise, aux prix et conditions qu'il détermine, la vente de gré à gré des autres biens du débiteur lorsqu'elle est de nature à garantir les intérêts de celui-ci. Lorsque la vente a lieu aux enchères publiques, il y est procédé dans les conditions prévues, selon le cas, au second alinéa de l'article L. 322-2 ou aux articles L. 322-4 ou L. 322-7.**

Le juge-commissaire peut demander que le projet de vente amiable lui soit soumis afin de vérifier si les conditions qu'il a fixées ont été respectées.

Voir : C. com., art. R. 642-38 et R. 642-39, p. 2198.

Art. L. 642-19-1 ***(Ord. n° 2008-1345, 18 déc. 2008).*** **– Les conditions et formes du recours contre les décisions du juge-commissaire prises en application des articles L. 642-18 et L. 642-19 sont fixées par décret en Conseil d'État.**

Art. L. 642-20 ***(L. n° 2005-845, 26 juill. 2005 ; Ord. n° 2008-1345, 18 déc. 2008 ; rempl. à compter du 1er juillet 2014, Ord. n° 2014-326, 12 mars 2014).*** **– Les cessions d'actifs réalisées en application des**

articles L. 642-18 et L. 642-19 sont soumises aux interdictions prévues au premier alinéa de l'article L. 642-3. Toutefois, le juge-commissaire peut, sur requête du ministère public, y déroger et autoriser la cession à l'une des personnes visées à ce texte à l'exception des contrôleurs et du débiteur au titre de l'un quelconque de ses patrimoines.

Le juge-commissaire peut être saisi, dans des conditions fixées par décret en Conseil d'État, aux fins d'accorder la même dérogation pour les cessions d'actifs mobiliers de faible valeur nécessaires aux besoins de la vie courante et de biens faisant partie d'une exploitation agricole ainsi que pour la vente aux enchères publiques ou par adjudication amiable des autres actifs mobiliers.

Le juge-commissaire statue par ordonnance spécialement motivée après avoir recueilli l'avis du ministère public lorsque celui-ci n'est pas l'auteur de la requête.

Art. L. 642-20-1 ***(Ord. n° 2008-1345, 18 déc. 2008).*** **– À défaut de retrait du gage ou de la chose légitimement retenue dans les conditions prévues par le deuxième alinéa de l'article L. 641-3, le liquidateur doit, dans les six mois du jugement de liquidation judiciaire, demander au juge-commissaire l'autorisation de procéder à la réalisation. Le liquidateur notifie l'autorisation au créancier quinze jours avant la réalisation.**

Le créancier gagiste, même s'il n'est pas encore admis, peut demander au juge-commissaire, avant la réalisation, l'attribution judiciaire. Si la créance est rejetée en tout ou en partie, il restitue au liquidateur le bien ou sa valeur, sous réserve du montant admis de sa créance.

En cas de vente par le liquidateur, le droit de rétention est de plein droit reporté sur le prix. L'inscription éventuellement prise pour la conservation du gage est radiée à la diligence du liquidateur.

Voir : C. com., art. R. 661-1, p. 2209.

Bibliographie : G. Amlon, *L'attribution judiciaire du gage en cas de procédures collectives : JCP* E 1990, II, 15815 • Y. Neveu, *L'attribution judiciaire du gage : une arme absolue ? : Banque* 1985, p. 1030. • C. Pourquier, *Faculté de rétention et procédures collectives : D. affaires* 1998, p. 936 ; *La rétention du gagiste ou la supériorité du fait sur le droit : RTD com.* 2000, p. 569.

Art. L. 642-21 ***(Abr., Ord. n° 2008-1345, 18 déc. 2008).***

Section III. – Dispositions communes

Art. L. 642-22 ***(L. n° 2005-845, 26 juill. 2005).*** **– Toute cession d'entreprise et toute réalisation d'actif doivent être précédées d'une publicité dont les modalités sont déterminées par un décret en Conseil d'État en fonction de la taille de l'entreprise et de la nature des actifs à vendre.**

Voir : C. com., art. R. 642-40, p. 2199.

Art. L. 642-23 ***(Anc. art. L. 622-19, dénum. et mod., L. n° 2005-845, 26 juill. 2005).*** **– Avant toute vente ou toute destruction des archives du débiteur, le liquidateur en informe l'autorité administrative compétente pour la conservation des archives. Cette autorité dispose d'un droit de préemption.**

La destination des archives du débiteur soumis au secret professionnel est déterminée par le liquidateur en accord avec l'ordre professionnel ou l'autorité compétente dont il relève.

Art. L. 642-24 ***(Anc. art. L. 622-20, dénum., L. n° 2005-845, 26 juill. 2005).*** **– Le liquidateur peut, avec l'autorisation du juge-commissaire et le débiteur entendu ou dûment appelé, compromettre et transiger sur toutes les contestations qui intéressent collectivement les créanciers même sur celles qui sont relatives à des droits et actions immobiliers.**

Si l'objet du compromis ou de la transaction est d'une valeur indéterminée ou excède la compétence en dernier ressort du tribunal, le compromis ou la transaction est soumis à l'homologation du tribunal.

Voir : C. com., art. R. 642-41, p. 2199.

Bibliographie : J.-E. Kuntz et C. Gotzorides, *Transaction et procédure collective : BJE* 2018, 5, p. 371. • O. Staes, *Le contrat de transaction : BJE* 2019, n° 1, dossier p. 58. • I. Rohart-Messager, N. Borga, F. Legrand et Ch. Thevenot, *Techniques de négociation et utilisation des modes alternatifs de résolution des différends en procédure amiable et collective : BJE* 2018, 5, p. 378.

Art. L. 642-25 ***(Abr., Ord. n° 2008-1345, 18 déc. 2008).***

CHAPITRE III. – DU RÈGLEMENT DU PASSIF

Section I. – Du règlement des créances

Bibliographie : J.-C. Boulay, *Les créanciers antérieurs dans les procédures de sauvegarde, de redressement et de liquidation judiciaires : Rev. proc. coll.* 2006, p. 135. • P.-M. Le Corre, *Les créanciers dans la loi de sauvegarde des entreprises : Rev. proc. coll.* 2006, p. 336. • C. Saint-Alary-Houin et F. Macorig-Venier, *La situation des créanciers dans la loi du 26 juillet 2005 de sauvegarde des entreprises : RD bancaire et fin.* 2006, p. 60 ; *Les créanciers dans l'ordonnance n° 2008-1345 du 18 décembre 2008 portant réforme du droit des entreprises en difficulté : Rev. proc. coll.* 2009, p. 65. • F. Vinckel, *Le droit d'action des créanciers chirographaires dans la loi n° 2005-845 du 26 juillet 2005 : Rev. proc. coll.* mars 2007, p. 6.

Art. L. 643-1 *(Anc. art. L. 622-22, dénum. et mod., L. n° 2005-845, 26 juill. 2005 ; mod., Ord. n° 2008-1345, 18 déc. 2008).* **– Le jugement qui ouvre ou prononce la liquidation judiciaire rend exigibles les créances non échues. Toutefois, lorsque le tribunal autorise la poursuite de l'activité au motif que la cession totale ou partielle de l'entreprise est envisageable, les créances non échues sont exigibles à la date du jugement statuant sur la cession ou, à défaut, à la date à laquelle le maintien de l'activité prend fin.**

Lorsque ces créances sont exprimées dans une monnaie autre que celle du lieu où a été prononcée la liquidation judiciaire, elles sont converties en la monnaie de ce lieu, selon le cours du change à la date du jugement.

Art. L. 643-2 *(Anc. art. L. 622-23, dénum. et mod., L. n° 2005-845, 26 juill. 2005 ; Ord. n° 2008-1345, 18 déc. 2008).* **– Les créanciers titulaires d'un privilège spécial, d'un gage, d'un nantissement ou d'une hypothèque et le Trésor public pour ses créances privilégiées peuvent, dès lors qu'ils ont déclaré leurs créances même s'ils ne sont pas encore admis, exercer leur droit de poursuite individuelle si le liquidateur n'a pas entrepris la liquidation des biens grevés dans le délai de trois mois à compter du jugement qui ouvre ou prononce la liquidation judiciaire.**

Lorsque le tribunal a fixé un délai en application de l'article L. 642-2, ces créanciers peuvent exercer leur droit de poursuite individuelle à l'expiration de ce délai, si aucune offre incluant ce bien n'a été présentée.

En cas de vente d'immeubles, les dispositions des premier, troisième et cinquième alinéas de l'article L. 642-18 sont applicables. Lorsqu'une procédure de saisie immobilière a été engagée avant le jugement d'ouverture, le créancier titulaire d'une hypothèque est dispensé, lors de la reprise des poursuites individuelles, des actes et formalités effectués avant ce jugement.

Voir : C. com., art. R. 643-1, p. 2199 et, sur la procédure d'ordre, C. com., art. R. 643-3 et s., p. 2199.

Bibliographie : P. Crocq, *Réforme des procédures collectives et sort des créanciers munis de sûretés : Dr. et patrimoine* mars 2006, p. 90 ; *L'ordonnance du 18 décembre 2008 et le droit des sûretés : JCP* E 2009, 1313 ; *Rev. proc. coll.* 2009, p. 75. • M. Farge et O. Gout, *L'impact du nouveau droit des entreprises en difficulté sur le droit des sûretés : Rev. Lamy dr. aff.* 2009, n° 58, p. 25. • E. Garaud, *Sûretés et procédures collectives : l'articulation des réformes : LPA* 17 juin 2009, p. 4. • P.-M. Le Corre, *Les créanciers dans la loi de sauvegarde des entreprises : Rev. proc. coll.* 2006, p. 336 ; *Le sort des créanciers. Quel état des lieux ? : Dr. et patrimoine* 2013, dossier 65. • C. Lèguevaques : *Le sort des créanciers après la loi de sauvegarde des entreprises : entre renforcement des droits et allègement des devoirs : LPA* 17 févr. 2006, p. 63. • M. Sénéchal, *La réalisation des droits du créancier hypothécaire dans les procédures de liquidation judiciaire : D. affaires* 2004, act. jurispr. 2845. • Ph. Roussel-Galle, *Les retouches apportées aux règles de l'interdiction des poursuites. À propos de la réforme de la liquidation judiciaire par l'ordonnance du 18 décembre 2008 : Gaz. proc. coll.* 8-10 mars 2009, p. 21. • C. Saint-Alary-Houin et F. Macorig-Venier, *La situation des créanciers dans la loi du 26 juillet 2005 de sauvegarde des entreprises : RD bancaire et fin.* 2006, p. 60 ; *Les créanciers dans l'ordonnance n° 2008-1345 du 18 décembre 2008 portant réforme du droit des entreprises en difficulté : Rev. proc. coll.* 2009, p. 65.

Déclaration d'insaisissabilité et titulaire de sûreté réelle. Si un créancier, titulaire d'une sûreté réelle, à qui la déclaration d'insaisissabilité d'un immeuble appartenant à un débiteur en liquidation judiciaire est inopposable en application de l'article L. 526-1 du Code de commerce, peut faire procéder à sa vente sur saisie, il ne poursuit pas cette procédure d'exécution dans les conditions prévues par l'article L. 643-2 du Code de commerce, qui ne concerne pas le cas où le liquidateur est légalement empêché d'agir par une déclaration d'insaisissabilité qui lui est opposable ; ce créancier n'a donc pas à être autorisé par le juge-commissaire pour faire procéder à la saisie de l'immeuble qui n'est pas, en ce cas, une opération de liquidation judiciaire : ▪ Cass. com., 5 avr. 2016, n° 14-24.640, FS-P+B : *JurisData* n° 2016-006837 ; *JCP* E 1442, note Ch. Lebel ; *Rev. proc. coll.* 2016, comm. 119, note F. Macorig-Venier ; *D.* 2016, p. 1296, note N. Borga ; *Gaz. Pal.* 28 juin 2016, p. 54, note P.-M. Le Corre ; *Rev. sociétés* 2016, p. 393, note L.-C. Henry. – *Adde*, le créancier inscrit sur un immeuble, objet d'une déclaration d'insaisissabilité qui lui est inopposable, peut faire procéder à la vente sur saisie : ▪ Cass. com., 12 juill. 2016, n° 15-17.321 : *JurisData* n° 2016-013738 ; *D.* 2016, p. 1558, obs. A. Lienhard ; *Act. proc. coll.* 2016, comm. 203, note L. Camensuli-Feuillard ; *Rev. sociétés* 2016, p. 547, note Ph. Roussel-Galle ; *Rev. proc. coll.* 2016, comm. 187, note F. Reille. – Le créancier titulaire d'une sûreté réelle, à qui est inopposable la déclaration d'insaisissabilité de l'immeuble appartenant à son débiteur en liquidation judiciaire, peut exercer son droit de poursuite sur cet immeuble pendant la procédure collective par voie de saisie immobilière selon les règles posées au livre III du Code des procédures civiles d'exécution, les articles L. 643-2 et L. 642-18 du Code de commerce régissant la cession des actifs immobiliers d'un débiteur en liquidation judiciaire n'étant pas applicables, que le créancier ait ou non déclaré sa créance : ▪ Cass., avis, 12 sept. 2016, n° 16010P : *JurisData* n° 2016-018541 ; *JCP E* 2016, 1662, note Ch. Lebel ; *RJ com.* 2016, p. 652, note Ph. Roussel-Galle ; *Procédures* 2016, comm. 334, note B. Rolland.

Art. L. 643-3 ***(Anc. art. L. 622-24, dénum. et mod., L. n° 2005-845, 26 juill. 2005).*** **– Le juge-commissaire peut, d'office ou à la demande du liquidateur ou d'un créancier, ordonner le paiement à titre provisionnel d'une quote-part d'une créance définitivement admise.**

Ce paiement provisionnel peut être subordonné à la présentation par son bénéficiaire d'une garantie émanant d'un établissement de crédit ***(Mots aj. à compter du 1er janvier 2014, Ord. n° 2013-544, 27 juin 2013)*** **« ou d'une société de financement ».**

Dans le cas où la demande de provision porte sur une créance privilégiée des administrations financières, des organismes de sécurité sociale, des institutions gérant le régime d'assurance chômage prévu par les articles 5422-1 et suivants du Code du travail ***(Anc. art. L. 351-3 et s., dénum., Ord. n° 2007-329, 12 mars 2007)*** **et des institutions régies par le livre IX du Code de la sécurité sociale, la garantie prévue au deuxième alinéa n'est pas due.**

Voir : C. com., art. R. 643-2, p. 2199.

Art. L. 643-4 ***(Anc. art. L. 622-25, dénum., L. n° 2005-845, 26 juill. 2005).*** **– Si une ou plusieurs distributions de sommes précèdent la répartition du prix des immeubles, les créanciers privilégiés et hypothécaires admis concourent aux répartitions dans la proportion de leurs créances totales.**

Après la vente des immeubles et le règlement définitif de l'ordre entre les créanciers hypothécaires et privilégiés, ceux d'entre eux qui viennent en rang utile sur le prix des immeubles pour la totalité de leur créance ne perçoivent le montant de leur collocation hypothécaire que sous la déduction des sommes par eux reçues.

Les sommes ainsi déduites profitent aux créanciers chirographaires.

Bibliographie : S. Pierre, *L'indu et les erreurs de répartitions dans le cadre de la liquidation judiciaire : Rev. proc. coll.* 2000, p. 1. • C. Rouger, *La distribution du prix de vente des immeubles dans les procédures collectives : Gaz. Pal.* 2001, doctr. p. 303. • B. Soinne, *Les répartitions ou la mission impossible : Rev. proc. coll.* 1997, p. 249.

Art. L. 643-5 ***(Anc. art. L. 622-26, dénum., L. n° 2005-845, 26 juill. 2005).*** **– Les droits des créanciers hypothécaires qui sont colloqués partiellement sur la distribution du prix des immeubles sont réglés d'après le montant qui leur reste dû après la collocation immobilière. L'excédent des dividendes qu'ils ont touchés dans des distributions antérieures par rapport au dividende calculé après collocation est retenu sur le montant de leur collocation hypothécaire et est inclus dans les sommes à répartir aux créanciers chirographaires.**

Art. L. 643-6 ***(Anc. art. L. 622-27, dénum., L. n° 2005-845, 26 juill. 2005).*** **– Les créanciers privilégiés ou hypothécaires, non remplis sur le prix des immeubles, concourent avec les créanciers chirographaires pour ce qui leur reste dû.**

Art. L. 643-7 ***(Anc. art. L. 622-28, dénum., L. n° 2005-845, 26 juill. 2005 ; mod., Ord. n° 2008-1345, 18 déc. 2008).*** **– Sous réserve du deuxième alinéa de l'article L. 642-20-1, les dispositions des articles L. 643-4 à L. 643-6 s'appliquent aux créanciers bénéficiaires d'une sûreté mobilière spéciale.**

Art. L. 643-7-1 ***(Créé à compter du 1er juillet 2014, Ord. n° 2014-326, 12 mars 2014).*** **– Le créancier qui a reçu un paiement en violation de la règle de l'égalité des créanciers chirographaires ou par suite d'une erreur sur l'ordre des privilèges doit restituer les sommes ainsi versées.**

Art. L. 643-8 *(Anc. art. L. 622-29, dénum., L. n° 2005-845, 26 juill. 2005 ; Ord. n° 2008-1345, 18 déc. 2008).* **– Le montant de l'actif, distraction faite des frais et dépens de la liquidation judiciaire, des subsides accordés au débiteur personne physique ou aux dirigeants ou à leur famille et des sommes payées aux créanciers privilégiés, est réparti entre tous les créanciers au marc le franc de leurs créances admises.**

La part correspondant aux créances sur l'admission desquelles il n'aurait pas été statué définitivement et, notamment, les rémunérations des dirigeants sociaux tant qu'il n'aura pas été statué sur leur cas, est mise en réserve.

Section II. – De la clôture des opérations de liquidation judiciaire

Art. L. 643-9 *(L. n° 2005-845, 26 juill. 2005).* **– Dans le jugement qui ouvre ou prononce la liquidation judiciaire, le tribunal fixe le délai au terme duquel la clôture de la procédure devra être examinée. Si la clôture ne peut être prononcée au terme de ce délai, le tribunal peut proroger le terme par une décision motivée.**

Lorsqu'il n'existe plus de passif exigible ou que le liquidateur dispose de sommes suffisantes pour désintéresser les créanciers, ou lorsque la poursuite des opérations de liquidation judiciaire est rendue impossible en raison de l'insuffisance de l'actif *(Mots aj. à compter du 1er juillet 2014, Ord. n° 2014-326, 12 mars 2014)* **« ou encore lorsque l'intérêt de cette poursuite est disproportionné par rapport aux difficultés de réalisation des actifs résiduels », la clôture de la liquidation judiciaire est prononcée par le tribunal, le débiteur entendu ou dûment appelé.**

(Créé à compter du 1er juillet 2014, Ord. n° 2014-326, 12 mars 2014) **Le tribunal peut également prononcer la clôture de la procédure en désignant un mandataire ayant pour mission de poursuivre les instances en cours et de répartir, le cas échéant, les sommes perçues à l'issue de celles-ci lorsque cette clôture n'apparaît pas pouvoir être prononcée pour extinction du passif.**

Le tribunal est saisi à tout moment par le liquidateur, le débiteur ou le ministère public. Il peut se saisir d'office. À l'expiration d'un délai de deux ans à compter du jugement de liquidation judiciaire, tout créancier peut également saisir le tribunal aux fins de clôture de la procédure.

En cas de plan de cession, le tribunal ne prononce la clôture de la procédure qu'après avoir constaté le respect de ses obligations par le cessionnaire.

Voir : C. com., art. R. 643-16 et s., p. 2202.

L'article L. 643-9 est applicable aux procédures en cours au jour de l'entrée en vigueur [1er janv. 2006] de la loi n° 2005-845 du 26 juillet 2005, L. n° 2005-84526 juill. 2005art. 190.

Les modifications issues de l'ordonnance n° 2014-1326 du 12 mars 2014 sont applicables aux procédures en cours au jour de son entrée en vigueur [1er juillet 2014] – V. Ord. n° 2014-1326, 12 mars 2014, art. 116.

Bibliographie : M. Zio, *La clôture de la liquidation judiciaire pour insuffisance d'actif : LPA* 31 juill. 2018, n° 152, p. 58.

Art. L. 643-10 *(Anc. art. L. 622-31, dénum., L. n° 2005-845, 26 juill. 2005).* **– Le liquidateur procède à la reddition des comptes. Il est responsable des documents qui lui ont été remis au cours de la procédure pendant cinq ans à compter de cette reddition.**

Voir : C. com., art. R. 643-19, p. 2202.

Représentation de la société. Le mandataire-liquidateur n'a plus qualité pour recevoir des notifications après la clôture de la liquidation judiciaire (■ Cass. 2e civ., 17 oct. 2002 : *D.* 2002, p. 3143).

Art. L. 643-11 *(L. n° 2005-845, 26 juill. 2005 ; mod., Ord. n° 2008-1345, 18 déc. 2008 ; Ord. n° 2010-1512, 9 déc. 2010 ; mod. à compter du 1er juillet 2014, Ord. n° 2014-326, 12 mars 2014).* **– I. – Le jugement de clôture de liquidation judiciaire pour insuffisance d'actif ne fait pas recouvrer aux créanciers l'exercice individuel de leurs actions contre le débiteur. Il est fait exception à cette règle :**

1° Pour les actions portant sur des biens acquis au titre d'une succession ouverte pendant la procédure de liquidation judiciaire ;

2° Lorsque la créance trouve son origine dans une infraction pour laquelle la culpabilité du débiteur a été établie ou lorsqu'elle porte sur des droits attachés à la personne du créancier ;

3° *(L. n° 2015-1702, 21 déc. 2015)* **Lorsque la créance a pour origine des manœuvres frauduleuses commises au préjudice des organismes de protection sociale mentionnés à l'article L. 114-12 du Code de la sécurité sociale. L'origine frauduleuse de la créance est établie soit par une décision de justice, soit par une**

sanction prononcée par un organisme de sécurité sociale dans les conditions prévues aux articles L. 114-17 et L. 114-17-1 du même code.

II. – Les coobligés et les personnes ayant consenti une sûreté personnelle ou ayant affecté ou cédé un bien en garantie peuvent poursuivre le débiteur s'ils ont payé à la place de celui-ci.

III. – Les créanciers recouvrent leur droit de poursuite individuelle dans les cas suivants :

1° La faillite personnelle du débiteur a été prononcée ;

2° Le débiteur a été reconnu coupable de banqueroute ;

3° Le débiteur, au titre de l'un quelconque de ses patrimoines, ou une personne morale dont il a été le dirigeant a été soumis à une procédure de liquidation judiciaire antérieure clôturée pour insuffisance d'actif moins de cinq ans avant l'ouverture de celle à laquelle il est soumis ainsi que le débiteur qui, au cours des cinq années précédant cette date, a bénéficié des dispositions de l'article L. 645-11 ;

4° La procédure a été ouverte en tant que procédure territoriale au sens du paragraphe 2 de l'article 3 du règlement (CE) n° 1346/2000 du Conseil du 29 mai 2000 relatif aux procédures d'insolvabilité *(Mots aj., Ord. n° 2017-1519, 2 nov. 2017)* ou au sens du paragraphe 2 de l'article 3 du règlement (UE) n° 2015/848 du Parlement européen et du Conseil du 20 mai 2015 relatif aux procédures d'insolvabilité.

IV. – En outre, en cas de fraude à l'égard d'un ou de plusieurs créanciers, le tribunal autorise la reprise des actions individuelles de tout créancier à l'encontre du débiteur. Le tribunal statue lors de la clôture de la procédure après avoir entendu ou dûment appelé le débiteur, le liquidateur et les contrôleurs. Il peut statuer postérieurement à celle-ci, à la demande de tout intéressé, dans les mêmes conditions.

V. – Les créanciers qui recouvrent leur droit de poursuite individuelle et dont les créances ont été admises ne peuvent exercer ce droit sans avoir obtenu un titre exécutoire ou, lorsqu'ils disposent déjà d'un tel titre, sans avoir fait constater qu'ils remplissent les conditions prévues au présent article. Le président du tribunal, saisi à cette fin, statue par ordonnance.

Les créanciers qui recouvrent l'exercice individuel de leurs actions et dont les créances n'ont pas été vérifiées peuvent le mettre en œuvre dans les conditions du droit commun.

VI. – Lorsque la clôture de liquidation judiciaire pour insuffisance d'actif est prononcée à l'issue d'une procédure ouverte à raison de l'activité d'un débiteur entrepreneur individuel à responsabilité limitée à laquelle un patrimoine est affecté, le tribunal, en cas de fraude à l'égard d'un ou de plusieurs créanciers, autorise les actions individuelles de tout créancier sur les biens compris dans le patrimoine non affecté de cet entrepreneur. Il statue dans les conditions prévues au IV. Les créanciers exercent les droits qui leur sont conférés par les présentes dispositions dans les conditions prévues au V.

VII. – Lorsque la clôture de liquidation judiciaire pour insuffisance d'actif est prononcée à l'issue d'une procédure ouverte à raison de l'activité d'un débiteur, personne physique, à laquelle un patrimoine n'avait pas été affecté, le tribunal peut imposer des délais uniformes de paiement des créances mentionnées au I de l'article L. 641-13 à l'exception de celles des administrations financières, des organismes de sécurité sociale, des institutions gérant le régime d'assurance chômage prévu par les articles L. 5422-1 et suivants du Code du travail et des institutions régies par le livre IX du Code de la sécurité sociale. Ces délais ne peuvent excéder deux ans.

Voir : C. com., art. R. 643-20, p. 2202.

L'article L. 643-11 est applicable aux procédures de redressement ou de liquidation judiciaire en cours. Toutefois, les poursuites déjà engagées au jour de l'entrée en vigueur de cet article sur le fondement de l'ancien article L. 622-32 du Code de commerce à l'égard de débiteurs ayant fait l'objet d'une interdiction de diriger ou de contrôler une entreprise commerciale ou une personne morale ne sont pas affectées et les sommes perçues par leurs créanciers restent acquises à ces derniers.

L'article L. 643-11 est également applicable aux procédures de règlement judiciaire ou de liquidation des biens en cours. Toutefois, les sommes perçues par les créanciers leur restent acquises, voir L. n° 2005-845, 26 juill. 2005, art. 191.

Bibliographie : E. Brocard, *Brèves remarques sur la situation de la caution après la loi n° 94-475 du 10 juin 1994 : RJ com.* 1994, p. 368. • Y. Chaput, *Le dirigeant social : nouveautés relatives aux sanctions et nouveau régime des cautions : Rev. proc. coll.* 1994, p. 523. • J. Devèze, *Le cautionnement des entreprises en difficulté, brèves observations sur la loi du 10 juin 1994 : LPA* 12 oct. 1994, p. 10.

1) Droit transitoire. Notion de poursuites déjà engagées. Le dépôt avant le 1er janvier 2006 de la requête d'un créancier tendant à l'obtention d'un titre exécutoire ou à l'obtention des autorisations nécessaires à la reprise des poursuites constitue une poursuite déjà engagée, et justifie l'application du droit antérieur à la réforme du 26 juillet 2005 : ▪ Cass. com., 21 sept. 2010, n°s 09-69.435 et 09-69.690 : *JurisData* n° 2010-016555 ; *Dr. et proc.* 2010/11, p. 18, n° 9, obs. P. Crocq ; *D.* 2010, p. 2286, obs. A. Lienhard ; *Rev. sociétés* 2010, p. 539, obs. Ph. Roussel-Galle ; *RJDA* 2010/12, n° 1180, p. 1116 ; *Dr. sociétés* 2011, comm. 36, obs. J.-P. Legros ; *LPA* 20 déc. 2010, pan. p. 5 et s., obs. Fl. Reille ; *Gaz. Pal.* 7-8 janv. 2011, p. 47, note Th. Montéran.

2) Recours de la caution. Après la clôture d'une liquidation judiciaire pour insuffisance d'actif, la caution qui a payé aux lieu et place du débiteur peut poursuivre celui-ci soit en exerçant un recours subrogatoire, sous réserve que le créancier ait déclaré sa créance, soit en exerçant un recours personnel dès lors qu'elle a elle-même déclaré sa créance : ▪ Cass. com., 12 mai 2009, n° 08-13.430 : *Bull. civ.* IV, n° 67 ; *JurisData* n° 2009-048253 ; *JCP* E 2009 1777, note Ph. Simler ; *ibid.* 1814, n° 6, obs. M. Cabrillac ; *D.* 2009, p. 1472, obs. A. Lienhard ; *ibid.* p. 2459, note E. Brocard ; *RTD com.* 2009, p. 613, obs. A. Martin-Serf ; *RD bancaire et fin.* 2009, comm. 123, obs. A. Cerles ; *Rev. proc. coll.* 2009, n° 112, obs. F. Macorig-Venier ; *RTD com.* 2009, p. 613, n° 2, obs. A. Martin-Serf. – *Adde* N. Leblond, *Rev. proc. coll.* 2009, étude 26.

3) Déclaration d'insaisissabilité. Le créancier à qui l'insaisissabilité d'un immeuble est inopposable ne recouvre pas l'exercice individuel de son action contre le débiteur sur le fondement de l'article L. 643-11, I, 2° du Code de commerce, sa créance ne portant pas sur des droits attachés à sa personne, ▪ Cass. com., 13 déc. 2017, n° 15-28.357 : *JurisData* n° 2017-025645 ; *BJE* 2018, p. 103, obs. C. Lisanti ; *Act. proc. coll.* 2018, alerte 14, note L. Fin-Langer ; *Dr. et proc.* 2018, p. 2, note Ph. Roussel Galle ; *Rev. proc. coll.* 2018, comm. 78, obs. F. Reille.

Code de commerce

Rédaction antérieure. Art. L. 622-32 ***(Anc. L. n° 85-98, 25 janv. 1985 ; version en vigueur jusqu'au 1er janv. 2006, L. n° 2005-845, 26 juill. 2005, rempl. à compter du 1er janv. 2006).*** – I. – Le jugement de clôture de liquidation judiciaire pour insuffisance d'actif ne fait pas recouvrer aux créanciers l'exercice individuel de leurs actions contre le débiteur, sauf si la créance résulte :

1° D'une condamnation pénale soit pour des faits étrangers à l'activité professionnelle du débiteur, soit pour fraude fiscale, au seul bénéfice, dans ce cas, du Trésor public ;

2° De droits attachés à la personne du créancier.

II. – Toutefois, la caution ou le coobligé qui a payé au lieu et place du débiteur peut poursuivre celui-ci.

III. – Les créanciers recouvrent leur droit de poursuite individuelle en cas de fraude à l'égard des créanciers, de faillite personnelle, d'interdiction de diriger ou contrôler une entreprise commerciale ou une personne morale, de banqueroute ou lorsque le débiteur ou la personne morale dont il a été le dirigeant a été déclaré en état de cessation des paiements et que la procédure a été clôturée pour insuffisance d'actif.

IV. – Les créanciers dont les créances ont été admises et qui recouvrent l'exercice individuel de leurs actions peuvent obtenir, par ordonnance du président du tribunal, un titre exécutoire.

Les créanciers recouvrent leur droit de poursuite individuelle contre le débiteur, ancien dirigeant d'une personne morale, tenu personnellement du passif de celle-ci, par l'effet de la liquidation judiciaire prononcée contre lui à titre de sanction et clôturée pour insuffisance d'actif, lorsque ce dirigeant a également fait l'objet d'une mesure de faillite personnelle ou d'interdiction de gérer ou a été condamné pour banqueroute : ▪ Cass. com., 16 janv. 2007, n° 05-16.235 : *JurisData* n° 2007-036939 ; *D.* 2007, p. 312, obs. A. Lienhard ; *Dr. sociétés* 2007, n° 135, note J.-P. Legros.

Art. L. 643-12 ***(Anc. art. L. 622-33, dénum. et mod., L. n° 2005-845, 26 juill. 2005 ; mod., Ord. n° 2008-1345, 18 déc. 2008 ; Ord. n° 2010-1512, 9 déc. 2010).*** **– La clôture de la liquidation judiciaire** ***(Mots aj. à compter du 1er juillet 2014, Ord. n° 2014-326, 12 mars 2014)*** **« ou de la procédure prévue à l'article L. 645-1 » suspend les effets de la mesure d'interdiction d'émettre des chèques, dont le débiteur fait l'objet au titre de l'article 65-3 du décret du 30 octobre 1935 unifiant le droit en matière de chèques et relatif aux cartes de paiement, mise en œuvre à l'occasion du rejet d'un chèque émis avant le jugement d'ouverture de la procédure. Toutefois, lorsque le débiteur est un entrepreneur individuel à responsabilité limitée, cette suspension est limitée aux comptes afférents au patrimoine visé par la procédure.**

Si les créanciers recouvrent leur droit de poursuite individuelle, la mesure d'interdiction reprend effet, à compter de la délivrance du titre exécutoire mentionné au V de l'article L. 643-11.

Voir : C. com., art. R. 643-21 à R. 643-23, p. 2202.

Art. L. 643-13 ***(L. n° 2005-845, 26 juill. 2005).*** **– Si la clôture de la liquidation judiciaire est prononcée pour insuffisance d'actif et qu'il apparaît que des actifs n'ont pas été réalisés ou que des actions dans l'intérêt des créanciers n'ont pas été engagées pendant le cours de la procédure, celle-ci peut être reprise.**

(Al. mod. à compter du 28 septembre 2014, Ord. n° 2014-1088, 26 sept. 2014) **Le tribunal est saisi par le liquidateur précédemment désigné, par le ministère public ou par tout créancier intéressé. S'il est saisi par un créancier, ce dernier doit justifier avoir consigné au greffe du tribunal les fonds nécessaires aux frais des opérations. Le montant des frais consignés lui est remboursé par priorité sur les sommes recouvrées à la suite de la reprise de la procédure.**

(Al. crée à compter du 1er juillet 2014, Ord. n° 2014-326, 12 mars 2014) **La reprise de la procédure produit ses effets rétroactivement pour tous les actifs du débiteur que le liquidateur aurait dû réaliser avant la clôture de la procédure de liquidation judiciaire.**

Si les actifs du débiteur consistent en une somme d'argent, la procédure prévue au chapitre IV du présent titre est de droit applicable.

Voir : C. com., art. R. 643-23, p. 2203.

L'article L. 643-13 est applicable aux procédures en cours au jour de l'entrée en vigueur [1er janv. 2006] de la loi n° 2005-845 du 26 juillet 2005, L. n° 2005-845, 26 juill. 2005, art. 191.

Les modifications issues de l'ordonnance n° 2014-1326 du 12 mars 2014 sont applicables aux procédures en cours au jour de son entrée en vigueur [1er juillet 2014] – V. Ord. n° 2014-1326, 12 mars 2014, art. 116.

Bibliographie : L.-C. Henry, *Variations sur la reprise de la procédure de liquidation judiciaire : BJE* 2018, n° 3, p. 174.

CHAPITRE IV. – DE LA LIQUIDATION JUDICIAIRE SIMPLIFIÉE

Les dispositions de ce chapitre sont applicables aux procédures en cours au jour de l'entrée en vigueur [1er janv. 2006] de la loi n° 2005-845 du 26 juillet 2005, L. n° 2005-845, 26 juill. 2005, art. 191.

Bibliographie : P.-M. Le Corre, *Le nouveau visage de la liquidation judiciaire simplifiée : D.* 2009, p. 677. • F. Pérochon, *La liquidation judiciaire simplifiée : Rev. proc. coll.* 2006, p. 191. • M. Sénéchal, *La liquidation judiciaire simplifiée : l'accélération de la procédure par sa simplification : Journ. soc.* 24 sept. 2005, p. 53 ; *La liquidation judiciaire simplifiée dans la loi de sauvegarde des entreprises : Gaz. Pal.* 7-8 sept. 2005, p. 46. • J. Theeten, *La liquidation judiciaire simplifiée après le décret du 23 décembre 2006 : D.* 2007, p. 394.

Art. L. 644-1 *(L. n° 2005-845, 26 juill. 2005)*. – **La procédure de liquidation judiciaire simplifiée est soumise aux règles de la liquidation judiciaire, sous réserve des dispositions du présent chapitre.**

Voir : C. com., art. R. 644-1 et s., p. 2203.

Art. L. 644-1-1 *(Créé à compter du 1er juillet 2014, Ord. n° 2014-326, 12 mars 2014)*. – **Lorsque le liquidateur réalise l'inventaire en application de l'article L. 641-2 et si la valeur des biens le justifie, le juge-commissaire désigne, aux fins de réaliser la prisée de l'actif, l'une des personnes mentionnées au dernier alinéa du II de l'article L. 641-1.**

Art. L. 644-2 *(L. n° 2005-845, 26 juill. 2005 ; rempl., Ord. n° 2008-1345, 18 déc. 2008 ; mod. à compter du 1er juillet 2014, Ord. n° 2014-326, 12 mars 2014)*. – **Par dérogation aux dispositions de l'article L. 642-19, lorsque la procédure simplifiée est décidée en application de l'article L. 641-2** *(Mots suppr., L. n° 2019-486, 22 mai 2019)* **« ... », le liquidateur procède à la vente des biens mobiliers de gré à gré ou aux enchères publiques dans les quatre mois suivant la décision ordonnant la procédure simplifiée.**

À l'issue de cette période, il est procédé à la vente aux enchères publiques des biens subsistants.

Art. L. 644-3 *(L. n° 2005-845, 26 juill. 2005)*. – **Par dérogation aux dispositions de l'article L. 641-4, il est procédé à la vérification des seules créances susceptibles de venir en rang utile dans les répartitions et des créances résultant d'un contrat de travail.**

Bibliographie : P.-M. Le Corre, *La dispense de vérification du passif chirographaire : D.* 2000, chron. 275.

Art. L. 644-4 *(L. n° 2005-845, 26 juill. 2005 ; rempl., Ord. n° 2008-1345, 18 déc. 2008)*. – **À l'issue de la procédure de vérification et d'admission des créances telle que prévue à l'article L. 644-3 et de la réalisation des biens, le liquidateur fait figurer ses propositions de répartition sur l'état des créances. Cet état ainsi complété est déposé au greffe et fait l'objet d'une mesure de publicité.** *(Mots aj. à compter du 1er juillet*

2014, Ord. n° 2014-326, 12 mars 2014) « Toutefois, s'il apparaît que les sommes à répartir ne permettent que le paiement des créanciers mentionnés au II de l'article L. 641-13, l'état complété ne fait l'objet que d'un dépôt au greffe. »

Tout intéressé peut en prendre connaissance et, à l'exclusion du liquidateur, former réclamation devant le juge-commissaire dans des conditions fixées par décret en Conseil d'État. Les réclamations du débiteur ne peuvent concerner que les propositions de répartition. Celles des créanciers ne peuvent pas être formées contre les décisions du juge-commissaire portées sur l'état des créances auxquelles ils ont été partie.

Le juge-commissaire statue sur les contestations par une décision qui peut faire l'objet d'un recours dans un délai fixé par décret en Conseil d'État.

Le liquidateur procède à la répartition conformément à ses propositions ou à la décision rendue.

Voir : C. com., art. R. 644-2 et R. 644-3, p. 2203.

Art. L. 644-5 *(Rempl., Ord. n° 2008-1345, 18 déc. 2008 ; mod. à compter du 1er juillet 2014, Ord. n° 2014-326, 12 mars 2014). – (Al. rempl., L. n° 2019-486, 22 mai 2019)* Le tribunal prononce la clôture de la liquidation judiciaire au plus tard dans le délai de six mois à compter de la décision ayant ordonné ou décidé l'application de la procédure simplifiée, le débiteur entendu ou dûment appelé. Ce délai est porté à un an lorsque le nombre des salariés du débiteur ainsi que son chiffre d'affaires hors taxes sont supérieurs à des seuils fixés par décret.

Le tribunal peut, par un jugement spécialement motivé, proroger la procédure pour une durée qui ne peut excéder trois mois.

Art. L. 644-6 *(L. n° 2005-845, 26 juill. 2005).* – À tout moment, le tribunal peut décider, par un jugement spécialement motivé, de ne plus faire application des dérogations prévues au présent chapitre.

Voir : C. com., art. R. 644-4, p. 2203.

CHAPITRE V. – DU RÉTABLISSEMENT PROFESSIONNEL

(Créé à compter du 1er juillet 2014, Ord. n° 2014-326, 12 mars 2014)

Bibliographie : B. Amizet, *Point de vue du praticien sur la procédure de rétablissement professionnel : BJE* 2016, p. 440. • C. Berger-Tarare, *De la concurrence entre la liquidation judiciaire et le rétablissement professionnel : Rev. proc. coll.* 2014, étude 12. • Ch. Delattre, *Le rétablissement professionnel : premiers retours jurisprudentiels : BJE* 2015, p. 182. • J. Ernst Degenhardt, *La détermination de l'actif du débiteur sollicitant un rétablissement professionnel : faut-il prendre en compte des biens acquis sous réserve de propriété et le patrimoine affecté de l'EIRL ? : BJE* 2014, p. 335. • Ch. Lebel, *Premières applications du rétablissement professionnel : Rev. proc. coll.* 2016, étude 13. • V. Legrand, *Le rétablissement professionnel du débiteur impécunieux : de quelques difficultés de mise en pratique : LPA* 19 nov. 2014, n° 231, p. 6. • F.-X. Lucas, *Réflexions sur l'impécuniosité : LPA* 20 juin 2014, n° 123, p. 7. • F. Macorig-Venier, *Le rétablissement professionnel : Dr et patrimoine* 2014, n° 238, p. 52. • Ph. Roussel-Galle, *Débiteur personne physique : du dessaisissement au rebond : BJE* 2018, 5, p. 389. • Th. Stefania, *La procédure de rétablissement sans liquidation judiciaire en droit des entreprises en difficulté : JCP E* 2014, 1345.

Art. L. 645-1 *(Créé à compter du 1er juillet 2014, Ord. n° 2014-326, 12 mars 2014 ; mod., L. n° 2016-1547, 18 nov. 2016).* – Il est institué une procédure de rétablissement professionnel sans liquidation ouverte à tout débiteur, personne physique, mentionné au premier alinéa de l'article L. 640-2, en cessation des paiements et dont le redressement est manifestement impossible, *(Mots suppr., L. n° 2019-486, 22 mai 2019)* « ... » n'a pas cessé son activité depuis plus d'un an, n'a employé aucun salarié au cours des six derniers mois et dont l'actif déclaré a une valeur inférieure à un montant fixé par décret en Conseil d'État.

La procédure ne peut être ouverte à l'égard d'un débiteur qui a affecté à l'activité professionnelle en difficulté un patrimoine séparé de son patrimoine personnel en application de l'article L. 526-6.

Elle ne peut être davantage ouverte en cas d'instance prud'homale en cours impliquant le débiteur.

Art. L. 645-2 *(Ord. n° 2014-326, 12 mars 2014).* – La procédure de rétablissement ne peut être ouverte à l'égard d'un débiteur qui a fait l'objet, depuis moins de cinq ans, au titre de l'un quelconque de ses patrimoines, d'une procédure de liquidation judiciaire clôturée pour insuffisance d'actif ou d'une décision de clôture d'une procédure de rétablissement professionnel.

Art. L. 645-3 *(Ord. n° 2014-326, 12 mars 2014 ; mod., L. n° 2019-486, 22 mai 2019)*. – Le tribunal n'ouvre la procédure de rétablissement professionnel qu'après s'être assuré que les conditions légales en sont remplies.

L'avis du ministère public est requis préalablement à l'ouverture de la procédure.

Art. L. 645-4 *(Créé à compter du 1er juillet 2014, Ord. n° 2014-326, 12 mars 2014)*. – Le tribunal qui ouvre une procédure de rétablissement professionnel désigne un juge commis chargé de recueillir tous renseignements sur la situation patrimoniale du débiteur, notamment le montant de son passif et la valeur de ses actifs.

Il nomme, pour assister le juge commis, un mandataire judiciaire *(Mots aj. à compter du 1er janvier 2017, Ord. n° 2016-727, 2 juin 2016)* « ou une personne choisie sur le fondement du premier alinéa du II de l'article L. 812-2 ou sur le fondement du III de ce même article ».

(Al. créé à compter du 1er janvier 2017, Ord. n° 2016-727, 2 juin 2016) Le mandataire judiciaire ou la personne choisie sur le fondement du premier alinéa du II de l'article L. 812-2 ou sur le fondement du III de ce même article fait connaître sans délai tout élément qui pourrait justifier son remplacement. Le tribunal peut soit d'office, soit sur proposition du juge commis ou à la demande du ministère public, procéder à son remplacement.

La procédure est ouverte pour une période de quatre mois.

Art. L. 645-5 *(Créé à compter du 1er juillet 2014, Ord. n° 2014-326, 12 mars 2014)*. – Le juge commis dispose des pouvoirs prévus à l'article L. 623-2. Il communique sans délai au mandataire qui l'assiste tous renseignements et documents utiles à l'accomplissement de sa mission.

Art. L. 645-6 *(Créé à compter du 1er juillet 2014, Ord. n° 2014-326, 12 mars 2014)*. – Si le débiteur est mis en demeure ou poursuivi par un créancier au cours de la procédure, le juge commis peut, à la demande du débiteur, reporter le paiement des sommes dues dans la limite de quatre mois et ordonner, pour cette même durée, la suspension des procédures d'exécution qui auraient été engagées par le créancier.

Toute stipulation contraire est réputée non écrite.

Art. L. 645-7 *(Créé à compter du 1er juillet 2014, Ord. n° 2014-326, 12 mars 2014 ; mod., Ord. n° 2016-727, 2 juin 2016)*. – Le mandataire judiciaire ou la personne choisie sur le fondement du premier alinéa du II de l'article L. 812-2 ou sur le fondement du III de ce même article peut faire tous les actes nécessaires à la conservation des droits du débiteur. Ils en rendent compte sans délai au juge commis.

Art. L. 645-8 *(Créé à compter du 1er juillet 2014, Ord. n° 2014-326, 12 mars 2014)*. – Le mandataire judiciaire *(Mots aj. à compter du 1er janvier 2017, Ord. n° 2016-727, 2 juin 2016)* « ou la personne choisie sur le fondement du premier alinéa du II de l'article L. 812-2 ou sur le fondement du III de ce même article » informe sans délai les créanciers connus de l'ouverture de la procédure et les invite à lui communiquer, dans un délai de deux mois à compter de la réception de cet avis, le montant de leur créance avec indication des sommes à échoir et de la date des échéances ainsi que toute information utile relative aux droits patrimoniaux dont ils indiquent être titulaires à l'égard du débiteur.

Art. L. 645-9 *(Ord. n° 2014-326, 12 mars 2014 ; mod., L. n° 2019-486, 22 mai 2019)*. – À tout moment de la procédure de rétablissement professionnel, le tribunal peut, sur rapport du juge commis, ouvrir la procédure de liquidation judiciaire sur laquelle il a été sursis à statuer s'il est établi que le débiteur n'est pas de bonne foi ou si l'instruction a fait apparaître l'existence d'éléments susceptibles de donner lieu aux sanctions prévues par le titre V du présent livre ou à l'application des dispositions des articles L. 632-1 à L. 632-3.

La procédure de liquidation judiciaire est également ouverte s'il apparaît que les conditions d'ouverture de la procédure de rétablissement professionnel n'étaient pas réunies à la date à laquelle le tribunal a statué sur son ouverture ou ne le sont plus depuis.

Le tribunal peut également être saisi en ouverture de la procédure de liquidation judiciaire sur requête du ministère public ou par assignation d'un créancier ou, dans le cas prévu au deuxième alinéa, par le débiteur.

Art. L. 645-10 *(Créé à compter du 1er juillet 2014, Ord. n° 2014-326, 12 mars 2014)*. – Après avoir recueilli l'avis du ministère public et sur le rapport du mandataire judiciaire *(Mots aj. à compter du 1er janvier*

2017, Ord. n° 2016-727, 2 juin 2016) « ou de la personne choisie sur le fondement du premier alinéa du II de l'article L. 812-2 ou sur le fondement du III de ce même article », le juge commis renvoie l'affaire devant le tribunal aux fins d'application des dispositions de l'article L. 645-9 ou aux fins de voir prononcer la clôture de la procédure de rétablissement professionnel, sans qu'il y ait lieu à liquidation. Le jugement de clôture peut faire l'objet d'un recours dans les conditions fixées par décret en Conseil d'État.

Art. L. 645-11 *(Créé à compter du 1er juillet 2014, Ord. n° 2014-326, 12 mars 2014 ; Ord. n° 2014-1088, 26 sept. 2014 ; L. n° 2016-1547, 18 nov. 2016).* – La clôture de la procédure de rétablissement professionnel entraîne effacement des dettes à l'égard des créanciers dont la créance est née antérieurement au jugement d'ouverture de la procédure, a été portée à la connaissance du juge commis par le débiteur et a fait l'objet de l'information prévue à l'article L. 645-8. Ne peuvent être effacées les dettes correspondant aux créances des salariés, aux créances alimentaires et aux créances mentionnées aux 1° à 3° du I et au II de l'article L. 643-11. Les dettes effacées sont mentionnées dans le jugement de clôture.

Art. L. 645-12 *(Créé à compter du 1er juillet 2014, Ord. n° 2014-326, 12 mars 2014).* – Lorsqu'après le prononcé de la clôture de la procédure de rétablissement professionnel en application de l'article L. 645-10, il apparaît que le débiteur a obtenu le bénéfice de cette procédure par une description incomplète de son actif ou de son passif, le tribunal, s'il est saisi aux fins d'ouverture d'une procédure de liquidation judiciaire, peut fixer, dans son jugement, la date de cessation des paiements à la date d'ouverture de la procédure de rétablissement professionnel sans qu'elle puisse être antérieure de plus de dix-huit mois à la date de ce jugement. La décision du tribunal fait recouvrer leurs droits aux créanciers dont les créances avaient fait l'objet de l'effacement prévu par l'article L. 645-11 ; ils sont dispensés de déclarer ces créances à la procédure de liquidation judiciaire.

9.1.1.5. – Des responsabilités et des sanctions

Code de commerce

Bibliographie : ***Bibliographie générale.*** J.-R. André, *Le notaire face aux sanctions civiles dans les procédures collectives : JCP* N 2017, 1161. • P. Bloch, *La responsabilité des dirigeants d'entreprises en cas de procédure collective : Gaz. Pal.* 1996, 2, doctr. 626. • Y. Chaput, *Le redressement et la liquidation judiciaires des entreprises. Les dirigeants fautifs dans la réforme du droit des entreprises en difficulté : JCP* E 1986, II, 14705. • M.-L. Coquelet, *Risques et responsabilités des associés d'une société en procédure collective*, in Actes du colloque de Caen, 15 oct. 2010, *Risques et responsabilités en droit des procédures collectives : Rev. proc. coll.* 2010, art. 6. • H. Croze, *Loi de sauvegarde des entreprises. Les procédures contre les dirigeants, associés ou membres d'une personne morale : Procédures* 2006, étude 8. • Ch. Delattre, *Le dirigeant fautif*, in Actes du colloque de Caen, 15 oct. 2010, *Risques et responsabilités en droit des procédures collectives : Rev. proc. coll.* 2010, art. 8. • A. Diesbecq, *La sanction adéquate en droit des entreprises en difficulté : CDE* 2017, dossier 2. • D. Gibirila, *Les responsabilités et les sanctions du dirigeant dans la loi de sauvegarde des entreprises : Defrénois* 2006, p. 989. • F. Descorps-Declère, *Pour une réhabilitation de la responsabilité civile des dirigeants sociaux : RTD com.* 2003, p. 25. • F.-X. Grignon-Derenne, *Retour sur la procédure applicable au dirigeant poursuivi pour insuffisance d'actif ou en sanction professionnelle : Rev. proc. coll.* 2017, étude 16. • J. Lasserre-Capdeville, *Réforme du droit des entreprises en difficulté : l'évolution des sanctions : BJE* 2014, p. 206. • J.-P. Marchi, *Responsabilité des dirigeants sociaux et crise économique : Gaz. Pal.* 1986, 2, doctr. 434. • C. Mascala, *Les sanctions applicables aux dirigeants : LPA* 6 sept. 2000, p. 50 ; *Le comportement fautif du chef d'entreprise : de la sanction à la réparation ?*, in *La loi du 25 janvier 1985 a 20 ans ! Entre bilan et réforme : Rev. Lamy dr. aff.* mars 2005, suppl. au n° 80, p. 71 ; *Le périmètre des sanctions : Rev. proc. coll.* 2011, dossier 5 ; *Les sanctions en droit des entreprises en difficulté : flux, reflux et incohérences : Dr. et patrimoine* 2013, n° 223. • C. Mascala et R. Salomon, *Regards sur les évolutions récentes des sanctions : Rev. proc. coll.* 2013, dossier 11. • Th. Mastrullo, *Responsabilité civile et droit des procédures collectives : Resp. civ. et assur.* 2017, dossier 9. • F. Pollaud-Dullian, *De quelques avatars de l'action en responsabilité civile dans le droit des affaires : RTD com.* 1997, p. 349. • Ph. Roussel-Galle, *La procédure civile dans les responsabilités et les sanctions civiles : LPA* 28 nov. 2008, p. 80 ; *Que reste-t-il du caractère sanctionnateur des procédures ? : Rev. proc. coll.* 2012, dossier 17. • C. Saint-Alary-Houin, *La responsabilité patrimoniale des dirigeants de sociétés en difficulté : Rev. proc. coll.* 2001, p. 145 ; *Risques et responsabilités en droit des procédures collectives*, rapport conclusif du colloque de Caen, 15 oct. 2010 : *Rev. proc. coll.* 2010, art. 5. • G. Teboul, *La possibilité de rebond des dirigeants après une procédure collective : LPA* 26 sept. 2013, p. 11 ; *La proportionnalité de la sanction en droit des entreprises en difficulté : LPA* 22 nov. 2018, n° 264, p. 6. • J. Vallansan, *Les sanctions influencées par la crise économique ? : BJE* 2012, § 163. • *Adde* A. Martin-Serf, *JCl. Sociétés traité*, Fasc. 41-50, 41-52 et 41-54.

Bibliographie relative à la loi n° 2005-845 du 26 juillet 2005. L. Camensuli-Feuillard, *L'irresponsabilité du dirigeant à l'égard de l'associé, du créancier et de la société débitrice en difficulté* : *BJS* 2008, p. 66. • H. Croze, *Loi de sauvegarde des entreprises. Les procédures contre les dirigeants, associés ou membres d'une personne morale* : *Procédures* 2006, étude 8. • Th. Fossier, *La sanction du dirigeant et sa responsabilité : quelques critères d'appréciation au fond* : *Rev. proc. coll.* 2008, étude 3, p. 18. • M. Germain, *Les sanctions pécuniaires des dirigeants*, in *Actes du colloque La loi de sauvegarde des entreprises : quelles procédures ? Quelles responsabilités ?*, Litec, coll. « Colloques et débats », 2007, p. 107. • P. Le Cannu, *La responsabilité civile des dirigeants de personne morale après la loi de sauvegarde des entreprises du 26 juillet 2005* : *Rev. sociétés* 2005, p. 743. • P.-M. Le Corre, *Les dispositions transitoires de la loi de sauvegarde, la suppression des extensions sanctions et l'application de l'obligation aux dettes sociales* : *D.* 2006, chron. p. 2737. • J.-P. Legros, *Loi du 26 juillet 2005 de sauvegarde des entreprises : le sort des membres et dirigeants des personnes morales* : *Dr. sociétés* janv. 2006, p. 10. • C. Lèguevaques, *Les sanctions civiles et pénales à l'encontre des dirigeants dans la loi de sauvegarde ou l'allègement du fardeau de l'homme en col blanc* : *Rev. proc. coll.* 2006, p. 246. • A. Martin-Serf, *Loi de sauvegarde des entreprises : une restructuration en profondeur des sanctions pécuniaires* : *Rev. proc. coll.* 2005, p. 382. • C. Mascala, *L'amélioration de la situation du chef d'entreprise* : *Rev. proc. coll.* 2005, p. 370 ; *Le nouveau régime de sanction dans la loi de sauvegarde des entreprises* : *RTD com.* 2006, p. 209 et s. • Ph. Modat, *Le nouveau droit des sanctions commerciales issu de la loi du 26 juillet 2005* : *Rev. Lamy dr. aff.* juill. 2007, p. 75. • Th. Montéran, *Les sanctions pécuniaires et personnelles dans la loi du 26 juillet 2005* : *Gaz. Pal.* 9-10 sept. 2005, p. 37 ; *Les sanctions* : *Gaz. Pal.* 4-5 nov. 2005, p. 59. • I. Parachkevova, *La nouvelle responsabilité des dirigeants dans les procédures collectives : révolution ou évolution ?* : *LPA* 19 déc. 2006, p. 4. • N. Patureau, *Obligations et responsabilités du dirigeant dans la loi de sauvegarde des entreprises* : *LPA* 17 févr. 2006, p. 111. • C. Régnaut-Moutier, *Les dirigeants de société* : *Rev. proc. coll.* 2006, p. 159. • C. Robaczewski, *Les sanctions pénales applicables aux dirigeants*, in Colloque *La loi du 26 juillet 2005 relative à la sauvegarde des entreprises* : *LPA* 20 mars 2007, p. 39 ; *Les sanctions. Sanctions pénales* : *Gaz. proc. coll.* 2006 n° 2, p. 54 ; *ibid.* n° 3, p. 53 ; *Les sanctions pénales dans l'ordonnance du 18 décembre 2008 portant réforme du droit des entreprises en difficulté* : *Gaz. proc. coll.* 8-10 mars 2009, p. 63. • Ph. Roussel-Galle, *Responsabilités et sanctions des débiteurs après la loi de sauvegarde des entreprises du 26 juillet 2005* : *JCP* E 2005, p. 1761. • B. Saintourens et J.-Ch. Saint-Pau (ss dir.), *La responsabilité du chef de l'entreprise en difficulté* : actes de colloque, Cujas, 2013. • C. Souweine, *Action civile et procédures collectives après la loi du 26 juillet 2005* : *D. affaires* 2006, doctr. p. 501. • F. Vauvillé, *Le nouveau titre V des responsabilités et des sanctions* : *Rev. proc. coll.* 2006, p. 345. • C. Vincenti, *Le sort des associés indéfiniment responsables des dettes sociales* : *LPA* 17 févr. 2006, p. 52. • A.-F. Zattara-Gros, *La loi de sauvegarde article par article* : *LPA* 9 févr. 2006, p. 52 ; *Les sanctions civiles*, in *Colloque La loi du 26 juillet 2005 relative à la sauvegarde des entreprises* : *LPA* 20 mars 2007, p. 33.

Bibliographie relative à l'ordonnance n° 2008-1345 du 18 décembre 2008. C. Mascala, *Les sanctions pénales dans l'ordonnance du 18 décembre 2008* : *Rev. proc. coll.* 2009, p. 105. • J.-P. Legros, *L'ordonnance du 18 décembre 2008 réformant la loi de sauvegarde des entreprises. Seconde partie : redressement, obligataires, liquidation et sanctions* : *Dr. sociétés* 2009, étude 8. • A. Martin-Serf, *Réforme des procédures collectives – sanctions civiles* : *Rev. proc. coll.* 2009, p. 99. • T. Montéran, *La réforme des responsabilités et sanctions* : *Gaz. Pal.* 8-10 mars 2009, p. 57.

Art. L. 650-1 *(L. n° 2005-845, 26 juill. 2005). – (Mod., Ord. n° 2008-1345, 18 déc. 2008)* **Lorsqu'une procédure de sauvegarde, de redressement judiciaire ou de liquidation judiciaire est ouverte, les créanciers ne peuvent être tenus pour responsables des préjudices subis du fait des concours consentis, sauf les cas de fraude, d'immixtion caractérisée dans la gestion du débiteur ou si les garanties prises en contrepartie de ces concours sont disproportionnées à ceux-ci.**

Pour le cas où la responsabilité d'un créancier est reconnue, les garanties prises en contrepartie de ses concours *(Mots rempl., Ord. n° 2008-1345, 18 déc. 2008)* **« peuvent être annulées ou réduites par le juge ».**

Bibliographie : F. Credot et Y. Gérard, *Encadrement de la responsabilité des créanciers pour soutien abusif* : *RD bancaire et fin.* sept. 2005, p. 10. • Th. Dorleac, *Le banquier et la nouvelle loi de sauvegarde du 26 juillet 2005* : *LPA* 22 sept. 2006, p. 7. • Ph. Dupichot, *Le financement des entreprises en difficulté* : *BJE* 2018, 5, p. 394. • V. Forray, *Commentaire complémentaire de l'article L. 650-1 du Code de commerce* : *RTD com.* 2008, p. 661. • B. Gerosa, *Un nouveau rôle pour le banquier face aux entreprises en difficulté* : *LPA* 17 févr. 2006, p. 94. • P. Hoang, *De la suppression du dispositif prétorien de la responsabilité pour soutien abusif* : *D.* 2006, chron. p. 1458 ; *La responsabilité des créanciers dispensateurs de crédit*, in Actes du colloque *La loi de sauvegarde des entreprises : quelles procédures ? Quelles responsabilités ?*, Litec, coll. « Colloques et débats », 2007, p. 75. • J.-E. Kuntz et V.-P. Merat, *L'introduction au bénéfice des investisseurs financiers d'un super-privilège de paiement et d'un principe général d'irresponsabilité civile* : *Journ. soc.* 24 sept. 2005, p. 50. • J. Lasserre-Capdeville, *L'article L. 650-1 du Code de commerce aujourd'hui : bilan de deux années de jurisprudence (2016-2017)* : *BJE* 2018, p. 71 ; *Quelle utilité pour l'article L. 650-1 du Code de commerce ? Mélanges J.-L. Vallens*, Joly éd. 2018, p. 81. • D. Legeais, *Les concours consentis à une entreprise en difficulté (C. com., art. L. 650-1)* : *JCP* E 2005, 1510 ; *Loi du 26 juillet 2005 de sauvegarde des entreprises : Responsabilité bancaire* : *RTD com.* 2005, chron. p. 818. • D. Robine, *L'article L. 650-1 du Code de commerce : un « cadeau » empoisonné ?* : *D.* 2006, chron. 69. • Ph. Roussel-Galle, *Risques et responsabilité des cocontractants*, in Actes du colloque de

Caen, 15 oct. 2010, *Risques et responsabilités en droit des procédures collectives : Rev. proc. coll.* 2010, art. 9. • R. Routier, *Le cantonnement de la responsabilité pour soutien abusif : Gaz. Pal.* 9-10 sept. 2005, p. 33 ; *L'établissement de crédit dans les procédures collectives : Gaz. Pal.* 4-5 nov. 2005, p. 44 ; *L'article L. 650-1 du Code de commerce : un article « détonnant » pour le débiteur ou « détonant » pour le contribuable : D.* 2006, p. 2916 ; *L'établissement de crédit dans les procédures collectives. La responsabilité de l'établissement de crédit : Gaz. proc. coll.* 2006, n° 3, p. 42 ; *Les retouches de l'article L. 650-1 du Code de commerce : Gaz. proc. coll.* 8-10 mars 2009, p. 53. • J. Stoufflet et N. Mathey, *Loi sur la sauvegarde des entreprises du 26 juillet 2006, commentaire des dispositions applicables aux concours financiers : RD bancaire et fin.* févr. 2006, p. 54. • J. Turczynski, *Le soutien abusif*, in *Colloque La loi du 26 juillet 2005 relative à la sauvegarde des entreprises : LPA* 20 mars 2007, p. 30.

Voir : sous C. com., art. L. 621-2, annot. n° 6, p. 1992, pour l'appréciation du soutien abusif en cas de confusion des patrimoines.

CHAPITRE I. – DE LA RESPONSABILITÉ POUR INSUFFISANCE D'ACTIFS

Les dispositions de ce chapitre, à l'exception de l'article L. 651-2, sont applicables aux procédures en cours au jour de l'entrée en vigueur [1er janv. 2006] de la loi n° 2005-845 du 26 juillet 2005, L. n° 2005-845, 26 juill. 2005, art. 191.

Art. L. 651-1 ***(Anc. art. L. 624-2, dénum. et rempl., L. n° 2005-845, 26 juill. 2005).*** **– Les dispositions du présent chapitre** ***(Mots suppr., Ord. n° 2008-1345, 18 déc. 2008)*** **« ... » sont applicables aux dirigeants d'une personne morale de droit privé soumise à une procédure collective, ainsi qu'aux personnes physiques représentants permanents de ces dirigeants personnes morales** ***(Mots aj., Ord. n° 2010-1512, 9 déc. 2010)*** **« et aux entrepreneurs individuels à responsabilité limitée ».**

Bibliographie : M. Douaoui-Chamseddine, *Les actions en responsabilité pour insuffisance d'actif et en extension s'appliqueront-elles à l'entrepreneur individuel à responsabilité limitée ? : Rev. Lamy dr. aff.* 2010, étude 53. • I. Arnaud-Grossi et D. Poracchia, *Responsabilité pour insuffisance d'actifs des dirigeants et des associés : Journal des sociétés* févr. 2010, p. 32. • M. Howlin, *Effets sur les administrateurs de la défaillance d'une société commerciale : contrastes entre le droit français et le droit britannique : RJ com.* 1999, p. 95. • B. Lacoste, *Du comblement de passif à la responsabilité pour insuffisance d'actif : retour sur dix ans d'application de la responsabilité pour insuffisance d'actif : Cah. dr. entr.* 2016, dossier 39. • P. Le Cannu, *La responsabilité civile des dirigeants de personne morale après la loi de sauvegarde des entreprises du 26 juillet 2005 : Rev. sociétés* 2005, p. 743. • J.-P. Legros, *La loi du 26 juillet 2005 de sauvegarde des entreprises – Le sort des membres et dirigeants des personnes morales : Dr. sociétés* 2006, p. 10. • *Adde* A. Martin-Serf, *JCl. Sociétés traité*, Fasc. 41-50, 41-52 et 41-54.

Code de commerce

Rédaction antérieure. Art. L. 624-1 ***(Anc. L. n° 85-98, 25 janv. 1985 ; version en vigueur jusqu'au 1er janv. 2006, L. n° 2005-845, 26 juill. 2005 ; rempl. à compter du 1er janv. 2006).*** **–** Le jugement qui ouvre le redressement ou la liquidation judiciaires de la personne morale produit ses effets à l'égard de toutes les personnes membres ou associées de la personne morale et indéfiniment et solidairement responsables du passif social. Le tribunal ouvre à l'égard de chacune d'elles une procédure de redressement judiciaire ou de liquidation judiciaire selon le cas.

Les procédures ouvertes en vertu de l'article L. 624-1, dans sa rédaction antérieure à la loi n° 2005-845 du 26 juillet 2005, ne sont pas affectées par son entrée en vigueur, L. n° 2005-845, 26 juill. 2005 (art. 192).

1) Droit transitoire. La procédure collective ouverte à l'égard de personnes membres ou associées d'une personne morale en procédure collective, indéfiniment et solidairement responsables du passif social, par une décision prononcée avant le 1er janvier 2006, fût-elle frappée de recours, continue d'être régie par l'ancien article L. 624-1 du Code de commerce, peu important que l'exécution provisoire ait été, le cas échéant, arrêtée : ▪ Cass. com., 27 juin 2006, n° 05-16.200 : *Juris-Data* n° 2006-034273 ; *Bull. civ.* IV, n° 153 ; *JCP* G 2007, I, 113, n° 9, obs. Ph. Pétel ; *D.* 2006, act. jurispr. p. 1890, obs. A. Lienhard ; *Dr. sociétés* 2006, n° 182, note J.-P. Legros. – En revanche, la liquidation judiciaire concomitante à la résolution du plan de redressement décidée en application de l'article L. 626-27 I, alinéa 2 du Code de commerce, dans sa rédaction issue de la loi du 26 juillet 2005, est régie par cette loi ; aussi, l'application de l'ancien article L. 624-1 doit être écartée ce qui prive la liquidation judiciaire de la société à l'égard de ses associés, fussent-ils indéfiniment et solidairement responsables du passif social : ▪ Cass. com., 16 juin 2009, n° 08-10.232 : *Bull. civ.* IV, n° 83 ; *Juris-Data* n° 2009-048655 ; *JCP* E pan. 1170 ; *Dr. sociétés* 2009, n° 190, note J.-P. Legros ; *D.* 2009, p. 1821, obs.

A. Lienhard ; *Act. proc. coll.* 2009/13, comm. 204, note J. Vallansan ; *Rev. proc. coll.* 2009, act. jur. 15, n° 13, obs. Fl. Petit ; *Rev. sociétés* 2010, p. 58, note Ph. Roussel-Galle.

2) Associé en nom collectif mis en tutelle. Si la mise en tutelle d'un associé en nom collectif le prive juridiquement de la capacité d'être commerçant, la poursuite de son activité commerciale, nonobstant la mesure d'incapacité prononcée à son égard, le laisse justiciable de l'ouverture d'une procédure de redressement ou de liquidation judiciaire personnelle : ▪ Cass. com., 8 déc. 1998 : *BJS* 1999, p. 386, note P. Le Cannu. – Sur la procédure collective d'un associé en nom collectif : C. com., art. L. 221-1, annot. n° 13, p. 173.

3) Associé destitué. Si le notaire associé d'une SCP, déchu de sa qualité de notaire, doit cesser d'exercer sa profession à compter du jour où la décision de destitution est devenue exécutoire, il ne perd sa qualité d'associé qu'après avoir cédé ses parts sociales ; dans cette attente, il peut être mis personnellement en redressement judiciaire à la suite du redressement judiciaire ouvert contre la SCP : ▪ Cass. com., 22 mai 2007, n° 06-12.193 : *JurisData* n° 2007-039049 ; *BJS* 2007, p. 1065, note J.-J. Daigre ; *Dr. sociétés* 2007, n° 178, note J.-P. Legros.

4) Date de cessation des paiements unique. La date de la cessation des paiements fixée pour chaque associé est identique à celle retenue pour la société, peu important que cette date soit antérieure de plus de dix-huit mois à celle du jugement d'ouverture de la procédure des associés : ▪ Cass. com., 27 juin 2006, préc., annot. n° 1, p. 2092.

Art. L. 651-2 ***(Anc. art. L. 624-3, dénum. et mod., L. n° 2005-845, 26 juill. 2005 ; rempl., Ord. n° 2008-1345, 18 déc. 2008 ; mod., Ord. n° 2010-1512, 9 déc. 2010 ; L. n° 2016-1691, 9 déc. 2016).*** **– Lorsque la liquidation judiciaire d'une personne morale fait apparaître une insuffisance d'actif, le tribunal peut, en cas de faute de gestion ayant contribué à cette insuffisance d'actif, décider que le montant de cette insuffisance d'actif sera supporté, en tout ou en partie, par tous les dirigeants de droit ou de fait, ou par certains d'entre eux, ayant contribué à la faute de gestion. En cas de pluralité de dirigeants, le tribunal peut, par décision motivée, les déclarer solidairement responsables. Toutefois, en cas de simple négligence du dirigeant de droit ou de fait dans la gestion de la société, sa responsabilité au titre de l'insuffisance d'actif ne peut être engagée.**

Lorsque la liquidation judiciaire a été ouverte ou prononcée à raison de l'activité d'un entrepreneur individuel à responsabilité limitée à laquelle un patrimoine est affecté, le tribunal peut, dans les mêmes conditions, condamner cet entrepreneur à payer tout ou partie de l'insuffisance d'actif. La somme mise à sa charge s'impute sur son patrimoine non affecté.

L'action se prescrit par trois ans à compter du jugement qui prononce la liquidation judiciaire.

Les sommes versées par les dirigeants ou l'entrepreneur individuel à responsabilité limitée entrent dans le patrimoine du débiteur. Elles sont réparties au marc le franc entre tous les créanciers. Les dirigeants ou l'entrepreneur individuel à responsabilité limitée ne peuvent pas participer aux répartitions à concurrence des sommes au versement desquelles ils ont été condamnés.

Voir : C. com., art. R. 651-1, R. 651-6 et R. 661-1, p. 2206.

Code de commerce

Rédaction antérieure. Art. L. 651-2 *(Anc. art. L. 624-3, dénum., L. n° 2005-845, 26 juill. 2005).* – *(L. n° 2005-845, 26 juill. 2005 ; rempl., Ord. n° 2008-1345, 18 déc. 2008)* « Lorsque la résolution d'un plan de sauvegarde ou de redressement judiciaire ou la liquidation judiciaire d'une personne morale fait apparaître une insuffisance d'actif, le tribunal peut, en cas de faute de gestion ayant contribué à cette insuffisance d'actif, décider que les dettes de la personne morale seront supportées, en tout ou partie, par tous les dirigeants de droit ou de fait ou par certains d'entre eux, ayant contribué à la faute de gestion. En cas de pluralité de dirigeants, le tribunal peut, par décision motivée, les déclarer solidairement responsables. »

(L. n° 2005-845, 26 juill. 2005) « L'action se prescrit par trois ans à compter du jugement qui prononce la liquidation judiciaire ou la résolution du plan. »

Les sommes versées par les dirigeants en application de l'alinéa 1er entrent dans le patrimoine du débiteur *(Mots suppr., L. n° 2005-845, 26 juill. 2005)* « ... ». Ces sommes sont réparties entre tous les créanciers au marc le franc.

Voir : l'article L. 651-2 du Code de commerce n'est pas applicable aux procédures en cours au jour de l'entrée en vigueur [1er janv. 2006] de la loi n° 2005-845 du 26 juillet 2005, L. n° 2005-845, 26 juill. 2005, art. 191.

Bibliographie : Y. Colin, *La responsabilité pécuniaire du dirigeant d'entreprise en cas de faillite : l'action en comblement de passif : Dr. sociétés* 1998, chron. 5. • C. Coulon, *À propos de la responsabilité pour insuffisance d'actif des dirigeants d'associations : Resp. civ. et assur.* 2018, alerte 2. • M. Cozian, *Le dirigeant contraint d'acquitter un passif social peut-il déduire de ses revenus imposables les paiements qu'il a effectués ? : JCP* E 2002, p. 358. • Fl. Deboissy, *La responsabilité du dirigeant pour faute de gestion : Annonces Seine* 18 mai 2000, p. 6. • Ch. Delattre, *La crise économique peut-elle exonérer le dirigeant de ses responsabilités ? : Rev. proc. coll.* 2012, alerte 25 ; *Quelques précisions sur la notion de transaction en matière de responsabilité pour insuffisance d'actif : Rev. proc. coll.* 2012, étude 35. • Ch. Delattre, B. Gambier, P.-M. Le Corre et O. Péchenard : *Responsabilité des dirigeants (atelier) : BJE* 2013, § 211. • J.-M. Deleneuville, *L'action en comblement de passif social de l'article L. 624-3 du Code de commerce : Rev. proc. coll.* 2002, p. 76. • F. Derrida, *Procès de l'article 180 de la loi du 25 janvier 1985 (action en comblement d'insuffisance d'actif social) : D.* 2001, p. 1377. • B. Feugère, *Le dirigeant d'une personne morale cité devant le tribunal de commerce pour comblement du passif : RJ com.* 1999, p. 333. • J.-P. Legros, *Faute de gestion : l'absolution du dirigeant « simplement négligent » : Act. proc. coll.* 2017, repère 35. • M. Germain, *L'action en comblement du passif social : entre droit commun et droit spécial : Le Code de commerce, Livre du Bicentenaire*, Dalloz, 2007, p. 243. • S. Jambort, *Que reste-t-il du non-cumul de l'action en responsabilité pour insuffisance d'actif et des actions en responsabilité du droit des sociétés ? : LPA* 31 juill. 2018, n° 152, p. 45. • D. Lambrey de Souza, *Un cadre légal pour la transaction lors d'une instance en responsabilité pour insuffisance d'actif ? : JCP* E 2017, 1594. • J.-P. Legros, *Action en comblement de passif – L'application dans le temps de la modification de l'article L. 651-2 par la loi Sapin II : Dr. sociétés* 2018, repère 8. • F.-X. Lucas, *Comblement de passif, apparence trompeuse de solvabilité et soutien abusif : BJS* 2004, p. 491 ; *Responsabilité pour insuffisance d'actif, une étrange indulgence : BJS* 2015, p. 265. • A. Martin-Serf, *Action en comblement de passif : Rev. proc. coll.* 1998, chron. p. 109. • M. Menjucq, *La négligence ne peut plus fonder l'action en « comblement de passif » : Rev. proc. coll.* 2017, repère 1. • E. Obadia et Y. Sexer, *La responsabilité des dirigeants sociaux et l'article 180 de la loi du 25 janvier 1985 : BJS* 1994, p. 617. • I. Parachkevova, *Retour sur les écueils de l'action en responsabilité pour insuffisance d'actif : BJS* 2018, 10, p. 600. • E. Rosenfeld et Y. Sexer, *La responsabilité des dirigeants pour faute de gestion en cas de redressement judiciaire : l'article 180 et ses débordements : D. affaires* 1995, p. 145. • B. Soinne, *La responsabilité des dirigeants d'une personne morale en cas de redressement ou de liquidation judiciaire : une évolution préoccupante : LPA* 2 août 1995, p. 10. • J.-P. Sortais, *Les contours de l'action en comblement de passif : Mél. P. Bezard*, LPA-Montchrestien, 2002, p. 321. • *Adde* A. Martin-Serf, *JCl. Sociétés traité*, Fasc. 41-50 et 41-52.

I – CONDITIONS

1) Dirigeants visés.

a) **Dirigeants de droit.** Personnes régulièrement désignées comme organes légaux de la personne morale : **directeur général non administrateur** de la société : ▪ Cass. com., 3 mars 1981 : *JCP* 1982, II, 19754, note G. N. ; *RTD com.* 1982, p. 466, obs. P. Merle. – **Représentant permanent d'une personne morale dirigeante,** ▪ Cass. com., 3 janv. 1995 : *BJS* 1995, p. 266, note A. Couret ; *Rev. huissiers* 1996, p. 210, note J.-L. Courtier. ▪ Cass. com., 19 nov. 2013, n° 12-16.099 (FS-P+B) : *JurisData* n° 2013-026202 ; *D.* 2013, p. 2767, obs. A. Lienhard ; *Act. proc. coll.* 2014-1, comm. 15, note J.-C. Pagnucco ; *Dr. sociétés* 2014, comm. 68, obs. J.-P. Legros : en ce cas, la condamnation du représentant permanent de la personne morale dirigeante n'est pas subordonnée à la condamnation de celle-ci. – **Administrateurs**, qui, bien qu'ils n'assument pas la direction générale de la société, ont la qualité de dirigeant de droit : ▪ Cass. com., 31 mai 2011, n°s 09-13.975, 09-14.026, 09-16.522 et 09-67.661 : *Bull. civ.* IV, n° 87 ; *JurisData* n° 2011-010298 ; *D.* 2011, p. 1551, obs. A. Lienhard ; *JCP* E 2011, 1655, note A. Couret et B. Dondero ; *Act. proc. coll.* 2011, n° 207, obs. J.-Ch. Pagnucco ; *Rev. sociétés* 2011, p. 521, obs. Ph. Roussel-Galle ; *BJS* 2011, note B. Saintourens ; *Rev. proc. coll.* 2011, comm. 199, A. Martin-Serf. – Le **défaut de publicité** de la désignation d'un dirigeant **ne peut** avoir pour effet de **soustraire** celui-ci **aux responsabilités** attachées aux fonctions qu'il a acceptées et exercées : ▪ Cass. com., 8 juill. 2003, n° 00-18.250 : *RJDA* 2004, n° 76. – Pour les dirigeants d'association, V. sous L. 1er juill. 1901, art. 5, annot. n° 13, p. 724.

b) **Dirigeants de fait.** Ch. Delattre, *L'inlassable travail de la Cour de cassation quant à la détermination de la notion de direction de fait : JCP* E 2007, 1872. – D. Gibirila, *Caractérisation de la direction de fait et responsabilité des dirigeants sociaux : Journ. sociétés* oct. 2016, p. 44. – J. Heinich, *Les dirigeants de fait : du neuf dans de l'ancien : RJ com.* 2018, p. 373 – G. Notté, *La notion de dirigeant de fait au regard du droit des procédures collectives : JCP* 1980, II, 8560. – *Groupes de sociétés et procédures collectives : rigueur et contradictions : BJE* 2014, p. 18, note L. Le Mesle.

– Sur la notion de dirigeant de fait en droit des procédures collectives : V. sous C. com., art. L. 626-4, annot. n° 1, p. 2028 et L. 652-1, annot. n° 3, p. 2105, sous L. 653-1, annot. n° 1, p. 2109, sous L. 654-1, annot. n° 1, p. 2115. – En droit des sociétés, voir sous C. com., art. L. 241-9, p. 572.

– Nécessité d'une **immixtion** dans la gestion se traduisant par l'**exercice d'une activité positive de direction en toute indépendance,** ▪ Cass. com., 9 mai 1978 : *D.* 1979, p. 419, note M. Vasseur. ▪ Cass. com., 28 janv. 1997 : *JCP* E 1997, pan. 315 ; *D.* 1997, inf. rap p. 72. ▪ Cass. com., 18 janv. 2000 : *Rev. proc. coll.* 2001, p. 262, obs. A. Martin-Serf.

■ Cass. com., 30 mai 2006, n° 05-14.958 : *JurisData* n° 2006-033831 ; *Act. proc. coll.* 2006, comm. 147 ; *Dr. sociétés* 2007, n° 7, note J.-P. Legros. ■ Cass. com., 23 sept. 2014, n° 12-35.120 : *BJS* 2015, p. 36, note J.-P. Sortais. – *Adde* ■ Cass. com., 20 avr. 2017, n°s 15-10.425 et 15-19.750 : *JurisData* n°s 2017-007291 et 2017-007233 ; *Rev. proc. coll.* 2017, comm. 149, note A. Martin-Serf ; *BJS* 2017, p. 463, note J. Heinich. – Il en va ainsi :

– de la société mère qui exerce une influence prédominante sur sa filiale : ■ Cass. com., 6 juin 2000 : *RJDA* 2000, n° 896 ; *Rev. proc. coll.* 2001, p. 265, obs. A. Martin-Serf. – *Adde* ■ Cass. com., 19 nov. 2013, n° 12-28.367 : *BJE* 2014, p. 18, note L. Le Mesle ;

– de deux établissements publics ayant exercé un pouvoir de direction en plaçant le conseil d'administration de la société dans un état de dépendance : ■ Cass. com., 6 févr. 2001 : *Bull. civ.* IV, n° 33 ; *BJS* 2001, p. 593, note J.-F. Barbièri ; *LPA* 21 nov. 2001, p. 15, obs. D. Gibirila ; *D. affaires* 2002, somm. 81, obs. J.-P. Sortais ;

– en cas d'**interposition de personne,** une holding a la qualité de dirigeant de fait lorsque, par l'intermédiaire de la société-mère, elle contrôle entièrement une filiale dépourvue de toute autonomie : ■ Cass. com., 2 nov. 2005, n° 02-15.895 : *BJS* 2006, p. 469, note F.-X. Lucas ; *Rev. sociétés* 2006, p. 398, note D. Poracchia. – Peut également être poursuivie sur le fondement de l'article L. 624-3 *[art. L. 651-2]*, une banque qui a exercé en fait, par l'intermédiaire d'une personne physique qu'elle a choisie et qui a agi sous son emprise, des pouvoirs de direction sur la société : ■ Cass. com., 27 juin 2006, n° 04-15.831 : *JurisData* n° 2006-034269 ; *Bull. civ.* IV n° 151 ; *D.* 2006, act. jurispr., p. 1892, obs. A. Lienhard, *ibid.* p. 2534, note R. Dammann et J. Paszkudzki ; *JCP* E 2006, 2408, obs. Y. Reinhard ; *JCP* E 2007, p. 26, obs. Ph. Pétel ; *BJS* 2006, p. 1372, note F.-X. Lucas ; *Dr. Sociétés* 2006, n° 160, note J.-P. Legros, confirmant ■ CA Versailles, 29 avr. 2004 : *JCP* E 2005, n° 1-2, p. 34, note M.-J. Campana ; *BJS* 2004, p. 1201, note A. Constantin et Y. Lévy ; *Dr. sociétés* 2004, n° 188, note J.-P. Legros ;

– Le dirigeant de fait d'une entreprise individuelle ne peut être poursuivi sur le fondement de l'article L. 651-2 qui ne vaut que pour les dirigeants de droit ou de fait d'une personne morale de droit privé, ■ Cass. com., 30 juin 2015, n° 14-15.984, F-P +B : *JurisData* n° 2015-016104 ; *Rev. proc. coll.* 2016, comm. 186, note A. Martin-Serf ; *BJS* 2015, p. 598, note E. Mouial-Bassilana ; *Rev. sociétés* 2015, p. 546, obs. Ph. Roussel-Galle ; *Dr. sociétés* 2016, comm. 15, note J.-P. Legros ; *BJE* 2015, p. 307, note T. Favario ; *D.* 2015, p. 2211, note F. Arbellot.

c) **Temps de l'exercice des fonctions. Anciens dirigeants.** Les dirigeants peuvent être condamnés même s'ils ont cessé leurs fonctions avant l'ouverture de la procédure, ou avant la date de cessation des paiements, si la situation qui a conduit à l'insuffisance d'actif existait alors qu'ils étaient en fonction : ■ Cass. com., 4 févr. 1969 : *Rev. sociétés* 1970, p. 280, note A. Honorat ; *RTD com.* 1971, p. 460, obs. R. Houin. ■ Cass. com., 1er juill. 1975 : *Rev. sociétés* 1976, note J.-P. Sortais. ■ Cass. com., 27 avr. 1993 : *Rev. sociétés* 1993, p. 871, note H. Le Nabasque. – **Dirigeants démissionnaires.** La responsabilité d'un dirigeant démissionnaire, ou démissionnaire d'office, et dont la démission n'a pas été régulièrement publiée, ne peut être recherchée pour des faits postérieurs à sa démission : ■ Cass. com., 14 oct. 1997 : *Bull. civ.* IV, n° 254 ; *D. affaires* 1997, p. 1290 ; *BJS* 1997, p. 1083, note J.-M. Calendini ; *Rev. sociétés* 1998, p. 380, note D. Randaux. ■ CA Paris, 25 févr. 2000 : *Dr. sociétés* 2000, n° 155, obs. Y. Chaput. – La condamnation d'un ancien dirigeant suppose d'établir que l'insuffisance d'actif existait au jour où il a cessé ses fonctions : ■ Cass. com., 14 oct. 2008, n° 07-19.000 : *JurisData* n° 2008-045428 ; *Dr. sociétés* 2008, comm. 249, obs. J.-P. Legros. ■ Cass. com., 22 juin 2010, n° 09-14.486 : *JurisData* n° 2010-010239 ; *Gaz. Pal.* 15-16 oct. 2010, p. 38, obs. T. Montéran ; *Dr. sociétés* 2011, comm. 17, obs. J.-P. Legros. ■ Cass. com., 5 avr. 2016, n° 14-13.843 : *Gaz. Pal.* 28 juin 2016, p. 70, note Th. Montéran ; *BJE* 2016, p. 277, note Th. Favario. – Mais il suffit d'établir une insuffisance d'actif certaine sans que son montant exact soit déterminé au jour de la démission du dirigeant poursuivi : ■ Cass. com., 6 oct. 2009, n° 06-15.141 : *BJS* 2010, obs. P. Rubellin.

d) **Anciens associés (non).** Est irrecevable l'action exercée par un liquidateur contre des associés ayant cédé leurs titres sociaux avant l'ouverture de la procédure collective et qui n'avaient pas la qualité de dirigeant : ■ Cass. com., 12 janv. 2016, n°s 14-23.359 et 14-27.090 : *JurisData* n° 2016-000441 ; *BJS* 2016, p. 227, note B. Brignon ; *Rev. proc. coll.* 2016, comm. 198, note A. Martin-Serf.

2) Insuffisance d'actif.

a) Il suffit que l'insuffisance d'actif soit **certaine,** son existence et son montant devant être appréciés par le juge au jour où il statue : dès lors, il n'est pas nécessaire pour faire application de l'article L. 624-3 ancien [art. L. 651-2] que le passif soit entièrement chiffré ni que l'actif soit entièrement chiffré et réalisé : ■ Cass. com., 7 juin 2005, n° 04-13.262 : *JCP* E 2005, n° 1751, p. 2058, note C. Delattre ; *Dr. sociétés* 2005, n° 194, note J.-P. Legros. – V. déjà ■ Cass. com., 28 mai 1991, n° 89-21.116 ; *Bull. civ.* IV, n° 187. – Mais il n'y a pas lieu à condamnation si le montant du passif est inconnu de même que celui de l'actif existant au jour d'ouverture de la procédure : ■ Cass. com., 3 déc. 2003 : *RJDA* 2004, n° 458. – Ou bien si l'insuffisance d'actif propre à l'une des sociétés faisant l'objet de la procédure collective n'est pas caractérisée : ▪ Cass. com., 8 juill. 2003 : *JurisData* n° 2003-020083 ; *Dr. sociétés* 2004, n° 167, obs. J.-P. Legros. – Ou encore si les juges n'ont pas recherché si l'existence d'une insuffisance d'actif d'un montant au moins égal à celui de la condamnation prononcée était certaine à la date à laquelle ils ont statué : ▪ Cass. com., 7 mars 2006, n° 04-16.404 : *JurisData* n° 2006-032627 ; *Dr. sociétés* 2006, n° 105, note J.-P. Legros.

b) **Non-prise en compte : des dettes postérieures.** Les dettes nées postérieurement au jugement d'ouverture n'entrent pas dans le passif pris en compte pour déterminer l'insuffisance d'actif : ▪ Cass. com., 28 avr. 1998, n° 95-21.969 : *JCP* E 1998, p. 1926, note Likillimba ; *D. affaires* 1998, act. jurispr. p. 1487, obs. A. Lienhard ; *Defrénois* 1998, p. 948, obs. P. Le Cannu ; *BJS* 1998, p. 1285. – Des dettes des autres sociétés du groupe pour l'insuffisance d'actif mise à la charge du dirigeant de la société holding : V. ▪ Cass. com., 18 mai 2016, cité *infra* note 3 c).

c) **Moment d'appréciation.** Le montant de l'insuffisance d'actif s'apprécie à la date où la juridiction statue et non pas à la date de l'ouverture de la procédure collective : ▪ Cass. com., 16 mars 1999 : *Bull. civ.* IV, n° 61 ; *JCP* E 1999, p. 843. ▪ Cass. com., 30 mars 1999, n° 95-17905 : *BJS* 1999, p. 759, note C. Saint-Alary-Houin. – Cassation de l'arrêt ayant condamné le dirigeant à payer une certaine somme sans préciser, au stade de l'appel, le montant de l'insuffisance d'actif, alors que la condamnation du dirigeant ne peut excéder ce montant : ▪ Cass. com., 27 juin 2006, n° 05-11.690 : *JurisData* n° 2006-034381 ; *JCP* E 2007, 1117, note Ch. Delattre.

3) Faute de gestion. M. Bourrié-Quenillet, *La faute de gestion du dirigeant de société en cas d'insuffisance d'actif. Pratique judiciaire* : *JCP* 1998, I, 112. – J. Calvo, *L'action en comblement de passif et la notion de faute de gestion* : *LPA* 27 mai 1998, p. 13. – D. Demeyere, *Les fautes de gestion dans la responsabilité pour insuffisance d'actif des dirigeants sociaux* : *Gaz. Pal.* 6 avr. 2013, p. 13. – M.-P. Dumont-Lefrand, *Action en comblement de passif et transaction* : *JCP* E 2004, p. 1058. – S. Hadji-Artinian, *La faute de gestion*, Litec, 2001. – A. Martin-Serf, *Panorama des fautes de gestion* : *RTD com.* 1999, p. 983.

a) **Notion de faute.**

L'exclusion de la simple négligence comme faute de gestion, issue de la loi du 9 décembre 2016, est jugée applicable immédiatement aux procédures collectives en cours et aux instances en responsabilité en cours : ▪ Cass. com., 5 sept. 2018 : *JurisData* n° 2018-015022 ; *JCP* E 2018, 1510, note A. Cérati-Gauthier ; *JCP* G 2018, 1081, note J. Gallois ; *D.* 2018, p. 1693, obs. A. Lienhard ; *BJE* 2018, p. 450, note Th. Favario ; *BJS* 2018, p. 641, note F.X. Lucas.Constitue une faute de gestion :

– le **maintien d'une activité déficitaire** en connaissance de cause : ▪ Cass. com., 27 avr. 1993 : *Bull. civ.* IV, n° 151 ; *BJS* 1993, p. 687, note Y. Chaput ; *Rev. sociétés* 1993, p. 871, note H. Le Nabasque. ▪ Cass. com., 8 janv. 1999 : *BJS* 1999, p. 1078, note P. Scholer. ▪ Cass. com., 8 juill. 2003 : *BJS* 2003, p. 1129 ; *Dr. sociétés* 2004, n° 167, note J.-P. Legros. ▪ Cass. com., 14 janv. 2004 : *JurisData* n° 2004-021874 ; *Dr. sociétés* 2004, n° 168, note J.-P. Legros. ▪ Cass. com., 7 juin 2005, préc. ;

– **l'inaction ou la passivité.** Constituent une faute de gestion : la négligence dans la gestion et l'excès de confiance dans les autres responsables : ▪ Cass. com., 8 oct. 2003, n° 00-20.070 ; *adde* ▪ CA Montpellier, 18 janv. 2005 : *Dr. sociétés* 2005, n° 214, note J.-P. Legros. – Le manquement par les administrateurs à leur devoir de contrôle et de surveillance : ▪ Cass. com., 31 janv. 1995 : *Bull. civ.* IV, n° 29 ; *BJS* 1995, p. 341, note J.-L. Couret ; *RTD com.* 1996, p. 543, obs. A. Martin-Serf. ▪ CA Versailles, 2 déc. 1999 : *BJS* 2000, p. 383. ▪ Cass. com., 31 mai 2011, préc. *supra* note 1. – Le défaut de déclaration de la cessation des paiements dans le délai légal : ▪ Cass. com., 28 mai 1991 : *Bull. civ.* IV, n° 187 ; *D.* 1992, somm. 184, obs. A. Honorat. ▪ Cass. com., 7 juin 2005, préc. ▪ Cass. com., 21 juin 2005, n° 04-12.087 : *D.* 2005, act. jurispr. p. 1850, obs. A. Lienhard ; *JCP* E 2005, p. 1283 ; *Dr. sociétés* 2005, n° 193, note J.-P. Legros. – Comp. ▪ CA Douai, 29 nov. 2012, n° 12/00803 : *BJE* 2013, § 50, note P. Rubellin, qui retient la faute de gestion pour n'avoir pas procédé à la déclaration de la cessation des paiements ni même pris l'initiative de solliciter une mesure de conciliation ou de sauvegarde. En ce cas, la faute de gestion s'apprécie au regard de la seule date de la cessation des paiements fixée dans le jugement d'ouverture ou dans un jugement de report : ▪ Cass. com., 4 nov. 2014, n° 13-23.070 : *Bull. civ.* IV, n° 164 ; *D.* 2014, p. 2238, obs. A. Lienhard ; *JCP* E 2014, 1604, rapport F. Schmidt et note Ph. Roussel-Galle ; *BJS* 2015, p. 23, note E. Mouial-Bassilana ; *BJE* 2015, p. 113, note J. Lasserre-Capdeville. ▪ Cass. com., 10 mars 2015, n° 12-16.956 : *BJE* 2015, p. 249, note Th. Favario ; *BJS* 2015, p. 302, note E. Mouial-Bassilana ; *Rev. sociétés* 2015, p. 406, note L.-C. Henry. – Comp. auparavant : ▪ Cass. com., 30 janv. 2007, n° 05-21.208 : *JurisData* n° 2007-037194 ; *Dr. sociétés* 2007, n° 93, note J.-P. Legros ; *Rev. proc. coll.* 2007, p. 236, obs. A. Martin-Serf : le juge saisi d'une action en responsabilité pour insuffisance d'actif n'est pas tenu par la date de cessation des paiements fixée par le jugement d'ouverture de la procédure ;

– **la tenue d'une comptabilité incomplète ou irrégulière.** ▪ Cass. com., 31 janv. 1995, préc.

▪ CA ▪ Paris, 28 janv. 2000 : *Rev. proc. coll.* 2000, p. 226, obs. O. Barret. ▪ Cass. com., 18 janv. 2000 : *BJS* 2000, obs. J.-F. Barbièri. ▪ Cass. com., 22 juin 2010, n° 09-14214 : *JurisData* n° 2010-010252 ; *Dr. sociétés* 2010, comm. 233, obs. J.-P. Legros. – Mais la responsabilité de la tenue de la comptabilité incombe au président du conseil d'administration et la tenue d'une comptabilité incomplète ne saurait être imputée à faute aux administrateurs dès lors que ceux-ci ne se sont pas immiscés dans l'établissement des comptes. Au regard du grief de poursuite abusive d'une exploitation déficitaire, pour être justiciables des dispositions de l'article L. 624-3 ancien *[art. L. 651-2]*, les administrateurs de société anonyme, qui sont tenus à une obligation de surveillance et de contrôle, doivent avoir failli à leur mission ou avoir participé de manière positive à la gestion fautive de la société débitrice : ▪ CA Paris, 29 mars 2002 : *JurisData* n° 2002-186375 ; *RJDA* 2003, n° 172 ; *JCP* E 2002, pan. 1629 ; *Dr. sociétés* 2003, n° 88, note J.-P. Legros ;

– **le choix initial d'investissements inadaptés ou excessifs** au vu des conditions prévisibles de financement : ▪ Cass. com., 19 mars 1996 : *Bull. civ.* IV, n° 91 ; *JCP* 1996, I, 3960, n° 17, obs. M. Cabrillac ; *Defrénois* 1996, p. 935, note P. Le Cannu. ▪ Cass. com., 30 oct. 2000 : *BJS* 2001, p. 27, note J.-J. Daigre ; *Dr. sociétés* 2001, n° 80, obs. J.-P. Legros ;

– **la distribution exceptionnelle de dividendes** aux actionnaires, lorsqu'elle prive la société d'une part importante de ses réserves, à un moment où le passif n'est pas réglé et dans un contexte de baisse d'activité : ▪ Cass. com., 25 oct. 2011, n° 10-23.671 : *BJS* 2012, n° 136, obs. D. Poracchia ; *BJE* 2012, n° 54, note Th. Favario ;

– le remboursement par le dirigeant de son compte courant : ▪ CA Aix-en-Provence, 5 juill. 2012, n° 11/05970 : *JurisData* n° 2012-018086 ; *JCP* E 2013, 1116, comm. Ch. Delattre. – *Adde* ▪ Cass. com., 24 mai 2018, n° 17-10.119 : *Rev. proc. coll.* 2018, comm. 203, obs. A. Martin-Serf, lorsque le remboursement rendait inéluctable la cessation des paiements, faute d'autre actif disponible.

– **le versement d'une rémunération** à une salariée dont l'activité exercée en contrepartie n'est pas prouvée, la seule production de fiches de paie étant insuffisante : ▪ Cass. com., 23 nov. 1999 : *BJS* 2000, p. 379, obs. J.-F. Barbièri. – *Adde* ▪ Cass. com., 31 mai 2016, n° 14-24.779 : *JurisData* n° 2016-010816 ; *Rev. proc. coll.* 2016, comm. 200, note A. Martin-Serf ; *BJE* 2016, p. 340, note Th. Favario ; *BJS* 2016, p. 677, note E. Mouial-Bassilana : qui reproche aux juges du fond de ne pas avoir vérifié si la rémunération versée au dirigeant n'était pas manifestement excessive au regard de la situation financière de la société.

– la non-sollicitation d'une augmentation de capital, nécessaire à la survie de la société : ▪ Cass. com., 12 juill. 2016, n° 14-23.310 : *BJE* 2016, p. 438, note Th. Favario ; *BJS* 2017, p. 195, note E. Mouial-Bassilana.

b) **Absence de faute.** Ne constitue pas une faute de gestion :

– l'insuffisance des apports consentis à une société lors de sa constitution, qui est imputable aux associés : ▪ Cass. com., 10 mars 2015, n° 12-15.505 : *JurisData* n° 2015-005248 ; *D.* 2015, p. 678, obs. A. Lienhard ; *JCP* E 2015, 1261, note B. Dondero ; *Rev. proc. coll.* 2015, comm. 187, note A. Martin-Serf ; *Rev. sociétés* 2015, p. 406, note L.-C. Henry ; *Dr. sociétés* 2015, comm. 117, note J.-P. Legros et comm. 164, note R. Mortier ;

– l'absence de régularisation effective, dans le délai légal de deux ans, du montant des capitaux propres d'une société anonyme devenus inférieurs à la moitié du capital social, qui est imputable aux actionnaires, et qui ne constitue donc pas une faute de gestion dont les dirigeants auraient à répondre : ▪ Cass. com., 13 oct. 2015, n° 14-15.755 : *JurisData* n° 2015-023127 ; *BJS* 2016, n° 3, p. 34, note J. Heinich ; *Rev. proc. coll.* 2016, comm. 93, note A. Martin-Serf – Il ne peut alors être reproché aux dirigeants qu'une abstention s'ils ne convoquent pas les associés pour qu'ils se prononcent sur cette situation : ▪ Cass. com., 24 janv. 2018, n° 16-23.649 : *JurisData* n° 2018-000719 ; *BJS* 2018, p. 170, obs. J. Heinich ; *Dr. sociétés* 2018, comm. 172, obs. J.-P. Legros s'agissant de la non-reconstitution des fonds propres d'une SARL. – Comp. ▪ Cass. com., 11 avr. 2018, n° 16-11.886 : *JurisData* n° 2018-005715 ; *Act. proc. coll.* 2018, alerte 128 ; *Dr. sociétés* 2018, comm. 166, note J. Heinich, qui retient que l'appréciation d'une faute suppose au préalable de vérifier si les délais de l'article L. 225-248 du Code de commerce pour reconstituer les capitaux propres sont expirés au jour de l'ouverture de la procédure collective.

c) **Éléments indifférents.** Ne constituent pas une cause d'exonération : l'abandon de ses fonctions de direction par un dirigeant de droit : ▪ Cass. com., 3 mars 1998 : *BJS* 1998, p. 645 ; *BRDA* juin 1998, p. 6. ▪ CA Dijon, 24 févr. 2005 : *Dr. sociétés* 2005, n° 214 (2e esp.), note J.-P. Legros. – L'intérêt limité du dirigeant de droit dans la société : ▪ Cass. com., 31 janv. 1995, préc. – L'attitude d'un autre administrateur : ▪ Cass. com., 8 janv. 2002 : *Bull. civ.* IV, n° 7 ; *JCP* 2002, II, 10057, note Landbeck ; *D.* 2002, act. jurispr. p. 570, obs. A. Lienhard. – La désignation d'un mandataire *ad hoc* : ▪ Cass. com., 18 mai 2016, 14-16.895 : *Rev. sociétés* 2016, p. 621, note N. Morelli ; *BJS* 2016, p. 619, note E. Mouial-Bassilana ; *Gaz. Pal.* 18 oct. 2016, p. 38, note Th. Montéran. ▪ CA Douai, 27 avr. 2017, n° 16/02512 : *Rev. proc. coll.* 2017, comm. 129, obs. Ch. Delattre.

d) **Date de la faute.** Seule une **faute antérieure** à l'ouverture de la procédure collective doit être prise en compte pour engager la responsabilité du dirigeant : ▪ Cass. com., 28 févr. 1995, n° 92-18.572 : *RJDA* 1995, n° 651. ▪ Cass. com., 8 janv. 2002 : *Act. proc. coll.* 2002, n° 90. ▪ Cass. com., 14 juin 2017, n° 15-29.412 : *BJS* 2017, p. 620, obs. E. Mouial-Bassilana.

e) **Preuve.** La preuve de la faute de gestion peut résulter du seul rapport d'expertise comptable réalisé à la demande du juge-commissaire, régulièrement versé aux débats et soumis à un débat contradictoire : ▪ Cass. com., 26 avr. 2000 : *RJDA* 2000, n° 785. ▪ Cass. com., 30 oct. 2000 : *RJDA* 2001, n° 209. ▪ Cass. com., 7 janv. 2003 : *RJDA* 2003, n° 626. – Sur la possibilité pour le juge-commissaire de désigner un expert, V. note sous C. com., art. L. 621-9, p. 1999.

4) Lien de causalité. Obligation de prouver le lien causal entre la faute de gestion et l'insuffisance d'actif : ▪ Cass. com., 14 déc. 1993, n° 91-20839 : *Bull. civ.* IV, n° 473. ▪ Cass. com., 16 févr. 1999, n° 96-12643. – Une faute de gestion à l'origine seulement d'une partie des dettes suffit à engager la responsabilité du dirigeant : ▪ Cass. com., 17 févr. 1998, n° 95-18510 : *D. affaires* 1998, p. 475, obs. A. Lienhard ; *Rev. sociétés* 1998, p. 950, note Y. Guyon : *BJS* 1998, p. 644, note J.-J. Daigre. ▪ Cass. com., 21 juin 2005, préc.

5) Nécessité d'une condamnation. L'insuffisance d'actif ne peut être mise, en tout ou partie, à la charge d'un dirigeant qu'à la suite d'une assignation de celui-ci à cette fin et seulement par une décision de condamnation ou, avant l'intervention d'une telle décision, par une transaction. La référence à un engagement du dirigeant de régler le passif social dans un jugement de conversion d'un redressement judiciaire en liquidation judiciaire ne peut donc suffire : ▪ Cass. com., 8 mars 2017, n° 15-16.005, F-P+B+I : *JurisData* n° 2017-003958 ; *JCP* G 2017, 416, note B. Saintourens ; *JCP* E 2017, 1242, note A. Cerati-Gauthier ; *Dr. sociétés* 2017, comm. 87, note J.-P. Legros ; *BJS* 2017, p. 336, note M.-H. Monsèrié-Bon ; *Gaz. Pal.* 27 juin 2017, p. 69, note Th. Montéran ; *Rev. proc. coll.* 2017, comm. 152, note A. Martin-Serf.

II – MONTANT DE LA CONDAMNATION

6) Étendue de la condamnation.

a) **Lien avec la faute.** Un dirigeant peut être condamné à supporter tout ou partie des dettes sociales, même si sa faute n'est à l'origine que d'une partie d'entre elles : ▪ Cass. com., 17 févr. 1998, préc. ▪ Cass. com., 21 juin 2005, préc. – L'établissement de crédit qui a fautivement retardé l'ouverture de la procédure collective de son client n'est tenu de réparer que l'aggravation de l'insuffisance d'actif qu'il a ainsi contribué à créer ; le montant de l'aggravation de l'insuffisance d'actif est alors égal à la différence entre le montant de l'insuffisance d'actif à la date à laquelle le juge statue et le montant de l'insuffisance d'actif au jour de l'octroi du soutien abusif : ▪ Cass. com., 22 mars 2016, n°s 14-10.066 et 14-14.980 : *JurisData* n° 2016-005434 ; *JCP* E 2016, 304 ; *D.* 2016, p. 702.

b) **Pouvoir d'appréciation des juges.** Les juges peuvent décider d'exclure la responsabilité d'un dirigeant dont l'action a eu pour effet de réduire globalement l'insuffisance d'actif de la société : ▪ Cass. com., 25 juin 2002 : *RJDA* 2002, n° 1306. – Pour fixer le montant de la condamnation, les juges peuvent tenir compte de l'environnement économique de l'entreprise et réduire le montant de la condamnation d'un dirigeant du fait de l'installation d'un concurrent et des pertes liées à un vol : ▪ CA Aix-en-Provence, 28 janv. 2004 : *Dr. sociétés* 2004, n° 212, obs. J.-P. Legros ; les juges peuvent également tenir compte de l'apport de fonds personnels par le dirigeant pour renflouer la trésorerie : ▪ CA Grenoble, 20 juin 2013, n° 10/134383 : *JurisData* n° 2013-012887 ; *JCP* E 2014, 1060, note Ch. Delattre. – Le montant de la condamnation ne peut dépasser l'insuffisance d'actif : ▪ Cass. com., 17 juill. 2001 : *RJDA* 2001, n° 1239. ▪ Cass. com., 21 janv. 2003 : *JurisData* n° 2003-017411 ; *Act. proc. coll.* juin 2003, n° 77. – Si le montant de la condamnation prononcée relève de l'appréciation souveraine des juges du fond, lorsque plusieurs fautes de gestion ayant contribué à l'insuffisance d'actif sont retenues, il importe que chacune d'entre elles soit légalement justifiée : ▪ Cass. com., 15 déc. 2009, n° 08-21.906 : *JurisData* n° 2009-050876 ; *JCP* E 2010, 1119 ; *JCP* E 2010, 1164, comm. Ph. Delmotte et Ph. Roussel-Galle ; *Dr. sociétés* 2010, comm. 55, obs. J.-P. Legros ; *D.* 2010, p. 10, obs. A. Lienhard ; *Rev. proc. coll.* 2010, p. 13, n° 16, obs. Fl. Petit ; *LPA* 18 févr. 2010, p. 8, note G. Teboul. – **QPC.** L'article L. 651-2, alinéa 1er, n'est pas contraire au principe de responsabilité et d'égalité devant la loi, et est donc conforme à la Constitution : ▪ Cons. const., 26 sept. 2014, n° 2014-415 : *JurisData* n° 2014-021639 ; *Rev. proc. coll.* 2014, n° 172, obs. A. Martin-Serf ; *BJE* 2014, p. 377, note Th. Favario, rendue sur renvoi de ▪ Cass. com., 27 juin 2014, n° 13-27.317 : *JurisData* n° 2014-014214 ; *Act. proc. coll.* 2014, repère 249, obs. B. Saintourens ; *JCP* G 2014, 963, note J.-F. Barbièri ; *BJS* 2014, p. 444, note I. Parachkévova. – Sur l'absence de contrôle de proportionnalité du montant de la condamnation par la Cour de cassation, V. ▪ Cass. com., 9 mai 2018, n° 16-26.684 : *JurisData* n° 2018-007543 ; *Rev. proc. coll.* 2018, comm. 205, obs. A. Martin-Serf ; *JCP* E 2018, 1412, note A. Cérati-Gauthier ; *BJE* 2018, n° 115z9, p. 264, obs. Th. Favario.

c) **Solidarité.** À défaut de prononcer une condamnation solidaire des dirigeants, l'un d'eux ne peut être condamné à payer la totalité des dettes sociales tandis que l'autre serait condamné à payer un quart des dettes : ▪ Cass. com., 3 févr. 1998 : *BJS* 1998, p. 642, note J.-J. Daigre. – Nécessité de motiver spécialement la condamnation solidaire de plusieurs dirigeants : ▪ Cass. com., 10 janv. 2012, n° 10-28.067 : *JurisData* n° 2012-000206 ; *Rev. proc. coll.* 2012, comm. 211.

d) **Confusion des patrimoines.** En cas de confusion des patrimoines, le montant de l'insuffisance d'actif mis à la charge d'un dirigeant ne peut comprendre que les dettes de la personne morale qu'il dirigeait, à l'exclusion des dettes des personnes morales auxquelles la procédure collective a été étendue : ▪ Cass. com., 23 mai 2000 : *Bull. civ.* IV, n° 108 ; *BJS* 2000, p. 789, note A. Couret ; *JCP* E 2000, p. 1567, obs. Ph. Pétel ; *D.* 2000, act. jurispr. p. 300, obs. A. Lienhard ; *Rev. sociétés* 2001, p. 115, note J.-J. Daigre (association) ▪ Cass. com., 8 juill. 2003, préc. (société). ▪ Cass. com., 30 oct. 2007, n° 06-14.672 : *JurisData* n° 2007-041179 ; *Dr. Sociétés* 2008, comm. 125, note J.-P. Legros ; *RJDA* 3/2008, n° 312. – Mais si une même personne a été le dirigeant de plusieurs personnes morales, l'insuffisance d'actif doit comprendre celle de l'ensemble des personnes morales dont cette personne a été le dirigeant et auxquelles la procédure de liquidation judiciaire a été étendue : ▪ Cass. com., 8 mars 2017, n° 15-22.337 : *JurisData* n° 2017-003959 ; *Dr. sociétés* 2017, comm. 109, note J.-P. Legros ; *BJS* mai 2017, p. 338, note L. Fin-Langer ; *Gaz. Pal.* 27 juin 2017, p. 41, note F. Reille ; *Rev. proc. coll.* 2017, comm. 150, note A. Martin-Serf ; *BJE* 2017, p. 405, obs. A. Bézert.

e) **Transaction.** Les condamnations au paiement des dettes sociales prononcées en application de l'article L. 624-3 [art. L. 651-2] ne peuvent faire l'objet d'une transaction : ▪ Cass. com., 5 nov. 2003, n° 00-11.876 ; *Bull. civ.* IV, n° 164 ; *JCP* E 2004, chron. 783, n° 5, obs. Ph. Pétel ; *ibid.*, n° 1058, p. 1154, note M.-P. Dumond-Lefrand ; *Dr. sociétés* 2004, n° 213, p. 27, note J.-P. Legros ; *RTD com.* 2003, p. 604, obs. C. Mascala ; *BJS* 2004, p. 205, note C. Boillot. – *Adde* ▪ Cass. com., 2 nov. 2005, n° 04-13.085. ▪ Cass. com., 24 mars 2009, n° 07-20.383 : *JurisData* n° 2009-047590 ; *JCP* E 2009, 1787, comm. Ch. Delattre. – *Adde* Y. Colin, *Transaction et action en comblement de passif : LPA* 16 juill. 1999, p. 4. – G. Teboul, *Procédures collectives et sanctions pécuniaires : peut-on transiger sur une action en comblement de passif ? : Gaz. Pal.* 5 sept. 2004, p. 9.

7) Répartition du montant de la condamnation. Les sommes dues étant réparties, en cas de liquidation, entre tous les créanciers au marc le franc, il n'y a pas lieu d'accorder un rang prioritaire aux créanciers super privilégiés : ▪ Cass. com., 20 mai 1997 : *JCP* E 1997, I, 681, n° 19, obs. Ph. Pétel ; *JCP* E 1998, p. 34, n° 6, obs. M. C. ; *RJ com.* 1998, p. 26, note J.-M. Calendini. – Le nouvel article L. 651-2 ne distingue plus, quant au sort du montant de la condamnation, selon l'issue de la procédure : la solution retenue devrait donc être généralisée à toutes les procédures.

8) Déductibilité du montant de la condamnation des revenus imposables du dirigeant : ▪ CE, 27 mai 1987 : *Dr. fisc.* 1987, n° 43, somm. 1998. – *Adde* M. Cozian, *Le dirigeant contraint d'acquitter un passif social peut-il déduire de ses revenus imposables les paiements qu'il a effectués ? : JCP* E 2002, n° 366.

9) Incidence sur les mesures de traitement du surendettement. L'action en comblement de passif n'exclut pas en soi le bénéfice des mesures de traitement du surendettement, ▪ Cass. 2e civ., 12 avr. 2012, n° 11-10.228 : *Bull. civ.* II, n° 77 ; *JCP* E 2012, 1338, note A. Cérati-Gauthier ; *LPA* 7 mars 2013, n° 48, p. 9, note D. Demeyer ; *Dr. et patrimoine* sept. 2012, n° 217, p. 105, note F. Macorig-Venier ; *Dr. sociétés* 2012, comm. 148, note J.-P. Legros ; *Rev. sociétés* 2012, n° 6, p. 395, note Ph. Roussel-Galle ; *BJE* 2012, § 125, note Th. Favario.

III – EXERCICE DE L'ACTION

Bibliographie : A. Diesbecq, *Conditions procédurales de l'action en responsabilité pour insuffisance d'actif : Rev. proc. coll.* 2012, p. 81.

10) Compétence.

a) **Juridictions judiciaires.** L'action dirigée contre **l'État**, pris en sa qualité de **dirigeant de fait**, suppose une appréciation d'un comportement de la puissance publique qui s'est exercé hors d'un cadre juridique de droit privé, ce qui rend **incompétentes** les juridictions judiciaires : ▪ T. confl., 23 janv. 1989 : *D.* 1989, p. 367, concl. Flipo, note P. Amselek et F. Derrida ; *JCP* 1990, II, 21397, note E. Alfandari ; *Rev. sociétés* 1989, note Y. Guyon. – Il ne résulte pas des dispositions de l'article L. 624-3 *[art. L. 651-2]* du Code de commerce, que le législateur ait entendu, par dérogation aux principes gouvernant la responsabilité des personnes publiques, faire relever de la compétence des juridictions judiciaires la recherche de la responsabilité civile de l'État ou d'autres personnes morales de droit public, au titre de l'exercice de service public administratif : ▪ T. confl., 15 nov. 1999 : *Bull. civ.* IV, n° 35 ; *D. affaires* 2000, act. jurispr. p. 11, obs. A. Lienhard ; *Dr. sociétés* 2000, n° 54, obs. Y. Chaput ; *JCP* E 2000, p. 755, obs. Ph. Pétel. – **Mais** l'action en responsabilité civile intentée contre l'État ou d'autres personnes morales de droit public relève de la **compétence de l'ordre judiciaire** lorsque cette responsabilité est recherchée **au titre d'une activité à caractère industriel et commercial**, sans qu'il y ait lieu de distinguer si la collectivité publique concernée a agi en qualité de dirigeant de fait ou de droit : ▪ T. confl., 20 nov. 2006, n° 3570 : *JurisData* n° 2006-316779 ; *Bull. civ.* IV, n° 31 ; *JCP* E 2007, 1324 ; *RJDA* 2007, n° 117, concl. D. Chauvaux ; *Dr. sociétés* 2007, n° 112, note J.-P. Legros. – V. déjà ▪ Cass. 1re civ., 11 févr. 2003 : *Bull. civ.* I, n° 44 ; *D.* 2003, act. jurispr. p. 623, obs. A. Lienhard ; *BJS* 2003, p. 557, note A. Pézard ; *Act. proc. coll.* 2003, n° 107, obs. C. Régnaut-Moutier : Doit être cassé l'arrêt ayant reconnu la compétence de la juridiction administrative pour connaître de la responsabilité d'une commune dans la direction d'une association, sans avoir recherché si cette commune était dirigeante de droit ou de fait, et si le service géré par l'association était administratif ou industriel et commercial. Les juridictions judiciaires sont **compétentes** pour connaître de l'action en comblement de passif intentée contre un établissement public à caractère industriel et commercial **(EPIC)** qui ne soutient **pas** avoir accompli **une mission de service public**, ▪ Cass. com., 6 févr. 2001, préc.

b) **Juridictions françaises.** L'action en comblement de passif, étant indissociable de la procédure collective de la personne morale, relève de la compétence du tribunal qui a la procédure, même à l'égard d'un dirigeant étranger domicilié à l'étranger : ▪ Cass. com., 5 mai 2004, n° 01-02.041 : *Bull. civ.* IV, n° 82 ; *JCP* E 2004, n° 1249, p. 1350, note S. Reifegerste ; *Dr. sociétés* 2004, n° 211, note J.-P. Legros ; *BJS* 2004, p. 1349 ; *D.* 2004, p. 1796, note J.-L. Vallens ; *Rev. sociétés* 2004, p. 715, note P.-M. Le Corre. – V. déjà ▪ Cass. com., 14 mars 2000, n° 97-12.684 : *RTD com.* 2000, p. 468, note J.-L. Vallens ; *D.* 2000, act. jurispr. p. 241 ; *BJS* 2000, p. 600, note M. Menjucq ; *Dr. sociétés* 2000, n° 89, obs. Y. Chaput. – *Adde* M.-H. Monsérié-Bon, *Comblement de passif, société étrangère, compétence* : *BJS* 2004, p. 1349.

11) Avis du Ministère public. Lorsque le Ministère public ne se borne pas à s'en rapporter à justice, soit les parties doivent recevoir communication écrite de cet avis et pouvoir y répondre utilement, soit le Ministère public, représenté à l'audience, doit y développer des observations orales auxquelles les parties doivent pouvoir répliquer, en application de l'article 445 du Code de procédure civil, même après la clôture des débats : ▪ Cass. com., 4 mai 2017, n° 15-24.504 (P+B+I) : *JurisData* n° 2017-008382 ; *Dr. sociétés* 2017, comm. 152.

12) Rapports avec d'autres actions en responsabilité. J.-J. Daigre, *Une évolution jurisprudentielle bienvenue : le non-cumul de l'action en comblement du passif et des actions en responsabilité de droit commun* : *BJS* 1995, p. 953 et s. – M.-Ch. Piniot, *Responsabilité civile des dirigeants sociaux : non-cumul des actions du droit des sociétés et du droit des procédures collectives* : *RJDA* 1995, p. 639 et s.

a) **Non-cumul** de l'action en comblement de passif et de :

– l'action en **responsabilité de droit commun** fondée soit sur les articles 1382 et 1383 du Code civil soit sur les articles 52 et 245 de la loi du 24 juillet 1966 *[C. com., art. L. 223-22 et L. 225-52]* : ▪ Cass. com., 28 févr. 1995 : *JCP* E 1995, I, 487, n° 15, obs. M. Cabrillac et Ph. Pétel ; *D.* 1995, p. 390, obs. F. Derrida. ▪ Cass. com., 20 juin 1995 : *Bull. civ.* IV, n° 187 ; *D.* 1995, p. 448. ▪ Cass. com., 3 oct. 2000 : *RJDA* 2001, n° 61. ▪ Cass. com., 16 févr. 2002 : *RJDA* 2002, n° 777 ; soit sur l'article L. 225-251 du Code de commerce : ▪ Cass. com., 19 nov. 2013, n° 12-16.099 (FS-P+B) : *JurisData* n° 2013-026202 ; *D.* 2013, p. 2767, obs. A. Lienhard ; *Act. proc. coll.* 2014-1, comm. 15, note J.-C. Pagnuco ; *Dr. sociétés* 2014, comm. 68, obs. J.-P. Legros. – **Mais** l'action en comblement de passif n'interdit pas d'agir sur le fondement du droit commun pour des **faits postérieurs** au jugement d'ouverture : ▪ Cass. com., 14 mars 2000, n° 97-17753 : *JCP* E 2000, p. 1527, obs. D. Poracchia ; *LPA* 21 nov. 2000, p. 13, obs. D. Gibirila ; *D.* 2000, act. jurispr. p. 188, obs. A. Lienhard ; *RD bancaire et fin.* 2000, p. 91, obs. F.-X. Lucas ; ou lorsque le redressement ou la liquidation judiciaire ne fait **pas** apparaître **d'insuffisance d'actif** : ▪ Cass. com., 27 juin 2006, n° 05-14.271 : *JurisData* n° 2006-034268 ; *Bull. civ.* IV, n° 152 ; *D.* 2006, act. jurispr. p. 1891, obs. A. Lienhard ; *Act. proc. coll.* 2006, n° 172, obs. C. Régnaut-Moutier ; *Dr. sociétés* 2007, n° 6, note J.-P. Legros ; *Gaz. Pal.* 6-7 oct. 2006, p. 38, obs. Th. Montéran. – Rappr. ▪ Cass. com., 30 juin 2015, n° 14-13.421 : *JurisData* n° 2015-016243 ; *Rev. proc. coll.* 2016, comm. 94, obs. A. Martin-Serf ;

– l'obligation aux dettes sociales, sous C. com., art. L. 652-1, annot. n° 2, p. 2105.

b) Possibilité d'un **cumul** de l'action en comblement de passif et de :

– l'action en **responsabilité fiscale** de l'article L. 267 du Livre des procédures fiscales : ▪ Cass. com., 9 déc. 1997 : *JCP* E 1998, p. 659, n° 19, obs. Ph. Pétel ; *RJDA* 1998, p. 3, concl. Piniot ; *Dr. et patrimoine* févr. 1998, p. 35, note Poullain ; *Rev. sociétés* 1998, p. 316, note J.-J. Daigre ; *Rev. proc. coll.* 1999, p. 47, n° 11, obs. A. Martin-Serf ;

– l'action en reddition de compte de l'article 1993 du Code civil : ▪ Cass. com., 15 nov. 2016, n° 15-16.070 : *JurisData* n° 2016-023977 ; *BJS* 2017, p. 193, note A. Sotiropoulou ; *Dr. sociétés* 2017, p. 59, note J.-P. Legros ; *Rev. proc. coll.* 2017, comm. 89, note A. Martin-Serf ;

– l'action en réparation du préjudice subi résultant : du délit de **banqueroute,** ▪ Cass. crim., 13 juin 2001 : *RJDA* 2002, n° 287. ▪ Cass. crim., 10 oct. 2001 : *RJDA* 2001, n° 417. ▪ Cass. crim., 4 nov. 2004 : *Dr. sociétés* 2005, n° 100, note R. Salomon. – Du délit d'**abus de biens sociaux,** ▪ Cass. com., 29 févr. 2000 : *Bull. civ.* IV, n° 42 ; *D.* 2000, act. jurispr. p. 158, obs. A. Lienhard ; *BJS* 2000, p. 597, note B. Saintourens ; *RTD com.* 2001, p. 239, obs. C. Mascala.

13) Prescription.

a) **Calcul du délai.** La prescription de l'action en comblement de passif est acquise lorsque le dernier jour du terme est accompli, même si c'est un dimanche : ▪ Cass. com., 10 janv. 2006, n° 04-10.482 : *Bull. civ.* IV, n° 5 ; *JCP* E 2006, n° 1625, note J.-P. Legros ; *Dr. sociétés* 2006, n° 55, note J.-P. Legros ; *D.* 2006, act. jurispr. p. 301, obs. A. Lienhard. – En cas de liquidation judiciaire, le délai court à compter de la date du jugement ayant prononcé la liquidation judiciaire et non du jour où la décision est passée en force de chose jugée : ▪ Cass. com., 13 mai 2003 : *D. affaires* 2003, act. jurispr. 1564 ; *JCP* E 2003, p. 1396, n° 19, obs. Ph. Pétel ; *ibid.*, p. 1437, note J.-P. Legros. – L'action en responsabilité pour insuffisance d'actif est indépendante de l'action spéciale en responsabilité ouverte par l'article L. 225-254 du Code de commerce contre les dirigeants d'une société anonyme et de l'action générale en responsabilité civile extracontractuelle et se prescrit, aux termes de l'article L. 651-2, alinéa 3, du Code de commerce, par trois ans à compter du jugement qui prononce la liquidation judiciaire, sans considération de la date de commission des fautes de gestion reprochées au dirigeant poursuivi : ▪ Cass. com., 8 avr. 2015, n° 13-28.512, PB : *JurisData* n° 2015-007553 ; *Act. proc. coll.* 2015, alerte 130 ; *JCP* G 2016, doctr. 100, note 6, chron. Ph. Pétel ; *Rev. proc. coll.* 2015, comm. 191, note A. Martin-Serf ; *BJE* 2015, p. 305, note J.-P. Sortais ; *Rev. sociétés* 2015, p. 406, note L.-C. Henry ; *D.* 2015, p. 802, obs. A. Lienhard ; *RLDA* 2015, n° 105, p. 10, obs. B. Saintourens.

b) **Incidence de l'absence de solidarité entre les dirigeants.** Aucune solidarité n'existe entre les dirigeants de droit et de fait d'une même personne morale au regard de l'action en paiement de l'insuffisance d'actif. Dès lors, l'action engagée contre un dirigeant n'interrompt pas la prescription à l'égard des autres dirigeants, qu'ils soient de droit ou de fait : ▪ Cass. com., 7 nov. 2006, n° 05-61.693 : *JurisData* n° 2006-035957 ; *Bull. civ.* IV n° 218 ; *D.* 2007, act. jurispr. p. 2910, obs. A. Lienhard ; *Act. proc. coll.* 2006, n° 253, obs. C. Régnaut-Moutier ; *Gaz. Pal.* 19-20 janv. 2007, p. 49, obs. Th. Montéran ; *Dr. sociétés* 2007, n° 47, obs. J.-P. Legros ; *BJS* 2007, p. 359, note F.-X. Lucas. – En cas de pluralité de dirigeants, la signification d'une décision faite par l'un d'eux ne profite pas aux autres et le juge ne peut relever d'office la prescription de l'action en comblement de passif : ▪ Cass. com., 30 janv. 2007, n° 05-17.466 : *JurisData* n° 2007-037192 ; *Dr. sociétés* 2007, n° 113, note J.-P. Legros.

c) **Fin de non-recevoir.** La prescription de l'action est une fin de non-recevoir, et non une exception de procédure, qui peut donc être opposée en tout état de cause : ▪ Cass. com., 13 avr. 2010, n° 09-11.487 : *JurisData* n° 2010-004014 ; *Dr. sociétés* 2010, comm. 233, obs. J.-P. Legros.

d) **Effet interruptif de la prescription (non).** L'assignation en responsabilité pour insuffisance d'actif, qui fait l'objet d'une fin de non-recevoir, n'a aucun effet interruptif de la prescription de l'action, ▪ Cass. com., 26 janv. 2016, n° 14-17.952 : *JurisData* n° 2016-001098 ; *D.* 2016, p. 310 ; *Act. proc. coll.* 2016, repère 45, obs. O. Staes.

14) Procédure : fin de non-recevoir. La **convocation du dirigeant** de la personne morale, poursuivi en paiement des dettes sociales, en vue de son audition personnelle par le tribunal étant un préalable obligatoire, l'omission de cet acte, qui fait obstacle à toute condamnation, constitue une fin de non-recevoir : ▪ Cass. com., 28 oct. 2008, n° 07-13.133 : *JurisData* n° 2008-045589 ; *JCP* E 2009, 1141, note J.-P. Legros ; *D.* 2008, act. jurispr. 2865, obs. A. Lienhard ; *Act. proc. coll.* 2008, n° 305, obs. J. Vallansan ; *Procédures* 2009, n° 55, obs. H. Croze ; *Dr. sociétés* 2009, comm. 38, obs. J.-P. Legros ; *BJS* 2009, note B. Rolland. – *Adde* ▪ Cass. com., 28 oct. 2008, n° 07-13.133 : *JurisData* n° 2008-045589. ▪ Cass. com., 28 oct. 2008, n° 07-16.056 : *JurisData* n° 2008-045590. ▪ Cass. com., 17 févr. 2009, n° 07-21.238 : *JurisData* n° 2009-047127 ; *Act. proc. coll.* 5/2009, comm. 85 ; *Dr. sociétés* 2009, comm. 125, obs. J.-P. Legros. ▪ Cass. com., 17 févr. 2009, n°s 07-20.061 et 08-10.911 : *JurisData* n° 2009-047118 ; *Act. proc. coll.* 5/2009, comm. 85 ; *Dr. sociétés* 2009, comm. 125, obs. J.-P. Legros ; *LPA* 7 juill. 2009, p. 16, obs. J.-P. Sortais ; *LPA* 7 juill. 2009, p. 16. ▪ Cass. com., 17 févr. 2009, n° 07-17.711 : *JurisData* n° 2009-047119 ; *Act. proc. coll.* 5/2009, comm. 85 ; *Dr. sociétés* 2009, comm. 125, obs. J.-P. Legros ; *LPA* 7 juill. 2009, p. 16, obs. J.-P. Sortais ; *LPA* 7 juill. 2009, p. 16,. – Elle ne peut être soulevée pour la première fois devant la Cour de cassation : ▪ Cass. com., 10 mars 2009, n° 07-20.632 : *Bull. civ.* IV, n° 32 ; *JurisData* n° 2009-047377 ; *Procédures* 2009, comm. 158, obs. B. Rolland ; *D.* 2009, p. 871, obs. A. Lienhard ; *Dr. sociétés* 2009, comm. 143, obs. J.-P. Legros ; *BJS* 2009, obs. P.-M. Le Corre. – Comp. désormais le nouvel article R. 651-2 du Code de commerce *(Rempl. à compter du 15 févr. 2009, D. n° 2009-160, 12 févr. 2009)*, qui supprime toute référence à une convocation préalable. Sur l'impossible application du nouvel article R. 651-2 du Code de commerce aux procédures en cours lors de son entrée en vigueur, y compris à la liquidation judiciaire ouverte suite à la conversion d'un redressement judiciaire préexistant, V. ▪ Cass. com., 24 mars 2015, n° 14-11.023 : *JurisData* n° 2015-006424 ; *RJDA* 2015/6, n° 453, p. 466 ; *Dr. sociétés* 2015, comm. 179, note J.-P. Legros.

15) La **dispense de vérification des créances chirographaires** ne fait pas obstacle à l'action en responsabilité pour insuffisance d'actif dès lors que celle-ci est établie : ▪ Cass. com., 5 nov. 2013, n° 12-22.510, FS-P+B : *JurisData* n° 2013-025011 ; *Rev. sociétés* 2013, p. 730, note Ph. Roussel-Galle ; *Rev. Lamy dr. aff.* 2013, n° 88, p. 24, note A. Farache.

16) Voies de recours. L'appel d'un dirigeant condamné en comblement de passif à l'encontre d'un liquidateur dont les fonctions ont pris fin est recevable, mais doit être régularisé par la nomination d'un mandataire *ad hoc* : ▪ Cass. com., 5 nov. 2003, n° 00-10.239 : *JCP* E 2004, n° 1153, note J.-P. Legros. – Le délai de tierce-opposition commence à courir à compter du prononcé de la décision de condamnation du dirigeant, y compris pour son conjoint commun en biens, auquel le jugement n'a pas à être notifié, faute de concerner directement ses droits et obligations : ▪ Cass. com., 22 mars 2017, n° 15-16.579 : *JurisData* n° 2017-005115 ; *Procédures* 2017, comm. 132, note B. Rolland ; *Gaz. Pal.* 27 juin 2017, p. 71, note Th. Montéran.

Code de commerce

Rédaction antérieure. Art. L. 624-3 ***(Anc. L. n° 85-98, 25 janv. 1985 ; version en vigueur jusqu'au 1er janv. 2006, L. n° 2005-845, 26 juill. 2005, rempl. à compter du 1er janv. 2006).*** **–** Lorsque le redressement judiciaire ou la liquidation judiciaire d'une personne morale fait apparaître une insuffisance d'actif, le tribunal peut, en cas de faute de gestion ayant contribué à cette insuffisance d'actif, décider que les dettes de la personne morale seront supportées, en tout ou en partie, avec ou sans solidarité, par tous les dirigeants de droit ou de fait, rémunérés ou non, ou par certains d'entre eux.

L'action se prescrit par trois ans à compter du jugement qui arrête le plan de redressement ou, à défaut, du jugement qui prononce la liquidation judiciaire.

Les sommes versées par les dirigeants en application de l'alinéa 1er entrent dans le patrimoine du débiteur et sont affectées en cas de continuation de l'entreprise selon les modalités prévues par le plan d'apurement du passif. En cas de cession ou de liquidation, ces sommes sont réparties entre tous les créanciers au marc le franc.

Rédaction antérieure. Art. L. 624-4 ***(Anc. L. n° 85-98, 25 janv. 1985 ; version en vigueur jusqu'au 1er janv. 2006, L. n° 2005-845, 26 juill. 2005, rempl. à compter du 1er janv. 2006).*** **–** Le tribunal peut ouvrir une procédure de redressement judiciaire ou de liquidation judiciaire à l'égard des dirigeants à la charge desquels a été mis tout ou partie du passif d'une personne morale et qui ne s'acquittent pas de cette dette.

Les procédures ouvertes en vertu de l'article L. 624-4, dans sa rédaction antérieure à la loi n° 2005-845 du 26 juillet 2005, ne sont pas affectées par l'entrée en vigueur de cette loi (L. n° 2005-845, 26 juill. 2005art. 192).

1) L'existence d'une procédure collective ne fait pas obstacle au prononcé, à titre de sanction sur le fondement de l'article L. 624-4 [art. L. 651-2], d'une nouvelle procédure collective à l'égard de la même personne prise en qualité de dirigeant d'une personne morale elle-même soumise à une procédure collective : ▪ Cass. com., 4 janv. 2005, n° 03-14.150 : *BJS* 2005, p. 571, note M. Sénéchal ; *D.* 2005, p. 215, obs. A. Lienhard.

2) La violation d'une interdiction de gérer et l'absence de preuve de l'insolvabilité justifient l'ouverture d'une procédure collective contre le dirigeant qui ne s'est pas acquitté du montant du passif mis à sa charge : ▪ CA Paris, 28 janv. 2005 : *Dr. sociétés* 2005, n° 132, note J.-P. Legros.

3) L'apurement de passif organisé par le plan de continuation de la personne morale ne fait pas obstacle à ce que l'insuffisance d'actif révélée par la procédure collective soit mise en tout ou partie à la charge du dirigeant : ▪ Cass. com., 21 nov. 2006, n° 02-20.443 : *JurisData* n° 2006-036048 ; *Bull. civ.* IV, n° 228 ; *JCP* E 2007, 1235, note H. Guyader ; *D.* 2007, act. jurispr. p. 22, obs. A. Lienhard ; *BJS* 2007, p. 361, obs. Ph. Pétel ; *Dr. sociétés* 2007, n° 94, note J.-P. Legros.

Des indemnités de licenciement ne peuvent être prises en compte dans le calcul de l'insuffisance d'actif que si elles constituent des dettes nées avant le jugement d'ouverture : ▪ Cass. com., 18 mars 2008, n° 02-21.616 : *JurisData* n° 2008-043272 ; *D.* 2009, p. 349, note J.-M. Deleneuville ; *Dr. sociétés* 2008, comm. 151, obs. J.-P. Legros ; *JCP* E 2008, 2022, obs. Ch. Delattre.

4) Droit transitoire.

a) **Ancien article L. 624-3.** Il résulte de l'article 191, 5° de la loi du 26 juillet 2005, que les dispositions nouvelles du chapitre 1er du titre V du livre VI du Code de commerce, relatives à la responsabilité pour insuffisance d'actif, s'appliquent aux procédures en cours au 1er janvier 2006, à l'exception de l'article L. 651-2 ; il s'ensuit que l'article L. 624-3, dans sa rédaction antérieure à la loi du 26 juillet 2005, demeure applicable pour condamner les dirigeants au paiement de l'insuffisance d'actif d'une personne morale de droit privé soumise à une procédure collective ouverte antérieurement au 1er janvier 2006 : ▪ Cass. com., 19 déc. 2006, n° 05-19.186 : *JurisData* n° 2006-036654 ; *Bull. civ.* IV, n° 258 ; *JCP* E 2007, 1450, n° 13, obs. Ph. Pétel ; *D.* 2007, act. jurispr. p. 86, obs. A. Lienhard ; *BJS* 2007, p. 457, note Ph. Pétel ; *Rev. proc. coll.* 2007, p. 35, obs. Ph. Roussel-Galle ; *Dr. sociétés* 2007, n° 69, note J.-P. Legros. – L'article L. 624-3, dans sa rédaction antérieure à la loi du 26 juillet 2005, pouvant servir de fondement à la condamnation de dirigeants au paiement de l'insuffisance d'actif d'une personne morale de droit privé soumise à une procédure collective ouverte antérieurement au 1er janvier 2006, le commissaire à l'exécution du plan est habilité à saisir le tribunal de cette action en vertu de l'article L. 624-6 dans la même rédaction (refus d'une application de l'article L. 651-3 aux procédures ouvertes avant le 1er janvier 2006) : ▪ Cass. com., 5 févr. 2008, n° 07-10.004 : *JurisData* n° 2008-042669 ; *D.* 2008, act. jurispr. p. 543, obs. A. Lienhard ; *JCP* 2008, I, 142, n° 15, obs. Ph. Pétel ; *Dr. sociétés* 2008, comm. 97, obs. J.-P. Legros ; *Act. proc. coll.* 5/2008, comm. 72, obs. C. Lebet. – Mais s'agissant d'un dirigeant convoqué aux fins de son audition en chambre du conseil après le 1er janvier 2006, le **délai de convocation** est celui de l'article R. 651-2 *(Rempl. à compter du 15 févr. 2009, D. n° 2009-160, 12 févr. 2009)* applicable aux procédures en cours en vertu de l'article 361 du décret du 28 décembre 2005 : ▪ Cass. com., 30 sept. 2008, n° 06-21.895 : *D.* 2008, act. jurispr. p. 2500, obs. A. Lienhard ; *D.* 2008, p. 2750, n° 2, obs. M.-L. Bélaval et R. Salomon ; *Dr. sociétés* 2008, comm. 250, obs. J.-P. Legros ; *BJS* 2009, note B. Rolland ; *Rev. proc. coll.* 2009, comm. 95, obs. A. Martin-Serf.

b) **Ancien article L. 624-4.** Le redressement ou la liquidation à titre personnel du dirigeant qui ne s'est pas acquitté de la condamnation à combler le passif ne peut plus être ouverte après le 1er janvier 2006 : ▪ Cass. com., 13 mars. 2007, n° 06-12.880 : *Bull. civ.* IV, n° 87 ; *JurisData* n° 2007-037934 ; *D.* 2007, p. 872, obs. A. Lienhard ; *Dr. sociétés* 2007, n° 114, note J.-P. Legros ; *BJS* 2007, p. 946, note O. Staes. ▪ Cass. com., 21 juin 2007, n° 06-18.045 : *Bull. civ.* IV, n° 172 ; *JurisData* n° 2007-039663 ; *D.* 2007, act. jurispr. p. 1876, obs. A. Lienhard ; *Dr. sociétés* 2007, n° 176, note J.-P. Legros.

Art. L. 651-3 ***(L. n° 2005-845, 26 juill. 2005 ; mod., Ord. n° 2008-1345, 18 déc. 2008 ; Ord. n° 2010-1512, 9 déc. 2010).*** **– Dans les cas prévus à l'article L. 651-2, le tribunal est saisi par le liquidateur ou le ministère public.**

Dans l'intérêt collectif des créanciers, le tribunal peut également être saisi par la majorité des créanciers nommés contrôleurs lorsque le liquidateur n'a pas engagé l'action prévue au même article, après une mise en demeure restée sans suite dans un délai et des conditions fixés par décret en Conseil d'État.

(Abr. à compter du 1er juillet 2014, Ord. n° 2014-326, 12 mars 2014).

Les dépens et frais irrépétibles auxquels a été condamné le dirigeant ou l'entrepreneur individuel à responsabilité limitée sont payés par priorité sur les sommes versées pour combler le passif.

Voir : C. com., art. R. 651-4, p. 2207.

Bibliographie : J.-P. Legros, *Qualité pour intenter une action visant à prononcer une sanction à l'encontre de dirigeants d'une entreprise défaillante : JCP* E 2004, p. 385.

1) Un **dirigeant**, condamné à supporter tout ou partie des dettes sociales, ne peut exercer, même à titre de garantie, l'action en comblement de passif contre d'autres dirigeants ▪ Cass. com., 19 avr. 1983 : *Bull. civ.* IV, n° 120. ▪ Cass. com., 6 juin 1995 : *Bull. civ.* IV, n° 168 ; *BJS* 1995, p. 986, note P. Le Cannu ; *RJDA* 1995, n° 903. ▪ Cass. com., 1er avr. 2003 : *RJDA* 2003, n° 752 ; il en va de même pour un dirigeant de fait : ▪ Cass. com., 20 avr. 2017, n° 15-23.600 : *JurisData* n° 2017-011244 ; *Dr. sociétés* 2017, comm. 150, note J.-P. Legros ; *Gaz. Pal.* 20 juin 2017, p. 69, obs. B. Dondéro. – Il ne peut davantage faire appel de la décision qui a refusé de condamner un autre dirigeant ▪ Cass. com., 18 févr. 1975 : *Bull. civ.* IV, n° 51.

2) Pour le refus de transmettre une QPC fondée sur l'impossibilité pour un créancier contrôleur seul d'agir en responsabilité pour insuffisance d'actif, V. ▪ Cass. com., 30 janv. 2018, n° 17-20.763 : *Rev. sociétés* 2018, p. 198.

3) L'action dans l'intérêt collectif des créanciers nommés contrôleurs, ne peut, en application de l'article R. 651-4 du Code de commerce être exercée qu'après une mise en demeure du liquidateur, adressée par au moins deux créanciers contrôleurs. L'intervention volontaire d'un créancier contrôleur au stade de l'instance, tandis que la mise en demeure a été adressée par un seul contrôleur, n'empêche pas l'irrecevabilité de l'action : ▪ Cass. com., 24 mai 2018, n° 17-10.005 (FS-P+B+I) : *JurisData* n° 2018-008601 ; *Act. proc. coll.* 2018, comm. 144, obs. P. Cagnoli ; *BJS* 2018, p. 430, note M.-H. Monsérié-Bon ; *Rev. sociétés* 2018, p. 539, note Ph. Roussel-Galle ; *Rev. proc. coll.* 2018, comm. 188, obs. J. Vallansan.

Art. L. 651-4 ***(Anc. art. L. 624-7, dénum., L. n° 2005-845, 26 juill. 2005 ; mod., L. n° 2005-845, 26 juill. 2005 ; Ord. n° 2010-1512, 9 déc. 2010 ; L. n° 2012-346, 12 mars 2012).*** **– Pour l'application des dispositions de l'article L. 651-2, d'office ou à la demande de l'une des personnes mentionnées à l'article L. 651-3, le président du tribunal peut charger le juge-commissaire ou, à défaut, un membre de la juridiction qu'il désigne d'obtenir, nonobstant toute disposition législative contraire, communication de tout document ou information sur la situation patrimoniale des dirigeants et des représentants permanents des dirigeants personnes morales mentionnées à l'article L. 651-1 ou encore sur les revenus et le patrimoine non affecté de l'entrepreneur individuel à responsabilité limitée de la part des administrations et organismes publics, des organismes de prévoyance et de sécurité sociale, des établissements de paiement,** ***(Mots aj. à compter du 1er janvier 2014, Ord. n° 2013-544, 27 juin 2013)*** **« , des sociétés de financement »,** ***(Mots aj., L. n° 2013-100, 28 janv. 2013)*** **« , des établissements de monnaie électronique » et des établissements de crédit.**

Le président du tribunal peut, dans les mêmes conditions, ordonner toute mesure conservatoire utile à l'égard des biens des dirigeants ou de leurs représentants visés à l'alinéa qui précède ou encore des biens de l'entrepreneur individuel à responsabilité limitée compris dans son patrimoine non affecté. Il peut maintenir la mesure conservatoire ordonnée à l'égard des biens du dirigeant de droit ou de fait en application de l'article L. 631-10-1.

Les dispositions du présent article sont également applicables aux personnes membres ou associées de la personne morale en procédure de sauvegarde, de redressement ou de liquidation judiciaire, lorsqu'elles sont responsables indéfiniment et solidairement de ses dettes.

Voir : C. com., art. R. 651-5, p. 2207.

Bibliographie : Ch. Delattre, *Les actes préparatoires à une action en responsabilité pour insuffisance d'actif (articles L. 651-4 et R. 651-5 du Code de commerce : Rev. proc. coll.* 2010, étude 2 ; *Portée de la saisie conservatoire des biens du dirigeant en application de l'article L. 651-4, alinéa 2, du Code de commerce : Rev. proc. coll.* 2013, étude 10. • G. Teboul, *La nouvelle loi sur les mesures conservatoires en matière de procédures collectives : une loi de circonstance ou une sanction préventive : LPA* 2 mars 2012, n° 45, p. 5. • C. Vincenti, *Le sort des associés indéfiniment responsables des dettes sociales : LPA* 17 févr. 2006, p. 52.

1) Caractère facultatif du rapport sur la situation patrimoniale du dirigeant : ▪ Cass. com., 24 sept. 2003, n° 01-00.477 : *D.* 2003, act. jurispr. p. 2440, note A. Lienhard.

2) Les mesures de l'article L. 651-4 du Code de commerce, servant à apprécier l'opportunité et l'étendue d'une mesure de sanction prononcée contre un dirigeant, ne peuvent être accomplies lorsque le dirigeant a d'ores et déjà été condamné à contribuer à l'insuffisance d'actif : ▪ CA Versailles, 15 avr. 2010 : *JurisData* n° 2010-005789 ; *JCP* E 2010, 1743, obs. J.-P. Legros.

3) La possibilité pour le président du tribunal d'ordonner toute mesure conservatoire utile à l'égard des biens des dirigeants ne viole pas les dispositions de l'article 1er du protocole additionnel de la Convention de sauvegarde des droits de l'homme et des libertés fondamentales : ▪ Cass. com., 31 mai 2011, n° 10-18.472 : *Bull. civ.* IV, n° 89 ; *JurisData* n° 2011-010301 ; *JCP* E 2011, 1737, comm. J.-P. Legros ; *D.* 2011, p. 1613, obs. A. Lienhard ; *Act. proc. coll.* 2011-13, comm. 194, obs. Ch. Delattre ; *Rev. sociétés* 2011, p. 522, obs. Ph. Roussel-Galle ; *Rev. proc. coll.* 2011, comm. 201, A. Martin-Serf ; *Dr. sociétés* 2011, comm. 210, obs. J.-P. Legros.

CHAPITRE II. – DE L'OBLIGATION AUX DETTES SOCIALES

Les dispositions de ce chapitre sont applicables aux procédures en cours au jour de l'entrée en vigueur [1er janv. 2006] de la loi n° 2005-845 du 26 juillet 2005, L. n° 2005-845, 26 juill. 2005art. 191 et jusqu'à l'entrée en vigueur [15 févr. 2009] de l'ordonnance n° 2008-1345 du 18 décembre 2008. Les actions fondées sur l'obligation aux dettes sociales ne peuvent plus être engagées à compter du 15 février 2009 mais celles déjà engagées à cette date se poursuivent, Ord. n° 2008-1345, 18 déc. 2008, art. 173.

1) Droit transitoire. Le juge d'appel peut prononcer une obligation aux dettes sociales après le 15 février 2009 lorsque la procédure en première instance a été engagée avant cette date, et ce même si la demande du liquidateur avait été rejetée par les premiers juges : ▪ CA Paris, 7 avr. 2009 :

JurisData n° 2009-004183 ; *Dr. sociétés* 2010, comm. 33, obs. J.-P. Legros ; *Act. proc. coll.* 2009, comm. 232.

2) Abrogation. L'abrogation, avec effet immédiat, de l'obligation aux dettes sociales, ne prive pas la personne morale débitrice d'une espérance légitime de créance, pouvant présenter le caractère d'un bien au sens de l'article 1er, al. 1er, du protocole additionnel à la Convention de sauvegarde des droits de l'homme et des libertés fondamentales : ▪ Cass. com., 17 mai 2011, n° 09-72.862 : *JurisData* n° 2011-009085 ; *D.* 2011, p. 1406, obs. A. Lienhard ; *BJE* 2011, n° 159, note Th. Favario.

Rédaction antérieure. Art. L. 652-1 *(abr., Ord. n° 2008-1345, 18 déc. 2008 ; L. n° 2005-845, 26 juill. 2005).* **–** Au cours d'une procédure de liquidation judiciaire, le tribunal peut décider de mettre à la charge de l'un des dirigeants de droit ou de fait d'une personne morale la totalité ou une partie des dettes de cette dernière lorsqu'il est établi, à l'encontre de ce dirigeant, que l'une des fautes ci-après a contribué à la cessation des paiements :

1° Avoir disposé des biens de la personne morale comme des siens propres ;

2° Sous le couvert de la personne morale masquant ses agissements, avoir fait des actes de commerce dans un intérêt personnel ;

3° Avoir fait des biens ou du crédit de la personne morale un usage contraire à l'intérêt de celle-ci à des fins personnelles ou pour favoriser une autre personne morale ou entreprise dans laquelle il était intéressé directement ou indirectement ;

4° Avoir poursuivi abusivement, dans un intérêt personnel, une exploitation déficitaire qui ne pouvait conduire qu'à la cessation des paiements de la personne morale ;

5° Avoir détourné ou dissimulé tout ou partie de l'actif ou frauduleusement augmenté le passif de la personne morale.

Dans les cas visés au présent article, il ne peut être fait application des dispositions de l'article L. 651-2.

Voir : C. com., art. R. 652-1, R. 652-2, p. 2208 et R. 661-1, p. 2209.

Bibliographie : P. Le Cannu, *Direction de fait et contrat avec la société dirigée : BJS* 1998, p. 5. • P. Gourdain, *Pratique de la nouvelle obligation aux dettes sociales : D.* 2007, p. 2245. • P.-M. Le Corre, *Les dispositions transitoires de la loi de sauvegarde, la suppression des extensions sanctions et l'application de l'obligation aux dettes sociales : D.* 2006, chron. p. 2737. • G. Teboul, *La poursuite abusive d'une exploitation déficitaire : LPA* 4 sept. 1999, p. 4.

1) Application aux procédures en cours. S'agissant d'une procédure en cours au 1er janvier 2006, est recevable en appel, bien que nouvelle, la demande de prise en charge des dettes sociales sur le fondement de l'article L. 651-2 nouveau du Code de commerce : ▪ CA Orléans, 23 mars 2006 : *D.* 2006, act. jurispr. p. 1600, obs. A. Lienhard ; *RJDA* 2006, n° 812. – Dans le même sens, ▪ CA Versailles, 7 déc. 2006 : *Gaz. Pal.* 19-20 janv. 2007, p. 50, obs. Th. Montéran. – Mais l'obligation aux dettes sociales ne peut alors être décidée qu'au cours d'une procédure de liquidation judiciaire : ▪ Cass. com., 17 mai 2011, n° 09-72.862 : *JurisData* n° 2011-009085 ; D. 2011, p. 1406, obs. A. Lienhard.

2) Non-cumul avec l'article L. 651-2. Saisis, postérieurement à la date d'entrée en vigueur de la loi du 26 juillet 2005, d'une demande tendant à ce qu'un dirigeant soit obligé aux dettes sociales sur le fondement de l'article L. 652-1, et d'une demande tendant à ce que ce même dirigeant soit condamné à supporter l'insuffisance d'actif sur le fondement de l'ancien article L. 624-3 *[art. L. 651-2]*, les juges doivent d'abord se prononcer sur le premier fondement, lequel, s'il est retenu, est exclusif du second fondement par application de l'article L. 652-1 *in fine*, et dispense donc les juges d'examiner la demande relative à l'insuffisance d'actif : ▪ CA Orléans, 16 févr. 2006 : *D.* 2006, act. jurispr. p. 1041, note A. Lienhard.

3) Dirigeant de fait. Nécessité d'une **immixtion** dans la gestion se traduisant par l'**exercice d'une activité positive de direction en toute indépendance** : ▪ Cass. com., 13 févr. 2007, n° 05-20.126 : *JurisData* n° 2007-037491 ; *D.* 2007, act. jurispr. p. 731, obs. A. Lienhard ; *Dr. sociétés* 2007, n° 95, note J.-P. Legros ; *BJS* 2007, p. 697, note A. Lecourt. – Sont insuffisants à établir la gestion de fait de l'ensemble d'une personne morale les actes accomplis relativement à la gestion d'un établissement secondaire en vertu de mandats donnés par le dirigeant de droit : même arrêt. Sur la notion de dirigeant de fait, sous C. com., art. L. 626-4, annot. n° 1, p. 2028 ; sous L. 651-2, bibliographie et annot. n° 1, p. 2094, sous L. 653-1, annot. n° 1, p. 2109, sous L. 654-1, annot. n° 1, p. 2115. – En droit des sociétés, sous C. com., art. L. 241-9, p. 572.

4) Faits incriminés. Un dirigeant **dispose des biens sociaux comme des siens propres** lorsqu'il effectue des prélèvements importants dans la caisse de la société : ▪ CA Paris, 2 nov. 1988 : *Rev. proc. coll.* 1989, p. 595, obs. Y. Chaput. – Même solution lorsqu'il vend à prix coûtant aux membres de sa famille des véhicules sociaux et fait prendre en charge par la société des dépenses personnelles : ▪ Cass. com., 14 oct. 1997 : *BJS* 1998, n° 56. – Lorsqu'un dirigeant est déclaré coupable d'**abus de biens sociaux**, sont établis les faits prévus à l'article L. 624-5, 3° *[art. L. 652-1, 3°]* du Code de commerce : ▪ Cass. com., 29 févr. 2000 : *RJDA* 2000, n° 580 ; *RTD com.* 2001, p. 239, obs. C. Mascala. – Le seul fait de ne pas s'opposer à la poursuite de l'activité n'est pas constitutif du fait de **poursuivre** abusivement **une exploitation déficitaire** dans un intérêt personnel : ▪ Cass. com., 25 juin 1996 : *JCP* E 1997, I, 623, n° 14, obs. Ph. Pétel ; *RJDA* 1996, n° 1546. – Constitue un **intérêt personnel** le seul fait, pour les dirigeants, de poursuivre abusivement l'exploitation d'une société : en vue de retarder la mise en œuvre des garanties personnelles qu'ils ont consenties aux créanciers sociaux : ▪ Cass. com., 8 oct. 1996 : *RJDA* 1997, n° 134. – Ou afin de continuer de percevoir une rémunération anormale ou importante : ▪ Cass. com., 9 déc. 1997 : *RJDA* 1998, n° 490. ▪ Cass. com., 12 juin 2001 : *RJDA* 2001, n° 1238.

Code de commerce

Rédaction antérieure. Art. L. 624-5 ***(Anc. L. n° 85-98, 25 janv. 1985 ; version en vigueur jusqu'au 1er janv. 2006, L. n° 2005-845, 26 juill. 2005, rempl. à compter du 1er janv. 2006).*** **–** I. – En cas de redressement judiciaire ou de liquidation judiciaire d'une personne morale, le tribunal peut ouvrir une procédure de redressement judiciaire ou de liquidation judiciaire à l'égard de tout dirigeant de droit ou de fait, rémunéré ou non, contre lequel peut être relevé un des faits ci-après :

1° Avoir disposé des biens de la personne morale comme des siens propres ;

2° Sous le couvert de la personne morale masquant ses agissements, avoir fait des actes de commerce dans un intérêt personnel ;

3° Avoir fait des biens ou du crédit de la personne morale un usage contraire à l'intérêt de celle-ci à des fins personnelles ou pour favoriser une autre personne morale ou entreprise dans laquelle il était intéressé directement ou indirectement ;

4° Avoir poursuivi abusivement, dans un intérêt personnel, une exploitation déficitaire qui ne pouvait conduire qu'à la cessation des paiements de la personne morale ;

5° Avoir tenu une comptabilité fictive ou fait disparaître des documents comptables de la personne morale ou s'être abstenu de tenir toute comptabilité conforme aux règles légales ;

6° Avoir détourné ou dissimulé tout ou partie de l'actif ou frauduleusement augmenté le passif de la personne morale ;

7° Avoir tenu une comptabilité manifestement incomplète ou irrégulière au regard des dispositions légales.

II. – En cas de redressement judiciaire ou de liquidation judiciaire prononcé en application du présent article, le passif comprend, outre le passif personnel, celui de la personne morale.

III. – La date de la cessation des paiements est celle fixée par le jugement d'ouverture du redressement judiciaire ou de la liquidation judiciaire de la personne morale.

IV. – L'action se prescrit par trois ans à compter du jugement qui arrête le plan de redressement de l'entreprise ou, à défaut, du jugement qui prononce la liquidation judiciaire.

Voir : les procédures ouvertes en vertu de l'article L. 624-5, dans sa rédaction antérieure à la loi n° 2005-845 du 26 juillet 2005, ne sont pas affectées par son entrée en vigueur, L. n° 2005-845, 26 juill. 2005art. 192.

1) Application de la loi du 26 juillet 2005.

a) **Principe.** L'article L. 624-5 du Code de commerce, dans sa rédaction antérieure à la loi du 26 juillet 2005, peut encore servir de fondement au prononcé d'une mesure de faillite personnelle ou d'une interdiction de gérer dans le cadre d'une procédure collective en cours au 1er janvier 2006 : ▪ Cass. com., 4 avr. 2006, n° 04-19.637 : *JurisData* n° 2006-033618 ; *Bull. civ.* IV, n° 92 ; *D.* 2006, act. jurispr. p. 1107, note A. Lienhard ; *Dr. sociétés* 2007, n° 48, note J.-P. Legros ; *Act. proc. coll.* 2006, n° 96, obs. C. Régnaut-Moutier ; *Rev. proc. coll.* 2007, p. 92, n° 17, obs. O. Barret. – Il en va ainsi quel que soit le mode de saisine du tribunal (saisine d'office) : ▪ Cass. com., 16 mai 2006, n° 05-16.668 : *JurisData* n° 2006-033618 ; *Bull. civ.* IV, n° 123 ; *D.* 2006, act. jurispr. p. 1449, obs. A. Lienhard ; *Dr. sociétés* 2007, n° 48, note J.-P. Legros. – La procédure collective ouverte contre le dirigeant, à titre de sanction, par une décision antérieure au 1er janvier 2006, fût-elle frappée de recours, reste régie par les dispositions du Code de commerce antérieures à la loi du 26 juillet 2005 : ▪ Cass. com., 4 janv. 2006, n° 04-19.868 : *JurisData* n° 2006-031494 ; *Bull. civ.* IV, n° 1 ; *JCP* E 2006, n° 1570, p. 675, note J.-P. Legros ; *Dr. sociétés* 2006, n° 57, note J.-P. Legros ; *D.* 2006, p. 142, obs. A. Lienhard ; *Act. proc. coll.* 2006, comm. 20, obs. C. Regnaut-Moutier ; *RJ com.* 2006, p. 55, note J.-P. Sortais. ▪ Cass. com., 27 nov. 2007, n° 06-19.076 : *JurisData* n° 2007-041656 ; *Dr. sociétés* 2008, n° 30, note J.-P. Legros ; *Procédures* 2008, n° 18, note B. Roland. – Sur l'application de l'article L. 624-5 du Code de commerce à la Polynésie française, et au contrôle de sa constitutionnalité, V. ▪ Cons. const., 7 oct. 2015, n° 2015-487 QPC : *JurisData* n° 2015-022147 ; *Dr. sociétés* 2015, comm. 219, note J.-P. Legros ; *Act. proc. coll.* 2015, alerte 299, note A. Cerf-Hollender.

b) **Illustrations.** Il résulte de la combinaison des articles L. 625-4 et L. 625-8 anciens, qu'une mesure d'interdiction de gérer peut être prononcée à la place de la faillite personnelle pour l'un des actes visés par l'article L. 624-5 ancien. Cette mesure peut donc être appliquée au titre d'une comptabilité incomplète ou irrégulière, puisqu'il s'agit de l'un des actes visés par l'article L. 624-5 7° ancien : ▪ Cass. com., 4 avr. 2006, préc. – Les sanctions engagées sur le fondement de l'article L. 624-5 du Code de commerce, dans sa rédaction antérieure à la loi du 26 juillet 2005, ne peuvent plus être poursuivies si la procédure collective n'a pas été ouverte avant le 1er janvier 2006 : ▪ Cass. com., 7 mars 2006, n° 04-20.252 : *Bull. civ.* IV, n° 60 ; *Dr. sociétés* 2006, n° 88, note J.-P. Legros ; *D.* 2006, act. jurispr. p. 856, obs. A. Lienhard ; *JCP* 2006, I, 185, obs. M. Cabrillac et Ph. Pétel ; *D.* 2006, act. jurispr. p. 142, obs. A. Lienhard ; *RJ com.* 2006, p. 55, note J.-P. Sortais ; *Defrénois* 2006, art. 38407, p. 931, obs. D. Gibirila. – Dans le même sens, ▪ Cass. com., 13 févr. 2007, n° 05-20.126 : *JurisData* n° 2007-037491 ; *D.* 2007, act. jurispr. p. 731, obs. A. Lienhard ; *Dr. sociétés* 2007, n° 95, note J.-P. Legros ; *BJS* 2007, p. 697, note A. Lecourt. ▪ Cass. com., 27 févr. 2007, n° 05-22.036 : *JurisData* n° 2007-037856 ; *Dr. sociétés* 2007, n° 95, note J.-P. Legros. – Dès lors, le pourvoi en cassation formé par le liquidateur contre la décision infirmant, avant le 1er janvier 2006, la procédure collective ouverte contre le dirigeant est devenu sans objet : ▪ Cass. com., 7 mars 2006, préc.

2) Dirigeant décédé. Une procédure collective peut être ouverte contre un dirigeant décédé, dès lors que le tribunal est saisi dans les conditions de l'article L. 624-5 dans le délai d'un an à compter du décès. L'indivision successorale n'ayant pas la personnalité morale, seule peut être ouverte la procédure collective du dirigeant décédé : ▪ Cass. com., 21 juin 2005, n° 04-13.850 : *Bull. civ.* IV, n° 136 ; *JCP* E 2005, p. 1936, note G. Maitre ; *JCP* 2006, II, 10025, note D. Labarthette ; *Dr. sociétés* 2005, n° 177, note J.-P. Legros ; *D.* 2005, act. jurispr. p. 1848, obs. A. Lienhard ; *Act. proc. coll.* 2005, n° 196, obs. B. Saintourens ; *RJ com.* 2005, p. 440, note J.-P. Sortais ; *Rev. sociétés* 2006, p. 416, note Ph. Roussel-Galle (2e esp.). – En cas de décès en cours d'instance du dirigeant poursuivi sur le fondement de l'article L. 624-5 du Code de commerce, l'action, qui ne se trouve pas éteinte, doit être poursuivie à son égard, les héritiers étant appelés en la cause : ▪ Cass. com., 21 juin 2005, n° 04-12.281 : *Bull. civ.* IV, n° 135 ; *BJS* 2006, n° 36 ; *D.* 2005, act. jurispr. p. 1849, obs. A. Lienhard ; *Rev. sociétés* 2006, p. 416, note Ph. Roussel-Galle (1re esp.).

3) Date de prise des fonctions du dirigeant. Une procédure de liquidation judiciaire peut être ouverte à l'encontre du dirigeant d'une société contre lequel est relevé l'un des faits énumérés à l'article L. 624-5 du Code de commerce, dans sa rédaction antérieure à la loi du 26 juillet 2005 de sauvegarde des entreprises, dès lors que ces faits sont antérieurs à l'ouverture de la procédure collective de la société, peu important qu'il ait pris ses fonctions postérieurement à la date de cessation des paiements retenue pour la société : ▪ Cass. com., 17 févr. 2009, n° 07-20.903 : *Bull. civ.* IV, n° 903 ; *JurisData* n° 2009-047108 ; *D.* 2009, p. 727, obs. A. Lienhard ; *JCP* E 2009, 1316 ; *Dr. sociétés* 2009, comm. 81, obs. J.-P. Legros.

4) La décision qui arrête le plan de redressement d'une personne morale ne fait pas obstacle à l'ouverture d'une procédure collective à l'égard d'un dirigeant sur le fondement de l'article L. 624-5 du Code de commerce, **l'insuffisance d'actif** n'étant **pas une condition d'application** de ce texte : ▪ Cass. com., 7 juin 2005, n° 03-11.229 : *Bull. civ.* IV, n° 126 ; *JCP* E 2005, p. 1427, obs. Ph. Pétel ; *ibid.*, p. 1582, note A. Cérati-Gauthier ; *D.* 2005, act. jurispr. p. 1697, obs. A. Lienhard ; *Act. proc. coll.* 2005, n° 161, obs. J. Vallansan ; *Rev. sociétés* 2005, p. 906, note P.-M. Le Corre.

5) Comportements répréhensibles. Le défaut de remise de la comptabilité, comme le défaut de remise de la liste des créanciers, ne sont pas des faits de nature à justifier le prononcé de la faillite personnelle : ▪ Cass. com., 27 févr. 2007, n° 05-21.795 : *JurisData* n° 2007-037788 ; *JCP* E 2007, 2401, note Ch. Delattre ; *D.* 2007, act. jurispr. p. 1021, obs. A. Lienhard ; *Dr. sociétés* 2007, n° 133, note J.-P. Legros. – Comp. désormais C. com., art. L. 653-5, 5°.

6) Date de cessation des paiements unique. La procédure collective, dont un dirigeant de société peut être l'objet en application de l'article L. 624-5, étant subordonnée à l'ouverture préalable d'une telle procédure à l'égard de la société elle-même, la date de cessation des paiements du dirigeant est celle fixée à l'égard de la personne morale : ▪ Cass. com., 27 nov. 2007, préc., annot. n° 1, p. 2105. – En application de l'article L. 624-5 du Code de commerce, il ne peut être fixé qu'une seule date de cessation des paiements du dirigeant commun de plusieurs personnes morales soumises chacune à une procédure collective indépendante, cette date étant nécessairement la plus ancienne : ▪ Cass. com., 4 févr. 2003, n° 99-21.554 : *D.* 2003, act. jurispr. p. 555, obs. A. Lienhard.

7) La **liquidation judiciaire immédiate** du dirigeant ne peut être prononcée, hors le cas d'extension à son encontre de la liquidation judiciaire de la personne morale, que si son redressement personnel est manifestement impossible : ▪ Cass. com., 4 avr. 2006, n° 05-13.277 : *Bull. civ.* IV, n° 91 ; *D.* 2006, act. jurispr. p. 1106, obs. A. Lienhard ; *Dr. sociétés* 2006, n° 161, note J.-P. Legros.

8) Composition du passif commun. En application de l'article L. 624-5, II [art. L. 652-1], le passif mis à la charge du dirigeant comprend, outre son passif personnel, celui de la personne morale : ▪ Cass. com., 2 mars 1999 : *RJDA* 1999, n° 455 ; *JCP* E 1999, p. 1536, obs. Ph. Pétel ; *ibid.* p. 1587, obs. Ph. Delebecque ; *D.* 1999, somm. 301, obs. S. Piédelièvre. – Le dirigeant est irrecevable à contester une créance admise de plein droit au passif de sa procédure, dès lors qu'il a déjà contesté vainement l'admission de cette créance au passif de la personne morale qu'il dirigeait : ▪ Cass. com., 4 avr. 2006, n° 05-12.248 : *Bull. civ.* IV, n° 90 ; *D.* 2006, act. jurispr. p. 1167, obs. A. Lienhard ; *Dr. sociétés* 2006, n° 124, note J.-P. Legros ; *RTD com.* 2006, p. 660, obs. A. Martin-Serf.

Art. L. 652-2 à L. 652-5 *(Abr., Ord. n° 2008-1345, 18 déc. 2008).*

Code de commerce

Rédaction antérieure. Art. L. 652-2 *(L. n° 2005-845, 26 juill. 2005).* – En cas de pluralité de dirigeants responsables, le tribunal tient compte de la faute de chacun pour déterminer la part des dettes sociales mises à sa charge. Par décision motivée, il peut les déclarer solidairement responsables.

Rédaction antérieure. Art. L. 652-3 *(L. n° 2005-845, 26 juill. 2005).* – Les sommes recouvrées sont affectées au désintéressement des créanciers selon l'ordre de leurs sûretés.

Rédaction antérieure. Art. L. 652-4 *(L. n° 2005-845, 26 juill. 2005).* – L'action se prescrit par trois ans à compter du jugement qui prononce la liquidation judiciaire.

Point de départ du délai de prescription. La prescription de l'article L. 624-5 *[art. L. 652-1]* du Code de commerce commence à courir à la date du jugement prononçant la liquidation judiciaire de la société, et non à compter du jour où cette décision est passée en force de chose jugée : ▪ Cass. com., 13 mai 2003 : *Bull. civ.* IV, n° 79 ; *JCP* E 2003, n° 41, p. 1630, note J.-P. Legros ; *BJS* 2003, p. 907, note Ph. Pétel ; *RTD com.* 2003, p. 823, note J.-L. Vallens. – Dès lors que la demande d'obligation aux dettes sociales a été formée le 12 février 2009, tandis que la liquidation judiciaire avait été prononcée le 21 novembre 2003, cette action, qui se prescrit par trois ans à compter du jugement qui prononce la liquidation judiciaire, était prescrite : *JurisData* n° 2011-003134 ; *Dr. sociétés* 2011, comm. 98, note J.-P. Legros ; ▪ Cass. com., 8 mars 2011, n° 09-70.714 : *Bull. civ.* IV, n° 34 ; *D.* 2011, p. 744, obs. A. Lienhard ; *Act. proc. coll.* 2011, n° 123, obs. C. Régnaut-Moutier.

Rédaction antérieure. Art. L. 652-5 *(L. n° 2005-845, 26 juill. 2005).* – Les dispositions des articles L. 651-3 et L. 651-4 sont applicables à l'action prévue au présent chapitre.

CHAPITRE III. – DE LA FAILLITE PERSONNELLE ET DES AUTRES MESURES D'INTERDICTION

Bibliographie : J.-F. Barbièri, *La poursuite abusive d'une exploitation déficitaire : Journ. soc.* avr. 2011, p. 42 et s. ● Ch. Delattre, *Pas de sanction civile par le tribunal de la procédure collective pour un avocat en liquidation judiciaire : Rev. proc. coll.* 2011, étude 28. ● H. Matsopoulou, *Réflexions sur la faillite personnelle et l'interdiction de gérer : D.* 2007, p. 104. ● Th. Montéran, *Principe de nécessité et sanctions commerciales : Gaz. Pal.* 10 juill. 2018, n° 25, p. 45. ● P. Schultz, *La faillite personnelle après la loi du 26 juillet 2005 sur la sauvegarde de l'entreprise : Rev. proc. coll.* 2005, p. 299. ● *Adde* A. Martin-Serf, *JCl. Sociétés traité*, Fasc. 41-80.

Art. L. 653-1 ***(Anc. art. L. 625-1, dénum. et rempl., L. n° 2005-845, 26 juill. 2005 ; mod., Ord. n° 2008-1345, 18 déc. 2008 ; L. n° 2016-1547, 18 nov. 2016).*** **– I. – Lorsqu'une procédure de redressement judiciaire ou de liquidation judiciaire est ouverte, les dispositions du présent chapitre sont applicables :**

1° Aux personnes physiques exerçant une activité commerciale ou artisanale, aux agriculteurs et à toute autre personne physique exerçant une activité professionnelle indépendante y compris une profession libérale soumise à un statut législatif ou réglementaire ou dont le titre est protégé ;

2° Aux personnes physiques, dirigeants de droit ou de fait de personnes morales ;

3° Aux personnes physiques, représentants permanents de personnes morales, dirigeants des personnes morales définies au 2°.

Ces mêmes dispositions ne sont pas applicables aux personnes physiques ou dirigeants de personne morale, exerçant une activité professionnelle indépendante et, à ce titre, soumises à des règles disciplinaires.

II. – Les actions prévues par le présent chapitre se prescrivent par trois ans à compter du jugement qui prononce l'ouverture de la procédure mentionnée au I. Toutefois, la prescription de l'action prévue à l'article L. 653-6 ne court qu'à compter de la date à laquelle la décision rendue en application de l'article L. 651-2 a acquis force de chose jugée.

1) Dirigeant de fait. Nécessité d'établir l'exercice en toute indépendance d'une activité positive de direction : ▪ Cass. com., 4 janv. 2005 : *JurisData* n° 2005-029968 ; *Dr. sociétés* 2005, n° 195 (1re esp.), note J.-P. Legros. – Tel est le cas de l'ancien entrepreneur individuel qui a créé une société dont il assure seul la gestion et dont il règle les fournisseurs sur ses derniers personnels : ▪ Cass. com., 28 oct. 2008, n° 07-16779 : *JurisData* n° 2008-045600 ; *BRDA* 22/2008, inf. n° 5, p. 3 ; *Act. proc. coll.* 19/2008, comm. 304 ; *Dr. sociétés* 2009, comm. 39, obs. J.-P. Legros. – Mais cela ne peut résulter du rôle d'un individu dans la création de la société : même arrêt. – Ni d'un contrat de travail fictif : ▪ Cass. com., 24 mai 2005 : *JurisData* n° 2005-028605 ; *Dr. sociétés* 2005, n° 195 (2e esp.), note J.-P. Legros. – Ni de la détention de la signature bancaire par un salarié et de négociations menées par celui-ci avec l'administration fiscale : ▪ Cass. com., 13 févr. 2007, n° 05-17.987 : *JurisData* n° 2007-037545 ; *Dr. sociétés* 2007, n° 194, note J.-P. Legros.

Sur la notion de dirigeant de fait : en droit des procédures collectives, C. com., art. L. 626-4, annot. n° 1, p. 2028, art. L. 651-2, bibliographie et annot. n° 1, p. 2094, , art. L. 652-1, annot. n° 4, p. 2105, et art. L. 654-1, annot. n° 1, p. 2115. – En droit des sociétés, sous C. com., art. L. 241-9, p. 572.

2) Personne morale dirigée. L'article L. 653-1 du Code de commerce ne subordonne pas le prononcé d'une faillite personnelle ou d'une interdiction de gérer à la condition que la personne morale dirigée ait eu une activité effective : ▪ Cass. com., 11 avr. 2018, n° 16-24.312 : *Gaz. Pal.* 10 juill. 2018, p. 63, note T. Montéran ; *BJS* 2018, p. 439, note K. Luciano ; *RJDA* 7/2018, n° 595.

3) Droit transitoire. Il résulte des articles 190 et 191 de la loi du 26 juillet 2005 que le chapitre III du titre V du livre VI du Code de commerce, relatif à la faillite personnelle et aux autres mesures d'interdiction, à l'exception des articles L. 653-7 et L. 653-11, n'est pas applicable aux procédures collectives en cours au 1er janvier 2006. Dès lors, les dispositions de l'article L. 653-1, II du Code de commerce prévoyant un délai de trois ans ne sont pas applicables au prononcé, par une juridiction non répressive, d'une mesure d'intérêt public, telle la faillite personnelle, à l'occasion d'une procédure ouverte antérieurement au 1er janvier 2006 : ▪ Cass. com., 16 oct. 2007, n° 06-10.805 : *JurisData* n° 2006-040841 ; *JCP* G 2007, act. 498, D. Cholet ; *JCP* G 2008, I, 117, n° 18, obs. Ph. Pétel ; *D.* 2007, p. 2666, obs. A. Lienhard ; *Dr. sociétés* 2008, n° 7, note J.-P. Legros ; *Rev. Lamy dr. aff.* 2008, n° 1447, note H. Guyader ; *Rev. proc. coll.* 2008, étude 8, p. 48, note Ch. Delattre ; *Rev. sociétés* 2008, p. 174, note Ph. Roussel-Galle. – Sur le délai d'action retenu en application de l'ancien article L. 625-1 : V. ▪ Cass. com., 22 oct. 1996 : *Bull. civ.* IV, n° 250 ; *D.* 1997, somm. 79, obs. A. Honorat ; *BJS* 1996, p. 1066, note J.-M. Calendini : La faillite personnelle ou l'interdiction de gérer peut être prononcée dès lors que le tribunal a été saisi ou s'est saisi d'office en vue de l'application d'une sanction personnelle avant la clôture de la procédure collective par une décision passée en force de chose jugée. – L'article L. 653-2 du Code de commerce, substitué par la loi du 26 juillet 2005 à l'ancien article L. 625-2 du même code, en ajoutant l'interdiction de gérer « toute entreprise ayant toute autre activité indépendante », a eu pour effet d'étendre le champ d'application de l'incrimination réprimant la violation de cette interdiction et constitue ainsi une disposition plus sévère : ▪ Cass. crim., 17 févr. 2016, n° 14-83.663, FS-P+B : *JurisData* n° 2016-002526 ; *Rev. proc. coll.* 2016, comm. 96, note A. Martin-Serf ; *BJE* 2016, p. 279, note M.-Ch. Sordino.

4) Prescription. Il résulte de l'article L. 653-1, II, du Code de commerce que les actions engagées aux fins de voir prononcer la faillite personnelle ou l'interdiction de gérer se prescrivent par trois ans à compter du jugement qui ouvre la procédure de redressement judiciaire ou de liquidation judiciaire, et non de celui qui, le cas échéant, convertit la procédure de redressement judiciaire en liquidation judiciaire : ▪ Cass. com., 4 nov. 2014, n° 13-24.028 (F+P+B) : *D.* 2014, p. 2294.

Art. L. 653-2 ***(Anc. art. L. 625-2, dénum., L. n° 2005-845, 26 juill. 2005).*** **– La faillite personnelle emporte interdiction de diriger, gérer, administrer ou contrôler, directement ou indirectement, toute entreprise commerciale ou artisanale, toute exploitation agricole ou toute entreprise ayant toute autre activité indépendante et toute personne morale.**

Art. L. 653-3 ***(Anc. art. L. 625-3, dénum., L. n° 2005-845, 26 juill. 2005 ; mod., Ord. n° 2010-1512, 9 déc. 2010).*** **– I. – Le tribunal peut prononcer la faillite personnelle de toute personne mentionnée au 1° du I de l'article L. 653-1, sous réserve des exceptions prévues au dernier alinéa du I du même article, contre laquelle a été relevé l'un des faits ci-après :**

1° Avoir poursuivi abusivement une exploitation déficitaire qui ne pouvait conduire qu'à la cessation des paiements ;

2° ***[vacant]*** **;**

3° Avoir détourné ou dissimulé tout ou partie de son actif ou frauduleusement augmenté son passif.

II. – Peuvent en outre, sous la même réserve, être retenus à l'encontre d'un entrepreneur individuel à responsabilité limitée les faits ci-après :

1° ***(1° abr., L. n° 2019-486, 22 mai 2019) ;***

2° Sous le couvert de l'activité visée par la procédure masquant ses agissements, avoir fait des actes de commerce dans un intérêt autre que celui de cette activité ;

3° Avoir fait des biens ou du crédit de l'entreprise visée par la procédure un usage contraire à l'intérêt de celle-ci à des fins personnelles ou pour favoriser une personne morale ou entreprise dans laquelle il était intéressé directement ou indirectement.

L'augmentation frauduleuse du passif peut être retenue suite à la soustraction volontaire d'une société à l'impôt en France, ce dont il résulte un redressement fiscal ayant entraîné une augmentation des charges de la société et la cessation de ses paiements : ▪ Cass. com., 29 avr. 2014, n° 13-12.563, PB.

Art. L. 653-4 *(Anc. art. L. 625-4, dénum. et rempl., L. n° 2005-845, 26 juill. 2005 ; rempl., Ord. n° 2008-1345, 18 déc. 2008).* – **Le tribunal peut prononcer la faillite personnelle de tout dirigeant, de droit ou de fait, d'une personne morale, contre lequel a été relevé l'un des faits ci-après :**

1° Avoir disposé des biens de la personne morale comme des siens propres ;

2° Sous le couvert de la personne morale masquant ses agissements, avoir fait des actes de commerce dans un intérêt personnel ;

3° Avoir fait des biens ou du crédit de la personne morale un usage contraire à l'intérêt de celle-ci à des fins personnelles ou pour favoriser une autre personne morale ou entreprise dans laquelle il était intéressé directement ou indirectement ;

4° Avoir poursuivi abusivement, dans un intérêt personnel, une exploitation déficitaire qui ne pouvait conduire qu'à la cessation des paiements de la personne morale ;

5° Avoir détourné ou dissimulé tout ou partie de l'actif ou frauduleusement augmenté le passif de la personne morale.

Voir : C. com., art. R. 653-1, R. 653-3 et R. 661-1, p. 2208.

Bibliographie : J. Heinich, *Les dirigeants de fait : du neuf dans de l'ancien : RJ com.* 2018, p. 373.

1) Le **dirigeant régulièrement nommé** relève de l'article L. 625-4 *[art. L. 653-4]* du Code de commerce, même s'il n'a été qu'un **homme de paille** ayant servi de prête-nom au maître de l'affaire : ▪ Cass. com., 12 nov. 1991 : *Bull. civ.* IV, n° 338 ; *JCP* E 1992, I, 138, n° 22, obs. Ph. Pétel.

2) Comportements répréhensibles. Seuls des faits antérieurs au jugement d'ouverture de la procédure collective peuvent justifier le prononcé de la faillite personnelle : ▪ Cass. com., 17 oct. 2000 : *Act. proc. coll.* 2000, n° 252 ; *LPA* 30 mai 2001, p. 27, note D. Gibirila. ▪ Cass. com., 11 déc. 2012, n° 11-22.436 : *JurisData* n° 2012-029306 ; *Gaz. Pal.* Rec. 2013, 1er sem., jurispr. p. 1716, note T. Montéran ; *BJS* 2013, § 120, p. 273, note E. Mouial Bassilina ; *Dr. sociétés* 2013, comm. 211, J.-P. Legros.

3) Poursuite abusive d'une activité déficitaire. Nécessité de caractériser l'intérêt personnel du dirigeant poursuivi : ▪ Cass. com., 3 mai 2011, n° 10-16.709 : *JurisData* n° 2011-007761 ; *Dr. sociétés* 2012, comm. 31, J.-P. Legros.

4) Une **augmentation frauduleuse du passif** est constituée lorsqu'une fraude fiscale a été suivie d'un redressement fiscal, qui a entraîné une augmentation des charges de la société et la cessation des paiements : ▪ Cass. com., 29 avr. 2014, n° 13-12.563 : *JurisData* n° 2014-008583 ; *BJE* 2014, p. 316, note L. Lemesle ; *D.* 2014, p. 1572, obs. C. Mascala ; *Rev. sociétés* 2014, p. 404, obs. Ph. Roussel-Galle.

Art. L. 653-5 *(L. n° 2005-845, 26 juill. 2005).* – **Le tribunal peut prononcer la faillite personnelle de toute personne mentionnée à l'article L. 653-1 contre laquelle a été relevé l'un des faits ci-après :**

1° Avoir exercé une activité commerciale, artisanale ou agricole ou une fonction de direction ou d'administration d'une personne morale contrairement à une interdiction prévue par la loi ;

2° Avoir, dans l'intention d'éviter ou de retarder l'ouverture de la procédure de redressement judiciaire ou de liquidation judiciaire, fait des achats en vue d'une revente au-dessous du cours ou employé des moyens ruineux pour se procurer des fonds ;

3° Avoir souscrit, pour le compte d'autrui, sans contrepartie, des engagements jugés trop importants au moment de leur conclusion, eu égard à la situation de l'entreprise ou de la personne morale ;

4° Avoir payé ou fait payer, après cessation des paiements et en connaissance de cause de celle-ci, un créancier au préjudice des autres créanciers ;

5° Avoir, en s'abstenant volontairement de coopérer avec les organes de la procédure, fait obstacle à son bon déroulement ;

6° Avoir fait disparaître des documents comptables, ne pas avoir tenu de comptabilité lorsque les textes applicables en font obligation, ou avoir tenu une comptabilité fictive, manifestement incomplète ou irrégulière au regard des dispositions applicables ;

7° ***(Créé à compter du 1er juillet 2014, Ord. n° 2014-326, 12 mars 2014)*** **Avoir déclaré sciemment, au nom d'un créancier, une créance supposée.**

Voir : C. com., art. R. 653-1, R. 653-3 et R. 661-1, p. 2208.

1) Lorsque plusieurs comportements répréhensibles peuvent être recensés par les juges, chacun d'eux doit être légalement justifié. Doit donc être cassé l'arrêt qui retient l'absence de tenue d'une comptabilité régulière sans s'expliquer sur la qualité de commerçant du débiteur, qui était en l'espèce contestée et qui était une condition nécessaire de l'imputation de la faute invoquée : ▪ Cass. com., 1er déc. 2009, n° 08-17.187 : *Bull. civ.* IV, n° 155 ; *JurisData* n° 2009-50595 ; *JCP* E 2009, 2172 ; *JCP* E 2010, 1115, obs. Ch. Lebel ; *JCP* G 2009, act. 564, obs. Th. Mastrullo ; *ibid.* 2010, 55, note Ph. Roussel-Galle ; *Rev. proc. coll.* 2010, p. 13, obs. Fl. Petit ; *LPA* 18 févr. 2010, p. 8, note G. Teboul ; *BJS* 2010, note P.-M. Le Corre.

2) À défaut de remise au liquidateur judiciaire des documents légaux, en l'espèce la liste des créanciers et la comptabilité, la remise d'une attestation d'un cabinet d'expert-comptable ne suffit pas à établir que les exigences de comptabilité ont été remplies, ce qui justifie le prononcé d'une faillite personnelle du dirigeant de la société en liquidation : ▪ CA Paris, 3 juill. 2008 : *JurisData* n° 2008-367520 ; *JCP* E 2008, 2334, comm. Ch. Delattre.

3) L'article L. 653-6, 5° du Code de commerce n'exige pas que soit établie l'intention de l'intéressé d'entraver la procédure : ▪ Cass. com., 16 sept. 2014, n° 13-10.514 : *BJE* 2014, p. 379, note J. Lasserre-Capdeville.

4) ▪ Cons. const., 29 sept. 2016, n° 2016-570 QPC : *JurisData* n° 2016-020577 : retient la conformité à la Constitution de l'article L. 653-5 6 du Code de commerce, en dépit de l'existence de dispositions analogues à l'article L. 654-2 5° du Code de commerce, car les sanctions pouvant être prononcées sont de nature différente. V. notes citées sous C. com., art. L. 654-6, annot. n° 4, p. 2119.

5) Lorsque le juge répressif a placé un dirigeant sous contrôle judiciaire avec interdiction de gérer toute personne morale, celui-ci, après la mise en liquidation judiciaire de sa société, n'est pas déchargé de son obligation de coopérer avec les organes de la procédure collective, et peut donc être l'objet d'une faillite personnelle pour les faits prévus à l'article L. 653-5, 5° du Code de commerce : ▪ Cass. com., 11 avr. 2018, n° 16-24.312 : *Gaz. Pal.* 10 juill. 2018, p. 63, note T. Montéran ; *BJS* 2018, p. 439, note K. Luciano ; *RJDA* 7/2018, n° 595.

Art. L. 653-6 *(Anc. art. L. 625-6, dénum., L. n° 2005-845, 26 juill. 2005).* – **Le tribunal peut prononcer la faillite personnelle du dirigeant de la personne morale** ***(Mots rempl., Ord. n° 2010-1512, 9 déc. 2010)*** **« ou de l'entrepreneur individuel à responsabilité limitée qui n'ont pas acquitté les dettes mises à leur charge en application de l'article L. 651-2 ».**

Voir : C. com., art. R. 653-1, R. 653-3 et R. 661-1, p. 2208.

Bibliographie : Ch. Delattre, *La sanction du non-paiement d'une condamnation au titre de la responsabilité pour insuffisance d'actif : Rev. proc. coll.* 2012, étude 42.

Art. L. 653-7 *(L. n° 2005-845, 26 juill. 2005).* – **Dans les cas prévus aux articles L. 653-3 à L. 653-6 et L. 653-8, le tribunal est saisi par le mandataire judiciaire, le liquidateur ou le ministère public.**

Dans l'intérêt collectif des créanciers, le tribunal peut également être saisi à toute époque de la procédure par la majorité des créanciers nommés contrôleurs lorsque le mandataire de justice ayant qualité pour agir n'a pas engagé les actions prévues aux mêmes articles, après une mise en demeure restée sans suite dans un délai et des conditions fixés par décret en Conseil d'État.

(Abr. à compter du 1er juillet 2014, Ord. n° 2014-326, 12 mars 2014).

Voir : C. com., art. R. 653-2, p. 2208.

L'article L. 653-7 est applicable aux procédures en cours au jour de l'entrée en vigueur [1er janv. 2006] de la loi n° 2005-845 du 26 juillet 2005, L. n° 2005-845, 26 juill. 2005, art. 191.

Art. L. 653-8 *(Anc. art. L. 625-8, dénum. et mod., L. n° 2005-845, 26 juill. 2005 ; Ord. n° 2008-1345, 18 déc. 2008).* **– Dans les cas prévus aux articles L. 653-3 à L. 653-6, le tribunal peut prononcer, à la place de la faillite personnelle, l'interdiction de diriger, gérer, administrer ou contrôler, directement ou indirectement, soit toute entreprise commerciale ou artisanale, toute exploitation agricole et toute personne morale, soit une ou plusieurs de celles-ci.**

L'interdiction mentionnée au premier alinéa peut également être prononcée à l'encontre de toute personne mentionnée à l'article L. 653-1 qui, de mauvaise foi, n'aura pas remis au mandataire judiciaire, à l'administrateur ou au liquidateur les renseignements qu'il est tenu de lui communiquer en application de l'article L. 622-6 dans le mois suivant le jugement d'ouverture *(Mots aj. à compter du 1er juillet 2014, Ord. n° 2014-326, 12 mars 2014)* **« ou qui aura, sciemment, manqué à l'obligation d'information prévue par le second alinéa de l'article L. 622-22 ».**

Elle peut également être prononcée à l'encontre de toute personne mentionnée à l'article L. 653-1 qui a omis *(Mot aj., L. n° 2015-990, 6 août 2015)* **« sciemment » de demander l'ouverture d'une procédure de redressement ou de liquidation judiciaire dans le délai de quarante-cinq jours à compter de la cessation des paiements, sans avoir, par ailleurs, demandé l'ouverture d'une procédure de conciliation.**

Voir : C. com., art. R. 653-1, al. 2, R. 653-3 et R. 661-1, p. 2208 ; C. com., art. L. 128-1 à L. 128-5 (fichier national des interdits de gérer).

Bibliographie : Ch. Delattre, *Le statut d'autoentrepreneur permet-il de gérer nonobstant une interdiction de gérer ? : JCP* E 2012, 1069 (sur la Rép. min. n° 107215 : *JOAN* Q 20 sept. 2011, p. 10061) ; *« Beau temps » pour le dirigeant incompétent ! : Rev. proc. coll.* 2015, étude 19. • J. Lasserre-Capdeville, *Évolution légale de l'interdiction de gérer : BJE* 2016, p. 75. • J.-P. Legros, *Faillite personnelle : interdiction de gérer : Dr. sociétés* 2015, comm. 201. • A. Martin-Serf, *Création d'un fichier national des interdictions de gérer. Loi Warsmann II du 22 mars 2012 : Rev. proc. coll.* 2012, comm. 114 ; *Interdiction de gérer, Loi Macron du 6 août 2015 : Rev. proc. coll.* 2016, comm. 193.

1) Obligation de déclarer la cessation des paiements. L'obligation de déclarer la cessation des paiements pèse sur le **dirigeant de fait** alors même qu'il n'a pas reçu pouvoir spécial pour déclarer la cessation des paiements de la société : ▪ Cass. com., 6 janv. 1998 : *Bull. civ.* IV, n° 6 ; *JCP* 1998, II, 10068, note J.-J. Daigre ; *D. affaires* 1998, p. 158, obs. A. Lienhard. – Les **membres d'un conseil d'administration,** qui n'allèguent pas avoir agi au sein du conseil en vue de la déclaration de cessation des paiements, entrent dans le champ d'application de l'article 192 *[C. com., art. L. 653-8]* : ▪ Cass. com., 9 juin 1992 : *Dr. sociétés* 1992, n° 203, obs. Y. Chaput. ▪ Cass. com., 7 juill. 1998 : *D. affaires* 1998, p. 1536, obs. A. Lienhard ; *BJS* 1998, p. 1297, note P. Le Cannu.

2) Date de cessation des paiements. Manque de base légale l'arrêt qui retient une date de cessation des paiements sans préciser s'il s'agit de la date retenue par le jugement d'ouverture ou le jugement de report : ▪ Cass. com., 4 nov. 2014, n° 13-23.070 : *Bull. civ.* IV, n° 164 ; *D.* 2014, p. 2238, obs. A. Lienhard ; *JCP* E 2014, 1604, rapport F. Schmidt et note Ph. Roussel-Galle ; *BJS* 2015, p. 23, note E. Mouial-Bassilana ; *BJE* 2015, p. 116, note J. Lasserre-Capdeville. – **Recours.** Par application de l'article R. 653-1, la date de cessation des paiements retenue pour justifier une interdiction de gérer ne peut être différente de celle fixée par le jugement d'ouverture ou le jugement de report. En conséquence, le dirigeant dispose d'un recours de droit commun, en l'espèce, le pourvoi en cassation, contre la décision reportant la date de cessation des paiements : ▪ Cass. com., 5 oct. 2010, n° 09-69.010 : *JurisData* n° 2010-017730 ; *D.* 2010, p. 2359, obs. A. Lienhard ; *BJS* 2010, p. 40, note P. Rubellin ; *Procédures* 2011, comm. 23, obs. B. Rolland ; *Gaz. Pal.* 7-8 janv. 2011, p. 46, note Th. Montéran ; *Dr. sociétés* 2011, comm. 58, obs. J.-P. Legros ; *Rev. proc. coll.* 2010, n° 215, obs. B. Saintourens.

3) Absence d'exonération.

a) Il n'y a **pas lieu de considérer les motifs** qui ont conduit le dirigeant à différer la déclaration de cessation des paiements ou l'absence de volonté caractérisée de celui-ci de se soustraire à ses obligations : ▪ Cass. com., 8 oct. 1996 : *JCP* E 1996, p. 1213 ; *RJDA* 1997, n° 133.

b) La **présence d'un mandataire *ad hoc*** ne dispense pas le dirigeant en titre de déclarer la cessation des paiements, ni d'être sanctionné pour ne pas y avoir procédé : ▪ Cass. com., 10 mai 2005 : *RJDA* 2005, n° 1025 ; *Dr. sociétés* 2005, n° 174, note J.-P. Legros.

c) **L'assignation par un créancier** à fin d'ouverture d'une procédure collective ne dispense pas le débiteur de déclarer la cessation des paiements dans les 45 jours de sa survenance : ▪ Cass. com., 14 janv. 2014, n° 12-29.807, F-P+B : *JurisData* n° 2014-000213 ; *D.* 2014, p. 207, obs. A. Lienhard ; *Dr. sociétés* 2014, comm. 69, note J.-P. Legros.

d) La **dissimulation par le** précédent dirigeant, demeuré **dirigeant de fait**, de la situation exacte de la société, n'est pas exonératoire de la responsabilité du dirigeant de droit pour défaut de déclaration de la cessation des paiements : ▪ Cass. com., 5 janv. 1999 : *Rev. proc. coll.* 1999, p. 235, obs. Bach.

4) Lorsque le jugement n'indique pas que l'interdiction de gérer sera limitée à l'une des activités énumérées à l'article L. 653-8 du Code de commerce, cette mesure s'étend nécessairement à l'ensemble de ces activités : ▪ Cass. com., 11 févr. 2014, n° 12-21.069 : *JurisData* n° 2014-002167 ; *Dr. sociétés* 2014, comm. 106, obs. J.-P. Legros.

5) Droit transitoire. *a)* Il résulte des articles 190 et 191 de la loi du 26 juillet 2005 que le chapitre III du titre V du livre VI du Code de commerce, relatif à la faillite personnelle et aux autres mesures d'interdiction, à l'exception de ses articles L. 653-7 et L. 653-11, n'est pas applicable aux procédures collectives en cours au 1er janvier 2006. Dès lors, les dirigeants, condamnés à une interdiction de gérer pour défaut de déclaration de la cessation des paiements dans le délai de quinze jours, ne peuvent reprocher à la cour d'appel d'avoir fait application des anciens articles L. 625-5 et L. 625-8 du Code de commerce et de ne pas avoir appliqué le délai porté à quarante-cinq jours par la loi nouvelle : ▪ Cass. com., 19 déc. 2006, n° 05-19.088 : *JurisData* n° 2006-036655 ; *Bull. civ.* IV, n° 259 ; *JCP* E 2007, 1450, n° 15, obs. Ph. Pétel ; *Rev. proc. coll.* 2007, p. 36, obs. Ph. Roussel-Galle ; *D.* 2007, act. jurispr. p. 87, obs. A. Lienhard ; *Dr. sociétés* 2007, n° 70, note J.-P. Legros ; *Act. proc. coll.* 2007, n° 20, obs. C. Régnaut-Moutier. – *Adde* ▪ Cass. com., 4 mars 2008, n° 07-11.135 : *JurisData* n° 2008-043058 ; *Dr. sociétés* 2008, comm. 99, obs. J.-P. Legros.

b) Le principe de nécessité des peines reconnu par l'article 8 de la Déclaration des droits de l'homme et du citoyen, dont découle la règle de l'application immédiate de la loi pénale plus douce, commande que, lorsque le juge civil est amené à prononcer une sanction ayant le caractère d'une punition telle que l'interdiction de gérer prévue par l'article L. 653-8 du Code de commerce, la loi nouvelle moins sévère reçoive application aux procédures collectives en cours : ▪ Cass. com., 24 mai 2018, n° 17-18.918, F-P+B+I : *JurisData* n° 2018-008581 ; *D.* 2018, p. 1149, obs. A. Lienhard ; *JCP* G 2018, act. 667, obs. A. Tehrani ; *Dr. sociétés* 2018, comm. 129, obs. J.-P. Legros ; *Rev. proc. coll.* 2019, comm. 98, note Th. Le Gueut. – Comp. L'ajout de l'adverbe « sciemment » par la loi du 6 août 2015 a apporté une innovation afin d'éviter le prononcé d'une interdiction de gérer lorsque l'omission de déclarer la cessation des paiements procède d'une négligence de la part du chef d'entreprise : dépourvu de caractère interprétatif, ce texte est inapplicable aux procédures en cours avant l'entrée en vigueur de cette loi : ▪ Cass. com., 14 juin 2017, n° 15-27.851 : *Dr. sociétés* 2017, comm. 172, obs. J.-P. Legros ; *JCP* E 2017, 1689, note Th. Stefania ; *Rev. proc. coll.* 2017, comm. 153, obs. A. Martin-Serf ; *BJS* 2017, p. 548, obs. B. Brignon.

6) Action tendant au prononcé d'une interdiction de gérer en cas de procédure d'insolvabilité secondaire : l'action est irrecevable car elle appartient à la catégorie des actions qui dérivent directement de la procédure initiale tandis que les effets d'une procédure secondaire sont limités aux biens du débiteur se trouvant sur le territoire de cette dernière : ▪ Cass. com., 22 janv. 2013, n° 11-17.968 : *JurisData* n° 2013-000798 ; *Bull. civ.* IV, n° 17 ; *D.* 2013, p. 755, note R. Dammann et A. Rapp ; *Rev. sociétés* 2013, n° 3, p. 183, obs. L.-C. Henry ; *Rev. proc. coll.* 2013, comm. 30, Th. Mastrullo ; *Rev. sociétés* 2013, p. 573, note N. Morelli. – *Adde, infra*, Règl. n° 2015/848, art. 3, note 6 et art. 34, note 2. – Comp. ▪ Cass. com., 7 févr. 2018, n° 17-10.056 : *JurisData* n° 2018-001439 ; *BJS* 2018, p. 217, obs. F. Jault-Seseke et D. Robine ; *Act. proc. coll.* 2018, repère 75, obs. L. Sautonie-Laguionie ; *Gaz. Pal.* 17 avr. 2018, p. 56 ; *JCP* E 2018, 1237, comm. H. Guyader ; *D.* 2018, p. 1195, note R. Dammann et G. Podeur ; *Dr. sociétés* 2018, comm. 197, obs. J.-P. Legros : À l'occasion de l'ouverture d'une procédure secondaire en France, l'insolvabilité de la société débitrice ne peut être réexaminée, de sorte que son dirigeant n'a pas à déclarer la cessation de ses paiements dans le pays d'ouverture de cette procédure, et ne peut donc être sanctionné par une interdiction de gérer pour s'en être abstenu.

Art. L. 653-9 *(Anc. art. L. 625-9, dénum. et mod., L. n° 2005-845, 26 juill. 2005).* **– Le droit de vote des dirigeants frappés de la faillite personnelle ou de l'interdiction prévue à l'article L. 653-8 est exercé dans les assemblées des personnes morales soumises à une procédure de redressement judiciaire ou de liquidation judiciaire par un mandataire désigné par le tribunal à cet effet, à la requête de l'administrateur, du liquidateur ou du commissaire à l'exécution du plan.**

Le tribunal peut enjoindre à ces dirigeants ou à certains d'entre eux, de céder leurs actions ou parts sociales dans la personne morale ou ordonner leur cession forcée par les soins d'un mandataire de justice, au besoin après expertise. Le produit de la vente est affecté au paiement de la part des dettes sociales dans le cas où ces dettes ont été mises à la charge des dirigeants.

En application de l'alinéa 2 de l'article 193 *[C. com., art. L. 653-9]*, un tribunal ne peut étendre cette mesure aux parts sociales que les dirigeants peuvent détenir dans d'autres personnes morales : ▪ CA Versailles, 25 févr. 1991 : *BJS* 1992, p. 602, note P.-L. C. ; *Dr. sociétés* 1994, n° 52, obs. Y. Chaput.

Art. L. 653-10 *(L. n° 2005-845, 26 juill. 2005)*. **– Le tribunal qui prononce la faillite personnelle peut prononcer l'incapacité d'exercer une fonction publique élective. L'incapacité est prononcée pour une durée égale à celle de la faillite personnelle, dans la limite de cinq ans. Lorsque la décision est devenue définitive, le ministère public notifie à l'intéressé l'incapacité, qui produit effet à compter de la date de cette notification.**

Art. L. 653-11 *(L. n° 2005-845, 26 juill. 2005 ; mod., Ord. n° 2008-1345, 18 déc. 2008)*. **– Lorsque le tribunal prononce la faillite personnelle ou l'interdiction prévue à l'article L. 653-8, il fixe la durée de la mesure, qui ne peut être supérieure à quinze ans. Il peut ordonner l'exécution provisoire de sa décision. Les déchéances, les interdictions et l'incapacité d'exercer une fonction publique élective cessent de plein droit au terme fixé, sans qu'il y ait lieu au prononcé d'un jugement.**

Le jugement de clôture pour extinction du passif, y compris après exécution d'une condamnation prononcée à son encontre en application de l'article L. 651-2, rétablit le débiteur personne physique ou les dirigeants de la personne morale dans tous leurs droits. Il les dispense ou relève de toutes les déchéances, interdictions et incapacité d'exercer une fonction publique élective.

L'intéressé peut demander au tribunal de le relever, en tout ou partie, des déchéances et interdictions et de l'incapacité d'exercer une fonction publique élective s'il a apporté une contribution suffisante au paiement du passif.

Lorsqu'il a fait l'objet de l'interdiction prévue à l'article L. 653-8, il peut en être relevé s'il présente toutes garanties démontrant sa capacité à diriger ou contrôler l'une ou plusieurs des entreprises ou personnes visées par le même article.

Lorsqu'il y a relèvement total des déchéances et interdictions et de l'incapacité, la décision du tribunal emporte réhabilitation.

Voir : C. com., art. R. 653-4, p. 2208.

L'article L. 653-11 est applicable aux procédures en cours au jour de l'entrée en vigueur [1er janv. 2006] de la loi n° 2005-845 du 26 juillet 2005, L. n° 2005-845, 26 juill. 2005, art. 191.

L'article 190 de la loi n° 2005-845 du 26 juillet 2005 précise que, dans toutes les dispositions prévoyant une incapacité, une interdiction ou une déchéance résultant d'une faillite personnelle ou d'une interdiction de gérer, ces mesures doivent être comprises comme ayant une durée maximale de quinze ans à compter du jour où la décision les ayant prononcées est devenue définitive. Les mesures de faillite personnelle et d'interdiction de gérer ainsi que les déchéances et interdictions qui en ont résulté prennent fin à la date de publication de la présente loi lorsque, à cette date, elles ont été prononcées plus de quinze années auparavant par une décision devenue définitive : V. *supra*.

Bibliographie : E. Bertrand, *Dirigeants d'entreprise en difficulté : comment retrouver son permis de conduire une société après avoir été condamné à la faillite personnelle ? : LPA* 31 mai 2007, p. 16. ● Ch. Delattre, *Durée des interdictions prononcées par les juridictions répressives. Vers une homogénéisation de la jurisprudence : JCP* E 2007, 1451 ; *La procédure de réhabilitation des articles L. 653-11 et R. 653-4 du Code de commerce : Rev. proc. coll.* 2011, étude 19. ● C. Mascala, *Le devenir du chef d'entreprise. Les perspectives d'avenir : Rev. proc. coll.* 2003, p. 192.

1) Droit transitoire. Par application de l'article 190 de la loi du 26 juillet 2005, une faillite personnelle prononcée par une décision devenue définitive plus de quinze ans avant la date de publication de ladite loi, a pris fin à cette date, soit le 27 juillet 2005 : ▪ Cass. com., 29 nov. 2005, n° 04-17.972 : *Bull. civ.* IV, n° 236 ; *JCP* E 2006, n° 1305, p. 359, note J.-H. Robert ; *Rev. sociétés* 2006, p. 186, note Ph. Roussel-Galle ; *Dr. sociétés* 2006, n° 19, note J.-P. Legros ; *BJS* 2006, p. 325, note C. Mascala ; *D.* 2006, act. jurispr. p. 3085, obs. A. Lienhard. – Au sens de l'article 190 de la loi du 26 juillet 2005, la faillite personnelle doit être comprise comme ayant une durée maximale de quinze ans à compter de la décision exécutoire qui la prononce. Le jugement du 9 juillet 2003 ayant été assorti de l'exécution provisoire, la faillite personnelle qu'il décide prendra fin quinze ans après cette date : ▪ Cass. com., 23 mai 2006, n° 05-11.898 : *Bull. civ.* IV, n° 125 ; *D.* 2005, act. jurispr. p. 1528, obs. A. Lienhard ; *Act. proc. coll.* 2006, n° 148, obs. V. Martineau-Bourgninaud ; *BJS* 2007, p. 1138, note Ph. Pétel ; *Dr. sociétés* 2007, n° 27, note J.-P. Legros. – Une cour d'appel qui, statuant avant le 1er janvier 2006, fixe à vingt ans la durée d'une faillite personnelle, fait à bon droit application de l'article L. 625-10 du Code de commerce dans sa rédaction antérieure à la loi du 26 juillet 2005 qui ne fixait pas de durée maximale à cette mesure. Toutefois, en application de l'article 190 a) de la loi du 26 juillet 2005, cette faillite personnelle prendra fin quinze ans après la date du prononcé de l'arrêt : ▪ Cass. com., 22 mai 2007, n° 06-12.766 : *Bull. civ.* IV, n° 141 ; *JurisData* n° 2007-039048 ; *JCP* E 2008, 1327, note Ch. Delattre ; *D.* 2007, act. jurispr. p. 1507, obs. A. Lienhard. – Pour une application par le juge pénal de l'article L. 653-11 aux procédures en cours, V. ▪ Cass. crim., 8 nov. 2006, trois arrêts, n° 06-81.862 : *JurisData* n° 2006-036133 ; n° 05-85.271 : *JurisData* n° 2006-036134 ; n° 05-85.922 : *JurisData* n° 2006-036132 : *Dr. sociétés* 2007, n° 17, note R. Salomon ; *D.* 2007, p. 10, obs. A. Lienhard ; *Dr. pén.* 2007, n° 9, note J.-H. Robert ; *Rev. proc. coll.* 2007, p. 36, n° 32, obs. Ph. Roussel-Galle ; *ibid.*, p. 158, obs. C. Mascala. – Cas de l'action en relèvement : un dirigeant condamné à une interdiction de gérer avant le 1er janvier 2006 peut invoquer le nouveau cas de relèvement de l'article L. 653-11 : ▪ Cass. com., 12 juill. 2011, n° 10-21.882 : *Bull. civ.* IV, n° 117 ; *JurisData* n° 2011-014305 ; *D.* 2011, p. 1966, obs. A. Lienhard ; *Gaz Pal.* 7 et 8 oct. 2011, nos 280 à 281, p. 38, obs. Th. Montéran ; *Dr. sociétés* 2011, comm. 223, J.-P. Legros ; *Rev. proc. coll.* 2011, comm. 204, obs. A. Martin-Serf.

2) Condition du relèvement des sanctions. Seule une contribution positive autorise le dirigeant à demander le relèvement de son interdiction de gérer. Une contribution indirecte, sous forme de l'abandon de la créance d'un compte courant d'associé, ne suffit pas : ▪ CA Paris, 16 mai 2003 : *Dr. sociétés* 2004, n° 172, note J.-P. Legros. – L'exécution d'une condamnation au titre d'une insuffisance d'actif à hauteur de 20 000 € ne constitue pas une contribution suffisante au règlement d'un passif au 1 550 100 € : ▪ CA Douai, 19 avr. 2012, n° 11/03251 : *JCP* E 2012, 1634, comm. Ch. Delattre.

CHAPITRE IV. – DE LA BANQUEROUTE ET DES AUTRES INFRACTIONS

Bibliographie : M. Bénéjat, *Faut-il sauver la banqueroute ? : Rev. proc. coll.* 2010, étude 27. • A. Jonville, *Les délits liés aux difficultés des entreprises et la responsabilité pénale des personnes morales : JCP* N 1994, p. 498. • J. Lasserre-Capdeville, *Un oubli regrettable de l'ordonnance sur l'EIRL : l'adaptation du délit de banqueroute : LPA* 18 janv. 2011, p. 3 ; *L'EIRL et la banqueroute,* mea culpa *et article-balai : LPA* 16 mars 2011, p. 8. • H. Matsopoulou, *La banqueroute (quelques aspects d'actualisation) : LPA* 18 juin 2008, p. 301. • C. Robaczewski, *La non-réforme des sanctions pénales dans la loi de sauvegarde : Gaz. Pal.* 9-10 sept. 2005, p. 48. • J.-H. Robert, *Banqueroute et autres infractions : commentaire des dispositions pénales de la loi n° 2005-845 du 26 juillet 2005 : Dr. pén.* 2005, étude 15 ; *La banqueroute et ses infractions satellites de 1807 à 2005 : Le Code de commerce, Livre du Bicentenaire*, Dalloz, 2007, p. 271. • Y. Sala, *Rôle et pouvoirs du ministère public, sanctions pénales et loi de sauvegarde des entreprises : LPA* 17 févr. 2006, p. 121. • R. Salomon, *Droit pénal et entreprises en difficulté : JCP* E 2018, n° 27, chron. 24. • M.-Ch. Sordino, *Les relations complexes entre le droit pénal des sociétés commerciales et le droit pénal des entreprises en difficulté : LPA* 31 juill. 2018, n° 152, p. 50. • *Adde* A. Martin-Serf, *JCl. Sociétés traité*, Fasc. 41-85.

Section I. – De la banqueroute

Bibliographie : W. Jeandidier, *Le droit pénal de la banqueroute ou les avatars de la pénalisation : RJ com.* 2001, p. 131. • C. Mascala, *Droit pénal des affaires – Banqueroute : D.* 2018, chron. p. 1723. • M.-C. Sordino, *Le délit de banqueroute, contribution à un droit pénal des procédures collectives*, Litec, 1996.

Art. L. 654-1 ***(Anc. art. L. 626-1, dénum. et mod., L. n° 2005-845, 26 juill. 2005 ; Ord. n° 2008-1345, 18 déc. 2008).*** **– Les dispositions de la présente section sont applicables :**

1° À toute personne exerçant une activité commerciale ou artisanale, à tout agriculteur et à toute personne physique exerçant une activité professionnelle indépendante, y compris une profession libérale soumise à un statut législatif ou réglementaire ou dont le titre est protégé ;

2° À toute personne qui a, directement ou indirectement, en droit ou en fait, dirigé ou liquidé une personne morale de droit privé ;

3° Aux personnes physiques représentants permanents de personnes morales dirigeants des personnes morales définies au 2° ci-dessus.

1) Dirigeant de fait. La qualité de dirigeant de fait ne se présume pas : elle doit être démontrée à partir de l'observation du comportement du dirigeant officiel et de celui du supposé dirigeant effectif : ▪ CA Douai, 5 avr. 2005 : *Dr. sociétés* 2005, n° 229, note R. Salomon. – Doit être considéré comme dirigeant de fait celui qui, après sa retraite, continue à animer la société en toute indépendance, établissant des relations avec les clients et les fournisseurs et procédant à des embauches : ▪ CA Paris, 9 nov. 1998 : *Dr. sociétés* 1999, n° 72, obs. Y. Chaput. – Peut être condamné pour banqueroute en sa qualité de gérant de fait celui qui intervient dans la gestion d'une entreprise individuelle, alors même que celle-ci n'est pas dotée de la personnalité morale : ▪ Cass. crim., 19 nov. 2008, n° 08-81.194 : *Bull. crim.* n° 237 ; *Dr. sociétés* 2009, comm. 18, obs. R. Salomon ; *RTD com.* 2009, p. 472, obs. B. Bouloc ; *Rev. sociétés* 2009, p. 653, note H. Matsopoulou. – Pour l'illustration d'un dirigeant de fait qui avait fait nommé un dirigeant de droit qui lui était dévouée, tandis qu'il était l'interlocuteur des tiers à la société, sur le plan juridique et comptable : V. ▪ Cass. crim., 20 nov. 2016, n° 15-86.116 : *JurisData* n° 2016-024983 ; *JCP* E 2017, 1236, obs. Ch. Delattre ; *Rev. sociétés* 2016, p. 438, note B. Bouloc ; *Gaz. Pal.* 27 juin 2017, p. 73, obs. C. Robaczewski ; *BJS* 2017, p. 242, note H. Matsopoulou. Sur la notion de dirigeant de fait : en droit des procédures collectives, sous C. com., art. L. 626-4, bibliographie et annot. n° 1, p. 2028, et sous L. 651-2, annot. n° 1, p. 2094, sous L. 652-1, annot. n° 4, p. 2105, sous L. 653-1, annot. n° 1, p. 2109. – En droit des sociétés, sous C. com., art. L. 241-9, bibliographie et annot. n° 1 s., p. 572.

2) Possibilité de condamner simultanément **un dirigeant de fait et un dirigeant de droit** : ▪ Cass. crim., 19 sept. 1994 : *BJS* 1994, p. 1309, note J.-F. Barbièri.

3) Société de droit étranger. La juridiction française est compétente pour connaître de l'infraction de banqueroute contre une société de droit étranger, dès lors que la liquidation judiciaire de cette société, qui avait un établissement en France, a été prononcée : ▪ Cass. crim., 4 avr. 2012, n° 10-87.448 : *Gaz. Pal.* 18 janv. 2013, p. 41, note C. Robaczewski ; *Dr. sociétés* 2012, comm. 131, note R. Salomon.

4) Complicité. Sur la possibilité de condamner un commissaire aux comptes comme complice du délit de banqueroute : V. ▪ Cass. crim., 18 mai 2011, n° 10-87.768 : *JurisData* n° 2011-012377 ; *JCP* E 2011, 1761, comm. R. Salomon ; *BJE* 2011, n° 115, note J. Lasserre Capdeville ; *Dr. sociétés* 2011, comm. 182, obs. R. Salomon ; *Rev. sociétés* 2011, p. 711, note Th. Granier.

Art. L. 654-2 ***(Anc. art. L. 626-2, dénum. et mod., L. n° 2005-845, 26 juill. 2005 ; Ord. n° 2008-1345, 18 déc. 2008).* – En cas d'ouverture d'une procédure de redressement judiciaire ou de liquidation judiciaire, sont coupables de banqueroute les personnes mentionnées à l'article L. 654-1 contre lesquelles a été relevé l'un des faits ci-après :**

1° Avoir, dans l'intention d'éviter ou de retarder l'ouverture de la procédure de redressement judiciaire ou de liquidation judiciaire, soit fait des achats en vue d'une revente au-dessous du cours, soit employé des moyens ruineux pour se procurer des fonds ;

2° Avoir détourné ou dissimulé tout ou partie de l'actif du débiteur ;

3° Avoir frauduleusement augmenté le passif du débiteur ;

4° Avoir tenu une comptabilité fictive ou fait disparaître des documents comptables de l'entreprise ou de la personne morale ou s'être abstenu de tenir toute comptabilité lorsque les textes applicables en font obligation ;

5° Avoir tenu une comptabilité manifestement incomplète ou irrégulière au regard des dispositions légales.

1) L'ouverture d'une procédure de redressement ou de liquidation judiciaire constitue une condition préalable à l'exercice de l'action publique : ▪ Cass. crim., 10 mars 1986 : *D.* 1986, p. 182, note F. Derrida ; *JCP* E 1986, I, 15774, n° 21, obs. M. Cabrillac et D. Vivant. – Cette condition est satisfaite dès lors que la procédure collective était exécutoire au moment des détournements, alors même que les jugements d'ouverture de la procédure collective faisaient alors l'objet de pourvois pendant devant la Cour de cassation : ▪ Cass. crim., 24 mars 2010, n° 09-84.599 : *JurisData* n° 2010-004303 ; *Dr. sociétés* 2010, comm. 151, obs. R. Salomon ; *JCP* E 2010, 1742, n° 13, obs. Ph. Pétel ; *BJS* 2010, obs. E. Mouial Bassilana ; *D.* 2010, p. 1204, obs. A. Lienhard ; *Rev. sociétés* 2010, p. 464, note H. Matsopoulou ; *ibid.* p. 407, obs. Ph. Roussel-Galle ; *Gaz. Pal.* 2-3 juill. 2010, p. 44, obs. C. Robaczewski. – Le jugement ayant ouvert un redressement judiciaire et constaté la date de cessation des paiements reste exécutoire en dépit de sa cassation par la chambre commerciale, ce qui permet au juge pénal de condamner le débiteur pour banqueroute : ▪ Cass. crim., 24 oct. 2012, n° 11-86.165 : *JCP* G 2013, 360, n° 6 ; *Dr. pén.* 2013, comm. 9, note J.-H. Robert ; *Dr. sociétés* 2013, comm. 16, note R. Salomon. – Le juge répressif a le pouvoir de retenir, en tenant compte des éléments soumis à son appréciation, une **date de cessation des paiements** autre que celle fixée par la juridiction consulaire : ▪ Cass. crim., 18 nov. 1991 : *JCP* E 1992, I, 195, obs. M. Cabrillac ; *JCP* 1993, II, 22102, note M.-C. Sordino. – *Adde* P. Gioanni, *La cessation des paiements dans l'infraction de banqueroute* : *D.* 1994, chron. p. 53.

2) Achat en vue de revendre. Le délit de banqueroute est constitué par la revente de biens qui étaient affectés d'une clause de réserve de propriété car, en dépit de cette clause, les biens avaient intégré le patrimoine de la société : ▪ Cass. crim., 20 oct. 2004, n° 03-85.238 : *D.* 2004, act. jurispr. p. 3223 ; *Dr. sociétés* 2005, n° 147, note R. Salomon.

3) Emploi de moyens ruineux. L'utilisation de moyens ruineux consiste en l'inadéquation des moyens aux besoins et possibilités de l'entreprise financée : ▪ Cass. crim., 18 mai 1976 : *D.* 1976,

p. 978, note G. Gavalda. – Tel est le cas d'escompte de fausses factures et de traites de complaisance dont le coût ne peut qu'aggraver la situation financière de l'entreprise : ▪ Cass. crim., 6 déc. 1993 : *Bull. crim.* 1993, n° 370. ▪ Cass. crim., 24 mai 2000 : *Dr. pén.* 2000, n° 129, obs. H. Robert. ▪ Cass. crim., 27 juin 2012, n° 11-86.197 : *Rev. sociétés* 2013, p. 172, note B. Bouloc. – Tel est encore le cas pour des intérêts et frais excédant les capacités de remboursement de l'entreprise : ▪ Cass. crim., 22 sept. 2010, n° 09-83.274 : *JurisData* n° 2010-019564 ; *Dr. sociétés* 2011, n° 19, note R. Salomon. – L'utilisation de fonds à un autre usage que celui auquel ils étaient destinés ne constitue pas un emploi de moyens ruineux pour se procurer des fonds : ▪ Cass. crim., 16 juin 1999 : *Rev. proc. coll.* 2000, p. 34, obs. J. Devèze.

4) Détournement ou dissimulation d'actifs. A. Dekeuwer, *Le délit de banqueroute, détournements d'actifs et pouvoirs du juge... : JCP* E 1995, I, 420. – M.-C. Sordino, *Précisions quant aux éléments constitutifs du délit de banqueroute par détournement d'actif : LPA* 23 déc. 1996, p. 7.

a) **Notion.** L'élément matériel du délit de banqueroute ne suppose pas que l'élément d'actif ait disparu du patrimoine : il suffit qu'il ait été volontairement caché ou soustrait de façon à empêcher son appréhension par les créanciers : ▪ CA Toulouse, 16 mars 2005 : *Dr. sociétés* 2005, n° 186, note R. Salomon. – Constitue le délit de banqueroute par détournement ou dissimulation d'actifs tout acte de dissipation volontaire accompli sur le patrimoine du débiteur après la cessation des paiements : ▪ Cass. crim., 10 mai 1993 : *Bull. crim.* 1993, n° 168. ▪ Cass. crim., 11 mai 1995 : *Bull. crim.* 1995, n° 172. ▪ Cass. crim., 22 août 1995 : *Bull. crim.* 1995, n° 267 ; *D. affaires* 1995, p. 113 ; *Rev. sociétés* 1996, p. 339, note D. Ohl. Cela ne résulte pas de la seule vente de biens de la société, dès lors qu'elle est intervenue à un juste prix et que le prix n'a été ni détourné ni dissimulé : ▪ Cass. crim., 10 mars 2010, n° 09-83.016 : *JurisData* n° 2010-002944 ; *Dr. sociétés* 2010, comm. 215, obs. R. Salomon ; *Dr. pén.* 2010, n° 83, obs. J.-H. Robert.

b) **Application.** Constituent un détournement ou une dissimulation d'actifs :

– l'encaissement, sur le compte personnel d'un dirigeant, d'un chèque du prix de vente d'un bien de l'entreprise : ▪ CA Grenoble, 24 juin 2005 : *Dr. sociétés* 2006, n° 78, note R. Salomon ;

– l'existence d'un compte courant en position constamment débitrice pendant plusieurs exercices : ▪ Cass. crim., 8 sept. 2004 : *JurisData* n° 2004-025161 ; *JCP* E 2005, p. 818, n° 4, obs. Y. Muller ; *Dr. sociétés* 2005, n° 18, note R. Salomon (2e esp.) ;

– l'octroi de rémunérations excessives au regard de la situation financière de la société : ▪ Cass. crim., 18 juin 1998 : *Dr. pén.* 1998, comm. 156 ; *JCP* E 1999, n° 174 (2e esp.), note J.-H. Robert ;

– le détournement de noms de domaines et de fichiers clientèle : ▪ CA Paris, 14 mars 2005 : *JurisData* n° 2005-277631 ; *Dr. sociétés* 2005, n° 230, obs. R. Salomon ;

– l'attribution par une société à son dirigeant de la jouissance gratuite de la totalité de sa clientèle, qui a entraîné sa cessation des paiements : ▪ Cass. crim., 14 févr. 2007, n° 06-86.721 : *JurisData* n° 2007-038037 ; *Dr. sociétés* 2007, n° 102, note R. Salomon ; *Dr. pén.* 2007, n° 73, note J.-H. Robert ; *Rev. proc. coll.* 2007, p. 157, obs. C. Mascala ;

– la prise en charge par une société en redressement judiciaire des dépenses personnelles de son dirigeant ainsi que des dépenses faites au profit de son épouse et d'un groupement d'exploitation agricole dont il était le gérant : ▪ Cass. crim., 8 nov. 2006, n° 06-80-717 : *JurisData* n° 2006-036388 ; *Dr. sociétés* 2007, n° 59, note R. Salomon ;

– la réception de chèques non causés après la cessation des paiements : ▪ Cass. crim., 27 juin 2012, n° 11-86.197 : *Rev. sociétés* 2013, p. 172, note B. Bouloc.

c) **L'intérêt du groupe ne peut être invoqué comme un fait justificatif** du détournement ou de la dissimulation de l'actif : ▪ Cass. crim., 27 avr. 2000 : *Bull. crim.* 2000, n° 169 ; *D.* 2000, act. jurispr. p. 327, obs. A. Lienhard ; *D.* 2003, somm. 206, obs. J.-P. Sortais ; *RTD com.* 2000, p. 1030, obs. B. Bouloc. ▪ Cass. crim., 23 mai 2013, n° 12-82.199, F-D : *JurisData* n° 2013-010055 ; *Dr. sociétés* 2013, comm. 129, note R. Salomon.

5) Comptabilité absente ou irrégulière.

a) **Élément matériel.** Le délit de banqueroute pour **absence** de tenue **de comptabilité** est applicable à tout commerçant astreint aux obligations de l'article L. 123-12 du Code de commerce : ▪ CA Paris, 12 oct. 2005 : *Dr. sociétés* 2006, n° 66, note R. Salomon. – Constitue le délit de banqueroute pour tenue de **comptabilité fictive** le fait, pour le dirigeant d'une société, d'avoir donné personnellement des directives pour l'établissement de traites fictives : ▪ Cass. crim., 5 nov. 1998 : *JCP* 1999, IV, 1326. – Le délit de banqueroute pour **soustraction de comptabilité** est constitué lorsque le dirigeant ne présente pas la comptabilité pourtant régulièrement tenue aux organes de la procédure collective : ▪ Cass. crim., 19 oct. 1992 : *RJDA* 1993, n° 33. – Ou lorsque le dirigeant retarde cette présentation : ▪ Cass. crim., 19 janv. 2000 : *Bull. crim.* 2000, n° 29 ; *Rev. sociétés* 2000, p. 574, note B. Bouloc. – Ou encore qui propose de présenter la comptabilité dans un lieu difficile d'accès : ▪ Cass. crim., 25 févr. 2004 : *Bull. crim.* 2004, n° 52 ; *Rev. sociétés* 2004, p. 917, obs. B. Bouloc ; *JCP* E 2005, n° 20, p. 819, obs. Y. Muller ; *RTD com.* 2004, p. 610, note C. Mascala. – *Adde* N. Stolowy, *Délinquance des comptes* *et droit des entreprises en difficulté : JCP* 2003, p. 1245. – Le délit de banqueroute pour comptabilité irrégulière est constitué en l'absence de report de nombreuses écritures comptables : ▪ Cass. crim., 8 oct. 2008, n° 08-81769 : *JurisData* n° 2008-045739 ; *Dr. sociétés* 2009, comm. 17, obs. R. Salomon. – Les irrégularités dans la tenue de la comptabilité peuvent être retenues pour un exercice antérieur à la date de cessation des paiements : ▪ Cass. crim., 14 nov. 2013, n° 12-85.616, F-D : *JurisData* n° 2013-027573 ; *Dr. sociétés* 2014, comm. 18, R. Salomon.

b) **Élément moral.** L'absence totale de comptabilité démontre, **en elle-même**, le caractère manifeste de l'irrégularité et la conscience qu'en avait nécessairement le gérant de fait de la société : ▪ Cass. crim., 19 déc. 2012, n° 11-86.702 : *JurisData* n° 2012-032435 ; *Rev. proc. coll.* 2013, comm. 62, note C. Mascala. ▪ 2 sept. 2015, n° 14-82.980 : *JurisData* n° 2015-019472. ▪ Cass. crim., 20 avr. 2017, n° 16-82.850 : *JurisData* n° 2017-007262 ; *Dr. sociétés* 2017, comm. 113, obs. R. Salomon ; *Gaz. Pal.* 10 oct. 2017, p. 81, note C. Robaczewski ; *Rev. proc. coll.* 2018, comm. 79, obs. D. Boustani. ▪ Cass. crim., 13 juin 2018, n° 17-84.158 : *JurisData* n° 2018-010270 ; *JCP* E 1360, n° 8, obs. R. Salomon.

c) **Rapport avec le délit de présentation de bilan inexact.** Est coupable de présentation de bilan inexact et de banqueroute par tenue d'une comptabilité manifestement incomplète ou irrégulière, le dirigeant qui connaît les irrégularités affectant les comptes sociaux ainsi que la cessation des paiements de sa société, dès lors que les infractions retenues sanctionnent la violation d'intérêts distincts et ont des éléments constitutifs différents : ▪ Cass. crim., 12 déc. 2007, n° 07-80.799 : *JurisData* n° 2007-042598 ; *Dr. sociétés* 2008, n° 64, note R. Salomon.

d) **Rapport avec le délit fiscal.** La banqueroute et le délit fiscal de manquement aux règles générales de comptabilité applicables à tout commerçant, tendant à la protection de valeurs sociales distinctes, peuvent être retenus de manière cumulative : ▪ CA Paris, 7 févr. 2012, n° 10/02949 : *JurisData* n° 2012-003357 ; *Dr. sociétés* 2012, comm. 152. – Il en est de même pour la banqueroute et l'omission d'écritures en comptabilité réprimée par l'article 1743 du CGI : ▪ Cass. crim., 4 mai 2006, n° 05-84.786 : *JurisData* n° 2006-033686.

6) Rapport avec l'abus de biens sociaux. Les qualifications de banqueroute et d'abus de biens sociaux sont exclusives l'une de l'autre, et seule la banqueroute doit être prononcée lorsque les faits poursuivis sont postérieurs à la cessation des paiements : ▪ Cass. crim., 27 oct. 1999 : *JCP* E 2000, n° 26, p. 1045, note J.-H. Robert ; *RJDA* 2000, n° 284. ▪ Cass. crim., 30 juin 2004, n° 03-87.427 ; *JCP* E 2004, n° 50, p. 1978, note J.-H. Robert ; *Dr. sociétés* 2005, n° 18, note R. Salomon (1re esp.). – En cas de requalification de l'abus de biens sociaux en banqueroute, le prévenu doit être invité à présenter sa défense sur la nouvelle qualification envisagée : ▪ Cass. crim., 30 avr. 2014, n° 13-82.425 : *JurisData* n° 2014-008575 ; *JCP* E 2014, 1395, n° 11, obs. R. Salomon. – N'encourt pas la cassation l'arrêt ayant déclaré à tort le prévenu coupable d'abus de biens sociaux, pour des opérations postérieures à la date de cessation des paiements, dès lors que ces opérations, contraires à l'intérêt de la société et réalisées à une période où le prévenu en était le dirigeant, étaient constitutives du délit de banqueroute par détournement d'actif : ▪ Cass. crim., 6 juin 2007, n° 06-85.644 : *JurisData* n° 2007-040024 ; *Dr. sociétés* 2007, n° 187, note R. Salomon. – La qualification de banqueroute peut être retenue, que les faits soient postérieurs ou antérieurs à la cessation des paiements, dès lors que, procédant d'une même intention et tendant au même but, ils ont pour objet ou pour effet soit d'éviter ou de retarder la constatation de cet état, soit d'affecter la consistance de l'actif disponible dans des conditions de nature à placer l'intéressé dans l'impossibilité de faire face au passif exigible : ▪ Cass. crim., 21 sept. 1994 : *JCP* E 1995, II, 690, note A. Dekeuwer ; *Gaz. Pal.* 1994, 2, somm. p. 712. ▪ Cass. crim., 6 févr. 1995 : *Rev. proc. coll.* 1996, p. 133, obs. J. Devèze. – *Adde* ▪ Cass. crim., 25 mars 2009, n° 08-84.847 : *JurisData* n° 2008-048559 ; *Dr. sociétés* 2009, comm. 147, obs. R. Salomon. – L'infraction de banqueroute et celle d'abus de biens sociaux étant connexes, l'acte interruptif de prescription concernant l'une d'elles a nécessairement le même effet à l'égard de l'autre : ▪ Cass. crim., 16 mai 2012, n° 11-83.299 : *JurisData* n° 2012-012750 ; *Dr. sociétés* 2012, comm. 191, note R. Salomon.

7) Rapport avec l'action en responsabilité pour insuffisance d'actif. L'action civile en réparation du préjudice résultant des délits de banqueroute par détournement d'actifs et de détournement de gage a un objet différent de celui de l'action en comblement de l'insuffisance d'actif, ▪ Cass. crim., 11 mars 2015, n° 13-86.155, FD : *JurisData* n° 2013-004726 : *Dr. sociétés* 2015, comm. 120, note R. Salomon ; *Rev. proc. coll.* 2015, comm. 190, note A. Martin-Serf, Arlette ; *BJS* 2015, p. 460, note B. Saintourens.

8) Recel. Le recel de banqueroute ne peut être retenu sans que ne soit caractérisée l'infraction originaire : ▪ Cass. crim., 7 mars 2012, n° 11-80.763 : *JurisData* n° 2012-007573 ; *Dr. sociétés* 2012, comm. 174, note R. Salomon.

Art. L. 654-3 *(Anc. art. L. 626-3, dénum., L. n° 2005-845, 26 juill. 2005 ; Ord. n° 2008-1345, 18 déc. 2008).* – **La banqueroute est punie de cinq ans d'emprisonnement et de 75 000 € d'amende.**

Art. L. 654-4 *(Anc. art. L. 626-4, dénum., L. n° 2005-845, 26 juill. 2005 ; mod., L. n° 2017-1107 22 juin 2017).* – **Lorsque l'auteur ou le complice de banqueroute est un dirigeant d'un prestataire de services d'investissement, les peines sont portées à sept ans d'emprisonnement et 100 000 € d'amende.**

Art. L. 654-5 *(Anc. art. L. 626-5, dénum. et mod., L. n° 2005-845, 26 juill. 2005 ; L. n° 2008-776, 4 août 2008).* – **Les personnes physiques coupables des infractions prévues par les articles L. 654-3 et L. 654-4 encourent également les peines complémentaires suivantes :**

1° L'interdiction des droits civiques, civils et de famille, suivant les modalités de l'article 131-26 du Code pénal ;

2° L'interdiction, suivant les modalités prévues par l'article 131-27 du Code pénal, soit d'exercer une fonction publique ou d'exercer l'activité professionnelle ou sociale dans l'exercice ou à l'occasion de l'exercice de laquelle l'infraction a été commise, soit d'exercer une profession commerciale ou industrielle, de diriger, d'administrer, de gérer ou de contrôler à un titre quelconque, directement ou indirectement, pour son propre compte ou pour le compte d'autrui, une entreprise commerciale ou industrielle ou une société commerciale. Ces interdictions d'exercice peuvent être prononcées cumulativement.

3° L'exclusion des marchés publics pour une durée de cinq ans au plus ;

4° L'interdiction, pour une durée de cinq ans au plus, d'émettre des chèques autres que ceux qui permettent le retrait de fonds par le tireur auprès du tiré ou ceux qui sont certifiés ;

5° L'affichage ou la diffusion de la décision prononcée dans les conditions prévues par l'article 131-35 du Code pénal.

L'interdiction de gérer, doit, comme toute peine prononcée en matière correctionnelle, par application des articles 132-1 du Code pénal et 485 du Code de procédure pénale, être motivée en tenant compte de la gravité des faits, de la personnalité de leur auteur et de sa situation personnelle : ▪ Cass. crim., 1er févr. 2017, n° 15-85.199, FS+B+RI : *JurisData* n° 2017-001414 ; *JCP* E 2017, 1373, n° 6, obs. R. Salomon ; *Gaz. Pal.* 14 févr. 2017, p. 37, obs. C. Berlaud ; *D.* 2017, p. 961, note C. Saas.

Art. L. 654-6 *(Abr., Cons. const., 29 sept. 2016, n° 2016-573 QPC).*

Bibliographie : J. Lasserre Capdeville, *De la nécessité de réformer l'article L. 654-6 du Code de commerce : LPA* 10 déc. 2010, p. 3.

1) Domaine d'application. L'impossibilité pour la juridiction pénale de prononcer une mesure de faillite personnelle ou d'interdiction de gérer, lorsqu'une juridiction civile ou commerciale a déjà prononcé une telle mesure par une décision définitive, édictée par l'article L. 654-6 du Code de commerce, issu de la loi du 26 juillet 2005, ne s'applique que si cette décision a été prise à l'occasion des mêmes faits : ▪ Cass. crim., 31 oct. 2007, n° 06-89.045 : *Bull. crim.*, n° 263 ; *JurisData* n° 2007-041605 ; *Dr. pén.* 2008, n° 10, note J.-H. Robert ; *Dr. sociétés* 2008, n° 18, note R. Salomon ; *D.* 2007, act. jurispr. p. 3074, obs. A. Lienhard ; *Rev. sociétés* 2008, p. 165, note H. Matsopoulou.

2) Faillite personnelle du complice. La faillite personnelle ne peut être prononcée à l'égard d'une personne condamnée pour complicité de banqueroute qui n'était ni gérant de droit, ni gérant de fait de la société en redressement judiciaire : ▪ Cass. crim., 30 juin 2004, n° 03-87.427 : *JCP* E 2004, n° 50, p. 1978, note J.-H. Robert ; *Dr. sociétés* 2005, n° 18, note R. Salomon (1re esp.).

3) Durée de la faillite personnelle consécutive à la banqueroute. L'interdiction de gérer prévue à l'article L. 653-8 du Code de commerce ne peut être prononcée contre une personne reconnue coupable de banqueroute que pour une durée n'excédant pas quinze ans : ▪ Cass. crim., 19 févr. 2014, n° 12-87.058, P+B+I : *JurisData* n° 2014-002732 ; *Dr. sociétés* 2014, comm. 110, obs. R. Salomon. – Pour une application par le juge pénal de l'art. L 653-11 du Code de commerce aux procédures en cours au 1er janvier 2006, sous C. com., art. L. 653-11, annot. n° 1, p. 2114.

4) QPC. L'article L. 654-6 du Code de commerce, en ce qu'il interdit au juge pénal de prononcer la faillite personnelle si le juge civil ou commercial l'a déjà prononcée sans prévoir une interdiction identique à l'égard du juge civil ou commercial est contraire au principe d'égalité devant la loi : ▪ Cons. const., 29 sept. 2016, n° 2016-573 QPC : *JCP* E 2016, 1632, note C. Cerf-Hollender ; *Gaz. Pal.* 10 janv. 2017, n° 2,

p. 80, obs. C. Robaszewski ; *Dr. sociétés* 2017, comm. 15, note R. Salomon ; *Dr. pén.* 2016, comm. 165, note V. Peltier ; *BJS* 2016, p. 738, note B. Saintourens ; *Dr. sociétés* 2016, p. 755, note H. Matsopoulou et p. 770, note Ph. Roussel-Galle. – L'abrogation de l'article L. 654-6 du Code de commerce prend effet à compter du 1er octobre 2016, et vaut pour les instances en cours à cette date : ▪ Cass. crim., 22 nov. 2017, n° 16-83.549 : *JurisData* n° 2017-023482 ; *Dr. sociétés* 2018, comm. 15, note R. Salomon ; *Rev. proc. coll.* 2018, comm. 81, obs. D. Boustani ; *BJE* 2018, p. 120, obs. J. Lasserre-Capdeville. – *Adde* ▪ Cass. crim., 21 mars 2018, n° 17-81.160 : *JurisData* n° 2018-004088 ; *JCP* E 2018, 1460, n° 10, obs. R. Salomon.

Art. L. 654-7 ***(Anc. art. L. 626-7, dénum., L. n° 2005-845, 26 juill. 2005 ; rempl., Ord. n° 2008-1345, 18 déc. 2008).*** **– Les personnes morales déclarées responsables pénalement des infractions prévues par les articles L. 654-3 et L. 654-4 encourent les peines suivantes :**

1° L'amende, suivant les modalités prévues par l'article 131-38 du Code pénal ;

2° Les peines mentionnées à l'article 131-39 du Code pénal.

L'interdiction mentionnée au 2° de l'article 131-39 du Code pénal porte sur l'activité dans l'exercice ou à l'occasion de l'exercice de laquelle l'infraction a été commise.

Section II. – Des autres infractions

Art. L. 654-8 ***(Anc. art. L. 626-8, dénum. et rempl., L. n° 2005-845, 26 juill. 2005 ; mod., Ord. n° 2008-1345, 18 déc. 2008 ; Ord. n° 2009-112, 30 janv. 2009).*** **– Est passible d'un emprisonnement de deux ans et d'une amende de 30 000 € le fait :**

1° Pour toute personne mentionnée à l'article L. 654-1, de passer un acte ou d'effectuer un paiement en violation des dispositions de l'article L. 622-7 ;

2° Pour toute personne mentionnée à l'article L. 654-1, d'effectuer un paiement en violation des modalités de règlement du passif prévues au plan de sauvegarde ou au plan de redressement ou de faire un acte de disposition sans l'autorisation prévue par l'article L. 626-14 ;

3° Pour toute personne, pendant la période d'observation ou celle d'exécution du plan de sauvegarde ou du plan de redressement, en connaissance de la situation du débiteur, de passer avec celui-ci l'un des actes mentionnés aux 1° et 2° ou d'en recevoir un paiement irrégulier ;

4° Pour toute personne, de procéder à la cession d'un bien rendu inaliénable en application de l'article L. 642-10.

Bibliographie : E. Le Corre, *Les éléments constitutifs de l'infraction de paiements interdits dans le droit des procédures collectives : Banque et droit* juill. 2004, p. 19.

Art. L. 654-9 ***(Anc. art. L. 626-9, dénum., L. n° 2005-845, 26 juill. 2005).*** **– Est puni des peines prévues par les articles L. 654-3 à L. 654-5 le fait :**

1° Dans l'intérêt des personnes mentionnées à l'article L. 654-1, de soustraire, receler ou dissimuler tout ou partie des biens, meubles ou immeubles de celles-ci, *(Mots aj., Ord. n° 2010-1512, 9 déc. 2010)* « ces biens étant, si la personne est un entrepreneur individuel à responsabilité limitée, ceux du patrimoine visé par la procédure, » le tout sans préjudice de l'application de l'article 121-7 du Code pénal ;

2° Pour toute personne, de déclarer frauduleusement dans la procédure *(L. n° 2005-845, 26 juill. 2005)* « de sauvegarde, de redressement judiciaire » ou de liquidation judiciaire, soit en son nom, soit par interposition de personne, des créances supposées ;

3° Pour toute personne exerçant une activité commerciale, artisanale, agricole ou toute autre activité indépendante, sous le nom d'autrui ou sous un nom supposé, de se rendre coupable d'un des faits prévus à l'article L. 654-14.

Art. L. 654-10 ***(Anc. art. L. 626-10, dénum. et mod., L. n° 2005-845, 26 juill. 2005).*** **– Le fait, pour le conjoint, les descendants ou les ascendants ou les collatéraux ou les alliés des personnes mentionnées à l'article L. 654-1, de détourner, divertir ou receler des effets dépendant de l'actif du débiteur soumis à une procédure *(Mots rempl., Ord. n° 2008-1345, 18 déc. 2008)* « de redressement judiciaire ou de liquidation » judiciaire, est puni des peines prévues par l'article 314-1 du Code pénal.**

Art. L. 654-11 *(Anc. art. L. 626-11, dénum., L. n° 2005-845, 26 juill. 2005).* – Dans les cas prévus par les articles précédents, la juridiction saisie statue, lors même qu'il y aurait relaxe :

1° D'office, sur la réintégration dans le patrimoine du débiteur de tous les biens, droits ou actions qui ont été frauduleusement soustraits ;

2° Sur les dommages et intérêts qui seraient demandés.

Art. L. 654-12 *(Anc. art. L. 626-12, dénum., L. n° 2005-845, 26 juill. 2005).* – I. - Est puni des peines prévues par l'article 314-2 du Code pénal le fait, pour tout administrateur, mandataire judiciaire, liquidateur ou commissaire à l'exécution du plan *(Mots aj. à compter du 1er janvier 2017, Ord. n° 2016-727, 2 juin 2016)* « , y compris toute personne désignée en application des dispositions du premier alinéa du II de l'article L. 812-2 ou du III de ce même article » :

1° De porter volontairement atteinte aux intérêts des créanciers ou du débiteur soit en utilisant à son profit des sommes perçues dans l'accomplissement de sa mission, soit en se faisant attribuer des avantages qu'il savait n'être pas dus ;

2° De faire, dans son intérêt, des pouvoirs dont il disposait, un usage qu'il savait contraire aux intérêts des créanciers ou du débiteur.

II. – Est puni des mêmes peines le fait, pour tout administrateur, mandataire judiciaire, liquidateur, commissaire à l'exécution du plan ou toute autre personne, à l'exception des représentants des salariés, de se rendre acquéreur pour son compte, directement ou indirectement, de biens du débiteur ou de les utiliser à son profit, ayant participé à un titre quelconque à la procédure. La juridiction saisie prononce la nullité de l'acquisition et statue sur les dommages et intérêts qui seraient demandés.

Bibliographie : C. Freyria, *La notion de malversation : Rev. proc. coll.* 2000, p. 174.

Art. L. 654-13 *(Anc. art. L. 626-13, dénum., L. n° 2005-845, 26 juill. 2005).* – Le fait, pour le créancier, après le jugement ouvrant la procédure *(L. n° 2005-845, 26 juill. 2005)* « de sauvegarde, de redressement judiciaire » ou de liquidation judiciaire, de passer une convention comportant un avantage particulier à la charge du débiteur est puni des peines prévues par l'article 314-1 du Code pénal.

La juridiction saisie prononce la nullité de cette convention.

Art. L. 654-14 *(Anc. art. L. 626-14, dénum., L. n° 2005-845, 26 juill. 2005 ; Ord. n° 2010-1512, 9 déc. 2010).* – Est puni des peines prévues aux articles L. 654-3 à L. 654-5 le fait, pour les personnes mentionnées aux 2° et 3° de l'article L. 654-1, de mauvaise foi, en vue de soustraire tout ou partie de leur patrimoine aux poursuites de la personne morale qui a fait l'objet d'un jugement d'ouverture de sauvegarde, de redressement judiciaire ou de liquidation judiciaire ou à celles des associés ou des créanciers de la personne morale, de détourner ou de dissimuler, ou de tenter de détourner ou de dissimuler, tout ou partie de leurs biens, ou de se faire frauduleusement reconnaître débitrice de sommes qu'elles ne devaient pas.

Est puni des mêmes peines le fait, pour l'entrepreneur individuel à responsabilité limitée qui a fait l'objet d'un jugement d'ouverture d'une procédure de sauvegarde, de redressement judiciaire ou de liquidation judiciaire à raison d'une activité à laquelle un patrimoine est affecté, de mauvaise foi, en vue de se soustraire au paiement d'une condamnation susceptible d'être prononcée ou déjà prononcée en application du deuxième alinéa de l'article L. 651-2, de détourner ou de dissimuler, ou de tenter de détourner ou de dissimuler, tout ou partie des biens de son patrimoine non affecté, ou de se faire frauduleusement reconnaître sur ce dernier débiteur de sommes qu'il ne devait pas.

Art. L. 654-15 *(Anc. art. L. 627-4, dénum., L. n° 2005-845, 26 juill. 2005).* – Le fait, pour toute personne, d'exercer une activité professionnelle ou des fonctions en violation des interdictions, déchéances ou incapacité prévues par les articles L. 653-2 et L. 653-8, est puni d'un emprisonnement de deux ans et d'une amende de 375 000 €.

Bibliographie : Ch. Delattre, *La faillite personnelle et l'interdiction de gérer ne doivent pas être considérées comme des sanctions vaines : Rev. proc. coll.* 2009, étude 27.

1) Droit transitoire. Peut être valablement condamné sur le fondement de l'ancien article L. 627-4, repris par l'article L. 654-15, le dirigeant qui a méconnu l'interdiction de gérer dont il était frappé, dès lors que la commission des éléments constitutifs de l'infraction poursuivie est antérieure au 27 juillet 2005, peu important qu'à compter du 27 juillet 2005, et par application de l'article 190 de la loi du 26 juillet 2005, l'intéressé ait retrouvé sa pleine capacité de gérer : ▪ Cass. crim., 19 sept. 2007, n° 07-82.653 : *Bull. crim.* 2007, n° 253 ; *JurisData* n° 2007-041095 ; *Dr. sociétés* 2007, n° 161, note J.-H. Robert ; *JCP* E 2008, 1474, obs. Ch. Delattre ; *Rev. sc. crim.* 2008, p. 594, obs. C. Mascala ; *ibid.*, p. 72, obs. E. Fortis.

2) Direction d'une société étrangère. L'infraction sanctionnée par l'article L. 627-4 du Code de commerce *[art. L. 654-15]* doit, pour prospérer, pouvoir être constatée et poursuivie sur le territoire national, les dispositions de l'article L. 625-2 *[art. L. 653-2]* n'étant pas circonscrites aux seules sociétés françaises : ▪ CA Douai, 22 sept. 2005 : *D.* 2005, act. jurispr. p. 2677, obs. A. Lienhard.

3) Ni l'article 6 de la Convention européenne, ni l'article L. 654-15 du Code de commerce, incriminant la violation d'une interdiction de gérer, n'exigent qu'une telle interdiction, lorsqu'elle est prononcée par une juridiction commerciale, ait été portée à la connaissance du prévenu dans les formes du Code de procédure pénale : ▪ Cass. com., 19 mars 2008, n° 07-82.662 : *JurisData* n° 2008-043755 ; *Dr. sociétés* 2008, comm. 164, obs. R. Salomon.

Section III. – Des règles de procédure

Art. L. 654-16 *(Anc. art. L. 626-15, dénum. et mod., L. n° 2005-845, 26 juill. 2005).* **– Pour l'application des dispositions des sections I et II du présent chapitre, la prescription de l'action publique ne court que du jour du jugement ouvrant la procédure de sauvegarde, de redressement judiciaire ou de liquidation judiciaire lorsque les faits incriminés sont apparus avant cette date.**

Art. L. 654-17 *(Anc. art. L. 626-16, dénum., L. n° 2005-845, 26 juill. 2005).* **– La juridiction répressive est saisie soit sur la poursuite du ministère public, soit sur constitution de partie civile de l'administrateur, du mandataire judiciaire, du représentant des salariés, du commissaire à l'exécution du plan, du liquidateur ou de la majorité des créanciers nommés contrôleurs agissant dans l'intérêt collectif des créanciers lorsque le mandataire de justice ayant qualité pour agir n'a pas agi, après une mise en demeure restée sans suite dans un délai et des conditions fixés par décret en Conseil d'État.**

Voir : C. com., art. R. 661-1, p. 2209.

1) Commissaire à l'exécution du plan. Le commissaire à l'exécution du plan tient de l'article L. 626-16 *[art. L. 654-17]* du Code de commerce le pouvoir de se constituer partie civile devant la juridiction répressive du chef de banqueroute : ▪ Cass. crim., 17 nov. 2004, n° 03-82.657 : *JCP* E 2005, n° 53 ; *D.* 2005, act. jurispr. p. 566, note A. Lienhard. – Sa constitution de partie civile est recevable tant que la clôture de la procédure collective n'a pas été prononcée puisque sa mission peut se poursuivre jusqu'à ce terme : ▪ Cass. crim., 28 mai 2008, n° 07-87.350 : *JurisData* n° 2008-044741 ; *Dr. sociétés* 2008, comm. 214, obs. R. Salomon. – *Adde* ▪ Cass. crim., 19 nov. 2008, n° 08-82.013 : *JurisData* n° 2008-046516 ; *Dr. sociétés* 2009, comm. 40, obs. R. Salomon. ▪ Cass. crim., 10 juin 2010, n° 09-86.159 : *JurisData* n° 2010-011642 ; *Dr. sociétés* 2010, comm. 191, obs. R. Salomon, qui déclare recevable la constitution de partie civile intervenue avant la clôture des opérations de répartition du prix de cession. – Son action en réparation du préjudice découlant du délit de banqueroute, distincte de l'action en comblement de passif intentée devant la juridiction civile ou commerciale, peut être admise devant les juridictions répressives : ▪ Cass. crim., 11 juin 2008, n° 07-87.877 : *JurisData* n° 2008-044955 ; *Dr. sociétés* 2008, comm. 235, obs. R. Salomon.

2) L'agent judiciaire du Trésor ne peut se constituer partie civile du chef de banqueroute : ▪ Cass. crim., 28 févr. 2006, n° 05-83.461 : *Dr. sociétés* 2006, n° 95, note R. Salomon ; *Rev. sociétés* 2006, p. 389, note B. Bouloc.

3) Les créanciers subissent un préjudice directement causé par l'infraction de banqueroute lorsque la carence comptable a retardé durablement le constat de la cessation des paiements et aggravé, à hauteur de cette somme, le montant du passif social : ▪ Cass. crim., 8 juill. 2015, n° 14-84.075, F-D : *JurisData* n° 2015-023947 ; *Dr. sociétés* 2015, comm. 223, note R. Salomon ; *BJS* 2015, p. 509, note E. Mouial-Bassilana.

4) Un créancier peut se constituer partie civile du chef de banqueroute s'il demande la réparation d'un préjudice particulier, distinct du montant de sa créance, et résultant directement de l'infraction : ▪ Cass. crim., 11 oct. 1993 : *Bull. crim.* 1993, n° 283 ; *Rev. sociétés* 1994, p. 303, obs. B. Bouloc. ▪ Cass. crim., 26 sept. 2001 : *D.* 2001, act. jurispr. p. 3621. ▪ Cass. crim., 17 juin 2014, n° 13-83.288 : *Bull. crim.*, n° 150 ; *JurisData* n° 2014-013290 ; *BJE* 2014, p. 320, note M. C. Sordino ; *JCP* E 2014, 1410, n° 22, obs. R. Salomon. Un créancier peut aussi se constituer partie civile, outre la constitution de partie civile du liquidateur agissant dans l'intérêt collectif des créanciers, dès lors que les sommes allouées à chaque créancier viendront en déduction des créances déclarées dans la procédure collective, ce qui écarte tout risque de double indemnisation : ▪ Cass. crim., 6 avr. 2016, n° 14-85.227 : *Gaz. Pal.* 28 juin 2016, p. 71, note C. Robaczewski.

5) Le *cessionnaire des actifs* de la société en redressement judiciaire, qui subit un préjudice direct résultant du détournement de certains des actifs objets de la cession, peut se constituer partie civile car l'article L. 654-17 du Code commerce n'interdit pas que toute personne ayant personnellement souffert des conséquences directes d'une banqueroute puisse se constituer partie civile pour obtenir réparation de son préjudice : ▪ Cass. crim., 30 oct. 2013, n° 12-86.707, F-D : *JurisData* n° 2013-023972 ; *Dr. sociétés* 2014, comm. 17, R. Salomon.

Art. L. 654-18 *(Anc. art. L. 626-17, dénum., L. n° 2005-845, 26 juill. 2005)*. **– Le ministère public peut requérir de l'administrateur ou du liquidateur la remise de tous les actes et documents détenus par ces derniers.**

Art. L. 654-19 *(Anc. art. L. 626-18, dénum. et mod., L. n° 2005-845, 26 juill. 2005)*. **– Les frais de la poursuite intentée par l'administrateur, le mandataire judiciaire, le représentant des salariés, le commissaire à l'exécution du plan ou le liquidateur sont supportés par le Trésor public, en cas de relaxe.**

En cas de condamnation, le Trésor public ne peut exercer son recours contre le débiteur qu'après la clôture des opérations de liquidation judiciaire.

Art. L. 654-20 *(Anc. art. L. 626-19, dénum., L. n° 2005-845, 26 juill. 2005)*. **– Les jugements et arrêts de condamnation rendus en application du présent chapitre sont publiés aux frais du condamné.**

9.1.1.6. – Des dispositions générales de procédure

Code de commerce

Bibliographie : C. Ballu, *Loi de sauvegarde, une libéralisation modérée des voies de recours : LPA* 22 mai 2007, p. 8. • J.-L. Bigot, *Quelques aspects procéduraux de la loi de sauvegarde des entreprises : Gaz. Pal.* avr. 2006, p. 2. • P. Cagnoli, *La qualité pour agir, questions procédurales : Rev. proc. coll.* 2006, p. 209. • P. Cagnoli et O. Staes, *Les aspects procéduraux de la réforme : Dr. et patrimoine* 2014, n° 238, p. 61. • J.-M. Deleneuville, *L'exécution provisoire, l'appel et la publicité des jugements : Rev. proc. coll.* 1999, p. 1. • Ph. Delmotte, *L'accès au juge dans les procédures collectives : LPA* 28 nov. 2008, p. 50. • N. Fricéro, *Procédures collectives. Aspects procéduraux et voies de recours : Gaz. Pal.* 20-21 juill. 2007, doctr. p. 31 ; *La procédure civile dans les procédures collectives : entre clarification et bouleversement : Gaz. proc. coll.* 6-7 mars 2009, p. 16. • M.-A. Frison-Roche, *Autorité de chose jugée et voies de recours dans les procédures collectives : LPA* 28 oct. 1998, p. 16. • M.-A. Frison-Roche et J.-L. Guillot, *La réforme des voies de recours par la loi du 10 juin 1994 : LPA* 14 sept. 1994, p. 113. • S. Gorrias, *Aspects procéduraux : Rev. proc. coll.* 2005, p. 194. • A. Perdriau et F. Derrida, *Les irrecevabilités du pourvoi en cassation propres aux procédures de redressement et de liquidation judiciaires : Mél. P. Julien*, Edilaix, 2003, p. 144. • J.-P. Rémery, *L'appel dans la loi de sauvegarde de l'entreprise : JCP* G 2008, I, 103 ; *Les voies de recours dans la réforme de la loi de sauvegarde des entreprises : JCP* G 2009, I, 129 ; *L'incidence de l'ouverture d'une procédure collective sur l'instance de cassation (civile) : quelques réflexions : D.* 2015, p. 2453. • I. Rohart-Messager, *Aspects procéduraux et voies de recours : Gaz. Pal.* 4-5 nov. 2005, p. 16. • O. Staes, *Aspects procéduraux de la réforme des difficultés des entreprises : Dr. et patrimoine* mars 2006, p. 60 ; *Aspects de procédure et voies de recours : Rev. proc. coll.* 2009, p. 44. • J. Théron, *Les nouveaux moyens procéduraux : Rev. proc. coll.* 2018, dossier 11. • *Procédure civile et procédures collectives*, actes du colloque du CRAJEFE, 16-17 mai 2008 : *LPA* 28 nov. 2008, numéro spécial.

CHAPITRE I. – DES VOIES DE RECOURS

Art. L. 661-1 *(Anc. art. L. 623-1, dénum. et mod., L. n° 2005-845, 26 juill. 2005)*. **– I** *(Rempl., Ord. n° 2008-1345, 18 déc. 2008)*. **– Sont susceptibles d'appel ou de pourvoi en cassation :**

1° Les décisions statuant sur l'ouverture des procédures de sauvegarde ou de redressement judiciaire de la part du débiteur, du créancier poursuivant et du ministère public ;

2° Les décisions statuant sur l'ouverture de la liquidation judiciaire de la part du débiteur, du créancier poursuivant, du comité d'entreprise ou, à défaut, des délégués du personnel et du ministère public ;

3° Les décisions statuant sur l'extension d'une procédure de sauvegarde, de redressement judiciaire ou de liquidation judiciaire *(Mots aj., Ord. n° 2010-1512, 9 déc. 2010)* **« ou sur la réunion de patrimoines » de la part du débiteur soumis à la procédure, du débiteur visé par l'extension, du mandataire judiciaire ou du liquidateur, de l'administrateur et du ministère public ;**

4° Les décisions statuant sur la conversion de la procédure de sauvegarde en redressement judiciaire de la part du débiteur, de l'administrateur, du mandataire judiciaire et du ministère public ;

5° Les décisions statuant sur le prononcé de la liquidation judiciaire au cours d'une période d'observation de la part du débiteur, de l'administrateur, du mandataire judiciaire, du comité d'entreprise ou, à défaut, des délégués du personnel et du ministère public ;

6° Les décisions statuant sur l'arrêté du plan de sauvegarde ou du plan de redressement de la part du débiteur, de l'administrateur, du mandataire judiciaire, du comité d'entreprise ou, à défaut, des délégués du personnel et du ministère public, ainsi que de la part du créancier ayant formé une contestation en application de l'article L. 626-34-1 ;

6° ***bis (L. n° 2015-990, 6 août 2015)*** **Les décisions statuant sur la désignation d'un mandataire prévue au 1° de l'article L. 631-19-2 et sur la cession de tout ou partie de la participation détenue dans le capital prévue au 2° du même article, de la part du débiteur, de l'administrateur, du mandataire judiciaire, du comité d'entreprise ou, à défaut, des délégués du personnel ou, à défaut, du représentant des salariés mentionné à l'article L. 621-4, des associés ou actionnaires parties à la cession ou qui ont refusé la modification du capital prévue par le projet de plan et des cessionnaires ainsi que du ministère public ;**

7° Les décisions statuant sur la modification du plan de sauvegarde ou du plan de redressement de la part du débiteur, du commissaire à l'exécution du plan, du comité d'entreprise ou, à défaut, des délégués du personnel et du ministère public, ainsi que de la part du créancier ayant formé une contestation en application de l'article L. 626-34-1 ;

8° Les décisions statuant sur la résolution du plan de sauvegarde ou du plan de redressement de la part du débiteur, du commissaire à l'exécution du plan, du comité d'entreprise ou, à défaut des délégués du personnel, du créancier poursuivant et du ministère public.

II. – L'appel du ministère public est suspensif, à l'exception de celui portant sur les décisions statuant sur l'ouverture de la procédure de sauvegarde ou de redressement judiciaire.

III. – En l'absence de comité d'entreprise ou de délégué du personnel, le représentant des salariés exerce les voies de recours ouvertes à ces institutions par le présent article.

Voir : C. com., art. R. 661-1 et s., p. 2209.

Bibliographie : M.-A. Frison-Roche et J.-L. Guillot, *La question de l'effet des recours du ministère public dans la réforme des voies de recours par loi du 10 juin 1994 (remarques sur une bévue du législateur)* : *LPA* 30 sept. 1994, p. 26. • C. de Lajarte-Moukoko, *L'appel-nullité en droit des procédures collectives : le point sur l'effet suspensif* : *BJE* 2018, 4, p. 271.

Art. L. 661-2 ***(Anc. art. L. 623-2, dénum. et mod., L. n° 2005-845, 26 juill. 2005).*** **– Les décisions** ***(Mots rempl., Ord. n° 2008-1345, 18 déc. 2008)*** **« mentionnées aux 1° à 5° du I de l'article L. 661-1, à l'exception du 4°, » sont susceptibles de tierce opposition. Le jugement statuant sur la tierce opposition est susceptible d'appel et de pourvoi en cassation de la part du tiers opposant.**

Voir : C. com., art. R. 661-1 et s., p. 2209.

Bibliographie : N. Fricéro, *Tierce opposition et procédures collectives* : *LPA* 28 nov. 2008, p. 26.

1) Tierce opposition à une décision prononçant la liquidation judiciaire d'une société civile. V. sous CPC, art. 583, annot. n° 6, p. 1952. Pour la qualité du dirigeant démissionnaire à former tierce-opposition contre le jugement d'ouverture d'une liquidation judiciaire, V. sous CPC, art. 583, annot. n° 8, p. 1952.

2) Droit transitoire. Il résulte de l'article 191 de la loi du 26 juillet 2005 que les articles L. 661-2 et L. 661-3 ne sont pas applicables aux procédures en cours au 1er janvier 2006. Doit donc être déclaré irrecevable l'appel interjeté par des associés tiers opposants qui ne figurent pas parmi les personnes ayant qualité à agir au regard des anciens articles L. 623-1 et L. 623-2 du Code de commerce, seuls applicables à la cause : ▪ Cass. com., 19 févr. 2008, n° 06-16.527 : *Bull. civ.* IV, n° 40 ; *JurisData* n° 2008-042837 ; *JCP* E 2008, 1617, étude A. Cérati-Gauthier ; *D.* 2008, p. 688, obs. A. Lienhard ; *Procédures* 2008, comm. 148, obs. B. Rolland ; *JCP* E 2008, 1975, comm. J.-P. Legros ; *Dr. sociétés* 2008, comm. 153, obs. J.-P. Legros.

3) Irrecevabilité de l'associé pour former un pourvoi contre les arrêts ayant ouvert un redressement judiciaire ou ayant converti un redressement en liquidation judiciaire et ayant fait l'objet d'une tierce opposition : ▪ Cass. com., 9 mai 2018, n° 14-11.367 : *JurisData* n° 2018-007545 ; *JCP* E 2018, 1305, note G. Berthelot.

Art. L. 661-3 *(L. n° 2005-845, 26 juill. 2005 ; Ord. n° 2008-1345, 18 déc. 2008).* – Les décisions arrêtant ou modifiant le plan de sauvegarde ou de redressement ou rejetant la résolution de ce plan sont susceptibles de tierce opposition.

Le jugement statuant sur la tierce opposition est susceptible d'appel et de pourvoi en cassation de la part du tiers opposant.

Il ne peut être exercé de tierce opposition contre les décisions rejetant l'arrêté ou la modification du plan de sauvegarde ou de redressement ou prononçant la résolution de ce plan.

Voir : C. com., art. R. 661-1 et s., p. 2209.

Art. L. 661-4 *(Anc. art. L. 623-4, dénum. et rempl., L. n° 2005-845, 26 juill. 2005).* – Les jugements *(Mots aj., Ord. n° 2008-1345, 18 déc. 2008)* « ou ordonnances » relatifs à la nomination ou au remplacement du juge-commissaire ne sont pas susceptibles de recours.

Art. L. 661-5 *(Abr., Ord. n° 2008-1345, 18 déc. 2008).*

Voir : C. com., art. R. 661-1 et R. 661-3 et s., p. 2209.

Art. L. 661-6 *(Anc. art. L. 623-6, dénum. et mod., L. n° 2005-845, 26 juill. 2005 ; rempl., Ord. n° 2008-1345, 18 déc. 2008 ; mod., L. n° 2016-1547, 18 nov. 2016).* – I. – Ne sont susceptibles que d'un appel de la part du ministère public :

1° Les jugements ou ordonnances relatifs à la nomination ou au remplacement de l'administrateur, du mandataire judiciaire, du commissaire à l'exécution du plan, du liquidateur, des contrôleurs, du ou des experts ;

2° Les jugements statuant sur la durée de la période d'observation, sur la poursuite ou la cessation de l'activité.

II. – Ne sont susceptibles que d'un appel de la part du débiteur ou du ministère public, les jugements relatifs à la modification de la mission de l'administrateur.

III. – Ne sont susceptibles que d'un appel de la part soit du débiteur, soit du ministère public, soit du cessionnaire ou du cocontractant mentionné à l'article L. 642-7 les jugements qui arrêtent ou rejettent le plan de cession de l'entreprise. Le cessionnaire ne peut interjeter appel du jugement arrêtant le plan de cession que si ce dernier lui impose des charges autres que les engagements qu'il a souscrits au cours de la préparation du plan. Le cocontractant mentionné à l'article L. 642-7 ne peut interjeter appel que de la partie du jugement qui emporte cession du contrat.

IV. – Ne sont susceptibles que d'un appel de la part du ministère public ou du cessionnaire, dans les limites mentionnées à l'alinéa précédent, les jugements modifiant le plan de cession.

V. – Ne sont susceptibles que d'un appel de la part du débiteur, de l'administrateur, du liquidateur, du cessionnaire et du ministère public les jugements statuant sur la résolution du plan de cession.

VI. – L'appel du ministère public est suspensif, sauf s'il porte sur une décision statuant sur l'ouverture de la procédure de sauvegarde ou de redressement judiciaire et n'est pas limité à la nomination de l'administrateur, du mandataire judiciaire ou des experts.

Voir : C. com., art. R. 661-1 et s., p. 2209.

Bibliographie : Ch. Delattre, *Le Ministère public et le contradictoire dans la loi de sauvegarde : Rev. proc. coll.* 2011, étude 24 ; *Le renouveau du rôle du ministère public : Rev. proc. coll.* 2017, dossier 3. • E. Houlette, *Le rôle du ministère public dans la loi de sauvegarde : JCP* E 2005, n° 42, p. 1772. • J.-P. Triaulaire, *Le rôle du ministère public : Rev. proc. coll.* 2006, p. 212.

Art. L. 661-7 *(Anc. art. L. 623-7, dénum. et mod., L. n° 2005-845, 26 juill. 2005 ; mod., Ord. n° 2008-1345, 18 déc. 2008).* – Il ne peut être exercé de tierce opposition ou de recours en cassation ni contre les jugements mentionnés à l'article L. 661-6, ni contre les arrêts rendus en application des I et II du même article.

Le pourvoi en cassation n'est ouvert qu'au ministère public à l'encontre des arrêts rendus en application du III, IV et V de l'article L. 661-6.

Voir : C. com., art. R. 661-8, p. 2210.

Art. L. 661-8 *(Anc. art. L. 623-8, dénum., L. n° 2005-845, 26 juill. 2005).* – Lorsque le ministère public doit avoir communication des procédures de sauvegarde, de redressement judiciaire ou de liquidation judiciaire

et des causes relatives à la responsabilité des dirigeants sociaux, le pourvoi en cassation pour défaut de communication n'est ouvert qu'à lui seul.

Art. L. 661-9 *(Anc. art. L. 623-9, dénum., L. n° 2005-845, 26 juill. 2005).* **– En cas d'information du jugement imposant de renvoyer l'affaire devant le tribunal, la cour d'appel peut ouvrir une nouvelle période d'observation. Cette période est d'une durée maximale de trois mois.**

En cas d'appel du jugement statuant sur la liquidation judiciaire au cours de la période d'observation ou arrêtant ou rejetant le plan de sauvegarde ou le plan de redressement judiciaire et lorsque l'exécution provisoire est arrêtée, la période d'observation est prolongée jusqu'à l'arrêt de la cour d'appel.

Art. L. 661-10 *(Anc. art. L. 623-10, dénum., L. n° 2005-845, 26 juill. 2005).* **– Pour l'application du présent titre, les membres du comité d'entreprise ou les délégués du personnel désignent parmi eux la personne habilitée à exercer en leur nom les voies de recours.**

Voir : C. com., art. R. 661-5 et s., p. 2210.

Art. L. 661-11 *(L. n° 2005-845, 26 juill. 2005 ; Ord. n° 2008-1345, 18 déc. 2008).* **– Les décisions rendues en application** *(Mots aj. à compter du 1er juillet 2014, Ord. n° 2014-326, 12 mars 2014)* **« de l'article L. 645-4 ainsi que » des chapitres I, II et III du titre V sont susceptibles d'appel de la part du ministère public.**

L'appel du ministère public est suspensif.

Art. L. 661-12 *(Ord. n° 2008-1345, 18 déc. 2008).* **– Les recours du ministère public prévus par le présent chapitre lui sont ouverts même s'il n'a pas agi comme partie principale.**

Bibliographie : Ch. Delattre, *Le renouveau du rôle du ministère public : Rev. proc. coll.* 2017, dossier 3. • E. Houlette, *Le rôle du ministère public dans la loi de sauvegarde : JCP* E 2005, n° 42, p. 1772. • J.-P. Triaulaire, *Le rôle du ministère public : Rev. proc. coll.* 2006, p. 212.

CHAPITRE II. – AUTRES DISPOSITIONS

Art. L. 662-1 *(Anc. art. L. 627-1, dénum., L. n° 2005-845, 26 juill. 2005).* **– Aucune opposition ou procédure d'exécution de quelque nature qu'elle soit sur les sommes versées à la Caisse des dépôts et consignations n'est recevable.**

Bibliographie : F.-C. Desprat, *L'article L. 621-32 (ancien article 40), son champ d'application, les actions des créanciers titulaires de ce privilège et le sort des fonds déposés à la Caisse des dépôts et consignations : Gaz. Pal.* 2001, doctr. p. 322. • F. Évano, *Les termes de l'article L. 627-1 du Code de commerce : LPA* 22 janv. 2004, p. 13. • F. Ghelfi-Tastevin, *Le principe de l'effet attributif immédiat des saisies et le droit des entreprises en difficulté : LPA* 18 oct. 1999, p. 6 et 20 oct. 1999, p. 13. • Ph. Roussel-Galle, *Nouvel épisode relatif à la légalité à éclipses de l'article 173 du décret du 27 décembre 1985 devenu article L. 627-1 nouveau du Code de commerce : Rev. proc. coll.* 2002, p. 155.

Illégalité. Le Conseil d'État avait estimé, avant la codification de septembre 2000, que l'article 173 du décret n° 85-1388 du 27 décembre 1985, dont le texte est repris aujourd'hui par l'article L. 662-1 du Code de commerce, et qui entraîne l'insaisissabilité des sommes versées quelle que soit la qualité du créancier saisissant, a notamment pour effet d'empêcher les créanciers détenteurs de créances nées régulièrement après le jugement d'ouverture d'exercer les droits que leur reconnaissait l'article 40 de la loi du 25 janvier 1985, devenu aujourd'hui l'article L. 622-17 du Code de commerce ; or, selon l'article 34 de la Constitution, la loi détermine les principes fondamentaux « du régime de la propriété, des droits réels et des obligations civiles et commerciales » ; en instituant l'article 173, l'autorité réglementaire est intervenue dans une matière réservée au législateur ; par suite, il est entaché d'illégalité : ▪ CE, 9 févr. 2000 : *D.* 2000, act. jurispr. p. 136, obs. A. Lienhard. ▪ Cass. com., 26 avr. 2000 : *D.* 2000, act. jurispr. p. 247, obs. A. Lienhard. ▪ Cass. com., 20 févr. 2001 : *D.* 2001, act. jurispr. p. 921, obs. A. Lienhard.– Mais pour le Conseil d'État, le gouvernement, en codifiant des dispositions qui avaient été déclarées illégales, mais pas annulées, n'a pas commis un détournement de pouvoir, ni méconnu l'habilitation législative sur le fondement de laquelle il est intervenu : ▪ CE, 27 mai 2002 : *JCP* E 2002, n° 1132, p. 1262.

Art. L. 662-2 *(L. n° 2005-845, 26 juill. 2005 ; mod., Ord. n° 2008-1345, 18 déc. 2008 ; mod. à compter du 1er juillet 2014, Ord. n° 2014-326, 12 mars 2014 ; mod., L. n° 2015-990, 6 août 2015).* **– Lorsque les intérêts en présence le justifient, la cour d'appel peut décider de renvoyer l'affaire devant une autre juridiction,**

compétente dans le ressort de la cour, ou devant une juridiction mentionnée à l'article L. 721-8 pour connaître du mandat *ad hoc*, de la procédure de conciliation ou des procédures de sauvegarde, de redressement judiciaire ou de liquidation judiciaire, dans des conditions fixées par décret. La Cour de cassation, saisie dans les mêmes conditions, peut renvoyer l'affaire devant une juridiction du ressort d'une autre cour d'appel ou une juridiction mentionnée à l'article L. 721-8. La décision de renvoi par laquelle une juridiction a été désignée pour connaître d'un mandat *ad hoc* ou d'une procédure de conciliation auquel le débiteur a recouru emporte prorogation de compétence au profit de la même juridiction pour connaître d'une procédure de sauvegarde, de redressement judiciaire ou de liquidation judiciaire qui pourrait directement s'en suivre.

Voir : C. com., art. R. 662-7 et s., p. 2212.

Art. L. 662-3 *(L. n° 2005-845, 26 juill. 2005 ; mod., Ord. n° 2008-1345, 18 déc. 2008).* – Les débats devant le tribunal de commerce et le tribunal de grande instance ont lieu en chambre du conseil. Néanmoins, la publicité des débats est de droit après l'ouverture de la procédure si le débiteur, le mandataire judiciaire, l'administrateur, le liquidateur, le représentant des salariés ou le ministère public en font la demande. Le président du tribunal peut décider qu'ils auront lieu ou se poursuivront en chambre du conseil s'il survient des désordres de nature à troubler la sérénité de la justice.

Par dérogation aux dispositions du premier alinéa, les débats relatifs aux mesures prises en application des chapitres Ier et III du titre V ont lieu en audience publique. Le président du tribunal peut décider qu'ils ont lieu en chambre du conseil si l'une des personnes mises en cause le demande avant leur ouverture.

(Créé à compter du 1er juillet 2014, Ord. n° 2014-326, 12 mars 2014) Le tribunal peut entendre toute personne dont l'audition lui paraît utile, et notamment, il peut entendre le représentant de l'État à sa demande.

L'article L. 662-3 est applicable aux procédures en cours au jour de l'entrée en vigueur [1er janv. 2006] de la loi n° 2005-845 du 26 juillet 2005, L. n° 2005-845, 26 juill. 2005, art. 191, qui vise par erreur l'article L. 662-4.

Bibliographie : Sur cette question, V. J.-P. Legros, *La loi du 26 juillet 2005 de sauvegarde des entreprises, Les mesures de prévention du nouveau titre I du livre VI du Code de commerce (1re partie) : Dr. sociétés* 2005, étude 9.

Art. L. 662-4 *(Anc. art. L. 627-5, dénum. et mod., L. n° 2005-845, 26 juill. 2005).* – Tout licenciement envisagé par l'administrateur, l'employeur ou le liquidateur, selon le cas, du représentant des salariés mentionné aux articles L. 621-4 et L. 641-1 est obligatoirement soumis au comité d'entreprise, qui donne un avis sur le projet de licenciement.

Le licenciement ne peut intervenir que sur autorisation de l'inspecteur du travail dont dépend l'établissement. Lorsqu'il n'existe pas de comité d'entreprise dans l'établissement, l'inspecteur du travail est saisi directement.

Toutefois, en cas de faute grave, l'administrateur, l'employeur ou le liquidateur, selon le cas, a la faculté de prononcer la mise à pied immédiate de l'intéressé en attendant la décision définitive. En cas de refus de licenciement, la mise à pied est annulée et ses effets supprimés de plein droit.

La protection instituée en faveur du représentant des salariés pour l'exercice de sa mission fixée à l'article L. 625-2 cesse lorsque toutes les sommes versées au mandataire judiciaire par les institutions mentionnées à l'article L. 3253-14 du Code du travail *(Anc. art. L. 143-11-4, dénum., Ord. n° 2007-329, 12 mars 2007)*, en application de l'article L. 3253-21-2° *(Anc. art. L. 143-11-7, al. 10, dénum., Ord. n° 2007-329, 12 mars 2007)* dudit code, ont été reversées par ce dernier aux salariés.

Lorsque le représentant des salariés exerce les fonctions du comité d'entreprise ou, à défaut, des délégués du personnel, la protection cesse au terme de la dernière audition ou consultation prévue par la procédure de redressement judiciaire.

Art. L. 662-5 *(Anc. art. L. 627-6, dénum., L. n° 2005-845, 26 juill. 2005).* – Les fonds détenus par les syndics au titre des procédures de règlement judiciaire ou de liquidation des biens régies par la loi n° 67-563 du 13 juillet 1967 sur le règlement judiciaire, la liquidation des biens, la faillite personnelle et les banqueroutes sont immédiatement versés en compte de dépôt à la Caisse des dépôts et consignations. En cas de retard, le syndic doit, pour les sommes qu'il n'a pas versées, un intérêt dont le taux est égal au taux de l'intérêt légal majoré de cinq points.

Art. L. 662-6 *(L. n° 2005-845, 26 juill. 2005). – (Mod., Ord. n° 2008-1345, 18 déc. 2008)* Le greffe du tribunal de commerce et celui du tribunal de grande instance établissent au terme de chaque semestre la liste

des administrateurs judiciaires et des mandataires judiciaires désignés par la juridiction et des autres personnes auxquelles un mandat afférent aux procédures régies par le présent livre a été confié par ladite juridiction, pendant cette période. Ils y font figurer, pour chacun des intéressés, l'ensemble des dossiers qui lui ont été attribués et les informations relatives aux débiteurs concernés prévues par décret en Conseil d'État.

Ces informations sont portées à la connaissance du garde des Sceaux, ministre de la Justice, du ministère public du ressort concerné et des autorités chargées du contrôle et de l'inspection des administrateurs et des mandataires judiciaires, selon des modalités déterminées par un décret en Conseil d'État.

Voir : C. com., art. R. 662-15 et R. 662-16 et s., p. 2213.

Art. L. 662-7 *(Créé à compter du 1er juillet 2014, Ord. n° 2014-326, 12 mars 2014 ; mod., L. n° 2016-1547, 18 nov. 2016).* **– À peine de nullité du jugement, ne peut siéger dans les formations de jugement ni participer au délibéré de la procédure :**

1° Le président du tribunal, s'il a connu du débiteur en application des dispositions du titre Ier du présent livre ;

2° Le juge commis chargé de recueillir tous renseignements sur la situation financière, économique et sociale de l'entreprise, pour les procédures dans lesquelles il a été désigné ;

3° Le juge-commissaire ou, s'il en a été désigné un, son suppléant, pour les procédures dans lesquelles il a été désigné ;

4° Le juge commis chargé de recueillir tous renseignements sur la situation patrimoniale du débiteur, pour les procédures de rétablissement professionnel dans lesquelles il a été désigné.

Art. L. 662-8 *(Créé à compter du 1er juillet 2014, Ord. n° 2014-326, 12 mars 2014 ; mod., L. n° 2015-990, 6 août 2015).* **– Le tribunal est compétent pour connaître de toute procédure concernant une société qui détient ou contrôle, au sens des articles L. 233-1 et L. 233-3, une société pour laquelle une procédure est en cours devant lui. Il est également compétent pour connaître de toute procédure concernant une société qui est détenue ou contrôlée, au sens des articles L. 233-1 et L. 233-3, par une société pour laquelle une procédure est en cours devant lui.**

Il peut désigner un administrateur judiciaire et un mandataire judiciaire communs à l'ensemble des procédures.

Par dérogation à la première phrase du premier alinéa, toute procédure en cours concernant une société détenue ou contrôlée, au sens des articles L. 233-1 et L. 233-3, par une société pour laquelle une procédure est ouverte devant un tribunal de commerce spécialisé est renvoyée devant ce dernier.

Bibliographie : M. Menjucq, *Traitement des groupes, évolutions et révolutions : regroupement, coordination par les AJMJ ... en droit interne et européen : BJE* 2016, p. 144. • J. Vallansan, *La compétence des tribunaux de commerce spécialisés dans le cadre des groupes de sociétés : Rev. proc. coll.* 2016, étude 22.

Code de commerce

Art. L. 721-8 *(L. n° 2015-990, 6 août 2015 ; mod., Ord. n° 2017-1519, 2 nov. 2017).* **–** Des tribunaux de commerce spécialement désignés connaissent, lorsque le débiteur exerce une activité commerciale ou artisanale :

1° Des procédures de sauvegarde, de redressement judiciaire et de liquidation judiciaire mentionnées au livre VI, lorsque le débiteur est :

a) Une entreprise dont le nombre de salariés est égal ou supérieur à 250 et dont le montant net du chiffre d'affaires est d'au moins 20 millions d'euros ;

b) Une entreprise dont le montant net du chiffre d'affaires est d'au moins 40 millions d'euros ;

c) Une société qui détient ou contrôle une autre société, au sens des articles L. 233-1 et L. 233-3, dès lors que le nombre de salariés de l'ensemble des sociétés concernées est égal ou supérieur à 250 et que le montant net du chiffre d'affaires de l'ensemble de ces sociétés est d'au moins 20 millions d'euros ;

d) Une société qui détient ou contrôle une autre société, au sens des articles L. 233-1 et L. 233-3, dès lors que le montant net du chiffre d'affaires de l'ensemble de ces sociétés est d'au moins 40 millions d'euros ;

2° Des procédures d'insolvabilité principales ouvertes à l'égard d'un débiteur qui possède un établissement sur le territoire d'un autre État membre, des procédures d'insolvabilité secondaires ou des procédures d'insolvabilité territoriales au sens de l'article 3 du règlement (UE) n° 2015/848 du 20 mai 2015 relatif aux procédures d'insolvabilité, ainsi que des instances introduites en application de la section 2 du chapitre II du titre IX du livre VI ;

3° Des procédures pour l'ouverture desquelles la compétence internationale du tribunal résulte de la présence dans son ressort du centre principal des intérêts du débiteur ;

4° De la procédure de conciliation prévue au titre Ier du livre VI, sur saisine directe par le débiteur, à la demande du procureur de la République ou par décision du président du tribunal de commerce, lorsque le débiteur est une entreprise ou un ensemble de sociétés remplissant les conditions prévues aux a à d du 1°. Le tribunal de commerce spécialisé compétent pour l'application des *c* et *d* du même 1° et du 4° du présent article est celui dans le ressort duquel se situe la société qui détient ou contrôle une autre société au sens des articles L. 233-1 et L. 233-3.

Pour l'application du 2° du présent article, le tribunal de commerce spécialisé compétent est celui dans le ressort duquel est situé le centre des intérêts principaux du débiteur. Pour les personnes morales, le centre des intérêts principaux est présumé, jusqu'à preuve contraire, être le lieu du siège social.

Un décret, pris après avis du Conseil national des tribunaux de commerce, fixe la liste des tribunaux de commerce spécialisés. Ce décret détermine le ressort de ces juridictions, en tenant compte des bassins d'emplois et des bassins d'activité économique.

Le président du tribunal de commerce dans le ressort duquel l'entreprise a des intérêts ou un juge délégué par lui siège de droit au sein du tribunal de commerce spécialisé compétent.

Bibliographie : N. Borga, *TCS : l'incidence du calcul des seuils au sein d'un groupe : BJE* 2017, p. 253 et s. • R. Dammann et M. Pigot, *Loi Macron : l'introduction du forum shopping à la française : BJE* 2016, p. 158. • Y. Lelièvre, *Les tribunaux de commerce spécialisés : CDE* 2016, dossier 31. • J.-L. Vallens, *Les tribunaux de commerce spécialisés en ordre de marche : Lamy actualité dr. aff.* 8 sept. 2016.

CHAPITRE III. – DES FRAIS DE PROCÉDURE

Art. L. 663-1 ***(Anc. art. L. 627-3, dénum. et mod., L. n° 2005-845, 26 juill. 2005 ; Ord. n° 2008-1345, 18 déc. 2008 ; L. n° 2011-94, 25 janv. 2011 ; L. n° 2011-850, 20 juill. 2011).*** **– I. – Lorsque les fonds disponibles du débiteur n'y peuvent suffire immédiatement, le Trésor public, sur ordonnance motivée du juge-commissaire, fait l'avance des droits, taxes, redevances ou émoluments perçus par les greffes des juridictions, des débours tarifés et des émoluments dus aux avoués et des rémunérations des avocats dans la mesure où elles sont réglementées, des frais de signification et de publicité et de la rémunération des techniciens désignés par la juridiction après accord du ministère public, afférents :**

1° Aux décisions qui interviennent au cours de la procédure de sauvegarde, de redressement judiciaire ou de liquidation judiciaire rendues dans l'intérêt collectif des créanciers ou du débiteur ;

2° À l'exercice des actions tendant à conserver ou à reconstituer le patrimoine du débiteur ou exercées dans l'intérêt collectif des créanciers ;

3° Et à l'exercice des actions mentionnées aux articles L. 653-3 à L. 653-6.

(Rempl. à compter du 1er juillet 2014, Ord. n° 2014-326, 12 mars 2014) **L'accord du ministère public n'est pas nécessaire pour l'avance de la rémunération des officiers publics ou des courtiers de marchandises assermentés désignés par le tribunal ou par le juge-commissaire en application des articles L. 621-4, L. 621-12, L. 622-6-1, L. 622-10, L. 631-9, L. 641-1 ou L. 644-1-1 pour réaliser l'inventaire prévu à l'article L. 622-6 et, le cas échéant, la prisée des actifs du débiteur.**

II. – Le Trésor public, sur ordonnance motivée du président du tribunal, fait également l'avance des mêmes frais afférents à l'exercice de l'action en résolution et en modification du plan.

III. – Ces dispositions sont applicables aux procédures d'appel ou de cassation de toutes les décisions mentionnées ci-dessus.

IV. – Pour le remboursement de ses avances, le Trésor public est garanti par le privilège des frais de justice.

V. ***(Créé à compter du 28 septembre 2014, Ord. n° 2014-1088, 26 sept. 2014)*** **– Sur ordonnance du président du tribunal, lorsque la procédure de rétablissement professionnel prévue par le chapitre V du titre IV fait l'objet d'un jugement de clôture entraînant effacement des dettes, le Trésor public fait l'avance des droits, taxes, redevances ou émoluments perçus par les greffes des juridictions ainsi que des frais de signification et de publicité.**

Voir : C. com., art. R. 661-1, p. 2209.

Bibliographie : C. Breval, *Redressement et liquidation judiciaires : le règlement des honoraires d'expertise par le Trésor public : LPA* 13 janv. 1997, p. 9.

Art. L. 663-1-1 *(L. n° 2012-346, 12 mars 2012).* **– Lorsque les mesures conservatoires ordonnées en application des articles L. 621-2, L. 631-10-1 et L. 651-4 portent sur des biens dont la conservation ou la détention génère des frais ou qui sont susceptibles de dépérissement, le juge-commissaire peut autoriser, aux prix et conditions qu'il détermine, l'administrateur, s'il a été nommé, le mandataire judiciaire ou le liquidateur à les céder. Les sommes provenant de cette cession sont immédiatement versées en compte de dépôt à la Caisse des dépôts et consignations.**

(Abr. à compter du 1er juillet 2014, Ord. n° 2014-326, 12 mars 2014).

Bibliographie : Sur les mesures conservatoires issues de la loi n° 2012-1190 du 12 mars 2012 et son décret n° 2012-1190 du 26 octobre 2012 : P. Cagnoli, *La loi Pétroplus a son décret d'application ! Phase 1 ! l'obtention de mesures conservatoires : Lettre d'actualité des proc. coll. civ. et com.* 2012, alerte 272. • L.-C. Henry, *Le décret « Pétroplus » du 25 oct. 2012 : encadrement salutaire de la loi : Rev. sociétés* 2012, p. 726. • P.-M. Le Corre, *Pour quelques barils de plus chez la fille, et pour quelques dollars de moins... chez la mère : la loi Pétroplus du 12 mars 2012 : Rev. sociétés* 2012, p. 412. • J.-P. Legros, *Mesures conservatoires : le décret d'application de la loi dite « Petroplus » du 12 mars 2012 : Dr. sociétés* 2013, comm. 13. • P. Morvan, *La loi Pétroplus, les procédures collectives et... les salariés : JCP* E 2013, 1047. • P. Rossi, *Le décret d'application de la loi Pétroplus : un texte prudent : BJE* 2013, § 38. • S. Piedelièvre, *Saisie conservatoire et procédures collectives : RD bancaire et fin.* 2013, comm. 21. • Ph. Roussel-Galle, *Le décret Pétroplus est arrivé ! : Rev. proc. coll.* 2012, étude 40. • G. Teboul, *La nouvelle loi sur les mesures conservatoires en matière de procédures collectives : une loi de circonstance ou une sanction préventive : LPA* 2 mars 2012, n° 45, p. 5.

Art. L. 663-2 *(L. n° 2005-845, 26 juill. 2005 ; mod., L. n° 2015-990, 6 août 2015 ; L. n° 2016-1547, 18 nov. 2016).* **– Les modalités de rémunération des administrateurs judiciaires, des mandataires judiciaires, des commissaires à l'exécution du plan et des liquidateurs sont fixées conformément au titre IV *bis* du livre IV. Cette rémunération est exclusive de toute autre rémunération ou remboursement de frais au titre de la même procédure ou au titre d'une mission subséquente qui n'en serait que le prolongement à l'exception d'un mandat de justice confié au titre du troisième alinéa de l'article L. 643-9.**

Le mandataire de justice informe le président du coût des prestations qui ont été confiées par lui à des tiers lorsque ceux-ci n'ont pas été rétribués sur la rémunération qu'il a perçue.

Voir : C. com., art. R. 661-1, p. 2209.

Bibliographie : J. Deharveng, *Le tarif des mandataires de justice, organes des procédures collectives : JCP* E 2007, 1688 ; *Le nouveau tarif des administrateurs et mandataires judiciaires peut-il influencer le traitement des procédures collectives rénovées par la loi de sauvegarde ? : CDE* 2007, étude 11, p. 55. • Ph. Froehlich, *La rémunération des mandataires de justice dans la loi de sauvegarde, les apports du décret du 23 décembre 2006 : Gaz. Pal.* 19-20 janv. 2007, p. 3. • B. Soinne, *La rémunération des mandataires de justice : Rev. proc. coll.* 2008, étude 23. • J. Vallansan, *Le calcul des tarifs des administrateurs et des mandataires judiciaires modifié : Act. proc. coll.* 2007, n° 1, p. 2.

Art. L. 663-3 *(L. n° 2005-845, 26 juill. 2005 ; mod., L. n° 2015-990, 6 août 2015).* **– Lorsque le produit de la réalisation des actifs de l'entreprise ne permet pas au liquidateur ou au mandataire judiciaire d'obtenir, au titre de la rémunération qui lui est due en application des dispositions de l'article L. 444-2, une somme au moins égale à un seuil fixé par décret en Conseil d'État, le dossier est déclaré impécunieux par décision du tribunal, sur proposition du juge-commissaire et au vu des justificatifs présentés par le liquidateur ou le mandataire judiciaire.**

La même décision fixe la somme correspondant à la différence entre la rémunération effectivement perçue par le liquidateur ou le mandataire judiciaire et le seuil visé au premier alinéa.

La somme versée au mandataire judiciaire ou au liquidateur est prélevée sur une quote-part des intérêts servis par la Caisse des dépôts et consignations sur les fonds déposés en application des articles L. 622-18, L. 626-25 et L. 641-8. Cette quote-part est spécialement affectée à un fonds géré par la Caisse des dépôts et consignations sous le contrôle d'un comité d'administration. Les conditions d'application du présent alinéa sont fixées par un décret en Conseil d'État.

Voir : C. com., art. R. 661-1, p. 2209.

Art. L. 663-3-1 *(Créé à compter du 1er juillet 2014, Ord. n° 2014-326, 12 mars 2014).* **– La rémunération du mandataire nommé pour assister le juge commis en application de l'article L. 645-4 est prélevée sur les sommes affectées au fonds mentionné à l'article L. 663-3. Les conditions d'application du présent article sont fixées par décret en Conseil d'État.**

des situations de surendettement à l'EIRL : Rev. proc. coll. 2011, p. 10-16 ; *Le sort de l'éventuelle entreprise à patrimoine affecté soumise à une procédure collective : JCP* E 28 janv. 2010, n° 4, p. 36-40. • J.-L. Vallens, *L'entrepreneur face à la défaillance de l'entreprise : Rev. Lamy dr. aff.* févr. 2011, n° 57. • F. Vauvillé, *La procédure collective de l'entrepreneur individuel à responsabilité limitée : premières vues sur l'ordonnance du 9 décembre 2010 : Defrénois* 2011, p. 137-152. • G. Wicker et L. Sautonie-Laguionie, *La fraude de l'EIRL : BJE* 2011, n° 85. • A.-F. Zattara-Gros, *L'entrepreneur individuel à responsabilité limitée en difficultés : Journ. soc.* juill. 2010, n° 78, p. 72-79. • *EIRL et droit des entreprises en difficulté : l'épreuve de vérité : Rev. proc. coll.* 2011, n° 2, dossier spécial, p. 78-110. • *L'EIRL : la consécration du patrimoine d'affectation (colloque) : Defrénois* 2011, p. 529-627. • *Approches critiques de l'EIRL : BJED* mars-avr. 2011, n° 1, dossier spécial, p. 52-91. • *L'EIRL en difficulté : D.* 2011, dossier spécial, p. 90-111.

Art. L. 680-1 *(Ord. n° 2010-1512, 9 déc. 2010).* **– Lorsque les dispositions des titres Ier à VI du présent livre sont appliquées à raison des activités professionnelles exercées par un entrepreneur individuel à responsabilité limitée, elles le sont patrimoine par patrimoine.**

Art. L. 680-2 *(Ord. n° 2010-1512, 9 déc. 2010).* **– Les dispositions des titres Ier à VI du présent livre qui intéressent la situation économique ou les biens, droits ou obligations du débiteur entrepreneur individuel à responsabilité limitée doivent, sauf dispositions contraires, être comprises comme visant les éléments du seul patrimoine affecté à l'activité en difficulté ou, si l'activité est exercée sans affectation de patrimoine, du seul patrimoine non affecté.**

Art. L. 680-3 *(Ord. n° 2010-1512, 9 déc. 2010).* **– Les dispositions des titres Ier à VI du présent livre qui intéressent les droits ou obligations des créanciers du débiteur entrepreneur individuel à responsabilité limitée s'appliquent, sauf dispositions contraires, dans les limites du seul patrimoine affecté à l'activité en difficulté ou, si l'activité est exercée sans affectation de patrimoine, du seul patrimoine non affecté.**

Art. L. 680-4 *(Ord. n° 2010-1512, 9 déc. 2010).* **– Sauf dispositions contraires, les références faites par les titres Ier à VI du présent livre au débiteur, à l'entreprise, au contrat, au cocontractant s'entendent, respectivement :**

– du débiteur en tant qu'il exerce l'activité en difficulté et est titulaire du patrimoine qui se rattache à celle-ci, à l'exclusion de tout autre ;

– de l'entreprise exploitée dans le cadre de l'activité en difficulté ;

– si un patrimoine est affecté à l'activité en difficulté, du contrat passé à l'occasion de l'exercice de cette activité ou, si l'activité est exercée sans affectation de patrimoine, du contrat passé en dehors du ou des activités auxquelles un patrimoine est affecté ;

– du cocontractant ayant conclu le contrat mentionné au précédent alinéa.

Art. L. 680-5 *(Ord. n° 2010-1512, 9 déc. 2010).* **– Lorsque les dispositions des titres Ier à VI du présent livre sont appliquées à raison d'une activité professionnelle exercée sans affectation de patrimoine, les éléments d'actif et de passif qui, le cas échéant, proviennent d'un patrimoine dont l'affectation a cessé de produire ses effets en application de l'article L. 526-15 sont considérés comme étant hors du patrimoine non affecté. Cette exclusion prend fin dès lors que les créances ayant composé l'ancien patrimoine sont éteintes.**

Le présent article n'est pas applicable si l'exercice de l'activité à laquelle le patrimoine était affecté s'est poursuivi après la cessation de l'affectation.

Art. L. 680-6 *(Ord. n° 2010-1512, 9 déc. 2010).* **– Le jugement d'ouverture d'une procédure de sauvegarde, de redressement judiciaire ou de liquidation judiciaire emporte, de plein droit, jusqu'à la clôture de la procédure ou, le cas échéant, jusqu'à la fin des opérations du plan, interdiction pour tout débiteur d'affecter à une activité professionnelle un bien compris dans le patrimoine visé par la procédure ou, sous réserve du versement des revenus mentionnés à l'article L. 526-18, de modifier l'affectation d'un tel bien, lorsqu'il en résulterait une diminution de l'actif de ce patrimoine.**

Tout acte passé en violation des dispositions du présent article est annulé à la demande de tout intéressé ou du ministère public dans le délai de trois ans à compter de sa date.

Art. L. 680-7 *(Ord. n° 2010-1512, 9 déc. 2010).* **– Sans préjudice de la compétence attribuée au juge-commissaire par l'article L. 624-19, le tribunal saisi d'une procédure de sauvegarde, de redressement**

judiciaire ou de liquidation judiciaire ouverte à l'égard d'un entrepreneur individuel à responsabilité limitée connaît des contestations relatives à l'affectation des éléments du patrimoine de cet entrepreneur qui s'élèvent à l'occasion de cette procédure.

9.1.2.1. – Dispositions particulières aux procédures d'insolvabilité relevant du règlement (UE) n° 2015/848 du 20 mai 2015 relatif aux procédures d'insolvabilité

Bibliographie : E. Fabriès-Lecéa et G.-C. Giorgini, *Les défis pratiques à relever pour une mise en œuvre effective du règlement Insolvabilité : BJE* 2018, p. 162. • C. Lisanti, *La compétence pour l'ouverture d'une procédure d'insolvabilité : l'obligation de vérification de la compétence juridictionnelle : BJE* 2018, p. 140 et s. • G.-C. Giorgini, *Le droit français des entreprises en difficulté s'adapte au règlement insolvabilité du 20 mai 2015 : Gaz. Pal.* 16 janv. 2018, p. 53 et s. • R. Dammann et M. Guermonprez, *Le nouvel équilibre entre procédure principale et procédure secondaire : adaptation du Code de commerce au règlement UE du 20 mai 2015 : D.* 2017, p. 2435 et s. • Th. Mastrullo et M. Menjucq, *Commentaire de l'ordonnance n° 2017-1519 du 2 nov. 2017 portant adaptation du droit français au règlement (UE) n° 2015/848 sur les procédures d'insolvabilité : RPC* 2017, étude 19. • Ph. Roussel-Galle, *Procédures d'insolvabilité relevant du règlement européen : les nouvelles modalités procédurales en droit français : Dict. perm. Difficultés des entreprises*, Bull. n° 405, juill. 2018, p. 1. • A. Tabeling, *La nécessité d'adapter le droit français au règlement révisé par ordonnance : BJE* 2018, p. 135 et s. • A. Tabeling et Ph. Roussel-Galle, *Adaptation du droit français des entreprises en difficulté au règlement insolvabilité du 20 mai 2015 : JCP* E 2017, act. 832. • L. Sautonie-Laguionie, *L'adaptation du droit français au règlement révisé, relatif aux procédures d'insolvabilité, par l'ordonnance du 2 novembre 2017 : BJE* 2018, p. 58 et s. • J. Vallansan, *La compétence pour l'ouverture d'une procédure d'insolvabilité : le choix des TCS : BJE* 2018, p. 137 et s. • J.-L. Vallens, *Adaptation du droit français au règlement insolvabilité du 20 mai 2015 : RLDA* déc. 2017, n° 132, p. 3 ; *Le traitement des groupes en difficulté : adaptation du Code de commerce au règlement du 20 mai 2015 : D.* 2017, p. 2439 et s. • *Adde* dossier, L. Sautonie-Laguionie (dir.), *L'adaptation du droit français au Règlement insolvabilité bis : quels choix pour quelle efficacité ? : BJE* 2018, p. 133 et s.

Code de commerce

Art. L. 690-1 ***(Ord. n° 2017-1519, 2 nov. 2017).*** **– Le tribunal saisi d'une demande d'ouverture d'une procédure d'insolvabilité à l'égard d'un débiteur peut ouvrir, selon le cas, une procédure d'insolvabilité principale ou une procédure d'insolvabilité territoriale ou secondaire.**

CHAPITRE I. – DES PROCEDURES D'INSOLVABILITE PRINCIPALES

Art. L. 691-1 ***(Ord. n° 2017-1519, 2 nov. 2017).*** **– Sans préjudice des voies de recours qui leur sont ouvertes par ailleurs, le ministère public, par la voie de l'appel, et tout créancier, par la voie de l'appel ou de la tierce opposition, selon le cas, peuvent contester la décision d'ouverture de la procédure d'insolvabilité principale pour un motif de compétence internationale.**

Art. L. 691-2 ***(Ord. n° 2017-1519, 2 nov. 2017).*** **– Le juge-commissaire autorise le mandataire de justice désigné dans la procédure d'insolvabilité principale ouverte par un tribunal situé sur le territoire national à prendre, en application de l'article 36 du règlement (UE) n° 2015/848 précité, un engagement envers les créanciers locaux d'un établissement du débiteur situé sur le territoire d'un autre État membre.**

Art. L. 691-3 ***(Ord. n° 2017-1519, 2 nov. 2017).*** **– Le tribunal statue sur les contestations élevées ou les demandes présentées, conformément aux paragraphes 7 ou 8 de l'article 36 du règlement (UE) n° 2015/848 précité, par les créanciers locaux d'un établissement du débiteur situé sur le territoire d'un autre État membre pour obtenir le respect de l'engagement pris par le mandataire de justice ou sa conformité à la loi applicable ou pour obtenir à ces fins toute mesure adéquate.**

Le jugement peut faire l'objet d'un appel de la part du mandataire de justice, du débiteur non dessaisi, du créancier local demandeur ou du ministère public.

Art. L. 691-4 ***(Ord. n° 2017-1519, 2 nov. 2017).*** **– Un décret en Conseil d'État précise les conditions d'application du présent chapitre.**

CHAPITRE II. – DES PROCÉDURES D'INSOLVABILITÉ SECONDAIRES

Bibliographie : M. Boché-Robinet, *Le nouvel article L. 692-1 du Code de commerce : précisions sur les modalités d'ouverture d'une procédure d'insolvabilité secondaire en France : Rev. proc. coll.* 2018, étude 4. • J.-L. Vallens, *L'articulation d'une procédure principale et d'une procédure secondaire : une nouvelle donne : BJE* 2018, p. 143 et s.

Section I. – De l'ouverture et du déroulement d'une procédure d'insolvabilité secondaire

Art. L. 692-1 *(Ord. n° 2017-1519, 2 nov. 2017).* – **Outre les personnes mentionnées respectivement à l'article L. 631-4 et aux premier et deuxième alinéas de l'article L. 631-5 ou à l'article L. 640-4 et aux premier et deuxième alinéas de l'article L. 640-5, le praticien de l'insolvabilité de la procédure d'insolvabilité principale ouverte sur le territoire d'un autre État membre peut demander l'ouverture d'une procédure d'insolvabilité secondaire de redressement judiciaire ou de liquidation judiciaire à l'égard du débiteur qui possède un établissement situé sur le territoire français. L'ouverture d'une procédure d'insolvabilité secondaire de sauvegarde peut être demandée par le débiteur.**

Le tribunal qui prononce l'ouverture de la procédure d'insolvabilité secondaire fixe la date de cessation des paiements selon les conditions prévues à l'article L. 631-8 et au IV de l'article L. 641-1.

Art. L. 692-2 *(Ord. n° 2017-1519, 2 nov. 2017).* – **I. – Le tribunal saisi d'une demande d'ouverture d'une procédure d'insolvabilité secondaire rejette la demande lorsque le praticien de l'insolvabilité de la procédure d'insolvabilité principale ou le débiteur non dessaisi, entendu ou dûment convoqué, justifie avoir pris un engagement conformément aux dispositions des articles L. 692-7 et L. 692-8.**

II. – Le tribunal qui suspend l'ouverture d'une procédure d'insolvabilité secondaire dans les conditions du paragraphe 3 de l'article 38 du règlement (UE) n° 2015/848 précité, peut ordonner, d'office ou à la demande du praticien de l'insolvabilité de la procédure principale ou du débiteur non dessaisi, de tout créancier local ou du ministère public, toute mesure provisoire ou conservatoire afin de protéger les intérêts des créanciers locaux.

Art. L. 692-3 *(Ord. n° 2017-1519, 2 nov. 2017).* – **Le jugement d'ouverture d'une procédure d'insolvabilité secondaire est susceptible d'appel ou de tierce-opposition de la part du praticien de l'insolvabilité de la procédure d'insolvabilité principale si celui-ci estime que le tribunal n'a pas respecté les dispositions de l'article 38 du règlement (UE) n° 2015/848 précité.**

Art. L. 692-4 *(Ord. n° 2017-1519, 2 nov. 2017).* – **Aux fins d'application de l'article 46 du règlement (UE) n° 2015/848 précité, le tribunal ou le juge-commissaire qui, après avoir recueilli l'avis du ministère public, accueille la demande de suspension, en tout ou en partie, de la procédure de réalisation des actifs du débiteur situés sur le territoire national, peut ordonner toute mesure provisoire ou conservatoire de nature à garantir les intérêts des créanciers locaux. Il en est de même si, saisi dans les mêmes conditions, il prolonge ou renouvelle la suspension prononcée.**

Les décisions statuant sur les demandes de suspension, de prolongation, de renouvellement et de levée de la suspension de la procédure de réalisation des actifs sont susceptibles d'appel par les mandataires de justice, le ministère public, le débiteur non dessaisi et le praticien de l'insolvabilité désigné dans la procédure d'insolvabilité principale.

La réalisation des actifs ne peut intervenir pendant le délai dont dispose le praticien de l'insolvabilité de la procédure d'insolvabilité principale pour saisir le tribunal de sa demande de suspension ou tant que cette demande n'a pas été définitivement rejetée ou que la suspension n'est pas définitivement levée.

Art. L. 692-5 *(Ord. n° 2017-1519, 2 nov. 2017).* – **I. – Le praticien de l'insolvabilité de la procédure d'insolvabilité principale peut proposer dans la procédure d'insolvabilité secondaire un projet de plan de sauvegarde ou de redressement élaboré selon les dispositions de l'article L. 626-2.**

II. – Le contenu et les modalités de présentation du projet de plan proposé par le praticien de l'insolvabilité de la procédure d'insolvabilité principale sont ceux relatifs au projet de plan présenté par un créancier conformément aux dispositions de l'article L. 626-30-2 si le débiteur entre dans le champ d'application de l'article L. 626-29.

III. – Si tel n'est pas le cas, le praticien de l'insolvabilité de la procédure d'insolvabilité principale communique au mandataire judiciaire et au juge-commissaire les propositions de règlement du passif prévues à l'article L. 626-5 et procède aux informations, consultations et communications prévues à l'article L. 626-8.

Les dispositions des articles L. 626-2-1, L. 626-6 et L. 626-7 sont applicables. L'état mentionné à l'article L. 626-7 est également adressé au praticien de l'insolvabilité de la procédure d'insolvabilité principale.

Le tribunal statue, au vu du rapport du juge-commissaire, sur le projet de plan proposé par le praticien de l'insolvabilité de la procédure d'insolvabilité principale, dans les conditions prévues par l'article L. 626-9, ce praticien entendu ou dûment convoqué.

Art. L. 692-6 *(Ord. n° 2017-1519, 2 nov. 2017).* **– Le juge-commissaire constate par ordonnance l'accord des créanciers mentionné au paragraphe 2 de l'article 47 du règlement (UE) n° 2015/848 précité.**

Section II. – De l'absence d'ouverture d'une procédure d'insolvabilité secondaire sur le territoire national

Sous-section 1. – De l'engagement pris par le praticien de l'insolvabilité de la procédure d'insolvabilité principale

Bibliographie : P. Nabet, *L'évitement d'une procédure secondaire par un engagement unilatéral : BJE* 2018, p. 147 et s.

Art. L. 692-7 *(Ord. n° 2017-1519, 2 nov. 2017).* **– Le praticien de l'insolvabilité de la procédure d'insolvabilité principale qui se propose de prendre un engagement en application de l'article 36 du règlement (UE) n° 2015/848 précité recueille l'accord de tous les créanciers locaux concernés par cet engagement, y compris les institutions de garantie mentionnées à l'article L. 3253-14 du Code du travail. À cette occasion, il informe chaque créancier concerné des caractéristiques de sa créance.**

Le praticien de l'insolvabilité communique l'engagement au comité d'entreprise de l'établissement ou, à défaut, aux délégués du personnel.

Le défaut de réponse des salariés et des créanciers publics dans le délai de soixante jours à compter de la réception de la proposition d'engagement vaut refus de l'engagement. Le défaut de réponse des autres créanciers locaux dont les droits sont affectés, dans ce même délai, vaut approbation de l'engagement.

Art. L. 692-8 *(Ord. n° 2017-1519, 2 nov. 2017).* **– I. – Le praticien de l'insolvabilité de la procédure d'insolvabilité principale saisit par requête le président du tribunal de commerce spécialement désigné ou du tribunal de grande instance compétent dans le ressort duquel est situé l'établissement aux fins de vérifier les conditions d'approbation de l'engagement.**

L'engagement ne peut être exécuté qu'au visa de l'ordonnance rendue par le président.

II. – L'ouverture d'une procédure d'insolvabilité secondaire ne peut plus être demandée à l'expiration du délai de trente jours à compter de la notification de l'ordonnance.

Art. L. 692-9 *(Ord. n° 2017-1519, 2 nov. 2017).* **– Le jugement qui statue sur les demandes des créanciers locaux tendant, sur le fondement du paragraphe 9 de l'article 36 du règlement (UE) n° 2015/848 précité, à ce que soient prises des mesures provisoires ou conservatoires en vue d'assurer le respect des termes de l'engagement par le praticien de l'insolvabilité de la procédure d'insolvabilité principale peut faire l'objet d'un appel de la part de ce praticien, du débiteur non dessaisi, du créancier local demandeur et du ministère public. Le cas échéant, le praticien de l'insolvabilité de la procédure d'insolvabilité principale peut former tierce opposition.**

Sous-section 2. – Des licenciements en l'absence d'ouverture d'une procédure secondaire

Bibliographie : A. Donnette-Boissière, *Les aspects de droit social de l'ordonnance du 2 novembre 2017 : BJE* 2018, p. 150 et s.

Art. L. 692-10 *(Ord. n° 2017-1519, 2 nov. 2017).* **– I. – La compétence du tribunal mentionné au paragraphe 2 de l'article 13 du règlement (UE) n° 2015/848 précité est déterminée en application du 2° de l'article L. 721-8 si le débiteur exerce une activité commerciale ou artisanale. Le tribunal de grande instance sur le ressort duquel est situé l'établissement est compétent dans les autres cas.**

II. – Si le débiteur est en état de cessation des paiements et si la procédure d'insolvabilité principale le concernant est une procédure analogue au redressement judiciaire, les règles applicables à l'approbation des licenciements sont celles prévues à l'article L. 631-17. Si le débiteur est en état de cessation des paiements et si la procédure d'insolvabilité principale le concernant est une procédure analogue à la liquidation judiciaire avec maintien de l'activité, l'article L. 641-10 est applicable.

Le tribunal ou, le cas échéant, le juge désigné par celui-ci exerce les missions confiées par les articles précités au juge-commissaire.

Le jugement de la juridiction compétente en application du I du présent article, qui statue sur la résiliation des contrats de travail découlant de la procédure d'insolvabilité principale est susceptible d'appel de la part du débiteur non dessaisi, du praticien de l'insolvabilité de la procédure d'insolvabilité principale, de l'une des institutions représentatives du personnel ou, à défaut, du représentant des salariés ainsi que du ministère public. Le II de l'article L. 661-1 est applicable.

Art. L. 692-11 ***(Ord. n° 2017-1519, 2 nov. 2017).*** **– Un décret en Conseil d'État précise les conditions d'application du présent chapitre.**

CHAPITRE III. – DE L'INFORMATION DES CRÉANCIERS ÉTRANGERS ET DE LA DÉCLARATION DES CRÉANCES

Bibliographie : J.-L. Vallens, *La déclaration de créance à l'heure du droit européen : RTD com.* 2017, p. 1001 et s.

Art. L. 693-1 ***(Ord. n° 2017-1519, 2 nov. 2017).*** **– Tout créancier étranger ou son préposé ou mandataire de son choix ainsi que, le cas échéant, les praticiens de l'insolvabilité désignés pour représenter les intérêts des créanciers dans le cadre des procédures d'insolvabilité ouvertes dans les autres États membres déclarent leurs créances dans les conditions légales portées à leur connaissance par le mandataire judiciaire désigné par la juridiction nationale. Les dispositions de l'article L. 622-26 leur sont applicables.**

En cas de contestation de tout ou partie de la créance, les dispositions de l'article L. 622-27 sont applicables. Le délai de trente jours prévu par cet article ne s'applique pas à la production de la traduction de la déclaration de créances et des pièces justificatives demandées.

CHAPITRE IV. – DES PROCÉDURES D'INSOLVABILITÉ CONCERNANT DES MEMBRES D'UN GROUPE DE SOCIÉTÉS ÉTABLIES DANS PLUSIEURS ÉTATS MEMBRES

Bibliographie : M. Laroche, *Groupes de sociétés : originalité et faisabilité de la procédure de coordination collective : BJE* 2018, p. 153 et s.

Section I. – De la suspension de la réalisation des actifs dans une procédure d'insolvabilité ouverte à l'encontre d'un membre d'un groupe de sociétés

Art. L. 694-1 ***(Ord. n° 2017-1519, 2 nov. 2017).*** **– Aux fins de la mise en œuvre de la suspension d'une procédure de réalisation des actifs mentionnée au *b* du paragraphe 1 et au paragraphe 2 de l'article 60 du règlement (UE) n° 2015/848 précité, les dispositions de l'article L. 692-4 sont applicables.**

Le praticien de l'insolvabilité désigné dans une procédure d'insolvabilité ouverte par la juridiction d'un autre État membre peut à cette fin former appel ou tierce-opposition à l'encontre de la décision rendue par le tribunal ou le juge-commissaire.

Section II. – De la procédure de coordination collective

Art. L. 694-2 ***(Ord. n° 2017-1519, 2 nov. 2017).*** **– En application du paragraphe 1 de l'article 71 du règlement (UE) n° 2015/848 peuvent exercer les missions de coordinateur les personnes inscrites sur la liste des administrateurs judiciaires ou des mandataires judiciaires en application des articles L. 811-2 et L. 812-2 ou un praticien de l'insolvabilité d'un autre État membre.**

Les dispositions des trois derniers alinéas des articles L. 811-2 et L. 812-2 sont applicables aux praticiens de l'insolvabilité des autres États membres.

Art. L. 694-3 ***(Ord. n° 2017-1519, 2 nov. 2017).*** **– Le tribunal qui a prononcé l'ouverture de la procédure de coordination collective statue sur la demande du coordinateur présentée conformément au paragraphe 6 de**

l'article 72 du règlement et sur la déclaration finale établie en application de l'article 77 de ce règlement. L'article L. 663-1 n'est pas applicable.

Le jugement rendu sur la déclaration finale peut faire l'objet d'un appel de la part de tout praticien de l'insolvabilité ayant participé à la procédure de coordination collective et élevé une objection ainsi que de la part du débiteur non dessaisi et du ministère public.

Art. L. 694-4 *(Ord. n° 2017-1519, 2 nov. 2017).* **– Les jugements du tribunal statuant sur les demandes de suspension et de levée de la suspension de la procédure d'insolvabilité présentées par le coordinateur en application du *e* du 2 de l'article 72 sont susceptibles d'appel de la part du débiteur, de l'administrateur, du mandataire judiciaire, du coordinateur et du ministère public.**

Art. L. 694-5 *(Ord. n° 2017-1519, 2 nov. 2017).* **– Le jugement qui révoque le coordinateur en application de l'article 75 du règlement (UE) n° 2015/848 précité n'est pas susceptible d'appel.**

Art. L. 694-6 *(Ord. n° 2017-1519, 2 nov. 2017).* **– Le juge-commissaire autorise le mandataire de justice à accepter ou refuser l'inclusion dans une procédure de coordination de la procédure d'insolvabilité dans laquelle il est désigné, ainsi qu'à demander à participer volontairement à la procédure de coordination. La décision n'est pas susceptible de recours.**

L'autorisation du juge-commissaire est également nécessaire pour signer l'accord mutuel prévu au paragraphe 2 de l'article 66 du règlement (UE) n° 2015/848 précité.

Art. L. 694-7 *(Ord. n° 2017-1519, 2 nov. 2017).* **– Le juge-commissaire autorise, s'il y a lieu, la communication de documents confidentiels entre le mandataire de justice et le coordinateur dans les conditions prévues à l'article L. 695-2.**

Art. L. 694-8 *(Ord. n° 2017-1519, 2 nov. 2017).* **– Le juge-commissaire apprécie les motifs dont, en application du paragraphe 2 de l'article 70 du règlement (UE) n° 2015/848 précité, lui fait part le mandataire de justice qui ne suit pas les recommandations du coordinateur ou le programme de coordination collective.**

Art. L. 694-9 *(Ord. n° 2017-1519, 2 nov. 2017).* **– Le juge-commissaire statue par une ordonnance non susceptible de recours sur les désaccords relatifs à la procédure de coordination collective entre l'administrateur judiciaire et le mandataire judiciaire désignés dans la procédure d'insolvabilité ouverte sur le territoire national.**

Art. L. 694-10 *(Ord. n° 2017-1519, 2 nov. 2017).* **– Un décret en Conseil d'État précise les conditions d'application du présent chapitre.**

CHAPITRE V. – DE LA COOPERATION ET DE LA COMMUNICATION DES PRATICIENS DE L'INSOLVABILITÉ ET DES JURIDICTIONS

Bibliographie : L.-C. Henry, *Efficacité des procédures et coopération et communication entre les acteurs : BJE* 2018, p. 158 et s.

Art. L. 695-1 *(Ord. n° 2017-1519, 2 nov. 2017).* **– Les dispositions du présent chapitre sont applicables à la coopération et à la communication entre praticiens de l'insolvabilité, entre juridictions et entre praticiens de l'insolvabilité, et entre juridictions, dans le cadre de procédures d'insolvabilité ouvertes à l'égard d'un même débiteur ou à l'égard de débiteurs membres d'un même groupe de sociétés.**

Art. L. 695-2 *(Ord. n° 2017-1519, 2 nov. 2017).* **– I. – Le mandataire de justice informe le juge-commissaire des demandes de coopération et de communication adressées par le praticien de l'insolvabilité désigné dans une procédure ouverte par la juridiction d'un autre État membre, en application des articles 41 et 56 du règlement (UE) n° 2015/848 précité.**

Il sollicite l'autorisation du juge-commissaire aux fins d'être autorisé à communiquer des informations confidentielles à tout praticien de l'insolvabilité désigné dans une procédure ouverte dans un autre État membre à l'encontre du même débiteur ou à l'égard d'un débiteur membre du même groupe de sociétés et informe sans délai le débiteur, tout autre mandataire de justice, les contrôleurs mentionnés à l'article L. 621-10 et le ministère public de la demande de communication.

II. – Le mandataire de justice désigné dans la procédure d'insolvabilité soumet à l'approbation du juge-commissaire tout accord ou protocole conclu en application des articles 41 et 56 du règlement (UE) n° 2015/848 précité avec tout praticien de l'insolvabilité d'un autre État membre désigné dans une procédure d'insolvabilité ouverte à l'égard du même débiteur ou à l'égard d'un débiteur membre du même groupe de sociétés.

Art. L. 695-3 *(Ord. n° 2017-1519, 2 nov. 2017)*. **– Le tribunal qui a ouvert une procédure d'insolvabilité peut désigner un juge, habiliter le juge-commissaire ou désigner un mandataire de justice pour mettre en œuvre la coopération et la communication entre juridictions et entre juridictions et praticiens de l'insolvabilité.**

Art. L. 695-4 *(Ord. n° 2017-1519, 2 nov. 2017)*. **– Le juge ou le mandataire de justice désigné en application de l'article L. 695-3 communique avec les juridictions et les organes désignés dans le cadre d'une procédure d'insolvabilité ouverte à l'égard du débiteur par la juridiction d'un autre État membre par écrit ou par tout moyen de communication électronique qui préserve la sécurité, la confidentialité et la conservation des échanges. L'écrit ou l'enregistrement sont versés au dossier. Le débiteur, le créancier qui a demandé l'ouverture de la procédure, le ministère public, les juridictions qui ont ouvert une procédure à l'encontre du même débiteur et les praticiens de l'insolvabilité désignés par ces juridictions en sont avisés.**

Art. L. 695-5 *(Ord. n° 2017-1519, 2 nov. 2017)*. **– Un décret en Conseil d'État précise les conditions d'application du présent chapitre.**

CHAPITRE VI. – DES DISPOSITIONS APPLICABLES AUX DÉPARTEMENTS ET RÉGIONS D'OUTRE-MER

Art. L. 696-1 *(Ord. n° 2017-1519, 2 nov. 2017)*. **– Pour l'application en Guadeloupe, en Guyane, en Martinique et à la Réunion du titre IX du livre VI, les mots : « tribunal de commerce spécialement désigné » sont remplacés par les mots : « tribunal de commerce territorialement compétent ».**

9.1.2. – Livre sixième du Code de commerce (Partie réglementaire)

9.1.2.1. – De la prévention des difficultés des entreprises

Code de commerce

Bibliographie : P. Rossi, *L'ordonnance du 12 mars 2014 peut être entièrement mise en application : BJE* 2014, p. 271. • Ph. Roussel-Galle, *Réforme du droit des entreprises en difficulté : à propos du décret du 30 juin 2014 : JCP* E 2014, 1479.

Art. R. 600-1. – Sans préjudice des dispositions *(Mots aj., D. n° 2018-452, 5 juin 2018)* **« du 2° de l'article L. 721-8 et » de l'article R. 662-7, le tribunal territorialement compétent pour connaître des procédures prévues par le livre VI de la partie législative du présent code est celui dans le ressort duquel le débiteur, personne morale, a son siège ou le débiteur, personne physique, a déclaré l'adresse de son entreprise ou de son activité. À défaut de siège en territoire français, le tribunal compétent est celui dans le ressort duquel le débiteur a le centre principal de ses intérêts en France.**

Toutefois, en cas de changement de siège de la personne morale dans les six mois ayant précédé la saisine du tribunal, le tribunal dans le ressort duquel se trouvait le siège initial demeure seul compétent. Ce délai court à compter de l'inscription modificative au registre du commerce et des sociétés du siège initial.

Les règles de compétence de l'article R. 600-1 du Code de commerce ne dérogent pas à l'application des dispositions de l'article 46 du Code de procédure civile qui instituent un privilège de juridiction pour les magistrats ou auxiliaires de justice parties à un litige (procédure collective ouverte contre un avocat) : ▪ Cass. com., 28 oct. 2008, n° 07-20.801 : *JurisData* n° 2008-045587 ; *JCP* E 2008, 2437, obs. D. Cholet ; *JCP* E 2009, 1008, n° 2, obs. Ph. Pétel ; *D.* 2008, p. 2791, obs. A. Lienhard ; *Procédures* 2009, comm. 20, note H. Croze ; *Gaz. Pal.* 9-10 janv. 2009, n° 9, p. 17, obs. F. Iacovelli ; *Act. proc. coll.* 2008, comm. 320, obs. S. Rétif ; *Rev. proc. coll.* 2009, comm. 40, obs. Ch. Lebel.

Art. R. 600-2. – Les mesures prévues à l'article L. 611-2 relèvent de la compétence du président du tribunal du lieu du siège du débiteur, personne morale, ou, le cas échéant, du lieu où le débiteur, personne physique, a déclaré l'adresse de son entreprise ou de son activité.

La compétence territoriale du président du tribunal pour désigner un mandataire *ad hoc* est déterminée par l'article R. 600-1.

Art. R. 600-3. – **Pour l'application de l'article L. 610-1, le siège et le ressort des juridictions commerciales et des tribunaux de grande instance compétents en métropole sont fixés conformément aux tableaux des annexes 6-1 et 6-2 du présent livre.**

Art. R. 600-4. – **Pour l'application de l'article L. 610-1, le siège et le ressort des juridictions commerciales et des tribunaux de grande instance compétents dans les départements d'outre-mer sont fixés conformément aux tableaux de l'annexe 6-3 et 6-4 du présent livre.**

TITRE PREMIER. – DE LA PRÉVENTION DES DIFFICULTÉS DES ENTREPRISES

CHAPITRE I. – DE LA PRÉVENTION DES DIFFICULTÉS DES ENTREPRISES, DU MANDAT *AD HOC* ET DE LA PROCÉDURE DE CONCILIATION

Section I. – Des groupements de prévention agréés

Art. D. 611-1. – **Pour bénéficier de l'agrément prévu à l'article L. 611-1, les groupements de prévention agréés doivent remplir les conditions prévues aux articles D. 611-2 à D. 611-8.**

Art. D. 611-2. – **Les groupements de prévention agréés sont constitués sous toute forme juridique qui leur confère une personnalité morale de droit privé.**

Art. D. 611-3. – **Les demandes d'agrément sont déposées auprès du préfet de la région dans laquelle le groupement a son siège ; il en accuse réception après s'être assuré que le dossier est complet.**

Les demandes indiquent :

1° L'objet du groupement qui correspond à la mission définie à l'article L. 611-1 ;

2° Le ressort dans lequel il assure son activité, qui ne dépasse pas le cadre de la région dans laquelle il a son siège ;

3° Les personnes morales appelées à adhérer au groupement ;

4° Les moyens dont dispose le groupement, et les personnes intervenant en son nom avec l'indication de leurs qualifications professionnelles ;

5° Les méthodes d'analyse des informations comptables et financières ainsi que leur fréquence.

Art. D. 611-4. – **Toute demande d'agrément est accompagnée des documents suivants :**

1° Un exemplaire des statuts et, le cas échéant, du règlement intérieur du groupement ;

2° La justification de l'exécution des formalités prévues par la législation en vigueur pour la création et la régularité du fonctionnement du groupement selon la forme juridique choisie ;

3° La liste des personnes qui dirigent, gèrent ou administrent le groupement avec, pour chacune d'elles, l'indication de leurs nom, prénoms, date et lieu de naissance, nationalité, domicile, profession et nature de l'activité exercée dans le groupement ;

4° Pour chacun des dirigeants, gérants, administrateurs, une attestation selon laquelle il n'a fait l'objet d'aucune incapacité d'exercer le commerce ou une profession, d'aucune interdiction de diriger, gérer, administrer, contrôler une personne morale ou une entreprise individuelle ou artisanale ;

5° Une copie certifiée conforme du contrat d'assurance mentionné à l'article D. 611-5 ;

6° L'engagement prévu à l'article D. 611-5.

Art. D. 611-5. – **Les groupements s'engagent :**

À ne faire aucune publicité, sauf dans les journaux et bulletins professionnels ;

À faire figurer sur leur correspondance et sur tous les documents établis par leurs soins leur qualité de groupements de prévention agréé et les références de la décision d'agrément ;

À informer le préfet des modifications apportées à leur statut et des changements intervenus en ce qui concerne les personnes qui dirigent, gèrent ou administrent les groupements dans le délai d'un mois à compter de la réalisation de ces modifications et changements ;

À exiger de toute personne collaborant à leurs travaux le respect du secret professionnel ;

À souscrire un contrat auprès d'une société d'assurances ou d'un assureur agréé les garantissant contre les conséquences pécuniaires de la responsabilité civile professionnelle qu'ils peuvent encourir en raison des négligences et fautes commises dans l'exercice de leurs activités ;

Au cas où l'agrément leur serait retiré, à en informer leurs adhérents dès réception de la notification de la décision de retrait.

Art. D. 611-6. – Le préfet de région dispose d'un délai de trois mois pour accorder ou refuser son agrément.

Le point de départ de ce délai est fixé au jour de la délivrance de l'accusé de réception précisant le caractère complet du dossier de demande déposé par le groupement.

Si le préfet de région n'a pas notifié sa réponse dans le délai qui lui est imparti, le groupement est réputé agréé.

Le retrait de l'agrément, prononcé par le préfet de région, est notifié par lettre au groupement et à toutes les administrations.

Art. D. 611-7. – L'agrément est accordé pour une durée maximale de trois ans renouvelable par arrêté du préfet de la région où est situé le siège du groupement.

La décision tient compte notamment :

De la conformité des objectifs du groupement à ceux définis par l'article L. 611-1 ;

De l'adéquation des moyens mis en œuvre aux objectifs poursuivis ;

Des engagements souscrits en application de l'article D. 611-5, de leur respect en cas de demande de renouvellement ;

Des garanties de bonne moralité offertes par les dirigeants, gérants, administrateurs et toutes personnes intervenant au nom du groupement et de leur expérience dans l'analyse des informations comptables et financières ainsi que dans la gestion des entreprises.

L'agrément peut être retiré, selon une procédure identique à celle de son octroi dès lors que les conditions fixées à l'article D. 611-5 ne sont plus respectées.

Art. D. 611-8 *(Mod., D. n° 2014-1316, 3 nov. 2014)*. – Le groupement adresse au préfet de région un exemplaire des conventions conclues avec les établissements de crédit, les sociétés de financement et les entreprises d'assurance en application du cinquième alinéa de l'article L. 611-1.

Art. D. 611-9. – Le concours que l'État et ses établissements publics peuvent prêter aux groupements est sollicité par ces derniers après accord écrit et formulé au cas par cas des entreprises adhérentes en cause.

Les renseignements nominatifs éventuellement délivrés conservent leur caractère confidentiel. L'inobservation de cette règle entraîne de plein droit le retrait de l'agrément dans les formes prévues pour son octroi.

Section II. – De la détection des difficultés des entreprises par le président du tribunal de commerce

Art. R. 611-10 *(Mod., D. n° 2014-736, 30 juin 2014)*. – Dans le cas prévu au premier alinéa de l'article L. 611-2 ou lorsqu'il est fait application de l'article L. 611-2-1, le président du tribunal fait convoquer par le greffier le représentant légal de la personne morale débitrice ou le débiteur personne physique par lettre recommandée avec demande d'avis de réception et par lettre simple, reproduisant les termes du I de l'article L. 611-2 et, le cas échéant, ceux de l'article L. 611-2-1, ainsi que des articles R. 611-11 et R. 611-12. Le cas échéant, la lettre précise la dénomination de l'activité professionnelle exercée par l'entrepreneur individuel à responsabilité limitée. La convocation est envoyée un mois au moins à l'avance. Il est joint une note par laquelle le président du tribunal expose les faits qui ont motivé son initiative.

Art. R. 611-10-1 *(D. n° 2014-736, 30 juin 2014)*. – En application du second alinéa de l'article L. 611-2-1, le président du tribunal informe l'ordre ou l'autorité compétente dont relève l'intéressé par une note exposant les difficultés de nature à compromettre la continuité de l'activité du professionnel qui ont été portées à sa connaissance. Cette note est transmise par le greffier au représentant légal de l'un ou l'autre de ces organismes par lettre recommandée avec demande d'avis de réception. Le représentant de l'ordre ou de l'autorité compétente est invité à faire connaître au président du tribunal, dans la même forme, les suites données à cette information dans le délai d'un mois.

Art. R. 611-11 *(Mod., D. n° 2009-160, 12 févr. 2009).* – L'entretien prévu au premier alinéa de l'article L. 611-2, qui se tient hors la présence du greffier, donne lieu à l'établissement par le président du tribunal d'un procès-verbal qui ne mentionne que la date et le lieu de l'entretien ainsi que l'identité des personnes présentes. Ce procès-verbal est signé par ces dernières et le président du tribunal.

Si la personne convoquée ne se rend pas à la convocation, un procès-verbal de carence est dressé le jour même par le greffier aux fins d'application des dispositions du second alinéa du I de l'article L. 611-2. À ce procès-verbal est joint l'avis de réception de la convocation. Une copie de ce procès-verbal est notifiée sans délai par le greffier à la personne convoquée par lettre recommandée avec demande d'avis de réception reproduisant les termes du second alinéa du I de l'article L. 611-2.

(Rempl., D. n° 2014-736, 30 juin 2014) Ce procès-verbal mentionne, s'il y a lieu, la dénomination utilisée par l'entrepreneur individuel à responsabilité limitée pour l'exercice de l'activité professionnelle concernée. Il est déposé au greffe.

Art. R. 611-12. – La demande de renseignements prévue au deuxième alinéa de l'article L. 611-2 est adressée dans le délai d'un mois à compter de la date de l'entretien ou du procès-verbal de carence. Elle est accompagnée de la copie du procès-verbal d'entretien ou de carence établi en application de l'article R. 611-11.

Si la demande a été présentée dans les formes et délai prescrits au premier alinéa, les personnes et organismes interrogés communiquent les renseignements réclamés dans le délai d'un mois. Dans le cas contraire, ils ne sont pas tenus d'y répondre.

Art. R. 611-13. – Pour l'application du II de l'article L. 611-2, le président du tribunal rend une ordonnance faisant injonction au représentant légal de la personne morale de déposer les comptes annuels *(Mots aj., D. n° 2014-736, 30 juin 2014)* « ou à l'entrepreneur individuel à responsabilité limitée de déposer les documents mentionnés au premier alinéa de l'article L. 526-14 » dans un délai d'un mois à compter de la notification ou de la signification de l'ordonnance, sous peine d'astreinte.

Cette ordonnance fixe le taux de l'astreinte et mentionne, en outre, les lieu, jour et heure de l'audience à laquelle l'affaire sera examinée.

Elle n'est pas susceptible de recours.

Art. R. 611-14. – Le greffier notifie l'ordonnance au représentant légal de la personne morale. La lettre de notification reproduit les dispositions du second alinéa du II de l'article L. 611-2 ainsi que l'article R. 611-15 et le premier alinéa de l'article R. 611-16.

Si la lettre est retournée avec une mention précisant qu'elle n'a pas été réclamée par son destinataire, le greffier fait signifier l'ordonnance. La signification reproduit les dispositions mentionnées à l'alinéa premier.

Si la lettre est retournée avec une mention précisant que le destinataire ne se trouve plus à l'adresse indiquée, l'affaire est retirée du rôle par le président du *(Mots rempl., D. n° 2014-736, 30 juin 2014)* « tribunal qui en informe le ministère public. Le greffier » porte la mention de la cessation d'activité sur le registre du commerce et des sociétés.

L'ordonnance portant injonction de faire est conservée à titre de minute au greffe.

(D. n° 2014-736, 30 juin 2014) Les dispositions du présent article sont applicables à l'entrepreneur individuel à responsabilité limitée à l'exception de la seconde phrase du troisième alinéa.

Art. R. 611-15. – Lorsque l'injonction de faire a été exécutée dans les délais impartis, l'affaire est retirée du rôle par le président du tribunal.

Dans le cas contraire, le greffier constate le non-dépôt des comptes par procès-verbal.

Art. R. 611-16 *(Mod., D. n° 2014-736, 30 juin 2014 ; D. n° 2017-1225, 2 août 2017).* – En cas d'inexécution de l'injonction de faire qu'il a délivrée, le président du tribunal statue sur la liquidation de l'astreinte.

Il statue en dernier ressort lorsque le montant de l'astreinte n'excède pas le taux de compétence en dernier ressort du tribunal de commerce.

Le montant de la condamnation prononcée est versé au Trésor public et recouvré comme en matière de créances étrangères à l'impôt.

La décision est communiquée au Trésor public et signifiée à la diligence du greffier au représentant légal de la personne morale ou à l'entrepreneur individuel à responsabilité limitée. L'appel est formé, instruit et jugé selon les règles applicables à la procédure sans représentation obligatoire. Les voies de recours sont ouvertes au ministère public.

Art. R. 611-17. – La demande de renseignements prévue au dernier alinéa de l'article L. 611-2 est adressée à compter de l'expiration du délai prévu au premier alinéa de l'article R. 611-13. Elle est écrite et accompagnée de la copie de l'ordonnance mentionnée à l'article R. 611-13 ainsi que du procès-verbal mentionné à l'article R. 611-15.

Si la demande a été présentée dans les formes et délai prescrits au premier alinéa, les personnes et organismes interrogés communiquent les renseignements réclamés dans le délai d'un mois. Dans le cas contraire, ils ne sont pas tenus d'y répondre.

Section III. – Du mandat *ad hoc*

Art. R. 611-18. – La demande de désignation d'un mandataire *ad hoc* prévue à l'article L. 611-3 est présentée par écrit. Elle est adressée ou remise au président du tribunal de commerce ou du tribunal de grande instance selon le cas par le représentant légal de la personne morale ou par le débiteur personne physique et déposée au greffe.

Cette demande expose les raisons qui la motivent.

(D. n° 2009-160, 12 févr. 2009) Lorsque le débiteur propose un mandataire *ad hoc* à la désignation du président du tribunal, il précise son identité et son adresse.

Art. R. 611-19 *(Mod., D. n° 2009-160, 12 févr. 2009).* – Dès réception de la demande, le président du tribunal fait convoquer, par le greffier, le représentant légal de la personne morale ou le débiteur personne physique pour recueillir ses observations.

L'ordonnance qui désigne le mandataire *ad hoc* définit l'objet de sa mission *(Mots aj., D. n° 2014-736, 30 juin 2014)* « en précisant, si le débiteur est un entrepreneur individuel à responsabilité limitée, l'activité concernée » et fixe les conditions de sa rémunération conformément aux dispositions de la section 5 du présent chapitre.

Art. R. 611-20 *(Mod., D. n° 2009-160, 12 févr. 2009).* – La décision statuant sur la désignation du mandataire *ad hoc* est notifiée au demandeur. En cas de refus de désignation, celui-ci peut interjeter appel. L'appel est formé, instruit et jugé conformément aux dispositions de l'article R. 611-26.

La décision nommant le mandataire *ad hoc* est notifiée à ce dernier par le greffier. La lettre de notification reproduit les dispositions de l'article L. 611-13.

Le mandataire ad hoc fait connaître sans délai au président du tribunal son acceptation ou son refus. En cas d'acceptation, il lui adresse l'attestation sur l'honneur prévue à l'article L. 611-13. *(Mots aj., D. n° 2014-736, 30 juin 2014)* « Dès réception de cette attestation, le greffier communique par lettre recommandée avec demande d'avis de réception la décision de désignation du mandataire *ad hoc* au commissaire aux comptes du débiteur s'il en a été désigné ».

Art. R. 611-21. – Lorsque le débiteur en fait la demande, le président du tribunal met fin sans délai à la mission du mandataire *ad hoc*.

Art. R. 611-21-1 *(D. n° 2014-736, 30 juin 2014).* – Le mandataire *ad hoc* fait connaître sans délai au président du tribunal tout élément qui pourrait justifier qu'il soit mis fin à sa mission.

Section IV. – De la procédure de conciliation

Art. R. 611-22 *(Mod., D. n° 2009-160, 12 févr. 2009).* – La requête aux fins d'ouverture d'une procédure de conciliation adressée ou remise au président du tribunal en application de l'article L. 611-6 est accompagnée, sous réserve des dispositions particulières applicables au débiteur, des pièces suivantes :

1° Un extrait d'immatriculation aux registres et répertoires mentionnés à l'article R. 621-8 ou, le cas échéant, le numéro unique d'identification ;

2° L'état des créances et des dettes accompagné d'un échéancier ainsi que la liste des principaux créanciers ;

3° L'état actif et passif des sûretés ainsi que celui des engagements hors bilan ;

4° Les comptes annuels, le tableau de financement ainsi que la situation de l'actif réalisable et disponible, valeurs d'exploitation exclues, et du passif exigible des trois derniers exercices, si ces documents ont été établis ;

5° Une attestation sur l'honneur certifiant l'absence de procédure de conciliation dans les trois mois précédant la date de la demande ;

6° *(D. n° 2014-736, 30 juin 2014)* Une déclaration indiquant, le cas échéant, la prise en charge par un tiers des frais de la procédure demandée.

Le cas échéant, la requête précise la date de cessation des paiements.

Lorsque le débiteur exerce une profession libérale soumise à un statut législatif ou réglementaire ou dont le titre est protégé, elle précise l'ordre professionnel ou l'autorité dont il relève.

Lorsque le débiteur propose un conciliateur à la désignation du président du tribunal, il précise son identité et son adresse.

Art. R. 611-23. – Dès réception de la demande, le président du tribunal fait convoquer, par le greffier, le représentant légal de la personne morale débitrice ou le débiteur personne physique pour recueillir ses explications.

L'ordonnance qui désigne le conciliateur définit l'objet de sa mission et fixe les conditions de sa rémunération conformément aux dispositions de la section 5 du présent chapitre ainsi que la durée de la procédure conformément à l'article L. 611-6.

Art. R. 611-23-1 *(D. n° 2016-1851, 23 déc. 2016)*. – I. – Lorsque les conditions prévues au 4° de l'article L. 721-8 sont réunies, le débiteur adresse ou remet directement au président du tribunal de commerce spécialisé compétent sa requête aux fins d'ouverture d'une procédure de conciliation.

II. – Lorsqu'un président de tribunal de commerce saisi estime que l'examen de la requête aux fins d'ouverture d'une procédure de conciliation relève de la compétence d'un tribunal de commerce spécialisé, il peut décider d'office du renvoi de la requête devant ce tribunal. Il statue par ordonnance motivée après avoir entendu ou dûment appelé le débiteur et recueilli l'avis du ministère public. Le greffier du tribunal de commerce saisi transmet aussitôt le dossier au président du tribunal de commerce spécialisé désigné, avec une copie de l'ordonnance de renvoi.

Ces dispositions s'appliquent également en cours de procédure au renvoi au tribunal de commerce spécialisé décidé d'office par le président du tribunal de commerce saisi.

III. – Le renvoi devant le tribunal de commerce spécialisé compétent peut également être demandé par requête motivée du débiteur ou du ministère public près le tribunal de commerce saisi.

Le greffier du tribunal de commerce saisi notifie la requête aux parties sans délai. Le président du tribunal statue sur la demande de renvoi par ordonnance motivée après avoir entendu ou dûment appelé le débiteur et recueilli l'avis du ministère public. S'il est fait droit à la demande de renvoi, le greffier du tribunal de commerce saisi transmet aussitôt le dossier au président du tribunal de commerce spécialisé désigné, avec une copie de l'ordonnance de renvoi.

IV. – Les décisions prises en application du présent article sont des mesures d'administration judiciaire non susceptibles de recours. Elles s'imposent aux parties et à la juridiction de renvoi désignée.

Art. R. 611-24 *(Mod., D. n° 2009-160, 12 févr. 2009)*. – Le président du tribunal peut faire usage des dispositions du cinquième alinéa de l'article L. 611-6 à tout moment de la procédure de conciliation.

Art. R. 611-25. – L'ordonnance statuant sur la demande est notifiée par le greffier au requérant. En cas de désignation d'un conciliateur, la notification reproduit les dispositions des articles R. 611-27 et R. 611-28.

La décision ouvrant la procédure de conciliation est communiquée sans délai par le greffier au ministère public et, le cas échéant, à l'ordre professionnel ou à l'autorité dont relève le débiteur.

Elle est notifiée au conciliateur. La lettre de notification reproduit les dispositions de l'article L. 611-13 et des articles R. 611-27 et R. 611-28.

Le conciliateur fait connaître sans délai au président du tribunal son acceptation ou son refus. En cas d'acceptation, il lui adresse l'attestation sur l'honneur prévue à l'article L. 611-13.

Art. R. 611-26 *(Mod., D. n° 2009-160, 12 févr. 2009)*. – S'il n'est pas fait droit à la demande de désignation d'un conciliateur ou de prorogation de la mission de celui-ci, appel peut être interjeté par le débiteur par une déclaration faite ou adressée par lettre recommandée avec demande d'avis de réception au greffe du tribunal. Toutefois, le débiteur est dispensé du ministère de l'avocat *(Mots suppr., D. n° 2012-634, 3 mai 2012)* « ... ».

Le président du tribunal peut, dans un délai de cinq jours à compter de la déclaration d'appel, modifier ou rétracter sa décision.

En cas de modification ou de rétractation, le greffier notifie la décision au débiteur.

Dans le cas contraire, le greffier du tribunal transmet sans délai au greffe de la cour le dossier de l'affaire avec la déclaration d'appel et une copie de la décision. Il avise le débiteur de cette transmission.

L'appel est instruit et jugé selon les règles applicables en matière gracieuse devant le tribunal de grande instance.

Art. R. 611-26-1 *(D. n° 2009-160, 12 févr. 2009)*. – L'appel interjeté par le ministère public à l'encontre de l'ordonnance qui ouvre la procédure de conciliation est instruit et jugé selon la procédure sans représentation obligatoire.

Art. R. 611-26-2 *(D. n° 2014-736, 30 juin 2014)*. – La demande mentionnée à la troisième phrase du premier alinéa de l'article L. 611-7 est accompagnée des éléments suivants :

1° La demande d'avis adressée aux créanciers participants, qui reproduit les dispositions du premier alinéa de l'article L. 611-7 et du I de l'article L. 642-2 et sur laquelle chaque créancier a mentionné son avis ou, à défaut, un document justificatif de la demande d'avis ;

2° L'accord du conciliateur pour prendre en charge la mission ;

3° L'accord du débiteur sur les conditions de rémunération dues au titre de cette mission.

L'ordonnance par laquelle le président fait droit à la demande et détermine ou modifie la mission du conciliateur fixe, conformément aux dispositions de la section V du présent chapitre, les conditions de rémunération de cette mission complémentaire. Elle est notifiée par le greffier au requérant et au conciliateur. Les dispositions du deuxième alinéa de l'article R. 611-25 ainsi que celles des articles R. 611-47 et R. 611-50 lui sont applicables.

Art. R. 611-27. – En application de l'article L. 611-6, le débiteur peut demander la récusation du conciliateur si ce dernier se trouve dans l'une des situations suivantes :

1° Il a directement ou indirectement un intérêt personnel à la procédure ;

2° Il existe un lien direct ou indirect, quelle qu'en soit la nature, entre le conciliateur et l'un des créanciers ou l'un des dirigeants ou préposés de celui-ci ;

3° Il existe une cause de défiance entre le conciliateur et le débiteur ;

4° Il est dans l'une des situations d'incompatibilité visées à l'article L. 611-13 ;

5° Il a été définitivement radié ou destitué d'une profession réglementée.

Art. R. 611-28. – La demande de récusation est formée dans les quinze jours de la notification de la décision désignant le conciliateur, par acte remis au greffe ou par une déclaration consignée par le greffier dans un procès-verbal.

Elle est motivée et, le cas échéant, accompagnée des pièces propres à la justifier.

Elle suspend la procédure jusqu'à ce qu'une décision définitive statue sur la récusation.

Art. R. 611-29. – Le greffier notifie la demande de récusation au conciliateur, par lettre recommandée avec demande d'avis de réception. La lettre de notification reproduit les deuxième et troisième alinéas du présent article.

Dès réception de la notification de la demande, le conciliateur s'abstient jusqu'à ce qu'il ait été statué sur la récusation.

Dans les huit jours de cette réception, il fait connaître par écrit au président du tribunal soit son acquiescement à la récusation, soit les motifs pour lesquels il s'y oppose.

Art. R. 611-30. – Si le conciliateur acquiesce, il est remplacé sans délai.

Art. R. 611-31. – Si le conciliateur s'oppose à la récusation ou ne répond pas, la demande est examinée par le président du tribunal, le débiteur et le conciliateur entendus ou dûment appelés.

L'ordonnance statuant sur la demande de récusation est notifiée par le greffier au débiteur.

Copie de cette décision est également remise ou adressée au conciliateur.

Art. R. 611-32. – Si la récusation est admise, il est procédé au remplacement du conciliateur sans délai.

Art. R. 611-33. – La décision qui rejette la demande de récusation peut être frappée de recours par le débiteur devant le premier président de la cour d'appel dans un délai de dix jours à compter de la notification.

Le recours est formé par la remise ou l'envoi au greffe de la cour d'appel d'une note en exposant les motifs.

Art. R. 611-34. – Le greffier de la cour d'appel convoque le débiteur et le conciliateur par lettre recommandée avec demande d'avis de réception adressée quinze jours au moins à l'avance. La note mentionnée au second alinéa de l'article R. 611-33 est jointe à la convocation adressée au conciliateur.

Le premier président ou son délégué les entend contradictoirement.

La décision est notifiée par le greffier au débiteur. Le conciliateur en est avisé.

Art. R. 611-34-1 *(D. n° 2014-736, 30 juin 2014).* – Le conciliateur fait connaître sans délai au président du tribunal tout élément qui pourrait constituer un motif de récusation ainsi que tout autre motif qui pourrait justifier qu'il soit mis fin à sa mission, dont il n'avait pas connaissance au moment de l'acceptation de sa mission.

Art. R. 611-35 *(Mod., D. n° 2009-160, 12 févr. 2009 ; D. n° 2014-736, 30 juin 2014).* – Pour l'application de l'avant-dernier alinéa de l'article L. 611-7 ou du dernier alinéa de l'article L. 611-10-1, le débiteur assigne le créancier poursuivant ou l'ayant mis en demeure devant le président du tribunal qui a ouvert la procédure de conciliation. Celui-ci statue sur les délais en la forme des référés après avoir recueilli les observations du conciliateur ou, le cas échéant, du mandataire à l'exécution de l'accord.

La demande, le cas échéant, est portée à la connaissance de la juridiction saisie de la poursuite, qui sursoit à statuer jusqu'à la décision se prononçant sur les délais.

La décision rendue par le président du tribunal est communiquée à cette juridiction par le greffier. Elle est notifiée par le greffier au débiteur et au créancier et communiquée au conciliateur si celui-ci est encore en fonctions ou, le cas échéant, au mandataire à l'exécution de l'accord.

Le créancier mentionné au cinquième alinéa de l'article L. 611-7 est informé par le greffier, par lettre recommandée avec demande d'avis de réception, de la conclusion de l'accord dès sa constatation ou son homologation ainsi que de toute décision mettant fin à la procédure de conciliation.

La décision prononçant la résolution de l'accord est portée à la connaissance du créancier selon les mêmes modalités.

Art. R. 611-36. – Le conciliateur peut demander au président du tribunal de mettre fin à sa mission lorsqu'il estime indispensables les propositions faites par lui au débiteur en application du premier alinéa de l'article L. 611-7 et que celui-ci les a rejetées.

Art. R. 611-37. – Lorsque le débiteur en fait la demande, le président du tribunal met fin sans délai à la procédure de conciliation.

Art. R. 611-38. – La décision mettant fin à la procédure de conciliation n'est pas susceptible de recours.

(D. n° 2014-736, 30 juin 2014) L'ordonnance est communiquée par le greffier au conciliateur et au ministère public.

Art. R. 611-38-1 *(D. n° 2011-236, 3 mars 2011).* – L'ouverture d'une procédure de sauvegarde, de redressement judiciaire ou de liquidation met fin de plein droit à la procédure de conciliation.

Art. R. 611-38-2 *(D. n° 2014-736, 30 juin 2014).* – Le conciliateur adresse copie du rapport prévu par le dernier alinéa de l'article L. 611-7 au débiteur. Le rapport est déposé au greffe. Il est communiqué par le greffier au ministère public.

Art. R. 611-39. – En application du I de l'article L. 611-8, l'accord des parties est constaté par une ordonnance du président du tribunal qui y fait apposer la formule exécutoire par le greffier. La déclaration certifiée du débiteur lui est annexée.

L'accord et ses annexes sont déposés au greffe. Des copies ne peuvent être délivrées qu'aux parties et aux personnes qui peuvent se prévaloir des dispositions de l'accord. Elles valent titre exécutoire.

Art. R. 611-40 *(Mod., D. n° 2009-160, 12 févr. 2009)*. – Les personnes appelées à l'audience d'homologation en application du premier alinéa de l'article L. 611-9 peuvent prendre connaissance de l'accord au greffe du tribunal.

Le jugement ne reprend pas les termes de l'accord. Il mentionne les garanties et privilèges constitués pour en assurer l'exécution. Il précise les montants garantis par le privilège institué par l'article L. 611-11.

Art. R. 611-40-1 *(D. n° 2014-736, 30 juin 2014)*. – Lorsque le débiteur demande la désignation d'un mandataire à l'exécution de l'accord, le conciliateur est invité à présenter ses observations sur l'intérêt d'une telle mission. Le mandataire ne peut être désigné qu'après avoir exprimé son accord.

Art. R. 611-41. – Le jugement statuant sur l'homologation de l'accord est notifié par le greffier au débiteur et aux créanciers signataires de l'accord. Il est communiqué au conciliateur et au ministère public.

Art. R. 611-42 *(Mod., D. n° 2009-160, 12 févr. 2009 ; D. n° 2012-634, 3 mai 2012)*. – L'appel du jugement rejetant l'homologation est formé, instruit et jugé selon les règles propres à la procédure en matière gracieuse. Toutefois, les parties sont dispensées du ministère de l'avocat.

Dans les autres cas, l'appel est formé, instruit et jugé selon les règles propres à la procédure sans représentation obligatoire.

Art. R. 611-43 *(Mod., D. n° 2014-736, 30 juin 2014)*. – Un avis du jugement d'homologation est adressé pour insertion au *Bulletin officiel des annonces civiles et commerciales*. Cette insertion contient l'indication du nom du débiteur, de son siège ou, lorsqu'il est une personne physique, de l'adresse de son entreprise ou de son activité. Il est également mentionné son numéro unique d'identification ainsi que, le cas échéant, le nom de la ville où se trouve le greffe ou la chambre de métiers et de l'artisanat où il est immatriculé. Lorsque l'activité en difficulté est celle à laquelle un entrepreneur individuel à responsabilité limitée a affecté un patrimoine, l'insertion précise le registre où a été déposée la déclaration d'affectation.

Le même avis est publié dans un journal d'annonces légales du lieu où le débiteur a son siège ou, lorsqu'il est une personne physique, l'adresse de son entreprise ou de son activité.

Il mentionne que le jugement est déposé au greffe où tout intéressé peut en prendre connaissance.

Ces publicités sont faites d'office par le greffier dans les huit jours de la date du jugement.

Art. R. 611-44. – Sous réserve de l'instance ouverte par la tierce opposition mentionnée à l'article L. 611-10, et en dehors de l'autorité judiciaire, à qui l'accord homologué et le rapport d'expertise peuvent être communiqués en application de l'article L. 621-1, l'accord ne peut être communiqué qu'aux parties et aux personnes qui peuvent s'en prévaloir et le rapport d'expertise qu'au débiteur et au conciliateur.

L'accord homologué est transmis par le greffier au commissaire aux comptes du débiteur.

Art. R. 611-45 *(Mod., D. n° 2009-160, 12 févr. 2009)*. – Pour l'application du deuxième alinéa de l'article L. 611-10-2, le débiteur justifie de la levée de l'interdiction d'émettre des chèques auprès de l'établissement de crédit qui est à l'origine de cette mesure par la remise d'une copie du jugement homologuant l'accord, à laquelle il joint un relevé des incidents de paiement.

L'établissement de crédit qui est à l'origine de l'interdiction informe la Banque de France de la levée de cette interdiction aux fins de régularisation.

Art. R. 611-46 *(Rempl., D. n° 2009-160, 12 févr. 2009)*. – La demande de résolution de l'accord constaté ou homologué présentée en application de l'article L. 611-10-3 est formée par assignation. Toutes les parties à l'accord ainsi que les créanciers auxquels des délais de paiement ont été imposés en application du cinquième alinéa de l'article L. 611-7 *(Mots aj., D. n° 2014-736, 30 juin 2014)* « ou du dernier alinéa de l'article L. 611-10-1 » sont mis en cause par le demandeur, le cas échéant sur injonction du tribunal.

Le jugement rendu est communiqué au ministère public et notifié par le greffier aux créanciers mentionnés à l'alinéa précédent.

La décision prononçant la résolution de l'accord homologué fait l'objet des publicités prévues à l'article R. 611-43.

Art. R. 611-46-1 *(D. n° 2014-736, 30 juin 2014)*. – Lorsque l'ouverture de la procédure de conciliation est demandée par un entrepreneur individuel à responsabilité limitée, les dispositions de la présente section ne s'appliquent qu'au patrimoine qui fait l'objet de cette demande. Toutefois, les situations d'incompatibilité du conciliateur sont appréciées en considération de l'ensemble des patrimoines dont le demandeur est titulaire.

Section V. – De la rémunération du mandataire *ad hoc*, du conciliateur, du mandataire à l'exécution de l'accord et de l'expert
(Intitulé mod., D. n° 2014-736, 30 juin 2014)

Art. R. 611-47 *(Mod., D. n° 2014-736, 30 juin 2014)*. – Les conditions de rémunération du mandataire *ad hoc*, du conciliateur [,] du mandataire à l'exécution de l'accord et de l'expert mentionnées à l'article L. 611-14 comprennent les critères sur la base desquels elle sera arrêtée, son montant maximal et, le cas échéant, le montant ou les modalités de versement des provisions.

Art. R. 611-47-1 *(D. n° 2014-736, 30 juin 2014)*. – Les propositions faites par le mandataire *ad hoc* ou le conciliateur au débiteur sur les conditions de sa rémunération sont jointes à la demande mentionnée à l'article R. 611-18 ou à la requête mentionnée à l'article R. 611-22. Les propositions faites par le conciliateur sont transmises sans délai par le greffier au ministère public.

Le président ne peut désigner un mandataire *ad hoc* ou un conciliateur dont la désignation ne lui a pas été proposée par le débiteur qu'après avoir obtenu l'accord de celui-ci sur les conditions de sa rémunération.

En l'absence d'avis du ministère public, le président ne peut ouvrir la procédure de conciliation avant l'expiration d'un délai de quarante-huit heures à compter de la transmission prévue au premier alinéa.

Art. R. 611-48. – L'accord du débiteur sur les conditions de rémunération du mandataire *ad hoc*, du conciliateur ou de l'expert est consigné par écrit préalablement à leur désignation. Il est annexé à l'ordonnance de désignation.

Art. R. 611-49 *(Mod., D. n° 2014-736, 30 juin 2014)*. – Si le mandataire *ad hoc*, le conciliateur ou l'expert estime au cours de sa mission que le montant maximal de la rémunération fixé par l'ordonnance qui l'a désigné est insuffisant, il en informe le président du tribunal.

Le président du tribunal fixe les nouvelles conditions de la rémunération en accord avec le débiteur et après avoir recueilli l'avis du ministère public en cas de recours à la conciliation. L'accord est consigné par écrit.

À défaut d'accord, il est mis fin à sa mission.

Art. R. 611-50 *(Mod., D. n° 2014-736, 30 juin 2014)*. – Le greffier notifie l'ordonnance arrêtant la rémunération au mandataire *ad hoc*, au conciliateur, au mandataire à l'exécution de l'accord et à l'expert, ainsi qu'au débiteur. La décision prise en cas de recours à la conciliation est communiquée sans délai au ministère public.

Elle peut être frappée d'un recours par le débiteur, le mandataire *ad hoc*, le conciliateur, le mandataire à l'exécution de l'accord ou l'expert ; elle peut l'être également par le ministère public sauf si elle porte sur la rémunération du mandataire *ad hoc*. Dans tous les cas, le recours est porté devant le premier président de la cour d'appel.

Le recours est formé, instruit et jugé dans les délais et conditions prévus par les articles 714 à 718 du Code de procédure civile.

Art. R. 611-51 *(D. n° 2014-736, 30 juin 2014)*. – Les conditions de rémunération de la mission ayant pour objet l'organisation d'une cession partielle ou totale de l'entreprise sont fixées après avis du ministère public. Le président du tribunal arrête cette rémunération à l'issue de cette mission. Sa décision est communiquée par le greffier au ministère public. Les dispositions de l'article R. 611-50 sont applicables.

Lorsque la cession préparée dans le cadre de la conciliation est mise en œuvre après l'ouverture d'une procédure de sauvegarde, de redressement judiciaire ou de liquidation judiciaire par la même personne en exécution du mandat de justice qui lui a été confié par la juridiction qui a ouvert cette procédure collective, la rémunération n'est due qu'au titre de ce dernier mandat.

Art. R. 611-52 *(D. n° 2014-736, 30 juin 2014)*. – La décision qui prévoit le bénéfice de provisions au mandataire à l'exécution de l'accord, en application de l'article R. 611-47, peut préciser qu'elles seront allouées au terme de chacune des années de l'exécution de l'accord. Le montant annuel de la provision est fixé par ordonnance communiquée par le greffier au ministère public.

CHAPITRE II. – DES DISPOSITIONS APPLICABLES AUX PERSONNES MORALES DE DROIT PRIVÉ NON COMMERÇANTES AYANT UNE ACTIVITÉ ÉCONOMIQUE

Art. R. 612-1 *(Mod., D. n° 2012-721, 9 mai 2012)*. – Les personnes morales de droit privé non commerçantes ayant une activité économique, mentionnées à l'article L. 612-1, sont tenues d'établir des comptes annuels et de désigner au moins un commissaire aux comptes et un suppléant lorsqu'elles dépassent, à la fin de l'année civile ou à la clôture de l'exercice, les chiffres ci-dessous fixés pour deux des trois critères suivants :

1° Cinquante pour le nombre de salariés ; les salariés pris en compte sont ceux qui sont liés à la personne morale par un contrat de travail à durée indéterminée ; le nombre de salariés est égal à la moyenne arithmétique des effectifs à la fin de chaque trimestre de l'année civile ou de l'exercice comptable lorsque celui-ci ne coïncide pas avec l'année civile ;

2° 3 100 000 € pour le montant hors taxes du chiffre d'affaires ou des ressources ; le montant hors taxes du chiffre d'affaires est égal au montant des ventes de produits et services liés à l'activité courante ; le montant des ressources est égal au montant des cotisations, subventions et produits de toute nature liés à l'activité courante ;

3° 1 550 000 € pour le total du bilan ; celui-ci est égal à la somme des montants nets des éléments d'actif.

Les personnes morales mentionnées au premier alinéa ne sont plus tenues à l'obligation d'établir des comptes annuels lorsqu'elles ne dépassent pas les chiffres fixés pour deux des trois critères définis ci-dessus pendant deux exercices successifs. Il est mis fin dans les mêmes conditions au mandat du commissaire aux comptes par l'organe délibérant appelé à statuer sur les comptes annuels.

Les dispositions du présent article relatives à l'établissement de comptes annuels ou à la désignation d'un commissaire aux comptes s'appliquent sans préjudice des dispositions réglementaires propres à certaines formes de personnes morales entrant dans l'une des catégories mentionnées à l'article L. 612-1.

Art. R. 612-2. – Les comptes annuels comprennent un bilan, un compte de résultat et une annexe. Ils sont établis selon les principes et méthodes comptables définis aux articles L. 123-12 et suivants et aux articles R. 123-172 à R. 123-208 pris pour leur application, sous réserve des adaptations que rend nécessaires la forme juridique ou la nature de l'activité de ces personnes morales. Les plans comptables applicables à ces personnes morales sont fixés par règlement *(Ord. n° 2009-79, 22 janv. 2009)* [de l'] « Autorité des normes comptables ». Si des particularités d'activité, de structure ou d'opérations le justifient, des adaptations peuvent être apportées, dans les mêmes formes, aux dispositions de ces plans comptables.

Les comptes annuels sont soumis, en même temps qu'un rapport de gestion, à l'approbation de l'organe délibérant au plus tard dans les six mois de la clôture de l'exercice et transmis aux commissaires aux comptes quarante-cinq jours au moins avant la réunion à laquelle ils doivent être approuvés. Le délai de six mois peut être prolongé à la demande du représentant légal de la personne morale, par ordonnance du président du tribunal de grande instance, statuant sur requête.

Art. R. 612-3. – Les personnes morales de droit privé non commerçantes ayant une activité économique qui, à la fin de l'année civile ou à la clôture de l'exercice, comptent trois cents salariés ou plus ou dont le montant du chiffre d'affaires hors taxes ou des ressources est supérieur ou égal à 18 000 000 €, sont tenues d'établir les documents mentionnés à l'article L. 612-2. Ces critères sont définis selon les dispositions prévues à l'article R. 612-1.

Elles ne sont plus tenues à cette obligation lorsqu'elles ne dépassent aucun des chiffres fixés pour ces critères pendant deux exercices successifs.

Les dispositions des articles R. 232-3 à R. 232-7 sont applicables, sous réserve des adaptations que rend nécessaires la forme juridique de ces personnes morales.

Art. R. 612-4. – Lorsque le commissaire aux comptes met en œuvre la procédure d'alerte prévue à l'article L. 612-3, il est fait application soit des dispositions des articles R. 234-1 et suivants si la personne morale a un organe collégial chargé de l'administration distinct de l'organe chargé de la direction, soit des articles *(Réf. rempl., D. n° 2007-812, 10 mai 2007)* « R. 234-5 » et suivants dans les autres cas.

Pour l'application de ces deux dispositions, le président du tribunal compétent est celui du tribunal de grande instance.

Art. D. 612-5. – Le montant visé au premier alinéa de l'article L. 612-4 est fixé à 153 000 €.

Art. R. 612-6. – Le rapport mentionné au premier alinéa de l'article L. 612-5 contient :

1° L'énumération des conventions soumises à l'approbation de l'organe délibérant ou jointes aux documents communiqués aux adhérents en l'absence d'organe délibérant ;

2° Le nom des administrateurs intéressés ou des personnes intéressées assurant un rôle de mandataire social ;

3° La désignation de la personne ayant passé une convention dans les conditions du deuxième alinéa de l'article L. 612-5 ;

4° La nature et l'objet desdites conventions ;

5° Les modalités essentielles de ces conventions notamment l'indication des prix ou tarifs pratiqués, des ristournes et commissions consenties, des délais de paiement accordés, des intérêts stipulés, des sûretés conférées et, le cas échéant, toutes autres indications permettant à l'organe délibérant ou aux adhérents d'apprécier l'intérêt qui s'attachait à la conclusion des conventions analysées.

Art. R. 612-7. – Lorsque le rapport est établi par le commissaire aux comptes, le représentant légal de la personne morale avise ce dernier des conventions mentionnées à l'article L. 612-5 dans le délai d'un mois à compter de la conclusion desdites conventions.

9.1.2.2. – De la sauvegarde

Code de commerce

CHAPITRE I. – DE L'OUVERTURE DE LA PROCÉDURE

Section I. – De la saisine et de la décision du tribunal

Art. R. 621-1 *(Mod., D. n° 2009-160, 12 févr. 2009 ; D. n° 2010-368, 13 avr. 2010 ; D. n° 2011-236, 3 mars 2011 ; D. n° 2014-736, 30 juin 2014 ; D. n° 2015-903, 23 juill. 2015)*. – La demande d'ouverture de la procédure de sauvegarde est déposée par le représentant légal de la personne morale ou par le débiteur personne physique au greffe du tribunal compétent. Elle expose la nature des difficultés qu'il rencontre et les raisons pour lesquelles il n'est pas en mesure de les surmonter. Elle précise s'il s'engage à établir l'inventaire dans les conditions prévues à l'article L. 622-6-1 ainsi que le délai nécessaire à l'établissement de celui-ci ou s'il demande la désignation par le tribunal d'une personne chargée de réaliser l'inventaire en application du sixième alinéa de l'article L. 621-4.

À cette demande sont jointes, outre les comptes annuels du dernier exercice, les pièces ci-après :

1° Un extrait d'immatriculation aux registres et répertoires mentionnés à l'article R. 621-8 et à l'article L. 526-7 ou, le cas échéant, le numéro unique d'identification ;

2° Une situation de trésorerie ;

3° Un compte de résultat prévisionnel ;

4° Le nombre des salariés employés à la date de la demande et le montant du chiffre d'affaires, défini conformément aux dispositions du cinquième alinéa de l'article D. 123-200, apprécié à la date de clôture du dernier exercice comptable ;

5° L'état chiffré des créances et des dettes avec l'indication selon le cas, du nom ou de la dénomination et du domicile ou siège des créanciers ainsi que, par créancier ou débiteur, le montant total des sommes à payer et à recouvrer au cours d'une période de trente jours à compter de la demande lorsque la demande est formée par un entrepreneur individuel à responsabilité limitée pour l'activité à laquelle un patrimoine a été affecté, les dettes portées sur l'état chiffré sont celles qui sont affectées à ce patrimoine et celles qui sont nées à l'occasion de l'exercice de cette activité ;

6° L'état actif et passif des sûretés ainsi que celui des engagements hors bilan ;

7° L'inventaire sommaire des biens du débiteur ou, si un patrimoine a été affecté à l'activité en difficulté, des biens affectés à l'exercice de cette activité ;

8° Le nom et l'adresse des représentants du comité d'entreprise ou des délégués du personnel habilités à être entendus par le tribunal s'ils ont déjà été désignés ;

9° Une attestation sur l'honneur certifiant l'absence de mandat *ad hoc* ou de procédure de conciliation dans les dix-huit mois précédant la date de la demande ou, dans le cas contraire, mentionnant la date de la désignation du mandataire *ad hoc* ou de l'ouverture de la procédure de conciliation ainsi que l'autorité qui y a procédé lorsque la demande est faite par un entrepreneur à responsabilité limitée, ces informations ne concernent que l'activité en difficulté ;

10° Lorsque le débiteur exerce une profession libérale soumise à un statut législatif ou réglementaire ou dont le titre est protégé, la désignation de l'ordre professionnel ou de l'autorité dont il relève ;

11° Lorsque le débiteur exploite une ou des installations classées au sens du titre Ier du livre V du Code de l'environnement, la copie de la décision d'autorisation ou d'enregistrement ou la déclaration ;

12° Lorsque le débiteur propose un administrateur à la désignation du tribunal, l'indication de l'identité et de l'adresse de la personne concernée.

Ces documents doivent être datés, signés et certifiés sincères et véritables par le débiteur. Ceux qui sont mentionnés aux 1° à 7°, à l'exception du 4°, sont établis à la date de la demande ou dans les sept jours qui précèdent.

Dans le cas où l'un ou l'autre de ces documents ne peut être fourni ou ne peut l'être qu'incomplètement, la demande indique les motifs qui empêchent cette production.

Art. R. 621-2. – Avant qu'il ne soit statué sur l'ouverture de la procédure, le greffier, à la demande du président du tribunal, avise le représentant légal de la personne morale débitrice ou le débiteur personne physique qu'il doit réunir le comité d'entreprise ou, à défaut, les délégués du personnel, pour que soient désignées les personnes habilitées à être entendues par le tribunal et à exercer les voies de recours conformément à l'article L. 661-10. Une copie de cet avis est adressée par le greffier au secrétaire du comité d'entreprise ou, à défaut, aux délégués du personnel. Le procès-verbal de désignation est déposé au greffe.

Art. R. 621-2-1 *(D. n° 2014-736, 30 juin 2014)*. – Lorsque le nombre de salariés employés par le débiteur est au moins égal à 50, les institutions de garantie mentionnées à l'article L. 3253-14 du Code du travail sont invitées par le greffier à faire connaître la personne habilitée à les représenter à l'audience. Les observations prévues au cinquième alinéa de l'article L. 621-4 peuvent également être recueillies par écrit ; elles sont alors communiquées au débiteur et au ministère public par le greffe.

Bibliographie : F. Pérochon, *L'AGS contrôleur, l'AGS et la désignation des administrateurs judiciaires et des mandataires judiciaires : Rev. proc. coll.* 2019, 2, dossier 4.

Art. R. 621-3. – La décision du tribunal de commettre un juge, avant de statuer, en application de l'article L. 621-1, pour recueillir tous les renseignements sur la situation financière, économique et sociale de l'entreprise, est rendue dans les mêmes conditions que celles prévues aux deux premiers alinéas du même article, pour l'ouverture de la procédure.

Le rapport de ce juge, auquel est annexé le rapport de l'expert, lorsqu'il en a été désigné, est déposé au greffe et communiqué par le greffier au débiteur et au ministère public.

Le greffier informe le comité d'entreprise ou, à défaut, les délégués du personnel que leurs représentants peuvent prendre connaissance du rapport au greffe et les avise en même temps de la date de l'audience.

Art. R. 621-4. – *(Mod., D. n° 2014-736, 30 juin 2014)* Le tribunal statue, le cas échéant, sur le rapport du juge commis. Celui-ci ne peut siéger ni participer au délibéré. Si le jugement ne peut être rendu sur-le-champ, le prononcé en est renvoyé à une prochaine audience dont la date est communiquée, lors de l'audience, au débiteur.

Le jugement d'ouverture de la procédure prend effet à compter de sa date.

Art. R. 621-5. – Lorsqu'il apparaît que le débiteur ne remplit pas les conditions requises pour l'ouverture d'une procédure de sauvegarde, le tribunal rejette la demande.

(Abr., D. n° 2014-736, 30 juin 2014).

Art. R. 621-6. – Le jugement qui ouvre la procédure de sauvegarde est notifié au débiteur par le greffier dans les huit jours de la date du jugement.

Art. R. 621-7. – Le greffier adresse sans délai une copie du jugement ouvrant la procédure :

1° Aux mandataires de justice désignés ;

2° Au procureur de la République ;

3° Au *(Mots rempl., D. n° 2014-551, 27 mai 2014)* « directeur départemental ou, le cas échéant, régional des finances publiques » du département dans lequel le débiteur a son siège et à celui du département où se trouve le principal établissement.

Art. R. 621-7-1 *(D. n° 2014-736, 30 juin 2014)*. – Le greffier informe la personne chargée de réaliser l'inventaire de sa désignation par tout moyen.

Art. R. 621-8 *(Mod., D. n° 2010-1356, 11 nov. 2010 ; D. n° 2014-736, 30 juin 2014 ; D. n° 2015-1009, 18 août 2015 ; D. n° 2018-452, 5 juin 2018)*. – Le jugement d'ouverture de la procédure de sauvegarde est mentionné avec l'indication des pouvoirs conférés à l'administrateur, lorsqu'il en a été désigné, au registre du commerce et des sociétés s'il s'agit d'un commerçant ou d'une personne morale immatriculée à ce registre. En outre, pour les procédures ouvertes à compter du 26 juin 2018, le jugement est mentionné avec l'indication de la nature principale, secondaire ou territoriale de la procédure d'insolvabilité au sens des paragraphes 1, 2 ou 4 de l'article 3 du règlement (UE) n° 2015/848 du 20 mai 2015 relatif aux procédures d'insolvabilité, de la juridiction compétente pour connaître du recours à l'encontre de la décision d'ouverture de la procédure d'insolvabilité pour un motif de compétence internationale et du délai imparti pour former ce recours, et du délai imparti pour la déclaration des créances avec les références électroniques du portail prévu par les articles L. 814-2 et L. 814-13.

À la demande du greffier du tribunal qui a ouvert la procédure, les mêmes mentions sont portées sur le répertoire des métiers ou sur le répertoire des entreprises dans les départements du Bas-Rhin, du Haut-Rhin et de la Moselle, s'il s'agit d'une entreprise artisanale.

S'il s'agit d'une personne non immatriculée au registre du commerce et des sociétés ou aux répertoires mentionnés au deuxième alinéa, les mentions sont portées sur un registre ouvert à cet effet au greffe du tribunal de grande instance. Dans ce cas, le greffier indique, selon le cas, le siège ou l'adresse du débiteur, les nom, prénoms et adresse du représentant légal de la personne morale débitrice ou du débiteur personne physique.

Si une déclaration d'affectation a été faite conformément à l'article L. 526-7, mention du jugement d'ouverture est également portée, à la demande du greffier du tribunal qui l'a prononcé, conformément aux 1°, 3° et 4° de cet article, soit sur le registre spécial mentionné à l'article R. 526-15 ou celui mentionné à l'article R. 134-6 du présent code, soit sur le registre prévu par l'article L. 311-2 du Code rural et de la pêche maritime.

Un avis du jugement est adressé pour insertion au *Bulletin officiel des annonces civiles et commerciales*. Cette insertion contient l'indication du nom du débiteur ou, lorsque la procédure est ouverte à raison de l'activité d'un entrepreneur individuel à responsabilité limitée à laquelle un patrimoine est affecté, la dénomination prévue par le dernier alinéa de l'article L. 526-6, selon le cas de son siège ou de son adresse professionnelle, de son numéro unique d'identification ainsi que, s'il y a lieu, du nom de la ville du greffe ou de la chambre de métiers et de l'artisanat de région où il est immatriculé ou, si un patrimoine a été affecté à l'activité en difficulté et selon le cas, de la ville où le greffe tient le registre prévu par l'article L. 526-7 ou, celle où est située la chambre d'agriculture mentionnée par ce texte, de l'activité exercée, de la date du jugement qui a ouvert la procédure et, le cas échéant, de celle de la cessation des paiements fixée par le tribunal si elle est différente. Elle précise également le nom et l'adresse du mandataire judiciaire et de l'administrateur s'il en a été désigné avec, dans ce cas, l'indication des pouvoirs qui lui sont conférés. Elle comporte l'avis aux créanciers d'avoir à déclarer leurs créances entre les mains du mandataire judiciaire et le délai imparti pour cette déclaration. Elle indique enfin les références électroniques du portail prévu par les articles L. 814-2 et L. 814-13. En outre, pour les procédures ouvertes à compter du 26 juin 2018, cette insertion précise la nature principale, secondaire ou territoriale de la procédure d'insolvabilité au sens des paragraphes 1, 2 ou 4 de l'article 3 du règlement n° (UE) 2015/848 du 20 mai 2015 relatif aux procédures d'insolvabilité et la juridiction compétente pour connaître du recours à l'encontre de la décision d'ouverture de la procédure pour un motif de compétence internationale, ainsi que le délai pour former ce recours.

Le même avis est publié dans un journal d'annonces légales du lieu où le débiteur a son siège ou son adresse professionnelle et, le cas échéant, ses établissements secondaires.

Le greffier procède d'office à ces publicités dans les quinze jours de la date du jugement.

Art. R. 621-8-1 *(D. n° 2009-160, 12 févr. 2009 ; mod., D. n° 2014-736, 30 juin 2014)*. – Pour l'application du deuxième alinéa de l'article L. 621-2, le tribunal est saisi par voie d'assignation aux fins d'extension de la procédure ou de réunion des patrimoines de l'entrepreneur individuel à responsabilité limitée ou, le cas échéant, dans les formes et selon la procédure prévues à l'article R. 631-4.

Le jugement est signifié au débiteur soumis à la procédure et au débiteur visé par l'extension, à la diligence du greffier, dans les huit jours de son prononcé. Il est communiqué, dans le même délai, aux personnes citées à l'article R. 621-7.

L'identification du destinataire de l'assignation et de la signification prévues aux deux alinéas précédents ainsi que de la convocation mentionnée à l'article R. 631-4 est complétée, le cas échéant, par la dénomination de l'entrepreneur individuel à responsabilité limitée ainsi que l'objet de l'activité professionnelle à laquelle le patrimoine a été affecté.

Le jugement qui prononce l'extension ou ordonne la réunion fait l'objet des publicités prévues à l'article R. 621-8. Toutefois, en cas d'appel du ministère public en application de l'article L. 661-1 ou en cas d'arrêt de l'exécution provisoire ordonnée en vertu du troisième alinéa de l'article R. 661-1, ces publicités ne sont effectuées par le greffier du tribunal qu'au vu de l'arrêt de la cour d'appel qui lui est transmis par le greffier de cette cour dans les huit jours de son prononcé.

Art. R. 621-8-2 *(D. n° 2012-1190, 25 oct. 2012)*. – Pour l'application du quatrième alinéa de l'article L. 621-2, le juge détermine le montant des sommes pour la garantie desquelles la mesure conservatoire est ordonnée au vu du passif déclaré dans la procédure collective ouverte ou, si le délai mentionné au premier alinéa de l'article R. 622-24 n'est pas expiré, au vu des relevés mentionnés à l'article R. 625-1.

Art. R. 621-9. – La période d'observation ouverte par le jugement peut être exceptionnellement prolongée, en application de l'article L. 621-3, pour une durée maximale de six mois.

Le président fixe l'affaire au rôle du tribunal au plus tard dix jours avant l'expiration de chaque période d'observation. Le greffier convoque à cette audience le débiteur, les mandataires de justice, les contrôleurs et en avise le ministère public.

Le tribunal statue sur la prolongation de la période d'observation après avis du ministère public. Il recueille préalablement les observations du débiteur, de l'administrateur, du mandataire judiciaire et des contrôleurs.

(Mod., D. n° 2014-736, 30 juin 2014) La décision prolongeant la période d'observation est communiquée aux personnes mentionnées à l'article R. 621-7 et aux contrôleurs. Elle est mentionnée aux registres ou répertoires prévus aux trois premiers alinéas de l'article R. 621-8.

Art. R. 621-10. – Dans le jugement d'ouverture ou à tout moment de la procédure, le tribunal peut désigner un juge-commissaire suppléant qui exerce les attributions du juge-commissaire momentanément empêché.

Art. R. 621-11. – Les seuils fixés en application du quatrième alinéa de l'article L. 621-4 sont pour le chiffre d'affaires hors taxes de 3 000 000 € et pour le nombre de salariés de vingt.

Le montant du chiffre d'affaires est défini conformément aux dispositions du cinquième alinéa de l'article D. 123-200 *(Ref. mod., D. n° 2015-903, 23 juill. 2015)*. Il est apprécié à la date de clôture du dernier exercice comptable.

Le nombre de salariés à prendre en compte est le nombre des salariés employés par le débiteur à la date de la demande d'ouverture de la procédure.

Art. R. 621-11-1 *(D. n° 2016-400, 1er avr. 2016)*. – I. – Le nombre d'établissements secondaires mentionné au 1° de l'article L. 621-4-1 est de trois.

Le seuil mentionné au cinquième alinéa de ce même article correspond à un chiffre d'affaires net de 20 millions d'euros. Ce montant est défini conformément aux dispositions du cinquième alinéa de l'article D. 123-200 et est apprécié à la date de clôture du dernier exercice comptable.

II. – Le deuxième administrateur judiciaire et le deuxième mandataire judiciaire prévus à l'article L. 621-4-1 doivent être inscrits depuis dix ans au moins sur la liste mentionnée aux articles L. 811-2 et L. 812-2 et être titulaires, associés ou salariés d'une étude employant au moins quinze salariés.

Art. R. 621-12. – Lorsque, en application des articles L. 811-2 ou L. 812-2, le tribunal désigne pour exercer les fonctions d'administrateur judiciaire ou de mandataire judiciaire une personne physique qui n'est pas inscrite sur l'une des listes prévues par ces articles, celle-ci lui adresse sans délai l'attestation sur l'honneur prévue au quatrième alinéa de l'article L. 811-2 ou au troisième alinéa du II de l'article L. 812-2, la justification de la garantie et de l'assurance prévues à l'article L. 814-5 ainsi que le nom du commissaire aux comptes assurant, en application de l'article L. 811-11-1, le contrôle de sa comptabilité spéciale.

Art. R. 621-13. – Lorsque l'administrateur judiciaire ou le mandataire judiciaire désigné n'est pas inscrit sur l'une des listes prévues aux articles L. 811-2 ou L. 812-2, il est joint, par le greffier, à la copie du jugement mentionnée à l'article R. 621-7, un document reproduisant les termes selon le cas de l'article L. 811-2 ou de l'article L. 812-2, de l'article L. 811-11-1, de l'article L. 814-5 *(Mots aj. à compter du 1er juillet 2017, D. n° 2016-1851, 23 déc. 2016)* « , du dernier alinéa de l'article L. 621-4 », des articles L. 622-18, L. 626-25 et L. 641-8, de l'article R. 621-12 ainsi que des articles R. 814-24 et R. 814-38.

Art. R. 621-14. – Dans les dix jours du prononcé du jugement d'ouverture, le représentant légal de la personne morale débitrice ou le débiteur personne physique, assisté de l'administrateur s'il en a été désigné, réunit le comité d'entreprise, les délégués du personnel ou, à défaut, les salariés. Les salariés élisent alors leur représentant par vote secret au scrutin uninominal à un tour.

Le procès-verbal de désignation du représentant des salariés, ou le procès-verbal de carence établi dans les conditions du deuxième alinéa de l'article L. 621-4, est immédiatement déposé au greffe du tribunal.

Art. R. 621-15. – Le tribunal d'instance est saisi des contestations relatives à la désignation du représentant des salariés par déclaration au greffe.

Cette déclaration n'est recevable que si elle est faite dans les deux jours suivant la désignation du représentant des salariés.

Dans les cinq jours de sa saisine, le tribunal d'instance statue en dernier ressort, sans frais ni forme de procédure et sur simple avertissement qu'il donne deux jours à l'avance à toutes les parties intéressées.

La décision du tribunal d'instance est notifiée par le greffier dans les deux jours.

Le délai du pourvoi en cassation est de cinq jours. Le pourvoi est formé, instruit et jugé dans les conditions fixées par les articles 999 à 1008 du Code de procédure civile.

Art. R. 621-16. – Le licenciement du représentant des salariés désigné en application de l'article L. 621-4 est régi par les dispositions des articles R. 436-1 à R. 436-8 et de l'article R. 436-10 du Code du travail.

Section II. – Des organes de la procédure et des contrôleurs

Art. R. 621-17 *(Mod., D. n° 2009-160, 12 févr. 2009). – (D. n° 2014-736, 30 juin 2014)* Pour l'application du quatrième alinéa de l'article L. 621-7, le juge-commissaire est saisi par voie de requête déposée ou adressée au greffe. Le greffier convoque par lettre recommandée avec demande d'avis de réception le demandeur ainsi que, selon les cas, l'administrateur, le mandataire judiciaire ou l'expert ; il avise le ministère public de la date de l'audience.

Lorsqu'une demande de remplacement de l'administrateur, de l'expert ou du mandataire judiciaire est portée devant le tribunal par le ministère public ou par le juge-commissaire ou lorsque le tribunal se saisit d'office aux mêmes fins, la convocation de la personne dont le remplacement ou la révocation est en cause est faite dans les formes et selon la procédure prévue à l'article R. 631-3 ou R. 631-4, selon le cas. Il en va de même lorsqu'une demande de révocation de l'un des contrôleurs est portée devant le tribunal par le ministère public.

Le tribunal statue après avis du ministère public, si celui-ci n'est pas demandeur.

Les dispositions qui précèdent s'appliquent pour l'adjonction d'un ou de plusieurs administrateurs ou d'un ou de plusieurs mandataires judiciaires.

Lorsque l'administrateur ou le mandataire judiciaire demande son remplacement en application du *(Réf. rempl., D. n° 2014-736, 30 juin 2014)* « sixième » alinéa de l'article L. 621-7, la demande est formée par lettre simple adressée au juge-commissaire. L'ordonnance rendue par le président du tribunal est communiquée au ministère public par le greffier, qui en avise, par lettre simple, l'administrateur ou le mandataire judiciaire qui est remplacé, l'administrateur ou le mandataire judiciaire désigné pour le remplacer ainsi que le débiteur.

Art. R. 621-18. – Le mandataire de justice qui cesse ses fonctions rend ses comptes à celui qui le remplace, en présence du juge-commissaire, le débiteur entendu ou appelé à la diligence du greffier du tribunal.

Art. R. 621-19. – Le mandataire judiciaire prend toute mesure pour informer et consulter les créanciers. Les créanciers qui en font la demande par lettre recommandée avec demande d'avis de réception au mandataire judiciaire sont tenus informés par celui-ci des étapes essentielles de la procédure au fur et à mesure du déroulement de celle-ci.

Art. R. 621-20. – Dans le délai de deux mois après le jugement d'ouverture, le mandataire judiciaire et l'administrateur, lorsqu'il en a été désigné, adressent un rapport au juge-commissaire et au ministère public sur le déroulement de la procédure et la situation économique et financière dans laquelle se trouve le débiteur. Ce rapport est déposé au greffe.

Art. R. 621-21 *(Mod., D. n° 2014-736, 30 juin 2014).* – Le juge-commissaire statue par ordonnance sur les demandes, contestations et revendications relevant de sa compétence ainsi que sur les réclamations formulées contre les actes de l'administrateur, du mandataire judiciaire et du commissaire à l'exécution du plan. Le juge-commissaire est saisi par requête ou par déclaration au greffe de la juridiction, sauf s'il en est disposé autrement.

Si le juge-commissaire n'a pas statué dans un délai raisonnable, le tribunal peut être saisi à la demande d'une partie ou du ministère public.

Les ordonnances du juge-commissaire sont déposées sans délai au greffe qui les communique aux mandataires de justice et les notifie aux parties et aux personnes dont les droits et obligations sont affectés. Sur sa demande, elles sont communiquées au ministère public.

Ces ordonnances peuvent faire l'objet d'un recours devant le tribunal dans les dix jours de la communication ou de la notification, par déclaration faite contre récépissé ou adressée par lettre recommandée avec demande d'avis de réception au greffe.

Le ministère public peut également saisir le tribunal par requête motivée, dans les dix jours de la communication qui lui est faite de l'ordonnance.

L'examen du recours est fixé à la première audience utile du tribunal, les intéressés et les mandataires de justice étant avisés.

Art. R. 621-22 *(Abr., D. n° 2014-736, 30 juin 2014).*

Art. R. 621-23 *(Mod., D. n° 2014-736, 30 juin 2014).* – Avant de désigner un technicien en application de l'article L. 621-9, le juge-commissaire recueille les observations du débiteur. Toutefois, lorsqu'il apparaît fondé de ne pas appeler de partie adverse, le juge-commissaire statue non contradictoirement.

Dès l'achèvement de la mission du technicien, le juge-commissaire arrête sa rémunération en fonction notamment des diligences accomplies, de la qualité du travail fourni et du respect des délais impartis.

Lorsque le juge-commissaire envisage de fixer cette rémunération à un montant inférieur au montant demandé, il doit au préalable inviter le technicien à formuler des observations.

Le juge-commissaire délivre au technicien, sur sa demande, un titre exécutoire.

Art. R. 621-24 *(Mod., D. n° 2014-736, 30 juin 2014).* – Le créancier demandant à être nommé contrôleur en application du premier alinéa de l'article L. 621-10 doit en faire la déclaration au greffe. Il indique le montant de sa ou de ses créances, ainsi que, le cas échéant, la nature des sûretés dont il est titulaire.

Les créanciers et institutions mentionnés au deuxième alinéa de l'article L. 621-10, qui demandent à être désignés contrôleurs, en font la déclaration au greffe, transmettent leur demande par lettre recommandée avec demande d'avis de réception ; ils indiquent, selon les mêmes modalités, le nom de la personne qui les représente dans ces fonctions. Le délai prévu par l'alinéa suivant n'est pas applicable.

Aucun contrôleur ne peut être désigné par le juge-commissaire avant l'expiration d'un délai de vingt jours à compter du prononcé du jugement d'ouverture de la procédure.

Le cas échéant, l'ordre professionnel ou l'autorité compétente dont relève le débiteur déclare au greffe ou transmet par lettre recommandée avec demande d'avis de réception le nom de la personne qu'il a désignée pour le représenter dans sa fonction de contrôleur. En l'absence de cette déclaration, son représentant légal exerce cette fonction.

Le créancier qui demande à être désigné contrôleur atteste sur l'honneur qu'il remplit les conditions prévues au troisième alinéa de l'article L. 621-10.

Art. R. 621-25. – Les fonctions du juge-commissaire et des contrôleurs prennent fin au jour où le compte rendu de fin de mission de l'administrateur judiciaire, du mandataire judiciaire et, le cas échéant, du commissaire à l'exécution du plan, a été approuvé.

Art. R. 621-26. – Pour l'application de l'article L. 621-12, le tribunal est saisi par voie de requête ou, le cas échéant, dans les formes et selon la procédure prévue à l'article *(Mots. suppr., D. n° 2015-1009, 18 août 2015)* « ... » R. 631-4.

Il statue après avoir entendu ou dûment appelé le mandataire judiciaire, l'administrateur lorsqu'il en a été désigné, les contrôleurs et les représentants du comité d'entreprise ou, à défaut, les délégués du personnel, et après avoir recueilli l'avis du ministère public.

Le jugement par lequel le tribunal convertit la procédure de sauvegarde en une procédure de redressement judiciaire est signifié à la diligence du greffier dans les huit jours de son prononcé aux personnes qui ont qualité pour interjeter appel, à l'exception du ministère public.

Il est communiqué aux personnes citées à l'article R. 621-7 et fait l'objet des publicités prévues à l'article R. 621-8.

CHAPITRE II. – DE L'ENTREPRISE AU COURS DE LA PÉRIODE D'OBSERVATION

Art. R. 622-1. – La demande de modification de la mission de l'administrateur est adressée par requête au tribunal qui statue après avoir recueilli les observations du débiteur ainsi que celles de l'administrateur, du mandataire judiciaire et du ministère public lorsqu'ils ne sont pas demandeurs.

Toute décision modifiant la mission de l'administrateur est notifiée au débiteur. Elle est communiquée aux personnes citées à l'article R. 621-7 et mentionnée aux registres ou répertoires prévus *(Réf. rempl., D. n° 2014-736, 30 juin 2014)* « aux trois premiers alinéas de l'article R. 621-8 ».

Section I. – Des mesures conservatoires

Art. R. 622-2. – Dès le jugement d'ouverture, le débiteur est tenu de signaler à l'administrateur ou, à défaut, au mandataire judiciaire, tous ses établissements et d'en faciliter l'accès, de communiquer la liste du personnel ainsi que tous éléments permettant de déterminer les salaires et indemnités à payer.

Art. R. 622-3. – Dans le cas où des comptes annuels n'ont pas été établis ou mis à sa disposition, l'administrateur, lorsqu'il en a été désigné, dresse à l'aide de tout document ou renseignement disponible un état de la situation.

Art. R. 622-4 *(Mod., D. n° 2009-160, 12 févr. 2009).* – L'inventaire prévu à l'article L. 622-6 est réalisé, le débiteur ou ses ayants droit connus, présents ou appelés.

(Mod., D. n° 2014-736, 30 juin 2014) Le débiteur remet à la personne désignée pour dresser l'inventaire la liste des biens gagés, nantis ou placés sous sujétion douanière ainsi que celle des biens qu'il détient en dépôt, location ou crédit-bail, ou sous réserve de propriété ou, plus généralement, qui sont susceptibles d'être revendiqués par des tiers. Il énumère les biens dont il est susceptible de demander la reprise dans les conditions prévues par l'article L. 624-19. Cette liste est annexée à l'inventaire.

Le cas échéant, lorsqu'il n'est pas immatriculé au registre du commerce et des sociétés ou au répertoire des métiers, il informe le mandataire judiciaire de la déclaration d'insaisissabilité à laquelle il a procédé en application de l'article L. 526-1.

L'inventaire est déposé au greffe du tribunal par celui qui l'a réalisé. Celui-ci en remet une copie au débiteur, à l'administrateur, lorsqu'il en a été désigné, et au mandataire judiciaire.

Le président du tribunal ou son délégué arrête la rémunération de la personne désignée pour dresser l'inventaire, au vu d'un compte détaillé, le cas échéant, selon le tarif qui lui est applicable.

En l'absence de tarif réglementé, les dispositions des deuxième et troisième alinéas de l'article R. 621-23 sont applicables.

Art. R. 622-4-1 *(D. n° 2009-160, 12 févr. 2009).* – Lorsque l'inventaire est établi par le débiteur en application de l'article L. 622-6-1, celui-ci tient informés l'administrateur, lorsqu'il en a été désigné, et le mandataire judiciaire du déroulement des opérations. Ces mandataires de justice ainsi que le juge-commissaire et le ministère public peuvent requérir communication de tous actes ou documents relatifs à l'inventaire.

Le débiteur annexe à l'inventaire la liste mentionnée au deuxième alinéa de l'article R. 622-4 et procède à l'information prévue au troisième alinéa du même article.

L'inventaire est déposé au greffe du tribunal par le débiteur qui en remet une copie à l'administrateur, lorsqu'il en a été désigné, et au mandataire judiciaire.

Pour l'application du deuxième alinéa de l'article L. 622-6-1, la demande est formée par requête déposée ou adressée au greffe. Le greffier convoque le débiteur par lettre recommandée avec demande d'avis de réception et avise de la date de l'audience l'administrateur, lorsqu'il en a été désigné, le mandataire judiciaire et le ministère public. En cas de saisine d'office, une note par laquelle le juge-commissaire expose les faits de nature à motiver sa saisine est jointe à la convocation et aux avis.

Art. R. 622-5. – La liste des créanciers établie par le débiteur conformément à l'article L. 622-6 comporte les nom ou dénomination, siège ou domicile de chaque créancier avec l'indication du montant des sommes dues au jour du jugement d'ouverture, des sommes à échoir et de leur date d'échéance, de la nature de la créance, des sûretés et privilèges dont chaque créance est assortie. Elle comporte l'objet des principaux contrats en cours.

Dans les huit jours qui suivent le jugement d'ouverture, le débiteur remet la liste à l'administrateur et au mandataire judiciaire. Celui-ci la dépose au greffe.

(D. n° 2014-736, 30 juin 2014) Pour l'application du troisième alinéa de l'article L. 622-24, *(Mot rempl., D. n° 2015-1009, 18 août 2015)* « toute » déclaration faite par le débiteur, dans le délai fixé par le premier alinéa de l'article R. 622-24, doit comporter les éléments prévus aux deux premiers alinéas de l'article L. 622-25 et, le cas échéant, ceux prévus par le 2° de l'article R. 622-23.

Section II. – De la gestion de l'entreprise

Art. R. 622-6 *(Mod., D. n° 2009-160, 12 févr. 2009)*. – Lorsque le juge-commissaire statue sur une demande d'autorisation présentée par le débiteur en application du II de l'article L. 622-7, le greffier convoque le débiteur, l'administrateur, lorsqu'il en a été désigné, le mandataire judiciaire et, s'il y a lieu, les créanciers titulaires de sûretés spéciales sur les biens dont la vente est envisagée.

(D. n° 2014-736, 30 juin 2014) La demande d'autorisation portant sur un acte susceptible d'avoir une incidence déterminante sur l'issue de la procédure est formée par requête du débiteur et, s'il en a été nommé, de l'administrateur judiciaire sauf s'il n'a qu'une mission de surveillance. Sur la demande du juge-commissaire, le greffe du tribunal adresse copie de la requête au ministère public au plus tard huit jours avant la date de l'audience.

Art. R. 622-7 *(Mod., D. n° 2009-160, 12 févr. 2009)*. – En cas de vente d'un bien visé au premier alinéa de l'article L. 622-8, le prix est remis à l'administrateur ou, à défaut, au mandataire judiciaire en vue de son versement à la Caisse des dépôts et consignations. Les fonds sont indisponibles pendant la période d'observation.

Toutefois, des paiements provisionnels peuvent être effectués dans les conditions définies au deuxième alinéa de l'article L. 622-8. Sur avis du débiteur et de l'administrateur s'il en a été désigné ou, à défaut, du mandataire judiciaire, le juge-commissaire saisi d'une demande d'un des créanciers statue au vu de la déclaration de créance, des documents justificatifs de la déclaration de créance et, le cas échéant, de la garantie prévue au même article. La provision est allouée à hauteur d'un montant non sérieusement contestable en fonction de ces éléments et du rang de collocation de la créance.

Sur ordonnance du juge-commissaire, les fonds indûment versés sont restitués sur première demande du mandataire de justice habilité.

Art. R. 622-8. – Le juge-commissaire statue sur la requête aux fins de substitution formée conformément au troisième alinéa de l'article L. 622-8 après avoir entendu le débiteur, l'administrateur, le créancier en cause et le mandataire judiciaire, ou ceux-ci convoqués par le greffier.

Les radiations et inscriptions de sûretés sont requises par le demandeur ou le bénéficiaire sur injonction faite par le juge-commissaire dans son ordonnance. Les frais y afférents sont à la charge du débiteur. La radiation ne peut intervenir qu'après constitution de la garantie substituée.

Section III. – De la poursuite de l'activité

Art. R. 622-9. – À la fin de chaque période d'observation fixée par le tribunal et, à tout moment, à la demande du ministère public ou du juge-commissaire, le débiteur informe ces derniers, l'administrateur s'il en a été désigné, le mandataire judiciaire et les contrôleurs des résultats de l'exploitation, de la situation de trésorerie et de sa capacité à faire face aux dettes mentionnées au I de l'article L. 622-17.

Art. R. 622-10 *(Rempl., D. n° 2009-160, 12 févr. 2009).* – Pour l'application du premier alinéa de l'article L. 622-10, le tribunal est saisi par voie de requête. Le jugement qui ordonne la cessation partielle de l'activité est communiqué aux personnes citées à l'article R. 621-7 et mentionné aux registres ou répertoires prévus *(Réf. rempl., D. n° 2014-736, 30 juin 2014)* « aux trois premiers alinéas de l'article R. 621-8 ».

Art. R. 622-10 *(Rempl., D. n° 2009-160, 12 févr. 2009).* – Pour l'application du premier alinéa de l'article L. 622-10, le tribunal est saisi par voie de requête. Le jugement qui ordonne la cessation partielle de l'activité est communiqué aux personnes citées à l'article R. 621-7 et mentionné aux registres ou répertoires prévus à l'article R. 621-8.

Art. R. 622-11. – *(Rempl., D. n° 2009-160, 12 févr. 2009)* Pour l'application des deuxième et troisième alinéas de l'article L. 622-10, le tribunal est saisi par voie de requête ou, le cas échéant, dans les formes et selon la procédure prévues à l'article R. 631-3 ou R. 631-4.

Le jugement qui convertit la procédure en redressement judiciaire ou prononce la liquidation judiciaire est notifié au débiteur dans les huit jours de son prononcé. Lorsqu'il n'est pas demandeur, il lui est signifié dans le même délai.

Ce jugement est, en outre, signifié à la diligence du greffier, dans le même délai, aux personnes qui ont qualité pour interjeter appel, à l'exception du ministère public.

Il est communiqué aux personnes citées à l'article R. 621-7 et fait l'objet des publicités prévues à l'article R. 621-8.

Art. R. 622-12. – La décision par laquelle le tribunal met fin à la procédure en application de l'article L. 622-12 est sans délai suivie d'un compte rendu de fin de mission déposé par les mandataires de justice dans les conditions des articles R. 626-39 et R. 626-40. Elle est communiquée aux personnes citées à l'article R. 621-7 et fait l'objet des publicités prévues à l'article R. 621-8. L'article R. 626-41 est applicable.

Art. R. 622-13 *(Mod., D. n° 2009-160, 12 févr. 2009).* – Le greffier avise le cocontractant de la décision du juge-commissaire accordant à l'administrateur la prolongation prévue au 1° du III de l'article L. 622-13.

Le juge-commissaire constate, sur la demande de tout intéressé, la résiliation de plein droit des contrats dans les cas prévus au III de l'article L. 622-13 et à l'article L. 622-14, ainsi que la date de cette résiliation.

La demande de résiliation présentée par l'administrateur en application du IV de l'article L. 622-13 est formée par requête adressée ou déposée au greffe. Le greffier convoque le débiteur et le cocontractant par lettre recommandée avec demande d'avis de réception et avise l'administrateur de la date de l'audience.

Art. R. 622-14 *(Mod., D. n° 2009-160, 12 févr. 2009).* – La décision du juge-commissaire qui autorise les prêts et accorde des délais de paiement conformément au 2° du III de l'article L. 622-17 est transcrite sur le registre tenu à cet effet au greffe du tribunal avec l'indication de l'identité du débiteur, du montant des prêts, de l'identification du prêteur et de l'échéance des prêts ou des délais de paiement.

Art. R. 622-15 *(Mod., D. n° 2009-160, 12 févr. 2009 ; D. n° 2014-736, 30 juin 2014).* – L'administrateur, lorsqu'il en a été désigné, tient le mandataire judiciaire informé des créances mentionnées au I de l'article L. 622-17 dont il a eu connaissance dans les conditions prévues au IV du même article.

La liste de ces créances est transmise par l'administrateur ou, à défaut, le mandataire judiciaire, dès la cessation de leurs fonctions, au commissaire à l'exécution du plan, ou au liquidateur, selon le cas, qui la complète.

Le commissaire à l'exécution du plan ou le liquidateur dépose cette liste au greffe du tribunal à l'issue du délai d'un an qui suit la fin de la période d'observation, où tout intéressé peut en prendre connaissance. Le greffier fait publier au *Bulletin officiel des annonces civiles et commerciales* une insertion indiquant ce dépôt et le délai pour présenter une contestation.

Tout intéressé peut contester cette liste devant le juge-commissaire dans un délai d'un mois à compter de la publication.

Les créances rejetées de cette liste par le juge-commissaire sont réputées avoir été déclarées dans les conditions de l'article L. 622-24. Dans ce cas, le créancier adresse au mandataire judiciaire les informations prévues aux articles L. 622-25 et R. 622-23 ; si ces informations ont déjà été transmises par le créancier ou pour son compte à l'occasion d'une déclaration faite conformément à l'article L. 622-24 et sur l'admission de laquelle il n'a pas été statué, le créancier en conserve le bénéfice. Toutefois, le mandataire judiciaire peut opposer au créancier les délais prévus à l'article L. 622-24 lorsque celui-ci a reçu, pour la même créance, un avertissement d'avoir à déclarer sa créance.

Lorsque l'information prévue au premier alinéa a été faite par la voie du portail mentionné aux articles L. 814-2 et L. 814-13, les documents justificatifs peuvent également être transmis par la même voie.

Art. R. 622-16. – Le débiteur, l'administrateur s'il en a été désigné et, le cas échéant, le mandataire judiciaire indiquent au juge-commissaire et au ministère public, lorsqu'ils en font la demande, le solde des comptes bancaires de l'entreprise ainsi que celui des comptes ouverts à la Caisse des dépôts et consignations.

Si la poursuite de l'activité l'exige, le juge-commissaire peut modifier la répartition des sommes entre, d'une part, les comptes de l'entreprise et, d'autre part, les comptes ouverts à la Caisse des dépôts et consignations.

Art. R. 622-17. – La déclaration à l'administration fiscale faite en application de l'article L. 622-19 incombe au débiteur.

Art. R. 622-18. – En application du premier alinéa de l'article L. 622-20, l'action d'un créancier nommé contrôleur, dans l'intérêt collectif des créanciers, n'est recevable qu'après une mise en demeure adressée au mandataire judiciaire par lettre recommandée avec demande d'avis de réception restée infructueuse pendant deux mois à compter de la réception de celle-ci.

Art. R. 622-19. – Conformément au II de l'article L. 622-21, les procédures de distribution du prix de vente d'un immeuble et les procédures de distribution du prix de vente d'un meuble ne faisant pas suite à une procédure d'exécution ayant produit un effet attributif avant le jugement d'ouverture, en cours au jour de ce jugement, sont caduques. Les fonds sont remis au mandataire judiciaire, le cas échéant par le séquestre qui par cette remise est libéré à l'égard des parties.

Si le tribunal arrête un plan, le mandataire judiciaire remet ces fonds au commissaire à l'exécution du plan aux fins de répartition.

Lorsque la procédure de distribution du prix de vente d'un immeuble mentionnée au premier alinéa a été ouverte dans les conditions prévues au premier alinéa de l'article 111 du décret n° 2006-936 du 27 juillet 2006 relatif aux procédures de saisie immobilière et de distribution du prix d'un immeuble et que l'acquéreur a accompli les formalités de purge ou a été dispensé d'y procéder, celui-ci peut saisir le tribunal de grande instance aux fins de faire prononcer la radiation des inscriptions.

L'acquéreur joint à sa demande un justificatif du paiement du prix, un état des inscriptions sur formalité, la justification de l'accomplissement des formalités de purge ou de l'obtention de l'accord des créanciers inscrits pour l'en dispenser et la justification du paiement des frais préalables de vente mentionnés à l'article L. 322-11 du Code des procédures civiles d'exécution *(Anc. art. 2209 du C. civ., dénum., Ord. n° 2011-1895, 19 déc. 2011)*.

Le greffier convoque les créanciers qui n'ont pas donné mainlevée de leurs inscriptions, à domicile élu, par lettre recommandée avec demande d'avis de réception. La convocation comporte l'indication qu'ils disposent d'un délai de trente jours à compter de la réception de la lettre recommandée pour faire opposition au paiement du prix par déclaration au greffe ou par lettre recommandée avec demande d'avis de réception.

Le juge statue sur les oppositions et ordonne la radiation des inscriptions.

Art. R. 622-20. – L'instance interrompue en application de l'article L. 622-22 est reprise à l'initiative du créancier demandeur, dès que celui-ci a produit à la juridiction saisie de l'instance une copie de la déclaration de sa créance *(Mots aj., D. n° 2014-736, 30 juin 2014)* « ou tout autre élément justifiant de la mention de sa créance sur la liste prévue par l'article L. 624-1 » et mis en cause le mandataire judiciaire ainsi que, le cas échéant, l'administrateur lorsqu'il a pour mission d'assister le débiteur ou le commissaire à l'exécution du plan.

Les décisions passées en force de chose jugée rendues après reprise d'instance sont à la demande du mandataire judiciaire portées sur l'état des créances par le greffier du tribunal ayant ouvert la procédure.

Section IV. – De la déclaration de créances

Art. R. 622-21 *(Mod., D. n° 2009-160, 12 févr. 2009).* – Le mandataire judiciaire, dans le délai de quinze jours à compter du jugement d'ouverture, avertit les créanciers connus d'avoir à lui déclarer leurs créances dans le délai mentionné à l'article R. 622-24.

Les cocontractants mentionnés aux articles L. 622-13 et L. 622-14 bénéficient d'un délai d'un mois à compter de la date de la résiliation de plein droit ou de la notification de la décision prononçant la résiliation pour déclarer au passif la créance résultant de cette résiliation. Il en est de même des créanciers d'indemnités et pénalités mentionnées au 2° du III de l'article L. 622-17 en cas de résiliation d'un contrat régulièrement poursuivi.

(Mod., D. n° 2014-736, 30 juin 2014) L'avertissement du mandataire judiciaire reproduit les dispositions légales et réglementaires relatives aux délais et formalités à observer pour la déclaration des créances, pour la demande en relevé de forclusion et pour les actions en revendication et en restitution. Cet avertissement reproduit également les articles L. 621-10, R. 621-19 *(Mots rempl., D. n° 2015-1009, 18 août 2015)* « , R. 621-24 et D. 814-58-3 ». Le cas échéant, l'avertissement précise que la créance a été portée par le débiteur sur la liste prévue par l'article L. 622-6 conformément aux dispositions du second alinéa de l'article R. 622-5. Les créanciers titulaires d'une sûreté publiée ou liés au débiteur par un contrat publié sont avertis personnellement ou, s'il y a lieu, à domicile élu, par lettre recommandée avec demande d'avis de réception.

Les institutions mentionnées à l'article L. 3253-14 du Code du travail *(Anc. art. L. 143-11-4, dénum., Ord. n° 2007-329, 12 mars 2007)* déclarent les créances figurant sur les relevés prévus à l'article L. 625-1, y compris celles qu'elles refusent de régler pour quelque cause que ce soit. Le délai de déclaration prend fin quinze jours après l'expiration des délais de règlement prévus au troisième alinéa de l'article L. 3253-19 du Code du travail *(Anc. art. L. 143-11-7, dénum., Ord. n° 2007-329, 12 mars 2007)*.

Art. R. 622-22 *(Mod., D. n° 2014-736, 30 juin 2014).* – En application du sixième alinéa de l'article L. 622-24, les créanciers dont les créances, nées régulièrement après le jugement d'ouverture autres que celles mentionnées au I de l'article L. 622-17, résultent d'un contrat à exécution successive déclarent leurs créances, pour la totalité des sommes échues et à échoir, sur la base d'une évaluation, dans un délai de deux mois à compter de la publication du jugement d'ouverture au *Bulletin officiel des annonces civiles et commerciales*.

Lorsque le contrat est conclu postérieurement à ce jugement, les créanciers déclarent leurs créances pour la totalité des sommes échues et à échoir, sur la base d'une évaluation, dans un délai de deux mois à compter de la première échéance impayée, qu'elle ait été ou non régularisée.

Art. R. 622-23. – Outre les indications prévues à l'article L. 622-25, la déclaration de créance contient :

1° Les éléments de nature à prouver l'existence et le montant de la créance si elle ne résulte pas d'un titre ; à défaut, une évaluation de la créance si son montant n'a pas encore été fixé ;

2° Les modalités de calcul des intérêts dont le cours n'est pas arrêté, cette indication valant déclaration pour le montant ultérieurement arrêté ;

3° L'indication de la juridiction saisie si la créance fait l'objet d'un litige.

À cette déclaration sont joints sous bordereau les documents justificatifs ; ceux-ci peuvent être produits en copie. À tout moment, le mandataire judiciaire peut demander la production de documents qui n'auraient pas été joints.

Art. R. 622-24 *(Mod., D. n° 2014-736, 30 juin 2014).* – Le délai de déclaration fixé en application de l'article L. 622-26 est de deux mois à compter de la publication du jugement d'ouverture au *Bulletin officiel des annonces civiles et commerciales*. Le même délai est applicable à l'information prévue par le troisième alinéa de l'article L. 622-24.

Lorsque la procédure est ouverte par une juridiction qui a son siège sur le territoire de la France métropolitaine, le délai de déclaration est augmenté de deux mois pour les créanciers qui ne demeurent pas sur ce territoire.

Lorsque la procédure est ouverte par une juridiction qui a son siège dans un département ou une collectivité d'outre-mer, le délai de déclaration est augmenté de deux mois pour les créanciers qui ne demeurent pas dans ce département ou cette collectivité.

Art. R. 622-25. – Lorsque le juge-commissaire a relevé le créancier de sa forclusion après le dépôt de la liste des créances prévu à l'article L. 624-1 et que sa décision est devenue définitive, il statue sur la créance dans les conditions de l'article L. 624-2. Une mention est portée par le greffier sur l'état des créances.

(Mod., D. n° 2014-736, 30 juin 2014) Les frais de l'instance en relevé de forclusion sont supportés par le créancier défaillant. Toutefois, le juge peut décider que les frais seront supportés par le débiteur qui n'a pas mentionné la créance sur la liste prévue par l'article L. 622-6 ou n'a pas porté utilement cette créance à la connaissance du mandataire judiciaire dans le délai prévu par l'article R. 622-24.

Art. R. 622-26. – Les instances et les procédures civiles d'exécution suspendues en application du deuxième alinéa de l'article L. 622-28 sont poursuivies à l'initiative des créanciers bénéficiaires de garanties mentionnés au dernier alinéa de cet article sur justification du jugement arrêtant le plan, selon les dispositions applicables à l'opposabilité de ce plan à l'égard des garants.

(Mod., D. n° 2012-783, 30 mai 2012) En application du troisième alinéa de l'article L. 622-28, ces créanciers peuvent pratiquer des mesures conservatoires dans les conditions prévues aux articles R. 511-1 et suivants du Code des procédures civiles d'exécution.

CHAPITRE III. – DE L'ÉLABORATION DU BILAN ÉCONOMIQUE, SOCIAL ET ENVIRONNEMENTAL

Art. R. 623-1 *(Rempl., D. n° 2009-160, 12 févr. 2009)*. – L'administrateur dépose au greffe et communique aux autorités et personnes mentionnées à l'article L. 626-8, par lettre recommandée avec demande d'avis de réception, le bilan établi conformément à l'article L. 623-1.

Art. R. 623-2. – Le bilan environnemental prévu à l'article L. 623-1 est réalisé à la demande de l'administrateur par le débiteur ou par un technicien désigné par le juge-commissaire, si ce dernier estime nécessaire une telle intervention.

Ce bilan porte sur l'identification et la description du ou des sites où sont exploités la ou les installations classées et de leur environnement, l'existence de pollutions potentielles, les mesures d'urgence de mise en sécurité déjà prises, prévues ou à prendre et les mesures réalisées afin de surveiller l'impact de l'exploitation sur l'environnement.

Il est établi selon les rubriques fixées par un arrêté pris par le garde des sceaux, ministre de la justice, et par le ministre chargé des installations classées.

CHAPITRE IV. – DE LA DÉTERMINATION DU PATRIMOINE DU DÉBITEUR

Section I. – De la vérification et de l'admission des créances

Sous-section 1. – De la vérification des créances

Art. R. 624-1. – La vérification des créances est faite par le mandataire judiciaire, le débiteur et, le cas échéant, les contrôleurs désignés, présents ou dûment appelés.

Si une créance autre que celle mentionnée à l'article L. 625-1 est discutée, le mandataire judiciaire en avise le créancier ou son mandataire par lettre recommandée avec demande d'avis de réception. Le délai de trente jours prévu à l'article L. 622-27 court à partir de la réception de la lettre. Cette lettre précise l'objet de la discussion, indique le montant de la créance dont l'inscription est proposée et rappelle les dispositions de l'article L. 622-27.

(D. n° 2014-736, 30 juin 2014) Le délai prévu par le deuxième alinéa de l'article L. 624-1 est de trente jours. Il court à compter de la date à laquelle le débiteur a été mis en mesure, par le mandataire judiciaire, de formuler ses observations. Lorsque le débiteur ne participe pas à la vérification des créances, le délai court à compter de la réception de la lettre recommandée avec demande d'avis de réception qui lui est adressée par le mandataire

judiciaire. Cette lettre comporte les propositions d'admission, de rejet ou de renvoi mentionnées au premier alinéa de l'article L. 624-1.

(D. n° 2014-736, 30 juin 2014) Il appartient au mandataire judiciaire de justifier de la date à laquelle il a sollicité les observations du débiteur.

Art. R. 624-2. – La liste des créances contenant les indications prévues à l'article L. 622-25 et à l'article R. 622-23 ainsi que les propositions du mandataire judiciaire et les observations du débiteur *(Mots aj., D. n° 2014-736, 30 juin 2014)* « , avec indication de leur date, » est déposée au greffe pour être sans délai remise au juge-commissaire. Elle est communiquée à l'administrateur, s'il en a été désigné, et, le cas échéant, au commissaire à l'exécution du plan.

Les créanciers dont la créance n'a pas été portée définitivement sur la liste des créances, dans le délai prévu par l'article L. 624-1, peuvent demander à être relevés de la forclusion prévue par le *(Réf. rempl., D. n° 2014-736, 30 juin 2014)* « quatrième » alinéa de l'article L. 622-24 selon les modalités prévues par l'article L. 622-26.

Après le dépôt au greffe de cette liste, celle-ci est complétée par le greffier agissant à la demande du mandataire judiciaire ou du créancier intéressé, par l'inscription des créances définitivement fixées à l'issue d'une instance judiciaire ou administrative et de celles admises à la suite d'un relevé de forclusion intervenu après le dépôt de l'état des créances.

Sous-section 2. – De l'admission des créances

Art. R. 624-3 *(Mod., D. n° 2009-160, 12 févr. 2009).* – Les décisions d'admission sans contestation sont matérialisées par l'apposition de la signature du juge-commissaire sur la liste des créances établie par le mandataire judiciaire.

Le greffier avise par lettre simple les créanciers ou leur mandataire de cette admission. Ces avis précisent le montant pour lequel la créance est admise ainsi que les sûretés et privilèges dont elle est assortie et reproduisent les dispositions des articles L. 622-27 et L. 624-3.

Le mandataire judiciaire et l'administrateur, lorsqu'il en a été désigné, sont avisés contre récépissé des décisions rendues.

Art. R. 624-4 *(Mod., D. n° 2009-160, 12 févr. 2009). – (Mod., D. n° 2014-736, 30 juin 2014)* Lorsque la compétence du juge-commissaire est contestée ou que ce juge soulève d'office son incompétence ou encore en présence d'une contestation sérieuse, le greffier convoque par lettre recommandée avec demande d'avis de réception le débiteur, le créancier, le mandataire judiciaire et l'administrateur, lorsqu'il en a été désigné. La convocation du créancier reproduit les dispositions du deuxième alinéa de l'article L. 624-1 et du troisième alinéa de l'article R. 624-3.

Ces dispositions sont applicables lorsque le juge-commissaire est appelé à statuer sur une contestation de créance. Toutefois, il n'y a pas lieu à convocation du créancier lorsque celui-ci n'a pas contesté la proposition du mandataire judiciaire dans le délai prévu à l'article L. 622-27.

Les décisions statuant sur la compétence *(Mots aj., D. n° 2014-736, 30 juin 2014)* « , sur l'existence d'une contestation sérieuse » ou sur la contestation d'une créance sont notifiées au débiteur et au créancier ou à son mandataire par le greffier, dans les huit jours.

Ces notifications précisent le montant pour lequel la créance est admise ainsi que les sûretés et privilèges dont elle est assortie et reproduisent les dispositions des articles L. 622-27 et L. 624-3.

Le mandataire judiciaire et l'administrateur, lorsqu'il en a été désigné, sont avisés contre récépissé des décisions rendues.

Art. R. 624-5 *(Mod., D. n° 2014-736, 30 juin 2014).* – Lorsque le juge-commissaire se déclare incompétent ou constate l'existence d'une contestation sérieuse, il renvoie, par ordonnance spécialement motivée, les parties à mieux se pourvoir et invite, selon le cas, le créancier, le débiteur ou le mandataire judiciaire à saisir la juridiction compétente dans un délai d'un mois à compter de la notification ou de la réception de l'avis délivré à cette fin, à peine de forclusion à moins *(Mots rempl. à compter du 1er septembre 2017, D. n° 2017-891, 6 mai 2017)* « d'appel » dans les cas où cette voie de recours est ouverte.

Les tiers intéressés ne peuvent former tierce opposition contre la décision rendue par la juridiction compétente que dans le délai d'un mois à compter de sa transcription sur l'état des créances.

Art. R. 624-6 *(Mod., D. n° 2014-736, 30 juin 2014)*. – À la requête du Trésor public, le juge-commissaire, après avoir recueilli l'avis du mandataire judiciaire, prononce l'admission définitive des créances admises à titre provisionnel en application du quatrième alinéa de l'article L. 622-24 et qui ont fait l'objet d'un titre exécutoire ou ne sont plus contestées. Lorsque le juge-commissaire n'est plus en fonctions, le président du tribunal, saisi par requête du représentant du Trésor public, prononce l'admission définitive. Les décisions sont portées sur l'état des créances.

Les décisions rendues en méconnaissance des dispositions du quatrième alinéa de l'article L. 622-24 sont susceptibles d'appel.

Art. R. 624-7. – Le recours contre les décisions du juge-commissaire statuant sur l'admission des créances est formé devant la cour d'appel.

Sous-section 3. – De l'état des créances

Art. R. 624-8. – Les décisions prononcées par le juge-commissaire sont portées par le greffier sur la liste des créances mentionnée au premier alinéa de l'article R. 624-2. Cette liste ainsi complétée et les relevés des créances résultant du contrat de travail constituent l'état des créances.

Cet état est déposé au greffe du tribunal, où toute personne peut en prendre connaissance.

Le greffier fait publier au *Bulletin officiel des annonces civiles et commerciales* une insertion indiquant ce dépôt et le délai pour présenter une réclamation.

Tout intéressé peut présenter une réclamation devant le juge-commissaire dans le délai d'un mois à compter de la publication.

Art. R. 624-9. – L'état des créances mentionné à l'article R. 624-8 est complété par :

1° Lorsque la matière est de la compétence d'une autre juridiction, les décisions rendues par la juridiction compétente ;

2° Les décisions mentionnées au premier alinéa de l'article R. 624-11 ;

3° Les décisions rendues par la cour d'appel statuant sur les recours formés contre les décisions du juge-commissaire.

Art. R. 624-10. – Les réclamations des tiers mentionnées au dernier alinéa de l'article R. 624-8 sont formées par déclaration faite au greffe ou remise contre récépissé ou adressée par lettre recommandée avec demande d'avis de réception. Elles sont mentionnées sur l'état des créances par le greffier.

Le greffier convoque les parties intéressées ou leur mandataire par lettre recommandée avec demande d'avis de réception et avise le mandataire judiciaire et l'administrateur, lorsqu'il en a été désigné.

Le recours contre les décisions du juge-commissaire statuant sur une réclamation est formé devant la cour d'appel.

Art. R. 624-11. – Le créancier dont les droits ont été reconnus par une décision d'une autre juridiction passée en force de chose jugée adresse au greffier du tribunal qui a ouvert la procédure une expédition de cette décision.

Le greffier avise le mandataire judiciaire ainsi que l'administrateur et le commissaire à l'exécution du plan, s'il y a lieu, de toute modification ainsi apportée à l'état des créances.

Section II. – Des droits du conjoint

Art. R. 624-12. – Le conjoint du débiteur doit être entendu ou dûment convoqué avant toute décision autorisant la vente des biens de la communauté.

Lorsque, au cours de la procédure, la dissolution de la communauté existant entre le débiteur et son conjoint devient opposable aux tiers, ce conjoint est entendu ou dûment convoqué avant toute décision autorisant la vente des biens de l'indivision.

Section III. – Des droits du vendeur de meubles, des revendications et des restitutions

Art. R. 624-13. – La demande en revendication d'un bien est adressée dans le délai prévu à l'article L. 624-9 par lettre recommandée avec demande d'avis de réception à l'administrateur s'il en a été désigné ou, à défaut, au débiteur. Le demandeur en adresse une copie au mandataire judiciaire.

À défaut d'acquiescement dans le délai d'un mois à compter de la réception de la demande, le demandeur doit, sous peine de forclusion, saisir le juge-commissaire au plus tard dans un délai d'un mois à compter de l'expiration du délai de réponse.

Avant de statuer, le juge-commissaire recueille les observations des parties intéressées.

La demande en revendication emporte de plein droit demande en restitution.

Art. R. 624-13-1 *(D. n° 2014-736, 30 juin 2014)*. – La demande formée en application de l'article L. 624-19 est adressée à l'administrateur, s'il en a été désigné, dans le délai prévu à l'article L. 624-9 par lettre recommandée avec demande d'avis de réception. L'entrepreneur individuel à responsabilité limitée en adresse copie au mandataire judiciaire. À défaut d'acquiescement par l'administrateur transmis dans le délai d'un mois à compter de la réception de la demande, le demandeur doit, à peine de forclusion, saisir le juge-commissaire dans le délai prévu au deuxième alinéa de l'article R. 624-13.

En l'absence d'administrateur, l'entrepreneur individuel à responsabilité limitée saisit le juge-commissaire par requête dans le délai de l'article L. 624-9.

Avant de statuer, le juge-commissaire recueille les observations du demandeur, de l'administrateur judiciaire et, le cas échéant, du mandataire judiciaire.

Art. R. 624-14. – Pour l'application de l'article L. 624-10, la demande en restitution est faite par le propriétaire du bien par lettre recommandée avec demande d'avis de réception à l'administrateur, s'il en a été désigné, ou, à défaut, au débiteur. Une copie de cette demande est adressée au mandataire judiciaire.

À défaut d'accord dans le délai d'un mois à compter de la réception de la demande ou en cas de contestation, le juge-commissaire peut être saisi à la diligence du propriétaire afin qu'il soit statué sur les droits de ce dernier. Même en l'absence de demande préalable en restitution, le juge-commissaire peut également être saisi à cette même fin par l'administrateur ou par le débiteur.

Art. R. 624-15. – Pour bénéficier des dispositions de l'article L. 624-10, les contrats qui y sont mentionnés doivent avoir été publiés avant le jugement d'ouverture selon les modalités qui leur sont applicables.

Aux mêmes fins, en l'absence de réglementation particulière, le propriétaire du bien doit avoir fait publier le contrat avant le jugement d'ouverture, selon le cas, au registre mentionné à l'article R. 313-4 du Code monétaire et financier ou au registre prévu au troisième alinéa de l'article R. 621-8 du présent code.

Art. R. 624-16. – En cas de revendication du prix des biens en application de l'article L. 624-18, les sommes correspondantes payées par le sous-acquéreur postérieurement à l'ouverture de la procédure doivent être versées par le débiteur *(Mots aj., D. n° 2009-160, 12 févr. 2009)* « ou l'administrateur » entre les mains du mandataire judiciaire. Celui-ci les remet au créancier revendiquant à concurrence de sa créance.

Section 4. – Dispositions particulières aux sociétés

(D. n° 2014-736, 30 juin 2014)

Art. R. 624-17 *(D. n° 2014-736, 30 juin 2014)*. – Pour l'application du second alinéa de l'article L. 622-20, le mandataire judiciaire met en demeure l'associé ou l'actionnaire défaillant par lettre recommandée avec demande d'avis de réception. Cette lettre reproduit les dispositions de l'article L. 624-20.

Art. R. 624-18 *(D. n° 2014-736, 30 juin 2014)*. – Le délai mentionné à l'article R. 228-26 est applicable à la mise en demeure prévue par le second alinéa de l'article L. 622-20.

CHAPITRE V. – DU RÈGLEMENT DES CRÉANCES RÉSULTANT DU CONTRAT DE TRAVAIL

Art. R. 625-1. – **Au vu des documents ou à partir des informations fournies par les salariés, par le débiteur, par l'administrateur ainsi que par le représentant des salariés, le mandataire judiciaire vérifie les créances résultant d'un contrat de travail et en établit des relevés. Cette vérification a lieu même en l'absence de la vérification des créances chirographaires.**

Le débiteur tient à la disposition du représentant des salariés les éléments à partir desquels le mandataire judiciaire a établi les relevés et notamment le livre de paye et le registre du personnel. Le représentant des salariés appose sa signature sur les relevés en formulant au besoin des réserves ou observations. En l'absence de signature, le juge-commissaire entend le représentant des salariés.

Les relevés sont, à la diligence du mandataire judiciaire, visés par le juge-commissaire. Ils sont remis par le mandataire judiciaire aux institutions mentionnées à l'article L. 3253-14 du Code du travail *(Anc. art. L. 143-11-4, dénum., Ord. n° 2007-329, 12 mars 2007)* **avant l'expiration des délais prévus, pour chaque catégorie de créances, à l'article L. 3253-15 et L. 3253-19 à L. 3253-21 du même code** *(Anc. art. L. 143-11-7, dénum., Ord. n° 2007-329, 12 mars 2007)*.

Art. R. 625-2. – **Les relevés des créances résultant du contrat de travail mentionnent l'identité de chaque salarié, la nature de son contrat de travail, la date de son entrée dans l'entreprise, l'emploi occupé et sa qualification, l'exercice ou non d'un mandat social, la date de rupture du contrat de travail, les sommes déjà versées et celles qui restent à payer. Le montant de ces sommes est calculé déduction faite des prélèvements légaux et conventionnels, y compris lorsque ces sommes correspondent à des créances définitivement établies par décision de justice.**

Art. R. 625-3. – **Le mandataire judiciaire informe par tout moyen chaque salarié de la nature et du montant des créances admises ou rejetées et lui indique la date du dépôt au greffe du relevé des créances. Il rappelle que le délai de forclusion prévu à l'article L. 625-1 court à compter de la publication prévue au troisième alinéa ci-après. Les salariés dont les créances sont admises sont informés au moment du paiement.**

Le salarié dont la créance a été omise peut être relevé de la forclusion par le conseil de prud'hommes dans le délai prévu au *(Mot rempl., D. n° 2009-160, 12 févr. 2009)* **« troisième » alinéa de l'article L. 622-26. Le relevé de forclusion bénéficie aux institutions mentionnées à l'article L. 3253-14 du Code du travail** *(Anc. art. L. 143-11-4, dénum., Ord. n° 2007-329, 12 mars 2007)*.

La publicité mentionnée à l'article L. 625-1 est faite à la diligence du mandataire judiciaire par la publication, dans un journal habilité à recevoir les annonces légales dans le département du siège de la personne morale ou du lieu où le débiteur personne physique a déclaré l'adresse de son entreprise ou de son activité et, le cas échéant, dans le département de chacun de ses établissements secondaires, d'un avis indiquant que l'ensemble des relevés des créances est déposé au greffe du tribunal. Cette publication intervient au plus tard trois mois après l'expiration de la dernière période de garantie prévue par les articles L. 3253-6 et L. 3253-8 du Code du travail *(Anc. art. L. 143-11-1, dénum., Ord. n° 2007-329, 12 mars 2007)*.

L'avis signé par le mandataire judiciaire est daté du jour de la publication prévue au troisième alinéa ci-dessus. Cette date fait courir le délai de forclusion prévu à l'article L. 625-1.

Art. R. 625-4. – **Le mandataire judiciaire ou le commissaire à l'exécution du plan restitue aux institutions mentionnées à l'article L. 3253-14 du Code du travail** *(Anc. art. L. 143-11-4, dénum., Ord. n° 2007-329, 12 mars 2007)* **les sommes avancées par elles qui n'ont pas été perçues par les salariés lorsque le délai de validité du titre de paiement est expiré. Ces institutions versent les sommes dues aux salariés qui en font la demande.**

Art. R. 625-5. – **Le débiteur donne toutes les informations utiles au mandataire judiciaire et à l'administrateur, s'il en a été désigné, sur les instances en cours devant la juridiction prud'homale à la date du jugement d'ouverture.**

Art. R. 625-6. – **Les institutions mentionnées à l'article L. 3253-14 du Code du travail** *(Anc. art. L. 143-11-4, dénum., Ord. n° 2007-329, 12 mars 2007)* **font connaître au mandataire judiciaire leur refus de régler une créance figurant sur un relevé, dans les mêmes délais que ceux qui sont prévus aux**

articles L. 3253-15 et L. 3253-19 à L. 3253-21 du même code *(Anc. art. L. 143-11-7, dénum., Ord. n° 2007-329, 12 mars 2007)*, pour le versement des sommes impayées. Ces institutions indiquent la nature et le montant de la créance refusée ainsi que les motifs de leur refus.

Le mandataire judiciaire avertit le salarié du refus par les institutions mentionnées ci-dessus de régler la créance et en avise le représentant des salariés.

Art. R. 625-7. – Les recours prévus à l'article L. 625-6 sont exercés dans le délai d'un mois.

CHAPITRE VI. – DU PLAN DE SAUVEGARDE

Section I. – De l'élaboration du projet de plan

Sous-section 1. – De la convocation des assemblées

Art. R. 626-1. – Pour l'application de l'article L. 626-3, les assemblées sont convoquées conformément aux dispositions du livre II, sous réserve des dispositions de la présente section.

Art. R. 626-2. – Pour les sociétés anonymes et les sociétés en commandite par actions, outre les indications mentionnées aux articles R. 225-66 et R. 225-73, l'avis de convocation doit comporter :

1° La date à laquelle se réunira éventuellement la deuxième assemblée, à défaut pour la première d'avoir atteint le quorum requis ;

2° Le rappel du délai prévu au premier alinéa de l'article R. 626-3.

Le délai entre les deux assemblées est de six jours au moins.

Art. R. 626-3. – Par dérogation à l'article R. 225-72, la demande d'inscription *(Mots aj., D. n° 2010-1619, 23 déc. 2010)* « d'un point ou » d'un projet de résolution par les actionnaires à l'ordre du jour de l'assemblée est envoyée au siège social quinze jours au moins avant la date de l'assemblée réunie sur première convocation.

Sous-section 2. – Du remplacement de dirigeants de l'entreprise

(Abr., pour les seules procédures ouvertes D. n° 2009-160, 12 févr. 2009)

Art. R. 626-4 à R. 626-6 *(Abr., D. n° 2009-160, 12 févr. 2009).*

Code de commerce

Rédaction antérieure. Art. R. 626-4. – Lorsque le ministère public demande, en application de l'article L. 626-4, que l'adoption du plan soit subordonnée au remplacement d'un ou plusieurs dirigeants, il saisit le tribunal par une requête indiquant les faits de nature à motiver cette demande.

Le président du tribunal fait convoquer, à la diligence du greffier, le ou les dirigeants de la personne morale dont le remplacement est demandé, quinze jours au moins avant l'audience, par acte d'huissier de justice. À cette convocation est jointe la requête du ministère public.

Le tribunal statue après avoir entendu ou dûment appelé, le cas échéant, le débiteur, l'administrateur s'il en a été désigné, le mandataire judiciaire ainsi que les représentants du comité d'entreprise ou, à défaut, des délégués du personnel.

Le jugement est signifié à la diligence du greffier à chaque dirigeant en cause et au représentant légal de la personne morale. Les personnes citées à l'article R. 621-7 ainsi que les représentants du comité d'entreprise ou, à défaut, des délégués du personnel sont avisés de ce jugement.

Rédaction antérieure. Art. R. 626-5. – L'administrateur s'il en a été désigné ou le mandataire judiciaire convoque les organes sociaux compétents aux fins de délibérer sur la demande de remplacement.

Le tribunal statue sur le plan au vu de cette délibération.

Rédaction antérieure. Art. R. 626-6. – Le mandataire prévu au deuxième alinéa de l'article L. 626-4 peut être l'administrateur judiciaire.

Sous-section 3. – De la consultation des créanciers

Art. R. 626-7 *(Rempl., D. n° 2011-236, 3 mars 2011)*. – I. – Pour l'application des deuxième et troisième alinéas de l'article L. 626-5, les propositions pour le règlement des dettes sont communiquées par lettre recommandée avec demande d'avis de réception, par le mandataire judiciaire, à chaque créancier consulté ayant déclaré sa créance.

II. – La lettre adressée aux créanciers auxquels sont proposés des délais et remises précise la forme choisie pour la consultation. En cas de consultation individuelle, elle contient la reproduction des dispositions des deux premières phrases du deuxième alinéa de l'article L. 626-5. En cas de consultation collective, elle comporte la convocation prévue à l'article R. 626-8.

Sont joints à cette lettre :

1° Un état de la situation active et passive avec ventilation du passif privilégié et du passif chirographaire ;

2° L'ensemble des propositions relatives au règlement des dettes et l'indication des garanties offertes ;

3° L'avis du mandataire judiciaire ainsi que des contrôleurs s'il en a été nommé.

III. – La lettre adressée aux créanciers auxquels est proposée une conversion de créances en titres donnant ou pouvant donner accès au capital contient la reproduction des dispositions du troisième alinéa de l'article L. 626-5.

Sont joints à cette lettre, outre les éléments d'information mentionnés aux 1°, 2° et 3° ci-dessus :

1° Un document établi par l'administrateur ou, s'il n'en a pas été nommé, par le débiteur, exposant l'origine, l'importance et la nature des difficultés de l'entreprise ;

2° Un compte de résultat prévisionnel ;

3° La liste des créanciers destinataires d'une proposition de conversion.

Art. R. 626-8. – Lorsque le mandataire judiciaire décide de recueillir collectivement l'accord des créanciers *(Mots. aj., D. n° 2011-236, 3 mars 2011)* « auxquels sont proposés des délais de paiement et des remises de dette », ceux-ci sont convoqués à une réunion tenue sous sa présidence, aux lieu, jour et heure fixés dans la lettre mentionnée à l'article R. 626-7. Un avis de convocation peut en outre être inséré dans un journal d'annonces légales du lieu du siège de la personne morale ou de l'adresse de l'entreprise ou de l'activité du débiteur personne physique.

Les créanciers peuvent se faire représenter par une personne munie d'un pouvoir spécial.

Le mandataire judiciaire fait aux créanciers un rapport sur l'état de la procédure ainsi que sur les conditions de la poursuite de l'activité du débiteur depuis son ouverture.

L'accord de chaque créancier présent ou représenté sur les propositions *(Mots rempl., D. n° 2011-236, 3 mars 2011)* « portant sur des délais et remises » est recueilli par écrit.

Sous-section 4. – Du règlement des créances publiques

Bibliographie : G. Notté, *Conditions des remises de dettes par les créanciers publics aux entreprises en difficulté : JCP* E 2009, act. 196.

Art. D. 626-9 *(Anc. art. R. 626-9, mod., D. n° 2008-1010, 29 sept. 2008 ; rempl., D. n° 2009-385, 6 avr. 2009 ; mod., D. n° 2014-524, 22 mai 2014).* – Les remises de dettes consenties, pour l'application de l'article L. 626-6, par les administrations financières, les organismes de sécurité sociale, Pôle emploi pour le compte de l'organisme gestionnaire du régime d'assurance chômage, les institutions régies par le livre IX du Code de la sécurité sociale et les institutions régies par le livre VII du Code rural et de la pêche maritime sont opérées dans les conditions et selon les modalités définies par les articles D. 626-10 à D. 626-15.

Art. D. 626-10 *(Anc. art. R. 626-10, mod., D. n° 2008-1010, 29 sept. 2008 ; rempl., D. n° 2009-385, 6 avr. 2009 ; mod., D. n° 2014-524, 22 mai 2014).* – Les dettes susceptibles d'être remises correspondent :

1° Aux pénalités, intérêts de retard, intérêts moratoires, amendes fiscales ou douanières, majorations, frais de poursuite, quel que soit l'impôt ou le produit divers du budget de l'État auquel ces pénalités ou frais s'appliquent ;

2° Aux majorations de retard, frais de poursuite, pénalités et amendes attachés aux cotisations et contributions sociales recouvrées par les organismes de sécurité sociale et par les institutions régies par le livre IX du Code de la sécurité sociale et par les institutions régies par le livre VII du Code rural et de la pêche maritime ;

3° Aux majorations de retard, frais de poursuite et pénalités attachés aux contributions et cotisations recouvrées par Pôle emploi pour le compte de l'organisme gestionnaire du régime d'assurance chômage ;

4° Aux cotisations et contributions sociales patronales d'origine légale ou conventionnelle qu'un employeur est tenu de verser au titre de l'emploi de personnel salarié ;

5° Aux droits au principal afférents aux seuls impôts directs perçus au profit de l'État et des collectivités territoriales ;

6° Aux créances de l'État étrangères à l'impôt et au domaine, aux redevances domaniales, aux redevances pour services rendus et aux autres produits divers du budget de l'État.

Les remises de dettes sont consenties par priorité sur les frais de poursuite, les majorations et amendes, puis sur les intérêts de retard et les intérêts moratoires, et enfin sur les droits et les sommes dus au principal. Les dettes dues au principal ne peuvent pas faire l'objet d'une remise totale.

Art. D. 626-11 *(Anc. art. R. 626-11, rempl., D. n° 2009-385, 6 avr. 2009).* – Peuvent être remises les dettes exigibles à la date de réception de la demande de remise, valant saisine de la commission mentionnée à l'article D. 626-14, et dues aux administrations, organismes et institutions mentionnés à l'article D. 626-9.

Art. D. 626-12 *(Anc. art. R. 626-12, rempl., D. n° 2009-385, 6 avr. 2009).* – En cas d'ouverture d'une procédure de conciliation, le débiteur ou le conciliateur saisit, y compris par voie dématérialisée, la commission mentionnée à l'article D. 626-14 de la demande de remise de dettes. Cette saisine a lieu, sous peine de forclusion, dans un délai de deux mois à compter de la date d'ouverture de la procédure.

A. – Cette demande est accompagnée :

1° De l'état actif et passif des sûretés ainsi que de celui des engagements hors bilan ;

2° Des comptes annuels et des tableaux de financement des trois derniers exercices, si ces documents ont été établis, ainsi que de la situation de l'actif réalisable et disponible et du passif exigible ;

3° Du montant des dettes privées. Les dettes privées correspondent à l'ensemble des concours consentis par les créanciers autres que ceux mentionnés à l'article D. 626-9.

B. – Elle peut être utilement complétée par tous documents, notamment :

1° Un plan de trésorerie prévisionnel ;

2° Un état prévisionnel des commandes ;

3° Le montant des remises sollicitées ou obtenues auprès des créanciers privés.

Art. D. 626-13 *(Anc. art. R. 626-13, rempl., D. n° 2009-385, 6 avr. 2009).* – En cas d'ouverture d'une procédure de sauvegarde ou de redressement judiciaire, l'administrateur judiciaire ou le mandataire judiciaire saisit, y compris par voie dématérialisée, la commission mentionnée à l'article D. 626-14 de la demande de remise de dettes. Cette saisine a lieu, sous peine de forclusion, dans un délai de deux mois à compter de la date d'ouverture de la procédure.

A. – Cette demande est accompagnée :

1° De l'état actif et passif des sûretés ainsi que de celui des engagements hors bilan ;

2° Des comptes annuels et des tableaux de financement des trois derniers exercices, si ces documents ont été établis, ainsi que de la situation de l'actif réalisable et disponible et du passif exigible ;

3° Du montant des dettes privées. Les dettes privées correspondent à l'ensemble des concours consentis par les créanciers autres que ceux mentionnés à l'article D. 626-9.

B. – Elle peut être utilement complétée par tous documents, notamment :

1° Un plan de trésorerie prévisionnel ;

2° Un état prévisionnel des commandes ;

3° Le montant des remises sollicitées ou obtenues auprès des créanciers privés.

La commission peut également être saisie d'une demande de remise de dettes présentée dans le cadre d'une saisine du tribunal aux fins d'une modification substantielle du plan.

Art. D. 626-14 *(Anc. art. R. 626-14, rempl., D. n° 2009-385, 6 avr. 2009).* – Les demandes de remise de dettes sont examinées au sein d'une commission réunissant les chefs des services financiers et les représentants des organismes et institutions intéressés.

La composition et les conditions de fonctionnement de cette commission sont fixées par le décret n° 2007-686 du 4 mai 2007 instituant dans chaque département une commission des chefs des services financiers et des représentants des organismes de sécurité sociale et de l'assurance chômage pour l'examen de la situation des débiteurs retardataires.

Le président de la commission recueille les décisions des administrations, organismes et institutions représentés et en assure la notification. Lorsqu'elle est favorable, la notification précise les montants

d'abandon de créances publiques ainsi que les conditions qui y sont attachées vis-à-vis des créanciers privés. Le président peut déléguer sa signature à l'un des membres de la commission.

Le défaut de réponse dans un délai de deux mois à partir de la date de réception de l'ensemble des éléments mentionnés aux articles D. 626-12 et D. 626-13 vaut décision de rejet.

Art. D. 626-15 *(Anc. art. R. 626-15, rempl., D. n° 2009-385, 6 avr. 2009).* **– Les remises de dettes ont pour objet de faciliter la restructuration financière de l'entreprise en difficulté, la poursuite de son activité économique et le maintien de l'emploi. La remise de dettes n'est pas justifiée dès lors que l'entreprise n'est plus viable. Elle ne doit pas représenter un avantage économique injustifié pour l'entreprise bénéficiaire. Les efforts des créanciers publics sont coordonnés avec ceux des autres créanciers en vue de faciliter le redressement durable de l'entreprise et permettre le recouvrement de recettes publiques futures.**

La recevabilité de la demande de remise est subordonnée à la constatation que le débiteur, ou, s'il est une personne morale, ses organes ou ses représentants, n'a pas fait l'objet depuis au moins dix ans d'une condamnation définitive pour l'une des infractions sanctionnées par les articles L. 8224-1, L. 8224-2, L. 8224-3 et L. 8224-5 du Code du travail *(Anc. art. L. 362-3, L. 362-4 et L. 362-6, dénum., Ord. n° 2007-329, 12 mars 2007).*

L'examen de la demande est effectué en tenant compte :
- **des efforts consentis par les créanciers autres que ceux mentionnés à l'article D. 626-9 ;**
- **des efforts financiers consentis par les actionnaires et les dirigeants ;**
- **de la situation financière du débiteur et des perspectives de son rétablissement pérenne ;**
- **du comportement habituel du débiteur vis-à-vis des créanciers mentionnés à l'article D. 626-9 ;**
- **des éventuels autres efforts consentis par ces créanciers portant sur les cessions de rang de privilège ou d'hypothèque ou l'abandon de ces sûretés ou les délais de paiement déjà accordés.**

Art. R. 626-16 *(Abr., D. n° 2009-385, 6 avr. 2009).*

Section II. – Du jugement arrêtant le plan et de l'exécution du plan

Sous-section 1. – De l'arrêté du plan

Art. R. 626-17. – Dès le dépôt au greffe du projet de plan par le débiteur, le greffier convoque, par lettre recommandée avec demande d'avis de réception, le débiteur, les représentants du comité d'entreprise ou, à défaut, des délégués du personnel et les contrôleurs.

Le ministère public ainsi que l'administrateur et le mandataire judiciaire sont avisés de la date de l'audience.

Art. R. 626-18. – Le tribunal statue avant l'expiration des délais prévus à l'article L. 621-3.

Lorsqu'il n'est pas présenté de projet de plan en temps utile, le tribunal peut être saisi aux fins de clôture de la procédure par le ministère public, par tout créancier ou par les mandataires de justice. Il statue, le débiteur ayant été entendu ou appelé.

Le jugement de clôture est notifié au débiteur et fait l'objet des publicités prévues à l'article R. 621-8.

La clôture de la procédure est prononcée dans les conditions de l'article L. 626-9.

Les mandataires de justice déposent sans délai un compte-rendu de fin de mission dans les conditions des articles R. 626-39 et R. 626-40. L'article R. 626-41 est applicable.

Art. R. 626-19. – Les seuils fixés en application de l'article L. 626-9 au-delà desquels les débats relatifs à l'arrêté du plan doivent avoir lieu en présence du ministère public sont ceux fixés à l'article R. 621-11.

Art. R. 626-20 *(Mod., D. n° 2009-160, 12 févr. 2009).* **– Le jugement arrêtant le plan est communiqué par le greffier aux personnes mentionnées au 3° de l'article R. 621-7 et fait l'objet des publicités prévues à l'article R. 621-8.**

Si le plan est toujours en cours à l'expiration d'un délai de deux ans à compter de son arrêté, les mentions relatives à la procédure et à l'exécution du plan sont, à l'initiative du débiteur, radiées des registres ou répertoires sur lesquels elles ont été portées. Cette radiation fait obstacle à toute nouvelle mention relative à l'exécution du plan.

Les dispositions de l'alinéa qui précède ne sont pas applicables aux mentions relatives aux mesures d'inaliénabilité décidées par le tribunal et aux décisions prononçant la résolution du plan.

Art. R. 626-21. – Le jugement arrêtant ou rejetant le plan est notifié au débiteur et aux représentants du comité d'entreprise ou, à défaut, des délégués du personnel et porté à la connaissance du ministère public et des mandataires de justice par le greffier, dans les huit jours de la date du jugement. Il est en outre notifié par le greffier à toute personne tenue de l'exécuter, conformément à l'article L. 626-10.

Art. R. 626-22. – Lorsque la décision rejetant le plan est devenue définitive et qu'il n'a pas été fait application des dispositions du deuxième *(Mots aj., D. n° 2009-160, 12 févr. 2009)* « ou du troisième » alinéa de l'article L. 622-10, le tribunal se saisit d'office aux fins de clôture de la procédure. Il statue dans les conditions de l'article L. 626-9.

Le jugement de clôture est notifié au débiteur et fait l'objet des publicités prévues à l'article R. 621-8.

Les mandataires de justice déposent sans délai un compte-rendu de fin de mission dans les conditions des articles R. 626-39 et R. 626-40. L'article R. 626-41 est applicable.

Sous-section 2. – De l'exécution du plan

Art. R. 626-23. – Le tribunal qui a arrêté le plan demeure compétent pour connaître des conditions de son exécution nonobstant le changement du lieu du siège social de la personne morale ou de l'adresse de l'entreprise ou de l'activité du débiteur personne physique.

Art. R. 626-24. – Pour l'application de l'article L. 626-13, le débiteur justifie de la levée de l'interdiction d'émettre des chèques auprès de l'établissement de crédit qui est à l'origine de cette mesure par la remise d'une copie du jugement arrêtant le plan, à laquelle il joint un relevé des incidents de paiement.

L'établissement de crédit qui est à l'origine de l'interdiction informe la Banque de France de la levée de cette interdiction aux fins de régularisation.

Art. R. 626-25. – La mesure d'inaliénabilité prévue à l'article L. 626-14 est, à la diligence du commissaire à l'exécution du plan, mentionnée aux registres publics sur lesquels les biens déclarés inaliénables et les droits qui les grèvent sont inscrits ou, à défaut, aux registres mentionnés à l'article R. 621-8.

La publicité mentionne la durée de l'inaliénabilité.

Art. R. 626-26. – Lorsqu'en application de l'article L. 626-14, la décision arrêtant ou modifiant le plan prononce l'inaliénabilité temporaire de biens mobiliers d'équipement du débiteur, et est passée en force de chose jugée, le commissaire à l'exécution du plan demande l'inscription de la mesure d'inaliénabilité sur le registre prévu à l'article R. 143-9.

Art. R. 626-27. – Le commissaire à l'exécution du plan présente une copie de la décision rendue au greffier du tribunal de commerce dans le ressort duquel le débiteur, personne morale, a son siège ou le débiteur, personne physique, a déclaré l'adresse de son entreprise ou de son activité. Y sont joints les bordereaux d'inscription qui contiennent :

1° Les nom, prénoms et l'adresse de l'entreprise ou de l'activité du débiteur s'il s'agit d'une personne physique, la dénomination sociale ou commerciale et l'adresse du siège du débiteur s'il s'agit d'une personne morale, les mentions prévues aux 1° et 2° de l'article R. 123-237 ou le numéro d'immatriculation au répertoire des métiers ;

2° La date de la décision rendue ;

3° La désignation sommaire des biens d'équipement frappés d'inaliénabilité temporaire, le lieu où ils se trouvent entreposés, l'indication, le cas échéant, qu'ils peuvent être déplacés ;

4° La durée de la mesure d'inaliénabilité.

Art. R. 626-28. – Le greffier porte sur les bordereaux la mention de la date à laquelle l'inscription est effectuée et le numéro sous lequel elle est portée au registre mentionné à l'article R. 626-26.

Les bordereaux sont établis, conservés et l'un d'eux remis au débiteur dans les conditions prévues aux articles R. 525-2, R. 525-3 et R. 525-5.

Le greffier tient un fichier alphabétique des débiteurs avec l'indication des numéros des inscriptions les concernant.

Art. R. 626-29. – Les bordereaux reçoivent un numéro d'entrée au moment où ils sont produits.

Ces pièces sont enregistrées sur le registre mentionné à l'article R. 626-26 ; il est délivré un récépissé extrait dudit registre mentionnant :

1° Le numéro d'entrée apposé sur les pièces comme il est dit au premier alinéa ;

2° La date du dépôt des pièces ;

3° Le nombre et la nature des pièces avec l'indication du but de ce dépôt ;

4° Le nom ou la dénomination du débiteur ;

5° La nature et la situation des biens inaliénables et, éventuellement, la mention qu'ils peuvent être déplacés.

Art. R. 626-30. – Le greffier mentionne, en marge du bordereau d'inscription, la radiation totale ou partielle de la mesure d'inaliénabilité portant sur des biens dont le tribunal a autorisé l'aliénation en application du premier alinéa de l'article L. 626-14.

Lorsque le délai fixé pour la mesure d'inaliénabilité temporaire décidée par le jugement est expiré, le greffier mentionne d'office en marge de l'inscription, la radiation de celle-ci. Il délivre un certificat de radiation au débiteur qui le demande.

Il est tenu de délivrer à tous ceux qui le requièrent l'état des inscriptions existantes avec la mention, le cas échéant, des radiations partielles.

Les frais de radiation sont inclus dans le coût de l'inscription.

Art. R. 626-31. – Le tribunal statue sur l'autorisation prévue à l'article L. 626-14 sur requête du débiteur au vu du rapport du commissaire à l'exécution du plan.

Sa décision est notifiée au débiteur et communiquée au ministère public et au commissaire à l'exécution du plan. Elle est soumise aux recours prévus à l'encontre des décisions modifiant le plan.

Art. R. 626-32. – Pour l'application de l'article L. 626-16, les assemblées compétentes sont convoquées dans les formes et délais prévus aux articles R. 626-1 à R. 626-3.

Art. R. 626-32-1 *(D. n° 2014-736, 30 juin 2014)*. – Lorsque le tribunal a modifié, conformément à l'article L. 626-16-1, les conditions de vote, mention doit en être faite lors de la convocation des assemblées compétentes.

Art. R. 626-33. – Le délai d'un an prévu au *(Mot rempl., D. n° 2011-236, 3 mars 2011)* « quatrième » alinéa de l'article L. 626-18 court à compter du jour du jugement arrêtant le plan.

Art. R. 626-33-1 *(D. n° 2014-736, 30 juin 2014)*. – L'acceptation des délais et remises portant sur les créances mentionnées à l'article L. 626-20 ne peut être qu'expresse.

Art. R. 626-34. – Le montant maximal de chaque créance remboursable sans remise ni délai en application du II de l'article L. 626-20 est de *(Montant rempl., D. n° 2014-736, 30 juin 2014)* « 500 € ».

Art. R. 626-35. – La demande de substitution de garanties prévue à l'article L. 626-22 est faite par le débiteur au créancier en cause. À défaut d'accord de celui-ci, elle peut être demandée au tribunal par requête.

Le tribunal statue, le débiteur, le créancier et le commissaire à l'exécution du plan entendus ou dûment appelés.

Le débiteur procède à ses frais à la radiation et à l'inscription des sûretés. La radiation ne peut intervenir qu'après constitution de la garantie substituée.

Art. R. 626-36. – Après le versement à la Caisse des dépôts et consignations fait en application de l'article L. 626-22, des paiements provisionnels peuvent être effectués dans les conditions définies au deuxième alinéa de l'article L. 622-8. Le commissaire à l'exécution du plan répartit le prix entre les créanciers, effectue le paiement et procède à la radiation des inscriptions.

En cas de vente d'un immeuble, le prix est versé après l'accomplissement par l'acquéreur des formalités de purge des hypothèques prescrites par les articles 2476 et suivants du Code civil et suivant la procédure d'ordre définie aux articles R. 643-3 à R. 643-14.

Les créanciers inscrits du chef d'un précédent propriétaire et titulaires d'un droit de suite sont avertis par le commissaire à l'exécution du plan par lettre recommandée avec demande d'avis de réception qu'ils ont l'obligation de produire leur créance à la procédure d'ordre dans le délai d'un mois à compter de l'avertissement.

La production de la créance mentionne la sûreté inscrite sur le bien. Un décompte des sommes dues en principal, intérêts et accessoires et les documents justificatifs sont joints à la production.

À défaut de production dans le délai mentionné au troisième alinéa, le créancier est déchu des droits de participer à la distribution.

En cas de réduction des dividendes, en application du deuxième alinéa de l'article L. 626-22, l'état de collocation dressé par le commissaire à l'exécution du plan mentionne les modalités de calcul de cette réduction.

Art. R. 626-37. – Le recours prévu à l'article R. 643-11 est ouvert au débiteur. Le greffier adresse à celui-ci une copie de l'état de collocation. Cet avis précise le délai et les modalités du recours.

Art. R. 626-38. – L'administrateur rend compte au juge-commissaire de l'exécution des actes permettant la mise en œuvre du plan conformément à l'article L. 626-24.

Le mandataire judiciaire rend compte de sa mission au juge-commissaire qui met fin à celle-ci, après avoir constaté l'achèvement de la vérification des créances et le versement des sommes dues aux salariés en application des articles L. 3253-15 et L. 3253-19 à 3253-21 du Code du travail *(Anc. art. L. 143-11-7, dénum., Ord. n° 2007-329, 12 mars 2007)*.

Art. R. 626-39. – Lorsque l'administrateur ou le mandataire judiciaire a accompli sa mission, il dépose au greffe un compte rendu de fin de mission. Tout intéressé peut en prendre connaissance.

(D. n° 2014-736, 30 juin 2014) Lorsque le mandataire judiciaire a été informé de la mise en œuvre d'une procédure administrative d'établissement de l'impôt, il en informe les comptables publics compétents par lettre recommandée avec demande d'avis de réception quinze jours au moins avant la date de ce dépôt.

Ce compte rendu est communiqué par le greffier au ministère public et notifié par le mandataire de justice au débiteur et aux contrôleurs par lettre recommandée avec demande d'avis de réception. Cette notification précise qu'ils peuvent former des observations devant le juge-commissaire dans un délai de quinze jours.

Le juge-commissaire approuve le compte-rendu de fin de mission, le cas échéant, au vu des observations présentées. Il peut demander au mandataire de justice de lui produire tout justificatif. Sa décision est déposée au greffe. Elle n'est pas susceptible de recours.

Art. R. 626-40. – Le compte rendu de fin de mission comporte :

1° La reddition des comptes telle qu'elle ressort de l'édition analytique du mandat dans la comptabilité spéciale de l'administrateur ou du mandataire judiciaire. Le classement analytique distingue, par nature, les opérations de recettes et dépenses ;

2° Le détail des débours et des émoluments perçus tels qu'ils ont été arrêtés, avec la référence au tarif prévu par les textes ;

3° Les rétributions que le mandataire de justice a prélevées sur sa rémunération au profit d'un intervenant extérieur au titre du mandat, en application des articles L. 811-1 et L. 812-1 ;

4° *(Rempl., D. n° 2009-160, 12 févr. 2009)* La rémunération des experts désignés par le tribunal et des techniciens désignés par le juge-commissaire, y compris les officiers publics ou ministériels.

Art. R. 626-41. – Dès le dépôt au greffe du compte rendu de fin de mission des mandataires de justice, le greffier adresse au débiteur, aux contrôleurs ainsi qu'au ministère public le compte détaillé de ses émoluments, de ses frais et de ses débours établi selon les dispositions des articles R. 743-140 à R. 743-157. Ce compte est déposé au greffe et annexé à celui des mandataires de justice. Il est complété si le greffier est appelé à régler postérieurement d'autres frais.

Art. R. 626-42. – Lorsque le compte-rendu de fin de mission de l'administrateur et du mandataire judiciaire a été approuvé, la procédure fait l'objet d'une ordonnance de clôture rendue par le président du tribunal.

Cette décision est une mesure d'administration judiciaire non susceptible de recours.

Elle est communiquée aux personnes citées à l'article R. 621-7 et mentionnée aux registres et répertoires prévus *(Réf. rempl., D. n° 2014-736, 30 juin 2014)* « aux trois premiers alinéas de l'article R. 621-8 ».

Art. R. 626-43. – Sans préjudice des dispositions de l'article R. 626-51, le commissaire à l'exécution du plan fait un rapport annuel sur l'exécution des engagements du débiteur et sur les paiements et répartitions auxquels il a procédé. Ce rapport est déposé au greffe, communiqué au ministère public et tenu à la disposition de tout créancier.

Art. R. 626-44 *(Mod., D. n° 2009-160, 12 févr. 2009)*. – Lorsque le remplacement du commissaire à l'exécution du plan est demandé par le ministère public ou que le tribunal se saisit d'office aux mêmes fins, la convocation de l'intéressé est faite selon le cas dans les formes et selon la procédure prévues à l'article R. 631-3 ou R. 631-4.

La demande de remplacement présentée par le commissaire à l'exécution du plan est formée par lettre simple. L'ordonnance rendue par le président du tribunal est communiquée au ministère public par le greffier, qui en avise, par lettre simple, le commissaire à l'exécution du plan qui est remplacé, celui désigné pour le remplacer ainsi que le débiteur.

Art. R. 626-45. – *(Mod., D. n° 2014-736, 30 juin 2014)* La demande présentée par le débiteur en application de l'article L. 626-26 est faite par déclaration au greffe. Celle du commissaire à l'exécution du plan est faite par requête.

Le greffier convoque, par lettre recommandée avec demande d'avis de réception, le débiteur, les contrôleurs, les représentants du comité d'entreprise ou, à défaut, des délégués du personnel qui sont désignés conformément à l'article R. 621-2. Il avise de la date de l'audience le ministère public ainsi que le commissaire à l'exécution du plan.

Lorsque la modification porte sur les modalités d'apurement du passif, le greffier en informe les créanciers intéressés par lettre recommandée avec demande d'avis de réception. Ceux-ci disposent alors d'un délai de quinze jours pour faire valoir leurs observations par lettre recommandée avec demande d'avis de réception au commissaire à l'exécution du plan.

Le jugement est notifié conformément aux dispositions de l'article R. 626-21.

Art. R. 626-46. – Une copie du jugement modifiant le plan est adressée par le greffier aux personnes mentionnées au 3o de l'article R. 621-7. Le jugement fait l'objet des publicités prévues à l'article R. 621-8.

Art. R. 626-47. – Le commissaire à l'exécution du plan signale, dans un rapport adressé au président du tribunal et au ministère public, l'inexécution du plan de la part du débiteur ou de toute autre personne.

Le rapport fait état des observations du débiteur et propose éventuellement les solutions qui seraient de nature à permettre l'exécution du plan.

Le commissaire à l'exécution du plan rend compte de sa mission au président du tribunal.

Art. R. 626-47-1 *(D. n° 2014-736, 30 juin 2014)*. – Pour l'exécution de la mission prévue par le premier alinéa du I de l'article L. 626-27, le commissaire à l'exécution du plan saisit le président du tribunal aux fins d'obtention d'un titre exécutoire, s'il n'en dispose pas. Le président statue par ordonnance.

Art. R. 626-48 *(Mod., D. n° 2009-160, 12 févr. 2009)*. – En application du I de l'article L. 626-27, le tribunal est saisi aux fins de résolution du plan par voie de requête ou, le cas échéant, dans les formes et selon la procédure prévue à l'article *(Réf. suppr., D. n° 2014-736, 30 juin 2014)* « ... » R. 631-4. Il statue dans les conditions de l'article L. 626-9, le commissaire à l'exécution du plan étant entendu ou dûment appelé et présentant son rapport en lieu et place de celui de l'administrateur.

Lorsque le tribunal décide la résolution du plan en application du troisième alinéa du I de l'article L. 626-27, il ouvre, dans le même jugement, une procédure, selon le cas, de redressement judiciaire ou de liquidation judiciaire du débiteur.

Le jugement est signifié à la diligence du greffier dans les huit jours de son prononcé aux personnes qui ont qualité pour interjeter appel, à l'exception du ministère public.

Il est communiqué aux personnes mentionnées à l'article R. 621-7.

Le jugement qui décide la résolution du plan fait l'objet des publicités prévues à l'article R. 621-8.

Art. R. 626-49. – Pour l'application du III de l'article L. 626-27, le commissaire à l'exécution du plan transmet au greffier la liste des créances admises à ce plan en déduisant, pour chacune d'elles, les sommes déjà perçues. Le greffier porte cette liste sur l'état des créances de la nouvelle procédure.

(D. n° 2014-736, 30 juin 2014) Dans les mêmes conditions, les créances portées sur la liste mentionnée à l'article R. 622-15 ou à l'article R. 641-39 et qui n'ont pas été rejetées sont portées par le greffier sur l'état des créances de la nouvelle procédure.

Art. R. 626-50. – Lorsqu'il est saisi en application de l'article L. 626-28, le tribunal statue au vu d'un rapport établi par le commissaire à l'exécution du plan.

La décision du tribunal est communiquée au ministère public.

À l'initiative du débiteur, les décisions relatives à la procédure sont radiées des registres sur lesquels elles ont été portées.

Art. R. 626-51. – Dans les deux mois qui suivent l'achèvement de sa mission, le commissaire à l'exécution du plan dépose un compte-rendu de fin de mission dans les conditions des articles R. 626-39 et R. 626-40. L'article R. 626-41 est applicable.

Section III. – Des comités de créanciers

Art. R. 626-52. – Les seuils fixés en application de l'article L. 626-29 sont de 150 salariés et de 20 millions d'euros de chiffre d'affaires.

Ils sont définis conformément aux dispositions du deuxième et du troisième alinéa de l'article R. 621-11.

Art. R. 626-53 *(Mod., D. n° 2009-160, 12 févr. 2009).* – Lorsque le tribunal n'a pas désigné d'administrateur et que le juge-commissaire autorise qu'il soit fait application des dispositions des articles L. 626-29 à L. 626-35, le juge-commissaire désigne un administrateur aux fins d'exercer les missions qui lui sont dévolues par les articles L. 626-30 à L. 626-33.

Art. R. 626-54. – La décision par laquelle le juge-commissaire autorise qu'il soit fait application des dispositions des articles L. 626-29 à L. 626-35 est une mesure d'administration judiciaire non susceptible de recours.

Art. R. 626-55 *(Rempl., D. n° 2009-160, 12 févr. 2009 ; mod., Ord. n° 2010-76, 21 janv. 2010).* – L'administrateur avise chacun des créanciers mentionné au deuxième alinéa de l'article L. 626-30 qu'il est membre de droit de l'Autorité de contrôle prudentiel.

(Mots rempl., D. n° 2014-1315, 3 nov. 2014) « Les sociétés de financement, les établissements de crédit et ceux assimilés » sont ceux mentionnés à l'article L. 511-1 du Code monétaire et financier, les institutions mentionnées à l'article L. 518-1 du même code, les établissements intervenant en libre établissement ou en libre prestation de services sur le territoire des États parties à l'accord sur l'Espace économique européen mentionnés au livre V du même code et toute autre entité auprès de laquelle le débiteur a conclu une opération de crédit.

Art. R. 626-56 *(Mod., D. n° 2009-160, 12 févr. 2009).* – Pour déterminer la composition du comité des principaux fournisseurs, est pris en compte le montant des créances toutes taxes comprises existant à la date du jugement d'ouverture.

À cette fin, le débiteur remet sans délai à l'administrateur la liste des créances de ses fournisseurs ainsi que le montant de chacune d'entre elles, certifié par son ou ses commissaires aux comptes ou, lorsqu'il n'en a pas été désigné, établi par son expert-comptable.

L'administrateur avise chaque fournisseur dont les créances représentent plus de 3 % du total des créances toutes taxes comprises des fournisseurs qu'il est membre de droit du comité des principaux fournisseurs.

Art. R. 626-57 *(Mod., D. n° 2009-160, 12 févr. 2009).* – Au plus tard quinze jours avant la présentation au comité des principaux fournisseurs des propositions du débiteur *(Mots aj., D. n° 2014-736, 30 juin 2014)* « ou des projets soumis par les créanciers », l'administrateur peut demander à tout fournisseur dont les créances ne représentent pas plus de 3 % du total des créances toutes taxes comprises des fournisseurs d'être membre de ce comité.

À défaut d'une acceptation écrite adressée à l'administrateur dans un délai de huit jours à compter de la réception de l'avis, le fournisseur sollicité est réputé avoir refusé.

Art. R. 626-57-1 *(D. n° 2009-160, 12 févr. 2009).* – Pour l'application du troisième alinéa de l'article L. 626-30-1, le transfert d'une créance née antérieurement au jugement d'ouverture est porté à la connaissance de l'administrateur par lettre recommandée avec demande d'avis de réception.

Art. R. 626-57-2 *(D. n° 2009-160, 12 févr. 2009 ; mod., D. n° 2014-736, 30 juin 2014).* – Le créancier membre d'un comité qui entend soumettre des propositions transmet celles-ci, par tout moyen, au débiteur et à l'administrateur. Le débiteur, avec le concours de l'administrateur, apprécie s'il y a lieu de les soumettre au comité de créanciers.

Les projets de plan mentionnés à la seconde phrase de l'article L. 626-30-2 sont transmis à l'administrateur par lettre recommandée avec demande d'avis de réception au plus tard quinze jours avant la date du premier vote.

Art. R. 626-58 *(Rempl., D. n° 2009-160, 12 févr. 2009 ; D. n° 2011-236, 3 mars 2011). – (D. n° 2014-736, 30 juin 2014)* Lorsqu'il transmet les avis mentionnés aux articles R. 626-55, R. 626-57 et au deuxième alinéa du présent article, l'administrateur invite les créanciers concernés à lui faire connaître sans délai l'existence éventuelle d'une convention ou d'un accord mentionnés au quatrième alinéa de l'article L. 626-30-2.

(Mod., D. n° 2014-736, 30 juin 2014) Huit jours avant la date du vote, l'administrateur arrête le montant, calculé toutes taxes comprises, des créances détenues par les membres du comité appelés à se prononcer. À la même date, il dresse la liste des créances qui, en application du cinquième alinéa de l'article L. 626-30-2, n'ouvrent pas droit à participer au vote. Cette liste est portée à la connaissance des créanciers présents ou représentés le jour du vote. Au plus tard huit jours avant cette date, l'administrateur soumet au créancier concerné les modalités de calcul retenues sur le fondement du quatrième alinéa de l'article L. 626-30-2 ; en cas de désaccord exprimé au plus tard quarante-huit heures avant la date du vote, l'administrateur peut saisir le président du tribunal conformément à ces dispositions. Les modalités de calcul appliquées sont portées à la connaissance des créanciers en complément de la liste des créances.

En présence d'une clause d'indexation du taux d'intérêt, le montant des intérêts restant à échoir au jour du jugement d'ouverture de la procédure est calculé au taux applicable à la date de ce jugement. Les créances en monnaie étrangère sont converties en euros selon le cours du change à la date du même jugement.

Art. R. 626-59. – L'administrateur invite le mandataire judiciaire et les représentants du comité d'entreprise ou, à défaut, des délégués du personnel à présenter leurs observations à chacun des comités avant que ceux-ci ne se prononcent *(Mots rempl., D. n° 2014-736, 30 juin 2014)* « sur le ou les projets de plan ».

Art. R. 626-60 *(D. n° 2009-160, 12 févr. 2009).* – Pour l'application de l'article L. 626-32, un avis de convocation de l'assemblée générale des obligataires est inséré à l'initiative de l'administrateur dans un journal habilité à recevoir les annonces légales dans le département du siège social du débiteur et, en outre, si le débiteur a fait publiquement appel à l'épargne ou si toutes ses obligations ne revêtent pas la forme nominative, au Bulletin des annonces légales obligatoires. Cet avis contient les indications prévues à l'article R. 228-66 et l'indication du lieu mentionné à l'article R. 626-61.

Si toutes les obligations émises par le débiteur sont nominatives, les insertions prévues à l'alinéa précédent peuvent être remplacées par une convocation adressée à chaque obligataire par lettre simple ou recommandée. Dans le cas d'obligations indivises, les convocations sont adressées à tous les coïndivisaires. Lorsque les obligations sont grevées d'un usufruit, la convocation est adressée au nu-propriétaire.

Le délai entre la date soit de l'insertion contenant l'avis de convocation, soit de l'envoi des lettres de convocation et la date du vote par l'assemblée générale des obligataires est au moins de quinze jours.

(D. n° 2014-736, 30 juin 2014) L'invitation mentionnée au premier alinéa de l'article R. 626-58 est insérée dans l'avis prévu par le premier alinéa du présent article ou à la convocation prévue par le second alinéa.

Art. R. 626-61 *(D. n° 2009-160, 12 févr. 2009 ; mod., D. n° 2011-236, 3 mars 2011 ; D. n° 2014-736, 30 juin 2014).* – Chaque obligataire a le droit, pendant le délai de quinze jours qui précède la réunion de l'assemblée générale, de prendre par lui-même ou par mandataire, en tout lieu fixé par la convocation, connaissance du projet de plan adopté et, s'il est différent, du projet de plan présenté par le débiteur.

Le débiteur, avec le concours de l'administrateur, présente à l'assemblée générale des obligataires le projet de plan adopté par les comités de créanciers. Lorsque le projet adopté n'est pas celui proposé par le débiteur, il est porté à la connaissance de l'assemblée par l'administrateur ; le débiteur qui soutient le plan qu'il a présenté et qui n'a pas été adopté est invité à faire connaître ses observations ; le rapport de l'administrateur porte sur chacun de ces plans.

Art. R. 626-61-1 *(D. n° 2011-236, 3 mars 2011).* – Huit jours avant la date de réunion de l'assemblée générale, l'administrateur arrête le montant des créances qui ouvrent droit à participer au vote. Il est fait application *(Réf. rempl., D. n° 2014-736, 30 juin 2014)* « des dispositions des deux dernières phrases du deuxième alinéa et de celles du troisième » alinéa de l'article R. 626-58.

Art. R. 626-62 *(D. n° 2009-160, 12 févr. 2009).* – L'administrateur est seul compétent pour décider des modalités de déroulement du vote par les comités et l'assemblée générale des obligataires. S'il décide que le vote a lieu à bulletin secret, sa décision ne peut faire l'objet d'aucune contestation. Sont scrutateurs de l'assemblée ou du comité les deux obligataires ou créanciers titulaires des créances les plus importantes et acceptant cette fonction.

Art. R. 626-63 *(D. n° 2009-160, 12 févr. 2009).* – Le délai pour former les contestations relatives à l'application des articles L. 626-30 à L. 626-32 est de dix jours à compter du vote du comité de créanciers ou de l'assemblée générale des obligataires dont est membre l'auteur de la contestation. À peine d'irrecevabilité, les contestations sont formées par déclaration déposée au greffe contre récépissé. Une copie de la déclaration est adressée par lettre simple au débiteur et à l'administrateur par le greffier.

Le greffier convoque l'auteur de la contestation, par lettre simple, à l'audience au cours de laquelle il sera débattu de l'arrêté ou de la modification du plan.

L'audience ne peut avoir lieu moins de cinq jours après l'expiration du délai imparti pour former les contestations.

Le jugement est notifié, par le greffier, à l'auteur de la contestation.

Art. R. 626-64 *(D. n° 2014-736, 30 juin 2014).* – Le créancier qui a exprimé son désaccord aux modalités de calcul des voix soumises par l'administrateur conformément au quatrième alinéa de l'article L. 626-30-2 peut interjeter appel de l'ordonnance rendue par le président du tribunal dans le délai de dix jours à compter de sa notification.

CHAPITRE VII. – DISPOSITIONS PARTICULIÈRES EN L'ABSENCE D'ADMINISTRATEUR JUDICIAIRE

Art. R. 627-1 *(Mod., D. n° 2009-160, 12 févr. 2009).* – En l'absence d'administrateur, le cocontractant adresse au débiteur la mise en demeure prévue à l'article L. 622-13, par lettre recommandée avec demande d'avis de réception. Il en informe simultanément le mandataire judiciaire en lui adressant copie de cette mise en demeure par lettre recommandée avec demande d'avis de réception.

Le mandataire judiciaire doit, sans délai, faire part de son avis au débiteur et au cocontractant.

À défaut de réponse du mandataire dans le délai de quinze jours à compter de la réception par le débiteur de la mise en demeure, ce dernier peut saisir le juge-commissaire.

La saisine du juge-commissaire suspend le délai de réponse prévu au 1° du III de l'article L. 622-13. Le greffier avise le cocontractant de cette saisine et de son effet suspensif.

Les dispositions de l'article R. 622-13 sont applicables lorsque le débiteur exerce la faculté ouverte à l'administrateur de demander la résiliation des contrats en cours. Le débiteur joint à sa requête l'avis conforme du mandataire judiciaire s'il l'a obtenu. Le greffier avise le mandataire judiciaire, aux lieu et place de l'administrateur, de la date de l'audience.

Chapitre VIII. – DE LA SAUVEGARDE ACCÉLÉRÉE

(D. n° 2011-236, 3 mars 2011 ; rempl., D. n° 2014-736, 30 juin 2014)

Section 1. – Dispositions générales

Art. R. 628-1 *(D. n° 2011-236, 3 mars 2011 ; rempl., D. n° 2014-736, 30 juin 2014).* – La procédure de sauvegarde accélérée est soumise aux dispositions réglementaires applicables à la procédure de sauvegarde à l'exception des articles R. 621-20, R. 621-26, R. 622-11, R. 622-13, R. 626-17, R. 626-18 et R. 626-22 et de la section 3 du chapitre IV et sous réserve des dispositions du présent chapitre.

Sous-section 1. – De l'ouverture de la procédure

Art. R. 628-2 *(D. n° 2011-236, 3 mars 2011 ; rempl., D. n° 2014-736, 30 juin 2014).* – En complément des pièces et informations mentionnées à l'article R. 621-1, la demande d'ouverture de la procédure expose les éléments démontrant que le projet de plan remplit les conditions prévues par le deuxième alinéa de l'article L. 628-1. La preuve du soutien prévu par ce texte, recueillie auprès des créanciers pour lesquels le projet de plan modifie les modalités de paiement et ne prévoit pas un paiement intégral en numéraire dès l'arrêté du plan ou dès l'admission de leurs créances, est apportée par tout moyen au plus tard au moment où le juge statue.

Lorsque le débiteur n'est pas en cessation des paiements et demande à être dispensé de procéder à l'inventaire, cette demande remplace les éléments prévus par la dernière phrase du premier alinéa de l'article R. 621-1.

Pour l'application du 5° de l'article R. 621-1, la demande précise, également, les dettes ayant fait l'objet d'une négociation dans le cadre de la procédure de conciliation en cours.

Le cas échéant, la demande précise la date de cessation des paiements.

Sont également joints :

1° Une copie de la décision d'ouverture de la procédure de conciliation ;

2° Un tableau de financement et, lorsque le débiteur établit des comptes consolidés, un tableau des flux de trésorerie ;

3° Un budget de trésorerie pour les trois mois à venir ;

4° Un plan de financement prévisionnel ;

5° Le projet de plan mentionné au deuxième alinéa de l'article L. 628-1.

Les documents prévus aux 2° à 4° sont datés, signés et certifiés sincères par le débiteur. Ils sont établis à la date de la demande ou dans les sept jours qui précèdent. Si l'un des documents ne peut être fourni ou ne peut l'être qu'incomplètement, la demande indique les motifs qui empêchent cette production.

Art. D. 628-2-1 *(D. n° 2012-1071, 20 sept. 2012 ; implicitement abr., D. n° 2014-736, 30 juin 2014).*

Art. D. 628-3 *(Anc. art. R. 628-3, D. n° 2011-236, 3 mars 2011 ; rempl., D. n° 2014-736, 30 juin 2014).* – Les seuils fixés en application de l'article L. 628-1 sont de vingt salariés, 3 000 000 euros de chiffre d'affaires hors taxe et 1 500 000 euros pour le total du bilan.

Le total du bilan et le montant du chiffre d'affaires sont définis conformément aux quatrième et cinquième alinéas de l'article D. 123-200 et sont appréciés à la date de clôture du dernier exercice comptable. Le nombre de salariés à prendre en compte est le nombre de salariés employés par le débiteur à la date de la demande d'ouverture de la procédure.

Art. R. 628-4 *(D. n° 2011-236, 3 mars 2011 ; rempl., D. n° 2014-736, 30 juin 2014).* – Le rapport du conciliateur prévu par l'article L. 628-2 est déposé au greffe et communiqué par le greffier au débiteur et au ministère public. Il est complété par tout élément permettant d'apprécier la pertinence du projet du plan, notamment au regard des conditions économiques et financières de la poursuite de l'activité énoncées par ce projet, et l'ampleur du soutien des créanciers exigé par l'article L. 628-1. Il comporte également un avis sur l'exactitude de la liste des créances ayant fait l'objet d'une négociation dans le cadre de la procédure de conciliation telle qu'elle résulte de l'état chiffré joint à la demande d'ouverture.

Le tribunal statue sur l'ouverture de la procédure après avoir entendu le conciliateur.

Art. R. 628-5 *(D. n° 2011-236, 3 mars 2011 ; rempl., D. n° 2014-736, 30 juin 2014).* – Lorsque le ministère public n'est pas l'auteur de la demande de communication des pièces et actes visés à l'article L. 628-2, le greffier les lui transmet sans délai dès leur réception.

Art. R. 628-6 *(D. n° 2011-236, 3 mars 2011 ; rempl., D. n° 2014-736, 30 juin 2014).* – Le délai de vingt jours prévu à l'article R. 621-24 avant l'expiration duquel le juge-commissaire ne peut désigner aucun contrôleur est réduit à quinze jours.

Art. R. 628-7 *(D. n° 2011-236, 3 mars 2011 ; rempl., D. n° 2014-736, 30 juin 2014).* – Lorsque le ministère public demande la clôture de la procédure, il présente au tribunal une requête indiquant les faits de nature à motiver cette demande. Le président du tribunal, par les soins du greffier, fait convoquer le débiteur par lettre recommandée avec demande d'avis de réception à comparaître dans le délai qu'il fixe.

À cette convocation est jointe la requête du ministère public.

Sous-section 2. – Des effets de la sauvegarde accélérée

Art. R. 628-8 *(D. n° 2011-236, 3 mars 2011 ; rempl., D. n° 2014-736, 30 juin 2014)*. – Dans les dix jours du jugement d'ouverture, le débiteur dépose au greffe deux exemplaires de la liste des créances prévue par l'article L. 628-7. Le greffier en remet un exemplaire au mandataire judiciaire.

La liste comporte les éléments mentionnés aux deux premiers alinéas de l'article L. 622-25 et à la première phrase de l'article R. 622-5 ainsi qu'au 2° de l'article R. 622-23.

Si les informations portées sur cette liste et celles portées sur la liste prévue à l'article L. 622-6 diffèrent, seules les premières sont prises en considération.

Art. R. 628-9 *(D. n° 2011-236, 3 mars 2011 ; rempl., D. n° 2014-736, 30 juin 2014)*. – Dans les huit jours suivant la remise de la liste par le greffier, le mandataire judiciaire communique par lettre recommandée avec demande d'avis de réception, ou, le cas échéant, par la voie du portail mentionné aux articles L. 814-2 et L. 814-13, à chaque créancier concerné les informations relatives aux créances dont il est titulaire telles qu'elles résultent de la liste et porte à sa connaissance les dispositions de l'article L. 628-7 et du présent article.

Cette information vaut avertissement au sens des articles L. 622-24 et R. 622-21.

Art. R. 628-10 *(D. n° 2011-236, 3 mars 2011 ; rempl., D. n° 2014-736, 30 juin 2014 ; mod., D. n° 2015-1009, 18 août 2015)*. – Dans le jugement qui ouvre la procédure, le tribunal fixe la date de l'audience à l'issue de laquelle il sera statué sur le projet de plan. Dans les huit jours, le greffier avise le ministère public, l'administrateur et le mandataire judiciaire de la date de cette audience et convoque, par lettre recommandée avec demande d'avis de réception, le débiteur, les représentants du comité d'entreprise ou, à défaut, les délégués du personnel et les contrôleurs déjà connus. Les contrôleurs désignés ultérieurement par le juge-commissaire sont convoqués dans les mêmes conditions sans délai.

Art. R. 628-11 *(D. n° 2011-236, 3 mars 2011 ; rempl., D. n° 2014-736, 30 juin 2014)*. – Le tribunal peut être saisi à tout moment pour statuer sur le projet de plan ou aux fins de clôture de la procédure par requête du débiteur, du ministère public, de l'administrateur ou du mandataire judiciaire ou par assignation d'un créancier. Lorsqu'il est saisi par voie de requête, le président du tribunal fait convoquer le débiteur par le greffier par lettre recommandée avec demande d'avis de réception. Le ministère public, l'administrateur et le mandataire judiciaire sont avisés de la date de l'audience par le greffier.

Art. R. 628-12 *(D. n° 2011-236, 3 mars 2011 ; rempl., D. n° 2014-736, 30 juin 2014)*. – Le jugement de clôture est notifié au débiteur, communiqué aux personnes citées à l'article R. 621-7 et fait l'objet des publicités prévues à l'article R. 621-8. L'administrateur et le mandataire judiciaire déposent sans délai un compte rendu de fin de mission dans les conditions des articles R. 626-39 et R. 626-40. L'article R. 626-41 est applicable.

Section 2. – Dispositions propres à la sauvegarde financière accélérée

Art. R. 628-13 *(D. n° 2011-236, 3 mars 2011 ; rempl., D. n° 2014-736, 30 juin 2014)*. – La demande d'ouverture de la procédure de sauvegarde financière accélérée expose, outre les éléments prévus à l'article R. 628-2, ceux relatifs à la nature de l'endettement dans les conditions prévues à l'article L. 628-9.

Pour l'application du 5° de l'article R. 621-1, l'état chiffré des dettes distingue les dettes qui ne seront pas soumises aux effets de la procédure en cas d'ouverture et, parmi les autres, celles ayant fait l'objet d'une négociation dans le cadre de la procédure de conciliation en cours.

Art. R. 628-14 *(D. n° 2011-236, 3 mars 2011 ; rempl., D. n° 2014-736, 30 juin 2014)*. – L'avis du jugement d'ouverture adressé pour insertion au *Bulletin officiel des annonces civiles et commerciales* et dans un journal d'annonces légales contient, outre les informations prévues par les cinquième et sixième alinéas de l'article R. 621-8, la reproduction des dispositions de l'article L. 628-9.

Art. R. 628-15 *(D. n° 2014-736, 30 juin 2014).* – Le délai de vingt jours prévu à l'article R. 621-24 avant l'expiration duquel le juge-commissaire ne peut désigner aucun contrôleur est réduit à huit jours.

Art. R. 628-16 *(D. n° 2014-736, 30 juin 2014).* – Lorsque le juge-commissaire a réduit le délai prévu au troisième alinéa de l'article L. 626-30-2 en deçà de quinze jours, l'administrateur accomplit les diligences prévues aux articles R. 626-58 et R. 626-61-1 trois jours avant la date du vote du comité. Le délai minimum prévu par l'article R. 626-60 entre la convocation de l'assemblée générale des obligataires et le vote est alors réduit à dix jours et le droit conféré à chaque obligataire par l'article R. 626-61 de prendre connaissance du projet de plan s'exerce dans les dix jours qui précèdent la réunion de cette assemblée.

Art. R. 628-17 *(D. n° 2014-736, 30 juin 2014).* – Le délai entre la date soit de l'insertion ou de la dernière des insertions contenant un avis de convocation, soit de l'envoi des lettres, soit de la transmission de la convocation par voie de communication électronique, et la date de l'assemblée des actionnaires est au moins de dix jours sur première convocation.

Art. R. 628-18 *(D. n° 2014-736, 30 juin 2014).* – L'avis prévu par le I de l'article R. 225-73 est publié au *Bulletin des annonces légales obligatoires* au plus tard vingt-et-un jours avant la tenue de l'assemblée des actionnaires.

La demande d'inscription d'un point ou d'un projet de résolution par les actionnaires à l'ordre du jour de l'assemblée est envoyée au siège social du débiteur quinze jours au moins avant la date de l'assemblée réunie sur première convocation.

Art. R. 628-19 *(D. n° 2014-736, 30 juin 2014).* – Le délai prévu au deuxième alinéa de l'article R. 225-89 et au premier alinéa de l'article R. 225-90 est réduit à dix jours. La liste des actionnaires mentionnée au second alinéa de l'article R. 225-90 est arrêtée le onzième jour qui précède la réunion de l'assemblée.

9.1.2.3. – Du redressement judiciaire

Code de commerce

CHAPITRE I. – DE L'OUVERTURE ET DU DÉROULEMENT DE LA PROCÉDURE

Section I. – De l'ouverture de la procédure

Sous-section 1. – De la saisine et de la décision du tribunal

Art. R. 631-1 *(Mod., D. n° 2009-160, 12 févr. 2009 ; D. n° 2010-368, 13 avr. 2010 ; D. n° 2011-236, 3 mars 2011 ; D. n° 2014-736, 30 juin 2014 ; D. n° 2015-903, 23 juill. 2015 ; D. n° 2015-1009, 18 août 2015).* – La demande d'ouverture de la procédure de redressement judiciaire est déposée par le représentant légal de la personne morale ou par le débiteur personne physique au greffe du tribunal compétent.

À cette demande sont jointes, outre les comptes annuels du dernier exercice, les pièces ci-après :

1° L'état du passif exigible et de l'actif disponible ainsi qu'une déclaration de cessation des paiements lorsque l'activité en difficulté est exercée par un entrepreneur individuel à responsabilité limitée, cet état est complété, le cas échéant, par la liste des autres créances dont le paiement est poursuivi sur le patrimoine en cause ;

2° Un extrait d'immatriculation aux registres et répertoires mentionnés à l'article R. 621-8 ;

3° Une situation de trésorerie datant de moins d'un mois ;

4° Le nombre des salariés employés à la date de la demande, le nom et l'adresse de chacun d'entre eux et le montant du chiffre d'affaires, défini conformément aux dispositions du cinquième alinéa de l'article D. 123-200, apprécié à la date de clôture du dernier exercice comptable ;

5° L'état chiffré des créances et des dettes avec l'indication selon le cas, du nom ou de la dénomination et du domicile ou siège des créanciers et, pour les salariés, le montant global des sommes impayées ;

6° L'état actif et passif des sûretés ainsi que celui des engagements hors bilan ;

7° L'inventaire sommaire des biens du débiteur ou, si un patrimoine a été affecté à l'activité en difficulté, des biens affectés à l'exercice de cette activité ;

8° S'il s'agit d'une personne morale comportant des membres responsables solidairement des dettes sociales, la liste de ceux-ci avec l'indication de leur nom et domicile ;

9° Le nom et l'adresse des représentants du comité d'entreprise ou des délégués du personnel habilités à être entendus par le tribunal s'ils ont déjà été désignés ;

10° Une attestation sur l'honneur certifiant l'absence de mandat *ad hoc* ou de procédure de conciliation relatives au patrimoine en cause dans les dix-huit mois précédant la date de la demande ou, dans le cas contraire, mentionnant la date de la désignation du mandataire *ad hoc* ou de l'ouverture de la procédure de conciliation ainsi que l'autorité qui y a procédé ;

11° Lorsque le débiteur exerce une profession libérale soumise à un statut législatif ou réglementaire ou dont le titre est protégé, la désignation de l'ordre professionnel ou de l'autorité dont il relève ;

12° Lorsque le débiteur exploite une ou des installations classées au sens du titre Ier du livre V du Code de l'environnement, la copie de la décision d'autorisation ou d'enregistrement ou la déclaration.

Ces documents sont datés, signés et certifiés sincères et véritables par le demandeur. Ceux qui sont mentionnés aux 1°, 2°, 5°, 6°, 7° et 8° sont établis à la date de la demande ou dans les sept jours qui précèdent.

Dans le cas où l'un ou l'autre de ces documents ne peut être fourni ou ne peut l'être qu'incomplètement, la demande indique les motifs qui empêchent cette production.

Art. R. 631-2 *(Mod., D. n° 2009-160, 12 févr. 2009)*. **– L'assignation d'un créancier précise la nature et le montant de la créance et contient tout élément de preuve de nature à caractériser la cessation des paiements du débiteur. Lorsqu'il s'agit d'une exploitation agricole, le créancier joint à sa demande une attestation, délivrée par le greffier, de la saisine du président du tribunal de grande instance** *(Mots rempl., D. n° 2014-736, 30 juin 2014)* **« en application de l'article L. 351-2 du Code rural et de la pêche maritime ».**

La demande d'ouverture d'une procédure de redressement judiciaire est à peine d'irrecevabilité, qui doit être soulevée d'office, exclusive de toute autre demande *(Mots aj., D. n° 2014-736, 30 juin 2014)* **« relative au même patrimoine », à l'exception d'une demande d'ouverture d'une procédure de liquidation judiciaire formée à titre subsidiaire.**

L'article R. 631-2 du Code de commerce, dans sa rédaction antérieure au décret du 12 février 2009, n'est pas applicable à la demande en extension de procédure collective pour confusion des patrimoines ou fictivité : ▪ Cass. com., 9 juill. 2013, n° 12-16.635, FS-P+B : *JurisData* n° 2013-014534 ; *JCP* E 2013, 1644, note J.-P. Legros.

Art. R. 631-3. *– (Rempl., D. n° 2014-736, 30 juin 2014)* **Lorsque le tribunal exerce son pouvoir d'office et à moins que les parties intéressées n'aient été invitées préalablement à présenter leurs observations, le tribunal fait convoquer le débiteur à la diligence du greffier, par lettre recommandée avec demande d'avis de réception, à comparaître dans le délai qu'il fixe.**

(Rempl., D. n° 2014-736, 30 juin 2014) **À la convocation est jointe une note dans laquelle sont exposés les faits de nature à motiver l'exercice par le tribunal de son pouvoir d'office.**

Le greffier adresse copie de cette note au ministère public.

Art. R. 631-4. – Lorsque le ministère public demande l'ouverture de la procédure *(Mots rempl., D. n° 2015-1009, 18 août 2015)* **« par requête, celle-ci indique » les faits de nature à motiver cette demande. Le président du tribunal, par les soins du greffier, fait convoquer le débiteur par** *(Mots rempl., D. n° 2014-736, 30 juin 2014)* **« lettre recommandée avec demande d'avis de réception » à comparaître dans le délai qu'il fixe.**

À cette convocation est jointe la requête du ministère public.

Lorsqu'en application de l'article R. 631-4 du Code de commerce, le président du tribunal fait convoquer, par lettre recommandée avec demande d'avis de réception, un dirigeant de personne morale et que l'avis de réception de la lettre retourné au greffe n'a pas été signé dans les conditions prévues à l'article 670 du Code de procédure civile, il incombe au greffier d'inviter le ministère public, demandeur à l'instance, à procéder par voie de signification : ▪ Cass. avis, 4 avr. 2016, n° 16003 P : *JurisData* 2016-006373 ; *Rev. proc. coll.* 2016, comm. 201, A. Martin-Serf.

Art. R. 631-5 *(Mod., D. n° 2014-736, 30 juin 2014)*. **– Lorsque, dans le cas prévu au deuxième alinéa de l'article L. 631-3, le tribunal est saisi sur la requête du ministère public, l'article R. 631-4 est applicable aux**

héritiers du débiteur dont l'adresse est connue. S'il existe des héritiers dont l'adresse est inconnue, le président du tribunal de grande instance se saisissant d'office, ou saisi sur la requête du ministère public, de l'administrateur ou du mandataire judiciaire désigne un mandataire chargé de les représenter.

Art. R. 631-6 *(Rempl., D. n° 2009-160, 12 févr. 2009).* – La cour d'appel qui annule ou infirme un jugement statuant sur l'ouverture de la procédure de redressement judiciaire peut, d'office, ouvrir la procédure de redressement judiciaire ou de liquidation judiciaire.

Art. R. 631-7. – Les articles R. 621-2 à R. 621-4, R. 621-7 à R. 621-9 et R. 621-14 à R. 621-16 sont applicables à la procédure de redressement judiciaire sous réserve des dispositions de la présente section.

Art. R. 631-7-1 *(D. n° 2012-1190, 25 oct. 2012).* – La mesure conservatoire prise en application du quatrième alinéa de l'article L. 621-2, dès sa signification au défendeur mentionné à ce texte, est portée sans délai à la connaissance des personnes désignées conformément à l'article R. 621-2.

Art. R. 631-8. – Le cas échéant, le greffier avertit les créanciers poursuivants qu'ils peuvent prendre connaissance au greffe du rapport mentionné au deuxième alinéa de l'article R. 621-3 et les avise en même temps de la date de l'audience.

Art. R. 631-9. – Pour l'application de l'article R. 621-11, le nombre des salariés à prendre en compte est apprécié à la date de la demande ou, en cas de saisine d'office, à la date de la convocation du débiteur.

Art. R. 631-10. – Pour l'application de l'article R. 621-4, si le jugement ne peut être rendu sur-le-champ, la date de son prononcé est communiquée au débiteur et, le cas échéant, au créancier poursuivant.

Art. R. 631-11 *(Mod., D. n° 2009-160, 12 févr. 2009).* – Lorsqu'il apparaît que le débiteur ne remplit pas les conditions requises pour l'ouverture d'une procédure de redressement judiciaire, le tribunal rejette la demande.

(Abr., D. n° 2014-736, 30 juin 2014).

Art. R. 631-12. – Le jugement qui statue sur l'ouverture de la procédure est notifié au débiteur ou au créancier, lorsqu'il est demandeur, par le greffier dans les huit jours de son prononcé. Lorsque le débiteur n'est pas demandeur, le jugement lui est signifié dans le même délai.

Art. R. 631-13. – La décision par laquelle le tribunal modifie la date de cessation des paiements est notifiée au débiteur, communiquée aux personnes mentionnées à l'article R. 621-7 et fait l'objet des publicités prévues à l'article R. 621-8.

Art. R. 631-14 *(Mod., D. n° 2009-160, 12 févr. 2009).* – À leur demande, l'administrateur délivre aux personnes dont les parts représentatives de leurs droits sociaux sont virées au compte spécial prévu à l'article L. 631-10 un certificat leur permettant de participer aux assemblées de la société.

Sauf décision contraire du tribunal, il est mis fin à ce compte spécial, à la demande de la personne intéressée la plus diligente après l'adoption du plan de redressement ou après la clôture des opérations.

En cas d'incessibilité ou de cession de parts sociales, titres de capital ou valeurs mobilières donnant accès au capital prononcée en application de l'article L. 631-19-1, il est mis fin au compte spécial après que la décision ordonnant la cession ou levant la mesure d'incessibilité est passée en force de chose jugée.

Art. R. 631-14-1 *(D. n° 2012-1190, 25 oct. 2012).* – Le montant des sommes pour la garantie desquelles la mesure conservatoire est ordonnée ne peut excéder le montant des dommages et intérêts demandés en réparation du préjudice causé par la faute invoquée.

Art. R. 631-15 *(Rempl., D. n° 2009-160, 12 févr. 2009).* – Les rémunérations ou subsides prévus à l'article L. 631-11 sont fixés par le juge-commissaire par décision spécialement motivée, l'administrateur, le mandataire judiciaire et le débiteur personne physique ou le dirigeant entendus ou dûment appelés.

Sous-section 2. – Des organes de la procédure et des contrôleurs

Art. R. 631-16. – **Les articles R. 621-10 à R. 621-25, à l'exclusion du premier alinéa de l'article R. 621-23 et de l'article R. 621-20, sont applicables à la procédure de redressement judiciaire.**

Section II. – Du déroulement de la procédure

Sous-section 1. – De la modification de la mission de l'administrateur

Art. R. 631-17. – **L'article R. 622-1 est applicable à la procédure de redressement judiciaire.**

Sous-section 2. – Des mesures conservatoires au cours de la période d'observation

Art. R. 631-18 *(Mod., D. n° 2009-160, 12 févr. 2009).* – **Les articles R. 622-2 à R. 622-5, à l'exclusion de l'article R. 622-4-1, sont applicables à la procédure de redressement judiciaire.** *(D. n° 2014-736, 30 juin 2014)* **Le greffier informe la personne chargée de réaliser l'inventaire de sa désignation par tout moyen.**

Les règles prévues aux quatrième à sixième alinéas de l'article R. 622-4 sont applicables à la prisée des actifs du débiteur effectuée en cas d'ouverture d'une procédure de redressement judiciaire ou de conversion d'une procédure de sauvegarde en un redressement judiciaire.

Sous-section 3. – De la gestion de l'entreprise au cours de la période d'observation

Art. R. 631-19 *(Mod., D. n° 2009-160, 12 févr. 2009).* – **Les articles R. 622-6 à R. 622-8 sont applicables à la procédure de redressement judiciaire.**

L'article R. 622-6 est également applicable lorsque la demande d'autorisation présentée sur le fondement du II de l'article L. 622-7 émane de l'administrateur.

Pour l'application du deuxième alinéa de l'article R. 622-7, le juge-commissaire saisi d'une demande de paiement provisionnel statue sur avis de l'administrateur s'il en a été désigné ou, à défaut, du débiteur et du mandataire judiciaire.

Sous-section 4. – De la poursuite de l'activité de l'entreprise au cours de la période d'observation

Art. R. 631-20. – **Les articles R. 622-9 et R. 622-13 à R. 622-20 sont applicables à la procédure de redressement judiciaire, sous réserve des dispositions de la présente sous-section.**

Art. R. 631-21. – **L'administrateur, lorsqu'il en a été désigné, est tenu des obligations d'information qui incombent au débiteur en application des articles R. 622-9 et R. 622-16.**

Art. R. 631-22. – **Pour l'application de l'article R. 622-17, l'obligation de déclaration incombe à l'administrateur, lorsqu'il a pour mission d'administrer seul l'entreprise.**

Pour l'application de l'article R. 622-20, l'administrateur est mis en cause quelle que soit sa mission.

Art. R. 631-23 *(Rempl., D. n° 2009-160, 12 févr. 2009).* – **Aux fins de prononcé de la cessation partielle de l'activité en application du II de l'article L. 631-15, le tribunal est saisi par voie de requête ou, le cas échéant, dans les formes et selon la procédure prévues aux articles R. 631-3 ou R. 631-4.**

Le jugement qui ordonne la cessation partielle de l'activité est communiqué aux personnes citées à l'article R. 621-7 et mentionné aux registres ou répertoires prévus *(Réf. rempl., D. n° 2014-736, 30 juin 2014)* **« aux trois premiers alinéas de l'article R. 621-8 ».**

Art. R. 631-24. – **Aux fins de prononcé de la liquidation judiciaire, le tribunal est saisi par voie de requête ou, le cas échéant, dans les formes et selon la procédure prévues aux articles R. 631-3 ou R. 631-4.**

Le jugement qui prononce la liquidation judiciaire est notifié au débiteur dans les huit jours de son prononcé. Lorsque le débiteur n'est pas demandeur, le jugement lui est signifié dans le même délai.

Ce jugement est, en outre, signifié à la diligence du greffier, dans le même délai, aux personnes qui ont qualité pour interjeter appel, à l'exception du ministère public.

Il est communiqué aux personnes citées à l'article R. 621-7 et fait l'objet des publicités prévues à l'article R. 621-8.

Art. R. 631-25. – La décision par laquelle le tribunal met fin à la procédure en application de l'article L. 631-16 est suivie sans délai d'un compte rendu de fin de mission déposé par les mandataires de justice dans les conditions des articles R. 626-39 et R. 626-40. Elle est communiquée aux personnes mentionnées à l'article R. 621-7 et fait l'objet des publicités prévues à l'article R. 621-8. L'article R. 626-41 est applicable.

Sous-section 5. – De la situation des salariés au cours de la période d'observation

Art. R. 631-26. – L'ordonnance rendue par le juge-commissaire en application de l'article L. 631-17 indique le nombre des salariés dont le licenciement est autorisé ainsi que les activités et catégories professionnelles concernées.

L'ordonnance est notifiée au comité d'entreprise ou, à défaut, aux délégués du personnel ou, le cas échéant, au représentant des salariés. Elle est transmise au ministère public, à l'administrateur et au mandataire judiciaire.

Sous-section 6. – De la déclaration de créances

Art. R. 631-27. – Les articles R. 622-21 à R. 622-26 sont applicables à la procédure de redressement judiciaire.

Sous-section 7. – De l'élaboration du plan économique, social et environnemental

Art. R. 631-28 *(Mod., D. n° 2009-160, 12 févr. 2009)*. – Les articles R. 623-1 et R. 623-2 sont applicables à la procédure de redressement judiciaire.

Sous-section 8. – De la vérification et de l'admission des créances

Art. R. 631-29. – Les articles R. 624-1, à l'exclusion du premier alinéa, et R. 624-2 à R. 624-11 sont applicables à la procédure de redressement judiciaire.

La vérification des créances est faite par le mandataire judiciaire en présence du débiteur ou celui-ci appelé, de l'administrateur s'il a pour mission d'assurer l'administration de l'entreprise et, le cas échéant, des contrôleurs désignés, présents ou dûment appelés.

Sous-section 9. – Des droits du conjoint du débiteur

Art. R. 631-30. – Le conjoint du débiteur est entendu ou dûment convoqué avant toute décision ordonnant ou autorisant la vente des biens de la communauté.

Lorsque, au cours de la procédure, la dissolution de la communauté existant entre le débiteur et son conjoint devient opposable aux tiers, ce conjoint est entendu ou dûment convoqué avant toute décision ordonnant ou autorisant la vente des biens de l'indivision.

Sous-section 10. – Des droits du vendeur de meubles, des revendications et des restitutions

Art. R. 631-31. – Les articles R. 624-13 à *(Réf. rempl., D. n° 2007-1851, 26 déc. 2007)* « R. 624-16 » sont applicables à la procédure de redressement judiciaire.

Sous-section 11. – Du règlement des créances résultant d'un contrat de travail

Art. R. 631-32. – Les articles R. 625-1 à R. 625-7 sont applicables à la procédure de redressement judiciaire.

Art. R. 631-33. – Lorsque des instances sont en cours devant la juridiction prud'homale à la date du jugement d'ouverture du redressement judiciaire, les informations relatives à l'objet et aux circonstances du litige ainsi que les éléments justificatifs sont transmis par le mandataire judiciaire aux institutions mentionnées à l'article L. 3253-14 du Code du travail *(Anc. art. L. 143-11-4, dénum., Ord. n° 2007-329, 12 mars 2007)*, mises en cause devant la juridiction prud'homale conformément à l'article L. 631-18 du présent code.

Sous-section 12. – Du projet de plan

Art. R. 631-34 *(Mod., D. n° 2009-160, 12 févr. 2009)*. – Les articles R. 626-1 à R. 626-3, relatifs à la convocation des assemblées, sont applicables à la procédure de redressement judiciaire.

Toutefois, pour l'application de l'article L. 626-3, l'administrateur convoque les assemblées si les dirigeants n'y procèdent pas.

Art. R. 631-34-1 *(D. n° 2009-160, 12 févr. 2009)*. – Lorsque le ministère public demande, en application de l'article L. 631-19-1, que l'adoption du plan soit subordonnée au remplacement d'un ou plusieurs dirigeants, il saisit le tribunal par une requête indiquant les faits de nature à motiver cette demande.

Le président du tribunal fait convoquer, à la diligence du greffier, le ou les dirigeants de la personne morale dont le remplacement est demandé, quinze jours au moins avant l'audience, par acte d'huissier de justice. À cette convocation est jointe la requête du ministère public.

Le tribunal statue après avoir entendu ou dûment appelé, le cas échéant, le débiteur, l'administrateur s'il en a été désigné, le mandataire judiciaire ainsi que les représentants du comité d'entreprise ou, à défaut, des délégués du personnel.

Le jugement est signifié à la diligence du greffier à chaque dirigeant en cause et au représentant légal de la personne morale. Les personnes citées à l'article R. 621-7 ainsi que les représentants du comité d'entreprise ou, à défaut, des délégués du personnel sont avisés de ce jugement.

L'article R. 631-34-1 du Code de commerce s'applique à la demande de cession forcée des titres sociaux du dirigeant par le ministère public, laquelle doit donc être formulée par écrit : ▪ Cass. com., 22 mai 2013, n° 12-15.305 (F-P+B) : *JurisData* n° 2013-009959 ; *JCP* E 2013, 1357, note A. Cerati-Gauthier.

Art. R. 631-34-2 *(D. n° 2009-160, 12 févr. 2009)*. – L'administrateur s'il en a été désigné ou le mandataire judiciaire convoque les organes sociaux compétents aux fins de délibérer sur la demande de remplacement.

Le tribunal statue sur le plan au vu de cette délibération.

Art. R. 631-34-3 *(D. n° 2009-160, 12 févr. 2009)*. – Le mandataire prévu au deuxième alinéa de l'article L. 631-19-1 peut être l'administrateur judiciaire.

Art. R. 631-34-4 *(D. n° 2009-160, 12 févr. 2009)*. – Les articles R. 626-7 et R. 626-8, relatifs à la consultation des créanciers, et la sous-section 4 de la section I du chapitre VI du titre II du présent livre, relative au règlement des créances publiques, sont applicables à la procédure de redressement judiciaire.

Art. R. 631-34-5 *(D. n° 2014-736, 30 juin 2014)*. – Lorsque les assemblées mentionnées à l'article L. 626-3 ont été appelées, en vain, à reconstituer les capitaux propres devenus inférieurs à la moitié du capital social, le procès-verbal des délibérations précise, le cas échéant, le sens du vote de chaque associé ou actionnaire.

La feuille de présence est annexée à ce procès-verbal.

Art. R. 631-34-6 *(D. n° 2014-736, 30 juin 2014)*. – La demande formée par l'administrateur judiciaire conformément à l'article L. 631-9-1 est faite auprès du président du tribunal par assignation de la société. Le président du tribunal statue sur cette demande par ordonnance de référé.

L'ordonnance fixe l'ordre du jour de l'assemblée. Elle est susceptible d'appel.

Art. R. 631-34-7 *(D. n° 2014-736, 30 juin 2014)*. – Pour l'application de l'article L. 631-9-1, les assemblées sont convoquées et tenues conformément aux dispositions non contraires du livre II.

Sous-section 13. – Du jugement arrêtant le plan

Art. R. 631-35 *(Mod., D. n° 2009-160, 12 févr. 2009)*. – Les articles R. 626-17 à R. 626-51, à l'exclusion de l'article R. 626-18, des deuxième et troisième alinéas de l'article R. 626-20, et de l'article R. 626-22, sont applicables à la procédure de redressement judiciaire.

Le greffier procède aux convocations et avis mentionnés à l'article R. 626-17 dès le dépôt au greffe du projet de plan par l'administrateur.

Pour l'application de l'article R. 626-48, lorsque le tribunal décide la résolution du plan en application du troisième alinéa du I de l'article L. 626-27, il ouvre, dans le même jugement, la liquidation judiciaire du débiteur.

Art. R. 631-36. – Lorsqu'en application du *(Réf. rempl., D. n° 2014-736, 30 juin 2014)* III de l'article L. 631-19 l'administrateur ou le débiteur prévoit dans son projet de plan des licenciements pour motif économique, il joint au rapport déposé au greffe ou il produit à l'audience les documents suivants :

1° Le procès-verbal des délibérations du comité d'entreprise ou des délégués du personnel consultés en application de l'article L. 321-9 du Code du travail ;

2° La copie de la lettre informant l'autorité administrative, en application de l'article L. 321-8 du Code du travail, du projet de licenciement.

Le jugement arrêtant le plan indique le nombre de salariés dont le licenciement est autorisé ainsi que les activités et catégories professionnelles concernées.

Sous-section 14. – Des comités de créanciers

Art. R. 631-37 *(Mod., D. n° 2009-160, 12 févr. 2009)*. – Les articles R. 626-52 à R. 626-63 sont applicables à la procédure de redressement judiciaire. L'administrateur, avec le concours du débiteur, exerce les prérogatives dévolues à ce dernier par les articles R. 626-57-2 et R. 626-61.

Sous-section 15. – Dispositions particulières en l'absence d'administrateur judiciaire

Art. R. 631-38. – L'article R. 627-1 est applicable à la procédure de redressement judiciaire. Le mandataire judiciaire exerce les fonctions dévolues à l'administrateur par l'article R. 631-14.

Sous-section 16. – De la cession partielle ou totale de l'entreprise

Art. R. 631-39. – Sans préjudice de l'application des deux premiers alinéas de l'article R. 642-40, l'administrateur *(Mots suppr., D. n° 2009-160, 12 févr. 2009)* « ... » communique au greffe les caractéristiques essentielles de l'entreprise ou de la ou des branches d'activité susceptibles d'être cédées en application de l'article L. 631-22. Il fixe le délai dans lequel les offres peuvent lui être soumises en application de l'article L. 631-13. Tout intéressé peut prendre connaissance de ces informations au greffe.

L'administrateur porte le délai fixé pour le dépôt des offres à la connaissance du mandataire judiciaire et des contrôleurs.

Toute offre doit être communiquée à l'administrateur dans le délai qu'il a fixé. Sauf accord entre le débiteur, le représentant des salariés, le mandataire judiciaire et les contrôleurs, le délai entre la réception d'une offre par l'administrateur et l'audience au cours de laquelle le tribunal examine cette offre est de quinze jours au moins.

Art. R. 631-40 *(Mod., D. n° 2009-160, 12 févr. 2009)*. – Les articles R. 642-1 à R. 642-21, à l'exclusion du premier alinéa de l'article R. 642-10, sont applicables à la cession mentionnée à l'article L. 631-22.

Le mandataire judiciaire exerce les missions dévolues au liquidateur par les articles R. 642-8, R. 642-18, R. 642-20 et R. 642-21.

Art. R. 631-41 *(Abr., D. n° 2009-160, 12 févr. 2009)*.

Art. R. 631-42. – Lorsque la cession totale ou partielle de l'entreprise a été ordonnée par le tribunal en application de l'article L. 631-22, le mandataire judiciaire reçoit le prix de cession nonobstant la passation des actes par l'administrateur.

Lorsque le débiteur bénéficie d'un plan de redressement, le mandataire judiciaire remet le prix au commissaire à l'exécution du plan.

Lorsque le débiteur est soumis à une liquidation judiciaire, le mandataire judiciaire conserve le prix en sa qualité de liquidateur ou le remet au liquidateur désigné par le tribunal.

Sous-section 17. – De la clôture de la procédure

Art. R. 631-43. – Lorsque le compte rendu de fin de mission de l'administrateur et du mandataire judiciaire ont été approuvés par le juge-commissaire, la procédure fait l'objet d'une ordonnance de clôture rendue par le président du tribunal.

Cette décision est une mesure d'administration judiciaire non susceptible de recours.

Elle est communiquée aux personnes citées à l'article R. 621-7 et mentionnée aux registres et répertoires prévus *(Réf. rempl., D. n° 2014-736, 30 juin 2014)* « aux trois premiers alinéas de l'article R. 621-8 ».

9.1.2.4. – De la liquidation judiciaire

Code de commerce

CHAPITRE PRÉLIMINAIRE. – DE L'OUVERTURE ET DU DÉROULEMENT DE LA LIQUIDATION JUDICIAIRE

Art. R. 640-1 *(Mod., D. n° 2009-160, 12 févr. 2009 ; D. n° 2014-736, 30 juin 2014 ; D. n° 2015-1009, 18 août 2015).* – La demande d'ouverture de la procédure de liquidation judiciaire est présentée selon les modalités prévues aux articles R. 631-1, R. 631-2, à l'exception du deuxième alinéa, R. 631-4 et R. 631-5.

La demande d'ouverture d'une procédure de liquidation judiciaire présentée par un créancier est à peine d'irrecevabilité, qui doit être soulevée d'office, exclusive de toute autre demande, à l'exception d'une demande d'ouverture d'une procédure de redressement judiciaire formée à titre subsidiaire.

Les éléments de nature à établir que le redressement est manifestement impossible doivent être joints à la demande du débiteur, à l'assignation d'un créancier, à la demande du ministère public ou au rapport du juge commis par le tribunal.

Art. R. 640-1-1 *(D. n° 2014-736, 30 juin 2014).* – Lorsque le débiteur, personne physique, demande également le bénéfice d'une procédure de rétablissement professionnel, il précise en complément de l'inventaire, les modalités d'évaluation de ses biens. L'inventaire ainsi complété est établi à la date de la demande.

Il doit, en outre, attester qu'il satisfait aux conditions prévues par les articles L. 645-1 et L. 645-2.

Les conditions prévues aux deux derniers alinéas de l'article R. 631-1 sont applicables.

Art. R. 640-2 *(Mod., D. n° 2009-160, 12 févr. 2009).* – La cour d'appel qui annule un jugement statuant sur l'ouverture de la procédure de liquidation judiciaire ou son prononcé peut, d'office, ouvrir la procédure de liquidation judiciaire ou la prononcer.

En cas d'infirmation d'un jugement ouvrant la procédure de liquidation judiciaire, elle peut, d'office, ouvrir la procédure de redressement judiciaire.

CHAPITRE I. – DU JUGEMENT DE LIQUIDATION JUDICIAIRE

Section I. – De la saisine et de la décision du tribunal

Art. R. 641-1 *(Mod., D. n° 2009-160, 12 févr. 2009 ; D. n° 2012-1190, 25 oct. 2012).* – Les dispositions des articles R. 621-2 à R. 621-4, R. 621-7, *(Réf. aj., D. n° 2014-736, 30 juin 2014)* « R. 621-7-1 », R. 621-8-1, à l'exception du dernier alinéa, R. 621-8-2, R. 621-10 et R. 621-12 à R. 621-16, ainsi que l'article 631-7-1 sont applicables à la procédure de liquidation judiciaire sous réserve des dispositions de la présente section.

Art. R. 641-2. – Le cas échéant, le greffier avertit les créanciers poursuivants qu'ils peuvent prendre connaissance au greffe du rapport mentionné au second alinéa de l'article R. 621-3 et les avise en même temps de la date de l'audience.

Art. R. 641-3 *(Abr., D. n° 2009-160, 12 févr. 2009 ; rétabli, D. n° 2016-400, 1er avr. 2016).* – I. – Lorsque le tribunal désigne au moins un deuxième mandataire judiciaire en qualité de liquidateur en application des dispositions de l'article L. 641-1-2, le nombre d'établissements secondaires mentionné au 1°

de l'article L. 621-4-1 et le seuil mentionné au cinquième alinéa de ce même article sont ceux fixés aux deux premiers alinéas de l'article R. 621-11-1.

II. – Le deuxième mandataire judiciaire doit être inscrit depuis dix ans au moins sur la liste mentionnée à l'article L. 812-2 et être titulaire, associé ou salarié d'une étude employant au moins quinze salariés.

Art. R. 641-4. – Pour l'application de l'article R. 621-4, si le jugement ne peut être rendu sur-le-champ, la date de son prononcé est communiquée au débiteur et, le cas échéant, au créancier poursuivant.

Art. R. 641-5 *(Mod., D. n° 2009-160, 12 févr. 2009).* **– Lorsqu'il apparaît que le débiteur ne remplit pas les conditions requises pour l'ouverture d'une procédure de liquidation judiciaire, le tribunal rejette la demande.**

(Abr., D. n° 2014-736, 30 juin 2014).

Art. R. 641-6. – Le jugement statuant sur l'ouverture de la procédure de liquidation judiciaire est notifié au débiteur ou au créancier par le greffier dans les huit jours de son prononcé. Lorsque le débiteur n'est pas demandeur, le jugement lui est signifié dans le même délai.

Il est communiqué aux personnes mentionnées à l'article R. 621-7.

Art. R. 641-7 *(Mod., D. n° 2009-160, 12 févr. 2009 ; D. n° 2014-736, 30 juin 2014).* **– Le jugement ouvrant la procédure de liquidation judiciaire, prononçant son extension ou ordonnant la réunion de patrimoines du même entrepreneur individuel à responsabilité limitée fait l'objet des mesures de publicité prévues à l'article R. 621-8.**

Toutefois, en cas d'appel du ministère public en application de l'article L. 661-1 ou en cas d'arrêt de l'exécution provisoire ordonnée en vertu du troisième alinéa de l'article R. 661-1, ces publicités ne sont effectuées par le greffier du tribunal qu'au vu de l'arrêt de la cour d'appel qui lui est transmis par le greffier de la cour d'appel dans les huit jours de son prononcé.

Art. R. 641-8 *(Mod., D. n° 2009-160, 12 févr. 2009 ; D. n° 2016-1851, 23 déc. 2016).* **– I. – Le greffier joint à la copie du jugement mentionnée à l'article R. 621-7 un document reproduisant les termes du II du présent article, ainsi que :**

1° Ceux des articles L. 812-2, L. 814-5, L. 814-10, du dernier alinéa du II de l'article L. 641-1, des articles L. 641-8, R. 814-24 et R. 814-38, si le liquidateur est une personne choisie sur le fondement du premier alinéa du II de l'article L. 812-2 ;

2° Ceux des articles L. 812-2, L. 812-8-1, L. 814-5, L. 814-10-1, L. 814-10-2, du dernier alinéa du II de l'article L. 641-1, du premier alinéa de l'article L. 641-8 et des articles R. 814-24 et R. 814-41-1, si le liquidateur est une personne choisie sur le fondement du III de l'article L. 812-2.

II. – Lorsque le liquidateur désigné par le tribunal est une personne mentionnée au premier alinéa du II et au III de l'article L. 812-2, celle-ci adresse sans délai l'attestation sur l'honneur prévue au troisième alinéa du II de cet article, la justification de la garantie et de l'assurance prévues à l'article L. 814-5 ainsi que le nom du commissaire aux comptes assurant le contrôle de sa comptabilité spéciale en application, selon le cas, de l'article L. 811-11-1 ou du III de l'article L. 814-10-1.

III. – Pour l'application du troisième alinéa du III de l'article L. 812-2, la copie de cette attestation est adressée au magistrat du parquet général chargé des inspections de la cour d'appel dans le ressort de laquelle la personne a son domicile professionnel.

Art. D. 641-8-1 *(D. n° 2016-1851, 23 déc. 2016).* **– Le montant du chiffre d'affaires mentionné au III de l'article L. 812-2 est défini conformément aux dispositions du cinquième alinéa de l'article D. 123-200. Il est apprécié à la date de clôture du dernier exercice comptable.**

L'absence de salarié mentionnée au III de l'article L. 812-2 est appréciée sur une période de six mois précédant le jour de l'ouverture de la procédure.

Art. R. 641-9. – La décision par laquelle le tribunal modifie la date de cessation des paiements est notifiée au débiteur par le greffier, communiquée aux personnes mentionnées à l'article R. 621-7 et fait l'objet des publicités prévues à l'article R. 621-8.

Section II. – Des conditions d'application de la liquidation judiciaire simplifiée

Art. D. 641-10 *(Anc. art. R. 641-10, dénum. et rempl., D. n° 2009-160, 12 févr. 2009).* – **Les seuils prévus par l'article L. 641-2, pour l'application obligatoire de la procédure de liquidation judiciaire simplifiée, sont fixés pour le chiffre d'affaires hors taxes à 300 000 € et pour le nombre de salariés à 1.**

Les seuils prévus par l'article L. 641-2-1, pour l'application facultative de la procédure de liquidation judiciaire simplifiée, sont fixés pour le chiffre d'affaires hors taxes à 750 000 € et pour le nombre de salariés à 5.

Le montant du chiffre d'affaires est défini conformément aux dispositions du cinquième alinéa de l'article « D. 123-200 » *(Ref. mod., D. n° 2015-903, 23 juill. 2015).* **Il est apprécié à la date de clôture du dernier exercice comptable.**

Le nombre de salariés mentionné au premier ou au deuxième alinéa ne doit pas avoir été dépassé au cours des six mois précédant l'ouverture de la procédure.

Section III. – Des organes de la procédure et des contrôleurs

Art. R. 641-11 *(Mod., D. n° 2009-160, 12 févr. 2009).* – **À l'exception de l'article R. 621-20 et** *(Réf. aj., D. n° 2014-736, 30 juin 2014)* **« de la première phrase » du premier alinéa de l'article R. 621-23, les dispositions des articles R. 621-17 à R. 621-24 et R. 622-18 sont applicables aux organes de la procédure et aux contrôleurs.**

Le juge-commissaire statue dans les conditions de l'article R. 621-21 sur les réclamations formulées contre les actes du liquidateur.

Les obligations d'information incombant au mandataire judiciaire en application des articles R. 621-18 et R. 621-19 incombent au liquidateur.

Art. R. 641-12 *(Mod., D. n° 2009-160, 12 févr. 2009).* – **Lorsqu'une demande de remplacement du liquidateur est formée devant le tribunal, en application de l'article L. 641-1-1, les dispositions de l'article R. 621-17 sont applicables. Il en est de même pour une demande d'adjonction d'un ou de plusieurs liquidateurs ou lorsque le liquidateur demande son remplacement.**

Art. R. 641-13. – **Les fonctions du juge-commissaire et des contrôleurs prennent fin au jour où le compte rendu de fin de mission du liquidateur a été approuvé.**

Section IV. – Des mesures conservatoires

Art. R. 641-14 *(Mod., D. n° 2009-160, 12 févr. 2009).* – **Les articles R. 622-2 à R. 622-5, à l'exclusion de l'article R. 622-4-1, sont applicables à la procédure de liquidation judiciaire. Le liquidateur exerce les fonctions dévolues au mandataire judiciaire par ces dispositions.**

Les règles prévues aux quatrième à sixième alinéas de l'article R. 622-4 sont applicables à la prisée des actifs du débiteur effectuée en cas d'ouverture d'une procédure de liquidation judiciaire ou de prononcé d'une telle procédure au cours d'une procédure de sauvegarde.

Art. R. 641-15. – **Le juge-commissaire peut ordonner l'apposition des scellés sur tout ou partie des biens du débiteur. Dans ce cas, il est procédé selon les règles prévues pour les scellés après décès.**

Il est donné avis de l'apposition des scellés au juge-commissaire qui l'a ordonnée.

Lorsque le débiteur exerce une profession libérale soumise à un statut législatif ou réglementaire ou dont le titre est protégé, l'apposition des scellés a lieu en présence d'un représentant de l'ordre professionnel ou de l'autorité dont il relève.

Art. R. 641-16. – **Les biens, documents et effets dispensés ou extraits de scellés par décision du juge-commissaire sont inventoriés sans délai avec estimation de leur valeur par la personne chargée de réaliser l'inventaire. Leur état est décrit sommairement dans le procès-verbal d'apposition des scellés.**

Art. R. 641-17. – **Le liquidateur ou l'administrateur, s'il en a été désigné un, requiert la levée des scellés en vue des opérations d'inventaire.**

Section V. – Du maintien de l'activité

Art. R. 641-18. – Le maintien de l'activité peut être autorisé dans les conditions prévues à l'article L. 641-10 pour une période qui ne peut excéder trois mois, sous réserve des dispositions applicables aux exploitations agricoles.

Cette autorisation peut être prolongée une fois, pour la même période, à la demande du ministère public.

Art. R. 641-19. – Les seuils au-delà desquels le tribunal désigne un administrateur pour administrer l'entreprise sont identiques aux seuils fixés par l'article R. 621-11.

Art. R. 641-20. – Le liquidateur ou l'administrateur qui assure l'administration de l'entreprise après l'ouverture ou le prononcé de la liquidation judiciaire tient informés le juge-commissaire et le ministère public des résultats de l'activité à l'issue de la période pendant laquelle elle a été poursuivie.

Art. R. 641-21 *(Rempl., D. n° 2009-160, 12 févr. 2009)*. – Le greffier avise le cocontractant de la décision du juge-commissaire accordant au liquidateur, ou à l'administrateur lorsqu'il en a été désigné, la prolongation prévue au 1° du III de l'article L. 641-11-1.

Le juge-commissaire constate, sur la demande de tout intéressé, la résiliation de plein droit des contrats dans les cas prévus au III de l'article L. 641-11-1 et à l'article L. 641-12 ainsi que la date de cette résiliation.

La demande de résiliation présentée par l'administrateur ou, à défaut, le liquidateur en application du IV de l'article L. 641-11-1 est formée par requête adressée ou déposée au greffe. Le greffier convoque le débiteur et le cocontractant par lettre recommandée avec demande d'avis de réception et avise l'administrateur ou, à défaut, le liquidateur de la date de l'audience.

Les dispositions du présent article sont également applicables lorsque le maintien de l'activité n'a pas été autorisé.

Art. R. 641-22 *(Mod., D. n° 2009-160, 12 févr. 2009)*. – La décision du juge-commissaire qui autorise les prêts et accorde les délais de paiement conformément au 2° du III de l'article L. 641-13 est transcrite sur le registre tenu à cet effet au greffe du tribunal avec l'indication de l'identité du débiteur, du montant des prêts, de l'identification du prêteur et de l'échéance des prêts ou des délais de paiement.

Section VI. – Des instances interrompues et des procédures d'ordre en cours

Art. R. 641-23. – Les articles R. 622-19 et R. 622-20 sont applicables à la procédure de liquidation judiciaire.

Art. R. 641-24. – Pour l'application de l'article R. 622-19, les fonds sont remis au liquidateur aux fins de répartition.

En cas de prononcé de la liquidation judiciaire pendant le cours d'une période d'observation, le mandataire judiciaire les remet au liquidateur à cette fin.

Section VII. – De la déclaration des créances

Art. R. 641-25. – Les articles R. 622-21 à R. 622-25 sont applicables à la procédure de liquidation judiciaire. Le liquidateur exerce les fonctions dévolues au mandataire judiciaire par ces dispositions.

Art. R. 641-26. – Les instances et les procédures civiles d'exécution suspendues en application du deuxième alinéa de l'article L. 622-28 sont poursuivies à l'initiative des créanciers bénéficiaires de garanties mentionnés au dernier alinéa de cet article sur justification du jugement prononçant la liquidation judiciaire.

(Mod., D. n° 2012-783, 30 mai 2012) En application du troisième alinéa de l'article L. 622-28, ces créanciers peuvent pratiquer des mesures conservatoires dans les conditions prévues aux articles R. 511-1 et suivants du Code des procédures civiles d'exécution.

Section VIII. – De la vérification et de l'admission des créances

Art. R. 641-27. – Le liquidateur, dans les deux mois de son entrée en fonctions, remet au juge-commissaire un état mentionnant l'évaluation des actifs et du passif privilégié et chirographaire.

Au vu de cet état et après avoir recueilli les observations du liquidateur, le juge-commissaire décide s'il y a lieu ou non, conformément à l'article L. 641-4, d'engager ou de poursuivre la vérification des créances chirographaires.

Art. R. 641-28. – Les articles R. 624-1 à R. 624-11 sont applicables à la procédure de liquidation judiciaire. Le liquidateur exerce les fonctions dévolues au mandataire judiciaire par ces dispositions.

Art. R. 641-29. – Lorsque la liquidation judiciaire est prononcée au cours d'une procédure de sauvegarde ou de redressement judiciaire, le liquidateur complète la liste des créances mentionnées à l'article R. 624-2. Il dépose la liste ainsi complétée au greffe. Tout créancier peut en prendre connaissance.

Section IX. – Des droits du conjoint du débiteur

Art. R. 641-30. – Le conjoint du débiteur doit être entendu ou dûment convoqué avant toute décision ordonnant ou autorisant la vente des biens de la communauté.

Lorsque, au cours de la procédure, la dissolution de la communauté existant entre le débiteur et son conjoint devient opposable aux tiers, ce conjoint est entendu ou dûment convoqué avant toute décision ordonnant ou autorisant la vente des biens de l'indivision.

Section X. – Des droits du vendeur de meubles,
des revendications et des restitutions

Art. R. 641-31 *(Mod., D. n° 2007-1851, 26 déc. 2007 ; rempl., D. n° 2014-736, 30 juin 2014)*. – I. – Les articles R. 624-13 à R. 624-15 sont applicables à la procédure de liquidation judiciaire sous réserve des dispositions suivantes :

La demande formée sur le fondement des articles L. 624-9, L. 624-10, L. 624-18 ou L. 624-19 est adressée au liquidateur. Le demandeur en adresse une copie à l'administrateur judiciaire, s'il en a été désigné.

Même en l'absence de demande préalable de restitution, le juge-commissaire peut être saisi par le liquidateur.

II. – En cas de revendication du prix des biens en application de l'article L. 624-18, les sommes correspondantes payées par le sous-acquéreur postérieurement à l'ouverture de la procédure sont remises au créancier revendiquant par le liquidateur.

Art. R. 641-32. – Le bien qui ne fait pas l'objet d'une demande en restitution peut être vendu selon les formes prévues au titre IV du livre VI de la partie législative du présent code à l'expiration d'un délai d'un mois après l'envoi d'une mise en demeure au propriétaire. Cette mise en demeure, qui peut être envoyée dès l'ouverture de la procédure, est adressée par le liquidateur au dernier domicile connu du propriétaire par lettre recommandée avec demande d'avis de réception.

Le prix de vente est consigné par le liquidateur à la Caisse des dépôts et consignations et, sous déduction des frais, est tenu à la disposition du créancier, qui en est averti par le liquidateur par lettre recommandée avec demande d'avis de réception. Après clôture de la procédure, le montant ainsi consigné est restitué au créancier ou à ses ayants droit par la Caisse des dépôts et consignations sur ordonnance du président.

Art. R. 641-32-1 *(D. n° 2014-736, 30 juin 2014)*. – Le bien mentionné à l'article L. 624-19 qui ne fait pas l'objet d'une reprise dans les conditions prévues par ce texte peut être vendu. Il est fait application des dispositions du premier alinéa de l'article R. 641-32 lorsque ce bien fait l'objet d'un contrat publié.

Section XI. – Du règlement des créances résultant du contrat de travail

Art. R. 641-33. – Les articles R. 625-1 à R. 625-7 sont applicables à la procédure de liquidation judiciaire. Le liquidateur exerce les fonctions dévolues par ces dispositions au mandataire judiciaire. Il remplit l'obligation mise à la charge du débiteur par le deuxième alinéa de l'article R. 625-1.

Art. R. 641-34. – Lorsque des instances sont en cours devant la juridiction prud'homale à la date du jugement d'ouverture de la liquidation judiciaire, les informations relatives à l'objet et aux circonstances du litige ainsi que les éléments justificatifs sont transmis par le liquidateur aux institutions mentionnées à l'article L. 3253-14 du Code du travail *(Anc. art. L. 143-11-4, dénum., Ord. n° 2007-329, 12 mars 2007)*, mises en cause devant la juridiction prud'homale conformément à l'article L. 641-14 du présent code.

Section XII. – Dispositions diverses

Art. R. 641-35 *(Abr. à compter du 15 février 2009, D. n° 2009-160, 12 févr. 2009 ; rétabli D. n° 2014-736, 30 juin 2014)*. – – Sauf dispositions contraires du présent titre, les dispositions réglementaires relatives aux actions qui relèvent de la compétence du mandataire judiciaire sont applicables lorsqu'elles sont poursuivies ou introduites par le liquidateur conformément à l'article L. 641-4.

Les dispositions des articles R. 624-17 et R. 624-18 sont également applicables lorsque la mise en demeure est faite par le liquidateur.

Art. R. 641-36. – Lorsque le débiteur exerce une profession libérale soumise à un statut législatif ou réglementaire ou dont le titre est protégé, le tribunal désigne, lors de l'ouverture de la procédure, le représentant de l'ordre professionnel ou de l'autorité compétente dont, le cas échéant, il relève, aux fins d'exercer les actes de la profession.

Ce représentant peut déléguer cette mission à l'un des membres de la profession, en activité ou retraité.

Les rémunérations ou subsides prévus à l'article L. 631-11 sont fixés par le juge-commissaire après avis du liquidateur et de l'administrateur, lorsqu'il en a été désigné.

Pour l'application du premier alinéa, le juge-commissaire fixe la rémunération de la personne chargée d'exercer les actes de la profession.

Art. R. 641-37. – Le liquidateur peut faire fonctionner sous sa signature les comptes bancaires du débiteur pendant un délai de six mois à compter du jugement prononçant la liquidation ou, au-delà, pendant la durée du maintien de l'activité autorisée par le tribunal en application de l'article L. 641-10. L'utilisation ultérieure de ces comptes est subordonnée à l'autorisation du juge-commissaire délivrée après avis du ministère public.

En cas de maintien de l'activité, cette disposition bénéficie à l'administrateur, lorsqu'il en a été désigné.

Art. R. 641-38. – Outre les informations trimestrielles mentionnées à l'article L. 641-7, le liquidateur remet à tout moment, à leur demande, et au moins le 31 décembre de chaque année, au juge-commissaire et au procureur de la République un rapport de liquidation indiquant :

1° Le montant du passif admis ou, à défaut, l'état de la vérification des créances ;

2° L'état des opérations de réalisation d'actif ;

3° L'état de répartition aux créanciers ;

4° L'état des sommes détenues à la Caisse des dépôts et consignations ;

5° Les perspectives d'évolution et de clôture de la procédure.

Le débiteur et tout créancier peuvent prendre connaissance de ce rapport au greffe.

Art. R. 641-39 *(Mod., D. n° 2009-160, 12 févr. 2009)*. – La liste des créances mentionnées au I de l'article L. 641-13, portées à la connaissance de l'administrateur lorsqu'il en a été désigné ou du liquidateur, en application du IV du même article, est déposée, par le liquidateur, au greffe à l'issue du délai de six mois à compter de la publication du jugement ouvrant ou prononçant la liquidation ou, le cas échéant, à l'issue du délai d'un an à compter de celle du jugement arrêtant le plan de cession de l'entreprise. Tout intéressé peut en prendre connaissance. Le greffier fait publier au *Bulletin officiel des annonces civiles et commerciales* une insertion indiquant ce dépôt.

Tout intéressé peut contester cette liste devant le juge-commissaire dans un délai d'un mois à compter de la publication.

Les créances rejetées par le juge-commissaire sont réputées avoir été déclarées dans les conditions prévues par l'article L. 622-24.

(Mod., D. n° 2014-736, 30 juin 2014) Dans ce cas, le créancier adresse au liquidateur les informations prévues aux articles L. 622-25 et R. 622-23. Si ces informations ont déjà été transmises par le créancier ou pour son compte à l'occasion d'une déclaration faite conformément à l'article L. 622-24 et sur l'admission de laquelle il n'a pas été statué, le créancier en conserve le bénéfice. Toutefois, le liquidateur peut opposer au créancier les délais prévus à l'article L. 622-24 lorsque celui-ci a reçu, pour la même créance, un avertissement d'avoir à déclarer sa créance.

(D. n° 2014-736, 30 juin 2014) Lorsque l'information prévue au premier alinéa a été faite par la voie du portail mentionné aux articles L. 814-2 et L. 814-13, les documents justificatifs peuvent être transmis par la même voie.

Art. R. 641-40 *(Mod., D. n° 2009-160, 12 févr. 2009).* – En application de l'article L. 641-15, le liquidateur peut, sur ordonnance du juge-commissaire, demander au représentant légal de la personne morale ou au débiteur personne physique ou à tout autre salarié du débiteur pouvant recevoir des informations utiles de transférer de façon automatique le courrier électronique de leurs messageries professionnelles vers l'adresse électronique qu'il leur désigne.

À cette fin, le liquidateur et, le cas échéant, l'administrateur peuvent également requérir l'assistance de tout salarié du débiteur.

L'ordonnance du juge-commissaire désigne les personnes physiques dont le courrier électronique est transféré au liquidateur et, le cas échéant, à l'administrateur.

Le liquidateur et l'administrateur détruisent sans délai les messages transférés dépourvus de caractère professionnel.

Dès l'achèvement de sa mission, l'administrateur transfère au liquidateur les messages encore en sa possession. À la clôture de la liquidation, le liquidateur détruit les messages transférés qu'il a pu conserver.

CHAPITRE II. – DE LA RÉALISATION DE L'ACTIF

Section I. – De la cession de l'entreprise

Art. R. 642-1 *(Mod., D. n° 2009-160, 12 févr. 2009).* – L'auteur de l'offre atteste qu'il ne tombe pas sous le coup des incapacités prévues au premier alinéa de l'article L. 642-3 et joint, lorsqu'il est tenu de les établir, ses comptes annuels relatifs aux trois derniers exercices et ses comptes prévisionnels. Sans préjudice du IV de l'article L. 642-2, les offres et documents qui y sont joints ne sont communiqués qu'au juge-commissaire et au procureur de la République.

Les modifications des offres effectuées dans les conditions du V de l'article L. 642-2 sont communiquées par le liquidateur ou l'administrateur s'il en a été désigné, aux personnes mentionnées au IV de l'article L. 642-2.

(Mod., D. n° 2014-736, 30 juin 2014) À peine d'irrecevabilité, aucune modification ne peut être apportée à une offre moins de deux jours ouvrés avant la date fixée pour l'audience d'examen des offres par le tribunal. Lorsque le tribunal décide de ne pas faire application du premier alinéa de l'article L. 642-2, il fixe la date de l'audience d'examen des offres ; d'autres offres de reprise peuvent parvenir au liquidateur ou à l'administrateur, s'il en a été désigné, au plus tard huit jours avant cette date.

En cas de renvoi de l'affaire à une audience ultérieure, le tribunal peut fixer un nouveau délai pour la présentation de nouvelles offres ou l'amélioration des offres préalablement déposées.

Art. R. 642-2. – Les seuils prévus par le deuxième alinéa de l'article L. 642-5 au-delà desquels les débats relatifs à l'arrêté du plan de cession doivent avoir lieu en présence du ministère public sont identiques aux seuils fixés par l'article R. 621-11.

Art. R. 642-3. – Les personnes appelées à l'audience au cours de laquelle il est débattu de l'arrêté du plan de cession sont convoquées selon les modalités prévues à l'article R. 626-17.

Lorsque le plan de cession prévoit des licenciements pour motif économique, le liquidateur, ou l'administrateur lorsqu'il en a été désigné, produit à l'audience les documents mentionnés à l'article R. 631-36. Le jugement arrêtant le plan indique le nombre de salariés dont le licenciement est autorisé ainsi que les activités et catégories professionnelles concernées.

Art. R. 642-4. – Le jugement arrêtant le plan de cession de l'entreprise est communiqué par le greffier aux personnes mentionnées à l'article R. 621-7 et fait l'objet des publicités prévues à l'article R. 621-8.

Il est signifié à la diligence du greffier dans les huit jours de la date du jugement aux personnes, autres que le procureur de la République, le cocontractant ou le bailleur, qui ont qualité pour interjeter appel.

Art. R. 642-5. – La demande présentée en application de l'article L. 642-6 est faite par déclaration au greffe du cessionnaire.

Le jugement modifiant le plan de cession est communiqué par le greffier aux personnes citées à l'article R. 621-7 et mentionné aux registres ou répertoires prévus *(Réf. rempl., D. n° 2014-736, 30 juin 2014)* « aux trois premiers alinéas de l'article R. 621-8 ».

Il est signifié à la diligence du greffier dans les huit jours de la date du jugement aux personnes, autres que le procureur de la République, qui ont qualité pour interjeter appel.

Art. R. 642-6. – Les personnes appelées à l'audience au cours de laquelle il est débattu de la modification du plan de cession sont convoquées selon les modalités prévues à l'article R. 626-17.

Art. R. 642-7. – Lorsque le tribunal est appelé à se prononcer sur la cession des contrats mentionnés à l'article L. 642-7, ou à constater le transfert d'une sûreté mentionnée à son article L. 642-12, le ou les cocontractants ou le ou les titulaires de la sûreté sont convoqués à l'audience, quinze jours au moins avant la date d'audience, par lettre recommandée avec demande d'avis de réception, par le greffier sur les indications de l'administrateur, lorsqu'il en a été désigné, ou du liquidateur.

Art. R. 642-8. – Lorsqu'en application du *(Mot rempl., D. n° 2009-160, 12 févr. 2009)* « quatrième » alinéa de l'article L. 642-7 il y a désaccord entre les parties sur la valeur du bien objet du contrat de crédit-bail, le tribunal fixe cette valeur, au besoin après expertise, dans le plan de cession ou, à défaut, à la requête de l'une ou l'autre des parties.

Les sommes qui restent dues au sens de l'article L. 642-7 sont, à peine de nullité du paiement, versées par le cessionnaire au liquidateur, qui les remet sans délai au crédit-bailleur. Ces sommes viennent en déduction de la créance admise du crédit-bailleur lorsqu'elles sont relatives à des loyers impayés au jour du jugement d'ouverture.

Art. R. 642-9. – Dès l'accomplissement des actes de cession, le liquidateur ou l'administrateur, lorsqu'il en a été désigné, en fait rapport. Ce rapport est déposé au greffe du tribunal.

Art. R. 642-10. – Le prix de cession de l'entreprise est réparti par le liquidateur conformément aux dispositions de la première section du chapitre III du présent titre.

Lorsque la cession porte sur un fonds de commerce, le cessionnaire peut, après avoir payé le prix, saisir le juge-commissaire pour faire prononcer la radiation des inscriptions grevant le fonds ; les dispositions de l'article R. 642-38 sont applicables. Toutefois aucune justification de la purge n'est nécessaire.

Art. R. 642-11. – L'administrateur *(Mots aj., D. n° 2009-160, 12 févr. 2009)* « ou, à défaut, le liquidateur » rend compte au juge-commissaire de l'exécution des actes permettant la mise en œuvre du plan conformément à l'article L. 642-8.

Lorsqu'il a accompli sa mission, il dépose au greffe un compte rendu de fin de mission dans les conditions des articles R. 626-39 et R. 626-40. L'article R. 626-41 est applicable.

Art. R. 642-12. – La mesure d'inaliénabilité prévue à l'article L. 642-10 est, à la diligence *(Mots aj., D. n° 2009-160, 12 févr. 2009)* « de l'administrateur ou, à défaut, » du liquidateur, mentionnée aux registres publics sur lesquels les biens déclarés inaliénables et les droits qui les grèvent sont inscrits ou, à défaut, aux registres mentionnés à l'article R. 621-8.

La publicité mentionne la durée de l'inaliénabilité.

Art. R. 642-13. – Lorsque, en application de l'article L. 642-10, la décision arrêtant ou modifiant le plan prononce l'inaliénabilité temporaire de biens mobiliers d'équipement du cessionnaire et est passée en force de chose jugée, l'administrateur judiciaire, ou, à défaut, le *(Mots rempl., D. n° 2009-160, 12 févr. 2009)* « liquidateur », demande l'inscription de la mesure d'inaliénabilité sur le registre prévu à l'article R. 143-9.

Art. R. 642-14. – L'administrateur judiciaire, ou à défaut le *(Mots rempl., D. n° 2009-160, 12 févr. 2009)* « liquidateur », présente une copie de la décision rendue au greffier du tribunal de commerce dans le ressort duquel le cessionnaire, personne morale, a son siège ou le cessionnaire, personne physique, a déclaré l'adresse de son entreprise ou de son activité. Y sont joints les bordereaux d'inscription, qui contiennent :

1° Les nom, prénoms et l'adresse de l'entreprise ou de l'activité du cessionnaire s'il s'agit d'une personne physique, la dénomination sociale ou commerciale et l'adresse du siège du débiteur s'il s'agit d'une personne morale, les mentions prévues aux 1° et 2° de l'article R. 123-237 ou le numéro d'immatriculation au répertoire des métiers ;

2° La date de la décision rendue ;

3° La désignation sommaire des biens d'équipement frappés d'inaliénabilité temporaire, le lieu où ils se trouvent entreposés, l'indication, le cas échéant, qu'ils peuvent être déplacés ;

4° La durée de la mesure d'inaliénabilité.

Art. R. 642-15. – Le greffier porte sur les bordereaux la mention de la date à laquelle l'inscription est effectuée et le numéro sous lequel elle est portée au registre mentionné à l'article R. 642-13.

Les bordereaux sont établis, conservés et l'un d'eux remis au cessionnaire dans les conditions prévues aux articles R. 525-2, R. 525-3 et R. 525-5.

Le greffier tient un fichier alphabétique des cessionnaires avec l'indication des numéros des inscriptions les concernant.

Art. R. 642-16. – Les bordereaux reçoivent un numéro d'entrée au moment où ils sont produits.

Ces pièces sont enregistrées sur le registre mentionné à l'article R. 642-13 ; il est délivré un récépissé extrait dudit registre mentionnant :

1° Le numéro d'entrée apposé sur les pièces comme il est dit au premier alinéa ;

2° La date du dépôt des pièces ;

3° Le nombre et la nature des pièces avec l'indication du but de ce dépôt ;

4° Le nom ou la dénomination du cessionnaire ;

5° La nature et la situation des biens inaliénables et, éventuellement, la mention qu'ils peuvent être déplacés.

Art. R. 642-17. – Lorsque le délai fixé pour la mesure d'inaliénabilité temporaire décidée par le jugement est expiré, le greffier mentionne d'office en marge de l'inscription, la radiation de celle-ci. Il délivre un certificat de radiation au cessionnaire qui le demande.

Il est tenu de délivrer à tous ceux qui le requièrent l'état des inscriptions existantes.

Les frais de radiation sont inclus dans le coût de l'inscription.

Art. R. 642-17-1 *(D. n° 2009-160, 12 févr. 2009)*. – Le tribunal statue sur l'autorisation prévue à l'article L. 642-10 sur requête du cessionnaire.

La décision est notifiée au cessionnaire et communiquée au ministère public par le greffier. Elle est soumise aux recours prévus à l'encontre des décisions modifiant le plan de cession.

Art. R. 642-18. – Le liquidateur signale, dans un rapport adressé au juge-commissaire et au procureur de la République et déposé au greffe, l'inexécution du plan par le cessionnaire.

Pour l'application du deuxième alinéa de l'article L. 642-11, le cessionnaire est convoqué par le greffier par lettre recommandée avec demande d'avis de réception pour être entendu par le tribunal.

Les autres personnes appelées à l'audience sont convoquées selon les modalités prévues à l'article R. 626-17.

Le tribunal se prononce sur la résolution du plan de cession dans les conditions des deux premiers alinéas de l'article L. 642-5.

Le jugement prononçant la résolution du plan de cession est communiqué par le greffier aux personnes mentionnées à l'article R. 621-7 et fait l'objet des mesures de publicité prévues à l'article R. 621-8.

Il est signifié à la diligence du greffier dans les huit jours de la date de son prononcé aux personnes, autres que le procureur de la République, qui ont qualité pour interjeter appel.

Art. R. 642-19. – Le tribunal vérifie que les conditions requises par l'article L. 642-12 sont remplies et constate dans le jugement arrêtant le plan les sûretés dont la charge est transmise.

Un extrait du jugement est adressé par le greffier aux personnes mentionnées à l'article R. 642-7.

Art. R. 642-20. – Dans le cas prévu au troisième alinéa de l'article L. 642-12, le cessionnaire informe préalablement le liquidateur de tout projet d'aliénation d'un bien cédé. Il est également tenu d'en informer le tribunal si l'aliénation n'était pas envisagée lors du dépôt de son offre dans les conditions du 7° du II de l'article L. 642-2.

Le liquidateur, informé par le cessionnaire dans les conditions du premier alinéa ou d'office, avertit sans délai le juge-commissaire et les créanciers bénéficiant d'un droit de suite s'il y en a.

Art. R. 642-21. – Le liquidateur signale, dans un rapport adressé au juge-commissaire et au procureur de la République et déposé au greffe, toute atteinte aux éléments pris en location-gérance ainsi que le

défaut d'exécution par le locataire-gérant de ses obligations. Ce rapport fait état des observations du locataire-gérant et propose éventuellement les solutions qui seraient de nature à permettre l'exécution du plan.

Section I. – De la cession des actifs du débiteur

Sous-section 1. – Des ventes des immeubles

1. – Dispositions communes aux ventes par voie d'adjudication judiciaire et par voie d'adjudication amiable

(D. n° 2009-160, 12 févr. 2009)

Art. R. 642-22 *(Mod., D. n° 2009-160, 12 févr. 2009).* **– Le juge-commissaire qui ordonne, en application de l'article L. 642-18, la vente des immeubles par voie d'adjudication judiciaire ou amiable détermine :**

1° La mise à prix de chacun des biens à vendre et les conditions essentielles de la vente ;

2° Les modalités de la publicité compte tenu de la valeur, de la nature et de la situation des biens ;

3° Les modalités de visite des biens.

Lorsque la vente est poursuivie par un créancier, en application de l'article L. 643-2, la mise à prix est déterminée en accord avec le créancier poursuivant.

Le juge-commissaire peut préciser qu'à défaut d'enchères atteignant cette mise à prix la vente pourra se faire sur une mise à prix inférieure qu'il fixe.

Art. R. 642-23 *(Mod., D. n° 2009-160, 12 févr. 2009 ; D. n° 2012-1462, 26 déc. 2012).* **– L'ordonnance est notifiée à la diligence du greffier par lettre recommandée avec demande d'avis de réception au débiteur et aux créanciers inscrits à domicile élu dont les noms sont indiqués dans l'ordonnance. Les contrôleurs en sont avisés par le greffier.**

L'ordonnance produit les effets du commandement prévu à l'article R. 321-1 du Code des procédures civiles d'exécution ; elle est publiée au fichier immobilier à la diligence du liquidateur ou du créancier poursuivant, dans les conditions prévues pour ledit commandement.

Le service de la publicité foncière procède à la formalité de publicité de l'ordonnance même si des commandements ont été antérieurement publiés. Ces commandements cessent de produire effet à compter de la publication de l'ordonnance.

Art. R. 642-24 *(Mod., D. n° 2009-160, 12 févr. 2009 ; D. n° 2012-1462, 26 déc. 2012).* **– Lorsque le juge-commissaire, en application du deuxième alinéa de l'article L. 642-18, autorise le liquidateur à reprendre la procédure de saisie immobilière suspendue par le jugement d'ouverture de la procédure de liquidation judiciaire, il fixe la mise à prix, les modalités de la publicité et les modalités de visite du bien. Il statue dans les conditions prévues à l'article R. 642-36-1.**

L'ordonnance du juge-commissaire est, à la requête du liquidateur, mentionnée en marge de la copie du commandement publié au fichier immobilier.

Le créancier qui avait engagé la procédure de saisie immobilière remet au liquidateur, contre récépissé, les pièces de la poursuite. Ses frais de procédure lui sont restitués dans l'ordre.

Art. R. 642-25 *(Rempl., D. n° 2009-160, 12 févr. 2009 ; mod., D. n° 2012-783, 30 mai 2012).* **– Le poursuivant ou le notaire commis établit un cahier des conditions de vente.**

Par exception à l'article R. 322-10 du Code des procédures civiles d'exécution, le cahier des conditions de vente contient :

1° L'énonciation de l'ordonnance qui a ordonné la vente avec la mention de sa publication ;

2° La désignation de l'immeuble à vendre, l'origine de propriété, les servitudes grevant l'immeuble, les baux consentis sur celui-ci et le procès-verbal de description ;

3° La mention de la mise à prix, des conditions de la vente et des modalités de paiement du prix selon les règles prévues au deuxième alinéa de l'article R. 643-3.

Art. R. 642-26. – Le liquidateur ne peut, en qualité de mandataire, être déclaré adjudicataire des immeubles du débiteur.

2. – Dispositions particulières à la vente par voie d'adjudication judiciaire

(D. n° 2009-160, 12 févr. 2009)

Art. R. 642-27 *(Mod., D. n° 2012-783, 30 mai 2012).* – **La vente par voie d'adjudication judiciaire est soumise aux dispositions des titres Ier et II du livre III du Code des procédures civiles d'exécution et dans la mesure où il n'y est pas dérogé par les dispositions du présent livre.**

Art. R. 642-28 *(Mod., D. n° 2012-783, 30 mai 2012).* – **L'ordonnance qui ordonne la vente par voie d'adjudication judiciaire rendue à la demande du liquidateur ou d'un créancier poursuivant comporte, outre les indications mentionnées à l'article R. 642-22, les énonciations exigées aux 1°, 5°, 10° de l'article R. 321-3 du Code des procédures civiles d'exécution.**

Art. R. 642-29 *(Mod., D. n° 2009-160, 12 févr. 2009).* – **Le juge-commissaire peut autoriser le liquidateur ou le créancier à poursuivre simultanément la vente de plusieurs immeubles, même s'ils sont situés dans des ressorts de tribunaux de grande instance différents.**

Il décide si la vente de ces biens sera poursuivie devant le juge de l'exécution du tribunal de grande instance dans le ressort duquel chaque immeuble se trouve ou devant celui dans le ressort duquel est situé l'adresse de l'entreprise ou de l'activité déclarée par le débiteur personne physique ou le siège du débiteur personne morale.

Art. R. 642-29-1 *(D. n° 2009-160, 12 févr. 2009 ; mod., D. n° 2012-783, 30 mai 2012).* – **Le cahier des conditions de vente est déposé par le poursuivant au greffe du juge de l'exécution du tribunal de grande instance compétent dans un délai de deux mois à compter de la publication de l'ordonnance du juge-commissaire.**

Par exception aux sous-sections 2 et 4 de la section 1 et aux sections 2 et 3 du chapitre II du titre II du livre III du Code des procédures civiles d'exécution, au plus tard le cinquième jour ouvrable suivant le dépôt du cahier des conditions de vente, le poursuivant avise, par acte d'huissier de justice, les créanciers inscrits à domicile élu et, si la vente porte sur un bien de la communauté, le conjoint du débiteur, de la date de l'audience d'adjudication. La date est fixée, à sa diligence, dans un délai compris entre deux et quatre mois suivant celle de l'avis.

Outre les mentions prescrites pour les actes d'huissier de justice, l'avis contient, à peine de nullité :

1° L'indication des lieu, jour et heure de l'audience d'adjudication du juge de l'exécution ;

2° La sommation de prendre connaissance du cahier des conditions de vente et l'indication du greffe du juge de l'exécution ainsi que du cabinet de l'avocat du poursuivant où celui-ci peut être consulté ;

3° L'indication, en caractères très apparents, qu'à peine d'irrecevabilité, seules les contestations relatives à un acte de procédure postérieur à l'ordonnance du juge-commissaire peuvent être soulevées, dans les quinze jours de l'acte ou, le cas échéant, de sa notification, par conclusions d'avocat déposées au greffe du juge de l'exécution.

Aux fins du 3°, l'avis vaut notification du cahier des conditions de vente.

En cas de contestation formée en application du 3°, les parties sont convoquées à une audience par le greffe du juge de l'exécution, conformément au troisième alinéa de l'article R. 311-6 du Code des procédures civiles d'exécution.

Lorsque les délais mentionnés au premier et au deuxième alinéas ont été dépassés, le juge de l'exécution déclare l'ordonnance du juge-commissaire non avenue, à moins qu'il ne soit justifié d'un motif légitime.

Art. R. 642-29-2 *(D. n° 2009-160, 12 févr. 2009 ; mod., D. n° 2012-783, 30 mai 2012).* – **Seules sont applicables à la cession des actifs du débiteur par voie d'adjudication judiciaire celles des dispositions de la section 4 du chapitre II du titre II du livre III du Code des procédures civiles d'exécution qui sont mentionnées ci-après.**

À l'audience d'adjudication, il est procédé comme il est dit à la sous-section 3 de la section 4 susmentionnée.

L'article R. 322-58 du Code des procédures civiles d'exécution est applicable au paiement des frais taxés.

Outre les mentions prescrites pour tout jugement, le jugement d'adjudication vise l'ordonnance du juge-commissaire ayant ordonné la vente, les jugements tranchant les contestations et le cahier des conditions de vente. Il désigne le poursuivant. Il mentionne les éléments énumérés aux troisième et quatrième phrases de l'article R. 322-59 du même code.

Le jugement d'adjudication est notifié par le poursuivant au débiteur, aux créanciers inscrits, à l'adjudicataire, ainsi qu'à toute personne ayant élevé une contestation tranchée par la décision.

Les modalités de recours à l'encontre de ce jugement sont fixées par les dispositions du deuxième alinéa de l'article R. 322-60 du même code.

Les dispositions des articles R. 322-61 à R. 322-63 du même code sont applicables au titre de vente.

La vente par adjudication judiciaire produit les effets prévus par l'article R. 322-64 du même code.

La surenchère est régie par les articles R. 322-50 à R. 322-55 du même code.

La réitération des enchères est régie par les articles R. 322-66 à R. 322-72 du même code.

3. – Dispositions particulières à la vente par voie d'adjudication amiable

(D. n° 2009-160, 12 févr. 2009)

Art. R. 642-30 *(Mod., D. n° 2012-783, 30 mai 2012)*. – L'ordonnance qui ordonne la vente par voie d'adjudication amiable comporte, outre les indications mentionnées à l'article R. 642-22, les énonciations exigées au 5° de l'article R. 321-3 du Code des procédures civiles d'exécution. Elle désigne le notaire qui procédera à l'adjudication.

Art. R. 642-31 *(Mod., D. n° 2009-160, 12 févr. 2009)*. – Le notaire informe par lettre recommandée avec demande d'avis de réception les créanciers inscrits portés sur l'état délivré après publication de l'ordonnance d'avoir à prendre communication du cahier des conditions de vente déposé en son étude deux mois au moins avant la date fixée pour l'adjudication et d'y faire inscrire leurs dires et observations un mois au moins avant cette date. Par la même lettre, le notaire convoque les créanciers à la vente.

Si un créancier formule un dire, il saisit le juge de l'exécution du tribunal de grande instance dans les huit jours à peine de déchéance, par assignation du liquidateur à comparaître à la première audience éventuelle utile. Il en informe immédiatement le notaire qui invite les autres personnes sommées à contester le dire. Le jugement est communiqué par le liquidateur au notaire qui modifie s'il y a lieu le cahier des conditions de vente.

Le liquidateur, le débiteur et les créanciers inscrits sont convoqués à la vente par le notaire au moins un mois à l'avance.

Art. R. 642-32 *(Mod., D. n° 2012-783, 30 mai 2012)*. – Avant l'ouverture des enchères le notaire se fait remettre par les enchérisseurs une caution bancaire irrévocable ou un chèque de banque conformément à l'article R. 322-41 du Code des procédures civiles d'exécution. Lorsque l'adjudicataire est défaillant, la somme versée ou la caution apportée est acquise pour être distribuée avec l'actif réalisé.

Le notaire rappelle que les enchères partiront du montant de la mise à prix fixé conformément à l'article R. 642-22.

Les enchères peuvent être faites sans ministère d'avocat. Elles sont pures et simples. Si aucune enchère n'atteint le montant de la mise à prix, le notaire constate l'offre la plus élevée et peut adjuger le bien à titre provisoire pour le montant de cette offre. Le juge-commissaire qui a fixé la mise à prix, saisi à la requête du notaire ou de tout intéressé, peut soit déclarer l'adjudication définitive et la vente réalisée, soit ordonner qu'une nouvelle vente aura lieu suivant l'une des formes prescrites par l'article L. 642-18. Si la nouvelle vente est une vente aux enchères, il fixe le délai de la nouvelle vente sans que ce délai puisse être inférieur à quinze jours, la mise à prix ainsi que les modalités de publicité.

Le titre de vente consiste dans l'expédition du cahier des conditions de vente revêtue de la formule exécutoire, à la suite de laquelle est transcrit un procès-verbal d'adjudication dressé par le notaire.

Art. R. 642-33 *(Mod., D. n° 2012-783, 30 mai 2012)*. – Dans les quinze jours qui suivent l'adjudication, toute personne peut faire surenchère du dixième par déclaration au greffe du juge de l'exécution du tribunal de grande instance dans le ressort duquel réside le notaire qui a procédé à la vente.

Le surenchérisseur dénonce cette déclaration par acte d'huissier de justice à la personne ou au domicile de l'adjudicataire dans le délai de l'article R. 322-52 du Code des procédures civiles d'exécution et informe le notaire de cette déclaration. Le tribunal, par le jugement qui valide la surenchère, renvoie la nouvelle adjudication devant le même notaire qui procède selon le cahier des *(Mots rempl., D. n° 2009-160, 12 févr. 2009)* « conditions de ventes » précédemment dressé.

Lorsqu'une seconde adjudication a lieu après surenchère, aucune autre surenchère des mêmes biens ne peut avoir lieu.

Art. R. 642-34. – S'il y a lieu à *(Mots rempl., D. n° 2009-160, 12 févr. 2009)* « réitération des enchères », la procédure est poursuivie devant le juge de l'exécution du tribunal de grande instance dans le ressort duquel réside le notaire qui a procédé à la vente. Une copie authentique du procès-verbal d'adjudication est déposée au greffe du juge de l'exécution du tribunal de grande instance.

Art. R. 642-35 *(Mod., D. n° 2012-783, 30 mai 2012)*. – La vente par voie d'adjudication amiable est soumise aux dispositions des articles R. 322-39, R. 322-41, troisième alinéa, R. 322-42, R. 322-44, R. 322-45, R. 322-46, R. 322-48, deuxième et troisième alinéas, R. 322-62, troisième et quatrième alinéas et R. 322-66 à R. 322-72 du Code des procédures civiles d'exécution.

4. – Dispositions particulières à la vente de gré à gré
(D. n° 2009-160, 12 févr. 2009)

Art. R. 642-36. – L'autorisation de vente de gré à gré d'un ou plusieurs immeubles, délivrée en application de l'article L. 642-18, détermine le prix de chaque immeuble et les conditions essentielles de la vente.

L'ordonnance est notifiée conformément au premier alinéa de l'article R. 642-23.

Le liquidateur passe les actes nécessaires à la réalisation de la vente. Il ne peut, en qualité de mandataire, se porter acquéreur des immeubles du débiteur.

5. – Dispositions communes à toutes les ventes
(D. n° 2009-160, 12 févr. 2009)

Art. R. 642-36-1 *(D. n° 2009-160, 12 févr. 2009)*. – Le juge-commissaire statue sur la vente après avoir recueilli les observations des contrôleurs et entendu ou dûment appelé le débiteur et son conjoint lorsque celui-ci se trouve dans l'une des situations prévues à l'article R. 641-30, ainsi que le liquidateur.

Art. R. 642-37. – La décision qui, soit dans le jugement prononçant la liquidation judiciaire, soit ultérieurement, accorde les délais mentionnés à l'avant-dernier alinéa de l'article L. 642-18, fixe l'indemnité d'occupation due par le débiteur.

Art. R. 642-37-1 *(D. n° 2009-160, 12 févr. 2009)*. – Le recours contre les ordonnances du juge-commissaire rendues en application de l'article L. 642-18 est formé devant la cour d'appel.

Sous-section 2. – De la vente des autres biens

Art. R. 642-37-2 *(D. n° 2009-160, 12 févr. 2009)*. – Le juge-commissaire statue sur la vente après avoir recueilli les observations des contrôleurs et entendu ou dûment appelé le débiteur et son conjoint, lorsque celui-ci se trouve dans l'une des situations prévues à l'article R. 641-30, ainsi que le liquidateur.

Art. R. 642-37-3 *(D. n° 2009-160, 12 févr. 2009)*. – Les ordonnances rendues en application de l'article L. 642-19 sont, à la diligence du greffier, notifiées au débiteur et communiquées par lettre simple aux contrôleurs.

Les recours contre ces décisions sont formés devant la cour d'appel.

Art. R. 642-38. – En cas de cession d'un fonds de commerce, le cessionnaire peut saisir le juge-commissaire pour faire prononcer la radiation des inscriptions. Il joint à sa demande un état des inscriptions, la justification de l'accomplissement des formalités de purge ou de l'accord des créanciers inscrits pour l'en dispenser, et la justification du paiement des frais préalables de vente.

Le greffier du tribunal avise par lettre recommandée avec demande d'avis de réception les créanciers qui n'ont pas donné mainlevée de leurs inscriptions qu'ils disposent d'un délai de trente jours à compter de l'envoi de la lettre pour contester, par déclaration au greffe ou par lettre recommandée avec demande d'avis de réception, la demande de radiation pour tout motif tiré du non-paiement du prix.

Art. R. 642-39 *(Abr. à compter du 15 février 2009, D. n° 2009-160, 12 févr. 2009 ; rétabli dans la version suivante, D. n° 2014-736, 30 juin 2014).* – Pour l'application du deuxième alinéa de l'article L. 642-20, le juge-commissaire est saisi par le ministère public, le liquidateur ou le débiteur. Lorsque la vente de gré à gré au profit d'une même personne porte sur un ou plusieurs biens pour un prix, hors taxe, supérieur au taux de compétence en dernier ressort du tribunal de grande instance, le liquidateur établit un rapport sur les diligences effectuées pour la recherche d'un cessionnaire.

Section III. – Dispositions communes

Art. R. 642-40. – En application de l'article L. 642-22, la publicité des cessions d'entreprises et des réalisations d'actifs est faite par les mandataires de justice au moyen d'un service informatique accessible par l'internet.

Toute cession d'entreprise fait l'objet d'une publicité par voie de presse. Son étendue est définie par le juge-commissaire. Le juge-commissaire détermine s'il y a lieu d'effectuer une publicité par voie de presse pour les actifs de faible valeur.

Le liquidateur, ou l'administrateur lorsqu'il en a été désigné, communique au greffe les caractéristiques essentielles de l'entreprise ou de la ou des branches d'activité susceptibles d'être cédées. Tout intéressé peut prendre connaissance de ces informations au greffe.

(D. n° 2014-736, 30 juin 2014) Pour l'application du deuxième alinéa de l'article L. 642-2, le tribunal s'assure que, *(Mots rempl., D. n° 2015-1009, 18 août 2015)* « compte tenu de la nature de l'activité en cause, les démarches » effectuées par le mandataire *ad hoc* ou le conciliateur désigné en application des articles L. 611-3 ou L. 611-6 ont assuré une publicité suffisante de la préparation de la cession.

Art. R. 642-41. – Lorsqu'en application de l'article L. 642-24, il y a lieu, pour le juge-commissaire, d'autoriser le liquidateur à compromettre ou à transiger, le greffier convoque le débiteur à l'audience quinze jours avant celle-ci en joignant à cette convocation la copie de la requête du liquidateur.

Si le compromis ou la transaction doit être soumis à l'homologation du tribunal, le débiteur est convoqué dans les mêmes conditions.

CHAPITRE III. – DE L'APUREMENT DU PASSIF

Section I. – Du règlement des créanciers

Art. R. 643-1. – Lorsque la vente est poursuivie par un créancier en application de l'article L. 643-2, la mise à prix est fixée par le juge-commissaire en accord avec le créancier poursuivant.

Art. R. 643-2. – Le juge-commissaire, saisi de la demande d'un créancier sur le fondement de l'article L. 643-3, statue après avis du liquidateur au vu des documents justificatifs de l'admission définitive de la créance dont il est demandé un paiement provisionnel et, le cas échéant, de la garantie prévue au second alinéa de l'article susmentionné.

La provision est allouée à hauteur d'un montant déterminé en fonction de l'existence, du montant et du rang des autres créances, dues ou susceptibles d'être ultérieurement dues.

Sur ordonnance du juge-commissaire, les fonds indûment versés sont restitués sur première demande du liquidateur.

Art. R. 643-3. – L'adjudicataire fait publier *(Mots rempl. à compter du 1er janvier 2013, D. n° 2012-1462, 26 déc. 2012)* « au service de la publicité foncière » l'acte ou le jugement d'adjudication dans les deux mois de sa date et en cas d'appel dans les deux mois de l'arrêt confirmatif, sous peine de réitération des enchères à la diligence du liquidateur.

Dans les trois mois de l'adjudication, l'adjudicataire verse au compte de dépôt ouvert par le liquidateur à la Caisse des dépôts et consignations la totalité du prix de l'adjudication y compris les intérêts au taux légal à compter du jour où la vente est devenue définitive jusqu'au jour du paiement. Passé ce délai, le liquidateur lui enjoint par lettre recommandée avec demande d'avis de réception de faire le versement sous peine de réitération des enchères.

En cas de vente de gré à gré, le notaire chargé de la vente remet le prix, dès sa perception, au liquidateur.

Le prix de vente ne peut faire l'objet d'aucun prélèvement par le liquidateur jusqu'à ce que soit justifié par l'acquéreur qu'il a conduit à son terme la procédure de purge ou qu'il a obtenu des créanciers inscrits la dispense d'y procéder.

En cas de surenchère, le prix est restitué sans délai à l'acquéreur par le liquidateur, par l'intermédiaire du notaire.

Art. R. 643-4. – Dès la publication de la vente, le liquidateur requiert *(Mots rempl. à compter du 1er janvier 2013, D. n° 2012-1462, 26 déc. 2012)* « du service de la publicité foncière l'état des inscriptions subsistantes conformément à l'article 2449 du Code civil », en vue de régler l'ordre entre les créanciers et procéder à la distribution du prix.

En cas de vente de gré à gré, le liquidateur soit d'office, soit requis par l'acquéreur ou par tout intéressé procède à l'ouverture de l'ordre, après accomplissement, par l'acquéreur, des formalités de purge prescrites par les articles 2476 et suivants du Code civil et versement du prix à la Caisse des dépôts et consignations.

Art. R. 643-5. – Les créanciers inscrits du chef d'un précédent propriétaire et titulaires d'un droit de suite *(Mots aj., D. n° 2014-736, 30 juin 2014)* « ou du chef de l'entrepreneur individuel à responsabilité limitée sur un bien affecté au patrimoine en cause en garantie d'une créance affectant un autre patrimoine » sont avertis par le liquidateur par lettre recommandée avec demande d'avis de réception qu'ils ont l'obligation de produire leur créance à la procédure d'ordre dans le délai de deux mois à compter de l'avertissement. Cet avis reproduit les deuxième et troisième alinéas du présent article.

La production mentionne la sûreté inscrite sur le bien. Un décompte des sommes dues en principal, intérêts et accessoires et les documents justificatifs sont joints à la production.

À défaut de production dans le délai mentionné au premier alinéa, le créancier est déchu du droit de participer à la distribution.

Art. R. 643-6. – Après le versement du prix de vente en cas d'adjudication ou l'accomplissement, par l'acquéreur, des formalités de purge en cas de vente de gré à gré, le liquidateur dresse l'état de collocation au vu des inscriptions, des créances admises et de la liste des créances mentionnées à l'article L. 641-13. Il peut, s'il l'estime utile, convoquer les créanciers inscrits, l'adjudicataire ou l'acquéreur. L'état est déposé par ses soins au greffe du tribunal devant lequel s'est déroulée la procédure. Toute personne peut prendre connaissance de cet état.

Le greffier avertit les créanciers et l'adjudicataire ou l'acquéreur du dépôt de l'état de collocation par une insertion dans un ou plusieurs journaux d'annonces légales et par une insertion au *Bulletin officiel des annonces civiles et commerciales* contenant l'indication du journal d'annonces légales dans lequel a été faite la première insertion et la mention du délai de recours prévu à l'article R. 643-11.

Le greffier adresse en outre, sauf dispense du juge-commissaire, à chaque créancier colloqué et à chaque créancier inscrit sur l'immeuble à domicile élu, une copie de l'état de collocation et indique le délai et les modalités du recours prévu à l'article R. 643-11.

L'état de collocation est adressé aux institutions mentionnées à l'article L. 3253-14 du Code du travail *(Anc. art. L. 143-11-4, dénum., Ord. n° 2007-329, 12 mars 2007)* lorsqu'elles en auront fait la demande préalable.

Art. R. 643-7. – S'il ne s'élève aucune contestation, le liquidateur est tenu dans les quinze jours qui suivent l'expiration du délai prévu au premier alinéa de l'article R. 643-11 de procéder à la clôture de l'ordre. Il dépose le procès-verbal de clôture de l'ordre au greffe du tribunal devant lequel s'est déroulée la procédure de liquidation judiciaire.

À compter du dépôt du procès-verbal de clôture de l'ordre, la collocation des créanciers est définitivement arrêtée en capital et intérêts. Toutefois, les intérêts de la somme ainsi liquidée continuent de courir au bénéfice des créanciers au taux servi par la Caisse des dépôts et consignations.

Art. R. 643-8. – Lorsque le prix de vente a été payé selon les modalités prévues à l'article R. 643-3 et que des créanciers n'ont pas donné mainlevée de leurs inscriptions, le liquidateur fait prononcer la radiation des inscriptions. À cette fin, il saisit le juge de l'exécution du tribunal de grande instance devant lequel s'est déroulée la procédure de liquidation judiciaire ou dans le ressort duquel cette procédure s'est déroulée. Il joint à sa demande l'état des inscriptions, l'état de collocation et la justification du paiement des frais préalables de vente mentionnés à l'article L. 322-11 du Code des procédures civiles d'exécution *(Anc. art. 2209 du Code civil, dénum., Ord. n° 2011-1895, 19 déc. 2011)*. Il transmet le procès-verbal de clôture de l'ordre lorsque celui-ci est établi.

Après l'accomplissement des formalités de purge et le versement du prix de vente, l'acquéreur peut également saisir le juge de l'exécution du tribunal prévu à l'alinéa précédent pour faire prononcer la radiation des inscriptions. Il joint à sa demande un état des inscriptions, la justification de l'accomplissement des formalités de purge ou de l'obtention de l'accord des créanciers inscrits pour en dispenser, et la justification du paiement des frais préalables de vente mentionnés ci-dessus.

Le greffier de cette juridiction avise les créanciers qui n'ont pas donné mainlevée de leurs inscriptions, à domicile élu, par lettre recommandée avec demande d'avis de réception qu'ils disposent d'un délai de trente jours à compter de l'envoi de la lettre recommandée pour faire opposition au paiement du prix par déclaration au greffe ou par lettre recommandée avec demande d'avis de réception.

Le juge de l'exécution statue sur les oppositions et ordonne la radiation des inscriptions.

Art. R. 643-9. – Le liquidateur remet *(Mots rempl. à compter du 1er janvier 2013, D. n° 2012-1462, 26 déc. 2012)* « au service de la publicité foncière » une expédition du procès-verbal de clôture de l'ordre, de l'ordonnance du juge des ordres prononçant la radiation des inscriptions ou l'acte par lequel les créanciers ont donné mainlevée de leurs inscriptions.

(Mots rempl. à compter du 1er janvier 2013, D. n° 2012-1462, 26 déc. 2012) « Le service de la publicité foncière » procède à la radiation des inscriptions mais reste tenu de procéder à l'inscription définitive prévue aux articles R. 533-1 et suivants du Code des procédures civiles d'exécution.

Art. R. 643-10. – Le liquidateur fixe les frais de radiation et de poursuite de l'ordre qui sont colloqués suivant les règles prévues à l'article L. 641-13. Il liquide en outre les frais de chaque créancier colloqué en rang utile, détermine les sommes qui leur sont dues et en effectue le paiement.

Art. R. 643-11 *(Mod., D. n° 2012-783, 30 mai 2012)*. – Les contestations sont formées dans le délai de trente jours à compter de l'insertion au *Bulletin officiel des annonces civiles et commerciales* avisant du dépôt de l'état de collocation. Elles sont faites par déclaration au greffe du juge de l'exécution du tribunal de grande instance devant lequel s'est déroulée la procédure de liquidation judiciaire ou dans le ressort duquel la procédure s'est déroulée.

La contestation est, à peine d'irrecevabilité, dénoncée, dans les dix jours de son dépôt au greffe, aux créanciers en cause et au liquidateur par acte d'huissier de justice. Cet acte indique que les créanciers et le liquidateur doivent constituer avocat dans le délai de quinze jours à compter de la dénonciation.

Il est statué sur les contestations selon la procédure applicable devant le juge de l'exécution. Les articles R. 311-4, R. 311-6 premier alinéa et R. 311-7 du Code des procédures civiles d'exécution sont applicables.

Art. R. 643-12. – En cas de contestation, le liquidateur peut néanmoins régler l'ordre et délivrer les titres de paiement pour les créances antérieures à celles qui sont contestées. Il peut même régler l'ordre pour les créances postérieures, en réservant une somme suffisante pour les créances contestées.

Art. R. 643-13. – Dans les huit jours qui suivent l'expiration du délai d'appel et en cas d'appel dans les huit jours de la signification de l'arrêt, le liquidateur règle définitivement l'ordre des créances contestées et des créances postérieures conformément aux articles R. 643-7 à R. 643-10.

Art. R. 643-14. – En cas d'adjudication sur *(Mots rempl., D. n° 2009-160, 12 févr. 2009)* « réitération des enchères » intervenant dans le cours de l'ordre et même après le règlement définitif, le liquidateur modifie l'état de collocation, le montant des sommes dues aux créanciers inscrits au procès-verbal de l'ordre suivant les résultats de l'adjudication et effectue les paiements correspondants.

Art. R. 643-15. – Pour l'application de la présente section, en cas de retour au liquidateur d'une lettre de notification qui n'a pu être remise à son destinataire, le liquidateur procède par voie de signification.

Section II. – De la clôture des opérations de liquidation judiciaire

Art. R. 643-16. – L'insuffisance d'actif est caractérisée lorsque le produit de la réalisation des actifs du débiteur et des actions et procédures engagées dans l'intérêt de l'entreprise ou des créanciers ne permet plus de désintéresser, même partiellement, les créanciers.

Art. R. 643-17. – Le greffier, au plus tard deux mois avant l'expiration du délai fixé par le tribunal, en application du premier alinéa de l'article L. 643-9, pour l'examen de la clôture de la procédure, fait convoquer à cette fin le débiteur par acte d'huissier de justice. Il avise le liquidateur et les contrôleurs de la date de l'audience.

Lorsqu'il est fait application du *(Réf. rempl., D. n° 2014-736, 30 juin 2014)* « quatrième » alinéa du même article, il est procédé aux convocations et avis mentionnés à l'alinéa précédent. Toutefois, le débiteur ou le créancier, lorsqu'il est demandeur, est convoqué à la diligence du greffier par lettre recommandée avec demande d'avis de réception.

Art. R. 643-18. – Le tribunal statue sur la clôture de la procédure sur le rapport du liquidateur.

(D. n° 2014-736, 30 juin 2014) Le cas échéant, le liquidateur est désigné pour exercer la mission prévue au troisième alinéa de l'article L. 643-9 à moins que n'existe un conflit d'intérêts. Par décision motivée, le tribunal peut, à la demande du débiteur ou du ministère public, désigner une autre personne dans les conditions prévues à l'article L. 812-2. Le mandataire désigné est soumis aux mêmes obligations que celles qui auraient été applicables au liquidateur s'il avait poursuivi les instances en cours et réparti les sommes issues de celles-ci.

Le jugement prononçant la clôture de la procédure pour extinction du passif ou pour insuffisance d'actif fait l'objet des publicités prévues à l'article R. 621-8. Le jugement est notifié par le greffier au débiteur.

Lorsque le tribunal autorise, par ce jugement, la reprise des actions individuelles de tout créancier à l'encontre du débiteur, il en est fait mention dans ces publicités. Dans ce cas, le jugement est signifié au débiteur à la diligence du greffier dans les huit jours de son prononcé.

Lorsque cette autorisation est postérieure au jugement prononçant la clôture de la procédure, la décision du tribunal fait l'objet des mêmes publicités et est signifiée au débiteur dans les mêmes conditions.

Art. R. 643-19. – Dans les deux mois qui suivent l'achèvement de sa mission, le liquidateur dépose un compte-rendu de fin de mission dans les conditions prévues par les articles R. 626-39 et R. 626-40. L'article R. 626-41 est applicable.

(D. n° 2014-736, 30 juin 2014) Lorsque le liquidateur judiciaire a été informé de la mise en œuvre d'une procédure administrative d'établissement de l'impôt, il en informe les comptables publics compétents par lettre recommandée avec demande d'avis de réception quinze jours au moins avant la date de ce dépôt.

(D. n° 2014-736, 30 juin 2014) Le mandataire désigné en application du troisième alinéa de l'article L. 643-9 dépose un compte rendu de fin de mission dans les mêmes conditions. Le cas échéant, le président du tribunal exerce les fonctions attribuées à cette fin au juge-commissaire.

Art. R. 643-20. – *(Mod., D. n° 2009-160, 12 févr. 2009)* Le créancier dont la créance a été admise et qui recouvre son droit de poursuite individuelle conformément à l'article L. 643-11 peut obtenir, par ordonnance du président du tribunal rendue sur requête, le titre prévu au V du même article. La caution ou le coobligé mentionné au II du même article peut, dans les mêmes conditions, obtenir un titre exécutoire sur justification du paiement effectué. La procédure de l'injonction de payer prévue aux articles 1405 et suivants du Code de procédure civile n'est pas applicable.

Lorsque la créance a été admise lors de la procédure, le président du tribunal qui a ouvert celle-ci est compétent. Lorsque la créance n'a pas été vérifiée, la compétence du tribunal est déterminée selon les règles du droit commun.

L'ordonnance vise l'admission définitive du créancier et le jugement de clôture pour insuffisance d'actif. Elle contient l'injonction de payer et est revêtue par le greffier de la formule exécutoire.

Dans le cas prévu aux I, II et III de l'article L. 643-11, l'ordonnance est rendue, le débiteur entendu ou appelé.

Art. R. 643-21. – Si le débiteur fait l'objet d'une mesure d'interdiction d'émettre des chèques prise en application de l'article L. 131-73 du Code monétaire et financier, le liquidateur se fait remettre par la Banque de France un relevé des incidents de paiement de chèques enregistrés au nom de l'intéressé *(Mots aj.,*

D. n° 2014-736, 30 juin 2014) « et, si le débiteur est un entrepreneur individuel à responsabilité limitée, des incidents de paiement afférents au patrimoine visé par la procédure » et le dépose au greffe. Le greffier conserve ce relevé pendant cinq ans à compter du jugement d'ouverture de la procédure.

Art. R. 643-22. – Pour l'application de l'article L. 643-12, le débiteur justifie de la suspension de l'interdiction d'émettre des chèques auprès de l'établissement de crédit qui est à l'origine de cette mesure par la remise d'une copie du jugement de clôture, à laquelle il joint un relevé des incidents de paiement.

L'établissement de crédit qui est à l'origine de l'interdiction informe la Banque de France de la suspension de cette interdiction aux fins de régularisation.

Art. R. 643-23 *(Mod., D. n° 2009-160, 12 févr. 2009).* – Si la mesure d'interdiction d'émettre des chèques ayant fait l'objet d'une suspension en application de l'article L. 643-12 reprend ses effets à la suite du recouvrement par les créanciers de leur droit de poursuite individuelle, l'ordonnance revêtue de la formule exécutoire visée au V de l'article L. 643-11 est notifiée par le greffier, aux frais du créancier poursuivant, à la Banque de France, accompagnée du relevé des incidents de paiement de chèques mentionné à l'article R. 643-22.

Art. R. 643-24. – Le tribunal statue sur la reprise de la procédure de liquidation judiciaire prévue à l'article L. 643-13 après avoir entendu ou dûment appelé le débiteur. La décision de reprise de la procédure fait l'objet des avis et publicités prévus aux articles R. 621-7 et R. 621-8. Elle est signifiée au débiteur et, le cas échéant, notifiée au créancier demandeur.

CHAPITRE IV. – DE LA LIQUIDATION JUDICIAIRE SIMPLIFIÉE

Art. R. 644-1 *(Mod., D. n° 2009-160, 12 févr. 2009).* – Lorsque la décision sur l'application à la procédure des règles de la liquidation judiciaire simplifiée, prévue au chapitre IV du titre IV du livre VI, relève de la compétence du président du tribunal, celui-ci statue d'office au vu du rapport du liquidateur.

Cette décision est une mesure d'administration judiciaire non susceptible de recours. Elle est communiquée au débiteur et au liquidateur et est mentionnée aux registres ou répertoires prévus *(Mots rempl., D. n° 2014-736, 30 juin 2014)* « aux trois premiers alinéas de l'article R. 621-8 ».

Art. R. 644-2 *(Mod., D. n° 2009-160, 12 févr. 2009).* – L'état des créances complété par le projet de répartition établi par le liquidateur à l'issue de la procédure de vérification et d'admission des créances et de la réalisation des biens est déposé au greffe où tout intéressé peut en prendre connaissance. Un avis de ce dépôt est publié au *Bulletin officiel des annonces civiles et commerciales* ainsi que dans un journal d'annonces légales.

(D. n° 2014-736, 30 juin 2014) Lorsque l'état des créances ne fait l'objet que d'un dépôt au greffe conformément aux dispositions de la dernière phrase du premier alinéa de l'article L. 644-4, le liquidateur notifie aux créanciers mentionnés au II de l'article L. 641-13 le dépôt au greffe de cet état par lettre recommandée avec demande d'avis de réception. Lorsque ces créanciers ont déclaré leur créance par la voie du portail mentionné aux articles L. 814-2 et L. 814-13, le liquidateur leur notifie le dépôt au greffe de l'état des créances par la même voie.

Le délai dans lequel il peut être formé réclamation devant le juge-commissaire, en application de l'article L. 644-4, est d'un mois à compter de la publication *(Mots rempl., D. n° 2014-736, 30 juin 2014)* « de l'avis de dépôt au greffe de l'état des créances ou de la notification de ce dépôt ».

Art. R. 644-3. – La décision par laquelle le juge-commissaire statue sur les contestations formées contre *(Mots aj., D. n° 2009-160, 12 févr. 2009)* « l'état des créances complété par » le projet de répartition fait l'objet des mesures de publicité prévues à l'article R. 644-2. Elle est notifiée par le greffier aux créanciers intéressés. Ceux-ci peuvent former un recours dans les délais et selon les formes prévus à l'article R. 621-21.

Art. R. 644-4. – Lorsque le tribunal envisage, en application de l'article L. 644-6, de ne plus faire application des règles de la liquidation judiciaire simplifiée, il fait convoquer le débiteur à l'audience par le greffier par lettre recommandée avec demande d'avis de réception.

Il statue au vu d'un rapport du liquidateur.

(Rempl., D. n° 2014-736, 30 juin 2014) La décision est communiquée par le greffier au débiteur et au liquidateur et transmise par celui-ci au ministère public. Elle n'est pas susceptible de recours.

(D. n° 2014-736, 30 juin 2014) Mention de la décision est portée sur les registres et répertoires prévus aux trois premiers alinéas de l'article R. 621-8.

CHAPITRE V. – DU RÉTABLISSEMENT PROFESSIONNEL

(D. n° 2014-736, 30 juin 2014)

Art. R. 645-1 *(D. n° 2014-736, 30 juin 2014)*. – La valeur de réalisation de l'actif mentionné au premier alinéa de l'article L. 645-1 est inférieure à 5 000 euros. Cet actif est déclaré conformément à l'article R. 640-1-1.

Art. R. 645-2 *(D. n° 2014-736, 30 juin 2014)*. – Lorsque le tribunal ouvre la procédure de rétablissement professionnel à la demande du débiteur, il sursoit à statuer sur la demande d'ouverture de la procédure de liquidation judiciaire faite par ce dernier et, le cas échéant, sur l'assignation du créancier ou sur la requête du ministère public aux mêmes fins.

Art. R. 645-3 *(D. n° 2014-736, 30 juin 2014)*. – Lorsqu'il apparaît que le débiteur ne remplit pas les conditions requises pour bénéficier de la procédure de rétablissement professionnel, le tribunal rejette sa demande et statue sur la demande d'ouverture de la procédure de liquidation judiciaire.

Art. R. 645-4 *(D. n° 2014-736, 30 juin 2014)*. – Le jugement statuant sur la demande d'ouverture de la procédure de rétablissement professionnel est notifié par le greffier au débiteur par lettre recommandée avec demande d'avis de réception au débiteur dans les huit jours de son prononcé. La lettre de notification reprend les dispositions du premier alinéa de l'article L. 645-9 et des articles L. 645-11 et L. 645-12.

Le jugement est communiqué aux personnes mentionnées à l'article R. 621-7 et, le cas échéant, à l'ordre professionnel ou à l'autorité dont relève le débiteur.

Art. R. 645-5 *(D. n° 2014-736, 30 juin 2014 ; mod., D. n° 2016-1851, 23 déc. 2016)*. – I. – Le greffier joint à la copie du jugement mentionnée à l'article R. 645-4 un document reproduisant les termes du II du présent article, ainsi que :

1° Ceux des articles L. 645-4, L. 812-2, L. 814-5, L. 814-10, R. 814-24 et R. 814-38, si le mandataire judiciaire est une personne choisie sur le fondement du premier alinéa du II de l'article L. 812-2 ;

2° Ceux des articles L. 645-4, L. 812-2, L. 812-8-1, L. 814-5, L. 814-10-1, L. 814-10-2, R. 814-24 et R. 814-41-1, si le mandataire judiciaire est une personne choisie sur le fondement du III de l'article L. 812-2.

II. – Lorsque le mandataire judiciaire désigné par le tribunal est une personne mentionnée au II ou III de l'article L. 812-2, celle-ci adresse sans délai l'attestation sur l'honneur prévue au troisième alinéa du II de cet article, la justification de la garantie et de l'assurance prévues à l'article L. 814-5 ainsi que le nom du commissaire aux comptes assurant le contrôle de sa comptabilité spéciale en application, selon le cas, de l'article L. 811-11-1 ou du III de l'article L. 814-10-1.

III. – Pour l'application du troisième alinéa du III de l'article L. 812-2, la copie de cette attestation est adressée au magistrat du parquet général chargé des inspections de la cour d'appel dans le ressort de laquelle la personne a son domicile professionnel.

Art. R. 645-6 *(D. n° 2014-736, 30 juin 2014)*. – Le président du tribunal est compétent pour remplacer le juge commis empêché ou ayant cessé ses fonctions. La décision par laquelle il est pourvu au remplacement est une mesure d'administration judiciaire.

Art. R. 645-7 *(D. n° 2014-736, 30 juin 2014)*. – Pour l'application du premier alinéa de l'article L. 645-6, la procédure est celle prévue à l'article R. 611-35 et le juge commis exerce les pouvoirs attribués par ce texte au président du tribunal.

Art. R. 645-8 *(D. n° 2014-736, 30 juin 2014 ; mod., D. n° 2016-1851, 23 déc. 2016)*. – Les actes nécessaires à la conservation des droits du débiteur et à la préservation de ses biens font l'objet d'un compte rendu remis au juge commis dont copie est transmise au ministère public par le mandataire judiciaire ou par la personne choisie sur le fondement du premier alinéa du II ou du III de l'article L. 812-2.

Art. R. 645-9 *(D. n° 2014-736, 30 juin 2014 ; mod., D. n° 2016-1851, 23 déc. 2016 ; D. n° 2017-1225, 2 août 2017).* – L'état chiffré des créances et des dettes mentionné au 5° de l'article R. 631-1 peut être complété par le débiteur dans les quinze jours suivant le jugement d'ouverture de la procédure de rétablissement professionnel. Le débiteur porte sans délai ces modifications à la connaissance du mandataire judiciaire ou de la personne choisie sur le fondement du premier alinéa du II ou du III de l'article L. 812-2.

Art. R. 645-10 *(D. n° 2014-736, 30 juin 2014 ; mod., D. n° 2016-1851, 23 déc. 2016).* – Pour l'application de l'article L. 645-8, le mandataire judiciaire ou la personne choisie sur le fondement du premier alinéa du II ou du III de l'article L. 812-2 informe par lettre simple les créanciers connus de l'ouverture de la procédure de rétablissement professionnel. Cette lettre reproduit les dispositions des articles L. 645-8, L. 645-11 et R. 645-19 et comprend en annexe copie de l'inventaire des biens du débiteur et de la liste des créances déclarées par ce dernier.

Art. R. 645-11 *(D. n° 2014-736, 30 juin 2014 ; mod., D. n° 2016-1851, 23 déc. 2016).* – Le mandataire judiciaire ou la personne choisie sur le fondement du premier alinéa du II ou du III de l'article L. 812-2 informe, par lettre recommandée avec demande d'avis de réception, de l'ouverture de la procédure de rétablissement professionnel, les cautions et les personnes coobligées ou ayant consenti une sûreté personnelle ou ayant affecté un bien en garantie, dont l'existence a été portée à sa connaissance par le débiteur ou par un créancier.

Art. R. 645-12 *(D. n° 2014-736, 30 juin 2014 ; mod., D. n° 2016-1851, 23 déc. 2016).* – À tout moment de l'enquête, le mandataire judiciaire ou la personne choisie sur le fondement du premier alinéa du II ou du III de l'article L. 812-2 qui se heurte à une difficulté, peut demander par lettre simple au juge commis de fixer un délai de réponse aux demandes de renseignements faites en application de l'article L. 645-5.

Art. R. 645-13 *(D. n° 2014-736, 30 juin 2014 ; mod., D. n° 2016-1851, 23 déc. 2016).* – Le rapport du mandataire judiciaire ou de la personne choisie sur le fondement du premier alinéa du II ou du III de l'article L. 812-2 est transmis par celui-ci au juge commis et au ministère public.

Art. R. 645-14 *(D. n° 2014-736, 30 juin 2014).* – Après avoir recueilli l'avis du ministère public, le juge commis dépose son rapport au greffe du tribunal au plus tard trois jours avant l'audience. Toutefois, lorsqu'est demandée l'ouverture de la procédure de liquidation judiciaire en application des dispositions de l'article L. 645-9, le rapport peut être déposé et porté à la connaissance du débiteur le jour de l'audience.

Art. R. 645-15 *(D. n° 2014-736, 30 juin 2014).* – La demande faite par le débiteur en application du deuxième alinéa de l'article L. 645-9 est déposée par celui-ci au greffe.

Le juge commis qui renvoie l'affaire devant le tribunal conformément à l'article L. 645-10 fait convoquer le débiteur à comparaître dans le délai qu'il fixe par les soins du greffier, par lettre recommandée avec demande d'avis de réception. Le greffier informe le débiteur, le cas échéant, qu'il peut prendre connaissance du rapport du juge commis au greffe.

En cas de requête du ministère public, il est fait application de l'article R. 631-4.

Art. R. 645-16 *(D. n° 2014-736, 30 juin 2014).* – Le juge commis ne peut siéger dans la formation collégiale, ni participer à son délibéré, sous peine de nullité du jugement.

Art. R. 645-17 *(D. n° 2014-736, 30 juin 2014).* – Le jugement de clôture comprend l'état chiffré des créances effacées avec l'indication, selon le cas, du nom ou de la dénomination et du domicile ou siège des créanciers.

Il entraîne la caducité de la demande d'ouverture de la procédure de liquidation judiciaire.

Art. R. 645-18 *(D. n° 2014-736, 30 juin 2014).* – Le jugement de clôture est notifié au débiteur et communiqué au ministère public par le greffier. À leur demande, les créanciers dont les dettes sont effacées peuvent obtenir du greffier un extrait certifié conforme du jugement.

Art. R. 645-19 *(D. n° 2014-736, 30 juin 2014).* – Un avis du jugement de clôture est adressé pour insertion au *Bulletin officiel des annonces civiles et commerciales.* Cette insertion contient l'indication du nom du débiteur, de son adresse professionnelle, de son numéro unique d'identification ainsi que, s'il y a lieu, du nom du greffe ou de la chambre des métiers et de l'artisanat de région où il est immatriculé, de l'activité exercée et de la date du jugement ainsi que du tribunal qui l'a rendu.

Le même avis est publié dans un journal d'annonces légales du lieu où le débiteur a son adresse professionnelle.

Le greffier procède d'office à ces publicités dans les quinze jours de la date du jugement.

Toutefois, en cas d'appel du ministère public en application du dernier alinéa de l'article R. 661-1 ou en cas d'arrêt de l'exécution provisoire ordonnée en vertu du troisième alinéa de l'article R. 661-1, ces publicités ne sont effectuées par le greffier du tribunal qu'au vu de l'arrêt de la cour d'appel qui lui est transmis par le greffier de cette cour dans les huit jours de son prononcé.

Un avis est également adressé pour insertion dans les registres ou répertoires prévus aux trois premiers alinéas de l'article R. 621-8.

Art. R. 645-20 *(D. n° 2014-736, 30 juin 2014 ; mod., D. n° 2016-1851, 23 déc. 2016).* – Les articles R. 643-21 et R. 643-22 sont applicables lorsque le tribunal prononce la clôture de la procédure de rétablissement professionnel sans liquidation. Le mandataire judiciaire ou la personne choisie sur le fondement du premier alinéa du II ou du III de l'article L. 812-2 exerce les fonctions attribuées par l'article R. 643-21 au liquidateur judiciaire.

Art. R. 645-21 *(D. n° 2014-736, 30 juin 2014).* – L'appel du débiteur est fait par une déclaration faite ou adressée par lettre recommandée avec demande d'avis de réception au greffe de la cour d'appel.

L'appel est formé, instruit et jugé suivant la procédure sans représentation obligatoire.

Art. R. 645-22 *(D. n° 2014-736, 30 juin 2014).* – Le jugement par lequel le tribunal ouvre la procédure de liquidation judiciaire en application de l'article L. 645-9 met fin de plein droit à la procédure de rétablissement professionnel sans que les dettes soient effacées.

Art. R. 645-23 *(D. n° 2014-736, 30 juin 2014).* – En cas d'infirmation ou d'annulation du jugement ouvrant la procédure de rétablissement professionnel ou la clôturant, la cour d'appel peut, d'office, statuer sur la demande d'ouverture de la procédure de liquidation judiciaire.

Art. R. 645-24 *(D. n° 2014-736, 30 juin 2014 ; mod., D. n° 2016-1851, 23 déc. 2016).* – Lorsque le mandataire judiciaire ou la personne choisie sur le fondement du premier alinéa du II ou du III de l'article L. 812-2 a accompli sa mission, il dépose au greffe un compte rendu de fin de mission comprenant le détail de ses débours et remet au président du tribunal une copie de ce compte rendu ainsi qu'une copie du rapport mentionné à l'article R. 645-13.

Le président du tribunal, sur les observations du juge commis, fixe par ordonnance le montant de la somme allouée au mandataire judiciaire ou à la personne choisie sur le fondement du premier alinéa du II ou du III de l'article L. 812-2, conformément aux dispositions des trois derniers alinéas de l'article R. 663-41. Cette ordonnance n'est pas susceptible de recours.

Art. R. 645-25 *(D. n° 2014-736, 30 juin 2014 ; mod., D. n° 2016-1851, 23 déc. 2016).* – Dès le dépôt au greffe du compte rendu de fin de mission du mandataire judiciaire ou de la personne choisie sur le fondement du premier alinéa du II ou du III de l'article L. 812-2, le greffier adresse au débiteur, ainsi qu'au ministère public le compte détaillé de ses émoluments, de ses frais et de ses débours établi selon les dispositions des articles R. 743-140 à R. 743-157. Ce compte est déposé au greffe et annexé à celui du mandataire judiciaire ou de la personne choisie sur le fondement du premier alinéa du II ou du III de l'article L. 812-2. Il est complété si le greffier est appelé à régler postérieurement d'autres frais.

9.1.2.5. – Des responsabilités et des sanctions

Code de commerce

CHAPITRE I. – DE LA RESPONSABILITÉ POUR INSUFFISANCE D'ACTIF

Art. R. 651-1 *(Mod., D. n° 2009-160, 12 févr. 2009 ; D. n° 2014-736, 30 juin 2014).* – Le tribunal compétent pour statuer dans les cas prévus à l'article L. 651-2 est celui qui a ouvert ou prononcé la liquidation judiciaire.

Art. R. 651-2 *(Rempl., D. n° 2009-160, 12 févr. 2009)*. **– Pour l'application de l'article L. 651-2, le tribunal est saisi, selon le cas, par voie d'assignation ou dans les formes et selon la procédure prévues à l'article R. 631-4.**

Art. R. 651-3. – Les jugements rendus en application de l'article L. 651-2 sont communiqués par le greffier au procureur de la République.

Art. R. 651-4. – Pour l'application de l'article L. 651-3, la mise en demeure faite au mandataire de justice d'engager l'action en responsabilité est délivrée par au moins deux créanciers contrôleurs. Leur action n'est recevable que si cette mise en demeure, adressée au mandataire de justice par lettre recommandée avec demande d'avis de réception, est restée infructueuse pendant deux mois à compter de la réception de la mise en demeure.

Art. R. 651-5 *(Mod., D. n° 2012-1190, 25 oct. 2012)*. **–** *(Mod., D. n° 2014-736, 30 juin 2014)* **Pour l'application de l'article L. 651-4, le juge désigné par le président du tribunal peut se faire assister de toute personne de son choix dont les constatations sont consignées dans son rapport. Ce rapport est déposé au greffe et communiqué par le greffier au ministère public. Au moins un mois avant la date de l'audience, le greffier communique ce rapport aux dirigeants ou à l'entrepreneur individuel à responsabilité limitée mis en cause par lettre recommandée avec demande d'avis de réception.**

Le tribunal statue sur le rapport du juge désigné après avoir entendu ou dûment appelé les contrôleurs.

Le montant des sommes pour la garantie desquelles la mesure conservatoire est ordonnée conformément au deuxième alinéa de l'article L. 651-4 ne peut excéder le montant de la demande formée à l'encontre du dirigeant.

Bibliographie : Ch. Delattre, *Les actes préparatoires à une action en responsabilité pour insuffisance d'actif (articles L. 651-4 et R. 651-5 du Code de commerce : Rev. proc. coll.* 2010, étude 2.

La nullité d'un acte de procédure ne peut être prononcée pour vice de forme qu'à charge pour celui qui l'invoque de prouver le grief que lui cause l'irrégularité commise : ▪ Cass. com., 24 avr. 2007, n° 06-10.273 : *Bull. civ.* IV, n° 112 ; *D.* 2007, act. jurispr. 1267, obs. A. Lienhard ; *Act. proc. coll.* 2007, n° 108, obs. P. Cagnoli ; *Procédures* 2007, comm. 195, obs. H. Croze ; *Gaz. Pal.* 2007, p. 2771, obs. T. Montéran ; *JCP* G 2007, II, 10122 ; *JCP* E 2007, 1981, note I. Pételt-Teyssié ; *BJS* 2007, p. 1157, note O. Staes ; *Rev. proc. coll.* 2007, p. 235, obs. A. Martin-Serf ; *Rev. Lamy dr. aff.* nov. 2007, p. 58, note M. Laroche. – Dès lors que le dirigeant, qui a été, au préalable, régulièrement assigné en paiement des dettes sociales et a reçu une convocation mentionnant sans équivoque l'obligation d'avoir à se présenter en personne pour être entendu en chambre du conseil, n'invoque aucun grief découlant du fait que cette convocation a été faite par voie de notification et non par acte d'huissier de justice, le moyen tiré de la nullité de la procédure doit être écarté : même arrêt. – *Contra*, auparavant : ▪ Cass. com., 6 juin 1995 : *Bull. civ.* IV, n° 167 ; *D.* 1995, inf. rap. 183. – V. depuis le décret du 30 juin 2014, la référence à un envoi par recommandé avec accusé de réception.

Art. R. 651-6 *(Mod., D. n° 2014-736, 30 juin 2014)*. **– Lorsqu'un dirigeant d'une personne morale ou un entrepreneur individuel à responsabilité limitée est déjà soumis à une procédure de sauvegarde, de redressement ou de liquidation judiciaires, le montant du passif mis à sa charge est déterminé après mise en cause du mandataire judiciaire ou du liquidateur désigné dans la procédure à laquelle il est soumis. La décision de condamnation est portée par le greffier sur l'état des créances de la procédure à laquelle l'intéressé est soumis ou transmise au greffier compétent pour y procéder.**

Le législateur n'a pas entendu exclure que l'action en comblement de passif intentée à l'encontre du dirigeant d'une entreprise soumise à une procédure collective puisse l'être à l'encontre d'un dirigeant étant lui-même soumis à une telle procédure, y compris après l'expiration du délai de déclaration des créances dans le cadre de la procédure de redressement ou de liquidation judiciaire de ce dirigeant ; il s'ensuit que l'article R. 651-6 du Code de commerce n'est pas entaché d'illégalité : ▪ CE, 6ᵉ et 1ʳᵉ ss-sect. réunies, 20 mai 2011, n° 325102 : *JurisData* n° 2011-008917 ; *JCP* E 2011, 1498, note Ch. Lebel ; *D.* 2011, p. 1552, obs. A. Lienhard ; *BJS* 2011, p. 812, note I. Parachkévova ; *Rev. proc. coll.* 2011, comm. 200, A. Martin-Serf ; *Dr. sociétés* 2011, comm. 181, obs. J.-P. Legros.

CHAPITRE II. – DE L'OBLIGATION AUX DETTES SOCIALES
(Abr., D. n° 2009-160, 12 févr. 2009)

Art. R. 652-1 et R. 652-2 *(Abr., D. n° 2009-160, 12 févr. 2009).*

Code de commerce

Rédaction antérieure. Art. R. 652-1 *(Mod., D. n° 2007-1851, 26 déc. 2007).* – Le tribunal compétent pour statuer dans le cas prévu à l'article L. 652-1 est celui qui a ouvert ou prononcé la sauvegarde, le redressement ou la liquidation judiciaires de la personne morale.

Les dispositions des articles R. 651-4 à R. 651-6 sont applicables.

Rédaction antérieure. Art. R. 652-2. – Les jugements rendus en application de l'article L. 652-1 sont communiqués par le greffier au procureur de la République.

CHAPITRE III. – DE LA FAILLITE PERSONNELLE
ET DES AUTRES MESURES D'INTERDICTION

Art. R. 653-1. – *(Mod., D. n° 2009-160, 12 févr. 2009)* **Lorsque les mandataires de justice mentionnés à l'article L. 653-7 ont connaissance de faits prévus aux articles L. 653-3 à L. 653-6 et L. 653-8, ils en informent le procureur de la République et le juge-commissaire.**

Pour l'application de l'article L. 653-8, la date retenue pour la cessation des paiements ne peut être différente de celle retenue en application de l'article L. 631-8.

Art. R. 653-2 *(Mod., D. n° 2009-160, 12 févr. 2009).* – **Pour l'application de l'article L. 653-7, le tribunal est saisi, selon le cas, par voie d'assignation ou dans les formes et selon la procédure prévues à l'article R. 631-4. La mise en demeure faite au mandataire de justice d'engager l'action en sanction est délivrée par au moins deux créanciers contrôleurs. Leur action n'est recevable que si cette mise en demeure, adressée au mandataire de justice par lettre recommandée avec demande d'avis de réception, est restée infructueuse pendant deux mois à compter de la réception de la mise en demeure.**

Art. R. 653-3. – **Indépendamment des mentions portées au casier judiciaire en application du 5e de l'article 768 du Code de procédure pénale, les jugements prononçant la faillite personnelle ou l'interdiction prévue à l'article L. 653-8 font l'objet des publicités prévues à l'article R. 621-8 et sont adressés par le greffier aux personnes mentionnées à l'article R. 621-7.**

Ces décisions sont signifiées dans les quinze jours de leur date à la diligence, selon le cas, du greffier du tribunal ou de la cour d'appel aux personnes sanctionnées.

Art. R. 653-4. – **Toute demande en relevé des déchéances, interdictions et incapacités est adressée par requête à la juridiction qui les a prononcées. Sont joints à la requête tous documents justifiant de la contribution au paiement du passif ou, lorsque l'intéressé a fait l'objet de l'interdiction prévue à l'article L. 653-8, des garanties démontrant sa capacité à diriger ou contrôler l'une ou plusieurs des entreprises ou personnes visées par cet article. Ces garanties peuvent consister en une formation professionnelle.**

La juridiction statue après avoir entendu le demandeur et recueilli l'avis du ministère public.

Bibliographie : Ch. Delattre, *La procédure de réhabilitation des articles L. 653-11 et R. 653-4 du Code de commerce : Rev. proc. coll.* 2011, étude 19.

CHAPITRE IV. – DE LA BANQUEROUTE ET DES AUTRES INFRACTIONS

Art. R. 654-1. – **Pour l'application de l'article L. 654-17, la mise en demeure faite au mandataire de justice de se constituer partie civile est délivrée par au moins deux créanciers contrôleurs. Leur action n'est recevable que si cette mise en demeure, adressée au mandataire de justice par lettre recommandée avec demande d'avis de réception, est restée infructueuse pendant deux mois à compter de la réception de la mise en demeure.**

9.1.2.6. – Des dispositions générales de procédure

Code de commerce

Partie réglementaire

CHAPITRE I. – DES VOIES DE RECOURS

Art. R. 661-1 *(Mod., D. n° 2009-160, 12 févr. 2009 ; D. n° 2009-1661, 28 déc. 2009 ; D. n° 2012-1190, 25 oct. 2012 ; D. n° 2014-736, 30 juin 2014)*. – Les jugements et ordonnances rendus en matière de mandat *ad hoc*, de conciliation, de sauvegarde, de redressement judiciaire, de rétablissement professionnel et de liquidation judiciaire sont exécutoires de plein droit à titre provisoire.

Toutefois, ne sont pas exécutoires de plein droit à titre provisoire les jugements et ordonnances rendus en application des articles L. 622-8, L. 626-22, du premier alinéa de l'article L. 642-20-1, de l'article L. 651-2, des articles L. 663-1 à L. 663-4 ainsi que les décisions prises sur le fondement de l'article L. 663-1-1 et les jugements qui prononcent la faillite personnelle ou l'interdiction prévue à l'article L. 653-8.

Par dérogation aux dispositions de l'article 524 du Code de procédure civile, le premier président de la cour d'appel, statuant en référé, ne peut arrêter l'exécution provisoire des décisions mentionnées aux deux premiers alinéas du présent article que lorsque les moyens à l'appui de l'appel paraissent sérieux. L'exécution provisoire des décisions prises sur le fondement de l'article L. 663-1-1 peut être arrêtée, en outre, lorsque l'exécution risque d'entraîner des conséquences manifestement excessives. Dès le prononcé de la décision du premier président arrêtant l'exécution provisoire, le greffier de la cour d'appel en informe le greffier du tribunal.

En cas d'appel du ministère public d'un jugement mentionné aux articles L. 645-11, L. 661-1, à l'exception du jugement statuant sur l'ouverture de la procédure de sauvegarde ou de redressement judiciaire, L. 661-6 et L. 661-11, l'exécution provisoire est arrêtée de plein droit à compter du jour de cet appel. Le premier président de la cour d'appel peut, sur requête du procureur général, prendre toute mesure conservatoire pour la durée de l'instance d'appel.

Bibliographie : J. Vallansan, *L'exécution provisoire dans les procédures collectives* : *LPA* 28 nov. 2008, p. 31.

Art. R. 661-2 *(Mod., D. n° 2009-160, 12 févr. 2009)*. – Sauf dispositions contraires, l'opposition et la tierce opposition sont formées contre les décisions rendues en matière de mandat *ad hoc*, de conciliation, de sauvegarde, *(Mots rempl., D. n° 2014-736, 30 juin 2014)* « de redressement judiciaire, de rétablissement professionnel et de liquidation judiciaire », de responsabilité pour insuffisance d'actif, de faillite personnelle ou d'interdiction prévue à l'article L. 653-8, par déclaration au greffe dans le délai de dix jours à compter du prononcé de la décision.

Toutefois, pour les décisions soumises aux formalités d'insertion dans un journal d'annonces légales et au *Bulletin officiel des annonces civiles et commerciales*, le délai ne court que du jour de la publication au *Bulletin officiel des annonces civiles et commerciales*. Pour les décisions soumises à la formalité d'insertion dans un journal d'annonces légales, le délai ne court que du jour de la publication de l'insertion.

Art. R. 661-3 *(Mod., D. n° 2009-160, 12 févr. 2009)*. – Sauf dispositions contraires, le délai d'appel des parties est de dix jours à compter de la notification qui leur est faite des décisions rendues en matière de mandat *ad hoc*, de conciliation, de sauvegarde, *(Mots rempl., D. n° 2014-736, 30 juin 2014)* « de redressement judiciaire, de rétablissement professionnel et de liquidation judiciaire », de responsabilité pour insuffisance d'actif, de faillite personnelle ou d'interdiction prévue à l'article L. 653-8.

Toutefois, le délai dans lequel le débiteur peut interjeter appel du jugement arrêtant ou rejetant le plan de cession de l'entreprise est de dix jours à compter du prononcé du jugement.

Dans les cas prévus au troisième alinéa de l'article L. 642-1 et à l'article L. 642-7, le greffier notifie la décision, dans les quarante-huit heures de son prononcé, au cocontractant, au cessionnaire ou au bailleur. Le délai d'appel est de dix jours à compter de la notification.

Le délai d'appel du procureur de la République et du procureur général est de dix jours. Ces délais sont comptés à partir de la réception par le procureur de la République de l'avis qui lui est donné de la décision dans les formes prévues, selon le cas, aux articles R. 611-25, R. 611-41 *(Réf. rempl., D. n° 2014-736, 30 juin 2014)* « , R. 621-7 ou R. 645-19 ».

Art. R. 661-4 *(Mod., D. n° 2009-160, 12 févr. 2009)*. – L'appel du procureur de la République et du procureur général est fait par une déclaration d'appel remise ou adressée au greffe de la cour d'appel.

Lorsque cette déclaration est faite par voie postale, la date de l'acte d'appel est celle de l'expédition.

Lorsque l'appel du procureur de la République ou du procureur général est interjeté à l'encontre d'un jugement mentionné aux articles L. 661-6, L. 661-9 ou rendu en application des chapitres Ier et III du titre V du livre VI de la partie législative du présent code, l'appelant en informe immédiatement, par tout moyen, le greffier du tribunal et les mandataires de justice. Le greffier de la cour d'appel notifie par lettre simple cet appel au débiteur et aux personnes mentionnées au 4° de l'article R. 661-6.

Art. R. 661-5. – La personne exerçant une voie de recours au nom du comité d'entreprise ou des délégués du personnel ou, le cas échéant, le représentant des salariés doit, à peine d'irrecevabilité, justifier de son habilitation.

Art. R. 661-6. – *(Mod., D. n° 2009-160, 12 févr. 2009)* L'appel des jugements rendus en application des articles L. 661-1, L. 661-6 et des chapitres Ier et III du titre V *(Mots aj., D. n° 2018-452, 5 juin 2018)*, « de la section II du chapitre II et du chapitre IV du titre IX, » du livre VI de la partie législative du présent code, est formé, instruit et jugé suivant les modalités de la procédure avec représentation obligatoire prévue par les articles 901 à 925 du Code de procédure civile, sous réserve des dispositions qui suivent :

1° Les mandataires de justice qui ne sont pas appelants doivent être intimés.

Dans tous les cas, le procureur général est avisé de la date de l'audience ;

2° L'appel des jugements arrêtant ou rejetant le plan de cession est soumis à la procédure à jour fixe ;

3° Dans les cas autres que ceux qui sont mentionnés au 2° ci-dessus et sauf s'il est recouru à la procédure à jour fixe, l'affaire est instruite conformément aux dispositions *(Mots rempl., D. n° 2009-1524, 9 déc. 2009)* « de l'article 905 du Code de procédure civile ». Le président de la chambre peut toutefois décider que l'affaire sera instruite *(Mots rempl. à compter du 1er février 2013, D. n° 2012-1451, 24 déc. 2012)* « sous le contrôle d'un magistrat de la chambre dans les conditions prévues par les articles 763 à 787 du même code » ;

4° Lorsqu'ils ne sont pas parties à l'instance d'appel, les représentants du comité d'entreprise ou des délégués du personnel et, le cas échéant, le représentant des salariés ainsi que, le cas échéant, le cessionnaire, le cocontractant mentionné à l'article L. 642-7, les titulaires des sûretés mentionnées à l'article L. 642-12 ou le bénéficiaire de la location-gérance sont convoqués pour être entendus par la cour. La convocation est faite par lettre simple du greffier ;

5° Aucune intervention n'est recevable dans les dix jours qui précèdent la date de l'audience ;

6° La cour d'appel statue au fond dans les quatre mois suivant le prononcé des jugements mentionnés à l'article L. 661-6.

Art. R. 661-7. – Le greffier de la cour d'appel transmet dans les huit jours du prononcé de l'arrêt une copie de celui-ci au greffier du tribunal pour l'accomplissement des mesures de publicité prévues à l'article R. 621-8 lorsque l'arrêt infirme une décision soumise à la publicité.

Il notifie l'arrêt aux parties et, par remise contre récépissé, au procureur général. Il informe les personnes mentionnées au 4° de l'article R. 661-6 du prononcé de l'arrêt.

Art. R. 661-8. – Le pourvoi en cassation du ministère public est fait par une déclaration au greffe de la Cour de cassation selon les règles prévues au premier alinéa de l'article R. 661-4.

CHAPITRE II. – AUTRES DISPOSITIONS

Art. R. 662-1. – À moins qu'il n'en soit disposé autrement par le présent livre :

1° Les règles du Nouveau Code de procédure civile sont applicables dans les matières régies par le livre VI de la partie législative du présent code ;

2° Les notifications des décisions auxquelles procède le greffier sont faites par lettre recommandée avec demande d'avis de réception, conformément aux dispositions de la section IV du chapitre III du titre XVII du livre Ier du Code de procédure civile ;

3° *(D. n° 2014-736, 30 juin 2014)* Les notifications et communications adressées au débiteur personne physique par lettre recommandée avec demande d'avis de réception sont régulièrement faites à l'adresse préalablement indiquée au greffe du tribunal à l'ouverture de la procédure ou en cours de procédure. La date de la notification est celle de la signature de l'avis de réception. Toutefois, lorsque l'avis de réception n'a pas été signé par son destinataire ou une personne munie d'un pouvoir à cet effet, la date de la notification est celle de la présentation de la lettre recommandée. Les lettres de l'administrateur, du mandataire judiciaire ou du liquidateur sont transmises à cette même adresse ;

4° *(D. n° 2014-736, 30 juin 2014)* Les notifications et lettres adressées au débiteur, personne morale de droit privé, peuvent l'être au domicile de son représentant légal ou du mandataire *ad hoc* désigné conformément au II de l'article L. 641-9.

Art. R. 662-1-1 *(D. n° 2012-1190, 25 oct. 2012)*. – Les mesures conservatoires prévues aux articles L. 621-2, L. 631-10-1 *(Réf. rempl., D. n° 2018-452, 5 juin 2018)* « L. 651-4, L. 692-2, L. 692-4 et L. 692-9 » sont soumises aux dispositions de la partie réglementaire du Code des procédures civiles d'exécution sous réserve des dispositions du présent livre.

Art. R. 662-1-2 *(D. n° 2012-1190, 25 oct. 2012)*. – Les mesures conservatoires mentionnées aux articles L. 621-2, L. 631-10-1 et L. 651-4 sont mises en œuvre à l'initiative de l'administrateur judiciaire, du mandataire judiciaire ou, le cas échéant, du liquidateur.

Art. R. 662-2. – Les formes de procéder applicables devant le tribunal de grande instance dans les matières prévues par le livre VI de la partie législative du présent code sont déterminées par les articles 853 et suivants du Code de procédure civile pour tout ce qui n'est pas réglé par ce livre et par le présent livre.

Toute partie qui ne se présente pas personnellement ne peut être représentée que par un avocat.

Art. R. 662-3. – Sans préjudice des pouvoirs attribués en premier ressort au juge-commissaire, le tribunal saisi d'une procédure de sauvegarde, de redressement judiciaire ou de liquidation judiciaire connaît de tout ce qui concerne la sauvegarde, le redressement et la liquidation judiciaires, *(Mots aj., D. n° 2009-160, 12 févr. 2009)* « l'action en responsabilité pour insuffisance d'actif, » la faillite personnelle ou l'interdiction prévue à l'article L. 653-8, à l'exception des actions en responsabilité civile exercées à l'encontre de l'administrateur, du mandataire judiciaire, du commissaire à l'exécution du plan ou du liquidateur qui sont de la compétence du tribunal de grande instance.

1) En application de l'article R. 662-3 du Code de commerce, la cour d'appel saisie sur appel d'une résolution de plan et de liquidation judiciaire, ne peut statuer sur la demande indemnitaire exercée contre le commissaire à l'exécution du plan, dès lors que ses pouvoirs sont alors ceux du tribunal de la procédure collective : ▪ Cass. com., 5 déc. 2018, n° 17-20.065 : *JurisData* n° 2018-022282 ; *JCP E* 2019, 1119, note Ch. Lebel ; *Rev. proc. coll.* 2019, comm. 3, obs. P. Cagnoli.

2) L'action en responsabilité exercée par des salariés de la filiale en liquidation, sur le fondement de l'article 1382 du Code civil (ancien), contre la société mère ne relève pas du tribunal de la procédure collective : ▪ Cass. com., 13 juin 2018, n° 16-25.883 : *JurisData* n° 2018-010187 ; *Act. proc. coll.* 2018, comm. 188, note L. Fin-Langer ; *Dr. sociétés* 2018, comm. 196, obs. J.-P. Legros.

Art. R. 662-3-1 *(D. n° 2014-736, 30 juin 2014)*. – Les dispositions de l'article 47 du Code de procédure civile ne sont pas applicables aux litiges qui relèvent de la compétence du seul juge-commissaire.

Art. R. 662-4 *(Mod., D. n° 2016-1851, 23 déc. 2016)*. – Les exceptions d'incompétence sont réglées par les articles 75 à 99 du Code de procédure civile sous réserve des dispositions des articles R. 611-23-1, R. 662-5 à R. 662-7 et R. 662-18.

Art. R. 662-5. – Le tribunal, lorsqu'il se déclare incompétent, peut ordonner les mesures conservatoires ou provisoires mentionnées au dernier alinéa de l'article R. 662-7.

Art. R. 662-6. – Lorsque sa compétence est contestée, le tribunal, s'il se déclare compétent, statue au fond dans le même jugement.

Art. R. 662-7 *(Mod., D. n° 2014-736, 30 juin 2014)*. – Lorsque les intérêts en présence justifient le renvoi de l'une des procédures prévues par le livre VI de la partie législative du présent code devant une autre juridiction en application de l'article L. 662-2, ce renvoi peut être décidé d'office par le président du tribunal saisi, qui transmet sans délai le dossier par ordonnance motivée au premier président de la cour d'appel ou, s'il estime que l'affaire relève d'une juridiction du ressort d'une autre cour d'appel, au premier président de la Cour de cassation.

Ce renvoi peut également être demandé, par requête motivée du débiteur, du créancier poursuivant et du ministère public près le tribunal saisi ou près du tribunal qu'il estime devoir être compétent, au premier président de la cour d'appel ou de la Cour de cassation.

Lorsque la demande n'est pas formée conjointement par les procureurs près les tribunaux de grande instance concernés, celui qui n'en est pas l'auteur fait connaître ses observations au greffe de la cour d'appel ou de la Cour de cassation au plus tard dans les quarante-huit heures de la transmission qui lui en est faite sans délai par le ministère public demandeur. Il en transmet copie au procureur demandeur.

Dans les cas prévus au deuxième alinéa, le greffier du tribunal saisi notifie la requête aux parties sans délai et transmet le dossier à la cour d'appel ou à la Cour de cassation. S'il n'a pas été statué sur l'ouverture de la procédure, le tribunal sursoit à statuer dans l'attente de la décision du premier président de la cour d'appel ou du premier président de la Cour de cassation.

Le premier président de la cour d'appel ou le premier président de la Cour de cassation désigne dans les dix jours de la réception du dossier, après avis du ministère public, la juridiction qui sera saisie de l'affaire. Dans les mêmes conditions, le premier président de la cour d'appel peut, s'il estime que les intérêts en présence justifient le renvoi de l'affaire devant une juridiction du ressort d'une autre cour d'appel, ordonner la transmission du dossier au premier président de la Cour de cassation.

Les décisions du président du tribunal et du premier président de la cour d'appel ou de la Cour de cassation sont notifiées aux parties sans délai par le greffier du tribunal ou de la cour.

Les décisions prises en application du présent article sont des mesures d'administration judiciaire non susceptibles de recours. Ces décisions s'imposent aux parties et à la juridiction de renvoi désignée. En cas de renvoi de l'affaire, il en est fait mention aux registres ou répertoires mentionnés à l'article R. 621-8 par le greffier du tribunal qui a ouvert, le cas échéant, cette procédure.

Dans l'attente de la décision du premier président, le tribunal peut désigner un administrateur judiciaire, sous l'autorité d'un juge commis temporairement à cet effet, pour accomplir, notamment, les diligences prévues à l'article L. 622-4. Le tribunal peut également ordonner, à titre de mesures provisoires, l'inventaire des biens et, en cas de procédure de liquidation judiciaire, l'apposition des scellés.

Art. R. 662-8. – Le président du tribunal, saisi aux fins de désignation d'un mandataire *ad hoc* en application de l'article L. 611-3, peut faire application, avec l'accord du débiteur, des dispositions du premier alinéa de l'article R. 662-7. Il le peut également pendant le cours de la mission du mandataire *ad hoc*.

Le débiteur peut également demander ce renvoi en saisissant par voie de requête le premier président de la cour d'appel ou le premier président de la Cour de cassation.

Les dispositions des troisième à sixième alinéas de l'article R. 662-7 sont alors applicables.

Art. R. 662-9 *(Mod., D. n° 2009-160, 12 févr. 2009)*. – La demande, faite par l'une des personnes poursuivies au président du tribunal en application du *(Réf. rempl., D. n° 2014-736, 30 juin 2014)* « deuxième » alinéa de l'article L. 662-3 tendant à ce que les débats relatifs aux mesures prises en application des chapitres Ier et III du titre V du livre VI de la partie législative du présent code aient lieu en chambre du conseil, est consignée par le greffier.

La décision rendue par le président est une mesure d'administration judiciaire non susceptible de recours.

Art. R. 662-10. – Le ministère public est avisé de la date de l'audience par le greffier dans toute affaire qui doit lui être communiquée.

Lorsque les débats doivent avoir lieu en présence du ministère public, le greffier en fait mention dans cet avis.

Art. R. 662-11. – Lorsque le débiteur relève d'un ordre professionnel ou d'une autorité, cet ordre ou cette autorité fait connaître au greffe et aux organes de la procédure la personne habilitée à le représenter. En l'absence d'une telle déclaration, son représentant légal exerce cette fonction.

Art. R. 662-12. – *(Mod., D. n° 2009-160, 12 févr. 2009)* Le tribunal statue sur rapport du juge-commissaire sur tout ce qui concerne la sauvegarde, le redressement et la liquidation judiciaires, l'action en responsabilité pour insuffisance d'actif, la faillite personnelle ou l'interdiction prévue à l'article L. 653-8.

Toutefois, il n'est pas fait de rapport lorsque le tribunal statue sur un recours formé contre une ordonnance de ce juge.

Art. R. 662-12-1 *(D. n° 2014-736, 30 juin 2014 ; mod., D. n° 2015-1009, 18 août 2015)*. – La note par laquelle le président du tribunal informe le ministère public, conformément aux articles L. 631-3-1 ou L. 640-3-1, est communiquée à ce dernier par le greffier du tribunal. Le cas échéant, elle est jointe à l'assignation que le ministère public délivre pour saisir le tribunal ou à la convocation adressée au débiteur en application de l'article R. 631-4.

Art. R. 662-13. – Les jugements rendus par le tribunal sont prononcés en audience publique, à l'exception de ceux rejetant la demande d'ouverture de l'une des procédures prévues au livre VI de la partie législative du présent code et de ceux rejetant l'homologation de l'accord amiable à l'issue d'une procédure de conciliation.

Art. R. 662-14. – Si des fonds dus au débiteur ont été consignés à la Caisse des dépôts et consignations par des tiers, la caisse transfère ces fonds avec les droits, charges et inscriptions qui les grèvent sur le compte de dépôt ouvert par le mandataire de justice qui exerce les fonctions d'administrateur, de commissaire à l'exécution du plan ou de liquidateur. Le mandataire de justice est tenu vis-à-vis de l'acquéreur et des créanciers des obligations qui découlent de ces sûretés.

Art. R. 662-15 *(Mod., D. n° 2009-160, 12 févr. 2009)*. – La liste des dossiers qui ont été attribués à chacune des personnes auxquelles un mandat afférent aux procédures régies par le livre VI de la partie législative du présent code a été confié, établie en application de l'article L. 662-6, mentionne, pour chacun des débiteurs concernés, son chiffre d'affaires et le nombre de ses salariés tels qu'ils sont définis par l'article R. 621-11.

Art. R. 662-16. – Les informations prévues par l'article L. 662-6 sont portées, par le greffe, à la connaissance du garde des Sceaux, ministre de la Justice, du procureur de la République près les tribunaux qui ont désigné les personnes concernées, du magistrat inspecteur régional, du magistrat coordonnateur mentionné à l'article R. 811-40 ainsi qu'au Conseil national des administrateurs judiciaires et des mandataires judiciaires, dans les deux mois qui suivent le terme de chaque semestre.

Art. R. 662-17 *(D. n° 2012-1190, 25 oct. 2012)*. – *(Mod., D. n° 2014-736, 30 juin 2014)* Le juge-commissaire statue sur la requête par laquelle l'administrateur judiciaire, le mandataire judiciaire ou le liquidateur sollicite l'autorisation prévue à l'article L. 663-1-1 après avoir entendu ou dûment appelé le propriétaire des biens qui font l'objet de la saisie conservatoire et le débiteur.

La demande est examinée en présence du ministère public.

Art. R. 662-18 *(D. n° 2014-736, 30 juin 2014 ; mod., D. n° 2016-1851, 23 déc. 2016)*. – I. – Le renvoi devant le tribunal de commerce spécialisé en application du troisième alinéa de l'article L. 662-8 est prononcé d'office par le président du tribunal saisi, par ordonnance motivée, après avoir entendu ou dûment appelé le débiteur et recueilli l'avis du ministère public. Le greffier du tribunal de commerce saisi transmet aussitôt le dossier au président du tribunal de commerce spécialisé désigné, avec une copie de l'ordonnance de renvoi.

II. – Le renvoi devant le tribunal de commerce spécialisé compétent peut également être demandé par requête motivée du débiteur, de l'administrateur judiciaire, du mandataire judiciaire ou du ministère public près le tribunal de commerce saisi.

Le greffier du tribunal de commerce saisi notifie la requête aux parties sans délai. Le président du tribunal statue sur la demande de renvoi par ordonnance motivée après avoir entendu ou dûment appelé le débiteur, le mandataire de justice et recueilli l'avis du ministère public. S'il est fait droit à la demande de renvoi, le greffier du tribunal de commerce saisi transmet aussitôt le dossier au président du tribunal de commerce spécialisé désigné, avec une copie de l'ordonnance de renvoi.

III. – Les décisions prises en application du présent article sont des mesures d'administration judiciaire non susceptibles de recours. Elles s'imposent aux parties et à la juridiction de renvoi désignée.

Art. R. 662-19 *(D. n° 2014-736, 30 juin 2014 ; abr. à compter des dates prévues à l'article 13 du décret n° 2016-230 du 26 février 2016, D. n° 2016-230, 26 févr. 2016).* – L'administrateur coordonnateur établit un rapport sur la situation des sociétés faisant l'objet des procédures avec l'assistance de chacun des administrateurs. Ce rapport peut comporter des propositions dans l'intérêt commun de ces sociétés. Il est communiqué à chacune des juridictions et au ministère public. L'administrateur coordonnateur est destinataire des projets de plan soumis aux tribunaux. Ses observations sont transmises aux juridictions concernées.

Art. R. 662-20 *(D. n° 2014-736, 30 juin 2014 ; abr. à compter des dates prévues à l'article 13 du décret n° 2016-230 du 26 février 2016, D. n° 2016-230, 26 févr. 2016).* – Le mandataire judiciaire coordonnateur assiste chacun des mandataires pour la vérification des créances existant entre les sociétés en cause et la connaissance des relations financières entre celles-ci. Il est destinataire des projets de plan soumis aux tribunaux. Ses observations sont transmises aux juridictions concernées.

Art. R. 662-21 *(D. n° 2014-736, 30 juin 2014 ; abr. à compter des dates prévues à l'article 13 du décret n° 2016-230 du 26 février 2016, D. n° 2016-230, 26 févr. 2016).* – Pour l'exercice de leurs missions, les administrateurs ou mandataires coordonnateurs et les administrateurs ou mandataires désignés par les juridictions peuvent définir d'un commun accord les modalités de cette coordination. Le protocole établi est porté à la connaissance des juges-commissaires de chacune des procédures et du ministère public.

CHAPITRE III. – DES FRAIS DE PROCÉDURE

Art. R. 663-1. – Il ne peut être demandé par le greffier aucune provision au débiteur qui demande l'ouverture d'une procédure de redressement ou de liquidation judiciaire.

Art. R. 663-1-1 *(Abr. à compter du 1er janvier 2014 pour les instances introduites à compter de cette date, D. n° 2013-1280, 29 déc. 2013).*

Section I. – De la prise en charge de certains frais de justice par le Trésor public

Art. R. 663-2 *(Mod., D. n° 2009-160, 12 févr. 2009).* – Les ordonnances du juge-commissaire, rendues en application de l'article L. 663-1, sont notifiées par le greffier aux mandataires de justice, au débiteur, au Trésor public ainsi qu'au procureur de la République. Elles peuvent faire l'objet d'un recours dans le mois suivant leur notification, par déclaration au greffe faite contre récépissé ou adressée par lettre recommandée avec demande d'avis de réception. Le recours est porté devant la cour d'appel. L'appel est formé, instruit et jugé suivant la procédure sans représentation obligatoire. Les mandataires de justice, le débiteur, le Trésor public et le ministère public qui ne sont pas appelants sont intimés.

Section II. – De la rémunération de l'administrateur judiciaire, du commissaire à l'exécution du plan, du mandataire judiciaire et du liquidateur

Sous-section 1. – De la rémunération de l'administrateur judiciaire

Art. R. 663-3 *(Mod., D. n° 2016-230, 26 févr. 2016 ; D. n° 2018-200, 23 mars 2018).* – I. – Les émoluments de l'administrateur judiciaire sont, pour l'accomplissement des diligences résultant de l'application des titres II à IV du livre VI de la partie législative du présent code, soumises aux règles prévues par les articles suivants.

II. – Pour l'application de la présente section :

a) Le montant du chiffre d'affaires est défini hors taxes conformément aux dispositions du cinquième alinéa de l'article D. 123-200. Il est apprécié à la date de clôture du dernier exercice comptable. Pour l'application des articles R. 663-5 à R. 663-8 et R. 663-28, le chiffre d'affaires est celui réalisé pendant la période d'observation ou de maintien de l'activité. Lorsque le débiteur est une personne morale de droit privé non commerçante, la référence au chiffre d'affaires est, le cas échéant, remplacée par la référence aux ressources hors taxes ou produits hors taxes ;

b) Le total du bilan est défini conformément aux dispositions du quatrième alinéa de l'article D. 123-200 et apprécié à la date de clôture du dernier exercice comptable ;

c) Le nombre des salariés est celui des salariés employés par le débiteur à la date de la demande d'ouverture de la procédure.

Art. R. 663-4 *(Mod., D. n° 2016-230, 26 févr. 2016 ; D. n° 2018-200, 23 mars 2018).* – Il est alloué à l'administrateur judiciaire, pour les diligences relatives au diagnostic de la procédure de sauvegarde ou de redressement judiciaire au titre de laquelle il a été désigné, un émolument déterminé par un arrêté pris en application de l'article L. 444-3 en fonction du nombre de salariés employés par le débiteur ou de son chiffre d'affaires.

Toutefois, lorsque le total du bilan mentionné au *b* du II de l'article R. 663-3 est supérieur ou égal à un seuil précisé par l'arrêté mentionné au premier alinéa, l'émolument est déterminé uniquement en fonction de ce total de bilan.

Cet émolument est versé par le débiteur à l'administrateur judiciaire sans délai dès l'ouverture de la procédure.

Art. R. 663-5 *(Mod., D. n° 2016-230, 26 févr. 2016).* – Il est alloué à l'administrateur judiciaire, au titre d'une mission d'assistance du débiteur au cours d'une procédure de sauvegarde ou de redressement judiciaire, un émolument déterminé par un arrêté pris en application de l'article L. 444-3 en considération du chiffre d'affaires du débiteur. Au-delà de 20 000 000 €, les dispositions de l'article R. 663-13 sont applicables.

Art. R. 663-6 *(Mod., D. n° 2016-230, 26 févr. 2016).* – Il est alloué à l'administrateur judiciaire, au titre d'une mission de surveillance au cours d'une procédure de sauvegarde, l'émolument prévu à l'article R. 663-5 diminuée de 25 %.

Art. R. 663-7 *(Mod., D. n° 2016-230, 26 févr. 2016).* – Il est alloué à l'administrateur judiciaire, au titre d'une mission d'administration de l'entreprise au cours d'une procédure de redressement ou de liquidation judiciaire, l'émolument prévu à l'article R. 663-5 majoré de 50 %.

Si, en application de l'article L. 631-12, l'administrateur judiciaire est assisté, pour la gestion de l'entreprise, d'un ou de plusieurs experts, la majoration prévue au premier alinéa n'est pas due.

Art. R. 663-8 *(Mod., D. n° 2016-230, 26 févr. 2016).* – La rémunération prévue aux articles R. 663-5, R. 663-6 et R. 663-7 est acquise lorsque le tribunal soit a mis fin à la procédure de sauvegarde ou de redressement en application des articles L. 622-12 ou L. 631-16, soit a statué sur le plan de sauvegarde ou de redressement, soit a prononcé la liquidation judiciaire du débiteur au cours d'une procédure de sauvegarde ou de redressement judiciaire. Elle est également acquise, dans une procédure de liquidation judiciaire, lorsque le tribunal a arrêté la cession de l'entreprise ou mis fin au maintien de son activité.

Art. R. 663-9 *(Mod., D. n° 2016-230, 26 févr. 2016 ; D. n° 2018-200, 23 mars 2018).* – Il est alloué à l'administrateur judiciaire, pour l'élaboration du bilan économique, social et environnemental et l'assistance apportée au débiteur pour la préparation d'un plan de sauvegarde ou de redressement, un émolument déterminé par un arrêté pris en application de l'article L. 444-3 en fonction du nombre de salariés employés par le débiteur ou de son chiffre d'affaires.

Toutefois, lorsque le total du bilan mentionné au *b* du II de l'article R. 663-3 est supérieur ou égal à un seuil précisé par l'arrêté mentionné au premier alinéa, l'émolument est déterminé uniquement en fonction de ce total de bilan.

Cette rémunération est acquise lorsque le tribunal a statué sur le plan de sauvegarde ou de redressement ou a prononcé la liquidation judiciaire du débiteur au cours d'une procédure de sauvegarde ou de redressement judiciaire. Elle est majorée de 50 % en cas d'arrêté du plan.

Lorsque le plan est arrêté conformément aux dispositions du premier alinéa de l'article L. 628-8, la rémunération prévue à l'alinéa précédent est majorée de 50 %.

En cas de nécessité, le président du tribunal fixe, sur proposition du juge-commissaire, le montant d'une provision à valoir sur ce droit. Cette provision ne peut excéder la moitié de ce droit ni les deux tiers du montant mentionné au premier alinéa de l'article R. 663-13.

Art. R. 663-10 *(Mod., D. n° 2016-230, 26 févr. 2016).* – Il est alloué à l'administrateur judiciaire, lorsque des comités de créanciers sont réunis, un émolument fixé par un arrêté pris en application de l'article L. 444-3 par créancier membre d'un comité, ainsi qu'un autre émolument déterminé par un arrêté pris en application du même article, en fonction du montant des créances prises en compte en application de l'article R. 626-58, lorsque le plan a été arrêté conformément au projet adopté par les comités.

Art. R. 663-11 *(Mod., D. n° 2016-230, 26 févr. 2016).* – Il est alloué à l'administrateur judiciaire, en cas d'arrêté d'un plan de cession au cours d'une procédure de redressement ou de liquidation judiciaire, un émolument déterminé par un arrêté pris en application de l'article L. 444-3, en considération du montant total hors taxe du prix de cession de l'ensemble des actifs compris dans le plan.

Cette rémunération n'est acquise que sur la justification de la passation de la totalité des actes de cession.

Bibliographie : C. Saint-Alary-Houin, *Plaidoyer pour une appréhension économique de la cession d'entreprise ! (À propos du mode de calcul des honoraires des administrateurs judiciaires en cas de plan de cession) : BJE* 2017, p. 22 (sur Cass. com., 11 juill. 2016, n° 15-50.008).

Art. R. 663-12 *(Mod., D. n° 2016-230, 26 févr. 2016).* – Il est alloué à l'administrateur judiciaire un émolument calculé sur le montant de l'augmentation des fonds propres prévue par un plan de sauvegarde ou de redressement et fixé dans les mêmes conditions que celui prévu à l'article R. 663-11.

Cette rémunération n'est acquise que sur la justification du versement de ces fonds.

Art. R. 663-13 *(Mod., D. n° 2016-230, 26 févr. 2016).* – Par dérogation aux dispositions de la présente sous-section, l'entière rémunération de l'administrateur judiciaire est arrêtée en considération des frais engagés et des diligences accomplies par lui et sans qu'il puisse être fait référence au tarif prévu par la présente sous-section lorsque le total de la rémunération calculée en application de ce tarif excède 100 000 € hors taxes.

Dans le cas prévu au premier alinéa, la rémunération de l'administrateur, qui ne peut être inférieure à 100 000 € hors taxes, est arrêtée par le magistrat de la cour d'appel délégué à cette fin par le premier président, sur proposition du juge-commissaire, au vu d'un état de frais et d'un état descriptif des diligences accomplies. Le magistrat délégué recueille au préalable l'avis du ministère public et demande celui du débiteur. Sa décision peut être frappée de recours devant le premier président de la cour d'appel par l'administrateur, le débiteur ou le ministère public.

La rémunération prévue à l'article R. 663-4 ainsi que les provisions perçues restent acquises à l'administrateur judiciaire, en tant qu'acomptes sur la rémunération, dans la limite du montant arrêté en application des alinéas qui précèdent.

Art. R. 663-13-1 *(Mod., D. n° 2016-230, 26 févr. 2016).* – Il est alloué à l'administrateur judiciaire un émolument fixé par un arrêté pris en application de l'article L. 444-3 pour tout contentieux portant sur une demande en revendication ou en restitution ayant donné lieu à une décision du juge-commissaire.

Sous-section 2. – De la rémunération du commissaire à l'exécution du plan

Art. R. 663-14 *(Mod., D. n° 2016-230, 26 févr. 2016).* – Au terme de chacune des années de l'exécution du plan, il est alloué au commissaire à l'exécution du plan, au titre de sa mission de surveillance de l'exécution du plan, des actions qu'il engage ou qu'il poursuit dans l'intérêt collectif des créanciers et de l'exécution des actes permettant la mise en œuvre du plan et de son rapport annuel prévu à l'article R. 626-43, une rémunération égale à la moitié de la rémunération fixée en application de l'article R. 663-4.

Cette rémunération n'est acquise que sur justification du dépôt de ce rapport.

Art. R. 663-15 *(Mod., D. n° 2016-230, 26 févr. 2016).* – Il peut être alloué, par le président du tribunal ou son délégué, une rémunération au commissaire à l'exécution du plan lorsqu'il a assisté le débiteur dans la préparation d'un projet ayant pour objet une modification substantielle dans les objectifs ou les moyens du plan. Cette rémunération ne peut être supérieure à la moitié de celle fixée en application de l'article R. 663-9. La situation du débiteur est appréciée à la date de la demande au tribunal de la modification du plan.

Il est alloué au commissaire à l'exécution du plan, dans les mêmes conditions, la rémunération prévue au premier alinéa lorsqu'il a présenté au tribunal une demande en résolution du plan.

Art. R. 663-16 *(Mod., D. n° 2016-230, 26 févr. 2016).* – Il est alloué au commissaire à l'exécution du plan, au titre d'une mission de perception et de répartition des dividendes arrêtés par le plan, une rémunération égale à un émolument déterminé par un arrêté pris en application de l'article L. 444-3, en fonction du montant cumulé des sommes encaissées par l'ensemble des créanciers ou, à défaut d'encaissement par les créanciers, consignées à la Caisse des dépôts et consignations au cours de chacune des années d'exécution du plan.

Lorsqu'il n'est pas fait de répartition entre plusieurs créanciers, un seul d'entre eux étant en mesure de percevoir le dividende, cette rémunération est réduite de moitié.

Les rémunérations prévues au présent article sont arrêtées conformément aux règles de l'article R. 663-13 lorsque le montant de la rémunération calculé en application du premier alinéa du présent article dépasse 15 000 € au titre d'une année. Dans ce cas, les rémunérations ne peuvent être inférieures à 15 000 €.

Art. R. 663-17 *(Mod., D. n° 2016-230, 26 févr. 2016)*. – La rémunération prévue à l'article R. 663-22 est allouée au commissaire à l'exécution du plan au titre des créances qu'il porte sur la liste prévue à l'article R. 622-15.

Sous-section 3. – De la rémunération du mandataire judiciaire et du liquidateur

Art. R. 663-18 *(Mod., D. n° 2016-230, 26 févr. 2016)*. – Le mandataire judiciaire reçoit, pour l'ensemble de la procédure de sauvegarde ou de redressement judiciaire, un émolument déterminé par un arrêté pris en application de l'article L. 444-3. S'il est ensuite désigné comme liquidateur, il ne peut, à ce titre, prétendre à cette rémunération.

Si, dans une même procédure, un mandataire judiciaire et un liquidateur distinct sont désignés par le tribunal, le mandataire judiciaire reçoit l'intégralité de la rémunération prévue au premier alinéa et le liquidateur en reçoit la moitié.

Lorsqu'un liquidateur est désigné dans une procédure secondaire d'insolvabilité au sens du règlement (CE) n° 1346/2000 du Conseil du 29 mai 2000 relatif aux procédures d'insolvabilité, il perçoit un second émolument déterminé par un arrêté pris en application de l'article L. 444-3 au titre du devoir d'information auquel il est tenu à l'égard du syndic de la procédure principale. Il en va de même lorsqu'une procédure principale dans laquelle il est désigné est suivie d'une ou de plusieurs procédures secondaires. Dans ce dernier cas, il perçoit autant d'émoluments qu'il existe de procédures secondaires.

La rémunération est versée, sans délai, par le débiteur au liquidateur dès que la décision d'ouverture d'une procédure secondaire est portée à sa connaissance.

Art. R. 663-19 *(Mod., D. n° 2016-230, 26 févr. 2016)*. – Le liquidateur désigné en application des dispositions de l'article L. 641-1 perçoit pour l'ensemble de la procédure de liquidation judiciaire la rémunération prévue à l'article R. 663-18, dès que la décision le désignant est portée à sa connaissance et sous réserve du versement au greffier de la somme prévue au IV de l'article R. 743-142-6.

Les dispositions des articles R. 663-22 à R. 663-25 et R. 663-27 lui sont applicables.

Pour l'application de l'article R. 663-22, la liste des créances est celle de l'article R. 641-39.

Art. R. 663-20 *(Mod., D. n° 2016-230, 26 févr. 2016)*. – En cas de désignation de plusieurs mandataires judiciaires ou de plusieurs liquidateurs, chacun d'entre eux perçoit la rémunération prévue à l'article R. 663-18 selon les modalités, le cas échéant, prévues par le deuxième alinéa de l'article R. 663-18.

Art. R. 663-21 *(Mod., D. n° 2016-230, 26 févr. 2016)*. – Pour l'application de la présente section, constitue une créance :

1° Le total des sommes déclarées par chaque fournisseur créancier ;

2° Le total des sommes déclarées par chaque prestataire de service créancier au titre de chacun des contrats qu'il a conclus avec le débiteur ;

3° Le total des sommes déclarées par chaque établissement de crédit créancier ou société de financement créancière au titre de chacun des contrats qu'il a conclus avec le débiteur ;

4° Le total des sommes déclarées par chaque organisme social créancier pour chacun des rangs de privilège dont ses créances sont assorties ;

5° Le total des sommes déclarées par le Trésor public par catégorie de créances.

Art. R. 663-22 *(Mod., D. n° 2016-230, 26 févr. 2016)*. – Il est alloué au mandataire judiciaire, pour l'enregistrement des créances déclarées et non vérifiées ainsi que des créances portées sur la liste prévue à l'article R. 622-15, un émolument par créance déterminé par un arrêté pris en application de l'article L. 444-3.

Art. R. 663-23 *(Mod., D. n° 2016-230, 26 févr. 2016)*. – Il est alloué au mandataire judiciaire, pour la vérification des créances, un émolument déterminé par un arrêté pris en application de l'article L. 444-3 par créance, autre que salariale, inscrite sur l'état des créances mentionné à l'article R. 624-8.

Art. R. 663-24 *(Mod., D. n° 2016-230, 26 févr. 2016)*. – Pour l'établissement des relevés des créances salariales, il est alloué au mandataire judiciaire un émolument déterminé par un arrêté pris en application de l'article L. 444-3, par salarié.

Art. R. 663-25 *(Mod., D. n° 2016-230, 26 févr. 2016)*. – Il est alloué au mandataire judiciaire un émolument déterminé par un arrêté pris en application de l'article L. 444-3 :

1° Pour la contestation des créances autres que salariales, par créance dont l'admission ou le rejet a donné lieu à une décision du juge-commissaire inscrite sur l'état des créances mentionné à l'article R. 624-8 ;

2° Pour tout contentieux portant sur une demande en revendication ou en restitution ayant donné lieu à une décision du juge-commissaire ;

3° Pour toute instance introduite ou reprise devant la juridiction prud'homale en application des articles L. 625-1 et L. 625-3 et à laquelle il a été mis fin soit par une décision judiciaire au terme d'une instance dans laquelle il a été présent ou représenté, soit par la conclusion d'un accord amiable visé par le juge-commissaire auquel le mandataire judiciaire a été partie.

Art. R. 663-26 *(Mod., D. n° 2016-230, 26 févr. 2016)*. – Lorsqu'il est fait application de l'article L. 631-16 et que le mandataire judiciaire est désigné par le tribunal pour répartir des fonds entre les créanciers, il lui est alloué la rémunération prévue à l'article R. 663-16.

Art. R. 663-27 *(Mod., D. n° 2016-230, 26 févr. 2016)*. – Il est alloué au liquidateur un émolument déterminé par un arrêté pris en application de l'article L. 444-3 au titre de l'ensemble des obligations résultant de la cessation d'activité d'une ou de plusieurs installations classées au sens du titre Ier du livre V du Code de l'environnement. Cet émolument varie selon que :

1° La ou les installations sont soumises à déclaration ;

2° L'une au moins des installations classées est soumise à autorisation ou enregistrement ;

3° L'une au moins des installations classées figure sur une liste prévue au IV de l'article L. 515-8 du Code de l'environnement.

Cet émolument est doublé lorsque l'une au moins des installations classées soumises à autorisation ou à enregistrement a fait l'objet d'un arrêté de l'autorité administrative prescrivant des mesures d'urgence et de mise en sécurité du site.

Art. R. 663-27-1 *(Mod., D. n° 2016-230, 26 févr. 2016)*. – Il est alloué au liquidateur, au titre de la mission de réalisation de l'inventaire qui lui est confiée en application des dispositions du deuxième alinéa de l'article L. 641-2, un émolument déterminé par un arrêté pris en application de l'article L. 444-3.

Art. R. 663-28 *(Mod., D. n° 2016-230, 26 févr. 2016)*. – Il est alloué au liquidateur, au titre d'une mission d'administration de l'entreprise lorsque le maintien de l'activité a été autorisé en application de l'article L. 641-10, un émolument déterminé par un arrêté pris en application de l'article L. 444-3 en fonction du chiffre d'affaires.

Art. R. 663-29 *(Mod., D. n° 2016-230, 26 févr. 2016)*. – I. – Il est alloué au liquidateur des émoluments déterminés par un arrêté pris en application de l'article L. 444-3 :

1° Au titre des cessions d'actifs mobiliers corporels, en fonction du montant total toutes taxes comprises du prix des actifs cédés, déduction faite de la rémunération toutes taxes comprises des intervenants, autres que le liquidateur, ayant participé aux opérations de cession ;

2° Pour tout encaissement de créance ou recouvrement de créance, en fonction du montant total toutes taxes comprises des sommes encaissées ou recouvrées, déduction faite de la rémunération toutes taxes comprises des intervenants, autres que le liquidateur, ayant participé aux recouvrements ;

3° Au titre de la réalisation d'actifs immobiliers et mobiliers incorporels, en fonction du montant du prix, le cas échéant toutes taxes comprises, de chacun des actifs cédés.

II. – La rémunération prévue au présent article n'est pas due au liquidateur au titre de la cession des actifs compris dans un plan de cession. Lorsqu'il n'a pas été désigné d'administrateur judiciaire, il lui est alloué à ce titre l'émolument prévu à l'article R. 663-11.

III. – La rémunération prévue au I du présent article n'est pas due au titre de la cession autorisée en application du premier alinéa de l'article L. 663-1-1 tant que la saisie conservatoire n'a pas fait l'objet d'un acte de conversion.

Art. R. 663-30 *(Mod., D. n° 2016-230, 26 févr. 2016)*. – Il est alloué au liquidateur, au terme des répartitions aux créanciers mentionnés à l'article L. 622-24 et des paiements des créances mentionnées au I de l'article L. 641-13, un émolument déterminé par un arrêté pris en application de l'article L. 444-3, en fonction du montant cumulé des sommes encaissées par l'ensemble des créanciers ou consignées à la Caisse des dépôts et consignations.

Lorsqu'il n'est pas fait de répartition entre plusieurs de ces créanciers, un seul d'entre eux étant en mesure de percevoir un versement, cette rémunération est réduite de moitié.

Art. R. 663-31 *(Mod., D. n° 2016-230, 26 févr. 2016)*. – Par dérogation aux dispositions de la présente sous-section, l'entière rémunération du liquidateur est arrêtée en considération des frais engagés et des diligences accomplies par lui et sans qu'il puisse être fait référence au tarif prévu par la présente sous-section lorsque le total de la rémunération calculée en application de ce tarif excède 75 000 € hors taxes.

Dans le cas prévu au premier alinéa, la rémunération du liquidateur, qui ne peut être inférieure à 75 000 € hors taxes, est arrêtée par le magistrat de la cour d'appel délégué à cette fin par le premier président, sur proposition du juge-commissaire, au vu d'un état de frais et d'un état descriptif des diligences accomplies. Le magistrat délégué recueille au préalable l'avis du ministère public et demande celui du débiteur. Sa décision peut être frappée de recours devant le premier président de la cour d'appel par le liquidateur, le débiteur et le ministère public.

L'émolument prévu à l'article R. 663-18 ainsi que les acomptes perçus restent acquis en tant qu'acomptes sur la rémunération dans la limite du montant arrêté en application des alinéas précédents.

Art. R. 663-31-1 *(Mod., D. n° 2016-230, 26 févr. 2016)*. – Il est alloué au mandataire judiciaire ou au liquidateur judiciaire, au titre des actions engagées par eux en application des dispositions du premier alinéa de l'article L. 653-7 et aboutissant au prononcé d'une sanction prévue aux articles L. 653-3 à L. 653-6 et à l'article L. 653-8, un émolument fixé par un arrêté pris en application de l'article L. 444-3.

Sous-section 4. – Dispositions communes à la rémunération de l'administrateur judiciaire, du commissaire à l'exécution du plan, du mandataire judiciaire et du liquidateur

Art. R. 663-32 *(Mod., D. n° 2016-230, 26 févr. 2016)*. – Les administrateurs judiciaires, commissaires à l'exécution du plan, mandataires judiciaires et liquidateurs ont droit au remboursement des frais et débours mentionnés sur la liste prévue au 2° de l'article R. 444-3, arrêtés par le président du tribunal ou par son délégué, sur justificatif de leur compte détaillé. Ce remboursement peut être trimestriel.

Art. R. 663-33 *(Mod., D. n° 2016-230, 26 févr. 2016)*. – Les administrateurs judiciaires, commissaires à l'exécution du plan, mandataires judiciaires et liquidateurs ont droit au remboursement des taxes et droits fiscaux payés par eux pour le compte de l'entreprise.

Art. R. 663-34 *(Mod., D. n° 2016-230, 26 févr. 2016)*. – Les rémunérations dues au titre de la procédure de sauvegarde, de redressement judiciaire ou de liquidation judiciaire sont arrêtées avant la clôture de la procédure. Sous réserve des dispositions des articles R. 663-13 et R. 663-31, le président du tribunal ou son délégué statue au vu d'un compte détaillé. Lorsque la procédure est de la compétence du tribunal de grande instance, le président du tribunal délègue un magistrat à cette fin.

À l'exception des rémunérations prévues aux articles R. 663-4 et R. 663-18 à R. 663-20 et des provisions et acomptes autorisés, elles ne sont perçues qu'après avoir été arrêtées.

Les rémunérations dues au titre de la procédure de liquidation judiciaire sont arrêtées au vu du rapport de clôture déposé par le liquidateur. Elles ne sont définitivement acquises qu'après leur arrêté définitif par le président du tribunal ou son délégué. Aucune rémunération ne peut être perçue par le liquidateur après l'approbation de son compte rendu de fin de mission, sans préjudice de la perception de l'indemnité prévue par l'article L. 663-3. Toutefois, lorsqu'est demandée la désignation d'un mandataire en application du troisième alinéa de l'article L. 643-9, l'arrêté des rémunérations du liquidateur n'est pas définitif. Des rémunérations complémentaires peuvent, le cas échéant, être perçues par le liquidateur.

Art. R. 663-35 *(Mod., D. n° 2016-230, 26 févr. 2016).* – Lorsque plusieurs administrateurs judiciaires, commissaires à l'exécution du plan, mandataires judiciaires ou liquidateurs sont désignés dans une même procédure, chacun des mandataires de justice désignés perçoit une part, convenue entre eux, des émoluments dus au titre de cette procédure. À défaut d'accord, le président du tribunal ou son délégué détermine la part de la rémunération qui revient à chacun après avoir entendu le débiteur et recueilli l'avis du ministère public.

En cas de remplacement de l'un des mandataires de justice et à défaut d'accord entre eux, le président du tribunal ou son délégué partage ces émoluments entre chacun des mandataires successivement désignés en fonction des diligences qu'il a effectuées, après avoir entendu le débiteur et recueilli l'avis du ministère public.

Art. R. 663-36 *(Mod., D. n° 2016-230, 26 févr. 2016).* – En cas de nécessité, par dérogation aux dispositions de l'article R. 663-34, le président du tribunal fixe, sur proposition du juge-commissaire, le montant d'acomptes à valoir sur la rémunération du mandataire judiciaire et du liquidateur.

Ces acomptes sont fixés sur justification de l'accomplissement des diligences au titre desquelles leur droit à rémunération est acquis et au vu d'un compte provisoire détaillé de leurs émoluments.

Le montant total des acomptes, qui comprennent le droit prévu aux articles R. 663-18 à R. 663-20, ne peut excéder les deux tiers de la rémunération due au mandataire judiciaire et au liquidateur ni les deux tiers de la somme mentionnée au premier alinéa de l'article R. 663-31. Il ne peut être autorisé plus d'un acompte par semestre.

Art. R. 663-37 *(Mod., D. n° 2016-230, 26 févr. 2016).* – S'il advient que des sommes ont été perçues à titre de provision ou d'acomptes et qu'elles se révèlent excéder les montants fixés au dernier alinéa de l'article R. 663-9 et à l'article R. 663-36, elles sont immédiatement restituées.

Art. R. 663-38 *(Mod., D. n° 2016-230, 26 févr. 2016).* – La décision autorisant le versement d'une provision ou d'un acompte ou arrêtant les rémunérations des administrateurs judiciaires, commissaires à l'exécution du plan, mandataires judiciaires et liquidateurs peut être contestée par le mandataire de justice concerné, le débiteur ou le ministère public. Elle est, dans les quinze jours de sa date, communiquée au ministère public et, selon le cas, à l'administrateur judiciaire ou au mandataire judiciaire concerné par le greffier de la juridiction et notifiée par lui au débiteur par lettre recommandée avec demande d'avis de réception. La lettre de notification indique le délai et les modalités selon lesquels la contestation peut être portée devant le président du tribunal de grande instance ou le premier président de la cour d'appel territorialement compétent.

Art. R. 663-39 *(Mod., D. n° 2016-230, 26 févr. 2016).* – La demande de taxe peut être faite dans le délai d'un mois à compter de la communication ou de la notification prévue à l'article précédent, oralement ou par écrit, au greffe du tribunal de grande instance ou de la cour d'appel. Elle est motivée.

Le président du tribunal de grande instance, ou le magistrat délégué par lui à cet effet, statue sur la demande dans les conditions prévues par les articles 709 et 711 à 718 du Code de procédure civile.

Art. R. 663-40 *(Mod., D. n° 2016-230, 26 févr. 2016).* – Les actions des administrateurs judiciaires, commissaires à l'exécution du plan, mandataires judiciaires et liquidateurs, en matière de rémunération, se prescrivent par six mois à compter de la notification prévue à l'article R. 663-38.

Sous-section 5. – Du mandataire désigné en application du troisième alinéa de l'article L. 643-9

(D. n° 2014-736, 30 juin 2014)

Art. R. 663-40-1 *(Mod., D. n° 2016-230, 26 févr. 2016).* – Les dispositions relatives à la rémunération et aux frais et débours du liquidateur sont applicables au mandataire désigné en application du troisième alinéa de l'article L. 643-9.

Les modalités de calcul des émoluments sont déterminées sans tenir compte de la pluralité des missions. La rémunération prévue par l'article R. 663-25 fait, le cas échéant, l'objet d'une répartition selon les missions attribuées au mandataire.

Art. R. 663-40-2 *(Mod., D. n° 2016-230, 26 févr. 2016).* – Le juge-commissaire détermine selon quelles modalités les fonds versés en compte de dépôt à la Caisse des dépôts et consignations seront affectés pour l'exécution de cette mission.

Art. R. 663-40-3 *(Mod., D. n° 2016-230, 26 févr. 2016).* – Le juge-commissaire, ou, s'il a cessé ses fonctions, le président du tribunal, sur les observations du liquidateur et du mandataire, détermine, après avoir recueilli l'avis du ministère public, la part de la rémunération qui aurait été due au liquidateur s'il avait poursuivi sa mission, qui revient au mandataire ainsi désigné.

Art. R. 663-40-4 *(Mod., D. n° 2016-230, 26 févr. 2016).* – La rémunération du mandataire est arrêtée par le président du tribunal au vu d'un compte détaillé. S'il y a lieu, le président arrête alors à titre définitif la rémunération due au liquidateur.

Section III. – De l'indemnisation des dossiers impécunieux

Art. R. 663-41 *(Mod., D. n° 2014-736, 30 juin 2014).* – Le seuil mentionné à l'article L. 663-3 est fixé à la somme de 1 500 € (HT).

La somme prélevée conformément aux dispositions de l'article L. 663-3-1 est de :

1 200 euros (HT) si l'actif déclaré est égal ou inférieur à 1 000 euros ;

1 500 euros (HT) si l'actif déclaré est supérieur à 1 000 euros.

Art. R. 663-42. – Le comité d'administration du fonds institué par l'article L. 663-3 est présidé par un magistrat de la Cour des comptes désigné par le premier président de cette juridiction. Il comprend un représentant du garde des Sceaux, ministre de la Justice et un membre du Conseil national des administrateurs judiciaires et des mandataires judiciaires, désignés, sur proposition de ce conseil, par le garde des Sceaux, ministre de la Justice. Un représentant de la Caisse des dépôts et consignations est entendu en tant que de besoin par le comité.

Art. R. 663-43. – La Caisse des dépôts et consignations assure la gestion administrative, comptable et financière du fonds.

À ce titre, elle est chargée :

1° D'effectuer les opérations de prélèvement sur les intérêts servis sur les dépôts mentionnés au troisième alinéa de l'article L. 663-3 ;

2° De verser aux mandataires judiciaires et aux liquidateurs les sommes qui leur sont attribuées en application du deuxième alinéa de l'article L. 663-3 ;

3° De gérer la trésorerie excédentaire du fonds ;

4° D'assurer la surveillance de son équilibre financier ;

5° De tenir sa comptabilité ;

6° De rendre compte de sa gestion.

Art. R. 663-44. – La Caisse des dépôts et consignations ouvre dans ses livres un compte bancaire spécifique au nom du fonds.

Art. R. 663-45 *(D. n° 2012-1190, 25 oct. 2012).* – La Caisse des dépôts et consignations précise la nomenclature des comptes bancaires rémunérés à vue et à terme ouverts dans ses livres, destinés à recevoir les fonds déposés en application des articles L. 622-18, L. 626-25 et L. 641-8 ainsi que les fonds déposés en application de l'article L. 663-1-1.

Les intérêts des comptes bancaires, à l'exception de ceux dus au titre de sommes déposées en application de l'article L. 663-1-1, sont imputés au crédit du compte ouvert au nom du fonds dans les livres de la Caisse des dépôts et consignations.

Le garde des Sceaux, ministre de la Justice, fixe par arrêté le taux du prélèvement sur les intérêts, sur proposition du comité d'administration du fonds. En cas de modification de ce taux, celui-ci s'applique à tous les intérêts servis à compter de la date d'effet de cette modification, quelle que soit la période au titre de laquelle ces intérêts ont été produits.

Art. R. 663-46. – Le versement des sommes aux mandataires judiciaires et aux liquidateurs est effectué par la Caisse des dépôts et consignations sur un compte bancaire ouvert au nom du bénéficiaire au vu d'un extrait de la décision qui les accorde et, sauf si cette décision bénéficie de l'exécution provisoire, d'un certificat de non-appel.

Art. R. 663-47. – Une convention entre le garde des Sceaux, ministre de la Justice, agissant au nom de l'État et la Caisse des dépôts et consignations précise les modalités selon lesquelles les missions mentionnées aux articles R. 663-43 et R. 663-46 sont assurées par la caisse, ainsi que les modalités de calcul des frais de gestion du fonds, qui sont imputés au débit du compte ouvert au nom de celui-ci.

Art. R. 663-48. – Lorsqu'il a approuvé le compte rendu de fin de mission du mandataire judiciaire ou du liquidateur, le juge-commissaire propose au tribunal de faire application de l'article L. 663-3 si les conditions (prévues par cet article sont réunies. Cette proposition, qu'il joint, dans ce cas, à sa décision d'approbation, mentionne le montant des émoluments perçus par le mandataire de justice et est accompagnée des pièces du compte rendu de fin de mission en justifiant.

Le tribunal se saisit d'office. La décision par laquelle il statue sur l'impécuniosité et fixe le montant de l'indemnité qui sera versée au mandataire judiciaire ou au liquidateur est susceptible d'appel de la part du ministère public, du mandataire judiciaire et du liquidateur.

Art. R. 663-49. – Lorsque la procédure de liquidation judiciaire est reprise après avoir été clôturée et que le liquidateur a bénéficié de l'indemnisation prévue à l'article L. 663-3, toute demande d'émolument au titre de cette reprise de procédure est transmise pour avis au ministère public. Ce droit à rémunération est réduit du montant de l'indemnisation perçue avant de pouvoir être acquis.

Art. R. 663-50 *(D. n° 2014-736, 30 juin 2014 ; mod., D. n° 2016-1851, 23 déc. 2016).* – En cas d'ouverture d'une procédure de liquidation judiciaire dans les conditions prévues aux articles L. 645-9 et L. 645-12, l'indemnité prévue aux articles L. 663-3 et R. 663-41 est versée au mandataire judiciaire ou à la personne choisie sur le fondement du premier alinéa du II ou du III de l'article L. 812-2, déduction faite des sommes déjà versées sur le fondement des trois derniers alinéas de l'article R. 663-41.

9.1.2.7. – Dispositions applicables aux départements du Haut-Rhin, du Bas-Rhin et de la Moselle

Code de commerce

Art. R. 670-1 *(Mod., D. n° 2013-692, 30 juill. 2013).* – Les formes de procéder applicables devant les tribunaux de grande instance des départements du Bas-Rhin, du Haut-Rhin et de la Moselle dans les matières prévues par le présent code sont déterminées par l'article 31 de la loi du 1er juin 1924 portant introduction des lois commerciales françaises dans ces départements et par les articles 37 à 39 de l'annexe du Code de procédure civile relative à l'application de ce code dans ces mêmes départements.

Toutefois, devant le tribunal qui les a désignés, les règles relatives à la représentation obligatoire par avocat ne s'imposent au mandataire *ad hoc*, au conciliateur, à l'administrateur, au mandataire judiciaire, au commissaire à l'exécution du plan et au liquidateur, pour l'exécution de leur mission, que lorsque leur demande est formée par assignation ou par la remise de l'acte mentionné à l'article 31 de l'annexe du Code de procédure civile. Elles ne s'imposent à ceux-ci devant le juge-commissaire que pour les procédures relevant de la section 1 du chapitre IV du titre II du présent livre.

Art. R. 670-2. – Dans les départements du Bas-Rhin, du Haut-Rhin et de la Moselle, le tribunal de l'exécution connaît :

1° Des difficultés d'exécution des décisions prises par le juge commissaire en application de l'article L. 642-18 ;

2° Des contestations relatives au règlement de l'ordre par le liquidateur.

Le tribunal d'exécution exerce les attributions conférées par le présent livre au juge des ordres du tribunal de grande instance.

Le liquidateur ne peut, ni en son nom personnel, ni en qualité de mandataire judiciaire, être déclaré adjudicataire des immeubles du débiteur.

Art. R. 670-3. – Dans les départements du Bas-Rhin, du Haut-Rhin et de la Moselle :

1° L'ordonnance prévue à l'article R. 642-28 comporte, outre les indications mentionnées à l'article R. 642-22, les énonciations figurant à l'article 144 de la loi du 1er juin 1924 mettant en vigueur la législation civile française dans les départements du Bas-Rhin, du Haut-Rhin et de la Moselle ;

2° L'ordonnance prévue à l'article R. 642-30 comporte, outre les indications mentionnées à l'article R. 642-22, les énonciations figurant au deuxième alinéa de l'article 261 de la même loi ;

3° La vente par voie d'adjudication amiable est soumise aux dispositions des articles 249 à 254 de la même loi.

Art. R. 670-4. – Dans les départements du Bas-Rhin, du Haut-Rhin et de la Moselle, la répartition du produit des ventes et le règlement de l'ordre des créanciers par le liquidateur mentionnés au *(Mot rempl., D. n° 2009-160, 12 févr. 2009)* « cinquième » alinéa de l'article L. 642-18 sont exclusivement soumis aux dispositions prévues par le présent livre.

Art. R. 670-5 *(Mod. à compter du 1er janvier 2013, D. n° 2012-1462, 26 déc. 2012)*. – Pour l'application des dispositions du présent livre dans les départements du Bas-Rhin, du Haut-Rhin et de la Moselle, les mots : « service de la publicité foncière » ou « fichier immobilier » doivent s'entendre comme signifiant « bureau foncier » ou « livre foncier ».

Art. R. 670-6 *(Abr., D. n° 2009-1193, 7 oct. 2009)*.

Voir : Titre IX : Dispositions particulières aux procédures d'insolvabilité relevant du règlement (UE) n° 2015/848 du 20 mai 2015 relatif aux procédures d'insolvabilité (D. n° 2018-452, 5 juin 2018), en *addendum*, p. 3297.

9.1.3. – Droit européen

Règlement (UE) du Parlement européen et du Conseil n° 2015/848 du 20 mai 2015

relatif aux procédures d'insolvabilité applicable depuis le 26 juin 2017, dans les conditions prévues par l'article 92

Bibliographie : L. d'Avout, *Refonte du règlement insolvabilité : JDI* 2016, p. 1486. • J. Carriat, *Le projet de réforme du droit européen de l'insolvabilité : Rev. proc. coll.* 2013, dossier 33. • Y. Chaput, *L'entrée en vigueur d'un droit communautaire de la faillite : Dr. sociétés* 2000, p. 4. • A. Cotiga-Raccah et L. Sautonie-Laguionie (dir.), *Le nouveau droit européen des faillites internationales*, Bruylant 2018. • G. Cuniberti, P. Nabet et M. Raimon, *Droit européen de l'insolvabilité*, LGDJ, 2017. • R. Dammann et G. Podeur, *Le mandat* ad hoc, *une « porte d'entrée » pour l'application aux groupes de sociétés du règlement européen relatif aux procédures d'insolvabilité : Rev. Lamy dr. aff.* nov. 2006, p. 104 ; *Les groupes de sociétés face aux procédures d'insolvabilité : Rev. Lamy dr. aff.* mai 2007, p. 65 ; *Procédures d'insolvabilité transfrontalières : nouveau règlement communautaire : D.* 2014, p. 2520. • R. Damman et V. Bleicher, *Procédures d'insolvabilité. En route vers la modernisation du règlement européen : JCP E* 2013, 1275 ; *Interrogations sur les effets extrapatrimoniaux du règlement insolvabilité n° 1346/2000 : D.* 2014, p. 1708. • R. Dammann et A.-M. Dang, *Faut-il codifier le droit international privé de la faillite ? : BJE* 2015, p. 355. • R. Dammann et M. Sénéchal, *Le droit de l'insolvabilité internationale*, *Joly éditions*, coll. Pratique des affaires, 2018. • J. Deharveng, *Bilan de quatre années d'application du règlement 1346/2000/CE : influence réciproque des législations et conséquences de la jurisprudence de la CJCE : Rev. Lamy dr. aff.* nov. 2006, p. 108. • D. Fasquelle, *Les faillites des groupes de sociétés dans l'Union européenne : la difficile conciliation entre approches économique et juridique : BJS* 2006, p. 151. • G.-C. Giorgini, *Les protocoles d'accord entre autorités de la procédure d'insolvabilité : BJE* 2016, p. 69. • P. Guyomar'ch, *La nécessité d'intégrer le mandat* ad hoc *et la conciliation dans le règlement européen 1346/2000 du 29 mai 2000 : JCP E* 2015, 1244. • L.-C. Henry, *La directive relative aux restructurations préventives... et la seconde chance de l'entrepreneur : BJE* 2019, n° 2, p. 9. • F. Jault-Seseke et D. Robine, *Le règlement 2015/848 : le vin nouveau et les vieilles outres : Rev. crit. DIP* 2016, p. 21. • L.-C. Henry, *La procédure et le règlement communautaire : LPA* 28 nov. 2008, p. 39 ; *Règlement insolvabilité européen et groupes de sociétés : je t'aime moi non plus ! : BJE* 2012, § 197 ; *Recommandation du 12 mars 2014 relative à une nouvelle approche en matière de défaillances et d'insolvabilité des entreprises : Gaz. Pal.* 2014, n°s 180-182, p. 5. • X. Huertas, *Les nouvelles avancées du droit européen des entreprises en difficulté : Rev. proc. coll.* 2015, dossier 1. • L. Idot, *Un nouveau droit communautaire des procédures collectives : le règlement CE n° 1346/2000 du 29 mai 2000 : JCP* E 2000, I, 1648 ; *De la coordination au rapprochement : l'exemple du droit des entreprises en difficulté : Europe* 2017, alerte 10. • V. Legrand, *Entrée en application du nouveau règlement européen insolvabilité : nouveau recul du droit international privé commun ? : LPA* 28 juin 2017, p. 6 et s. • K. Luciano, *L'articulation de la procédure principale et des procédures secondaires dans le règlement (UE) n° 2015/848 relatif aux procédures d'insolvabilité : Rev. proc. coll.* 2016, étude 9 ; *La lutte contre le forum shopping dans le règlement (UE) n° 2015/848 relatif aux procédures d'insolvabilité : Rev. proc. coll.* 2018, étude 8. • M. Mailly, *L'application du règlement 1346/2000 relatif aux procédures d'insolvabilité aux groupes de sociétés. Approches française et anglaise, t. 10 : LGDJ-Lextenso*, coll. Bibliothèque de droit des entreprises en difficulté, 2018. • F. Mélin, *La faillite internationale*, LGDJ, 2004 ; *Le règlement n° 1346/2000 du 29 mai 2000 et la coordination des procédures d'insolvabilité : JCP* E 2009, 1022 ; *Un nouveau chantier pour les juristes : la révision du règlement « procédures d'insolvabilité » : Europe* 2013, alerte 6. • V. Marquelle et C. Barré, *Les procédures d'insolvabilité extracommunautaires. Articulation des dispositions du règlement 1346/2000 et du droit des États membres : JDI* 2006, p. 511. • Th. Mastrullo, *La notion d'action ou de décision « qui dérive directement de la procédure d'insolvabilité et s'y insère étroitement » : étude du domaine de la faillite en droit de l'Union européenne, études en la mémoire de Philippe Neau-Leduc, Le juriste dans la cité : LGDJ-Lextenso*, 2018, p. 701. • M. Menjucq, *Ouverture, reconnaissance et coordination des procédures d'insolvabilité dans le règlement n° 1346/2000 : BJS* 2000, p. 1109 ; *Les entreprises en difficulté dans l'Union européenne : LPA* 20 nov. 2001 ; *La situation des créanciers dans le règlement n° 1346/2000 sur les procédures d'insolvabilité : RJDA* juin 2001, p. 579 ; *Intervention du syndic : nouveaux pouvoirs et nouvelles responsabilités : Rev. Lamy dr. aff.* 2002, n° 51, p. 13 ; *Les groupes de sociétés*, in *L'effet international de la faillite : une réalité ?*, Dalloz, coll. « Actes », 2004, p. 164 ; *Les interactions du règlement 1346/2000/CE et des droits nationaux : Rev. Lamy dr. aff.* nov. 2006, p. 96 ; *Le droit communautaire des procédures d'insolvabilité à l'épreuve des juridictions nationales : RJ com.* 2007 p. 105 ; *La proposition de règlement modifiant le règlement CE n° 1346/2000 sur les procédures d'insolvabilité : une évolution mais pas une révolution : Rev. proc. coll.* 2013, étude 4 ; *Les groupes et le périmètre des procédures : Rev. proc. coll.* 2013, dossier 53 ; *Trente ans de procédures collectives transfrontalières : Rev. proc. coll. 2016*, dossier 3 ; *Le nouveau règlement insolvabilité : quelles évolutions ? : BJE* 2015, p. 259 ; *Traitement des groupes, évolutions et révolutions : regroupement, coordination par les AJMJ ... en droit interne et européen : BJE* 2016, p. 144 ; *Droit international et européen des sociétés*, 4e éd., Montchrestien, 2016. • Th. Montéran, *La tentation du « forum shopping », les critères de territorialité appliqués aux groupes dans le Règlement européen du 29 mai 2000 : Gaz. proc. coll.* 2007, n° 4, p. 7. • P. Nabet, *Bref aperçu du projet de la Commission pour la révision du Règlement CE n° 1346/2000 sur l'insolvabilité : LPA* 21 mars 2013, n° 58, p. 5 ; *Étude sur le champ d'application spatial du règlement européen sur l'insolvabilité : BJE* 2014, p. 273 ; *Le champ d'application dans le temps du nouveau règlement relatif aux procédures d'insolvabilité : BJE* 2016, p. 72 ; *Le nouveau règlement européen sur l'insolvabilité : RJ com.* 2016, p. 276. • C. Nourissat et M. Barba, *Le recouvrement des créances transfrontières en Europe : quelques réflexions et propositions : Rev. Lamy dr. aff.* 2016, n° 118, p. 21. • N. Pelletier, *Groupes de sociétés et révision du règlement insolvabilité : quelles avancées : BJS* 2013, § 88. • M. Raimon, *Le règlement communautaire 1346/2000 du 29 mai 2000 relatif aux procédures d'insolvabilité*, LGDJ, 2007. • M.-E. Pancrazi, *L'actif étranger du débiteur en procédure collective : JDI* 2013, doctr. 2. • Ph. Roussel-Galle, *Bref aperçu sur le règlement du 29 mai 2000 relatif aux procédures d'insolvabilité : LPA* 13 mars 2007, p. 3 ; *La proposition de révision du Règlement n° 1346/2000 sur les procédures d'insolvabilité, en prudence et audace ? : JCP* E 2013, n° 213. • L. Sautonie-Laguionie, *Projet de révision du règlement européen sur les procédures d'insolvabilité : entre avancées, vœux pieux et occasions manquées... : BJE* 2013, § 18. • M. Sénéchal, *Actualité du règlement (CE) n° 1346/2000 et mise en œuvre du règlement (UE) n° 2015/848 du 25 mai 2015 relatif aux procédures d'insolvabilité : Rev. proc. coll.* 2016, dossier 30. • G. Teboul, *Le droit communautaire : un outil d'évolution du droit des procédures collectives : LPA* 6 mars 2007, p. 4 ; *Vers une évolution du droit des groupes : la jurisprudence sur le règlement communautaire sur l'insolvabilité : LPA* 6 mars 2007, p. 4 ; *De quelques pistes d'interprétation du règlement (CE) n° 1346/2000 sur les procédures d'insolvabilité : la circulaire du 15 décembre 2006 : JDI* 2008, var. 2. • D. Tricot, *Les enjeux de la réforme française des procédures collectives dans la mise en œuvre du règlement communautaire : Rev. Lamy dr. aff.* nov. 2006, p. 100. • I. Urbain-Parléani, *La faillite des sociétés. Bref aperçu sur le règlement CE n° 1346/2000 du 29 mai 2000 relatif aux procédures d'insolvabilité : Rev. sociétés* 2005, p. 101 et s. • J.-L. Vallens, *Entrée en vigueur du règlement européen révisé UE 2015/848 du 20 mai 2015 sur les procédures d'insolvabilité : D.* 2017, p. 1257 et s. ; *Les créanciers et le règlement communautaire du 29 mai 2000 : LPA* 20 nov. 2001, p. 33 ; *Le règlement communautaire sur les procédures d'insolvabilité et les procédures de redressement et de liquidation judiciaires : Rev. Lamy dr. aff.* 2002, n° 21, p. 5 ; *Exequatur des jugements étrangers de faillite après le règlement sur les procédures d'insolvabilité : LPA* 13 juin 2002, p. 15 ; *La mise en œuvre du règlement communautaire sur les procédures d'insolvabilité : questions de procédures : D. affaires* 2003, chron. 1421 ; *Procédures d'insolvabilité (harmonisation) : présentation d'une proposition de directive : D.* 2016, p. 2461. • R. Vatinet, *La situation des salariés ignorée par le règlement 1346/2000 relatif aux procédures d'insolvabilité : Mél. offerts à P. Didier*, Économica, 2008, p. 417. • V. aussi, *Règlement (UE) n° 2015/848 du 20 mai 2015 relatif aux procédures d'insolvabilité, commentaire article par article*, ss dir. L. Sautonie-Laguionie, coord. L. Sautonie-Laguionie et C. Lisanti : SLC, coll. Trans Europe Experts, vol. 12, 2015. • *Le nouveau règlement européen insolvabilité : quelles évolutions ?* org. scient. F. Jault-Seseke et D. Robine : Lextenso éditions, Joly, 2015. • *La révision du règlement européen n° 1346/2000 sur les procédures collectives : Rev. proc. coll.* 2012, entretien 1 ; *Le refonte du Règlement (CE) n° 1346/2000 sur les procédures d'insolvabilité : regards croisés* (colloque du CNAJMJ, 17 nov. 2011) : *BJE* 2012, n°s 23 et s. ; *L'insolvabilité internationale à l'épreuve des groupes de sociétés* (colloque du CREDIMI, 11 oct. 2013) : *Rev. proc. coll.* 2013, dossiers 47 et s. ; *Les nouvelles avancées du droit européen des entreprises en difficulté : dossier Rev. proc. coll.* 2015, p. 33 et s. • *Actualité du droit européen de l'insolvabilité, actes du colloque organisé par le CNAJMJ le 20 oct. 2016 : Rev. proc. coll.* 2016, dossier 28 à 38. • *Règlement (UE) n° 2015/848 du 20 mai 2015 relatif aux procédures d'insolvabilité, commentaire article par article*, ss dir. L. Sautonie-Laguionie, coord. L. Sautonie-Laguionie et C. Lisanti : SLC, coll. Trans. Europe Experts, vol. 12, 2015. • *Le nouveau règlement européen insolvabilité : quelles évolutions ?* org. scient. F. Jault-Seseke et D. Robine, Lextenso éditions, Joly, 2015. • *Mélanges en l'honneur de J.-L. Vallens*, Joly éditions, 2017. • Dossier : *Actualité du droit européen de l'insolvabilité [Actes du Colloque organisé le 20 octobre 2016 par le Conseil national des administrateurs judiciaires] : Rev. proc. coll.* 2016, p. 84 et s. • *Adde* L. Idot et C. Saint-Alary-Houin, *JCl. Europe*, Fasc. 870 et 871. • Table ronde : *L'adaptation du droit français des entreprises en difficulté au droit européen de l'insolvabilité et de restructuration : Rev. proc. coll.* 2018, p. 89 et s.

LE PARLEMENT EUROPÉEN ET LE CONSEIL DE L'UNION EUROPÉENNE,

vu le traité sur le fonctionnement de l'Union européenne, et notamment son article 81,

vu la proposition de la Commission européenne,

après transmission du projet d'acte législatif aux parlements nationaux,

vu l'avis du Comité économique et social européen (1),

statuant conformément à la procédure législative ordinaire (2),

considérant ce qui suit :

(1) Le 12 décembre 2012, la Commission a adopté un rapport sur l'application du règlement (CE) n° 1346/2000 du Conseil (3). Dans son rapport, la Commission conclut que le règlement fonctionne bien en règle générale, mais qu'il conviendrait d'améliorer l'application de certaines de ses dispositions afin de renforcer l'efficacité de la gestion des procédures d'insolvabilité transfrontalières. Étant donné que ce règlement a été modifié à plusieurs reprises et que de nouvelles modifications s'imposent, il convient, dans un souci de clarté, de procéder à une refonte dudit règlement.

(2) L'Union s'est fixé pour objectif d'établir un espace de liberté, de sécurité et de justice.

(3) Le bon fonctionnement du marché intérieur exige que les procédures d'insolvabilité transfrontalières fonctionnent de manière efficace et effective. L'adoption du présent règlement est nécessaire pour atteindre cet objectif, qui relève du domaine de la coopération judiciaire civile au sens de l'article 81 du traité.

(4) Les activités des entreprises ont de plus en plus souvent des effets transfrontaliers, et sont dès lors de plus en plus réglementées par le droit de l'Union. L'insolvabilité de telles entreprises affecte également le bon fonctionnement du marché intérieur, et il est nécessaire d'adopter un acte de l'Union qui impose la coordination des mesures à prendre concernant le patrimoine d'un débiteur insolvable.

(5) Il est nécessaire, pour assurer le bon fonctionnement du marché intérieur, d'éviter que les parties ne soient incitées à déplacer des avoirs ou des procédures judiciaires d'un État membre à un autre en vue d'améliorer leur situation juridique au détriment de la masse des créanciers (« forum shopping »).

(6) Le présent règlement devrait comprendre des dispositions régissant la compétence pour l'ouverture de procédures d'insolvabilité et d'actions qui découlent directement de procédures d'insolvabilité et qui y sont étroitement liées. Il devrait, en outre, contenir des dispositions relatives à la reconnaissance et à l'exécution de décisions rendues dans le cadre de ces procédures, ainsi que des dispositions concernant la loi applicable aux procédures d'insolvabilité. Par ailleurs, le présent règlement devrait fixer des règles relatives à la coordination des procédures d'insolvabilité qui se rapportent à un même débiteur ou à plusieurs membres d'un même groupe de sociétés.

(7) Les faillites, les procédures relatives à la liquidation de sociétés ou autres personnes morales insolvables, les concordats et les autres procédures analogues, ainsi que les actions liées à de telles procédures sont exclus du

(1) *JO* C 271, 19 sept. 2013, p. 55.

(2) Position du Parlement européen du 5 février 2014 (non encore parue au *Journal officiel*) et position du Conseil en première lecture du 12 mars 2015 (non encore parue au *Journal officiel*). Position du Parlement européen du 20 mai 2015 (non encore parue au *Journal officiel*).

(3) Règlement (CE) n° 1346/2000 du Conseil du 29 mai 2000 relatif aux procédures d'insolvabilité (*JO* L 160, 30 juin 2000, p. 1).

champ d'application du règlement (UE) n° 1215/2012 du Parlement européen et du Conseil (1). Ces procédures devraient être couvertes par le présent règlement. L'interprétation du présent règlement devrait, autant que possible, combler les lacunes réglementaires entre les deux instruments. Toutefois, le simple fait qu'une procédure nationale ne figure pas à l'annexe A du présent règlement ne devrait pas impliquer qu'elle relève du règlement (UE) n° 1215/2012.

(8) Pour atteindre l'objectif visant à améliorer et à accélérer les procédures d'insolvabilité ayant des effets transfrontaliers, il paraît nécessaire et approprié que les dispositions relatives à la compétence, à la reconnaissance et au droit applicable dans ce domaine soient contenues dans un acte de l'Union qui soit obligatoire et directement applicable dans tout État membre.

(9) Le présent règlement devrait s'appliquer aux procédures d'insolvabilité qui remplissent les conditions fixées dans celui-ci, que le débiteur soit une personne physique ou morale, un commerçant ou un particulier. Ces procédures d'insolvabilité sont limitativement énumérées à l'annexe A. En ce qui concerne les procédures nationales qui figurent à l'annexe A, le présent règlement devrait s'appliquer sans que les juridictions d'un autre État membre examinent si les conditions fixées dans le présent règlement sont réunies. Les procédures d'insolvabilité nationales qui ne figurent pas à l'annexe A ne devraient pas relever du présent règlement.

(10) Le champ d'application du présent règlement devrait être étendu aux procédures qui favorisent le redressement d'entreprises économiquement viables mais en difficulté, et qui donnent une seconde chance aux entrepreneurs. Il devrait, en particulier, être étendu aux procédures qui prévoient la restructuration d'un débiteur à un stade où il n'existe qu'une probabilité d'insolvabilité, et aux procédures qui laissent au débiteur le contrôle total ou partiel de ses actifs et de ses affaires. Le champ d'application devrait également être étendu aux procédures prévoyant la décharge ou l'ajustement de dettes en ce qui concerne des consommateurs et des indépendants, par exemple en réduisant le montant à payer par le débiteur ou en allongeant le délai de paiement qui lui est accordé. Étant donné que de telles procédures n'entraînent pas nécessairement la désignation d'un praticien de l'insolvabilité, elles devraient relever du présent règlement si elles sont menées sous le contrôle ou la surveillance d'une juridiction. Dans ce contexte, le terme « contrôle » devrait couvrir les situations dans lesquelles la juridiction n'intervient que sur recours d'un créancier ou d'autres parties intéressées.

(11) Le présent règlement devrait également s'appliquer aux procédures qui prévoient l'octroi d'une suspension provisoire des actions en exécution engagées par des créanciers individuels lorsque ces actions pourraient nuire aux négociations et compromettre les possibilités de restructuration de l'entreprise du débiteur. Ces procédures ne devraient pas porter préjudice à la masse des créanciers et, si aucun accord ne peut être dégagé sur un plan de restructuration, elles devraient être préalables à d'autres procédures relevant du présent règlement.

(12) Le présent règlement devrait s'appliquer aux procédures dont l'ouverture est rendue publique afin de permettre aux créanciers de prendre connaissance de la procédure et de produire leurs créances, ce qui garantit le caractère collectif de la procédure, et de leur donner la possibilité de contester la compétence de la juridiction qui a ouvert la procédure.

(13) Par conséquent, les procédures d'insolvabilité qui sont confidentielles devraient être exclues du champ d'application du présent règlement. Même si ces procédures peuvent jouer un rôle important dans certains États membres, il est impossible à un créancier ou à une juridiction établi(e) dans un autre État membre de savoir que de telles procédures ont été ouvertes, du fait de leur caractère confidentiel, et il est donc difficile d'assurer la reconnaissance de leurs effets dans l'ensemble de l'Union.

(14) Les procédures collectives qui relèvent du présent règlement devraient se dérouler avec la participation de la totalité ou d'une partie importante des créanciers auxquels le débiteur doit la totalité ou une part importante de ses dettes en cours, pour autant que cela ne porte pas préjudice aux créances des créanciers qui ne sont pas parties à ces procédures. Celles-ci devraient également englober les procédures auxquelles participent uniquement les créanciers financiers d'un débiteur. Les procédures qui sont engagées sans la participation de la totalité des créanciers d'un débiteur devraient viser au redressement du débiteur. Les procédures conduisant à la cessation définitive des activités du débiteur ou à la liquidation de ses actifs devraient se dérouler avec la participation de la totalité de ses créanciers. En outre, le fait que certaines procédures d'insolvabilité concernant des personnes physiques excluent la possibilité de décharge de dettes pour des catégories spécifiques de créances, telles que les créances alimentaires, ne devrait pas signifier que ces procédures ne sont pas des procédures collectives.

(15) Le présent règlement devrait également s'appliquer aux procédures qui, en vertu du droit de certains États membres, sont ouvertes et menées pendant une certaine période, à titre intérimaire ou provisoire, avant qu'une juridiction ne rende une décision confirmant la poursuite de ces procédures à titre non provisoire. Bien

(1) Règlement (UE) n° 1215/2012 du Parlement européen et du Conseil du 12 décembre 2012 concernant la compétence judiciaire, la reconnaissance et l'exécution des décisions en matière civile et commerciale (*JO* L 351, 20 déc. 2012, p. 1).

cours d'une procédure d'insolvabilité, comme le paiement anticipé des frais de procédure. En revanche, les actions relatives à l'exécution des obligations résultant d'un contrat conclu par le débiteur avant l'ouverture de la procédure ne découlent pas directement de la procédure. Lorsqu'une telle action est liée à une autre action fondée sur les dispositions générales du droit civil et commercial, le praticien de l'insolvabilité devrait avoir la possibilité de porter les deux actions devant les juridictions du domicile du défendeur, s'il estime qu'il est plus efficace de porter l'action devant ces instances. Il pourrait en être ainsi, par exemple, si le praticien de l'insolvabilité souhaite combiner une action en responsabilité à l'encontre d'un dirigeant fondée sur le droit de l'insolvabilité avec une action fondée sur le droit des sociétés ou sur le droit de la responsabilité civile.

(36) La juridiction compétente pour ouvrir une procédure d'insolvabilité principale devrait être habilitée à ordonner des mesures provisoires et conservatoires à compter de la demande d'ouverture de la procédure. Des mesures conservatoires ordonnées tant avant qu'après le début de la procédure d'insolvabilité sont importantes pour en garantir l'efficacité. Le présent règlement devrait prévoir, à cet égard, différentes possibilités. D'une part, la juridiction compétente pour la procédure d'insolvabilité principale devrait également pouvoir ordonner des mesures provisoires et conservatoires en ce qui concerne les biens situés sur le territoire d'autres États membres. D'autre part, un praticien de l'insolvabilité provisoire désigné avant l'ouverture de la procédure d'insolvabilité principale devrait pouvoir, dans les États membres dans lesquels le débiteur possède un établissement, demander les mesures conservatoires prévues par la loi de ces États membres.

(37) Avant l'ouverture de la procédure d'insolvabilité principale, l'ouverture d'une procédure d'insolvabilité dans l'État membre où le débiteur a un établissement ne devrait pouvoir être demandée que par les créanciers locaux et par les autorités publiques, ou lorsque le droit de l'État membre où se situe le centre des intérêts principaux du débiteur ne permet pas d'ouvrir une procédure d'insolvabilité principale. Cette limitation est justifiée par le fait que l'on vise à limiter au strict minimum les cas dans lesquels des procédures d'insolvabilité territoriales indépendantes sont demandées avant la procédure d'insolvabilité principale.

(38) Après l'ouverture de la procédure d'insolvabilité principale, le présent règlement ne fait pas obstacle à la demande d'ouverture d'une procédure d'insolvabilité dans l'État membre où le débiteur a un établissement. Le praticien de l'insolvabilité de la procédure d'insolvabilité principale ou toute autre personne habilitée à cet effet par le droit national de cet État membre peut demander l'ouverture d'une procédure d'insolvabilité secondaire.

(39) Le présent règlement devrait prévoir des règles visant à déterminer la localisation des actifs du débiteur, lesquelles devraient s'appliquer lorsqu'il s'agit de déterminer quels sont les actifs qui relèvent de la procédure d'insolvabilité principale et ceux qui relèvent de la procédure d'insolvabilité secondaire, ainsi que dans les cas faisant intervenir les droits réels de tiers. En particulier, le présent règlement devrait prévoir que les brevets européens à effet unitaire, une marque communautaire ou tout autre droit analogue, comme le régime de protection communautaire des obtentions végétales ou les dessins ou modèles communautaires, devraient uniquement relever de la procédure d'insolvabilité principale.

(40) Hormis la protection des intérêts locaux, les procédures d'insolvabilité secondaires peuvent poursuivre d'autres objectifs. Ce pourrait être le cas lorsque la masse de l'insolvabilité du débiteur est trop complexe pour être administrée en bloc, ou lorsque les différences entre les systèmes juridiques concernés sont à ce point importantes que des difficultés peuvent résulter de l'extension des effets de la loi de l'État d'ouverture de la procédure aux autres États membres où se trouvent les actifs. C'est la raison pour laquelle le praticien de l'insolvabilité de la procédure d'insolvabilité principale peut demander l'ouverture d'une procédure d'insolvabilité secondaire dans l'intérêt d'une administration efficace de la masse de l'insolvabilité.

(41) Les procédures d'insolvabilité secondaires peuvent également entraver la gestion efficace de la masse de l'insolvabilité. Par conséquent, le présent règlement prévoit deux situations spécifiques dans lesquelles la juridiction saisie d'une demande d'ouverture d'une procédure d'insolvabilité secondaire devrait être en mesure, à la demande du praticien de l'insolvabilité de la procédure d'insolvabilité principale, de reporter ou de refuser l'ouverture d'une telle procédure.

(42) Tout d'abord, le présent règlement confère au praticien de l'insolvabilité de la procédure d'insolvabilité principale la possibilité de prendre, à l'égard des créanciers locaux, l'engagement qu'ils seront traités comme si une procédure d'insolvabilité secondaire avait été ouverte. Cet engagement doit remplir un certain nombre de conditions énoncées dans le présent règlement ; il doit notamment être approuvé par une majorité qualifiée de créanciers locaux. Lorsqu'un tel engagement a été pris, la juridiction saisie d'une demande d'ouverture d'une procédure d'insolvabilité secondaire devrait être en mesure de refuser cette demande si elle a l'assurance que l'engagement protège correctement l'intérêt collectif des créanciers locaux. Lorsqu'elle procède à l'évaluation de cet intérêt collectif, la juridiction devrait tenir compte du fait que l'engagement a été approuvé par une majorité qualifiée de créanciers locaux.

(43) Aux fins de prendre cet engagement à l'égard des créanciers locaux, les actifs et les droits se situant dans l'État membre où le débiteur a un établissement devraient constituer une sous-catégorie dans la masse de l'insolvabilité et, lors de la répartition de ceux-ci ou des produits résultant de leur réalisation, le praticien de

l'insolvabilité de la procédure d'insolvabilité principale devrait respecter les droits de priorité qui auraient été conférés aux créanciers si une procédure d'insolvabilité secondaire avait été ouverte dans cet État membre.

(44) Le droit national devrait être applicable, le cas échéant, en ce qui concerne l'approbation d'un engagement. En particulier, lorsque, en vertu du droit national, les règles de vote applicables à l'adoption d'un plan de restructuration exigent l'approbation préalable des créances des créanciers, celles-ci devraient être réputées approuvées aux fins du vote sur l'engagement. Si différentes procédures sont prévues pour l'adoption de plans de restructuration par le droit national, les États membres devraient désigner la procédure spécifique qui devrait être pertinente dans ce contexte.

(45) Par ailleurs, le présent règlement devrait prévoir la possibilité, pour la juridiction, de suspendre provisoirement l'ouverture d'une procédure d'insolvabilité secondaire lorsqu'une suspension provisoire des poursuites individuelles a été accordée dans le cadre de la procédure d'insolvabilité principale, de manière à préserver l'efficacité de la suspension accordée dans le cadre de la procédure d'insolvabilité principale. La juridiction devrait être en mesure d'accorder la suspension provisoire si elle a l'assurance que des mesures adéquates sont en place pour protéger l'intérêt général des créanciers locaux. Dans ce cas, tous les créanciers qui pourraient être affectés par les résultats des négociations relatives à un plan de restructuration devraient être informés de ces négociations et être autorisés à y participer.

(46) Pour assurer une protection effective des intérêts locaux, le praticien de l'insolvabilité de la procédure d'insolvabilité principale ne devrait pas être en mesure de réaliser ou de déplacer, de manière abusive, les actifs se trouvant dans l'État membre où un établissement est situé, en particulier dans le but d'éluder la possibilité que ces intérêts puissent être effectivement satisfaits en cas d'ouverture ultérieure d'une procédure d'insolvabilité secondaire.

(47) Le présent règlement ne devrait pas empêcher les juridictions de l'État membre dans lequel une procédure d'insolvabilité secondaire a été ouverte de sanctionner les dirigeants du débiteur pour violation de leurs obligations, pour autant que lesdites juridictions soient compétentes pour connaître de ces litiges en vertu de leur droit national.

(48) La procédure d'insolvabilité principale et les procédures d'insolvabilité secondaires peuvent contribuer à la gestion efficace de la masse de l'insolvabilité du débiteur ou à la réalisation effective de la totalité des actifs s'il existe une bonne coopération entre les acteurs intervenant dans toutes les procédures parallèles. Une bonne coopération suppose une coopération étroite entre les différents praticiens de l'insolvabilité et les juridictions concernées, qui doit notamment comprendre un échange d'informations suffisant. Pour garantir le rôle prédominant de la procédure d'insolvabilité principale, il convient d'accorder au praticien de l'insolvabilité de cette procédure plusieurs possibilités d'intervention dans les procédures d'insolvabilité secondaires en cours au même moment. Le praticien de l'insolvabilité devrait notamment être en mesure de proposer un plan de restructuration ou un concordat, ou de demander la suspension de la réalisation des actifs dans le cadre des procédures d'insolvabilité secondaires. Dans le cadre de leur coopération, les praticiens de l'insolvabilité et les juridictions devraient tenir compte des meilleures pratiques en matière de coopération dans les affaires d'insolvabilité transfrontalières, telles qu'elles sont énoncées dans les principes et lignes directrices concernant la communication et la coopération adoptés par les organisations européennes et internationales actives dans le domaine du droit de l'insolvabilité, et en particulier dans les lignes directrices pertinentes élaborées par la Commission des Nations unies pour le droit commercial international (CNUDCI).

(49) À la lumière d'une telle coopération, les praticiens de l'insolvabilité et les juridictions devraient pouvoir conclure des accords et des protocoles aux fins de faciliter la coopération transfrontalière pour des procédures d'insolvabilité multiples ouvertes dans différents États membres en ce qui concerne le même débiteur ou des membres du même groupe de sociétés, lorsque cela est compatible avec les règles applicables à chacune des procédures. Ces accords et protocoles sont susceptibles de différer en ce qu'ils peuvent, en termes de forme, être écrits ou oraux, et en termes de champ d'application, varier de génériques à spécifiques, et ils peuvent être conclus par différentes parties. Les accords génériques simples peuvent insister sur la nécessité d'une étroite coopération entre les parties, sans traiter de questions spécifiques, tandis que les accords spécifiques, plus détaillés, peuvent établir un cadre de principes visant à régir les procédures d'insolvabilité multiples et peuvent être approuvés par les juridictions concernées, lorsque le droit national l'exige. Ils peuvent refléter un accord entre les parties visant à prendre, ou à s'abstenir de prendre, certaines mesures ou actions.

(50) De même, les juridictions de différents États membres peuvent coopérer en coordonnant la désignation de praticiens de l'insolvabilité. Dans ce contexte, elles peuvent désigner un seul praticien de l'insolvabilité pour plusieurs procédures d'insolvabilité concernant le même débiteur ou pour différents membres d'un groupe de sociétés, pour autant ce soit compatible avec les règles applicables à chacune des procédures, en particulier avec les exigences éventuelles en matière de qualification et d'agrément du praticien de l'insolvabilité.

(51) Le présent règlement devrait assurer la gestion efficace des procédures d'insolvabilité qui concernent différentes sociétés faisant partie d'un groupe de sociétés.

(52) Lorsque des procédures d'insolvabilité concernant plusieurs sociétés d'un même groupe ont été ouvertes, il convient d'instaurer une bonne coopération entre les acteurs intervenant dans lesdites procédures. Les divers praticiens de l'insolvabilité et les juridictions concernées devraient donc être soumis à une obligation de coopérer et de communiquer entre eux similaire à celle incombant à ceux qui interviennent dans la procédure d'insolvabilité principale et les procédures d'insolvabilité secondaires concernant le même débiteur. La coopération entre les praticiens de l'insolvabilité ne devrait pas aller à l'encontre des intérêts des créanciers dans chacune des procédures, et l'objectif de cette coopération devrait être de trouver une solution qui fasse jouer les synergies au sein du groupe.

(53) L'instauration de règles relatives aux procédures d'insolvabilité de groupes de sociétés ne devrait pas limiter la possibilité, pour une juridiction, d'ouvrir une procédure d'insolvabilité à l'égard de plusieurs sociétés d'un même groupe et d'exercer sa compétence en tant que juridiction unique, si elle constate que le centre des intérêts principaux de ces sociétés se situe dans un seul État membre. Dans un tel cas, la juridiction devrait également être en mesure de désigner, s'il y a lieu, le même praticien de l'insolvabilité dans toutes les procédures en cause, pour autant que ce ne soit pas incompatible avec les règles applicables à ces procédures.

(54) En vue d'améliorer encore la coordination des procédures d'insolvabilité ouvertes à l'encontre des membres d'un groupe de sociétés, et afin de permettre une restructuration coordonnée du groupe, le présent règlement devrait introduire des règles de procédure relatives à la coordination des procédures d'insolvabilité ouvertes à l'encontre des membres d'un groupe de sociétés. Il convient, à cet égard, de s'efforcer de garantir l'efficacité de la coordination, tout en respectant la personnalité morale distincte de chaque membre du groupe.

(55) Un praticien de l'insolvabilité désigné dans une procédure d'insolvabilité ouverte à l'encontre d'un membre d'un groupe de sociétés devrait pouvoir demander l'ouverture d'une procédure de coordination collective. Néanmoins, lorsque la loi applicable à l'insolvabilité l'exige, ce praticien de l'insolvabilité devrait être dûment agréé à cet effet avant de faire une telle demande. La demande devrait préciser les éléments essentiels de la coordination, et en particulier exposer les grandes lignes du programme de coordination, inclure une proposition concernant la personne qu'il convient de désigner en tant que coordinateur et donner un aperçu des coûts estimés de la coordination.

(56) Afin de garantir la nature volontaire des procédures de coordination collective, les praticiens de l'insolvabilité concernés devraient pouvoir s'opposer à leur participation à la procédure dans un délai donné. Afin que les praticiens de l'insolvabilité concernés puissent décider en connaissance de cause de leur participation à la procédure de coordination collective, ils devraient être informés à un stade précoce des éléments essentiels de la coordination. Toutefois, tout praticien de l'insolvabilité qui s'est initialement opposé à une participation à la procédure de coordination collective devrait pouvoir demander ultérieurement à y participer. Dans cette éventualité, le coordinateur devrait prendre une décision concernant la recevabilité de la demande. Tous les praticiens de l'insolvabilité, y compris le praticien de l'insolvabilité requérant, devraient être informés de la décision du coordinateur et avoir la possibilité de contester cette décision devant la juridiction qui a ouvert la procédure de coordination collective.

(57) Une procédure de coordination collective devrait toujours viser à faciliter la gestion efficace de la procédure d'insolvabilité ouverte à l'encontre des membres du groupe et à avoir une incidence globalement positive sur les créanciers. Le présent règlement devrait donc garantir que la juridiction saisie d'une demande d'ouverture d'une procédure de coordination collective procède à une évaluation de ces critères avant d'ouvrir une telle procédure.

(58) Les coûts d'une procédure de coordination collective ne devraient pas l'emporter sur ses avantages. Il est, par conséquent, nécessaire de veiller à ce que les coûts de la coordination, ainsi que la répartition de ces coûts entre les membres du groupe, soient adéquats, proportionnés et raisonnables, et soient déterminés conformément au droit national de l'État membre dans lequel la procédure de coordination collective a été ouverte. Les praticiens de l'insolvabilité concernés devraient également avoir la possibilité de contrôler ces coûts à un stade précoce de la procédure. Lorsque le droit national l'exige, le contrôle des coûts à un stade précoce de la procédure pourrait impliquer, dans le chef du praticien de l'insolvabilité, de demander l'approbation d'une juridiction ou d'un comité de créanciers.

(59) Lorsque le coordinateur estime que sa mission ne peut être accomplie sans une augmentation importante des coûts par rapport à l'estimation des coûts réalisée initialement et, en tout état de cause, dès lors que les coûts sont supérieurs de 10 % aux coûts estimés, le coordinateur devrait être autorisé par la juridiction qui a ouvert la procédure de coordination collective à dépasser ces coûts. Avant de prendre sa décision, la juridiction qui a ouvert la procédure de coordination collective devrait donner aux praticiens de l'insolvabilité participants la possibilité d'être entendus devant elle, afin qu'ils puissent communiquer leurs observations sur le bien-fondé de la demande du coordinateur.

(60) Pour les membres d'un groupe de sociétés qui ne participent pas à une procédure de coordination collective, le présent règlement devrait également prévoir un autre mécanisme de coordination qui permette de mener à bien une restructuration coordonnée du groupe. Un praticien de l'insolvabilité désigné dans une procédure relative à un

membre d'un groupe de sociétés devrait avoir qualité pour demander la suspension de toute mesure liée à la réalisation des actifs dans le cadre de la procédure ouverte à l'encontre d'autres membres du groupe qui ne font pas l'objet d'une procédure de coordination collective. Cette suspension ne devrait pouvoir être demandée que si un plan de restructuration est présenté pour les membres du groupe concernés, si le plan est dans l'intérêt des créanciers concernés par la procédure pour laquelle la suspension est demandée, et si la suspension est nécessaire pour garantir la bonne mise en œuvre du plan.

(61) Le présent règlement ne devrait pas empêcher les États membres d'établir des règles nationales qui viendraient compléter les règles régissant la coopération, la communication et la coordination en ce qui concerne l'insolvabilité de membres de groupes de sociétés qui sont énoncées dans le présent règlement, pour autant que le champ d'application de ces règles nationales se limite à la compétence nationale et que leur mise en œuvre ne porte pas préjudice à l'efficacité des règles prévues par le présent règlement.

(62) Les règles régissant la coopération, la communication et la coordination dans le cadre de l'insolvabilité de membres d'un groupe de sociétés prévues au présent règlement ne devraient s'appliquer que dans la mesure où les procédures concernant différents membres d'un même groupe de sociétés ont été ouvertes dans plus d'un État membre.

(63) Tout créancier ayant sa résidence habituelle, son domicile ou son siège statutaire dans l'Union devrait avoir le droit de produire ses créances dans le cadre de chacune des procédures d'insolvabilité en cours dans l'Union en ce qui concerne les actifs du débiteur. Cela devrait s'appliquer également aux autorités fiscales et aux organismes de sécurité sociale. Le présent règlement ne devrait pas empêcher le praticien de l'insolvabilité de produire des créances au nom de certains groupes de créanciers, par exemple au nom des travailleurs, si le droit national le prévoit. Toutefois, afin d'assurer l'égalité de traitement des créanciers, il convient de coordonner la répartition du produit de la réalisation. Chaque créancier devrait pouvoir effectivement conserver ce qu'il a obtenu dans le cadre d'une procédure d'insolvabilité, mais il ne devrait pas pouvoir participer à la répartition de la totalité des actifs effectuée dans le cadre d'une autre procédure tant que les créanciers du même rang n'auront pas obtenu, en pourcentage, un dividende équivalent.

(64) Il est essentiel que les créanciers ayant leur résidence habituelle, leur domicile ou leur siège statutaire dans l'Union soient informés de l'ouverture d'une procédure d'insolvabilité portant sur les actifs de leur débiteur. Afin d'assurer une transmission rapide des informations aux créanciers, le règlement (CE) n° 1393/2007 du Parlement européen et du Conseil (1) ne devrait pas s'appliquer lorsque le présent règlement évoque l'obligation d'informer les créanciers. L'utilisation de formulaires uniformisés disponibles dans toutes les langues officielles des institutions de l'Union devrait faciliter la tâche des créanciers qui produisent leurs créances dans le cadre de procédures ouvertes dans un autre État membre. La question des conséquences découlant de la présentation d'un formulaire uniformisé incomplet devrait relever du droit national.

(65) Le présent règlement devrait prévoir la reconnaissance immédiate des décisions relatives à l'ouverture, au déroulement et à la clôture d'une procédure d'insolvabilité qui relève de son champ d'application, ainsi que des décisions qui ont un lien direct avec cette procédure d'insolvabilité. La reconnaissance automatique devrait dès lors entraîner l'extension à tous les autres États membres des effets attribués à cette procédure par la loi de l'État membre d'ouverture de la procédure. La reconnaissance des décisions rendues par les juridictions des États membres devrait reposer sur le principe de la confiance mutuelle. À cet égard, les motifs de non-reconnaissance devraient être réduits au minimum nécessaire. Ce principe devrait également prévaloir lors de la résolution d'un conflit lorsque les juridictions de deux États membres se considèrent toutes deux compétentes pour ouvrir la procédure d'insolvabilité principale. La décision de la juridiction qui ouvre la première la procédure devrait être reconnue dans tous les autres États membres, sans que ceux-ci aient la faculté de soumettre la décision de cette juridiction à un contrôle.

(66) Le présent règlement devrait, dans les matières visées par celui-ci, établir des règles de conflit de lois uniformes qui remplacent, dans le cadre de leur champ d'application, les règles nationales du droit international privé. Sauf disposition contraire, la loi de l'État membre d'ouverture de la procédure devrait être applicable (*lex concursus*). Cette règle de conflit de lois devrait s'appliquer tant à la procédure d'insolvabilité principale qu'aux procédures locales. La *lex concursus* détermine tous les effets de la procédure d'insolvabilité, qu'ils soient procéduraux ou substantiels, sur les personnes et les rapports juridiques concernés. Elle régit toutes les conditions liées à l'ouverture, au déroulement et à la clôture de la procédure d'insolvabilité.

(67) La reconnaissance automatique d'une procédure d'insolvabilité à laquelle s'applique normalement la loi de l'État d'ouverture de la procédure peut interférer avec les règles en vertu desquelles les transactions sont réalisées

(1) Règlement (CE) n° 1393/2007 du Parlement européen et du Conseil du 13 novembre 2007 relatif à la signification et à la notification dans les États membres des actes judiciaires et extrajudiciaires en matière civile ou commerciale (signification ou notification des actes), et abrogeant le règlement (CE) n° 1348/2000 du Conseil (*JO* L 324, 10 déc. 2007, p. 79).

dans d'autres États membres. Pour protéger la confiance légitime et la sécurité des transactions dans des États membres différents de celui de l'ouverture de la procédure, il convient de prévoir des dispositions visant un certain nombre d'exceptions à la règle générale.

(68) Il est particulièrement nécessaire de prévoir, pour les droits réels, un rattachement particulier qui déroge à la loi de l'État d'ouverture de la procédure, étant donné que ces droits revêtent une importance considérable pour l'octroi de crédits. Dès lors, la justification, la validité et la portée des droits réels devraient normalement être déterminés en vertu de la loi du lieu de situation et ne pas être affectés par l'ouverture d'une procédure d'insolvabilité. Le titulaire d'un droit réel devrait pouvoir ainsi continuer de faire valoir son droit de séparer la garantie de la masse. Si, en vertu de la loi du lieu de situation, les actifs sont soumis à des droits réels dans un État membre, mais la procédure d'insolvabilité principale est engagée dans un autre État membre, le praticien de l'insolvabilité de la procédure d'insolvabilité principale devrait pouvoir demander l'ouverture d'une procédure d'insolvabilité secondaire dans l'État membre où sont nés les droits réels dans la mesure où le débiteur a un établissement dans cet État. Si aucune procédure d'insolvabilité secondaire n'est ouverte, tout excédent du produit de la vente d'un actif soumis à des droits réels devrait être versé au praticien de l'insolvabilité de la procédure d'insolvabilité principale.

(69) Le présent règlement prévoit plusieurs dispositions permettant à une juridiction d'ordonner la suspension, soit d'une procédure d'ouverture, soit d'une procédure d'exécution. Une telle suspension ne devrait pas porter préjudice aux droits réels de créanciers ou de tiers.

(70) Si la loi de l'État d'ouverture de la procédure n'autorise pas la compensation de créances, un créancier devrait néanmoins avoir droit à une compensation si celle-ci est possible en vertu de la loi applicable à la créance du débiteur insolvable. La compensation deviendrait ainsi une sorte de garantie régie par une loi dont le créancier concerné peut se prévaloir au moment de la naissance de la créance.

(71) Il existe aussi un besoin de protection particulier en ce qui concerne les systèmes de paiement et les marchés financiers, par exemple en rapport avec la compensation et la liquidation prévues dans ces systèmes, ainsi que la cession de titres et les sûretés constituées pour ces transactions, conformément, notamment, à la directive 98/26/CE du Parlement européen et du Conseil (1). Seule la loi applicable au système ou au marché concerné devrait s'appliquer à ces transactions. Cette loi vise à éviter toute modification des mécanismes de paiement et de règlement des transactions, prévus dans des systèmes de paiement ou de règlement ou sur les marchés financiers réglementés des États membres, en cas d'insolvabilité d'une des parties à une transaction. La directive 98/26/CE contient des dispositions particulières qui devraient prévaloir sur les règles générales prévues par le présent règlement.

(72) Aux fins de la protection des travailleurs et des emplois, les effets de la procédure d'insolvabilité sur la poursuite ou la cessation des relations de travail et sur les droits et les obligations de chaque partie à ces relations devraient être déterminés par la loi applicable au contrat de travail concerné en vertu des règles générales de conflit de lois. En outre, lorsque la résiliation des contrats de travail requiert l'approbation d'une juridiction ou d'une autorité administrative, l'État membre dans lequel se situe un établissement du débiteur devrait demeurer compétent pour donner cette approbation, même si aucune procédure d'insolvabilité n'a été ouverte dans cet État membre. Toute autre question relative à l'insolvabilité, telle que, par exemple, celle de savoir si les créances des travailleurs sont garanties par un privilège et quel est le rang éventuel de ce privilège, devrait être déterminée par la loi de l'État membre dans lequel la procédure d'insolvabilité (principale ou secondaire) a été ouverte, sauf si un engagement a été pris afin d'éviter une procédure d'insolvabilité secondaire, conformément au présent règlement.

(73) La loi applicable aux effets de la procédure d'insolvabilité sur une action en justice ou une procédure arbitrale en cours concernant un bien ou un droit qui fait partie de la masse de l'insolvabilité du débiteur devrait être la loi de l'État membre dans lequel l'action en justice est en cours ou dans lequel l'instance arbitrale a son siège. Néanmoins, cette règle ne devrait pas affecter les règles nationales en vigueur en matière de reconnaissance et d'exécution des sentences arbitrales.

(74) Afin de tenir compte des particularités procédurales des systèmes judiciaires de certains États membres, il convient de prévoir la souplesse nécessaire concernant certaines règles prévues par le présent règlement. Ainsi, lorsque, dans le présent règlement, il est fait référence à la notification adressée par une instance judiciaire d'un État membre, cela devrait inclure, si les règles de procédure de l'État membre le requièrent, la décision de ladite instance judiciaire de faire procéder à cette notification.

(75) Dans l'intérêt des transactions, il convient, à la demande du praticien de l'insolvabilité, de publier le contenu essentiel de la décision d'ouverture de la procédure, dans un État membre autre que celui où se situe la juridiction qui a rendu ladite décision. S'il existe un établissement dans l'État membre concerné, la publication de cette

(1) Directive 98/26/CE du Parlement européen et du Conseil du 19 mai 1998 concernant le caractère définitif du règlement dans les systèmes de paiement et de règlement des opérations sur titres (*JO* L 166, 11 juin. 1998, p. 45).

information devrait être obligatoire. Dans les deux cas, la publication ne devrait toutefois pas être une condition préalable de la reconnaissance de la procédure menée dans un autre État membre.

(76) Afin d'améliorer la communication d'informations aux créanciers et juridictions concernés et d'éviter l'ouverture de procédures d'insolvabilité parallèles, les États membres devraient être tenus de publier les informations pertinentes relatives aux affaires d'insolvabilité transfrontalières dans un registre électronique accessible à tous. Pour permettre aux juridictions et aux créanciers domiciliés ou établis dans d'autres États membres d'accéder aisément à cette information, le présent règlement devrait prévoir l'interconnexion de ces registres d'insolvabilité par l'intermédiaire du portail européen e-Justice. Les États membres devraient être libres de publier les informations pertinentes dans plusieurs registres, et il devrait être possible d'interconnecter plusieurs registres par État membre.

(77) Le présent règlement devrait fixer les informations minimales à publier dans les registres d'insolvabilité. Les États membres ne devraient pas être empêchés d'y faire figurer d'autres informations. Lorsque le débiteur est une personne physique, les registres d'insolvabilité ne devraient obligatoirement indiquer qu'un numéro d'enregistrement si le débiteur exerce une profession libérale ou toute autre activité d'indépendant. Ce numéro d'enregistrement devrait s'entendre comme étant le numéro d'enregistrement unique de la profession libérale ou de toute autre activité d'indépendant exercée par le débiteur, publié au registre des sociétés, le cas échéant.

(78) Les informations relatives à certains aspects de la procédure d'insolvabilité sont essentielles pour les créanciers, comme par exemple les délais fixés pour la production des créances ou pour attaquer les décisions. Le présent règlement ne devrait toutefois pas obliger les États membres à calculer ces délais au cas par cas. Les États membres devraient pouvoir s'acquitter des obligations qui leur incombent en ajoutant, sur le portail européen e-Justice, des hyperliens permettant d'obtenir des informations suffisamment explicites sur les critères à utiliser pour calculer ces délais.

(79) Pour assurer une protection suffisante des informations relatives aux personnes physiques n'exerçant pas une profession libérale ou toute autre activité d'indépendant, les États membres devraient être en mesure de subordonner l'accès à ces informations à des critères de recherche supplémentaires tels que le numéro d'identification personnel du débiteur, son adresse, sa date de naissance ou le ressort de la juridiction compétente, ou subordonner cet accès à une demande adressée à l'autorité compétente ou à la vérification de l'existence d'un intérêt légitime.

(80) Les États membres devraient également avoir la possibilité de ne pas faire figurer dans leurs registres d'insolvabilité des informations relatives aux personnes physiques n'exerçant pas une profession libérale ou toute autre activité d'indépendant. Dans ce cas, les États membres devraient veiller à ce que les informations pertinentes soient fournies aux créanciers par l'envoi individuel d'une note, et à ce que la procédure ne porte pas atteinte aux créances des créanciers qui n'ont pas reçu ces informations.

(81) Il se peut qu'une partie des personnes concernées ne soit pas au courant de l'ouverture de la procédure d'insolvabilité et agisse de bonne foi en contradiction avec les nouvelles circonstances. Afin de protéger ces personnes qui, dans l'ignorance de l'ouverture de la procédure dans un autre État membre, effectuent un paiement au profit du débiteur au lieu du praticien de l'insolvabilité dans un autre État membre, il convient de prévoir le caractère libératoire de ce paiement.

(82) Afin d'assurer des conditions uniformes d'exécution du présent règlement, il convient de conférer des compétences d'exécution à la Commission. Ces compétences devraient être exercées en conformité avec le règlement (UE) n° 182/2011 du Parlement européen et du Conseil (1).

(83) Le présent règlement respecte les droits fondamentaux et observe les principes consacrés par la charte des droits fondamentaux de l'Union européenne. Le présent règlement vise, en particulier, à encourager l'application des articles 8, 17 et 47 qui concernent, respectivement, la protection des données à caractère personnel, le droit de propriété et le droit à un recours effectif et à accéder à un tribunal impartial.

(84) La directive 95/46/CE du Parlement européen et du Conseil (2) et le règlement (CE) n° 45/2001 du Parlement européen et du Conseil (3) sont applicables au traitement des données à caractère personnel effectué dans le cadre du présent règlement.

(1) Règlement (UE) n° 182/2011 du Parlement européen et du Conseil du 16 février 2011 établissant les règles et principes généraux relatifs aux modalités de contrôle par les États membres de l'exercice des compétences d'exécution par la Commission (*JO* L 55, 28 févr. 2011, p. 13).

(2) Directive 95/46/CE du Parlement européen et du Conseil du 24 octobre 1995 relative à la protection des personnes physiques à l'égard du traitement des données à caractère personnel et à la libre circulation de ces données (*JO* L 281, 23 nov. 1995, p. 31).

(3) Règlement (CE) n° 45/2001 du Parlement européen et du Conseil du 18 décembre 2000 relatif à la protection des personnes physiques à l'égard du traitement des données à caractère personnel par les institutions et organes communautaires et à la libre circulation de ces données (*JO* L 8, 12 janv. 2001, p. 1).

(85) Le présent règlement s'applique sans préjudice du règlement (CEE, Euratom) n° 1182/71 du Conseil (1).

(86) Étant donné que l'objectif du présent règlement ne peut pas être atteint de manière suffisante par les États membres mais peut, en raison de la création d'un cadre juridique pour la bonne administration des procédures d'insolvabilité transfrontalières, l'être mieux au niveau de l'Union, celle-ci peut prendre des mesures, conformément au principe de subsidiarité consacré à l'article 5 du traité sur l'Union européenne. Conformément au principe de proportionnalité tel qu'énoncé audit article, le présent règlement n'excède pas ce qui est nécessaire pour atteindre cet objectif.

(87) Conformément à l'article 3 et à l'article 4 *bis*, paragraphe 1, du protocole n° 21 sur la position du Royaume-Uni et de l'Irlande à l'égard de l'espace de liberté, de sécurité et de justice, annexé au traité sur l'Union européenne et au traité sur le fonctionnement de l'Union européenne, ces États membres ont notifié leur souhait de participer à l'adoption et à l'application du présent règlement.

(88) Conformément aux articles 1er et 2 du protocole n° 22 sur la position du Danemark annexé au traité sur l'Union européenne et au traité sur le fonctionnement de l'Union européenne, le Danemark ne participe pas à l'adoption du présent règlement et n'est pas lié par celui-ci ni soumis à son application.

(89) Le Contrôleur européen de la protection des données a été consulté et a rendu un avis le 27 mars 2013 (2),

ONT ADOPTÉ LE PRÉSENT RÈGLEMENT :

CHAPITRE I. – DISPOSITIONS GÉNÉRALES

Art. 1er. – ***Champ d'application.*** **– 1. Le présent règlement s'applique aux procédures collectives publiques, y compris les procédures provisoires, qui sont fondées sur des législations relatives à l'insolvabilité et au cours desquelles, aux fins d'un redressement, d'un ajustement de dettes, d'une réorganisation ou d'une liquidation :**

a) **un débiteur est totalement ou partiellement dessaisi de ses actifs et un praticien de l'insolvabilité est désigné ;**

b) **les actifs et les affaires d'un débiteur sont soumis au contrôle ou à la surveillance d'une juridiction ; ou**

c) **une suspension provisoire des poursuites individuelles est accordée par une juridiction ou de plein droit pour permettre des négociations entre le débiteur et ses créanciers, pour autant que la procédure pour laquelle la suspension est accordée prévoie des mesures adéquates pour protéger la masse des créanciers et, si aucun accord n'est dégagé, qu'elle soit préalable à l'une des procédures visées au point *a)* ou *b)*.**

Lorsque les procédures visées au présent paragraphe peuvent être engagées dans des situations où il n'existe qu'une probabilité d'insolvabilité, leur objectif doit être d'éviter l'insolvabilité du débiteur ou la cessation de ses activités.

La liste des procédures visées au présent paragraphe figure à l'annexe A.

2. Le présent règlement ne s'applique pas aux procédures visées au paragraphe 1 qui concernent :

a) **les entreprises d'assurance ;**

b) **les établissements de crédit ;**

c) **les entreprises d'investissement et autres firmes, établissements ou entreprises, pour autant qu'ils relèvent de la directive 2001/24/CE ; ou**

d) **les organismes de placement collectif.**

Art. 2. – ***Définitions.*** **– Aux fins du présent règlement, on entend par :**

1) « procédures collectives », les procédures auxquelles participe la totalité ou une partie importante des créanciers d'un débiteur, pour autant que, dans ce dernier cas, les procédures ne portent pas atteinte aux créances des créanciers qui ne sont pas parties à ces procédures ;

2) « organismes de placement collectifs », les organismes de placement collectif en valeurs mobilières (OPCVM) au sens de la directive 2009/65/CE du Parlement européen et du Conseil (3) **et les fonds d'investissement alternatifs (FIA) au sens de la directive 2011/61/UE du Parlement européen et du Conseil** (4) **;**

(1) Règlement (CEE, Euratom) n° 1182/71 du Conseil du 3 juin 1971 portant détermination des règles applicables aux délais, aux dates et aux termes (*JO* L 124, 8 juin 1971, p. 1).

(2) *JO* C 358, 7 déc. 2013, p. 15.

(3) Directive 2009/65/CE du Parlement européen et du Conseil du 13 juillet 2009 portant coordination des dispositions législatives, réglementaires et administratives concernant certains organismes de placement collectif en valeurs mobilières (OPCVM) (*JO* L 302, 17 nov. 2009, p. 32).

(4) Directive 2011/61/UE du Parlement européen et du Conseil du 8 juin 2011 sur les gestionnaires de fonds d'investissement alternatifs et modifiant les directives 2003/41/CE et 2009/65/CE ainsi que les règlements (CE) n° 1060/2009 et (UE) n° 1095/2010 (*JO* L 174, 1er juill. 2011, p. 1).

3) « débiteur non dessaisi », un débiteur à l'encontre duquel une procédure d'insolvabilité a été ouverte, qui n'implique pas nécessairement la désignation d'un praticien de l'insolvabilité ou le transfert de l'ensemble des droits et des devoirs de gestion des actifs du débiteur à un praticien de l'insolvabilité et dans le cadre de laquelle le débiteur continue, dès lors, de contrôler en totalité ou au moins en partie ses actifs et ses affaires ;

4) « procédure d'insolvabilité », les procédures mentionnées sur la liste figurant à l'annexe A ;

5) « praticien de l'insolvabilité », toute personne ou tout organe dont la fonction, y compris à titre intérimaire, consiste à :

i) vérifier et admettre les créances soumises dans le cadre d'une procédure d'insolvabilité ;

ii) représenter l'intérêt collectif des créanciers ;

iii) administrer, en tout ou en partie, les actifs dont le débiteur est dessaisi ;

iv) liquider les actifs visés au point iii) ; ou

v) surveiller la gestion des affaires du débiteur.

La liste des personnes et organes visés au premier alinéa figure à l'annexe B ;

6) « juridiction » :

i) à l'article 1er, paragraphe 1, points *b)* et *c)*, à l'article 4, paragraphe 2, aux articles 5 et 6, à l'article 21, paragraphe 3, à l'article 24, paragraphe 2, point *j)*, aux articles 36 et 39 et aux articles 61 à 77, l'organe judiciaire d'un État membre ;

ii) dans tous les autres articles, l'organe judiciaire ou tout autre organe compétent d'un État membre habilité à ouvrir une procédure d'insolvabilité, à confirmer l'ouverture d'une telle procédure ou à prendre des décisions au cours d'une telle procédure ;

7) « décision d'ouverture de la procédure d'insolvabilité », une décision qui comprend :

i) la décision de toute juridiction d'ouvrir une procédure d'insolvabilité ou de confirmer l'ouverture d'une telle procédure ; et

ii) La décision d'une juridiction de désigner un praticien de l'insolvabilité ;

8) « moment de l'ouverture de la procédure », le moment auquel la décision d'ouverture de la procédure d'insolvabilité prend effet, que cette décision soit ou non définitive ;

9) « État membre dans lequel les actifs sont situés » :

i) pour les actions nominatives de sociétés autres que celles visées au point ii), l'État membre sur le territoire duquel la société qui a émis les actions a son siège statutaire ;

ii) pour les instruments financiers dont la propriété est prouvée par une inscription dans un registre ou sur un compte tenu par un intermédiaire ou au nom d'un intermédiaire (« titres en compte courant »), l'État membre dans lequel est tenu le registre ou le compte où figure l'inscription ;

iii) pour les espèces détenues sur des comptes ouverts auprès d'un établissement de crédit, l'État membre mentionné dans le code IBAN du compte ou, pour les espèces détenues sur des comptes ouverts auprès d'un établissement de crédit ne possédant pas de code IBAN, l'État membre dans lequel l'établissement de crédit détenant le compte a son administration centrale ou, si le compte est ouvert auprès d'une succursale, d'une agence ou d'un autre établissement, l'État membre dans lequel se situe la succursale, l'agence ou l'autre établissement ;

iv) pour les biens et les droits que le propriétaire ou le titulaire du droit inscrit dans un registre public autre que ceux visés au point i), l'État membre sous l'autorité duquel ce registre est tenu ;

v) pour les brevets européens, l'État membre pour lequel le brevet européen est délivré ;

vi) pour les droits d'auteur et les droits voisins, l'État membre sur le territoire duquel le titulaire de ces droits a sa résidence habituelle ou son siège statutaire ;

vii) pour les biens corporels autres que ceux visés aux points i) à iv), l'État membre sur le territoire duquel le bien est situé ;

viii) pour les créances sur des tiers autres que celles portant sur les actifs visés au point iii), l'État membre sur le territoire duquel se situe le centre des intérêts principaux du tiers débiteur, tel qu'il est déterminé conformément à l'article 3, paragraphe 1 ;

10) « établissement », tout lieu d'opérations où un débiteur exerce ou a exercé au cours de la période de trois mois précédant la demande d'ouverture de la procédure d'insolvabilité principale, de façon non transitoire, une activité économique avec des moyens humains et des actifs ;

11) « créancier local », un créancier dont les créances sur un débiteur sont nées de l'exploitation d'un établissement situé dans un État membre autre que l'État membre où se situe le centre des intérêts principaux du débiteur, ou sont liées à cette exploitation ;

12) « créancier étranger », un créancier qui a sa résidence habituelle, son domicile ou son siège statutaire dans un État membre autre que l'État d'ouverture de la procédure, y compris les autorités fiscales et les organismes de sécurité sociale des États membres ;

13) « groupe de sociétés », une entreprise mère et l'ensemble de ses filiales ;

14) « entreprise mère », une entreprise qui contrôle, soit directement, soit indirectement, une ou plusieurs filiales. Une entreprise qui prépare des états financiers consolidés conformément à la directive 2013/34/UE du Parlement européen et du Conseil (1) **est réputée être une entreprise mère.**

Art. 3. – *Compétence internationale*. – **1. Les juridictions de l'État membre sur le territoire duquel est situé le centre des intérêts principaux du débiteur sont compétentes pour ouvrir la procédure d'insolvabilité (ci-après dénommée « procédure d'insolvabilité principale »). Le centre des intérêts principaux correspond au lieu où le débiteur gère habituellement ses intérêts et qui est vérifiable par des tiers.**

Pour les sociétés et les personnes morales, le centre des intérêts principaux est présumé, jusqu'à preuve du contraire, être le lieu du siège statutaire. Cette présomption ne s'applique que si le siège statutaire n'a pas été transféré dans un autre État membre au cours des trois mois précédant la demande d'ouverture d'une procédure d'insolvabilité.

Pour une personne physique exerçant une profession libérale ou toute autre activité d'indépendant, le centre des intérêts principaux est présumé, jusqu'à preuve du contraire, être le lieu d'activité principal de l'intéressé. Cette présomption ne s'applique que si le lieu d'activité principal de la personne physique n'a pas été transféré dans un autre État membre au cours des trois mois précédant la demande d'ouverture d'une procédure d'insolvabilité.

Pour toute autre personne physique, le centre des intérêts principaux est présumé, jusqu'à preuve du contraire, être la résidence habituelle de l'intéressé. Cette présomption ne s'applique que si la résidence habituelle n'a pas été transférée dans un autre État membre au cours des six mois précédant la demande d'ouverture d'une procédure d'insolvabilité.

2. Lorsque le centre des intérêts principaux du débiteur est situé sur le territoire d'un État membre, les juridictions d'un autre État membre ne sont compétentes pour ouvrir une procédure d'insolvabilité à l'égard de ce débiteur que si celui-ci possède un établissement sur le territoire de cet autre État membre. Les effets de cette procédure sont limités aux biens du débiteur se trouvant sur ce dernier territoire.

3. Lorsqu'une procédure d'insolvabilité a été ouverte en application du paragraphe 1, toute procédure ouverte ultérieurement en application du paragraphe 2 est une procédure d'insolvabilité secondaire.

4. La procédure d'insolvabilité territoriale visée au paragraphe 2 ne peut être ouverte avant l'ouverture d'une procédure d'insolvabilité principale en application du paragraphe 1 que si :

***a)* une procédure d'insolvabilité ne peut pas être ouverte en application du paragraphe 1 en raison des conditions établies par le droit de l'État membre sur le territoire duquel est situé le centre des intérêts principaux du débiteur ; ou**

***b)* l'ouverture de la procédure d'insolvabilité territoriale est demandée par :**

i) un créancier dont la créance est née de l'exploitation d'un établissement situé sur le territoire de l'État membre dans lequel l'ouverture de la procédure territoriale est demandée, ou est liée à celle-ci ; ou

ii) une autorité publique qui, en vertu du droit de l'État membre sur le territoire duquel l'établissement est situé, a le droit de demander l'ouverture d'une procédure d'insolvabilité.

Lorsqu'une procédure d'insolvabilité principale est ouverte, la procédure d'insolvabilité territoriale devient une procédure d'insolvabilité secondaire.

Voir : Sur la compétence en France des tribunaux de commerce spécialisés, C. com., art. L. 721-8, p. 2128, cité sous C. com., art. L. 662-8, p. 2128.

(1) Directive 2013/34/UE du Parlement européen et du Conseil du 26 juin 2013 relative aux états financiers annuels, aux états financiers consolidés et aux rapports y afférents de certaines formes d'entreprises, modifiant la directive 2006/43/CE du Parlement européen et du Conseil et abrogeant les directives 78/660/CEE et 83/349/CEE du Conseil (*JO* L 182, 29 juin 2013, p. 19).

Bibliographie : R. Dammann et M. Sénéchal, *La procédure secondaire du Règlement (CE) n° 1346/2000 : mode d'emploi : Rev. Lamy dr. aff.* oct. 2006, p. 81. • R. Dammann et G. Podeur, *Les enjeux soulevés par la localisation du centre des intérêts principaux du débiteur et la localisation des actifs : LPA* 21 mars 2007, p. 4 ; *Procédures d'insolvabilité : interprétation jurisprudentielle souple du règlement : D.* 2008, p. 2738. • F. Dannenberger, *À propos du règlement insolvabilité (interprétation de la notion d'établissement principal) : Rev. proc. coll.* 2007, p. 112.

1) Centre des intérêts principaux distinct du siège statutaire.

a) **Principe.** La notion de centre des intérêts principaux revêt une signification autonome et doit être interprétée de manière uniforme et indépendante des législations nationales en s'appuyant sur des éléments objectifs et vérifiables par les tiers permettant de prouver l'existence d'une situation réelle différente de celle que la localisation du siège statutaire est censée refléter : ▪ T. com. Paris, 2 août 2006, n° 2006-047554, *Eurotunnel : JCP* E 2006, act. 543, note B. Soinne ; *D.* 2006, p. 2329, note R. Dammann et G. Podeur ; *BJS* 2007, p. 37, note F. Jault-Seseke et D. Robine. ▪ T. com. Paris, 15 janv. 2007, n° 2006-058654 : *D.* 2007, act. jurispr. p. 313, obs. A. Lienhard ; *BJS* 2007, p. 459, note F. Jault-Seseke et D. Robine. – Lorsque le siège statutaire n'est pas le centre des intérêts principaux de la société, la juridiction compétente n'est pas celle dans le ressort de laquelle est situé le siège statutaire mais celle dans le ressort de laquelle est situé le centre des intérêts principaux de la société, à charge pour cette juridiction de constater que ce fait est démontré : ▪ CA Versailles, 4 sept. 2003 : *Bull. inf. C. cass.* 2004, n° 800 ; *D.* 2003, p. 2352, note J.-L. Vallens ; *JCP* E 2003, n° 50, p. 2012, note G.-A. Likilimba ; *JCP* 2004, II, 10007, note M. Menjucq. – Solution approuvée par ▪ Cass. com., 27 juin 2006, n° 03-19.863 : *JurisData* n° 2006-034272 ; *Bull. civ.* IV, n° 149 ; *JCP* G 2006, II, 10147, note M. Menjucq ; *JCP* E 2006, 2091, note F. Mélin ; *D.* 2006, act. jurispr. p. 1816, obs. A. Lienhard ; *ibid.* p. 2257, note J.-L. Vallens ; *LPA* 27 mars 2007, p. 4, note M.-A. Lafortune, qui décide que la cour d'appel n'avait pas à contrôler les motifs ayant permis à la juridiction ayant ouvert la procédure principale de renverser la présomption posée par l'article 3, § 1. – Pour une application de ces principes, V. ▪ T. com. Nanterre, 19 mai 2005 : *D.* 2005, p. 1787, note Dammann ; *JCP* 2005, II, 10116, note M. Menjucq ; *Gaz. Pal.* 6-7 juill. 2005, p. 6, note F. Mélin. – *Adde* D. Fasquelle, *Une nouvelle application controversée du règlement n° 1346-2000 relatif aux procédures d'insolvabilité aux groupes de sociétés : JCP* E 2005, n° 1412. – V. aussi T. com. Beaune, 16 juill. 2008 (8 jugements) : *Rev. sociétés* 2008, p. 891, note M. Menjucq ; *D.* 2008, p. 2141, obs. A. Lienhard et p. 2738, note R. Dammann et G. Podeur.

b) **Application.** Dès lors que le centre des intérêts principaux de la filiale d'un groupe de sociétés se trouve en France, que son insolvabilité a été provoquée par ricochet à partir de celle des autres sociétés, ce qui démontre une absence totale d'autonomie vis-à-vis du groupe, seule l'ouverture d'une procédure de redressement de droit français permet d'élaborer un plan de redressement pour le groupe, pris dans son ensemble, au bénéfice de ses créanciers et de ses salariés : ▪ T. com. Nanterre, 15 févr. 2006 : *BJS* 2006, p. 575, note F. Jault-Seseke et D. Robine ; *D.* 2006, p. 793, note J.-L. Vallens.

c) **Preuve.** La présomption énoncée par l'article 3, § 1 du règlement ne peut être réfutée que si des éléments objectifs vérifiables par les tiers permettent d'établir l'existence d'une situation réelle différente de celle que la localisation au siège statutaire est censée refléter. Tel peut être le cas de l'absence d'activité sur le territoire de l'État où la société a son siège, mais dans le cas contraire, cela ne peut résulter du contrôle des choix économiques de la société par une société mère établie dans un autre État : ▪ CJCE, 2 mai 2006 : *D.* 2006, act. jurispr. p. 1286, note A. Lienhard ; *ibid.*, p. 1752, note R. Dammann ; *BJS* 2006, p. 907, note D. Fasquelle ; *Rev. sociétés* 2006, p. 360, note J.-P. Rémery ; *JCP* G 2006, I, 185, obs. M. Cabrillac et Ph. Pétel ; *ibid.* I, 10089, note M. Menjucq ; *JCP* E 2006, 2071, note J.-L. Vallens ; *ibid.*, 2291, note F. Mélin. – Le critère privilégié d'appréciation du centre des intérêts principaux est le lieu de l'administration centrale de la société soumise à la procédure d'insolvabilité, déterminé par des éléments objectifs vérifiables par les tiers et en distinguant selon qu'il est situé ou non au lieu du siège statutaire : ▪ CJUE, 20 oct. 2011, n° C-396/09 : *BJS* 2012, n° 68, note J.-E. Kuntz et V. Nurit ; *Rev. sociétés* 2012, p. 116, note Th. Mastrullo ; *D.* 2011, p. 2915, note J.-L. Vallens ; *Rev. proc. coll.* 2011, étude 32, M. Menjucq ; *BJE* 2012, n° 10, note L.-C. Henry. – Rappr. ▪ CA Versailles, 19 janv. 2012, n° 11/03519.

d) **Pouvoir du tribunal.** En application de l'article 3.1 du règlement CE n° 1346/2000 qui fait primer le principe de réalité en faisant du siège statutaire une simple présomption, le tribunal saisi a le pouvoir de vérifier la localisation effective du centre des intérêts principaux du débiteur [société de droit luxembourgeois] déterminant les règles de compétence et par suite la législation applicable : ▪ CA Riom, 10 sept. 2008 : *Dr. sociétés* 2009, n° 145, obs. J.-P. Legros.

e) **Voies de recours – Tierce opposition.** Par application du Règlement du 29 mai 2000 et de l'article 6, § 1, de la Convention européenne de sauvegarde des droits de l'homme et des libertés fondamentales, les créanciers domiciliés dans un État membre autre que celui de la juridiction qui a ouvert une procédure principale d'insolvabilité ne peuvent être privés de la possibilité effective de contester la compétence assumée par cette juridiction. Leur droit de former tierce opposition ne saurait donc être limité aux cas où ils disposent d'un moyen propre ou de fraude à leurs droits : ▪ Cass. com., 30 juin 2009, n° 08-11.902 : *JurisData* n° 2009-048941 ; *Dr. sociétés* 2009, comm. 230, obs. J.-P. Legros ; *JCP* E 2009, 1974, comm. Bl. Roland ; *JCP* E 2010, 1011, n° 2, obs. Ph. Pétel ; *D.* 2009, p. 1886, obs. A. Lienhard ; *ibid.*, p. 2591, note S. Moreil ; *Rev. proc. coll.* 2009, act. jur. 15, n° 1, obs. Fl. Petit ; *ibid.*, étude 16, concl. R. Bonhomme ; *ibid.* repère 4, obs. M. Menjucq ; *RTD com.* 2009, p. 626, obs. J.-L. Vallens ; *BJS* 2009, obs. F. Jault-Seseke et D. Robine.

2) Procédure d'extension pour confusion des patrimoines. L'extension d'une procédure d'insolvabilité pour confusion des patrimoines produit, à l'égard de la société visée, les mêmes effets que l'ouverture d'une procédure principale. Le centre des intérêts principaux doit donc se situer sur le territoire de l'État membre d'ouverture de ladite procédure : ▪ CJUE, 15 déc. 2011, n° C-191/10 : *JCP* G 2012, 384, note F. Mélin ; *JCP* E 2012, 1088, comm. Y. Paclot et D. Poracchia ; *BJS* 2012, n° 138, note J.-E. Kuntz et V. Nurit ; *Rev. sociétés* 2012, p. 189, note Ph. Roussel-Galle ; *D.* 2012, p. 403, note J.-L. Vallens ; *ibid.*, p. 1450, note R. Dammann et F. Müller ; *BJE* 2012, n° 53, note L.-C. Henry. – *Adde Rev. proc. coll.* 2012, étude 2, M. Menjucq. ▪ Cass. com., 10 mai 2012, n° 09-12.642 : *D.* 2012, p. 1803, note F. Jault-Seseke ; *BJE* 2012, 243, obs. L.-C. Henry ; *Rev. sociétés* 2012, p. 529, obs. Ph. Roussel-Galle ; *Rev. proc. coll.* 2012, comm. 185, obs. Th. Mastrullo ; *BJE* 2012, § 126, note L.-C. Henry ; *BJS* 2012, § 313, note N. Borga. – Pour l'extension d'une procédure collective ouverte en France à une société belge, ayant en France le centre de ses intérêts principaux : V. T. com. Nevers, 25 mars 2013, n° 2013-000980 : *BJS* 2013, note F.-X. Lucas.

3) Déplacement du centre des intérêts principaux. La juridiction de l'État membre sur le territoire de laquelle est situé le centre des intérêts principaux du débiteur, demandeur à l'ouverture d'une procédure collective, demeure compétente pour ouvrir une telle procédure lorsque le débiteur déplace le centre de ses intérêts principaux sur le territoire d'un autre État membre, entre l'introduction de la demande et l'ouverture de la procédure : ▪ CJCE, 17 janv. 2006 : *BJS* 2006, p. 753, note D. Fasquelle ; *Rev. sociétés* 2006, p. 346, note J.-L. Vallens ; *Rev. proc. coll.* 2006, p. 241, note B. Volders et V. Rétornaz ; *Procédures* 2006, n° 214, note C. Nourissat. En cas de transfert du siège statutaire avant la demande d'ouverture de la procédure, le centre des intérêts principaux de cette société est présumé se trouver à son nouveau siège statutaire : ▪ CJUE, 15 déc. 2011, préc.

4) Compétence pour :

a) une action révocatoire fondée sur l'insolvabilité (oui). L'article 3, § 1, du règlement n° 1346/2000 du 29 mai 2000 doit être interprété en ce sens que les juridictions de l'État membre sur le territoire duquel la procédure d'insolvabilité a été ouverte sont compétentes pour statuer sur une action révocatoire fondée sur l'insolvabilité et dirigée contre un défendeur ayant son siège statutaire dans un autre État membre : ▪ CJCE, 12 févr. 2009, n° C-339/07 : *JCP* E 2009, 1314 et 1482, obs. F. Mélin ; *D.* 2009, p. 728, obs. A. Lienhard ; *Rev. proc. coll.* 2009, étude 7, P. Ehret.

b) une action en responsabilité pour concurrence déloyale contre le cessionnaire d'une branche d'activité dans le cadre d'une procédure d'insolvabilité (non) : ▪ Cass. com., 9 mai 2018, n° 14-23.273 : *BJE* 2018, p. 228, note L.-C. Henry.

5) Procédure secondaire.

a) L'article 3, paragraphe 2 doit être interprété en ce sens que, dans le cadre de la mise en liquidation d'une société dans un État membre autre que celui dans lequel elle a son siège social, cette société peut également faire l'objet d'une procédure secondaire d'insolvabilité dans l'autre État membre, où elle a son siège social et où elle est dotée d'une personnalité juridique, ▪ CJUE, 4 sept. 2014, aff. C-327/13, *Burgo* : *JurisData* n° 2014-020405 ; *Procédures* 2014, comm. 294, C. Nourissat ; *D.* 2015, p. 45, note R. Dammann et A.-M. Dang rapp. ; *BJE* 2014, p. 387, note L.-C. Henry ; *Rev. proc. coll.* 2015, comm. 142.– L'autorité de la chose jugée qui s'attache, dans l'ordre juridique interne, à un jugement ayant ouvert en France une procédure d'insolvabilité n'est pas de nature, conformément au droit de l'Union, à faire écarter le caractère secondaire de cette procédure, dès lors qu'elle a été ouverte après une autre procédure d'insolvabilité dans un autre État membre pour le même débiteur : ▪ Cass. com., 7 févr. 2018, n° 17-10.056, préc. *supra* art. L. 653-8 C. com., note 6.

b) Les articles 3, paragraphe 2, et 27 doivent être interprétés en ce sens que les juridictions de l'État membre d'ouverture d'une procédure secondaire d'insolvabilité sont compétentes, alternativement avec les juridictions de l'État membre d'ouverture de la procédure principale, pour statuer sur la détermination des biens du débiteur entrant dans le périmètre des effets de cette procédure secondaire. La détermination de ces biens doit être effectuée conformément aux dispositions de l'article 2, sous *g)*, du règlement n° 1346/2000 : ▪ CJUE, 11 juin 2015, aff. C-649/13, *Nortel* : *Rev. proc. coll.* 2015, comm. 91, M. Menjucq ; *D.* 2015,

p. 1514, R. Dammann et M. Bochet-Robinet. – V. également R. Dammann, Les enseignements de l'affaire Nortel : *BJS* 2015, p. 325. – L.-C. Henry, *L'affaire Nortel : les audaces de la CJUE* : *BJE* 2015, p. 209. – C. Dupoirier, *À propos de l'arrêt Nortel de la Cour de justice de l'Union européenne du 11 juin 2015* : *D.* 2015, p. 1718.

6) **Procédure territoriale, article 3. 2.** Lorsqu'une société d'un État membre de la Communauté européenne possède un **établissement** immatriculé au RCS en France, les juridictions françaises ont compétence pour ouvrir une procédure territoriale au sens du droit communautaire, sans que puisse être invoquée l'implantation du centre des intérêts principaux dans un autre État : ▪ Cass. com., 18 mars 2008, n° 06-20.749 : *JurisData* n° 2008-043273 ; *RJDA* 6/2008, n° 698 ; *Dr. sociétés* 2008, comm. 203, obs. J.-P. Legros.

7) L'action en interdiction de gérer appartenant à la catégorie des actions qui dérivent directement de la procédure initiale ne peut être exercée dans le cadre d'une procédure secondaire dont les effets sont limités aux biens du débiteur se trouvant sur le territoire de l'État membre l'ayant ouverte : ▪ Cass. com., 22 janv. 2013, n° 11-17.968 : *D.* 2013, p. 755, note R. Dammann et A. Rapp ; *Rev. sociétés* 2013, n° 3, p. 183, obs. L.-C. Henry ; *Rev. proc. coll.* 2013, comm. 30, Th. Mastrullo. – *Adde* C. com., art. L. 653-8, note n° 6, p. 2113 : pour ▪ Cass. com., 7 févr. 2018, n° 17-10.056, qui retient que l'insolvabilité de la société débitrice n'ayant pas à être réexaminée lors de l'ouverture d'une procédure secondaire, le dirigeant n'est pas tenu de déclarer la cessation des paiements et ne peut se voir sanctionner pour s'en être abstenu.

Art. 4. – *Vérification de la compétence.* – 1. La juridiction saisie d'une demande d'ouverture d'une procédure d'insolvabilité examine d'office si elle est compétente en vertu de l'article 3. Dans sa décision d'ouverture de la procédure d'insolvabilité, la juridiction indique les fondements de sa compétence, et précise notamment si sa compétence est fondée sur le paragraphe 1 ou 2 de l'article 3.

2. Sans préjudice du paragraphe 1, lorsqu'une procédure d'insolvabilité est ouverte conformément au droit national en dehors de toute décision juridictionnelle, les États membres peuvent charger le praticien de l'insolvabilité désigné dans ladite procédure d'examiner si l'État membre dans lequel une demande d'ouverture d'une procédure est en cours est compétent en vertu de l'article 3. Si tel est le cas, le praticien de l'insolvabilité indique, dans la décision d'ouverture de la procédure, les fondements de cette compétence, et précise notamment si ladite compétence est fondée sur le paragraphe 1 ou 2 de l'article 3.

Art. 5. – *Contrôle juridictionnel de la décision d'ouverture d'une procédure d'insolvabilité principale.* – 1. Le débiteur ou tout créancier peut attaquer devant une juridiction la décision d'ouverture de la procédure d'insolvabilité principale pour des motifs de compétence internationale.

2. La décision d'ouverture de la procédure d'insolvabilité principale peut être attaquée par des parties autres que celles visées au paragraphe 1, ou pour des motifs autres que l'absence de compétence internationale, si le droit national le prévoit.

Art. 6. – *Compétence juridictionnelle pour une action qui découle directement de la procédure d'insolvabilité et qui y est étroitement liée.* – 1. Les juridictions de l'État membre sur le territoire duquel la procédure d'insolvabilité a été ouverte en application de l'article 3 sont compétentes pour connaître de toute action qui découle directement de la procédure d'insolvabilité et y est étroitement liée, telles les actions révocatoires.

2. Lorsqu'une action visée au paragraphe 1 est liée à une action en matière civile et commerciale intentée contre le même défendeur, le praticien de l'insolvabilité peut porter les deux actions devant les juridictions de l'État membre sur le territoire duquel le défendeur est domicilié ou, si l'action est dirigée contre plusieurs défendeurs, devant les juridictions de l'État membre sur le territoire duquel l'un d'eux est domicilié, à condition que ces juridictions soient compétentes en vertu du règlement (UE) n° 1215/2012.

Le premier alinéa s'applique au débiteur non dessaisi, pour autant que le droit national l'autorise à intenter des actions au nom de la masse de l'insolvabilité.

3. Sont réputées connexes, aux fins du paragraphe 2, les actions qui sont à ce point étroitement liées qu'il y a un intérêt à les instruire et à les juger en même temps afin d'éviter que ne soient rendues des décisions inconciliables, issues de procédures séparées.

Art. 7. – *Loi applicable.* – 1. Sauf disposition contraire du présent règlement, la loi applicable à la procédure d'insolvabilité et à ses effets est celle de l'État membre sur le territoire duquel cette procédure est ouverte (ci-après dénommé « État d'ouverture »).

2. La loi de l'État d'ouverture détermine les conditions liées à l'ouverture, au déroulement et à la clôture de la procédure d'insolvabilité. Elle détermine notamment les éléments suivants :

***a)* les débiteurs susceptibles de faire l'objet d'une procédure d'insolvabilité du fait de leur qualité ;**

***b)* les biens qui font partie de la masse de l'insolvabilité et le sort des biens acquis par le débiteur ou qui lui reviennent après l'ouverture de la procédure d'insolvabilité ;**

***c)* les pouvoirs respectifs du débiteur et du praticien de l'insolvabilité ;**

***d)* les conditions d'opposabilité d'une compensation ;**

***e)* les effets de la procédure d'insolvabilité sur les contrats en cours auxquels le débiteur est partie ;**

***f)* les effets de la procédure d'insolvabilité sur les procédures engagées par des créanciers individuels, à l'exception des instances en cours ;**

***g)* les créances à produire au passif du débiteur et le sort des créances nées après l'ouverture de la procédure d'insolvabilité ;**

***h)* les règles régissant la production, la vérification et l'admission des créances ;**

***i)* les règles régissant la distribution du produit de la réalisation des actifs, le rang des créances et les droits des créanciers qui ont été partiellement désintéressés après l'ouverture de la procédure d'insolvabilité en vertu d'un droit réel ou par l'effet d'une compensation ;**

***j)* les conditions et les effets de la clôture de la procédure d'insolvabilité, notamment par concordat ;**

***k)* les droits des créanciers après la clôture de la procédure d'insolvabilité ;**

***l)* la charge des frais et des dépenses de la procédure d'insolvabilité ;**

***m)* les règles relatives à la nullité, à l'annulation ou à l'inopposabilité des actes juridiques préjudiciables à la masse des créanciers.**

[JURISPRUDENCE RENDUE SOUS L'EMPIRE DE L'ANCIEN ARTICLE 4 DU RÈGLEMENT DU 29 MAI 2000]

1) Aux termes de l'article 4, § 2, *h*, la loi de l'État d'ouverture détermine notamment les règles concernant la production, la vérification et l'admission des créances. Il en résulte que, dans le cas d'une procédure d'insolvabilité ouverte en France, la déclaration de créance par une personne morale peut être effectuée par tout préposé titulaire d'une délégation de pouvoirs : ▪ Cass. com., 15 déc. 2009, n° 08-14.949 : *JurisData* n° 2009-05791 ; *JCP* E 2010, 1084 ; *D.* 2010, p. 86, obs. A. Lienhard ; *Rev. proc. coll.* 2010, p. 13, n° 17, obs. Fl. Petit. – *Adde* ▪ Cass. com., 22 juin 2010, n° 09-65.481 : *JurisData* n° 2010-010047 ; *Rev. proc. coll.* 2010, étude 19, n° 6, obs. Fl. Petit ; *BJS* 2010, p. 755, note J.-L. Vallens ; *D.* 2010, p. 1702. – La délégation de pouvoir peut être justifiée par une attestation établie postérieurement à l'expiration du délai de déclaration des créances : ▪ Cass. com., 15 déc. 2009, préc. – Il appartient à la loi de l'État d'ouverture, conformément aux dispositions générales de l'article 4, § 2, *h*, de déterminer les conséquences d'un défaut d'information du créancier, de sorte qu'en France, par application de l'article L. 622-26 du Code de commerce, est seule ouverte à un créancier chirographaire établi dans un autre État membre la voie du relevé de forclusion : ▪ Cass. com., 18 nov. 2014, n° 12-28.040 : *JurisData* n° 2014-027999 ; *D.* 2015, p. 2043, obs. L. d'Avout ; *Rev. proc. coll.* 2015, comm. 144, note M. Menjucq.

2) L'article 4 doit être interprété en ce sens que relève de son champ d'application une action dirigée contre le dirigeant d'une société de droit anglais ou gallois, faisant l'objet d'une procédure d'insolvabilité ouverte en Allemagne, intentée devant une juridiction allemande par le curateur de cette société et tendant, sur le fondement d'une disposition nationale telle que l'article 64, paragraphe 2, première phrase, de la loi relative aux sociétés à responsabilité limitée, au remboursement de paiements effectués par ce dirigeant avant l'ouverture de la procédure d'insolvabilité, mais après la date à laquelle la survenance de l'insolvabilité de cette société a été fixée. Il ne s'ensuit aucune atteinte à la liberté d'établissement : ▪ CJUE, 10 déc. 2015, aff. C-594/14 : *JurisData* n° 2015-029621 ; *JCP* G 2016, doctr. 241, n° 10, obs. M. Menjucq ; *BJS* 2016, n° 3, p. 152, obs. F. Jault-Seseke et D. Robine ; *Rev. crit. DIP* 2016, p. 544, note P. Nabet. – V. déjà, ▪ CJUE, 4 déc. 2014, n° C-295/13, *H.* : *BJS* févr. 2015, p. 95, note F. Jault-Seseke et D. Robine ; *Rev. crit. DIP* 2015, p. 462, note D. Bureau ; *Europe* 2015, comm. 97, note L. Idot ; *Rev. proc. coll.* 2015, comm. 141, note M. Menjucq.

Art. 8. – ***Droits réels des tiers.*** – **1. L'ouverture de la procédure d'insolvabilité n'affecte pas le droit réel d'un créancier ou d'un tiers sur des biens corporels ou incorporels, meubles ou immeubles, à la fois des biens déterminés et des ensembles de biens indéterminés dont la composition est sujette à modification, appartenant au débiteur et qui sont situés, au moment de l'ouverture de la procédure, sur le territoire d'un autre État membre.**

2. Les droits visés au paragraphe 1 sont notamment :

a) le droit de réaliser ou de faire réaliser un bien et d'être désintéressé par le produit ou les revenus de ce bien, en particulier en vertu d'un gage ou d'une hypothèque ;

b) le droit exclusif de recouvrer une créance, notamment en vertu de la mise en gage ou de la cession de cette créance à titre de garantie ;

c) le droit de revendiquer un bien et/ou d'en réclamer la restitution entre les mains de quiconque le détient ou en jouit contre la volonté de l'ayant droit ;

d) le droit réel de percevoir les fruits d'un bien.

3. Est assimilé à un droit réel le droit, inscrit dans un registre public et opposable aux tiers, sur le fondement duquel un droit réel au sens du paragraphe 1 peut être obtenu.

4. Le paragraphe 1 ne fait pas obstacle aux actions en nullité, en annulation ou en inopposabilité visées à l'article 7, paragraphe 2, point *m)*.

Art. 9. – *Compensation.* – 1. L'ouverture de la procédure d'insolvabilité n'affecte pas le droit des créanciers d'invoquer la compensation de leurs créances avec les créances du débiteur, lorsque cette compensation est permise par la loi applicable à la créance du débiteur insolvable.

2. Le paragraphe 1 ne fait pas obstacle aux actions en nullité, en annulation ou en inopposabilité visées à l'article 7, paragraphe 2, point *m)*.

Art. 10. – *Réserve de propriété.* – 1. L'ouverture d'une procédure d'insolvabilité à l'encontre de l'acheteur d'un bien n'affecte pas les droits des vendeurs qui sont fondés sur une réserve de propriété, lorsque ce bien est situé, au moment de l'ouverture de la procédure, sur le territoire d'un État membre autre que l'État d'ouverture.

2. L'ouverture d'une procédure d'insolvabilité contre le vendeur d'un bien, après la livraison de ce bien, ne constitue pas une cause de résolution ou de résiliation de la vente et ne fait pas obstacle à l'acquisition par l'acheteur de la propriété du bien vendu, lorsque ce bien est situé au moment de l'ouverture de la procédure sur le territoire d'un État membre autre que l'État d'ouverture.

3. Les paragraphes 1 et 2 ne font pas obstacle aux actions en nullité, en annulation ou en inopposabilité visées à l'article 7, paragraphe 2, point *m)*.

Art. 11. – *Contrats portant sur un bien immobilier.* – 1. Les effets de la procédure d'insolvabilité sur un contrat donnant le droit d'acquérir un bien immobilier ou d'en jouir sont régis exclusivement par la loi de l'État membre sur le territoire duquel ce bien est situé.

2. La juridiction qui a ouvert la procédure d'insolvabilité principale est compétente pour approuver la résiliation ou la modification des contrats visés dans le présent article, dans les cas où :

a) la loi de l'État membre applicable à ces contrats exige que ce type de contrats ne peut être résilié ou modifié qu'avec l'approbation de la juridiction qui a ouvert la procédure d'insolvabilité ; et

b) si aucune procédure d'insolvabilité n'a été ouverte dans cet État membre.

Art. 12. – *Systèmes de paiement et marchés financiers.* – 1. Sans préjudice de l'article 8, les effets de la procédure d'insolvabilité sur les droits et obligations des participants à un système de paiement ou de règlement ou à un marché financier sont régis exclusivement par la loi de l'État membre applicable audit système ou marché.

2. Le paragraphe 1 ne fait pas obstacle à l'exercice d'une action en nullité, en annulation ou en inopposabilité des paiements ou des transactions en vertu de la loi applicable au système de paiement ou au marché financier concerné.

Art. 13. – *Contrats de travail.* – 1. Les effets de la procédure d'insolvabilité sur les contrats de travail et sur les relations de travail sont régis exclusivement par la loi de l'État membre applicable au contrat de travail.

2. Les juridictions de l'État membre dans lequel une procédure d'insolvabilité secondaire peut être ouverte demeurent compétentes pour approuver la résiliation ou la modification des contrats visés au présent article, même si aucune procédure d'insolvabilité n'a été ouverte dans cet État membre.

Le premier alinéa s'applique également à une autorité compétente en vertu du droit national pour approuver la résiliation ou la modification des contrats visés au présent article.

Art. 14. – ***Effets sur les droits soumis à enregistrement.*** – **Les effets de la procédure d'insolvabilité sur les droits d'un débiteur sur un bien immobilier, un navire ou un aéronef qui sont soumis à inscription dans un registre public sont régis par la loi de l'État membre sous l'autorité duquel ce registre est tenu.**

Art. 15. – ***Brevets européens à effet unitaire et marques communautaires.*** – **Aux fins du présent règlement, un brevet européen à effet unitaire, une marque communautaire ou tout autre droit analogue établi par le droit de l'Union ne peut être inclus que dans la procédure visée à l'article 3, paragraphe 1.**

Art. 16. – ***Actes préjudiciables.*** – **L'article 7, paragraphe 2, point *m*), n'est pas applicable lorsque celui qui a bénéficié d'un acte préjudiciable à l'ensemble des créanciers apporte la preuve :**

a) **que cet acte est soumis à la loi d'un État membre autre que l'État d'ouverture ; et**

b) **que la loi dudit État membre ne permet en l'espèce, par aucun moyen, d'attaquer cet acte.**

[JURISPRUDENCE RENDUE SOUS L'EMPIRE DE L'ANCIEN RÈGLEMENT DU 29 MAI 2000, ART. 13]

1) L'article 13 doit être interprété en ce sens qu'il est applicable à une situation dans laquelle le paiement, contesté par un syndic, d'une somme d'argent saisie antérieurement à l'ouverture de la procédure d'insolvabilité n'est intervenu qu'après l'ouverture de cette procédure. Le régime d'exception qu'il instaure inclut également les délais de prescription, les délais d'exercice de l'action révocatoire et les délais de forclusion qui sont prévus par la loi à laquelle est soumis l'acte contesté par le syndic : ▪ CJUE, 16 avr. 2015, aff. C-557/13, *Lutz* : *D.* 2015, 2105, note R. Dammann et A.-M. Dang ; *ibid.* 2031, obs. L. d'Avout et S. Bollée ; *Rev. sociétés* 2015, 551, obs. L.-C. Henry ; *RTD com.* 2015, 383, obs. J.-L. Vallens ; *Rev. proc. coll.* 2015, n° 4, p. 30, note Th. Mastrullo.

2) L'article 13 doit être interprété en ce sens que les termes « ne permet [...], par aucun moyen, d'attaquer cet acte » visent, en sus des dispositions de la loi applicable à cet acte (*lex causae*) applicables en matière d'insolvabilité, l'ensemble des dispositions et des principes généraux de cette loi, ▪ CJUE, 15 oct. 2015, aff. C-310-14, *Nike : JurisData* n° 2015-023713 ; *D.* 2016, p. 526, note R. Dammann et M. Pigot ; *BJE* 2016, p. 53, note L.-C. Henry ; *RTD com.* 2015, p. 755, note J.-L. Vallens.

3) L'article 13 du règlement n° 1346/2000 peut être valablement invoqué, pour faire obstacle à une action révocatoire, lorsque les parties au contrat susceptible d'être révoqué, qui ont leur siège dans un seul et même État membre, sur le territoire duquel sont également localisés tous les autres éléments pertinents de la situation concernée, ont désigné comme loi applicable à ce contrat celle d'un autre État membre, à condition que ces parties n'aient pas choisi cette loi d'une façon frauduleuse ou abusive, ce qu'il incombe à la juridiction de renvoi à vérifier : ▪ CJUE 8 juin 2017, aff. C-54/16 : *JurisData* n° 2017-011081 ; *JCP* G 2017, comm. 967, note L. d'Avout ; *D.* 2017, p. 2073, R. Damman et A. Huchot ; *BJE* 2017, p. 354, note J.-L. Vallens ; *Procédures* 2017, comm. 194, obs. C. Nourrissat.

Art. 17. – ***Protection du tiers acquéreur.*** – **Lorsque, par un acte conclu après l'ouverture de la procédure d'insolvabilité, un débiteur dispose à titre onéreux :**

a) **d'un bien immobilier ;**

b) **d'un navire ou d'un aéronef soumis à inscription dans un registre public ; ou**

c) **de valeurs mobilières dont l'existence nécessite une inscription dans un registre prévu par la loi, la validité de cet acte est régie par la loi de l'État sur le territoire duquel ce bien immobilier est situé, ou sous l'autorité duquel ce registre est tenu.**

Art. 18. – ***Effets de la procédure d'insolvabilité sur les instances ou les procédures arbitrales en cours.*** – **Les effets de la procédure d'insolvabilité sur une instance ou une procédure arbitrale en cours concernant un bien ou un droit qui fait partie de la masse de l'insolvabilité d'un débiteur sont régis exclusivement par la loi de l'État membre dans lequel l'instance est en cours ou dans lequel le tribunal arbitral a son siège.**

CHAPITRE II. – RECONNAISSANCE DE LA PROCÉDURE D'INSOLVABILITÉ

Art. 19. – ***Principe.*** – **1. Toute décision ouvrant une procédure d'insolvabilité rendue par une juridiction d'un État membre compétente en vertu de l'article 3 est reconnue dans tous les autres États membres dès qu'elle produit ses effets dans l'État d'ouverture.**

La règle énoncée au premier alinéa s'applique également lorsqu'un débiteur, du fait de sa qualité, n'est pas susceptible de faire l'objet d'une procédure d'insolvabilité dans d'autres États membres.

2. La reconnaissance de la procédure visée à l'article 3, paragraphe 1, ne fait pas obstacle à l'ouverture de la procédure visée à l'article 3, paragraphe 2, par une juridiction d'un autre État membre. Dans ce cas, cette dernière procédure est une procédure d'insolvabilité secondaire au sens du chapitre III.

[JURISPRUDENCE RENDUE SOUS L'EMPIRE DE L'ANCIEN RÈGLEMENT DU 29 MAI 2000, ART. 16]

1) Interprétation de l'article 16, § 1, alinéa 1. Au sens du premier alinéa de l'article 16, § 1, la procédure principale ouverte par une juridiction d'un État membre doit être reconnue par les juridictions des autres États membres, sans que celles-ci puissent contrôler la compétence de la juridiction de l'État d'ouverture : ▪ CJCE, 2 mai 2006 : *D.* 2006, act. jurispr. p. 1286, note A. Lienhard ; *ibid.*, p. 1752, note R. Dammann ; *BJS* 2006, p. 907, note D. Fasquelle ; *JCP* 2006, I, 185, obs. M. Cabrillac et Ph. Pétel ; *ibid.*, II, 10089, obs. M. Menjucq ; *JCP* E 2006, 2071, note J.-L. Vallens ; *ibid.*, 2291, note F. Mélin. – Solution reprise par ▪ Cass. com., 27 juin 2006, n° 03-19.863 : *JCP* 2006, II, 10147, note M. Menjucq ; *D.* 2006, p. 2257, note J.-L. Vallens. – Constitue une décision d'ouverture de la procédure d'insolvabilité au sens de cette disposition, la décision rendue par une juridiction saisie d'une demande à cet effet, fondée sur l'insolvabilité du débiteur et tendant à l'ouverture d'une procédure visée à l'annexe A, lorsque cette décision entraîne le dessaisissement du débiteur et porte nomination d'un syndic visé à l'annexe C (▪ Cass. com., 27 juin 2006, préc.).

2) Application. L'ouverture d'une procédure d'insolvabilité principale contre une société de droit français, filiale d'une société de droit anglais, par une juridiction britannique, interdit à toute juridiction française d'ouvrir ultérieurement une autre procédure d'insolvabilité principale : ▪ CA Versailles, 4 sept. 2003, préc. art. 3, annot. n° 1, p. 2238. Pour le rejet du pourvoi contre cet arrêt, V. ▪ Cass. com., 27 juin 2006, préc., décidant que les juridictions des autres États membres ne peuvent pas contrôler la compétence de la juridiction de l'État d'ouverture, ce qui exclut qu'elles vérifient la réalité des motifs ayant permis de renverser la présomption de l'article 3, § 1.

3) Portée universelle de la procédure d'insolvabilité. Les autorités compétentes d'un État membre dans lequel aucune procédure secondaire n'a été ouverte, sont tenues de reconnaître et d'exécuter toutes les décisions relatives à une procédure principale ouverte dans un autre État, et partant, ne sont pas en droit d'ordonner des mesures d'exécution portant sur les biens du débiteur déclaré insolvable situés sur leur territoire lorsque la législation de l'État d'ouverture ne le permet pas : ▪ CJUE, 21 janv. 2010, C-244/07 : *Procédures* 2010, comm. 72, C. Nourissat ; *D.* 2010, p. 321, obs. A. Lienhard.

Art. 20. – ***Effets de la reconnaissance.*** – **1. La décision d'ouverture de la procédure d'insolvabilité visée à l'article 3, paragraphe 1, produit, sans aucune autre formalité, dans tout autre État membre les mêmes effets que ceux prévus par la loi de l'État d'ouverture, sauf disposition contraire du présent règlement et aussi longtemps qu'aucune procédure visée à l'article 3, paragraphe 2, n'est ouverte dans cet autre État membre.**

2. Les effets de la procédure visée à l'article 3, paragraphe 2, ne peuvent pas être contestés dans d'autres États membres. Toute limitation des droits des créanciers, notamment un sursis de paiement ou une remise de dette, ne peut être opposée, quant aux biens situés sur le territoire d'un autre État membre, qu'aux créanciers qui ont exprimé leur accord.

Art. 21. – ***Pouvoirs du praticien de l'insolvabilité.*** – **1. Le praticien de l'insolvabilité désigné par une juridiction compétente en vertu de l'article 3, paragraphe 1, peut exercer dans un autre État membre tous les pouvoirs qui lui sont conférés par la loi de l'État d'ouverture, aussi longtemps qu'aucune autre procédure d'insolvabilité n'a été ouverte dans cet autre État membre et qu'aucune mesure conservatoire contraire n'y a été prise à la suite d'une demande d'ouverture d'une procédure d'insolvabilité dans cet État. Sous réserve des articles 8 et 10, le praticien de l'insolvabilité peut notamment déplacer les actifs du débiteur hors du territoire de l'État membre dans lequel ils se trouvent.**

2. Le praticien de l'insolvabilité désigné par une juridiction compétente en vertu de l'article 3, paragraphe 2, peut faire valoir dans tout autre État membre, par voie judiciaire ou extrajudiciaire, qu'un bien mobilier a été transféré du territoire de l'État d'ouverture sur le territoire de cet autre État membre après l'ouverture de la procédure d'insolvabilité. Le praticien de l'insolvabilité peut également exercer toute action révocatoire utile aux intérêts des créanciers.

3. Dans l'exercice de ses pouvoirs, le praticien de l'insolvabilité respecte la loi de l'État membre sur le territoire duquel il entend agir, en particulier quant aux modalités de réalisation des actifs. Ces pouvoirs ne peuvent inclure

l'emploi de moyens contraignants, à moins qu'ils ne soient ordonnés par une juridiction de cet État membre, ni le droit de statuer sur une action en justice ou un différend.

Art. 22. – *Preuve de la désignation du praticien de l'insolvabilité.* – La désignation du praticien de l'insolvabilité est établie par la présentation d'une copie, certifiée conforme à l'original, de la décision qui le nomme, ou par tout autre certificat établi par la juridiction compétente.

Une traduction dans la langue officielle ou une des langues officielles de l'État membre sur le territoire duquel il entend agir peut être exigée. Aucune légalisation ou autre formalité analogue n'est requise.

Art. 23. – *Restitution et imputation.* – 1. Le créancier qui, après l'ouverture de la procédure visée à l'article 3, paragraphe 1, obtient par tout moyen, notamment par des voies d'exécution, satisfaction totale ou partielle en ce qui concerne sa créance sur les biens du débiteur qui se situent sur le territoire d'un autre État membre restitue ce qu'il a obtenu au praticien de l'insolvabilité, sous réserve des articles 8 et 10.

2. Afin d'assurer un traitement égal des créanciers, un créancier qui a obtenu, dans une procédure d'insolvabilité, un dividende sur sa créance ne participe aux répartitions ouvertes dans une autre procédure que lorsque les créanciers de même rang ou de même catégorie ont obtenu, dans cette autre procédure, un dividende équivalent.

Art. 24. – *Création de registres d'insolvabilité.* – 1. Les États membres créent et tiennent, sur leur territoire, un ou plusieurs registres dans lesquels sont publiées des informations concernant les procédures d'insolvabilité (ci-après dénommés « registres d'insolvabilité »). Ces informations sont publiées dès que possible après l'ouverture de ces procédures.

2. Les informations visées au paragraphe 1 du présent article sont rendues publiques, sous réserve des conditions prévues à l'article 27, et comportent les élément suivants (ci-après dénommés « informations obligatoires ») :

a) la date d'ouverture de la procédure d'insolvabilité ;

b) la juridiction qui ouvre la procédure d'insolvabilité et le numéro de référence de l'affaire, le cas échéant ;

c) le type de procédure d'insolvabilité visée à l'annexe A qui a été ouverte et, le cas échéant, tout sous-type pertinent de procédure ouverte conformément au droit national ;

d) l'indication selon laquelle la compétence pour l'ouverture d'une procédure est fondée sur l'article 3, paragraphes 1, 2 ou 4 ;

e) si le débiteur est une société ou une personne morale, le nom du débiteur, son numéro d'enregistrement, son siège statutaire ou, si elle est différente, son adresse postale ;

f) si le débiteur est une personne physique exerçant une profession libérale ou toute autre activité d'indépendant, le nom du débiteur, son numéro d'enregistrement, le cas échéant, et son adresse postale ou, si l'adresse est protégée, son lieu et sa date de naissance ;

g) le nom, l'adresse postale ou l'adresse électronique du praticien de l'insolvabilité désigné, le cas échéant, dans la procédure ;

h) le délai fixé pour la production des créances, le cas échéant, ou une référence aux critères à utiliser pour calculer ce délai ;

i) la date de clôture de la procédure d'insolvabilité principale, le cas échéant ;

j) la juridiction devant laquelle et, le cas échéant, le délai dans lequel un recours contre la décision d'ouverture de la procédure d'insolvabilité doit être formé, conformément à l'article 5, ou une référence aux critères à utiliser pour calculer ce délai.

3. Le paragraphe 2 n'empêche pas les États membres de faire figurer des documents ou d'autres informations dans leurs registres d'insolvabilité nationaux, tels que les déchéances de dirigeants liées à des situations d'insolvabilité.

4. Les États membres ne sont pas tenus de faire figurer dans les registres d'insolvabilité les informations visées au paragraphe 1 du présent article concernant des personnes physiques n'exerçant pas une profession libérale ou toute autre activité d'indépendant, ni de rendre ces informations disponibles au public par l'intermédiaire du système d'interconnexion de ces registres, pour autant que des créanciers étrangers connus soient informés, conformément à l'article 54, des éléments visés au paragraphe 2, point *j)*, du présent article.

Lorsqu'un État membre fait usage de la possibilité visée au premier alinéa, la procédure d'insolvabilité n'affecte pas les créances des créanciers étrangers qui n'ont pas reçu les informations visées au premier alinéa.

5. La publication d'informations dans les registres, réalisée en vertu du présent règlement, n'a pas d'autres effets juridiques que ceux définis dans le droit national et à l'article 55, paragraphe 6.

Art. 25. – *Interconnexion des registres d'insolvabilité.* – 1. La Commission met en place, par voie d'actes d'exécution, un système décentralisé permettant l'interconnexion des registres d'insolvabilité. Ce système comporte les registres d'insolvabilité et le portail européen e-Justice, qui sert de point central d'accès public par voie électronique aux informations disponibles dans le système. Le système propose une fonction de recherche dans toutes les langues officielles des institutions de l'Union afin de permettre l'accès aux informations obligatoires ainsi qu'aux autres documents ou informations figurant dans les registres d'insolvabilité que les États membres décideraient de rendre disponibles par l'intermédiaire du portail européen e-Justice.

2. Par voie d'actes d'exécution pris en conformité avec la procédure visée à l'article 87, la Commission adopte, au plus tard le 26 juin 2019 :

a) le cahier des charges précisant les modes de communication et d'échange d'informations par voie électronique compte tenu de la spécification d'interface retenue pour le système d'interconnexion des registres d'insolvabilité ;

b) les mesures techniques garantissant les normes minimales de sécurité des technologies de l'information pour la communication et la diffusion de l'information au sein du système d'interconnexion des registres d'insolvabilité ;

c) les critères minimaux de la fonction de recherche proposée par le portail européen e-Justice compte tenu des informations énoncées à l'article 24 ;

d) les critères minimaux de présentation des résultats de ces recherches compte tenu des informations énoncées à l'article 24 ;

e) les modalités et les conditions techniques de disponibilité des services fournis par le système d'interconnexion ; et

f) un glossaire comportant une explication de base des procédures nationales d'insolvabilité dont la liste figure à l'annexe A.

Art. 26. – *Coût de la création et de l'interconnexion des registres d'insolvabilité.* – 1. La création, la tenue et le développement futur du système d'interconnexion des registres d'insolvabilité sont financés sur le budget général de l'Union.

2. Chaque État membre supporte les coûts de création et d'adaptation nécessaires pour permettre l'interopérabilité de ses registres d'insolvabilité nationaux avec le portail européen e-Justice, ainsi que les coûts de gestion, d'exploitation et de tenue de ces registres. Cela s'entend sans préjudice de la possibilité pour les États membres de solliciter l'octroi de subventions destinées au soutien de ces activités dans le cadre des programmes financiers de l'Union.

Art. 27. – *Conditions d'accès aux informations par l'intermédiaire du système d'interconnexion.* – 1. Les États membres veillent à ce que les informations obligatoires visées à l'article 24, paragraphe 2, points *a)* à *j)*, soient disponibles gratuitement par l'intermédiaire du système d'interconnexion des registres d'insolvabilité.

2. Le présent règlement n'empêche pas les États membres de réclamer des droits raisonnables pour accorder l'accès aux documents ou autres informations visés à l'article 24, paragraphe 3, par l'intermédiaire du système d'interconnexion des registres d'insolvabilité.

3. Les États membres peuvent subordonner l'accès aux informations obligatoires concernant des personnes physiques n'exerçant pas une profession libérale ou toute autre activité d'indépendant, ainsi que des personnes physiques exerçant une profession libérale ou toute autre activité d'indépendant lorsque la procédure d'insolvabilité n'est pas liée à cette activité, à des critères de recherche supplémentaires concernant le débiteur, en plus des critères minimaux visés à l'article 25, paragraphe 2, point *c)*.

4. Les États membres peuvent exiger que l'accès aux informations visées au paragraphe 3 soit subordonné à une demande adressée à l'autorité compétente. Ils peuvent subordonner cet accès à la vérification de l'existence d'un intérêt légitime à accéder à ces informations. La personne requérante doit avoir la possibilité de soumettre sa demande d'information par voie électronique, au moyen d'un formulaire uniformisé par l'intermédiaire du portail européen e-Justice. Lorsqu'un intérêt légitime est exigé, la personne requérante est autorisée à justifier sa demande en envoyant des copies électroniques des documents pertinents. La personne requérante reçoit une réponse de l'autorité compétente dans les trois jours ouvrables.

La personne requérante n'est pas tenue de fournir des traductions des documents justifiant sa demande ni de prendre en charge les frais éventuels de traduction auxquels l'autorité compétente pourrait être exposée.

Art. 28. – *Publication dans un autre État membre.* – **1. Le praticien de l'insolvabilité ou le débiteur non dessaisi demande que le contenu essentiel de la décision d'ouverture de la procédure d'insolvabilité et, le cas échéant, de la décision de désignation du praticien de l'insolvabilité soit publié dans tout autre État membre où est situé un établissement du débiteur, conformément aux modalités de publication prévues dans cet État membre. Cette publication mentionne, le cas échéant, le praticien de l'insolvabilité désigné et précise si la règle de compétence appliquée est celle du paragraphe 1 ou du paragraphe 2 de l'article 3.**

2. Le praticien de l'insolvabilité ou le débiteur non dessaisi peut demander que les informations visées au paragraphe 1 soient publiées dans tout autre État membre où le praticien de l'insolvabilité ou le débiteur non dessaisi le juge nécessaire, conformément aux modalités de publication prévues dans cet État membre.

Art. 29. – *Inscription dans les registres publics d'un autre État membre.* – **1. Si la loi d'un État membre où est situé un établissement du débiteur et où cet établissement est inscrit dans un registre public de cet État membre, ou la loi d'un État membre dans lequel se situent des biens immobiliers appartenant au débiteur, exige que les informations relatives à l'ouverture d'une procédure d'insolvabilité visée à l'article 28 soient publiées au registre foncier, au registre des sociétés ou dans tout autre registre public, le praticien de l'insolvabilité ou le débiteur non dessaisi prend toutes les mesures nécessaires pour procéder à cette inscription.**

2. Le praticien de l'insolvabilité ou le débiteur non dessaisi peut demander que cette inscription soit effectuée dans un autre État membre, pour autant que la loi de l'État membre dans lequel le registre est tenu l'autorise.

Art. 30. – *Frais.* – **Les frais des mesures de publicité et d'inscription prévues aux articles 28 et 29 sont considérés comme des frais et dépenses de la procédure.**

Art. 31. – *Exécution au profit du débiteur.* – **1. Celui qui, dans un État membre, exécute une obligation au profit d'un débiteur soumis à une procédure d'insolvabilité ouverte dans un autre État membre, alors qu'il aurait dû le faire au profit du praticien de l'insolvabilité de cette procédure, est libéré s'il ignorait l'ouverture de la procédure.**

2. Celui qui a exécuté cette obligation avant les mesures de publicité prévues à l'article 28 est présumé, jusqu'à preuve du contraire, avoir ignoré l'ouverture de la procédure d'insolvabilité. Celui qui l'a exécutée après ces mesures de publicité est présumé, jusqu'à preuve du contraire, avoir eu connaissance de l'ouverture de la procédure.

Art. 32. – *Reconnaissance et caractère exécutoire d'autres décisions.* – **1. Les décisions relatives au déroulement et à la clôture d'une procédure d'insolvabilité rendues par une juridiction dont la décision d'ouverture est reconnue conformément à l'article 19 ainsi que les concordats approuvés par une telle juridiction sont également reconnus sans autre formalité. Ces décisions sont exécutées conformément aux articles 39 à 44 et 47 à 57 du règlement (UE) n° 1215/2012.**

Le premier alinéa s'applique également aux décisions qui découlent directement de la procédure d'insolvabilité et qui y sont étroitement liées, même si elles ont été rendues par une autre juridiction.

Le premier alinéa s'applique également aux décisions relatives aux mesures conservatoires prises après la demande d'ouverture d'une procédure d'insolvabilité ou en rapport avec celle-ci.

2. La reconnaissance et l'exécution de décisions autres que celles visées au paragraphe 1 du présent article sont régies par le règlement (UE) n° 1215/2012, pour autant que ledit règlement soit applicable.

Art. 33. – *Ordre public.* – **Tout État membre peut refuser de reconnaître une procédure d'insolvabilité ouverte dans un autre État membre ou d'exécuter une décision rendue dans le cadre d'une telle procédure, lorsque cette reconnaissance ou cette exécution produirait des effets manifestement contraires à son ordre public, en particulier à ses principes fondamentaux ou aux droits et aux libertés individuelles garantis par sa constitution.**

JURISPRUDENCE RENDUE SOUS L'EMPIRE DE L'ANCIEN RÈGLEMENT

1) Dès lors qu'il est établi que ni la reconnaissance en France d'une décision étrangère ouvrant une procédure d'insolvabilité à l'encontre d'une société, ni son exécution ne sont susceptibles de produire des effets manifestement contraires à l'ordre public français, la reconnaissance de cette décision ne peut être refusée : ■ CA Versailles, 15 déc. 2005 : *BJS* 2006, n° 69, note F. Mélin.

2) Un État membre peut refuser de reconnaître une procédure d'insolvabilité ouverte dans un autre État membre lorsque la décision d'ouverture a été prise en violation manifeste du droit fondamental à être entendue dont dispose une personne concernée par la procédure : ▪ CJCE, 2 mai 2006 : *D.* 2006, act. jurispr. p. 1286, note A. Lienhard ; *ibid.*, p. 1752, note R. Dammann ; *BJS* 2006, p. 907, note D. Fasquelle ; *JCP* 2006, I, 185, obs. M. Cabrillac et Ph. Pétel ; *ibid.*, II, 10089, note M. Menjucq ; *JCP* E 2006, 2071, note J.-L. Vallens ; *ibid.*, p. 2291, note F. Mélin. – Tel n'est pas le cas de l'absence d'audition des représentants du personnel préalablement à la décision d'ouverture de la procédure d'insolvabilité ▪ Cass. com., 27 juin 2006, n° 03-19.863 : *JCP* 2006, II, 10147, note M. Menjucq ; *D.* 2006, p. 2257, note J.-L. Vallens.

CHAPITRE III. – PROCÉDURES D'INSOLVABILITÉ SECONDAIRES

Art. 34. – *Ouverture de la procédure.* – Lorsqu'une procédure d'insolvabilité principale a été ouverte par une juridiction d'un État membre et reconnue dans un autre État membre, une juridiction de cet autre État membre qui est compétente en vertu de l'article 3, paragraphe 2, peut ouvrir une procédure d'insolvabilité secondaire conformément aux dispositions énoncées au présent chapitre. Lorsque la procédure d'insolvabilité principale exigeait que le débiteur soit insolvable, l'insolvabilité de ce dernier n'est pas réexaminée dans l'État membre dans lequel la procédure d'insolvabilité secondaire peut être ouverte. Les effets de la procédure d'insolvabilité secondaire sont limités aux actifs du débiteur se trouvant sur le territoire de l'État membre dans lequel ladite procédure a été ouverte.

1) Une procédure d'insolvabilité secondaire ne peut être ouverte que dans la mesure où elle présente des avantages, notamment en améliorant la protection des intérêts locaux ou la réalisation des actifs : ▪ CA Versailles, 15 déc. 2005 : *BJS* 2006, n° 69, note F. Mélin.

2) Les effets de la procédure secondaire, limités aux biens du débiteur situés sur le territoire couvert par celle-ci, ne permettent pas au liquidateur d'agir en vue du prononcé d'une interdiction de gérer contre le dirigeant de la personne morale : ▪ Cass. com., 22 janv. 2013, préc. sous art. 3, note n° 6 et sous art. L. 653-8, C. com., note n° 6.

Art. 35. – *Loi applicable.* – Sauf disposition contraire du présent règlement, la loi applicable à la procédure d'insolvabilité secondaire est celle de l'État membre sur le territoire duquel la procédure d'insolvabilité secondaire est ouverte.

Art. 36. – *Droit de prendre un engagement afin d'éviter une procédure d'insolvabilité secondaire.* – 1. Afin d'éviter l'ouverture d'une procédure d'insolvabilité secondaire, le praticien de l'insolvabilité de la procédure d'insolvabilité principale peut prendre un engagement unilatéral (ci-après dénommé « engagement ») en ce qui concerne les actifs se trouvant dans l'État membre dans lequel une procédure d'insolvabilité secondaire pourrait être ouverte, selon lequel, lors de la répartition de ces actifs ou des produits provenant de leur réalisation, il respectera les droits de répartition et de priorité prévus par le droit national, qui auraient été conférés aux créanciers si une procédure d'insolvabilité secondaire avait été ouverte dans cet État membre. L'engagement précise les circonstances factuelles sur lesquelles il repose, notamment en ce qui concerne la valeur des actifs se trouvant dans l'État membre concerné et les différentes options disponibles pour réaliser ces actifs.

2. Si un engagement a été pris conformément au présent article, la loi applicable à la répartition des produits résultant de la réalisation des actifs visés au paragraphe 1, au rang des créances des créanciers et aux droits des créanciers pour les actifs visés au paragraphe 1 est la loi de l'État membre dans lequel la procédure d'insolvabilité secondaire aurait pu être ouverte. Le moment pertinent auquel les actifs visés au paragraphe 1 sont recensés correspond au moment où l'engagement est pris.

3. L'engagement est établi dans la langue officielle ou dans l'une des langues officielles de l'État membre dans lequel la procédure d'insolvabilité secondaire aurait pu être ouverte, ou, s'il y a plusieurs langues officielles dans cet État membre, dans la langue officielle ou dans l'une des langues officielles du lieu où la procédure d'insolvabilité secondaire aurait pu être ouverte.

4. L'engagement est établi par écrit. Il est soumis à toute autre exigence de forme et obligation d'approbation des répartitions requises, le cas échéant, par l'État d'ouverture de la procédure d'insolvabilité principale.

5. L'engagement est approuvé par les créanciers locaux connus. Les règles relatives à la majorité qualifiée et au vote qui s'appliquent à l'adoption de plans de restructuration, en vertu de la loi de l'État membre dans lequel une procédure d'insolvabilité secondaire aurait pu être ouverte, s'appliquent également à l'approbation de

l'engagement. Lorsque le droit national les y autorise, les créanciers peuvent participer au vote en utilisant des moyens de communication à distance. Le praticien de l'insolvabilité informe les créanciers locaux connus de l'engagement, ainsi que des règles et des modalités pour l'approuver, et de son approbation ou de son refus de l'engagement.

6. Un engagement pris et approuvé conformément au présent article est contraignant en ce qui concerne le patrimoine. Si une procédure d'insolvabilité secondaire est ouverte conformément aux articles 37 et 38, le praticien de l'insolvabilité de la procédure d'insolvabilité principale transfère tous les actifs qu'il a déplacés hors du territoire de cet État membre après que l'engagement a été pris ou, si les actifs ont déjà été réalisés, les produits qui en résultent au praticien de l'insolvabilité de la procédure d'insolvabilité secondaire.

7. Lorsque le praticien de l'insolvabilité a pris un engagement, il informe les créanciers locaux de ses intentions en matière de répartition avant de procéder à la répartition des actifs et des produits visés au paragraphe 1. Si ces informations ne sont pas conformes aux termes de l'engagement ou aux dispositions de la loi applicable, tout créancier local a la possibilité de contester cette répartition devant les juridictions de l'État membre dans lequel la procédure d'insolvabilité principale a été ouverte, afin d'obtenir une répartition qui soit conforme aux termes de l'engagement et à la loi applicable. Dans ce cas, aucune répartition n'a lieu avant que la juridiction n'ait statué sur le recours.

8. Les créanciers locaux peuvent s'adresser aux juridictions de l'État membre dans lequel la procédure d'insolvabilité principale a été ouverte afin de demander au praticien de l'insolvabilité de la procédure d'insolvabilité principale de prendre toutes les mesures adéquates nécessaires pour assurer le respect des termes de l'engagement prévues par la loi de l'État d'ouverture de la procédure d'insolvabilité principale.

9. Les créanciers locaux peuvent également s'adresser aux juridictions de l'État membre dans lequel une procédure d'insolvabilité secondaire aurait pu être ouverte pour leur demander de prendre des mesures provisoires ou conservatoires en vue d'assurer le respect des termes de l'engagement par le praticien de l'insolvabilité.

10. Le praticien de l'insolvabilité est responsable de tout dommage causé aux créanciers locaux par suite du non-respect, dans son chef, des obligations et des exigences énoncées dans le présent article.

11. Aux fins du présent article, une autorité qui est établie dans l'État membre dans lequel une procédure d'insolvabilité secondaire aurait pu être ouverte et qui est tenue, en vertu de la directive 2008/94/CE du Parlement européen et du Conseil (1), de garantir le paiement des créances impayées des travailleurs salariés résultant de contrats de travail ou de relations de travail est réputée être un créancier local, si le droit national le prévoit.

Art. 37. – *Droit de demander l'ouverture d'une procédure d'insolvabilité secondaire.* – 1. L'ouverture d'une procédure d'insolvabilité secondaire peut être demandée par :

a) le praticien de l'insolvabilité de la procédure d'insolvabilité principale ;

b) toute autre personne ou autorité habilitée à demander l'ouverture d'une procédure d'insolvabilité en vertu de la loi de l'État membre sur le territoire duquel l'ouverture de la procédure d'insolvabilité secondaire est demandée.

2. Lorsqu'un engagement est devenu contraignant en application de l'article 36, la demande d'ouverture d'une procédure d'insolvabilité secondaire est introduite dans un délai de trente jours à compter de la réception de l'avis d'approbation de l'engagement.

Art. 38. – *Décision d'ouverture d'une procédure d'insolvabilité secondaire.* – 1. La juridiction saisie d'une demande d'ouverture d'une procédure d'insolvabilité secondaire en informe immédiatement le praticien de l'insolvabilité ou le débiteur non dessaisi de la procédure d'insolvabilité principale et lui donne la possibilité d'être entendu au sujet de la demande.

2. Lorsque le praticien de l'insolvabilité de la procédure d'insolvabilité principale a pris un engagement conformément à l'article 36, la juridiction visée au paragraphe 1 du présent article, à la demande du praticien de l'insolvabilité, n'ouvre pas de procédure d'insolvabilité secondaire si elle considère que l'engagement protège correctement l'intérêt général des créanciers locaux.

(1) Directive 2008/94/CE du Parlement européen et du Conseil du 22 octobre 2008 relative à la protection des travailleurs salariés en cas d'insolvabilité de l'employeur (*JO* L 283, 28 oct. 2008, p. 36).

3. Lorsqu'une suspension provisoire des poursuites individuelles a été accordée pour permettre des négociations entre le débiteur et ses créanciers, la juridiction, à la demande du praticien de l'insolvabilité ou du débiteur non dessaisi, peut suspendre l'ouverture d'une procédure d'insolvabilité secondaire pour une période ne dépassant pas trois mois, pour autant que les mesures adéquates soient mises en place afin de protéger les intérêts des créanciers locaux.

La juridiction visée au paragraphe 1 peut ordonner des mesures conservatoires pour protéger les intérêts des créanciers locaux en demandant au praticien de l'insolvabilité ou au débiteur non dessaisi de ne déplacer ni d'aliéner aucun des actifs qui se trouvent dans l'État membre dans lequel se situe l'établissement, à moins que cette opération ne s'inscrive dans le cadre de leurs activités habituelles. La juridiction peut également ordonner d'autres mesures afin de protéger les intérêts des créanciers locaux pendant une suspension, à moins que ce soit incompatible avec les règles de procédure civile applicables au niveau national.

La suspension de l'ouverture d'une procédure d'insolvabilité secondaire est levée par la juridiction d'office ou à la demande de tout créancier si, pendant la période de suspension, un accord est intervenu dans le cadre des négociations visées au premier alinéa.

La suspension peut être levée par la juridiction d'office ou à la demande de tout créancier si le maintien de la suspension porte préjudice aux droits des créanciers, en particulier si les négociations ont été interrompues, s'il est devenu évident qu'elles ont peu de chances d'aboutir ou si le praticien de l'insolvabilité ou le débiteur non dessaisi a enfreint l'interdiction d'aliéner ses actifs ou de les déplacer hors du territoire de l'État membre dans lequel se situe l'établissement.

4. À la demande du praticien de l'insolvabilité de la procédure d'insolvabilité principale, la juridiction visée au paragraphe 1 peut ouvrir un type de procédure d'insolvabilité mentionné sur la liste figurant à l'annexe A autre que celui qui a été demandé initialement, pour autant que les conditions d'ouverture de ce type de procédure prévues dans le droit national soient remplies et que ce type de procédure soit le plus approprié au regard des intérêts des créanciers locaux et de la cohérence entre les procédures d'insolvabilité principale et secondaire. L'article 34, deuxième phrase, s'applique.

Art. 39. – *Contrôle juridictionnel de la décision d'ouverture d'une procédure d'insolvabilité secondaire.* – Le praticien de l'insolvabilité de la procédure d'insolvabilité principale peut attaquer la décision d'ouverture d'une procédure d'insolvabilité secondaire devant les juridictions de l'État membre dans lequel la procédure d'insolvabilité secondaire a été ouverte, au motif que la juridiction n'a pas respecté les conditions et exigences fixées à l'article 38.

Art. 40. – *Avance de frais et dépens.* – Lorsque la loi de l'État membre dans lequel l'ouverture d'une procédure d'insolvabilité secondaire est demandée exige que les actifs du débiteur soient suffisants pour couvrir en tout ou en partie les frais et dépens de la procédure, la juridiction saisie d'une telle demande peut exiger du demandeur une avance de frais ou une garantie d'un montant approprié.

Art. 41. – *Coopération et communication entre praticiens de l'insolvabilité.* – 1. Le praticien de l'insolvabilité de la procédure d'insolvabilité principale et le ou les praticiens de l'insolvabilité des procédures d'insolvabilité secondaires concernant le même débiteur coopèrent, pour autant que cette coopération ne soit pas incompatible avec les règles applicables à chacune des procédures. Cette coopération peut prendre n'importe quelle forme, dont la conclusion d'accords ou de protocoles.

2. Dans le cadre de la mise en œuvre de la coopération visée au paragraphe 1, les praticiens de l'insolvabilité :

a) se communiquent dès que possible toute information qui peut être utile aux autres procédures, notamment l'état de la production et de la vérification des créances et toutes les mesures visant au redressement ou à la restructuration du débiteur, ou visant à mettre fin à la procédure, à condition que des dispositions appropriées soient prises pour protéger les informations confidentielles ;

b) explorent la possibilité de restructurer le débiteur et, si une telle possibilité existe, coordonnent l'élaboration et la mise en œuvre d'un plan de restructuration ;

c) coordonnent la gestion de la réalisation ou de l'utilisation des actifs et des affaires du débiteur ; le praticien de l'insolvabilité de la procédure d'insolvabilité secondaire permet en temps utile au praticien de l'insolvabilité de la procédure d'insolvabilité principale de présenter des propositions relatives à la réalisation ou à l'utilisation des actifs dans le cadre de la procédure d'insolvabilité secondaire.

3. Les paragraphes 1 et 2 s'appliquent *mutatis mutandis* aux situations où, dans le cadre de la procédure d'insolvabilité principale ou de la procédure d'insolvabilité secondaire ou de toute procédure d'insolvabilité territoriale concernant le même débiteur et ouvertes en même temps, le débiteur n'est pas dessaisi de ses actifs.

Art. 42. – *Coopération et communication entre juridictions.* – 1. Pour faciliter la coordination des procédures d'insolvabilité principale, territoriales et secondaires concernant le même débiteur, une juridiction devant laquelle une demande d'ouverture d'une procédure d'insolvabilité est en cours ou qui a ouvert une telle procédure coopère avec toute autre juridiction devant laquelle une demande d'ouverture d'une procédure d'insolvabilité est en cours ou qui a ouvert une telle procédure, dans la mesure où cette coopération n'est pas incompatible avec les règles applicables à chacune des procédures. À cette fin, les juridictions peuvent, au besoin, désigner une personne ou un organe indépendant agissant sur leurs instructions, pour autant que ce ne soit pas incompatible avec les règles applicables à ces procédures.

2. Dans le cadre de la mise en œuvre de la coopération visée au paragraphe 1, les juridictions, ou toute personne ou tout organe désigné agissant en leur nom, dont il est fait mention au paragraphe 1, peuvent communiquer directement entre elles, ou se demander directement des informations ou de l'aide, à condition que cette communication respecte les droits procéduraux des parties à la procédure et la confidentialité des informations.

3. La coopération visée au paragraphe 1 peut être mise en œuvre par tout moyen que la juridiction juge approprié. Elle peut notamment concerner :

a) la coordination de la désignation des praticiens de l'insolvabilité ;

b) la communication d'informations par tout moyen jugé approprié par la juridiction ;

c) la coordination de la gestion et de la surveillance des actifs et des affaires du débiteur ;

d) la coordination du déroulement des audiences ;

e) la coordination de l'approbation des protocoles, si nécessaire.

Art. 43. – *Coopération et communication entre praticiens de l'insolvabilité et juridictions.* – 1. Pour faciliter la coordination des procédures d'insolvabilité principale, territoriales et secondaires ouvertes à l'encontre du même débiteur :

a) le praticien de l'insolvabilité d'une procédure d'insolvabilité principale coopère et communique avec toute juridiction devant laquelle une demande d'ouverture d'une procédure d'insolvabilité secondaire est en cours ou qui a ouvert une telle procédure ;

b) le praticien de l'insolvabilité d'une procédure d'insolvabilité territoriale ou secondaire coopère et communique avec la juridiction devant laquelle une demande d'ouverture d'une procédure d'insolvabilité principale est en cours ou qui a ouvert une telle procédure ; et

c) le praticien de l'insolvabilité d'une procédure d'insolvabilité territoriale ou secondaire coopère et communique avec la juridiction devant laquelle une demande d'ouverture d'autres procédures d'insolvabilité territoriales ou secondaires est en cours ou qui a ouvert de telles procédures,

dans la mesure où cette coopération et cette communication ne sont pas incompatibles avec les règles applicables à chacune des procédures et où elles n'entraînent aucun conflit d'intérêts.

2. La coopération visée au paragraphe 1 peut être mise en œuvre par tout moyen approprié, tels que ceux exposés à l'article 42, paragraphe 3.

Art. 44. – *Frais liés à la coopération et à la communication.* – Les exigences fixées aux articles 42 et 43 ne peuvent conduire à ce que les juridictions exigent l'une de l'autre des frais liés à la coopération et à la communication.

Art. 45. – *Exercice des droits des créanciers.* – 1. Tout créancier peut produire sa créance à la procédure d'insolvabilité principale et à toute procédure d'insolvabilité secondaire.

2. Les praticiens de l'insolvabilité de la procédure d'insolvabilité principale et de toute procédure d'insolvabilité secondaire produisent, dans le cadre des autres procédures, les créances déjà produites dans le cadre de la procédure pour laquelle ils ont été désignés, pour autant que cette production soit utile aux créanciers de la procédure pour laquelle ils ont été désignés, et sous réserve du droit de ceux-ci de s'y opposer ou de retirer la production de leurs créances lorsque la loi applicable le prévoit.

3. Le praticien de l'insolvabilité d'une procédure d'insolvabilité principale ou secondaire est habilité à participer, au même titre que tout créancier, à une autre procédure, notamment en prenant part à des assemblées de créanciers.

Art. 46. – *Suspension de la procédure de réalisation des actifs.* – 1. La juridiction qui a ouvert la procédure d'insolvabilité secondaire suspend en tout ou en partie la procédure de réalisation des actifs, à la demande du praticien de l'insolvabilité de la procédure d'insolvabilité principale. Dans ce cas, elle peut exiger du praticien de l'insolvabilité de la procédure d'insolvabilité principale qu'il prenne toute mesure adéquate pour garantir les intérêts des créanciers de la procédure d'insolvabilité secondaire et de certains groupes de créanciers. La demande du praticien de l'insolvabilité ne peut être rejetée que si elle est manifestement sans intérêt pour les créanciers de la procédure d'insolvabilité principale. La suspension de la procédure de réalisation des actifs peut être ordonnée pour une durée maximale de trois mois. Elle peut être prolongée ou renouvelée pour des périodes de même durée.

2. La juridiction visée au paragraphe 1 met fin à la suspension de la procédure de réalisation des actifs :

a) à la demande du praticien de l'insolvabilité de la procédure d'insolvabilité principale ;

b) d'office, à la demande d'un créancier ou à la demande du praticien de l'insolvabilité de la procédure d'insolvabilité secondaire, si cette mesure n'apparaît plus justifiée, notamment par les intérêts des créanciers de la procédure d'insolvabilité principale ou de ceux de la procédure d'insolvabilité secondaire.

Art. 47. – *Pouvoir du praticien de l'insolvabilité de proposer des plans de restructuration.* – 1. Lorsque la loi de l'État membre dans lequel la procédure d'insolvabilité secondaire a été ouverte prévoit la possibilité de clore cette procédure sans liquidation par un plan de restructuration, un concordat ou une mesure comparable, une telle mesure peut être proposée par le praticien de l'insolvabilité de la procédure d'insolvabilité principale, conformément à la procédure en vigueur dans cet État membre.

2. Toute limitation des droits des créanciers, notamment un sursis de paiement ou une remise de dette, découlant d'une mesure visée au paragraphe 1 et proposée dans une procédure d'insolvabilité secondaire, ne produit ses effets sur les biens du débiteur qui ne sont pas concernés par cette procédure qu'avec l'accord de tous les créanciers intéressés.

Art. 48. – *Conséquences de la clôture de la procédure d'insolvabilité.* – 1. Sans préjudice de l'article 49, la clôture de la procédure d'insolvabilité n'empêche pas la poursuite des autres procédures d'insolvabilité concernant le même débiteur qui sont toujours ouvertes à la date concernée.

2. Lorsqu'une procédure d'insolvabilité concernant une personne morale ou une société dans l'État membre du siège statutaire de ladite personne morale ou société entraînerait la dissolution de la personne morale ou de la société, cette personne morale ou société ne cesse d'exister que lorsque toutes les autres procédures d'insolvabilité concernant le même débiteur ont été closes, ou lorsque le ou les praticiens de l'insolvabilité concernés par ces procédures ont donné leur accord à la dissolution.

Art. 49. – *Surplus d'actif de la procédure d'insolvabilité secondaire.* – Si la réalisation des actifs dans le cadre de la procédure d'insolvabilité secondaire permet de payer toutes les créances admises dans cette procédure, le praticien de l'insolvabilité désigné dans cette procédure transfère sans délai le surplus d'actif au praticien de l'insolvabilité de la procédure d'insolvabilité principale.

Art. 50. – *Ouverture ultérieure de la procédure d'insolvabilité principale.* – Lorsque la procédure visée à l'article 3, paragraphe 1, est ouverte après l'ouverture de la procédure visée à l'article 3, paragraphe 2, dans un autre État membre, les articles 41, 45, 46, 47 et 49 s'appliquent à la procédure ouverte en premier lieu, dans la mesure où l'état de cette procédure le permet.

Art. 51. – *Conversion de la procédure d'insolvabilité secondaire.* – 1. À la demande du praticien de l'insolvabilité de la procédure d'insolvabilité principale, la juridiction de l'État membre dans lequel la procédure d'insolvabilité secondaire a été ouverte peut ordonner la conversion de la procédure d'insolvabilité secondaire en un autre type de procédure d'insolvabilité mentionné à l'annexe A, pour autant que les conditions d'ouverture de ce type de procédure prévues dans le droit national soient remplies et que ce type de procédure soit le plus approprié au regard des intérêts des créanciers locaux et de la cohérence entre les procédures d'insolvabilité principale et secondaire.

2. Lorsqu'elle examine la demande visée au paragraphe 1, la juridiction peut solliciter des informations auprès des praticiens de l'insolvabilité concernés par les deux procédures.

Art. 52. – *Mesures conservatoires.* – Lorsque la juridiction d'un État membre compétente en vertu de l'article 3, paragraphe 1, désigne un administrateur provisoire en vue d'assurer la conservation des biens d'un débiteur, cet administrateur provisoire est habilité à demander toute mesure de conservation et de protection des biens du débiteur qui se situent dans un autre État membre prévue par la loi de cet État membre, pour la période séparant la demande d'ouverture d'une procédure d'insolvabilité de la décision d'ouverture.

CHAPITRE IV. – INFORMATION DES CRÉANCIERS ET PRODUCTION DE LEURS CRÉANCES

Art. 53. – *Droit de produire les créances.* – Tout créancier étranger peut produire ses créances dans le cadre de la procédure d'insolvabilité par tous les moyens de transmission qui sont acceptés par le droit de l'État d'ouverture. La représentation par un avocat ou un autre professionnel du droit n'est pas obligatoire aux seules fins de la production de créances.

Art. 54. – *Obligation d'informer les créanciers.* – 1. Dès qu'une procédure d'insolvabilité est ouverte dans un État membre, la juridiction compétente de cet État ou le praticien de l'insolvabilité désigné par cette juridiction en informe sans délai les créanciers étrangers connus.

2. L'information visée au paragraphe 1, assurée par l'envoi individuel d'une note, porte notamment sur les délais à observer, les sanctions prévues quant à ces délais, l'organe ou l'autorité habilité(e) à recevoir la production des créances et toute autre mesure prescrite. Cette note indique également si les créanciers dont les créances sont garanties par un privilège ou une sûreté réelle doivent produire leurs créances. La note comporte aussi une copie du formulaire uniformisé de production de créances visé à l'article 55 ou des informations indiquant où ce formulaire est disponible.

3. Les éléments d'information visés aux paragraphes 1 et 2 du présent article sont communiqués au moyen du formulaire uniformisé élaboré conformément à l'article 88. Le formulaire est publié sur le portail européen e-Justice et porte l'intitulé « Note concernant la procédure d'insolvabilité » dans toutes les langues officielles des institutions de l'Union. Il est transmis dans la langue officielle de l'État d'ouverture ou, s'il y a plusieurs langues officielles dans cet État membre, dans la langue officielle ou dans l'une des langues officielles du lieu où la procédure d'insolvabilité a été ouverte, ou dans une autre langue que ledit État a déclaré pouvoir accepter, conformément à l'article 55, paragraphe 5, s'il est permis de penser que les créanciers étrangers comprendront plus facilement cette langue.

4. Dans le cas où la procédure d'insolvabilité concerne une personne physique n'exerçant pas une profession libérale ou toute autre activité d'indépendant, le formulaire uniformisé visé au présent article ne doit pas obligatoirement être utilisé si les créanciers ne sont pas tenus de produire leurs créances pour que celles-ci soient prises en compte au cours de la procédure.

Art. 55. – *Procédure de production des créances.* – 1. Tout créancier étranger peut produire ses créances au moyen du formulaire de demande uniformisé à établir conformément à l'article 88. Le formulaire porte l'intitulé « Production de créances » dans toutes les langues officielles des institutions de l'Union.

2. Les formulaires de demande uniformisés visés au paragraphe 1 comportent les informations suivantes :

a) le nom, l'adresse postale, l'adresse électronique, le cas échéant, le numéro d'identification personnel, le cas échéant, et les coordonnées bancaires du créancier étranger visé au paragraphe 1 ;

b) le montant de la créance, en spécifiant le montant en principal et, le cas échéant, les intérêts, ainsi que la date à laquelle celle-ci est née et la date à laquelle elle est devenue exigible, s'il s'agit d'une date différente ;

c) si des intérêts sont demandés, le taux d'intérêt, la nature légale ou contractuelle des intérêts, la période pour laquelle les intérêts sont demandés et le montant capitalisé des intérêts ;

d) si des frais exposés par le créancier pour faire valoir ses droits avant l'ouverture de la procédure sont demandés, le montant et le détail de ceux-ci ;

e) la nature de la créance ;

f) la question de savoir si un statut de créancier privilégié est revendiqué et le fondement de cette revendication ;

g) la question de savoir si le créancier allègue que sa créance est garantie par une sûreté réelle ou une réserve de propriété et, si tel est le cas, quels sont les actifs couverts par la sûreté qu'il invoque, la date à laquelle la sûreté a été octroyée et, si la sûreté a été enregistrée, le numéro d'enregistrement ; et

h) la question de savoir si une compensation est revendiquée et, dans ce cas, les montants des créances réciproques à la date d'ouverture de la procédure d'insolvabilité, la date à laquelle elles sont nées et le montant réclamé, après déduction de la compensation.

Le formulaire de demande uniformisé est accompagné de copies de toute pièce justificative, le cas échéant.

3. Le formulaire de demande uniformisé indique qu'il n'est pas obligatoire de fournir des informations concernant les coordonnées bancaires et le numéro d'identification personnel du créancier visés au paragraphe 2, point *a)*.

4. Si le créancier produit sa créance en utilisant d'autres moyens que le formulaire de demande uniformisé visé au paragraphe 1, la demande contient les informations visées au paragraphe 2.

5. Les créances peuvent être produites dans n'importe quelle langue officielle des institutions de l'Union. La juridiction, le praticien de l'insolvabilité ou le débiteur non dessaisi peut demander au créancier de fournir une traduction dans la langue officielle de l'État d'ouverture ou, s'il y a plusieurs langues officielles dans cet État membre, dans la langue officielle ou dans l'une des langues officielles du lieu où la procédure d'insolvabilité a été ouverte, ou dans une autre langue que l'État membre concerné aura déclaré pouvoir accepter. Chaque État membre indique s'il accepte une langue officielle des institutions de l'Union autre que sa propre langue aux fins de la production de créances.

6. Les créances sont produites dans le délai prévu par la loi de l'État d'ouverture. Pour un créancier étranger, ce délai n'est pas inférieur à trente jours suivant la publication de la décision d'ouverture de la procédure d'insolvabilité au registre d'insolvabilité de l'État d'ouverture. Lorsqu'un État membre invoque l'article 24, paragraphe 4, ce délai n'est pas inférieur à trente jours suivant le moment où un créancier a été informé en application de l'article 54.

7. Lorsque la juridiction, le praticien de l'insolvabilité ou le débiteur non dessaisi a des doutes en ce qui concerne une créance produite conformément au présent article, il donne au créancier la possibilité de fournir des éléments complémentaires attestant l'existence de la créance et son montant.

Bibliographie : P. Nabet, *Les formulaires type pour la mise en œuvre du règlement insolvabilité : RJ com.* 2017, p. 511 et s. • J.-L. Vallens, *Règlement insolvabilité : mise en œuvre du Règlement européen sur les procédures d'insolvabilité : publication des formulaires : RPC* 2017, alerte 30.

CHAPITRE V. – PROCÉDURES D'INSOLVABILITÉ CONCERNANT DES MEMBRES D'UN GROUPE DE SOCIÉTÉS

Section I. – Coopération et communication

Art. 56. – *Coopération et communication entre praticiens de l'insolvabilité.* – 1. Lorsque des procédures d'insolvabilité concernent deux membres ou plus d'un groupe de sociétés, le praticien de l'insolvabilité désigné dans la procédure relative à un membre du groupe coopère avec tout praticien de l'insolvabilité désigné dans la procédure visant un autre membre du même groupe, pour autant qu'une telle coopération soit de nature à faciliter la gestion efficace de ces procédures, ne soit pas incompatible avec les règles applicables à ces procédures et n'entraîne aucun conflit d'intérêts. Cette coopération peut prendre n'importe quelle forme, dont la conclusion d'accords ou de protocoles.

2. Dans le cadre de la mise en œuvre de la coopération visée au paragraphe 1, les praticiens de l'insolvabilité :

a) se communiquent dès que possible toute information qui peut être utile aux autres procédures, à condition que des dispositions appropriées soient prises pour protéger les informations confidentielles ;

b) examinent s'il existe des possibilités de coordonner la gestion et la surveillance des affaires des membres du groupe qui font l'objet de la procédure d'insolvabilité et, si tel est le cas, coordonnent cette gestion et cette surveillance ;

c) examinent s'il existe des possibilités de restructurer les membres du groupe qui font l'objet de la procédure d'insolvabilité et, si tel est le cas, coordonnent leurs efforts en vue de proposer et de négocier un plan de restructuration coordonné.

Aux fins des points *b)* et *c)*, tous les praticiens de l'insolvabilité visés au paragraphe 1, ou une partie d'entre eux, peuvent convenir de conférer des pouvoirs supplémentaires au praticien de l'insolvabilité désigné dans l'une des procédures, lorsque les règles applicables à chacune des procédures l'autorisent. Ils peuvent également marquer leur accord sur la répartition de certaines tâches entre eux, lorsque les règles applicables à chacune des procédures l'autorisent.

Art. 57. – *Coopération et communication entre juridictions.* – 1. Lorsque des procédures d'insolvabilité concernent deux membres ou plus d'un groupe de sociétés, une juridiction qui a ouvert une telle procédure coopère avec toute autre juridiction devant laquelle une demande d'ouverture de procédure concernant un autre membre du même groupe est en cours ou qui a ouvert une telle procédure, pour autant que cette coopération soit de nature à faciliter la gestion efficace des procédures, ne soit pas incompatible avec les règles qui leur sont applicables et n'entraîne aucun conflit d'intérêts. À cette fin, les juridictions peuvent, au besoin, désigner une personne ou un organe indépendant agissant sur leurs instructions, pour autant que ce ne soit pas incompatible avec les règles applicables à ces juridictions.

2. Dans le cadre de la mise en œuvre de la coopération visée au paragraphe 1, les juridictions, ou toute personne ou tout organe désigné agissant en leur nom, dont il est fait mention au paragraphe 1, peuvent communiquer directement entre elles, ou se demander directement des informations ou de l'aide, à condition que cette communication respecte les droits procéduraux des parties à la procédure et la confidentialité des informations.

3. La coopération visée au paragraphe 1 peut être mise en œuvre par tout moyen que la juridiction estime approprié. Elle peut notamment concerner :

1° la coordination de la désignation des praticiens de l'insolvabilité ;

2° la communication d'informations par tout moyen jugé approprié par la juridiction ;

3° la coordination de la gestion et de la surveillance des actifs et des affaires des membres du groupe ;

4° la coordination du déroulement des audiences ;

5° la coordination de l'approbation des protocoles, si nécessaire.

Art. 58. – *Coopération et communication entre praticiens de l'insolvabilité et juridictions.* – Un praticien de l'insolvabilité désigné dans une procédure d'insolvabilité concernant un membre d'un groupe de sociétés :

a) coopère et communique avec toute juridiction devant laquelle une demande d'ouverture de procédure à l'encontre d'un autre membre du même groupe de sociétés est en cours ou qui a ouvert une telle procédure ; et

b) peut demander à ladite juridiction des informations concernant la procédure relative à l'autre membre du groupe ou demander de l'aide concernant la procédure dans laquelle il a été désigné,

pour autant que cette coopération et cette communication soient de nature à faciliter la gestion efficace des procédures, n'entraînent aucun conflit d'intérêts et ne soient pas incompatibles avec les règles applicables à ces procédures.

Art. 59. – *Frais liés à la coopération et à la communication dans les procédures concernant des membres d'un groupe de sociétés.* – Les frais liés à la coopération et à la communication prévues aux articles 56 à 60, supportés par un praticien de l'insolvabilité ou par une juridiction, sont considérés comme des frais et dépenses des procédures respectives.

Art. 60. – *Pouvoirs du praticien de l'insolvabilité dans les procédures concernant des membres d'un groupe de sociétés.* – 1. Un praticien de l'insolvabilité désigné dans une procédure d'insolvabilité ouverte à l'encontre d'un membre d'un groupe de sociétés peut, pour autant ce soit de nature à faciliter la gestion efficace des procédures :

a) être entendu dans toute procédure ouverte à l'encontre de tout autre membre du même groupe ;

b) demander une suspension de toute mesure liée à la réalisation des actifs dans le cadre de la procédure ouverte à l'encontre de tout autre membre du même groupe, à condition que :

i) soit proposé un plan de restructuration pour tous les membres du groupe ou pour certains d'entre eux, à l'encontre desquels la procédure d'insolvabilité a été ouverte, conformément à l'article 56, paragraphe 2, point *c)*, et que celui-ci ait des chances raisonnables de produire les résultats escomptés ;

ii) cette suspension soit nécessaire pour assurer la mise en œuvre correcte du plan de restructuration ;

iii) le plan de restructuration soit dans l'intérêt des créanciers concernés par la procédure pour laquelle la suspension est demandée ; et

iv) ni la procédure d'insolvabilité dans laquelle le praticien de l'insolvabilité visé au paragraphe 1 du présent article a été désigné ni la procédure pour laquelle la suspension est demandée ne font l'objet d'une coordination en application de la section 2 du présent chapitre ;

c) demander l'ouverture d'une procédure de coordination collective, conformément à l'article 61.

2. La juridiction ayant ouvert la procédure visée au paragraphe 1, point *b)*, suspend entièrement ou partiellement toute mesure relative à la réalisation des actifs dans le cadre de la procédure, si elle estime que les conditions visées au paragraphe 1, point *b)*, sont remplies.

Avant d'ordonner la suspension, la juridiction entend le praticien de l'insolvabilité désigné dans la procédure pour laquelle la suspension est demandée. La suspension peut être ordonnée pour toute période, ne dépassant pas trois mois, que la juridiction juge appropriée et qui est compatible avec les règles applicables à la procédure.

La juridiction ordonnant la suspension peut exiger que le praticien de l'insolvabilité visé au paragraphe 1 prenne toute mesure prévue dans le droit national de nature à garantir les intérêts des créanciers de la procédure.

La juridiction peut prolonger la durée de la suspension d'une ou de plusieurs nouvelles périodes, si elle l'estime approprié et si ces prolongations sont compatibles avec les règles applicables à la procédure, pour autant que les conditions visées au paragraphe 1, points *b)* ii) à iv), soient toujours remplies et que la durée totale de la suspension (période initiale plus prolongations éventuelles) ne dépasse pas six mois.

Section II. – Coordination

Sous-section 1. – Procédure

Art. 61. – *Demande d'ouverture d'une procédure de coordination collective.* – 1. L'ouverture d'une procédure de coordination collective peut être demandée auprès de toute juridiction compétente en matière de procédures d'insolvabilité à l'encontre d'un membre du groupe par un praticien de l'insolvabilité désigné dans une procédure d'insolvabilité ouverte à l'encontre d'un membre du groupe.

2. La demande visée au paragraphe 1 est adressée conformément aux conditions prévues par la loi applicable à la procédure dans laquelle le praticien de l'insolvabilité a été désigné.

3. La demande visée au paragraphe 1 est accompagnée des éléments suivants :

a) une proposition indiquant le nom de la personne à nommer en qualité de coordinateur de groupe (ci-après dénommé « coordinateur »), précisant que celle-ci remplit les critères d'éligibilité prévus à l'article 71, comprenant des informations au sujet de ses qualifications ainsi que l'accord écrit de l'intéressé pour exercer la fonction de coordinateur ;

b) une description de la coordination collective proposée, précisant en particulier les raisons pour lesquelles les conditions énoncées à l'article 63, paragraphe 1, sont remplies ;

c) une liste des praticiens de l'insolvabilité désignés pour les membres du groupe et, le cas échéant, des juridictions et des autorités compétentes concernées par les procédures d'insolvabilité menées à l'encontre des membres du groupe ;

d) un aperçu de l'estimation des coûts de la coordination collective et une estimation de la part de ces coûts à acquitter par chacun des membres du groupe.

Art. 62. – *Règle de priorité.* – Sans préjudice de l'article 66, lorsque l'ouverture de la procédure de coordination collective est demandée auprès de juridictions de différents États membres, toute juridiction autre que celle saisie en premier lieu se déclare incompétente au profit de celle-ci.

Art. 63. – *Notification de la juridiction saisie.* – 1. La juridiction saisie d'une demande d'ouverture d'une procédure de coordination collective notifie dans les meilleurs délais cette demande ainsi que le nom du coordinateur proposé aux praticiens de l'insolvabilité désignés pour les membres du groupe figurant dans la demande visée à l'article 61, paragraphe 3, point *c)*, si elle estime :

a) que l'ouverture d'une telle procédure est de nature à faciliter la gestion efficace de la procédure d'insolvabilité visant les différents membres du groupe ;

b) qu'aucun créancier d'un membre du groupe dont on prévoit la participation à la procédure n'est susceptible d'être financièrement désavantagé par l'inclusion de ce membre dans la procédure ; et

c) que le coordinateur proposé remplit les exigences prévues à l'article 71.

2. La notification visée au paragraphe 1 du présent article mentionne les éléments énumérés à l'article 61, paragraphe 3, points *a)* à *d)*.

3. La notification visée au paragraphe 1 est envoyée par courrier recommandé avec accusé de réception.

4. La juridiction saisie donne aux praticiens de l'insolvabilité concernés la possibilité d'être entendus.

Art. 64. – *Objections formulées par les praticiens de l'insolvabilité.* – 1. Un praticien de l'insolvabilité désigné pour l'un des membres du groupe peut formuler des objections en ce qui concerne :

a) l'inclusion, dans une procédure de coordination collective, de la procédure d'insolvabilité pour laquelle il a été désigné ; ou

b) la personne proposée en qualité de coordinateur.

2. Les objections formulées en vertu du paragraphe 1 du présent article sont introduites auprès de la juridiction visée à l'article 63 dans les trente jours à compter de la réception de la notification de la demande d'ouverture de la procédure de coordination collective par le praticien de l'insolvabilité visé au paragraphe 1 du présent article.

Ces objections peuvent être formulées au moyen du formulaire uniformisé établi conformément à l'article 88.

3. Avant de prendre la décision de participer ou non à la coordination en application du paragraphe 1, point *a)*, le praticien de l'insolvabilité veille à obtenir tout agrément qui pourrait être requis en vertu de la loi de l'État d'ouverture de la procédure pour laquelle il a été désigné.

Art. 65. – *Conséquences des objections à l'inclusion dans une coordination collective.* – 1. Lorsqu'un praticien de l'insolvabilité a formulé des objections à l'inclusion de la procédure pour laquelle il a été désigné dans une procédure de coordination collective, ladite procédure n'est pas incluse dans la procédure de coordination collective.

2. Les compétences de la juridiction visées à l'article 68, ou du coordinateur, découlant de ladite procédure n'ont aucun effet en ce qui concerne ce membre et n'entraînent pas de coûts à charge de ce membre.

Art. 66. – *Choix de la juridiction pour une procédure de coordination collective.* – 1. Lorsque les deux tiers au moins de tous les praticiens de l'insolvabilité désignés dans des procédures d'insolvabilité concernant les membres du groupe sont convenus qu'une juridiction compétente d'un autre État membre est la juridiction la plus appropriée pour ouvrir une procédure de coordination collective, ladite juridiction a une compétence exclusive.

2. Le choix de la juridiction s'effectue sous la forme d'un accord mutuel écrit ou attesté par écrit. Il est possible jusqu'au moment où a lieu l'ouverture de la procédure de coordination collective conformément à l'article 68.

3. Toute juridiction autre que celle qui est saisie en vertu du paragraphe 1 se déclare incompétente au profit de celle-ci.

4. La demande d'ouverture d'une procédure de coordination collective est introduite auprès de la juridiction choisie conformément à l'article 61.

Art. 67. – *Conséquences des objections à l'encontre du coordinateur proposé.* – Lorsque des objections à la personne proposée en qualité de coordinateur ont été formulées par un praticien de l'insolvabilité qui ne fait pas objection pour autant à l'inclusion dans la procédure de coordination collective du membre pour lequel il a été désigné, la juridiction peut s'abstenir de désigner cette personne et inviter le praticien de l'insolvabilité qui a émis les objections à introduire une nouvelle demande conformément à l'article 61, paragraphe 3.

Art. 68. – *Décision d'ouverture d'une procédure de coordination collective.* – 1. Une fois écoulé le délai fixé à l'article 64, paragraphe 2, la juridiction peut ouvrir la procédure de coordination collective si elle estime que les conditions de l'article 63, paragraphe 1, sont remplies. Dans ce cas, la juridiction :

a) désigne un coordinateur ;

b) rend une décision sur les grandes lignes de la coordination ; et

c) rend une décision sur l'estimation des coûts et la part des coûts à acquitter par les membres du groupe.

2. La décision d'ouverture de la procédure de coordination collective est notifiée aux praticiens de l'insolvabilité participants et au coordinateur.

Art. 69. – *Participation volontaire ultérieure de praticiens de l'insolvabilité.* – 1. Conformément à son droit national, tout praticien de l'insolvabilité peut demander, après que la décision judiciaire visée à l'article 68 a été rendue, l'inclusion de la procédure pour laquelle il a été désigné, lorsque :

a) des objections quant à l'inclusion de la procédure d'insolvabilité dans la procédure de coordination collective ont été formulées ; ou

b) une procédure d'insolvabilité à l'encontre d'un membre du groupe a été ouverte après que la juridiction a ouvert une procédure de coordination collective.

2. Sans préjudice du paragraphe 4, le coordinateur peut accéder à cette demande après avoir consulté les praticiens de l'insolvabilité concernés :

a) s'il estime que, compte tenu du stade atteint par la procédure de coordination collective au moment de la demande, les critères énoncés à l'article 63, paragraphe 1, points *a)* et *b)*, sont remplis ; ou

b) si tous les praticiens de l'insolvabilité concernés y consentent, sous réserve des conditions définies dans leur droit national.

3. Le coordinateur informe la juridiction et les praticiens de l'insolvabilité participants de la décision qu'il prend en vertu du paragraphe 2, et des raisons de cette décision.

4. Tout praticien de l'insolvabilité participant ou tout praticien de l'insolvabilité dont la demande d'inclusion dans la procédure de coordination collective a été rejetée peut contester la décision visée au paragraphe 2 conformément à la procédure prévue par la loi de l'État membre dans lequel la procédure de coordination collective a été ouverte.

Art. 70. – *Recommandations et programme de coordination collective.* – 1. Les praticiens de l'insolvabilité conduisent leur procédure d'insolvabilité en tenant compte des recommandations du coordinateur et du contenu du programme de coordination collective visé à l'article 72, paragraphe 1.

2. Le praticien de l'insolvabilité n'est pas tenu de suivre en tout ou en partie les recommandations du coordinateur ou le programme de coordination collective.

S'il ne suit pas les recommandations du coordinateur ou le programme de coordination collective, il fait part de ses motifs aux personnes ou aux organes auxquels il doit rendre compte en vertu de son droit national, ainsi qu'au coordinateur.

Sous-section 2. – Dispositions générales

Art. 71. – *Le coordinateur.* – 1. Le coordinateur est une personne qui est habilitée, selon le droit d'un État membre, à agir en qualité de praticien de l'insolvabilité.

2. Le coordinateur ne peut pas être l'un des praticiens de l'insolvabilité désignés pour un membre du groupe, et n'a aucun conflit d'intérêts à l'égard des membres du groupe, de leurs créanciers et des praticiens de l'insolvabilité désignés pour tout membre du groupe.

Art. 72. – *Missions et droits du coordinateur.* – 1. Le coordinateur :

a) définit et élabore des recommandations pour la conduite coordonnée des procédures d'insolvabilité ;

b) propose un programme de coordination collective servant à définir, à détailler et à recommander une série complète de mesures appropriées pour une approche intégrée de la résolution des insolvabilités des membres du groupe. Ce programme peut contenir en particulier des propositions concernant :

i) les mesures à prendre afin de rétablir les performances économiques et la solidité financière du groupe ou d'une partie de celui-ci ;

ii) le règlement des litiges au sein du groupe pour ce qui est des transactions intragroupe et des actions révocatoires ;

iii) les accords entre les praticiens de l'insolvabilité des membres du groupe insolvables.

2. Le coordinateur peut également :

a) être entendu et participer, notamment en assistant aux réunions des créanciers, à toute procédure ouverte à l'encontre de tout membre du groupe ;

b) arbitrer tout litige qui pourrait survenir entre deux praticiens de l'insolvabilité des membres du groupe ou plus ;

c) présenter et expliquer son programme de coordination collective aux personnes ou aux organes auquel il doit rendre compte en vertu de son droit national ;

d) demander des informations à tout praticien de l'insolvabilité concernant tout membre du groupe, qui sont ou pourraient être utiles afin de définir et d'élaborer des stratégies et des mesures visant à coordonner les procédures ; et

e) demander une suspension, pour une durée maximale de six mois, de la procédure ouverte à l'encontre de tout membre du groupe, à condition que cette suspension soit nécessaire pour assurer la mise en œuvre correcte du programme et soit dans l'intérêt des créanciers concernés par la procédure pour laquelle la suspension est demandée ; ou réclamer la levée de toute suspension existante. Une telle demande est introduite auprès de la juridiction qui a ouvert la procédure pour laquelle la suspension est demandée.

3. Le programme visé au paragraphe 1, point *b)*, ne comporte pas de recommandations concernant une consolidation des procédures ou des masses de l'insolvabilité.

4. Les missions et les droits du coordinateur définis au présent article ne s'étendent à aucun membre du groupe qui ne participe pas à la procédure de coordination collective.

5. Le coordinateur honore ses obligations de manière impartiale et avec la diligence requise.

6. Lorsque le coordinateur estime que sa mission ne peut être accomplie sans une augmentation importante des coûts par rapport à l'estimation des coûts visée à l'article 61, paragraphe 3, point *d)*, et, en tout état de cause, dès lors que les coûts sont 10 % plus élevés que les coûts estimés :

a) il le fait savoir sans retard aux praticiens de l'insolvabilité participants ; et

b) il demande l'approbation préalable de la juridiction chargée d'ouvrir la procédure de coordination collective.

Art. 73. – *Langues.* – 1. Le coordinateur communique avec le praticien de l'insolvabilité d'un membre du groupe participant dans la langue convenue avec le praticien de l'insolvabilité ou, à défaut d'accord en la matière, dans la langue officielle ou l'une des langues officielles des institutions de l'Union, et de la juridiction qui a ouvert la procédure à l'encontre de ce membre du groupe.

2. Le coordinateur communique avec une juridiction dans la langue officielle applicable à cette juridiction.

Art. 74. – *Coopération entre les praticiens de l'insolvabilité et le coordinateur.* – 1. Les praticiens de l'insolvabilité désignés pour des membres d'un groupe et le coordinateur coopèrent dans la mesure où cette coopération n'est pas incompatible avec les règles applicables à chacune des procédures.

2. En particulier, les praticiens de l'insolvabilité communiquent toute information utile au coordinateur pour l'accomplissement de ses missions.

Art. 75. – *Révocation du coordinateur.* – La juridiction révoque le coordinateur d'office ou à la demande du praticien de l'insolvabilité d'un membre du groupe participant, si :

a) le coordinateur agit au détriment des créanciers d'un membre du groupe participant ; ou

b) le coordinateur manque à ses obligations en vertu du présent chapitre.

Art. 76. – *Débiteur non dessaisi.* – Les dispositions applicables au praticien de l'insolvabilité au titre du présent chapitre s'appliquent aussi, s'il y a lieu, au débiteur non dessaisi.

Art. 77. – *Coûts et répartition.* – 1. La rémunération du coordinateur est adéquate et proportionnée aux missions accomplies, et correspond à des dépenses raisonnables.

2. Lorsqu'il a accompli ses missions, le coordinateur établit la déclaration finale des coûts et leur répartition entre les membres, et soumet cette déclaration à chacun des praticiens de l'insolvabilité participants ainsi qu'à la juridiction ayant ouvert la procédure de coordination.

3. En l'absence d'objections de la part des praticiens de l'insolvabilité dans un délai de trente jours à compter de la réception de la déclaration mentionnée au paragraphe 2, les coûts et leur répartition entre les membres sont réputés acceptés. La déclaration est soumise à la juridiction ayant ouvert la procédure de coordination pour confirmation.

4. Dans le cas où des objections sont formulées, la juridiction qui a ouvert la procédure de coordination collective décide, à la demande du coordinateur ou de tout praticien de l'insolvabilité participant, des coûts et de leur répartition entre les membres, selon les critères visés au paragraphe 1 du présent article et en tenant compte de l'estimation des coûts visée à l'article 68, paragraphe 1 et, le cas échéant, à l'article 72, paragraphe 6.

5. Tout praticien de l'insolvabilité participant peut contester la décision visée au paragraphe 4 conformément à la procédure prévue par la loi de l'État membre dans lequel la procédure de coordination collective a été ouverte.

CHAPITRE VI. – PROTECTION DES DONNÉES

Art. 78. – *Protection des données.* – 1. Les règles nationales mettant en œuvre la directive 95/46/CE s'appliquent au traitement des données à caractère personnel effectué dans les États membres au titre du présent règlement, pour autant que les opérations de traitement visées à l'article 3, paragraphe 2, de ladite directive ne soient pas concernées.

2. Le règlement (CE) n° 45/2001 s'applique au traitement des données à caractère personnel effectué par la Commission au titre du présent règlement.

Art. 79. – *Responsabilités des États membres en ce qui concerne le traitement des données à caractère personnel dans les registres d'insolvabilité nationaux.* – 1. Chaque État membre communique à la Commission le nom de la personne physique ou morale, de l'autorité publique, du service ou de tout autre organisme désigné par le droit national pour exercer les fonctions de responsable du traitement, conformément à l'article 2, point *d)*, de la directive 95/46/CE, en vue de sa publication sur le portail européen e-Justice.

2. Les États membres veillent à ce que les mesures techniques nécessaires pour assurer la sécurité des données à caractère personnel traitées dans leurs registres d'insolvabilité nationaux visés à l'article 24 soient mises en œuvre.

3. Il appartient aux États membres de vérifier que le responsable du traitement, désigné par le droit national conformément à l'article 2, point *d)*, de la directive 95/46/CE, assure le respect des principes relatifs à la qualité des données, en particulier l'exactitude et la mise à jour des données stockées dans les registres d'insolvabilité nationaux.

4. Les États membres sont responsables, conformément à la directive 95/46/CE, de la collecte et du stockage des données dans les bases de données nationales ainsi que des décisions prises afin d'assurer la mise à disposition de ces données dans le registre interconnecté, qui peut être consulté sur le portail européen e-Justice.

5. Dans le cadre des informations à fournir aux personnes concernées afin de leur permettre d'exercer leurs droits, et en particulier le droit à l'effacement des données, les États membres informent les personnes concernées de la période durant laquelle les données à caractère personnel stockées dans les registres d'insolvabilité sont accessibles.

Art. 80. – *Responsabilités de la Commission dans le cadre du traitement des données à caractère personnel.* – 1. La Commission exerce la fonction de responsable du traitement, en application de l'article 2, point *d)*, du règlement (CE) n° 45/2001, conformément aux responsabilités qui lui incombent en vertu du présent article.

2. La Commission définit les politiques nécessaires et applique les solutions techniques nécessaires pour exercer les responsabilités qui lui incombent dans le cadre de sa fonction de responsable du traitement.

3. La Commission met en œuvre les mesures techniques requises pour assurer la sécurité des données à caractère personnel, en particulier la confidentialité et l'intégrité de toute transmission de données vers le portail européen e-Justice et à partir de celui-ci.

4. Les obligations qui incombent à la Commission ne portent pas préjudice aux responsabilités des États membres et des autres organes en ce qui concerne le contenu et l'exploitation des bases de données nationales interconnectées gérées par leurs soins.

Art. 81. – *Obligation d'information.* – Sans préjudice des informations à communiquer aux personnes concernées conformément aux articles 11 et 12 du règlement (CE) n° 45/2001, la Commission informe les personnes concernées, par voie de publication sur le portail européen e-Justice, de son rôle dans le traitement des données et des finalités pour lesquelles les données seront traitées.

Art. 82. – *Stockage des données à caractère personnel.* – En ce qui concerne les informations provenant des bases de données nationales interconnectées, aucune donnée à caractère personnel relative aux personnes concernées n'est stockée sur le portail européen e-Justice. Toutes les données de ce type sont stockées dans les bases de données nationales gérées par les États membres ou par d'autres organes.

Art. 83. – *Accès aux données à caractère personnel par l'intermédiaire du portail européen e-Justice.* – Les données à caractère personnel stockées dans les registres d'insolvabilité nationaux visés à l'article 24 sont accessibles par l'intermédiaire du portail européen e-Justice aussi longtemps qu'elles demeurent accessibles en vertu du droit national.

CHAPITRE VII. – DISPOSITIONS TRANSITOIRES ET FINALES

Art. 84. – *Application dans le temps.* – **1. Les dispositions du présent règlement ne sont applicables qu'aux procédures d'insolvabilité ouvertes postérieurement au 26 juin 2017. Les actes accomplis par le débiteur avant cette date continuent d'être régis par la loi qui leur était applicable au moment où ils ont été accomplis.**

2. Nonobstant l'article 91 du présent règlement, le règlement (CE) n° 1346/2000 continue de s'appliquer aux procédures d'insolvabilité relevant du champ d'application dudit règlement et qui ont été ouvertes avant le 26 juin 2017.

Art. 85. – *Relations avec les conventions.* – **1. Le présent règlement remplace, dans les relations entre les États membres et pour les matières auxquelles il se réfère, les conventions conclues entre deux ou plusieurs de ces États, à savoir :**

a) **la convention entre la Belgique et la France sur la compétence judiciaire, sur l'autorité et l'exécution des décisions judiciaires, des sentences arbitrales et des actes authentiques, signée à Paris le 8 juillet 1899 ;**

b) **la convention entre la Belgique et l'Autriche sur la faillite, le concordat et le sursis de paiement (avec protocole additionnel du 13 juin 1973), signée à Bruxelles le 16 juillet 1969 ;**

c) **la convention entre la Belgique et les Pays-Bas sur la compétence judiciaire territoriale, sur la faillite, ainsi que sur l'autorité et l'exécution des décisions judiciaires, des sentences arbitrales et des actes authentiques, signée à Bruxelles le 28 mars 1925 ;**

d) **le traité entre l'Allemagne et l'Autriche en matière de faillite et de concordat, signé à Vienne le 25 mai 1979 ;**

e) **la convention entre la France et l'Autriche sur la compétence judiciaire, la reconnaissance et l'exécution des décisions en matière de faillite, signée à Vienne le 27 févr. 1979 ;**

f) **la convention entre la France et l'Italie sur l'exécution des jugements en matière civile et commerciale, signée à Rome le 3 juin 1930 ;**

g) **la convention entre l'Italie et l'Autriche en matière de faillite et de concordat, signée à Rome le 12 juillet 1977 ;**

h) **la convention entre le Royaume des Pays-Bas et la République fédérale d'Allemagne sur la reconnaissance et l'exécution mutuelles des décisions judiciaires et autres titres exécutoires en matière civile et commerciale, signée à La Haye le 30 août 1962 ;**

i) **la convention entre le Royaume-Uni et le Royaume de Belgique sur l'exécution réciproque des jugements en matière civile et commerciale, et son protocole, signée à Bruxelles le 2 mai 1934 ;**

j) **la convention entre le Danemark, la Finlande, la Norvège, la Suède et l'Islande, relative à la faillite, signée à Copenhague le 7 novembre 1933 ;**

k) **la convention européenne sur certains aspects internationaux de la faillite, signée à Istanbul le 5 juin 1990 ;**

l) **la convention entre la République fédérative socialiste de Yougoslavie et le Royaume de Grèce sur la reconnaissance et l'exécution des décisions, signée à Athènes le 18 juin 1959 ;**

m) **l'accord entre la République fédérative socialiste de Yougoslavie et la République d'Autriche sur la reconnaissance et l'exécution réciproques des décisions et sentences arbitrales en matière commerciale, signé à Belgrade le 18 mars 1960 ;**

n) **la convention entre la République fédérative socialiste de Yougoslavie et la République italienne relative à l'entraide judiciaire en matière civile et administrative, signée à Rome le 3 décembre 1960 ;**

o) **l'accord entre la République fédérative socialiste de Yougoslavie et le Royaume de Belgique relatif à la coopération judiciaire en matière civile et commerciale, signé à Belgrade le 24 septembre 1971 ;**

p) **la convention entre le gouvernement de la Yougoslavie et le gouvernement de la France relative à la reconnaissance et à l'exécution des décisions judiciaires en matière civile et commerciale, signée à Paris le 18 mai 1971 ;**

q) **l'accord entre la République socialiste tchécoslovaque et la République hellénique sur l'assistance judiciaire en matière civile et pénale, signé à Athènes le 22 octobre 1980, toujours en vigueur entre la République tchèque et la Grèce ;**

r) **l'accord entre la République socialiste tchécoslovaque et la République de Chypre relatif à l'assistance judiciaire en matière civile et pénale, signé à Nicosie le 23 avril 1982, toujours en vigueur entre la République tchèque et Chypre ;**

s) le traité entre le gouvernement de la République socialiste tchécoslovaque et le gouvernement de la République française relatif à l'entraide judiciaire, à la reconnaissance et à l'exécution des décisions, en matière civile, familiale et commerciale, signé à Paris le 10 mai 1984, toujours en vigueur entre la République tchèque et la France ;

t) le traité entre la République socialiste tchécoslovaque et la République italienne relatif à l'assistance judiciaire en matière civile et pénale, signé à Prague le 6 décembre 1985, toujours en vigueur entre la République tchèque et l'Italie ;

u) l'accord entre la République de Lettonie, la République d'Estonie et la République de Lituanie relatif à l'assistance judiciaire et les relations judiciaires, signé à Tallinn le 11 novembre 1992 ;

v) l'accord entre l'Estonie et la Pologne relatif à l'entraide judiciaire et à l'établissement de relations judiciaires en matière civile, pénale et du travail, signé à Tallinn le 27 novembre 1998 ;

w) l'accord entre la République de Lituanie et la République de Pologne relatif à l'entraide judiciaire et aux relations judiciaires en matière civile, familiale, pénale et du travail, signé à Varsovie le 26 janvier 1993 ;

x) la convention entre la République socialiste de Roumanie et la République hellénique concernant l'entraide judiciaire en matière civile et pénale et son protocole, signés à Bucarest le 19 octobre 1972 ;

y) la convention entre la République socialiste de Roumanie et la République française concernant l'entraide judiciaire en matière civile et commerciale, signée à Paris le 5 novembre 1974 ;

z) l'accord entre la République populaire de Bulgarie et la République hellénique relatif à l'entraide judiciaire en matière civile et pénale, signé à Athènes le 10 avril 1976 ;

aa) l'accord entre la République populaire de Bulgarie et la République de Chypre relatif à l'entraide judiciaire en matière civile et pénale, signé à Nicosie le 29 avril 1983 ;

ab) l'accord entre le gouvernement de la République populaire de Bulgarie et le gouvernement de la République française relatif à l'entraide judiciaire en matière civile, signé à Sofia le 18 janvier 1989 ;

ac) le traité entre la Roumanie et la République tchèque relatif à l'entraide judiciaire en matière civile, signé à Bucarest le 11 juillet 1994 ;

ad) le traité entre la Roumanie et la République de Pologne relatif à l'entraide judiciaire et aux relations judiciaires dans les affaires civiles, signé à Bucarest le 15 mai 1999.

2. Les conventions visées au paragraphe 1 continuent à produire leurs effets en ce qui concerne les procédures ouvertes avant l'entrée en vigueur du règlement (CE) n° 1346/2000.

3. Le présent règlement n'est pas applicable :

a) dans tout État membre, dans la mesure où il est incompatible avec les obligations en matière de faillite résultant d'une convention conclue antérieurement à l'entrée en vigueur du règlement (CE) n° 1346/2000 par cet État membre avec un ou plusieurs pays tiers ;

b) au Royaume-Uni de Grande-Bretagne et d'Irlande du Nord, dans la mesure où il est incompatible avec les obligations en matière de faillite et de liquidation de sociétés insolvables résultant d'accords avec le Commonwealth applicables au moment de l'entrée en vigueur du règlement (CE) n° 1346/2000.

Art. 86. – *Informations sur le droit national et le droit de l'Union en matière d'insolvabilité.* – 1. Les États membres fournissent, dans le cadre du réseau judiciaire européen en matière civile et commerciale créé par la décision 2001/470/CE du Conseil (1), et dans le but de permettre l'accès de tous à l'information, une brève description de leur droit national et de leurs procédures dans le domaine de l'insolvabilité, notamment en ce qui concerne les éléments énumérés à l'article 7, paragraphe 2, du présent règlement.

2. Les États membres actualisent régulièrement l'information visée au paragraphe 1.

3. La Commission met les informations relatives au présent règlement à la disposition du public.

Art. 87. – *Établissement de l'interconnexion de registres.* – La Commission adopte des actes d'exécution visant à établir l'interconnexion des registres d'insolvabilité visée à l'article 25 du présent règlement. Ces actes d'exécution sont adoptés en conformité avec la procédure d'examen visée à l'article 89, paragraphe 3.

Art. 88. – *Établissement et modification ultérieure des formulaires uniformisés.* – La Commission adopte des actes d'exécution visant à établir et, le cas échéant, à modifier les formulaires visés à

(1) Décision 2001/470/CE du Conseil du 28 mai 2001 relative à la création d'un réseau judiciaire européen en matière civile et commerciale (*JO* L 174, 27 juin 2001, p. 25).

l'article 27, paragraphe 4, aux articles 54 et 55 et à l'article 64, paragraphe 2, du présent règlement. Ces actes d'exécution sont adoptés en conformité avec la procédure consultative visée à l'article 89, paragraphe 2.

Art. 89. – *Comité.* – 1. La Commission est assistée par un comité. Ledit comité est un comité au sens du règlement (UE) n° 182/2011.

2. Lorsqu'il est fait référence au présent paragraphe, l'article 4 du règlement (UE) n° 182/2011 s'applique.

3. Lorsqu'il est fait référence au présent paragraphe, l'article 5 du règlement (UE) n° 182/2011 s'applique.

Art. 90. – *Clause de réexamen.* – 1. Au plus tard le 27 juin 2027, et tous les cinq ans par la suite, la Commission présente au Parlement européen, au Conseil et au Comité économique et social européen un rapport relatif à l'application du présent règlement. Ce rapport est accompagné, le cas échéant, de propositions visant à adapter le présent règlement.

2. Au plus tard le 27 juin 2022, la Commission présente au Parlement européen, au Conseil et au Comité économique et social européen un rapport relatif à l'application de la procédure de coordination collective. Ce rapport est accompagné, le cas échéant, de propositions visant à adapter le présent règlement.

3. Le 1er janvier 2016 au plus tard, la Commission présente au Parlement européen, au Conseil et au Comité économique et social européen une étude concernant les problèmes transfrontaliers qui se posent dans le domaine de la responsabilité et des déchéances de dirigeants.

4. Au plus tard le 27 juin 2020, la Commission présente au Parlement européen, au Conseil et au Comité économique et social européen une étude concernant la question de la recherche abusive de la juridiction la plus favorable.

Art. 91. – *Abrogation.* – Le règlement (CE) n° 1346/2000 est abrogé.

Les références faites au règlement abrogé s'entendent comme faites au présent règlement et sont à lire selon le tableau de correspondance figurant à l'annexe D du présent règlement.

Art. 92. – *Entrée en vigueur.* – Le présent règlement entre en vigueur le vingtième jour suivant celui de sa publication au *Journal officiel* de l'Union européenne.

Il est applicable à partir du 26 juin 2017, à l'exception de :

a) l'article 86, qui est applicable à partir du 26 juin 2016 ;

b) l'article 24, paragraphe 1, qui est applicable à partir du 26 juin 2018 ; et

c) l'article 25, qui est applicable à partir du 26 juin 2019.

Le présent règlement est obligatoire dans tous ses éléments et directement applicable dans tout État membre conformément aux traités.

ANNEXE A

Procédures d'insolvabilité visées à l'article 2, point 4)

BELGIQUE
- Het faillissement/La faillite,
- De gerechtelijke reorganisatie door een collectief akkoord/La réorganisation judiciaire par accord collectif,
- De gerechtelijke reorganisatie door een minnelijk akkoord/La réorganisation judiciaire par accord amiable,
- De gerechtelijke reorganisatie door overdracht onder gerechtelijk gezag/La réorganisation judiciaire par transfert sous autorité de justice,
- De collectieve schuldenregeling/Le règlement collectif de dettes,
- De vrijwillige vereffening/La liquidation volontaire,
- De gerechtelijke vereffening/La liquidation judiciaire,
- De voorlopige ontneming van beheer, bepaald in artikel 8 van de faillissementswet/Le dessaisissement provisoire, visé à l'article 8 de la loi sur les faillites,

БЪЛГАРИЯ
- Производство по несъстоятелност,

ČESKÁ REPUBLIKA
- Konkurs,
- Reorganizace,
- Oddlužení,

DEUTSCHLAND
– Das Konkursverfahren,
– Das gerichtliche Vergleichsverfahren,
– Das Gesamtvollstreckungsverfahren,
– Das Insolvenzverfahren,
EESTI
– Pankrotimenetlus,
– Võlgade ümberkujundamise menetlus,
ÉIRE/IRELAND
– Compulsory winding-up by the court,
– Bankruptcy,
– The administration in bankruptcy of the estate of persons dying insolvent,
– Winding-up in bankruptcy of partnerships,
– Creditors'voluntary winding-up (with confirmation of a court),
– Arrangements under the control of the court which involve the vesting of all or part of the property of the debtor in the Official Assignee for realisation and distribution,
– Examinership,
– Debt Relief Notice,
– Debt Settlement Arrangement,
– Personal Insolvency Arrangement,
ΕΛΛΑΔΑ
– Η πτώχευση,
– Η ειδική εκκαθάριση εν λειτουργία,
– Σχέδιο αναδιοργάνωσης,
– Απλοποιημένη διαδικασία επί πτωχεύσεων μικρού αντικειμένου,
– Διαδικασία Εξυγίανσης,
ESPAÑA
– Concurso,
– Procedimiento de homologación de acuerdos de refinanciación,
– Procedimiento de acuerdos extrajudiciales de pago,
– Procedimiento de negociación pública para la consecución de acuerdos de refinanciación colectivos, acuerdos de refinanciación homologados y propuestas anticipadas de convenio,
FRANCE
– Sauvegarde,
– Sauvegarde accélérée,
– Sauvegarde financière accélérée,
– Redressement judiciaire,
– Liquidation judiciaire,
HRVATSKA
– Stečajni postupak,
ITALIA
– Fallimento,
– Concordato preventivo,
– Liquidazione coatta amministrativa,
– Amministrazione straordinaria,
– Accordi di ristrutturazione,
– Procedure di composizione della crisi da sovraindebitamento del consumatore (accordo o piano),
– Liquidazione dei beni,
ΚΥΠΡΟΣ
– Υποχρεωτική εκκαθάριση από το Δικαστήριο,
– Εκούσια εκκαθάριση από μέλη,
– Εκούσια εκκαθάριση από πιστωτές,
– Εκκαθάριση με την εποπτεία του Δικαστηρίου,
– Διάταγμα Παραλαβής και πτώχευσης κατόπιν Δικαστικού Διατάγματος,
– Διαχείριση της περιουσίας προσώπων που απεβίωσαν αφερέγγυα,
LATVIJA
– Tiesiskās aizsardzības process,

– Juridiskās personas maksātnespējas process,
– Fiziskās personas maksātnespējas process,
LIETUVA
– Įmonės restruktūrizavimo byla,
– Įmonės bankroto byla,
– Įmonės bankroto procesas ne teismo tvarka,
– Fizinio asmens bankroto procesas,
LUXEMBOURG
– Faillite,
– Gestion contrôlée,
– Concordat préventif de faillite (par abandon d'actif),
– Régime spécial de liquidation du notariat,
– Procédure de règlement collectif des dettes dans le cadre du surendettement,
MAGYARORSZÁG
– Csődeljárás,
– Felszámolási eljárás,
MALTA
– Xoljiment,
– Amministrazzjoni,
– Stralċ volontarju mill-membri jew mill-kredituri,
– Stralċ mill-Qorti,
– Falliment f'każ ta' kummerċjant,
– Proċedura biex kumpanija tirkupra,
NEDERLAND
– Het faillissement,
– De surséance van betaling,
– De schuldsaneringsregeling natuurlijke personen,
ÖSTERREICH
– Das Konkursverfahren (Insolvenzverfahren),
– Das Sanierungsverfahren ohne Eigenverwaltung (Insolvenzverfahren),
– Das Sanierungsverfahren mit Eigenverwaltung (Insolvenzverfahren),
– Das Schuldenregulierungsverfahren,
– Das Abschöpfungsverfahren,
– Das Ausgleichsverfahren,
POLSKA
– Postępowanie naprawcze,
– Upadłość obejmująca likwidację,
– Upadłość z możliwością zawarcia układu,
PORTUGAL
– Processo de insolvência,
– Processo especial de revitalização,
ROMÂNIA
– Procedura insolvenţei,
– Reorganizarea judiciară,
– Procedura falimentului,
– Concordatul preventiv,
SLOVENIJA
– Postopek preventivnega prestrukturiranja,
– Postopek prisilne poravnave,
– Postopek poenostavljene prisilne poravnave,
– Stečajni postopek : stečajni postopek nad pravno osebo, postopek osebnega stečaja et postopek stečaja zapuščine,
SLOVENSKO
– Konkurzné konanie,
– Reštrukturalizačné konanie,
– Oddlženie,

SUOMI/FINLAND
- Konkurssi/konkurs,
- Yrityssaneeraus/företagssanering,
- Yksityishenkilön velkajärjestely/skuldsanering för privatpersoner,
SVERIGE
- Konkurs,
- Företagsrekonstruktion,
- Skuldsanering,
UNITED KINGDOM
- Winding-up by or subject to the supervision of the court,
- Creditors'voluntary winding-up (with confirmation by the court),
- Administration, including appointments made by filing prescribed documents with the court,
- Voluntary arrangements under insolvency legislation,
- Bankruptcy or sequestration.

ANNEXE B

Praticiens de l'insolvabilité visés à l'article 2, point 5)

BELGIQUE/BELGIË
- De curator/Le curateur,
- De gedelegeerd rechter/Le juge-délégué,
- De gerechtsmandataris/Le mandataire de justice,
- De schuldbemiddelaar/Le médiateur de dettes,
- De vereffenaar/Le liquidateur,
- De voorlopige bewindvoerder/L'administrateur provisoire,
БЪЛГАРИЯ
- Назначен предварително временен синдик,
- Временен синдик,
- (Постоянен) синдик,
- Служебен синдик,
ČESKÁ REPUBLIKA
- Insolvenční správce,
- Předběžný insolvenční správce,
- Oddělený insolvenční správce,
- Zvláštní insolvenční správce,
- Zástupce insolvenčního správce,
DEUTSCHLAND
- Konkursverwalter,
- Vergleichsverwalter,
- Sachwalter (nach der Vergleichsordnung),
- Verwalter,
- Insolvenzverwalter,
- Sachwalter (nach der Insolvenzordnung),
- Treuhänder,
- Vorläufiger Insolvenzverwalter,
- Vorläufiger Sachwalter,
EESTI
- Pankrotihaldur,
- Ajutine pankrotihaldur,
- Usaldusisik,
ÉIRE/IRELAND
- Liquidator,
- Official Assignee,
- Trustee in bankruptcy,
- Provisional Liquidator,
- Examiner,
- Personal Insolvency Practitioner,

– Insolvency Service,
ΕΛΛΑΔΑ
– Ο σύνδικος,
– Ο εισηγητής,
– Η επιτροπή των πιστωτών,
– Ο ειδικός εκκαθαριστής,
ESPAÑA
– Administrador concursal,
– Mediador concursal,
FRANCE
– Mandataire judiciaire,
– Liquidateur,
– Administrateur judiciaire,
– Commissaire à l'exécution du plan,
HRVATSKA
– Stečajni upravitelj,
– Privremeni stečajni upravitelj,
– Stečajni povjerenik,
– Povjerenik,
ITALIA
– Curatore,
– Commissario giudiziale,
– Commissario straordinario,
– Commissario liquidatore,
– Liquidatore giudiziale,
– Professionista nominato dal Tribunale,
– Organismo di composizione della crisi nella procedura di composizione della crisi da sovraindebitamento del consumatore,
– Liquidatore,
ΚΥΠΡΟΣ
– Εκκαθαριστής και Προσωρινός Εκκαθαριστής,
– Επίσημος Παραλήπτης,
– Διαχειριστής της Πτώχευσης,
LATVIJA
– Maksātnespējas procesa administrators,
LIETUVA
– Bankroto administratorius,
– Restruktūrizavimo administratorius,
LUXEMBOURG
– Le curateur,
– Le commissaire,
– Le liquidateur,
– Le conseil de gérance de la section d'assainissement du notariat,
– Le liquidateur dans le cadre du surendettement,
MAGYARORSZÁG
– Vagyonfelügyelő,
– Felszámoló,
MALTA
– Amministratur Proviżorju,
– Riċevitur Uffiċjali,
– Stralċjarju,
– Manager Speċjali,
– Kuraturi f'każ ta' proċeduri ta' falliment,
– Kontrolur Speċjali,
NEDERLAND
– De curator in het faillissement,

– De bewindvoerder in de surséance van betaling,
– De bewindvoerder in de schuldsaneringsregeling natuurlijke personen,
ÖSTERREICH
– Masseverwalter,
– Sanierungsverwalter,
– Ausgleichsverwalter,
– Besonderer Verwalter,
– Einstweiliger Verwalter,
– Sachwalter,
– Treuhänder,
– Insolvenzgericht,
– Konkursgericht,
POLSKA
– Syndyk,
– Nadzorca sądowy,
– Zarządca,
PORTUGAL
– Administrador da insolvência,
– Administrador judicial provisório,
ROMÂNIA
– Practician în insolvenţă,
– Administrator concordatar,
– Administrator judiciar,
– Lichidator judiciar,
SLOVENIJA
– Upravitelj,
SLOVENSKO
– Predbežný správca,
– Správca,
SUOMI/FINLAND
– Pesänhoitaja/boförvaltare,
– Selvittäjä/utredare,
SVERIGE
– Förvaltare,
– Rekonstruktör,
UNITED KINGDOM
– Liquidator,
– Supervisor of a voluntary arrangement,
– Administrator,
– Official Receiver,
– Trustee,
– Provisional Liquidator,
– Interim Receiver,
– Judicial factor.

ANNEXE C

Règlement abrogé avec liste de ses modifications successives

Règlement (CE) n° 1346/2000 du Conseil (*JO* L 160, 30 juin 2000, p. 1).
Règlement (CE) n° 603/2005 du Conseil (*JO* L 100, 20 avr. 2005, p. 1).
Règlement (CE) n° 694/2006 du Conseil (*JO* L 121, 6 mai 2006, p. 1).
Règlement (CE) n° 1791/2006 du Conseil (*JO* L 363, 20 déc. 2006, p. 1).
Règlement (CE) n° 681/2007 du Conseil (*JO* L 159, 20 juin 2007, p. 1).
Règlement (CE) n° 788/2008 du Conseil (*JO* L 213, 8 août 2008, p. 1).
Règlement d'exécution (UE) n° 210/2010 du Conseil (*JO* L 65, 13 mars 2010, p. 1).
Règlement d'exécution (UE) n° 583/2011 du Conseil (*JO* L 160, 18 juin 2011, p. 52).
Règlement (UE) n° 517/2013 du Conseil (*JO* L 158, 10 juin 2013, p. 1).

Règlement d'exécution (UE) n° 663/2014 du Conseil (*JO* L 179, 19 juin 2014, p. 4).

Acte relatif aux conditions d'adhésion de la République tchèque, de la République d'Estonie, de la République de Chypre, de la République de Lettonie, de la République de Lituanie, de la République de Hongrie, de la République de Malte, de la République de Pologne, de la République de Slovénie et de la République slovaque, et aux adaptations des traités sur lesquels est fondée l'Union européenne (*JO* L 236, 23 sept. 2003, p. 33).

ANNEXE D

Tableau de correspondance

Règlement (CE) n° 1346/2000	Présent règlement
Article 1er	Article 1er
Article 2, mots introductifs	Article 2, mots introductifs
Article 2, point *a)*	Article 2, point 4)
Article 2, point *b)*	Article 2, point 5)
Article 2, point *c)*	–
Article 2, point *d)*	Article 2, point 6)
Article 2, point *e)*	Article 2, point 7)
Article 2, point *f)*	Article 2, point 8)
Article 2, point *g)*, mots introductifs	Article 2, point 9), mots introductifs
Article 2, point *g)*, premier tiret	Article 2, point 9) vii)
Article 2, point *g)*, deuxième tiret	Article 2, point 9) iv)
Article 2, point *g)*, troisième tiret	Article 2, point 9) viii)
Article 2, point *h)*	Article 2, point 10)
–	Article 2, points 1) à 3) et 11) à 13)
–	Article 2, point 9) i) à iii), v) et vi)
Article 3	Article 3
–	Article 4
–	Article 5
–	Article 6
Article 4	Article 7
Article 5	Article 8
Article 6	Article 9
Article 7	Article 10
Article 8	Article 11, paragraphe 1
–	Article 11, paragraphe 2
Article 9	Article 12
Article 10	Article 13, paragraphe 1

Règlement (CE) n° 1346/2000	Présent règlement
–	Article 13, paragraphe 2
Article 11	Article 14
Article 12	Article 15
Article 13, premier tiret	Article 16, point *a)*
Article 13, deuxième tiret	Article 16, point *b)*
Article 14, premier tiret	Article 17, point *a)*
Article 14, deuxième tiret	Article 17, point *b)*
Article 14, troisième tiret	Article 17, point *c)*
Article 15	Article 18
Article 16	Article 19
Article 17	Article 20
Article 18	Article 21
Article 19	Article 22
Article 20	Article 23
–	Article 24
–	Article 25
–	Article 26
–	Article 27
Article 21, paragraphe 1	Article 28, paragraphe 2
Article 21, paragraphe 2	Article 28, paragraphe 1
Article 22	Article 29
Article 23	Article 30
Article 24	Article 31
Article 25	Article 32
Article 26	Article 33
Article 27	Article 34
Article 28	Article 35
–	Article 36
Article 29	Article 37, paragraphe 1
–	Article 37, paragraphe 2
–	Article 38
–	Article 39

Règlement (CE) n° 1346/2000	Présent règlement
Article 30	Article 40
Article 31	Article 41
–	Article 42
–	Article 43
–	Article 44
Article 32	Article 45
Article 33	Article 46
Article 34, paragraphe 1	Article 47, paragraphe 1
Article 34, paragraphe 2	Article 47, paragraphe 2
Article 34, paragraphe 3	–
–	Article 48
Article 35	Article 49
Article 36	Article 50
Article 37	Article 51
Article 38	Article 52
Article 39	Article 53
Article 40	Article 54
Article 41	Article 55
Article 42	–
–	Article 56
–	Article 57
–	Article 58
–	Article 59
–	Article 60
–	Article 61
–	Article 62
–	Article 63
–	Article 64
–	Article 65
–	Article 66
–	Article 67
–	Article 68

Règlement (CE) n° 1346/2000	Présent règlement
–	Article 69
–	Article 70
–	Article 71
–	Article 72
–	Article 73
–	Article 74
–	Article 75
–	Article 76
–	Article 77
–	Article 78
–	Article 79
–	Article 80
–	Article 81
–	Article 82
–	Article 83
Article 43	Article 84, paragraphe 1
–	Article 84, paragraphe 2
Article 44	Article 85
–	Article 86
Article 45	–
–	Article 87
–	Article 88
–	Article 89
Article 46	Article 90, paragraphe 1
–	Article 90, paragraphes 2 à 4
–	Article 91
Article 47	Article 92
Annexe A	Annexe A
Annexe B	–
Annexe C	Annexe B
–	Annexe C
–	Annexe D

Règlement (CE) n° 1346/2000 du 29 mai 2000

relatif aux procédures d'insolvabilité

Le présent règlement est remplacé par le Règlement (CE) n° 2015/848 du 20 mai 2015, depuis le 26 juin 2017, V. *supra*.

CHAPITRE I. – DISPOSITIONS GÉNÉRALES

Art. 1er. – *Champ d'application*. - 1. Le présent règlement s'applique aux procédures collectives fondées sur l'insolvabilité du débiteur qui entraînent le dessaisissement partiel ou total de ce débiteur ainsi que la désignation d'un syndic.

2. Le présent règlement ne s'applique pas aux procédures d'insolvabilité qui concernent les entreprises d'assurance et les établissements de crédit, les entreprises d'investissement qui fournissent des services impliquant la détention de fonds ou de valeurs mobilières de tiers, ainsi qu'aux organismes de placement collectif.

Art. 2. – *Définitions*. - Aux fins du présent règlement, on entend par :

a) « procédure d'insolvabilité » : les procédures collectives visées à l'article 1er, paragraphe 1. La liste de ces procédures figure à l'annexe A ;

b) « syndic » : toute personne ou tout organe dont la fonction est d'administrer ou de liquider les biens dont le débiteur est dessaisi ou de surveiller la gestion de ses affaires. La liste de ces personnes et organes figure à l'annexe C ;

c) « procédure de liquidation » : une procédure d'insolvabilité au sens du point *a)* qui entraîne la liquidation des biens du débiteur, y compris lorsque cette procédure est clôturée par un concordat ou une autre mesure mettant fin à l'insolvabilité, ou est clôturée en raison de l'insuffisance de l'actif. La liste de ces procédures figure à l'annexe B ;

d) « juridiction » : l'organe judiciaire ou toute autre autorité compétente d'un État membre habilité(e) à ouvrir une procédure d'insolvabilité ou à prendre des décisions au cours de cette procédure ;

e) « décision » : lorsqu'il s'agit de l'ouverture d'une procédure d'insolvabilité ou de la nomination d'un syndic, la décision de toute juridiction compétente pour ouvrir une telle procédure ou pour nommer un syndic ;

f) « moment de l'ouverture de la procédure » : le moment où la décision d'ouverture prend effet, que cette décision soit ou non définitive ;

g) « État membre dans lequel se trouve un bien » :

- pour les biens corporels, l'État membre sur le territoire duquel le bien est situé ;
- pour les biens et les droits que le propriétaire ou le titulaire doit faire inscrire dans un registre public, l'État membre sous l'autorité duquel ce registre est tenu ;
- pour les créances, l'État membre sur le territoire duquel se trouve le centre des intérêts principaux du tiers débiteur, tel qu'il est déterminé à l'article C, paragraphe 1 ;

h) « établissement » : tout lieu d'opérations où le débiteur exerce de façon non transitoire une activité économique avec des moyens humains et des biens.

Bibliographie : M. Menjucq, *La localisation des actifs dans les procédures d'insolvabilité : analyse de l'article 2 sous g) du règlement : Rev. proc. coll.* 2015, étude 18.

Art. 3. – *Compétence internationale*. - 1. Les juridictions de l'État membre sur le territoire duquel est situé le centre des intérêts principaux du débiteur sont compétentes pour ouvrir la procédure d'insolvabilité. Pour les sociétés et les personnes morales, le centre des intérêts principaux est présumé, jusqu'à preuve contraire, être le lieu du siège statutaire.

2. Lorsque le centre des intérêts principaux du débiteur est situé sur le territoire d'un État membre, les juridictions d'un autre État membre ne sont compétentes pour ouvrir une procédure d'insolvabilité à l'égard de ce débiteur que si celui-ci possède un établissement sur le territoire de cet autre État membre. Les effets de cette procédure sont limités aux biens du débiteur se trouvant sur ce dernier territoire.

3. Lorsqu'une procédure d'insolvabilité est ouverte en application du paragraphe 1, toute procédure d'insolvabilité ouverte ultérieurement en application du paragraphe 2 est une procédure secondaire. Cette procédure doit être une procédure de liquidation.

4. Une procédure territoriale d'insolvabilité visée au paragraphe 2 ne peut être ouverte avant l'ouverture d'une procédure principale d'insolvabilité en application du paragraphe 1 que :

a) si une procédure d'insolvabilité ne peut pas être ouverte en application du paragraphe 1 en raison des conditions établies par la loi de l'État membre sur le territoire duquel est situé le centre des intérêts principaux du débiteur ;

ou

b) si l'ouverture de la procédure territoriale d'insolvabilité est demandée par un créancier dont le domicile, la résidence habituelle ou le siège se trouve dans l'État membre sur le territoire duquel est situé l'établissement concerné, ou dont la créance a son origine dans l'exploitation de cet établissement.

Art. 4. – *Loi applicable*. – 1. Sauf disposition contraire du présent règlement, la loi applicable à la procédure d'insolvabilité et à ses effets est celle de l'État membre sur le territoire duquel la procédure est ouverte, ci-après dénommé « État d'ouverture ».

2. La loi de l'État d'ouverture détermine les conditions d'ouverture, le déroulement et la clôture de la procédure d'insolvabilité. Elle détermine notamment :

a) les débiteurs susceptibles de faire l'objet d'une procédure d'insolvabilité du fait de leur qualité ;

b) les biens qui font l'objet du dessaisissement et le sort des biens acquis par le débiteur après l'ouverture de la procédure d'insolvabilité ;

c) les pouvoirs respectifs du débiteur et du syndic ;

d) les conditions d'opposabilité d'une compensation ;

e) les effets de la procédure d'insolvabilité sur les contrats en cours auxquels le débiteur est partie ;

f) les effets de la procédure d'insolvabilité sur les poursuites individuelles, à l'exception des instances en cours ;

g) les créances à produire au passif du débiteur et le sort des créances nées après l'ouverture de la procédure d'insolvabilité ;

h) les règles concernant la production, la vérification et l'admission des créances ;

i) les règles de distribution du produit de la réalisation des biens, le rang des créances et les droits des créanciers qui ont été partiellement désintéressés après l'ouverture de la procédure d'insolvabilité en vertu d'un droit réel ou par l'effet d'une compensation ;

j) les conditions et les effets de la clôture de la procédure d'insolvabilité, notamment par concordat ;

k) les droits des créanciers après la clôture de la procédure d'insolvabilité ;

l) la charge des frais et des dépenses de la procédure d'insolvabilité ;

m) les règles relatives à la nullité, à l'annulation ou à l'inopposabilité des actes préjudiciables à l'ensemble des créanciers.

Art. 5. – *Droits réels des tiers*. – 1. L'ouverture de la procédure d'insolvabilité n'affecte pas le droit réel d'un créancier ou d'un tiers sur des biens corporels ou incorporels, meubles ou immeubles – à la fois des biens déterminés et des ensembles de biens indéterminés dont la composition est sujette à modification – appartenant au débiteur, et qui se trouvent, au moment de l'ouverture de la procédure, sur le territoire d'un autre État membre.

2. Les droits visés au paragraphe 1 sont notamment :

a) le droit de réaliser ou de faire réaliser le bien et d'être désintéressé par le produit ou les revenus de ce bien, en particulier en vertu d'un gage ou d'une hypothèque ;

b) le droit exclusif de recouvrer une créance, notamment en vertu de la mise en gage ou de la cession de cette créance à titre de garantie ;

c) le droit de revendiquer le bien et/ou d'en réclamer la restitution entre les mains de quiconque le détient ou en jouit contre la volonté de l'ayant droit ;

d) le droit réel de percevoir les fruits d'un bien.

3. Est assimilé à un droit réel, le droit, inscrit dans un registre public et opposable aux tiers, permettant d'obtenir un droit réel au sens du paragraphe 1.

4. Le paragraphe 1 ne fait pas obstacle aux actions en nullité, en annulation ou en inopposabilité visées à l'article 4, paragraphe 2, point *m)*.

Art. 6. – *Compensation*. – 1. L'ouverture de la procédure d'insolvabilité n'affecte pas le droit d'un créancier d'invoquer la compensation de sa créance avec la créance du débiteur, lorsque cette compensation est permise par la loi applicable à la créance du débiteur insolvable.

2. Le paragraphe 1 ne fait pas obstacle aux actions en nullité, en annulation ou en inopposabilité visées à l'article 4, paragraphe 2, point *m)*.

Art. 7. – *Réserve de propriété*. – 1. L'ouverture d'une procédure d'insolvabilité contre l'acheteur d'un bien n'affecte pas les droits du vendeur fondés sur une réserve de propriété, lorsque ce bien se trouve, au moment de l'ouverture de la procédure, sur le territoire d'un autre État membre que l'État d'ouverture.

2. L'ouverture d'une procédure d'insolvabilité contre le vendeur d'un bien, après la livraison de ce bien, ne constitue pas une cause de résolution ou de résiliation de la vente et ne fait pas obstacle à l'acquisition par

l'acheteur de la propriété du bien vendu, lorsque ce bien se trouve au moment de l'ouverture de la procédure sur le territoire d'un autre État membre que l'État d'ouverture.

3. Les paragraphes 1 et 2 ne font pas obstacle aux actions en nullité, en annulation ou en inopposabilité visées à l'article 4, paragraphe 2, point *m)*.

Art. 8. – *Contrat portant sur un bien immobilier.* – Les effets de la procédure d'insolvabilité sur un contrat donnant le droit d'acquérir un bien immobilier ou d'en jouir sont régis exclusivement par la loi de l'État membre sur le territoire duquel ce bien est situé.

Art. 9. – *Systèmes de paiement et marchés financiers.* – 1. Sans préjudice de l'article 5, les effets de la procédure d'insolvabilité sur les droits et obligations des participants à un système de paiement ou de règlement ou à un marché financier sont régis exclusivement par la loi de l'État membre applicable audit système ou marché.

2. Le paragraphe 1 ne fait pas obstacle à l'exercice d'une action en nullité, en annulation ou en inopposabilité des paiements ou des transactions en vertu de la loi applicable au système de paiement ou au marché financier concerné.

Art. 10. – *Contrat de travail.* – Les effets de la procédure d'insolvabilité sur un contrat de travail et sur le rapport de travail sont régis exclusivement par la loi de l'État membre applicable au contrat de travail.

Art. 11. – *Effets sur les droits soumis à enregistrement.* – Les effets de la procédure d'insolvabilité concernant les droits du débiteur sur un bien immobilier, un navire ou un aéronef, qui sont soumis à inscription dans un registre public, sont régis par la loi de l'État membre sous l'autorité duquel ce registre est tenu.

Art. 12. – *Brevets et marques communautaires.* – Aux fins du présent règlement, un brevet communautaire, une marque communautaire, ou tout autre droit analogue établi par des dispositions communautaires ne peuvent être inclus que dans une procédure visée à l'article 3, paragraphe 1.

Art. 13. – *Actes préjudiciables.* – L'article 4, paragraphe 2, point *m)*, n'est pas applicable lorsque celui qui a bénéficié d'un acte préjudiciable à l'ensemble des créanciers apporte la preuve que :

- cet acte est soumis à la loi d'un autre État membre que l'État d'ouverture ;

et que

- cette loi ne permet en l'espèce, par aucun moyen, d'attaquer cet acte.

Art. 14. – *Protection du tiers acquéreur.* – Lorsque, par un acte conclu après l'ouverture de la procédure d'insolvabilité, le débiteur dispose à titre onéreux :

- d'un bien immobilier ;
- d'un navire ou d'un aéronef soumis à inscription dans un registre public ;

ou

- de valeurs mobilières dont l'existence suppose une inscription dans un registre prévu par la loi ;

la validité de cet acte est régie par la loi de l'État sur le territoire duquel ce bien immobilier est situé, ou sous l'autorité duquel ce registre est tenu.

Art. 15. – *Effets de la procédure d'insolvabilité sur les instances en cours.* – Les effets de la procédure d'insolvabilité sur une instance en cours concernant un bien ou un droit dont le débiteur est dessaisi sont régis exclusivement par la loi de l'État membre dans lequel cette instance est en cours.

Art. 16. – *Principe.* – 1. Toute décision ouvrant une procédure d'insolvabilité prise par une juridiction d'un État membre compétente en vertu de l'article 3 est reconnue dans tous les autres États membres, dès qu'elle produit ses effets dans l'État d'ouverture.

Cette règle s'applique également lorsque le débiteur, du fait de sa qualité, n'est pas susceptible de faire l'objet d'une procédure d'insolvabilité dans les autres États membres.

2. La reconnaissance d'une procédure visée à l'article 3, paragraphe 1, ne fait pas obstacle à l'ouverture d'une procédure visée à l'article 3, paragraphe 2, par une juridiction d'un autre État membre. Dans ce cas, cette dernière procédure est une procédure secondaire d'insolvabilité au sens du chapitre III.

Art. 17. – *Effets de la reconnaissance.* – 1. La décision d'ouverture d'une procédure visée à l'article 3, paragraphe 1, produit, sans aucune autre formalité, dans tout autre État membre les effets que lui attribue la loi de l'État d'ouverture, sauf disposition contraire du présent règlement et aussi longtemps qu'aucune procédure visée à l'article 3, paragraphe 2, n'est ouverte dans cet autre État membre.

2. Les effets d'une procédure visée à l'article 3, paragraphe 2, ne peuvent être contestés dans les autres États membres. Toute limitation des droits des créanciers, notamment un sursis des paiements ou une remise de dette résultant de cette procédure, ne peut être opposée, quant aux biens situés sur le territoire d'un autre État membre, qu'aux créanciers qui ont exprimé leur accord.

Art. 18. – *Pouvoirs du syndic.* – 1. Le syndic désigné par une juridiction compétente en vertu de l'article 3, paragraphe 1, peut exercer sur le territoire d'un autre État membre tous les pouvoirs qui lui sont conférés par la loi de l'État d'ouverture, aussi longtemps qu'aucune autre procédure d'insolvabilité n'y a été ouverte ou qu'aucune mesure conservatoire contraire n'y a été prise à la suite d'une demande d'ouverture d'une procédure d'insolvabilité dans cet État. Il peut notamment déplacer les biens du débiteur hors du territoire de l'État membre sur lequel ils se trouvent, sous réserve des articles 5 et 7.

2. Le syndic désigné par une juridiction compétente en vertu de l'article 3, paragraphe 2, peut, dans tout autre État membre faire valoir par voie judiciaire ou extrajudiciaire, qu'un bien mobilier a été transféré du territoire de l'État d'ouverture sur le territoire de cet autre État membre après l'ouverture de la procédure d'insolvabilité. Il peut également exercer toute action révocatoire utile aux intérêts des créanciers.

3. Dans l'exercice de ses pouvoirs, le syndic doit respecter la loi de l'État membre sur le territoire duquel il entend agir, en particulier quant aux modalités de réalisation des biens. Ces pouvoirs ne peuvent inclure l'emploi de moyens contraignants, ni le droit de statuer sur un litige ou un différend.

Art. 19. – *Preuve de la nomination du syndic.* – La nomination du syndic est établie par la présentation d'une copie, certifiée conforme à l'original, de la décision qui le nomme, ou par tout autre certificat établi par la juridiction compétente.

Une traduction dans la langue officielle ou une des langues officielles de l'État membre sur le territoire duquel le syndic entend agir peut être exigée. Aucune légalisation ou autre formalité analogue n'est requise.

Art. 20. – *Restitution et imputation.* – 1. Le créancier qui, après l'ouverture d'une procédure visée à l'article 3, paragraphe 1, obtient par tout moyen, notamment par des voies d'exécution, satisfaction totale ou partielle en ce qui concerne sa créance sur des biens du débiteur qui se trouvent sur le territoire d'un autre État membre, doit restituer ce qu'il a obtenu au syndic, sous réserve des articles 5 et 7.

2. Afin d'assurer un traitement égal des créanciers, le créancier qui a obtenu, dans une procédure d'insolvabilité, un dividende sur sa créance, ne participe aux répartitions ouvertes dans une autre procédure, que lorsque les créanciers de même rang ou de même catégorie ont obtenu, dans cette autre procédure, un dividende équivalent.

Art. 21. – *Publicité.* – 1. Le syndic peut demander que le contenu essentiel de la décision ouvrant la procédure d'insolvabilité et, le cas échéant, de la décision qui le nomme soit publié dans tout autre État membre, selon les modalités de publication prévues dans cet État. Ces mesures de publicité indiquent en outre le syndic désigné et précisent si la règle de compétence appliquée est celle de l'article 3, paragraphe 1 ou 2.

2. Toutefois, la publication obligatoire peut être prévue par tout État membre sur le territoire duquel le débiteur a un établissement. Dans ce cas, le syndic ou toute autorité habilitée à cet effet dans l'État membre où la procédure visée à l'article 3, paragraphe 1, a été ouverte doit prendre les mesures nécessaires pour assurer cette publication.

Art. 22. – *Inscription dans un registre public.* – 1. Le syndic peut demander que la décision ouvrant une procédure visée à l'article 3, paragraphe 1, soit inscrite au livre foncier, au registre du commerce et à tout autre registre public tenu dans les autres États membres.

2. Toutefois, l'inscription obligatoire peut être prévue par tout État membre. Dans ce cas, le syndic ou toute autorité habilitée à cet effet dans l'État membre où la procédure visée à l'article 3, paragraphe 1, a été ouverte doit prendre les mesures nécessaires pour assurer cette inscription.

Art. 23. – *Frais.* – Les frais des mesures de publicité et d'inscription prévues aux articles 21 et 22 sont considérés comme des frais et dépenses de la procédure.

Art. 24. – *Exécution au profit du débiteur.* – 1. Celui qui, dans un État membre, exécute une obligation au profit du débiteur soumis à une procédure d'insolvabilité ouverte dans un autre État membre, alors qu'il aurait dû le faire au profit du syndic de cette procédure, est libéré s'il ignorait l'ouverture de la procédure.

2. Celui qui a exécuté cette obligation avant les mesures de publicité prévues à l'article 21 est présumé, jusqu'à preuve contraire, avoir ignoré l'ouverture de la procédure d'insolvabilité ; celui qui l'a exécutée après ces mesures de publicité est présumé jusqu'à preuve contraire, avoir eu connaissance de l'ouverture de la procédure.

Art. 25. – *Reconnaissance et caractère exécutoire d'autres décisions.* – 1. Les décisions relatives au déroulement et à la clôture d'une procédure d'insolvabilité rendues par une juridiction dont la décision d'ouverture est reconnue conformément à l'article 16 ainsi qu'un concordat approuvé par une telle juridiction sont reconnus également sans aucune autre formalité. Ces décisions sont exécutées conformément aux articles 31 à 51 (à l'exception de l'*article 34*, paragraphe 2) de la Convention de Bruxelles concernant la compétence judiciaire et l'exécution des décisions en matière civile et commerciale, modifiée par les conventions relatives à l'adhésion à cette convention.

Le premier alinéa s'applique également aux décisions qui dérivent directement de la procédure d'insolvabilité et qui s'y insèrent étroitement, même si elles sont rendues par une autre juridiction.

Le premier alinéa s'applique également aux décisions relatives aux mesures conservatoires prises après la demande d'ouverture d'une procédure d'insolvabilité.

2. La reconnaissance et l'exécution des décisions autres que celles visées au paragraphe 1 sont régies par la convention visée au paragraphe 1, pour autant que cette convention soit applicable.

3. Les États membres ne sont pas tenus de reconnaître ou d'exécuter une décision visée au paragraphe 1, qui aurait pour effet de limiter la liberté individuelle ou le secret postal.

Art. 26. – (1)*Ordre public.* – Tout État membre peut refuser de reconnaître une procédure d'insolvabilité ouverte dans un autre État membre ou d'exécuter une décision prise dans le cadre d'une telle procédure, lorsque cette reconnaissance ou cette exécution produirait des effets manifestement contraires à son ordre public, en particulier à ses principes fondamentaux ou aux droits et aux libertés individuelles garantis par sa constitution.

CHAPITRE III. – PROCÉDURES SECONDAIRES D'INSOLVABILITÉ

Bibliographie : R. Dammann et M. Sénéchal, *La procédure secondaire du Règlement (CE) n° 1346/2000 : mode d'emploi : Rev. Lamy dr. aff.* oct. 2006, p. 81.

Art. 27. – *Ouverture.* – La procédure visée à l'article 3, paragraphe 1, qui est ouverte par une juridiction d'un État membre et reconnue dans un autre État membre (procédure principale) permet d'ouvrir, dans cet autre État membre, dont une juridiction serait compétente en vertu de l'article 3, paragraphe 2, une procédure secondaire d'insolvabilité sans que l'insolvabilité du débiteur soit examinée dans cet autre État. Cette procédure doit être une des procédures mentionnées à l'annexe B. Ses effets sont limités aux biens du débiteur situés sur le territoire de cet autre État membre.

Une procédure secondaire d'insolvabilité peut être ouverte dans un État membre dans lequel se situe un établissement du débiteur, alors que la procédure principale poursuit une procédure protectrice. La juridiction compétente pour ouvrir cette procédure doit prendre en considération les objectifs de la procédure principale dans le respect du principe de coopération loyale, et ne peut pas examiner l'insolvabilité du débiteur : ■ CJUE, 22 nov. 2012, aff. C-116/11 : *D.* 2013, p. 468, note R. Dammann et H. Leclerc ; *JCP* E 2013, 1050, note L. d'Avout ; *BJE* 2013, § 10, note J.-P. Sortais ; *Europe* 2013, comm. 58, note L. Idot.

Art. 28. – *Loi applicable.* – Sauf disposition contraire du présent règlement, la loi applicable à la procédure secondaire est celle de l'État membre sur le territoire duquel la procédure secondaire est ouverte.

Art. 29. – *Droit de demander l'ouverture.* – L'ouverture d'une procédure secondaire peut être demandée par :

a) le syndic de la procédure principale ;

b) toute autre personne ou autorité habilitée à demander l'ouverture d'une procédure d'insolvabilité en vertu de la loi de l'État membre sur le territoire duquel l'ouverture de la procédure secondaire est demandée.

Un créancier qui assigne, sur désignation par l'article 29, *b* du règlement, une société débitrice étrangère en France, au lieu de situation de son établissement, doit être titulaire d'une créance certaine, liquide et exigible : ■ Cass. com., 2 déc. 2014, n° 13-30.203 : *BJE* 2015, p. 121, note L.-C. Henry.

Art. 30. – *Avance de frais et dépens.* – Lorsque la loi de l'État membre où l'ouverture d'une procédure secondaire est demandée exige que l'actif du débiteur soit suffisant pour couvrir en tout ou en partie les frais et

(1) Voir la déclaration du Portugal concernant l'application des articles 26 et 37 (*JO* C 183, 30 juin 2000, p. 1).

dépens de la procédure, la juridiction saisie d'une telle demande peut exiger du demandeur une avance de frais ou une garantie d'un montant approprié.

Art. 31. – *Devoir de coopération et d'information.* - 1. Sous réserve des règles limitant la communication de renseignements, le syndic de la procédure principale et les syndics des procédures secondaires sont tenus d'un devoir d'information réciproque. Ils doivent communiquer sans délai tout renseignement qui peut être utile à l'autre procédure, notamment l'état de la production et de la vérification des créances et les mesures visant à mettre fin à la procédure.

2. Sous réserve des règles applicables à chacune des procédures, le syndic de la procédure principale et les syndics des procédures secondaires sont tenus d'un devoir de coopération réciproque.

3. Le syndic d'une procédure secondaire doit en temps utile permettre au syndic de la procédure principale de présenter des propositions relatives à la liquidation ou à toute utilisation des actifs de la procédure secondaire.

Art. 32. – *Exercice des droits des créanciers.* - 1. Tout créancier peut produire sa créance à la procédure principale et à toute procédure secondaire.

2. Les syndics de la procédure principale et des procédures secondaires produisent dans les autres procédures les créances déjà produites dans la procédure pour laquelle ils ont été désignés, dans la mesure où cette production est utile aux créanciers de la procédure pour laquelle ils ont été désignés et sous réserve du droit de ceux-ci de s'y opposer ou de retirer leur production, lorsque la loi applicable le prévoit.

3. Le syndic d'une procédure principale ou secondaire est habilité à participer, au même titre que tout créancier, à une autre procédure, notamment en prenant part à une assemblée de créanciers.

Art. 33. – *Suspension de la liquidation.* - 1. La juridiction qui a ouvert la procédure secondaire suspend en tout ou en partie les opérations de liquidation, sur la demande du syndic de la procédure principale, sous réserve de la faculté d'exiger en ce cas du syndic de la procédure principale toute mesure adéquate pour garantir les intérêts des créanciers de la procédure secondaire et de certains groupes de créanciers. La demande du syndic de la procédure principale ne peut être rejetée que si elle est manifestement sans intérêt pour les créanciers de la procédure principale. La suspension de la liquidation peut être ordonnée pour une durée maximale de trois mois. Elle peut être prolongée ou renouvelée pour des périodes de même durée.

2. La juridiction visée au paragraphe 1 met fin à la suspension des opérations de liquidation :

- à la demande du syndic de la procédure principale ;
- d'office, à la demande d'un créancier ou à la demande du syndic de la procédure secondaire, si cette mesure n'apparaît plus justifiée, notamment par l'intérêt des créanciers de la procédure principale ou de ceux de la procédure secondaire.

Art. 34. – *Mesures mettant fin à la procédure secondaire d'insolvabilité.* - 1. Lorsque la loi applicable à la procédure secondaire prévoit la possibilité de clôturer cette procédure sans liquidation par un plan de redressement, un concordat ou une mesure comparable, une telle mesure peut être proposée par le syndic de la procédure principale.

La clôture de la procédure secondaire par une mesure visée au premier alinéa ne devient définitive qu'avec l'accord du syndic de la procédure principale, ou, à défaut de son accord, lorsque la mesure proposée n'affecte pas les intérêts financiers des créanciers de la procédure principale.

2. Toute limitation des droits des créanciers, tels qu'un sursis de paiement ou une remise de dette, découlant d'une mesure visée au paragraphe 1 et proposée dans une procédure secondaire ne peut produire ses effets sur les biens du débiteur qui ne sont pas visés par cette procédure qu'avec l'accord de tous les créanciers intéressés.

3. Durant la suspension des opérations de liquidation ordonnée en vertu de l'article 33, seul le syndic de la procédure principale, ou le débiteur avec son accord, peut proposer dans la procédure secondaire des mesures prévues au paragraphe 1 du présent article ; aucune autre proposition visant une telle mesure ne peut être soumise au vote ni homologuée.

Art. 35. – *Surplus d'actif de la procédure secondaire.* - Si la liquidation des actifs de la procédure secondaire permet de payer toutes les créances admises dans cette procédure, le syndic désigné dans cette procédure transfère sans délai le surplus d'actif au syndic de la procédure principale.

Art. 36. – *Ouverture ultérieure de la procédure principale.* - Lorsqu'une procédure visée à l'article 3, paragraphe 1, est ouverte après l'ouverture d'une procédure visée à l'article 3, paragraphe 2, dans un autre État membre, les articles 31 à 35 s'appliquent à la procédure ouverte en premier, dans la mesure où l'état de cette procédure le permet.

Art. 37. – (1) *Conversion de la procédure antérieure.* – Le syndic de la procédure principale peut demander la conversion en une procédure de liquidation d'une procédure mentionnée à l'annexe A antérieurement ouverte dans un autre État membre, si cette conversion s'avère utile aux intérêts des créanciers de la procédure principale.

La juridiction compétente en vertu de l'article 3, paragraphe 2, ordonne la conversion en une des procédures mentionnées à l'annexe B.

Art. 38. – *Mesures conservatoires.* – Lorsque la juridiction d'un État membre compétente en vertu de l'article 3, paragraphe 1, désigne un syndic provisoire en vue d'assurer la conservation des biens du débiteur, ce syndic provisoire est habilité à demander toute mesure de conservation ou de protection sur les biens du débiteur qui se trouvent dans un autre État membre prévue par la loi de cet État, pour la période séparant la demande d'ouverture d'une procédure d'insolvabilité de la décision d'ouverture.

CHAPITRE IV. – INFORMATION DES CRÉANCIERS ET PRODUCTION DE LEURS CRÉANCES

Art. 39. – *Droit de produire les créances.* – Tout créancier qui a sa résidence habituelle, son domicile ou son siège dans un État membre autre que l'État d'ouverture, y compris les autorités fiscales et les organismes de sécurité sociale des États membres, ont le droit de produire leurs créances par écrit dans la procédure d'insolvabilité.

Art. 40. – *Obligation d'informer les créanciers.* – 1. Dès qu'une procédure d'insolvabilité est ouverte dans un État membre, la juridiction compétente de cet État ou le syndic nommé par celle-ci informe sans délai les créanciers connus qui ont leur résidence habituelle, leur domicile ou leur siège dans les autres États membres.

2. Cette information, assurée par l'envoi individuel d'une note, porte notamment sur les délais à observer, les sanctions prévues quant à ces délais, l'organe ou l'autorité habilité à recevoir la production des créances et les autres mesures prescrites. Cette note indique également si les créanciers dont la créance est garantie par un privilège ou une sûreté réelle doivent produire leur créance.

Art. 41. – *Contenu de la production d'une créance.* – Le créancier envoie une copie des pièces justificatives, s'il en existe, et indique la nature de la créance, sa date de naissance et son montant ; il indique également s'il revendique, pour cette créance, un privilège, une sûreté réelle ou une réserve de propriété, et quels sont les biens sur lesquels porte la garantie qu'il invoque.

Art. 42. – *Langues.* – 1. L'information prévue à l'article 40 est assurée dans la ou dans une des langue(s) officielle(s) de l'État d'ouverture. Un formulaire portant, dans toutes les langues officielles des institutions de l'Union européenne, le titre « Invitation à produire une créance. Délais à respecter », est utilisé à cet effet.

2. Tout créancier qui a sa résidence habituelle, son domicile ou son siège dans un autre État membre que l'État d'ouverture peut produire sa créance dans la ou dans une des langue(s) officielle(s) de cet autre État. Dans ce cas, la production de sa créance doit néanmoins porter le titre « Production de créance » dans la ou dans une des langue(s) officielle(s) de l'État d'ouverture. En outre, une traduction dans la ou une des langue(s) officielle(s) de l'État d'ouverture peut lui être réclamée.

CHAPITRE V. – DISPOSITIONS TRANSITOIRES ET FINALES

Art. 43. – *Application dans le temps.* – Les dispositions du présent règlement ne sont applicables qu'aux procédures d'insolvabilité ouvertes postérieurement à son entrée en vigueur. Les actes accomplis par le débiteur avant l'entrée en vigueur du présent règlement continuent d'être régis par la loi qui leur était applicable au moment où ils ont été accomplis.

Art. 44. – *Relations avec les conventions.* – 1. Après son entrée en vigueur, le présent règlement remplace dans les relations entre les États membres, pour les matières auxquelles il se réfère, les conventions conclues entre deux ou plusieurs de ces États, à savoir :

a) la convention entre la Belgique et la France sur la compétence judiciaire, sur l'autorité et l'exécution des décisions judiciaires, des sentences arbitrales et des actes authentiques, signée à Paris, le 8 juillet 1899 ;

b) la convention entre la Belgique et l'Autriche sur la faillite, le concordat et le sursis de paiement (avec protocole additionnel du 13 juin 1973), signée à Bruxelles le 16 juillet 1969 ;

(1) Voir la déclaration du Portugal concernant l'application des articles 26 et 37 (*JO* C 183, 30 juin 2000, p. 1).

c) la convention entre la Belgique et les Pays-Bas sur la compétence judiciaire territoriale, sur la faillite, ainsi que sur l'autorité et l'exécution des décisions judiciaires, des sentences arbitrales et des actes authentiques, signée à Bruxelles, le 28 mars 1925 ;

d) le traité entre l'Allemagne et l'Autriche en matière de faillite et de concordat, signé à Vienne le 25 mai 1979 ;

e) la convention entre la France et l'Autriche sur la compétence judiciaire, la reconnaissance et l'exécution des décisions en matière de faillite, signée à Vienne le 27 février 1979 ;

f) la convention entre la France et l'Italie sur l'exécution des jugements en matière civile et commerciale, signée à Rome, le 3 juin 1930 ;

g) la convention entre l'Italie et l'Autriche en matière de faillite et de concordat, signée à Rome le 12 juillet 1977 ;

h) la convention entre le Royaume des Pays-Bas et la République fédérale d'Allemagne sur la reconnaissance et l'exécution mutuelles des décisions judiciaires et autres titres exécutoires en matière civile et commerciale, signée à La Haye, le 30 août 1962 ;

i) la convention entre le Royaume-Uni et le Royaume de Belgique sur l'exécution réciproque des jugements en matière civile et commerciale, et son protocole, signée à Bruxelles, le 2 mai 1934 ;

j) la convention entre le Danemark, la Finlande, la Norvège, la Suède et l'Islande, relative à la faillite, signée à Copenhague le 11 novembre 1933 ;

k) la convention européenne sur certains aspects internationaux de la faillite, signée à Istanbul le 5 juin 1990 ;

l) (Acte adhésion, 16 avr. 2003 : JOUE n° L 236, 23 sept. 2003) la convention entre la République fédérative socialiste de Yougoslavie et le Royaume de Grèce sur la reconnaissance et l'exécution des décisions, signée à Athènes le 18 juin 1959 ;

m) (Acte adhésion, 16 avr. 2003 : JOUE n° L 236, 23 sept. 2003) l'accord entre la République fédérative socialiste de Yougoslavie et la République d'Autriche sur la reconnaissance et l'exécution réciproques des décisions et sentences arbitrales en matière commerciale, signé à Belgrade le 18 mars 1960 ;

n) (Acte adhésion, 16 avr. 2003 : JOUE n° L 236, 23 sept. 2003) la convention entre la République fédérative socialiste de Yougoslavie et la République italienne relative à l'entraide judiciaire en matière civile et administrative, signée à Rome le 3 décembre 1960 ;

o) (Acte adhésion, 16 avr. 2003 : JOUE n° L 236, 23 sept. 2003) l'accord entre la République fédérative socialiste de Yougoslavie et le Royaume de Belgique relatif à la coopération judiciaire en matière civile et commerciale, signé à Belgrade le 24 septembre 1971 ;

p) (Acte adhésion, 16 avr. 2003 : JOUE n° L 236, 23 sept. 2003) la convention entre le gouvernement de la Yougoslavie et le gouvernement de la France relative à la reconnaissance et à l'exécution des décisions judiciaires en matière civile et commerciale, signée à Paris le 18 mai 1971 ;

q) (Acte adhésion, 16 avr. 2003 : JOUE n° L 236, 23 sept. 2003) l'accord entre la République socialiste tchécoslovaque et la République hellénique sur l'assistance judiciaire en matière civile et pénale, signé à Athènes le 22 octobre 1980, toujours en vigueur entre la République tchèque et la Grèce ;

r) (Acte adhésion, 16 avr. 2003 : JOUE n° L 236, 23 sept. 2003) l'accord traité entre la République socialiste tchécoslovaque et la République de Chypre relatif à l'assistance judiciaire en matière civile et pénale, signé à Nicosie le 23 avril 1982, toujours en vigueur entre la République tchèque et Chypre ;

s) (Acte adhésion, 16 avr. 2003 : JOUE n° L 236, 23 sept. 2003) le traité entre le gouvernement de la République socialiste tchécoslovaque et le gouvernement de la République française relatif à l'entraide judiciaire, à la reconnaissance et à l'exécution des décisions, en matière civile, familiale et commerciale, signé à Paris le 10 mai 1984, toujours en vigueur entre la République tchèque et la France ;

t) (Acte adhésion, 16 avr. 2003 : JOUE n° L 236, 23 sept. 2003) le traité entre la République socialiste tchécoslovaque et la République italienne relatif à l'assistance judiciaire en matière civile et pénale, signé à Prague le 6 décembre 1985, toujours en vigueur entre la République tchèque et l'Italie ;

u) (Acte adhésion, 16 avr. 2003 : JOUE n° L 236, 23 sept. 2003) l'accord entre la République de Lettonie, la République d'Estonie et la République de Lituanie relatif à l'assistance judiciaire et les relations judiciaires, signé à Tallinn le 11 novembre 1992 ;

v) (Acte adhésion, 16 avr. 2003 : JOUE n° L 236, 23 sept. 2003) l'accord entre l'Estonie et la Pologne relatif à l'entraide judiciaire et à l'établissement de relations judiciaires en matière civile, pénale et du travail, signé à Tallinn le 27 novembre 1998 ;

w) (Acte adhésion, 16 avr. 2003 : JOUE n° L 236, 23 sept. 2003) l'accord entre la République de Lituanie et la République de Pologne relatif à l'entraide judiciaire et aux relations judiciaires en matière civile, familiale, pénale et du travail, signé à Varsovie le 26 janvier 1993.

x) (Cons. UE, Règl. (CE) n° 1791/2006, 20 nov. 2006 : JOUE n° L 363, 20 déc. 2006) la convention entre la République socialiste de Roumanie et la République hellénique concernant l'entraide judiciaire en matière civile et pénale et son protocole, signés à Bucarest le 19 octobre 1972 ;

y) (Cons. UE, Règl. (CE) n° 1791/2006, 20 nov. 2006 : JOUE n° L 363, 20 déc. 2006) la convention entre la République socialiste de Roumanie et la République française concernant l'entraide judiciaire en matière civile et commerciale, signée à Paris le 5 novembre 1974 ;

z) (Cons. UE, Règl. (CE) n° 1791/2006, 20 nov. 2006 : JOUE n° L 363, 20 déc. 2006) l'accord entre la République populaire de Bulgarie et la République hellénique relatif à l'entraide judiciaire en matière civile et pénale, signé à Athènes le 10 avril 1976 ;

aa) (Cons. UE, Règl. (CE) n° 1791/2006, 20 nov. 2006 : JOUE n° L 363, 20 déc. 2006) l'accord entre la République populaire de Bulgarie et la République de Chypre relatif à l'entraide judiciaire en matière civile et pénale, signé à Nicosie le 29 avril 1983 ;

ab) (Cons. UE, Règl. (CE) n° 1791/2006, 20 nov. 2006 : JOUE n° L 363, 20 déc. 2006) l'accord entre le gouvernement de la République populaire de Bulgarie et le gouvernement de la République française relatif à l'entraide judiciaire en matière civile, signé à Sofia le 18 janvier 1989 ;

ac) (Cons. UE, Règl. (CE) n° 1791/2006, 20 nov. 2006 : JOUE n° L 363, 20 déc. 2006) le traité entre la Roumanie et la République tchèque relatif à l'entraide judiciaire en matière civile, signé à Bucarest le 11 juillet 1994 ;

ad) (Cons. UE, Règl. (CE) n° 1791/2006, 20 nov. 2006 : JOUE n° L 363, 20 déc. 2006) le traité entre la Roumanie et la Pologne relatif à l'entraide judiciaire et aux relations judiciaires dans les affaires civiles, signé à Bucarest le 15 mai 1999.

2. Les conventions visées au paragraphe 1 continuent à produire leurs effets en ce qui concerne les procédures ouvertes avant l'entrée en vigueur du présent règlement.

3. Le présent règlement n'est pas applicable :

a) dans tout État membre, dans la mesure où il est incompatible avec les obligations en matière de faillite résultant d'une convention conclue antérieurement à son entrée en vigueur par cet État avec un ou plusieurs pays tiers ;

b) au Royaume-Uni de Grande-Bretagne et d'Irlande du Nord, dans la mesure où il est incompatible avec les obligations en matière de faillite et de liquidation de sociétés insolvables résultant d'accords avec le Commonwealth applicables au moment de l'entrée en vigueur du présent règlement.

Art. 45. – *Modification des annexes.* – Le Conseil, statuant à la majorité qualifiée, à l'initiative d'un ou de plusieurs de ses membres ou sur proposition de la Commission, peut modifier les annexes.

Art. 46. – *Rapport.* – Au plus tard le 1er juin 2012, et ensuite tous les cinq ans, la Commission présente au Parlement européen, au Conseil et au Comité économique et social un rapport relatif à l'application du présent règlement. Ce rapport est accompagné, le cas échéant, de propositions visant à adapter le présent règlement.

Art. 47. – *Entrée en vigueur.* – Le présent règlement entre en vigueur le 31 mai 2002.

Le présent règlement est obligatoire dans tous ses éléments et directement applicable dans tout État membre conformément au traité instituant la Communauté européenne.

9.2. – DE QUELQUES PROFESSIONS RÉGLEMENTÉES

9.2.1. – Des administrateurs judiciaires, mandataires judiciaires au redressement et à la liquidation des entreprises et experts en diagnostics d'entreprises

9.2.1.1. – Des administrateurs judiciaires

Bibliographie : H. Ballone, *Les obligations des AJMJ relatives à la prévention de l'utilisation du système financier aux fins de blanchiment des capitaux et le financement du terrorisme : BJE* 2016, p. 290. • B. Baujet, *Sauver le mandat de justice à la française, garant des conflits d'intérêts : BJE* 2016, p. 90. • B. Baujet et Ch. Thévenot, *Quelle assiette pour le calcul des émoluments de l'administrateur judiciaire : Rev. proc. coll.* 2016, étude 13. • S. Bénilsi, *Le développement du comandat des administrateurs et des mandataires judiciaires : BJE* 2015, p. 426. • G. Bolard, *Les fonctions des mandataires de justice : Rev. proc. coll.* 2006, p. 205. • H. Bourbouloux et G. Couturier, *Un élargissement des missions des administrateurs judiciaires et des mandataires judiciaires au service des entreprises : BJE* 2016, p. 77 ; *Un élargissement des missions des* *administrateurs judiciaires et des mandataires judiciaires au service des entreprises : BJE* 2016, p. 77. • H. Bourbouloux et R. du Plantier, *De nouvelles missions pour les administrateurs et les mandataires judiciaires : l'administration spéciale, temporaire ou provisoire des entreprises financières : BJE* 2016, p. 61. • O. Buisine, *L'administrateur provisoire de l'indivision : Rev. proc. coll.* 2018, étude 10. • Y. Chaput, *La nouvelle gouvernance des administrateurs et des mandataires judiciaires au redressement et à la liquidation des entreprises : JCP* G 2003, p. 381. • Ch. Delattre, *Recours à des tiers : les praticiens de l'insolvabilité peuvent-ils sous-traiter leurs missions ? : Rev. proc. coll.* 2018, dossier 9. • E. Étienne-Martin et G. Podeur, *Avocats et administrateurs judiciaires, quelles places respectives au soutien du débiteur ? : BJE* 2012, § 160. • E. Gall-Heng, *La représentation professionnelle des administrateurs judiciaires et mandataires judiciaires : ses missions et ses projets : Gaz. Pal.* 29 avr. 2005, p. 11. • A. Géniteau, *La responsabilité de l'administrateur*, in Actes du colloque de Caen, 15 oct. 2010, *Risques et responsabilités en droit des procédures collectives : Rev. proc. coll.* 2010, art. 11. • S. Gorrias, *La responsabilité du mandataire judiciaire*, in Actes du colloque de Caen, 15 oct. 2010, *Risques et responsabilités en droit des procédures collectives : Rev. proc. coll.* 2010, art. 12. • L.-C. Henry et Ph. Roussel-Galle, *Ordonnances du 2 juin 2016 : modification du paysage des professions réglementées : Act. proc. coll.* 2016-13, comm. 176. • Ch. Lebel et B. Ghandour, *L'optimisation des procédures : la réduction des coûts de procédure : Rev. proc. coll.* 2018, dossier 14. • S. Ledan-Cabarroque, *La portée de la norme anti-blanchiment sur les missions des administrateurs et des mandataires judiciaires : BJE* 2016, p. 64 ; *L'impact de la réforme du dispositif anti-blanchiment sur les administrateurs et mandataires judiciaires : LEDEN* 2018, p. 3 ; *La réforme de l'obligation de vigilance des administrateurs et mandataires judiciaires : BJE* 2019, n° 2, p. 70. • F. Legrand, *Exercice sous forme de société ou d'autre entité dotée de la personnalité morale de la profession d'administrateur judiciaire ou de mandataire judiciaire : BJE* 2017, éclairage, p. 12. • F.-X. Lucas, *Analyse de la loi du 3 janvier 2003 réformant le statut des administrateurs et des mandataires judiciaires : Dr. et patrimoine* juill. 2003, p. 30. • F.-X. Lucas, *Analyse de la loi du 3 janvier 2003 réformant le statut des administrateurs et des mandataires judiciaires : Dr. et patrimoine* juill. 2003, p. 30. • F. Macorig-Venier, *Co-mandats, mandats post procédures : nouveaux intervenants, nouveaux coûts ? : Rev. proc. coll.* 2018, dossier 5. • F. Mattatia, *Admistrateurs judiciaires et mandataires judiciaires face au RDPG : Rev. proc. coll.* 2018, étude 9. • V. Martineau-Bourgninaud, A.-C. Ellert et S. Gorrias, *Le renouveau des praticiens de l'insolvabilité : Rev. proc. coll.* 2017, dossier 4. • Th. Météyé, *La politique de labellisation de l'AGS : un partenariat gagnant-gagnant : Rev. proc. coll.* 2018, dossier 12. • Fl. Petit, *Loi Macron : qu'est-ce qu'une « rémunération raisonnable » des praticiens de l'insolvabilité ? : Rev. proc. coll.* 2018, dossier 3. • C. Ruellan, *La responsabilité pénale des administrateurs provisoires et judiciaires du fait de leur administration : Dr. pén.* 2000, chron. 25 et 28. • D. Tafako-Kenfack, *La moralisation de la fonction de mandataire judiciaire en droit OHADA : BJE* 2016, p. 292. • Ch. Thévenot, *Entretien : « Il faut que les textes évoluent pour nous permettre d'exercer les fonctions de fiduciaire, de médiateur ou d'arbitre » : BJE* 2018, 2, p. 88. • B. Thullier, *Les praticiens de l'insolvabilité sont-ils des entreprises ? : Rev. proc. coll.* 2018, dossier 10. • J. Vallansan, *L'interprétation du tarif : l'excemple du coût de la cession d'actifs : Rev. proc. coll.* 2018, dossier 4. • *Adde* B. Soinne, *Les mandataires de justice : administrateurs, mandataires judiciaires, experts en diagnostic d'entreprise*, Litec, 2003. • *Table ronde : Les modalités d'exercice de la profession de mandataire judiciaire. Réflexions sur les opportunités juridiques et fiscales : Rev. proc. coll.* 2013, p. 46. • *Acteurs judiciaires et sauvetage des entreprises en difficulté : colloque CNAJMJ : Rev. proc. coll.* nov.-déc. 2012, p. 80 et s. • *Les AJMJ à l'heure de la réforme : colloque CNAJMJ 2016 : BJE* 2016, p. 342 et s. • *Administrateurs judiciaires et mandataires judiciaires : actualités*, Colloque CNAJMJ, ss dir. F. Pérochon : *BJE* 2017, p. 359 et s. • *Les missions d'administrateurs judiciaire et mandataires judiciaires : Morceaux choisis – 19ᵉ Congrès annuel du CNAJMJ*, la Colle-sur-Loup, les 14 et 15 juin 2018, ss dir. Ph. Roussel-Galle : *BJE* 2018, 5, p. 377. • V. aussi, *Quelle place pour les professions réglementées dans la révolution numérique ? : CDE* 2018, dossier 13 à 23.

Code de commerce

Partie législative

CHAPITRE I. – DES ADMINISTRATEURS JUDICIAIRES

Section I. – De la mission, des conditions d'accès et d'exercice et des incompatibilités

Sous-section 1. – Des missions

Art. L. 811-1 *(Mod., L. n° 2003-7, 3 janv. 2003 ; L. n° 2005-845, 26 juill. 2005)*. **– Les administrateurs judiciaires sont les mandataires, personnes physiques ou morales, chargés par décision de justice d'administrer les biens d'autrui ou d'exercer des fonctions d'assistance ou de surveillance dans la gestion de ces biens.**

Les tâches que comporte l'exécution de leur mandat *(Mots rempl., L. n° 2015-990, 6 août 2015)* **« incombent personnellement aux administrateurs judiciaires désignés par le tribunal. Ils peuvent toutefois déléguer tout ou partie de ces tâches à un administrateur judiciaire salarié, sous leur responsabilité. Ils peuvent, en outre »,**

lorsque le bon déroulement de la procédure le requiert et sur autorisation motivée du président du tribunal, confier sous leur responsabilité à des tiers une partie de ces tâches.

Lorsque les administrateurs judiciaires confient à des tiers des tâches qui relèvent de la mission que leur a confiée le tribunal, ils les rétribuent sur la rémunération qu'ils perçoivent *(Mots suppr., Ord. n° 2008-1345, 18 déc. 2008)* « ... ».

Sous-section 2. – Des conditions d'accès à la profession

Art. L. 811-2 *(Rempl., L. n° 2003-7, 3 janv. 2003 ; mod., Ord. n° 2008-1345, 18 déc. 2008).* **– Nul ne peut être désigné en justice pour exercer ces fonctions, sous réserve des dispositions particulières à certaines matières, notamment celles relatives aux mineurs et aux majeurs protégés, ou sous réserve des missions occasionnelles qui peuvent être confiées aux membres des professions judiciaires et juridiques en matière civile, s'il n'est inscrit sur la liste établie par une commission nationale instituée à cet effet.**

Toutefois, le tribunal peut, après avis du procureur de la République, désigner comme administrateur judiciaire une personne physique justifiant d'une expérience ou d'une qualification particulière au regard de la nature de l'affaire et remplissant les conditions définies aux 1° à 4° de l'article L. 811-5. Il motive spécialement sa décision au regard de cette expérience ou de cette qualification particulière.

Les personnes visées à l'alinéa précédent ne doivent pas, au cours des cinq années précédentes, avoir perçu à quelque titre que ce soit, directement ou indirectement, une rétribution ou un paiement de la part de la personne physique ou morale faisant l'objet d'une mesure d'administration, d'assistance ou de surveillance, d'une personne qui détient le contrôle de cette personne morale ou de l'une des sociétés contrôlées par elle au sens des II et III de l'article L. 233-16, ni s'être trouvées en situation de conseil de la personne physique ou morale concernée ou de subordination par rapport à elle. Elles doivent, en outre, n'avoir aucun intérêt dans le mandat qui leur est donné et n'être pas au nombre des anciens administrateurs ou mandataires judiciaires ayant fait l'objet d'une décision de radiation ou de retrait des listes en application des articles L. 811-6, L. 811-12 et L. 812-4. Elles sont tenues d'exécuter les mandats qui leur sont confiés en se conformant, dans l'accomplissement de leurs diligences professionnelles, aux mêmes obligations que celles qui s'imposent aux administrateurs judiciaires inscrits sur la liste. Elles ne peuvent exercer les fonctions d'administrateur judiciaire à titre habituel.

Les personnes désignées en application du deuxième alinéa doivent, lors de l'acceptation de leur mandat, attester sur l'honneur qu'elles remplissent les conditions fixées aux 1° à 4° de l'article L. 811-5, qu'elles se conforment aux obligations énumérées à l'alinéa précédent et qu'elles ne font pas l'objet d'une interdiction d'exercice en application de l'avant-dernier alinéa de l'article L. 814-10.

Lorsque le tribunal nomme une personne morale, il désigne en son sein une ou plusieurs personnes physiques pour la représenter dans l'accomplissement du mandat qui lui est confié.

(Al. créé à compter de la date prévue au XIII de l'article 114 de la loi n° 2016-1547 du 18 novembre 2016 et au plus tard le 1er mai 2017, L. n° 2016-1547, 18 nov. 2016) **Les personnes désignées pour exercer les missions définies au premier alinéa de l'article L. 811-1, sous les réserves énoncées au premier alinéa du présent article, qui ne sont pas inscrites sur la liste qui y est mentionnée sont soumises, en ce qui concerne l'exercice de ces fonctions, à la surveillance du ministère public et aux inspections prévues au premier alinéa de l'article L. 811-11.**

(Al. créé à compter de la date prévue au XIII de l'article 114 de la loi n° 2016-1547 du 18 novembre 2016 et au plus tard le 1er mai 2017, L. n° 2016-1547, 18 nov. 2016) **Un décret en Conseil d'État précise l'organisation et les modalités des contrôles concernant les personnes mentionnées à l'avant-dernier alinéa du présent article.**

Nomination d'un actionnaire. Un actionnaire, même directement concerné par le désaccord entravant le fonctionnement régulier de la société, peut être nommé administrateur : ▪ CA Bordeaux, 5 juill. 2000 : *Dr. sociétés* 2001, n° 41, obs. Th. Bonneau.

Art. L. 811-3 *(Mod., L. n° 2003-7, 3 janv. 2003).* **– La liste nationale est divisée en sections correspondant au ressort de chaque cour d'appel.**

(L. n° 2015-990, 6 août 2015) **Lorsque l'administrateur judiciaire est salarié, la liste précise cette qualité et le nom de son employeur.**

(Al. créé à compter du 1er novembre 2017, L. n° 2016-1547, 18 nov. 2016) Elle comporte, pour chacune des personnes inscrites, la mention de la nature, civile ou commerciale, de sa spécialité. Un administrateur judiciaire peut faire état de ces deux spécialités.

Art. L. 811-4 *(Abr. à compter du 1er février 2016, Ord. n° 2015-1287, 15 oct. 2015).*

Art. L. 811-5. – *(Mod., L. n° 2003-7, 3 janv. 2003)* Nul ne peut être inscrit sur la liste par la commission s'il ne remplit les conditions suivantes :

1° Être français ou ressortissant d'un État membre de la Communauté européenne ou d'un État partie à l'accord sur l'Espace économique européen ;

2° N'avoir pas été l'auteur de faits contraires à l'honneur ou à la probité ayant donné lieu à une condamnation pénale ;

3° N'avoir pas été l'auteur de faits de même nature ayant donné lieu à une sanction disciplinaire ou administrative de destitution, de radiation, de révocation, de retrait d'agrément ou de retrait d'autorisation ;

4° N'avoir pas été frappé de faillite personnelle ou d'une des mesures d'interdiction ou de déchéance prévues au chapitre V du titre II du livre VI du présent code, au titre VI de la loi n° 85-98 du 25 janvier 1985 relative au redressement et à la liquidation judiciaires des entreprises ou, dans le régime antérieur à cette loi, au titre II de la loi n° 67-563 du 13 juillet 1967 sur le règlement judiciaire, la liquidation des biens, la faillite personnelle et les banqueroutes ;

5° *(Mots aj., L. n° 2015-990, 6 août 2015)* « Être titulaire du diplôme de master en administration et liquidation d'entreprises en difficulté et remplir des conditions d'expérience ou de stage fixées par voie réglementaire, ou » avoir subi avec succès l'examen d'accès au stage professionnel, accompli ce stage et subi avec succès l'examen d'aptitude aux fonctions d'administrateur judiciaire.

Ne peuvent être admises à se présenter à l'examen d'accès au stage professionnel que les personnes titulaires des titres ou diplômes déterminés par décret.

(Rempl., L. n° 2015-990, 6 août 2015) Un décret en Conseil d'État fixe les conditions de compétence et d'expérience professionnelle donnant droit à une dispense de l'examen d'accès au stage professionnel, de tout ou partie du stage professionnel et de tout ou partie de l'examen d'aptitude aux fonctions d'administrateur judiciaire. Ce décret précise également les conditions d'expérience ou de stage requises pour l'inscription sur la liste mentionnée au premier alinéa du présent article, en complément de la détention du diplôme mentionné au 5°.

Les personnes morales inscrites ne peuvent exercer les fonctions d'administrateur judiciaire que par l'intermédiaire d'un de leurs membres lui-même inscrit sur la liste.

Sont dispensées de conditions de diplôme, de stage et d'examen professionnel prévues aux sixième et septième alinéas les personnes qui justifient avoir acquis, dans un État membre des Communautés européennes autre que la France ou un autre État partie à l'accord sur l'Espace économique européen, une qualification suffisante pour l'exercice de la profession d'administrateur (judiciaire, sous réserve d'avoir subi, dans des conditions fixées par décret en Conseil d'État, un examen de contrôle des connaissances. La liste des candidats admis à se présenter à l'examen est arrêtée par la commission.

Sous-section 3. – Des conditions d'exercice

Art. L. 811-6. – *(Rempl., L. n° 2003-7, 3 janv. 2003)* La commission nationale, de sa propre initiative ou saisie sur requête du garde des Sceaux, ministre de la Justice, du président du Conseil national des administrateurs judiciaires et des *(Mots rempl., L. n° 2005-845, 26 juill. 2005)* « mandataires judiciaires », du commissaire du gouvernement ou du procureur de la République du ressort de la juridiction dans lequel est établi l'administrateur judiciaire, peut, par décision motivée et après avoir mis l'intéressé en demeure de présenter ses observations, retirer de la liste mentionnée à l'article L. 811-2 l'administrateur judiciaire qui, en raison de son état physique ou mental, est empêché d'assurer l'exercice normal de ses fonctions ou l'administrateur judiciaire qui a révélé son inaptitude à assurer l'exercice normal de ses fonctions.

Le retrait de la liste ne fait pas obstacle à l'exercice de poursuites disciplinaires contre l'administrateur judiciaire si les faits qui lui sont reprochés ont été commis pendant l'exercice de ses fonctions.

Art. L. 811-7 *(Rempl., L. n° 2015-990, 6 août 2015).* – Les administrateurs judiciaires peuvent constituer entre eux, pour l'exercice en commun de leur profession, des entités dotées de la personnalité morale, à l'exception des formes juridiques qui confèrent à leurs associés la qualité de commerçant. Ils peuvent aussi être membres d'un groupement d'intérêt économique ou d'un groupement européen d'intérêt économique ou associés d'une société de participations régie par le titre IV de la loi n° 90-1258 du 31 décembre 1990 relative à l'exercice sous forme de sociétés des professions libérales soumises à un statut législatif ou réglementaire ou dont le titre est protégé et aux sociétés de participations financières de professions libérales.

Lorsque la forme juridique d'exercice est une société, le capital social et les droits de vote peuvent être détenus par toute personne exerçant une profession juridique ou judiciaire ou par toute personne légalement établie dans un État membre de l'Union européenne, dans un autre État partie à l'accord sur l'Espace économique européen ou dans la Confédération suisse qui exerce, dans l'un de ces États, une activité soumise à un statut législatif ou réglementaire ou subordonnée à la possession d'une qualification nationale ou internationale reconnue, et exerçant l'une quelconque desdites professions et, s'il s'agit d'une personne morale, qui satisfait aux exigences de détention du capital et des droits de vote prévues par la loi n° 90-1258 du 31 décembre 1990 précitée.

Toute société doit au moins comprendre, parmi ses associés, un administrateur judiciaire remplissant les conditions requises pour exercer ses fonctions.

Au moins un membre de la profession d'administrateur judiciaire exerçant au sein de la société doit être membre du conseil d'administration ou du conseil de surveillance de la société.

Dans le respect des règles de déontologie applicables à chaque profession, un décret en Conseil d'État détermine les conditions d'application du présent article. Il présente notamment les conditions d'inscription et d'omission de ces sociétés auprès de l'autorité professionnelle compétente.

Art. L. 811-7-1-A *(Créé à compter du 8 mai 2017, Ord. n° 2016-394, 31 mars 2016).* – L'administrateur judiciaire peut exercer sa profession dans le cadre d'une société pluri-professionnelle d'exercice, prévue au titre IV *bis* de la loi n° 90-1258 du 31 décembre 1990 relative à l'exercice sous forme de sociétés des professions libérales soumises à un statut législatif ou réglementaire ou dont le titre est protégé et aux sociétés de participations financières de professions libérales, ayant pour objet l'exercice en commun de la profession d'administrateur judiciaire et d'une ou plusieurs autres professions prévues à ce titre.

Les dispositions des troisième et quatrième alinéas de l'article L. 811-7 sont applicables à une telle société.

Les conditions d'application du présent article sont fixées par décret en Conseil d'État, notamment :

1° Les conditions d'inscription de la société sur la liste établie par la commission nationale prévue à l'article L. 811-2, de son interdiction temporaire et de sa destitution ainsi que les règles applicables en cas d'empêchement, de retrait ou de décès d'un associé exerçant la profession ;

2° Les modalités particulières de la surveillance et de l'inspection prévues aux articles L. 811-11 à L. 811-11-3 et d'application des règles de discipline prévues aux articles L. 811-12-A à L. 811-15.

Art. L. 811-7-1 *(L n° 2015-990, 6 août 2015).* – L'administrateur judiciaire peut exercer sa profession en qualité de salarié d'une personne physique ou morale inscrite sur la liste prévue à l'article L. 811-2.

Une personne physique inscrite sur cette liste ne peut pas employer plus de deux administrateurs judiciaires salariés. Une personne morale inscrite sur ladite liste ne peut pas employer un nombre d'administrateurs judiciaires salariés supérieur au double de celui des administrateurs judiciaires associés qui y exercent la profession.

Le contrat de travail de l'administrateur judiciaire salarié ne peut porter atteinte aux règles déontologiques de la profession d'administrateur judiciaire. Nonobstant toute clause du contrat de travail, l'administrateur judiciaire salarié peut refuser à son employeur de recevoir un acte ou d'accomplir une mission lorsque cet acte ou cette mission lui paraissent contraires à sa conscience ou susceptibles de porter atteinte à son indépendance. Toute clause de non-concurrence est réputée non écrite.

L'administrateur salarié ne peut avoir de mandat à titre personnel.

Le présent livre est applicable à l'administrateur judiciaire salarié, sauf disposition contraire.

Art. L. 811-8 *(Rempl., L. n° 2003-7, 3 janv. 2003).* – Les dossiers suivis par l'administrateur judiciaire qui quitte ses fonctions, pour quelque motif que ce soit, sont répartis par la juridiction entre les autres administrateurs dans un délai de trois mois à compter de la cessation de fonctions.

Toutefois, dans l'intérêt d'une bonne administration de la justice, la juridiction peut autoriser l'ancien administrateur judiciaire à poursuivre le traitement d'un ou de plusieurs dossiers en cours, sauf si une radiation est la cause de l'abandon de ses fonctions. Cet administrateur judiciaire demeure soumis aux dispositions des articles L. 811-10 à L. 811-16, *(Réf. rempl., Ord. n° 2015-1287, 15 oct. 2015)* « L. 814-1-1 » et L. 814-5.

Art. L. 811-9. – Les personnes inscrites sur la liste ont vocation à exercer leurs fonctions sur l'ensemble du territoire.

Sous-section 4. – Des incompatibilités

Art. L. 811-10 *(Rempl., L. n° 2003-7, 3 janv. 2003 ; Ord. n° 2014-326, 12 mars 2014 ; mod., Ord. n° 2015-1024, 20 août 2015 ; Ord. n° 2016-394, 31 mars 2016 ; L. n° 2016-1547, 18 nov. 2016).* – La qualité d'administrateur judiciaire inscrit sur la liste est incompatible avec l'exercice de toute autre profession, à l'exception de celle d'avocat.

Elle est, par ailleurs, incompatible avec :

1° Toutes les activités à caractère commercial, qu'elles soient exercées directement ou par personne interposée ;

2° La qualité d'associé dans une société en nom collectif, d'associé commandité dans une société en commandite simple ou par actions, de gérant d'une société à responsabilité limitée, de président du conseil d'administration, membre du directoire, directeur général ou directeur général délégué d'une société anonyme, de président ou de dirigeant d'une société par actions simplifiée, de membre du conseil de surveillance ou d'administrateur d'une société commerciale, de gérant d'une société civile, à moins que ces sociétés n'aient pour objet l'exercice de la profession d'administrateur judiciaire ou d'une profession prévue au titre IV *bis* de la loi n° 90-1258 du 31 décembre 1990 précitée ou l'acquisition de locaux pour cet exercice. Un administrateur judiciaire peut en outre exercer les fonctions de gérant d'une société civile dont l'objet exclusif est la gestion d'intérêts à caractère familial.

La qualité d'administrateur judiciaire inscrit sur la liste ne fait pas obstacle à l'exercice d'une activité de consultation dans les matières relevant de la qualification de l'intéressé, ni à des activités rémunérées d'enseignement, ni à l'accomplissement des mandats de mandataire *ad hoc*, de conciliateur et de mandataire à l'exécution de l'accord prévus aux articles L. 611-3, L. 611-6 et L. 611-8 du présent code et par l'article L. 351-4 du Code rural et de la pêche maritime, de commissaire à l'exécution du plan, d'administrateur ou de liquidateur amiable, d'expert judiciaire, de séquestre amiable ou judiciaire et d'administrateur en application des articles L. 612-34, L. 612-34-1 ou L. 613-51-1 du Code monétaire et financier. Elle ne fait pas non plus obstacle à l'accomplissement de mandats de mandataire *ad hoc* et d'administrateur provisoire désignés en application de la loi n° 65-557 du 10 juillet 1965 fixant le statut de la copropriété des immeubles bâtis ou de mandataire de justice nommé en application de l'article 131-46 du Code pénal, ni à l'exercice de missions pour le compte de l'Agence de gestion et de recouvrement des avoirs saisis et confisqués. Sans préjudice de l'article L. 663-2 du présent code, les mandats d'administrateur ou de liquidateur amiable, d'expert judiciaire et de séquestre amiable ou judiciaire ne peuvent être acceptés concomitamment ou subséquemment à une mesure de prévention, à une procédure collective ou à une mesure de mandat *ad hoc* ou d'administration provisoire prononcée sur le fondement de la loi n° 65-557 du 10 juillet 1965 précitée dans laquelle l'administrateur judiciaire a été désigné. Ces activités et ces mandats, à l'exception des mandats de mandataire *ad hoc*, de conciliateur, de mandataire à l'exécution de l'accord, de commissaire à l'exécution du plan et d'administrateur nommé en application des articles L. 612-34, L. 612-34-1 ou L. 613-51-1 du Code monétaire et financier, ainsi que des mandats de mandataire *ad hoc* et d'administrateur provisoire désignés en application de la loi n° 65-557 du 10 juillet 1965 précitée ne peuvent être exercés qu'à titre accessoire.

Les conditions du présent article sont, à l'exception du quatrième alinéa, applicables aux personnes morales inscrites.

Section II. – De la surveillance, de l'inspection et de la discipline

Sous-section 1. – De la surveillance et de l'inspection

Art. L. 811-11 *(Rempl., L. n° 2003-7, 3 janv. 2003 ; mod., L. n° 2005-845, 26 juill. 2005 ; L. n° 2011-331, 28 mars 2011).* – Les administrateurs judiciaires sont placés sous la surveillance du ministère public. Ils sont soumis, dans leur activité professionnelle, à des inspections confiées à l'autorité publique et à l'occasion desquelles ils sont tenus de fournir tous renseignements ou documents utiles sans pouvoir opposer le secret professionnel.

L'organisation et les modalités de ces inspections sont déterminées par décret en Conseil d'État.

Dans le cadre du contrôle dont est chargé le conseil national mentionné à l'article L. 814-2, les administrateurs judiciaires sont tenus, sans pouvoir opposer le secret professionnel, de déférer aux demandes des personnes chargées du contrôle tendant à la communication de tous renseignements ou documents utiles.

Le commissaire aux comptes de l'administrateur judiciaire soumis à un contrôle ou à une inspection est tenu, sans pouvoir opposer le secret professionnel, de déférer aux demandes des personnes chargées du contrôle ou de l'inspection tendant à la communication de tout renseignement recueilli ou de tout document établi dans le cadre de l'exécution de sa mission.

La Caisse des dépôts et consignations est tenue, sans pouvoir opposer le secret professionnel, de déférer aux demandes des personnes chargées de l'inspection ainsi qu'à celles du conseil national mentionné à l'article L. 814-2 pour l'exercice du contrôle dont il est chargé, tendant à la communication de tout renseignement ou document utiles à la connaissance des mouvements de fonds intervenus sur les comptes ouverts dans ses livres au nom de chaque administrateur judiciaire et de sommes qui y sont déposées au titre des mandats sur lesquels porte l'inspection ou le contrôle.

Les administrateurs judiciaires établissent, au terme de chaque exercice, une situation financière qu'ils communiquent au Conseil national des administrateurs judiciaires et des mandataires judiciaires, au plus tard dans les six mois de la clôture de l'exercice. Le contenu de cette situation financière, défini par décret, est adapté selon que l'administrateur tient une comptabilité d'encaissement ou d'engagement.

Art. L. 811-11-1 *(Ord. n° 2005-1126, 8 sept. 2005)*. – Les administrateurs judiciaires sont tenus de désigner un commissaire aux comptes qui assure le contrôle de leur comptabilité spéciale et exerce, à ce titre, une mission permanente de contrôle de l'ensemble des fonds, effets, titres et autres valeurs appartenant à autrui, dont les administrateurs judiciaires sont seuls détenteurs en vertu d'un mandat reçu dans l'exercice de leurs fonctions.

Ce contrôle porte également sur les comptes bancaires ou postaux ouverts pour les besoins de l'activité au nom des débiteurs faisant l'objet de l'une des procédures prévues aux « titres II, III et IV du livre VI » et qui fonctionnent sous la seule signature de l'administrateur ou de ses délégués dûment habilités.

Les commissaires aux comptes peuvent en outre, aux fins de contrôle, avoir accès à la comptabilité générale de l'étude, aux procédures confiées à l'administrateur et se faire communiquer par lui ou par les tiers détenteurs des fonds, nonobstant toute disposition contraire, tous renseignements utiles à leur mission de contrôle.

Art. L. 811-11-2 *(Ord. n° 2005-1126, 8 sept. 2005)*. – Les commissaires aux comptes informent, dans des conditions fixées par décret en Conseil d'État, les autorités auxquelles sont confiées la surveillance, les inspections et le contrôle des administrateurs judiciaires, des résultats de leur mission et signalent les anomalies ou irrégularités dont ils ont connaissance au cours de l'exécution de leur mission.

Art. L. 811-11-3 *(Ord. n° 2008-1345, 18 déc. 2008)*. – Le commissaire aux comptes du débiteur soumis à une procédure de sauvegarde, de redressement judiciaire ou de liquidation judiciaire ne peut opposer le secret professionnel aux demandes du commissaire aux comptes de l'administrateur judiciaire tendant à la communication de tous renseignements ou documents relatifs au fonctionnement, à compter de la désignation de cet administrateur, des comptes bancaires ou postaux ouverts au nom du débiteur.

Sous-section 2. – De la discipline

Art. L. 811-12 A *(L. n° 2003-7, 3 janv. 2003)*. – Toute contravention aux lois et règlements, toute infraction aux règles professionnelles, tout manquement à la probité ou à l'honneur, même se rapportant à des faits commis en dehors de l'exercice professionnel, expose l'administrateur judiciaire qui en est l'auteur à des poursuites disciplinaires.

Art. L. 811-12 *(Mod., L. n° 2003-7, 3 janv. 2003 ; L. n° 2005-845, 26 juill. 2005 ; L. n° 2016-1547, 18 nov. 2016)*. – I. – L'action disciplinaire est engagée par le garde des Sceaux, ministre de la Justice, le procureur général près la cour d'appel dans le ressort de laquelle ont été commis les faits, le magistrat du parquet général désigné pour les inspections des administrateurs judiciaires pour les faits commis par les administrateurs ayant leur domicile professionnel dans les ressorts des cours d'appel pour lesquelles il est compétent, le commissaire du Gouvernement ou le président du Conseil national des administrateurs judiciaires et des mandataires judiciaires. L'acceptation de la démission d'une personne inscrite sur la liste des administrateurs judiciaires ne fait pas obstacle aux poursuites disciplinaires si les faits qui lui sont reprochés ont été commis pendant l'exercice de ses fonctions.

La commission nationale d'inscription siège comme chambre de discipline. Le commissaire du Gouvernement y exerce les fonctions du ministère public. Elle peut prononcer les peines disciplinaires suivantes :

1° L'avertissement ;
2° Le blâme ;
3° L'interdiction temporaire pour une durée n'excédant pas cinq ans ;
4° La radiation de la liste des administrateurs judiciaires.

II. – L'avertissement et le blâme peuvent être accompagnés, pendant un délai d'un an, de mesures de contrôle soumettant l'administrateur judiciaire à des obligations particulières déterminées par la commission. Ces obligations peuvent également être prescrites par la commission lorsque l'administrateur judiciaire interdit temporairement reprend ses fonctions.

La peine d'interdiction temporaire peut être assortie du sursis. Si, dans un délai de cinq ans à compter du prononcé de la sanction, l'administrateur judiciaire a commis une infraction ou une faute ayant entraîné le prononcé d'une nouvelle sanction disciplinaire, celle-ci entraîne, sauf décision motivée, l'exécution de la première sanction, sans confusion possible avec la seconde.

III. – Lorsqu'elle prononce une peine disciplinaire, la commission peut décider, eu égard à la gravité des faits commis, de mettre à la charge de l'administrateur judiciaire tout ou partie des frais occasionnés par la présence d'un commissaire aux comptes ou d'un expert lors des contrôles ou des inspections ayant permis la constatation de ces faits.

IV *(IV créé, Ord. n° 2016-1635, 1er déc. 2016)*. – Lorsqu'elle prononce une peine disciplinaire relative à un manquement aux dispositions des sections 3 à 6 du chapitre Ier du titre VI du livre V Code monétaire et financier, il est également fait application des dispositions de l'article L. 561-36-3 de ce même code.

Art. L. 811-13 *(Mod., L. n° 2004-130, 11 févr. 2004)*. – Tout administrateur judiciaire qui fait l'objet d'une poursuite pénale ou disciplinaire peut être suspendu provisoirement de l'exercice de ses fonctions par le tribunal de grande instance du lieu où il est établi.

En cas d'urgence, la suspension provisoire peut être prononcée même avant l'exercice des poursuites pénales ou disciplinaires si des inspections ou vérifications ont laissé apparaître des risques pour les sommes perçues par l'administrateur judiciaire, à raison de ses fonctions.

Le tribunal peut, à tout moment, à la requête soit du commissaire du gouvernement, soit de l'administrateur judiciaire, mettre fin à la suspension provisoire.

La suspension cesse de plein droit dès que les actions pénales ou disciplinaires sont éteintes. Elle cesse également de plein droit, dans le cas prévu au deuxième alinéa, si, à l'expiration d'un délai d'un mois à compter de son prononcé, aucune poursuite pénale ou disciplinaire n'a été engagée.

Art. L. 811-14 *(Mod., L. n° 2011-331, 28 mars 2011)*. – L'action disciplinaire se prescrit par dix ans à compter de la commission des faits ou, lorsque les faits se rapportent à l'exercice professionnel, à compter de l'achèvement de la mission à l'occasion de laquelle ils ont été commis.

Si l'administrateur judiciaire est l'auteur de faits ayant donné lieu à une condamnation pénale, l'action se prescrit par deux ans à compter de la date à laquelle cette condamnation est devenue définitive.

Art. L. 811-15. – L'administrateur judiciaire interdit, radié ou suspendu doit s'abstenir de tout acte professionnel.

Les actes accomplis au mépris de cette prohibition peuvent être déclarés nuls, à la requête de tout intéressé ou du ministère public, par le tribunal statuant en chambre du conseil. La décision est exécutoire à l'égard de toute personne.

Toute infraction aux dispositions qui précèdent est punie des peines encourues pour le délit d'usurpation de titre prévu par l'article 433-17 du Code pénal.

Art. L. 811-15-1 *(Créé à compter de la date prévue au XIII de l'article 114 de la loi n° 2016-1547 du 18 novembre 2016 et au plus tard le 1er mai 2017, L. n° 2016-1547, 18 nov. 2016).* – En cas de suspension provisoire, d'interdiction ou de radiation, un ou plusieurs administrateurs provisoires, désignés et rémunérés dans des conditions fixées par décret en Conseil d'État, peuvent seuls accomplir les actes professionnels, poursuivre l'exécution des mandats en cours ou être nommés pour assurer, pendant la durée de la suspension provisoire, les nouveaux mandats confiés par les juridictions.

Lorsque l'administrateur provisoire constate que l'administrateur judiciaire interdit, radié ou suspendu est en état de cessation des paiements, il doit, après en avoir informé le juge qui l'a désigné et le Conseil national des administrateurs judiciaires et des mandataires judiciaires, saisir le tribunal compétent d'une demande d'ouverture d'une procédure de redressement judiciaire ou de liquidation judiciaire.

Dans un délai de trois mois à compter de l'expiration de sa mission, l'administrateur provisoire demande à la juridiction compétente de désigner un autre administrateur judiciaire pour exécuter les mandats en cours.

Art. L. 811-16 *(Mod., L. n° 2003-7, 3 janv. 2003).* – Nul ne peut faire état du titre d'administrateur judiciaire, en dehors de la mission qui lui a été confiée, en vertu du deuxième alinéa de l'article L. 811-2 ou du second alinéa de l'article L. 811-8 s'il n'est inscrit sur la liste des administrateurs judiciaires.

Toute infraction à cette disposition est punie des peines encourues pour le délit d'usurpation de titre prévu par l'article 433-17 du Code pénal.

Est puni des mêmes peines celui qui aura fait usage d'une dénomination présentant une ressemblance de nature à causer une méprise dans l'esprit du public avec le titre d'administrateur judiciaire.

....

Partie réglementaire

Art. R. 811-1 et R. 811-2 *(Abr., D. n° 2016-109, 3 févr. 2016).*

Art. R. 811-3. – L'élection des administrateurs judiciaires et de leurs suppléants, membres de la commission nationale, est organisée par le Conseil national des administrateurs judiciaires et des mandataires judiciaires. Elle a lieu au scrutin majoritaire plurinominal à un tour.

Ne peuvent prendre part aux opérations électorales les administrateurs judiciaires qui, depuis la date à laquelle a été arrêtée la liste, ont fait l'objet d'une suspension provisoire, d'une interdiction temporaire, d'une radiation ou d'un retrait de la liste.

L'électeur vote pour trois candidats titulaires et leurs suppléants. Il barre sur le bulletin qui lui a été adressé le nom de ceux qu'il ne retient pas. Les bulletins sont valables même s'ils portent moins de noms qu'il y a de membres à élire. Lorsque les bulletins comportent plus de noms qu'il y a de membres à élire, seuls sont comptés les trois premiers noms inscrits, dans l'ordre de préférence indiqué par l'électeur. Tout bulletin surchargé est nul.

Sont élus les trois candidats titulaires et leurs suppléants qui ont obtenu le plus grand nombre de voix. En cas d'égalité des voix, le plus âgé des candidats titulaires l'emporte.

Art. R. 811-4. – Tout administrateur judiciaire peut déférer les élections à la cour d'appel de Paris dans le délai de cinq jours à compter de la proclamation des résultats. La réclamation est adressée par lettre recommandée avec demande d'avis de réception au greffier en chef de la cour d'appel, qui en avise le commissaire du gouvernement.

Le recours peut aussi être exercé par le commissaire du Gouvernement.

Art. R. 811-5. – En cas de vacance du siège d'un titulaire et de son suppléant, il est pourvu à leur remplacement par le premier candidat et son suppléant non élus. S'il n'y a plus de candidat non élu, il est procédé à une élection au scrutin majoritaire à un tour selon les modalités prévues à l'article R. 811-3.

Art. R. 811-6. – Les autres modalités de l'élection des administrateurs judiciaires à la commission nationale et notamment celles du vote par correspondance sont déterminées par le bureau du Conseil national des administrateurs judiciaires et des mandataires judiciaires selon des règles soumises à l'approbation du garde des sceaux, ministre de la justice.

Art. A. 811-1. – Le règlement fixant les conditions d'élection des administrateurs judiciaires élus au sein de la *(Mots rempl., A. 7 mars 2017)* « Commission nationale d'inscription et de discipline des administrateurs judiciaires et des mandataires judiciaires » établi, en vertu de l'article R. 811-6, par le bureau du Conseil national des administrateurs judiciaires et des mandataires judiciaires et approuvé par le garde des Sceaux, ministre de la Justice, figure à l'annexe 8-1 au présent livre.

Art. R. 811-7. – Ne peuvent être admises à se présenter à l'examen d'accès au stage professionnel prévu à l'article L. 811-5 que les personnes titulaires de l'un des titres ou diplômes ci-après :

1° Maîtrise en droit ;

2° Maîtrise en sciences économiques ou maîtrise de sciences de gestion ;

3° Diplôme revêtu du visa du ministre chargé de l'éducation nationale, délivré par un établissement d'enseignement supérieur de commerce et de gestion reconnu par l'État et autorisé à délivrer un tel diplôme ;

4° Autres titres et diplômes sanctionnant un deuxième cycle d'enseignement supérieur ou d'un niveau équivalent et figurant sur une liste fixée par arrêté conjoint du garde des Sceaux, ministre de la Justice, et du ministre chargé de l'éducation nationale ;

5° Certificat d'aptitude aux fonctions de commissaire aux comptes ou diplôme d'expertise comptable ;

6° Diplôme d'études supérieures comptables et financières régi par le décret n° 88-80 du 22 janvier 1988 relatif au diplôme préparatoire aux études comptables et financières, au diplôme d'études comptables et financières, au diplôme d'études supérieures comptables et financières et abrogeant le décret n° 81-537 du 12 mai 1981 relatif au diplôme d'études comptables supérieures ;

7° Diplôme d'études approfondies en droit ou en gestion des entreprises ;

8° Diplôme d'études supérieures spécialisées en droit ou diplôme d'études supérieures spécialisées en administration des entreprises (ancien certificat d'aptitude à l'administration des entreprises).

Art. R. 811-8. – Les titulaires du diplôme d'études comptables supérieures régi antérieurement par le décret n° 81-537 du 12 mai 1981 relatif au diplôme d'études comptables supérieures sont considérés pour l'application du présent chapitre comme titulaires du diplôme d'études supérieures comptables et financières.

Art. R. 811-9. – L'examen d'accès au stage est organisé par le Conseil national des administrateurs judiciaires et des mandataires judiciaires selon un programme et des modalités fixés par arrêté du garde des Sceaux, ministre de la Justice.

Nul ne peut se présenter plus de trois fois à l'examen.

Art. R. 811-10 *(Mod., D. n° 2017-1225, 2 août 2017)*. – Le jury de l'examen d'accès au stage est composé ainsi qu'il suit :

1° Un magistrat de l'ordre judiciaire ou un conseiller à la Cour de cassation ou un avocat général près cette cour, en service extraordinaire, président ;

2° Un magistrat de l'ordre judiciaire ;

3° Un professeur ou un maître de conférences de droit ;

4° Un professeur ou un maître de conférences de sciences économiques ou de gestion ;

5° Deux administrateurs judiciaires.

En cas de partage égal des voix, celle du président est prépondérante.

Art. R. 811-11. – Les membres du jury sont nommés par arrêté du garde des Sceaux, ministre de la Justice, après avis, en ce qui concerne les administrateurs judiciaires, du Conseil national des administrateurs judiciaires et des mandataires judiciaires.

Des suppléants sont nommés en nombre égal dans les mêmes conditions.

Le président et les membres du jury sont nommés pour une période de *(Mots rempl., D. n° 2016-109, 3 févr. 2016)* « trois ans », renouvelable une fois.

Art. R. 811-12. – Lorsqu'un membre est définitivement empêché en cours de mandat, il est remplacé par une personne appartenant à la même catégorie pour la durée du mandat restant à courir.

Art. R. 811-13 *(Mod., D. n° 2016-400, 1er avr. 2016)*. – En application des dispositions de l'article L. 811-5, sont dispensés de l'examen d'accès au stage professionnel :

1° Les mandataires judiciaires ayant exercé leur profession pendant trois ans au moins ;

2° Les avocats, les notaires, les commissaires-priseurs judiciaires, les huissiers de justice, les greffiers des tribunaux de commerce, les experts-comptables et les commissaires aux comptes, ayant exercé leur profession pendant cinq ans au moins ;

3° Les personnes titulaires de l'un des titres ou diplômes mentionnés à l'article R. 811-7, justifiant de cinq ans au moins de pratique professionnelle comptable, juridique ou financière dans le domaine de l'administration, du financement, de la restructuration, dont les fusions-acquisitions, ou de la reprise d'entreprises, notamment en difficulté ;

4° Les personnes ayant exercé les fonctions de collaborateur d'un administrateur judiciaire pendant une durée de cinq ans.

Art. R. 811-14. – Le secrétaire de la commission tient un registre sur lequel est inscrit le nom du stagiaire, le nom du ou des maîtres de stage, les dates de commencement et de fin de stage.

Toute inscription sur le registre de stage est portée à la connaissance du Conseil national dans le délai de huit jours.

Art. R. 811-15. – La durée du stage est de trois ans au moins et de six ans au plus.

Le stage consiste dans la pratique d'activités permettant d'acquérir une expérience suffisante dans le domaine professionnel des administrateurs judiciaires, en qualité de collaborateur d'un administrateur judiciaire et sous son contrôle direct.

Le stage peut être accompli pour une période n'excédant pas le tiers de sa durée auprès d'une personne exerçant une autre profession juridique réglementée ou auprès d'un expert-comptable ou d'un commissaire aux comptes dans les conditions prévues à l'article R. 811-16, ou dans les services juridiques ou financiers *(Mots rempl., D. n° 2014-1315, 3 nov. 2014)* « établissement de crédit ou d'une société de financement régis » par le Code monétaire et financier.

Art. R. 811-16. – Il est passé entre le candidat stagiaire et le maître de stage une convention qui précise la durée du stage et la nature des tâches demandées au stagiaire, ainsi que les modalités de sa rémunération. Une copie en est adressée par le stagiaire au secrétariat de la commission.

Art. R. 811-17. – Le stage correspond à la durée normale du travail telle qu'elle résulte des règlements, conventions collectives, accords ou usages en vigueur pour la catégorie professionnelle considérée ; il est rémunéré conformément à ces mêmes règlements, conventions collectives, accords ou usages. Il ne doit pas avoir été interrompu pendant plus d'un an sauf motif légitime.

(Al. abr. à compter de la publication de l'arrêté prévu aux articles R. 811-28-2 et R. 812-18-2 du présent code, D. n° 2016-400, 1er avr. 2016) La commission peut prendre en compte pour la moitié de la durée du stage les stages ou services antérieurs effectués en qualité de collaborateur d'une personne physique ou morale exerçant l'une des professions ou activités mentionnées à l'article R. 811-15. Pour être pris en compte, ces stages ou services antérieurs doivent être d'au moins un an s'ils ont été effectués auprès d'un administrateur judiciaire ou d'un mandataire judiciaire, et d'au moins deux ans s'ils ont été effectués auprès d'une autre personne mentionnée à l'article R. 811-15.

Art. R. 811-18 *(Mod., D. n° 2016-400, 1er avr. 2016)*. – Le stage qui a été régulièrement accompli donne lieu à la délivrance d'une attestation établie par le maître de stage ; ce document précise les appréciations de ce dernier, la nature des tâches et la qualité du travail effectués par le stagiaire ; il est communiqué au stagiaire qui certifie en avoir pris connaissance et peut apporter ses observations écrites. Il est ensuite transmis par le maître de stage au secrétaire de la commission. Le commissaire du gouvernement, le cas échéant après enquête, délivre le certificat de fin de stage. Le refus de délivrance du certificat, qui est motivé, est notifié à l'intéressé par lettre recommandée avec demande d'avis de réception. L'intéressé peut le déférer dans les mêmes formes à la commission dans le délai d'un mois à compter de la notification qui lui en a été faite. La commission statue alors dans les conditions prévues aux articles R. 811-33 à R. 811-35.

Art. R. 811-19 *(Mod., D. n° 2018-262, 11 avr. 2018)*. – Le jury de l'examen d'aptitude prévu à l'article L. 811-5 est composé ainsi qu'il suit :

1° Un magistrat de l'ordre judiciaire ou un conseiller à la Cour de cassation ou un avocat général près cette cour, en service extraordinaire, président ;

2° Un magistrat de l'ordre judiciaire ;

3° Un membre d'une juridiction commerciale du premier degré ;

4° Une personne qualifiée en matière économique et sociale ;

5° Deux administrateurs judiciaires dont l'un est inscrit sur la liste prévue à l'article L. 811-2 avec la mention de la spécialité civile et l'autre avec la mention de la spécialité commerciale.

En cas de partage égal des voix, celle du président est prépondérante.

Art. R. 811-20. – Les membres du jury sont nommés par arrêté du garde des Sceaux, ministre de la Justice, après avis, en ce qui concerne les administrateurs judiciaires, du Conseil national des administrateurs judiciaires et des mandataires judiciaires.

Des suppléants sont nommés en nombre égal dans les mêmes conditions.

Le président et les membres du jury sont nommés pour une période de *(Mots rempl., D. n° 2016-109, 3 févr. 2016)* « trois ans », renouvelable une fois.

Art. R. 811-21. – Lorsqu'un membre est définitivement empêché en cours de mandat, il est remplacé par une personne appartenant à la même catégorie pour la durée du mandat restant à courir.

Art. R. 811-22 *(Mod., D. n° 2016-400, 1er avr. 2016)*. – L'examen d'aptitude est organisé par le Conseil national des administrateurs judiciaires et des mandataires judiciaires. Ne peuvent être admises à s'y présenter que les personnes titulaires du certificat de fin de stage délivré dans les conditions fixées à l'article R. 811-18 ainsi que les personnes dispensées de stage professionnel en application des dispositions du I de l'article R. 811-25 et les personnes mentionnées au deuxième alinéa de l'article R. 811-28-2.

Art. R. 811-23 *(Mod., D. n° 2016-400, 1er avr. 2016 ; D. n° 2018-262, 11 avr. 2018)*. – L'examen d'aptitude comporte deux options, au choix du candidat, l'une en matière commerciale, l'autre en matière civile.

Le programme et les modalités de cet examen, comprenant des épreuves à caractère théorique et pratique et un mémoire de stage, sont fixés par arrêté du garde des sceaux, ministre de la justice. Certaines des épreuves peuvent être communes aux deux options.

Chaque candidat peut choisir l'une des options, ou les deux. Lorsqu'un candidat choisit les deux options, les épreuves correspondantes sont subies au cours de la même session.

Le succès à l'examen ouvre droit à la mention de la spécialité correspondant à l'option choisie.

Art. R. 811-24 *(Mod., D. n° 2016-1851, 23 déc. 2016)*. – En cas de premier échec à l'examen d'aptitude, le candidat peut poursuivre son stage. Le certificat de fin de stage initial demeure valide. Nul ne peut se présenter plus de trois fois à l'examen d'aptitude.

Art. R. 811-25 *(Mod., D. n° 2016-400, 1er avr. 2016 ; D. n° 2016-1851, 23 déc. 2016)*. – I. – En application des dispositions du huitième alinéa de l'article L. 811-5, sont dispensés de stage professionnel :

– les mandataires judiciaires, les avocats, les notaires, les commissaires-priseurs judiciaires, les huissiers de justice, les greffiers des tribunaux de commerce, les anciens avoués, les experts-comptables, les commissaires aux comptes ayant exercé leur profession pendant dix ans au moins ;

– les personnes ayant exercé pendant une durée de dix ans au moins les fonctions de collaborateur d'un administrateur judiciaire ;

– les personnes titulaires de l'un des titres ou diplômes mentionnés à l'article R. 811-7 et justifiant de quinze ans au moins de pratique professionnelle comptable, juridique ou financière, dans le domaine de l'administration, du financement, de la restructuration, dont les fusions-acquisitions, ou de la reprise d'entreprises, notamment en difficulté.

II. – La durée du stage professionnel est d'un an au moins pour :

– les mandataires judiciaires, les avocats, les notaires, les commissaires-priseurs judiciaires, les huissiers de justice, les greffiers des tribunaux de commerce, les anciens avoués, les experts-comptables, les commissaires aux comptes ayant exercé leur profession pendant cinq ans au moins ;

– les personnes titulaires de l'un des titres ou diplômes mentionnés à l'article R. 811-7 et justifiant de dix ans au moins de pratique professionnelle comptable, juridique ou financière, dans le domaine de l'administration, du financement, de la restructuration, dont les fusions-acquisitions, ou de la reprise d'entreprises, notamment en difficulté.

NB : Conformément à l'article 22 II du décret n° 2016-400 du 1er avril 2016, les dispositions de l'article R. 811-25 sont applicables aux demandes de dispense et aux demandes d'inscription reçues par la commission nationale d'inscription et de discipline à compter de la publication du présent décret.

Art. R. 811-26 *(Mod., D. n° 2016-400, 1er avr. 2016 ; D. n° 2016-1851, 23 déc. 2016 ; D. n° 2018-262, 11 avr. 2018)*. **– I. – Les mandataires judiciaires qui ont été inscrits pendant cinq ans au moins sur la liste mentionnée à l'article L. 812-2 et qui ont, le cas échéant, effectué le stage dans les conditions prévues au II de l'article R. 811-25 sont dispensés de toutes les épreuves de l'examen d'aptitude. Ils sont inscrits sur la liste des administrateurs judiciaires avec la mention de la spécialité commerciale, sous condition suspensive d'avoir été retirés de la liste des mandataires judiciaires dans les conditions prévues aux articles R. 811-36 et R. 812-20.**

II. – Sont dispensés de l'épreuve de procédure civile et de droit pénal des affaires de l'examen d'aptitude :

1° Les avocats, les notaires, les commissaires-priseurs judiciaires, les huissiers de justice, les greffiers des tribunaux de commerce ;

2° Les personnes titulaires de l'un des titres ou diplômes mentionnés à l'article R. 811-7 et justifiant de cinq ans au moins de pratique professionnelle juridique dans le domaine de l'administration, du financement, de la restructuration, dont les fusions-acquisitions, ou de la reprise d'entreprises, notamment en difficulté.

III. – Sont dispensés de l'épreuve de l'examen d'aptitude portant sur la gestion d'un cabinet d'administrateur judiciaire :

1° Les personnes ayant exercé pendant une durée de cinq ans au moins les fonctions de collaborateur d'un administrateur judiciaire ;

2° Les experts-comptables et les commissaires aux comptes ;

3° Les personnes titulaires de l'un des titres ou diplômes mentionnés à l'article R. 811-7 et justifiant de cinq ans au moins de pratique professionnelle comptable ou financière, dans le domaine de l'administration, du financement, de la restructuration, dont les fusions-acquisitions, ou de la reprise d'entreprises, notamment en difficulté.

IV. – Pour les personnes dispensées totalement de stage professionnel en application des dispositions du I de l'article R. 811-25, l'épreuve de l'examen d'aptitude de présentation et de discussion avec le jury portant sur un mémoire de stage est remplacée par une épreuve de présentation et de discussion avec le jury portant sur l'expérience professionnelle du candidat.

Art. R. 811-27 *(Mod., D. n° 2018-262, 11 avr. 2018)*. **– Peuvent être inscrites sur la liste des administrateurs judiciaires avec la mention de la spécialité commerciale, en application du dernier alinéa de l'article L. 811-5, les personnes qui ont suivi avec succès un cycle d'études post-secondaires d'une durée minimale de trois ans ou d'une durée équivalente à temps partiel dans une université ou un établissement d'enseignement supérieur ou dans un autre établissement d'un niveau équivalent de formation, et, le cas échéant, la formation professionnelle requise en plus de ce cycle d'études et qui justifient :**

1° De diplômes, certificats ou autres titres permettant l'exercice de la profession dans un État membre de la Communauté européenne ou dans un État partie à l'accord sur l'Espace économique européen délivrés :

a) Soit par l'autorité compétente de cet État et sanctionnant une formation acquise de façon prépondérante dans l'un de ces États ;

b) Soit par un pays tiers, à condition que soit fournie une attestation émanant de l'autorité compétente de l'État membre ou partie qui a reconnu les diplômes, certificats ou autres titres certifiant que leur titulaire a une expérience professionnelle de trois ans au moins dans cet État ;

2° Ou de l'exercice à plein temps de la profession pendant deux ans au moins au cours des dix années précédentes dans un État membre ou partie qui ne réglemente pas l'accès ou l'exercice de cette profession, à condition que cet exercice soit attesté par l'autorité compétente de cet État. Toutefois, la condition d'une expérience professionnelle de deux ans n'est pas exigée lorsque le ou les titres détenus par le demandeur sanctionnent une formation réglementée directement orientée vers l'exercice de la profession.

Art. R. 811-28. – Sauf si les connaissances qu'elles ont acquises au cours de leur expérience professionnelle sont de nature à rendre cette vérification inutile, les personnes mentionnées à l'article R. 811-27 subissent devant le jury prévu à l'article R. 811-10 un examen de contrôle des connaissances, organisé par le Conseil national, dont le programme et les modalités sont fixés par arrêté du garde des Sceaux, ministre de la Justice :

1° Lorsque leur formation porte sur des matières substantiellement différentes de celles qui figurent au programme des titres et diplômes mentionnés aux articles R. 811-7 et R. 811-8 et de l'examen de stage professionnel mentionné au R. 811-9 ;

2° Ou lorsqu'une ou plusieurs des activités professionnelles dont l'exercice est subordonné à la possession de ces diplômes et de cet examen ne sont pas réglementées dans l'État membre d'origine ou de provenance ou sont réglementées de manière différente et que cette différence est caractérisée par une formation spécifique requise dans l'État membre d'accueil portant sur des matières substantiellement différentes de celles couvertes par le diplôme dont le demandeur fait état.

Art. R. 811-28-1 *(D. n° 2016-400, 1er avr. 2016 ; D. n° 2018-262, 11 avr. 2018).* – Peuvent solliciter leur inscription avec la mention de la spécialité commerciale sur la liste mentionnée à l'article L. 811-2 auprès de la commission nationale d'inscription et de discipline :

1° Les personnes titulaires du diplôme de master mentionné au 5° de l'article L. 811-5, délivré par un établissement accrédité dans les conditions prévues à l'article L. 613-1 du Code de l'éducation, qui justifient de cinq ans au moins d'expérience professionnelle en tant que collaborateur d'un administrateur judiciaire ;

2° Les personnes titulaires de ce diplôme de master qui justifient de huit ans au moins de pratique professionnelle comptable, juridique ou financière dans le domaine de l'administration, du financement, de la restructuration, dont les fusions-acquisitions, ou de la reprise d'entreprises, notamment en difficulté.

La commission procède à l'audition du candidat au cours d'un entretien portant sur son expérience professionnelle dans le domaine de l'administration ou de la liquidation des entreprises en difficulté et statue dans les conditions prévues aux articles R. 811-33 à R. 811-35.

Art. R. 811-28-2 *(D. n° 2016-400, 1er avr. 2016 ; D. n° 2018-262, 11 avr. 2018).* – Peuvent solliciter leur inscription avec la mention de la spécialité commerciale sur la liste mentionnée à l'article L. 811-2 auprès de la commission nationale d'inscription et de discipline, statuant sur leur demande d'inscription dans les conditions prévues aux articles R. 811-33 à R. 811-35, les personnes titulaires du diplôme de master mentionné au 5° de l'article L. 811-5, délivré par un établissement accrédité dans les conditions prévues à l'article L. 613-1 du Code de l'éducation, qui justifient avoir accompli un stage répondant aux conditions des articles R. 811-28-3 et R. 811-28-4 qui ne peut être inférieur à trente mois dans une étude d'administrateur judiciaire inscrit sur la liste mentionnée à l'article L. 811-2. Le stagiaire participe à l'activité professionnelle du maître de stage sous la direction et la responsabilité de celui-ci. Il exécute les actes juridiques et de gestion relatifs aux procédures de sauvegarde, de redressement judiciaire, de liquidation judiciaire et, le cas échéant, de mandat *ad hoc* ou d'administration provisoire prononcée sur le fondement de la loi n° 65-557 du 10 juillet 1965 fixant le statut de la copropriété des immeubles bâtis. La liste de ces actes est fixée par arrêté du garde des Sceaux, ministre de la Justice. Dans la mesure des mandats qui lui sont confiés, le maître de stage a l'obligation de faire exécuter ces actes au stagiaire.

Le stagiaire qui n'a pas, après trente-six mois de stage, exécuté l'ensemble de ces actes peut demander à être admis à se présenter à l'examen d'aptitude aux fonctions d'administrateur judiciaire dans les conditions prévues aux articles R. 811-19 à R. 811-24. La réussite à cet examen le dispense de justifier de l'exécution de ces actes lorsqu'il présente sa demande d'inscription devant la commission nationale d'inscription et de discipline.

Les dispositions des articles R. 811-14, R. 811-16 et R. 811-17 sont applicables au stage mentionné au premier alinéa.

Art. R. 811-28-3 *(D. n° 2016-400, 1er avr. 2016).* – Le stagiaire rédige un rapport de stage dans lequel il décrit les procédures auxquelles il a participé et les actes qu'il a accomplis ainsi qu'un mémoire de stage portant sur un sujet d'économie, de droit ou de gestion de son choix. Il remet ces documents au terme de son stage au maître de stage.

Le stage qui a été régulièrement accompli donne lieu à la délivrance d'une attestation établie par le maître de stage. Ce document atteste de la durée du stage et de l'exécution par le stagiaire de l'ensemble des actes juridiques et de gestion mentionnés au premier alinéa de l'article R. 811-28-2 ; il comporte également les appréciations portées sur la qualité de son travail par le maître de stage et les observations de celui-ci sur le mémoire de stage. Il est communiqué au stagiaire qui certifie en avoir pris connaissance et peut apporter ses observations écrites. Ce document, accompagné du mémoire et du rapport de stage, est ensuite transmis par le maître de stage à la commission nationale d'inscription et de discipline.

Le maître de stage adresse une copie de l'attestation et du rapport de stage au magistrat désigné par le garde des Sceaux, ministre de la Justice, en application du premier alinéa de l'article R. 811-40.

Art. R. 811-28-4 *(D. n° 2016-400, 1er avr. 2016)*. – La commission nationale d'inscription et de discipline délivre le certificat de fin de stage au stagiaire qui a satisfait aux obligations mentionnées aux articles R. 811-28-2 et R. 811-28-3.

Si la commission estime que le stagiaire n'a pas satisfait à ces obligations, elle peut soit refuser la délivrance du certificat de fin de stage, soit prolonger le stage au sein d'une autre étude pour une période d'une année renouvelable une fois.

Dans ce dernier cas, la commission fixe, dans sa décision de prolongation de stage pour un an, la liste des actes juridiques et de gestion que l'intéressé doit exécuter, et dont il doit rendre compte dans le rapport de stage, et précise s'il doit rédiger un nouveau mémoire de stage.

Le stage accompli conformément à la décision de prolongation donne lieu à la délivrance d'une attestation établie par le maître de stage. Ce document atteste de la durée du stage et de l'exécution par le stagiaire de l'ensemble des actes juridiques et de gestion figurant dans la décision de prolongation ; il comporte également les appréciations portées sur la qualité de son travail par le maître de stage et, s'il y a lieu, les observations de celui-ci sur le mémoire de stage. Il est communiqué au stagiaire qui certifie en avoir pris connaissance et peut apporter ses observations écrites. Ce document, accompagné du rapport de stage et, s'il y a lieu, du mémoire de stage, est ensuite transmis par le maître de stage à la commission nationale d'inscription et de discipline. Le maître de stage adresse une copie de l'attestation et du rapport de stage au magistrat désigné par le garde des sceaux, ministre de la justice, en application du premier alinéa de l'article R. 811-40.

À l'issue de l'année de prolongation, la commission délivre le certificat de fin de stage au stagiaire qui a satisfait aux obligations fixées par elle dans sa décision de prolongation ou, si elle estime que le stagiaire n'a pas satisfait à ces obligations, elle peut soit refuser la délivrance du certificat de fin de stage, soit prolonger le stage au sein de la même étude pour une ultime période d'une année. Les dispositions des deux alinéas précédents sont applicables à la seconde prolongation de stage. À l'issue de la seconde année de prolongation, la commission peut, en fonction de son appréciation de la satisfaction par le stagiaire des obligations fixées dans la décision de seconde prolongation, soit délivrer le certificat de fin de stage, soit refuser la délivrance de celui-ci.

Lorsqu'elle statue sur la délivrance du certificat de fin de stage, la commission siège en présence du président et de deux au moins de ses membres. Lorsqu'un des membres ou le président de la commission a autorité sur le stagiaire ou a des liens de parenté ou d'alliance avec lui jusqu'au quatrième degré inclusivement, il s'abstient de siéger. Aucun refus de délivrance ne peut être prononcé par la commission sans que l'intéressé ait été entendu ou appelé quinze jours au moins à l'avance par lettre recommandée avec demande d'avis de réception.

Les décisions de refus de délivrance ou de prolongation de stage doivent être motivées. Elles sont notifiées à l'intéressé et au président du Conseil national des administrateurs judiciaires et des mandataires judiciaires. La lettre de notification, adressée par lettre recommandée avec demande d'avis de réception, fait mention, à peine de nullité, du délai de recours et des modalités suivant lesquelles ce recours peut être exercé.

Le silence gardé par la commission au terme d'un délai de quatre mois à compter de la réception du dossier complet de la demande de délivrance de certificat de fin de stage vaut décision d'acceptation.

Art. R. 811-28-5 *(D. n° 2018-262, 11 avr. 2018)*. – L'administrateur justifiant d'une pratique professionnelle de quatre années au moins dans la spécialité sollicitée, sanctionnée par un examen de contrôle des connaissances, peut faire inscrire la mention de cette spécialité sur la liste prévue à l'article L. 811-2.

Art. R. 811-28-6 *(D. n° 2018-262, 11 avr. 2018)*. – L'examen mentionné à l'article R. 811-28-5 est ouvert aux administrateurs judiciaires inscrits sur la liste nationale mentionnée à l'article L. 811-2. Il est organisé par le Conseil national des administrateurs judiciaires et des mandataires judiciaires selon un programme et des modalités fixés par arrêté du garde des sceaux, ministre de la justice. La réussite à cet examen donne lieu à la délivrance d'un certificat de réussite.

Art. R. 811-28-7 *(D. n° 2018-262, 11 avr. 2018)*. – I. – Le jury de l'examen mentionné à l'article R. 811-28-5 est composé ainsi qu'il suit :

1° Un professeur de l'enseignement supérieur ou maître de conférences chargé d'un enseignement juridique dans le domaine de la spécialité demandée, président ;

2° Un magistrat de l'ordre judiciaire ;

3° Un administrateur judiciaire inscrit sur la liste prévue à l'article L. 811-2 avec la mention de la spécialité demandée.

II. – Les dispositions des articles R. 811-11 et R. 811-12 sont applicables à ce jury.

Art. R. 811-29. – À la réception du dossier complet d'une personne mentionnée à l'article R. 811-27, un récépissé lui est délivré. La commission nationale se prononce par décision motivée dans un délai de quatre mois à compter de la délivrance du récépissé.

La décision par laquelle la commission nationale arrête la liste des candidats soumis à l'examen de contrôle des connaissances précise, le cas échéant, les matières sur lesquelles chacun des candidats est interrogé compte tenu de sa formation initiale et de son expérience professionnelle.

La commission statue dans les conditions prévues aux articles R. 811-33 à R. 811-35.

Nul ne peut se présenter plus de trois fois à l'examen.

Art. R. 811-30 *(Mod., D. n° 2016-902, 1er juill. 2016)*. – *(Mots rempl., D. n° 2017-796, 5 mai 2017)* « La commission nationale inscrit sur la liste les sociétés d'administrateurs judiciaires prévues par la première phrase du premier alinéa de l'article L. 811-7 et les sociétés pluri-professionnelles d'exercice prévues par l'article L. 811-7-1-A ainsi que chacun des associés exerçant la profession. » Le nom de chacun de ceux-ci est suivi de la mention de la raison ou dénomination sociale.

L'appartenance aux autres groupements ou sociétés prévus par l'article L. 811-7 est immédiatement portée à la connaissance de la commission.

Art. R. 811-31 *(Mod., D. n° 2016-400, 1er avr. 2016 ; D. n° 2018-262, 11 avr. 2018)*. – La demande d'inscription sur la liste des administrateurs judiciaires est adressée par lettre recommandée avec demande d'avis de réception au secrétaire de la commission. Elle est accompagnée des pièces justificatives suivantes :

1° Les documents établissant l'état civil et la nationalité du candidat ;

2° Une copie des titres et diplômes dont il entend se prévaloir ou à défaut une attestation des autorités habilitées à les délivrer ;

3° Le cas échéant, l'attestation de réussite à l'examen d'aptitude ;

4° Le cas échéant, les documents justifiant qu'il remplit les conditions du I de l'article R. 811-26 ;

5° Le cas échéant, les documents justifiant qu'il remplit les conditions de l'article R. 811-28-1 ;

6° Le cas échéant, le certificat de fin de stage mentionné à l'article R. 811-28-4.

L'attestation prévue au 3° comporte la mention de l'option choisie.

Le candidat indique en outre ses activités professionnelles antérieures et le lieu où il envisage d'établir son domicile professionnel.

Il précise la spécialité, civile ou commerciale, qu'il souhaite voir mentionner sur la liste.

Le commissaire du Gouvernement demande le bulletin n° 2 du casier judiciaire de l'intéressé et fait diligenter une enquête de moralité.

Lorsque le dossier est complet, le président de la commission désigne un rapporteur parmi les membres titulaires ou suppléants de celle-ci.

Art. R. 811-31-1 *(D. n° 2018-262, 11 avr. 2018)*. – Lorsque l'administrateur judiciaire souhaite modifier la mention de la spécialité, civile ou commerciale, sur la liste prévue à l'article L. 811-2 ou y adjoindre une nouvelle mention, sa demande de modification ou d'adjonction est adressée par lettre recommandée avec demande d'avis de réception au secrétariat de la commission.

Elle est accompagnée du certificat de réussite mentionné à l'article R. 811-28-6 correspondant à la mention de spécialité sollicitée.

La commission statue sur la demande de modification ou d'adjonction dans les conditions prévues aux articles R. 811-33 à R. 811-35.

Art. R. 811-32 *(Mod., D. n° 2016-902, 1er juill. 2016).* – La demande d'inscription d'une société est accompagnée des pièces mentionnées à l'article R. 814-60.

Art. R. 811-33 *(Mod., D. n° 2011-1660, 29 nov. 2011).* – Avant de statuer, la commission demande l'avis du Conseil national par lettre recommandée avec demande d'avis de réception. Le conseil dispose d'un mois pour donner cet avis.

La commission prend, après avoir entendu le commissaire du Gouvernement, une décision d'inscription ou de refus d'inscription ; elle peut aussi ordonner un complément d'information. Les décisions de refus doivent être motivées.

La commission peut entendre toute personne dont l'audition lui paraît utile.

Art. R. 811-34 *(Mod., D. n° 2011-1660, 29 nov. 2011 ; D. n° 2016-109, 3 févr. 2016).* – La commission ne peut statuer, en matière d'inscription, qu'en présence du président et de cinq au moins de ses membres. Lorsque l'un des membres ou le président de la commission a autorité sur le demandeur ou a des liens de parenté ou d'alliance avec lui jusqu'au quatrième degré inclusivement, il s'abstient de siéger. Aucun refus d'inscription ne peut être prononcé par la commission sans que l'intéressé ait été entendu ou appelé quinze jours au moins à l'avance par lettre recommandée avec demande d'avis de réception.

Art. R. 811-35 *(Mod., D. n° 2016-109, 3 févr. 2016).* – La décision de la commission est notifiée à l'intéressé, au président du Conseil national et au commissaire du Gouvernement par lettre recommandée avec demande d'avis de réception. Elle est également notifiée au garde des sceaux, ministre de la justice, en la forme administrative. Lorsqu'une décision d'inscription est prise, une copie en est adressée au président de la caisse de garantie.

La lettre de notification fait mention, à peine de nullité, du délai de recours et des modalités suivant lesquelles ce recours peut être exercé.

Art. R. 811-36 *(Mod., D. n° 2011-1660, 29 nov. 2011).* – La commission procède à la mise à jour de la liste des administrateurs judiciaires au moins une fois par an. Elle tient compte des transferts de domicile professionnel, des changements d'adresse des locaux professionnels et de la création ou de la suppression des bureaux annexes. Elle supprime le nom de ceux qui sont décédés, ont démissionné, ont fait l'objet d'une mesure de radiation ou de retrait. Les modifications sont adressées par la commission au procureur général près la cour d'appel dans le ressort de laquelle l'administrateur judiciaire concerné a son domicile professionnel, ainsi qu'à celui ou à ceux près les cours d'appel dans le ressort desquelles l'administrateur judiciaire a un ou plusieurs bureaux annexes.

L'administrateur judiciaire dont le nom a été retiré de la liste peut solliciter à nouveau son inscription lorsque la cause du retrait a disparu.

Lorsqu'elle est saisie de cette demande ou en application de l'article L. 811-6, la commission statue dans les conditions mentionnées à l'article R. 811-43.

La commission ne supprime de la liste le nom de l'administrateur judiciaire qui a démissionné qu'après avoir vérifié que ses dossiers ont été répartis entre les autres administrateurs judiciaires et ont donné lieu à une reddition des comptes et que l'administrateur judiciaire démissionnaire ne détient plus de fonds de tiers.

Art. R. 811-37 *(Mod., D. n° 2011-1660, 29 nov. 2011).* – La demande de retrait de la liste des administrateurs judiciaires présentée par un administrateur judiciaire est adressée par lettre recommandée avec demande d'avis de réception au secrétaire de la commission. Elle est accompagnée :

1° D'une attestation du commissaire aux comptes qui assure le contrôle de la comptabilité spéciale de l'administrateur judiciaire certifiant que l'ensemble des comptes de tiers ouverts au nom du professionnel à la Caisse des dépôts et consignations présente un solde nul en comptabilité et que les états de rapprochement bancaire ne font apparaître aucun chèque ou autre moyen de paiement en circulation ;

2° D'une attestation de la Caisse des dépôts et consignations certifiant que l'ensemble des comptes de tiers en numéraire, effets, valeurs et titres ouverts au nom du professionnel sont clôturés.

Art. R. 811-38. – Si l'administrateur judiciaire a été autorisé à poursuivre le traitement d'un ou de plusieurs dossiers, la commission s'assure qu'une décision motivée a été rendue pour chacun d'entre eux et que l'intéressé respecte et est en mesure de respecter les dispositions des articles L. 811-10, L. 811-16 et L. 814-5.

Art. R. 811-39. – Chaque année, et au plus tard le 31 décembre, les administrateurs judiciaires retirés de la liste et autorisés à poursuivre le traitement d'un ou plusieurs dossiers en font la déclaration auprès du procureur de la République du lieu de leur domicile, du Conseil national des administrateurs judiciaires et des mandataires judiciaires, de la Caisse de garantie, du magistrat inspecteur régional compétent pour le ressort de la cour d'appel du lieu de leur domicile ainsi que du magistrat chargé de coordonner l'activité des magistrats inspecteurs régionaux.

Art. R. 811-40 *(Mod., D. n° 2016-1851, 23 déc. 2016).* – Un magistrat désigné par le garde des sceaux, ministre de la justice, parmi les magistrats des parquets généraux est chargé, pour le ressort d'une ou plusieurs cours d'appel, de l'inspection des administrateurs judiciaires, y compris de ceux qui sont désignés dans les conditions du deuxième alinéa de l'article L. 811-2. Un magistrat suppléant est désigné dans les mêmes conditions.

Un magistrat désigné par le ministre et placé auprès du directeur des affaires civiles et du sceau coordonne l'activité des magistrats inspecteurs régionaux. Un magistrat suppléant est désigné dans les mêmes conditions.

Art. D. 811-40-1 *(D. n° 2011-1908, 20 déc. 2011).* – La situation financière prévue à l'article L. 811-11 est adressée par le Conseil national au magistrat coordonnateur mentionné à l'article R. 811-40.

Art. R. 811-41 *(Mod., D. n° 2016-1851, 23 déc. 2016).* – Les magistrats inspecteurs régionaux effectuent des inspections à la demande du commissaire du Gouvernement ou du magistrat coordonnateur. Ils peuvent également en effectuer d'office. Ils informent le magistrat coordonnateur des inspections qu'ils envisagent de réaliser.

Le magistrat coordonnateur peut, d'office, effectuer toute inspection.

Art. R. 811-42 *(Mod., D. n° 2016-1851, 23 déc. 2016 ; D. n° 2017-1225, 2 août 2017).* – Pour l'exercice de leurs attributions, ces magistrats disposent d'un pouvoir général d'investigation, de vérification et de contrôle.

Ils peuvent se faire assister pour procéder aux inspections de toutes personnes inscrites sur la liste des commissaires aux comptes établie en application de l'article L. 822-1 ainsi que de tout expert ou toute personne de leur choix. Les frais occasionnés par cette assistance sont avancés par le Conseil national. Ils sont recouvrés sur le professionnel inspecté si celui-ci est l'objet d'une sanction disciplinaire.

Ils peuvent aussi se faire assister d'un ou plusieurs administrateurs judiciaires et solliciter le concours des inspections générales de l'État.

Le professionnel inspecté peut demander à un autre professionnel de son choix exerçant des missions identiques ou similaires, de l'assister lors de l'inspection. Il peut également demander au commissaire aux comptes ayant procédé à la vérification de sa comptabilité en application de l'article R. 814-29 ou à un expert-comptable de son choix, d'assister à l'inspection.

L'audition d'un administrateur judiciaire ou d'une personne désignée dans les conditions du deuxième alinéa de l'article L. 811-2 par un magistrat inspecteur donne lieu à l'établissement d'un procès-verbal signé par l'intéressé et le magistrat.

Art. R. 811-42-1 *(D. n° 2016-1851, 23 déc. 2016 ; mod., D. n° 2017-1225, 2 août 2017).* – Dans un délai de deux mois à compter de l'achèvement des opérations d'inspection, le magistrat ayant procédé à l'inspection établit un projet de rapport et l'adresse par lettre recommandée avec demande d'avis de réception au professionnel inspecté. Celui-ci dispose d'un délai d'un mois à compter de la réception pour formuler ses observations.

À l'issue de ce délai, un rapport définitif est établi par le magistrat ayant procédé à l'inspection, auquel sont annexées les éventuelles observations du professionnel inspecté. Ce rapport est adressé à l'intéressé, au commissaire du Gouvernement, au président du Conseil national et, selon le cas, au magistrat inspecteur régional compétent ou au magistrat coordonnateur ainsi que, le cas échéant, à l'ordre professionnel ou à l'organe représentatif dont relève le professionnel inspecté.

Art. R. 811-43. – La commission ne peut statuer en matière disciplinaire qu'en présence du président et de *(Mot rempl., D. n° 2016-109, 3 févr. 2016)* « huit » au moins de ses membres.

Art. R. 811-44. – Le président du Conseil national est tenu de signaler au commissaire du Gouvernement les faits dont il a connaissance et qui pourraient justifier une poursuite disciplinaire.

Art. R. 811-45. – L'administrateur judiciaire poursuivi disciplinairement est cité à comparaître par lettre recommandée avec demande d'avis de réception quinze jours au moins à l'avance. La citation précise, à peine de nullité, les faits qui la motivent.

Art. R. 811-46. – L'administrateur judiciaire cité à comparaître devant la commission peut prendre connaissance de son dossier auprès du secrétariat. Il comparaît en personne ; il peut se faire assister par un avocat de son choix et, s'il le désire, par un administrateur judiciaire inscrit.

Art. R. 811-47. – La commission peut entendre l'auteur de la plainte. Elle peut faire recueillir tous renseignements et faire procéder à toutes auditions.

Art. R. 811-48. – Le président de la commission désigne pour chaque affaire en qualité de rapporteur l'un de ses membres. Les débats devant la commission sont publics. Toutefois, celle-ci peut décider que les débats ne seront pas publics si l'administrateur judiciaire poursuivi en fait expressément la demande ou s'il doit résulter de leur publicité une atteinte à l'ordre public, à un secret protégé par la loi ou au secret des affaires. Il en est fait mention dans la décision.

La commission statue publiquement après avoir entendu le rapporteur, le commissaire du Gouvernement et, s'il y a lieu, l'autorité qui a engagé l'action disciplinaire ainsi que l'administrateur judiciaire poursuivi, son conseil et, le cas échéant, le professionnel qui l'assiste.

Le commissaire du Gouvernement n'assiste pas au délibéré.

Le président du Conseil national peut présenter ses observations, le cas échéant, par l'intermédiaire d'un membre du conseil.

Art. R. 811-49 *(Mod., D. n° 2016-109, 3 févr. 2016)*. – Le secrétaire de la commission notifie par lettre recommandée, avec demande d'avis de réception, la décision à l'intéressé, au président du Conseil national, à la Caisse de garantie, au commissaire du Gouvernement et au procureur général lorsqu'il a engagé l'action disciplinaire. Il notifie également cette décision au garde des Sceaux, ministre de la Justice, en la forme administrative.

La notification indique le délai et les modalités du recours ouvert à l'encontre de la décision.

La décision est également portée à la connaissance du procureur général près la cour d'appel dans le ressort de laquelle l'administrateur judiciaire a son domicile professionnel et, le cas échéant, un bureau annexe.

Si l'action disciplinaire est consécutive à une plainte, l'auteur de celle-ci est informé par le commissaire du Gouvernement.

Art. R. 811-50. – Dans les cas prévus à l'article L. 811-13 la suspension provisoire est prononcée par le tribunal de grande instance saisi soit par le procureur de la République, soit par le président du Conseil national des administrateurs judiciaires et des mandataires judiciaires, par assignation à jour fixe.

Lorsque l'action est engagée par le procureur de la République, celui-ci en informe le président du Conseil national. Lorsque l'action est engagée par le président du Conseil national, celui-ci notifie au ministère public une copie de l'assignation qu'il a fait délivrer.

Art. R. 811-51. – Les débats devant le tribunal de grande instance sont publics. Toutefois, celui-ci peut décider que les débats ne seront pas publics si l'administrateur judiciaire poursuivi en fait expressément la demande ou s'il doit résulter de leur publicité une atteinte à l'ordre public, à un secret protégé par la loi ou au secret des affaires. Il en est fait mention dans la décision. La juridiction statue publiquement, après que le ministère public a prononcé ses conclusions et que l'administrateur judiciaire a été entendu ou appelé.

Le président du Conseil national peut présenter ses observations, le cas échéant, par l'intermédiaire d'un membre du conseil.

Art. R. 811-52. – La décision est notifiée par le greffe, par lettre recommandée avec demande d'avis de réception, à l'intéressé et au président du Conseil national. Elle indique le délai et les modalités du recours ouvert à l'encontre de la décision.

Art. R. 811-53. – La cessation de plein droit de la suspension provisoire en application de l'article L. 811-13 et les décisions mettant fin à la suspension provisoire sont immédiatement notifiées par le procureur de la République à l'administrateur judiciaire et à l'administrateur provisoire désigné.

La mission de l'administrateur provisoire prend fin dès réception de cette notification.

Art. R. 811-54. – L'appel en matière de suspension provisoire est formé par déclaration au greffe de la cour d'appel. L'appelant notifie son appel aux autres parties par lettre recommandée avec demande d'avis de réception.

Art. R. 811-55. – L'appel est formé dans un délai de quinze jours qui court, à l'égard du ministère public, du jour de la décision. Il en est de même pour l'administrateur judiciaire si la décision a été rendue en sa présence ou en présence de son défenseur. Dans les autres cas, le délai court à compter de la notification de la décision, et notamment lorsque le président du Conseil national a été à l'origine de la saisine du tribunal.

En cas d'appel d'une partie, un délai supplémentaire de huit jours est accordé à l'autre partie pour former un appel incident.

Art. R. 811-56. – Le recours est instruit et jugé selon les règles applicables à la procédure sans représentation obligatoire. Le président du conseil national ou son représentant peut être entendu, s'il en fait la demande, par la cour d'appel.

La décision de la cour d'appel est notifiée, par lettre recommandée avec demande d'avis de réception, aux personnes mentionnées à l'article R. 811-50.

Art. R. 811-57 *(Mod., D. n° 2011-1660, 29 nov. 2011)*. – La décision suspendant provisoirement de ses fonctions l'administrateur judiciaire est exécutoire par provision.

Le commissaire du Gouvernement assure l'exécution des sanctions disciplinaires. Il informe les procureurs généraux près les cours d'appel des décisions passées en force de chose jugée prononçant l'interdiction temporaire ou la radiation ou ordonnant une mesure de suspension provisoire ; ceux-ci portent ces décisions à la connaissance des juridictions de leur ressort.

En outre, le commissaire du Gouvernement requiert, le cas échéant, l'administrateur provisoire désigné dans les conditions prévues à l'article R. 811-58 de procéder à l'information des présidents des juridictions ayant décerné des mandats à l'administrateur judiciaire.

Art. R. 811-58. – Lorsque, pour quelque cause que ce soit, un administrateur judiciaire se trouve dans l'impossibilité d'exercer ses fonctions, le procureur de la République près le tribunal de grande instance dans le ressort duquel l'administrateur judiciaire a son domicile professionnel requiert le président du tribunal de grande instance, statuant sur requête, de désigner sans délai, pour accomplir les actes nécessaires à la gestion du cabinet, un administrateur provisoire choisi parmi les personnes inscrites sur la liste des administrateurs judiciaires ou parmi celles qui remplissent les conditions pour y être inscrites.

L'administrateur provisoire est habilité à exercer les mandats de justice confiés à l'administrateur judiciaire empêché.

Aucun mandat de justice ne peut être confié à l'administrateur judiciaire qui se trouve dans l'impossibilité d'exercer ses fonctions par l'effet d'une peine d'interdiction temporaire.

Art. R. 811-59. – L'administrateur provisoire désigné dans les conditions prévues à l'article précédent a droit à une rémunération fixée par le président du tribunal de grande instance qui a procédé à sa désignation.

Cette décision est susceptible de recours selon les dispositions des articles 714 à 718 du Code de procédure civile.

Art. R. 811-60 *(D. n° 2016-400, 1er avr. 2016).* – L'administrateur judiciaire salarié ne peut exercer ses fonctions qu'au sein d'une seule étude.

Le titulaire de l'étude est civilement responsable du fait de l'activité professionnelle exercée pour son compte par l'administrateur judiciaire salarié.

La qualité d'administrateur judiciaire salarié est assimilée à celle d'administrateur judiciaire pour la collation au titre d'administrateur judiciaire honoraire.

Art. R. 811-61 *(D. n° 2016-400, 1er avr. 2016).* – L'administrateur judiciaire salarié investi d'un mandat de membre de la commission nationale d'inscription et de discipline ne peut pas participer aux délibérations ni aux votes sur des questions disciplinaires concernant l'administrateur judiciaire titulaire de l'étude ou les administrateurs judiciaires associés exerçant leurs fonctions au sein de la société titulaire de l'étude dans laquelle il est employé.

Ceux-ci ne peuvent, lorsqu'ils sont investis d'un tel mandat, participer aux délibérations et aux votes sur des questions disciplinaires concernant un administrateur salarié de l'étude.

Art. R. 811-62 *(D. n° 2016-400, 1er avr. 2016).* – Le contrat de travail est établi par écrit, sous la condition suspensive de l'inscription sur la liste mentionnée à l'article L. 811-2 du salarié en qualité d'administrateur judiciaire et de sa prestation de serment. La condition est réputée acquise à la date de la prestation de serment.

Il ne peut comporter aucune clause susceptible de limiter la liberté d'établissement ultérieur du salarié ou de porter atteinte à son indépendance. Il précise les conditions de sa rémunération.

Une copie du contrat de travail est adressée, dès sa signature, au président du Conseil national des administrateurs judiciaires et des mandataires judiciaires ; il en est de même pour toute modification à ce contrat.

Art. R. 811-63 *(D. n° 2016-400, 1er avr. 2016).* – Lorsque le nombre d'administrateurs judiciaires en exercice au sein de l'étude devient inférieur à la moitié du nombre d'administrateurs judiciaires salariés, le titulaire de l'étude a un délai d'un an pour se mettre en conformité avec les dispositions du deuxième alinéa de l'article L. 811-7-1.

Art. R. 811-64 *(D. n° 2016-400, 1er avr. 2016).* – Le président du Conseil national des administrateurs judiciaires et des mandataires judiciaires est saisi en qualité de médiateur de tout litige né à l'occasion de l'exécution du contrat de travail soit par requête déposée contre récépissé au secrétariat du Conseil national, soit par lettre recommandée avec demande d'avis de réception.

L'acte de saisine précise, à peine d'irrecevabilité, l'identité des parties, l'objet du litige et les prétentions du requérant.

Art. R. 811-65 *(D. n° 2016-400, 1er avr. 2016).* – Le président du Conseil national convoque les parties par lettre recommandée avec demande d'avis de réception dans les quinze jours de sa saisine et huit jours au moins avant la date de la séance de médiation.

Une copie de l'acte de saisine est jointe à la convocation de la partie qui n'a pas pris l'initiative de la médiation.

La convocation précise que les intéressés doivent se présenter en personne et peuvent se faire assister d'un conseil.

En cas d'absence ou d'empêchement, le président du Conseil national est remplacé par le vice-président qui est alors investi de la qualité de médiateur.

Art. R. 811-66 *(D. n° 2016-400, 1er avr. 2016).* – Le président du Conseil national, après avoir entendu les intéressés et recueilli toutes informations utiles, propose, si les parties n'ont pu se rapprocher, une solution au litige.

En cas d'accord, total ou partiel, celui-ci est constaté par écrit, signé par les intéressés et le président. L'original est conservé par le président ; une copie est remise à chacune des parties.

Si aucun accord n'est intervenu, ou en cas d'accord partiel, le président dresse un procès-verbal mentionnant la solution qu'il propose et les points demeurant en litige. Il en donne une copie à chacune des parties.

Le conseil de prud'hommes ne peut être saisi, à peine d'irrecevabilité, que si le demandeur justifie de la tentative de médiation préalable par une remise d'une copie du procès-verbal prévu au troisième alinéa.

Art. R. 811-67 *(D. n° 2016-400, 1er avr. 2016).* – La démission de l'administrateur judiciaire salarié, la rupture conventionnelle de son contrat de travail ou sa retraite est portée par l'employeur à la connaissance de la commission nationale d'inscription et de discipline et à celle du Conseil national des administrateurs judiciaires et des mandataires judiciaires.

Art. R. 811-68 *(D. n° 2016-400, 1er avr. 2016).* – Tout licenciement envisagé par l'employeur d'un administrateur judiciaire salarié est soumis à la procédure de médiation préalable prévue aux articles R. 811-65 à R. 811-67.

En cas de faute grave, l'employeur peut, avant de saisir le président du Conseil national, notifier à l'administrateur judiciaire salarié sa mise à pied immédiate, par lettre recommandée avec demande d'avis de réception. Si le président du Conseil national n'est pas saisi dans les huit jours de la notification, la mise à pied est de plein droit caduque.

La mise à pied entraîne, dès la notification qui lui en a été faite, la suspension de l'exercice des fonctions et des mandats professionnels de l'administrateur judiciaire salarié.

Dans les huit jours de la notification du licenciement ou de la mise à pied, l'employeur en informe, par lettre recommandée avec demande d'avis de réception, le président du Conseil national et la commission nationale d'inscription et de discipline.

9.2.1.2. – Des mandataires judiciaires au redressement et à la liquidation des entreprises

Code de commerce

Partie législative

CHAPITRE II. – DES MANDATAIRES JUDICIAIRES

(Intitulé mod., L. n° 2003-7, 3 janv. 2003 ; L. n° 2005-845, 26 juill. 2005)

Section I. – Des missions, des conditions d'accès et d'exercice et des incompatibilités

Sous-section 1. – Des missions

Art. L. 812-1 *(Mod., L. n° 2003-7, 3 janv. 2003 ; L. n° 2004-130, 11 févr. 2004 ; L. n° 2005-845, 26 juill. 2005 ; Ord. n° 2008-1345, 18 déc. 2008).* – Les mandataires judiciaires sont les mandataires, personnes physiques ou morales, chargés par décision de justice de représenter les créanciers et de procéder à la liquidation d'une entreprise dans les conditions définies par le titre II du livre VI.

Les tâches que comporte l'exécution de leur mandat *(Mots rempl., L. n° 2015-990, 6 août 2015)* « incombent personnellement aux mandataires judiciaires désignés par le tribunal. Ils peuvent toutefois déléguer tout ou partie de ces tâches à un mandataire judiciaire salarié, sous leur responsabilité. Ils peuvent, en outre », lorsque le bon déroulement de la procédure le requiert et sur autorisation motivée du président du tribunal, confier sous leur responsabilité à des tiers une partie de ces tâches.

Lorsque les mandataires judiciaires confient à des tiers des tâches qui relèvent de la mission que leur a confiée le tribunal, ils les rétribuent sur la rémunération qu'ils perçoivent.

Sous-section 2. – Des conditions d'accès à la profession

Une société de mandataires judiciaires désignée en qualité de liquidateur est représentée, pour l'accomplissement de cette mission, par le ou les mandataires judiciaires associés nommés par le tribunal en application de ces textes ; en conséquence, est nulle la déclaration de créance effectuée en son nom propre par l'un des associés mandataires qui n'a pas été nommé par le tribunal ▪ Cass. com., 22 janv. 2013, n° 11-29.028 : *Bull. civ.* IV, n° 16 ; *JurisData* n° 2013-000778 ; *BJS* 2013, p. 216, note B. Saintourens.

Art. L. 812-2 *(Mod., L. n° 2003-7, 3 janv. 2003 ; L. n° 2004-130, 11 févr. 2004 ; L. n° 2005-845, 26 juill. 2005 ; Ord. n° 2008-1345, 18 déc. 2008 ; mod. depuis le 1er janvier 2017, Ord. n° 2016-727, 2 juin 2016 ; L. n° 2016-1547, 18 nov. 2016).* – I. – Nul ne peut être désigné en justice pour exercer les fonctions de mandataire judiciaire s'il n'est inscrit sur la liste établie à cet effet par une commission nationale.

II. – Toutefois, le tribunal peut, après avis du procureur de la République, désigner comme mandataire judiciaire une personne physique justifiant d'une expérience ou d'une qualification particulière au regard de la nature de l'affaire et remplissant les conditions définies aux 1° à 4° de l'article L. 812-3. Il motive spécialement sa décision au regard de cette expérience ou de cette qualification particulière.

Les personnes visées à l'alinéa précédent ne doivent pas, au cours des cinq années précédentes, avoir perçu à quelque titre que ce soit, directement ou indirectement, une rétribution ou un paiement de la part de la personne physique ou morale faisant l'objet d'une mesure de redressement judiciaire, de liquidation judiciaire ou de rétablissement professionnel, d'une personne qui détient le contrôle de cette personne morale ou de l'une des sociétés contrôlées par elle au sens des II et III de l'article L. 233-16, ni s'être trouvées en situation de conseil de la personne physique ou morale concernée ou de subordination par rapport à elle. Elles doivent, en outre, n'avoir aucun intérêt dans le mandat qui leur est donné et n'être pas au nombre des anciens administrateurs ou mandataires judiciaires ayant fait l'objet d'une décision de radiation ou de retrait des listes en application des articles L. 811-6, L. 811-12, L. 812-4 et L. 812-9. Elles sont tenues d'exécuter les mandats qui leur sont confiés en se conformant, dans l'accomplissement de leurs diligences professionnelles, aux mêmes obligations que celles qui s'imposent aux mandataires judiciaires inscrits sur la liste. Elles ne peuvent exercer les fonctions de mandataire judiciaire à titre habituel.

Les personnes désignées en application du premier alinéa du présent II doivent, lors de l'acceptation de leur mandat, attester sur l'honneur qu'elles remplissent les conditions fixées aux 1° à 4° de l'article L. 812-3, qu'elles se conforment aux obligations énumérées à l'alinéa précédent et qu'elles ne font pas l'objet d'une interdiction d'exercice en application de l'avant-dernier alinéa de l'article L. 814-10.

III. – Le tribunal peut en outre désigner à titre habituel des huissiers de justice et des commissaires-priseurs judiciaires en qualité de liquidateur dans les procédures de liquidation lorsque ces procédures sont ouvertes à l'encontre de débiteurs n'employant aucun salarié et réalisant un chiffre d'affaires annuel hors taxes inférieur ou égal à 100 000 €, ou d'assistant du juge commis dans le cadre des procédures de rétablissement professionnel.

Ces personnes sont soumises aux dispositions des deux premières phrases du deuxième alinéa et du troisième alinéa du II.

Elles communiquent sans délai une copie de l'attestation mentionnée au troisième alinéa du II au magistrat du parquet général chargé des inspections des mandataires judiciaires et désigné par le garde des sceaux, ministre de la justice.

IV. – Lorsque le tribunal nomme une personne morale, il désigne en son sein une ou plusieurs personnes physiques pour la représenter dans l'accomplissement du mandat qui lui est confiée.

V. – Les personnes désignées pour exercer les missions définies au premier alinéa de l'article L. 812-1 sans être inscrites sur la liste mentionnée au I du présent article sont soumises, en ce qui concerne l'exercice de ces fonctions, à la surveillance du ministère public et aux inspections prévues au premier alinéa de l'article L. 811-11. Un décret en Conseil d'État précise l'organisation et les modalités des contrôles concernant les personnes mentionnées au premier alinéa du présent V.

Art. L. 812-2-1 *(L. n° 2003-7, 3 janv. 2003)*. – La liste mentionnée à l'article L. 812-2 est divisée en sections correspondant au ressort de chaque cour d'appel.

(L. n° 2015-990, 6 août 2015) Lorsque le mandataire judiciaire est salarié, elle précise cette qualité et le nom de son employeur.

Art. L. 812-2-2 *(Abr. à compter du 1er février 2016, Ord. n° 2015-1287, 15 oct. 2015)*.

Art. L. 812-3. – *(Mod., L. n° 2003-7, 3 janv. 2003)* Nul ne peut être inscrit sur la liste par la commission s'il ne remplit les conditions suivantes :

1° Être français ou ressortissant d'un État membre de la Communauté européenne ou d'un État partie à l'accord sur l'Espace économique européen ;

2° N'avoir pas été l'auteur de faits contraires à l'honneur ou à la probité ayant donné lieu à une condamnation pénale ;

3° N'avoir pas été l'auteur de faits de même nature ayant donné lieu à une sanction disciplinaire ou administrative de destitution, de radiation, de révocation, de retrait d'agrément ou de retrait d'autorisation ;

4° N'avoir pas été frappé de faillite personnelle ou d'une des mesures d'interdiction ou de déchéance prévues au chapitre V du titre II du livre VI du présent code, au titre VI de la loi n° 85-98 du 25 janvier 1985 précitée ou, dans le régime antérieur à cette loi, au titre II de la loi n° 67-563 du 13 juillet 1967 précitée ;

5° *(Mots aj., L. n° 2015-990, 6 août 2015)* « Être titulaire du diplôme de master en administration et liquidation d'entreprises en difficulté et remplir des conditions d'expérience ou de stage fixées par voie réglementaire, ou » [a]voir subi avec succès l'examen d'accès au stage professionnel, accompli ce stage et subi avec succès l'examen d'aptitude aux fonctions de *(Mots rempl., L. n° 2005-845, 26 juill. 2005)* « mandataire judiciaire ».

Ne peuvent être admises à se présenter à l'examen d'accès au stage professionnel que les personnes titulaires des titres ou diplômes déterminés par décret.

(Rempl., L. n° 2015-990, 6 août 2015) Un décret en Conseil d'État fixe les conditions de compétence et d'expérience professionnelle donnant droit à une dispense de l'examen d'accès au stage professionnel, de tout ou partie du stage professionnel et de tout ou partie de l'examen d'aptitude aux fonctions de mandataire judiciaire. Ce décret précise également les conditions d'expérience ou de stage requises pour l'inscription sur la liste mentionnée au premier alinéa du présent article, en complément de la détention du diplôme mentionné au 5°.

Les personnes morales inscrites ne peuvent exercer les fonctions de *(Mots rempl., L. n° 2005-845, 26 juill. 2005)* « mandataire judiciaire » que par l'intermédiaire d'un de leurs membres lui-même inscrit sur la liste.

Sont dispensées des conditions de diplôme, de stage et d'examen professionnel prévues aux sixième et septième alinéas les personnes qui justifient avoir acquis, dans un État membre des communautés européennes autre que la France ou un autre État partie à l'accord sur l'Espace économique européen, une qualification suffisante pour l'exercice de la profession de *(Mots rempl., L. n° 2005-845, 26 juill. 2005)* « mandataire judiciaire » sous réserve d'avoir subi, dans des conditions fixées par décret en Conseil d'État, un examen de contrôle des connaissances. La liste des candidats admis à se présenter à l'examen est arrêtée par la commission.

Sous-section 3. – Des conditions d'exercice

Art. L. 812-4 *(Mod., L. n° 2003-7, 3 janv. 2003)*. – La commission nationale, de sa propre initiative ou saisie sur requête du garde des Sceaux, ministre de la Justice, du président du Conseil national des administrateurs judiciaires et des *(Mots rempl., L. n° 2005-845, 26 juill. 2005)* « mandataires judiciaires », du commissaire du Gouvernement ou du procureur de la République du ressort de la juridiction dans lequel est établi le *(Mots rempl., L. n° 2005-845, 26 juill. 2005)* « mandataire judiciaire », peut, par décision motivée et après avoir mis l'intéressé en demeure de présenter ses observations, retirer de la liste mentionnée à l'article L. 812-2 le *(Mots rempl., L. n° 2005-845, 26 juill. 2005)* « mandataire judiciaire » qui, en raison de son état physique ou mental, est empêché d'assurer l'exercice normal de ses fonctions ou le *(Mots rempl., L. n° 2005-845, 26 juill. 2005)* « mandataire judiciaire » qui a révélé son inaptitude à assurer l'exercice normal de ses fonctions.

Le retrait de la liste ne fait pas obstacle à l'exercice de poursuites disciplinaires contre le *(Mots rempl., L. n° 2005-845, 26 juill. 2005)* « mandataire judiciaire » si les faits qui lui sont reprochés ont été commis pendant l'exercice de ses fonctions.

Art. L. 812-5 *(Mod., L. n° 2003-7, 3 janv. 2003 ; rempl., L. n° 2015-990, 6 août 2015)*. – Les mandataires judiciaires peuvent constituer entre eux, pour l'exercice en commun de leur profession, des entités dotées de la personnalité morale, à l'exception des formes juridiques qui confèrent à leurs associés la qualité de commerçant. Ils peuvent aussi être membres d'un groupement d'intérêt économique ou d'un groupement européen d'intérêt économique ou associés d'une société de participations régie par le titre IV de la loi n° 90-1258 du 31 décembre 1990 relative à l'exercice sous forme de sociétés des professions libérales soumises à un statut législatif ou réglementaire ou dont le titre est protégé et aux sociétés de participations financières de professions libérales.

Lorsque la forme juridique d'exercice est une société, le capital social et les droits de vote peuvent être détenus par toute personne exerçant une profession juridique ou judiciaire ou par toute personne légalement établie dans un État membre de l'Union européenne, dans un autre État partie à l'accord sur l'Espace économique européen ou dans la Confédération suisse qui exerce, dans l'un de ces États, une activité soumise à un statut législatif ou réglementaire ou subordonnée à la possession d'une qualification nationale ou internationale reconnue, et exerçant l'une quelconque desdites professions et, s'il s'agit d'une personne morale, qui satisfait aux exigences de détention du capital et des droits de vote prévues par la loi n° 90-1258 du 31 décembre 1990 précitée.

Toute société doit au moins comprendre, parmi ses associés, un mandataire judiciaire remplissant les conditions requises pour exercer ses fonctions.

Au moins un membre de la profession de mandataire judiciaire exerçant au sein de la société doit être membre du conseil d'administration ou du conseil de surveillance de la société.

Dans le respect des règles de déontologie applicables à chaque profession, un décret en Conseil d'État détermine les conditions d'application du présent article. Il présente notamment les conditions d'inscription et d'omission de ces sociétés auprès de l'autorité professionnelle compétente.

Art. L. 812-5-1 *(L. n° 2015-990, 6 août 2015).* – Le mandataire judiciaire peut exercer sa profession en qualité de salarié d'une personne physique ou morale inscrite sur la liste prévue à l'article L. 812-2.

Une personne physique inscrite sur cette liste ne peut pas employer plus de deux mandataires judiciaires salariés. Une personne morale inscrite sur ladite liste ne peut pas employer un nombre de mandataires judiciaires salariés supérieur au double de celui des mandataires judiciaires associés qui y exercent la profession.

Le contrat de travail du mandataire judiciaire salarié ne peut porter atteinte aux règles déontologiques de la profession de mandataire judiciaire. Nonobstant toute clause du contrat de travail, le mandataire judiciaire salarié peut refuser à son employeur de recevoir un acte ou d'accomplir une mission lorsque cet acte ou cette mission lui paraissent contraires à sa conscience ou susceptibles de porter atteinte à son indépendance. Toute clause de non-concurrence est réputée non écrite.

Le mandataire judiciaire salarié ne peut avoir de mandat à titre personnel.

Le présent livre est applicable au mandataire judiciaire salarié, sauf disposition contraire.

Art. L. 812-5-1-A *(Créé à compter du 8 mai 2017, Ord. n° 2016-394, 31 mars 2016).* – Le mandataire judiciaire peut exercer sa profession dans le cadre d'une société pluri-professionnelle d'exercice, prévue au titre IV *bis* de la loi n° 90-1258 du 31 décembre 1990 relative à l'exercice sous forme de sociétés des professions libérales soumises à un statut législatif ou réglementaire ou dont le titre est protégé et aux sociétés de participations financières de professions libérales, ayant pour objet l'exercice en commun de la profession de mandataire judiciaire et d'une ou plusieurs autres professions prévues à ce titre.

Les dispositions des troisième et quatrième alinéas de l'article L. 812-5 sont applicables à une telle société.

Les conditions d'application du présent article sont fixées par décret en Conseil d'État, notamment :

1° Les conditions d'inscription de la société sur la liste établie par la commission nationale prévue à l'article L. 812-2, de son interdiction temporaire et de sa destitution ainsi que les règles applicables en cas d'empêchement, de retrait ou de décès d'un associé exerçant la profession ;

2° Les modalités particulières de la surveillance et de l'inspection prévues aux articles L. 812-9 et L. 811-11 à L. 811-11-3 et d'application des règles de discipline prévues aux articles L. 812-9 et L. 811-12-A à L. 811-15.

Art. L. 812-6 *(Rempl., L. n° 2003-7, 3 janv. 2003 ; mod., Ord. n° 2015-1287, 15 oct. 2015 ; mod. depuis le 1er janvier 2017, Ord. n° 2016-727, 2 juin 2016).* – Les dossiers suivis par le mandataire judiciaire ou la personne mentionnée au III de l'article L. 812-2 qui quitte ses fonctions, pour quelque motif que ce soit, sont répartis par la juridiction entre les autres mandataires ou lorsque les conditions sont remplies, entre les personnes mentionnées au III de l'article L. 812-2 dans un délai de trois mois à compter de la cessation de fonctions.

Toutefois, dans l'intérêt d'une bonne administration de la justice, la juridiction peut autoriser l'ancien mandataire ou la personne mentionnée au III de l'article L. 812-2, à poursuivre le traitement d'un ou de plusieurs dossiers en cours, sauf si une radiation est la cause de l'abandon de ses fonctions. Le mandataire judiciaire demeure soumis aux dispositions des articles L. 812-8, L. 812-9, L. 812-10, L. 814-1-1 et L. 814-5. La personne mentionnée au III de l'article L. 812-2 demeure soumise aux dispositions du III de l'article L. 812-2, L. 812-8-1, L. 814-1-1, L. 814-10-1, L. 814-10-2 et L. 814-5.

Art. L. 812-7 *(Rempl., L. n° 2003-7, 3 janv. 2003).* – Les personnes inscrites sur la liste ont vocation à exercer leurs fonctions sur l'ensemble du territoire.

Sous-section 4. – Des incompatibilités

Art. L. 812-8 *(Rempl., L. n° 2003-7, 3 janv. 2003 ; mod., L. n° 2005-845, 26 juill. 2005 ; Ord. n° 2014-326, 12 mars 2014 ; Ord. n° 2015-1024, 20 août 2015 ; Ord. n° 2016-394, 31 mars 2016 ; L. n° 2016-1547, 18 nov. 2016).* – La qualité de mandataire judiciaire inscrit sur la liste est incompatible avec l'exercice de toute autre profession.

Elle est, par ailleurs, incompatible avec :

1° Toutes les activités à caractère commercial, qu'elles soient exercées directement ou par personne interposée ;

2° La qualité d'associé dans une société en nom collectif, d'associé commandité dans une société en commandite simple ou par actions, de gérant d'une société à responsabilité limitée, de président du conseil d'administration, membre du directoire, directeur général ou directeur général délégué d'une société anonyme, de président ou de dirigeant d'une société par actions simplifiée, de membre du conseil de surveillance ou d'administrateur d'une société commerciale, de gérant d'une société civile, à moins que ces sociétés n'aient pour objet l'exercice de la profession de mandataire judiciaire ou d'une profession prévue au titre IV *bis* de la loi n° 90-1258 du 31 décembre 1990 précitée ou l'acquisition de locaux pour cet exercice. Un mandataire peut en outre exercer les fonctions de gérant d'une société civile dont l'objet exclusif est la gestion d'intérêts à caractère familial.

La qualité de mandataire judiciaire inscrit sur la liste ne fait pas obstacle à l'exercice d'une activité de consultation dans les matières relevant de la qualification de l'intéressé, ni à des activités rémunérées d'enseignement, ni à l'accomplissement des mandats de mandataire *ad hoc*, de conciliateur et de mandataire à l'exécution de l'accord prévus aux articles L. 611-3, L. 611-6 et L. 611-8 du présent code et par l'article L. 351-4 du Code rural et de la pêche maritime, de commissaire à l'exécution du plan ou de liquidateur amiable des biens d'une personne physique ou morale, d'expert judiciaire, de séquestre judiciaire et d'administrateur en application des articles L. 612-34, L. 612-34-1 ou L. 613-51-1 du Code monétaire et financier. Elle ne fait pas non plus obstacle à l'accomplissement de mandats de liquidateur nommé en application des articles L. 5122-25 à L. 5122-30 du Code des transports ou à l'exercice de missions pour le compte de l'Agence de gestion et de recouvrement des avoirs saisis et confisqués. Sans préjudice de l'article L. 663-2 du présent code, les mandats de liquidateur amiable, de liquidateur en application du Code des transports, d'expert judiciaire et de séquestre amiable ou judiciaire ne peuvent être acceptés concomitamment ou subséquemment à une mesure de prévention ou à une procédure collective dans laquelle le mandataire judiciaire a été désigné. Ces activités et ces mandats, à l'exception des mandats de mandataire *ad hoc*, de conciliateur, de mandataire à l'exécution de l'accord, de commissaire à l'exécution du plan et d'administrateur nommé en application des articles L. 612-34, L. 612-34-1 ou L. 613-51-1 du Code monétaire et financier, ne peuvent être exercés qu'à titre accessoire. La même personne ne peut exercer successivement les fonctions de conciliateur et de mandataire judiciaire avant l'expiration d'un délai d'un an à moins qu'elle ait été chargée, dans le cadre de la conciliation, de la mission d'organiser une cession partielle ou totale de l'entreprise. Le tribunal peut, en outre, lors de l'ouverture de la procédure de sauvegarde ou de redressement judiciaire et après avoir recueilli l'avis du ministère public, déroger à cette incompatibilité si celle-ci n'apparaît pas faire obstacle à l'exercice, par le mandataire judiciaire, de la mission prévue par le premier alinéa de l'article L. 622-20.

Les conditions du présent article sont, à l'exception du quatrième alinéa, applicables aux personnes morales inscrites.

Art. L. 812-8-1 *(Créé depuis le 1er janvier 2017, Ord. n° 2016-727, 2 juin 2016).* – Les personnes mentionnées au III de l'article L. 812-2 sont soumises aux règles d'incompatibilité prévues par leur statut.

Section II. – De la surveillance, de l'inspection et de la discipline

Art. L. 812-9 *(Mod., L. n° 2003-7, 3 janv. 2003 ; L. n° 2005-845, 26 juill. 2005 ; L. n° 2016-1547, 18 nov. 2016).* – Les dispositions relatives à la surveillance, à l'inspection et à la discipline des administrateurs judiciaires prévues par les articles L. 811-11 à L. 811-15-1 sont applicables aux mandataires judiciaires.

La commission nationale d'inscription siège comme chambre de discipline. Le commissaire du Gouvernement y exerce les fonctions du ministère public.

Art. L. 812-10 *(Mod., L. n° 2003-7, 3 janv. 2003 ; L. n° 2005-845, 26 juill. 2005).* – Nul ne peut faire état du titre de mandataire judiciaire, en dehors de la mission qui lui a été confiée en vertu du premier alinéa du II de l'article L. 812-2 *(Mots aj., Ord. n° 2016-727, 2 juin 2016)* « , du III de ce même article » et du second alinéa de l'article L. 812-6, s'il n'est inscrit sur la liste des mandataires judiciaires.

Toute infraction à cette disposition est punie des peines encourues pour le délit d'usurpation de titre prévu par l'article 433-17 du Code pénal.

Est puni des mêmes peines celui qui aura fait usage d'une dénomination présentant une ressemblance de nature à causer une méprise dans l'esprit du public avec le titre prévu au premier alinéa.

Partie réglementaire

Art. R. 812-1 et R. 812-2 *(Abr., D. n° 2016-109, 3 févr. 2016).*

Art. R. 812-3. – Les dispositions prévues aux articles R. 811-3, R. 811-4, R. 811-5 et R. 811-6 relatives à l'élection à la commission nationale des administrateurs judiciaires et de leurs suppléants sont applicables à l'élection à la commission nationale des mandataires judiciaires et de leurs suppléants.

Art. R. 812-4. – Ne peuvent être admises à se présenter à l'examen d'accès au stage professionnel prévu à l'article L. 812-3 que les personnes titulaires des titres ou diplômes mentionnés *(Mots rempl., D. n° 2007-1851, 26 déc. 2007)* « aux articles R. 811-7 et R. 811-8 ».

Art. R. 812-5. – Les règles relatives au stage professionnel définies aux articles R. 811-9, R. 811-10, R. 811-11, R. 811-12, R. 811-14 et R. 811-16 sont applicables aux mandataires judiciaires.

Art. R. 812-6. – Le jury de l'examen d'accès au stage est celui prévu à l'article R. 811-10. Toutefois, le professeur ou le maître de conférences de sciences économiques ou de gestion est remplacé par un professeur ou un maître de conférences de droit et les deux administrateurs judiciaires sont remplacés par deux mandataires judiciaires désignés dans les mêmes conditions.

Art. R. 812-7 *(Mod., D. n° 2016-400, 1er avr. 2016).* – En application des dispositions de l'article L. 812-3, bénéficient de la dispense de l'examen d'accès au stage :

1° Les administrateurs judiciaires ayant exercé leur profession pendant trois ans au moins ;

2° Les avocats, notaires, commissaires-priseurs judiciaires, huissiers de justice, greffiers des tribunaux de commerce, experts-comptables, commissaires aux comptes ayant exercé leur profession pendant cinq ans au moins ;

3° Les personnes ayant exercé les fonctions de collaborateur d'un mandataire judiciaire pendant une durée de cinq ans au moins ;

4° Les personnes titulaires de l'un des titres ou diplômes mentionnés à l'article R. 811-7, justifiant de cinq ans au moins de pratique professionnelle comptable, juridique ou financière dans le domaine de l'administration, du financement, de la restructuration, dont les fusions-acquisitions, ou de la reprise d'entreprises, notamment en difficulté.

Art. R. 812-8. – La durée du stage est de trois ans au moins et de six ans au plus.

Le stage consiste dans la pratique d'activités permettant d'acquérir une expérience suffisante dans le domaine des procédures collectives, en qualité de collaborateur d'un mandataire judiciaire et sous son contrôle direct.

Le stage peut être accompli pour une période n'excédant pas le tiers de sa durée auprès d'une personne exerçant une profession juridique réglementée ou auprès d'un expert-comptable ou d'un commissaire aux comptes ou dans les services juridiques et financiers d'un établissement de crédit *(Mots aj., D. n° 2014-1315, 3 nov. 2014)* « ou d'une société de financement ».

Art. R. 812-9 *(Mod., D. n° 2016-400, 1er avr. 2016).* – Les dispositions du premier alinéa de l'article R. 811-17 relatives au stage sont applicables aux personnes inscrites sur le registre de stage.

Art. R. 812-10. – Les dispositions de l'article R. 811-18 relatives au certificat de stage ainsi qu'au refus de délivrance de ce certificat sont applicables aux personnes inscrites sur le registre de stage.

Art. R. 812-11 *(Mod., D. n° 2016-1851, 23 déc. 2016).* – Le jury chargé de procéder à l'examen d'aptitude des mandataires judiciaires est celui prévu à l'article R. 811-19. Toutefois, les deux administrateurs judiciaires sont remplacés par deux mandataires judiciaires nommés après avis du Conseil national des administrateurs judiciaires et des mandataires judiciaires. Les articles R. 811-20 et R. 811-21 sont applicables.

Art. R. 812-12. – Les dispositions des articles R. 811-22 à R. 811-24 relatives à l'examen d'aptitude sont applicables aux candidats à la profession de mandataire judiciaire.

L'examen est organisé dans les conditions définies à l'article R. 811-22.

Art. R. 812-13 *(Mod., D. n° 2016-400, 1er avr. 2016 ; D. n° 2016-1851, 23 déc. 2016).* – I. – En application des dispositions du huitième alinéa de l'article L. 812-3, sont dispensés de stage professionnel :

– les administrateurs judiciaires, les avocats, les notaires, les commissaires-priseurs judiciaires, les huissiers de justice, les greffiers des tribunaux de commerce, les anciens avoués, les experts-comptables, les commissaires aux comptes ayant exercé leur profession pendant dix ans au moins ;

– les personnes ayant exercé pendant une durée de dix ans au moins les fonctions de collaborateur d'un mandataire judiciaire ;

– les personnes titulaires de l'un des titres ou diplômes mentionnés à l'article R. 811-7 et justifiant de quinze ans au moins de pratique professionnelle comptable, juridique ou financière, dans le domaine de l'administration, du financement, de la restructuration, dont les fusions-acquisitions, ou de la reprise d'entreprises, notamment en difficulté.

II. – La durée du stage professionnel est d'un an au moins pour :

– les administrateurs judiciaires, les avocats, les notaires, les commissaires-priseurs judiciaires, les huissiers de justice, les greffiers des tribunaux de commerce, les anciens avoués, les experts-comptables, les commissaires aux comptes ayant exercé leur profession pendant cinq ans au moins ;

– les personnes titulaires de l'un des titres ou diplômes mentionnés à l'article R. 811-7 et justifiant de dix ans au moins de pratique professionnelle comptable, juridique ou financière, dans le domaine de l'administration, du financement, de la restructuration, dont les fusions-acquisitions, ou de la reprise d'entreprises, notamment en difficulté.

NB : Conformément à l'article 22 II du décret n° 2016-400 du 1er avril 2016, les dispositions de l'article R. 812-13 sont applicables aux demandes de dispense et aux demandes d'inscription reçues par la commission nationale d'inscription et de discipline à compter de la publication du présent décret.

Art. R. 812-14 *(Mod., D. n° 2016-400, 1er avr. 2016 ; D. n° 2016-1851, 23 déc. 2016).* – I. – Les administrateurs judiciaires qui ont été inscrits pendant cinq ans au moins sur la liste mentionnée à l'article L. 812-2 et qui ont, le cas échéant, effectué le stage dans les conditions prévues au II de l'article R. 812-13 sont dispensés de toutes les épreuves de l'examen d'aptitude. Ils sont inscrits sur la liste des mandataires judiciaires sous condition suspensive d'avoir été retirés de la liste des administrateurs judiciaires dans les conditions prévues aux articles R. 811-36 et R. 812-20.

II. – Sont dispensés de l'épreuve de procédure civile et de droit pénal des affaires de l'examen d'aptitude :

1° Les avocats, les notaires, les commissaires-priseurs judiciaires, les huissiers de justice, les greffiers des tribunaux de commerce ;

2° Les personnes titulaires de l'un des titres ou diplômes mentionnés à l'article R. 811-7 et justifiant de cinq ans au moins de pratique professionnelle juridique dans le domaine de l'administration, du financement, de la restructuration, dont les fusions-acquisitions, ou de la reprise d'entreprises, notamment en difficulté.

III. – Sont dispensés de l'épreuve de l'examen d'aptitude portant sur la gestion d'un cabinet de mandataire judiciaire :

1° Les personnes ayant exercé pendant une durée de cinq ans au moins les fonctions de collaborateur d'un mandataire judiciaire ;

2° Les experts-comptables et les commissaires aux comptes ;

3° Les personnes titulaires de l'un des titres ou diplômes mentionnés à l'article R. 811-7 et justifiant de cinq ans au moins de pratique professionnelle comptable ou financière, dans le domaine de l'administration, du financement, de la restructuration, dont les fusions-acquisitions, ou de la reprise d'entreprises, notamment en difficulté.

IV. – Pour les personnes dispensées de stage professionnel en application des dispositions du I de l'article R. 812-13, l'épreuve de l'examen d'aptitude de présentation et de discussion avec le jury portant sur un mémoire de stage est remplacée par une épreuve de présentation et de discussion avec le jury portant sur l'expérience professionnelle du candidat.

Art. R. 812-15. – Peuvent être inscrites sur la liste des mandataires judiciaires, en application du dernier alinéa de l'article L. 812-3, les personnes qui ont suivi avec succès un cycle d'études d'une durée minimale de trois ans ou d'une durée équivalente à temps partiel dans une université ou un établissement d'enseignement supérieur ou dans un autre établissement de même niveau de formation et, le cas échéant, la formation professionnelle requise en plus de ce cycle d'études et qui justifient :

1° De diplômes, certificats ou autres titres permettant l'exercice de la profession dans un État membre de la Communauté européenne ou dans un État partie à l'accord sur l'Espace économique européen délivrés :

a) Soit par l'autorité compétente de cet État et sanctionnant une formation acquise de façon prépondérante dans la Communauté européenne ou dans un État partie à l'accord sur l'Espace économique européen ;

b) Soit par un pays tiers, à condition que soit fournie une attestation émanant de l'autorité compétente de l'État membre qui a reconnu les diplômes, certificats ou autres titres certifiant que leur titulaire a une expérience professionnelle de trois ans au moins dans cet État ;

2° Ou de l'exercice à plein temps de la profession pendant deux ans au moins au cours des dix années précédentes dans un État membre qui ne réglemente pas l'accès ou l'exercice de cette profession, à condition que cet exercice soit attesté par l'autorité compétente de cet État.

Art. R. 812-16. – Sauf si les connaissances qu'elles ont acquises au cours de leur expérience professionnelle sont de nature à rendre cette vérification inutile, les personnes mentionnées à l'article R. 812-15 subissent devant le jury chargé de l'examen d'accès au stage un examen de contrôle des connaissances, organisé par le Conseil national des administrateurs judiciaires et des mandataires judiciaires, dont le programme et les modalités sont fixés par arrêté du garde des sceaux, ministre de la justice :

1° Lorsque leur formation porte sur des matières substantiellement différentes de celles qui figurent au programme des titres et diplômes mentionnés à l'article R. 811-7 et de l'examen de stage professionnel mentionné à l'article R. 811-9 ;

2° Ou lorsqu'une ou plusieurs des activités professionnelles dont l'exercice est subordonné à la possession de ces diplômes et de cet examen ne sont pas réglementées dans l'État membre d'origine ou de provenance ou sont réglementées de manière différente et que cette différence est caractérisée par une formation spécifique requise dans l'État membre d'accueil portant sur des matières substantiellement différentes de celles couvertes par le diplôme dont le demandeur fait état.

Art. R. 812-17. – À la réception du dossier complet d'une personne mentionnée à l'article R. 812-15, un récépissé lui est délivré. La commission nationale se prononce par décision motivée dans un délai de quatre mois à compter de la délivrance du récépissé.

La décision par laquelle la commission nationale arrête la liste des candidats soumis à l'examen de contrôle des connaissances précise, le cas échéant, les matières sur lesquelles chacun des candidats est interrogé compte tenu de sa formation initiale.

La commission statue dans les conditions prévues aux articles R. 811-33 à R. 811-35.

Nul ne peut se présenter plus de trois fois à l'examen.

Art. R. 812-18 *(Mod., D. n° 2016-902, 1er juill. 2016). – (Mots rempl., D. n° 2017-796, 5 mai 2017)* « La commission nationale inscrit sur la liste les sociétés de mandataires judiciaires prévues par la première phrase du premier alinéa de l'article L. 812-5 et les sociétés pluri-professionnelles d'exercice prévues par l'article L. 812-5-1-A ainsi que chacun des associés exerçant la profession. » Le nom de chacun de ceux-ci est suivi de la mention de la raison ou dénomination sociale de la société.

L'appartenance aux autres groupements ou sociétés prévus par l'article L. 812-5 est immédiatement portée à la connaissance de la commission.

Art. R. 812-18-1 *(D. n° 2016-400, 1er avr. 2016).* – Peuvent solliciter leur inscription sur la liste mentionnée à l'article L. 812-2 auprès de la commission nationale d'inscription et de discipline :

1° Les personnes titulaires du diplôme de master mentionné au 5° de l'article L. 812-3, délivré par un établissement accrédité dans les conditions prévues à l'article L. 613-1 du Code de l'éducation, qui justifient de cinq ans au moins d'expérience professionnelle en tant que collaborateur d'un mandataire judiciaire ;

2° Les personnes titulaires de ce diplôme de master qui justifient de huit ans au moins de pratique professionnelle comptable, juridique ou financière dans le domaine de l'administration, du financement, de la restructuration, dont les fusions-acquisitions, ou de la reprise d'entreprises, notamment en difficulté.

La commission procède à l'audition du candidat au cours d'un entretien portant sur son expérience professionnelle dans le domaine de l'administration ou de la liquidation des entreprises en difficulté et statue dans les conditions prévues aux articles R. 811-33 à R. 811-35.

Art. R. 812-18-2 *(D. n° 2016-400, 1er avr. 2016)*. – Peuvent solliciter leur inscription sur la liste mentionnée à l'article L. 812-2 auprès de la commission nationale d'inscription et de discipline, statuant sur leur demande d'inscription dans les conditions prévues aux articles R. 811-33 à R. 811-35, les personnes titulaires du diplôme de master mentionné au 5° de l'article L. 812-3, délivré par un établissement accrédité dans les conditions prévues à l'article L. 613-1 du Code de l'éducation, qui justifient avoir accompli un stage répondant aux conditions des articles R. 812-18-3 et R. 812-18-4 qui ne peut être inférieur à trente mois dans une étude de mandataire judiciaire inscrit sur la liste mentionnée à l'article L. 812-2. Le stagiaire participe à l'activité professionnelle du maître de stage sous la direction et la responsabilité de celui-ci. Il exécute les actes juridiques et de gestion relatifs aux procédures de sauvegarde, de redressement judiciaire, de liquidation judiciaire et de rétablissement professionnel. La liste de ces actes est fixée par arrêté du garde des Sceaux, ministre de la Justice. Dans la mesure des mandats qui lui sont confiés, le maître de stage a l'obligation de faire exécuter ces actes au stagiaire.

Le stagiaire qui n'a pas, après trente-six mois de stage, exécuté l'ensemble de ces actes peut demander à être admis à se présenter à l'examen d'aptitude aux fonctions de mandataire judiciaire dans les conditions prévues aux articles R. 811-19 à R. 811-24. La réussite à cet examen le dispense de justifier de l'exécution de ces actes lorsqu'il présente sa demande d'inscription devant la commission nationale d'inscription et de discipline.

Les dispositions des articles R. 811-14, R. 811-16 et R. 811-17 sont applicables au stage mentionné au premier alinéa.

Art. R. 812-18-3 *(D. n° 2016-400, 1er avr. 2016)*. – Le stagiaire rédige un rapport de stage dans lequel il décrit les procédures auxquelles il a participé et les actes qu'il a accomplis ainsi qu'un mémoire de stage portant sur un sujet d'économie, de droit ou de gestion de son choix. Il remet ces documents au terme de son stage au maître de stage.

Le stage qui a été régulièrement accompli donne lieu à la délivrance d'une attestation établie par le maître de stage. Ce document atteste de la durée du stage et de l'exécution par le stagiaire de l'ensemble des actes juridiques et de gestion mentionnés au premier alinéa de l'article R. 812-18-2 ; il comporte également les appréciations portées sur la qualité de son travail par le maître de stage et les observations de celui-ci sur le mémoire de stage. Il est communiqué au stagiaire qui certifie en avoir pris connaissance et peut apporter ses observations écrites. Il transmet ce document, accompagné du mémoire et du rapport de stage, à la commission nationale d'inscription et de discipline.

Le maître de stage adresse une copie de l'attestation et du rapport de stage au magistrat désigné par le garde des Sceaux, ministre de la Justice, en application du premier alinéa de l'article R. 811-40.

Art. R. 812-18-4 *(D. n° 2016-400, 1er avr. 2016)*. – La commission nationale d'inscription et de discipline délivre le certificat de fin de stage au stagiaire qui a satisfait aux obligations mentionnées aux articles R. 812-18-2 et R. 812-18-3.

Si la commission estime que le stagiaire n'a pas satisfait à ces obligations, elle peut soit refuser la délivrance du certificat de fin de stage, soit prolonger le stage au sein d'une autre étude pour une période d'une année renouvelable une fois.

Dans ce dernier cas, la commission fixe, dans sa décision de prolongation de stage pour un an, la liste des actes juridiques et de gestion que l'intéressé doit exécuter, et dont il doit rendre compte dans le rapport de stage, et précise s'il doit rédiger un nouveau mémoire de stage.

Le stage accompli conformément à la décision de prolongation donne lieu à la délivrance d'une attestation établie par le maître de stage. Ce document atteste de la durée du stage et de l'exécution par le stagiaire de l'ensemble des actes juridiques et de gestion figurant dans la décision de prolongation ; il comporte également les appréciations portées sur la qualité de son travail par le maître de stage et, s'il y a lieu, les observations de celui-ci sur le mémoire de stage. Il est communiqué au stagiaire qui certifie en avoir pris connaissance et peut apporter ses observations écrites. Ce document, accompagné du rapport de stage et, s'il y a lieu, du mémoire de stage, est ensuite transmis par le maître de stage à la commission nationale d'inscription et de discipline. Le maître de stage adresse une copie de l'attestation et du rapport de stage au magistrat désigné par le garde des sceaux, ministre de la justice, en application du premier alinéa de l'article R. 811-40.

À l'issue de l'année de prolongation, la commission délivre le certificat de fin de stage au stagiaire qui a satisfait aux obligations fixées par elle dans sa décision de prolongation ou, si elle estime que le stagiaire n'a pas satisfait à ces obligations, elle peut soit refuser la délivrance du certificat de fin de stage, soit prolonger le stage au sein de la même étude pour une ultime période d'une année. Les dispositions des deux alinéas précédents sont applicables à la seconde prolongation de stage. À l'issue de la seconde année de prolongation, la commission peut, en fonction de son appréciation de la satisfaction par le stagiaire des obligations fixées dans la décision de seconde prolongation, soit délivrer le certificat de fin de stage, soit refuser la délivrance de celui-ci.

Lorsqu'elle statue sur la délivrance du certificat de fin de stage, la commission siège en présence du président et de deux au moins de ses membres. Lorsqu'un des membres ou le président de la commission a autorité sur le stagiaire ou a des liens de parenté ou d'alliance avec lui jusqu'au quatrième degré inclusivement, il s'abstient de siéger. Aucun refus de délivrance ne peut être prononcé par la commission sans que l'intéressé ait été entendu ou appelé quinze jours au moins à l'avance par lettre recommandée avec demande d'avis de réception.

Les décisions de refus de délivrance ou de prolongation de stage doivent être motivées. Elles sont notifiées à l'intéressé et au président du Conseil national des administrateurs judiciaires et des mandataires judiciaires. La lettre de notification, adressée par lettre recommandée avec demande d'avis de réception, fait mention, à peine de nullité, du délai de recours et des modalités suivant lesquelles ce recours peut être exercé.

Le silence gardé par la commission au terme d'un délai de quatre mois à compter de la réception du dossier complet de la demande de délivrance de certificat de fin de stage vaut décision d'acceptation.

Art. R. 812-19 *(Mod., D. n° 2018-262, 11 avr. 2018)*. – Les dispositions relatives à la procédure d'inscription des administrateurs judiciaires prévues aux articles R. 811-31 à R. 811-35, à l'exception des huitième et dixième alinéas de l'article R. 811-31 et à l'exception de l'article R. 811-31-1, sont applicables aux mandataires judiciaires.

Art. R. 812-20 *(Mod., D. n° 2011-1660, 29 nov. 2011)*. – Les dispositions des articles R. 811-36 à R. 811-39 relatives à la tenue et à la mise à jour de la liste des administrateurs judiciaires sont applicables aux mandataires judiciaires.

Art. R. 812-21 *(Mod., D. n° 2016-1851, 23 déc. 2016 ; D. n° 2017-262, 2 août 2017)*. – Les dispositions des articles R. 811-40 à R. 811-42-1 relatives à la surveillance et à l'inspection des administrateurs judiciaires sont applicables aux mandataires judiciaires et aux personnes désignées dans les conditions du premier alinéa du II de l'article L. 812-2.

Art. R. 812-21-1 *(D. n° 2016-1851, 23 déc. 2016 ; D. n° 2017-262, 2 août 2017)*. – Les dispositions relatives à la surveillance et à l'inspection des mandataires judiciaires, sont applicables aux personnes mentionnées au III de l'article L. 812-2 sous réserve des dispositions suivantes :

1° Les dispositions relatives à la communication de la situation financière au Conseil national des administrateurs judiciaires et des mandataires judiciaires ne sont pas applicables ;

2° Les magistrats qui procèdent à l'inspection d'une personne mentionnée au III de l'article L. 812-2, peuvent se faire assister, en plus des personnes énumérées au troisième alinéa de l'article R. 811-42, d'un ou plusieurs huissiers de justice ou commissaires-priseurs judiciaires, selon le cas ;

3° Les frais occasionnés par l'assistance des personnes mentionnées au 2° et de celles énumérées au deuxième alinéa de l'article R. 811-42 sont pris en charge, selon le cas, par la chambre régionale des huissiers de justice compétente ou par la chambre de discipline des commissaires-priseurs judiciaires compétente. Ils peuvent être recouvrés sur le professionnel inspecté si celui-ci fait l'objet d'une sanction disciplinaire ;

4° Le rapport mentionné au dernier alinéa de l'article R. 811-42-1 est également adressé, selon le cas, au président de la chambre régionale des huissiers de justice compétente ou à celui de la chambre de discipline des commissaires-priseurs judiciaires compétente.

Art. R. 812-22. – Les dispositions des articles R. 811-43 à R. 811-56 relatives à la procédure disciplinaire devant la commission nationale et à la procédure de suspension provisoire devant le tribunal de grande instance des administrateurs judiciaires sont applicables aux mandataires judiciaires.

Art. R. 812-22-1 *(D. n° 2016-1851, 23 déc. 2016).* – Les dispositions relatives à la procédure disciplinaire devant la Commission nationale d'inscription et de discipline des administrateurs judiciaires et des mandataires judiciaires et celles relatives à la procédure de suspension provisoire devant le tribunal de grande instance, des mandataires judiciaires, sont applicables aux personnes mentionnées au III de l'article L. 812-2 sous réserve des dispositions suivantes :

1° La commission ne peut statuer en matière disciplinaire qu'en présence du président et de dix au moins de ses membres ;

2° Le président de la chambre régionale des huissiers de justice compétente ou celui de la chambre de discipline des commissaires-priseurs judiciaires compétente à l'égard des personnes mentionnées au III de l'article L. 812-2 sont soumis à l'obligation prévue à l'article R. 811-44. Ils disposent des mêmes prérogatives et sont rendus destinataires des mêmes notifications que celles prévues au profit du président du Conseil national des administrateurs judiciaires et des mandataires judiciaires par les articles R. 811-48 et R. 811-49, s'agissant de la procédure disciplinaire, et par les articles R. 811-50 à R. 811-52, R. 811-55 et R. 811-56, s'agissant de la procédure de suspension provisoire ;

3° Le professionnel cité à comparaître peut se faire assister d'un mandataire judiciaire inscrit, d'un huissier de justice ou d'un commissaire-priseur judiciaire.

Art. R. 812-23. – Les dispositions des articles R. 811-57 à R. 811-59 relatives à l'exécution des sanctions disciplinaires et des mesures de suspension provisoire et relatives à l'administration provisoire sont applicables aux mandataires judiciaires.

Toutefois, pour l'application de l'article R. 811-58, l'administrateur provisoire est choisi parmi les personnes inscrites sur la liste des mandataires judiciaires ou parmi celles qui remplissent les conditions pour y être inscrites.

Art. R. 812-23-1 *(D. n° 2016-1851, 23 déc. 2016).* – La décision suspendant provisoirement de ses fonctions la personne mentionnée au III de l'article L. 812-2 en application du IV de l'article L. 814-10-2 est exécutoire par provision.

Le commissaire du Gouvernement près la Commission nationale d'inscription et de discipline des administrateurs judiciaires et des mandataires judiciaires assure l'exécution des sanctions disciplinaires.

Il informe les procureurs généraux près les cours d'appel des décisions passées en force de chose jugée prononçant l'interdiction temporaire ou définitive ou ordonnant une mesure de suspension provisoire ; ceux-ci portent ces décisions à la connaissance des juridictions de leur ressort.

Art. R. 812-23-2 *(D. n° 2016-1851, 23 déc. 2016).* – Lorsqu'une personne mentionnée au III de l'article L. 812-2 se trouve dans l'impossibilité d'exercer ses fonctions en raison d'une mesure de suspension ou d'une mesure d'interdiction prononcée dans les conditions prévues aux 3° et 4° du II de l'article L. 814-10-2, le procureur de la République près le tribunal de grande instance dans le ressort duquel cette personne a son domicile professionnel requiert le président du tribunal de grande instance, statuant sur requête, de désigner sans délai un administrateur provisoire pour exercer les mandats de justice confiés au professionnel empêché ainsi que les actes nécessaires à la gestion de ces mandats. L'administrateur est choisi, selon le cas, parmi les huissiers de justice ou les commissaires-priseurs judiciaires.

Le commissaire du Gouvernement près la Commission nationale requiert l'administrateur provisoire désigné de procéder à l'information des présidents des juridictions ayant décerné des mandats à la personne mentionnée au III de l'article L. 812-2.

Les dispositions relatives à la rémunération de l'administrateur provisoire prévues à l'article R. 811-59 sont applicables.

Art. R. 812-24 *(D. n° 2016-400, 1er avr. 2016).* – Les dispositions des articles R. 811-60 à R. 811-68 sont applicables aux mandataires judiciaires salariés.

9.2.1.3. – Des experts en diagnostic d'entreprise

Code de commerce

Partie législative

CHAPITRE III. – DES EXPERTS EN DIAGNOSTIC D'ENTREPRISE

(Mod., L. n° 2004-130, 11 févr. 2004)

Bibliographie : C. Curtil, *Réflexions sur le décret du 23 décembre 2004 relatif aux experts judiciaires : Gaz. Pal.* 17 févr. 2005, p. 2. • P. Maire, *Loi « professions » : les modifications apportées au statut des experts judiciaires : Gaz. Pal.* 13 juin 2004, doctr. p. 7.

Art. L. 813-1 ***(Mod., L. n° 2003-7, 3 janv. 2003 ; L. n° 2004-130, 11 févr. 2004 ; L. n° 2011-331, 28 mars 2011).*** **– Les experts en diagnostic d'entreprise sont désignés en justice pour établir un rapport sur la situation économique et financière d'une entreprise en cas de procédure de conciliation ou de procédure de sauvegarde ou de redressement judiciaire, ou concourir à l'élaboration d'un tel rapport en cas de procédure de sauvegarde ou de redressement judiciaire.**

Ces experts ne doivent pas, au cours des cinq années précédentes, avoir perçu à quelque titre que ce soit, directement ou indirectement, une rétribution ou un paiement de la part de la personne physique ou morale faisant l'objet d'une mesure d'administration, d'assistance ou de surveillance ou de la part d'une personne qui détient le contrôle de cette personne morale, ni s'être trouvés en situation de subordination par rapport à la personne physique ou morale concernée. Ils doivent, en outre, n'avoir aucun intérêt dans le mandat qui leur est donné.

Les experts ainsi désignés doivent attester sur l'honneur, lors de l'acceptation de leur mandat, qu'ils se conforment aux obligations énumérées à l'alinéa précédent.

Ces experts peuvent être choisis parmi les experts de cette spécialité inscrits sur les listes dressées, pour l'information des juges, en application de l'article 2 de la loi n° 71-498 du 29 juin 1971 relative aux experts judiciaires.

Chaque cour d'appel procède à l'inscription des experts de cette spécialité selon les dispositions de l'article 2 de la loi n° 71-498 du 29 juin 1971 relative aux experts judiciaires.

Art. L. 813-2 ***(Abr., L. n° 2004-130, 11 févr. 2004).***

9.2.1.4. – Dispositions communes

Code de commerce

Partie législative

CHAPITRE IV. – DISPOSITIONS COMMUNES

Section I. – De la Commission nationale d'inscription et de discipline des administrateurs judiciaires et des mandataires judiciaires et de la représentation de la profession auprès des pouvoirs publics

(Intitulé rempl. à compter du 1er février 2016, Ord. n° 2015-1287, 15 oct. 2015)

Sous-section 1. – De la Commission nationale d'inscription et de discipline

(Sous-section rempl. à compter du 1er février 2016, Ord. n° 2015-1287, 15 oct. 2015)

Art. L. 814-1 ***(Mod., L. n° 2003-7, 3 janv. 2003 ; L. n° 2004-130, 11 févr. 2004 ; Ord. n° 2015-1287, 15 oct. 2015).*** **– I. – Il est institué une Commission nationale d'inscription et de discipline des administrateurs judiciaires et des mandataires judiciaires comprenant :**

1° Un conseiller à la Cour de cassation, président de la commission, désigné par le premier président de la Cour de cassation ;

2° Un membre du Conseil d'État désigné par le vice-président du Conseil d'État ;

3° Un membre de la Cour des comptes désigné par le premier président de la Cour des comptes ;
4° Un membre de l'inspection générale des finances désigné par le ministre chargé de l'économie ;
5° Deux magistrats du siège de l'ordre judiciaire, désignés par le premier président de la Cour de cassation ;
6° Un membre d'une juridiction commerciale du premier degré désigné par le premier président de la Cour de cassation ;
7° Deux personnalités qualifiées en matière juridique, économique ou sociale et deux professeurs ou maîtres de conférences de droit, de sciences économiques ou de gestion, désignés par le ministre de la Justice.

Un suppléant est désigné pour chaque membre de la commission, à l'exception du président, qui dispose de deux suppléants, et des deux membres mentionnés au 5° pour lesquels un seul suppléant est désigné. Les suppléants sont désignés dans les mêmes conditions que les titulaires.

Lorsqu'elle est saisie en application de l'article L. 811-6 ou de l'article L. 812-4 ou lorsqu'elle siège en chambre de discipline, la commission comprend en outre trois administrateurs judiciaires ou trois mandataires judiciaires inscrits sur la liste, exerçant la même profession que la personne concernée et élus par leurs pairs dans des conditions déterminées par décret en Conseil d'État.

(Ord. n° 2016-727, 2 juin 2016) Lorsqu'elle siège comme chambre de discipline à l'encontre d'une personne désignée dans les conditions prévues au III de l'article L. 812-2, elle comprend en outre trois huissiers de justice ou trois commissaires-priseurs judiciaires selon le statut de l'intéressé, désignés par leurs pairs dans des conditions déterminées par décret en Conseil d'État.

Les membres de la commission et les suppléants sont désignés pour un mandat de trois ans renouvelable.

En cas de vacance d'un siège, pour quelque cause que ce soit, il est procédé à la nomination, dans les conditions prévues au présent article, d'un nouveau membre pour la durée du mandat restant à courir.

II. – Deux magistrats du parquet et un suppléant sont désignés pour exercer les fonctions de commissaire du Gouvernement auprès de la commission et assurer notamment l'instruction des demandes d'inscription.

III. – Les décisions sont prises à la majorité des voix. En cas d'égalité des voix, celle du président est prépondérante.

Les frais de fonctionnement de la commission sont à la charge de l'État.

Art. L. 814-1-1 *(Ord. n° 2015-1287, 15 oct. 2015).* – Les recours contre les décisions de la commission, tant en matière d'inscription ou de retrait que de discipline, sont portés devant la cour d'appel de Paris.

Ces recours ont un caractère suspensif.

Sous-section 2. – De la représentation des professions auprès des pouvoirs publics

Art. L. 814-2 *(Rempl., L. n° 2003-7, 3 janv. 2003 ; L. n° 2005-845, 26 juill. 2005 ; L. n° 2011-331, 28 mars 2011 ; L. n° 2016-1547, 18 nov. 2016).* – Les professions d'administrateur judiciaire et de mandataire judiciaire sont représentées auprès des pouvoirs publics par un Conseil national des administrateurs judiciaires et des mandataires judiciaires, établissement d'utilité publique doté de la personnalité morale, chargé d'assurer la défense des intérêts collectifs de ces professions. Le conseil national peut, devant toutes les juridictions, exercer tous les droits réservés à la partie civile relativement aux faits portant un préjudice direct ou indirect à l'intérêt collectif des deux professions. Il incombe, en outre, au conseil national de veiller au respect de leurs obligations par les mandataires de justice, d'organiser leur formation professionnelle, de s'assurer qu'ils se conforment à leur obligation d'entretien et de perfectionnement des connaissances et de contrôler leurs études.

Au plus tard le 1er janvier 2014, le conseil national met en place, sous sa responsabilité, un portail électronique offrant des services de communication électronique sécurisée en lien avec les activités des deux professions. Ce portail permet, dans des conditions fixées par décret en Conseil d'État, pris après avis de la Commission nationale de l'informatique et des libertés, l'envoi et la réception d'actes de procédure par les administrateurs judiciaires, les mandataires judiciaires et les personnes désignées en application du deuxième alinéa de l'article L. 811-2, du premier alinéa du II de l'article L. 812-2 ou du III de ce même article.

Le conseil national rend compte de l'accomplissement de ces missions dans un rapport qu'il adresse chaque année au garde des Sceaux, ministre de la Justice.

Les modes d'élection et de fonctionnement du conseil national, qui comprend en nombre égal un collège représentant les administrateurs judiciaires et un collège représentant les mandataires judiciaires, sont fixés par décret en Conseil d'État.

L'action civile du Conseil national des administrateurs et mandataires judiciaires relative à un délit de malversation reproché à un administrateur est irrecevable car ce délit ne cause de préjudice direct qu'aux seules personnes pouvant revendiquer les sommes détournées : ▪ Cass. crim., 12 déc. 2007, n° 07-80.886 : *JurisData* n° 2007-042303 ; *Dr. sociétés* 2008, n° 41, note R. Salomon.

Section II. – De la garantie de la représentation des fonds, de la responsabilité civile professionnelle et de la rémunération

Sous-section 1. – De la garantie de la représentation des fonds et de la responsabilité civile professionnelle

Art. L. 814-3 *(Rempl., L. n° 2003-7, 3 janv. 2003 ; mod., L. n° 2015-990, 6 août 2015)*. **– Une caisse dotée de la personnalité civile et gérée par les cotisants a pour objet de garantir le remboursement des fonds, effets ou valeurs reçus ou gérés par chaque administrateur judiciaire et par chaque mandataire judiciaire inscrits sur les listes, à l'occasion des opérations dont ils sont chargés à raison de leurs fonctions. Deux magistrats du parquet sont désignés pour exercer, l'un en qualité de titulaire, l'autre de suppléant, les fonctions de commissaire du Gouvernement auprès de la caisse.**

L'adhésion à cette caisse est obligatoire pour chaque administrateur judiciaire et pour chaque mandataire judiciaire inscrits sur les listes, à l'exception des administrateurs judiciaires et des mandataires judiciaires exerçant leur profession en qualité de salarié.

Les ressources de la caisse sont constituées par le produit d'une cotisation spéciale annuelle payée par chaque administrateur judiciaire et par chaque mandataire judiciaire inscrits sur les listes.

Les cotisations payées par les administrateurs judiciaires et par les mandataires judiciaires sont affectées à la garantie des seuls administrateurs judiciaires et mandataires judiciaires inscrits sur les listes.

Au cas où les ressources de la caisse s'avèrent insuffisantes pour exécuter ses obligations, elle procède à un appel de fonds complémentaire auprès des professionnels inscrits sur les listes.

La garantie de la caisse joue sans que puisse être opposé aux créanciers le bénéfice de discussion prévu à l'article 2298 du Code civil et sur la seule justification de l'exigibilité de la créance et de la non-représentation des fonds par l'administrateur judiciaire ou le mandataire judiciaire inscrits sur les listes.

La caisse est tenue de s'assurer contre les risques résultant pour elle de l'application du présent code.

Les recours contre les décisions de la caisse sont portés devant le tribunal de grande instance de Paris.

Art. L. 814-4 *(Rempl., L. n° 2003-7, 3 janv. 2003)*. **– Il doit être justifié par chaque administrateur judiciaire ainsi que par chaque** *(Mots rempl., L. n° 2005-845, 26 juill. 2005)* **« mandataire judiciaire » inscrits sur les listes d'une assurance souscrite par l'intermédiaire de la caisse de garantie. Cette assurance couvre les conséquences pécuniaires de la responsabilité civile encourue par les administrateurs judiciaires et les** *(Mots rempl., L. n° 2005-845, 26 juill. 2005)* **« mandataires judiciaires », du fait de leurs négligences ou de leurs fautes ou de celles de leurs préposés, commises dans l'exercice de leurs mandats.**

Art. L. 814-5 *(Rempl., L. n° 2003-7, 3 janv. 2003)*. **– L'administrateur judiciaire non inscrit sur la liste nationale, désigné dans les conditions prévues par le deuxième alinéa de l'article L. 811-2, le** *(Mots rempl., L. n° 2005-845, 26 juill. 2005)* **« mandataire judiciaire » non inscrit sur la liste nationale, désigné dans les conditions prévues par le premier alinéa du II de l'article L. 812-2** *(Mots aj., Ord. n° 2016-727, 2 juin 2016)* **« ou par le III de ce même article », doit justifier, lorsqu'il accepte sa mission, d'une garantie affectée au remboursement des fonds, effets ou valeurs ainsi que d'une assurance souscrite le cas échéant auprès de la caisse de garantie. Cette assurance couvre les conséquences pécuniaires de la responsabilité civile encourue par cet administrateur judiciaire ou ce** *(Mots rempl., L. n° 2005-845, 26 juill. 2005)* **« mandataire judiciaire », du fait de ses négligences ou de ses fautes ou de celles de ses préposés, commises dans l'exercice de son mandat.**

Sous-section 2. – De la rémunération

(Abr., L. n° 2005-845, 26 juill. 2005)

Art. L. 814-6 et L. 814-7 *(Abr., L. n° 2005-845, 26 juill. 2005)*.

Section III. – Dispositions diverses

(L. n° 2003-7, 3 janv. 2003)

Art. L. 814-8 *(L. n° 2003-7, 3 janv. 2003).* – Lorsqu'un administrateur judiciaire ou un *(Mots rempl., L. n° 2005-845, 26 juill. 2005)* « mandataire judiciaire » inscrit sur les listes et désigné par une juridiction pour accomplir à l'égard d'une entreprise les missions prévues par les dispositions du livre VI est déjà intervenu pour le compte de celle-ci à titre de conseil ou au titre des missions prévues aux avant-derniers alinéas des articles L. 811-10 et L. 812-8, il informe la juridiction de la nature et de l'importance des diligences accomplies au cours des cinq années précédentes. *(Phrase aj., Ord. n° 2016-727, 2 juin 2016)* « Cette obligation s'applique également aux personnes désignées dans les conditions prévues au III de l'article L. 812-2 lorsque celles-ci sont déjà intervenues au titre d'une mission prévue par leur statut. »

Le non-respect des dispositions de l'alinéa précédent est passible de poursuites disciplinaires.

Art. L. 814-9 *(L. n° 2003-7, 3 janv. 2003 ; L. n° 2005-845, 26 juill. 2005).* – Les administrateurs judiciaires et les mandataires judiciaires inscrits sur les listes sont tenus de suivre une formation continue leur permettant d'entretenir et de perfectionner leurs connaissances. *(Mots aj. à compter de la date prévue au XIII de l'article 114 de la loi n° 2016-1547 du 18 novembre 2016 et au plus tard le 1er mai 2017, L. n° 2016-1547, 18 nov. 2016)* « Un décret en Conseil d'État détermine la nature et la durée des activités susceptibles d'être validées au titre de l'obligation de formation continue. » Cette formation est organisée par le conseil national mentionné à l'article L. 814-2.

(Ord. n° 2016-727, 2 juin 2016) Les personnes mentionnées au III de l'article L. 812-2 sont également tenues de suivre une formation continue leur permettant d'entretenir et de perfectionner leurs connaissances des procédures dans lesquelles elles peuvent être désignées à titre habituel. Cette formation est organisée selon les modalités prévues par leur statut.

Art. L. 814-10 *(L. n° 2003-7, 3 janv. 2003).* – Les administrateurs judiciaires et les *(Mots rempl., L. n° 2005-845, 26 juill. 2005)* « mandataires judiciaires » non inscrits sur les listes nationales, désignés dans les conditions prévues au deuxième alinéa de l'article L. 811-2, au premier alinéa du II de l'article L. 812-2 *(Mots rempl., L. n° 2005-845, 26 juill. 2005)* « ou au premier alinéa du II de l'article L. 812-2 », sont placés sous la surveillance du ministère public et sont soumis, dans leur activité professionnelle, à des inspections de l'autorité publique à l'occasion desquelles ils sont tenus de fournir tous renseignements ou documents utiles sans pouvoir opposer le secret professionnel.

Les commissaires aux comptes des administrateurs ou mandataires judiciaires non inscrits et qui font l'objet d'une inspection sont tenus, sans pouvoir opposer le secret professionnel, de déférer aux demandes des personnes chargées de l'inspection tendant à la communication de tout renseignement recueilli ou de tout document établi dans le cadre de leur mission.

Le procureur de la République peut, dans le cas où ces mandataires de justice se verraient reprocher d'avoir commis un acte constitutif de la contravention, de l'infraction ou du manquement visés à l'article L. 811-12 A, demander au tribunal de grande instance de leur interdire d'exercer les fonctions d'administrateur ou de mandataire judiciaires.

Les mesures d'interdiction prononcées en application de l'alinéa précédent sont communiquées au garde des sceaux, ministre de la justice, pour être diffusées auprès des procureurs généraux.

Art. L. 814-10-1 *(Ord. n° 2016-727, 2 juin 2016).* – I. – Les personnes désignées dans les conditions prévues au III de l'article L. 812-2 sont placées sous la surveillance du ministère public et sont soumises, pour cette activité professionnelle, à des inspections de l'autorité publique à l'occasion desquelles elles sont tenues de fournir tous renseignements ou documents utiles sans pouvoir opposer le secret professionnel.

L'organisation et les modalités de ces inspections sont déterminées par décret en Conseil d'État.

II. – Elles sont soumises au contrôle de cette activité professionnelle. Ce contrôle est confié au conseil national mentionné à l'article L. 814-2. Elles sont tenues, sans pouvoir opposer le secret professionnel, de déférer aux demandes des personnes chargées du contrôle tendant à la communication de tous renseignements ou documents utiles.

L'organisation et les modalités de ce contrôle sont déterminées par décret en Conseil d'État.

III. – Elles sont tenues de désigner un commissaire aux comptes qui assure le contrôle de leur comptabilité spéciale et exerce, à ce titre, une mission permanente de contrôle de l'ensemble des fonds, effets, titres et autres valeurs appartenant à autrui, qu'elles détiennent en vertu d'un mandat reçu dans l'exercice de leurs fonctions.

Les commissaires aux comptes peuvent en outre, aux fins du contrôle prévu au précédent alinéa, avoir accès à la comptabilité générale de l'office, aux procédures confiées à celles-ci et se faire communiquer par elles ou par les tiers détenteurs des fonds, nonobstant toute disposition contraire, tous renseignements utiles à leur mission de contrôle.

Ils informent, dans des conditions fixées par décret en Conseil d'État, les autorités auxquelles sont confiés la surveillance, les inspections et le contrôle des personnes mentionnées au III de l'article L. 812-2, des résultats de leur mission et signalent les anomalies ou irrégularités dont ils ont connaissance au cours de l'exécution de leur mission.

Ils sont en outre tenus de déférer aux demandes des personnes chargées du contrôle ou de l'inspection tendant à la communication de tout renseignement recueilli ou de tout document établi dans le cadre de l'exécution de leur mission, sans pouvoir opposer le secret professionnel.

IV. – La Caisse des dépôts et consignations est tenue, sans pouvoir opposer le secret professionnel, de déférer aux demandes des personnes chargées de l'inspection ainsi qu'à celles du conseil national mentionné à l'article L. 814-2 pour l'exercice du contrôle dont il est en charge, tendant à la communication de tout renseignement ou document utiles à la connaissance des mouvements de fonds intervenus sur les comptes ouverts dans ses livres au nom de chaque personne mentionnée au III de l'article L. 812-2 et de sommes qui y sont déposées au titre des mandats sur lesquels porte l'inspection ou le contrôle.

Art. L. 814-10-2 *(Ord. n° 2016-727, 2 juin 2016 ; mod., n° 2016-1635, 1er déc. 2016)*. – I. – L'action disciplinaire à l'encontre d'une personne désignée dans les conditions prévues au III de l'article L. 812-2 ne peut porter que sur des faits commis dans le cadre ou à l'occasion de la mission qui lui a été confiée.

Elle est engagée par le garde des sceaux, ministre de la justice, le procureur général près la cour d'appel dans le ressort de laquelle ont été commis les faits, le magistrat du parquet général chargé des inspections des personnes mentionnées au III de l'article L. 812-2 dont le domicile professionnel est situé dans le ressort de la cour d'appel pour laquelle il est compétent, l'instance professionnelle représentative ou le président du Conseil national des administrateurs judiciaires et des mandataires judiciaires.

II. – La commission nationale mentionnée à l'article L. 814-1 siège comme chambre de discipline. Le commissaire du Gouvernement y exerce les fonctions du ministère public.

Elle informe sans délai, le garde des sceaux, ministre de la justice, ainsi que le président de la chambre de discipline compétente à l'égard de l'intéressé en application de son statut, de toute action disciplinaire dont elle est saisie.

L'action disciplinaire engagée devant elle à l'encontre d'une personne désignée dans les conditions prévues au III de l'article L. 812-2 interdit toute action devant la chambre de discipline dont relève l'intéressé en application de son statut lorsque celle-ci porte sur les mêmes faits.

La Commission nationale d'inscription et de discipline des administrateurs judiciaires et des mandataires judiciaires peut prononcer les peines disciplinaires suivantes :

1° L'avertissement ;

2° Le blâme ;

3° L'interdiction temporaire d'exercer toutes missions confiées en application du III de l'article L. 812-2 pour une durée n'excédant pas cinq ans, cette interdiction temporaire pouvant être assortie du sursis ;

4° L'interdiction définitive d'exercer toutes missions confiées en application du III de l'article L. 812-2.

L'avertissement et le blâme peuvent être accompagnés, pendant un délai d'un an, de mesures de contrôle soumettant la personne mentionnée au III de l'article L. 812-2 à des obligations particulières déterminées par la commission. Ces obligations peuvent également être prescrites par la commission lorsque cette personne interdite temporairement reprend ses fonctions.

La peine de l'interdiction temporaire peut être assortie du sursis. Si, dans le délai de cinq ans à compter du prononcé de la sanction, la personne mentionnée au III de l'article L. 812-2 a commis une infraction ou une faute ayant entraîné le prononcé d'une nouvelle sanction disciplinaire, celle-ci entraîne sauf décision motivée, l'exécution de la première sanction sans confusion possible avec la seconde.

III. – Lorsqu'elle prononce une peine disciplinaire, la commission peut décider, eu égard à la gravité des faits commis, de mettre à la charge de la personne mentionnée au III de l'article L. 812-2 tout ou partie des frais occasionnés par la présence d'un commissaire aux comptes ou d'un expert lors des contrôles ou des inspections ayant permis la constatation de ces faits.

IV. – Toute personne mentionnée au III de l'article L. 812-2 qui fait l'objet d'une poursuite pénale ou disciplinaire peut être suspendue provisoirement de l'exercice de ces fonctions par le tribunal de grande instance du lieu où elle est établie.

En cas d'urgence, la suspension provisoire peut être prononcée même avant l'exercice des poursuites pénales ou disciplinaires si des inspections ou vérifications ont laissé apparaître des risques pour les sommes perçues par cette personne, à raison de ses fonctions.

Le tribunal peut, à tout moment, à la requête soit du commissaire du Gouvernement, soit du magistrat du parquet général désigné pour les inspections ou de l'intéressé, mettre fin à la suspension provisoire.

La suspension cesse de plein droit dès que les actions pénales ou disciplinaires sont éteintes. Elle cesse également de plein droit, dans le cas prévu au deuxième alinéa, si, à l'expiration d'un délai d'un mois à compter de son prononcé, aucune poursuite pénale ou disciplinaire n'a été engagée.

V. – L'action disciplinaire se prescrit par dix ans à compter de la commission des faits ou, lorsque les faits se rapportent à l'exercice professionnel, à compter de l'achèvement de la mission à l'occasion de laquelle ils ont été commis.

Si la personne mentionnée au III de l'article L. 812-2 est l'auteure de faits ayant donné lieu à une condamnation pénale, l'action se prescrit par deux ans à compter de la date à laquelle cette condamnation est devenue définitive.

VI. – La personne mentionnée au III de l'article L. 812-2 interdite ou suspendue doit s'abstenir de tout acte professionnel relevant des missions prévues à cet article.

Les actes accomplis au mépris de cette prohibition peuvent être déclarés nuls, à la requête de tout intéressé ou du ministère public, par le tribunal statuant en chambre du conseil. La décision est exécutoire à l'égard de toute personne.

Toute infraction aux dispositions qui précèdent est punie des peines encourues pour le délit d'usurpation de titre prévu par l'article 433-17 du Code pénal.

VII. – Lorsqu'elle prononce une peine disciplinaire relative à un manquement aux dispositions des sections 3 à 6 du chapitre Ier du titre VI du livre V du Code monétaire et financier, il est également fait application des dispositions de l'article L. 561-36-3 de ce même code.

Art. L. 814-11 *(L. n° 2003-7, 3 janv. 2003)*. – Toute somme détenue par un administrateur judiciaire ou un *(Mots rempl., L. n° 2005-845, 26 juill. 2005)* « mandataire judiciaire » au titre d'un mandat amiable est versée, dès sa réception, en compte de dépôt à la Caisse des dépôts et consignations, sauf décision expresse du mandant de désigner un autre établissement financier. En cas de retard, l'administrateur judiciaire ou le *(Mots rempl., L. n° 2005-845, 26 juill. 2005)* « mandataire judiciaire » doit, pour les sommes qu'il n'a pas versées, un intérêt dont le taux est égal au taux de l'intérêt légal majoré de cinq points.

Art. L. 814-12 *(L. n° 2011-331, 28 mars 2011 ; mod., L. n° 2015-990, 6 août 2015)*. – Tout administrateur judiciaire ou mandataire judiciaire qui, dans l'exercice de ses fonctions, acquiert la connaissance d'un crime ou d'un délit est tenu d'en donner avis sans délai au procureur de la République et de transmettre à ce magistrat tous les renseignements, procès-verbaux et actes qui y sont relatifs.

Art. L. 814-13 *(L. n° 2011-331, 28 mars 2011)*. – Un décret détermine la liste des actes de procédure envoyés ou reçus par les administrateurs judiciaires, les mandataires judiciaires et les personnes désignées en application du deuxième alinéa de l'article L. 811-2 *(Mots rempl., Ord. n° 2016-727, 2 juin 2016)* «, du premier alinéa du II de l'article L. 812-2 ou du III de ce même article » qui peuvent faire l'objet d'une communication par voie électronique.

Les administrateurs judiciaires et les mandataires judiciaires procèdent par voie électronique lorsque les tiers destinataires ou émetteurs des actes ont expressément demandé ou consenti à ce qu'il soit procédé selon cette voie. À cette fin, ils utilisent le portail mis à leur disposition par le conseil national en application de l'article L. 814-2. Un décret en Conseil d'État, pris après avis de la Commission nationale de l'informatique et des libertés, fixe les conditions d'application du présent alinéa.

Art. L. 814-14 *(L. n° 2015-990, 6 août 2015)*. – Un décret en Conseil d'État fixe les modalités d'application des articles L. 811-7-1 et L. 812-5-1, notamment les règles applicables au règlement des litiges nés à l'occasion de l'exécution d'un contrat de travail après médiation du président du Conseil national des administrateurs judiciaires et des mandataires judiciaires, celles relatives au licenciement de l'administrateur judiciaire ou du mandataire judiciaire salarié et, dans ce cas, les conditions dans lesquelles il peut être retiré de la liste mentionnée aux articles L. 811-2 ou L. 812-2.

Art. L. 814-15 *(Créé à compter de la date prévue au XIII de l'article 114 de la loi n° 2016-1547 du 18 novembre 2016 et au plus tard le 1er mai 2017, L. n° 2016-1547, 18 nov. 2016)*. – Les fonds, effets, titres et autres valeurs reçus par les administrateurs judiciaires et mandataires judiciaires pour le compte de débiteurs devant être versés à la Caisse des dépôts et consignations en application d'une disposition législative ou réglementaire sont déposés sur un compte distinct par procédure de sauvegarde, de redressement judiciaire ou de liquidation judiciaire lorsque le nombre de salariés ou le chiffre d'affaires du débiteur sont supérieurs à des seuils fixés par décret.

Art. L. 814-16 *(Créé à compter de la date prévue au XIII de l'article 114 de la loi n° 2016-1547 du 18 novembre 2016 et au plus tard le 1er mai 2017, L. n° 2016-1547, 18 nov. 2016)*. – Lorsqu'il lui apparaît que le compte distinct mentionné à l'article L. 814-15 n'a fait l'objet d'aucune opération, hors inscription d'intérêts et débit par la Caisse des dépôts et consignations de frais et commissions de toutes natures ou d'éventuels prélèvements sur les intérêts versés au profit du fonds mentionné à l'article L. 663-3 pendant une période de six mois consécutifs, la Caisse des dépôts et consignations en avise le magistrat désigné par le ministre de la justice et placé auprès du directeur des affaires civiles et du sceau pour coordonner l'activité des magistrats inspecteurs régionaux.

....

Partie réglementaire

Art. R. 814-1 *(Mod., D. n° 2016-109, 3 févr. 2016 ; D. n° 2016-1851, 23 déc. 2016)*. – I. – Les magistrats du parquet, commissaires du Gouvernement auprès de la Commission nationale d'inscription et de discipline des administrateurs judiciaires et des mandataires judiciaires, ainsi que leur suppléant, sont désignés par le garde des sceaux, ministre de la justice. Les personnes, titulaires ou suppléantes, appelées à siéger au sein de cette commission en application du onzième alinéa de l'article L. 814-1, sont désignées dans les conditions prévues à l'article 32-A du décret du 19 décembre 1945 pris pour l'application du statut des commissaires-priseurs judiciaires et à l'article 74-2 du décret du 29 février 1956 pris pour l'application de l'ordonnance du 2 novembre 1945 relative au statut des huissiers de justice.

II. – Le mandat du président, du vice-président, des membres de la commission ainsi que celui de leurs suppléants prend effet à la date de la première réunion qui suit leur désignation. Pour cette première réunion, la commission se réunit sur convocation de son secrétaire.

Lorsqu'un membre est définitivement empêché en cours de mandat, il est procédé à son remplacement. Les fonctions du nouveau membre expirent à la date à laquelle auraient cessé celles du membre qu'il remplace.

III. – Le secrétariat de la commission est assuré par un ou plusieurs fonctionnaires du ministère de la Justice. La commission rend compte de son activité dans un rapport annuel remis au garde des Sceaux, ministre de la Justice. Le secrétariat de la commission est chargé de la préparation du rapport annuel d'activité, sous l'autorité du président de la commission.

Art. R. 814-1-1 *(D. n° 2016-109, 3 févr. 2016)*. – Les membres de la Commission nationale d'inscription et de discipline ont droit à la prise en charge de leurs frais de déplacement dans les conditions fixées par la réglementation applicable aux fonctionnaires de l'État.

Art. D. 814-1-2 *(D. n° 2019-276, 4 avr. 2019)*. – Le président de la Commission nationale d'inscription et de discipline des administrateurs judiciaires et des mandataires judiciaires ou son suppléant perçoit, dans la limite d'un plafond annuel, une indemnité forfaitaire pour chaque séance de la commission qu'il préside.

Les membres de la commission titulaires ou suppléants autres que le président perçoivent, dans la limite d'un plafond annuel, soit une indemnité forfaitaire pour chaque séance de la commission à laquelle ils participent, soit une indemnité forfaitaire pour les rapports dont ils sont chargés par le président.

Le montant de ces indemnités et leurs plafonds annuels sont fixés par arrêté conjoint du garde des sceaux, ministre de la justice, du ministre chargé de la fonction publique et du ministre chargé du budget.

Art. R. 814-2 *(Mod., D. n° 2016-109, 3 févr. 2016).* – Un recours contre la décision de la commission statuant en matière d'inscription peut être exercé devant la cour d'appel de Paris par l'intéressé, le garde des Sceaux, ministre de la justice, le commissaire du Gouvernement et le président du Conseil national, dans le délai d'un mois à compter de la date de réception de la lettre de notification de la décision.

Le recours est formé soit par déclaration au greffe de la cour d'appel, soit par lettre recommandée avec demande d'avis de réception adressée au greffier en chef.

Le greffier en chef en avise, selon le cas, l'intéressé, le garde des Sceaux, ministre de la Justice, le commissaire du Gouvernement ou le président du Conseil national.

Le recours est instruit et jugé selon les règles applicables à la procédure sans représentation obligatoire.

Art. R. 814-2-1 *(D. n° 2016-109, 3 févr. 2016 ; mod., D. n° 2016-1851, 23 déc. 2016).* – Un recours peut être exercé devant la cour d'appel de Paris, dans le délai d'un mois à compter de la notification de la décision de la commission statuant en matière disciplinaire ou sur le fondement du premier alinéa de l'article L. 811-6, par l'intéressé, le garde des Sceaux, ministre de la Justice, et le commissaire du Gouvernement. Il peut également être exercé, dans le même délai, par le ministère public, le président du Conseil national et, selon le cas, par le président de la chambre régionale des huissiers de justice compétente ou le président de la chambre de discipline des commissaires-priseurs judiciaires compétente lorsqu'ils ont engagé l'action. Il est formé soit par déclaration remise contre récépissé au greffe de la cour d'appel de Paris, soit par lettre recommandée avec demande d'avis de réception adressée au greffier en chef.

Le recours est instruit et jugé selon les règles applicables à la procédure sans représentation obligatoire.

La décision de la cour d'appel est notifiée, par le greffe, par lettre recommandée avec demande d'avis de réception, aux personnes mentionnées à l'alinéa premier.

Art. R. 814-3 *(Mod., D. n° 2016-1851, 23 déc. 2016).* – Le Conseil national établit un ensemble de règles professionnelles soumis à l'approbation du garde des Sceaux, ministre de la Justice.

Le garde des sceaux, ministre de la justice peut demander au Conseil national d'actualiser ou de réviser ces règles dans un délai qu'il lui impartit.

Ces règles prévoient notamment :

1° Les modalités d'organisation et de financement de la formation professionnelle ;

2° L'harmonisation des méthodes comptables utilisées par chaque professionnel, la tenue quotidienne obligatoire d'une comptabilité permettant de s'assurer de la représentation des fonds, effets, titres et autres valeurs appartenant à autrui, et l'agrément des systèmes informatiques de tenue de la comptabilité ;

3° Les conditions de délégation de signature au sein de l'étude et de conservation des pièces justificatives ainsi que les autres mesures propres à assurer la sécurité dans la gestion des dossiers et la gestion des fonds de tiers ;

4° Les conditions dans lesquelles l'administrateur judiciaire ou le mandataire judiciaire fait connaître à l'autorité mandante les intérêts économiques et financiers qu'il détient, directement ou indirectement, et qui peuvent faire obstacle à l'attribution d'un mandat dans une affaire déterminée ;

5° Les modalités de présentation des demandes des administrateurs judiciaires et des mandataires judiciaires aux fins d'arrêté de leurs émoluments ainsi que les autres mesures propres à permettre le contrôle du respect des règles relatives à leur tarif ;

6° L'harmonisation de la présentation de leur compte rendu de fin de mission par les administrateurs judiciaires et les mandataires judiciaires ;

7° Les conditions dans lesquelles les administrateurs judiciaires et les mandataires judiciaires portent à la connaissance du Conseil national les informations économiques et sociales issues des procédures au titre desquelles ils interviennent ;

8° Les conditions dans lesquelles l'administrateur judiciaire ou le mandataire judiciaire qui demande son retrait de la liste ou qui cesse l'exercice individuel de sa profession organise le transfert des dossiers qui lui ont été confiés et des fonds qu'il détient.

Le non-respect des règles professionnelles peut entraîner des poursuites disciplinaires.

Si ces règles n'ont pas été actualisées ou révisées par le Conseil national dans le délai imparti, elles le sont par le garde des sceaux, ministre de la justice.

Art. D. 814-3-1 *(D. n° 2011-1908, 20 déc. 2011).* – Lorsqu'elles établissent ou sont tenues d'établir des comptes annuels dans les conditions définies aux articles L. 123-12 à L. 123-22, les personnes exerçant la profession d'administrateur judiciaire ou de mandataire judiciaire communiquent ces comptes au conseil national dans le délai mentionné au dernier alinéa de l'article L. 811-11.

Dans les autres cas, elles communiquent au conseil national, dans le même délai, les éléments suivants :

1° Une situation de trésorerie établie à l'ouverture de l'exercice comptable de l'étude ;

2° Une situation de trésorerie établie à la clôture de l'exercice comptable de l'étude ;

3° Le chiffre d'affaires hors taxes avant rétrocessions ;

4° Le montant des honoraires versés et rétrocédés ;

5° Les salaires et charges de personnel ;

6° Les dotations aux amortissements ;

7° Les redevances de crédit-bail ;

8° Les locations mobilières et immobilières ;

9° Le résultat net réalisé avant impôt ;

10° Le montant des investissements réalisés ;

11° Le montant détaillé des emprunts restant à rembourser et des concours bancaires courants ;

12° Le montant des loyers non échus sur les contrats de crédit-bail.

Art. R. 814-3-2 *(D. n° 2016-1851, 23 déc. 2016 ; D. n° 2017-1225, 2 août 2017).* – Les règles professionnelles établies par le Conseil national relatives aux questions énumérées aux 2° à 6° et au 8° de l'article R. 814-3 sont applicables aux personnes mentionnées au deuxième alinéa de l'article L. 811-2 et au premier alinéa du II et du III de l'article L. 812-2. Leur non-respect peut entraîner des poursuites disciplinaires.

Art. R. 814-4 *(Mod., D. n° 2017-1225, 2 août 2017).* – I. – Pour l'exercice de ses attributions en matière de formation professionnelle, le Conseil national constitue une commission de formation professionnelle, composée des membres suivants :

1° Le président et le vice-président du Conseil national ;

2° Un administrateur judiciaire et un mandataire judiciaire désignés par Conseil national ;

3° Un administrateur judiciaire et un mandataire judiciaire désignés par la caisse de garantie ;

4° Un magistrat de l'ordre judiciaire désigné par le garde des Sceaux, ministre de la Justice ;

5° Un juge consulaire désigné par la conférence des juges consulaires de France ;

6° Trois professeurs, maîtres de conférences ou chargés d'enseignement choisis par le Conseil national.

II. – Cette commission assiste le Conseil national dans l'organisation de l'enseignement professionnel en vue de la préparation à l'examen d'aptitude aux fonctions d'administrateur judiciaire et de mandataire judiciaire. Elle met les candidats stagiaires en relation avec les professionnels, facilite la réalisation des stages et en assure le suivi. Elle recommande notamment l'affectation dans une étude des stagiaires qui n'ont pas trouvé de stage. Elle assiste le Conseil national dans l'organisation de la formation continue des professionnels en activité. Le Conseil national valide, après avis de la commission, les formations autres que celles qu'il organise. Il vérifie leur lien direct avec l'activité professionnelle exercée.

III. – Le rapport mentionné au quatrième alinéa de l'article L. 814-2 expose les orientations générales retenues en matière de formation continue. Il précise le nombre et la nature des formations validées ainsi que la nature des organismes qui les ont dispensées.

Art. R. 814-5. – Le Conseil national des administrateurs judiciaires et des mandataires judiciaires est composé de seize membres, huit membres représentant les administrateurs judiciaires et huit membres représentant les mandataires judiciaires.

Les membres sont élus au scrutin de liste à la représentation proportionnelle par deux collèges, l'un composé des personnes physiques inscrites sur la liste nationale des administrateurs judiciaires, l'autre composé des personnes physiques inscrites sur la liste nationale des mandataires judiciaires. Chaque collège élit huit membres. Le vote a lieu sans panachage ni vote préférentiel.

Les membres du Conseil national sont élus pour une période de quatre ans, renouvelable une fois. Ils ne sont rééligibles pour un mandat supplémentaire qu'après un intervalle de quatre ans, après l'expiration, le cas échéant, de leur second mandat.

Art. R. 814-6. – Le bureau du Conseil national organise l'élection. Il détermine les modalités applicables, notamment celles du vote par correspondance, autres que celles prévues par le présent titre, selon des règles soumises à l'approbation du garde des Sceaux, ministre de la Justice.

Chaque déclaration de candidature indique le titre de la liste présentée. Elle comporte les nom et prénoms du candidat, son domicile professionnel, sa signature, la date à laquelle il a été inscrit sur la liste nationale, ou, lorsqu'il s'agit d'un mandataire judiciaire, la liste régionale si son inscription sur celle-ci est antérieure à l'établissement de la liste nationale.

Chaque liste comprend au moins quatre candidats. Nul ne peut être candidat sur plus d'une liste.

Art. R. 814-7. – Il est attribué à chaque liste autant d'élus que le nombre de suffrages lui revenant contient de fois le quotient électoral. Le quotient électoral est égal au nombre total des suffrages obtenus par les différentes listes divisé par le nombre de délégués à élire.

Au cas où aucun siège ne peut être pourvu ou s'il reste des sièges à pourvoir, les sièges restants sont attribués sur la base de la plus forte moyenne.

À cet effet, le nombre de voix obtenues par chaque liste est divisé par le nombre, augmenté d'une unité, des sièges attribués à la liste. Les différentes listes sont placées dans l'ordre décroissant des moyennes ainsi obtenues. Le premier siège non pourvu est attribué à la liste ayant la plus forte moyenne.

Il est procédé successivement à la même opération pour chacun des sièges non pourvus, jusqu'au dernier.

Dans le cas où deux listes ont la même moyenne et où il ne reste qu'un siège à pourvoir, il est attribué à la liste qui a obtenu le plus grand nombre de voix.

Si deux listes ont obtenu le même nombre de voix, le candidat le plus âgé est proclamé élu.

Art. R. 814-8. – Si un membre du Conseil national vient à cesser ses fonctions pour quelque cause que ce soit avant l'expiration de leur durée normale, il est pourvu à son remplacement, dans les trois mois, par le premier candidat non élu de la liste. S'il n'y a plus de candidat non élu sur la liste, il est procédé à une élection au scrutin majoritaire uninominal à un tour par le collège auquel appartenait l'intéressé.

Dans tous les cas, les fonctions du nouveau membre expirent à la date à laquelle auraient pris fin celles du membre qu'il remplace. Si la durée de son mandat est inférieure à deux ans, l'intéressé est éligible pour une période de quatre ans immédiatement renouvelable pour une durée égale.

Art. R. 814-9. – Tout administrateur judiciaire ou tout mandataire judiciaire peut déférer l'élection des membres du Conseil national à la cour d'appel de Paris dans un délai de dix jours à compter de la proclamation des résultats. La réclamation est remise contre récépissé ou adressée par lettre recommandée avec demande d'avis de réception au greffier en chef de la cour d'appel. Le recours est instruit et jugé selon les règles applicables à la procédure sans représentation obligatoire.

Art. R. 814-10. – Les membres du Conseil national élisent en leur sein, de manière paritaire, un président, un vice-président et quatre membres, qui constituent le bureau.

Le bureau est élu au scrutin uninominal majoritaire à un tour pour une période de deux ans.

En cas d'égalité des voix, le plus âgé des candidats est proclamé élu.

Le président et le vice-président appartiennent, en alternance, l'un à la profession des administrateurs judiciaires, l'autre à la profession des mandataires judiciaires.

Le président sortant n'est rééligible à cette fonction et à celle de vice-président qu'après un intervalle de quatre années au moins.

Art. R. 814-11. – Le mandat du président, du vice-président et des membres du bureau prend fin lorsqu'ils cessent de remplir les conditions pour être membres du Conseil national. Il est alors pourvu à leur remplacement dans le délai de trois mois. En ce cas, les fonctions du nouveau membre expirent à l'époque où auraient cessé celles du membre qu'il a remplacé.

Art. R. 814-12. – Les fonctions de membre du Conseil national et celles de membre du bureau de ce conseil sont gratuites et ne peuvent donner lieu qu'au remboursement de frais de voyage et de séjour, dans les conditions fixées par le Conseil national.

Le président peut percevoir, pour frais de représentation, une indemnité dont le montant est fixé par le Conseil national.

Art. R. 814-13. – Le Conseil national ne peut valablement délibérer qu'en présence de cinq membres au moins de chaque collège, le bureau de deux membres au moins de chaque profession.

En cas de partage égal des voix, le président a voix prépondérante.

Art. R. 814-14. – Le Conseil national des administrateurs judiciaires et des mandataires judiciaires établit son budget. Il dresse, le 1er mars de chaque année, son bilan pour les opérations de l'année précédente. Ce bilan est certifié par un commissaire aux comptes choisi par le bureau.

Il fixe le montant de la cotisation que verse annuellement au conseil national chaque administrateur judiciaire et chaque mandataire judiciaire ainsi que la fraction de cette cotisation affectée à la formation professionnelle.

Art. R. 814-15. – Le Conseil national élabore un règlement intérieur qui régit son mode de fonctionnement et celui du bureau et fixe les prérogatives des organes du Conseil. Ce règlement et ses modifications ultérieures doivent être adoptées par une majorité des deux tiers du Conseil.

Le président du Conseil national convoque celui-ci au moins une fois par trimestre et chaque fois qu'il le juge utile. Il le convoque également sur un ordre du jour déterminé à la demande de quatre membres du Conseil ou du garde des sceaux, ministre de la justice.

Art. R. 814-16. – La caisse de garantie instituée à l'article L. 814-3 a son siège à Paris.

Art. R. 814-17. – La caisse de garantie est gérée par un conseil d'administration composé de douze membres, dont six administrateurs judiciaires et six mandataires judiciaires, inscrits sur les listes nationales.

Ces membres sont élus pour cinq ans. Les six administrateurs judiciaires sont élus par les personnes physiques inscrites sur la liste nationale des administrateurs judiciaires et les six mandataires judiciaires par celles inscrites sur la liste nationale des mandataires judiciaires.

En cas de vacance d'un siège pour quelque cause que ce soit, notamment lorsque le professionnel concerné a obtenu son transfert d'inscription de la liste nationale des administrateurs judiciaires sur la liste nationale des mandataires judiciaires ou réciproquement, le siège est pourvu par le premier candidat non élu dans la catégorie professionnelle concernée.

S'il n'y a plus de candidat non élu, il est procédé à une élection au scrutin uninominal majoritaire à un tour.

Dans tous les cas, les fonctions des nouveaux membres expirent à la date à laquelle auraient cessé celles des membres qu'ils remplacent.

Art. R. 814-18. – Les élections sont organisées par le conseil d'administration de la caisse de garantie qui détermine les modalités qui leur sont applicables selon des règles soumises à l'approbation du garde des Sceaux, ministre de la Justice. Le bureau chargé du dépouillement des votes comprend le président, le vice-président, le secrétaire et le trésorier du conseil d'administration de la caisse.

Les candidats qui, dans chaque collège, ont obtenu le plus grand nombre de voix sont élus.

Les réclamations sont portées devant la cour d'appel de Paris.

Les membres de la caisse ne sont rééligibles qu'une fois.

Sous réserve des dispositions du présent article, les règles de l'article R. 811-3 sont applicables à l'élection des membres du conseil d'administration.

Art. R. 814-19. – Le conseil d'administration élit parmi ses membres un président, un vice-président, un secrétaire et un trésorier.

Les décisions sont prises à la majorité des voix. En cas de partage égal des voix, celle du président est prépondérante.

Le magistrat du parquet chargé des fonctions de commissaire du Gouvernement auprès de la caisse de garantie et son suppléant sont désignés par le garde des Sceaux, ministre de la Justice.

Le président et le vice-président du Conseil national des administrateurs judiciaires et des mandataires judiciaires ou leur représentant désigné parmi les membres du Conseil national siègent au sein du conseil d'administration de la caisse avec voix consultative.

Art. R. 814-20. – Le conseil d'administration fixe les dépenses de gestion de la caisse de garantie et gère son actif.

Il établit, avant le 31 mars de chaque année, le bilan de la caisse pour les opérations de l'année précédente. Ce bilan est certifié par un commissaire aux comptes choisi par le conseil d'administration de la caisse de garantie.

Le conseil d'administration réunit une assemblée générale des cotisants pour lui présenter ce bilan.

Art. R. 814-21. – Le montant des cotisations des administrateurs judiciaires et des mandataires judiciaires inscrits est fixé chaque année par le conseil d'administration de la caisse de garantie sur la base du montant des fonds non distribués par le professionnel au 31 décembre de l'année précédente pour la garantie en matière de représentation des fonds et sur celle du chiffre d'affaires de l'étude pour la garantie concernant la responsabilité civile professionnelle.

En cas de désaccord du commissaire du Gouvernement sur le montant des cotisations, celui-ci est fixé par arrêté conjoint du ministre chargé de l'économie et du garde des Sceaux, ministre de la Justice.

Art. R. 814-22. – Les fonds disponibles de la caisse de garantie sont obligatoirement déposés à la Caisse des dépôts et consignations. Ils peuvent être placés en obligations et autres valeurs émises ou garanties par un État membre de la Communauté européenne.

Art. R. 814-23. – Les contrats d'assurance de responsabilité civile professionnelle doivent prévoir une garantie minimale de 800 000 € par sinistre et par an pour chaque personne assurée.

Art. R. 814-24 *(Mod., D. n° 2016-1851, 23 déc. 2016)*. – Les garanties dont doivent justifier l'administrateur judiciaire non inscrit sur la liste nationale, désigné dans les conditions prévues par le deuxième alinéa de l'article L. 811-2 et le mandataire judiciaire non inscrit sur la liste nationale, désigné dans les conditions prévues par le premier alinéa du II ou du III de l'article L. 812-2, doivent être au moins équivalentes à celles prévues à l'article R. 814-23.

Lorsque l'assurance a été souscrite par l'intermédiaire de la caisse de garantie, ses modalités en sont fixées, après avis du commissaire du Gouvernement, par accord entre le professionnel non inscrit et la caisse.

Art. R. 814-25. – Le président du conseil d'administration de la caisse de garantie informe le procureur général près la cour d'appel dans le ressort de laquelle l'intéressé a son domicile professionnel, le commissaire du Gouvernement près la commission d'inscription et de discipline, le magistrat coordonnateur mentionné à l'article R. 811-40, ainsi que le président du Conseil national, de toute action en responsabilité civile professionnelle exercée contre un administrateur judiciaire ou un mandataire judiciaire.

Art. R. 814-26. – La caisse de garantie peut souscrire des contrats d'assurance groupe permettant le service, au profit de ses adhérents qui souhaitent en bénéficier, de prestations en matière de retraite complémentaire et de prévoyance sociale.

Art. R. 814-27. – La rémunération des administrateurs judiciaires au titre des mandats qui leur sont confiés en matière civile est fixée sur justification de l'accomplissement de leur mission par le président de la juridiction les ayant désignés.

Cette décision est susceptible de recours selon les règles des articles 714 à 718 du Code de procédure civile.

Art. R. 814-28. – Le président de la juridiction qui confie une mission à un administrateur judiciaire, en matière civile, peut fixer le montant d'une provision à valoir sur la rémunération de ce professionnel.

Art. R. 814-28-1 *(D. n° 2017-1225, 2 août 2017)*. – La durée de la formation professionnelle prévue par l'article L. 814-9 est de vingt heures au cours d'une année civile ou de quarante heures au cours de deux années consécutives.

Art. R. 814-28-2 *(D. n° 2017-1225, 2 août 2017).* – La formation continue porte sur les domaines juridique, économique, financier, comptable, social et sur la déontologie. Elle est en lien direct avec l'activité professionnelle exercée.

Art. R. 814-28-3 *(D. n° 2017-1225, 2 août 2017).* – Le Conseil national des administrateurs judiciaires et mandataires judiciaires définit les orientations générales et les différentes matières sur lesquelles porte l'obligation de formation.

Au cours des deux premières années d'exercice professionnel, la formation inclut dix heures au moins portant sur la déontologie des administrateurs judiciaires et mandataires judiciaires, le statut professionnel et la gestion d'un office.

Art. R. 814-28-4 *(D. n° 2017-1225, 2 août 2017).* – Les activités validées au titre de l'obligation de formation continue sont :

1° La participation aux actions de formation mentionnées aux 2°, 6° et 8° de l'article L. 6313-1 du Code du travail. Le Conseil national des administrateurs judiciaires et des mandataires judiciaires retient parmi elles celles qu'il estime prioritaires ;

2° L'assistance à des colloques, à des conférences ou à des séminaires organisés dans les conditions définies à l'article L. 6353-1 du Code du travail, dans la limite de dix heures par an ;

3° L'assistance à des programmes d'autoformation encadrée ou à des formations ou enseignements à distance, dans la limite de dix heures par an ;

4° L'animation de formation, de colloque, de conférence et de séminaire et la dispense d'enseignement dans un cadre professionnel ou universitaire ;

5° La publication de travaux à caractère technique ou la participation à ceux-ci.

Art. R. 814-28-5 *(D. n° 2017-1225, 2 août 2017).* – Les formations mentionnées aux 1° à 4° de l'article R. 814-28-4 sont accomplies auprès du Conseil national des administrateurs judiciaires et des mandataires judiciaires, des établissements universitaires ou d'organismes de formation, enregistrés ou ayant déposé une déclaration d'activité en cours d'enregistrement, conformément aux dispositions des articles L. 6351-1 à L. 6351-8 et R. 6351-1 à R. 6351-7 du Code du travail.

Art. R. 814-28-6 *(D. n° 2017-1225, 2 août 2017).* – Les organismes dispensant des formations définies aux 1° à 4° de l'article R. 814-28-4 délivrent à la personne ayant accompli les activités validées au titre de la formation continue, une attestation mentionnant les objectifs, le contenu, la durée, et la date de réalisation de l'activité. Lorsqu'il s'agit d'un colloque, d'une conférence ou d'un séminaire, ce document atteste de la présence du professionnel à cette manifestation.

Art. R. 814-28-7 *(D. n° 2017-1225, 2 août 2017).* – Les administrateurs judiciaires et mandataires judiciaires déclarent, au plus tard le 31 janvier, auprès du Conseil national des administrateurs judiciaires et mandataires judiciaires les conditions dans lesquelles ils ont satisfait à leur obligation de formation continue au cours de l'année écoulée. Les justificatifs utiles à la vérification du respect de cette obligation sont joints à cette déclaration.

Le Conseil national adresse chaque année, au plus tard le 31 mars, au magistrat coordonnateur mentionné au deuxième alinéa de l'article R. 811-40, la liste des administrateurs judiciaires et mandataires judiciaires qui n'ont pas satisfait à leur obligation de formation professionnelle continue et précise les mesures mises en œuvre aux fins de la faire respecter.

Art. R. 814-29. – Les administrateurs judiciaires et les mandataires judiciaires ouvrent, pour chaque mandat reçu, dans le cadre d'une comptabilité spéciale, un compte qui enregistre l'ensemble des mouvements concernant ce mandat ainsi que les opérations liées à ces mouvements.

La comptabilité spéciale de chaque administrateur judiciaire et de chaque mandataire judiciaire, arrêtée au 30 juin et au 31 décembre, fait l'objet d'un contrôle effectué par un commissaire aux comptes. Le mandataire de justice avise par lettre recommandée avec demande d'avis de réception le commissaire aux comptes choisi qui donne sa réponse dans les mêmes formes.

L'administrateur judiciaire et le mandataire judiciaire désignent un commissaire aux comptes suppléant dont les fonctions sont exercées dans les conditions prévues à l'article L. 823-1.

Le magistrat inspecteur régional et le magistrat coordonnateur mentionné à l'article R. 811-40 sont informés, dans les quinze jours, de toutes les décisions de nomination et de cessation de fonctions du commissaire aux comptes et de son suppléant.

Art. R. 814-30. – Le commissaire aux comptes informe le magistrat inspecteur régional, le magistrat coordonnateur mentionné à l'article R. 811-40 et le président du Conseil national des anomalies ou irrégularités, affectant ou non la représentation des fonds, dont il a connaissance au cours de l'exécution de sa mission. Il révèle les faits délictueux dont il a connaissance aux procureurs de la République près les tribunaux de grande instance dans le ressort desquels le mandataire de justice a son domicile professionnel et, le cas échéant, son ou ses bureaux annexes.

Le commissaire aux comptes fait parvenir, avant le 15 mars et le 15 septembre de chaque année, au magistrat inspecteur régional, au magistrat coordonnateur, au procureur de la République près le tribunal de grande instance dans le ressort duquel le mandataire de justice a son domicile professionnel ou un bureau annexe et au président du conseil national, une attestation de vérification de la comptabilité spéciale du mandataire de justice intéressé.

Cette attestation indique le montant des fonds, effets, titres et autres valeurs détenus par catégorie de mission et par établissement de crédit et mentionne toute anomalie ou irrégularité constatée.

Tout professionnel faisant l'objet d'une décision de retrait de la liste professionnelle, pour quelque motif que ce soit, en avise sans délai le commissaire aux comptes qu'il a désigné conformément à l'article R. 814-29. Celui-ci, dans le délai d'un mois à compter de la réception de cet avis, remet aux autorités mentionnées au deuxième alinéa une attestation de vérification de la comptabilité spéciale, établie au jour de la cessation des fonctions.

Art. R. 814-31. – Chaque mandat, judiciaire ou amiable, reçu par l'administrateur judiciaire ou le mandataire judiciaire est inscrit par ordre chronologique d'arrivée à l'étude sur un répertoire mentionnant notamment le numéro d'ordre, le nom de la juridiction mandante ou la qualité du mandant, la date de la décision de désignation, le nom de l'affaire, la nature de la mission, l'identification des établissements financiers auprès desquels les fonds sont déposés, la date et les modalités de l'achèvement de la mission.

Art. R. 814-32. – La comptabilité spéciale des administrateurs judiciaires et des mandataires judiciaires est tenue en partie double. Elle comprend obligatoirement un livre journal, des journaux auxiliaires, un grand livre, des grands livres auxiliaires des comptes individuels ouverts pour chaque mandat, une balance, un recueil des états périodiques et des reçus pour les versements d'espèces.

Elle respecte les règles professionnelles prévues à l'article R. 814-3.

Art. R. 814-33. – Les journaux auxiliaires mentionnent par ordre chronologique l'ensemble des opérations mentionnées à l'article R. 814-29.

Ils indiquent pour chaque opération la date, le nom de l'affaire, le libellé de l'opération et son montant. S'il s'agit d'une recette en espèces, le numéro du reçu est indiqué au regard de celle-ci dans une colonne du livre journal réservée à cet effet.

Art. R. 814-34. – Des états sont établis chaque trimestre par les administrateurs judiciaires et les mandataires judiciaires pour tous les mandats n'ayant pas fait l'objet d'une reddition des comptes.

Ces états mentionnent pour chaque mandat : le numéro de l'affaire au répertoire, le nom de celle-ci, le nom de la juridiction mandante ou la qualité du mandant, la date de la décision de désignation, la nature de la mission concernée, les mouvements comptables enregistrés pour l'affaire depuis l'origine, les mouvements et le solde par compte ouvert à la Caisse des dépôts et consignations et dans d'autres établissements financiers, ainsi que l'ensemble des fonds, effets, titres ou valeurs appartenant à autrui et, le cas échéant, les espèces disponibles aux mains du professionnel.

Art. R. 814-35. – L'administrateur judiciaire ou le mandataire judiciaire adresse les états prévus à l'article précédent dans les quinze jours qui suivent l'achèvement du trimestre au greffe du tribunal de commerce et, s'il y a lieu, du tribunal de grande instance, ainsi qu'au procureur de la République près le tribunal de grande instance dans le ressort duquel il a son domicile professionnel, pour l'ensemble de ses mandats. Il adresse ces mêmes états au greffe du tribunal de commerce et, s'il y a lieu, du tribunal de grande instance, ainsi qu'aux procureurs de la République près les tribunaux de grande instance dans le ressort desquels il a son ou ses bureaux annexes, pour ses mandats concernant ces bureaux annexes.

Art. R. 814-36. – Un reçu numéroté est délivré pour toute remise du fonds en espèces. La série des numéros est ininterrompue, les reçus doivent être utilisés dans l'ordre numérique. Chaque reçu mentionne le nom et l'adresse du mandataire de justice, la date de la recette, son montant en lettres et en chiffres, le nom et l'adresse de la partie versante, le nom de l'affaire à laquelle ce règlement s'applique et la cause de celui-ci.

Art. R. 814-37. – À tout moment, le total des sommes dont l'administrateur judiciaire ou le mandataire judiciaire est comptable au titre d'un mandat doit être couvert par les fonds, effets, titres et autres valeurs appartenant à autrui déposés sur les comptes ouverts à la Caisse des dépôts et consignations et dans d'autres établissements financiers, et par les espèces en caisse.

Les fonds détenus au titre d'un mandat ne peuvent en aucun cas être utilisés au bénéfice d'un autre mandat.

Art. D. 814-37-1 *(Créé à compter du 1er mai 2017, D. n° 2017-304, 8 mars 2017).* – Les seuils mentionnés à l'article L. 814-15 sont fixés :

1° À 250 salariés employés par le débiteur à la date de la demande d'ouverture de la procédure ;

2° À 20 millions d'euros de chiffre d'affaires, défini conformément aux dispositions du cinquième alinéa de l'article D. 123-200, apprécié à la date de clôture du dernier exercice comptable.

Art. R. 814-38. – Les dispositions des articles R. 814-29 à R. 814-41 s'appliquent également aux mandataires de justice autorisés à poursuivre un ou plusieurs dossiers en cours après leur retrait de la liste professionnelle, dans les conditions prévues aux articles L. 811-8 et L. 812-6, ainsi qu'aux personnes physiques désignées par les tribunaux dans les conditions prévues par le deuxième alinéa de l'article L. 811-2 et par le premier alinéa du II de l'article L. 812-2.

Art. R. 814-39. – Les sommes disponibles déposées sur les comptes bancaires ouverts au nom du débiteur ayant fait l'objet d'un jugement arrêtant un plan de cession doivent être versées à la Caisse des dépôts et consignations dans les quinze jours du prononcé de ce jugement. Ces comptes bancaires peuvent néanmoins continuer à fonctionner, pour la couverture des effets ou moyens de paiement émis avant la date du jugement.

Art. R. 814-40. – Lorsqu'un administrateur judiciaire ou un mandataire judiciaire dépose des fonds à la Caisse des dépôts et consignations sur un compte global rémunéré, il fait apparaître une fois par trimestre et à la fin de sa mission, en comptabilité spéciale ainsi que sur les états prévus à l'article R. 814-34, les sommes provenant des intérêts produits au profit de chaque entreprise. Ces sommes sont calculées au prorata des soldes moyens de chaque entreprise tels qu'ils apparaissent dans la comptabilité spéciale.

Art. R. 814-41. – Les administrateurs judiciaires dans l'exercice des mandats qui leur sont confiés en matière civile sont tenus de déposer à un compte ouvert à leur nom à la Caisse des dépôts et consignations, dès leur réception, tous les fonds qu'ils ont reçus dans le cadre des missions de justice, y compris les provisions pour frais et honoraires.

Ces sommes ne peuvent faire l'objet d'un retrait à leur profit qu'après fixation de leurs honoraires ou provisions par le juge. De même, tous les titres dont ils assurent la gestion sont remis pendant la durée de leur mission à la Caisse des dépôts et consignations.

Art. R. 814-41-1 *(D. n° 2016-1851, 23 déc. 2016 ; D. n° 2017-1225, 2 août 2017).* – Les dispositions de la présente sous-section sont applicables aux personnes mentionnées au III de l'article L. 812-2 à l'exception des articles R. 814-38 et R. 814-41, y compris lorsqu'elles ont été autorisées à poursuivre un ou plusieurs dossiers en cours après la cessation de leurs fonctions dans les conditions prévues à l'article L. 812-6.

Le président, selon le cas, de la chambre régionale des huissiers de justice compétente ou de la chambre de discipline des commissaires-priseurs judiciaires compétente est également destinataire de l'information prévue au premier alinéa de l'article R. 814-30.

Art. R. 814-42 *(Mod., D. n° 2016-109, 3 févr. 2016 ; D. n° 2016-1851, 23 déc. 2016 ; D. n° 2017-1225, 2 août 2017)*. – Chaque professionnel est soumis tous les trois ans à un contrôle qui porte sur l'ensemble de son activité.

Par dérogation à l'alinéa précédent, la personne mentionnée au III de l'article L. 812-2 est soumise à un contrôle, qui porte sur l'activité pour laquelle elle a été désignée, lorsque le nombre des mandats ainsi exercés dépasse un seuil fixé par décret, sans que le délai entre deux contrôles puisse être inférieur à trois ans.

Les professionnels et personnes mentionnés aux alinéas précédents peuvent en outre, à tout moment, être soumis à un contrôle occasionnel qui porte soit sur une question particulière, soit sur l'ensemble de leur activité.

Peuvent également être soumis à un contrôle occasionnel les mandataires de justice retirés des listes professionnelles ou les personnes mentionnées au III de l'article L. 812-2, qui sont autorisés à poursuivre un ou plusieurs dossiers en cours en vertu des articles L. 811-8 et L. 812-6.

Peuvent de même être soumis à un contrôle occasionnel les personnes mentionnées au deuxième alinéa de l'article L. 811-2 ou au premier alinéa du II de l'article L. 812-2.

Art. D. 814-42-1 *(D. n° 2016-1851, 23 déc. 2016)*. – Le seuil mentionné à l'article R. 814-42 est fixé à dix mandats.

Art. R. 814-42-2 *(D. n° 2016-1851, 23 déc. 2016 ; D. n° 2017-1225, 2 août 2017)*. – Le contrôle occasionnel est prescrit par le président du Conseil national, le procureur de la République, le procureur général, le garde des Sceaux, ministre de la justice, les commissaires du Gouvernement près la Commission nationale d'inscription et de discipline, les magistrats inspecteurs régionaux ou le magistrat coordonnateur mentionné à l'article R. 811-40.

Les contrôleurs peuvent recueillir les observations des présidents des juridictions civiles et commerciales du premier degré dans le ressort desquelle le mandataire de justice contrôlé a son domicile professionnel, le cas échéant un bureau annexe, et dans le ressort desquelles il s'est vu confier une mission. Les contrôleurs peuvent recueillir les observations du procureur de la République près ces juridictions, du commissaire aux comptes chargé du contrôle de la comptabilité spéciale de l'intéressé, du trésorier-payeur général, le cas échéant des instances professionnelles représentatives, de l'ordre professionnel ou de l'organe représentatif dont relève le professionnel, ainsi que de l'association pour la gestion du régime d'assurance des créances des salariés.

Art. R. 814-43 *(Mod., D. n° 2016-1851, 23 déc. 2016)*. – Avant la fin de chaque année, le président du Conseil national adresse au garde des sceaux, ministre de la justice, la liste des membres de l'une et de l'autre professions que le bureau du conseil a désignés comme devant faire l'objet du contrôle périodique au cours de l'année suivante. Cette liste est également adressée au commissaire du Gouvernement près de la Commission nationale d'inscription et de discipline, ainsi qu'au magistrat coordonnateur mentionné à l'article R. 811-40.

Avant la fin de chaque année, les magistrats inspecteurs régionaux adressent au garde des Sceaux, ministre de la Justice et au magistrat coordonnateur mentionné à l'article R. 811-40, la liste des personnes mentionnées au III de l'article L. 812-2 devant faire l'objet du contrôle périodique au cours de l'année suivante. Le magistrat coordonnateur transmet cette liste au président du Conseil national, au commissaire du Gouvernement près la Commission nationale d'inscription et de discipline, et, selon le cas, à la chambre régionale des huissiers de justice compétente ou à la chambre de discipline des commissaires-priseurs judiciaires compétente.

Art. R. 814-44 *(Mod., D. n° 2016-1851, 23 déc. 2016 ; D. n° 2017-1225, 2 août 2017)*. – I. – Avant la fin du troisième trimestre de chaque année, le président du Conseil national soumet à l'agrément du garde des Sceaux, ministre de la Justice, une liste des administrateurs judiciaires et des mandataires judiciaires susceptibles de procéder aux contrôles au cours de l'année suivante. Cette liste comprend au moins vingt administrateurs judiciaires et au moins quarante mandataires judiciaires.

II. – Le président de la Chambre nationale des huissiers de justice et celui de la Chambre nationale des commissaires-priseurs judiciaires soumettent, selon les mêmes modalités, une liste des membres de leur profession respective susceptibles de procéder aux contrôles au cours de l'année suivante, à l'agrément du garde des sceaux, ministre de la justice. Cette liste comprend au moins quarante huissiers de justice et au moins vingt commissaires-priseurs judiciaires.

III. – Le garde des Sceaux, ministre de la Justice, peut refuser son agrément à l'un ou plusieurs des professionnels figurant sur les listes soumises. Le président du Conseil national et, selon le cas, celui de la

Chambre nationale des huissiers de justice ou de la Chambre nationale des commissaires-priseurs judiciaires disposent d'un délai de quinze jours à compter de la notification de la décision de refus d'agrément pour proposer une liste complémentaire.

IV. – Le garde des Sceaux, ministre de la Justice, agrée par arrêté les personnes spécialement habilitées à procéder à des contrôles occasionnels, dont les noms lui sont soumis par le président du Conseil national, celui de la Chambre nationale des huissiers de justice et celui de la Chambre nationale des commissaires-priseurs judicaires.

Art. R. 814-45 *(Mod., D. n° 2016-1851, 23 déc. 2016 ; D. n° 2017-1225, 2 août 2017)*. – Le contrôle est effectué par trois contrôleurs :

1° Deux administrateurs judiciaires ou mandataires judiciaires figurant sur la liste prévue à l'article R. 814-44 et n'exerçant pas leur activité dans le même ressort de cour d'appel que le professionnel contrôlé, dont l'un peut être remplacé, dans le cas d'un contrôle occasionnel, par l'une des personnes spécialement habilitées à cette fin ;

2° Un commissaire aux comptes figurant sur une liste établie pour six ans par le garde des Sceaux, ministre de la Justice, sur proposition du Conseil national des administrateurs judiciaires et des mandataires judiciaires après avis de la Compagnie nationale des commissaires aux comptes, qui ne peut être celui habituellement chargé du contrôle de la comptabilité du professionnel ;

3° Lorsque le contrôle porte sur une personne mentionnée au III de l'article L. 812-2, le second mandataire judiciaire mentionné au 1° est remplacé, selon le cas, par un huissier de justice ou un commissaire-priseur judiciaire n'exerçant pas son activité dans le même ressort de cour d'appel que le professionnel contrôlé.

Ces contrôleurs sont désignés dans le cas d'un contrôle triennal ou périodique par le président du Conseil national et dans le cas d'un contrôle occasionnel par l'autorité qui a prescrit celui-ci.

Un arrêté du garde des Sceaux, ministre de la Justice, fixe l'étendue minimale des vérifications auxquelles les contrôleurs doivent procéder.

Les frais occasionnés par la présence lors des contrôles du commissaire aux comptes prévu au 2° sont avancés par le Conseil national lorsque le contrôle porte sur un administrateur judiciaire ou un mandataire judiciaire inscrit sur les listes nationales ou sur une personne mentionnée au deuxième alinéa de l'article L. 811-2 ou au premier alinéa du II de l'article L. 812-2.

Lorsque le contrôle porte sur personne mentionnée au III de l'article L. 812-2, les frais occasionnés par la présence, lors des contrôles, d'un mandataire judiciaire et d'un huissier de justice ou d'un commissaire-priseur judiciaire, ainsi que du commissaire aux comptes, sont pris en charge, selon le cas, par la chambre régionale des huissiers de justice ou la chambre de discipline des commissaires-priseurs judiciaires compétentes.

Art. R. 814-46. – Les contrôles occasionnels peuvent être effectués de manière inopinée.

Art. R. 814-47. – Le professionnel contrôlé peut demander à un confrère de son choix de l'assister lors du contrôle. Il peut également demander au commissaire aux comptes ayant procédé à la vérification de sa comptabilité en application de l'article R. 814-29 ou à un expert-comptable de son choix d'assister au contrôle.

Art. R. 814-48 *(Mod., D. n° 2016-109, 3 févr. 2016 ; D. n° 2016-1851, 23 déc. 2016)*. – Si les contrôleurs découvrent des irrégularités ayant trait à la gestion et à la représentation des fonds, titres, effets et autres valeurs détenus pour le compte de tiers, ils en avisent immédiatement le procureur général, le magistrat inspecteur régional, le commissaire du Gouvernement près la Commission nationale d'inscription et de discipline, le magistrat coordonnateur mentionné à l'article R. 811-40, le président du Conseil national et, selon les cas, le président de la chambre régionale des huissiers de justice compétente ou le président de la chambre de discipline des commissaires-priseurs judiciaires compétente *(Mots aj., D. n° 2017-1225, 2 août 2017)* « ainsi que l'ordre professionnel ou l'organe représentatif dont relève le professionnel ».

Dans un délai de deux mois à compter de l'achèvement des opérations de contrôle, les contrôleurs établissent un projet de rapport et l'adressent par lettre recommandée avec demande d'avis de réception au professionnel contrôlé. Celui-ci dispose d'un délai d'un mois à compter de la réception pour formuler ses observations.

À l'issue de ce délai, un rapport définitif est établi par les contrôleurs, auquel sont annexées les éventuelles observations du professionnel contrôlé. Ce rapport est adressé au président du Conseil national et aux autorités mentionnées au premier alinéa.

Art. R. 814-49. – Lorsque les contrôleurs font preuve de négligence ou d'incapacité dans l'accomplissement de leur mission, ils sont passibles de retrait d'agrément sans préjudice, le cas échéant, de poursuites disciplinaires.

Art. R. 814-50 *(Mod., D. n° 2016-109, 3 févr. 2016)*. – Le titre d'administrateur judiciaire honoraire ou de mandataire judiciaire honoraire peut être conféré par la Commission nationale d'inscription et de discipline.

L'honorariat ne peut être conféré qu'aux personnes ayant exercé leur activité pendant vingt ans au moins. Sont prises en compte les périodes pendant lesquelles l'intéressé a exercé en qualité de syndic administrateur judiciaire, d'administrateur judiciaire et liquidateur de sociétés, d'administrateur judiciaire séquestre près le tribunal de grande instance de Paris, d'administrateur judiciaire, ou de mandataire judiciaire.

La demande est adressée par lettre recommandée avec demande d'avis de réception au commissaire du Gouvernement près la Commission nationale d'inscription et de discipline.

Le commissaire du Gouvernement fait procéder à une enquête par les procureurs généraux près les cours d'appel dans le ressort desquelles l'intéressé a eu ses domiciles professionnels. La commission se prononce dans les conditions prévues à l'article R. 811-34.

La décision est notifiée à l'intéressé par lettre recommandée avec demande d'avis de réception.

La décision de la commission qui rejette la demande tendant à l'attribution de l'honorariat est susceptible de recours dans les conditions prévues à l'article R. 814-2.

Le retrait de l'honorariat peut être prononcé par la commission sur la demande du commissaire du Gouvernement, selon les modalités prévues aux quatrième et sixième alinéas.

Art. R. 814-51 *(Mod., D. n° 2016-109, 3 févr. 2016)*. – Dans l'exercice de leurs fonctions, les administrateurs judiciaires et les mandataires judiciaires inscrits sur les listes dressées par la Commission nationale d'inscription et de discipline portent la toge, fermée par devant, à manches larges, la toque noire, et la cravate pareille à celle des juges.

Art. R. 814-52 *(Mod., D. n° 2016-109, 3 févr. 2016)*. – Dans le mois de leur inscription, les administrateurs judiciaires et les mandataires judiciaires prêtent serment devant la cour d'appel dans le ressort de laquelle est situé leur domicile professionnel, en ces termes : « Je jure d'exercer mes fonctions avec honneur, dignité, indépendance et probité, et de me conformer en toute occasion aux lois et règlements de ma profession ».

Ils ne peuvent exercer leurs fonctions qu'à compter du jour de leur prestation de serment.

Tout administrateur judiciaire ou mandataire judiciaire qui ne prête pas serment dans le mois de son inscription est déclaré démissionnaire de ses fonctions et retiré des listes par la Commission nationale d'inscription et de discipline, sauf s'il peut justifier d'un motif valable.

Art. R. 814-53 *(Mod., D. n° 2016-109, 3 févr. 2016)*. – L'administrateur judiciaire ou le mandataire judiciaire, personne physique ou personne morale, déjà inscrit et titulaire d'une étude déclare toute ouverture d'un bureau annexe au commissaire du Gouvernement près la Commission nationale d'inscription et de discipline ainsi qu'au président du Conseil national.

Est considéré comme un bureau annexe tout local dans lequel l'administrateur judiciaire ou le mandataire judiciaire, personne physique ou personne morale, reçoit à titre professionnel des tiers et exerce ses missions légales, lorsqu'il est situé dans le ressort d'un tribunal de grande instance autre que celui dans lequel est situé son domicile professionnel ou son siège social.

Art. R. 814-54. – La déclaration est adressée quatre mois au moins avant la date prévue pour l'ouverture du bureau, par lettre recommandée avec demande d'avis de réception. Elle indique :

1° Le lieu du domicile professionnel ou du siège social de l'intéressé et le lieu où il envisage d'ouvrir un bureau annexe ;

2° Les dispositions prises par l'intéressé pour assurer ses missions à son domicile professionnel ou à son siège social et dans le bureau annexe, les conditions de fonctionnement de celui-ci ainsi que les mesures adoptées pour assurer toute liaison avec le bureau principal.

Art. R. 814-55 *(Mod., D. n° 2016-109, 3 févr. 2016).* – Le commissaire du Gouvernement fait diligenter une enquête. Il demande l'avis des procureurs de la République près les tribunaux dans le ressort desquels sont situés le domicile professionnel ou le siège social de l'intéressé et, le cas échéant, son ou ses bureaux annexes. Il demande également l'avis du Conseil national par lettre recommandée avec demande d'avis de réception.

Il peut refuser l'ouverture du bureau annexe si celle-ci ne permet pas au professionnel d'exercer ses mandats conformément aux règles de la profession. La décision du commissaire du Gouvernement, qui doit intervenir dans les trois mois à compter de la réception de la déclaration et qui doit être motivée en cas de refus, est notifiée à l'intéressé, aux procureurs de la République dont l'avis a été sollicité et au président du Conseil national par lettre recommandée avec demande d'avis de réception.

La décision du commissaire du Gouvernement peut être déférée à la commission par l'intéressé, les procureurs de la République dont l'avis a été sollicité et le président du Conseil national, dans le délai d'un mois à compter de la notification, par lettre recommandée avec demande d'avis de réception. La commission statue alors dans les conditions prévues aux articles R. 811-33 à R. 811-35 et R. 814-2.

Art. R. 814-56 *(Mod., D. n° 2016-109, 3 févr. 2016).* – L'administrateur judiciaire ou le mandataire judiciaire, personne physique ou personne morale, qui transfère son domicile professionnel ou son siège doit déclarer ce transfert au commissaire du Gouvernement près la Commission nationale d'inscription et de discipline ainsi qu'au président du Conseil national. La procédure prévue aux articles R. 814-54 et R. 814-55 est applicable.

Art. R. 814-57 *(Mod., D. n° 2016-109, 3 févr. 2016).* – L'administrateur judiciaire ou le mandataire judiciaire, exerçant au sein d'une société, qui quitte cette société pour exercer sa profession à titre individuel doit déclarer son installation au commissaire du Gouvernement près la Commission nationale d'inscription et de discipline ainsi qu'au président du Conseil national. La procédure prévue aux articles R. 814-54 et R. 814-55 est applicable.

Art. R. 814-58. – Il est procédé comme en matière civile pour tout ce qui n'est pas réglé par le présent titre.

Art. R. 814-58-1 *(D. n° 2005-1009, 18 août 2015).* – Sous réserve des dispositions de la présente sous-section, les dispositions du titre XXI du livre Ier du Code de procédure civile s'appliquent à la communication électronique des actes de procédure que permet le portail électronique mis en place par le Conseil national des administrateurs judiciaires et des mandataires judiciaires en application des articles L. 814-2 et L. 814-13.

Art. R. 814-58-2 *(D. n° 2005-1009, 18 août 2015).* – Les tiers destinataires ou émetteurs des actes de procédure, mentionnés au second alinéa de l'article L. 814-13, consentent ou demandent expressément à recourir à la communication électronique en s'inscrivant sur le portail électronique et en communiquant les données à caractère personnel et informations mentionnées en annexe au présent article.

Préalablement à leur inscription, ils sont informés de la faculté de révoquer à tout moment leur consentement à recourir au portail électronique ainsi que des droits d'accès et de rectification dont ils disposent en application des articles 39 et 40 de la loi n° 78-17 du 6 janvier 1978 relative à l'informatique, aux fichiers et aux libertés.

Annexe R. 814-58-2 *(D. n° 2005-1009, 18 août 2015).* - Données et informations communiquées lors de l'inscription sur le portail

Contenu de la déclaration	1° Identité de l'intéressé (nom de famille, prénoms), date et lieu de naissance et domicile pour les personnes physiques ; dénomination sociale, forme juridique, nom de famille et prénom du représentant légal, siège social pour les personnes morales ;
	2° Adresse de courrier électronique, ainsi qu'un numéro de téléphone pouvant recevoir des messages rédigés si l'intéressé dispose de la possibilité d'accéder à un service de téléphonie permettant de recevoir des messages.

Art. R. 814-58-3 *(D. n° 2005-1009, 18 août 2015).* – Peuvent faire l'objet d'une communication électronique, conformément à l'article L. 814-13, les actes de procédure suivants :

1° Concernant les créances :

a) La demande et les informations prévues par le second alinéa de l'article R. 621-19 ;

b) La déclaration prévue à l'article L. 622-24 ;

c) La transmission prévue au deuxième alinéa de l'article L. 628-7 ;

d) L'information prévue au IV des articles L. 622-17 et L. 641-13 ;

e) L'avis et la réponse du créancier prévus à l'article L. 622-27 ;

f) La déclaration de créance de dommages et intérêts prévue au V des articles L. 622-13 et L. 641-11-1 ;

2° Concernant les biens :

a) Les revendications et demandes de restitution prévues à la section III du chapitre IV du titre II du livre VI ;

b) L'acquiescement et la contestation par l'administrateur ou le liquidateur prévus aux articles L. 624-17 et L. 641-14-1 ;

3° Concernant les contrats en cours :

a) La mise en demeure adressée à l'administrateur ou au liquidateur conformément aux articles L. 622-13 ou L. 641-11-1 ;

b) La réponse faite à la mise en demeure par l'administrateur ou le liquidateur dans le délai prévu aux articles L. 622-13 ou L. 641-11-1.

Art. R. 814-58-4 *(D. n° 2005-1009, 18 août 2015).* – La communication électronique des actes de procédure prévus par l'article D. 814-58-3 dont l'envoi doit être réalisé par lettre recommandée avec accusé de réception s'effectue par lettre recommandée électronique adressée par la voie du portail électronique. Le service d'envoi recommandé électronique offert par le portail électronique répond aux conditions fixées au paragraphe 36 de l'article 3 du règlement (UE) n° 910/2014 du Parlement européen et du Conseil du 23 juillet 2014 sur l'identification électronique et les services de confiance pour les transactions électroniques au sein du marché intérieur et abrogeant la directive 1999/93/CE.

Art. R. 814-58-5 *(D. n° 2005-1009, 18 août 2015).* – I. – L'utilisation du portail électronique est gratuite pour les tiers mentionnés au second alinéa de l'article L. 814-13, sous réserve de l'alinéa suivant.

Les frais de la lettre recommandée électronique adressée par la voie du portail électronique n'excèdent pas un montant fixé par arrêté du ministre de la justice.

Les sommes perçues en application de l'alinéa précédent sont versées sans délai à la Caisse des dépôts et consignations sur un compte de dépôt, ouvert au nom du Conseil national, dont les modalités de fonctionnement seront déterminées par arrêté du ministre de la Justice.

II. – Le rapport prévu par le troisième alinéa de l'article L. 814-2 comporte une analyse des comptes relatifs à la gestion du portail électronique.

Art. R. 814-58-6 *(D. n° 2005-1009, 18 août 2015).* – Les données à caractère personnel et informations enregistrées dans le portail électronique prévu au deuxième alinéa de l'article L. 814-2 sont les suivantes :

1° S'agissant des débiteurs soumis à une procédure de sauvegarde, de redressement judiciaire ou de liquidation judiciaire, les informations mentionnées au cinquième alinéa de l'article R. 621-8 ;

2° S'agissant des personnes mentionnées au premier alinéa de l'article L. 814-13, les informations les concernant mentionnées au cinquième alinéa de l'article R. 621-8 ;

3° S'agissant des tiers destinataires ou émetteurs des actes mentionnés au second alinéa de l'article L. 814-13, les données et informations mentionnées à l'annexe de l'article R. 814-58-2 ainsi que, le cas échéant, les données et informations mentionnées en annexe au présent article.

Annexe R. 814-58-6. Données et informations pouvant être enregistrées dans le portail électronique s'agissant des tiers destinataires ou émetteurs des actes mentionnés au second alinéa de l'article L. 814-13

1° Une copie recto verso de l'une des pièces d'identité en cours de validité suivantes :
- carte nationale d'identité française ou étrangère ;
- passeport français ou étranger ;
- permis de conduire français ou étranger;
- carte de combattant délivrée par les autorités françaises ;

– carte d'identité ou carte de circulation délivrée par les autorités militaires françaises ; – carte de séjour temporaire, carte de résident, carte de ressortissant d'un état membre de l'Union européenne ou de l'Espace économique européen ; 2° Un document officiel attestant de l'activité professionnelle, le cas échéant ; 3° Un justificatif d'identité de la personne physique ayant reçu pouvoir d'établir la déclaration au nom et pour le compte du déclarant ; 4° Les coordonnées bancaires.
1° Un des documents d'identification suivants : – extrait original attestant de l'existence juridique de l'entreprise établi par le greffe compétent et datant de moins de trois mois ; – certificat d'entreprise délivré par l'INSEE et comportant les numéros d'identification ; – carte d'identification d'entreprise délivrée par la chambre des métiers ;
2° Un justificatif d'identité de la personne physique ayant reçu pouvoir d'établir la déclaration au nom et pour le compte du déclarant ; 3° Les coordonnées bancaires.
1° Un des documents d'identification suivants : – extrait original attestant de l'existence juridique de la société établi par le greffe compétent et datant de moins de trois mois ; – extrait original d'immatriculation au répertoire des métiers de moins de trois mois ; – journal d'annonces légales datant de moins de deux ans mentionnant le nom du représentant légal et l'adresse du siège de la personne morale ; – les statuts ou toutes autres pièces justificatives attestant de l'existence légale de la personne morale et faisant apparaître le nom de son représentant légal, l'adresse de son siège ainsi que la preuve de la déclaration auprès des organismes compétents ; 2° Un justificatif d'identité de la personne physique ayant reçu, le cas échéant, pouvoir d'établir la déclaration au nom et pour le compte de la personne morale ; 3° Les coordonnées bancaires.
1° Les statuts établis par la loi, le règlement ou les délibérations et conventions constitutives ; 2° Un document émanant de l'organe compétent attestant de la capacité de l'auteur de la déclaration à engager la personne morale ; 3° Un justificatif d'identité de la personne physique ayant reçu pouvoir d'établir la déclaration au nom et pour le compte de la personne morale ; 4° Les coordonnées bancaires.
1° Un document émanant de l'organe compétent attestant de la capacité de l'auteur de la déclaration à engager la personne morale ; 2° Un justificatif d'identité de la personne physique ayant reçu pouvoir d'établir la déclaration au nom et pour le compte de la personne morale ; 3° Les coordonnées bancaires.

Art. R. 814-58-7 *(D. n° 2005-1009, 18 août 2015)*. **– I. – Les données à caractère personnel et informations mentionnées à l'article R. 814-58-6 sont détruites à l'expiration d'un délai de cinq ans à compter de la révocation du consentement à la communication électronique ou, en l'absence de révocation, à compter de la décision définitive de clôture de la procédure de sauvegarde, de redressement judiciaire ou de liquidation judiciaire.**

Lorsque l'ouverture de la procédure a fait l'objet d'une décision définitive de réformation ou d'annulation, elles sont détruites dans l'année de cette décision.

II. – Les actions réalisées dans le portail électronique font l'objet d'un enregistrement comprenant l'identifiant de la personne, la date et l'heure de l'accès. Ces informations sont conservées pendant la même durée que les données à caractère personnel et informations mentionnées à l'article R. 814-58-6 auxquelles elles ont été associées.

Art. R. 814-58-8 *(D. n° 2005-1009, 18 août 2015)*. **– Les personnes mentionnées aux 2° et 3° de l'article R. 814-58-6 ainsi que leurs salariés habilités ou les personnes auxquelles a été donné pouvoir**

d'effectuer les actes de procédure dématérialisés en cause accèdent aux données et informations mentionnées à l'article R. 814-58-6, relatives aux actes de procédure qu'ils ont transmis ou dont ils ont été destinataires, dans la limite de leurs qualités, de leurs attributions et du besoin d'en connaître.

Art. R. 814-58-9 *(D. n° 2005-1009, 18 août 2015)*. **– I. – Le droit d'opposition prévu à l'article 38 de la loi n° 78-17 du 6 janvier 1978 relative à l'informatique, aux fichiers et aux libertés ne s'applique pas au portail électronique en ce qui concerne les personnes mentionnées aux 1° et 2° de l'article R. 814-58-6.**

II. – Les droits d'accès et de rectification prévus aux articles 39 et 40 de cette même loi s'exercent auprès du Conseil national des administrateurs judiciaires et des mandataires judiciaires.

9.2.2. – De l'administrateur provisoire et autres mandats judiciaires

9.2.2.1. – Administrateur provisoire, contrôleur ou observateur de gestion, enquêteur

Code de procédure civile

(L. n° 2007-1787, 20 déc. 2007)

Bibliographie : E. Raskin, *Rappel pratique des fondements juridiques de l'expertise judiciaire : JCP* G 2012, 467.

Art. 809 *(Mod., D. n° 85-1330, 17 déc. 1985 ; D. n° 87-434, 17 juin 1987)*. **– Le président peut toujours, même en présence d'une contestation sérieuse, prescrire en référé les mesures conservatoires ou de remise en état qui s'imposent, soit pour prévenir un dommage imminent, soit pour faire cesser un trouble manifestement illicite.**

Dans les cas où l'existence de l'obligation n'est pas sérieusement contestable, il peut accorder une provision au créancier ou ordonner l'exécution de l'obligation même s'il s'agit d'une obligation de faire.

Révocation du gérant [SELARL]. S'agissant de décider de la révocation du gérant et de son exclusion de la société en qualité d'associé, l'assemblée générale n'étant pas un organisme juridictionnel ou disciplinaire, mais un organe de gestion interne de la société, dont la décision relève du contrôle juridictionnel du tribunal de grande instance puis de la cour d'appel devant lesquels l'intéressé peut être assisté par un avocat, il n'y a pas de trouble manifestement illicite à ce qu'il ne puisse être assisté par son avocat au cours de l'assemblée générale : ▪ Cass. com., 10 mai 2006, n° 05-16.909 : *JurisData* n° 2006-033604 ; *Bull. civ.* IV, n° 120 ; *BJS* 2006, p. 1155, note J.-J. Daigre ; *D.* 2006, p. 1533, obs. A. Lienhard ; *JCP* E 2006, 1984.

Art. 873 *(Mod., D. n° 85-1330, 17 déc. 1985 ; D. n° 87-434, 17 juin 1987)*. **– Le président peut, dans les mêmes limites et même en présence d'une contestation sérieuse, prescrire en référé les mesures conservatoires ou de remise en état qui s'imposent, soit pour prévenir un dommage imminent, soit pour faire cesser un trouble manifestement illicite.**

Dans les cas où l'existence de l'obligation n'est pas sérieusement contestable, il peut accorder une provision au créancier, ou ordonner l'exécution de l'obligation même s'il s'agit d'une obligation de faire.

Voir : Désignation d'un mandataire *ad hoc* ou d'un conciliateur par le président du tribunal de commerce dans une procédure de conciliation, C. com., art. L. 611-3 et s., p. 1975.

Bibliographie : J. Cavallini, *Le juge des référés et les mandataires de justice : Rev. sociétés* 1998, p. 247. • Ph. Granjean, *L'évolution du référé commercial : RJ com.* 1995, p. 184. • M. Jeantin, *Le rôle du juge en droit des sociétés : Mél. Perrot*, Dalloz, 1996, p. 149. • A. Lacabarats, *Les procédures d'urgence en droit des affaires : BJS* 2009, étude 197, p. 917. • J. Mestre, *Réflexions sur les pouvoirs du juge dans la vie des sociétés : RJ com.* 1985, p. 81.

1) Annulation de délibération d'assemblée. L'annulation des délibérations de l'assemblée des actionnaires n'étant ni une mesure conservatoire, ni une mesure de remise en état, n'entre pas dans les pouvoirs du juge des référés : ▪ Cass. com., 29 sept. 2009, n° 08-19.937, PB : *BJS* 2010, p. 23, note G. Gil.

I – ADMINISTRATEUR PROVISOIRE

Bibliographie : G. Bolard, *Administration provisoire et mandat ad hoc : JCP* E 1995, I, 509. – Y. Guyon, *Les missions des administrateurs provisoires de sociétés : Mél. Bastian*, Libr. techniques, 1974, t. 1, p. 103. – C. Lapp, *La nomination judi-*

ciaire des administrateurs de sociétés : RTD com. 1952, p. 769. – C. Ruellan, *Les conditions de désignation d'un administrateur provisoire : Dr. sociétés* oct. 2000, p. 5 ; *La responsabilité pénale des administrateurs provisoires et judiciaires du fait de leur administration : Dr. pén.* 2000, chron. 25 et 28. – *Adde* R. Vatinet, *JCl. Sociétés traité*, Fasc. 43-10.

2) La procédure statutaire de conciliation obligatoire et préalable à la saisine du juge prévue en cas de situation de conflit et instituant une procédure de sortie ne fait pas obstacle à la demande de désignation d'un administrateur provisoire dont l'objet propre et distinct est de sauvegarder les intérêts de la personne morale compromis par la mésentente entre les organes de direction : ▪ Cass. com., 8 nov. 2016, n° 14-21.481 : *BJS* 2017, p. 117, note P.-L. Périn ; *JCP* E 2017, 1195, note B. Lecourt.

3) Désignation dans une association. Voir sous L. 1er juill. 1901, art. 5, annot. n° 6, p. 722.

4) Conditions de la désignation.

a) **Pouvoirs du juge.** L'intervention du juge des référés dans la vie des sociétés doit demeurer exceptionnelle : ▪ T. com. Paris, 18 févr. 1993 : *JCP* E 1993, I, 250, n° 2, obs. A. Viandier et J.-J. Caussain. – Le juge n'a pas le pouvoir de contrôler l'opportunité des décisions sociales : ▪ CA Versailles, 7 juill. 1992 : *Rev. sociétés* 1992, p. 799. – Dès lors que la société est en liquidation et que les conditions de nomination d'un administrateur provisoire ne sont pas remplies, le juge peut nommer un **mandataire** *ad hoc* chargé de représenter la société dont la personnalité morale a été maintenue : ▪ Cass. com., 16 nov. 2004 : *JurisData* n° 2004-025664.

b) **Principe.** La désignation d'un administrateur provisoire est une mesure exceptionnelle, qui suppose rapportée la preuve de circonstances rendant impossible le fonctionnement normal de la société, et menaçant celle-ci d'un dommage imminent : ▪ Cass. com., 25 janv. 2005 : *Rev. sociétés* 2006, p. 828, note A. Lecourt. ▪ Cass. com., 6 févr. 2007, n° 05-19.008 : *JurisData* n° 2007-037244 ; *Bull. civ.* IV, n° 28 ; *Dr. sociétés* 2007, n° 73, note H. Hovasse ; *BJS* 2007, p. 690, note P. Scholer ; *Defrénois* 2007, p. 1541, obs. B. Thuillier ; *RTD com.* 2007, p. 373, note Cl. Champaud et D. Danet. – La nomination d'un administrateur provisoire est une mesure grave ne se justifiant qu'en cas de circonstances exceptionnelles, telles que la **défaillance irrémédiable** des organes de gestion ou le **dissentiment sérieux** entre associés, entraînant la paralysie de la société ou mettant gravement en péril les intérêts sociaux : ▪ Cass. com., 24 mai 1994 : *BJS* 1994, p. 789. ▪ CA Paris, 5 nov. 1993 : *BJS* 1994, p. 59, note M. Germain. ▪ CA Paris, 7 juill. 1981 : *Dr. sociétés* 1981, n° 89. – *Adde* ▪ Cass. com., 11 févr. 1980 : *D.* 1980, inf. rap. p. 395.

c) **Applications.** Jugé qu'il y a lieu d'accéder à une demande de nomination d'un administrateur provisoire en cas :

– de **conflit grave** entre deux blocs d'actionnaires : ▪ Cass. req., 3 mars 1941 : *JCP* 1942, II, 1776, note D. Bastian ;

– de **graves différents** existant entre deux groupes d'associés disposant d'un même nombre de voix aux assemblées générales, un doute important pesant, en outre, sur la régularité de la désignation d'un des associés à la fonction de gérant ; peu importe, en revanche, qu'aucune erreur de gestion de nature à compromettre l'existence de la société ne soit invoquée : ▪ CA Grenoble, 22 janv. 2002 : *JurisData* n° 2002-18612 ;

– d'une **mésentente grave** entre deux époux coïndivisaires de la moitié des parts sociales, le mari, indivisaire gérant, refusant de rendre compte de sa gestion à son épouse alors qu'une procédure de divorce avait été entamée : ▪ CA Aix-en-Provence, 9 nov. 2001 : *JurisData* n° 2001-162417 ;

– de différend sur la **propriété** de parts sociales : ▪ CA Paris, 8 juill. 1980 : *BJS* 1980, p. 450. ▪ CA Amiens, 11 févr. 2003 : *BJS* 2003, p. 440, note A. Constantin ;

– d'opposition **totale** entre « cohéritiers d'une société à responsabilité limitée » sur les mesures à prendre : ▪ Cass. com., 5 janv. 1976 : *Rev. sociétés* 1976, p. 635, note M. Guilberteau ;

– de **suspicion** sur les affaires sociales : ▪ Cass. com., 17 oct. 1989 : *JCP* E 1990, 15677, n° 5, obs. A. Viandier et J.-J. Caussain ;

– de **duplication** de conseils d'administration : ▪ Cass. com., 5 nov. 1971 : *Bull. civ.* IV, n° 261 ;

– **d'absence** de dirigeants : ▪ CA Pau, 27 févr. 1950 : *Rev. sociétés* 1950, p. 44. ▪ CA Versailles, 15 mars 1990 : *BRDA* 15 sept. 1990, p. 11. ▪ CA Paris, 4 juill. 2007 : *JurisData* n° 342819 ; *Dr. sociétés* 2007, n° 211, obs. H. Lécuyer ;

– de **désaccord** entre deux associés égalitaires d'une SARL quant au renouvellement ou à la nomination d'un nouveau gérant : ▪ CA Pau, 15 janv. 2001 : *JurisData* n° 2001-133792 ;

– de **défaut d'exercice** de ses fonctions par le gérant dans une société livrée entièrement aux mains de l'associé majoritaire alors que la comptabilité n'est qu'une compilation de documents sans fiabilité : ▪ CA Aix-en-Provence, 6 mars 1998 : *JurisData* n° 1998-040459 ;

– de **menaces graves** pour le fonctionnement de la société du fait des agissements d'un gérant de SARL qui cumulait abusivement ses fonctions avec un contrat de travail et qui avait créé une société concurrente au mépris de l'obligation de loyauté envers sa société, tout en se comportant comme le seul maître de l'affaire, assimilant les intérêts sociaux à ses intérêts personnels : ▪ CA Aix-en-Provence, 4 mai 2001 : *JurisData* n° 2001-145019 ;

– de **crise sociale** endémique : ▪ CA Paris, 7 juin 1990 : *D.* 1990, inf. rap. p. 194 ;

– de défaut d'information du gérant relativement au contrat de gestion locative confié à une société dont celui-ci est l'associé et le gérant : ▪ Cass. com., 8 févr. 2017, n° 15-19.897 : *BJS* 2017, p. 291, note G. Gil.

d) La demande doit aussi être reçue quand le commissaire aux comptes a déposé un **rapport d'alerte** concluant que la poursuite de l'entreprise est compromise et que l'expert-comptable a relevé certaines anomalies comptables de nature à compromettre l'existence même de la société qui pourrait se vider de sa substance : ▪ CA Versailles, 1er oct. 1998 : *BJS* 1999, p. 61, note P. Scholer ; *D.* 1999, p. 294, note D. Gibirila.

e) Jugé également que la même demande peut être accueillie, lorsqu'elle est « **apparemment sérieuse** » eu égard aux faits invoqués, par exemple lorsque l'administration sociale, malgré le fonctionnement « apparemment régulier » des organes de gestion n'est plus en fait assurée de façon normale en ce qu'elle risque dans un bref délai de porter un **préjudice irrémédiable** aux intérêts sociaux : ▪ CA Rouen, 19 mars 1974 : *Rev. sociétés* 1974, p. 718, note J.-J. Burst. – Il faut reconnaître en cette matière un rôle préventif aux tribunaux, préc.

f) La nomination d'un administrateur provisoire est possible lorsque les trois quarts des associés se sont retirés et que la société est en **liquidation** : ▪ Cass. com., 15 févr. 1994 : *BJS* 1994, p. 493.

g) **Rejet de la demande en nomination.**

– **Fonctionnement normal des organes sociaux.** La demande doit être rejetée dès lors qu'une majorité existe et que les organes sociaux fonctionnent normalement : ▪ Cass. com., 25 mars 1974 : *JCP* 1974, IV, 179. ▪ CA Paris, 7 juin 1990 : *BJS* 1990, p. 760. ▪ Cass. com., 8 janv. 1991 : *BJS* 1991, p. 285. ▪ CA Paris, 20 mars 2002 : *JurisData* n° 2002-186405. – Même solution lorsque les dissensions, aussi prononcées soient-elles, entraînent des changements de personnes à la tête d'une société, du moment que les organes sociaux nouvellement composés remplissent leurs fonctions : ▪ CA Paris, 3 avr. 1998 : *JurisData* n° 1998-020715 ; *JCP* E 1998, p. 876 ; *BJS* 1998, p. 1185, note Th. Granier ;

– la mésentente entre associés, le manque d'information des associés et l'attitude « cavalière » du gérant, qui a soumis à l'assemblée un projet de changement complet de l'objet social, ne suffisent pas à justifier la nomination d'un administrateur provisoire : ▪ Cass. com., 25 janv. 2005, préc. ;

– **Révocation du président.** L'exercice de ses pouvoirs par l'actionnaire majoritaire, par ailleurs président du conseil de surveillance, en vue de la révocation de l'associé minoritaire de ses fonctions de président, ne suffit pas à justifier la nomination d'un administrateur provisoire dès lors qu'il n'est pas établi que l'exercice de ces pouvoirs empêche le fonctionnement normal de la société : ▪ Cass. com., 10 nov. 2009, n° 08-19.356 : *BJS* 2010, p. 139, note G. Gil ; *Rev. sociétés* 2010, p. 209, note D. Poracchia.

h) L'exceptionnelle gravité qui justifierait la nomination d'un administrateur n'est pas davantage caractérisée par le déclenchement de la procédure d'alerte par les commissaires aux comptes et leur démission, dès l'instant où la deuxième phase de la procédure [V. C. com., art. L. 234-1, p. 520] n'a pas été engagée. – La simple opposition d'actionnaires minoritaires à certaines décisions des administrateurs ne peut à l'évidence être assimilée aux circonstances exceptionnelles justifiant la désignation d'un administrateur provisoire, dès lors qu'il n'est pas établi, ni d'ailleurs sérieusement allégué, que les intérêts sociaux soient en péril ou que la gestion de la société soit devenue impossible : ▪ CA Paris, 5 sept. 1997 : *BJS* 1998, p. 18, note J.-J. Daigre. ▪ CA Aix-en-Provence, 2 oct. 1998 : *JurisData* n° 1998-043890. ▪ CA Lyon, 11 sept. 1998 : *JurisData* n° 1998-048341. ▪ CA Paris, 27 oct. 1999 : *BJS* 2000, p. 336, note B. Saintourens. ▪ CA Paris, 20 mars 2002 : *BJS* 2002, p. 795, note P. Scholer. ▪ CA Paris, 29 nov. 2002 : *BJS* 2003, p. 554, note P. Scholer. ▪ CA Paris, 4 déc. 2002 : *BJS* 2003, p. 396, note P. Le Cannu ; *D.* 2003, p. 351, note X. Delpech.

5) Intérêt et qualité pour agir.

a) **Créanciers sociaux.** Admettant l'action des créanciers sociaux, ▪ CA Paris, 28 mai 1993 : *BJS* 1993, p. 1119, note P. Le Cannu. ▪ Cass. com., 14 févr. 1989 : *JCP* E 1989, 15517, n° 2, obs. A. Viandier et J.-J. Caussain. – Refusant l'action des **créanciers sociaux** : ▪ CA Amiens, 14 mars 1977 : *JCP* 1978, II, 18955.

b) **Participation indirecte.** La désignation d'un administrateur provisoire ne peut être demandée par un tiers dépourvu de lien de droit avec la société concernée, ce qui est le cas de la société mère à l'égard de la société dont sa filiale est actionnaire, peu important que cette société mère soit liée avec un autre actionnaire indirect relativement à la société concernée : ▪ CA Paris, 1er juin 2007, n° 07-05.278 : *BJS* 2007, p. 1069, note F.-M. Laprade.

c) **Comité d'entreprise.** Un comité d'entreprise a été admis à intervenir à l'instance : ▪ CA Paris, 7 juin 1975 : *Dr. sociétés* 1975, 97.

d) Admettant l'action des **porteurs d'actions** d'une société dont les biens ont été placés sous séquestre en application de l'ordonnance du 18 octobre 1944 : ▪ Cass. com., 26 nov. 1985 : *BJS* 1986, p. 624.

6) Mission de l'administrateur.

a) **Pouvoirs.** C'est la décision de nomination qui fixe les pouvoirs de l'administrateur provisoire : ▪ Cass. com., 5 nov. 1971 : *Bull. civ.* IV, n° 261. – Il n'est pas compétent, en principe, pour convoquer une assemblée générale extraordinaire (▪ Cass. com., 7 mars 1956 : *JCP* 1956, II, 9356, note D. B. – V. cependant ▪ CA Paris, 3 déc. 1993 : *BJS* 1994, p. 299), ou pour agréer les cessions de parts : ▪ Cass. com., 27 nov. 1969 : *BJS* 1970, p. 22. – Alors même qu'il a la mission d'administrer et de gérer tant activement que passivement une SCI, la nature conservatoire de la mission de l'administrateur provisoire ne lui permet pas de saisir le juge des loyers commerciaux d'une demande tendant à la fixation du prix du loyer d'un bail renouvelé : ▪ Cass. 3e civ., 3 mai 2007, n° 05-18.486 : *Bull. civ.* IV, n° 70 ; *JurisData* n° 2007-038657 ; *Dr. sociétés* 2007, n° 127, obs. H. Lécuyer ; *BJS* 2007, p. 1057, note B. Saintourens ; *Defrénois* 2007, p. 1386, obs. L. Ruet ; *Rev. sociétés* 2007, p. 767, note B. Dondero. – En cas de suspension des associés d'une SCP, l'administrateur provisoire désigné agit en leurs lieu et place tant dans leurs activités professionnelles que dans leurs pouvoirs de gérants. Il peut donc valablement déclarer l'état de cessation des paiements de la société : ▪ Cass. 1re civ., 27 févr. 2007, n° 05-21.872 : *JurisData* n° 2007-037702 ; *Dr. sociétés* 2007, n° 195, note J.-P. Legros.

b) **Relations avec l'assemblée générale.** Le juge des référés n'est pas compétent pour autoriser l'administrateur judiciaire à prendre des décisions contraires à l'avis d'une assemblée générale : ▪ CA Versailles, 30 oct. 1992 : *BJS* 1993, p. 87.

c) Relations avec les organes sociaux. La désignation d'un administrateur provisoire pour gérer et administrer une SCI entraîne le dessaisissement des organes sociaux jusque-là en place, lesquels n'ont plus qualité pour engager la société et exercer une voie de recours : ▪ Cass. 3e civ., 25 oct. 2006, n° 05-15.393 : *Bull. civ.* IV, n° 210 ; *JurisData* n° 2006-035539 ; *Dr. sociétés* 2007, n° 41, obs. H. Lécuyer ; *BJS* 2007, p. 274, obs. F.-X. Lucas. – La désignation d'un cogérant à une date où un administrateur provisoire est investi du pouvoir d'administration, de direction et de représentation de la société est inopérante, en conséquence le cogérant ainsi désigné ne peut valablement ester en justice au nom de la société : ▪ Cass. soc., 22 juin 2011, nos 09-70.517, 09-70.518 et 09-70.520 : *JurisData* n° 2011-019115 ; *Dr. sociétés* 2011, comm. 192, obs. D. Gallois-Cochet.

d) **Remplacement.** Faute de motif d'urgence, il n'y a pas lieu à remplacer l'administrateur provisoire : ▪ Cass. com., 10 janv. 1977 : *Rev. sociétés* 1977, p. 504, note Y. Guyon. – Le changement ne s'impose pas davantage lorsque les difficultés rencontrées par l'administrateur provisoire sont dues au désaccord profond existant entre les associés : ▪ Cass. com., 10 janv. 1977, préc.

e) **Responsabilité.** Complicité de banqueroute de l'administrateur provisoire qui a fourni aux dirigeants laissés en place les moyens de commettre les détournements constitutifs de l'infraction : ▪ Cass. crim., 22 sept. 2010, n° 09-87.363 : *LPA* 11 juill. 2011, n° 136, p. 18, note M.-Ch. Sordino. – Sur la responsabilité quasi délictuelle de l'administrateur provisoire pour le défaut d'assurance des locaux : ▪ Cass. com., 8 déc. 1992 : *JCP* E 1993, pan. 531.

f) **Interdiction de présenter une offre de reprise.** L'administrateur provisoire d'une société en redressement judiciaire ayant, en vertu de sa mission, recueilli les pouvoirs légaux dont étaient investis les organes de la société *[SCP d'huissiers]*, et effectué les actes de gestion et d'administration nécessaires au fonctionnement de celle-ci, la qualité de dirigeant, il lui est interdit de présenter une offre de reprise *[C. com., anc. art. L. 621-57, désormais L. 642-3]*, quand bien même cette offre émanerait d'une société en formation dont il serait membre : ▪ Cass. com., 4 oct. 2005, n° 04-15.060 : *JurisData* n° 2005-030091 ; *Bull. civ.* IV, n° 203 ; *D.* 2005, p. 2679, obs. A. Lienhard ; *Dr. sociétés* déc. 2005, n° 215, obs. J.-P. Legros. – Même solution, pour une offre émanant de l'administrateur provisoire à titre personnel : ▪ Cass. com., 13 nov. 2002 : *BJS* 2003, p. 396, note F.-X. Lucas ; *D.* 2003, p. 269, note F. Derrida ; *Rev. sociétés* 2003, p. 366, note B. Bouloc.

7) Rémunération des dirigeants. Le dirigeant *[gérant de SARL]* conserve son droit à rémunération prévu par les statuts malgré la désignation d'un administrateur provisoire : ▪ Cass. com., 21 avr. 1992 : *Rev. sociétés* 1992, p. 485.

II – CONTRÔLEUR OU OBSERVATEUR DE GESTION

8) Conditions de la désignation. Si le juge des référés a en principe compétence pour désigner, en cas d'urgence, un administrateur provisoire, il ne peut toutefois recourir à une telle mesure et substituer un mandataire de justice aux organes normaux d'administration de la société que dans des circonstances exceptionnelles ; faute de telles circonstances, il peut être cependant procédé à la désignation d'un mandataire de justice chargé d'exercer, sans intervenir dans la gestion de la société, un contrôle sur ses activités depuis le désaccord survenu entre deux groupes d'associés : ▪ CA Paris, 27 févr. 1980 : *Rev. sociétés* 1981, p. 109, note

J.-Cl. Bousquet. ▪ CA Paris, 27 oct. 1999 : *BJS* 2000, p. 336, note B. Saintourens.

9) Intérêt et qualité pour agir.

a) Les **créanciers** ayant reçu en nantissement les actions d'une société ont un intérêt légitime à agir à titre conservatoire pour la préservation de la valeur de ces actions, aussi peuvent-ils obtenir la désignation d'un observateur chargé de se tenir informé de la gestion de la société et de leur communiquer tous actes qui seraient susceptibles directement ou indirectement de compromettre la valeur des actions remises en gage : ▪ CA Lyon, 30 mars 1978 : *Rev. sociétés* 1979, p. 320, note Ph. Merle ; *RF compt.* 1980, p. 147, n°s 3 et s.

b) Un **ancien actionnaire** qui avait vendu ses titres sous la condition que la pérennité de la société soit assurée, peut obtenir la nomination d'un contrôleur de gestion ayant pour mission de veiller à ce que la gestion des cessionnaires n'entraîne pas la liquidation de la société avant qu'il ne soit statué sur la résolution de la cession : ▪ Cass. com., 10 janv. 1972 : *JCP* 1972, II, 17134, note Y. Guyon ; *RTD com.* 1972, p. 644, n° 6, obs. R. Houin.

c) Sur la nomination d'un mandataire de gestion à l'initiative du **comité de groupe** d'une société publique à la suite de la cession, jugée irrégulière, des actions d'une filiale : ▪ CA Paris, 10 juin 1986 : *JCP* 1986, II, 20678, obs. B. Teyssié et A. Viandier.

III – ENQUÊTEUR

10) Conditions de la désignation. L'existence de dissensions graves entre les actionnaires, la menace pour la pérennité et l'intérêt supérieur du groupe, la disparition du consensus entre les principaux dirigeants et l'absence de dirigeant reconnu peut justifier la désignation d'un enquêteur ayant pour mission de rechercher les causes de dissension dans le groupe : ▪ T. com. Paris, réf., 14 févr. 1990 : *JCP* 1990, II, 21561, note A. Viandier.

Art. 873-1 *(D. n° 2005-1678, 28 déc. 2005)*. **– À la demande de l'une des parties, et si l'urgence le justifie, le président saisi en référé peut renvoyer l'affaire à une audience dont il fixe la date pour qu'il soit statué au fond. Il veille à ce que le défendeur dispose d'un temps suffisant pour préparer sa défense. L'ordonnance emporte saisine du tribunal.**

9.2.2.2. – Expert *in futurum*

Code de procédure civile

Art. 145. – S'il existe un motif légitime de conserver ou d'établir avant tout procès la preuve de faits dont pourrait dépendre la solution d'un litige, les mesures d'instruction légalement admissibles peuvent être ordonnées à la demande de tout intéressé, sur requête ou en référé.

Bibliographie : L. Cadiet, *Brèves observations sur l'expertise préventive en droit des sociétés : Mél. Jeantin*, Dalloz, 1999, p. 151. • G. Chabot, *Remarques sur la finalité probatoire de l'article 145 du Nouveau Code de procédure civile : D.* 2000, p. 256. • E. Jeuland, *L'expertise commerciale : D.* 2000, chron. p. 209. • A. Lacabarats, *Les procédures d'urgence en droit des affaires : BJS* 2009, étude 197, p. 917. • F.-X. Lucas, *Technicien ou* expert in futurum, *à qui confier l'enquête en vue de rechercher des responsabilités ? : BJE* 2015, p. 73. • S. Michelin-Finielz, *L'expertise de l'article 226 et l'expertise préventive dans la société anonyme : Rev. sociétés* 1982, p. 33. • J. Moury, *Expertise de gestion : la concurrence indélicate de l'article 145 du Nouveau Code de procédure civile : Mél. Jeantin*, Dalloz, 1999, p. 299. • S. Pierre-Maurice, *Secret des affaires et mesures d'instruction* in futurum : *D.* 2002, p. 3131. • I. Urbain-Parléani, *L'expertise de gestion et l'expertise* in futurum : *Rev. sociétés* 2003, n° spéc., *La responsabilité des dirigeants sociaux*, p. 223.

1) Domaine respectif de l'expertise de gestion et de l'expertise *in futurum*.

a) L'article 226 de la loi du 24 juillet 1966 *[C. com., art. L. 225-231]* n'étant applicable que dans le cas où les actionnaires demandent à être informés sur une ou plusieurs opérations de gestion, afin de se prononcer en connaissance de cause à l'occasion d'un vote en assemblée générale, rien n'interdit aux actionnaires de se fonder sur l'article 145 du Code de procédure civile s'ils désirent établir la preuve de faits de nature à être invoqués à l'appui d'une action en responsabilité : ▪ CA Reims, 7 janv. 1980 : *D.* 1981, p. 666, note J.-Cl. Bousquet. – Si la procédure de référé de l'article 145 du Code de procédure civile exclut d'obtenir l'expertise de l'article L. 225-231 du Code de commerce qui ne peut être ordonnée que par le tribunal statuant en la forme des référés, elle permet l'obtention d'une telle mesure d'expertise lorsque celle-ci est destinée, non pas à répondre à un droit d'information de l'actionnaire, mais à obtenir des preuves en vue d'un procès éventuel pouvant notamment concerner la responsabilité pénale ou civile des dirigeants : ▪ CA Paris,

6 févr. 2008 : *JurisData* n° 2008-358145 ; *Dr. sociétés* 2008, n° 142, obs. M.-L. Coquelet.

b) Mais les mesures de l'article 145 supposent que celui qui agit ne dispose pas des éléments de preuve (▪ CA Paris, 16 déc. 1991 : *BJS* 1992, p. 294, note P. L. C.), bien que ce texte n'exige pas que le demandeur indique dès à présent qu'il engagera un procès et énonce la nature et le fondement de celui-ci (▪ Cass. com., 28 janv. 1992 : *Rev. sociétés* 1992, p. 508). – Ce texte n'exige pas davantage que le fondement de l'action future soit déterminé de façon certaine : ▪ CA Paris, 15 sept. 1999 : *JurisData* n° 1999-117335.

c) Le droit de poser des questions écrites et de demander une expertise de gestion n'empêche pas la société demanderesse de solliciter également une expertise *in futurum* si elle dispose d'un motif légitime de conserver ou d'établir avant tout procès la preuve de faits dont pourrait dépendre la solution du litige : ▪ CA Paris, 25 oct. 2002 : *BJS* 2003, p. 213, note A. Couret. – Une mesure d'instruction ordonnée sur le fondement de l'article 145 du Code de procédure civile **ne revêt aucun caractère subsidiaire** par rapport à l'expertise de gestion de l'article L. 225-231 du Code de commerce : ▪ Cass. com., 18 oct. 2011, n° 10-18.989 : *JurisData* n° 2011-022317 ; *JCP* E 2012, 1002, note N. Randoux ; *Dr. sociétés* 2012, comm. 10, obs. D. Gallois-Cochet ; *BJS* 2012, n° 69, comm. B. Dondero.

d) S'il ne peut être exigé des demandeurs qu'ils énoncent initialement la nature et le fondement juridique de l'action qu'ils envisagent d'exercer, une mesure d'instruction ne saurait en revanche être ordonnée en vue de leur permettre, par la voie d'une **mesure générale d'investigation**, de découvrir un fondement juridique pour une demande en justice postérieure : ▪ T. com. Paris, 27 juin 2002 : *JurisData* n° 2002-178516 ; *JCP* E 2002, n° 1253, p. 1390, note A. Viandier ; *BJS* 2002, p. 942, note A. Couret.

e) La demande ne visant aucune opération particulière, mais tendant à une expertise portant sur l'ensemble de la gestion sociale afin d'obtenir les informations dont le demandeur est illégalement privé, ne peut aboutir s'agissant de la désignation d'un expert de gestion mais est en revanche bien fondée s'agissant d'ordonner des mesures d'instruction *in futurum* dès lors que le coassocié exerçant ses pouvoirs de dirigeant sans rendre compte de sa gestion, l'*affectio societatis* n'existant plus entre les associés, il y avait lieu de craindre que le gérant agisse dans son seul intérêt au détriment de celui de la société : ▪ CA Pau, 13 déc. 2005 : *BJS* 2006, p. 601, note A. Lecourt.

2) Cumul exceptionnellement possible. Il est possible de cumuler une demande d'expertise de gestion et une demande d'expertise *in futurum* lorsque cette dernière porte sur des actes de gestion, non de la société elle-même, mais de l'une de ses filiales dont le demandeur n'est pas l'un des associés : ▪ Cass. com., 21 sept. 2004 : *JurisData* n° 2004-025035 ; *BJS* 2005, p. 73, note L. Godon.

3) Intérêt à agir. L'associé en ce qu'il dispose également de l'action *ut singuli* pour agir au nom et pour le compte de la société en réparation du préjudice résultant pour elle d'une fraude, a un intérêt légitime à solliciter une mesure d'instruction *in futurum* visant à établir la fraude : ▪ Cass. 2e civ., 20 déc. 2007, n° 07-12.611.

4) Qualité pour agir. L'existence d'une instance ayant pour objet de contester la qualité d'actionnaire du requérant n'a pas pour effet, tant qu'il n'a pas été définitivement statué sur cette contestation, de priver celui-ci de son intérêt légitime à solliciter, en sa qualité d'actionnaire, une mesure d'instruction *in futurum* tendant à établir la preuve de faits dont pourrait dépendre la solution d'un litige : ▪ Cass. com., 17 mars 2009, n° 08-11.819 : *JurisData* n° 2009-047519 ; *BJS* 2009, p. 657, note T. Massart ; *Dr. sociétés* 2009, n° 118, obs. D. Gallois-Cochet ; *Rev. sociétés* 2009, p. 571, note J.-F. Barbièri.

5) Motif légitime. À défaut de justifier d'un motif légitime, les actionnaires minoritaires ne peuvent solliciter une mesure d'instruction *in futurum* : ▪ Cass. com., 8 juill. 2003 : *BJS* 2003, p. 1152, note M.-L. Coquelet. – Dès lors qu'il s'est abstenu de participer à certaines assemblées générales et n'a émis aucune protestation au cours des assemblées auxquelles il a assisté, qu'il a été répondu par écrit point par point aux questions qu'il a posées par correspondance, qu'il a eu la faculté de prendre connaissance des documents sociaux, l'actionnaire minoritaire ne justifie pas d'un motif légitime au sens de l'article 145 du Code de procédure civile pour obtenir une mesure d'expertise : ▪ CA Paris, 24 nov. 2000 : *JurisData* n° 2000-136393. – Si le juge peut accueillir la demande sans être tenu de caractériser l'existence d'un motif légitime au regard de chacun des différents fondements juridiques envisagés par le demandeur, il n'en doit pas moins constater l'existence d'un tel motif au regard de l'un ou l'autre de ces fondements : ▪ Cass. com., 14 févr. 2012, n° 11-12.833 : *JurisData* n° 2012-002115 ; *Procédures* 2012, comm. 109, obs. R. Perrot. – Les organes de la procédure collective disposent d'un motif légitime pour requérir la nomination, sur le fondement de l'article 145 du CPC, d'un expert chargé de rechercher les causes de la cessation des paiements dès lors qu'il n'est pas exclu qu'une société ait cédé une activité dont elle savait que la pérennité n'était pas assurée : ▪ CA Paris, 4 sept. 2012, n° 11/12359 : *BJS* 2013, § 137, note G. Gil.

6) Objet de la demande.

a) **Principe.** L'article 145 n'est justifié que pour la conservation de preuves et ne saurait avoir pour but de servir de moyen de pression d'une partie sur l'autre, ni de transformer le juge et l'expert en auxiliaire d'une partie dans la fixation ou la détermination du fondement juridique d'une action future. Aussi, un actionnaire ne peut demander au juge d'évaluer l'importance de son apport en société dont l'existence même est contestée en se fondant sur l'article 145 : ▪ CA Aix-en-Provence, 19 mars 2002 : *JurisData* n° 2002-181179.

b) **Groupe de sociétés.** L'actionnaire d'une société mère peut, en invoquant l'article 145 du Code de procédure civile, obtenir une mesure d'expertise dans une filiale dont il n'est pas l'actionnaire : ▪ CA Paris, 28 nov. 1990 : *JCP* E 1991, I, 61, n° 1, obs. A. Viandier et J.-J. Caussain ; *BJS* 1991, p. 182, note M. Jeantin. ▪ Cass. com., 16 déc. 1992 : *BJS* 1993, p. 349, note M. Jeantin ; *RJDA* 1993, p. 622.

c) **Divers.** – L'article 145 du Code de procédure civile peut porter sur les conditions dans lesquelles une marque a été déposée et exploitée : ▪ CA Paris, 13 févr. 1992 : *BJS* 1992, p. 417.

– En revanche, des membres d'un conseil d'administration ne peuvent invoquer les dispositions de l'article 145 qui ne saurait recevoir application dès lors que les demandeurs se trouvent déjà en possession d'éléments de preuve leur permettant de contester l'opération de prise en location-gérance de l'activité de leur société par une autre entreprise : ▪ CA Paris, 16 déc. 1991 : *BJS* 1992, p. 294, note P. L. C.

7) Condition : urgence (non). L'urgence n'est pas une condition requise pour que soit ordonnée sur requête une mesure d'instruction *in futurum* : ▪ Cass. 2e civ., 15 janv. 2009, n° 08-10771 : *BJS* 2009, note O. Staes ; *D.* 2009, p. 1455, note G. Mouy. ▪ Cass. com., 8 déc. 2009, n° 08-21.253 : *BJS* 2010, p. 158, note J.-F. Barbièri. – *Contra* : ▪ Cass. 2e civ., 7 mai 2008, n° 07-14.858 : *BJS* 2009, note O. Staes.

8) Opposabilité du secret professionnel. Voir pour un expert-comptable, sous Ord. n° 45-2138, 19 sept. 1945, art. 22, annot. nos 1 et s., p. 3053.

9) Compétence territoriale. Le président du tribunal n'est compétent pour ordonner les mesures prévues par l'article 145 qu'à la double condition que celui-ci soit compétent pour connaître de l'éventuelle instance au fond et que l'une des mesures ordonnées doive être exécutée dans le ressort de ce tribunal : ▪ Cass. com., 14 févr. 2012, n° 10-25.665 : *JurisData* n° 2012-002112 ; *Procédures* 2012, comm. 108, obs. R. Perrot.

9.2.2.3. – Expert de gestion

Voir : SARL, C. com., art. L. 223-37, p. 227. – **SA**, C. com., art. L. 225-231, p. 370.

9.2.2.4. – Séquestre

Code civil

Art. 1961. – **La justice peut ordonner le séquestre :**

1° Des meubles saisis sur un débiteur ;

2° D'un immeuble ou d'une chose mobilière dont la propriété ou la possession est litigieuse entre deux ou plusieurs personnes ;

3° Des choses qu'un débiteur offre pour sa libération.

Art. 1962. – **L'établissement d'un gardien judiciaire produit, entre le saisissant et le gardien, des obligations réciproques. Le gardien doit apporter, pour la conservation des effets saisis, les soins *(Mots rempl., L. n° 2014-873, 4 août 2014)* « raisonnables ».**

Il doit les représenter, soit à la décharge du saisissant pour la vente, soit à la partie contre laquelle les exécutions ont été faites, en cas de mainlevée de la saisie.

L'obligation du saisissant consiste à payer au gardien le salaire fixé par la loi.

Art. 1963. – **Le séquestre judiciaire est donné, soit à une personne dont les parties intéressées sont convenues entre elles, soit à une personne nommée d'office par le juge.**

Dans l'un et l'autre cas, celui auquel la chose a été confiée est soumis à toutes les obligations qu'emporte le séquestre conventionnel.

Bibliographie : M. Bourdonneau, *Le séquestre de valeurs mobilières : Dr. et patrimoine* 2001, p. 40. • M. Michineau, *Qualification de la mesure de séquestre et droit de vote attaché aux actions litigieuses séquestrées : Rev. sociétés* 2016, p. 7.

1) **Droit de vote attaché aux actions mises en séquestre.** Le vote aux assemblées générales entre dans les pouvoirs d'administration du séquestre d'actions : ▪ Cass. com., 15 févr. 1983 : *Rev. sociétés* 1983, p. 593, note M. Guilberteau. – Lorsqu'en cas de violation d'une clause d'agrément, les actions cédées sont confiées à un mandataire séquestre, il ne saurait être exclu de sa mission d'exercer les droits de vote afférents à ces actions dès lors que la non représentation des actionnaires appartenant à la catégorie dont relèvent les actions sous séquestre pourraient aboutir à un changement de contrôle de la société préjudiciable à cette catégorie d'actionnaires : ▪ Cass. com., 23 oct. 2007, n° 06-16.574 : *BJS* 2008, p. 103, note P. Le Cannu.

2) **Qualité pour agir.** S'agissant d'une cession de contrôle, le droit de demander cette mesure conservatoire que constitue la mise sous séquestre appartient aux représentants légaux des sociétés parties à la cession : ▪ CA Paris, 1er juin 2007, n° 07-05.278 : *BJS* 2007, p. 1069, note F.-M. L arade.

LIVRE DIXIÈME. – DROIT PÉNAL ET PROCÉDURE PÉNALE

10.1. – ACTION CIVILE DEVANT LES JURIDICTIONS RÉPRESSIVES

Code de procédure pénale

Art. 2 *(Mod., Ord. n° 58-1296, 23 déc. 1958).* **– L'action civile en réparation du dommage causé par un crime, un délit ou une contravention appartient à tous ceux qui ont personnellement souffert du dommage directement causé par l'infraction.**

La renonciation à l'action civile ne peut arrêter ni suspendre l'exercice de l'action publique, sous réserve des cas visés à l'alinéa 3 de l'article 6.

Bibliographie : F. Alaphilipe, *L'option entre la voie civile et la voie pénale pour l'exercice de l'action civile (contribution à la théorie de l'action civile)*, thèse Poitiers, 1972. • Ph. Bonfils, *L'action civile, essai sur la nature juridique d'une institution*, PUAM, 2000 ; *L'action civile en droit des affaires : Dr. et patrimoine* juin 2006, p. 82. • F. Boulan, *Le double visage de l'action civile exercée devant les juridictions répressives : JCP* 1973, I, n° 2563. • E. Dezeuze, *La réparation du préjudice devant la juridiction pénale*, in *La responsabilité civile des dirigeants sociaux*, Université René-Descartes, Colloque 16 déc. 2002, n° spéc. : *Rev. sociétés* 2003, p. 261 et s. • J. Granier, *Quelques réflexions sur l'action civile : JCP* 1957, I, n° 1386. • J. Larguier, *Action individuelle et intérêt général (quelques réflexions sur le juge pénal et l'action civile) : Mél. Hugueney, Problèmes contemporains de procédure pénale*, Sirey, 1964, p. 87 et s. • C. Rosa, *De la distinction entre la réparation et la répression dans l'action civile exercée devant les juridictions répressives : D.* 1991, chron. p. 85. • J. Rubelin-Devichi, *L'irrecevabilité de l'action civile et la notion d'intérêt général (réflexion sur l'autonomie, au pénal et au civil, du droit économique) : JCP* 1965, I, n° 1922. • R. Salomon, *Le particularisme de l'action civile en droit pénal des affaires : LPA* 10 janv. 2008, p. 9. • J. Vidal, *Observations sur la nature juridique de l'action civile : Rev. sc. crim.* 1963, p. 481. • R. Vouin, *L'unique action civile : D.* 1973, chron. p. 265.

1) Compétence des juridictions pénales. Seul le préjudice découlant directement des faits objet de la poursuite peut donner lieu à indemnisation. Dès lors, les juridictions pénales ne sont pas compétentes pour statuer sur la réparation du préjudice moral né de la résistance abusive qu'une société, prise en sa qualité de civilement responsable, aurait opposé à la demande d'indemnisation des dommages causés par son préposé, la faute invoquée à l'encontre de cette société relevant de sa responsabilité contractuelle : ■ Cass. crim., 31 oct. 2007, n° 07-82.035 : *JurisData* n° 2007-041727 ; *Dr. sociétés* 2008, n° 40 et *JCP* E 2008, 1229, note R. Salomon.

2) Comptes sociaux ne donnant pas une image fidèle. Voir sous C. com., art. L. 241-3 [SARL], p. 570 et L. 242-6 [SA], annot. n° 10, p. 576.

3) Abus de biens sociaux. Voir sous C. com., art. L. 241-3 [SARL], p. 570 et L. 242-6 [SA], annot. n°s 24 et s., p. 579.

4) Irrecevabilité de l'action civile exercée par une association étrangère non déclarée en France. Voir L. 1er juill. 1901, art. 5, annot. n° 1, p. 720.

5) Irrecevabilité de l'action civile exercée par le Conseil national des administrateurs et mandataires judiciaires pour le délit de malversation commis par un administrateur. Voir sous C. com., art. L. 814-2, p. 2314.

6) Caractère indifférent de l'existence d'une faute séparable ou non des fonctions, au titre de l'action civile. ■ Cass. crim., 5 avr. 2018 : n° 16-83.984, FP-P+B : *JurisData* n° 2018-005017 ; *Dr. sociétés* 2018, comm. 83, note J. Heinich, concl. R. Salomon ; *JCP* G 2018, 644, note J.-H. Robert ; *Rev. sociétés* 2018, p. 598, note J. Prorok.

10.2. – RESPONSABILITÉ PÉNALE DES PERSONNES MORALES

Code pénal

TITRE II. – DE LA RESPONSABILITÉ PÉNALE

CHAPITRE I. – DISPOSITIONS GÉNÉRALES

Art. 121-1. – Nul n'est responsable pénalement que de son propre fait.

Art. 121-2 *(Mod., L. n° 2000-647, 10 juill. 2000 ; L. n° 2004-204, 9 mars 2004)*. **– Les personnes morales, à l'exclusion de l'État, sont responsables pénalement, selon les distinctions des articles 121-4 à 121-7 et dans les cas prévus par la loi ou le règlement, des infractions commises, pour leur compte, par leurs organes ou représentants.**

Toutefois, les collectivités territoriales et leurs groupements ne sont responsables pénalement que des infractions commises dans l'exercice d'activités susceptibles de faire l'objet de conventions de délégation de service public.

La responsabilité pénale des personnes morales n'exclut pas celle des personnes physiques auteurs ou complices des mêmes faits, sous réserve des dispositions du quatrième alinéa de l'article 121-3.

Voir aussi : Précisions relatives à la généralisation de la responsabilité pénale des personnes morales, Circ. crim., n° 06-3/E8, 13 févr. 2006.

Bibliographie : S. Akorri, *La responsabilité pénale des entreprises transnationales : de l'influence du droit international sur le droit national : AJ pénal* 2018, p. 556. • J. Amar, *Contribution à l'analyse économique de la responsabilité pénale des personnes morales : Dr. pén.* 2001, p. 4. • O. Baldes, *Propositions d'évolution de la sanction en droit pénal des affaires : BJS* 2013, p. 196 et s. • H. Boeringer et A. Millerand, *La responsabilité pénale des personnes morales : une casuistique diverse au sein d'une jurisprudence cohérente : Dr. pén.* 2014, étude 5. • B. Bouloc, *La responsabilité pénale des personnes morales : une bévue législative ? : D.* 2009, p. 2286 ; *La dépénalisation des délits financiers : mythe ou réalité ? : RJ com.* 2015, n° 3, p. 313. • M.-E. Cartier, *De la suppression du principe de la spécialité de la responsabilité pénale des personnes morales : Mél. Bouloc*, Dalloz, 2007, p. 97. • Y. Chevalier, *Plaidoyer pour une responsabilité pénale directe des personnes morales : JCP G* 2009, chron. 249. • A. Coeuret, *La délégation de pouvoirs et les responsabilités pénales dans l'entreprise : RJS* 2012, p. 3. • C. Copain, *État des personnes morales et droit pénal : Rev. Lamy dr. civ.* 2015, p. 86. • E. Daoud et C. Le Corre, *La responsabilité pénale des personnes morales en droit de l'environnement : BDEI* 2013, 44 ; *La délégation de pouvoirs et la prévention du risque pénal en entreprise : Rev. Lamy dr. aff.* 2015, n° 107, p. 56. • E. Daoud, *Des effets de la délégation de pouvoirs sur la responsabilité pénale de la personne morale : Rev. Lamy dr. aff.* 2015, n° 107, p. 60. • F. Dekeuwer-Defossez, *La responsabilité pénale des personnes morales : JCP E* 1994, I, 356. • P.-J. Delage, *Brèves propositions pour une effectivité de la responsabilité pénale des personnes morales : Dr. pén.* 2005, p. 12. • E. Dreyer, *Responsabilité pénale des personnes morales : question d'imputation ou d'imputabilité ? : Gaz. Pal.* 1er-3 nov. 2015, nos 305-307, p. 24 ; *Irresponsabilité ou responsabilité pénale des personnes morales de droit public ? : JCP G* 2016, 1256. • Cl. Ducouloux-Favard, *Quatre années de sanctions pénales à l'encontre des personnes morales : D.* 1998, chron. p. 395 ; *Principe de généralité pour incriminer une personne morale : Dr. sociétés* 2007, étude 7. • O. Dufour, *La justice pénale sanctionne lourdement les personnes morales : LPA* 23 juin 2005, p. 4. • M. Galli, *Une justice pénale propre aux personnes morales. Réflexions sur la convention judiciaire d'intérêt public : RSC* 2018, p. 359. • A. Gallois, *Responsabilité pénale d'une personne morale et absence d'identification de l'auteur de l'infraction : Dr. sociétés* 2009, alerte 28. • L. Gamet, *Le principe de personnalité des peines à l'épreuve des fusions et des scissions de sociétés : JCP G* 2001, I, 345. • M. Giacopelli, *Les tribulations de la responsabilité pénale des personnes morales : LPA* 15 nov. 2001, p. 16. • Y. Guyon et *alii*, *La responsabilité pénale des personnes morales : Rev. sociétés* 1993, p. 229. • F. Hubert, *La délégation de pouvoirs du chef d'entreprise : Cah. Lamy du CSE*, févr. 2019, n° 189. • W. Jeandidier, *La longue gestation de la responsabilité pénale des personnes morales : CDE* 2006, p. 24. • J. Lasserre Capdeville, *La notion d'organe ou de représentant de la personne morale : AJ pénal* 2018, p. 550. • A. Levy, *L'état de la jurisprudence sur la responsabilité pénale des personnes publiques 10 ans après l'entrée en vigueur du Code pénal de 1994 : Dr. adm.* juill. 2004, p. 14. • F. Makougoum Faha, *Personnes morales et responsabilité pénale en droit de l'Ohada : RD aff. int.* 2015, p. 273. • V. Malabat, *À la recherche de la responsabilité pénale perdue au sein d'un groupe de sociétés : Dr. et patrimoine* 2017, n° 269, p. 72. • J.-Y. Maréchal, *Plaidoyer pour une responsabilité pénale directe des personnes morales : JCP G* 2009, 249. • C. Mascala, *L'élargissement de la responsabilité pénale des personnes morales : la fin du principe de spécialité : BJS* 2006, p. 5. • H. Matsopoulou, *La généralisation de la responsabilité pénale des personnes morales : Rev. sociétés* 2004, p. 283 ; *Présentation de la circulaire, Crim. 06-3/E 8 du 13 février 2006 : Rev. sociétés* 2006, p. 483 ; *Les conséquences de la généralisation de la responsabilité pénale des personnes morales : Dr. et patrimoine* juin 2006, p. 48 ;

Les évolutions jurisprudentielles en matière de responsabilité pénale des personnes morales : Rev. sociétés 2015, p. 703. • Y. Mayaud, *La notion d'activité délégable et le droit pénal : Rev. Lamy coll. terr.* 2014, p. 98 ; *L'articulation des responsabilités pénales entre personne morale et personnes physiques – Une logique d'artifices... : AJ pénal* 2018, p. 546. • B. Mercadal, *La responsabilité pénale des personnes morales et celle des personnes physiques auteurs ou complices des mêmes faits : RJDA* 1994, p. 375. • E. Mercinier, *La dégénérescence de l'article L. 121-2 du Code pénal : Rev. Lamy. dr. aff.* 2011, 3681. • N. Morelli, *Les restructurations de sociétés à l'épreuve du principe de personnalité des peines : BJS* 2005, p. 202. • S. Néron, *La réforme manquée de la responsabilité pénale des personnes morales : LPA* 2 avril 2010, p. 4. • E. Pichon, *Récents développements en matière de responsabilité pénale des personnes morales : RJDA* 2016, p. 867. • E. Pire, *Responsabilité pénale des personnes morales : difficulté de droit transitoire : D.* 2004, p. 1650. • J.-C. Planque, *Influence de la loi du 10 juillet 2000 sur la responsabilité pénale des personnes morales : D.* 2002, p. 514 ; *Faute de loi... se contentera-t-on de circulaires ? : D.* 2006, p. 1836 ; *Comment limiter le recours aux techniques d'évitement de la responsabilité pénale des personnes morales ? : Dr. pén.* 2018, étude 25. • J.-H. Robert, *Le coup d'accordéon ou le volume de la responsabilité pénale des personnes morales : Mél. Bouloc*, Dalloz, 2007, p. 975 ; *À la recherche de l'implication concrète des personnes morales dans la commission des infractions non intentionnelles : JCP G* 2014, 716. • G. Roujou de Boubée, *La responsabilité pénale des personnes morales : RJ com.* 2001, n° 11, p. 11. • L. Saenko, *De l'imputation par amputation ou le mode allégé de l'engagement de la responsabilité pénale des personnes morales : Dr. pénal* 2009, étude 14. • J.-C. Saint-Pau, *La responsabilité pénale des personnes morales : réalité et fiction*, in *Le risque pénal dans l'entreprise*, Litec, « Carré Droit », 2003 ; *La faute diffuse de la personne morale : D.* 2004, p. 167 ; *L'insécurité juridique de la détermination du responsable en droit pénal de l'entreprise : Gaz. Pal.* 10 févr. 2005, p. 7 ; *La responsabilité pénale de la personne physique agissant en qualité d'organe ou représentant d'une personne morale : Mél. Bouloc*, Dalloz, 2007, p. 1011 ; *Les incidences des évolutions constitutionnelles et européennes sur la responsabilité pénale des personnes morales : Rev. Lamy. dr. aff.* 2011, 3621 ; *Évolutions de la responsabilité pénale des personnes morales : d'une responsabilité par représentation à une responsabilité sans représentation*, in *La cohérence des châtiments, Essai de philosophie pénale et de criminologie*, vol. 10, Dalloz 2012, p. 41. • M. Segonds, *Frauder l'article 121-2 du Code pénal : Dr. pénal* 2009, étude 18. • P. Serlooten, *Principe de la personnalité des peines et personnes morales : BJS* 2010. • M.-Ch. Sordino, *La disparition du principe de spécialité de la responsabilité pénale des personnes morales : une fin espérée... adoptée dans la plus grande discrétion : Gaz. Pal.* 11 sept. 2004, p. 13. • F. Stasiack, *Fusion et responsabilité pénale des personnes morales en droit boursier : Mél. Bouloc*, Dalloz, 2007, p. 1091. • N. Stolowy, *La disparition du principe de spécialité dans la mise en cause pénale des personnes morales : JCP E* 2004, p. 952. • M. Véron, *Où en est-on ? (responsabilité pénale des personnes morales, l'occasion manquée de la loi du 12 mai 2009) : Dr. pénal* 2009, comm. 92. • J.-P. Vial, *Responsabilité pénale des personnes morales : la Cour de cassation ne dévie pas de sa ligne : LPA* 11 sept. 2014, n°s 182-183, p. 6. • D. Vichy-Llado, *La responsabilité pénale des personnes morales en cas de fusion : JCP E* 2001, p. 838. • *Adde* J.-Y. Maréchal, *JCl. Sociétés traité*, Fasc. 28-70 *(Responsabilité pénale des personnes morales)*; Fasc. 28-75 *(Peines criminelles et correctionnelles)*, 28-80 *(Peines contraventionnelles)* et 28-85 *(Violation des peines prononcées)*.

1) Qualité d'organe ou de représentant.

a) **Dirigeant de la société.** A la qualité de représentant le dirigeant doté du pouvoir de représenter la société à l'égard des tiers, tel le **président-directeur général** de la SA : ▪ Cass. crim., 1er déc. 1998 : *D.* 1998, p. 34, note M.-A. Houtmann, le **directeur général** *[directeur général délégué]* : ▪ Cass. crim., 7 juill. 1998 : *Rev. sociétés* 1999, p. 399, note B. Bouloc ou le **gérant d'une SARL** : ▪ CA Lyon, 3 juin 1998 : *BJS* 1999, p. 258, note J.-F. Barbièri. – V. pour la qualité de représentant de la personne morale, reconnue pour un comité exécutif, prévu par les statuts, ▪ Cass. crim., 14 mars 2018, n° 16-82.117 : *Gaz. Pal.* 26 juin 2018, p. 64, note E. Schlumberger ; *BJS* 2018, n° 118 v0, p. 408, note D. Rebut.

b) **Salarié.** Le salarié titulaire d'une **délégation de pouvoirs** en matière de sécurité est un représentant de la personne morale et engage, à ce titre, la responsabilité de la société en cas d'accident trouvant sa cause dans un manquement aux règles qu'il était tenu de faire respecter en vertu de sa délégation : ▪ Cass. crim., 30 mai 2000 : *JurisData* n° 2000-002816 ; *JCP E* 2001, p. 950, note S. Ferries ; *BJS* 2001, p. 37, note C. Mascala. ▪ Cass. crim., 18 janv. 2000 : *D.* 2000, p. 636, note J.-C. Saint-Pau ; *BJS* 2000, p. 808, note Ph. Delebecque. ▪ Cass. crim., 15 mai 2007, n° 05-87.260 : *JurisData* n° 2007-039375 ; *JCP S* 2007, 1954, obs. J.-F. Césaro. ▪ Cass. crim., 25 mars 2014, n° 13-80.376 : *Bull. crim.*, n° 94 ; *JurisData* n° 2014-005997 ; *BJS* 2014, p. 304, note N. Ferrier ; *JCP G* 2014, 421, zoom A. Donnier ; *JCP S* 2014, 1217, note A. Coeuret et F. Duquesne. ▪ Cass. crim., 13 oct. 2015, n° 14-84.760 : *JurisData* n° 2015-022719 ; *Dr. pén.* 2016, comm. 5, obs. Ph. Conte. – La solution est identique en cas de **subdélégation de pouvoirs** : ▪ Cass. com., 26 juin 2002 : *JCP E* 2002, 371, note D. Ohl. – Il importe toutefois que soient établis l'existence effective d'une délégation de pouvoirs ainsi que le statut et les attributions des agents mis en cause propres à en faire des représentants de la personne morale, au sens de l'article L. 121-2 du Code pénal : ▪ Cass. crim., 11 oct. 2011, n° 10-87.212 : *Bull. crim.*, n° 202 ; *JurisData* n° 2011-021620 ; *JCP G* 2011, 1385, note J.-H. Robert ; *Dr. sociétés* 2012, comm. 35, obs. R. Salomon ; *RJDA* 2012/2, p. 99, obs. D. Boccon-Gibod ; *Dr. pénal* 2011, comm. 149, obs. M. Véron ;

AJ Pénal 2012, p. 35, obs. B. Bouloc ; *Rev. sociétés* 2012, p. 52, obs. H. Matsopoulou ; *D.* 2011, p. 2841, note N. Rias. ▪ Cass. crim., 15 nov. 2016, n° 15-86.465 : *BJS* 2017, p. 102, note N. Bargue. – *Adde* F. Douchez, B. de Lamy et M. Segonds, *La délégation de pouvoirs du chef d'entreprise, principes et actualité : Dr. pénal* 2010, dossier 6. M. Desplanques, *Les délégations de pouvoirs : principes et actualités : Rev. Lamy. dr. aff.* 2011, n° 3682. ▪ Cass. crim., 4 sept. 2018, n° 18-80.942 : *JurisData* n° 2018-016883 ; *BJS* janv. 2019, n° 119 h8, p. 13, obs. N. Bargue ; *RTD com.* 2018, p. 1037, obs. L. Saenko : refuse de transmettre une QPC, qui soulevait une rupture d'égalité entre les personnes physiques et les personnes morales, au motif que seules les premières pourraient s'exonérer de leur responsabilité pénale par une délégation de pouvoirs, et retient que la différence de traitement est en rapport direct avec l'objet des lois qui l'établit.

c) **Groupement d'entreprises.** En cas d'accident du travail, les infractions en matière d'hygiène et de sécurité des travailleurs commises par le délégataire de pouvoirs désigné par chacune des sociétés constituant un groupement d'entreprises à l'occasion de l'attribution d'un marché engagent la responsabilité pénale de la seule personne morale, membre du groupement, qui est l'employeur de la victime : ▪ Cass. crim., 13 oct. 2009, n° 09-80.857 : *JurisData* n° 2009-049884 ; *Bull. crim.*, n° 169 ; *Rev. sociétés* 2010, p. 53, note H. Matsopoulou ; *JCP* E 2010, 1193 et *JCP* G 2010, 152, comm. J. H. Robert ; *BJS* 2010, note N. Ferrier ; *Dr. pénal* 2009, comm. 154, M. Véron. – La société utilisant un travailleur intérimaire victime d'un accident mortel est seule pénalement responsable en raison de la faute commise par le délégataire en matière de sécurité, salarié d'une autre société, désigné par un groupement d'entreprise : ▪ Cass. crim., 23 nov. 2010, n° 09-85.115 : *JurisData* n° 2010-024658 ; *Dr. sociétés* 2011, comm. 80, obs. R. Salomon ; *D.* 2011, p. 170 ; *RJS* 2011, p. 25, note A. Coeuret.

2) Désignation de l'organe ou du représentant.

a) La responsabilité pénale d'une société ne peut être retenue sans rechercher si les manquements aux obligations de sécurité ont été commis par ses organes ou représentants : ▪ Cass. crim., 23 mai 2006, n° 05-84.846 : *JurisData* n° 2006-034341 ; *JCP* E 2006, 2756, note M. Véron ; *Dr. pén.* 2006, n° 128, note M. Véron. – *Adde* en matière d'abus de confiance, ▪ Cass. crim., 1er avr. 2008, n° 07-84.839 : *JurisData* n° 2008-043861 ; *JCP* E 2008, 1813, n° 11, obs. Y. Muller ; *RTD com.* 2009, p. 218, n° 1, obs. B. Bouloc ; *Dr. pén.* 2008, n° 140, obs. M. Véron. – Et ce au besoin en ordonnant un complément d'information, ▪ Cass. crim., 22 mars 2016, n° 15-81.484 : *BJS* 2016, 1386, note C. Malecki ; *AJDP* 2016, p. 381, note J. Lasserre-Capdeville ; 27 sept. 2016, n° 15-85.248 : *RSC* 2016, p. 757, note Y. Mayaud ; *Dr. pénal* 2017, étude 11, note Ph. Conte. – Encourt la cassation pour manque de base légale l'arrêt qui déclare une association coupable de vente au déballage sans autorisation **sans préciser** quel **organe ou représentant** aurait engagé la responsabilité pénale de la personne morale : ▪ Cass. crim., 29 avr. 2003 : *BJS* 2003, p. 955 ; *D.* 2004, p. 167, note J.-C. Saint-Pau. ▪ Cass. crim., 11 avr. 2012, n° 10-86.974 : *Bull. crim.*, n° 94 ; *JurisData* n° 2012-007035 ; *D.* 2012, p. 1381, note J.-C. Saint-Pau et p. 1698, obs. C. Mascala ; *JCP* G 2012, 740, note J.-H. Robert, *BJS* 2012, p. 601, obs. J.-F. Barbièri ; *Dr. sociétés* 2012, comm. 153, note R. Salomon, et comm. 346, note D. Chilstein ; *RJS* 2012, p. 515, note A. Coeuret et F. Duquesne ; *Rev. Lamy dr. aff.* 2012, 73, obs. B. Bouloc, qui casse l'arrêt des juges du fond ayant retenu la responsabilité pénale de la personne morale sans rechercher si les manquements relevés résultaient de l'abstention de l'un de ses organes ou représentants, et s'ils avaient été commis pour le compte de cette société. – *V. dans le même sens* : ▪ Cass. crim., 2 oct. 2012, n° 11-84.415 : *JurisData* n° 2012-023373 ; *JCP* E 2012, 1707, note F. Duquesne ; *JCP* S 2013, 1053, note S. Brissy ; *Dr. sociétés* 2013, comm. 142, note R. Salomon et A. Martinel ; *D.* 2012, p. 1381, note J.-C. Saint-Pau ; *Rev. sc. crim.* 2012, 375, obs. Y. Mayaud ; *RTD com.* 2012, p. 627, obs. B. Bouloc. ▪ Cass. crim, 22 janv. 2013, n° 12-80.022 : *Bull. crim.*, n° 24 ; *JurisData* n° 2013-001607 ; *RD imm.* 2013, p. 215, obs. G. Roujou de Boubée ; *JCP* S 2013, 1369, étude A. Coeuret. ▪ Cass. crim., 19 juin 2013, n° 12-82.827 : *Bull. crim.*, n° 148 ; *JurisData* n° 2013-012436 ; *Rev. sociétés* 2014, p. 55, note B. Bouloc ; *JCP* G 2013, 1049, note A. Gallois ; *AJP* 2013, p. 606, note J. Lasserre Capdeville. ▪ Cass. crim., 6 mai 2014, n° 13-82.677 : *Bull. crim.*, n° 126 ; *JurisData* n° 2014-009171. ▪ Cass. crim., 6 mai 2014, n° 13-81.406 : *JurisData* n° 2014-009174 ; sur ces arrêts, V. *D.* 2014, p. 1414, chron. B. Laurent, C. Roth, G. Barbier, P. Labrousse et C. Moreau ; *Dr. sociétés* 2014, p. 949, note R. Salomon ; *JCP* S 2014, 1380, note F. Duquesne. ▪ Cass. crim., 13 mai 2014, n° 13-81.240 : *JurisData* n° 2014-012190 ; *D.* 2014, p. 1158 ; *Dr. soc.* 2014, p. 949, note R. Salomon. ▪ Cass. crim., 2 sept. 2014, n° 13-83.956 : *Bull. crim.*, n° 178 ; *JurisData* n° 2014-019712 ; *Dr. sociétés* 2014, comm. 196, note R. Salomon ; *JCP* S 2014, 1402, note F. Duquesne. – *Adde* ▪ Cass. crim., 11 déc. 2012, n° 11-87.421 : *Bull. crim.*, n° 421 ; *JurisData* n° 2012-031677 ; *Dr. pénal* 2013, comm. 55, note J. Véron, qui rejette le pourvoi contre l'arrêt qui a caractérisé la faute commise pour le compte de la personne morale par un de ses représentants et ainsi justifié sa décision au regard de l'article 121-2. ▪ Cass. crim., 12 mars

2019, n° 18-82.756 : *JurisData* n° 2019-003699 ; *Dr. sociétés* 2019, comm. 98, R. Salomon. – V. encore, ▪ Cass. crim., 6 sept. 2016, n° 14-85.205 : *BJS* 2016, p. 702, obs. N. Bargue ; *RTD com.* 2016, p. 863, note L. Saenko, qui reproche aux juges du fond d'avoir imputé l'infraction à la personne morale, tout en ayant relaxé le dirigeant, lequel n'était pas en fonction au moment de l'infraction, les juges du fond auraient donc dû rechercher si les faits avaient été commis, pour le compte de la personne morale, par un de ses organes ou représentants alors en fonction. – *Rappr.* sur la nécessité de caractériser la délégation de pouvoirs ainsi que le statut et les attributions des agents mis en cause : ▪ Cass. crim., 11 oct. 2011, *préc. supra* note 1 *b)*.

V. toutefois ▪ Cass. crim., 20 juin 2006, n° 05-85.255 : *Bull. crim.* 2006, n° 188 ; *JCP* E 2006, 2756, note M. Véron ; *JCP* G 2006, II, 10195, note E. Dreyer ; *D.* 2007, p. 617, note J.-C. Saint-Pau ; *RTD com.* 2007, p. 248, obs. B. Bouloc : la responsabilité pénale d'une société peut être retenue sans que soit précisée l'identité de l'auteur des manquements aux obligations de sécurité dès lors que les juges ont relevé que l'infraction n'a pu être commise, pour le compte de la société, que par ses organes ou représentants. ▪ Cass. crim., 26 juin 2007, n° 06-84.821 : *JurisData* n° 2007-040305 ; *Dr. pén.* 2007, n° 135, note M. Véron. – Dans le même sens, pour des infractions s'inscrivant dans le cadre de la politique commerciale de la société : ▪ Cass. crim., 25 juin 2008, n° 07-80.261 : *JurisData* n° 2008-044943 ; *Dr. pén.* 2008, comm. 140, note M. Véron (2e esp.) ; *Rev. sociétés* 2008, p. 873, note H. Matsopoulou. – Comp. ▪ Cass. crim., 28 juin 2013, n° 12-85.917 : *Bull. crim.*, n° 144 ; *D.* 2013, 2713, obs. G. Roujou de Boubée ; *RSC* 2013, p. 807, obs. Y. Mayaud.

b) L'obligation d'énoncer le fait poursuivi n'imposant pas d'identifier, dans la citation, l'organe ou le représentant ayant commis l'infraction, pour le compte de la personne morale poursuivie, n'excède pas sa saisine la cour d'appel qui détermine quel est cet organe ou représentant : ▪ Cass. crim., 24 mai 2005, n° 04-86.813 : *JCP* E 2005, 1539, note J.-H. Robert. – Si le juge d'instruction doit rechercher par quel organe ou représentant le délit reproché à la personne morale a été commis pour son compte, cette obligation ne s'impose pas préalablement au prononcé de la mise en examen de celle-ci, laquelle résulte de la seule existence d'indices graves ou concordants rendant vraisemblable sa participation à la commission de l'infraction, l'information ayant, notamment, pour objet l'identification de la personne physique ayant engagé la responsabilité pénale de la personne morale : ▪ Cass. crim., 12 avr. 2016, n° 15-86.169 : *RTD com.* 2016, p. 563, note L. Saenko ; *Lexbase Hebdo* N° Lexbase : A 6875RIH2016, obs. R. Ollard.

c) Sur le caractère inopérant de représentant au sens de l'article 706-43 du Code pénal, V. annot. n° 2, p. 2357 sous cet article.

3) Infraction intentionnelle. Dans le cas d'infractions intentionnelles, la responsabilité de la personne morale suppose la démonstration du fait que le représentant avait conscience de commettre une infraction : ▪ Cass. crim., 2 déc. 1997 : *BJS* 1998, p. 512, note J.-F. Barbièri ; *JCP* G 1998, II, 10023, rapp. F. Desportes.

4) Cumul de responsabilité.

a) La responsabilité pénale d'une SARL est engagée lorsque son gérant a effectué un déstockage massif constitutif d'une opération de liquidation soumise à autorisation administrative ; une telle responsabilité n'exclut pas celle des personnes physiques auteurs ou complices des mêmes faits ; il n'est pas nécessaire que la personne morale ait commis des faits distincts de ceux reprochés à ses représentants ; sa responsabilité pénale se trouve engagée dès lors que ses organes ont commis pour son compte, en tant qu'auteurs, l'élément matériel et l'élément moral de l'infraction : ▪ CA Lyon, 3 juin 1998 : *BJS* 1999, p. 258. ▪ Cass. crim., 7 juill. 1998 : *BJS* 1999, p. 259, note J.-F. Barbièri. ▪ Cass. crim., 29 juin 2016, n° 15-83.523 : *BJS* 645, note H. Matsopoulou. ▪ Cass. crim., 6 déc. 2016, n° 15-85.152 : *JurisData* n° 2016-026061 ; *Dr. pén.* 2017, comm. 27, note J.-H. Robert.

b) **Désignation facultative d'un mandataire *ad hoc* pour représenter la société.** Voir sous CPP, art. 706-43, annot. n° 1, p. 2356.

5) Législation du travail.

a) Un salarié intérimaire mis à la disposition de la société à laquelle était confiée un chantier ayant fait une chute mortelle, alors qu'il était occupé, sur la terrasse d'un immeuble en construction dépourvue de barrières de protection, à faire descendre des madriers à l'aide d'une corde, cette société ne peut faire grief à l'arrêt attaqué de l'avoir condamnée pour homicide involontaire par inobservation de la réglementation en matière de sécurité du travail : ▪ Cass. crim., 1er déc. 1998 : *D.* 2000, p. 34, note M.-A. Houtmann ; *JCP* E 1999, p. 194 ; *BJS* 1999, p. 545, note J.-F. Barbièri.

b) **Travail dissimulé.** Une société syndic de propriété, signataire du marché de travaux consenti à une entreprise qui ne respectait pas les prescriptions de l'article L. 324-10 du Code du travail, est pénalement responsable des infractions commises, par son dirigeant, dans la gestion des copropriétés qui lui ont donné mandat, ce dirigeant n'ayant pas vérifié si ladite entreprise remplissait ses obligations légales : ▪ Cass. crim., 24 mai 2005, préc.

6) Fusion-absorption.

a) **Responsabilité pénale.** Une société, entre temps absorbée, ne peut être déclarée coupable du délit de coups et blessures involontaires, car l'absorption lui a fait perdre son existence juridique, bien qu'elle n'ait pas été liquidée et que la société absorbante se soit substituée à elle, en raison du principe selon lequel nul n'est pénalement responsable que de son propre fait posé par l'article 121-1 du Code pénal : ▪ Cass. crim., 20 juin 2000 : *BJS* 2001, p. 39, note C. Mascala ; *D.* 2001, p. 853, note H. Matsopoulou. – La fusion faisant perdre son existence juridique à la société absorbée, l'action publique est éteinte à son égard. Il n'y a donc pas lieu de statuer sur le pourvoi qu'elle a formé avant la fusion et qui est poursuivi par la société absorbante : ▪ Cass. crim., 9 sept. 2009, n° 08-87.312 : *BJS* 2010, note X. Vamparys ; *Dr. sociétés*2009, n° 213, note R. Salomon. – Lorsqu'une société, poursuivie pour homicide involontaire, fait l'objet d'une fusion-absorption, la société absorbante ne peut être reconnue coupable : ▪ Cass. crim., 14 mai 2003 : *JCP* E 2004, 1151, obs. Y. Muller ; *Rev. sociétés* 2004, p. 161, note B. Bouloc. – La société absorbante ne peut donc pas être condamnée à verser des dommages et intérêts à la partie civile : ▪ Cass. crim., 23 avr. 2013, n° 12-83.244 : *Bull. crim.*, n° 95 ; *JurisData* n° 2012-015593 ; *Dr. sociétés* 2013, comm. 147, note B. Salomon ; *RTD com.* 2013, p. 817, note B. Bouloc ; *AJP* 2013, p. 474, note J. Lasserre Capdeville ; *Dr. pén.* 2013, n° 7, p. 26, note J.-H. Robert. – Comp. CJUE, 5e ch., 5 mars 2015, aff. C-343/13 : *JurisData* n° 2015- 006137 ; *Dr. sociétés* 2015, comm. 89, note M. Roussille ; *JCP* G 2015, doctr. 605, obs. A. Dethomas ; *JCP* E 2015, 1234, note F. Barrière ; *Dr. pén.* 2015, comm. 74, note G. Notté ; *RTD civ.* 2015, p. 388, note H. Barbier ; *D.* 2015, p. 1506, obs. C. Mascala ; *BJS* 2015, p. 393, note H. Le Nabasque : La troisième directive 78/855/CEE doit être interprétée en ce sens qu'une « fusion par absorption » entraîne la transmission, à la société absorbante, de l'obligation de payer une amende infligée par décision définitive après cette fusion pour des infractions au droit du travail commises par la société absorbée avant ladite fusion. – Comp. ▪ Cass. crim., 25 oct. 2016, n° 16-80.366, P+B : *JurisData* n° 2016-022301 ; *JCP* E 2017, 1087, n° 1, obs. Fl. Deboissy et G. Wicker ; *D.* 2016, p. 2606, note R. Dalmau ; *D.* 2017, p. 245 et s., G. Guého ; *Dr. sociétés* 2017, n° 2, p. 63, note R. Salomon ; *BJS* 2017, n° 2, p. 137, note D. Rebut ; *AJDP* 2017, n° 1, p. 36, note J. Lasserre Capdeville, *Dr. pénal* 2017, étude 9, note R. Hervet et A. Salon, qui considère que cette directive, ainsi interprétée dans cet arrêt du 5 mars 2015, n'est pas dotée d'effet direct à l'égard des particuliers, et retient que l'article 121-1 du Code pénal ne peut s'interpréter que comme interdisant que des poursuites pénales soient engagées à l'encontre de la société absorbante pour des faits commis par la société absorbée avant que cette dernière perde son existence juridique. – *Adde* A. Gallois, *La responsabilité pénale de la société absorbante en cas de fusion-absorption frauduleuse* : *JCP* E 2010, 1144. – R. Hervet et A. Salon, *Fusion par absorption et transfert de la responsabilité pénale : comment désamorcer le conflit jurisprudentiel naissant ?* : *Dr. pén.* 2017, étude 9. – H. Matsopoulou, *Responsabilité pénale des personnes morales et opérations de fusion* : *JCP* G 2017, doct. 291. – N. Morelli, *Les restructurations de sociétés à l'épreuve du principe de personnalité des peines* : *JCP* E 2005, § 36, p. 203. – V. Munoz-Pons et A. Vandenbroucque, *La personnalité des peines à l'épreuve de la transmission d'une dette pénale en cas de fusion-absorption* : *RLDA* 2017, n° 122, p. 48. – V. aussi, ▪ Cass. 2e civ., 1er sept. 2016, n° 15-19.524 (F-P+B) : *Rev. sociétés* 2017, p. 147, le caractère personnel de l'astreinte ne s'oppose pas à ce que sa liquidation, qui tend à une condamnation pécuniaire, puisse être poursuivie à l'encontre de la société absorbante pour des faits commis par la société absorbée antérieurement à la date de la publication de la fusion-absorption. – *Adde* ▪ Cass. crim., 28 févr. 2017, n° 15-81.469 : *JurisData* n° 2017-003478 ; *Dr. sociétés* 2017, comm. 154, note R. Salomon ; *AJP* 2017, p. 231, note J. Gallois : le juge pénal, après avoir constaté l'extinction de l'action publique à l'égard d'une personne morale prévenue, du fait de sa fusion absorption postérieure à sa condamnation du chef de travail dissimulé, peut condamner la société absorbante, venant aux droits et obligations de la précédente, à payer des dommages intérêts aux parties civiles.

b) **Responsabilité disciplinaire.** Voir sous C. com., art. L. 236-3, annot. n° 29, p. 534.

7) Non-rétroactivité de la responsabilité pénale des personnes morales. Une loi pénale étendant une incrimination à une nouvelle catégorie de prévenus ne peut s'appliquer à des faits commis antérieurement à son entrée en vigueur. Méconnaît ce principe la cour d'appel qui condamne une société pour des faits de tromperie et de publicité de nature à induire en erreur commis avant l'entrée en vigueur tant de la loi du 12 juin 2001, qui a étendu la possibilité d'imputer ces deux délits aux personnes morales, que de la loi du 9 mars 2004, qui a mis fin au principe de spécialité de la responsabilité pénale des personnes morales : ▪ Cass. crim., 19 juin 2007, n° 06-85.490 : *Bull. crim.*, n° 169 ; *D.* 2007, act. jurispr. 1954 ; *AJP* 2007, p. 433 ; *RTD com.* 2007, p. 847, obs. B. Bouloc.

8) Non-renvoi d'une QPC contestant la constitutionnalité de l'article 121-2 du Code pénal : ▪ Cass.

crim., 11 juin 2010, n° 09-87.884 : *JurisData* n° 2011-002133 ; *D.* 2010, p. 2732, obs. G. Roujou de Boubée ; *RSC* 2011, p. 177, obs. B. de Lamy ; *Dr. pén.* 2010, comm. 111, obs. M. Véron. ▪ Cass. crim., 27 avr. 2011, n° 11-10.013 : *JurisData* n° 2011-012330 ; *AJP* 2011, p. 589, obs. J. Gallois ; *BJS* 2011, n° 339, obs. L. Saenko ; *Dr. sociétés* 2011, comm. 162, obs. R. Salomon. – Rappr. ▪ Cass. crim., 29 mars 2011, n° 11-90.007 : *JurisData* n° 2011-006519 : *JCP* G 2011, 1176, n° 1. – *Adde* J.-H. Robert, *Questions prioritaires de constitutionnalité dirigées contre la responsabilité pénale des personnes morales. Des échecs répétés* : *JCP* G 2011, étude 6. – *Adde supra* note 1 b.

9) Défaut de personnalité morale d'un établissement secondaire. Même s'il est immatriculé au RCS, un établissement secondaire ne peut voir sa responsabilité pénale engagée, faute d'être doté de la personnalité morale : ▪ Cass. crim., 22 nov. 2018, n° 17-83.400 : *JurisData* n° 2018-020776.

Art. 121-3 ***(L. n° 96-393, 13 mai 1996 ; mod., L. n° 2000-647, 10 juill. 2000).*** **– Il n'y a point de crime ou de délit sans intention de le commettre.**

Toutefois, lorsque la loi le prévoit, il y a délit en cas de mise en danger délibérée de la personne d'autrui.

Il y a également délit, lorsque la loi le prévoit, en cas de faute d'imprudence, de négligence ou de manquement à une obligation de prudence ou de sécurité prévue par la loi ou le règlement, s'il est établi que l'auteur des faits n'a pas accompli les diligences normales compte tenu, le cas échéant, de la nature de ses missions ou de ses fonctions, de ses compétences ainsi que du pouvoir et des moyens dont il disposait.

Dans le cas prévu par l'alinéa qui précède, les personnes physiques qui n'ont pas causé directement le dommage, mais qui ont créé ou contribué à créer la situation qui a permis la réalisation du dommage ou qui n'ont pas pris les mesures permettant de l'éviter, sont responsables pénalement s'il est établi qu'elles ont, soit violé de façon manifestement délibérée une obligation particulière de prudence ou de sécurité prévue par la loi ou le règlement, soit commis une faute caractérisée et qui exposait autrui à un risque d'une particulière gravité qu'elles ne pouvaient ignorer.

Il n'y a point de contravention en cas de force majeure.

1) En vertu des articles 121-2 et 121-3 du Code pénal, les personnes morales sont responsables pénalement de toute faute non intentionnelle de leurs organes ou représentants ayant entraîné une atteinte à l'intégrité physique, même en l'absence de faute délibérée ou caractérisée de la personne physique. Justifie dès lors sa décision, la cour d'appel qui, pour déclarer une société coupable d'homicide involontaire, après avoir relaxé son dirigeant, relève, notamment, que l'accident a eu lieu en raison d'un manquement aux règles de sécurité relatives à l'environnement de travail : ▪ Cass. crim., 28 avr. 2009, n° 08-83.843 : *Bull. crim.*, n° 80 ; *JurisData* n° 2009-048213 ; *JCP* G 2009, 402, note J.-Y. Maréchal ; *Gaz. Pal.* 30 juin 2009, p. 4, note M.-Ch. Sordino ; *BJS* 2009, note J.-F. Quievy. – *Adde* ▪ Cass. crim., 2 oct. 2012, n° 11-85.032 : *Bull. crim.*, n° 202 ; *JurisData* n° 2012-024383 ; *JCP* S 2012, 1546, comm. A. Coeuret.

2) Le président d'une SAS, représentant permanent de celle-ci en tant que dirigeante d'une autre SAS, encourt, en application de l'article L. 227-7 du Code de commerce, les mêmes responsabilités civile et pénale que s'il était dirigeant en son nom propre de la société. Il est donc débiteur de l'amende légale encourue par la société représentée pour un excès de vitesse commis par un véhicule dont elle est la propriétaire : ▪ Cass. crim., 7 mai 2018, n° 17-83.733, P +B : *JurisData* n° 2018-007568 ; *Dr. pén.* 2018, comm. 157, obs. J.-H. Robert ; *Dr. sociétés* 2019, p. 123, note H. Matsopoulou.

3) Refus de renvoi d'une QPC. ▪ Cass. crim., 21 mars 2017, n° 17-90.003 : *JurisData* n° 2017-005075 ; *Rev. sc. crim.* 2017, p. 515, note Y. Mayaud ; *RTD com.* 2017, p. 707, note L. Saenko ; *Dr. pén.* 2017, comm. 87, note Ph. Conte, au motif que la différence de situation entre les personnes physiques et les personnes morales justifie la différence de traitement induite par l'article 121-3, alinéa 4, du Code pénal, laquelle est en rapport direct avec l'objet de la loi qui l'établit.

Art. 121-4. – Est auteur de l'infraction la personne qui :

1° Commet les faits incriminés ;

2° Tente de commettre un crime ou, dans les cas prévus par la loi, un délit.

Art. 121-5. – La tentative est constituée dès lors que, manifestée par un commencement d'exécution, elle n'a été suspendue ou n'a manqué son effet qu'en raison de circonstances indépendantes de la volonté de son auteur.

Art. 121-6. – **Sera puni comme auteur le complice de l'infraction, au sens de l'article 121-7.**

Art. 121-7. – **Est complice d'un crime ou d'un délit la personne qui sciemment, par aide ou assistance, en a facilité la préparation ou la consommation.**

Est également complice la personne qui par don, promesse, menace, ordre, abus d'autorité ou de pouvoir aura provoqué à une infraction ou donné des instructions pour la commettre.

TITRE III. – DES PEINES APPLICABLES AUX PERSONNES MORALES

CHAPITRE I. – DE LA NATURE DES PEINES

Section II. – Des peines applicables aux personnes morales

Sous-section 1. – Des peines criminelles et correctionnelles

Art. 131-37 *(Mod., L. n° 2007-297, 5 mars 2007 ; L. n° 2016-1691, 9 déc. 2016).* – **Les peines criminelles ou correctionnelles encourues par les personnes morales sont :**

1° L'amende ;

2° Dans les cas prévus par la loi, les peines énumérées à l'article 131-39 et la peine prévue à l'article 131-39-2.

En matière correctionnelle, les personnes morales encourent également la peine de sanction-réparation prévue par l'article 131-39-1.

Art. 131-38 *(Mod., L. n° 2004-204, 9 mars 2004).* – **Le taux maximum de l'amende applicable aux personnes morales est égal au quintuple de celui prévu pour les personnes physiques par la loi qui réprime l'infraction.**

Lorsqu'il s'agit d'un crime pour lequel aucune peine d'amende n'est prévue à l'encontre des personnes physiques, l'amende encourue par les personnes morales est de 1 000 000 €.

V. la censure du Conseil constitutionnel, pour contrariété au principe de proportionnalité de l'article 3 de la loi n° 2013-1117 du 6 décembre 2013 qui permettait, en modifiant l'article 131-38 du Code pénal, de fixer la peine maximale encourue par les personnes morales en référence au chiffre d'affaires de ces dernières, sans que l'infraction ne soit liée au chiffre d'affaires : ▪ Cons. const., 4 déc. 2013, n° 2013-679 DC : *Juris-Data* n° 2013-030673 ; *Dr. pén.* 2014, comm. 29, par J.-H. Robert ; *ibid.*, comm. 33, par E. Bonis-Garçon.

Art. 131-39 *(Mod., L. n° 2001-504, 12 juin 2001 ; L. n° 2004-575, 21 juin 2004 ; L. n° 2007-297, 5 mars 2007 ; Ord. n° 2009-80, 22 janv. 2009 ; L. n° 2010-768, 9 juill. 2010).* – **Lorsque la loi le prévoit à l'encontre d'une personne morale, un crime ou un délit peut être sanctionné d'une ou de plusieurs des peines suivantes :**

1° La dissolution, lorsque la personne morale a été créée ou, lorsqu'il s'agit d'un crime ou d'un délit puni en ce qui concerne les personnes physiques d'une peine d'emprisonnement supérieure ou égale à trois ans, détournée de son objet pour commettre les faits incriminés ;

2° L'interdiction, à titre définitif ou pour une durée de cinq ans au plus, d'exercer directement ou indirectement une ou plusieurs activités professionnelles ou sociales ;

3° Le placement, pour une durée de cinq ans au plus, sous surveillance judiciaire ;

4° La fermeture définitive ou pour une durée de cinq ans au plus des établissements ou de l'un ou de plusieurs des établissements de l'entreprise ayant servi à commettre les faits incriminés ;

5° L'exclusion des marchés publics à titre définitif ou pour une durée de cinq ans au plus ;

6° L'interdiction, à titre définitif ou pour une durée de cinq ans au plus, de procéder à une offre au public de titres financiers ou de faire admettre ses titres financiers aux négociations sur un marché réglementé ;

7° L'interdiction, pour une durée de cinq ans au plus, d'émettre des chèques autres que ceux qui permettent le retrait de fonds par le tireur auprès du tiré ou ceux qui sont certifiés ou d'utiliser des cartes de paiement ;

8° La peine de confiscation, dans les conditions et selon les modalités prévues à l'article 131-21 ;

9° L'affichage de la décision prononcée ou la diffusion de celle-ci soit par la presse écrite, soit par tout moyen de communication au public par voie électronique.

10° La confiscation de l'animal ayant été utilisé pour commettre l'infraction ou à l'encontre duquel l'infraction a été commise ;

11° L'interdiction, à titre définitif ou pour une durée de cinq ans au plus, de détenir un animal ;

12° *(L. n° 2014-790, 10 juill. 2014)* L'interdiction, pour une durée de cinq ans au plus, de percevoir toute aide publique attribuée par l'État, les collectivités territoriales, leurs établissements ou leurs groupements ainsi que toute aide financière versée par une personne privée chargée d'une mission de service public.

La peine complémentaire de confiscation est également encourue de plein droit pour les crimes et pour les délits punis d'une peine d'emprisonnement d'une durée supérieure à un an, à l'exception des délits de presse.

Les peines définies aux 1° et 3° ci-dessus ne sont pas applicables aux personnes morales de droit public dont la responsabilité pénale est susceptible d'être engagée. Elles ne sont pas non plus applicables aux partis ou groupements politiques ni aux syndicats professionnels. La peine définie au 1° n'est pas applicable aux institutions représentatives du personnel.

La dissolution de l'association est la seule peine de nature à sanctionner justement les infractions commises (actes de terrorisme) et le soutien apporté à une organisation terroriste : ▪ Cass. crim., 21 mai 2014, n° 13-83.758 : *Bull. crim.*, n° 138 ; *JurisData* n° 2014-010671 ; *Dr. pén.* 2014, comm. 106, note M. Véron.

Art. 131-39-1 *(L. n° 2007-297, 5 mars 2007)*. – En matière délictuelle, la juridiction peut prononcer à la place ou en même temps que l'amende encourue par la personne morale la peine de sanction-réparation selon les modalités prévues par l'article 131-8-1.

Dans ce cas, la juridiction fixe le montant maximum de l'amende, qui ne peut excéder ni 75 000 € ni l'amende encourue par la personne morale pour le délit considéré, dont le juge de l'application des peines pourra ordonner la mise à exécution en tout ou partie dans les conditions prévues par l'article 712-6 du Code de procédure pénale si le condamné ne respecte pas l'obligation de réparation.

Art. 131-39-2 *(L. n° 2016-1691, 9 déc. 2016)*. – I. – Lorsque la loi le prévoit à l'encontre d'une personne morale, un délit peut être sanctionné par l'obligation de se soumettre, sous le contrôle de l'Agence française anticorruption, pour une durée maximale de cinq ans, à un programme de mise en conformité destiné à s'assurer de l'existence et de la mise en œuvre en son sein des mesures et procédures définies au II.

II. – La peine prévue au I comporte l'obligation de mettre en œuvre les mesures et procédures suivantes :

1° Un Code de conduite définissant et illustrant les différents types de comportements à proscrire comme étant susceptibles de caractériser des faits de corruption ou de trafic d'influence ;

2° Un dispositif d'alerte interne destiné à permettre le recueil des signalements émanant d'employés et relatifs à l'existence de conduites ou de situations contraires au Code de conduite de la personne morale ;

3° Une cartographie des risques prenant la forme d'une documentation régulièrement actualisée et destinée à identifier, analyser et hiérarchiser les risques d'exposition de la personne morale à des sollicitations externes aux fins de corruption, en fonction notamment des secteurs d'activités et des zones géographiques dans lesquels la personne morale exerce son activité ;

4° Des procédures d'évaluation de la situation des clients, fournisseurs de premier rang et intermédiaires au regard de la cartographie des risques ;

5° Des procédures de contrôles comptables, internes ou externes, destinées à s'assurer que les livres, registres et comptes ne sont pas utilisés pour masquer des faits de corruption ou de trafic d'influence. Ces contrôles peuvent être réalisés soit par les services de contrôle comptable et financier propres à la personne morale, soit en ayant recours à un auditeur externe à l'occasion de l'accomplissement des audits de certification de comptes prévus à l'article L. 823-9 du Code de commerce ;

6° Un dispositif de formation destiné aux cadres et aux personnels les plus exposés aux risques de corruption et de trafic d'influence ;

7° Un régime disciplinaire permettant de sanctionner les salariés de la personne morale en cas de violation du Code de conduite de la personne morale.

III. – Lorsque le tribunal prononce la peine prévue au I du présent article, les frais occasionnés par le recours par l'Agence française anticorruption à des experts ou à des personnes ou autorités qualifiées pour l'assister dans la réalisation d'analyses juridiques, financières, fiscales et comptables sont supportés par la personne morale condamnée, sans que le montant de ces frais ne puisse excéder le montant de l'amende encourue pour le délit au titre duquel cette peine est prononcée.

Un décret en Conseil d'État précise les règles déontologiques applicables à ces experts et à ces personnes ou autorités qualifiées.

Bibliographie : M.-E. Boursier, *Anticorruption et antiblanchiment, les nouveaux risques pesant sur les entreprises. – Loi Sapin II : les entreprises assujetties à un programme de conformité anticorruption : JCP E* 2016, 1622. • W. Feugère, *Loi Sapin 2 et nouvelles responsabilités : un changement de paradigme ? : AJ pénal* 2018, p. 553. • J. Heinich, *Loi Sapin II : création d'une obligation de vigilance anticorruption dans les grandes sociétés et groupes de sociétés : Dr. sociétés* 2017, comm. 26.

Code pénal

Art. 434-43 *(Mod., L. n° 2001-504, 12 juin 2001)*. **–** Lorsqu'a été prononcée contre une personne morale l'une des peines prévues à l'article 131-39, la violation par une personne physique des obligations qui en découlent est punie de deux ans d'emprisonnement et de 30 000 € d'amende.

Le fait, pour toute personne physique, de participer au maintien ou à la reconstitution, ouverte ou déguisée, d'une personne morale dont la dissolution a été prononcée en application des dispositions du 1° de l'article 131-39 est puni de trois ans d'emprisonnement et de 45 000 € d'amende.

Lorsque la dissolution a été prononcée pour une infraction commise en récidive, ou pour l'infraction prévue à l'alinéa précédent, la peine est portée à cinq ans d'emprisonnement et 75 000 € d'amende.

Art. 434-43-1 *(L. n° 2016-1691, 9 déc. 2016)*. **–** Le fait, pour les organes ou représentants d'une personne morale condamnée à la peine prévue à l'article 131-39-2, de s'abstenir de prendre les mesures nécessaires ou de faire obstacle à la bonne exécution des obligations qui en découlent est puni de deux ans d'emprisonnement et de 50 000 € d'amende.

Le montant de l'amende prononcée à l'encontre des personnes morales déclarées responsables pénalement pour le délit prévu au premier alinéa du présent article peut être porté au montant de l'amende encourue au titre du délit pour lequel elles ont été condamnées et qui a donné lieu au prononcé de la peine prévue à l'article 131-39-2. Les personnes morales déclarées responsables pénalement encourent également l'ensemble des autres peines encourues au titre du délit pour lequel elles ont été condamnées et qui a donné lieu au prononcé de cette peine.

Les personnes physiques et les personnes morales déclarées responsables pénalement encourent également la peine complémentaire d'affichage ou de diffusion de la décision prononcée dans les conditions prévues à l'article 131-35.

....

Art. 434-47 *(Mod., L. n° 2001-504, 12 juin 2001)*. **–** *(Deux al. rempl. par un al., L. n° 2007-1598, 13 nov. 2007)* Les personnes morales reconnues pénalement responsables, dans les conditions prévues à l'article 121-2, des infractions prévues au huitième alinéa de l'article 434-9, au deuxième alinéa de l'article 434-9-1 et aux articles 434-39 et 434-43 encourent les peines suivantes :

1° L'amende, suivant les modalités prévues par l'article 131-38 ;

2° Pour une durée de cinq ans au plus, les peines mentionnées aux 2°, 3°, 4°, 5°, 6° et 7° de l'article 131-39 ;

3° La confiscation prévue à l'article 131-21 ;

4° L'affichage ou la diffusion de la décision prononcée dans les conditions prévues par l'article 131-35.

5° Pour les infractions prévues aux deuxième et troisième alinéas de l'article 434-43, la peine de dissolution mentionnée au 1° de l'article 131-39.

L'interdiction mentionnée au 2° de l'article 131-39 porte sur l'activité dans l'exercice ou à l'occasion de l'exercice de laquelle l'infraction a été commise.

Art. 434-48 *(L. n° 2016-1691, 9 déc. 2016)*. **–** Les personnes morales reconnues pénalement responsables dans les conditions prévues à l'article 121-2 des infractions prévues à l'avant-dernier alinéa de l'article 434-9 et au second alinéa de l'article 434-9-1 encourent également la peine prévue à l'article 131-39-2.

Sous-section 2. – Des peines contraventionnelles

Art. 131-40 *(Mod., L. n° 2007-297, 5 mars 2007)*. – Les peines contraventionnelles encourues par les personnes morales sont :

1° L'amende ;

2° Les peines privatives ou restrictives de droits prévues à l'article 131-42.

3° La peine de sanction-réparation prévue par l'article 131-44-1.

Ces peines ne sont pas exclusives d'une ou de plusieurs des peines complémentaires prévues à l'article 131-43.

Art. 131-41. – Le taux maximum de l'amende applicable aux personnes morales est égal au quintuple de celui prévu pour les personnes physiques par le règlement qui réprime l'infraction.

Art. 131-42. – Pour toutes les contraventions de la cinquième classe, la peine d'amende peut être remplacée par une ou plusieurs des peines privatives ou restrictives de droits suivantes :

1° L'interdiction, pour une durée d'un an ou plus, d'émettre des chèques autres que ceux qui permettent le retrait de fonds par le tireur auprès du tiré ou ceux qui sont certifiés ou d'utiliser des cartes de paiement ;

2° La confiscation de la chose qui a servi ou était destinée à commettre l'infraction ou de la chose qui en est le produit.

Art. 131-43 *(Mod., L. n° 2007-297, 5 mars 2007)*. – Le règlement qui réprime une contravention peut prévoir, lorsque le coupable est une personne morale, les peines complémentaires mentionnées aux 5°, 10° et 11° de l'article 131-16. Pour les contraventions de la cinquième classe, le règlement peut, en outre, prévoir la peine complémentaire mentionnée au premier alinéa de l'article 131-17.

> **Rédaction future.** Art. 131-43 *(Mod., L. n° 2007-297, 5 mars 2007)*. – Le règlement qui réprime une contravention peut prévoir, lorsque le coupable est une personne morale, les peines complémentaires mentionnées aux 5°, *(Réf. rempl. à compter du 24 mars 2020, L. n° 2019-222, 23 mars 2019)* « 8° et 9° » de l'article 131-16. Pour les contraventions de la cinquième classe, le règlement peut, en outre, prévoir la peine complémentaire mentionnée au premier alinéa de l'article 131-17.

Art. 131-44. – Lorsqu'une contravention est punie d'une ou de plusieurs des peines complémentaires prévues à l'article 131-43, la juridiction peut ne prononcer que la peine complémentaire ou l'une ou plusieurs des peines complémentaires encourues.

Art. 131-44-1 *(L. n° 2007-297, 5 mars 2007)*. – Pour les contraventions de la cinquième classe, la juridiction peut prononcer à la place ou en même temps que l'amende encourue par la personne morale la peine de sanction-réparation selon les modalités prévues par l'article 131-8-1.

Dans ce cas, la juridiction fixe le montant maximum de l'amende, qui ne peut excéder 7 500 €, dont le juge de l'application des peines pourra ordonner la mise à exécution en tout ou partie dans les conditions prévues par l'article 712-6 du Code de procédure pénale si le condamné ne respecte pas l'obligation de réparation.

Sous-section 3. – Du contenu et des modalités d'application de certaines peines

Art. 131-45. – La décision prononçant la dissolution de la personne morale comporte le renvoi de celle-ci devant le tribunal compétent pour procéder à la liquidation.

Art. 131-46 *(L. n° 92-1336, 16 déc. 1992)*. – La décision de placement sous surveillance judiciaire de la personne morale comporte la désignation d'un mandataire de justice dont la juridiction précise la mission. Cette mission ne peut porter que sur l'activité dans l'exercice ou à l'occasion de l'exercice de laquelle l'infraction a été commise. Tous les six mois, au moins, le mandataire de justice rend compte au juge de l'application des peines de l'accomplissement de sa mission.

Au vu de ce compte rendu, le juge de l'application des peines peut saisir la juridiction qui a prononcé le placement sous surveillance judiciaire. Celle-ci peut alors soit prononcer une nouvelle peine, soit relever la personne morale de la mesure de placement.

Art. 131-47. – L'interdiction de *(Mots rempl., Ord. n° 2009-80, 22 janv. 2009)* « procéder à une offre au public de titres financiers ou de faire admettre ses titres financiers aux négociations sur un marché réglementé » emporte prohibition, pour le placement de titres quels qu'ils soient, d'avoir recours tant à des établissements de crédit, établissements financiers ou sociétés de bourse qu'à des procédés quelconques de publicité.

Art. 131-48. – La peine d'interdiction d'exercer une ou plusieurs activités professionnelles ou sociales emporte les conséquences prévues à l'article 131-28.

La peine de fermeture d'un ou de plusieurs établissements emporte les conséquences prévues à l'article 131-33.

La peine d'exclusion des marchés publics emporte les conséquences prévues à l'article 131-34.

La peine d'interdiction d'émettre des chèques emporte les conséquences prévues au premier alinéa de l'article 131-19.

La peine de confiscation de la chose est prononcée dans les conditions prévues à l'article 131-21.

La peine d'affichage de la décision ou de diffusion de celle-ci est prononcée dans les conditions prévues à l'article 131-35.

Art. 131-49. – Un décret en Conseil d'État détermine les modalités d'application des dispositions des articles 131-45 à 131-47 et fixe les conditions dans lesquelles les représentants du personnel sont avisés de la date d'audience.

CHAPITRE II. – RÉGIME DES PEINES

Section I. – Dispositions générales

Sous-section 2. – Des peines applicables en cas de récidive

§ 2. – Personnes morales

Art. 132-12. – Lorsqu'une personne morale, déjà condamnée définitivement pour un crime ou pour un délit puni par la loi en ce qui concerne les personnes physiques de 100 000 € d'amende, engage sa responsabilité pénale par un crime, le taux maximum de l'amende applicable *(Mots rempl., L. n° 2013-1117, 6 déc. 2013)* « pour les personnes morales est doublé ». Dans ce cas, la personne morale encourt, en outre, les peines mentionnées à l'article 131-39, sous réserve des dispositions du dernier alinéa de cet article.

Art. 132-13 *(Mod., L. n° 2001-504, 12 juin 2001)*. – Lorsqu'une personne morale, déjà condamnée définitivement pour un crime ou pour un délit puni par la loi en ce qui concerne les personnes physiques de 100 000 € d'amende, engage sa responsabilité pénale, dans le délai de dix ans à compter de l'expiration ou de la prescription de la précédente peine, par un délit puni de la même peine, le taux maximum de l'amende applicable *(Mots rempl., L. n° 2013-1117, 6 déc. 2013)* « pour les personnes morales est doublé ».

Lorsqu'une personne morale, déjà condamnée définitivement pour un crime ou pour un délit puni par la loi en ce qui concerne les personnes physiques de 100 000 € d'amende, engage sa responsabilité pénale, dans le délai de cinq ans à compter de l'expiration ou de la prescription de la précédente peine, par un délit puni par la loi en ce qui concerne les personnes physiques d'une peine d'amende d'au moins 15 000 €, le taux maximum de l'amende applicable *(Mots rempl., L. n° 2013-1117, 6 déc. 2013)* « pour les personnes morales est doublé ».

Dans les cas prévus par les deux alinéas précédents, la personne morale encourt, en outre, les peines mentionnées à l'article 131-39, sous réserve des dispositions du dernier alinéa de cet article.

Art. 132-14. – Lorsqu'une personne morale, déjà condamnée définitivement pour un délit, engage sa responsabilité pénale, dans un délai de cinq ans à compter de l'expiration ou de la prescription de la précédente peine, soit par le même délit, soit par un délit qui lui est assimilé au regard des règles de la récidive, le taux maximum de l'amende applicable *(Mots rempl., L. n° 2013-1117, 6 déc. 2013)* « aux personnes morales est doublé ».

Art. 132-15. – Dans les cas où le règlement le prévoit, lorsqu'une personne morale, déjà condamnée définitivement pour une contravention de la cinquième classe, engage sa responsabilité pénale, dans le délai d'un an à compter de l'expiration ou de la prescription de la précédente peine, par la même contravention, le taux maximum de l'amende applicable est égal à dix fois celui qui est prévu par le règlement qui réprime cette contravention en ce qui concerne les personnes physiques.

....

Section II. – Des modes de personnalisation des peines

Art. 132-30. – En matière criminelle ou correctionnelle, le sursis simple ne peut être ordonné à l'égard d'une personne physique que lorsque le prévenu n'a pas été condamné, au cours des cinq années précédant les faits, pour crime ou délit de droit commun, à une peine de réclusion ou d'emprisonnement.

Le sursis ne peut être ordonné à l'égard d'une personne morale que lorsque celle-ci n'a pas été condamnée, dans le même délai, pour un crime ou un délit de droit commun, à une amende d'un montant supérieur à 60 000 €.

Art. 132-31. – Le sursis simple est applicable, en ce qui concerne les personnes physiques, aux condamnations à l'emprisonnement prononcées pour une durée de cinq ans au plus, à l'amende ou à la peine de jours-amende, aux peines privatives ou restrictives de droits mentionnées à l'article 131-6, à l'exception de la confiscation, et aux peines complémentaires mentionnées à l'article 131-10, à l'exception de la confiscation, de la fermeture d'établissement et de l'affichage.

Le sursis simple ne peut être ordonné que pour l'emprisonnement lorsque le prévenu a été condamné dans le délai prévu à l'article 132-30 à une peine autre que la réclusion ou l'emprisonnement.

La juridiction peut décider que le sursis ne s'appliquera à l'exécution de l'emprisonnement que pour une partie dont elle détermine la durée dans la limite de cinq ans.

Art. 132-32 *(L. n° 92-1336, 16 déc. 1992).* – Le sursis simple est applicable, en ce qui concerne les personnes morales, aux condamnations à l'amende et aux peines mentionnées aux 2°, 5°, 6° et 7° de l'article 131-39.

Art. 132-33. – En matière contraventionnelle, le sursis simple ne peut être ordonné à l'égard d'une personne physique que lorsque le prévenu n'a pas été condamné, au cours des cinq années précédant les faits, pour crime ou délit de droit commun, à une peine de réclusion ou d'emprisonnement.

Le sursis simple ne peut être ordonné à l'égard d'une personne morale que lorsque celle-ci n'a pas été condamnée, dans le même délai, pour crime ou délit de droit commun, à une amende d'un montant supérieur à 15 000 €.

Art. 132-34. – Le sursis simple est applicable, en ce qui concerne les personnes physiques, aux condamnations aux peine privatives ou restrictives de droits mentionnées à l'article 131-14, à l'exception de la confiscation, aux peines complémentaires prévues par les 1°, 2° et 4° de l'article 131-16 ainsi qu'à la peine complémentaire prévue au premier alinéa de l'article 131-17. Il est également applicable à l'amende prononcée pour les contraventions de la 5ᵉ classe.

En ce qui concerne les personnes morales, le sursis simple est applicable à la peine d'interdiction d'émettre des chèques ou d'utiliser des cartes de paiement prévue par les articles 131-42 et 131-43. Il est également applicable à l'amende prononcée pour les contraventions de la 5ᵉ classe.

....

Art. 132-36 *(Rempl. à compter du 1ᵉʳ janvier 2015, L. n° 2014-896, 15 août 2014).* – La juridiction peut, par décision spéciale, révoquer totalement ou partiellement, pour une durée ou un montant qu'elle détermine, le sursis antérieurement accordé, quelle que soit la peine qu'il accompagne, lorsqu'elle prononce une nouvelle condamnation à une peine de réclusion ou à une peine d'emprisonnement sans sursis.

La juridiction peut, par décision spéciale, révoquer totalement ou partiellement, pour une durée ou un montant qu'elle détermine, le sursis antérieurement accordé qui accompagne une peine quelconque autre que la réclusion ou l'emprisonnement lorsqu'elle prononce une nouvelle condamnation d'une personne physique ou morale à une peine autre que la réclusion ou l'emprisonnement sans sursis.

(Al. créé, L. n° 2019-222, 23 mars 2019) Lorsque la juridiction ordonne la révocation du sursis en totalité ou en partie, elle peut, par décision spéciale et motivée, exécutoire par provision, faire incarcérer le condamné.

....

Art. R. 131-52 *(Anc. art. R. 131-35, dénum., D. n° 2004-1021, 27 sept. 2004, puis art. R. 131-52, D. n° 2007-1388, 26 sept. 2007).* – Le mandataire de justice prévu par l'article 131-46 est choisi soit parmi

les personnes inscrites sur la liste prévue par l'article L. 811-2 du Code de commerce, soit parmi celles inscrites sur l'une des listes prévues par l'article 157 du Code de procédure pénale. Toutefois, à titre exceptionnel, la juridiction peut, par décision motivée, désigner comme mandataire une personne physique ne figurant sur aucune des listes précitées mais ayant une expérience ou une qualification particulière.

Art. R. 131-53 *(Anc. art. R. 131-36, dénum., D. n° 2004-1021, 27 sept. 2004, puis art. R. 131-53, D. n° 2007-1388, 26 sept. 2007).* **– Lorsqu'il existe, au sein d'une personne morale citée ou amenée à comparaître devant une juridiction de jugement, des représentants du personnel, le ministère public les avise de la date et de l'objet de l'audience, par lettre recommandée adressée dix jours au moins avant la date de l'audience.**

Lorsque le personnel de cette personne morale est régi(e) par les dispositions du Code du travail relatives à la représentation des salariés, l'avis mentionné au premier alinéa est adressé au secrétaire du comité d'entreprise ou, le cas échéant, au secrétaire du comité central d'entreprise et, en l'absence de tels comités, aux délégués du personnel titulaire(s).

Code de procédure pénale

(Titre XVIII du livre quatrième – De la poursuite, de l'instruction et du jugement des infractions commises par les personnes morales)

Art. 706-41 *(L. n° 92-1336, 16 déc. 1992).* **– Les dispositions du présent code sont applicables à la poursuite, à l'instruction et au jugement des infractions commises par les personnes morales, sous réserve des dispositions du présent titre.**

Bibliographie : M. Segonds, *Le périmètre d'intervention du parquet européen – À propos de la* compétence ratione delicti commissi *du parquet européen : AJ pénal* 2018, 6, p. 287.

Art. 706-42 *(L. n° 92-1336, 16 déc. 1992).* **– Sans préjudice des règles de compétence applicables lorsqu'une personne physique est également soupçonnée ou poursuivie, sont compétents :**

1° Le procureur de la République et les juridictions du lieu de l'infraction ;

2° Le procureur de la République et les juridictions du lieu où la personne morale a son siège.

Ces dispositions ne sont pas exclusives de l'application éventuelle des règles particulières de compétence prévues par les articles *(Réf. rempl. à compter du 1er février 2014, L. n° 2013-1117, 6 déc. 2013)* **« 704-1, 705 » et 706-17 relatifs aux infractions économiques et financières et aux actes de terrorisme.**

Art. 706-43 *(L. n° 92-1336, 16 déc. 1992 ; mod., L. n° 2000-647, 10 juill. 2000).* **– L'action publique est exercée à l'encontre de la personne morale prise en la personne de son représentant légal à l'époque des poursuites. Ce dernier représente la personne morale à tous les actes de la procédure. Toutefois, lorsque des poursuites pour des mêmes faits ou des faits connexes sont engagées à l'encontre du représentant légal, celui-ci peut saisir par requête le président du tribunal de grande instance aux fins de désignation d'un mandataire de justice pour représenter la personne morale.**

La personne morale peut également être représentée par toute personne bénéficiant, conformément à la loi ou à ses statuts, d'une délégation de pouvoir à cet effet.

La personne chargée de représenter la personne morale en application du deuxième alinéa doit faire connaître son identité à la juridiction saisie, par lettre recommandée avec demande d'avis de réception.

Il en est de même en cas de changement du représentant légal en cours de procédure.

En l'absence de toute personne habilitée à représenter la personne morale dans les conditions prévues au présent article, le président du tribunal de grande instance désigne, à la requête du ministère public, du juge d'instruction ou de la partie civile, un mandataire de justice pour la représenter.

1) **Caractère facultatif de la désignation d'un mandataire *ad hoc*.** Lorsque des poursuites sont exercées contre une personne morale et que l'action publique est également mise en mouvement, pour les mêmes faits ou pour des faits connexes, contre le représentant légal de celle-ci, la demande de désignation d'un mandataire de justice pour représenter la personne morale est facultative et laissée à l'initiative du représentant légal : ■ Cass. crim., 15 févr. 2005, n° 04-87.191 : 2005, § 246, p. 1117, note J.-F. Barbieri, obs. A. Lienhard ; *Rev. sociétés* 2010, p. 193, obs. Ph. Roussel-Galle.

2) Action publique contre une personne morale en liquidation judiciaire. En vertu de l'article 706-43 du Code de procédure pénale, lorsque l'action publique est exercée à l'encontre de la personne morale en liquidation judiciaire, il doit lui être désigné un mandataire de justice pour la représente. L'action exercée contre le liquidateur judiciaire de la société n'est donc pas recevable : ▪ Cass. crim., 10 févr. 2010, n° 08-87.357 : *JurisData* n° 2010-000754 ; *Act. proc. coll.* 2010, comm. 99, obs. P. Cagnoli ; *Dr. sociétés* 2010, comm. 211, obs. J.-P. Legros.

3) Délégation de pouvoir. Le salarié, ayant reçu une délégation de responsabilité mais non la délégation de pouvoir prévue par l'alinéa 2 de l'article 706-43 du Code de procédure pénale, n'est pas le représentant légal de la personne morale, à même de la représenter dans les actes de procédure. Néanmoins, l'irrégularité n'entraîne pas la nullité de la procédure dès lors que la personne morale n'a subi aucune atteinte à ses intérêts, en ce qu'elle a pu valablement être représentée par un avocat qui a présenté sa défense au fond : ▪ Cass. crim., 20 oct. 2009, n° 09-81.721 : *Bull. crim.*, n° 172 ; *Rev. sociétés* 2010, p. 121, note H. Matsopoulou ; *BJS* 2010, note D. Chilstein.

4) Représentation d'une personne morale étrangère. Pour l'exercice de l'action publique, une personne morale étrangère est valablement représentée, au sens de l'article 706-43 du Code de procédure pénale, par la personne physique qu'elle a, dans sa demande d'immatriculation au registre du commerce, déclaré être son dirigeant en France, en application de l'article R. 123-54 du Code de commerce : ▪ Cass. crim., 24 sept. 2014, n° 14-82.684 : *Bull. crim.*, n° 199 ; *JurisData* n° 2014-021788 ; *JCP* E 2015, 1030, n° 10, obs. R. Salomon ; *Dr. sociétés* 2014, comm. 197, note R. Salomon.

5) La représentation de la personne morale, en application de l'article 706-43, est inopérante pour établir la qualité de représentant de la personne morale dans la commission de l'infraction au sens de l'article 121-2 du Code pénal à l'encontre de celui qui est devenu co-gérant après les faits : ▪ Cass. crim., 17 oct. 2017, n° 16-87.249 : *JurisData* n° 2017-020387 ; *JCP* E 2017, 1646, obs. Ch. Delattre ; *BJS* 2017, p. 721, note N. Bargue ; *Dr. pén.* 2017, comm. 178, obs. Ph. Conte.

Art. 706-44 *(L. n° 92-1336, 16 déc. 1992).* **– Le représentant de la personne morale poursuivie ne peut, en cette qualité, faire l'objet d'aucune mesure de contrainte autre que celle applicable au témoin.**

Art. 706-45 *(L. n° 92-1336, 16 déc. 1992 ; mod., L. n° 2001-504, 12 juin 2001 ; L. n° 2004-204, 9 mars 2004).* **– Le juge d'instruction peut placer la personne morale sous contrôle judiciaire dans les conditions prévues aux articles 139 et 140 en la soumettant à une ou plusieurs des obligations suivantes :**

1° Dépôt d'un cautionnement dont le montant et les délais de versement, en une ou plusieurs fois, sont fixés par le juge d'instruction ;

2° Constitution, dans un délai, pour une période et un montant déterminés par le juge d'instruction, des sûretés personnelles ou réelles destinées à garantir les droits de la victime ;

3° Interdiction d'émettre des chèques autres que ceux qui permettent le retrait de fonds par le tireur auprès du tiré ou ceux qui sont certifiés ou d'utiliser des cartes de paiement ;

4° Interdiction d'exercer certaines activités professionnelles ou sociales lorsque l'infraction a été commise dans l'exercice ou à l'occasion de l'exercice de ces activités et lorsqu'il est à redouter qu'une nouvelle infraction soit commise ;

5° Placement sous contrôle d'un mandataire de justice désigné par le juge d'instruction pour une durée de six mois renouvelable, en ce qui concerne l'activité dans l'exercice ou à l'occasion de laquelle l'infraction a été commise.

Pour les obligations prévues aux 1° et 2°, les dispositions des articles 142 à 142-3 sont applicables.

Les interdictions prévues aux 3° et 4° ne peuvent être ordonnées par le juge d'instruction que dans la mesure où elles sont encourues à titre de peine par la personne morale poursuivie. La mesure prévue au 5° ne peut être ordonnée par le juge d'instruction si la personne morale ne peut être condamnée à la peine prévue par le 3° de l'article 131-39 du Code pénal.

En cas de violation du contrôle judiciaire, les articles 434-43 et 434-47 du Code pénal sont, le cas échéant, applicables.

Art. 706-46 *(L. n° 92-1336, 16 déc. 1992).* **– Les dispositions particulières applicables à la signification des actes aux personnes morales sont fixées au titre IV du livre II.**

Bibliographie : M.-L. Lanthiez, *Du préjudice dans quelques infractions contre les biens : D.* 2005, p. 464.

10.3. – DE L'ABUS DE CONFIANCE

Code pénal

Art. 314-1. – **L'abus de confiance est le fait par une personne de détourner, au préjudice d'autrui, des fonds, des valeurs ou un bien quelconque qui lui ont été remis et qu'elle a acceptés à charge de les rendre, de les représenter ou d'en faire un usage déterminé.**

L'abus de confiance est puni de trois ans d'emprisonnement et de 375 000 € d'amende.

Bibliographie : G. Beaussonie, *La dématérialisation de l'abus de confiance : AJP* 2017, p. 215. • A. Couret, *L'abus et le droit des affaires : Dr. et patrimoine* 6/2000, p. 66. • S. Detraz et R. Ollard, *La dissociation de l'objet de l'abus de confiance : Dr. pén.* 2014, études 20 et 22. • L. Godon, *Abus de confiance et abus de biens sociaux : Rev. sociétés* 1997, p. 298. • Y. Muller, *La protection pénale de la relation de confiance : Rev. sc. crim.* 2006, p. 809. • R. Ollard, *Du sens de l'évolution de l'abus de confiance : la propriété, toutes les propriétés, mais rien que la propriété : Dr. pén.* 2012, étude 9. • M. L. Rassat, *De l'objet de l'abus de confiance : Dr. pén.* 2015, étude 10. • M. Véron, *Du contrat préalable à l'abus de confiance : Dr. pén.* avr. 1995, p. 1.

Voir : Associé d'une société en participation, sous C. civ., art. 1872, annot. n° 3, p. 147. – **Gérant de SNC,** sous C. com., art. L. 221-4, annot. n° 4, p. 175. – **Gérant de société civile,** sous C. civ., art. 1850, annot. n° 7, p. 123. – **Société de droit étranger,** sous C. com., art. L. 242-6, annot. n° 24, p. 579.

Art. 314-2 *(Mod., L. n° 2004-204, 9 mars 2004).* – **Les peines sont portées à sept ans d'emprisonnement et à 750 000 € d'amende lorsque l'abus de confiance est réalisé :**

1° Par une personne qui fait appel au public afin d'obtenir la remise de fonds ou de valeurs soit pour son propre compte, soit comme dirigeant ou préposé de droit ou de fait d'une entreprise industrielle ou commerciale ;

2° Par toute autre personne qui, de manière habituelle, se livre ou prête son concours, même à titre accessoire, à des opérations portant sur les biens des tiers pour le compte desquels elle recouvre des fonds ou des valeurs ;

3° Au préjudice d'une association qui fait appel au public en vue de la collecte de fonds à des fins d'entraide humanitaire ou sociale ;

4° Au préjudice d'une personne dont la particulière vulnérabilité, due à son âge, à une maladie, à une infirmité, à une déficience physique ou psychique ou à un état de grossesse, est apparente ou connue de son auteur.

Art. 314-3. – **Les peines sont portées à dix ans d'emprisonnement et à 1 500 000 € d'amende lorsque l'abus de confiance est réalisé par un mandataire de justice ou par un officier public ou ministériel soit dans l'exercice ou à l'occasion de l'exercice de ses fonctions, soit en raison de sa qualité.**

Art. 314-4. – **Les dispositions de l'article 311-12 sont applicables au délit d'abus de confiance.**

10.4. – DES ATTEINTES À L'AUTORITÉ DE L'ÉTAT

10.4.1. – De la prise illégale d'intérêts

Code pénal

Bibliographie : M. Carius, *Le temps dans le délit de prise illégale d'intérêts des fonctionnaires publics : LPA* 16 mai 2001, p. 4. • W. Jeandidier, *La prise illégale d'intérêts indirecte par un élu : JCP A* 2003 p. 812. • N. Laval, *La prise illégale d'intérêts : état du droit : Dr. adm.* juin 2003, chron. p. 5. • R. Mésa, *Directive n° 2014/23/UE du 26 février 2014 sur l'attribution des contrats de concession, contentieux et risque pénal : JCP A* 2014, 2142. • Y. Muller, *Le droit pénal des conflits d'intérêts : Dr. pén.* 2012, étude 1. • R. Salomon, *Le droit pénal de la probité publique : Dr. pén.* 2012, étude 2.

Art. 432-12 *(Ord. n° 2000-916, 19 sept. 2000).* – **Le fait, par une personne dépositaire de l'autorité publique ou chargée d'une mission de service public ou par une personne investie d'un mandat électif public, de prendre, recevoir ou conserver, directement ou indirectement, un intérêt quelconque dans une entreprise ou dans une opération dont elle a, au moment de l'acte, en tout ou partie, la charge d'assurer la surveillance, l'administration, la liquidation ou le paiement, est puni de cinq ans d'emprisonnement et** *(Mots rempl.,*

L. n° 2013-1117, 6 déc. 2013) « d'une amende de 500 000 €, dont le montant peut être porté au double du produit tiré de l'infraction ».

Toutefois, dans les communes comptant 3 500 habitants au plus, les maires, adjoints ou conseillers municipaux délégués ou agissant en remplacement du maire peuvent chacun traiter avec la commune dont ils sont élus pour le transfert de biens mobiliers ou immobiliers ou la fourniture de services dans la limite d'un montant annuel fixé à 16 000 €.

En outre, dans ces communes, les maires, adjoints ou conseillers municipaux délégués ou agissant en remplacement du maire peuvent acquérir une parcelle d'un lotissement communal pour y édifier leur habitation personnelle ou conclure des baux d'habitation avec la commune pour leur propre logement. Ces actes doivent être autorisés, après estimation des biens concernés par le service des domaines, par une délibération motivée du conseil municipal.

Dans les mêmes communes, les mêmes élus peuvent acquérir un bien appartenant à la commune pour la création ou le développement de leur activité professionnelle. Le prix ne peut être inférieur à l'évaluation du service des domaines. L'acte doit être autorisé, quelle que soit la valeur des biens concernés, par une délibération motivée du conseil municipal.

Pour l'application des trois alinéas qui précèdent, la commune est représentée dans les conditions prévues par l'article L. 2122-26 du Code général des collectivités territoriales et le maire, l'adjoint ou le conseiller municipal intéressé doit s'abstenir de participer à la délibération du conseil municipal relative à la conclusion ou à l'approbation du contrat. En outre, par dérogation au deuxième alinéa de l'article L. 2121-18 du Code général des collectivités territoriales, le conseil municipal ne peut décider de se réunir à huis clos.

Le président du conseil départemental de la Croix-Rouge, chargé en tant que tel d'exercer une fonction ou d'accomplir des actes ayant pour but de satisfaire à l'intérêt général, est une personne investie d'une mission de service public au sens de l'article 432-12 du Code pénal. Le délit de prise illégale d'intérêt est consommé dès lors que le prévenu a confié à une société dirigée par les membres de sa famille des prestations effectuées pour le compte de la Croix-Rouge et payées par elle : ▪ Cass. crim., 3 avr. 2007, n° 06-83.801 : *Bull. crim.* 2007, n° 100 ; *D.* 2007, act. jurispr. p. 1663, *AJP* 2007, p. 383, obs. Royer.

Art. 432-13 *(Rempl., L. n° 2007-148, 2 févr. 2007). – (Mod., L. n° 2013-907, 11 oct. 2013 ; L. n° 2016-483, 20 avr. 2016 ; L. n° 2017-55, 20 janv. 2017).* – Est puni de trois ans d'emprisonnement et d'une amende de 200 000 €, dont le montant peut être porté au double du produit tiré de l'infraction, le fait, par une personne ayant été chargée, en tant que membre du Gouvernement, membre d'une autorité administrative indépendante ou d'une autorité publique indépendante, titulaire d'une fonction exécutive locale, fonctionnaire, militaire ou agent d'une administration publique, dans le cadre des fonctions qu'elle a effectivement exercées, soit d'assurer la surveillance ou le contrôle d'une entreprise privée, soit de conclure des contrats de toute nature avec une entreprise privée ou de formuler un avis sur de tels contrats, soit de proposer directement à l'autorité compétente des décisions relatives à des opérations réalisées par une entreprise privée ou de formuler un avis sur de telles décisions, de prendre ou de recevoir une participation par travail, conseil ou capitaux dans l'une de ces entreprises avant l'expiration d'un délai de trois ans suivant la cessation de ces fonctions.

Est punie des mêmes peines toute participation par travail, conseil ou capitaux dans une entreprise privée qui possède au moins 30 % de capital commun ou a conclu un contrat comportant une exclusivité de droit ou de fait avec l'une des entreprises mentionnées au premier alinéa.

Pour l'application des deux premiers alinéas, est assimilée à une entreprise privée toute entreprise publique exerçant son activité dans un secteur concurrentiel et conformément aux règles du droit privé.

Ces dispositions sont applicables aux agents des établissements publics, des entreprises publiques, des sociétés d'économie mixte dans lesquelles l'État ou les collectivités publiques détiennent directement ou indirectement plus de 50 % du capital et des exploitants publics prévus par la loi n° 90-568 du 2 juillet 1990 relative à l'organisation du service public de la poste et à France Télécom.

L'infraction n'est pas constituée par la seule participation au capital de sociétés cotées en bourse ou lorsque les capitaux sont reçus par dévolution successorale.

10.4.2. – De la corruption active et du trafic d'influence commis par les particuliers

Code pénal

Bibliographie : J.-M. Brigand, *Affaires, conflits d'intérêts, probité... Cachez cette prise illégale d'intérêts que je ne saurais voir : Dr. pén.* 2012, étude 3. • Ph. Conte, *Le régime pénal de la criminalité organisée étendu à la corruption : l'exception tendrait-elle à devenir la règle ? : Dr. pén.* 2008, étude 1. • C. Cutajar, *Mieux prévenir la corruption : JCP* G 2017, p. 1191. • W. Feugère, *Conflits d'intérêts et droit pénal : l'exemple de la corruption : Gaz. Pal.* 2011, n° 341 à 342, p. 6 ; *Loi Sapin 2 et nouvelles responsabilité : un changement de paradigme ? : AJ pénal* 2018, p. 553. • W. Jeandidier, *Du délit de corruption et des défauts qui l'affectent : JCP* 2002, I, 166. • S. Le Damany et C. Diot, *Faut-il vraiment prévenir les risques pénaux et éthiques à l'anglo-saxonne ? Pour une approche culturelle de la « compliance » : Option fin.* oct. 2018, n° 1479, p. 40-41. • Y. Muller, *Le droit pénal des conflits d'intérêts : Dr. pén.* 2012, étude 1. • R. Salomon, *Le droit pénal de la probité publique : Dr. pén.* 2012, étude 2. • M. Segonds, *L'internationalisation de l'incrimination de la corruption : Dr. pén.* 2006, étude 12. • M. Veron, *Corruption, trafic d'influence, prise illégale d'intérêts, favoritisme : RJ com.* nov. 2001, p. 35. • *La lutte contre la corruption : AJP* 2006, dossier p. 193 s. • *La lutte contre la corruption : D.* 2008, dossier, p. 1068 et s. • *La lutte contre la corruption internationale : CDE* 2014, dossier 28.

Sur la loi n° 2013-1117 du 6 décembre 2013. Commentaire de la loi n° 2013-1117 du 6 décembre 2013 relative à la lutte contre la fraude fiscale et la grande délinquance économique et financière : Dr. pénal 2014, étude 3, par M. Segonds. • *Une nouvelle étape normative dans le renforcement des moyens de lutte contre la criminalité d'argent. – À propos de la loi du 6 décembre 2013 : JCP* G 2014, doctr. 182, étude H. Robert.

Art. 433-1 *(Mod., L. n° 2000-595, 30 juin 2000 ; rempl., L. n° 2007-1598, 13 nov. 2007 ; L. n° 2011-525, 17 mai 2011).* **– Est puni de dix ans d'emprisonnement et** *(Mots rempl., L. n° 2013-1117, 6 déc. 2013)* **« d'une amende de 1 000 000 €, dont le montant peut être porté au double du produit tiré de l'infraction, » le fait, par quiconque, de proposer sans droit, à tout moment, directement ou indirectement, des offres, des promesses, des dons, des présents ou des avantages quelconques à une personne dépositaire de l'autorité publique, chargée d'une mission de service public ou investie d'un mandat électif public, pour elle-même ou pour autrui :**

1° Soit pour qu'elle accomplisse ou s'abstienne d'accomplir, ou parce qu'elle a accompli ou s'est abstenue d'accomplir, un acte de sa fonction, de sa mission ou de son mandat, ou facilité par sa fonction, sa mission ou son mandat ;

2° Soit pour qu'elle abuse, ou parce qu'elle a abusé, de son influence réelle ou supposée en vue de faire obtenir d'une autorité ou d'une administration publique des distinctions, des emplois, des marchés ou toute autre décision favorable.

Est puni des mêmes peines le fait de céder à une personne dépositaire de l'autorité publique, chargée d'une mission de service public ou investie d'un mandat électif public qui sollicite sans droit, à tout moment, directement ou indirectement, des offres, des promesses, des dons, des présents ou des avantages quelconques, pour elle-même ou pour autrui, pour accomplir ou avoir accompli, pour s'abstenir ou s'être abstenue d'accomplir un acte mentionné au 1° ou pour abuser ou avoir abusé de son influence dans les conditions mentionnées au 2°.

L'octroi par le directeur général d'une banque de prêts à taux avantageux à des mandataires judiciaires en contrepartie de l'ouverture de comptes au nom des sociétés placées sous administration judiciaire est constitutif du délit de corruption active ; le maintien du taux constitue, à chaque échéance, un acte d'exécution du pacte de corruption dès lors qu'il est subordonné à l'exécution, par le corrompu, d'actes de sa fonction ; justifie par suite sa décision la chambre d'instruction qui refuse de juger prescrite l'action publique : ▪ Cass. crim., 8 oct. 2003 : *D.* 2004, p. 3023, note M. Segonds.

Art. 433-2 *(Rempl., L. n° 2007-1598, 13 nov. 2007 ; mod., L. n° 2011-525, 17 mai 2011).* **– Est puni de cinq ans d'emprisonnement et** *(Mots rempl., L. n° 2013-1117, 6 déc. 2013)* **« d'une amende de 500 000 €, dont le montant peut être porté au double du produit tiré de l'infraction, » le fait, par quiconque, de solliciter ou d'agréer, à tout moment, directement ou indirectement, des offres, des promesses, des dons, des présents ou des avantages quelconques, pour lui-même ou pour autrui, pour abuser ou avoir abusé de son influence réelle ou supposée en vue de faire obtenir d'une autorité ou d'une administration publique des distinctions, des emplois, des marchés ou toute autre décision favorable.**

Est puni des mêmes peines le fait de céder aux sollicitations prévues au premier alinéa ou de proposer, sans droit, à tout moment, directement ou indirectement, des offres, des promesses, des dons, des présents ou des avantages quelconques à une personne, pour elle-même ou pour autrui, pour qu'elle abuse ou parce qu'elle a abusé de son influence réelle ou supposée en vue de faire obtenir d'une autorité ou d'une administration publique des distinctions, des emplois, des marchés ou toute autre décision favorable.

Voir : C. pén., art. 433-25, p. 2361.

Art. 433-2-1 *(L. n° 2013-1117, 6 déc. 2013)*. – La peine privative de liberté encourue par l'auteur ou le complice d'une des infractions prévues à la présente section est réduite de moitié si, ayant averti l'autorité administrative ou judiciaire, il a permis de faire cesser l'infraction ou d'identifier, le cas échéant, les autres auteurs ou complices.

10.4.3. – De l'usage irrégulier de qualité

Code pénal

Art. 433-18. – Est puni de six mois d'emprisonnement et de 7 500 € d'amende le fait, par le fondateur ou le dirigeant de droit ou de fait d'une entreprise qui poursuit un but lucratif, de faire figurer ou de laisser figurer, dans une publicité réalisée dans l'intérêt de l'entreprise qu'il se propose de fonder ou qu'il dirige :

1° Le nom, avec mention de sa qualité, d'un membre ou d'un ancien membre du gouvernement, du Parlement, du Parlement européen, d'une assemblée délibérante d'une collectivité territoriale, du Conseil constitutionnel, du Conseil d'État, du Conseil économique et social, du Conseil supérieur de la magistrature, de la Cour de cassation, de la Cour des comptes, de l'Institut de France, du conseil de direction de la Banque de France ou d'un organisme collégial investi par la loi d'une mission de contrôle ou de conseil ;

2° Le nom, avec mention de sa fonction, d'un magistrat ou d'un ancien magistrat, d'un fonctionnaire ou d'un ancien fonctionnaire ou d'un officier public ou ministériel ;

3° Le nom d'une personne avec mention de la décoration réglementée par l'autorité publique qui lui a été décernée.

Est puni des mêmes peines le fait, par un banquier ou un démarcheur, de faire usage de la publicité visée à l'alinéa qui précède.

Code pénal

Peines complémentaires et responsabilité pénale des personnes morales

Art. 433-25 *(Mod., L. n° 2009-526, 12 mai 2009)*. – Les personnes morales déclarées responsables pénalement, dans les conditions prévues par l'article 121-2, des infractions définies aux sections 1, 6, 7, 9 et 10 du présent chapitre encourent, outre l'amende suivant les modalités prévues par l'article 131-38 :

1° (Abrogé) ;

2° Pour une durée de cinq ans au plus, les peines mentionnées aux 2°, 3°, 4°, 5°, 6° et 7° de l'article 131-39 ;

3° La confiscation prévue à l'article 131-21 ;

4° L'affichage ou la diffusion de la décision prononcée dans les conditions prévues par l'article 131-35.

L'interdiction mentionnée au 2° de l'article 131-39 porte sur l'activité dans l'exercice ou à l'occasion de l'exercice de laquelle l'infraction a été commise.

Art. 433-26 *(L. n° 2016-1691, 9 déc. 2016)*. – Les personnes morales reconnues pénalement responsables dans les conditions prévues à l'article 121-2 des infractions prévues aux articles 433-1 et 433-2 encourent également la peine prévue à l'article 131-39-2.

LIVRE ONZIÈME. – DES LIBÉRALITÉS AU PROFIT DES PERSONNES MORALES DE DROIT PRIVÉ

11.1. – DES ASPECTS JURIDIQUES

Bibliographie : J. Bernard de Saint-Affrique, *Fondations et libéralités : problèmes actuels : Defrénois* 1997, n° 19, p. 1105, Les 4e rencontres Université – Notariat : Notariat et libéralités : *JCP* N 1994, prat., p. 734. • Ph. Viudes et Ch. Albouy, *Le notaire et les associations : dernière mise au point sur l'article 910 du Code civil : JCP* N 2010, 1306 ; *De la théorie de l'affiliation en matière de libéralités faites à des associations : JCP* N 2011, 1164.

Code civil

Art. 910 *(Mod., Ord. n° 2005-856, 28 juill. 2005 ; L. n° 2006-728, 23 juin 2006 ; rempl., L. n° 2009-526, 12 mai 2009 ; mod., Ord. n° 2010-177, 23 févr. 2010 ; L. n° 2011-525, 17 mai 2011 ; Ord. n° 2015-904, 23 juill. 2015).* **– I. – Les dispositions entre vifs ou par testament au profit des établissements de santé, des établissements sociaux et médico-sociaux ou d'établissements d'utilité publique n'ont leur effet qu'autant qu'elles sont autorisées par arrêté du représentant de l'État dans le département.**

II. – Toutefois, les dispositions entre vifs ou par testament au profit des fondations, des congrégations et des associations ayant la capacité à recevoir des libéralités et, dans les départements du Bas-Rhin, du Haut-Rhin et de la Moselle, des établissements publics du culte et des associations inscrites de droit local, à l'exception des associations ou fondations dont les activités ou celles de leurs dirigeants sont visées à l'article 1er de la loi n° 2001-504 du 12 juin 2001 tendant à renforcer la prévention et la répression des mouvements sectaires portant atteinte aux droits de l'homme et aux libertés fondamentales, sont acceptées librement par celles-ci.

Si le représentant de l'État dans le département constate que l'organisme légataire ou donataire ne satisfait pas aux conditions légales exigées pour avoir la capacité juridique à recevoir des libéralités ou qu'il n'est pas apte à utiliser la libéralité conformément à son objet statutaire, il peut former opposition à la libéralité, dans des conditions précisées par décret, la privant ainsi d'effet.

Le troisième alinéa n'est pas applicable aux dispositions entre vifs ou par testament au profit des associations et fondations reconnues d'utilité publique, des associations dont la mission a été reconnue d'utilité publique et des fondations relevant des articles 80 à 88 du Code civil local applicable aux départements du Bas-Rhin, du Haut-Rhin et de la Moselle.

III. – Les libéralités consenties à des États étrangers ou à des établissements étrangers habilités par leur droit national à recevoir des libéralités sont acceptées librement par ces États ou par ces établissements, sauf opposition formée par l'autorité compétente, dans des conditions fixées par décret en Conseil d'État.

Décret n° 2007-807 du 11 mai 2007

relatif aux associations, fondations, congrégations et établissements publics du culte et portant application de l'article 910 du Code civil

CHAPITRE Ier. – LIBÉRALITÉS CONSENTIES AUX ÉTABLISSEMENTS FRANÇAIS

(D. n° 2012-377, 19 mars 2012)

Art. 1er *(Mod., D. n° 2010-395, 20 avr. 2010 ; D. n° 2012-377, 19 mars 2012 ; D. n° 2015-832 7 juill. 2015).* **–** Tout notaire chargé du règlement d'une succession contenant des legs en faveur de l'un des établissements et associations mentionnés à l'article 910 du Code civil en informe l'établissement ou l'association bénéficiaire et la déclare au préfet du département où l'établissement ou l'association a son siège dès qu'il est en possession des dispositions testamentaires.

Toute association ou établissement mentionné à l'article 910 du Code civil, bénéficiaire d'une libéralité entre vifs, la déclare aussitôt au préfet du département où l'établissement ou l'association a son siège.

La déclaration au préfet est faite par courrier recommandé avec demande d'avis de réception et accompagnée des documents suivants :

1° En cas de legs : une copie ou un extrait du testament et de ses codicilles relatifs à la libéralité et une copie de l'acte de décès ou d'un bulletin de décès du testateur ;

2° Pour les libéralités entre vifs : une copie de l'acte de disposition ou, à défaut, la justification de la libéralité ;

3° Les statuts de l'association ou de l'établissement bénéficiaire et les documents attestant de ce qu'ils ont été régulièrement déclarés ou approuvés ;

4° La justification de l'acceptation de la libéralité ainsi que, le cas échéant, la justification de l'aptitude de l'association ou de l'établissement bénéficiaire à en exécuter les charges ou à en satisfaire les conditions compte tenu de son objet statutaire ;

5° Pour les associations :

a) Le budget prévisionnel de l'exercice en cours ainsi que les comptes annuels des trois derniers exercices clos ou, si l'association a été créée depuis moins de trois ans, les comptes annuels des exercices clos depuis sa date de création ;

b) Toute justification tendant à établir que l'association remplit les conditions prévues aux cinquième à septième alinéas de l'article 6 de la loi du 1er juillet 1901. Ces conditions sont présumées satisfaites lorsque l'association dispose d'une prise de position formelle délivrée dans le cadre de la procédure prévue à l'article L. 80 C du livre des procédures fiscales l'avisant qu'elle relève des dispositions du *b* du 1 de l'article 200 du Code général des impôts ;

c) Pour les associations cultuelles, toute justification tendant à établir que l'association bénéficiaire réunit les conditions requises pour être qualifiée d'association cultuelle mentionnée aux articles 18 et 19 de la loi du 9 décembre 1905 susvisée.

Lorsque le dossier est complet, l'administration adresse à l'association ou à l'établissement et, le cas échéant, au notaire, un accusé de réception mentionnant la date de réception du dossier et la date à laquelle, à défaut de décision expresse, l'absence d'opposition sera acquise. Cet accusé de réception fait courir le délai ouvert à l'autorité administrative pour statuer. En cas de dossier incomplet, l'accusé de réception fixe un délai pour la production des pièces manquantes et précise que le délai ouvert à l'autorité administrative pour statuer court à compter de la date de réception de ces pièces.

Les dispositions du présent article ne sont pas applicables aux libéralités consenties par des personnes physiques ou morales en vue de la constitution de la dotation initiale d'une fondation ni aux dévolutions d'actif résultant de la dissolution d'un établissement reconnu d'utilité publique, qui sont régies par les dispositions de l'article 3.

Art. 2. – Lorsque le préfet envisage de faire usage de son droit d'opposition à l'acceptation des libéralités faites aux établissements et associations visés au deuxième alinéa de l'article 910 du Code civil, il en informe l'association ou l'établissement et le cas échéant le notaire, par lettre recommandée avec demande d'avis de réception, et invite l'association ou l'établissement à présenter ses observations dans un délai de quinze jours.

À l'expiration du délai ainsi fixé, le préfet décide, au vu des observations éventuelles de l'association ou de l'établissement, de s'opposer ou non à l'acceptation. En cas d'opposition, il notifie sa décision dûment motivée, par lettre recommandée avec demande d'avis de réception, à l'association ou à l'établissement et le cas échéant au notaire.

L'absence de notification d'une décision expresse dans un délai de quatre mois à compter de la date de l'accusé de réception mentionné à l'article 1er vaut absence d'opposition à l'acceptation *(Mots rempl., D. n° 2010-395, 20 avr. 2010)* « d'une libéralité ».

À la demande des associations et établissements intéressés, le préfet délivre une attestation de cette absence d'opposition.

Les dispositions du présent article ne sont pas applicables aux libéralités régies par les dispositions de l'article 3.

Art. 3. – Le décret reconnaissant une fondation comme établissement d'utilité publique ou approuvant la délibération relative à la dissolution d'un établissement d'utilité publique vaut absence d'opposition à l'acceptation des libéralités mentionnées dans le décret.

Art. 4 *(Mod., D. n° 2010-395, 20 avr. 2010)*. – La demande d'autorisation d'acceptation des libéralités faites aux établissements mentionnés au premier alinéa de l'article 910 du Code civil et aux associations ou fondations dont les activités ou celles de leurs dirigeants sont visées à l'article 1er de la loi [n° 2001-504] du 12 juin 2001 susvisée est adressée au préfet du département où est le siège de la fondation ou de l'association.

Elle comporte :

1° Les statuts de l'établissement, de l'association ou de la fondation ;

2° Les noms, prénoms, profession, domicile et nationalité de ceux qui, à un titre quelconque, sont chargés de son administration ;

3° La désignation de la libéralité ;

4° L'emploi envisagé pour ladite libéralité

5° Le budget prévisionnel de l'exercice en cours ainsi que les comptes annuels des trois derniers exercices clos ou, si l'association a été créée depuis moins de trois ans, les comptes annuels des exercices clos depuis sa date de création.

Art. 5. – Le préfet accuse réception des demandes d'autorisation d'acceptation de libéralités faites par les personnes morales mentionnées à l'article 4, dans les conditions prévues par *(Mots rempl., D. n° 2017-908, 6 mai 2017)* les articles L. 114-5, R. 112-4 et R. 112-5 du Code des relations entre le public et l'administration.

Sauf dans le cas de réclamations formulées par des héritiers, l'absence de décision expresse dans un délai de six mois à compter de la demande vaut autorisation d'acceptation.

À la demande des personnes morales intéressées, le préfet délivre une attestation de cette autorisation tacite.

Art. 6. – Les réclamations concernant les legs en faveur des personnes morales mentionnées à l'article 4, formulées par les héritiers désignés par la loi, sont recevables auprès du préfet du département du lieu de l'ouverture de la succession, dans un délai de six mois à compter de l'ouverture de la succession. Elles comportent les noms, prénoms et adresse des réclamants, leur ordre et degré de parenté vis-à-vis du défunt ainsi que les motifs de la réclamation.

Le préfet informe la personne morale légataire de ces réclamations et délivre aux réclamants un accusé de réception.

Lorsque les réclamations sont formulées après l'expiration du délai mentionné au premier alinéa ou émanent de personnes autres que les héritiers désignés par la loi, l'accusé de réception fait mention de leur irrecevabilité.

Le préfet transmet les réclamations recevables à l'autorité administrative compétente pour instruire la demande d'autorisation du legs.

Dans le cas d'une libéralité entre vifs au profit d'une personne morale mentionnée à l'article 4, l'autorité administrative compétente pour instruire la demande d'autorisation de la libéralité recueille des renseignements sur la situation de famille et de fortune du donateur.

CHAPITRE II. – LIBÉRALITÉS CONSENTIES AUX ÉTATS ET AUX ÉTABLISSEMENTS ÉTRANGERS HABILITÉS PAR LEUR DROIT NATIONAL À RECEVOIR DES LIBÉRALITÉS

(D. n° 2012-377, 19 mars 2012)

Art. 6-1 *(D. n° 2012-377, 19 mars 2012)*. **–** Les dispositions du présent chapitre sont applicables aux libéralités consenties aux États et aux établissements étrangers dans les cas suivants :

1° En matière de legs :

a) Pour les successions ouvertes en France, lorsque la libéralité porte sur des biens immobiliers ou mobiliers situés en France ;

b) Pour les successions ouvertes à l'étranger, lorsque la libéralité porte sur des biens immobiliers situés en France ;

2° En matière de donation :

a) Lorsque la libéralité porte sur des biens immobiliers situés en France ;

b) Lorsque la loi française a été choisie par les parties ;

c) Lorsque, en l'absence de choix de loi, le donateur est domicilié en France ou que l'acte a été établi en France.

Art. 6-2 *(D. n° 2012-377, 19 mars 2012)*. **–** I. – Lorsqu'ils sont avisés d'une succession satisfaisant aux critères définis à l'article 6-1, les notaires en informent l'État ou l'établissement étrangers et en font la déclaration au ministre de l'Intérieur.

Lorsque l'État ou l'établissement étrangers est bénéficiaire d'une libéralité entre vifs, il appartient au mandataire désigné selon la loi étrangère pour accomplir les formalités en France de procéder à la déclaration de la donation au ministre de l'intérieur.

II. – La déclaration au ministre de l'Intérieur est faite par courrier recommandé avec demande d'avis de réception et accompagnée des documents suivants, avec leur traduction en français s'il y a lieu :

1° En cas de legs : une copie ou un extrait du testament et de ses codicilles relatifs à la libéralité et une copie de l'acte de décès ou d'un bulletin de décès du testateur ;

2° Pour les libéralités entre vifs : une copie de l'acte de donation ou, à défaut, la justification de la libéralité ;

3° La justification de l'acceptation de la libéralité par l'État ou par l'établissement étrangers ainsi que, le cas échéant, la justification de l'aptitude de l'établissement bénéficiaire à en exécuter les charges ou à en satisfaire les conditions compte tenu de son objet statutaire ;

4° La procuration à une personne nommément désignée par l'État ou par l'établissement étrangers pour accomplir les formalités en France ou la justification de la nomination d'un mandataire désigné selon la loi étrangère ;

5° Les statuts de l'établissement étranger bénéficiaire, déclarés ou approuvés conformément à son droit national, et tout document officiel attestant que l'établissement est habilité par son droit national à recevoir des libéralités.

III. – Lorsque le bien donné ou légué est un bien culturel au sens du chapitre Ier du titre Ier du livre Ier du Code du patrimoine, la déclaration est accompagnée d'une description du bien précisant sa nature, son support, le nom de son auteur, son titre et sa date, ses matériaux, ses dimensions ainsi que tout signe distinctif utile à son identification, et d'une photographie d'un format suffisant pour rendre possible la reconnaissance du bien.

Lorsque le dossier est complet, le ministre de l'Intérieur adresse au mandataire désigné et, le cas échéant, au notaire un accusé de réception mentionnant la date de réception du dossier et la date à laquelle, à défaut de décision expresse, l'absence d'opposition sera acquise. Cet accusé de réception fait courir le délai de douze mois ouvert au ministre de l'intérieur pour statuer.

En cas de dossier incomplet, l'accusé de réception fixe un délai pour la production des pièces manquantes et précise que le délai ouvert au ministre de l'Intérieur pour statuer court à compter de la plus tardive des dates de réception des pièces manquantes.

Art. 6-3 *(D. n° 2012-377, 19 mars 2012)*. – Le ministre de l'Intérieur consulte le ministre des Affaires étrangères qui dispose d'un délai de huit mois pour émettre son avis.

Le cas échéant, il recueille simultanément l'avis du ou des autres ministres intéressés qui doit lui parvenir dans un délai de six mois.

Lorsque le bien donné ou légué est un bien culturel au sens du chapitre Ier du titre Ier du livre Ier du Code du patrimoine, le ministre intéressé est le ministre chargé de la culture.

Art. 6-4 *(D. n° 2012-377, 19 mars 2012)*. – Au vu des avis recueillis, le ministre de l'Intérieur peut faire usage de son droit d'opposition à l'acceptation des libéralités consenties aux États ou établissements étrangers, pour les motifs tirés :

1° Des engagements internationaux souscrits par la France ou de la défense de ses intérêts fondamentaux ;

2° De la nature des activités de l'établissement étranger ou de ses dirigeants, en particulier celles visées à l'article 1er de la loi du 12 juin 2001 susvisée.

Le ministre de l'Intérieur peut également faire usage de son droit d'opposition lorsque l'établissement étranger ne justifie pas que son droit national lui reconnaît la capacité juridique de recevoir des libéralités ou lorsque son objet statutaire ne lui permet pas d'exécuter les charges liées à la libéralité.

Art. 6-5 *(D. n° 2012-377, 19 mars 2012)*. – Lorsque le ministre de l'Intérieur envisage de faire usage de son droit d'opposition à l'acceptation d'une libéralité, il en informe le mandataire désigné et, le cas échéant, le notaire par lettre remise contre signature. Il invite le mandataire désigné à présenter ses observations dans un délai d'un mois.

À l'expiration du délai ainsi fixé, et au plus tard dans le délai mentionné à l'article 6-2, le ministre de l'Intérieur décide, au vu des observations éventuelles du mandataire désigné, de s'opposer ou non à l'acceptation de la libéralité. En cas d'opposition, il notifie sa décision dûment motivée, par lettre remise contre signature, au mandataire désigné et, le cas échéant, au notaire.

L'absence de notification de la décision dans le délai de douze mois mentionné à l'article 6-2 vaut absence d'opposition à l'acceptation de la libéralité. À la demande du mandataire désigné, le ministre de l'Intérieur délivre une attestation de cette absence d'opposition.

Art. 6-6 *(D. n° 2012-377, 19 mars 2012)*. – L'absence de décision d'opposition à l'acceptation d'une libéralité par un établissement étranger est sans effet sur son éligibilité éventuelle au bénéfice des exonérations de droits de mutation à titre gratuit prévues par l'article 795 du Code général des impôts en faveur de certains organismes ou établissements. Ces exonérations fiscales s'appliquent aux établissements étrangers répondant aux mêmes conditions que les établissements français éligibles lorsqu'il existe en la matière un régime de réciprocité entre la France et l'État où l'établissement a son siège, cette réciprocité résultant d'une convention internationale relative aux doubles impositions ou d'un accord particulier.

Art. 6-7 *(D. n° 2012-377, 19 mars 2012)*. **–** L'absence de décision d'opposition du ministre de l'Intérieur à l'acceptation d'une libéralité par un État ou un établissement étrangers ne dispense pas le demandeur de recueillir les autorisations requises, le cas échéant, par d'autres législations.

CHAPITRE III. – DISPOSITIONS DIVERSES

(D. n° 2012-377, 19 mars 2012)

Art. 7. – L'acquisition à titre onéreux ou l'aliénation, par les établissements congréganistes autorisés ou légalement reconnus et, dans les départements du Bas-Rhin, du Haut-Rhin ou de la Moselle, par les établissements publics du culte, de biens immeubles, de rentes ou valeurs garanties par l'État est autorisée par arrêté du préfet du département où l'établissement a son siège.

L'autorisation est réputée accordée si le préfet n'y a pas fait opposition dans les deux mois de leur notification par l'établissement.

Art. 8. – Lorsque les statuts des associations ou des fondations reconnues d'utilité publique soumettent à autorisation administrative les opérations portant sur les droits réels immobiliers, les emprunts, l'aliénation ou le remploi des biens mobiliers dépendant de la dotation ou du fonds de réserve, cette autorisation est donnée par arrêté du préfet du département où est le siège de l'association ou de la fondation.

L'autorisation est réputée accordée si le préfet n'y a pas fait opposition dans les deux mois de leur notification par l'association ou la fondation.

Art. 9. – Les modifications apportées aux statuts ou la dissolution volontaire d'une fondation reconnue d'utilité publique prennent effet après approbation donnée par décret en Conseil d'État pris sur le rapport du ministre de l'Intérieur.

Toutefois, l'approbation peut être donnée par arrêté du ministre de l'Intérieur lorsque cet arrêté est pris conformément à l'avis du Conseil d'État.

Par dérogation aux dispositions qui précèdent, la modification des statuts portant sur le transfert à l'intérieur du territoire français du siège de la fondation prend effet après approbation par arrêté du ministre de l'Intérieur.

Art. 10. – V. D. 16 août 1901, art. 1er à 3, 6, 7 et 11, p. 728.

Art. 11. – Sont abrogés :

1° Le décret du 1er février 1896 relatif à la procédure à suivre en matière de legs soumis à autorisation ;

2° Le décret n° 66-388 du 13 juin 1966 relatif à la tutelle administrative des associations, fondations et congrégations, à l'exception de son article 3.

Art. 12. – Les articles 1er à 6 du présent décret sont applicables aux libéralités pour lesquelles aucune demande d'autorisation de leur acceptation n'a été formulée auprès de l'autorité administrative avant le 1er janvier 2006.

Pour les libéralités pour lesquelles une demande d'autorisation de leur acceptation a été formulée à compter du 1er janvier 2006, la demande d'autorisation vaut déclaration et le délai d'opposition prévu à l'article 2 court à compter de l'entrée en vigueur du présent décret.

CHAPITRE IV. – RESCRIT ADMINISTRATIF

(D. n° 2012-377, 19 mars 2012)

Art. 12-1 *(D. n° 2010-395, 20 avr. 2010 ; mod., D. n° 2015-832, 7 juill. 2015 ; D. n° 2016-308, 17 mars 2016)*. **–** La demande faite par une association sur le fondement du V de l'article 111 de la loi n° 2009-526 du 12 mai 2009 de simplification et de clarification du droit et d'allègement des procédures est accompagnée des documents suivants :

1° Les statuts de l'association ;

2° Les nom, prénoms, profession, domicile et nationalité de ceux qui, à un titre quelconque, sont chargés de son administration ;

3° Le budget prévisionnel de l'exercice en cours ainsi que les comptes annuels des trois derniers exercices clos ou, si l'association a été créée depuis moins de trois ans, les comptes des exercices clos depuis sa date de création ;

4° Toute justification tendant à établir que l'association remplit les conditions prévues aux cinquième à septième alinéas de l'article 6 de la loi du 1er juillet 1901. Ces conditions sont présumées satisfaites lorsque l'association dispose d'une prise de position formelle délivrée dans le cadre de la procédure prévue à l'article

L. 80 C du Livre des procédures fiscales l'avisant qu'elle relève des dispositions du *b* du 1 de l'article 200 du Code général des impôts.

Pour les associations cultuelles, toute justification tendant à établir que l'association bénéficiaire réunit les conditions requises pour être qualifiée d'association cultuelle mentionnée aux articles 18 et 19 de la loi du 9 décembre 1905 susvisée.

Le préfet accuse réception de cette demande dans les conditions prévues *(Mots rempl., D. n° 2017-908, 6 mai 2017)* « aux articles L. 114-5, R. 112-4 et R. 112-5 du Code des relations entre le public et l'administration ».

Art. 12-2 *(D. n° 2010-395, 20 avr. 2010 ; mod., D. n° 2015-832 7 juill. 2015 ; D. n° 2016-308, 17 mars 2016)*. **–** Le cas échéant, le préfet procède à une enquête aux fins d'établir si l'association qui fait la demande mentionnée à l'article 12-1 :

a) Remplit les conditions prévues aux cinquième et septième alinéas de l'article 6 de la loi du 1er juillet 1901 ou remplit les conditions requises pour être qualifiée d'association cultuelle mentionnée aux articles 18 et 19 de la loi du 9 décembre 1905 ;

b) Ne porte pas atteinte à l'ordre public.

Lorsque le préfet envisage de se prononcer défavorablement sur cette demande, il en informe l'association par lettre recommandée avec demande d'avis de réception et l'invite à présenter ses observations dans un délai de quinze jours.

Le préfet constate que l'association remplit ou ne remplit pas les conditions énoncées au *a* et au *b*.

L'absence de décision expresse dans un délai de quatre mois à compter de la date de l'accusé de réception mentionné à l'article 12-1 ou, en cas de dossier incomplet, à compter de la date de réception de la dernière des pièces manquantes vaut constatation implicite que l'association remplit les conditions énoncées au *a* et au *b*. À la demande de l'association intéressée, le préfet délivre l'attestation prévue *(Mots rempl., D. n° 2017-908, 6 mai 2017)* « à l'article L. 232-3 du Code des relations entre le public et l'administration ».

Art. 12-3 *(D. n° 2010-395, 20 avr. 2010)*. **–** Lorsque la décision du préfet est favorable, elle a une durée de validité de cinq ans. Elle peut être abrogée, selon la procédure prévue à l'article 12-2, si le préfet constate que l'association ne remplit plus les conditions requises.

Art. 12-4 *(D. n° 2010-395, 20 avr. 2010)*. **–** Pour l'application de l'article 12-3, l'association bénéficiaire d'une décision constatant qu'elle remplit les conditions énoncées au *a* et au *b* de l'article 12-2 présente ses comptes annuels sur toute réquisition du préfet.

CHAPITRE V. – FUSIONS, SCISSIONS ET APPORTS PARTIELS D'ACTIFS INTÉRESSANT LES FONDATIONS DOTÉES DE LA PERSONNALITÉ MORALE

(D. n° 2012-377, 19 mars 2012)

Art. 12-5 *(D. n° 2010-395, 20 avr. 2010 ; mod., D. n° 2012-377, 19 mars 2012 ; mod., D. n° 2015-832, 7 juill. 2015)*. **–** Les opérations, mentionnées à l'article 20-1 de la loi n° 87-571 du 23 juillet 1987, de fusion, de scission et d'apport partiel d'actif entre plusieurs fondations dotées de la personnalité morale ou entre plusieurs de ces fondations et une ou plusieurs associations sont régies par les dispositions des articles 15-2 à 15-6 du décret du 16 août 1901.

Pour l'application de ces dispositions aux opérations mentionnées au premier alinéa :

1° La référence à l'article 9 *bis* de la loi du 1er juillet 1901 est remplacée par la référence à l'article 20-1 de la loi n° 87-571 du 23 juillet 1987 ;

2° Les mots : « association » et « associations » sont remplacés, respectivement, par les mots : « personne morale » et « personnes morales » ;

3° Les mots : « personnes morales chargées de l'administration des associations » sont remplacés par les mots : « organes délibérants des personnes morales » ;

4° Pour l'application du 1° du I de l'article 15-2, le projet contient en outre, pour les fondations, l'indication du montant et de la consistance de la dotation initiale et du montant et de la consistance de la dotation au jour du projet, l'acte par lequel le ou les fondateurs s'engagent à apporter les éléments constitutifs de la dotation ;

5° Pour l'application du 5° du I du même article, le projet contient, le cas échéant, l'indication du montant de la dotation de la nouvelle personne morale et l'acte par lequel les fondateurs s'engagent à apporter les éléments constitutifs de la fondation ;

6° Pour l'application de l'article 15-3, la référence à l'article L. 213-8 du Code monétaire et financier est remplacée par la référence à l'article L. 213-21-1 A du même code.

CHAPITRE VI. – APPLICABILITÉ OUTRE-MER

(D. n° 2015-807, 1er juill. 2015)

Art. 12-6 *(D. n° 2015-807, 1er juill. 2015)*. – I. – Les articles 1er à 6, 7 et 11 à 12-4 ne sont pas applicables en Guyane.

II. – Les dispositions du présent décret relatives aux associations cultuelles régies par la loi du 9 décembre 1905 ne sont pas applicables au Département de Mayotte. Pour l'application du présent décret, la référence au département est remplacée par la référence au Département de Mayotte.

(Parag. aj. D. n° 2017-908, 6 mai 2017). – III. – Pour l'application du présent décret en Guyane et en Martinique : La référence au département est remplacée par la référence à la collectivité territoriale.

Art. 937 ***(Mod., Ord. n° 2005-856, 28 juill. 2005 ; L. n° 2006-728, 23 juin 2006 ; rempl., L. n° 2009-526, 12 mai 2009)*. – Sous réserve des dispositions des deuxième et troisième alinéas de l'article 910, les donations faites au profit d'établissements d'utilité publique sont acceptées par les administrateurs de ces établissements, après y avoir été dûment autorisés.**

Décret n° 66-388 du 13 juin 1966

relatif à la tutelle administrative des associations, fondations et congrégation

(JO 17 juin)

(Mod., D. n° 2002-04, 2 avr. 2002 : JO 4 avr.)

Art. 3 *(Abr., D. n° 2012-377, 19 mars 2012).*

11.2. – DES ASPECTS FISCAUX

11.2.1. – Réduction d'impôt sur le revenu ou d'impôt sur les sociétés

11.2.1.1. – Réduction d'impôt au titre des dons consentis par les particuliers

Code général des impôts

Art. 200 ***(Mod., L. n° 2013-1279, 29 déc. 2013 ; L. n° 2015-433, 17 avr. 2015 ; L. n° 2015-1786, 29 déc. 2015 ; D. n° 2017-698, 2 mai 2017 ; L. n° 2017-1837, 30 déc. 2017 ; L. 2018-1317, 28 déc. 2018)*. – 1. Ouvrent droit à une réduction d'impôt égale à 60 % de leur montant les versements, pris dans la limite de 5 ‰ du chiffre d'affaires, effectués par les entreprises assujetties à l'impôt sur le revenu ou à l'impôt sur les sociétés au profit :**

> **Rédaction future.** *(Al. mod. pour les versements effectués au cours des exercices clos à compter du 31 décembre 2019, L. fin. n° 2018-1317, 28 déc. 2018)* Ouvrent droit à une réduction d'impôt égale à 60 % de leur montant les versements, pris dans la limite de 10 000 € ou de 5 ‰ du chiffre d'affaires lorsque ce dernier montant est plus élevé, effectués par les entreprises assujetties à l'impôt sur le revenu ou à l'impôt sur les sociétés au profit :

_a)_ De fondations ou associations reconnues d'utilité publique sous réserve du 2 _bis_, de fondations universitaires ou de fondations partenariales mentionnées respectivement aux articles L. 719-12 et L. 719-13 du Code de l'éducation et, pour les seuls salariés, mandataires sociaux, sociétaires, adhérents et actionnaires des entreprises fondatrices ou des entreprises du groupe, au sens de l'article 223 A ou de l'article 223 A _bis_, auquel appartient l'entreprise fondatrice, de fondations d'entreprise, lorsque ces organismes répondent aux conditions fixées au b. Les dons et versements réalisés par les mandataires sociaux, sociétaires, actionnaires et adhérents de ces entreprises auprès de ces fondations d'entreprise sont retenus dans la limite de 1 500 euros ;

_b)_ D'oeuvres ou d'organismes d'intérêt général ayant un caractère philanthropique, éducatif, scientifique, social, humanitaire, sportif, familial, culturel, ou concourant à la mise en valeur du patrimoine artistique, notamment à travers les souscriptions ouvertes pour financer l'achat d'objets ou d'oeuvres d'art destinés à

rejoindre les collections d'un musée de France accessibles au public, à la défense de l'environnement naturel ou à la diffusion de la culture, de la langue et des connaissances scientifiques françaises ;

c) Des établissements d'enseignement supérieur ou d'enseignement artistique publics ou privés, d'intérêt général, à but non lucratif et des établissements d'enseignement supérieur consulaire mentionnés à l'article L. 711-17 du Code de commerce pour leurs activités de formation professionnelle initiale et continue ainsi que de recherche ;

d) D'organismes visés au 4 de l'article 238 *bis* ;

e) D'associations cultuelles et de bienfaisance, ainsi que des établissements publics des cultes reconnus d'Alsace-Moselle ;

f) D'organismes publics ou privés dont la gestion est désintéressée et qui ont pour activité principale la présentation au public d'oeuvres dramatiques, lyriques, musicales, chorégraphiques, cinématographiques, audiovisuelles et de cirque ou l'organisation d'expositions d'art contemporain, à la condition que les versements soient affectés à cette activité. Cette disposition ne s'applique pas aux organismes qui présentent des oeuvres à caractère pornographique ou incitant à la violence ;

g) D'associations d'intérêt général exerçant des actions concrètes en faveur du pluralisme de la presse, par la prise de participations minoritaires, l'octroi de subventions ou encore de prêts bonifiés à des entreprises de presse, au sens du 1 de l'article 39 *bis* A.

Les donateurs peuvent affecter leurs dons au financement d'une entreprise de presse ou d'un service de presse en ligne en particulier, à condition qu'il n'existe aucun lien économique et financier, direct ou indirect, entre le donateur et le bénéficiaire.

h) De fonds de dotation :

1° Répondant aux caractéristiques mentionnées au b ou au f *bis* ;

2° Ou dont la gestion est désintéressée et qui reversent les revenus tirés des dons et versements mentionnés au premier alinéa du 1 à des organismes mentionnés aux a à f *bis* ou à la Fondation du patrimoine dans les conditions mentionnées aux quatre premiers alinéas du 2 *bis*, ou à une fondation ou association reconnue d'utilité publique agréée par le ministre chargé du budget dans les conditions mentionnées au dernier alinéa du même 2 *bis*. Ces organismes délivrent aux fonds de dotation une attestation justifiant le montant et l'affectation des versements effectués à leur profit.:

Ouvrent également droit à la réduction d'impôt les frais engagés dans le cadre d'une activité bénévole et en vue strictement de la réalisation de l'objet social d'un organisme mentionné aux a à g, lorsque ces frais, dûment justifiés, ont été constatés dans les comptes de l'organisme et que le contribuable a renoncé expressément à leur remboursement.

1 *bis*. Pour l'application des dispositions du 1, lorsque les dons et versements effectués au cours d'une année excèdent la limite de 20 %, l'excédent est reporté successivement sur les années suivantes jusqu'à la cinquième inclusivement et ouvre droit à la réduction d'impôt dans les mêmes conditions.

1 *ter*. Le taux de la réduction d'impôt visée au 1 est porté à 75 % pour les versements effectués au profit d'organismes sans but lucratif qui procèdent à la fourniture gratuite de repas à des personnes en difficulté, qui contribuent à favoriser leur logement ou qui procèdent, à titre principal, à la fourniture gratuite des soins mentionnés au 1° du 4 de l'article 261 à des personnes en difficulté. Ces versements sont retenus dans la limite de 531 € à compter de l'imposition des revenus de l'année 2017. Il n'en est pas tenu compte pour l'application de la limite mentionée au 1.

La limite de versements mentionnée au premier alinéa est relevée chaque année dans la même proportion que la limite supérieure de la première tranche du barème de l'impôt sur le revenu de l'année précédant celle des versements. Le montant obtenu est arrondi, s'il y a lieu, à l'euro supérieur.

2. Les fondations et associations reconnues d'utilité publique peuvent, lorsque leurs statuts ont été approuvés à ce titre par décret en Conseil d'Etat, recevoir des versements pour le compte d'oeuvres ou d'organismes mentionnés au 1.

La condition relative à la reconnaissance d'utilité publique est réputée remplie par les associations régies par la loi locale maintenue en vigueur dans les départements de la Moselle, du Bas-Rhin et du Haut-Rhin, lorsque la mission de ces associations est reconnue d'utilité publique.

Un décret en Conseil d'Etat fixe les conditions de cette reconnaissance et les modalités de procédure déconcentrée permettant de l'accorder.

2 *bis*. Ouvrent également droit à la réduction d'impôt les dons versés à la « Fondation du patrimoine » ou à une fondation ou une association qui affecte irrévocablement ces dons à la « Fondation du patrimoine », en vue de subventionner la réalisation des travaux prévus par les conventions conclues en application de l'article L. 143-2-1 du Code du patrimoine entre la « Fondation du patrimoine » et les propriétaires des immeubles, personnes physiques ou sociétés civiles composées uniquement de personnes physiques et qui ont pour objet exclusif la gestion et la location nue des immeubles dont elles sont propriétaires.

Les immeubles mentionnés au premier alinéa ne doivent pas faire l'objet d'une exploitation commerciale. Toutefois, ces dispositions ne sont pas applicables lorsque la gestion de l'immeuble est désintéressée et que les conditions suivantes sont cumulativement remplies :

1° Les revenus fonciers nets, les bénéfices agricoles, les bénéfices industriels et commerciaux et les bénéfices des sociétés commerciales, augmentés des charges déduites en application du 5° du 1 de l'article 39, générés par l'immeuble au cours des trois années précédentes sont affectés au financement des travaux prévus par la convention ;

2° Le montant des dons collectés n'excède pas le montant restant à financer au titre de ces travaux, après affectation des subventions publiques et des sommes visées au 1°.

Le donateur ou l'un des membres de son foyer fiscal ne doit pas avoir conclu de convention avec la « Fondation du patrimoine » en application de l'article L. 143-2-1 précité, être propriétaire de l'immeuble sur lequel sont effectués les travaux ou être un ascendant, un descendant ou un collatéral du propriétaire de cet immeuble. En cas de détention de l'immeuble par une société mentionnée au premier alinéa, le donateur ou l'un des membres de son foyer fiscal ne doit pas être associé de cette société ou un ascendant, un descendant ou un collatéral des associés de la société propriétaire de l'immeuble.

Les dons versés à d'autres fondations ou associations reconnues d'utilité publique agréées par le ministre chargé du budget dont l'objet est culturel, en vue de subventionner la réalisation de travaux de conservation, de restauration ou d'accessibilité de monuments historiques classés ou inscrits, ouvrent droit à la réduction d'impôt dans les mêmes conditions.

3. Ouvrent également droit à la réduction d'impôt les dons, prévus à l'article L. 52-8 du Code électoral versés à une association de financement électorale ou à un mandataire financier visé à l'article L. 52-4 du même code qui sont consentis à titre définitif et sans contrepartie, soit par chèque, soit par virement, prélèvement automatique ou carte bancaire, et dont il est justifié à l'appui du compte de campagne présenté par un candidat, un binôme de candidats ou une liste. Il en va de même des dons mentionnés à l'article 11-4 de la loi n° 88-227 du 11 mars 1988 relative à la transparence financière de la vie politique ainsi que des cotisations versées aux partis et groupements politiques par l'intermédiaire de leur mandataire.

Les dons et cotisations mentionnés à la seconde phrase du premier alinéa du présent 3 sont retenus dans la limite de 15 000 €.

4. *(Abrogé)*.

4 *bis*. Ouvrent également droit à la réduction d'impôt les dons et versements effectués au profit d'organismes agréés dans les conditions prévues à l'article 1649 *nonies* dont le siège est situé dans un État membre de l'Union européenne ou dans un autre État partie à l'accord sur l'Espace économique européen ayant conclu avec la France une convention d'assistance administrative en vue de lutter contre la fraude et l'évasion fiscales. L'agrément est accordé lorsque l'organisme poursuit des objectifs et présente des caractéristiques similaires aux organismes dont le siège est situé en France répondant aux conditions fixées par le présent article.

Lorsque les dons et versements ont été effectués au profit d'un organisme non agréé dont le siège est situé dans un État membre de l'Union européenne ou dans un autre État partie à l'accord sur l'Espace économique européen ayant conclu avec la France une convention d'assistance administrative en vue de lutter contre la fraude et l'évasion fiscales, la réduction d'impôt obtenue fait l'objet d'une reprise, sauf si le contribuable produit, à la demande de l'administration fiscale, les pièces justificatives attestant que cet organisme poursuit des objectifs et présente des caractéristiques similaires aux organismes dont le siège est situé en France répondant aux conditions fixées par le présent article.

Un décret fixe les conditions d'application du présent 4 *bis* et notamment la durée de validité ainsi que les modalités de délivrance, de publicité et de retrait de l'agrément.

5. Les versements ouvrent droit au bénéfice de la réduction d'impôt, sous réserve que le contribuable soit en mesure de présenter, à la demande de l'administration fiscale, les pièces justificatives répondant à un modèle

fixé par l'administration attestant du montant et de la date des versements ainsi que de l'identité des bénéficiaires.

Toutefois, pour l'application du 3, les reçus délivrés pour les dons et les cotisations d'un montant égal ou inférieur à 3 000 € ne mentionnent pas la dénomination du bénéficiaire. Un décret en Conseil d'État détermine les modalités d'application de cette disposition.

6. Ouvrent également droit à la réduction d'impôt les dons et versements effectués au profit d'organismes qui ont pour objet la sauvegarde, contre les effets d'un conflit armé, des biens culturels mentionnés à l'article 1er de la Convention du 14 mai 1954 pour la protection des biens culturels en cas de conflit armé, dont le siège est situé dans un État membre de l'Union européenne ou dans un autre État ayant conclu avec la France une convention d'assistance administrative en vue de lutter contre la fraude et l'évasion fiscales, sous réserve que l'Etat français soit représenté au sein des instances dirigeantes avec voix délibérative.

7. *(Abrogé).*

NB : Conformément à l'article 77 II de la loi n° 2017-1837 du 30 décembre 2017, les présentes dispositions s'appliquent aux dons et versements effectués à compter du 1er janvier 2018.

11.2.1.2. – Réduction d'impôt au titre des dons consentis par les entreprises

Code général des impôts

Art. 238 *bis* *(Mod., L. n° 2014-1545, 20 déc. 2014 ; L. n° 2015-1786, 29 déc. 2015 ; L. n° 2016-1918, 29 déc. 2016 ; L. n° 2018-1317, 28 déc. 2018 ; version en vigueur du 31 déc. 2018 au 31 déc. 2019).* – 1. Ouvrent droit à une réduction d'impôt égale à 60 % de leur montant les versements, pris dans la limite de 5 pour mille du chiffre d'affaires, effectués par les entreprises assujetties à l'impôt sur le revenu ou à l'impôt sur les sociétés au profit :

a) D'œuvres ou d'organismes d'intérêt général ayant un caractère philanthropique, éducatif, scientifique, social, humanitaire, sportif, familial, culturel ou concourant à la mise en valeur du patrimoine artistique, à la défense de l'environnement naturel ou à la diffusion de la culture, de la langue et des connaissances scientifiques françaises, notamment quand ces versements sont faits au bénéfice d'une fondation universitaire, d'une fondation partenariale mentionnées respectivement aux articles L. 719-12 et L. 719-13 du Code de l'éducation ou d'une fondation d'entreprise, même si cette dernière porte le nom de l'entreprise fondatrice. Ces dispositions s'appliquent même si le nom de l'entreprise versante est associé aux opérations réalisées par ces organismes ;

b) De fondations ou associations reconnues d'utilité publique ou des musées de France et répondant aux conditions fixées au a, ainsi que d'associations cultuelles ou de bienfaisance et des établissements publics des cultes reconnus d'Alsace-Moselle. La condition relative à la reconnaissance d'utilité publique est réputée remplie par les associations régies par la loi locale maintenue en vigueur dans les départements de la Moselle, du Bas-Rhin et du Haut-Rhin lorsque la mission de ces associations est reconnue d'utilité publique. Un décret en Conseil d'État fixe les conditions de cette reconnaissance et les modalités de procédure permettant de l'accorder ;

c) Des établissements d'enseignement supérieur ou d'enseignement artistique publics ou privés, d'intérêt général, à but non lucratif ;

d) Des établissements d'enseignement supérieur consulaire mentionnés à l'article L. 711-17 du Code de commerce pour leurs activités de formation professionnelle initiale et continue ainsi que de recherche ;

e) Des sociétés ou organismes publics ou privés, agréés à cet effet par le ministre chargé du budget en vertu de l'article 4 de l'ordonnance n° 58-882 du 25 septembre 1958 relative à la fiscalité en matière de recherche scientifique et technique ;

f) D'organismes publics ou privés, y compris de sociétés de capitaux dont les actionnaires sont l'État ou un ou plusieurs établissements publics nationaux, seuls ou conjointement avec une ou plusieurs collectivités territoriales, dont la gestion est désintéressée et qui ont pour activité principale la présentation au public d'oeuvres dramatiques, lyriques, musicales, chorégraphiques, cinématographiques, audiovisuelles et de cirque ou l'organisation d'expositions d'art contemporain, à la condition que les versements soient affectés à cette activité. Cette disposition ne s'applique pas aux organismes qui présentent des oeuvres à caractère pornographique ou incitant à la violence ;

g) De projets de thèse proposés au mécénat de doctorat par les écoles doctorales dans des conditions fixées par décret ;

h) De sociétés, dont l'État est l'actionnaire unique, qui ont pour activité la représentation de la France aux expositions universelles ;

i) Des sociétés nationales de programme mentionnées à l'article 44 de la loi n° 86-1067 du 30 septembre 1986 relative à la liberté de communication et affectés au financement de programmes audiovisuels culturels ;

j) De la « Fondation du patrimoine » ou d'une fondation ou une association qui affecte irrévocablement ces versements à la « Fondation du patrimoine », en vue de subventionner la réalisation des travaux prévus par les conventions conclues en application de l'article L. 143-2-1 du Code du patrimoine entre la « Fondation du patrimoine » et les propriétaires des immeubles, personnes physiques ou sociétés civiles composées uniquement de personnes physiques et qui ont pour objet exclusif la gestion et la location nue des immeubles dont elles sont propriétaires.

Les immeubles mentionnés au premier alinéa ne doivent pas faire l'objet d'une exploitation commerciale. Toutefois, ces dispositions ne sont pas applicables lorsque la gestion de l'immeuble est désintéressée et que les conditions suivantes sont cumulativement remplies :

1° Les revenus fonciers nets, les bénéfices agricoles, les bénéfices industriels et commerciaux et les bénéfices des sociétés commerciales, augmentés des charges déduites en application du 5° du 1 de l'article 39, générés par l'immeuble au cours des trois années précédentes sont affectés au financement des travaux prévus par la convention ;

2° Le montant des dons collectés n'excède pas le montant restant à financer au titre de ces travaux, après affectation des subventions publiques et des sommes visées au 1°.

Les dirigeants ou les membres du conseil d'administration ou du directoire de la société ne doivent pas avoir conclu une convention avec la « Fondation du patrimoine » en application de l'article L. 143-2-1 précité, être propriétaires de l'immeuble sur lequel sont effectués les travaux ou être un conjoint, un ascendant, un descendant ou un collatéral du propriétaire de cet immeuble. Lorsque l'immeuble est détenu par une société mentionnée au premier alinéa, les associés ne peuvent pas être dirigeants ou membres du conseil d'administration ou du directoire de la société donatrice ou d'une société qui entretiendrait avec la société donatrice des liens de dépendance au sens du 12 de l'article 39. Les dirigeants ou les membres du conseil d'administration ou du directoire de la société donatrice ne peuvent être un conjoint, un ascendant, un descendant ou un collatéral des associés de la société civile propriétaire de l'immeuble.

Les dons versés à d'autres fondations ou associations reconnues d'utilité publique agréées par le ministre chargé du budget dont l'objet est culturel, en vue de subventionner la réalisation de travaux de conservation, de restauration ou d'accessibilité de monuments historiques classés ou inscrits ouvrent droit à la réduction d'impôt dans les mêmes conditions.

k) De fonds de dotation :

1° Répondant aux caractéristiques mentionnées au a ;

2° Ou dont la gestion est désintéressée et qui reversent les revenus tirés des dons et versements mentionnés au premier alinéa du présent 1 à des organismes mentionnés aux a à e *bis* ou à la Fondation du patrimoine dans les conditions mentionnées aux quatre premiers alinéas du f, ou à une fondation ou association reconnue d'utilité publique agréée par le ministre chargé du budget dans les conditions mentionnées au sixième alinéa du même f. Ces organismes délivrent aux fonds de dotation une attestation justifiant le montant et l'affectation des versements effectués à leur profit.

Les organismes mentionnés au b peuvent, lorsque leurs statuts ont été approuvés à ce titre par décret en Conseil d'État, recevoir des versements pour le compte d'oeuvres ou d'organismes mentionnés au a.

Lorsque la limite fixée au premier alinéa est dépassée au cours d'un exercice, l'excédent de versement peut donner lieu à réduction d'impôt au titre des cinq exercices suivants, après prise en compte des versements effectués au titre de chacun de ces exercices, sans qu'il puisse en résulter un dépassement du plafond défini au premier alinéa.

La limite de 5 pour mille du chiffre d'affaires s'applique à l'ensemble des versements effectués au titre du présent article.

Les versements ne sont pas déductibles pour la détermination du bénéfice imposable.

Lorsque les versements mentionnés au premier alinéa du présent 1 sont effectués sous forme de dons en nature, leur valorisation est effectuée au coût de revient du bien donné ou de la prestation de service donnée.

2. *(Abrogé).*

3. *(Abrogé).*

4. Ouvrent également droit, et dans les mêmes conditions, à la réduction d'impôt prévue au 1 les dons versés aux organismes agréés dans les conditions prévues à l'article 1649 *nonies* et dont l'objet exclusif est de verser des aides financières permettant la réalisation d'investissements tels que définis au 3 de l'article 17 du règlement (UE) n° 651/2014 de la Commission du 17 juin 2014 déclarant certaines catégories d'aides compatibles avec le marché intérieur en application des articles 107 et 108 du traité ou de fournir des prestations d'accompagnement à des petites et moyennes entreprises telles qu'elles sont définies à l'annexe I à ce règlement.

L'agrément est délivré à l'organisme s'il s'engage à respecter continûment l'ensemble des conditions suivantes :

1° La gestion de l'organisme est désintéressée ;

2° Ses aides et prestations ne sont pas rémunérées et sont utilisées dans l'intérêt direct des entreprises bénéficiaires ;

3° Les aides accordées entrent dans le champ d'application de l'article 17 du règlement (UE) n° 651/2014 de la Commission du 17 juin 2014 précité ;

4° Le montant versé chaque année à une entreprise ne devra pas excéder 20 % des ressources annuelles de l'organisme ;

5° Les aides ne peuvent bénéficier aux entreprises exerçant à titre principal une activité visée à l'article 35.

Un organisme ayant pour objet exclusif de participer, par le versement d'aides financières ne relevant pas du 3 de l'article 17 du règlement mentionné au premier alinéa du présent 4, à la création, à la reprise ou au développement de petites et moyennes entreprises telles qu'elles sont définies à l'annexe I au même règlement ou de leur fournir des prestations d'accompagnement peut également se voir délivrer l'agrément, sous réserve du respect des conditions mentionnées aux 1°, 2°, 4° et 5° et du règlement (UE) n° 1407/2013 de la Commission, du 18 décembre 2013, relatif à l'application des articles 107 et 108 du traité sur le fonctionnement de l'Union européenne aux aides de minimis ou du règlement (UE) n° 717/2014 de la Commission du 27 juin 2014 concernant l'application des articles 107 et 108 du traité sur le fonctionnement de l'Union européenne aux aides de minimis dans le secteur de la pêche et de l'aquaculture.

L'agrément accordé aux organismes qui le sollicitent pour la première fois porte sur une période comprise entre la date de sa notification et le 31 décembre de la deuxième année qui suit cette date. En cas de demande de renouvellement d'agrément, ce dernier, s'il est accordé, l'est pour une période de cinq ans.

Un décret fixe les modalités d'application du présent article, notamment les dispositions relatives aux statuts des organismes bénéficiaires des dons, les conditions de retrait de l'agrément et les informations relatives aux entreprises aidées que les organismes communiquent au ministre ayant délivré l'agrément.

4 *bis*. Ouvrent également droit à la réduction d'impôt les dons et versements effectués au profit d'organismes agréés dans les conditions prévues à l'article 1649 *nonies* dont le siège est situé dans un Etat membre de l'Union européenne ou dans un autre État partie à l'accord sur l'Espace économique européen ayant conclu avec la France une convention d'assistance administrative en vue de lutter contre la fraude et l'évasion fiscales. L'agrément est accordé lorsque l'organisme poursuit des objectifs et présente des caractéristiques similaires aux organismes dont le siège est situé en France répondant aux conditions fixées par le présent article.

Lorsque les dons et versements ont été effectués au profit d'un organisme non agréé dont le siège est situé dans un État membre de l'Union européenne ou dans un autre État partie à l'accord sur l'Espace économique européen ayant conclu avec la France une convention d'assistance administrative en vue de lutter contre la fraude et l'évasion fiscales, la réduction d'impôt obtenue fait l'objet d'une reprise, sauf lorsque le contribuable a produit dans le délai de dépôt de déclaration les pièces justificatives attestant que cet organisme poursuit des objectifs et présente des caractéristiques similaires aux organismes dont le siège est situé en France répondant aux conditions fixées par le présent article.

Un décret fixe les conditions d'application du présent 4 *bis* et notamment la durée de validité ainsi que les modalités de délivrance, de publicité et de retrait de l'agrément.

Ouvrent également droit à la réduction d'impôt les dons et versements effectués au profit d'organismes qui ont pour objet la sauvegarde, contre les effets d'un conflit armé, des biens culturels mentionnés à l'article 1er de la

Convention du 14 mai 1954 pour la protection des biens culturels en cas de conflit armé, dont le siège est situé dans un État membre de l'Union européenne ou dans un autre État ayant conclu avec la France une convention d'assistance administrative en vue de lutter contre la fraude et l'évasion fiscales, sous réserve que l'État français soit représenté au sein des instances dirigeantes avec voix délibérative.

6. Les entreprises qui effectuent au cours d'un exercice plus de 10 000 € de dons et versements ouvrant droit à la réduction d'impôt prévue au présent article déclarent à l'administration fiscale le montant et la date de ces dons et versements, l'identité des bénéficiaires ainsi que, le cas échéant, la valeur des biens et services reçus, directement ou indirectement, en contrepartie.

Ces informations sont transmises sur un support électronique dans le même délai que celui prévu pour le dépôt de la déclaration de résultats de l'exercice au cours duquel les dons et versements mentionnés au premier alinéa du présent 6 sont effectués, suivant des modalités fixées par décret.

NB : Conformément à l'article 149 II de la loi n° 2018-1317 du 28 décembre 2018, les dispositions de l'article 238 *bis* telles qu'elles résultent du I dudit article sont applicables aux exercices ouverts à compter du 1er janvier 2019.

Art. 238 *bis* *(Mod., L. n° 2014-1545, 20 déc. 2014 ; L. n° 2015-1786, 29 déc. 2015 ; L. n° 2016-1918, 29 déc. 2016 ; L. n° 2018-1317, 28 déc. 2018 ; version à venir au 31 déc. 2019).* – 1. Ouvrent droit à une réduction d'impôt égale à 60 % de leur montant les versements, pris dans la limite de 10 000 € ou de 5 pour mille du chiffre d'affaires lorsque ce dernier montant est plus élevé, effectués par les entreprises assujetties à l'impôt sur le revenu ou à l'impôt sur les sociétés au profit :

a) D'œuvres ou d'organismes d'intérêt général ayant un caractère philanthropique, éducatif, scientifique, social, humanitaire, sportif, familial, culturel ou concourant à la mise en valeur du patrimoine artistique, à la défense de l'environnement naturel où à la diffusion de la culture, de la langue et des connaissances scientifiques françaises, notamment quand ces versements sont faits au bénéfice d'une fondation universitaire, d'une fondation partenariale mentionnées respectivement aux articles L. 719-12 et L. 719-13 du Code de l'éducation ou d'une fondation d'entreprise, même si cette dernière porte le nom de l'entreprise fondatrice. Ces dispositions s'appliquent même si le nom de l'entreprise versante est associé aux opérations réalisées par ces organismes ;

b) De fondations ou associations reconnues d'utilité publique ou des musées de France et répondant aux conditions fixées au a, ainsi que d'associations cultuelles ou de bienfaisance et des établissements publics des cultes reconnus d'Alsace-Moselle. La condition relative à la reconnaissance d'utilité publique est réputée remplie par les associations régies par la loi locale maintenue en vigueur dans les départements de la Moselle, du Bas-Rhin et du Haut-Rhin lorsque la mission de ces associations est reconnue d'utilité publique. Un décret en Conseil d'Etat fixe les conditions de cette reconnaissance et les modalités de procédure permettant de l'accorder ;

c) Des établissements d'enseignement supérieur ou d'enseignement artistique publics ou privés, d'intérêt général, à but non lucratif ;

d) Des établissements d'enseignement supérieur consulaire mentionnés à l'article L. 711-17 du Code de commerce pour leurs activités de formation professionnelle initiale et continue ainsi que de recherche ;

e) Des sociétés ou organismes publics ou privés, agréés à cet effet par le ministre chargé du budget en vertu de l'article 4 de l'ordonnance n° 58-882 du 25 septembre 1958 relative à la fiscalité en matière de recherche scientifique et technique ;

f) D'organismes publics ou privés, y compris de sociétés de capitaux dont les actionnaires sont l'État ou un ou plusieurs établissements publics nationaux, seuls ou conjointement avec une ou plusieurs collectivités territoriales, dont la gestion est désintéressée et qui ont pour activité principale la présentation au public d'oeuvres dramatiques, lyriques, musicales, chorégraphiques, cinématographiques, audiovisuelles et de cirque ou l'organisation d'expositions d'art contemporain, à la condition que les versements soient affectés à cette activité. Cette disposition ne s'applique pas aux organismes qui présentent des oeuvres à caractère pornographique ou incitant à la violence ;

g) De projets de thèse proposés au mécénat de doctorat par les écoles doctorales dans des conditions fixées par décret ;

h) De sociétés, dont l'État est l'actionnaire unique, qui ont pour activité la représentation de la France aux expositions universelles ;

i) Des sociétés nationales de programme mentionnées à l'article 44 de la loi n° 86-1067 du 30 septembre 1986 relative à la liberté de communication et affectés au financement de programmes audiovisuels culturels ;

j) De la « Fondation du patrimoine » ou d'une fondation ou une association qui affecte irrévocablement ces versements à la « Fondation du patrimoine », en vue de subventionner la réalisation des travaux prévus par les conventions conclues en application de l'article L. 143-2-1 du Code du patrimoine entre la « Fondation du patrimoine » et les propriétaires des immeubles, personnes physiques ou sociétés civiles composées uniquement de personnes physiques et qui ont pour objet exclusif la gestion et la location nue des immeubles dont elles sont propriétaires.

Les immeubles mentionnés au premier alinéa ne doivent pas faire l'objet d'une exploitation commerciale. Toutefois, ces dispositions ne sont pas applicables lorsque la gestion de l'immeuble est désintéressée et que les conditions suivantes sont cumulativement remplies :

1° Les revenus fonciers nets, les bénéfices agricoles, les bénéfices industriels et commerciaux et les bénéfices des sociétés commerciales, augmentés des charges déduites en application du 5° du 1 de l'article 39, générés par l'immeuble au cours des trois années précédentes sont affectés au financement des travaux prévus par la convention ;

2° Le montant des dons collectés n'excède pas le montant restant à financer au titre de ces travaux, après affectation des subventions publiques et des sommes visées au 1°.

Les dirigeants ou les membres du conseil d'administration ou du directoire de la société ne doivent pas avoir conclu une convention avec la « Fondation du patrimoine » en application de l'article L. 143-2-1 précité, être propriétaires de l'immeuble sur lequel sont effectués les travaux ou être un conjoint, un ascendant, un descendant ou un collatéral du propriétaire de cet immeuble. Lorsque l'immeuble est détenu par une société mentionnée au premier alinéa, les associés ne peuvent pas être dirigeants ou membres du conseil d'administration ou du directoire de la société donatrice ou d'une société qui entretiendrait avec la société donatrice des liens de dépendance au sens du 12 de l'article 39. Les dirigeants ou les membres du conseil d'administration ou du directoire de la société donatrice ne peuvent être un conjoint, un ascendant, un descendant ou un collatéral des associés de la société civile propriétaire de l'immeuble.

Les dons versés à d'autres fondations ou associations reconnues d'utilité publique agréées par le ministre chargé du budget dont l'objet est culturel, en vue de subventionner la réalisation de travaux de conservation, de restauration ou d'accessibilité de monuments historiques classés ou inscrits ouvrent droit à la réduction d'impôt dans les mêmes conditions.

k) De fonds de dotation :

1° Répondant aux caractéristiques mentionnées au a ;

2° Ou dont la gestion est désintéressée et qui reversent les revenus tirés des dons et versements mentionnés au premier alinéa du présent 1 à des organismes mentionnés aux a à e *bis* ou à la Fondation du patrimoine dans les conditions mentionnées aux quatre premiers alinéas du f, ou à une fondation ou association reconnue d'utilité publique agréée par le ministre chargé du budget dans les conditions mentionnées au sixième alinéa du même f. Ces organismes délivrent aux fonds de dotation une attestation justifiant le montant et l'affectation des versements effectués à leur profit.

Les organismes mentionnés au b peuvent, lorsque leurs statuts ont été approuvés à ce titre par décret en Conseil d'État, recevoir des versements pour le compte d'oeuvres ou d'organismes mentionnés au a.

Lorsque la limite fixée au premier alinéa est dépassée au cours d'un exercice, l'excédent de versement peut donner lieu à réduction d'impôt au titre des cinq exercices suivants, après prise en compte des versements effectués au titre de chacun de ces exercices, sans qu'il puisse en résulter un dépassement du plafond défini au premier alinéa.

La limite de 10 000 € ou de 5 pour mille du chiffre d'affaires lorsque ce dernier montant est plus élevé s'applique à l'ensemble des versements effectués au titre du présent article.

Les versements ne sont pas déductibles pour la détermination du bénéfice imposable.

Lorsque les versements mentionnés au premier alinéa du présent 1 sont effectués sous forme de dons en nature, leur valorisation est effectuée au coût de revient du bien donné ou de la prestation de service donnée.

2. *(Abrogé).*

3. *(Abrogé).*

4. Ouvrent également droit, et dans les mêmes conditions, à la réduction d'impôt prévue au 1 les dons versés aux organismes agréés dans les conditions prévues à l'article 1649 *nonies* et dont l'objet exclusif est de verser des aides financières permettant la réalisation d'investissements tels que définis au 3 de l'article 17 du règlement (UE) n° 651/

2014 de la Commission du 17 juin 2014 déclarant certaines catégories d'aides compatibles avec le marché intérieur en application des articles 107 et 108 du traité ou de fournir des prestations d'accompagnement à des petites et moyennes entreprises telles qu'elles sont définies à l'annexe I à ce règlement.

L'agrément est délivré à l'organisme s'il s'engage à respecter continûment l'ensemble des conditions suivantes :

1° La gestion de l'organisme est désintéressée ;

2° Ses aides et prestations ne sont pas rémunérées et sont utilisées dans l'intérêt direct des entreprises bénéficiaires ;

3° Les aides accordées entrent dans le champ d'application de l'article 17 du règlement (UE) n° 651/2014 de la Commission du 17 juin 2014 précité ;

4° Le montant versé chaque année à une entreprise ne devra pas excéder 20 % des ressources annuelles de l'organisme ;

5° Les aides ne peuvent bénéficier aux entreprises exerçant à titre principal une activité visée à l'article 35.

Un organisme ayant pour objet exclusif de participer, par le versement d'aides financières ne relevant pas du 3 de l'article 17 du règlement mentionné au premier alinéa du présent 4, à la création, à la reprise ou au développement de petites et moyennes entreprises telles qu'elles sont définies à l'annexe I au même règlement ou de leur fournir des prestations d'accompagnement peut également se voir délivrer l'agrément, sous réserve du respect des conditions mentionnées aux 1°, 2°, 4° et 5° et du règlement (UE) n° 1407/2013 de la Commission, du 18 décembre 2013, relatif à l'application des articles 107 et 108 du traité sur le fonctionnement de l'Union européenne aux aides de minimis ou du règlement (UE) n° 717/2014 de la Commission du 27 juin 2014 concernant l'application des articles 107 et 108 du traité sur le fonctionnement de l'Union européenne aux aides de minimis dans le secteur de la pêche et de l'aquaculture.

L'agrément accordé aux organismes qui le sollicitent pour la première fois porte sur une période comprise entre la date de sa notification et le 31 décembre de la deuxième année qui suit cette date. En cas de demande de renouvellement d'agrément, ce dernier, s'il est accordé, l'est pour une période de cinq ans.

Un décret fixe les modalités d'application du présent article, notamment les dispositions relatives aux statuts des organismes bénéficiaires des dons, les conditions de retrait de l'agrément et les informations relatives aux entreprises aidées que les organismes communiquent au ministre ayant délivré l'agrément.

4 *bis*. Ouvrent également droit à la réduction d'impôt les dons et versements effectués au profit d'organismes agréés dans les conditions prévues à l'article 1649 *nonies* dont le siège est situé dans un État membre de l'Union européenne ou dans un autre État partie à l'accord sur l'Espace économique européen ayant conclu avec la France une convention d'assistance administrative en vue de lutter contre la fraude et l'évasion fiscales. L'agrément est accordé lorsque l'organisme poursuit des objectifs et présente des caractéristiques similaires aux organismes dont le siège est situé en France répondant aux conditions fixées par le présent article.

Lorsque les dons et versements ont été effectués au profit d'un organisme non agréé dont le siège est situé dans un État membre de l'Union européenne ou dans un autre État partie à l'accord sur l'Espace économique européen ayant conclu avec la France une convention d'assistance administrative en vue de lutter contre la fraude et l'évasion fiscales, la réduction d'impôt obtenue fait l'objet d'une reprise, sauf lorsque le contribuable a produit dans le délai de dépôt de déclaration les pièces justificatives attestant que cet organisme poursuit des objectifs et présente des caractéristiques similaires aux organismes dont le siège est situé en France répondant aux conditions fixées par le présent article.

Un décret fixe les conditions d'application du présent 4 *bis* et notamment la durée de validité ainsi que les modalités de délivrance, de publicité et de retrait de l'agrément.

5. Ouvrent également droit à la réduction d'impôt les dons et versements effectués au profit d'organismes qui ont pour objet la sauvegarde, contre les effets d'un conflit armé, des biens culturels mentionnés à l'article 1er de la Convention du 14 mai 1954 pour la protection des biens culturels en cas de conflit armé, dont le siège est situé dans un État membre de l'Union européenne ou dans un autre État ayant conclu avec la France une convention d'assistance administrative en vue de lutter contre la fraude et l'évasion fiscales, sous réserve que l'État français soit représenté au sein des instances dirigeantes avec voix délibérative.

6. Les entreprises qui effectuent au cours d'un exercice plus de 10 000 € de dons et versements ouvrant droit à la réduction d'impôt prévue au présent article déclarent à l'administration fiscale le montant et la date de ces dons et versements, l'identité des bénéficiaires ainsi que, le cas échéant, la valeur des biens et services reçus, directement ou indirectement, en contrepartie.

Ces informations sont transmises sur un support électronique dans le même délai que celui prévu pour le dépôt de la déclaration de résultats de l'exercice au cours duquel les dons et versements mentionnés au premier alinéa du présent 6 sont effectués, suivant des modalités fixées par décret.

NB : Conformément à l'article 149 II de la loi n° 2018-1317 du 28 décembre 2018, les dispositions de l'article 238 *bis* telles qu'elles résultent du I dudit article sont applicables aux exercices ouverts à compter du 1er janvier 2019.

Conformément à l'article 148 II de la loi n° 2018-1317 du 28 décembre 2018, les dispositions du 1 de l'article 238 *bis* telles qu'elles résultent du I dudit article s'appliquent aux versements effectués au cours des exercices clos à compter du 31 décembre 2019.

11.2.2. – Droits de mutation à titre gratuit

11.2.2.1. – Exonération des dons manuels consentis aux organismes d'intérêt général

Code général des impôts

Art. 757 *(Mod., L. n° 2003-709, 1er août 2003 ; L. fin. rect. n° 2011-900, 29 juill. 2011).* **– Les actes renfermant soit la déclaration par le donataire ou ses représentants, soit la reconnaissance judiciaire d'un don manuel, sont sujets aux droits de mutation à titre gratuit. Ces droits sont calculés sur la valeur du don manuel au jour de sa déclaration ou de son enregistrement, ou sur sa valeur au jour de la donation si celle-ci est supérieure. Le tarif et les abattements applicables sont ceux en vigueur au jour de la déclaration ou de l'enregistrement du don manuel.**

La même règle s'applique lorsque le donataire révèle un don manuel à l'administration fiscale.

Ces dispositions ne s'appliquent pas aux dons manuels consentis aux organismes d'intérêt général mentionnés à l'article 200.

11.2.2.2. – Abattement en cas de transmission par décès à une fondation ou une association reconnues d'utilité publique

Code général des impôts

Art. 788 *(Mod., L. n° 2004-1484, 30 déc. 2004).* **– I. –** *(Abr. pour les successions ouvertes et les donations consenties à compter de la date de publication de loi n° 2007-1223, 21 août 2007).*

II. – *(Abr. pour les successions ouvertes à compter de la date de publication de L. n° 2007-1223, 21 août 2007).*

III. – Pour la perception des droits de mutation par décès, il est effectué un abattement sur la part nette de tout héritier, donataire ou légataire correspondant à la valeur des biens reçus du défunt, évalués au jour du décès et remis par celui-ci à une fondation reconnue d'utilité publique répondant aux conditions fixées au *b* du 1 de l'article 200 ou aux sommes versées par celui-ci à une association reconnue d'utilité publique répondant aux conditions fixées au *b* du 1 de l'article 200, à l'État, à ses établissements publics ou à un organisme mentionné à l'article 794 en remploi des sommes, droits ou valeurs reçus du défunt. Cet abattement s'applique à la double condition :

1° Que la libéralité soit effectuée, à titre définitif et en pleine propriété, dans les six mois suivant le décès ;

2° Que soient jointes à la déclaration de succession des pièces justificatives répondant à un modèle fixé par un arrêté du ministre chargé du budget attestant du montant et de la date de la libéralité ainsi que de l'identité des bénéficiaires.

L'application de cet abattement n'est pas cumulable avec le bénéfice de la réduction d'impôt sur le revenu prévue à l'article 200.

IV. – À défaut d'autre abattement, à l'exception de celui mentionné au III, un abattement de 1 564 € *(L. fin. n° 2007-1822, 24 déc. 2007 et L. fin. n° 2008-1425, 27 déc. 2008 ; codifiés, D. n° 2009-389, 7 avr. 2009)* **est opéré sur chaque part successorale.**

V *(V. abr. à compter du 1er janvier 2013, L. fin. rect. n° 2012-958, 16 août 2012).*

11.2.2.3. – Exonération des dons et legs consentis à certaines personnes morales

Code général des impôts

Art. 795 *(Mod., L. n° 2006-436, 14 avr. 2006 ; L. fin. rect. n° 2007-1824, 25 déc. 2007 ; L. n° 2008-776, 4 août 2008 ; L. n° 2016-1087, 8 août 2016 ; L. n° 2018-1317, 28 déc. 2018).* – Sont exonérés des droits de mutation à titre gratuit :

1° Les dons et legs d'oeuvres d'art, de monuments ou d'objets ayant un caractère historique, de livres, d'imprimés ou de manuscrits, faits aux établissements pourvus de la personnalité civile, autres que ceux visés au I de l'article 794, si ces oeuvres et objets sont destinés à figurer dans une collection publique ;

2° Les dons et legs consentis aux établissements publics ou d'utilité publique répondant aux caractéristiques mentionnées aux b ou f *bis* du 1 de l'article 200 ;

3° *(Abrogé)* ;

4° Les dons et legs faits aux établissements publics charitables autres que ceux visés au I de l'article 794, aux mutuelles et à toutes autres sociétés reconnues d'utilité publique dont les ressources sont affectées à des oeuvres d'assistance, à la défense de l'environnement naturel ou à la protection des animaux.

Il est statué sur le caractère de bienfaisance de la disposition par le décret rendu en conseil d'État ou l'arrêté préfectoral qui en autorise, le cas échéant, l'acceptation ;

5° Les dons et legs faits aux fondations universitaires, aux fondations partenariales et établissements d'enseignement supérieur reconnus d'utilité publique, aux sociétés d'éducation populaire gratuite reconnues d'utilité publique et subventionnées par l'État, aux associations d'enseignement supérieur reconnues d'utilité publique et aux établissements reconnus d'utilité publique ayant pour objet de soutenir des oeuvres d'enseignement scolaire et universitaire régulièrement déclarées ;

6° Les dons et legs de sommes d'argent ou d'immeubles faits aux établissements pourvus de la personnalité civile autres que ceux visés au I de l'article 794 avec obligation, pour les bénéficiaires, de consacrer ces libéralités à l'achat d'oeuvres d'art, de monuments ou d'objets ayant un caractère historique, de livres, d'imprimés ou de manuscrits, destinés à figurer dans une collection publique, ou à l'entretien d'une collection publique ;

7° Les dons et legs faits aux organismes d'habitations à loyer modéré ou à leurs unions ;

8° *(Périmé).*

9° Les dons et legs faits à l'office national des anciens combattants et victimes de guerre ;

10° Les dons et legs faits aux associations cultuelles, aux unions d'associations cultuelles et aux congrégations autorisées ;

11° Les dons et legs faits aux établissements publics ou d'utilité publique autres que ceux visés au I de l'article 794, aux sociétés particulières ou autres groupements régulièrement constitués, en tant qu'ils sont affectés, par la volonté expresse du donateur ou du testateur, à l'érection de monuments aux morts de la guerre ou à la gloire de nos armes et des armées alliées.

12° Conformément à l'article L. 322-8 du Code de l'environnement, les dons et legs d'immeubles faits au profit du Conservatoire de l'espace littoral et des rivages lacustres.

13° Les dons et legs d'immeubles situés dans les coeurs des parcs nationaux, faits au profit de l'établissement public du parc national concerné.

14° Les dons et legs consentis aux fonds de dotation répondant aux conditions fixées au g du 1 de l'article 200.

11.2.3. – Réduction d'ISF

Art. 885-0 V *bis* A *(Abr., L. n° 2017-1837, 30 déc. 2017).*

11.2.4. – Mise sous condition des avantages fiscaux attachés aux dons

Art. 1378 *octies* *(L. fin. rect. n° 2009-1674, 30 déc. 2009, et D. codification n° 2010-421, 27 avr. 2010).* – I. – Lorsque le ministre chargé du budget reçoit de la Cour des comptes la déclaration mentionnée *(Mots rempl., Ord. n° 2016-1360, 13 oct. 2016)* « troisième alinéa de l'article L. 143-2 du Code des juridictions financières », il peut, par arrêté pris dans les conditions fixées par un décret en Conseil d'État, suspendre de tout avantage fiscal les dons, legs et versements effectués au profit de l'organisme visé dans la déclaration. Cet arrêté est publié au *Journal officiel*.

Dans le cas contraire, il adresse un rapport motivé au premier président de la Cour des comptes et aux présidents des commissions des finances de l'Assemblée nationale et du Sénat.

II. – Lorsqu'un organisme, qui peut être contrôlé en application *(Mots rempl., D. n° 2018-500, 22 juin 2018)* « de l'article L. 111-8 du code précité », est définitivement condamné en application des articles 313-2 ou 314-1 du Code pénal, les dons, legs et versements effectués à son profit ne peuvent plus, à compter du quinzième jour qui suit la condamnation, ouvrir droit à l'avenir au bénéfice d'un avantage fiscal.

III. – 1. À compter du quinzième jour qui suit la notification de l'arrêté du ministre chargé du budget prévu au I, les dons, legs et versements effectués au profit de l'organisme visé par l'arrêté sont exclus du bénéfice de tout avantage fiscal.

2. À compter du quinzième jour qui suit la notification de l'arrêté, l'organisme visé par celui-ci indique expressément dans tous les documents, y compris électroniques, destinés à solliciter du public des dons, legs, versements et cotisations, que ceux-ci ne peuvent plus ouvrir droit à aucun avantage fiscal.

3. À compter du quinzième jour qui suit sa condamnation définitive, l'organisme mentionné au II indique expressément dans tous les documents, y compris électroniques, destinés à solliciter du public des dons, legs, versements et cotisations, que ceux-ci ne peuvent plus ouvrir droit à aucun avantage fiscal.

4. Le non-respect des 2 et 3 est puni de l'amende prévue à l'article 1762 *decies*.

IV. – 1. *a)* À l'expiration d'un délai d'un an suivant la notification de l'arrêté mentionné au I, l'organisme visé par l'arrêté peut saisir le ministre chargé du budget d'une demande tendant au rétablissement du bénéfice des avantages fiscaux pour les dons, legs et versements susceptibles d'être effectués à son profit.

b) La saisine est accompagnée de tous les éléments propres à établir les moyens effectivement mis en œuvre pour rendre conformes aux objectifs poursuivis par cet organisme les dépenses financées par des dons, legs et versements susceptibles d'ouvrir droit au bénéfice d'un avantage fiscal.

c) Le ministre chargé du budget peut abroger l'arrêté mentionné au I après avis de la Cour des comptes. À défaut d'avis de la Cour des comptes dans un délai de six mois à compter de sa saisine, celui-ci est réputé émis.

2. *a)* À l'expiration d'un délai de trois ans suivant sa condamnation définitive, l'organisme mentionné au II peut saisir le ministre chargé du budget d'une demande tendant au rétablissement du bénéfice des avantages fiscaux pour les dons, legs et versements susceptibles d'être effectués à son profit.

b) La saisine est accompagnée de tous les éléments propres à établir les moyens effectivement mis en œuvre pour rendre conformes aux objectifs poursuivis par cet organisme les dépenses financées par des dons, legs et versements susceptibles d'ouvrir droit au bénéfice d'un avantage fiscal.

c) Le ministre chargé du budget peut rétablir le bénéfice des avantages fiscaux pour les dons, legs et versements susceptibles d'être effectués au profit de cet organisme après avis conforme de la Cour des comptes. À défaut d'avis de la Cour des comptes dans un délai de six mois à compter de sa saisine, celui-ci est réputé favorable.

V. – Lorsqu'un commissaire aux comptes d'un organisme visé à l'article L. 111-8 du Code des juridictions financières refuse de certifier les comptes de cet organisme, il transmet son rapport au ministre chargé du budget qui procède dans les conditions prévues au I.

VI. – Un décret en Conseil d'État fixe les conditions d'application du présent article.

VII. – Les I à VI s'appliquent à compter du 1er janvier 2010.

Art. 1762 *decies* *(L. fin. rect. n° 2009-1674, 30 déc. 2009)*. – À défaut du respect des obligations prévues aux 2 et 3 du III de l'article 1378 *octies*, les organismes mentionnés à ces 2 et 3 sont passibles d'une amende égale à 25 % du montant des dons, legs et versements qui ont été effectués à leur profit.

Livre des procédures fiscales

Art. L. 135 ZA *(L. fin. rect. n° 2010-1658, 29 déc. 2010)*. – Les agents de la direction générale des finances publiques et les agents des services préfectoraux chargés des associations et fondations peuvent se communiquer les renseignements et documents utiles à l'appréciation de la capacité des associations et fondations à recevoir des dons ou legs ou à bénéficier des avantages fiscaux réservés à ces organismes.

LIVRE DOUZIÈME. – INCOMPATIBILITÉS DES FONCTIONS DIRIGEANTES AVEC LES MANDATS

12.1. – DÉPUTÉS

Code électoral

Art. LO 145 *(Mod., L. n° 2017-1338, 15 sept. 2017)*. – I. – Sont incompatibles avec le mandat de député les fonctions de président ainsi que celles de directeur général et de directeur général adjoint exercées dans les entreprises nationales et établissements publics nationaux ; il en est de même de toute fonction exercée de façon permanente en qualité de conseil auprès de ces entreprises ou établissements.

Sauf si le député y est désigné en cette qualité, sont incompatibles avec le mandat de député les fonctions de membre de conseil d'administration exercées dans les entreprises nationales et établissements publics nationaux, ainsi que les fonctions exercées au sein d'une autorité administrative indépendante ou d'une autorité publique indépendante.

Est incompatible avec le mandat de député la fonction de président d'une autorité administrative indépendante ou d'une autorité publique indépendante.

II. – Un député ne peut être désigné en cette qualité dans une institution ou un organisme extérieur qu'en vertu d'une disposition législative qui détermine les conditions de sa désignation. Il ne peut percevoir à ce titre aucune rémunération, gratification ou indemnité.

III. – Le I n'est pas applicable aux fonctions de président ou de membre de la commission de surveillance de la Caisse des dépôts et consignations.

Art. L.O. 146 *(Mod., L. n° 2017-1338, 15 sept. 2017)*. – Sont incompatibles avec le mandat parlementaire les fonctions de chef d'entreprise, de président de conseil d'administration, de président et de membre de directoire, de président de conseil de surveillance, d'administrateur délégué, de directeur général, directeur général délégué ou gérant exercées dans :

1° Les sociétés, entreprises ou établissements jouissant, sous forme de garanties d'intérêts, de subventions ou, sous forme équivalente, d'avantages assurés par l'État ou par une collectivité publique sauf dans le cas où ces avantages découlent de l'application automatique d'une législation générale ou d'une réglementation générale ;

2° Les sociétés ayant principalement un objet financier et faisant publiquement appel à l'épargne, ainsi que les sociétés civiles autorisées à faire publiquement appel à l'épargne et les organes de direction, d'administration ou de gestion de ces sociétés ;

3° Les sociétés ou entreprises dont l'activité consiste dans l'exécution de travaux, la prestation de fournitures ou de services destinés spécifiquement à ou devant faire l'objet d'une autorisation discrétionnaire de la part de l'État, d'une collectivité ou d'un établissement public ou d'une entreprise nationale ou d'un État étranger ;

4° Les sociétés ou entreprises à but lucratif dont l'objet est l'achat ou la vente de terrains destinés à des constructions, quelle que soit leur nature, ou qui exercent une activité de promotion immobilière ou, à titre habituel, de construction d'immeubles en vue de leur vente ;

5° Les sociétés dont plus de la moitié du capital est constituée par des participations de sociétés, entreprises ou établissements visés aux 1° à 4° ;

6° Les sociétés et organismes exerçant un contrôle effectif sur une société, une entreprise ou un établissement mentionnés aux 1° à 4° ;

7° Les sociétés d'économie mixte ;

8° Les sociétés, entreprises ou organismes dont l'activité consiste principalement à fournir des prestations de conseil aux sociétés, entreprises, établissements ou organismes mentionnés aux 1° à 7°.

Les dispositions du présent article sont applicables à toute personne qui, directement ou par personne interposée, exerce en fait la direction de l'un des établissements, sociétés ou entreprises ci-dessus visés.

NB : Conformément au II de l'article 20 de la loi organique n° 2017-1338 du 15 septembre 2017, l'interdiction mentionnée au 8° du présent article s'applique à tout député ou sénateur à compter du 2 octobre 2017.

Art. LO 146-1 *(L. org. n° 95-63, 19 janv. 1995 ; mod., L. n° 2017-1338, 15 sept. 2017).* **– Il est interdit à tout député de :**

1° Commencer à exercer une fonction de conseil qui n'était pas la sienne avant le début de son mandat ;

2° Poursuivre une telle activité lorsque celle-ci a débuté dans les douze mois précédant le premier jour du mois de son entrée en fonction ;

3° Fournir des prestations de conseil aux sociétés, entreprises, établissements ou organismes mentionnés aux 1° à 7° de l'article LO 146 ;

4° Fournir des prestations de conseil à des gouvernements, entreprises publiques, autorités administratives ou toute autre structure publique étrangers.

NB : Conformément aux III et V de l'article 20 de la loi organique n° 2017-1338 du 15 septembre 2017, les interdictions mentionnées aux 1°, 3° et 4° du présent article s'appliquent à tout député ou sénateur à compter de la publication de ladite loi organique et les interdictions mentionnées au 2° s'appliquent à tout député ou sénateur à compter du premier renouvellement de l'assemblée à laquelle il appartient suivant le 1er janvier 2019.

Bibliographie : R Chiroux, *L'incompatibilité du mandat parlementaire avec certaines activités professionnelles sous la Ve République : Mél. Stoufflet*, LGDJ, 2001, p. 49.

Les règles d'incompatibilité entre l'exercice d'un mandat parlementaire et l'exercice d'un mandat social doivent être interprétées strictement : ■ Cons. const., déc. 23 déc. 2004, n° 1004-19I : *Cah. Cons. const.* 2004, n° 18 ; *JCP* E 2005, 1046, n° 5, obs. J.-J. Caussain, Fl. Deboissy et G. Wicker.

Art. LO 146-2 *(L. n° 2017-1338, 15 sept. 2017).* **– Il est interdit à tout député d'acquérir le contrôle d'une société, d'une entreprise ou d'un organisme dont l'activité consiste principalement dans la fourniture de prestations de conseil.**

Il est interdit à tout député d'exercer le contrôle d'une société, d'une entreprise ou d'un organisme :

1° Dont l'activité consiste principalement dans la fourniture de prestations de conseil, s'il en a acquis le contrôle dans les douze mois précédant le premier jour du mois de son entrée en fonction ;

2° Dont l'activité consiste principalement dans la fourniture de prestations de conseil aux sociétés, entreprises, établissements ou organismes mentionnés aux 1° à 7° de l'article LO 146.

NB : Conformément aux III et V de l'article 20 de la loi organique n° 2017-1338 du 15 septembre 2017, les interdictions mentionnées au premier alinéa et au 2° du présent article s'appliquent à tout député ou sénateur à compter de la publication de ladite loi organique et les interdictions mentionnées au 1° s'appliquent à tout député ou sénateur à compter du premier renouvellement de l'assemblée à laquelle il appartient suivant le 1er janvier 2019.

Art. LO 146-3 *(L. n° 2017-1338, 15 sept. 2017).* **– Il est interdit à tout député d'exercer l'activité de représentant d'intérêts à titre individuel ou au sein des personnes morales, établissements, groupements ou organismes inscrits au répertoire des représentants d'intérêts rendu public par la Haute Autorité pour la transparence de la vie publique.**

Art. LO 147 *(Mod., L. org. n° 72-64, 24 janv. 1972 ; L. org. n° 95-63, 19 janv. 1995).* **– Il est interdit à tout député d'accepter, en cours de mandat, une fonction de membre du conseil d'administration ou de surveillance dans l'un des établissements, sociétés ou entreprises visés à l'article LO 146.**

Art. LO 147-1 *(Créé pour tout parlementaire à compter du premier renouvellement de l'assemblée à laquelle il appartient suivant le 31 mars 2017, L. org. n° 2014-125, 14 févr. 2014).* **– Le mandat de député est incompatible avec les fonctions de président et de vice-président :**

1° Du conseil d'administration d'un établissement public local ;

2° Du conseil d'administration du Centre national de la fonction publique territoriale ou d'un centre de gestion de la fonction publique territoriale ;

3° Du conseil d'administration ou du conseil de surveillance d'une société d'économie mixte locale ;

4° Du conseil d'administration ou du conseil de surveillance d'une société publique locale ou d'une société publique locale d'aménagement ;

5° D'un organisme d'habitations à loyer modéré.

Art. LO. 148 *(L. org. n° 90-87, 23 janv. 1990 ; mod. à compter de la date prévue à l'article 10 de la loi organique n° 2011-883 du 27 juillet 2011, L. org. n° 2011-883, 27 juill. 2011 ; abr. pour tout parlementaire à compter 19 juin 2017, date du premier renouvellement de l'assemblée à laquelle il appartient suivant le 31 mars 2017, L. org. n° 2014-125, 14 févr. 2014).*

Art. LO 149 *(Mod., L. org. n° 95-63, 19 janv. 1995).* – Il est interdit à tout avocat inscrit à un barreau, lorsqu'il est investi d'un mandat de député, d'accomplir directement ou indirectement par l'intermédiaire d'un associé, d'un collaborateur ou d'un secrétaire, sauf devant la Haute Cour de justice et la Cour de justice de la République, aucun acte de sa profession dans les affaires à l'occasion desquelles des poursuites pénales sont engagées devant les juridictions répressives pour crimes ou délits contre la nation, l'État et la paix publique ou en matière de presse ou d'atteinte au crédit ou à l'épargne ; il lui est interdit, dans les mêmes conditions, de plaider ou de consulter pour le compte de l'une des sociétés, entreprises ou établissements visés aux articles LO 145 et LO 146 *(Mots suppr. depuis le 19 juin 2017, date du renouvellement général de l'Assemblée nationale, L. org. n° 2013-906, 11 oct. 2013)* « ... » ou contre l'État, les sociétés nationales, les collectivités ou établissements publics, à l'exception des affaires visées par la loi n° 57-1424 du 31 décembre 1957 attribuant aux tribunaux judiciaires compétence pour statuer sur les actions en responsabilité des dommages causés par tout véhicule et dirigées contre une personne morale de droit public.

Art. LO 150. – Il est interdit à tout député de faire ou de laisser figurer son nom suivi de l'indication de sa qualité dans toute publicité relative à une entreprise financière, industrielle ou commerciale.

Seront punis d'un emprisonnement de six mois et d'une amende de 3 750 € ou de l'une de ces deux peines seulement les fondateurs, les directeurs ou gérants de sociétés ou d'établissements à objet commercial, industriel ou financier qui auront fait ou laissé figurer le nom d'un député avec mention de sa qualité dans toute publicité faite dans l'intérêt de l'entreprise qu'ils dirigent ou qu'ils se proposent de fonder. En cas de récidive, les peines ci-dessus prévues pourront être portées à un an d'emprisonnement et 7 500 € d'amende.

Art. LO 151 *(L. org. n° 72-64, 24 janv. 1972 ; L. org. n° 85-1405, 30 déc. 1985 ; L. org. n° 95-63, 19 janv. 1995 ; L. org. n° 2000-294, 5 avr. 2000 ; rempl. à compter de la date du prochain renouvellement général de l'Assemblée nationale, L. org. n° 2011-410, 14 avr. 2011 ; mod. pour tout parlementaire depuis le 19 juin 2017, date du premier renouvellement de l'assemblée à laquelle il appartient suivant le 31 mars 2017, L. org. n° 2014-125, 14 févr. 2014).* – I. - Le député qui se trouve dans un des cas d'incompatibilité mentionnés à l'article LO 141 est tenu de faire cesser cette incompatibilité en démissionnant d'un des mandats qu'il détenait antérieurement, au plus tard le trentième jour qui suit la date de la proclamation des résultats de l'élection qui l'a mis en situation d'incompatibilité ou, en cas de contestation, la date à laquelle le jugement confirmant cette élection est devenu définitif. En cas d'élections acquises le même jour, le député est tenu, dans les mêmes conditions, de faire cesser l'incompatibilité en démissionnant du mandat acquis dans la circonscription comptant le moins grand nombre d'habitants.

À défaut d'option dans le délai imparti, le mandat acquis à la date la plus ancienne prend fin de plein droit.

En cas d'élections acquises le même jour, le mandat qui prend fin de plein droit est celui acquis dans la circonscription comptant le moins grand nombre d'habitants.

II. - Le député qui se trouve dans un des cas d'incompatibilité mentionnés à l'article LO 141-1 est tenu de faire cesser cette incompatibilité en démissionnant du mandat ou de la fonction qu'il détenait antérieurement, au plus tard le trentième jour qui suit la date de la proclamation des résultats de l'élection qui l'a mis en situation d'incompatibilité ou, en cas de contestation, la date à laquelle le jugement confirmant cette élection est devenu définitif. En cas d'élections acquises le même jour, le député est tenu, dans les mêmes conditions, de faire cesser l'incompatibilité en démissionnant du mandat ou de la fonction acquis dans la circonscription comptant le moins grand nombre d'habitants.

À défaut, le mandat ou la fonction acquis à la date la plus ancienne prend fin de plein droit. En cas d'élections acquises le même jour, le mandat ou la fonction qui prend fin de plein droit est celui ou celle acquis dans la circonscription comptant le moins grand nombre d'habitants.

Art. LO 151-1 *(L. org. n° 85-1405, 30 déc. 1985 ; L. org. n° 2000-294, 5 avr. 2000 ; rempl. L. org. n° 2011-410, 14 avr. 2011 ; mod., L. n° 2017-1338, 15 sept. 2017).* – Au plus tard le trentième jour qui suit son entrée en fonction ou, en cas de contestation de son élection, la date de la décision du Conseil constitutionnel, le député qui se trouve dans un cas d'incompatibilité mentionné aux articles LO 139, LO 140, LO 142 à LO 146-1, au premier alinéa de l'article LO 146-2 et aux articles LO 146-3, LO 147 et LO 147-1 se démet des fonctions ou mandats incompatibles avec son mandat parlementaire.

Lorsqu'il occupe un emploi public autre que ceux mentionnés aux 1° et 2° de l'article LO 142, il est placé d'office, pendant la durée de son mandat, en position de disponibilité ou dans la position équivalente prévue par son statut ne lui permettant pas d'acquérir de droits à l'avancement et de droits à pension.

Au plus tard trois mois après son entrée en fonction ou, en cas de contestation de son élection, la date de la décision du Conseil constitutionnel, le député qui se trouve dans un des cas d'incompatibilité mentionnés aux 1° et 2° de l'article LO 146-2 met fin à la situation d'incompatibilité soit en cédant tout ou partie de la participation, soit en prenant les dispositions nécessaires pour que tout ou partie de celle-ci soit gérée, pendant la durée de son mandat, dans des conditions excluant tout droit de regard de sa part.

Art. LO 151-2 *(L. org. n° 2011-410, 14 avr. 2011 ; mod., L. org. n° 2013-906, 11 oct. 2013 ; L. n° 2017-1338, 15 sept. 2017).* – Le bureau de l'Assemblée nationale examine si les activités professionnelles ou d'intérêt général ou les participations financières mentionnées par les députés dans la déclaration d'intérêts et d'activités, en application du 5° et du 11° du III de l'article LO 135-1, sont compatibles avec le mandat parlementaire. S'il y a doute sur la compatibilité des fonctions ou activités exercées ou des participations détenues, le bureau de l'Assemblée nationale, le garde des sceaux, ministre de la Justice, ou le député lui-même saisit le Conseil constitutionnel.

Si le Conseil constitutionnel décide que le député est en situation d'incompatibilité, ce dernier régularise sa situation au plus tard le trentième jour qui suit la notification de la décision du Conseil constitutionnel.

À défaut, le Conseil constitutionnel le déclare démissionnaire d'office de son mandat.

Art. LO 151-3 *(L. org. n° 2011-410, 14 avr. 2011 ; mod., L. org. n° 2013-906, 11 oct. 2013).* – Le député qui n'a pas respecté les articles LO 149 ou LO 150 est déclaré démissionnaire d'office par le Conseil constitutionnel, à la requête du bureau de l'Assemblée nationale ou du garde des Sceaux, ministre de la Justice.

Art. LO 151-4 *(L. org. n° 2011-410, 14 avr. 2011).* – La démission d'office prononcée par le Conseil constitutionnel est aussitôt notifiée au président de l'Assemblée nationale et au ministre de l'Intérieur. Elle n'entraîne pas d'inéligibilité.

12.2. – SÉNATEURS

Code électoral

Art. LO 297 *(L. org. n° 85-1405, 30 déc. 1985).* – Les dispositions du chapitre IV du titre II du livre Ier du présent code sont applicables aux sénateurs.

ANNEXES

Annexe 1	– Agriculture et pêche	2387
Annexe 2	– Artisanat et commerce	2467
Annexe 3	– Assurance	2473
Annexe 4	– Banque et finance	2553
Annexe 5	– Coopératives	2567
Annexe 6	– Culture et édition	2713
Annexe 7	– Immobilier	2745
Annexe 8	– Professions libérales	2835
Annexe 9	– Secteur public et semi-public	3213
Annexe 10	– Sport et activités sportives	3257

ANNEXE 1

AGRICULTURE ET PÊCHE

1.1 – Associations foncières agricoles .... p. 2387
1.2 – Coopératives agricoles .... p. 2392
1.3 – Exploitations agricoles à responsabilité limitée .... p. 2392
1.4 – Groupements agricoles d'exploitation en commun .... p. 2394
1.5 – Groupements fonciers agricoles et groupements fonciers ruraux .... p. 2407
1.6 – Groupements forestiers .... p. 2411
1.7 – Groupements pastoraux .... p. 2415
1.8 – Groupements de producteurs .... p. 2419
1.9 – Groupements de producteurs forestiers .... p. 2423
1.10 – Sociétés d'aménagement foncier et d'établissement rural .... p. 2427
1.11 – Sociétés civiles d'exploitation en commun .... p. 2458
1.12 – Sociétés civiles laitières .... p. 2458
1.13 – Sociétés d'assolement en commun .... p. 2459
1.14 – Sociétés d'épargne forestière .... p. 2459
1.15 – Sociétés d'intérêt collectif agricole .... p. 2459
1.16 – Sociétés d'investissement pour le développement rural .... p. 2464
1.17 – Sociétés de pêche artisanale .... p. 2465
1.18 – Sociétés mixtes d'intérêt agricole .... p. 2465

1.1. – ASSOCIATIONS FONCIÈRES AGRICOLES

Bibliographie : R.-J. Aubin-Brouté, *Les sociétés agricoles : une culture de la discrimination : Rev. sociétés* 2009, p. 557. • I. Couturier, *Sociétés et diversification en agriculture : RD rur.* 2000, n° 279, p. 17. • J. Foyer, *Sociétés agricoles et sociétés commerciales : JCP* N 2009, 1273. • M.-O. Gain, *Le contrôle des structures et la liberté d'entreprendre : RD rur.* 2004, p. 372. • J. Hudault, *Renaissance écologique de la propriété agricole : RD rur.* 2012, étude 10. • F. Roussel, *La transmission de l'exploitation agricole : RD rur.* 1999, p. 271.

Code rural et de la pêche maritime

(Intitulé rempl., Ord. n° 2010-462, 6 mai 2010)

Partie législative

Art. L. 136-1 *(Mod., L. n° 95-95, 1er févr. 1995).* – **Les associations foncières agricoles sont des associations syndicales, libres ou autorisées, constituées entre propriétaires de terrains à vocation agricole, pastorale ou forestière pour réaliser les opérations mentionnées à l'article L. 136-2.**

Les parcelles figurant dans le périmètre d'une association foncière agricole ouvrent droit en priorité aux aides prévues pour l'entretien de l'espace.

Art. L. 136-2 *(Mod., L. n° 2010-874, 27 juill. 2010)*. – Dans les limites fixées par leurs statuts, les associations foncières agricoles peuvent :

1° Assurer ou faire assurer l'exécution, l'aménagement, l'entretien et la gestion des travaux ou ouvrages collectifs permettant la mise en valeur agricole, pastorale ou forestière des fonds sans se livrer d'une manière habituelle à leur exploitation directe ;

2° Assurer ou faire assurer l'exécution de travaux ou d'ouvrages à des fins autres qu'agricoles, pastorales ou forestières à la condition que ces travaux ou ouvrages contribuent au développement rural ou à la préservation ou à la remise en bon état des continuités écologiques dans leur périmètre.

Elles assurent la gestion des fonds compris dans leur périmètre pour lesquels elles ont reçu un mandat du propriétaire ou de son représentant.

Art. L. 136-3. – Les statuts mentionnent l'objet de l'association et déterminent les rapports entre l'association et ses membres, notamment les limites du mandat confié au syndicat. Ils fixent également les modalités de répartition des recettes et des dépenses de l'association.

Section II. – Associations foncières agricoles autorisées

Art. L. 136-4 *(Mod., Ord. n° 2004-632, 1er juill. 2004)*. – L'autorité administrative soumet le projet de constitution d'une association foncière agricole autorisée à l'enquête publique et à la consultation prévues aux articles 12 et 13 de l'ordonnance [n° 2004-632] du 1er juillet 2004 précitée.

Le dossier d'enquête comprend notamment le périmètre englobant les terrains intéressés, l'état des propriétés, l'indication de l'objet de l'association et le projet des statuts.

Art. L. 136-5. – Dans le périmètre de l'association, la préparation et l'exécution de tous travaux modifiant l'état des lieux, tels que semis et plantations d'espèces pluriannuelles, établissement de clôtures, création de fossés et de chemins, arrachage ou coupe des arbres et des haies peuvent être interdites par le préfet à compter de l'ouverture de l'enquête et jusqu'à sa décision, pendant le délai d'un an au plus.

Art. L. 136-6. – À la demande du préfet, le juge compétent de l'ordre judiciaire peut désigner une personne physique ou morale chargée de représenter le propriétaire dont l'identité ou l'adresse n'a pu être déterminée, tant pour adhérer à une association foncière agricole autorisée que pour représenter ses intérêts devant celle-ci. En cas d'indivision, il peut désigner l'un des propriétaires indivisaires en vue de cette adhésion et de cette représentation. Il peut à tout moment remplacer la personne désignée ou mettre fin à ses fonctions.

Si, au terme du délai de cinq ans compté à partir de la décision du juge dans les conditions ci-dessus, les recherches du propriétaire réel n'ont pas abouti, cette situation est constatée par décision préfectorale prise après avis de la commission communale des impôts directs. Il est alors procédé, par les soins du préfet, à une publication et à un affichage de cette décision et, s'il y a lieu, à une notification au dernier domicile ou résidence connu du propriétaire. En outre, si l'immeuble est habité ou exploité, une notification est également adressée à l'habitant ou exploitant. Dans le cas où le propriétaire ne s'est pas fait connaître dans un délai de six mois à dater de l'accomplissement de la dernière mesure de publicité prévue ci-dessus, l'immeuble est présumé sans maître, au titre de l'article 539 du Code civil.

Le délai de cinq ans prévu à l'alinéa précédent est réduit à trois ans lorsque la création de l'association intervient à la clôture d'une opération d'aménagement foncier réalisée conformément aux dispositions du titre II du présent livre.

Art. L. 136-7 *(Mod., Ord. n° 2004-632, 1er juill. 2004)*. – Le préfet peut réunir les propriétaires intéressés en association foncière agricole autorisée si, tout à la fois :

1° La moitié au moins des propriétaires représentant les deux tiers au moins de la superficie des terrains compris dans le périmètre de l'association ou les deux tiers au moins des propriétaires représentant la moitié au moins de la superficie ont donné leur adhésion ou sont considérés comme ayant adhéré à l'association dans les conditions prévues à l'article 13 de l'ordonnance [n° 2004-632] du 1er juillet 2004 précitée ;

2° Une collectivité territoriale, la société d'aménagement foncier et d'établissement rural, l'association, un propriétaire de terres situées dans le périmètre ou un tiers prend l'engagement d'acquérir les biens dont le ou les propriétaires opteraient pour le délaissement prévu à l'article L. 136-8.

Lorsqu'une ou plusieurs collectivités territoriales participent à la constitution de l'association, la condition mentionnée au 1° ci-dessus est tenue pour remplie si les collectivités territoriales et les autres propriétaires susceptibles d'être considérés comme ayant adhéré à l'association possèdent au moins les deux tiers de la superficie de ces terres.

Art. L. 136-7-1 *(L. n° 99-574, 9 juill. 1999 ; mod., Ord. n° 2004-632, 1er juill. 2004)*. – La prorogation de la durée d'une association foncière agricole autorisée, constituée pour une durée limitée, peut être adoptée sans autre modification de statut par une délibération de l'assemblée générale de tous les associés convoqués dans les conditions prévues à l'article 13 de l'ordonnance [n° 2004-632] du 1er juillet 2004 et selon les règles de majorité prévues à l'article L. 136-7 du présent code.

Les propriétaires intéressés qui, dûment convoqués et avertis des conséquences de leur abstention, ne formuleraient pas leur opposition par écrit avant la réunion de l'assemblée générale ou par un vote à cette assemblée générale seront considérés comme s'étant prononcés pour la prorogation.

Un extrait de l'acte d'association modifié et de l'arrêté du préfet autorisant la prorogation est affiché pendant quinze jours au moins dans les communes de la situation des lieux. L'accomplissement de cette formalité est certifié par le maire de chaque commune intéressée.

Art. L. 136-8 *(Mod., L. n° 99-574, 9 juill. 1999)*. – Les propriétaires de parcelles comprises dans le périmètre d'une association foncière agricole autorisée qui ne peuvent pas être considérés comme ayant donné leur adhésion à la constitution ou à la prorogation de l'association peuvent, dans un délai de trois mois à partir de la publication de l'autorisation du préfet, délaisser leurs immeubles moyennant indemnité. À défaut d'accord amiable, cette indemnité est fixée comme en matière d'expropriation. L'exécution de travaux ou d'ouvrages sur les parcelles ainsi délaissées ne peut être entreprise qu'après paiement ou consignation des indemnités de délaissement.

Art. L. 136-9. – Les décisions relatives aux travaux et ouvrages mentionnés aux 1° et 2° de l'article L. 136-2 sont prises à la majorité de la moitié au moins des propriétaires représentant la moitié au moins de la superficie des terrains compris dans le périmètre de l'association.

Art. L. 136-10. – La distraction des terres incluses dans le périmètre d'une association foncière agricole peut être autorisée par décision préfectorale, en vue d'une affectation non agricole et de contribuer au développement rural :

a) Soit dans le cadre d'un plan d'occupation des sols ;

b) Soit sur avis favorable du syndicat et de la commission départementale d'aménagement foncier.

Toutefois, la distraction des terres acquises en application de l'article L. 136-8 par une collectivité territoriale, la société d'aménagement foncier et d'établissement rural ou l'association ne peut être autorisée que dans les conditions de majorité prévues à l'article L. 136-7.

Les propriétaires des fonds ainsi distraits restent redevables de la quote-part des emprunts contractés par l'association durant leur adhésion jusqu'à leur remboursement intégral et, le cas échéant, des charges correspondant à l'entretien des ouvrages collectifs dont ils continueront à bénéficier.

Les terres qui n'ont pas reçu dans les cinq ans la destination prévue peuvent être réintégrées dans le périmètre de l'association par décision préfectorale.

Art. L. 136-11. – Lorsque s'exercent dans son périmètre des droits d'usage incompatibles avec la réalisation de l'objet de l'association, cette dernière peut, à défaut d'accord amiable, demander au tribunal compétent de l'ordre judiciaire :

1° De suspendre l'exercice de ces droits pendant la durée de l'association foncière autorisée ;

2° De modifier les modalités d'exercice de ces droits et notamment de les cantonner dans une partie du périmètre ou dans des terrains acquis ou loués par l'association à l'extérieur de ce périmètre.

Le tribunal alloue, s'il y a lieu, des indemnités, compensatrices. Les dispositions du présent article sont applicables aux servitudes de droit privé.

Art. L. 136-12 *(Rempl., L. n° 95-95, 1er févr. 1995).* – À la demande d'une association foncière agricole autorisée, le préfet peut décider la mise en place d'un plan d'échange des droits d'exploitation des terrains compris dans le périmètre, ou partie du périmètre, dans lequel ladite association a reçu un mandat de gestion, conformément au dernier alinéa de l'article L. 136-2, pour les deux tiers au moins de la superficie. Ce plan d'échange doit être nécessaire à la mise en valeur agricole ou pastorale des fonds. Les dépenses sont à la charge de l'association foncière agricole autorisée et sont réparties comme il est dit à l'article L. 136-3.

À dater de l'arrêté décidant la mise en place du plan d'échange des droits d'exploitation, le préfet peut ordonner que les terrains soient exploités dans les conditions décrites à l'article L. 481-1.

Les baux et conventions en cours sont résiliés de plein droit dans le délai d'un an au plus à compter de l'arrêté préfectoral décidant le plan d'échange des droits d'exploitation.

À défaut d'accord amiable, le juge de l'expropriation fixe le montant des indemnités réparant les atteintes que la mise en place du plan d'échange peut porter aux exploitations agricoles.

Les litiges entre preneurs et bailleurs qui peuvent résulter de la mise en place du plan d'échange sont portés devant le tribunal paritaire des baux ruraux.

Art. L. 136-13 *(L. n° 95-95, 1er févr. 1995 ; mod., Ord. n° 2004-632, 1er juill. 2004 ; rempl., Ord. n° 2010-461, 6 mai 2010).* – Les conditions d'application des articles L. 136-1 à L. 136-12 sont fixées par décret en Conseil d'État. Ce décret peut prévoir des dérogations aux règlements pris pour l'application de l'ordonnance [n° 2004-632] du 1er juillet 2004 précitée.

Partie réglementaire

Art. R. 136-1 *(Anc. art. R. 136-2, dénum., D. n° 2005-368, 19 avr. 2005 ; D. n° 2017-1246, 7 août 2017).* – Pour l'application de l'article L. 136-6, la demande de désignation d'une personne chargée de représenter un propriétaire ou des indivisaires est formée soit par assignation, si l'identité et l'adresse de certains indivisaires sont connues, soit par requête.

L'ordonnance de désignation est notifiée à la diligence du préfet par lettre recommandée, avec demande d'avis de réception, à la personne désignée ainsi qu'aux indivisaires dont l'identité ou l'adresse sont connues et, s'il y a lieu, au notaire chargé du règlement de la succession. L'ordonnance n'est exécutoire qu'après ces notifications.

Art. R. 136-2 *(Anc. art. R. 136-3, dénum., D. n° 2005-368, 19 avr. 2005 ; D. n° 2006-504, 3 mai 2006 ; D. n° 2017-1246, 7 août 2017).* – Le dossier d'enquête prévu à l'article L. 136-4 comprend :

1° Le périmètre englobant les terrains intéressés ;

2° L'état des propriétés et des propriétaires relatifs à ces terrains établis, à défaut d'autres moyens de preuve, à partir des documents cadastraux ;

3° Le projet de statuts précisant : le siège et l'objet de l'association ; les rapports entre l'association et ses membres, à savoir le minimum d'étendue de terrain ou d'intérêt qui donne à chaque propriétaire le droit de faire partie de l'assemblée générale, le maximum de voix à attribuer à chaque intéressé et à chaque catégorie d'intéressés suivant l'étendue des terrains et les intérêts qu'ils représentent, le nombre de mandats dont un même fondé de pouvoir peut être porteur aux assemblées générales, le nombre de syndics à nommer, leur répartition, s'il y lieu, entre les diverses catégories d'intéressés et la durée de leurs fonctions, les conditions d'éligibilité des syndics et les règles relatives au renouvellement du syndicat ; ainsi que les bases de répartition des recettes et des dépenses, tenant compte de l'intérêt des propriétaires à leur formation, y compris pour les actes confiés dans le cadre des mandats de gestion et d'exploitation directe prévus à l'article L. 136-2 ;

4° Le programme des travaux et des ouvrages, avec une estimation de leur montant, ainsi que les bases de répartition des dépenses relatives à leur exécution et à leur entretien ;

5° Les engagements d'acquérir les biens dont le ou les propriétaires opteraient, dans les conditions de l'article L. 136-8, pour le délaissement.

En outre, le dossier d'enquête comprend les pièces prévues *(Mots rempl., D. n° 2017-1246, 7 août 2017)* « à l'article R. 123-8 du Code de l'environnement ».

L'autorité administrative mentionnée à l'article L. 136-4 *(Mots aj., D. n° 2017-1246, 7 août 2017)* « du présent code » est le préfet du département dans le ressort duquel l'association ou l'union a ou a prévu d'avoir son siège.

Art. R. 136-3 *(Anc. art. R. 136-4, dénum., D. n° 2005-368, 19 avr. 2005 ; D. n° 2017-1246, 7 août 2017)*. – L'association doit, après prélèvement correspondant à ses frais de gestion et à la constitution éventuelle de provisions justifiées par les nécessités de sa gestion, répartir chaque année entre ses membres les recettes propres de l'association issues de la mise en valeur des fonds en fonction du degré de contribution de chaque propriété à la formation des recettes.

Art. R. 136-4 *(Anc. art. R. 136-5, dénum., D. n° 2005-368, 19 avr. 2005 ; D. n° 2017-1246, 7 août 2017)*. – En application de l'article L. 136-2, l'association assure la gestion des fonds compris dans son périmètre dans le cadre des mandats qui lui sont confiés.

Elle ne peut cependant procéder à une exploitation directe qu'à titre exceptionnel pour une durée maximale de trois ans et s'il s'agit d'un fonds qui n'a fait l'objet d'aucune proposition de location, y compris de la part de la société d'aménagement foncier et d'établissement rural, depuis six mois au moins. Cette période de trois ans peut être prolongée par le préfet après avis de la commission départementale d'orientation de l'agriculture.

Art. R. 136-5 *(Anc. art. R. 136-6, dénum., D. n° 2005-368, 19 avr. 2005 ; D. n° 2017-1246, 7 août 2017)*. – Les recettes et les dépenses effectuées par l'association dans le cadre d'un mandat donné par un propriétaire sont retracées dans une comptabilité distincte de celle de l'association.

Les recettes encaissées pour le compte des propriétaires ne peuvent faire l'objet d'états exécutoires. Le recouvrement s'effectue selon les règles du droit privé.

Art. R. 136-6 *(Anc. art. R. 136-7, dénum., D. n° 2005-368, 19 avr. 2005 ; D. n° 2017-1246, 7 août 2017)*. – Lorsqu'une association ne réalise pas elle-même les travaux et ouvrages mentionnés à l'article L. 136-2, un cahier des charges doit énoncer les obligations respectives de l'association et des tiers auxquels cette réalisation est confiée.

Les projets, devis, moyens de réalisation et cahier des charges relatifs à ces travaux et ouvrages sont soumis à l'approbation du préfet.

Les conventions passées pour la gestion de ces équipements par des tiers précisent l'étendue des autorisations consenties par l'association et la rémunération qui lui est due pour l'utilisation tant des terrains de son périmètre que des équipements qu'elle aura réalisés en totalité ou en partie.

Art. R. 136-7 *(Anc. art. R. 136-8, dénum., D. n° 2005-368, 19 avr. 2005 ; D. n° 2017-1246, 7 août 2017)*. – La demande de distraction d'une terre incluse dans le périmètre de l'association est adressée au préfet par le propriétaire ou son représentant par lettre recommandée avec demande d'avis de réception.

La demande précise l'objet de la distraction, les moyens prévus pour la réalisation du projet et éventuellement les modalités de la compensation foncière offerte à l'association.

L'arrêté portant distraction du terrain fixe la date à laquelle celle-ci interviendra compte tenu des engagements que l'association aurait pu contracter sur les terrains distraits. Il détermine les charges restant attachées au fonds distrait :

1. Au titre des emprunts déjà contractés par l'association dont il est précisé la nature, le montant et la durée ;
2. Au titre de l'entretien des équipements collectifs dont il continuera à bénéficier.

Cet arrêté fait l'objet des mesures de publicité prévues *(Mots rempl., D. n° 2006-504, 3 mai 2006)* « au troisième alinéa de l'article 15 du décret n° 2006-504 du 3 mai 2006 ».

Les propriétaires dont les terres ont été distraites du périmètre continuent à participer aux assemblées générales pour les questions intéressant les dépenses collectives pour lesquelles ils sont redevables de charges.

Avant le 1er février de chaque année, le directeur mentionne sur le plan parcellaire de l'association les terres ayant donné lieu à distraction et tient à jour l'état nominatif de leurs propriétaires.

L'arrêté préfectoral prévu au dernier alinéa de l'article L. 136-10 fait l'objet des mesures de publicité prévues par l'article 14 du décret du 18 décembre 1927, pris pour l'application de la loi du 21 juin 1865 relative aux associations syndicales.

Art. R. 136-8 *(Anc. art. R. 136-9, dénum., D. n° 2005-368, 19 avr. 2005 ; D. n° 2006-504, 3 mai 2006 ; D. n° 2017-1246, 7 août 2017).* **– Doivent être annexés au procès-verbal de l'assemblée générale constitutive ou de l'assemblée générale ayant pour objet l'extension du périmètre de l'association les engagements retenus, conformément à l'article L. 136-7, en vue de l'acquisition des terres qui pourront être délaissées suivant leur situation et leur valeur.**

Lorsque le préfet est saisi dans les conditions de l'article 15 du décret n° 2006-504 du 3 mai 2006, d'une déclaration de délaissement, il en avertit les candidats retenus aux termes de l'alinéa précédent.

Les offres des différents candidats sont classées par ordre de priorité par décision motivée du préfet. La décision du préfet est notifiée aux candidats par lettre recommandée avec demande d'avis de réception dans les quatre mois de l'arrêté autorisant l'association ou modifiant le périmètre de celle-ci.

Le versement des indemnités par l'acquéreur désigné a lieu *(Mots rempl., D. n° 2014-1635, 26 déc. 2014)* **« conformément aux articles R. 312-1 et R. 323-1 à R. 323-14 du Code de l'expropriation pour cause d'utilité publique ».**

Art. R.* 136-8-1 *(D. n° 2017-1246, 7 août 2017).* **– Le silence gardé par le préfet sur une demande d'autorisation d'acquisition de terres délaissées par leur propriétaire et incluses dans le périmètre d'une association foncière agricole, mentionnée à l'article R. 136-8, vaut décision de rejet.**

Art. R. 136-8-2 *(D. n° 2017-1246, 7 août 2017).* **– La décision mentionnée à l'article R. * 136-8-1 naît au terme d'un délai de quatre mois après publication de l'arrêté autorisant l'association foncière agricole ou modifiant son périmètre.**

Art. R. 136-9 *(Anc. art. R. 136-10, dénum., D. n° 2005-368, 19 avr. 2005 ; D. n° 2017-1246, 7 août 2017).* **– En sus des questions qui lui sont réservées** *(Mots rempl., D. n° 2006-504, 3 mai 2006)* **« par l'article 20 de l'ordonnance n° 2004-632 du 1er juillet 2004 », l'assemblée générale se prononce, le cas échéant, dans les limites des mandats confiés à l'association, sur la location des terrains à des fins non agricoles, ni pastorales ni forestières. Elle définit, sur proposition du syndicat, les obligations respectives de l'association, des propriétaires et des locataires qui devront être mentionnées au contrat.**

Art. R. 136-10 *(Anc. art. R. 136-11, dénum., D. n° 2005-368, 19 avr. 2005 ; D. n° 2017-1246, 7 août 2017).* **– Les associations foncières agricoles autorisées pourront recevoir une aide pour leur constitution dans les conditions fixées par arrêté conjoint du ministre chargé de l'agriculture et de la forêt et du ministre chargé du budget. Cette aide sera versée au vu des justificatifs, certifiés par le préfet ou son représentant, des dépenses engagées pour leur constitution.**

1.2. – COOPÉRATIVES AGRICOLES

Voir : Sociétés coopératives agricoles, C. rur., art. L. 521-1 et s., p. 2619.

1.3. – EXPLOITATIONS AGRICOLES À RESPONSABILITÉ LIMITÉE

Bibliographie : D. Bouvier, *De l'exploitation agricole à l'entreprise agricole : RD rur.* 1997, p. 106. • G. Cotton, *De l'exploitation agricole à l'entreprise agricole, aspects historiques : RD rur.* 1997, p. 78. • P.-H. Degregori, *De l'exploitation à l'entreprise : RD rur.* 1997, p. 106. • J. Foyer, *Exploitation agricole et entreprise agricole : du droit rural au droit commercial : Le Code de commerce, Livre du Bicentenaire*, Dalloz, 2007, p. 271. • M. Gobbé et Ch. Lebel, *L'entreprise agricole conjugale en difficulté : RD rur.* 2013, coll. 7. • L. Manteau, *Droit des sociétés agricoles (modifications apportées au statut des EARL) : Dr. sociétés* déc. 2007, n° 13. • C. Migault, *Des entreprises agricoles à responsabilité limitée à taille humaine : RD rur.* 1997, p. 102. • G. Notte, *Loi relative au développement des territoires ruraux : JCP* E 2005, 60. • F. Roussel, *La transmission de l'exploitation agricole : RD rur.* 1999, p. 271. • *Adde*, G. Gourlay et H. Azarian, *JCl. Sociétés traité*, Fasc. 185-10.

Code rural et de la pêche maritime

Partie législative

Art. L. 324-1 *(Mod., L. n° 2005-157, 23 févr. 2005)*. – Une ou plusieurs personnes physiques peuvent instituer une société civile dénommée « exploitation agricole à responsabilité limitée », régie par les dispositions des chapitres I et II du titre IX du livre III du Code civil, à l'exception de l'article 1844-5. Les associés ne supportent les pertes qu'à concurrence de leurs apports.

Lorsque l'exploitation agricole à responsabilité limitée est constituée par une seule personne, celle-ci est dénommée « associé unique ». L'associé unique exerce les pouvoirs dévolus à l'assemblée des associés.

L'exploitation agricole à responsabilité limitée est désignée par une dénomination sociale à laquelle peut être incorporé le nom d'un ou plusieurs associés, et qui doit être précédée ou suivie immédiatement des mots « exploitation agricole à responsabilité limitée » ou des initiales EARL, et de l'énonciation du capital social.

Art. L. 324-2. – L'exploitation agricole à responsabilité limitée a pour objet l'exercice d'activités réputées agricoles au sens de l'article L. 311-1. Elle ne peut réunir plus de dix associés.

(Abr., L. n° 2005-157, 23 févr. 2005).

Art. L. 324-3 *(Ord. n° 2000-916, 19 sept. 2000)*. – Le capital social de l'exploitation agricole à responsabilité limitée doit être de 7 500 € au moins.

Sa réduction à un montant inférieur doit être suivie, dans un délai d'un an, d'une augmentation ayant pour effet de le porter au montant prévu à l'alinéa précédent, à moins que, dans le même délai, l'exploitation agricole à responsabilité limitée n'ait été transformée en société d'une autre forme. À défaut, tout intéressé peut demander en justice sa dissolution, après avoir mis les représentants de celle-ci en demeure de régulariser la situation. Le tribunal ne peut prononcer la dissolution lorsque cette cause de dissolution a cessé d'exister le jour où il statue sur le fond.

Art. L. 324-4 *(Ord. n° 2000-916, 19 sept. 2000)*. – Les apports en numéraire et les apports en nature, qu'ils soient faits en pleine propriété ou en jouissance, concourent à la formation du capital social de l'exploitation agricole à responsabilité limitée qui peut être un capital variable. Ils donnent lieu à l'attribution de parts sociales.

Les statuts doivent contenir l'évaluation de chaque apport en nature. Il y est procédé au vu d'un rapport annexé aux statuts et établi, sous sa responsabilité, par un commissaire aux apports désigné à l'unanimité des futurs associés ou, à défaut, par une décision de justice à la demande du futur associé le plus diligent.

Toutefois, les futurs associés peuvent décider à l'unanimité que le recours à un commissaire aux apports ne sera pas obligatoire lorsque la valeur d'aucun apport en nature n'excède *(Montant rempl., L. n° 2010-658, 15 juin 2010)* « un montant fixé par décret » et si la valeur totale de l'ensemble des apports en nature non soumis à l'évaluation d'un commissaire aux apports n'excède pas la moitié du capital.

Art. L. 324-5. – Lorsque la société est constituée par une seule personne, le commissaire aux apports est désigné par l'associé unique. Toutefois, le recours à un commissaire aux apports n'est pas obligatoire si les conditions prévues au troisième alinéa de l'article L. 324-4 sont réunies.

Art. L. 324-6. – Les associés solidairement, ou l'associé unique, sont responsables pendant cinq ans, à l'égard des tiers, de la valeur attribuée aux apports en nature lors de la constitution ou de l'augmentation du capital social de l'exploitation agricole à responsabilité limitée.

Art. L. 324-7. – La rémunération que perçoivent les associés du fait de leur participation effective aux travaux constitue une charge sociale dans les conditions fixées par décret en Conseil d'État.

Voir : C. rur., art. R. 324-3, p. 2394.

Art. L. 324-8. – Les associés *(Mot aj., L. n° 2005-157, 23 févr. 2005)* « majeurs » qui participent effectivement, au sens de l'article L. 411-59 du Code rural et de la pêche maritime, à l'exploitation sont dénommés « associés exploitants ». Les statuts doivent mentionner les noms de ceux qui ont cette qualité.

Les associés exploitants doivent détenir ensemble plus de 50 % des parts représentatives du capital.

Les associés choisissent parmi les associés exploitants, titulaires de parts sociales représentatives du capital, un ou plusieurs gérants.

Art. L. 324-9. – Le non-respect en cours de vie sociale de l'une des conditions prévues à l'article L. 324-8 n'entraîne pas la dissolution de plein droit de l'exploitation agricole à responsabilité limitée. Tout intéressé peut demander en justice la dissolution si la situation n'a pas été régularisée dans le délai d'un an. Ce délai est porté à trois ans si la méconnaissance des conditions dont il s'agit est due à la cessation d'activité d'un associé exploitant à la suite de son décès ou d'une inaptitude à l'exercice de la profession agricole reconnue en application de l'article 1106-3 ou du B de l'article 1234-3 du Code rural. Faute d'associé exploitant, l'exploitation agricole à responsabilité limitée peut être gérée durant cette période par une personne physique désignée par les associés ou, à défaut, par le tribunal à la demande de tout intéressé.

Le tribunal ne peut prononcer la dissolution si cette régularisation a eu lieu le jour où il statue sur le fond.

Art. L. 324-10. – Les associés disposent de droits de vote, dans les assemblées, proportionnels au nombre de parts sociales qu'ils détiennent. Toutefois, les statuts peuvent prévoir que les associés exploitants se répartissent d'une façon égalitaire les droits de vote qu'ils détiennent ensemble.

Art. L. 324-11 *(Abr., Ord. n° 2006-870, 13 juill. 2006).*

....

Partie réglementaire

Art. D. 324-2 *(Anc. art. R. 324-2, dénum., D. n° 2005-368, 19 avr. 2005).* – Les dispositions prévues aux articles *(Réf. rempl., D. n° 2017-1771, 27 déc. 2017)* « L. 331-1 à L. 331-11 » s'appliquent à l'exploitation agricole à responsabilité limitée.

Art. R. 324-3 *(Anc. art. R.* 324-3, dénum., D. n° 2005-368, 19 avr. 2005).* – La rémunération perçue par les associés d'une exploitation agricole à responsabilité limitée du fait de leur participation effective aux travaux et qui constitue une charge sociale de l'exploitation selon les dispositions de l'article L. 324-7 ne peut être ni inférieure au salaire minimum interprofessionnel de croissance ni supérieure à trois fois ce salaire, ou à quatre fois ce salaire pour les gérants de l'exploitation. Elle est fixée dans les conditions définies par les statuts de l'exploitation.

Art. D. 324-4. – Le montant mentionné au troisième alinéa de l'article L. 324-4, en deçà duquel l'intervention d'un commissaire aux apports n'est pas obligatoire, est fixé à 30 000 €.

1.4. – GROUPEMENTS AGRICOLES D'EXPLOITATION EN COMMUN

Bibliographie : J.-M. de Bermond, *Le groupement agricole d'exploitation en commun : RTD com.* 1966, p. 788. • J.-L. Chandellier, *Le GAEC : 50 ans et toujours de nouveaux chantiers : RD rur.* 2012, dossier 29. • I. Couturier, *Sociétés et diversification en agriculture : RD rur.* 2000, n° 279, p. 17. • R. El Sair, *Le choix d'une structure juridique pour une exploitation agricole : RD compt.* 1983, p. 77. • J. Foyer, *L'étrange destinée du GAEC : RD rur.* 2011, repère 9. • J. Hudaut, *Le statut juridique de l'entreprise agricole : RD rur.* 1997, p. 487. • Ch. Lebel, *Le GAEC, entreprise agricole en difficulté ou la situation délicate des associés de GAEC : RD rur.* 2012, dossier 32 ; *Les sociétés agricoles et forestières après la loi n° 2014-1170 d'Avenir pour l'agriculture, l'alimentation et la forêt du 13 octobre 2014 : RD rur.* 2015, dossier 8. • L. Manteau, *Droit des sociétés agricoles (modifications apportées au statut des GAEC) : Dr. sociétés* déc. 2007, n° 13. • G. Notte, *Loi relative au développement des territoires ruraux : JCP* E 2005, 60. • J. Rozier, *Les groupements agricoles d'exploitation en commun : Gaz. Pal.* 1970, p. 1, doctr. p. 166. • Fl. Roemer, *GAEC et fiscalité : RD rur.* 2012, dossier 31. • G. Rullière, *Les groupements agricoles d'exploitation en commun : Mél. Brun*, p. 477. • J. Viatte, *L'apport des droits du fermier à un groupement : Rev. loyers* 1980, p. 422. • *Adde*, Chr. Dupeyron, *JCl. Sociétés traité*, Fasc. 182-10.

Code rural et de la pêche maritime

Partie législative

Art. L. 323-1. – Les groupements agricoles d'exploitation en commun sont des sociétés civiles de personnes régies par les chapitres I et II du titre IX du livre III du Code civil et par les dispositions du présent chapitre. Ils sont formés entre personnes physiques majeures.

1) Le GAEC **n'étant pas une société commerciale** et la conclusion d'un bail n'étant pas un acte de commerce, l'article L. 110-3 du Code de commerce sur la liberté de la preuve en matière commerciale n'est pas applicable (■ CA Douai, 27 avr. 2000 : *JurisData* n° 2000-133376).

2) Le GAEC est engagé par un **warrant** constitué par un ancien associé pour son compte s'il est ratifié par les associés du GAEC (■ Cass. com., 27 avr. 1993 : *RJDA* 1993, p. 878).

3) Le GAEC étant une société civile dont la **dissolution** est régie par l'article 1844-7 du Code civil, en cas de mésentente entre les deux associés, les juges doivent en prononcer la dissolution dès lors que la disparition de l'*affectio societatis* a provoqué la paralysie totale du GAEC et l'impossibilité de réaliser son objet social, à savoir l'exercice d'une activité agricole en commun : ■ CA Bordeaux, 26 mars 2009 : *JurisData* n° 2009-002059 ; *RD rur.* 2009, comm. 181, obs. Ch. Lebel. – Viole l'article 1844-7, 2° du Code civil, ensemble les articles L. 323-1 et L. 323-4 du Code rural et de la pêche maritime, la cour d'appel qui, pour accueillir une demande en dissolution et en liquidation d'un GAEC pour cause d'extinction de son objet social, énonce que le travail en commun constitue, du fait des dispositions de la loi, l'objet social du GAEC et que, dès lors, la disparition du travail en commun liée à l'unicité d'associé entraîne la disparition de l'objet social, alors que la perte de sa qualité d'associé par M. Hervé X... ne faisait pas, par elle-même, obstacle à ce que l'activité constituant l'objet du GAEC fût réalisée par le travail en commun de plusieurs associés : ■ Cass. com., 20 nov. 2012, n° 10-25.081 : *Dr. sociétés* 2013, comm. 20, note R. Mortier.

4) En l'absence de prorogation expresse, le GAEC est dissous de plein droit par la survenance du terme. La poursuite des activités du groupement après le terme, et en particulier la poursuite de l'exploitation des terres ne saurait être tenue pour une prorogation tacite de la société : ■ Cass. com., 13 sept. 2017, n° 16-12.479 : *RD rur.* 2017, comm. 286, note J. Cayron ; *JCP G* 2017, 1259, note B. Dondero.

Art. L. 323-2 ***(Mod., L. n° 95-95, 1er févr. 1995). – (Rempl., L. n° 2005-157, 23 févr. 2005 ; L. n° 2014-1170, 13 oct. 2014)*** **Un groupement agricole d'exploitation en commun est dit total quand il a pour objet la mise en commun par ses associés de l'ensemble de leurs activités de production agricole correspondant à la maîtrise et à l'exploitation d'un cycle biologique de caractère végétal ou animal et constituant une ou plusieurs étapes nécessaires au déroulement de ce cycle, y compris les activités de cultures marines. En cas de mise en commun d'une partie seulement de ces activités, le groupement est dit partiel. Un même groupement agricole d'exploitation en commun ne peut être total pour certains des associés et partiel pour d'autres.**

Les activités mentionnées au premier alinéa du présent article peuvent être complétées par la mise en commun d'autres activités agricoles mentionnées à l'article L. 311-1.

Les associés d'un groupement agricole d'exploitation en commun total ne peuvent se livrer à l'extérieur du groupement, à titre individuel ou dans un cadre sociétaire, à une activité correspondant à la maîtrise et à l'exploitation d'un cycle biologique de caractère végétal ou animal et constituant une ou plusieurs étapes nécessaires au déroulement de ce cycle.

Les associés d'un groupement agricole d'exploitation en commun ne peuvent se livrer à l'extérieur du groupement, à titre individuel ou dans un cadre sociétaire, à l'une des activités mentionnées au même article L. 311-1 pratiquées par le groupement.

Un groupement agricole d'exploitation en commun total peut, sans perdre sa qualité, participer, en tant que personne morale associée d'une autre société, à la production et, le cas échéant, à la commercialisation de produits de la méthanisation agricole, au sens dudit article L. 311-1. ***(Phrase aj., L. n° 2016-1888, 28 déc. 2016)*** **Un groupement agricole d'exploitation en commun total peut également, sans perdre sa qualité, participer en tant que personne morale associée d'un groupement pastoral, au sens de l'article L. 113-3, à l'exploitation de pâturages.**

Les groupements agricoles d'exploitation en commun ne peuvent réunir plus de dix associés.

***(Rempl., L. n° 2010-874, 27 juill. 2010)* Un groupement agricole d'exploitation en commun peut être constitué de deux époux, de deux concubins ou de deux partenaires liés par un pacte civil de solidarité, y compris lorsqu'ils en sont les seuls associés.**

Époux. Sur les rigoureuses solutions jurisprudentielles applicables antérieurement à la réforme opérée par la loi du 27 juillet 2010, V., par ex., ▪ CE, 17 mars 2010, n° 312381 : *RD rur.* juin 2010, comm. 78, S. Crevel (l'interdiction de constituer un GAEC entre deux époux vaut aussi lorsque le mariage des associés intervient au cours de la vie de la société).

Art. L. 323-3. – Les groupements agricoles d'exploitation en commun ont pour objet de permettre la réalisation d'un travail en commun dans des conditions comparables à celles existant dans les exploitations de caractère familial et en application des dispositions prévues à l'article L. 312-6.

Ces groupements peuvent également avoir pour objet la vente en commun, à frais communs, du fruit du travail des associés, mais gardant l'avantage des réglementations en ce qui concerne les volumes de production.

Art. L. 323-4. – Le décès, la faillite personnelle, la liquidation ou le redressement judiciaires de l'un des associés, ou la volonté de l'un ou plusieurs d'entre eux de n'être plus dans la société, ne met pas fin au groupement.

Tout associé peut être autorisé par les autres associés ou, le cas échéant, par le tribunal à se retirer du groupement pour un motif grave et légitime. Il peut également en demander la dissolution, conformément à l'article 1844-7 du Code civil.

Pour un rappel des conditions d'exercice du droit de retrait des associés d'un GAEC, V. ▪ CA Montpellier, 14 déc. 2010, n° 10/05246 : *JurisData* n° 2010-027333 ; *RD rur.* 2011, comm. 106, note Ch. Lebel. La perte de la qualité d'associé ne peut, en cas de retrait, être antérieure au remboursement de la valeur des droits sociaux : *RD rur.* 2014, comm. 237, note J. Cayron.

Voir : sous C. civ., art. 1869, p. 138.

Art. L. 323-5. – Nonobstant toute disposition contraire des statuts, l'associé qui, pour quelque cause que ce soit, cesse de faire partie de la société peut, dans la mesure de ses droits, reprendre ses apports en les précomptant sur sa part pour le prix qu'ils valent alors. Il en est de même en cas de dissolution de la société. Les dispositions du présent article sont applicables aux ayants droit d'un associé décédé.

En l'absence de passif à l'égard des tiers, le liquidateur peut être chargé de réaliser un projet de partage incorporant, autant qu'il est possible, la reprise en nature des parcelles apportées par les associés : ▪ Cass. com., 3 avr. 2012, n° 11-13.336 : *RD rur.* 2012, comm. 10, note H. Hovasse.

Art. L. 323-6. – Sous réserve des dispositions des articles 1870 et 1870-1 du Code civil, les dispositions des articles *(Réf. rempl., L. n° 2006-728, 23 juin 2006)* « 821 à 824, 832-1 et 924 » du Code civil permettant le maintien dans l'indivision, l'attribution préférentielle et la donation avec dispense de rapport en nature d'une exploitation agricole sont applicables à la dévolution successorale, aux partages de communautés conjugales et aux dons et legs de parts sociales d'un groupement agricole d'exploitation, lesdites parts étant, dans ce cas, considérées comme si elles constituaient l'exploitation agricole, objet du groupement.

1) Droits des indivisaires successoraux. Les indivisaires d'une succession qui n'a recueilli que la valeur des parts d'un GAEC n'ont pas à être convoqués aux assemblées de ce GAEC : ▪ Cass. 1re civ., 9 juill. 1991 : *BJS* 1991, p. 1030.

2) Indemnisation des héritiers non agréés. Viole les articles 1134 et 1870-1 du Code civil la cour d'appel qui subordonne l'indemnisation des ayants droits non agréés d'un associé décédé à la nécessité pour eux de présenter un projet de cession de leurs parts, alors qu'il résulte des statuts qu'en l'absence d'agrément des ayants droit de l'associé décédé, les droits sociaux correspondants doivent être rachetés soit par le ou les associés survivants, soit par un ou plusieurs tiers désignés par eux, soit par le groupement lui-même : ▪ Cass. com., 29 sept. 2009, n° 08-16.368, PB : *BJS* 2010, p. 56, note J.-J. Barbièri ; *Dr. sociétés* 2009, comm. 221, obs. R. Mortier ; *Rev. sociétés* 2010, p. 42, note B. Saintourens.

Art. L. 323-7 *(Mod., Ord. n° 2004-637, 1er juill. 2004)*. – Peuvent être membres d'un groupement agricole d'exploitation en commun les personnes qui font à ce groupement un apport en numéraire, en nature ou en industrie afin de contribuer à la réalisation de son objet.

Les associés doivent participer effectivement au travail en commun. Toutefois, une décision collective des associés peut, au cours de la vie du groupement, accorder à titre temporaire des dispenses de travail pour des motifs fixés par décret. *(Phrases suppr., L. n° 2014-1170, 13 oct. 2014)*

(Al. aj., L. n° 2010-874, 27 juill. 2010) **Les associés d'un groupement total doivent y exercer leur activité professionnelle à titre exclusif et à temps complet. Dans des conditions fixées par décret, une décision collective peut autoriser un ou plusieurs associés à réaliser une activité extérieure au groupement.** *(Phrases suppr., L. n° 2014-1170, 13 oct. 2014)*

(Al. aj., L. n° 2014-1170, 13 oct. 2014) **Les décisions mentionnées aux deuxième et troisième alinéas du présent article sont soumises à l'accord de l'autorité administrative mentionnée à l'article L. 323-11.**

Art. L. 323-8. – Les apports en numéraire et les apports en nature, qu'ils soient faits en pleine propriété ou seulement en jouissance, concourent à la formation du capital du groupement, qui peut être un capital variable. Ils donnent lieu à l'attribution de parts d'intérêts.

Les apports en industrie donnent lieu à l'attribution de parts d'intérêts, mais ne concourent pas à la formation du capital social. Les porteurs de ces parts participent à la gestion et aux résultats du groupement dans les conditions fixées par les statuts.

Art. L. 323-9. – La rémunération que perçoivent les associés du fait de leur participation effective aux travaux constitue une charge sociale dans les conditions et les limites fixées par décret en Conseil d'État et les statuts propres à chaque groupement.

Art. L. 323-10. – Sauf disposition spéciale des statuts prévoyant une responsabilité plus grande, la responsabilité personnelle de l'associé à l'égard des tiers ayant contracté avec le groupement est limitée à deux fois la fraction du capital social qu'il possède. Les pertes éventuelles sont, dans les mêmes proportions, divisées entre les associés en fonction du nombre de parts d'intérêts qui leur appartiennent.

L'article L. 323-10 **déroge** à l'article 1857 du Code civil et trouve à s'appliquer lorsque le créancier d'un GAEC mis en liquidation judiciaire, qui n'a pu parvenir à obtenir le règlement de sa créance, a assigné en paiement un ancien associé : ▪ Cass. 1re civ., 8 oct. 1996 : *Bull. civ.* I, n° 345 ; *JurisData* n° 1996-003672 ; *JCP* 1996, IV, p. 291 ; *JCP* E 1996, n° 1205, pan. p. 411 ; *D.* 1996, inf. rap. p. 229.

Art. L. 323-11 *(Mod., Ord. n° 2004-637, 1er juill. 2004 ; rempl., L. n° 2014-1170, 13 oct. 2014)*. **– Les groupements agricoles d'exploitation en commun sont agréés par l'autorité administrative.**

Avant de délivrer un agrément, l'autorité administrative vérifie, sur la base des déclarations des intéressés et des informations dont elle dispose, la conformité du groupement aux dispositions du présent chapitre. Elle vérifie, en particulier, la qualité de chef d'exploitation, des associés, l'adéquation entre la dimension de l'exploitation commune et le nombre d'associés ainsi que l'effectivité du travail en commun.

Lorsqu'elle délivre un agrément, l'autorité administrative décide des modalités d'accès des membres du groupement aux aides de la politique agricole commune, en application de l'article L. 323-13.

Les conditions et modalités d'agrément des groupements agricoles d'exploitation en commun et d'accès aux aides de la politique agricole commune sont précisées par voie réglementaire.

NB : Conformément à l'article 93 XXII de la loi n° 2014-1170 du 13 octobre 2014, pour l'application de l'article L. 323-11 dans sa rédaction résultant de la présente loi, les groupements agricoles d'exploitation en commun totaux existant avant sa publication disposent d'un délai d'une année à compter de ladite publication pour demander à l'autorité administrative un réexamen du nombre de parts économiques qui leur ont été attribuées pour l'accès aux aides de la politique agricole commune, sur la base d'éléments justificatifs.

Les groupements agricoles d'exploitation en commun totaux existant avant la publication de la présente loi et situés en zone défavorisée font l'objet d'un réexamen systématique de leur situation par l'autorité administrative si le nombre de leurs parts économiques pour l'accès aux aides de la politique agricole commune est inférieur au nombre de parts octroyées pour les indemnités compensatoires de handicaps naturels.

Art. L. 323-12 *(Rempl., L. n° 2014-1170, 13 oct. 2014)*. **– Les conditions de réexamen et de retrait de l'agrément mentionné à l'article L. 323-11, notamment en cas de mouvements d'associés, de dispenses de travail ou de réalisation d'activités extérieures au groupement en méconnaissance des dispositions du présent chapitre, sont précisées par voie réglementaire.**

Les sociétés qui, à la suite d'une modification de leur objet ou de leurs statuts ou du fait des conditions de leur fonctionnement, ne peuvent être regardées comme des groupements agricoles d'exploitation en commun, au sens du présent chapitre et des textes pris pour son application, encourent le retrait de l'agrément qu'elles ont obtenu.

Toutefois, l'autorité administrative peut, pour une durée maximale d'un an renouvelable une fois, maintenir l'agrément d'un groupement selon des conditions qu'elle détermine au vu du dossier. Ce délai court à compter de la date à laquelle le groupement ne respecte plus les conditions régissant les groupements agricoles d'exploitation en commun.

Art. L. 323-13. – La participation à un groupement agricole d'exploitation en commun ne doit pas avoir pour effet de mettre ceux des associés qui sont considérés comme chefs d'exploitation et leur famille, pour tout ce qui touche *(Mots rempl., L. n° 2006-11, 5 janv. 2006)* « leur statut professionnel, et notamment » économique, social et fiscal, dans une situation inférieure à celle des autres chefs d'exploitation agricole, et à celle des autres familles de chefs d'exploitation agricole.

(Al. aj., L. n° 2014-1170, 13 oct. 2014) Pour la mise en œuvre des règles de la politique agricole commune, ce principe ne s'applique qu'aux groupements agricoles d'exploitation en commun totaux et dès lors que les associés ont contribué, par leurs apports en nature, en numéraire ou en industrie, à renforcer la structure agricole du groupement dans des conditions définies par décret.

NB : Conformément à l'article 93 XXII de la loi n° 2014-1170 du 13 octobre 2014, pour l'application de l'article L. 323-13 dans sa rédaction résultant de la présente loi, les groupements agricoles d'exploitation en commun totaux existant avant sa publication disposent d'un délai d'une année à compter de ladite publication pour demander à l'autorité administrative un réexamen du nombre de parts économiques qui leur ont été attribuées pour l'accès aux aides de la politique agricole commune, sur la base d'éléments justificatifs.

Les groupements agricoles d'exploitation en commun totaux existant avant la publication de la présente loi et situés en zone défavorisée font l'objet d'un réexamen systématique de leur situation par l'autorité administrative si le nombre de leurs parts économiques pour l'accès aux aides de la politique agricole commune est inférieur au nombre de parts octroyées pour les indemnités compensatoires de handicaps naturels.

1) Il résulte de l'article L. 323-13 que la personnalité juridique des associés n'est pas absorbée par celle du groupement et que les associés d'un GAEC peuvent être considérés comme **chefs d'exploitation** : ▪ Cass. soc., 18 mars 1997 : *JurisData* n° 1997-001235 ; *JCP* 1997, IV, p. 158 ; *D.* 1997, inf. rap. p. 96.

2) Les dispositions de l'article L. 323-13 n'ont ni pour objet, ni pour effet, d'obliger les associés d'un GAEC à une **répartition équilibrée** du capital : ▪ CE, 3 mai 2002 : *JurisData* n° 2002-063899.

3) Une demande d'autorisation d'exploiter formée au nom d'un GAEC à raison de l'agrandissement de la superficie provoqué par l'entrée d'un nouvel associé en démarche d'installation bénéficie du rang de priorité attachée à celle-ci par le schéma : ▪ CE, 22 févr. 2018, n° 402159 : *RD rur.* avr. 2018, comm. 71, note S. Crevel.

4) L'associé d'un GAEC ne peut se prévaloir du bénéfice de **l'insaisissabilité de la résidence principale** *[C. com., art. L. 526-1]*, cette mesure étant réservée aux personnes exerçant une activité à titre individuel ; et la règle dite de « transparence » des GAEC, expressément réservée par l'article L. 323-13 aux dispositions de nature économique, sociale et fiscale, ne peut être étendue à une disposition attachée au statut civil de l'exploitant : Rép. min. n° 17743 : *JO* Sénat Q, n° 51, 29 déc. 2005, p. 3362 ; *BJS* 2006, p. 295.

Art. L. 323-14. – Le preneur à ferme qui adhère à un groupement agricole d'exploitation en commun peut faire exploiter par ce groupement tout ou partie des biens dont il est locataire pour une durée qui ne peut être supérieure à celle du bail dont il est titulaire. Il en avise alors, par lettre recommandée, avec accusé de réception, le propriétaire.

Cette opération ne donne pas lieu à l'attribution de parts d'intérêts au profit du preneur, qui reste seul titulaire du bail. Les droits du bailleur ne sont pas modifiés. Toutefois, le groupement est tenu solidairement avec le preneur de l'exécution des clauses du bail.

(Rempl., L. n° 2006-11, 5 janv. 2006) Le bailleur et le métayer conviennent alors avec la société de la manière dont seront identifiés les fruits de l'exploitation en vue des partages à opérer. En cas de désaccord, ces conditions sont déterminées par le tribunal paritaire des baux ruraux saisi à la diligence de l'une ou l'autre des parties.

Information du bailleur. La mise à disposition de terres louées au profit d'un GAEC est régie par le seul article L. 323-14 du Code rural et aucun texte ne sanctionne par la résiliation du bail le défaut d'information du bailleur par le preneur : ▪CA Paris, 7 mai 1996 : *JurisData* n° 1996-021112. ▪Cass. 3e civ., 17 juill. 1996 : *JurisData* n° 1996-003323. ▪CA Nîmes, 26 avr. 1996 : *JurisData* n° 1996-030009. – Le défaut de l'avis au bailleur prévu par l'article L. 323-14 sous la forme d'une lettre recommandée avec accusé de réception n'encourt aucune sanction : ▪CA Nancy, 27 juin 1997 : *JurisData* n° 1997-055216.

Art. L. 323-15. – **Nonobstant les dispositions des articles L. 411-58 à L. 411-63, L. 411-67, L. 412-12 et L. 416-8, le preneur exerçant le droit de préemption ou le propriétaire exerçant le droit de reprise peut faire apport de ses biens à un groupement agricole d'exploitation en commun.**

Art. L. 323-16. – **Les conditions d'application du présent chapitre sont fixées** *(Mots suppr., Ord. n° 2010-461, 6 mai 2010)* **« ... » par décret en Conseil d'État.**

Voir : C. rur., art. R. 323-1 et s., p. 2399.

Partie réglementaire

Art. R. 323-1 à R. 323-7 *(Abr., D. n° 2015-215, 25 févr. 2015).*

Art. R. 323-8 *(Anc. art. R.* 323-8, dénum., D. n° 2005-368, 19 avr. 2005 ; rempl., D. n° 2015-215, 25 févr. 2015).* – **Les sociétés existantes ou en formation adressent au préfet du département de leur siège leur demande d'agrément en tant que groupement agricole d'exploitation en commun.**

Art. R. 323-9 *(Anc. art. R.* 323-9, dénum., D. n° 2005-368, 19 avr. 2005 ; rempl., D. n° 2015-215, 25 févr. 2015).* – **Le dossier de demande d'agrément comporte les éléments suivants :**

1° Les statuts ou projets de statuts conformes à des statuts types approuvés par arrêté du ministre chargé de l'agriculture ;

2° Une note, rédigée selon un modèle défini par arrêté du ministre chargé de l'agriculture, relative à l'origine de la société et aux conditions de son fonctionnement, précisant :

a) **Les éléments permettant d'apprécier la dimension de l'exploitation commune : superficies d'exploitation, au regard des activités principales envisagées et des méthodes de production choisies, titres assurant la jouissance des terres que la société se propose d'exploiter, distances à parcourir entre exploitations regroupées ;**

b) **L'identité des associés ou futurs associés, la répartition du capital social, les principes de l'organisation effective du travail en commun, ainsi que la décision mentionnée au deuxième alinéa de l'article R. 323-31, la description des tâches réalisées par chaque associé, le nombre envisagé de salariés permanents, les personnes qui seront habilitées à agir au nom de la société et les activités exercées, le cas échéant, par les associés en dehors du groupement.**

Art. R. 323-10 *(Anc. art. R.* 323-10, dénum., D. n° 2005-368, 19 avr. 2005 ; rempl., D. n° 2015-215, 25 févr. 2015).* – **Le préfet statue sur les demandes d'agrément, par décision motivée, au plus tard dans les trois mois suivant la réception du dossier de demande complet. Il peut demander préalablement l'avis de la formation spécialisée mentionnée à l'article R. 313-7-1.**

Dans ce cas, lorsque le préfet adopte une décision après avis contraire de la formation spécialisée mentionnée à l'article R. 313-7-1, il en précise les motifs.

Pour les groupements totaux, le préfet vérifie, en particulier, la contribution des associés au renforcement de la structure agricole du groupement, en tenant compte de leur participation effective, à titre exclusif et à temps complet, au travail en commun, sous réserve de l'application des articles D. 323-31-1 et R. 323-32.

Art. R.* 323-11 *(Abr. à compter du 1er mars 2015 puis rétabli dans la version suivante à compter de cette même date, D. n° 2015-215, 25 févr. 2015).* – **À défaut de décision expresse sur une demande d'agrément dans le délai mentionné à l'article R. 323-10, la demande est réputée rejetée.**

Art. R. 323-12 *(Abr., D. n° 2015-215, 25 févr. 2015).*

Reconnaissance implicite. La décision implicite d'acceptation résultant du silence du comité d'agrément dessaisit l'autorité administrative qui ne peut plus légalement revenir sur sa décision (■ CE, 29 juill. 2002 : *JurisData* n° 2002-064316).

Art. R. 323-13 *(Anc. art. R.* 323-13, dénum., D. n° 2005-368, 19 avr. 2005 ; rempl., D. n° 2015-215, 25 févr. 2015).* – Les formalités de publicité de la constitution du groupement et l'immatriculation de celui-ci au registre du commerce et des sociétés sont accomplies postérieurement à son agrément.

Le groupement adresse au préfet un extrait justifiant de son immatriculation au registre du commerce et des sociétés.

Art. R. 323-14 *(Anc. art. R.* 323-14, dénum., D. n° 2005-368, 19 avr. 2005 ; mod., D. n° 2013-566, 28 juin 2013).* – L'avis de constitution prévu par l'article 22 du décret n° 78-704 du 3 juillet 1978 contient, lorsqu'il s'agit des groupements agricoles d'exploitation en commun, les indications suivantes :

1° La dénomination sociale du groupement et s'il y a lieu son sigle, précédés ou suivis des mots et de la date de la décision *(Mots rempl., D. n° 2015-215, 25 févr. 2015)* « d'agrément » ;

2° L'adresse du siège social ;

3° L'indication du greffe où le groupement sera immatriculé.

Les indications prévues aux 1° et 2° de l'alinéa précédent remplacent pour les groupements agricoles d'exploitation en commun celles qui sont prévues par le troisième alinéa de l'article 22 du décret n° 78-704 du 3 juillet 1978.

De même, ces indications remplacent celles prévues par le deuxième alinéa (1° à 4°) des articles 27 et 29 dudit décret.

Art. R. 323-15 *(Anc. art. R.* 323-15, dénum., D. n° 2005-368, 19 avr. 2005 ; mod., D. n° 2013-566, 28 juin 2013).* – La demande d'immatriculation prévue par l'article R. 123-53 du Code de commerce contient, lorsqu'il s'agit des groupements agricoles d'exploitation en commun, les indications suivantes :

1° La dénomination sociale du groupement et s'il y a lieu son sigle, précédés ou suivis des mots et de la date de la décision *(Mots rempl., D. n° 2015-215, 25 févr. 2015)* « d'agrément » ;

2° Le montant du capital social et le montant total respectif des apports en numéraire et des apports en nature ; si la société est à capital variable, le montant au-dessous duquel le capital ne peut être réduit ;

3° L'adresse du siège social ;

4° La ou les activités exercées en précisant le nombre des exploitations agricoles dont la mise en valeur est confiée au groupement et la superficie que celui-ci exploite ;

5° La date du commencement de ces activités ;

6° La durée de la société fixée par les statuts ;

7° Les nom, prénom usuel et domicile personnel des associés tenus indéfiniment et solidairement des dettes sociales avec les renseignements prévus aux 2°, 3° et 4° de l'article R. 123-37 du Code de commerce ;

8° Les nom, prénom usuel, domicile permanent, date et lieu de naissance, nationalité du ou des gérants ainsi que des associés ayant le pouvoir général d'engager le groupement ;

9° La date du dépôt au greffe des statuts, le titre et la date du journal où a été publié l'avis de constitution du groupement.

Les indications prévues à l'alinéa précédent remplacent pour les groupements agricoles d'exploitation en commun celles prévues par l'article R. 123-53 du Code de commerce.

Art. R. 323-16 *(Anc. art. R.* 323-16, dénum., D. n° 2005-368, 19 avr. 2005 ; mod., D. n° 2013-566, 28 juin 2013).* – Les groupements agricoles d'exploitation en commun sont dispensés des avis à insérer au *Bulletin officiel des annonces civiles et commerciales* prévus aux articles R. 123-155 à R. 123-161 du Code de commerce.

Art. R. 323-17 *(Abr., D. n° 2015-215, 25 févr. 2015).*

Art. R. 323-18 *(Anc. art. R.* 323-18, dénum., D. n° 2005-368, 19 avr. 2005 ; rempl., D. n° 2015-215, 25 févr. 2015).* – Les services déconcentrés de l'État chargés de l'agriculture s'assurent, par un contrôle régulier, que l'organisation et le fonctionnement de ces groupements sont conformes aux exigences réglementaires et aux statuts et documents communiqués dans le cadre de l'instruction et du maintien de son agrément.

Art. R. 323-19 *(Anc. art. R.* 323-19, dénum., D. n° 2005-368, 19 avr. 2005 ; rempl., D. n° 2015-215, 25 févr. 2015).* – Modifications statutaires ainsi que celles des données mentionnées aux *a* et *b* du 2° de l'article R. 323-9 sont transmises au préfet au plus tard dans le mois suivant leur mise en œuvre.

À défaut d'une décision expresse du préfet dans le délai de deux mois suivant la transmission de ces informations, l'agrément est réputé maintenu.

Il n'est procédé aux formalités de publicité des modifications statutaires qu'après expiration de ce délai. Le délai mentionné au premier alinéa de l'article R. 123-105 du Code de commerce court à compter de cette date.

Art. R. 323-20 *(Anc. art. R.* 323-20, dénum., D. n° 2005-368, 19 avr. 2005).* – Les changements dans la désignation du ou des gérants ou des personnes ayant le pouvoir général d'engager le groupement sont déclarés au greffe du tribunal de commerce dans un délai d'un mois. Les autres modifications statutaires sont déposées au greffe pour être annexées au registre du commerce et des sociétés et, s'il y a lieu, mentionnées à ce registre ou publiées dans un journal habilité à recevoir les annonces légales dans le département dans un délai d'un mois à compter de l'expiration du délai de *(Mots rempl., D. n° 2015-215, 25 févr. 2015)* « deux mois » prévu au deuxième alinéa de l'article R. 323-19.

Art. R. 323-21 *(Anc. art. R.* 323-21 dénum. et mod., D. n° 2005-368, 19 avr. 2005 ; mod., D. n° 2015-215, 25 févr. 2015 ; D. n° 2015-665, 10 juin 2015).* – Le préfet examine, à la suite de la déclaration du groupement prévue au premier alinéa de l'article R. 323-19, ou d'office, la situation des groupements qui, en raison d'une modification de leurs statuts ou du fait des conditions de leur fonctionnement, ne paraissent plus pouvoir être regardés comme des groupements agricoles d'exploitation en commun agréés.

Après avoir mis la société à même de présenter des observations écrites et, si elle le désire, des observations orales et lui avoir, s'il y a lieu, donné un délai pour régulariser sa situation, le préfet peut, par une décision motivée, prononcer le retrait de l'agrément accordé à un groupement, le cas échéant, après avis de la formation spécialisée mentionnée à l'article R. 313-7-1.

Dans le cas où un délai a été donné à la société pour régulariser sa situation, les effets du retrait à l'égard des tiers partent, à moins d'une décision contraire du préfet, de la date à laquelle l'invitation de régulariser a été notifiée à la société.

Art. R. 323-22 *(Anc. art. R.* 323-22, dénum., D. n° 2005-368, 19 avr. 2005 ; rempl., D. n° 2015-215, 25 févr. 2015).* – Les recours contentieux contre les décisions individuelles relatives aux groupements agricoles d'exploitation en commun sont précédés, à peine d'irrecevabilité, d'un recours administratif préalable obligatoire auprès du ministre chargé de l'agriculture.

Les recours administratifs contre les décisions de retrait d'agrément ont un effet suspensif.

Préalablement à la réponse au recours administratif qui lui a été adressé, le ministre chargé de l'agriculture recueille l'avis du préfet et de toute autre personne qualifiée s'il l'estime justifié. Il en informe alors les auteurs du recours, qui sont mis en mesure de consulter ces avis.

Art. R. 323-23 *(Anc. art. R.* 323-23, dénum., D. n° 2005-368, 19 avr. 2005 ; rempl., D. n° 2015-215, 25 févr. 2015).* – La décision de retrait est publiée au recueil des actes administratifs des services de l'État du département dans lequel la société a son siège. Elle est communiquée par le groupement, à ses frais, au greffier du tribunal auprès duquel le groupement est immatriculé, aux fins de mention d'office au registre du commerce et des sociétés. Le groupement procède simultanément à la publication prévue par l'article 24 du décret n° 78-704 du 3 juillet 1978.

Section II. – Le fonctionnement des groupements

Art. R. 323-24 *(Anc. art. R.* 323-24, dénum., D. n° 2005-368, 19 avr. 2005).* – Les statuts fixent le capital, le siège et la durée du groupement ainsi que les conditions de la prorogation de cette durée. Ils doivent prévoir les conditions dans lesquelles leurs différentes dispositions peuvent être modifiées. Ils organisent l'administration du groupement. Ils prévoient, notamment, les conditions de désignation du ou des associés ayant pouvoir d'agir au nom de la société, la durée de leur mandat, leurs pouvoirs et, éventuellement, les conditions de leur révocation. Ils précisent comment se réunissent et comment délibèrent l'assemblée générale, ainsi que, le cas échéant, les autres organismes dont le groupement pourrait être pourvu, les conditions de majorité auxquelles sont prises les délibérations, conditions qui varient suivant leur nature ; ils déterminent comment sont calculées les voix de chaque associé compte tenu de la qualité même d'associé, de la participation au travail et, sauf exception dans certains cas précisés, du nombre de parts de capital possédées. Réserve faite des cas exceptionnels qui pourraient être prévus par les statuts, la majorité des voix doit appartenir aux associés participant effectivement au travail en commun. Cette majorité ne peut appartenir à un même associé qu'à titre temporaire.

Art. R. 323-25 *(Anc. art. R.* 323-25, dénum., D. n° 2005-368, 19 avr. 2005).* – Outre les modes de convocation prévus par l'article 40 du décret n° 78-704 du 3 juillet 1978, les associés peuvent être convoqués aux assemblées du groupement par la remise personnelle contre émargement de la convocation prévue audit article.

Art. R. 323-26 *(Anc. art. R.* 323-26, dénum., D. n° 2005-368, 19 avr. 2005).* – Ne sont pas considérées comme des délibérations donnant lieu à l'établissement des procès-verbaux prévus par les articles 44 et 45 du décret n° 78-704 du 3 juillet 1978 les réunions périodiques des associés consacrées exclusivement à l'organisation du travail entre les associés et aux activités courantes du groupement.

Art. R. 323-27 *(D. n° 2001-318, 11 avr. 2001 ; anc. art. R.* 323-27, dénum., D. n° 2005-368, 19 avr. 2005).* – Le capital d'un groupement agricole d'exploitation en commun *(Mot rempl., D. n° 2015-215, 25 févr. 2015)* « agréé » ne peut s'élever, lors de la constitution du groupement, à moins de 1 500 €, ni être ensuite réduit au-dessous de cette somme. Toutefois, lorsque le groupement a été constitué en vue d'effectuer des opérations à caractère limité, non susceptibles de motiver un important appel de capitaux et sous réserve, le cas échéant, d'une renonciation totale ou partielle à la limitation de responsabilité édictée à l'article L. 323-10 et de l'accord du *(Mots rempl., D. n° 2015-215, 25 févr. 2015)* « préfet », un capital inférieur peut être prévu, son montant variant en fonction des activités pratiquées, sous réserve d'appréciation *(Mots rempl., D. n° 2015-215, 25 févr. 2015)* « par le préfet ». Les parts d'intérêts ne peuvent représenter chacune une valeur nominale inférieure à 7,5 €.

Les apports en nature doivent faire l'objet d'une évaluation détaillée.

Art. R. 323-28 *(Anc. art. R.* 323-28, dénum., D. n° 2005-368, 19 avr. 2005).* – Il peut être stipulé dans les statuts que, sans modification de ceux-ci et conformément aux dispositions de l'article L. 323-8 et des articles *(Réf. rempl., D. n° 2013-566, 28 juin 2013)* « L. 231-1 à L. 231-8 » du Code de commerce, le capital social sera susceptible d'augmentation, par suite de versements faits par les associés anciens ou de nouveaux associés, et de diminution, par la reprise totale ou partielle des apports effectués. Les statuts peuvent réserver le bénéfice de ces augmentation et diminution à certaines catégories particulières d'associés. Les statuts d'une société constituée avec capital variable déterminent le montant au-dessous duquel le capital social ne pourra être réduit par les reprises d'apports. Ce montant ne peut être inférieur à la moitié, tout à la fois du capital social fixé par les statuts et du capital minimum prévu à l'article R. 323-27 *(Mots aj., D. n° 2017-1771, 27 déc. 2017)* « du présent code ». La société ne sera définitivement constituée qu'après le versement de ce montant.

Art. R. 323-29 *(Anc. art. R.* 323-29, dénum., D. n° 2005-368, 19 avr. 2005).* – La libération des parts en numéraire doit être effectuée dans la limite du quart au moins de la valeur nominale de ces parts au moment de l'acte constitutif. Pour les sociétés constituées avant *(Mots rempl., D. n° 2015-215, 25 févr. 2015)* « l'agrément », l'effet de *(Mots rempl., D. n° 2015-215, 25 févr. 2015)* « celui-ci » est subordonné à cette libération. Le capital minimum effectivement libéré en nature et en numéraire ne peut en outre être inférieur au capital social minimum tel qu'il est défini aux articles R. 323-27 et R. 323-28.

Art. R. 323-30 *(Anc. art. R.* 323-30, dénum., D. n° 2005-368, 19 avr. 2005).* – Les apports en industrie sont représentés par des parts d'industrie qui ne concourent pas à la formation du capital social. Ces parts ne sont pas cessibles. Si leur titulaire se retire du groupement, elles sont annulées à la date de son retrait.

Même si aucun apport en industrie n'est fait lors de la constitution du groupement, les statuts déterminent le régime éventuel de ces parts, conformément aux dispositions du présent chapitre.

Ils doivent prévoir dans quelles conditions les titulaires de parts d'industrie participeront aux bénéfices et, s'ils en décident ainsi, aux pertes. Les titulaires des parts d'industrie doivent avoir la faculté de se retirer après un temps déterminé.

Les droits des titulaires de parts d'industrie dans les réserves sont fixés par les statuts, à moins que ces derniers ne prévoient qu'ils sont déterminés par des conventions particulières approuvées par l'assemblée générale. Ces droits peuvent être fixés forfaitairement.

Art. R. 323-31 *(Anc. art. R.* 323-31, dénum., D. n° 2005-368, 19 avr. 2005).* – Les associés doivent participer effectivement au travail commun. Ce travail doit être effectué dans des conditions comparables à celles existant pour les exploitations de caractère familial. Chaque membre du groupement doit être associé aux responsabilités de l'exploitation. L'exercice des fonctions de direction ne dispense pas de la participation aux travaux d'exécution.

L'organisation du travail, dont les principes sont posés dans la note prévue à l'article R.* 323-9, est réglée par une décision de l'assemblée générale qui doit être communiquée *(Mots rempl., D. n° 2015-215, 25 févr. 2015)* « préfet ».

(Al. rempl., D. n° 2015-215, 25 févr. 2015) Les associés effectuent leur travail à temps complet ou à temps partiel, suivant l'objet du groupement, les usages de la région et les activités pratiquées, tels qu'appréciés par le préfet, le cas échéant, après avis de la formation spécialisée mentionnée à l'article R. 313-7-1.

Pour une application de ce texte : ■ CE, 3 mai 2002 : *JurisData* n° 2002-063899.

Art. D. 323-31-1 *(D. n° 2011-261, 10 mars 2011).* – La décision collective mentionnée au troisième alinéa de l'article L. 323-7 autorisant la réalisation d'une activité à l'extérieur du groupement agricole d'exploitation en commun total par un ou plusieurs associés est prise par l'assemblée générale du groupement en réunion extraordinaire, à l'unanimité des membres présents.

Cette décision est prise après appréciation des motifs justifiant de déroger aux obligations des associés d'un groupement total d'exercer leur activité professionnelle à titre exclusif et à temps complet. L'activité extérieure du ou des associés ne peut être autorisée que :

– si elle demeure une activité accessoire et si l'associé concerné n'y consacre pas plus de 536 heures annuelles *(Mots aj., D. n° 2016-1247, 23 sept. 2016)* « ou 700 heures annuelles pour les activités saisonnières hivernales spécifiques de haute montagne. Ces activités sont exercées dans des zones répondant aux critères définis au 1° de l'article D. 113-14 délimitées par le ministre chargé de l'agriculture » ;

– ou si elle est pratiquée au sein d'une autre structure par tous les associés du groupement en vue de la commercialisation et, le cas échéant, de la transformation des produits agricoles issus du groupement, dès lors que cette société est majoritairement détenue par des chefs d'exploitation agricole à titre principal et que l'équilibre des engagements des associés au sein du groupement est maintenu.

La décision comporte un descriptif des tâches réparties entre les associés du fait de la pluriactivité de l'un ou de plusieurs d'entre eux. Elle indique les conséquences de cette pluriactivité sur la rémunération versée à l'associé concerné et sa participation au résultat du groupement.

(Al. suppr., D. n° 2015-215, 25 févr. 2015).

Art. R. 323-31-2 *(D. n° 2015-215, 25 févr. 2015).* – La décision collective mentionnée au troisième alinéa de l'article L. 323-7 est soumise à l'accord du préfet, statuant dans les conditions prévues au premier alinéa de l'article R. 323-10. À défaut de décision expresse dans le délai de deux mois, la demande d'approbation est réputée acceptée. Le ou les associés concernés ne peuvent se livrer à l'activité extérieure au groupement tant que la décision collective n'a pas été approuvée.

Art. R. 323-32 *(Mod., D. n° 98-591, 9 juill. 1998 ; anc. art. R.* 323-32, dénum., D. n° 2005-368, 19 avr. 2005).* – Au cours de la vie du groupement, une dispense de travail peut être accordée par décision collective des associés dans les cas suivants :

1° *(Division rempl., D. n° 2017-1771, 27 déc. 2017)* Sous réserve de l'accord des intéressés :

a) Au conjoint survivant de l'associé qui a un ou plusieurs enfants mineurs à sa charge ;

b) À l'héritier majeur de l'associé décédé, qui poursuit ses études.

Cette dispense d'une durée d'un an est renouvelable une fois, par décision collective des associés, à la condition de ne pas compromettre gravement le travail en commun nécessaire au bon fonctionnement du groupement ;

2° *(Division rempl., D. n° 2017-1771, 27 déc. 2017)* À l'associé dans l'impossibilité de travailler en raison de son état de santé.

Cette dispense ne peut excéder un an ;

3° *(Division rempl., D. n° 2017-1771, 27 déc. 2017)* À l'associé justifiant d'un an au moins de travail effectif et permanent au sein du groupement et qui souhaite bénéficier d'un congé pour formation professionnelle.

Cette dispense ne peut excéder un an.

4° *(Division rempl., D. n° 2017-1771, 27 déc. 2017)* À l'associé justifiant d'un an au moins de travail effectif et permanent au sein du groupement, et d'une situation lui donnant droit à l'allocation parentale d'éducation prévue à l'article L. 532-1 du Code de la sécurité sociale.

(Al. aj., D. n° 2015-215, 25 févr. 2015) La décision collective mentionnée au premier alinéa est soumise à l'accord du préfet statuant dans les conditions prévues au premier alinéa de l'article R. 323-10 *(Mots aj., D. n° 2017-1771, 27 déc. 2017)* « du présent code ». À défaut de décision expresse dans le délai de deux mois, la demande d'approbation est réputée acceptée.

Art. R. 323-33 *(Anc. art. R.* 323-33, dénum., D. n° 2005-368, 19 avr. 2005 ; rempl., D. n° 2015-215, 25 févr. 2015).* – L'obtention, par un même groupement, de plusieurs dérogations mentionnées à l'article D. 323-31-1 ou dispenses de travail pour les motifs mentionnés à l'article R. 323-32 est subordonnée à la condition de ne pas compromettre gravement le travail en commun nécessaire au bon fonctionnement du groupement.

Art. R. 323-34 *(Anc. art. R.* 323-34, dénum., D. n° 2005-368, 19 avr. 2005).* – Les décisions *(Mot rempl., D. n° 2015-215, 25 févr. 2015)* « collectives prises par les associés du groupement » en application *(Mots rempl., D. n° 2011-261, 10 mars 2011)* « des articles D. 323-31-1 et R. 323-32 » sont motivées et indiquent la durée *(Mots rempl., D. n° 2011-261, 10 mars 2011)* « de la dérogation ou de la dispense » *(Mot suppr., D. n° 2015-215, 25 févr. 2015).*

(Al. rempl., D. n° 2015-215, 25 févr. 2015) Elles sont adressées avec les pièces justificatives au préfet dans le mois de leur adoption par le groupement.

Art. R. 323-35 *(Anc. art. R.* 323-35, dénum., D. n° 2005-368, 19 avr. 2005 ; rempl., D. n° 2015-215, 25 févr. 2015).* – Le retrait d'agrément d'un groupement, prévu au premier alinéa de l'article L. 323-12 en raison du défaut de communication des décisions mentionnées à l'article R. 323-34 ou de défaut de conformité de ces décisions avec les dispositions des articles D. 323-31-1, R. 323-32 et R. 323-33, est prononcé selon la procédure définie aux articles R. 323-21 à R. 323-22.

Toutefois, le préfet ne peut engager la procédure de retrait d'agrément d'un groupement au-delà d'un délai de deux mois à compter de la date de réception ou de dépôt de la décision accordant la dispense ou la dérogation.

Lorsque la décision ne comporte pas les indications ou n'est pas assortie des pièces justificatives prévues par l'article R. 323-34, le préfet demande au groupement d'apporter à son dossier les compléments nécessaires.

Art. R. 323-36 *(Anc. art. R.* 323-36, dénum., D. n° 2005-368, 19 avr. 2005).* – Les statuts précisent dans quelles conditions et dans quelles limites les rémunérations que perçoivent les associés du fait de leur participation effective aux travaux constitue une charge de la société pour l'application des dispositions de l'article L. 323-9.

Cette rémunération ne peut être ni inférieure au *(Mots rempl., D. n° 2015-215, 25 févr. 2015)* « salaire minimum interprofessionnel de croissance » ni supérieure à six fois ce salaire. Cette limitation ne met pas obstacle à ce que les responsabilités de direction fassent, en outre, l'objet d'une participation particulière dans les bénéfices annuels. Cette rémunération et, le cas échéant, cette participation, sont décidées par l'assemblée générale, dans les conditions fixées par les statuts.

Art. R. 323-37 *(Anc. art. R.* 323-37, dénum., D. n° 2005-368, 19 avr. 2005).* – Les statuts doivent se prononcer sur la limitation prévue à l'article L. 323-10 de la responsabilité personnelle des associés à l'égard des tiers ayant contracté avec le groupement. Ils peuvent écarter cette limitation pour l'ensemble des tiers ou pour certains seulement.

Les responsabilités des associés, qu'ils soient ou non titulaires de parts de capital, encourues en dehors du cas prévu à l'alinéa précédent, sont appréciées dans les conditions du droit commun applicables aux sociétés civiles de personnes.

Art. R. 323-38 *(Anc. art. R.* 323-38, dénum., D. n° 2005-368, 19 avr. 2005).* – Tout associé peut être autorisé par les autres associés ou, le cas échéant, en cas de refus de ceux-ci, par le tribunal de grande instance à se retirer du groupement pour motif grave et légitime.

Les statuts peuvent stipuler que l'assemblée générale aura le droit de décider, pour le même motif, à une majorité qu'ils fixeront, qu'un associé cessera de faire partie du groupement.

Le départ d'un associé entraîne la reprise par lui de ses apports en nature. Il en est autrement si l'associé et le groupement sont d'accord pour écarter cette reprise ou si les statuts y mettent obstacle. Dans ce dernier cas, l'associé peut néanmoins obtenir du tribunal cette reprise si son départ résulte d'une faute ou d'une manœuvre des autres associés.

Lorsqu'il n'y a pas reprise des apports en nature, le départ d'un associé porteur de parts de capital est accompagné de la cession des parts et, si celle-ci n'est pas faite en faveur d'un membre déjà associé, de l'admission d'un nouvel associé. Cette cession ou cette admission doivent recevoir l'accord de l'assemblée générale. Si personne ne peut acquérir, avec l'agrément de cette assemblée, les parts à un juste prix, le groupement est tenu de rembourser à l'associé leur valeur.

Les statuts doivent se prononcer soit pour l'admettre, soit pour l'écarter, sur la reprise des apports prévue à l'article L. 323-5.

La réduction de capital ne peut intervenir que sous réserve des dispositions législatives et réglementaires et des engagements de la société subordonnant cette réduction à certaines conditions particulières.

V. pour le droit de vote de l'associé en cas d'exclusion sous C. civ., art. 1844, annot. n° 1-1, p. 72.

Art. R. 323-39 *(Anc. art. R.* 323-39, dénum., D. n° 2005-368, 19 avr. 2005).* – Les statuts peuvent prévoir que si le remboursement ou la reprise des apports en nature compromettent la poursuite normale de l'activité du groupement, le président du tribunal statuant en référé pourra assortir le remboursement ou la reprise de délais raisonnables.

Art. R. 323-40 *(Anc. art. R.* 323-40, dénum., D. n° 2005-368, 19 avr. 2005).* – Les statuts fixent les conditions dans lesquelles les héritiers d'un associé décédé sont admis dans le groupement. Ils peuvent distinguer suivant que les héritiers sont majeurs ou non.

Pour une illustration de la portée des stipulations statutaires, V. ■ Cass. com., 29 sept. 2009, n° 08-16.368 : *RD rur.* janv. 2010, comm. 3, obs. Ch. Lebel.

Art. R. 323-41 *(Anc. art. R.* 323-41, dénum., D. n° 2005-368, 19 avr. 2005).* – Les héritiers d'un associé décédé qui ne sont pas admis de plein droit dans le groupement participent, jusqu'à la décision concernant cette admission, aux délibérations de l'assemblée générale par l'intermédiaire de l'un d'entre eux qui les y représente ou, s'il y a lieu, par l'intermédiaire de leur représentant légal, avec les voix dont disposait leur auteur, en raison de sa qualité d'associé et, le cas échéant, des parts de capital qu'il détenait.

Si les héritiers non encore agréés d'un GAEC *[C. civ., art. 1870-1]* ont le droit de participer aux délibérations de l'assemblée générale, ils n'ont en revanche aucun droit sur les bénéfices réalisés par le groupement postérieurement au décès de leur auteur : ■ Cass. com., 14 déc. 2004 : *Juris-Data* n° 2004-026195 ; *BJS* 2005, p. 522, note J.-P. Garçon ; *Dr. sociétés* mars 2005, n° 45, obs. F.-X. Lucas ; *RTD com.* 2005, p. 126, obs. M.-H. Monsérié-Bon.

Art. R. 323-42 *(Anc. art. R.* 323-42, dénum., D. n° 2005-368, 19 avr. 2005).* – Les dispositions des articles R. 323-38 et R. 323-39 sont applicables au cas de succession : toutefois, nonobstant toute disposition contraire des statuts, l'héritier travaillant déjà sur l'exploitation dont l'admission est refusée en dehors d'un motif grave et légitime a droit de reprendre ses apports en nature.

Art. R. 323-43 *(Anc. art. R.* 323-43, dénum., D. n° 2005-368, 19 avr. 2005).* – Les droits et obligations respectifs des nus-propriétaires et des usufruitiers de parts sociales et notamment les conditions de leur participation aux assemblées générales sont fixés par les statuts ou, dans le cadre des principes posés par ceux-ci, par des décisions de l'assemblée générale. L'obligation de participation effective au travail commun prévue à l'article L. 323-7 peut, sauf dispositions contraires, être satisfaite par le nu-propriétaire ou l'usufruitier.

Art. R. 323-44 *(Anc. art. R.* 323-44, dénum., D. n° 2005-368, 19 avr. 2005).* – Les statuts peuvent décider que, dans les cas où les intérêts des associés risquent d'être opposés, les décisions de l'assemblée générale seront prises après consultation d'une personnalité désignée à l'avance, particulièrement qualifiée par son esprit d'équité et son expérience sociale et agricole. Ils peuvent également prévoir que tous les litiges survenant entre associés, ou certains seulement, seront soumis par conciliation à l'avis d'une telle personne. Le nom de celle-ci doit être communiqué au *(Mots rempl., D. n° 2015-215, 25 févr. 2015)* « préfet ».

Section III. – Le statut social et économique des groupements et de leurs membres

Art. R. 323-45 *(Anc. art. R.* 323-45, dénum., D. n° 2005-368, 19 avr. 2005 ; rempl., D. n° 2015-215, 25 févr. 2015).* – Pour l'application des règles relatives à la protection sociale, les personnes présentes dans les groupements agricoles d'exploitation en commun agréés sont considérées comme entrant dans la catégorie des associés chefs d'exploitation si elles sont titulaires de parts de capital ou, à défaut, dans celle des salariés.

Les droits et obligations des associés chefs d'exploitation sont appréciés en fonction d'une exploitation dont la superficie est égale au quotient de la superficie de la totalité des terres mises en valeur par le groupement par le nombre des associés chefs d'exploitation.

Les dispositions qui précèdent ne sauraient faire perdre sa qualité d'exploitant à un associé qui l'avait avant son entrée dans le groupement, dès lors qu'il a fait au groupement des apports d'une importance justifiant le maintien de cette qualité.

Art. R. 323-46 *(Anc. art. R.* 323-46, dénum., D. n° 2005-368, 19 avr. 2005).* – Les membres de la famille d'un associé non titulaire de parts d'industrie sont considérés pour l'application de l'ensemble de la législation sociale agricole comme membres de la famille d'un chef d'exploitation agricole lorsqu'ils travaillent sur l'exploitation mise en valeur par le groupement.

Art. R. 323-47 *(Anc. art. R.* 323-47, dénum., D. n° 2005-368, 19 avr. 2005 ; mod., D. n° 2013-566, 28 juin 2013 ; rempl., D. n° 2015-215, 25 févr. 2015).* – Lorsque le préfet délivre un agrément à un groupement agricole d'exploitation en commun total, il décide des modalités d'accès des membres du groupement aux aides de la politique agricole commune.

Art. R. 323-48 et R. 323-49 *(Abr., D. n° 2015-215, 25 févr. 2015).*

Section IV. – Sanctions

Art. R. 323-50 *(Anc. art. R.* 323-50, dénum., D. n° 2005-368, 19 avr. 2005).* – *(Phrase rempl., D. n° 2013-566, 28 juin 2013)* « Dans tous les actes, factures et publications émanant d'un groupement agricole d'exploitation en commun *(Mots rempl., D. n° 2015-215, 25 févr. 2015)* "agréé", la dénomination de celui-ci doit être précédée ou suivie des mots : "groupement agricole d'exploitation en commun", *(Mots rempl., D. n° 2015-215, 25 févr. 2015)* "ou des initiales GAEC", ainsi que du montant du capital social en précisant si ce capital est fixe ou variable ». Toute infraction aux dispositions du présent article est punie de l'amende prévue pour les contraventions de la 4e classe.

En cas de récidive, l'amende sera celle prévue pour les contraventions de la 5e classe.

Art. R. 323-51 *(Anc. art. R.* 323-51, dénum., D. n° 2005-368, 19 avr. 2005).* – L'utilisation irrégulière de la dénomination de groupement agricole d'exploitation en commun *(Mots rempl., D. n° 2015-215, 25 févr. 2015)* « agréé, de GAEC agréé ou » de toute autre dénomination ayant pour objet d'induire en erreur sur la situation d'un organisme agricole au regard des dispositions prévues aux articles L. 323-1 à L. 323-16 est punie de l'amende prévue pour les contraventions de la 5e classe.

En cas de récidive, l'amende est celle prévue pour les contraventions de la 5e classe en récidive. Le tribunal peut en outre ordonner alors l'affichage du jugement.

Section V. – Conditions d'accès des groupements agricoles d'exploitation en commun totaux aux aides de la politique agricole commune

(Section créée à compter du 1er janvier 2015, D. n° 2014-1515, 15 déc. 2014)

Art. R. 323-52 *(D. n° 2014-1515, 15 déc. 2014)*. **– Les groupements agricoles d'exploitation en commun totaux bénéficient des paiements directs et régimes d'aides prévus par les articles 8, 11, 41 et 52 du règlement (UE) n° 1307/2013 du Parlement européen et du Conseil du 17 décembre 2013 établissant les règles relatives aux paiements directs en faveur des agriculteurs au titre des régimes de soutien relevant de la politique agricole commune et par l'article 31 du règlement (UE) n° 1305/2013 du Parlement européen et du Conseil du 17 décembre 2013 relatif au soutien au développement rural par le Fonds européen agricole pour le développement rural (Feader) selon les modalités suivantes :**

1° Le nombre de parts sociales détenues par chacun des associés est rapporté au nombre total de parts sociales composant le capital du groupement, afin de déterminer la contribution de chaque associé, exprimée en pourcentage ;

2° Ce pourcentage est appliqué aux éléments de la demande d'aide qui incluent notamment la surface et le cheptel, pour déterminer la part de ces éléments qui relève de chaque associé ;

3° Les seuils d'aides et plafonds des dispositifs de la politique agricole commune sont appliqués à chacune de ces parts.

Art. R. 323-53 *(D. n° 2014-1515, 15 déc. 2014)*. **– Pour les aides prévues** *(Mots suppr., D. n° 2016-781, 10 juin 2016)* **« ... » par le règlement (UE) n° 1308/2013 du Parlement européen et du Conseil du 17 décembre 2013 portant organisation commune des marchés des produits agricoles et par le règlement (UE) n° 1305/2013 du Parlement européen et du Conseil du 17 décembre 2013, autres que celles mentionnées à l'article R. 323-52, et qui sont attribuées par exploitation et dont les dispositions qui les créent prévoient expressément l'application du principe de transparence prévu à l'article L. 323-13, les seuils d'aides et plafonds du dispositif sont multipliés par le nombre d'associés du groupement.**

Art. R. 323-54 *(D. n° 2014-1515, 15 déc. 2014)*. **– Lorsqu'il est établi qu'un groupement agricole d'exploitation en commun total ne respecte plus l'ensemble des critères mentionnés aux articles L. 323-2 et L. 323-7, il perd le bénéfice des dispositions des articles R. 323-52 et R. 323-53 pour la campagne au cours de laquelle le manquement est intervenu et jusqu'à la campagne suivant la date de sa mise en conformité.**

1.5. – GROUPEMENTS FONCIERS AGRICOLES ET GROUPEMENTS FONCIERS RURAUX

Bibliographie : M. Beaubrun, *Le nouvel article 832-2 du Code civil, l'attribution préférentielle en vue de constituer un GFA : D.* 1981, p. 71. • A. Chappert, *Traitement fiscal de la transmission des parts de groupement forestier, de groupement foncier agricole et de groupement foncier rural : Defrénois* 1995, p. 1265. • Fl. Deboissy, *Le couple GFA-société civile agricole à l'épreuve de l'abus de droit : RTD com.* 2003, p. 182. • Obs. M. Jeantin : *RTD com.* 1980, p. 563, n° 1. • J. Hudault, *La reconnaissance par la loi de l'entreprise agricole comme universalité juridique : RD rur.* 1995, p. 221. • J. Lachaud, *Droit agraire et baux ruraux, prix des fermages, loi du 1er février 1995 dite « de modernisation » : Ann. loyers* 1995, p. 755 ; *Guide du propriétaire foncier rural : les sociétés foncières en agriculture : Ann. loyers* 2000, p. 1779. • A. Lassaubatjeu-André, *Observations sur le groupement foncier rural : Defrénois* 1996, p. 769. • J.-D. Lassaigne, *Les baux à long terme et les groupements fonciers agricoles après la loi du 15 juillet 1975 : Defrénois* 1976, p. 513 ; *La mobilité des parts de GFA : Defrénois* 1975, p. 739. • J.-P. Madignier, *La loi de modernisation de l'agriculture et la fiscalité des sociétés : BJS* 1995, p. 648. • J.-P. Prévault, *Le GFA demeure-t-il une formule d'organisation de la propriété rurale ? : Rev. sociétés* 1983, p. 31. • *Adde*, Chr. Dupeyron, *JCl. Sociétés traité*, Fasc. 183-10 *(GFA)*. • Chr. Pitaud, *JCl. Sociétés traité*, Fasc. 183-20 *(GFR)*.

Code rural et de la pêche maritime

Partie législative

Art. L. 322-1 *(L. n° 95-95, 1er févr. 1995).* **– Le groupement foncier agricole est une société civile formée entre personnes physiques. Il est régi par les dispositions prévues aux articles L. 322-2 à L. 322-21 du présent code et par les chapitres I et II du titre IX du livre III du Code civil. Le décès, la faillite personnelle, la liquidation ou le redressement judiciaires de l'un des associés ne met pas fin au groupement.**

1) GFA et pacte sur succession future. Lorsqu'un ascendant constitue avec tous ses enfants un groupement foncier agricole, et par testament transmet à l'un d'eux un grand nombre de parts, tandis que les autres reçoivent outre quelques parts sociales des immeubles, afin que l'égalité entre tous soit assurée, les dispositions ainsi prises ne peuvent être attaquées comme constituant un pacte sur succession future : ▪ CA Bordeaux, 20 nov. 1978 : *JCP* 1980, II, 19381, obs. J. Prévault.

2) Droits sociaux démembrés. Le nu-propriétaire des droits sociaux d'un groupement foncier agricole a le droit de participer aux décisions collectives : ▪ Cass. com., 4 janv. 1994 : *JCP* E 1994, I, 363, n° 4, obs. A. Viandier et J.-J. Caussain ; *BJS* 1994, p. 240, note J.-J. Daigre. – Voir sous C. civ., art. 1844, annot. n° 11, p. 75.

3) Conséquence du défaut d'agrément d'un légataire de parts de GFA. V. sous C. civ., art. 1870-1, annot. n° 2, p. 142.

Art. L. 322-2. – Par dérogation aux dispositions de l'article L. 322-1, les sociétés d'aménagement foncier et d'établissement rural peuvent être membres, à titre transitoire, d'un groupement foncier agricole. *(Mots suppr., L. n° 2017-348, 20 mars 2017)* **« ... » La durée de la participation au groupement ne peut excéder cinq ans. Ce délai est néanmoins suspendu et il est susceptible d'être prorogé dans les cas et dans les conditions prévus aux articles L. 142-4 et L. 142-5.**

Art. L. 322-3. – Par dérogation aux dispositions de l'article L. 322-1, les sociétés civiles autorisées *(Mod., Ord. n° 2009-80, 22 janv. 2009)* **« à procéder à une offre au public de titres financiers » et agréées pour cet objet unique par arrêté conjoint du ministre de l'Économie et des Finances et du ministre de l'Agriculture** *(Mots rempl., L. n° 2014-1170, 13 oct. 2014)* **« , les entreprises d'assurances et de capitalisation régies par le Code des assurances ou leurs groupements constitués à cet effet, les coopératives agricoles et les sociétés d'intérêt collectif agricole » constitués à cet effet peuvent être membres d'un groupement foncier agricole dont l'ensemble des biens immobiliers est donné à bail à long terme à un ou plusieurs membres du groupement.** *(Mots suppr. à compter du 20 juin 2017, L. n° 2017-348, 20 mars 2017)* **« ... ».**

(Al. suppr., L. n° 2014-1170, 13 oct. 2014).

Art. L. 322-4. – Pour l'application à un groupement foncier agricole des articles 1861 à 1865 du Code civil, les statuts doivent prévoir au profit des membres du groupement autres que les personnes morales un droit de préférence pour l'acquisition des parts mises en vente.

Art. L. 322-5. – Les statuts peuvent exiger l'acquisition des parts détenues par des personnes morales après l'expiration d'un délai prévu dans les statuts et ne pouvant excéder vingt ans. Les statuts peuvent en outre accorder un droit de priorité aux associés participant à l'exploitation des biens du groupement, notamment en vertu d'un bail. Une convention particulière peut également prévoir la possibilité pour ces derniers d'exiger l'acquisition des parts détenues par des personnes morales avant l'expiration dudit délai.

Art. L. 322-6. – Le groupement foncier agricole a pour objet soit la création ou la conservation d'une ou plusieurs exploitations agricoles, soit l'une et l'autre de ces opérations. Il assure ou facilite la gestion des exploitations dont il est propriétaire, notamment en les donnant en location dans les conditions prévues au titre I du livre IV du présent code portant statut du fermage et du métayage.

Démembrement de parts de GFA et transformation du bail en bail à long terme. Les décisions qui tendent à modifier les dispositions quelconques du pacte social directement ou indirectement, constituant des décisions extraordinaires requérant, conformément aux statuts, le vote des nus-propriétaires, la cour d'appel qui a souverainement retenu que l'octroi d'un bail de longue durée excédant de plus de vingt ans la durée du groupement avait pour effet de modifier indirectement les dispositions du pacte social en a déduit justement que la délibération d'assemblée générale ordinaire ayant donné un avis favorable à ce bail devait être annulée : ▪ Cass. 3e civ., 4 févr. 2009, n° 07-22.012 B : *BJS* 2009, p. 667, note R. Libchaber ; *Dr. sociétés* 2009, comm. 113, obs. R. Mortier.

Art. L. 322-7. – La superficie totale des exploitations appartenant à un même groupement foncier agricole peut être limitée dans des conditions fixées par décret, compte tenu de la situation particulière de chaque région naturelle agricole.

Le même décret peut préciser les conditions dans lesquelles les groupements sont habilités à détenir des biens situés dans des régions naturelles différentes.

Voir : C. rur., art. R. 322-1 et s., p. 2411.

Art. L. 322-8. – Le capital social est constitué par des apports en propriété d'immeubles ou de droits immobiliers à destination agricole ou par des apports en numéraire ; il est représenté par des parts sociales qui pourront être délivrées sous la forme de certificats nominatifs dont mention sera faite sur un registre des transferts tenu par le groupement.

L'apport d'un bien grevé d'usufruit doit être fait simultanément par le nu-propriétaire et par l'usufruitier. S'il s'agit d'un bien indivis, l'apport doit être fait simultanément par tous les indivisaires.

Le droit de préemption institué par l'article L. 143-1 ne s'applique pas aux apports de biens à un groupement foncier agricole constitué entre membres de la même famille jusqu'au quatrième degré inclus ni aux apports faits par un propriétaire exploitant lesdits biens.

Art. L. 322-9. – Lorsqu'un ou plusieurs des baux consentis par un groupement foncier agricole sont en cours à l'expiration du temps pour lequel il a été constitué, le groupement est, sauf opposition de l'un de ses membres, prorogé de plein droit pour la durée restant à courir sur celui de ces baux qui vient le dernier à expiration.

Les statuts ne peuvent déroger à la possibilité pour l'un des associés de s'opposer à la prorogation.

1) Prorogation. La décision de l'assemblée générale d'un groupement foncier agricole de proroger la société pour une durée de dix ans à l'expiration du terme prévu par les statuts est régulière, malgré l'opposition d'un des membres : ▪ CA Rennes, 16 févr. 2005 : *JurisData* n° 2005-286759.

2) Octroi d'un bail et modification des statuts. V. sous C. rur., art. L. 322-6, annot. n° 1, p. 2408.

3) Durée du bail. La conclusion du bail rural à long terme qui entre dans l'objet social du groupement foncier agricole peut excéder la durée de ce groupement ▪ Cass. 3e civ., 30 sept. 2015, n° 13-21.955 : *JurisData* n° 2015-021720 ; *BJS* 2015, p. 655, note J.-C. Pagnucco.

4) Opposabilité des restrictions statutaires. Les tiers à un groupement foncier agricole peuvent se prévaloir des statuts du groupement pour invoquer le dépassement de pouvoir commis par le gérant de celui-ci : ▪ Cass. 3e civ., 14 juin 2018, n° 16-28.672 : *BJS* 2018, p. 483, note A. Couret ; *JCP* E 2019, 1145, n° 8, note R. Raffray.

Art. L. 322-10. – Lorsque les statuts obligent le groupement à donner à bail la totalité de son patrimoine immobilier, le droit de vote attaché aux parts est, nonobstant toute clause contraire, proportionnel à la quotité de capital qu'elles représentent et chaque part donne droit à une voix au moins.

Toutefois, lorsque parmi les associés du groupement figure l'une au moins des personnes morales mentionnées aux articles L. 322-2 et L. 322-3, un droit de vote double de celui conféré aux parts détenues par ces personnes morales est attribué de plein droit aux parts détenues par des personnes physiques.

Art. L. 322-11. – Le groupement foncier agricole doit donner à bail les terres dont il est propriétaire lorsque son capital est constitué pour plus de 30 % par des apports en numéraire. Le groupement foncier agricole constitué entre époux, parents ou alliés jusqu'au quatrième degré inclus n'est pas soumis à cette obligation.

Le groupement foncier agricole est également tenu de donner à bail lorsqu'une société d'aménagement foncier et d'établissement rural est au nombre des membres du groupement.

Art. L. 322-12. – Les statuts des groupements fonciers agricoles procédant à la mise en valeur directe de leurs biens sociaux doivent prévoir la nomination de l'un ou de plusieurs de leurs membres comme gérants statutaires.

Les statuts de ces groupements doivent conférer la qualité de gérant statutaire aux associés exploitants de fonds appartenant auxdits groupements. Ils doivent aussi prévoir que les décisions de dissolution ne pourront prendre effet qu'à l'expiration d'un délai de dix-huit mois à compter de la signification de ces décisions aux gérants statutaires.

Art. L. 322-13. – Lorsque le groupement foncier agricole est tenu de donner à bail ses biens sociaux, les apports en numéraire doivent faire l'objet d'investissements à destination agricole au profit du groupement dans le délai d'un an. Pendant cette période et tant qu'ils ne sont pas utilisés à des investissements correspondant à l'objet social du groupement, ces apports sont versés à un compte bloqué dans un établissement agréé.

Art. L. 322-14 *(L. n° 2006-728, 23 juin 2006).* – En cas de partage, les associés qui participent ou ont participé à l'exploitation peuvent, sauf dispositions statutaires contraires, solliciter le bénéfice de la dévolution des biens fonciers selon les modalités des articles « 831, 832-1, 832-3, 832-4, 833 et 834 » du Code civil.

Le partage ou la licitation des groupements fonciers sont régis par les dispositions des articles 746, 748 *bis* et 750 *bis* du Code général des impôts ci-après reproduits :

Voir : CGI, art. 746, 748 *bis* et 750 *bis*.

Art. L. 322-15. – Les actes constatant des apports mobiliers à un groupement foncier agricole, l'augmentation du capital social ou la prorogation d'un groupement foncier agricole sont enregistrés au droit fixé prévu au paragraphe I de l'article 810 du Code général des impôts, ci-après reproduit :

(Dernier al. implicitement abr., L. n° 91-1322, 30 déc. 1991).

Voir aussi : CGI, art. 810, § 1.

Art. L. 322-16. – Les parts d'un groupement foncier agricole sont exonérées des droits de mutation à titre gratuit dans la limite et les conditions fixées aux articles 793 et 793 *bis* du Code général des impôts.

Art. L. 322-17. – Les cessions de parts d'un groupement foncier agricole bénéficient des dispositions de l'article 730 *ter* du Code général des impôts, ci-après reproduit :

Voir aussi : CGI, art. 730 *ter*.

Art. L. 322-18 *(Mod., L. n° 95-95, 1er févr. 1995).* – Toute infraction aux dispositions du présent chapitre donne lieu au remboursement des avantages financiers et fiscaux qu'elle prévoit.

Toutefois, ce remboursement n'est pas dû lorsque la condition de parenté prévue à l'article L. 322-11 cesse d'être respectée à la suite de transmissions à titre gratuit.

Art. L. 322-19. – Les groupements agricoles fonciers qui ont été créés conformément à la loi n° 62-933 du 8 août 1962 complémentaire à la loi d'orientation agricole, et répondant aux diverses caractéristiques prévues au présent chapitre, sont assujettis aux dispositions fiscales prévues pour les groupements fonciers agricoles.

Art. L. 322-20. – Les parts de groupements fonciers agricoles peuvent faire l'objet d'un nantissement pour l'obtention de prêts à toutes fins professionnelles ou familiales.

Le groupement peut accorder sa caution hypothécaire à ces opérations.

Art. L. 322-21. – L'application des dispositions du présent chapitre ne doit, en aucun cas, permettre de déroger au statut des baux ruraux et aux dispositions concernant le contrôle des structures.

Art. L. 322-22 *(L. n° 95-95, 1er févr. 1995). – (Al. mod. à compter de l'entrée en vigueur de la partie réglementaire du nouveau Code forestier et au plus tard le 1er juillet 2012, Ord. n° 2012-92, 26 janv. 2012)* Les groupements fonciers ruraux sont des sociétés civiles formées en vue de rassembler et gérer des immeubles à usage agricole et forestier. Les dispositions des articles L. 322-1 et suivants du présent code ainsi que les articles L. 331-1 et L. 331-2 du Code forestier leur sont applicables.

(Al. abr. à compter du 20 juin 2017, L. n° 2017-348, 20 mars 2017)

Leurs biens sont régis, notamment en matière fiscale, selon les dispositions propres aux groupements fonciers agricoles, pour la partie agricole, et selon les dispositions propres aux groupements forestiers, pour la partie forestière.

Art. L. 322-23 *(L. n° 95-95, 1er févr. 1995)*. **– Les associés d'un groupement foncier rural ou d'un groupement foncier agricole peuvent, sans préjudice des droits des tiers, se retirer totalement ou partiellement de la société dans les conditions prévues par les statuts. À défaut, le retrait ne peut être autorisé que par une décision unanime des autres associés.**

Retrait d'associé. À défaut de prévision dans les statuts d'un groupement foncier agricole des conditions dans lesquelles un associé peut se retirer totalement ou partiellement de la société, son retrait ne peut être autorisé que par une décision unanime des autres associés ; que ces dispositions dérogent, au sens de l'article 1845 du Code civil, à celles de l'article 1869 du même code prévoyant que le retrait d'un associé d'une société civile puisse être autorisé pour justes motifs par une décision de justice : ▪ Cass. 1re civ., 3 juin 2010, n° 09-65.995 : *RD rur.* nov. 2010, comm. 119, Ch. Lebel. Confirmation de ▪ CA Bordeaux, 27 janv. 2009 : *JurisData* n° 2009-000161 ; *BJS* 2009, p. 671, note M. Hérail ; *RD rur.* 2009, comm., 108, obs. J.-J. Barbièri. – Néanmoins, l'article 6, § 1 de la Convention EDH ne permettant la limitation du droit d'accès à un tribunal que dans un but légitime, cela justifie que l'associé d'un GFA puisse solliciter judiciairement son retrait, nonobstant les dispositions de l'article L. 322-23, à charge pour le juge saisi d'opérer un contrôle de proportionnalité entre l'objectif poursuivi par la limitation légale du droit de retrait et le respect du droit de propriété de l'associé retrayant : ▪ Cass. 1re civ., 1er mars 2017, n° 15-20.817, PBI : *BRDA* 3/2017, n° 1.

Voir aussi : Dispositions applicables aux **groupements constitués antérieurement** à la loi du 1er févr. 1995 (L. n° 95-95, 1er févr. 1995, art. 52, V).

Art. L. 322-24 *(Abr. à compter du 20 juin 2017, L. n° 2017-348, 20 mars 2017).*

Partie réglementaire

Art. R. 322-1 *(Anc. art. R.* 322-1, dénum., D. n° 2005-368, 19 avr. 2005)*. **– La superficie totale des exploitations appartenant à un même groupement foncier agricole ne peut être supérieure à** *(Mots rempl., D. n° 2017-1771, 27 déc. 2017)* **« trente fois la surface minimale d'assujettissement définie en application de l'article L. 722-5-1 ».**

Pour l'appréciation des superficies, sont notamment exclus les bois, les forêts, les terres à vocation forestière, les étangs et les landes.

Art. R. 322-2 *(Anc. art. R.* 322-2, dénum., D. n° 2005-368, 19 avr. 2005)*. **– Lorsque des biens appartenant à un groupement foncier agricole sont situés dans des régions naturelles agricoles différentes, il y a lieu d'établir par région naturelle le rapport de la superficie de ces biens à la superficie maximum admise pour chacune d'elles. La somme des fractions ainsi obtenue ne doit pas excéder l'unité.**

Le même mode de calcul est appliqué au groupement foncier agricole qui tend à regrouper des exploitations de grande culture et des cultures spécialisées.

Art. R. 322-3 *(Anc. art. R.* 322-3, dénum., D. n° 2005-368, 19 avr. 2005)*. **– Les dispositions qui précèdent ne sont pas applicables lorsque le groupement foncier agricole est constitué entre les membres d'une même famille jusqu'au 4e degré inclus.**

1.6. – GROUPEMENTS FORESTIERS

Bibliographie : A. Chappert, *À propos du régime fiscal des mutations à titre gratuit de bois et forêts et de parts de groupements forestiers : Defrénois* 1999, p. 793. • J. Lachaud, *Les groupements forestiers : Ann. loyers* 1995, p. 1347. • *Adde*, G. Humbert, *JCl. Rural*, Fasc. 25 ; *JCl. Sociétés traité*, Fasc. 183-30.

Code forestier

Partie législative

(Ord. n° 2012-92, 26 janv. 2012)

Art. L. 331-1. – Un groupement forestier est une société civile créée en vue de la constitution, l'amélioration, l'équipement, la conservation ou la gestion d'un ou plusieurs massifs forestiers ainsi que de l'acquisition de bois et forêts.

Il est régi par les articles 1832 et suivants du Code civil, sous réserve des dispositions particulières figurant au présent chapitre.

Il est constitué pour une durée maximale de quatre-vingt-dix-neuf ans.

Art. L. 331-2. – Un groupement forestier réalise des opérations pouvant se rattacher à son objet ou en dérivant normalement, pourvu qu'elles ne modifient pas son caractère civil. La transformation des produits forestiers qui ne constituerait pas un prolongement normal de l'activité agricole ne lui est pas autorisée.

Art. L. 331-3. – Conformément aux dispositions de l'article 238 *ter* du Code général des impôts, les groupements forestiers constitués dans les conditions prévues au présent chapitre ne sont pas assujettis à l'impôt sur les sociétés. Chacun de ses membres est personnellement passible, pour la part des bénéfices sociaux correspondant à ses droits dans le groupement, soit de l'impôt sur le revenu, soit de l'impôt sur les sociétés dans les conditions mentionnées au même article.

Art. L. 331-4. – Le capital d'un groupement forestier ne peut être représenté par des titres négociables. Les parts d'intérêt représentant ce capital ne peuvent être cédées que par les voies civiles, dans les conditions prévues à l'article 1690 du Code civil ou, si les statuts le stipulent, par transfert sur les registres de la société.

Art. L. 331-4-1 *(L. n° 2014-1170, 13 oct. 2014)*. – I. – Tout groupement forestier mentionné à l'article L. 331-1 qui lève des capitaux auprès d'investisseurs en vue de les investir, dans l'intérêt de ces derniers et conformément à une politique d'investissement que ce groupement ou sa société de gestion définit, est un groupement forestier d'investissement. Ce groupement est soumis à l'article L. 214-24 du Code monétaire et financier.

II. – L'offre au public de ses parts sociales par un groupement forestier d'investissement est soumise aux articles L. 214-86 à L. 214-113 du même code et respecte les conditions suivantes :

1° À concurrence de 15 % au moins, le capital maximal du groupement, tel que fixé par ses statuts, doit être souscrit par le public dans un délai de deux années après la date d'ouverture de la souscription. À défaut, le groupement est dissout et ses associés sont remboursés du montant de leur souscription ;

2° L'assemblée générale des associés approuve les plans simples de gestion des bois et forêts détenus par le groupement forestier ;

3° L'actif du groupement forestier est constitué, d'une part, de bois ou forêts, de terrains nus à boiser et des accessoires et dépendances inséparables des bois et forêts et, d'autre part, de liquidités ou valeurs assimilées.

III. – Le groupement forestier mentionné au II est soumis aux articles L. 231-8 à L. 231-21 du Code monétaire et financier.

IV. – Pour l'application des articles L. 321-1, L. 411-1 à L. 412-1, L. 621-1, L. 621-8 à L. 621-8-3 et du I de l'article L. 621-9 du Code monétaire et financier, les parts des groupements forestiers d'investissement sont assimilées à des instruments financiers.

V. – Pour l'application des articles L. 621-5-3, L. 621-5-4 et L. 621-8-4 du Code monétaire et financier, les groupements forestiers d'investissement sont assimilés à des organismes de placement collectif.

VI. – Le règlement général de l'Autorité des marchés financiers précise les conditions d'exercice de l'activité de gestion des groupements forestiers relevant du présent article.

Art. L. 331-5. – Les parts d'intérêt d'un groupement forestier ne peuvent être cédées à des tiers étrangers à ce groupement qu'après autorisation dans les conditions fixées par les statuts.

Un associé peut se retirer totalement ou partiellement de la société dans les conditions prévues par les statuts. Dans le silence des statuts, le retrait ne peut être autorisé que par une décision unanime des autres associés.

Art. L. 331-6 *(Mod., Ord. n° 2015-1682, 17 déc. 2015)*. – I. – Un groupement forestier peut inclure, parmi les immeubles qu'il possède, leurs accessoires ou dépendances inséparables destinés à la réalisation de son objet social ainsi que les terrains à vocation pastorale nécessaires pour cantonner la pratique du pâturage hors des parties boisées justifiant d'une mise en défens ou des terrains à boiser du groupement. Cette opération fait l'objet d'une déclaration auprès de l'autorité administrative, qui dispose d'un délai de deux mois pour s'y opposer. Le pourcentage maximum des surfaces qui peuvent être consacrées par un groupement forestier aux activités pastorales est fixé par décision de l'autorité administrative.

II. – Les immeubles dont les collectivités et les autres personnes morales mentionnées au 2° du I de l'article L. 211-1 peuvent faire apport aux groupements forestiers ne doivent consister qu'en fonds ne relevant pas du régime forestier. *(Phrase suppr., Ord. n° 2015-1682, 17 déc. 2015)*.

III. – Tout propriétaire d'une parcelle boisée qui en fait l'apport à un groupement forestier peut continuer, à titre personnel, à disposer de son droit de chasse sur cette parcelle pendant une durée de dix ans à condition qu'il reste propriétaire de la totalité des parts représentatives de cet apport.

Art. L. 331-7. – Lorsqu'un immeuble apporté à un groupement forestier a une valeur vénale inférieure à une limite fixée par décret en Conseil d'État, l'apporteur peut, à défaut de titre régulier de propriété et sous réserve de l'exercice éventuel de l'action en revendication, justifier de faits de possession dans les termes de l'article 2261 du Code civil par la déclaration qui en sera faite par deux témoins.

Les parts d'intérêt représentatives de l'apport d'un immeuble mentionné au premier alinéa font mention des conditions dans lesquelles la possession de l'immeuble a été établie.

En cas de revendication d'un immeuble mentionné au premier alinéa, le propriétaire peut seulement prétendre à l'attribution des parts d'intérêt représentatives dudit apport ou obliger le groupement à lui racheter lesdites parts à un prix fixé d'après la valeur vénale actuelle de l'immeuble, compte tenu de son état au moment de l'apport.

Section II. – Transformation d'une indivision en groupement forestier

Art. L. 331-8. – Lorsque des bois et forêts sont indivis, les indivisaires, représentant au moins les deux tiers de la valeur de l'immeuble, peuvent décider de faire cesser l'indivision en constituant selon des modalités fixées par des dispositions réglementaires un groupement forestier auquel est apporté cet immeuble. Les statuts du groupement sont soumis à l'approbation préalable de l'autorité administrative.

Art. L. 331-9. – La décision de constituer un groupement forestier dans les conditions fixées par l'article L. 331-8 est signifiée aux indivisaires. À compter de la date de cette signification, les indivisaires disposent d'un délai de trois mois pour mettre en demeure les promoteurs de l'opération d'acquérir à l'amiable leurs droits dans l'indivision moyennant des prix payés comptant.

En cas de contestation, le tribunal de grande instance, saisi par la partie la plus diligente, fixe le prix de vente, sur le rapport d'un expert qu'il désigne. La vente doit être passée par acte authentique dans un délai de deux mois. Ce délai court soit du jour de la fixation du prix par les parties, soit du jour où la fixation du prix par l'autorité judiciaire est devenue définitive. Faute d'observer ledit délai, la procédure antérieure est réputée non intervenue.

À défaut d'avoir procédé à la mise en demeure prévue au premier alinéa du présent article, l'indivisaire minoritaire est réputé donner son adhésion à la constitution du groupement. En cas d'opposition ou de carence, il lui est nommé un représentant provisoire, dans les conditions prévues à l'article L. 331-12.

En cas de désaccord entre les promoteurs de l'opération sur l'étendue de l'acquisition des droits par chacun d'eux, celle-ci sera réalisée, dans chaque cas, au *prorata* de leurs propres droits dans l'indivision.

En cas de désaccord entre les apporteurs sur la valeur de leurs apports, le tribunal de grande instance, saisi par la partie la plus diligente, fixe cette valeur sur le rapport d'un expert qu'il désigne.

Art. L. 331-10. – La signification, prévue par l'article L. 331-9, de la décision de constituer le groupement suspend toute procédure tendant à faire cesser l'indivision par un autre moyen.

Art. L. 331-11. – La constitution d'un groupement forestier dans les conditions prévues à l'article L. 331-8 doit être effective dans le délai de trois mois à compter du jour de l'acte authentique réalisant la vente.

En cas de pluralité de ventes, ce délai est porté à un an à compter du jour de la première vente. Pour la computation de ce délai, les procédures ayant abouti à la fixation du prix par décision de justice ou à la nomination d'un représentant provisoire sont suspensives.

Si, à l'expiration du délai déterminé aux deux alinéas précédents, le groupement n'est pas constitué, tout vendeur dispose d'un délai de trois mois pour demander au tribunal de grande instance de constater, après audition des promoteurs de l'opération, la nullité de la vente de ses droits.

Le président du tribunal peut, toutefois, à la demande d'un des promoteurs de l'opération, proroger le délai à l'expiration duquel le groupement doit être constitué.

Art. L. 331-12. – Lorsque, par empêchement ou pour toute autre cause, un indivisaire n'accomplit pas un des actes ou formalités nécessaires à la constitution du groupement, les autres indivisaires peuvent, dans le délai d'un mois suivant une mise en demeure restée infructueuse, demander au président du tribunal de grande instance de désigner à l'indivisaire défaillant un représentant provisoire. Ce représentant exerce tous les droits de l'indivisaire en vue d'accomplir ces actes et formalités, et notamment de régulariser ses apports au groupement ou la vente de ses droits. L'indivisaire peut être contraint, sous astreinte prononcée par le président du tribunal de grande instance, de remettre à son représentant provisoire tous documents estimés utiles.

Art. L. 331-13. – En cas d'inscription d'une hypothèque légale contre un des apporteurs, mainlevée pourra en être ordonnée par le tribunal de grande instance compétent, qui devra, en ce cas, prescrire toutes mesures conservatoires pour garantir les droits des créanciers.

Art. L. 331-14. – Les dispositions de la présente section peuvent être mises en œuvre au cours de toutes instances ayant pour objet de faire cesser l'indivision. Cependant, si les instances concernent des biens ne faisant pas l'objet de la procédure décrite à l'article L. 331-9, elles suivent leur cours pour tout ce qui regarde ces biens.

Art. L. 331-15. – Un décret en Conseil d'État fixe les conditions d'application de la présente section.

Section III. – Groupements fonciers ruraux

Art. L. 331-16. – Les biens en nature de bois et forêts peuvent être apportés à un groupement foncier rural défini à l'article L. 322-22 du Code rural et de la pêche maritime.

....

CHAPITRE II – REGROUPEMENT POUR LA GESTION

Section I. – Association syndicale de gestion forestière

(L. n° 85-1273, 4 déc. 1985 ; mod., Ord. n° 2004-632, 1er juill. 2004)

Art. L. 332-1. – Une association syndicale de gestion forestière, libre ou autorisée, peut être créée en vue de constituer une unité de gestion forestière.

Elle regroupe des propriétaires de bois et forêts ainsi que de terrains à vocation pastorale inclus à titre accessoire dans leur périmètre. Des collectivités et personnes morales mentionnées au 2° du I de l'article L. 211-1 peuvent être membres d'une association syndicale de gestion forestière pour leurs fonds qui ne sont pas susceptibles de relever du régime forestier.

Elle est constituée et fonctionne conformément aux dispositions de l'ordonnance n° 2004-632 du 1er juillet 2004 relative aux associations syndicales de propriétaires, sous réserve des dispositions particulières énoncées à la présente section.

Art. L. 332-2. – Dès lors qu'elle remplit les conditions prévues par l'article L. 312-1, l'association syndicale de gestion forestière élabore, pour la partie forestière de son périmètre, un plan simple de gestion qui est présenté à l'agrément du centre régional de la propriété forestière au nom des propriétaires.

Elle peut, à titre accessoire, autoriser ou réaliser des équipements à des fins autres que forestières ou pastorales, à condition qu'ils soient de nature à contribuer au maintien de la vie rurale.

Art. L. 332-3. – Une association syndicale de gestion forestière libre peut :

1° Assurer tout ou partie de la gestion durable des bois et forêts qu'elle réunit : travaux de boisement et de sylviculture, réalisation et entretien d'équipements, exploitation et mise sur le marché des produits forestiers ;

2° Autoriser et réaliser des travaux d'équipement pastoral ;

3° Donner à bail des terrains pastoraux inclus dans leur périmètre.

Une association syndicale de gestion forestière autorisée peut assurer tout ou partie de la gestion durable des bois et forêts qu'elle réunit dans les conditions prévues au 1° à 3°, à condition d'avoir été mandatée à cet effet par les propriétaires. Ce mandat peut aussi lui donner pouvoir, au nom des propriétaires, de présenter à l'agrément l'un des documents de gestion prévus à l'article L. 122-3 ou d'y souscrire.

Les statuts d'une association syndicale autorisée peuvent également prévoir des règles particulières pour assurer le rôle socio-économique et environnemental des forêts incluses dans son périmètre, sous forme d'un cahier des charges.

Art. L. 332-4. – Une association syndicale de gestion forestière peut adhérer, comme membre associé coopérateur, à une société coopérative ayant avec elle un objet commun, pour l'élaboration d'un plan simple de gestion, l'exploitation et la commercialisation des produits forestiers et, d'une manière générale, pour tous travaux et opérations concernant les terrains inclus dans son périmètre.

Section II. – Protection des peuplements forestiers contre les dégâts du gibier

Art. L. 332-5. – Une association syndicale libre peut être créée en vue de protéger les peuplements forestiers contre les dégâts provoqués par le gibier. Elle est constituée et administrée dans les conditions prévues par l'ordonnance n° 2004-632 du 1er juillet 2004 relative aux associations syndicales de propriétaires. Ses statuts prévoient les modalités selon lesquelles celle-ci représente ses adhérents auprès de l'autorité administrative compétente en matière d'attribution du plan de chasse ainsi qu'auprès des fédérations départementales des chasseurs.

1.7. – GROUPEMENTS PASTORAUX

Bibliographie : F. Chauvin, *JCl. Rural*, Fasc. 23.

Code rural et de la pêche maritime

Partie législative

Art. L. 113-1 *(Mod., L. n° 2005-157, 23 févr. 2005 ; L. n° 2006-11, 5 janv. 2006 ; L. n° 2010-874, 27 juill. 2010).* – Par leur contribution à la production, à l'emploi, à l'entretien des sols, à la protection des paysages, à la gestion et au développement de la biodiversité, l'agriculture, le pastoralisme et la forêt de montagne sont reconnus d'intérêt général comme activités de base de la vie montagnarde et comme gestionnaires centraux de l'espace montagnard.

En conformité avec les dispositions des traités instituant la Communauté économique européenne, le gouvernement, reconnaissant ces rôles fondamentaux de l'agriculture, du pastoralisme et de la forêt de montagne, s'attache à :

1° Encourager des types de développement adaptés à la montagne, notamment en consentant un effort particulier de recherche appropriée aux potentialités, aux contraintes et aux traditions de la montagne et en diffusant les connaissances acquises ;

2° Mettre en œuvre une politique agricole différenciée favorisant l'élevage et l'économie laitière dans les secteurs qui n'ont pas la possibilité de productions alternatives ;

ANNEXE 1

3° Promouvoir les productions de qualité et faire prendre en compte leurs spécificités dans le cadre de l'organisation et de la gestion des marchés agricoles et forestiers, notamment dans le cadre des organisations interprofessionnelles reconnues ;

4° Assurer la préservation des terres agricoles, pastorales et forestières ;

5° Prendre en compte les handicaps naturels de l'agriculture par des mesures particulières visant notamment à compenser financièrement les surcoûts qu'ils génèrent, ainsi qu'à financer les investissements et le fonctionnement des services collectifs d'assistance technique aux exploitations et à leurs groupements ;

6° Faciliter, en tant que de besoin, la pluriactivité par la complémentarité des activités économiques ;

7° Conforter la fonction environnementale de l'activité agricole en montagne, notamment par la voie contractuelle ;

8° Assurer la pérennité des exploitations agricoles et le maintien du pastoralisme, en particulier en protégeant les troupeaux des attaques du loup et de l'ours dans les territoires exposés à ce risque.

Section II. – La mise en valeur pastorale

Art. L. 113-2 *(Mod., L. n° 95-95, 1er févr. 1995 ; L. n° 2005-157, 23 févr. 2005).* **– L'espace pastoral est constitué par les pâturages d'utilisation extensive et saisonnière. Dans les régions où la création ou le maintien d'activités agricoles à prédominance pastorale est, en raison de la vocation générale du territoire, de nature à contribuer à la protection du milieu naturel, des sols et des paysages ainsi qu'à la sauvegarde de la vie sociale, des dispositions adaptées aux conditions particulières de ces régions sont prises pour assurer ce maintien.**

(Rempl., L. n° 2005-157, 23 févr. 2005) **Ces dispositions comportent les mesures prévues aux articles L. 113-3, L. 113-4, L. 135-1 à L. 135-11 et L. 481-1 et L. 481-2, qui sont applicables :**

1° Dans les communes classées en zone de montagne ;

2° Dans les communes comprises dans les zones délimitées par l'autorité administrative après avis de la chambre d'agriculture.

Art. L. 113-3. – Dans les régions délimitées en application de l'article L. 113-2, des groupements dits « groupements pastoraux » peuvent être créés dans les formes prévues par les lois et règlements en vigueur pour la constitution de sociétés, associations, syndicats et groupements d'intérêt économique, en vue de l'exploitation de pâturages. Si une personne morale autre que les sociétés d'intérêt collectif agricole, groupements agricoles d'exploitation en commun *(Mots aj., L. n° 2014-1170, 13 oct. 2014)* **« , exploitations agricoles à responsabilité limitée » ou coopératives agricoles adhère au groupement pastoral, celui-ci ne peut être constitué que sous la forme d'une société dans laquelle les exploitants agricoles locaux doivent détenir la majorité du capital social.**

Les groupements pastoraux sont soumis à l'agrément du préfet et doivent avoir une durée minimale de neuf ans.

Lorsque les pâturages *(Mots rempl., L. n° 2016-1888, 28 déc. 2016)* **« exploités dans les conditions mentionnées à l'article L. 481-1 » sont situés principalement en zone de montagne, une priorité d'utilisation est accordée, sous réserve des dispositions de l'article L. 411-15, aux groupements pastoraux comptant le plus d'agriculteurs locaux ou, à défaut, comptant le plus d'agriculteurs installés** *(Mots rempl., L. n° 2016-1888, 28 déc. 2016)* **« en zone de montagne ».**

Exclusion d'un membre. Le fait pour un membre de justifier des conditions statutaires d'adhésion ne permet pas sa réintégration après exclusion, sauf à priver de toute portée la sanction ainsi prononcée : ▪ Cass. 1re civ., 24 janv. 2006, n° 03-19.378 : *JurisData* n° 2006-031489 ; *Dr. sociétés* mai 2006, n° 72, obs. F.-X. Lucas.

Art. L. 113-4 *(Abr., Ord. n° 2010-459, 6 mai 2010).*

NB : L'article 824-A du Code général des impôts a été abrogé par l'article 12-III de la loi de finances pour 1992 n° 91-1322 du 30 décembre 1991. Les groupements pastoraux sont désormais soumis au régime de droit commun tel qu'il résulte des articles 809 et suivants du Code général des impôts.

Art. L. 113-5. – Les conditions d'application de la présente section sont fixées par décret en Conseil d'État.

Voir : C. rur., art. R. 113-1 et s., p. 2417.

Partie réglementaire

Art. R. 113-1 *(Anc. art. R.* 113-1, dénum., D. n° 2005-368, 19 avr. 2005).* – Sont considérés comme agriculteurs pour l'application de l'article L. 113-3 et, par suite, peuvent constituer des groupements pastoraux :

1° Les propriétaires d'animaux cotisant :

a) Dans les départements de la métropole à une caisse de mutualité sociale agricole, *(Mots rempl., D. n° 2017-1246, 7 août 2017)* « en application des dispositions de l'article L. 722-4 » ;

b) *(Mots rempl. à compter du 1er juillet 2016, D. n° 2016-781, 10 juin 2016)* « En Guadeloupe, en Guyane, en Martinique, à La Réunion et à Saint-Martin », à une caisse de sécurité sociale, *(Mots rempl., D. n° 2017-1246, 7 août 2017)* « en application des dispositions de l'article L. 781-2 » ;

c) *(Al. aj., D. n° 2017-1246, 7 août 2017)* À Mayotte, à la caisse désignée à l'article L. 781-44 ;

2° Les autres éleveurs montagnards ne remplissant pas les conditions prévues au 1° et résidant dans la commune où le groupement pastoral a son exploitation ou dans une commune du voisinage.

Art. R. 113-2 *(Anc. art. R.* 113-2, dénum., D. n° 2005-368, 19 avr. 2005).* – Les groupements pastoraux sont des sociétés qui doivent être constituées, quelle que soit leur forme juridique, avec un capital variable.

Les statuts et les règlements intérieurs des groupements ne doivent comporter aucune clause de nature à empêcher l'adhésion des éleveurs montagnards voisins des terres exploitées par les groupements.

Art. R. 113-3 *(Anc. art. R.* 113-3, dénum., D. n° 2005-368, 19 avr. 2005).* – Sous réserve des dispositions des statuts, le règlement intérieur définit les obligations respectives du groupement et des propriétaires des animaux ainsi que, d'une manière générale, les conditions de l'exploitation poursuivie par le groupement.

Art. R. 113-4 *(Mod., D. n° 96-373, 2 mai 1996).* – L'agrément est donné aux groupements par le préfet, après avis de la commission départementale d'orientation de l'agriculture *(Mots aj., D. n° 2047-1822, 28 déc. 2017)* « ou, en Corse, de la commission territoriale d'orientation de l'agriculture mentionnée à l'article D. 313-4 ».

Dans les départements comportant des régions d'économie montagnarde à prédominance pastorale et pour l'application des articles L. 113-2 à L. 113-5, sont appelées à délibérer les personnes suivantes qui doivent y exercer leur activité ou y posséder leur propriété :

1° *(Al. rempl., D. n° 2017-1246, 7 août 2017).* Deux fonctionnaires nommés par le préfet ;

2° Une personne qualifiée en matière d'économie montagnarde ;

3° Deux conseillers départementaux élus par le conseil départemental ;

4° Deux maires de communes rurales désignés par l'association départementale des maires ou, à défaut, élus par les maires du département ;

5° Un notaire présenté par la chambre des notaires ;

6° Deux propriétaires de terres pastorales dont un exploitant et un non-exploitant ;

7° Deux agriculteurs exploitants de terres pastorales dont un au moins ne doit pas être propriétaire ;

8° Un représentant de la propriété forestière ne relevant pas du régime forestier ;

9° Un représentant de la propriété forestière relevant du régime forestier.

Art. R. 113-5 *(Mod., D. n° 96-373, 2 mai 1996).* – La demande d'agrément est présentée au préfet du département où le groupement se propose d'exploiter la superficie pastorale la plus importante. Elle est accompagnée, en quatre exemplaires au moins :

1° Des statuts ;

2° Du règlement intérieur ;

3° De la liste nominative des associés, toutes indications nécessaires étant fournies sur la possibilité pour chacun d'eux de faire légalement partie du groupement et sur l'importance de sa participation dans le groupement ;

4° De la liste des communes où le groupement se propose d'exercer son activité.

Lorsque le groupement exerce également son activité dans un autre département, le préfet consulte le préfet de ce département qui recueille, en tant que de besoin, l'avis de la commission départementale d'orientation de l'agriculture qu'il préside.

Il doit être justifié par le groupement, avant l'octroi de l'agrément, de l'accomplissement des formalités auxquelles il est tenu *(Mots rempl., D. n° 2017-1246, 7 août 2017)* « en application » de l'article L. 331-2 *(Mots suppr., D. n° 2017-1246, 7 août 2017)*.

Art. R. 113-6 *(Anc. art. R.* 113-6, dénum., D. n° 2005-368, 19 avr. 2005)*. – L'agrément ne peut être accordé pour une durée inférieure à neuf ans.

Son refus doit être motivé.

L'octroi ou le refus d'agrément doit être notifié par lettre recommandée avec demande d'avis de réception.

L'agrément est donné compte tenu, notamment, des intérêts techniques, économiques et sociaux indiqués à l'article L. 113-2 et d'une organisation rationnelle de l'élevage.

Art. R. 113-7 *(Anc. art. R.* 113-7, dénum., D. n° 2005-368, 19 avr. 2005)*. – Le nombre des animaux qui sont la propriété soit du groupement, soit de ses adhérents, ou qui sont confiés au groupement par des éleveurs montagnards du voisinage non adhérents doit être au moins égal à celui fixé, le cas échéant, par le préfet.

Le groupement doit avoir obtenu la disposition, pour une durée minimum de trois ans, de pâturages situés en région d'économie montagnarde à prédominance pastorale, d'une superficie en rapport avec le nombre d'animaux réunis par lui dans les conditions prévues à l'alinéa précédent. Ce rapport est apprécié, compte tenu de la charge en bétail susceptible d'assurer une mise en valeur équilibrée des pâturages ; le groupement peut, toutefois, afin d'assurer la correspondance entre les besoins des troupeaux et la production fourragère annuelle, utiliser des pâturages dont il n'a obtenu la disposition que pour une année ou prendre des animaux en pension pour la durée d'une année.

Le groupement ne peut accepter d'animaux appartenant à des tiers que si ceux-ci s'engagent à observer les obligations auxquelles sont tenus les membres du groupement qui lui confient leurs animaux.

Art. R. 113-8 *(Mod., D. n° 96-373, 2 mai 1996)*. – L'agrément peut être retiré par le préfet lorsque l'activité du groupement n'est pas conforme aux conditions qui ont été mises à son octroi ou aux dispositions législatives et réglementaires relatives aux groupements pastoraux ou que le groupement doit observer.

(Al. rempl., D. n° 2017-1246, 7 août 2017) Le retrait de l'agrément doit être motivé. Il ne peut intervenir qu'après une mise en demeure, restée vaine, de régulariser la situation. La mise en demeure fixe le délai imparti pour la régularisation. Le retrait de l'agrément est pris après avis de la commission départementale d'orientation de l'agriculture.

Il est notifié avec demande d'avis de réception.

Art. D. 113-9 *(D. n° 2013-754, 14 août 2013)*. – Des subventions peuvent être accordées aux groupements pastoraux dans le cas de mise en valeur des pâturages prévu aux articles D. 142-17, D. 142-18 et D. 142-20 du Code forestier.

Art. R. 113-10 *(Anc. art. R.* 113-10, dénum., D. n° 2005-368, 19 avr. 2005)*. – Un groupement pastoral peut adhérer à un groupement de producteurs reconnus dans la région où il exploite les terres pastorales et dans celles où se trouvent les exploitations personnelles des propriétaires des troupeaux rassemblés.

Art. R. 113-11 *(Anc. art. R.* 113-11, dénum., D. n° 2005-368, 19 avr. 2005)*. – Les zones dans lesquelles les dispositions des articles L. 113-2 à L. 113-4 sont applicables en vertu du 2° de l'article L. 113-5 sont délimitées par arrêté conjoint du ministre de l'Agriculture et du ministre chargé de l'économie et des finances.

Art. R. 113-12 *(Anc. art. R.* 113-12, dénum., D. n° 2005-368, 19 avr. 2005)*. – Les groupements pastoraux peuvent bénéficier d'une aide de démarrage destinée à alléger leurs charges de constitution et de première gestion, dans les conditions prévues à *(Réf. rempl., D. n° 2017-1246, 7 août 2017)* « l'article D. 343-33 ».

1.8. – GROUPEMENTS DE PRODUCTEURS

Bibliographie : F. Lachaume, *Organisation de producteurs : RD rur.* 1999, p. 367. • D. Rochard, *Quelle stratégie juridique pour la commercialisation du produit agricole ? : RD rur.* 2003, p. 159.

Code rural et de la pêche maritime

Partie législative

Titre V. – ORGANISATIONS DE PRODUCTEURS ET ASSOCIATIONS D'ORGANISATIONS DE PRODUCTEURS

Chapitre Ier. – Organisations de producteurs et associations d'organisations de producteurs reconnues dans les secteurs couverts par l'organisation commune des marchés des produits agricoles

Art. L. 551-1 *(Rempl., L. n° 99-574, 9 juill. 1999 ; mod., L. n° 2006-11, 5 janv. 2006 ; Ord. n° 2010-459, 6 mai 2010 ; rempl., Ord. n° 2015-1248, 7 oct. 2015).* **– L'autorité administrative reconnaît les organisations de producteurs et les associations d'organisations de producteurs dans les secteurs couverts par le règlement portant organisation commune des marchés des produits agricoles dans les conditions prévues par celui-ci.**

Voir : C. rur., art. D. 551-4 et D. 551-8.

Taxe professionnelle. Une union de coopératives agricoles, reconnue par le ministre de l'Agriculture comme groupement de producteurs régi par l'article L. 551-1, est exonérée de la taxe professionnelle comme étant parmi les associations agricoles qui ont pour objet de favoriser la production agricole, alors même qu'elle exerce son activité sous forme d'achat-revente de vins des coopératives adhérentes et qu'elle commercialise des vins d'une société anonyme non adhérente, étant donné le caractère très limité de ses relations commerciales avec cette société : ▪ CAA Bordeaux, 27 juin 2000 : *JurisData* n° 2000-163691.

Art. L. 551-2 *(Ord. n° 2010-459, 6 mai 2010 ; mod., L. n° 2010-874, 27 juill. 2010 ; rempl., Ord. n° 2015-1248, 7 oct. 2015).* **– Les organisations de producteurs reconnues et les associations d'organisations de producteurs reconnues peuvent demander à l'autorité administrative que les règles qu'elles adoptent soient rendues obligatoires pour les opérateurs non membres de ces organisations ou associations dans les conditions prévues par le règlement portant organisation commune des marchés des produits agricoles.**

Ces règles peuvent être étendues par l'autorité administrative dans les conditions prévues par le règlement portant organisation commune des marchés des produits agricoles.

....

Art. L. 551-3 *(Rempl., Ord. n° 2015-1248, 7 oct. 2015).* **– Dans les conditions prévues à l'article 165 du règlement (UE) n° 1308/2013 du Parlement européen et du Conseil du 17 décembre 2013 portant organisation commune des marchés des produits agricoles et abrogeant les règlements (CEE) n° 922/72, (CEE) n° 234/79, (CE) n° 1037/2001 et (CE) n° 1234/2007 du Conseil, l'autorité administrative peut décider que les opérateurs économiques individuels ou les groupes d'opérateurs non membres d'une organisation de producteurs ou d'une association d'organisations de producteurs sont redevables à l'organisation des contributions financières mentionnées à ce même article.**

....

Chapitre II. – Organisations de producteurs et associations d'organisations de producteurs reconnues dans les secteurs non couverts par l'organisation commune des marchés des produits agricoles

Art. L. 552-1 *(Ord. n° 2015-1248, 7 oct. 2015).* **– Dans une zone déterminée, les sociétés coopératives agricoles et leurs unions, les sociétés d'intérêt collectif agricole, les associations entre producteurs agricoles régies par les dispositions de la loi du 1er juillet 1901 relative au contrat d'association, les sociétés commerciales et les groupements d'intérêt économique régis par les dispositions du livre II du Code de**

commerce, lorsqu'ils ont pour objet de maîtriser durablement la valorisation de la production agricole ou forestière de leurs membres, associés ou actionnaires, de renforcer l'organisation commerciale des producteurs, d'organiser et de pérenniser la production sur un territoire déterminé, peuvent être reconnus par l'autorité administrative comme organisations de producteurs si :

1° Dans le cadre de leur compétence et de leurs pouvoirs légaux, ils édictent des règles destinées à :

– adapter la production à la demande des marchés, en quantité et en qualité, en respectant des cahiers des charges et en établissant des relations contractuelles avec leurs partenaires de la filière ;

– instaurer une transparence des transactions et régulariser les cours ;

– mettre en œuvre la traçabilité ;

– promouvoir des méthodes de production respectueuses de l'environnement ;

2° Ils couvrent un secteur ou des secteurs complémentaires de produits agricoles ou forestiers précisés par décret ;

3° Ils justifient d'une activité économique suffisante au regard de la concentration des opérateurs sur les marchés ;

4° Leurs statuts prévoient que tout ou partie de la production de leurs membres, associés ou actionnaires leur est cédé en vue de sa commercialisation.

Des organismes dont les statuts ne satisfont pas à la condition prévue au 4° peuvent être reconnus comme organisations de producteurs s'ils mettent à la disposition de leurs membres les moyens humains, matériels ou techniques nécessaires à la commercialisation de la production de ceux-ci.

Art. L. 552-2 *(Ord. n° 2015-1248, 7 oct. 2015).* – Au vu du bilan mentionné à l'article L. 553-5 et après consultation du Conseil supérieur d'orientation et de coordination de l'économie agricole et alimentaire, le décret mentionné au I de l'article L. 553-1 peut écarter la possibilité de reconnaître des organisations de producteurs pour certains secteurs. Il précise dans ce cas le délai dont disposent les organisations de producteurs reconnues pour mettre leurs statuts en conformité avec le 4° de l'article L. 552-1.

Art. L. 552-3 *(Ord. n° 2015-1248, 7 oct. 2015).* – L'autorité administrative peut suspendre ou retirer la reconnaissance octroyée lorsqu'elle constate que les conditions de cette reconnaissance ne sont plus satisfaites, ou que la gestion technique ou financière est défectueuse, ou que les règlements sur le commerce, la qualité des produits et la police sanitaire ne sont pas respectés.

Art. L. 552-4 *(Ord. n° 2015-1248, 7 oct. 2015).* – Peuvent également être reconnues par l'autorité administrative des associations d'organisations de producteurs constituées, sous l'une des formes juridiques mentionnées à l'article L. 552-1, à l'initiative d'organisations de producteurs reconnues.

Les associations d'organisations de producteurs peuvent exercer toute activité d'une organisation de producteurs et, notamment, prendre des mesures d'adaptation de la production au marché.

Les conditions dans lesquelles les activités des organisations de producteurs peuvent être déléguées aux associations de producteurs sont fixées par décret.

Chapitre III. – Dispositions communes

Art. L. 553-1 *(Ord. n° 2015-1248, 7 oct. 2015).* – I. – Les conditions d'attribution, de suspension et de retrait de la reconnaissance d'une organisation de producteurs ou d'une association d'organisations de producteurs sont fixées par décret.

Le Conseil supérieur d'orientation et de coordination de l'économie agricole et alimentaire mentionné à l'article L. 611-1 est consulté sur les décisions d'attribution, de suspension et de retrait de la reconnaissance d'une organisation de producteurs ou d'une association d'organisations de producteurs.

II. – Ce décret détermine les seuils, en nombre minimal de membres et/ ou en volume ou valeur minimale de production commercialisable, au-delà desquels l'activité d'une organisation de producteurs est considérée comme suffisante dans sa zone d'activité. Ces seuils sont revus tous les cinq ans.

Ce décret fixe également les délais d'adaptation consentis aux organisations de producteurs reconnues dont il serait constaté qu'elles ne respectent plus ces seuils.

Art. L. 553-2 *(Ord. n° 2015-1248, 7 oct. 2015)*. – Des opérateurs, autres que des organisations de producteurs, peuvent adhérer volontairement aux associations d'organisations de producteurs reconnues dans des conditions prévues par décret.

Une organisation de producteurs adhère à une association d'organisations de producteurs pour un produit, un groupe de produits ou une catégorie de produits.

Art. L. 553-3 *(Ord. n° 2015-1248, 7 oct. 2015)*. – Les organisations de producteurs reconnues peuvent, si elles bénéficient d'un mandat délivré à cette fin, assurer en justice la défense des droits qu'un ou plusieurs de leurs membres tirent d'un contrat de vente de produits agricoles. Une organisation de producteurs peut agir en justice dans l'intérêt de plusieurs de ses membres pour les litiges mettant en cause un même acheteur et portant sur l'application d'une même clause. Elle peut également, dans les mêmes conditions, les représenter dans le cadre d'une procédure de médiation.

Art. L. 553-4 *(Ord. n° 2015-1248, 7 oct. 2015)*. – Les producteurs organisés peuvent bénéficier de priorités dans l'attribution de l'aide que l'État peut apporter pour l'organisation de la production et des marchés, en conformité avec les règles de l'Union européenne. Les aides décidées sont modulées en fonction du degré d'organisation et des engagements des producteurs. Les organisations de producteurs reconnus bénéficient également, à soumission égale, d'un droit de préférence dans les marchés par adjudication ou appel d'offres de l'État, des collectivités locales ou de leurs établissements publics.

Les producteurs organisés peuvent également bénéficier de majorations dans l'attribution des aides publiques à l'investissement dont les objectifs correspondent à ceux poursuivis par l'organisation.

Les dispositions relatives aux marchés publics sont également applicables aux organisations de producteurs agricoles ressortissant des États membres de l'Union européenne présentant des caractéristiques comparables.

Art. L. 553-5 *(Ord. n° 2015-1248, 7 oct. 2015)*. – Lorsqu'elle réalise la commercialisation de la totalité ou d'une partie des produits de ses membres, sans transfert de propriété, l'organisation de producteurs procède à cette commercialisation dans le cadre d'un mandat.

Un bilan de l'organisation économique de la production et de l'efficacité des différents modes de commercialisation peut être effectué au regard, notamment, de leur contribution au revenu des producteurs et de leur sécurité juridique vis-à-vis des règles de concurrence.

Art. L. 553-6 *(Ord. n° 2015-1248, 7 oct. 2015)*. – Pour le contrôle du respect, par les organisations de producteurs et les associations d'organisations de producteurs, des règles fixées en application du présent titre ou de la réglementation européenne, les agents habilités à constater les manquements à ces règles ont accès aux locaux, installations et lieux à usage professionnel, à l'exclusion des locaux et parties de locaux à usage d'habitation, entre 8 heures et 20 heures, ou, en dehors de ces heures, lorsque l'accès au public est autorisé ou qu'une activité est en cours. Lorsque l'accès des locaux mentionnés au présent alinéa est refusé aux agents, ou lorsque les locaux comprennent des parties à usage d'habitation, l'accès peut être autorisé par ordonnance du juge des libertés et de la détention dans les formes et conditions prescrites à l'article L. 206-1.

Ils peuvent, sur place ou sur convocation, prendre copie de tous documents professionnels, quel qu'en soit le support, et recueillir les observations de toute personne présente susceptible d'apporter des éléments utiles à l'accomplissement de leurs missions.

Chapitre IV. – Groupements de producteurs

Art. L. 554-1 *(Ord. n° 2015-1248, 7 oct. 2015)*. – Pour l'application de l'article 27 du règlement (UE) n° 1305/2013 du 17 décembre 2013 relatif au soutien au développement rural par le Fonds européen agricole pour le développement rural (Feader) et abrogeant le règlement (CE) n° 1698/2005 du Conseil, des groupements de producteurs qui ne satisfont pas aux conditions de leur reconnaissance en qualité d'organisation de producteurs peuvent être reconnus par l'autorité compétente dans des conditions fixées par décret.

....

Partie réglementaire

Chapitre III. – Dispositions communes

(D. n° 2018-313, 27 avr. 2018)

Section I. – Dispositions communes aux organisations de producteurs et aux associations d'organisations de producteurs reconnues

Art. D. 553-1. – L'autorité administrative mentionnée aux articles L. 551-1, L. 552-1 et L. 552-4 est le ministre chargé de l'agriculture.

Il est également compétent pour prononcer le retrait de la reconnaissance des organisations de producteurs ou des associations d'organisations de producteurs.

Art. D. 553-2. – Toute organisation ou association comportant plusieurs secteurs d'activité, qui demande sa reconnaissance en qualité d'organisation de producteurs ou d'association d'organisations de producteurs, constitue un groupe spécialisé pour chaque organisation de producteurs ou association d'organisations de producteurs reconnue. Chaque groupe spécialisé réunit les producteurs concernés pour les produits ayant fait l'objet d'une reconnaissance.

Art. D. 553-3. – Une association d'organisations de producteurs exerce ses activités dans la limite de ce qui lui a été confié par les organisations de producteurs qui en sont membres.

Une organisation de producteurs peut adhérer à plusieurs associations d'organisations de producteurs pour un produit relevant d'une même catégorie, sous réserve que :

1° Ces associations poursuivent des objectifs distincts et compatibles entre eux, adoptent des règles et mettent en œuvre des mesures qui ne portent pas sur le même objet ;

2° L'adhésion à plusieurs associations ne fasse pas obstacle à la réalisation correcte de ses activités.

Section II. – Dispositions spécifiques aux organisations de producteurs reconnues

Art. D. 553-4. – Le dossier de demande de reconnaissance d'une organisation de producteurs comprend :

1° Les statuts de l'organisation, ainsi que son procès-verbal d'approbation.

2° Une note précisant :

a) L'objet de l'organisation, et notamment, si celle-ci procède à la commercialisation de la production que ses membres lui cèdent à cette fin ;

b) Les actions mises en œuvre par l'organisation de producteurs au profit de ses membres ;

c) La répartition du capital, lorsqu'il existe, des droits de vote entre les différents membres de l'organisation de producteurs et les modalités selon lesquelles elle s'assure du respect des dispositions des D. 551-9 et D. 551-14 ;

3° La résolution du conseil d'administration ou de l'organe compétent de l'organisation de producteurs décidant de présenter la demande et précisant le produit, les produits ou le secteur pour lesquels la reconnaissance est demandée et, pour les catégories mentionnées au chapitre II, la zone pour laquelle la reconnaissance est demandée ;

4° Pour les secteurs mentionnés au chapitre II, les règles prévues à l'article L. 552-1 ;

5° Le règlement intérieur et son procès-verbal d'approbation ;

6° Le nombre des membres de l'organisation de producteurs ou des adhérents de ses membres et la valeur annuelle de leur production commercialisée ou le volume annuel de production mis en marché ou commercialisé, par produit, pour chaque membre ;

7° Les règles comptables et budgétaires nécessaires au fonctionnement de l'organisation ainsi que son budget prévisionnel pour deux exercices ;

8° La description des installations et moyens techniques dont dispose l'organisation, avec l'indication de leur emplacement, de leur état et de leur capacité technique d'utilisation ;

9° La liste et le nombre des adhérents, le modèle de bulletin d'adhésion des membres à l'organisation de producteurs et les documents permettant de justifier d'un nombre d'adhérents couvrant le seuil minimal de membres pour le secteur considéré ;

10° Le cas échéant, les mandats de commercialisation ou de négociation signés par les producteurs membres au bénéfice de l'organisation de producteurs ;

11° Le cas échéant, tout document dûment signé relatif à l'externalisation d'une activité par l'organisation de producteurs dans le cadre d'un accord avec un prestataire conformément à l'article 155 du règlement (UE) n° 1308/2013.

Le ministre chargé de l'agriculture peut demander à l'organisation de producteurs la communication de toute pièce complémentaire comportant des éléments d'information utiles à l'instruction du dossier.

Section III. – Dispositions spécifiques aux associations d'organisations de producteurs reconnues

Art. D. 553-5. – Le dossier de demande de reconnaissance d'une association d'organisations de producteurs comprend :

1° La résolution du conseil d'administration ou de l'organe compétent de l'association décidant de présenter la demande et précisant le produit ou les produits pour lesquels la reconnaissance est demandée et, pour les catégories mentionnées au chapitre II, la zone pour laquelle la reconnaissance est demandée ;

2° Les statuts de l'association et le procès-verbal d'approbation ;

3° Le règlement intérieur de l'association et le procès-verbal d'approbation ;

4° La liste des membres de l'association, ainsi que la valeur de leur production commercialisée ou le volume de production mis en marché ou commercialisé par produit pour chaque membre ;

5° Une note informative précisant :

a) La répartition du capital, lorsqu'il existe, et des droits de vote entre les différents membres de l'association, et notamment le respect de l'article D. 551-16 relatif au pourcentage de voix maximum dont peuvent disposer l'ensemble des membres qui ne sont pas reconnus en tant qu'organisation de producteurs pour les décisions ayant trait aux programmes opérationnels dans le secteur des fruits et légumes ;

b) Les règles prévues à l'article L. 552-1 ;

c) Les objectifs poursuivis par l'association ;

d) Les règles comptables et budgétaires nécessaires au fonctionnement de l'association ainsi que son budget prévisionnel pour deux exercices ;

e) Le cas échéant, la description des installations et moyens techniques dont dispose l'association, avec l'indication de leur emplacement, de leur état et de leur capacité technique d'utilisation ;

6° Les bulletins d'adhésion des membres ;

7° Le cas échéant, les mandats de commercialisation ou de négociation signés par les producteurs membres au bénéfice de l'association d'organisations de producteurs.

Le ministre chargé de l'agriculture peut demander à l'association d'organisations de producteurs la communication de toute pièce complémentaire comportant des éléments d'information utiles à l'instruction du dossier.

1.9. – GROUPEMENTS DE PRODUCTEURS FORESTIERS

Code forestier

Partie législative

Art. L. 332-6 *(Ord. n° 2012-92, 26 janv. 2012)*. – Un organisme de gestion et d'exploitation forestière en commun a pour activité principale la mise en valeur des forêts de ses adhérents par la mise en commun de moyens humains et matériels permettant l'organisation de la gestion sylvicole, la récolte et la commercialisation des produits forestiers, notamment en vue de l'approvisionnement des industries de la transformation du bois.

Son statut juridique et les conditions de son agrément sont fixés par décret.

Art. L. 332-7 *(L. n° 2014-1170, 13 oct. 2014)*. – I. – Est reconnu comme groupement d'intérêt économique et environnemental forestier tout regroupement volontaire de propriétaires forestiers de bois et forêts relevant de l'article L. 311-1, quelle que soit sa forme juridique, répondant aux conditions suivantes :

1° Les bois et forêts regroupés sont situés dans un territoire géographique cohérent d'un point de vue sylvicole, économique et écologique et constituent un ensemble de gestion d'au moins trois cents hectares ou, s'il rassemble au moins vingt propriétaires, d'au moins cent hectares. En zone de montagne, le programme régional de la forêt et du bois peut fixer une surface minimale différente lorsque l'ensemble de gestion rassemble au moins vingt propriétaires ;

2° Un document de diagnostic, rédigé par un expert forestier, un gestionnaire forestier professionnel, une société coopérative forestière ou tout professionnel compétent en matière d'ingénierie des territoires, dont le contenu minimal est défini par décret, justifie de la cohérence du territoire et expose les modalités de gestion retenues et les conditions de suivi de l'atteinte des objectifs assignés à cette gestion ;

3° Les propriétaires concernés doivent avoir adopté un plan simple de gestion, dans les conditions prévues à l'article L. 122-4, et s'engager à mettre en œuvre des modalités de gestion conformes à celles décrites dans le diagnostic mentionné au 2° du présent I.

II. – Dans le cadre du groupement d'intérêt économique et environnemental forestier, il est proposé aux propriétaires la mise en place d'un mandat de gestion avec un gestionnaire forestier, qui peut être un expert forestier, un gestionnaire forestier professionnel ou une société coopérative forestière, et des projets de commercialisation de leurs bois, notamment par voie de contrats d'approvisionnement reconductibles, annuels ou pluriannuels, pour les produits qui le justifient.

III. – Quelle que soit la forme juridique du groupement d'intérêt économique et environnemental forestier, lorsqu'une ou plusieurs des propriétés le constituant sont gérées par un organisme de gestion et d'exploitation forestière en commun, celui-ci formule un avis simple sur le mandat de gestion et sur les projets de commercialisation mentionnés au II. En cas d'avis explicitement défavorable, ils ne sont pas proposés aux propriétaires forestiers adhérents à l'organisme.

IV. – La reconnaissance et le retrait de la qualité de groupement d'intérêt économique et environnemental forestier sont décidés par l'autorité administrative compétente de l'État, selon des modalités prévues par décret.

Art. L. 332-8 *(L. n° 2014-1170, 13 oct. 2014)*. – Les propriétaires membres du groupement d'intérêt économique et environnemental forestier sont tenus de mettre en œuvre le plan simple de gestion ou la partie de plan simple de gestion qui concerne leur propriété et restent personnellement responsables de la mise en œuvre de leur gestion.

Ils peuvent bénéficier de majorations dans l'attribution des aides publiques dont les objectifs correspondent aux finalités du plan simple de gestion qui leur est applicable.

Si le plan simple de gestion n'est pas appliqué pour une surface au moins égale à la moitié de l'ensemble des surfaces comprises dans le groupement d'intérêt économique et environnemental forestier, la qualité de groupement d'intérêt économique et environnemental forestier peut être retirée.

L'inclusion de tout ou partie d'une propriété au sein d'un groupement d'intérêt économique et environnemental forestier n'ouvre pas droit à celui-ci, au propriétaire ou au détenteur du droit de chasse sur des superficies inférieures aux superficies minimales mentionnées à l'article L. 422-13 du Code de l'environnement de former opposition au titre du 3° de l'article L. 422-10 du même code.

Partie réglementaire

(D. n° 2012-836, 29 juin 2012)

CHAPITRE I. – AGRÉMENT DES ORGANISMES DE GESTION ET D'EXPLOITATION FORESTIÈRE EN COMMUN

Section I. – Les organismes de gestion et d'exploitation forestière en commun

Art. D. 332-2. – Peut demander son agrément en qualité d'organisme de gestion et d'exploitation forestière en commun (OGEC) un organisme qui satisfait aux conditions définies à l'article L. 332-6 et qui relève d'un des statuts juridiques suivants :

1° Société coopérative agricole et forestière ;

2° Association de propriétaires forestiers sylviculteurs soumise à la loi du 1er juillet 1901 ;

3° Syndicat professionnel, autre que les syndicats à vocation générale, régi par les dispositions du livre Ier de la deuxième partie du Code du travail.

Les statuts de cet organisme précisent le périmètre détaillé de la circonscription territoriale où s'exerce son activité ainsi que les critères de souscription au capital social ou de perception de cotisation.

Ils doivent en outre prévoir l'obligation pour les adhérents :

1° De s'engager pour une durée de cinq ans au moins à utiliser exclusivement tout ou partie des compétences de l'organisme soit pour la totalité ou une partie déterminée de la surface de leurs bois et forêts, soit pour la totalité ou une partie déterminée du volume de bois et de produits forestiers issus de leurs bois et forêts ; cette condition est réputée remplie lorsque l'organisme est une société coopérative agricole et forestière dont les statuts prévoient une durée d'adhésion de trois ans renouvelable par tacite reconduction ;

2° De communiquer à l'organisme, pour les parcelles concernées par l'engagement ci-dessus, le document de gestion décrivant le parcellaire forestier et le programme des travaux et coupes à y réaliser ;

3° De respecter le programme opérationnel des chantiers établi sur la base de leurs commandes conformément au document de gestion ;

4° De s'acquitter des droits d'adhésion et des cotisations fixés par l'assemblée générale.

Les statuts mentionnent l'obligation pour l'organisme de mettre tous les moyens en œuvre pour la bonne application du règlement type de gestion approuvé ou du plan simple de gestion ou du code de bonnes pratiques sylvicoles applicable aux parcelles forestières pour lesquelles ses adhérents ont souscrit des engagements.

Art. D. 332-3. – Pour bénéficier de l'agrément comme organisme de gestion et d'exploitation forestière en commun, l'organisme doit :

1° Employer au moins deux salariés qualifiés à temps complet, ou l'équivalent à temps partiel, rémunérés sur des ressources propres, dont au moins un titulaire de compétences techniques ;

2° Tenir un registre des adhérents précisant, le cas échéant, la nature de leur engagement ;

3° Tenir une comptabilité conforme à un plan comptable approprié à son statut et approuvée par un commissaire aux comptes ;

4° Justifier que plus de 70 % de son chiffre d'affaires, hors consolidation éventuelle, de chacun des deux derniers exercices clos au moment du dépôt de la demande d'agrément provient d'activités contribuant à l'organisation d'opérations de gestion sylvicole, de commercialisation et d'exploitation forestière liées à la mise en valeur des parcelles confiées par les adhérents ;

5° Justifier de sa capacité à favoriser l'organisation économique des sylviculteurs, par :

a) La mise en place d'instruments lui permettant d'évaluer l'offre prévisionnelle d'une part significative de ses adhérents et de structurer cette offre par catégories de produits ;

b) L'encadrement technique de la gestion et de la récolte ;

c) La formalisation et la contractualisation d'exigences de qualité avec ses prestataires, notamment la promotion de pratiques de gestion et de récolte respectueuses de l'environnement ;

d) La passation de contrats avec des acheteurs déterminés pour la livraison de produits dans des conditions définies de quantité, qualité et régularité ou l'élaboration de conventions-cadres définissant les conditions commerciales de valorisation des produits ;

e) La diffusion d'informations économiques auprès des adhérents ;

6° Justifier de sa participation aux enquêtes mises en place par le ministère chargé des forêts pour améliorer la connaissance de la filière et des prix du bois.

Art. D. 332-4. – La demande d'agrément est accompagnée des pièces suivantes :

1° Les statuts et le règlement intérieur de l'organisme ;

2° La liste des dirigeants avec indication de leur profession ;

3° Le nom du ou des commissaires aux comptes ;

4° Une copie du récépissé du dépôt des statuts pour les syndicats professionnels et les associations ou une copie de la notification d'agrément pour les sociétés coopératives ; une copie de la déclaration d'immatriculation au registre du commerce et des sociétés pour les organismes relevant d'une telle procédure ;

5° Un état nominatif et quantitatif par nature de souscription des adhésions à l'organisme ;

6° Un extrait de la délibération autorisant le représentant qualifié de l'organisme à demander l'agrément de celui-ci en tant qu'organisme de gestion et d'exploitation forestière en commun ;

7° Les bilans, comptes de résultat et leurs annexes, les documents comptables, consolidés si l'organisme a des filiales, relatifs aux deux derniers exercices clos, les rapports des dirigeants aux assemblées générales, les rapports des commissaires aux comptes, les copies des procès-verbaux des assemblées ayant examiné ces comptes ;

8° Une déclaration précisant l'objet, les activités, les moyens de l'organisme en personnel et en matériel comportant des indicateurs prévisionnels de réalisation sur trois années en ce qui concerne le regroupement de la gestion et de l'offre de bois.

Art. D. 332-5. – La demande d'agrément est adressée par tout moyen permettant d'établir date certaine au préfet du département où se situe le siège social de l'organisme.

Art. D. 332-6. – La décision d'agrément prise par le préfet est notifiée au président de l'organisme et publiée au recueil des actes administratifs de la préfecture de département du siège de l'organisme. Une copie est adressée au ministre chargé des forêts.

La liste des organismes agréés comme organismes de gestion et d'exploitation forestière en commun et leurs statuts peuvent être consultés dans les directions départementales des territoires, au siège des centres régionaux de la propriété forestière ainsi que dans les chambres départementales d'agriculture du ressort géographique de l'organisme.

Art. D. 332-7. – L'organisme issu de la fusion de deux ou plusieurs organismes de gestion et d'exploitation forestière en commun agréés et qui en reprend les activités, le patrimoine, les adhérents et le périmètre d'intervention est agréé comme organisme de gestion et d'exploitation forestière en commun.

Art. D. 332-8. – Lorsque l'organe délibérant d'un organisme de gestion et d'exploitation forestière en commun envisage de scinder les activités, le patrimoine, les adhérents et le périmètre d'intervention de celui-ci entre plusieurs personnes morales créées à cet effet, ces dernières doivent demander leur agrément en qualité d'organisme de gestion et d'exploitation forestière en commun dans les conditions prévues par les dispositions de la présente sous-section.

Pour être agréé, chaque organisme issu de la scission doit disposer de moyens indépendants de ceux de l'organisme antérieur.

La décision approuvant l'agrément de la nouvelle personne morale précise explicitement que l'agrément de l'organisme antérieur est retiré, pour le territoire et les activités transférées.

Section II – Modalités de contrôle

Art. D. 332-9. – L'organisme agréé comme organisme de gestion et d'exploitation forestière en commun communique chaque année à l'autorité compétente pour délivrer l'agrément, dans le délai de trois mois à compter de l'assemblée générale qui a approuvé les comptes de l'exercice écoulé, les pièces permettant d'apprécier les conditions de maintien de l'agrément :

1° La copie des documents mis à la disposition des adhérents avant l'assemblée générale : comptes afférents au dernier exercice écoulé : bilan, compte de résultats, les documents comptables, consolidés si l'organisme a des filiales, le rapport des dirigeants à l'assemblée générale et la copie du procès-verbal de cette assemblée ;

2° Les documents relatifs aux modifications des statuts ou du règlement intérieur ;

3° Un état indiquant les entrées et les sorties des adhérents et la nature des engagements ;

4° Tous documents permettant de justifier de sa capacité à favoriser l'organisation économique des sylviculteurs ;

5° Tous documents permettant de justifier sa participation aux dispositifs mis en place par le ministère chargé des forêts pour améliorer la connaissance de la filière et des prix du bois.

Art. D. 332-10. – Lorsque les activités, le patrimoine ou les adhérents d'un organisme de gestion et d'exploitation forestière en commun sont transférés à un autre organisme de gestion et d'exploitation forestière en commun de la même nature juridique déjà agréé, l'organisme issu de cette restructuration ajoute aux pièces mentionnées à l'article D. 332-9 :

1° Une déclaration de fusion précisant les modalités de fixation du nouveau périmètre d'intervention ainsi que celles de la reprise des engagements des adhérents à l'issue de l'opération ;

2° Une version actualisée des pièces communiquées en application de l'article D. 332-4, notamment en cas de modification des statuts.

Art. D. 332-11. – **Les organismes de gestion et d'exploitation forestière en commun agréés communiquent, sur demande, aux agents de l'administration chargée des forêts tous documents et renseignements relatifs à la nature et à l'étendue de leurs activités, à leur fonctionnement et à leur situation financière.**

Section III – Retrait d'agrément

Art. D. 332-12. – **Lorsqu'il apparaît que les conditions de l'agrément mentionnées aux articles D. 332-2 et D. 332-3 ne sont plus réunies, le préfet, après avoir mis l'organisme de gestion et d'exploitation forestière en commun en mesure de présenter ses observations, le met en demeure de se mettre en conformité dans un délai qui ne peut être inférieur à trois mois.**

Le délai de mise en conformité peut éventuellement être prorogé pour une durée équivalente si l'organisme en justifie la nécessité.

Si aucune régularisation n'est intervenue à l'issue du délai imparti, le préfet retire l'agrément.

La décision de retrait d'agrément est notifiée au président de l'organisme. Elle est publiée au recueil des actes administratifs de la préfecture du département du siège de l'organisme. Une copie est adressée au ministre chargé des forêts.

1.10. – SOCIÉTÉS D'AMÉNAGEMENT FONCIER ET D'ÉTABLISSEMENT RURAL

Bibliographie : J.-M. Béguin, *Le notaire et la SAFER : RD rur.* 2003, p. 624. • H. Bosse-Platière et B. Travely, *La loi d'avenir agricole : un aggiornamento de l'action des SAFER : RD rur.* 2015, dossier 5. • H. Bosse-Platière, F. Collard et B. Travely, *Le bel avenir promis à la Safer par la loi du 13 octobre 2014 : JCP* N 2014, 1351. • M. Cacassus, *La motivation des décisions prises par les SAFER : RD rur.* 2003, p. 618. • F. Delorme et Ph. Gossein, *Droits à paiement unique et droits de préemption de la SAFER : JCP* N 2005, p. 713. • S. de Los Angeles et Ph. De Segonzac, *Le rôle de la SAFER dans le portage du foncier agricole : RD rur.* mai 2018, dossier 18. • J. Foyer, S. Crevel, F. Roussel, *Les sociétés d'aménagement foncier et d'établissement rural : RD rur.*, janv. 2010. • J.-M. Gilardeau, *SAFER : des moyens d'action inédits : RD rur.* 1999, p. 364 ; *La liberté d'entreprendre en agriculture : RD rur.* 2004, p. 402. • B. Grimonprez, *La substitution dans les promesses de vente par la SAFER (1re partie) : JCP* N 2002, p. 485 ; *(2e partie) : JCP* N 2002, p. 522. • M. Heimann, *Le positionnement des SAFER dans l'espace rural : RD rur.* 2003, p. 613. • J. Lachaud, *Les méfaits du pouvoir réglementaire en matière rurale : Gaz. Pal.* 13 oct. 2001, doctr. p. 4 ; *Une nouvelle activité pour les SAFER : Ann. loyers* 2004, p. 465. • J. Lemonnier, *SAFER et contrôle des structures : RD rur.* 2003, p. 621. • B. Mandeville et M. Soyer, *La garantie des droits individuels et les SAFER : RD rur.* janv. 2011, dossier 3. • A. Pailleret, *Droit de préemption des SAFER : un champ d'application toujours plus large ? : JCP* E 2017, 1627. • B. Peignot, *Les conventions de mise à disposition conclues par les SAFER : RD rur.* 2003, p. 616 ; *Grandeur et servitude de la mission d'intérêt général confiée aux SAFER. Au travers du contrôle juridictionnel exercé par les juridictions judiciaires et administratives : RD rur.* janv. 2011, dossier 5. • A. Poulain, *Les SAFER : Journ. not.* 1969, p. 105 et 1185. • Sabourin, *La nature juridique des SAFER : D.* 1970, chron. p. 9. • Ph. Roussel-Galle, *L'impérialisme du droit des procédures collectives et les droits de préemption ruraux : LPA* 14 juill. 2003, p. 8. • L. Verdun, *Les obligations des attributaires des SAFER, la pratique de la substitution : RD rur.* 2003, p. 627. • M. Woitier, *L'essor du droit de préemption des SAFER : RD rur.* 2015, étude 22. • *Adde*, A. Jallais, *JCl. Sociétés traité*, Fasc. 181-10 *(Constitution. Missions. Limite et contrôle de l'action des SAFER)*.

Code rural et de la pêche maritime

Partie législative

Art. L. 141-1 *(Rempl., L. n° 99-574, 9 juill. 1999 ; mod., L. n° 2005-157, 23 févr. 2005 ; L. n° 2010-874, 27 juill. 2010)*. – *(Rempl., L. n° 2014-1170, 13 oct. 2014)* **I. – Des sociétés d'aménagement foncier et d'établissement rural peuvent être constituées pour remplir les missions suivantes :**

1° Elles œuvrent prioritairement à la protection des espaces agricoles, naturels et forestiers. Leurs interventions visent à favoriser l'installation, le maintien et la consolidation d'exploitations agricoles ou forestières afin que celles-ci atteignent une dimension économique viable au regard des critères du schéma

directeur régional des exploitations agricoles ainsi que l'amélioration de la répartition parcellaire des exploitations. Ces interventions concourent à la diversité des systèmes de production, notamment ceux permettant de combiner les performances économique, sociale et environnementale et ceux relevant de l'agriculture biologique au sens de l'article L. 641-13 ;

2° Elles concourent à la diversité des paysages, à la protection des ressources naturelles et au maintien de la diversité biologique ;

3° Elles contribuent au développement durable des territoires ruraux, dans le cadre des objectifs définis à l'article L. 111-2 ;

4° Elles assurent la transparence du marché foncier rural.

II. – Pour la réalisation des missions définies au I, les sociétés d'aménagement foncier et d'établissement rural peuvent :

1° Acquérir, dans le but de les rétrocéder, des biens ruraux, des terres, des exploitations agricoles ou forestières ;

2° Se substituer un ou plusieurs attributaires pour réaliser la cession de tout ou partie des droits conférés, soit par une promesse unilatérale de vente, soit par une promesse synallagmatique de vente, portant sur les biens visés au 1°, dès lors que la substitution intervient dans un délai maximal de six mois à compter du jour où ladite promesse a acquis date certaine et, au plus tard, au jour de l'acte authentique réalisant ou constatant la vente ;

3° *(Rempl., L. n° 2014-1170, 13 oct. 2014)* Acquérir des actions ou parts de sociétés ayant pour objet principal l'exploitation ou la propriété agricole notamment, par dérogation à l'article L. 322-1, la totalité ou une partie des parts de groupements fonciers agricoles ou de groupements fonciers ruraux ;

4° Se livrer ou prêter leur concours, en vertu d'un mandat écrit, à des opérations immobilières portant sur les biens d'autrui et relatives au louage régi par le livre IV (nouveau).

III. – 1° *(Mots suppr., L. n° 2014-1170, 13 oct. 2014)* Le choix de l'attributaire se fait au regard des missions mentionnées au I. L'attributaire peut être tenu au respect d'un cahier des charges.

En cas de substitution, le cahier des charges mentionné à l'alinéa précédent comporte l'engagement du maintien pendant un délai minimal de dix ans de l'usage agricole ou forestier des biens attribués et soumet, pendant ce même délai, toute opération de cession à titre onéreux en propriété ou en jouissance du bien attribué à l'accord préalable de la société d'aménagement foncier et d'établissement rural. En cas de non-respect de ces engagements pris dans le cadre d'un cahier des charges, l'attributaire est tenu de délaisser le bien, si la société d'aménagement foncier et d'établissement rural le demande, au prix fixé par le cahier des charges ou, à défaut, par le juge de l'expropriation ;

2° Les dispositions de l'article 52 de la loi n° 93-122 du 29 janvier 1993 relative à la prévention de la corruption et à la transparence de la vie économique et des procédures publiques ne sont pas applicables à l'opération de substitution mentionnée au présent article. Celle-ci emporte, à compter de la promesse, substitution dans les droits et les obligations de la société d'aménagement foncier et d'établissement rural ;

3° Pour l'exercice des activités mentionnées au 4° du II, les sociétés d'aménagement foncier et d'établissement rural doivent souscrire une assurance garantissant les conséquences pécuniaires de leur responsabilité civile professionnelle et une garantie financière résultant d'un cautionnement spécialement affecté au remboursement des fonds, effets ou valeurs détenus pour autrui.

Le montant de cette garantie ne peut être inférieur ni au montant maximal des fonds, effets ou valeurs détenus pour autrui à un moment quelconque ni à un montant minimal. Les modalités particulières de mise en œuvre de cette garantie, le contenu du contrat de mandat et les conditions de rémunération du mandataire sont définis par décret en Conseil d'État.

(Al. aj., L. n° 2014-1170, 13 oct. 2014) IV. – 1. La structure regroupant l'ensemble des sociétés d'aménagement foncier et d'établissement rural transmet tous les ans au Conseil supérieur de la forêt et du bois le bilan des activités de ces sociétés en matière forestière.

2. Les sociétés d'aménagement foncier et d'établissement rural participent aux réunions et apportent leur appui technique aux travaux de la commission départementale de la préservation des espaces naturels, agricoles et forestiers prévue à l'article L. 112-1-1. Elles sont également représentées par la structure les regroupant, mentionnée au 2° du II de l'article L. 141-6, auprès de l'Observatoire des espaces naturels, agricoles et forestiers prévu à l'article L. 112-1.

Art. L. 141-1-1 *(L. n° 2014-1170, 13 oct. 2014).* – I. – Pour l'exercice de leurs missions, les sociétés d'aménagement foncier et d'établissement rural sont préalablement informées par le notaire ou, dans le cas d'une cession de parts ou d'actions de sociétés, par le cédant, dans des conditions fixées par décret en Conseil d'État, de toute cession entre vifs conclue à titre onéreux ou gratuit portant sur des biens ou droits mobiliers ou immobiliers mentionnés au II de l'article L. 141-1 situés dans leur ressort. Cette obligation d'information vaut également pour les cessions d'usufruit ou de nue-propriété, pour lesquelles sont notamment précisées la consistance et la valeur des biens concernés.

II. – Si un bien ou un droit mobilier ou immobilier sur lequel une société d'aménagement foncier et d'établissement rural est autorisée à exercer le droit de préemption en application des articles L. 143-1 *(Réf. rempl., L. n° 2015-990, 6 août 2015)* « , L. 143-7 et L. 143-16 » est aliéné au profit d'un tiers en violation de l'obligation d'information mentionnée au I du présent article, ladite société peut, dans un délai de six mois à compter de la publication de l'acte de vente *(Mots aj., L. n° 2015-990, 6 août 2015)* « ou de donation » ou, à défaut de publication, dans un délai de six mois à compter du jour où *(Mots rempl., L. n° 2015-990, 6 août 2015)* « cet acte lui est connu », demander au tribunal de grande instance soit d'annuler *(Mots rempl., L. n° 2015-990, 6 août 2015)* « l'acte en cause », soit *(Mots aj., L. n° 2015-990, 6 août 2015)* « , dans le seul cas de la vente, » de la déclarer acquéreur en lieu et place du tiers. Elle peut, dans un délai de six mois à compter de la date à laquelle elle en a été informée, demander au tribunal de grande instance d'annuler une cession conclue à titre gratuit si elle estime que cette cession aurait dû lui être notifiée en tant que cession à titre onéreux.

III. – Si un bien ou un droit mobilier ou immobilier qui n'entre pas dans le champ d'application du II est aliéné au profit d'un tiers en méconnaissance de l'obligation d'information mentionnée au I, l'autorité administrative peut, d'office ou à la demande de la société d'aménagement foncier et d'établissement rural, prononcer une amende administrative, égale au moins au montant fixé à l'article 131-13 du Code pénal pour les contraventions de la cinquième classe et au plus à 2 % du montant de la transaction concernée. Les frais résultant des mesures nécessaires à l'exécution de cette sanction sont à la charge du contrevenant. L'autorité administrative avise préalablement l'auteur du manquement des faits relevés à son encontre, des dispositions qu'il a enfreintes et des sanctions qu'il encourt. Elle lui fait connaître le délai dont il dispose pour faire valoir ses observations écrites et, le cas échéant, les modalités selon lesquelles il peut être entendu s'il en fait la demande. Elle l'informe de son droit à être assisté du conseil de son choix. La décision de sanction ne peut être prise plus d'un an après la constatation des faits. Elle peut faire l'objet d'un recours de pleine juridiction devant la juridiction administrative.

Art. L. 141-1-2 *(L. n° 2014-1170, 13 oct. 2014).* – Les sociétés d'aménagement foncier et d'établissement rural transmettent à l'autorité administrative, dans les conditions prévues à l'article L. 331-5, les informations qu'elles reçoivent, en application du I de l'article L. 141-1-1, sur les cessions de parts ou d'actions de sociétés concernant des sociétés ayant obtenu une autorisation d'exploiter.

Pour l'exercice de leurs missions et la transparence de leurs actions, les sociétés d'aménagement foncier et d'établissement rural :

1° Sont autorisées à communiquer aux personnes publiques et aux personnes privées chargées d'une mission de service public les informations qu'elles détiennent sur le prix, la surface, la nature et la référence cadastrale des biens concernés par la cession et, le cas échéant, les analyses qui en découlent ;

2° Communiquent aux services de l'État, dans des conditions fixées par décret, les informations qu'elles détiennent sur l'évolution des prix et l'ampleur des changements de destination des terres agricoles.

Art. L. 141-2. – Sous réserve des dispositions de l'article L. 121-16, les sociétés d'aménagement foncier et d'établissement rural peuvent effectuer, pour le compte de tiers, toutes études liées à l'aménagement foncier ou à la mise en valeur du sol et être associées à la réalisation des travaux correspondants.

Dans le cadre de conventions, elles peuvent concourir aux opérations d'aménagement foncier rural mentionnées à l'article L. 121-1.

Art. L. 141-3. – Les sociétés d'aménagement foncier et d'établissement rural peuvent aussi conduire des opérations destinées à faciliter la réorientation des terres, bâtiments ou exploitations vers des usages non agricoles en vue de favoriser le développement rural ainsi que la protection de la nature et de l'environnement.

Art. L. 141-4. – Les sociétés d'aménagement foncier et d'établissement rural peuvent également concourir à la création d'associations syndicales de gestion forestière autorisées. Les parcelles boisées acquises dans le périmètre d'une association syndicale ou d'une opération d'aménagement foncier forestier sont rétrocédées en priorité à des propriétaires forestiers concernés.

Art. L. 141-5 *(Mod., L. n° 2010-874, 27 juill. 2010)*. – Les sociétés d'aménagement foncier et d'établissement rural peuvent, dans les conditions fixées par voie réglementaire, apporter leur concours technique aux collectivités territoriales et aux établissements publics qui leur sont rattachés ainsi qu'à l'État, pour la mise en œuvre d'opérations foncières et, notamment, des droits de préemption dont ces personnes morales sont titulaires. Dans les zones de montagne, ces sociétés peuvent intervenir en matière de terres incultes ou manifestement sous-exploitées, dans les conditions prévues à l'article L. 125-8.

Voir : C. rur., art. R. 141-1 et s., p. 2442.

Section II. – Fonctionnement

Art. L. 141-6 *(Rempl., L. n° 2014-1170, 13 oct. 2014)*. – I. – Les sociétés d'aménagement foncier et d'établissement rural sont constituées à l'échelle régionale ou interrégionale. Elles doivent être agréées par les ministres chargés de l'agriculture et de l'économie. Leur zone d'action est définie dans la décision d'agrément.

II. – Peuvent obtenir l'agrément mentionné au I les sociétés dont les statuts prévoient :

1° La présence, dans leur conseil d'administration, de trois collèges comportant des représentants :

a) Des organisations syndicales à vocation générale d'exploitants agricoles représentatives à l'échelle régionale, ainsi que des chambres régionales d'agriculture, auxquels peuvent s'ajouter, pour atteindre le cas échéant le nombre de membres requis pour ce collège, d'autres représentants professionnels agricoles proposés par les chambres régionales d'agriculture ;

b) Des collectivités territoriales de leur zone d'action et, le cas échéant, des établissements publics qui leur sont rattachés ;

c) D'autres personnes, dont l'État, des actionnaires de la société et des représentants des associations agréées de protection de l'environnement et des fédérations départementales, interdépartementales ou régionales des chasseurs ;

2° L'adhésion à une structure regroupant l'ensemble des sociétés d'aménagement foncier et d'établissement rural agréées et la participation au fonds de péréquation géré par cette structure, dans des conditions fixées par décret en Conseil d'État.

Les collèges mentionnés au 1° sont composés en recherchant une représentation équilibrée des femmes et des hommes.

Lorsqu'une société d'aménagement foncier et d'établissement rural s'est constituée sous la forme d'une société anonyme, ses statuts peuvent prévoir, par dérogation à l'article L. 225-17 du Code de commerce, de porter jusqu'à vingt-quatre le nombre de membres du conseil d'administration.

III. – Les collectivités publiques et les personnes morales représentatives des intérêts économiques, environnementaux et sociaux à caractère rural peuvent participer au capital social des sociétés d'aménagement foncier et d'établissement rural.

Art. L. 141-7. – Les sociétés d'aménagement foncier et d'établissement rural ne peuvent avoir de buts lucratifs.

Les excédents nets réalisés par les sociétés d'aménagement foncier et d'établissement rural qui s'entendent des produits nets de l'exercice, déduction faite des frais généraux et autres charges sociales, ainsi que de tous les amortissements de l'actif social et de tous les prélèvements nécessaires pour la constitution de provisions, ne peuvent être utilisés, après constitution de la réserve légale et versement d'un intérêt statutaire aux actions dont le montant est libéré et non amorti, qu'à la constitution de réserves destinées au financement d'opérations conformes à l'objet de ces sociétés.

Art. L. 141-8. – En cas de dissolution d'une société d'aménagement foncier et d'établissement rural, l'excédent de l'actif, après extinction du passif, des charges et amortissement complet du capital, est dévolu à d'autres sociétés d'aménagement foncier et d'établissement rural ou, à défaut, à des organismes ayant pour objet l'aménagement foncier ou l'établissement à la terre des agriculteurs. Les propositions de l'assemblée générale relatives à cette dévolution sont présentées à l'agrément conjoint du ministre de l'Agriculture et du ministre chargé de l'économie et des finances, ainsi que, le cas échéant, du ministre chargé *(Mots rempl. à compter du 1er juillet 2016, Ord. n° 2016-391, 31 mars 2016)* « de l'outre-mer ».

Art. L. 141-8-1 *(L. n° 2014-1170, 13 oct. 2014)*. – Les sociétés d'aménagement foncier et d'établissement rural établissent chaque année une comptabilité analytique, selon des règles et un plan comptable communs à toutes ces sociétés. Les commissaires du Gouvernement sont destinataires des documents comptables ainsi produits.

NB : L'article L. 141-8-1 du Code rural et de la pêche maritime entre en vigueur le 1er juillet 2016.

Art. L. 141-9. – Les conditions d'application des articles L. 141-1 à *(Réf. rempl., L. n° 2014-1170, 13 oct. 2014)* « L. 141-8-1 » sont fixées par décret en Conseil d'État.

Voir : C. rur., art. R. 141-3 et s., p. 2445.

CHAPITRE II. – OPÉRATIONS IMMOBILIÈRES ET MOBILIÈRES

Section I. – Acquisitions et cessions

Art. L. 142-1. – Les cessions par les sociétés d'aménagement foncier et d'établissement rural peuvent être effectuées au profit de toute personne publique ou privée.

Art. L. 142-2. – Les opérations immobilières résultant de l'application des dispositions des articles L. 141-1 à L. 141-5 s'effectuent, d'une part, sous réserve du titre I du livre IV du présent code relatif au statut du fermage et du métayage et, d'autre part, sous réserve des dispositions du titre II relatives à l'aménagement foncier rural, et, en ce qui concerne la rétrocession des terres et exploitations, sous réserve des dispositions des articles 188-1 à 188-10 du Code rural [ancien] relatives au contrôle des structures des exploitations agricoles.

Elles peuvent faire l'objet de l'aide financière de l'État sous forme de subventions et de prêts limités aux opérations d'aménagements fonciers.

Art. L. 142-3 *(Mod., L. n° 98-1266, 30 déc. 1998 ; Ord. n° 2005-1512, 7 déc. 2005 ; rempl., L. fin. rect. n° 2006-1771, 30 déc. 2006)*. – Le régime spécial des droits d'enregistrement applicables aux acquisitions et aux cessions effectuées par les sociétés d'aménagement foncier et d'établissement rural est régi par les articles 1028 *bis*, 1028 *ter* et le I de l'article 1840 G *ter* du Code général des impôts.

Art. L. 142-4. – Pendant la période transitoire et qui ne peut excéder cinq ans, nécessaire à la rétrocession des biens acquis, les sociétés d'aménagement foncier et d'établissement rural prennent toutes mesures conservatoires pour le maintien desdits biens en état d'utilisation et de production. En particulier elles sont autorisées à consentir à cet effet les baux nécessaires, lesquels, à l'exception des baux en cours lors de l'acquisition, ne sont pas soumis aux règles résultant du statut des baux ruraux en ce qui concerne la durée, le renouvellement et le droit de préemption.

(Al. créé à compter du 20 juin 2017, L. n° 2017-348, 20 mars 2017) Pendant la même période transitoire, les sociétés d'aménagement foncier et d'établissement rural sont également autorisées, par dérogation aux dispositions applicables aux sociétés civiles de personnes mentionnées notamment aux articles L. 322-1, L. 323-1 et L. 324-1, à maintenir, dans le but de les rétrocéder, leurs participations dans le capital de ces sociétés au titre des acquisitions de droits sociaux faites à l'amiable en application du 3° du II de l'article L. 141-1 ou après exercice du droit de préemption en application de l'article L. 143-1.

Constitutionnalité. L'absence de sanction du délai quinquennal de rétrocession des biens ruraux acquis par les SAFER n'est pas contraire au droit de propriété et à la liberté d'entreprendre : ▪ Cons. const., 25 mai 2018, n° 2018-707 QPC : *JCP* N 2018, 1315, note M. Carius ?

Art. L. 142-5 *(Rempl., L. n° 99-574, 9 juill. 1999)*. – Le délai prévu à l'article L. 142-4 est suspendu dans les communes où il est procédé *(Mots rempl., L. n° 2005-157, 23 févr. 2005)* « à l'aménagement foncier agricole et forestier » jusqu'à la date de la clôture des opérations.

Ce délai peut être prolongé de cinq ans par décision expresse des commissaires du Gouvernement représentant le ministère de l'Agriculture et le ministère de l'Économie et des Finances.

La décision de prolongation des commissaires du Gouvernement est prise pour une période de cinq ans renouvelable une fois.

Art. L. 142-5-1 *(L. n° 2014-1170, 13 oct. 2014)*. – Lorsqu'une société d'aménagement foncier et d'établissement rural met en vente un terrain dont les productions relèvent de l'agriculture biologique au sens de l'article L. 641-13, elle le cède en priorité à un candidat s'engageant à poursuivre une exploitation en agriculture biologique pour une durée minimale de six ans.

(Al. créé., L. n° 2019-469, 20 mai 2019) Lorsqu'une société d'aménagement foncier et d'établissement rural met en vente un terrain ou un bâtiment dont le dernier usage agricole était un usage conchylicole, elle le cède en priorité à un candidat s'engageant à poursuivre une activité conchylicole pour une durée minimale de dix ans.

Lorsqu'une société d'aménagement foncier et d'établissement rural met en vente des terrains boisés d'une superficie inférieure à dix hectares, le choix de l'attributaire porte prioritairement sur un propriétaire de terrains boisés contigus. Au cas où plusieurs propriétaires répondent aux mêmes critères, celui dont les terrains boisés font l'objet de l'un des documents de gestion mentionnés au 2° de l'article L. 122-3 du Code forestier est prioritaire.

La priorité d'attribution prévue au *(Mot rempl., L. n° 2019-469, 20 mai 2019)* « troisième » alinéa du présent article n'est applicable ni aux surfaces boisées mentionnées aux *b* et *c* du 6° de l'article L. 143-4 du présent code, ni aux terrains boisés attribués conjointement à un bâtiment d'habitation ou d'exploitation auquel ils sont attenants, ni aux terrains boisés attribués avec d'autres parcelles non boisées si la surface agricole est prépondérante.

Voir : C. rur., art. R. 142-1 et s., p. 2448.

Section II. – Mise à disposition d'immeubles

Art. L. 142-6 *(Mod., L. n° 95-95, 1er févr. 1995 ; L. n° 2005-157, 23 févr. 2005)*. – Tout propriétaire peut, par convention, mettre à la disposition d'une société d'aménagement foncier et d'établissement rural, en vue de leur aménagement parcellaire ou de leur mise en valeur agricole, pour autant que cette dernière soit effectuée par des agriculteurs, conformément au but fixé par les articles L. 141-1 à L. 141-5, des immeubles ruraux libres de location. Ces conventions sont dérogatoires aux dispositions de l'article L. 411-1. *(Phrases rempl., L. n° 2014-1170, 13 oct. 2014)* La durée maximale des conventions est de six ans, renouvelable une fois, quelle que soit la superficie des immeubles ruraux mis à disposition. Il en est de même pour la mise à disposition d'immeubles ruraux dans le cadre de conventions conclues avec l'État, une collectivité territoriale ou un établissement public.

(Rempl., L. n° 2006-11, 5 janv. 2006) La durée des conventions est de six ans au maximum, renouvelable une fois, pour les immeubles ruraux situés dans les périmètres de protection et d'aménagement des espaces naturels et agricoles délimités en application de l'article *(Réf. rempl., Ord. n° 2015-1174, 23 sept. 2015)* L. 113-16 du Code de l'urbanisme, ainsi que pour les conventions portant sur la mise à disposition, pour un usage de pâturage extensif saisonnier, d'immeubles ruraux situés dans les communes mentionnées à l'article L. 113-2 du présent code.

À cet effet, la société d'aménagement foncier et d'établissement rural consent des baux qui ne sont soumis aux règles résultant du statut du fermage que pour ce qui concerne le prix. Ces baux déterminent, au moment de leur conclusion, les améliorations que le preneur s'engage à apporter au fonds et les indemnités qu'il percevra à l'expiration du bail.

À l'expiration de ce bail, lorsque celui-ci excède une durée de six ans, le propriétaire ne peut donner à bail dans les conditions de l'article L. 411-1 le bien ayant fait l'objet de la convention ci-dessus sans l'avoir préalablement proposé dans les mêmes conditions au preneur en place.

Le régime spécial des droits de timbre et d'enregistrement applicable aux conventions conclues en application du premier alinéa du présent article est régi par l'article 1028 *quater* du Code général des impôts ci-après reproduit :

Art. 1028 quater (Mod., L. n° 95-95, 1er févr. 1995 ; D. n° 95-1281, 11 déc. 1995). – Les conventions conclues en application des premier et deuxième alinéas de l'article L. 142-6 (Mod., D. n° 2013-463, 3 juin 2013) et de l'article L. 181-23 du Code rural et de la pêche maritime sont exonérées des droits d'enregistrement.

L'article L. 142-6 du Code rural et de la pêche maritime ne prévoit pas de bail rural forcé en cas de non-respect par le propriétaire de son obligation de proposer un bail rural à l'exploitant en place : ▪ Cass. civ., 3e, 18 juin 2014, n° 13-17.002 : *RD rur.* 2014, comm. 218, note H. Bosse-Platière.

Art. L. 142-7. – Sont fixées par décret en Conseil d'État les conditions dans lesquelles l'État, les collectivités et établissements publics peuvent mettre les immeubles dont ils ont la propriété ou qu'ils ont acquis en vue de la réalisation d'opérations d'aménagement foncier à la disposition des sociétés d'aménagement foncier et d'établissement rural.

Voir : C. rur., art. R. 142-7 et s., p. 2451.

Section III. – Dispositions d'application

Art. L. 142-8. – Les conditions d'application des dispositions des articles L. 142-1 à L. 142-5 et notamment les règles d'attribution des exploitations sont fixées par décret en Conseil d'État.

Voir : C. rur., art. R. 142-1 et s., p. 2448.

CHAPITRE III. – DROIT DE PRÉEMPTION

Section I. – Objet et champ d'application

Art. L. 143-1 *(Mod., 2006-11, 5 janv. 2006).* – *(Al. rempl., L. n° 2014-1170, 13 oct. 2014)* Il est institué au profit des sociétés d'aménagement foncier et d'établissement rural un droit de préemption en cas d'aliénation à titre onéreux de biens immobiliers à usage agricole et de biens mobiliers qui leur sont attachés ou de terrains nus à vocation agricole, sous réserve du I de l'article L. 143-7. Sont considérés comme à vocation agricole, pour l'application du présent article, les terrains situés soit dans une zone agricole protégée créée en application de l'article L. 112-2 du présent code, soit à l'intérieur d'un périmètre délimité en application de l'article *(Réf. rempl., Ord. n° 2015-1174, 23 sept. 2015)* « L. 113-16 du Code de l'urbanisme », soit dans une zone agricole ou une zone naturelle et forestière délimitée par un document d'urbanisme. En l'absence d'un document d'urbanisme, sont également regardés comme terrains à vocation agricole les terrains situés dans les secteurs ou parties non encore urbanisés des communes, à l'exclusion des bois et forêts.

Ce droit de préemption peut également être exercé en cas d'aliénation à titre onéreux de bâtiments d'habitation faisant partie d'une exploitation agricole. Il peut également être exercé en cas d'aliénation à titre onéreux des bâtiments situés dans les zones ou espaces mentionnés au premier alinéa et qui ont été utilisés pour l'exercice d'une activité agricole au cours des cinq dernières années qui ont précédé l'aliénation, pour leur rendre un usage agricole. L'article L. 143-10 du présent code n'est pas applicable dans ce dernier cas *(Mots aj., L. n° 2016-1888, 28 déc. 2016)* « lorsque les bâtiments concernés ont fait l'objet d'un changement de destination ».

(Al. créé, L. n° 2019-469, 20 mai 2019) Dans les communes ou parties de communes mentionnées à l'article L. 321-2 du Code de l'environnement, le droit de préemption mentionné au premier alinéa du présent article peut également être exercé en cas d'aliénation à titre onéreux des bâtiments situés dans les zones ou espaces mentionnés au même premier alinéa qui ont été utilisés pour l'exploitation de cultures marines exigeant la proximité immédiate de l'eau, telle que définie à l'article L. 121-17 du Code de l'urbanisme, au cours des vingt années qui ont précédé l'aliénation, pour affecter ces bâtiments à l'exploitation de cultures marines. L'article L. 143-10 du présent code n'est pas applicable lorsque les bâtiments concernés ont fait l'objet d'un changement de destination, sauf si ce changement de destination a été effectué au cours des vingt années qui ont précédé l'aliénation et en violation des règles d'urbanisme applicables.

Sont assimilés à des terrains nus les terrains ne supportant que des friches, des ruines ou des installations temporaires, occupations ou équipements qui ne sont pas de nature à compromettre définitivement leur vocation agricole.

Lorsque l'aliénation à titre onéreux porte de façon conjointe sur des terrains à vocation agricole et des droits à paiement découplés créés au titre de la politique agricole commune, ce droit de préemption peut s'exercer globalement sur l'ensemble ainsi constitué aux seules fins d'une rétrocession conjointe des terrains et des droits ainsi acquis, selon des modalités fixées par décret.

Les sociétés d'aménagement foncier et d'établissement rural peuvent exercer leur droit de préemption en cas d'aliénation à titre onéreux de l'usufruit ou de la nue-propriété des biens mentionnés au présent article. Elles ne peuvent préempter la nue-propriété de ces biens que dans les cas où elles en détiennent l'usufruit ou sont en mesure de l'acquérir concomitamment, ou lorsque la durée de l'usufruit restant à courir ne dépasse pas deux ans, [Dispositions déclarées non conformes à la Constitution par la décision du Conseil constitutionnel n° 2014-701 DC du 9 octobre 2014].

Les sociétés d'aménagement foncier et d'établissement rural peuvent, sous réserve du I de l'article L. 143-7, exercer leur droit de préemption en cas d'aliénation à titre onéreux de la totalité des parts ou actions d'une société ayant pour objet principal l'exploitation ou la propriété agricole, lorsque l'exercice de ce droit a pour objet l'installation d'un agriculteur.

Dans les communes et parties de communes de montagne telles que définies par les articles 3 et 4 de la loi n° 85-30 du 9 janvier 1985 relative au développement et à la protection de la montagne, ce droit de préemption peut également être exercé en cas d'aliénation à titre onéreux de bâtiments qui ont été utilisés pour l'exercice d'une activité agricole au cours des cinq dernières années qui ont précédé cette aliénation, pour leur rendre un usage agricole. Les dispositions de l'article L. 143-10 ne sont pas applicables dans ce cas *(Mots aj., L. n° 2016-1888, 28 déc. 2016)* « lorsque les bâtiments concernés ont fait l'objet d'un changement de destination ».

***(Al. aj., L. n° 2014-1170, 13 oct. 2014)* En cas de méconnaissance des dispositions du présent chapitre par une société d'aménagement foncier et d'établissement rural, le ministre chargé de l'agriculture peut suspendre, pour une durée n'excédant pas trois ans, le droit de préemption de cette société. En cas de réitération des manquements, l'agrément mentionné à l'article L. 141-6 peut être retiré.**

1) **Conformité du droit de préemption de la SAFER à la CEDH.** Attendu qu'ayant exactement relevé que l'article L. 143-4 du Code rural n'exige pas que les parcelles non boisées soient prépondérantes et constituent en elles-mêmes une exploitation agricole et qu'il suffit qu'il y ait avec des parcelles boisées d'autres qui ne le sont pas sans qu'une proportion soit exigée, la cour d'appel, qui a constaté que des parcelles boisées et non boisées du même fonds avaient été mises en vente et préemptées, en a exactement déduit que la préemption n'était pas contraire aux dispositions de cet article, et, sans violer l'article premier du premier protocole additionnel de la Convention européenne des droits de l'homme et des libertés fondamentales, a légalement justifié sa décision : ▪ Cass. 3e civ., 19 mars 2008 : *JurisData* n° 2008-043242 ; *Bull. civ.* III, n° 50 ; *RD rur.* 2008, comm. 115, note F. Roussel. – V. aussi : ▪ CE 9 nov. 2009, n° 08-11.281 : *RD rur.* 2010, comm. 14, obs. S. Crevel.

2) **Question prioritaire de constitutionnalité.** Sur le refus de la Cour de cassation de transmettre des questions prioritaires de constitutionnalité portant sur la conformité à la Constitution du droit de préemption de la SAFER, V. ▪ Cass. 3e civ., 3 avr. 2014, n° 14-40.006 : *RD rur.* 2014, comm. 222, note H. Bosse-Platière.

3) ne cour d'appel, qui retient souverainement qu'avant son aliénation une parcelle est le support d'une activité sans rapport avec une destination agricole ou forestière, en déduit exactement que cette parcelle n'est pas soumise au droit de préemption de la société d'aménagement foncier et d'établissement rural : ▪ Cass. 3e civ., 4 mars 2009, n° 08-11.281 : *RD rur.* 2010, comm. 13, obs. F. Roussel.

Art. L. 143-1-1 *(L. n° 2014-1170, 13 oct. 2014)*. – **La société d'aménagement foncier et d'établissement rural est autorisée à n'exercer son droit de préemption que sur une partie des biens aliénés lorsque l'aliénation porte simultanément sur des terrains à usage agricole ou à vocation agricole et sur une ou plusieurs des catégories de biens suivantes :**

1° Des bâtiments à usage agricole et les biens mobiliers qui leur sont attachés ;

2° Des bâtiments mentionnés *(Mots rempl., L. n° 2019-469, 20 mai 2019)* « aux deuxième, troisième et quatrième alinéas » de l'article L. 143-1 ;

3° Des biens pour lesquels elle ne bénéficie pas d'un droit de préemption.

Ce droit de préemption peut ne s'exercer que sur les terrains à usage ou à vocation agricole et les biens mobiliers qui leur sont attachés, ou sur ces terrains et l'une des catégories de biens mentionnées aux 1° et 2° ou sur ces deux catégories.

Lorsque la société d'aménagement foncier et d'établissement rural fait part au vendeur de son intention de ne préempter qu'une partie des biens mis en vente, le propriétaire peut exiger qu'elle se porte acquéreur de l'ensemble des biens aliénés. S'il accepte la préemption partielle, il peut exiger que la société d'aménagement foncier et d'établissement rural l'indemnise de la perte de valeur des biens non acquis. À défaut d'accord amiable sur le montant de l'indemnisation, celui-ci est fixé par le tribunal de grande instance.

Art. L. 143-1-2 *(L. n° 2014-1170, 13 oct. 2014)*. **– Lorsque, en application du dernier alinéa de l'article L. 143-1-1, la société d'aménagement foncier et d'établissement rural a été tenue d'acquérir des biens, elle doit les rétrocéder prioritairement à l'acquéreur évincé.**

En cas de refus d'acquisition par ce dernier, elle doit les proposer à la rétrocession à l'un ou plusieurs des candidats attributaires de la partie des biens ayant motivé la décision de préemption ou les proposer à la rétrocession dans l'un des objectifs prévus à l'article L. 143-2.

En cas de refus d'acquisition par ces attributaires ou en cas d'impossibilité de rétrocession dans l'un des objectifs prévus au même article L. 143-2, elle peut céder ces biens à toute personne qui se porte candidate, dans le respect des missions mentionnées à l'article L. 141-1.

Quel que soit l'attributaire, le prix de cession de ces biens ne peut excéder leur prix d'achat par la société d'aménagement foncier et d'établissement rural, majoré des frais qu'elle a supportés.

Art. L. 143-2. **– L'exercice de ce droit a pour objet, dans le cadre des objectifs définis** *(Mots rempl., L. n° 2014-1170, 13 oct. 2014)* **« à l'article L. 1 » :**

1° L'installation, la réinstallation ou le maintien des agriculteurs ;

2° *(Al. rempl., L. n° 2014-1170, 13 oct. 2014)* **La consolidation d'exploitations afin de permettre à celles-ci d'atteindre une dimension économique viable au regard des critères du schéma directeur régional des exploitations agricoles et l'amélioration de la répartition parcellaire des exploitations existantes, dans les conditions prévues à l'article L. 331-2 ;**

3° La préservation de l'équilibre des exploitations lorsqu'il est compromis par l'emprise de travaux d'intérêt public ;

4° La sauvegarde du caractère familial de l'exploitation ;

5° La lutte contre la spéculation foncière ;

6° La conservation d'exploitations viables existantes lorsqu'elle est compromise par la cession séparée des terres et de bâtiments d'habitation ou d'exploitation ;

7° La mise en valeur et la protection de la forêt ainsi que l'amélioration des structures sylvicoles dans le cadre des conventions passées avec l'État *(Mots suppr., L. n° 2005-157, 23 févr. 2005)* **« ... » ;**

8° *(Al. rempl., L. n° 2014-1170, 13 oct. 2014)* **La protection de l'environnement, principalement par la mise en œuvre de pratiques agricoles adaptées, dans le cadre de stratégies définies par l'État, les collectivités territoriales ou leurs établissements publics ou approuvées par ces personnes publiques en application du présent code ou du Code de l'environnement ;**

9° *(L. n° 2005-157, 23 févr. 2005)* **Dans les conditions prévues par** *(Réf. rempl., Ord. n° 2015-1174, 23 sept. 2015)* **« la section 3 du chapitre III du titre Ier du livre Ier du Code de l'urbanisme », la protection et la mise en valeur des espaces agricoles et naturels périurbains.**

1) La loi n'interdit pas à une société d'aménagement foncier et d'établissement rural (SAFER) d'exercer son droit de préemption pour permettre à un exploitant en place d'accéder à la propriété, peu important que cet exploitant ne remplisse pas les conditions requises pour bénéficier lui-même du droit de préemption : ▪ Cass. 3e civ., 15 mai 2008, n° 07-13.784 : *JurisData* n° 2008-043910 ; *JCP* N 2008, 1241, note J.-J. Barbièri.

2) Le droit de préemption de la SAFER peut s'exercer à l'occasion de la vente d'une propriété agricole avec réserve, au profit du vendeur, d'un droit d'usage et d'habitation sur la maison et la cour attenante : ▪ Cass. 3e civ., 19 nov. 2008, n° 07-16.476 : *JCP* N 2009, 1352, note F. Roussel.

3) Même lorsqu'il est exercé à la demande du directeur régional de l'environnement, le droit de préemption environnemental doit s'inscrire dans un projet : ▪ Cass. 3e civ., 28 sept. 2011, n° 10-15.008 : *RD rur.* 2011, comm. 128, obs. S. Crevel.

Art. L. 143-2-1 *(L. n° 2017-257, 28 févr. 2017)*. – À titre expérimental, pendant une durée de trois ans à compter de l'entrée en vigueur de la loi n° 2017-257 du 28 février 2017 relative au statut de Paris et à l'aménagement métropolitain, la société d'aménagement foncier et d'établissement rural d'Île-de-France est autorisée à préempter, en cas d'aliénation à titre onéreux des parcelles en nature réelle de bois ou classées en nature de bois et forêt au cadastre, d'une superficie totale inférieure à trois hectares et situées dans les zones délimitées par un document d'urbanisme mentionnées au premier alinéa de l'article L. 143-1, lorsque l'exercice de ce droit a pour objet la protection et la mise en valeur de la forêt desdites parcelles. Ce droit de préemption ne peut primer les droits de préemption et de préférence prévus aux articles L. 331-19, L. 331-22 et L. 331-23 du Code forestier.

La préemption prévue au premier alinéa du présent article s'applique également aux aliénations à titre gratuit, dans les conditions définies à l'article L. 143-16 du présent code.

À l'issue de cette période de trois ans, le Gouvernement adresse un rapport d'évaluation au Parlement.

Art. L. 143-3. – À peine de nullité, la société d'aménagement foncier et d'établissement rural doit justifier sa décision de préemption par référence explicite et motivée à l'un ou à plusieurs des objectifs ci-dessus définis, et la porter à la connaissance des intéressés. Elle doit également motiver et publier la décision de rétrocession et annoncer préalablement à toute rétrocession son intention de mettre en vente les fonds acquis par préemption ou à l'amiable.

1) **Sanction des conditions de publicité.** Les conditions de publicité des décisions de rétrocession sont prescrites à peine de nullité, sans que le demandeur à l'annulation n'ait à rapporter la preuve d'un grief : ▪ Cass. 3e civ., 3 oct. 2007, n° 06-16.083.

2) **Justification.** Ayant relevé que la SAFER avait motivé sa décision par des raisons explicites de forte pression foncière du fait de la demande suscitée par la chasse, de la situation touristique et des besoins des jeunes agriculteurs et éleveurs, et que la décision comportait des éléments de faits précis faisant référence à un jeune agriculteur maraîcher exploitant à proximité dans le département du Gard et à des agriculteurs et éleveurs riverains favorables à un échange restructurant, la cour d'appel, qui a procédé à la recherche prétendument omise, a pu en déduire que cette motivation était fondée sur des données concrètes rappelant la consistance et la situation du bien litigieux, permettant de vérifier la réalité des objectifs poursuivis et répondant aux exigences de la loi : ▪ Cass. 3e civ., 4 mai 2010, n° 09-10.818 : *RD rur.* août 2010, comm. 100, S. Crevel.

3) **Notification.** La SAFER qui préempte sur adjudication doit aussi notifier sa décision à l'adjudicataire évincé : ▪ Cass. 3e civ., 29 juin 2011, n° 10-30.272 : *RD rur.* 2011, comm. 116, obs. S. Crevel.

Art. L. 143-4. – Ne peuvent faire l'objet d'un droit de préemption :

1° Les échanges réalisés en application de l'article L. 124-1 ;

2° Les aliénations moyennant rente viagère servie pour totalité ou pour l'essentiel sous forme de prestations de services personnels ;

3° Les acquisitions effectuées par des cohéritiers sur licitation amiable ou judiciaire et les cessions consenties à des parents ou alliés jusqu'au quatrième degré inclus, ou à des cohéritiers ou à leur conjoint survivant ainsi que les actes conclus entre indivisaires en application des articles 815-14, 815-15 et 883 du Code civil ;

4° Sous réserve, dans tous les cas, que l'exploitation définitive ainsi constituée ait une surface inférieure à la superficie mentionnée au I, 1° de l'article L. 331-2 du Code rural et de la pêche maritime, les acquisitions réalisées :

a) Par les salariés agricoles, les aides familiaux et les associés d'exploitation, majeurs, sous réserve qu'ils satisfassent à des conditions d'expérience et de capacité professionnelles fixées par décret ;

b) Par les fermiers ou métayers évincés de leur exploitation agricole en application des articles L. 411-5 à L. 411-7, L. 411-57 à L. 411-63, L. 411-67, L. 415-10 et L. 415-11 relatifs au droit de reprise des propriétaires privés ou des collectivités publiques, ainsi que par les agriculteurs à titre principal expropriés, sous réserve que l'exercice du droit de reprise ou l'expropriation ait eu pour l'exploitation de l'intéressé l'une des conséquences énoncées au II, 2°, de l'article L. 331-2 du Code rural et de la pêche maritime, ou qu'elle l'ait supprimée totalement ;

5° Les acquisitions de terrains destinées :

a) À la construction, aux aménagements industriels ou à l'extraction de substances minérales ;

b) À la constitution ou à la préservation de jardins familiaux compris à l'intérieur d'agglomérations, à condition que leur superficie n'excède pas 1 500 mètres carrés, ou situés dans une zone affectée à cette fin soit par un

document d'urbanisme opposable aux tiers, soit par une décision de l'organe délibérant d'une collectivité publique ;

6° Les acquisition de *(Mots rempl., L. n° 2014-1170, 13 oct. 2014)* « parcelles classées en nature de bois et forêts au cadastre », sauf :

***a)* Si ces dernières sont mises en vente avec d'autres parcelles non boisées dépendant de la même exploitation agricole, l'acquéreur ayant toutefois la faculté de conserver les parcelles boisées si le prix de celles-ci a fait l'objet d'une mention expresse dans la notification faite à la société d'aménagement foncier et d'établissement rural ou dans le cahier des charges de l'adjudication ;**

***b)* S'il s'agit soit de semis ou plantations sur les parcelles de faible étendue dont la commission communale d'aménagement foncier a décidé la destruction en application de l'article L. 123-7, soit de semis ou plantations effectués en violation des dispositions de l'article L. 126-1 ;**

***c)* *(c mod. à compter de l'entrée en vigueur de la partie réglementaire du nouveau Code forestier et au plus tard le 1er juillet 2012, Ord. n° 2012-92, 26 janv. 2012)* Si elles ont fait l'objet d'une autorisation de défrichement ou si elles sont dispensées d'une déclaration de défrichement en application du 1° de l'article L. 342-1 du Code forestier ;**

***d)* *(Rempl., L. n° 2005-157, 23 févr. 2005)* Si elles sont situées dans un périmètre d'aménagement foncier agricole et forestier en zone forestière prévu aux articles L. 123-18 à L. 123-22 ;**

7° Les biens compris dans un plan de cession totale ou partielle d'une entreprise arrêté conformément aux articles 81 et suivants de la loi n° 85-98 du 25 janvier 1985 relative au redressement et à la liquidation judiciaires des entreprises ;

8° *(Al. aj., L. n° 2014-1170, 13 oct. 2014)* Les acquisitions de la nue-propriété d'un bien par ses usufruitiers et celles de l'usufruit d'un bien par ses nus-propriétaires.

1) **Liquidation judiciaire.** Il résulte de l'article L. 143-4, 7°, qu'une SAFER peut exercer son droit de préemption sur les biens d'un débiteur en liquidation judiciaire dont le juge-commissaire a autorisé la vente de gré à gré et sur les biens composant une unité de production dont le juge-commissaire a ordonné la cession globale : ▪ Cass. com., 15 oct. 2002, deux arrêts : *D.* 2002, act. jurispr. p. 3012, obs. A. Lienhard. V. aussi, ▪ Cass. 3e civ., 19 mai 2010, n° 09-14.167 : *Bull. civ.* 2010, III, n° 102 : « Il résulte des articles L. 143-4, 7° du Code rural, 165-IV de la loi du 26 juillet 2005 et L. 642-5 du Code de commerce qu'une SAFER ne peut se prévaloir d'un droit de préemption sur les biens compris dans le plan de cession totale ou partielle d'une entreprise ordonnée par le tribunal, que celle-ci soit en redressement ou en liquidation judiciaire ».

2) **Acquisition par des cohéritiers.** Les proches du propriétaire-vendeur, qui acquièrent le bien par l'effet d'une clause de substitution stipulée dans le cahier des charges d'une licitation amiable, évincent la SAFER et son droit de préemption : ▪ Cass. 3e civ., 1er févr. 2012, n° 11-11.972 : *RD rur.* 2012, comm. 27, obs. S. Crevel.

3) **Nature du terrain.** Une parcelle de nature mixte vendue isolément n'est susceptible d'être préemptée par la Safer que si les surfaces à destination agricole sont prépondérantes : ▪ Cass. 3e civ., 5 juin 2013, n° 12-18.313 : *JCP* N 2013, 1258, note J.-J. Barbièri.

4) **Cession consentie.** L'expression « cession consentie » employée par l'article L. 143-4, 3° ne peut viser les cessions intervenues à l'occasion d'une vente aux enchères (▪ Cass. 3e civ., 10 juin 2009, n° 08-13.166 : *RD rur.* 2009, comm. 129, note J.-J. Barbièri ; *AJDI* 2009, p. 884, obs. S. Prigent ; *JCP* N 2011, n° 17, 1148, obs. F. Roussel) ou d'une vente sur adjudication (▪ Cass. 3e civ., 2 juill. 2014, n° 13-17.768 : *RD rur.* 2014, comm. 219, note H. Bosse-Platière).

Art. L. 143-5. – **Sauf s'il s'agit d'un apport en société ou d'un échange non réalisé en application de l'article L. 124-1, toute condition d'aliénation sous réserve de non-préemption d'une société d'aménagement foncier et d'établissement rural est réputée non écrite.**

***(Al. créé à compter du 20 juin 2017, L. n° 2017-348, 20 mars 2017)* S'il s'agit d'un apport en société et que la condition suspensive est satisfaite, l'apporteur doit s'engager à conserver la totalité de ses droits sociaux reçus en contrepartie pendant au moins cinq ans à compter de la date de l'apport. Cet engagement doit être joint à la notification préalable de l'opération d'apport. En cas de méconnaissance de l'engagement ainsi souscrit et sauf accord exprès de sa part, la société d'aménagement foncier et d'établissement rural peut, dans un délai de six mois à compter du jour où elle en a eu connaissance, demander l'annulation de l'apport au président du tribunal de grande instance.**

Art. L. 143-6. – Le droit de préemption de la société d'aménagement foncier et d'établissement rural ne peut primer les droits de préemption établis par les textes en vigueur au profit de l'État, des collectivités publiques, des établissements publics et des cohéritiers bénéficiaires de l'attribution préférentielle prévue à l'article *(Réf. rempl., L. n° 2006-728, 23 juin 2006)* « 832-1 » du Code civil.

Ce droit de préemption ne peut s'exercer contre le preneur en place, son conjoint ou son descendant régulièrement subrogé dans les conditions prévues à l'article L. 412-5 que si ce preneur exploite le bien concerné depuis moins de trois ans. Pour l'application du présent alinéa, la condition de durée d'exploitation exigée du preneur peut avoir été remplie par son conjoint ou par un ascendant de lui-même ou de son conjoint.

1) Lorsque les droits de préemption de la SAFER et d'un locataire s'affrontent pour l'acquisition d'un même domaine non indivisible, priorité doit être donnée au preneur pour la partie qu'il prend à bail : ▪ Cass. 3ᵉ civ., 7 déc. 2011, n° 10-24.000 : *RD rur.* 2012, comm. 13, obs. S. Crevel.

2) Le preneur, serait-il en place depuis plus de trois ans, ne peut faire obstacle à l'exercice par la SAFER de son droit de préemption que s'il en est lui-même titulaire : ▪ Cass. 3ᵉ civ., 13 juill. 2011, n° 10-19.734 : *RD rur.* 2011, comm. 115, obs. S. Crevel.

Art. L. 143-7 *(Mod., L. n° 95-95, 1er févr. 1995 ; L. n° 2014-1170, 13 oct. 2014).* – I. – En vue de la définition des conditions d'exercice du droit de préemption mentionné à l'article L. 143-1, la société d'aménagement foncier et d'établissement rural saisit l'autorité administrative compétente de l'État d'une demande indiquant les zones dans lesquelles elle estime nécessaire de pouvoir exercer ce droit et, le cas échéant, la superficie minimale des terrains auxquels il devrait s'appliquer. Cette autorité recueille l'avis des commissions départementales d'orientation de l'agriculture et des chambres d'agriculture compétentes dans la zone considérée et consulte le public dans des conditions permettant de recueillir ses observations. Au vu de ces avis et de la synthèse des résultats de la consultation du public, les conditions d'exercice du droit de préemption sont fixées par décret pour chaque société d'aménagement foncier et d'établissement rural.

II. – À l'occasion du renouvellement du programme pluriannuel d'activité de la société d'aménagement foncier et d'établissement rural, sur demande motivée des commissaires du Gouvernement ou de la société, il peut être procédé au réexamen des conditions d'exercice du droit de préemption, selon les modalités prévues au I.

III. – L'illégalité, pour vice de forme ou de procédure, du décret fixant ou modifiant les conditions d'exercice du droit de préemption d'une société d'aménagement foncier et d'établissement rural ne peut être invoquée par voie d'exception après l'expiration d'un délai de six mois à compter de sa publication. L'annulation, pour vice de forme ou de procédure, du décret fixant ou modifiant les conditions d'exercice du droit de préemption d'une société d'aménagement foncier et d'établissement rural ne permet pas de remettre en cause les décisions de préemption devenues définitives.

Voir : C. rur., art. R. 143-1 et s., p. 2452.

Art. L. 143-7-1 *(L. n° 2005-157, 23 févr. 2005).* – À l'intérieur des périmètres délimités en application de l'article *(Réf. rempl., Ord. n° 2015-1174, 23 sept. 2015)* « L. 113-16 du Code de l'urbanisme », la société d'aménagement foncier et d'établissement rural informe le président du conseil général de toutes les déclarations d'intention d'aliéner.

Lorsque le département décide d'utiliser le droit de préemption prévu *(Réf. rempl., Ord. n° 2015-1174, 23 sept. 2015)* « au 2° de l'article L. 113-25 du Code de l'urbanisme » à l'intérieur des périmètres mentionnés au premier alinéa, ce droit est applicable à tout terrain, bâti ou non bâti, ou ensemble de droits sociaux donnant vocation à l'attribution en propriété ou en jouissance de terrains, qui font l'objet d'une aliénation à titre onéreux, sous quelque forme que ce soit et qui ne sont pas soumis au droit de préemption prévu par l'article *(Réf. rempl., Ord. n° 2015-1174, 23 sept. 2015)* « L. 215-4 du Code de l'urbanisme ». Les 2° et 5° de l'article L. 143-4 et l'article L. 143-7 du présent code ne sont alors pas applicables.

Le droit de préemption prévu par le 9° de l'article L. 143-2 peut être exercé pour *(Mots rempl., L. n° 2014-1170, 13 oct. 2014)* « acquérir la » fraction d'une unité foncière comprise dans les périmètres mentionnés au premier alinéa. Dans ce cas, le propriétaire peut exiger que le titulaire du droit de préemption se porte acquéreur de l'ensemble de l'unité foncière. Le prix d'acquisition fixé par la juridiction compétente en matière d'expropriation tient compte de l'éventuelle dépréciation subie, du fait de la préemption partielle, par la fraction restante de l'unité foncière.

Les modalités de financement des opérations conduites par la société d'aménagement foncier et d'établissement rural pour le compte du conseil général en application du 9° de l'article L. 143-2 sont fixées par une convention passée entre le conseil général et ladite société.

(Al. aj., L. n° 2014-1170, 13 oct. 2014) Lorsque la société d'aménagement foncier et d'établissement rural exerce, à la demande et au nom du département, le droit de préemption prévu au 9° de l'article L. 143-2, elle peut faire usage de la procédure de révision du prix de vente prévue à l'article L. 143-10.

Art. L. 143-7-2 *(L. n° 2006-11, 5 janv. 2006).* – La société d'aménagement foncier et d'établissement rural informe les maires de toutes les déclarations d'intention d'aliéner portant sur des biens situés sur le territoire de leur commune.

(Al. aj., L. n° 2014-1170, 13 oct. 2014) Préalablement à toute rétrocession, elle les informe également de son intention de mettre en vente tout bien situé sur le territoire de leur commune.

Section II. – Conditions d'exercice

Sous-section 1. – Conditions générales

Art. L. 143-8. – Le droit de préemption des sociétés d'aménagement foncier et d'établissement rural s'exerce dans les conditions prévues par les articles L. 412-8 à L. 412-11 et le *(Mot rempl., L. n° 2015-990, 6 août 2015)* « troisième » alinéa de l'article L. 412-12.

Toutefois, la fonction impartie par les dispositions susmentionnées au tribunal paritaire des baux ruraux est exercée par le tribunal compétent de l'ordre judiciaire.

La vente à la société d'aménagement foncier et d'établissement rural ne peut être réalisée qu'après accomplissement des procédures destinées à mettre les titulaires des droits de préemption prioritaires en mesure de les exercer.

Art. L. 143-9. – Les dérogations apportées aux règles du secret professionnel en matière fiscale au profit des sociétés d'aménagement foncier et d'établissement rural sont régies par l'article L. 164 du Code général des impôts, livre des procédures fiscales, ci-après reproduit :

Livre des procédures fiscales

Art. L. 164. – Pendant une durée de cinq ans à compter de l'apport en société de biens pouvant faire l'objet du droit de préemption dont elles bénéficient en cas d'aliénation à titre onéreux de biens immobiliers à utilisation agricole et de biens mobiliers qui leur sont attachés ou de terrains à vocation agricole, les sociétés d'aménagement foncier et d'établissement rural (SAFER) reçoivent de l'administration des impôts, sur demande motivée, communication de la répartition entre les associés du capital de la société bénéficiaire, en vue de permettre, le cas échéant, à ces organismes de faire prononcer l'annulation de ces apports.

Voir : C. rur., art. R. 143-4 et s., p. 2453.

Sous-section 2. – Fixation du prix

Art. L. 143-10 *(Mod., L. n° 2010-874, 27 juill. 2010).* – Lorsque la société d'aménagement foncier et d'établissement rural déclare vouloir faire usage de son droit de préemption et qu'elle estime que le prix et les conditions d'aliénation sont exagérés, notamment en fonction des prix pratiqués dans la région pour des immeubles de même ordre, elle adresse au notaire du vendeur, après accord des commissaires du Gouvernement, une offre d'achat établie à ses propres conditions.

Si le vendeur n'accepte pas l'offre de la société d'aménagement foncier et d'établissement rural, il peut soit retirer le bien de la vente, soit demander la révision du prix proposé par la société d'aménagement foncier et d'établissement rural au tribunal compétent de l'ordre judiciaire qui se prononce dans les conditions prescrites par l'article L. 412-7.

Si, dans un délai de six mois à compter de la notification de cette offre, le vendeur n'a ni fait savoir qu'il l'acceptait, ni retiré le bien de la vente, ni saisi le tribunal, il est réputé avoir accepté l'offre de la société

d'aménagement foncier et d'établissement rural qui acquiert le bien au prix qu'elle avait proposé. Toutefois, en cas de décès du vendeur avant l'expiration dudit délai, cette présomption n'est pas opposable à ses ayants droit auxquels la société d'aménagement foncier et d'établissement rural doit réitérer son offre.

Lorsque le tribunal, saisi par le vendeur, a fixé le prix, l'une ou l'autre des parties a la faculté de renoncer à l'opération. Toutefois, si le vendeur le demande dans un délai de trois ans à compter d'un jugement devenu définitif, la société d'aménagement foncier et d'établissement rural ne peut refuser l'acquisition du bien au prix fixé par le tribunal, éventuellement révisé si la vente intervient au cours des deux dernières années.

1) Évaluation du prix par le juge. Le juge doit évaluer le prix du bien vendu, en cas de contestation du préempteur (SAFER ou preneur), à la date la plus proche du transfert de propriété envisagé : ▪ Cass. 3e civ., 9 nov. 2011 : *RD rur.* 2011, comm. 137, obs. S. Crevel.

2) Vente autorisée par le juge-commissaire. L'exercice du droit de préemption par la SAFER ne peut avoir pour effet de modifier les conditions de la vente autorisée par le juge-commissaire : ▪ Cass. 3e civ., 19 sept. 2012, n° 10-21.858 : *RD rur.* 2012, comm. 74, note S. Crevel.

Voir : C. rur., art. R. 143-12 et s., p. 2455.

Sous-section 3. – Dispositions applicables en cas d'adjudication

Art. L. 143-11. – Les sociétés d'aménagement foncier et d'établissement rural disposent, en vue de se substituer à l'adjudicataire, d'un délai d'un mois à compter de l'adjudication. Ce délai est éventuellement augmenté en cas d'adjudication volontaire, afin que les sociétés d'aménagement foncier et d'établissement rural disposent d'un délai supplémentaire de cinq jours à compter de la date d'expiration du délai de surenchère fixé par le cahier des charges.

En cas de surenchère, le délai d'un mois dont dispose la SAFER pour notifier l'exercice de son droit de préemption court à compter de l'adjudication initiale et non du jour où la contestation sur la surenchère a été définitivement tranchée. Tel est le principal enseignement d'un arrêt qui apporte ainsi une précision importante quant au régime juridique du droit de préemption de la SAFER : ▪ Cass. 3e civ., 5 juin 2013, n° 11-26.088 : *RD rur.* 2013, comm. 197, obs. H. Bosse-Platière.

Art. L. 143-12 *(Mod., L. n° 2012-387, 22 mars 2012)*. **– Les dispositions de l'article L. 143-10 ne sont pas applicables en cas de vente publique. Toutefois,** *(Mots rempl., L. n° 2014-1170, 13 oct. 2014)* **« le décret prévu à » l'article L. 143-7 peut comporter des dispositions ayant pour objet, dans certaines zones ou pour certaines catégories de biens, d'obliger les propriétaires de biens pouvant faire l'objet de préemption par la société d'aménagement foncier et d'établissement rural, désireux de les vendre par adjudication volontaire, à les offrir à l'amiable à ladite société deux mois au moins avant la date prévue pour la vente, à condition que la procédure d'adjudication n'ait pas été autorisée ou ordonnée par un juge. En cas d'application de ces dispositions, le silence de la société d'aménagement foncier et d'établissement rural dans les deux mois de la réception de l'offre amiable vaut, en toute hypothèse, refus d'acceptation de l'offre. Si le prix a été fixé dans les conditions prévues à l'article L. 143-10, le vendeur a la faculté de retirer le bien de la vente ; il ne peut alors procéder à l'adjudication amiable avant trois ans. S'il persiste dans son intention de vente, la société d'aménagement foncier et d'établissement rural ne peut, pendant ce délai, refuser l'acquisition au prix fixé par le tribunal, éventuellement révisé si la vente intervient au cours des deux dernières années.**

Voir : C. rur., art. R. 143-13 et s., p. 2456.

Sous-section 4. – Contentieux

Art. L. 143-13. – À moins que ne soit mis en cause le respect des objectifs définis à l'article L. 143-2, sont irrecevables les actions en justice contestant les décisions de préemption prises par les sociétés d'aménagement foncier et d'établissement rural, intentées au-delà d'un délai de six mois à compter du jour où ces décisions motivées ont été rendues publiques.

Art. L. 143-14. – Sont également irrecevables les actions en justice contestant les décisions de rétrocession prises par les sociétés d'aménagement foncier et d'établissement rural ainsi que les décisions de préemption s'il s'agit de la mise en cause du respect des objectifs définis à l'article

L. 143-2 intentées au-delà d'un délai de six mois à compter du jour où les décisions motivées de rétrocession ont été rendues publiques.

Un tiers à la procédure n'a pas qualité pour agir en annulation d'une décision de préemption prise par une SAFER : ▪ Cass. 3e civ., 20 mai 2014, n° 13-15.679 : *RD rur.* 2014, comm. 220, note H. Bosse-Platière.

Voir : C. rur., art. R. 143-20 et s., p. 2458.

Section III. – Dispositions diverses

Art. L. 143-15. – Les conditions d'application des articles L. 143-1 à L. 143-14, et notamment les conditions de publicité permettant aux intéressés d'être avertis de l'existence du droit de préemption et informés des décisions motivées prises par la société d'aménagement foncier et d'établissement rural, sont fixées par décret en Conseil d'État.

Art. L. 143-15-1 *(Créé à compter du 20 juin 2017, L. n° 2017-348, 20 mars 2017).* – I. - Lorsqu'ils sont acquis par une personne morale de droit privé ou font l'objet d'un apport à une telle personne, les biens ou droits mentionnés à l'article L. 143-1 sur lesquels les sociétés d'aménagement foncier et d'établissement rural peuvent exercer leur droit de préemption sont rétrocédés par voie d'apport au sein d'une société dont l'objet principal est la propriété agricole. Cette obligation s'applique uniquement lorsque, à la suite de l'acquisition ou de l'apport, la surface totale détenue en propriété par cette personne morale de droit privé et par les sociétés au sein desquelles les biens ou droits sont apportés excède le seuil fixé par le schéma directeur régional des exploitations agricoles mentionné à l'article L. 312-1.

[Dispositions déclarées non conformes à la Constitution par la décision n° 2017-748 DC du 16 mars 2017 : JO 21 mars 2017.]

Le même premier alinéa ne s'applique pas aux acquisitions effectuées par un groupement foncier agricole, un groupement foncier rural, une société d'aménagement foncier et d'établissement rural, un groupement agricole d'exploitation en commun, une exploitation agricole à responsabilité limitée ou une association dont l'objet principal est la propriété agricole. Il en est de même des apports effectués à ces sociétés, groupements et associations. Il ne s'applique pas non plus aux acquisitions, par des sociétés, de terres agricoles sur lesquelles ces sociétés sont titulaires d'un bail conclu avant le 1er janvier 2016.

II. - Lorsqu'une des opérations mentionnées au I est réalisée en violation du même I, la société d'aménagement foncier et d'établissement rural peut, dans un délai de six mois à compter de la publication de l'acte de cession ou, à défaut, dans un délai de six mois à compter du jour où la date de la cession lui est connue, demander au tribunal de grande instance soit d'annuler la cession, soit de la déclarer acquéreur en lieu et place de la société.

Section IV. – Droit de préemption en cas de donations entre vifs

Art. L. 143-16 *(L. n° 2015-990, 6 août 2015).* – Sont également soumis au droit de préemption des sociétés d'aménagement foncier et d'établissement rural les biens, droits réels et droits sociaux mentionnés aux premier, *(Mots rempl., L. n° 2019-469, 20 mai 2019)* « septième et huitième » alinéas de l'article L. 143-1, lorsqu'ils font l'objet d'une cession entre vifs à titre gratuit, sauf si celle-ci est effectuée :

1° Entre ascendants et descendants ;

2° Entre collatéraux jusqu'au sixième degré ;

3° Entre époux ou partenaires de pacte civil de solidarité ;

4° Entre une personne et les descendants de son conjoint ou de son partenaire de pacte civil de solidarité, ou entre ces descendants.

À l'exception de la sous-section 3 de la section II, le présent chapitre est applicable aux donations mentionnées au premier alinéa.

Toutefois, par dérogation au premier alinéa de l'article L. 412-8, le notaire chargé d'instrumenter ne mentionne pas le prix. La décision du titulaire du droit de préemption d'acquérir le bien indique l'estimation de celui-ci par les services fiscaux.

Le droit de préemption des sociétés d'aménagement foncier et d'établissement rural prévu au présent article ne peut être mis en œuvre que pour des motifs qui se rattachent principalement à leur mission de favoriser l'installation, le maintien et la consolidation d'exploitations agricoles ou forestières afin que celles-ci atteignent une dimension économique viable au regard des critères du schéma directeur régional des exploitations agricoles, ainsi que l'amélioration de la répartition parcellaire des exploitations.

Voir : C. rur., art. R. 143-1 et s., p. 2452.

....

Partie réglementaire

TITRE IV. – LES SOCIÉTÉS D'AMENAGEMENT FONCIER ET D'ÉTABLISSEMENT RURAL

Bibliographie : A. Jallais, *JCl. Sociétés traité*, Fasc. 181-10.

CHAPITRE I. – MISSIONS ET FONCTIONNEMENT

Section I. – Missions

Sous-section 1. – Dispositions générales

Art. R. 141-1 ***(Rempl., D. n° 2000-671, 10 juill. 2000 ; D. n° 2001-318, 11 avr. 2001).*** **– I. – En application des articles L. 141-1 à L. 141-5, les sociétés d'aménagement foncier et d'établissement rural peuvent notamment :**

1° *(Rempl., D. n° 2015-954, 31 juill. 2015)* Procéder à l'attribution, par cession ou par substitution, des biens mentionnés au 1° du II de l'article L. 141-1, au bénéfice :

– soit de propriétaires ou d'exploitants dont les propriétés ou les exploitations sont mal adaptées à une mise en valeur rationnelle ou n'atteignent pas une dimension économique viable au regard des critères du schéma directeur régional des exploitations agricoles ;

– soit d'agriculteurs que cette opération permet d'installer ou de maintenir ;

– soit de personnes qui s'engagent à louer les biens dans les conditions déterminées à l'article R. 142-2 ;

– soit de personnes physiques ou morales qui concourent à la diversité des paysages, à la protection des ressources naturelles et au maintien de la diversité biologique ;

– soit de personnes dont elles établissent que leur projet satisfait à l'un des objectifs de l'article L. 111-2, ou facilite la réorientation des terres, bâtiments ou exploitations vers des usages non agricoles en vue de favoriser le développement rural ainsi que la protection de la nature et de l'environnement au sens de l'article L. 141-3 ;

2° Réaliser, sur des immeubles leur appartenant, des études et des travaux, en vue de faciliter la mise en valeur agricole, ainsi que de favoriser la protection de la nature et de l'environnement et le développement rural ;

3° Réaliser, sur des immeubles appartenant à des tiers, des études liées à l'aménagement foncier ou à la mise en valeur du sol et être associées à la réalisation des travaux correspondants ;

4° Effectuer ou provoquer des échanges dans les conditions fixées aux articles L. 124-1 à *(Réf. rempl., D. n° 2015-954, 31 juill. 2015)* « L. 124-12 » ;

5° Participer à la mise en valeur des terres incultes ou manifestement sous-exploitées, dans les conditions et limites fixées aux articles L. 125-1 à L. 125-15 ;

6° *(Rempl., D. n° 2015-954, 31 juill. 2015)* Exploiter les informations qu'elles détiennent en vue d'assurer la transparence du marché foncier rural et mettre les résultats obtenus à la disposition du public ;

7° Se livrer ou prêter leur concours à des opérations d'entremise relatives au louage régi par le livre IV au bénéfice d'exploitants au titre d'une installation, d'un maintien, d'un agrandissement ou d'un remaniement parcellaire de leur exploitation. Le mandat écrit donné par le propriétaire ou le candidat à l'exploitation comporte les indications mentionnées au II ci-dessous.

II. – Pour l'exercice de la mission mentionnée au 7° ci-dessus, les sociétés d'aménagement foncier et d'établissement rural doivent justifier annuellement auprès des commissaires du Gouvernement d'une garantie financière d'un montant minimal de 30 000 € résultant d'une caution écrite fournie par un établissement de crédit *(Mots aj., D. n° 2014-1315, 3 nov. 2014)* « ou une société de financement » habilité

à donner cette caution ou une entreprise d'assurance agréée à cet effet, ainsi que d'une assurance couvrant les risques pécuniaires de leur responsabilité civile professionnelle.

La garantie financière fournie en application du *(Réf. rempl., D. n° 2015-954, 31 juill. 2015)* « cinquième alinéa du III » de l'article L. 141-1 s'applique à toute créance ayant pour origine un versement ou une remise effectué à l'occasion de la mission mentionnée au 7° ci-dessus. Elle intervient sur les seules justifications présentées par le créancier à l'organisme garant, établissant que la créance est certaine et exigible et que la société d'aménagement foncier et d'établissement rural garantie est défaillante, sans que le garant puisse opposer au créancier le bénéfice de division et de discussion.

La défaillance de la société d'aménagement foncier et d'établissement rural garantie peut résulter soit d'un dépôt de bilan, soit d'une sommation de payer par exploit d'huissier ou lettre recommandée avec demande d'avis de réception, suivie du refus ou demeurée sans effet pendant un mois.

Le paiement est effectué par le garant dans un délai de trois mois à compter de la présentation de la demande écrite, accompagnée des justificatifs. Si plusieurs demandes sont reçues pendant ce délai, une répartition a lieu au marc le franc dans le cas où le montant total des demandes excéderait le montant de la garantie.

Le garant dont la garantie a été mise en jeu est subrogé de plein droit dans les droits du créancier désintéressé, dans la limite du remboursement ou de la restitution faite par lui.

La société d'aménagement foncier et d'établissement rural doit, préalablement à la recherche d'un preneur ou d'une exploitation à louer, détenir un mandat écrit précisant son objet, sa durée, les modalités de la reddition des comptes, les conditions de détermination de la rémunération, ainsi que l'indication de la ou des parties, qui en auront la charge.

Le montant de la rémunération due à la société d'aménagement foncier et d'établissement rural ainsi que l'indication de la ou des parties qui en ont la charge sont portés dans le bail. Il en est de même, le cas échéant, des honoraires de rédaction d'actes ou autres frais liés à l'exécution du mandat. Aucune rémunération, aucun frais, ne peut être exigé ou accepté avant la signature du bail par les parties.

Art. R. 141-2 *(D. n° 2015-954, 31 juill. 2015)*. – I. – Dans le cadre du concours technique prévu à l'article L. 141-5, les sociétés d'aménagement foncier et d'établissement rural peuvent être chargées par l'État, les collectivités territoriales ou les établissements publics qui leur sont rattachés et pour leur compte notamment des missions suivantes :

1° L'assistance à la mise en œuvre des droits de préemption *(Mots aj., D. n° 2015-954, 31 juill. 2015)* « et de préférence » dont ces personnes morales sont titulaires ;

2° La négociation de transactions immobilières portant sur les immeubles mentionnés à l'article L. 141-1 ;

3° La gestion du patrimoine foncier agricole de ces personnes morales ;

4° La recherche et la communication d'informations relatives au marché foncier ;

5° L'aide à la mise en œuvre et au suivi des politiques foncières en zone rurale.

II. – Les missions de concours technique mentionnées aux 2° et 3° ci-dessus font l'objet d'un mandat spécial écrit de l'État, la collectivité territoriale ou de l'établissement public précisant notamment les conditions dans lesquelles la société d'aménagement foncier et d'établissement rural est autorisée à recevoir, verser ou remettre des sommes d'argent, biens, effets ou valeurs, les modalités de reddition de compte ainsi que le montant de sa rémunération.

Les sociétés d'aménagement foncier et d'établissement rural qui entendent se livrer aux opérations visées à l'alinéa précédent doivent justifier auprès du mandant d'une garantie financière forfaitaire d'un montant de 30 000 € résultant d'un engagement de caution fourni par un établissement de crédit *(Mots aj., D. n° 2014-1316, 3 nov. 2014)* « , une société de financement » ou une entreprise d'assurance habilitée à cette fin. Si elles sont autorisées par le mandant à l'occasion des opérations susmentionnées à détenir des fonds, le montant du cautionnement devra être relevé à concurrence de l'importance des fonds dont la détention est envisagée.

En outre elles doivent justifier d'une assurance contre les conséquences pécuniaires de leur responsabilité civile professionnelle.

Le mandat est transmis par la société aux commissaires du Gouvernement par lettre recommandée avec demande d'avis de réception. Il est accompagné des justifications du cautionnement et de l'attestation d'assurance. À l'expiration du délai de deux mois suivant la réception de cette communication, les décisions du commissaire du Gouvernement sont réputées favorables.

Le refus doit être motivé.

Les opérations confiées par le mandat ne peuvent être entreprises avant l'approbation expresse ou tacite de celui-ci par les commissaires du Gouvernement.

III. – Pour les missions de concours technique autres que celles visées aux 2° et 3° du I, la société d'aménagement foncier et d'établissement rural adresse aux commissaires du Gouvernement les conventions conclues avec l'État, la collectivité territoriale ou l'établissement public.

Les commissaires du Gouvernement peuvent s'opposer par décision motivée à l'exécution de ces conventions, leur contrôle ne portant que sur l'objet et le montant de celles-ci.

Si dans le délai de quinze jours à compter de la date de réception de la convention, les commissaires du Gouvernement n'ont pas notifié leur décision à la société d'aménagement foncier et d'établissement rural, celles-ci sont réputées favorables.

Sous-section 2. – Conditions de transmission des informations nécessaires à l'exercice des missions

Art. R. 141-2-1 *(D. n° 2015-954, 31 juill. 2015).* – Pour l'application du I de l'article L. 141-1-1, le notaire chargé d'instrumenter ou, dans le cas d'une cession de parts ou actions de société sans intervention d'un notaire, le cédant fait connaître, à la société d'aménagement foncier et d'établissement rural territorialement compétente, deux mois avant la date envisagée pour la cession, la nature et la consistance du bien ou du droit mobilier ou immobilier cédé, l'existence de l'un des obstacles à la préemption prévus aux articles L. 143-4 et L. 143-6, le prix ou la valeur et les conditions demandées ainsi que les modalités de l'aliénation projetée. Il indique la désignation cadastrale des parcelles cédées ou de celles dont la société dont les parts sont cédées est propriétaire ou qu'elle exploite, leur localisation, le cas échéant, la mention de leur classification dans un document d'urbanisme ou l'existence d'un mode de production biologique. Le notaire, ou le cédant, fait également connaître à la société les nom, prénoms, date de naissance, domicile et profession des parties à l'acte de cession. Cette obligation n'est pas applicable aux cessions d'actions mentionnées au 3° du II de l'article L. 141-1 lorsque la société dont les titres sont cédés est admise aux négociations sur un marché réglementé ou sur un système multilatéral de négociation.

En cas de cession de la totalité des parts ou actions de la société, le notaire, ou le cédant, transmet également à la société d'aménagement foncier et d'établissement rural concernée ses statuts à jour, le bilan et le compte de résultats de ses trois derniers exercices, l'avant contrat de cession, les contrats en cours, les conventions de garantie d'actif et de passif et, s'il y a lieu et s'ils existent, tout engagement faisant peser sur la société dont les parts ou actions sont cédées une incidence financière ainsi que tout élément relatif à sa situation contentieuse.

La société d'aménagement foncier et d'établissement rural peut, en outre, demander au notaire ou au cédant, dans le délai prévu au premier alinéa, des éléments d'information complémentaire nécessaires à l'appréciation des conditions de transmission des parts ou actions. Le délai de deux mois prévu pour l'exercice du droit de préemption est suspendu à compter de la réception de cette demande par le notaire ou le cédant. Il reprend à compter de la réception par la société des documents ou de l'indication par le notaire ou le cédant des raisons pour lesquelles il est dans l'impossibilité de les communiquer.

En cas de démembrement du droit de propriété, le notaire, ou le cédant, fait, en outre, connaître à la société la consistance et la valeur des droits démembrés, la durée de l'usufruit et son mode d'exploitation et les pouvoirs des titulaires des droits.

Art. R. 141-2-2 *(D. n° 2015-954, 31 juill. 2015).* – Lorsque la vente, l'échange, l'apport en société mentionnés à l'article R. 141-2-1 ou la cession de la totalité des parts ou actions de sociétés ayant pour objet principal l'exploitation ou la propriété agricole porte conjointement sur des terrains à vocation agricole et des droits à paiement, le notaire, ou le cédant, fait également connaître à la société d'aménagement foncier et d'établissement rural l'ensemble des éléments nécessaires à l'identification des droits à paiement cédés.

Art. R. 141-2-3 *(D. n° 2015-954, 31 juill. 2015).* – Le notaire transmet à la société d'aménagement foncier et d'établissement rural les informations mentionnées à la présente sous-section, par lettre recommandée avec demande d'avis de réception ou sous forme électronique dans les conditions prévues aux articles *(Réf. rempl., D. n° 2016-1278, 29 sept. 2016)* 1366 et 1367 du Code civil. Au cas où les aliénations prévues au I de l'article L. 141-1-1 interviennent sans le concours d'un notaire, le cédant est tenu de procéder, dans les mêmes conditions, aux transmissions d'informations prévues par la présente sous-section.

Art. R. 141-2-4 *(D. n° 2015-954, 31 juill. 2015).* – Toute personne chargée de dresser un acte de cession entre vifs conclue à titre onéreux ou gratuit portant sur des biens ou droits mobiliers ou immobiliers mentionnés au II de l'article L. 141-1 est tenue de rappeler aux parties les dispositions de la présente sous-section et d'indiquer dans l'acte que ces dispositions ont été observées.

Section II. – Fonctionnement

Sous-section 1. – Agrément et zone d'action

Art. R. 141-3 *(Mod., D. n° 96-373, 2 mai 1996 ; D. n° 2000-671, 10 juill. 2000).* – L'agrément des sociétés d'aménagement foncier et d'établissement rural prévu à l'article L. 141-6 est accordé par arrêté conjoint du ministre de l'Agriculture et du ministre chargé des finances, après consultation des chambres *(Mot aj., D. n° 2015-954, 31 juill. 2015)* « régionales » d'agriculture *(Mots suppr., D. n° 2015-954, 31 juill. 2015)* « ... » et avis des commissions départementales d'orientation de l'agriculture concernées.

(Suppr., D. n° 2015-954, 31 juill. 2015).

Art. R.* 141-4 *(Mod., D. n° 2000-671, 10 juill. 2000).* – Seules peuvent être agréées les sociétés dont les statuts prévoient ou qui s'engagent à prévoir dans leurs statuts, dans un délai de trois mois à compter de la publication de l'arrêté d'agrément :

1° Le caractère nominatif des actions ;

2° Les mesures de nature à assurer le respect des dispositions de l'article L. 141-7 relatif aux buts non lucratifs des sociétés ;

3° *(Rempl., D. n° 2015-954, 31 juill. 2015)* Les éléments mentionnés au II de l'article L. 141-6, notamment la présence au sein du conseil d'administration de la société de trois collèges, en recherchant une répartition équilibrée du nombre de membres entre ces collèges. Le collège mentionné au c du 1° du II de cet article comporte, notamment, un représentant de l'agence de services et de paiement et un représentant de la structure mentionnée au 2° du II de l'article L. 141-6.

(Al. mod., D. n° 2012-363, 14 mars 2012) La représentation des collectivités territoriales est assurée, le cas échéant, dans les mêmes conditions que celles prévues pour les sociétés d'économie mixte locales, par les articles L. 1524-5 et R. 1524-3 à R. 1524-5 du Code général des collectivités territoriales ;

4° *(Renum., D. n° 2017-1246, 7 août 2017)* L'approbation par le ministre de l'Agriculture du choix du président élu et de la nomination, le cas échéant, d'un directeur *(Mots aj., D. n° 2015-954, 31 juill. 2015)* « général ou de directeurs généraux délégués » ; cette approbation pouvant, en cas de faute ou de carence, être retirée par décision motivée de ce ministre ;

5° *(Renum., D. n° 2017-1246, 7 août 2017)* En cas de refus d'approbation ou de retrait de l'approbation donnée, l'élection d'un autre président ou la nomination d'un autre directeur *(Mots aj., D. n° 2015-954, 31 juill. 2015)* « général ou de directeurs généraux délégués » dans un délai déterminé par le ministre de l'Agriculture ;

6° *(Renum., D. n° 2017-1246, 7 août 2017)* La mise en place d'un comité technique consultatif dans chacun des départements *(Mots aj., D. n° 2015-954, 31 juill. 2015)* « et chacune des collectivités à statut particulier » figurant dans la zone d'action de la société d'aménagement foncier et d'établissement rural.

(D. n° 2010-687, 24 juin 2010) Dans la région d'Île-de-France, les compétences des comités techniques des départements de Paris et des Hauts-de-Seine, du département de la Seine-Saint-Denis et de celui du Val-de-Marne sont exercées respectivement par les comités techniques départementaux des Yvelines, du Val-d'Oise et de l'Essonne.

Art. R. 141-5 *(Rempl., D. n° 2000-671, 10 juill. 2000 ; mod., D. n° 2012-363, 14 mars 2012).* – Le comité technique est présidé par le président de la société d'aménagement foncier et d'établissement rural ou son représentant siégeant au conseil d'administration. Il comprend, en particulier :

1° *(Al. mod., D. n° 2017-1246, 7 août 2017)* Des actionnaires de la société d'aménagement foncier et d'établissement rural propres au département considéré ;

2° *(Al. mod., D. n° 2017-1246, 7 août 2017) (Rempl., D. n° 2015-954, 31 juill. 2015)* « Des représentants des organisations syndicales à vocation générale d'exploitants agricoles représentatives au niveau départemental, ou leurs suppléants » ;

3° *(Al. mod., D. n° 2017-1246, 7 août 2017)* Le représentant d'une association départementale des maires ;

4° *(Al. mod., D. n° 2017-1246, 7 août 2017)* Le directeur départemental des territoires ou le directeur départemental des territoires et de la mer ou son représentant ;

5° *(Al. mod., D. n° 2017-1246, 7 août 2017)* Le directeur départemental des finances publiques ou son représentant ;

6° *(Al. mod., D. n° 2017-1246, 7 août 2017)* Le directeur de la société d'aménagement foncier et d'établissement rural ou son représentant ;

7° *(Al. mod., D. n° 2017-1246, 7 août 2017)* un représentant d'associations de protection de l'environnement *(Mots aj., D. n° 2015-954, 31 juill. 2015)* « et un représentant de la fédération départementale des chasseurs » agréées au titre de l'article L. 141-1 du Code de l'environnement.

Il peut entendre toute personne dont il souhaite recueillir l'avis.

Il donne son avis sur les projets d'attribution par cession ou par substitution prévus au 1° et les projets de louage prévus au 7° de l'article R. 141-1 *(Mots aj., D. n° 2017-1246, 7 août 2017)* « du présent code » et *(Mots aj., D. n° 2015-954, 31 juill. 2015)* « , sur les baux mentionnés à l'article L. 142-4 et au troisième alinéa de l'article L. 142-6 ainsi que » et sur toute question qui lui est soumise par le président de la société d'aménagement foncier et d'établissement rural.

Un règlement intérieur fixant la composition et le fonctionnement des comités techniques départementaux est établi par la société d'aménagement foncier et d'établissement rural et agréé par son conseil d'administration. *(Phrase rempl., D. n° 2015-954, 31 juill. 2015)* Il est approuvé par les commissaires du Gouvernement. Leurs décisions sont réputées favorables à l'expiration d'un délai de trois mois à compter de la réception par eux de ce règlement.

(Al. aj., D. n° 2015-954, 31 juill. 2015) Les débats des comités techniques départementaux sont secrets. Les membres des comités techniques départementaux sont tenus au secret professionnel pour les faits, actes et renseignements dont ils ont pu avoir connaissance en raison de leurs fonctions.

Art. R. 141-6 *(D. n° 2000-671, 10 juill. 2000)*. – La zone d'action des sociétés d'aménagement foncier et d'établissement rural est définie par l'arrêté d'agrément de telle sorte que chaque société ait seule la responsabilité des opérations sur un même territoire.

La zone d'action d'une société peut être modifiée, si l'intérêt public le commande, par un arrêté interministériel concerté pris selon la procédure prévue à l'article R.* 141-3, soit à la demande de la société, soit d'office ; dans ce dernier cas, la société doit, avant cette modification, avoir été invitée à présenter ses observations.

L'arrêté modifiant la zone et, le cas échéant, les conventions conclues entre l'État et la société en cause, ou, sous réserve de l'approbation du ministre de l'Agriculture et du ministre chargé des finances, les conventions conclues directement entre les sociétés d'aménagement foncier et d'établissement rural intéressées précise les conséquences, notamment financières, de la définition nouvelle de la zone.

Dans le cas où les opérations qui n'incombent plus à la société en cause du fait de la modification de la zone d'action incombent désormais à une autre société, celle-ci est subrogée dans les droits et obligations de la société en cause afférents auxdites opérations ; elle peut bénéficier, en particulier, des avances et subventions qui leur ont été affectées. Dans le cas contraire, la société en cause peut être tenue d'achever, dans le délai de cinq ans, ces opérations ; la société doit rembourser les prêts dont elle a bénéficié en vue d'opérations non poursuivies.

Art. R. 141-7 *(Rempl., D. n° 2000-671, 10 juill. 2000)*. – Les sociétés d'aménagement foncier et d'établissement rural soumettent à l'approbation des ministres chargés de l'agriculture et des finances leur programme pluriannuel d'activité et leur communiquent un compte tendu annuel d'activité.

(Al. aj., D. n° 2015-954, 31 juill. 2015) Les documents sont adressés par chaque société à ses commissaires du Gouvernement qui les transmettent aux ministres, accompagnés de leur avis.

Art. D. 141-7-1 *(D. n° 2011-247, 4 mars 2011)*. – Après analyse des *(Mots rempl., D. n° 2015-1018, 18 août 2015)* « informations » dont elles sont destinataires, en application *(Mots rempl., D. n° 2015-1018, 18 août 2015)* « du I de l'article L. 141-1-1 », les sociétés d'aménagement foncier et d'établissement rural transmettent chaque année aux préfets une synthèse statistique à l'échelle départementale portant sur l'évolution des prix et l'ampleur des changements de destination des terres agricoles au titre de l'année écoulée. Ces données statistiques, et le cas échéant les cartographies susceptibles de les accompagner, sont établies d'une manière homogène et selon une méthodologie identique dans tous les départements.

Pour contribuer à la définition des indicateurs d'évolution mentionnés à l'article L. 112-1, la Fédération nationale des sociétés d'aménagement foncier et d'établissement rural réalise annuellement une synthèse nationale de ces données départementales, qu'elle transmet au ministre chargé de l'agriculture.

Une convention entre le ministre chargé de l'agriculture et la Fédération nationale des sociétés d'aménagement foncier et d'établissement rural précise les modalités techniques *(Mots rempl., D. n° 2015-1018, 18 août 2015)* « et statistiques » de ces transmissions.

Art. R. 141-8 *(Anc. art. R.* 141-8, dénum., D. n° 2005-368, 19 avr. 2005).* **– Toute société, qui ne se conforme pas à ses obligations, notamment qui ne met pas en œuvre le programme prévu à l'article R.* 141-7, peut se voir retirer l'agrément par arrêté interministériel concerté pris selon la procédure définie à l'article R.* 141-3 après avoir, au préalable, été mise en demeure de remplir ses obligations ou invitée à présenter ses observations.**

L'arrêté détermine les effets du retrait d'agrément.

Les dispositions des deux derniers alinéas de l'article R.* 141-6 sont applicables.

Sous-section 2. – Les commissaires du Gouvernement

Art. R. 141-9 *(Mod., D. n° 93-1009, 18 août 1993 ; anc. art. R.* 141-9, dénum., D. n° 2005-368, 19 avr. 2005).* **– Le ministre de l'Agriculture et le ministre chargé des finances nomment chacun pour siéger auprès d'une société un commissaire du Gouvernement et, le cas échéant,** *(Mots rempl., D. n° 2018-819, 27 sept. 2018)* **« un ou plusieurs commissaires adjoints ».**

Les commissaires du Gouvernement représentent le gouvernement auprès de la société. *(Phrase rempl., D. n° 2015-954, 31 juill. 2015)* **Ils exercent un contrôle sur le fonctionnement de la société et sur les conditions dans lesquelles elle exerce ses missions. Ils informent les ministres chargés de l'agriculture et des finances des résultats de ce contrôle. Ils peuvent diligenter des audits de ces sociétés. Ils assistent aux assemblées générales de toute nature et aux réunions du conseil d'administration ; ils y sont convoqués et en reçoivent les ordres du jour ; les procès-verbaux des assemblées générales et des délibérations du conseil d'administration et les décisions prises par délégation de celui-ci leur sont communiqués. Chacun des commissaires du Gouvernement peut, dans les huit jours de cette communication, demander une nouvelle délibération ou un nouvel examen de la décision prise. Les commissaires du Gouvernement se prononcent dans les conditions prévues aux articles R.* 141-10, R.* 141-11 et R.* 142-1 sur les différents projets de la société.**

La société soumet aux commissaires du Gouvernement les conventions qu'elle a conclues conformément aux dispositions du deuxième alinéa de l'article L. 141-2, *(Réf. rempl., D. n° 2006-821, 7 juill. 2006)* **« des articles L. 143-7-1 et R. 143-19 et des articles R. 123-30 à R. 123-38 ». Dans le délai de deux mois après la réception de cette communication, les décisions des commissaires du Gouvernement sont réputées favorables. Le refus doit être motivé. Ces dispositions ne sont pas applicables aux opérations mentionnées aux 1°, 4° et 5° du I de l'article R. 141-2 pour lesquelles les sociétés d'aménagement foncier et d'établissement rural peuvent apporter leur concours technique aux collectivités territoriales et aux établissements publics qui leur sont rattachés.**

Les commissaires du Gouvernement peuvent procéder à toutes investigations, se faire communiquer tous documents émanant de la société ou reçus par elle et faire toutes observations utiles à ses dirigeants.

Les oppositions ou refus d'approbation des commissaires du Gouvernement sont susceptibles d'être annulés ou réformés par décision du ministre de l'Agriculture et du ministre chargé des finances dans le délai de vingt jours suivant la réclamation de la société d'aménagement foncier et d'établissement rural, qui doit elle-même être introduite dans le délai de cinq jours à compter de la réception par la société des oppositions ou refus susmentionnés.

Si aucune décision n'est prise par les ministres dans le délai de vingt jours, la réclamation de la société d'aménagement foncier et d'établissement rural est réputée rejetée.

H. Bosse-Platière, *Les commissaires du gouvernement près des SAGER : ces hommes et femmes de l'ombre… : RD rur.* 2019, étude 10.

Art. R. 141-10 *(Anc. art. R.* 141-10, dénum., D. n° 2005-368, 19 avr. 2005).* **– La société tient informés les commissaires du Gouvernement des acquisitions auxquelles elle a procédé et des adjudications auxquelles elle veut prendre part.**

Les acquisitions d'un montant supérieur à celui fixé par un arrêté concerté du ministre de l'Agriculture et du ministre chargé des finances doivent être soumises à l'approbation préalable des commissaires du Gouvernement ; ceux-ci peuvent en outre à tout moment décider que certaines acquisitions, inférieures au montant déterminé par cet arrêté, doivent être également soumises à leur approbation.

Le refus d'approbation des commissaires du Gouvernement doit être motivé et intervenir au plus tard dans un délai d'un mois à compter du jour où l'acquisition projetée leur a été soumise, faute de quoi la société peut procéder à cette acquisition. Cependant, en cas d'offre d'achat par la société d'aménagement foncier et d'établissement rural à ses propres conditions conformément aux dispositions de l'article L. 143-10, l'accord de chacun des commissaires du Gouvernement doit être exprès. Lorsqu'il s'agit d'une adjudication, le délai maximal imparti aux commissaires du Gouvernement pour se prononcer est fixé à quinze jours.

Art. R.* 141-11 *(Rempl., D. n° 2000-671, 10 juill. 2000).* – Les projets d'attribution par cession ou par substitution ou de louage par entremise *(Mots aj., D. n° 2015-954, 31 juill. 2015)* « ou concernant des baux mentionnés à l'article L. 142-4 ou au troisième alinéa de l'article L. 142-6 » sont soumis, avec l'avis du comité technique départemental, aux commissaires du Gouvernement en vue de leur approbation. Leur refus d'approbation doit être motivé et intervenir, au plus tard, dans un délai d'un mois à compter de la date de réception du projet. Passé ce délai, le projet est considéré comme approuvé.

Sous-section 3. – Dispositions comptables et financières

Art. R.* 141-12 *(Mod., D. n° 2000-671, 10 juill. 2000).* – Les subventions liées aux sujétions résultant des missions de service public des sociétés d'aménagement foncier et d'établissement rural ou celles allouées au titre d'aides exceptionnelles sont réparties selon des modalités fixées par un arrêté conjoint du ministre de l'Agriculture et du ministre chargé des finances.

Art. R. 141-13 *(D. n° 2015-954, 31 juill. 2015).* – Le Fonds national de péréquation mentionné au 2° du II de l'article L. 141-6 est doté de statuts adoptés par l'assemblée générale de la structure qui le gère.

Ces statuts déterminent notamment :

1° Les conditions d'intervention du fonds, dans l'objectif de corriger ou compenser les handicaps structurels de certaines sociétés d'aménagement foncier et d'établissement rural en raison des caractéristiques du marché foncier sur son territoire, d'apporter un appui technique, et éventuellement financier, pour analyser, restructurer et développer une société qui en fait la demande et de mener, au niveau national, des actions d'investissement, de recherche, d'adaptation et d'innovation ;

2° Les conditions dans lesquelles sont prises les décisions accordant les concours du fonds ;

3° Les conditions dans lesquelles le fonds est alimenté par des contributions forfaitaires et des contributions proportionnelles à leur chiffre d'affaires acquittées par les sociétés adhérentes, notamment les conditions dans lesquelles est fixé leur montant.

Ces statuts sont approuvés par décision conjointe des ministres chargés de l'agriculture et des finances.

Chaque année, un rapport d'activité du fonds est adressé aux ministres chargés de l'agriculture et des finances.

Art. R. 141-14 *(D. n° 2015-954, 31 juill. 2015).* – La comptabilité analytique prévue à l'article L. 141-8-1 est établie selon une grille commune approuvée par décision conjointe des ministres chargés de l'agriculture et des finances.

CHAPITRE II. – OPÉRATIONS IMMOBILIÈRES

Section I. – Procédure d'attribution

(Intitulé rempl., D. n° 2000-671, 10 juill. 2000)

Art. R. 142-1 *(Rempl., D. n° 2000-671, 10 juill. 2000).* – Les biens sont attribués par les sociétés d'aménagement foncier et d'établissement rural aux candidats, personnes physiques ou morales, capables d'en assurer la gestion, la mise en valeur ou la préservation, compte tenu notamment de leur situation familiale, de leur capacité financière d'acquérir le bien et de le gérer, de l'existence de revenus non agricoles, de leurs compétences professionnelles et de leurs qualités personnelles, ainsi que de l'intérêt économique, social ou environnemental de l'opération. *(Al. aj., D. n° 2015-954, 31 juill. 2015)* La capacité financière du candidat est évaluée par la société d'aménagement foncier et d'établissement rural qui peut exiger de lui la production de tout document de nature à l'établir.

Les sociétés d'aménagement foncier et d'établissement rural peuvent céder ces biens à des personnes qui s'engagent à les louer, par bail rural ou par conventions visées à l'article L. 481-1, à des preneurs, personnes physiques ou morales, répondant aux critères de l'alinéa précédent et ayant reçu l'agrément de la société, à condition que l'opération permette, *(Mots rempl., D. n° 2015-954, 31 juill. 2015)* « l'installation ou réinstallation d'agriculteurs, le maintien de ceux-ci sur leur exploitation ou la consolidation d'exploitations afin que celles-ci atteignent une dimension économique viable au regard des critères du schéma directeur régional des exploitations agricoles. »

Pour l'application de chacun des alinéas ci-dessus, au cas où aucune personne répondant aux conditions requises ci-dessus ne se porte candidate, la société peut attribuer le bien à tout autre candidat.

La société d'aménagement foncier et d'établissement rural peut imposer aux candidats un cahier des charges comportant l'engagement du maintien pendant un délai minimal de dix ans de l'usage agricole ou forestier ou de la qualité environnementale des biens attribués, et soumettant, pendant ce même délai, toute opération de cession à titre onéreux en propriété ou en jouissance desdits biens à son accord préalable. *(Phrase aj., D. n° 2006-821, 7 juill. 2006)* « Ce délai minimal est porté à dix-huit ans si le bien attribué est situé dans un périmètre de protection et de mise en valeur des espaces agricoles et naturels périurbains délimité en application de l'article *(Réf. rempl., D. n° 2015-1783, 28 déc. 2015)* « L. 113-16 du Code de l'urbanisme. »

(Al. aj., D. n° 2015-954, 31 juill. 2015) Le cahier des charges peut prévoir que l'attributaire est tenu au respect d'engagements visant à la mise en œuvre de pratiques agricoles adaptées ou concourant à la protection de l'environnement ou à la mise en valeur des paysages. La durée de ces engagements est adaptée en fonction de l'enjeu à protéger et des stratégies définies par l'État, les collectivités territoriales ou leurs établissements publics ou approuvées par ces personnes publiques. Elle ne peut excéder trente ans.

Le cahier des charges est intégré dans la partie de l'acte de vente qui fait l'objet d'une publicité foncière.

Pour l'application du second alinéa du 1° du III de l'article L. 141-1 *(Mots aj., D. n° 2017-1246, 7 août 2017)* « du présent code », le prix fixé par le cahier des charges prend en considération, notamment, la valeur du bien réactualisée au jour du délaissement, augmentée des impenses utiles et nécessaires, et diminuée des dépréciations éventuelles. À défaut d'indication dans le cahier des charges, le prix est fixé par le juge de l'expropriation.

Art. D. 142-1-1 *(D. n° 2006-1824, 23 déc. 2006 ; D. n° 2015-1018, 18 août 2015)*. – Lorsqu'un ensemble constitué de terrains à vocation agricole et de droits à paiement de base fait l'objet d'une préemption dans les conditions définies au quatrième alinéa de l'article L. 143-1, la société d'aménagement foncier et d'établissement rural indique dans l'appel à candidatures prévu à l'article R. 142-3, que les terrains et les droits à paiement de base qui y sont attachés seront cédés conjointement.

À défaut de candidat pour la totalité des terrains et droits à paiement, la société d'aménagement foncier et d'établissement rural peut procéder à une cession par lots, la répartition des droits à paiement de base s'opérant alors proportionnellement à la valeur unitaire de chacun des lots rétrocédés.

Lorsque l'acquéreur désigné n'est pas lui-même exploitant, il s'engage à louer les terrains et les droits qui y sont attachés au même preneur, ayant reçu l'agrément de la société dans les conditions prévues au deuxième alinéa de l'article R. 142-1. En cas de pluralité de preneurs, les droits à paiement de base sont répartis dans les conditions prévues à l'alinéa précédent.

En l'absence de candidat à la rétrocession en propriété, la société d'aménagement foncier et d'établissement rural prend, au plus tard, à la date limite de dépôt de la demande unique prévue par l'article 12 du règlement (UE) n° 809/2014 de la Commission du 17 juillet 2014 suivant l'acquisition des biens, toutes dispositions en vue de consentir à un exploitant agricole un bail dans les conditions prévues à l'article L. 142-4. S'il y a plusieurs candidats à la location des biens, leur situation est examinée au regard des priorités du schéma mentionné à l'article L. 312-1.

Lorsque tout ou partie des terrains à vocation agricole objet de la préemption perd son usage agricole, les droits à paiement de base correspondant sont transférés à la réserve.

Art. R. 142-2 *(Rempl., D. n° 2000-671, 10 juill. 2000 ; mod., D. n° 2015-954, 31 juill. 2015 ; D. n° 2017-1246, 7 août 2017)*. – Lorsqu'une société d'aménagement foncier et d'établissement rural envisage d'affecter une exploitation acquise, créée ou restructurée à l'installation d'agriculteurs exploitant individuellement ou en commun, ceux-ci, pour bénéficier de cette installation, doivent justifier, outre les conditions prévues au premier alinéa de l'article R. 142-1, de leur appartenance à l'une des catégories suivantes :

1° Nouveaux agriculteurs, y compris ceux engagés dans une démarche d'installation progressive au sens de l'article L. 331-1 ;

2° Agriculteurs expropriés, dont le fonds a disparu ou est devenu inexploitable dans des conditions normales ;

3° Agriculteurs privés de la totalité de leur exploitation du fait de l'exercice du droit de reprise du propriétaire ;

4° Agriculteurs cédant librement des terres qu'ils exploitent, nécessaires à une restructuration foncière ou une installation réalisée avec le concours de la société d'aménagement foncier et d'établissement rural.

Pendant un délai de dix ans au moins, l'attributaire ou ses ayants cause doit recueillir l'accord de la société d'aménagement foncier et d'établissement rural approuvé par les commissaires du Gouvernement, pour toute cession conduisant au morcellement d'une exploitation attribuée en application du présent article ou pour tout changement de sa destination agricole ou forestière. Les commissaires du Gouvernement se prononcent dans les conditions fixées à l'article R. 141-11.

Art. R. 142-3 *(Rempl., D. n° 2000-671, 10 juill. 2000 ; mod., D. n° 2012-363, 14 mars 2012).* – Avant toute décision d'attribution, les sociétés d'aménagement foncier et d'établissement rural procèdent à la publication d'un appel de candidatures avec l'affichage à la mairie de la commune de la situation du bien, pendant un délai minimum de quinze jours, d'un avis comportant, notamment, la désignation sommaire du bien, sa superficie totale, le nom de la commune, celui du lieudit ou la référence cadastrale et la mention de sa classification dans un document d'urbanisme, s'il en existe. *(Phrase aj., D. n° 2015-954, 31 juill. 2015)* L'accomplissement de cette formalité est certifié par le maire qui adresse, à cette fin, un certificat d'affichage à la société d'aménagement foncier et d'établissement rural.

Cet avis indique le délai *(Mots aj., D. n° 2015-954, 31 juill. 2015)* « , qui ne peut excéder quinze jours après la fin de l'affichage, » dans lequel les candidatures doivent être présentées et précise que des compléments d'information peuvent être obtenus auprès du siège de la société d'aménagement foncier et d'établissement rural.

(Rempl., D. n° 2015-954, 31 juill. 2015) Pour les biens acquis à l'amiable d'un montant supérieur à celui prévu par l'article R. 141-10, pour tous les biens acquis par voie de préemption ainsi que pour les biens comprenant des terrains boisés de moins de 10 hectares appelés à être attribués dans les conditions prévues à l'article *(Réf. rempl., D. n° 2017-1246, 7 août 2017)* « L. 142-5-1 », un avis de même contenu que celui prévu au premier alinéa est publié dans un journal diffusé dans l'ensemble du département, ainsi que sur le site internet de la société d'aménagement foncier et d'établissement rural territorialement compétente. La date et l'heure de cette publication sont mentionnées dans l'avis. L'accomplissement de cette formalité de publicité est certifié par le directeur général de la société d'aménagement foncier et d'établissement rural.

Il n'y a pas obligation de procéder à un appel de candidatures quand la décision d'attribution intervient en vue de la réalisation de grands ouvrages publics dans le cadre des conventions mentionnées aux articles R. 123-30 à R. 123-38 ou résulte d'un échange multilatéral d'immeubles ruraux au sens de l'article L. 124-1. Il en va de même quand la décision d'attribution intervient en vue de la réalisation d'un projet d'intérêt général en faveur d'une collectivité territoriale ou d'un établissement public qui lui est rattaché, avec lesquels la société d'aménagement foncier et d'établissement rural a conclu, en application de l'article L. 141-5, une convention ayant reçu l'accord de ses commissaires du Gouvernement dans les conditions prévues au troisième alinéa de l'article R. 141-9.

Art. R. 142-4 *(Rempl., D. n° 2000-671, 10 juill. 2000).* – Lorsque la société d'aménagement foncier et d'établissement rural a attribué un bien acquis à l'amiable, elle est tenue de faire procéder, au plus tard dans le mois suivant la signature de l'acte authentique, à l'affichage, pendant un délai de quinze jours, à la mairie de la commune de la situation de ce bien, d'un avis comportant la désignation sommaire du bien avec notamment la superficie totale, le nom de la commune, celui du lieudit ou la référence cadastrale, le nom et la qualité du cessionnaire ainsi que les conditions financières de l'opération. *(Mots aj., D. n° 2018-77, 7 févr. 2018)* « Dans le délai d'un mois à compter du premier jour de cet affichage », la société d'aménagement foncier et d'établissement rural informe les candidats non retenus des motifs qui ont déterminé son choix.

L'affichage en mairie fait courir le délai de recours prévu à l'article L. 143-14. *(Phrase aj., D. n° 2015-954, 31 juill. 2015)* L'accomplissement de ces formalités est certifié par le maire qui adresse à cette fin un certificat d'affichage à la société d'aménagement foncier et d'établissement rural.

1) Lorsque la SAFER a attribué un bien acquis à l'amiable, elle est tenue de faire procéder à l'affichage, à la mairie de la commune de la situation de ses biens, d'un avis comportant diverses précisions et elle informe les candidats non retenus des motifs qui ont déterminé son choix : ▪ Cass. 3e civ., 18 févr. 2009, n° 08-10.575 : *JCP* N 2009, act. 233.

2) La motivation de la décision de rétrocession notifiée au candidat évincé doit permettre à celui-ci de vérifier la réalité des objectifs poursuivis au regard des exigences légales, la cour d'appel a violé les textes susvisés : ▪ Cass. 3e civ., 18 janv. 2018, n° 16-20.937 : *RD rur.* 2018, comm. 47, note S. Crevel. ▪ Cass. 3e civ., 13 déc. 2018, n° 17-18.019 : *RD rur.* 2019, comm. 38, note H. Bosse-Platière et F. Robbe.

Art. R. 142-5 *(Mod., D. n° 96-373, 2 mai 1996 ; rempl., D. n° 2000-671, 10 juill. 2000)*. **– Les sociétés d'aménagement foncier et d'établissement rural ne peuvent, pour l'application des articles L. 141-1 à L. 141-5, garder des immeubles plus de cinq ans sous réserve des dispositions de l'article L. 142-5.**

Les demandes de prolongation du délai de conservation des biens font, en application de l'article L. 142-5, l'objet d'une demande motivée de la société d'aménagement foncier et d'établissement rural adressée aux commissaires du Gouvernement.

La décision de prolongation est prise par les commissaires du Gouvernement, après avis de la chambre d'agriculture et de la commission départementale d'orientation de l'agriculture.

Art. R. 142-6 *(Anc. art. R.* 142-6, dénum., D. n° 2005-368, 19 avr. 2005)*. **– Les opérations immobilières réalisées par les sociétés d'aménagement foncier et d'établissement rural ne sont pas soumises aux dispositions du décret 86-455 du 14 mars 1986 portant suppression des commissions des opérations immobilières et de l'architecture et fixant les modalités de consultation du service des domaines.**

Section II. – Mise à dispositions d'immeubles

Art. R. 142-7 *(Anc. art. R.* 142-7, dénum., D. n° 2005-368, 19 avr. 2005)*. **– L'État, les collectivités et établissements publics peuvent, dans les conditions fixées aux articles R. 142-8 à R. 142-12, mettre à la disposition des sociétés d'aménagement foncier et d'établissement rural agréées les immeubles qui leur appartiennent, et notamment ceux qu'ils ont acquis à l'amiable ou par expropriation, en vue de la réalisation d'opérations d'aménagement foncier telles qu'elles sont définies à l'article L. 121-1.**

Art. R. 142-8 *(Anc. art. R.* 142-8, dénum., D. n° 2005-368, 19 avr. 2005)*. **– Les dispositions de la présente section ne sont pas applicables à ceux des bois et forêts *(Mots rempl., D. n° 2017-1246, 7 août 2017)* « du domaine de l'État » dont l'article *(Mots rempl., D. n° 2015-954, 31 juill. 2015)* L. 3211-5 du Code général de la propriété des personnes publiques prévoit que l'aliénation n'est possible qu'en vertu d'une loi.**

Les bois, forêts et terrains à boiser appartenant à des communes, sections de communes, départements et établissements publics et *(Mots rempl., D. n° 2017-1246, 7 août 2017)* « relevant du » au régime forestier ne peuvent être mis à la disposition des sociétés d'aménagement foncier et d'établissement rural que sous réserve de leur distraction préalable du régime forestier prononcée par le *(Mots rempl., D. n° 2017-1246, 7 août 2017)* « ministre chargé des forêts ».

Art. R. 142-9 *(Anc. art. R.* 142-9, dénum., D. n° 2005-368, 19 avr. 2005)*. **– Si la personne publique décide l'aliénation du bien, il y est procédé de gré à gré, dans les conditions fixées par la réglementation en vigueur.**

Si le bien qui doit être cédé a été acquis à la suite d'une expropriation poursuivie en vue de la réalisation d'une des opérations d'aménagement foncier définies à l'article L. 121-1 et si ces opérations ne sont pas achevées au moment de la cession, l'acte de cession doit comporter l'engagement par l'acquéreur de mener à bien les opérations dont il s'agit au lieu et place de l'expropriant.

Art. R. 142-10 *(Anc. art. R.* 142-10, dénum., D. n° 2005-368, 19 avr. 2005 ; rempl., D. n° 2017-1246, 7 août 2017)*. **– Les cessions à l'amiable aux sociétés d'aménagement foncier et d'établissement rural d'immeubles appartenant à l'État sont régies par l'article R. 3211-24 du Code général de la propriété des personnes publiques.**

Code général de la propriété des personnes physiques

Art. R. 3211-24. – Pour l'application des dispositions de l'article L. 142-7 du Code rural et de la pêche maritime, les immeubles appartenant à l'État peuvent, quelle que soit leur valeur, être cédés à l'amiable aux sociétés d'aménagement foncier et d'établissement rural, dans les conditions prévues au 1° de l'article R. 3211-7.

Lorsqu'il s'agit de fonds incultes, les cessions peuvent être consenties dans les mêmes formes au profit des organismes mentionnés à l'article L. 112-8 du Code rural et de la pêche maritime.

Art. R. 142-11 *(Anc. art. R.* 142-11, dénum., D. n° 2005-368, 19 avr. 2005 ; rempl., D. n° 2011-1612, 22 nov. 2011).* **– Si le cédant est une collectivité territoriale, un de ses établissements publics ou un groupement de collectivités territoriales, le prix de cession de l'immeuble ne doit pas être inférieur à la valeur réelle des biens établie par expertise du directeur départemental des finances publiques, lorsque celui-ci doit être consulté.**

Art. R. 142-12 *(Anc. art. R.* 142-12, dénum., D. n° 2005-368, 19 avr. 2005).* **– Si la personne publique propriétaire d'immeubles utilisables pour les opérations définies à l'article L. 121-1 décide de ne pas les aliéner, au moins momentanément, elle peut, par convention, charger la société d'aménagement foncier et d'établissement rural compétente d'en assurer l'aménagement ou la mise en valeur dans un délai qui ne peut excéder celui prévu aux articles L. 142-4 et L. 142-5.**

La convention intervenant entre la personne publique et ladite société est soumise à l'approbation du ou des commissaires du Gouvernement.

La convention conclue peut être un bail emphytéotique.

La convention, lorsqu'elle n'est pas un tel bail, doit obligatoirement comporter l'engagement de la personne publique de louer ou de céder l'immeuble, avec l'accord du ou des commissaires du Gouvernement, à un candidat ayant l'agrément de la société.

CHAPITRE III. – DROIT DE PRÉEMPTION

Section I. – Objet et champ d'application

Art. R. 143-1 *(D. n° 2015-954, 31 juill. 2015).* **– I. – L'autorité administrative compétente de l'État mentionnée au premier alinéa de l'article L. 143-7 est le préfet de la région dans laquelle la société a son siège. La demande de la société est publiée sur le site internet de la préfecture de région concernée pendant une durée d'un mois.**

Les avis mentionnés au premier alinéa de l'article L. 143-7 sont réputés rendus à l'expiration d'un délai de cinq semaines à compter de la réception de leur saisine.

« L'autorité administrative mentionnée au premier alinéa transmet au ministre chargé de l'agriculture la demande de la société accompagnée des avis recueillis, de la synthèse des observations du public et de ses propositions.

II. – Le décret qui confère à une société d'aménagement foncier et d'établissement rural le droit de préemption mentionné par l'article L. 143-1 est pris sur proposition du ministre chargé de l'agriculture.

Il détermine les zones au sein desquelles le droit de préemption peut s'exercer et les circonscriptions administratives au sein desquelles elles se situent. Le cas échéant, il fixe, pour tout ou partie de ces zones, la superficie minimale des terrains auxquels il peut s'appliquer.

Art. R. 143-2 *(D. n° 2015-954, 31 juill. 2015).* **– Sont considérés comme biens mobiliers, pour l'application de l'article L. 143-1, les cheptels mort ou vif, les stocks nécessaires à l'exploitation ou tout autre élément ou investissement réalisé en vue d'améliorer le fonds ou de diversifier et de commercialiser la production, attachés aux biens immobiliers définis au même article.**

Art. R. 143-3 *(Rempl., D. n° 2000-671, 10 juill. 2000).* **– Les acquisitions énumérées au 4° de l'article L. 143-4 faites par les salariés agricoles, les aides familiaux, les associés d'exploitation, les fermiers ou métayers évincés ainsi que les agriculteurs à titre principal expropriés ne sont exemptées du droit de**

préemption que si elles concernent des fonds qui doivent constituer une exploitation agricole ou forestière.

L'acquéreur doit s'engager pour lui et ses ayants cause à procéder à l'exploitation et conserver la destination agricole du bien pendant une durée de dix ans à compter de la date de transfert de propriété. Son engagement d'installation personnelle dans l'année de l'acquisition doit être joint à la déclaration préalable à cette acquisition.

Seules peuvent être considérées comme salariés agricoles, aides familiaux et associés d'exploitation pour l'application du 4° de l'article L. 143-4 les personnes ayant l'une de ces qualités au moment de l'acquisition depuis au moins un an et justifiant de l'expérience et de la capacité professionnelles exigées des attributaires d'exploitations vendues par les sociétés d'aménagement foncier et d'établissement rural, en application du premier alinéa de l'article R. 142-1.

Si les terrains à acquérir mentionnés au 5° *(a)* de l'article L. 143-4 sont destinés à la construction, aux aménagements industriels ou à l'extraction de substances minérales, l'acquéreur doit s'engager à donner aux terrains cette destination *(Mots rempl., D. n° 2012-363, 14 mars 2012)* « dans un délai qui ne peut excéder trois ans à compter de la date de réception de la notification par la société d'aménagement foncier et d'établissement rural ». Cet engagement doit être joint à la notification préalable de l'opération.

Lorsqu'il s'agit de terrains destinés à la construction de maisons individuelles, l'exception n'est applicable que dans la mesure où le terrain vendu a une superficie inférieure à 2 500 mètres carrés par maison, ou à la superficie minimale exigée par la réglementation, si elle est supérieure. Cette exception profite sans limitation de superficie aux terrains destinés à la construction d'immeubles collectifs, à condition que les constructions à édifier couvrent, avec leurs cours et jardins, la totalité des terrains acquis. Pour les terrains destinés à la construction d'immeubles non affectés à l'habitation pour les trois quarts au moins de leur superficie totale, elle est applicable dans la limite des surfaces occupées par les constructions à édifier et par les dépendances nécessaires à l'exploitation de ces constructions.

Section II. – Conditions d'exercice

Sous-section 1. – Conditions générales

Art. R. 143-4 *(Rempl., D. n° 2000-671, 10 juill. 2000 ; D. n° 2015-954, 31 juill. 2015).* – Lorsqu'une société d'aménagement foncier et d'établissement rural entend exercer le droit de préemption partielle prévu à l'article L. 143-1-1, elle fait connaître son intention au notaire selon les mêmes modalités que celles prévues à l'article R. 143-6, si la notification adressée par le notaire du vendeur à la société en application des articles R. 141-2-1 ou R. 141-2-2 comporte des valeurs distinctes pour chaque catégorie de biens.

Si la notification adressée par le notaire du vendeur à la société ne comporte qu'un montant global pour les biens relevant des trois catégories mentionnées à l'article L. 143-1-1, la société d'aménagement foncier et d'établissement rural présente une offre de prix pour les terrains à usage agricole ou à vocation agricole et les biens mobiliers qui leur sont attachés, ou sur ces terrains et l'une des catégories de biens mentionnées aux 1° et 2° de cet article ou sur ces deux catégories. Cette offre de prix doit avoir au préalable fait l'objet d'un accord exprès des commissaires du Gouvernement. Elle rappelle les possibilités d'action offertes au vendeur par les dispositions du dernier alinéa de l'article L. 143-1-1 et de l'article L. 143-1-2.

La décision du vendeur est portée à la connaissance de la société d'aménagement foncier et d'établissement rural par le notaire chargé d'instrumenter. Si elle n'est pas parvenue à cette société dans un délai de deux mois à compter du jour de la réception par le vendeur de la notification de l'offre d'achat, le vendeur est réputé avoir accepté celle-ci.

Si le vendeur accepte l'offre d'achat sous réserve d'être indemnisé de la perte de valeur des biens non compris dans cette offre, la société dispose d'un délai d'un mois pour faire connaître au notaire sa décision d'acceptation, de refus ou de renonciation à l'achat, en indiquant l'avis des commissaires du Gouvernement. Si le vendeur n'accepte pas l'offre d'achat, ou si la société n'accepte pas l'indemnisation demandée, cette décision de refus manifeste le désaccord des parties sur le montant de l'indemnisation et ouvre à la partie la plus diligente un délai de quinze jours pour saisir le tribunal de grande instance compétent afin qu'il en fixe le montant.

Si le vendeur n'accepte pas une préemption partielle et exige que la société d'aménagement foncier et d'établissement rural se porte acquéreur de l'ensemble des biens aliénés, cette société peut soit accepter cette acquisition aux prix et conditions d'aliénation, soit renoncer à préempter. La décision de la société doit être parvenue au notaire dans le délai d'un mois à compter de la date de réception de la décision du vendeur. Le silence de la société à l'expiration de ce délai vaut renonciation et rétractation.

Dans tous les cas, la société d'aménagement foncier et d'établissement rural notifie sa décision au notaire chargé d'instrumenter et au vendeur, dans les conditions prévues à l'article R. 143-6.

Changement d'acquéreur. L'exercice par l'acquéreur de sa faculté de substitution impose une notification mentionnant l'identité complète de l'acquéreur substitué, faisant courir un nouveau délai au bénéfice de la SAFER : ■ Cass. 3e civ., 3 mai 2012, n° 11-10.788 : *JCP* N 2012, 1333, note J.-J. Barbièri.

Art. R. 143-5 *(Anc. art. R.* 143-5, dénum., D. n° 2005-368, 19 avr. 2005 ; D. n° 2015-954, 31 juill. 2015).* – Pour l'application du 8° de l'article L. 143-2, la société d'aménagement foncier et d'établissement rural ne peut exercer son droit de préemption qu'après avoir recueilli préalablement l'avis du directeur régional de l'environnement, de l'aménagement et du logement, ou, le cas échéant, du directeur du parc national ou régional compétent ou du directeur du conservatoire de l'espace littoral et des rivages lacustres, ou, pour la région Île-de-France, du directeur de l'agence des espaces verts.

Art. R. 143-6 *(Anc. art. R.* 143-6, dénum., D. n° 2005-368, 19 avr. 2005).* – La société d'aménagement foncier et d'établissement rural qui exerce le droit de préemption notifie au notaire chargé d'instrumenter par lettre recommandée avec demande d'avis de réception *(Mots aj., D. n° 2012-363, 14 mars 2012)* « ou sous forme électronique dans les conditions prévues aux articles *(Réf. rempl., D. n° 2016-1278, 29 sept. 2016)* 1366 et 1367 du Code civil » sa décision signée par le président de son conseil d'administration ou par toute personne régulièrement habilitée à cet effet. La décision de préemption indique l'identification cadastrale des biens concernés et leur prix d'acquisition. Elle précise en outre en quoi la préemption répond à l'un ou à plusieurs des objectifs prévus par les dispositions de l'article L. 143-2.

Cette décision ainsi motivée est notifiée également à l'acquéreur évincé, par lettre recommandée avec demande d'avis de réception, dans un délai de quinze jours à compter de la date de réception de la notification faite au notaire.

Une analyse de cette décision est adressée dans le même délai au maire de la commune intéressée en vue de son affichage en mairie pendant quinze jours. *(Phrase aj., D. n° 2015-954, 31 juill. 2015)* L'accomplissement de cette formalité est certifié par le maire qui adresse à cette fin un certificat d'affichage à la société d'aménagement foncier et d'établissement rural.

La SAFER doit, à peine de nullité, justifier sa décision de préemption et la porter à la connaissance du notaire et de l'acquéreur évincé. À défaut d'avoir été envoyée à une adresse valable, la notification est inexistante, indépendamment de l'absence de faute de l'expéditrice, dès lors que l'objectif d'information personnelle de l'acquéreur n'est pas rempli : ■ Cass. 3e civ., 21 févr. 2019, n° 17-19.370 : *RD rur.* 2019, comm. 48, obs. H. Bosse-Platière.

Art. R. 143-7 *(Anc. art. R.* 143-7, dénum., D. n° 2005-368, 19 avr. 2005).* – Lorsqu'un droit de préemption ou un droit préférentiel primant celui de la société d'aménagement foncier et d'établissement rural en application des articles L. 143-6 et L. 143-8 est susceptible d'être exercé avant l'aliénation :

1° Le notaire chargé d'instrumenter doit informer la société de l'existence de ce droit ;

2° Hors le cas de l'adjudication forcée ou volontaire, le même notaire fait connaître à la société, dans le délai de huit jours à compter de la date à laquelle il en a eu connaissance, la décision explicite ou implicite prise, sur la préemption, par le titulaire de ce droit prioritaire ;

3° Le délai d'exercice du droit de préemption de la société court à compter de la date de la réception de cette décision ;

4° La société peut, dans tous les cas, déclarer exercer son droit de préemption sous réserve que le titulaire d'un droit qui prime le sien ne l'exerce pas.

Le tribunal compétent de l'ordre judiciaire mentionné au deuxième alinéa de l'article L. 143-8 est le tribunal de grande instance.

Art. R. 143-8 *(Rempl., D. n° 2000-671, 10 juill. 2000).* – Au cas où les aliénations prévues au présent chapitre interviennent sans le concours d'un notaire, la personne chargée de dresser l'acte d'aliénation est *(Mots suppr., D. n° 2015-954, 31 juill. 2015)* « ... » également destinataire des informations et déclarations auxquelles la société d'aménagement foncier et d'établissement rural est tenue de procéder.

Art. R. 143-9 et R.* 143-10 *(Abr., D. n° 2015-954, 31 juill. 2015).*

Art. R. 143-11 *(Rempl., D. n° 2000-671, 10 juill. 2000).* – Avant de rétrocéder les biens préemptés, la société d'aménagement foncier et d'établissement rural prend les mesures de publicité prévues à l'article R. 142-3. *(Mots aj., D. n° 2018-77, 7 févr. 2018)* « Dans le délai d'un mois à compter du premier jour de l'affichage prévu au troisième alinéa ». La décision de rétrocession est notifiée, avec indication des motifs ayant déterminé le choix de l'attributaire, aux candidats non retenus, et par lettre recommandée avec demande d'avis de réception, à l'acquéreur évincé.

La décision de rétrocession comporte, outre la motivation de l'opération, les mentions prévues à l'article R. 142-4.

Cette décision fait l'objet, dans un délai d'un mois à compter du jour de la signature de l'acte authentique, d'un affichage, pendant quinze jours, à la mairie de la commune de situation des biens. Cet affichage constitue le point de départ du recours prévu à l'article L. 143-14. *(Phrase aj., D. n° 2015-954, 31 juill. 2015)* L'accomplissement de cette formalité est certifié par le maire qui adresse à cette fin un certificat d'affichage à la société d'aménagement foncier et d'établissement rural.

Sous-section 2. – Fixation du prix

Art. R. 143-12 *(Anc. art. R.* 143-12, dénum., D. n° 2005-368, 19 avr. 2005).* – Lorsqu'en application de l'article L. 143-10 la société d'aménagement foncier et d'établissement rural estime que le prix et les conditions de l'aliénation sont exagérés, elle adresse au notaire chargé d'instrumenter, selon la procédure prévue au premier alinéa de l'article R.* 143-6, sa décision de préemption assortie de l'offre d'achat établie à ses propres conditions.

Cette notification doit en outre comporter l'indication de l'accord exprès des commissaires du Gouvernement et le rappel des dispositions concernant les différentes possibilités d'action qui s'offrent alors au vendeur.

L'offre ferme d'achat de la société d'aménagement foncier et d'établissement rural doit être parvenue au notaire dans un délai de deux mois à compter de la date de réception par la société de la notification prévue *(Mots rempl., D. n° 2015-954, 31 juill. 2015)* « aux articles R. 141-2-1 et R. 141-2-3 » ou, le cas échéant, de la notification adressée dans les délais prévus au 2° de l'article R.* 143-7.

Si le vendeur accepte l'offre d'achat ou retire le bien de la vente, sa décision doit être portée à la connaissance de la société d'aménagement foncier et d'établissement rural, par le notaire chargé d'instrumenter. Le délai de six mois à l'expiration duquel le vendeur, en cas de silence de sa part, est réputé avoir accepté l'offre d'achat de la société à ses propres conditions court du jour de la réception par le notaire de la notification prévue au premier alinéa du présent article. La décision de retrait doit être parvenue à la société avant l'expiration de ce délai.

S'il décide de demander la révision du prix et des conditions proposées par la société, le vendeur assigne celle-ci devant le tribunal de grande instance *(Mots aj., D. n° 2015-954, 31 juill. 2015)* « ou, dans le cas prévu au troisième alinéa de l'article L. 143-7-1, devant le juge de l'expropriation, » qui se prononce dans les conditions prescrites à l'article L. 412-7.

Le tribunal apprécie de la même façon en cas d'apport en société *(Mots aj., D. n° 2015-954, 31 juill. 2015)* « , de cession d'usufruit ou de nue-propriété » et en cas d'échange la valeur des biens faisant l'objet de la préemption.

Dans le délai d'un mois à compter du jour où le jugement est devenu définitif, la décision de la société d'aménagement foncier et d'établissement rural doit être parvenue au notaire chargé d'instrumenter. La décision du vendeur est notifiée par le notaire à la société et doit lui être parvenue dans le délai de trois ans à compter du même jour.

Le silence de l'une ou de l'autre des parties pendant le délai dont elles disposent respectivement vaut renonciation, selon le cas, à l'acquisition ou à la vente aux prix et conditions fixés par le tribunal.

Droit de retrait du vendeur. La cour d'appel, qui a relevé que le vendeur avait adressé à la SAFER une lettre, reçue le 12 juillet 2006, pour lui faire part de ce qu'il contestait son offre qu'il jugeait dérisoire, a pu en déduire qu'il n'avait pas régulièrement retiré son bien de la vente dans le délai de six mois à compter de la notification de cette offre : ■ Cass. 3e civ., 3 oct. 2012, n° 11-19.069 : *RD rur.* 2012, comm. 87, note S. Crevel.

Sous-section 3. – Dispositions applicables en cas d'adjudication

Art. R.* 143-13 *(Deux phrases rempl. par quatre, D. n° 2000-671, 10 juill. 2000).* – « Dans le cas d'adjudication volontaire ou forcée les dispositions de l'article L. 412-11 sont applicables. Pour l'application du deuxième alinéa de l'article L. 143-8, le tribunal compétent de l'ordre judiciaire est le tribunal de grande instance. La société d'aménagement foncier et d'établissement rural doit, un mois au moins avant l'adjudication, être prévenue des conditions de celle-ci par la personne chargée de dresser l'acte d'aliénation. Elle doit également être informée, dans les huit jours, par cette même personne, des reports et des décisions d'adjudication. » La société d'aménagement foncier et d'établissement rural, lorsqu'elle décide d'exercer son droit de préemption, doit en avertir les commissaires du Gouvernement. Ceux-ci peuvent, dans tous les cas, s'opposer à la préemption envisagée dans les conditions fixées au troisième alinéa de l'article R.* 141-10.

Toute personne chargée de procéder à l'adjudication d'un bien mentionné à l'article R.* 143-10 est tenue de rappeler aux parties les dispositions du présent chapitre et de leur indiquer que ces dispositions ont été observées.

Art. R. 143-14 *(Anc. art. R.* 143-14, dénum., D. n° 2005-368, 19 avr. 2005).* – Dans le cas où le décret conférant le droit de préemption à la société d'aménagement foncier et d'établissement rural prévoit que s'appliqueront les dispositions de l'article L. 143-12 relatives aux adjudications volontaires, le notaire chargé de procéder à une adjudication pour des biens relevant de ces dispositions doit, deux mois au moins avant la date fixée pour l'adjudication, présenter à la société une offre amiable indiquant le prix demandé ainsi que la date, le lieu et les modalités prévus pour l'adjudication.

Dans le délai de deux mois à compter de la date de réception de cette offre amiable, la décision de la société doit être parvenue au notaire chargé d'instrumenter.

Si la société d'aménagement foncier et d'établissement rural accepte l'offre amiable, la vente est réalisée à son profit, après accomplissement, le cas échéant, des procédures destinées à mettre les titulaires des droits de préemption prioritaires en mesure de les exercer.

Si elle renonce, soit expressément, soit tacitement, l'adjudication peut alors se dérouler ; une nouvelle convocation doit cependant être adressée à la société d'aménagement foncier et d'établissement rural, conformément au premier alinéa de l'article L. 412-11, si une modification intervient dans la date, le lieu ou les modalités de l'adjudication mentionnés dans l'offre amiable qui lui a été préalablement notifiée.

Si la société estime le prix et les conditions de l'offre amiable exagérés, la notification de sa décision doit contenir son offre d'achat, faite à ses propres conditions. Les dispositions prévues à l'article R.* 143-12 sont alors applicables, sauf en ce qui concerne la référence au 2° de l'article R.* 143-7. Le délai de trois ans pendant lequel le vendeur, qui, après avoir demandé au tribunal de fixer le prix de son bien, a retiré celui-ci de la vente, ne peut procéder à une adjudication volontaire, a pour point de départ le jour où le jugement fixant le prix de la vente est devenu définitif.

Sous-section 4. – Dispositions applicables à l'intérieur des périmètres délimités pour la protection et la mise en valeur des espaces agricoles et naturels périurbains

(D. n° 2006-821, 7 juill. 2006)

Art. R. 143-15 *(D. n° 2006-821, 7 juill. 2006 ; D. n° 2015-954, 31 juill. 2015).* – I - L'obligation de déclarer l'intention d'aliéner prévue aux articles R. 141-2-1 et R. 141-2-3 est applicable aux ventes de terrains, bâtis ou non bâtis, ou d'ensembles de droits sociaux donnant vocation à l'attribution en propriété ou en jouissance de terrains situés à l'intérieur des périmètres délimités en application de *(Mots rempl. à compter du 1er janvier 2016, D. n° 2015-1783, 28 déc. 2015)* « l'article L. 113-16 du Code de l'urbanisme ».

II. – Elle est faite auprès de la société d'aménagement foncier et d'établissement rural qui la transmet dès réception au département.

III. – Le département dispose d'un délai d'un mois à compter de cette transmission pour informer la société d'aménagement foncier et d'établissement rural de son intention d'exercer son droit de préemption.

IV. – Lorsque le département décide d'exercer son droit de préemption, la société d'aménagement foncier et d'établissement rural, dans le délai de deux mois suivant la date à laquelle la déclaration d'intention d'aliéner lui est parvenue, notifie cette décision au notaire chargé d'instrumenter et, dans les quinze jours suivant la réception de cette décision par ce dernier, à l'acquéreur évincé. À l'intérieur de ce délai, la société peut proposer au propriétaire de faire application de la procédure de révision du prix de vente prévue à l'article L. 143-10 *(Mots aj., D. n° 2017-1246, 7 août 2017)* « du présent code ». Si celui-ci n'accepte pas cette offre, il peut soit retirer son bien de la vente, soit saisir le juge de l'expropriation territorialement compétent pour demander une fixation du prix de ce bien, dans les conditions prévues par le troisième alinéa de l'article L. 143-7-1.

V. – Les acquisitions résultant de l'exercice, par la société d'aménagement foncier et d'établissement rural, à la demande et au nom du département, du droit de préemption prévu par le 9° de l'article L. 143-2 ne sont pas soumises à l'approbation préalable des commissaires du Gouvernement.

VI. – Si le département ne répond pas dans le délai d'un mois ou s'il renonce à exercer son droit, la société d'aménagement foncier et d'établissement rural peut, dans le délai de deux mois suivant lequel l'intention d'aliéner lui a été notifiée, avec l'accord de ses commissaires du Gouvernement, exercer le droit de préemption qui lui est reconnu au titre des 1° à 8° de l'article L. 143-2.

Art. R. 143-16 *(D. n° 2006-821, 7 juill. 2006)*. – I. - Les obligations de déclaration et d'information prévues à l'article R. 143-13 sont applicables aux adjudications volontaires ou forcées de terrains, bâtis ou non bâtis, ou d'ensembles de droits sociaux donnant vocation à l'attribution en propriété ou en jouissance de terrains situés à l'intérieur des périmètres délimités en application de *(Mots rempl. à compter du 1er janvier 2016, D. n° 2015-1783, 28 déc. 2015)* « l'article L. 113-16 du Code de l'urbanisme ».

II. – La société d'aménagement foncier et d'établissement rural informe le département du prix de la dernière enchère dans le délai d'une semaine suivant l'adjudication.

III. – Le département dispose d'un délai de deux semaines à compter de cette transmission pour informer la société d'aménagement foncier et d'établissement rural de son intention d'exercer son droit de préemption.

IV. – Lorsque le département décide d'exercer son droit de préemption, la société d'aménagement foncier et d'établissement rural, dans le délai de deux mois suivant la date à laquelle la déclaration d'intention d'aliéner lui est parvenue, notifie cette décision à la personne chargée de dresser l'acte d'aliénation et, dans les quinze jours suivant la réception de cette décision par ce dernier, à l'acquéreur évincé. Elle adresse copie de la décision au maire de la commune où est situé le bien en vue de son affichage en mairie pendant quinze jours et, le cas échéant, au président de l'établissement public de coopération intercommunale compétent en matière de plan local d'urbanisme.

V. – Si le département ne répond pas dans le délai de deux semaines ou s'il renonce à exercer son droit, la société d'aménagement foncier et d'établissement rural peut, dans le délai d'un mois suivant lequel l'intention de vente lui a été notifiée, avec l'accord de ses commissaires du Gouvernement, exercer le droit de préemption qui lui est reconnu au titre des 1° à 8° de l'article L. 143-2 *(Mots aj., D. n° 2017-1246, 7 août 2017)* « du présent code ».

Art. R. 143-17 *(D. n° 2006-821, 7 juill. 2006)*. – Les déclarations et les notifications prévues aux articles R. 143-15 et R. 143-16 sont faites par lettre recommandée avec accusé de réception ou par déclaration ou notification établie et conservée sous forme électronique.

Art. R. 143-18 *(D. n° 2006-821, 7 juill. 2006)*. – Un acte authentique est dressé pour constater le transfert de propriété dans un délai de deux mois à compter de la notification, par la société d'aménagement foncier et d'établissement rural, de la décision du département d'exercer son droit de préemption.

Art. R. 143-19 *(D. n° 2006-821, 7 juill. 2006)*. – La convention prévue par l'article L. 143-7-1 pour fixer les modalités de financement des opérations conduites par la société d'aménagement foncier et d'établissement rural pour le compte du département est conclue pour une période d'au moins quatre ans, renouvelable.

Un arrêté conjoint des ministres chargés de l'agriculture, des collectivités territoriales et de l'économie et des finances précise le contenu de ces conventions.

Sous-section 5. – Contentieux
(Abr., D. n° 2015-954, 31 juill. 2015)

Section III. – Dispositions diverses

Art. R. 143-20 *(Rétabli, D. n° 2015-954, 31 juill. 2015)*. – **L'autorité administrative mentionnée au III de l'article L. 141-1-1 est le préfet de région.**

Art. R. 143-21 *(Anc. art. R.* 143-16, dénum. en art. R. 143-16, D. n° 2005-368, 19 avr. 2005 puis en art. R. 143-21, D. n° 2006-821, 7 juill. 2006)*. – **Un arrêté conjoint du ministre de l'Agriculture et du garde des Sceaux, ministre de la Justice, peut rendre obligatoires, pour les déclarations à faire en vertu des articles** *(Mots rempl., D. n° 2015-954, 31 juill. 2015)* **« R. 141-2-1, R. 141-2-2 »** *(Mots suppr., D. n° 2015-954, 31 juill. 2015)* **« ... » et R.* 143-13, des modèles de déclaration et indiquer la nature des pièces justificatives à joindre, le cas échéant, auxdites déclarations.**

Art. R. 143-22 *(Anc. art. R.* 143-17, dénum. en art. R. 143-17, D. n° 2005-368, 19 avr. 2005 puis en art. R. 143-22, D. n° 2006-821, 7 juill. 2006)*. – **Les déclarations et décisions prévues au présent chapitre doivent, sauf dispositions contraires, être notifiées par lettre recommandée avec demande d'avis de réception ou par acte d'huissier de justice.**

Art. R. 143-23 *(Anc. art. R.* 143-18, dénum. en art. R. 143-18, D. n° 2005-368, 19 avr. 2005 puis en art. R. 143-23, D. n° 2006-821, 7 juill. 2006)*. – **Tous actes ou décisions de justice emportant mutation au profit de la société d'aménagement foncier et d'établissement rural, notamment dans les conditions prévues à l'alinéa 2 de l'article L. 412-11, sont assujettis à la publicité foncière.**

CHAPITRE IV. – DISPOSITIONS PARTICULIÈRES
AUX DÉPARTEMENTS D'OUTRE-MER

(Chapitre abr. à compter du 1er juillet 2016, D. n° 2016-781, 10 juin 2016).

Art. R. 144-1 à R. 144-6 *(Abr. à compter du 1er juillet 2016, D. n° 2016-781, 10 juin 2016).*

Art. R. 144-7 *(Abr., D. n° 2012-363, 14 mars 2012).*

1.11. – SOCIÉTÉS CIVILES D'EXPLOITATION EN COMMUN

Code rural et de la pêche maritime

Partie législative

Art. L. 327-1. – **Les propriétaires et exploitants peuvent librement faire apport de leurs droits, soit en pleine propriété, soit en jouissance seulement, à des sociétés civiles d'exploitation agricole ou à des groupements de propriétaires ou d'exploitants.**

1.12. – SOCIÉTÉS CIVILES LAITIÈRES

Bibliographie : L. Manteau, *Création de nouvelles formes sociétaires : Dr. sociétés* nov. 2007, n° 12.

Code rural et de la pêche maritime

Partie réglementaire

Art. D. 654-111 *(Abr., D. n° 2017-1771, 27 déc. 2017).*

1.13. – SOCIÉTÉS D'ASSOLEMENT EN COMMUN

Bibliographie : L. Manteau, *Création de nouvelles formes sociétaires : Dr. sociétés* nov. 2007, n° 12.

Code rural et de la pêche maritime

Partie législative

Art. L. 411-39-1 *(L. n° 2005-157, 23 févr. 2005 ; L. n° 2006-11, 5 janv. 2006 ; L. n° 2010-874, 27 juill. 2010).* **– Pendant la durée du bail, le preneur exerçant soit à titre individuel, soit dans le cadre d'une société à objet principalement agricole, à la disposition de laquelle il a mis les biens pris à bail dans les conditions prévues à l'article L. 411-37 ou à l'article L. 323-14, ou la société bénéficiaire de la mise à disposition ou titulaire du bail, peuvent procéder à un assolement en commun dans le cadre d'une société en participation, constituée entre personnes physiques ou morales, régie par des statuts établis par un acte ayant acquis date certaine. L'assolement en commun exclut la mise à disposition des bâtiments d'habitation.** *(Phr. aj., L. n° 2016-1087, 8 août 2016)* **Au-delà de son objectif initial économique ou social, un assolement en commun peut aussi avoir d'autres finalités, notamment la préservation de la qualité de l'eau ou la protection de la biodiversité.**

Le preneur ou la société informe le propriétaire par lettre recommandée avec avis de réception deux mois au moins avant la mise à disposition. Ce dernier, s'il entend s'opposer au projet d'assolement en commun, doit saisir le tribunal paritaire des baux ruraux dans un délai fixé par voie réglementaire. À défaut, il est réputé avoir accepté l'assolement en commun.

L'avis adressé au bailleur mentionne le nom de la société et les parcelles mises à disposition et comprend les statuts de la société. Le preneur avise le bailleur dans les mêmes formes du fait qu'il cesse de mettre à disposition des parcelles louées ainsi que tout changement intervenu dans les éléments énumérés ci-dessus.

Le défaut d'information du propriétaire peut être sanctionné par la résiliation du bail.

Le preneur, qui reste seul titulaire du bail, doit, à peine de résiliation, continuer à se consacrer effectivement à l'exploitation du bien loué mis à disposition.

1.14. – SOCIÉTÉS D'ÉPARGNE FORESTIÈRE

Voir : C. monét. fin., art. L. 214-85 et s., p. 1051.

1.15. – SOCIÉTÉS D'INTÉRÊT COLLECTIF AGRICOLE

Bibliographie : G. Gourlay et H. Azarian, *JCl. Sociétés traité*, Fasc. 180-10 et 180-20.

Code rural et de la pêche maritime

Partie législative

Art. L. 531-1 *(Mod., L. n° 85-703, 12 juill. 1985 ; L. n° 92-643, 13 juill. 1992).* **– Les sociétés d'intérêt collectif agricole peuvent se constituer soit sous le régime des sociétés civiles particulières régies par les articles 1832 et suivants du Code civil, soit dans les formes prévues pour les sociétés par actions et les sociétés à responsabilité limitée par le Code de commerce.**

Les sociétés d'intérêt collectif agricole ont pour objet de créer ou de gérer des installations et équipements ou d'assurer des services soit dans l'intérêt des agriculteurs d'une région rurale déterminée, soit de façon plus générale dans celui des habitants de cette région sans distinction professionnelle.

Les sociétés d'intérêt collectif agricole ont le statut de société coopérative et sont régies par la loi n° 47-1775 du 10 septembre 1947 portant statut de la coopération, à l'exception des articles 3, 3 *bis*, 4, 9 des deux derniers alinéas de l'article 11, de l'article 11 *bis*, du deuxième alinéa de l'article 16 et des deuxième et troisième alinéas de l'article 27.

Voir : C. rur., art. R. 531-2 et s., p. 2461.

1) Sur l'**imposition** fiscale du courant d'affaires entre une SICA et une coopérative (▪ CE, 28 avr. 1993 : *RTD com.* 1993, p. 679, n° 60).

2) Clause de variabilité du capital. La clause de variabilité du capital insérée dans les statuts d'une SICA doit mentionner le montant du capital maximum autorisé *[C. com., art. L. 231-1]* ; à défaut, toute augmentation de capital doit, à peine de nullité, être décidée par la collectivité des associés statuant aux conditions requises pour ce type de décision : ▪ Cass. com., 6 févr. 2007, n° 05-19.237 : *Dr. sociétés* 2007, n° 175, obs. R. Mortier ; *BJS* 2007, p. 754.

Art. L. 531-2 *(Abr., L. n° 2006-11, 5 janv. 2006).*

CHAPITRE II. – FONCTIONNEMENT

Art. L. 532-1. – Les personnes physiques ou morales énumérées à l'article L. 522-1 doivent disposer de moins des quatre cinquièmes des voix dans les assemblées générales des sociétés d'intérêt collectif agricole constituées postérieurement au 29 septembre 1967.

Ces sociétés ne peuvent effectuer plus de 50 % des opérations de chaque exercice avec des personnes physiques ou morales autres que les associés définis à l'article L. 522-1.

Les modalités d'application du présent article sont déterminées *(Mots suppr., Ord. n° 2010-461, 6 mai 2010)* « ... » par décret en Conseil d'État.

Voir : C. rur., art. R. 532-1 et s.

CHAPITRE III. – DISPOSITIONS FINANCIÈRES

(L. n° 91-5, 3 janv. 1991)

Art. L. 533-1 *(L. n° 91-5, 3 janv. 1991).* **– Les sociétés d'intérêt collectif agricole qui détiennent des participations peuvent distribuer à leurs associés, en sus du versement de ristournes et d'intérêts statutaires, tout ou partie des dividendes qu'elles ont reçus au titre de ces participations. Cette distribution est faite au prorata des parts sociales libérées.**

Toutefois, lorsque les résultats propres de la société d'intérêt collectif agricole sont déficitaires, les dividendes sont, à due concurrence, affectés à l'apurement de ce déficit.

Voir : C. rur., art. R. 533-1, p. 2463.

CHAPITRE IV. – TRANSFORMATION. DISSOLUTION. LIQUIDATION

(L. n° 91-5, 3 janv. 1991)

Art. L. 534-1 *(L. n° 91-5, 3 janv. 1991 ; L. n° 92-643, 13 juill. 1992).* **– Une société d'intérêt collectif agricole ne peut apporter à ses statuts de modifications entraînant la perte de son statut de coopérative qu'après autorisation *(Mots rempl., L. n° 2014-1545, 20 déc. 2014)* « du ministre chargé de l'agriculture ».**

Les réserves qui, à la date de cette modification, ne sont pas distribuables aux sociétaires ou incorporables au capital en vertu des lois et règlements en vigueur conservent ce caractère pendant dix ans.

L'autorisation prévue au premier alinéa du présent article n'est pas requise pendant une période de trois ans à compter de la publication de la loi n° 91-5 du 3 janvier 1991 modifiant diverses dispositions intéressant l'agriculture et la forêt ; durant cette période, toute modification des statuts entraînant la perte du statut de coopérative doit être portée à la connaissance du ministre chargé de l'agriculture dans les trente jours de cette modification.

Voir : C. rur., art. R. 534-3 et s., p. 2463.

CHAPITRE V. – DISPOSITIONS PÉNALES

Art. L. 535-1. – Les dispositions de l'article L. 529-3 sont applicables aux directeurs de sociétés d'intérêt collectif agricole.

Art. L. 535-2. – Les dispositions de l'article L. 529-4 sont applicables aux commissaires aux comptes de sociétés d'intérêt collectif agricole.

Art. L. 535-3 *(Abr., L. n° 2011-525, 17 mai 2011).*

Art. L. 535-4. – Les dispositions du deuxième alinéa de l'article L. 529-1 sont applicables aux sociétés d'intérêt collectif agricole.

Art. L. 535-5 *(L. n° 91-5, 3 janv. 1991).* – Est puni de la peine prévue au premier alinéa de l'article L. 529-2 le président ou le directeur de la société d'intérêt collectif agricole qui contrevient aux dispositions de l'article L. 534-1.

....

Partie réglementaire

Art. R.* 531-1 *(Abr., D. n° 92-1363, 24 déc. 1992).*

Art. R. 531-2 *(Anc. art. R.* 531-2, dénum., D. n° 2005-368, 19 avr. 2005).* – Doivent être constituées sous forme de sociétés à capital et à personnel variables les sociétés dont l'activité concerne l'électrification rurale, l'habitat rural, les adductions d'eau ainsi que celles dont l'activité s'exerce dans des domaines définis par arrêté concerté du ministre de l'Agriculture, du ministre de l'Intérieur et du ministre de l'Économie et qui intéressent l'ensemble de la population d'une zone rurale.

Art. R. 531-3 à R. 531-3-7 *(Abr. à compter de la date de l'approbation des statuts initiaux du Haut Conseil de la coopération agricole et au plus tard le 1er janvier 2007, D. n° 2006-1528, 5 déc. 2006).*

Art. R. 531-3-8 *(Abr., D. n° 2005-1716, 28 déc. 2005).*

Art. R.* 531-4. – Les organismes qui n'observent pas la réglementation relative aux sociétés d'intérêt collectif agricole ne peuvent utiliser la dénomination de société d'intérêt collectif agricole.

Voir : Sanctions pénales, C. rur., art. R. 535-1, p. 2464.

Art. R. 531-4-1 *(Abr. à compter de la date de l'approbation des statuts initiaux du Haut Conseil de la coopération agricole et au plus tard le 1er janvier 2007, D. n° 2006-1528, 5 déc. 2006).*

Art. R. 531-5 *(Anc. art. R.* 531-5, dénum., D. n° 2005-368, 19 avr. 2005).* – Peuvent seuls être membres d'une société d'intérêt collectif agricole les agriculteurs, les groupements pouvant s'affilier aux caisses de crédit agricole mutuel ainsi que les personnes dont l'activité est de nature à faciliter la réalisation de l'objet de la société.

Art. R. 531-6 *(D. n° 85-295, 1er mars 1985 ; D. n° 2001-318, 11 avr. 2001).* – La mission dévolue au commissaire aux comptes par les *(Réf. rempl., D. n° 2017-1771, 27 déc. 2017)* « articles 44 et 47 du décret n° 2005-1677 du 28 décembre 2005 pris en application de la loi n° 2005-845 du 26 juillet 2005 de sauvegarde des entreprises », est assurée dans les sociétés d'intérêt collectif agricole qui n'ont pas la forme commerciale et dont le chiffre d'affaires hors taxes dépasse 110 000 € à la clôture de l'exercice social, soit par un commissaire aux comptes inscrit, soit par une fédération de coopératives agricoles agréée conformément à l'article L. 527-1. Le commissaire aux comptes inscrit ou la fédération agréée exerce, chacun en ce qui le concerne, le commissariat aux comptes dans les conditions prévues à l'article R. 524-10.

Art. R. 531-7 *(D. n° 85-295, 1er mars 1985 ; d. n° 2009-79, 22 janv. 2009).* – Les sociétés d'intérêt collectif agricole qui n'ont pas la forme commerciale établissent des comptes annuels suivant les méthodes et principes fixés par les *(Réf. rempl., D. n° 2017-1771, 27 déc. 2017)* « articles L. 123-12 à L. 123-22 du Code de commerce et les mesures réglementaires prises pour leur application », sous réserve des règles posées par un plan comptable approuvé par le ministre de l'Agriculture après avis de l'Autorité des normes comptables.

CHAPITRE II. – FONCTIONNEMENT

Art. R. 532-1 *(Anc. art. R.* 532-1 dénum., D. n° 2005-368, 19 avr. 2005 ; mod., D. n° 2017-1771, 27 déc. 2017).* – Les sociétaires peuvent être tenus à l'égard de la société dans les conditions fixées par les statuts, non seulement des obligations inhérentes à leur qualité de détenteur de capital, mais aussi d'obligations particulières, telles que celles de livrer à la société ou de faire traiter par elle certains de leurs produits, de s'approvisionner auprès d'elle, d'en utiliser les services.

Sur l'absence de participation obligatoire des membres démissionnaires au **déficit** comptable :
▪ Cass. 1re civ., 21 juin 1989 : *JCP* 1989, IV, p. 319.

Art. R. 532-2 *(Anc. art. R.* 532-2, dénum., D. n° 2005-368, 19 avr. 2005).* – Il est interdit de subordonner, par dispositions statutaires ou autrement, les prestations d'objets ou de services à un sociétaire, à des prestations que lui-même devrait faire à la société. Cette interdiction ne s'applique pas aux prestations faites à des sociétaires ayant la qualité d'établissement public, de coopérative ou d'union de coopératives ou appartenant à un groupement d'une catégorie figurant sur une liste dressée par le ministre de l'Agriculture.

Art. R. 532-3 *(Anc. art. R.* 532-3, dénum., D. n° 2005-368, 19 avr. 2005).* – Les statuts de la société doivent comporter les clauses permettant à tout moment aux agriculteurs, aux groupements qui peuvent s'affilier aux caisses de crédit agricole mutuel et, le cas échéant, aux caisses de crédit agricole mutuel, de disposer ensemble de la moitié au moins des voix aux assemblées générales de la société.

Aucun sociétaire ne doit posséder plus de 40 % des voix.

Toutefois, lorsqu'il y a plus de dix sociétaires, aucun d'eux ne doit posséder plus de 10 % des voix. Cette dernière interdiction ne concerne ni les caisses de crédit agricole mutuel ni les sociétés coopératives et leurs unions. Les statuts peuvent attribuer auxdites sociétés et unions, dans la limite du nombre des actions ou parts qu'elles possèdent, un nombre de voix en rapport soit avec le nombre de leurs sociétaires, soit avec le nombre des membres des sociétés elles-mêmes adhérentes.

Art. R. 532-4 *(Anc. art. R.* 532-4, dénum., D. n° 2005-368, 19 avr. 2005).* – La moitié du chiffre d'affaires ou du volume des opérations des sociétés d'intérêt collectif agricole autres que celles soumises aux prescriptions d'un cahier des charges doit, au cours d'un exercice déterminé, être réalisée avec des sociétaires ayant la qualité d'agriculteurs ou de groupements pouvant s'affilier aux caisses de crédit agricole mutuel. Ces dispositions peuvent faire l'objet de dérogations temporaires accordées, en raison de circonstances économiques exceptionnelles, par arrêté du ministre de l'Agriculture et du ministre chargé du commerce.

Toutefois lorsqu'il s'agit des sociétés mentionnées à l'article R. 531-2, sont assimilés à ces sociétaires, à titre d'usagers, les agriculteurs et groupements même non membres de la société, pouvant s'affilier aux caisses de crédit agricole mutuel et dont les rapports avec la société, sauf en ce qui concerne leur participation au capital, sont analogues à ceux des sociétaires, notamment par la nature et l'étendue des obligations.

Art. R.* 532-5. – Les statuts des sociétés d'intérêt collectif agricole constituées sous le régime des sociétés civiles précisent les conditions dans lesquelles elles sont administrées soit par un conseil d'administration élu par l'assemblée générale, soit par un ou plusieurs gérants.

Le ou les gérants d'une société d'intérêt collectif agricole constituée sous la forme de société civile, de société à responsabilité limitée ou de société en commandite par actions ne peuvent être désignés ou révoqués que par l'assemblée générale statuant à la majorité absolue.

Art. R. 532-6 *(D. n° 92-1363, 24 déc. 1992).* – Pour ces sociétés d'intérêt collectif agricole constituées sous la forme de sociétés civiles, la convocation à l'assemblée doit être publiée au moins quinze jours avant la date fixée dans un journal d'annonces légales du département ou de l'arrondissement où se trouve le siège social. L'insertion doit contenir l'ordre du jour, le lieu, la date et l'heure de l'assemblée.

Toutefois, pour les sociétés dont la circonscription ne dépasse pas le territoire d'un canton et des cantons limitrophes, l'insertion prévue à l'alinéa précédent peut être remplacée par l'affichage dans le même délai de la convocation à la porte principale de la mairie du siège social et de la mairie de chacune des autres communes comprises dans la circonscription.

Indépendamment de l'insertion ou de l'affichage prévu, il est adressé à chaque associé quinze jours au moins avant la date de la réunion une convocation individuelle indiquant le lieu, la date, l'heure et l'ordre du jour de l'assemblée.

La convocation individuelle peut consister dans l'envoi à chaque associé d'un exemplaire d'un journal ou d'un bulletin sur lequel elle figure.

CHAPITRE III. – DISPOSITIONS FINANCIÈRES

Art. R.* 533-1 *(D. n° 92-1363, 24 déc. 1992).* – **Sous réserve de l'application des dispositions de l'article L. 533-1, les sociétés d'intérêt collectif agricole ne distribuent pas de dividendes mais seulement, le cas échéant, un intérêt statutaire dans la limite du taux prévu par les dispositions de l'article 14 de** *(Réf. rempl., D. n° 2017-1771, 27 déc. 2017)* **« la loi n° 47-1775 du 10 septembre 1947 portant statut de la coopération ».**

Elles peuvent ristourner les excédents annuels aux sociétés au prorata des opérations effectuées par eux avec la société.

Les bénéfices provenant d'opérations effectuées avec des non-sociétaires sont portés en réserve ; ceux provenant d'aides de l'État, des collectivités publiques, d'organismes mentionnés sur une liste dressée par décret sont portés à une réserve dite : « Réserve des charges complémentaires de liquidation ».

Art. R. 533-2 *(Anc. art. R.* 533-2, dénum., D. n° 2005-368, 19 avr. 2005).* – **La valeur nominale des actions ou parts sociales créées par les sociétés d'intérêt collectif agricole à partir du 6 août 1961 est d'au moins 3,81 €.**

Art. R. 533-3 *(Anc. art. R.* 533-3, dénum., D. n° 2005-368, 19 avr. 2005).* – **Les dispositions** *(Réf. rempl., D. n° 2017-1771, 27 déc. 2017)* **« du chapitre II du titre IV du livre III » souscrits par les sociétés coopératives agricoles sont étendues aux warrants souscrits par les sociétés d'intérêt collectif agricole.**

CHAPITRE IV. – TRANSFORMATION. DISSOLUTION. LIQUIDATION

Art. R.* 534-1 *(Abr., D. n° 92-1363, 24 déc. 1992).*

Art. R.* 534-2 *(Abr., D. n° 97-503, 21 mai 1997).*

Art. R.* 534-3 *(D. n° 97-503, 21 mai 1997).* – **Le *boni* de liquidation est réparti entre les sociétaires dans les conditions fixées par les statuts. Ne peut toutefois être ainsi distribuée la partie de ce *boni* correspondant à des bénéfices réalisés avec d'autres que des sociétaires ni, pour le montant arrêté par décision concertée du ministre de l'Économie, du ministre du Budget et du ministre de l'Agriculture, la partie du *boni* portée à la « réserve des charges complémentaires de liquidation ».**

Les valeurs de l'actif net non susceptible de répartition sont obligatoirement dévolues par la société à d'autres sociétés d'intérêt collectif agricole, à des coopératives ou unions de coopératives, à des établissements ou œuvres d'intérêt général agricole ou rural.

Les dévolutions faites par les sociétés d'intérêt collectif agricole sont approuvées par le ministre de l'Économie, le ministre du Budget, le ministre de l'Agriculture et, le cas échéant, le ministre de l'Intérieur.

Ces approbations sont réputées acquises aux organismes qui ont fait régulièrement la demande si aucune décision explicite ne leur a été notifiée dans un délai de quatre mois à partir de la date d'enregistrement de cette demande.

L'institution dévolutaire est tenue des mêmes obligations que son auteur.

Art. R. 534-4 *(Anc. art. R.* 534-4, dénum., D. n° 2005-368, 19 avr. 2005).* – **Si la liquidation d'une société d'intérêt collectif agricole constituée après le 6 août 1961 sous la forme d'une société civile fait apparaître des pertes excédant le montant du capital social, ces pertes sont divisées entre les sociétaires proportionnellement au nombre de parts de capital appartenant à chacun d'eux. Toutefois,** *(Mots suppr., D. n° 2017-1771, 27 déc. 2017)* **la responsabilité de chaque sociétaire est limitée à cinq fois le montant des parts du capital social qu'il possède, y compris le montant desdites parts.**

Sur l'application de ce texte : ▪ Cass. 1re civ., 21 juin 1989 : *JCP* 1989, IV, p. 319.

CHAPITRE V. – DISPOSITIONS PÉNALES

Art. R. 535-1 *(Anc. art. R.* 535-1, dénum., D. n° 2005-368, 19 avr. 2005).* – Sera punie de la peine d'amende prévue au 3° de l'article 131-13 du Code pénal toute personne qui aura utilisé la dénomination de société d'intérêt collectif agricole en violation des dispositions de l'article R. 531-4 *(Mots aj., D. n° 2017-1771, 27 déc. 2017)* « du présent code ».

1.16. – SOCIÉTÉS D'INVESTISSEMENT POUR LE DÉVELOPPEMENT RURAL

Code rural et de la pêche maritime

Partie législative

Art. L. 112-18 *(L. n° 2005-157, 23 févr. 2005).* – Les sociétés d'investissement pour le développement rural ont pour objet de favoriser dans les zones de revitalisation rurale définies à l'article 1465 A du Code général des impôts :

1° L'investissement en immobilier destiné aux activités à caractère économique et à l'accueil de services collectifs d'intérêt économique général, de tourisme et de loisirs ;

2° L'acquisition et la réhabilitation de logements dégradés ou vacants en vue de leur remise sur le marché ;

3° *(3° mod. à compter d'une date déterminée par décret en Conseil d'État et au plus tard le 1er janvier 2013, Ord. n° 2012-11, 5 janv. 2012 ; mod. à compter du 1er janvier 2016, Ord. n° 2015-1174, 23 sept. 2015)* L'acquisition et la transformation en logements de bâtiments à vocation agricole qui ne sont plus exploités, dès lors que l'emprise foncière sur laquelle est implanté le bâtiment concerné a fait l'objet d'un plan d'ensemble précisant les conditions d'utilisation du sol et le type de construction ou de réhabilitation réalisé. Ce projet peut être engagé, notamment, dans le cadre de la procédure prévue au deuxième alinéa du II de l'article L. 153-34 du Code de l'urbanisme à l'initiative de la collectivité ou du propriétaire concerné ;

4° La réalisation ou la rénovation d'équipements touristiques, culturels, de loisirs et sportifs.

À cet effet, elles interviennent par la prise de participation dans le capital de sociétés réalisant des opérations d'aménagement et de développement et par l'octroi de garanties sur prêts ou la dotation de fonds de garantie en fonds propres ou quasi-fonds propres notamment par la prise de participation dans le capital de sociétés ou l'attribution de prêts participatifs.

Les sociétés d'investissement pour le développement rural revêtent la forme soit de sociétés anonymes, soit de sociétés par actions simplifiées régies par le livre II du Code de commerce.

Leur capital est détenu par une ou plusieurs régions en association avec une ou plusieurs personnes morales de droit public ou privé.

Les collectivités territoriales ainsi que leurs groupements qui ne participent pas au capital de ces sociétés peuvent également leur verser des subventions. Dans ce cas, les collectivités et groupements intéressés passent une convention avec la société d'investissement pour le développement rural déterminant notamment l'affectation et le montant des subventions ainsi que les conditions et les modalités de restitution des subventions versées en cas de modification de l'objet social ou de cessation d'activité de la société d'investissement pour le développement rural.

Chaque région ou groupement de régions a droit au moins à un représentant au conseil d'administration ou au conseil de surveillance, désigné en son sein par l'assemblée délibérante.

Un tiers au moins du capital des sociétés d'investissement pour le développement rural et des voix dans les organes délibérants de ces sociétés est détenu par une région ou, conjointement, par plusieurs régions.

Les organes délibérants de la ou des régions actionnaires, ainsi que, le cas échéant, des autres collectivités ou groupements actionnaires, se prononcent sur le rapport écrit qui leur est soumis au moins une fois par an par le conseil d'administration ou le conseil de surveillance de la société.

1.17. – SOCIÉTÉS DE PÊCHE ARTISANALE

Bibliographie : G. Proutière-Maulion, *Du statut de l'entreprise de pêche : RD rur.* 1998, p. 346 ; *Loi d'orientation sur la pêche maritime et les cultures marines : DMF* 1998, p. 200.

Code rural et de la pêche maritime

Partie législative

Sous-section 1. – Sociétés de pêches artisanales

Art. L. 931-2. – La société de pêche artisanale est une société soumise au régime d'imposition des sociétés de personnes ou une société *(Mots rempl., L. n° 2016-816, 20 juin 2016)* « de capitaux » et dont *(Taux rempl., L. n° 2016-816, 20 juin 2016)* « au moins 51 % » des droits sociaux et des droits de vote sont détenus par un ou des pêcheurs qui en assurent en droit la direction et sont embarqués sur le ou les deux navires dont la société est *(Mots rempl., L. n° 2016-816, 20 juin 2016)* :

1° Soit totalement propriétaire ou copropriétaire majoritaire, y compris suite à une opération de financement participatif et de mobilisation de l'épargne locale ;

2° Soit copropriétaire avec un armement coopératif agréé dans le cadre d'une accession progressive à la propriété dans un délai qui ne peut excéder quinze ans ;

3° Soit exploitante.

***(Al. aj., L. n° 2016-816, 20 juin 2016)* Pour l'application du présent article, les parts détenues par les ascendants, les descendants ou les conjoints des marins pêcheurs sont assimilées à celles détenues par ces derniers.**

Art. L. 931-3. – La participation à une société de pêche artisanale telle que définie à l'article L. 931-2 ne doit pas avoir pour effet de mettre les pêcheurs associés ainsi que leur famille, pour tout ce qui touche leurs statuts économique et social de marins pêcheurs, dans une situation moins favorable que celle des pêcheurs artisans exploitant en entreprise individuelle et que celle des familles de pêcheurs artisans.

Art. L. 931-4. – Les dispositions de l'article L. 931-3 sont également applicables aux veufs et veuves des marins propriétaires ou copropriétaires visés ci-dessus ainsi qu'aux orphelins, jusqu'à ce que le plus jeune ait atteint l'âge de la majorité légale.

1.18. – SOCIÉTÉS MIXTES D'INTÉRÊT AGRICOLE

Code rural et de la pêche maritime

Partie législative

Art. L. 541-1. – Peuvent être constituées, sous le nom de société mixte d'intérêt agricole, les sociétés commerciales non soumises au statut de la coopération et ayant pour objet la transformation ou la commercialisation des produits agricoles, dans lesquelles des parts ou actions représentant au moins 30 % du capital social sont détenues, directement ou indirectement, soit par une ou plusieurs sociétés coopératives ou unions de sociétés coopératives agricoles, soit par des institutions ou groupements professionnels agricoles mentionnés aux titres I, II, III et IV du présent livre ainsi qu'au livre du Code rural relatif au crédit agricole. Ces sociétés peuvent bénéficier d'avantages particuliers en vertu de conventions passées avec l'État.

Les actions entrant en compte pour le calcul des proportions mentionnées ci-dessus doivent revêtir la forme nominative.

Art. L. 541-2. – Les statuts des sociétés mixtes d'intérêt agricole doivent prévoir que certaines décisions intéressant la gestion de la société et dont l'objet est précisé par décret ne peuvent être prises qu'à une majorité qualifiée de plus de 70 % des voix présentes ou représentées à l'assemblée générale.

Voir : C. rur., art. D. 541-1, p. 2466.

Art. L. 541-3. – Après prélèvement pour la réserve légale et affectation au capital d'un dividende qui ne pourra être supérieur à 6 %, le bénéfice réalisé par une société mixte d'intérêt agricole au cours d'un exercice, à l'exclusion de toutes plus-values sur actif immobilisé, est, après avoir été diminué de l'impôt sur les sociétés correspondant, divisé en deux parts égales.

La première de ces parts est attribuée aux détenteurs du capital à titre de rémunération complémentaire.

La seconde est affectée aux fournisseurs ou clients de l'entreprise qui ont la qualité d'agriculteur ou l'organisme mentionné à l'article L. 541-1 au prorata des opérations effectuées par chacun d'eux.

Quand ces derniers sont associés ou membres d'un des organismes mentionnés à l'article L. 541-1, lui-même associé, les sommes qui leur reviennent au titre de cette seconde part sont réparties en franchise d'impôt sur les sociétés dans la mesure où elles proviennent d'opérations faites avec eux.

Si la société est soumise aux dispositions de l'ordonnance du 17 août 1967 relative à la participation des salariés aux fruits de l'expansion des entreprises, les répartitions prévues aux alinéas 2 et 3 du présent article sont opérées, après prélèvement sur le bénéfice défini à l'alinéa 1er, de la réserve spéciale de participation des salariés, instituée par l'article 2 de ladite ordonnance.

Art. L. 541-4. – Les modalités d'application du présent titre sont déterminées *(Mots suppr., Ord. n° 2010-461, 6 mai 2010)* « ... » par décret en Conseil d'État.

Voir : C. rur., art. D. 541-1 et s., p. 2466.

....

Partie réglementaire

Art. D. 541-1 *(Anc. art. R. 541-1, dénum., D. n° 2005-368, 19 avr. 2005).* – Ne peuvent être prises qu'à la majorité qualifiée de plus de 70 % des voix présentes ou représentées, prévue à l'article L. 541-2, les décisions des assemblées générales des sociétés mixtes d'intérêt agricole qui, directement ou indirectement, remettraient en cause les disciplines adoptées par les groupements de producteurs reconnus participant à la société ainsi que celles portant sur les objets suivants :

- modification de l'objet social ;
- dissolution anticipée de la société ou réduction de sa durée ;
- réduction du capital social par remboursement de parts ou d'actions ;
- modification des clauses des statuts de la société relatives à la qualité de société mixte d'intérêt agricole ;
- opération de fusion, absorption, apports partiels d'actif concernant la société ;
- aliénation de biens sociaux, statutairement déterminés, lorsqu'ils intéressent la production agricole et que, par leur importance, ils forment l'un des éléments essentiels du potentiel d'activité de la société ;
- transfert du siège social hors du département ou des départements limitrophes ;
- approbation des conventions passées entre la société et l'un de ses administrateurs, gérants, directeurs ou membres du conseil de surveillance.

ANNEXE 2

ARTISANAT ET COMMERCE

2.1 – Magasins collectifs de commerçants indépendants .... p. 2467
2.2 – Sociétés coopératives artisanales .... p. 2470
2.3 – Sociétés coopératives de commerçants détaillants .... p. 2470
2.4 – Sociétés pour le développement de l'industrie du commerce et de l'agriculture .... p. 2470

2.1. – MAGASINS COLLECTIFS DE COMMERÇANTS INDÉPENDANTS

Code de commerce

Partie législative

Art. L. 125-1. – **Les dispositions du présent chapitre s'appliquent aux personnes physiques ou morales réunies dans une même enceinte, sous une même dénomination, pour exploiter, selon des règles communes, leur fonds de commerce ou leur entreprise immatriculée au répertoire des métiers sans en aliéner la propriété, créant ainsi un magasin collectif de commerçants indépendants.**

Art. L. 125-2. – **Les personnes visées à l'article L. 125-1 constituent, sous forme de groupement d'intérêt économique ou de société anonyme à capital variable ou de société coopérative de commerçants détaillants, une personne morale qui a la propriété et la jouissance ou seulement la jouissance des bâtiments et aires annexes du magasin collectif, définit et met en œuvre la politique commune, organise et gère les services communs.**

Le groupement d'intérêt économique ou la société, propriétaire de tout ou partie des sols, bâtiments et aires annexes du magasin collectif, ne peut rétrocéder tout ou partie de ces biens immobiliers à ses membres pendant l'existence dudit magasin.

Peuvent seuls être considérés comme magasins collectifs de commerçants indépendants, et sont seuls autorisés à prendre ce titre et à l'adjoindre à leur dénomination, les groupements d'intérêt économique, les sociétés anonymes à capital variable et les sociétés coopératives de commerçants détaillants qui se conforment, pour leur constitution et leur fonctionnement, aux prescriptions du présent chapitre.

Art. L. 125-3. – **Le groupement d'intérêt économique ou la société qui a recours au crédit-bail est considéré comme utilisateur au sens de l'article 5 *b* de l'ordonnance n° 67-837 du 28 septembre 1967.**

Art. L. 125-4. – **Chaque membre du groupement d'intérêt économique ou de la société est titulaire de parts ou d'actions non dissociables de l'utilisation d'un emplacement déterminé par le contrat constitutif ou les statuts, et bénéficie de services communs.**

Le contrat constitutif ou les statuts peuvent attribuer à tout titulaire un autre emplacement en fonction d'activités saisonnières.

L'assemblée des membres ou l'assemblée générale, selon le cas, est seule compétente pour modifier, avec l'accord des intéressés, les emplacements ainsi attribués.

Les dispositions du présent chapitre relatives aux parts sociales sont applicables aux actions visées au premier alinéa ci-dessus.

Art. L. 125-5. – Lorsqu'un fonds de commerce ou une entreprise immatriculée au répertoire des métiers sont transférés ou créés dans le magasin collectif, il n'en est pas fait apport au groupement ou à la société en représentation des parts attribuées à leur propriétaire. les parts du groupement ou de la société ne représentent pas la valeur du fonds ou de l'entreprise. Sont également prohibés tous apports autres qu'en espèces.

Art. L. 125-6. – En cas de location-gérance du fonds de commerce ou de l'entreprise immatriculée au répertoire des métiers, le bailleur est seul membre du groupement ou de la société.

Le transfert dans le magasin collectif d'un fonds ou d'une entreprise préexistante ne peut être effectué qu'avec l'accord du locataire gérant.

Art. L. 125-7 *(L. n° 2015-990, 6 août 2015 ; L. n° 2016-1524, 14 nov. 2016)*. – Le propriétaire d'un fonds de commerce grevé du privilège ou d'un nantissement prévu par les chapitres Ier à III du titre IV du présent livre doit, préalablement à son adhésion à un magasin collectif et au transfert de ce fonds dans ledit magasin, accomplir les formalités de publicité prévues aux articles L. 141-21 et L. 141-22.

Si le créancier titulaire du privilège ou du nantissement n'a pas notifié d'opposition par voie d'inscription au greffe dans les dix jours de la dernière en date des publications prévues aux articles L. 141-12 et L. 141-13, il est réputé avoir donné son accord à l'adhésion du propriétaire du fonds.

En cas d'opposition, la mainlevée de celle-ci est ordonnée en justice, si le propriétaire du fonds justifie que les sûretés dont dispose le créancier ne sont pas diminuées par le fait de l'adhésion au magasin collectif ou que des garanties au moins équivalentes lui sont offertes. À défaut de mainlevée de l'opposition, le commerçant ne peut adhérer au magasin collectif tant qu'il demeure propriétaire du fonds.

Art. L. 125-8. – Le contrat constitutif ou les statuts, selon le cas, doivent, à peine de nullité, et sous la responsabilité solidaire des signataires, contenir la mention expresse, soit qu'aucun fonds n'est grevé du privilège ou d'un nantissement prévu aux chapitres I à III du titre IV du présent livre, soit, dans le cas contraire, qu'il n'a pas été formé d'opposition préalablement à l'adhésion d'un des membres ou que mainlevée en a été ordonnée par justice.

Art. L. 125-9. – Les magasins collectifs de commerçants indépendants déjà créés par l'intermédiaire d'une personne morale peuvent, par voie d'adaptation ou de transformation, se placer sous le régime prévu par le présent chapitre.

Tout membre peut, par voie de référé, demander la désignation d'un mandataire spécialement chargé de convoquer l'assemblée aux fins de statuer sur ces adaptations ou transformations.

Nonobstant toute disposition contraire, ces décisions sont prises à la majorité en nombre des membres composant la personne morale. Ceux qui n'y ont pas concouru peuvent, toutefois, se retirer en demandant le remboursement de leurs titres, actions ou parts, dans les conditions prévues aux articles L. 125-17 et L. 125-18.

Section II. – De l'administration du magasin collectif

Art. L. 125-10. – Un règlement intérieur est annexé au contrat constitutif ou aux statuts, selon le cas.

Le contrat constitutif ou les statuts, ainsi que le règlement intérieur, ne peuvent être modifiés que par l'assemblée, ou l'assemblée générale, selon le cas, statuant à la majorité absolue en nombre des membres du groupement ou de la société, ou, si le contrat constitutif ou les statuts le prévoient, à une majorité plus importante. Il en est de même des décisions portant agrément ou exclusion.

Les autres décisions sont prises dans les conditions propres à chacune des formes prévues à l'article L. 125-2. Toutefois, nonobstant les dispositions du livre II, les statuts d'une société anonyme à capital variable constituée en application du présent chapitre peuvent stipuler que chacun des actionnaires dispose d'une voix en assemblée générale, quel que soit le nombre d'actions qu'il détient.

Art. L. 125-11. – Le règlement intérieur détermine les règles propres à assurer une politique commerciale commune. Il fixe les conditions générales d'exploitation, et, notamment :

1° Les jours et heures d'ouverture ainsi que, le cas échéant, les périodes de fermeture saisonnières ou pour congés annuels ;

2° L'organisation et la gestion des services communs et la répartition des charges correspondant à ces services ;

3° Sous réserve de la législation en vigueur en la matière, l'aménagement des activités concurrentes, ainsi que la détermination des activités annexes qui peuvent être exercées par chaque membre en concurrence avec celles d'autres membres du magasin ;

4° Le choix des inscriptions publicitaires et décors propres à chaque emplacement et éventuellement leur harmonisation ;

5° Les actions collectives ou individuelles d'animation du magasin, notamment celles à caractère saisonnier.

Section III. – De l'agrément et de l'exclusion

Art. L. 125-12. – Le contrat constitutif ou les statuts, selon le cas, peuvent subordonner toute cession de parts à l'agrément du cessionnaire par l'assemblée du groupement ou par l'assemblée générale de la société, selon le cas. L'assemblée ou l'assemblée générale se prononce dans le délai d'un mois à compter de la date de la demande d'agrément.

Le contrat constitutif ou les statuts, selon le cas, peuvent également soumettre à cet agrément les ayants droit d'un titulaire de parts décédé qui ne participaient pas à son activité dans le magasin collectif.

Le refus d'agrément donne droit à indemnité dans les conditions prévues aux articles L. 125-17 et L. 125-18.

Art. L. 125-13. – La clause d'agrément n'est pas opposable en cas de vente forcée des parts, que celles-ci aient ou non fait l'objet d'un nantissement.

Art. L. 125-14. – Le contrat constitutif ou les statuts, selon le cas, peuvent subordonner la mise en location-gérance d'un fonds de commerce ou d'une entreprise artisanale du magasin collectif à l'agrément du locataire gérant par l'assemblée.

En cas de redressement ou de liquidation judiciaires du propriétaire, cette clause ne peut être invoquée si la conclusion d'un contrat de location-gérance est autorisée par le tribunal conformément aux dispositions du titre II du livre VI.

Art. L. 125-15. – L'organe d'administration du magasin collectif peut adresser un avertissement à tout membre qui, par son fait ou celui des personnes à qui il a confié l'exploitation de son fonds ou de son entreprise, commet une infraction au règlement intérieur.

En cas de location-gérance, cet avertissement est également notifié au locataire-gérant.

Si dans les trois mois qui suivent, cet avertissement est demeuré sans effet et si les intérêts légitimes du magasin collectif ou de certains de ses membres sont compromis, l'assemblée des membres, ou l'assemblée générale, selon le cas, a la faculté de prononcer, à la majorité prévue à l'article L. 125-10, l'exclusion de l'intéressé.

Jusqu'à ce que la décision d'exclusion soit devenue définitive, l'exclu a la faculté de présenter un ou plusieurs cessionnaires dans les conditions déterminées par le contrat constitutif ou les statuts.

Art. L. 125-16. – Sous réserve de la procédure d'évaluation des parts prévue au second alinéa de l'article L. 125-17, tout membre d'un magasin collectif peut déférer au tribunal de grande instance, dans le délai d'un mois de sa notification par lettre recommandée avec demande d'avis de réception, toute décision prise en application des articles L. 125-12, L. 125-14 et du troisième alinéa de l'article L. 125-15.

Le tribunal peut annuler ou réformer la décision qui lui est déférée ou y substituer sa propre décision.

Nonobstant toute clause contraire, le recours en justice est suspensif de l'exécution de la décision déférée, sauf dans le cas d'une décision d'exclusion motivée par la non-utilisation des emplacements ou par le non-paiement des charges.

Art. L. 125-17. – En cas d'exclusion, de départ ou de décès accompagnés du refus d'agrément du cessionnaire ou des successeurs, le titulaire des parts, ou, en cas de décès, ses ayants droit, ont la faculté de transférer ou d'aliéner leur fonds de commerce ou leur entreprise immatriculée au répertoire des métiers. Le nouvel attributaire de l'emplacement ou, à défaut, le groupement ou la société, selon le cas, leur rembourse

la valeur de leurs parts, augmentée, s'il y a lieu, de la plus-value que leurs aménagements ont pu conférer à l'emplacement dont ils étaient titulaires.

Cette valeur est fixée par l'assemblée ou l'assemblée générale, selon le cas, en même temps qu'est prise la décision d'exclusion ou celle refusant l'agrément du cessionnaire ou des successeurs. En cas de désaccord, elle est déterminée à la date de ces décisions par un expert désigné par ordonnance du président du tribunal de grande instance statuant en la forme des référés. Cette ordonnance n'est susceptible d'aucune voie de recours nonobstant toute clause contraire. Le rapport d'expertise est soumis à l'homologation du président du tribunal de grande instance statuant en la forme des référés.

Voir : la rédaction de cet article issue de l'ordonnance n° 2019-738 du 17 juillet 2019, en *addendum*, p. 3371.

Art. L. 125-18 *(Mod., L. n° 2003-7, 3 janv. 2003)*. **– Dans les cas prévus au premier alinéa de l'article L. 125-17, le groupement ou la société ne peuvent procéder à l'installation d'un nouvel attributaire que si ont été versées à l'ancien titulaire des parts ou, en cas de décès, à ses ayants droit, les sommes prévues audit article L. 125-17, ou à défaut, une provision fixée par le président du tribunal de grande instance statuant en la forme des référés.**

Toutefois, ce versement préalable n'est pas exigé lorsqu'une caution a été donnée pour le montant de ces sommes ou de cette provision par un établissement de crédit ou un établissement financier spécialement habilité à cet effet, ou lorsque ce montant a été consigné entre les mains d'un mandataire désigné au besoin par ordonnance rendue en la forme des référés.

En outre, s'il s'agit d'une coopérative, le conseil d'administration, *(Mots rempl., L. n° 2014-856, 31 juill. 2014)* **« le directoire ou la gérance », selon le cas, peut invoquer les dispositions du second alinéa de l'article L. 124-11.**

Voir : la rédaction de cet article issue de l'ordonnance n° 2019-738 du 17 juillet 2019, en *addendum*, p. 3371.

Section IV. – De la dissolution

Art. L. 125-19. – Sauf clause contraire du contrat constitutif ou des statuts, le redressement ou la liquidation judiciaires de l'un des membres n'entraîne pas de plein droit la dissolution du groupement d'intérêt économique.

2.2. – SOCIÉTÉS COOPÉRATIVES ARTISANALES

Voir : Sociétés coopératives artisanales, L. n° 83-657, 20 juill. 1983, p. 2670 ; D. n° 84-205, 23 mars 1984, p. 2678 ; D. n° 84-251, 6 avr. 1984, p. 2678.

2.3. – SOCIÉTÉS COOPÉRATIVES DE COMMERÇANTS DÉTAILLANTS

Voir : Sociétés coopératives de commerçants détaillants, C. com., art. L. 124-1 et s., p. 2685.

2.4. – SOCIÉTÉS POUR LE DÉVELOPPEMENT DE L'INDUSTRIE DU COMMERCE ET DE L'AGRICULTURE

Ordonnance n° 59-248 du 4 février 1959

relative aux sociétés pour le développement de l'industrie du commerce et de l'agriculture et leur adaptation à la Communauté économique européenne

(JO 8 févr.)

Art. 1er. – Les sociétés constituées par des entreprises industrielles, commerciales et agricoles et par des organismes d'études et de recherches en vue de leur adaptation à la Communauté économique européenne peuvent bénéficier des dispositions de la présente ordonnance en vertu d'une convention conclue avec l'État.

Ces conventions ne peuvent être conclues qu'avec les sociétés ayant pour objet la prospection des marchés et la promotion des ventes des produits de leurs adhérents, l'adaptation de ces produits aux conditions nouvelles des marchés, l'octroi de garanties de qualité et l'amélioration des méthodes de gestion répondant à ces fins.

Art. 2 *(Mod., Ord. n° 2000-916, 19 sept. 2000)*. – Peuvent seuls devenir associés des sociétés visées à l'article 1er, les entreprises ou organismes qui, au jour de leur adhésion, comptent au plus cinq cents salariés et dont le capital augmenté des réserves n'excède pas, à la même date, 762 245,09 €.

Art. 3. – Le ministre des Finances et des Affaires économiques conclut les conventions au nom de l'État.

Art. 4. – Toute convention stipule :

Les engagements pris par la société en ce qui concerne la nature et l'importance de son activité, les conditions de réalisation d'un programme agréé, et l'affectation de ses bénéfices ;

Les modalités de résiliation de la convention au cas où la société ne remplirait pas les engagements souscrits.

La convention précise, s'il y a lieu, les conditions selon lesquelles le contrôle de l'État pourra être exercé sur les activités de la société.

Art. 5. – 1° Les entreprises industrielles, commerciales ou agricoles et les organismes d'études et de recherches qui souscrivent au capital des sociétés visées à l'article 1er peuvent, dès le versement de leur souscription, effectuer un amortissement exceptionnel égal au montant de ce versement et déductible pour l'établissement de l'impôt qui frappe les bénéfices ;

2° *(Abr.)* ;

3° Par dérogation aux dispositions du paragraphe 2 de l'article 38 du Code général des impôts, les plus-values résultant de la cession des parts sociales ou des actions des sociétés visées à l'article 1er n'entrent pas en ligne de compte pour le calcul du bénéfice imposable de l'exercice au cours duquel elles ont été réalisées, dès lors que le produit de la cession sera affecté à la souscription ou à l'acquisition de parts ou actions de même nature dans le délai d'un an. Dans ce cas, les plus-values distraites du bénéfice imposable sont affectées à l'amortissement des nouvelles participations.

Art. 6. – 1° En cas de résiliation d'une convention prononcée dans les conditions prévues par ladite convention pour inobservation des engagements souscrits, chaque associé perd le bénéfice des dispositions de l'article 5 : le montant des amortissements exceptionnels effectués au titre de l'article 5, 1°, est réintégré dans les bénéfices de l'exercice en cours ; les impôts évités en application de l'article 5, 2°, deviennent immédiatement exigibles ; les plus-values résultant de la cession des actions ou des parts sociales exonérées dans les conditions prévues par l'article 5, 3°, sont réintégrées dans les bénéfices de l'exercice en cours.

Le ministre des Finances et des Affaires économiques peut ordonner que les dispositions ci-dessus prennent effet en totalité ou en partie à compter de la date à laquelle la convention résiliée avait été signée ou à une date plus rapprochée ;

2° En cas de dissolution d'une société visée à l'article 1er, le ministre des Finances et des Affaires économiques peut ordonner la réintégration, dans les conditions prévues au paragraphe 1er du présent article, de tout ou partie des avantages fiscaux dont la société et les associés ont bénéficié au cours des cinq derniers exercices.

Art. 7. – Tout associé exclu pour les motifs et selon les modalités prévues par les statuts perd, dans les conditions prévues au paragraphe 2° de l'article 6, le bénéfice des dispositions de l'article 5.

ANNEXE 3

ASSURANCE

Bibliographie : A. Bercovitz et M. Broseta, *Le caractère non commercial des sociétés d'assurance mutuelles à prime fixe : Rev. AISAM* 1988, n° 1, p. 70. • J. Hemard, *Nature juridique des sociétés d'assurance à forme mutuelle et des sociétés mutuelles d'assurance : Mél. Besson*, Pichon, 1976, p. 196. • B. Jadaud, *Les nouvelles règles d'administration des sociétés d'assurance mutuelles : RGDA* 2003, p. 423. • J.-P. Moreau, *Les nouvelles structures de groupe dans l'assurance : RGDA* 2001, p. 916. • J. Pluyette, *Le statut juridique des sociétés d'assurance mutuelles : ses caractères originaux : Rev. sociétés* 1978, p. 449. • J.-P. Valson, *La mutualisation des sociétés commerciales d'assurance : Ass. mut.* 1987, n° 2, p. 69.

Code des assurances

Partie législative

TITRE PREMIER. – DISPOSITIONS GÉNÉRALES ET CONTRÔLES DE L'ÉTAT

Section I. – Dispositions générales

(L. n° 89-1014, 31 déc. 1989)

Art. L. 310-1 *(L. n° 81-5, 7 janv. 1981 ; rempl., L. n° 94-5, 4 janv. 1994 ; mod., L. n° 94-679, 8 août 1994 ; L. n° 94-678, 8 août 1994 ; Ord. n° 2015-378, 2 avr. 2015 ; Ord. n° 2017-484, 6 avr. 2017)*. **– Le contrôle de l'État s'exerce dans l'intérêt des assurés, souscripteurs et bénéficiaires de contrats d'assurance et de capitalisation. Sont soumises à ce contrôle :**

1° les entreprises qui sous forme d'assurance directe contractent des engagements dont l'exécution dépend de la durée de la vie humaine, s'engagent à verser un capital en cas de mariage ou de naissance d'enfants, ou font appel à l'épargne en vue de la capitalisation et contractent à cet effet des engagements déterminés ;

2° les entreprises qui sous forme d'assurance directe couvrent les risques de dommages corporels liés aux accidents et à la maladie ;

3° les entreprises qui sous forme d'assurance directe couvrent d'autres risques y compris ceux liés à une activité d'assistance.

Les mutuelles et unions régies par le Code la mutualité, y compris les mutuelles et unions de retraite professionnelle supplémentaire mentionnées à l'article L. 214-1 de ce code, les institutions de prévoyance et unions régies par le titre III du livre IX du Code de la sécurité sociale et par le II de l'article L. 727-2 du Code rural et de la pêche maritime et les institutions de retraite professionnelle supplémentaire mentionnées à l'article L. 942-1 du Code de la sécurité sociale ne sont pas soumises aux dispositions du présent code, sous réserve des dispositions de ce dernier auxquelles renvoient le Code de la mutualité et le Code de la sécurité sociale.

Sont également soumises au contrôle de l'État les entreprises agréées à la date du 1er janvier 1993 qui font appel à l'épargne en vue de la capitalisation sans souscrire d'engagements déterminés.

Art. L. 310-1-1 *(L. n° 94-679, 8 août 1994 ; rempl., Ord. n° 2008-556, 13 juin 2008)*. **– I. - La réassurance est l'activité d'un organisme, autre qu'un véhicule de titrisation mentionné à l'article L. 310-1-2, qui consiste à accepter des risques d'assurance cédés, soit par une entreprise d'assurance ou par une autre entreprise de réassurance, soit par les mutuelles ou unions régies par le livre II du Code de la mutualité, soit par les institutions de prévoyance et leurs unions régies par les dispositions du titre III du livre IX du Code de**

la sécurité sociale *(Mots aj. à compter du 1er janvier 2016, Ord. n° 2015-378, 2 avr. 2015)* « soit par tout membre de l'association des souscripteurs dénommée "Lloyd's" ».

La réassurance financière limitée (dite « réassurance finite ») désigne la réassurance en vertu de laquelle la perte maximale potentielle du réassureur, découlant d'un transfert significatif à la fois des risques liés à la souscription et des risques liés à l'échéance des paiements, excède, à concurrence d'un montant important mais limité, les primes dues par la cédante sur toute la durée du contrat. Cette réassurance présente en outre l'une au moins des deux caractéristiques suivantes :

1° Elle prend en compte explicitement la valeur temporelle de l'argent ;

2° Elle prévoit un partage contractuel qui vise à lisser dans le temps les répercussions économiques du risque réassuré en vue d'atteindre un niveau déterminé de transfert de risque.

II. – Les entreprises exerçant une activité de réassurance et dont le siège social est situé en France sont soumises au contrôle de l'État.

III. – Outre les entreprises mentionnées à l'article L. 310-2, sont autorisées à exercer en France l'activité de réassurance les entreprises suivantes ne pratiquant pas l'assurance directe :

1° Les entreprises de réassurance ayant leur siège social en France et agréées dans les conditions définies à l'article L. 321-1-1 ;

2° Dans les conditions fixées par le titre VI du présent livre, les entreprises ayant leur siège social dans un autre État membre de la Communauté européenne ou dans un autre État partie à l'accord sur l'Espace économique européen et exerçant cette activité à partir soit de leur siège social, soit de leurs succursales régulièrement établies sur le territoire d'un État membre de la Communauté européenne ou d'un autre État partie à l'accord sur l'Espace économique européen ;

3° Les entreprises ayant leur siège social dans un État qui n'est pas partie à l'accord sur l'Espace économique européen, suivant les cas et dans les conditions fixées par décret en Conseil d'État. Ces conditions pourront prévoir l'obligation pour ces entreprises de garantir leurs engagements à l'égard des entreprises d'assurance réassurées agréées en France.

Voir : la rédaction de cet article issue de l'ordonnance n° 2019-575 du 12 juin 2019, en *addendum*, p. 3371.

Art. L. 310-1-1-1 *(Ord. n° 2017-1180, 19 juill. 2017)*. – L'article L. 225-102-1 du Code de commerce est applicable, dans les conditions prévues pour les sociétés mentionnées au 1° de son I, aux entreprises d'assurance et de réassurance mentionnées aux articles L. 310-1 et L. 310-1-1 qui revêtent la forme sociale de société anonyme et dont le total du bilan ou le chiffre d'affaires et le nombre de salariés excèdent, le cas échéant sur une base consolidée ou combinée, les seuils prévus pour les sociétés mentionnées au 1° du I du même article.

Cet article s'applique également aux sociétés mutuelles d'assurance, dans les conditions prévues pour les sociétés mentionnées au 2° de son I, lorsque le total de leur bilan ou leur chiffre d'affaires et leur nombre de salariés excèdent, le cas échéant sur une base consolidée ou combinée, les seuils prévus pour les sociétés mentionnées au 2° du I du même article.

Art. L. 310-1-1-2 *(Créé à compter d'une date fixée par décret, et au plus tard le 10 juin 2019, L. n° 2019-486, 22 mai 2019)*. – I. -Les entreprises mentionnées au 1° de l'article L. 310-1 et celles mentionnées au 1° du III de l'article L. 310-1-1 qui réassurent des engagements mentionnés au 1° de l'article L. 310-1 sont soumises aux dispositions du I de l'article L. 533-22 du Code monétaire et financier, dans la mesure où elles investissent dans des actions admises aux négociations sur un marché réglementé, directement ou par l'intermédiaire soit d'une société de gestion de portefeuille mentionnée à l'article L. 532-9 du même code, à l'exception de celles qui gèrent exclusivement des FIA relevant du I de l'article L. 214-167 dudit code, des FIA relevant du IV de l'article L. 532-9 du même code, des FIA relevant du second alinéa du III de l'article L. 532-9 du même code ou qui gèrent d'autres placements collectifs mentionnés à l'article L. 214-191 du même code, soit d'une entreprise d'investissement qui fournit les services d'investissement mentionnés au 4° de l'article L. 321-1 du même code.

Lorsque la politique d'engagement actionnarial mentionnée au I de l'article L. 533-22 du Code monétaire et financier est mise en œuvre, y compris en matière de vote, par une société de gestion de portefeuille mentionnée à l'article L. 532-9 du même code, à l'exception de celles qui gèrent exclusivement des FIA relevant du I de l'article L. 214-167 dudit code, ou par une entreprise d'investissement qui fournit les services d'investissement mentionnés au 4° de l'article L. 321-1 du même code, pour le compte d'une personne mentionnée au présent

I, cette dernière indique sur son site internet l'endroit où la société de gestion de portefeuille ou l'entreprise d'investissement a publié les informations en matière de vote.

II.- Les entreprises mentionnées au premier alinéa du I publient la manière dont les principaux éléments de leur stratégie d'investissement en actions sont compatibles avec le profil et la durée de leurs passifs, en particulier de leurs passifs de long terme, et la manière dont ils contribuent aux performances de leurs actifs à moyen et à long termes.

Lorsqu'elles investissent sur la base d'un mandat de gestion de portefeuille ou de souscription à un placement collectif mentionné à l'article L. 214-1 du Code monétaire et financier, par l'intermédiaire soit d'une société de gestion de portefeuille mentionnée à l'article L. 532-9 du même code, à l'exception de celles qui gèrent exclusivement des FIA relevant du I de l'article L. 214-167 dudit code, des FIA relevant du IV de l'article L. 532-9 du même code, des FIA relevant du second alinéa du III de l'article L. 532-9 du même code ou des autres placements collectifs mentionnés à l'article L. 214-191 du même code, soit d'une entreprise d'investissement fournissant des services mentionnés au 4° de l'article L. 321-1 du même code, ces entreprises publient les informations relatives à ce contrat.

Le contenu et les modalités de publicité des informations mentionnées au deuxième alinéa du présent II sont fixés par décret en Conseil d'État.

III. - Lorsqu'une personne soumise au présent article n'en respecte pas une ou plusieurs dispositions, toute personne intéressée peut demander au président du tribunal de lui enjoindre, le cas échéant sous astreinte, de les respecter.

Art. L. 310-1-2 *(Ord. n° 2008-556, 13 juin 2008 ; mod., Ord. n° 2015-378, 2 avr. 2015)*. – I. – Un « véhicule de titrisation » est une entité juridique, dotée ou non de la personnalité morale, autre qu'un organisme d'assurance ou de réassurance, qui supporte des risques d'assurance qui lui sont cédés par un organisme d'assurance ou de réassurance et qui finance en totalité l'exposition à ces risques par l'émission de parts, d'actions, de titres de créances ou par un autre mécanisme de financement, dont les droits à remboursement sont subordonnés aux engagements de ce véhicule envers l'organisme lui ayant transféré des risques.

Aux fins du présent code, ce véhicule est :

1° Soit constitué sous la forme d'un organisme de titrisation régi par les dispositions de la section II du chapitre IV du titre Ier du livre II du Code monétaire et financier ;

2° Soit un véhicule agréé par un autre État membre de l'Union européenne ou par un autre État partie à l'accord sur l'Espace économique européen, dans les conditions mentionnées à l'article 211 de la directive 2009/138/UE du 25 novembre 2009 sur l'accès aux activités de l'assurance et de la réassurance et leur exercice.

II. – Les contrats par lesquels un véhicule de titrisation assume un risque d'assurance ne constituent pas des contrats d'assurance au sens du livre Ier, ni une opération d'assurance au sens de l'article L. 310-2.

Art. L. 310-2 *(L. n° 89-1014, 31 déc. 1989 ; rempl., L. n° 94-5, 4 janv. 1994 ; mod., L. n° 94-679, 8 août 1994 ; Ord. n° 2006-344, 23 mars 2006 ; Ord. n° 2015-378, 2 avr. 2015 ; Ord. n° 2017-484, 6 avr. 2017)*. – I. – Sous réserve des dispositions de l'article L. 310-10, les opérations d'assurance directe définies à l'article L. 310-1 ne peuvent être pratiquées sur le territoire de la République française que :

1° par les entreprises ayant leur siège social en France, à partir de leur siège ou de leurs succursales régulièrement établies dans un État membre de l'Union européenne, lorsqu'elles sont agréées conformément aux dispositions de l'article L. 321-1 ;

2° par les entreprises étrangères ayant leur siège social dans un État membre de l'Union européenne, à partir de leur siège ou de leurs succursales régulièrement établies dans un État membre des Communautés européennes, dans les conditions fixées par le titre VI du présent livre ;

3° par les entreprises étrangères mentionnées à l'article L. 310-10-1, à partir de leurs succursales régulièrement établies en France, lorsqu'elles sont agréées conformément aux dispositions de l'article L. 321-7 ;

4° par les entreprises étrangères autres que celles mentionnées aux 2° et 3° ci-dessus, à partir de leurs succursales régulièrement établies en France, lorsqu'elles satisfont aux conditions fixées par l'article L. 329-1.

II. – Sans préjudice de l'article L. 143-1, les opérations mentionnées à cet article peuvent également être pratiquées sur le territoire de la République française par les institutions mentionnées à l'article L. 370-1, dans les conditions fixées par le titre VII du présent livre.

III. – Sont nuls les contrats souscrits en infraction au présent article. Toutefois, cette nullité n'est pas opposable, lorsqu'ils sont de bonne foi, aux assurés, aux souscripteurs et aux bénéficiaires.

Art. L. 310-2-1 *(L. n° 94-679, 8 août 1994)*. – Pour l'application du présent code, les États parties à l'accord sur l'Espace économique européen non membres *(Ord. n° 2015-378, 2 avr. 2015)* « de l'Union européenne » sont assimilés, sous réserve de réciprocité, aux États membres des Communautés européennes, sauf pour l'application de l'article L. 321-2.

Art. L. 310-2-2 *(L. n° 2003-706, 1er août 2003)*. – Toute entreprise d'assurance soumise au contrôle de l'État en vertu des dispositions du troisième alinéa (2°) de l'article L. 310-1 et ayant obtenu un agrément lui permettant de couvrir les risques de responsabilité civile résultant de l'emploi de véhicules terrestres à moteur, à l'exclusion de la responsabilité du transporteur, désigne librement dans chacun des États parties à l'accord sur l'Espace économique européen un représentant qui a pour mission de traiter et régler, dans l'État de résidence de la personne lésée, les sinistres résultant d'un accident de la circulation, dans lequel est impliqué un véhicule qu'elle assure, survenu sur le territoire d'un des États désignés ci-dessus, à l'exclusion de l'État de résidence de la personne lésée, et ayant causé des préjudices à cette personne.

Le représentant a également pour mission de traiter et régler, dans l'État de résidence de la personne lésée, les sinistres résultant d'un accident dans lequel est impliqué un véhicule assuré par l'entreprise d'assurance qui l'a désigné, survenu sur le territoire d'un État tiers dont le bureau national d'assurance a adhéré au régime de la carte internationale d'assurance et ayant causé des préjudices à une personne résidant dans un État partie à l'accord sur l'Espace économique européen.

Le représentant doit résider ou être établi dans l'État où il a été désigné et être en mesure d'examiner l'affaire dans la ou les langues officielles de cet État. Il peut représenter une ou plusieurs entreprises d'assurance.

Les entreprises visées au premier alinéa du présent article notifient, par l'intermédiaire de l'organisme d'information prévu à l'article L. 451-1, aux organismes d'information de tous les États parties à l'accord sur l'Espace économique européen le nom et l'adresse du représentant chargé du règlement des sinistres qu'elles désignent dans chacun des États membres.

Art. L. 310-2-3 *(Créé à compter de la date de retrait du Royaume-Uni de l'Union européenne sans accord conclu conformément à l'article 50 du traité sur l'Union européenne, Ord. n° 2019-75, 6 févr. 2019)*. – I. - Lorsqu'une entreprise étrangère régulièrement établie dans un pays tiers a conclu un contrat en vertu du 2° du I de l'article L. 310-2 et ne se trouve plus dans une des situations prévues au I du même article, le contrat ne peut donner lieu à une reconduction ou à toutes opérations d'assurance directe comprenant l'émission de primes.

II. - Sont nuls les contrats reconduits ou faisant l'objet d'opérations d'assurance directe comprenant l'émission de primes par une entreprise mentionnée au I. Toutefois, cette nullité n'est pas opposable aux assurés, aux souscripteurs et aux bénéficiaires des contrats.

III. - Les entreprises ne se trouvant plus dans une des situations prévues au I de l'article L. 310-2 en informent leurs assurés et souscripteurs suivant des modalités précisées par voie réglementaire.

Art. L. 310-3 *(Rempl., L. n° 94-5, 4 janv. 1994 ; Ord. n° 2015-378, 2 avr. 2015)*. – Dans le présent code :

1° L'expression : « État membre d'origine » désigne :

a) En matière d'assurance non-vie, l'État membre de l'Union européenne dans lequel est situé le siège social de l'entreprise d'assurance qui couvre le risque ;

b) En matière d'assurance vie, l'État membre de l'Union européenne dans lequel est situé le siège social de l'entreprise d'assurance qui prend l'engagement ;

c) En matière de réassurance, l'État membre de l'Union européenne dans lequel est situé le siège social de l'entreprise de réassurance ;

2° L'expression : « État membre d'accueil » désigne l'État membre de l'Union européenne, autre que l'État membre d'origine, dans lequel une entreprise mentionnée à l'article L. 310-1 ou au 1° du III de l'article L. 310-1-1 a une succursale ou fournit des services. Pour l'assurance vie et pour l'assurance non-vie, on entend par l'État membre dans lequel sont fournis des services, respectivement, l'État membre de l'Union européenne de l'engagement ou l'État membre de l'Union européenne où le risque est situé, lorsque cet engagement ou risque est couvert par une entreprise mentionnée à l'article L. 310-1 ou une succursale située dans un autre État membre de l'Union européenne ;

3° L'expression : « État de la succursale » désigne un État dans lequel est située la succursale d'une entreprise d'assurance ;

4° L'expression : « régime d'établissement » désigne le régime sous lequel une entreprise d'assurance couvre un risque ou prend un engagement situé dans un État membre à partir d'une succursale établie dans cet État ;

5° L'expression : « libre prestation de services » désigne l'opération par laquelle une entreprise d'un État membre couvre ou prend à partir de son siège social, ou d'une succursale située dans un État membre, un risque ou un engagement situé dans un autre de ces États, lui-même désigné comme « État de libre prestation de services » ;

6° L'expression : « entreprise étrangère » désigne une entreprise dont le siège social n'est pas situé sur le territoire de la République française ;

7° L'expression : « succursale » désigne toute agence ou succursale d'une entreprise d'assurance ou de réassurance qui est située sur le territoire d'un État membre autre que l'État membre d'origine ;

8° L'expression : « établissement » d'une entreprise d'assurance ou de réassurance désigne son siège social ou une de ses succursales ;

9° L'expression : « liens étroits » désigne une situation dans laquelle deux personnes physiques ou morales ou plus sont liées par un lien de contrôle ou une participation, ou une situation dans laquelle deux personnes physiques ou morales ou plus sont liées durablement à une même personne par un lien de contrôle ;

10° L'expression : « participation » désigne le fait de détenir, directement ou par un lien de contrôle, au moins 20 % des droits de vote ou du capital d'une entreprise. Est également regardé comme une participation par l'Autorité de contrôle prudentiel et de résolution le fait de détenir, directement ou indirectement, des droits de vote ou du capital dans une entreprise sur laquelle une influence notable est effectivement exercée ;

11° L'expression : « marché réglementé » désigne l'un des marchés suivants :

a) Dans le cas d'un marché situé dans un État membre, un marché réglementé tel que défini à l'article L. 421-1 du Code monétaire et financier ;

b) Dans le cas d'un marché situé dans un pays tiers, un marché financier qui remplit les deux conditions suivantes :

i) Il est reconnu par l'État membre d'origine de l'entreprise d'assurance et satisfait à des exigences comparables à celles prévues par le chapitre Ier du titre II du livre IV du Code monétaire et financier ;

ii) Les instruments financiers qui y sont négociés sont d'une qualité comparable à celle des instruments négociés sur le marché ou les marchés réglementés de l'État membre d'origine ;

12° L'expression : « entreprise financière » désigne l'une des entités suivantes :

a) Les établissements de crédit mentionnés au 1° de l'article L. 511-1 du Code monétaire et financier, les établissements financiers mentionnés au 4° de l'article L. 511-21 du Code monétaire et financier ou une entreprise de services auxiliaires au sens de l'article 4, point 18 du règlement 575/2013 du Parlement européen et du Conseil du 26 juin 2013 ;

b) Les entreprises d'assurance et de réassurance mentionnées aux articles L. 310-1 et L. 310-1-1 du Code des assurances, les mutuelles et unions régies par le livre II du Code la mutualité, les institutions de prévoyance et unions régies par le titre 3 du livre 9 du Code de la sécurité sociale ;

c) Les entreprises d'investissement mentionnées à l'article L. 531-4 du Code monétaire et financier ;

d) Les compagnies financières holding mixtes mentionnées à l'article L. 517-4 du Code monétaire et financier ;

13° L'expression : « externalisation » désigne un accord, quelle que soit sa forme, conclu entre une entreprise et un prestataire de services, soumis ou non à un contrôle, en vertu duquel ce prestataire de services exécute, soit directement, soit en recourant lui-même à l'externalisation, une procédure, un service ou une activité, qui serait autrement exécuté par l'entreprise elle-même.

Art. L. 310-3-1 *(Ord. n° 2015-378, 2 avr. 2015)*. – Les entreprises relevant du régime dit « Solvabilité II » sont :

1° Les entreprises mentionnées à l'article L. 310-1 et qui disposent d'un agrément pour l'exercice de leurs activités, ainsi que celles mentionnées au premier alinéa de l'article L. 321-10-3, qui ont rempli, à compter du 1er janvier 2012 et pendant trois exercices annuels consécutifs, l'une des conditions suivantes :

a) L'encaissement annuel de primes ou cotisations brutes émises par l'entreprise dépasse 5 millions d'euros ;

b) Le total des provisions techniques de l'entreprise, au sens défini au titre IV du livre III du présent code, brutes de cessions en réassurance ou à des véhicules de titrisation, dépasse 25 millions d'euros ;

c) Lorsque l'entreprise appartient à un groupe défini à l'article L. 356-1 ;

d) L'activité de l'entreprise comporte des opérations de réassurance qui :

– dépassent 500 000 euros d'encaissement de primes ou de cotisations brutes émises ou 2,5 millions d'euros de provisions techniques, au sens défini au titre IV du livre III du présent code, brutes de cessions en réassurance ou à des véhicules de titrisation ;

– ou représentent plus de 10 % de son encaissement de primes ou cotisations brutes émises ou de ses provisions techniques, au sens défini au titre IV du livre III du présent code, brutes de cessions en réassurance ou à des véhicules de titrisation ;

2° Les entreprises mentionnées à l'article L. 310-1 qui, bien que ne satisfaisant pas aux conditions énoncées au 1°, disposent de l'agrément mentionné à l'article L. 321-1 pour des opérations de responsabilité civile, crédit ou caution ;

3° Les entreprises mentionnées au 1° du III de l'article L. 310-1-1 ou au deuxième alinéa de l'article L. 321-10-3 ;

4° Les succursales des entreprises agréées conformément à l'article L. 329-1 ;

5° Les entreprises sollicitant un agrément mentionné à l'article L. 321-1 en vue d'exercer des activités d'assurance ou de réassurance dont l'encaissement annuel des primes ou cotisations brutes émises ou le montant brut des provisions techniques, au sens défini au titre IV du livre III du présent code, brutes de cessions en réassurance ou à des véhicules de titrisation, dépasseront selon les prévisions, un des montants énoncés au 1° au cours des cinq exercices annuels suivants ;

6° Les entreprises qui, bien que ne satisfaisant à aucune des conditions énoncées aux 1°, 2°, 3°, 4° et 5° exercent les activités prévues à l'article L. 321-11 ;

7° Les unions mentionnées à l'article L. 322-26-3.

Art. L. 310-3-2 *(Ord. n° 2015-378, 2 avr. 2015 ; Ord. n° 2017-484, 6 avr. 2017)*. – Les fonds de retraite professionnelle supplémentaire ne sont pas des entreprises relevant du régime dit « Solvabilité II » définies à l'article L. 310-3-1, ni des entreprises ne relevant pas du régime dit « Solvabilité II » définies à l'article L. 310-3-2.

Sous réserve des dispositions auxquelles renvoie le titre VIII du présent livre, les titres III et V du présent livre ne sont pas applicables aux fonds de retraite professionnelle supplémentaire.

Les fonds de retraite professionnelle supplémentaire sont soumis au contrôle de l'État.

Art. L. 310-3-3 *(Ord. n° 2017-484, 6 avr. 2017)*. – Les fonds de retraite professionnelle supplémentaire ne sont pas des entreprises relevant du régime dit « Solvabilité II » définies à l'article L. 310-3-1, ni des entreprises ne relevant pas du régime dit « Solvabilité II » définies à l'article L. 310-3-2.

Sous réserve des dispositions auxquelles renvoie le titre VIII du présent livre, les titres III et V du présent livre ne sont pas applicables aux fonds de retraite professionnelle supplémentaire.

Les fonds de retraite professionnelle supplémentaire sont soumis au contrôle de l'État.

Art. L. 310-4 *(Anc. art. L. 351-3 ; mod. et dénum., L. n° 94-5, 4 janv. 1994)*. – Pour les opérations mentionnées aux 2° et 3° de l'article L. 310-1, est regardé comme État de situation de risque :

1° L'État où les biens sont situés, lorsque l'assurance est relative soit à des immeubles, soit à des immeubles et à leur contenu dans la mesure où ce dernier est couvert par la même police d'assurance ;

2° L'État d'immatriculation, lorsque l'assurance est relative à des véhicules de toute nature ;

3° L'État où a été souscrit le contrat, s'il s'agit d'un contrat d'une durée inférieure ou égale à quatre mois, relatif à des risques encourus au cours d'un déplacement, quelle que soit la branche dont ceux-ci relèvent ;

4° Dans tous les autres cas que ceux mentionnés aux 1°, 2° et 3° ci-dessus, l'État dans lequel le souscripteur a sa résidence principale ou, si le souscripteur est une personne morale, l'État où est situé l'établissement de cette personne morale auquel le contrat se rapporte.

Art. L. 310-5 *(Anc. art. L. 353-3 ; dénum. et mod., L. n° 94-5, 4 janv. 1994)*. – Pour les opérations mentionnées au 1° et au dernier alinéa de l'article L. 310-1, est regardé comme État de l'engagement l'État où le souscripteur a sa résidence principale ou, si le souscripteur est une personne morale, l'État où est situé le siège social ou l'établissement de cette personne morale auquel le contrat se rapporte.

Art. L. 310-6 *(L. n° 89-1014, 31 déc. 1989 ; L. n° 94-5, 4 janv. 1994)*. – *(Abr., Ord. n° 2008-556, 13 juin 2008)*.

Une entreprise étrangère ne peut pratiquer sur le territoire de la République française l'une des opérations mentionnées à l'article L. 310-1 ou des opérations de réassurance que si elle satisfait aux dispositions de la législation nationale.

Art. L. 310-6-1 *(L. n° 99-532, 25 juin 1999)*. – L'administration centrale des entreprises françaises de réassurance doit être située sur le territoire de la République française.

L'administration centrale des entreprises étrangères d'assurance agréées en vertu des articles L. 321-7 ou L. 321-9 doit être située sur le même territoire que leur siège statutaire.

Art. L. 310-7 *(Anc. art. L. 310-3, dénum., L. n° 94-5, 4 janv. 1994 ; mod., L. n° 2001-420, 15 mai 2001 ; Ord. n° 2001-766, 29 août 2001 ; Ord. n° 2009-108, 30 janv. 2009 ; Ord. n° 2017-484, 6 avr. 2017)*. – Un décret en Conseil d'État détermine les conditions de constitution des entreprises soumises au contrôle de l'État en vertu de l'article L. 310-1 et du 1° du III de l'article L. 310-1-1 et des fonds de retraite professionnelle supplémentaire. Il précise les conditions dans lesquelles sont applicables à ces entreprises et fonds les dispositions des articles L. 210-1 et suivants du Code de commerce et des lois régissant les sociétés anonymes. Des dispositions particulières tiennent compte du caractère non commercial des sociétés d'assurance mutuelles.

Le même décret fixe les obligations auxquelles les entreprises françaises et étrangères sont astreintes, les garanties qu'elles doivent présenter, les réserves et provisions techniques qu'elles doivent constituer, les règles générales de leur fonctionnement, de leur contrôle interne et de l'exercice du contrôle de l'État.

Art. L. 310-8 *(Rempl., L. n° 94-5, 4 janv. 1994 ; mod., Ord. n° 2001-350, 19 avr. 2001 ; L. n° 2003-706, 1er août 2003)*. – Le ministre peut exiger la communication des documents à caractère contractuel ou publicitaire ayant pour objet une opération d'assurance ou de capitalisation.

S'il apparaît qu'un document est contraire aux dispositions législatives ou réglementaires, le ministre peut en exiger la modification ou en décider le retrait après avis du Comité consultatif du secteur financier. En cas d'urgence, l'avis du Comité consultatif du secteur financier n'est pas requis.

Art. L. 310-9 *(Mod., L. n° 99-532, 25 juin 1999 ; abr., L. n° 2003-706, 1er août 2003 ; rétabli, Ord. n° 2008-556, 13 juin 2008 ; Ord. n° 2009-108, 30 janv. 2009)*. – La présence d'opérations relevant de la réassurance financière limitée est explicitement mentionnée dans l'intitulé des contrats régissant ce type d'opérations.

Art. L. 310-9-1 *(Mod., L. n° 94-5, 4 janv. 1994 ; Ord. n° 2001-766, 29 août 2001 ; abr., L. n° 2003-706, 1er août 2003 ; rétabli, Ord. n° 2008-1271, 5 déc. 2008 ; Ord. n° 2009-106, 30 janv. 2009)*. – Le ministre chargé de l'économie peut après avis du comité consultatif de la législation et de la réglementation financières et à la demande d'un ou plusieurs organismes professionnels représentatifs mentionnés à l'article L. 132-9-2, homologuer par arrêté les codes de conduite que ces organismes ont élaborés en matière de commercialisation de contrats d'assurance individuels comportant des valeurs de rachat, de contrats de capitalisation et de contrats mentionnés à l'article L. 132-5-3 et à l'article L. 441-1.

Art. L. 310-10 *(L. n° 89-1014, 31 déc. 1989 ; mod., L. n° 94-5, 4 janv. 1994 ; mod., L. n° 2003-706, 1er août 2003 ; Ord. n° 2010, 21 janv. 2010 ; L. n° 2013-672, 26 juill. 2013)*. – Il est interdit de souscrire une assurance directe d'un risque concernant une personne, un bien ou une responsabilité situé sur le territoire de la République française auprès d'entreprises étrangères autres que celles visées à l'article L. 310-2.

Toutefois, les dispositions de l'alinéa ci-dessus ne sont pas applicables à l'assurance des risques liés aux transports maritimes et aériens. En outre, il peut être dérogé aux dispositions du précédent alinéa sur décision de l'Autorité de contrôle prudentiel et de résolution s'il est constaté qu'une couverture d'assurance d'un risque ne peut être trouvée auprès des entreprises d'assurance visées à l'article L. 310-2.

Art. L. 310-10-1 *(L. n° 92-665, 16 juill. 1992 ; rempl., L. n° 94-5, 4 janv. 1994 ; Ord. n° 2015-378, 2 avr. 2015)*. – Les entreprises mentionnées au 3° du I de l'article L. 310-2 sont les entreprises étrangères ayant leur siège social dans la Confédération helvétique et mentionnées aux 2° et 3° de l'article L. 310-1.

Pour l'application du présent livre, les entreprises mentionnées à l'alinéa précédent sont soumises aux mêmes dispositions que les entreprises qui ont leur siège social dans un État partie à l'accord sur l'Espace économique européen.

Art. L. 310-11 *(Abr., L. n° 2005-1564, 15 déc. 2005).*

Section II. – Autorité de contrôle prudentiel et de résolution

(Mod., Ord. n° 2010-76, 21 janv. 2010 ; L. n° 2013-672, 26 juill. 2013)

Art. L. 310-12 *(Rempl., Ord. n° 2010-76, 21 janv. 2010).* – L'Autorité de contrôle prudentiel et de résolution exerce sa mission dans les conditions prévues au chapitre II du titre Ier du livre VI du Code monétaire et financier.

Art. L. 310-12-1 *(L. n° 94-5, 4 janv. 1994 ; rempl., L. n° 2003-706, 1er août 2003 ; mod., L. n° 2004-1343, 9 déc. 2004 ; L. n° 2005-1564, 15 déc. 2005 ; Ord. n° 2009-108, 30 janv. 2009 ; rempl., Ord. n° 2010-76, 21 janv. 2010 ; L. n° 2010-1249, 22 oct. 2010 ; L. n° 2013-672, 26 juill. 2013 ; Ord. n° 2017-484, 6 avr. 2017).* – L'Autorité de contrôle prudentiel et de résolution veille à ce que les modalités de constitution et le fonctionnement des organes délibérants et des organes dirigeants des personnes mentionnées aux 1° à 3°, 5° et 9° à 11° du B du I de l'article L. 612-2 du Code monétaire et financier soient conformes aux dispositions qui les régissent.

Art. L. 310-12-2 *(L. n° 2003-706, 1er août 2003 ; L. n° 2005-1564, 15 déc. 2005 ; rempl., Ord. n° 2010-76, 21 janv. 2010 ; L. n° 2013-672, 26 juill. 2013).* – L'Autorité de contrôle prudentiel et de résolution peut habiliter, sur leur demande, des prestataires chargés de labelliser les contrats ouverts à la souscription individuelle et les règlements éligibles à une participation des collectivités territoriales et de leurs établissements publics en application de l'article 88-2 de la loi n° 84-53 du 26 janvier 1984 portant dispositions statutaires relatives à la fonction publique territoriale.

L'habilitation peut être retirée à la demande du prestataire ou si les conditions mises à son octroi ne sont plus satisfaites.

Lors de la demande de renouvellement de l'habilitation, l'Autorité apprécie l'activité du prestataire au vu d'un rapport que lui remet celui-ci. Elle peut refuser le renouvellement en cas d'insuffisances constatées dans l'activité faisant l'objet de l'habilitation.

Un décret en Conseil d'État fixe les conditions d'application du présent article.

Art. L. 310-12-3 *(Abr., Ord. n° 2010-76, 21 janv. 2010 ; rétabli, Ord. n° 2015-378, 2 avr. 2015).* – Dans les périodes d'extrême instabilité des marchés financiers, l'Autorité de contrôle prudentiel et de résolution prend en compte les éventuels effets pro-cycliques de ses actions.

Art. L. 310-12-4 *(Abr., Ord. n° 2010-76, 21 janv. 2010 ; rétabli, Ord. n° 2015-378, 2 avr. 2015).* – L'Autorité de contrôle prudentiel et de résolution examine et évalue les stratégies, les processus et les procédures de communication d'informations établis par les entreprises mentionnées à l'article L. 310-3-1 pour se conformer aux dispositions du titre V du présent livre.

Cet examen et cette évaluation comprennent l'appréciation des exigences qualitatives relatives au système de gouvernance, l'appréciation des risques auxquels les entreprises concernées sont exposées ou pourraient être exposées et l'appréciation de leur capacité à mesurer ces risques compte tenu de l'environnement dans lequel elles opèrent.

L'Autorité examine et évalue si les entreprises concernées satisfont aux exigences du titre V du présent livre concernant notamment le système de gouvernance, les provisions techniques, les exigences de capital, les règles d'investissement, la quantité et la qualité des fonds propres et le cas échéant les modèles internes, intégraux ou partiels.

L'Autorité évalue l'adéquation des méthodes et pratiques mises en œuvre par les entreprises concernées en vue de détecter les éventuels aléas ou changements de la conjoncture économique qui pourraient avoir un impact défavorable sur la situation financière globale de l'entreprise concernée. Elle évalue la capacité de ces entreprises à surmonter ces éventuels aléas ou changements de la conjoncture économique.

L'Autorité définit la fréquence minimale et la portée des examens, évaluations et appréciations mentionnées aux alinéas précédents, en tenant compte de la nature, de l'ampleur et de la complexité des activités des entreprises concernées.

Art. L. 310-12-5 *(Abr., Ord. n° 2010-76, 21 janv. 2010 ; rétabli, Ord. n° 2015-378, 2 avr. 2015)*. – Après en avoir informé les autorités de l'État membre d'accueil, l'Autorité de contrôle prudentiel et de résolution peut procéder, elle-même ou par l'intermédiaire de personnes qu'elle mandate à cet effet, à des vérifications sur place des informations nécessaires au contrôle financier des succursales des entreprises d'assurance et de réassurance françaises.

Si après avoir été informées par l'Autorité de contrôle prudentiel et de résolution de son intention de procéder aux vérifications mentionnées à l'alinéa précédent, les autorités de contrôle de l'État membre d'accueil lui indiquent qu'elles ne sont pas en mesure de participer à ces vérifications ou lui interdisent d'exercer son droit de procéder à ces dernières, l'Autorité peut saisir l'Autorité européenne des assurances et des pensions professionnelles conformément à l'article 19 du règlement n° 1094/2010 du Parlement européen et du Conseil du 24 novembre 2010.

Art. L. 310-12-6 *(Abr., ord. n° 2010-76, 21 janv. 2010)*.

Art. L. 310-12-7 *(Transf., Ord. n° 2010-76, 21 janv. 2010. – V. C. assur., art. L. 310-14)*.

Art. L. 310-13 *(L. n° 89-1014, 31 déc. 1989 ; mod., L. n° 94-678, 8 août 1994 ; L. n° 94-679, 8 août 1994 ; Ord. n° 2001-766, 29 août 2001 ; L. n° 2003-706, 1er août 2003 ; Ord. n° 2004-1201, 12 nov. 2004 ; L. n° 2005-1564, 15 déc. 2005 ; Ord. n° 2008-556, 13 juin 2008 ; rempl., Ord. n° 2010-76, 21 janv. 2010 ; L. n° 2013-672, 26 juill. 2013 ; Ord. n° 2017-484, 6 avr. 2017)*. – L'Autorité de contrôle prudentiel et de résolution peut exiger la modification ou décider le retrait de tout document contraire aux dispositions législatives et réglementaires, à l'exception des documents à caractère contractuel ou publicitaire pour les entreprises mentionnées au 1° du III de l'article L. 310-1-1. Dans ce cas, elle statue dans les conditions prévues à l'article L. 612-35 du Code monétaire et financier.

Elle vérifie que les publications auxquelles sont astreints les entreprises mentionnées à l'article L. 310-1 et au 1° du III de l'article L. 310-1-1 et les sociétés de groupe d'assurance ainsi que les fonds de retraite professionnelle supplémentaire sont régulièrement effectuées. Elle peut ordonner aux entreprises et fonds concernés de procéder à des publications rectificatives dans le cas où des inexactitudes ou des omissions auraient été relevées.

Art. L. 310-13-1. – *(Abr., Ord. n° 2010-76, 21 janv. 2010)*.

Art. L. 310-14 *(Anc. art. L. 310-12-7, dénum., mod., Ord. n° 2010-76, 21 janv. 2010 ; puis L. n° 2013-672, 26 juill. 2013 ; abr. à compter du 1er janvier 2023, Ord. n° 2017-484, 6 avr. 2017)*. – L'autorité peut demander aux entreprises visées à l'article L. 310-1 et au 1° du III de l'article L. 310-1-1, aux sociétés de groupe d'assurance, aux sociétés de groupe mixte d'assurance définies à l'article L. 322-1-2 et aux compagnies financières holding mixtes définies à l'article L. 334-2 ainsi qu'aux personnes mentionnées au quatrième alinéa de l'article L. 310-12 toutes informations nécessaires à l'exercice de sa mission.

Elle peut leur demander la communication des rapports des commissaires aux comptes et, d'une manière générale, de tous documents comptables dont elle peut, en tant que de besoin, demander la certification. Elle peut demander la certification des retraitements opérés, selon des modalités fixées par voie réglementaire, pour le calcul de la marge de solvabilité ajustée des entreprises appliquant les normes comptables internationales adoptées par règlement de la Commission européenne. Pour les entreprises mentionnées au premier alinéa, elle peut exiger la modification ou décider le retrait de tout document contraire aux dispositions législatives ou réglementaires, à l'exception des documents à caractère contractuel ou publicitaire pour les entreprises mentionnées au 1° du III de l'article L. 310-1-1. Dans ce cas, elle statue dans les conditions prévues à l'article L. 310-18.

Elle vérifie que les publications auxquelles sont astreintes les entreprises visées à l'article L. 310-1 et au 1° du III de l'article L. 310-1-1 et les sociétés de groupe d'assurance sont régulièrement effectuées. Elle peut ordonner aux entreprises concernées de procéder à des publications rectificatives dans le cas où des inexactitudes ou des omissions auraient été relevées. Elle peut porter à la connaissance du public toutes informations qu'elle estime nécessaires.

L'Autorité de contrôle prudentiel et de résolution peut demander aux entreprises soumises à une surveillance complémentaire en application de l'article L. 334-3 les données ou informations qui, nécessaires à l'exercice de cette surveillance, sont détenues par leurs entreprises apparentées. Si ces dernières entreprises ne fournissent pas ces données et informations, l'Autorité de contrôle peut leur demander directement.

Les entreprises soumises à une surveillance complémentaire et dont le siège social est situé en France transmettent les données ou informations nécessaires à leurs entreprises apparentées ayant leur siège social dans un État membre de la Communauté européenne ou dans un autre État partie à l'accord sur l'Espace économique européen pour l'exercice de la surveillance complémentaire par les autorités compétentes de cet État.

Art. L. 310-15 à L. 310-18-1 *(Abr., Ord. n° 2010-76, 21 janv. 2010).*

Art. L. 310-18-2 *(Abr., L. n° 2003-706, 1er août 2003).*

Art. L. 310-19 à L. 310-23 *(Abr., Ord. n° 2010-76, 21 janv. 2010).*

Art. L. 310-24 *(Vacant).*

Art. L. 310-25 *(Anc. art. L. 326-1, dénum., L. n° 94-5, 4 janv. 1994 ; mod., L. n° 94-475, 10 juin 1994 ; L. n° 94-679, 8 août 1994 ; Ord. n° 2001-350, 19 avr. 2001 ; L. n° 2003-706, 1er août 2003 ; L. n° 2005-1564, 15 déc. 2005 ; Ord. n° 2008-556, 13 juin 2008 ; Ord. n° 2009-108, 30 janv. 2009 ; L. n° 2013-672, 26 juill. 2013).* – Le redressement ou la liquidation judiciaires institués par la loi n° 85-98 du 25 janvier 1985 précitée ne peut être ouvert à l'égard d'une entreprise mentionnée à l'article L. 310-1 qu'à la requête de l'Autorité de contrôle prudentiel et de résolution ; le tribunal peut également se saisir d'office ou être saisi par le procureur de la République d'une demande d'ouverture de cette procédure après avis conforme de l'Autorité de contrôle prudentiel et de résolution. Les dispositions de l'article L. 326-4 sont applicables à la procédure de redressement judiciaire.

Le président du tribunal ne peut être saisi d'une demande d'ouverture du règlement amiable institué par la loi n° 84-148 du 1er mars 1984 relative à la prévention et au règlement amiable des difficultés des entreprises à l'égard d'une entreprise susmentionnée, qu'après avis conforme de l'Autorité de contrôle prudentiel et de résolution.

(Ord. n° 2015-378, 2 avr. 2015) Lorsqu'une procédure de liquidation judiciaire est ouverte à l'égard d'une entreprise mentionnée à l'article L. 310-1, l'Autorité de contrôle prudentiel et de résolution en informe sans délai les autorités compétentes des autres États membres de l'Union européenne.

(Ord. n° 2015-378, 2 avr. 2015) Lorsqu'une procédure de liquidation judiciaire est ouverte à l'encontre d'une entreprise mentionnée à l'article L. 310-1, l'agrément de cette entreprise lui est retiré selon les modalités prévues à l'article L. 325-1. Dans ce cas, les dispositions des articles L. 326-4, L. 326-9 et L. 326-14 sont applicables. L'entreprise reste soumise au contrôle de l'Autorité de contrôle prudentiel et de résolution jusqu'à ce que l'ensemble des engagements résultant des contrats souscrits par l'entreprise ait été intégralement et définitivement réglé aux assurés et aux tiers bénéficiaires ou ait fait l'objet d'un transfert autorisé dans les conditions prévues à l'article L. 324-1.

(Ord. n° 2015-378, 2 avr. 2015) Le liquidateur peut, avec l'accord de l'Autorité de contrôle prudentiel et de résolution, poursuivre certaines activités de l'entreprise d'assurance concernée dans la mesure où cela est nécessaire et approprié pour les besoins de la liquidation.

Art. L. 310-25-1 *(Ord. n° 2009-108, 30 janv. 2009).* – Les procédures de sauvegarde, de redressement et de liquidation judiciaires instituées par les titres II, III et IV du livre VI du Code de commerce ne peuvent être ouvertes à l'égard d'une entreprise de réassurance mentionnée au 1° du III de l'article L. 310-1-1 qu'après avis de l'Autorité de contrôle.

Le président du tribunal ne peut être saisi d'une demande d'ouverture de la procédure de conciliation instituée par le titre Ier du livre VI du Code de commerce à l'égard d'une entreprise de réassurance mentionnée au 1° du III de l'article L. 310-1-1 qu'après avis de l'Autorité de contrôle.

Un décret en Conseil d'État précise les modalités selon lesquelles sont donnés les avis prévus aux premier et deuxième alinéas.

Art. L. 310-25-2 *(Ord. n° 2015-378, 2 avr. 2015)*. – Pour les entreprises d'assurance dont le siège social est situé sur le territoire d'un autre État membre de l'Union européenne, l'Autorité de contrôle prudentiel et de résolution peut demander aux autorités de contrôle de l'État membre d'origine des informations sur le déroulement de la procédure de liquidation.

Section IV. – Sanctions

(L. n° 94-5, 4 janv. 1994)

Art. L. 310-26 *(Anc. art. L. 328-2, dénum., L. n° 94-5, 4 janv. 199 ; mod., L. n° 2009-526, 12 mai 2009)*. – Toute infraction aux dispositions de l'article L. 310-10 sera punie d'une amende de 4 500 €. Le jugement sera publié aux frais des condamnés ou des entreprises civilement responsables.

Art. L. 310-27 *(Rempl., L. n° 94-5, 4 janv. 1994 ; mod., Ord. n° 2008-556, 13 juin 2008 ; L. n° 2009-526, 12 mai 2009)*. – Le fait de pratiquer sur le territoire de la République une des opérations mentionnées aux 1°, 2° et 3° de l'article L. 310-1 sans se conformer aux dispositions des articles L. 310-2 et L. 310-6 *(Mots aj. à compter de la date de retrait du Royaume-Uni de l'Union européenne sans accord conclu conformément à l'article 50 du traité sur l'Union européenne, Ord. n° 2019-75, 6 févr. 2019)* « ou aux dispositions du I de l'article L. 310-2-3 » est puni d'un emprisonnement de trois ans et d'une amende de 75 000 €.

Lorsqu'une personne physique a commis l'une des infractions prévues au précédent alinéa, la diffusion de la décision, dans les conditions prévues par l'article 131-35 du Code pénal, peut être prononcée à titre de peine complémentaire.

Les personnes morales déclarées responsables pénalement, dans les conditions prévues par l'article 121-2 du Code pénal, des infractions définies au présent article encourent, outre l'amende suivant les modalités prévues par l'article 131-38 du Code pénal, la peine prévue par le 4° de l'article 131-39 du même code.

Les personnes ayant souscrit de bonne foi un contrat auprès de l'entreprise dont la fermeture a été ordonnée par le tribunal bénéficient des mêmes privilèges et garanties que ceux réservés par le présent code aux souscripteurs et bénéficiaires de contrats en cas de liquidation d'une entreprise d'assurance.

Art. L. 310-28 *(Rempl., L. n° 94-5, 4 janv. 1994 ; mod., L. n° 94-679, 8 août 1994 ; L. n° 99-532, 25 juin 1999 ; Ord. n° 2001-766, 29 août 2001 ; L. n° 2003-706, 1er août 2003 ; Ord. n° 2004-1201, 12 nov. 2004 ; L. n° 2005-1564, 15 déc. 2005 ; Ord. n° 2008-556, 13 juin 2008 ; L. n° 2009-526, 12 mai 2009 ; L. n° 2010-1249, 22 oct. 2010 ; Ord. n° 2010-76, 21 janv. 2010 ; L. n° 2013-672, 26 juill. 2013 ; Ord. n° 2014-158, 20 févr. 2014)*. – Le fait pour tout dirigeant d'une société de groupe d'assurance ou d'une société de groupe mixte d'assurance définie à l'article L. 322-1-2, d'une compagnie financière holding mixte définie à l'article L. 517-4 du Code monétaire et financier, d'une société mentionnée à l'article L. 214-190 du Code monétaire et financier, ou d'une entreprise soumise au contrôle de l'État en vertu de l'article L. 310-1 ou du II de l'article L. 310-1-1, après mise en demeure, de ne pas répondre aux demandes d'information de l'Autorité de contrôle prudentiel et de résolution, ou de mettre obstacle de quelque manière que ce soit à l'exercice par celle-ci de sa mission de contrôle, ou de lui communiquer sciemment des renseignements inexacts, est puni d'un emprisonnement d'un an et d'une amende de 15 000 €. Les mêmes dispositions s'appliquent aux dirigeants des personnes morales et aux personnes physiques que l'Autorité de contrôle prudentiel et de résolution aura décidé de soumettre à son contrôle en application des 1° et 2° du II de l'article L. 612-2 du Code monétaire et financier. *(Mots rempl., Ord. n° 2017-1608, 27 nov. 2017)* « Les entraves à l'action de l'Autorité de contrôle prudentiel et de résolution ou à l'exécution d'une décision prise en application des articles L. 612-33 et L. 612-34 du Code monétaire et financier et de la section 6 du chapitre II du titre Ier du livre III du présent code sont punies des mêmes peines ».

Le fait, pour les mêmes personnes, de faire des déclarations mensongères ou de procéder à des dissimulations frauduleuses dans tout document produit au ministre chargé de l'économie et des finances est puni des mêmes peines.

Est également puni des mêmes peines le fait, pour quiconque, à l'occasion d'activités régies par le présent code, de formuler des déclarations mensongères dans tout document porté à la connaissance du public ou de la clientèle.

TITRE II. – RÉGIME ADMINISTRATIF

CHAPITRE II. – RÈGLES DE CONSTITUTION ET DE FONCTIONNEMENT

Section I. – Dispositions communes

Art. L. 322-1 *(L. n° 94-5, 4 janv. 1994 ; mod., L. n° 2005-842, 26 juill. 2005 ; rempl., Ord. n° 2008-556, 13 juin 2008).* – Les entreprises mentionnées à l'article L. 310-1 ayant leur siège social en France et les entreprises mentionnées au 1° du III de l'article L. 310-1-1 doivent être constituées sous forme de société anonyme, de société d'assurance mutuelle ou de société européenne.

Voir : C. assur., art. R. 322-2 et s., p. 2507.

Art. L. 322-1-1 *(L. n° 99-532, 25 juin 1999 ; rempl., Ord. n° 2008-556, 13 juin 2008 ; Ord. n° 2015-378, 2 avr. 2015).* – Le siège statutaire des entreprises d'assurance et de réassurance ayant leur siège social en France doit être situé sur le territoire de la République.

Le siège statutaire des entreprises étrangères d'assurance agréées en vertu des articles L. 321-7 ou L. 329-1 doit être situé sur le même territoire que leur siège social.

Art. L. 322-1-2 *(Ord. n° 2001-766, 29 août 2001 ; mod., Ord. n° 2004-1201, 12 nov. 2004 ; Ord. n° 2008-556, 13 juin 2008 ; Ord. n° 2015-378, 2 avr. 2015 ; Ord. n° 2017-484, 6 avr. 2017).* – Dans le présent code :

1° L'expression : « sociétés de groupe d'assurance » désigne les entreprises mères au sens de l'article L. 356-1 qui ne sont pas des compagnies financières holding mixtes au sens de l'article L. 517-4 du Code monétaire et financier et dont l'activité principale consiste à prendre et à gérer des participations au sens du 10° de l'article L. 310-3 dans des entreprises soumises au contrôle de l'État en application de l'article L. 310-1 ou de l'article L. 310-1-1 dans des entreprises d'assurance ou de réassurance dont le siège social est situé hors de France, ou dans des fonds de retraite professionnelle supplémentaire constitués sous forme de société anonyme, ou à nouer et à gérer des relations financières fortes et durables avec des mutuelles ou unions régies par le livre II du Code de la mutualité, des mutuelles ou unions de retraite professionnelle supplémentaire mentionnées à l'article L. 214-1 du même code, des institutions de prévoyance ou unions régies par le titre III du livre IX du Code de la sécurité sociale, des institutions de retraite professionnelle supplémentaire mentionnées à l'article L. 942-1 du même code, des sociétés d'assurance mutuelle, des fonds de retraite professionnelle supplémentaire constitués sous forme de société d'assurance mutuelle, ou des entreprises d'assurance ou de réassurance à forme mutuelle ou coopérative ou à gestion paritaire ayant leur siège social dans un État membre de l'Union européenne ou dans un autre État partie à l'accord sur l'Espace économique européen. L'un au moins de ces organismes est une entreprise soumise au contrôle de l'État en application de l'article L. 310-1 ou de l'article L. 310-1-1 et ayant son siège social en France ;

2° L'expression : « sociétés de groupe mixtes d'assurance » désigne les entreprises mères au sens du 1° de l'article L. 356-1 d'au moins une entreprise mentionnée à l'article L. 310-1 ou à l'article L. 310-1-1, ou un fonds de retraite professionnelle supplémentaire, ou une mutuelle ou union régie par le livre II du Code de la mutualité, ou une mutuelle ou union de retraite professionnelle supplémentaire mentionnée à l'article L. 214-1 du même Code de la mutualité, ou une institution de prévoyance ou union régie par le titre III du livre IX du Code de la sécurité sociale, ou une institution de retraite professionnelle supplémentaire mentionnée à l'article L. 942-1 du Code de la sécurité sociale, autres que les entreprises mentionnées à l'article L. 310-1 ou à l'article L. 310-1-1, les fonds de retraite professionnelle supplémentaire, les mutuelles ou unions régies par le livre II du Code de la mutualité, les mutuelles ou unions de retraite professionnelle supplémentaire mentionnées à l'article L. 214-1 du même code, les institutions de prévoyance ou unions régies par le titre III du livre IX du Code de la sécurité sociale, les institutions de retraite professionnelle supplémentaire mentionnées à l'article L. 942-1 du même code, les entreprises d'assurance ou de réassurance dont le siège social est situé hors de France, les sociétés de groupe d'assurance définies au 1°, les unions mutualistes de groupe définies à l'article L. 111-4-2 du Code de la

mutualité et les sociétés de groupe assurantiel de protection sociale définies à l'article L. 931-2-2 du Code de la sécurité sociale et les compagnies financières holding mixtes définies à l'article L. 517-4 du Code monétaire et financier.

Art. L. 322-1-3 *(Ord. n° 2001-766, 29 août 2001 ; mod., L. n° 2014-856, 31 juill. 2014 ; rempl., Ord. n° 2015-378, 2 avr. 2015 ; Ord. n° 2015-497, 18 nov. 2015 ; Ord. n° 2017-484, 6 avr. 2017).* **– Lorsque la société de groupe d'assurance a avec une entreprise des relations financières fortes et durables qui ne résultent pas de participations au sens du 10° de l'article L. 310-3, ces relations sont définies par une convention d'affiliation.**

Un organisme ne peut s'affilier à une société de groupe d'assurance définie à l'article L. 322-1-2, à une union mutualiste de groupe définie à l'article L. 111-4-2 du Code de la mutualité ou à une société de groupe assurantiel de protection sociale définie à l'article L. 931-2-2 du Code de la sécurité sociale que si ses statuts en prévoient expressément la possibilité et qu'il n'est pas déjà affilié à une société de groupe d'assurance, à une union mutualiste de groupe ou à une société de groupe assurantiel de protection sociale.

La société de groupe d'assurance peut décider de fonctionner sans capital social à la double condition de compter au moins deux entreprises affiliées et d'exercer effectivement une influence dominante au moyen d'une coordination centralisée sur les décisions, y compris financières, des entreprises affiliées. Si elle remplit ces conditions, la société de groupe d'assurance peut être dénommée « société de groupe d'assurance mutuelle ».

Les entreprises affiliées à une société de groupe d'assurance mutuelle ne peuvent être que :

– des mutuelles ou unions relevant du livre II du Code de la mutualité ;

– des institutions de prévoyances ou unions relevant du titre III du livre IX du Code de la sécurité sociale ;

– des sociétés d'assurance mutuelle relevant du Code des assurances ou des entreprises d'assurance ou de réassurance à forme mutuelle ou coopérative ou à gestion paritaire ayant leur siège social dans un autre État membre de l'Union européenne ou partie à l'accord sur l'Espace économique européen ;

– des sociétés de groupe d'assurance mutuelle définies au présent article, des unions mutualistes de groupe définies à l'article L. 111-4-2 du Code de la mutualité ou des sociétés de groupe assurantiel de protection sociale définies à l'article L. 931-2-2 du Code de la sécurité sociale ;

– des fonds de retraite professionnelle supplémentaire lorsqu'ils sont constitués sous forme de sociétés d'assurance mutuelle ;

– des mutuelles ou unions de retraite professionnelle supplémentaire mentionnées à l'article L. 214-1 du Code de la mutualité ;

– des institutions de retraite professionnelle supplémentaire mentionnées à l'article L. 942-1 du Code de la sécurité sociale.

Une société de groupe d'assurance mutuelle doit compter parmi ses affiliées, soit une société d'assurance mutuelle, soit une société de groupe d'assurance mutuelle.

Les conditions de fonctionnement des sociétés de groupe d'assurance mutuelle sont fixées par décret en Conseil d'État.

Art. L. 322-1-3-1 *(Créé, L. n° 2019-486, 22 mai 2019).* **– Les statuts des sociétés de groupe d'assurance mutuelles peuvent préciser une raison d'être, constituée des principes dont la société se dote et pour le respect desquels elle entend affecter des moyens dans la réalisation de son activité.**

Art. L. 322-1-4 *(L. n° 2003-706, 1er août 2003 ; L. n° 2013-672, 26 juill. 2013).* **– La conclusion par une entreprise d'une convention d'affiliation à une société de groupe d'assurance ou la résiliation de celle-ci font l'objet d'une déclaration préalable [à] l'Autorité de contrôle prudentiel et de résolution. [Celle-ci] dispose d'un délai dont la durée est fixée par décret en Conseil d'État à compter de la réception du dossier pour s'opposer à l'opération projetée si celle-ci apparaît contraire aux intérêts des assurés. Il en va de même lorsqu'une entreprise fait l'objet d'une mesure d'exclusion de la société de groupe d'assurance.**

Un décret en Conseil d'État détermine les modalités d'application du présent article et précise les conditions de fonctionnement de ces sociétés de groupe d'assurance.

Art. L. 322-1-5 *(Ord. n° 2015-378, 2 avr. 2015 ; Ord. n° 2017-484, 6 avr. 2017).* **– Les sociétés d'assurance mutuelle peuvent constituer un groupement d'assurance mutuelle, doté de la personnalité**

morale. Les statuts de ce groupement peuvent en prévoir l'ouverture à des organismes relevant des catégories suivantes :

1° Organismes régis par le titre III du livre IX du Code de la sécurité sociale ou au II de l'article L. 727-2 du Code rural et de la pêche maritime ;

2° Mutuelles et unions régies par le livre II du Code de la mutualité, unions de groupe mutualiste définies à l'article L. 111-4-1 du Code de la mutualité et unions mutualistes de groupe définies à l'article L. 111-4-2 du Code de la mutualité ;

3° Sociétés d'assurances mutuelles et unions de sociétés d'assurance mutuelles relevant du Code des assurances ainsi que les sociétés de groupe d'assurance mutuelle et les groupements d'assurance mutuelle définis respectivement à l'article L. 322-1-3 et à l'article L. 322-1-5 du Code des assurances ;

4° Autres organismes d'assurance à forme mutuelle ou coopérative ou à gestion paritaire dont le siège est situé dans un État membre de l'Union européenne ou dans un autre État partie à l'accord sur l'Espace économique européen ;

5° Fonds de retraite professionnelle supplémentaire lorsqu'ils sont constitués sous forme de sociétés d'assurance mutuelle ;

6° Mutuelles ou unions de retraite professionnelle supplémentaire mentionnées à l'article L. 214-1 du Code de la mutualité ;

7° Institutions de retraite professionnelle supplémentaire mentionnées à l'article L. 942-1 du Code de la sécurité sociale.

Pour l'application du 4°, est considérée comme entreprise d'assurance ou de réassurance à gestion paritaire toute entreprise d'assurance ou de réassurance dont le conseil d'administration ou l'organe assimilé prend ses décisions par la voie de délibérations de représentants des employeurs et de représentants des salariés.

Le groupement d'assurance mutuelle a pour objet de faciliter et de développer, en les coordonnant, les activités de ses membres qui demeurent, pour chacun d'entre eux, directement responsables de la garantie de leurs engagements. En aucun cas, les groupements de sociétés d'assurance mutuelle ne peuvent pratiquer des opérations d'assurance ou de réassurance.

Les personnes mentionnées du 1° au 4° ne peuvent adhérer à un groupement d'assurance mutuelle que si leurs statuts en prévoient expressément la possibilité. Le groupement ne peut exercer sur ses membres d'influence dominante au sens du 1° de l'article L. 356-1 ni établir de relations financières fortes et durables entre ses membres.

Un groupement d'assurance mutuelle peut être transformé en société de groupe d'assurance mutuelle au sens de l'article L. 322-1-3 sans donner lieu à dissolution ni à création d'une personne morale nouvelle.

Les conditions de fonctionnement du groupement d'assurance mutuelle sont fixées par décret en Conseil d'État.

Art. L. 322-2 *(L. n° 89-1014, 31 déc. 1989 ; mod., L. n° 94-5, 4 janv. 1994 ; L. n° 94-679, 8 août 1994 ; L. n° 2001-420, 15 mai 2001 ; Ord. n° 2001-766, 29 août 200 ; Ord. n° 2004-1201, 12 nov. 2004 ; L. n° 2005-1564, 15 déc. 2005 ; L. n° 2006-437, 14 avr. 2006 ; L. n° 2013-672, 26 juill. 2013 ; Ord. n° 2014-158, 20 févr. 2014 ; Ord. n° 2015-378, 2 avr. 2015 ; Ord. n° 2017-484, 6 avr. 2017).* – I. – Nul ne peut, directement ou indirectement administrer ou diriger une entreprise soumise au contrôle de l'État en vertu de l'article L. 310-1 ou de l'article L. 310-1-1, une société de groupe d'assurance définie à l'article L. 322-1-2, une compagnie financière holding mixte définie à l'article L. 517-4 du Code monétaire et financier, ni être membre d'un organe collégial de contrôle de ces entreprises, sociétés ou compagnies, ni disposer du pouvoir de signer pour leur compte, ni être responsable d'une des fonctions clés mentionnées à l'article L. 354-1, s'il a fait l'objet depuis moins de dix ans d'une condamnation définitive :

1° Pour crime ;

2° À une peine d'emprisonnement ferme ou d'au moins six mois avec sursis pour :

a) L'une des infractions prévues au titre Ier du livre III du Code pénal et pour les délits prévus par des lois spéciales et punis des peines prévues pour l'escroquerie et l'abus de confiance ;

b) Recel ou l'une des infractions assimilées au recel ou voisines de celui-ci prévues à la section II du chapitre Ier du titre II du livre III du Code pénal ;

c) Blanchiment ;

d) Corruption active ou passive, trafic d'influence, soustraction et détournement de biens ;

e) Faux, falsification de titres ou autres valeurs fiduciaires émises par l'autorité publique, falsification des marques de l'autorité ;

f) Participation à une association de malfaiteurs ;

g) Trafic de stupéfiants ;

h) Proxénétisme ou l'une des infractions prévues par les sections II et II *bis* du chapitre V du titre II du livre II du Code pénal ;

i) L'une des infractions prévues à la section 3 du même chapitre *(Mots aj., L. n° 2019-486, 22 mai 2019)* « et à la section 6 *bis* du chapitre III du même titre II » ;

j) L'une des infractions à la législation sur les sociétés commerciales prévues au titre IV du livre II du Code de commerce ;

k) Banqueroute ;

l) Pratique de prêt usuraire ;

m) L'une des infractions à la législation sur les jeux de hasard, casinos et loteries, prévues par les dispositions des articles L. 324-1 à L. 324-10 du Code de la sécurité intérieure ;

n) Infraction à la législation et à la réglementation des relations financières avec l'étranger ;

o) Fraude fiscale ;

p) *(p rempl. à compter du 1er octobre 2018, Ord. n° 2018-361, 16 mai 2018 ; rempl., L. n° 2019-486, 22 mai 2019)* L'une des infractions prévues aux articles L. 121-2 à L. 121-4, L. 121-8 à L. 121-10, L. 411-2, L. 413-1, L. 413-2, L. 413-4 à L. 413-9, L. 422-2, L. 441-1, L. 441-2, L. 452-1, L. 455-2, L. 512-4 et L. 531-1 du Code de la consommation ;

q) L'une des infractions prévues au Code monétaire et financier ;

r) L'une des infractions prévues aux articles L. 8221-1, L. 8221-3, L. 8221-5 et L. 8224-1 du Code du travail ;

s) Les atteintes aux systèmes de traitement automatisé prévues par le chapitre III du titre II du livre III du Code pénal ;

t) L'une des infractions à la législation ou à la réglementation applicable aux entreprises régies par le Code des assurances, aux institutions de prévoyance régies par le titre III du livre IX du Code de la sécurité sociale, à leurs unions, aux sociétés de groupe assurantiel de protection sociale et aux mutuelles, unions et fédérations régies par le Code de la mutualité ;

3° À la destitution des fonctions d'officier public ou ministériel.

II. – L'incapacité prévue au premier alinéa s'applique à toute personne à l'égard de laquelle a été prononcée une mesure définitive de faillite personnelle ou une autre mesure définitive d'interdiction dans les conditions prévues par le livre VI du Code de commerce.

III. – Sans préjudice des dispositions du deuxième alinéa de l'article 132-21 du Code pénal, la juridiction prononçant la décision qui entraîne cette incapacité peut en réduire la durée.

IV. – Les personnes exerçant une fonction, une activité ou une profession mentionnée au premier alinéa du I qui font l'objet de l'une des condamnations prévues aux I et II doivent cesser leur activité dans un délai d'un mois à compter de la date à laquelle la décision de justice est devenue définitive. Ce délai peut être réduit ou supprimé par la juridiction qui a rendu cette décision.

V. – En cas de condamnation prononcée par une juridiction étrangère et passée en force de chose jugée pour une infraction constituant, selon la loi française, un crime ou l'un des délits mentionnés au I, le tribunal correctionnel du domicile du condamné déclare, à la requête du ministère public, après constatation de la régularité et de la légalité de la condamnation et l'intéressé ayant été dûment appelé en chambre du conseil, qu'il y a lieu à l'application de l'incapacité prévue au premier alinéa du I.

Cette incapacité s'applique également à toute personne non réhabilitée ayant fait l'objet d'une faillite personnelle prononcée par une juridiction étrangère quand le jugement déclaratif a été déclaré exécutoire en France. La demande d'*exequatur* peut être, à cette fin seulement, formée par le ministère public devant le tribunal de grande instance du domicile du condamné.

VI. – Le fait, pour une personne, de ne pas faire l'objet de l'incapacité prévue au présent article ne préjuge pas de l'appréciation, par l'autorité compétente, du respect des conditions nécessaires à l'agrément ou à l'autorisation d'exercice.

VII. – Les personnes appelées à diriger une entreprise, une société ou une compagnie mentionnée au premier alinéa du I ou à y exercer une des fonctions clés mentionnées à l'article L. 354-1 doivent posséder l'honorabilité, la compétence ainsi que l'expérience nécessaires à leurs fonctions.

Les membres du conseil d'administration ou du conseil de surveillance des personnes mentionnées aux 1°, 2° et 9° du B du I de l'article L. 612-2 du Code monétaire et financier disposent de l'honorabilité, de la compétence et de l'expérience requises.

Pour apprécier la compétence des intéressés, l'Autorité de contrôle prudentiel et de résolution tient compte de leur formation et de leur expérience de façon proportionnée à leurs attributions, notamment l'expérience acquise en tant que président d'un conseil ou d'un comité. L'autorité tient compte également, dans l'appréciation portée sur chaque personne, de la compétence, de l'expérience et des attributions des autres membres de l'organe auquel elle appartient. Lorsque des mandats ont été antérieurement exercés, la compétence est présumée à raison de l'expérience acquise. Pour les nouveaux membres, l'autorité tient compte des formations dont ils pourront bénéficier tout au long de leur mandat.

VIII. – Lorsque l'Autorité de contrôle prudentiel et de résolution est amenée à se prononcer sur la qualité des actionnaires ainsi que sur l'honorabilité, la compétence et l'expérience des personnes qui dirigent effectivement l'entreprise ou qui sont responsables de fonctions clés au sens de l'article L. 322-3-2 et lorsque ces personnes exercent de telles fonctions auprès d'une autre entité du même groupe au sens de l'article L. 356-1, elle consulte les autorités compétentes de cette autre entité. Elle communique à ces autorités les informations utiles à l'exercice de leurs missions.

IX. – Les dispositions du présent article sont applicables au mandataire général désigné par les entreprises opérant en régime d'établissement.

X. – Un décret en Conseil d'État précise les conditions d'application du présent article.

Art. L. 322-2-1 *(L. n° 88-1201, 23 déc. 1988 ; L. n° 89-1014, 31 déc. 1989 ; rempl., L. n° 96-314, 12 avr. 1996 ; mod., Ord. n° 2000-912, 18 sept. 2000 ; Ord. n° 2001-350, 19 avr. 2001 ; L. n° 2003-706, 1er août 2003 ; L. n° 2013-672, 26 juill. 2013).* – I. – *(Mod., Ord. n° 2009-80, 22 janv. 2009)* Les sociétés d'assurance mutuelles et les caisses d'assurance et de réassurance mutuelles agricoles agréées, qui ont établi des comptes régulièrement approuvés au cours des deux derniers exercices, peuvent émettre des obligations, des titres participatifs et des titres subordonnés dans les conditions prévues par les articles L. 228-1, L. 228-5, L. 228-36 à L. 228-90 et L. 228-97 du Code de commerce, et sous les sanctions prévues par les articles L. 242-10 et L. 242-30 et, pour les obligations, par les articles L. 245-8 à L. 245-12 (1° à 5°) et L. 245-13 à L. 245-17 dudit code. L'émission peut être effectuée par offre au public et est alors soumise au contrôle de l'Autorité des marchés financiers dans les conditions prévues par le Code monétaire et financier.

Pour l'application de la loi n° 66-537 du 24 juillet 1966 précitée, le mot « actionnaires » désigne les « sociétaires ». Les sanctions relatives aux conseil d'administration, directoire ou gérant de société prévues par les dispositions mentionnées à l'alinéa précédent s'appliquent aux personnes ou organes qui sont chargés de l'administration ou de la gestion conformément aux statuts.

Préalablement à l'émission d'obligations, de titres participatifs ou de titres subordonnés, toute société ou caisse concernée doit être inscrite au registre du commerce et des sociétés.

II. – Nonobstant l'article L. 228-41 du code précité [Code de commerce], l'assemblée générale des sociétaires est seule habilitée à fixer les caractéristiques essentielles de l'émission d'obligations, de titres participatifs ou de titres subordonnés. Elle peut toutefois déléguer au conseil d'administration ou au directoire, dans le cadre ainsi défini, les pouvoirs nécessaires pour en arrêter les modalités pratiques. Il est rendu compte par le conseil d'administration ou par le directoire à la plus prochaine assemblée générale de l'exercice de cette délégation. Les contrats d'émission ne peuvent en aucun cas avoir pour but de privilégier une catégorie de sociétaires, des personnes qui sont liées à la société par un contrat de travail, des dirigeants de droit ou de fait de celle-ci ou toute autre personne. Les contrats conclus en violation de cette disposition sont frappés de nullité absolue.

III. – En ce qui concerne la rémunération des titres participatifs, la partie variable ne peut être calculée par référence à un critère représentatif du volume d'activité de la société émettrice.

IV. – Un décret en Conseil d'État fixe les modalités d'application du présent article, notamment le contrôle exercé par *(Mots rempl., Ord. n° 2010, 21 janv. 2010)* « l'Autorité de contrôle prudentiel et de résolution » sur ces émissions.

Voir : C. monét. fin., art. L. 213-33 et s., p. 1001.

Art. L. 322-2-2 *(L. n° 89-1014, 31 déc. 1989 ; mod., L. n° 94-679, 8 août 1994 ; rempl., L. n° 2003-706, 1er août 2003 ; mod., L. n° 2011-525, 17 mai 2011 ; L. n° 2013-504, 14 juin 2013).* – Les opérations autres que celles qui sont mentionnées aux articles L. 310-1 et L. 310-1-1 du présent code et à l'article L. 341-1 du Code monétaire et financier, en particulier la mise en œuvre d'une action sociale, ne peuvent être effectuées par les entreprises mentionnées aux articles L. 310-1 et L. 310-1-1 du présent code que si elles demeurent d'importance limitée par rapport à l'ensemble des activités de l'entreprise.

Lorsqu'elle se traduit par des réalisations sociales collectives, l'action sociale mentionnée au premier alinéa du présent article doit être confiée à une ou plusieurs personnes morales distinctes de l'assureur.

Sanction de la règle de spécialité. Jugé concernant des opérations de banque que la seule méconnaissance par une société d'assurances de la règle de spécialité, au respect de laquelle l'article L. 322-2-2 subordonne son activité, n'est pas de nature à entraîner la nullité des actes qu'elle a conclus : ▪ Cass. com., 7 avr. 2009, n° 07-18.907, PB : *D.* 2009, p. 2731, note G. Marly.

Art. L. 322-2-3 *(Anc. art. L. 321-6, dénum., L. n° 94-5, 4 janv. 1994)*. – Les entreprises soumises au contrôle de l'État par l'article L. 310-1 qui pratiquent l'assurance de protection juridique optent pour l'une des modalités suivantes :

– les membres du personnel chargés de la gestion des sinistres de la branche « protection juridique » ou de conseils juridiques relatifs à cette gestion ne peuvent exercer en même temps une activité semblable dans une autre branche pratiquée par l'entreprise qui les emploie, ni dans une autre entreprise ayant avec cette dernière des liens financiers, commerciaux ou administratifs ;

– les sinistres de la branche « protection juridique » sont confiés à une entreprise juridiquement distincte ;

– le contrat d'assurance de protection juridique prévoit le droit pour l'assuré de confier la défense de ses intérêts, dès qu'il est en droit de réclamer l'intervention de l'assurance au titre de la police, à un avocat ou à une personne qualifiée de son choix.

Les modalités d'application du présent article seront précisées par décret en Conseil d'État.

Art. L. 322-2-4 *(Abr. à compter du 1er janvier 2016, Ord. n° 2015-378, 2 avr. 2015).*

Art. L. 322-3 *(Rempl., L. n° 94-5, 4 janv. 1994 ; abr., L. n° 2005-1564, 15 déc. 2005 ; rétabli dans la version suivante, Ord. n° 2008-1278, 8 déc. 2008 ; rempl., L. n° 2010-1249, 22 oct. 2010)*. – Sont exemptées des obligations mentionnées à l'article L. 823-19 du Code de commerce :

1° Les personnes et entités contrôlées au sens de l'article L. 233-16 du même code lorsque la personne ou l'entité qui les contrôle s'est volontairement dotée d'un comité spécialisé au sens et selon les modalités de l'article L. 823-19 du même code ;

2° Les personnes et entités liées à une entreprise mère au sens du 1° de l'article *(Réf. rempl., Ord. n° 2015-378, 2 avr. 2015)* « L. 356-1 » du présent code lorsque l'entreprise mère est elle-même soumise à ces obligations ou s'est volontairement dotée d'un comité spécialisé au sens et selon les modalités de l'article L. 823-19 du Code de commerce.

Art. L. 322-3-1 *(Ord. n° 2014-158, 20 févr. 2014 ; Ord. n° 2016-315, 17 mars 2016)*. – Au sein des entreprises d'assurance et de réassurance, à l'exception de celles mentionnées à l'article L. 322-3, le comité mentionné à l'article L. 823-19 du Code de commerce assure également le suivi de la politique, des procédures et des systèmes de gestion des risques.

Toutefois, sur décision de l'organe chargé de l'administration ou de la surveillance, cette mission peut être confiée à un comité distinct, régi par le premier alinéa et le 7° du II du même article L. 823-19.

Art. L. 322-3-2 *(Ord. n° 2015-378, 2 avr. 2015)*. – La direction effective des entreprises mentionnées à l'article L. 310-3-1 est assurée par au moins deux personnes qui doivent satisfaire aux conditions prévues à l'article L. 322-2.

Ces entreprises désignent en leur sein, ou le cas échéant au sein du groupe au sens de l'article L. 356-1, la personne responsable de chacune des fonctions clés mentionnées à l'article L. 354-1. Placés sous l'autorité du directeur général ou du directoire selon les cas, ces responsables exercent leurs fonctions dans les conditions définies par l'entreprise.

Le directeur général ou le directoire soumettent à l'approbation du conseil d'administration ou du conseil de surveillance des procédures définissant les conditions selon lesquelles les responsables de ces fonctions peuvent informer, directement et de leur propre initiative, le conseil d'administration ou le conseil de surveillance, lorsque surviennent des événements de nature à le justifier.

Le conseil d'administration ou le conseil de surveillance entend, directement et de sa propre initiative, chaque fois qu'il l'estime nécessaire et au moins une fois par an, les responsables des fonctions clés. Cette audition peut se dérouler hors la présence du directeur général ou du directoire si les membres du conseil d'administration ou du conseil de surveillance l'estiment nécessaire. Le conseil d'administration ou le conseil de surveillance peut renvoyer cette audition devant un comité spécialisé émanant de ce conseil.

La nomination et le renouvellement des personnes mentionnées aux deux premiers alinéas sont notifiés à l'Autorité de contrôle prudentiel et de résolution conformément à l'article L. 612-23-1 du Code monétaire et financier.

Un décret en Conseil d'État précise les conditions d'application du présent article.

Section II. – Sociétés anonymes d'assurance, de capitalisation et de réassurance

Art. L. 322-4 *(Abr., L. n° 89-1014, 31 déc. 1989 ; rétabli, L. n° 94-5, 4 janv. 1994 ; mod., L. n° 2001-420, 15 mai 2001 ; Ord. n° 2001-766, 29 août 2001 ; L. n° 2003-706, 1er août 2003 ; Ord. n° 2004-1201, 12 nov. 2004 ; L. n° 2005-1564, 15 déc. 2005 ; Ord. n° 2008-556, 13 juin 2008 ; L. n° 2008-776, 4 août 2008 ; Ord. n° 2009-897, 24 juill. 2009 ; L. n° 2013-672, 26 juill. 2013).* – Les modifications dans la répartition du capital des entreprises mentionnées au 1° de l'article L. 310-2 et au 1° du III de l'article L. 310-1-1 doivent être notifiées [à] l'Autorité de contrôle prudentiel et de résolution. Les prises ou extensions de participations, directes ou indirectes, dans ces entreprises doivent être autorisées par l'Autorité de contrôle prudentiel et de résolution. Lorsqu'une diminution ou cession de participation, directe ou indirecte, lui est notifiée, l'Autorité de contrôle prudentiel et de résolution vérifie que cette opération ne remet pas en cause les conditions auxquelles est subordonné l'agrément délivré à l'entreprise concernée. Un décret en Conseil d'État détermine les conditions d'application du présent alinéa et notamment les seuils de notification des opérations envisagées ainsi que les critères d'appréciation, par l'Autorité de contrôle prudentiel et de résolution, des opérations mentionnées à la deuxième phrase. Ce régime vise à préserver les intérêts des assurés ou des entreprises réassurées et à s'assurer que l'entreprise dispose d'une gestion saine et prudente. Ces dispositions s'appliquent également aux prises, extensions ou cessions de participations dans des sociétés de groupe d'assurance dont le siège social est situé en France *(Mots suppr., Ord. n° 2015-378, 2 avr. 2015)* « ainsi que dans des compagnies financières holdings mixtes dont le siège social est situé en France et appartenant à un conglomérat financier dont la surveillance est coordonnée par la commission de contrôle dans les conditions prévues à l'article L. 633-2 du Code monétaire et financier ».

L'autorisation donnée à des opérations mentionnées au premier alinéa peut être subordonnée au respect d'engagements souscrits par une ou plusieurs des personnes ayant présenté une demande d'autorisation.

En cas de manquement aux prescriptions édictées par le décret en Conseil d'État visé au premier alinéa du présent article et sans préjudice des dispositions de l'article 356-4 de la loi n° 66-537 du 24 juillet 1966 sur les sociétés commerciales, à la demande [de] l'Autorité de contrôle prudentiel et de résolution, du procureur de la République [...] ou de tout actionnaire, le juge suspend, jusqu'à régularisation de la situation, l'exercice des droits de vote attachés aux actions ou parts sociales des entreprises visées au premier alinéa du présent article détenues irrégulièrement, directement ou indirectement.

Art. L. 322-4-1 *(Anc. art. L. 322-1 ; dénum. et mod., L. n° 94-5, 4 janv. 1994 ; mod., L. n° 2003-706, 1er août 2003 ; L. n° 2005-1564, 15 déc. 2005 ; Ord. n° 2008-556, 13 juin 2008 ; L. n° 2013-672, 26 juill. 2013).* – L'Autorité de contrôle prudentiel et de résolution informe la Commission européenne *(Mots rempl., Ord. n° 2015-378, 2 avr. 2015)* « [,] l'Autorité européenne des assurances et des pensions professionnelles et les autorités de contrôle des autres États membres » de toute prise de participation susceptible de conférer le contrôle d'une entreprise mentionnée au 1° de l'article L. 310-2 ou au 1° du III de l'article L. 310-1-1 à une entreprise dont le siège social est situé dans un État non partie à l'accord sur l'Espace économique européen. Le contrôle s'entend au sens des articles L. 233-3 et L. 233-16 du Code de commerce.

Sur demande de l'autorité compétente des communautés européennes, dans les circonstances mentionnées au deuxième alinéa de l'article L. 321-2, l'Autorité de contrôle prudentiel et de résolution s'oppose, pendant une durée de trois mois, à toute prise de participation qui aurait les conséquences mentionnées à l'alinéa précédent. Le délai de trois mois peut être prorogé sur décision du Conseil des communautés.

Les dispositions de l'alinéa qui précède ne s'appliquent pas aux prises de participation susceptibles de conférer le contrôle d'une entreprise d'assurance mentionnée à l'article L. 310-1 à une entreprise déjà établie sur le territoire d'un État partie au traité sur l'Espace économique européen.

Voir : C. assur., art. R. 322-5 et s., p. 2508.

Art. L. 322-4-2 *(L. n° 2002-1303, 29 oct. 2002).* – Pour l'application de l'article L. 225-21 du Code de commerce, les mandats d'administrateur d'une société anonyme appartenant à un groupe d'assurance contrôlé, au sens *(Réf. rempl., Ord. n° 2015-378, 2 avr. 2015)* « de l'article L. 356-1 », par une société d'assurance mutuelle ou une société de réassurance mutuelle comptent pour un seul mandat.

Art. L. 322-4-3 *(L. n° 2003-706, 1er août 2003).* – Les entreprises d'assurance indiquent dans le rapport annuel de gestion prévu à l'article L. 232-1 du Code de commerce le montant et les modalités de répartition pour l'année écoulée de la participation aux bénéfices visée à l'article *(Réf. rempl., Ord. n° 2015-378, 2 avr. 2015)* « L. 132-29 ».

Art. L. 322-4-4 *(L. n° 2013-672, 26 juill. 2013).* – En cas de cessation de mandat d'un ou plusieurs membres du conseil d'administration, à la suite d'une décision d'opposition prise par l'Autorité de contrôle prudentiel et de résolution en application de l'article L. 612-23-1 du Code monétaire et financier, les entreprises mentionnées au 1° du III de l'article L. 310-1-1 et au 1° du I de l'article L. 310-2 du présent code et constituées sous forme de sociétés anonymes pourvoient les sièges vacants dans les conditions prévues à l'article L. 225-24 du Code de commerce.

Art. L. 322-4-5 *(L. n° 2013-672, 26 juill. 2013).* – En cas de cessation de mandat d'un ou plusieurs membres du conseil de surveillance, à la suite d'une décision d'opposition prise par l'Autorité de contrôle prudentiel et de résolution en application de l'article L. 612-23-1 du Code monétaire et financier, les entreprises mentionnées au 1° du III de l'article L. 310-1-1 et au 1° du I de l'article L. 310-2 du présent code et constituées sous forme de sociétés anonymes pourvoient les sièges vacants dans les conditions prévues à l'article L. 225-78 du Code de commerce.

Art. L. 322-4-6 *(L. n° 2013-672, 26 juill. 2013).* – En cas de cessation de mandat d'un ou plusieurs administrateurs élus par les salariés, à la suite d'une décision d'opposition prise par l'Autorité de contrôle prudentiel et de résolution en application de l'article L. 612-23-1 du Code monétaire et financier, les entreprises mentionnées au 1° du III de l'article L. 310-1-1 et au 1° du I de l'article L. 310-2 du présent code et constituées sous forme de sociétés anonymes pourvoient les sièges vacants dans les conditions prévues à l'article L. 225-34 du Code de commerce.

Art. L. 322-4-7 *(L. n° 2013-672, 26 juill. 2013).* – En cas de cessation de mandat du président du conseil d'administration, à la suite d'une décision d'opposition prise par l'Autorité de contrôle prudentiel et de résolution en application de l'article L. 612-23-1 du Code monétaire et financier, les entreprises mentionnées au 1° du III de l'article L. 310-1-1 et au 1° du I de l'article L. 310-2 du présent code et constituées sous forme de sociétés anonymes peuvent pourvoir les sièges vacants dans les conditions prévues à l'article L. 225-17 du Code de commerce.

Section III. – Entreprises nationales d'assurance et de capitalisation et sociétés centrales d'assurance

§ 1. – Constitution

Art. L. 322-5 *(L. n° 92-665, 16 juill. 1992).* – Sous réserve des dérogations résultant de la présente section, les entreprises d'assurance et de capitalisation nationalisées en application de l'article 1er de la loi n° 46-835 du 25 avril 1946 relative à la nationalisation de certaines sociétés d'assurances et à l'industrie des assurances en France ont le statut de sociétés commerciales.

Art. L. 322-6 à L. 322-11 *(Abr., L. n° 89-1014, 31 déc. 1989).*

Art. L. 322-12 *(L. n° 77-574, 7 juin 1977 ; L. n° 86-912, 6 août 1986 ; L. n° 89-1014, 31 déc. 1989 ; L. n° 92-665, 16 juill. 1992).* – Les sociétés centrales d'assurance créées par la loi n° 73-8 du 4 janvier 1973 relative à la mise en œuvre de l'actionnariat du personnel dans les banques nationales et les entreprises nationales d'assurances ont notamment pour objet de détenir directement ou indirectement la totalité des actions des sociétés constituant les groupes d'entreprises nationales d'assurances, d'exercer les droits attachés à ces actions et de faire bénéficier de ces droits leurs propres actionnaires.

Les dispositions des articles 95 et 111 de la loi n° 66-537 du 24 juillet 1966 ne sont pas applicables aux sociétés centrales d'assurance. Les dispositions de la même loi ne font pas obstacle à l'application de la présente section.

Art. L. 322-13 *(L. n° 92-665, 16 juill. 1992).* – Les sociétés centrales d'assurance sont des sociétés anonymes qui appartiennent au secteur public en vertu de la loi n° 46-835 du 25 avril 1946 précitée et de la loi n° 73-8 du 4 janvier 1973 précitée.

§ 2. – Administration

Art. L. 322-14 *(L. n° 89-1014, 31 déc. 1989).* – Les entreprises nationales d'assurance mentionnées à l'article L. 322-5 peuvent être gérées par le conseil d'administration de la société centrale de leur groupe. Elles peuvent également avoir le même président-directeur général que la société centrale.

La faculté prévue au premier alinéa ci-dessus est mise en œuvre sur décision de l'assemblée générale des actionnaires de l'entreprise nationale d'assurance.

Art. L. 322-15 *(Mod., L. n° 2003-706, 1er août 2003).* – Les conseils d'administration des sociétés centrales d'assurance comprennent, outre le président-directeur général :

a) Trois administrateurs représentant l'État, désignés par le ministre de l'Économie et des Finances ;

b) Un administrateur désigné par le ministre de l'Économie et des Finances en raison de sa compétence technique, après avis du Comité consultatif du secteur financier. Un deuxième administrateur est désigné dans les mêmes conditions lorsque les actionnaires autres que l'État ne sont représentés que par un administrateur ;

c) Trois administrateurs représentant respectivement le personnel des employés, le personnel des cadres et inspecteurs et les agents généraux. Ces trois administrateurs sont désignés par le ministre chargé des affaires sociales sur proposition des organisations syndicales les plus représentatives ;

d) Trois administrateurs représentant les assurés, désignés par le ministre de l'Économie et des Finances sur proposition des organisations nationales de producteurs ou de consommateurs les plus qualifiées, par branche d'assurance, pour participer à la gestion des entreprises intéressées ;

e) Un ou deux administrateurs représentant les actionnaires autres que l'État, selon que la part de ces actionnaires dans le capital de la société centrale d'assurance ne dépasse pas ou dépasse 10 p. 100. L'un au moins de ces administrateurs représente les personnes physiques détentrices d'actions. Ces administrateurs sont élus selon des modalités fixées par décret en Conseil d'État.

Art. L. 322-16 à L. 322-21 *(Abr., L. n° 89-1014, 31 déc. 1989).*

§ 3. – Distribution et cession des actions des sociétés centrales d'assurance

Art. L. 322-22 *(L. n° 89-1014, 31 déc. 1989).* – Sous réserve des dispositions de l'article L. 322-13, les actions des sociétés centrales d'assurance peuvent :

a) Soit être distribuées gratuitement à des membres du personnel des entreprises nationales d'assurance ;

b) Soit être cédées à titre onéreux.

Art. L. 322-23 *(L. n° 89-1014, 31 déc. 1989).* – Un décret en Conseil d'État fixe les modalités des distributions gratuites d'actions prévues à l'article L. 322-22. Lorsque les distributions gratuites d'actions sont effectuées au profit du personnel, il est tenu compte de l'ancienneté des salariés et de leurs responsabilités dans l'entreprise.

Art. L. 322-24. – Les actions des sociétés centrales d'assurance sont nominatives.

Les actions cédées à titre onéreux ou gratuit conformément à l'article L. 322-22 sont négociables sur le marché financier au terme de délais et dans des conditions fixées par décret en Conseil d'État.

(Deux al. abr., L. n° 89-1014, 31 déc. 1989).

Art. L. 322-25 *(Abr., L. n° 92-665, 16 juill. 1992).*

§ 4. – Dispositions diverses

Art. L. 322-26 *(Abr., L. n° 92-665, 16 juill. 1992).*

Section IV. – Sociétés d'assurance mutuelles

(L. n° 89-1014, 31 déc. 1989)

Sous-section 1. – Dispositions générales

(Division créée, L. n° 2014-856, 31 juill. 2014)

Art. L. 322-26-1 *(L. n° 89-1014, 31 déc. 1989 ; L. n° 2014-856, 31 juill. 2014 ; Ord. n° 2017-484, 6 avr. 2017).* **– Les sociétés d'assurance mutuelles sont des personnes morales de droit privé ayant un objet non commercial. Elles sont constituées pour assurer les risques apportés par leurs sociétaires ou pour proposer la fourniture d'opérations mentionnées à l'article L. 143-1. Moyennant le paiement d'une cotisation fixe ou variable, elles garantissent à ces derniers le règlement intégral des engagements qu'elles contractent. Toutefois, les sociétés d'assurance mutuelles pratiquant les opérations d'assurance sur la vie ou de capitalisation ne peuvent recevoir de cotisations variables.**

Ces sociétés fonctionnent sans capital social, dans des conditions fixées, pour l'ensemble des catégories mentionnées à l'article L. 322-26-4, par décret en Conseil d'État.

Bibliographie : P. Alfredo, *Les sociétés d'assurance mutuelles dans le cabinet des curiosités : JCP* E 2009, 1658.

1) La société d'assurance mutuelle n'étant pas une société commerciale, et ses dispositions statutaires attribuant au conseil d'administration tous les pouvoirs non expressément réservés à l'assemblée générale par la loi ou les statuts, le conseil d'administration peut valablement décider d'attribuer à l'un de ses administrateurs, occupant par ailleurs les fonctions de directeur, une rente viagère indexée prenant effet à sa retraite : ▪ Cass. com., 9 févr. 2011, n° 09-42.632 : *Rev. sociétés* 2011, p. 707, note J.-Ph. Dom.

2) Ne peut exciper de l'incompétence de la juridiction commerciale car constituée comme société commerciale, la société d'assurance mutuelle, en principe de nature civile, dont l'objet statutaire s'achève en visant un ensemble d'opérations de nature commerciale alors qu'il n'est pas indiqué dans les statuts que ces opérations ne pouvaient être effectuées qu'à titre accessoire de son activité civile : ▪ Cass. com., 5 mai 2009, n° 08-17.599 (PB) : *BJS* 2009, p. 973, note M. Teller ; *Dr. sociétés* 2009, n° 157, obs. R. Mortier ; *Rev. sociétés* 2009, p. 837, note J.-Ph. Dom.

Art. L. 322-26-1-1 *(L. n° 2014-856, 31 juill. 2014).* **– Tout sociétaire a droit à une voix, sans qu'il puisse être dérogé à cette règle par les statuts.**

Art. L. 322-26-1-2 *(Créé, L. n° 2019-486, 22 mai 2019).* **– Les statuts des sociétés d'assurance mutuelles peuvent préciser une raison d'être, constituée des principes dont elles se dotent et pour le respect desquels elles entendent affecter des moyens dans la réalisation de leur activité.**

Art. L. 322-26-2 *(L. n° 89-1014, 31 déc. 1989 ; rempl., L. n° 2003-706, 1er août 2003).* **– La société d'assurance mutuelle est administrée par un conseil d'administration. Toutefois, il peut être stipulé par les statuts de toute société d'assurance mutuelle que celle-ci est administrée par un directoire et un conseil de surveillance. L'introduction dans les statuts de cette stipulation, ou sa suppression, peut être décidée au cours de l'existence de la société.**

Un décret en Conseil d'État fixe les conditions d'application du premier alinéa.

(L. n° 2014-856, 31 juill. 2014) **Les sociétaires ou leurs délégués élisent en leur sein, au suffrage direct ou indirect, les administrateurs et les membres du conseil de surveillance, à l'exception de ceux qui sont élus par les salariés. Tout élu ou agent public peut siéger au conseil d'administration ou de surveillance d'une société d'assurance mutuelle en tant que représentant d'une personne morale de droit public elle-même sociétaire.**

(Al. créé, L. n° 2019-486, 22 mai 2019) Dans les sociétés d'assurance mutuelle employant, à la clôture de deux exercices consécutifs, au moins mille salariés permanents, les statuts prévoient qu'au moins deux administrateurs ou membres du conseil de surveillance sont élus par les salariés.

Le conseil d'administration ou le conseil de surveillance comprend, outre les administrateurs et les membres du conseil de surveillance dont le nombre et le mode de désignation sont prévus par le présent code, un ou plusieurs administrateurs ou membres du conseil de surveillance élus par le personnel salarié. Leur nombre, qui est fixé par les statuts, ne peut être supérieur à quatre ni excéder le tiers de celui des autres administrateurs ou membres du conseil de surveillance. Lorsque le nombre des administrateurs ou des membres du conseil de surveillance élus par les salariés est égal ou supérieur à deux, les cadres et assimilés ont un siège au moins.

Pour l'application du présent article, les modalités de désignation des administrateurs ou membres du conseil de surveillance élus par le personnel salarié sont fixées conformément aux dispositions des articles L. 225-28, L. 225-29, premier alinéa et L. 225-30 à L. 225-34 du Code de commerce.

Les statuts ne peuvent subordonner à quelque condition que ce soit l'élection au conseil d'administration ou au conseil de surveillance des sociétaires à jour de leurs cotisations.

Toute nomination intervenue en violation du présent article est nulle. Cette nullité n'entraîne pas celle des délibérations auxquelles a pris part l'administrateur ou le membre du conseil de surveillance irrégulièrement nommé.

Art. L. 322-26-2-1 *(L. n° 89-1014, 31 déc. 1989)*. – Sont nulles, à effet du 1er juillet 1991, les clauses statutaires qui subordonnent à une condition de montant de cotisation la participation à l'assemblée générale ou à l'élection des membres de l'assemblée générale de sociétaires à jour de leurs cotisations.

Art. L. 322-26-2-2 *(Mod., Ord. n° 2015-378, 2 avr. 2015)*. – Les dispositions des articles L. 225-251, L. 225-253 et L. 225-554 du Code de commerce sont applicables aux sociétés d'assurance mutuelles.

Art. L. 322-26-2-3 *(Ord. n° 2008-1278, 8 déc. 2008 ; Ord. n° 2016-315, 17 mars 2016)*. – Par dérogation aux dispositions du premier alinéa du II de l'article L. 823-19 du Code de commerce, le comité spécialisé mentionné à cet article peut comprendre deux membres au plus qui ne font pas partie du conseil d'administration ou du conseil de surveillance, mais qui sont désignés par lui à raison de leurs compétences.

Art. L. 322-26-2-4 *(Ord. n° 2015-378, 2 avr. 2015 ; mod., Ord. n° 2017-1180, 19 juill. 2017)*. – À la clôture de chaque exercice comptable, le conseil d'administration ou, le cas échéant, le directoire des sociétés d'assurance mutuelles établit un rapport de gestion. Les dispositions de l'article L. 322-4-3 du présent code s'appliquent.

Les sociétés d'assurance mutuelles nomment un ou plusieurs commissaires aux comptes pour exercer les missions définies à la section II du chapitre III du titre II du livre VIII du Code de commerce, dans des conditions définies par voie réglementaire.

Art. L. 322-26-3 *(L. n° 89-1014, 31 déc. 1989)*. – Il peut être établi, entre sociétés d'assurance mutuelles pratiquant des assurances de même nature, des unions ayant exclusivement pour objet de réassurer intégralement les contrats souscrits par ces sociétés d'assurance mutuelles et de donner à celles-ci leur caution solidaire.

Ces unions ne peuvent être constituées qu'entre sociétés d'assurance mutuelles s'engageant à céder à l'union, par un traité de réassurance, l'intégralité de leurs risques.

L'union a une personnalité civile distincte de celle des sociétés adhérentes.

Les unions de sociétés d'assurance mutuelles sont régies pour leur fonctionnement par les règles applicables aux sociétés d'assurance mutuelles, sous réserve des adaptations prévues par décret en Conseil d'État.

Les opérations pour lesquelles les unions se portent caution solidaire sont considérées comme des opérations d'assurance directe pour l'application du livre III du présent code.

Art. L. 322-26-4 *(L. n° 89-1014, 31 déc. 1989 ; Ord. n° 2016-315, 17 mars 2016 ; Ord. n° 2016-315, 17 mars 2016)*. – Les sociétés mutuelles d'assurance, les sociétés à forme tontinière et les sociétés ou caisses d'assurance et de réassurance mutuelles agricoles régies par l'article L. 771-1 du Code rural et de la pêche maritime constituent des formes particulières de sociétés d'assurance mutuelles.

Les sociétés d'assurance mutuelles nomment un ou plusieurs commissaires aux comptes. Les dispositions du titre II du livre VIII du Code de commerce leur sont applicables.

Voir : C. assur., art. R. 322-42 et s., p. 2512.

Art. L. 322-26-4-1 *(Créé, L. n° 2019-486, 22 mai 2019).* – Les articles L. 210-10 à L. 210-12 du Code de commerce, à l'exception du 5° de l'article L. 210-10, sont applicables aux sociétés d'assurance mutuelles.

Art. L. 322-26-5 *(Anc. art. L. 322-26-1, mod., L. n° 85-703, 12 juill. 1985 ; L. n° 89-1014, 31 déc. 1989).* – En cas de dissolution non motivée par un retrait d'agrément d'une société d'assurance mutuelle, l'excédent de l'actif net sur le passif est dévolu, par décision de l'assemblée générale, soit à d'autres sociétés d'assurance mutuelles, soit à des associations reconnues d'utilité publique.

Art. L. 322-26-6 *(L. n° 94-5, 4 janv. 1994).* – Les sociétés mutuelles et leurs unions ne peuvent accepter de risques en réassurance que dans les conditions fixées par le décret prévu à l'article L. 310-7.

Art. L. 322-26-7 *(L. n° 2008-776, 4 août 2008).* – I. – Des options peuvent être consenties dans les mêmes conditions qu'aux articles L. 225-177 à L. 225-179 du Code de commerce par une entreprise contrôlée, directement ou indirectement, exclusivement ou conjointement, par des sociétés d'assurance mutuelles mentionnées aux articles L. 322-26-1 et L. 322-26-4 du présent code et appartenant au même périmètre de combinaison tel que défini par l'article L. 345-2, aux salariés de ces entités ainsi qu'à ceux des entités contrôlées, directement ou indirectement, exclusivement ou conjointement, par ces sociétés d'assurance mutuelles.

II. – Des actions peuvent être attribuées dans les mêmes conditions que celles prévues à l'article L. 225-197-1 du Code de commerce par une entreprise contrôlée, directement ou indirectement, exclusivement ou conjointement, par des sociétés d'assurance mutuelles mentionnées aux articles L. 322-26-1 et L. 322-26-4 du présent code et appartenant au même périmètre de combinaison tel que défini par l'article L. 345-2, aux salariés de ces entités ainsi qu'à ceux des entités contrôlées, directement ou indirectement, exclusivement ou conjointement, par ces sociétés d'assurance mutuelles.

Sous-section 2. – Certificats mutualistes

(Sous-section créée, L. n° 2014-856, 31 juill. 2014)

Art. L. 322-26-8 *(L. n° 2014-856, 31 juill. 2014).* – I. – En vue de l'alimentation de leur fonds d'établissement, les sociétés d'assurance mutuelles et les sociétés de groupe d'assurance mutuelles mentionnées au dernier alinéa de l'article L. 322-1-3 peuvent émettre des certificats mutualistes auprès :

1° De leurs sociétaires ;

2° *(Rempl., Ord. n° 2015-378, 2 avr. 2015)* Des sociétaires ou assurés des entreprises appartenant au même groupe d'assurance défini au 5° de l'article L. 356-1 ainsi qu'auprès de ces entreprises ;

3° *(Rempl., Ord. n° 2015-378, 2 avr. 2015)* De sociétés d'assurance mutuelles, de sociétés de groupe d'assurance mutuelles, de mutuelles et unions régies par le livre II du Code de la mutualité, d'unions mutualistes de groupe mentionnées à l'article L. 111-4-2 du même code, d'institutions ou d'unions de prévoyance régis par le titre 3 du livre 9 du Code de la sécurité sociale et des sociétés de groupe assurantiel de protection sociale mentionnées à l'article L. 931-2-2 du Code de la sécurité sociale.

II. – L'émission des certificats mutualistes peut être réalisée par les sociétés d'assurance mutuelles agréées, les caisses d'assurance et de réassurance mutuelles agricoles agréées et les sociétés de groupe d'assurance mutuelles qui ont établi des comptes régulièrement approuvés au cours des deux derniers exercices, et sous les sanctions prévues aux articles L. 242-10 et L. 242-30 du Code de commerce. Elles peuvent procéder à une offre au public, définie pour les titres financiers au chapitre Ier du titre Ier du livre IV du Code monétaire et financier, dans les conditions fixées par le règlement général de l'Autorité des marchés financiers.

Les certificats mutualistes sont indivisibles et confèrent des droits identiques à leurs titulaires.

Préalablement à l'émission de certificats mutualistes, toute société ou caisse concernée doit être inscrite au registre du commerce et des sociétés.

L'assemblée générale des sociétaires ou des entreprises affiliées à la société de groupe d'assurance mutuelle est seule habilitée à fixer les caractéristiques essentielles de l'émission. Elle peut toutefois déléguer au conseil d'administration ou au directoire, dans le cadre ainsi défini, les pouvoirs nécessaires pour en arrêter les modalités pratiques. Il est rendu compte par le conseil d'administration ou par le directoire, à la plus prochaine assemblée générale, de l'exercice de cette délégation. Les contrats d'émission ne peuvent avoir pour but de privilégier une catégorie de sociétaires, des personnes qui sont liées à la société par un contrat de travail, des dirigeants de droit ou de fait de celle-ci ou toute autre personne. Les contrats conclus en violation de cette disposition sont frappés de nullité absolue.

Un décret en Conseil d'État fixe les modalités d'application du présent II, notamment la teneur ainsi que les conditions et la procédure d'approbation préalable par l'Autorité de contrôle prudentiel et de résolution de la résolution spéciale autorisant l'émission, proposée à l'assemblée générale.

III. – Toutes les informations, y compris les communications à caractère publicitaire, relatives à des certificats mutualistes présentent un contenu exact, clair et non trompeur. Les communications à caractère publicitaire sont clairement identifiées comme telles.

Les personnes mentionnées au I reçoivent, préalablement à la souscription, les informations leur permettant raisonnablement de comprendre la nature des certificats mutualistes proposés ainsi que les risques et inconvénients y afférents, afin d'être en mesure de prendre leurs décisions d'investissement en connaissance de cause.

Lorsque les certificats mutualistes sont placés auprès de personnes relevant des 1° ou 2° du I, les sociétés d'assurance mutuelles et les sociétés de groupe d'assurance mutuelles précisent les exigences et les besoins exprimés par ces personnes ainsi que les raisons qui motivent le conseil fourni quant à l'investissement proposé. Ces précisions, qui reposent en particulier sur les éléments d'information communiqués par ces personnes sur leur situation financière et leurs objectifs de souscription, sont adaptées aux spécificités des certificats mutualistes. Pour l'application de ces obligations, les sociétés d'assurance mutuelles et les sociétés de groupe d'assurance mutuelles s'enquièrent des connaissances et de l'expérience en matière financière de ces personnes. Lorsque ces dernières ne communiquent pas l'ensemble des éléments d'information susvisés, les sociétés d'assurance mutuelles et les sociétés de groupe d'assurance mutuelles les mettent en garde préalablement à la souscription.

IV. – Les certificats mutualistes sont inscrits sous forme nominative dans un registre tenu par l'émetteur et dans un compte-titres tenu soit par l'émetteur, soit par l'un des intermédiaires mentionnés aux 2° à 7° de l'article L. 542-1 du Code monétaire et financier.

Le compte-titres est ouvert au nom d'un ou de plusieurs titulaires, propriétaires des certificats mutualistes qui y sont inscrits.

V. – La rémunération des certificats mutualistes est variable et fixée annuellement par l'assemblée générale lors de l'approbation des comptes. La part maximale des résultats du dernier exercice clos et des précédents exercices susceptible d'être affectée annuellement à la rémunération des certificats mutualistes est fixée par décret en Conseil d'État.

Art. L. 322-26-9 *(L. n° 2014-856, 31 juill. 2014)*. – I. – Les certificats mutualistes ne sont remboursables qu'en cas de liquidation de l'émetteur et après désintéressement complet de tous les créanciers privilégiés, chirographaires et subordonnés. Le remboursement est effectué à la valeur nominale du certificat, réduite, le cas échéant, à due concurrence de l'imputation des pertes sur le fonds d'établissement. Les statuts peuvent prévoir, préalablement à cette réduction, l'imputation des pertes sur les réserves.

II. – Les certificats mutualistes ne peuvent être cédés que dans les conditions décrites au III et ne peuvent faire l'objet ni d'un prêt ni d'opérations de mise en pension.

III. – L'assemblée générale peut autoriser le conseil d'administration ou le directoire à racheter à leur valeur nominale des certificats mutualistes émis par l'entreprise, afin de les offrir à l'achat, dans un délai de deux ans à compter de leur rachat, aux personnes mentionnées au I de l'article L. 322-26-8, dans les conditions et selon les modalités suivantes :

1° Le montant de certificats mutualistes détenus par l'émetteur ne peut excéder 10 % du montant total émis, sauf dérogation accordée par l'Autorité de contrôle prudentiel et de résolution ;

2° Les rachats de certificats mutualistes sont effectués selon l'ordre d'arrivée des demandes des titulaires. Toutefois, sont prioritaires les demandes formulées dans les cas suivants :

a) Liquidation du titulaire ;

b) Demande d'un ayant droit en cas de décès du titulaire ;

c) Cas prévus au troisième à septième alinéa de l'article L. 132-23. Pour l'application de ces mêmes alinéas, la référence à l'assuré est remplacée par la référence au titulaire du certificat mutualiste ;

d) Perte par le titulaire du certificat de sa qualité de sociétaire de l'émetteur, ou de sociétaire ou assuré des entreprises appartenant au même groupe d'assurance défini au *(Réf. rempl., Ord. n° 2015-378, 2 avr. 2015)* « 5° de l'article L. 356-1 » ;

3° L'assemblée générale arrête un programme annuel de rachats, qui fait l'objet d'une résolution spéciale préalablement soumise à l'approbation de l'Autorité de contrôle prudentiel et de résolution. Le programme définit la politique de l'entreprise en matière de rachat, les modalités des opérations de rachat et le nombre maximal de certificats mutualistes pouvant être rachetés et précise l'impact des rachats sur la solvabilité de l'entreprise ;

4° À défaut d'avoir été cédés dans les deux ans à compter de leur rachat, les certificats mutualistes sont annulés. L'annulation est compensée par une reprise d'un montant équivalent sur le fonds d'établissement. Cette reprise est constatée par le conseil d'administration ou le directoire, qui procède à la modification du montant du fonds d'établissement mentionné dans les statuts. Cette modification est mentionnée dans le rapport annuel présenté à l'assemblée générale ;

5° Les commissaires aux comptes présentent à l'assemblée générale d'approbation des comptes un rapport spécial sur les conditions dans lesquelles les certificats mutualistes ont été rachetés et utilisés au cours du dernier exercice clos ;

6° Les certificats mutualistes détenus par l'émetteur ne donnent pas droit à rémunération ;

7° Une nouvelle émission de certificats mutualistes ne peut être autorisée que si l'émetteur place de manière prioritaire les certificats mutualistes propres qu'il détient ;

8° Le conseil d'administration peut déléguer au directeur général ou, en accord avec ce dernier, à un ou plusieurs directeurs généraux délégués les pouvoirs nécessaires pour réaliser les opérations de rachat. Le directoire peut déléguer à son président ou, avec l'accord de ce dernier, à un ou plusieurs de ses membres les pouvoirs nécessaires pour réaliser ces opérations. Les personnes désignées rendent compte au conseil d'administration ou au directoire, dans les conditions prévues par eux, de l'utilisation faite de ces pouvoirs.

Section V

(Abr., L. n° 89-1014, 31 déc. 1989)

Section VI. – Sociétés ou caisses d'assurances et de réassurances mutuelles agricoles

§ 1. – Dispositions générales

Art. L. 322-27 *(Mod., L. n° 93-1444, 31 déc. 1993)*. – Les sociétés ou caisses d'assurances et de réassurances mutuelles agricoles restent régies pour leur constitution par l'article *(Mots. rempl., Ord. n° 2010-462, 6 mai 2010)* « L. 771-1 du Code rural et de la pêche maritime.

Un décret en Conseil d'État fixe les modalités d'application du présent article et définit celles des opérations mentionnées à l'article L. 310-1 qu'elles peuvent être autorisées à pratiquer ; leur sociétariat peut être limité aux personnes exerçant une profession agricole ou connexe à l'agriculture, ou s'étendre à toutes autres catégories de personnes physiques ou morales prévues par leurs statuts.

Voir : C. assur., art. R. 322-118 et s., p. 2538.

Art. L. 322-27-1 *(L. n° 2013-672, 26 juill. 2013 ; rempl., L. n° 2016-1691, 9 déc. 2016)*. – L'organe central du réseau composé par les sociétés ou caisses d'assurances et de réassurances mutuelles agricoles est une caisse de réassurances mutuelle agricole à compétence nationale. Les sociétés et les caisses d'assurances et de réassurances mutuelles agricoles à compétence départementale ou régionale adhèrent à l'organe central et détiennent la majorité absolue des droits de vote à l'assemblée générale de ce dernier.

La dénomination de société ou de caisse d'assurances ou de réassurances mutuelle agricole est réservée aux sociétés ou aux caisses qui procèdent à la cession ou à la rétrocession en réassurance, directement ou indirectement, de risques qu'elles assurent auprès de l'organe central mentionné au premier alinéa.

Par dérogation à l'article L. 322-26-2, le conseil d'administration de l'organe central mentionné au premier alinéa du présent article comprend, outre les administrateurs représentant les caisses d'assurances et de réassurances mutuelles agricoles adhérentes et ceux élus par le personnel salarié, des administrateurs élus par l'assemblée générale, sur proposition du conseil d'administration. Ces derniers administrateurs ne doivent, au cours des cinq derniers exercices, ni avoir exercé de mandat d'administrateur ou de membre du conseil de surveillance au sein d'une société ou d'une caisse appartenant au groupe pour lequel l'organe central établit des comptes combinés, au sens de l'article L. 345-2, ni avoir été employés par l'une de ces sociétés ou caisses. Un décret en Conseil d'État précise les règles applicables au nombre et à la proportion de ces administrateurs.

Art. L. 322-27-2 *(L. n° 2013-672, 26 juill. 2013)*. – I. – L'organe central est chargé de veiller à la cohésion et au bon fonctionnement du réseau. Il exerce un contrôle administratif, technique et financier sur l'organisation et la gestion des organismes du réseau. Il fixe les orientations stratégiques de ce dernier, émet toutes instructions utiles à cet effet et veille à leur application effective. Il prend également toutes mesures nécessaires pour garantir la solvabilité et le respect des engagements de chacun des organismes du réseau comme de l'ensemble du groupe.

II. – La nomination des directeurs généraux des organismes du réseau est soumise à l'approbation de l'organe central.

III. – Sans préjudice des pouvoirs de son conseil d'administration, dans le cas où un organisme du réseau prend des décisions non conformes aux dispositions législatives ou réglementaires relatives aux sociétés d'assurances et de réassurances ou aux instructions données par l'organe central, ce dernier peut révoquer le directeur général de l'organisme en question. L'organe central peut également, pour les mêmes motifs, procéder à la révocation collective des membres du conseil d'administration de cet organisme.

IV. – Sans préjudice des dispositions du III, dans le cas où un organisme à compétence locale du réseau prend des décisions portant atteinte à la cohésion et au bon fonctionnement de ce dernier, la société ou la caisse d'assurances ou de réassurances mutuelle agricole auprès de laquelle il se réassure peut, après avis de l'organe central, procéder à la révocation collective des membres de son conseil d'administration.

V. – Un décret en Conseil d'État précise les modalités d'application du présent article, notamment les conditions d'exercice des missions de l'organe central.

Section VIII. – Sociétés européennes

(L. n° 2005-842, 26 juill. 2005)

Art. L. 322-28 *(L. n° 2005-842, 26 juill. 2005)*. – Sous réserve des dispositions de la présente section, la société européenne est régie par les dispositions du règlement (CE) n° 2157/2001 du Conseil du 8 octobre 2001 relatif au statut de la société européenne (SE), par les dispositions du chapitre IX du titre II du livre II du Code de commerce et par les règles du présent code applicables aux sociétés anonymes non contraires à celles-ci.

Art. L. 322-29 *(L. n° 2005-842, 26 juill. 2005 ; L. n° 2013-672, 26 juill. 2013)*. – Lorsqu'une entreprise d'assurance constituée sous forme de société européenne immatriculée en France envisage de transférer son siège statutaire hors de France, elle en informe l'Autorité de contrôle prudentiel et de résolution au plus tard le jour de la publication du projet de transfert.

Sans préjudice des dispositions de l'article L. 229-4 du Code de commerce *(Mots rempl., Ord. n° 2010-76, 21 janv. 2010)* « l'Autorité de contrôle prudentiel et de résolution est compétente » pour s'opposer, conformément aux dispositions du 14 de l'article 8 et de l'article 19 du règlement (CE) n° 2157/2001 du Conseil du 8 octobre 2001 précité, au transfert de siège social d'une entreprise d'assurance constituée sous forme de société européenne immatriculée en France et dont résulterait un changement du droit applicable ainsi qu'à la constitution d'une société européenne par voie de fusion impliquant une entreprise d'assurance agréée en France. Cette décision est susceptible de recours devant le Conseil d'État.

....

CHAPITRE V. – RETRAIT DE L'AGRÉMENT ADMINISTRATIF

Section I. – Règles générales

Art. L. 325-1 *(L. n° 89-1014, 31 déc. 1989 ; mod., L. n° 94-5, 4 janv. 1994 ; L. n° 2003-706, 1er août 2003 ; rempl., L. n° 2005-1564, 15 déc. 2005 ; mod., Ord. n° 2006-344, 23 mars 2006 ; Ord. n° 2008-556, 13 juin 2008 ; Ord. n° 2010-76, 21 janv. 2010 ; L. n° 2013-672, 26 juill. 2013 ; Ord. n° 2015-378, 2 avr. 2015).* **– Sans préjudice des dispositions de l'article L. 612-39 [du Code monétaire et financier], l'agrément administratif prévu aux articles L. 321-1, L. 321-1-1, L. 321-7, L. 329-1 et L. 143-3 peut être retiré par l'Autorité de contrôle prudentiel et de résolution en cas d'absence prolongée d'activité, de rupture de l'équilibre entre les moyens financiers de l'entreprise et son activité ou, si l'intérêt général l'exige, de changements substantiels affectant la répartition de son capital, la qualité des actionnaires ou la composition des organes de direction. Il peut également être retiré par l'Autorité de contrôle prudentiel et de résolution lorsque les engagements mentionnés au dernier alinéa de l'article L. 321-10 et à l'avant-dernier alinéa de l'article L. 321-10-1 ne sont plus respectés alors que la situation de l'entreprise justifie leur maintien.**

Rédaction future. Sans préjudice des dispositions de l'article L. 612-39 [du Code monétaire et financier], l'agrément administratif prévu aux articles L. 321-1, L. 321-1-1, L. 321-7, *(Mots rempl. à compter du 1er janvier 2023, Ord. n° 2017-484, 6 avr. 2017)* « et L. 329-1 » peut être retiré par l'Autorité de contrôle prudentiel et de résolution en cas d'absence prolongée d'activité, de rupture de l'équilibre entre les moyens financiers de l'entreprise et son activité ou, si l'intérêt général l'exige, de changements substantiels affectant la répartition de son capital, la qualité des actionnaires ou la composition des organes de direction. Il peut également être retiré par l'Autorité de contrôle prudentiel et de résolution lorsque les engagements mentionnés au dernier alinéa de l'article L. 321-10 et à l'avant-dernier alinéa de l'article L. 321-10-1 ne sont plus respectés alors que la situation de l'entreprise justifie leur maintien.

L'Autorité de contrôle prudentiel et de résolution retire, dans des conditions précisées par un décret en Conseil d'État, le ou les agréments accordés à une entreprise mentionnée à l'article L. 310-3-1 lorsque cette dernière ne dispose plus du minimum de capital requis mentionné à l'article L. 352-5, si l'Autorité considère que le plan de financement présenté conformément à l'article L. 352-8 est manifestement insuffisant ou si, dans les trois mois qui suivent la constatation du défaut de couverture du minimum de capital requis, l'entreprise concernée ne se conforme pas au plan de financement approuvé par l'Autorité.

Art. L. 325-1-1 *(Abr., Ord. n° 2008-556, 13 juin 2008).*

CHAPITRE VI. – LIQUIDATION

Section I. – Règles générales

Art. L. 326-1 *(Mod., Ord. n° 2017-1608, 27 nov. 2017).* **– La décision de l'Autorité de contrôle prudentiel et de résolution prononçant, dans les conditions mentionnées à l'article L. 325-1 ou à l'article L. 612-39 du Code monétaire et financier, le retrait total de l'agrément administratif d'une entreprise d'assurance emporte de plein droit, à dater de sa publication, si elle concerne une entreprise ayant son siège social en France, la dissolution de l'entreprise ou, si elle concerne une entreprise n'ayant pas son siège social en France, la liquidation de l'actif et du passif du bilan spécial de ses opérations en France.**

Dans les deux cas, la liquidation judiciaire est ouverte à la requête de l'Autorité de contrôle prudentiel et de résolution. Elle est régie par le chapitre II du titre II du livre VI du Code de commerce, sous réserve des dispositions du présent chapitre.

L'Autorité de contrôle prudentiel et de résolution désigne un liquidateur, chargé de la vérification des créances d'assurance, ainsi que de l'inventaire des actifs directement liés aux passifs, tels que les créances à l'égard des assurés, des cédantes, des réassureurs et des co-assureurs.

Le tribunal compétent désigne parallèlement en tant que liquidateur, lors du jugement d'ouverture, un ou plusieurs mandataires de justice, qui peuvent être choisis en dehors de la liste des mandataires judiciaires au redressement et à la liquidation des entreprises. Ce liquidateur est chargé de l'inventaire des autres actifs et des opérations de liquidation.

Le tribunal désigne par la même décision un juge-commissaire chargé de contrôler les opérations de liquidation ; ce juge est assisté, dans l'exercice de sa mission, par un ou plusieurs commissaires désignés par l'Autorité de contrôle prudentiel et de résolution.

Art. L. 326-2 *(L. n° 89-1014, 31 déc. 1989 ; mod., L. n° 94-5, 4 janv. 1994 ; rempl., Ord. n° 2001-350, 19 avr. 2001 ; mod., L. n° 2003-706, 1er août 2003 ; L. n° 2005-1564, 15 déc. 2005 ; Ord. n° 2008-556, 13 juin 2008 ; Ord. n° 2010-76, 21 janv. 2010 ; L. n° 2013-672, 26 juill. 2013 ; Ord. n° 2017-1608, 27 nov. 2017).* – Lorsqu'il prononce, en application du deuxième alinéa de l'article L. 311-19, le retrait total de l'agrément d'une personne soumise à une procédure de résolution, le collège de résolution peut décider de suspendre la procédure de liquidation. Le collège dispose alors d'un délai maximum de deux ans pour déclencher l'ouverture de cette procédure. Ce délai peut être prolongé d'un an si un délai supplémentaire est nécessaire ou approprié pour les besoins de la liquidation.

Lorsque le collège de résolution décide de mettre fin à l'activité d'une personne soumise à une procédure de résolution, la dissolution est prononcée et la procédure de liquidation est ouverte dans les conditions prévues au troisième alinéa de ce même article L. 311-19 et conformément aux dispositions du présent chapitre. Cette décision du collège de résolution est publiée au *Journal officiel*.

L'insuffisance d'actif permettant la clôture de la liquidation ouverte en application de l'article L. 326-2 n'est caractérisée que lorsque le produit de la réalisation des actifs du débiteur et des actions et procédures engagées dans l'intérêt de l'assureur ou des créanciers tenant leurs droits de l'exécution des contrats d'assurance, de capitalisation ou d'épargne ne permet plus de désintéresser, même partiellement, ces créanciers : ▪ Cass. com., 27 févr. 2007, n° 06-16.007.

Art. L. 326-3 *(Rempl., Ord. n° 2001-350, 19 avr. 2001).* – Le juge-commissaire peut à tout moment faire effectuer des vérifications sur pièce et sur place par les commissaires.

Art. L. 326-4 *(L. n° 89-1014, 31 déc. 1989 ; mod., L. n° 94-5, 4 janv. 1994 ; rempl., Ord. n° 2001-350, 19 avr. 2001).* – En cas d'ouverture d'une procédure de liquidation judiciaire à l'égard d'une entreprise d'assurance, les assurés, souscripteurs, adhérents et bénéficiaires de contrats d'assurance ainsi que le fonds de garantie mentionné à l'article L. 423-1 sont, sans préjudice de l'article L. 113-2 ni des obligations contractuelles, dispensés de la déclaration prévue à l'article L. 621-43 du Code de commerce. Un décret en Conseil d'État fixe les conditions d'application du présent article.

Art. L. 326-5 à L. 326-8 *(Abr., Ord. n° 2001-350, 19 avr. 2001).*

Art. L. 326-9. – *(Quatre al. abr., Ord. n° 2001-350, 19 avr. 2001 ; mod., L. n° 99-532, 25 juin 1999).*

Le liquidateur procède, s'il y a lieu, à la restitution par préférence des primes versées par les personnes ayant exercé leur droit à renonciation en application de l'article L. 132-5-1.

Art. L. 326-10 et L. 326-11 *(Abr., Ord. n° 2001-350, 19 avr. 2001).*

Art. L. 326-12 *(L. n° 89-1014, 31 déc. 1989 ; mod., L. n° 94-5, 4 janv. 1994 ; L. n° 2003-706, 1er août 2003 ; L. n° 2005-1564, 15 déc. 2005 ; Ord. n° 2010-76, 21 janv. 2010 ; L. n° 2013-672, 26 juill. 2013 ; Ord. n° 2017-1608, 27 nov. 2017).* – En cas de dissolution d'une entreprise mentionnée au 2° ou au 3° de l'article L. 310-1 à la suite d'une décision de l'Autorité de contrôle prudentiel et de résolution prise en vertu *(Réf. rempl., L. n° 2019-486, 22 mai 2019)* « des articles L. 326-1 ou L. 326-2 », tous les contrats souscrits par cette entreprise cessent de plein droit d'avoir effet le quarantième jour à midi, à compter de la publication au Journal officiel de la décision de l'Autorité prononçant cette décision. Les primes ou cotisations échues avant la date de cette décision entraînant la dissolution, et non payées à cette date, sont dues en totalité à l'entreprise, mais elles ne sont définitivement acquises à celle-ci qu'au prorata de la durée de la période garantie jusqu'au jour de la résiliation. Les primes ou cotisations venant à échéance entre la date de la décision de l'Autorité entraînant la dissolution et la date de résiliation de plein droit des contrats ne sont dues qu'au prorata de la durée de la période garantie.

Toutefois, en ce qui concerne les contrats d'assurance maritime, un décret fixe les conditions dans lesquelles il peut être dérogé aux dispositions prévues au précédent alinéa.

Art. L. 326-13 *(L. n° 89-1014, 31 déc. 1989 ; mod., L. n° 94-5, 4 janv. 1994 ; rempl., L. n° 99-532, 25 juin 1999 ; mod., L. n° 2003-706, 1er août 2003 ; L. n° 2005-1564, 15 déc. 2005 ; Ord. n° 2010-76, 21 janv. 2010 ; L. n° 2013-672, 26 juill. 2013 ; Ord. n° 2017-1608, 27 nov. 2017).* – Après la publication au *Journal officiel* de la décision de l'Autorité de contrôle prudentiel et de résolution entraînant la dissolution d'une entreprise *(Mots aj., L. n° 2019-486, 22 mai 2019)* « mentionnée au 1° et au dernier alinéa de l'article L. 310-1 », les contrats souscrits par l'entreprise demeurent régis par leurs conditions générales et particulières tant que la décision de l'Autorité de contrôle prudentiel et de résolution prévue à l'alinéa suivant n'a pas été publiée au *Journal officiel*, mais le liquidateur peut, avec l'approbation du juge-commissaire, surseoir au paiement de toutes sommes dues au titre des contrats. Les primes encaissées par le liquidateur sont versées à un compte spécial qui fait l'objet d'une liquidation distincte.

L'Autorité de contrôle prudentiel et de résolution, à la demande du liquidateur et sur le rapport du juge-commissaire, peut fixer la date à laquelle les contrats cessent d'avoir effet, autoriser leur transfert en tout ou partie à une ou plusieurs entreprises, proroger leur échéance, décider la réduction des sommes payables en cas de vie ou de décès ainsi que des bénéfices attribués et des valeurs de rachat, de manière à ramener la valeur des engagements de l'entreprise au montant que la situation de la liquidation permet de couvrir.

Le versement des primes périodiques est suspendu dix jours après la nomination du liquidateur, et jusqu'à la publication de la décision de l'Autorité de contrôle prudentiel et de résolution fixant la date à laquelle les contrats cessent d'avoir effet. En cas de transfert du portefeuille, les versements suspendus sont effectués au profit de l'entreprise cessionnaire, abattus du taux de réduction défini par l'Autorité de contrôle prudentiel et de résolution.

Art. L. 326-14 *(L. n° 89-1014, 31 déc. 1989 ; mod., L. n° 2003-706, 1er août 2003 ; L. n° 2005-1564, 15 déc. 2005 ; L. n° 2013-672, 26 juill. 2013 ; Ord. n° 2017-1608, 27 nov. 2017).* – À la requête de l'Autorité de contrôle prudentiel et de résolution, le tribunal peut prononcer la nullité d'une ou plusieurs opérations réalisées par les dirigeants d'une entreprise pourvue d'un liquidateur à la suite du retrait de l'agrément administratif, à charge pour l'Autorité de contrôle prudentiel et de résolution, d'apporter la preuve que les personnes qui ont contracté avec l'entreprise savaient que l'actif était insuffisant pour garantir les créances privilégiées des assurés et que l'opération incriminée devait avoir pour effet de diminuer cette garantie.

Art. L. 326-14-1 *(L. n° 2003-706, 1er août 2003 ; L. n° 2005-1564, 15 déc. 2005 ; L. n° 2013-672, 26 juill. 2013).* – Lorsqu'une entreprise est en liquidation à la suite d'un retrait d'agrément dans le cadre des dispositions de l'article L. 421-9, l'Autorité de contrôle prudentiel et de résolution peut décider, le cas échéant, que les personnes physiques ou morales exerçant le courtage d'assurance par l'intermédiaire desquelles des contrats ont été souscrits auprès de cette entreprise doivent reverser à la liquidation une part des commissions encaissées à quelque titre que ce soit, à l'occasion de ces contrats, dans la limite du quart des commissions perçues depuis le 1er janvier de l'année précédant celle au cours de laquelle l'agrément est retiré. La même disposition s'applique aux mandataires non salariés de la même entreprise, qui n'étaient pas tenus de réserver à celle-ci l'exclusivité de leurs apports de contrats.

Art. L. 326-15 *(Abr., L. n° 2005-1564, 15 déc. 2005).*

....

CHAPITRE VIII – SANCTIONS

Art. L. 328-1 *(Rempl., L. n° 94-5, 4 janv. 1994 ; L. n° 2005-1564, 15 déc. 2005).* – La méconnaissance des incapacités prévues à l'article L. 322-2 est punie d'un emprisonnement de trois ans et d'une amende de 375 000 €.

Art. L. 328-2 *(Rempl., L. n° 94-5, 4 janv. 1994 ; L. n° 94-679, 8 août 1994).* – Quiconque a été condamné en application de l'article L. 328-1 ne peut être employé à quelque titre que ce soit dans l'entreprise dans laquelle il exerçait des fonctions de direction, de gestion, ou dont il était membre du conseil d'administration ou de surveillance ou dont il avait la signature, ni dans les filiales de cette entreprise soumises au contrôle de l'État en vertu de l'article L. 310-1.

Toute personne qui méconnaît l'interdiction prévue à l'alinéa précédent et son employeur sont punis des peines prévues à l'article L. 328-1.

Art. L. 328-3 *(Rempl., L. n° 94-5, 4 janv. 1994 ; mod., Ord. n° 2008-556, 13 juin 2008).* – Les dispositions de l'article 433, des 2°, 3° et 4° de l'article 437, des articles 439, 455 et 458 de la loi n° 66-537 du 24 juillet 1966 sur les sociétés commerciales *[V. C. com., art. L. 242-2, L. 242-6, L. 242-8, L. 242-25 et L. 242-28]* sont applicables aux entreprises d'assurance, même lorsqu'elles n'en relèvent pas de plein droit.

Les dispositions qui précèdent s'appliquent aux entreprises de réassurance.

Art. L. 328-4 *(Rempl., L. n° 94-5, 4 janv. 1994).* – Les articles 197 à 200, 207 et 211 à 214 de la loi n° 85-98 du 25 janvier 1985 relative au redressement et à la liquidation judiciaires des entreprises *[V. C. com., art. L. 626-2 à L. 626-5, L. 626-12 et L. 626-16 à L. 626-19]* sont applicables à toute personne ayant directement ou indirectement le pouvoir d'engager une entreprise d'assurance, y compris notamment au mandataire général d'une entreprise étrangère d'assurance établie sur le territoire de la République française, même lorsqu'ils n'en relèvent pas de plein droit.

Art. L. 328-5 *(L. n° 85-98, 25 janv. 1985 ; rempl., L. n° 94-5, 4 janv. 1994 ; Ord. n° 2010-76, 21 janv. 2010 ; Ord. n° 2014-158, 20 févr. 2014 ; Ord. n° 2017-1608, 27 nov. 2017).* – Toute infraction aux dispositions du 7° du I de l'article L. 311-30 et des articles L. 322-1, L. 322-2-2 et L. 322-4 du présent code ainsi que du 7° du I de l'article L. 612-33 du Code monétaire et financier, est punie des peines mentionnées à l'article L. 310-26.

Art. L. 328-6 à L. 328-11 *(Abr., L. n° 94-5, 4 janv. 1994).*

Art. L. 328-12 *(Abr., L. n° 89-1014, 31 déc. 1989).*

Art. L. 328-13 *(L. n° 85-98, 25 janv. 1985 ; Ord. n° 2017-1608, 27 nov. 2017).* – En cas de liquidation effectuée dans les conditions prévues à l'article L. 326-1, les dispositions suivantes sont applicables :

1° Si la situation financière de l'entreprise dissoute à la suite du retrait total de l'agrément administratif fait apparaître une insuffisance d'actif par rapport au passif qui doit être réglé au cours de la liquidation, le tribunal peut, en cas de faute de gestion ayant contribué à cette insuffisance d'actif, décider à la demande du liquidateur ou même d'office que les dettes de l'entreprise seront supportées en tout ou partie, avec ou sans solidarité, par tous les dirigeants de droit ou de fait, rémunérés ou non, ou par certains d'entre eux.

L'action se prescrit par trois ans à compter du dépôt au greffe du quatrième rapport semestriel du liquidateur.

2° Les dirigeants qui se seront rendus coupables des agissements mentionnés aux articles L. 625-4 et L. 625-5 du Code de commerce pourront faire l'objet des sanctions prévues au titre VI de ladite loi et être relevés des déchéances et interdictions dans les conditions prévues par l'article L. 625-10 du même code.

....

TITRE IV. – DISPOSITIONS COMPTABLES ET STATISTIQUES

CHAPITRE Ier. – PRINCIPES GÉNÉRAUX

Art. L. 341-1 *(Abr., L. n° 89-1014, 31 déc. 1989 ; rétabli, L. n° 94-5, 4 janv. 1994 ; rempl., Ord. n° 2015-378, 2 avr. 2015).* – Les entreprises suivantes sont soumises, dans des conditions fixées par voie réglementaire, à l'obligation d'établir des comptes annuels, suivant les prescriptions comptables définies par l'Autorité des normes comptables :

1° Les entreprises françaises mentionnées à l'article L. 310-1, pour l'ensemble de leurs opérations, y compris celles de leurs succursales établies à l'étranger ;

2° Les succursales d'entreprises étrangères mentionnées à l'article L. 310-1, autres que celles dont le siège social se trouve dans un État membre de l'Union européenne, pour leurs opérations sur le territoire de la République française ou, lorsqu'elles sont soumises à une vérification de solvabilité globale exercée par l'Autorité de contrôle prudentiel et de résolution, pour les opérations effectuées dans l'ensemble des pays auxquels s'étend cette vérification ;

3° Les entreprises mentionnées au 1° du III de l'article L. 310-1-1.

Art. L. 341-2 *(Ord. n° 2015-378, 2 avr. 2015).* – Sous réserve de dispositions particulières prévues au présent code, les entreprises définies à l'article L. 341-1 sont soumises aux obligations comptables figurant aux articles L. 123-12 à L. 123-22 du Code de commerce.

Art. L. 341-3 *(Ord. n° 2015-378, 2 avr. 2015 ; mod., Ord. n° 2015-1497, 18 nov. 2015).* – Sans préjudice des règles de publicité définies à l'article L. 232-23 du Code de commerce, les entreprises mentionnées à l'article L. 341-1, les sociétés de groupe d'assurance mentionnées à l'article L. 322-1-2 et les groupements d'assurance mutuelle mentionnés à l'article L. 322-1-5 sont tenues de publier ou mettre à disposition, selon des modalités précisées par décret en Conseil d'État, leurs comptes annuels, le rapport de gestion sauf pour les succursales d'entreprises mentionnées au 2° de l'article L. 341-1 du présent code, le rapport des commissaires aux comptes sur les comptes annuels, ainsi que, le cas échéant, les comptes consolidés ou combinés, le rapport sur la gestion du groupe, le rapport des commissaires aux comptes sur les comptes consolidés ou combinés.

Lorsqu'une entreprise refuse de communiquer tout ou partie des documents demandés au titre de l'alinéa précédent, le président du tribunal compétent statuant en référé peut, à la demande de la personne concernée, lui ordonner, sous astreinte, de lui communiquer ces documents.

Art. L. 341-4 *(Ord. n° 2015-378, 2 avr. 2015).* – Dans l'exercice de ses missions, l'Autorité de contrôle prudentiel et de résolution peut autoriser ou prescrire à des entreprises mentionnées aux articles L. 341-1 et L. 345-2, de déroger à certaines dispositions concernant la date de clôture de l'exercice comptable, la tenue et la présentation des comptes, les modalités d'évaluation des actifs et des passifs. La liste de ces autorisations ou prescriptions ainsi que leurs modalités de mise en œuvre sont précisées par arrêté conjoint du ministre chargé de l'économie, du ministre chargé de la mutualité et du ministre chargé de la sécurité sociale.

L'Autorité de contrôle prudentiel et de résolution peut également prescrire à ces entreprises de mettre des valorisations figurant dans leurs comptes en conformité avec les dispositions de l'article L. 341-1.

....

CHAPITRE V. – COMPTES CONSOLIDÉS

(L. n° 89-1014, 31 déc. 1989)

Art. L. 345-2 *(L. n° 94-679, 8 août 1994 ; mod., L. n° 98-261, 6 avr. 1998 ; L. n° 99-532, 25 juin 1999 ; Ord. n° 2001-350, 19 avr. 2001 ; Ord. n° 2001-766, 29 août 2001 ; L. n° 2003-706, 1er août 2003 ; Ord. n° 2004-1201, 12 nov. 2004 ; Ord. n° 2005-861, 28 juill. 2005 ; L. n° 2005-1564, 15 déc. 2005 ; Ord. n° 2008-556, 13 juin 2008 ; L. n° 2013-672, 26 juill. 2013 ; rempl., Ord. n° 2015-378, 2 avr. 2015).* – Sous réserve de l'application des dispositions des deux premiers alinéas de l'article L. 233-17 du Code de commerce sauf dans les cas où les entreprises listées ci-après sont sous le contrôle d'une société de groupe mixte d'assurance, les entreprises mentionnées à l'article L. 310-1 et ayant leur siège social en France, les entreprises mentionnées au 1° du III de l'article L. 310-1-1, les sociétés de groupe d'assurance définies à l'article L. 322-1-2 et les compagnies financières holding mixtes définies à l'article L. 517-4 du Code monétaire et financier établissent et publient des comptes consolidés ou combinés. Ces comptes sont établis selon un règlement défini par l'Autorité des normes comptables. Toutefois, les entreprises sont dispensées de se conformer à ce règlement lorsqu'elles établissent et publient ces comptes selon les normes comptables internationales adoptées par règlement de la Commission européenne.

Lorsque au moins deux entités parmi les entreprises mentionnées à l'article L. 310-1 ou à l'article L. 310-1-1, les sociétés de groupe d'assurance définies à l'article L. 322-1-2, les compagnies financières holding mixtes définies à l'article L. 517-4 du Code monétaire et financier, les mutuelles et les unions régies par les dispositions du livre II du Code de la mutualité ainsi que les unions mutualistes de groupe définies à l'article L. 111-4-2 du même code, les institutions de prévoyance, les unions d'institutions de prévoyance et les sociétés de groupe assurantiel de protection sociale régies par le titre 3 du livre 9 du Code de la sécurité sociale ou par l'article L. 727-2 du Code rural constituent un ensemble dont la cohérence ne résulte pas de liens en capital, l'une d'elles établit et publie des comptes combinés. Pour ces entités, l'obligation d'établir des comptes combinés se substitue à l'obligation d'établir des comptes consolidés ou combinés en cas d'existence d'un groupe consolidé ou combiné au sein du périmètre de combinaison, sauf obligations réglementaires spécifiques, liées à l'émission de valeurs mobilières admises aux négociations sur un marché réglementé ou des titres de créances négociables.

Un décret en Conseil d'État détermine les conditions d'application du présent article.

Art. L. 345-3 *(Ord. n° 2015-378, 2 avr. 2015)*. – Sous réserve des dispositions prévues au présent chapitre, les comptes consolidés ou combinés mentionnés à l'article L. 345-2 sont établis suivant les règles fixées par les articles L. 233-16, L. 233-17-1 et L. 233-18 à L. 233-27 du Code de commerce.

Les entreprises qui, sans y être tenues en raison de leur forme juridique ou de la taille de l'ensemble du groupe établissant des comptes consolidés ou combinés visés à l'article L. 345-2, publient des comptes consolidés ou combinés, se conforment aux dispositions des articles L. 233-16 et L. 233-18 à L. 233-27 aux dispositions du présent chapitre. En ce cas, lorsque leurs comptes annuels sont certifiés dans les conditions prévues à l'article L. 823-9 du Code de commerce, leurs comptes consolidés ou combinés le sont dans les conditions du deuxième alinéa de cet article.

....

Partie réglementaire

TITRE PREMIER. – DISPOSITIONS GÉNÉRALES ET CONTRÔLE DE L'ÉTAT

Section I – Dispositions générales applicables aux entreprises d'assurance

CHAPITRE I. – DISPOSITIONS GÉNÉRALES

(D. n° 2008-1154, 7 nov. 2008)

Section I – Dispositions générales applicables aux entreprises d'assurance

(D. n° 2008-1154, 7 nov. 2008)

Art. R.* 310-5 *(Mod., D. n° 94-635, 25 juill. 1994)*. – Les titres de toute nature, les prospectus, les affiches, les circulaires, les plaques, les imprimés et tous les autres documents destinés à être distribués au public ou publiés par une entreprise mentionnée aux 1°, 3° et 4° de l'article L. 310-2 doivent porter, à la suite du nom ou de la raison sociale, la mention ci-après en caractères uniformes : « entreprise régie par le Code des assurances ». Ils ne doivent contenir aucune allusion au contrôle de l'État, ni aucune assertion susceptible d'induire en erreur sur la véritable nature de l'entreprise ou l'importance réelle de ses engagements.

Art. R.* 310-6 *(Abr., D. n° 94-635, 25 juill. 1994 ; rétabli D. n° 2017-1171, 18 juill. 2017)*. – Les titres de toute nature, les prospectus, les affiches, les circulaires, les plaques, les imprimés et tous les autres documents destinés à être distribués au public ou publiés par un fonds de retraite professionnelle supplémentaire portent, à la suite du nom ou de la raison sociale, la mention ci-après en caractères uniformes : « fonds de retraite professionnelle supplémentaire régi par le Code des assurances ». Ils ne doivent contenir aucune allusion au contrôle de l'État, ni aucune assertion susceptible d'induire en erreur sur la véritable nature du fonds de retraite professionnelle supplémentaire ou l'importance réelle de ses engagements.

Art. R. 310-6-1 *(D. n° 91-617, 28 juin 1991 ; mod., L. n° 2003-706, 1er août 2003 ; L. n° 2005-1564, 15 déc. 2005 ; L. n° 2013-672, 26 juill. 2013 ; rempl., D. n° 2015-513, 7 mai 2015 ; D. n° 2017-1171, 18 juill. 2017)*. – Les entreprises agréées en France mentionnées à l'article L. 310-1 et au III de l'article L. 310-1-1 et les fonds de retraite professionnelle supplémentaire doivent informer l'Autorité de contrôle prudentiel et de résolution du projet de modifications de leurs statuts, dans un délai de deux mois précédant la soumission de ce projet à l'assemblée générale.

Par dérogation au précédent alinéa, lorsqu'un projet de modification de statuts prévoit la réduction de son capital social, l'entreprise doit, avant de soumettre cette modification à l'assemblée générale, obtenir l'accord de l'Autorité de contrôle prudentiel et de résolution qui statue dans un délai de deux mois.

Art. R. 310-7 *(Abr., D. n° 2008-1154, 7 nov. 2008)*.

Art. R.* 310-8 *(Abr., D. n° 91-603, 27 juin 1991)*.

Art. R.* 310-9 *(Abr., D. n° 94-635, 25 juill. 1994)*.

Art. R.* 310-10 *(Abr., D. n° 2010-217, 3 mars 2010)*.

Art. R. 310-10-1 *(D. n° 93-469, 23 mars 1993 ; rempl., D. n° 94-635, 25 juill. 1994 ; mod., D. n° 2015-513, 7 mai 2015).* **– Pour l'application des titres Ier à V, les entreprises visées à l'article L. 310-10-1 sont assimilées aux entreprises ayant leur siège social dans un État non communautaire partie à l'accord sur l'Espace économique européen.**

Art. R. 310-10-2 *(Abr., D. n° 2008-1546, 31 déc. 2008 et D. n° 2008-1549, 31 déc. 2008).*

Section II. – Dispositions générales applicables aux entreprises de réassurance

(D. n° 2008-1154, 7 nov. 2008)

Art. R. 310-10-3 *(D. n° 2008-1154, 7 nov. 2008).* **– Les titres de toute nature, les prospectus, les affiches, les circulaires, les plaques, les imprimés et tous les autres documents destinés à être distribués au public ou publiés par une entreprise mentionnée au 1° du III de l'article L. 310-1-1 ne doivent contenir aucune allusion au contrôle de l'État, ni aucune assertion susceptible d'induire en erreur sur la véritable nature de l'entreprise ou l'importance réelle de ses engagements.**

CHAPITRE II – AUTORITÉ DE CONTRÔLE PRUDENTIEL ET DE RÉSOLUTION

(D. n° 2004-693, 15 juill. 2004 ; mod., L. n° 2005-1564, 15 déc. 2005 ; Ord. n° 2010-76, 21 janv. 2010 ; D. n° 2010-217, 3 mars 2010 ; L. n° 2013-672, 26 juill. 2013)

Section I – Dispositions générales

(D. n° 2004-693, 15 juill. 2004 ; mod., D. n° 2010-217, 3 mars 2010)

Art. R. 310-11 *(D. n° 90-495, 20 juin 1990 ; rempl., D. n° 2004-693, 15 juill. 2004 ; L. n° 2005-1564, 15 déc. 2005 ; mod., Ord. n° 2010-76, 21 janv. 2010 ; rempl., D. n° 2010-217, 3 mars 2010 ; L. n° 2013-672, 26 juill. 2013).* **– Les dispositions relatives à l'Autorité de contrôle prudentiel et de résolution sont applicables dans les conditions prévues au chapitre II du titre Ier du livre VI du Code monétaire et financier.**

....

Section II – Dispositions relatives à la libre prestation de services et au libre établissement des organismes relevant du Code des assurances, du Code de la mutualité et du Code de la sécurité sociale

(D. n° 2004-693, 15 juill. 2004 ; intitulé rempl., D. n° 2010-217, 3 mars 2010)

Art. R. 310-17 *(Abr., D. n° 2010-217, 3 mars 2010).*

Art. R. 310-17-1 *(D. n° 2006-740, 27 juin 2006 ; D. n° 2006-976, 1er août 2006 ; D. n° 2010-217, 3 mars 2010 ; L. n° 2013-672, 26 juill. 2013 ; mod., D. n° 2015-513, 7 mai 2015 ; abr. à compter du 1er janvier 2023, D. n° 2017-1171, 18 juill. 2017).* **– I. - Toute entreprise d'assurance disposant de l'agrément mentionné à l'article L. 143-1 et projetant de fournir des services d'institutions de retraite professionnelle sur le territoire d'un autre État membre de l'Union européenne ou d'un autre État partie à l'accord sur l'Espace économique européen, conformément aux dispositions de l'article L. 310-14, notifie son projet à l'Autorité de contrôle prudentiel, accompagné des documents dont la liste est fixée par arrêté du ministre chargé de l'économie.**

Si l'autorité de contrôle estime que les conditions mentionnées à ce même article L. 310-14 sont réunies, elle communique aux autorités compétentes de l'État d'accueil un dossier dont la composition est fixée par l'arrêté prévu à l'article L. 310-14, et avise l'entreprise d'assurance de cette communication.

Le délai de communication des informations aux autorités de l'État d'accueil court à compter de la réception, par l'Autorité de contrôle prudentiel, d'un dossier complet. Il est de trois mois.

II. - Tout projet de modification substantielle de la nature ou des conditions d'exercice des activités autorisées conformément aux dispositions de l'article L. 310-14 est notifié à l'Autorité de contrôle prudentiel.

Si l'Autorité de contrôle prudentiel estime que les conditions mentionnées à ce même article L. 310-14 sont toujours remplies, elle communique de nouveau aux autorités compétentes de l'État d'accueil concerné, dans le délai d'un mois suivant la notification mentionnée à l'alinéa précédent, un dossier dont la composition est fixée

par l'arrêté prévu à l'article L. 310-14, et avise l'entreprise d'assurance de cette communication. La modification envisagée peut intervenir dès réception de cet avis par l'entreprise.

III. - Lorsque l'Autorité de contrôle prudentiel refuse de communiquer aux autorités compétentes de l'État membre concerné le dossier mentionné aux deuxièmes alinéas des I et II du présent article, elle en avise l'entreprise d'assurance concernée et lui fait connaître, dans les délais mentionnés au troisième alinéa du I et au deuxième alinéa du II, les raisons de ce refus. Elle en avise également en tant que de besoin les autorités compétentes de l'État membre concerné.

Art. R. 310-17-2 *(D. n° 2006-740, 27 juin 2006 ; D. n° 2010-217, 3 mars 2010 ; L. n° 2013-672, 26 juill. 2013 ; abr. à compter du 1er janvier 2023, D. n° 2017-1171, 18 juill. 2017).* – Lorsque l'Autorité de contrôle prudentiel et de résolution exerce la faculté mentionnée au troisième alinéa de l'article L. 143-4, elle en informe l'autorité compétente de l'État dans lequel l'entreprise d'assurance fournit des services d'institution de retraite professionnelle.

Art. R. 310-17-3 *(D. n° 2006-740, 27 juin 2006 ; D. n° 2006-976, 1er août 2006 ; D. n° 2015-513, 7 mai 2015 ; abr. à compter du 1er janvier 2023, D. n° 2017-1171, 18 juill. 2017).* – Par dérogation aux dispositions de l'avant-dernier alinéa de l'article L. 310-1, les dispositions des articles R. 310-17-1 et 2 et de l'article R. 342-14 s'appliquent aux mutuelles et unions régies par le Code de la mutualité, et aux institutions de prévoyance régies par le titre III du livre IX du Code de la sécurité sociale.

Section III – Mesures de police et sanctions spécifiques aux organismes relevant du Code des assurances, du Code de la mutualité et du Code de la sécurité sociale

(D. n° 2004-693, 15 juill. 2004 ; intitulé rempl., D. n° 2010-217, 3 mars 2010)

Art. R. 310-19 *(Anc. art. R.* 310-3 ; mod. et dénum., D. n° 94-635, 25 juill. 1994 ; rempl., D. n° 2004-693, 15 juill. 2004 ; mod., L. n° 2005-1564, 15 déc. 2005 ; D. n° 2010-217, 3 mars 2010 ; L. n° 2013-672, 26 juill. 2013).* – Lorsque l'autorité de contrôle décide, en application de l'article L. 612-33 du Code monétaire et financier, d'engager vis-à-vis d'une entreprise la procédure de transfert d'office de son portefeuille de contrats, bulletins ou adhésions, cette décision est portée à la connaissance de l'ensemble des entreprises d'assurance par un avis publié au *Journal officiel*. Cet avis fait courir un délai de quinze jours pendant lesquels les entreprises qui accepteraient de prendre en charge le portefeuille en cause doivent se faire connaître à l'autorité.

L'entreprise désignée par l'autorité de contrôle pour prendre en charge le portefeuille de contrats d'assurances transféré est avisée de cette désignation par lettre recommandée avec demande d'avis de réception.

La décision qui prononce le transfert en fixe les modalités et la date de prise d'effet.

....

Section III – Sanctions

(Anc. sect. IV de l'anc. chapitre unique créée, D. n° 94-635, 25 juill. 1994 ; dénum., D. n° 2004-693, 15 juill. 2004)

Art. R. 310-22 *(D. n° 94-635, 25 juill. 1994 ; mod., D. n° 2005-8, 5 janv. 2005 ; D. n° 2008-1154, 7 nov. 2008 ; D. n° 2010-217, 3 mars 2010 ; D. n° 2017-1171, 18 juill. 2017).* – Le fait pour tout dirigeant d'une entreprise soumise au contrôle de l'État en vertu de l'article L. 310-1 et d'un fonds de retraite professionnelle supplémentaire de méconnaître les obligations ou interdictions résultant des articles R. 310-5, R. 310-6 et R. 612-26 du Code monétaire et financier est puni de la peine d'amende prévue pour les contraventions de la cinquième classe.

Le fait pour tout dirigeant d'une entreprise soumise au contrôle de l'État en vertu du 1° du III de l'article L. 310-1-1 de méconnaître les obligations ou interdictions résultant des articles R. 310-10-3 et R. 612-26 du Code monétaire et financier est puni de la peine d'amende prévue pour les contraventions de la cinquième classe.

La récidive de la contravention prévue au présent article est réprimée conformément à l'article 132-11 du Code pénal.

Section V. – Procédures judiciaires et de conciliation
(Section créée à compter du 1er janvier 2016, D. n° 2015-513, 7 mai 2015)

Art. R. 310-23 *(Créé à compter du 1er janvier 2016, D. n° 2015-513, 7 mai 2015).* – **Lorsqu'une procédure de liquidation est ouverte en application de l'article L. 310-25, le liquidateur informe sans délai et individuellement par une note écrite chaque créancier connu qui a sa résidence habituelle, son domicile ou son siège social dans un État membre autre que la France.**

Le contenu et le format de la note sont fixés par arrêté du ministre chargé de l'économie.

CHAPITRE II. – RÈGLES DE CONSTITUTION ET DE FONCTIONNEMENT

Section I. – Dispositions communes

Sous-section 1. – Dispositions relatives aux entreprises d'assurance
(D. n° 2008-1154, 7 nov. 2008)

Art. R. 322-1 *(Anc. art. R. 321-22 mod., D. n° 90-697, 1er août 1990 ; dénum., D. n° 94-635, 25 juill. 1994 ; mod., D. n° 2004-221, 12 mars 2004 ; D. n° 2010-217, 3 mars 2010).* – **Toute entreprise d'assurance doit, lorsqu'elle sollicite un agrément pour la branche de protection juridique conformément aux dispositions des articles L. 321-1, L. 321-7** *(Réf. rempl., D. n° 2015-513, 7 mai 2015)* **« et L. 329-1 », indiquer, lors de la présentation des documents prévus à ces quatre articles, la modalité de gestion adoptée, parmi celles qui sont énoncées à l'article L. 322-2-3.**

Lorsque l'entreprise choisit de confier les sinistres de la branche de protection juridique à une entreprise juridiquement distincte, conformément aux dispositions du deuxième tiret du premier alinéa de l'article L. 321-6, elle doit adresser copie des statuts de cette entreprise [à] l'Autorité de contrôle prudentiel et de résolution.

Si cette entreprise juridiquement distincte a des liens de la nature de ceux qui sont définis à l'article L. 612-26 du Code monétaire et financier avec une autre entreprise qui pratique l'assurance d'une ou plusieurs branches mentionnées à l'article R. 321-1, l'entreprise qui sollicite l'agrément doit s'assurer et, en outre, attester :

1° Que les membres de son personnel chargés de la gestion des sinistres ou des conseils juridiques relatifs à cette gestion n'exercent pas la même activité pour le compte de l'autre entreprise ;

2° Que ses dirigeants ne sont pas aussi des dirigeants de l'autre entreprise.

Art. R. 322-1-1 *(Anc. art. R. 321-23, dénum., D. n° 94-635, 25 juill. 1994 ; D. n° 2004-221, 12 mars 2004 ; L. n° 2013-672, 26 juill. 2013 ; D. n° 2017-1765, 26 déc. 2017).* – **Lorsqu'une entreprise agréée dans la branche de protection juridique désire opter pour une autre modalité de gestion que celle qu'elle a précédemment choisie, elle est tenue d'en informer l'Autorité de contrôle prudentiel et de résolution.**

La nouvelle modalité choisie prend effet un mois après sa notification à l'Autorité de contrôle prudentiel et de résolution, sauf opposition par cette dernière dans le même délai pour un motif de nature à remettre en cause la décision d'agrément.

Les deuxième et troisième alinéas de l'article R. 322-1 sont applicables.

Art. R. 322-1-2 *(Anc. art. R. 321-24, dénum., D. n° 94-635, 25 juill. 1994).* – **Pour l'application des dispositions du deuxième tiret du premier alinéa de l'article L. 322-2-3, l'entreprise juridiquement distincte à qui est confiée la gestion des sinistres de la branche de protection juridique est soit une entreprise régie par le Code des assurances, soit une société civile, soit une société commerciale, soit un groupement d'intérêt économique.**

Art. R.* 322-2. – **Les entreprises soumises au contrôle de l'État par l'article L. 310-1 ne peuvent avoir d'autre objet que celui de pratiquer les opérations mentionnées à l'article R. 321-1, ainsi que celles qui en découlent directement, à l'exclusion de toute autre activité commerciale.**

Elles peuvent faire souscrire des contrats d'assurance pour le compte d'autres entreprises agréées avec lesquelles elles ont conclu un accord à cet effet.

Art. R.* 322-3. – Il est interdit, pour les opérations autres que celles mentionnées au 21 de l'article R. 321-1, de stipuler ou de réaliser l'exécution de contrat ou l'attribution de bénéfices par la voie de tirage au sort.

Art. R.* 322-4. – Lorsqu'une entreprise pratique une ou plusieurs des branches ou sous-branches mentionnées à l'article R. 321-1 *(Mots suppr., D. n° 2008-1154, 7 nov. 2008)* « ... » dans l'un des territoires de la Nouvelle-Calédonie, de la Polynésie française, de Saint-Pierre-et-Miquelon, des Terres australes et antarctiques françaises ou de Wallis-et-Futuna, elle doit obtenir l'habilitation, par le préfet ou le chef de territoire d'un agent spécial personne physique, préposé à la direction de toutes les opérations qu'elle pratique dans ce département ou territoire.

L'acceptation de l'agent spécial ne peut être refusée par le préfet ou le chef de territoire que pour des motifs touchant à l'honorabilité ou à la qualification technique.

Sous-section 2. – Dispositions relatives aux entreprises de réassurance
(D. n° 2008-1154, 7 nov. 2008)

Art. R. 322-4-1 *(D. n° 2008-1154, 7 nov. 2008 ; D. n° 2015-513, 7 mai 2015).* – Les entreprises mentionnées au 1° du III de l'article L. 310-1-1 doivent limiter leur objet à l'activité de réassurance et aux opérations liées. Cette exigence peut inclure une fonction de détention de participations dans le secteur financier au sens du 3° de l'article L. 517-2 du Code monétaire et financier.

Section II – Sociétés anonymes d'assurance, de capitalisation et de réassurance
(Intitulé rempl., D. n° 2008-1154, 7 nov. 2008)

Sous-section 1. – Dispositions relatives aux entreprises d'assurance
(D. n° 2008-1154, 7 nov. 2008)

Art. R.* 322-5 *(Anc. art. R. 322-6 ; dénum. et mod., D. n° 91-603, 27 juin 1991 ; mod., D. n° 93-866, 25 juin 1993 ; mod., D. n° 2001-95, 2 févr. 2001).* – Les entreprises françaises soumises au contrôle de l'État par l'article L. 310-1 et constituées sous forme de société anonyme doivent avoir un capital social, non compris les apports en nature, au moins égal à 800 000 € pour pratiquer les opérations entrant dans les branches mentionnées aux 10 à 15 et aux 20, 21, 22, 24, 25 et 28 de l'article R. 321-1 ainsi que les opérations de réassurance.

Les mêmes entreprises doivent, pour pratiquer des opérations entrant dans d'autres branches que celles énumérées à l'alinéa précédent, avoir un capital social, non compris les apports en nature, au moins égal à 480 000 €.

Chaque actionnaire doit verser, avant la constitution définitive, la moitié au moins du montant des actions en numéraire souscrites par lui.

Art. R. 322-6 *(D. n° 2008-1437, 22 déc. 2008 ; D. n° 2015-513, 7 mai 2015).* – Le report de charge constitué en vertu de l'article R. 343-6 est déduit du bénéfice distribuable mentionné à l'article L. 232-11 du Code de commerce. Il est également déduit du bénéfice défini au deuxième alinéa de l'article L. 232-12 du même code.

Art. R.* 322-7 *(Mod., D. n° 91-603, 27 juin 1991).* – Le rapport spécial des commissaires aux comptes prévu au troisième alinéa de l'article 103 et au troisième alinéa de l'article 145 de la loi n° 66-537 du 24 juillet 1966 sur les sociétés commerciales doit contenir, outre les mentions énumérées aux articles 92 et 117 du décret n° 67-236 du 23 mars 1967 sur les sociétés commerciales, l'indication du montant des sommes versées aux personnes mentionnées, selon le cas, aux articles 101 ou 143 de ladite loi à titre de rémunérations ou commissions pour les contrats d'assurance ou de capitalisation souscrits par leur intermédiaire.

Art. R.* 322-8 *(Mod., D. n° 92-716, 23 juill. 1992 ; D. n° 2015-513, 7 mai 2015).* – Dans les prospectus, affiches, circulaires, notices, annonces ou documents quelconques relatifs aux emprunts des entreprises mentionnées à l'article R. 322-5, il doit être rappelé de manière explicite qu'un privilège est institué au profit des assurés par l'article L. 327-2 et indiqué que le prêteur, même s'il est assuré, ne bénéficie d'aucun privilège pour les intérêts et le remboursement de cet emprunt. Cette mention doit figurer également en caractères apparents sur les titres d'emprunt.

Il est porté chaque année dans les charges de l'entreprise une somme constante destinée au paiement des intérêts et au remboursement des emprunts ou à la constitution de la réserve pour l'amortissement des emprunts. Cette obligation ne s'applique pas aux titres et emprunts subordonnés.

Art. R. 322-9 *(Abr., D. n° 91-603, 27 juin 1991 ; rétabli, D. n° 2008-1154, 7 nov. 2008).* – Les prospectus, affiches, circulaires, notices, annonces ou documents quelconques, ainsi que les polices émis par les sociétés anonymes mentionnées à la présente section doivent indiquer, au-dessous de la mention du montant du capital social, la portion de ce capital déjà versée.

Sous-section 2. – Dispositions relatives aux entreprises de réassurance

(D. n° 2008-1154, 7 nov. 2008)

Art. R. 322-10 *(Abr., D. n° 91-603, 27 juin 1991 ; rétabli, D. n° 2008-1154, 7 nov. 2008).* – Les entreprises mentionnées au 1° du III de l'article L. 310-1-1 constituées sous la forme de société anonyme doivent avoir un capital social, non compris les apports en nature, au moins égal à 800 000 €.

Chaque actionnaire doit verser, avant la constitution définitive, la moitié au moins du montant des actions en numéraire souscrites par lui.

Art. R.* 322-11 *(Abr., D. n° 2008-1154, 7 nov. 2008).*

Sous-section 3. – Dispositions relatives aux entreprises d'assurance et de réassurance

Art. R. 322-11-1 *(Rempl., D. n° 94-635, 25 juill. 1994 ; mod., D. n° 2004-221, 12 mars 2004 ; D. n° 2005-1185, 19 sept. 2005 ; L. n° 2005-1564, 15 déc. 2005 ; D. n° 2008-1154, 7 nov. 2008 ; D. n° 2009-1223, 12 oct. 2009 ; L. n° 2013-672, 26 juill. 2013 ; D. n° 2015-513, 7 mai 2015 ; D. n° 2017-1253, 9 août 2017).* – I. – Toute opération permettant à une personne, agissant seule ou de concert avec d'autres personnes, au sens des dispositions de l'article L. 233-10 du Code de commerce, d'acquérir, d'étendre, de diminuer ou de cesser de détenir, directement ou indirectement, une participation dans une entreprise mentionnée au 1° de l'article L. 310-2 ou au 1° du III de l'article L. 310-1-1 du présent code doit faire l'objet, de la part de cette ou de ces personnes et préalablement à sa réalisation, de la notification à l'Autorité de contrôle prudentiel et de résolution prévue au premier alinéa de l'article L. 322-4, lorsqu'une de ces trois conditions est remplie :

1° La fraction de droits de vote ou des parts de capital détenue par cette ou ces personnes passe au-dessus ou en dessous des seuils du dixième, du cinquième, du tiers ou de la moitié ;

2° L'entreprise devient ou cesse d'être une filiale de cette ou de ces personnes ;

3° L'opération permet à cette ou ces personnes d'exercer une influence notable sur la gestion de cette entreprise.

Pour l'application de la présente section, les fractions des droits de vote sont calculées conformément aux dispositions de l'article L. 233-4, des I et IV de l'article L. 233-7 et de l'article L. 233-9 du Code de commerce. Il n'est pas tenu compte des droits de vote ou des actions que des établissements de crédit des sociétés de gestion de portefeuille ou des entreprises d'investissement détiennent à la suite de la prise ferme ou du placement garanti d'instruments financiers, au sens des 6-1 ou 6-2 de l'article D. 321-1 du Code monétaire et financier, pour autant que ces droits ne soient pas exercés ni utilisés autrement pour intervenir dans la gestion de l'émetteur et à condition qu'ils soient cédés dans un délai d'un an après l'acquisition. La participation en capital est calculée en additionnant, s'il y a lieu, la participation directe et la ou les participations indirectes détenues dans le capital de l'entreprise. Les participations indirectes sont calculées en multipliant entre elles les fractions détenues dans le capital de chaque entité intermédiaire ainsi que dans le capital de l'entreprise.

L'Autorité de contrôle prudentiel et de résolution établit une liste des informations qu'elle estime nécessaires pour procéder à l'évaluation prévue à l'article R. 322-11-2 et qui doivent lui être communiquées dans le cadre de la notification prévue au premier alinéa de l'article L. 322-4. Cette liste est accessible sur le site de l'Autorité.

Les informations ainsi demandées sont proportionnées et adaptées à la nature du candidat acquéreur et de l'acquisition envisagée. L'Autorité ne demande pas d'informations qui ne sont pas pertinentes dans le cadre de cette évaluation.

Les opérations mentionnées au premier alinéa sont seulement portées à la connaissance immédiate de l'Autorité de contrôle prudentiel et de résolution lorsqu'elles sont conclues entre des personnes relevant du droit d'un ou de plusieurs États membres de l'Union européenne ou d'un autre État partie à l'accord sur l'Espace économique européen et appartenant au groupe de celles qui détiennent déjà un pouvoir de contrôle effectif sur l'entreprise assujettie et lorsque l'entreprise qui acquiert une participation est soumise au contrôle de la même autorité que l'entreprise qui cesse de détenir une participation.

II. – Les dispositions du paragraphe I s'appliquent également aux opérations de prise, d'extension ou de cession de participation, directes ou indirectes, dans des sociétés de groupe d'assurance définies à l'article L. 322-1-2 et dont le siège social est situé en France.

Art. R. 322-11-2 *(D. n° 2009-1223, 12 oct. 2009 ; L. n° 2013-672, 26 juill. 2013 ; D. n° 2015-513, 7 mai 2015 ; D. n° 2017-1253, 9 août 2017)*. – I. – L'Autorité de contrôle prudentiel et de résolution accuse réception par écrit dans un délai de deux jours ouvrés, après sa réception, de la notification d'une opération d'acquisition ou d'extension de participation mentionnée au I de l'article R. 322-11-1.

L'Autorité de contrôle prudentiel et de résolution dispose d'un délai de soixante jours ouvrés, à compter de la date de l'accusé de réception de la notification, pour procéder à l'évaluation de cette dernière. L'Autorité informe le candidat acquéreur de la date d'expiration de la période d'évaluation au moment de la délivrance de l'accusé de réception.

L'Autorité peut fixer un délai maximal pour la conclusion de la prise ou de l'extension de participation envisagée et, le cas échéant, le proroger.

Lorsque l'Autorité a été saisie de plusieurs notifications d'opérations concernant la même entreprise, elle procède à leur examen conjoint dans des conditions assurant une égalité de traitement entre les candidats.

II. – L'Autorité de contrôle prudentiel et de résolution peut le cas échéant, pendant la période d'évaluation, et au plus tard le cinquantième jour ouvré de la période d'évaluation, demander par écrit des informations complémentaires au candidat acquéreur. Elle accuse réception par écrit de la transmission de ces informations complémentaires par le candidat acquéreur.

La période d'évaluation est suspendue pour une durée n'excédant pas vingt jours ouvrés, entre la date de la demande et la réception de la réponse du candidat acquéreur, cette durée pouvant être portée à trente jours ouvrés, lorsque l'une des deux conditions suivantes est remplie :

1° Le candidat acquéreur est établi hors de l'Union européenne ou relève d'une réglementation distincte de la réglementation européenne ;

2° Le candidat acquéreur est une personne physique ou morale de l'Union européenne qui n'est pas soumise à la réglementation européenne relative aux entreprises d'assurance, de réassurance, aux établissements de crédit, aux sociétés de gestion de portefeuille ou aux entreprises d'investissement.

L'Autorité peut demander des informations complémentaires ou des clarifications. Ces demandes ne peuvent toutefois donner lieu à une nouvelle prolongation de la période d'évaluation.

III. – Lorsqu'elle procède à l'évaluation prévue au I, l'Autorité apprécie, aux fins de s'assurer que l'entreprise visée par l'opération envisagée dispose d'une gestion saine et prudente et en tenant compte de l'influence probable du candidat acquéreur sur cette entreprise, le caractère approprié du candidat acquéreur et la solidité financière de l'opération envisagée, en appliquant l'ensemble des critères suivants :

1° La réputation du candidat acquéreur ;

2° La réputation et l'expérience de toute personne qui, à la suite de l'opération envisagée, assurera la direction des activités de l'entreprise au sens de l'article L. 321-10 ;

3° La solidité financière du candidat acquéreur, compte tenu notamment du type d'activités exercées et envisagées au sein de l'entreprise visée par l'opération envisagée ;

4° La capacité de l'entreprise à satisfaire et à continuer à satisfaire aux obligations prudentielles du présent code et du Code monétaire et financier qui lui sont applicables, et en particulier le point de savoir si le groupe auquel elle appartiendra possède une structure qui permet d'exercer un contrôle effectif, d'échanger réellement des informations entre autorités de contrôle et de déterminer le partage des responsabilités entre autorités de contrôle ;

5° L'existence de motifs raisonnables de soupçonner qu'une opération ou une tentative de blanchiment de capitaux ou de financement du terrorisme est en cours ou a eu lieu en relation avec l'opération envisagée ou que cette opération pourrait en augmenter le risque.

IV. – Avant toute décision, l'Autorité de contrôle prudentiel et de résolution consulte sans délai les autorités compétentes mentionnées aux articles L. 321-1, L. 321-1-1 et L. 321-1-2, dont relève le candidat acquéreur, afin d'obtenir toute information essentielle ou pertinente en vue de l'évaluation prévue au I, lorsque l'une des conditions suivantes est remplie :

1° Le candidat acquéreur est une entreprise d'assurance ou de réassurance, un établissement de crédit, une société de gestion de portefeuille ou une entreprise d'investissement agréés dans un État membre de l'Union européenne ou agréés dans un secteur financier autre que celui dans lequel l'acquisition est envisagée ;

2° Le candidat acquéreur est l'entreprise mère d'une entité visée au 1° ;

3° Le candidat acquéreur est une personne physique ou morale contrôlant une entité visée au 1°.

La décision prise par l'Autorité de contrôle prudentiel et de résolution sur cette opération mentionne les avis ou réserves formulés, le cas échéant, par les autorités compétentes consultées.

V. – L'Autorité de contrôle prudentiel et de résolution ne peut s'opposer à la prise ou à l'extension de participation envisagée que s'il existe des motifs raisonnables de le faire sur la base des critères fixés au III, ou si les informations fournies par le candidat acquéreur, en application du cinquième alinéa du I de l'article R. 322-11-1, sont incomplètes.

Dans le cas où l'Autorité décide de ne pas autoriser l'opération envisagée, elle en informe, par écrit, le candidat acquéreur, au plus tard dans un délai de deux jours ouvrés avant la fin de la période d'évaluation, en indiquant les motifs de cette décision. L'Autorité doit rendre publics les motifs de cette décision, à la demande du candidat acquéreur.

Art. R. 322-11-3 *(D. n° 2009-1223, 12 oct. 2009)*. – Dans un délai de deux jours ouvrables après réception de la notification d'une opération de cession ou de diminution de participation mentionnée à l'article R. 322-11-1, le Comité des entreprises d'assurance en accuse réception par écrit au déclarant.

Le Comité des entreprises d'assurance dispose d'un délai de soixante jours ouvrables à compter de la réception de cet accusé de réception pour faire savoir au déclarant et à l'entreprise visée par l'opération envisagée que, compte tenu du besoin de garantir une gestion saine et prudente et d'assurer la protection des intérêts des assurés, cette opération remet en cause les conditions auxquelles est subordonné l'agrément.

Art. R. 322-11-4 *(Anc. R. 322-11-2, dénum., D. n° 2009-1223, 12 oct. 2009 ; mod., Ord. n° 2010-76, 21 janv. 2010 ; D. n° 2010-217, 3 mars 2010 ; L. n° 2013-672, 26 juill. 2013 ; D. n° 2015-513, 7 mai 2015)*. – Les entreprises mentionnées au 1° de l'article L. 310-2 et au 1° du III de l'article L. 310-1-1 communiquent à l'Autorité de contrôle prudentiel et de résolution, au moins une fois par an, l'identité des actionnaires ou associés qui possèdent, directement ou indirectement, au moins 10 % des droits de vote ou du capital de l'entreprise ainsi que le montant de ces participations, tel qu'il résulte notamment des données communiquées à l'assemblée générale annuelle des actionnaires ou associés, ou des obligations d'information des sociétés cotées sur un marché reconnu.

Elles informent l'Autorité, dès qu'elles en ont connaissance, des acquisitions ou cessions de participation dans leur capital qui font franchir les seuils mentionnés à l'article R. 322-11-1.

Art. R. 322-11-5 *(D. n° 2009-1223, 12 oct. 2009 ; L. n° 2013-672, 26 juill. 2013)*. – Toute personne envisageant de déposer un projet d'offre publique à l'Autorité des marchés financiers en application du chapitre III du titre III du livre IV du Code monétaire et financier, en vue d'acquérir une quantité déterminée de titres d'une entreprise d'assurance ou de réassurance agréée en France, peut en informer préalablement le président [de] l'Autorité de contrôle prudentiel et de résolution huit jours ouvrables avant le dépôt de ce projet d'offre ou son annonce publique si elle est antérieure.

Art. R. 322-11-6 *(D. n° 2014-1357, 13 nov. 2014)*. – Lorsque, en application du VII de l'article L. 322-2, l'Autorité de contrôle prudentiel et de résolution tient compte, dans l'appréciation portée sur chaque membre du conseil d'administration ou de surveillance, de la compétence, de l'expérience et des attributions des autres membres de l'organe auquel il appartient, elle s'assure que ceux-ci disposent collectivement des connaissances et de l'expérience nécessaires en matière de marchés de l'assurance et de marchés financiers, de stratégie de l'entreprise et de son modèle économique, de son système de gouvernance, d'analyse financière et actuarielle et d'exigences législatives et réglementaires applicables à l'entreprise d'assurance, appropriées à l'exercice des responsabilités dévolues au conseil d'administration ou au conseil de surveillance.

Section III – Entreprises nationales d'assurance et de capitalisation et sociétés centrales d'assurance

Paragraphe II – Administration

Art. R. 322-20 *(D. n° 89-351, 2 juin 1989).* **– Dans le conseil d'administration des sociétés centrales d'assurance, les personnalités mentionnées au 2° du deuxième alinéa de l'article 5 de la loi n° 83-675 du 26 juillet 1983 sont nommées par décret sur proposition du ministre de l'Économie et des Finances.**

Ces personnalités sont au nombre de six, dont une désignée, après consultation des organisations syndicales représentatives parmi les agents généraux d'assurance du groupe concerné.

Art. R. 322-26 *(Mod., D. n° 84-302, 24 avr. 1984 ; D. n° 90-158, 19 févr. 1990 ; abr. sauf en ce qui concerne les territoires d'outre-mer, D. n° 94-582, 12 juill. 1994).* **– Les représentants de l'État dans les conseils d'administration des sociétés centrales d'assurance sont choisis, soit parmi les fonctionnaires conformément au décret n° 52-49 du 11 janvier 1952 relatif au statut des représentants de l'État dans les conseils des sociétés d'économie mixte, soit parmi les agents de l'État d'un niveau équivalent à celui des fonctionnaires de catégorie A.**

Ils peuvent également être choisis parmi les présidents, directeurs généraux et directeurs généraux adjoints des organismes mentionnés à l'article 1er de la loi n° 83-675 du 26 juillet 1983 susvisée relative à la démocratisation du secteur public.

Ils cessent leurs fonctions s'ils perdent la qualité en vertu de laquelle ils ont été nommés.

Il leur est interdit d'entrer à un titre quelconque au service de la société dont ils ont été administrateur avant l'expiration d'un délai de cinq ans à compter du jour où ils ont quitté son conseil d'administration, sauf autorisation spéciale du ministre de l'Économie, des Finances et du Budget et du ministre qui les a proposés.

....

Section IV – Sociétés d'assurance mutuelles

Sous-section 1. – Constitution

(Anc. § I devenu ss-sect. I, D. n° 2005-7, 3 janv. 2005)

Art. R. 322-42 *(D. n° 91-1050, 30 sept. 1991).* **– Les sociétés d'assurance mutuelles définies à l'article L. 322-26-1 ainsi que les sociétés mentionnées à l'article L. 322-26-4 fonctionnent dans les conditions énoncées à la présente section sous réserve des dispositions particulières des sections V, VI et VII du présent chapitre.**

Art. R.* 322-43 *(D. n° 91-1050, 30 sept. 1991 ; mod., D. n° 97-248, 14 mars 1997).* **– Les excédents de recettes des sociétés d'assurance mutuelles pratiquant une ou plusieurs des branches mentionnées aux 1 à 17 de l'article R. 321-1 sont répartis entre les sociétaires dans les conditions fixées par les statuts, sous réserve des dispositions du premier alinéa de l'article R. 322-73.**

Art. R.* 322-44 *(D. n° 91-1050, 30 sept. 1991 ; D. n° 93-866, 25 juin 1993 ; D. n° 94-799, 9 sept. 1994 ; D. n° 2001-95, 2 févr. 2001).* **– Sous réserve des dispositions des articles R. 322-99 et R. 322-158, les sociétés d'assurance mutuelles doivent avoir un fonds d'établissement au moins égal à :**

– 400 000 € pour pratiquer les opérations mentionnées aux 10 à 15, 20, 22, 25, 21 et 24 de l'article R. 321-1 ainsi que les opérations de réassurance ;

– 240 000 € pour pratiquer les opérations entrant dans d'autres branches que celles énumérées ci-dessus.

Art. R.* 322-45 *(D. n° 91-1050, 30 sept. 1991 ; rempl., D. n° 94-799, 9 sept. 1994).* **– Les sociétés d'assurance mutuelles régies par la présente section doivent faire figurer dans leurs statuts et dans tous les documents à caractère contractuel ou publicitaire ayant pour objet une opération d'assurance ou de capitalisation la mention ci-après imprimée en caractères uniformes : « Société d'assurance mutuelle », ou,**

pour les organismes mentionnés à l'article *(Mots rempl., Ord. n° 2010-462, 6 mai 2010)* « L. 771-1 du Code rural et de la pêche maritime » : « Caisse d'assurance mutuelle agricole » ou « Caisse de réassurance mutuelle agricole » complétée, s'il y a lieu, par la mention : « à cotisations variables » lorsque ce régime de cotisations est appliqué aux sociétaires.

Art. R.* 322-46 *(D. n° 91-1050, 30 sept. 1991)*. – Les sociétés mentionnées à la présente section peuvent se former soit par acte authentique, soit par acte sous seing privé fait en double original quel que soit le nombre des signataires de l'acte.

Art. R.* 322-47 *(D. n° 91-1050, 30 sept. 1991 ; mod., D. n° 94-799, 9 sept. 1994)*. – Les projets de statuts doivent :

1° Indiquer l'objet, la durée, le siège, la dénomination de la société et la circonscription territoriale de ses opérations, déterminer le mode et les conditions générales suivant lesquels sont contractés les engagements entre la société et les sociétaires, et préciser les branches d'assurance garanties directement ou acceptées en réassurance ;

2° Fixer le nombre minimal d'adhérents, qui ne peut être inférieur à 500 ; ce nombre minimal est fixé à sept pour les organismes mentionnés à l'article 1235 du Code rural ;

3° Fixer le montant minimal des cotisations versées par les adhérents au titre de la première période annuelle et préciser que ces cotisations doivent être intégralement versées préalablement à la déclaration prévue à l'article R. 322-51 ;

4° Indiquer le mode de rémunération de la direction *(Mots aj., D. n° 2005-7, 3 janv. 2005)* « ou du directoire » et, s'il y a lieu, des administrateurs *(Mots aj., D. n° 2005-7, 3 janv. 2005)* « ou des membres du conseil de surveillance » en conformité des dispositions de l'article R. 322-55 ;

5° Prévoir la constitution d'un fonds d'établissement destiné à faire face aux dépenses des cinq premières années et à garantir les engagements de la société, et préciser que le fonds d'établissement devra être intégralement versé en espèces préalablement à la déclaration prévue à l'article R. 322-51 ou au dépôt des statuts en mairie pour les organismes mentionnés à l'article *(Mots rempl., Ord. n° 2010-462, 6 mai 2010)* « L. 771-1 du Code rural et de la pêche maritime » ;

6° *(Abr., D. n° 91-1050, 30 sept. 1991 ; rétabli, D. n° 99-37, 19 janv. 1999)* Préciser si, en vue de l'alimentation ultérieure du fonds d'établissement, chaque nouvel adhérent devra lors de la souscription du premier contrat d'assurance s'acquitter d'un droit d'entrée ou droit d'adhésion ;

7° Prévoir le mode de répartition des excédents de recettes ;

8° Prévoir, pour les sociétés pratiquant les opérations mentionnées aux 20 à 26 de l'article R. 321-1, le versement de cotisations fixes ;

9° *(Abr., D. n° 91-1050, 30 sept. 1991)*.

Art. R.* 322-48. – Dans les projets de statuts, il ne peut être stipulé aucun avantage particulier au profit des fondateurs.

Art. R.* 322-49 *(Rempl., D. n° 86-971, 8 août 1986 ; mod., D. n° 97-248, 14 mars 1997)*. – Les projets de statuts peuvent prévoir la constitution d'un fonds social complémentaire destiné à procurer à la société les éléments de solvabilité dont elle doit disposer pour satisfaire à la réglementation en vigueur. Ce fonds est alimenté par des emprunts contractés en vue de financer un plan d'amélioration de l'exploitation ou un plan de développement à moyen ou long terme. Les sociétaires peuvent être tenus de souscrire aux emprunts dans les conditions prévues à l'article R. 322-80-1.

Art. R.* 322-50. – Le texte entier des projets de statuts doit être reproduit sur tout document destiné à recevoir les adhésions.

Art. R.* 322-51. – Lorsque les conditions prévues aux articles R. 322-47 à R. 322-50 sont remplies, les signataires de l'acte primitif ou leurs fondés de pouvoirs le constatent par une déclaration devant notaire.

À cette déclaration sont annexés :

1° La liste nominative dûment certifiée des adhérents contenant leurs nom, prénoms, qualité et domicile, et s'il y a lieu, la dénomination et le siège social des sociétés adhérentes, le montant des valeurs assurées par chacun d'eux et le chiffre de leurs cotisations ;

2° L'un des doubles de l'acte de société, s'il est sous seing privé, ou une expédition s'il est notarié et s'il a été passé devant un notaire autre que celui qui reçoit la déclaration ;

3° L'état des cotisations versées par chaque adhérent ;

4° L'état des sommes versées pour la constitution du fonds d'établissement ;

5° Un certificat du notaire constatant que les fonds ont été versés préalablement à la déclaration prévue au présent article.

Art. R.* 322-52 *(D. n° 91-1050, 30 sept. 1991).* – La première assemblée générale qui est convoquée à la diligence des signataires de l'acte primitif, vérifie la sincérité de la déclaration mentionnée à l'article R. 322-51, elle nomme les membres du premier conseil d'administration *(Mots aj., D. n° 2005-7, 3 janv. 2005)* Q ou du premier conseil de surveillance » et, pour la première année, les commissaires aux comptes prévus par l'article R. 322-67.

Le procès-verbal de la séance constate l'acceptation des membres du conseil d'administration et des commissaires aux comptes présents à la réunion.

La société n'est définitivement constituée qu'à partir de cette acceptation.

Sous-section 2. – Direction et administration

(D. n° 2005-7, 3 janv. 2005)

§ 1. – Sociétés d'assurance mutuelles à conseil d'administration et direction générale

Art. R. 322-53 *(D. n° 2005-7, 3 janv. 2005).* – I. – Lorsque la société est administrée par un conseil d'administration, celui-ci est composé de trois membres au moins, non compris les membres élus par les salariés, conformément aux dispositions de l'article L. 322-26-2. Les statuts fixent le nombre maximum des membres du conseil.

(Mod., D. n° 2014-1357, 13 nov. 2014) Toutefois, en cas de décès, de démission, de révocation, ou de cessation de mandat à la suite d'une décision d'opposition de l'Autorité de contrôle prudentiel et de résolution du président du conseil d'administration et si le conseil n'a pu le remplacer par un de ses membres, il peut nommer, sous réserve des dispositions du IV de l'article R. 322-55-2, un administrateur supplémentaire qui est appelé aux fonctions de président.

II. – Le conseil d'administration élit parmi ses membres un président qui est, à peine de nullité de la nomination, une personne physique. Le conseil peut décider de lui allouer une indemnité dans les conditions prévues à l'article R. 322-55-1 pour les administrateurs. Les statuts peuvent prévoir de lui allouer une rémunération dont le montant est déterminé par le conseil d'administration.

Le président est nommé pour une durée qui ne peut excéder celle de son mandat d'administrateur. Il est rééligible. Le conseil d'administration peut le révoquer à tout moment. Toute disposition contraire est réputée non écrite.

III. – Le président du conseil d'administration organise et dirige les travaux de celui-ci, dont il rend compte à l'assemblée générale. Il veille au bon fonctionnement des organes de la société et s'assure, en particulier, que les administrateurs sont en mesure de remplir leur mission.

(Abr., D. n° 2006-287, 13 mars 2006).

Art. R. 322-53-1 *(D. n° 2005-7, 3 janv. 2005).* – I. – Le conseil d'administration détermine les orientations de l'activité de la société et veille à leur mise en œuvre. Sous réserve des pouvoirs expressément attribués à l'assemblée générale et dans la limite de l'objet social, il se saisit de toute question intéressant la bonne marche de la société et règle par ses délibérations les affaires qui la concernent.

Dans les rapports avec les tiers, la société est engagée même par les actes du conseil d'administration qui ne relèvent pas de l'objet social, à moins qu'elle ne prouve que le tiers savait que l'acte dépassait cet objet ou qu'il ne pouvait l'ignorer compte tenu des circonstances, étant exclu que la seule publication des statuts suffise à constituer cette preuve.

Le conseil d'administration procède aux contrôles et vérifications qu'il juge opportuns. Le président ou le directeur général de la société est tenu de communiquer à chaque administrateur tous les documents et informations nécessaires à l'accomplissement de sa mission.

Le conseil d'administration peut conférer à un ou plusieurs de ses membres ou à des tiers, sociétaires ou non, tous mandats spéciaux pour un ou plusieurs objets déterminés.

Il peut décider la création de comités chargés d'étudier les questions que lui-même ou son président soumet, pour avis, à leur examen. Il fixe la composition et les attributions des comités qui exercent leur activité sous sa responsabilité.

Le déplacement du siège social dans le même département ou dans un département limitrophe peut être décidé par le conseil d'administration, sous réserve de ratification de cette décision par la prochaine assemblée générale ordinaire.

II. – Le conseil d'administration peut, dans la limite d'un montant total qu'il fixe, autoriser le directeur général à donner des cautions, avals ou garanties au nom de la société. Cette autorisation peut également fixer, par engagement, un montant au-delà duquel la caution, l'aval ou la garantie de la société ne peut être donné. Lorsqu'un engagement dépasse l'un ou l'autre des montants ainsi fixés, l'autorisation du conseil d'administration est requise dans chaque cas.

La durée des autorisations prévues à l'alinéa précédent ne peut être supérieure à un an, quelle que soit la durée des engagements cautionnés, avalisés ou garantis.

Par dérogation aux dispositions qui précèdent, le directeur général peut être autorisé à donner, à l'égard des administrations fiscales et douanières, des cautions, avals ou garanties au nom de la société, sans limite de montant.

Le directeur général peut déléguer le pouvoir qu'il a reçu en application des alinéas précédents.

Si les cautions, avals ou garanties ont été donnés pour un montant total supérieur à la limite fixée pour la période en cours, le dépassement ne peut être opposé aux tiers qui n'en ont pas eu connaissance, à moins que le montant de l'engagement invoqué n'excède, à lui seul, l'une des limites fixées par la décision du conseil d'administration prise en application des dispositions précédentes.

Art. R. 322-53-2 *(D. n° 2005-7, 3 janv. 2005 ; rempl., D. n° 2015-513, 7 mai 2015).* – I. - La direction générale de la société est assumée, sous le contrôle du conseil d'administration et dans le cadre des orientations arrêtées par celui-ci, par une personne physique nommée par le conseil et portant le titre de directeur général. Cependant, si les statuts de la société le prévoient, la direction générale peut être assumée par le président du conseil d'administration.

Sur proposition du directeur général, le conseil d'administration peut nommer une ou plusieurs personnes physiques chargées d'assister le directeur général, avec le titre de directeur général délégué.

Lorsque le directeur général assume les fonctions de président du conseil d'administration, la société nomme au moins un directeur général délégué.

Les statuts fixent le nombre maximum des directeurs généraux délégués, lequel ne peut dépasser cinq.

Avant sa nomination, la personne pressentie pour exercer les fonctions de directeur général ou de directeur général délégué est tenue de déclarer l'ensemble des activités professionnelles et fonctions électives qu'elle entend conserver. Le conseil d'administration se prononce sur la compatibilité de la poursuite de l'exercice de ces activités ou fonctions avec les fonctions de directeur général ou de directeur général délégué. Ultérieurement, il se prononce également sur les autres activités ou fonctions que le directeur général ou le directeur général délégué entend exercer.

II. - Le directeur général est révocable à tout moment par le conseil d'administration. Il en est de même, sur proposition du directeur général, des directeurs généraux délégués. Si la révocation est décidée sans juste motif, elle peut donner lieu à dommages-intérêts, sauf lorsque le directeur général assume les fonctions de président du conseil d'administration.

Lorsque le directeur général cesse ou est empêché d'exercer ses fonctions, les directeurs généraux délégués conservent, sauf décision contraire du conseil, leurs fonctions et leurs attributions jusqu'à la nomination du nouveau directeur général.

Au cas où le directeur général ou le directeur général délégué aurait conclu avec la société un contrat de travail, sa révocation n'a pas pour effet de résilier ce contrat.

Art. R. 322-53-3 *(D. n° 2005-7, 3 janv. 2005 ; D. n° 2015-513, 7 mai 2015).* – Sans préjudice des dispositions de l'article R. 322-53-2, le directeur général est investi des pouvoirs les plus étendus pour agir en toute circonstance au nom de la société. Il exerce ces pouvoirs dans la limite de l'objet social et sous réserve de ceux que la loi attribue expressément à l'assemblée générale et au conseil d'administration.

Il représente la société dans ses rapports avec les tiers. La société est engagée même par les actes du directeur général qui ne relèvent pas de l'objet social, à moins qu'elle ne prouve que le tiers savait que l'acte dépassait cet objet ou qu'il ne pouvait l'ignorer compte tenu des circonstances, étant exclu que la seule publication des statuts suffise à constituer cette preuve.

Les dispositions des statuts ou les décisions du conseil d'administration limitant les pouvoirs du directeur général sont inopposables aux tiers.

En accord avec le directeur général, le conseil d'administration détermine l'étendue et la durée des pouvoirs conférés aux directeurs généraux délégués.

Les directeurs généraux délégués disposent, à l'égard des tiers, des mêmes pouvoirs que le directeur général.

§ 2. – Sociétés d'assurance mutuelles à conseil de surveillance et directoire

Art. R. 322-54 *(D. n° 2005-7, 3 janv. 2005).* – I. – Lorsque le contrôle de la société est confié à un conseil de surveillance, celui-ci est composé de trois membres au moins. Les statuts fixent le nombre maximum des membres du conseil qui ne peut excéder dix-huit. Les membres élus par les salariés conformément aux dispositions de l'article L. 322-26-2, dont le nombre doit figurer dans les statuts, ne sont pas pris en compte pour la détermination du nombre minimal et du nombre maximal de membres du conseil de surveillance.

II. – Le conseil de surveillance élit en son sein un président et au moins un vice-président qui sont chargés de convoquer le conseil et d'en diriger les débats. À peine de nullité de leur nomination, le président et le ou les vice-présidents du conseil de surveillance sont des personnes physiques. Ils exercent leurs fonctions pendant la durée du mandat du conseil de surveillance. Ils sont rééligibles.

III ancien *(Abr., D. n° 2006-287, 13 mars 2006).*

III *(Anc. IV, dénum., D. n° 2006-287, 13 mars 2006).* – Aucun membre du conseil de surveillance ne peut faire partie du directoire. Si un membre du conseil de surveillance est nommé au directoire, son mandat au conseil prend fin dès son entrée en fonction.

Art. R. 322-54-1 *(D. n° 2005-7, 3 janv. 2005).* – I. – Le conseil de surveillance exerce le contrôle permanent de la gestion de la société par le directoire.

Les statuts peuvent subordonner à l'autorisation préalable du conseil de surveillance la conclusion des opérations qu'ils énumèrent. Toutefois, la cession d'immeubles par nature, la cession totale ou partielle de participations, la constitution de sûretés, ainsi que les cautions, avals et garanties font l'objet d'une autorisation du conseil de surveillance dans des conditions déterminées au II.

À toute époque de l'année, le conseil de surveillance opère les vérifications et les contrôles qu'il juge opportuns et peut se faire communiquer les documents qu'il estime utiles à l'accomplissement de sa mission. Une fois par trimestre au moins, le conseil de surveillance reçoit du directoire un rapport sur la marche de la société. Après la clôture de chaque exercice et dans un délai de trois mois, le conseil de surveillance vérifie et contrôle les comptes annuels présentés par le directoire.

Le conseil de surveillance présente à l'assemblée générale prévue à l'article R. 322-62 ses observations sur le rapport du directoire ainsi que sur les comptes de l'exercice.

Le conseil de surveillance peut conférer à un ou plusieurs de ses membres tous mandats spéciaux pour un ou plusieurs objets déterminés.

Il peut décider la création en son sein de commissions dont il fixe la composition et les attributions et qui exercent leur activité sous sa responsabilité, sans que lesdites attributions puissent avoir pour objet de déléguer à une commission les pouvoirs qui sont attribués au conseil de surveillance lui-même par la loi ou les statuts ni pour effet de réduire ou de limiter les pouvoirs du directoire.

Le déplacement du siège social dans le même département ou dans un département limitrophe peut être décidé par le conseil de surveillance, sous réserve de ratification de cette décision par la prochaine assemblée générale ordinaire.

II. – Le conseil de surveillance peut, dans la limite d'un montant total qu'il fixe, autoriser le directoire à donner des cautions, avals ou garanties au nom de la société. Cette autorisation peut également fixer, par engagement, un montant au-delà duquel la caution, l'aval ou la garantie de la société ne peut être donné. Lorsqu'un engagement dépasse l'un ou l'autre des montants ainsi fixés, l'autorisation du conseil de surveillance est requise dans chaque cas.

La durée des autorisations prévues à l'alinéa précédent ne peut être supérieure à un an, quelle que soit la durée des engagements cautionnés, avalisés ou garantis.

Par dérogation aux dispositions qui précèdent, le directoire peut être autorisé à donner, à l'égard des administrations fiscales et douanières, des cautions, avals ou garanties au nom de la société, sans limite de montant.

Le directoire peut déléguer le pouvoir qu'il a reçu en application des alinéas précédents.

Si des cautions, avals ou garanties ont été donnés pour un montant total ou supérieur à la limite fixée pour la période en cours, le dépassement ne peut être opposé aux tiers qui n'en ont pas eu connaissance, à moins que le montant de l'engagement invoqué n'excède, à lui seul, l'une des limites fixées par la décision du conseil de surveillance.

III. – Le conseil de surveillance peut également, dans la limite d'un montant qu'il fixe pour chaque opération, autoriser le directoire à céder des immeubles par nature, à céder totalement ou partiellement des participations et à constituer des sûretés. Lorsqu'une opération dépasse le montant ainsi fixé, l'autorisation du conseil de surveillance est requise dans chaque cas.

Le directoire peut déléguer le pouvoir qu'il a reçu en application de l'alinéa précédent.

L'absence d'autorisation est inopposable aux tiers, à moins que la société ne prouve que ceux-ci en avaient eu connaissance ou ne pouvaient l'ignorer.

Art. R. 322-54-2 *(D. n° 2005-7, 3 janv. 2005)*. – I. – Lorsque la société d'assurance mutuelle est dirigée par un directoire, celui-ci est composé de deux à cinq membres au plus. Le nombre des membres du directoire est fixé par les statuts ou, à défaut, par le conseil de surveillance. Les membres du directoire sont nommés par le conseil de surveillance qui confère à l'un d'eux la qualité de président.

II. – Les statuts déterminent la durée du mandat des membres du directoire dans les limites comprises entre deux et six ans. À défaut de disposition statutaire, la durée du mandat est de quatre ans. En cas de vacance, le remplaçant est nommé pour le temps qui reste à courir jusqu'au renouvellement du directoire.

III. – Avant sa nomination, la personne pressentie pour exercer les fonctions de membre du directoire est tenue de déclarer l'ensemble des activités professionnelles et fonctions électives qu'elle entend conserver. Le conseil de surveillance se prononce sur la compatibilité de la poursuite de l'exercice de ces activités ou fonctions avec les fonctions de membre du directoire. Ultérieurement, il se prononce également sur les autres activités ou fonctions que le membre du directoire entend exercer.

IV. – Les membres du directoire peuvent être révoqués par l'assemblée générale ainsi que, si les statuts le prévoient, par le conseil de surveillance. Si la révocation est décidée sans juste motif, elle peut donner lieu à dommages-intérêts.

Au cas où l'intéressé aurait conclu avec la société un contrat de travail, la révocation de ses fonctions de membre du directoire n'a pas pour effet de résilier ce contrat.

V. – Si un siège de membre du directoire est vacant, le conseil de surveillance doit le pourvoir dans le délai de deux mois.

À défaut, tout intéressé peut demander au président du tribunal de grande instance, statuant en référé, de procéder à cette nomination, à titre provisoire. La personne ainsi nommée peut, à tout moment, être remplacée par le conseil de surveillance.

Art. R. 322-54-3 *(D. n° 2005-7, 3 janv. 2005)*. – I. – Le directoire exerce ses fonctions sous le contrôle du conseil de surveillance.

Le directoire est investi des pouvoirs les plus étendus pour agir en toute circonstance au nom de la société ; il les exerce dans la limite de l'objet social et sous réserve de ceux expressément attribués par la loi au conseil de surveillance et aux assemblées de sociétaires.

Dans les rapports avec les tiers, la société est engagée même par les actes du directoire qui ne relèvent pas de l'objet social, à moins qu'elle ne prouve que le tiers savait que l'acte dépassait cet objet ou qu'il ne pouvait l'ignorer compte tenu des circonstances.

Les dispositions des statuts limitant les pouvoirs du directoire sont inopposables aux tiers. Le directoire délibère et prend ses décisions dans les conditions fixées par les statuts.

Une fois par trimestre au moins, le directoire présente un rapport sur la marche de la société au conseil de surveillance. Après la clôture de chaque exercice et dans un délai de trois mois, le directoire lui présente, aux fins de vérification et de contrôle, les comptes annuels.

II. – Le président du directoire représente la société dans ses rapports avec les tiers.

Toutefois, les statuts peuvent habiliter le conseil de surveillance à attribuer le même pouvoir de représentation à un ou plusieurs autres membres du directoire, qui portent alors le titre de directeur général. Les dispositions des statuts limitant le pouvoir de représentation de la société sont inopposables aux tiers.

Sauf clause contraire des statuts, les membres du directoire peuvent, avec l'autorisation du conseil de surveillance, répartir entre eux les tâches de la direction. Toutefois, cette répartition ne peut en aucun cas avoir pour effet de retirer au directoire son caractère d'organe assurant collégialement la direction de la société.

III. – Lorsqu'une opération exige l'autorisation du conseil de surveillance et que celui-ci la refuse, le directoire peut soumettre le différend à l'assemblée générale des sociétaires qui décide de la suite à donner au projet.

§ 3. – Dispositions communes aux sociétés d'assurance mutuelles à conseil d'administration et direction générale et à conseil de surveillance et directoire

Art. R. 322-55 *(D. n° 2005-7, 3 janv. 2005)*. – I. – Le terme mandataire mutualiste désigne toute personne physique, autre que l'administrateur mentionné à l'article R. 322-53 ou le membre du conseil de surveillance mentionné à l'article R. 322-54, adhérente à une société d'assurance mutuelle ou représentante d'une personne morale adhérente à une société d'assurance mutuelle, qui apporte à celle-ci, en dehors de tout contrat de travail, un concours personnel et bénévole, dans le cadre du ou des mandats pour lesquels elle a été statutairement désignée ou élue.

II. – Les sociétés d'assurance mutuelle proposent à leurs administrateurs ou aux membres de leur conseil de surveillance, lors de leur première année d'exercice, un programme de formation à leurs fonctions et aux responsabilités mutualistes.

Art. R. 322-55-1 *(D. n° 2005-7, 3 janv. 2005 ; D. n° 2015-513, 7 mai 2015 ; D. n° 2018-821, 27 sept. 2018)*. – I. – Les fonctions d'administrateur, de membre du conseil de surveillance et de mandataire mutualiste sont gratuites.

Cependant, si les statuts le prévoient, le conseil d'administration ou le conseil de surveillance peut décider d'allouer des indemnités à ses membres, dans des limites fixées par l'assemblée générale, et de rembourser leurs frais de déplacement, de séjour et de garde d'enfants.

Le conseil d'administration ou le conseil de surveillance peut également décider d'allouer, dans les mêmes conditions, aux mandataires mutualistes des indemnités au titre des contraintes afférentes aux missions qui leur ont été confiées dans l'exercice de leur mandat et de rembourser leurs frais de déplacement, de séjour et de garde d'enfants.

Le présent article est applicable aux agents publics dans les conditions fixées par les dispositions statutaires ou réglementaires qui les régissent.

Le président du conseil d'administration ou du conseil de surveillance informe chaque année l'assemblée générale du montant des rémunérations et indemnités effectivement allouées, des frais remboursés et des avantages de toute nature versés, durant l'exercice, à chaque mandataire social et aux mandataires mutualistes par la société, par les sociétés qu'elle contrôle au sens de l'article L. 233-16 du Code de commerce ou par la société qui contrôle, au sens du même article, la société dans laquelle le mandat est exercé. Ces rémunérations, indemnités, frais et avantages sont portés en charges d'exploitation de la société de laquelle ils proviennent. Les rémunérations, indemnités et avantages sont pris en compte pour la détermination de l'assiette des cotisations définie à l'article L. 242-1 du Code de la sécurité sociale.

II. – Le conseil d'administration ou le conseil de surveillance détermine la rémunération du directeur général, des directeurs généraux délégués ou des membres du directoire et fixe les modalités de leur contrat de travail s'il s'agit de dirigeants salariés.

Aucune rémunération liée de manière directe ou indirecte au montant des cotisations de la société ne peut être allouée, à quelque titre que ce soit, à un administrateur ou à un dirigeant salarié.

Les dispositions précédentes ne font pas obstacle à l'institution d'un intéressement collectif des salariés de l'entreprise dans les conditions prévues par l'ordonnance n° 86-1134 du 21 octobre 1986 modifiée relative à l'intéressement et à la participation des salariés aux résultats de l'entreprise et à l'actionnariat.

III. – Les sociétés d'assurance mutuelles ne peuvent en aucun cas attribuer à forfait leur gestion à quelque personne ou à quelque organisme que ce soit.

Art. R. 322-55-2 *(D. n° 2005-7, 3 janv. 2005 ; D. n° 2014-1357, 13 nov. 2014)*. – I. – Les administrateurs ou les membres du conseil de surveillance sont choisis parmi les sociétaires à jour de leurs cotisations, à l'exception de ceux qui sont élus par les salariés. Si, en cours de mandat, un administrateur ou membre du conseil de surveillance cesse d'être sociétaire, il est réputé démissionnaire d'office s'il n'a pas régularisé sa situation dans le délai de trois mois. Toutefois, les statuts peuvent déroger aux dispositions qui précèdent lorsque la qualité de sociétaire est statutairement conditionnée à l'exercice d'une activité professionnelle déterminée.

En aucun cas le nombre d'administrateurs ou de membres du conseil de surveillance non sociétaires ne peut dépasser un tiers de la totalité des membres du conseil.

Les commissaires aux comptes veillent, sous leur responsabilité, à l'observation des dispositions qui précèdent.

La durée des fonctions d'administrateur ou de membre du conseil de surveillance est déterminée par les statuts, sans pouvoir excéder six ans. Les fonctions d'un administrateur ou d'un membre du conseil de surveillance prennent fin à l'issue de la réunion de l'assemblée générale ordinaire des sociétaires ayant statué sur les comptes de l'exercice écoulé et tenue dans l'année au cours de laquelle expire le mandat dudit administrateur ou membre du conseil de surveillance.

Les administrateurs et les membres du conseil de surveillance sont rééligibles, sauf stipulation contraire des statuts. Ils peuvent être révoqués à tout moment par l'assemblée générale ordinaire.

II. - Sous réserve des dispositions de l'article L. 322-26-2, il est interdit aux administrateurs, membres du conseil de surveillance et mandataires mutualistes de faire partie du personnel rétribué par la société d'assurance mutuelle, l'union de sociétés d'assurance mutuelles, la société de réassurance mutuelle ou la société de groupe d'assurance mutuelle ou de recevoir, à l'occasion de l'exercice de leurs fonctions, toute rémunération ou avantage autre que ceux prévus *(Réf. rempl. à compter de la prise d'effet de la modification des statuts mentionnée au premier alinéa du II de l'article 52 de la loi n° 2016-1691 du 9 décembre 2016, D. n° 2017-206, 20 févr. 2017)* « aux articles R. 322-53, R. 322-55-1 et R. 322-120-3 ».

Les dispositions de l'alinéa précédent ne s'appliquent pas au président du conseil d'administration lorsqu'il exerce les fonctions de directeur général de la société d'assurance mutuelle dans le cas prévu à l'article R. 322-53-2.

Les statuts de la société peuvent également déroger à ces dispositions sans pour autant que le nombre des administrateurs ou membres du conseil de surveillance liés à la société par un contrat de travail ne puisse dépasser 10 % des membres du conseil en fonction.

Les administrateurs, membres du conseil de surveillance et mandataires mutualistes ne peuvent exercer de fonctions donnant lieu à une rémunération de la société d'assurance mutuelle, de l'union, de la société de réassurance mutuelle ou de la société de groupe d'assurance mutuelle qu'à l'expiration d'un délai d'un an à compter de la fin de leur mandat.

La nullité des nominations intervenues en méconnaissance des dispositions du présent article n'entraîne pas celle des délibérations auxquelles l'administrateur, le membre du conseil de surveillance ou le mandataire mutualiste irrégulièrement nommé a pris part.

III. – Une personne morale sociétaire peut être nommée administrateur ou membre du conseil de surveillance. Lors de sa nomination, elle est tenue de désigner un représentant permanent qui est soumis, dans l'exercice de ses fonctions, aux mêmes conditions et obligations et qui encourt les mêmes responsabilités civile et pénale que s'il était administrateur ou membre du conseil de surveillance en son nom propre, sans préjudice de la responsabilité solidaire de la personne morale qu'il représente.

Lorsque la personne morale révoque son représentant, elle est tenue de pourvoir en même temps à son remplacement.

IV. – En cas de vacance par décès, par démission ou par cessation de mandat à la suite d'une décision d'opposition de l'Autorité de contrôle prudentiel et de résolution d'un ou plusieurs sièges de membre du conseil d'administration ou du conseil de surveillance, ce conseil peut, entre deux assemblées générales, procéder à des nominations à titre provisoire.

Lorsque le nombre des membres du conseil est devenu inférieur au minimum légal, les administrateurs restants ou le directoire doivent convoquer immédiatement l'assemblée générale ordinaire en vue de compléter l'effectif du conseil d'administration ou du conseil de surveillance.

Lorsque le nombre des membres du conseil d'administration ou du conseil de surveillance est devenu inférieur au minimum statutaire sans toutefois être inférieur au minimum légal, le conseil d'administration ou le conseil de surveillance doit procéder à des nominations à titre provisoire en vue de compléter son effectif dans le délai de trois mois à compter du jour où se produit la vacance.

Les nominations effectuées par le conseil, en vertu des dispositions du présent IV, sont soumises à ratification de la prochaine assemblée générale ordinaire. À défaut de ratification, les délibérations prises et les actes accomplis antérieurement par le conseil n'en demeurent pas moins valables.

Lorsque le conseil néglige de procéder aux nominations requises ou si l'assemblée n'est pas convoquée, tout intéressé peut demander en justice la désignation d'un mandataire chargé de convoquer l'assemblée générale, à l'effet de procéder aux nominations ou de ratifier les nominations prévues au troisième alinéa.

V. – En cas d'empêchement temporaire ou de décès du président, le conseil d'administration ou le conseil de surveillance peut déléguer un administrateur ou un membre du conseil de surveillance dans les fonctions de président.

En cas d'empêchement temporaire, cette délégation est donnée pour une durée limitée. Elle est renouvelable. En cas de décès, elle vaut jusqu'à l'élection du nouveau président.

Art. R. 322-55-3 *(D. n° 2005-7, 3 janv. 2005 ; D. n° 2015-513, 7 mai 2015).* – I. – Les statuts doivent prévoir, pour l'exercice des fonctions d'administrateur ou de membre du conseil de surveillance, une limite d'âge s'appliquant soit à l'ensemble des administrateurs ou des membres du conseil de surveillance, soit à un pourcentage déterminé d'entre eux.

À défaut de disposition expresse dans les statuts, le nombre des administrateurs ou des membres du conseil de surveillance ayant dépassé l'âge de soixante-dix ans ne peut être supérieur au tiers des administrateurs ou des membres du conseil de surveillance en fonctions.

Toute nomination intervenue en violation des dispositions prévues à l'alinéa précédent est nulle.

À défaut de disposition expresse dans les statuts prévoyant une autre procédure, lorsque la limitation statutaire ou légale fixée pour l'âge des administrateurs ou des membres du conseil de surveillance est dépassée, l'administrateur ou le membre du conseil de surveillance le plus âgé est réputé démissionnaire d'office.

II. – Les statuts doivent prévoir pour l'exercice des fonctions de président du conseil d'administration et de président ou vice-président du conseil de surveillance une limite d'âge qui, à défaut d'une disposition expresse, est fixée à soixante-cinq ans.

Toute nomination intervenue en violation des dispositions prévues à l'alinéa précédent est nulle.

Lorsqu'un président de conseil d'administration ou un président ou un vice-président du conseil de surveillance atteint la limite d'âge, il est réputé démissionnaire d'office.

III. - Les statuts doivent prévoir pour l'exercice des fonctions de directeur général, de directeur général délégué ou de membre du directoire une limite d'âge qui, à défaut d'une disposition expresse, est fixée à soixante-cinq ans.

Toute nomination intervenue en violation des dispositions prévues à l'alinéa précédent est nulle.

Lorsqu'un directeur général, un directeur général délégué ou un membre du directoire atteint la limite d'âge, il est réputé démissionnaire d'office, au plus tard lors de l'assemblée générale qui approuve les comptes de l'exercice.

Art. R. 322-55-4 *(D. n° 2005-7, 3 janv. 2005 ; D. n° 2015-513, 7 mai 2015).* – I. – Les statuts de la société déterminent les règles relatives à la convocation et aux délibérations du conseil d'administration ou du conseil de surveillance.

1° Lorsqu'il ne s'est pas réuni depuis plus de deux mois, le tiers au moins des membres du conseil d'administration peut demander au président de convoquer celui-ci sur un ordre du jour déterminé. Le directeur général peut également demander au président de convoquer le conseil d'administration sur un ordre du jour déterminé.

Le président est lié par les demandes qui lui sont adressées en vertu des deux alinéas précédents.

2° Le président du conseil de surveillance doit convoquer le conseil à une date qui ne peut être postérieure à quinze jours lorsqu'un membre au moins du directoire ou le tiers au moins des membres du conseil de surveillance lui présentent une demande motivée en ce sens.

Si la demande est restée sans suite, ses auteurs peuvent procéder eux-mêmes à la convocation, en indiquant l'ordre du jour de la séance.

II. – Le conseil d'administration ou le conseil de surveillance ne délibère valablement que si la moitié au moins de ses membres sont présents. Toute clause contraire est réputée non écrite.

Sauf disposition contraire des statuts, le règlement intérieur peut prévoir que sont réputés présents les membres qui participent à la réunion par des moyens de visioconférence. Ces moyens de visioconférence doivent satisfaire à des caractéristiques techniques garantissant une participation effective à la réunion du conseil d'administration ou du conseil de surveillance, dont les délibérations sont retransmises de façon continue.

À moins que les statuts ne prévoient une majorité plus forte, les décisions sont prises à la majorité des membres du conseil d'administration ou du conseil de surveillance.

Sauf disposition contraire des statuts, la voix du président de séance est prépondérante en cas de partage.

Les administrateurs ou les membres du conseil de surveillance, ainsi que toute personne appelée à assister aux réunions du conseil d'administration ou du conseil de surveillance, sont tenus à la discrétion à l'égard des informations présentant un caractère confidentiel et données comme telles par le président du conseil d'administration ou par le président du conseil de surveillance.

III. – Il est tenu un registre de présence qui est signé par les administrateurs ou les membres du conseil de surveillance participant à la séance du conseil d'administration ou du conseil de surveillance et qui mentionne le nom des présents. Le vote par procuration est interdit.

Les délibérations du conseil d'administration ou du conseil de surveillance sont constatées par des procès-verbaux établis sur un registre spécial tenu au siège social et coté et paraphé soit par un juge du tribunal d'instance ou du tribunal de grande instance, soit par le maire de la commune du siège social ou un adjoint au maire, dans la forme ordinaire et sans frais.

Toutefois, les procès-verbaux peuvent être établis sur des feuilles mobiles numérotées sans discontinuité, paraphées dans les conditions prévues à l'alinéa précédent et revêtues du sceau de l'autorité qui les a paraphées. Dès qu'une feuille a été remplie, même partiellement, elle doit être jointe à celles précédemment utilisées. Toute addition, suppression, substitution ou interversion de feuilles est interdite.

IV. – Le procès-verbal de la séance indique le nom des administrateurs ou des membres du conseil de surveillance présents ou réputés présents au sens du II, excusés ou absents. Il fait état de la présence ou de l'absence des personnes convoquées à la réunion du conseil d'administration ou du conseil de surveillance en vertu d'une disposition légale et de la présence de toute autre personne ayant assisté à tout ou partie de la réunion. Il fait également état de la survenance éventuelle d'un incident technique relatif à une visioconférence, lorsque cet incident a perturbé le déroulement de la séance.

Le procès-verbal est revêtu de la signature du président de séance et d'au moins un administrateur ou un membre du conseil de surveillance. En cas d'empêchement du président de séance, il est signé par deux administrateurs ou membres du conseil de surveillance au moins.

V. - Les copies ou extraits de procès-verbaux des délibérations sont valablement certifiés par le président du conseil d'administration ou du conseil de surveillance, le directeur général, les directeurs généraux délégués ou un membre du directoire.

Au cours de la liquidation de la société, ces copies ou extraits sont valablement certifiés par un seul liquidateur.

VI. – Il est suffisamment justifié du nombre des administrateurs ou des membres du conseil de surveillance en exercice ainsi que de leur présence à une séance par la production d'une copie ou d'un extrait du procès-verbal.

Art. R. 322-55-5 *(D. n° 2005-7, 3 janv. 2005 ; D. n° 2017-1765, 26 déc. 2017)*. – I. – 1° Un administrateur ou un membre du conseil de surveillance de société d'assurance mutuelle, d'union de sociétés d'assurance mutuelles, de société de réassurance mutuelle ou de société de groupe d'assurance mutuelle ne peut appartenir simultanément à plus de cinq conseils d'administration ou de cinq conseils de surveillance de sociétés d'assurance mutuelles, d'unions de sociétés d'assurance mutuelles, de sociétés de réassurance mutuelles, de sociétés de groupe d'assurance mutuelles ou de sociétés anonymes ayant leur siège sur le territoire français.

2° Dans le décompte des mandats mentionnés au I ne sont pris en compte que pour un seul mandat ceux détenus dans des sociétés appartenant à un groupe d'assurance au sens de l'article L. 356-1.

3° Toute personne qui se trouve en infraction avec les dispositions du présent article doit, dans les trois mois suivant sa nomination, se démettre de l'un de ses mandats. À l'expiration de ce délai et à défaut de démission expresse, elle est réputée s'être démise de son mandat le plus récent et doit restituer les indemnités perçues sans que soit, de ce fait, remise en cause la validité des délibérations auxquelles elle a pris part.

II. – Une personne physique ne peut pas exercer simultanément plus d'un mandat de directeur général ou de membre du directoire d'une société d'assurance mutuelle, d'une union de sociétés d'assurance mutuelles, d'une société de réassurance mutuelle, d'une société de groupe d'assurance mutuelle ou d'une société anonyme ayant son siège sur le territoire français.

Par dérogation aux dispositions du précédent alinéa :

1° Un deuxième mandat peut être exercé dans une société ou union faisant partie d'un même ensemble soumis à l'obligation d'établir des comptes consolidés ou combinés en application de l'article L. 345-2 ;

2° Une personne physique exerçant un mandat de directeur général ou de membre de directoire dans une société d'assurance mutuelle, une union de sociétés d'assurance mutuelles, une société de réassurance mutuelle ou une société de groupe d'assurance mutuelle peut également exercer un mandat de directeur général, de membre du directoire ou de directeur général unique dans une autre société ou union dès lors que les titres de celles-ci ne sont pas admis aux négociations sur un marché réglementé ;

3° Une personne physique exerçant un mandat de directeur général ou de membre de directoire dans une société d'assurance mutuelle, une union de sociétés d'assurance mutuelles, une société de réassurance mutuelle ou une société de groupe d'assurance mutuelle peut également exercer un mandat de directeur général ou de membre du directoire dans une autre société d'assurance mutuelle, union de sociétés d'assurance mutuelles, société de réassurance mutuelle ou société de groupe d'assurance mutuelle dès lors que lesdites sociétés ou unions décident, par un vote de leurs conseils d'administration respectifs, d'établir entre elles la convention mentionnée à l'article R. 345-1-2. Cette dérogation n'est valable que durant deux ans à compter de la plus récente de ces délibérations. Elle n'est pas renouvelable pour ces sociétés ou unions.

III. – Sans préjudice des dispositions des articles L. 322-4-2 et des I et IV du présent article, une personne physique exerçant un mandat au sein d'une société d'assurance mutuelle, d'une union de sociétés d'assurance mutuelles, d'une société de réassurance mutuelle ou d'une société de groupe d'assurance mutuelle ne peut exercer plus de cinq mandats de directeur général, de membre du directoire, de directeur général unique, d'administrateur ou de membre du conseil de surveillance de sociétés d'assurance mutuelles, d'unions de sociétés d'assurance mutuelles, de sociétés de réassurance mutuelles, de sociétés de groupe d'assurance mutuelles ou de sociétés anonymes ayant leur siège sur le territoire français. Pour l'application de ces dispositions, l'exercice de la direction générale par un administrateur est décompté pour un seul mandat.

IV. – Toute personne physique qui se trouve en infraction avec les dispositions du présent article doit se démettre de l'un de ses mandats dans les trois mois de sa nomination. À l'expiration de ce délai et à défaut de démission expresse, elle est réputée s'être démise de son mandat le plus récent et doit restituer les rémunérations et indemnités qu'elle a perçues au titre de ce mandat, sans que soit, de ce fait, remise en cause la validité des délibérations auxquelles elle a pris part.

Art. R. 322-56 *(D. n° 2005-7, 3 janv. 2005)*. – I. – 1° Les administrateurs et le directeur général sont responsables civilement et pénalement des actes de leur gestion, conformément aux dispositions législatives en vigueur. Les membres du directoire sont soumis à la même responsabilité que les administrateurs.

2° Outre l'action en réparation du préjudice subi personnellement, les sociétaires peuvent intenter une action sociale en responsabilité contre les administrateurs et le directeur général ou contre les membres du directoire. Les demandeurs sont habilités à poursuivre la réparation de l'entier préjudice subi par la société d'assurance mutuelle, à laquelle, le cas échéant, des dommages et intérêts sont alloués.

Cette action sociale peut être intentée individuellement. Les sociétaires peuvent également, dans un intérêt commun, décider de charger à leurs frais un ou plusieurs d'entre eux de les représenter pour soutenir, tant en demande qu'en défense, une action sociale. Dans ce cas, le nombre des sociétaires qui soutiennent l'action doit être au moins égal au vingtième du nombre total de sociétaires, sans toutefois pouvoir être inférieur à cinq ni devoir nécessairement être supérieur à cent.

3° L'action en responsabilité contre les administrateurs, le directeur général ou les membres du directoire, tant sociale qu'individuelle, se prescrit par trois ans à compter du fait dommageable ou, s'il a été dissimulé, de sa révélation. Toutefois, lorsque le fait est qualifié de crime, l'action se prescrit par dix ans.

II. – Les membres du conseil de surveillance sont responsables des fautes commises dans l'exécution de leur mandat. Ils n'encourent aucune responsabilité en raison des actes de la gestion et de leur résultat. Ils peuvent être déclarés civilement responsables des délits commis par les membres du directoire si, en ayant eu connaissance, ils ne les ont pas révélés à l'assemblée générale. Les dispositions des articles L. 225-253 et L. 225-254 du Code de commerce leur sont applicables.

Art. R. 322-57 *(D. n° 2005-7, 3 janv. 2005)*. – I. – Toute convention intervenant directement ou par personne interposée entre la société d'assurance mutuelle et l'un de ses administrateurs, membre du conseil de surveillance, membre du directoire ou dirigeants salariés doit être soumise à l'autorisation préalable du conseil d'administration ou du conseil de surveillance.

Il en est de même des conventions auxquelles une des personnes visées à l'alinéa précédent est indirectement intéressée.

Sont également soumises à autorisation préalable les conventions intervenant entre la société d'assurance mutuelle et une entreprise, si l'un des administrateurs, membre du conseil de surveillance, membre du directoire ou dirigeants salariés de la société d'assurance mutuelle est propriétaire, associé indéfiniment responsable, gérant, administrateur, membre du conseil de surveillance ou, de façon générale, dirigeant de cette entreprise.

Lorsque le conseil d'administration ou le conseil de surveillance de la société d'assurance mutuelle est composé, pour plus du tiers de ses membres, d'administrateurs, de membres du conseil de surveillance, de membres du directoire, de dirigeants ou d'associés d'une seule personne morale de droit privé ne relevant pas des dispositions du présent code, les conventions intervenant entre cette personne morale et un administrateur, un membre du conseil de surveillance, un membre du directoire ou un dirigeant salarié de la société d'assurance mutuelle sont soumises aux dispositions du premier alinéa.

II. – Les dispositions du I ne sont pas applicables aux conventions portant sur des opérations courantes et conclues à des conditions normales.

Cependant, ces conventions sont communiquées par l'intéressé au président du conseil d'administration ou au président du conseil de surveillance. La liste et l'objet desdites conventions sont communiqués par le président aux membres du conseil d'administration, aux membres du conseil de surveillance et aux commissaires aux comptes.

III. – L'administrateur, le membre du conseil de surveillance, le membre du directoire ou le dirigeant salarié intéressé est tenu d'informer le conseil, dès qu'il a connaissance d'une convention à laquelle le I du présent article est applicable. Il ne peut, lorsqu'il s'agit d'un administrateur ou d'un membre du conseil de surveillance, prendre part au vote sur l'autorisation sollicitée.

IV. – L'assemblée générale est, chaque année, appelée à statuer sur :

1° Un rapport spécial des commissaires aux comptes sur toutes les conventions autorisées aux termes du I du présent article ;

2° Un rapport spécial des commissaires aux comptes concernant les contrats d'assurance de toute nature souscrits auprès de la société par ses administrateurs, ses membres du conseil de surveillance, ses membres du directoire, ses dirigeants salariés et leurs conjoints, ascendants et descendants. Le président du conseil d'administration ou du conseil de surveillance communique ces contrats aux commissaires aux comptes en indiquant ceux qui ont été souscrits à des conditions préférentielles par rapport à celles pratiquées pour les autres sociétaires. Pour l'établissement de leur rapport qui doit notamment préciser ces conditions préférentielles, les commissaires aux comptes analysent les caractéristiques des contrats souscrits, notamment, pour l'assurance vie, les sommes versées par la société dans l'année par bénéficiaire ainsi que les conditions de rémunération obtenues par lui.

V. – Les conventions autorisées par le conseil d'administration ou le conseil de surveillance, qu'elles aient été ou non approuvées par l'assemblée générale, produisent leurs effets à l'égard des tiers, sauf lorsqu'elles sont annulées dans le cas de fraude.

Même en l'absence de fraude, les conséquences, préjudiciables à la société, des conventions désapprouvées peuvent être mises à la charge de l'intéressé et, éventuellement, des autres membres du conseil d'administration, du conseil de surveillance ou du directoire.

VI. – Sans préjudice de la responsabilité de l'administrateur, du membre du conseil de surveillance, du membre du directoire ou du dirigeant salarié intéressé, les conventions mentionnées au I du présent article et conclues sans autorisation préalable du conseil d'administration ou du conseil de surveillance peuvent être annulées si elles ont eu des conséquences dommageables pour la société.

L'action en nullité se prescrit par trois ans à compter de la date de la convention. Toutefois, si la convention a été dissimulée, le point de départ du délai de la prescription est reporté au jour où elle a été révélée.

La nullité peut être couverte par un vote de l'assemblée générale intervenant sur rapport spécial des commissaires aux comptes exposant les circonstances en raison desquelles la procédure d'autorisation n'a pas été suivie. Le ou les intéressés ne prennent pas part au vote.

VII. – À peine de nullité du contrat et, en ce qui concerne les administrateurs ou les membres du conseil de surveillance élus par les salariés, sous réserve des dispositions de l'article L. 313-1 du Code de la construction et de l'habitation, il est interdit aux administrateurs, membres du conseil de surveillance, membres du directoire et dirigeants salariés de contracter, sous quelque forme que ce soit, des emprunts auprès de la société ou de se faire consentir par celle-ci un découvert en compte courant ou autrement, ainsi que de faire cautionner ou avaliser par elle leurs engagements envers les tiers.

La même interdiction s'applique aux conjoints, ascendants et descendants des personnes mentionnées au présent article ainsi qu'à toute personne interposée.

§ 4. – L'assemblée générale des sociétés d'assurance mutuelles

(D. n° 2005-7, 3 janv. 2005)

Art. R.* 322-58 *(D. n° 91-1050, 30 sept. 1991)*. – Les statuts déterminent la composition de l'assemblée générale. Cette dernière se compose soit de tous les sociétaires à jour de leurs cotisations, soit de délégués élus par ces sociétaires. Pour l'application de cette seconde faculté, les sociétaires peuvent être répartis en groupements suivant la nature du contrat souscrit ou selon les critères régionaux ou professionnels. Le nombre de ces délégués ne peut être fixé à moins de cinquante.

Les statuts peuvent rendre applicables aux sociétaires les dispositions relatives au vote par correspondance prévues pour les actionnaires par l'article 161-1 de la loi n° 66-537 du 24 juillet 1966 sur les sociétés commerciales et par les articles 131-1, 131-3 (premier alinéa), 132 et 133 (1°, 2°, 3°, 7° et 8°) du décret n° 67-236 du 23 mars 1967 sur les sociétés commerciales. Pour l'application de ces dispositions, il y a lieu d'entendre le « sociétaire » là où est mentionné l'« actionnaire » et le formulaire de vote par correspondance est conforme au modèle annexé au présent code. Pour toute procuration d'un sociétaire sans indication de mandataire, le président émet un vote favorable à l'adoption des projets de résolution présentés ou agréés par le conseil d'administration, et un vote défavorable à l'adoption de tous les autres projets de résolution. Pour émettre tout autre vote, le sociétaire doit faire choix d'un mandataire qui accepte de voter dans le sens indiqué par le mandant.

La liste des sociétaires pouvant prendre part à une assemblée générale est arrêtée au quinzième jour précédant cette assemblée par les soins du conseil d'administration. Tout sociétaire peut, par lui-même ou par un mandataire, prendre connaissance de cette liste au siège social.

Tout membre de l'assemblée générale peut s'y faire représenter par un autre sociétaire ou, si les statuts le permettent, par un tiers. Les statuts peuvent interdire de confier ce mandat à une personne employée par la société ; ils doivent fixer le nombre maximal de pouvoirs susceptibles d'être confiés à un même mandataire, sans que ce nombre puisse être supérieur à cinq.

Toutefois, ce nombre peut être augmenté dans la mesure nécessaire, pour que la réalisation du quorum réglementaire le plus faible ne nécessite pas la présence effective de plus de cent mandataires. Les statuts doivent alors indiquer le montant maximal de pouvoirs susceptibles d'être confiés à un même mandataire au-delà des cinq mandats réglementaires.

Le sociétaire ou le tiers porteur de pouvoirs doit les déposer au siège de la société et les y faire enregistrer cinq jours au moins avant la réunion de l'assemblée générale, faute de quoi ces pouvoirs sont nuls et de nul effet.

Tout sociétaire a droit à une voix et une seule, sans qu'il puisse être dérogé à cette règle par les statuts.

Art. R.* 322-59 *(Mod., D. n° 2018-229, 30 mars 2018)*. – Les statuts indiquent les conditions dans lesquelles est faite la convocation aux assemblées générales : cette convocation doit faire l'objet d'une insertion dans un journal habilité à recevoir les annonces légales dans le département du siège social et précéder de quinze jours au moins la date fixée pour la réunion de l'assemblée.

La convocation doit mentionner l'ordre du jour ; l'assemblée ne peut délibérer que sur les questions figurant à cet ordre du jour.

L'ordre du jour ne peut contenir que les propositions du conseil d'administration, du directoire ou du conseil de surveillance et celles qui lui auront été communiquées vingt jours au moins avant la réunion de l'assemblée générale avec la signature d'un dixième des sociétaires au moins, ou de cent sociétaires si le dixième est supérieur à cent.

Tous les sociétaires qui en auront fait la demande devront être informés de la réunion de chaque assemblée générale dans le délai imparti pour la convocation de cette assemblée.

La nullité édictée par l'article R. 322-90 du Code des assurances sanctionnant uniquement l'inobservation des règles de constitution, et aucune disposition ne sanctionnant par la nullité l'inobservation des formalités liées à la convocation et à la tenue des assemblées générales ainsi qu'à la communication des documents aux sociétaires, le non-respect de ces formalités n'est sanctionné par la nullité qu'en cas de grief : ■ Cass. com., 20 mars 2012, n° 11-11.332 (PB).

Art. R.* 322-60. – Dans toutes les assemblées générales, il est tenu une feuille de présence. Elle contient les nom et domicile des membres présents ou représentés.

Cette feuille, dûment émargée par les sociétaires ou leurs mandataires, et certifiée exacte par le bureau de l'assemblée, doit être déposée au siège social et communiquée à tout requérant.

Art. R.* 322-61. – Tout sociétaire peut, dans les quinze jours qui précèdent la réunion d'une assemblée générale, prendre, au siège social, communication par lui-même ou par un mandataire, du bilan, du compte d'exploitation générale et du compte général de pertes et profits qui seront présentés à l'assemblée générale ainsi que tous les documents qui doivent être communiqués à l'assemblée.

Art. R.* 322-62 *(D. n° 91-1050, 30 sept. 1991).* – Il est tenu, chaque année au moins, une assemblée générale au cours du trimestre fixé par les statuts et dans les conditions fixées par ces derniers. À cette assemblée sont présentés par le conseil d'administration *(Mots aj., D. n° 2005-7, 3 janv. 2005)* « ou le directoire » *(Mots rempl., D. n° 2005-7, 3 janv. 2005)* « les comptes annuels » de l'exercice écoulé.

Le conseil d'administration *(Mots aj., D. n° 2005-7, 3 janv. 2005)* « , le directoire ou le conseil de surveillance » peut, à toute époque, convoquer l'assemblée générale.

Art. R. 322-63 *(D. n° 91-1050, 30 sept. 1991).* – L'assemblée générale délibère valablement si les sociétaires présents, représentés ou ayant fait usage de la faculté de vote par correspondance, sont au nombre du quart au moins du nombre total des sociétaires. À défaut, une nouvelle assemblée est convoquée dans les formes et délais prescrits par l'article R. 322-59 ; cette assemblée délibère valablement quel que soit le nombre des membres présents, représentés ou ayant fait usage de la faculté de vote par correspondance.

Art. R.* 322-64 *(D. n° 91-1050, 30 sept. 1991).* – L'assemblée générale qui doit délibérer sur la nomination des membres du premier conseil d'administration *(Mots aj., D. n° 2005-7, 3 janv. 2005)* « ou du premier conseil de surveillance » et sur la sincérité de la déclaration faite, aux termes de l'article R. 322-51, par les signataires de l'acte primitif, est composée de tous les sociétaires ayant adhéré préalablement à la constitution définitive de la société.

Elle délibère valablement si les sociétaires présents, représentés ou ayant fait usage de la faculté de vote par correspondance, forment la majorité.

À défaut, elle ne peut prendre qu'une délibération provisoire ; dans ce cas, une nouvelle assemblée générale est convoquée. Deux avis, publiés à huit jours d'intervalle, au moins un mois à l'avance, dans l'un des journaux habilités à recevoir les annonces légales dans le département du siège social, font connaître aux sociétaires les résolutions provisoires adoptées par la première assemblée, et ces résolutions deviennent définitives si elles sont approuvées par la nouvelle assemblée qui délibère valablement si le nombre des sociétaires présents, représentés ou ayant fait usage de la faculté de vote par correspondance, atteint au moins le cinquième du nombre total des sociétaires.

Art. R.* 322-65 *(D. n° 91-1050, 30 sept. 1991 ; mod., D. n° 2005-7, 3 janv. 2005).* – L'assemblée générale délibérant comme il est dit ci-après peut modifier les statuts dans toutes leurs dispositions. Elle ne peut, toutefois, ni changer la nationalité de la société, ni réduire ses engagements, ni augmenter les engagements des sociétaires résultant des contrats en cours, sauf en cas d'accroissement des impôts et taxes dont la récupération sur les sociétaires n'est pas interdite et sous réserve des dispositions de l'alinéa suivant.

Les modifications statutaires tendant à remplacer la cotisation fixe par une cotisation variable sont applicables aux contrats en cours, nonobstant toute clause contraire, un mois au moins après la notification faite aux assurés dans les formes prévues à l'article R. 322-66. Toutefois, dans le mois qui suit cette notification, l'assuré a le droit de résilier les contrats qu'il a souscrits à la société, dans les conditions fixées par les deuxième et troisième alinéas de l'article R. 113-10.

L'assemblée générale ne délibère valablement que si le nombre de ses membres présents, représentés ou ayant fait usage de la faculté de vote par correspondance lorsque celle-ci est prévue par les statuts, est au moins égal au tiers du total des membres.

Si, lors de la première convocation, l'assemblée générale n'a pas réuni le quorum fixé à l'alinéa précédent, une seconde assemblée générale peut être convoquée qui délibère valablement si le nombre de ses membres présents, représentés ou ayant fait usage de la faculté de vote par correspondance lorsque celle-ci est prévue par les statuts, représente au moins le quart du total des membres. À défaut de ce dernier quorum, cette deuxième assemblée peut être prorogée à une date postérieure de deux mois au plus à celle de laquelle elle avait été convoquée. Elle statue alors à la majorité des deux tiers des membres présents, représentés ou ayant fait l'usage de leur vote par correspondance.

Dans les assemblées générales mentionnées au présent article, les résolutions, pour être valables, doivent toujours réunir les deux tiers au moins des voix des sociétaires présents, représentés ou ayant fait usage de la faculté de vote par correspondance.

Art. R.* 322-66 *(D. n° 91-1050, 30 sept. 1991 ; mod., D. n° 2018-229, 30 mars 2018).* – Toute modification des statuts est portée à la connaissance des sociétaires soit par remise du texte contre reçu, soit par lettre recommandée ou par envoi recommandé électronique, soit, au plus tard, avec le premier avis d'échéance ou récépissé de cotisations qui leur est adressé. Cette modification est également mentionnée sur les avenants aux contrats en cours. Les modifications des statuts non notifiées à un sociétaire dans les formes prévues au précédent alinéa, ne lui sont pas opposables.

Art. R. 322-66-1 *(D. n° 2002-943, 26 juin 2002).* – La décision de s'affilier à une société de groupe d'assurance ou de résilier cette affiliation est prise en assemblée générale de chaque société d'assurance mutuelle statuant dans les conditions prévues à l'article R. 322-65. La même assemblée générale procède aux éventuelles modifications des statuts liées à cette décision et à l'approbation de la convention d'affiliation décrite à l'article R. 322-165.

Art. R.* 322-67. – L'assemblée générale nomme pour six exercices un ou plusieurs commissaires aux comptes.

Ne peuvent être nommés commissaires aux comptes d'une société régie par la présente section :

1° Les fondateurs et administrateurs *(Mots aj., D. n° 2005-7, 3 janv. 2005)* « , membres du conseil du surveillance ou membres du directoire » de la société, ainsi que leurs parents et alliés jusqu'au quatrième degré inclusivement ;

2° Les personnes et les conjoints des personnes qui reçoivent de celles mentionnées au 1° ci-dessus ou de la société un salaire ou une rémunération quelconque à raison de fonctions autres que celle de commissaire aux comptes ;

3° Les sociétés de commissaires dont l'un des associés se trouve dans une des situations prévues au 1° ou 2° ci-dessus.

Les commissaires aux comptes ne peuvent être nommés administrateurs *(Mots aj., D. n° 2005-7, 3 janv. 2005)* « , membres du conseil du surveillance ou membres du directoire » ou directeurs des sociétés qu'ils contrôlent moins de cinq années après la cessation de leurs fonctions. La même interdiction est applicable aux associés d'une société de commissaires aux comptes.

Art. R.* 322-68. – Les sociétaires et l'assemblée générale sont substitués respectivement aux actionnaires et aux assemblées d'actionnaires pour l'application de la section VI du chapitre IV du titre I de la loi n° 66-537 du 24 juillet 1966 sur les sociétés commerciales et de la section VI du chapitre IV du titre I du décret n° 67-236 du 23 mars 1967 sur les sociétés commerciales aux sociétés régies par la présente section.

Le droit de récuser un ou plusieurs commissaires aux comptes et le droit de demander en justice la désignation d'un expert chargé de présenter un rapport sur une ou plusieurs opérations de gestion sont ouverts aux sociétaires admis à faire partie de l'assemblée générale et représentant au moins le dixième de ceux-ci.

Le président du tribunal de grande instance statue en référé sur les requêtes en justice des sociétaires relatives au contrôle des commissaires aux comptes.

Art. R.* 322-69. – Les commissaires aux comptes sont convoqués, en même temps que les administrateurs *(Mots aj., D. n° 2005-7, 3 janv. 2005)* « ou les membres du directoire », à la réunion du conseil d'administration *(Mots aj., D. n° 2005-7, 3 janv. 2005)* « ou du directoire » qui arrête les comptes de l'exercice écoulé. Ils sont également convoqués, au plus tard lors de la convocation des sociétaires, à toutes les assemblées générales.

Les commissaires aux comptes ne peuvent convoquer l'assemblée générale qu'après avoir vainement requis sa convocation du conseil d'administration *(Mots aj., D. n° 2005-7, 3 janv. 2005)* « ou du directoire » par lettre recommandée avec demande d'avis de réception. Si les commissaires aux comptes sont en désaccord sur l'opportunité de convoquer l'assemblée, l'un d'eux peut demander au président du tribunal de grande instance, statuant en référé, l'autorisation de procéder à cette convocation, les autres commissaires et le président du conseil d'administration *(Mots aj., D. n° 2005-7, 3 janv. 2005)* « ou du directoire » dûment appelés.

La communication aux commissaires aux comptes de documents détenus par des tiers qui ont accompli des opérations pour le compte de la société est autorisée par le président du tribunal de grande instance statuant en référé.

Art. R.* 322-70. – Le montant des honoraires des commissaires aux comptes est fixé d'un commun accord entre ceux-ci et la société.

Le président du tribunal de grande instance du lieu du siège social, statuant en référé, est compétent pour connaître de tout litige tenant à la fixation du montant des honoraires.

Sous-section 3. – Obligations des sociétaires et de la société

(Anc. § III devenu ss-sect. 3, D. n° 2005-7, 3 janv. 2005)

Art. R.* 322-71 *(D. n° 91-1050, 30 sept. 1991 ; mod., D. n° 94-799, 9 sept. 1994)*. – Le sociétaire ne peut être tenu en aucun cas, sauf par application des dispositions du premier alinéa de l'article R. 322-65, ni au-delà de la cotisation inscrite sur sa police dans le cas d'une société à cotisations fixes, ni au-delà du montant maximal de cotisation indiqué sur sa police dans le cas d'une société à cotisations variables.

Le montant maximal de cotisation prévu dans ce dernier cas ne peut être inférieur à une fois et demie le montant de la cotisation normale nécessaire pour faire face aux charges probables résultant des sinistres et aux frais de gestion.

Le montant de la cotisation normale doit être indiqué sur les polices délivrées à leurs sociétaires par les sociétés à cotisations variables.

Les fractions du montant maximal de cotisation que les assurés des sociétés à cotisations variables peuvent, le cas échéant, avoir à verser en sus de la cotisation normale, sont fixées par le conseil d'administration *(Mots aj., D. n° 2005-7, 3 janv. 2005)* « ou le directoire ».

Les dispositions du présent article ne s'appliquent pas aux sociétés pratiquant une ou plusieurs des branches mentionnées aux 20 à 26 de l'article R. 321-1.

Art. R.* 322-72 *(Mod., D. n° 99-37, 19 janv. 1999 ; D. n° 2002-360, 14 mars 2002 ; D. n° 2005-7, 3 janv. 2005 ; D. n° 2015-513, 7 mai 2015 ; D. n° 2017-1765, 26 déc. 2017)*. – Le conseil d'administration ou le directoire décide de l'admissibilité et de la tarification de tout risque prévu par les statuts, sous réserve de l'application des lois et règlements en vigueur. Aucun traitement préférentiel ne peut être accordé à un sociétaire.

Le conseil d'administration fixe, à l'issue de l'assemblée générale ordinaire approuvant les comptes annuels, le montant du droit d'entrée ou droit d'adhésion applicable jusqu'à l'assemblée générale ordinaire d'approbation des comptes suivante.

Pour les entreprises mentionnées à l'article L. 310-3-2 et régies par la présente section, ce montant ne peut dépasser le rapport entre d'une part la marge de solvabilité mentionnée aux articles R. 334-5, R. 334-13 et R. 334-19 et d'autre part le nombre de sociétaires constaté à la clôture de l'exercice sur lequel portent les comptes approuvés. Toutefois, lorsque la marge de solvabilité effectivement constituée est inférieure au montant minimal réglementaire, le premier terme de ce rapport est majoré du montant de cette insuffisance.

Pour les entreprises mentionnées à l'article L. 310-3-1 et régies par la présente section, ce montant ne peut dépasser le rapport entre d'une part le capital de solvabilité requis mentionné à l'article L. 352-1 et d'autre part le nombre de sociétaires constaté à la clôture de l'exercice sur lequel portent les comptes approuvés. Toutefois, lorsque les fonds propres éligibles mentionnés à l'article L. 351-6 sont insuffisants pour couvrir le capital de solvabilité requis, le premier terme de ce rapport est majoré du montant de cette insuffisance.

Domaine d'application. L'article R. 322-72 interdit qu'un traitement préférentiel soit accordé à un sociétaire, mais non à une société d'assurance mutuelle à cotisations variables de prévoir dans ses statuts la possibilité pour son conseil d'administration de fixer les cotisations en tenant compte de la répartition des sociétaires en groupements composés, conformément à l'article R. 322-58, selon la nature du contrat d'assurance souscrit ou des critères régionaux ou professionnels : ▪ Cass. 1re civ., 10 juin 1997 : *JurisData* n° 1997-002723.

Art. R.* 322-73 *(Anc. art. R.* 322-77, dénum., D. n° 97-248, 14 mars 1997 ; mod., D. n° 2002-360, 14 mars 2002 ; L. n° 2013-672, 26 juill. 2013 ; D. n° 2015-513, 7 mai 2015 ; D. n° 2017-1765, 26 déc. 2017).* – Il ne peut être procédé à des répartitions d'excédents de recettes qu'après constitution des réserves et provisions prescrites par les lois et règlements en vigueur, après amortissement intégral des dépenses d'établissement et après que les dispositions réglementaires concernant la marge de solvabilité ou le capital de solvabilité requis de la société et, le cas échéant, du groupe, ont été satisfaites. Le report de charge constitué en vertu de l'article R. 343-6 est déduit des excédents de recettes à répartir ainsi établis.

L'Autorité de contrôle prudentiel et de résolution peut s'opposer à une affectation d'excédents aux réserves libres.

Art. R.* 322-74 *(Anc. art. R.* 322-77-1, dénum., D. n° 97-248, 14 mars 1997).* – Les excédents distribuables en application des articles R. 322-77 et R. 322-106 sont affectés par priorité à des remboursements anticipés de l'emprunt mentionné à l'article R. 322-49 proportionnels aux souscriptions de chaque sociétaire.

Lorsque la société prend l'initiative de radier un sociétaire, celui-ci peut demander à être immédiatement remboursé de sa contribution à cet emprunt. Il en est de même lorsque le sociétaire fait usage du droit prévu au deuxième alinéa de l'article R. 113-10.

Art. R.* 322-75 *(Anc. art. R.* 322-78, dénum., D. n° 97-248, 14 mars 1997).* – En cas de force majeure résultant d'intempéries ou d'épizooties d'un caractère exceptionnel, un décret pris sur le rapport du ministre de l'Économie et des Finances et du ministre de l'Agriculture, peut autoriser une ou plusieurs sociétés régies par la présente section, après épuisement de leurs ressources disponibles, à n'effectuer immédiatement qu'un règlement partiel des sinistres dus à ces causes. Les sociétés qui ont obtenu cette autorisation doivent affecter par priorité tous les excédents de recettes constatés ultérieurement, au paiement du solde de l'indemnité restant dû à chaque ayant droit.

Les dispositions du présent article ne s'appliquent pas aux sociétés pratiquant une ou plusieurs branches mentionnées aux 20 à 26 de l'article R. 321-1.

Art. R.* 322-76 *(Anc. art. R.* 322-79, dénum., D. n° 97-248, 14 mars 1997 ; D. n° 2005-7, 3 janv. 2005).* – Dans le cas où, du fait de pertes constatées dans les documents comptables, l'actif net devient inférieur à la moitié du fonds d'établissement, le conseil d'administration ou le directoire est tenu de provoquer la réunion de l'assemblée générale délibérant comme il est dit à l'article R. 322-65, à l'effet de statuer sur la question de savoir s'il y a lieu de prononcer la dissolution de la société.

Sous-section 4. – Emprunts, titres participatifs et certificats mutualistes

(Intitulé rempl., D. n° 2015-204, 23 févr. 2015)

Art. R. 322-77 *(D. n° 97-248, 14 mars 1997 ; mod., D. n° 2002-943, 26 juin 2002 ; D. n° 2015-513, 7 mai 2015).* **– Les sociétés d'assurance mutuelles ne peuvent emprunter que pour financer le développement des activités d'assurance ou renforcer leur marge de solvabilité, pour les entreprises mentionnées à l'article L. 310-3-2, ou leurs fonds propres éligibles, pour les entreprises mentionnées à l'article L. 310-3-1, et dans les conditions et selon les modalités définies par les articles R. 322-78 à R. 322-80-1, sous réserve des dispositions de l'article R. 322-105.**

Art. R. 322-78 *(D. n° 97-248, 14 mars 1997 ; L. n° 2003-706, 1er août 2003 ; L. n° 2005-1564, 15 déc. 2005 ; L. n° 2013-672, 26 juill. 2013 ; D. n° 2015-513, 7 mai 2015).* **– Dans tous les prospectus, affiches, circulaires, notices, annonces ou documents quelconques relatifs aux emprunts des sociétés, il doit être rappelé de manière explicite qu'un privilège est institué au profit des assurés par l'article L. 327-2 et indiqué que le prêteur, même s'il est assuré, ne bénéficie d'aucun privilège pour les intérêts et le remboursement de cet emprunt. Cette mention doit figurer également en caractères apparents sur les titres d'emprunts.**

Il est porté chaque année dans les charges de l'entreprise une somme constante destinée au paiement des intérêts et au remboursement des emprunts ou à la constitution de la réserve pour amortissement des emprunts. Sur autorisation de l'Autorité de contrôle prudentiel et de résolution, il peut, pendant les cinq années suivant la date d'émission de l'emprunt, être dérogé à cette obligation. Celle-ci ne s'applique pas aux emprunts contractés pour la constitution et, éventuellement, l'alimentation du fonds social complémentaire, ni aux titres et emprunts subordonnés, pour autant qu'ils entrent dans la constitution de la marge de solvabilité en application des articles R. 334-3 et R. 334-11 du présent code.

Art. R. 322-79 *(D. n° 97-248, 14 mars 1997 ; mod., D. n° 2005-7, 3 janv. 2005 ; L. n° 2003-706, 1er août 2003 puis L. n° 2005-1564, 15 déc. 2005 ; L. n° 2013-672, 26 juill. 2013 ; D. n° 2015-204, 23 févr. 2015 ; D. n° 2017-1765, 26 déc. 2017).* **– I. – Toute émission d'obligations, de titres participatifs ou de titres subordonnés dans les conditions et limites prévues à l'article L. 322-2-1 et toute émission de certificats mutualistes dans les conditions prévues à l'article L. 322-26-8 doit être autorisée par l'assemblée générale délibérant comme il est dit à l'article R. 322-63 et faire l'objet d'une résolution spéciale dont la teneur est préalablement soumise à l'approbation de l'Autorité de contrôle prudentiel et de résolution. Celle-ci se prononce, en veillant à la sauvegarde des intérêts des assurés, au vu d'un dossier comportant une présentation détaillée des objectifs poursuivis, des caractéristiques des titres émis, des conséquences de l'émission sur la situation financière de l'entreprise concernée, ainsi que, le cas échéant, une description précise des cas de remboursement anticipé.**

À l'expiration d'un délai de deux mois à dater du dépôt du texte de la résolution et du dossier mentionné ci-dessus et en l'absence de décision expresse de l'Autorité, l'autorisation est considérée comme accordée. En cas de décision expresse, celle-ci est communiquée à l'assemblée générale.

La résolution de l'assemblée générale mentionnée au premier alinéa fixe les caractéristiques essentielles de l'émission des titres mentionnés à l'article L. 322-2-1 et L. 322-26-8, en particulier le montant maximal de l'émission et la ou les monnaies dans laquelle ou lesquelles l'émission est libellée, les modalités de remboursement, le montant des frais d'émission et, pour les titres mentionnés à l'article L. 322-2-1, la durée minimale et, le cas échéant, maximale de l'emprunt, le plafond de la rémunération susceptible d'être acquittée par l'entreprise au titre de l'emprunt.

Pour les titres participatifs, la résolution fixe également l'assiette de la rémunération pour la partie variable. Pour les titres subordonnés, elle précise la clause de subordination et les modalités de remboursement, notamment en cas de liquidation de la société.

L'émission doit être réalisée en une ou plusieurs fois dans le délai de quinze mois à compter de l'adoption de la résolution par l'assemblée générale des sociétaires. Ce délai peut être porté à vingt-quatre mois pour les certificats mutualistes.

Le conseil d'administration ou le directoire rend compte à la prochaine assemblée générale de la mise en œuvre de la résolution.

II. – Les dispositions des sections III et III *bis* du chapitre V du décret n° 67-236 du 23 mars 1967, à l'exception de celles qui concernent exclusivement les sociétés commerciales, sont applicables aux émissions effectuées dans les conditions prévues à l'article L. 322-2-1.

Art. R. 322-80 *(D. n° 97-248, 14 mars 1997).* – Tout emprunt destiné à l'alimentation du fonds d'établissement prévu à l'article R. 322-44 ou, sauf dans le cas prévu à l'article R. 322-79, au financement du développement des opérations d'assurance et de la production nouvelle doit être autorisé préalablement par l'assemblée générale délibérant comme il est dit à l'article R. 322-65.

Art. R. 322-80-1 *(D. n° 97-248, 14 mars 1997 ; L. n° 2003-706, 1er août 2003 ; L. n° 2005-1564, 15 déc. 2005 ; L. n° 2013-672, 26 juill. 2013).* – Sauf dans le cas prévu à l'article R. 322-79, tout emprunt destiné à la constitution et, éventuellement, à l'alimentation du fonds social complémentaire doit être autorisé par l'assemblée générale délibérant comme il est dit à l'article R. 322-63 et faire l'objet d'une résolution spéciale dont la teneur doit être préalablement soumise à l'approbation de l'Autorité de contrôle prudentiel et de résolution, qui se prononce au vu de l'un des plans mentionnés à l'article R. 322-49. Ce plan doit être obligatoirement joint au texte de la résolution. À l'expiration d'un délai de deux mois à dater du dépôt du texte de la résolution et du document mentionné ci-dessus, et en l'absence de décision expresse de l'autorité, l'autorisation est considérée comme accordée. La résolution détermine quels sociétaires doivent souscrire à l'emprunt, sans que cette obligation puisse porter sur les sociétaires dont les contrats étaient en cours au moment où les statuts ont été modifiés. La participation des sociétaires déjà adhérents de la société au moment où celle-ci décide d'émettre un emprunt ne peut être supérieure à 10 % de leur cotisation annuelle.

(Al. mod., D. n° 2018-229, 30 mars 2018) Il est remis un titre à tout sociétaire ayant souscrit à un emprunt pour constitution ou alimentation du fonds social complémentaire.

La société est tenue d'informer au moins une fois par an chaque sociétaire du montant et de l'échéance de sa créance au titre de l'emprunt pour fonds social complémentaire.

Art. R. 322-80-2 *(D. n° 2015-204, 23 févr. 2015).* – La part maximale des résultats du dernier exercice clos et des précédents exercices susceptible d'être affectée annuellement à la rémunération des certificats mutualistes est égale à 10 % de la somme des résultats des trois derniers exercices clos.

Toutefois, si par application de la règle ci-dessus énoncée, les certificats mutualistes ne peuvent pas être rémunérés alors que le résultat du dernier exercice clos est positif, la part maximale des résultats pouvant être affectée à la rémunération des certificats est égale à 25 % du résultat du dernier exercice clos.

Par dérogation aux dispositions qui précèdent, une société de groupe d'assurance mutuelle peut, dans la limite de 95 % du résultat du dernier exercice clos, affecter à la rémunération des certificats mutualistes qu'elle a émis l'intégralité de la rémunération qu'elle a reçue au titre des certificats mutualistes ou paritaires souscrits auprès de ses membres.

Sous-section 5. – Réassurance

(Anc. § IV devenu ss-sect. 5, D. n° 2005-7, 3 janv. 2005)

Art. R.* 322-81 *(D. n° 91-1050, 30 sept. 1991 ; D. n° 94-799, 9 sept. 1994).* – Sous réserve des dispositions des articles R. 322-96 et R. 322-120, 1°, les sociétés d'assurance mutuelles peuvent accepter des risques en réassurance, si leurs statuts les y autorisent.

Art. R.* 322-82 *(Mod., D. n° 94-799, 9 sept. 1994).* – Les sociétés réassurées ne peuvent faire partie de la société à laquelle elles se réassurent, au même titre que les autres sociétaires, que si une disposition expresse des statuts de cette dernière société les y autorise.

Dans ce cas, les statuts déterminent les conditions de participation des sociétés réassurées aux assemblées générales.

Toutefois, les statuts des sociétés ayant pour objet exclusif la réassurance peuvent attribuer à chacune des sociétés réassurées un nombre de voix aux assemblées générales déterminé en fonction des cotisations cédées ou en fonction du nombre des adhérents de la société réassurée. Chaque société réassurée dispose toutefois d'au moins une voix. Le quorum requis pour la validité des délibérations doit alors être atteint à la fois en nombre de sociétés réassurées et en nombre de voix dont elles disposent.

Art. R.* 322-83 *(D. n° 91-1050, 30 sept. 1991 ; D. n° 94-799, 9 sept. 1994 ; D. n° 2018-229, 30 mars 2018).* – Tout traité de réassurance par lequel une société régie par la présente section cède à une ou plusieurs entreprises ses risques dans une proportion qui dépasse 90 % du total des cotisations afférentes aux risques réassurés, doit être soumis à l'approbation d'une assemblée générale délibérant comme il est dit à l'article R. 322-65 et convoquée par lettre recommandée ou par envoi recommandé électronique adressé à chaque sociétaire et mentionnant le motif de l'approbation demandée à l'assemblée ; dans ce cas, tout sociétaire a le droit de résilier son engagement dans un délai de trois mois à dater de la notification qui lui aura été faite dans les formes prévues au présent article.

Les dispositions du présent article ne s'appliquent pas aux sociétés pratiquant une ou plusieurs des branches mentionnées aux 20 à 26 de l'article R. 321-1.

Art. R.* 322-84 *(D. n° 91-1050, 30 sept. 1991 ; D. n° 94-799, 9 sept. 1994 ; rempl., D. n° 2002-943, 26 juin 2002).* – Il peut être formé, entre sociétés d'assurance mutuelle ou leurs unions ou entre entreprises affiliées par convention à une même société de groupe d'assurance mutuelle, des sociétés de réassurance mutuelles ayant pour objet la réassurance des sociétés qui en font partie.

Ces sociétés de réassurance sont soumises aux dispositions de la présente section. Toutefois, elles sont valablement constituées lorsqu'elles réunissent au moins sept sociétés adhérentes, ce nombre minimum n'étant pas requis lorsqu'elles ne comprennent que des entreprises relevant d'une même société de groupe d'assurance mutuelle ; leurs statuts fixent, sans être tenus par un minimum, le montant de leur fonds d'établissement ; l'assemblée générale est composée de toutes les sociétés adhérentes.

Sous-section 6. – Publicité

(Anc. § V devenu ss-sect. 6, D. n° 2005-7, 3 janv. 2005)

Art. R.* 322-85 *(D. n° 91-1050, 30 sept. 1991).* – Dans le mois de la constitution de toute société d'assurance mutuelle une expédition de l'acte constitutif, de ses annexes et une copie certifiée des délibérations prises par l'assemblée générale prévue à l'article R. 322-52 sont déposées en double exemplaire au greffe du tribunal de grande instance du siège social.

Ces mêmes documents doivent être déposés, dans le même délai, au ministère de l'Économie et des Finances.

Art. R.* 322-86. – Dans le même délai d'un mois, un extrait des documents mentionnés à l'article R. 322-85 est publié dans l'un des journaux habilités à recevoir les annonces légales dans le département du siège social. Il est justifié de l'insertion par un exemplaire du journal certifié par l'imprimeur et enregistré dans les trois mois de sa date.

Art. R.* 322-87 *(D. n° 91-1050, 30 sept. 1991).* – L'extrait doit contenir la dénomination adoptée par la société et l'indication du siège social, la désignation des personnes autorisées à gérer, administrer et signer pour la société, et, en outre, le nombre d'adhérents, le montant des cotisations versées au-dessous desquels la société ne pouvait être valablement constituée, l'époque où la société a été constituée, celle où elle doit finir et la date du dépôt au greffe du tribunal de grande instance.

Il indique également le montant et le mode de constitution du fonds d'établissement et, s'il y a lieu, le montant du droit d'entrée.

L'extrait des actes et pièces déposés est signé, pour les actes publics, par le notaire et, pour les actes sous seing privé, par les membres du conseil d'administration *(Mots aj., D. n° 2005-7, 3 janv. 2005)* « ou du directoire ».

Art. R.* 322-88. – Sont soumis aux formalités ci-dessus prescrites, tous actes et délibérations ayant pour objet la modification des statuts ou la continuation de la société au-delà du terme fixé pour sa durée, ou la dissolution de la société avant ce terme.

Art. R.* 322-89 *(D. n° 2001-95, 2 févr. 2001).* – Toute personne a le droit de prendre communication des pièces déposées au greffe du tribunal de grande instance ou même de s'en faire délivrer à ses frais expédition ou extrait par le greffier ou par le notaire détenteur de la minute.

Toute personne peut également exiger qu'il lui soit délivré, au siège de la société, une copie certifiée des statuts, moyennant paiement d'une somme qui ne peut excéder 1,5 €.

Sous-section 7. – Nullités

(Anc. § VI devenu ss-sect. 7, D. n° 2005-7, 3 janv. 2005)

Art. R. 322-90 *(D. n° 91-1050, 30 sept. 1991)*. – Sans préjudice des dispositions des articles R. 322-106-1, R. 322-117, R. 322-124 et R. 322-159, toute société mentionnée à la présente section constituée en violation des articles R. 322-46 à R. 322-64 est nulle.

Toutefois, ni la société ni les sociétaires ne peuvent se prévaloir vis-à-vis des tiers de bonne foi des nullités ci-dessus prévues.

Art. R.* 322-91. – Lorsque la société est ainsi annulée, les fondateurs auxquels la nullité est imputable et les administrateurs *(Mots aj., D. n° 2005-7, 3 janv. 2005)* « ou les membres du directoire » en fonctions au moment où elle a été encourue sont responsables solidairement envers les tiers et envers les sociétaires du dommage résultant de cette annulation.

Si, pour couvrir la nullité, une assemblée générale devait être convoquée, l'action en nullité n'est plus recevable à partir de la date de la convocation régulière de cette assemblée.

L'action en nullité de la société ou des actes et délibérations postérieurs à sa constitution est éteinte lorsque la cause de la nullité a cessé d'exister avant l'introduction de la demande ou, en tout cas, du jour où le tribunal statue sur le fond en première instance. Nonobstant la régularisation, les frais des actions en nullité intentées antérieurement sont à la charge des défendeurs.

Le tribunal saisi d'une action en nullité peut, même d'office, fixer un délai pour couvrir les nullités.

L'action en responsabilité, pour les faits dont la nullité résultait, cesse également d'être recevable, lorsque la cause de la nullité a cessé d'exister, soit avant l'introduction de la demande, soit au jour où le tribunal statue sur le fond en première instance, soit dans un délai imparti pour couvrir la nullité, et, en outre, que trois ans se sont écoulés depuis le jour où la nullité était encourue.

Les actions en nullité ci-dessus mentionnées sont prescrites par cinq ans.

Art. R.* 322-92 *(Mod., D. n° 2004-221, 12 mars 2004 ; L. n° 2013-672, 26 juill. 2013)*. – À partir du jour où a été notifiée à une société régie par la présente section [la] décision [de] l'Autorité de contrôle prudentiel et de résolution lui accordant l'agrément administratif mentionné à l'article L. 321-1, l'action en nullité prévue à l'article R. 322-91 ne peut plus être intentée que par l'Autorité de contrôle prudentiel et de résolution.

Sous-section 8. – Sociétés mutuelles d'assurance

(Anc. § VII, mod., D. n° 91-1050, 30 sept. 1991 ; devenu ss-sect. 8, D. n° 2005-7, 3 janv. 2005)

Art. R.* 322-93 *(D. n° 91-1050, 30 sept. 1991)*. – Les sociétés mutuelles d'assurance mentionnées à l'article L. 322-26-4 sont des associations qui :

1° Garantissent à leurs membres, moyennant le versement d'une cotisation variable, le règlement intégral de leurs engagements en cas de réalisation des risques dont elles ont pris la charge ;

2° Ont un caractère régional ou professionnel ;

3° Ne rémunèrent aucun intermédiaire en vue de l'acquisition des contrats ;

4° N'attribuent aucune rémunération à leurs gérants ou administrateurs ;

5° Répartissent intégralement leurs excédents de recettes entre leurs membres dans les conditions fixées par les statuts.

Art. R.* 322-94 *(D. n° 91-1050, 30 sept. 1991)*. – Les sociétés mutuelles d'assurance sont régies par les dispositions de la section IV du présent chapitre, sous réserve des dérogations prévues aux articles R. 322-95 à R. 322-106-1.

Art. R.* 322-95 *(D. n° 91-1050, 30 sept. 1991)*. – Les sociétés mutuelles d'assurance ne peuvent pratiquer les opérations d'assurance autres que celles mentionnées aux 1 à 18 de l'article R. 321-1, sous réserve des dispositions de l'article R. 322-96.

Art. R.* 322-96 *(D. n° 91-1050, 30 sept. 1991)*. – Les sociétés mutuelles d'assurance peuvent prévoir dans leurs statuts la possibilité d'accepter en réassurance des risques de même nature que ceux qui font l'objet de leur garantie directe, à la condition de limiter le montant des cotisations acceptées en réassurance au quart de leurs cotisations d'assurance directe.

Art. R.* 322-97 *(D. n° 84-787, 14 août 1984)*. – Les sociétés mutuelles d'assurance à caractère régional doivent limiter leur circonscription territoriale à la région de leur siège social ainsi qu'aux départements d'autres régions s'ils sont limitrophes du département du siège social. Ces sociétés ne peuvent assurer que des risques situés dans ladite circonscription.

Les sociétés mutuelles d'assurance à caractère professionnel ne peuvent grouper que des membres exerçant la même profession ou des professions connexes, lesquelles doivent être déterminées par leurs statuts ; elles ne peuvent assurer que des risques se rattachant à l'exercice de ces professions.

Art. R.* 322-98 *(D. n° 91-1050, 30 sept. 1991 ; D. n° 94-799, 9 sept. 1994)*. – Les sociétés mutuelles d'assurance doivent faire figurer dans leurs statuts et dans tous les documents à caractère contractuel ou publicitaire ayant pour objet une opération d'assurance ou de capitalisation, la mention ci-après, imprimée en caractères uniformes : « société mutuelle d'assurance à cotisations variables ».

Art. R.* 322-99. – Le fonds d'établissement des sociétés mutuelles d'assurance, dont le montant est fixé par les statuts sans condition de montant minimal, est constitué uniquement par des versements dits « droits d'adhésion » effectués par les adhérents en vue de permettre la constitution définitive de la société.

Art. R.* 322-100 *(D. n° 91-1050, 30 sept. 1991)*. – Il peut être prélevé sur ce fonds les sommes représentant la contribution de la mutuelle à la constitution du fonds d'établissement des « unions » prévues à l'article L. 322-26-3.

Art. R.* 322-101 *(Mod., D. n° 91-1050, 30 sept. 1991 ; D. n° 2004-221, 12 mars 2004 ; L. n° 2013-672, 26 juill. 2013)*. – Les sociétés mutuelles d'assurance ne peuvent être valablement constituées que si elles réunissent au moins trois cents membres.

Des dérogations à cette règle peuvent être accordées par l'Autorité de contrôle prudentiel et de résolution aux sociétés mutuelles ayant exclusivement pour objet l'assurance maritime.

Art. R.* 322-102. – L'assemblée générale des sociétés mutuelles d'assurance se compose de tous les membres à jour de leurs cotisations. Les statuts peuvent limiter le nombre des pouvoirs susceptibles d'être confiés à un même mandataire.

Les insertions prévues aux articles R. 322-59 et R. 322-86 peuvent être effectuées dans un journal corporatif par les sociétés à caractère professionnel.

Art. R.* 322-103. – Les commissaires aux comptes font un rapport à l'assemblée générale sur les dépenses exposées pour le compte de la société par les administrateurs et dont le remboursement a été obtenu ou demandé par eux.

Art. R. 322-104 *(D. n° 91-1050, 30 sept. 1991)*. – Les gérants ou administrateurs ne peuvent recevoir que le remboursement, sur justifications, des débours effectivement exposés par eux pour le compte de la société.

Art. R.* 322-105 *(Mod., D. n° 91-1050, 30 sept. 1991)*. – Sous réserve des dispositions de l'article L. 322-2-1, les sociétés mutuelles d'assurance ne peuvent emprunter que pour constituer :

1° Si leurs statuts le prévoient, le fonds social complémentaire ;

2° Les cautionnements qu'elles peuvent avoir à former à l'étranger.

Art. R.* 322-106 *(Mod., D. n° 2002-360, 14 mars 2002)*. – Il ne peut être procédé à des répartitions d'excédents de recettes qu'après constitution des réserves prescrites par les lois et règlements en vigueur, après remboursement, le cas échéant, des emprunts contractés et après que les dispositions réglementaires concernant la marge de solvabilité et la solvabilité ajustée aient été satisfaites.

Les premiers excédents de recettes doivent être employés, par priorité, à des remboursements proportionnels des droits d'adhésion versés en vue de la constitution de la société.

Aucune dépense d'établissement à amortir ne peut être inscrite à l'actif du bilan.

Art. R. 322-106-1 *(D. n° 91-1050, 30 sept. 1991)*. – Sans préjudice des nullités prévues à l'article R. 322-90, est nulle toute société mutuelle d'assurance constituée contrairement aux dispositions des articles R. 322-93, R. 322-95 à R. 322-97, R. 322-99, R. 322-101 et R. 322-105.

Toutefois, ni la société ni les sociétaires ne peuvent se prévaloir vis-à-vis des tiers de bonne foi des nullités ci-dessus prévues.

Sous-Section 9. – Fusion de sociétés d'assurance mutuelles
(D. n° 2014-12, 8 janv. 2014)

Art. R. 322-106-2 *(D. n° 2014-12, 8 janv. 2014)*. – Les opérations de fusion entre sociétés d'assurance mutuelles sont régies par les dispositions de la présente sous-section, sans préjudice des dispositions des articles L. 324-1 et L. 324-3 relatives au transfert de portefeuille.

Art. R. 322-106-3 *(D. n° 2014-12, 8 janv. 2014)*. – Une ou plusieurs sociétés d'assurance mutuelles peuvent, par voie de fusion, transmettre leur patrimoine à une société d'assurance mutuelle existante ou à une nouvelle société d'assurance mutuelle qu'elles constituent.

La fusion est décidée par l'assemblée générale de chacune des sociétés intéressées, délibérant dans les conditions prévues à l'article R. 322-65.

La fusion entraîne la dissolution sans liquidation de la ou des sociétés qui disparaissent et la transmission universelle de leur patrimoine à la société absorbante ou nouvelle, dans l'état où il se trouve à la date de réalisation définitive de l'opération.

La fusion prend effet :

1° En cas de création d'une société nouvelle, à la date de dépôt des documents mentionnés à l'article R. 322-85 au greffe du tribunal de grande instance du siège social ;

2° En cas de fusion avec une société existante, à la date de la dernière assemblée générale ayant approuvé l'opération, sauf si le projet de fusion prévoit que l'opération prend effet à une autre date, laquelle ne doit être ni postérieure à la date de clôture de l'exercice en cours de la société absorbante ni antérieure à la date de clôture du dernier exercice clos de la ou des sociétés qui transmettent leur patrimoine.

Lorsque la fusion est réalisée par voie de création d'une société d'assurance mutuelle nouvelle, le projet de statuts de la société nouvelle est approuvé par l'assemblée générale de chacune des sociétés qui disparaissent, délibérant dans les conditions prévues à l'article R. 322-65. Il n'y a lieu ni à l'approbation de l'opération par l'assemblée générale de la société nouvelle ni à l'application de l'article R. 322-51.

Art. R. 322-106-4 *(D. n° 2014-12, 8 janv. 2014)*. – Lorsque les opérations de fusion comportent un transfert de portefeuille dans les conditions prévues à l'article L. 324-1 et qu'une ou plusieurs des sociétés participant à la fusion ont émis des titres dans les conditions de l'article L. 322-2-1, les dispositions de l'article L. 324-2 sont applicables.

Art. R. 322-106-5 *(D. n° 2014-12, 8 janv. 2014)*. – Le projet de fusion est arrêté par le conseil d'administration ou le directoire de chacune des sociétés d'assurance mutuelles qui participent à la fusion.

Il contient les indications suivantes :

1° La forme, la dénomination et le siège social de toutes les sociétés participantes et, le cas échéant, de la société nouvellement créée ;

2° Les motifs, buts et conditions de la fusion ;

3° La désignation et l'évaluation de l'actif et du passif, dont la transmission à la société d'assurance mutuelle absorbante ou nouvelle est prévue ;

4° Les dates auxquelles ont été arrêtés les comptes des sociétés participantes utilisés pour établir les conditions de l'opération ;

5° La date à partir de laquelle les opérations des sociétés qui disparaissent seront considérées comme accomplies par la société absorbante ou nouvelle ;

6° La mention que les sociétaires des sociétés absorbées ou fusionnées acquièrent de plein droit la qualité de sociétaire de la société absorbante ou nouvelle ;

7° Les droits accordés aux porteurs de titres émis dans les conditions de l'article L. 322-2-1 ;

8° La date d'effet de l'opération et les conditions suspensives.

Art. R. 322-106-6 *(D. n° 2014-12, 8 janv. 2014)*. – Le projet de fusion est déposé au greffe du tribunal de grande instance du siège social de chacune des sociétés participantes.

Le projet de fusion fait l'objet d'un avis, inséré par chacune des sociétés participant à l'opération, dans un journal habilité à recevoir des annonces légales du département du siège social. Au cas où l'une au moins de ces sociétés fait une offre au public de titres financiers, l'avis est en outre inséré au Bulletin des annonces légales obligatoires.

Cet avis contient les indications suivantes :

1° La dénomination sociale suivie, le cas échéant, de son sigle, la forme, l'adresse du siège, le numéro unique d'identification de l'entreprise attribué lors de l'inscription au répertoire des entreprises et, le cas échéant, la mention RCS suivie du nom de la commune où se trouve le greffe où elle est immatriculée, pour chacune des sociétés participant à l'opération ;

2° La dénomination sociale suivie, le cas échéant, de son sigle, la forme, l'adresse du siège de la société nouvelle qui résulte de l'opération de fusion ;

3° L'évaluation de l'actif et du passif dont la transmission à la société absorbante ou nouvelle est prévue ;

4° La date d'effet du projet ainsi que les date et lieu du dépôt prescrit par le premier alinéa du présent article ;

5° La mention selon laquelle, par l'effet de la fusion, les sociétaires de la ou des sociétés d'assurance mutuelles absorbées ou fusionnées deviendront sociétaires de la société absorbante ou nouvelle.

Le dépôt au greffe et la publicité prévus au présent article ont lieu un mois au moins avant la date de la première assemblée générale appelée à statuer sur l'opération.

Art. R. 322-106-7 *(D. n° 2014-12, 8 janv. 2014)*. – Le conseil d'administration ou le directoire de chacune des sociétés d'assurance mutuelles participant à la fusion établit un rapport écrit qui est mis, avec le projet de fusion et les comptes certifiés des deux exercices précédents, à la disposition des sociétaires au siège des sociétés participantes. Ce rapport explique et justifie la fusion du point de vue juridique et économique. Il expose également les méthodes d'évaluation retenues pour l'actif et le passif des sociétés participant à la fusion et les conséquences de la fusion sur la solvabilité de la société absorbante ou nouvellement créée.

Art. R. 322-106-8 *(D. n° 2014-12, 8 janv. 2014)*. – Les sociétaires d'une société d'assurance mutuelle absorbée ou fusionnée acquièrent de plein droit la qualité de sociétaire de la société absorbante ou nouvelle.

Art. R. 322-106-9 *(D. n° 2014-12, 8 janv. 2014)*. – La société d'assurance mutuelle absorbante ou nouvelle est débitrice des créanciers qui n'ont pas le statut de sociétaires de la ou des sociétés absorbées en lieu et place de celles-ci, sans que cette substitution emporte novation à leur égard. Cette disposition ne fait pas obstacle à l'application des conventions autorisant ces créanciers à exiger le remboursement immédiat de leur créance en cas d'absorption de la société débitrice.

Art. R. 322-106-10 *(D. n° 2014-12, 8 janv. 2014)*. – Les formalités de publicité prévues à l'article R. 322-85, à l'exception de celles concernant la décision d'approbation de l'opération par l'assemblée générale de la société nouvelle, et aux articles R. 322-86 à R. 322-88 sont applicables aux opérations de fusion. Lorsque les sociétés absorbées ont procédé à l'émission d'obligations, de titres participatifs ou de titres subordonnés dans les conditions prévues à l'article L. 322-2-1, elles procèdent en outre aux inscriptions modificatives au registre du commerce et des sociétés.

La fusion devient opposable aux tiers à compter de la réalisation de l'ensemble des formalités prévues au premier alinéa.

Art. R. 322-106-11 *(D. n° 2014-12, 8 janv. 2014)*. – À peine de nullité, les sociétés participant à une opération de fusion sont tenues de déposer au greffe du tribunal de grande instance une déclaration dans laquelle, d'une part, elles relatent tous les actes accomplis en vue d'y procéder et, d'autre part, elles certifient que l'opération a été réalisée conformément aux lois et règlements en vigueur.

Section V. – Unions de sociétés d'assurance mutuelles
(D. n° 91-1050, 30 sept. 1991)

Art. R. 322-107 *(D. n° 91-1050, 30 sept. 1991)*. – **Les unions de sociétés d'assurance mutuelles mentionnées à l'article L. 322-26-3 sont régies par les dispositions de la section IV du présent chapitre, à l'exception des articles R. 322-93 à R. 322-106-1, ainsi que par la présente section.**

Art. R.* 322-108 *(Abr., D. n° 91-1050, 30 sept. 1991).*

Art. R.* 322-109 *(D. n° 91-1050, 30 sept. 1991)*. – **Les unions de sociétés d'assurance mutuelles ne sont valablement constituées que si elles groupent un nombre de sociétés adhérentes au moins égal à quatre.**

Art. R.* 322-110 *(Mod., D. n° 2018-229, 30 mars 2018)*. – **Les statuts des unions doivent prévoir que :**

1° Les membres du conseil d'administration ou du conseil de surveillance des unions sont choisis obligatoirement parmi les gérants, administrateurs ou membres du conseil de surveillance des sociétés qui en font partie ;

2° Les assemblées générales sont composées de toutes les sociétés faisant partie de l'union, représentées chacune exclusivement par un de ses gérants, administrateurs ou membres du conseil de surveillance dûment mandaté ;

3° La convocation à l'assemblée générale doit être faite par lettre recommandée ou par envoi recommandé électronique adressé aux sociétés faisant partie de l'union, quinze jours au moins avant la date fixée pour la réunion de l'assemblée ;

4° *(Paragraphe abrogé)* **;**

5° Les questions communiquées par trois sociétés au moins faisant partie de l'union, vingt jours au plus tard avant la réunion de l'assemblée générale, doivent être inscrites à l'ordre du jour.

Art. R.* 322-111 *(D. n° 91-617, 28 juin 1991 ; mod., D. n° 91-1050, 30 sept. 1991 ; D. n° 94-799, 9 sept. 1994 ; L. n° 2003-706, 1er août 2003 ; D. n° 2004-221, 12 mars 2004 ; L. n° 2005-1564, 15 déc. 2005 ; Ord. n° 2010-76, 21 janv. 2010 ; D. n° 2010-217, 3 mars 2010 ; L. n° 2013-672, 26 juill. 2013)*. – **L'union est chargée, pour le compte et à la place de la société d'assurance mutuelle réassurée, de faire, à l'Autorité de contrôle prudentiel et de résolution, les différentes communications prescrites par les articles L. 310-8 et R. 310-6-1, de tenir à son siège les livres de comptabilité, registres ou fichiers prévus par le titre IV du présent livre, de mettre à la disposition des contrôleurs tous les documents utiles à l'exercice de leur mission et de produire les comptes et les états dont la publication et le dépôt auprès de l'Autorité de contrôle prudentiel et de résolution sont imposés par la réglementation en vigueur. L'union doit constituer et représenter dans les conditions fixées par le titre III du présent livre l'intégralité des dettes, réserves et provisions afférentes aux engagements souscrits par la société réassurée.**

Toutes les écritures comptables afférentes aux engagements pris par la société réassurée doivent apparaître dans la comptabilité de l'union.

La société réassurée est tenue d'établir un compte d'exploitation générale et un compte général de pertes et profits dans les conditions et suivant la forme fixées par arrêté du ministre de l'Économie et des Finances.

Art. R.* 322-112 *(D. n° 91-1050, 30 sept. 1991)*. – **L'établissement et le dépôt de la demande d'agrément d'une société d'assurance mutuelle peuvent être effectués par l'union auprès de laquelle les fondateurs de cette société se proposent de contracter un traité de réassurance dans les conditions prévues à l'article R. 322-116.**

Art. R.* 322-113 *(D. n° 91-1050, 30 sept. 1991 ; D. n° 94-799, 9 sept. 1994 ; mod., D. n° 2004-221, 12 mars 2004)*. – **Les polices d'assurance délivrées par les sociétés d'assurance mutuelles réassurées auprès d'une union doivent contenir en caractères très apparents la désignation et l'adresse de cette union et reproduire la clause du traité de réassurance par laquelle l'union déclare se porter dans tous les cas caution solidaire des engagements de la société d'assurance mutuelle.**

Les conditions générales de ces polices doivent être soumises par l'union au ministre de l'Économie et des Finances dans les conditions prévues par l'article L. 310-8. Elles doivent préciser que si l'agrément accordé à l'union lui est retiré, la police sera résiliée le dixième jour à midi à compter de la date de la publication au ***Journal***

officiel de [la] décision prononçant le retrait d'agrément, la portion de cotisation afférente à la période non garantie étant alors restituée à l'assuré.

Art. R.* 322-114 *(D. n° 91-1050, 30 sept. 1991 ; mod., D. n° 97-248, 14 mars 1997)*. – Les unions de sociétés d'assurance mutuelles ne peuvent procéder à des répartitions d'excédents de recettes qu'en se conformant aux dispositions des articles R. 322-73 et R. 322-74 et, en outre, qu'après avoir remboursé la contribution versée, le cas échéant, en vue de la constitution du fonds d'établissement de l'union, par les sociétés qui en font partie.

Art. R.* 322-115 *(Abr., D. n° 91-1050, 30 sept. 1991)*.

Art. R.* 322-116 *(Mod., D. n° 91-1050, 30 sept. 1991)*. – Le traité de réassurance contracté par une société d'assurance mutuelle auprès d'une union constituée dans les termes de l'article L. 322-26-3 doit spécifier que celle-ci se porte caution solidaire, vis-à-vis des assurés et des tiers, de l'intégralité des engagements de la mutuelle ; il doit s'étendre à l'ensemble des opérations pratiquées par ladite société et ne peut être limité à l'une des branches qu'elle pratique.

Art. R. 322-117 *(D. n° 91-1050, 30 sept. 1991)*. – Sans préjudice des nullités prévues à l'article R. 322-90, est nulle toute union de sociétés d'assurance mutuelles constituée contrairement aux dispositions de l'article R. 322-109.

Toutefois, ni l'union ni les sociétés d'assurance mutuelles ne peuvent se prévaloir vis-à-vis des tiers de bonne foi des nullités ci-dessus prévues.

Art. R. 322-117-1 *(D. n° 94-799, 9 sept. 1994 ; mod., L. n° 2003-706, 1er août 2003 ; L. n° 2005-1564, 15 déc. 2005 ; L. n° 2013-672, 26 juill. 2013)*. – Les sociétés d'assurance mutuelles autres que celles visées aux sections VI et VII du présent chapitre ne sont pas tenues d'obtenir l'agrément administratif prévu à l'article L. 321-1 lorsque les conditions suivantes sont réunies :

1° Avant de commencer leurs opérations, elles ont souscrit auprès d'une union de mutuelles un traité de réassurance dans les conditions définies aux articles R. 322-107 à R. 322-117 ;

2° Ce traité substitue intégralement l'union aux sociétés réassurées, sur l'ensemble de leurs opérations, pour la constitution des garanties prévues par la réglementation des assurances et l'exécution des engagements d'assurance pris par les sociétés réassurées ;

3° Elles ont obtenu de l'Autorité de contrôle prudentiel et de résolution un accord préalable constatant explicitement la dispense d'agrément. Cet accord se fonde sur la conformité du traité et des statuts aux dispositions de la présente section et sur la situation financière de l'union.

Les opérations effectuées en application dudit traité de réassurance par une union de mutuelles qui se substitue, dans les conditions définies au présent article, aux sociétés qu'elle réassure, sont considérées au regard des dispositions du présent code comme des opérations d'assurance directe de l'union de mutuelles.

Par dérogation à l'article R. 322-47, le nombre d'adhérents d'une société réassurée dans les conditions définies à l'alinéa précédent ne peut être inférieur à 7. Le nombre total d'adhérents des sociétés réassurées auprès d'une union de mutuelles dans les conditions de l'alinéa précédent ne peut être inférieur à 2 000.

Toute modification du traité de réassurance est soumise à autorisation préalable de l'Autorité de contrôle prudentiel et de résolution.

Les sociétés réassurées visées au premier alinéa du présent article sont dispensées de l'obligation de constituer un fonds d'établissement et une marge de solvabilité. Elles ne sont pas soumises à l'obligation de désigner un commissaire aux comptes.

Art. R. 322-117-2 *(D. n° 94-799, 9 sept. 1994)*. – Les statuts des sociétés réassurées dans les conditions définies à l'article R. 322-117-1 doivent contenir une clause qui prévoit la substitution de l'union de mutuelles aux sociétés réassurées et le nom de cette union.

Ils peuvent prévoir que les tarifs sont fixés par l'union qui est substituée aux sociétés réassurées dans les conditions définies à l'article R. 322-117-1.

Art. R. 322-117-3 *(D. n° 94-799, 9 sept. 1994 ; mod., L. n° 2003-706, 1er août 2003 ; D. n° 2004-221, 12 mars 2004 ; L. n° 2005-1564, 15 déc. 2005 ; L. n° 2013-672, 26 juill. 2013)*. – L'union de mutuelles qui est substituée aux sociétés réassurées dans les conditions définies à l'article R. 322-117-1 est tenue d'informer l'Autorité de contrôle prudentiel et de résolution de la conclusion, de l'expiration, de la résiliation ou de la modification d'un tel traité au plus tard deux mois avant la prise d'effet de ce traité, de sa résiliation, de son expiration ou des modifications envisagées.

Les sociétés réassurées visées au premier alinéa de l'article R. 322-117-1 sont tenues, au plus tard deux mois avant la prise d'effet de la résiliation ou de l'expiration du traité :

– soit de justifier qu'elles ont conclu un nouveau traité se substituant au traité résilié, et ayant obtenu l'accord de l'autorité de contrôle ;

– soit de justifier qu'elles ont obtenu l'agrément administratif, conformément aux dispositions des articles R. 321-1 et suivants ;

– soit de justifier qu'elles ont obtenu, dans les conditions prévues à l'article R. 322-117-5 du code, l'autorisation de transfert de leur portefeuille de contrats à une ou plusieurs entreprises agréées.

Si elles ne peuvent apporter l'une des justifications prévues ci-dessus, elles sont tenues de cesser toute souscription et tout renouvellement de contrat à compter de la date d'effet de la résiliation ou de l'expiration du traité ; à compter de cette date *(Mots suppr., D. n° 2010-217, 3 mars 2010)* « ... », il peut être mis fin à tout moment, par décision [de] l'Autorité de contrôle prudentiel et de résolution, aux opérations des sociétés concernées ; [la] décision mettant fin aux opérations produit les mêmes effets qu'un[e] décision de retrait d'agrément administratif.

Art. R. 322-117-4 *(D. n° 94-799, 9 sept. 1994)*. – Les contrats d'assurance souscrits par les sociétés réassurées visées au premier alinéa de l'article R. 322-117-1 doivent indiquer, en caractères très apparents, les nom et adresse de l'union de mutuelles qui est substituée aux sociétés réassurées conformément aux dispositions du même article, et mentionner l'engagement formel de cette société de prendre les lieu et place des sociétés réassurées. Le respect des dispositions de l'article L. 310-8 incombe à l'union de mutuelles.

Art. R. 322-117-5 *(D. n° 94-799, 9 sept. 1994)*. – Les transferts de portefeuille visés à l'article L. 324-1 du code, relatifs à des sociétés réassurées dans les conditions définies à l'article R. 322-117-1, sont effectués par l'union de mutuelles substituée aux sociétés réassurées conformément aux dispositions du même article, qui agit pour le compte des sociétés auxquelles elle est substituée. L'avis et l'arrêté de transfert de portefeuille mentionnés à l'article L. 324-1 comportent en annexe la liste des sociétés d'assurance mutuelles concernées par le transfert.

Art. R. 322-117-6 *(D. n° 94-799, 9 sept. 1994 ; mod., L. n° 2003-706, 1er août 2003 ; D. n° 2004-221, 12 mars 2004 ; L. n° 2005-1564, 15 déc. 2005 ; D. n° 2010-217, 3 mars 2010 ; L. n° 2013-672, 26 juill. 2013)*. – Lorsqu'une société visée à la présente section, antérieurement agréée conformément aux dispositions de l'article R. 321-1, souscrit un traité de réassurance et obtient l'accord de l'Autorité de contrôle prudentiel et de résolution dans les conditions prévues à l'article R. 322-117-1, celle-ci constate, par décision publié[e] au *Journal officiel*, la caducité de l'ensemble des agréments.

Section VI. – Sociétés ou caisses d'assurances et de réassurances mutuelles agricoles

§ 1. – Dispositions générales

Art. R. 322-118 *(Rempl., D. n° 94-799, 9 sept. 1994)*. – Le décret en Conseil d'État mentionné à l'article L. 322-27 est pris sur le rapport du ministre chargé de l'économie et des finances et du ministre chargé de l'agriculture.

Art. R. 322-119** *(D. n° 91-1050, 30 sept. 1991 ; D. n° 94-799, 9 sept. 1994 ; mod., D. n° 97-248, 14 mars 1997)*. – La réglementation des entreprises d'assurance résultant du présent code est, dans les conditions et sous les réserves prévues à la présente section, applicable aux organismes mentionnés à *(Mots rempl., D. n° 2014-70, 29 janv. 2014)* « l'article L. 771-1 du Code rural et de la pêche maritime ».

Ces organismes se conforment aux règles de constitution et de fonctionnement prescrites pour les entreprises d'assurance à la *(Mots rempl., D. n° 2014-70, 29 janv. 2014)* « section IV, sous-sections 1, 2, 3, 4, 5, 7 et 9 du présent chapitre », sous réserve des dispositions particulières de la présente section.

Des décrets ou des arrêtés précisent, en tant que de besoin, les modalités d'application de la présente section aux organismes intéressés.

Art. R. 322-119-1 *(D. n° 94-799, 9 sept. 1994)*. – Les organismes mentionnés à *(Mots rempl., D. n° 2014-70, 29 janv. 2014)* « l'article L. 771-1 du Code rural et de la pêche maritime » sont dispensés pour leur constitution des formalités prévues aux articles R. 322-51 et R. 322-52.

Leur constitution prend effet à compter du dépôt de leurs statuts à la mairie de la commune du siège social, fait conformément aux dispositions de l'*(Mots rempl., D. n° 2014-70, 29 janv. 2014)* « article R. 2131-1 du Code du travail ».

Dans le mois du dépôt de leurs statuts, ces organismes doivent publier dans un des journaux habilités à recevoir les annonces légales dans le département de leur siège social un extrait contenant la dénomination de la société ou de la caisse, l'indication du siège social, la désignation des personnes autorisées à gérer et à administrer la société ou la caisse, la durée pour laquelle la société ou la caisse a été constituée, la date et le lieu de dépôt des statuts, le montant et le mode de constitution du fonds d'établissement. Il est justifié de l'insertion par un exemplaire du journal conservé au siège social de la société ou de la caisse.

Sont soumis aux formalités de dépôt et de publicité ci-dessus prescrites tous actes et délibérations ayant pour objet la modification des statuts ou la continuation de la société ou de la caisse au-delà du terme fixé pour sa durée ou la dissolution de la société ou la caisse avant ce terme *(Mots rempl., D. n° 2014-70, 29 janv. 2014)* « ou la fusion de la société ou de la caisse avec une autre société ou caisse entrant dans le champ d'application de la présente section ».

Toute personne peut prendre communication des statuts déposés en mairie et s'en faire délivrer une copie à ses frais.

Toute personne peut obtenir au siège de la société ou de la caisse une copie certifiée des statuts.

Art. R. 322-119-2 *(D. n° 94-799, 9 sept. 1994 ; D. n° 2018-229, 30 mars 2018)*. – Par dérogation aux dispositions de l'article R. 322-59, alinéa 1er, les convocations aux assemblées générales sont communiquées aux sociétaires ou par annonces, quinze jours au moins avant la date de la réunion, dans au moins deux journaux de la presse quotidienne ou hebdomadaire diffusés dans la circonscription de la société ou de la caisse. Les dispositions du sixième alinéa de l'article R. 322-58 ne sont pas applicables si les statuts stipulent qu'un sociétaire ne peut se faire représenter que par un autre sociétaire.

Art. R. 322-119-3 *(D. n° 2014-70, 29 janv. 2014)*. – Le dépôt du projet de fusion prévu à l'article R. 322-106-6 est effectué à la mairie de la commune du siège social de chacune des sociétés ou caisses participantes.

Les formalités prévues à la première phrase de l'article R. 322-106-10 ne sont pas applicables aux organismes mentionnés à l'article L. 771-1 du Code rural et de la pêche maritime. En cas de fusion par création d'une société ou caisse nouvelle, la fusion prend effet à la date du dépôt des statuts de la société ou caisse à la mairie de son siège social.

La déclaration prévue à l'article R. 322-106-11 est déposée à la mairie de la commune où est établi le siège de la société ou caisse absorbante ou nouvelle.

Art. R. 322-120** *(D. n° 91-1050, 30 sept. 1991 ; D. n° 94-799, 9 sept. 1994 ; mod., D. n° 2003-519, 18 juin 2003 ; mod., D. n° 2014-70, 29 janv. 2014)*. – Les organismes mentionnés à l'article L. 771-1 du Code rural et de la pêche maritime sont soumis aux prescriptions suivantes :

1° Ils doivent avoir pour objet de pratiquer soit exclusivement des opérations d'assurances, soit exclusivement des opérations de réassurance ;

2° Ils ne peuvent pratiquer des opérations d'assurances autres que celles mentionnées aux 2° et 3° de l'article L. 310-1 ;

3° Ils garantissent, moyennant le paiement d'une cotisation fixe ou variable, le règlement intégral des engagements pris à l'égard de leurs adhérents, en cas de réalisation des risques faisant l'objet de ces engagements ;

4° La cession ou la rétrocession en réassurance des risques qu'ils assurent ou réassurent ne peut être effectuée qu'auprès d'organismes entrant dans le champ d'application de la présente section et ayant, d'après leurs statuts, une compétence départementale ou régionale s'il s'agit de la réassurance d'un organisme de caractère local, ou de l'organe central défini à l'article L. 322-27-1 s'il s'agit de rétrocessions effectuées par un organisme de caractère départemental ou régional.

Art. R. 322-120-1 *(D. n° 2014-70, 29 janv. 2014)*. – En cas de révocation d'un directeur général ou de révocation collective des membres du conseil d'administration d'un organisme du réseau mentionnées aux III et IV de l'article L. 322-27-2, l'organe central désigne à titre provisoire les personnes chargées d'exercer leurs fonctions jusqu'à la désignation de nouveaux titulaires et en informe l'Autorité de contrôle prudentiel et de résolution.

Art. R. 322-120-2 *(D. n° 2014-70, 29 janv. 2014)*. – En application des dispositions de l'article L. 322-27-2, l'organe central est notamment chargé :

1° De représenter les organismes du réseau auprès de l'Autorité de contrôle prudentiel et de résolution ;

2° D'approuver les statuts des organismes du réseau ainsi que les modifications devant y être apportées ;

3° De prendre toute mesure utile au développement du réseau, notamment en acquérant ou en détenant les participations stratégiques ;

4° De veiller à l'application des dispositions législatives et réglementaires propres aux organismes du réseau ;

5° De s'assurer que les rétrocessions en réassurance des organismes du groupe qu'il réassure sont suffisantes pour assurer leur solvabilité et le respect de leurs engagements ;

6° D'organiser des missions d'audit et de contrôle au sein du réseau ;

7° De fixer les instructions comptables nécessaires à l'établissement des comptes de chaque entité ainsi qu'à l'établissement des comptes consolidés et combinés du réseau ;

8° De définir l'organisation du dispositif de contrôle interne ainsi que la politique de gestion des risques des organismes du réseau.

Art. R. 322-120-3 *(Créé à compter de la prise d'effet de la modification des statuts mentionnée au premier alinéa du II de l'article 52 de la loi n° 2016-1691 du 9 décembre 2016, D. n° 2017-206, 20 févr. 2017)*. – Le nombre des administrateurs de l'organe central mentionné à l'article L. 322-27-1, qui sont, en vertu des dispositions du troisième alinéa de ce même article, élus par l'assemblée générale sur proposition du conseil d'administration, est d'au moins un quart du total des administrateurs de cet organe central, sans pouvoir excéder un tiers de ce total.

Les statuts de l'organe central peuvent prévoir la possibilité pour le conseil d'administration d'allouer à ces administrateurs une rémunération pour l'exercice de leur mandat, dont le montant est déterminé par ce conseil dans les limites fixées par l'assemblée générale.

Art. R. 322-121.** – Sont considérés pour l'application de la présente section comme présentant le caractère de risques agricoles :

– les risques auxquels sont exposées les personnes physiques ou morales qui exercent exclusivement ou principalement une des professions agricoles ou connexes à l'agriculture telles que ces professions sont définies *(Mots rempl., D. n° 2014-70, 29 janv. 2014)* « aux articles L. 722-1 à L. 722-7 du Code rural et de la pêche maritime » ;

– les risques auxquels sont exposés les membres du personnel employé par ces personnes physiques ou morales ;

– les risques auxquels sont exposés les membres de la famille des personnes physiques mentionnées ci-dessus, lorsqu'ils vivent avec elles sur leur exploitation ;

– les risques portant sur des biens affectés à l'exercice d'une profession agricole ou connexe à l'agriculture.

Art. R. 322-122** *(Mod., D. n° 91-1050, 30 sept. 1991 ; D. n° 94-799, 9 sept. 1994 ; L. n° 2003-706, 1er août 2003 ; L. n° 2005-1564, 15 déc. 2005 ; L. n° 2013-672, 26 juill. 2013)*. – Les sociétés ou caisses mentionnées à l'article L. 322-27 sont soumises, sous l'autorité de l'Autorité de contrôle prudentiel et de résolution, à la surveillance permanente *(Mots rempl., D. n° 2010-217, 3 mars 2010)* « de ses contrôleurs », exercée en collaboration avec les agents habilités à cet effet par le ministre de l'Agriculture.

Art. R. 322-123** *(Rempl., D. n° 94-799, 9 sept. 1994)*. – Entrent dans le champ d'application de la présente section, notamment en ce qui concerne les modalités de contrôle et les règles de gestion financière, outre les organismes pratiquant des opérations d'assurance directe, y compris les opérations mentionnées à l'article R. 322-135, les sociétés ou caisses mentionnées à l'article L. 322-27 ayant pour objet exclusif la réassurance.

En sont exclus, par dérogation aux dispositions de l'article R. 322-119, lorsque les opérations ci-après définies constituent leur activité exclusive :

– les organismes qui, moyennant le versement d'une contribution après sinistre, promettent à leurs adhérents, en cas de mortalité du bétail, une prestation éventuellement limitée en fonction des ressources desdits organismes ;

– les organismes parfois dénommés cotises ou consorces qui ont pour objet la mise en œuvre de mesures de prévention et de protection contre certaines maladies du bétail, notamment la tuberculose des bovins ;

– les organismes dont l'objet est d'acheter à leurs adhérents la viande d'animaux victimes d'accidents et soumis à l'abattage ;

– les organismes dont les adhérents s'engagent à apporter une contribution en nature à ceux des adhérents qui ont été victimes d'un incendie de produits agricoles.

D'autre part, sont exclus jusqu'à nouvel ordre du champ d'application de la présente section les organismes dont l'activité exclusive consiste, moyennant le versement d'une contribution variable, à promettre à leurs adhérents, lorsqu'ils sont victimes de calamités agricoles qui ne constituent pas de risques techniquement assurables, une prestation proportionnée aux ressources de l'organisme. Un décret fixe en tant que de besoin les conditions dans lesquelles lesdits organismes sont assujettis au contrôle de l'État sur les entreprises d'assurance.

Art. R. 322-124** *(Mod., D. n° 91-1050, 30 sept. 1991)*. – Sont nuls les organismes entrant dans le champ d'application de la présente section qui ont été créés contrairement aux dispositions législatives et réglementaires régissant leur constitution.

Toutefois, ni les sociétés ou caisses d'assurances et de réassurances mutuelles agricoles, ni les sociétaires ne peuvent se prévaloir de ces nullités vis-à-vis des tiers de bonne foi.

Art. R. 322-125**. – Les organismes entrant dans le champ d'application de la présente section doivent, dans les conditions prévues aux articles R. 322-126 à R. 322-137, soit obtenir l'agrément administratif prévu à l'article L. 321-1, soit souscrire un traité de réassurance portant sur l'ensemble de leurs opérations.

……………………………………………………………………………………………

Section VII. – Tontines

Art. R. 322-139** *(D. n° 91-1050, 30 sept. 1991 ; mod., D. n° 99-688, 3 août 1999)*. – Les sociétés à forme tontinière mentionnées à l'article L. 322-26-4 réunissent leurs adhérents en groupes distincts dénommés associations et répartissent, à l'expiration de chacune de ces associations, les fonds provenant de la capitalisation en commun de leurs cotisations, déduction faite de la partie affectée aux frais de gestion et d'acquisition statutaires, entre les survivants des associations en cas de vie ou entre les ayants droit des décédés des associations en cas de décès, en tenant compte de l'âge des adhérents et de leurs versements.

Les sociétés régies par la présente section doivent faire figurer à la suite de leur dénomination, dans leurs statuts, contrats ou titres émis par elles et autres documents de toute nature destinés à être distribués au public ou publiés, la mention ci-après en caractères uniformes : « société à forme tontinière ».

Art. R. 322-140 *(D. n° 91-1050, 30 sept. 1991 ; mod., D. n° 97-248, 14 mars 1997)*. – À l'exception des 3° et 8° de l'article R. 322-47, des articles R. 322-71, R. 322-73 à R. 322-76, R. 322-81, R. 322-83, R. 322-84 et R. 322-93 à R. 322-106-1, les dispositions de la section IV du présent chapitre sont applicables aux sociétés à forme tontinière, sous réserve des dérogations prévues à la présente section.

Art. R. 322-141 *(Abr., D. n° 94-799, 9 sept. 1994)*.

Art. R.* 322-142 *(Mod., D. n° 99-688, 3 août 1999)*. – Les fonds provenant des souscriptions doivent être intégralement versés aux associations sous la seule déduction des frais de gestion et d'acquisition statutaires.

Les fonds de chaque association doivent être gérés séparément et ne peuvent se confondre à aucun égard avec ceux des autres associations.

Art. R.* 322-143 *(D. n° 91-1050, 30 sept. 1991).* – Les fonds des associations doivent être placés, au plus tard, dans le délai d'un mois à dater du recouvrement.

La date de l'achat et le prix des valeurs sont justifiés au moyen du bordereau de l'intermédiaire habilité, qui doit mentionner, d'autre part, les associations au profit desquelles les valeurs ont été acquises.

Les produits et les revenus ainsi que les remboursements doivent être placés dans les mêmes conditions.

Art. R.* 322-144 *(Mod., D. n° 84-349, 9 mai 1984 ; D. n° 91-1050, 30 sept. 1991 ; L. n° 2003-706, 1er août 2003 ; L. n° 2005-1564, 15 déc. 2005 ; L. n° 2013-672, 26 juill. 2013 ; D. n° 2015-513, 7 mai 2015).* – Pour les sociétés à forme tontinière relevant de l'article L. 310-3-2 et dont la marge de solvabilité n'atteint pas le montant minimal réglementaire ainsi que pour les sociétés à forme tontinière relevant de l'article L. 310-3-1 et dont les fonds propres éligibles sont insuffisants pour couvrir l'une des deux exigences mentionnées aux articles L. 352-1 et L. 352-5, l'Autorité de contrôle prudentiel et de résolution peut exiger que les valeurs appartenant aux associations formées par lesdites sociétés soient déposées, aussitôt après leur acquisition ou, le cas échéant, inscrites en compte soit à la Caisse des dépôts et consignations, soit à la Banque de France, au nom de l'entreprise, avec désignation des associations auxquelles elles appartiennent, reproduite sur les récépissés de dépôt ou certificats constatant l'indisponibilité des valeurs.

Ces valeurs ne peuvent être réalisées qu'à l'époque de la liquidation des associations ou en cas de remplois. Cette réalisation et ces remplois ne peuvent être effectués que sur visa préalable de l'autorité.

Ce visa ne peut être délivré qu'au vu d'une décision du conseil d'administration de l'entreprise indiquant le nombre et la nature des titres à aliéner, ainsi que la nature des titres de remploi. La valeur des titres de remploi doit être au moins égale à la valeur des titres aliénés.

Les titres de remploi doivent être déposés, aussitôt après leur acquisition, dans les conditions prévues ci-dessus.

Art. R.* 322-145. – Les associations en cas de survie ou en cas de décès que créent les sociétés à forme tontinière ne peuvent être valablement constituées que si elles comprennent au moins deux cents membres.

Art. R.* 322-146. – Aucune association en cas de survie ne peut avoir une durée inférieure à dix ans ni supérieure à vingt-cinq ans, comptés à partir du 1er janvier de l'année au cours de laquelle elle a été ouverte.

La durée pendant laquelle une association en cas de survie demeure ouverte doit être inférieure d'au moins cinq ans à sa durée totale.

Art. R.* 322-147. – L'ouverture et la constitution de chaque association en cas de survie ainsi que la clôture des listes d'inscription à ladite association doivent être constatées par délibérations du conseil d'administration de la société.

Art. R.* 322-148. – Pour une même société à forme tontinière, l'association en cas de décès doit être unique. Toutefois, une seconde association dite de contre-assurance, obligatoirement distincte de la première, peut être constituée dans le but exclusif de compenser la perte pouvant résulter du décès des sociétaires pour les souscripteurs aux associations en cas de survie formées par la société.

Art. R.* 322-149. – Les cotisations revenant aux associations en cas de décès sont calculées en tenant compte de l'âge des sociétaires à l'époque de leur échéance et suivant un tarif établi sur une table de mortalité spécifiée par les statuts. Elles sont proportionnelles au montant, déterminé au moyen dudit tarif, de la somme probable à obtenir lors de la répartition.

Art. R.* 322-150 *(D. n° 91-1050, 30 sept. 1991 ; L. n° 2013-672, 26 juill. 2013).* – À l'expiration de chaque association, une délibération du conseil d'administration de l'entreprise arrête la répartition entre les ayants droit. Une copie de cette délibération, certifiée par le directeur de l'entreprise et par deux membres du conseil d'administration spécialement désignés à cet effet par le conseil, est adressée à l'Autorité de contrôle prudentiel et de résolution avec un état nominatif de la répartition en double exemplaire.

Art. R.* 322-151. – Dans les associations en cas de survie, la répartition porte sur l'intégralité de l'avoir de l'association. Elle est effectuée entre les ayants droit au prorata du montant de leur souscription. Toutefois, les bénéficiaires dont les droits auraient été réduits par suite de la cessation de paiement des annuités dues par les souscripteurs ne participent à la répartition que sur les bases spécifiées par les statuts de l'entreprise.

Les droits des bénéficiaires sont ramenés à l'égalité proportionnelle au moyen de barèmes de répartition établis d'après une table de mortalité et, s'il y a lieu, un taux d'intérêt spécifié par les statuts et tenant compte de l'âge des sociétaires ainsi que du mode et de l'époque des versements.

La répartition prévue à l'article R. 322-150 ne peut être arrêtée qu'au vu des certificats de vie des sociétaires survivants ou des actes de décès desdits sociétaires, s'ils sont décédés après la date fixée du contrat pour l'expiration de l'association, sous réserve des délais fixés par les statuts pour la production desdites pièces.

Art. R.* 322-152 *(Mod., D. n° 84-349, 9 mai 1984)*. – À la fin de chaque année, l'intégralité de l'avoir de chaque association en cas de décès est répartie entre les ayants droit des sociétaires décédés au cours de l'année, sous la seule déduction des prélèvements qui pourraient être spécifiés par les statuts en conformité du 9e de l'article R. 322-155.

La répartition est effectuée au prorata des sommes correspondant à chaque cotisation, conformément à l'article R. 322-149.

Pour l'association dite de contre-assurance, la répartition est effectuée au prorata des sommes versées sur les souscriptions aux associations en cas de survie.

La répartition ne peut être arrêtée qu'au vu des pièces justifiant du décès des sociétaires, sous réserve des délais fixés par les statuts pour la production desdites pièces.

Art. R.* 322-153. – Chaque association en cas de survie doit être liquidée dans l'année qui suit son expiration.

Les associations en cas de décès doivent être liquidées à la fin de chaque année.

Art. R. 322-154 *(D. n° 91-1050, 30 sept. 1991)*. – Les sociétés à forme tontinière ne peuvent avoir pour objet de garantir à leurs adhérents que la liquidation d'une association leur procurera une somme déterminée à l'avance.

Art. R.* 322-155 *(Mod., D. n° 84-349, 9 mai 1984)*. – Les statuts des sociétés à forme tontinière doivent spécifier, sous réserve des prescriptions contenues dans le présent livre :

1° Les conditions de formation et de durée des associations en cas de survie et des associations en cas de décès ;

2° La cessation, en cas de décès du sociétaire, du versement des annuités que le souscripteur aurait encore à faire aux associations en cas de survie ;

3° La réduction des droits acquis au bénéficiaire s'il y a eu cessation des versements du souscripteur aux associations en cas de survie, sous la condition de justifier de l'existence du sociétaire et du paiement d'une fraction de la souscription totale, sans que les statuts puissent fixer cette fraction à plus de trois dixièmes ;

4° Les bases de répartition pour les contrats ainsi réduits, avec exclusion ou non du partage des intérêts et bénéfices ;

5° Les délais et les formes dans lesquels la société est tenue d'aviser les intéressés de l'expiration des associations en cas de survie ;

6° Les délais pour la production des pièces et justifications réglementaires à l'appui des liquidations d'associations, ainsi que l'affectation des sommes non retirées par les ayants droit, dans un délai déterminé, à partir du 31 décembre de l'année pendant laquelle a eu lieu la répartition ;

7° L'affectation des fonds des associations en cas de survie, qui ne pourraient être liquidées par suite du décès ou de la forclusion de tous leurs membres, ainsi que des associations en cas de décès qui ne pourraient être liquidées par suite de l'absence de décès ;

8° Le mode de paiement des cotisations aux associations en cas de décès, qui doivent être exigibles d'avance au début de chaque année, sauf la première qui peut être payée à l'échéance choisie par le souscripteur et qui doit alors être réduite d'un quart, de la moitié ou des trois quarts, selon que le versement de la cotisation a lieu dans le deuxième, le troisième ou le quatrième trimestre de l'année ;

9° La quotité des prélèvements qui pourraient être affectés à la constitution d'une provision en faveur des survivants des associations en cas de décès ;

10° Les conditions dans lesquelles la société, en cas de dissolution non motivée par un retrait d'agrément, peut procéder à la liquidation par anticipation des associations en cours, en vertu d'une délibération spéciale de l'assemblée générale des souscripteurs.

Art. R. 322-156 *(D. n° 91-1050, 30 sept. 1991)*. – La participation aux assemblées générales s'effectue dans les conditions prévues à l'article R. 322-58. Toutefois, pour l'élection de délégués, les groupements de sociétaires s'effectuent sur la base des associations.

Art. R.* 322-157 *(Abr., D. n° 91-1050, 30 sept. 1991)*.

Art. R.* 322-158 *(D. n° 2001-95, 2 févr. 2001)*. – Les sociétés à forme tontinière doivent avoir un fonds d'établissement au moins égal à 160 000 €.

Art. R. 322-159 *(D. n° 91-1050, 30 sept. 1991)*. – Sans préjudice des nullités prévues à l'article R. 322-90, est nulle toute société à forme tontinière constituée contrairement aux dispositions des articles R. 322-139 et R. 322-154.

Toutefois, ni la société à forme tontinière ni les adhérents ne peuvent se prévaloir vis-à-vis des tiers de bonne foi des nullités ci-dessus prévues.

Section VIII. – Les sociétés de groupe d'assurance mutuelle et les conventions d'affiliation

(D. n° 2002-943, 26 juin 2002)

Art. R. 322-160 *(D. n° 2002-943, 26 juin 2002)*. – I. – La constitution des sociétés de groupe d'assurance mutuelle mentionnées au troisième alinéa de l'article L. 322-1-3 est soumise aux dispositions des articles R. 322-46 et R. 322-52 du présent code.

II. – Les signataires de l'acte de constitution de la société mentionné à l'article R. 322-46 ou leurs fondés de pouvoirs constatent sa création par une déclaration devant notaire. À cette déclaration sont annexés :

a) La liste dûment certifiée des entreprises signataires mentionnant, pour chacune d'elles, leur dénomination, leur siège social, le montant de leurs engagements techniques et leurs chiffres d'affaires par branche ;

b) Un exemplaire des statuts ;

c) Les documents prévus aux 2, 4 et 5 de l'article R. 322-51.

III. – Les dispositions des articles R. 322-85 à R. 322-89 relatives à la publicité sont applicables aux sociétés régies par la présente section.

Art. R. 322-161 *(D. n° 2002-943, 26 juin 2002 ; mod., D. n° 2003-311, 31 mars 2003 ; D. n° 2004-221, 12 mars 2004 ; D. n° 2005-7, 3 janv. 2005 ; Ord. n° 2010-76, 21 janv. 2010 ; D. n° 2010-217, 3 mars 2010 ; rempl., D. n° 2015-513, 7 mai 2015)*. – I. - Les statuts des sociétés de groupe d'assurance mutuelle doivent fixer les conditions d'admission, de retrait ou d'exclusion des entreprises affiliées à la société de groupe d'assurance mutuelle.

Ils doivent prévoir que l'admission, le retrait ou l'exclusion d'une entreprise affiliée par convention fait l'objet d'une déclaration préalable auprès de l'Autorité de contrôle prudentiel et de résolution, accompagnée d'un dossier dont celle-ci fixe la composition. L'Autorité peut, dans un délai de trois mois à compter de la réception du dossier, s'opposer à l'opération, si celle-ci apparaît contraire aux intérêts des assurés des entreprises affiliées, par une décision motivée adressée à la ou aux personnes intéressées par lettre recommandée avec accusé de réception. À défaut d'opposition de l'Autorité, l'opération peut être réalisée à l'expiration de ce délai.

Ces statuts doivent également :

a) Fixer, sans être tenus par un minimum, le montant de leur fonds d'établissement ;

b) Prévoir que l'assemblée générale est composée de toutes les entreprises affiliées, représentées chacune exclusivement par un de ses dirigeants, administrateurs ou membres du conseil de surveillance dûment mandaté ou par un représentant directement nommé soit par l'assemblée générale, soit par des délégués eux-mêmes nommés par l'assemblée générale ou le cas échéant la commission paritaire de l'entreprise affiliée ;

c) Déterminer le nombre de voix dont dispose chacune de ces entreprises ;

d) Déterminer les modalités de l'exercice effectif de l'influence dominante de la société de groupe d'assurance mutuelle sur les décisions, y compris financières, des entreprises affiliées.

II. - Les statuts doivent conférer à la société de groupe d'assurance mutuelle des pouvoirs de contrôle à l'égard des entreprises affiliées, y compris en ce qui concerne leur gestion. Ils peuvent notamment, à condition que les statuts des entreprises affiliées le permettent :

a) Subordonner à l'autorisation préalable du conseil d'administration ou du conseil de surveillance de la société de groupe d'assurance mutuelle la conclusion par ces entreprises d'opérations énumérées par les statuts, notamment l'acquisition ou la cession d'immeubles par nature, l'acquisition ou la cession totale ou partielle d'actifs ou de participations, la constitution de sûretés et l'octroi de cautions, avals ou garanties ;

b) Prévoir des pouvoirs de sanction de la société de groupe d'assurance mutuelle à l'égard des entreprises affiliées.

III. - Les statuts peuvent prévoir que toute entreprise demandant son admission à la société de groupe d'assurance mutuelle modifie au préalable ses propres statuts afin de reconnaître à la société de groupe d'assurance mutuelle le droit de demander la convocation de son assemblée générale ou le cas échéant de la commission paritaire et de proposer lors de celles-ci l'élection de nouveaux candidats aux fonctions d'administrateur ou de membre du conseil de surveillance.

IV. - Les dispositions du 4° de l'article R. 322-47 et de l'article R. 322-48 sont applicables aux statuts des sociétés de groupe d'assurance mutuelle.

Art. R. 322-162 *(D. n° 2002-943, 26 juin 2002 ; rempl., D. n° 2005-7, 3 janv. 2005 ; D. n° 2015-513, 7 mai 2015).* – Les sociétés de groupe d'assurance mutuelle peuvent être administrées par un conseil d'administration et un directeur général ou par un conseil de surveillance et un directoire, dans les conditions fixées à la sous-section 2 de la section 4 du présent chapitre.

Par dérogation au premier alinéa, le conseil d'administration de la société de groupe d'assurance mutuelle est composé, selon des modalités déterminées par ses statuts, de membres nommés par l'assemblée générale, dont le nombre ne peut être inférieur à cinq.

Art. R. 322-163 *(D. n° 2002-943, 26 juin 2002 ; mod., L. n° 2003-706, 1er août 2003 ; L. n° 2005-1564, 15 déc. 2005 ; L. n° 2013-672, 26 juill. 2013).* – I. – Il est tenu chaque année au moins une assemblée générale dans les conditions prévues par les statuts. À cette assemblée sont présentés par le conseil d'administration le bilan, le compte de résultat et l'annexe de l'exercice écoulé.

L'assemblée générale peut, en outre, être convoquée, à toute époque, par le conseil d'administration.

II. – 1° La convocation à l'assemblée générale doit être faite par lettre recommandée adressée aux entreprises affiliées par convention, quinze jours au moins avant la date fixée pour la réunion de l'assemblée, en mentionnant l'ordre du jour ; l'assemblée ne peut délibérer que sur les questions figurant à cet ordre du jour.

2° L'ordre du jour comporte les propositions du conseil d'administration et celles qui lui auront été communiquées par toute entreprise affiliée par convention vingt jours au moins avant la réunion de l'assemblée générale.

III. – Toute entreprise affiliée par convention peut, dans les quinze jours qui précèdent la réunion d'une assemblée générale, prendre, au siège social, communication par elle-même ou par un mandataire, du bilan, du compte de résultat et de l'annexe de la société de groupe d'assurance mutuelle qui seront présentés à l'assemblée générale ainsi que tous les documents qui doivent être communiqués à l'assemblée parmi lesquels doivent se trouver le bilan, les comptes de résultat technique et non technique et l'annexe de chacune des entreprises affiliées par convention à la société de groupe d'assurance mutuelle.

IV. – L'assemblée générale délibère valablement si les entreprises affiliées par convention présentes ou représentées sont au nombre de la moitié au moins à la fois du nombre total d'entreprises affiliées et des voix dont elles disposent. À défaut, une nouvelle assemblée est convoquée dans les formes et délais prescrits par les statuts ; cette assemblée délibère valablement quel que soit le nombre des membres présents ou représentés.

V. – L'assemblée générale, à condition de délibérer à la majorité des deux tiers au moins, en nombre et en voix, des entreprises affiliées par convention, peut modifier les statuts dans toutes leurs dispositions à l'exception de la nationalité de la société ; elle peut, dans les mêmes conditions, autoriser la fusion de la société avec une autre société de groupe d'assurance mutuelle.

VI. – Les dispositions prévues aux articles R. 322-67 à R. 322-70 sont applicables aux sociétés de groupe d'assurance mutuelle.

Les dispositions de l'article R. 322-68 se référant aux sociétaires s'appliquent aux entreprises affiliées par convention, le droit de récusation prévu au deuxième alinéa étant ouvert à ces entreprises à condition qu'elles représentent, en nombre ou en voix, le dixième de l'ensemble.

VII. – Dans le cas prévu à l'article R. 322-76, l'assemblée générale délibère dans les conditions fixées au V.

VIII. – Toute décision d'emprunter doit être autorisée par l'assemblée générale délibérant dans les conditions prévues au V et faire l'objet d'une résolution spéciale dont la teneur est préalablement soumise à l'approbation de l'Autorité de contrôle prudentiel et de résolution. Celle-ci se prononce, en veillant à la sauvegarde des intérêts des assurés des entreprises affiliées par convention, au vu d'un dossier comportant une présentation détaillée des objectifs poursuivis, des conséquences de l'emprunt sur la situation financière de la société et des entreprises affiliées, ainsi que, le cas échéant, une description précise des cas de remboursement anticipé.

À l'expiration d'un délai de deux mois à compter du dépôt du texte de la résolution et du dossier mentionné ci-dessus et en l'absence de décision expresse de l'autorité, l'autorisation est considérée comme accordée. En cas de décision expresse, celle-ci est communiquée à l'assemblée générale.

IX. – Les dispositions de l'article R. 322-54-3 sont applicables aux sociétés de groupe d'assurance mutuelle.

Art. R. 322-164 *(D. n° 2002-943, 26 juin 2002)*. – Toute société de groupe d'assurance mutuelle constituée en violation des articles R. 322-160 à R. 322-163 est nulle.

Les dispositions du deuxième alinéa de l'article R. 322-90 et celles de l'article R. 322-91 lui sont alors applicables.

Art. R. 322-165 *(D. n° 2002-943, 26 juin 2002 ; mod., D. n° 2017-1765, 26 déc. 2017)*. – Les dispositions du deuxième alinéa du I de l'article R. 322-161 sont applicables aux sociétés de groupe d'assurance mentionnées à l'article L. 322-1-3 qui n'ont pas la qualité de sociétés de groupe d'assurance mutuelle définies au troisième alinéa de cet article.

Art. R. 322-166 *(D. n° 2002-943, 26 juin 2002 ; mod., D. n° 2017-1765, 26 déc. 2017)*. – I. – La convention d'affiliation mentionnée au premier alinéa de l'article L. 322-1-3 contient la description des liens, des obligations, des engagements et des modalités de partage des coûts ou de toute autre forme de coopération entre une société de groupe d'assurance et l'entreprise affiliée. Elle doit comporter l'engagement de celle-ci de subordonner son retrait éventuel au respect des conditions posées au deuxième alinéa du I de l'article R. 322-161.

II. – Les conventions d'affiliation, leurs modifications et leur résiliation éventuelle doivent être approuvées par les assemblées générales de la société de groupe d'assurance et de l'entreprise affiliée.

Section IX. – Dispositions spécifiques aux entreprises d'assurance et de réassurance relevant du régime dit « solvabilité II »

(Section créée à compter du 1er janvier 2016, D. n° 2015-513, 7 mai 2015)

Art. R. 322-167 *(Créé à compter du 1er janvier 2016, D. n° 2015-513, 7 mai 2015)*. – L'exigence de compétence mentionnée au VII de l'article L. 322-2 s'apprécie conformément à l'article 258 du règlement délégué (UE) n° 2015/35 de la Commission du 10 octobre 2014, sans préjudice des dispositions de l'article R. 322-11-6.

Art. R. 322-168 *(Créé à compter du 1er janvier 2016, D. n° 2015-513, 7 mai 2015)*. – Le directeur général, le ou les directeurs généraux délégués et les membres du directoire dirigent effectivement l'entreprise au sens de l'article L. 322-3-2.

Le conseil d'administration ou le conseil de surveillance peut également désigner comme dirigeant effectif une ou plusieurs personnes physiques, qui ne sont pas mentionnées à l'alinéa précédent, notamment le président du conseil d'administration. Ces personnes doivent disposer d'un domaine de compétence et de pouvoirs suffisamment larges sur les activités et les risques de l'entreprise, faire preuve d'une disponibilité suffisante au sein de l'entreprise pour exercer ce rôle, et être impliquées dans les décisions ayant un impact important sur l'entreprise, notamment en matière de stratégie, de budget ou de questions financières. Le conseil d'administration ou le conseil de surveillance peut leur retirer cette fonction.

Le conseil d'administration ou le conseil de surveillance définit les cas dans lesquels les dirigeants effectifs sont absents ou empêchés, de manière à garantir la continuité de la direction effective de l'entreprise.

....

CHAPITRE V. – RETRAIT DE L'AGRÉMENT ADMINISTRATIF

Section I. – Règles générales

Art. R. 325-2 *(Rempl., D. n° 90-815, 14 sept. 1990 ; mod., D. n° 94-635, 25 juill. 1994 ; D. n° 2004-221, 12 mars 2004 ; rempl., D. n° 2005-8, 5 janv. 2005 ; mod., L. n° 2005-1564, 15 déc. 2005 ; D. n° 2008-1154, 7 nov. 2008 ; Ord. n° 2010-76, 21 janv. 2010 ; D. n° 2010-217, 3 mars 2010 ; L. n° 2013-672, 26 juill. 2013 ; rempl., D. n° 2015-513, 7 mai 2015 ; D. n° 2018-612, 16 juill. 2018).* – Lorsque l'agrément est retiré en vertu des dispositions de l'article L. 325-1 ou des 6° ou 7° de l'article L. 612-39 du Code monétaire et financier ou lorsque l'Autorité de contrôle prudentiel et de résolution a constaté la caducité des agréments en application de l'article L. 321-10-2, elle informe sans délai les autorités compétentes concernées des autres États membres.

Lorsque l'Autorité de contrôle prudentiel et de résolution est informée par une autorité de contrôle d'un État membre de la caducité ou du de retrait de l'agrément d'une entreprise d'assurance ou de réassurance, elle prend les mesures appropriées pour empêcher l'entreprise concernée de commencer de nouvelles opérations sur le territoire français.

Lorsqu'une entreprise fait l'objet d'une mesure de résolution, dans les conditions prévues à la section VI du chapitre II du titre Ier du livre III du présent code, ou d'un retrait d'agrément prononcé par l'Autorité de contrôle prudentiel et de résolution, en application des dispositions de l'article L. 311-19 ou L. 325-1 du présent code ou de l'article L. 612-39 du Code monétaire et financier, ou par l'autorité de contrôle d'un autre État membre, l'Autorité de contrôle prudentiel et de résolution en informe dans les meilleurs délais et avec les précisions appropriées le fonds de garantie des assurances obligatoires de dommages mentionné à l'article L. 421-1 du présent code ou le fonds de garantie des dommages consécutifs à des actes de prévention, de diagnostic ou de soins dispensés par les professionnels de santé mentionné à l'article L. 426-1 du présent code.

Art. R.* 325-3 *(Abr., D. n° 90-815, 14 sept. 1990).*

Art. R.* 325-4 *(Rempl., D. n° 90-815, 14 sept. 1990 ; mod., D. n° 94-635, 25 juill. 1994 ; L. n° 2003-706, 1er août 2003 ; D. n° 2004-221, 12 mars 2004 ; L. n° 2005-1564, 15 déc. 2005 ; Ord. n° 2010-76, 21 janv. 2010 ; D. n° 2010-217, 3 mars 2010 ; L. n° 2013-672, 26 juill. 2013).* – Avant de procéder au retrait d'agrément prévu à l'article L. 325-1 du présent code ou aux 6 ou 7 de l'article L. 612-39 du Code monétaire et financier, dans le cas d'une entreprise agréée conformément aux dispositions de l'article L. 321-7, l'Autorité de contrôle prudentiel et de résolution consulte l'autorité de contrôle de l'État où est situé le siège social de cette entreprise.

Toutefois l'Autorité de contrôle prudentiel et de résolution peut suspendre l'activité de l'entreprise sur le territoire de la République française avant l'issue de cette consultation. Dans ce cas, elle en informe immédiatement l'autorité de contrôle étrangère intéressée.

Art. R.* 325-5 *(Abr. à compter du 1er janvier 2016, D. n° 2015-513, 7 mai 2015).*

Art. R.* 325-6 *(Abr., D. n° 90-815, 14 sept. 1990).*

Art. R.* 325-7 *(Rempl., D. n° 90-815, 14 sept. 1990 ; mod., D. n° 94-635, 25 juill. 1994 ; L. n° 2003-706, 1er août 2003 ; L. n° 2005-1564, 15 déc. 2005 ; Ord. n° 2010-76, 21 janv. 2010 ; D. n° 2010-217, 3 mars 2010 ; L. n° 2013-672, 26 juill. 2013).* – Si le retrait d'agrément mentionné à l'article L. 325-1 ou du présent code ou aux 6 ou 7 de l'article L. 612-39 du Code monétaire et financier concerne une entreprise visée au 4° de l'article L. 310-2 et qui fait l'objet d'une vérification de solvabilité globale exercée par l'Autorité de contrôle prudentiel et de résolution, l'autorité qui prononce le retrait d'agrément informe les autorités de contrôle des États membres de l'Espace économique européen sur le territoire desquels l'entreprise est agréée.

Art. R.* 325-8 *(Mod., D. n° 94-635, 25 juill. 1994 ; D. n° 2004-221, 12 mars 2004 ; L. n° 2013-672, 26 juill. 2013 ; D. n° 2015-513, 7 mai 2015).* – En cas de retrait d'agrément d'une entreprise étrangère par l'autorité de contrôle de son siège social, l'Autorité de contrôle prudentiel et de résolution procède au retrait de l'agrément précédemment accordé à la succursale française de cette entreprise en application des articles L. 321-7 ou L. 329-1.

Art. R.* 325-9 *(Abr. à compter du 1er janvier 2016, D. n° 2015-513, 7 mai 2015).*

Art. R. 325-10 *(Mod., D. n° 90-815, 14 sept. 1990 ; D. n° 94-635, 25 juill. 1994 ; L. n° 2003-706, 1er août 2003 ; D. n° 2004-221, 12 mars 2004 ; L. n° 2005-1564, 15 déc. 2005 ; Ord. n° 2010-76, 21 janv. 2010 ; D. n° 2010-217, 3 mars 2010 ; L. n° 2013-672, 26 juill. 2013 ; rempl., D. n° 2015-513, 7 mai 2015).* – Lorsqu'une entreprise fait l'objet d'un retrait ou d'une constatation de caducité de l'agrément administratif par l'Autorité de contrôle prudentiel et de résolution ou par l'autorité de contrôle d'un autre État membre, l'Autorité de contrôle prudentiel et de résolution prend, le cas échéant avec le concours des autorités de contrôle des États membres sur le territoire desquels l'entreprise opère, toutes mesures propres à sauvegarder les intérêts des assurés, souscripteurs et bénéficiaires de contrats prévues par les articles L. 612-30 à L. 612-39 du Code monétaire et financier. Lorsque ces mesures consistent en la suspension, restriction ou interdiction temporaire de la libre disposition de tout ou partie des actifs de cette entreprise en application du 4° de l'article L. 612-33 du Code monétaire et financier, l'Autorité de contrôle prudentiel et de résolution en informe au préalable les autorités de contrôle des États membres d'accueil concernées et leur demande de prendre les mêmes mesures.

Art. R.* 325-11 *(Mod., D. n° 84-349, 9 mai 1984 ; D. n° 94-635, 25 juill. 1994 ; D. n° 2008-1154, 7 nov. 2008 ; D. n° 2010-217, 3 mars 2010 ; D. n° 2015-513, 7 mai 2015).* – Toute décision de retrait de l'agrément administratif décidée en application de l'article L. 325-1 est notifiée à l'entreprise concernée par lettre recommandée avec demande d'avis de réception ou remise contre récépissé, si cette décision s'applique à une entreprise agréée conformément aux dispositions des articles L. 321-1, L. 321-1-1, L. 321-7 ou L. 329-1.

Art. R.* 325-12 *(Rempl., D. n° 90-815, 14 sept. 1990 ; mod., D. n° 2004-221, 12 mars 2004 ; Ord. n° 2010-76, 21 janv. 2010 ; D. n° 2010-217, 3 mars 2010 ; L. n° 2013-672, 26 juill. 2013).* – Préalablement au retrait de l'agrément administratif décidé en application de l'article L. 325-1, l'Autorité de contrôle prudentiel et de résolution notifie au président du conseil d'administration de l'entreprise concernée, par lettre recommandée avec demande d'avis de réception ou remise contre récépissé, les faits relevés à l'encontre de l'entreprise et l'invite à présenter ses observations écrites dans un délai de quinze jours.

Art. R.* 325-13 *(Rempl., D. n° 90-815, 14 sept. 1990 ; D. n° 2005-8, 5 janv. 2005 ; L. n° 2005-1564, 15 déc. 2005 ; D. n° 2008-1154, 7 nov. 2008 ; Ord. n° 2010-76, 21 janv. 2010 ; D. n° 2010-217, 3 mars 2010 ; L. n° 2013-672, 26 juill. 2013 ; D. n° 2018-179, 13 mars 2018 ; D. n° 2018-612, 16 juill. 2018).* – I. – La décision de retrait de l'agrément administratif fait l'objet d'une publication au Journal officiel de la République française ainsi qu'au Journal officiel de l'Union européenne.

Cette publication est assurée par l'Autorité de contrôle prudentiel et de résolution. S'agissant des entreprises mentionnées à l'article L. 310-2, elle précise si l'entreprise est soumise à une procédure de résolution et, le cas échéant le nom et les coordonnées des autorités compétentes pour les besoins de la liquidation et, le cas échéant, du ou des liquidateurs désignés. Elle indique également, le cas échéant, la législation qui est applicable à cette liquidation en vertu des dispositions des articles L. 326-20 à L. 326-29.

II. – Dès qu'elle est informée du retrait de l'agrément d'une entreprise mentionnée au 2° du I de l'article L. 310-2 par l'autorité de contrôle de l'État où est situé le siège social de cette entreprise, l'Autorité de contrôle prudentiel et de résolution en informe, avec les précisions appropriées, les personnes assurées, souscriptrices, adhérentes ou bénéficiaires de prestations de contrats d'assurance souscrits auprès de cette entreprise, par un avis publié au Journal officiel de la République française ainsi que sur son site internet.

Cet avis précise notamment la date de la décision de retrait de l'agrément. Le cas échéant, il indique le nom et les coordonnées des autorités compétentes pour la liquidation et du ou des liquidateurs désignés, ainsi que la législation qui est applicable à cette liquidation.

CHAPITRE VI – LIQUIDATION

Section I. – Règles générales

Art. R.* 326-1 *(Mod., D. n° 91-603, 27 juin 1991 ; D. n° 94-635, 25 juill. 1994 ; D. n° 2004-221, 12 mars 2004 ; rempl., D. n° 2005-8, 5 janv. 2005 ; L. n° 2005-1564, 15 déc. 2005 ; Ord. n° 2010-76, 21 janv. 2010 ; D. n° 2010-217, 3 mars 2010 ; L. n° 2013-672, 26 juill. 2013 ; D. n° 2015-513, 7 mai 2015 ; D. n° 2018-179, 13 mars 2018).* – I. – Lorsqu'est ouverte à la requête de l'Autorité de contrôle prudentiel et de résolution, de la commission des sanctions ou du collège de résolution de cette autorité, la liquidation d'une entreprise mentionnée à l'article L. 310-1, chaque souscripteur de contrat en est avisé, dans un délai de vingt jours à compter du lendemain du jour de la publication au *Journal officiel de la République française* de la décision de l'Autorité, par le liquidateur ou, en attendant la désignation de celui-ci, par la personne qui était investie dans l'entreprise des pouvoirs de direction générale ou par son représentant.

En cas de dissolution d'une entreprise mentionnée à l'article L. 310-1, dans les conditions prévues à l'article L. 326-2, le délai de vingt jours mentionné à l'alinéa précédent court à compter du lendemain de la publication de la décision mentionnée au deuxième alinéa de l'article L. 326-2.

Cet avis, qui rappelle la législation applicable, est adressé par lettre recommandée au dernier domicile connu du souscripteur.

Lorsque le souscripteur du contrat n'est pas l'assuré ou le bénéficiaire du contrat, l'information est aussi adressée aux assurés ou bénéficiaires connus.

Cet avis rappelle les dispositions des articles L. 326-1, L. 326-2 et L. 326-4. Il indique, s'il y a lieu, l'autorité auprès de laquelle les souscripteurs, assurés, adhérents et bénéficiaires de contrats peuvent présenter leurs observations relatives aux créances et précise, le cas échéant, les délais pour ce faire et les conséquences d'une non-observation des délais.

Les avis individuels doivent être préparés sous la responsabilité des administrateurs de l'entreprise ou, dans le cas d'une entreprise étrangère, sous la responsabilité du mandataire général prévu à l'article L. 329-1, dès que l'injonction en est adressée par l'autorité mentionnée ci-dessus.

Lorsque le créancier d'assurance connu a sa résidence habituelle, son domicile ou son siège statutaire dans un État membre de l'Union européenne ou partie à l'accord sur l'Espace économique européen autre que la France, l'avis est également rédigé dans la langue officielle ou l'une des langues officielles de cet État.

II. – Lorsque la décision mentionnée aux articles L. 326-1 ou L. 326-2 concerne une entreprise visée aux 2° et 3° de l'article L. 310-1, l'avis mentionné au I reproduit le premier alinéa de l'article L. 326-12 et précise la date à laquelle le contrat souscrit cessera de produire effet.

III. – Lorsque la décision mentionnée aux articles L. 326-1 ou L. 326-2 concerne une entreprise mentionnée au 1° de l'article L. 310-1, l'avis mentionné au I reproduit le texte des articles L. 326-9 et L. 326-13.

Le cas échéant, chaque souscripteur de contrat, assuré ou bénéficiaire connu est informé, dans les mêmes conditions, des décisions prises par l'Autorité de contrôle en application du deuxième alinéa de l'article L. 326-13. Lorsque la décision de l'Autorité a pour effet de fixer la date à laquelle les contrats cessent d'avoir effet, cette information intervient au plus tard vingt jours avant la date de cessation des effets du contrat.

Art. R.* 326-2. – Le décret mentionné à l'article L. 326-12 est pris sur le rapport du ministre de l'Économie et des Finances et du ministre chargé des transports.

.....

CHAPITRE VIII – SANCTIONS

Art. R. 328-1 *(Rempl., D. n° 94-635, 25 juill. 1994 ; mod., D. n° 97-248, 14 mars 1997 ; D. n° 2008-1154, 7 nov. 2008 ; D. n° 2010-217, 3 mars 2010 ; D. n° 2015-513, 7 mai 2015 ; D. n° 2017-1765, 26 déc. 2017).* – Est puni de la peine d'amende prévue pour les contraventions de cinquième classe le fait pour tout dirigeant d'une entreprise soumise au contrôle de l'État en vertu de l'article L. 310-1 ou du 1° du III de l'article L. 310-1-1 :

1° De méconnaître les obligations ou interdiction résultant des articles R. 321-17-1, R. 321-28, R. 322-3, R. 322-8 (1er al.), R. 322-73 (1er al.), R. 326-1, R. 331-1, R. 332-1 et R. 329-4 ;

2° *(Abrogé)* ;

3° De ne pas respecter les obligations qui lui incombent en matière de tenue de la comptabilité, enregistrement des opérations, conservation des pièces comptables et présentation des comptes annuels.

En cas de récidive, la peine d'amende prévue pour la récidive des contraventions de la cinquième classe est applicable.

Art. R.* 328-2. – Pour l'application des pénalités énumérées au présent chapitre, sont considérés comme dirigeants d'entreprise le président-directeur général, le président, les administrateurs, les directeurs généraux, les directeurs généraux adjoints, les directeurs, les membres du conseil de surveillance et du directoire, les gérants, et tout dirigeant de fait d'une entreprise française, et, dans le cas d'une entreprise étrangère, le mandataire général ou son représentant légal.

TITRE IV. – DISPOSITIONS COMPTABLES ET STATISTIQUES

CHAPITRE PREMIER – PRINCIPES GÉNÉRAUX

Art. R. 341-1 *(Abr., D. n° 2015-513, 7 mai 2015).*

Art. R. 341-2 *(Mod., D. n° 91-603, 27 juin 1991 ; rempl., D. n° 94-481, 8 juin 1994 ; mod., D. n° 95-883, 31 juill. 1995 ; D. n° 2001-51, 17 janv. 2001 ; rempl., D. n° 2015-513, 7 mai 2015).* – Sous réserve des dispositions du présent code et des adaptations rendues nécessaires par les prescriptions comptables de l'Autorité des normes comptables qui leur sont applicables, les entreprises mentionnées à l'article L. 341-1 sont soumises aux dispositions des articles R. 123-172 à R. 123-180, R. 123-184 à R. 123-189, R. 123-191, R. 123-198 et R. 123-199 du Code de commerce.

Art. R. 341-3 *(Mod., D. n° 91-603, 27 juin 1991 ; rempl., D. n° 94-481, 8 juin 1994 ; mod., D. n° 2001-51, 17 janv. 2001 ; rempl., D. n° 2015-513, 7 mai 2015).* – Un arrêté du ministre chargé de l'économie peut, en tant que de besoin, prescrire des modalités spécifiques de suivi extracomptable des placements, des contrats, des sinistres et des opérations de réassurance, de coassurance et de coréassurance.

Art. R. 341-4 *(Rempl., D. n° 94-481, 8 juin 1994 ; L. n° 2003-706, 1er août 2003 ; L. n° 2005-1564, 15 déc. 2005 ; L. n° 2013-672, 26 juill. 2013 ; D. n° 2015-513, 7 mai 2015).* – Sauf dérogation autorisée par l'Autorité de contrôle prudentiel en application de l'article L. 341-4, l'exercice comptable commence le 1er janvier et finit le 31 décembre de chaque année. Exceptionnellement, le premier exercice comptable des entreprises françaises qui commencent leurs opérations au cours d'une année civile peut être clôturé à l'expiration de l'année suivante.

Art. R. 341-5 *(Abr., D. n° 2015-513, 7 mai 2015).*

Art. R. 341-6 *(Rempl., D. n° 94-481, 8 juin 1994 ; mod., D. n° 95-883, 31 juill. 1995 ; abr., D. n° 2001-51, 17 janv. 2001).*

Art. R. 341-7 *(Mod., D. n° 84-349, 9 mai 1984 ; rempl., D. n° 94-481, 8 juin 1994 ; mod., D. n° 98-1188, 24 déc. 1998 ; D. n° 2001-95, 2 févr. 2001 ; rempl., D. n° 2015-513, 7 mai 2015).* – Les opérations en devises et les documents comptables y afférant sont définies et tenues dans chacune des devises utilisées, selon les prescriptions comptables de l'Autorité des normes comptables. Toutefois, les entreprises dont les opérations en devises ne sont pas significatives peuvent tenir leurs documents comptables uniquement en euros.

Les comptes annuels sont établis en euros. Pour l'établissement des comptes annuels, les opérations en devises sont converties en euros d'après les cours de change constatés à la date de la clôture des comptes ou, à défaut, à la date antérieure la plus proche.

Art. R. 341-8 *(Rempl., D. n° 94-481, 8 juin 1994 ; L. n° 2003-706, 1er août 2003 ; L. n° 2005-1564, 15 déc. 2005 ; L. n° 2013-672, 26 juill. 2013 ; D. n° 2015-513, 7 mai 2015).* – Sauf si elle les publie en application de l'article L. 341-3, l'entreprise met à disposition les comptes annuels, le rapport de gestion, le rapport des commissaires aux comptes sur les comptes annuels ainsi que le cas échéant les comptes consolidés ou combinées, le rapport sur la gestion du groupe et le rapport des commissaires aux comptes sur les comptes consolidés ou combinés à toute personne qui en fait la demande, moyennant le paiement d'une somme qui ne peut dépasser le montant fixé par un arrêté du ministre chargé de l'économie.

L'Autorité de contrôle prudentiel et de résolution peut demander que les comptes annuels lui soient communiqués avant d'être soumis à l'assemblée générale ou le cas échéant à la commission paritaire pour les institutions de prévoyance et unions régies par le titre 3 du livre 9 du Code de la sécurité sociale, à partir de la date à laquelle ils doivent être tenus à la disposition des commissaires aux comptes.

CHAPITRE V. – COMPTES CONSOLIDÉS

(D. n° 86-221, 17 févr. 1986)

Art. R. 345-1 *(D. n° 91-1123, 28 oct. 1991 ; mod., D. n° 95-883, 31 juill. 1995 ; D. n° 2001-51, 17 janv. 2001 ; rempl., D. n° 2015-513, 7 mai 2015).* – Sous réserve des dispositions du présent chapitre et des prescriptions comptables définies par l'Autorité des normes comptables, les comptes consolidés ou combinés mentionnés à l'article L 345-2 sont établis suivant les règles fixées par les articles R. 233-2 à R. 233-15 du Code de commerce.

Art. R. 345-1-1 *(D. n° 91-1123, 28 oct. 1991 ; rempl., D. n° 95-883, 31 juill. 1995 ; mod., D. n° 2001-51, 17 janv. 2001 ; D. n° 2002-360, 14 mars 2002 ; rempl., D. n° 2015-513, 7 mai 2015).* – Constituent un ensemble soumis à l'obligation d'établir des comptes combinés, deux ou plusieurs entreprises mentionnées aux articles L. 310-1 ou L. 310-1-1, sociétés de groupe d'assurance mentionnées à l'article L. 322-1-2, mutuelles ou unions régies par le livre II du Code de la mutualité ou unions mutualistes de groupe définies à l'article L. 111-4-2 du même code, institutions de prévoyance ou unions régies par le titre 3 du livre 9 du Code de la sécurité sociale ou par l'article L. 727-2 du Code rural, sociétés de groupe assurantiel de protection sociale définies à l'article L. 931-2-2 du Code de la sécurité sociale, se trouvant dans l'un des cas suivants :

1° Ces entités ont, en vertu d'un accord conclu entre elles, soit une direction commune, soit des services communs assez étendus pour engendrer un comportement commercial, technique ou financier commun ;

2° Ces entités ont entre elles des liens de réassurance importants et durables en vertu de dispositions contractuelles, statutaires ou réglementaires.

Art. R. 345-1-2 *(D. n° 91-1123, 28 oct. 1991 ; rempl., D. n° 95-883, 31 juill. 1995 ; mod., D. n° 2001-51, 17 janv. 2001 ; rempl., D. n° 2015-513, 7 mai 2015).* – La désignation de l'entité chargée d'établir et de publier des comptes combinés fait l'objet d'une convention écrite entre toutes les entités dont la cohésion ne résulte pas de liens en capital et appartenant à l'ensemble soumis à l'obligation d'établir les comptes combinés. Cet accord engage de plein droit toutes les entreprises sur lesquelles l'une des parties à l'accord exerce un contrôle exclusif, un contrôle conjoint ou une influence notable.

À défaut d'un accord préalable à la date de clôture de l'exercice, cette entité est :

a) Dans le cas mentionné au 1° de l'article R. 345-1-1, l'entité ayant encaissé en moyenne, au cours des cinq derniers exercices, le montant de primes ou de cotisations le plus élevé ;

b) Dans le cas où l'obligation d'établir des comptes combinés ne découle que du 2° de l'article R. 345-1-1, le cessionnaire et, dans le cas où plusieurs cessionnaires interviennent, celui qui a accepté en moyenne, au cours des trois derniers exercices, le montant le plus élevé de primes ou cotisations cédées par les entités de l'ensemble soumis à obligation d'établir des comptes combinés.

Toutefois, par dérogation aux dispositions du précédent alinéa, lorsqu'une entité faisant partie d'un ensemble d'entités tel que défini à l'article R. 345-1-1 est incluse par intégration globale dans les comptes consolidés d'une entité elle-même soumise à une obligation de consolidation en application de l'article L. 345-2, l'entité tenue d'établir et de publier des comptes combinés est l'entité consolidante. Cette obligation se confond dans ce cas avec l'obligation d'établir des comptes consolidés. Les comptes consolidés incluent alors les comptes des entités faisant partie de l'ensemble précité.

Art. R. 345-1-3 *(D. n° 91-1123, 28 oct. 1991 ; abr., D. n° 95-883, 31 juill. 1995 ; rétabli, D. n° 2001-51, 17 janv. 2001 ; mod., D. n° 2002-360, 14 mars 2002 ; L. n° 2003-706, 1er août 2003 ; L. n° 2005-1564, 15 déc. 2005 ; L. n° 2013-672, 26 juill. 2013 ; D. n° 2015-513, 7 mai 2015).* – Lorsque l'entité désignée conformément aux dispositions du premier alinéa de l'article R. 345-1-2 est une entreprise mentionné aux articles L. 310-1 ou L. 310-1-1, une société de groupe d'assurance mentionnée à l'article L 322-1-2, une mutuelle ou union régie par le livre II du Code de la mutualité, une union mutualiste de groupe mentionnée à l'article L. 111-4-2 du même code, une institution de prévoyance ou union régie par le titre 3 du livre 9 du Code de la sécurité sociale, une société de groupe assurantiel de protection sociale définie à l'article L. 931-2-2 du même code, l'accord est transmis à l'Autorité de contrôle prudentiel et de résolution dans un délai de quinze jours à compter de sa signature. Il est porté dans le même délai à la connaissance des commissaires aux comptes de toutes les entités incluses dans le périmètre de la combinaison.

Art. R. 345-1-4 *(D. n° 91-1123, 28 oct. 1991 ; abr., D. n° 95-883, 31 juill. 1995 ; rétabli, D. n° 2001-51, 17 janv. 2001 ; L. n° 2003-706, 1er août 2003 ; L. n° 2005-1564, 15 déc. 2005 ; Ord. n° 2010-76, 21 janv. 2010 ; D. n° 2010-217, 3 mars 2010 ; L. n° 2013-672, 26 juill. 2013 ; rempl., D. n° 2015-513, 7 mai 2015).* – Lorsque le commissaire aux comptes d'une entreprise mentionné aux articles L. 310-1 ou L. 310-1-1, d'une société de groupe d'assurance mentionnée à l'article L. 322-1-2, d'une mutuelle ou d'une union régie par le livre II du Code de la mutualité, d'une union mutualiste de groupe mentionnée à l'article L. 111-4-2 du même code, d'une institution de prévoyance ou d'une union régie par le titre 3 du livre 9 du Code de la sécurité sociale, ou d'une société de groupe assurantiel de protection sociale définie à l'article L. 931-2-2 du même code constate, d'une part, l'existence d'éléments constitutifs d'une obligation d'établissement et de publication de comptes combinés, d'autre part, l'absence de mise en œuvre de cette obligation, il saisit l'Autorité de contrôle prudentiel et de résolution conformément aux dispositions de l'article L. 612-44 du Code monétaire et financier.

Section I. – Méthode de consolidation et méthode d'élaboration des comptes combinés

Art. R. 345-4 *(Ord. n° 2009-79, 22 janv. 2009).* – Les modes et méthodes d'évaluation ainsi que les règles de conversion applicables aux éléments exprimés en monnaie étrangère sont ceux qui sont fixés pour les entreprises d'assurance par le présent livre, sous réserve des adaptations nécessaires aux comptes consolidés ou combinés fixées par un règlement de l'Autorité des normes comptables.

ANNEXE 4

BANQUE ET FINANCE

4.1 – Sociétés coopératives de banque .... p. 2553
4.2 – Sociétés de caution mutuelle .... p. 2553
4.3 – Compagnies financières holding, entreprises mères de société de financement, compagnies financières holding mixtes, conglomérats financiers, compagnies holding mixtes et entreprises mères mixtes de société de financement .... p. 2555
4.4 – Sociétés de crédit différé .... p. 2561

4.1. – SOCIÉTÉS COOPÉRATIVES DE BANQUE

Voir : Sociétés coopératives de banque, C. monét. fin., art. L. 512-61 et s., p. 2683.

4.2. – SOCIÉTÉS DE CAUTION MUTUELLE

Code de commerce

Partie législative

Art. L. 126-1. – **Les règles de création de sociétés de caution mutuelle entre commerçants, industriels, fabricants, artisans, sociétés commerciales, membres des professions libérales, propriétaires d'immeubles ou de droits immobiliers, ainsi qu'entre les opérateurs mentionnés à l'article L. 524-1, sont fixées par la loi du 13 mars 1917.**

Code monétaire et financier

Partie législative

Sous-section 1. – Objet

Art. L. 515-4 *(L. fin. rect. n° 2001-1276, 28 déc. 2001).* – **Des sociétés de caution mutuelle peuvent être constituées entre commerçants, industriels, fabricants, artisans, sociétés commerciales et membres des professions libérales. Elles ont pour objet de cautionner leurs membres à raison de leurs opérations professionnelles.**

En outre, des sociétés de caution mutuelle peuvent être constituées entre propriétaires d'immeubles ou de droits immobiliers. Elles ont pour objet de cautionner leurs membres à raison de prêts contractés pour l'accession à la propriété ou l'aménagement et la réparation de leurs immeubles.

Les sociétés mentionnées aux premier et deuxième alinéas sont autorisées à effectuer au profit de leurs membres, à l'occasion d'une opération de cautionnement et en relation directe avec celle-ci, les opérations de conseil *(Mots rempl., Ord. n° 2013-544, 27 juin 2013)* « 5 du I de l'article L. 311-2 », sans toutefois qu'il puisse y avoir obligation pour le demandeur d'une caution d'accepter un service de conseil.

La caution peut être donnée par l'aval ou l'endos des effets de commerce et billets créés, souscrits ou endossés par les membres des sociétés ou sous toute autre forme.

Le capital des sociétés de caution mutuelle est formé de parts nominatives qui peuvent être de valeur inégale sans cependant qu'aucune d'entre elles puisse être inférieure à 1,5 €, et à la souscription desquelles peuvent concourir, en dehors des membres qui participent aux avantages de la société, des membres non participants qui n'ont droit qu'à la rémunération de leurs apports.

Les sociétés ne sont constituées qu'après versement du quart du capital souscrit. Par dérogation aux dispositions de l'article 12 de la loi n° 47-1775 du 10 septembre 1947 portant statut de la coopération, la libération du surplus se fait par appels successifs des quarts non encore versés au fur et à mesure de l'accroissement des opérations de cautionnement mutuel de manière à permettre à la société de proportionner le montant du fonds social au volume des opérations traitées.

Sous-section 2. – Statuts

Art. L. 515-5. – Les sociétés de caution mutuelle sont des sociétés commerciales.

Art. L. 515-6. – Les statuts déterminent le siège et le mode d'administration de la société, les conditions nécessaires à la modification de ces statuts et à la dissolution de la société, la composition du capital et la proportion dans laquelle chacun des membres contribue à sa constitution.

Ils règlent l'étendue et les conditions de la responsabilité qui incombe à chacun des sociétaires dans des engagements de la société.

Les statuts réservent aux sociétaires le droit de se retirer et de réclamer le remboursement des parts leur appartenant. Toutefois, il ne pourra être fait usage de ce droit qu'en fin d'exercice, moyennant un préavis de trois mois et sous réserve que le remboursement de ces parts n'ait pas pour effet de réduire le capital de la société à un montant inférieur à celui du *(Mots rempl., Ord. n° 2014-158, 20 févr. 2014)* « capital initial » auquel elle est astreinte en sa qualité *(Mots rempl., Ord. n° 2013-544, 27 juin 2013)* « de société de financement ».

Le remboursement ne peut excéder ni la valeur, à cette époque, des parts du membre démissionnaire, ni leur valeur nominale. La plus-value, s'il y en a, reste acquise au fonds de réserve, sur lequel le membre remboursé n'a aucun droit.

Art. L. 515-7. – Les statuts prévoient que le conseil d'administration détermine pour chaque sociétaire le montant maximum des cautions qui peuvent être accordées et limitent la durée pour laquelle ces cautions sont données.

Ils stipulent expressément que le conseil d'administration peut refuser la caution demandée, ou ne l'accorder qu'en prenant les garanties qu'il juge utiles.

Sous-section 3. – Emploi des fonds

Art. L. 515-8. – Le capital, les fonds de réserve et le fonds de garantie sont affectés à la garantie des cautions données par la société de manière à servir de provision pour les effets, billets et engagements, à défaut de règlement. Les administrateurs sont tenus, avant de commencer à donner aucune caution, d'énoncer, dans une déclaration déposée en double au greffe du tribunal d'instance du siège de la société, l'emploi qu'ils ont fait du capital (placements en valeurs ou dépôts en banque). Il est donné récépissé de cette déclaration. L'un des exemplaires est transmis par les soins du juge du tribunal d'instance au greffe du tribunal de commerce de l'arrondissement.

Chaque année, une déclaration dans les mêmes formes doit faire connaître l'emploi du capital et du fonds de réserve.

Les statuts déterminent les modalités de constitution, de fonctionnement et de restitution du fonds de garantie.

Art. L. 515-9. – Les statuts déterminent les prélèvements et commissions perçus au profit de la société sur les opérations faites par elle.

Il est constitué, selon les modalités prévues au premier alinéa de l'article L. 232-10 du Code de commerce, un fonds de réserve dit « réserve légale », égal à la moitié du capital social.

Sous réserve de la possibilité de servir au capital effectivement versé un intérêt fixé par les statuts, les excédents d'exploitation sont mis en réserve ou ristournés aux sociétaires au prorata des opérations effectuées avec eux.

À la dissolution de la société, le fonds de réserve et le reste de l'actif net sont partagés entre les sociétaires, proportionnellement à leurs souscriptions, à moins que les statuts n'en aient affecté l'emploi à une œuvre de crédit.

Sous-section 4. – Publicité

Art. L. 515-10. – Les conditions de publicité prescrites pour les sociétés commerciales ordinaires sont remplacées, à l'égard des sociétés de caution mutuelle, par les dispositions suivantes :

1. Avant toute opération, les statuts, avec la liste complète des administrateurs ou directeurs et des sociétaires, indiquant leurs nom, profession, domicile et le montant de chaque souscription, sont déposés en trois exemplaires au greffe du tribunal d'instance dans le ressort duquel la société a son siège. Il en est donné récépissé ;

2. Chaque année, dans la première quinzaine de février, le directeur ou un administrateur de la société dépose de même, en trois exemplaires, un état mentionnant le nombre des membres de la société à cette date et la liste des mutations intervenues parmi les administrateurs ou directeurs et les sociétaires depuis le dernier dépôt effectué, et, en outre, un tableau sommaire des recettes et des dépenses ainsi que des opérations réalisées au cours de l'année précédente ;

3. Un exemplaire de ces documents est, par les soins du juge du tribunal d'instance, déposé au greffe du tribunal de commerce de l'arrondissement ;

4. Les documents déposés au greffe du tribunal d'instance et du tribunal de commerce, par application du présent article et de l'article L. 515-8, sont communiqués à tout requérant.

Art. L. 515-11. – Les administrateurs d'une société de caution mutuelle sont personnellement responsables du préjudice résultant de la violation des statuts ou des dispositions de la présente section.

Art. L. 515-12. – Les modalités d'application de la présente section sont fixées par décret en Conseil d'État.

4.3. – COMPAGNIES FINANCIÈRES HOLDING, ENTREPRISES MÈRES DE SOCIÉTÉ DE FINANCEMENT, COMPAGNIES FINANCIÈRES HOLDING MIXTES, CONGLOMÉRATS FINANCIERS, COMPAGNIES HOLDING MIXTES ET ENTREPRISES MÈRES MIXTES DE SOCIÉTÉ DE FINANCEMENT

Code monétaire et financier

Partie législative

Section I. – Définitions

Sous-section 1. – Compagnies financières holding et entreprises mères de société de financement

(Intitulé rempl., Ord. n° 2014-158, 20 févr. 2014)

Art. L. 517-1 *(Mod., L. n° 2003-706, 1er août 2003 ; rempl., Ord. n° 2004-1201, 12 nov. 2004 ; Ord. n° 2013-544, 27 juin 2013 ; Ord. n° 2014-158, 20 févr. 2014)*. – Une compagnie financière holding est un établissement financier au sens de l'article L. 511-21 dont les filiales sont exclusivement ou principalement des établissements ou des établissements financiers, l'une au moins de ces filiales étant un établissement, et qui n'est pas une compagnie financière holding mixte.

Pour l'application du précédent alinéa, le mot : « établissement » s'entend au sens du 3 du paragraphe 1 de l'article 4 du règlement (UE) n° 575/2013 du Parlement et du Conseil du 26 juin 2013.

Une entreprise mère de société de financement est un établissement financier, au sens de l'article L. 511-21, qui n'est ni une compagnie financière holding ni une compagnie financière holding mixte ni une compagnie holding mixte et qui a pour filiales, exclusivement ou principalement, une ou plusieurs sociétés de financement ou établissements financiers. L'une au moins de ces filiales est une société de financement.

Sous-section 2. – Conglomérats financiers

Art. L. 517-2 *(Ord. n° 2004-1201, 12 nov. 2004 ; mod., Ord. n° 2008-556, 13 juin 2008 ; rempl., Ord. n° 2014-158, 20 févr. 2014 ; L. n° 2014-1662, 30 déc. 2014 ; Ord. n° 2015-378, 2 avr. 2015 ; Ord. n° 2015-1497, 18 nov. 2015 ; Ord. n° 2017-484, 6 avr. 2017 ; Ord. n° 2017-1107, 22 juin 2017).* – Pour l'application de la surveillance complémentaire prévue au chapitre III du titre III du livre VI, on entend par :

1° Entité réglementée :

a) Un établissement de crédit mentionné à l'article L. 511-1 ;

b) Une entreprise mentionnée à l'article L. 310-1 du Code des assurances, une mutuelle ou une union régie par le livre II du Code de la mutualité ou une institution de prévoyance ou une union régie par le titre III du livre IX du Code de la sécurité sociale, ou une entreprise ayant son siège social dans un autre État membre de l'Union européenne, dans un autre État partie à l'accord sur l'Espace économique européen ou en dehors de l'Espace économique européen et qui, si son siège social était situé en France, serait tenue d'obtenir un agrément conformément à l'article L. 321-1 du Code des assurances, à l'article L. 931-4 du Code de la sécurité sociale ou à l'article L. 211-8 du Code de la mutualité ;

c) Une entreprise mentionnée au 1° du III de l'article L. 310-1-1 du Code des assurances, une mutuelle ou une union mentionnée au II de l'article L. 111-1-1 du Code de la mutualité ou une institution de prévoyance ou une union mentionnée au II de l'article L. 931-1-1 du Code de la sécurité sociale, un véhicule de titrisation mentionné à l'article L. 310-1-2 du Code des assurances, ou une entreprise ayant son siège social dans un autre État membre de l'Union européenne, dans un autre État partie à l'accord sur l'Espace économique européen ou en dehors de l'Espace économique européen et qui, si son siège social était situé en France, serait tenue d'obtenir un agrément conformément à l'article L. 321-1-1 du Code des assurances, à l'article L. 931-4-1 du Code de la sécurité sociale ou à l'article L. 211-8-1 du Code de la mutualité ;

d) Une entreprise d'investissement mentionnée à l'article L. 531-4, une société de gestion de portefeuille ou une entreprise ayant son siège social dans un autre État membre de l'Union européenne, dans un autre État partie à l'accord sur l'Espace économique européen ou en dehors de l'Espace économique européen et qui, si son siège social était situé en France, serait tenue d'obtenir un agrément conformément à l'article L. 532-1 ou à l'article L. 532-9 ;

e) Un fonds de retraite professionnelle supplémentaire mentionné à l'article L. 381-1 du Code des assurances, une mutuelle de retraite professionnelle supplémentaire mentionnée à l'article L. 214-1 du Code de la mutualité, une institution de retraite professionnelle supplémentaire mentionnée à l'article L. 942-1 du Code de la sécurité sociale ;

2° Règles sectorielles : les règles concernant la surveillance prudentielle des entités réglementées de chaque secteur financier ;

3° Secteur financier : un secteur composé d'une ou de plusieurs entités appartenant aux secteurs suivants :

a) Le secteur bancaire, qui comprend :

– les établissements de crédit mentionnés à l'article L. 511-1 ;

– les établissements financiers mentionnés au 4 de l'article L. 511-21 ; ou

– les entreprises de services auxiliaires au sens du 18 du paragraphe 1 de l'article 4 du règlement (UE) n° 575/2013 du Parlement européen et du Conseil du 26 juin 2013, dont le siège social est situé dans un État membre de l'Union européenne ou dans un autre État partie à l'accord sur l'Espace économique européen ;

b) Le secteur des assurances, qui comprend :

– les entreprises mentionnées à l'article L. 310-1 du Code des assurances, les mutuelles ou les unions régies par le livre II du Code de la mutualité ou les institutions de prévoyance ou les unions régies par le titre III du livre IX du Code de la sécurité sociale, ou les entreprises ayant leur siège social dans un autre État membre de l'Union européenne ou dans un autre État partie à l'accord sur l'Espace économique européen et qui, si leur siège social était situé en France, seraient tenues d'obtenir un agrément conformément à l'article L. 321-1 du Code des assurances, à l'article L. 931-4 du Code de la sécurité sociale ou à l'article L. 211-8 du Code de la mutualité ;

– les sociétés de groupe d'assurance mentionnées au 1° de l'article L. 322-1-2 du Code des assurances ;

– les unions mutualistes de groupe mentionnées à l'article L. 111-4-2 du Code de la mutualité ;

– les entreprises mentionnées au 1° du III de l'article L. 310-1-1 du Code des assurances, les mutuelles ou les unions mentionnées au II de l'article L. 111-1-1 du Code de la mutualité ou les institutions de prévoyance ou les unions mentionnées au II de l'article L. 931-1-1 du Code de la sécurité sociale, les véhicules de titrisation mentionnés à l'article L. 310-1-2 du Code des assurances, ou les entreprises ayant leur siège social dans un autre État membre de l'Union européenne ou dans un autre État partie à l'accord sur l'Espace économique européen et qui, si leur siège social était situé en France, seraient tenues d'obtenir un agrément conformément à l'article L. 321-1-1 du Code des assurances, à l'article L. 931-4-1 du Code de la sécurité sociale ou à l'article L. 211-8-1 du Code de la mutualité ;

– les sociétés de groupe assurantiel de protection sociale mentionnées à l'article L. 931-2-2 du Code de la sécurité sociale ;

– les fonds de retraite professionnelle supplémentaire mentionnés à l'article L. 381-1 du Code des assurances, les mutuelles ou unions de retraite professionnelle supplémentaire mentionnées à l'article L. 214-1 du Code de la mutualité, les institutions de retraite professionnelle supplémentaire mentionnées à l'article L. 942-1 du Code de la sécurité sociale ;

c) Le secteur des services d'investissement, qui comprend les entreprises d'investissement mentionnées à l'article L. 531-4, autres que celles qui sont agréées exclusivement pour fournir un ou plusieurs des services d'investissement mentionnés aux 1, 2, 4 et 5 de l'article L. 321-1 et qui ne sont pas autorisées à détenir des fonds ou des titres de la clientèle, ou les entreprises ayant leur siège social dans un autre État membre de l'Union européenne ou dans un autre État partie à l'accord sur l'Espace économique européen qui, si leur siège social était situé en France, seraient tenues d'obtenir un agrément conformément à l'article L. 532-1 ;

4° Autorité compétente : l'Autorité de contrôle prudentiel et de résolution, l'Autorité des marchés financiers ou toute autorité nationale d'un autre État membre de l'Union européenne ou d'un autre État partie à l'accord sur l'Espace économique européen dotée, par une disposition législative ou réglementaire, du pouvoir de surveiller, individuellement ou à l'échelle d'un groupe, l'une ou plusieurs des catégories d'entités réglementées suivantes :

a) Les établissements de crédit ;

b) Les entreprises ayant leur siège social dans un autre État membre de l'Union européenne, dans un autre État partie à l'accord sur l'Espace économique européen qui, si leur siège social était situé en France, seraient tenues d'obtenir un agrément conformément à l'article L. 321-1 du Code des assurances, à l'article L. 931-4 du Code de la sécurité sociale ou à l'article L. 211-8 du Code de la mutualité ;

c) Les entreprises ayant leur siège social dans un autre État membre de l'Union européenne ou dans un autre État partie à l'accord sur l'Espace économique européen qui, si leur siège social était situé en France, seraient tenues d'obtenir un agrément conformément à l'article L. 532-1 ou à l'article L. 532-9 ;

d) Les entreprises ayant leur siège social dans un autre État membre de l'Union européenne, dans un autre État partie à l'accord sur l'Espace économique européen qui, si leur siège social était situé en France, seraient tenues d'obtenir un agrément conformément à l'article L. 321-1-1 du Code des assurances, à l'article L. 931-4-1 du Code de la sécurité sociale ou à l'article L. 211-8-1 du Code de la mutualité ;

5° Autorité compétente concernée :

a) Toute autorité compétente responsable de la surveillance sectorielle consolidée des entités réglementées appartenant à un conglomérat financier, notamment de l'entreprise mère ultime d'un secteur ;

b) Le coordonnateur désigné conformément à l'article L. 633-2, s'il est différent des autorités mentionnées au *a* ;

c) Les autres autorités compétentes, selon l'appréciation des autorités mentionnées aux *a* et *b*. Jusqu'à l'entrée en vigueur de toute norme technique de réglementation adoptée par les Autorités européennes de supervision, cette appréciation tient compte en particulier de la part de marché détenue par les entités réglementées du conglomérat financier dans les autres États membres, en particulier si elle dépasse 5 %, ainsi que de l'importance au sein du conglomérat financier de toute entité réglementée établie dans un autre État membre ;

6° Entreprise mère : entreprise qui contrôle de manière exclusive au sens de l'article L. 233-16 du Code de commerce une ou plusieurs autres entreprises ou qui exerce, de l'avis des autorités compétentes, sur elles une influence dominante en raison de l'existence de liens de solidarité importants et durables résultant d'engagements financiers, de dirigeants ou de services communs ;

7° Entreprise filiale : entreprise sur laquelle est exercé un contrôle exclusif au sens de l'article L. 233-16 du Code de commerce ou, de l'avis des autorités compétentes, une influence dominante en raison de l'existence de liens de solidarité importants et durables résultant d'engagements financiers, de dirigeants ou de services communs. La filiale d'une filiale est considérée comme filiale de l'entreprise mère qui est à la tête de ces entreprises ;

8° Participation : constitue une participation le fait de détenir, directement ou indirectement, au moins 20 % des droits de vote ou du capital d'une entreprise, ou un ensemble de droits dans le capital d'une entreprise qui, en créant un lien durable avec celle-ci, est destiné à contribuer à l'activité de la société ;

9° Contrôle : relation entre une entreprise mère et une entreprise filiale, définies aux 6° et 7°, ou une relation similaire entre une personne physique ou morale et une entreprise ;

10° Liens étroits : situation dans laquelle au moins deux personnes physiques ou morales sont liées par un lien de contrôle ou une participation ou une situation dans laquelle au moins deux personnes physiques ou morales sont liées de façon durable à une même tierce personne par un lien de contrôle ;

11° Transactions intragroupe : toutes les transactions dans lesquelles une entité réglementée appartenant à un conglomérat financier recourt directement ou indirectement à d'autres entreprises du même groupe ou à toute personne physique ou morale liée aux entreprises de ce groupe par des liens étroits pour l'exécution d'une obligation, contractuelle ou non, et à titre onéreux ou non ;

12° Concentration de risques : toute exposition à des risques comportant un potentiel de perte suffisamment important pour compromettre la solvabilité ou la situation financière générale des entités réglementées appartenant à ce conglomérat, que cette exposition résulte de risques de contrepartie ou de crédit, d'investissement, d'assurance ou de marché ou d'autres risques, ou d'une combinaison ou d'une interaction de tels risques.

Art. L. 517-4 *(Ord. n° 2004-1201, 12 nov. 2004)*. – Une compagnie financière holding mixte est une entreprise mère autre qu'une entité réglementée, ayant son siège dans un État membre *(Mots aj., Ord. n° 2014-158, 20 févr. 2014)* « de l'Union européenne » ou dans un autre État partie à l'accord sur l'Espace économique européen, qui, avec ses filiales, dont l'une au moins est une entité réglementée, constitue un conglomérat financier.

Sous-section 3. – Compagnies holding mixtes et entreprises mères mixtes de société de financement

(Ord. n° 2014-158, 20 févr. 2014)

Art. L. 517-4-1 *(Ord. n° 2014-158, 20 févr. 2014)*. – Une compagnie holding mixte est une entreprise mère autre qu'un établissement, une compagnie financière holding ou une compagnie financière holding mixte, qui compte parmi ses filiales au moins un établissement.

Pour l'application du précédent alinéa, le mot : « établissement » s'entend au sens du 3 du paragraphe 1 de l'article 4 règlement (UE) n° 575/2013 du Parlement européen et du Conseil du 26 juin 2013.

Une entreprise mère mixte de société de financement est une entreprise mère autre qu'un établissement de crédit, une entreprise d'investissement, une société de financement, une entreprise mère de société de financement, une compagnie financière holding, une compagnie financière holding mixte ou une compagnie holding mixte, qui compte parmi ses filiales au moins une société de financement.

Section II. – Dispositions générales

Sous-section 1. – Compagnies financières holding et entreprises mères de société de financement

(Intitulé rempl., Ord. n° 2014-158, 20 févr. 2014)

Art. L. 517-5 *(Ord. n° 2004-1201, 12 nov. 2004 ; mod., Ord. n° 2007-571, 19 avr. 2007 ; Ord. n° 2010-76, 21 janv. 2010 ; L. n° 2013-672, 26 juill. 2013 ; mod. à compter du 1er janvier 2014, Ord. n° 2013-544, 27 juin 2013 ; mod., Ord. n° 2014-158, 20 févr. 2014)*. – Les compagnies financières holding et les entreprises mères de société de financement sont soumises aux dispositions prévues au deuxième alinéa de l'article L. 511-13, à l'article L. 511-21, aux articles L. 511-33 à L. 511-38.

Les compagnies financières holding et les entreprises mères de société de financement sont en outre soumises aux dispositions prévues au deuxième alinéa de l'article L. 511-41-4 et aux articles L. 511-41, L. 511-41-1 A, L. 511-41-1 B, L. 511-41-1 C, L. 511-41-2, L. 511-41-3, L. 533-2, L. 533-2-1 à L. 533-2-3, L. 533-4-1, L. 571-4, L. 612-20 à L. 612-21, L. 612-23-1, L. 612-24 à L. 612-27, L. 612-31 à L. 612-35, L. 612-39, L. 612-40, L. 612-44 et L. 613-24 dans des conditions précisées par arrêté du ministre chargé de l'économie.

Elles veillent également à la bonne application par leurs filiales des dispositions en matière de gouvernance prévues par le présent livre et prennent les mesures nécessaires pour assurer l'adéquation de la gouvernance aux différentes activités de leurs filiales et aux règles qui sont applicables à ces dernières, y compris les dispositions du titre VI du présent livre.

Au sein des compagnies financières holding et des entreprises mères de société de financement, les personnes mentionnées à l'article L. 511-13 ainsi que les membres du conseil d'administration, du conseil de surveillance, du directoire ou de tout autre organe exerçant des fonctions équivalentes disposent à tout moment de l'honorabilité, de l'expérience, des connaissances et des compétences nécessaires à l'exercice de leurs fonctions.

Les commissaires aux comptes de ces entreprises sont également soumis à l'ensemble des dispositions applicables aux commissaires aux comptes des établissements de crédit et des entreprises d'investissement.

Sous-section 2. – Conglomérats financiers

Art. L. 517-6 *(Ord. n° 2004-1201, 12 nov. 2004).* – Les entités réglementées *(Mots aj., Ord. n° 2014-158, 20 févr. 2014)* « mentionnées au 1° de l'article L. 517-2 » appartenant à un conglomérat financier sont soumises à la surveillance complémentaire prévue par la présente sous-section et par les articles L. 633-1 à L. 633-14, sans préjudice des règles sectorielles qui leur sont applicables.

Art. L. 517-7 *(Ord. n° 2004-1201, 12 nov. 2004 ; mod., Ord. n° 2014-158, 20 févr. 2014).* – I. – La surveillance complémentaire exercée au niveau d'un conglomérat s'applique aux entités réglementées répondant à l'un des critères suivants :

1° Elle constitue la tête du conglomérat ;

2° Elle a pour entreprise mère une compagnie financière holding mixte ayant son siège social dans un État membre ou dans un autre État partie à l'accord sur l'Espace économique européen ;

3° Elle est liée, au sens du I de l'article L. 517-3, à une autre entité du secteur financier.

II. – Dans des cas autres que ceux mentionnés au I et à l'article L. 633-14, lorsque des personnes détiennent une participation dans une ou plusieurs entités réglementées, ou ont un lien de participation avec ces entités ou exercent sur elles une influence notable qui ne résulte ni d'une participation ni d'un lien de participation, les autorités compétentes concernées déterminent, d'un commun accord, au regard des objectifs de la surveillance complémentaire, si, et dans quelle mesure, une surveillance complémentaire des entités réglementées comprises dans cet ensemble doit être effectuée comme s'il constituait un conglomérat financier.

Pour appliquer cette surveillance complémentaire, les conditions énoncées aux 2° et 3° du II de l'article L. 517-3 doivent être remplies.

Art. L. 517-8 *(Ord. n° 2004-1201, 12 nov. 2004 ; mod., Ord. n° 2014-158, 20 févr. 2014).* – Les entités réglementées appartenant à un conglomérat financier sont soumises à des exigences complémentaires en matière d'adéquation des fonds propres, de transactions intragroupes entre les différentes entités du conglomérat, de concentration des risques, de procédures de gestion des risques et de dispositifs de contrôle interne.

L'Autorité de contrôle prudentiel et de résolution peut fixer des limites quantitatives à toute concentration de risques au niveau du conglomérat financier ou prendre d'autres mesures prudentielles permettant d'atteindre les objectifs de la surveillance complémentaire, en ce qui concerne toute concentration de risques au niveau du conglomérat financier.

Elle peut également fixer des limites quantitatives ou des exigences qualitatives concernant les transactions intragroupes entre les différentes entités réglementées du conglomérat financier, ou prendre d'autres mesures prudentielles permettant d'atteindre les objectifs de la surveillance complémentaire, en ce qui concerne lesdites transactions.

Les conditions d'application du présent article sont précisées par arrêté des ministres chargés de l'économie, de la sécurité sociale et de la mutualité.

ANNEXE 4

Art. L. 517-9 *(Ord. n° 2004-1201, 12 nov. 2004 ; L. n° 2013-672, 26 juill. 2013 ; rempl., Ord. n° 2014-158, 20 févr. 2014).* – I. – Les compagnies financières holding mixtes dont le coordinateur est l'Autorité de contrôle prudentiel et de résolution sont soumises aux dispositions du deuxième alinéa de l'article L. 511-13 et aux dispositions des articles L. 511-33 à L. 511-38 et L. 511-41.

Elles veillent également à la bonne application par leurs filiales des dispositions en matière de gouvernance prévues par le présent livre et prennent les mesures nécessaires pour assurer l'adéquation de la gouvernance aux différentes activités de leurs filiales et aux règles qui sont applicables à ces dernières, y compris les dispositions du titre VI du présent livre.

Les compagnies financières holding mixtes sont également soumises aux articles L. 571-4, L. 612-20 à L. 612-21, L. 612-23-1, L. 612-24 à L. 612-27, L. 612-31 à L. 612-35, L. 612-39, L. 612-40, L. 613-24 ainsi qu'à la surveillance complémentaire prévue à l'article L. 517-8.

Au sein des compagnies financières holding mixtes, les personnes mentionnées à l'article L. 511-13 ainsi que les membres du conseil d'administration, du conseil de surveillance, du directoire ou de tout autre organe exerçant des fonctions équivalentes disposent à tout moment de l'honorabilité, de l'expérience, des connaissances et des compétences nécessaires à l'exercice de leurs fonctions.

Les compagnies financières holding mixtes sont en outre soumises aux obligations énoncées aux articles L. 511-41-1 A, L. 511-41-1 B, L. 511-41-1 C, L. 511-41-1, L. 511-41-2, L. 511-41-3, L. 533-2, L. 533-2-1 à L. 533-2-3, L. 533-4, L. 533-4-1 ainsi qu'au deuxième alinéa de l'article L. 511-41-4.

II. – Lorsqu'une compagnie financière holding mixte relève de dispositions équivalentes au titre de la surveillance sur une base consolidée au sens de l'article L. 613-20-1 et au titre de la surveillance complémentaire de conglomérat financier au titre de l'article L. 517-6, notamment en ce qui concerne la surveillance fondée sur le risque, l'Autorité de contrôle prudentiel et de résolution peut, après consultation des autres autorités compétentes concernées au sens de l'article L. 517-2, n'appliquer que les articles L. 517-6 et L. 517-8.

(Ord. n° 2015-378, 2 avr. 2015) Lorsqu'une compagnie financière holding mixte relève, en matière de contrôle de groupe, de dispositions équivalentes à celles prévues à l'article L. 356-2 du Code des assurances et à l'article 517-6 pour la surveillance complémentaire de conglomérat financier, notamment en ce qui concerne la surveillance fondée sur le risque, l'Autorité de contrôle prudentiel et de résolution peut, après consultation des autres autorités compétentes concernées au sens du 5° de l'article L. 517-2, n'appliquer à cette compagnie financière holding mixte que les dispositions des articles L. 517-6 et L. 517-8.

III *(III rempl., Ord. n° 2015-378, 2 avr. 2015).* – Lorsqu'une compagnie financière holding mixte relève de dispositions équivalentes en matière de surveillance sur une base consolidée au sens de l'article L. 613-20-1 et au titre du contrôle de groupe au sens de l'article L. 356-2 du Code des assurances, notamment en ce qui concerne la surveillance fondée sur le risque, l'Autorité de contrôle prudentiel et de résolution peut, en accord avec toute autre autorité en charge de la surveillance sectorielle consolidée des entités réglementées appartenant au conglomérat financier, n'appliquer à cette compagnie financière holding mixte que les dispositions applicables au secteur le plus important, lequel est déterminé conformément à l'article L. 517-3.

IV. – Les décisions prises en application du II et du III sont portées à la connaissance de l'Autorité bancaire européenne et de l'Autorité européenne des assurances et des pensions professionnelles par l'Autorité de contrôle prudentiel et de résolution.

V. – Les commissaires aux comptes de ces entreprises sont également soumis à l'ensemble des dispositions applicables aux commissaires aux comptes des établissements de crédit et des entreprises d'investissement.

Sous-section 3. – Compagnies holding mixtes et entreprises mères mixtes de société de financement

Art. L. 517-10 *(Ord. n° 2014-158, 20 févr. 2014).* – Les compagnies holding mixtes et les entreprises mères mixtes de société de financement sont soumises aux dispositions des articles L. 511-33, L. 511-34, L. 511-41, du I de l'article L. 511-57, du deuxième alinéa de l'article L. 511-41-4 et de l'article L. 571-4.

Elles sont en outre soumises aux dispositions des articles L. 612-20, L. 612-21, L. 612-24 à L. 612-27, L. 612-31 et L. 612-40 ainsi qu'à l'article L. 612-23 pour les informations reçues au titre de l'article L. 612-24.

....

Art. L. 571-14 *(Mod., Ord. n° 2004-1201, 12 nov. 2004 ; Ord. n° 2013-544, 27 juin 2013 ; Ord. n° 2014-158, 20 févr. 2014).* – **Le fait, pour les dirigeants d'une compagnie financière holding, d'une entreprise mère de société de financement ou d'une compagnie financière holding mixte, de ne pas établir les comptes sous une forme consolidée, conformément à l'article L. 517-5 ou L. 517-9, est puni de 15 000 euros d'amende.**

....

Partie réglementaire

Sous-section 1. – Compagnies financières holding et entreprises mères de société de financement

(Intitulé rempl., D. n° 2014-1315, 3 nov. 2014)

Art. D. 517-1. – **Pour l'accomplissement de la mission qui leur est dévolue dans les compagnies financières** *(Mots aj., D. n° 2014-1316, 3 nov. 2014)* **« holding et les entreprises mères de société de financement », les commissaires aux comptes mentionnés par l'article L. 511-38 sont désignés par l'organe de ces établissements compétent pour approuver les comptes.**

Ils sont désignés pour six exercices. Leurs fonctions expirent après que l'organe compétent pour approuver les comptes a statué sur les comptes du sixième exercice. Leur mandat est renouvelable.

Art. D. 517-2 et D. 517-3 *(Abr., D. n° 2014-1316, 3 nov. 2014).*

Art. R. 517-4 *(Abr., D. n° 2014-1315, 3 nov. 2014).*

Art. D. 517-5 et D. 517-6 *(Abr., D. n° 2014-1316, 3 nov. 2014).*

Art. D. 517-7 *(Mod., L. n° 2013-672, 26 juill. 2013). – (Mots aj., D. n° 2014-1316, 3 nov. 2014)* **« Les dispositions des premier et troisième alinéas de l'article D. 612-53 et des articles D. 612-54, D. 612-58 et R. 612-59 sont applicables aux compagnies financières holding et aux entreprises mères de société de financement » soumises au contrôle de l'Autorité de contrôle prudentiel et de résolution ayant leur siège social dans un État partie à l'accord sur l'Espace économique européen, pour les personnes chargées du contrôle légal des comptes consolidés et compte tenu de la législation étrangère applicable.**

Sous-section 2. – Conglomérats financiers

Art. D. 517-8 *(D. n° 2005-1187, 19 sept. 2005 ; mod., L. n° 2013-672, 26 juill. 2013).* – **Les dispositions des articles** *(Mots rempl., D. n° 2014-1316, 3 nov. 2014)* **« D. 517-1 et D. 517-7 » sont également applicables aux compagnies financières holding mixte dont le coordonnateur est l'Autorité de contrôle prudentiel et de résolution.**

4.4. – SOCIÉTÉS DE CRÉDIT DIFFÉRÉ

Loi n° 52-332 du 24 mars 1952

relative aux entreprises de crédit différé

(JO 25 mars)

(Mod., L. n° 84-46, 24 janv. 1984 : JO 25 janv.)

Art. 1er *(Mod., D. n° 53-947, 30 sept. 1953 ; L. n° 84-46, 24 janv. 1984 ; Ord. n° 2013-544, 27 juin 2013).* – **Les entreprises de crédit différé sont des établissements de crédit ou des sociétés de financement qui consentent des prêts en subordonnant la remise des fonds prêtés à un ou plusieurs versements préalables sous quelque sous quelque forme que ce soit de la part des intéressés et en imposant à ceux-ci un délai d'attente.**

Sont interdites aux entreprises visées à l'alinéa précédent les activités autres que la réalisation de prêts destinés à l'accession à la propriété immobilière ou à la réparation, l'agrandissement et la modernisation d'immeubles appartenant aux emprunteurs.

Les prêts seront garantis obligatoirement par une inscription hypothécaire.

Il est interdit aux entreprises de crédit différé de confier à toute autre entreprise, sous quelque forme que ce soit, la gestion de tout ou partie de leurs services, et notamment le démarchage de la clientèle et les opérations de recouvrement.

Les entreprises de crédit différé, spécialement autorisées à cet effet par le comité des établissements de crédit ou des sociétés de financement, pourront accorder des prêts destinés au remboursement des crédits consentis, antérieurement à l'attribution de ces prêts, par un autre organisme pour l'accession à la propriété immobilière ou la réparation, l'agrandissement et la modernisation d'immeubles appartenant aux emprunteurs. Ces entreprises ne sont pas soumises aux interdictions prévues à l'alinéa précédent.

Art. 2 *(Abr., L. n° 84-46, 24 janv. 1984).*

Art. 3 *(Mod., L. n° 84-46, 24 janv. 1984).* – Dans un délai d'un mois à compter de la promulgation de la présente loi, à peine de mise en liquidation d'office, les entreprises visées à l'article 1er devront adresser au ministre de l'Économie et des Finances une déclaration d'activité faisant connaître leur dénomination, l'adresse de leur siège social ou de leur principal établissement, ainsi que de leurs agences. Cette déclaration comportera une copie en trois exemplaires de leur acte statutaire, de leurs tarifs et modèles de contrats, ainsi qu'une liste des nom, prénoms, adresse, nationalité, date et lieu de naissance de leurs administrateurs, gérants, directeurs, agents, courtiers, démarcheurs, inspecteurs et de toutes personnes chargées de présenter au public leurs opérations.

Elles notifieront dans les mêmes termes et dans le délai d'un mois tout changement survenu dans les statuts, le tarif, les modèles de contrat, ou dans la dénomination, la gestion et la direction.

Art. 4 *(Abr., L. n° 84-46, 24 janv. 1984).*

Art. 5 *(Mod., D. n° 55-627, 20 mai 1955 ; L. n° 84-46, 24 janv. 1984).* – Est interdite à peine de nullité toute clause qui accorde ou a pour effet d'accorder un traitement préférentiel à certains souscripteurs ou à certaines catégories de souscripteurs de contrats, ainsi que toute clause stipulant un versement supplémentaire ou une retenue spéciale en cas de décès du titulaire du contrat.

Sous la sanction visée à l'alinéa 1er du présent article, est interdite toute clause stipulant l'exécution de contrats par voie de tirage au sort ou obligeant l'emprunteur à constituer une hypothèque ou à accorder toute autre sûreté avant l'attribution du prêt.

Toutefois, la disposition finale qui précède n'est pas applicable lorsque, pour un contrat déterminé n'ayant pas encore fait l'objet de l'attribution prévue audit contrat, un prêteur autre qu'une entreprise de crédit différé mais agissant conjointement et solidairement avec une telle entreprise, bénéficiaire de l'autorisation spéciale, visée à l'article 1er, cinquième alinéa, consent au souscripteur antérieurement à la date de cette attribution un crédit d'un montant au plus égal au capital souscrit. Dans ce cas, les garanties hypothécaires et éventuellement toutes sûretés complémentaires autorisées par les dispositions légales ou réglementaires en vigueur pourront être, lors de l'octroi du crédit, valablement constituées au profit du prêteur et de l'entreprise de crédit différé en leur qualité de créanciers conjoints et solidaires.

Art. 6 *(L. n° 71-510, 1er juill. 1971 ; mod., L. n° 84-46, 24 janv. 1984).* – Tout contrat de crédit différé doit être rédigé par écrit. Il doit, à peine de nullité, indiquer ou prévoir, en caractères très apparents :

1° La date à laquelle le contrat prend effet ;

2° Les règles selon lesquelles sont déterminés le montant du prêt et sa date d'attribution ;

3° Les modalités des versements à effectuer par l'adhérent avant et après l'attribution du prêt sans que ce délai compris entre la date d'entrée en vigueur du contrat et celle du dernier remboursement puisse excéder vingt ans ;

4° Les conditions dans lesquelles le contrat peut être transféré à un tiers soit avant, soit après l'attribution du prêt ;

5° Les conditions de résiliation du contrat pendant la période précédant l'attribution du prêt ;

6° La substitution de plein droit des héritiers aux titulaires de contrats ;

7° La limitation en fonction des versements ou du montant du prêt des sommes à prélever pour frais de gestion, quelle qu'en soit la dénomination ainsi que le cas échéant, le montant desdits frais inclus dans chacun des versements à effectuer.

Le comité de la réglementation bancaire détermine les conditions dans lesquelles les contrats doivent être établis et notamment les limites maxima du délai d'attente et des frais de gestion, le minimum et les conditions de remboursement des versements aux adhérents en cas de résiliation avant l'octroi du prêt.

Art. 7 *(Mod., L. n° 84-46, 24 janv. 1984)*. – Toute entreprise visée à la présente loi devra prendre la forme de la société anonyme et pourra adopter la forme de société anonyme à capital et personnel variables.

Les entreprises de crédit différé constituées en sociétés anonymes à capital et personnel variables pourront procéder sans limitation à l'augmentation de leur capital social.

Art. 8 *(Mod., Ord. n° 2010-76, 21 janv. 2010 ; L. n° 2013-672, 26 juill. 2013)*. – Les entreprises de crédit différé visées à la présente loi sont soumises à la tutelle administrative et financière du ministre chargé de l'économie et des finances et au contrôle de l'Autorité de contrôle prudentiel et de résolution.

Art. 9 à 12 *(Abr., L. n° 84-46, 24 janv. 1984)*.

Art. 13. – Toute infraction aux dispositions de la présente loi, qu'elle ait été commise pour le compte de son auteur ou pour le compte d'un tiers, sera punie d'un emprisonnement de cinq ans, et d'une amende de 22 500 €, ou de l'une de ces deux peines seulement.

Art. 14 et 15 *(Abr., L. n° 84-46, 24 janv. 1984)*.

Art. 16. – La présente loi est applicable aux territoires relevant du ministère chargé des départements et territoires d'outre-mer.

Loi n° 54-417 du 15 avril 1954

autorisant le gouvernement à prendre diverses dispositions financières et réglementaires relatives à certaines sociétés de crédit différé

(JO 16 avr.)

Art. 3. – Si l'exercice du contrôle fait apparaître qu'une entreprise de crédit différé n'est pas en mesure de faire face aux engagements qu'elle a contractés ou ne fonctionne pas conformément à la réglementation en vigueur, le ministre de l'Économie et des Finances peut suspendre les dirigeants de ladite entreprise avec nomination d'un administrateur provisoire.

La décision du ministre doit être motivée ; elle ne peut intervenir qu'après avis conforme de la commission prévue à l'article 11 de la loi du 24 mars 1952 devant laquelle les dirigeants intéressés ou leurs représentants seront obligatoirement convoqués.

Décret n° 52-1327 du 15 décembre 1952

portant règlement d'administration publique pour l'application de la loi du 24 mars 1952 et relatif au montant minimal du capital social des entreprises de crédit différé

(JO 16 déc.)

Art. 1er. – Le montant minimum du capital social des sociétés de crédit différé, que ces sociétés soient constituées sous forme de société anonyme ou de société anonyme à capital et personnel variables, et non compris les apports en nature, est fixé à 76 224,51 € dont un quart versé. Les actions doivent être libérées de moitié dans un délai de deux ans à compter de la constitution définitive de la société.

Toutefois, pour les sociétés qui, à la date du 24 mars 1952, pratiquaient des opérations de crédit différé, le montant minimum est de 25 millions de francs (250 000 F), dont moitié versée, sans que leur capital social versé, diminué des pertes figurant à l'actif de leur bilan au 31 décembre 1951 puisse être inférieur à 12 500 000 francs (125 000 F).

Art. 2. – Sans préjudice de l'application des dispositions de l'article premier ci-dessus, les sociétés de crédit différé doivent, à partir du 1er janvier 1953, dans un délai de six mois à compter de la clôture de chacun de leurs exercices sociaux et au plus tard à dater du 31 décembre 1952, justifier que leur capital social versé, diminué des pertes figurant à l'actif, est au moins égal au montant de 38 112,25 € majoré de 10 % des versements des adhérents dans l'exercice précédent.

Toutefois, le montant ainsi déterminé est réduit à 12 millions 500 000 francs (125 000 F), majoré de 10 % des versements des adhérents dans l'exercice précédent, d'une part pour les sociétés qui, à la date du 24 mars 1952, pratiquaient des opérations de crédit différé, d'autre part pour les sociétés visées à l'article premier, premier alinéa du présent décret, pendant le délai de deux ans, suivant la constitution définitive de ces sociétés.

Art. 3. – Les sociétés de crédit différé doivent mettre leurs statuts en harmonie avec les dispositions du présent décret dans un délai de trois mois à compter de sa publication.

Art. 4. – Un décret portant règlement d'administration publique pris ultérieurement fixera les conditions d'application du présent décret aux territoires relevant du ministère de la France d'outre-mer.

Décret n° 53-1023 du 16 octobre 1953

portant règlement d'administration publique relatif à la constitution, au fonctionnement et au contrôle des entreprises de crédit différé

(JO 18 oct.)

Art. 1er. – Les entreprises de crédit différé sont soumises aux dispositions du Code de commerce et de la législation générale relative aux sociétés, sous réserve des prescriptions du présent décret.

TITRE PREMIER. – DE L'AUTORISATION

Art. 2. – Les entreprises de crédit différé ne peuvent se constituer comme telles et commencer ou continuer leurs opérations qu'après avoir reçu l'autorisation du ministre de l'Économie et des Finances.

À l'appui de toute demande d'autorisation, elles doivent fournir les renseignements et pièces ci-après :

1° Une demande en deux exemplaires, dont un sur papier timbré ;

2° Un double de l'acte constitutif de l'entreprise, s'il est sous seing privé, ou une expédition s'il est authentique ;

3° Le procès-verbal *in extenso* de l'assemblée constitutive ;

4° Cinq exemplaires des statuts ;

5° Cinq exemplaires des contrats et lettres d'envoi des contrats ;

6° Cinq exemplaires des tarifs de l'entreprise ainsi qu'une note technique exposant le mode d'établissement desdits tarifs ;

7° Une liste des administrateurs, directeurs généraux et directeurs avec les nom, prénoms, domicile, nationalité, date et lieu de naissance de chacun d'eux ;

8° Un extrait du casier judiciaire des personnes visées à l'alinéa ci-dessus ;

9° L'étendue territoriale où l'entreprise se propose de pratiquer des opérations ;

10° Un plan financier pour les trois premières années faisant connaître d'une manière détaillée les prévisions de recettes et de dépenses.

Art. 3. – L'autorisation prévue à l'article précédent est accordée par arrêté publié au *Journal officiel*.

L'autorisation mentionne les territoires pour lesquels elle est valable. Elle est notifiée par le ministre de l'Économie et des Finances à l'entreprise qui en est bénéficiaire.

Art. 4. – L'autorisation cesse de plein droit d'être valable si l'entreprise qui l'a obtenue n'a pas commencé à pratiquer ses opérations dans le délai d'un an à compter de la notification de cette autorisation.

TITRE II. – DU CONTRÔLE

Art. 5. – Les dispositions prévues par l'article 37 de la loi du 24 juillet 1867, en cas de perte des trois quarts du capital social, s'appliquent aux entreprises de crédit différé en cas de perte de la moitié du capital social.

Art. 6. – Les contrats, prospectus, affiches, circulaires, notices, annonces ou documents quelconques émis par les entreprises de crédit différé doivent, après la mention du capital social, indiquer la portion de ce capital déjà versée.

Les entreprises ayant adopté la forme de sociétés anonymes à capital variable doivent indiquer de plus sur ces contrats, prospectus, affiches, circulaires, notices, annonces ou documents la portion du capital versée au 31 décembre de l'année écoulée.

Art. 7. – Sauf impossibilité reconnue par le ministre de l'Économie et des Finances, l'exercice comptable commence le 1er janvier et se termine le 31 décembre de chaque année.

Exceptionnellement, le premier exercice comptable des entreprises qui commencent leurs opérations au cours d'une année civile pourra être clôturé à l'expiration de l'année suivante.

Art. 8. – Les entreprises de crédit différé doivent publier et doivent produire au ministre de l'Économie et des Finances, à la date et dans les formes qui seront fixées par décret, le compte rendu annuel de leurs opérations avec des tableaux financiers et des états statistiques annexes.

Le compte rendu des opérations doit être délivré par l'entreprise à toute personne qui en fait la demande moyennant le paiement d'une somme qui ne saurait excéder 0,30 €.

Le bilan et le compte de profits et pertes ainsi que des extraits des tableaux annexes sont publiés au *Journal officiel* ou dans un journal désigné pour recevoir les annonces légales, dans les conditions déterminées par le décret prévu à l'alinéa 1er du présent article.

Art. 9. – Les entreprises de crédit différé doivent communiquer au ministre de l'Économie et des Finances, sur sa demande et dans les formes et délais qu'il prescrit, tous renseignements et documents permettant de contrôler leur situation financière et la marche de leurs opérations, d'apprécier la valeur des éléments figurant dans leur bilan, à quelque titre que ce soit et sous quelque forme que ce soit, et, en général, tous renseignements que le ministre estime nécessaires à l'exercice du contrôle.

Art. 10. – Les titres, contrats, statuts, prospectus, affiches, circulaires, plaques, imprimés et tous autres documents destinés à être distribués au public ou à être publiés par une entreprise de crédit différé doivent porter à la suite du nom commercial ou de la dénomination sociale la mention ci-après en caractères uniformes :

« Entreprise privée régie par la loi du 24 mars 1952 sur le crédit différé. »

Art. 11. – Toute entreprise de crédit différé doit, à tout moment, pouvoir justifier qu'elle est en état de faire face à tous ses engagements.

Si cette justification n'est pas apportée ou si le contrôle du ministre de l'Économie et des Finances ou les vérifications effectuées par les commissaires contrôleurs font apparaître qu'une entreprise a fait aux adhérents des promesses fallacieuses ou qu'elle ne fonctionne pas conformément à la réglementation en vigueur, ou conformément à ses statuts, le ministre de l'Économie et des Finances peut demander au tribunal de commerce de prononcer la dissolution de l'entreprise.

TITRE III. – DE LA LIQUIDATION ET DU TRANSFERT

Art. 12. – Lorsqu'une entreprise de crédit différé a été soit déclarée en faillite ou en liquidation judiciaire, soit dissoute en application de l'article 10 de la loi du 24 mars 1952 ou de l'article 11 du présent décret, soit mise en liquidation d'office en application des articles 3, 9 ou 11 de la loi susvisée, le ministre de l'Économie et des Finances, à la demande du syndic et sur le rapport du juge-commissaire ou à la demande du liquidateur judiciaire et sur le rapport du juge contrôleur, peut, par arrêté, soit fixer la date à laquelle les contrats qui n'ont pas fait l'objet d'une attribution cessent d'avoir effet, soit autoriser le transfert des contrats en tout ou partie à une ou plusieurs sociétés, et, en ce qui concerne les contrats qui n'ont pas fait l'objet d'une attribution, proroger leur échéance, décider la réduction des sommes payables en cas d'attribution et des sommes payables en cas de résiliation, de manière à ramener la valeur des engagements de l'entreprise au montant que la situation de la liquidation permet de couvrir.

Art. 13 *(Mod., D. n° 80-621, 31 juill. 1980)*. – Un décret en Conseil d'État, pris ultérieurement, fixera les conditions d'application du présent décret aux territoires relevant du ministre chargé des départements et territoires d'outre-mer.

ANNEXE 5

COOPÉRATIVES

5.1 – Loi n° 47-1775 du 10 septembre 1947 portant statut de la coopération .... p. 2567
5.2 – Dispositions spéciales .... p. 2618
5.2.1. – Sociétés coopératives agricoles .... p. 2618
5.2.2. – Sociétés coopératives artisanales .... p. 2670
5.2.3. – Sociétés coopératives maritimes .... p. 2679
5.2.4. – Sociétés coopératives de banque .... p. 2683
5.2.5. – Sociétés coopératives de commerçants détaillants .... p. 2685
5.2.6. – Sociétés coopératives de construction .... p. 2689
5.2.7. – Sociétés coopératives de médecins .... p. 2689
5.2.8. – Sociétés coopératives de production .... p. 2692
5.2.9. – Sociétés locales d'épargne .... p. 2708
5.2.10. – Sociétés coopératives de transport .... p. 2709
5.2.11. – Sociétés coopératives artisanales de transport fluvial .... p. 2710

5.1. – LOI N° 47-1775 DU 10 SEPTEMBRE 1947 PORTANT STATUT DE LA COOPÉRATION

Bibliographie : S. Grandvuillemin, *La loi du 31 juillet 2014 relative à l'économie sociale et solidaire et le droit coopératif : JCP* E 2014, 1478. • M. Hérail, *Régulation des mouvements des associés dans les sociétés coopératives : Dr. sociétés* 2002, chron. 1. • D. Heiz, *L'incidence de l'introduction des actions de préférences sur le droit coopératif : Dr. sociétés* août-sept. 2005, p. 7 ; *La richesse de la loi économie sociale et solidaire : Rev. sociétés* 2015, p. 147. • P. Le Berre, *Loi n° 47-1775 du 10 septembre 1947 portant statut de la coopération : un rajeunissement et un assouplissement de ses règles par la loi ESS du 31 juillet 2014 : Dr. sociétés* 2014, n° 11, étude 20. • P. Prud'homme, *Les actions de préférence d'une société coopérative anonyme : JCP* E 2013, 1149. • *Adde* R. Saint-Alary et P. Le Berre, *JCl. Sociétés traité*, Fasc. 168-10 *(Sociétés coopératives – Généralités)*. • K. Rodriguez, *JCl. Sociétés traité*, Fasc. 168-20 *(Société coopérative européenne)*.

Loi n° 47-1775 du 10 septembre 1947

portant statut de la coopération

(JO 11 sept.)

(Mod., L. n° 2003-706, 1er août 2003 : JO 5 août)

5.1.1. – Dispositions générales

TITRE I. – DISPOSITIONS GENERALES

Art. 1er *(Mod., L. n° 2014-856, 31 juill. 2014)*. **– La coopérative est une société constituée par plusieurs personnes volontairement réunies en vue de satisfaire à leurs besoins économiques ou sociaux par leur effort commun et la mise en place des moyens nécessaires.**

Elle exerce son activité dans toutes les branches de l'activité humaine et respecte les principes suivants : une adhésion volontaire et ouverte à tous, une gouvernance démocratique, la participation économique de ses membres, la formation desdits membres et la coopération avec les autres coopératives.

Sauf dispositions spéciales à certaines catégories de coopératives, chaque membre coopérateur dénommé, selon le cas, « associé » ou « sociétaire », dispose d'une voix à l'assemblée générale.

Les excédents de la coopérative sont prioritairement mis en réserve pour assurer son développement et celui de ses membres, sous réserve de l'article 16.

Art. 2 *(Rempl., L. n° 92-643, 13 juill. 1992).* – Les coopératives sont régies par la présente loi sous réserve des lois particulières à chaque catégorie d'entre elles.

Art. 3 *(Mod., L. n° 2014-856, 31 juill. 2014).* – Sous réserve de dispositions spéciales à certaines catégories d'entre elles, les coopératives ne peuvent prévoir dans leurs statuts d'admettre des tiers non sociétaires à bénéficier de leurs activités que dans la limite de 20 % de leur chiffre d'affaires, et selon des conditions fixées par décret.

Art. 3 *bis* *(L. n° 92-643, 13 juill. 1992).* – Les coopératives peuvent admettre comme *(Mots rempl., L. n° 2014-856, 31 juill. 2014)* « associés non coopérateurs, dans les conditions et limites » fixées par leurs statuts, des personnes physiques *(Mots aj., L. n° 2014-856, 31 juill. 2014)* « , notamment leurs salariés, » ou morales qui n'ont pas vocation à recourir à leurs services ou dont elles n'utilisent pas le travail mais qui entendent contribuer *(Mots aj., L. n° 2014-856, 31 juill. 2014)* « notamment » par l'apport de capitaux à la réalisation des objectifs de la coopérative.

(Al. rempl., L. n° 2014-856, 31 juill. 2014) Les associés non coopérateurs ne peuvent détenir ensemble plus de 49 % du total des droits de vote, sans que les droits des associés qui ne sont pas des sociétés coopératives puissent excéder la limite de 35 %.

(Al. aj., L. n° 2014-856, 31 juill. 2014) Les statuts peuvent prévoir que ces associés non coopérateurs ou certaines catégories d'entre eux disposent ensemble d'un nombre de voix proportionnel au capital qu'ils détiennent.

(Al. suppr., L. n° 2014-856, 31 juill. 2014).

Lorsque la part de capital que détiennent les associés *(Mots aj., L. n° 2014-856, 31 juill. 2014)* « non coopérateurs » définis au premier alinéa excède, selon le cas, 35 % ou 49 % du total des droits de vote, le nombre de voix attribué à chacun d'entre eux est réduit à due proportion.

(Al. suppr., L. n° 2014-856, 31 juill. 2014).

Art. 4. – Sauf dispositions contraires des lois particulières, présentes ou futures, les associés d'une coopérative disposent de droits égaux dans sa gestion et il ne peut être établi entre eux de discrimination suivant la date de leur adhésion.

Art. 5. – Les coopératives peuvent constituer entre elles, pour la gestion de leurs intérêts communs *(Mots aj., L. n° 2014-856, 31 juill. 2014)* « ou le développement de leurs activités », sous le nom d'unions de coopératives, des sociétés coopératives régies par la présente loi.

(Al. aj., L. n° 2014-856, 31 juill. 2014) Sauf en ce qui concerne les sociétés coopératives agricoles ou leurs unions, les statuts d'une union de coopératives peuvent prévoir que les associés des coopératives membres de l'union peuvent bénéficier directement des services de cette dernière ou participer à la réalisation des opérations entrant dans son objet, sous réserve que les statuts des coopératives le permettent. Dans ces cas, les opérations de l'union sont considérées comme effectuées avec des associés coopérateurs.

(Indirectement abr., L. n° 85-703, 12 juill. 1985). – V. désormais art. 19 *bis* et s.

Art. 5.1 *(L. n° 2014-856, 31 juill. 2014).* – Il est institué un Conseil supérieur de la coopération, qui inscrit son action en cohérence avec le Conseil supérieur de l'économie sociale et solidaire.

Le Conseil supérieur de la coopération peut être saisi pour avis, par le ministre chargé du secteur coopératif, de tout projet de texte législatif ou réglementaire relatif au fonctionnement des coopératives ou de leurs unions et fédérations, ainsi que de tout projet de règlement ou de directive communautaire ayant le même objet avant son examen par le Conseil de l'Union européenne.

Un décret en Conseil d'État fixe les modalités de fonctionnement du conseil et de désignation de ses membres, la durée des mandats, ainsi que les conditions dans lesquelles est assurée la parité entre les femmes et les hommes au conseil et dans son bureau. À cette fin, il précise le nombre et la répartition par sexe, éventuellement dans le temps, des désignations prévues au présent article.

Le Conseil supérieur de la coopération présente au ministre chargé du secteur coopératif toute suggestion concernant la coopération, notamment sur son fonctionnement et ses relations avec ses membres. Il peut être saisi par le ministre de toute question et peut proposer au Gouvernement toute modification de nature législative ou réglementaire relative à la coopération.

Il définit les principes et élabore les normes de la révision coopérative, sous réserve de l'article L. 528-1 du Code rural et de la pêche maritime.

Loi n° 98-546 du 2 juillet 1998

portant diverses dispositions d'ordre économique et financier

(JO 3 juill.)

Art. 17. – I (V. *L. n° 66-537, 24 juill. 1966*).

II. – Lorsque, en raison de la conversion du capital social en unité euro, l'assemblée d'une société à responsabilité limitée décide d'une augmentation de capital par incorporation de réserves ou de bénéfices, cette assemblée peut, dans la limite d'un plafond qu'elle fixe, déléguer aux gérants les pouvoirs nécessaires à l'effet de procéder à cette augmentation dans un délai de vingt-six mois, en une ou plusieurs fois, d'en constater la réalisation et de procéder à la modification corrélative des statuts.

III. – Les sociétés par actions et les sociétés à responsabilité limitée qui convertissent en unité euro leur capital social ou les actions ou parts qui le composent en arrondissant ces montants au centième d'euro ou à l'euro près, procèdent aux réductions de capital éventuellement nécessaires sur décision de l'assemblée générale compétente pour modifier les statuts.

Cette assemblée peut déléguer au conseil d'administration, au directoire ou aux gérants, selon le cas, les pouvoirs nécessaires à l'effet de procéder à cette réduction de capital dans un délai de vingt-six mois, d'en constater la réalisation et de procéder à la modification corrélative des statuts.

Les procédures prévues au troisième alinéa de l'article L. 223-34 et de l'article L. 225-205 du Code de commerce ne sont applicables ni en cas de réduction du capital consécutive à sa conversion globale à l'euro près, ni en cas de conversion des actions ou parts qui le composent lorsque le montant de la réduction de capital est affecté à un compte de réserve indisponible.

IV. – Nonobstant toutes dispositions législatives contraires, les coopératives régies par la loi n° 47-1775 du 10 septembre 1947 portant statut de la coopération sont autorisées, pour la conversion de leur capital social en unité euro, à procéder à une augmentation de capital par incorporation de réserves, dans la limite du montant nécessaire à l'arrondissement de la valeur nominale des parts sociales au centième d'euro supérieur ou à l'euro supérieur.

5.1.2. De l'organisation et de l'administration des coopératives

TITRE II. – DE L'ORGANISATION ET DE L'ADMINISTRATION DES COOPÉRATIVES

Art. 6. – Les coopératives sont administrées par des mandataires nommés pour six ans au plus par l'assemblée générale des membres et révocables par elle.

***(Al. aj., L. n° 2014-856, 31 juill. 2014)* Les fonctions de membre du conseil d'administration ou de membre du conseil de surveillance sont gratuites et n'ouvrent droit, sur justification, qu'à remboursement de frais, ainsi qu'au paiement d'indemnités compensatrices du temps consacré à l'administration de la coopérative. L'assemblée générale détermine chaque année une somme globale au titre des indemnités compensatrices.**

***(Al. aj., L. n° 2016-483, 20 avr. 2016)* Les fonctions de membre du conseil d'administration ou de membre du conseil de surveillance d'une coopérative, d'une union ou d'une fédération ouvrant droit aux indemnités mentionnées au deuxième alinéa du présent article ne constituent ni des activités professionnelles procurant des revenus au sens de l'article L. 161-22 du Code de la sécurité sociale, ni une activité privée lucrative au sens de l'article 25 *septies* de la loi n° 83-634 du 13 juillet 1983 portant droits et obligations des fonctionnaires.**

ANNEXE 5

Art. 7 *(Mod., L. n° 2008-649, 3 juill. 2008)*. **– Les statuts des coopératives déterminent notamment le siège de la société, son mode d'administration, en particulier les décisions réservées à l'assemblée générale, les pouvoirs des administrateurs ou gérants, les modalités du contrôle exercé sur ses opérations au nom des associés, les formes à observer en cas de modification des statuts ou de dissolution. Ils fixent les conditions d'adhésion,** *(Mots rempl., L. n° 2014-856, 31 juill. 2014)* **« le cas échéant d'agrément, de retrait, de radiation » et d'exclusion des associés, l'étendue et les modalités de la responsabilité qui incombe à chacun d'eux dans les engagements de la coopérative. Les coopératives constituées sous forme de sociétés à capital variable régies par les articles L. 231-1 et suivants du Code de commerce ne sont pas tenues de fixer dans leurs statuts le montant maximal que peut atteindre leur capital.**

(Al. créé, L. n° 2019-486, 22 mai 2019) **Les articles L. 210-10 à L. 210-12 du même code sont applicables aux coopératives régies par la présente loi.**

1) **Conditions d'adhésion.** Ayant retenu qu'aux termes de l'article 7 de la loi du 10 septembre 1947, ce sont les statuts qui fixent les conditions d'adhésion, de retrait et d'exclusion des associés et relevé que seul le règlement intérieur de la coopérative en cause, et non ses statuts, prévoyait une pénalité en cas de non-respect du formalisme exigé, la cour d'appel en a exactement déduit que cette société ne pouvait, sur ce seul fondement, réclamer le paiement d'une telle pénalité : ▪ Cass. com., 20 févr. 2007, n° 05-19.858 : *Rev. sociétés* 2007, p. 823, note D. Hiez.

2) **Pouvoirs.** Le président du conseil d'administration ne peut consentir, sous peine de nullité, un engagement de caution au nom de la société sans l'autorisation du conseil d'administration : ▪ CA Paris, 7 mai 1998 : *JurisData* n° 1998-021198.

3) **Primauté des textes spéciaux.** Aux termes de l'article 7 de la loi du 10 septembre 1947, les statuts des coopératives fixent les conditions d'adhésion, de retrait et d'exclusion des associés ; ces dispositions spéciales priment sur celles générales régissant le fonctionnement des sociétés à capital variable. Par suite, l'article L. 231-6 du Code de commerce selon lequel, « dans les statuts des sociétés à capital variable, il pourra être stipulé que l'assemblée générale aura le droit de décider que l'un ou plusieurs des associés cesseront de faire partie de la société » n'était pas applicable à la société coopérative à capital variable, dont les statuts pouvaient dès lors valablement confier le pouvoir d'exclusion au conseil d'administration : ▪ Cass. com., 13 juill. 2010, n° 09-16.156 : *BJS* 2010, p. 990, note P. Le Cannu ; *D.* 2010, p. 1868, obs. A. Lienhard ; *Dr. sociétés* 2010, n° 200, obs. H. Hovasse ; *JCP* E 2011, 1000, n° 3, obs. Fl. Deboissy et G. Wicker. – V. aussi, ▪ Cass. com., 9 nov. 2010, n° 10-10.150 : *JCP* E 2011, 1712, n° 18, obs. W. Tadjudje. V. également, pour la mise à l'écart de l'article L. 442-6, I, 5° du Code de commerce, ▪ Cass. com., 8 févr. 2017, n° 15-23.050 : *RTD civ.* 2017, p. 372, note H. Barbier ; *Rev. sociétés* 2017, p. 636, note D. Hiez.

4) **Exclusion d'un coopérateur.** L'action de l'associé d'une société coopérative de commerçants détaillants, exclu par le conseil d'administration, est recevable, même plus d'un mois après la décision de l'assemblée ayant confirmé son exclusion : ▪ Cass. com., 4 déc. 2012, n° 11-27.667 : *BJS* 2013, p. 320, note R. Mortier ; *Dr. sociétés* 2013, comm. 45, note H. Hovasse. – L'associé coopérateur qui vote en faveur de sa propre exclusion peut la contester ultérieurement en justice (même arrêt). – V., aussi, sous C. civ., art. 1844-7, annot. n° 4-4, p. 95. Doit être notamment prise en compte, pour l'appréciation du manquement imputé au coopérateur en vue de son exclusion éventuelle, l'ancienneté de sa relation avec la coopérative : ▪ Cass. 1re civ., 6 déc. 2017, n° 16-20.680 : *RD rur.* 2018, comm. 30, note S. Crevel.

Art. 8 *(Mod., L. n° 92-643, 13 juill. 1992 ; L. n° 2010-1249, 22 oct. 2010)*. **– L'assemblée générale se réunit au moins une fois l'an pour prendre notamment connaissance du compte rendu de l'activité de la société, approuver les comptes de l'exercice écoulé et procéder, s'il y a lieu, aux élections d'administrateurs ou gérants et de commissaires aux comptes. Les statuts peuvent prévoir que ces désignations doivent être prononcées au scrutin secret.**

Le compte rendu d'activité mentionné à l'alinéa précédent comporte également les informations mentionnées au *(Mots rempl., Ord., n° 2017-1180, 19 juill. 2017)* **« III de l'article L. 225-102-1 du Code de commerce pour les coopératives qui remplissent les conditions prévues pour les sociétés mentionnées au 2° du I du même article ». Ces informations font l'objet d'une vérification par un organisme tiers indépendant, dans les conditions prévues audit article ».**

Art. 9 *(Mod., D. n° 56-745, 30 juill. 1956)*. **– (Al. suppr., L. n° 2014-856, 31 juill. 2014).**

Les statuts des unions de coopératives peuvent attribuer à chacune des coopératives adhérentes un nombre de voix déterminé en fonction soit de l'effectif de ses membres, soit de l'importance des affaires traitées avec l'union et qui leur soit au plus proportionnel.

(Al. indirectement abr., L. n° 85-703, 12 juill. 1985). – V. désormais art. 19 *bis*, dernier alinéa.

Néanmoins, des associés ont la faculté de se grouper afin de donner pouvoir à un mandataire pour les représenter.

Art. 10. – *(Phrase rempl., L. n° 2014-856, 31 juill. 2014)* Sauf disposition contraire des lois particulières, les statuts peuvent admettre le vote par correspondance, au moyen du formulaire mentionné au I de l'article L. 225-107 du Code de commerce.

Si les statuts le prévoient, sont réputés présents pour le calcul du quorum et de la majorité les associés qui participent à l'assemblée générale par visioconférence ou par des moyens de télécommunication permettant leur identification et dont la nature et les conditions d'application sont déterminées par le Code de commerce.

Ils peuvent également décider que les associés seront répartis en sections délibérant séparément dont les délégués formeront l'assemblée générale de la coopérative.

Art. 11 *(Mod., L. n° 92-643, 13 juill. 1992 ; L. n° 2019-486, 22 mai 2019).* – Les parts sociales sont nominatives. Leur cession est soumise à l'approbation, soit de l'assemblée générale, soit des administrateurs ou gérants, dans les conditions fixées par les statuts.

Les statuts peuvent prévoir l'émission par la coopérative de parts sociales qui confèrent à leurs détenteurs des avantages particuliers.

Ils déterminent les avantages attachés à ces parts, dans le respect des principes coopératifs.

Ces parts ne peuvent être souscrites que par les associés. Elles sont librement négociables entre eux.

Dans les conditions fixées par le règlement général de l'Autorité des marchés financiers, les sociétés coopératives constituées sous la forme d'une société anonyme peuvent procéder à une offre au public, telle que définie pour les titres financiers aux articles L. 411-1 à L. 411-4 du Code monétaire et financier, de leurs parts sociales.

Toutes les informations, y compris les communications à caractère publicitaire, relatives à des parts sociales présentent un contenu exact, clair et non trompeur. Les communications à caractère publicitaire sont clairement identifiées comme telles. Les souscripteurs reçoivent, préalablement à la souscription, les informations leur permettant raisonnablement de comprendre la nature des parts sociales proposées ainsi que les risques et inconvénients y afférents, afin d'être en mesure de prendre leurs décisions d'investissement en connaissance de cause.

Les sociétés coopératives s'enquièrent auprès des personnes auxquelles la souscription de parts sociales est proposée de leurs connaissances et de leur expérience en matière financière, ainsi que de leur situation financière et de leurs objectifs de souscription, de manière à pouvoir recommander à ces personnes une souscription adaptée à leur situation. Pour l'accomplissement de ces diligences, elles tiennent compte des caractéristiques des parts sociales et des montants de souscription envisagés. Lorsque ces personnes ne communiquent pas l'ensemble des éléments d'information mentionnés ci-dessus, les sociétés coopératives les mettent en garde préalablement à la souscription.

Art. 11 *bis*. – *(L. n° 92-643, 13 juill. 1992).* – Les statuts peuvent prévoir la création de parts à intérêt prioritaire sans droit de vote susceptibles d'être souscrites ou acquises par les associés visés à l'article 3 *bis* ou par des tiers non associés. Ils déterminent les avantages pécuniaires conférés à ces parts.

Lorsque ces avantages ne sont pas intégralement versés pendant trois exercices consécutifs, les porteurs de ces parts acquièrent un droit de vote dans les limites fixées à l'article 3 *bis* de la présente loi.

Les titulaires de parts à intérêt prioritaire sans droit de vote sont réunis en assemblée spéciale dans des conditions fixées par décret.

Tout titulaire de parts à intérêt prioritaire sans droit de vote peut participer à l'assemblée spéciale. Toute clause contraire est réputée non écrite.

L'assemblée spéciale peut émettre un avis avant toute décision de l'assemblée générale. Elle statue alors à la majorité des voix exprimées par les porteurs présents ou représentés. L'avis est transmis à la société. Il est porté à la connaissance de l'assemblée générale et consigné à son procès-verbal.

L'assemblée spéciale peut désigner un ou, si les statuts le prévoient, plusieurs mandataires chargés de représenter les porteurs de parts à intérêt prioritaire sans droit de vote à l'assemblée générale des coopérateurs et, le cas échéant, d'y exposer leur avis avant tout vote de cette dernière. Cet avis est consigné au procès-verbal de l'assemblée générale.

Toute décision modifiant les droits des titulaires de parts à intérêt prioritaire sans droit de vote n'est définitive qu'après approbation par l'assemblée spéciale à la majorité des deux tiers des voix exprimées par les porteurs présents ou représentés.

Décret n° 93-674 du 27 mars 1993

relatif à l'assemblée spéciale des porteurs de parts à intérêt prioritaire sans droit de vote

(JO 28 mars)

Art. 1er. – L'assemblée spéciale des porteurs de parts à intérêt prioritaire sans droit de vote, lorsqu'elle est réunie pour exprimer son avis avant tout vote de l'assemblée générale ordinaire ou extraordinaire des coopératives, doit être convoquée en même temps que chacune de ces assemblées.

Art. 2. – L'assemblée spéciale est convoquée dans les mêmes formes que l'assemblée générale des coopérateurs et doit se tenir le même jour. Le conseil d'administration ou le directoire ou le gérant lui présente un rapport sur les résolutions soumises à l'assemblée générale.

Art. 3. – Lorsque l'assemblée spéciale statue sur une modification des droits des titulaires des parts à intérêt prioritaire sans droit de vote, elle doit être réunie au plus tard dans le mois de l'assemblée générale des coopérateurs.

Art. 4. – Le rapport du gérant, du conseil d'administration ou du directoire à l'assemblée spéciale appelée à se prononcer sur l'exercice éventuel du droit de vote prévu au deuxième alinéa de l'article 11 *bis* de la loi [n° 47-1775] du 10 septembre 1947 susvisée indique, conformément à l'article 3 *bis* de cette loi, les conditions et les modalités de ce droit.

Le commissaire aux comptes, dans son rapport, donne son avis et indique si les conditions d'exercice du droit de vote sont réunies et certifie que les modalités de calcul des voix sont exactes et sincères.

Art. 5. – Les convocations aux assemblées des porteurs de parts à intérêt prioritaire sans droit de vote sont faites dans les conditions prévues par les textes applicables à chaque forme de société coopérative.

L'ordre du jour figurant sur l'avis de convocation comprend l'indication qu'il pourra être procédé à la désignation du (ou des) mandataire(s) chargé(s) de les représenter prévue au sixième paragraphe de l'article 11 *bis* de la loi [n° 47-1775] du 10 septembre 1947 précitée.

Art. 6. – Les statuts de chaque société coopérative déterminent les conditions de sa représentation aux assemblées spéciales de porteurs de parts à intérêt prioritaire sans droit de vote.

Art. 7. – L'assemblée spéciale est présidée, selon le cas, par le président du conseil d'administration ou par le président du conseil de surveillance, ou par le gérant de la société coopérative.

Art. 8. – Les modalités de convocation, d'information et de tenue des assemblées générales des sociétés coopératives sont applicables en fonction des textes particuliers qui les régissent aux porteurs de parts à intérêt prioritaire sans droit de vote.

Art. 12. – *(Al. rempl. par deux al., L. n° 92-643, 13 juill. 1992)* Les parts sociales des coopératives qui sont constituées sous le régime de la présente loi doivent être libérées d'un quart au moins au moment de leur souscription et la libération du surplus doit être effectuée dans les délais fixés par les statuts sans pouvoir excéder cinq ans à partir de la date à laquelle la souscription est devenue définitive.

Les parts émises en contrepartie d'apports en nature sont intégralement libérées dès leur émission.

La société a la faculté de renoncer à poursuivre le recouvrement des sommes exigibles à l'égard d'un associé. En ce cas, l'associé est exclu de plein droit après mise en demeure par lettre recommandée et à défaut de paiement dans les trois mois.

Art. 13 *(Mod., L. n° 92-643, 13 juill. 1992).* – Dans les coopératives constituées sous forme de sociétés à capital variable régies par les dispositions du titre III de la loi du 24 juillet 1867, la somme au-dessous de laquelle le capital ne saurait être réduit par la reprise des apports des associés sortant ne peut être inférieure au quart du capital le plus élevé atteint depuis la constitution de la société.

Toutefois, par dérogation aux dispositions de l'alinéa précédent, dans les établissements de crédit coopératifs ou mutualistes constitués sous forme de sociétés à capital variable, le capital social ne peut être réduit par le remboursement des apports des sociétaires sortants au-dessous des trois quarts du capital le plus élevé atteint depuis la constitution de la société sans l'autorisation préalable de l'organe central auquel l'établissement de crédit est affilié.

Art. 14 *(Mod., L. n° 83-657, 20 juill. 1983 ; rempl., L. n° 92-643, 13 juill. 1992 ; rempl., L. n° 2016-1691, 9 déc. 2016).* – Les coopératives ne peuvent servir à leur capital qu'un intérêt, déterminé par l'assemblée générale dans les conditions fixées par les statuts, dont le taux est au plus égal à la moyenne, sur les trois années civiles précédant la date de l'assemblée générale, du taux moyen de rendement des obligations des sociétés privées, majorée de deux points. Ce taux est publié par le ministre chargé de l'économie dans des conditions fixées par décret.

Art. 15. – Nulle répartition ne peut être opérée entre les associés si ce n'est au prorata des opérations traitées avec chacun d'eux ou du travail fourni par lui.

Les exercices provenant des opérations effectuées avec des clients ne doivent pas être compris dans ces distributions.

Les directeurs ou gérants ne pourront être rémunérés au prorata des opérations effectuées ou des bénéfices réalisés que si ce mode de rémunération est prévu aux statuts qui, dans ce cas, devront préciser que le conseil d'administration fixera, pour une durée n'excédant pas cinq ans, le maximum de rétribution annuelle.

1) Dès lors que le règlement intérieur prévoit la **non-distribution de ristournes** pour solder les frais généraux non couverts par les cotisations, l'assemblée générale ne saurait supprimer le droit aux ristournes en raison des pertes sociales : ▪ Cass. com., 12 févr. 1980 : *Bull. civ.* IV, n° 72.

2) Sur la **nullité d'une assemblée** générale pour non-respect du principe statutaire de répartition professionnelle des bénéfices et réserves : ▪ Cass. com., 20 nov. 1990 : *BRDA* 31 déc. 1990, p. 18.

Art. 16 *(Rempl., L. n° 87-416, 17 juin 1987 ; mod., L. n° 92-643, 13 juill. 1992 ; L. n° 2001-624, 17 juill. 2001).* – Dans les limites et conditions prévues par la loi et les statuts, les sommes disponibles après imputation sur les excédents d'exploitation des versements aux réserves légales ainsi que des distributions effectuées conformément aux articles 11 *bis*, 14, 15, 18 et 19 *vicies* de la présente loi sont mises en réserve ou attribuées sous forme de subvention soit à d'autres coopératives ou unions de coopératives, soit à des œuvres d'intérêt général ou professionnel.

Sauf dispositions contraires d'une législation particulière, tant que les diverses réserves totalisées n'atteignent pas le montant du capital social, le prélèvement opéré à leur profit ne peut être inférieur aux trois vingtièmes des excédents d'exploitation.

Les statuts de la coopérative peuvent autoriser l'assemblée générale à incorporer au capital des sommes prélevées sur les réserves et à relever en conséquence la valeur des parts sociales ou à procéder à des distributions de parts gratuites.

La première incorporation ne pourra porter que sur la moitié des réserves disponibles existant à la clôture de l'exercice précédant la réunion de l'assemblée générale extraordinaire ayant à se prononcer sur l'incorporation, les incorporations ultérieures ne pouvant porter que sur la moitié de l'accroissement desdites réserves enregistré depuis la précédente incorporation.

Art. 17. – Les statuts peuvent prévoir qu'en cas d'insuffisance des résultats d'un exercice, les sommes nécessaires pour parfaire l'intérêt statutaire afférent à cet exercice seront prélevées, soit sur les réserves, soit sur les résultats des exercices suivants, sans toutefois aller au-delà du quatrième.

Pour une application, ▪ CA Paris, 14 nov. 1995 : *BJS* 1996, p. 145, note S. Dama-Demaret.

Art. 18 *(Rempl., L. n° 92-643, 13 juill. 1992).* – L'associé qui se retire *(Mots aj., L. n° 2014-856, 31 juill. 2014)* « , qui est radié » ou qui est exclu, dans les cas où il peut prétendre au remboursement de ses parts, a droit au remboursement de leur valeur nominale.

Lorsqu'ils ne prévoient pas le recours aux dispositions de l'article 16, les statuts peuvent prévoir que l'associé sortant ayant cinq ans d'ancienneté révolus a droit, en outre, en proportion de sa part de capital social et dans la limite du barème en vigueur fixant le taux de majoration applicable aux rentes viagères, à une part de la réserve constituée à cet effet.

Le remboursement des parts de l'associé sortant et la part de la réserve visée à l'alinéa précédent sont réduits à due concurrence de la contribution de l'associé aux pertes inscrites au bilan. Toutefois, les statuts peuvent prévoir, préalablement à cette réduction, l'imputation des pertes, en premier lieu sur la réserve mentionnée ci-avant, et en second lieu sur les réserves statutaires.

1) Le principe de la contradiction, qu'impose l'article 6, § 1, de la CEDH et le principe du respect des droits de la défense ne s'appliquent pas à la décision du conseil d'administration d'une société coopérative qui, mettant en œuvre les dispositions des statuts, fixe le montant des pénalités dues par l'associé coopérateur se retirant avant la fin de son engagement : ▪ Cass. com., 11 juill. 2006, n° 05-11.019 : *Bull. civ.* V, n° 182 ; *BJS* 2007, p. 138, note J.-J. Barbièri.

2) Sauf cas de force majeure, nul associé coopérateur ne peut se retirer avant l'expiration de sa période d'engagement ; manque de base légale l'arrêt dans lequel la cour d'appel a accueilli la demande de l'associé coopérateur sans rechercher en quoi la coopérative avait manqué à ses obligations synallagmatiques définies dans les statuts, alors que la période d'engagement de l'associé retrayant n'était pas expirée et que sa demande de retrait n'avait pas été acceptée par le conseil d'administration : ▪ Cass. 1re civ., 12 mars 2002 : *BJS* 2002, note J.-J. Barbièri.

Art. 19 ***(Mod., L. n° 92-643, 13 juill. 1992).*** **– En cas de dissolution et sous réserve des dispositions des lois spéciales, l'actif net subsistant après extinction du passif et remboursement du capital effectivement versé sous réserve de l'application des dispositions des articles 16 et 18, est dévolu par décision de l'assemblée générale, soit à d'autres coopératives ou unions de coopératives, soit à** ***(Mots rempl., L. n° 2014-856, 31 juill. 2014)*** **« une autre entreprise de l'économie sociale et solidaire au sens de l'article 1er de la loi n° 2014-856 du 31 juillet 2014 relative à l'économie sociale et solidaire ».**

5.1.3. Unions d'économie sociale

TITRE II *bis*. – UNIONS D'ÉCONOMIE SOCIALE

(L. n° 85-703, 12 juill. 1985)

Art. 19 *bis* ***(L. n° 85-703, 12 juill. 1985 ; mod., L. n° 92-643, 13 juill. 1992 ; L. n° 93-121, 27 janv. 1993).*** **– Les unions d'économie sociale régies par les dispositions de la présente loi sont des sociétés coopératives qui ont pour objet la gestion des intérêts communs de leurs associés et le développement de leurs activités.**

Elles peuvent admettre comme associé toute personne physique ou morale. Toutefois, dans ces unions, 65 % au moins des droits de vote doivent être détenus par des sociétés coopératives, des mutuelles régies par le Code de la mutualité, des organismes de mutualité agricole, des sociétés d'assurance à forme mutuelle, des sociétés d'assurance mutuelles et unions de mutuelles régies par le Code des assurances, des associations déclarées régies par la loi du 1er juillet 1901 ou par les dispositions applicables dans les départements du Bas-Rhin, du Haut-Rhin et de la Moselle, des unions ou fédérations de ces sociétés ou associations.

Toutefois, les statuts peuvent admettre parmi les associés détenant 65 % des droits de vote des personnes morales à but non lucratif autres que celles visées à la deuxième phrase du deuxième alinéa.

La moitié au moins des administrateurs ou des membres du conseil de surveillance doivent être élus parmi les représentants des personnes morales visées à la deuxième phrase du deuxième alinéa ci-dessus.

Les statuts des unions d'économie sociale peuvent attribuer à chaque associé un nombre de voix au plus proportionnel à l'effectif de ses membres ou à l'importance des affaires qu'il traite avec l'union.

Art. 19 *ter* ***(L. n° 85-703, 12 juill. 1985 ; mod., L. n° 92-643, 13 juill. 1992).*** **– Les unions d'économie sociale peuvent admettre, dans les conditions de l'article 3 de la présente loi, des tiers non associés à bénéficier de leurs services ou à participer à la réalisation de leurs opérations. Cette faculté doit être mentionnée dans les statuts. Les opérations effectuées avec des tiers non associés font l'objet d'une comptabilité séparée et ne peuvent excéder le cinquième du chiffre d'affaires de l'union. Toutefois, l'obligation de la comptabilité séparée et le plafond du cinquième ne s'appliquent pas aux adhérents des personnes morales membres de l'union.**

Si les comptes font apparaître un dépassement de cette proportion, l'union dispose d'un délai d'un an pour régulariser la situation.

Ces unions peuvent prendre des participations dans des sociétés ayant la forme commerciale ou un objet commercial.

Art. 19 *quater* *(L. n° 85-703, 12 juill. 1985).* – *(Al. rempl., L. n° 2014-756, 31 juill. 2014)* Les unions d'économie sociale sont soumises aux articles 25-1 à 25-5.

Voir aussi : D. n° 84-1027, 23 nov. 1984 (*JO* 24 nov.), mod., D. n° 88-245, 10 mars 1988 (*JO* 16 mars).

5.1.4. La société coopérative d'intérêt collectif

TITRE II *TER*. – LA SOCIÉTÉ COOPÉRATIVE D'INTÉRÊT COLLECTIF

(L. n° 2001-624, 17 juill. 2001)

Bibliographie : H. Azarian, *Un nouveau type de société coopérative : la société coopérative d'intérêt collectif : Dr. sociétés* 2002, chron. 10. • S. Grandvuillemin, *La société coopérative d'intérêt collectif. Un statut inutile ? : JCP* E 2012, 1775. • M. Michalauskas, *La société coopérative d'intérêt collectif, un groupement en quête d'identité : Rev. sociétés* 2002, p. 247.

Art. 19 *quinquies* *(L. n° 2001-624, 17 juill. 2001).* – Les sociétés coopératives d'intérêt collectif sont des sociétés anonymes *(Mots aj., L. n° 2014-856, 31 juill. 2014)* « , des sociétés par actions simplifiées » ou des sociétés à responsabilité limitée à capital variable régies, sous réserve des dispositions de la présente loi, par le Code de commerce.

Elles ont pour objet la production ou la fourniture de biens et de services d'intérêt collectif, qui présentent un caractère d'utilité sociale. *(Phrase aj., L. n° 2014-856, 31 juill. 2014)* Ces biens et services peuvent notamment être fournis dans le cadre de projets de solidarité internationale et d'aide au développement.

Voir : D. n° 2002-241, 21 févr. 2002, p. 2576.

Art. 19 *sexies* *(L. n° 2001-624, 17 juill. 2001).* – Les tiers non sociétaires peuvent bénéficier des produits et services de la société coopérative d'intérêt collectif.

Art. 19 *septies* *(L. n° 2001-624, 17 juill. 2001 ; mod., L. n° 2014-856, 31 juill. 2014).* – Peut être associé d'une société coopérative d'intérêt collectif toute personne physique ou morale qui contribue par tout moyen à l'activité de la coopérative, notamment toute personne productrice de biens ou de services, tout salarié de la coopérative, toute personne qui bénéficie habituellement, à titre gratuit ou onéreux, des activités de la coopérative, toute personne physique souhaitant participer bénévolement à son activité ou toute personne publique.

La société coopérative d'intérêt collectif comprend au moins trois catégories d'associés, parmi lesquelles figurent obligatoirement les personnes qui bénéficient habituellement, à titre gratuit ou onéreux, des activités de la coopérative et les salariés ou, en l'absence de personnes salariées au sein de la société, les producteurs de biens ou de services de la coopérative.

Les statuts déterminent les conditions d'acquisition et de perte de la qualité d'associé par exclusion ou par radiation, ainsi que les conditions dans lesquelles les salariés peuvent être tenus de demander leur admission en qualité d'associé.

Les collectivités territoriales, leurs groupements et les établissements publics territoriaux peuvent détenir ensemble jusqu'à 50 % du capital de chacune des sociétés coopératives d'intérêt collectif.

Art. 19 *octies* *(L. n° 2001-624, 17 juill. 2001).* – Chaque associé dispose d'une voie à l'assemblée générale ou, s'il y a lieu, dans le collège auquel il appartient.

Les statuts peuvent prévoir que les associés sont répartis en fonction de leur participation à l'activité de la coopérative ou de leur contribution à son développement, en trois ou plusieurs collèges.

Chaque collège dispose d'un nombre égal de voix à l'assemblée générale, à moins que les statuts n'en disposent autrement.

(Rempl., L. n° 2012-387, 22 mars 2012) Dans ce cas, les statuts déterminent la répartition des associés dans chacun des collèges et le nombre de voix dont disposent les collèges au sein de cette assemblée, sans toutefois qu'un collège puisse détenir à lui seul plus de 50 % du total des droits de vote ou que sa part dans le total des droits de vote puisse être inférieure à 10 % de ce total et sans que, dans ces conditions, l'apport en capital constitue un critère de pondération. Les statuts peuvent prévoir que le quorum nécessaire pour que les assemblées délibèrent valablement est déterminé en fonction du nombre d'associés présents ou représentés.

Art. 19 *nonies* *(L. n° 2001-624, 17 juill. 2001)*. – Les statuts déterminent la dotation annuelle à une réserve statutaire. Celle-ci ne peut être inférieure à 50 % des sommes disponibles après dotation aux réserves légales en application de l'article 16.

Le montant total de l'intérêt servi aux parts sociales ne peut excéder les sommes disponibles après les dotations prévues au premier alinéa du présent article.

Les subventions, encouragements et autres moyens financiers versés à la société par les collectivités publiques, leurs groupements et les associations ne sont pas pris en compte pour le calcul de l'intérêt versé aux parts sociales et, le cas échéant, des avantages ou intérêts servis en application des articles 11 et 11 *bis*.

L'article 15, les troisième et quatrième alinéas de l'article 16 et le deuxième alinéa de l'article 18 ne sont pas applicables.

Art. 19 *decies* *(L. n° 2001-624, 17 juill. 2001)*. – Les collectivités territoriales peuvent accorder des subventions aux sociétés coopératives d'intérêt collectif en vue de participer à leur développement dans des conditions fixées par décret en Conseil d'État.

Art. 19 *undecies* *(L. n° 2001-624, 17 juill. 2001)*. – Tout associé peut être nommé en qualité de directeur ou de gérant, membre du conseil d'administration, du directoire *(Mots rempl., L. n° 2014-856, 31 juill. 2014)* « , du conseil de surveillance ou de l'organe de direction lorsque la forme de société par actions simplifiée a été retenue », sans perdre, le cas échéant, le bénéfice de son contrat de travail. Les dispositions des articles L. 225-22 et L. 225-85 du Code de commerce ne sont pas applicables aux sociétés coopératives d'intérêt collectif.

Art. 19 *duodecies* *(L. n° 2001-624, 17 juill. 2001)*. – *(Mots rempl., L. n° 2014-856, 31 juill. 2014)* La société coopérative d'intérêt collectif est soumise aux articles 25-1 à 25-5, quelle que soit l'importance de son activité.

Art. 19 *terdecies* *(Abr., L. n° 2012-387, 22 mars 2012 ; rétabli, L. n° 2014-856, 31 juill. 2014)*. – Le rapport de gestion mentionné à l'article L. 223-26 du Code de commerce et le rapport annuel du conseil d'administration ou du directoire mentionné à l'article L. 225-100 du même Code contiennent des informations sur l'évolution du projet coopératif porté par la société, dans des conditions fixées par décret.

Décret n° 2002-241 du 21 février 2002

relatif à la société coopérative d'intérêt collectif
(JO 23 févr.)

Section I. – La procédure d'agrément

Art. 1er. – L'agrément prévu à l'article 19 *terdecies* [de la loi n° 47-1775 du 10 septembre 1947] est délivré par le préfet de département du siège de la société coopérative d'intérêt collectif pour une durée de cinq ans renouvelable.

Le silence gardé pendant deux mois par l'autorité administrative sur une demande d'agrément vaut décision d'acceptation.

Art. 2. – Les demandes d'agrément sont adressées au préfet qui en accuse réception dans un délai de dix jours et les enregistre au vu du dossier complet comprenant l'ensemble des pièces exigées à l'article 3 et, le cas échéant, à l'article 7.

Art. 3. – I. - Afin d'obtenir l'agrément visé à l'article 1er, la société coopérative d'intérêt collectif doit justifier du caractère d'utilité sociale des biens et des services d'intérêt collectif qu'elle se propose de produire ou de fournir.

Pour apprécier le caractère d'utilité sociale du projet, le préfet tient compte notamment de la contribution que celui-ci apporte à des besoins émergents ou non satisfaits, à l'insertion sociale et professionnelle, au développement de la cohésion sociale, ainsi qu'à l'accessibilité aux biens et aux services.

II. - La demande d'agrément doit être accompagnée des pièces suivantes :

1° Un exemplaire des statuts et, s'il s'agit d'une transformation en société coopérative d'intérêt collectif, une copie du procès-verbal de l'assemblée générale qui prend la décision ;

2° L'acte désignant les derniers représentants légaux s'ils ne sont pas ceux mentionnés dans les statuts ;

3° Une attestation du greffier du tribunal chargé de la tenue du registre du commerce et des sociétés constatant le dépôt au greffe de la demande et des pièces nécessaires, soit à l'immatriculation de la société, soit à une inscription modificative à ce même registre ;

4° Le montant et la répartition du capital social entre les différents associés ;

5° Une note d'information détaillée permettant d'apprécier le projet au regard des dispositions du I et portant sur l'organisation et le fonctionnement de la société coopérative d'intérêt collectif ainsi que sur les moyens humains, matériels et financiers mis en œuvre pour assurer sa mise en œuvre.

Art. 4. – Le greffier procède à l'immatriculation de la société coopérative d'intérêt collectif au registre du commerce et des sociétés ou à l'inscription modificative à ce même registre, sur présentation de l'agrément préfectoral ou de l'attestation prévue *(Mots rempl., D. n° 2016-308, 17 mars 2016)* aux articles L. 232-2 et L. 232-3 du Code des relations entre le public et l'administration.

Le ministre chargé de l'économie sociale publie chaque année au *Journal officiel* de la République française la liste des sociétés coopératives d'intérêt collectif agréées en distinguant celles qui sont créées dans les conditions prévues à l'article 28 *bis* de la loi [n° 47-1775] du 10 septembre 1947 susvisée.

Art. 5. – L'agrément peut être retiré pour des motifs tenant à la méconnaissance de l'objet social pour lequel la société coopérative d'intérêt collectif a été agréée, des dispositions législatives ou réglementaires en vigueur ou à une détérioration des conditions de son fonctionnement susceptible de mettre en cause son existence.

La décision portant retrait d'agrément ne peut intervenir qu'après que la société coopérative d'intérêt collectif a été mise à même de présenter ses observations sur les griefs retenus à son encontre.

Art. 6. – La société coopérative d'intérêt collectif est tenue de communiquer, à la demande du préfet, ou à celle de l'autorité administrative dont relèvent les agréments, habilitations et conventions, ou les aides et avantages financiers directs ou indirects accordés, tous documents et renseignements relatifs à son activité, à son fonctionnement et à sa situation financière.

Elle est également tenue d'informer le préfet de toute modification de ses statuts ou de son objet social.

Art. 7. – Une société coopérative d'intérêt collectif créée dans les conditions prévues à l'article 28 *bis* de la loi [n° 47-1775] du 10 septembre 1947 susvisée doit, lors du dépôt de sa demande d'agrément auprès du préfet, produire, outre les pièces mentionnées à l'article 3, l'engagement de la société de faire figurer dans l'annexe prévue à l'article L. 123-12 du Code de commerce le montant des réserves et des fonds associatifs constitués antérieurement à la transformation.

Art. 19 *quaterdecies* ***(L. n° 2001-624, 17 juill. 2001)*. – La décision régulièrement prise par toute société, quelle qu'en soit la forme, de modifier ses statuts pour les adapter aux dispositions du présent titre n'entraîne pas la création d'une personne morale nouvelle.**

***(Al. aj., L. n° 2014-856, 31 juill. 2014)* Lorsqu'une société prend une telle décision, ses parts ou actions sont converties en parts sociales. L'assemblée générale arrête la valeur des parts, dont le montant peut être supérieur à celui de la valeur nominale, détenues par les associés présents dans le capital lors de l'adoption du statut de société coopérative d'intérêt collectif.**

Les associés ou les actionnaires qui se sont opposés à la modification des statuts peuvent opter, dans un délai de trois mois, soit pour le rachat de leurs parts sociales dans un délai de deux ans, soit pour l'annulation de ces parts et l'inscription de leur contre-valeur sur un compte à rembourser, portant intérêt au taux légal et remboursable dans un délai de cinq ans. Ces différents délais s'entendent à compter de la publication de la décision de modification des statuts de la société.

Pour l'application des deuxième et troisième alinéas, la valeur des droits sociaux dont la conversion ou le remboursement est demandé est déterminée, en cas de contestation, par un expert désigné soit par les parties, soit, à défaut d'accord entre elles, par ordonnance du président du tribunal statuant en référé.

L'écart de valorisation qui peut résulter de l'opération entre la valeur nominale des parts sociales annulées et la valeur déterminée lors de la modification des statuts peut être comptabilisé, pour tout ou partie, à l'actif du bilan de la société, dans les conditions fixées par un règlement de l'Autorité des normes comptables.

ANNEXE 5

Art. 19 ***quindecies*** *(L. n° 2001-624, 17 juill. 2001).* – La société coopérative d'intérêt collectif est éligible aux conventions, *(Mot aj., L. n° 2014-856, 31 juill. 2014)* « autorisations, » agréments et habilitations mentionnés à l'article L. 129-1, aux I et II de l'article L. 322-4-16, aux articles L. 322-4-16-3 et L. 322-4-18 du Code du travail, au dernier alinéa de l'article L. 121-2, *(Mots aj., L. n° 2014 856, 31 juill. 2014)* « et au chapitre III du titre Ier du livre III » du Code de l'action sociale et des familles, à l'article L. 851-1 du Code de la sécurité sociale et à l'article 140 de la loi n° 98-657 du 29 juillet 1998 d'orientation relative à la lutte contre les exclusions.

(Mots aj., L. n° 2014-856, 31 juill. 2014) Les autorisations, agréments, habilitations et conventions mentionnés à l'alinéa ci-dessus, ainsi que, s'il y a lieu, les aides et avantages financiers directs ou indirects auxquels ils donnent droit, sont délivrés à la société coopérative d'intérêt collectif ou conclues avec celle-ci, sous réserve de la conformité de son objet statutaire et de ses règles d'organisation et de fonctionnement aux conditions législatives et réglementaires requises.

Art. 19 ***sexdecies A*** *(L. n° 2014-856, 31 juill. 2014).* – Sans préjudice de l'article 28 *bis*, lors de la transformation de toute personne morale en société coopérative d'intérêt collectif, l'agrément, précédemment accordé, d'éducation à l'environnement, d'éducation à la santé ou d'éducation populaire est automatiquement transféré à la société coopérative d'intérêt collectif constituée. L'agrément transféré permet à la société coopérative d'intérêt collectif de poursuivre les activités objet de l'agrément. La société coopérative d'intérêt collectif demeure soumise aux obligations de l'agrément précédemment accordé.

Décret n° 2002-241 du 21 février 2002

relatif à la société coopérative d'intérêt collectif
(JO 23 févr.)

Section 2. – Les subventions accordées par les collectivités territoriales aux sociétés coopératives d'intérêt collectif

Art. 8. – Les collectivités territoriales peuvent participer aux charges de fonctionnement des sociétés coopératives d'intérêt collectif en vue de faciliter leur développement, en leur accordant des subventions dans le respect des conditions d'octroi fixées par le règlement (CE) n° 69/2001 du 12 janvier 2001 susvisé.

Art. 9. – Les collectivités territoriales peuvent accorder des subventions en faveur des investissements réalisés par les sociétés coopératives d'intérêt collectif, dans le respect des conditions d'octroi fixées par le règlement (CE) n° 70/2001 du 12 janvier 2001 susvisé, pour les aides et les régimes d'aides qui sont exemptés de l'obligation de notification prévue à l'article 88, paragraphe 3, du traité instituant la Communauté européenne.

Art. 10. – Les collectivités territoriales peuvent accorder des subventions en faveur des actions de formation réalisées par les sociétés coopératives d'intérêt collectif, dans le respect des conditions d'octroi fixées par le règlement (CE) n° 68/2001 du 12 janvier 2001 susvisé, pour les aides et les régimes d'aides qui sont exemptés de l'obligation de notification prévue à l'article 88, paragraphe 3, du traité instituant la Communauté européenne.

Art. 11. – Pour la mise en œuvre des dispositions des articles 4-3 (a) et 4-3 (b) du règlement (CE) n° 70/2001 et 4-2 du règlement (CE) n° 68/2001, les zones pouvant bénéficier d'aides à finalité régionale conformément à l'article 87, paragraphe 3 (c), du traité instituant la Communauté européenne sont celles énumérées aux C, B et D de l'annexe I du décret du 11 avril 2001 susvisé et les zones pouvant bénéficier d'aides régionales conformément à l'article 87, paragraphe 3 (a), du même traité sont les départements d'outre-mer.

Art. 12. – L'autorité administrative qui attribue la subvention conclut, préalablement à l'attribution de l'aide, une convention avec la société coopérative d'intérêt collectif qui en bénéficie. Cette convention définit l'objet, le montant et les conditions d'utilisation de la subvention attribuée. Elle comporte une mention du règlement de la Commission des Communautés européennes auquel se réfère l'attribution de l'aide. Lorsqu'une subvention est susceptible d'être accordée par référence au règlement (CE) n° 69/2001 du 12 janvier 2001 susvisé, la société coopérative d'intérêt collectif est tenue de fournir à l'autorité administrative la liste et le montant des aides dites de minimis qu'elle a reçu au cours des trois dernières années. Lorsqu'il apparaît qu'une aide accordée n'a pas reçu l'emploi auquel elle était destinée, la répétition à concurrence des sommes qui ont été employées à un objet différent peut être demandée.

5.1.5. Certificats coopératifs d'investissement

TITRE II *QUATER*. – CERTIFICATS COOPÉRATIFS D'INVESTISSEMENT

(Anc. titre II ter ;
renum., L. n° 2001-624, 17 juill. 2001)

Art. 19 *sexdecies* *(Anc. art. 19 quinquies, renum., L. n° 2001-624, 17 juill. 2001 ; L. n° 2008-649, 3 juill. 2008)*. **– Sauf disposition contraire des lois particulières à chaque catégorie de coopératives, l'assemblée générale extraordinaire des associés peut décider, sur le rapport du conseil d'administration ou du directoire, selon le cas, et sur celui des commissaires aux comptes ou, à défaut de commissaires aux comptes, dans les conditions prévues à l'alinéa 3 de l'article 53 de la loi n° 84-46 du 24 janvier 1984 relative à l'activité et au contrôle des établissements de crédit, l'émission de certificats coopératifs d'investissement représentatifs de droits pécuniaires attachés à une part de capital. Ces certificats sont des valeurs mobilières sans droit de vote.**

Le contrat d'émission des certificats coopératifs d'investissement prévoit les modalités de rachat de ces titres.

Voir : Assemblée spéciale des porteurs, D. n° 91-14, 4 janv. 1991, p. 2579.

Art. 19 *septdecies* *(Anc. art. 19 sexies, renum., L. n° 2001-624, 17 juill. 2001)*. **– L'émission des certificats coopératifs d'investissement s'effectue par augmentation du capital atteint à la clôture de l'exercice précédant cette émission.**

Les certificats coopératifs d'investissement ne peuvent représenter plus de la moitié du capital atteint à la clôture de l'exercice précédent.

Art. 19 *octodecies* *(Anc. art. 19 septies, renum., L. n° 2001-624, 17 juill. 2001)*. **– Les titulaires des certificats coopératifs d'investissement peuvent obtenir communication des documents sociaux dans les mêmes conditions que les associés.**

Toute décision modifiant les droits des titulaires des certificats coopératifs d'investissement n'est définitive qu'après approbation de ces titulaires réunis en assemblée spéciale dans des conditions fixées par décret.

Décret n° 91-14 du 4 janvier 1991

relatif à l'assemblée spéciale des titulaires de certificats coopératifs d'investissement
(JO 8 janv.)

Art. 1er. – L'assemblée spéciale des titulaires de certificats coopératifs d'investissement mentionnée à l'article 19 *septies* de la loi n° 47-1775 du 10 septembre 1947 [devenu art. *octodecies*] est convoquée en même temps que l'assemblée générale extraordinaire des associés et dans les formes définies à l'article 2.

Art. 2. – L'avis de convocation des titulaires de certificats coopératifs d'investissement indique la dénomination sociale, éventuellement suivie de son sigle, la forme de la société, le montant du capital social arrêté à la date de clôture de l'exercice précédent, l'adresse du siège social, les numéros d'immatriculation de la société au registre du commerce et des sociétés et à l'Institut national de la statistique et des études économiques, les jour, heure et lieu de l'assemblée spéciale, son ordre du jour et les projets de résolutions arrêtés par le conseil d'administration ou le directoire. Le cas échéant, il indique où doivent être déposés les certificats coopératifs d'investissement au porteur ou l'un des certificats visés à l'article 5, pour ouvrir le droit de participer à l'assemblée spéciale, ainsi que la date avant laquelle ce dépôt doit être fait.

L'avis de convocation indique les conditions dans lesquelles les titulaires de certificats coopératifs d'investissement peuvent voter par correspondance et les lieux et conditions dans lesquels ils peuvent obtenir les formulaires nécessaires et les documents qui y sont annexés.

L'avis de convocation est inséré dans un journal habilité à recevoir les annonces légales dans le département du siège social et, en outre, si *(Mots rempl., D. n° 2009-558, 19 mai 2009)* « tous les certificats coopératifs d'investissement ne revêtent pas la forme nominative, au *Bulletin des annonces légales obligatoires*.

Si tous les certificats coopératifs d'investissement sont nominatifs, les insertions prévues à l'alinéa précédent peuvent être remplacées par une convocation faite, aux frais de la société, par lettre simple ou recommandée adressée à chaque porteur.

Les titulaires de certificats coopératifs d'investissement nominatifs acquis depuis un mois au moins à la date de l'insertion de l'avis de convocation prévu à l'alinéa 3 du présent article sont convoqués à l'assemblée spéciale par lettre ordinaire. Sous la condition d'adresser à la société le montant des frais de recommandation, ils peuvent demander à être convoqués par lettre recommandée.

Tous les copropriétaires de certificats coopératifs d'investissement indivis sont convoqués dans les mêmes formes, lorsque leurs droits sont constatés, dans le délai prévu à l'alinéa précédent, par une inscription nominative.

Lorsque des certificats coopératifs d'investissement sont grevés d'un usufruit, l'usufruitier est convoqué dans les mêmes formes et sous les mêmes conditions.

Lorsque l'assemblée spéciale n'a pu délibérer régulièrement, faute du quorum requis fixé à l'article 4, la deuxième assemblée spéciale est convoquée dans les formes prévues aux troisième et quatrième alinéas du présent article et l'avis de convocation rappelle la date de la première.

Le délai entre la date soit de l'insertion ou de la dernière des insertions contenant un avis de convocation, soit de l'envoi des lettres et la date de réunion de l'assemblée spéciale est au moins de quinze jours sur première convocation et de six jours sur convocation suivante, sans que le délai entre les deux réunions n'excède deux mois.

Art. 3. – L'assemblée spéciale est convoquée par le conseil d'administration ou le directoire, selon le cas.

À défaut, elle peut être également convoquée :

1° Par les commissaires aux comptes ;

2° Par les liquidateurs ;

3° Par le conseil de surveillance.

Sauf clause contraire des statuts, l'assemblée spéciale est réunie au siège social ou en tout autre lieu du même département.

Art. 4. – L'assemblée spéciale des titulaires de certificats coopératifs d'investissement appelée à se prononcer sur la ou les décisions modifiant leurs droits ou sur la proposition de suppression de leur droit préférentiel de souscription, délibère au vu du rapport du conseil d'administration ou du directoire et du rapport du ou des commissaires aux comptes de la société.

Le rapport du conseil d'administration ou du directoire indique les motifs de l'opération soumise à délibération de l'assemblée spéciale, ses modalités financières avec leur justification. Il indique également l'incidence de ladite opération sur la situation du titulaire de certificats coopératifs d'investissement.

Le commissaire aux comptes dans son rapport donne son avis sur les modalités financières de l'opération soumise à délibération de l'assemblée spéciale, sur les éléments de calcul pris en compte pour ladite opération et sur leur justification. Il certifie qu'ils sont exacts et sincères.

Chaque titulaire de certificats coopératifs d'investissement dispose d'un nombre de voix égal à celui des certificats qu'il détient.

L'assemblée spéciale ne délibère valablement que si les titulaires de certificats coopératifs d'investissement présents ou représentés possèdent au moins, sur première convocation, la moitié et, sur deuxième convocation, le quart des certificats coopératifs d'investissement. À défaut de ce dernier quorum, la deuxième assemblée spéciale peut être prorogée à une date postérieure de deux mois au plus à celle à laquelle elle avait été convoquée.

Elle statue à la majorité des deux tiers des voix dont disposent les titulaires de certificats coopératifs d'investissement présents ou représentés.

Art. 5. – Le droit de participer à l'assemblée spéciale peut être subordonné soit à l'inscription du titulaire du certificat coopératif d'investissement sur le registre des certificats coopératifs d'investissement nominatifs de la société, soit au dépôt, aux lieux indiqués par l'avis de convocation, des certificats coopératifs d'investissement au porteur ou d'un certificat de dépôt délivré par la banque, l'établissement financier ou l'agent de change dépositaire de ces certificats coopératifs d'investissement ou d'un certificat de l'intermédiaire habilité prévu par le décret n° 83-359 du 2 mai 1983 constatant l'indisponibilité des certificats coopératifs d'investissement inscrits en compte jusqu'à la date de l'assemblée spéciale. Les dépositaires des certificats coopératifs d'investissement au porteur ou de l'un des certificats ci-dessus mentionnés doivent, à la demande de tout titulaire de certificats coopératifs d'investissement ayant effectué la formalité, en attester sur le formulaire de vote par correspondance ou sur la procuration établie au nom du titulaire de certificats coopératifs d'investissement ou sur un document séparé établi à la seule fin d'être annexé à ce formulaire ou à la procuration.

À compter de la délivrance de cette attestation, le titulaire de certificats coopératifs d'investissement ne peut choisir un autre mode de participation à l'assemblée spéciale, sauf disposition contraire des statuts.

La date avant laquelle ces formalités doivent être accomplies ne peut être antérieure de plus de cinq jours à la date de réunion de l'assemblée spéciale.

Art. 6. – Tout titulaire de certificats coopératifs d'investissement peut voter par correspondance au moyen d'un formulaire dont les mentions sont fixées au présent article. Les dispositions contraires des statuts sont réputées non écrites.

Pour le calcul du quorum, il n'est tenu compte que des formulaires qui ont été reçus par la société avant la réunion de l'assemblée spéciale, dans des conditions de délais fixées à l'alinéa suivant. Les formulaires dépourvus d'indication de vote ou exprimant une abstention sont considérés comme des votes négatifs.

À compter de la convocation de l'assemblée spéciale, un formulaire de vote par correspondance et ses annexes sont remis ou adressés, aux frais de la société, à tout titulaire de certificats coopératifs d'investissement qui en fait la demande. La demande est faite par lettre recommandée avec demande d'avis de réception. La société doit faire droit à toute demande déposée ou reçue au siège social au plus tard six jours avant la date de la réunion.

Le formulaire de vote par correspondance doit permettre un vote sur chacune des résolutions, dans l'ordre de leur présentation à l'assemblée spéciale ; il doit offrir au titulaire de certificats coopératifs d'investissement la possibilité d'exprimer sur chaque résolution un vote favorable ou défavorable à son adoption ou sa volonté de s'abstenir de voter.

Il doit informer le titulaire de certificats coopératifs d'investissement de manière très apparente que toute abstention exprimée dans le formulaire ou résultant de l'absence d'indication de vote sera assimilée à un vote défavorable à l'adoption de la résolution.

Le formulaire comporte le rappel des dispositions [prévues] aux alinéas 8 à 10 du présent article et l'indication de la date avant laquelle, conformément aux statuts, il doit être reçu par la société pour qu'il en soit tenu compte ; lorsqu'il a été convenu entre la société et les intermédiaires habilités par elle que ces derniers n'accepteraient plus de transmettre à la société des formulaires de vote par eux après une date antérieure à celle fixée par la société, il est fait mention de cette date.

Sont annexés au formulaire :

1° Le texte des résolutions proposées accompagné d'un exposé des motifs et de l'indication de leur auteur ;

2° Une demande d'envoi des documents et renseignements visés à l'article 7.

La date après laquelle il ne sera plus tenu compte des formulaires de vote reçus par la société ne peut être antérieure de plus de trois jours à la date de la réunion de l'assemblée spéciale, sauf délai plus court prévu par les statuts.

De même, en cas de prorogation de l'assemblée spéciale visée à l'article 4, alinéa 3, la date après laquelle il ne sera plus tenu compte des formulaires de vote reçus par la société ne peut être antérieure de plus de trois jours au terme du délai de prorogation dont sont informés les titulaires de certificats coopératifs d'investissement.

Les formulaires de vote par correspondance reçus par la société doivent comporter :

1° Les nom, prénom usuel et domicile du titulaire de certificats coopératifs d'investissement ;

2° Une mention constatant le respect de l'une des formalités prévues au premier alinéa de l'article 5, cette mention pouvant figurer sur un document annexé au formulaire ;

3° La signature du titulaire de certificats coopératifs d'investissement ou de son représentant légal ou judiciaire.

Le formulaire de vote par correspondance adressé à la société par une assemblée spéciale vaut pour les assemblées spéciales successives convoquées avec le même ordre du jour.

Si la société utilise un document où figurent le formulaire de vote par correspondance et la formule de procuration, il doit comporter outre les mentions prévues aux alinéas précédents du présent article les indications suivantes :

1° Qu'il peut être utilisé pour chaque résolution soit pour un vote par correspondance, soit pour un vote par procuration ;

2° Qu'il peut être donné procuration pour voter au nom du signataire à un mandataire désigné dans les conditions de l'article 7, alinéas 1 à 4, dont les dispositions doivent être reproduites sur ce document.

Art. 7. – Un titulaire de certificats coopératifs d'investissement peut se faire représenter par un autre titulaire de certificats coopératifs d'investissement ou par son conjoint.

Tout titulaire de certificats coopératifs d'investissement peut recevoir les pouvoirs émis par d'autres titulaires de certificats coopératifs d'investissement en vue d'être représenté à une assemblée spéciale.

Les clauses contraires aux dispositions des alinéas précédents sont réputées non écrites.

Pour toute procuration sans indication de mandataire, le président de l'assemblée spéciale émet un vote favorable à l'adoption des projets de résolution présentés ou agréés par le conseil d'administration ou par le directoire, selon le cas. Il émet un vote défavorable à l'adoption de tous les autres projets de résolution. Pour émettre tout autre vote, le titulaire de certificats coopératifs d'investissement doit faire choix d'un mandataire qui accepte de voter dans le sens indiqué par le mandant.

La procuration donnée par un titulaire de certificats coopératifs d'investissement pour se faire représenter à une assemblée spéciale par un titulaire de certificats coopératifs d'investissement est signée par celui-ci et indique ses nom, prénom usuel et domicile. Elle peut désigner nommément un mandataire, qui n'a pas faculté de se substituer une autre personne.

Le mandat donné pour une assemblée spéciale vaut pour les assemblées spéciales successives convoquées avec le même ordre du jour.

À toute formule de procuration adressée à un titulaire de certificats coopératifs d'investissement par la société ou par le mandataire qu'elle a désigné à cet effet doivent être joints l'ordre du jour de l'assemblée spéciale, le texte des résolutions qui y sont présentées et une formule de demande d'envoi des documents et renseignements suivants :

1° Les nom, prénom usuel, soit des administrateurs et directeurs généraux, soit des membres du conseil de surveillance et du directoire, ainsi que, le cas échéant, l'indication des autres sociétés dans lesquelles ces personnes exercent des fonctions de gestion, de direction, d'administration ou de surveillance ;

2° Le rapport du conseil d'administration ou du directoire, selon le cas, qui sera présenté à l'assemblée spéciale ainsi que, le cas échéant, les observations du conseil de surveillance ;

3° Un exposé sommaire de la situation de la société pendant l'exercice écoulé accompagné d'un tableau faisant apparaître les résultats de la société au cours de chacun des cinq derniers exercices ;

4° Le rapport du ou des commissaires aux comptes ;

5° Un formulaire de vote par correspondance visé à l'article 6.

À compter de la convocation de l'assemblée spéciale et jusqu'au cinquième jour inclusivement avant la réunion, tout titulaire de certificats coopératifs d'investissement nominatifs peut demander de lui envoyer à l'adresse indiquée les documents et renseignements visés ci-dessus. La société est tenue de procéder à cet envoi avant la réunion et à ses frais.

Le même droit est ouvert à tout titulaire de certificats coopératifs d'investissement au porteur qui justifie de cette qualité par l'accomplissement de la formalité prévue à l'article 5.

Art. 8. – La feuille de présence à l'assemblée spéciale contient les mentions suivantes :

1° Les nom, prénom usuel et domicile de chaque titulaire de certificats coopératifs d'investissement présent, le nombre de certificats coopératifs d'investissement dont il est titulaire ;

2° Les nom, prénom usuel et domicile de chaque titulaire de certificats coopératifs d'investissement représenté, le nombre de certificats coopératifs d'investissement dont il est titulaire ;

3° Les nom, prénom usuel et domicile de chaque mandataire, le nombre de certificats coopératifs d'investissement de ses mandants ;

4° Les nom, prénom usuel et domicile de chaque titulaire de certificats coopératifs d'investissement ayant adressé à la société un formulaire de vote par correspondance ainsi que le nombre de certificats coopératifs d'investissement dont il est titulaire.

Le bureau de l'assemblée spéciale peut annexer à la feuille de présence la procuration portant les nom, prénom usuel et domicile de chaque titulaire de certificats coopératifs d'investissement mandant, le nombre de certificats coopératifs d'investissement dont il est titulaire et le nombre de voix attaché à ces certificats coopératifs d'investissement. Dans ce cas, le bureau de l'assemblée spéciale indique le nombre des pouvoirs annexés à ladite feuille ainsi que le nombre des certificats coopératifs d'investissement et des droits de vote correspondant aux procurations. Les pouvoirs devront être communiqués en même temps et dans les mêmes conditions que la feuille de présence.

La feuille de présence, dûment émargée par les titulaires de certificats coopératifs d'investissement présents et les mandataires, est certifiée exacte par le bureau de l'assemblée spéciale.

Art. 9. – L'assemblée spéciale est présidée par le président du conseil d'administration ou du conseil de surveillance, selon le cas, ou en son absence par la personne prévue par les statuts. À défaut, l'assemblée spéciale élit elle-même son président.

En cas de convocation par les commissaires aux comptes ou par les liquidateurs, l'assemblée spéciale est présidée par celui ou par l'un de ceux qui l'ont convoquée.

Le bureau de l'assemblée spéciale comprend le président de l'assemblée spéciale et deux scrutateurs.

Sont scrutateurs de l'assemblée spéciale les deux membres de ladite assemblée spéciale disposant du plus grand nombre de voix et acceptant cette fonction.

Le bureau de l'assemblée spéciale en désigne le secrétaire qui peut être choisi en dehors des titulaires de certificats coopératifs d'investissement.

Le procès-verbal des délibérations de l'assemblée spéciale indique la date et le lieu de réunion, le mode de convocation, l'ordre du jour, la composition du bureau, le nombre de certificats coopératifs d'investissement participant au vote et le quorum atteint, les documents et rapports soumis à l'assemblée spéciale, un résumé des débats, le texte des résolutions mises aux voix et le résultat des votes. Il est signé par les membres du bureau.

Les procès-verbaux sont établis sur un registre spécial tenu au siège social, coté et paraphé.

Si, à défaut du quorum requis, une assemblée spéciale ne peut délibérer régulièrement, il en est adressé procès-verbal par le bureau de ladite assemblée spéciale.

Les copies ou extraits de procès-verbaux de l'assemblée spéciale sont valablement certifiés, soit par le président du conseil d'administration ou par un administrateur, soit, le cas échéant, par le président ou le vice-président du conseil de surveillance ou par un membre du directoire. Ils peuvent également être certifiés par le secrétaire de l'assemblée spéciale.

En cas de liquidation de la société, ils sont valablement certifiés par un seul liquidateur.

Art. 19 *novodecies* *(Anc. art. 19 octies, renum., L. n° 2001-624, 17 juill. 2001).* – **Les certificats coopératifs d'investissement sont émis pour la durée de la société et sont librement négociables.**

Art. 19 *vicies* *(Anc. art. 19 nonies ; renum. et mod., L. n° 2001-624, 17 juill. 2001).* – **En fonction des résultats de l'exercice, l'assemblée générale annuelle fixe la rémunération des certificats coopératifs d'investissement.**

Cette rémunération est au moins égale à celle versée aux parts sociales.

L'assemblée générale annuelle peut offrir aux titulaires de certificats coopératifs d'investissement, pour tout ou partie de la rémunération visée au premier alinéa, une option entre le paiement en numéraire et le paiement en certificats coopératifs d'investissement.

L'offre de paiement de la rémunération en certificats coopératifs d'investissement doit être faite simultanément à tous les titulaires de certificats coopératifs d'investissement.

Le prix d'émission des certificats coopératifs d'investissement émis dans les conditions prévues aux deux alinéas précédents ne peut être inférieur au nominal.

Dans les sociétés dont les certificats coopératifs d'investissement sont inscrits à la cote officielle ou à la cote du second marché, le prix d'émission ne peut être inférieur à 90 % de la moyenne des cours cotés aux vingt séances de bourse précédant le jour de la décision de mise en distribution diminuée du montant net de la rémunération.

Dans les autres sociétés, le prix d'émission est fixé soit à dire d'expert, soit en divisant par le nombre de certificats coopératifs d'investissement existants la fraction de l'actif net visée à l'article 19 *duovicies* et calculée d'après le dernier bilan approuvé par l'assemblée générale. L'application des règles de détermination du prix d'émission est vérifiée par le commissaire aux comptes qui présente un rapport spécial à l'assemblée générale annuelle.

Lorsque le montant de la rémunération à laquelle il a droit ne correspond pas à un nombre entier de certificats coopératifs d'investissement le titulaire peut recevoir le nombre de certificats coopératifs d'investissement immédiatement inférieur complété d'une soulte en numéraire ou, si l'assemblée générale l'a autorisé, le nombre de certificats coopératifs d'investissement immédiatement supérieur, en versant la différence en numéraire.

La demande du paiement de la rémunération en certificats coopératifs d'investissement, accompagnée le cas échéant du versement prévu à l'alinéa qui précède, doit intervenir dans un délai fixé par l'assemblée générale, sans excéder trois mois à compter de la date de ladite assemblée générale.

Les dispositions du deuxième alinéa de l'article 19 *octodecies* ne sont pas applicables lorsque l'assemblée générale décide d'accorder simultanément à chaque titulaire de certificats coopératifs d'investissement et à chaque porteur de parts sociales, pour toute la rémunération qui leur est due, une option entre le paiement en numéraire ou le paiement respectivement en certificats coopératifs d'investissement ou en parts sociales.

Art. 19 *unvicies* *(Anc. art. 19 decies ; renum. et mod., L. n° 2001-624, 17 juill. 2001).* – **En cas de nouvelles émissions de certificats coopératifs d'investissement, les titulaires de certificats déjà émis bénéficient d'un droit de souscription préférentiel à titre irréductible qui peut être supprimé par l'assemblée spéciale prévue à l'article 19 *octodecies*.**

Art. 19 *duovicies* *(Anc. art. 19 undecies, renum., L. n° 2001-624, 17 juill. 2001).* – **Par dérogation à l'alinéa 3 de l'article 16 et à l'article 19 de la présente loi, les titulaires de certificats coopératifs d'investissement disposent d'un droit sur l'actif net dans la proportion du capital qu'ils représentent.**

5.1.6 – Certificats coopératifs d'associés

TITRE II *QUINQUIES*. – CERTIFICATS COOPÉRATIFS D'ASSOCIÉS

(Anc. titre II quater, renum., L. n° 2001-624, 17 juill. 2001)

Art. 19 *tervicies* *(Anc. art. 19 duodecies ; renum. et mod., L. n° 2001-624, 17 juill. 2001 ; L. n° 2008-649, 3 juill. 2008)*. – Les statuts des établissements de crédit coopératif ou mutualiste peuvent prévoir l'émission de certificats coopératifs d'associés émis pour la durée de la société et conférant à leurs titulaires un droit sur l'actif net dans la proportion du capital qu'ils représentent. Ces titres ne peuvent être détenus que par les associés et les sociétaires des coopératives associées.

Les dispositions du titre II *quater* s'appliquent à ces certificats coopératifs d'associés.

Ceux-ci ne peuvent être émis lorsque les statuts prévoient le recours aux dispositions des deux derniers alinéas de l'article 16.

Les certificats coopératifs d'investissement, les certificats coopératifs d'associés et les parts à intérêt prioritaire ne peuvent représenter ensemble plus de 50 % du capital.

Le contrat d'émission des certificats coopératifs d'associés prévoit les modalités de rachat de ces titres.

5.1.7 – Contrôle et sanctions

TITRE III. – CONTRÔLE ET SANCTIONS

Art. 20. – Dans le mois de leur constitution définitive, et avant toute opération, les coopératives qui ne sont pas soumises par la loi à un autre mode de publicité doivent déposer au greffe de la justice de paix de leur siège social, sur papier libre et en double exemplaire, leurs statuts accompagnés de la liste de leurs administrateurs, directeurs ou gérants, avec l'indication de leurs professions et domiciles.

Les modifications apportées ultérieurement aux statuts ou à la liste visée ci-dessus, ainsi que les actes ou délibérations dont résulte la nullité ou la dissolution de la coopérative, ou qui fixent son mode de liquidation, sont soumis au même dépôt dans un délai d'un mois à partir de leur date.

En cas d'inobservation des formalités de dépôt, les actes ou délibérations qui auraient dû y être soumis sont inopposables aux tiers pour les actes antérieurs au dépôt.

Art. 21. – Il est donné sans frais récépissé des documents déposés. Un exemplaire en est transmis, par les soins du juge du tribunal d'instance, au greffe du tribunal de grande instance.

Les documents déposés aux greffes du tribunal d'instance et du tribunal de grande instance sont communiqués sans frais à tout requérant.

Art. 22 *(Mod., L. n° 52-1314, 11 déc. 1952)*. – Dans tous les actes, factures, annonces, publications et autres documents émanant de sociétés qui se prévalent de la qualité de coopérative, la dénomination sociale, si elle ne comprend pas elle-même le mot de coopératif ou de coopérative, doit être accompagnée, outre les autres mentions éventuellement prescrites par la loi, des mots « société coopérative » *(Mots suppr., L. n° 2014-856, 31 juill. 2014)*, le tout en caractères apparents et sans abréviation.

(Al. rempl., L. n° 2014-856, 31 juill. 2014) Le ministère public ainsi que toute personne intéressée peuvent demander au président du tribunal compétent statuant en référé d'enjoindre, le cas échéant sous astreinte, au représentant de la coopérative de respecter les dispositions du premier alinéa.

Art. 23. – Les coopératives sont tenues de fournir, sur réquisition des contrôleurs ou des agents désignés par les ministres dont elles relèvent suivant leur nature, toutes justifications permettant de vérifier qu'elles fonctionnent conformément à la loi. Elles doivent, notamment, leur communiquer à cet effet leur comptabilité appuyée de toutes pièces justificatives utiles.

Toute entrave apportée à l'exercice de ce contrôle est punie *(Mots rempl., L. n° 2014-856, 31 juill. 2014)* « de la peine prévue au 3° de l'article 131-13 du Code pénal ».

Art. 24 *(Rempl., L. n° 2012-387, 22 mars 2012)*. – Toute personne intéressée peut demander au président du tribunal compétent statuant en référé d'enjoindre, le cas échéant sous astreinte, à la personne concernée de supprimer l'appellation : « société coopérative » utilisée de manière illicite ainsi que toute expression de nature à prêter à confusion avec celle-ci.

Le président du tribunal peut, en outre, ordonner la publication de la décision, son affichage dans les lieux qu'il désigne, son insertion intégrale ou par extraits dans les journaux et sa diffusion par un ou plusieurs services de communication au public en ligne qu'il indique, le tout aux frais des dirigeants de l'organisme ayant utilisé les mots ou l'appellation en cause.

Art. 25 *(Rempl., L. n° 92-643, 13 juill. 1992).* – I. – *(Al. rempl., L. n° 2014-856, 31 juill. 2014)* Toute modification des statuts entraînant la perte de la qualité de coopérative ne peut intervenir qu'après autorisation de l'autorité administrative, prise après avis du Conseil supérieur de la coopération.

Elle ne peut être apportée que dans les cas suivants :

1° Lorsque la qualité de coopérative est un obstacle immédiat à la survie de l'entreprise ;

2° Lorsqu'une stagnation ou une dégradation sérieuse de l'activité de l'entreprise, liée à sa qualité de coopérative, entrave ou obère totalement ses perspectives de développement ;

3° Ou en application de l'article 25-4.

Les réserves qui, à la date de l'autorisation, ne sont pas distribuables aux sociétaires ou incorporables au capital en vertu de dispositions législatives, réglementaires ou statutaires conservent ces caractères pendant une période de dix ans.

Ces dispositions s'appliquent aux opérations de fusion et de scission entraînant la dissolution de la coopérative sauf lorsqu'elles interviennent entre des sociétés régies par la présente loi.

II. – Par exception aux dispositions du « premier » alinéa du I :

1° Lorsque la coopérative est régie par la loi n° 84-46 du 24 janvier 1984 relative à l'activité et au contrôle des établissements de crédit, l'autorisation de procéder aux opérations prévues *(Mots rempl, L. n° 2014-856, 31 juill. 2014)* « au premier alinéa » du I est donnée par l'organe central auquel l'établissement de crédit coopératif ou mutualiste est affilié, après avis du Conseil supérieur de la coopération.

2° Lorsque la coopérative fait l'objet d'une procédure de redressement judiciaire, l'autorisation de modifier les statuts, si elle est nécessaire à la survie de l'entreprise, est accordée par le tribunal saisi de cette procédure.

Décret n° 93-455 du 23 mars 1993

relatif à la sortie du statut coopératif
(JO 25 mars)

Art. 1er. – La décision visée au deuxième alinéa de l'article 25 de la loi [n° 47-1775] du 10 septembre 1947 modifiée susvisée est prise conjointement par le ministre compétent et le ministre chargé de l'économie sociale.

Art. 2. – La demande de sortie du statut coopératif est adressée conjointement au ministre compétent et au ministre chargé de l'économie sociale.

Elle est accompagnée de tous les éléments permettant d'apprécier que les conditions prévues au premier alinéa de l'article 25 sont réunies, ainsi que des documents suivants :

- le projet de délibération de l'assemblée générale et le projet de modification des statuts ;
- le cas échéant, le rapport de révision datant de moins d'un an ;
- le rapport du commissaire aux comptes portant sur le dernier exercice ;
- un état détaillé de la situation des réserves ;
- la situation des comptes arrêtée à la date de la demande, certifiée par le commissaire aux comptes ;
- le cas échéant, le rapport du commissaire à la fusion et le traité d'apport ;
- l'engagement de la société ou de la société absorbante de faire figurer dans une ligne particulière de son bilan ou, à défaut, dans l'annexe prévue par le décret n° 83-1020 du 29 novembre 1983 le montant des réserves soumises à l'interdiction prévue au troisième alinéa de l'article 25 de la loi [n° 47-1775] du 10 septembre 1947 susvisée et de porter dans ses statuts la mention et la durée de cette indisponibilité.

Art. 3. – Le ministre compétent, après instruction du dossier, saisit le Conseil supérieur de la coopération en vue d'obtenir l'avis prévu au deuxième alinéa de l'article 25 de la loi [n° 47-1775] du 10 septembre 1947 modifiée susvisée.

Le conseil dispose alors d'un délai d'un mois pour se prononcer. L'avis est transmis au ministre compétent et au ministre chargé de l'économie sociale qui prennent la décision visée à l'article 1er du présent décret.

La notification à la coopérative concernée est faite par le ministre chargé de l'économie sociale.

Art. 25-1 *(L. n° 2014-856, 31 juill. 2014)*. – Les sociétés coopératives et leurs unions dont l'activité dépasse une certaine importance, appréciée à partir de seuils fixés par décret en Conseil d'État, se soumettent tous les cinq ans à un contrôle, dit « révision coopérative », destiné à vérifier la conformité de leur organisation et de leur fonctionnement aux principes et aux règles de la coopération et à l'intérêt des adhérents, ainsi qu'aux règles coopératives spécifiques qui leur sont applicables et, le cas échéant, à leur proposer des mesures correctives.

Ces seuils sont fixés en considération du total du bilan de ces sociétés, du montant hors taxes de leur chiffre d'affaires ou du nombre moyen de leurs salariés ou de leurs associés. Les sociétés coopératives qui satisfont aux obligations de la révision coopérative sont dispensées des obligations prévues au II de l'article 3 de la loi n° 2014-856 du 31 juillet 2014 relative à l'économie sociale et solidaire.

Les statuts peuvent prévoir un délai inférieur au délai de cinq ans mentionné au premier alinéa du présent article. La révision est obligatoire au terme de trois exercices déficitaires ou si les pertes d'un exercice s'élèvent à la moitié au moins du montant le plus élevé atteint par le capital social de la coopérative.

En outre, la révision coopérative est de droit lorsqu'elle est demandée par :

1° Le dixième au moins des associés ;

2° Un tiers des administrateurs ou, selon le cas, des membres du conseil de surveillance ;

3° L'autorité habilitée, le cas échéant, à délivrer l'agrément ;

4° Le ministre chargé de l'économie sociale et solidaire ou tout ministre compétent à l'égard de la coopérative en question.

Décret n° 2015-800 du 1er juillet 2015

fixant les seuils au-delà desquels les sociétés coopératives sont soumises à la procédure de révision et adaptant la révision coopérative aux sociétés coopératives de production *(JO 3 juill.)*

Art. 1er. – Les sociétés coopératives régies par l'article 25-1 de la loi du 10 septembre 1947 susvisée sont, sauf dispositions contraires et sous réserve des articles 2 à 5 du présent décret, soumises à la révision coopérative dès lors qu'elles comprennent au moins deux associés coopérateurs et réalisent à chaque clôture de deux exercices consécutifs un montant hors taxes du chiffre d'affaires supérieur à 30 000 euros.

Art. 25-2 *(L. n° 2014-856, 31 juill. 2014)*. – La révision est effectuée par un réviseur agréé. Un décret fixe les conditions dans lesquelles d'anciens associés d'une société coopérative peuvent être agréés comme réviseurs.

À la demande de toute personne intéressée ou du ministère public, le président du tribunal, statuant en référé, peut enjoindre sous astreinte au dirigeant de la société de provoquer la désignation du réviseur afin d'effectuer la révision coopérative prévue à l'article 25-1.

Art. 25-3 *(L. n° 2014-856, 31 juill. 2014)*. – Le rapport établi par le réviseur est transmis aux organes de gestion et d'administration de la société et, lorsqu'il existe, à l'organe central compétent, au sens de l'article L. 511-30 du Code monétaire et financier. Il est ensuite mis à la disposition de tous les associés et est présenté et discuté lors d'une assemblée générale, selon des modalités déterminées par les statuts. Lorsque la société coopérative est soumise au contrôle de l'Autorité de contrôle prudentiel et de résolution en application de l'article L. 612-2 du même code, le réviseur communique, en outre, le rapport à ladite autorité.

Si le rapport établit que la société coopérative ne respecte pas les principes et les règles de la coopération, l'intérêt de ses adhérents ou les règles coopératives spécifiques qui lui sont applicables, le réviseur peut la mettre en demeure de s'y conformer.

Dans les réseaux coopératifs, unions ou fédérations de coopératives, en cas de carence à l'expiration du délai de mise en demeure, le réviseur saisit, dans un délai de quinze jours, une instance de recours constituée de représentants des instances nationales, selon des modalités prévues dans leur organisation, ou, lorsqu'il existe, l'organe central compétent mentionné à l'article L. 511-30 dudit code. Cette instance, ou l'organe central compétent, recherche, après consultation du réviseur, une solution propre à mettre un terme à la carence de la coopérative.

Si, dans le délai d'un mois après la saisine de l'instance de recours ou de l'organe central compétent, le réviseur reçoit une proposition de solution, il est fait application du premier alinéa du présent article. En cas de carence de la coopérative à la suite de cette nouvelle mise en demeure, il est fait application des cinquième et avant-dernier alinéas.

À défaut de réception d'une proposition de solution propre à mettre un terme à la carence de la coopérative en application du troisième alinéa dans le délai d'un mois, le réviseur peut demander au président du tribunal statuant en référé d'enjoindre sous astreinte aux organes de direction ou d'administration de la coopérative de se conformer aux principes et règles de la coopération, à l'intérêt des adhérents et aux règles coopératives spécifiques qui sont applicables à cette coopérative.

Le réviseur peut également saisir, selon les cas, l'autorité habilitée, le cas échéant, à délivrer l'agrément, le ministre chargé de l'économie sociale et solidaire ou le ministre compétent à l'égard de la coopérative en question.

Les compétences mentionnées au présent article s'exercent sous réserve de la compétence de l'Autorité de contrôle prudentiel et de résolution en application des articles L. 612-1 et L. 612-2 du même code.

Art. 25-4 *(L. n° 2014-856, 31 juill. 2014).* – Dans le cas où l'autorité habilitée, le cas échéant, à délivrer l'agrément, le ministre chargé de l'économie sociale et solidaire ou le ministre compétent est saisi par le réviseur en application de l'article 25-3, l'autorité habilitée à délivrer l'agrément ou le ministre peut notifier aux organes de direction ou d'administration de la société les manquements constatés et leur fixer un délai pour y remédier.

Lorsque les mesures correctives n'ont pas été prises dans le délai imparti, l'autorité habilitée à délivrer l'agrément ou le ministre convoque une assemblée générale extraordinaire de la société, en lui enjoignant de prendre les mesures correctives requises.

Lorsque le fonctionnement normal de la société coopérative ou de l'union n'a pas été rétabli dans un délai de six mois à compter de la réunion de l'assemblée générale extraordinaire, l'autorité habilitée, le cas échéant, à délivrer l'agrément peut prononcer le retrait de son agrément après avoir mis la société coopérative en mesure de présenter ses observations. Le ministre compétent peut prononcer la perte de la qualité de coopérative dans les mêmes conditions, après avis du Conseil supérieur de la coopération.

L'autorité habilitée à délivrer l'agrément ou le ministre peuvent rendre publiques les décisions prises en application du présent article, dans les conditions qu'ils déterminent.

Les réserves qui, à la date du prononcé de la perte de qualité de coopérative, ne sont pas distribuables aux sociétaires ou incorporables au capital en vertu de dispositions législatives ou réglementaires sont dévolues, par décision de l'assemblée générale, soit à d'autres coopératives ou unions de coopératives, soit à une autre entreprise de l'économie sociale et solidaire, au sens du III de l'article 1er de la loi n° 2014-856 du 31 juillet 2014 relative à l'économie sociale et solidaire.

Art. 25-5 *(L. n° 2014-856, 31 juill. 2014).* – Un décret en Conseil d'État fixe les conditions d'application des articles 25-1 à 25-4, notamment les conditions d'agrément du réviseur, de sa désignation par l'assemblée générale, d'exercice de son mandat et de sa suppléance et de cessation de ses fonctions. Ce décret prévoit également les dispositions garantissant l'indépendance du réviseur.

Art. 26 *(L. n° 2008-649, 3 juill. 2008).* – Sont punis des peines portées [prévues] « aux articles 313-1 à 313-3 du Code pénal », sans préjudice de l'application de cet article à tous les faits constitutifs du délit d'escroquerie :

1° Ceux qui, à l'aide de manœuvres frauduleuses, ont fait attribuer à un apport en nature une valeur supérieure à sa valeur réelle ;

2° Les administrateurs ou gérants qui ont sciemment publié ou communiqué des documents comptables inexacts en vue de dissimuler la véritable situation de la société ;

3° Les administrateurs ou gérants qui ont fait de leurs pouvoirs un usage contraire à l'intérêt de la société, à des fins personnelles ou pour favoriser une autre société ou entreprise dans laquelle ils étaient intéressés de manière quelconque et, en particulier, ont disposé dans ces conditions de ses biens ou de son crédit ;

4° Les administrateurs ou gérants qui ont procédé à des répartitions opérées en violation des articles 14, 15, 16, 18 et 19 ci-dessus ou en vertu de dispositions insérées dans les statuts en violation de l'article 25 ;

5° Les administrateurs ou gérants qui, en l'absence d'excédents d'exploitation et hors le cas prévu à l'article 17, ont distribué aux sociétaires les intérêts ou ristournes prévus aux articles 14 et 15 ci-dessus.

Les premier à sixième alinéas sont applicables aux sociétés coopératives européennes.

Pour un exemple de condamnation pour **abus de biens** : ▪ Cass. crim., 28 mai 1979 : *Bull. crim.* 1979, n° 186.

5.1.8 – La société coopérative européenne

TITRE III *BIS*. – LA SOCIÉTÉ COOPÉRATIVE EUROPÉENNE

(L. n° 2008-649, 3 juill. 2008)

CHAPITRE I. – DISPOSITIONS GÉNÉRALES

Art. 26-1 *(L. n° 2008-649, 3 juill. 2008)*. – **La société coopérative européenne a la personnalité juridique à compter de son immatriculation au registre du commerce et des sociétés.**

Les articles L. 210-3 du Code de commerce et 1837 du Code civil sont applicables à la société coopérative européenne selon qu'elle est ou non commerciale. Le siège et l'administration centrale de la société coopérative européenne ne peuvent être dissociés.

La société coopérative européenne est régie par le règlement (CE) n° 1435/2003 du Conseil, du 22 juillet 2003, relatif au statut de la société coopérative européenne (SEC), par la présente loi, ainsi que par les dispositions des lois particulières applicables à chaque catégorie de société coopérative, dans la mesure où elles sont compatibles avec celles de ce règlement.

CHAPITRE II. – LA CONSTITUTION DE LA SOCIÉTÉ COOPÉRATIVE EUROPÉENNE

Section I. – La constitution par voie de fusion

Art. 26-2 *(L. n° 2008-649, 3 juill. 2008)*. – **Toute société coopérative régulièrement immatriculée au registre du commerce et des sociétés peut participer à la constitution d'une société coopérative européenne par voie de fusion soit par absorption, soit par création d'une nouvelle personne morale.**

Cette constitution est soumise aux dispositions applicables à la catégorie de coopératives à laquelle la société coopérative européenne appartient ou, à défaut, aux dispositions du chapitre VI du titre III du livre II du Code de commerce, dans la mesure où elles sont compatibles avec le règlement (CE) n° 1435/2003 du Conseil, du 22 juillet 2003, précité et la présente loi.

Art. 26-3 *(L. n° 2008-649, 3 juill. 2008)*. – **Le ou les commissaires à la fusion chargés d'établir le rapport mentionné à l'article 26 du règlement (CE) n° 1435/2003 du Conseil, du 22 juillet 2003, précité sont désignés par décision de justice. Ils établissent, sous leur responsabilité, un rapport écrit selon les modalités prévues à l'article L. 236-10 du Code de commerce. Ils sont soumis aux incompatibilités prévues à l'article L. 822-11 du même code.**

Art. 26-4 *(L. n° 2008-649, 3 juill. 2008)*. – **Le greffier du tribunal dans le ressort duquel la société participant à l'opération est immatriculée contrôle, conformément aux dispositions applicables à la catégorie de coopératives dont elle relève ou, à défaut, selon les modalités prévues à l'article L. 236-6 du Code de commerce, que les opérations préalables à la fusion sont conformes aux dispositions législatives et réglementaires.**

À l'issue de ces vérifications, le greffier délivre une attestation de conformité.

Un notaire ou le greffier du tribunal dans le ressort duquel la société coopérative européenne issue de la fusion sera immatriculée contrôle, dans un délai fixé par décret en Conseil d'État, la légalité de la fusion, pour la partie relative à la réalisation de la fusion et à la constitution de la société coopérative européenne.

Il contrôle en particulier que les sociétés qui fusionnent ont approuvé un projet de fusion dans les mêmes termes et que les modalités relatives à la participation des salariés ont été fixées conformément au titre VI du livre III de la deuxième partie du Code du travail.

Le notaire ou le greffier du tribunal contrôle en outre que la constitution de la société coopérative européenne formée par fusion remplit les conditions fixées par les dispositions législatives et réglementaires applicables.

Art. 26-5 *(L. n° 2008-649, 3 juill. 2008)*. – **La nullité de la fusion ne peut plus être prononcée après l'immatriculation de la société coopérative européenne ou la prise en compte des inscriptions modificatives la concernant au registre du commerce et des sociétés.**

Décret n° 2009-767 du 22 juin 2009

relatif à la société coopérative européenne

Art. 1er. – Les dispositions du présent décret sont applicables aux sociétés coopératives européennes immatriculées en France.

Art. 2. – Le notaire, qui procède aux contrôles prévus au II de l'article 26-4 et à l'article 26-14 de la loi [n° 47-1775] du 10 septembre 1947 susvisée, ne peut avoir ni instrumenté, ni rédigé d'actes sous seing privé, ni donné des consultations juridiques à l'occasion de l'opération pour laquelle le contrôle est effectué. Il ne doit pas exercer dans une société ou dans un office qui aurait instrumenté, rédigé des actes sous seing privé ou donné des consultations juridiques à l'occasion de cette opération.

Section I. – La constitution de la société coopérative européenne

Sous-section 1. – La constitution par voie de fusion

Art. 3. – Le greffier dispose d'un délai de huit jours à compter du dépôt de la déclaration prévue au troisième alinéa de l'article L. 236-6 du Code de commerce pour délivrer l'attestation de conformité des actes et formalités préalables à la fusion prévue au I de l'article 26-4 de la loi [n° 47-1775] du 10 septembre 1947 susvisée.

Art. 4. – Aux fins d'immatriculation de la société coopérative européenne constituée par voie de fusion, chaque société qui participe à l'opération remet au notaire ou au greffier chargé du contrôle de légalité, outre l'attestation de conformité datant de moins de six mois, délivrée par le greffier ou, lorsqu'une société coopérative étrangère participe à la fusion, par l'autorité compétente en application de son droit national, un dossier comprenant les documents suivants :

1° Le projet commun de fusion ;

2° Les statuts de la société coopérative européenne issue de la fusion ;

3° Une copie des avis relatifs aux publicités prévues par le présent décret ;

4° Une copie du procès-verbal des assemblées délibérantes compétentes ;

5° Les documents attestant que les sociétés qui fusionnent ont approuvé le projet de fusion dans les mêmes termes et que les modalités relatives à la participation des salariés ont été fixées conformément au titre VI du livre III de la deuxième partie du Code du travail.

Art. 5. – Le contrôle de légalité mentionné au II de l'article 26-4 de la loi [n° 47-1775] du 10 septembre 1947 susvisée est accompli dans un délai de quinze jours à compter de la réception de l'ensemble des documents mentionnés à l'article précédent.

Art. 26-6 *(L. n° 2008-649, 3 juill. 2008).* – **Le procureur de la République est compétent pour s'opposer pour des raisons d'intérêt public, conformément au paragraphe 14 de l'article 7 et à l'article 21 du règlement (CE) n° 1435/2003 du Conseil, du 22 juillet 2003, précité, au transfert de siège social d'une société coopérative immatriculée en France, dont il résulterait un changement de droit applicable, ainsi qu'à la participation d'une société coopérative relevant du droit français à la constitution d'une société coopérative européenne par voie de fusion.**

Il se saisit d'office ou est saisi par toute personne ou autorité qui estime une telle opération contraire à un intérêt public.

La décision du procureur de la République est susceptible de recours devant la cour d'appel de Paris.

Section II. – La constitution par transformation

Art. 26-7 *(L. n° 2008-649, 3 juill. 2008).* – **En cas de transformation d'une société coopérative en société coopérative européenne, la société établit un projet de transformation.**

Ce projet est déposé au greffe du tribunal dans le ressort duquel la société coopérative est immatriculée et fait l'objet d'une publicité selon des modalités prévues par décret en Conseil d'État.

Un ou plusieurs commissaires à la transformation désignés par décision de justice établissent sous leur responsabilité un rapport. Le rapport atteste que la société dispose d'actifs nets au moins équivalents au

capital augmenté des réserves que la loi ou les statuts ne permettent pas de distribuer. Les commissaires à la transformation sont soumis aux incompatibilités prévues à l'article L. 822-11 du Code de commerce.

La transformation de la société coopérative en société coopérative européenne est décidée dans les conditions prévues pour la modification des statuts de la coopérative qui se transforme.

Elle est également soumise à l'approbation des porteurs de parts à intérêts prioritaires selon les modalités de l'article 11 *bis* de la présente loi ainsi qu'à celle des titulaires de certificats coopératifs d'investissement et à celle des titulaires de certificats coopératifs d'associés selon des modalités prévues par décret en Conseil d'État.

Décret n° 2009-767 du 22 juin 2009
relatif à la société coopérative européenne

Art. 6. – Le projet de transformation de la société coopérative prévu à l'article 26-7 de la loi [n° 47-1775] du 10 septembre 1947 susvisée fait l'objet d'un avis inséré dans un journal habilité à recevoir des annonces légales dans le département du siège social, ainsi qu'au *Bulletin des annonces légales obligatoires*, lorsque ses titres sont admis aux négociations sur un marché réglementé ou ne revêtent pas tous la forme nominative.

Cet avis comporte les indications suivantes :

1° La dénomination sociale suivie, le cas échéant, de son sigle, l'adresse du siège social, le montant du capital social et les mentions prévues aux 1° et 2° de l'article R. 123-237 du Code de commerce ;

2° La mention que la société coopérative envisage de se transformer en société coopérative européenne ;

3° La date du projet ainsi que la date et le lieu de son dépôt au greffe du tribunal dans le ressort duquel la société est immatriculée.

Il est procédé à ce dépôt et à la publicité prévue au premier alinéa un mois au moins avant la date de la première assemblée appelée à statuer sur l'opération.

Art. 7. – Les commissaires à la transformation sont désignés et accomplissent leur mission dans les conditions prévues par l'article R. 225-7 du Code de commerce.

Art. 8. – La transformation est approuvée par la majorité des deux tiers des voix exprimées par les titulaires de certificats coopératifs d'investissement, les titulaires de certificats coopératifs d'associés et les porteurs de parts à intérêt prioritaire présents, réunis chacun en assemblées spéciales conformément aux dispositions du décret [n° 91-14] du 4 janvier 1991 et des décrets n° 93-674 et n° 93-675 du 27 mars 1993 susvisés.

Art. 9. – La transformation d'une société coopérative en société coopérative européenne immatriculée en France fait l'objet d'un avis publié dans les conditions prévues par l'article 6, ainsi qu'au *Journal officiel de l'Union européenne*.

Art. 26-8 *(L. n° 2008-649, 3 juill. 2008)*. – **Lorsque la participation des salariés au sens du paragraphe 7 de l'article 35 du règlement (CE) n° 1435/2003 du Conseil, du 22 juillet 2003, précité est organisée, le projet de transformation est préalablement approuvé à la majorité des deux tiers des membres du conseil d'administration ou du conseil de surveillance.**

CHAPITRE III. – LE TRANSFERT DE SIÈGE

Art. 26-9 *(L. n° 2008-649, 3 juill. 2008)*. – **Toute société coopérative européenne régulièrement immatriculée au registre du commerce et des sociétés peut transférer son siège dans un autre État membre de la Communauté européenne. Elle établit un projet de transfert. Ce projet est déposé au greffe du tribunal dans le ressort duquel la société est immatriculée et fait l'objet d'une publicité dont les modalités sont prévues par décret en Conseil d'État.**

Le transfert est décidé dans les conditions prévues pour la modification des statuts selon les dispositions applicables à la catégorie de coopératives dont relève la société coopérative européenne. Cette décision ne peut pas intervenir avant qu'un délai de deux mois se soit écoulé depuis la publicité du projet.

Le transfert est soumis à l'approbation des porteurs de parts à intérêts prioritaires selon les modalités de l'article 11 *bis*.

Décret n° 2009-767 du 22 juin 2009

relatif à la société coopérative européenne

Art. 10. – Le projet de transfert dans un autre État membre de la Communauté européenne du siège social d'une société coopérative européenne immatriculée en France, prévu à l'article 26-9 de la loi [n° 47-1775] du 10 septembre 1947 susvisée, fait l'objet d'un avis inséré dans un journal habilité à recevoir des annonces légales dans le département du siège social, ainsi qu'au *Bulletin des annonces légales obligatoires* lorsque ses titres sont admis aux négociations sur un marché réglementé ou ne revêtent pas tous la forme nominative.

Cet avis comporte, outre les mentions prévues pour la modification des statuts, les indications suivantes :

1° La dénomination sociale suivie, le cas échéant, de son sigle, l'adresse du siège social, le montant du capital social ainsi que les mentions prévues aux 1° et 2° de l'article R. 123-237 du Code de commerce ;

2° L'État dans lequel le transfert est envisagé ainsi que l'adresse prévisible du siège social ;

3° Le calendrier prévisible du transfert ;

4° Les modalités d'exercice des droits relatifs au rachat des titres et à l'opposition des créanciers ;

5° La date du projet ainsi que la date et le lieu de son dépôt au greffe du tribunal dans le ressort duquel la société est immatriculée.

Il est procédé à ce dépôt et à la publicité prévue par le présent article au moins deux mois avant la date de la première assemblée générale appelée à statuer sur le transfert.

Art. 11. – La décision de transfert prise en application du deuxième alinéa de l'article 26-9 de la loi [n° 47-1775] du 10 septembre 1947 susvisée fait l'objet d'un avis inséré dans un journal habilité à recevoir des annonces légales dans le département du siège social, ainsi qu'au *Bulletin des annonces légales obligatoires* lorsque les titres de la société sont admis aux négociations sur un marché réglementé ou ne revêtent pas tous la forme nominative.

Cet avis comporte, outre les indications prévues au 1° de l'article 10, la date de l'assemblée générale extraordinaire et l'adresse du siège social.

Art. 26-10 *(L. n° 2008-649, 3 juill. 2008)*. – **En cas d'opposition au transfert de siège, les associés peuvent déclarer leur retrait et obtenir le remboursement de leurs parts selon les modalités prévues par la présente loi.**

Décret n° 2009-767 du 22 juin 2009

relatif à la société coopérative européenne

Art. 12. – Les déclarations de retrait et les demandes de remboursement des associés mentionnées à l'article 26-10 de la loi [n° 47-1775] du 10 septembre 1947 susvisée sont formées dans le délai de deux mois à compter de la publication prévue par l'article 11.

Elles sont portées à la connaissance de la société par lettre recommandée avec demande d'avis de réception.

Art. 13. – La société adresse à chacun des associés mentionnés à l'article précédent, dans un délai de quinze jours suivant la réception de sa demande, une offre de remboursement par lettre recommandée avec demande d'avis de réception.

Art. 26-11 *(L. n° 2008-649, 3 juill. 2008)*. – **Le projet de transfert est présenté à l'assemblée spéciale des titulaires de certificats coopératifs d'investissement et à celle des titulaires de certificats coopératifs d'associés. Elles se prononcent sur les modalités de rachat de ces titres.**

Lorsque les certificats coopératifs d'investissement et les certificats coopératifs d'associés sont admis aux négociations sur un marché réglementé, l'offre de rachat présentée par la société est faite selon les modalités prévues par le contrat d'émission et dans les conditions prévues par les articles L. 212-6-3 et L. 212-6-4 du Code monétaire et financier.

Lorsque les certificats coopératifs d'investissement et les certificats coopératifs d'associés ne sont pas admis aux négociations sur un marché réglementé, le rachat est effectué selon les modalités prévues par le contrat

d'émission. En cas d'opposition des titulaires de certificats coopératifs d'investissement ou des titulaires de certificats coopératifs d'associés, le rachat des titres est effectué dans des conditions assurant l'égalité entre les titulaires prévues par décret en Conseil d'État.

La somme revenant aux détenteurs non identifiés ou ne s'étant pas manifestés est consignée.

Lorsque le contrat d'émission, conclu avant l'entrée en vigueur de la présente loi, ne prévoit aucune modalité de rachat des certificats coopératifs d'investissement ou des certificats coopératifs d'associés, il est fait application des méthodes d'évaluation soit fixées par l'assemblée spéciale dans des conditions assurant l'égalité entre les titulaires de certificats coopératifs d'investissement ou les titulaires de certificats coopératifs d'associés soit, lorsque ces certificats sont admis aux négociations sur un marché réglementé, dans les conditions prévues par les articles L. 212-6-3 et L. 212-6-4 du Code monétaire et financier.

Décret n° 2009-767 du 22 juin 2009

relatif à la société coopérative européenne

Art. 14. – L'offre de rachat des titres prévue à l'article 26-11 de la loi [n° 47-1775] du 10 septembre 1947 susvisée fait l'objet d'un avis inséré dans un journal habilité à recevoir des annonces légales dans le département du siège social, ainsi qu'au *Bulletin des annonces légales obligatoires* lorsque les titres sont admis aux négociations sur un marché réglementé ou ne revêtent pas tous la forme nominative.

Cet avis comporte :

1° La dénomination sociale suivie, le cas échéant, de son sigle, la forme de la société, l'adresse du siège social et le montant du capital social ;

2° Le nombre de certificats dont l'acquisition est envisagée ;

3° Le prix offert par certificat et accepté par l'assemblée spéciale des titulaires de certificats coopératifs concernée ;

4° Le délai pendant lequel l'offre d'acquisition est maintenue ainsi que le lieu où elle peut être acceptée. Ce délai ne peut être inférieur à vingt jours.

La publicité prévue au premier alinéa est remplacée pour les porteurs de certificats coopératifs d'investissement nominatifs et de certificats coopératifs d'associés nominatifs par l'envoi à chacun d'eux d'une lettre recommandée avec demande d'avis de réception, aux frais de la société. Cette lettre comporte les mêmes mentions que celles de l'avis.

Le délai dans lequel les porteurs de certificats coopératifs d'investissement et de certificats coopératifs d'associés peuvent céder leurs titres est de trente jours à compter de la dernière en date des formalités de publicité accomplies.

Art. 26-12 *(L. n° 2008-649, 3 juill. 2008).* **– Le projet de transfert est soumis à l'assemblée des obligataires à moins que le remboursement des titres sur simple demande de leur part ne soit offert auxdits obligataires. Un décret en Conseil d'État fixe les modalités de publicité de l'offre de remboursement ainsi que le délai au terme duquel chaque obligataire qui n'a pas demandé le remboursement conserve sa qualité dans la société aux conditions fixées par le projet de transfert.**

Décret n° 2009-767 du 22 juin 2009

relatif à la société coopérative européenne

Art. 15. – L'offre de remboursement des titres prévue à l'article 26-12 de la loi [n° 47-1775] du 10 septembre 1947 susvisée fait l'objet d'un avis donnant lieu à deux insertions successives, espacées d'au moins dix jours, dans deux journaux d'annonces légales du département du siège social, ainsi qu'au *Bulletin des annonces légales obligatoires* lorsque les titres sont admis aux négociations sur un marché réglementé ou ne revêtent pas tous la forme nominative.

La publicité prévue au premier alinéa est remplacée, pour les titulaires d'obligations nominatives, par l'envoi à chacun d'eux d'une lettre recommandée avec demande d'avis de réception, aux frais de la société.

Le délai dans lequel les obligataires peuvent demander le remboursement de leurs titres est de trois mois à compter de la dernière en date des formalités de publicité accomplies.

Ce délai est indiqué dans l'avis mentionné au premier alinéa.

Art. 26-13 *(L. n° 2008-649, 3 juill. 2008).* – **Les créanciers non obligataires dont la créance est antérieure au transfert de siège peuvent former opposition à celui-ci dans le délai fixé par décret en Conseil d'État. Une décision de justice rejette l'opposition ou ordonne soit le remboursement des créances, soit la constitution de garanties si la société transférant son siège en offre et si elles sont jugées suffisantes. À défaut de remboursement des créances ou de constitution des garanties ordonnées, le transfert est inopposable à ces créanciers. L'opposition formée n'a pas pour effet d'interdire la poursuite des opérations de transfert. Le présent article ne fait pas obstacle à l'application des conventions autorisant les créanciers non obligataires à exiger le remboursement immédiat de leur créance en cas de transfert de siège.**

Décret n° 2009-767 du 22 juin 2009
relatif à la société coopérative européenne

Art. 16. – L'opposition d'un créancier non obligataire, prévue à l'article 26-13 de la loi [n° 47-1775] du 10 septembre 1947 susvisée, est formée dans un délai de trente jours à compter de la dernière en date des publications de l'insertion mentionnée à l'article 10.

Art. 26-14 *(L. n° 2008-649, 3 juill. 2008).* – **Un notaire délivre un certificat attestant l'accomplissement des actes et formalités préalables au transfert.**

Décret n° 2009-767 du 22 juin 2009
relatif à la société coopérative européenne

Art. 17. – Aux fins de délivrance du certificat mentionné à l'article 26-14 de la loi [n° 47-1775] du 10 septembre 1947 susvisée, la société coopérative européenne produit au notaire un dossier contenant les éléments suivants :

1° Le projet de transfert du siège social ;
2° Les statuts de la société ;
3° Une copie des avis relatifs aux publicités prévues par la présente section ;
4° Une copie de la décision de transfert mentionnée à l'article 7.6 du règlement (CE) n° 1435/2003 du Conseil du 22 juillet 2003 ;
5° Des indications relatives aux conséquences du transfert sur l'implication des travailleurs dans la société coopérative européenne.

Art. 18. – Le notaire délivre ce certificat dans un délai de quinze jours à compter de la réception de l'ensemble des documents mentionnés à l'article précédent.

CHAPITRE IV. – LA DIRECTION ET L'ADMINISTRATION DE LA SOCIÉTÉ COOPÉRATIVE EUROPÉENNE

Art. 26-15 *(L. n° 2008-649, 3 juill. 2008).* – **Les statuts de la société coopérative européenne peuvent prévoir qu'elle est administrée par un conseil d'administration ou par un directoire placé sous le contrôle d'un conseil de surveillance.**

Section I. – Le conseil d'administration et la direction générale

Art. 26-16 *(L. n° 2008-649, 3 juill. 2008).* – **Le conseil d'administration représente la société à l'égard des tiers. Le nombre de ses membres, fixé par les statuts, est compris entre trois et dix-huit.**

Toutefois, les statuts peuvent prévoir que la direction générale de la société est assumée sous sa responsabilité soit par le président du conseil d'administration, soit par une autre personne physique nommée par le conseil d'administration et portant le titre de directeur général.

Dans ce cas, le directeur général est investi des pouvoirs les plus étendus pour agir en toute circonstance au nom de la société. Il exerce ces pouvoirs dans la limite de l'objet social et sous réserve de ceux que la loi attribue expressément aux assemblées générales et au conseil d'administration.

Il représente la société dans ses rapports avec les tiers. La société est engagée même par les actes du directeur général qui ne relèvent pas de l'objet social, à moins qu'elle ne prouve que le tiers savait que l'acte dépassait cet objet ou qu'il ne pouvait l'ignorer compte tenu des circonstances, étant exclu que la seule publication des statuts suffise à constituer cette preuve.

Art. 26-17 *(L. n° 2008-649, 3 juill. 2008).* – Sauf lorsqu'une disposition applicable aux sociétés coopératives de même catégorie l'interdit, une personne morale peut être nommée administrateur.

Art. 26-18 *(L. n° 2008-649, 3 juill. 2008).* – Chaque administrateur peut se faire communiquer par le directeur général les documents nécessaires à l'accomplissement de sa mission.

Section II. – Le directoire et le conseil de surveillance

Art. 26-19 *(L. n° 2008-649, 3 juill. 2008).* – La société coopérative européenne peut être dirigée par un directoire, agissant sous le contrôle d'un conseil de surveillance.

Art. 26-20 *(L. n° 2008-649, 3 juill. 2008).* – Le directoire est investi des pouvoirs les plus étendus pour agir en toute circonstance au nom de la société. Il les exerce dans la limite de l'objet social et sous réserve de ceux expressément attribués par la loi au conseil de surveillance et aux assemblées générales. Les statuts peuvent prévoir que son président ou le directeur général unique ou tout autre membre désigné à cet effet par le conseil de surveillance et portant le titre de directeur général représente seul la société à l'égard des tiers.

Dans les rapports avec les tiers, la société est engagée même par les actes du directoire qui ne relèvent pas de l'objet social, à moins qu'elle ne prouve que les tiers savaient que l'acte dépassait cet objet ou qu'ils ne pouvaient l'ignorer compte tenu des circonstances, étant exclu que la seule publication des statuts suffise à constituer cette preuve.

Les dispositions des statuts limitant les pouvoirs du directoire sont inopposables aux tiers.

Dans les sociétés coopératives européennes dont le capital est inférieur à 150 000 €, les fonctions dévolues au directoire peuvent être exercées par une seule personne. Dans ce cas, elle prend le titre de directeur général unique.

Art. 26-21 *(L. n° 2008-649, 3 juill. 2008).* – Les membres du directoire ou le directeur général unique sont nommés et révoqués par le conseil de surveillance.

Toutefois, si les statuts le prévoient, ils peuvent être nommés par l'assemblée générale selon les modalités prévues par la présente loi et selon les dispositions applicables aux coopératives de même catégorie.

À peine de nullité de la nomination, les membres du directoire sont des personnes physiques. Ils peuvent être choisis en dehors des associés.

Le nombre des membres du directoire est fixé par les statuts, sans pouvoir excéder cinq membres. Toutefois, lorsque la société coopérative européenne *(Mod., Ord. 2009-80, 22 janv. 2009)* « entend procéder à une offre au public de ses parts, » ce nombre peut être porté à sept.

Art. 26-22 *(L. n° 2008-649, 3 juill. 2008).* – En cas de vacance au sein du directoire, un membre du conseil de surveillance peut être nommé par ce conseil pour exercer les fonctions de membre du directoire pour une durée maximale fixée par décret en Conseil d'État. Pendant cette durée, les fonctions de l'intéressé au sein du conseil de surveillance sont suspendues.

Décret n° 2009-767 du 22 juin 2009

relatif à la société coopérative européenne

Art. 19. – Le membre du conseil de surveillance qui assure, en application de l'article 26-22 de la loi [n° 47-1775] du 10 septembre 1947 susvisée, les fonctions de membre du directoire en cas de vacance au sein de celui-ci est nommé pour le temps restant à courir jusqu'au renouvellement du directoire sans que ce délai puisse excéder six mois.

Art. 26-23 *(L. n° 2008-649, 3 juill. 2008).* – Le conseil de surveillance est composé de trois membres au moins. Les statuts fixent le nombre maximum des membres du conseil, qui ne peut être supérieur à dix-huit.

Sauf lorsqu'une disposition applicable à la coopérative de même catégorie que la société coopérative européenne l'interdit, une personne morale peut être nommée au conseil de surveillance. Lors de sa nomination, la personne morale est tenue de désigner un représentant permanent qui est soumis aux mêmes conditions et obligations et qui encourt les mêmes responsabilités civile et pénale que s'il était membre du conseil en son nom propre, sans préjudice de la responsabilité solidaire de la personne morale qu'il représente. Lorsque la personne morale révoque son représentant, elle est tenue de pourvoir en même temps à son remplacement.

Art. 26-24 *(L. n° 2008-649, 3 juill. 2008)*. – Chaque membre du conseil de surveillance peut se faire communiquer par le président du directoire les documents nécessaires à l'accomplissement de sa mission.

Section III. – Règles communes

Art. 26-25 *(L. n° 2008-649, 3 juill. 2008)*. – Sous réserve de l'article 27 de la présente loi, les statuts doivent prévoir des règles similaires à celles énoncées aux articles L. 225-38 à L. 225-42 et L. 225-86 à L. 225-90 du Code de commerce.

Art. 26-26 *(L. n° 2008-649, 3 juill. 2008)*. – Les administrateurs, le directeur général et les membres du directoire sont responsables, individuellement ou solidairement selon le cas, envers la société ou envers les tiers, soit des violations des dispositions législatives ou réglementaires applicables aux sociétés coopératives ou des dispositions statutaires, soit des fautes commises dans leur gestion.

Les membres du conseil de surveillance sont responsables des fautes personnelles commises dans l'exécution de leur mandat. Ils n'encourent aucune responsabilité en raison des actes de la gestion et de leur résultat. Ils peuvent être déclarés civilement responsables des délits commis par les membres du directoire si, en ayant eu connaissance, ils ne les ont pas révélés à l'assemblée générale.

Section IV. – Acquisition de la qualité d'associé coopérateur

Art. 26-27 *(L. n° 2008-649, 3 juill. 2008)*. – Les statuts de la société coopérative européenne déterminent les modalités de délivrance de l'agrément des nouveaux associés coopérateurs par le conseil d'administration ou par le directoire, ainsi que les modalités selon lesquelles un recours est exercé devant l'assemblée générale contre les décisions de refus d'agrément.

Section V. – Les assemblées générales

Art. 26-28 *(L. n° 2008-649, 3 juill. 2008)*. – Les assemblées générales de la société coopérative européenne sont soumises aux règles prescrites par la présente loi, ainsi qu'à celles applicables aux coopératives de même catégorie dans la mesure où elles sont compatibles avec le règlement (CE) n° 1435/2003 du Conseil, du 22 juillet 2003, précité.

Section VI. – Le contrôle légal des comptes

Art. 26-29 *(L. n° 2008-649, 3 juill. 2008)*. – Les comptes annuels des sociétés coopératives européennes sont certifiés par au moins un commissaire aux comptes. Toutefois, les comptes consolidés ou combinés des sociétés coopératives européennes sont certifiés par au moins deux commissaires aux comptes.

Section VII. – La révision

Art. 26-30 *(L. n° 2008-649, 3 juill. 2008)*. – La société coopérative européenne relevant d'une catégorie particulière de coopératives soumises à une obligation de révision spécifique par un organisme extérieur est soumise à la même obligation.

CHAPITRE V. – L'ÉTABLISSEMENT DES COMPTES

Art. 26-31 *(L. n° 2008-649, 3 juill. 2008)*. – Sous réserve des dispositions de l'article L. 524-6-5 du Code rural *(Mots aj., Ord. N° 2010-462, 6 mai 2010)* « et de la pêche maritime », la société coopérative européenne établit des comptes annuels conformément aux articles L. 123-12 à L. 123-24 du Code de commerce.

CHAPITRE VI. – DISSOLUTION ET LIQUIDATION
DE LA SOCIÉTÉ COOPÉRATIVE EUROPÉENNE

Art. 26-32 *(L. n° 2008-649, 3 juill. 2008)*. – **Les causes de nullité de la délibération de l'une des assemblées qui ont décidé de la fusion ou les manquements au contrôle de légalité constituent une cause de dissolution de la société coopérative européenne.**

Toutefois, lorsqu'il est possible de porter remède à l'irrégularité susceptible d'entraîner la dissolution, le tribunal saisi de l'action en dissolution d'une société coopérative européenne créée par fusion accorde un délai pour régulariser la situation.

Les actions en dissolution prévues par le présent article se prescrivent par six mois à compter de la date de la dernière inscription au registre du commerce et des sociétés rendue nécessaire par la fusion.

Décret n° 2009-767 du 22 juin 2009
relatif à la société coopérative européenne

Art. 20. – La dissolution de la société coopérative européenne pour l'un des motifs mentionnés au premier alinéa de l'article 26-32 de la loi [n° 47-1775] du 10 septembre 1947 susvisée peut être demandée en justice par tout intéressé.

La publicité de la décision judiciaire qui prononce la dissolution de la société coopérative européenne est faite par l'insertion au *Bulletin officiel des annonces civiles et commerciales* et dans un journal habilité à recevoir des annonces légales dans le département du siège social, ainsi qu'au *Bulletin des annonces légales obligatoires* lorsque ses titres sont admis aux négociations sur un marché réglementé ou ne revêtent pas tous la forme nominative.

Art. 26-33 *(L. n° 2008-649, 3 juill. 2008)*. – **Si la société coopérative européenne immatriculée en France n'y a plus son administration centrale, tout intéressé peut demander au tribunal, le cas échéant sous astreinte, la régularisation de cette situation par le transfert du siège social ou le rétablissement de l'administration centrale au lieu du siège social.**

Le tribunal fixe une durée maximale pour cette régularisation.

Art. 26-34 *(L. n° 2008-649, 3 juill. 2008)*. – **À défaut de régularisation à l'issue du délai mentionné à l'article 26-33, le tribunal prononce la dissolution de la société coopérative européenne.**

Art. 26-35 *(L. n° 2008-649, 3 juill. 2008)*. – **En cas de déplacement vers la France de l'administration centrale d'une société coopérative européenne immatriculée dans un autre État membre, en violation de l'article 6 du règlement (CE) n° 1435/2003 du Conseil, du 22 juillet 2003, précité, le procureur de la République informe sans délai l'État membre dans lequel est fixé le siège statutaire de cette société.**

Art. 26-36 *(L. n° 2008-649, 3 juill. 2008)*. – **En cas de déplacement vers un autre État membre de la Communauté européenne de l'administration centrale d'une société coopérative européenne immatriculée en France, en violation de l'article 6 du règlement (CE) n° 1435/2003 du Conseil, du 22 juillet 2003, précité, le procureur de la République est compétent pour recevoir cette information des autorités de cet État.**

Art. 26-37 *(L. n° 2008-649, 3 juill. 2008)*. – **Lorsque la dissolution de la société coopérative européenne est prononcée, il est procédé à sa liquidation conformément aux dispositions applicables à la catégorie de coopératives concernée ou conformément à l'article 19 de la présente loi et aux dispositions non contraires de l'article 1844-8 du Code civil ou du chapitre VII du titre III du livre II du Code de commerce.**

Lorsqu'une décision judiciaire prononçant la dissolution d'une société coopérative européenne est devenue définitive, cette décision fait l'objet d'une publicité dont les modalités sont fixées par décret en Conseil d'État.

CHAPITRE VII. – LA TRANSFORMATION DE LA SOCIÉTÉ COOPÉRATIVE EUROPÉENNE
EN SOCIÉTÉ COOPÉRATIVE

Art. 26-38 *(L. n° 2008-649, 3 juill. 2008)*. – **Toute société coopérative européenne peut se transformer en société coopérative si, au moment de la transformation, elle est immatriculée depuis plus de deux ans et a fait approuver le bilan de ses deux premiers exercices.**

La société établit un projet de transformation en société coopérative. Ce projet est déposé au greffe du tribunal du siège de la société et fait l'objet d'une publicité dont les modalités sont fixées par décret en Conseil d'État.

Décret n° 2009-767 du 22 juin 2009

relatif à la société coopérative européenne

Art. 21. – Le projet de transformation de la société coopérative européenne, prévue à l'article 26-38 de la loi [n° 47-1775] du 10 septembre 1947 susvisée, fait l'objet d'un avis inséré dans un journal habilité à recevoir des annonces légales dans le département du siège social, ainsi qu'au *Bulletin des annonces légales obligatoires*, lorsque ses titres sont admis aux négociations sur un marché réglementé ou ne revêtent pas tous la forme nominative.

Cet avis comporte les indications suivantes :

1° La dénomination sociale suivie, le cas échéant, de son sigle, l'adresse du siège social, le montant du capital social et les mentions prévues aux 1° et 2° de l'article R. 123-237 du Code de commerce ;

2° La mention que la société coopérative européenne envisage de se transformer en société coopérative ;

3° La date du projet ainsi que la date et le lieu de son dépôt au greffe du tribunal dans le ressort duquel la société est immatriculée.

Il est procédé à ce dépôt et à la publicité prévue au premier alinéa un mois au moins avant la date de la première assemblée appelée à statuer sur l'opération.

Art. 22. – Le projet de transformation est approuvé par la majorité des deux tiers des voix exprimées par les titulaires de certificats coopératifs d'investissement, les titulaires de certificats coopératifs d'associés et les porteurs de parts à intérêt prioritaire présents, réunis chacun en assemblées spéciales conformément aux dispositions du décret [n° 91-14] du 4 janvier 1991 et des décrets n° 93-674 et n° 93-675 du 27 mars 1993 susvisés.

Art. 23. – La transformation d'une société coopérative européenne immatriculée en France en société coopérative fait l'objet de la publicité prévue en cas de modification des statuts.

Art. 24. – Les commissaires à la transformation sont désignés et accomplissent leur mission dans les conditions prévues par l'article R. 225-7 du Code de commerce.

Art. 26-39 *(L. n° 2008-649, 3 juill. 2008)*. **– Un ou plusieurs commissaires à la transformation désignés par décision de justice établissent sous leur responsabilité un rapport destiné aux associés de la société en voie de transformation attestant qu'elle dispose d'actifs nets au moins équivalents à son capital. Ils sont soumis aux incompatibilités prévues à l'article L. 822-11 du Code de commerce.**

Art. 26-40 *(L. n° 2008-649, 3 juill. 2008)*. **– La transformation en société coopérative est décidée par l'assemblée générale extraordinaire selon les modalités prévues pour la modification des statuts spécifiques aux coopératives de même catégorie.**

Le projet de transformation est soumis à l'approbation des porteurs de parts à intérêts prioritaires selon les modalités prévues à l'article 11 *bis*, à l'assemblée des titulaires de certificats coopératifs d'investissement ainsi qu'à celle des titulaires de certificats coopératifs d'associés selon des modalités fixées par décret en Conseil d'État.

Règlement CE n° 1435/2003 du 22 juillet 2003

relatif au statut de la société coopérative européenne (SEC)

(JOCE n° L 207, 18 août 2003)

Bibliographie : E. Alfandari et B. Piot, *Le statut des membres de la société coopérative européenne : Rev. sociétés* 2005, p. 339. • G. Parléani, *Le règlement relatif à la société coopérative européenne et la subtile articulation du droit communautaire et des droits nationaux : Rev. sociétés* 2004, p. 74. • S. Grandvuillemin, *L'avènement de la société coopérative européenne : le règlement du 22 juillet 2003 : JCP* E 2003, 1667. • M. Menjucq, *L'Europe et le droit de l'entreprise : JCP* G 2007, I, 130. • K. Rodriguez, *La société coopérative européenne : tenants et aboutissants : D.* 2004, p. 1219.

CHAPITRE I. – DISPOSITIONS GÉNÉRALES

Art. 1er. – *Nature de la SEC.* - 1. Une société coopérative peut être constituée sur le territoire de la Communauté sous la forme d'une société coopérative européenne (ci-après dénommée « SEC ») dans les conditions et selon les modalités prévues par le présent règlement.

2. La SEC est une société dont le capital souscrit est divisé en parts.

Le nombre des membres ainsi que le capital de la SEC sont variables.

Sauf dispositions contraires des statuts de la SEC, au moment de sa constitution, chaque membre ne s'engage qu'à concurrence du capital qu'il a souscrit. Lorsque les membres de la SEC ont une responsabilité limitée, la dénomination sociale de la SEC est suivie des termes « à responsabilité limitée ».

3. La SEC a pour objet principal la satisfaction des besoins et/ou le développement des activités économiques et/ou sociales de ses membres notamment par la conclusion d'accords avec ceux-ci en vue de la fourniture de biens ou de services ou de l'exécution de travaux dans le cadre de l'activité que la SEC exerce ou fait exercer. La SEC peut aussi avoir pour objet de répondre aux besoins de ses membres en favorisant, de la même manière, leur participation à des activités économiques dans une ou plusieurs SEC et/ou coopératives nationales. La SEC peut mener ses activités par l'intermédiaire d'une filiale.

4. La SEC ne peut admettre des non membres au bénéfice de ses activités ou permettre à ceux-ci de participer à ses opérations, sauf dispositions contraires des statuts.

5. La SEC a la personnalité juridique.

6. L'implication des travailleurs dans une SEC est régie par les dispositions de la directive 2003/72/CE.

Art. 2. – *Constitution.* - 1. La SEC peut être constituée comme suit :

- par au moins cinq personnes physiques résidant dans au moins deux États membres,
- par au moins cinq personnes physiques et sociétés au sens de l'article 48, deuxième alinéa, du traité, ainsi que d'autres entités juridiques de droit public ou privé, constituées selon le droit d'un État membre, qui résident dans au moins deux États membres ou sont régies par la législation d'au moins deux États membres,
- par des sociétés au sens de l'article 48, deuxième alinéa, du traité, ainsi que d'autres entités juridiques de droit public ou privé, constituées selon le droit d'un État membre, qui résident dans au moins deux États membres ou sont régies par la législation d'au moins deux États membres,
- par fusion de coopératives constituées selon le droit d'un État membre et ayant leur siège statutaire et leur administration centrale dans la Communauté, si deux d'entre elles au moins relèvent du droit d'États membres différents,
- par transformation d'une coopérative constituée selon le droit d'un État membre et ayant son siège statutaire et son administration centrale dans la Communauté, si elle a depuis au moins deux ans un établissement ou une filiale relevant du droit d'un autre État membre.

2. Un État membre peut prévoir qu'une entité juridique n'ayant pas son administration centrale dans la Communauté peut participer à la constitution d'une SEC, si elle est constituée selon le droit d'un État membre, a son siège statutaire dans ce même État membre et a un lien effectif et continu avec l'économie d'un État membre.

Art. 3. – *Capital minimal.* - 1. Le capital de la SEC est exprimé dans la monnaie nationale. Une SEC dont le siège statutaire est situé hors de la zone euro peut également exprimer son capital en euros.

2. Le capital souscrit est d'au moins 30 000 €.

3. La législation d'un État membre prévoyant un capital souscrit plus élevé pour les entités juridiques exerçant certains types d'activités s'applique aux SEC ayant leur siège statutaire dans cet État membre.

4. Les statuts fixent une somme au-dessous de laquelle le capital souscrit ne pourra être réduit par le remboursement de parts des membres qui cessent de faire partie de la SEC. Cette somme ne pourra être inférieure au montant fixé au paragraphe 2. L'échéance fixée à l'article 16 du droit de remboursement des membres qui cessent de faire partie de la SEC est suspendue tant que le remboursement entraînerait la réduction du capital souscrit au-dessous de la limite prescrite.

5. Le capital est susceptible d'augmentation par des versements successifs des membres ou l'admission de nouveaux membres et de diminution par le remboursement total ou partiel des apports, effectués sous réserve de l'application du paragraphe 4.

Les variations du montant du capital ne nécessitent pas de modifications des statuts ni de publicité.

Art. 4. – *Capital de la SEC.* - 1. Le capital souscrit de la SEC est représenté par les parts des membres, exprimées en monnaie nationale. Une SEC dont le siège est situé hors de la zone euro peut également exprimer son capital en euros. Il peut être émis plusieurs catégories de parts.

Des dispositions statutaires peuvent stipuler que des catégories de parts confèrent des droits différents en ce qui concerne la répartition des résultats. Les parts conférant les mêmes droits constituent une catégorie.

2. Le capital ne peut être constitué que par des éléments d'actifs susceptibles d'évaluation économique. Les parts des membres ne peuvent être émises en contrepartie d'engagements concernant l'exécution de travaux ou la prestation de services.

3. Les parts sont obligatoirement nominatives. Leur valeur nominale est identique pour chaque catégorie de parts. Elle est fixée dans les statuts. Les parts ne peuvent pas être émises pour un montant inférieur à leur valeur nominale.

4. Les parts émises en contrepartie d'apports en numéraire sont libérées au jour de la souscription à concurrence d'au moins 25 % de leur valeur nominale. Le solde est libéré dans un délai maximal de cinq ans, sauf si le statut prévoit un délai plus court.

5. Les parts émises en contrepartie d'apports en nature sont intégralement libérées à la souscription.

6. Le droit applicable aux sociétés anonymes, dans l'État membre où la SEC a son siège statutaire, en ce qui concerne la désignation d'experts et l'évaluation des apports autres qu'en numéraire s'applique par analogie à la SEC.

7. Les statuts fixent le nombre minimal de parts à souscrire pour accéder à la qualité de membre. S'ils prévoient que la majorité dans les assemblées générales est réservée aux personnes physiques membres, et s'ils comportent une obligation de souscription liée à la participation des membres à l'activité de la SEC, ils ne peuvent imposer pour l'acquisition de la qualité de membre la souscription de plus d'une part.

8. Une résolution de l'assemblée générale annuelle statuant sur les comptes de l'exercice constate le montant du capital à la clôture de l'exercice et sa variation par rapport à l'exercice précédent.

Sur proposition de l'organe d'administration ou de direction, le capital souscrit peut être augmenté par incorporation de tout ou partie des réserves partageables à la suite d'une décision de l'assemblée générale, conformément au quorum et à la majorité requises pour la modification des statuts. Les parts nouvelles reviennent aux membres au prorata des parts dont ils disposaient jusqu'alors dans le capital.

9. La valeur nominale des parts peut être augmentée par regroupement de parts émises. Lorsqu'une telle augmentation nécessite l'appel de versements complémentaires des membres au capital selon des dispositions prévues dans les statuts, l'assemblée générale doit décider en respectant les conditions de quorum et de majorité requises pour la modification des statuts.

10. La valeur nominale des parts peut être réduite par division des parts émises.

11. Dans les conditions fixées par les statuts et avec l'accord soit de l'assemblée générale, soit de l'organe de direction ou d'administration, les parts sont cessibles ou négociables à quiconque acquiert la qualité de membre.

12. Sont interdits la souscription, l'achat, et la prise en gage par la SEC de ses propres parts, soit directement soit par une personne agissant en son propre nom, mais pour le compte de la SEC.

Toutefois, la prise en gage est autorisée pour les opérations courantes des SEC établissements de crédit.

Art. 5. – *Statuts*. - 1. Aux fins du présent règlement, l'expression « statuts de la SEC » désigne à la fois l'acte constitutif et, lorsqu'ils font l'objet d'un acte séparé, les statuts proprement dits de la SEC.

2. Les membres fondateurs établissent les statuts de la SEC, conformément aux dispositions prévues pour la constitution des coopératives relevant de la législation de l'État membre du siège de la SEC. Ils sont établis par écrit et signés par les membres fondateurs.

3. Le droit applicable, dans l'État membre où la SEC a son siège statutaire, aux fins du contrôle préventif d'une société anonyme pendant la phase de constitution s'applique par analogie au contrôle de la constitution de la SEC.

4. Les statuts de la SEC contiennent au moins :

- la dénomination sociale précédée ou suivie du sigle « SEC » et, le cas échéant, des termes « à responsabilité limitée »,
- l'indication de son objet,
- le nom des personnes physiques et la dénomination sociale des entités qui sont membres fondateurs de la SEC, avec indication, dans le dernier cas, de l'objet et du siège statutaire,
- l'adresse du siège statutaire de la SEC,
- les conditions et modalités applicables à l'admission, à l'exclusion et au retrait des membres,
- les droits et les obligations des membres et, le cas échéant, leurs différentes catégories, ainsi que les droits et obligations attachés à chaque catégorie,
- la valeur nominale des parts souscrites ainsi que le montant du capital souscrit et l'indication de la variabilité du capital,

– les règles spécifiques concernant le prélèvement sur les excédents à affecter, le cas échéant, à la réserve légale,
– les pouvoirs et compétences des membres de chacun des organes,
– les conditions de nomination et de révocation des membres des organes,
– les règles de majorité et de quorum,
– la durée de vie de la société, lorsque cette durée est limitée.

Art. 6. – *Siège statutaire.* – Le siège statutaire de la SEC est situé à l'intérieur de la Communauté, dans le même État membre que son administration centrale. Un État membre peut, en outre, imposer aux SEC immatriculées sur son territoire l'obligation d'avoir leur administration centrale et leur siège statutaire au même endroit.

Art. 7. – *Transfert du siège statutaire.* – 1. Le siège statutaire de la SEC peut être transféré dans un autre État membre conformément aux paragraphes 2 à 16. Ce transfert ne donne lieu ni à dissolution ni à création d'une personne morale nouvelle.

2. Un projet de transfert est établi par l'organe de direction ou d'administration et fait l'objet d'une publicité conformément à l'article 12, sans préjudice de formes de publicité additionnelles prévues par l'État membre du siège. Ce projet mentionne la dénomination sociale, le siège statutaire et le numéro d'immatriculation actuels de la SEC et comprend :

a) le siège statutaire proposé pour la SEC ;

b) les statuts proposés pour la SEC, y compris, le cas échéant, sa nouvelle dénomination sociale ;

c) le calendrier proposé pour le transfert ;

d) les conséquences que le transfert pourrait avoir pour l'implication des travailleurs dans la SEC ;

e) tous les droits prévus en matière de protection des membres, des créanciers et des titulaires d'autres droits.

3. L'organe de direction ou d'administration établit un rapport expliquant et justifiant les aspects juridiques et économiques du transfert, ainsi que ses conséquences en matière d'emploi et expliquant les conséquences du transfert pour les membres, les créanciers, les travailleurs et les titulaires d'autres droits.

4. Les membres et les créanciers de la SEC et les titulaires d'autres droits, ainsi que toute autre entité habilitée en vertu du droit national à exercer un tel droit, ont, au moins un mois avant l'assemblée générale appelée à se prononcer sur le transfert, le droit d'examiner, au siège de la SEC, la proposition de transfert et le rapport établi en application du paragraphe 3 et d'obtenir gratuitement, à leur demande, des copies de ces documents.

5. Tout membre qui s'est opposé à la décision de transfert lors de l'assemblée générale ou de l'assemblée de section ou de branche peut déclarer son retrait dans un délai de deux mois à compter de la décision de l'assemblée générale. La qualité de membre prend fin au terme de l'exercice au cours duquel le retrait a été déclaré ; le transfert ne prend pas effet à l'égard de ce membre. Le retrait ouvre droit au remboursement de parts dans les conditions prévues à l'article 4, paragraphe 4, et à l'article 16.

6. La décision de transfert ne peut intervenir que deux mois après la publication de la proposition. Elle doit être prise dans les conditions prévues à l'article 62, paragraphe 4.

7. Avant que l'autorité compétente ne délivre le certificat visé au paragraphe 8, la SEC doit prouver qu'en ce qui concerne les créances nées antérieurement à la publication de la proposition de transfert, les intérêts des créanciers et titulaires d'autres droits envers la SEC (y compris ceux des entités publiques) bénéficient d'une protection adéquate conformément aux dispositions prévues par l'État membre où la SEC a son siège statutaire avant le transfert.

Un État membre peut étendre l'application du premier alinéa aux créances nées, ou susceptibles de naître, avant le transfert.

Le premier et le deuxième alinéas s'appliquent sans préjudice de l'application aux SEC de la législation nationale des États membres en ce qui concerne le désintéressement ou la garantie des paiements en faveur des entités publiques.

8. Dans l'État membre du siège statutaire de la SEC, un tribunal, un notaire ou une autre autorité compétente délivre un certificat attestant d'une manière concluante l'accomplissement des actes et des formalités préalables au transfert.

9. La nouvelle immatriculation ne peut s'effectuer que sur présentation du certificat visé au paragraphe 8 ainsi que sur preuve de l'accomplissement des formalités exigées pour l'immatriculation dans le pays du nouveau siège.

10. Le transfert du siège de la SEC, ainsi que la modification des statuts qui en résulte, prennent effet à la date à laquelle la SEC est immatriculée conformément à l'article 11, paragraphe 1, au registre du nouveau siège.

11. Lorsque la nouvelle immatriculation de la SEC a été effectuée, le registre de la nouvelle immatriculation le notifie au registre de l'ancienne immatriculation. La radiation de l'ancienne immatriculation s'effectue dès réception de la notification, mais pas avant.

12. La nouvelle immatriculation et la radiation de l'ancienne immatriculation sont publiées dans les États membres concernés conformément à l'article 12.

13. La publication de la nouvelle immatriculation de la SEC rend le nouveau siège opposable aux tiers. Toutefois, tant que la publication de la radiation de l'immatriculation au registre du précédent siège n'a pas eu lieu, les tiers peuvent continuer de se prévaloir de l'ancien siège, à moins que la SEC ne prouve que les tiers avaient connaissance du nouveau siège.

14. La législation d'un État membre peut prévoir, en ce qui concerne les SEC immatriculées dans ce dernier, qu'un transfert du siège, dont résulterait un changement du droit applicable, ne prend pas effet si, dans le délai de deux mois visé au paragraphe 6, une autorité compétente de cet État s'y oppose. Cette opposition ne peut avoir lieu que pour des raisons d'intérêt public.

Lorsqu'une SEC est soumise au contrôle d'une autorité nationale de surveillance financière conformément aux directives communautaires, le droit de s'opposer au transfert du siège statutaire s'applique également à cette autorité.

Elle est susceptible de recours devant une autorité judiciaire.

15. Une SEC, à l'égard de laquelle a été entamée une procédure de dissolution, de liquidation, y compris la liquidation volontaire, d'insolvabilité, de suspension de paiements ou d'autres procédures analogues ne peut transférer son siège.

16. Une SEC qui a transféré son siège statutaire dans un autre État membre est considérée, aux fins de tout litige survenant avant le transfert tel qu'il est déterminé au paragraphe 10, comme ayant son siège statutaire dans l'État membre où la SEC était immatriculée avant le transfert, même si une action est intentée contre la SEC après le transfert.

Art. 8. – *Loi applicable*. - 1. La SEC est régie :

a) par le présent règlement ;

b) lorsque le présent règlement l'autorise expressément, par les dispositions des statuts de la SEC ;

c) pour les matières non réglées par le présent règlement ou, lorsqu'une matière l'est partiellement, pour les aspects non couverts par le présent règlement par :

i) les lois adoptées par les États membres en application de mesures communautaires visant spécifiquement les SEC ;

ii) les lois des États membres qui s'appliqueraient à une société coopérative constituée selon le droit de l'État membre dans lequel la SEC a son siège statutaire ;

iii) les dispositions des statuts de la SEC, dans les mêmes conditions que pour une coopérative constituée selon le droit de l'État membre dans lequel la SEC a son siège statutaire.

2. Si la législation nationale prévoit des règles et/ou restrictions spécifiques liées à la nature des activités exercées par une SEC ou une forme de contrôle exercée par une autorité de surveillance, cette législation s'applique intégralement à la SEC.

Art. 9. – *Principe de non-discrimination*. - Sous réserve du présent règlement, une SEC est traitée dans chaque État membre comme une coopérative constituée conformément à la législation de l'État membre dans lequel la SEC a son siège statutaire.

Art. 10. – *Mentions à faire figurer sur les documents*. - 1. Le droit applicable, dans l'État membre où la SEC a son siège statutaire, aux sociétés anonymes en ce qui concerne le contenu des lettres et documents destinés aux tiers s'applique par analogie à la SEC. La dénomination sociale est précédée ou suivie du sigle « SEC » et, le cas échéant, des termes « à responsabilité limitée ».

2. Seules les SEC peuvent faire figurer le sigle « SEC » avant ou après leur dénomination sociale afin d'en préciser la forme juridique.

3. Néanmoins, les sociétés et les autres entités juridiques immatriculées dans un État membre avant la date d'entrée en vigueur du présent règlement, dans la dénomination sociale desquelles figure le sigle « SEC », ne sont pas tenues de modifier leur dénomination sociale.

Art. 11. – *Immatriculation et contenu de la publicité*. - 1. Toute SEC est immatriculée dans l'État membre de son siège statutaire dans un registre désigné par la législation de cet État membre conformément au droit applicable aux sociétés anonymes.

2. Une SEC ne peut être immatriculée que si un accord sur les modalités relatives à l'implication des travailleurs au sens de l'article 4 de la directive 2003/72/CE a été conclu, ou si une décision au titre de

l'article 3, paragraphe 6, de ladite directive a été prise, ou encore si la période prévue à l'article 5 de ladite directive pour mener les négociations est arrivée à expiration sans qu'un accord n'ait été conclu.

3. Pour qu'une SEC constituée par voie de fusion puisse être immatriculée dans un État membre ayant fait usage de la faculté visée à l'article 7, paragraphe 3, de la directive 2003/72/CE, il faut qu'un accord, au sens de l'article 4 de ladite directive, sur les modalités relatives à l'implication des travailleurs, y compris la participation, ait été conclu, ou qu'aucune des coopératives participantes n'ait été régie par des règles de participation avant l'immatriculation de la SEC.

4. Les statuts de la SEC ne doivent à aucun moment entrer en conflit avec les modalités relatives à l'implication des travailleurs qui ont été fixées. Lorsque de nouvelles modalités fixées conformément à la directive 2003/72/CE entrent en conflit avec les statuts existants, ceux-ci sont modifiés dans la mesure nécessaire.

En pareil cas, un État membre peut prévoir que l'organe de direction ou l'organe d'administration de la SEC a le droit d'apporter des modifications aux statuts sans nouvelle décision de l'assemblée générale *(Mots suppr., rect. JOUE n° L 79, 20 mars 2007)* « ... ».

5. Le droit applicable, dans l'État membre où la SEC a son siège statutaire, aux sociétés anonymes en ce qui concerne les exigences en matière de publicité des actes et indications s'applique par analogie à la SEC.

Art. 12. – *Publicité des actes dans les États membres.* - 1. Les actes et indications concernant la SEC soumis à publicité par le présent règlement font l'objet d'une publicité effectuée selon les modes prévus par la législation de l'État membre du siège statutaire de la SEC relative aux sociétés anonymes.

2. Les dispositions nationales prises en application de la directive 89/666/CEE s'appliquent aux succursales de la SEC créées dans un État membre autre que celui de son siège. Toutefois, les États membres peuvent prévoir des dérogations aux dispositions nationales d'application de ladite directive pour tenir compte des spécificités des coopératives.

Art. 13. – *Publication au Journal officiel de l'Union européenne.* - 1. L'immatriculation et la radiation de l'immatriculation d'une SEC font l'objet d'un avis publié pour information au *Journal officiel de l'Union européenne* après la publication effectuée conformément à l'article 12. Cet avis comporte la dénomination sociale, le numéro, la date et le lieu d'immatriculation de la SEC, la date, le lieu et le titre de la publication, ainsi que le siège et son secteur d'activité.

2. Le transfert du siège statutaire de la SEC dans les conditions prévues à l'article 7 donne lieu à un avis comportant les indications prévues au paragraphe 1, ainsi que celles relatives à la nouvelle immatriculation.

3. Les indications visées au paragraphe 1 sont communiquées à l'Office des publications officielles des Communautés européennes dans le mois suivant la publication visée à l'article 12, paragraphe 1.

Art. 14. – *Acquisition de la qualité de membre.* - 1. Sans préjudice de l'article 33, paragraphe 1, point *b)*, l'acquisition de la qualité de membre de la SEC est soumise à l'agrément de l'organe de direction ou d'administration. Les décisions de refus peuvent faire l'objet d'un recours devant l'assemblée générale qui suit la demande d'admission.

Les statuts peuvent stipuler que, lorsque la législation de l'État membre où se trouve le siège de la SEC le permet, des personnes n'ayant pas vocation à utiliser ou à produire les biens et les services de la SEC peuvent être admis en qualité de membres investisseurs (non-usagers). Dans ce cas, l'acquisition de la qualité de membre est subordonnée à l'approbation de l'assemblée générale ou de tout autre organe agissant par délégation sur décision de l'assemblée générale ou en vertu des statuts.

Les membres qui sont des entités juridiques sont considérés comme ayant la qualité d'usagers du fait qu'ils représentent leurs propres membres, à condition que les personnes physiques qui sont leurs membres aient la qualité d'usagers.

À moins que les statuts n'en disposent autrement, la qualité de membre d'une SEC peut être acquise par des personnes physiques ou des entités juridiques.

2. Les statuts peuvent subordonner l'admission à d'autres conditions, notamment :
- la souscription d'un montant minimal de capital,
- des conditions en relation avec l'objet de la SEC.

3. Lorsque les statuts en disposent ainsi, des demandes de participation complémentaire au capital peuvent être adressées aux membres.

4. Un fichier alphabétique de tous les membres est tenu au siège de la SEC mentionnant leur adresse, le nombre et, s'il y a lieu, la catégorie des parts qu'ils détiennent. Toute personne ayant un intérêt légitime direct peut, sur demande, prendre connaissance de ce fichier et en obtenir une copie intégrale ou partielle sans que le coût de cette copie puisse être supérieur au coût administratif.

5. Toutes les opérations ayant pour effet de modifier l'affiliation et la répartition du capital, son augmentation ou sa réduction donnent lieu à inscription sur le fichier des membres, prévu au paragraphe 4, au plus tard dans le mois suivant la modification.

6. Les opérations prévues au paragraphe 5 ne prennent effet tant à l'égard de la SEC que des tiers ayant un intérêt légitime direct qu'à dater de leur inscription sur le fichier prévu au paragraphe 4.

7. Une attestation écrite d'inscription est délivrée, sur demande, au membre.

Art. 15. – *Perte de la qualité de membre*. - 1. La qualité de membre se perd :

- par le retrait,
- par l'exclusion, lorsque le membre contrevient gravement à ses obligations ou commet des actes contraires aux intérêts de la SEC,
- lorsqu'elle est autorisée par les statuts, par la cession de toutes les parts détenues à un membre ou à une personne physique ou entité juridique qui acquiert la qualité de membre,
- par la dissolution d'un membre n'ayant pas la qualité de personne physique,
- par faillite,
- par décès,
- et dans tout autre cas prévu par les statuts ou par la législation concernant les coopératives de l'État membre du siège de la SEC.

2. Tout membre minoritaire qui, lors de l'assemblée générale, s'est opposé à une modification des statuts selon laquelle :

i) de nouvelles obligations en matière de versements ou autres prestations ont été instituées, ou

ii) les obligations existantes des membres ont été étendues de manière substantielle, ou

iii) le délai de préavis pour se retirer de la SEC a été porté à une durée supérieure à cinq ans,

peut déclarer son retrait dans un délai de deux mois à compter de la décision de l'assemblée générale.

La qualité de membre prend fin au terme de l'exercice en cours dans les cas visés au premier alinéa, points *i)* et *ii)*, et au terme du délai de préavis en vigueur avant la modification des statuts dans le cas visé au premier alinéa, point *iii)*. La modification des statuts ne prend pas effet à l'égard de ce membre. Le retrait ouvre droit au remboursement de parts dans les conditions prévues à l'article 3, paragraphe 4, et à l'article 16.

3. Le membre est exclu par décision d'administration ou de l'organe de direction après avoir été entendu. Il peut faire appel de cette décision devant l'assemblée générale.

Art. 16. – *Droits pécuniaires des membres en cas de retrait ou d'exclusion*. - 1. Sauf en cas de cession de parts et sous réserve de l'article 3, la perte de la qualité de membre ouvre droit au remboursement de sa part du capital souscrit, réduite en proportion de toute perte imputable sur le capital social de la SEC.

2. Les montants déduits en vertu du paragraphe 1 sont calculés en fonction du bilan de l'exercice au cours duquel le droit au remboursement a pris naissance.

3. Les statuts prévoient les modalités et les conditions de l'exercice du droit de retrait et impartissent le délai, d'un maximum de trois ans, dans lequel le remboursement doit s'effectuer. En tout cas, la SEC n'est pas tenue d'effectuer le remboursement avant les six mois suivant l'approbation du bilan postérieur à la perte de la qualité de membre.

4. Les paragraphes 1, 2 et 3 s'appliquent également en cas de remboursement d'une partie seulement des parts détenues par un membre.

CHAPITRE II. – CONSTITUTION

Section I. – Généralités

Art. 17. – *Droit applicable durant la constitution*. - 1. Sous réserve du présent règlement, la constitution d'une SEC est régie par la loi applicable aux coopératives de l'État où la SEC fixe son siège statutaire.

2. L'immatriculation d'une SEC fait l'objet d'une publicité conformément à l'article 12.

Art. 18. – *Acquisition de la personnalité juridique*. - 1. La SEC acquiert la personnalité juridique le jour de son immatriculation dans l'État du siège au registre désigné par cet État selon l'article 11, paragraphe 1.

2. Si des actes ont été accomplis au nom de la SEC avant son immatriculation conformément à l'article 11 et si la SEC ne reprend pas, après cette immatriculation, les engagements résultant de tels actes, les personnes physiques, sociétés ou autres entités juridiques qui les ont accomplis en sont solidairement et indéfiniment responsables, sauf convention contraire.

Section II. – Constitution par voie de fusion

Art. 19. – *Procédures de constitution par voie de fusion.* – Une SEC peut être constituée par voie de fusion réalisée :
- soit selon la procédure de fusion par absorption,
- soit selon la procédure de fusion par constitution d'une nouvelle personne morale.

Dans le cas d'une fusion par absorption, la coopérative absorbante prend la forme de SEC simultanément à la fusion. Dans le cas d'une fusion par constitution d'une nouvelle personne morale, cette dernière prend la forme d'une SEC.

Art. 20. – *Droit applicable en cas de fusion.* – Pour les matières non couvertes par la présente section ou, lorsqu'une matière l'est partiellement, pour les aspects non couverts par elle, chaque coopérative participant à la constitution d'une SEC par voie de fusion est soumise aux dispositions applicables à la fusion de coopératives du droit de l'État membre dont elle relève et, à défaut, aux dispositions applicables aux fusions internes des sociétés anonymes du droit dudit État.

Art. 21. – *Raisons pouvant motiver l'opposition à une fusion.* – La législation d'un État membre peut prévoir qu'une société coopérative relevant du droit de cet État membre ne peut participer à la constitution d'une SEC par voie de fusion si une autorité compétente de cet État membre s'y oppose avant la délivrance du certificat visé à l'article 29, paragraphe 2.

Cette opposition ne peut avoir lieu que pour des raisons d'intérêt public. Elle est susceptible de recours devant une autorité judiciaire.

Art. 22. – *Conditions de fusion.* – 1. L'organe de direction ou d'administration des coopératives qui fusionnent établit un projet de fusion. Ce projet comprend :

a) la dénomination et le siège des coopératives qui fusionnent, ainsi que ceux envisagés pour la SEC ;

b) le rapport d'échange des parts du capital souscrit et le montant de la soulte. Lorsqu'il n'existe pas de parts, la répartition exacte des actifs et sa valeur correspondante en parts ;

c) les modalités de remise des parts de la SEC ;

d) la date à partir de laquelle les *(Mot rempl., rect. JOUE n° L 79, 20 mars 2007)* « parts » de la SEC donnent le droit de participer aux résultats ainsi que toute modalité particulière relative à ce droit ;

e) la date à partir de laquelle les opérations des coopératives qui fusionnent sont considérées du point de vue comptable comme accomplies pour le compte de la SEC ;

f) les modalités ou avantages particuliers qui concernent les obligations ou les titres autres que des *(Mot rempl., rect. JOUE n° L 79, 20 mars 2007)* « parts » qui, en vertu de l'article 66, ne confèrent pas la qualité de membre ;

g) (Phrase rempl., rect. JOUE n° L 79, 20 mars 2007) « les droits assurés par la SEC aux détenteurs de parts ayant des droits spéciaux et aux porteurs de titres autres que des parts ou les mesures envisagées à leur égard » ;

h) les formes de protection des droits des créanciers des coopératives qui fusionnent ;

i) tous les avantages particuliers attribués aux experts qui examinent le projet de fusion, ainsi qu'aux membres des organes d'administration, de direction, de surveillance et de contrôle des coopératives qui fusionnent ;

j) les statuts de la SEC ;

k) des informations sur les procédures selon lesquelles les modalités relatives à l'implication des travailleurs sont fixées conformément à la directive 2003/72/CE.

2. Les coopératives qui fusionnent peuvent ajouter d'autres éléments au projet de fusion.

3. Le droit applicable aux sociétés anonymes en ce qui concerne les projets de fusion s'applique par analogie aux fusions transfrontalières de coopératives en vue de la création d'une SEC.

Art. 23. – *Explication et justification du projet de fusion.* – Les organes d'administration ou de direction de chacune des coopératives qui fusionnent établissent un rapport écrit détaillé expliquant et justifiant du point de vue juridique et économique le projet de fusion et, en particulier, le rapport d'échange des parts. Le rapport indique, en outre, toute difficulté particulière d'évaluation.

Art. 24. – *Publication.* – 1. Le droit applicable aux sociétés anonymes en ce qui concerne les exigences en matière de publicité des projets de fusion s'applique par analogie à chacune des coopératives qui fusionnent, sous réserve des exigences supplémentaires imposées par l'État membre dont relève la coopérative concernée.

2. La publication du projet dans le bulletin national comporte toutefois, pour chacune des coopératives qui fusionnent, les indications suivantes :

a) la forme, la dénomination et le siège statutaire de la coopérative qui fusionne ;

b) l'adresse du lieu ou du registre auprès duquel les statuts et tous les autres actes et indications ont été déposés pour chacune des coopératives qui fusionnent, ainsi que le numéro d'inscription dans ce registre ;

c) une indication des modalités d'exercice des droits des créanciers de la coopérative en question conformément à l'article 28 ainsi que l'adresse à laquelle peut être obtenue, sans frais, une information exhaustive sur ces modalités ;

d) une indication des modalités d'exercice des droits des membres de la coopérative en question, fixées conformément à l'article 28, ainsi que l'adresse à laquelle peut être obtenue, sans frais, une information exhaustive sur ces modalités ;

e) la dénomination et le siège envisagés pour la SEC ;

f) les conditions qui déterminent conformément à l'article 31 la date à laquelle la fusion prend effet.

Art. 25. – *Exigences en matière d'information.* - 1. Tout membre a le droit, un mois au moins avant la date de la réunion de l'assemblée générale appelée à se prononcer sur la fusion, de consulter au siège statutaire les documents suivants :

a) le projet de fusion visé à l'article 22 ;

b) les comptes annuels et les rapports de gestion des trois derniers exercices des coopératives qui fusionnent ;

c) un état comptable, qui est rédigé conformément aux dispositions applicables aux fusions internes des sociétés anonymes, dans la mesure où un tel état comptable est exigé par lesdites dispositions ;

d) le rapport des experts sur la valeur des parts à distribuer en échange des actifs des coopératives fusionnées ou le rapport d'échange des parts, prévu par l'article 26 ;

e) le rapport des organes d'administration ou de direction de la coopérative, prévu par l'article 23.

2. Une copie intégrale ou, s'il le désire, partielle des documents visés au paragraphe 1 peut être obtenue par tout membre sans frais et sur simple demande.

Art. 26. – *Rapport d'experts indépendants.* - 1. Pour chacune des coopératives qui fusionnent, un ou plusieurs experts indépendants désigné(s) par la coopérative concernée conformément à l'article 4, paragraphe 6, examinent le projet de fusion et établissent un rapport écrit destiné aux membres.

2. Un rapport unique pour toutes les coopératives qui fusionnent peut être établi, lorsque les législations des États membres dont relèvent ces coopératives le permettent.

3. Le droit applicable aux fusions de sociétés anonymes en ce qui concerne les droits et obligations des experts est applicable, par analogie, aux fusions de coopératives.

Art. 27. – *Approbation du projet de fusion.* - 1. L'assemblée générale de chacune des coopératives qui fusionnent approuve le projet de fusion.

2. L'implication des travailleurs dans la SEC est décidée conformément à la directive 2003/72/CE. L'assemblée générale de chacune des sociétés qui fusionnent peut subordonner le droit à l'immatriculation de la SEC à la condition qu'elle entérine expressément les modalités ainsi décidées.

Art. 28. – *Droit applicable en cas de constitution par fusion.* - 1. Le droit de l'État membre dont relève chacune des coopératives qui fusionnent s'applique comme en cas de fusion de sociétés anonymes, compte tenu du caractère transfrontalier de la fusion, en ce qui concerne la protection des intérêts :

- des créanciers des coopératives qui fusionnent,
- des obligataires des coopératives qui fusionnent.

2. Un État membre peut adopter, en ce qui concerne les coopératives participant à la fusion qui relèvent de son droit, des dispositions destinées à assurer une protection appropriée aux membres qui se sont prononcés contre la fusion.

Art. 29. – *Contrôle de la procédure de fusion.* - 1. Le contrôle de la légalité de la fusion est effectué, pour la partie de la procédure relative à chaque coopérative qui fusionne, conformément à la loi applicable dans l'État dont elle relève en cas de fusion de coopératives et, à défaut, aux dispositions applicables aux fusions internes des sociétés anonymes aux termes de la loi de cet État.

2. Dans chaque État membre concerné, le tribunal, le notaire ou une autre autorité compétente délivre un certificat attestant l'accomplissement des actes et des formalités préalables à la fusion.

3. Si le droit d'un État membre dont relève une coopérative qui fusionne prévoit une procédure permettant d'analyser et de modifier le rapport d'échange des *(Mot rempl., rect. JOUE n° L 79, 20 mars 2007)* « parts » ou une procédure visant à indemniser les membres minoritaires, sans empêcher l'immatriculation de la fusion, ces procédures ne s'appliquent que si les autres coopératives qui fusionnent et qui sont situées dans un État

membre ne prévoyant pas ce type de procédures acceptent explicitement, lorsqu'elles approuvent le projet de fusion conformément à l'article 27, paragraphe 1, la possibilité offerte aux membres de la coopérative qui fusionne dont il est question d'avoir recours auxdites procédures. Dans ce cas, un tribunal, un notaire ou une autre autorité compétente peut délivrer le certificat visé au paragraphe 2, même si une procédure de ce type a été engagée. Le certificat doit cependant mentionner que la procédure est en cours. La décision prise à l'issue de la procédure lie la coopérative absorbante et l'ensemble de ses membres.

Art. 30. – *Contrôle de la légalité d'une fusion.* – 1. Le contrôle de la légalité de la fusion est effectué, pour la partie de la procédure relative à la réalisation de la fusion et à la constitution de la SEC, par le tribunal, le notaire ou une autre autorité de l'État membre du futur siège de la SEC compétent pour contrôler cet aspect de la légalité de la fusion de coopératives, et, à défaut, de la fusion de sociétés anonymes.

2. À cette fin, chaque coopérative qui fusionne remet à cette autorité le certificat visé à l'article 29, paragraphe 2, dans un délai de six mois à compter de sa délivrance, ainsi qu'une copie du projet de fusion approuvé par la coopérative.

3. L'autorité visée au paragraphe 1 contrôle en particulier que les coopératives qui fusionnent ont approuvé un projet de fusion dans les mêmes termes et que des modalités relatives à l'implication des travailleurs ont été fixées conformément à la directive 2003/72/CE.

4. Ladite autorité contrôle, en outre, que la constitution de la SEC répond aux conditions fixées par la loi de l'État membre du siège.

Art. 31. – *Immatriculation de la fusion.* – 1. La fusion et la constitution simultanée de la SEC prennent effet à la date à laquelle la SEC est immatriculée conformément à l'article 11, paragraphe 1.

2. La SEC ne peut être immatriculée qu'après l'accomplissement de toutes les formalités prévues aux articles 29 et 30.

Art. 32. – *Publication.* – Pour chacune des coopératives qui fusionnent, la réalisation de la fusion fait l'objet d'une publicité effectuée selon les modalités prévues par la loi de l'État membre concerné conformément aux lois régissant la fusion de sociétés anonymes.

Art. 33. – *Effets d'une fusion.* – 1. La fusion réalisée comme prévu à l'article 19, premier alinéa, premier tiret, entraîne ipso jure et simultanément les effets suivants :

a) la transmission universelle à la personne morale absorbante de l'ensemble du patrimoine actif et passif de chaque coopérative absorbée ;

b) les membres de chaque coopérative absorbée deviennent membres de la personne morale absorbante ;

c) les coopératives absorbées cessent d'exister ;

d) la personne morale absorbante prend la forme d'une SEC.

2. La fusion réalisée comme prévu à l'article 19, premier alinéa, deuxième tiret, entraîne ipso jure et simultanément les effets suivants :

a) la transmission universelle à la SEC de l'ensemble du patrimoine actif et passif des coopératives qui fusionnent ;

b) les membres des coopératives qui fusionnent deviennent membres de la SEC ;

c) les coopératives qui fusionnent cessent d'exister.

3. Lorsqu'en cas de fusion de coopératives, la loi d'un État membre requiert des formalités particulières pour l'opposabilité aux tiers du transfert de certains biens, droits et obligations apportés par les coopératives qui fusionnent, ces formalités s'appliquent et sont effectuées soit par les coopératives qui fusionnent, soit par la SEC à dater de son immatriculation.

4. Les droits et obligations des coopératives participantes en matière de conditions d'emploi, aussi bien individuelles que collectives, résultant de la législation, de la pratique et de contrats de travail individuels ou des relations de travail au niveau national et existant à la date de l'immatriculation sont transférés à la SEC du fait même de l'immatriculation.

Le premier alinéa ne s'applique pas au droit que l'article 59, paragraphe 4, confère aux représentants des travailleurs de participer aux assemblées générales ou aux assemblées de section ou de branche.

5. Lorsque la fusion a été immatriculée, la SEC informe sans délai les membres de la coopérative absorbée de leur inscription au fichier des membres ainsi que du nombre de leurs parts.

Art. 34. – *Légalité de la fusion.* – 1. La nullité d'une fusion au sens de l'article 2, paragraphe 1, quatrième tiret, ne peut être prononcée lorsque la SEC a été immatriculée.

2. L'absence de contrôle de la légalité de la fusion conformément aux articles 29 et 30 constitue l'une des causes de dissolution de la SEC, conformément à l'article 74.

Section III. – Transformation d'une coopérative existante en une SEC

Art. 35. – *Procédures de constitution par transformation.* – 1. Sans préjudice de l'article 11, la transformation d'une coopérative en SEC ne donne lieu ni à dissolution de la coopérative ni à création d'une personne morale nouvelle.

2. Le siège statutaire ne peut pas être transféré d'un État membre à un autre conformément à l'article 7 à l'occasion de la transformation.

3. L'organe de direction ou d'administration de la coopérative considérée établit un projet de transformation et un rapport expliquant et justifiant les aspects juridiques et économiques de la transformation, ainsi que les conséquences sur l'emploi, et indiquant les conséquences pour les membres et pour les travailleurs de l'adoption de la forme de la SEC.

4. Le projet de transformation fait l'objet d'une publicité effectuée selon les modalités prévues par la loi de chaque État membre, un mois au moins avant la date de la réunion de l'assemblée générale appelée à se prononcer sur la transformation.

5. Avant l'assemblée générale visée au paragraphe 6, un ou plusieurs experts indépendants désignés ou agréés, conformément aux dispositions nationales, par une autorité judiciaire ou administrative de l'État membre dont relève la coopérative qui se transforme en SEC, attestent, mutatis mutandis, que les dispositions de l'article 22, paragraphe 1, point b), sont respectées.

6. L'assemblée générale de la coopérative considérée approuve le projet de transformation ainsi que les statuts de la SEC.

7. Les États membres peuvent subordonner une transformation au vote favorable d'une majorité qualifiée ou de l'unanimité au sein de l'organe de contrôle de la coopérative à transformer dans lequel la participation des travailleurs est organisée.

8. Les droits et obligations de la coopérative à transformer en matière de conditions d'emploi, aussi bien individuelles que collectives, résultant de la législation, de la pratique et de contrats de travail individuels ou des relations de travail au niveau national et existant à la date de l'immatriculation sont transférés à la SEC du fait même de cette immatriculation.

CHAPITRE III. – STRUCTURE DE LA SEC

Art. 36. – *Structure des organes.* –

Dans les conditions prévues par le présent règlement, une SEC comporte :

a) une assemblée générale, et

b) soit un organe de surveillance et un organe de direction (système dualiste), soit un organe d'administration (système moniste) selon l'option retenue par les statuts.

Section I. – Système dualiste

Art. 37. – *Fonctions de l'organe de direction et désignation des membres.* – 1. L'organe de direction est responsable de la gestion de la SEC et la représente à l'égard des tiers et en justice. Un État membre peut prévoir qu'un directeur général est responsable de la gestion courante dans les mêmes conditions que pour les coopératives ayant leur siège statutaire sur son territoire.

2. Le ou les membres de l'organe de direction sont nommés et révoqués par l'organe de surveillance.

Toutefois, un État membre peut prévoir ou donner aux statuts la possibilité de prévoir que le ou les membres de l'organe de direction sont nommés par l'assemblée générale dans les mêmes conditions que pour les coopératives ayant leur siège statutaire sur son territoire.

3. Nul ne peut simultanément exercer la fonction de membre de l'organe de direction et celle de membre de l'organe de surveillance de la SEC. Toutefois, l'organe de surveillance peut, en cas de vacance, désigner un de ses membres pour exercer les fonctions de membre de l'organe de direction. Au cours de cette période, les fonctions de l'intéressé en sa qualité de membre de l'organe de surveillance sont suspendues. Un État membre peut prévoir que cette période est limitée dans le temps.

4. Le nombre des membres de l'organe de direction ou les règles pour sa détermination sont fixés par les statuts de la SEC. Un État membre peut toutefois fixer un nombre minimal et/ou maximal de membres.

5. En l'absence de dispositions relatives à un système dualiste en ce qui concerne les coopératives ayant un siège statutaire sur son territoire, un État membre peut adopter les mesures appropriées concernant les SEC.

Art. 38. – *Présidence et convocation des réunions des organes de direction.* – 1. L'organe de direction élit en son sein un président, conformément aux dispositions statutaires.

2. Le président convoque une réunion de l'organe de direction dans les conditions prévues dans les statuts, soit d'office, soit à la demande d'un membre. Une telle demande indique les motifs de la convocation. S'il n'est pas satisfait à cette demande dans un délai de quinze jours, la réunion de l'organe de direction peut être convoquée par le ou les membres qui en ont fait la demande.

Art. 39. – *Fonctions et désignation de l'organe de surveillance.* - 1. L'organe de surveillance contrôle la gestion assurée par l'organe de direction. Il ne peut exercer lui-même le pouvoir de gestion de la SEC. L'organe de surveillance ne peut représenter la SEC à l'égard des tiers. Il la représente à l'égard de l'organe de direction ou des membres qui le composent, en cas de litige ou lors de la conclusion de contrats.

2. Les membres de l'organe de surveillance sont nommés et révoqués par l'assemblée générale. Toutefois, les membres du premier organe de surveillance peuvent être désignés par les statuts. La présente disposition vaut sans préjudice, le cas échéant, des modalités de participation des travailleurs fixées conformément à la directive 2003/72/CE.

3. L'organe de surveillance ne peut compter parmi ses membres des membres non usagers qu'à concurrence du quart des postes à pourvoir.

4. Les statuts fixent le nombre des membres de l'organe de surveillance ou les règles pour sa détermination. Un État membre peut, toutefois, fixer le nombre des membres de l'organe de surveillance ou sa composition pour les SEC ayant leur siège statutaire sur son territoire ou un nombre de membres minimal et/ou maximal.

Art. 40. – *Droit à l'information.* - 1. L'organe de direction informe l'organe de surveillance, au moins tous les trois mois, de la marche des affaires de la SEC et de son évolution prévisible, en tenant compte des informations relatives aux entreprises contrôlées par la SEC pouvant avoir une incidence significative sur la marche des affaires de cette dernière.

2. Outre l'information périodique visée au paragraphe 1, l'organe de direction communique sans délai à l'organe de surveillance toute information sur des événements susceptibles d'avoir des répercussions sensibles sur la SEC.

3. L'organe de surveillance peut demander à l'organe de direction la communication de renseignements de toute nature nécessaires au contrôle qu'il exerce conformément à l'article 39, paragraphe 1. Un État membre peut prévoir que chaque membre de l'organe de surveillance peut également bénéficier de cette faculté.

4. L'organe de surveillance peut procéder ou faire procéder à toutes les vérifications nécessaires à l'accomplissement de sa mission.

5. Chacun des membres de l'organe de surveillance peut prendre connaissance de toutes les informations transmises à celui-ci.

Art. 41. – *Présidence et convocation des réunions de l'organe de surveillance.* - 1. L'organe de surveillance élit en son sein un président. Si la moitié des membres ont été désignés par les travailleurs, seul un membre désigné par l'assemblée générale peut être élu président.

2. Le président convoque l'organe de surveillance dans les conditions prévues par les statuts, soit d'office, soit à la demande d'au moins un tiers de ses membres, soit à la demande de l'organe de direction. La demande indique les motifs de la convocation. S'il n'est pas satisfait à cette demande dans un délai de quinze jours, l'organe de surveillance peut être convoqué par ceux qui en ont fait la demande.

Section II. – Système moniste

Art. 42. – *Fonctions et désignation de l'organe d'administration.* - 1. L'organe d'administration assure la gestion de la SEC et la représente à l'égard des tiers et en justice. Un État membre peut prévoir qu'un directeur général est responsable de la gestion courante dans les mêmes conditions que pour les coopératives ayant leur siège statutaire sur son territoire.

2. Le nombre des membres de l'organe d'administration ou les règles pour le déterminer sont fixés par les statuts de la SEC. Toutefois, un État membre peut fixer le nombre minimal et, le cas échéant, maximal, des membres. L'organe d'administration ne peut compter parmi ses membres des membres non usagers qu'à concurrence du quart des postes à pourvoir.

Néanmoins, cet organe doit être composé de trois membres au moins, lorsque la participation des travailleurs dans la SEC est organisée conformément à la directive 2003/72/CE.

3. Les membres de l'organe d'administration ainsi que, lorsque les statuts en disposent ainsi, leurs suppléants, sont nommés par l'assemblée générale. Toutefois, les membres du premier organe d'administration peuvent être désignés par les statuts. La présente disposition vaut sans préjudice des modalités de participation des travailleurs fixées conformément à la directive 2003/72/CE.

4. En l'absence de dispositions relatives à un système moniste en ce qui concerne les coopératives ayant un siège statutaire sur son territoire, un État membre peut adopter les mesures appropriées concernant les SEC.

Art. 43. – *Périodicité des réunions et droit à l'information.* - 1. L'organe d'administration se réunit au moins tous les trois mois selon une périodicité fixée par les statuts pour délibérer sur la marche des affaires de la SEC et leur évolution prévisible, en tenant compte, le cas échéant, des informations relatives aux entreprises contrôlées par la SEC pouvant avoir une incidence significative sur la marche de ses affaires.

2. Chaque membre de l'organe d'administration peut prendre connaissance de tous les rapports, documents et renseignements transmis à cet organe.

Art. 44. – *Présidence et convocation des réunions de l'organe d'administration.* - 1. L'organe d'administration élit en son sein un président. Si la moitié des membres ont été désignés par les travailleurs, seul un membre désigné par l'assemblée générale peut être élu président.

2. Le président convoque l'organe d'administration dans les conditions prévues par les statuts, soit d'office, soit à la demande d'un tiers au moins de ses membres. La demande doit indiquer les motifs de la convocation. S'il n'est pas satisfait à cette demande dans un délai de quinze jours, l'organe d'administration peut être convoqué par ceux qui en ont fait la demande.

Section III. – Règles communes aux systèmes dualiste et moniste

Art. 45. – *Durée du mandat.* - 1. Les membres des organes de la SEC sont nommés pour une période fixée par les statuts qui ne peut dépasser six ans.

2. Sauf restrictions prévues par les statuts, les membres peuvent être renommés une ou plusieurs fois pour la période fixée en application du paragraphe 1.

Art. 46. – *Conditions d'éligibilité.* - 1. Les statuts de la SEC peuvent prévoir qu'une société au sens de l'article 48 du traité peut être membre d'un de ses organes, à moins que la loi de l'État membre du siège de la SEC applicable aux coopératives n'en dispose autrement.

Cette société désigne une personne physique comme représentant pour l'exercice des pouvoirs dans l'organe concerné. Ce représentant est soumis aux mêmes conditions et obligations que s'il était personnellement membre de cet organe.

2. Ne peuvent être membres d'un organe déterminé de la SEC, ni représentants d'un membre au sens du paragraphe 1, les personnes qui :

- ne peuvent faire partie, selon la loi de l'État membre du siège de la SEC, de l'organe correspondant d'une coopérative relevant du droit de cet État,
- ne peuvent faire partie de l'organe correspondant d'une coopérative relevant du droit d'un État membre en raison d'une décision judiciaire ou administrative rendue dans un État membre.

3. Les statuts de la SEC peuvent fixer, à l'instar de ce qui est prévu par la loi de l'État membre applicable aux coopératives, des conditions particulières d'éligibilité pour les membres qui représentent l'organe d'administration.

Art. 47. – *Pouvoir de représentation et responsabilité de la SEC. - 1. Lorsque l'exercice du pouvoir de représentation de la SEC à l'égard des tiers, conformément à l'article 37, paragraphe 1, et à l'article 42, paragraphe 1, est confié à plus d'un membre, ces membres exercent ce pouvoir à titre collectif, à moins que le droit de l'État du siège de la SEC ne permette aux statuts d'en disposer autrement, auquel cas cette clause peut être opposable aux tiers lorsqu'elle fait l'objet d'une publicité conformément à l'article 11, paragraphe 5, et à l'article 12.*

2. La SEC est engagée vis-à-vis des tiers par les actes de ses organes, même si ces actes ne relèvent pas de l'objet social de cette société, à condition que lesdits actes n'excèdent pas les pouvoirs que la loi de l'État membre du siège statutaire de la SEC attribue ou permet d'attribuer à ces organes.

Toutefois, les États membres peuvent prévoir que la SEC n'est pas engagée lorsque ces actes dépassent les limites de l'objet social de la SEC, si cette dernière prouve que le tiers savait que l'acte dépassait cet objet ou ne pouvait l'ignorer, compte tenu des circonstances, étant exclu que la seule publication des statuts suffise à constituer cette preuve.

3. Les limitations aux pouvoirs des organes de la SEC qui résultent des statuts ou d'une décision des organes compétents ne sont jamais opposables aux tiers, même si elles sont publiées.

4. Un État membre peut prévoir que le pouvoir de représentation de la SEC peut être attribué par les statuts à une seule personne ou à plusieurs personnes agissant conjointement. Cette législation peut prévoir l'opposabilité de cette disposition des statuts aux tiers, à condition qu'elle concerne le pouvoir général de représentation. L'opposabilité ou non d'une telle disposition aux tiers est réglée par l'article 12.

Art. 48. – *Opérations soumises à autorisation.* - 1. Les statuts de la SEC énumèrent les catégories d'opérations qui requièrent :

- dans le système dualiste, une autorisation accordée par l'organe de surveillance ou l'assemblée générale à l'organe de direction,
- dans le système moniste, une décision expresse adoptée par l'organe d'administration ou une autorisation accordée par l'assemblée générale.

2. Le paragraphe 1 s'entend sans préjudice de l'article 47.

3. Toutefois, un État membre peut déterminer les catégories d'opérations ainsi que l'organe qui donne l'autorisation devant au minimum figurer dans les statuts des SEC immatriculées sur son territoire et/ou prévoir que, dans le système dualiste, l'organe de surveillance peut déterminer lui-même les catégories d'opérations qui doivent être soumises à autorisation.

Art. 49. – *Confidentialité.* - Les membres des organes de la SEC sont tenus de ne pas divulguer, même après la cessation de leurs fonctions, les informations dont ils disposent sur la SEC et dont la divulgation serait susceptible de porter préjudice aux intérêts de la coopérative ou de ses membres, à l'exclusion des cas dans lesquels une telle divulgation est exigée ou admise par les dispositions du droit national applicables aux coopératives ou aux sociétés ou dans l'intérêt public.

Art. 50. – *Délibération des organes.* - 1. Sauf dans les cas où le présent règlement ou les statuts en disposent autrement, les règles internes concernant le quorum et la prise de décision des organes de la SEC sont les suivantes :

a) quorum : la moitié au moins des membres ayant voix délibérative doivent être présents ou représentés,

b) prise de décision : elle se fait à la majorité des membres ayant voix délibérative présents ou représentés.

Les membres absents peuvent prendre part aux décisions en donnant pouvoir de les représenter à un autre membre de l'organe ou aux suppléants qui ont été nommés en même temps.

2. En l'absence d'une disposition statutaire en la matière, la voix du président de chaque organe est prépondérante en cas de partage des voix. Toutefois, aucune disposition statutaire contraire n'est possible lorsque l'organe de surveillance est composé pour moitié de représentants des travailleurs.

3. Lorsque la participation des travailleurs est organisée conformément à la directive 2003/72/CE, un État membre peut prévoir que le quorum et la prise de décision de l'organe de surveillance sont, par dérogation aux paragraphes 1 et 2, soumis aux règles applicables, dans les mêmes conditions, aux coopératives relevant du droit de l'État membre concerné.

Art. 51. – *Responsabilité civile.* - Les membres de l'organe de direction, de surveillance ou d'administration répondent, selon les dispositions de l'État membre du siège de la SEC applicables aux coopératives, du préjudice subi par la SEC par suite de la violation par eux des obligations légales, statutaires ou autres inhérentes à leurs fonctions.

Section IV. – Assemblée générale

Art. 52. – *Compétence.* - L'assemblée générale décide dans les matières pour lesquelles une compétence spécifique lui est conférée par :

a) le présent règlement, ou

b) la législation de l'État membre où la SEC a son siège statutaire, adoptée au titre de la directive 2003/72/CEE.

En outre, l'assemblée générale décide dans les matières pour lesquelles une compétence est conférée à l'assemblée générale d'une société coopérative relevant du droit de l'État où la SEC a son siège, soit par la loi de cet État, soit par les statuts conformément à cette même loi.

Art. 53. – *Conduite de l'assemblée générale.* - Sans préjudice des règles prévues par la présente section, l'organisation et le déroulement de l'assemblée générale ainsi que les procédures de vote sont régis par la loi de l'État membre du siège statutaire de la SEC applicable aux coopératives.

Art. 54. – *Convocation de l'assemblée générale.* - 1. L'assemblée générale a lieu au moins une fois par année calendrier, dans les six mois de la clôture de l'exercice, à moins que la loi de l'État membre du siège statutaire de la SEC applicable aux coopératives exerçant le même type d'activité que la SEC ne prévoie une fréquence supérieure. Toutefois, un État membre peut prévoir que la première assemblée générale peut avoir lieu dans les dix-huit mois suivant la constitution de la SEC.

2. L'assemblée générale peut être convoquée à tout moment par l'organe de direction, par l'organe d'administration, par l'organe de surveillance, ou par tout autre organe ou autorité compétente conformément à la loi nationale de l'État membre du siège statutaire de la SEC applicable aux coopératives. À la demande de l'organe de surveillance, l'organe de direction est tenu de la convoquer.

3. Lors de l'assemblée se réunissant après la clôture de l'exercice, l'ordre du jour porte au moins sur l'approbation des comptes annuels et l'affectation des résultats.

4. L'assemblée générale peut, lors d'une réunion, décider qu'une nouvelle réunion sera convoquée à une date et avec un ordre du jour qu'elle fixe elle-même.

Art. 55. – *Convocation par la minorité des membres*. – Des membres de la SEC représentant ensemble plus de 5 000 personnes ou détenant au moins 10 % du nombre total de voix, peuvent demander à la SEC la convocation d'une assemblée générale et établir l'ordre du jour de celle-ci. Cependant les statuts peuvent fixer des seuils inférieurs.

Art. 56. – *Forme et délai de convocation*. – 1. La convocation se fait par tous moyens de communication écrite adressée à quiconque est habilité à participer à l'assemblée générale de la SEC selon l'article 58, paragraphes 1 et 2, et conformément aux dispositions statutaires. La convocation peut se faire par voie d'insertion dans la publication officielle interne de la SEC.

2. La convocation contient au moins les mentions suivantes :
- la dénomination sociale et le siège de la SEC,
- le lieu, la date et l'heure de la réunion,
- le cas échéant, la nature de l'assemblée générale,
- l'ordre du jour avec indication des sujets à traiter ainsi que des propositions de décision.

3. Le délai entre la date d'envoi de la convocation visée au paragraphe 1 et la date de la première réunion de l'assemblée générale doit être de trente jours au moins. Toutefois, ce délai peut être ramené à quinze jours en cas d'urgence. Lorsque les dispositions de l'article 61, paragraphe 4, relatives aux règles de quorum s'appliquent, le délai entre une première et une deuxième réunion convoquées pour examiner le même ordre du jour peut être réduit conformément à la loi de l'État membre du siège de la SEC.

Art. 57. – *Inscription de nouveaux points à l'ordre du jour*. – Des membres de la SEC représentant ensemble plus de 5 000 personnes, ou détenant 10 % au moins du nombre total des voix, peuvent demander l'inscription d'un ou plusieurs nouveaux points à l'ordre du jour de toute assemblée générale. Cependant les statuts peuvent fixer des seuils inférieurs.

Art. 58. – *Participation et représentation*. – 1. Tous les membres sont habilités à participer à l'assemblée avec voix délibérative pour les points inscrits à l'ordre du jour.

2. Les membres des organes de la SEC et les titulaires de titres autres que des *(Mot rempl., rect. JOUE n° L 79, 20 mars 2007)* « parts » et obligations au sens de l'article 64, ainsi que, si les statuts le permettent, toute autre personne habilitée par la loi de l'État du siège de la SEC peuvent assister à l'assemblée générale sans droit de vote.

3. Les personnes ayant le droit de vote peuvent se faire représenter à l'assemblée par un mandataire selon les modalités prévues dans les statuts.

Les statuts fixent le nombre maximal de pouvoirs que peut recevoir un mandataire.

4. Les statuts peuvent admettre le vote par correspondance ou le vote électronique et en fixent les modalités.

Art. 59. – *Droit de vote*. – 1. Chaque membre de la SEC dispose d'une voix, quel que soit le nombre de parts qu'il détient.

2. Lorsque la loi de l'État membre dans lequel la SEC a son siège le permet, les statuts peuvent prévoir qu'un membre dispose d'un nombre de voix qui est déterminé par sa participation aux activités de la coopérative, à l'exclusion de sa participation sous forme de contribution au capital. Les voix ainsi attribuées ne peuvent dépasser le nombre de cinq par membre, ou 30 % du total des droits de vote, la valeur la plus faible étant retenue.

Lorsque la loi de l'État membre dans lequel la SEC a son siège le permet, les statuts des SEC participant à des activités dans le domaine financier ou de l'assurance peuvent prévoir que le nombre de voix est déterminé par la participation du membre aux activités de la coopérative, y compris sous forme de participation au capital de la SEC. Les voix ainsi attribuées ne peuvent dépasser le nombre de cinq par membre, ou 20 % du total des droits de vote, la valeur la plus faible étant retenue.

Lorsque la loi de l'État membre dans lequel la SEC a son siège le permet, les statuts des SEC dont les membres sont majoritairement des coopératives peuvent prévoir que le nombre de voix est déterminé en fonction de la participation des membres aux activités exercées par la coopérative, y compris sous forme de participation au capital de la SEC, et/ou du nombre de membres de chaque entité constitutive.

3. En ce qui concerne les droits de vote que les statuts peuvent attribuer aux membres (investisseurs) non usagers, la SEC est régie par le droit de l'État membre dans lequel la SEC a son siège. Néanmoins, on ne peut attribuer aux non usagers (investisseurs) plus de 25 % du total des droits de vote.

4. Si, au moment de l'entrée en vigueur du présent règlement, la loi de l'État membre dans lequel la SEC a son siège le permet, les statuts de ladite SEC peuvent prévoir la participation de représentants des travailleurs aux assemblées générales ou aux assemblées de section ou de branche, à condition qu'ensemble, les représentants des travailleurs ne contrôlent pas plus de 15 % du total des droits de vote. Ce droit de participation cesse d'être applicable dès lors que le siège de la SEC est transféré dans un État membre dont la loi ne prévoit pas la participation des travailleurs.

Art. 60. – *Droit à l'information.* - 1. Tout membre qui en formule la demande lors de la réunion de l'assemblée a le droit d'obtenir de la part de l'organe de direction ou de l'organe d'administration des renseignements sur les activités de la SEC ayant un rapport avec les sujets sur lesquels l'assemblée générale peut prendre une décision conformément à l'article 61, paragraphe 1. Dans la mesure du possible, les renseignements sont fournis lors de l'assemblée générale en question.

2. L'organe de direction ou l'organe d'administration ne peut refuser la communication d'un renseignement que si :

- elle est de nature à porter un préjudice grave à la SEC,
- elle est incompatible avec une obligation légale de secret.

3. Lorsque l'information est refusée à un membre, celui-ci peut demander l'inscription au procès-verbal de l'assemblée générale de sa question et du motif de refus qui lui a été opposé.

4. Dans les dix jours qui précèdent l'assemblée générale appelée à se prononcer sur la clôture de l'exercice, les membres peuvent prendre connaissance du bilan, du compte de pertes et profits et son annexe, du rapport de gestion, des conclusions du contrôle des comptes effectué par la personne qu'en est chargée ainsi que, s'il s'agit d'une entreprise mère au sens de la directive 83/349/CEE, des comptes consolidés.

Art. 61. – *Prise de décision.* - 1. L'assemblée générale peut adopter des résolutions sur les points inscrits à son ordre du jour. L'assemblée générale peut également délibérer et prendre des décisions concernant des points inscrits à l'ordre du jour de la réunion par une minorité de membres conformément à l'article 57.

2. L'assemblée générale statue à la majorité des voix valablement exprimées par les membres présents ou représentés.

3. Les statuts prévoient les règles de quorum et de majorité applicables aux assemblées générales.

Lorsque les statuts prévoient que la SEC peut admettre des membres investisseurs (non usagers) ou attribuer les droits de vote en fonction de la contribution au capital des SEC participant à des activités dans le domaine financier ou de l'assurance, les statuts peuvent également comporter des dispositions particulières relatives au quorum à atteindre par les membres autres que les membres investisseurs (non usagers) ou les membres disposant de droits de vote en fonction de la contribution au capital des SEC participant à des activités dans le domaine financier ou de l'assurance. Les États membres sont libres de définir ce quorum pour les SEC qui ont établi leur siège sur leur territoire.

4. L'assemblée générale appelée à se prononcer sur une décision entraînant la modification des statuts ne délibère valablement sur première convocation que si les membres présents ou représentés représentent au moins la moitié du nombre total des inscrits à la date de la convocation ; lors d'une deuxième convocation portant sur le même ordre du jour, aucune condition de quorum n'est requise.

Dans les cas visés au premier alinéa, l'assemblée générale statue à la majorité des deux tiers des voix valablement exprimées, à moins que la loi applicable aux coopératives dans l'État membre du siège de la SEC ne requière une majorité plus élevée.

Art. 62. – *Procès-verbal.* - 1. Il est établi un procès-verbal de chaque réunion de l'assemblée générale. Le procès-verbal contient au minimum les informations suivantes :

- la date et le lieu de la réunion,
- l'objet des décisions,
- le résultat des votes.

2. Au procès-verbal sont annexés la feuille de présence, les documents relatifs à la convocation de l'assemblée générale ainsi que les rapports soumis aux membres sur les points à l'ordre du jour.

3. Le procès-verbal ainsi que les documents annexés sont conservés pendant au moins cinq ans. Copie du procès-verbal ainsi que des documents annexés peuvent être obtenus par tout membre sur simple demande et contre remboursement du coût administratif.

4. Le procès-verbal est signé par le président de l'assemblée.

Art. 63. – *Assemblée de branche ou de section.* - 1. Lorsque la SEC exerce différentes activités ou exerce ses activités sur plus d'une unité territoriale, ou lorsqu'elle a plusieurs établissements ou que le nombre de ses membres est supérieur à cinq cents, ses statuts peuvent prévoir des assemblées de branche ou de section, si la législation de l'État membre concerné le permet. Les statuts déterminent la répartition en branches ou sections et le nombre de délégués dont celles-ci disposent.

2. Les assemblées de branche ou de section élisent leurs délégués pour une durée maximale de quatre ans, sauf révocation anticipée. Les délégués ainsi élus constituent l'assemblée générale de la SEC et représentent en son sein leur branche ou leur section, qu'ils informent des résultats de l'assemblée générale. Les dispositions de la section 4 du chapitre III s'appliquent au fonctionnement des assemblées de branche et de section.

CHAPITRE IV. – ÉMISSION DE TITRES À AVANTAGES PARTICULIERS

Art. 64 *(Mod., rect. JOUE n° L 79, 20 mars 2007)*. **–** Titres autres que les parts et obligations conférant à leurs détenteurs des avantages particuliers. - 1. Les statuts peuvent prévoir l'émission de titres autres que les « parts » et d'obligations dont les détenteurs n'ont pas de droit de vote. Ces titres peuvent être souscrits par les membres ou par toute personne extérieure à la SEC. Leur acquisition ne confère pas la qualité de membre. Les statuts fixent également les modalités de remboursement.

2. Les détenteurs des titres ou obligations visés au paragraphe 1 peuvent bénéficier d'avantages particuliers conformément aux statuts ou aux conditions établies lors de l'émission de ces titres ou obligations.

3. Le montant nominal total des titres ou obligations visés au paragraphe 1 ainsi détenus ne peut dépasser le montant stipulé dans les statuts.

4. Sans préjudice du droit d'assister à l'assemblée générale prévu à l'article 58, paragraphe 2, les statuts peuvent prévoir la réunion des détenteurs de titres ou obligations visés au paragraphe 1 en assemblée spéciale. L'assemblée spéciale peut émettre un avis avant toute décision de l'assemblée générale concernant les droits et les intérêts de ces détenteurs, et cet avis est porté par ses mandataires à la connaissance de cette dernière.

L'avis visé [au] premier alinéa fait l'objet d'une mention au procès-verbal de l'assemblée générale.

CHAPITRE V. – AFFECTATION DU RÉSULTAT

Art. 65. – *Réserve légale*. - 1. Sans préjudice des dispositions obligatoires de la législation nationale, les statuts déterminent les règles d'affectation de l'excédent de l'exercice.

2. En cas d'excédent, les statuts prévoient avant toute autre affectation la constitution d'une réserve légale par prélèvement sur celui-ci.

Tant que cette réserve n'atteint pas le capital visé à l'article 3, paragraphe 2, le prélèvement opéré à son profit ne peut être inférieur à 15 % de l'excédent pour l'exercice considéré après déduction des reports de pertes.

3. Les membres sortants ne peuvent prétendre à aucun droit sur les sommes ainsi affectées à la réserve légale.

Art. 66. – *Ristourne*. - Les statuts peuvent prévoir le versement d'une ristourne aux membres proportionnellement aux opérations faites par eux avec la SEC ou au travail effectué en faveur de cette dernière.

Art. 67. – *Affectation de l'excédent*. - 1. Le solde de l'excédent après dotation à la réserve légale, éventuellement diminué des sommes ristournées, le cas échéant augmenté des reports bénéficiaires et des prélèvements sur les réserves, ou diminué des reports de pertes, constituent les résultats distribuables.

2. L'assemblée générale appelée à statuer sur les comptes de l'exercice a la faculté d'affecter l'excédent dans l'ordre et la proportion déterminés par les statuts, et notamment :

- à un nouveau report,
- à la dotation de tous fonds de réserves légales ou statutaires,
- à la rémunération de capitaux libérés et des capitaux assimilés, le paiement pouvant intervenir en numéraire ou par attribution de parts.

3. Les statuts peuvent également exclure toute distribution.

CHAPITRE VI. – COMPTES ANNUELS ET COMPTES CONSOLIDÉS

Art. 68. – *Établissement des comptes annuels et consolidés*. - 1. La SEC est assujettie, en ce qui concerne l'établissement de ses comptes annuels et, le cas échéant, consolidés, y compris le rapport de gestion les accompagnant, leur contrôle et leur publicité, aux dispositions législatives adoptées dans l'État membre de son siège pour mettre en œuvre les directives 78/660/CEE et 83/349/CEE. Toutefois, les États membres peuvent prévoir des modifications des dispositions nationales d'application de ces directives pour tenir compte des spécificités des coopératives.

2. Lorsque la SEC n'est pas soumise par la législation de l'État membre dans lequel elle a son siège à une obligation de publicité analogue à celle prévue à l'article 3 de la directive 68/151/CEE, la SEC doit au moins tenir les documents relatifs aux comptes annuels à la disposition du public à son siège. Copie de ces documents doit pouvoir être obtenue sur simple demande. Le prix réclamé pour cette copie ne peut excéder son coût administratif.

3. La SEC établit ses comptes annuels, et le cas échéant ses comptes consolidés, dans la monnaie nationale. La SEC dont le siège est situé en dehors de la zone euro peut également établir ses comptes annuels et, le cas échéant, ses comptes consolidés, en euros. Dans ce cas, l'annexe doit préciser les bases de conversion utilisées pour l'expression en euros des éléments contenus dans les comptes qui sont, ou étaient à l'origine, exprimés dans une autre monnaie.

Art. 69. – *Comptes des SEC exerçant des activités de crédit ou des activités financières.* – 1. Les SEC qui sont des établissements de crédit ou des établissements financiers sont assujetties, en ce qui concerne l'établissement de leurs comptes annuels et, le cas échéant, de leurs comptes consolidés, y compris le rapport de gestion les accompagnant, leur contrôle et leur publicité, aux règles prévues dans le droit national de l'État membre du siège en application des directives concernant l'accès à l'activité des établissements de crédit et son exercice.

2. Les SEC qui sont des entreprises d'assurance sont assujetties, en ce qui concerne l'établissement de leurs comptes annuels et, le cas échéant, de leurs comptes consolidés, y compris le rapport de gestion les accompagnant, leur contrôle et leur publicité, aux règles prévues dans le droit national de l'État membre du siège au titre des directives concernant les comptes annuels et les comptes consolidés des entreprises d'assurance.

Art. 70. – *Contrôle légal des comptes.* – Le contrôle légal des comptes annuels et, le cas échéant, consolidés de la SEC est effectué par une ou plusieurs personnes agréées dans l'État membre dans lequel la SEC a son siège conformément aux dispositions prises par cet État pour mettre en œuvre les directives 84/253/CEE et 89/48/CEE.

Art. 71. – *Système de révision et de contrôle.* – Dès lors que le droit d'un État membre fait obligation à l'ensemble des sociétés coopératives, ou à un certain type de sociétés coopératives, relevant du droit de cet État d'adhérer à un organisme extérieur légalement habilité et de se soumettre à un mode spécifique de révision et de contrôle exercé par cet organisme, ces dispositions sont de droit applicables à la SEC dont le siège statutaire est situé dans cet État membre, à condition que cet organisme réponde aux critères énoncés dans la directive 84/253/CEE.

CHAPITRE VII. – DISSOLUTION, LIQUIDATION, INSOLVABILITÉ ET CESSATION DES PAIEMENTS

Art. 72. – *Dissolution, insolvabilité et procédures analogues.* – En ce qui concerne la dissolution, la liquidation, l'insolvabilité, la cessation des paiements et les procédures analogues, la SEC est soumise aux dispositions légales qui s'appliqueraient à une coopérative constituée selon le droit de l'État membre dans lequel la SEC a son siège statutaire, y compris celles relatives à la prise de décision par l'assemblée générale.

Art. 73. – *Dissolution par le tribunal ou par une autre autorité compétente de l'État membre du siège de la SEC.* – 1. À la demande de toute personne ayant un intérêt légitime ou d'une autorité compétente, le tribunal ou toute autorité administrative compétente de l'État membre du siège de la SEC prononce la dissolution de cette dernière lorsqu'il constate que l'article 2, paragraphe 1, et/ou l'article 3, paragraphe 2, ont été violés, ainsi que dans les cas visés à l'article 34.

Le tribunal ou l'autorité administrative compétente peut accorder un délai à la SEC pour régulariser sa situation. Si la régularisation n'intervient pas au cours de ce délai, le tribunal ou l'autorité administrative compétente prononce la dissolution.

2. Lorsqu'une SEC ne remplit plus l'obligation prévue à l'article 6, l'État membre où la SEC a son siège statutaire prend les mesures appropriées pour obliger la SEC à régulariser sa situation dans un délai déterminé :

- soit en rétablissant son administration centrale dans l'État membre du siège,
- soit en procédant au transfert du siège statutaire par la procédure prévue à l'article 7.

3. L'État membre du siège de la SEC prend les mesures nécessaires pour garantir qu'une SEC qui ne régulariserait pas sa situation, conformément au paragraphe 2, est mise en liquidation.

4. L'État membre du siège statutaire de la SEC peut former un recours juridictionnel ou faire appel à tout autre moyen juridique adéquat en cas de violation constatée de l'article 6. Ce recours a un effet suspensif sur les procédures prévues aux paragraphes 2 et 3.

5. Lorsqu'il est constaté, à l'initiative soit des autorités, soit de toute partie intéressée, qu'une SEC a son administration centrale sur le territoire d'un État membre en violation de l'article 6, les autorités de cet État membre en informent sans délai l'État membre où se trouve le siège statutaire de la SEC.

Art. 74. – *Publicité de la dissolution.* – L'ouverture d'une procédure de dissolution, y compris la dissolution volontaire, de liquidation, d'insolvabilité ou de cessation des paiements, ainsi que sa clôture et la décision de poursuite de l'activité, font l'objet d'une publicité conformément à l'article 12, sans préjudice des dispositions de droit national imposant des mesures de publicité additionnelles.

Art. 75. – *Dévolution de l'actif.* – L'actif net est dévolu en fonction du principe de dévolution désintéressée ou, lorsque la loi de l'État membre du siège de la SEC le permet, selon d'autres modalités définies dans les statuts de la SEC. Aux fins du présent article, l'actif net comprend les actifs résiduels après paiement de tous les montants dus aux créanciers et remboursement aux membres de leurs contributions au capital.

Art. 76. – *Transformation en coopérative.* – 1. La SEC peut se transformer en coopérative relevant du droit de l'État membre de son siège statutaire. La décision concernant la transformation ne peut être prise avant deux ans à partir de son immatriculation et avant que les deux premiers comptes annuels n'aient été approuvés.

2. La transformation d'une SEC en coopérative ne donne lieu ni à dissolution, ni à création d'une personne morale nouvelle.

3. L'organe de direction ou d'administration de la SEC établit un projet de transformation et un rapport expliquant et justifiant les aspects juridiques et économiques de la transformation, ainsi que ses conséquences en matière d'emploi, et indiquant les conséquences de l'adoption de la forme de coopérative pour les membres et les titulaires des titres de l'article 14 ainsi que pour les travailleurs.

4. Le projet de transformation fait l'objet d'une publicité effectuée selon le mode prévu par la législation de chaque État membre, un mois au moins avant la date de la réunion de l'assemblée générale appelée à se prononcer sur la transformation.

5. Avant l'assemblée générale visée au paragraphe 6, un ou plusieurs experts indépendants désignés ou agréés, selon les dispositions nationales, par une autorité judiciaire ou administrative de l'État membre dont relève la SEC qui se transforme en coopérative, attestent que cette dernière dispose d'actifs correspondant au moins au capital.

6. L'assemblée générale de la SEC approuve le projet de transformation ainsi que les statuts de la coopérative. La décision de l'assemblée générale est prise dans les conditions prévues par les dispositions nationales.

CHAPITRE VIII. – DISPOSITIONS COMPLÉMENTAIRES ET TRANSITOIRES

Art. 77. – *Union économique et monétaire.* – 1. Chaque État membre peut, si la troisième phase de l'Union économique et monétaire (UEM) ne lui est pas applicable, et aussi longtemps qu'il en est ainsi, appliquer aux SEC ayant leur siège statutaire sur son territoire les dispositions applicables aux coopératives ou aux sociétés anonymes relevant de son droit en ce qui concerne l'expression de leur capital. La SEC peut en tout cas exprimer son capital également en euros. Dans ce cas, le taux de conversion entre la monnaie nationaleet l'euro est celui du dernier jour du mois précédant la constitution de la SEC.

2. Si la troisième phase de l'UEM n'est pas applicable à l'État membre du siège statutaire de la SEC, et aussi longtemps qu'il en est ainsi, celle-ci peut cependant établir et publier ses comptes annuels et, le cas échéant, ses comptes consolidés en euros. L'État membre peut exiger que les comptes annuels et, le cas échéant, les comptes consolidés de la SEC soient établis et publiés dans la monnaie nationale dans les mêmes conditions que celles prévues pour les coopératives ou les sociétés anonymes relevant du droit de cet État membre. Cela ne préjuge pas de la possibilité additionnelle pour la SEC de publier, conformément à la directive 90/604/CEE du Conseil du 8 novembre 1990 modifiant la directive 78/660/CEE sur les comptes annuels et la directive 83/349/CEE sur les comptes consolidés en ce qui concerne les dérogations en faveur des petites et moyennes sociétés ainsi que la publication des comptes en écus, ses comptes annuels et, le cas échéant, ses comptes consolidés en euros.

CHAPITRE IX. – DISPOSITIONS FINALES

Art. 78. – *Dispositions nationales d'application.* – 1. Les États membres prennent toute disposition appropriée pour assurer la mise en application effective du présent règlement.

2. Chaque État membre désigne les autorités compétentes au sens des articles 7, 21, 29, 30, 54 et 73. Il en informe la Commission et les autres États membres.

Art. 79. – *Réexamen du règlement.* – Au plus tard cinq ans après l'entrée en vigueur du présent règlement, la Commission présente au Parlement européen et au Conseil un rapport sur l'application du présent règlement et, le cas échéant, des propositions de modifications. Le rapport examine en particulier s'il convient :

a) de permettre à une SEC d'avoir son administration centrale et son siège statutaire dans des États membres différents ;

b) de permettre qu'un État membre autorise, dans la législation qu'il adopte conformément aux pouvoirs conférés par le présent règlement ou pour assurer l'application effective du présent règlement à une SEC, l'insertion, dans les statuts de la SEC, de dispositions qui dérogent à ladite législation ou qui la complètent, alors même que des dispositions de ce type ne seraient pas autorisées dans les statuts d'une coopérative ayant son siège dans l'État membre en question ;

c) de permettre qu'un État membre adopte des dispositions permettant à la SEC de se scinder en plusieurs coopératives nationales ;

d) de permettre qu'un État membre prévoie un recours juridictionnel spécifique en cas de fraude ou d'erreur lors de l'immatriculation d'une SEC constituée par voie de fusion.

Art. 80. – *Entrée en vigueur.* – Le présent règlement entre en vigueur le troisième jour suivant celui de sa publication au *Journal officiel de l'Union européenne*.

Le présent règlement est applicable à partir du 18 août 2006.

Le présent règlement est obligatoire dans tous ses éléments et directement applicable dans tout État membre.

Titre III *ter*. – LA COOPÉRATIVE D'ACTIVITÉ ET D'EMPLOI

(L. n° 2014-856, 31 juill. 2014)

Art. 26-41. – Les coopératives d'activité et d'emploi ont pour objet principal l'appui à la création et au développement d'activités économiques par des entrepreneurs personnes physiques.

Ces coopératives mettent en œuvre un accompagnement individualisé des personnes physiques et des services mutualisés.

***(Al. créé, L. n° 2016-1088, 8 août 2016 et rect. JO 24 sept. 2016)* Les coopératives d'activité et d'emploi sont des sociétés coopératives de production, des sociétés coopératives d'intérêt collectif ou des coopératives de toute autre forme dont les associés sont notamment entrepreneurs salariés. Elles sont régies par la présente loi, par le livre III de la septième partie du Code du travail, ainsi que par les dispositions des lois particulières applicables à certaines catégories de société coopérative.**

Les statuts de la coopérative déterminent les moyens mis en commun par elle à cet effet et les modalités de rémunération des personnes mentionnées au premier alinéa du présent article, dans des conditions prévues par décret en Conseil d'État.

Les articles 25-1 à 25-5 sont applicables aux sociétés coopératives d'activité et d'emploi.

Code du travail

Art. L. 7331-1 *(L. n° 2014-856, 31 juill. 2014)*. – Le présent code est applicable aux entrepreneurs salariés associés d'une coopérative d'activité et d'emploi mentionnée à l'article 26-41 de la loi n° 47-1775 du 10 septembre 1947 portant statut de la coopération, sous réserve des dispositions du présent titre.

Art. L. 7331-2 *(L. n° 2014-856, 31 juill. 2014)*. – Est entrepreneur salarié d'une coopérative d'activité et d'emploi toute personne physique qui :

1° Crée et développe une activité économique en bénéficiant d'un accompagnement individualisé et de services mutualisés mis en œuvre par la coopérative en vue d'en devenir associé ;

2° Conclut avec la coopérative un contrat, établi par écrit, comportant :

a) Les objectifs à atteindre et les obligations d'activité minimale de l'entrepreneur salarié ;

b) Les moyens mis en œuvre par la coopérative pour soutenir et contrôler son activité économique ;

c) Les modalités de calcul de la contribution de l'entrepreneur salarié au financement des services mutualisés mis en œuvre par la coopérative, dans les conditions prévues par les statuts de celle-ci ;

d) Le montant de la part fixe et les modalités de calcul de la part variable de la rémunération de l'entrepreneur salarié, en application de l'article L. 7332-3 ;

e) La mention des statuts en vigueur de la coopérative ;

f) Les conditions dans lesquelles sont garantis à l'entrepreneur salarié ses droits sur la clientèle qu'il a apportée, créée et développée, ainsi que ses droits de propriété intellectuelle.

Art. L. 7331-3 *(L. n° 2014-856, 31 juill. 2014)*. – Dans un délai maximal de trois ans à compter de la conclusion du contrat mentionné à l'article L. 7331-2, l'entrepreneur salarié devient associé de la coopérative d'activité et d'emploi.

Ce délai est minoré, le cas échéant, de la durée du contrat d'appui au projet d'entreprise pour la création ou la reprise d'une activité économique prévu à l'article L. 127-1 du Code de commerce ou de tout autre contrat conclu entre les parties.

Le contrat mentionné à l'article L. 7331-2 du présent code prend fin si l'entrepreneur salarié ne devient pas associé avant ce délai.

Art. L. 7332-1 *(L. n° 2014-856, 31 juill. 2014)*. – Le contrat mentionné au 2° de l'article L. 7331-2 peut comporter une période d'essai dont la durée, renouvellement compris, ne peut excéder huit mois.

Lorsque les parties ont préalablement conclu un contrat d'appui au projet d'entreprise pour la création ou la reprise d'une activité économique, prévu à l'article L. 127-1 du Code de commerce, ou tout autre contrat, la durée de ces contrats est déduite de la durée prévue au premier alinéa du présent article.

Art. L. 7332-2 *(L. n° 2014-856, 31 juill. 2014)*. **–** La coopérative d'activité et d'emploi est responsable de l'application, au profit des entrepreneurs salariés associés, des dispositions du livre Ier de la troisième partie relatives à la durée du travail, aux repos et aux congés, ainsi que de celles de la quatrième partie relatives à la santé et à la sécurité au travail lorsque les conditions de travail, de santé et de sécurité au travail ont été fixées par elle ou soumises à son accord.

Dans tous les cas, les entrepreneurs salariés associés bénéficient des avantages légaux accordés aux salariés, notamment en matière de congés payés.

Art. L. 7332-3 *(L. n° 2014-856, 31 juill. 2014)*. **–** La rémunération d'un entrepreneur salarié associé d'une coopérative d'activité et d'emploi comprend une part fixe et une part variable calculée en fonction du chiffre d'affaires de son activité, après déduction des charges directement et exclusivement liées à son activité et de la contribution mentionnée au c du 2° de l'article L. 7331-2.

La coopérative met à la disposition de l'entrepreneur salarié associé un état des comptes faisant apparaître le détail des charges et des produits liés à son activité.

Les modalités de calcul et de versement de la rémunération à l'entrepreneur salarié associé et de déclaration auprès des organismes sociaux sont précisées par décret en Conseil d'État.

Art. L. 7332-4 *(L. n° 2014-856, 31 juill. 2014)*. **–** Les dispositions des articles L. 3253-2 et L. 3253-3 relatives aux garanties des rémunérations dans le cadre d'une procédure de sauvegarde, de redressement ou de liquidation judiciaires s'appliquent aux entrepreneurs salariés associés d'une coopérative d'activité et d'emploi pour les rémunérations de toute nature dues au titre des quatre-vingt-dix derniers jours de travail.

Art. L. 7332-5 *(L. n° 2014-856, 31 juill. 2014)*. **–** La coopérative d'activité et d'emploi est responsable des engagements pris vis-à-vis des tiers dans le cadre de l'activité économique développée par l'entrepreneur salarié associé.

Art. L. 7332-6 *(L. n° 2014-856, 31 juill. 2014)*. **–** Le conseil de prud'hommes est seul compétent pour connaître des litiges relatifs au contrat mentionné au 2° de l'article L. 7331-2.

Toute clause attributive de juridiction incluse dans un contrat conclu entre un entrepreneur salarié associé et une coopérative d'activité et d'emploi dont il est l'associé est nulle.

Art. L. 7332-7 *(L. n° 2014-856, 31 juill. 2014)*. **–** Le présent titre s'applique aux entrepreneurs salariés régis par les articles L. 7331-2 et L. 7331-3 qui ne sont pas encore associés de la coopérative d'activité et d'emploi.

Bibliographie : G. Auzero, *Le statut d'entrepreneur salarié associé d'une coopérative d'activité et d'emploi : RDT* 2014, p. 681.

5.1.9 – Dispositions diverses

TITRE IV. – DISPOSITIONS DIVERSES

Art. 27 *(Rempl., L. n° 66-538, 24 juill. 1966 ; mod., L. n° 84-148, 1er mars 1984 ; L. n° 92-643, 13 juill. 1992 ; L. n° 2003-706, 1er août 2003 ; L. n° 2003-721, 1er août 2003). – (Phrase. rempl., L. n° 2014-856, 31 juill. 2014)* **Le deuxième alinéa de l'article L. 225-22, les articles L. 225-130 et L. 225-131, le second alinéa de l'article L. 228-39 et le II de l'article L. 233-8 du Code de commerce ne sont pas applicables aux coopératives régies par la présente loi. Les dispositions des articles L. 223-19, L. 223-20, L. 225-38, L. 225-39, L. 225-86, L. 225-87, L. 227-10 et L. 227-11 du Code de commerce ne sont pas applicables aux conventions conclues entre la société coopérative et ses membres lorsqu'elles ont pour objet la mise en œuvre des statuts.**

Par dérogation aux dispositions de l'article 71 de la loi mentionnée à l'alinéa précédent, le capital des sociétés coopératives constituées sous forme de sociétés par actions ne peut être inférieur à la moitié du montant minimal prévu audit article.

(Al. aj., L. n° 2014-856, 31 juill. 2014) **Les sociétés coopératives dont le capital social est inférieur au montant mentionné au deuxième alinéa du présent article peuvent être dissoutes à la demande de tout intéressé ou du ministère public. Le tribunal peut accorder un délai maximal de six mois, renouvelable une fois, pour régulariser la situation ; il ne peut prononcer la dissolution si, au jour où il statue sur le fond, la régularisation a eu lieu.**

Art. 27 *bis* et 28 *(Abr., L. n° 2014-856, 31 juill. 2014).*

ANNEXE 5

Art. 28 *bis* *(L. n° 2001-624, 17 juill. 2001)*. – Les associations déclarées relevant du régime de la loi du 1er juillet 1901 relative au contrat d'association ou de la loi du 19 avril 1908 applicable dans les départements du Bas-Rhin, du Haut-Rhin ou de la Moselle peuvent, dans les conditions fixées ci-dessous, se transformer en société coopérative, régie notamment par la présente loi, ayant une activité analogue. Cette transformation n'entraîne pas la création d'une personne morale nouvelle.

Les réserves et les fonds associatifs constitués antérieurement à la transformation ne sont pas distribuables aux sociétaires ou incorporables au capital.

Les dispositions des troisième et quatrième alinéas de l'article 16 et de l'article 18 ne leur sont pas applicables.

Les agréments, habilitations et conventions, ainsi que, s'il y a lieu, les aides et avantages financiers directs ou indirects auxquels ils donnent droit, sous réserve de la conformité de l'objet statutaire de la nouvelle société coopérative et de ses règles d'organisation et de fonctionnement aux conditions législatives et réglementaires requises, d'une part, ainsi que les conventions d'apports associatifs, d'autre part, se poursuivent dans la société coopérative issue de la transformation.

Art. 29. – La présente loi est applicable aux départements et territoires d'outre-mer.

Art. 29 *bis* *(L. n° 96-609, 5 juill. 1996)*. – I. – Sont également applicables au territoire de la Nouvelle-Calédonie les textes modificatifs de la présente loi qui suivent :

- la loi n° 56-745 du 30 juillet 1956 ;
- l'article 26 de la loi n° 84-148 du 1er mars 1984 ;
- l'article 1er de la loi n° 85-703 du 12 juillet 1985 ;
- les articles 64-II et 64-III de la loi n° 87-416 du 17 juin 1987 ;
- l'article 32-I de la loi n° 91-5 du 3 janvier 1991 ;
- les articles 1er à 19 de la loi n° 92-643 du 13 juillet 1992 ;
- les articles 64 et 66 de la loi n° 93-121 du 27 janvier 1993.

II. – Au deuxième alinéa de l'article 19 *bis*, les mots : « des sociétés coopératives, des mutuelles régies par le Code de la mutualité, des organismes de mutualité agricole, des sociétés d'assurance à forme mutuelle, des sociétés d'assurance mutuelles et unions de mutuelles régies par le Code des assurances, des associations déclarées régies par la loi du 1er juillet 1901 ou par les dispositions applicables dans les départements du Bas-Rhin, du Haut-Rhin et de la Moselle, des unions ou fédérations de ces sociétés ou associations » sont remplacés par les mots : « des sociétés coopératives, des sociétés d'assurance mutuelles et unions de mutuelles régies par les dispositions du Code des assurances applicables en Nouvelle-Calédonie, y compris les sociétés d'assurances à forme mutuelle à l'exception des organismes de mutualité agricole ou par des associations déclarées régies par la loi du 1er juillet 1901, des unions ou fédérations de ces sociétés ou associations ».

III. – Au premier alinéa de l'article 27 *bis*, les mots : « à la date de promulgation de la loi n° 92-643 du 13 juillet 1992 relative à la modernisation des entreprises coopératives disposent d'un délai de cinq ans » sont remplacés par les mots : « à la date de publication de la loi n° 96-609 du 5 juillet 1996 portant dispositions diverses relatives à l'outre-mer disposent d'un délai de deux ans.

Art. 30. – Il sera procédé à une codification des textes législatifs intéressant la coopération. La présente loi formera, sous le titre « Des coopératives en général », le livre premier de ce code.

5.2. – DISPOSITIONS SPÉCIALES

5.2.1. – SOCIÉTÉS COOPÉRATIVES AGRICOLES

Bibliographie : P. Arhel, *Applicabilité du droit de la concurrence aux coopératives agricoles : JCP* E 1997, p. 73. • J.-J. Barbièri, *Actualisation du statut de la coopération agricole (Ord. n° 2006-1225, 5 oct. 2006 et D. n° 2006-1528, 5 déc. 2006) : RD rur.* févr. 2007, étude 14 ; *L'impact de la loi du 3 juillet 2008 sur les coopératives agricoles : RD rur.* 2008, comm. 217. • I. M. Barsan, *La société coopérative européenne : une opportunité pour les coopératives agricoles ? : RD rur.* 2018, dossier 13. • S. Crevel, *L'investissement coopératif : RD rur.* 2018, dossier 17. • G. Gourlay, *La modernisation des entreprises* *coopératives dans le secteur agricole : BJS* 1992, p. 1155 ; *L'agrément des coopératives agricoles : Dr. sociétés* 1997, p. 3 ; *Incidences sur les coopératives agricoles de la loi d'orientation agricole du 9 juillet 1999 : BJS* 1999, p. 1063. • Ph. Goni, *Quelle liberté contractuelle pour les coopératives agricoles ? : Gaz. Pal.* 25 juill. 2002, p. 15. • S. Grandvuillemin, *La loi du 31 juillet 2014 relative à l'économie sociale et solidaire et le droit coopératif : JCP* E 2014, 1478. • L. Gros, *Modernisation du statut des coopératives agricoles : Dr. sociétés* janv. 2007, p. 1. • M. Hérail, *Les aménagements du statut des sociétés coopératives agricoles : BJS* 2007, p. 792. • D. Hiez, *Pas de révolution pour les coopératives agricoles (Commentaire de l'ordonnance n° 2006-1225 du 5 octobre 2006) : Rev. sociétés* 2007, p. 53. • P. Kasparian, *Économie sociale et solidaire et coopératives agricoles : RD rur.* 2018, dossier 12. • J. Lachaud, *Coopératives et activité agricole : Gaz. Pal.* 4 sept. 2003, p. 3. • Ch. Lachièze, *Réforme du droit des contrats et coopératives agricoles : RD rur.* 2018, dossier 10. • E.-N. Martine, *Sociétés coopératives et groupements agricoles : RD rur.* 1996, p. 428. • R. Mellerio et B. Gréteau, *Les coopératives agricoles à l'heure des rapprochements capitalistiques : JCP* E 2012, 16701. • G. Notté, *Loi n° 2014-856 du 31 juillet 2014 relative à l'économie sociale et solidaire : JCP* N 2014, 1314. • *Adde*, G. Gourlay et H. Azarian, *JCl. Sociétés traité*, Fasc. 170-30 ; Fasc. 170-40 ; Fasc. 170-50 ; Fasc. 170-50.

Code rural et de la pêche maritime

Partie législative

CHAPITRE I. – DISPOSITIONS GÉNÉRALES. CONSTITUTION

Section I. – Dispositions générales

Art. L. 521-1. – Les sociétés coopératives agricoles ont pour objet l'utilisation en commun par des agriculteurs de tous moyens propres à faciliter ou à développer leur activité économique, à améliorer ou à accroître les résultats de cette activité.

Les sociétés coopératives agricoles et leurs unions forment une catégorie spéciale de sociétés, distinctes des sociétés civiles et des sociétés commerciales. Elles ont la personnalité morale et la pleine capacité.

Les sociétés coopératives agricoles peuvent se grouper en unions de coopératives agricoles. Sauf stipulation expresse contraire, ces unions sont soumises aux mêmes dispositions que les sociétés coopératives agricoles.

1) Nature des sociétés coopératives agricoles. Aux termes de l'article L. 521-1 du Code rural, les sociétés coopératives agricoles et leurs unions forment une **catégorie spéciale de sociétés**, distinctes des sociétés civiles et des sociétés commerciales ; par suite les actes accomplis par une coopérative agricole conformément à son objet social et ses statuts ne sauraient lui conférer la qualité de commerçant : ▪ Cass. 1re civ., 8 juill. 1997 : *JurisData* n° 1997-003245 ; *JCP* E 1997, pan. 1027, p. 347. – Les coopératives agricoles ont un **objet non commercial** les faisant échapper à la compétence des tribunaux de commerce, même si elles accomplissent des actes tels que des achats pour revendre, réputés actes de commerce, dès lors que ceux-ci sont effectués au profit des agriculteurs coopérateurs : ▪ Cass. com., 18 déc. 2001 : *Bull. civ.* IV, n° 201 ; *JurisData* n° 2001-012312 ; *D.* 2002, act. jurispr., p. 406, obs. A. Lienhard.

2) Profits. Aucune obligation de résultat ne pèse sur les sociétés coopératives agricoles quant aux profits que peuvent réaliser leurs associés coopérateurs : ▪ Cass. 1re civ., 12 juill. 1983 : *Bull. civ.* I, n° 207.

3) Obligations des coopératives. Sur la portée des obligations des coopératives agricoles *[achat de produits au prix de campagne arrêté initialement ou écoulement de la production au prix le plus avantageux en fonction des fluctuations du marché]* : ▪ Cass. 1re civ., 6 juin 1984 : *D.* 1985, inf. rap. p. 72.

4) Dès lors que les statuts de la société permettent à la coopérative d'user de tous les moyens nécessaires au développement de son activité, celle-ci peut, sans dépassement de l'objet social, dans le cadre de ses **opérations courantes de gestion financière**, se livrer à des opérations d'achat et de vente à terme de devises, aucune disposition légale n'interdisant à une coopérative agricole de se livrer à des opérations de gestion financière même lorsqu'il s'agit de placements à risque : ▪ Cass. com., 25 avr. 2006, n° 03-19.431 : *Dr. sociétés* oct. 2006, n° 140, obs. F.-X. Lucas.

Art. L. 521-1-1 *(L. n° 2014-1170, 13 oct. 2014)*. **– La relation entre l'associé coopérateur et la coopérative agricole à laquelle il adhère ou entre une coopérative agricole et l'union de coopératives agricoles à laquelle elle adhère est régie par les principes et règles spécifiques du présent titre et par la loi n° 47-1775**

du 10 septembre 1947 portant statut de la coopération et définie dans les statuts et le règlement intérieur des coopératives agricoles ou unions. Elle repose, notamment, sur le caractère indissociable de la double qualité d'utilisateur de services et d'associé mentionné au a du I de l'article L. 521-3.

(Al. créé, Ord. n° 2019-362, 24 avr. 2019) « Dans un souci de transparence et afin d'assurer une bonne compréhension par tout nouvel associé coopérateur des informations contenues dans les documents qui lui sont remis, notamment le document récapitulatif mentionné au h du I de l'article L. 521-3, celui-ci reçoit lors de son adhésion une information sur les valeurs et les principes coopératifs, ainsi que sur les conditions de fonctionnement de la coopérative à laquelle il adhère et les modalités de rémunération qu'elle pratique. »

Art. L. 521-2. – Les coopératives agricoles et leurs unions sont obligatoirement à capital variable.

Leur durée ne peut excéder quatre-vingt-dix-neuf ans, sauf prorogation.

Les statuts de chaque société coopérative agricole fixent la circonscription territoriale de cette société. Les unions de sociétés coopératives agricoles ont pour circonscription territoriale l'ensemble des circonscriptions des sociétés coopératives adhérentes.

Art. L. 521-3 *(Mod., L. n° 88-1202, 30 déc. 1988 ; L. n° 91-5, 3 janv. 1991 ; L. n° 92-643, 13 juill. 1992 ; L. n° 2008-649, 3 juill. 2008)*. – I. – Ne peuvent prétendre à la qualité et à la dénomination de coopérative ou d'union que les sociétés dont les statuts prévoient :

a) L'obligation pour chaque coopérateur d'utiliser *(Mots rempl., L. n° 2014-856, 31 juill. 2014)* « tout ou partie des services » de la société pour une durée déterminée et, corrélativement, de souscrire une quote-part du capital en fonction de cet engagement d'activité ;

b) L'obligation pour la société de ne faire d'opérations qu'avec ses seuls associés coopérateurs ;

c) La limitation de l'intérêt versé au capital souscrit par les associés coopérateurs à un taux au plus égal au taux fixé à l'article 14 de la loi n° 47-1775 du 10 septembre 1947 portant statut de la coopération.

d) La répartition des excédents annuels disponibles entre les associés coopérateurs proportionnellement aux opérations qu'ils ont réalisées avec leur coopérative lors de l'exercice ;

e) Le remboursement des parts sociales à leur valeur nominale ainsi qu'en cas de liquidation, la dévolution de l'actif net à d'autres coopératives ou à des œuvres d'intérêt général agricole ;

f) Un droit égal de vote pour chaque coopérateur aux assemblées générales ; pour l'exercice de ce droit, lorsqu'un groupement agricole d'exploitation en commun adhère à une société coopérative, tous les membres du groupement considérés comme chefs d'exploitation agricole sont réputés associés coopérateurs, sans que les chefs d'exploitation membres d'un même groupement puissent, en cette qualité, détenir plus de 49 % des voix ;

g) *(g créé, L. n° 2014-856, 31 juill. 2014)* Les conditions d'adhésion, de retrait, de radiation et d'exclusion des associés coopérateurs ;

h) *(h créé, L. n° 2014-1170, 13 oct. 2014 ; rempl., Ord. n° 2019-362, 24 avr. 2019)* L'obligation pour l'organe chargé de l'administration de la société de mettre à la disposition de chaque associé coopérateur un document récapitulant l'engagement de ce dernier. Ce document est mis à disposition lors de l'adhésion de l'associé coopérateur, ainsi qu'à chacune de ses modifications et, en tout cas, à l'issue de chaque assemblée générale ordinaire. Il précise le capital social souscrit, la durée d'engagement, la date d'échéance, les modalités de retrait, les quantités et les caractéristiques des produits à livrer, ainsi que les modalités de paiement et de détermination du prix de ces derniers comprenant s'il y a lieu les acomptes et compléments de prix, telles que prévues par le règlement intérieur.

Toutefois, en ce qui concerne les *b*, *e* et *f* ci-dessus, les coopérateurs peuvent, soit à la fondation, soit en cours de vie sociale, exercer, dans les conditions et limites prévues, les choix qui leur sont ouverts par les articles L. 522-5, L. 523-1, L. 523-7 *(Réf. rempl., L. n° 2008-649, 3 juill. 2008)* « et L. 524-4 ».

II. *(II créé, L. n° 2014-1170, 13 oct. 2014)* – Les statuts peuvent prévoir que la durée d'engagement des nouveaux associés coopérateurs inclut une période probatoire, qui ne peut excéder une année.

Pendant la période probatoire, ces associés coopérateurs ont les mêmes droits et obligations que les autres associés coopérateurs. À l'expiration de cette période, l'admission est définitive, sauf décision contraire de l'associé coopérateur ou décision motivée du conseil d'administration, l'intéressé ayant été entendu et dûment convoqué.

À la fin de la période probatoire et en cas de retrait du nouvel associé, celui-ci bénéficie du remboursement de ses parts sociales.

Ordonnance n° 2019-362 du 24 avril 2019

Art. 6. – Les dispositions de la présente ordonnance entrent en vigueur le premier jour du troisième mois suivant sa publication.

Toutefois, les sociétés coopératives ou leurs unions disposent d'un délai de quatorze mois à compter de la publication de la présente ordonnance pour modifier leurs statuts et leur règlement intérieur conformément aux dispositions de la présente ordonnance et les transmettre au Haut Conseil de la coopération agricole. Cette obligation est reportée au 1er juillet 2022 pour les sociétés coopératives agricoles ou leurs unions qui ont exclusivement pour objet l'approvisionnement ou les services et dont le chiffre d'affaires annuel est inférieur à 200 000 € hors taxes.

Le guide de bonnes pratiques mentionné à l'article 5 est publié avant le 1er janvier 2020.

NB : Aux termes de la loi n° 2014-1170 du 13 octobre 2014, article 93 XV, les coopératives agricoles ou leurs unions disposent d'un délai de dix-huit mois à compter de la clôture de l'exercice en cours à la date de publication de l'arrêté du ministre chargé de l'agriculture portant approbation des modifications des modèles de statuts pour se mettre en conformité avec les dispositions de l'article L. 521-3 dans sa rédaction issue de la présente loi.

1) **Engagement de l'associé coopérateur.** En posant le principe que l'associé coopérateur a l'obligation d'utiliser les services de la société pour une durée déterminée, et corrélativement de souscrire une quote-part du capital en fonction de cet engagement d'activité, l'article L. 521-3 du Code rural donne à l'engagement du coopérateur le caractère d'un contrat à durée déterminée : ▪ Cass. 1re civ., 13 déc. 2005, n° 02-20.397 : *Bull. civ.* I, n° 502.

2) **Preuve de la qualité d'associé coopérateur.** La production du registre des adhésions ne constitue pas la seule preuve de la souscription de parts sociales permettant d'accéder à la qualité de coopérateur : ▪ Cass. 1re civ., 5 juin 2008, n° 07-14.869 : *RD rur.* 2008, comm. 148, note J.-J. Barbièri.

Art. L. 521-3-1 *(L. n° 2014-1170, 13 oct. 2014). – (Mod., Ord. n° 2019-362, 24 avr. 2019)* **I. – L'organe chargé de l'administration de la société définit les modalités de détermination et de paiement du prix des apports de produits, des services ou des cessions d'approvisionnement, notamment les acomptes et, s'il y a lieu, les compléments de prix, et propose une répartition des excédents annuels disponibles mentionnés au d du I de l'article L. 521-3. Cette répartition est décidée par l'assemblée générale ordinaire. L'ensemble de ces éléments constitue la rémunération de l'associé coopérateur.**

(Al. créé, Ord. n° 2019-362, 24 avr. 2019) **II. – L'organe chargé de l'administration établit un document présentant la part des résultats de la société coopérative qu'il propose de reverser aux associés coopérateurs à titre de rémunération du capital social et de ristournes ainsi que la part des résultats des filiales destinée à la société coopérative, en expliquant les éléments pris en compte pour les déterminer. Ce document est adressé à chaque associé coopérateur avec sa convocation à l'assemblée générale.**

Lorsque la société coopérative est tenue de désigner un commissaire aux comptes, celui-ci atteste l'exactitude des informations figurant sur le document mentionné au précédent alinéa. Son attestation est jointe à ce document. Si le commissaire aux comptes émet des observations ou s'il refuse de remettre une attestation, il en informe sans délai le Haut Conseil de la coopération agricole.

III. – L'organe chargé de l'administration présente lors de l'assemblée générale ordinaire un document donnant des informations :

1° Sur l'écart entre le prix indiqué lors de la précédente assemblée générale ordinaire, et le prix effectivement payé aux associés coopérateurs pour leurs apports ;

2° Sur les écarts constatés entre ce prix et les différents indicateurs relatifs aux coûts de production et aux prix des produits agricoles et alimentaires éventuellement pris en compte dans le règlement intérieur pour fixer les critères et modalités de détermination du prix des apports, ou, à défaut, tous indicateurs disponibles relatifs aux coûts pertinents de production en agriculture et aux prix des produits agricoles et alimentaires constatés sur les marchés sur lesquels opère la coopérative. Ce document précise que la coopérative engage sa responsabilité si ces informations ne sont pas sincères.

L'organe chargé de l'administration de la coopérative communique aux associés coopérateurs, selon la fréquence mentionnée dans le règlement intérieur, l'évolution des indicateurs relatifs aux prix des produits agricoles et alimentaires constatés sur les marchés sur lesquels la coopérative opère.

IV. – Dans le mois qui suit l'assemblée générale ordinaire, une information sur la rémunération définitive globale liée aux apports de l'associé coopérateur, incluant le prix des apports versé sous forme d'acompte et de compléments de prix et les ristournes, est transmise à chaque associé coopérateur. Cette rémunération peut être présentée par unité de mesure ;

V. – Engage la responsabilité de la coopérative le fait de fixer une rémunération des apports abusivement basse au regard des indicateurs prévus aux articles L. 631-24, L. 631-24-1, L. 631-24-3 et L. 632-2-1 ou de tout autre indicateur public disponible.

L'action est introduite devant la juridiction civile compétente par le ministre chargé de l'économie, après avis motivé du ministre chargé de l'agriculture ainsi que du Haut Conseil de la coopération agricole, ou, après la procédure de médiation prévue à l'article L. 528-3, par toute personne justifiant d'un intérêt direct et certain.

Lors de cette action, le ministre chargé de l'économie peut demander à la juridiction saisie d'ordonner la cessation de la pratique mentionnée au premier alinéa du présent V. Il peut également demander le prononcé d'une amende civile dont le montant ne peut être supérieur à cinq millions d'euros. Toutefois, cette amende peut être portée, de manière proportionnée aux avantages tirés du manquement, à 5 % du chiffre d'affaires hors taxes réalisé en France par l'auteur de la pratique mentionnée au premier alinéa du présent V lors du dernier exercice clos depuis l'exercice précédant celui au cours duquel la pratique a été mise en œuvre. La réparation des préjudices subis peut également être demandée.

La juridiction ordonne systématiquement la publication, la diffusion ou l'affichage de sa décision ou d'un extrait de celle-ci selon les modalités qu'elle précise. Elle peut également ordonner l'insertion de la décision ou de l'extrait de celle-ci dans le rapport établi sur les opérations de l'exercice par l'organe chargé de l'administration de la société coopérative. Les frais sont supportés par la personne condamnée.

La juridiction peut ordonner l'exécution de sa décision sous astreinte.

Les litiges relatifs à l'application du présent V sont attribués aux juridictions dont le siège et le ressort sont fixés par décret.

Le juge des référés peut ordonner, au besoin sous astreinte, la cessation de la pratique abusive ou toute autre mesure provisoire.

Dans la mise en œuvre de ces dispositions, la juridiction tient compte des spécificités des contrats coopératifs ».

VI. – Lorsque la société procède à la collecte, à l'état brut, de produits mentionnés au premier alinéa de l'article L. 441-8 du Code de commerce, l'organe chargé de l'administration détermine des critères relatifs aux fluctuations des prix des matières premières agricoles et alimentaires affectant significativement le coût de production de ces produits. Lorsque ces critères, portés à la connaissance des associés coopérateurs selon des modalités prévues dans le règlement intérieur, sont remplis, l'organe chargé de l'administration délibère sur une éventuelle modification des modalités de détermination du prix des apports de ces produits.

NB : Aux termes de la loi n° 2014-1170 du 13 octobre 2014, article 93 XV, les coopératives agricoles ou leurs unions disposent d'un délai de dix-huit mois à compter de la clôture de l'exercice en cours à la date de publication de l'arrêté du ministre chargé de l'agriculture portant approbation des modifications des modèles de statuts pour se mettre en conformité avec les dispositions du présent article dans sa rédaction issue de ladite loi.

Rédaction antérieure. Art. L. 521-3-1 *(L. n° 2014-1170, 13 oct. 2014).* – L'organe chargé de l'administration de la société définit les modalités de détermination et de paiement du prix des apports de produits, des services ou des cessions d'approvisionnement, notamment les acomptes et, s'il y a lieu, les compléments de prix, et propose une répartition des excédents annuels disponibles mentionnés au *d* du I de l'article L. 521-3. Cette répartition est décidée par l'assemblée générale ordinaire. L'ensemble de ces éléments constitue la rémunération de l'associé coopérateur.

Lorsque la société procède à la collecte, à l'état brut, de produits mentionnés au premier alinéa de l'article L. 441-8 du Code de commerce, l'organe chargé de l'administration détermine des critères relatifs aux fluctuations des prix des matières premières agricoles et alimentaires affectant significativement le coût de production de ces produits. Lorsque ces critères, portés à la connaissance des associés coopérateurs selon des modalités prévues dans le règlement intérieur, sont remplis, l'organe chargé de l'administration délibère sur une éventuelle modification des modalités de détermination du prix des apports de ces produits.

Art. L. 521-3-2 *(Ord., n° 2019-362, 24 avr. 2019).* – Le règlement intérieur complète les règles d'organisation et de fonctionnement fixées par les statuts.

Il précise notamment les règles de composition, de représentation et de remplacement des membres, de quorum, les modalités de convocation, d'adoption et de constatation des délibérations de l'organe chargé de l'administration et le cas échéant des autres instances, statutaires ou non statutaires, mises en place par la coopérative.

Il fixe également :

1° Les critères et modalités de détermination et de révision du prix des apports, comprenant, le cas échéant, les modalités de prise en compte des indicateurs mentionnés à l'avant-dernier alinéa du III de l'article L. 631-24 choisis pour calculer ce prix ;

2° Les modalités de détermination du prix des services ou des cessions d'approvisionnement ;

3° Les modalités pratiques de retrait de l'associé coopérateur ;

4° Les modalités du remboursement des parts sociales qui intervient de droit dans le délai maximal prévu par les statuts.

Le règlement intérieur rappelle les conditions dans lesquelles il peut être recouru à la médiation et, le cas échéant, à tout autre mode de règlement des litiges.

Ordonnance n° 2019-362 du 24 avril 2019

Art. 6. – Les dispositions de la présente ordonnance entrent en vigueur le premier jour du troisième mois suivant sa publication.

Toutefois, les sociétés coopératives ou leurs unions disposent d'un délai de quatorze mois à compter de la publication de la présente ordonnance pour modifier leurs statuts et leur règlement intérieur conformément aux dispositions de la présente ordonnance et les transmettre au Haut Conseil de la coopération agricole. Cette obligation est reportée au 1er juillet 2022 pour les sociétés coopératives agricoles ou leurs unions qui ont exclusivement pour objet l'approvisionnement ou les services et dont le chiffre d'affaires annuel est inférieur à 200 000 € hors taxes.

Le guide de bonnes pratiques mentionné à l'article 5 est publié avant le 1er janvier 2020.

Art. L. 521-3-3 *(Ord. n° 2019-362, 24 avr. 2019)*. **– I. – Lorsque les statuts de la société coopérative prévoient qu'une indemnité est due par l'associé coopérateur en cas de retrait anticipé, cette indemnité est proportionnée aux incidences financières de ce retrait pour la coopérative et tient compte des pertes induites par le retrait de cet associé et de la durée restant à courir jusqu'à la fin de son engagement.**

Dans l'hypothèse où le retrait est motivé par un changement du mode de production permettant l'obtention d'un signe mentionné au 1° de l'article L. 640-2 ou de la mention « issu d'une exploitation de haute valeur environnementale » prévue au 2° du même article, le montant de l'indemnité demandée est réduit, de même que le délai de préavis éventuellement applicable. La coopérative n'est pas tenue d'accorder ces réductions si elle est en mesure de justifier que la valeur supplémentaire générée par ce changement du mode de production est effectivement prise en compte dans la rémunération des apports.

II. – La conclusion ou la modification d'un contrat régissant l'apport de produits, notamment d'un contrat relatif au processus de production de ces apports, entre la coopérative et l'associé coopérateur en cours d'engagement statutaire, oblige les parties à définir une date d'échéance unique pour l'engagement coopératif et pour ce contrat. Celle-ci ne peut pas dépasser la date d'échéance du contrat le plus long. »

Ordonnance n° 2019-362 du 24 avril 2019

Art. 6. – Les dispositions de la présente ordonnance entrent en vigueur le premier jour du troisième mois suivant sa publication.

Toutefois, les sociétés coopératives ou leurs unions disposent d'un délai de quatorze mois à compter de la publication de la présente ordonnance pour modifier leurs statuts et leur règlement intérieur conformément aux dispositions de la présente ordonnance et les transmettre au Haut Conseil de la coopération agricole. Cette obligation est reportée au 1er juillet 2022 pour les sociétés coopératives agricoles ou leurs unions qui ont exclusivement pour objet l'approvisionnement ou les services et dont le chiffre d'affaires annuel est inférieur à 2 00 000 € hors taxes.

Le guide de bonnes pratiques mentionné à l'article 5 est publié avant le 1er janvier 2020.

Art. L. 521-4. – Les sociétés coopératives agricoles et leurs unions peuvent convenir de soumettre à des arbitres les contestations qui viendraient à se produire à raison de leurs opérations.

Art. L. 521-5. – **Les sociétés coopératives et leurs unions relèvent de la compétence des juridictions civiles.**

1) **Actes de commerce au profit des coopérateurs.** Les sociétés coopératives agricoles et leurs unions, qui ont pour objet, selon l'article L. 521-1 du Code rural, l'utilisation en commun par des agriculteurs de tous moyens propres à faciliter ou à développer leur activité économique, à améliorer ou à accroître les résultats de cette activité, relèvent, en application de l'article L. 521-5 du Code rural, des juridictions civiles ; il en est ainsi même lorsqu'elles accomplissent des actes tels que des achats pour revendre, réputés actes de commerce, dès lors que ceux-ci sont effectués au profit des agriculteurs coopérateurs : ▪ Cass. com., 18 déc. 2001 : *Bull. civ.* IV, n° 201.

2) **Actes de commerce avec des tiers non coopérateurs.** L'article L. 521-5 du Code rural n'a pas pour effet de soustraire à la compétence des tribunaux de commerce les contestations relatives aux actes de commerce que les sociétés coopératives peuvent faire avec des tiers non coopérateurs : ▪ Cass. 1re civ., 18 nov. 1986 : *RTD com.* 1987, p. 76, obs. E. Alfandari et M. Jeantin.

Art. L. 521-6. – **Sous réserve des dispositions du présent titre, les sociétés coopératives agricoles et leurs unions sont régies par les dispositions de la loi du 10 septembre 1947 modifiée portant statut de la coopération et du titre III de la loi du 24 juillet 1867 sur les sociétés.**

1) Pour des applications de l'article 52 de la loi du 24 juillet 1867 à une coopérative agricole : ▪ Cass. 1re civ., 31 janv. 1989 : *BJS* 1989, p. 345. ▪ Cass. 1re civ., 28 oct. 1997 : *BJS* 1998, p. 49, note P. Scholer.

2) Pour la mise en œuvre dans une CUMA d'une **clause statutaire d'exclusion**, voir sous C. rur., art. R. 522-8, annot. n° 3, p. 2648.

CHAPITRE II. – ASSOCIÉS. TIERS NON COOPÉRATEURS

Section I. – Associés coopérateurs

Art. L. 522-1 *(Mod., L. n° 99-574, 9 juill. 1999)*. – **Peuvent être associés coopérateurs d'une société coopérative agricole :**

1° Toute personne physique ou morale ayant la qualité d'agriculteur ou de forestier dans la circonscription de la société coopérative agricole ;

2° Toute personne physique ou morale possédant dans cette circonscription des intérêts agricoles qui correspondent à l'objet social de la société coopérative agricole et souscrivant l'engagement d'activité prévu par le a du premier alinéa de l'article L. 521-3 ;

3° Tout groupement agricole d'exploitation en commun de la circonscription ;

4° Toutes associations et syndicats d'agriculteurs ayant avec la coopérative agricole un objet commun ou connexe ;

5° D'autres sociétés coopératives agricoles, unions de ces sociétés et sociétés d'intérêt collectif agricole, alors même que leurs sièges sociaux seraient situés en dehors de la circonscription de la société coopérative agricole ;

6° Toute personne physique ou morale ayant la qualité d'agriculteur ou de forestier, ressortissant d'un État membre de la Communauté européenne et dont le domicile ou le siège est situé hors du territoire de la République française dans une zone contiguë à la circonscription de la société coopérative agricole.

Art. L. 522-2 *(Rempl., L. n° 99-574, 9 juill. 1999)*. – **Peuvent être associées coopérateurs d'une union de sociétés coopératives, en sus des sociétés coopératives agricoles et de leurs unions, et des coopératives agricoles et de leurs unions constituées en vertu de la législation d'autres États membres de la Communauté européenne, dans la limite du cinquième des voix à l'assemblée générale, toutes autres personnes morales intéressées par l'activité de l'union.**

Art. L. 522-2-1 *(L. n° 91-5, 3 janv. 1991)*. – **Les associés coopérateurs doivent en permanence détenir plus de la moitié du capital de la coopérative agricole ou de l'union de sociétés coopératives agricoles.**

(L. n° 2006-11, 5 janv. 2006) **Le montant total des parts à avantages particuliers doit toujours être inférieur à la moitié du capital social.**

Section II. – Associés non coopérateurs

Art. L. 522-3 *(Mod., L. n° 91-5, 3 janv. 1991 ; L. n° 92-643, 13 juill. 1992 ; L. n° 2001-152, 19 févr. 2001 ; L. n° 2008-649, 3 juill. 2008).* – Les statuts de toute société coopérative agricole ou de toute union de sociétés coopératives agricoles peuvent autoriser l'admission comme associé non coopérateur, sous réserve de l'acceptation par le conseil d'administration, de toute personne physique ou morale intéressée par l'activité de la coopérative *(Mots. aj., L. n° 2014-1170, 13 oct. 2014)*, « notamment les salariés en activité ».

Le capital détenu par les établissements de crédit *(Mots aj., Ord. n° 2013-544, 27 juin 2013)* « , les sociétés de financement » et leurs filiales spécialisées de participation ne peut excéder 20 % du capital social.

Lorsqu'un fonds commun de placement d'entreprise souscrit par les salariés de la coopérative ou d'une entreprise comprise dans le champ du même plan ou accord de groupe est associé non coopérateur, le conseil de surveillance de ce fonds dispose *(Mots aj., L. n° 2014-1170, 13 oct. 2014)* « d'au moins une voix, comptabilisée en tant que voix de salarié en activité, » aux assemblées de la société.

Les dispositions de l'article 3 *bis* de la loi n° 47-1775 du 10 septembre 1947 portant statut de la coopération ne sont pas applicables.

Art. L. 522-4. – L'importance et la durée de la participation des associés non coopérateurs sont déterminées par les statuts.

Le capital social des sociétés coopératives agricoles et des unions ayant des associés non coopérateurs est partagé en deux fractions distinguant les apports de fonds des associés coopérateurs et ceux des associés non coopérateurs.

Les parts des associés non coopérateurs n'ouvrent pas droit aux ristournes annuelles sur les éléments d'activité. Elles donnent droit à un intérêt dont les statuts peuvent fixer le taux à deux points au-dessus de celui des parts des associés coopérateurs. Les statuts peuvent aussi leur accorder une priorité sur les parts des associés coopérateurs pour le service de ces intérêts.

Les parts des associés non coopérateurs participent à égalité avec les parts des associés coopérateurs aux revalorisations des parts sociales *(Mots suppr., Ord. n° 2010-459, 6 mai 2010)* « ... ».

Les associés non coopérateurs répondent des dettes sociales à concurrence seulement de leurs parts.

Les associés non coopérateurs sont tenus informés de l'évolution des affaires sociales.

Ils ne peuvent détenir ensemble plus d'un cinquième des voix en assemblée générale *(Mots aj., L. n° 2014-1170, 13 oct. 2014)* « ou plus d'un quart des voix lorsque les salariés en activité sont majoritaires en leur sein », ces voix pouvant être pondérées dans les conditions fixées statutairement. En outre, aucun associé non coopérateur ne peut disposer de plus de 10 % des voix.

Lorsque la majorité en voix des associés non coopérateurs le demande, la réunion de l'assemblée générale est de droit, dans la limite d'une fois par an.

Section III. – Tiers non coopérateurs

Art. L. 522-5. – Lorsque les statuts le prévoient, des tiers non coopérateurs peuvent être admis à bénéficier des services d'une société coopérative agricole ou d'une union, dans la limite de 20 % du chiffre d'affaires annuel. *(Phrase aj., L. n° 2014-1170, 13 oct. 2014)* « Dans ce cas, la société coopérative ou l'union se soumet à un contrôle de la conformité de sa situation et de son fonctionnement aux principes et règles de la coopération au moins une fois tous les cinq ans. Ce contrôle est effectué par une fédération agréée pour la révision mentionnée à l'article L. 527-1. »

Les opérations ainsi effectuées avec des tiers non associés font l'objet d'une comptabilité spéciale.

Les excédents d'exploitation en provenant ne subissent pas de prélèvement pour l'alimentation de la réserve légale. Ils ne peuvent être ni distribués à titre de ristournes aux associés, ni incorporés au capital social, ni répartis entre les associés à la liquidation de la société ou union. Ils sont portés à une réserve indisponible spéciale, laquelle ne peut être utilisée pour amortir des pertes sociales qu'après épuisement des réserves libres d'affectation autres que la réserve légale ; elle doit être, en ce cas, reconstituée par prélèvement prioritaire sur les excédents ultérieurs subsistant après l'alimentation de la réserve légale.

Voir : C. rur., art. R. 522-9, p. 2648.

Art. L. 522-6 *(Ord. n° 2003-1187, 11 déc. 2003 ; L. n° 2006-11, 5 janv. 2006 ; L. n° 2014-856, 31 juill. 2014).* – Par dérogation à l'article L. 522-5, une coopérative d'utilisation de matériel agricole peut réaliser, sans qu'elle ait besoin de le prévoir dans ses statuts, pour le compte des communes de moins de 3 500 habitants, des groupements de communes comprenant au moins trois quarts de communes de moins de 3 500 habitants ou de leurs établissements publics, des travaux agricoles ou d'aménagement rural conformes à son objet, à condition que l'un des adhérents de la coopérative ait le siège de son exploitation agricole dans le ressort territorial de l'une de ces collectivités ou établissements, et que le montant de ces travaux ne dépasse pas 25 % du chiffre d'affaires annuel de la coopérative, dans la limite de 10 000 €, ou de 15 000 € en zone de revitalisation rurale.

CHAPITRE III. – CAPITAL SOCIAL ET DISPOSITIONS FINANCIÈRES

Section I. – Capital social

Art. L. 523-1 *(Mod., L. n° 92-643, 13 juill. 1992).* – Le capital social des sociétés coopératives agricoles et de leurs unions peut être augmenté, si les statuts de ces sociétés le prévoient, par prélèvement sur des réserves sociales libres d'affectation.

En cas d'augmentation du capital, celle-ci sera effectuée dans la limite du barème en vigueur fixant le taux de majoration applicable aux rentes viagères.

Cette augmentation, qui ne pourra intervenir qu'après présentation à l'assemblée générale extraordinaire d'un rapport spécial de révision établi par un organisme agréé en application de l'article L. 527-1, est cumulable avec celle prévue à l'article L. 523-7.

Les deux opérations cumulées ne peuvent toutefois aboutir à une augmentation de capital social supérieure à celle qui résulterait de l'application du barème visé à l'alinéa 2 ci-dessus.

L'augmentation de capital donne lieu à majoration de la valeur nominale des parts sociales antérieurement émises ou à distribution de nouvelles parts sociales.

Les dispositions de l'article 11 *bis* du dernier alinéa de l'article 16 et du dernier alinéa de l'article 18 de la loi n° 47-1775 du 10 septembre 1947 ne sont pas applicables.

Art. L. 523-2. – Le capital des sociétés coopératives agricoles et de leurs unions peut être augmenté par modification du rapport statutaire résultant des dispositions de l'article L. 521-3 *(a)*.

Cette décision est prise en assemblée générale extraordinaire réunissant les deux tiers des voix des associés et à la majorité des deux tiers des voix présentes ou représentées.

Art. L. 523-2-1 *(L. n° 92-643, 13 juill. 1992).* – Lorsque les pertes inscrites au bilan sont supérieures aux réserves autres que la réserve légale, les réserves indisponibles et la réserve constituée pour compenser les parts annulées, le remboursement des parts de l'associé sortant et la part de la réserve visée au deuxième alinéa de l'article 18 de la loi n° 47-1775 du 10 septembre 1947 précitée sont réduits à due concurrence de la contribution de l'associé aux pertes non couvertes par les réserves autres que celles énumérées ci-dessus.

Art. L. 523-3. – Lorsqu'une société coopérative agricole a reçu un prêt sur les disponibilités du fonds forestier national son capital ne peut être réduit, dans les limites fixées par décret en Conseil d'État, que si ce prêt a été intégralement remboursé.

Art. L. 523-4. – Le Trésor jouit d'un privilège sur les parts des coopératives forestières pour toutes les sommes dues à raison des prêts en numéraire consentis sur les disponibilités du fonds forestier national.

Art. L. 523-4-1 *(L. n° 2006-11, 5 janv. 2006).* – Il est institué des parts sociales d'épargne, qui résultent de la répartition au titre du e de l'article L. 524-2-1, sur proposition du conseil d'administration et après approbation de l'assemblée générale, d'une partie du résultat distribuable de l'exercice.

Ces parts sociales constituent une catégorie spécifique du capital social de la coopérative.

Leurs modalités de remboursement et de cession sont soumises à des conditions particulières fixées par les statuts.

....

Section III. – Prises de participation

Art. L. 523-5 *(Abr., L. n° 2014-1545, 20 déc. 2014).*

Voir : C. rur., art. R. 523-8 et s., p. 2650.

Art. L. 523-5-1 *(L. n° 91-5, 3 janv. 1991 ; L. n° 2006-11, 5 janv. 2006).* – Les sociétés coopératives agricoles et leurs unions qui *(Mots suppr., L. n° 2014-1545, 20 déc. 2014)* « ... » détiennent des participations peuvent distribuer à leurs associés coopérateurs et à leurs associés non coopérateurs, en sus des sommes prévues respectivement aux *c* et *d* de l'article L. 521-3 et au troisième alinéa de l'article L. 522-4, tout ou partie des dividendes qu'elles ont reçus au titre de ces participations. Cette distribution est faite au prorata des parts sociales libérées.

Ces dividendes peuvent constituer, par décision de l'assemblée générale, un avantage particulier au sens de l'article 11 de la loi n° 47-1775 du 10 septembre 1947 portant statut de la coopération et, le cas échéant, sont servis, dans la limite du taux fixé à l'article 14 de cette loi, augmenté de deux points, aux parts sociales à avantages particuliers émises à cet effet ou issues de la conversion des parts sociales détenues par les associés au-delà de leur engagement statutaire.

Toutefois, lorsque les résultats propres de la coopérative sont déficitaires, les dividendes sont, à due concurrence, affectés à l'apurement de ce déficit.

Section IV. – Réévaluation des bilans

Art. L. 523-6. – Les sociétés coopératives agricoles et leurs unions peuvent procéder à la réévaluation de tout ou partie de leurs bilans.

Art. L. 523-7. – Les réserves de réévaluation des bilans doivent servir, en premier lieu, à amortir les pertes sociales et à combler les insuffisances d'amortissement afférentes aux bilans réévalués.

Le montant total des subventions reçues *(Mots aj., L. n° 2006-11, 5 janv. 2006)* « de l'Union européenne, » de l'État, de collectivités publiques ou d'établissements publics est porté à une réserve indisponible spéciale. *(Phrase aj., L. n° 2018-938, 30 oct. 2018)* « Toutefois, sur décision du conseil d'administration et dans la limite de 50 % de leur montant, ces subventions peuvent être classées comme produits au compte de résultat. »

En second lieu, les réserves de réévaluation peuvent être incorporées au capital social par décision de l'assemblée générale extraordinaire à l'effet de revaloriser les parts sociales. Cette décision ne pourra être prise qu'après présentation à l'assemblée générale extraordinaire d'un rapport spécial de révision établi par un organisme agréé en application des dispositions de l'article L. 527-1.

En cas de revalorisation des parts sociales, celle-ci sera effectuée dans la limite du barème en vigueur fixant le taux de majoration applicable aux rentes viagères.

Le reliquat de ces réserves constitue une réserve libre d'affectation.

Section V. – Moyens financiers

(L. n° 85-703, 12 juill. 1985 ; L. n° 91-5, 3 janv. 1991)

Art. L. 523-8 *(L. n° 85-703, 12 juill. 1985).* – Les sociétés coopératives agricoles et leurs unions peuvent émettre des titres participatifs dans les conditions prévues par les articles L. 228-36 à L. 228-37 du Code de commerce.

Voir : C. monét. fin., art. L. 213-34, p. 1001.

Art. L. 523-9 *(L. n° 91-5, 3 janv. 1991 ; Ord. n° 2000-916, 19 sept. 2000 ; mod., Ord. 2009-80, 22 janv. 2009 ; L. n° 2009-526, 12 mai 2009).* – Les sociétés coopératives agricoles et leurs unions peuvent procéder à une offre au public des titres financiers visés aux articles L. 523-8, L. 523-10 et L. 523-11 du présent code, sous réserve de disposer d'un capital dont le montant intégralement libéré ne soit pas inférieur à 37 000 €.

Art. L. 523-10 *(L. n° 91-5, 3 janv. 1991).* – Les sociétés coopératives agricoles et leurs unions peuvent émettre des certificats coopératifs d'investissement dans les conditions prévues par le titre II *(Mots rempl., Ord. n° 2010-459, 6 mai 2010)* « *quater* » de la loi n° 47-1775 du 10 septembre 1947 portant statut de la coopération.

Art. L. 523-11 *(L. n° 91-5, 3 janv. 1991)*. – Les sociétés coopératives agricoles et leurs unions peuvent émettre des obligations ayant le caractère de valeurs mobilières dans les conditions prévues par l'article L. 228-39 du Code de commerce, nonobstant les dispositions du troisième alinéa cet article.

Section VI. – Participation et intéressement
(L. n° 91-5, 3 janv. 1991)

Art. L. 523-12 *(L. n° 91-5, 3 janv. 1991)*. – Les chapitres I à IV de l'ordonnance n° 86-1134 du 21 octobre 1986 relative à l'intéressement et à la participation des salariés aux résultats de l'entreprise et à l'actionnariat des salariés sont applicables dans les sociétés coopératives agricoles et à leurs unions au premier jour du premier exercice qui s'ouvrira après la publication du décret prévu, pour les coopératives agricoles, par l'article 15 de l'ordonnance précitée.

À titre transitoire, les coopératives agricoles qui font application d'un accord d'intéressement à la date de publication de la loi n° 91-5 du 3 janvier 1991 modifiant diverses dispositions intéressant l'agriculture et la forêt disposent pour mettre en œuvre la participation d'un délai expirant à la fin du cinquième exercice qui aura été ouvert après la publication de ladite loi.

Art. L. 523-13 *(L. n° 91-5, 3 janv. 1991 ; mod., L. n° 2001-152, 19 févr. 2001)*. – Le plan d'épargne d'entreprise d'une coopérative agricole ou de plusieurs d'entre elles et de leurs filiales peut affecter les sommes recueillies chaque année à l'acquisition de parts sociales de la société ou des sociétés dans la limite de 50 % du montant reçu.

CHAPITRE IV. – ADMINISTRATION

Section I. – Règles de fonctionnement, de direction, d'administration
et règles relatives à l'assemblée générale
(L. n° 92-643, 13 juill. 1992 ; intitulé rempl., L. n° 2006-11, 5 janv. 2006)

Art. L. 524-1. – Les sociétés coopératives agricoles et leurs unions sont administrées par un conseil d'administration élu par l'assemblée générale des associés. Le conseil d'administration désigne son président.

Les statuts des sociétés coopératives agricoles et de leurs unions peuvent décider que la gestion de ces sociétés sera assurée par un directoire placé sous le contrôle d'un conseil de surveillance.

Lorsque ces sociétés et leurs unions comptent des associés non coopérateurs, ceux-ci doivent être représentés dans le conseil d'administration ou dans le conseil de surveillance. En ce cas, les membres de ces conseils sont respectivement choisis par un collège d'associés coopérateurs et par un collège d'associés non coopérateurs. Un tiers au plus des sièges de ces conseils peut être attribué au collège des associés non coopérateurs.

Responsabilité pénale du président. Si l'article L. 524-1 du Code rural prévoit qu'une société coopérative agricole est administrée par son conseil d'administration, le président de ce conseil, désigné par lui, exerce un pouvoir de direction de nature à permettre la recherche de sa responsabilité pénale personnelle : ■ Cass. crim., 28 juin 2005, n° 05-80.274 : *JurisData* n° 2005-029666.

Art. L. 524-1-1 *(Ord. n° 2006-1225, 5 oct. 2006)*. – Les statuts peuvent prévoir, pour le calcul du quorum et de la majorité, que sont réputés présents les associés qui participent à l'assemblée par visioconférence ou par des moyens de télécommunications permettant leur identification et garantissant leur participation effective.

Art. L. 524-1-2 *(Ord. n° 2006-1225, 5 oct. 2006)*. – Sauf disposition contraire des statuts, le règlement intérieur de la coopérative ou de l'union peut prévoir que sont réputés présents, pour le calcul du quorum et de la majorité, les administrateurs, les membres du conseil de surveillance ou les membres du directoire qui participent à la réunion par des moyens de visioconférence ou de télécommunications, permettant leur identification et garantissant leur participation effective.

Cette disposition n'est pas applicable pour l'adoption des décisions relatives à l'établissement des comptes annuels, d'un inventaire, du rapport aux associés prévu à l'article L. 524-2-1 et aux opérations prévues aux articles L. 524-6-1, L. 524-6-2 et L. 524-6-3 ainsi qu'à toute autre décision prévue par les statuts.

Les statuts peuvent prévoir un droit d'opposition au profit d'un nombre déterminé de membres de l'instance délibérante.

Art. L. 524-1-3 *(L. n° 2014-1170, 13 oct. 2014)*. – L'organe chargé de l'administration de la société assure la gestion de la société et le bon fonctionnement de celle-ci. Sans limitation autre que celle tenant aux pouvoirs et attributions expressément réservés aux assemblées générales par le présent titre ou, éventuellement, par les statuts de chaque coopérative, il dispose des pouvoirs les plus étendus dans la limite de l'objet social.

Il procède aux contrôles et vérifications qu'il juge opportuns. Le président ou le directeur de la société est tenu de communiquer à chaque membre de l'organe chargé de l'administration de la société tous les documents et informations nécessaires à l'exercice de sa mission.

Toute personne appelée à assister aux réunions de l'organe chargé de l'administration de la société est tenue à la discrétion à l'égard des informations présentant un caractère confidentiel et présentées comme telles par cet organe.

Art. L. 524-2. – Les statuts des sociétés coopératives agricoles et de leurs unions doivent prévoir, pour l'exercice des fonctions d'administrateur ou de membre du conseil de surveillance, une limite d'âge s'appliquant soit à l'ensemble des administrateurs ou des membres du conseil de surveillance, soit à un pourcentage déterminé d'entre eux.

À défaut de disposition expresse dans les statuts, le nombre des administrateurs ou des membres du conseil de surveillance ayant dépassé l'âge de soixante-dix ans ne pourra être supérieur au tiers des administrateurs ou des membres du conseil de surveillance en fonctions.

Lorsque la limitation statutaire ou légale fixée pour l'âge des administrateurs ou membres du conseil de surveillance est dépassée et à défaut de disposition expresse dans les statuts prévoyant une autre procédure, l'administrateur ou le membre du conseil de surveillance le plus âgé est réputé démissionnaire d'office.

Pour l'exercice des fonctions de membre du directoire, les statuts doivent également prévoir une limite d'âge qui, à défaut d'une disposition expresse, est fixée à soixante-cinq ans. Lorsqu'un membre du directoire atteint la limite d'âge, il est réputé démissionnaire d'office.

Toute nomination intervenue en violation des dispositions qui précèdent est nulle.

Art. L. 524-2-1 *(L. n° 2006-11, 5 janv. 2006)*. – *(Mod., L. n° 2010-788, 12 juill. 2010)* Lors de l'assemblée générale ordinaire chargée de statuer sur les comptes de l'exercice, le conseil d'administration ou le directoire présente aux associés un rapport détaillé sur la gestion et l'évolution de la coopérative ainsi que sur sa stratégie et ses perspectives à moyen terme. (*Phr. rempl., Ord. n° 2017-1180, 19 juill. 2017*) « Ce rapport *(Mots aj., Ord. n° 2019-362, 24 avr. 2019)* « expose, dans un chapitre distinct, les principes et modalités de la gouvernance d'entreprise. Il » comporte également les informations mentionnées au III de l'article L. 225-102-1 du Code de commerce, dès lors que le total du bilan ou le chiffre d'affaires et le nombre de salariés de la coopérative excèdent, le cas échéant sur une base consolidée, les seuils prévus pour les sociétés mentionnées au 2° du I du même article ».

(Al. aj., L. n° 2014-1170, 13 oct. 2014) L'organe chargé de l'administration de la société rend compte dans son rapport de l'activité et du résultat de l'ensemble de la société, des filiales de la société et des sociétés qu'elle contrôle, par branche d'activité. Les sociétés qui détiennent des instruments financiers à terme dont le sous-jacent est constitué en tout ou partie d'une matière première agricole indiquent également dans leur rapport les moyens mis en œuvre pour éviter d'exercer un effet significatif sur le cours de ces matières premières agricoles. Ce rapport inclut des informations, par catégorie de sous-jacent, sur les instruments financiers à terme dont le sous-jacent est constitué d'une matière première agricole qu'elles détiennent.

Le rapport mentionné au deuxième alinéa du présent article contient aussi les informations relatives à l'application du *(Rempl., Ord. n° 2019-362, 24 avr. 2019)* « VI » de l'article L. 521-3-1.

Si la coopérative ou l'union établit des comptes consolidés, ces informations sont incluses dans le rapport de gestion du groupe.

Après imputation du report à nouveau déficitaire et dotation des réserves obligatoires, l'assemblée générale délibère ensuite sur la proposition motivée d'affectation du résultat présentée par le conseil d'administration ou le directoire *(Mots aj., Ord. n° 2019-362, 24 avr. 2019)* « , conformément à l'article L. 521-3-1 », successivement *(Mots aj., L. n° 2014-1170, 13 oct. 2014)* « et s'il y a lieu » sur :

a) La rémunération servie aux parts à avantages particuliers ;

b) L'intérêt servi aux parts sociales ;

c) La distribution, le cas échéant, de tout ou partie des dividendes reçus au titre des participations *(Mots aj., L. n° 2014-1545, 20 déc. 2014)* « dans des filiales de la société coopérative ou dans des sociétés qu'elle contrôle » ;

ANNEXE 5

d) La répartition de ristournes entre les associés coopérateurs proportionnellement aux opérations réalisées avec la coopérative ou l'union et suivant les modalités prévues par les statuts ;

e) La répartition de ristournes sous forme d'attribution de parts sociales entre les associés coopérateurs proportionnellement aux opérations réalisées avec la coopérative ou l'union et suivant les modalités prévues par les statuts d'au moins 10 % des excédents annuels disponibles à l'issue des délibérations précédentes ;

f) La constitution d'une provision pour parfaire l'intérêt servi aux parts sociales ;

g) La constitution d'une provision pour ristournes éventuelles ;

h) La dotation des réserves facultatives.

Ces décisions font l'objet de résolutions particulières.

Ordonnance n° 2019-362 du 24 avril 2019

Art. 6. – Les dispositions de la présente ordonnance entrent en vigueur le premier jour du troisième mois suivant sa publication.

Toutefois, les sociétés coopératives ou leurs unions disposent d'un délai de quatorze mois à compter de la publication de la présente ordonnance pour modifier leurs statuts et leur règlement intérieur conformément aux dispositions de la présente ordonnance et les transmettre au Haut Conseil de la coopération agricole. Cette obligation est reportée au 1er juillet 2022 pour les sociétés coopératives agricoles ou leurs unions qui ont exclusivement pour objet l'approvisionnement ou les services et dont le chiffre d'affaires annuel est inférieur à 200 000 € hors taxes.

Le guide de bonnes pratiques mentionné à l'article 5 est publié avant le 1er janvier 2020.

Art. L. 524-2-2 *(Ord. n° 2006-1225, 5 oct. 2006 ; mod., L. n° 2013-619, 16 juill. 2013).* **– Pour les coopératives agricoles et les unions exploitant au moins une installation figurant sur la liste prévue à l'article L. 515-36 du Code de l'environnement, le rapport annuel du conseil d'administration ou du directoire à l'assemblée générale annuelle de la coopérative agricole ou de l'union :**

– expose la politique de prévention du risque d'accident technologique menée par la coopérative agricole ou l'union ;

– rend compte de la capacité de la société à couvrir sa responsabilité civile du fait de l'exploitation de telles installations ;

– précise les moyens prévus par la société pour assurer la gestion de l'indemnisation des victimes en cas d'accident technologique engageant sa responsabilité.

Art. L. 524-2-3 *(Ord. n° 2006-1225, 5 oct. 2006).* **– Le rapport annuel du conseil d'administration ou du directoire à l'assemblée générale annuelle de la coopérative agricole ou de l'union indique la proportion de parts sociales détenues par ses salariés** *(Mots aj., L. n° 2014-1545, 20 déc. 2014)* **« ou par les fonds communs de placement d'entreprise auxquels ces derniers ont souscrit et ceux de ses sociétés filiales ».**

Lorsque ces parts représentent plus de 3 % du capital social, les accords d'intéressement ou de participation définissent les modalités d'admission d'au moins un des salariés au titre des associés non coopérateurs au sein du conseil d'administration ou du conseil de surveillance.

Les statuts peuvent prévoir que, lorsque la société coopérative agricole ou l'union comprend des associés non coopérateurs salariés par elle-même, ses filiales ou des organismes coopératifs agricoles auxquels elle adhère, le conseil d'administration ou le conseil de surveillance comprend des membres élus par les salariés de la coopérative ou de l'union, de ses filiales ou des organismes coopérateurs auxquels elle adhère.

Lorsque le nombre des administrateurs ou des membres du conseil de surveillance élus par les salariés est égal ou supérieur à deux, les ingénieurs, cadres et assimilés ont au moins un siège.

Art. L. 524-3 *(L. n° 2014-1170, 13 oct. 2014).* **– Les fonctions de membre du conseil d'administration, du conseil de surveillance ou du directoire sont gratuites et n'ouvrent droit, sur justification, qu'à remboursement de frais, ainsi que, le cas échéant, au paiement d'une indemnité compensatrice du temps consacré à l'administration de la coopérative. L'assemblée générale détermine chaque année une somme globale au titre de l'indemnité compensatrice.**

Le rapport mentionné à l'article L. 524-2-1 décrit les modalités de répartition de l'indemnité compensatrice mentionnée au premier alinéa du présent article. Il mentionne les missions spécifiques exercées ainsi que le temps consacré par les membres du conseil d'administration, du conseil de surveillance ou du directoire à l'administration de la société dans l'exercice de leur mandat.

NB : Aux termes de la loi n° 2014-1170 du 13 octobre 2014, article 93 XV, les coopératives agricoles ou leurs unions disposent d'un délai de dix-huit mois à compter de la clôture de l'exercice en cours à la date de publication de l'arrêté du ministre chargé de l'agriculture portant approbation des modifications des modèles de statuts pour se mettre en conformité avec les dispositions de l'article L. 524-3 dans sa rédaction issue de la présente loi.

Voir : C. rur., art. R. 524-4, p. 2652.

Les **rémunérations** versées au président d'une coopérative agricole ne sont pas soumises aux cotisations d'allocations familiales des travailleurs indépendants : ▪ Cass. ass. plén., 4 juin 1993 : *RTD com.* 1993, p. 679, n° 5 ; *BJS* 1993, p. 767, note G. Gourlay.

Art. L. 524-3-1 *(L. n° 2014-1170, 13 oct. 2014)*. **– Les administrateurs ou les membres du conseil de surveillance et du directoire se voient proposer les formations nécessaires à l'exercice de leurs missions lors de la première année de chaque mandat. L'assemblée générale ordinaire mentionnée à l'article L. 524-2-1 approuve le budget nécessaire à ces formations.**

NB : Aux termes de la loi n° 2014-1170 du 13 octobre 2014, article 93 XV, les coopératives agricoles ou leurs unions disposent d'un délai de dix-huit mois à compter de la clôture de l'exercice en cours à la date de publication de l'arrêté du ministre chargé de l'agriculture portant approbation des modifications des modèles de statuts pour se mettre en conformité avec les dispositions de l'article L. 524-3-1 dans sa rédaction issue de la présente loi.

Art. L. 524-4 *(Mod., Ord. n° 2006-1225, 5 oct. 2006)*. **– Dans les sociétés coopératives et unions de sociétés coopératives, chaque associé dispose d'une voix à l'assemblée générale.**

Toutefois, les statuts peuvent prévoir une pondération des voix en fonction de l'importance des activités ou de la qualité des engagements de chaque associé au sein de la coopérative, sans que par le jeu de cette pondération, un même associé puisse disposer dans la coopérative de plus d'un vingtième des voix présentes ou représentées à l'assemblée générale ; dans les unions de coopératives comprenant plus de deux associés, chaque associé ne peut disposer de plus des deux cinquièmes des voix. Dans les unions comprenant deux associés coopérateurs, aucun des deux associés ne peut disposer de plus des trois cinquièmes des voix.

Pondération des voix et non-conformité des statuts. L'option de pondération des voix, régulièrement exercée par l'assemblée générale extraordinaire, entraîne corrélativement la modification du calcul du quorum applicable aux assemblées et du calcul des voix pour les votes des délibérations, nonobstant l'absence de mise en harmonie des statuts, renvoyant à l'ancien système de voix non pondérées par suite d'une omission rédactionnelle défectueuse : ▪ Cass. 1re civ., 7 mai 2008, n° 06-17.455 : *RD rur.* 2008, comm. 149, note J.-J. Barbièri.

Art. L. 524-4-1 *(Ord. n° 2006-1225, 5 oct. 2006 ; mod., L. n° 2009-526, 12 mai 2009)*. **– Tout associé d'une coopérative agricole ou d'une union de coopératives agricoles a le droit d'obtenir, à toute époque, communication des statuts et des règlements intérieurs et des documents suivants concernant les trois derniers exercices clos :**

– les comptes annuels, le cas échéant, les comptes consolidés ou combinés, la liste des administrateurs ou des membres du directoire et du conseil de surveillance ;

– les rapports aux associés du conseil d'administration ou du directoire et du conseil de surveillance, selon le cas, et les rapports des commissaires aux comptes qui ont été soumis à l'assemblée ;

– les procès-verbaux d'assemblées générales ordinaires et extraordinaires ;

(Al. créé, Ord. n° 2019-362, 24 avr. 2019) **« – la liste des filiales et autres sociétés contrôlées par la coopérative ou l'union, localisées en France et à l'étranger, la liste des administrateurs des organes d'administration de ces filiales et sociétés, ainsi que, le cas échéant, les rapports des commissaires aux comptes qui ont été soumis aux assemblées générales de chaque filiale. »**

Les statuts peuvent prévoir, au profit des associés, le droit d'obtenir communication d'autres documents leur permettant d'être informés sur la gestion et la marche de la société.

Un décret détermine les conditions de l'envoi ou de la mise à disposition de ces documents.

Ordonnance n° 2019-362 du 24 avril 2019

Art. 6. – Les dispositions de la présente ordonnance entrent en vigueur le premier jour du troisième mois suivant sa publication.

Toutefois, les sociétés coopératives ou leurs unions disposent d'un délai de quatorze mois à compter de la publication de la présente ordonnance pour modifier leurs statuts et leur règlement intérieur conformément aux dispositions de la présente ordonnance et les transmettre au Haut Conseil de la coopération agricole. Cette obligation est reportée au 1er juillet 2022 pour les sociétés coopératives agricoles ou leurs unions qui ont exclusivement pour objet l'approvisionnement ou les services et dont le chiffre d'affaires annuel est inférieur à 200 000 € hors taxes.

Le guide de bonnes pratiques mentionné à l'article 5 est publié avant le 1er janvier 2020.

Art. L. 524-5. – **Les dispositions des articles L. 225-57 à L. 225-93 du Code de commerce sont adaptées par décret en Conseil d'État au cas des sociétés coopératives et de leurs unions ayant un directoire et un conseil de surveillance.**

Art. L. 524-5-1 *(Ord. n° 2010-459, 6 mai 2010).* – **Les administrateurs sont responsables individuellement ou solidairement selon les cas, envers la société ou envers les tiers, soit des infractions aux dispositions législatives ou réglementaires applicables aux sociétés coopératives agricoles et à leurs unions, soit des violations des statuts, soit des fautes commises dans leur gestion.**

Les membres du conseil de surveillance sont responsables des fautes personnelles commises dans l'exécution de leur mandat. Ils n'encourent aucune responsabilité en raison des actes de la gestion et de leur résultat. Ils peuvent être déclarés civilement responsables des délits commis par les membres du directoire si, en ayant eu connaissance, ils ne les ont pas révélés à l'assemblée générale. Les membres du directoire sont soumis à la même responsabilité que les administrateurs.

L'action en responsabilité contre les administrateurs tant sociale qu'individuelle se prescrit par trois ans à compter du fait dommageable ou, s'il a été dissimulé, de sa révélation. Toutefois lorsque le fait est qualifié de crime, l'action se prescrit par dix ans.

Section II. – Comptes sociaux

(L. n° 92-643, 13 juill. 1992)

Art. L. 524-6 *(L. n° 92-643, 13 juill. 1992 ; rempl., L. n° 99-574, 9 juill. 1999 ; Ord. n° 2006-1225, 5 oct. 2006).* – **Les comptes annuels comprennent le bilan, le compte de résultat et l'annexe, qui forment un tout indissociable. Ils sont établis conformément aux articles L. 123-12 à L. 123-22 du Code de commerce.**

Art. L. 524-6-1 *(Ord. n° 2006-1225, 5 oct. 2006 ; mod., Ord. 2009-80, 22 janv. 2009).* – **Les coopératives agricoles et leurs unions qui contrôlent de manière exclusive ou conjointe une ou plusieurs personnes morales ou exercent une influence notable sur celles-ci dans les conditions définies par l'article L. 233-16 du Code de commerce établissent et publient chaque année dans les conditions prévues aux articles L. 233-18 à L. 233-27 de ce code, à la diligence du conseil d'administration ou du directoire, des comptes consolidés ainsi qu'un rapport sur la gestion du groupe.**

Le 2° de l'article L. 233-17 du Code de commerce est applicable aux coopératives agricoles et à leurs unions, à l'exception de celles dont les titres financiers sont admis aux négociations sur un marché réglementé.

Art. L. 524-6-2 *(Ord. n° 2006-1225, 5 oct. 2006).* – **Lorsque les conditions de la consolidation des comptes ne sont pas réunies, les coopératives agricoles et leurs unions constituant une communauté d'intérêts économiques établissent et publient des comptes combinés.**

Une coopérative agricole ou union de coopératives agricoles est considérée comme constituant une communauté d'intérêts économiques avec une autre coopérative agricole, une union de coopératives agricoles ou une autre entité, lorsque existe entre elles un lien de cohésion et d'unité qui peut résulter d'un accord, d'une direction commune ou d'une mise en commun de services à caractère social, commercial, technique ou financier.

Une communauté d'intérêts économiques est également réputée exister lorsqu'une coopérative agricole ou une union de coopératives agricoles réalise plus de 50 % de son chiffre d'affaires avec une autre coopérative agricole ou union de coopératives agricoles.

Lorsque des coopératives et unions, membres d'une union de coopératives agricoles, publient des comptes combinés, elles ne sont pas tenues d'intégrer dans le périmètre de la consolidation à laquelle elles doivent le cas échéant procéder ce qui relève de leur adhésion à cette union.

Un rapport sur la gestion du groupe est publié en même temps que les comptes combinés.

Art. L. 524-6-3 *(Ord. n° 2006-1225, 5 oct. 2006).* – Les comptes consolidés ou combinés sont certifiés par deux commissaires aux comptes au moins. Lorsque la coopérative agricole ou l'union de coopératives agricoles *(Mod., Ord. 2009-80, 22 janv. 2009)* « a des titres financiers admis aux négociations sur un marché réglementé, » l'une au moins des deux personnes chargées du contrôle légal des comptes ne doit pas être salariée d'une fédération agréée pour la révision mentionnée à l'article L. 527-1 du présent code.

Art. L. 524-6-4 *(Ord. n° 2006-1225, 5 oct. 2006).* – Un décret en Conseil d'État fixe les conditions particulières applicables à la consolidation et à la combinaison des comptes des coopératives agricoles et de leurs unions.

Art. L. 524-6-5 *(L. n° 2008-649, 3 juill. 2008).* – Par dérogation aux dispositions de l'article 26-31 de la loi n° 47-1775 du 10 septembre 1947 portant statut de la coopération, lorsque la société coopérative européenne exerce une activité agricole, elle établit ses comptes selon les modalités prévues à l'article L. 524-6. Le cas échéant, elle établit des comptes consolidés ou combinés conformément aux articles L. 524-6-1 et L. 524-6-2.

Un décret en Conseil d'État fixe les conditions particulières applicables à la consolidation et à la combinaison des comptes de ces sociétés.

Art. L. 524-6-6 *(L. n° 2014-1545, 20 déc. 2014 ; rempl., L. n° 2015-990, 6 août 2015).* – Les sociétés coopératives agricoles et leurs unions répondant à la définition des micro-entreprises, au sens de l'article L. 123-16-1 du Code de commerce, à l'exception des sociétés mentionnées à l'article L. 123-16-2 du même code, peuvent déclarer que les comptes annuels qu'elles déposent ne sont pas rendus publics.

Les sociétés coopératives agricoles et leurs unions répondant à la définition des petites entreprises, au sens de l'article L. 123-16 dudit code, à l'exception des sociétés mentionnées à l'article L. 123-16-2 du même code, peuvent déclarer que le compte de résultat qu'elles déposent n'est pas rendu public. Les sociétés coopératives agricoles et leurs unions appartenant à un groupe, au sens de l'article L. 524-6-1 du présent code, ne peuvent faire usage de cette faculté.

Les autorités et les personnes morales mentionnées *(Mots rempl., L. n° 2019-486, 22 mai 2019)* « à l'avant-dernier » alinéa de l'article L. 232-25 du Code de commerce ont toutefois accès à l'intégralité des comptes.

NB : Conformément à l'article 213 III de la loi n° 2015-990 du 6 août 2015, les présentes dispositions s'appliquent aux comptes afférents aux exercices clos à compter du 31 décembre 2015 et déposés à compter d'un délai d'un an à compter de la promulgation de la présente loi.

CHAPITRE V. – AGRÉMENT. CONTRÔLE

Section I. – Agrément

Art. L. 525-1 *(Rempl., Ord. n° 2005-554, 26 mai 2005). – (Rempl., Ord. n° 2010-459, 6 mai 2010)* Les sociétés coopératives agricoles et leurs unions créées conformément aux textes, règles et principes de la coopération et en conformité avec les *(Mots rempl., L. n° 2011-525, 17 mai 2011)* « modèles de statuts approuvés par arrêté du ministre chargé de l'agriculture » sont agréées par le Haut Conseil de la coopération agricole, après vérification de cette conformité et de la cohérence entre le projet présenté et le contexte économique dans lequel il s'insère.

(Al. rempl., Ord. n° 2019-362, 24 avr. 2019) « L'agrément est retiré s'il est constaté que les conditions posées à sa délivrance ne sont plus réunies ou lorsqu'une coopérative ou une union n'a pas d'activité, de réunion d'assemblée générale et des organes de gestion depuis plus de trois ans. »

Les décisions qu'il prend à ce titre peuvent être contestées devant le Conseil d'État.

(Al. aj., Ord. n° 2019-362, 24 avr. 2019) « Toute modification des statuts est portée sans délai à la connaissance du Haut Conseil de la coopération agricole. »

(Abr., Ord. n° 2010-459, 6 mai 2010).

ANNEXE 5

Ordonnance n° 2019-362 du 24 avril 2019

Art. 6. – Les dispositions de la présente ordonnance entrent en vigueur le premier jour du troisième mois suivant sa publication.

Toutefois, les sociétés coopératives ou leurs unions disposent d'un délai de quatorze mois à compter de la publication de la présente ordonnance pour modifier leurs statuts et leur règlement intérieur conformément aux dispositions de la présente ordonnance et les transmettre au Haut Conseil de la coopération agricole. Cette obligation est reportée au 1er juillet 2022 pour les sociétés coopératives agricoles ou leurs unions qui ont exclusivement pour objet l'approvisionnement ou les services et dont le chiffre d'affaires annuel est inférieur à 200 000 € hors taxes.

Le guide de bonnes pratiques mentionné à l'article 5 est publié avant le 1er janvier 2020.

Voir : C. rur., art. R. 521-1 et s., p. 2643 et R. 521-8 et s., p. 2644.

Bibliographie : G. Gourlay, *L'agrément des coopératives agricoles : Dr. sociétés* 1997, chron. p. 12.

Section II. – Contrôle

Néant.

CHAPITRE VI. – DISSOLUTION. LIQUIDATION. FUSION. SCISSION. APPORT PARTIEL D'ACTIFS

(Intitulé rempl., Ord. n° 2006-1225, 5 oct. 2006)

Section I. – Dissolution. Liquidation

(Ord. n° 2006-1225, 5 oct. 2006)

Art. L. 526-1. – La responsabilité de chaque coopérateur dans le passif de la coopérative ou de l'union est limitée au double du montant des parts qu'en application des statuts il a souscrites ou aurait dû souscrire.

L'associé coopérateur est **solidaire** avec ses coassociés des pertes ou bénéfices que réalise la coopérative : ▪ Cass. 1re civ., 6 juin 1984 : *JCP* 1984, IV, 263.

Art. L. 526-2 *(Mod., Ord. n° 2006-1225, 5 oct. 2006 ; rempl., L. n° 2008-649, 3 juill. 2008).* **– En cas de dissolution d'une société coopérative ou d'une union de sociétés coopératives, l'excédent de l'actif net sur le capital social augmenté, le cas échéant, dans les conditions définies à l'article L. 523-1 est dévolu soit à d'autres coopératives ou unions de coopératives, soit à des œuvres d'intérêt général agricole.**

Cette dévolution est déclarée auprès du Haut Conseil de la coopération agricole.

Action en revendication. Est fondé l'arrêt qui accueille l'action des coopérateurs en revendication des stocks conservés par la coopérative lors de la liquidation de celle-ci : ▪ Cass. com., 11 juill. 2006 : *Bull. civ.* IV, n° 181.

Voir : C. rur., art. R. 526-4, p. 2663.

Section II. – Fusion. Scission. Apport partiel d'actifs

(Ord. n° 2006-1225, 5 oct. 2006)

Bibliographie : L. Gros, *Modernisation du statut des coopératives agricoles. (Les restructurations de coopératives agricoles) : Rev. sociétés* 2007, prat. 1.

Art. L. 526-3 *(Ord. n° 2006-1225, 5 oct. 2006).* **– Une ou plusieurs coopératives agricoles ou unions de coopératives agricoles peuvent, par voie de fusion, transmettre à une société coopérative agricole ou à une union de coopératives agricoles existante ou à une nouvelle coopérative ou union de coopératives l'ensemble de leur patrimoine actif et passif.**

Une coopérative agricole ou une union de coopératives agricoles peut également transmettre, par voie de scission son patrimoine actif et passif à plusieurs sociétés coopératives ou unions de coopératives existantes ou nouvelles.

La fusion ou la scission entraîne la dissolution sans liquidation de la coopérative ou de l'union qui disparaît et la transmission universelle de son patrimoine aux coopératives ou unions bénéficiaires, dans l'État où il se trouve à la date de réalisation définitive de l'opération.

Ces possibilités sont ouvertes à toute coopérative agricole ou union de coopératives agricoles en liquidation à condition que la répartition de ses actifs n'ait pas fait l'objet d'un début d'exécution.

Les apports résultant d'opérations de fusion ou de scission réalisées entre sociétés coopératives agricoles ou unions de coopératives sont inscrits dans les comptes de la coopérative agricole ou de l'union de coopératives agricoles bénéficiaire pour les valeurs figurant dans le traité d'apport.

Les associés des coopératives agricoles ou unions de coopératives agricoles qui transmettent leur patrimoine par voie de fusion ou de scission deviennent associés des sociétés coopératives agricoles ou des unions bénéficiaires dans les conditions prévues à l'article L. 526-5.

En contrepartie de l'opération de fusion ou de scission les associés reçoivent un nombre entier de parts sociales de la société coopérative agricole ou de l'union bénéficiaire dans les conditions prévues par le contrat pour un montant au plus égal à la valeur nominale des parts sociales qu'ils détenaient dans la société qui transmet son patrimoine. Nonobstant cette disposition, chaque associé reçoit au moins une part sociale de la société ou de l'union bénéficiaire.

Les associés coopérateurs d'une cave viticole absorbée sont fondés à se prévaloir d'un protocole de fusion affectant à leur seul bénéfice le résultat de procès engagés contre des associés qui s'étaient retirés sans motif légitime ; la transaction conclue par la coopérative avec ces derniers estinopposable à ceux qui ont refusé les offres de dédommagement qui résultaient de sa mise en œuvre : ▪ CA Montpellier, 31 mars 2009 : *JurisData* n° 2009-005931 ; *RD rur.* 2009, comm. 162, note J.-J. Barbièri.

Art. L. 526-4 *(Ord. n° 2006-1225, 5 oct. 2006 ; mod., L. n° 2009-526, 12 mai 2009 ; Ord. n° 2010-459, 6 mai 2010).* **– Toute coopérative agricole ou union de coopératives agricoles qui participe à l'une des opérations mentionnées à l'article L. 526-3 établit un projet de fusion ou de scission.**

Un décret en Conseil d'État fixe les modalités de publicité et d'information des associés dont le projet doit faire l'objet.

Le projet de fusion ou de scission est soumis à l'assemblée générale extraordinaire des associés de chaque coopérative agricole ou union de coopératives agricoles qui participe à l'opération. L'assemblée générale extraordinaire est réunie dans les conditions de convocation et de quorum applicables aux assemblées générales extraordinaires qui décident les modifications de statuts autres que celles prévues à l'article L. 523-2. Elle adopte le projet qui lui est soumis à la majorité des deux tiers des membres présents ou représentés.

Un rapport spécial de révision sur l'opération envisagée est établi dans des conditions fixées par décret en Conseil d'État ; ce rapport indique notamment les effets de l'opération sur les engagements statutaires de tout ou partie des associés, coopérateurs ou non, de la société coopérative ou de l'union de coopératives agricoles.

À peine de nullité de sa délibération, l'assemblée générale extraordinaire de chaque coopérative agricole ou union de coopératives agricoles participant à l'opération statue après lecture du rapport spécial de révision mentionné à l'alinéa précédent.

Art. L. 526-5 *(Ord. n° 2006-1225, 5 oct. 2006).* **– À la date d'effet de la fusion ou de la scission, les statuts des sociétés bénéficiaires des apports sont opposables aux associés coopérateurs et non coopérateurs de la coopérative ou de l'union qui disparaît.**

Toutefois, si l'opération de fusion ou de scission a pour effet d'augmenter les engagements statutaires souscrits par des associés coopérateurs ou non coopérateurs de la coopérative ou de l'union qui disparaît, chacun d'entre eux doit donner son accord.

À défaut d'accord, à la date d'expiration de son engagement d'activité ou de la durée de sa participation, si l'associé, coopérateur ou non, n'a pas exercé son droit de retrait, les engagements prévus par les statuts de la société bénéficiaire de l'apport lui sont opposables à compter de la date du renouvellement de son engagement d'activité ou du renouvellement de sa participation.

Art. L. 526-6 *(Ord. n° 2006-1225, 5 oct. 2006 ; mod., L. n° 2009-526, 12 mai 2009).* **– La date d'effet de la fusion ou de la scission est déterminée conformément aux dispositions de l'article L. 236-4 du Code de commerce. Toutefois, le caractère éventuellement rétroactif de l'opération est sans effet sur les engagements des associés ou adhérents.**

Art. L. 526-7 *(Ord. n° 2006-1225, 5 oct. 2006).* **– Les créanciers non obligataires et les créanciers qui ne sont pas associés des coopératives agricoles ou des unions participant à l'opération de fusion ou de scission et dont la créance est antérieure à la publicité donnée au projet de fusion ou de scission peuvent former opposition à celui-ci dans des conditions fixées par un décret en Conseil d'État qui détermine le tribunal compétent pour recevoir l'opposition.**

Le tribunal peut rejeter l'opposition ou ordonner soit le remboursement des créances, soit la constitution de garanties si la société absorbante ou les sociétés bénéficiaires de la scission en offrent et que ces garanties sont jugées suffisantes par le tribunal.

En cas de scission, les sociétés bénéficiaires peuvent stipuler qu'elles ne seront tenues que de la partie du passif de la société scindée mise à leur charge respective et sans solidarité entre elles. En ce cas, les créanciers obligataires peuvent former opposition dans les conditions prévues ci-après par le présent article.

À défaut de remboursement des créances ou de constitution des garanties ordonnées, la scission est inopposable à ce créancier.

L'opposition formée par un créancier n'a pas pour effet d'interdire la poursuite des opérations de fusion ou de scission.

Les dispositions des articles L. 236-7, L. 236-13, L. 236-15, L. 236-18, L. 236-19 et L. 236-20 du Code de commerce sont applicables respectivement aux porteurs de titres participatifs et aux créanciers obligataires mentionnés à l'article L. 523-11 du présent code.

Art. L. 526-7-1 *(Ord. n° 2010-459, 6 mai 2010)*. – La nullité d'une opération de fusion ou de scission ne peut résulter que de la nullité de la délibération de l'une des assemblées qui ont décidé l'opération.

L'action en nullité d'une fusion ou scission visée aux articles L. 526-3 et L. 526-10 se prescrit par six mois à compter de la date de la dernière inscription au registre du commerce et des sociétés rendue nécessaire par l'opération.

Lorsqu'il est possible de porter remède à l'irrégularité susceptible d'entraîner la nullité, le tribunal saisi de l'action en nullité d'une fusion ou d'une scission accorde aux sociétés coopératives agricoles ou unions de coopératives agricoles intéressées un délai pour régulariser la situation.

Art. L. 526-8 *(Ord. n° 2006-1225, 5 oct. 2006 ; mod., L. n° 2009-526, 12 mai 2009)*. – I. – Une coopérative agricole ou une union de coopératives agricoles peut apporter une partie de son actif à une autre coopérative agricole ou union de coopératives agricoles. Elles peuvent décider d'un commun accord de soumettre l'opération aux dispositions applicables aux scissions. Dans ce dernier cas, les dispositions des articles L. 526-3, L. 526-4, L. 526-6 *(Mots aj., Ord. n° 2010-459, 6 mai 2010)* « , L. 526-7 et L. 526-7-1 » sont applicables.

II. – Lorsque l'opération d'apport concerne une branche d'activité ou une production donnée au sein d'une branche d'activité, les associés coopérateurs de la coopérative ou de l'union de coopératives agricoles adhérents de la branche d'activité ou contribuant à la production transmise peuvent devenir associés coopérateurs de la société coopérative ou de l'union de coopératives agricoles bénéficiaires du patrimoine dans les conditions identiques à celles prévues pour les opérations de fusion et selon les modalités particulières prévues au présent article.

Un décret en Conseil d'État fixe les conditions dans lesquelles les associés coopérateurs ayant souscrit un engagement d'activité dans la branche d'activité apportée ou pour une production donnée sont consultés sur l'opération.

L'actif et le passif de toute branche d'activité ou d'une production donnée au sein d'une branche d'activité transférée inclut tout ou partie des réserves constituées à partir ou en raison de l'activité ou de la production donnée.

Les dispositions des articles L. 526-3 à *(Réf. rempl., Ord. n° 2010-459, 6 mai 2010)* « L. 526-7-1 » sont applicables à cette opération.

Art. L. 526-9 *(Ord. n° 2006-1225, 5 oct. 2006)*. – Les dispositions de l'article 1844-5 du Code civil s'appliquent à toute coopérative agricole ou union de coopératives agricoles qui détient la totalité des parts sociales d'une union de coopératives agricoles à laquelle elle adhère.

En cas de dissolution, celle-ci entraîne la transmission universelle du patrimoine de l'union à la coopérative agricole restée unique associé de l'union dans les conditions et selon les modalités prévues par l'article 1844-5 du Code civil.

Art. L. 526-10 *(Ord. n° 2006-1225, 5 oct. 2006)*. – Lorsque, à compter des formalités de publicité prévues au deuxième alinéa de l'article L. 526-4, et jusqu'à la réalisation de l'opération, la coopérative agricole ou l'union de coopératives agricoles absorbante n'a pas cessé de détenir la totalité des actions ou des parts sociales représentant la totalité du capital de la société absorbée, il n'y a pas lieu à approbation de la fusion par l'assemblée générale extraordinaire de la société absorbée ni à l'information des associés mentionnés au deuxième alinéa de l'article L. 526-4 *(Mots aj., Ord. n° 2010-459, 6 mai 2010)* « ni à l'établissement du rapport spécial de révision mentionné au quatrième alinéa de l'article L. 526-4 ».

Ces dispositions peuvent être mises en œuvre à condition que la société absorbée soit une société à responsabilité limitée, une société anonyme ou une société par action simplifiée.

(Abr., Ord. n° 2010-459, 6 mai 2010).

CHAPITRE VII. – FÉDÉRATIONS DE COOPÉRATIVES ET ASSOCIATION NATIONALE DE RÉVISION. SOCIÉTÉS COOPÉRATIVES DE CAUTION MUTUELLE

Section I. – Fédérations de coopératives

Sous-section 1. – Dispositions générales

Néant.

Sous-section 2. – Dispositions particulières aux fédérations de coopératives agréées ayant pour objet de procéder aux opérations de révision

Art. L. 527-1 *(Mod., L. n° 2006-11, 5 janv. 2006 ; rempl., Ord. n° 2006-1225, 5 oct. 2006).* – Les coopératives agricoles et leurs unions sont tenues d'adhérer à une fédération de coopératives, agréée par l'autorité administrative, ayant pour objet de procéder, sous le nom de révision, aux contrôles de la conformité de leur situation et de leur fonctionnement aux principes et aux règles de la coopération.

(Al. aj., L. n° 2014-1170, 13 oct. 2014) Cette révision est mise en œuvre par les réviseurs agréés exerçant leur mission au nom et pour le compte d'une fédération agréée pour la révision dont ils sont salariés.

Les fédérations agréées doivent adhérer à l'association nationale de révision de la coopérative agricole prévue ci-après.

(Rempl., L. n° 2014-1170, 13 oct. 2014) Cette dernière assure l'organisation et le contrôle des fédérations agréées pour la révision, notamment pour les opérations de révision conduites en application des articles L. 522-5 et L. 527-1-3. Elle a également pour mission de faciliter le recrutement et la formation des réviseurs, d'agréer ces derniers et de contrôler leurs activités. Elle participe à l'élaboration des normes publiées par le Haut Conseil de la coopération agricole et définit les méthodes de leur application. Elle peut également assurer le suivi et le contrôle de la mise en œuvre de la révision sur délégation du Haut Conseil de la coopération agricole, en application du *(Mot rempl., Ord. n° 2019-362, 24 avr. 2019)* « quatrième » alinéa de l'article L. 528-1. Elle assure l'information et la formation sur les normes.

Les statuts et le budget de l'association sont soumis à l'approbation de l'autorité supérieure.

Ses ressources sont notamment constituées par la contribution du Haut Conseil de la coopération agricole pour la réalisation des missions qu'il lui confie en application du *(Mot rempl., Ord. n° 2019-362, 24 avr. 2019)* « quatrième » alinéa de l'article L. 528-1.

Les fédérations sont dirigées par un directoire, qui exerce ses fonctions sous le contrôle d'un conseil de surveillance dans les conditions définies aux articles L. 225-57 à L. 225-95-1 du Code de commerce. Seuls peuvent être membres du directoire des réviseurs agréés salariés de la fédération. Ils sont désignés par le conseil de surveillance après accord de l'association nationale de révision mentionnée ci-dessus. Ne peuvent siéger au conseil de surveillance les représentants des coopératives agricoles et des unions dont les comptes sont contrôlés par la fédération.

Ordonnance n° 2019-362 du 24 avril 2019

Art. 6. – Les dispositions de la présente ordonnance entrent en vigueur le premier jour du troisième mois suivant sa publication.

Toutefois, les sociétés coopératives ou leurs unions disposent d'un délai de quatorze mois à compter de la publication de la présente ordonnance pour modifier leurs statuts et leur règlement intérieur conformément aux dispositions de la présente ordonnance et les transmettre au Haut Conseil de la coopération agricole. Cette obligation est reportée au 1er juillet 2022 pour les sociétés coopératives agricoles ou leurs unions qui ont exclusivement pour objet l'approvisionnement ou les services et dont le chiffre d'affaires annuel est inférieur à 200 000 € hors taxes.

Le guide de bonnes pratiques mentionné à l'article 5 est publié avant le 1er janvier 2020.

ANNEXE 5

Art. L. 527-1-1 *(Ord. n° 2006-1225, 5 oct. 2006)*. – Au sein et pour le compte des fédérations agréées pour la révision mentionnées à l'article L. 527-1, les missions de contrôle légal des comptes sont exercées par les personnes physiques inscrites sur la liste prévue *(Mots rempl., Ord. n° 2016-315, 17 mars 2016)* au I de l'article L. 822-1 du Code de commerce. Par dérogation aux dispositions du 2° de l'article L. 822-10 du même code, ces personnes peuvent être salariées par la fédération mais ne peuvent alors exercer d'autres missions de contrôle légal des comptes. Elles peuvent, en revanche, être habilitées, en tant que réviseur agréé, à exercer les missions de contrôle de conformité prévues à l'article L. 527-1.

Art. L. 527-1-2 *(L. n° 2014-856, 31 juill. 2014)*. – Les sociétés coopératives agricoles et leurs unions sont soumises à l'article 25-1 de la loi n° 47-1775 du 10 septembre 1947 portant statut de la coopération.

Art. L. 527-1-3 *(L. n° 2014-1170, 13 oct. 2014)*. – La révision est effectuée conformément aux normes élaborées, approuvées et publiées par le haut conseil de la coopération agricole. Elle donne lieu à un rapport, établi selon les prescriptions du Haut Conseil de la coopération agricole, et à un compte rendu au conseil d'administration ou au conseil de surveillance.

(Al. rempl., Ord. n° 2019-362, 24 avr. 2019) « Si le rapport établit que la société coopérative ou l'union méconnaît les principes et les règles de la coopération, le réviseur définit, en lien avec les organes de direction et d'administration, les mesures correctives à prendre ainsi que le délai dans lequel elles doivent être mises en œuvre. »

L'organe chargé de l'administration de la société doit informer l'assemblée générale ordinaire annuelle de la révision effectuée ainsi que des mesures qu'il a prises ou qu'il compte prendre en raison des conclusions du réviseur.

(Al. rempl., Ord. n° 2019-362, 24 avr. 2019) « Le réviseur s'assure de la bonne mise en œuvre des mesures correctives demandées. En cas de carence de la société coopérative ou de l'union à l'expiration des délais accordés, en cas de refus de mettre en œuvre des mesures correctives demandées en réponse à un manquement à la réglementation, ou en cas de refus de se soumettre à la révision, le réviseur transmet une copie de son rapport au Haut Conseil de la coopération agricole. »

(Al. abr., Ord. n° 2019-362, 24 avr. 2019).

Ordonnance n° 2019-362 du 24 avril 2019

Art. 6. – Les dispositions de la présente ordonnance entrent en vigueur le premier jour du troisième mois suivant sa publication.

Toutefois, les sociétés coopératives ou leurs unions disposent d'un délai de quatorze mois à compter de la publication de la présente ordonnance pour modifier leurs statuts et leur règlement intérieur conformément aux dispositions de la présente ordonnance et les transmettre au Haut Conseil de la coopération agricole. Cette obligation est reportée au 1er juillet 2022 pour les sociétés coopératives agricoles ou leurs unions qui ont exclusivement pour objet l'approvisionnement ou les services et dont le chiffre d'affaires annuel est inférieur à 200 000 € hors taxes.

Le guide de bonnes pratiques mentionné à l'article 5 est publié avant le 1er janvier 2020.

Art. L. 527-1-4 *(Ord. n° 2019-362, 24 avr. 2019)*. – Un contrôle peut être effectué par une fédération agréée pour la révision à la demande du Haut Conseil de la coopération agricole de façon complémentaire à la révision prévue à l'article L. 527-1.

Le Haut Conseil de la coopération agricole diligente un tel contrôle :

1° S'il l'estime nécessaire au regard de l'instruction des pièces qui doivent lui être transmises annuellement ;

2° S'il est saisi à cet effet par un cinquième au moins des membres de la société dont il a vérifié la qualité au regard de la liste des adhérents qui lui est transmise par la société coopérative ;

3° Si la société coopérative ne met pas à la disposition des associés coopérateurs les documents qui doivent leur être remis ;

4° S'il reçoit du commissaire aux comptes l'information prévue au second alinéa du II de l'article L. 521-3-1 ;

5° S'il est saisi par les agents mentionnés au premier alinéa de l'article L. 631-26 en application du dernier alinéa de l'article L. 528-2.

Ce contrôle donne lieu à un rapport du réviseur, dont une copie est transmise au Haut Conseil de la coopération agricole.

Ordonnance n° 2019-362 du 24 avril 2019

Art. 6. – Les dispositions de la présente ordonnance entrent en vigueur le premier jour du troisième mois suivant sa publication.

Toutefois, les sociétés coopératives ou leurs unions disposent d'un délai de quatorze mois à compter de la publication de la présente ordonnance pour modifier leurs statuts et leur règlement intérieur conformément aux dispositions de la présente ordonnance et les transmettre au Haut Conseil de la coopération agricole. Cette obligation est reportée au 1er juillet 2022 pour les sociétés coopératives agricoles ou leurs unions qui ont exclusivement pour objet l'approvisionnement ou les services et dont le chiffre d'affaires annuel est inférieur à 2 00 000 € hors taxes.

Le guide de bonnes pratiques mentionné à l'article 5 est publié avant le 1er janvier 2020.

Section II. – Sociétés coopératives de caution mutuelle

Art. L. 527-2. – Des sociétés coopératives agricoles de caution mutuelle et des unions de ces sociétés peuvent être constituées pour faciliter le recours de leurs adhérents au crédit.

La modification des statuts d'une société de caution mutuelle doit apparaître au registre du commerce et des sociétés pour être **opposable** aux tiers : ■ Cass. com., 29 juin 1993 : *RTD com.* 1994, p. 315, n° 10 ; *RJDA* 1993, p. 786.

Art. L. 527-3. – Les dispositions du titre I, relatif aux sociétés de caution mutuelle, de la loi du 13 mars 1917 sur l'organisation du crédit au petit et au moyen commerce et à la petite et moyenne industrie, ainsi que des lois subséquentes, seront adaptées par décret en Conseil d'État au cas des sociétés coopératives agricoles de caution mutuelle et de leurs unions en vue de fixer leurs règles d'activité et de les soumettre aux régimes juridique et fiscal de la coopération agricole.

Toutefois, les sociétés coopératives agricoles de caution mutuelle ne seront pas placées sous le contrôle technique et financier *(Mots rempl., L. n° 2009-715, 18 juin 2009)* « l'organe central des caisses d'épargne et des banques populaires prévu à l'article L. 512-106 » du Code monétaire et financier.

CHAPITRE VIII. – AUTORITÉS COMPÉTENTES EN MATIÈRE DE COOPÉRATION AGRICOLE

(Ord. n° 2019-362, 24 avr. 2019)

Art. L. 528-1 ***(L. n° 99-574, 9 juill. 1999 ; rempl., L. n° 2006-11, 5 janv. 2006 ; mod., L. n° 2014-1170, 13 oct. 2014 ; mod. à compter du 1er juillet 2019, Ord. n° 2019-362, 24 avr. 2019).*** **– I. - Le Haut Conseil de la coopération agricole, établissement d'utilité publique doté de la personnalité morale, contribue à la définition, à la mise en œuvre et à l'évaluation des politiques publiques en matière de coopération agricole. Il est le garant du respect des textes, règles et principes de la coopération agricole. Il exerce un rôle permanent d'étude et de proposition dans les domaines juridique et fiscal.**

Il assure le suivi de l'évolution économique et financière du secteur coopératif. À cet effet, il recueille, en particulier auprès des coopératives agricoles et unions de coopératives agricoles qui le composent, les informations nécessaires.

Le haut conseil délivre et retire l'agrément coopératif aux sociétés coopératives agricoles et à leurs unions dans les conditions prévues par le chapitre V du présent titre.

Il a également pour objet de définir les principes et d'élaborer, d'approuver et de publier les normes de la révision, ainsi que de suivre et de contrôler sa mise en œuvre. Il peut déléguer ces missions de suivi et de contrôle après avoir obtenu l'approbation de l'autorité administrative compétente sur le délégataire et le contenu de la délégation. Il établit un bilan annuel des mises en demeure qu'il a effectuées en application du premier alinéa de l'article L. 528-2.

Il a pour mission d'élaborer un guide sur les bonnes pratiques de gouvernance des sociétés coopératives et de leurs unions dont les chapitres obligatoires peuvent être fixés par voie réglementaire. Il publie chaque année une mise à jour de son guide de bonnes pratiques et un rapport qui présente une synthèse de sa mise en œuvre dans les sociétés coopératives qui établissent des comptes consolidés.

Les statuts et le budget du haut conseil sont soumis à l'approbation de l'autorité administrative compétente. Le haut conseil est organisé en sections.

Les sociétés coopératives agricoles et leurs unions sont tenues d'adhérer au haut conseil. Ses ressources sont constituées, notamment, par une cotisation obligatoire de chaque société coopérative agricole et union de coopératives agricoles.

II. - Le haut conseil est administré par un comité directeur composé de représentants élus des sociétés coopératives agricoles et de leurs unions ainsi que de personnalités choisies en raison de leur compétence désignées par l'autorité administrative.

Une commission consultative composée de représentants des organisations professionnelles agricoles, de représentants de sociétés coopératives agricoles et de leurs unions et, le cas échéant, de personnalités qualifiées est constituée au sein du haut conseil. Elle peut être consultée sur toute question relative à l'application du droit coopératif et au fonctionnement des sociétés coopératives agricoles et de leurs unions. Les conditions dans lesquelles elle se réunit et rend ses avis sont fixées par voie réglementaire.

Deux commissaires du Gouvernement sont placés auprès du Haut Conseil : l'un désigné par le ministre chargé de l'agriculture et l'autre désigné par le ministre chargé de l'économie sociale et solidaire. Le commissaire du Gouvernement désigné par le ministre chargé de l'agriculture peut demander l'inscription de questions à l'ordre du jour. Il peut également s'opposer à une délibération du Haut Conseil, dans des conditions précisées par le décret en Conseil d'État prévu au dernier alinéa.

Le président du haut conseil est élu par le comité directeur, en son sein. En cas de partage des voix, il est désigné par le ministre chargé de l'agriculture.

Le haut conseil établit une charte d'éthique et de déontologie visant à prévenir et traiter les conflits d'intérêt dans le cadre de son activité.

La composition des instances d'administration et de la commission consultative mentionnée au deuxième alinéa du II, l'organisation et le mode de fonctionnement du haut conseil sont fixés par décret en Conseil d'État.

Ordonnance n° 2019-362 du 24 avril 2019

Art. 6. – Les dispositions de la présente ordonnance entrent en vigueur le premier jour du troisième mois suivant sa publication.

Toutefois, les sociétés coopératives ou leurs unions disposent d'un délai de quatorze mois à compter de la publication de la présente ordonnance pour modifier leurs statuts et leur règlement intérieur conformément aux dispositions de la présente ordonnance et les transmettre au Haut Conseil de la coopération agricole. Cette obligation est reportée au 1er juillet 2022 pour les sociétés coopératives agricoles ou leurs unions qui ont exclusivement pour objet l'approvisionnement ou les services et dont le chiffre d'affaires annuel est inférieur à 200 000 € hors taxes.

Le guide de bonnes pratiques mentionné à l'article 5 est publié avant le 1er janvier 2020.

Art. L. 528-2 *(Ord. n° 2019-362, 24 avr. 2019)*. – I. – Lorsqu'il reçoit d'un réviseur le rapport mentionné au dernier alinéa de l'article L. 527-1-3 ou de l'article L. 527-1-4, le Haut Conseil de la coopération agricole en informe le ministre chargé de l'agriculture. Il met s'il y a lieu les organes de direction et d'administration de la société coopérative en cause en demeure de prendre des mesures correctives dans un délai qu'il fixe.

Lorsque les mesures correctives n'ont pas été prises dans le délai imparti, le Haut Conseil de la coopération agricole peut demander à l'organe d'administration de la coopérative de convoquer une assemblée générale

Si la coopérative n'organise pas d'assemblée générale dans les deux mois à compter de la demande du Haut Conseil de la coopération agricole, celui-ci convoque lui-même cette assemblée générale aux frais de la coopérative.

Lorsque le fonctionnement normal de la société coopérative ou de l'union n'a pas été rétabli dans un délai de six mois à compter de la réunion de l'assemblée générale, le Haut Conseil de la coopération agricole peut demander au président du tribunal compétent statuant en référé d'enjoindre, le cas échéant sous astreinte, aux organes de direction ou d'administration de la coopérative de se conformer aux principes et règles de la coopération qui sont méconnus.

II. – Les agents mentionnés au premier alinéa de l'article L. 631-26 peuvent demander au Haut Conseil de la coopération agricole de s'assurer que les statuts d'une société coopérative, son règlement intérieur ou les règles ou décisions prévues par ces statuts ou en découlant comportent des dispositions produisant des effets similaires à ceux des clauses mentionnées au III de l'article L. 631-24 et qu'un exemplaire de ces documents est remis aux associés coopérateurs. Dans l'hypothèse où il conclut que les conditions prévues au II de l'article L. 631-24-3 ne sont pas remplies, il en informe les agents qui l'ont sollicité.

Ordonnance n° 2019-362 du 24 avril 2019

Art. 6. – Les dispositions de la présente ordonnance entrent en vigueur le premier jour du troisième mois suivant sa publication.

Toutefois, les sociétés coopératives ou leurs unions disposent d'un délai de quatorze mois à compter de la publication de la présente ordonnance pour modifier leurs statuts et leur règlement intérieur conformément aux dispositions de la présente ordonnance et les transmettre au Haut Conseil de la coopération agricole. Cette obligation est reportée au 1er juillet 2022 pour les sociétés coopératives agricoles ou leurs unions qui ont exclusivement pour objet l'approvisionnement ou les services et dont le chiffre d'affaires annuel est inférieur à 200 000 € hors taxes.

Le guide de bonnes pratiques mentionné à l'article 5 est publié avant le 1er janvier 2020.

Art. L. 528-3 *(Ord. n° 2019-362, 24 avr. 2019).* **– Un médiateur de la coopération agricole est nommé par décret, après avis du comité directeur du Haut Conseil de la coopération agricole. Le chapitre Ier du titre II de la loi n° 95-125 du 8 février 1995 relative à l'organisation des juridictions et à la procédure civile, pénale et administrative est applicable aux médiations qu'il effectue.**

Les attributions du médiateur de la coopération agricole, les modalités d'exécution de sa mission et les conditions de la contribution du médiateur des relations commerciales agricoles mentionné à l'article L. 631-27 à cette mission sont fixées par décret en Conseil d'État.

Ordonnance n° 2019-362 du 24 avril 2019

Art. 6. – Les dispositions de la présente ordonnance entrent en vigueur le premier jour du troisième mois suivant sa publication.

Toutefois, les sociétés coopératives ou leurs unions disposent d'un délai de quatorze mois à compter de la publication de la présente ordonnance pour modifier leurs statuts et leur règlement intérieur conformément aux dispositions de la présente ordonnance et les transmettre au Haut Conseil de la coopération agricole. Cette obligation est reportée au 1er juillet 2022 pour les sociétés coopératives agricoles ou leurs unions qui ont exclusivement pour objet l'approvisionnement ou les services et dont le chiffre d'affaires annuel est inférieur à 200 000 € hors taxes.

Le guide de bonnes pratiques mentionné à l'article 5 est publié avant le 1er janvier 2020.

CHAPITRE IX. – DISPOSITIONS PÉNALES. DISPOSITIONS D'APPLICATION

Bibliographie : R. Bouvier, *Délits et sanctions dans les coopératives agricoles : JCP* 1984, I, 3130.

Art. L. 529-1. – Les dispositions de l'article L. 242-27 du Code de commerce sont applicables à tout commissaire aux comptes de coopératives agricoles ou d'unions de coopératives agricoles.

(Rempl., Ord. n° 2005-554, 26 mai 2005) **Les dispositions des articles L. 225-38 à L. 225-43 du Code de commerce et la deuxième phrase de l'alinéa 1 de l'article 27 de la loi n° 47-1775 du 10 septembre 1947 sont applicables aux sociétés coopératives agricoles et aux unions de coopératives agricoles.**

Art. L. 529-2. – Est puni d'une amende de 18 000 € tout administrateur d'une société coopérative agricole ou tout mandataire d'une telle société au conseil d'administration d'une union de coopératives :

1° Qui n'a ni la nationalité française, ni celle d'un État membre de la Communauté économique européenne, ni celle d'un pays avec lequel existe un accord de réciprocité ou qui ne bénéficie pas d'une dérogation accordée par le ministre de l'Agriculture ;

2° ***(Rempl., Ord. n° 2006-1225, 5 oct. 2006)*** **Qui participe directement ou indirectement, de façon habituelle ou occasionnelle, à une activité concurrente de celle de la société qu'il administre, lorsque ladite activité est réalisée par une entreprise qui n'est pas contrôlée au sens des dispositions de l'article L. 233-3 du Code de commerce, par la coopérative agricole ou l'union qu'il administre ;**

3° ***(Rempl., L. n° 2008-776, 4 août 2008)*** **Qui s'est vu interdire l'exercice de la fonction d'administrateur, de gérant ou de directeur.**

ANNEXE 5

Les dispositions qui précèdent sont applicables aux membres des conseils de surveillance des sociétés coopératives agricoles ou de leurs unions.

Tout administrateur d'une société coopérative agricole qui participe, directement ou indirectement, d'une façon habituelle ou occasionnelle, à une activité **concurrente** de celle de la société qu'il administre, se rend coupable du délit prévu par l'article 550-2° du Code rural *[devenu art. L. 529-2]* ; tel est le cas d'administrateurs d'une cave coopérative vinicole intercommunale qui ont mis en vente du vin, pour leur propre compte, en utilisant les mêmes circuits commerciaux que ceux de la coopérative, et qui ainsi, quand bien même le vin en question serait issu de leurs propres vignes, sont entrés en compétition avec la coopérative elle-même productrice d'un vin d'origine et de qualité voisines, et ont de la sorte fait acte de concurrence : ▪ Cass. crim., 14 juin 1983 : *JCP* 1983, IV, p. 270.

Art. L. 529-3. – Est puni de la peine prévue à l'article L. 529-2 le directeur d'une société coopérative agricole ou d'une union de coopératives agricoles :

1° *(Rempl., Ord. n° 2006-1225, 5 oct. 2006)* Qui participe directement ou indirectement, de façon habituelle ou occasionnelle, à une activité concurrente de celle de la société qu'il dirige ou des unions auxquelles celle-ci est adhérente, lorsque ladite activité est réalisée par une entreprise qui n'est pas contrôlée au sens des dispositions de l'article L. 233-3 du Code de commerce, par la coopérative agricole ou l'union qu'il dirige ;

2° *(Rempl., L. n° 2008-776, 4 août 2008)* Qui s'est vu interdire l'exercice de la fonction d'administrateur, de gérant ou de directeur.

Les dispositions qui précèdent sont applicables aux membres des directoires des sociétés coopératives agricoles ou de leurs unions.

Art. L. 529-4. – Est puni de la peine prévue à l'article L. 529-2 quiconque exerçant les fonctions de commissaire aux comptes d'une société coopérative agricole ou d'une union de coopératives agricoles :

1° Est parent ou allié jusqu'au quatrième degré inclusivement ou conjoint d'un administrateur de cette société ;

2° Reçoit sous une forme quelconque, à raison de fonctions autres que celles de commissaire aux comptes, un salaire ou une rémunération d'un administrateur de cette société ;

3° S'est vu interdire l'exercice de la fonction d'administrateur, de gérant ou de directeur ou qui est déchu du droit d'exercer cette fonction ;

4° Est le conjoint d'une des personnes ci-dessus mentionnées.

Art. L. 529-5 *(Rétabli, L. n° 2012-387, 22 mars 2012)*. – Toute personne intéressée peut demander au président du tribunal compétent statuant en référé d'enjoindre, le cas échéant sous astreinte, à la personne concernée de faire cesser l'usage irrégulier des mentions suivantes :

1° La mention : « coopérative » employée avec l'un des qualificatifs : « agricole », « paysanne », « rurale » ou « forestière », ou toute autre appellation de nature à assimiler à une société coopérative agricole un organisme qui n'est pas agréé conformément à la réglementation relative au statut juridique de la coopération agricole ;

2° La mention : « union de coopératives agricoles » ou « fédération de coopératives agricoles » ou toute autre dénomination de nature à créer la confusion avec une union ou une fédération agréée ou constituée conformément à la réglementation relative au statut juridique de la coopération agricole.

Le président du tribunal peut, en outre, ordonner la publication de la décision, son affichage dans les lieux qu'il désigne, son insertion intégrale ou par extraits dans les journaux et sa diffusion par un ou plusieurs services de communication au public en ligne qu'il indique, le tout aux frais des dirigeants de l'organisme ayant utilisé la dénomination en cause.

Art. L. 529-6. – Les modalités d'application des articles L. 523-1, L. 523-2, *(Réf. suppr., L. n° 2014-1545, 20 déc. 2014)* « ... » L. 527-1, et des chapitres I, II, IV, V et VI du présent titre sont déterminées *(Mots suppr., Ord. n° 2010-461, 6 mai 2010)* « ... » par décret en Conseil d'État.

CHAPITRE X. – DISPOSITIONS PARTICULIÈRES À LA COLLECTIVITÉ TERRITORIALE DE MAYOTTE

(Abr., L. n° 96-609, 5 juill. 1996)

Art. L. 529-7 à L. 529-11 *(Abr., L. n° 96-609, 5 juill. 1996)*.

....

Partie réglementaire

Bibliographie : J.-J. Barbièri, *Le décret n° 2007-1218 du 10 août 2007 relatif aux coopératives agricoles* : *JCP* E 2007, act. 474.

Art. R. 521-1 *(Anc. art. R.* 521-1, dénum., D. n° 2005-368, 19 avr. 2005 ; mod., D. n° 2007-1218, 10 août 2007).* **– L'objet des sociétés coopératives agricoles, qui doit être déterminé par leurs statuts en application des dispositions de l'article L. 521-1, est notamment l'exercice, quels que soient les moyens et techniques mis en œuvre par elles, d'une ou plusieurs des activités ci-dessous définies :**

a) **Assurer ou faciliter la production, l'écoulement ou la vente, notamment à l'exportation, des produits agricoles et forestiers provenant exclusivement des exploitations de leurs associés coopérateurs, soit en l'état, immédiatement ou après conservation, soit après conditionnement ou transformation ainsi que toutes opérations tendant à la constitution, l'amélioration, l'équipement, la conservation et la gestion d'un ou plusieurs massifs forestiers pour le compte de leurs associés coopérateurs ;**

b) **Assurer l'approvisionnement de leurs seuls associés coopérateurs en leur procurant les produits, les équipements, les instruments et les animaux nécessaires à leurs exploitations ou à leurs immeubles forestiers, étant entendu qu'elles peuvent fabriquer et préparer tous les produits nécessaires, notamment des aliments composés pour le bétail ou des engrais et procéder à la réparation et à l'entretien de machines et outils agricoles ;**

c) **Fournir à leurs seuls associés coopérateurs et pour l'usage exclusif de leurs exploitations agricoles et forestières tous services nécessaires à ces exploitations, notamment en mettant à leur disposition du matériel, des machines agricoles, des moyens d'entretien et de réparation, des animaux, des moyens de perfectionnement technique et de formation professionnelle, des organismes d'études, d'expérimentation et d'analyse, ainsi que le personnel spécialisé correspondant ;**

d) **Faire, pour le compte de leurs associés coopérateurs, des opérations ou des travaux entrant normalement dans le cadre de la profession agricole.**

Les opérations ci-dessus définies peuvent également être faites par les sociétés coopératives pour les exploitations qui leur appartiennent en propre ou qu'elles ont louées ou qui leur ont été concédées.

Les unions de coopératives agricoles exercent à leur niveau les mêmes activités que les sociétés coopératives agricoles.

Opérations de gestion financière. Aucune disposition légale n'interdit à une coopérative agricole de se livrer à des opérations de gestion financière en répartissant sa trésorerie entre des placements sûrs mais peu rémunérateurs et des placements risqués mais mieux rémunérés, les statuts de la société permettant à la coopérative d'user de tous moyens nécessaires au développement de son activité ; il s'en déduit que la société pouvait se livrer, dans le cadre de ses opérations courantes de gestion financière, à des opérations d'achat et de vente à terme de devises : ▪ Cass. com., 25 avr. 2006, n° 03-19.431 : *RD rur.* 2006, p. 45.

Art. R. 521-2 *(Anc. art. R.* 521-2, dénum., D. n° 2005-368, 19 avr. 2005 ; mod., D. n° 2007-1218, 10 août 2007).* **– Le Haut Conseil de la coopération agricole peut accorder à titre temporaire aux coopératives et unions de coopératives mentionnées au *a* de l'article R. 521-1 des dérogations relatives à la provenance des produits agricoles, lorsque des circonstances économiques exceptionnelles sont susceptibles de diminuer de plus de 50 % la capacité normale d'exploitation desdites sociétés.**

Les sociétés coopératives agricoles adhérant à une même union peuvent être autorisées par cette union à se procurer mutuellement, par son entremise et sous son contrôle, les produits qui leur sont indispensables pour parer à l'insuffisance quantitative et, éventuellement, qualitative, soit des *(Mots rempl., D. n° 2016-1401, 18 oct. 2016)* **« produits apportés par les associés coopérateurs », soit des produits à livrer à leurs associés coopérateurs.**

Elles peuvent, dans les mêmes conditions, être autorisées à échanger entre elles les services qui leur sont indispensables.

Art. R. 521-3 *(Anc. art. R.* 521-3, dénum., D. n° 2005-368, 19 avr. 2005 ; mod., D. n° 2007-1218, 10 août 2007 ; rempl., D. n° 2016-1401, 18 oct. 2016).* **– Les sociétés coopératives agricoles et leurs unions peuvent fournir les services nécessaires à la réalisation de l'objet statutaire, ou mettre des immeubles, du matériel ou de l'outillage, notamment des moyens de transport, à la disposition de l'union à laquelle ces sociétés ou unions adhèrent, d'une société d'intérêt collectif agricole, associé coopérateur de l'union, ou d'une autre société coopérative ou union, associé coopérateur de l'union.**

Les sociétés coopératives agricoles et leurs unions peuvent également fournir à une société d'intérêt collectif agricole dont elles sont membres les services nécessaires à la réalisation de son objet statutaire.

Art. R.* 521-4 *(Abr., D. n° 92-1363, 24 déc. 1992).*

Art. D. 521-4 *(Abr., D. n° 2016-1402, 18 oct. 2016).*

Art. R. 521-5 *(Anc. art. R.* 521-5, dénum., D. n° 2005-368, 19 avr. 2005 ; mod., D. n° 2007-1218, 10 août 2007).* – Dans les factures, annonces, publications et tous autres documents provenant de sociétés coopératives agricoles, d'unions de coopératives agricoles ou de fédérations de coopératives agricoles, la dénomination sociale doit être précédée ou suivie des mentions en toutes lettres ci-après : « société coopérative agricole » ou « union de coopératives agricoles » ou « fédération de coopératives agricoles ». Sauf pour les fédérations, cette dénomination doit, en outre, être suivie du numéro d'agrément prévu à l'article R. 525-2.

Section II. – Constitution

Art. R. 521-6 *(Anc. art. R.* 521-6, dénum., D. n° 2005-368, 19 avr. 2005).* – La création de sociétés coopératives agricoles doit être constatée par un acte authentique ou sous seing privé.

Si cet acte n'est pas signé de tous les souscripteurs du capital social et s'il ne désigne pas les membres du conseil d'administration et les commissaires aux comptes, l'assemblée générale constitutive qui a pour mission d'approuver les statuts doit être tenue dans le mois suivant l'acte de création de la société et procéder aux nominations. Elle suit les règles des assemblées générales extraordinaires.

La liste des souscriptions du capital initial et l'état des versements opérés par les souscripteurs sont annexés, suivant le cas, à l'acte constitutif ou au procès-verbal de l'assemblée générale constitutive.

Art. R. 521-7 *(Anc. art. R.* 521-7, dénum., D. n° 2005-368, 19 avr. 2005).* – La publicité par dépôt d'actes ou de pièces est faite au greffe du tribunal de commerce ou du tribunal de grande instance, statuant commercialement, du lieu du siège de la société.

L'acte constitutif ou le procès-verbal de l'assemblée générale constitutive et les pièces qui y sont jointes sont classés en annexe au registre du commerce et des sociétés.

Recevabilité. La société coopérative agricole est recevable dans son action en justice malgré le défaut de respect des formalités prévues par l'article R. 521-7 dès lors que le défendeur était membre de la coopérative à l'époque à laquelle est née la dette litigieuse et n'est donc pas un tiers à l'égard duquel la société ne pourrait agir en raison de l'absence des formalités : ▪ CA Poitiers, 16 janv. 2001 : *JurisData* n° 2001-164744.

Art. R. 521-8 *(Anc. art. R.* 521-8, dénum., D. n° 2005-368, 19 avr. 2005).* – L'avis de constitution prévu par l'article 22 du décret *(Mots aj., D. n° 2017-1771, 27 déc. 2017)* « n° 78-704 » du 3 juillet 1978 comporte, lorsqu'il s'agit de sociétés coopératives agricoles et de leurs unions, les indications suivantes :

1° La dénomination de la société, suivie de son sigle et des mots « société coopérative agricole » ou « union de sociétés coopératives agricoles » si ces mots ne figurent pas déjà dans la dénomination ;

2° L'adresse du siège social ;

3° L'indication du greffe où la société sera immatriculée.

Les indications prévues aux 1° et 2° de l'alinéa précédent remplacent, pour les sociétés coopératives et leurs unions, celles qui sont prévues par le troisième alinéa de l'article 22 du décret du 3 juillet 1978 *(Mots aj., D. n° 2017-1771, 27 déc. 2017)* « susmentionné ».

Ces indications remplacent celles prévues par le deuxième alinéa (1° à 4°) des articles 27 et 29 du même décret.

Art. R. 521-9 *(Rempl., D. n° 2007-1218, 10 août 2007).* – Outre les obligations prévues à la section 1 du chapitre III du titre II du livre I de la partie réglementaire du Code de commerce, la société déclare dans sa demande d'immatriculation en ce qui concerne la personne morale le montant total respectif des apports en numéraire et des apports en nature *(Mots suppr., D. n° 2012-928, 31 juill. 2012)* « ... ».

Les coopératives d'utilisation en commun de matériel agricole et les coopératives de production animale en commun, quel que soit le nombre de leurs membres, sont dispensées des avis à insérer au *Bulletin officiel des annonces civiles et commerciales* prévus à l'article R. 123-155 du Code de commerce.

Art. R. 521-10 *(Abr., D. n° 2007-1218, 10 août 2007).*

Art. R.* 521-11 *(Abr., D. n° 2002-1085, 7 août 2002).*

Art. R. 521-12 à R. 521-14 *(Abr., D. n° 2007-1218, 10 août 2007).*

Art. R. 521-15 *(Abr., D. n° 2005-368, 19 avr. 2005).*

CHAPITRE II. – ASSOCIÉS. TIERS NON COOPÉRATEURS

Section I. – Associés coopérateurs

Art. R. 522-1 *(Anc. art. R.* 522-1, dénum., D. n° 2005-368, 19 avr. 2005).* – **Toute société coopérative agricole doit avoir au moins sept membres qui peuvent être soit des personnes morales, soit des personnes physiques, celles-ci devant être chefs d'exploitation.**

(Al. rempl., D. n° 2016-1401, 18 oct. 2016) **Toutefois, ce nombre est ramené à quatre pour les coopératives d'utilisation de matériel agricole, pour les coopératives de services dont les associés coopérateurs sont engagés par ailleurs dans un assolement en commun dans les conditions prévues à l'article L. 411-39-1** *(Mots aj., D. n° 2016-1820, 21 déc. 2016)* **« et à l'article 1871 du Code civil » pour les coopératives de production animale en commun. Une union est formée d'au moins deux coopératives ou unions, associés coopérateurs.**

Les syndicats agricoles peuvent devenir associés coopérateurs pour les opérations relevant de leur activité propre et à condition qu'ils exercent celle-ci à l'intérieur de la circonscription de la coopérative. Les membres d'une association ou d'un syndicat d'agriculteurs adhérant à une coopérative ne peuvent bénéficier des services de cette dernière que s'ils sont eux-mêmes associés coopérateurs de ladite coopérative.

Art. R. 522-2 *(Anc. art. R.* 522-2, dénum., D. n° 2005-368, 19 avr. 2005 ; mod., D. n° 2007-1218, 10 août 2007).* – *(Al. suppr., D. n° 2016-1820, 21 déc. 2016).*

(Abr., D. n° 2008-375, 17 avr. 2008).

La qualité d'associé coopérateur est établie par la souscription ou par l'acquisition d'une ou plusieurs parts sociales de la coopérative. »

Toute société coopérative agricole doit avoir obligatoirement à son siège un fichier des associés coopérateurs sur lequel ces derniers sont inscrits par ordre chronologique d'adhésion et numéros d'inscription avec indication du capital souscrit *(Mots aj., D. n° 2008-375, 17 avr. 2008)* **« par catégorie de parts telles que prévues à l'article R. 523-1 ».**

Registre. Le registre des associés de la coopérative constitue un élément de preuve opposable au coopérateur : ■ Cass. 1re civ., 18 déc. 2001 : *BJS* 2002, p. 416, note J.-J. Barbièri.

Art. R. 522-3 *(Anc. art. R.* 522-3, dénum., D. n° 2005-368, 19 avr. 2005 ; mod., D. n° 2007-1218, 10 août 2007).* – **L'adhésion à la coopérative entraîne pour l'associé coopérateur :**

1° L'engagement d'utiliser les services de la coopérative, soit pour la totalité, soit pour une partie des opérations pouvant être effectuées par son intermédiaire. Les statuts de chaque coopérative fixent la nature, la durée et les modalités de cet engagement ainsi que les sanctions applicables en cas d'inexécution ;

2° L'obligation de souscrire ou d'acquérir par voie de cession le nombre de parts sociales prévu en fonction de cet engagement selon les dispositions de l'article R. 523-1-1.

Nul ne peut demeurer associé coopérateur s'il n'est lié par l'engagement mentionné au 1° du présent article, sous réserve toutefois *(Mots rempl., D. n° 2016-1401, 18 oct. 2016)* **des « dispositions des troisième et quatrième alinéas de l'article R. 523-3 ».**

1) Acquisition de la qualité d'associé.

a) La qualité d'associé ne s'acquiert que par la **souscription** de parts sociales : ■ Cass. 1re civ., 7 mars 1979 : *D.* 1979, p. 617 ; *Rev. sociétés* 1980, p. 308, note F. Terré et A. Viandier. ■ Cass. 1re civ., 10 déc. 1996 : *JurisData* n° 1996-004800.

b) Le simple fait que l'on **bénéficie des services** de la coopérative est insuffisant à prouver que l'on a souscrit un engagement de livrer la production : ■ Cass. 1re civ., 18 juill. 1978 : *Bull. civ.* I, n° 276. – En cas d'absorption d'une société coopérative par une autre, l'obligation de livraison souscrite au profit de la première ne se transmet pas *ipso facto* à la seconde (■ Cass. 1re civ., 18 juill. 1978, préc.).

c) La **seule livraison** des récoltes à la coopérative, même depuis plusieurs années, ne suffit pas à établir l'adhésion tacite à cette coopérative : ▪ Cass. 1re civ., 25 mai 1992 : *BJS* 1992, p. 789, pas plus que la **participation** des intéressés au vote lors d'assemblées générales réservées aux coopérateurs : ▪ Cass. 1re civ., 14 nov. 1995 : *BJS* 1996, p. 142, note C. Priéto ou la délivrance par le président de la coopérative d'une **attestation** selon laquelle l'intéressé aurait été inscrit sur le registre des coopérateurs avec un numéro d'ordre : ▪ Cass. 1re civ., 10 déc. 1996 : *JurisData* n° 1996-004800.

d) L'acquisition par le **fils**, lors de la reprise de l'exploitation, des parts sociales détenues par son père, lui confère la qualité d'associé coopérateur et se trouve donc soumis de plein droit aux engagements inhérents à cette qualité : ▪ Cass. 1re civ., 18 févr. 1992 : *BJS* 1992, p. 448, note G. Gourlay. – De même, l'agriculteur qui a repris l'exploitation d'un associé d'une coopérative fromagère a bien la qualité d'associé coopérateur dès lors que son entrée dans la société a été acceptée par le conseil d'administration : ▪ CA Besançon, 23 janv. 1998 : *JurisData* n° 1998-040260. – En l'absence de retrait des héritiers du capital de la société coopérative à laquelle appartenait le père décédé, l'obligation de confier les travaux d'entretien des terres à la coopérative leur est transmise : ▪ CA Paris, 24 juin 1999 : *JurisData* n° 1999-023703.

2) Application des règles du droit commun. L'article 1184 du Code civil est applicable à l'engagement de livraison et la résiliation n'exige pas la démonstration d'un motif strictement personnel : ▪ Cass. 1re civ., 4 oct. 1977 : *Rev. sociétés* 1978, p. 288 ; le *quitus* donné aux dirigeants est sans effet sur l'application de l'article 1184 à la convention de livraison : ▪ Cass. 1re civ., 17 juill. 1979 : *D.* 1980, inf. rap. p. 116.

3) Nature du contrat. Le contrat passé entre un sociétaire et une société coopérative agricole n'est pas un contrat d'intégration, puisque la coopérative n'a pas la qualité de commerçant : ▪ Cass. 1re civ., 3 nov. 1976 : *D.* 1977, p. 521, note Chesne et Martine. – V. aussi, ▪ Cass. 1re civ., 24 juin 1975 : *D.* 1976, p. 113, note Chesne et Martine. Même si le sociétaire a agi, pour certaines activités, en dehors du cadre coopératif : ▪ Cass. 1re civ., 4 mars 1997 : *JurisData* n° 1997-000884 ; *JCP* E 1997, pan. 439, p. 156.

4) Compte courant. Les sanctions prévues à l'article R. 522-3 ne peuvent être étendues aux pénalités sanctionnant le retard dans le paiement d'un compte courant : ▪ Cass. 1re civ., 6 nov. 1990 : *BJS* 1991, p. 85, ni au paiement des intérêts dus sur un compte débiteur : ▪ Cass. 1re civ., 14 févr. 1990 : *JCP* E 1990, I, 19769. En revanche, l'article R. 522-3 ne concerne pas les intérêts légaux produits par un compte d'associé débiteur qui relèvent de l'article 1153 du Code civil : ▪ Cass. 1re civ., 16 mai 2013, n° 11-23.806, inédit.

5) Libre concurrence. Sur l'application de l'article 85 du traité de Rome à une obligation d'achat exclusif : ▪ CJCE, 25 mars 1981 : *Gaz. Pal.* 1981, 2, p. 771, note P. H.

6) Opposabilité des mentions statutaires et obligations des associés. L'associé coopérateur qui n'a pas été informé, par l'exemplaire des statuts qui lui a été remis, de l'obligation de rester douze ans est en droit de se retirer de la coopérative même si les statuts déposés au greffe ne comportent pas cette erreur : ▪ Cass. 1re civ., 17 mars 1992 : *BJS* 1992, p. 551, note G. Gourlay. – Toutefois, en donnant son adhésion à des statuts reproduisant les statuts-types obligatoires, le candidat coopérateur consent nécessairement aux obligations qui en résultent : ▪ Cass. 1re civ., 18 juill. 2000, n° 98-14.994. En cas de contradiction entre l'engagement statutaire initial et des engagements ultérieurs, une cour d'appel fait prévaloir à bon droit les termes des engagements statutaires contractés par l'associé coopérateur : ▪ Cass. com., 8 déc. 2009, n° 08-21.752 : *RD rur.* mai 2010, comm. 65, obs. J.-J. Barbièri.

7) Pouvoirs respectifs de l'assemblée générale et du conseil d'administration. En imposant à des associés coopérateurs une décision qui, impliquant une modification préalable de ses statuts, relevait de la compétence non du conseil d'administration, mais de l'assemblée générale extraordinaire, la coopérative a failli à ses engagements statutaires, la gravité de ce manquement justifiant le refus de l'associé de lui livrer sa production : ▪ Cass. 1re civ., 8 oct. 1996 : *JurisData* n° 1996-003676 ; *JCP* 1996, IV, p. 403.

Art. R. 522-4 *(Anc. art. R.* 522-4, dénum., D. n° 2005-368, 19 avr. 2005 ; mod., D. n° 2007-1218, 10 août 2007 ; D. n° 2016-1820, 21 déc. 2016).* **– Sauf en cas de force majeure dûment justifié, nul associé coopérateur ne peut se retirer de la coopérative avant l'expiration de sa période d'engagement.**

En cas de motif valable et à titre exceptionnel, le retrait d'un associé coopérateur peut également intervenir au cours de la période d'engagement, dans les conditions prévues par les statuts, si son départ ne porte aucun préjudice au bon fonctionnement de la coopérative et s'il n'a pas pour effet de réduire le capital au-dessous de la limite fixée aux troisième et quatrième alinéas de l'article R. 523-3.

Si l'associé coopérateur n'a pas manifesté sa décision de se retirer au terme normal de sa période d'engagement, cet engagement est renouvelé par tacite reconduction par périodes de même durée, selon les dispositions des statuts et du règlement intérieur en vigueur à la date du renouvellement.

Toutefois, si la période initiale d'engagement est supérieure à cinq ans, chaque période de tacite reconduction est de cinq ans au plus.

1) **Retrait et résiliation.** Sur la distinction de la demande de retrait et de l'action en résiliation : ▪ Cass. 1re civ., 3 oct. 1984 : *JCP* E 1986, 14736, note J. Prévault. ▪ Cass. 1re civ., 12 janv. 1994 : *BJS* 1994, p. 297, note G. Gourlay.

2) **Retrait et obligations de l'associé.** Sauf convention particulière, un associé coopérateur ne peut, avant l'expiration de sa période d'engagement, se dispenser d'exécuter ses obligations envers la coopérative à laquelle il a adhéré, même en cas de fusion avec une autre, ou d'absorption par une autre, si ce n'est en cas de force majeure dûment justifié et soumis à l'appréciation du conseil d'administration : ▪ Cass. 1re civ., 9 oct. 1990 : *BJS* 1990, p. 1045 ; *JCP* 1990, IV, 394. ▪ Cass. 1re civ., 9 oct. 1991 : *BJS* 1991, p. 1136, note M. Jeantin ; *RTD com.* 1992, p. 207, n° 8. – *Adde* ▪ Cass. 1re civ., 12 mars 2002 : *BJS* 2002, p. 1067, note J.-J. Barbièri.

3) **Faute justifiant une résiliation.** L'adhérent d'une coopérative ayant entendu contester le refus implicite de son retrait, la cour d'appel devait rechercher si le défaut d'inscription de l'examen de son recours à l'ordre du jour du conseil d'administration ne constituait pas une faute de nature à justifier la résiliation du contrat : ▪ Cass. 1re civ., 29 avr. 1997 : *JurisData* n° 1997-001891.

4) **Tacite reconduction.** Lorsque l'associé coopérateur n'a pas manifesté sa décision de se retirer au terme normal de sa période d'engagement, cet engagement étant renouvelé par tacite reconduction, la société coopérative ne peut faire obstacle au renouvellement de l'engagement de son adhérent, sauf à recourir à la procédure d'exclusion de l'article R. 522-8 ou à demander la résolution judiciaire du contrat par application de l'article 1184 du Code civil : ▪ Cass. com., 13 déc. 2005 : *Rev. sociétés* 2006, p. 555, note B. Saintourens.

5) **Force majeure.** La seule allégation de difficultés économiques et financières de son exploitation ne présente pas les conditions d'extériorité, d'imprévisibilité et d'irrésistibilité de la force majeure : ▪ CA Montpellier, 14 oct. 2008 : *JurisData* n° 2008-005393 : *JCP* E 2009, 1907, n° 23, obs. M. Mahfoudi.

Art. R. 522-5 *(Anc. art. R.* 522-5, dénum., D. n° 2005-368, 19 avr. 2005).* **– Les statuts doivent prévoir que l'associé coopérateur s'engage, en cas de mutation de propriété ou de jouissance de l'exploitation au titre de laquelle ont été pris les engagements d'activité, à transférer ses parts sociales au nouvel exploitant qui,** *(Mots rempl., D. n° 2016-1820, 21 déc. 2016)* **« sous réserve de l'alinéa suivant », sera substitué, pour la période postérieure à l'acte de mutation, dans tous les droits et obligations de son auteur vis-à-vis de la société.**

Ce dernier doit dénoncer la mutation à la coopérative par lettre recommandée avec demande d'avis de réception dans un délai de trois mois à dater du transfert de propriété ou de jouissance.

(Al. rempl., D. n° 2016-1820, 21 déc. 2016) **« L'admission du nouvel exploitant peut être refusée dans les conditions prévues par les statuts. En cas de refus d'admission du nouvel exploitant, aucune sanction ne peut être prise, en raison de cette mutation d'exploitation, à l'encontre de l'associé coopérateur à l'origine de celle-ci.**

« En cas de refus du nouvel exploitant d'adhérer à la coopérative, les dispositions de l'article R. 522-4 sont applicables à l'associé coopérateur auteur de la mutation de l'exploitation. »

1) Les dispositions de l'article R. 522-5 sont respectées dès lors que le coopérateur qui cède son exploitation a **offert le transfert** de ses parts sociales à son successeur, même si ce dernier le refuse, dans la mesure où aucune fraude n'est établie entre eux pour frustrer la coopérative : ▪ Cass. 1re civ., 16 janv. 1996 : *JurisData* n° 1996-000055 ; *BJS* 1996, p. 313, note G. Gourlay.

2) Il résulte de l'article R. 522-5 que lorsqu'un acte de mutation de propriété ou de jouissance d'une exploitation agricole, au titre de laquelle des engagements d'activité ont été pris avec une coopérative, contient une convention de cession de parts sociales au nouvel exploitant, la coopérative est **fondée à se prévaloir** à l'égard de ce dernier de ladite cession, même si la mutation ne lui a pas été dénoncée par le cédant et lui est donc inopposable : ▪ Cass. 1re civ., 13 mai 1997 : *JurisData* n° 1997-002026 ; *JCP* E 1997, pan. 731, p. 252.

Art. R. 522-6. – *(Rempl., D. n° 2007-1218, 10 août 2007)* **En cas de décès, d'exclusion,** *(Mots aj., D. n° 2016-1401, 18 oct. 2016)* **« de radiation, » d'interdiction de gérer, de banqueroute, de liquidation judiciaire ou de faillite personnelle ou de retrait d'un associé coopérateur ou lorsqu'il y a dissolution de**

la communauté conjugale, la société n'est pas dissoute ; elle continue de plein droit entre les autres associés coopérateurs.

Art. R. 522-7 *(Anc. art. R.* 522-7, dénum., D. n° 2005-368, 19 avr. 2005)*. **– En aucun cas un associé coopérateur, ni son héritier ou ayant droit ne peut provoquer l'apposition des scellés sur les biens ou valeurs de la société, ni en demander le partage ou la licitation, ni s'immiscer en aucune façon dans les affaires sociales.**

Art. R. 522-8 *(Anc. art. R.* 522-8, dénum., D. n° 2005-368, 19 avr. 2005)*. **– L'exclusion d'un associé coopérateur peut être prononcée** *(Mots suppr., D. n° 2016-1820, 21 déc. 2016)* **pour des raisons graves, notamment si l'associé coopérateur a été condamné à une peine criminelle, s'il a nui sérieusement ou tenté de nuire à la société par des actes injustifiés ou s'il a falsifié les produits qu'il a apportés à la coopérative.**

(Al. suppr., D. n° 2016-1820, 21 déc. 2016).

L'associé coopérateur exclu bénéficie du remboursement de ses parts dans les conditions prévues à l'article R. 523-5, après déduction éventuelle des pénalités prévues par les statuts ou le règlement intérieur de la société.

1) L'associé coopérateur **exclu** par décision du conseil d'administration peut engager directement une action en justice pour faire constater que cette exclusion n'est pas fondée sans avoir à saisir au préalable l'assemblée générale : ▪ Cass. 1re civ., 22 oct. 1996 : *Bull. civ.* I, n° 366 ; *JurisData* n° 1996-003961 ; *JCP* 1996, IV, p. 313 ; *JCP* E 1996, pan. 1279, p. 437. – V. aussi, ▪ CA Poitiers, 12 déc. 2006 : *JurisData* n° 2006-330421.

2) L'article R. 522-8 disposant que l'associé exclu bénéficie du remboursement de ses parts sous déduction des pénalités, l'adhérent qui a sollicité à titre principal la résiliation du contrat aux torts de la coopérative et, subsidiairement, demandé de statuer sur le principe et le montant des pénalités, ne peut reprocher à la cour d'appel saisie de l'entier litige d'avoir méconnu son objet en se prononçant sur les sanctions : ▪ Cass. 1re civ., 22 oct. 1996, préc.

3) Exclusion justifiée. Des insultes graves, répétées, violentes et grossières proférées par l'associé d'un GAEC témoignent d'un comportement contraire à l'esprit qui doit animer les coopérateurs *[CUMA]* ; ce comportement entre dans le champ des prévisions statutaires envisageant l'exclusion d'un adhérent pour des raisons graves, notamment si l'associé a nui ou tenté de nuire sérieusement à la coopérative par des actes injustifiés : ▪ CA Angers, 23 nov. 2005 : *Dr. sociétés* juin 2005, n° 108, obs. F.-X. Lucas. Voir sous C. civ., art. 1844-7, annot. n° 1, p. 94.

Art. R. 522-8-1 *(D. n° 2016-1401, 18 oct. 2016)*. **– Lorsqu'un associé coopérateur, inscrit sur le fichier mentionné à l'article R. 522-2,** *(Mots rempl., D. n° 2016-1820, 21 déc. 2016)* **« ne peut plus être joint par » la coopérative ou l'union, pendant une durée fixée par les statuts, il peut être radié selon des modalités prévues par les statuts.**

L'associé coopérateur radié bénéficie du remboursement de ses parts sociales dans les conditions prévues à l'article R. 523-5, après déduction des pénalités prévues par les statuts ou le règlement intérieur de la société. Il est informé de sa radiation par lettre recommandée avec demande d'avis de réception.

Lorsqu'il ne peut être joint, la décision de radiation fait l'objet d'un avis publié dans un journal habilité à recevoir les annonces légales dans le ressort du siège social de la coopérative ou de l'union. L'avis rappelle le droit pour l'associé coopérateur radié ou ses ayants droit à obtenir auprès de la coopérative ou de l'union le remboursement correspondant à l'annulation de ses parts sociales.

NB : Conformément aux dispositions du deuxième alinéa de l'article 10 du décret n° 2016-1401 du 18 octobre 2016, les sociétés coopératives agricoles ou leurs unions disposent d'un délai de dix-huit mois, à compter de la clôture de l'exercice en cours à la date de publication de l'arrêté du ministre chargé de l'agriculture portant approbation des modifications des modèles de statuts, pour se mettre en conformité avec les dispositions de l'article R. 522-8-1 du Code rural et de la pêche maritime.

Section II. – Associés non coopérateurs

Néant.

Section III. – Tiers non coopérateurs

Art. R. 522-9 *(Abr., D. n° 2016-1401, 18 oct. 2016).*

CHAPITRE III. – CAPITAL SOCIAL ET DISPOSITIONS FINANCIÈRES

Section I. – Capital social

Art. R. 523-1 *(Rempl., D. n° 2007-1218, 10 août 2007).* – Le capital social des sociétés coopératives agricoles est constitué par :

1° Des parts sociales détenues par les associés coopérateurs dans le cadre de l'engagement visé au *a* de l'article L. 521-3 ;

2° Des parts sociales détenues par les associés non coopérateurs lorsque les statuts de la coopérative autorisent selon l'article L. 522-3 leur admission ;

3° Des parts sociales d'épargne détenues par les associés coopérateurs dans le cadre des dispositions de l'article L. 523-4-1 ;

4° Des parts à avantages particuliers détenues par les associés dans le cadre des dispositions de l'article R. 523-5-1.

L'ensemble de ces parts sociales sont nominatives et indivisibles. Leur valeur nominale est identique pour tous les associés. Elle est d'au moins 0,15 euro pour les coopératives créées antérieurement au 20 mai 1955 et de 1,5 euro au moins pour les coopératives créées depuis cette date.

Art. R. 523-1-1 *(Aj., D. n° 2007-1218, 10 août 2007).* – Les parts sociales mentionnées au 1° de l'article R. 523-1 sont transmissibles dans les conditions prévues aux articles R. 522-5 et R. 523-4.

Ces parts sont entièrement libérées à la souscription. Toutefois, les statuts peuvent prévoir la faculté d'une libération partielle au moins égale au quart à la souscription, le solde étant exigible en une ou plusieurs fractions dans un délai maximum de cinq ans à compter du jour de la souscription.

Les statuts fixent obligatoirement les modalités de souscription ou d'acquisition des parts sociales pour chaque associé coopérateur, en fonction, soit de l'importance des opérations qu'il s'engage à effectuer avec la société, soit de l'importance de son exploitation.

(Rempl., D. n° 2008-375, 17 avr. 2008) L'augmentation ultérieure de son engagement ou du montant des opérations effectivement réalisées, lorsqu'elle ne résulte pas d'une variation conjoncturelle de ces opérations, entraîne pour chaque associé coopérateur le réajustement correspondant du nombre de ses parts sociales selon les modalités fixées par le règlement intérieur.

(Rempl., D. n° 2008-375, 17 avr. 2008) Sans préjudice des dispositions de l'article R. 523-3, la diminution ultérieure de son engagement ou du montant des opérations effectivement réalisées, lorsqu'elle ne résulte pas d'une variation conjoncturelle de ces opérations, entraîne pour chaque associé coopérateur le réajustement correspondant de ses parts sociales avec l'accord exprès du conseil d'administration et selon les modalités fixées par le règlement intérieur.

Art. R. 523-2 *(Rempl., D. n° 2007-1218, 10 août 2007).* – Les parts visées à l'article R. 523-1 peuvent recevoir un intérêt dont la limite est fixée par le *c* de l'article L. 521-3 et le troisième alinéa de l'article L. 522-4.

Cet intérêt ne peut être servi que si un résultat excédentaire a été réalisé au cours de l'exercice. Toutefois, les statuts peuvent prévoir qu'en cas d'insuffisance du résultat excédentaire les sommes nécessaires pour parfaire l'intérêt y afférent pourront être prélevées sur une dotation spéciale constituée à cet effet par l'assemblée générale par un prélèvement sur le résultat excédentaire du ou des exercices antérieurs.

Art. R. 523-3 *(Rempl., D. n° 2007-1218, 10 août 2007).* – Le capital social souscrit est soumis aux variations normales résultant de la souscription de parts nouvelles ou de l'annulation de parts souscrites.

Aucune limitation n'est fixée pour le capital initial ni pour ses augmentations successives.

Le capital social souscrit dans le cadre de l'engagement visé au a de l'article L. 521-3 ne peut être réduit au-dessous des trois quarts du montant le plus élevé constaté par une assemblée générale depuis la constitution de la société.

Toutefois, cette limite ne s'applique pas lorsque les parts sont remboursées à la suite d'un retrait *(Mots rempl., D. n° 2016-1401, 18 oct. 2016)* « , d'une exclusion ou d'une radiation des associés coopérateurs dans les cas prévus par les articles R. 522-4, R. 522-8 et R. 522-8-1 » et si lesdites parts n'ont pu au préalable être cédées à un tiers ou à d'autres associés coopérateurs.

Art. R. 523-4 *(Rempl., D. n° 2007-1218, 10 août 2007).* – Les parts des membres sortant de la société avec son accord sont remboursables dans les conditions fixées par l'article R. 523-5.

ANNEXE 5

Le conseil d'administration autorise toute cession de parts sociales réalisées entre associés ou au profit d'un tiers dont l'adhésion a été acceptée. Celle-ci doit être refusée si elle a pour résultat de réduire le nombre de parts de l'associé coopérateur au-dessous du minimum statutaire prévu à l'article R. 523-1-1 ou si elle a pour effet de modifier la composition du capital social de la société en méconnaissance des dispositions des articles L. 522-2-1 et L. 522-4.

La transmission des parts s'opère par simple transcription sur le fichier des associés coopérateurs.

Sauf cas de force majeure dûment justifié et soumis à l'appréciation du conseil d'administration, nul associé coopérateur ne peut se retirer de la coopérative avant l'expiration de sa période d'engagement ; en cas de motif valable, le conseil d'administration peut, à titre exceptionnel, accepter sa démission au cours de cette période et les parts des membres sortant de la société avec son accord sont remboursées dans les conditions fixées par l'article R. 523-5 du même code : ▪ Cass. com., 22 mars 2005, n° 01-12.354 : *JurisData* n° 2005-027788.

Art. R.* 523-5 ***(Rempl., D. n° 2007-1218, 10 août 2007).*** **– La démission en fin de période d'engagement, l'exclusion** ***(Mots aj., D. n° 2016-1401, 18 oct. 2016)*** **« , la radiation » ou le retrait de l'associé coopérateur en cours d'engagement d'activité avec l'accord du conseil d'administration entraîne la perte de la qualité d'associé coopérateur.**

Cette perte de qualité donne lieu à l'annulation de ses parts sociales, à défaut de transfert de celles-ci.

Leur remboursement a lieu dans les conditions suivantes :

1° L'associé coopérateur a droit au remboursement de ses parts de capital social à leur valeur nominale. Toutefois, si les statuts le prévoient, il reçoit un montant déterminé par application du deuxième alinéa de l'article 18 de la loi n° 47-1775 du 10 septembre 1947 portant statut de la coopération ***(Mots rempl., D. n° 2016-1401, 18 oct. 2016)*** **« , de l'article L. 523-1 ou des troisième à cinquième alinéas de l'article L. 523-7 » ;**

2° Le montant du remboursement est réduit dans l'hypothèse et selon les modalités visées à l'article L. 523-2-1 ;

3° Dans tous les cas, le remboursement est opéré sans préjudice des intérêts dus sur ces parts ***(Mots aj., D. n° 2008-375, 17 avr. 2008)*** **« , des dividendes dus aux porteurs de ces parts » et des ristournes qui peuvent revenir à l'intéressé ;**

4° Le remboursement des parts annulées souscrites ou acquises dans le cadre de l'engagement prévu au a de l'article L. 521-3, doit être compensé par la constitution d'une réserve prélevée sur le résultat. La dotation à cette réserve est égale au montant de ces parts remboursées pendant l'exercice diminué, le cas échéant, des nouvelles parts souscrites pendant cette période ;

5° Le conseil se prononce sur le remboursement et fixe l'époque à laquelle le paiement de ces sommes pourra être fait, compte tenu des dispositions de l'article R. 522-4 ;

6° Dans tous les cas, le délai de remboursement ne pourra dépasser la durée de cinq ans ;

7° Tout membre qui cesse de faire partie de la société à un titre quelconque reste tenu pendant cinq ans et pour sa part, telle qu'elle est déterminée par l'article R. 526-3, envers ses coassociés coopérateurs et envers les tiers, de toutes les dettes sociales existantes au moment de sa sortie.

Art. R. 523-5-1 ***(Rempl., D. n° 2007-1218, 10 août 2007 ; mod., D. n° 2008-375, 17 avr. 2008).*** **– Tout associé doit être à jour de ses obligations de souscription lorsqu'il souhaite souscrire des parts sociales à avantages particuliers prévues à l'article 11 de la loi n° 47-1775 du 10 septembre 1947 portant statut de la coopération. Les caractéristiques de ces parts sont fixées par le conseil d'administration au moment de leur émission ou de la conversion des parts sociales détenues par les associés au-delà de leur engagement statutaire, à moins qu'il n'en soit décidé autrement par les statuts.**

Section II. – Fonds de développement coopératif

(Abr., D. n° 92-1363, 24 déc. 1992)

Section III. – Prises de participation

(Rempl., D. n° 2007-1218, 10 août 2007)

Art. R. 523-8 ***(Abr., D. n° 2015-665, 10 juin 2015).***

Section IV – Participation et intéressement
(D. n° 92-1363, 24 déc. 1992)

Art. R. 523-9 *(Anc. art. R. 523-12, dénum., D. n° 2007-1218, 10 août 2007)*. – **Pour l'application aux sociétés coopératives agricoles et à leurs unions des dispositions** *(Mots rempl., D. n° 2016-1401, 18 oct. 2016)* **« des titres Ier et II du livre III de la troisième partie du Code du travail », la réserve spéciale de participation des salariés est calculée sur les bases suivantes :**

1° Le bénéfice est égal à l'excédent net répartissable défini comme l'excédent net de l'exercice diminué :

a) (Mod., D. n° 2017-1771, 27 déc. 2017) **Du report à nouveau débiteur Opérations avec les associés coopérateurs ;**

b) (Mod., D. n° 2017-1771, 27 déc. 2017) **Des sommes affectées aux réserves indisponibles ;**

c) (Mod., D. n° 2017-1771, 27 déc. 2017) **Du prélèvement affecté à la réserve légale conformément aux dispositions de l'article R. 524-21** *(Mots aj., D. n° 2017-1771, 27 déc. 2017)* **« du présent code » ;**

d) (Mod., D. n° 2017-1771, 27 déc. 2017) **Des sommes affectées à la réserve mentionnée au** *(Mots rempl., D. n° 2016-1401, 18 oct. 2016)* **« 4° » de l'article R. 523-5** *(Mots aj., D. n° 2017-1771, 27 déc. 2017)* **« du même code » ;**

e) (Mod., D. n° 2017-1771, 27 déc. 2017) **Du montant des sommes correspondant aux plus-values réalisées sur les cessions d'actifs immobilisés portées en réserve.**

2° Les capitaux propres de l'entreprise sont réputés égaux :

a) (Mod., D. n° 2017-1771, 27 déc. 2017) **Au capital social ;**

b) (Mod., D. n° 2017-1771, 27 déc. 2017) **Aux droits d'entrée ;**

c) (Mod., D. n° 2017-1771, 27 déc. 2017) **Aux écarts de réévaluation ;**

d) (Mod., D. n° 2017-1771, 27 déc. 2017) **Aux réserves, à l'exclusion de la réserve spéciale de participation des salariés ;**

e) (Mod., D. n° 2017-1771, 27 déc. 2017) **Aux provisions pour ristournes et intérêts aux parts ;**

f) (Mod., D. n° 2017-1771, 27 déc. 2017) **Au résultat de l'exercice (excédent ou déficit) ;**

g) (Mod., D. n° 2017-1771, 27 déc. 2017) **Aux subventions d'investissement autres que celles de l'État, des collectivités publiques et des établissements publics.**

CHAPITRE IV. – ADMINISTRATION

Section I. – Conseil d'administration
(Rempl., D. n° 2007-1218, 10 août 2007)

Art. R. 524-1 *(Rempl., D. n° 2007-1218, 10 août 2007 ; mod., D. n° 2017-1771, 27 déc. 2017)*. – **Le nombre des administrateurs est fixé par les statuts. Ce nombre, qui peut être fixe ou être compris dans une fourchette, ne peut être inférieur à trois pour les coopératives et à deux pour les unions.**

Pour être éligibles, les administrateurs doivent répondre aux conditions prévues par l'article L. 529-2.

Les administrateurs, choisis parmi les associés coopérateurs, sont élus par l'assemblée générale à la majorité des suffrages exprimés.

L'élection des membres du conseil d'administration a lieu au scrutin secret lorsque le conseil d'administration le décide ou lorsqu'il est demandé avant l'assemblée générale ou dans le cours de celle-ci par un ou plusieurs associés coopérateurs.

Les dispositions prévues par les articles L. 524-2 et L. 529-2 s'appliquent aux personnes physiques représentant des personnes morales siégeant au conseil d'administration ou au conseil de surveillance de la coopérative agricole ou de l'union.

Concurrence. La double ou la triple appartenance à différentes caves coopératives n'est pas en elle-même constitutive de concurrence déloyale ; l'adhérent d'une cave peut ainsi faire un apport partiel à une autre cave, mais à condition qu'il ne soit pas administrateur ; il n'y a donc pas de contradiction entre l'article R. 522-3 du Code rural qui autorise les apports partiels et l'article R. 524-1 : ▪ CA Montpellier, 6 févr. 2001 : *JurisData* n° 2001-144441.

Art. R. 524-1-1 *(D. n° 2007-1218, 10 août 2007)*. – **La participation aux délibérations d'un ou plusieurs administrateurs nommés irrégulièrement ou n'ayant plus qualité pour exercer leurs fonctions ne remet pas en cause la validité des délibérations du conseil d'administration auquel ils ont pris part.**

Ces administrateurs doivent se démettre de leur mandat dans les trois mois de leur nomination ou dans les trois mois de l'événement ayant entraîné la disparition de leur qualité pour exercer leurs fonctions.

Art. R. 524-1-2 *(D. n° 2007-1218, 10 août 2007)*. – Les moyens de visioconférence ou de télécommunication mentionnés à l'article L. 524-1-2, transmettant la voix et l'image ou tout le moins la voix des participants, satisfont à des caractéristiques techniques garantissant une participation effective à la réunion du conseil dont les délibérations sont retransmises de façon continue et simultanée.

Art. R. 524-1-3 *(D. n° 2007-1218, 10 août 2007)*. – La communication des documents prévue à l'article L. 524-4-1 s'effectue soit par envoi postal à l'adresse indiquée par l'associé, soit au siège social, ou au lieu de direction administrative de la coopérative. Le droit pour l'associé de prendre connaissance emporte celui de prendre copie à ses frais.

Cet envoi peut être fait par un moyen électronique de communication mis en œuvre dans les conditions mentionnées à l'article R. 225-63 du Code de commerce, à l'adresse indiquée par l'associé.

Art. R. 524-2 *(Rempl., D. n° 2007-1218, 10 août 2007)*. – Les administrateurs sont nommés pour deux, trois ou quatre ans et renouvelables par moitié, tiers ou quart tous les ans ; les statuts fixent la durée de leur mandat et le rythme de leur renouvellement.

Les premières séries sont désignées par le sort, le renouvellement se fait ensuite à l'ancienneté.

Tout membre du conseil d'administration peut être révoqué à tout moment par l'assemblée générale.

Art. R. 524-3 *(Rempl., D. n° 2007-1218, 10 août 2007)*. – En cas de décès, démission ou départ pour toute autre cause d'un ou plusieurs administrateurs, le conseil d'administration peut procéder provisoirement à leur remplacement. Toutefois, cette faculté n'est laissée au conseil d'administration que si, au cours d'un exercice, le nombre de vacances n'atteint pas la moitié du nombre statutaire des administrateurs lorsqu'il est fixe, ou la moitié du nombre d'administrateurs fixé par l'assemblée générale lorsqu'il est variable.

Le choix du conseil doit être soumis à la ratification de la prochaine assemblée générale.

Chaque membre ainsi nommé demeure en fonction jusqu'à la date d'expiration du mandat de l'administrateur qu'il remplace. Si le nombre des vacances atteint la moitié du nombre statutaire des administrateurs lorsqu'il est fixe ou la moitié du nombre d'administrateurs fixé par l'assemblée générale lorsqu'il est variable, il y a lieu de convoquer une assemblée générale réunie extraordinairement.

Art. R. 524-4 *(Rempl., D. n° 2007-1218, 10 août 2007)*. – L'indemnité compensatrice de l'activité consacrée à l'administration de la coopérative qui peut être allouée aux administrateurs en vertu de l'article L. 524-3 est attribuée dans la limite d'une allocation globale décidée et fixée chaque année par l'assemblée générale. Cette indemnité est indépendante du remboursement des frais spéciaux exposés, le cas échéant, par les administrateurs pour l'exercice de leurs fonctions.

Art. R. 524-4-1 *(D. n° 2007-1218, 10 août 2007)*. – Le nombre maximum de sièges au conseil d'administration qui peut être attribué au collège des associés non coopérateurs en application des dispositions du dernier alinéa de l'article L. 524-1 inclut le nombre de sièges réservés aux administrateurs élus par les salariés en application des dispositions de l'article L. 524-2-3.

Art. R. 524-5 *(Rempl., D. n° 2007-1218, 10 août 2007)*. – *(Al. suppr., D. n° 2016-1401, 18 oct. 2016)*.

Le conseil d'administration nomme son président ainsi que les autres membres du bureau, parmi ses membres, personnes physiques ou mandataires représentant les personnes morales qui en font partie.

Le président du conseil d'administration représente la société en justice. Il peut déléguer avec l'accord du conseil d'administration ce pouvoir de représentation à un ou plusieurs administrateurs ou au directeur.

Il résulte de l'article R. 524-5 que les administrateurs d'une société coopérative agricole doivent gérer celle-ci en bon père de famille : ▪ Cass. 1re civ., 26 nov. 1974 : *Bull. civ.* I, n° 314.

Art. R. 524-6 *(Rempl., D. n° 2007-1218, 10 août 2007)*. – Les copies ou extraits des procès-verbaux des délibérations du conseil d'administration ou des procès-verbaux des assemblées générales sont valablement certifiés par le président du conseil d'administration *(Mots rempl., D. n° 2016-1401, 18 oct. 2016)* « , par un ou plusieurs administrateurs ou par le directeur habilités à cet effet par le conseil d'administration ou par le secrétaire de l'assemblée. »

Au cours de la liquidation de la société, ces copies ou extraits sont valablement certifiés par un seul liquidateur.

Art. R. 524-7 *(Rempl., D. n° 2007-1218, 10 août 2007).* – Le conseil d'administration se réunit aussi souvent que l'intérêt de la société l'exige et au moins une fois par trimestre, sur la convocation du président ou, en cas d'empêchement, sur celle de l'un des vice-présidents, ou encore toutes les fois que le tiers de ses membres en fait la demande.

Pour délibérer valablement, le conseil d'administration doit réunir au moins la moitié de ses membres « en fonction ».

Sauf dans le cas prévu *(Mots rempl., D. n° 2016-1401, 18 oct. 2016)* « aux articles R. 522-5 et R. 522-8 », les délibérations sont prises à la majorité des membres présents. En cas de partage, la voix du président est prépondérante *(Mots aj., D. n° 2016-1401, 18 oct. 2016)* « sauf dans le cas où la délibération porte sur la nomination du président ». Nul ne peut voter par procuration au sein du conseil.

Art. R. 524-8 *(Rempl., D. n° 2007-1218, 10 août 2007).* – Le conseil d'administration peut conférer des délégations de pouvoir à un ou plusieurs de ses membres. Il peut, en outre, pour un ou plusieurs objets déterminés, conférer des mandats spéciaux à des associés coopérateurs non administrateurs ou à des tiers.

Le conseil d'administration peut transférer le siège social de la coopérative à l'intérieur de sa circonscription territoriale *(Mots aj., D. n° 2008-375, 17 avr. 2008)* « ou le siège social de l'union en tout autre lieu du territoire national ».

1) **Cautionnement.** Dès lors que statuts réservent au seul conseil d'administration le pouvoir d'accorder le cautionnement de la société, ce pouvoir doit faire l'objet d'une délégation expresse : ▪ Cass. com., 26 mars 2008, n° 07-11.951 : *BJS* 2008, p. 593, note N. Ferrier.

2) **Action en justice.** Il résulte des articles R. 524-5, R. 524-6 et R. 524-8 du Code rural que le président du conseil d'administration d'une société coopérative agricole représente la société en justice. Aucune de ces dispositions ne confère au conseil d'administration la faculté de déléguer lui-même l'exercice de ce pouvoir par mandat spécial : ▪ Cass. com., 8 oct. 2013, n° 12-14.181 : *Dr. sociétés* 2013, comm. 199, obs. H. Hovasse. V. aussi, ▪ Cass. 1re civ., 9 avr. 2014, n° 12-20.130, inédit (le conseil d'administration n'a pas le pouvoir de mandater un avocat).

3) **Déclaration de créance.** Lorsque la déclaration de créance au passif d'un débiteur n'émane pas des organes habilités par la loi à la représenter, elle peut encore être effectuée par tout préposé titulaire d'une délégation de pouvoirs lui permettant d'accomplir un tel acte, émanant d'un des organes précités ou d'un préposé ayant reçu pouvoir de déclarer les créances : ▪ Cass. com., 17 mai 2017, n° 15-25.363 : *RD rur.* 2017, comm. 260, note Ch. Lebel.

Art. R. 524-9 *(Rempl., D. n° 2007-1218, 10 août 2007).* – Le conseil d'administration peut nommer un directeur qui n'est pas un mandataire social et qui, s'il est associé de la coopérative, ne doit pas être membre du conseil.

Le directeur exerce ses fonctions sous la direction, le contrôle et la surveillance du conseil d'administration, qu'il représente vis-à-vis des tiers, dans les limites des pouvoirs qui lui ont été confiés.

Sa rémunération annuelle est arrêtée par le conseil d'administration, qui détermine aussi les autres avantages qui peuvent lui être accordés.

(Al. suppr., D. n° 2016-1820, 21 déc. 2016).

Voir aussi : application des dispositions de la section I aux sociétés d'intérêt collectif agricole constituées sous la forme de société civile, D. n° 92-1363, 24 déc. 1992, art. 14.

Section II. – Assemblée générale

(D. n° 2007-1218, 10 août 2007)

Art. R.* 524-10 et R. 524-11 *(Implicitement abr., D. n° 2007-1218, 10 août 2007).*

Art. R. 524-12 *(Rempl., D. n° 2007-1218, 10 août 2007).* – L'assemblée générale réunit tous les associés coopérateurs de la coopérative régulièrement inscrits sur le fichier des associés coopérateurs de la coopérative à la date de la convocation de l'assemblée générale.

L'assemblée générale ordinaire doit être convoquée par le conseil d'administration au moins une fois par an dans les six mois qui suivent la clôture de l'exercice afin d'examiner les comptes ; ce délai est porté à neuf mois pour les unions de coopératives. Elle doit l'être également lorsque le cinquième au moins des membres de la société en fait la demande écrite ou lorsque le conseil d'administration ou les commissaires aux comptes l'estiment nécessaire.

L'assemblée générale extraordinaire est convoquée par le conseil d'administration à l'initiative du conseil ou lorsqu'un quart au moins des membres de la société en fait la demande par écrit.

Art. R. 524-13 *(Rempl., D. n° 2007-1218, 10 août 2007)*. – La convocation à l'assemblée doit être publiée au moins quinze jours avant la date fixée dans un journal habilité à recevoir des annonces légales du département ou de l'arrondissement où se trouve le siège social. L'insertion doit contenir l'ordre du jour, le lieu, la date et l'heure de l'assemblée.

Toutefois, pour les sociétés coopératives dont la circonscription ne dépasse pas le territoire d'un canton et des cantons limitrophes, l'insertion prévue à l'alinéa précédent peut être remplacée par l'affichage dans le même délai de la convocation à la porte principale de la mairie du siège social et de la mairie de chacune des autres communes comprises dans la circonscription.

Indépendamment de l'insertion ou de l'affichage prévu, il est adressé à chaque associé coopérateur, quinze jours au moins avant la date de la réunion, une convocation individuelle indiquant le lieu, la date, l'heure et l'ordre du jour de l'assemblée.

La convocation individuelle peut consister dans l'envoi à chaque associé coopérateur d'un exemplaire d'un journal ou d'un bulletin sur lequel elle figure.

L'assemblée générale peut être convoquée par des moyens électroniques de télécommunication mis en œuvre dans les conditions mentionnées *(Mots rempl., D. n° 2016-1401, 18 oct. 2016)* « à l'article R. 225-63 » du Code de commerce.

Quinze jours au moins avant la date de l'assemblée devant laquelle ils seront présentés, tout associé coopérateur peut prendre connaissance, au siège social ou au lieu fixé par la coopérative dans la circonscription de chaque section et éventuellement dans tout autre lieu déterminé par elle, des comptes annuels, du rapport aux associés, du texte des résolutions proposées, des comptes consolidés ou combinés, du rapport sur la gestion du groupe et des rapports des commissaires aux comptes *(Mots suppr., D. n° 2016-1401, 18 oct. 2016)*. L'insertion, l'affichage et la convocation individuelle devront mentionner la faculté offerte aux associés coopérateurs.

Art. R. 524-14 *(Rempl., D. n° 2007-1218, 10 août 2007)*. – L'associé coopérateur empêché peut donner mandat de le représenter à l'assemblée générale. Le mandataire doit être un autre associé coopérateur, le conjoint du mandant, un de ses ascendants ou descendants majeurs. Les mandataires non associés coopérateurs ne peuvent représenter que leur conjoint, ascendant ou descendant majeur.

L'associé coopérateur mandaté par d'autres associés coopérateurs ne peut disposer que de cinq voix au maximum, la sienne comprise.

Toutefois, lorsque, en application des dispositions de l'article R. 524-16, une assemblée générale est précédée d'assemblées de section, l'associé coopérateur mandaté à l'assemblée plénière ne peut disposer que de deux voix au maximum, la sienne comprise.

Dans toutes les assemblées générales, il est tenu une feuille de présence indiquant pour chacun des associés coopérateurs son nom ou sa dénomination sociale, son domicile ou son siège social et, si l'assemblée n'a pas été précédée d'assemblées de section, le nombre de parts d'activité dont il est porteur. Cette feuille de présence est émargée par les associés coopérateurs et certifiée exacte par les membres du bureau de l'assemblée.

Elle est annexée au procès-verbal avec les mandats ci-dessus mentionnés.

Art. R. 524-15 *(Rempl., D. n° 2007-1218, 10 août 2007 ; mod., D. n° 2008-375, 17 avr. 2008)*. – L'assemblée générale ordinaire peut délibérer si le tiers des associés coopérateurs est présent ou représenté.

L'assemblée générale extraordinaire délibère sur les modifications des statuts, sur l'augmentation collective du capital, sur la dissolution de la société ou sur sa prorogation dans les formes prévues par l'article 1844-6 du Code civil *(Mots aj., D. n° 2016-1401, 18 oct. 2016)* « ainsi que dans le cas prévu à l'article L. 527-1-3 » *(Mots aj., D. n° 2017-1771, 27 déc. 2017)* « du présent code ». Sous réserve des dispositions de l'article L. 523-2 *(Mots aj., D. n° 2017-1771, 27 déc. 2017)* « du même code », elle doit être composée d'un nombre de membres présents ou représentés au moins égal à la moitié de celui des associés coopérateurs inscrits à la date de la convocation.

Lorsque les diverses conditions prévues ci-dessus ne sont pas réalisées, une deuxième convocation est faite dix jours avant la date de la nouvelle réunion suivant les mêmes règles que la première, en indiquant la date et les résultats de la précédente assemblée.

Sous réserve des dispositions de l'article L. 523-2, la deuxième assemblée délibère valablement, quel que soit le nombre des membres présents ou représentés.

Dans les assemblées générales ordinaires, les décisions sont prises à la majorité des suffrages exprimés. Dans les assemblées générales extraordinaires, les décisions sont prises à la majorité des deux tiers des membres présents ou représentés.

Les moyens de visioconférence ou de télécommunication mentionnés à l'article L. 524-1-1, transmettant la voix et l'image ou tout le moins la voix des participants, satisfont à des caractéristiques techniques garantissant une participation effective à la réunion de l'assemblée générale, dont les délibérations sont retransmises de façon continue et simultanée. Les statuts peuvent prévoir la possibilité de voter par des moyens électroniques de télécommunication dans les conditions prévues à l'article R. 225-61 du Code de commerce. Les règles posées ci-dessus s'appliquent à toutes les assemblées générales, qu'elles soient ou non précédées d'assemblées de section.

Augmentation des engagements des associés. L'associé d'une coopérative ne peut voir ses engagements augmentés sans son accord. En conséquence, la modification statutaire fixant à 25 ans la durée de l'engagement des coopérateurs est-elle inopposable à l'adhérent, légataire d'un domaine, dès lors que ni lui-même ni son auteur ne l'ont acceptée. En ce qui concerne les conditions du retrait, le légataire n'était donc tenu que par les stipulations statutaires en vigueur lors de l'adhésion du de cujus et ne pouvait se voir imposer l'indemnité pour démission anticipée résultant des nouveaux statuts : ■ Cass. 1re civ., 4 avr. 1995 : *Bull. civ.* I, n° 162.

Art. R. 524-16 *(Rempl., D. n° 2007-1218, 10 août 2007)*. – Lorsque, en raison de l'étendue de la circonscription de la coopérative ou du nombre des associés coopérateurs, il y a lieu de craindre des difficultés pour la réunion des quorums prévus à l'article R. 524-15, les statuts peuvent prévoir des assemblées de section.

Le nombre et la circonscription des sections sont fixés par décision de l'assemblée générale ordinaire ou extraordinaire et inscrits dans le règlement intérieur. L'assemblée générale peut en outre constituer en section autonome une ou plusieurs coopératives adhérentes.

Les assemblées de section se tiennent en présence d'un administrateur désigné par le conseil d'administration. Elles font l'objet d'un procès-verbal relatant notamment la composition du bureau et les noms et prénoms des délégués à l'assemblée générale plénière désignés par l'assemblée de section.

Les procès-verbaux et les feuilles de présence des assemblées de section, certifiés exacts par le délégué du conseil d'administration, sont annexés au procès-verbal de l'assemblée plénière.

Les délégués de section sont élus au scrutin secret lorsque le conseil d'administration le décide ou lorsque ce mode de scrutin est demandé soit avant l'assemblée de section, soit dans le cours de celle-ci, par un ou plusieurs associés coopérateurs. Leur nombre, qui ne peut être inférieur à trois, doit être proportionnel au nombre des associés coopérateurs présents ou représentés, la proportion et la répartition devant être fixées par le règlement intérieur de la société.

Ils représentent la section à l'assemblée générale plénière de la société, où ils disposent chacun d'une voix.

Les assemblées de section délibèrent valablement quel que soit le nombre des présents ou représentés.

Les assemblées de section peuvent, en outre, procéder à la désignation d'un ou plusieurs associés coopérateurs chargés, d'une façon permanente, entre deux assemblées générales, de représenter les intérêts des *(Mot aj., D. n° 2016-1401, 18 oct. 2016)* « associés » coopérateurs de la section auprès du conseil d'administration.

Art. R. 524-17 *(Rempl., D. n° 2007-1218, 10 août 2007 ; mod., D. n° 2016-1401, 18 oct. 2016)*. – L'assemblée générale annuelle, après lecture du rapport du conseil d'administration aux associés et du ou des rapports du ou des commissaires aux comptes, examine et approuve les comptes annuels, le cas échéant consolidés ou combinés, donne *quitus* aux administrateurs, se prononce sur l'affectation du résultat, procède à la nomination des administrateurs et du ou des commissaires aux comptes, constate la variation du capital social au cours de l'exercice par rapport à l'exercice précédent, délibère sur toute autre question figurant à l'ordre du jour. Elle peut décider de la modification des comptes annuels. L'ordre du jour est établi par le conseil d'administration ; il doit comporter toute question présentée audit conseil six semaines au moins avant la convocation de l'assemblée générale sur proposition écrite revêtue de la signature d'un dixième au moins du nombre total des associés coopérateurs.

ANNEXE 5

Art. R. 524-18 *(Rempl., D. n° 2007-1218, 10 août 2007).* – À la clôture de chaque exercice, le conseil d'administration ou le directoire dresse un inventaire, établit des comptes annuels, un rapport aux associés et, le cas échéant, des comptes consolidés ou combinés ainsi qu'un rapport sur la gestion du groupe consolidé ou combiné. Ces documents sont mis à la disposition du ou des commissaires aux comptes un mois au moins avant la convocation de l'assemblée générale annuelle. Le rapport aux associés expose la situation de la coopérative agricole ou de l'union durant l'exercice écoulé, son évolution prévisible, les événements importants entre la date de la clôture de l'exercice et la date à laquelle il est établi et, le cas échéant, ses activités en matière de recherche et de développement.

Art. R. 524-19 *(Rempl., D. n° 2007-1218, 10 août 2007).* – Les documents établis le cas échéant par les coopératives ou unions en application de l'article L. 612-2 du Code de commerce sont adressés au commissaire aux comptes de la coopérative ou de l'union.

Art. R. 524-20 *(Rempl., D. n° 2007-1218, 10 août 2007).* – Les intérêts servis aux parts sociales et les dividendes reçus au titre des participations détenues et redistribués en application de l'article L. 524-2-1 sont versés aux associés coopérateurs détenteurs de parts sociales à la date de convocation de l'assemblée générale.

Les ristournes visées au même article sont réparties entre les associés coopérateurs inscrits sur le fichier des associés coopérateurs de la coopérative à la date de clôture du dernier exercice écoulé.

Art. R. 524-21 *(Rempl., D. n° 2007-1218, 10 août 2007).* – Il est fait annuellement sur le *(Mots rempl., D. n° 2008-375, 17 avr. 2008)* « résultat excédentaire » un prélèvement d'un dixième affecté à un fonds de réserve appelé réserve légale. Ce prélèvement cesse d'être obligatoire quand ce fonds de réserve atteint une somme correspondant au montant du capital social de la coopérative ou de l'union. Les statuts de chaque coopérative ou union peuvent prévoir, en outre, la constitution de fonds supplémentaires de réserves auxquels sont affectés des prélèvements spéciaux sur le résultat courant après impôt.

Sauf dans les cas prévus aux articles L. 523-1 et L. 523-7, alinéas 3, 4 et 5, les réserves, quelles qu'elles soient, ne peuvent être partagées entre les associés pendant la durée de la coopérative ou de l'union.

Section III. – Comptes sociaux, consolidés ou combinés et commissariat aux comptes

(Intitulé rempl., D. n° 2008-375, 17 avr. 2008)

Art. R. 524-22 *(Rempl., D. n° 2007-1218, 10 août 2007).* – Les comptes consolidés ou combinés des coopératives agricoles et de leurs unions comprennent un bilan, un compte de résultat et une annexe établis selon les dispositions des articles R. 233-7, R. 233-11, R. 233-12 et R. 233-14 du Code de commerce.

Les coopératives agricoles et leurs unions établissant des comptes consolidés appliquent les dispositions des articles R. 232-8, R. 233-6 et R. 233-16 *(Mots rempl., D. n° 2017-1771, 27 déc. 2017)* « du même code ». Les prescriptions comptables relatives à ces comptes consolidés sont celles prévues par le règlement du comité de la réglementation comptable. Les coopératives agricoles et leurs unions établissant des comptes combinés appliquent les dispositions du Code de commerce applicables aux comptes consolidés, aménagées le cas échéant, selon les caractéristiques des comptes combinés des coopératives agricoles et de leurs unions. Les prescriptions comptables relatives à ces comptes combinés sont celles prévues par le règlement du comité de la réglementation comptable.

Le cas échéant, un arrêté du ministre de l'agriculture précise les dispositions que doit contenir l'accord mentionné au deuxième alinéa de l'article L. 524-6-2 du *(Mots rempl., D. n° 2017-1771, 27 déc. 2017)* « présent code ».

Art. R. 524-22-1 *(Rempl., D. n° 2008-375, 17 avr. 2008 ; mod., D. n° 2010-1654, 28 déc. 2010).* – Les sociétés coopératives agricoles et unions sont tenues de désigner au moins un commissaire aux comptes et un suppléant lorsque, à la clôture de l'exercice, elles dépassent les seuils fixés ci-dessous pour deux des trois critères suivants :

1° Dix pour le nombre de salariés ; les salariés pris en compte sont ceux qui sont liés à la personne morale par un contrat de travail à durée indéterminée ;

2° 534 000 euros pour le montant hors taxes du chiffre d'affaires ;

3° 267 000 euros pour le total du bilan ; celui-ci est égal à la somme des montants nets des éléments d'actif.

Ces sociétés et unions déposent *(Mots suppr., D. n° 2012-928, 31 juill. 2012)* « ... », au greffe du tribunal compétent, dans le mois qui suit l'approbation des comptes annuels par l'assemblée générale des associés :

1° Les comptes annuels *(Mots suppr., D. n° 2015-665, 10 juin 2015)* « ... », le rapport du commissaire aux comptes sur les comptes annuels, éventuellement complété de ses observations sur les modifications apportées par l'assemblée générale aux comptes annuels qui lui ont été soumis ;

2° La proposition d'affectation du résultat soumise à l'assemblée générale et la résolution d'affectation votée.

En cas de refus d'approbation des comptes annuels, une copie de la délibération de l'assemblée générale est déposée dans le même délai ;

3° Le cas échéant, les comptes consolidés ou combinés, le rapport sur la gestion du groupe ainsi que les rapports des commissaires aux comptes sur les comptes consolidés ou combinés.

Les documents mentionnés *(Mots rempl., D. n° 2015-665, 10 juin 2015)* « aux 1°, 2° et 3° » sont annexés au registre du commerce et des sociétés. Le dépôt de ces documents peut également être effectué par voie électronique dans les conditions prévues par l'article R. 123-77 du Code de commerce.

(Al. aj., D. n° 2015-665, 10 juin 2015) Le rapport aux associés est tenu à la disposition de toute personne qui en fait la demande au siège social de la société. Le droit pour toute personne de prendre connaissance du rapport emporte celui d'en prendre copie à ses frais.

Ces sociétés et unions ne sont plus tenues de déposer au greffe les comptes annuels lorsqu'elles ne dépassent pas les seuils fixés pour deux des trois critères définis ci-dessus pendant deux exercices successifs. Il est mis fin dans les mêmes conditions au mandat du commissaire aux comptes par l'organe délibérant appelé à statuer sur les comptes annuels.

Art. R. 524-22-2 *(D. n° 2008-375, 17 avr. 2008).* – Est dispensée de l'obligation d'établir des comptes combinés toute société coopérative agricole pour laquelle l'ensemble formé par elle-même et par la ou les unions de coopératives agricoles auxquelles elle adhère ainsi que par les entités qu'elle contrôle au sens de l'article L. 233-16 du Code de commerce ne dépasse pas, pendant deux exercices successifs, sur la base des derniers comptes annuels arrêtés, deux des trois critères mentionnés à l'article R. 233-16 *(Mots rempl., D. n° 2017-1771, 27 déc. 2017)* « du même code ».

La combinaison des comptes ne dispense pas les entités coopératives qui y participent d'établir, le cas échéant, les comptes consolidés en application de l'article L. 524-6-1 *(Mots aj., D. n° 2017-1771, 27 déc. 2017)* « du présent code ».

Les comptes combinés sont arrêtés par le conseil d'administration ou le directoire de l'entité combinante qui est chargée, par la convention de combinaison telle que prévue par le règlement de l'Autorité des normes comptables, d'établir les comptes combinés. Cette convention est signée par les présidents des conseils d'administration ou des conseils de surveillance de toutes les parties à l'ensemble combiné de tête.

Art. R. 524-22-3 *(D. n° 2016-1401, 18 oct. 2016).* – Lorsque les sociétés coopératives agricoles et leurs unions répondant à la définition des micro-entreprises mentionnées à l'article L. 524-6-6 choisissent de ne pas rendre publics leurs comptes annuels, elles joignent aux documents comptables déposés en application des dispositions de l'article R. 524-22-1 une déclaration de confidentialité des comptes annuels établie conformément à un modèle défini par arrêté du garde des Sceaux, ministre de la Justice.

L'obligation prévue à l'alinéa précédent est applicable aux sociétés coopératives agricoles et leurs unions répondant à la définition des petites entreprises mentionnées à l'article L. 524-6-6 qui choisissent de ne pas rendre publics leurs comptes de résultat.

Le greffier constate le dépôt des documents comptables accompagnés de la déclaration de confidentialité des comptes annuels.

Les dispositions de l'article R. 123-154-1 du Code de commerce sont applicables.

Section IV. – Dispositions concernant les unions de coopératives

(D. n° 2007-1218, 10 août 2007)

Art. R. 524-23 *(Rempl., D. n° 2007-1218, 10 août 2007). – (Mod., D. n° 2008-375, 17 avr. 2008)* Les conditions de constitution, de fonctionnement et d'administration des unions de coopératives sont les mêmes que celles prévues par les articles R. 521-6 à *(Réf. rempl., D. n° 2016-1401, 18 oct. 2016)* « R. 521-9 », R. 522-1 à R. 522-4 et R. 522-6 à R. 522-8, R. 523-1 à R. 523-9 et R. 524-1 à R. 524-21 pour les sociétés coopératives agricoles.

Les coopératives agricoles, ou leurs unions, associés coopérateurs, d'une union sont représentées à l'assemblée générale de cette dernière par une personne physique mandataire de la coopérative ou de l'union et désignée par son conseil d'administration. En l'absence de désignation, la coopérative ou l'union est représentée de droit par son président.

Dans les cas prévus au deuxième alinéa de l'article L. 524-4, les statuts peuvent également stipuler la désignation d'un nombre de représentants égal au nombre de voix attribuées, chacun d'eux disposant d'une voix.

Voir : l'arrêté du 31 juill. 2009 portant homologation des statuts types des unions de sociétés coopératives agricoles (*JO* 22 août 2009, p. 13790). – *Adde*, J.-J. Barbièri, *Une nouvelle réforme concernant les groupes coopératifs : RD rur.* 2009, comm. 182.

Art. R. 524-24 *(Rempl., D. n° 2007-1218, 10 août 2007)*. – Toute société coopérative agricole élue administrateur de l'union est représentée au conseil d'administration de cette dernière par une personne physique mandataire de la coopérative et désignée par son conseil d'administration.

Lorsque les statuts font application des dispositions du dernier alinéa de l'article R. 524-23, ils peuvent prévoir que les coopératives agricoles aient au conseil d'administration ou au conseil de surveillance un nombre de mandataires fonction du nombre de leurs délégués à l'assemblée générale, chacun d'eux disposant d'une voix.

Les dispositions de l'alinéa précédent s'appliquent également aux personnes morales associées de l'union autres que les coopératives agricoles.

Art. R. 524-25 *(Implicitement abr., D. n° 2007-1218, 10 août 2007)*.

Section V. – Directoire et conseil de surveillance

Art. R. 524-26 *(Anc. art. R.* 524-26, dénum., D. n° 2005-368, 19 avr. 2005)*. – Il peut être stipulé par les statuts de toute société coopérative agricole ou union que la gestion est assurée par un directoire placé sous le contrôle d'un conseil de surveillance, dans les conditions fixées par la présente section.

L'introduction dans les statuts de cette stipulation ou sa suppression peut être décidée au cours de l'existence de la société.

Art. R. 524-27 *(Anc. art. R.* 524-27, dénum., D. n° 2005-368, 19 avr. 2005)*. – Le directoire est composé de trois à cinq membres.

Art. R. 524-28 *(Anc. art. R.* 524-28, dénum., D. n° 2005-368, 19 avr. 2005)*. – Les dispositions des articles L. 225-59, L. 225-61, L. 225-62 et L. 225-66 du Code de commerce, relatives à la désignation, à la révocation, à la durée du mandat et au pouvoir de représentation des membres du directoire, sont, sous réserve des dispositions de l'article R. 524-27 *(Mots aj., D. n° 2017-1771, 27 déc. 2017)* « du présent code », applicables aux sociétés coopératives agricoles et à leurs unions. Toutefois, la révocation des membres du directoire est prononcée par le conseil de surveillance.

Les membres du directoire peuvent être choisis en dehors des porteurs de parts. Une indemnité compensatrice de l'activité consacrée à l'administration de la société peut leur être allouée. Son montant est fixé par le conseil de surveillance.

Art. R. 524-29 *(Anc. art. R.* 524-29, dénum., D. n° 2005-368, 19 avr. 2005)*. – Nul ne peut appartenir au directoire de plus de deux sociétés coopératives agricoles ou unions ayant leur siège social en France métropolitaine.

Un membre du directoire ne peut accepter d'être nommé au directoire d'une autre société coopérative agricole ou union qu'à condition d'y avoir été autorisé par le conseil de surveillance.

Toute nomination intervenue en violation des dispositions des deux alinéas précédents est nulle et l'intéressé doit, le cas échéant, restituer les indemnités indûment perçues. Cette nullité n'entraîne pas celles des délibérations auxquelles a pris part le membre du directoire irrégulièrement nommé.

Art. R. 524-30 *(Anc. art. R.* 524-30, dénum., D. n° 2005-368, 19 avr. 2005)*. – Le directoire est investi des pouvoirs les plus étendus pour agir en toute circonstance au nom de la société. Il les exerce dans la limite de l'objet social et sous réserve des pouvoirs propres aux assemblées générales et de ceux qui sont expressément attribués par la présente section au conseil de surveillance.

Les dispositions des statuts limitant les pouvoirs du directoire sont inopposables aux tiers.

Le directoire délibère et prend ses décisions dans les conditions fixées par les statuts.

Art. R. 524-31 *(Anc. art. R.* 524-31, dénum., D. n° 2005-368, 19 avr. 2005 ; mod., D. n° 2007-1218, 10 août 2007 ; D. n° 2008-375, 17 avr. 2008).* – Le conseil de surveillance exerce le contrôle permanent de la gestion de la société coopérative ou union par le directoire.

Il prend les décisions relatives à l'adhésion, au retrait *(Mots aj., D. n° 2016-1401, 18 oct. 2016)* « , à la radiation » ou à l'exclusion d'associés ainsi que celles concernant les transferts ou les remboursements de parts sociales. Les décisions relatives au retrait *(Mots aj., D. n° 2016-1401, 18 oct. 2016)* « , à la radiation » ou à l'exclusion d'associés sont susceptibles de recours devant l'assemblée générale.

Les statuts peuvent subordonner à l'autorisation préalable du conseil de surveillance la conclusion des opérations qu'ils énumèrent. Les cautions, avals, garanties et emprunts de montants supérieurs à ceux fixés par le conseil de surveillance font nécessairement l'objet d'une telle autorisation.

Le conseil de surveillance peut transférer le siège social de la coopérative à l'intérieur de sa circonscription territoriale ou le siège social de l'union en tout autre lieu du territoire national.

À toute époque de l'année, le conseil de surveillance opère les vérifications et les contrôles qu'il juge opportuns et peut se faire communiquer les documents qu'il estime utiles à l'accomplissement de sa mission.

Une fois par trimestre, au moins, le directoire présente un rapport au conseil de surveillance.

Les copies ou extraits des procès-verbaux des délibérations du directoire ou des procès-verbaux des assemblées générales sont valablement certifiés par le président ou le vice-président du conseil de surveillance ou par un membre du directoire.

Art. R.* 524-32 *(D. n° 85-295, 1er mars 1985 ; mod., D. n° 2007-1218, 10 août 2007).* – Après la clôture de chaque exercice, le directoire soumet au conseil de surveillance aux fins de vérification et de contrôle, l'inventaire et les comptes annuels, et le cas échéant les comptes consolidés ou combinés.

Les documents mentionnés à l'alinéa précédent ainsi que les rapports du directoire et du conseil de surveillance sont mis à la disposition du commissaire aux comptes un mois au moins avant la convocation de l'assemblée.

Tout associé peut prendre connaissance de ces documents ainsi que du rapport des commissaires aux comptes sur les comptes annuels et, le cas échéant, sur les comptes consolidés ou combinés au moins quinze jours avant la date de l'assemblée générale.

Le conseil de surveillance présente à l'assemblée générale annuelle ses observations sur le rapport du directoire sur les comptes de l'exercice et, le cas échéant, sur les comptes consolidés ou combinés ainsi que sur le rapport sur la gestion du groupe.

Art. R. 524-33 *(Anc. art. R.* 524-33, dénum., D. n° 2005-368, 19 avr. 2005).* – Le conseil de surveillance est composé de trois membres au moins pour les sociétés coopératives agricoles et de deux membres au moins pour les unions.

Art. R. 524-34 *(Rempl., D. n° 2007-1218, 10 août 2007).* – Le nombre maximum de sièges au conseil de surveillance qui peut être attribué au collège des associés non coopérateurs, en application des dispositions du dernier alinéa de l'article L. 524-1, inclut le nombre de sièges réservés aux membres du conseil de surveillance élus par les salariés en application des dispositions de l'article L. 524-2-3.

Art. R. 524-35 *(Anc. art. R.* 524-35, dénum., D. n° 2005-368, 19 avr. 2005).* – Une indemnité compensatrice de l'activité consacrée à l'administration de la société peut être allouée aux membres du conseil de surveillance. Son montant est fixé par l'assemblée générale.

Art. R. 524-36 *(Anc. art. R.* 524-36, dénum., D. n° 2005-368, 19 avr. 2005).* – Les membres du conseil de surveillance sont nommés, parmi les associés, par l'assemblée générale, au scrutin secret si la demande en est faite par un ou plusieurs associés. La durée de leurs fonctions est déterminée par les statuts, sans pouvoir excéder six ans en cas de nomination par les assemblées générales et trois ans en cas de nomination dans les statuts. Ces membres peuvent être renouvelés par fraction, les premières séries étant désignées par le sort. Ils sont rééligibles sauf stipulation contraire des statuts et peuvent être révoqués à tout moment par l'assemblée générale ordinaire.

Toute nomination intervenue en violation des dispositions précédentes est nulle, à l'exception de celles auxquelles il peut être procédé dans les conditions prévues à l'article R. 524-39 pour les cas de vacance par décès ou démission.

Art. R. 524-37 *(Anc. art. R.* 524-37, dénum., D. n° 2005-368, 19 avr. 2005).* – Une personne physique ne peut appartenir simultanément au conseil de surveillance de plus de huit sociétés coopératives agricoles ou unions ayant leur siège social en France métropolitaine.

Toute nomination intervenue en violation de cette disposition est nulle, et le membre du conseil de surveillance en cause doit, le cas échéant, restituer les indemnités indûment perçues. Cette nullité n'entraîne pas celle des délibérations auxquelles a pris part le membre du conseil de surveillance irrégulièrement nommé.

Art. R. 524-38 *(Anc. art. R.* 524-38, dénum., D. n° 2005-368, 19 avr. 2005).* – Le conseil de surveillance élit en son sein, pour une durée d'un an, un président et un vice-président qui sont chargés de convoquer le conseil dans les conditions fixées par les statuts et d'en diriger les débats. Le président et le vice-président sont rééligibles.

Dans les sociétés coopératives agricoles, le président et le vice-président du conseil de surveillance sont, à peine de nullité de leur nomination, des personnes physiques.

Art. R. 524-39 *(Anc. art. R.* 524-39, dénum., D. n° 2005-368, 19 avr. 2005 ; mod., D. n° 2016-1401, 18 oct. 2016).* – Sont applicables aux sociétés coopératives agricoles et à leurs unions les dispositions des articles L. 225-74, L. 225-76, L. 225-78, L. 225-82, L. 225-86 à L. 225-93 du Code de commerce, relatives notamment à l'incompatibilité des fonctions de membre du conseil de surveillance et du directoire, à la désignation des personnes morales au conseil de surveillance, au remplacement de ses membres en cas de vacance par décès ou démission, aux conditions de validité des délibérations du conseil de surveillance et aux conventions intéressant les membres du directoire ou du conseil de surveillance.

Art. R. 524-40 ancien *(Abr., D. n° 2008-375, 17 avr. 2008).*

Art. R. 524-40 *(Anc. art. R. 524-42, D. n° 2007-1218, 10 août 2007 ; mod., D. n° 2008-375, 17 avr. 2008).* – L'assemblée générale de la société coopérative agricole ou de l'union est convoquée par le directoire dans les conditions fixées aux articles R. 524-12 à R. 524-16. Elle peut également, dans les mêmes conditions, être convoquée par le conseil de surveillance.

Dans les sociétés coopératives agricoles à sections, les attributions du conseil d'administration et des administrateurs visées à l'article R. 524-16 sont exercées par le conseil de surveillance et ses membres.

CHAPITRE V. – AGRÉMENT. CONTRÔLE

Section I. – Agrément

Art. R. 525-1 *(Rempl. à compter de la date prévue au I de l'article 3 du décret n° 2006-1528 du 5 décembre 2006, D. n° 2006-1528, 5 déc. 2006).* – L'agrément des sociétés coopératives agricoles et de leurs unions prévu à l'article L. 525-1 est donné après accomplissement des formalités d'immatriculation, dans les conditions fixées aux articles R. 525-2 à R. 525-5-1.

Art. R. 525-2 *(Rempl. à compter de la date prévue au I de l'article 3 du décret n° 2006-1528 du 5 décembre 2006, D. n° 2006-1528, 5 déc. 2006 ; mod., D. n° 2007-1218, 10 août 2007).* – Les sociétés coopératives agricoles et leurs unions sont agréées par le Haut Conseil de la coopération agricole.

Le haut conseil statue sur les demandes d'agrément déposées par les sociétés coopératives agricoles et leurs unions dans le délai de quatre mois à compter de la date du dépôt du dossier comportant toutes les pièces prévues à l'article R. 525-3. *(Phr. rempl., D. n° 2015-665, 10 juin 2015)* En cas d'opposition du commissaire du Gouvernement à la délibération du haut conseil dans les conditions prévues à l'article R. 528-5, ce délai est prorogé de quatre mois. Le Haut Conseil informe le demandeur de l'opposition et lui indique le nouveau délai à l'issue duquel sa demande sera réputée acceptée.

(Al. aj., D. n° 2015-665, 10 juin 2015) À défaut de décision expresse sur une demande d'agrément dans le délai mentionné au deuxième alinéa, la demande est réputée acceptée.

Un numéro d'agrément est attribué à chaque organisme agréé.

Art. R. 525-3 *(Rempl. à compter de la date prévue au I de l'article 3 du décret n° 2006-1528 du 5 décembre 2006, D. n° 2006-1528, 5 déc. 2006 ; mod., D. n° 2007-1218, 10 août 2007).* – Toute demande d'agrément doit être accompagnée des pièces suivantes :

1° Un exemplaire des statuts de la coopérative agricole ou de l'union, conformes aux *(Mots rempl., D. n° 2015-665, 10 juin 2015)* « modèles de statuts approuvés par arrêté du »ministre chargé de l'agriculture qui reprennent les textes, règles et principes de la coopération mentionnées à l'article L. 525-1 ;

2° Un exemplaire du règlement intérieur *(Mots suppr., D. n° 2015-665, 10 juin 2015)* ;

3° Un extrait de l'immatriculation au registre du commerce et des sociétés ;

4° La liste des associés, avec leur qualité pour être associé ;

5° Une déclaration sur l'honneur du directeur établissant *(Mots rempl., D. n° 2016-1820, 21 déc. 2016)* « qu'il n'a pas fait l'objet d'une interdiction mentionnée au 3° de l'article L. 529-2 » ;

6° Une note présentant l'intérêt économique, social et territorial du projet ;

7° Une attestation délivrée par une fédération agréée pour la révision, portant sur la conformité des statuts aux textes, aux règles et aux principes de la coopération.

Le contenu et les modalités d'établissement de l'attestation susmentionnée sont définis par le Haut Conseil de la coopération agricole.

Art. R. 525-4 *(Abr. et rempl. par l'anc. art. R. 525-5, dénum., D. n° 2007-1218, 10 août 2007).* – En cours de vie sociale, lorsque la coopérative ou l'union souhaite procéder à une extension de sa circonscription territoriale ou de son objet social, elle présente une demande au haut conseil. *(Phr. rempl., D. n° 2015-665, 10 juin 2015)* Celui-ci statue sur cette demande dans les conditions prévues aux deuxième et troisième alinéas de l'article R. 525-2.

Art. R. 525-5-1 *(Rempl. à compter de la date prévue au I de l'article 3 du décret n° 2006-1528 du 5 décembre 2006, D. n° 2006-1528, 5 déc. 2006).* – Lors de la demande d'agrément prévue à l'article R. 525-2 ou dans les cas prévus à *(Mots rempl., D. n° 2008-375, 17 avr. 2008)* l'article R. 525-4, le haut conseil peut demander à la coopérative ou à l'union d'assortir sa demande d'un rapport sur l'opération, établi par toute personne qualifiée figurant sur une liste établie par le haut conseil selon des modalités prévues par ses statuts.

Section II. – Contrôle

Art. R. 525-6 *(Anc. art. R. 525-13, dénum. à compter de la date prévue au I de l'article 3 du décret n° 2006-1528 du 5 décembre, D. n° 2006-1528, 5 déc. 2006 ; mod., D. n° 2007-1218, 10 août 2007).* –

Les sociétés coopératives agricoles et leurs unions sont soumises au contrôle du Haut Conseil de la coopération agricole qui peut, à cet effet et après avoir recueilli les observations de la coopérative ou de l'union intéressée, diligenter une mission de révision. Lorsque ce contrôle donne lieu à des observations, celles-ci sont communiquées *(Mots aj., D. n° 2016-1401, 18 oct. 2016)* « , par le Haut Conseil de la coopération agricole, » au président de la coopérative ou de l'union qui dispose d'un délai de deux mois pour répondre. Le Haut Conseil peut demander au conseil d'administration *(Mots aj, D. n° 2008-375, 17 avr. 2008)* « ou au directoire » de la coopérative ou de l'union de faire présenter par le réviseur les observations définitives de la mission de révision, accompagnées de la réponse de la coopérative ou de l'union, à l'assemblée générale.

Ces sociétés sont également tenues, à toute réquisition des inspecteurs des finances et des agents de l'administration des finances ayant au moins le grade d'inspecteur ou de contrôleur, de produire leur comptabilité et les justifications nécessaires tendant à prouver qu'elles fonctionnent conformément aux dispositions qui les régissent.

Art. R. 525-7 *(Anc. art. R. 525-14, dénum. à compter de la date prévue au I de l'article 3 du décret n° 2006-1528 du 5 décembre 2006 ; mod., D ; n° 2008-375, 17 avr. 2008).* – Lorsque le contrôle institué à l'article précédent fait apparaître soit la défaillance des administrateurs des membres du directoire ou du conseil de surveillance, soit la violation des dispositions législatives, réglementaires ou statutaires, soit la méconnaissance des intérêts de la société, une assemblée générale extraordinaire est convoquée à la demande du haut conseil.

Lorsque le fonctionnement normal de la société coopérative ou de l'union n'a pas été rétabli dans un délai de six mois à compter de la réunion de l'assemblée générale extraordinaire, renouvelable une fois, le haut conseil *(Mot suppr., D. n° 2016-1401, 18 oct. 2016)*« ... » peut prononcer le retrait de son agrément.

La décision de retrait d'agrément est prise par le haut conseil, sur proposition de sa section juridique et au vu d'un rapport de révision datant de moins d'un an.

Si la décision de retrait n'intervient pas dans un délai de deux mois à l'expiration du délai de six mois ou d'un an mentionné ci-dessus, la procédure est caduque.

Art. R. 525-8 *(Anc. art. R.* 525-15, dénum. et mod. à compter de la date prévue au I de l'article 3 du décret n° 2006-1528 du 5 décembre 2006, D. n° 2006-1528, 5 déc. 2006 ; rempl., D. n° 2008-375, 17 avr. 2008).* – En vue de permettre le contrôle prévu à l'article R. 525-6, les sociétés coopératives agricoles et les unions de coopératives agricoles doivent, chaque année et dans le délai de trois mois à compter de la date de la réunion de l'assemblée générale qui a approuvé les comptes de l'exercice écoulé, faire parvenir au Haut Conseil de la coopération agricole les pièces suivantes :

a) La copie intégrale du procès-verbal de l'assemblée générale ;

b) La copie des documents mis à la disposition des associés coopérateurs avant l'assemblée générale : comptes annuels, rapports aux associés, comptes consolidés et, le cas échéant, comptes combinés et rapport sur la gestion du groupe, rapports des commissaires aux comptes *(Mots suppr., D. n° 2016-1401, 18 oct. 2016)* « ... » ;

c) Un extrait de l'immatriculation au registre du commerce et des sociétés à jour des décisions de l'assemblée générale ;

d) Le nombre des associés coopérateurs.

Toutes ces pièces sont adressées par le président du conseil d'administration ou un ou plusieurs administrateurs habilités à cet effet par le conseil d'administration ou le président du conseil de surveillance ou un membre du directoire.

Art. R. 525-9 *(Anc. art. R. 525-16, dénum. et rempl. à compter de la date prévue au I de l'article 3 du décret n° 2006-1528 du 5 décembre 2006, D. n° 2006-1528, 5 déc. 2006 ; mod., D. n° 2008-375, 17 avr. 2008).* – Chaque année la liste des sociétés coopératives et de leurs unions ayant fait l'objet d'un agrément ou d'un retrait d'agrément au cours de l'année précédente est publiée au *Journal officiel* de la République française.

Le Haut Conseil de la coopération agricole met en ligne sur son site *(Mot aj., D. n° 2016-1401, 18 oct. 2016)* « internet » dans les quinze jours qui suivent la réception de la demande et pendant toute la durée de l'instruction :

– le nom de la société coopérative concernée ou de l'union et le numéro unique d'identification de l'entreprise délivré conformément à l'article R. 123-235 du Code de commerce ;

– la mention RCS suivie du nom de la ville où se trouve le greffe où elle est immatriculée ;

– le département du siège social ;

– la nature de l'opération (création, extension de zone et/ou d'objet, retrait d'agrément).

(Al. aj., D. n° 2016-1401, 18 oct. 2016) Le Haut Conseil met également en ligne sur son site internet la décision prise sur cette demande dans un délai de quinze jours à compter de la date de cette décision.

Art. R. 525-9-1 *(D. n° 2015-800, 1er juill. 2015).* – Sous réserve des dispositions du titre II du livre V de la partie législative, les sociétés coopératives agricoles et leurs unions ainsi que les sociétés d'intérêt collectif agricole sont tenues de se soumettre à la révision coopérative mentionnée à l'article 25-1 de la loi n° 47-1775 du 10 septembre 1947 portant statut de la coopération lorsqu'elles dépassent, à chaque clôture de deux exercices consécutifs, les seuils fixés ci-dessous, pour deux des trois critères suivants :

1° Cinquante pour le nombre moyen d'associés ; les associés pris en compte pour chaque exercice sont ceux régulièrement inscrits sur le fichier des associés de la coopérative, prévu au dernier alinéa de l'article R. 522-2, à la date de la convocation de l'assemblée générale ordinaire de l'exercice ;

2° 2 000 000 euros pour le montant hors taxes du chiffre d'affaires ;

3° 1 000 000 euros pour le total du bilan ; celui-ci est égal à la somme des montants nets des éléments d'actif.

Art. R.* 525-10 à R.* 525-12 *(Implicitement abr. à compter de la date prévue au I de l'article 3 du décret n° 2006-1528 du 5 décembre 2006, D. n° 2006-1528, 5 déc. 2006).*

Art. R. 525-13 à R. 525-16 *(Dénum. à compter de la date prévue au I de l'article 3 du décret n° 2006-1528 du 5 décembre 2006, D. n° 2006-1528, 5 déc. 2006).* – V. C. rur., art. R. 525-6, R. 525-7, R. 525-8 et R. 525-9.

Art. D. 525-17 *(Abr. à compter de la date prévue au I de l'article 3 du décret n° 2006-1528 du 5 décembre 2006, D. n° 2006-1528, 5 déc. 2006).*

CHAPITRE VI. – DISSOLUTION, LIQUIDATION, FUSION, SCISSION ET APPORT PARTIEL D'ACTIFS

Section I. – Dissolution – Liquidation

Art. R. 526-1 *(Anc. art. R.* 526-1, dénum., D. n° 2005-368, 19 avr. 2005 ; rempl., D. n° 2008-375, 17 avr. 2008).* – En cas de perte des trois quarts du capital social augmenté des réserves, une assemblée générale extraordinaire doit se prononcer sur la dissolution de la société. Sa résolution doit être publiée dans les trente jours dans un journal habilité à recevoir les annonces légales dans le département où la société a son siège.

À défaut de décision de l'assemblée, tout associé coopérateur peut demander la dissolution judiciaire de la coopérative.

Art. R. 526-2 *(Anc. art. R.* 526-2, dénum., D. n° 2005-368, 19 avr. 2005 ; rempl., D. n° 2008-375, 17 avr. 2008).* – En cas de dissolution anticipée, de même qu'à l'expiration de la durée contractuelle de la société, l'assemblée générale règle le mode de liquidation. Elle nomme un ou plusieurs liquidateurs qui peuvent être choisis parmi les administrateurs ou les membres du directoire ou du conseil de surveillance. Pendant la liquidation, les pouvoirs de l'assemblée se poursuivent comme pendant l'existence de la société.

Toutes les valeurs de la société sont réalisées par les liquidateurs qui disposent à cet effet des pouvoirs les plus étendus.

Art. R. 526-3 *(Anc. art. R.* 526-3, dénum., D. n° 2005-368, 19 avr. 2005 ; mod., D. n° 2007-1218, 10 août 2007 ; rempl., D. n° 2008-375, 17 avr. 2008).* – Dans le cas où la liquidation des sociétés coopératives agricoles et unions fait apparaître des pertes excédant le montant du capital social lui-même, ces pertes seront, tant à l'égard des créanciers qu'à l'égard des associés coopérateurs eux-mêmes, réparties entre les associés coopérateurs proportionnellement au nombre de parts du capital appartenant à chacun d'eux ou qu'ils auraient dû souscrire.

L'associé coopérateur n'est soumis de ce fait qu'à la seule obligation de libérer le solde des parts qu'il a souscrites ou aurait dû souscrire et de verser en complément une somme égale au plus au montant de ces parts.

Section II. – Fusion – Scission – Apports partiel d'actifs

Art. R. 526-4 *(Anc. art. R.* 526-4, dénum., D. n° 2005-368, 19 avr. 2005 ; abr., D. n° 2007-1218, 10 août 2007 ; rétabli, D. n° 2008-375, 17 avr. 2008).* – Le projet de fusion ou de scission mentionné à l'article L. 526-4 est arrêté par le conseil d'administration ou le directoire de chacune des sociétés coopératives agricoles ou unions de coopératives agricoles participant à l'opération de fusion ou de scission projetée.

Il contient les indications suivantes :

1° La forme, la dénomination, le siège social et le numéro d'agrément des sociétés coopératives agricoles ou unions participantes ;

2° Les motifs, buts et conditions de la fusion ou de la scission et ses effets probables sur l'emploi ;

3° La désignation et l'évaluation de :

a) L'actif et du passif dont la transmission aux sociétés absorbantes ou nouvelles est prévue ;

b) L'actif net de la ou des sociétés coopératives agricoles ou unions absorbées ou scindées ;

c) Le cas échéant, l'excédent d'actif net sur le capital social de la ou des sociétés coopératives agricoles ou unions absorbées avec l'indication des modalités d'inscription de cet excédent dans les différents postes de réserve de la ou des sociétés coopératives agricoles ou unions bénéficiaires des apports ;

4° Les modalités de remise des parts sociales ainsi que les dates à partir desquelles :

a) Les parts sociales donnent droit aux intérêts et/ou aux dividendes dus aux porteurs de parts ;

b) Les excédents annuels disponibles sont répartis et les droits aux ristournes sont ouverts ;

c) Les opérations de la société coopérative agricole ou de l'union de coopératives agricoles absorbée ou scindée seront, du point de vue comptable, considérées comme accomplies par la ou les sociétés coopératives agricoles ou unions bénéficiaires ;

5° Pour chaque société coopérative agricole ou union concernée :

a) La description des obligations d'apport, d'approvisionnement ou d'utilisation des services ;

b) Les durées d'engagement et les obligations de souscription de parts sociales des associés coopérateurs ;

c) La description des obligations souscrites par les associés non coopérateurs ;

6° Les modalités de mise en œuvre des engagements statutaires des associés de la ou des sociétés coopératives agricoles ou unions absorbées ou scindées ;

7° Les dates auxquelles ont été arrêtés les comptes des sociétés coopératives agricoles ou unions concernées, utilisés pour établir les conditions de l'opération ;

8° Le rapport d'échange des parts sociales ;

9° Les droits spéciaux attachés à certaines catégories de parts sociales, ainsi que, le cas échéant, tous avantages particuliers ;

10° Une note présentant l'intérêt économique, social et territorial du projet.

Art. R. 526-5 *(D. n° 2008-375, 17 avr. 2008)*. – L'évaluation de l'actif et du passif prévue au 3° de l'article R. 526-4 est effectuée à la valeur nette comptable. La valeur réelle pour l'ensemble des actifs et des passifs, y compris ceux qui ne sont pas comptabilisés au bilan de la société ou de l'union, est mentionnée à titre informatif.

L'actif net est le solde entre les actifs et les passifs apportés par la ou les sociétés coopératives agricoles ou unions absorbées.

Art. R. 526-6 *(D. n° 2008-375, 17 avr. 2008)*. – Le projet de fusion et de scission mentionné à l'article R. 526-4 est déposé au greffe du tribunal de commerce du siège social de chaque société coopérative agricole ou union de coopératives agricoles participant à l'opération.

Il fait l'objet d'un avis inséré dans un journal habilité à recevoir des annonces légales du département du siège social, par chacune des sociétés coopératives agricoles ou des unions participant à l'opération. Au cas où *(Mots rempl., D. n° 2009-557, 19 mai 2009)* « toutes les parts sociales de l'une au moins de ces sociétés ne revêtent pas la forme nominative », un avis doit en outre être inséré au *Bulletin des annonces légales obligatoires*.

Cet avis contient les indications suivantes :

1° La dénomination sociale suivie, le cas échéant, de son sigle, la forme, l'adresse du siège, le numéro d'agrément, les mentions prévues aux 1° et 2° de l'article R. 123-237 du Code de commerce et le montant du capital au dernier exercice clos ;

2° La dénomination sociale suivie, le cas échéant, de son sigle, la forme, l'adresse du siège et le montant du capital des sociétés coopératives agricoles ou unions nouvelles qui résulteront de l'opération ou le montant de l'augmentation du capital des sociétés coopératives agricoles ou unions existantes ;

3° L'évaluation de l'actif et du passif dont la transmission aux sociétés coopératives agricoles ou unions absorbantes ou nouvelles est prévue ;

4° Le rapport d'échange des parts sociales ;

5° La date du projet mentionné à l'article L. 526-4 *(Mots aj., D. n° 2017-1771, 27 déc. 2017)* « du présent code » ainsi que les date et lieu du dépôt de celui-ci.

Ce dépôt et cette publicité ont lieu un mois au moins avant la date de la première assemblée générale appelée à statuer sur l'opération.

Art. R. 526-7 *(D. n° 2008-375, 17 avr. 2008)*. – Le rapport spécial de révision prévu à l'article L. 526-4 apprécie pour chacune des sociétés coopératives agricoles ou unions participantes :

a) La conformité de leur objet statutaire avec leur activité effective ;

b) La conformité de la composition de leur sociétariat, des modalités de souscription et de libération des parts sociales et de l'affectation de leur résultat avec les dispositions législatives, réglementaires et statutaires qui les régissent ;

c) La validité des décisions des conseils d'administration ou des directoires afférentes aux opérations de fusion ou de scission.

Le rapport de révision apprécie en outre si les associés de la société absorbée ou scindée ont leurs engagements modifiés dans la société absorbante ou nouvelle. En cas d'augmentation des engagements, il décrit et apprécie les modalités proposées par la société absorbante pour requérir l'accord individuel des associés intéressés.

Il vérifie les conditions d'échange des parts sociales et, le cas échéant, des parts sociales à avantages particuliers.

Art. R. 526-8 *(D. n° 2008-375, 17 avr. 2008).* – La fédération de coopératives agréée pour la révision, membre de l'Association nationale de révision prévue à l'article L. 527-1, qui sera chargée d'établir le rapport spécial de révision est choisie par les conseils d'administration ou les conseils de surveillance de l'ensemble des sociétés coopératives agricoles ou unions participant à l'opération de fusion ou de scission. Une lettre de mission la désignant est signée des présidents de conseils d'administration ou de surveillance des sociétés participantes à l'opération. Cette lettre de mission prévoit l'accès auprès de chaque société participante à tous les documents utiles et la possibilité de procéder à toutes les vérifications nécessaires.

À défaut, la fédération est désignée sur requête auprès du président du tribunal de grande instance du siège de l'une des sociétés participant à l'opération.

La mission de la fédération prend fin à la remise du rapport au président du conseil d'administration ou du directoire de chaque société participant à l'opération.

La fédération est convoquée aux assemblées générales extraordinaires approuvant l'opération de fusion ou de scission.

Lors des assemblées générales extraordinaires, les associés de chaque société participante à l'opération ne peuvent statuer sur le projet de fusion ou de scission qu'après lecture du rapport spécial de révision.

Art. R. 526-9 *(D. n° 2008-375, 17 avr. 2008).* – Toute société coopérative agricole ou union participant à l'une des opérations mentionnées à l'article L. 526-3 met à la disposition de ses associés, au siège social, un mois au moins avant la date de l'assemblée générale appelée à se prononcer sur le projet, les documents suivants :

1° Le projet de fusion ou de scission ;

2° Le rapport spécial de révision ;

3° Les comptes annuels approuvés par les assemblées générales ainsi que les rapports de gestion des trois derniers exercices des sociétés participant à l'opération ;

4° Les comptes intermédiaires établis selon les mêmes méthodes et suivant la même présentation que les comptes annuels arrêtés à une date qui, si ces derniers se rapportent à un exercice dont la fin est antérieure de plus de six mois à la date du projet de fusion ou de scission, doit être antérieure de moins de trois mois à la date de ce projet.

En outre, pour l'information des associés des sociétés coopératives agricoles ou unions participant à l'opération, le conseil d'administration ou le directoire annexe, le cas échéant, à ces documents un rapport d'information sur les modalités de la fusion ou de la scission établi par les commissaires aux comptes de chaque société coopérative agricole ou union participant à l'opération.

Ce rapport d'information :

a) Apprécie les valeurs figurant dans le projet de fusion ou de scission et les avantages particuliers et mentionne les difficultés particulières d'évaluation s'il en existe ;

b) Indique si le montant de l'actif net apporté par les sociétés absorbées est au moins égal au montant de l'augmentation de capital ou au montant du capital de la nouvelle société.

Tout associé peut obtenir sur simple demande et à ses frais copie totale ou partielle des documents susvisés.

Art. R. 526-10 *(D. n° 2008-375, 17 avr. 2008).* – L'opposition d'un créancier à la fusion ou à la scission, dans les conditions prévues à l'article L. 526-7, doit être formée dans un délai de trente jours à compter de la date la plus tardive des insertions mentionnées à l'article R. 526-6.

L'opposition des représentants de la masse des obligataires à la fusion est faite dans le même délai.

Dans tous les cas, l'opposition est formée devant le tribunal de grande instance.

L'offre de remboursement des obligataires est effectuée selon les modalités prévues aux articles R. 236-11 et R. 236-12 du Code de commerce.

Art. R. 526-11 *(D. n° 2008-375, 17 avr. 2008).* – Pour l'application du II de l'article L. 526-8, les associés coopérateurs ayant souscrit un engagement d'activité dans la branche d'activité apportée ou pour une production donnée au sein d'une branche d'activité sont réunis en collège séparé. Ils sont consultés spécifiquement sur le projet et préalablement à la réunion du conseil d'administration ou du directoire de chaque société coopérative agricole ou union arrêtant le projet définitif d'apport.

Cette consultation est organisée dans les conditions de convocation et de vote applicables aux assemblées générales extraordinaires qui décident les modifications de statuts autres que celles prévues à l'article L. 523-2. *(Phr. aj., D. n° 2016-1401, 18 oct. 2016)* « Toutefois, les mesures de publicité légale et les règles de quorum ne lui sont pas applicables. »

Les résultats de celle-ci sont communiqués aux assemblées générales appelées à se prononcer sur le projet.

CHAPITRE VII. – FÉDÉRATIONS DE COOPÉRATIVES ET ASSOCIATION NATIONALE DE RÉVISION. SOCIÉTÉS COOPÉRATIVES DE CAUTION MUTUELLE

Section I. – Fédérations de coopératives

Sous-section 1. – Dispositions générales

Art. R. 527-1 *(Anc. art. R.* 527-1, dénum., D. n° 2005-368, 19 avr. 2005).* – Les sociétés coopératives agricoles et leurs unions peuvent constituer entre elles des fédérations de coopératives ou d'unions de coopératives régies soit par le *(Réf. rempl., D. n° 2013-754, 14 août 2013)* « livre Ier de la deuxième partie » du Code du travail, soit par la loi du 1er juillet 1901 sur les associations.

Les fédérations ne sont soumises à aucune formalité d'agrément, à l'exception des fédérations qui procèdent à des opérations de révision.

Art. R. 527-2 *(Anc. art. R.* 527-2, dénum., D. n° 2005-368, 19 avr. 2005). – (Mots rempl., D. n° 2016-1401, 18 oct. 2016)* « À l'exclusion des fédérations mentionnées à l'article L. 527-1, les fédérations » de coopératives ou d'union de coopératives agricoles peuvent poursuivre un ou plusieurs des objectifs suivants :

1° Défendre les intérêts matériels et moraux des coopératives ou des unions de coopératives adhérentes ;

2° Régler amiablement tous différends pouvant intervenir entre organisations coopératives, notamment en ce qui concerne le chevauchement des zones d'action de chacune d'elles ;

3° Faire toute *(Mot rempl., D. n° 2016-1401, 18 oct. 2016)* « promotion » favorable au développement de la coopération agricole sous toutes ses formes ;

4° Faciliter, par leurs conseils ou la mise à la disposition des coopératives d'experts qualifiés, l'organisation et le fonctionnement des sociétés coopératives agricoles et de leurs unions.

(Al. suppr., D. n° 2016-1401, 18 oct. 2016).

Art. R. 527-3 *(Anc. art. R.* 527-3, dénum., D. n° 2005-368, 19 avr. 2005 ; mod., D. n° 2013-754, 14 août 2013).* – Les fédérations de coopératives agricoles constituées sous le régime de la loi du 1er juillet 1901 avant le 6 août 1961 peuvent se placer sous le régime du livre Ier de la deuxième partie du Code du travail à condition d'observer les formalités prévues par ce texte.

Sous-section 2. – Dispositions particulières aux fédérations de coopératives agréées ayant pour objet de procéder aux opérations de révision

Art. R. 527-4 *(Anc. art. R.* 527-4, dénum., D. n° 2005-368, 19 avr. 2005 ; mod., D. n° 2016-1401, 18 oct. 2016).* – Les fédérations de sociétés coopératives agricoles mentionnées à l'article L. 527-1 sont agréées par le ministre chargé de l'agriculture.

Les sociétés coopératives agricoles et leurs unions qui prennent l'initiative de la création d'une fédération sur une circonscription territoriale doivent représenter ensemble plus de la moitié des sociétés coopératives ayant leur siège social dans cette circonscription. Toutes les sociétés coopératives et leurs unions ayant leur siège social dans cette circonscription doivent être invitées à participer ou à se faire représenter à l'assemblée générale constitutive de la fédération agréée pour la révision. L'agrément ne peut être délivré à plus d'une fédération par circonscription territoriale.

Art. R. 527-5 *(Anc. art. R.* 527-5, dénum., D. n° 2005-368, 19 avr. 2005).* – Les demandes d'agrément sont adressées par les fédérations intéressées à l'association nationale de révision de la coopération agricole *(Mots rempl., D. n° 2016-1401, 18 oct. 2016)* « mentionnée à l'article L. 527-1, dont les statuts sont approuvés par le ministre chargé de l'agriculture ».

À chaque demande d'agrément, est joint un dossier comprenant :

1° Un exemplaire des statuts de la fédération comportant notamment l'indication de sa circonscription ;

2° Une copie de l'acte constitutif et une pièce établissant que les formalités de dépôt ou de déclaration ont été accomplies ;

3° Les nom, domicile, qualité des dirigeants de la fédération et de ceux qui sont autorisés à signer pour elle ainsi qu'un extrait de leur casier judiciaire.

Art. R. 527-5-1 *(D. n° 2017-1411, 27 sept. 2017).* – Le silence gardé pendant quatre mois par le ministre chargé de l'agriculture sur une demande d'agrément d'une fédération de sociétés coopératives agricoles, mentionnée à l'article R. 527-4, vaut décision d'acceptation.

Art. R. 527-6 *(Anc. art. R.* 527-6, dénum., D. n° 2005-368, 19 avr. 2005).* – L'association nationale de révision instruit la demande. Sauf dans le cas où elle estime que la fédération intéressée ne remplit pas les conditions légales ou ne présente pas les garanties nécessaires pour être habilitée à procéder à des opérations de révision, elle propose à cette dernière de lui donner son adhésion, en signant une convention conforme à la convention type approuvée par un arrêté du ministre de l'Agriculture pris *(Mots rempl. à compter de la date prévue au I de l'article 3 du décret n° 2006-1528 du 5 décembre 2006, D. n° 2006-1528, 5 déc. 2006)* « après avis du Haut Conseil de la coopération agricole ».

Cette convention type définit notamment les rapports devant exister entre les fédérations de révision et l'association nationale de révision. Elle définit en outre les mesures propres à assurer la coordination des opérations de révision auxquelles peuvent se livrer, dans une même *(Mot rempl., D. n° 2016-1401, 18 oct. 2016)* « circonscription territoriale », la fédération *(Mot suppr., D. n° 2016-1401, 18 oct. 2016)* susceptible d'être agréée au titre de cette *(Mot rempl., D. n° 2016-1401, 18 oct. 2016)* « circonscription » et les fédérations nationales agréées.

Art. R. 527-7 *(Anc. art. R.* 527-7, dénum., D. n° 2005-368, 19 avr. 2005).* – La demande d'agrément, le dossier qui l'accompagne et *(Mots rempl., D. n° 2016-1401, 18 oct. 2016)* « la copie » de la convention passée entre la fédération intéressée et l'association nationale de révision sont transmis par cette dernière, avec son avis au, ministre de l'Agriculture qui se prononce, dans tous les cas, après consultation *(Mots rempl. à compter de la date prévue au I de l'article 3 du décret n° 2006-1528 du 5 décembre 2006, D. n° 2006-1528, 5 déc. 2006)* « du Haut Conseil de la coopération agricole ».

Art. R. 527-8 *(Anc. art. R.* 527-8, dénum., D. n° 2005-368, 19 avr. 2005 ; rempl. à compter de la date prévue au I de l'article 3 du décret n° 2006-1528 du 5 décembre 2006, D. n° 2006-1528, 5 déc. 2006).* – Le budget de l'Association nationale de révision est approuvé par le ministre chargé de l'agriculture *(Mots suppr., D. 2010-1654, 28 déc. 2010)*, après avis du Haut Conseil de la coopération agricole.

Art. R.* 527-9 *(D. n° 92-1363, 24 déc. 1992).* – Les fédérations agréées sont soumises au contrôle du ministre chargé de l'agriculture pour les opérations de révision conduites en application de l'article L. 527-1.

Elles sont tenues de lui faire connaître dans le délai d'un mois suivant leur assemblée générale, par l'intermédiaire de l'association nationale de révision, tous les changements intervenus dans leur administration ainsi que toutes les modifications apportées à leurs statuts et, au titre de leurs activités de révision, à leurs conditions générales de fonctionnement de même que celles intervenues concernant leur personnel spécialisé.

Les procès-verbaux des assemblées générales annuelles rendant compte des activités des fédérations de révision agréées ainsi que l'état des révisions effectuées sont transmis au ministre de l'Agriculture, dans les huit mois qui suivent la clôture de l'exercice, par l'intermédiaire de l'association nationale de révision de la coopération agricole.

(D. n° 92-1363, 24 déc. 1992) Les opérations que réalisent les fédérations en matière de révision font l'objet d'une comptabilité spéciale.

Art. R. 527-10 *(Anc. art. R.* 527-10, dénum., D. n° 2005-368, 19 avr. 2005 ; mod. à compter de la date prévue au I de l'article 3 du décret n° 2006-1528 du 5 décembre 2006, D. n° 2006-1528, 5 déc. 2006).* – Toute fédération agréée qui contrevient aux dispositions législatives ou réglementaires applicables aux opérations de révision peut, après avoir été invitée à présenter ses observations écrites sur le ou les griefs relevés contre elle, faire l'objet d'un retrait de l'agrément dont elle bénéficie par l'application de l'article L. 527-1. Cette mesure est prise par le ministre de l'Agriculture, sur la proposition ou l'avis de l'association nationale, après consultation, dans tous les cas, du Haut Conseil de la coopération agricole.

Art. R. 527-11 *(Anc. art. R.* 527-11, dénum., D. n° 2005-368, 19 avr. 2005).* – Les fédérations agréées peuvent fournir leur concours pour des opérations de révision aux sociétés d'intérêt collectif agricole, *(Mots rempl., D. n° 2016-1401, 18 oct. 2016)* « ainsi qu'aux associations et syndicats reconnus en qualité d'organisations de producteurs en application des articles L. 551-1 et L. 552-1 ».

Sous-section 3. – Dispositions particulières aux fédérations de coopératives agricoles agréées exerçant les fonctions de commissaire aux comptes

(D. n° 85-295, 1er mars 1985)

Art. R. 527-12 *(D. n° 85-295, 1er mars 1985 ; rempl., D. n° 2016-1401, 18 oct. 2016).* – Pour l'application de l'article L. 527-1-1, l'Association nationale de révision de la coopération agricole veille à la mise en œuvre du commissariat aux comptes par les fédérations et au respect des règles d'indépendance et de discipline des personnes qui exercent des missions de contrôle légal des comptes au nom des fédérations agréées pour la révision.

Voir aussi : A. 25 mai 1987 (*JO* 2 juill. 1987) et A. 23 nov. 1987 (*JO* 8 déc. 1987).

CHAPITRE VIII. – HAUT CONSEIL DE LA COOPÉRATION

(Rempl., D. n° 2006-1528, 5 déc. 2006)

Section I. – Organisation

Art. R.* 528-1 *(Rétabli dans la version suivante, D. n° 2006-1528, 5 déc. 2006).* – Le Haut Conseil de la coopération agricole est administré par un comité directeur composé de douze membres :

- sept représentants élus des sociétés coopératives agricoles et de leurs unions ;
- cinq personnalités qualifiées désignées en raison de leur compétence par le ministre chargé de l'agriculture.

Art. R. 528-2 *(Anc. art. D. 528-2, devenu R. 528-2 et rempl., D. n° 2006-1528, 5 déc. 2006).* – Les représentants des sociétés coopératives agricoles et de leurs unions au comité directeur sont élus par un collège de grands électeurs constituant l'assemblée générale du haut conseil.

(Mod., D. n° 2007-1218, 10 août 2007 ; rempl., D. n° 2008-375, 17 avr. 2008) Sont grands électeurs et éligibles les personnes physiques répondant aux conditions fixées aux articles R. 524-1, R. 524-9, R. 524-28, R. 524-29, R. 524-36 et R. 524-37 dont la société coopérative agricole ou l'union qu'ils représentent est à jour de sa cotisation annuelle au haut conseil de la coopération agricole.

Les grands électeurs sont désignés par les fédérations régionales, les unions et les fédérations nationales spécialisées des coopératives et de leurs unions.

(Al. suppr., D. n° 2016-1401, 18 oct. 2016).

Art. R. 528-3 *(Anc. art. D. 528-3, devenu R. 528-3 et rempl., D. n° 2006-1528, 5 déc. 2006).* – Les membres du comité directeur sont élus au scrutin secret ou désignés pour une période de quatre ans, renouvelable une fois.

Les membres démissionnaires, décédés ou qui perdent la qualité au titre de laquelle ils ont été élus ou désignés sont remplacés. Lorsqu'il s'agit de membres élus, ce remplacement intervient lors de l'assemblée générale suivante du haut conseil. Le mandat des nouveaux membres expire à la date à laquelle aurait normalement pris fin celui des membres qu'ils remplacent.

Tout membre du comité directeur peut, en cas d'empêchement, donner pouvoir pour le représenter à un autre membre du comité. Aucun membre ne peut détenir plus d'un pouvoir.

(Al. suppr., D. n° 2016-1401, 18 oct. 2016).

Art. R. 528-4 *(Anc. art. D. 528-4, devenu R. 528-4 et rempl., D. n° 2006-1528, 5 déc. 2006).* – Le comité directeur élit son président parmi ses membres. Cette élection a lieu au scrutin secret.

En cas de partage égal des voix lors de l'élection du président, le ministre chargé de l'agriculture procède dans le délai d'un mois à la désignation du président du comité directeur.

(Al. aj., D. n° 2016-1401, 18 oct. 2016) « Le président élu par le comité directeur représente le Haut Conseil de la coopération agricole dans tous les actes de la vie civile et este en justice en son nom. »

Art. R. 528-5 *(Anc. art. D. 528-5 devenu R. 528-5 et rempl., D. n° 2006-1528, 5 déc. 2006 ; mod., D. n° 2015-665, 10 juin 2015).* – I. - Deux commissaires du Gouvernement auprès du haut conseil sont désignés, l'un par le ministre chargé de l'agriculture, l'autre par le ministre chargé de l'économie sociale. Ils siègent avec voix consultative au comité directeur.

Ils assurent l'information des ministres sur l'activité permanente du haut conseil.

Ils veillent :

- au respect des textes, règles et principes de la coopération agricole par le haut conseil et au fonctionnement régulier de ses instances ;
- au respect des normes et principes de la révision.

Ils peuvent présenter des observations au comité directeur.

II. - Le commissaire du Gouvernement désigné par le ministre chargé de l'agriculture peut exprimer son opposition à une délibération du comité directeur et demander une nouvelle délibération. Il exerce ce droit dans les quinze jours qui suivent la réunion.

Si, après cette nouvelle délibération, le désaccord persiste, le commissaire du Gouvernement transmet le dossier au ministre chargé de l'agriculture, sauf dans les cas où la délibération est prise en application des articles R. 525-2 et R. 525-4.

L'opposition du commissaire du Gouvernement est levée de plein droit si le ministre ne l'a pas confirmée dans le délai de deux mois à compter de la date de sa notification au Haut Conseil de la coopération agricole.

Art. R. 528-6 *(Anc. art. D. 528-6, devenu R. 528-6 et rempl., D. n° 2006-1528, 5 déc. 2006).* – Il est créé, au sein du haut conseil, trois sections, la section juridique, la section révision et la section économique et financière, chargées de formuler des propositions et des avis au comité directeur dans leur domaine de compétence.

Le comité directeur désigne pour chaque section un conseil de section, présidé par un membre du comité directeur et composé de membres du comité directeur et de membres désignés par ce dernier.

Les statuts du haut conseil prévoient les attributions de chacune des sections et les modalités de désignation de leurs membres.

Section II. – Fonctionnement

Art. R. 528-7 *(Anc. art. D. 528-7, devenu R. 528-7 et rempl., D. n° 2006-1528, 5 déc. 2006).* – Le comité directeur adopte les décisions et avis prévus par le présent titre.

Art. D. 528-7-1 *(Implicitement abr., D. n° 2006-1528, 5 déc. 2006).*

Art. R. 528-8 *(Rétabli dans la version suivante, D. n° 2006-1528, 5 déc. 2006 ; D. n° 2006-1528, 5 déc. 2006).* – Le comité directeur se réunit aussi souvent que nécessaire et au moins quatre fois par an, sur convocation de son président ou à la demande d'un des commissaires du gouvernement.

Art. R. 528-9 *(Rétabli dans la version suivante, D. n° 2006-1528, 5 déc. 2006).* – Pour délibérer, le comité directeur doit réunir au moins la moitié de ses membres en exercice. Les décisions du comité directeur sont prises à la majorité des deux tiers des membres présents ou représentés.

Art. R. 528-10 *(Rétabli dans la version suivante, D. n° 2006-1528, 5 déc. 2006).* – Le comité directeur fixe chaque année le taux des cotisations prévues au *(Réf. rempl., D. n° 2017-1771, 27 déc. 2017)* « huitième alinéa » de l'article L. 528-1 et les délais de paiement de celles-ci. Il peut en déléguer le recouvrement à l'Association nationale de révision selon des modalités prévues par les statuts.

Il arrête les comptes dans les trois mois de la clôture de l'exercice et établit le budget. Les comptes sont approuvés chaque année par l'assemblée générale et soumis à l'approbation du ministre chargé de l'agriculture.

Art. R. 528-11 *(D. n° 2006-1528, 5 déc. 2006).* **– Les statuts du haut conseil sont adoptés et modifiés par l'assemblée générale à la majorité des deux tiers des membres présents ou représentés et sont approuvés par le ministre chargé de l'agriculture.**

Art. R. 528-12 *(D. n° 2006-1528, 5 déc. 2006).* **– Les décisions de nature réglementaire du haut conseil sont publiées selon des modalités définies par ses statuts.**

Art. R. 528-13 *(D. n° 2006-1528, 5 déc. 2006).* **– Le Haut Conseil de la coopération agricole peut être saisi de toute question relevant de sa compétence par le ministre chargé de l'agriculture, le ministre chargé de l'économie, le ministre chargé de l'économie sociale, les organisations professionnelles de coopératives, les fédérations agréées pour la révision, les chambres d'agriculture, ainsi que toute société coopérative agricole ou union. Il peut également se saisir d'office.**

Art. R. 528-14 *(D. n° 2006-1528, 5 déc. 2006).* **– Chaque année, le Haut Conseil de la coopération agricole présente au Gouvernement un rapport dans lequel il retrace son activité et celle de ses sections, décrit la situation économique et financière des différentes filières coopératives et** *(Mot rempl., D. n° 2016-1401, 18 oct. 2016)* **« peut formuler » des propositions d'adaptations législatives et réglementaires.**

CHAPITRE IX. – DISPOSITIONS PÉNALES. DISPOSITIONS D'APPLICATION

Art. R. 529-1 *(Anc. art. R.* 529-1, dénum., D. n° 2005-368, 19 avr. 2005).* **– L'utilisation dans tout document, à l'exception des avis prévus en vue de la publicité de la constitution de la société, des termes « coopérative agricole » ou « union de coopératives agricoles » est interdite en l'absence de l'agrément prévu à l'article L. 525-1 et en l'absence de l'immatriculation au registre du commerce et des sociétés, pour celles qui y sont soumises.**

Il en est de même pour l'emploi du terme « coopérative » associé à l'un des qualificatifs : « paysanne » « rurale » ou « forestière » ainsi que pour toute dénomination de nature à laisser entendre qu'il s'agit d'une société coopérative agricole ou d'une union de sociétés coopératives agricoles agréées.

Art. R.* 529-2 *(D. n° 94-167, 25 févr. 1994).* **– Les infractions aux dispositions de l'article R. 529-1 sont punies de la peine d'amende prévue au 3° de l'article 131-13 du Code pénal.**

Art. R. 529-3 *(Abr., D. n° 2007-1218, 10 août 2007).*

5.2.2. – SOCIÉTÉS COOPÉRATIVES ARTISANALES

Loi n° 83-657 du 20 juillet 1983

relative au développement de certaines activités d'économie sociale

(JO 21 juill. 1983 et rect. 23 juill. et 4 août)

(Mod., Ord. n° 2004-274, 25 mars 2004 : JO 27 mars)

Bibliographie : S. Grandvuillemin, *La loi du 31 juillet 2014 relative à l'économie sociale et solidaire et le droit coopératif : JCP* E 2014, 1478. • C. Mouret, *Loi relative au développement de certaines activités d'économie sociale : JCP* E 1984, 14080. • G. Notté, *Loi n° 2014-856 du 31 juillet 2014 relative à l'économie sociale et solidaire : JCP* N 2014, 1314. • *Adde* P. Le Berre, *JCl. Sociétés traité*, Fasc. 170-20.

TITRE PREMIER. – STATUT DES COOPÉRATIVES ARTISANALES ET DE LEURS UNIONS

CHAPITRE I. – DÉFINITION ET FORME JURIDIQUE

Art. 1er. – Les sociétés coopératives artisanales ont pour objet la réalisation de toutes opérations et la prestation de tous services susceptibles de contribuer, directement ou indirectement, au développement des activités artisanales de leurs associés ainsi que l'exercice en commun de ces activités.

(Al. aj., L. n° 2014-856, 31 juill. 2014) Les sociétés coopératives artisanales peuvent mettre en œuvre, par tous moyens, une politique commerciale commune, notamment par la réalisation d'opérations commerciales ou publicitaires, pouvant comporter des prix communs.

Les associés se choisissent librement et disposent, de droits égaux quelle que soit l'importance de la part du capital social détenue par chacun d'eux. Il ne peut être établi entre eux de discrimination suivant la date de leur admission.

Par la souscription ou l'acquisition d'une part sociale, l'associé s'engage à participer aux activités de la société coopérative ; les statuts peuvent déterminer le nombre de parts à souscrire ou à acquérir par chaque associé en fonction de son engagement d'activité.

Art. 1er-1 *(Créé, L. n° 2019-486, 22 mai 2019)*. – Les relations entre l'associé coopérateur et la coopérative artisanale à laquelle il adhère ainsi que les relations entre une coopérative artisanale et l'union de sociétés coopératives artisanales dont elle est membre sont régies par les principes et les règles spécifiques prévus au présent titre et par la loi n° 47-1775 du 10 septembre 1947 portant statut de la coopération. Ces relations sont définies dans les statuts de la coopérative artisanale ou de l'union de sociétés coopératives artisanales et, au besoin, dans leur règlement intérieur. Elles reposent notamment sur le caractère indissociable de la double qualité d'utilisateur des services et d'associé de la coopérative artisanale ou de l'union de sociétés coopératives artisanales.

Art. 2. – Les sociétés coopératives artisanales doivent être immatriculées au registre du commerce et des sociétés. Elles doivent, en outre, faire l'objet d'une immatriculation au répertoire des métiers ou au registre tenu par les chambres de métiers d'Alsace et de Moselle.

Art. 3 *(Mod., L. n° 92-643, 13 juill. 1992)*. – Les sociétés coopératives artisanales sont des sociétés à capital variable constituées sous forme de société à responsabilité limitée ou de société anonyme.

Elles peuvent à tout moment, par une décision des associés prise dans les conditions requises pour la modification des statuts, passer de l'une à l'autre de ces formes. Cette modification n'entraîne pas la création d'une personne morale nouvelle.

Art. 4. – Les sociétés coopératives artisanales sont régies par les dispositions du présent titre et, en ce qu'elles ne sont pas contraires à celles-ci, par les dispositions du titre III de la loi sur les sociétés du 24 juillet 1867, de la loi n° 47-1775 du 10 septembre 1947 portant statut de la coopération et du Code de commerce.

Art. 5. – Les actes et documents émanant de la coopérative et destinés aux tiers, notamment les lettres, factures, annonces et publications diverses, doivent indiquer lisiblement la dénomination sociale de la coopérative, précédée ou suivie des mots : « société coopérative artisanale à capital variable », accompagnée de la mention de la forme sous laquelle la société est constituée.

Les gérants, le président, les administrateurs, les directeurs généraux, les membres du directoire ou du conseil de surveillance qui auront contrevenu aux dispositions de l'alinéa précédent seront punis des peines prévues à l'article L. 246-1 du Code de commerce précité.

L'appellation « société coopérative artisanale » ne peut être utilisée que par les sociétés coopératives fonctionnant conformément au présent titre. *(Phrase suppr., L. n° 2012-387, 22 mars 2012)*.

(Al. aj., L. n° 2012-387, 22 mars 2012) Toute personne intéressée peut demander au président du tribunal compétent statuant en référé d'enjoindre, le cas échéant sous astreinte, à la personne concernée de supprimer la mention : « société coopérative artisanale » utilisée de manière illicite ainsi que toute expression de nature à prêter à confusion avec celle-ci.

Le président du tribunal peut, en outre, ordonner la publication de la décision, son affichage dans les lieux qu'il désigne, son insertion intégrale ou par extraits dans les journaux et sa diffusion par un ou plusieurs services de communication au public en ligne qu'il indique, le tout aux frais des dirigeants de l'organisme ayant utilisé la dénomination en cause.

CHAPITRE II. – CONSTITUTION

Art. 6 *(Mod., L. n° 85-703, 12 juill. 1985 ; L. n° 92-643, 13 juill. 1992 ; Ord. 2004-274, 25 mars 2004)*. – Seuls peuvent être associés d'une société coopérative artisanale :

1° Les artisans, personnes physiques ou morales immatriculées au répertoire des métiers ou au registre tenu par les chambres de métiers d'Alsace et de Moselle ainsi que les personnes, régulièrement établies sur le territoire d'un autre État membre de la Communauté européenne ou partie à l'accord sur l'Espace économique européen, qui exercent des activités identiques à celles prévues pour l'immatriculation à ces mêmes répertoire ou registre ;

2° *(Abr., L. n° 2008-776, 4 août 2008)* ;

3° Les personnes physiques ou morales dont l'activité est identique ou complémentaire à celle des personnes mentionnées au 1° ci-dessus *(Mots suppr., L. n° 2008-776, 4 août 2008)* « ... ». Toutefois, le montant total des opérations réalisées avec une société coopérative par les associés de cette catégorie ne peut dépasser le quart du chiffre d'affaires annuel de cette coopérative ;

4° Les personnes physiques ou morales intéressées à l'objet des sociétés coopératives artisanales. Ces associés sont dits associés non coopérateurs. Ils ne peuvent ni participer aux opérations ni bénéficier des services mentionnés au premier alinéa de l'article 1er. Ils jouissent de tous les autres droits reconnus aux associés coopérateurs. Les statuts peuvent prévoir que, par dérogation aux dispositions du deuxième alinéa de l'article premier et pour les parts sociales de cette seule catégorie d'associés, il sera fait application des dispositions de l'article 14 de la loi n° 47-1775 du 10 septembre 1947 portant statut de la coopération.

5° D'autres sociétés coopératives artisanales et leurs unions.

Les conditions de l'admission ou de son maintien pour les catégories d'associés mentionnées aux *(Réf. rempl., L. n° 2008-776, 4 août 2008)* « 3° et 4° » ci-dessus sont fixées par les statuts. Le nombre de ces associés ne peut excéder le quart du nombre total des associés de la société coopérative.

Art. 6-1 *(Ord. 2004-274, 25 mars 2004)*. – Le 1° de l'article 6 n'est applicable à Saint-Pierre-et-Miquelon que dans les limites définies par l'article L. 910-5 du Code de commerce.

Art. 7 *(Mod., Ord. 2004-274, 25 mars 2004)*. – Le nombre des associés ne peut être inférieur à sept. si la société coopérative est constituée sous forme de société anonyme et il ne peut être inférieur à deux, ni supérieur à *(L. n° 2005-882, 2 août 2005)* « cent », si la société coopérative est constituée sous forme de société à responsabilité limitée.

Art. 8. – La société coopérative artisanale dispose d'une année pour se conformer, selon le cas, aux dispositions de l'article 7 ou du dernier alinéa de l'article 6, à compter du jour où celles-ci ne sont plus respectées. À l'expiration de ce délai, tout intéressé peut demander la dissolution de la société coopérative. Le tribunal peut accorder à la société coopérative un délai de six mois maximum renouvelable une seule fois, pour régulariser la situation. Il ne peut prononcer la dissolution si, au jour où il statue sur le fond, cette régularisation a eu lieu.

Art. 9 *(Mod., L. n° 92-643, 13 juill. 1992)*. – Sauf disposition spéciale des statuts, l'admission de nouveaux associés est décidée par l'assemblée générale ordinaire ou l'assemblée des associés.

Les statuts peuvent prévoir que les nouveaux associés sont admis à titre provisoire pendant une période probatoire qui ne peut excéder une année.

Pendant cette période, ces associés jouissent de droits égaux à ceux des autres associés. À l'expiration de cette période, l'admission est définitive sauf décision motivée de l'assemblée générale ordinaire ou de l'assemblée des associés, l'intéressé ayant été entendu ou dûment convoqué. Toutefois, sur décision unanime des associés, ce délai peut être reconduit pour une durée d'une année.

Les statuts déterminent les modalités d'exclusion des associés. La décision d'exclusion d'un associé est prise dans les conditions retenues par son admission sauf le droit pour l'intéressé de faire appel de la décision devant l'assemblée dans le cas où ce n'est pas celle-ci qui a pris la décision d'exclusion. L'assemblée statue dans le délai d'un mois à compter de la date à laquelle a été formé l'appel, celui-ci devant intervenir au plus tard quinze jours après la notification de la décision d'exclusion.

Tout associé peut se retirer de la société coopérative dans les conditions prévues aux statuts. L'associé qui se retire de la société coopérative ou qui en est exclu reste tenu pendant cinq ans envers les associés et envers les tiers de toutes les obligations existant au jour où cette décision a pris effet.

En cas de retrait ou d'exclusion, la dernière phrase du dernier alinéa de l'article 18 de la loi n° 47-1775 du 10 septembre 1947 précitée n'est pas applicable.

Sur l'**exclusion d'un associé** qui ne respecte pas les dispositions statutaires : ■ Cass. com., 15 juill. 1992 : *RJDA* 1993, p. 121.

Art. 10. – Les sociétés coopératives artisanales peuvent admettre des tiers non associés à bénéficier de leurs services ou à participer à la réalisation des opérations entrant dans leur objet, à l'exclusion des opérations de gestion technique et financière. Cette faculté doit être mentionnée dans les statuts.

Les opérations effectuées avec des tiers non associés font l'objet d'une comptabilité séparée. Elles ne peuvent excéder le cinquième du chiffre d'affaires de la société coopérative.

Si les comptes font apparaître un dépassement de cette proportion, la société dispose d'un délai d'un an pour régulariser la situation.

CHAPITRE III. – FONCTIONNEMENT ET ADMINISTRATION

Art. 11 *(Mod., L. n° 92-643, 13 juill. 1992).* – Le capital des sociétés coopératives artisanales est représenté par des parts sociales nominatives. Leur valeur nominale est uniforme et ne peut être inférieure à un montant fixé par décret.

Le capital social ne peut être réduit à une somme inférieure à la moitié du capital le plus élevé atteint depuis la constitution de la société. En aucun cas, il ne peut être ramené à un montant inférieur au capital de fondation.

Les parts sociales doivent être intégralement libérées dès leur souscription, qu'elles représentent des apports en nature ou en numéraire. Toutefois, lorsqu'une société coopérative artisanale est constituée sous forme de société anonyme, les parts souscrites en numéraire peuvent être libérées lors de leur souscription d'un quart au moins de leur valeur ; la libération du surplus doit intervenir dans un délai maximum de trois ans à compter du jour de la souscription.

(Al. aj., L. n° 2014-856, 31 juill. 2014) Dans les limites fixées à l'article 14 de la loi n° 47-1775 du 10 septembre 1947 précitée, les statuts des sociétés coopératives artisanales peuvent prévoir la rémunération de parts sociales à avantages particuliers souscrites par les seuls associés coopérateurs mentionnés aux 1°, 3° et 5° de l'article 6 de la présente loi.

Les parts sociales qui donnent droit au versement d'un intérêt à titre d'avantage particulier ne peuvent représenter, pour chaque associé coopérateur, plus de la moitié du capital qu'il détient.

Les statuts fixent les modalités de souscription des parts sociales et de l'augmentation ultérieure de la participation des associés au capital.

La cession des parts sociales est soumise à agrément préalable dans les conditions fixées par les statuts ou, à défaut, à agrément de l'assemblée générale ou de l'assemblée des associés.

L'article 11 *bis* de la loi n° 47-1775 du 10 septembre 1947 précitée n'est pas applicable.

Voir : D. n° 84-251, 6 avr. 1984, art. 1er, p. 2678.

Art. 12 *(Abr., L. n° 92-643, 13 juill. 1992).*

Art. 13 *(Abr., L. n° 2014-856, 31 juill. 2014).*

Art. 14. – Chaque associé dispose d'une seule voix dans les assemblées.

Sur première convocation, l'assemblée générale ordinaire ou l'assemblée des associés ne délibère valablement que si sont présents ou représentés un quart au moins des associés inscrits au jour de la convocation s'il s'agit d'une société anonyme, ou la moitié au moins dans le cas d'une société à responsabilité limitée.

Art. 15. – Lorsque le quorum de l'assemblée générale ordinaire ou extraordinaire ou de l'assemblée des associés n'est pas atteint, une seconde assemblée est convoquée. Sur seconde convocation, l'assemblée délibère valablement quel que soit le nombre des associés présents ou représentés, sauf pour les sociétés coopératives constituées sous forme de société à responsabilité limitée pour lesquelles la présence de la moitié des associés reste requise. Pour ces sociétés, sur troisième convocation, l'assemblée délibère valablement quel que soit le nombre des associés présents ou représentés.

Art. 16. – L'assemblée qui a pour objet la modification des statuts ne délibère valablement, sur première convocation, que si la moitié des associés inscrits au jour de la convocation sont présent ou représentés.

Une majorité des deux tiers des voix dont disposent les membres présents ou représentés est requise pour toute décision modifiant les statuts, quelle que soit la forme adoptée par la société coopérative.

Cette majorité comprend la moitié au moins d'artisans.

Art. 17. – Lorsque la société coopérative exerce plusieurs activités distinctes ou a plusieurs établissements, ou lorsqu'elle étend ses activités sur plus d'un département, les statuts peuvent prévoir que l'assemblée générale ou l'assemblée des associés peut être précédée par des assemblées de section auxquelles s'appliquent les règles de composition, de convocation, de tenue, de quorum, de majorité et de procès-verbal des assemblées générales ou assemblées des associés. Ces assemblées de section délibèrent séparément sur le même ordre du jour. Elles élisent des délégués qui se réunissent sur le même ordre du jour dans un délai maximum d'un mois suivant la dernière assemblée de section ; cette réunion est réputée être l'assemblée générale ou l'assemblée des associés.

Les statuts déterminent la répartition des associés en section et fixent le nombre de délégués par section.

Les modalités d'application du présent article sont précisées par décret.

Voir : D. n° 84-251, 6 avr. 1984, art. 2 et s., p. 2679.

Art. 18 *(Mod., L. n° 88-15, 5 janv. 1988 ; Ord. n° 2004-274, 25 mars 2004 ; L. n° 2019-486, 22 mai 2019).* – La société coopérative artisanale est administrée par un ou plusieurs mandataires nommés pour quatre ans au plus par l'assemblée des associés ou l'assemblée générale, renouvelables et révocables par elle, la révocation pouvant avoir lieu même si la question n'a pas été inscrite à l'ordre du jour. Deux tiers au moins de ces mandataires sont des associés de la catégorie prévue au 1° de l'article 6 de la présente loi, des conjoints collaborateurs mentionnés au répertoire des métiers ou au registre tenu par les chambres de métiers d'Alsace et de Moselle, des conjoints associés ou des conjoints salariés. Le président du conseil d'administration, le président du directoire, le gérant unique ou deux tiers des gérants s'ils sont plusieurs, le président du conseil de surveillance, notamment lorsque ce dernier est désigné dans les conditions fixées à l'article 19, et le vice-président du conseil de surveillance sont choisis parmi les mandataires mentionnés à la deuxième phrase du présent alinéa. Lorsque la personne désignée est une personne morale, elle peut être représentée par son représentant légal, le conjoint collaborateur mentionné en cette qualité au répertoire des métiers ou au registre tenu par les chambres de métiers d'Alsace et de Moselle, le conjoint associé ou le conjoint salarié.

Lorsque la société coopérative artisanale est constituée sous forme de société à responsabilité limitée et qu'un gérant unique a été nommé, l'assemblée des associés exerce, si elle compte au plus vingt membres, les fonctions du conseil de surveillance prévu à l'article 19.

Art. 19. – Les sociétés coopératives artisanales comptant plus de vingt associés, constituées sous forme de société à responsabilité limitée, sont dotées d'un conseil de surveillance, sauf si la société est administrée par trois gérants au plus. Le conseil de surveillance est composé de trois membres au moins et de neuf membres au plus, désignés par l'assemblée des associés et en son sein pour une durée que les statuts déterminent et qui ne peut excéder quatre ans.

Ces membres sont rééligibles. Ils doivent pour les deux tiers au moins être des artisans.

Ils peuvent être à tout moment révoqués par l'assemblée des associés, même si la question n'a pas été inscrite à l'ordre du jour.

Les fonctions de gérant et de membre du conseil de surveillance sont incompatibles.

À toute époque de l'année, le conseil de surveillance opère les vérifications et les contrôles qu'il juge opportuns et peut se faire communiquer tout document qu'il estime utile à l'accomplissement de sa mission ou demander un rapport sur la situation de la société.

Il présente à l'assemblée des associés un rapport sur la gestion de la société.

La responsabilité des membres du conseil de surveillance est soumise aux dispositions de l'article L. 225-257 du Code de commerce.

Art. 20. – Les statuts de la société coopérative artisanale constituée sous forme de société à responsabilité limitée peuvent subordonner certains actes du ou des gérants à l'agrément préalable, selon le cas, du conseil de surveillance ou de l'assemblée des associés. Les clauses statutaires limitant les pouvoirs du ou des gérants qui résultent du présent article sont inopposables aux tiers.

Art. 21. – Les fonctions de mandataire ou de membre du conseil de surveillance ne donnent pas lieu à rémunération.

Toutefois, les mandataires associés ou non qui exercent effectivement une fonction de direction de la société peuvent percevoir une rémunération.

CHAPITRE IV. – DISPOSITIONS FINANCIÈRES

Art. 22. – Le solde créditeur du compte de résultat de l'exercice, diminué des pertes reportées, est appelé excédent net de gestion.

Art. 23 *(Mod., L. n° 92-643, 13 juill. 1992).* – Après application, le cas échéant, des dispositions de l'article 25, l'excédent net de gestion est réparti en tenant compte des règles suivantes :

1° Une fraction au moins égale à 15 % est affectée à la constitution d'un compte spécial indisponible.

Ce compte ne peut excéder le *(Mots aj., L. n° 2008-776, 4 août 2008)* « double du » niveau le plus élevé atteint par les capitaux propres de la société coopérative diminués de son propre montant.

Il est destiné à garantir les engagements pris par la société coopérative à l'égard des tiers.

Il n'ouvre aucun droit aux associés et n'est susceptible ni d'être partagé entre eux, ni de faire l'objet de remboursement en cas de départ d'un associé pour quelque cause que ce soit, ni d'être incorporé au capital social.

Si les comptes font apparaître un dépassement de la limite prévue au troisième alinéa du présent article, la société dispose d'un délai d'un an pour régulariser la situation ;

(Al. aj., L. n° 2014-856, 31 juill. 2014) 1° *bis* L'excédent issu de la cession d'éléments de l'actif immobilisé est affecté à une réserve indisponible ;

2° Après dotation au compte spécial indisponible *(Mots aj., L. n° 2014-856, 31 juill. 2014)* « , à la réserve indisponible des cessions » et à la réserve prévue à l'article 18 de la loi n° 47-1775 du 10 septembre 1947 précitée, les reliquats peuvent être affectés :

a) Au service de l'intérêt aux parts sociales qui y donnent droit ;

b) À la répartition, à titre de ristournes, entre les associés proportionnellement aux opérations qu'ils ont réalisées avec la société coopérative et suivant les modalités prévues par les statuts.

Si une société coopérative artisanale effectue des opérations impliquant des activités différentes, elle établit des comptabilités distinctes dont les modalités sont fixées par son règlement intérieur en vue d'assurer pour l'ensemble des reliquats un partage équitable au prorata de la part prise par chacun des associés dans les activités de la coopérative.

Art. 24. – En cas de pertes résultant des opérations avec les associés, l'assemblée générale ou l'assemblée des associés peut décider leur répartition immédiate à raison de la part prise par chacun des associés dans les différentes activités de la société coopérative. Les modalités de cette répartition sont déterminées par les statuts. À défaut d'une répartition immédiate, les pertes sont imputées sur le capital social ou reportées sur l'exercice suivant.

Les pertes ne peuvent être imputées sur le compte spécial indisponible qu'en cas de dissolution ou de cessation d'activité.

Art. 25. – La part de l'excédent net de gestion résultant des opérations effectuées avec les tiers non associés est portée en totalité à un compte de réserve.

Cette réserve ne peut être ni répartie entre les associés, ni incorporée au capital. Si les pertes résultant des opérations effectuées avec les tiers excèdent cette réserve, elles sont immédiatement réparties. À défaut, elles sont imputées sur le capital social ou reportées sur l'exercice suivant.

Cette réserve ne peut être utilisée pour amortir des pertes sociales visées à l'article 24 qu'après épuisement du compte spécial indisponible.

Art. 26 *(Mod., L. n° 92-643, 13 juill. 1992).* – L'assemblée des associés ou l'assemblée générale peut décider la transformation en parts sociales de tout ou partie des ristournes distribuables aux associés.

Les deux derniers alinéas de l'article 16 de la loi n° 47-1775 du 10 septembre 1947 précitée ne sont pas applicables.

CHAPITRE V. – UNIONS DE SOCIÉTÉS COOPÉRATIVES ARTISANALES

Art. 27 *(Mod., Ord. 2004-274, 25 mars 2004).* – Les sociétés coopératives artisanales peuvent constituer entre elles des unions. Ces unions ont pour objet la réalisation de toutes opérations et la prestation de tous services susceptibles de contribuer directement ou indirectement au développement des activités de leurs associés ainsi que l'exercice de tout ou partie de ces activités.

Ces unions peuvent prendre des participations dans des sociétés coopératives artisanales ou d'autres sociétés ayant la forme commerciale ou un objet commercial. Toutefois, les prises de participation des unions de sociétés coopératives artisanales dans des personnes morales dont l'activité principale n'est pas identique à l'activité de la société participante ou n'est pas complémentaire de cette activité sont soumises à une autorisation administrative.

La constitution d'une union de sociétés coopératives artisanales ne peut avoir pour objet de porter atteinte au caractère coopératif des sociétés coopératives artisanales associées de cette union.

Art. 28 *(Mod., L. n° 92-643, 13 juill. 1992).* – Les unions de sociétés coopératives artisanales sont régies par le présent titre.

Toutefois :

1° Les unions de sociétés coopératives artisanales peuvent admettre comme associés, outre les sociétés coopératives artisanales, toute personne physique ou morale intéressée directement par leur objet et notamment les organismes et organisations professionnelles du secteur des métiers. Le nombre de ces associés ne peut excéder le quart du nombre total des membres de l'union ; les statuts peuvent prévoir que les parts qu'ils détiennent donnent droit à rémunération dans les conditions prévues à l'article 14 de la loi n° 47-1775 du 10 septembre 1947 précitée.

2° Selon des modalités prévues par les statuts, le nombre de voix dont dispose chaque société coopérative peut être proportionnel au montant des opérations réalisées par elle avec l'union ou au nombre de ses associés. Le rapport entre le nombre de voix détenues par deux coopératives ne peut excéder trois.

CHAPITRE VI. – DISPOSITIONS DIVERSES ET TRANSITOIRES

Art. 29 *(Mod., L. n° 2014-856, 31 juill. 2014).* – Par dérogation au premier alinéa de l'article 25-1 de la loi n° 47-1775 du 10 septembre 1947 portant statut de la coopération, les sociétés coopératives régies par la présente loi sont soumises de droit, quelle que soit l'importance de leur activité, aux dispositions relatives à la révision coopérative prévues aux articles 25-1 à 25-5 de cette même loi.

Voir aussi : D. n° 84-1027, 23 nov. 1984.

Art. 30. – La décision régulièrement prise par toute société, quelle qu'en soit la forme, ou tout groupement d'intérêt économique constitué selon l'ordonnance n° 67-821 du 23 septembre 1967, de modifier ses statuts pour les adapter aux dispositions du présent titre n'entraîne pas création d'une personne morale nouvelle.

Art. 31. – Les parts ou actions des groupements ou sociétés usant de la faculté ouverte à l'article 30 sont converties en parts sociales pour leur valeur nominale.

Les membres, les associés ou les actionnaires qui se seraient opposés à la transformation peuvent opter, dans un délai de trois mois, soit pour le rachat de leurs titres de capital, dans un délai de deux ans, soit pour leur annulation et l'inscription de leur contre-valeur sur un compte à rembourser, portant intérêt au taux légal, et remboursable dans un délai de cinq ans. Ces différents délais s'entendent à compter de la publication de la décision de transformation de la société ou du groupement.

Pour l'application de l'alinéa précédent, la valeur des droits sociaux dont le remboursement est demandé est déterminée, en cas de contestation, par un expert désigné, soit par les parties, soit, à défaut d'accord entre elles, par ordonnance du président du tribunal statuant en la forme des référés et sans recours possible.

À la date de la transformation du groupement ou de la société, les résultats reportés, mis en réserve ou incorporés au capital social sont portés au compte spécial indisponible prévu à l'article 23 de la présente loi. À défaut, la transformation est réputée être une cession d'entreprise.

Les membres des groupements d'intérêt économique constitués selon l'ordonnance n° 67-821 du 23 septembre 1967 restent tenus sur leur patrimoine propre, conformément à l'article 4 dudit texte, de toutes les obligations existant au moment de la transformation.

Art. 32 *(Mod., L. n° 85-703, 12 juill. 1985).* – Les sociétés coopératives d'artisans et leurs unions, existant à la date de publication de la présente loi, disposent d'un délai de trois ans à partir de cette date pour mettre leurs statuts en conformité avec ses dispositions.

À l'expiration de ce délai, les clauses statutaires contraires aux dispositions du présent titre sont réputées non écrites.

Les assemblées générales ordinaires ou les assemblées d'associés délibèrent valablement pour la modification à cet effet des statuts.

Les coopératives créées en application de la loi locale du 20 mai 1898 dont le siège est fixé dans les départements du Haut-Rhin, du Bas-Rhin et de la Moselle ont la faculté de conserver le bénéfice des dispositions de ladite loi. Cette option est également ouverte aux coopératives créées après l'entrée en vigueur de la présente loi.

Art. 33. – Les sociétés coopératives artisanales et leurs unions sont habilitées à recevoir des dons, legs et subventions.

Art. 34. – Les sociétés coopératives artisanales et leurs unions sont tenues, indépendamment des obligations imposées à toutes les entreprises, et sous peine des sanctions prévues à l'article 23 de la loi n° 47-1775 du 10 septembre 1947 précitée, de fournir aux services du ministre chargé de l'artisanat toutes justifications nécessaires pour permettre de vérifier qu'elles fonctionnent conformément au présent titre.

Un décret fixe les conditions d'application du présent article.

Voir : D. n° 84-205, 23 mars 1984, p. 2678.

TITRE II. – STATUT DES COOPÉRATIVES D'ENTREPRISES DE TRANSPORTS ET DES COOPÉRATIVES ARTISANALES DE TRANSPORT FLUVIAL

Art. 35. – *(Abr. et codifié, Ord. n° 2010-1307, 28 oct. 2010. – V. C. transp., art. L. 3441-1 à L. 3441-6 et L. 4431-2).*

Art. 35 *bis* *(Abr. et codifié, Ord. n° 2010-1307, 28 oct. 2010. – V. C. transp., art. L. 3441-1 à L. 3441-6 et L. 4431-2).*

Art. 35 *ter* *(Abr. et codifié, Ord. n° 2010-1307, 28 oct. 2010. – V. C. transp., art. L. 3441-1 à L. 3441-6 et L. 4431-2).*

Art. 35 *quater* *(Abr. et codifié, Ord. n° 2010-1307, 28 oct. 2010. – V. C. transp., art. L. 3441-1 à L. 3441-6 et L. 4431-2).*

Art. 35 *quinquies* *(Abr. et codifié, Ord. n° 2010-1307, 28 oct. 2010. – V. C. transp., art. L. 3441-1 à L. 3441-6 et L. 4431-2).*

Art. 36 *(Abr. et codifié, Ord. n° 2010-1307, 28 oct. 2010. – V. C. transp., art. L. 3441-1 à L. 3441-6 et L. 4431-2).*

TITRE III. – STATUT DES COOPÉRATIVES MARITIMES, DES COOPÉRATIVES D'INTÉRÊT MARITIME ET DE LEURS UNIONS

CHAPITRE I. – COOPÉRATIVES MARITIMES

(Abr., Ord. n° 2010-462, 6 mai 2010)

Art. 37 à 58 *(Abr. et codifié, Ord. n° 2010-462, 6 mai 2010. – V. C. rur., art. L. 931-5 à L. 931-27).*

CHAPITRE II. – SOCIÉTÉS COOPÉRATIVES D'INTÉRÊT MARITIME

(Abr., Ord. n° 2010-462, 6 mai 2010)

Art. 59 et 60 *(Abr. et codifié, Ord. n° 2010-462, 6 mai 2010. – V. C. rur., art. L. 931-28 et L. 931-29).*

CHAPITRE III. – DISPOSITIONS TRANSITOIRES ET DIVERSES

(Abr., Ord. n° 2010-462, 6 mai 2010)

Art. 61 *(Abr. et codifié, Ord. n° 2010-462, 6 mai 2010. – V. C. rur., art. L. 931-30).*

Art. 62 et 63 *(Abr., Ord. n° 2010-462, 6 mai 2010).*

Art. 63 bis *(L. n° 96-609, 5 juill. 1996)*. – Le présent titre, à l'exception de son article 63, est applicable au territoire de la Nouvelle-Calédonie.

Pour son application à ce territoire :

1° Au premier alinéa de l'article 38, après les mots : « d'une société coopérative maritime », sont ajoutés les mots : « sous réserve des dispositions du traité instituant l'Union européenne et notamment sa quatrième partie ainsi que de celles des actes des autorités de cette communauté pris pour l'application dudit traité » ;

2° À l'article 40, les mots : « de la loi n° 66-537 du 24 juillet 1966 modifiée précitée » sont remplacés par les mots : « celles de la loi n° 66-537 du 24 juillet 1966 modifiée sur les sociétés commerciales applicables sur le territoire de la Nouvelle-Calédonie » ;

3° Au premier alinéa de l'article 47, le mot : « départements » est remplacé par le mot : « provinces » ;

4° Au premier alinéa de l'article 62, les mots : « les sociétés coopératives constituées en application de l'article 5 du décret n° 60-356 du 9 avril 1960 » sont remplacés par les mots : « les sociétés coopératives constituées en application de la réglementation territoriale » ;

5° Au premier alinéa de l'article 62, les mots : « à compter de la publication de la présente loi » sont remplacés par les mots : « à compter de la publication de la loi n° 96-609 du 5 juillet 1996 ».

Les modalités d'application du présent article sont fixées par décret en Conseil d'État.

Décret n° 84-205 du 23 mars 1984

relatif aux justifications à fournir par les sociétés coopératives artisanales ou de transport ou par leurs unions

(Abr. à compter du 1er janvier 2017, D. n° 2016-1550, 17 nov. 2016)

Rédaction antérieure. Art. 1er. – Sur demande du ministre chargé de l'artisanat, les sociétés coopératives artisanales et leurs unions sont tenues de fournir ou de présenter tout document nécessaire pour permettre de vérifier qu'elles fonctionnent conformément au titre I de la loi n° 83-657 du 20 juillet 1983 susvisée, et notamment :

Liste des associés de la société coopérative artisanale mentionnant leurs nom, prénom, domicile, profession, s'il y a lieu, numéro d'inscription au répertoire des métiers ou au registre tenu par les chambres des métiers d'Alsace et de Moselle ;

Liste des mandataires comportant les mêmes renseignements ;

Statuts et règlement intérieur ;

Comptes annuels et comptes rendus de gestion, faisant ressortir en particulier le montant du chiffre d'affaires éventuellement réalisé avec les tiers ;

Rapports des commissaires aux comptes.

Rédaction antérieure. Art. 2. – La demande d'autorisation de prise de participation d'une union de sociétés coopératives artisanales dans une personne morale dont l'activité n'est ni identique ni complémentaire à celle de cette union est adressée au ministre chargé de l'artisanat.

Elle est accompagnée des documents suivants :

Statuts de l'union participante et de la société dans laquelle doit être prise la participation ;

Fiche indiquant les modalités, le montant de la prise de participation et le pourcentage du capital détenu ;

Note précisant les motifs de la participation au regard de l'objet et des activités de l'union coopérative ;

Comptes annuels des trois derniers exercices et procès-verbaux de l'assemblée générale les ayant examinés, concernant l'union coopérative participante et la société dans laquelle la participation doit être prise.

Rédaction antérieure. Art. 3. – Les dispositions du présent décret sont applicables aux sociétés coopératives d'entreprises de transports.

Toutefois, pour l'application de l'article 1er, l'inscription au registre prévu par l'article 8, paragraphe I, de la loi n° 82-1183 du 30 décembre 1982 d'orientation des transports intérieurs est substituée à l'immatriculation au répertoire des métiers ou au registre tenu par les chambres de métiers d'Alsace et de Moselle.

Décret n° 84-251 du 6 avril 1984

relatif à la valeur minimale des parts sociales et à l'organisation de sections des sociétés coopératives artisanales, de transport et maritimes

(JO 8 avr. 1984)

Art. 1er *(D. n° 2001-96, 2 févr. 2001)*. – La valeur nominale des parts sociales des sociétés coopératives artisanales, de transport et maritimes, est uniforme et ne peut être inférieure à 15 €.

Art. 2. – Lorsque, en application des articles 17 et 47 de la loi n° 83-657 du 20 juillet 1983 susvisée, la société coopérative s'est organisée en sections, les assemblées de section délibèrent sur le même ordre du jour, sous la présidence d'un mandataire désigné dans les conditions fixées par les statuts.

Art. 3. – Le nombre des délégués de section est proportionnel au nombre des associés présents ou représentés à l'assemblée de section. Cette proportion est fixée par les statuts.

Art. 4. – Les délégués de section sont élus au scrutin secret. Ils disposent chacun d'une voix à la réunion qui tient lieu d'assemblée générale ou d'assemblée des associés.

Art. 5. – Les assemblées de section font l'objet d'un procès-verbal qui doit être transmis à l'assemblée générale ou à l'assemblée des associés et annexé au procès-verbal de celle-ci.

Ce procès-verbal relate notamment :

– Le résultat des votes sur les résolutions inscrites à l'ordre du jour ;

– La composition du bureau ainsi que les noms et prénoms des délégués à l'assemblée générale désignés par l'assemblée de section.

Art. 5-1 *(D. n° 98-617, 20 juill. 1998).* – Les dispositions du présent décret s'appliquent dans le territoire de la Nouvelle-Calédonie aux coopératives maritimes, aux coopératives d'intérêt maritime et à leurs unions.

5.2.3. – SOCIÉTÉS COOPÉRATIVES MARITIMES

Code rural et de la pêche maritime

Partie législative

Sous-section 2. – Coopératives maritimes

Art. L. 931-5. – Les sociétés coopératives maritimes ont pour objet :

1° La réalisation de toute opération susceptible de permettre le maintien ou de favoriser le développement de la pêche maritime, de l'aquaculture marine et de toute autre activité maritime, ainsi que l'exercice en commun de ces activités ;

2° La fourniture de services répondant aux besoins professionnels individuels ou collectifs de leurs associés. Toute modification d'activité fait l'objet d'une déclaration à l'autorité compétente.

Les associés se choisissent librement et disposent de droits égaux quelle que soit l'importance de la part du capital social détenue par chacun d'eux. Il ne peut être établi entre eux de discrimination suivant la date de leur admission.

Par la souscription ou l'acquisition d'une part sociale, l'associé s'engage à participer aux activités de la société coopérative ; les statuts peuvent déterminer le nombre de parts à souscrire ou à acquérir par chaque associé en fonction de son engagement d'activité.

Art. L. 931-6. – Peuvent seuls être associés d'une société coopérative maritime :

1° Les marins de la marine marchande, les personnes physiques pratiquant à titre professionnel les cultures marines, notamment les bénéficiaires d'autorisation d'exploitation des cultures marines et les personnes physiques résidentes ou établies dans l'un des pays de l'Union européenne, dont l'activité est identique à celle des personnes mentionnées ci-dessus.

2° Les personnes ayant exercé les activités visées au 1°, retraitées ou ayant, pour cause d'incapacité physique, cessé d'exercer leur profession.

3° Après le décès des personnes visées aux 1° et 2° ci-dessus, leurs ascendants, leur conjoint et, jusqu'à la majorité du plus jeune, leurs enfants.

4° Les sociétés n'ayant comme associés que les personnes mentionnées ci-dessus.

5° Les personnes morales pratiquant, à titre principal ou accessoire, la pêche maritime ou les cultures marines.

6° D'autres sociétés coopératives maritimes et leurs unions.

7° Les salariés des sociétés et des personnes visées aux 1°, 4°, 5° et 6°.

8° Toute personne physique ou morale apportant à la coopérative un appui moral et financier.

Les membres des catégories définies aux 1°, 2°, 3° et 4° ci-dessus doivent représenter au moins les deux tiers du nombre des associés de la coopérative.

Art. L. 931-7. – Lorsque les personnes mentionnées au 8° de l'article L. 931-6 n'ont pas vocation à bénéficier des services de la coopérative, ni à participer aux opérations définies au deuxième alinéa de l'article L. 931-5, elles sont dites « associés non coopérateurs ».

Les associés non coopérateurs jouissent de tous les autres droits reconnus aux associés coopérateurs.

Les statuts peuvent prévoir, par dérogation au cinquième alinéa de l'article L. 931-5, que les parts sociales des associés non coopérateurs donnent droit à rémunération dans les conditions prévues à l'article 14 de la loi n° 47-1775 du 10 septembre 1947 portant statut de la coopération.

Art. L. 931-8. – Lorsque le conjoint du chef d'entreprise de pêche maritime est inscrit en tant que collaborateur au registre du commerce et des sociétés, l'un ou l'autre peut participer aux assemblées générales des organismes de coopération, de mutualité ou de crédit maritime et est éligible aux organes ou conseils d'administration ou de surveillance des organismes précités.

Il en va de même du chef d'entreprise conchylicole et de son conjoint, collaborateur ou coexploitant.

Toute clause contraire dans les statuts de ces organismes est réputée non écrite.

Art. L. 931-9. – Les sociétés coopératives maritimes peuvent admettre des tiers non associés à bénéficier de leurs services ou à participer à la réalisation des opérations entrant dans leur objet, à l'exclusion des opérations de gestion technique et financière. Cette faculté doit être mentionnée dans les statuts.

Les opérations effectuées avec des tiers non associés font l'objet d'une comptabilité séparée. Elles ne peuvent excéder le cinquième du chiffre d'affaires de la société coopérative.

Si les comptes font apparaître un dépassement de cette proportion, la société dispose d'un délai d'un an pour régulariser la situation.

Art. L. 931-10. – Les sociétés coopératives maritimes sont régies par les dispositions de la présente sous-section et, en ce qu'elles ne sont pas contraires à celles-ci, par les dispositions du Code de commerce, notamment des articles L. 231-1, L. 231-3 à L. 231-8, de la loi n° 47-1775 du 10 septembre 1947 portant statut de la coopération et, en ce qui concerne les coopératives constituées sous forme de société civile, par les dispositions du titre IX du livre III du Code civil.

Art. L. 931-11. – Les sociétés coopératives maritimes sont inscrites sur une liste dressée à cet effet par l'autorité administrative compétente, dans des conditions fixées par décret pris après avis du Conseil supérieur de la coopération.

L'utilisation de l'appellation de « société coopérative maritime » est réservée aux sociétés coopératives maritimes régulièrement inscrites sur la liste mentionnée à l'alinéa précédent.

L'emploi illicite de cette appellation ou de toute expression de nature à prêter à confusion avec celle-ci est puni de 4 500 € d'amende. Les personnes physiques coupables de cette infraction encourent également la peine complémentaire d'affichage ou de diffusion de la décision prononcée, dans les conditions prévues par l'article 131-35 du Code pénal.

Les actes et documents émanant de la société coopérative et destinés aux tiers, notamment les lettres, factures, annonces et publications diverses, doivent indiquer lisiblement la dénomination sociale de la coopérative précédée ou suivie immédiatement des mots : « société coopérative maritime à capital variable », accompagnée de la mention de la forme sous laquelle la société est constituée.

(Al. suppr., Ord. n° 2015-1248, 7 oct. 2015).

Art. L. 931-12. – Les sociétés coopératives maritimes sont des sociétés à capital variable constituées sous forme de société à responsabilité limitée ou de société anonyme.

Elles peuvent à tout moment, par une décision des associés prise dans les conditions requises pour la modification des statuts, passer de l'une à l'autre de ces formes. Cette modification n'entraîne pas la création d'une personne morale nouvelle.

Toutefois, les sociétés coopératives maritimes qui se livrent à l'aquaculture marine peuvent être constituées sous forme de société civile.

Art. L. 931-13. – Une société coopérative maritime ne peut participer au capital d'une autre société que si cette dernière exerce une activité identique ou complémentaire à la sienne.

Elle doit informer préalablement l'autorité administrative compétente de toute prise de participation qu'elle se propose de réaliser.

Art. L. 931-14. – Le capital des sociétés coopératives maritimes est représenté par des parts sociales nominatives. Leur valeur nominale est uniforme et ne peut être inférieure à un montant fixé par décret.

Le capital social ne peut être réduit à une somme inférieure à la moitié du capital le plus élevé atteint depuis la constitution de la société. En aucun cas, il ne peut être ramené à un montant inférieur au capital de fondation.

Lorsque la société coopérative maritime est constituée sous forme de société civile, chaque associé ne supporte les pertes que jusqu'à concurrence de dix fois le montant des parts qu'il détient.

L'article 11 *bis* de la loi n° 47-1775 du 10 septembre 1947 portant statut de la coopération n'est pas applicable.

Art. L. 931-15. – Chaque associé dispose d'une seule voix dans les assemblées.

Sur première convocation, l'assemblée générale ordinaire ou l'assemblée des associés ne délibère valablement que si sont présents ou représentés un quart au moins des associés inscrits au jour de la convocation s'il s'agit d'une société anonyme ou d'une société civile, ou la moitié au moins dans le cas d'une société à responsabilité limitée.

Lorsque le quorum de l'assemblée générale ordinaire ou extraordinaire ou de l'assemblée des associés n'est pas atteint, une seconde assemblée est convoquée. Sur seconde convocation, l'assemblée délibère valablement quel que soit le nombre des associés présents ou représentés, sauf pour les sociétés coopératives constituées sous forme de sociétés à responsabilité limitée pour lesquelles la présence de la moitié des associés reste requise. Pour ces sociétés, sur troisième convocation, l'assemblée délibère valablement quel que soit le nombre des associés présents ou représentés.

L'assemblée qui a pour objet la modification des statuts ne délibère valablement, sur première convocation, que si la moitié des associés inscrits au jour de la convocation sont présents ou représentés.

Une majorité des deux tiers des voix dont disposent les associés présents ou représentés est requise pour toute décision modifiant les statuts, quelle que soit la forme sous laquelle la société coopérative maritime est constituée.

Art. L. 931-16. – Lorsque la société coopérative maritime exerce plusieurs activités distinctes, ou a plusieurs établissements, ou lorsque la société coopérative étend son activité sur plusieurs départements, les statuts peuvent prévoir que l'assemblée générale ou l'assemblée des associés est précédée par des assemblées de section auxquelles s'appliquent les règles de composition, de convocation, de tenue, de quorum, de majorité et de procès-verbal des assemblées générales ou assemblées des associés.

Ces assemblées de section délibèrent séparément sur le même ordre du jour. Elles élisent des délégués qui sont réunis, sur le même ordre du jour, dans un délai maximum d'un mois suivant la dernière assemblée de section ; cette réunion est réputée être l'assemblée générale ou l'assemblée des associés.

Les statuts déterminent la répartition des associés en section et fixent le nombre de délégués par section.

Les modalités d'application du présent article sont précisées par décret.

Art. L. 931-17. – Sauf disposition spéciale des statuts, l'admission de nouveaux associés est décidée par l'assemblée générale ordinaire ou l'assemblée des associés.

Les statuts déterminent les modalités d'exclusion des associés. La décision d'exclusion d'un associé est prise dans les conditions retenues pour son admission sauf le droit pour l'intéressé de faire appel de la décision devant l'assemblée dans le cas où ce n'est pas celle-ci qui a pris la décision d'exclusion. L'assemblée statue dans le délai d'un mois à compter de la date à laquelle a été formé l'appel, celui-ci devant intervenir au plus tard quinze jours après la notification de la décision d'exclusion.

Tout associé peut se retirer de la société coopérative dans les conditions prévues aux statuts. L'associé qui se retire de la société coopérative ou qui en est exclu reste tenu pendant cinq ans envers les associés et envers les tiers de toutes les obligations existant au jour où cette décision a pris effet.

ANNEXE 5

En cas de retrait ou d'exclusion, la dernière phrase du dernier alinéa de l'article 18 de la loi n° 47-1775 du 10 septembre 1947 portant statut de la coopération n'est pas applicable.

Art. L. 931-18. – Les fonctions de mandataire ne donnent pas lieu à rémunération.

Toutefois, les mandataires qui exercent effectivement une fonction de direction de la société coopérative maritime peuvent percevoir une rémunération.

Art. L. 931-19. – Le solde créditeur du compte de résultat de l'exercice, diminué des pertes reportées, est appelé excédent net de gestion.

Art. L. 931-20. – Après application, le cas échéant, des dispositions de l'article L. 931-24, l'excédent net de gestion est réparti en tenant compte des règles suivantes :

1° Une fraction au moins égale à 15 % est affectée à la constitution d'un compte spécial indisponible.

Ce compte ne peut excéder le niveau le plus élevé atteint par les capitaux propres de la société coopérative diminués de son propre montant.

Il est destiné à garantir les engagements pris par la société coopérative à l'égard des tiers.

Il n'ouvre aucun droit aux associés et n'est susceptible ni d'être partagé entre eux, ni de faire l'objet de remboursement en cas de départ d'un associé pour quelque cause que ce soit, ni d'être incorporé au capital social.

Si les comptes font apparaître un dépassement de la limite prévue au troisième alinéa du présent article, la société dispose d'un délai d'un an pour régulariser la situation.

2° Après dotation au compte spécial indisponible et à la réserve prévue à l'article 18 de la loi n° 47-1775 du 10 septembre 1947 portant statut de la coopération, les reliquats peuvent être affectés :

a) Au service de l'intérêt aux parts sociales qui y donnent droit ;

b) À la répartition, à titre de ristournes, entre les associés proportionnellement aux opérations qu'ils ont réalisées avec la société coopérative et suivant les modalités prévues par les statuts. Si une société coopérative maritime effectue des opérations impliquant des activités différentes, elle établit des comptabilités distinctes dont les modalités sont fixées par son règlement intérieur en vue d'assurer pour l'ensemble des reliquats un partage équitable au prorata de la part prise par chacun des associés dans les activités de la coopérative.

Art. L. 931-21. – En cas de pertes résultant des opérations avec les associés, l'assemblée générale ou l'assemblée des associés peut décider leur répartition immédiate à raison de la part prise par chacun des associés dans les différentes activités de la société coopérative. Les modalités de cette répartition sont déterminées par les statuts. À défaut d'une répartition immédiate, les pertes sont imputées sur le capital social ou reportées sur l'exercice suivant.

Les pertes ne peuvent être imputées sur le compte spécial indisponible qu'en cas de dissolution ou de cessation d'activité.

Art. L. 931-22. – La part de l'excédent net de gestion résultant des opérations effectuées avec les tiers non associés est portée en totalité à un compte de réserve.

Cette réserve ne peut être ni répartie entre les associés, ni incorporée au capital. Si les pertes résultant des opérations effectuées avec les tiers excèdent cette réserve, elles sont immédiatement réparties. À défaut, elles sont imputées sur le capital social ou reportées sur l'exercice suivant.

Cette réserve ne peut être utilisée pour amortir des pertes sociales visées à l'article L. 931-21 qu'après épuisement du compte spécial indisponible.

Art. L. 931-23. – L'assemblée des associés ou l'assemblée générale peut décider la transformation en parts sociales de tout ou partie des ristournes distribuables aux associés.

Les deux derniers alinéas de l'article 16 de la loi n° 47-1775 du 10 septembre 1947 portant statut de la coopération ne sont pas applicables.

Art. L. 931-24. – Les sociétés coopératives maritimes peuvent constituer des unions de coopératives soumises aux dispositions de la présente sous-section.

Toutefois :

1° Ces unions peuvent admettre comme associés toute personne physique ou morale intéressée directement par leur objet, et notamment les organismes et organisations professionnels du secteur des pêches maritimes et de l'aquaculture marine. Le nombre de ces associés ne peut excéder le quart du nombre total des membres de l'union.

2° Selon des modalités prévues par les statuts, le nombre de voix dont dispose chaque société coopérative peut être proportionnel au montant des opérations réalisées par elle avec l'union ou au nombre de ses associés. Le rapport entre le nombre de voix détenues par deux coopératives ne peut excéder trois.

Art. L. 931-25. – Les sociétés coopératives maritimes et leurs unions sont habilitées à recevoir des dons, legs et subventions.

Art. L. 931-26. – Les sociétés coopératives maritimes et leurs unions sont soumises au contrôle du ministre chargé de la pêche maritime et de l'aquaculture marine. Lorsque ce contrôle fait apparaître la violation de dispositions législatives ou réglementaires, les sociétés coopératives sont radiées par décision motivée de la liste prévue à l'article L. 931-12 dans un délai ne pouvant excéder deux ans à compter de la mise en demeure du ministre les invitant à régulariser leur situation.

La radiation est prononcée lorsque l'inscription ou le maintien sur la liste a été obtenu sur la foi de documents inexacts ou lorsque les sociétés concernées viennent à perdre le caractère de société coopérative.

Un décret en Conseil d'État détermine les modalités d'application du présent article.

Art. L. 931-27. – *(Mod., L. n° 2014-856, 31 juill. 2014)* Les sociétés coopératives maritimes et leurs unions sont soumises aux articles 25-1 à 25-5 de la loi n° 47-1775 du 10 septembre 1947 portant statut de la coopération.

Art. L. 931-28. – En vue de faciliter l'exercice par leurs membres des activités mentionnées à l'article L. 931-5, des sociétés coopératives d'intérêt maritime peuvent être constituées par les personnes visées aux 5°, 6° et 7° de l'article L. 931-6, entre elles ou avec les personnes morales pratiquant des activités économiques dérivées ou complémentaires de la pêche et des cultures marines.

Le nombre de voix afférentes aux membres de la catégorie visée au 8° de l'article L. 931-6 ne peut dépasser le quart de l'ensemble des voix.

Art. L. 931-29. – Les sociétés coopératives d'intérêt maritime sont régies par les articles L. 931-5, L. 931-9 à L. 931-20 et L. 931-23 à L. 931-26.

Art. L. 931-30. – Les sociétés coopératives maritimes et les sociétés coopératives d'intérêt maritime peuvent constituer entre elles des unions.

5.2.4. – SOCIÉTÉS COOPÉRATIVES DE BANQUE

Articles résultant de la codification de la loi n° 82-409 du 17 mai 1982 par suite de son abrogation (Ord. n° 2000-1223, 14 déc. 2000).

Bibliographie : Chr. Gavalda, *Une nouvelle catégorie de banque inscrite : les sociétés coopératives de banque : Rev. sociétés* 1982, p. 473.

Code monétaire et financier

Partie législative

Sous-section 1. – Dispositions générales

Art. L. 512-61 *(Anc. L. n° 82-409, 17 mai 1982)*. – Les sociétés coopératives de banque sont des sociétés à capital fixe ayant la forme d'union de coopératives soumises aux dispositions de la présente section et, en ce qu'elles ne sont pas contraires à celles-ci, aux dispositions de la loi n° 47-1775 du 10 septembre 1947 portant statut de la coopération.

Sans préjudice de l'application des dispositions de l'article 3 *bis* de la loi n° 47-1775 du 10 septembre 1947 portant statut de la coopération, seules peuvent être sociétaires des sociétés coopératives de banque, les sociétés coopératives, les sociétés mutualistes et les sociétés d'assurance à forme *(Mots rempl., Ord.*

n° 2017-484, 6 avr. 2017) « mutuelle ainsi que les fonds de retraite professionnelle supplémentaire constitués sous forme de sociétés d'assurance mutuelle régis » par le Code des assurances, ainsi que, dans la limite de 30 % du capital et des droits de vote, les associations sans but lucratif régies par la loi du 1er juillet 1901 ou par les dispositions applicables dans les départements du Bas-Rhin, du Haut-Rhin et de la Moselle.

Voir : Rejet d'une demande de nomination d'un expert de gestion, sous C. com., art. L. 225-231, annot. n° 2, p. 370.

Art. L. 512-62 *(Anc. L. n° 82-409, 17 mai 1982)*. – Les sociétés coopératives de banque sont autorisées à augmenter leur capital par incorporation de réserves.

Elles sont autorisées à verser à leur capital un intérêt assurant un rendement au plus égal au taux moyen des obligations à taux fixe et d'échéance finale supérieure à sept ans, dont le capital ou les intérêts ne sont pas indexés, émises ou garanties par l'État, ce taux étant constaté sur le marché secondaire de Paris par la Caisse des dépôts et consignations, durant l'année au titre de laquelle cet intérêt est versé.

Art. L. 512-63 *(Anc. L. n° 82-409, 17 mai 1982)*. – Les sociétés coopératives de banque sont des établissements de crédit.

Elles peuvent recevoir des dépôts de toute personne physique ou morale.

Elles doivent accorder 80 % au moins de leurs concours à leurs sociétaires, aux membres de ceux-ci, à des sociétés coopératives, à des sociétés mutualistes ou des sociétés à forme *(Mots rempl., Ord. n° 2017-484, 6 avr. 2017)* « mutuelle ou des fonds de retraite professionnelle supplémentaire constitués sous forme de sociétés d'assurance mutuelle régis » par le Code des assurances, à des associations sans but lucratif régies par la loi du 1er juillet 1901 ou la loi locale applicable dans les départements du Bas-Rhin, du Haut-Rhin et de la Moselle ainsi qu'à des collectivités ou établissements publics et des sociétés d'économie mixte en application de l'article L. 221-12.

Sous-section 2. – Conseil d'administration

Art. L. 512-64 *(Anc. L. n° 82-409, 17 mai 1982)*. – Le conseil d'administration ou le conseil de surveillance comprend, outre dix représentants des sociétaires, cinq représentants du personnel de la société coopérative de banque, dont au moins un cadre, élus par l'ensemble des salariés de la banque au scrutin de liste à la proportionnelle et à la plus forte moyenne.

Le président est élu par le conseil d'administration ; le président du directoire est élu par le conseil de surveillance. Leur nomination est soumise à l'agrément *(Mots rempl., L. n° 2013-672, 26 juill. 2013)* « de l'Autorité de contrôle prudentiel et de résolution ».

Sous-section 3. – Commissaire du gouvernement

Art. L. 512-65 *(Anc. L. n° 82-409, 17 mai 1982)*. – Un commissaire du gouvernement est désigné par le ministre chargé de l'économie auprès de chaque société coopérative de banque.

Il assiste à toutes les séances du conseil d'administration ou du conseil de surveillance et du directoire et des comités constitués au sein des conseils ainsi qu'à toutes les séances de l'assemblée générale des sociétaires. Il peut demander communication de tous les documents de la société. Il oppose son veto à toute décision qui serait contraire aux statuts de la société ou aux lois et règlements en vigueur. La société peut, dans un délai de huit jours, faire appel de la décision du commissaire du gouvernement devant le ministre chargé de l'économie qui est tenu de se prononcer dans les quinze jours. À défaut, le veto est levé.

Le commissaire du gouvernement dispose des mêmes pouvoirs auprès des sociétés dont la société coopérative de banque détient le contrôle.

Sous-section 4. – Statuts

Art. L. 512-66 *(Anc. L. n° 82-409, 17 mai 1982)*. – Les statuts des sociétés coopératives de banque sont agréés par le ministre chargé de l'économie.

Art. L. 512-67 *(Anc. L. n° 82-409, 17 mai 1982)*. – Les établissements de crédit qui transforment leur statut pour adopter celui de société coopérative de banque doivent, dans le délai d'un an à compter de leur agrément, se conformer aux dispositions des articles L. 512-61 à L. 512-64, sous peine *(Mots rempl., Ord. n° 2014-1332, 6 nov. 2014)* « d'interdiction totale d'activité à titre conservatoire ».

5.2.5. – SOCIÉTÉS COOPÉRATIVES DE COMMERÇANTS DÉTAILLANTS

Code de commerce

Partie législative

Articles résultant de la codification de la loi n° 72-652 du 11 juillet 1972 relative aux sociétés coopératives de commerçants détaillants, par la suite de son abrogation (Ord. n° 2000-912, 18 sept. 2000).

Bibliographie : J. Commas, *Les supports juridiques des relations entre les coopératives de commerçants détaillants et leurs adhérents : CDE* 1980, n° 3. • S. Grandvuillemin, *Une réponse aux attentes des coopératives de commerçants détaillants : l'ordonnance du 25 mars 2004 portant simplification du droit et des formalités pour les entreprises : JCP* E 2004, act., p. 781. • L. Julien-Saint-Amand et L. Cuillier, *Société coopérative de commerçants détaillants. Mise en place d'un dividende coopératif : Dr. sociétés* 2013, form. 8. • P. Le Floch, *Les sociétés coopératives de commerçants détaillants après la loi n° 2014-856 du 31 juillet 2014 : JCP* E 2014, 1514. • B. Saintourens, *La réforme des sociétés coopératives de commerçants détaillants et détaillants et d'artisans par l'ordonnance n° 2004-274 du 25 mars 2004 : BJS* 2004, p. 752. • J.-Cl. Serna, *Sociétés coopératives de commerçants détaillants et magasins collectifs de commerçants indépendants : Rev. sociétés* 1972, p. 443. • *Adde* Y. Guyon et J. Holler, *JCl. Sociétés traité*, Fasc. 170-70.

Art. L. 124-1 *(Mod., L. n° 2001-420, 15 mai 2001 ; Ord. n° 2004-274, 25 mars 2004).* **– Les sociétés coopératives de commerçants détaillants ont pour objet d'améliorer par l'effort commun de leurs associés les conditions dans lesquelles ceux-ci exercent leur activité commerciale. À cet effet, elles peuvent notamment exercer directement ou indirectement pour le compte de leurs associés les activités suivantes :**

1° Fournir en totalité ou en partie à leurs associés les marchandises, denrées ou services, l'équipement et le matériel nécessaires à l'exercice de leur commerce, notamment par la constitution et l'entretien de tout stock de marchandises, la construction, l'acquisition ou la location ainsi que la gestion de magasins et entrepôts particuliers, l'accomplissement dans leurs établissements ou dans ceux de leurs associés de toutes opérations, transformations et modernisation utiles ;

2° Regrouper dans une même enceinte les commerces appartenant à leurs associés, créer et gérer tous services communs à l'exploitation de ces commerces, construire, acquérir ou louer les immeubles nécessaires à leur activité ou à celle des associés, et en assurer la gestion, le tout dans les conditions prévues par le chapitre V du présent titre ;

3° Dans le cadre des dispositions législatives concernant les activités financières, faciliter l'accès des associés et de leur clientèle aux divers moyens de financement et de crédit ;

3° *bis* *(3e bis créé, L. n° 2014-856, 31 juill. 2014)* **Organiser entre les associés une coopération financière, notamment à travers la constitution de sociétés, exerçant sous leur contrôle direct ou indirect et ayant pour finalité d'apporter par tous moyens un soutien à l'achat, à la création et au développement du commerce, dans le respect des dispositions propres aux établissements de crédit. Le capital des sociétés ainsi constituées doit être majoritairement détenu par les coopératives et des associés coopérateurs ; les associés non coopérateurs ne peuvent en aucun cas détenir ensemble plus de 35 % du total des droits de vote. Lorsque la part de capital que détiennent les associés non coopérateurs excède cette limite, le nombre de droits de vote est réduit à due proportion ;**

4° Exercer les activités complémentaires à celles énoncées ci-dessus, et notamment fournir à leurs associés une assistance en matière de gestion technique, financière et comptable ;

5° *(Rempl., L. n° 2012-387, 22 mars 2012)* **Acheter des fonds de commerce dont, par dérogation à l'article L. 144-3, la location-gérance est concédée dans un délai de deux mois à un associé et qui doivent être rétrocédés dans un délai maximal de sept ans. Le défaut de rétrocession dans ce délai peut donner lieu à injonction suivant les modalités définies au second alinéa de l'article L. 124-15 ;**

6° Définir et mettre en œuvre par tous moyens une politique commerciale commune propre à assurer le développement et l'activité de ses associés, notamment :

– par la mise en place d'une organisation juridique appropriée ;

– par la mise à disposition d'enseignes ou de marques dont elles ont la propriété ou la jouissance ;

– par la réalisation d'opérations commerciales publicitaires ou non pouvant comporter des prix communs ;

– par l'élaboration de méthodes et de modèles communs d'achat, d'assortiment et de présentation de produits, d'architecture et d'organisation des commerces ;

– *(Al. créé, L. n° 2014-856, 31 juill. 2014)* par l'élaboration et la gestion d'une plate-forme de vente en ligne ;

7° Prendre des participations même majoritaires dans des sociétés directement ou indirectement associées exploitant des fonds de commerce.

Voir : la rédaction de cet article issue de l'ordonnance n° 2019-744 du 19 juillet 2019, en *addendum*, p. 3371.

1) Il faut entendre par **détaillant** le commerçant qui se borne à effectuer des ventes de détail au sens des usages de sa profession : (Rép. min. : *JO* Sénat Q, 24 juill. 1975, p. 2443).

2) Sur l'application des dispositions de l'article L. 420-2, alinéa 2 du Code de commerce, aux rapports entre une société coopérative de commerçants détaillants et ses associés : V. ▪ Cass. com., 4 juill. 2006, n° 03-16.443 et la décision d'appel, ▪ CA Reims, 5 mai 2003 : *Rev. sociétés* 2003, p. 865, note B. Saintourens.

Art. L. 124-1-1 *(L. n° 2014-856, 31 juill. 2014)*. – Nulle répartition ne peut être opérée entre les associés coopérateurs si ce n'est au prorata des opérations traitées avec chacun d'eux ou réalisées par la coopérative dans un rôle d'intermédiaire entre ces associés et des tiers.

Art. L. 124-2 *(Mod., L. n° 2014-856, 31 juill. 2014)*. – Les sociétés coopératives de pharmaciens d'officine ne peuvent refuser leurs services en cas d'urgence, aux pharmaciens d'officine non associés et à tous les établissements publics ou privés où sont traités les malades, lorsque ces établissements sont régulièrement propriétaires d'une officine.

Art. L. 124-3. – Les sociétés coopératives de commerçants de détail sont des sociétés *(Mots rempl., L. n° 2014-856, 31 juill. 2014)* « à capital variable constituées sous forme de société à responsabilité limitée ou de société anonyme » et fonctionnant conformément aux dispositions du livre II, titre III, chapitre I. Elles sont régies par les dispositions du présent chapitre et par celles non contraires du livre II, titres I à IV et de la loi n° 47-1775 du 10 septembre 1947 portant statut de la coopération. Les dispositions du livre II, titres I à IV concernant la constitution des réserves légales leur sont applicables.

Peuvent être seules considérées comme sociétés coopératives de commerçants de détail ou unions de ces sociétés, et sont seules autorisées à prendre ce titre et à l'adjoindre à leur dénomination, les sociétés et unions constituées dans le but d'effectuer les opérations visées à l'article L. 124-1 et qui se conforment, pour leur constitution et leur fonctionnement, aux prescriptions du présent chapitre.

Art. L. 124-4 *(Mod., Ord. n° 2004-274, 25 mars 2004)*. – Sans préjudice de l'application des dispositions de l'article 3 *bis* de la loi n° 47-1775 du 10 septembre 1947 portant statut de la coopération, tout commerçant, exerçant le commerce de détail, régulièrement établi sur le territoire d'un État étranger, peut être membre de coopératives de commerçants ». Il en est de même des sociétés coopératives régies par le présent chapitre, ainsi que des entreprises immatriculées à la fois au répertoire des métiers et au registre du commerce et des sociétés. Les coopératives régies par le présent chapitre peuvent admettre en qualité d'associés des personnes physiques ou morales intéressées par leur activité et compétentes pour en connaître.

Les sociétés coopératives de commerçants de détail qui exercent les activités visées au 2° de l'article L. 124-1 peuvent, en outre, admettre en qualité d'associé toute personne visée à l'article L. 125-1.

Les commerçants de détail dont la coopérative est affiliée à une autre coopérative de commerçants de détail peuvent bénéficier directement des services de cette dernière.

Art. L. 124-4-1 *(L. n° 2014-856, 31 juill. 2014)*. – Les statuts d'une société coopérative de commerçants peuvent prévoir que l'associé qui souhaite céder son fonds de commerce, ou plus de 50 % des parts sociales ou actions composant le capital de la société exploitant ce fonds, ou encore le bien immobilier dans lequel est exploité ce fonds, doit en informer la coopérative. La coopérative dispose, à compter de la réception de cette information, d'un délai de trois mois pour présenter une offre d'acquisition.

La cession intervenue en méconnaissance du premier alinéa peut être annulée par le tribunal compétent.

Si la cession n'est pas intervenue dans un délai de deux ans, le cédant en informe la coopérative qui peut présenter une nouvelle offre dans les conditions prévues au premier alinéa.

La clause mentionnée au premier alinéa est écartée en cas de succession, de liquidation du régime matrimonial ou de cession à un conjoint, à un ascendant ou à un descendant.

Art. L. 124-5. – Les sociétés régies par le présent chapitre peuvent constituer entre elles des unions ayant les mêmes objets que ceux définis à l'article L. 124-1.

Ces unions doivent se conformer, pour leur constitution et leur fonctionnement, aux mêmes règles que lesdites sociétés. Le *(Mots rempl., L. n° 2014-856, 31 juill. 2014)* « premier » alinéa de l'article 9 de la loi [n° 47-1775] du 10 septembre 1947 portant statut de la coopération leur est applicable.

Les unions de sociétés coopératives de commerçants de détail ne peuvent comprendre que des sociétés coopératives de détail ou leurs associés. Les commerçants détaillants dont la coopérative est affiliée à une union peuvent bénéficier directement des services de cette union.

Les sociétés coopératives de commerçants de détail et leurs unions peuvent constituer des unions mixtes avec d'autres sociétés coopératives et leurs unions.

(Al. rempl., Ord. n° 2015-1127, 10 sept. 2015) Par dérogation à l'article L. 223-1, le nombre des associés d'une union régie par le présent article ne peut être inférieur à quatre s'il s'agit d'une société à responsabilité limitée.

Art. L. 124-6 *(Mod., Ord. n° 2004-274, 25 mars 2004 ; L. n° 2005-882, 2 août 2005)*. – *(Mots aj., L. n° 2014-856, 31 juill. 2014)* « Dans une coopérative constituée sous forme de société anonyme, » les administrateurs ou les membres du directoire et du conseil de surveillance sont des personnes physiques ayant soit la qualité d'associé, à titre personnel, soit la qualité de président du conseil d'administration, de directeur général, de membre du directoire ou de gérant d'une société ayant elle-même la qualité d'associé.

Les fonctions des membres du conseil d'administration ou des membres du conseil de surveillance sont gratuites et n'ouvrent droit qu'au remboursement, sur justification, des frais, ainsi que, le cas échéant, au paiement d'une indemnité compensatrice du temps et du travail consacrés à l'administration de la coopérative.

Le président du conseil d'administration ou les membres du directoire ainsi que le président du conseil de surveillance peuvent recevoir une rémunération. Toutefois, ils ne peuvent être rémunérés au prorata des opérations faites ou des excédents réalisés que si ce mode de rémunération est prévu par les statuts. Ceux-ci précisent l'instance habilitée à fixer pour une durée n'excédant pas cinq années le maximum de rétributions annuelles.

Les décisions prises pour l'exécution de l'alinéa précédent sont ratifiées par l'assemblée générale annuelle qui suit la date à laquelle elles sont intervenues.

Art. L. 124-6-1 *(L. n° 2014-856, 31 juill. 2014)*. – Dans une coopérative constituée sous forme de société à responsabilité limitée, le ou les gérants sont des personnes physiques ayant soit la qualité d'associé à titre personnel, soit la qualité de président du conseil d'administration, de directeur général, de membre du directoire ou de gérant d'une société ayant elle-même la qualité d'associé. Les sociétés coopératives comptant plus de vingt associés doivent être administrées par trois gérants ou plus.

Art. L. 124-7. – Les statuts peuvent prévoir que des sociétés coopératives de commerçants détaillants sont associées dans les conditions prévues à l'article 3 *bis* de la loi [n° 47-1775] du 10 septembre 1947 portant statut de la coopération. Dans ce cas, elles ne peuvent recourir aux services de la société coopérative dont elles sont associées.

Art. L. 124-8. – *(Rect. JO. 18 nov. 2000) (Mots aj., L. n° 2014-856, 31 juill. 2014)* « L'assemblée des associés ou » l'assemblée générale délibère valablement lorsque le tiers des associés existants à la date de la convention sont présents ou représentés.

Toutefois, les assemblées convoquées en vue de modifier les statuts ne délibèrent valablement que si la moitié au moins des associés existants à la date de la convocation sont présents ou représentés.

Les associés qui ont exprimé leur suffrage par correspondance, quand les statuts les y autorisent, comptent pour la détermination du quorum.

Lorsque le quorum n'est pas atteint, une nouvelle assemblée est convoquée. Elle délibère valablement quel que soit le nombre des associés présents ou représentés.

Art. L. 124-9 *(Mod., Ord. n° 2004-274, 25 mars 2004)*. – Les délibérations de *(Mots aj., L. n° 2014-856, 31 juill. 2014)* « l'assemblée des associés ou de » l'assemblée générale sont prises à la majorité des voix dont disposent les associés présents ou représentés. Toutefois, une majorité des deux tiers des voix des associés présents ou représentés est requise pour toute modification des statuts.

Si la coopérative exerce les activités prévues au 2° de l'article L. 124-1, il est dérogé à cette disposition dans les conditions prévues par l'article L. 125-10.

ANNEXE 5

Art. L. 124-10. – L'exclusion d'un associé peut être prononcée, selon le cas, par le conseil d'administration ou par le conseil de surveillance *(Mots aj., L. n° 2014-856, 31 juill. 2014)* « si la société coopérative est constituée sous forme de société anonyme, ou par la gérance s'il s'agit d'une société à responsabilité limitée », l'intéressé étant dûment entendu.

Tout associé frappé d'une mesure d'exclusion a la possibilité de faire appel de cette décision devant l'assemblée générale *(Mots aj., L. n° 2014-856, 31 juill. 2014)* « ou l'assemblée des associés » qui statue sur son recours lors de la première réunion ordinaire qui suit la notification de l'exclusion. Celle-ci prend effet au jour de la notification de son acceptation par l'assemblée générale *(Mots aj., L. n° 2014-856, 31 juill. 2014)* « ou l'assemblée des associés ».

Toutefois *(Mots aj., L. n° 2014-856, 31 juill. 2014)* « , lorsque la société est constituée sous forme de société anonyme », le conseil d'administration ou le conseil de surveillance, selon le cas, peut, lorsque l'intérêt de la société l'exige, suspendre l'exercice des droits que l'associé exclu tient de sa qualité de coopérateur jusqu'à notification à ce dernier de la décision de l'assemblée générale, sans que la durée de cette suspension puisse excéder une année.

Si la décision tendant à exclure un associé n'est pas justifiée par un motif sérieux et légitime, le tribunal, saisi dans le délai d'un mois à compter de la notification du rejet du recours de l'associé par l'assemblée générale *(Mots aj., L. n° 2014-856, 31 juill. 2014)* « ou l'assemblée des associés », peut, soit réintégrer l'associé indûment exclu, soit lui allouer des dommages et intérêts, soit prononcer l'une et l'autre de ces mesures.

Lorsque la coopérative exerce les activités prévues au 2° de l'article L. 124-1, les dispositions du présent article ne sont pas applicables. Il est fait application des articles L. 125-15 et L. 125-16.

1) Ne pouvant ignorer les dispositions statutaires, un associé coopérateur ne saurait utilement invoquer le fait que la décision de notification d'exclusion n'ait pas mentionné les dispositions statutaires relatives aux modalités et délais à respecter en cas de recours contre la décision d'exclusion : ▪ CA Paris, 5 nov. 2004 : *Rev. sociétés* 2005, p. 232, obs. crit. I. Urbain-Parléani.

2) A violé l'article L. 124-10 du Code de commerce, la cour d'appel qui, pour dire que la société concernée n'est pas recevable à critiquer la décision d'exclusion prise à son encontre, a retenu que cette société n'a pas effectué les recours successifs offerts par l'article L. 124-10 du Code de commerce, alors qu'un associé coopérateur exclu d'une coopérative par décision du conseil d'administration peut engager directement une action en justice pour faire constater que son exclusion n'était pas fondée, sans avoir à saisir au préalable l'assemblée générale d'un recours contre cette décision, un tel recours n'étant qu'une faculté et non une obligation : ▪ Cass. com., 18 janv. 2011, n° 09-68.911 : *BJS* 2011, p. 402, note P. Mousseron ; *Dr. sociétés* 2011, n° 67, obs. H. Hovasse ; *JCP* E 2011, 1133.

3) L'action de l'associé d'une société coopérative de commerçants détaillants, exclu par le conseil d'administration, est recevable, même plus d'un mois après la décision de l'assemblée ayant confirmé son exclusion : ▪ Cass. com., 4 déc. 2012, n° 11-27.667 : *Dr. sociétés* 2013, comm. 45, note H. Hovasse ; *JCP* E 2013, 1031, note B. Dondero. L'associé coopérateur qui vote en faveur de sa propre exclusion peut la contester ultérieurement en justice (même arrêt).

Art. L. 124-11 *(Mod., Ord. n° 2004-274, 25 mars 2004)*. – S'il s'agit d'une coopérative exerçant les activités prévues au 2° de l'article L. 124-1, le remboursement des parts sociales de l'associé qui se retire ou qui est exclu s'effectue, par dérogation à l'article 18 de la loi [n° 47-1775] du 10 septembre 1947 portant statut de la coopération, dans les conditions prévues par les articles L. 125-17 et L. 125-18.

Il reste cependant tenu pendant cinq années à compter du jour où il a définitivement perdu la qualité d'associé, tant envers la coopérative qu'à l'égard des tiers, de toutes les obligations existant à la clôture de l'exercice au cours duquel il a quitté la coopérative. *(Mots rempl., L. n° 2014-856, 31 juill. 2014)* « Le conseil d'administration, le conseil de surveillance ou la gérance », selon le cas, peut, pendant cinq ans au plus, conserver tout ou partie des sommes dues à l'ancien associé, en application de l'alinéa précédent, dans la limite du montant nécessaire à la garantie des obligations dont il est tenu en application du présent alinéa, et à moins que l'intéressé ne fournisse des sûretés suffisantes.

Pour un exemple de retrait d'un associé coopérateur : ▪ Cass. com., 22 févr. 2000, n° 97-17.020 : *Bull. civ.* IV, n° 35. – V. aussi, à propos des clauses stipulant le versement d'indemnités en cas de retrait de l'associé coopérateur, ▪ CA Pau, 26 févr. 2009, n° 07/03232 : *BJS* 2009, p. 980, note M. Hérail.

Art. L. 124-12. – L'assemblée générale ordinaire peut, en statuant aux conditions de quorum et de majorité de l'assemblée générale extraordinaire *(Mots aj., L. n° 2014-856, 31 juill. 2014)* « si la coopérative est constituée sous forme de société anonyme, ou l'assemblée des associés statuant aux conditions de quorum et de majorité de l'assemblée ayant pour objet la modification des statuts s'il s'agit d'une société coopérative constituée sous forme de société à responsabilité limitée », transformer en parts sociales tout ou partie des ristournes bloquées en comptes individualisés ainsi que tout ou partie des ristournes distribuables aux coopérateurs au titre de l'exercice écoulé.

Dans ce dernier cas, les droits de chaque coopérateur dans l'attribution des parts résultant de cette augmentation de capital sont identiques à ceux qu'il aurait eus dans la distribution des ristournes.

Art. L. 124-13. – La caisse centrale de crédit coopératif est autorisée à effectuer toutes opérations financières en faveur des sociétés constituées conformément aux dispositions du présent chapitre, notamment à mettre à leur disposition les fonds qui lui sont spécialement attribués ou qu'elle peut se procurer sous forme d'emprunts ou par le réescompte des effets souscrits, à donner son aval ou à se porter caution pour garantir leurs emprunts, à recevoir et à gérer leurs dépôts de fonds.

Art. L. 124-14. – En cas de dissolution d'une société coopérative ou d'une union régie par les dispositions du présent chapitre et sous réserve des dispositions des alinéas suivants du présent article, l'excédent net de l'actif sur le capital est dévolu soit à d'autres sociétés coopératives ou unions de coopératives, soit à des œuvres d'intérêt général ou professionnel.

Toutefois, une société coopérative ou une union peut être autorisée par arrêté du ministre chargé de l'économie et des finances, pris après avis du Conseil supérieur de la coopération, à répartir l'excédent net de l'actif à ses associés. Cette répartition ne peut comprendre la part de l'excédent net d'actif qui résulte de l'aide accordée directement ou indirectement à la société ou à l'union par l'État ou par une collectivité publique. Cette part doit être reversée dans les conditions prévues par l'arrêté d'autorisation.

La répartition entre les associés de l'excédent net d'actif est de plein droit lorsque la société coopérative exerce les activités visées au 2° de l'article L. 124-1.

Art. L. 124-15. – Tout groupement de commerçants détaillants établi en vue de l'exercice d'une ou plusieurs des activités visées aux 1°, 3° et 4° de l'article L. 124-1 doit, s'il n'a pas adopté la forme de société coopérative de commerçants détaillants régie par les dispositions du présent chapitre, être constitué sous la forme de société anonyme, de société à responsabilité limitée, de groupement d'intérêt économique ou de groupement européen d'intérêt économique.

(Rempl., L. n° 2012-387, 22 mars 2012) Le ministère public ou toute personne intéressée peut saisir le président du tribunal compétent statuant en référé afin d'enjoindre, le cas échéant sous astreinte, aux commerçants membres du groupement formé en violation du premier alinéa de se constituer sous l'une des formes prévues.

Art. L. 124-16. – Les sociétés coopératives d'achat en commun de commerçants détaillants et leurs unions constituées sous l'empire de la loi n° 49-1070 du 2 août 1949 sont considérées comme satisfaisant aux dispositions du présent chapitre sans qu'il soit nécessaire qu'elles modifient leurs statuts.

Toutefois, les sociétés bénéficiaires des dispositions de l'alinéa précédent doivent procéder à la mise en conformité de leurs statuts à l'occasion de toute modification ultérieure desdits statuts.

5.2.6. – SOCIÉTÉS COOPÉRATIVES DE CONSTRUCTION

Voir : Immobilier, CCH, art. L. 213-1 et s., p. 2769.

5.2.7. – SOCIÉTÉS COOPÉRATIVES DE MÉDECINS

Code de la santé publique

Partie réglementaire

Art. R. 4131-10. – Sous réserve d'observer les règles du Code de déontologie médicale, il peut être constitué soit entre médecins spécialistes, soit entre médecins généralistes, régulièrement inscrits au tableau de l'ordre des médecins, des sociétés civiles coopératives, régies par les articles 1832 et suivants du Code civil, la loi n° 47-1775 du 10 septembre 1947 portant statut de la coopération et la présente section.

Lorsqu'il est stipulé dans les statuts que le capital social est variable, ces sociétés sont en outre soumises aux dispositions des articles L. 231-1 à L. 231-8 du Code de commerce.

Art. R. 4131-11. – Les statuts des coopératives de médecins sont établis soit par acte authentique, soit par acte sous seing privé, signé de tous les associés fondateurs.

Dans le délai d'un mois à compter de la constitution de la coopérative, une expédition des statuts établis par acte authentique ou un original des statuts établis par acte sous seing privé est déposé au greffe du tribunal d'instance du lieu du siège social. Il est donné récépissé de ce dépôt.

Les modifications apportées aux statuts font également l'objet du dépôt prévu à l'alinéa précédent dans le délai d'un mois à compter de leur date.

Art. R. 4131-12. – Les coopératives de médecins ont pour objet exclusif de faciliter l'exercice de la profession de leurs membres par la mise en commun de tous moyens utiles à cet exercice.

Chaque associé se présente à la clientèle sous son nom personnel. Il exerce son art en toute indépendance et sous sa responsabilité et perçoit ses honoraires conformément aux dispositions du Code de déontologie.

Art. R. 4131-13. – La dénomination de la coopérative ne doit comporter aucun nom de ville, quartier, rue, ni généralement aucun nom propre de caractère géographique.

Elle est suivie obligatoirement des mots : « société civile coopérative de médecins », complétés, le cas échéant, par les mots : « à capital variable ».

Art. R. 4131-14. – Les parts sociales sont nominatives et indivisibles à l'égard de la société.

Il est tenu au siège social un registre coté et paraphé par le juge du tribunal d'instance, sur lequel sont inscrits, par ordre chronologique, les adhésions des associés et le nombre de parts souscrites par chacun d'eux.

Art. R. 4131-15. – Les parts sociales sont librement cessibles entre associés. Elles ne peuvent être cédées à des tiers qu'avec le consentement de tous les associés. En cas de refus d'agrément du cessionnaire, les associés sont tenus, dans un délai de six mois, d'acquérir ou de faire acquérir les parts à un prix fixé par expert, en l'absence d'accord entre les parties. À défaut, l'associé cédant peut réaliser la cession initialement prévue.

Le transfert des parts est effectué par une inscription sur le registre prévu à l'article R. 4131-14, signée du cédant et du gérant de la coopérative.

Art. R. 4131-16. – La condamnation d'un associé à une peine criminelle ou sa radiation du tableau de l'ordre des médecins emporte de plein droit son exclusion de la coopérative.

Lorsque la société comprend plus de deux membres, l'exclusion d'un associé peut être prononcée par les autres associés statuant à l'unanimité si cet associé a commis une infraction grave aux statuts, au règlement intérieur de la coopérative ou s'il a été suspendu disciplinairement.

C'est à bon droit qu'une cour d'appel a déclaré valable la décision d'exclusion d'un associé pour refus de mise en commun des honoraires, obligation qui était prévue par les statuts : ▪ Cass. 1re civ., 17 mars 1983 : *JurisData* n° 1983-799522.

Art. R. 4131-17. – L'associé qui est exclu de la coopérative dans les conditions prévues à l'article R. 4131-16 ou qui s'en retire n'a droit qu'au remboursement de son apport.

S'il y a des pertes, le remboursement n'a lieu que sous déduction de la quote-part de l'associé dans les pertes constatées par l'inventaire ayant précédé la retraite ou l'exclusion.

Art. R. 4131-18. – Sauf en cas de cession des parts à un associé ou à un tiers, l'associé qui perd cette qualité reste, pendant une période de cinq ans, tenu envers les tiers des dettes et engagements de la société contractés avant sa sortie, conformément aux dispositions de l'article 1857 du Code civil.

Pour l'application des dispositions prévues à l'alinéa précédent, la société peut différer le paiement des sommes dues à l'intéressé pendant la même période.

Art. R. 4131-19. – Le décès d'un associé n'entraîne pas, par lui-même, la dissolution de la société.

Toutefois, les héritiers et ayants droit de l'associé décédé ne peuvent prétendre qu'à la rémunération de l'apport de leur auteur sous la forme des intérêts éventuellement stipulés dans les statuts, conformément à l'article 14 de la loi n° 47-1775 du 10 septembre 1947 portant statut de la coopération. Ils disposent d'un délai d'un an pour céder leurs parts à un associé ou à un tiers dans les conditions prévues à l'article R. 4131-15.

À défaut, à l'expiration du délai d'un an, si la société comprend seulement deux membres, elle est dissoute de plein droit ; si la société comprend plus de deux membres, les coassociés sont tenus de racheter les parts de l'associé décédé dans les conditions fixées au même article R. 4131-15.

Art. R. 4131-20. – Les coopératives de médecins sont administrées par un gérant pris parmi les associés.

Le gérant est nommé par les associés statuant à l'unanimité. La durée de son mandat, qui ne peut excéder six ans, est fixée par les statuts. Le gérant est rééligible. Dans les sociétés comprenant plus de deux membres, la révocation du gérant peut être prononcée par les autres associés statuant à l'unanimité.

Art. R. 4131-21. – Le gérant est responsable envers la société, envers les associés et envers les tiers soit des infractions aux dispositions de la législation en vigueur, soit des violations des statuts, soit des fautes commises dans sa gestion.

Chaque associé supporte seul la responsabilité des actes professionnels qu'il accomplit.

Art. R. 4131-22. – L'assemblée des associés se réunit au moins une fois par an. Chaque associé dispose d'une voix, quelle que soit la fraction du capital souscrite par lui.

Un associé ne peut être représenté à l'assemblée que par un autre associé, mais nul ne peut disposer de plus de deux voix.

Art. R. 4131-23. – L'assemblée des associés fixe chaque année, dans les conditions et selon les modalités déterminées par les statuts, le montant des redevances que chaque associé est tenu de verser à la coopérative afin de permettre à celle-ci de couvrir ses frais et charges. La redevance est calculée en fonction des services rendus par la société à chaque associé.

Art. R. 4131-24. – Il est effectué annuellement, sur les excédents d'exploitation de la coopérative, un prélèvement d'un vingtième au moins, affecté à la formation d'un fonds de réserve.

Le reliquat des excédents d'exploitation est, par décision de l'assemblée des associés, mis en réserve, ou réparti entre les associés au prorata du montant des redevances qu'ils auront versées à la coopérative, ou attribué, sous forme de subvention, soit à d'autres coopératives de médecins ou unions de coopératives, soit à des œuvres d'intérêt général ou professionnel.

Les réserves ne peuvent en aucun cas être réparties entre les associés.

Art. R. 4131-25. – Lors de la dissolution de la société et sous réserve des dispositions du deuxième alinéa du présent article, l'actif net subsistant après extinction du passif et remboursement du capital versé est dévolu par décision de l'assemblée des associés soit à une autre coopérative de médecins ou à une union de coopératives, soit à une œuvre d'intérêt général ou professionnel.

Toutefois, si des circonstances particulières le justifient, la répartition de l'actif net entre les associés peut être autorisée, après avis du conseil supérieur de la coopération, par arrêté des ministres chargés de la santé et du travail.

Art. R. 4131-26. – Les coopératives de médecins peuvent constituer entre elles des unions de coopératives prévues par l'article 5 de la loi n° 47-1775 du 10 septembre 1947 portant statut de la coopération.

Art. R. 4131-27. – La caisse centrale de crédit coopératif peut effectuer toutes opérations financières en faveur des sociétés coopératives de médecins et de leurs unions, notamment :

1° Mettre à leur disposition les fonds qui lui seraient spécialement attribués à leur bénéfice ou qu'elle pourrait se procurer au moyen d'emprunts ou par le réescompte d'effets souscrits ;

2° Se porter caution pour garantir leurs emprunts ;

3° Recevoir et gérer leurs dépôts de fonds.

ANNEXE 5

Un arrêté des ministres chargés de l'économie et des finances, de la santé et du travail détermine les modalités selon lesquelles les sociétés coopératives de médecins peuvent bénéficier de ce concours financier. Ce concours ne peut en tout état de cause être accordé si la coopérative assume l'hospitalisation des patients.

Art. R. 4131-28. – Pour l'application des dispositions de l'article 23 de loi n° 47-1775 du 10 septembre 1947 portant statut de la coopération, les sociétés coopératives mentionnées à la présente section relèvent du ministre chargé de la santé.

Dès lors qu'il ressort des conventions passées entre deux médecins qu'ils ne confondaient pas leurs clientèles, ce que la nature de leurs spécialités de psychiatre et neuropsychiatre tendait à exclure, et qu'il était au contraire expressément stipulé dans le contrat d'exercice en commun qu'ils devaient se présenter à leur clientèle sous leur nom personnel et percevoir directement leurs honoraires, il n'y a pas de société créée de fait, faute de clientèle commune : ▪ Cass. 1re civ., 10 févr. 1998 : *BJS* 1998, p. 789, note B. Saintourens.

5.2.8. – SOCIÉTÉS COOPÉRATIVES DE PRODUCTION

Loi n° 78-763 du 19 juillet 1978

portant statut des sociétés coopératives de production

(JO 20 juill.)

Bibliographie : Blancher, *La loi du 19 juillet 1978 portant statut des sociétés coopératives ouvrières de production : Gaz. Pal.* 1979, 2, p. 376. • M. Bourgeois-Bertrel, *L'introduction de la SCOP en milieu comptable : analyse d'une transformation juridique : Dr. sociétés* 2015, étude 6. • P. Le Berre, *Loi n° 47-1775 du 10 septembre 1947 portant statut de la coopération : un rajeunissement et un assouplissement de ses règles par la loi ESS du 31 juillet 2014 : Dr. sociétés* 2014, étude 20. • P. Le Vey, *Statuts des SCOP et des SCIC après la loi du 31 juillet 2014 : Dr. sociétés* 2015, form. 2. • M. Petot-Fontaine, *Les difficultés d'application du nouveau statut des sociétés coopératives ouvrières de production : Rev. sociétés* 1980, p. 401. • M. Tison, *Des effets de la loi du 19 juillet 1978 sur le financement des sociétés coopératives ouvrières de production : Rev. sociétés* 1981, p. 39. • P. Le Vey, *L'évolution du droit des sociétés coopératives de production ouvrière (SCOP) : Dr. sociétés* oct. 2006, p. 5. • *Adde* P. Le Vey, *JCl. Sociétés traité*, Fasc. 170-10.

NB : En application de l'article 30 de la loi n° 2014-856 du 31 juillet 2014, dans tous les codes et dispositions législatives en vigueur, les mots : « société coopérative ouvrière de production » sont remplacés par les mots : « société coopérative de production » et les mots : « sociétés coopératives ouvrières de production » sont remplacés par les mots : « sociétés coopératives de production ».

Art. 1er *(Mod., L. n° 85-703, 12 juill. 1985 ; L. n° 92-643, 13 juill. 1992)*. – Les sociétés coopératives de production sont formées par des travailleurs de toutes catégories ou qualifications professionnelles, associés pour exercer en commun leurs professions dans une entreprise qu'ils gèrent directement ou par l'intermédiaire de mandataires désignés par eux et en leur sein.

Les sociétés coopératives de production peuvent exercer toutes activités professionnelles, sans autres restrictions que celles résultant de la loi.

Les associés se groupent et se choisissent librement.

Les sociétés coopératives de production peuvent prendre l'appellation de sociétés coopératives de travailleurs, ou de *(Mots rempl., L. n° 2014-856, 31 juill. 2014)* « sociétés coopératives ouvrières de production » *(Mots aj., L. n° 2012-387, 22 mars 2012)* « ou encore de sociétés coopératives et participatives », lorsque leurs statuts le prévoient.

Assiette des cotisations sociales. Ayant relevé que les administrateurs étaient tous salariés de la société et que leur activité n'était qu'une des formes de leur travail au sein de la coopérative, c'est à bon droit, que la cour d'appel, répondant aux conclusions, a décidé que les jetons de présence qui leur étaient versés entraient dans l'assiette des cotisations sociales : ▪ Cass. soc., 6 mars 2003, n° 01-21.307 : *RJS* 5/2003, n° 682.

Art. 2. – Les sociétés coopératives de production sont régies par les dispositions de la présente loi et, en ce qu'elles ne sont pas contraires à celles-ci, par celles de la loi n° 47-1775 du 10 septembre 1947 portant statut de la coopération *(Mots rempl., L. n° 2014-856, 31 juill. 2014)* « et par celles du chapitre Ier » du titre III du livre II de la partie législative du Code de commerce.

Responsabilité et droit des procédures collectives. Les dirigeants des coopératives ouvrières de production encourent les mêmes responsabilités financières que leurs homologues des autres entreprises, telles les sanctions prévues par les articles 180 et 182 de la loi du 25 janvier 1985 *[C. com., art. L. 624-3 et 624-5]* : Rép. min. : *JOAN* Q, 20 avr. 1987, p. 2264 ; *JCP* E 1987, II, 14982.

Art. 3 ***(Mod., L. n° 92-643, 13 juill. 1992).*** **– Les sociétés coopératives de production sont des sociétés à capital variable constituées sous forme soit de société à responsabilité limitée, soit de société anonyme *(Mots aj., L. n° 2014-856, 31 juill. 2014)* « , soit de société par actions simplifiée ».**

Elles peuvent, à tout moment, par une décision des associés prise dans les conditions requises pour la modification des statuts, passer de l'une à l'autre de ces formes.

Cette modification n'entraîne pas la création d'une personne morale nouvelle.

Art. 3 bis ***(L. n° 92-643, 13 juill. 1992).*** **– 1° Par dérogation au *(Mot rempl., L. n° 2014-856, 31 juill. 2014)* « sixième » alinéa du I de l'article 25 de la loi n° 47-1775 du 10 septembre 1947 précitée, les réserves qui, à la date de l'autorisation, ne sont pas distribuables aux sociétaires ou incorporables au capital en vertu des dispositions législatives, réglementaires ou statutaires conservent ce caractère.**

2° La mise en location-gérance, les apports en société ou les cessions d'actifs immobilisés d'une société coopérative de production au bénéfice d'une ou de sociétés n'ayant pas la qualité de coopérative sont soumis aux dispositions *(Mots remp., L. n° 2014-856, 31 juill. 2014)* « des cinq premiers alinéas » du I de l'article 25 de la loi n° 47-1775 du 10 septembre 1947 précitée. Lorsqu'elles portent sur moins de la moitié de l'activité ou des actifs de la société, ces opérations sont soumises à une déclaration effectuée dans des conditions prévues par voie réglementaire.

Art. 4 ***(Mod., L. n° 85-703, 12 juill. 1985 ; rempl., L. n° 2012-387, 22 mars 2012).*** **– Le ministère public ou toute personne intéressée peut demander au président du tribunal compétent statuant en référé d'enjoindre, le cas échéant sous astreinte, au représentant légal d'une société coopérative de production de porter sur tous les actes et documents émanant de cette société la dénomination ou raison sociale de celle-ci, précédée ou suivie des mots : « société coopérative ouvrière de production », « société coopérative de travailleurs », *(Mots rempl. L. n° 2014-856, 31 juill. 2014)* « société coopérative ouvrière de production » ou « société coopérative et participative », accompagnée de la mention de la forme sous laquelle la société est constituée et de l'indication du capital variable.**

CHAPITRE II. – CONSTITUTION

Art. 5 ***(Mod., L. n° 88-15, 5 janv. 1988).*** **– Les sociétés coopératives de production peuvent employer des personnes n'ayant pas la qualité d'associé.**

Les statuts peuvent prévoir l'admission en qualité d'associé de personnes morales ainsi que de personnes physiques non employées dans l'entreprise.

Toutefois, les sociétés coopératives de production doivent comprendre un nombre minimal d'associés employés dans l'entreprise. Ce nombre est de deux lorsqu'elles sont constituées sous la forme de société à responsabilité limitée *(Mots aj., L. n° 2014-856, 31 juill. 2014)* « ou de société par actions simplifiée » et de sept. lorsqu'elles sont constituées sous la forme de société anonyme.

Le tribunal de commerce peut, à la demande de tout intéressé, prononcer la dissolution de la société coopérative de production si le nombre des associés employés dans l'entreprise est réduit à moins de deux ou de sept. depuis plus d'un an. Il peut accorder à la société coopérative de production un délai maximum d'un an pour régulariser la situation.

1) Qualité d'associé. Il résulte expressément de l'article 5 de la loi du 19 juillet 1978 que tous les salariés d'une SCOP n'en sont pas nécessairement associés : ▪ Cass. soc., 19 juill. 1994, n° 90-44.013.

2) Souscription de parts sociales. La qualité de sociétaire d'une société coopérative ouvrière de production résulte uniquement de la souscription de parts sociales, et, du fait de cette souscription, le sociétaire, qui est censé en avoir pris connaissance, adhère de plein droit au contrat de société et est tenu par suite par toutes les clauses des statuts qui s'imposent à lui, qu'elles y aient figuré lors de son adhésion ou qu'elles y soient incorporées ultérieurement. Dès lors, le salarié de cette société, qui en est devenu sociétaire par le rachat de parts, ne peut prétendre que les statuts de celle-ci ne lui seraient pas opposables au seul motif qu'il ne les aurait pas ratifiés, et doit être confirmée la sentence arbitrale ayant condamné le salarié licencié en se fondant sur l'application d'une clause de non-concurrence insérée aux statuts : ▪ CA Paris, 11 mai 1999 : *JCP* E 1999, n° 24, p. 1035 ; *BJS* 1999, p. 906, note P. Le Cannu.

Art. 6 *(Mod., L. n° 85-703, 12 juill. 1985)*. – L'admission en qualité d'associé ne peut être subordonnée à l'engagement de souscrire ou d'acquérir plus d'une part sociale.

Toutefois, les statuts peuvent valablement imposer aux associés employés dans l'entreprise de souscrire ou acquérir, dans les conditions qu'ils prévoient, un nombre déterminé de parts sociales. Dans ce cas, ils ne peuvent imposer aux associés, pour l'acquisition ou la libération de ces parts, des versements supérieurs au plafond prévu à l'article *(Réf. rempl., L. n° 2014-856, 31 juill. 2014)* « L. 3251-3 » du Code du travail.

Art. 7. – L'admission en qualité d'associé est prononcée par l'assemblée des associés ou, selon le cas, par l'assemblée générale ordinaire, statuant à la majorité dans les conditions définies à l'article 14.

L'assemblée des associés ou, selon le cas, l'assemblée générale ordinaire doit statuer sur la demande d'admission comme associé présentée par toute personne majeure employée de façon continue depuis au moins un an dans l'entreprise. En cas de rejet de la demande, celle-ci peut être renouvelée chaque année.

Art. 8. – Les statuts peuvent prévoir que toute personne majeure, ayant été employée dans l'entreprise pendant un délai qu'ils précisent, est admise sur simple demande en qualité d'associé, soit de plein droit, soit à défaut d'opposition émanant de la prochaine assemblée des associés ou, selon le cas, de l'assemblée générale ordinaire, statuant à la majorité requise pour la modification des statuts. L'admission est constatée par les gérants, par le conseil d'administration ou le directoire *(Mots aj., L. n° 2014-856, 31 juill. 2014)* « ou par l'organe de direction lorsque la forme de société par actions simplifiée a été retenue », selon le cas.

Art. 9. – Les statuts peuvent également prévoir que le contrat de travail conclu avec toute personne employée dans l'entreprise fera obligation à l'intéressé de demander son admission comme associé dans le délai qu'ils précisent et au plus tôt à sa majorité ; à défaut, celui-ci sera réputé démissionnaire à l'expiration de ce délai.

L'admission s'opère selon les modalités prévues à l'article précédent.

Art. 10. – Sauf stipulations contraires des statuts :

1° *(Rempl., L. n° 2012-387, 22 mars 2012)* À l'exception des cas mentionnés à l'article 11, toute rupture du contrat de travail entraîne la perte de la qualité d'associé ;

2° La renonciation volontaire à la qualité d'associé entraîne la rupture du contrat de travail.

Pour une **application** de ce texte : ▪ Cass. soc., 6 mars 2001 : *BJS* 2001, obs. Ph. Auvergnon ; *Juris-Data* n° 2001-008531.

Art. 11. – La mise à la retraite, le licenciement pour cause économique ou l'invalidité rendant l'intéressé inapte au travail n'entraîne pas la perte de la qualité d'associé.

Licenciement économique. Pour les conséquences d'un licenciement économique sur la demande de remboursement de parts sociales constituées au titre de la participation : ▪ Cass. soc., 23 juin 1999, n° 97-16.156 : *Bull. civ.* V, n° 293.

CHAPITRE III. – FONCTIONNEMENT

Section I. – Assemblées d'associés ou assemblées générales et assemblées de sections

Art. 12 *(Mod., L. n° 92-643, 13 juill. 1992)*. – Tous les associés ayant satisfait à leurs obligations statutaires ont le droit de participer aux assemblées d'associés, dont les réunions ne peuvent être remplacées par des consultations écrites, ou, selon le cas, aux assemblées générales.

Art. 13. – Les statuts peuvent prévoir, lorsque les associés sont employés dans des établissements dispersés ou lorsque leur effectif excède un nombre qu'ils déterminent, que l'assemblée des associés ou, selon le cas, l'assemblée générale est précédée par des assemblées de sections auxquelles s'appliquent les règles de composition, de convocation, de tenue, de quorum, de majorité et de procès-verbal des assemblées d'associés ou, selon le cas, des assemblées générales.

Ces assemblées de sections délibèrent séparément sur le même ordre du jour. Elles élisent des délégués qui se réunissent, sur le même ordre du jour, quinze jours au plus tard après les assemblées de sections, en assemblée d'associés ou, selon le cas en assemblée générale. Les statuts déterminent la répartition des associés en sections et le nombre de délégués à l'assemblée des associés ou, selon le cas, à l'assemblée générale.

Le nombre de voix dont disposent ces délégués est proportionnel à celui des associés présents ou représentés dans les assemblées de sections.

Art. 14 ***(Mod., L. n° 92-643, 13 juill. 1992).*** **– Les conditions de quorum et de majorité sont appréciées en fonction du nombre de voix pouvant valablement être exprimées à l'assemblée par les membres présents ou représentés.**

Un associé ne peut se faire représenter que par un autre associé. Les statuts doivent limiter le nombre des procurations pouvant être établies au nom d'un même associé, de façon telle qu'aucun associé ne puisse, en sus de sa propre voix, disposer de plus d'une voix si la société coopérative de production comprend moins de vingt associés et d'un nombre de voix excédant le vingtième des associés lorsqu'elle comprend vingt membres ou plus.

Section II. – Direction et administration

Art. 15. – Sans perdre, le cas échéant, le bénéfice de son contrat de travail, tout associé peut être nommé en qualité de gérant, ***(Mots aj., L. n° 2005-882, 2 août 2005)*** **« directeur général, » membre du conseil d'administration, du directoire ou du conseil de surveillance. Les dispositions des articles L. 225-22,** ***(Réf. aj., L. n° 2012-387, 22 mars 2012)*** **« L. 225-44 » et L. 225-85 du Code de commerce ne sont pas applicables aux sociétés coopératives de production.**

Lorsque la société coopérative de production comprend des associés qui ne sont pas employés dans l'entreprise, il ne peut leur être attribué plus du tiers des mandats de gérants, ***(Mots aj., L. n° 2005-882, 2 août 2005)*** **« de directeur général, » d'administrateurs, de membres du directoire** ***(Mots rempl., L. n° 2014-856, 31 juill. 2014)*** **« du conseil de surveillance ou de l'organe de direction lorsque la forme de société par actions simplifiée a été retenue ».**

1) **Créance salariale.** Doit être cassé pour violation de la loi, l'arrêt dans lequel la cour d'appel a accueilli la demande en créance salariale du président d'une SCOP, devenu salarié, présentée par celui-ci à l'occasion de la mise en liquidation judiciaire de la société : en effet, d'une part, l'intéressé, qui n'avait pas géré la société en qualité de salarié associé et ne demandait pas le paiement de sa rémunération de dirigeant social, invoquait un contrat de travail postérieur à sa désignation en qualité de mandataire social ; d'autre part, le contrat de travail n'avait pas été soumis à l'autorisation du conseil d'administration : ▪ Cass. soc., 28 janv. 2004 : *BJS* 2004, obs. Ph. Auvergnon.

2) **Conventions réglementées.** Le contrat de travail conclu postérieurement à sa désignation en qualité d'administrateur et de président d'une société coopérative ouvrière de production doit être soumis à la procédure de contrôle des conventions réglementées ; à défaut, la demande, ne concernant pas le paiement d'une rémunération due au titre de ses fonctions de président de la société mais concernant le contrat de travail invoqué, relevait de la compétence du tribunal de grande instance statuant en matière commerciale : ▪ Cass. soc., 31 mars 1998 : *BJS* 1998, obs. P. Le Cannu.

Art. 16. – Lorsque la société coopérative de production est constituée sous la forme d'une société à responsabilité limitée ***(Mots aj., L. n° 2014-856, 31 juill. 2014)*** **« ou d'une société par actions simplifiée », les gérants** ***(Mots aj., L. n° 2014-856, 31 juill. 2014)*** **« ou les membres de l'organe de direction » sont nommés par l'assemblée des associés, pour une durée qui ne peut excéder quatre ans.**

Si elle compte plus de vingt associés, un conseil de surveillance est constitué ; il est composé de trois membres au moins et de neuf membres au plus, désignés par l'assemblée des associés et en son sein, pour une durée que les statuts déterminent et qui ne peut excéder quatre ans.

Les fonctions de gérant ***(Mots aj., L. n° 2014-856, 31 juill. 2014)*** **« ou de membre de l'organe de direction » et de membre du conseil de surveillance sont incompatibles.**

Les gérants ***(Mots aj., L. n° 2014-856, 31 juill. 2014)*** **« ou les membres de l'organe de direction » et les membres du conseil de surveillance sont, sauf stipulations contraires des statuts, rééligibles ; ils peuvent être révoqués à tout moment par l'assemblée des associés, même si la question n'a pas été inscrite à l'ordre du jour.**

Le conseil de surveillance exerce le contrôle permanent de la gestion de la société par les gérants ***(Mots aj., L. n° 2014-856, 31 juill. 2014)*** **« ou les membres de l'organe de direction ».**

ANNEXE 5

À toute époque de l'année, il opère les vérifications et les contrôles qu'il juge opportuns et peut se faire communiquer tout document qu'il estime utile à l'accomplissement de sa mission ou demander au gérant un rapport sur la situation de la société.

Il présente à l'assemblée des associés un rapport sur la gestion de la société.

Les statuts peuvent subordonner à son autorisation préalable la conclusion des opérations qu'ils énumèrent.

La responsabilité des membres du conseil de surveillance est soumise aux dispositions de l'article L. 225-257 du Code de commerce.

Pour une application de cet article : ▪ CA Grenoble, 11 mai 2005 : *JurisData* n° 2005-279435.

Art. 17 ***(Mod., L. n° 92-643, 13 juill. 1992).*** **– Les gérants, les directeurs généraux, les présidents du conseil d'administration** ***(Mots rempl., L. n° 2014-856, 31 juill. 2014)*** **« , les membres du directoire et les membres de l'organe de direction lorsque la forme de société par actions simplifiée a été retenue », lorsqu'ils perçoivent une rémunération de la société au titre de leurs fonctions, sont, au regard de la législation du travail et de la sécurité sociale, considérés comme employés de l'entreprise au sens de l'article 5, alinéa 3, s'ils ne le sont déjà à un autre titre.**

(Al. aj., L. n° 2014-856, 31 juill. 2014) **Dans les conditions prévues à l'article 15, lorsqu'ils sont titulaires d'un contrat de travail, les conditions d'un éventuel maintien du lien de subordination résultant de leur qualité de salarié sont précisées dans l'acte prévoyant leur nomination à l'une des fonctions mentionnées au premier alinéa du présent article. À défaut, le contrat de travail est présumé suspendu pendant l'exercice de l'une des fonctions mentionnées au même premier alinéa.**

(Rempl., L. n° 2012-387, 22 mars 2012) **En cas de révocation, sauf faute grave, et de non-renouvellement du mandat ou en cas de cessation de l'entreprise ou encore en cas de cessation du mandat pour départ à la retraite, le délai, le congé et l'indemnité auxquels ils peuvent avoir droit sont ceux prévus par la convention collective applicable à l'activité principale exercée par la société et, à défaut de convention collective, ceux prévus aux 1° à 3° de l'article L. 1234-1 et aux articles L. 1234-9** ***(Réf. rempl., L. n° 2014-856, 31 juill. 2014)*** **« , L. 1234-10 et L. 1237-9 » du Code du travail.**

Les administrateurs et les membres du conseil de surveillance ont droit, sur justification, au remboursement de leurs frais. Lorsqu'ils ne sont pas employés dans l'entreprise, il peut leur être alloué une indemnité compensatrice de l'activité consacrée à l'administration de la société.

Les sommes versées en application du précédent alinéa sont portées aux charges d'exploitation.

1) Application dans le temps. L'article 17 de la loi du 19 juillet 1978 s'applique de plein droit aux sociétés **antérieurement constituées** : ▪ Cass. soc., 23 sept. 1992 : *JCP* E 1992, pan. 1339 ; *RTD com.* 1993, p. 541, n° 7.

2) Rémunération et qualité d'employé.

a) Aux termes de l'article 17, les gérants, lorsqu'ils perçoivent une rémunération de la société au titre de leurs fonctions, sont au regard de la législation du travail et de la Sécurité sociale considérés comme des employés de l'entreprise : ▪ Cass. soc., 13 janv. 1998 : *JurisData* n° 1998-000054 ; *Bull. civ.* V, n° 5. – En revanche, dès lors que le dirigeant invoque un contrat de travail conclu postérieurement à sa désignation en qualité d'administrateur et de président de la société, et que ce contrat n'a pas été soumis à l'autorisation préalable du conseil d'administration, conformément à l'article L. 225-38 du Code de commerce, non contraire aux dispositions de la loi de 1978, la demande de l'intéressé, ne concernant pas le paiement d'une rémunération due au titre de ses fonctions de président de la société pour laquelle la juridiction prud'homale aurait été compétente en vertu de l'article 17 de la loi, le litige relève de la compétence du tribunal de grande instance statuant en matière commerciale : ▪ Cass. soc., 31 mars 1998, n° 95-43.314 : *Bull. civ.* V, n° 191 ; *JCP* G 1998, n° 23, IV, n° 2203, p. 1013 ; *BJS* 1998, p. 639, obs. P. Le Cannu. – V. aussi dans le même sens, à propos du bénéfice de l'AGS : ▪ Cass. soc., 28 janv. 2004, n° 01-46.794 : *Bull. civ.* V, n° 30.

b) **La cogérante associée** d'une SCOP à responsabilité limitée à capital variable ayant des fonctions d'architecte au sein de la société ne peut établir l'existence d'un **contrat de travail** que si elle perçoit une rémunération : ▪ CA Nîmes, 26 nov. 2001 : *JurisData* n° 2001-168862.

Art. 18 ***(Mod., L. n° 92-643, 13 juill. 1992).*** **– La démission, le non-renouvellement ou la révocation des fonctions de gérant, de membre du conseil d'administration, de directeur général, de membre du directoire ou du conseil de surveillance** ***(Mots aj., L. n° 2014-856, 31 juill. 2014)*** **« , ou de membre de la direction lorsque la**

forme de société par actions simplifiée a été retenue, » de la société coopérative de production n'ont pas pour effet de porter atteinte au contrat de travail éventuellement conclu par les intéressés avec la société.

Art. 19 *(Rempl., L. n° 92-643, 13 juill. 1992).* – Les sociétés coopératives de production sont soumises à l'obligation de désigner un ou plusieurs commissaires aux comptes dans les conditions prévues par les articles L. 223-35 et L. 225-18 du Code de commerce.

Les sociétés coopératives de production constituées sous la forme de société à responsabilité limitée *(Mots aj., L. n° 2014-856, 31 juill. 2014)* « ou de société par actions simplifiée » qui se situent en dessous des seuils prévus à l'article L. 221-9 du Code de commerce précité, si elles ne désignent pas de commissaire aux comptes, doivent faire procéder annuellement à la révision coopérative prévue à l'article 54 *bis* de la présente loi.

(Al. rempl., L. n° 2014-856, 31 juill. 2014) Sans considération des seuils prévus à l'article L. 221-9 du Code de commerce, la désignation ponctuelle d'un commissaire aux comptes est obligatoire en cas de modification par la société de la valeur nominale de ses parts sociales.

CHAPITRE IV. – LIQUIDATION

Art. 20. – En cas de liquidation d'une société coopérative de production, l'actif net qui subsiste après paiement du passif, remboursement des parts sociales libérées et, s'il y a lieu distribution des répartitions différées, est dévolu soit par les statuts, soit par l'assemblée des associés ou, selon le cas, par l'assemblée générale, à une ou plusieurs sociétés coopératives de production ou unions de sociétés coopératives de production ou fédérations de sociétés coopératives de production, à une personne morale de droit public, ou à une œuvre d'intérêt général coopératif ou professionnel ne poursuivant pas un but lucratif.

Il ne peut être ni directement ni indirectement réparti entre les associés ou travailleurs ou leurs ayants droit.

TITRE II. – DISPOSITIONS FINANCIÈRES

CHAPITRE I. – CAPITAL SOCIAL

Art. 21 *(Mod., L. n° 85-703, 12 juill. 1985).* – Le capital des sociétés coopératives de production est représenté par des parts sociales souscrites par les associés.

(Abr., L. n° 2014-856, 31 juill. 2014).

Quand *(Mot rempl., L. n° 2014-856, 31 juill. 2014)* « la société » est constituée sous forme de société anonyme, le capital est au minimum de la moitié du montant minimal prévu pour les sociétés anonymes *(Mod., Ord. n° 2009-89, 22 janv. 2009)* « par le premier alinéa de l'article L. 224-2 dudit code. ».

Ces parts sociales sont nominatives. Leur cession est soumise à l'agrément soit de l'assemblée des associés ou de l'assemblée générale, soit des gérants, des membres du conseil d'administration ou du directoire *(Mots aj., L. n° 2014-856, 31 juill. 2014)* « , ou des membres de l'organe de direction lorsque la forme de société par actions simplifiée a été retenue », dans les conditions fixées par les statuts.

Art. 22. – La valeur nominale des parts sociales est uniforme.

Elle ne peut ni être inférieure ni être supérieure à des montants fixés par décret. Si la valeur nominale des parts devient inférieure au minimum ainsi fixé, les sociétés coopératives ouvrières de production ont l'obligation de porter leurs parts sociales à une valeur au moins égale à ce montant minimum tant au moyen de regroupements de parts sociales qu'au moyen d'appel complémentaire de capital, de façon que l'ensemble des associés demeurent membres de la société coopérative de production.

Voir : D. n° 79-67, 18 janv. 1979, art. 1er, p. 2705.

Art. 23. – Toute souscription de parts est constatée sur un bulletin établi dans des conditions fixées par décret.

Voir : D. n° 79-67, 18 janv. 1979, art. 2, p. 2705.

Art. 24 *(Mod., L. n° 88-15, 5 janv. 1988).* – Le nombre de parts sociales susceptibles d'être détenues par un même associé ne peut excéder un maximum fixé par les statuts, et au plus la moitié du capital de la société.

(Abr., L. n° 2014-856, 31 juill. 2014).

Art. 25 *(Rempl., L. n° 85-703, 12 juill. 1985).* – Une société coopérative de production peut participer au capital d'une autre société coopérative de production. Après l'expiration d'un délai de dix ans, cette participation ne doit pas excéder directement ou indirectement la moitié du capital. Les statuts doivent prévoir les modalités suivant lesquelles il est procédé, s'il y a lieu, au remboursement ou au rachat des parts excédentaires encore détenues par la société coopérative de production participante à l'issue de ce délai.

Dans ce cas, les statuts de la société dans laquelle est prise la participation peuvent prévoir que la société participante dispose dans ses assemblées générales de voix supplémentaires dont le nombre ne peut excéder le nombre des associés employés dans la société qui en compte le moins. Toutefois, ces voix supplémentaires, ajoutées à la voix dont elle dispose en vertu de l'article 13, ne peuvent avoir pour effet de conférer à la société participante la majorité.

Art. 26 *(Abr., L. n° 92-643, 13 juill. 1992).*

Art. 26 bis *(Abr., Ord. n° 2015-1785, 29 déc. 2015).*

Art. 26 ter. – *(L. n° 85-703, 12 juill. 1985 ; rempl., L. n° 92-643, 13 juill. 1992).* Les sociétés coopératives de production ne peuvent faire application des dispositions des troisième et quatrième alinéas de l'article 16 de la loi n° 47-1775 du 10 septembre 1947 précitée.

Art. 27. – Les parts sociales doivent être intégralement libérées dès leur souscription, qu'elles représentent des apports en nature ou en numéraire.

Toutefois, lorsque la société coopérative de production est constituée sous forme de société anonyme, les parts en numéraire peuvent être libérées lors de leur souscription d'un quart au moins de leur valeur, la libération du surplus devant intervenir dans un délai maximum de trois ans à compter du jour de la souscription. Pour les associés employés dans l'entreprise, cette libération peut être réalisée au moyen de retenues sur leurs rémunérations ou par compensation avec des créances liquides et exigibles de quelque nature que ce soit qu'ils peuvent détenir sur la société.

En cas de libération des parts au moyen de retenues sur les rémunérations, ces retenues ne peuvent excéder le plafond prévu à l'article L. 144-2 du Code du travail pour le remboursement des avances consenties par l'employeur.

Art. 28. – En cas d'exclusion, de démission ou de décès de l'associé, et d'annulation consécutive de ses parts sociales, les statuts peuvent autoriser les gérants, le conseil d'administration, le directoire *(Mots rempl., L. n° 2014-856, 31 juill. 2014)* « , le directeur général unique ou les membres de l'organe de direction lorsque la forme de société par actions simplifiée a été retenue, » à ne pas exiger le versement du solde restant éventuellement à libérer sur ces parts.

Art. 29. – La société coopérative de production a la faculté de rembourser les parts appartenant à ceux des associés qui ne sont pas employés dans l'entreprise.

Art. 30 *(Abr., L. n° 92-643, 13 juill. 1992).*

Art. 31. – La somme au-dessous de laquelle le capital ne saurait être réduit par le remboursement de la valeur nominale des parts sociales ne peut être inférieure *(Mots rempl., L. n° 2012-387, 22 mars 2012)* « au quart » du capital le plus élevé atteint depuis la constitution de la société.

CHAPITRE II. – EXCÉDENTS NETS DE GESTION

Art. 32. – *(Rempl., L. n° 2012-387, 22 mars 2012)* Les excédents nets de gestion sont constitués par les produits nets de l'exercice, sous déduction des frais généraux et autres charges de la société, y compris tous amortissements et provisions. Ni le montant des réévaluations pratiquées sur les actifs immobilisés, ni les plus-values constatées à l'occasion de la cession de titres de participation, de la cession ou de l'apport en société de biens immobiliers, de branches d'activité ou de fonds de commerce n'entrent dans les excédents nets de gestion mentionnés au 3° de l'article 33 et ne peuvent faire l'objet d'aucune distribution aux salariés ou d'aucun versement d'intérêt aux parts. Ces plus-values sont affectées à la réserve légale et au fonds de développement.

La provision pour investissement définitivement libérée à l'expiration du délai visé à l'article *(Réf. rempl., L. n° 2014-856, 31 juill. 2014)* « L. 3324-10 » du Code du travail, ou rapportée au bénéfice imposable dans les conditions prévues au deuxième alinéa de l'article L. 442-9 du même code, est affectée à un compte de réserves exceptionnelles et n'entre pas dans les excédents nets de gestion.

Art. 33 *(Mod., L. n° 85-703, 12 juill. 1985 ; L. n° 92-643, 13 juill. 1992)*. – Les excédents nets de gestion sont répartis en tenant compte des règles suivantes :

1° Une fraction de 15 % est affectée à la constitution de la réserve légale. Ce prélèvement cesse d'être obligatoire lorsque le montant de ladite réserve s'élève au montant le plus élevé atteint par le capital ;

2° Une fraction est affectée à une réserve statutaire dite « fonds de développement » ;

3° Une fraction, qui ne peut être inférieure à 25 %, est attribuée à l'ensemble des salariés, associés ou non, comptant dans l'entreprise, à la clôture de l'exercice, soit trois mois de présence au cours de celui-ci, soit six mois d'ancienneté. La répartition entre les bénéficiaires s'opère, selon ce que prévoient les statuts, soit au prorata des salaires touchés au cours de l'exercice, soit au prorata du temps de travail fourni pendant celui-ci, soit égalitairement, soit en combinant ces différents critères. Les statuts peuvent également prévoir que les droits de chaque bénéficiaire sur cette répartition tiendront compte d'un coefficient, au maximum égal à deux, proportionnel à son ancienneté comme salarié dans la société coopérative de production ;

4° Si les statuts prévoient le service d'intérêts aux parts sociales, le total de ces intérêts ne peut excéder, chaque année, ni le total des dotations aux réserves prévues aux 1° et 2° ci-dessus, ni les sommes allouées aux salariés en application des dispositions du 3° ci-dessus. Le plafond prévu à l'article 14 de la loi n° 47-1775 du 10 septembre 1947 précitée n'est pas applicable.

Art. 34. – L'assemblée des associés ou, selon le cas, l'assemblée générale ordinaire peut décider la transformation en parts sociales de tout ou partie des excédents nets de gestion distribuables aux associés au titre de l'exercice écoulé en application des dispositions du 3° et du 4° de l'article 33 ci-dessus.

Les droits de chaque associé dans l'attribution des parts sont identiques à ceux qu'il aurait eus dans la distribution des excédents de gestion.

CHAPITRE III. – SOUSCRIPTION DE PARTS SOCIALES RÉSERVÉES AUX SALARIÉS

Art. 35. – Les sociétés coopératives de production, quelle que soit la forme sous laquelle elles sont constituées, peuvent émettre, dans les conditions énoncées ci-après, des parts sociales destinées à être souscrites exclusivement par leurs salariés.

Les parts ainsi souscrites peuvent être libérées par incorporation de la réserve spéciale de participation constituée au titre de l'article *(Réf. rempl., L. n° 2014-856, 31 juill. 2014)* « L. 3324-1 » du Code du travail, ou selon les modalités prévues à l'article 34 de la présente loi ou à l'article *(Réf. rempl., L. n° 2014-856, 31 juill. 2014)* « L. 3323-3 » *(Réf. suppr., L. n° 2006-1770, 30 déc. 2006)* « ... » du Code du travail.

Les salariés peuvent souscrire les parts émises dans les conditions du présent chapitre soit individuellement, soit par l'intermédiaire *(Mots rempl., L. n° 2014-856, 31 juill. 2014)* « d'un plan d'épargne d'entreprise auquel les salariés de la coopérative émettrice sont susceptibles de participer en application des articles L. 3332-1 à L. 3332-28 du même code ».

Un salarié ne peut, au cours d'une année civile, souscrire dans les conditions prévues au présent article que dans la limite d'une somme égale à la moitié du plafond annuel retenu pour le calcul des cotisations de la sécurité sociale.

Art. 36 *(Mod., L. n° 2012-387, 22 mars 2012)*. – L'assemblée des associés ou, selon le cas, l'assemblée générale fixe, sur le rapport des gérants, du conseil d'administration ou du directoire, selon le cas, et si un commissaire aux comptes a été désigné, sur le rapport de celui-ci, le nombre de parts dont la souscription est proposée aux salariés.

À défaut de commissaires aux comptes, des sociétaires peuvent solliciter auprès de l'assemblée des associés ou, selon le cas, de l'assemblée générale la désignation d'un commissaire aux comptes aux fins d'établissement du rapport spécial.

Le montant de l'augmentation du capital réalisée pendant un exercice sous l'empire des dispositions du présent chapitre ne peut excéder une fraction, déterminée par décret, des capitaux propres définis à l'article L. 442-2 du Code du travail.

La décision de l'assemblée des associés ou, selon le cas, de l'assemblée générale vaut admission en qualité d'associé des salariés qui souscrivent, à titre individuel, des parts sociales dans les conditions du présent chapitre.

Voir : D. n° 79-558, 27 juin 1979, art. 1er, p. 2706.

Art. 37 *(Mod., L. n° 2005-882, 2 août 2005).* – L'assemblée des associés ou, selon le cas, l'assemblée générale prévue à l'article 36 fixe :

1° Les conditions d'ancienneté, à l'exclusion de toute autre condition, qui seront exigées des salariés pour bénéficier de l'émission, la durée de présence dans la société ainsi exigée ne pouvant toutefois être ni inférieure à un an ni supérieure à trois ans ;

2° Le délai accordé aux salariés pour l'exercice de leurs droits, ce délai ne pouvant être ni inférieur à trente jours ni supérieur à six mois à dater de l'ouverture de la souscription prévue à l'article 38 ci-après ;

3° Les conditions et modalités de libération des parts et, lorsque la société coopérative de production revêt la forme de société anonyme, le délai susceptible d'être accordé aux souscripteurs pour cette libération, ce délai ne pouvant être supérieur à trois ans à compter de l'expiration du délai accordé aux salariés pour l'exercice de leurs droits ;

4° Le cas échéant, le mode de calcul des versements complémentaires effectués par la société coopérative de production.

L'assemblée des associés ou, selon le cas, l'assemblée générale peut déléguer aux gérants, au directeur général, au conseil d'administration ou au directoire, selon le cas, les pouvoirs nécessaires pour fixer les conditions énumérées ci-dessus.

Art. 38 *(Mod., L. n° 2005-882, 2 août 2005).* – Trente jours au moins avant l'ouverture de la souscription, les salariés répondant aux conditions mentionnées au 1° de l'article 37, ainsi que, le cas échéant, le gestionnaire du fonds commun de placement, doivent être informés par les gérants, le conseil d'administration le directeur général, ou le directoire, selon le cas, des conditions de la souscription, des obligations auxquelles les associés peuvent être tenus du fait des statuts, des modalités de libération des parts ainsi souscrites, et des conditions dans lesquelles ils peuvent prendre connaissance des documents sociaux dont la loi ou les statuts prescrivent la communication aux associés et au comité d'entreprise.

Le comité d'entreprise ou, à défaut, les délégués du personnel et les commissaires aux comptes sont informés dans les mêmes conditions.

Les commissaires aux comptes *(Mots aj., L. n° 2012-387, 22 mars 2012)* « ou, à défaut de commissaires aux comptes, les gérants », dans leur rapport à l'assemblée des associés ou, selon le cas, à l'assemblée générale rendent compte des conditions dans lesquelles les dispositions du présent chapitre ont été appliquées.

Art. 39. – Lorsque les demandes de souscription dépassent le nombre de parts fixé par la décision de l'assemblée des associés ou, selon le cas, de l'assemblée générale prévue à l'article 37 de la présente loi, la réduction peut porter d'abord :

– soit sur les demandes présentées par les salariés dont le salaire mensuel est le plus élevé ;

– soit sur les demandes présentées par les salariés qui, compte tenu des parts nouvellement souscrites, deviendraient détenteurs du plus grand nombre de parts sociales.

La réduction des demandes ne peut avoir pour effet d'écarter un salarié, sauf le cas où le nombre des parts offertes serait inférieur au nombre des demandeurs.

Art. 40. – Dans le cas où un délai est accordé pour la libération des nouvelles parts sociales, en application du 3° de l'article 37 de la présente loi, lesdites parts peuvent être libérées par prélèvements égaux et réguliers sur le salaire des souscripteurs, dans les conditions fixées par décret.

La société coopérative de production peut compléter les prélèvements mentionnés à l'alinéa ci-dessus, le montant de ces versements ne pouvant excéder ni celui des versements de chaque salarié ni le maximum fixé par l'article *(Réf. rempl., L. n° 2014-856, 31 juill. 2014)* « L. 3332-11 » du Code du travail.

Voir : D. n° 79-558, 27 juin 1979, art. 2, p. 2706.

Art. 41. – Les cas dans lesquels les salariés ou leurs ayants droit peuvent, à leur demande, obtenir la résiliation ou la réduction de leur engagement et les conditions dans lesquelles les parts souscrites seront, dans ces cas, annulées ou remplacées, sont fixés par décret.

Voir : D. n° 79-558, 27 juin 1979, art. 3, p. 2706.

Art. 42. – Les parts sociales souscrites dans les conditions du présent chapitre ne peuvent être ni remboursées, ni cédées, avant l'expiration d'un délai de cinq années courant à la date de leur souscription, sauf dans les cas prévus à l'article 41.

Remboursement des parts sociales. Pour une hypothèse dans laquelle le salarié était fondé à demander le remboursement de ses parts sociales : ▪ CA Toulouse, 1er mars 2001 : *JurisData* n° 2001-150128.

Art. 43. – Lorsque, en dehors des cas prévus à l'article 41, il est impossible de procéder aux prélèvements prévus pour libérer les parts sociales, soit en raison de la rupture du contrat de travail, soit pour toute autre cause, le souscripteur est tenu de verser directement à la société coopérative de production, aux dates prévues pour les prélèvements, une somme égale au montant de chacun de ces prélèvements.

À défaut d'exécution de cette obligation, la société coopérative de production se trouve déliée de l'engagement qu'elle avait pu prendre d'effectuer des versements complémentaires. Le souscripteur n'est cependant pas exonéré des obligations auxquelles il s'était engagé.

La société coopérative de production a la faculté de renoncer à poursuivre le recouvrement des sommes exigibles à l'égard d'un souscripteur. Dans ce cas, celui-ci est exclu de plein droit, après mise en demeure par lettre recommandée à lui adressée par les gérants, le conseil d'administration ou le directoire et à défaut de paiement dans les trois mois, mais le montant des versements ou prélèvements effectués ne peut lui être remboursé avant le terme du délai prévu à l'article 42.

Art. 44. – Les dispositions des articles 12, 13 et 14 de la loi n° 73-1196 du 27 décembre 1973 relative à la souscription ou à l'acquisition d'actions de sociétés par leurs salariés sont applicables aux opérations réalisées par les sociétés coopératives de production dès lors qu'elles répondent aux conditions du présent chapitre.

TITRE III. – UNIONS DE SOCIÉTÉS COOPÉRATIVES OUVRIÈRES DE PRODUCTION

Art. 45 *(Rempl., L. n° 85-703, 12 juill. 1985)*. – Les sociétés coopératives de production peuvent constituer entre elles des unions pour la gestion de leurs intérêts communs et le développement de leurs activités.

Art. 46 *(Mod., L. n° 85-703, 12 juill. 1985)*. – Les unions de sociétés coopératives de production peuvent admettre comme associé toute personne physique ou morale intéressée directement par leurs missions.

Toutefois, elles doivent, pour les deux tiers au moins de leurs associés, comprendre des sociétés coopératives de production, des unions, fédérations, associations, groupements, groupements d'intérêt économique, œuvres de prévoyance ou d'assistance de sociétés coopératives de production, des unions mixtes prévues à l'article 6 de la loi du 7 mai 1917 ayant pour objet l'organisation du crédit aux sociétés coopératives de consommation ainsi que des unions d'économie sociale.

Art. 47 *(Mod., L. n° 85-703, 12 juill. 1985)*. – Les unions de sociétés coopératives de production sont régies par les titres I et II et les articles 53, 54, 59 et 60 de la présente loi.

Toutefois :

1° Au sein des assemblées d'associés ou, selon le cas, des assemblées générales des unions, les sociétés coopératives de production doivent disposer de deux tiers au moins des voix. Les statuts peuvent attribuer aux associés un nombre de voix au plus proportionnel au nombre de leurs associés employés ou au montant des opérations réalisées avec l'union ou à la moyenne de ces deux critères, sans pouvoir dépasser, pour chaque associé, un quart des voix dans les assemblées d'associés ou, selon le cas, un tiers des voix dans les assemblées générales.

2° Les dispositions du 3° de l'article 33 de la présente loi ne sont pas applicables aux unions. Leurs statuts peuvent cependant stipuler qu'une fraction des excédents nets de gestion subsistant après dotation à la réserve légale sera répartie entre les associés proportionnellement au montant des opérations réalisées par lesdits associés avec l'union.

TITRE IV. – GROUPEMENT DE SOCIÉTÉS COOPÉRATIVES DE PRODUCTION

(L. n° 2014-856, 31 juill. 2014)

Chapitre Ier. – Le groupement de sociétés

Art. 47 *bis*. – Un groupement de sociétés coopératives de production est formé par au moins deux sociétés régies par la présente loi.

La décision de création d'un groupement est prise par accord unanime des sociétés coopératives de production fondatrices.

Les dispositions statutaires sont adoptées dans les mêmes termes par chaque société coopérative membre du groupement et comprennent notamment :

1° L'appartenance au groupement avec la mention qu'elle résulte d'une décision prise sur le fondement du présent article ;

2° L'admission des associés et la perte de la qualité d'associé ;

3° Les modalités de répartition de la part des excédents nets de gestion attribuée aux salariés au titre du 3° de l'article 33 ;

4° Le seuil mentionné à l'article 47 *quinquies*.

Chaque société coopérative de production vote les modifications statutaires qu'entraîne la création du groupement au cours d'une assemblée générale extraordinaire. La délibération est notifiée aux autres sociétés coopératives de production fondatrices.

La transformation de la part des excédents nets de gestion distribuables aux associés en parts sociales n'est applicable dans l'une des sociétés du groupement que si la décision est prise en termes identiques dans toutes les sociétés du groupement qui ont des excédents nets de gestion.

Art. 47 *ter*. – Toute demande d'adhésion d'une société coopérative de production à un groupement existant est notifiée à chacune des sociétés membres du groupement.

L'adhésion d'une société coopérative de production à un groupement existant est subordonnée à l'accord préalable et unanime des sociétés membres du groupement. Chaque société coopérative de production approuve cet accord au cours d'une assemblée générale extraordinaire. L'accord de chaque société est notifié aux autres sociétés membres du groupement ainsi qu'à la société candidate.

Les modifications ultérieures des dispositions statutaires prévues à l'article 47 *bis* sont approuvées dans les mêmes termes par toutes les sociétés membres du groupement.

Une société ne peut se retirer du groupement qu'après une autorisation expresse d'une assemblée générale extraordinaire et sous réserve d'un préavis de six mois notifié à chacune des sociétés du groupement. Le retrait du groupement ne peut prendre effet qu'à la clôture de l'exercice au cours duquel la décision de retrait a été prise.

Art. 47 *quater*. – Les salariés employés par une des sociétés membres du groupement sont assimilés à des coopératives pour le calcul des limitations de droits de vote en application de l'article 3 *bis* de la loi n° 47-1775 du 10 septembre 1947 portant statut de la coopération.

Chapitre II. – De la prise de participation majoritaire d'une société coopérative de production dans une autre société coopérative de production du groupement

Art. 47 *quinquies*. – Par dérogation au second alinéa de l'article 25 de la présente loi ainsi qu'à l'article 3 *bis* de la loi n° 47-1775 du 10 septembre 1947 précitée, une société membre du groupement peut détenir jusqu'à 51 % des droits de vote au sein des autres sociétés du groupement, à condition que les salariés employés par ces autres sociétés détiennent ensemble un pourcentage des droits de vote au sein de cette société supérieur à un seuil fixé par les statuts des sociétés membres du groupement.

Sous la même condition, cette société peut également détenir, à l'expiration du délai de dix ans prévu au premier alinéa de l'article 25 de la présente loi, jusqu'à 51 % du capital de ces sociétés.

Art. 47 *sexies*. – Lorsqu'une société coopérative de production qui détient la majorité des droits de vote au sein d'une société, quelle qu'en soit la forme, décide la modification des statuts de cette société pour les adapter aux dispositions de la présente loi, dans les conditions prévues au chapitre Ier du présent titre, elle peut conserver, à l'expiration d'un délai de dix ans, jusqu'à 51 % du capital et des droits de vote, par

dérogation aux articles 25, 47 *quinquies* et 50 de la présente loi ainsi qu'à l'article 3 *bis* de la loi n° 47-1775 du 10 septembre 1947 précitée.

Toutefois, les conditions prévues à l'article 47 *quinquies* de la présente loi doivent être satisfaites dans un délai de cinq ans à compter du jour où ces deux sociétés sont membres d'un même groupement de sociétés coopératives de production.

Art. 47 *septies*. – Une société faisant l'objet d'une participation majoritaire dans les conditions prévues aux articles 47 *quinquies* et 47 *sexies* ne peut bénéficier des dispositifs prévus aux articles 49 *ter* et 52 *bis*. »

TITRE V. – DISPOSITIONS DIVERSES ET TRANSITOIRES

CHAPITRE I. – TRANSFORMATION EN SOCIÉTÉ COOPÉRATIVE DE PRODUCTION D'UNE SOCIÉTÉ EXISTANTE

Art. 48. – La décision régulièrement prise par toute société, quelle qu'en soit la forme, de modifier ses statuts pour les adapter aux dispositions de la présente loi, n'entraîne pas la création d'une personne morale nouvelle.

Art. 49. – Lorsqu'une société procède à une telle opération, ses parts ou actions sont converties en parts sociales.

Les associés ou actionnaires qui se seraient opposés à la transformation peuvent opter, dans un délai de trois mois, soit pour le rachat de leurs parts sociales dans un délai de deux ans, soit pour l'annulation de ces parts et l'inscription de leur contre-valeur sur un compte à rembourser, portant intérêt au taux légal, et remboursable dans un délai de cinq ans. Ces différents délais s'entendent à compter de la publication de la décision de transformation de la société.

Pour l'application des deux alinéas précédents, la valeur des droits sociaux dont la conversion ou le remboursement est demandé, est déterminée, en cas de contestation, par un expert désigné, soit par les parties, soit, à défaut d'accord entre elles, par ordonnance du président du tribunal statuant en la forme des référés et sans recours possible.

***(L. n° 2009-1255, 19 oct. 2009)* L'écart de valorisation qui peut résulter de l'opération entre la valeur nominale des parts sociales annulées et la valeur déterminée lors de la transformation peut être comptabilisé pour tout ou partie à l'actif du bilan de la société dans les conditions fixées par un règlement de l'Autorité des normes comptables.**

Voir : la rédaction future de cet article issue de l'ordonnance n° 2019-738 du 17 juillet 2019, en *addendum*, p. 3371.

Les articles 372 et 373 de la loi n° 66-537 précitée *[C. com., art. L. 236-2 et L. 236-5]* n'étant **pas contraires** aux dispositions de la loi du 19 juillet 1978, ils doivent recevoir application en cas d'absorption d'une société anonyme de droit commun à capital fixe par une société coopérative ouvrière : ▪ CA Paris, 24 nov. 1980 : *RTD com.* 1981, p. 314, n° 9, note M. Jeantin ; une telle opération n'ouvre pas l'option prévue à l'article 49 : ▪ CA Paris, 24 nov. 1980, préc. – *Adde*, sur la transformation d'une société en SCOP : Instr. 25 févr. 2010 : *BOI* 4-I-1-10, 8 mars 2010.

Art. 49 *bis* *(L. n° 84-578, 9 juill. 1984 ; L. n° 88-15, 5 janv. 1988)*. – Pendant une période de *(Mot rempl., L. n° 2014-856, 31 juill. 2014)* « sept » ans à compter de la transformation d'une société en société coopérative ouvrière de production, la limite prévue *(Mots rempl., L. n° 2014-856, 31 juill. 2014)* « à » l'article 24 n'est pas applicable à l'égard des associés dont les parts proviennent d'une conversion des parts ou actions qu'ils détenaient dans la société avant sa transformation.

Art. 49 *ter* *(L. n° 2014-856, 31 juill. 2014)*. – En cas de transformation d'une société en société coopérative de production, l'ensemble des associés non coopérateurs s'engage à céder ou à obtenir le remboursement d'un nombre de titres permettant aux associés coopérateurs d'atteindre le seuil de 50 % du capital au plus tard le 31 décembre de la septième année suivant celle de la transformation en société coopérative de production. Les modalités de cet engagement sont fixées par décret.

Art. 50 *(Rempl., L. n° 92-643, 13 juill. 1992 ; mod., L. n° 2014-856, 31 juill. 2014)*. – Les dispositions des articles 3 *bis* et 11 *bis* de la loi n° 47-1775 du 10 septembre 1947 précitée sont applicables aux anciens associés ou actionnaires de la société, demeurant associés de celle-ci après la modification mentionnée au premier alinéa de l'article 48. Dans ce cas, la limite de 49 % prévue à l'article 3 *bis* de la loi n° 47-1775 du 10 septembre 1947 précitée n'est applicable qu'au terme d'un délai de dix ans.

Art. 51. – Les statuts peuvent, en outre, prévoir que, pendant le délai maximum fixé à l'article précédent, la moitié au plus des gérants, des administrateurs, des membres du conseil de surveillance *(Mots rempl., L. n° 2014-856, 31 juill. 2014)* « , du directoire ou des membres de l'organe de direction lorsque la forme de société par actions simplifiée a été retenue, » sont désignés par l'assemblée des associés, l'assemblée générale ou le conseil de surveillance, selon le cas, parmi les candidats présentés par les anciens associés ou actionnaires devenus associés de la société coopérative de production.

Art. 52. – Les statuts peuvent également stipuler que, jusqu'à l'expiration du délai prévu au deuxième alinéa de l'article 49, les droits des salariés et des associés sur la répartition des excédents nets de gestion mentionnée à l'article 33 leur sont attribués sous forme de parts sociales comme il est précisé à l'article 34 de la présente loi.

Art. 52 *bis* *(L. n° 2014-856, 31 juill. 2014)*. – Après la modification mentionnée à l'article 48, les statuts de la société peuvent prévoir que les associés non salariés peuvent céder leurs parts à un salarié, majorées par un coût de détention temporaire de titres, ou en obtenir le remboursement par la société. Dans ce cas, les statuts doivent préciser le mode de calcul de cette majoration.

La majoration cesse d'être appliquée au plus tard à l'expiration du délai mentionné à l'article 49 *ter*.

Art. 52 *ter* *(L. n° 2014-856, 31 juill. 2014)*. – Pendant une période de sept ans à compter de la transformation d'une société, quelle qu'en soit la forme, en société coopérative de production dans les conditions prévues à l'article 48, l'assemblée générale ordinaire de la nouvelle société coopérative de production peut décider d'utiliser les réserves mentionnées aux 1° et 2° de l'article 33 pour procéder à l'acquisition de tout ou partie des parts sociales proposées à la vente par un associé non salarié.

Les parts sociales ainsi acquises par la société sont soit annulées, soit attribuées aux salariés dans les conditions prévues pour la répartition des excédents nets de gestion au 3° du même article 33.

CHAPITRE II. – DISPOSITIONS DIVERSES

Art. 53. – Les sociétés coopératives de production et leurs unions sont autorisées à recevoir des dons et legs.

Elles peuvent également recevoir de l'État des encouragements spéciaux sous forme de subventions et d'avances.

Elles peuvent recevoir des subventions des collectivités locales.

Art. 54 *(Mod., L. n° 85-703, 12 juill. 1985)*. – Les sociétés coopératives de production sont tenues, indépendamment des obligations imposées à toutes les entreprises, et sous peine *(Mot rempl., L. n° 2014-856, 31 juill. 2014)* « de la sanction prévue » à l'article 23 de la loi n° 47-1775 du 10 septembre 1947 portant statut de la coopération, de fournir aux services de l'inspection du travail, toutes justifications utiles permettant de vérifier qu'elles fonctionnent conformément à la présente loi.

Aucune société ne peut prendre ou conserver l'appellation de société coopérative de production ou de société coopérative de travailleurs « , société coopérative ouvrière de production ou société coopérative et participative » ou utiliser cette appellation ou les initiales « SCOP », et prétendre au bénéfice des dispositions prévues par les textes législatifs ou réglementaires relatifs aux sociétés coopératives ouvrières de production si elle n'est pas inscrite, après production des pièces justificatives nécessaires, sur une liste dressée par le ministère du Travail dans les conditions fixées par décret.

(Rempl., L. n° 2012-387, 22 mars 2012) Toute personne intéressée peut demander au président du tribunal compétent statuant en référé d'enjoindre, le cas échéant sous astreinte, à toute personne concernée de supprimer les mots : « société coopérative de production », « société coopérative de travailleurs » « , société coopérative ouvrière de production » ou « société coopérative et participative » ou les initiales : « SCOP », lorsque cette appellation est employée de manière illicite malgré l'interdiction édictée au deuxième alinéa.

(L. n° 2012-387, 22 mars 2012) Le président du tribunal peut, en outre, ordonner la publication de la décision, son affichage dans les lieux qu'il désigne, son insertion intégrale ou par extraits dans les journaux et sa diffusion par un ou plusieurs services de communication au public en ligne qu'il indique, le tout aux frais des dirigeants de l'organisme ayant utilisé la dénomination en cause.

Le **défaut d'inscription** d'une SCOP sur la liste prévue à l'article 54, alinéa 2, n'a pas pour effet de priver les mandataires sociaux du droit de cumuler leur mandat avec un contrat de travail : ▪ Cass. soc., 5 juill. 1995, n° 93-20.670 : *Bull. civ.* V, n° 233 ; *JCP* G 1995, n° 40, IV, n° 2173, p. 271.

Art. 54 *bis* *(L. n° 85-703, 12 juill. 1985 ; mod., L. n° 2014-856, 31 juill. 2014)*. **– Les sociétés coopératives de production sont soumises aux articles 25-1 à 25-5 de la loi n° 47-1775 du 10 septembre 1947 portant statut de la coopération, dans des conditions fixées par un décret en Conseil d'État tenant compte des dérogations et adaptations nécessaires.**

Les statuts des sociétés coopératives de production peuvent prévoir que le réviseur mentionné à l'article 25-2 de la même loi procède également à l'examen analytique de la situation financière, de la gestion et des compétences collectives de la société.

Art. 55. – V. C. trav., art. L. 442-10 [Nouv. art. L. 3322-6].

Art. 56. – V. C. trav., art. L. 442-7 [Nouv. art. L. 3324-10].

CHAPITRE III. – DISPOSITIONS TRANSITOIRES

Art. 57. – Les dispositions introduites à l'article L. 442-10 du Code du travail par l'article 55 de la présente loi s'appliquent aux exercices ouverts à compter du 1er janvier 1978. À titre transitoire, pour le premier exercice ouvert à compter de cette date, le montant de la provision autorisée à l'article L. 442-9 du Code du travail est au plus égal au total des sommes portées à la réserve spéciale de participation au titre du même exercice et de l'exercice précédent.

Art. 58. – Les sociétés coopératives de production et leurs unions existant à la date d'entrée en vigueur de la présente loi disposent d'un délai de deux ans à partir de cette date pour mettre leurs statuts en conformité avec ses dispositions. À l'expiration de ce délai, les clauses statutaires contraires à la présente loi sont réputées non écrites.

Les assemblées générales ordinaires délibèrent valablement pour la modification à cet effet des statuts.

Art. 59. – Dans les sociétés coopératives de production constituées avant l'entrée en vigueur de la présente loi et dont les statuts prévoyaient l'attribution de voix supplémentaires aux associés employés dans l'entreprise, proportionnellement à leur ancienneté, le nombre de voix attribuées doit, dans le délai prévu à l'article 58, être réduit en sorte qu'il n'excède pas deux par associé.

La cessation, pour quelque cause que ce soit, de l'emploi dans l'entreprise, entraîne la perte de ces voix supplémentaires.

Aucune voix supplémentaire ne peut être attribuée postérieurement à l'entrée en vigueur de la présente loi.

Art. 60. – Les articles 27 à 31 et, en tant qu'ils concernent les sociétés coopératives de production et leurs unions, 39 à 45 du titre II du livre III de l'ancien Code du travail sont abrogés.

La mention de la présente loi est, en tant que de besoin, substituée à la mention des articles 27 à 31 et 39 à 45 du titre II du livre III de l'ancien Code du travail dans les textes législatifs ou réglementaires relatifs aux sociétés coopératives ouvrières de production.

Décret n° 79-67 du 18 janvier 1979

relatif aux parts sociales émises par les sociétés coopératives ouvrières de production

(JO 24 janv.)

Art. 1er. – La valeur nominale des parts sociales émises par les sociétés coopératives ouvrières de production ne peut être inférieure à 15,24 € ni supérieure à 76,22 €.

Art. 2. – Toute souscription de parts est constatée sur un bulletin signé par l'associé et versé aux archives de la société. D'autre part, cette souscription donne lieu à l'établissement par la société d'un livret individuel ou d'un certificat de parts remis à l'intéressé.

ANNEXE 5

Décret n° 79-558 du 27 juin 1979

relatif à l'application du titre II, chapitre III, de la loi n° 78-763 du 19 juillet 1978 portant statut des sociétés coopératives ouvrières de production et concernant la souscription de parts sociales réservées aux salariés

(JO 6 juill.)

Art. 1er. – Le montant maximum de l'augmentation de capital prévue à l'article 36 (alinéa 2) de la loi [n° 78-763] susvisée du 19 juillet 1978 est fixé à 30 % des capitaux propres majorés de l'augmentation envisagée.

Art. 2. – Dans le cas où, en application de l'article 40 (1er alinéa) de la loi [n° 78-763] susvisée du 19 juillet 1978 les nouvelles parts sociales sont libérées par prélèvements sur le salaire des souscripteurs, les retenues ne peuvent être opérées que sur la portion cessible et saisissable de la rémunération, telle qu'elle est définie aux articles L. 145-1 et R. 145-1 du Code du travail.

Art. 3. – Les cas prévus par l'article 41 de la loi [n° 78-763] susvisée du 19 juillet 1978, dans lesquels un salarié ou ses ayants droit peuvent obtenir la résiliation ou la réduction de la souscription s'ils sont constatés avant la libération totale de ses parts, sont les suivants :

Mariage du salarié ;

Licenciement ;

Mise à la retraite ;

Invalidité du salarié ou de son conjoint correspondant au classement dans la deuxième ou la troisième des catégories prévues à l'article L. 310 du Code de la sécurité sociale [ancien] ;

Décès du salarié ou de son conjoint.

Si le salarié ou ses ayants droit demandent la résiliation de la souscription, les sommes versées ou prélevées sur les salaires, majorées de la quote-part éventuelle du complément versé par la coopérative, et diminuées, s'il y a lieu, de la contribution proportionnelle dans les pertes, sont remboursées.

Si le salarié demande la réduction de la souscription, les parts sociales souscrites et non entièrement libérées sont annulées et remplacées par de nouvelles parts pour un montant égal au total des versements du salarié ou des prélèvements effectués sur ses salaires, majorés de la quote-part éventuelle du complément versé par la coopérative.

Les nouvelles parts ne peuvent être ni cédées ni remboursées avant le terme du délai d'indisponibilité attaché aux droits ainsi remployés, tel que fixé à l'article 42 de la loi [n° 78-763] susvisée du 19 juillet 1978.

Les sommes restant disponibles après l'attribution des nouvelles parts sont remboursées dans la mesure où elles proviennent de prélèvements sur les salaires.

Décret n° 93-1231 du 10 novembre 1993

relatif à la reconnaissance de la qualité de société coopérative ouvrière de production

(JO 13 nov.)

Art. 1er. – Les sociétés coopératives ouvrières de production qui ont été agréées après examen des documents prévus à l'article 2 du présent décret sont inscrites par arrêté individuel du ministre chargé du travail sur la liste prévue à l'article 54 de la loi n° 78-763 du 19 juillet 1978 susvisée, après avis de la Confédération générale des sociétés coopératives ouvrières de production.

Art. 2. – La demande est adressée par lettre recommandée avec accusé de réception au ministre chargé du travail, qui la transmet pour avis à la Confédération générale des sociétés coopératives ouvrières de production.

Les sociétés doivent fournir, à l'appui de leur demande :

1° Les statuts de la société, la liste des membres des organes de direction et la nature de son activité.

2° La liste nominative des commissaires aux comptes ou, le cas échéant, lorsque la société remplit les conditions prévues à l'article 19, alinéa 2, de la loi du 19 juillet 1978 susvisée, le nom de l'organisme chargé de la révision coopérative.

3° Une fiche de renseignements faisant apparaître :

– la dénomination et la forme exacte de la société ;

– l'adresse de son siège social et, éventuellement, de ses différents établissements secondaires ;
– son numéro d'immatriculation SIRET et code APE, s'il a été attribué ;
– le montant du capital social ;
– le nombre de parts et leur valeur nominale ;
– le nombre d'associés employés dans la société et le nombre total de leurs parts ;
– le nombre de parts et l'identité de l'associé qui en détient le plus ;
– la liste des associés non employés, leur identification, leur nombre de parts et de voix ;
– la liste et le montant des participations dans des sociétés coopératives ouvrières de production ou au capital d'autres sociétés, coopératives ou non ;
– les modalités de répartition des excédents nets.

4° Le bilan, le compte de résultat, l'annexe légale et le tableau de répartition des excédents nets ainsi que les rapports des commissaires aux comptes se rapportant au dernier exercice ou, le cas échéant, à la place de ceux-ci, le dernier rapport de révision coopérative, ou, lorsque la date de la création de la société ne le permet pas, un engagement du demandeur à produire ces documents dans les six mois suivant la clôture du premier exercice.

Art. 3. – Le ministre chargé du travail notifie la décision à la société intéressée ainsi qu'à la Confédération générale des sociétés coopératives ouvrières de production, dans un délai de deux mois à compter de la date de dépôt de la demande.

Art. 4. – La société communique chaque année, dans les six mois suivant la clôture de l'exercice, au ministre chargé du travail ou à l'organisme désigné par celui-ci les pièces comptables et la fiche de renseignements mise à jour prévues à l'article 2, paragraphes 3 et 4, du présent décret.

Elle lui fait chaque année la déclaration des opérations de mise en location-gérance ou d'apports en société ou des cessions d'actifs immobilisés à une ou à des sociétés n'ayant pas la qualité de coopérative, portant sur moins de la moitié de l'activité ou des actifs de la société, prévue à l'article 3 *bis* (2°) de la loi du 19 juillet 1978 susvisée.

Elle l'informe annuellement des modifications apportées aux statuts et à la composition des organes de direction.

Elle lui transmet tous les cinq ans le rapport de révision coopérative prévu par le décret du 23 novembre 1984 modifié susvisé.

Art. 5. – Outre les documents prévus à l'article 2 du décret du 23 mars 1993 susvisé, la demande de sortie du statut « Coopération » ainsi que les opérations portant sur plus de la moitié de l'activité ou des actifs de la société sont accompagnées d'un rapport *ad hoc* de révision coopérative qui apprécie les motifs invoqués à l'appui de la modification envisagée et évalue les réserves impartageables.

La société dont la demande aura été acceptée à la suite de la mise en œuvre de cette procédure ou le bénéficiaire de ces opérations rend compte annuellement au ministre chargé du travail ou à l'organisme désigné par celui-ci des conditions dans lesquelles le respect de l'impartageabilité des réserves coopératives est assuré, jusqu'à la dévolution de celles-ci, aux organismes visés à l'article 20 de la loi du 19 juillet 1978 susvisée.

Art. 6. – À défaut d'avoir satisfait aux obligations prévues à l'article 4, et après mise en demeure infructueuse dans un délai d'un mois, la société pourra être radiée de la liste ministérielle.

Sera également radiée la société dont le statut ou le fonctionnement ne répond plus aux conditions requises par la loi, ainsi que la société qui a procédé aux opérations décrites au premier alinéa de l'article 5 sans suivre la procédure prévue par cet article.

La radiation ne peut intervenir qu'après que la société concernée a été avisée des griefs qui lui sont reprochés et invitée à fournir ses moyens de défense dans un délai d'un mois à compter de la réception dudit avis. Elle est prononcée par le ministre chargé du travail et notifiée par arrêté à la société intéressée et à la Confédération générale des sociétés coopératives ouvrières de production.

L'acceptation de la demande de sortie du statut coopératif entraîne la radiation de la liste ministérielle, constatée par le ministre chargé du travail et modifiée par arrêté à la société intéressée et à la Confédération générale des sociétés coopératives ouvrières de production.

L'acceptation de la demande d'aliénation de plus de la moitié de l'actif ou de l'activité de la société coopérative peut entraîner la radiation de la liste ministérielle, notifiée par arrêté à la société intéressée et à la Confédération générale des sociétés coopératives ouvrières de production.

Art. 7. – Le défaut de communication des documents prévus à l'article 2, paragraphe 4, du présent décret dans les six mois suivant la clôture du premier exercice entraîne la nullité de l'inscription sur la liste ministérielle.

Il en est de même lorsqu'il est établi que l'inscription ou le maintien d'une société sur la liste ministérielle a été obtenu sur la foi de documents inexacts.

La nullité de l'inscription est constatée par le ministre chargé du travail après mise en demeure infructueuse dans un délai d'un mois et notifiée par arrêté à la société concernée et à la Confédération générale des sociétés coopératives ouvrières de production.

Art. 8. – Le décret n° 79-376 du 10 mai 1979 fixant les conditions d'établissement de la liste des sociétés coopératives ouvrières de production est abrogé.

Art. 9. – « *Dispositions transitoires* ». – Les sociétés inscrites pour l'année 1993 et qui communiqueront à l'organisme prévu à l'article 4 du présent décret les pièces visées à l'article 2, paragraphe 4, dans les six mois suivant la clôture de l'exercice courant, et, s'il y a lieu, la déclaration prévue à l'article 3 *bis* (2°) de la loi du 19 juillet 1978 susvisée conserveront le bénéfice de leur inscription dans le cadre défini par le présent décret.

5.2.9. – SOCIÉTÉS LOCALES D'ÉPARGNE

Code monétaire et financier

Partie législative

Art. L. 512-92 *(Mod., L. n° 2001-1168, 11 déc. 2001 ; L. n° 2008-776, 4 août 2008)*. – Les sociétés locales d'épargne sont des sociétés coopératives, soumises aux dispositions de la loi n° 47-1775 du 10 septembre 1947 portant statut de la coopération sous réserve des dispositions de la présente section.

Elles contribuent à l'élaboration, des orientations générales de la caisse d'épargne et de prévoyance à laquelle elles sont affiliées. Elles ont également pour objet, dans le cadre de ces orientations générales, de favoriser la détention la plus large du capital de cette caisse d'épargne et de prévoyance en animant le sociétariat.

Pour faciliter cette détention, les sociétés locales d'épargne sont habilitées à proposer aux sociétaires définis à l'article L. 512-93 une première part sociale à un prix préférentiel.

Les sociétés locales d'épargne ne peuvent faire d'opérations de banque *(Mots aj., L. n° 2013-100, 28 janv. 2013)* « , émettre ou gérer de la monnaie électronique » *(Mots aj., Ord. n° 2009-866, 15 juill. 2009)* « ou fournir des services de paiement ». Elles sont dispensées de l'immatriculation au registre du commerce et des sociétés. Elles sont affiliées à la caisse d'épargne et de prévoyance dans la circonscription territoriale de laquelle elles exercent leur activité.

Le niveau de la rémunération des parts sociales détenues par les sociétaires des sociétés locales d'épargne est fixé par l'assemblée générale de la caisse d'épargne et de prévoyance à laquelle ces sociétés locales d'épargne sont affiliées.

La création d'une société locale d'épargne doit être préalablement approuvée par la caisse d'épargne et de prévoyance à laquelle la société locale d'épargne est affiliée, ainsi que par *(Mots rempl., L. n° 2009-715, 18 juin 2009)* « l'organe central des caisses d'épargne et des banques populaires ».

L'ensemble des sociétés locales d'épargne affiliées à chaque caisse d'épargne et de prévoyance constitue une seule entité pour l'application de l'article 145 du Code général des impôts.

(Mots rempl., L. n° 2014-856, 31 juill. 2014) « Le dernier alinéa de l'article 1er et » *(Mots aj., L. n° 2016-1691, 9 déc. 2016)* « le deuxième alinéa de » l'article 16 de la loi n° 47-1775 du 10 septembre 1947 précitée ne s'appliquent pas aux sociétés locales d'épargne.

Art. L. 512-93 *(Mod., L. n° 2008-776, 4 août 2008).* – Peuvent être sociétaires d'une société locale d'épargne les établissements publics de coopération intercommunale à fiscalité propre ainsi que, dans les conditions prévues par les statuts, les personnes physiques ou personnes morales ayant effectué avec la caisse d'épargne et de prévoyance une des opérations prévues aux articles L. 311-1, L. 311-2, L. 511-2 et L. 511-3, les salariés de cette caisse d'épargne et de prévoyance, les collectivités territoriales et, dans les conditions définies par l'article 3 *bis* de la loi n° 47-1775 du 10 septembre 1947 portant statut de la coopération, les autres personnes physiques ou personnes morales mentionnées à cet article. Les collectivités territoriales ne peuvent toutefois pas détenir ensemble plus de 20 % du capital de chacune des sociétés locales d'épargne.

Tout sociétaire d'une société locale d'épargne désirant liquider tout ou partie de ses parts sociales dans le cadre des dispositions de l'article 18 de la loi n° 47-1775 du 10 septembre 1947 susmentionnée ne peut les revendre qu'à leur valeur nominale à la société locale d'épargne dont il relève.

Chaque société locale d'épargne ne peut revendre qu'à leur valeur nominale les parts sociales qui lui sont cédées par les sociétaires.

5.2.10. – SOCIÉTÉS COOPÉRATIVES DE TRANSPORT

Code des transports

PARTIE LÉGISLATIVE

Section I. – Les sociétés coopératives de transport routier

(Ord. n° 2010-1307, 28 oct. 2010)

Bibliographie : C. Bloch, *Le Code des transports et le transport routier : une codification de lege lata mais a minima : Rev. dr. transp.* 2012, dossier 2.

Art. L. 3441-1. – Les sociétés coopératives de transport routier sont exclusivement formées par des personnes physiques en vue de l'exploitation en commun d'un fonds de commerce de transport public routier de marchandises ou de personnes.

Elles sont régies par la loi n° 78-763 du 19 juillet 1978 portant statut des sociétés coopératives de production.

Section II. – Les sociétés coopératives d'entreprises de transport routier

Art. L. 3441-2. – Les sociétés coopératives d'entreprises de transport routier sont formées en vue d'exercer toutes les activités des entreprises de transport public routier de marchandises ou de personnes.

Elles sont régies par les dispositions du titre Ier de la loi n° 83-657 du 20 juillet 1983 relative au développement de certaines activités d'économie sociale, sous réserve des dispositions de l'article L. 3441-3.

Art. L. 3441-3. – Pour l'application aux sociétés coopératives d'entreprises de transport des dispositions du titre Ier de la loi n° 83-657 du 20 juillet 1983 relative au développement de certaines activités d'économie sociale :

1° Aux articles 2, 6, et 18, l'inscription au registre prévu par les articles L. 3113-1 et L. 3211-1 est substituée à l'immatriculation au répertoire des métiers ou au registre détenu par les chambres de métiers d'Alsace et de Moselle ;

2° Au 1° de l'article 6, seules peuvent être associées d'une société coopérative d'entreprises de transport les personnes physiques ou morales exerçant la profession de transporteur public routier ;

3° À l'article 18, l'inscription des conjoints collaborateurs au registre du commerce et des sociétés prévue par l'article L. 121-4 du Code de commerce est substituée à l'immatriculation au répertoire des métiers ou au registre détenu par les chambres de métiers d'Alsace et de Moselle ;

4° Le ministre chargé des transports exerce les pouvoirs dévolus au ministre chargé de l'artisanat.

Les modalités d'application du présent article sont définies par voie réglementaire.

Art. L. 3441-4. – I. – Les sociétés coopératives d'entreprises de transport peuvent exercer directement ou indirectement pour le compte de leurs associés, au sein d'une agence commune, les activités suivantes :

1° Fournir en totalité ou en partie à leurs associés les marchandises ou services, l'équipement et le matériel nécessaires à l'exercice de leurs activités de transport, notamment par la constitution et l'entretien de tout stock de marchandises, la construction, l'acquisition ou la location ainsi que la gestion de matériel, de stations ou d'entrepôts nécessaires au développement et à la modernisation de leurs entreprises ;

2° Dans le cadre des dispositions législatives concernant les activités financières, faciliter l'accès des associés aux divers moyens de financement et de crédit ;

3° Exercer les activités complémentaires à celles énoncées ci-dessus, notamment fournir à leurs associés une assistance en matière de gestion technique, financière et comptable ;

4° Définir et mettre en œuvre par tous moyens une politique commerciale commune propre à assurer le développement et l'activité de ses associés, notamment par :

– la mise à disposition d'enseignes ou de marques dont elles ont la propriété ou la jouissance ;
– la création d'une plate-forme commune assurant la gestion de la logistique des transports et de son organisation ;
– une gestion commune de la clientèle et du fret.

II. – Sans préjudice des dispositions du I, les sociétés coopératives d'entreprises de transport public routier de marchandises peuvent :

1° Conclure directement des contrats de transport mentionnés à l'article L. 1432-2 ou régis par la convention relative au contrat de transport international de marchandises par route du 19 mai 1956, dont l'exécution est assurée par les moyens propres de la coopérative ou ceux de ses membres ;

2° Prendre des participations même majoritaires dans des sociétés directement ou indirectement associées exploitant des fonds de commerce liés à l'activité de transport.

Art. L. 3441-5. – Les sociétés coopératives d'entreprises de transport public routier de marchandises ont la qualité de voiturier pour l'application des dispositions des articles L. 132-8, L. 132-9 et L. 133-1 à L. 133-9 du Code de commerce.

Section III. – Dispositions communes

Art. L. 3441-6. – Les sociétés coopératives de transport public routier de marchandises et les sociétés coopératives d'entreprises de transport public routier de marchandises, ainsi que leurs unions, et les membres de ces sociétés, ne peuvent exercer aucune des activités de commissionnaire de transport mentionnées au I-1° de l'article L. 1411-1.

5.2.11. – SOCIÉTÉS COOPÉRATIVES ARTISANALES DE TRANSPORT FLUVIAL

Code des transports

PARTIE LÉGISLATIVE

CHAPITRE Ier. – ENTREPRISES DE LA BATELLERIE ARTISANALE

(Ord.. n° 2010-1307, 28 oct. 2010)

Art. L. 4431-1. – Les entreprises de la batellerie artisanale et les sociétés coopératives artisanales mentionnées à l'article L. 4431-2 doivent être immatriculées *(Mots rempl. à compter du 1er juillet 2019, L. fin. n° 2018-1317, 28 déc. 2018)* « au répertoire des métiers ou au registre des entreprises mentionnés à l'article 19 de la loi n° 96-603 du 5 juillet 1996 relative au développement et à la promotion du commerce et de l'artisanat dans les conditions prévues au même article 19 ».

Art. L. 4431-2. – Les dispositions du titre Ier de la loi n° 83-657 du 20 juillet 1983 relative au développement de certaines activités d'économie sociale s'appliquent aux sociétés coopératives formées par des entreprises *(Mots suppr. à compter du 1er juillet 2019, L. fin. n° 2018-1317, 28 déc. 2018)* « ... » de la batellerie artisanale.

Les sociétés coopératives prennent la dénomination de « sociétés coopératives artisanales de transport fluvial ». Lorsque les statuts de ces sociétés prévoient la possibilité d'admettre des tiers non associés à bénéficier de leurs services ou à participer à la réalisation des opérations entrant dans leur objet, à l'exclusion des opérations de gestion techniques et financières, et lorsque ces sociétés offrent leurs services à l'ensemble de la profession, les dispositions prévues à l'article 10 du titre Ier de la loi [n° 83-657] du 20 juillet 1983 précitée ne s'appliquent pas.

(Al. abr. à compter du 1er juillet 2019, L. fin. n° 2018-1317, 28 déc. 2018).

Art. L. 4431-3. – Pour l'application de la législation fiscale, les entreprises inscrites au registre mentionné à l'article L. 4431-1 sont assimilées aux entreprises artisanales immatriculées au répertoire des métiers.

ANNEXE 6

CULTURE ET ÉDITION

6.1 – Sociétés de perception et de répartition des droits d'auteurs, des droits des artistes-interprètes et des droits de producteurs de phonogrammes et de vidéogramme .... p. 2713
6.2 – Sociétés de presse .... p. 2735
6.3 – Sociétés de vente aux enchères publiques .... p. 2738

6.1. – SOCIÉTÉS DE PERCEPTION ET DE RÉPARTITION DES DROITS D'AUTEURS, DES DROITS DES ARTISTES-INTERPRÈTES ET DES DROITS DE PRODUCTEURS DE PHONOGRAMMES ET DE VIDÉOGRAMME

Code de la propriété intellectuelle

Bibliographie : Th. Desurmont et C. Guernalec, *JCl. Sociétés traité*, Fasc. 193-70 *(Notions générales)*.

Partie législative

Titre II. – Sociétés de perception et de répartition des droits

Chapitre Ier. – Dispositions générales
(Ord. n° 2016-1823, 22 déc. 2016)

Section I. – Organismes de gestion collective
(Ord. n° 2016-1823, 22 déc. 2016)

Art. L. 321-1 *(Mod., L. n° 97-283, 27 mars 1997 ; L. n° 2014-315, 11 mars 2014 ; Ord. n° 2016-1823, 22 déc. 2016)*. – **I. – Les organismes de gestion collective sont des personnes morales constituées sous toute forme juridique dont l'objet principal consiste à gérer le droit d'auteur ou les droits voisins de celui-ci pour le compte de plusieurs titulaires de ces droits, tels que définis aux livres Ier et II du présent code, à leur profit collectif, soit en vertu de dispositions légales, soit en exécution d'un contrat.**

Ces organismes doivent :

1° Soit être contrôlés par leurs membres titulaires de droits mentionnés au premier alinéa ;

2° Soit être à but non lucratif.

Ils agissent au mieux des intérêts des titulaires de droits qu'ils représentent et ne peuvent leur imposer des obligations qui ne sont pas objectivement nécessaires pour protéger leurs droits et leurs intérêts ou pour assurer une gestion efficace de leurs droits.

II. – Les organismes de gestion collective peuvent mener des actions de promotion de la culture et fournir des services sociaux, culturels et éducatifs dans l'intérêt des titulaires de droits qu'ils représentent et du public.

Il résulte de l'article L. 321-1 du Code de la propriété intellectuelle que, quels que soient ses statuts, une société de perception et de répartition des droits des artistes-interprètes ne peut être admise à ester en justice pour défendre les droits individuels d'un artiste-interprète, qu'à la condition qu'elle ait reçu de celui-ci pouvoir d'exercer une telle action, ce qui n'est pas le cas s'agissant d'artistes-interprètes pour lesquels elle ne justifie ni d'une adhésion ni d'un mandat : ▪ Cass. 1re civ., 19 févr. 2013, n° 11-21.310 : *D.* 2013, p. 567, note Ph. Allaeys. – V. *contra* : l'article L. 321-1 pose, d'une manière générale, le principe selon lequel les sociétés de perception et de répartition des droits des artistes interprètes, constituées sous forme de sociétés civiles, ont qualité pour ester en justice pour la défense des droits dont elles ont statutairement la charge, sans que soit exigé, sauf à imposer une condition non prévue par ce texte, de prouver l'adhésion des artistes interprètes dont la prestation a été utilisée sans leur autorisation : ▪ CA Paris, 25 oct. 2006 : *JurisData* n° 2006-321380.

Art. L. 321-2 *(Ord. n° 2016-1823, 22 déc. 2016).* **– Les organismes de gestion collective régulièrement constitués ont qualité pour ester en justice pour la défense des droits dont ils ont statutairement la charge et pour défendre les intérêts matériels et moraux de leurs membres, notamment dans le cadre des accords professionnels les concernant.**

Ils ont également qualité pour siéger au sein des organes compétents pour délibérer en matière de protection sociale, prévoyance et formation des titulaires de droits qu'ils représentent, sous réserve des règles applicables à la représentation des syndicats professionnels conformément aux dispositions du Code du travail.

Le contrat de représentation conclu par une société civile d'auteurs avec un utilisateur, même commerçant, a nécessairement un caractère civil ; en conséquence, le litige relève de la compétence du tribunal d'instance : ▪ CA Douai, 19 janv. 1995 : *JurisData* n° 1995-043920.

Art. L. 321-3 *(L. n° 2006-961, 1er août 2006 ; Ord. n° 2016-1823, 22 déc. 2016).* **– Les organismes de gestion collective permettent à leurs membres et aux autres titulaires de droits dont ils gèrent les droits patrimoniaux de communiquer avec eux par voie électronique, notamment pour l'exercice des droits qui leur sont reconnus au titre du présent code, notamment en matière d'information, de participation aux décisions collectives et pour le contrôle de l'organisme.**

Art. L. 321-4 *(Ord. n° 2016-1823, 22 déc. 2016).* **– Les organismes de gestion collective établis en France sont soumis aux dispositions du présent titre.**

Les organismes de gestion collective établis hors de l'Union européenne gérant les droits d'exploitation en France d'œuvres ou autres objets protégés, sont soumis aux dispositions des premier, deuxième et quatrième alinéas de l'article L. 324-6, des articles L. 324-7, L. 324-8, L. 324-12 à L. 324-14, du second alinéa de l'article L. 326-2, des articles L. 326-3 et L. 326-4.

Ils sont soumis au contrôle de la commission de contrôle des organismes de gestion des droits d'auteurs et des droits voisins au titre du 2° de l'article L. 327-1. La médiation prévue au *a* du 3° de l'article L. 327-1 leur est également applicable.

Les organismes de gestion collective établis hors de l'Union européenne gérant les droits d'exploitation en France d'œuvres musicales protégées sont en outre soumis aux dispositions des articles L. 325-1, L. 325-2, L. 325-5 à L. 325-7.

Art. L. 321-5 *(L. n° 2000-719, 1er août 2000 ; Ord. n° 2016-1823, 22 déc. 2016).* **– Les organismes de gestion collective sont régis par les dispositions propres à la forme juridique sous laquelle ils sont constitués, sous réserve des dispositions du présent titre.**

Section II. – Organismes de gestion indépendants

Art. L. 321-6 *(L. n° 2000-719, 1er août 2000 ; Ord. n° 2016-1823, 22 déc. 2016).* **– Un organisme de gestion indépendant est une personne morale à but lucratif dont l'objet principal consiste à gérer le droit d'auteur ou les droits voisins de celui-ci pour le compte de plusieurs titulaires de droits, au profit collectif de ces derniers, qui n'est pas contrôlée, directement ou indirectement, par ces titulaires de droits.**

Les organismes de gestion indépendants établis en France sont soumis aux dispositions du second alinéa de l'article L. 322-1, des premier, deuxième et quatrième alinéas de l'article L. 324-6, des articles L. 324-7, L. 324-8, L. 324-12 à L. 324-14, du second alinéa de l'article L. 326-2, des articles L. 326-3, L. 326-4 et L. 328-1. Ils sont soumis au contrôle de la commission de contrôle des organismes de gestion des droits d'auteur et des droits voisins au titre des 1° et 2° de l'article L. 327-1. La médiation prévue au *a* du 3° de l'article L. 327-1 leur est également applicable.

Les organismes de gestion indépendants établis en France gérant les droits d'exploitation d'œuvres musicales protégées sont en outre soumis aux dispositions des articles L. 325-1, L. 325-2, L. 325-5 à L. 325-7. La médiation prévue au *b* du 3° de l'article L. 327-1 leur est également applicable.

Les organismes de gestion indépendants établis hors de l'Union européenne gérant les droits d'exploitation en France d'œuvres ou autres objets protégés, sont soumis aux dispositions des premier, deuxième et quatrième alinéas de l'article L. 324-6, des articles L. 324-7, L. 324-8, L. 324-12 à L. 324-14, du second alinéa de l'article L. 326-2, de l'article L. 326-3 et de l'article L. 326-4. Ils sont soumis au contrôle de la commission de contrôle des organismes de gestion des droits d'auteur et des droits voisins au titre du 2° de l'article L. 327-1. La médiation prévue au *a* du 3° de l'article L. 327-1 leur est également applicable.

Les organismes de gestion indépendants établis hors de l'Union européenne gérant les droits d'exploitation en France d'œuvres musicales protégées sont en outre soumis aux dispositions des articles L. 325-1, L. 325-2, L. 325-5 à L. 325-7.

Partie réglementaire

TITRE II. – SOCIÉTÉS DE PERCEPTION ET DE RÉPARTITION DES DROITS

CHAPITRE I. – DISPOSITIONS GÉNÉRALES

(D. n° 95-406, 14 avr. 1995 ; chapitre rempl., D. n° 2017-924, 6 mai 2017)

Section I. – Organismes de gestion collective

Art. R. 321-1 *(Mod., D. n° 2017-924, 6 mai 2017)*. – Les organismes de gestion collective établis hors de l'Union européenne gérant les droits d'exploitation en France d'œuvres ou autres objets protégés sont soumis aux dispositions de l'article R. 321-5, des 1° à 8° et du 10° de l'article R. 321-15 et de l'article R. 321-16, ainsi qu'aux dispositions des articles R. 321-26, R. 321-27, R. 321-30 à R. 321-34, R. 321-36 à R. 321-42, R. 321-44, R. 321-46 et R. 321-47.

Les organismes de gestion collective établis hors de l'Union européenne gérant les droits d'exploitation en France d'œuvres musicales protégées sont également soumis aux dispositions des articles R. 321-8 à R. 321-11.

Section II. – Organismes de gestion indépendants

Art. R. 321-2 *(Rempl., D. n° 2001-334, 17 avr. 2001 ; mod., D. n° 2017-924, 6 mai 2017)*. – Les organismes de gestion indépendants établis en France sont soumis aux dispositions de l'article R. 321-5, des 1° à 7°, du 10° et du 11° de l'article R. 321-15, de l'article R. 321-16, ainsi qu'aux dispositions des articles R. 321-26 à R. 321-34, R. 321-36 à R. 321-42, R. 321-44 et R. 321-46 à R. 321-48.

II. – Les organismes de gestion indépendants établis en France gérant les droits d'exploitation d'œuvres musicales protégées sont également soumis aux dispositions des articles R. 321-8 à R. 321-11.

III. – Les organismes de gestion indépendants établis hors de l'Union européenne gérant les droits d'exploitation en France d'œuvres ou autres objets protégés sont soumis aux dispositions de l'article R. 321-5, des 1° à 7° et du 10° de l'article R. 321-15 et du I de l'article R. 321-16, ainsi qu'aux dispositions des articles R. 321-26, R. 321-27, R. 321-30 à R. 321-34, R. 321-36 à R. 321-42, R. 321-44, R. 321-46 et R. 321-47.

IV. – Les organismes de gestion indépendants établis hors de l'Union européenne gérant les droits d'exploitation en France d'œuvres musicales protégées sont également soumis aux dispositions des articles R. 321-8 à R. 321-11.

CHAPITRE Ier *TER*. – ORGANISATIONS DES ORGANISMES DE GESTION COLLECTIVE

Section I. – Adhésion des membres

Absence de disposition réglementaire.

Section. II. – Décisions collectives des membres

Art. R. 321-3 *(Mod., D. n° 2001-334, 17 avr. 2001 ; rempl., D. n° 2017-924, 6 mai 2017).* – Les membres de l'assemblée peuvent être convoqués soit par lettre recommandée avec demande d'avis de réception, soit par voie électronique avec demande d'accusé de réception, soit par un avis inséré dans deux journaux au moins, de diffusion nationale, habilités à recevoir les annonces légales dans le département du siège social et qui sont déterminés par une délibération de l'assemblée générale. Toute modification de la liste de ces journaux intervenant entre deux assemblées générales est portée à la connaissance des membres par tout moyen approprié.

Tout membre peut demander à être convoqué individuellement aux assemblées ou à certaines d'entre elles par lettre recommandée avec demande d'avis de réception.

Lorsque la convocation est faite par un autre moyen, les frais de cet envoi recommandé sont à la charge de l'intéressé.

Les membres sont convoqués quinze jours au moins avant la date de l'assemblée.

La convocation précise l'ordre du jour, la date et le lieu de réunion de l'assemblée.

Lorsque les statuts prévoient que certaines assemblées doivent être tenues selon des conditions particulières de quorum ou de majorité, il est fait mention de ces conditions dans la convocation.

Art. R. 321-4 *(Rempl., D. n° 2017-924, 6 mai 2017).* – La date de l'assemblée générale annuelle prévue à l'article L. 323-5 est déterminée par les statuts. Lorsque cette assemblée ne peut être tenue dans les conditions prévues par les statuts, les membres doivent en être prévenus au moins quinze jours avant la date limite statutairement prévue pour sa tenue, dans les formes prévues à l'article R. 321-3. Ils sont informés à cette occasion des motifs du report ainsi que de la date à laquelle l'assemblée se tiendra.

CHAPITRE Ier *QUATER*. – GESTION DES DROITS

Section I. – Octroi des autorisations d'exploitation et perception des revenus issus de l'exploitation des droits

Absence de disposition réglementaire.

Section II. – Gestion des revenus issus de l'exploitation des droits

Art. R. 321-5 *(Rempl., D. n° 2017-924, 6 mai 2017).* – La liste mentionnée à l'article L. 324-14 précise au moins, sauf impossibilité, les éléments suivants pour chaque œuvre ou objet protégé :

1° Le titre ;

2° Le nom du ou des titulaires de droits lorsqu'ils sont connus mais n'ont pu être localisés ;

3° Le nom de l'éditeur ou du producteur d'origine ;

4° Toute autre information pertinente disponible qui pourrait faciliter l'identification du ou des titulaires de droits.

Art. R. 321-6 *(Rempl., D. n° 2001-334, 17 avr. 2001 ; D. n° 2017-924, 6 mai 2017).* – I. – L'aide à la création mentionnée à l'article L. 324-17 s'entend des concours apportés :

1° À la création d'une œuvre, à son interprétation, à la première fixation d'une œuvre ou d'une interprétation sur un phonogramme ou un vidéogramme ;

2° À des actions de défense, de promotion et d'information engagées dans l'intérêt des créateurs et de leurs œuvres.

II. – L'aide à la diffusion du spectacle vivant mentionnée à l'article L. 324-17 s'entend des concours apportés :

1° À des manifestations présentant, à titre principal ou accessoire, un spectacle vivant ;

2° À des actions propres à assurer la diffusion des œuvres et des prestations artistiques du spectacle vivant.

III. – L'aide à la formation d'artistes mentionnée à l'article L. 324-17 s'entend des concours apportés à des actions de formation professionnelle des auteurs et des artistes-interprètes.

Art. R. 321-6-1 à R. 321-6-4 *(D. n° 2001-334, 17 avr. 2001 ; D. n° 2017-924, 6 mai 2017).*

Art. R. 321-7 *(Rempl., D. n° 2017-924, 6 mai 2017).* – Toute aide allouée par un organisme de gestion collective en application de l'article L. 324-17 fait l'objet d'une convention entre l'organisme et le bénéficiaire. Cette convention prévoit les conditions d'utilisation du concours apporté ainsi que celles dans lesquelles le bénéficiaire communique à l'organisme les éléments permettant de justifier que l'aide est utilisée conformément à sa destination.

CHAPITRE Ier *QUINQUIES*. – AUTORISATIONS D'EXPLOITATION MULTITERRITORIALES DE DROITS EN LIGNE SUR LES ŒUVRES MUSICALES

Art. R. 321-8 *(Rempl., D. n° 2017-924, 6 mai 2017).* – I. – Pour pouvoir octroyer des autorisations d'exploitation multiterritoriales de droits en ligne sur les œuvres musicales, les organismes de gestion collective doivent respecter les conditions suivantes :

1° Disposer des moyens matériels et techniques permettant d'identifier avec précision, en tout ou partie :

a) Les œuvres musicales pour lesquelles ces autorisations d'exploitation sont octroyées ;

b) Les droits et les titulaires de droits correspondant à chaque œuvre musicale ou partie d'œuvre musicale, pour chacun des territoires couverts par ces autorisations d'exploitation ;

2° Faire usage d'identifiants uniques pour identifier chaque titulaire de droits et chaque œuvre musicale, en tenant compte, lorsqu'elles existent, des normes et pratiques sectorielles volontaires élaborées à l'échelle internationale ou au niveau de l'Union européenne ;

3° Recourir aux moyens nécessaires pour identifier et corriger les incohérences dans les données détenues par d'autres organismes de gestion collective, qui octroient des autorisations d'exploitation multiterritoriales de droits en ligne sur des œuvres musicales, en coordination avec ces organismes.

II. – Le traitement des données nécessaires à la gestion des autorisations d'exploitation multiterritoriales de droits en ligne sur les œuvres musicales doit être transparent et permettre l'identification des œuvres pour lesquelles ces autorisations sont octroyées et le contrôle de leur utilisation en vue de la facturation aux utilisateurs, de la perception et de la répartition des revenus dus aux titulaires de droits.

Art. R. 321-9 *(Rempl., D. n° 2001-809, 6 sept. 2001 ; D. n° 2017-924, 6 mai 2017).* – I. – En réponse à une demande motivée, les organismes octroyant des autorisations d'exploitation multiterritoriales de droits en ligne sur les œuvres musicales fournissent, par voie électronique, aux prestataires de services en ligne auxquels ils ont octroyé une autorisation, aux titulaires des droits qu'ils gèrent et aux autres organismes de gestion collective, des informations actualisées permettant l'identification du répertoire de musique en ligne qu'ils représentent. Ces informations concernent :

1° Les œuvres musicales pour lesquelles ces autorisations ont été octroyées ;

2° Les droits gérés au titre de ces autorisations ;

3° Les territoires couverts par ces autorisations.

II. – Aux fins de la collecte des informations mentionnées au I, les organismes octroyant des autorisations d'exploitation multiterritoriales de droits en ligne sur les œuvres musicales permettent à l'ensemble des titulaires de droits pour lesquels ils gèrent les droits en ligne de leur communiquer ces informations par voie électronique. La communication des informations mentionnées au I respecte, lorsqu'elles existent, les normes et pratiques sectorielles volontaires élaborées à l'échelle internationale ou au niveau de l'Union européenne en matière d'échange de données.

III. – Les dispositions prévues au II s'appliquent lorsque les autorisations d'exploitation sont octroyées au titre d'un accord de représentation conformément à l'article L. 325-3, à moins que les organismes en cause ne conviennent entre eux et pour les relations qu'ils entretiennent, d'autres modalités techniques de recueil des données.

IV. – Dans la mise en œuvre du I, les organismes sollicités peuvent, s'ils l'estiment nécessaire, prendre les mesures appropriées pour préserver l'exactitude et l'intégrité des données, contrôler leur réutilisation et protéger les informations relevant du secret des affaires.

V. – Les titulaires de droits, les prestataires de services en ligne et les autres organismes peuvent demander à l'organisme qui gère leurs droits en ligne sur des œuvres musicales, de rectifier les informations mentionnées au I du présent article et au I de l'article R. 321-8. Cette demande doit être motivée et accompagnée des pièces justificatives. Dans ce cas, l'organisme saisi de la demande procède à la rectification des informations erronées dans un délai n'excédant pas trois mois.

Art. R. 321-10 *(Rempl., D. n° 2017-924, 6 mai 2017)*. – I. – Les organismes de gestion collective contrôlent l'utilisation des droits par les prestataires de services en ligne auxquels ils ont octroyé des autorisations d'exploitation multiterritoriales de droits en ligne sur des œuvres musicales. Les contrats conclus avec ces prestataires de services prévoient des modalités appropriées permettant aux organismes de gestion collective de contrôler effectivement l'utilisation des droits.

II. – Les organismes octroyant des autorisations d'exploitation multiterritoriales de droits en ligne sur les œuvres musicales permettent aux prestataires de services en ligne de déclarer l'utilisation effective de ces droits par voie électronique.

Les organismes mettent à leur disposition au moins une méthode de déclaration conforme à des normes ou pratiques sectorielles volontaires élaborées à l'échelle internationale ou au niveau de l'Union européenne en matière d'échange par voie électronique de ce type de données.

III. – Dès lors que l'organisme a proposé au prestataire de services en ligne une méthode conformément au second alinéa du II, il peut refuser les déclarations réalisées dans un autre format.

IV. – Dans un délai de six mois après la déclaration, l'organisme établit la facture relative à l'utilisation déclarée, à moins que des motifs imputables au prestataire de services en ligne ne l'en empêchent.

V. – La facture établie en application des dispositions du présent code doit respecter un format conforme à des normes ou pratiques sectorielles volontaires mentionnées au second alinéa du II.

Elle indique les œuvres et les droits pour lesquels une autorisation d'exploitation multiterritoriale a été octroyée en tout ou en partie, en se fondant sur les informations mentionnées au I de l'article R. 321-8, et, dans la mesure du possible, l'exploitation effective qui en a été faite, sur la base des informations fournies par le prestataire de services en ligne, ainsi que le format utilisé pour fournir ces informations.

VI. – L'organisme adresse la facture au prestataire de services en ligne par voie électronique.

Le prestataire ne peut refuser la facture au seul motif de son format si l'organisme a respecté les dispositions du V du présent article. Il peut toutefois contester l'exactitude de la facture par tout moyen approprié que l'organisme met à sa disposition.

Art. R. 321-11 *(D. n° 2017-924, 6 mai 2017)*. – I. – Les organismes de gestion collective versent les sommes dues aux titulaires de droits au titre des autorisations d'exploitation multiterritoriales de droits en ligne octroyées sur leurs œuvres musicales dans un délai n'excédant pas neuf mois à compter de la fin de l'exercice au cours duquel ils ont reçu la déclaration d'utilisation de ces œuvres. Il ne peut être dérogé à ce délai et à l'exactitude du montant des versements qu'en raison de causes imputables aux prestataires de services en ligne.

II. – Pour chaque versement effectué conformément au I, l'organisme communique au titulaire de droits au moins les informations suivantes :

1° La période au cours de laquelle ont eu lieu les utilisations pour lesquelles les sommes lui sont dues, ainsi que les territoires dans lesquels ces utilisations ont eu lieu ;

2° Les facturations opérées, les sommes perçues, les déductions effectuées et les sommes réparties par l'organisme pour chaque droit en ligne sur toute œuvre musicale que le titulaire de droits l'a autorisé à représenter et pour chaque prestataire de services en ligne.

III. – Les dispositions du I s'appliquent aux organismes qui versent des sommes à d'autres organismes au titre d'un accord de représentation conformément à l'article L. 325-3. Ils sont également tenus de communiquer à ces organismes les informations prévues au II.

L'organisme destinataire verse ces sommes et communique ces informations aux titulaires de droits en cause, à moins que l'accord de représentation n'en dispose autrement.

Art. R. 321-12 *(D. n° 2017-924, 6 mai 2017)*. – I. – L'organisme de gestion collective sollicité par un autre organisme pour assurer la gestion d'autorisations d'exploitation multiterritoriales conformément à l'article L. 325-3 donne une réponse écrite dans un délai d'un mois, qui est motivée si elle est négative.

II. – Le mandat donné à un organisme de gestion collective par un autre conformément à l'article L. 325-3 résulte de la conclusion d'un accord de représentation entre ces deux organismes. Cet accord est non exclusif.

III. – Dans le délai prévu par l'accord de représentation, l'organisme mandataire inclut les œuvres musicales de l'organisme mandant dans l'ensemble des offres qu'il propose aux prestataires de services en ligne.

Il informe l'organisme mandant des principales conditions auxquelles les autorisations d'exploitation multiterritoriales de droits en ligne sur les œuvres musicales de celui-ci sont octroyées, en précisant la nature de l'exploitation, les éléments relatifs à la rémunération de ces autorisations et ceux pouvant avoir une incidence sur cette rémunération, la durée de validité des autorisations d'exploitation et les territoires qu'elles couvrent.

IV. – L'organisme mandant informe ses membres des principaux termes de l'accord de représentation, y compris sa durée et le coût des services fournis par l'organisme mandataire.

Cette obligation d'information vaut aussi à l'égard des titulaires de droits non-membres de l'organisme mandant dès lors qu'ils ont une relation juridique directe avec lui relative aux droits en cause, par l'effet de la loi ou d'un contrat.

Art. R. 321-13 *(D. n° 2017-924, 6 mai 2017).* – I. – Sous réserve des dispositions du présent article, l'organisme mandataire gère les œuvres musicales dont la gestion lui a été confiée conformément à l'article L. 325-3 dans les mêmes conditions que celles qu'il applique à la gestion de son propre répertoire musical.

II. – Le montant des frais de gestion déduits au titre du service rendu à l'organisme mandant n'excède pas les coûts raisonnablement supportés par l'organisme mandataire.

III. – L'organisme mandant met à la disposition de l'organisme mandataire les informations relatives à son propre répertoire musical nécessaires à l'octroi des autorisations d'exploitation multiterritoriales en ligne.

Lorsque ces informations sont insuffisantes ou fournies sous une forme qui ne permet pas à l'organisme mandataire de respecter les dispositions du présent chapitre, celui-ci peut facturer à l'organisme mandant les coûts supplémentaires liés à la mise en conformité avec ces dispositions, ou décider d'exclure de son répertoire les œuvres pour lesquelles les informations sont insuffisantes ou inutilisables.

CHAPITRE Ier *SEXIES*. – TRANSPARENCE ET PROCÉDURES DE CONTRÔLE

Section I. – Transparence et obligations d'information

Art. R. 321-14 *(D. n° 2017-924, 6 mai 2017).* – I. - Les rapports prévus à l'article L. 326-1 sont publiés sur le site internet des organismes de gestion collective concernés et sont maintenus sur ce site, à la disposition du public, pendant au moins cinq ans.

II. – Le rapport de transparence annuel comprend les informations suivantes :

1° Les états financiers comprenant un bilan, un compte de résultat, et une annexe, selon des normes fixées par l'Autorité des normes comptables ;

2° Un rapport sur les activités de l'exercice ;

3° Le nombre de refus d'octroyer une autorisation d'exploitation conformément aux dispositions du troisième alinéa de l'article L. 324-7 et les principales catégories de raisons motivant ces refus ;

4° Une description de la structure juridique et de la gouvernance de l'organisme de gestion collective ;

5° La liste des personnes morales que l'organisme contrôle au sens de l'article L. 233-16 du Code de commerce, ainsi que le montant du capital, la quote-part de capital détenue, le résultat du dernier exercice clos, et la valeur comptable nette et brute des titres détenus ;

6° Le montant total de la rémunération versée au cours de l'année précédente, d'une part, aux personnes mentionnées au premier alinéa de l'article L. 323-13 et, d'autre part, aux membres de l'organe de surveillance, ainsi que les autres avantages qui leur ont été octroyés ;

7° Le montant des revenus provenant de l'exploitation des droits, ventilés par catégorie de droits gérés et par type d'utilisation, et le montant des recettes résultant de l'investissement de ces revenus ainsi qu'une information sur l'utilisation de ces recettes ;

8° Des informations financières sur le coût de la gestion des droits et des autres services fournis aux titulaires de droits par l'organisme, avec une description complète des éléments suivants :

a) Le montant de l'ensemble des frais de fonctionnement et des frais financiers, ventilés par catégorie de droits gérés, et lorsque les coûts sont indirects et ne peuvent être attribués à une ou plusieurs catégories de droits, une explication de la méthode suivie pour l'attribution de ces coûts indirects ;

b) Le montant des frais de fonctionnement et des frais financiers correspondant uniquement à la gestion des droits, ventilés par catégorie de droits gérés, en distinguant le montant des frais de gestion déduits ou compensés à partir des revenus provenant de l'exploitation des droits ou des recettes résultant de l'investissement de ces revenus, et lorsque les coûts sont indirects et ne peuvent être attribués à une ou plusieurs catégories de droits, une explication de la méthode suivie pour l'attribution de ces coûts indirects ;

c) Le montant des frais de fonctionnement et des frais financiers relatifs aux services, autres que la gestion des droits, comprenant les services sociaux, culturels et éducatifs ;

d) La nature des ressources utilisées pour couvrir les coûts ;

e) Le montant des déductions effectuées sur les revenus provenant de l'exploitation des droits, ventilées par catégorie de droits gérés et par type d'utilisation, ainsi que la finalité de ces déductions ;

f) Le pourcentage que représente le coût de la gestion des droits et des autres services fournis aux titulaires de droits par l'organisme par rapport aux revenus provenant de l'exploitation des droits de l'exercice concerné, par catégorie de droits gérés, et lorsque les coûts sont indirects et ne peuvent être attribués à une ou plusieurs catégories de droits, une explication de la méthode suivie pour l'attribution de ces coûts indirects ;

9° Des informations financières sur les sommes dues aux titulaires de droits, accompagnées d'une description complète des éléments suivants :

a) Le montant total des sommes réparties aux titulaires de droits, avec une ventilation par catégorie de droits gérés et par type d'utilisation ;

b) Le montant total des sommes versées aux titulaires de droits, avec une ventilation par catégorie de droits gérés et par type d'utilisation ;

c) La fréquence des versements, avec une ventilation par catégorie de droits gérés et par type d'utilisation ;

d) Le montant total des sommes facturées ;

e) Le montant total des sommes perçues mais non encore réparties aux titulaires de droits, avec une ventilation par catégorie de droits gérés et par type d'utilisation, en indiquant l'exercice au cours duquel ces sommes ont été perçues ;

f) Le montant total des sommes réparties mais non encore versées aux titulaires de droits, avec une ventilation par catégorie de droits gérés et par type d'utilisation, en indiquant l'exercice au cours duquel ces sommes ont été perçues ;

g) Les motifs du non-respect par l'organisme des délais qui lui sont applicables dans le versement des sommes dues aux titulaires de droits conformément à l'article L. 324-12 ;

h) Le montant total des sommes qui ne peuvent être réparties, avec une explication de l'utilisation qui en a été faite ;

10° Des informations sur les relations avec les autres organismes de gestion collective avec une description des éléments suivants :

a) Le montant des sommes reçues d'autres organismes et des sommes versées à d'autres organismes, avec une ventilation par catégorie de droits et par type d'utilisation ainsi que par organisme ;

b) Le montant des frais de gestion et autres déductions effectuées sur les revenus provenant de l'exploitation des droits dus à d'autres organismes, avec une ventilation par catégorie de droits et par type d'utilisation ainsi que par organisme ;

c) Le montant des frais de gestion et autres déductions effectuées sur les sommes versées par d'autres organismes, avec une ventilation par catégorie de droits et par organisme ;

d) Le montant des sommes réparties directement aux titulaires de droits provenant d'autres organismes, avec une ventilation par catégorie de droits et par organisme.

III. – Le rapport de transparence annuel comporte également un rapport qui rend compte de l'utilisation des sommes déduites aux fins de la fourniture de services sociaux, culturels ou éducatifs et qui contient les informations suivantes :

1° Le montant des sommes déduites aux fins de services sociaux, culturels et éducatifs au cours de l'exercice, avec une ventilation par type de finalité, et pour chaque type de finalité avec une ventilation par catégorie de droits gérés et par type d'utilisation ;

2° Une explication de l'utilisation de ces sommes, avec une ventilation par type de finalité, y compris le montant des frais découlant de la gestion des sommes déduites en vue de financer des services sociaux, culturels et éducatifs et des sommes distinctes utilisées aux fins de services sociaux, culturels et éducatifs.

IV. – Le commissaire aux comptes de l'organisme s'assure de la sincérité et de la concordance des informations contenues dans le rapport de transparence annuel, comprenant notamment les états financiers et les informations financières prévus aux 1°, 7° à 10° du II et au III, avec les documents comptables de l'organisme. Le rapport spécial qu'il élabore à cette fin ainsi que ses réserves éventuelles doivent être intégralement reproduits dans le rapport de transparence annuel.

Art. R. 321-15 *(D. n° 2017-924, 6 mai 2017)*. – Les informations mentionnées au second alinéa de l'article L. 326-2 sont les suivantes :

1° Les statuts et le règlement général ;

2° Les conditions d'adhésion et les conditions de résiliation de l'autorisation de gérer des droits, si celles-ci ne figurent ni dans les statuts ni dans le règlement général ;

3° Les contrats-types d'autorisation d'exploitation et les tarifs standards applicables, y compris, le cas échéant, les remises et réductions applicables ;

4° La liste des personnes membres du conseil d'administration, ou du conseil de surveillance et du directoire ;

5° La politique générale de répartition des sommes dues aux titulaires de droits ;

6° La politique générale en matière de frais de gestion ;

7° La politique générale en matière de déductions, autres que celles concernant les frais de gestion, effectuées sur les revenus provenant de l'exploitation des droits et sur toute recette résultant de l'investissement de ces revenus, y compris aux fins de la fourniture de services sociaux, culturels et éducatifs ;

8° La liste des accords de représentation conclus, précisant le nom des organismes de gestion collective concernés ;

9° La politique générale d'utilisation des sommes qui ne peuvent être réparties ;

10° Les procédures établies conformément à l'article L. 325-5 ;

11° Les procédures établies conformément à l'article L. 328-1.

Art. R. 321-16 *(D. n° 2017-924, 6 mai 2017)*. – I. – Les informations relatives à la gestion des droits qu'un organisme de gestion collective ou indépendant est tenu de mettre à la disposition de chaque titulaire de droits en application du I de l'article L. 326-3, comprennent les éléments suivants :

1° Les coordonnées que le titulaire de droits l'a autorisé à utiliser afin de l'identifier et de le localiser ;

2° Le montant des revenus respectivement répartis et versés au titulaire de droits, en précisant leur ventilation par catégorie de droits gérés et par type d'utilisation ;

3° La période au cours de laquelle a eu lieu l'utilisation pour laquelle des revenus ont été répartis et versés au titulaire de droits, à moins que des raisons objectives relatives aux déclarations des utilisateurs n'empêchent l'organisme de fournir ces informations ;

4° Le montant des déductions effectuées sur ces revenus, en précisant celui prélevé au titre des frais de gestion d'une part et des dispositions de l'article L. 324-17 d'autre part ;

5° Le montant des éventuels revenus provenant de l'exploitation des droits qui ont été répartis au titulaire de droits mais qui lui restent dus, quelle que soit la période au cours de laquelle ils ont été perçus par l'organisme.

II. – Les informations relatives à la gestion des droits mentionnées au III de l'article L. 326-3 que l'organisme est tenu de mettre à la disposition de l'autre organisme de gestion avec lequel il est lié par un accord de représentation, comprennent les éléments suivants :

1° Le montant des revenus provenant de l'exploitation des droits qu'il a respectivement répartis et versés au titre de l'accord de représentation, en précisant leur ventilation par catégorie de droits gérés et par type d'utilisation ;

2° Le montant des éventuels revenus provenant de l'exploitation des droits qu'il a répartis au titre de l'accord de représentation, mais qui restent dus, quelle que soit la période au cours de laquelle ils ont été perçus par l'organisme ;

3° Le montant des déductions effectuées sur ces revenus, en précisant celui prélevé au titre des frais de gestion d'une part, et des dispositions de l'article L. 324-17 d'autre part ;

4° Des informations sur les autorisations d'exploitation octroyées ou refusées pour les œuvres et autres objets protégés couverts par l'accord de représentation ;

5° Une présentation des résolutions adoptées par son assemblée générale qui portent sur la gestion des droits couverts par l'accord de représentation.

Art. R. 321-17 *(D. n° 2017-924, 6 mai 2017)*. – Dans les intervalles entre deux assemblées générales, et au moins deux mois avant celle à venir, tout membre de l'organisme de gestion collective a le droit de prendre connaissance de tout document établi par cet organisme ou reçu par lui concernant l'exercice en cours, sous réserve du respect des secrets protégés par la loi.

Le membre adresse à l'organisme, une demande écrite mentionnant les documents auxquels il souhaite accéder. Dans un délai de dix jours à compter de la réception de la demande, l'organisme communique les documents ou, si cette communication n'est pas matériellement possible, propose une date pour l'exercice du droit d'accès qui s'effectue alors au siège social ou au lieu de la direction administrative de l'organisme de gestion collective, dans des conditions définies par les statuts. Dans l'exercice de ce droit, le membre peut se faire assister par toute personne de son choix.

Art. R. 321-18 *(D. n° 2017-924, 6 mai 2017).* – Tout membre d'un organisme de gestion collective peut, en outre, dans le délai fixé à l'article L. 326-5, demander à l'organisme de lui adresser :

1° Les comptes annuels qui seront soumis à l'assemblée générale ;

2° Les rapports des organes de gestion, d'administration et de direction et des commissaires aux comptes qui seront soumis à l'assemblée ;

3° Le cas échéant, le texte et l'exposé des motifs des résolutions proposées, ainsi que les renseignements concernant les candidats à un mandat social ou à une fonction élective.

Les documents mentionnés aux 1° à 3° sont, pendant le même délai, tenus à la disposition des membres au siège social ou au lieu de la direction administrative de l'organisme de gestion collective, où ils peuvent en prendre connaissance et en obtenir copie.

L'organisme n'est pas tenu de donner suite aux demandes de communication des documents qu'il tient à disposition de ses membres sur son site internet.

Art. R. 321-19 *(D. n° 2017-924, 6 mai 2017).* – L'organisme peut ne pas donner suite aux demandes répétitives ou abusives.

Art. R. 321-20 *(D. n° 2017-924, 6 mai 2017).* – Le membre auquel est opposé un refus à sa demande de communication de documents présentée en application de l'article L. 326-5, peut saisir l'organe de surveillance prévu à l'article L. 323-14.

L'organe de surveillance rend un avis motivé sur ce refus. Cet avis est notifié au demandeur et au représentant légal de l'organisme.

Art. R. 321-21 *(D. n° 2017-924, 6 mai 2017).* – Le fait de refuser de communiquer en méconnaissance des dispositions des articles R. 321-17 et R. 321-18 tout ou partie des documents mentionnés à l'article R. 321-18 est puni de la peine d'amende prévue pour les contraventions de la 3e classe.

Section 2. – Contrôle par les commissaires aux comptes

Absence de disposition réglementaire.

Section 3. – Contrôle par le ministère chargé de la culture

Art. R. 321-22 *(D. n° 2017-924, 6 mai 2017).* – Le dossier adressé au ministre chargé de la culture, en application de l'article L. 326-9, comprend les projets de statuts et de règlements généraux et toutes pièces justifiant la qualité professionnelle des fondateurs ainsi que l'état des moyens humains, matériels ou financiers permettant à l'organisme d'assurer effectivement l'exploitation de son répertoire et la perception des revenus provenant de cette exploitation.

La transmission du dossier est faite par lettre recommandée avec demande d'avis de réception.

Art. R. 321-23 *(D. n° 2017-924, 6 mai 2017).* – La communication des comptes annuels des organismes de gestion collective au ministre chargé de la culture en application de l'article L. 326-10 doit comporter :

1° Le rapport de transparence mentionné à l'article R. 321-14 ;

2° En ce qui concerne la mise en œuvre des actions dont le financement est prévu par l'article L. 324-17 :

a) La ventilation des montants versés, par catégorie d'actions définies au premier alinéa de l'article L. 324-17, assortie d'une information particulière sur :

le coût de la gestion de ces actions ;

les personnes ayant bénéficié de concours pendant trois années consécutives ;

b) Une description des procédures d'attribution ;

c) Un commentaire des orientations suivies en la matière par l'organisme ;

d) La liste des conventions mentionnées à l'article R. 321-7 ;

3° Une information annuelle sur les actions éventuellement engagées pour la défense des catégories professionnelles concernées par leur objet social.

CHAPITRE IER *SEPTIES*. – COMMISSION DE CONTOLE DES ORGANISMES DE GESTION DES DROITS D'AUTEUR ET DES DROITS VOISINS

Section 1. – Missions et composition

Absence de disposition réglementaire.

Section 2. – Règles de fonctionnement

Art. R. 321-24 *(D. n° 2017-924, 6 mai 2017)*. **– Les collèges de la commission de contrôle se réunissent sur convocation de leur président.**

Ils ne peuvent délibérer que si trois de leurs membres sont présents ou le cas échéant régulièrement suppléés.

Art. R. 321-25 *(D. n° 2017-924, 6 mai 2017)*. **– I. – L'habilitation mentionnée au II de l'article L. 327-10 est délivrée, de manière individuelle, par le président de la commission de contrôle aux rapporteurs et agents de la commission pour une durée de cinq ans renouvelable.**

Pour délivrer l'habilitation, le président de la commission vérifie que l'intéressé présente les capacités et les garanties requises au regard des missions confiées au collège de contrôle. Il tient compte notamment de son niveau de formation ou de son expérience.

II. – Nul ne peut être habilité s'il a fait l'objet d'une condamnation à une peine correctionnelle ou criminelle inscrite au bulletin n° 2 du casier judiciaire, ou dans un document équivalent lorsqu'il s'agit d'un ressortissant de l'Union européenne ou d'un autre État partie à l'accord sur l'Espace économique européen.

III. – Les agents habilités dans les conditions définies au présent article prêtent serment devant l'un des deux collèges de la commission de contrôle. La formule de serment est la suivante :

« Je jure de bien et fidèlement remplir mes fonctions et de ne rien révéler ou utiliser de ce qui sera porté à ma connaissance à l'occasion de leur exercice ».

Il est dressé procès-verbal de l'accomplissement de cette prestation de serment.

Section 3. – Procédure

Sous-section 1. – Règles générales de procédure

Art. R. 321-26 *(D. n° 2017-924, 6 mai 2017)*. **– I. – Les requêtes mentionnées aux articles L. 327-6 et L. 327-13 sont effectuées par lettre remise contre signature ou tout autre moyen propre à établir la preuve de la date de la saisine, y compris par voie électronique.**

Elles comportent :

1° Si l'auteur de la requête est une personne physique, ses nom, prénom, adresse et coordonnées téléphoniques et, si elle est assujettie aux formalités d'inscription au registre du commerce et des sociétés ou au répertoire des métiers, le numéro de son inscription ;

2° Si l'auteur de la requête est une personne morale, sa forme sociale, sa dénomination ou sa raison sociale, ses statuts, la désignation de son représentant légal les coordonnées téléphoniques de la personne physique à contacter, et, s'il s'agit d'une entreprise assujettie aux formalités d'inscription au registre du commerce et des sociétés ou au répertoire des métiers, le numéro de son inscription et l'adresse de son siège social ;

3° Le cas échéant, le nom de son conseil ou de son représentant et le mandat donné à ce dernier ;

4° L'objet et la nature de la requête avec un exposé de la demande ou du litige et les pièces sur lesquelles la requête est fondée ;

5° [5°] Le nom et l'adresse des autres parties mises en cause ;

6° [6°] Tous éléments de nature à justifier des démarches que l'auteur de la requête a préalablement accomplies auprès de l'organisme de gestion collective ou de l'organisme de gestion indépendant mis en cause.

La demande et le dossier sont rédigés en langue française.

II. – Si la requête ne satisfait pas aux prescriptions du I, le collège de contrôle ou le médiateur selon le cas adresse une demande de régularisation sous un délai maximal d'un mois à l'auteur de la requête. En l'absence de régularisation la requête est déclarée irrecevable.

Art. R. 321-27 *(D. n° 2017-924, 6 mai 2017)*. **– Lorsque le collège de contrôle souhaite entendre une personne en application du III de l'article L. 327-11, une convocation est adressée à l'intéressé par lettre**

recommandée avec demande d'avis de réception quinze jours au moins avant la date de la convocation. Ce délai est porté à deux mois lorsque la personne convoquée est établie en dehors du territoire métropolitain. La convocation rappelle à la personne convoquée qu'elle est en droit de se faire assister d'un conseil de son choix, en application du III de l'article L. 327-11.

Lorsque le collège de contrôle souhaite entendre l'intéressé par un système de visioconférence ou d'audioconférence, la convocation adressée dans les conditions prévues à l'alinéa précédent doit en faire état, préciser que la conférence sera enregistrée et solliciter l'accord exprès de la personne concernée.

Lorsque le médiateur souhaite entendre une personne en application du III de l'article L. 327-11, la convocation rappelle à la personne convoquée qu'elle est en droit de se faire assister d'un conseil de son choix.

Sous-section 2. – Procédure de contrôle des comptes et de la gestion

Art. R. 321-28 *(D. n° 2017-924, 6 mai 2017)*. – Pour l'exercice de la mission mentionnée au 1° de l'article L. 327-1, le collège de contrôle arrête son programme annuel de travail sur proposition de son président. Un contrôle non prévu par ce programme peut être diligenté par le collège sur proposition du président.

La décision de procéder à un contrôle est notifiée par lettre recommandée à l'organisme qui en fait l'objet avant toute opération de contrôle auprès de lui.

La demande de documents et d'informations est adressée à l'organisme contrôlé par lettre fixant le délai imparti pour y répondre. Ce délai ne peut être inférieur à trente jours.

Le collège de contrôle prend toutes dispositions pour que les opérations de contrôle s'effectuent en préservant au bénéfice de l'organisme les secrets protégés par la loi.

Art. R. 321-29 *(D. n° 2017-924, 6 mai 2017)*. – Le rapport provisoire de vérification, établi par le rapporteur et adopté par le collège de contrôle, est communiqué par le président à l'organisme contrôlé, qui dispose de trente jours pour faire valoir ses observations. L'organisme peut en outre dans le même délai demander à ce que ses représentants soient entendus par le collège de contrôle.

Le rapport définitif de vérification est adopté par le collège de contrôle après examen des éventuelles observations de l'organisme contrôlé et, le cas échéant, après audition de ses représentants. Les observations de l'organisme contrôlé sont annexées au rapport de vérification. Ce rapport est adressé à l'organisme contrôlé. Il est également adressé au ministre chargé de la culture.

Art. R. 321-30 *(D. n° 2017-924, 6 mai 2017)*. – Le rapport annuel prévu à l'article L. 327-12 fait état des constatations faites par le collège de contrôle à l'issue de ses contrôles.

Les observations du collège de contrôle mettant en cause un organisme lui sont communiquées au préalable. L'organisme dispose d'un délai de trente jours pour faire valoir ses observations ou demander à ce que ses représentants soient entendus par le collège de contrôle. Les observations de l'organisme sont annexées au rapport.

Sous-section 3. – Procédure de sanction

Art. R. 321-31 *(D. n° 2017-924, 6 mai 2017)*. – Dans le cadre des contrôles effectués en application du 2° de l'article L. 327-1, le représentant du collège de contrôle établit les procès-verbaux énonçant la nature, la date et le lieu des constatations opérées. Ils sont signés par leur auteur et la personne concernée par les investigations ou son représentant légal.

En cas de refus de celle-ci, mention en est faite au procès-verbal.

Lorsque l'intéressé a été entendu par un système de visioconférence ou d'audioconférence, l'enregistrement audiovisuel ou sonore auquel ces opérations ont donné lieu fait l'objet d'un procès-verbal de transcription soumis pour signature à l'intéressé. À cet effet, ce procès-verbal, accompagné de l'enregistrement, lui est adressé dans un délai de trente jours à compter de la date de la visioconférence ou de l'audioconférence.

Art. R. 321-32 *(D. n° 2017-924, 6 mai 2017)*. – Lorsque le collège de contrôle décide de l'ouverture d'une procédure de sanction, la notification des griefs est adressée, par lettre recommandée avec demande d'avis de réception, remise en main propre contre récépissé ou acte d'huissier, à l'organisme mis en cause, accompagnée du rapport d'enquête.

Ces documents sont également transmis au président du collège des sanctions.

L'organisme mis en cause dispose d'un délai de deux mois pour transmettre au président du collège des sanctions ses observations écrites sur les griefs qui lui ont été notifiés. Il en adresse copie au président du collège de contrôle. À défaut, cette copie lui est communiquée par le président du collège des sanctions.

La notification des griefs mentionne le délai prévu à l'alinéa précédent et précise que l'organisme mis en cause peut prendre connaissance et copie des autres pièces du dossier auprès du collège des sanctions et se faire assister ou représenter par tout conseil de son choix.

Le président du collège de contrôle peut répondre par écrit, dans un délai n'excédant pas un mois, aux observations écrites transmises par l'organisme. Il adresse, selon les modalités prévues au premier alinéa du présent article, une copie de cette réponse à l'organisme qui peut, dans un délai d'un mois, communiquer de nouvelles observations au président du collège des sanctions.

Une copie de ces observations est adressée au président du collège de contrôle dans les conditions fixées au troisième alinéa du présent article. Le président du collège des sanctions peut, s'il le juge utile, l'autoriser à y répondre dans les conditions prévues à l'alinéa précédent. L'organisme peut alors produire de nouvelles observations dans le délai d'un mois. Une copie en est adressée pour information au président du collège de contrôle.

Les délais prévus par les dispositions du présent article peuvent être réduits par le président du collège des sanctions, lorsque l'urgence ou la nature de l'affaire le justifient.

Art. R. 321-33 *(D. n° 2017-924, 6 mai 2017)*. – L'organisme mis en cause est convoqué devant le collège des sanctions, selon les modalités prévues à l'article R. 321-27, au moins trente jours francs avant la séance.

Art. R. 321-34 *(D. n° 2017-924, 6 mai 2017)*. – Les membres du collège des sanctions délibèrent sur les sanctions en la seule présence d'un agent de la commission de contrôle exerçant les fonctions de secrétaire de séance. Celui-ci établit un compte rendu de la séance, qui est signé par le président du collège des sanctions et le secrétaire de séance.

La décision de sanction mentionne les noms des membres qui ont statué et, le cas échéant, les frais de procédure qui sont à la charge de l'organisme à l'encontre duquel la sanction a été prononcée.

Elle est notifiée à l'organisme concerné selon les modalités prévues au premier alinéa de l'article R. 321-32 et communiquée au collège de contrôle.

Sous-section. 4. – Procédure de médiation

Art. R. 321-35 *(D. n° 2017-924, 6 mai 2017)*. – Le médiateur est choisi en tenant compte de ses compétences et de son expérience au regard de sa mission.

Il veille à faire cesser immédiatement ou à prévenir les situations de conflit d'intérêts dans lesquelles il se trouve ou pourrait se trouver.

Art. R. 321-36 *(D. n° 2017-924, 6 mai 2017)*. – Lorsque le médiateur est saisi par l'une des parties, il informe les autres parties, par lettre remise contre signature ou tout autre moyen propre à établir la preuve de la date de réception de la saisine, dans un délai de huit jours à compter de la réception de la saisine. Les parties disposent alors d'un délai de trente jours ouvrés pour adresser leurs observations au médiateur et au requérant par tout moyen propre à établir la preuve de la date de réception. Ce délai peut être prolongé au plus pour la même durée par le médiateur.

Art. R. 321-37 *(D. n° 2017-924, 6 mai 2017)*. – Pour l'exercice de sa mission, le médiateur dispose d'un délai de trois mois, à compter de la date de la réception de la requête, ou le cas échéant de la réception des observations des parties, ou de l'expiration du délai imparti pour les produire.

Cette mission peut être renouvelée une fois, pour une même durée, à la demande du médiateur et avec l'accord des parties.

Art. R. 321-38 *(D. n° 2017-924, 6 mai 2017)*. – Le médiateur entend les parties, séparément ou conjointement, et toute personne dont l'audition lui paraît utile. Les parties peuvent se faire assister par toute personne de leur choix, dont elles communiquent l'identité préalablement à leur audition.

Le médiateur établit un compte-rendu des auditions.

Art. R. 321-39 *(D. n° 2017-924, 6 mai 2017)*. – Lorsqu'une partie se prévaut du secret des affaires, elle signale au médiateur, à l'occasion de leur communication, les informations, documents ou partie de documents qu'elle estime couverts par ce secret et qui ne peuvent alors être rendus publics ni communiquées aux autres parties.

Art. R. 321-40 *(D. n° 2017-924, 6 mai 2017)*. – Le médiateur favorise ou suscite toute résolution des litiges qui lui sont soumis.

La teneur de l'accord entre les parties, même partiel, constaté par le médiateur, est consignée dans un constat signé par les parties et le médiateur précisant les mesures à prendre pour le mettre en œuvre.

Une copie de ce constat est remise à chaque partie par tout moyen propre à établir la preuve de la date de réception.

Art. R. 321-41 *(D. n° 2017-924, 6 mai 2017)*. – Si, à l'issue du délai prévu à l'article R. 321-37, aucun accord n'a pu être trouvé entre les parties, le médiateur dresse un rapport constatant cet échec, qu'il motive et dont copie est remise à chaque partie par tout moyen propre à établir la preuve de la date de réception.

Art. R. 321-42 *(D. n° 2017-924, 6 mai 2017)*. – Dans le cas prévu à l'article R. 321-41, le médiateur peut également émettre une recommandation, qui est notifiée aux parties par tout moyen propre à établir la preuve de la date de réception.

Dans un délai de trois mois à compter de la réception de la recommandation, les parties informent le médiateur des suites données à la recommandation.

Art. R. 321-43 *(D. n° 2017-924, 6 mai 2017)*. – Le médiateur communique le constat du deuxième alinéa de l'article R. 321-40, la recommandation et les suites qui lui ont été données par les parties, ou le rapport constatant l'échec de la médiation au président de la commission. Le président de la commission communique ces éléments au ministre chargé de la culture.

Art. R. 321-44 *(D. n° 2017-924, 6 mai 2017)*. – Les déclarations recueillies ne peuvent être ni produites ni invoquées par une partie sans l'accord de celle qui les a produites dans le cadre d'une autre procédure de médiation, d'une procédure d'arbitrage ou d'une procédure judiciaire.

Les constatations du médiateur ne peuvent être produites par les parties, à l'exception de celles rendues publiques.

Art. R. 321-45 *(D. n° 2017-924, 6 mai 2017)*. – Le médiateur adresse chaque année un rapport sur son activité au président de la commission de contrôle et au ministre chargé de la culture. Ce rapport est annexé à celui prévu à l'article L. 327-12.

Section 4. – Voies de recours

Art. R. 321-46 *(D. n° 2017-924, 6 mai 2017)*. – Les recours contre les décisions prononcées par le collège des sanctions en application de l'article L. 327-15 sont formés, instruits et jugés conformément aux dispositions du présent titre.

Sont nécessairement parties à la procédure, l'organisme sanctionné et la commission de contrôle même s'ils ne forment pas de recours à titre principal ou incident à l'encontre de la décision du collège des sanctions.

Art. R. 321-47 *(D. n° 2017-924, 6 mai 2017)*. – I. – Le recours prévu à l'article L. 327-15 est formé dans le délai de deux mois par une déclaration écrite déposée en autant d'exemplaires que de parties augmenté d'un, au greffe de la cour d'appel contre récépissé.

La déclaration précise les mentions prescrites par l'article 58 du Code de procédure civile à peine de nullité, et l'exposé des moyens invoqués. Lorsque la déclaration ne contient pas l'exposé des moyens invoqués, le demandeur doit, à peine d'irrecevabilité prononcée d'office, déposer cet exposé au greffe dans les 15 jours qui suivent le dépôt de la déclaration. La déclaration de recours ou l'exposé des moyens invoqués mentionne la liste des pièces et documents justificatifs produits. Ces pièces et documents sont remis au greffe de la cour d'appel en même temps que la déclaration de recours ou l'exposé des moyens invoqués. Le demandeur au recours joint à la déclaration une copie de la décision attaquée.

II. – Les demandes de sursis à exécution doivent être présentées dans le même délai que celui prévu pour le recours. Elles sont formulées auprès du premier président de la cour d'appel par simple requête déposée au greffe. À peine d'irrecevabilité, elle contient l'exposé des moyens invoqués et précise la date à laquelle a été formé le recours contre la décision dont le sursis à exécution est demandé. Le premier président ou son délégué fixe par ordonnance la date de l'audience à laquelle la demande de sursis sera examinée.

III. – Dès l'enregistrement du recours, le greffe de la cour d'appel transmet, par tous moyens, aux parties une copie de la déclaration de recours et de la liste des pièces et documents justificatifs produits.

IV. – Le premier président de la cour d'appel ou son délégué fixe les délais dans lesquels les parties doivent se communiquer leurs observations écrites et en déposer copie au greffe de la cour d'appel, ainsi que la date des débats. Le greffe notifie ces délais et cette date aux parties et convoque le défendeur à l'audience prévue pour les débats, par lettre recommandée avec demande d'avis de réception ou dans les conditions prévues à l'article 692-1 du Code de procédure civile. Le greffe avise par tous moyens l'auteur de la demande des lieu, jour et heure de l'audience.

Les parties peuvent prendre connaissance de l'ensemble des pièces de la procédure au greffe de la cour d'appel.

V. – À l'audience, les parties sont entendues en leurs observations. Lorsque le président du collège de contrôle n'a pas exercé de recours, il peut présenter à l'audience des observations orales après l'organisme sanctionné auteur du recours.

VI. – Les parties se défendent elles-mêmes. Elles ont la faculté de se faire assister ou représenter par un avocat.

VII. – La cour d'appel peut soit confirmer la décision du collège des sanctions, soit l'annuler ou la réformer en tout ou en partie.

VIII. – Les décisions de la cour d'appel ou de son premier président sont notifiées aux parties par le greffe, par lettre recommandée avec demande d'avis de réception.

CHAPITRE Ier *OCTIES*. – DISPOSITIONS DIVERSES

Art. R. 321-48 *(D. n° 2017-924, 6 mai 2017)*. – Les contestations adressées aux organismes de gestion des droits d'auteur et droits voisins en application de l'article L. 328-1 sont présentées par écrit et peuvent être effectuées par voie électronique.

CHAPITRE II. – SOCIÉTÉS AGRÉÉES POUR LA GESTION DU DROIT DE REPRODUCTION PAR REPROGRAPHIE

(D. n° 95-406, 14 avr. 1995)

Art. R. 322-1 *(D. n° 95-406, 14 avr. 1995 ; mod., D. n° 2017-924, 6 mai 2017)*. – Un organisme de gestion collective régi par le titre II du livre III peut être agréé au titre de l'article L. 122-10, s'il remplit les conditions suivantes :

1° Apporter la preuve de la diversité de ses membres à raison des catégories et du nombre des ayants droit, de l'importance économique exprimée en revenu ou en chiffre d'affaires et de la diversité des genres éditoriaux. Cette diversité doit trouver son expression dans la composition des organes délibérants et dirigeants ;

2° Justifier, par toutes pièces, la qualification de ses gérants et mandataires sociaux appréciée en fonction :

a) De leur qualité d'auteur ;

b) Ou de la nature et du niveau de leurs diplômes ;

c) Ou de leur expérience professionnelle dans le secteur de l'édition ou de la gestion d'organismes professionnels ;

3° Donner toutes informations relatives à son organisation administrative et aux conditions d'installation et d'équipement. Ces informations doivent concerner la collecte des données sur la pratique de la reprographie, la perception des rémunérations, le traitement des données nécessaires pour la répartition des rémunérations perçues, le plan de financement et le budget prévisionnel des trois exercices suivant la demande d'agrément ;

4° Prévoir dans ses statuts, son règlement général et les actes types d'engagement de chacun des membres les règles garantissant le caractère équitable des modalités prévues pour la répartition des rémunérations perçues par les auteurs et les éditeurs.

Art. R. 322-2 *(D. n° 95-406, 14 avr. 1995)*. – La demande d'agrément, accompagnée d'un dossier établi conformément à l'article R. 322-1, est transmise par lettre recommandée au ministre chargé de la culture, qui en délivre récépissé. Lorsque le dossier n'est pas en état, le ministre chargé de la culture demande par lettre recommandée un dossier complémentaire, qui doit être remis dans la même forme dans un délai d'un mois à compter de la réception de cette lettre.

L'agrément est délivré par arrêté du ministre chargé de la culture, publié au *Journal officiel* de la République française.

L'agrément est accordé pour cinq années. Il est renouvelable dans les mêmes conditions que l'agrément initial.

L'agrément peut être retiré, lorsque *(Mots rempl., D. n° 2017-924, 6 mai 2017)* « l'organisme » ne remplit pas l'une des conditions fixées à l'article R. 322-1, après mise en demeure ou notification des griefs. Le bénéficiaire de l'agrément dispose d'un délai d'un mois pour présenter ses observations. Le retrait est prononcé par arrêté du ministre chargé de la culture, publié au *Journal officiel* de la République française.

Art. R. 322-3 *(D. n° 95-406, 14 avr. 1995)*. – Tout changement de statut, ou de règlement général, toute cessation de fonction d'un membre des organes dirigeants et délibérants *(Mots rempl., D. n° 2017-924, 6 mai 2017)* « d'un organisme agréé » sont communiqués au ministre chargé de la culture dans un délai de quinze jours à compter de la décision correspondante. Le défaut de déclaration peut entraîner retrait de l'agrément.

Art. R. 322-4 *(D. n° 95-406, 14 avr. 1995 ; mod., D. n° 2017-924, 6 mai 2017)*. – Si, à la date de la publication de l'œuvre, l'auteur ou son ayant droit n'a pas désigné un organisme de gestion collective agréé, l'organisme réunissant le plus grand nombre d'œuvres gérées, déterminé conformément aux usages des professions concernées, est réputé cessionnaire du droit de reproduction par reprographie.

Le ministre chargé de la culture désigne chaque année le ou les organismes répondant à la condition définie à l'alinéa précédent.

CHAPITRE III. – Des organismes agréés pour la gestion du droit d'autoriser la retransmission par câble, simultanée, intégrale et sans changement, sur le territoire national, à partir d'un État membre de la Communauté européenne

(D. n° 98-1041, 18 nov. 1998 ; intitulé mod., D. n° 2017-924, 6 mai 2017)

Art. R. 323-1 *(D. n° 98-1041, 18 nov. 1998)*. – *(Mots rempl., D. n° 2017-924, 6 mai 2017)* « Un organisme de gestion collective régi par le titre II du livre III peut être agréé au titre du I de l'article L. 132-20-1 et du I de l'article L. 217-2 s'il remplit » les conditions suivantes :

1° Apporter la preuve de la gestion effective du droit d'autoriser la retransmission par câble, à raison du nombre des ayants droit et de l'importance économique exprimée en revenu ou en chiffre d'affaires ;

2° Justifier par toutes pièces la qualification de ses gérants et mandataires sociaux appréciée en fonction :

a) De la nature et du niveau de leurs diplômes ;

b) Ou de leur expérience de la gestion d'organismes professionnels ;

3° Donner toutes informations relatives :

a) À l'organisation administrative et aux conditions d'installation et d'équipement ;

b) Aux perceptions reçues ou attendues à l'occasion de la retransmission par câble, simultanée, intégrale et sans changement, sur le territoire national, à partir d'un État membre de la Communauté européenne et aux données nécessaires pour leur répartition ;

4° Communiquer :

a) Copie des conventions passées avec les tiers relatives à la retransmission par câble, simultanée, intégrale et sans changement, sur le territoire national, à partir d'un État membre de la Communauté européenne ;

b) Le cas échéant, copie des conventions passées avec les organisations professionnelles étrangères chargées de la perception et de la répartition des droits.

Art. R. 323-2 *(D. n° 98-1041, 18 nov. 1998)*. – La demande d'agrément, accompagnée d'un dossier établi conformément à l'article R. 323-1, est transmise par lettre recommandée avec avis de réception au ministre chargé de la culture qui en délivre récépissé. Lorsque le dossier n'est pas en état, le ministre chargé de la culture demande par lettre recommandée avec avis de réception un dossier complémentaire qui doit être remis dans la même forme dans un délai d'un mois à compter de la réception de cette lettre.

L'agrément est délivré par arrêté du ministre chargé de la culture, publié au *Journal officiel* de la République française.

L'agrément est accordé pour cinq années. Il est renouvelable dans les mêmes conditions que l'agrément initial.

(Mots rempl., D. n° 2017-924, 6 mai 2017) « Si l'organisme » cesse de remplir l'une des conditions fixées à l'article R. 323-1, l'administration lui adresse une mise en demeure par lettre recommandée avec avis de réception. Le bénéficiaire de l'agrément dispose d'un délai d'un mois pour présenter ses observations. Faute de régularisation de la situation, l'agrément peut être retiré par arrêté du ministre chargé de la culture, publié au *Journal officiel* de la République française.

Art. R. 323-3 *(D. n° 98-1041, 18 nov. 1998)*. – Tout changement de statut ou de règlement général, toute cessation de fonction d'un membre des organes dirigeants et délibérants *(Mots rempl., D. n° 2017-924, 6 mai 2017)* « d'un organisme agréé » sont communiqués au ministre chargé de la culture dans un délai de quinze jours à compter de la décision correspondante. Le défaut de déclaration peut entraîner retrait de l'agrément.

Art. R. 323-4 *(D. n° 98-1041, 18 nov. 1998)*. – La liste *(Mots rempl., D. n° 2017-924, 6 mai 2017)* « des organismes » bénéficiant de l'agrément est publiée chaque année par le ministre chargé de la culture.

Art. R. 323-5 *(D. n° 98-1041, 18 nov. 1998 ; mod., D. n° 2017-924, 6 mai 2017)*. – La désignation prévue au deuxième alinéa du I de l'article L. 132-20-1 et au deuxième alinéa du I de l'article L. 217-2 se fait par lettre recommandée avec avis de réception adressée à un organisme de gestion collective.

La rétractation peut être effectuée dans les conditions prévues par les statuts de cet organisme.

CHAPITRE IV. – DES MÉDIATEURS CHARGÉS DE FAVORISER LA RÉSOLUTION DES DIFFÉRENDS RELATIFS À L'OCTROI DE L'AUTORISATION DE RETRANSMISSION PAR CÂBLE, SIMULTANÉE, INTÉGRALE ET SANS CHANGEMENT, SUR LE TERRITOIRE NATIONAL À PARTIR D'UN ÉTAT MEMBRE DE LA COMMUNAUTÉ EUROPÉENNE

(D. n° 98-1042, 18 nov. 1998)

Art. R. 324-1 *(D. n° 98-1042, 18 nov. 1998)*. – Pour l'application des articles L. 132-20-2 et L. 217-3, une liste de vingt médiateurs est établie par le ministre chargé de la culture sur proposition *(Mots rempl., D. n° 2017-924, 6 mai 2017)* « des organismes de gestion collective agréés » figurant sur la liste mentionnée à l'article R. 323-4, des organisations professionnelles représentatives des organismes de télédiffusion et des organisations professionnelles représentatives des bénéficiaires du droit d'autoriser la retransmission par câble.

Le ministre chargé de la culture arrête la liste des organisations professionnelles mentionnées à l'alinéa précédent.

La liste des médiateurs est publiée au *Journal officiel* de la République française.

Art. R. 324-2 *(D. n° 98-1042, 18 nov. 1998)*. – Les médiateurs doivent remplir les conditions suivantes :

1° Jouir de leurs droits civils et politiques ;

2° Ne pas avoir été auteurs de faits contraires à l'honneur, à la probité et aux bonnes mœurs ayant donné lieu à une sanction disciplinaire ou administrative ;

3° Posséder la qualification nécessaire à la résolution des différends dont ils seront saisis ;

4° *(4° mod., D. n° 2017-924, 6 mai 2017)*. Présenter les garanties d'indépendance nécessaires à l'exercice de la médiation et notamment ne pas être associé, dirigeant, mandataire social ou salarié d'un organisme de gestion mentionné à l'article R. 324-1.

Art. R. 324-3 *(D. n° 98-1042, 18 nov. 1998)*. – Les médiateurs sont désignés pour une durée de trois ans renouvelable.

Art. R. 324-4 *(D. n° 98-1042, 18 nov. 1998)*. – Un médiateur peut demander sa radiation de la liste prévue à l'article R. 324-1 par lettre recommandée avec avis de réception adressée au ministre chargé de la culture.

Il est pourvu à son remplacement dans les conditions fixées à l'article R. 324-1.

Art. R. 324-5 *(D. n° 98-1042, 18 nov. 1998)*. – Le médiateur peut être saisi sur requête conjointe des parties par lettre recommandée avec avis de réception exposant les points sur lesquels porte le différend.

Art. R. 324-6 *(D. n° 98-1042, 18 nov. 1998)*. – Le médiateur peut également être saisi par l'une des parties. Il informe de cette demande, par lettre recommandée avec avis de réception, dans un délai de huit jours, les autres parties qui disposent d'un délai d'un mois pour faire connaître leur position par lettre recommandée avec avis de réception et, en cas de désaccord sur le choix du médiateur, proposer un autre médiateur.

Dès que le choix du médiateur est arrêté par toutes les parties, le médiateur choisi les en informe par lettre recommandée avec avis de réception.

Art. R. 324-7 *(D. n° 98-1042, 18 nov. 1998)*. – La durée de la médiation ne peut excéder trois mois à compter de la date de réception de la requête conjointe ou de la date du dernier avis de réception dans le cas prévu au dernier alinéa de l'article précédent.

La médiation peut être reconduite une fois pour la même durée à la demande du médiateur et avec l'accord des parties.

Art. R. 324-8 *(D. n° 98-1042, 18 nov. 1998)*. – Le médiateur informe les parties du montant de sa rémunération. La charge de cette rémunération et des frais est supportée à parts égales par les parties.

Art. R. 324-9 *(D. n° 98-1042, 18 nov. 1998)*. – Le médiateur convoque les parties pour les entendre dès le début de la médiation.

Il invite les parties à lui fournir toutes les précisions qu'il estime nécessaires et peut entendre toute personne dont l'audition lui paraît utile. Les parties peuvent se faire assister par un avocat ou par toute personne de leur choix qui a reçu l'accord du médiateur. Seules sont admises à participer aux réunions les personnes convoquées par lui.

Le médiateur ne peut retenir aucun fait, grief, élément d'information ou de preuve sans en aviser les parties intéressées dans des conditions permettant à celles-ci d'en discuter le bien-fondé.

Art. R. 324-10 *(D. n° 98-1042, 18 nov. 1998)*. – Le médiateur est tenu de garder le secret sur les affaires portées à sa connaissance.

Les constatations du médiateur et les déclarations qu'il recueille ne peuvent être ni produites ni invoquées sans l'accord des parties dans le cadre d'une autre procédure de médiation, d'une procédure d'arbitrage ou d'une instance judiciaire.

Art. R. 324-11 *(D. n° 98-1042, 18 nov. 1998)*. – Lorsque le médiateur constate un accord entre les parties, il rédige un procès-verbal précisant les mesures à prendre pour le mettre en œuvre et fixant un délai pour leur exécution. Il adresse copie de ce procès-verbal aux parties par lettre recommandée avec avis de réception dans un délai de dix jours.

Art. R. 324-12 *(D. n° 98-1042, 18 nov. 1998)*. – Si, à l'issue du délai prévu à l'article R. 324-7, aucun accord n'a pu être trouvé entre les parties, le médiateur peut, par lettre recommandée avec avis de réception, soit faire des recommandations aux parties, soit proposer la solution qu'il juge appropriée au règlement de tout ou partie du différend.

Faute d'avoir exprimé au médiateur leur opposition par écrit dans un délai de trois mois à compter de la date de réception de sa proposition, les parties sont réputées avoir accepté celle-ci.

CHAPITRE V. – ORGANISMES AGREES POUR LA GESTION COLLECTIVE DE LA REMUNERATION AU TITRE DU PRET EN BIBLIOTHEQUE

(Anc. chap. VI créé, D. n° 2004-920, 31 août 2004 ; dénum. en chapitre V et intitulé mod., D. n° 2017-924, 6 mai 2017)

Art. R. 325-1 *(Anc. art. R. 326-1 créé, D. n° 2004-920, 31 août 2004 ; dénum. et mod., D. n° 2017-924, 6 mai 2017)*. – Un organisme de gestion collective régi par le titre II du livre III est agréé au titre de l'article L. 133-2 s'il :

1° Apporte la preuve, par la composition de ses organes délibérants et dirigeants, de la diversité de ses membres à raison des catégories et du nombre des ayants droit, de l'importance économique exprimée en revenu ou en chiffre d'affaires et de la diversité des genres éditoriaux ;

2° Apporte la preuve de la représentation équitable des auteurs et des éditeurs parmi ses membres et au sein de ses organes dirigeants ;

3° Justifie, par tout moyen, de la qualification professionnelle de ses gérants et mandataires sociaux en raison :
***a)* De leur qualité d'auteur ;**
***b)* Ou de la nature et du niveau de leurs diplômes ;**
***c)* Ou de leur expérience dans le secteur de l'édition ou de la gestion d'organismes professionnels ;**
4° Donne les informations nécessaires relatives :
***a)* À l'organisation administrative et aux conditions d'installation et d'équipement de l'organisme ;**
***b)* Aux moyens mis en œuvre pour la collecte des données statistiques sur les acquisitions d'ouvrages par les bibliothèques ;**
***c)* Aux moyens mis en œuvre pour la perception des rémunérations et le traitement des données nécessaires à la répartition de ces rémunérations ;**
***d)* Au plan de financement et au budget prévisionnel des trois exercices suivant la demande d'agrément ;**
5° Indique les dispositions qu'il a prises ou qu'il entend prendre pour garantir le respect des règles de répartition des rémunérations entre les auteurs et les éditeurs, ainsi que le caractère équitable de la répartition au sein de chacune de ces catégories.

Art. R. 325-2 ***(Anc. art. R. 326-2 créé, D. n° 2004-920, 31 août 2004 ; dénum., D. n° 2017-924, 6 mai 2017).*** **– La demande d'agrément, accompagnée d'un dossier établi conformément à l'article R. 326-1, est transmise par lettre recommandée avec demande d'avis de réception au ministre chargé de la culture, qui en délivre récépissé. Lorsque le dossier n'est pas complet, le ministre chargé de la culture demande par lettre recommandée avec demande d'avis de réception un dossier complémentaire, qui doit être remis dans la même forme dans un délai d'un mois à compter de la réception de cette lettre.**

Art. R. 325-3 ***(Anc. art. R. 326-3 créé, D. n° 2004-920, 31 août 2004 ; dénum., D. n° 2017-924, 6 mai 2017).*** **– L'agrément est délivré par arrêté du ministre chargé de la culture, publié au *Journal officiel* de la République française.**

Art. R. 325-4 ***(Anc. art. R. 326-4 créé, D. n° 2004-920, 31 août 2004 ; dénum., D. n° 2017-924, 6 mai 2017).*** **– L'agrément est accordé pour cinq années. Il est renouvelable dans les mêmes conditions que l'agrément initial.**

Art. R. 325-5 ***(Anc. art. R. 326-5 créé, D. n° 2004-920, 31 août 2004 ; dénum. et mod., D. n° 2017-924, 6 mai 2017).*** **– Tout changement de règlement général et toute cessation de fonction d'un membre des organes délibérants et dirigeants d'un organisme agréé sont communiqués au ministre chargé de la culture dans un délai de quinze jours à compter de l'événement correspondant. Le défaut de déclaration peut entraîner le retrait de l'agrément.**

Art. R. 325-6 ***(Anc. art. R. 326-6 créé, D. n° 2004-920, 31 août 2004 ; dénum. et mod., D. n° 2017-924, 6 mai 2017).*** **– Si un organisme agréé cesse de remplir l'une des conditions fixées à l'article R. 326-1, le ministre chargé de la culture le met, par écrit, en demeure de respecter les conditions de l'agrément. Le bénéficiaire de l'agrément dispose d'un délai d'un mois pour présenter ses observations et, le cas échéant, les mesures de mise en conformité qu'il entend mettre en œuvre.**

Le retrait de l'agrément est prononcé par arrêté du ministre chargé de la culture, publié au *Journal officiel* de la République française.

Art. R. 325-7 ***(Anc. art. R. 326-7 créé, D. n° 2004-920, 31 août 2004*** (1)***; dénum. et mod., D. n° 2017-924, 6 mai 2017).*** **– Si, à la date de la publication d'une œuvre, l'auteur et l'éditeur n'ont pas désigné un organisme de gestion collective, la gestion de leur droit à rémunération au titre du prêt en bibliothèque est confiée à l'organisme réunissant le plus grand nombre d'œuvres gérées. Ce nombre est déterminé conformément aux usages des professions intéressées.**

Le ministre chargé de la culture désigne chaque année l'organisme répondant à la condition définie à l'alinéa précédent.

(1) Dispositions transitoires : V. D. n° 2004-920, 31 août 2004, art. 4.

CHAPITRE VI. – ORGANISMES AGRÉÉES POUR LA GESTION COLLECTIVE DU DROIT D'AUTORISER L'EXPLOITATION NUMERIQUE DES LIVRES INDISPONIBLES DU XXe SIECLE

(Anc. chap. VII créé, D. n° 2013-182, 27 févr. 2013 ; dénum. en chapitre VI et intitulé mod., D. n° 2017-924, 6 mai 2017)

Art. R. 326-1 *(Anc. art. R. 327-1 créé, D. n° 2013-182, 27 févr. 2013 ; dénum. et mod., D. n° 2017-924, 6 mai 2017)*. – Un organisme de gestion collective régi par le titre II du livre III peut être agréé au titre de l'article L. 134-3, s'il :

1° Apporte la preuve, par la composition de ses organes délibérants et dirigeants, de la diversité de ses membres à raison des catégories et du nombre des ayants droit, de l'importance économique exprimée en revenu ou en chiffre d'affaires et de la diversité des genres éditoriaux ;

2° Apporte la preuve de la représentation paritaire des auteurs et des éditeurs parmi ses membres et au sein de ses organes dirigeants ;

3° Justifie, par tout moyen, de la qualification professionnelle de ses gérants et mandataires sociaux en raison :

a) De leur qualité d'auteur ; ou

b) De la nature et du niveau de leurs diplômes ; ou

c) De leur expérience dans le secteur de l'édition ou de la gestion d'organismes professionnels ;

4° Donne les informations nécessaires relatives :

a) À l'organisation administrative et aux conditions d'installation et d'équipement ;

b) Aux moyens mis en œuvre pour gérer les opérations relatives aux livres indisponibles au regard des dispositions des articles L. 134-1 et suivants et en informer la Bibliothèque nationale de France aux fins de mention dans la base de données publique mentionnée à l'article L. 134-2 ;

c) Aux moyens mis en œuvre pour la perception des rémunérations et le traitement des données nécessaires à la répartition de ces rémunérations ;

d) Au plan de financement et au budget prévisionnel des trois exercices suivant la demande d'agrément ;

5° Indique les dispositions qu'il a prises ou qu'il entend prendre pour garantir le respect des règles de répartition des rémunérations entre les auteurs et les éditeurs ainsi que le caractère équitable des règles de répartition des sommes perçues entre les ayants droit, qu'ils soient ou non parties au contrat d'édition ;

6° Donne les informations nécessaires relatives aux moyens mis en œuvre afin d'identifier et de retrouver les titulaires de droits aux fins de répartir les sommes perçues ;

7° Donne les informations nécessaires relatives aux moyens mis en œuvre pour développer des relations contractuelles permettant d'assurer la plus grande disponibilité possible des œuvres ;

8° Indique les dispositions qu'il a prises ou qu'il entend prendre pour veiller à la défense des intérêts légitimes des ayants droit non parties au contrat d'édition.

Art. R. 326-2 *(Anc. art. R. 327-2 créé, D. n° 2013-182, 27 févr. 2013 ; dénum., D. n° 2017-924, 6 mai 2017)*. – La demande d'agrément, accompagnée d'un dossier établi conformément à l'article R. 327-1, est transmise par lettre recommandée avec demande d'avis de réception au ministre chargé de la culture, qui en délivre récépissé. Lorsque le dossier n'est pas complet, le ministre chargé de la culture demande par lettre recommandée avec demande d'avis de réception un dossier complémentaire, qui doit être remis dans la même forme dans un délai d'un mois à compter de la réception de cette lettre.

Art. R. 326-3 *(Anc. art. R. 327-3 créé, D. n° 2013-182, 27 févr. 2013 ; dénum., D. n° 2017-924, 6 mai 2017)*. – L'agrément est délivré par arrêté du ministre chargé de la culture, publié au *Journal officiel* de la République française.

Art. R. 326-4 *(Anc. art. R. 327-4 créé, D. n° 2013-182, 27 févr. 2013 ; dénum., D. n° 2017-924, 6 mai 2017)*. – L'agrément est accordé pour cinq années. Il est renouvelable dans les mêmes conditions que l'agrément initial.

Art. R. 326-5 *(Anc. art. R. 327-5 créé, D. n° 2013-182, 27 févr. 2013 ; dénum. et mod., D. n° 2017-924, 6 mai 2017)*. – Tout changement de statut ou de règlement général, et toute cessation de fonction d'un membre des organes délibérants et dirigeants d'un organisme agréé sont communiqués au ministre chargé de la culture dans un délai de quinze jours à compter de l'évènement correspondant. Le défaut de déclaration peut entraîner le retrait de l'agrément.

Art. R. 326-6 *(Anc. art. R. 327-6 créé, D. n° 2013-182, 27 févr. 2013 ; dénum. et mod., D. n° 2017-924, 6 mai 2017).* – Si un organisme agréé cesse de remplir l'une des conditions fixées à l'article R. 327-1, le ministre chargé de la culture le met, par écrit, en demeure de respecter les conditions de l'agrément. Le bénéficiaire de l'agrément dispose d'un délai d'un mois pour présenter ses observations et, le cas échéant, les mesures de mise en conformité qu'il entend mettre en œuvre.

Le retrait de l'agrément est prononcé par arrêté du ministre chargé de la culture, publié au *Journal officiel* de la République française.

Art. R. 326-7 *(Anc. art. R. 327-7 créé, D. n° 2013-182, 27 févr. 2013 ; dénum. et mod., D. n° 2017-924, 6 mai 2017).* – L'auteur et l'éditeur d'un livre indisponible disposent d'un délai de six mois à compter de l'inscription de ce livre dans la base de données mentionnée à l'article L. 134-2 pour désigner conjointement un organisme de gestion collective. À l'expiration de ce délai, la gestion du droit d'autoriser l'exploitation numérique de leurs livres indisponibles est confiée à l'organisme réunissant le plus grand nombre de livres indisponibles gérés.

Le ministre chargé de la culture désigne chaque année l'organisme répondant à la condition définie à l'alinéa précédent.

CHAPITRE VII. – Organismes agréés pour la gestion collective de la rémunération annuelle supplémentaire due aux artistes-interprètes

(Anc. chap. VIII créé, D. n° 2015-506, 6 mai 2015 ; dénum. en chapitre VII et intitulé mod., D. n° 2017-924, 6 mai 2017)

Art. R. 327-1 *(Anc. art. R. 328-1 créé, D. n° 2015-506, 6 mai 2015 ; dénum. et mod., D. n° 2017-924, 6 mai 2017).* – Un organisme de gestion collective régi par le titre II du livre III peut être agréé au titre de l'article L. 212-3-3 s'il :

1° Apporte la preuve, par la composition de ses organes délibérants et dirigeants, de la diversité de ses membres à raison des catégories et du nombre des ayants droit, de l'importance économique exprimée en revenu ou en chiffre d'affaires ;

2° Apporte la preuve de la représentation des artistes-interprètes au sein de ses organes dirigeants ;

3° Justifie, par tout moyen, de la qualification professionnelle de ses gérants et mandataires sociaux en raison :

a) De leur qualité d'artistes-interprètes ;

b) Ou de la nature et du niveau de leurs diplômes ;

c) Ou de leur expérience de la gestion d'organismes professionnels ;

4° Donne les informations nécessaires relatives :

a) À l'organisation administrative et aux conditions d'installation et d'équipement ;

b) Aux moyens mis en œuvre pour la perception des rémunérations et le traitement des données nécessaires à la répartition de ces rémunérations ;

c) Au plan de financement et au budget prévisionnel des trois exercices suivant la demande d'agrément ;

5° Donne les informations nécessaires relatives aux moyens mis en œuvre afin d'identifier et de retrouver les artistes-interprètes aux fins de répartir les sommes perçues.

Art. R. 327-2 *(Anc. art. R. 328-2 créé, D. n° 2015-506, 6 mai 2015 ; dénum., D. n° 2017-924, 6 mai 2017).* – La demande d'agrément, accompagnée d'un dossier établi conformément à l'article R. 328-1, est transmise par lettre recommandée avec demande d'avis de réception au ministre chargé de la culture, qui en délivre récépissé. Lorsque le dossier n'est pas complet, le ministre chargé de la culture demande par lettre recommandée avec demande d'avis de réception un dossier complémentaire, qui doit être remis dans la même forme dans un délai d'un mois à compter de la réception de cette lettre.

Art. R. 327-3 *(Anc. art. R. 328-3 créé, D. n° 2015-506, 6 mai 2015 ; dénum., D. n° 2017-924, 6 mai 2017).* – L'agrément est délivré par arrêté du ministre chargé de la culture, publié au *Journal officiel* de la République française.

Art. R. 327-4 *(Anc. art. R. 328-4 créé, D. n° 2015-506, 6 mai 2015 ; dénum., D. n° 2017-924, 6 mai 2017).* – L'agrément est accordé pour cinq années. Il est renouvelable dans les mêmes conditions que l'agrément initial.

Art. R. 327-5 *(Anc. art. R. 328-5 créé, D. n° 2015-506, 6 mai 2015 ; dénum. et mod., D. n° 2017-924, 6 mai 2017)*. – Tout changement de statut ou de règlement général et toute cessation de fonctions d'un membre des organes délibérants et dirigeants d'un organisme agréé sont communiqués au ministre chargé de la culture dans un délai de quinze jours à compter de l'événement correspondant. Le défaut de déclaration peut entraîner le retrait de l'agrément.

Art. R. 327-6 *(Anc. art. R. 328-6 créé, D. n° 2015-506, 6 mai 2015 ; dénum. et mod., D. n° 2017-924, 6 mai 2017)*. – Si un organisme agréé cesse de remplir l'une des conditions fixées à l'article R. 328-1, le ministre chargé de la culture le met, par écrit, en demeure de respecter les conditions de l'agrément. Le bénéficiaire de l'agrément dispose d'un délai d'un mois pour présenter ses observations et, le cas échéant, les mesures de mise en conformité qu'il entend mettre en œuvre.

Le retrait de l'agrément est prononcé par arrêté du ministre chargé de la culture, publié au *Journal officiel* de la République française.

....

TITRE III. – PROCÉDURES ET SANCTIONS

CHAPITRE I. – DISPOSITIONS GÉNÉRALES

Section I. – Dispositions communes

Art. R. 331-1 *(Rempl., D. n° 2009-1773, 29 déc. 2009)*. – I. – L'agrément mentionné à l'article L. 331-2 est délivré, de manière individuelle, par le ministre chargé de la culture pour une durée de cinq ans renouvelable.

Pour délivrer l'agrément, le ministre vérifie que l'agent est ressortissant d'un État membre de l'Union européenne ou d'un État partie à l'accord sur l'Espace économique européen et qu'il présente les capacités et les garanties requises au regard des fonctions pour lesquelles l'agrément est sollicité. Il tient compte notamment de son niveau de formation et de son expérience professionnelle.

L'agrément ne peut être accordé en cas de condamnation pour crime ou en cas de condamnation à une peine correctionnelle pour des faits incompatibles avec les fonctions à exercer. Le ministre chargé de la culture s'assure du respect de cette condition en demandant communication du bulletin n° 2 du casier judiciaire de l'agent au casier judiciaire national automatisé par un moyen de télécommunication sécurisé ou de son équivalent pour les ressortissants d'un État membre de l'Union européenne ou d'un autre État partie à l'accord sur l'Espace économique européen.

II. – La demande présentée par le Centre national du cinéma et de l'image animée, un organisme de défense professionnelle visé à l'article L. 331-1 ou *(Mots rempl., D. n° 2017-924, 6 mai 2017)* un organisme de gestion collective mentionné au titre II du présent livre en vue d'obtenir l'agrément de l'un de ses agents comprend :

1° Un extrait d'acte de naissance avec filiation pour les ressortissants français ou un document équivalent pour les ressortissants d'un État membre de l'Union européenne ou d'un autre État partie à l'accord sur l'Espace économique européen ;

2° L'indication des fonctions confiées à l'agent et une copie des documents attestant de son niveau de formation et de son expérience professionnelle, notamment dans le recueil d'éléments probants.

III. – La demande de renouvellement de l'agrément est présentée au plus tard trois mois avant l'expiration de l'agrément.

La demande de renouvellement comporte uniquement l'indication des fonctions exercées par l'agent.

IV. – Après avoir été agréés par le ministre chargé de la culture, les agents prêtent serment devant le juge d'instance de leur résidence. La formule de serment est la suivante : « Je jure de bien et fidèlement remplir mes fonctions et de ne rien révéler ou utiliser de ce qui sera porté à ma connaissance à l'occasion de leur exercice ».

Ces agents demeurent liés par les termes de leur serment tout au long de l'exercice de leurs fonctions, sans être tenus de prêter à nouveau serment à chaque renouvellement de leur agrément.

V. – Le Centre national du cinéma et de l'image animée, les organismes de défense professionnelle visés à l'article L. 331-1 et les sociétés mentionnées au titre II du présent livre informent le ministre chargé de la culture dans les meilleurs délais dès lors que l'agent au profit duquel ils ont sollicité un agrément n'exerce plus les fonctions à raison desquelles il a été agréé ou qu'il cesse d'être employé par eux.

VI. – Le ministre chargé de la culture peut, par décision motivée, mettre fin à l'agrément dès lors que son titulaire n'exerce plus les fonctions à raison desquelles il a été habilité ou ne remplit plus les conditions définies au I du présent article.

La personne intéressée est préalablement informée des motifs et de la nature de la mesure envisagée et mise à même de présenter des observations. En cas d'urgence, le ministre chargé de la culture peut suspendre l'agrément pour une durée maximale de six mois.

Art. D. 331-1-1 *(D. n° 2009-1205, 9 oct. 2009)*. – Le siège et le ressort des tribunaux de grande instance ayant compétence exclusive pour connaître des actions en matière de propriété littéraire et artistique en application de l'article L. 331-1 du Code de la propriété intellectuelle sont fixés conformément à l'article D. 211-6-1 du Code de l'organisation judiciaire.

6.2. – SOCIÉTÉS DE PRESSE

Loi n° 86-897 du 1er août 1986

portant réforme du régime juridique de la presse

(JO 2 août)

Art. 1er *(Mod., L. n° 2009-669, 12 juin 2009)*. – Au sens de la présente loi, l'expression publication de presse désigne tout service utilisant un mode écrit de diffusion de la pensée mis à la disposition du public en général ou de catégories de publics et paraissant à intervalles réguliers.

On entend par service de presse en ligne tout service de communication au public en ligne édité à titre professionnel par une personne physique ou morale qui a la maîtrise éditoriale de son contenu, consistant en la production et la mise à disposition du public d'un contenu original, d'intérêt général, renouvelé régulièrement, composé d'informations présentant un lien avec l'actualité et ayant fait l'objet d'un traitement à caractère journalistique, qui ne constitue pas un outil de promotion ou un accessoire d'une activité industrielle ou commerciale.

Un décret précise les conditions dans lesquelles un service de presse en ligne peut être reconnu, en vue notamment de bénéficier des avantages qui s'y attachent. Pour les services de presse en ligne présentant un caractère d'information politique et générale, cette reconnaissance implique l'emploi, à titre régulier, d'au moins un journaliste professionnel au sens de l'article L. 7111-3 du Code du travail.

Art. 2. – Les dispositions de la présente loi s'appliquent aux entreprises éditrices.

Au sens de la présente loi, l'expression « entreprise éditrice » désigne toute personne physique ou morale ou groupement de droit éditant, en tant que propriétaire ou locataire-gérant, une publication de presse *(Mots aj., L. n° 2011-525, 17 mai 2011)* « ou un service de presse en ligne ».

Code de commerce

Art. L. 223-25 *(Mod., Ord. n° 2004-274, 25 mars 2004)*. – Le gérant peut être révoqué par décision des associés dans les conditions de l'article L. 223-29, à moins que les statuts prévoient une majorité plus forte. Si la révocation est décidée sans juste motif, elle peut donner lieu à des dommages et intérêts.

En outre, le gérant est révocable par les tribunaux pour cause légitime, à la demande de tout associé.

Par dérogation au premier alinéa, le gérant d'une société à responsabilité limitée exploitant une entreprise de presse au sens de l'article 2 de la loi n° 86-897 du 1er août 1986 portant réforme du régime juridique de la presse n'est révocable que par une décision des associés représentant au moins les trois quarts du capital social.

Art. 2-1 *(L. n° 2015-433, 17 avr. 2015 ; L. n° 2016-1524, 14 nov. 2016)*. – Une entreprise éditant une ou plusieurs publications de presse ou services de presse en ligne peut adopter le statut d'entreprise solidaire de presse d'information.

Deux conditions sont nécessaires pour se voir reconnaître un tel statut :

1° L'objet social d'une entreprise solidaire de presse d'information est d'éditer une ou plusieurs publications de presse ou services de presse en ligne d'information politique et générale ou consacrés pour une large part à l'information politique et générale ;

2° Pour la gestion de l'entreprise solidaire de presse d'information, une fraction au moins égale à 20 % des bénéfices de l'exercice est affectée à la constitution d'une réserve statutaire obligatoire consacrée au maintien ou au développement de l'activité de l'entreprise et une fraction au moins égale à 50 % des bénéfices de l'exercice est affectée au report bénéficiaire et à la réserve obligatoire.

Art. 3. – Il est interdit de prêter son nom à toute entreprise éditrice, en simulant la souscription d'actions ou de parts, l'acquisition ou la location-gérance d'un fonds de commerce ou d'un titre.

Art. 4. – Dans le cas de sociétés par actions, les actions doivent être nominatives. Toute cession est soumise à l'agrément du conseil d'administration ou *(Mots aj., L. n° 2011-525, 17 mai 2011)* « du conseil » de surveillance.

Art. 5 *(Rempl., L. n° 2011-525, 17 mai 2011)*. – Dans toute publication de presse, les informations suivantes sont portées, dans chaque numéro, à la connaissance des lecteurs :

1° Si l'entreprise éditrice n'est pas dotée de la personnalité morale, les nom et prénom du propriétaire ou du principal copropriétaire ;

2° Si l'entreprise éditrice est une personne morale, sa dénomination ou sa raison sociale, son siège social, sa forme juridique ainsi que le nom de son représentant légal et des personnes physiques ou morales détenant au moins 10 % de son capital ;

3° Le nom du directeur de la publication et celui du responsable de la rédaction.

Ces informations sont également accessibles sur la page d'accueil de tout service de presse en ligne.

Art. 6 *(Mod., L. n° 2011-525, 17 mai 2011 ; L. n° 2016-1524, 14 nov. 2016)*. – Toute entreprise éditrice doit porter à la connaissance des lecteurs ou des internautes de la publication ou du service de presse en ligne, dans le délai d'un mois à compter de la date à laquelle elle en acquiert elle-même la connaissance, ou lors de la prochaine parution de la publication :

1° Toute cession ou promesse de cession de droits sociaux ayant pour effet de donner à un cessionnaire au moins un tiers du capital social ou des droits de vote ;

2° Tout transfert ou promesse de transfert de la propriété ou de l'exploitation d'un titre de publication de presse ou d'un service de presse en ligne.

L'obligation d'information portant sur les opérations décrites au 1° et au présent 2° incombe à la partie cédante ;

3° Toute modification du statut de l'entreprise éditrice ;

4° Tout changement dans les dirigeants ou actionnaires de l'entreprise.

Chaque année, l'entreprise éditrice doit porter à la connaissance des lecteurs ou des internautes de la publication ou du service de presse en ligne toutes les informations relatives à la composition de son capital, en cas de détention par toute personne physique ou morale d'une fraction supérieure ou égale à 5 % de celui-ci, et de ses organes dirigeants. Elle mentionne l'identité et la part d'actions de chacun des actionnaires, qu'il soit une personne physique ou morale.

Art. 7. – Sous réserve des engagements internationaux souscrits par la France et comportant soit une clause d'assimilation au national, soit une clause de réciprocité dans le domaine de la presse, les étrangers ne pourront, à compter de la publication de la présente loi, procéder à une acquisition ayant pour effet de porter, directement ou indirectement, leur part à plus de 20 % du capital social ou des droits de vote d'une entreprise éditant une publication de langue française.

Pour l'application du précédent alinéa, est étrangère toute société dont la majorité du capital social ou des droits de vote est détenue par des étrangers ainsi que toute association dont la majorité des dirigeants est étrangère.

Art. 8. – Il est interdit à toute entreprise éditrice, sous réserve du paiement des prestations qu'elle assure, ou à l'un de ses collaborateurs, de recevoir directement ou indirectement des fonds ou avantages d'un gouvernement étranger.

Art. 9. – (V. *L. 29 juill. 1881*).

Art. 10. – Il est interdit à toute entreprise éditrice ou à l'un de ses collaborateurs de recevoir ou de se faire promettre une somme d'argent, ou tout autre avantage, aux fins de travestir en information de la publicité financière.

Tout article de publicité à présentation rédactionnelle doit être précédé de la mention « publicité » ou « communiqué ».

Art. 11 *(L. n° 86-1210, 27 nov. 1986)*. – Est interdite, à peine de nullité, l'acquisition, la prise de contrôle ou la prise en location-gérance d'une publication quotidienne imprimée d'information politique et générale lorsque cette opération a pour effet de permettre à une personne physique ou morale ou à un groupement de personnes physiques ou morales de posséder, de contrôler, directement ou indirectement, ou d'éditer en location-gérance des publications quotidiennes imprimées d'information politique et générale dont le total de la diffusion excède 30 % de la diffusion sur le territoire national de toutes les publications quotidiennes imprimées de même nature. Cette diffusion est appréciée sur les douze derniers mois connus précédant la date d'acquisition, de prise de contrôle ou de prise en location-gérance.

Le contrôle mentionné à l'alinéa précédent s'apprécie au regard des critères figurant à l'article 355-1 de la loi n° 66-537 du 24 juillet 1966 sur les sociétés commerciales ou s'entend de toute situation dans laquelle une personne physique ou morale ou un groupement de personnes physiques ou morales aurait placé une publication sous son autorité ou sa dépendance.

Art. 12 *(Mod., L. n° 86-1210, 27 nov. 1986)*. – Seront punis d'une peine de un an de prison et d'une amende de 30 000 € ou de l'une de ces deux peines seulement ceux qui, en leur nom personnel ou comme représentant d'une personne morale, auront :

1° Prêté leur nom ou emprunté le nom d'autrui en violation des dispositions de l'article 3 ;

2° Été partie à une convention prohibée par les dispositions de l'article 7 ;

3° Accepté de recevoir ou reçu un avantage en violation des dispositions de l'article 8 ;

4° Promis ou versé, accepté de recevoir ou reçu une somme d'argent ou un avantage en violation des dispositions de l'alinéa premier de l'article 10 ;

5° Enfreint l'interdiction édictée par l'article 11.

Art. 13. – Sera puni d'une amende de 30 000 € quiconque aura manqué à l'obligation d'être le directeur de la publication en application du deuxième alinéa de l'article 6 de la loi du 29 juillet 1881 précitée.

Art. 14. – (V. *L. 29 juill. 1881*).

Art. 15. – Seront punis d'une amende de 6 000 € :

1° Les présidents, les directeurs généraux, les administrateurs, les membres de directoires ou de conseils de surveillance, les gérants ou les dirigeants de fait de sociétés qui auront émis des actions au porteur en violation des dispositions de l'article 4 ci-dessus ;

2° Les dirigeants de toute entreprise éditrice qui n'auront pas fait procéder aux publications prévues aux articles 5 et 6 ci-dessus ;

3° Les directeurs de publication qui auront enfreint les dispositions du second alinéa de l'article 10 ci-dessus.

Art. 15-1 *(L. n° 2016-1524, 14 nov. 2016)*. – La violation par une entreprise éditrice, au sens de l'article 2, des articles 5 et 6 de la présente loi ainsi que de l'article 2 *bis* de la loi du 29 juillet 1881 sur la liberté de la presse entraîne la suspension de tout ou partie des aides publiques, directes et indirectes, dont elle bénéficie.

Art. 16. – En cas de condamnation pour l'une des infractions définies dans la présente loi, le tribunal pourra ordonner que sa décision soit, aux frais du condamné, insérée intégralement ou par extraits dans les publications de presse qu'il désigne et affichée dans les conditions prévues à l'article 51 du Code pénal.

6.3. – SOCIÉTÉS DE VENTE AUX ENCHÈRES PUBLIQUES

Code de commerce

Partie législative

Sous-section 1. – Les opérateurs de ventes volontaires de meubles aux enchères publiques
(Intitulé rempl., L. n° 2011-850, 20 juill. 2011)

Art. L. 321-4 *(Rempl., L. n° 2011-850, 20 juill. 2011)*. – Seuls peuvent organiser et réaliser des ventes volontaires de meubles aux enchères publiques et des ventes aux enchères par voie électronique les opérateurs remplissant les conditions définies au présent article.

I. – S'il s'agit d'une personne physique, l'opérateur de ventes volontaires de meubles aux enchères publiques doit :

1° Être français ou ressortissant d'un État membre de l'Union européenne ou d'un autre État partie à l'accord sur l'Espace économique européen ;

2° N'avoir pas été l'auteur de faits ayant donné lieu à une condamnation pénale définitive pour des agissements contraires à l'honneur, à la probité ou aux bonnes mœurs ou de faits de même nature ayant donné lieu à une sanction disciplinaire ou administrative de destitution, radiation, révocation, de retrait d'agrément ou d'autorisation dans la profession qu'il exerçait antérieurement ;

3° Avoir la qualification requise pour diriger une vente ou être titulaire d'un titre, d'un diplôme ou d'une habilitation reconnus équivalents en la matière ;

4° Avoir préalablement déclaré son activité auprès du Conseil des ventes volontaires de meubles aux enchères publiques institué par l'article L. 321-18.

II. – S'il s'agit d'une personne morale, l'opérateur de ventes volontaires de meubles aux enchères publiques doit :

1° Être constitué en conformité avec la législation d'un État membre de l'Union européenne ou d'un autre État partie à l'accord sur l'Espace économique européen et avoir son siège statutaire, son administration centrale ou son principal établissement sur le territoire de l'un de ces États membres ou parties ;

2° Disposer d'au moins un établissement en France, y compris sous forme d'agence, de succursale ou de filiale ;

3° Comprendre parmi ses dirigeants, associés ou salariés au moins une personne remplissant les conditions mentionnées aux 1° à 3° du I ;

4° Justifier que ses dirigeants n'ont pas fait l'objet d'une condamnation pénale définitive pour des agissements contraires à l'honneur, à la probité ou aux bonnes mœurs ou n'ont pas été les auteurs de faits de même nature ayant donné lieu à une sanction disciplinaire ou administrative de destitution, radiation, révocation, de retrait d'agrément ou d'autorisation dans la profession qu'ils exerçaient antérieurement ;

5° Avoir préalablement déclaré son activité auprès du Conseil des ventes volontaires de meubles aux enchères publiques institué par l'article L. 321-18.

III. – Les personnes physiques remplissant les conditions mentionnées aux 1° à 3° du I prennent le titre de commissaire-priseur de ventes volontaires, à l'exclusion de tout autre, lorsqu'elles procèdent à ces ventes.

IV. – Les opérateurs de ventes volontaires de meubles aux enchères publiques portent à la connaissance du public, sur tous documents ou publicités, la date à laquelle a été faite leur déclaration d'activité auprès du Conseil des ventes volontaires de meubles aux enchères publiques.

Art. L. 321-5 *(Rempl., L. n° 2011-850, 20 juill. 2011)*. – I. – Lorsqu'ils organisent ou réalisent des ventes volontaires de meubles aux enchères publiques, les opérateurs mentionnés à l'article L. 321-4 agissent comme mandataires du propriétaire du bien ou de son représentant. Le mandat est établi par écrit.

Les opérateurs de ventes volontaires de meubles aux enchères publiques mentionnés au même article L. 321-4 prennent toutes dispositions propres à assurer pour leurs clients la sécurité des ventes volontaires aux enchères publiques qui leur sont confiées, notamment lorsqu'ils recourent à d'autres prestataires de services pour

organiser et réaliser ces ventes. Ces prestataires ne peuvent ni acheter pour leur propre compte les biens proposés lors de ces ventes, ni vendre des biens leur appartenant par l'intermédiaire des opérateurs auxquels ils prêtent leurs services.

II. – Les opérateurs de ventes volontaires de meubles aux enchères publiques mentionnés au même article L. 321-4 ne sont pas habilités à acheter ou à vendre directement ou indirectement pour leur propre compte des biens meubles proposés dans le cadre de leur activité, sinon dans le cas prévu à l'article L. 321-12 et dans le cas où ils ont acquis, après la vente aux enchères publiques, un bien qu'ils ont adjugé afin de mettre un terme à un litige survenu entre le vendeur et l'adjudicataire. Dans cette dernière hypothèse, ils sont autorisés à revendre le bien, y compris aux enchères publiques, à condition que la publicité mentionne de façon claire et non équivoque qu'ils en sont les propriétaires.

Cette interdiction s'applique également à leurs salariés ainsi qu'aux dirigeants et associés lorsqu'il s'agit d'une personne morale. À titre exceptionnel, ces salariés, dirigeants et associés ainsi que les opérateurs mentionnés au I de l'article L. 321-4 exerçant à titre individuel peuvent cependant vendre, dans le cadre d'enchères publiques organisées par l'opérateur, des biens leur appartenant, à condition qu'il en soit fait mention dans la publicité de manière claire et non équivoque.

III. – Lorsqu'un opérateur de ventes volontaires de meubles aux enchères publiques mentionné au même article L. 321-4 procède, en dehors du cas prévu à l'article L. 321-9 et après avoir dûment informé par écrit le vendeur au préalable de sa possibilité de recourir à une vente volontaire aux enchères publiques, à la vente de gré à gré d'un bien en tant que mandataire de son propriétaire, le mandat doit être établi par écrit et comporter une estimation du bien. La cession de gré à gré fait l'objet d'un procès-verbal.

La société ayant seule qualité pour solliciter l'agrément du Conseil des ventes volontaires, un associé est dépourvu d'un droit personnel à solliciter cet agrément et n'a pas en conséquence qualité pour former personnellement un recours contre la décision du Conseil des ventes volontaires ayant refusé l'agrément : ▪ Cass. 1re civ., 3 mars 2011, n° 09-68.059, PBI : *Dr. sociétés* 2011, n° 86, obs. H. Hovasse.

Art. L. 321-6 *(Mod., L. n° 2011-850, 20 juill. 2011)*. **– Les opérateurs mentionnés à l'article L. 321-4 doivent justifier :**

1° De l'existence dans un établissement de crédit d'un compte destiné exclusivement à recevoir les fonds détenus pour le compte d'autrui ;

2° D'une assurance couvrant leur responsabilité professionnelle ;

3° D'une assurance ou d'un cautionnement garantissant la représentation des fonds mentionnés au 1°.

Tous éléments relatifs à la nature des garanties financières prévues aux 1° à 3° sont portés à la connaissance des destinataires de leurs services sous une forme appropriée.

Art. L. 321-7 *(Rempl., L. n° 2011-850, 20 juill. 2011)*. **– Les opérateurs mentionnés à l'article L. 321-4 donnent au Conseil des ventes volontaires de meubles aux enchères publiques toutes précisions utiles sur les locaux où auront lieu de manière habituelle les expositions de meubles offerts à la vente ainsi que les opérations de ventes aux enchères publiques et sur les infrastructures utilisées en cas de vente aux enchères par voie électronique. Lorsque l'exposition ou la vente a lieu dans un autre local, ou à distance par voie électronique, ils en avisent préalablement le conseil.**

Ils communiquent également au Conseil des ventes volontaires de meubles aux enchères publiques, à sa demande, toutes précisions utiles relatives à leur organisation, ainsi qu'à leurs moyens techniques et financiers.

Art. L. 321-8 *(Abr., L. n° 2011-850, 20 juill. 2011)*.

Art. L. 321-9 *(Mod., L. n° 2011-850, 20 juill. 2011)*. **– Seules les personnes remplissant les conditions mentionnées aux 1° à 3° du I de l'article L. 321-4 sont habilitées à diriger la vente, à désigner le dernier enchérisseur comme adjudicataire ou à déclarer le bien non adjugé et à dresser le procès-verbal de cette vente.**

Le procès-verbal est arrêté au plus tard un jour franc après clôture de la vente. Il mentionne les nom et adresse du nouveau propriétaire déclarés par l'adjudicataire, l'identité du vendeur, la désignation de l'objet ainsi que son prix constaté publiquement.

Les biens déclarés non adjugés à l'issue des enchères peuvent être vendus de gré à gré, à la demande du propriétaire des biens ou de son représentant, par l'opérateur de ventes volontaires ayant organisé la vente aux enchères publiques. Sauf stipulation contraire convenue par avenant au mandat postérieurement à cette vente, cette transaction ne peut être faite à un prix inférieur à la dernière enchère portée avant le retrait du bien de la vente ou, en l'absence d'enchères, au montant de la mise à prix. Le dernier enchérisseur est préalablement informé s'il est connu. Elle fait l'objet d'un acte annexé au procès-verbal de la vente.

Ne constitue pas un acte authentique le procès-verbal dressé par un commissaire-priseur judiciaire qui dirige une vente organisée par une société de ventes volontaires de meubles aux enchères publiques : ▪ Cass. com., 19 déc. 2006, n° 05-15.872 : *Bull. civ.* IV, n° 270.

Art. L. 321-10 *(Mod., L. n° 2011-850, 20 juill. 2011).* **– Les opérateurs mentionnés à l'article L. 321-4 tiennent jour par jour un registre en application des articles 321-7 et 321-8 du Code pénal ainsi qu'un répertoire sur lequel ils inscrivent leurs procès-verbaux. Ils doivent tenir ce registre et ce répertoire sous une forme électronique, dans des conditions définies par décret.**

Art. L. 321-11 *(Mod., L. n° 2011-850, 20 juill. 2011).* **– Chaque vente volontaire de meubles aux enchères publiques donne lieu à une publicité sous toute forme appropriée.**

Le prix de réserve est le prix minimal arrêté avec le vendeur au-dessous duquel le bien ne peut être vendu. Si le bien a été estimé, ce prix ne peut être fixé à un montant supérieur à l'estimation la plus basse figurant dans la publicité, ou annoncée publiquement par la personne qui procède à la vente et consignée au procès-verbal.

Sous réserve des dispositions de l'article L. 442-4, l'article L. 442-2 est applicable à tout vendeur se livrant à titre habituel à la revente de biens neufs en l'état à un prix inférieur à leur prix d'achat effectif, par le procédé des enchères publiques, dans les conditions prévues à cet article.

Voir : la rédaction de cet article issue de l'ordonnance n° 2019-698 du 3 juillet 2019, en *addendum*, p. 3371.

Art. L. 321-12 *(Rempl., L. n° 2011-850, 20 juill. 2011).* **– Un opérateur de ventes volontaires de meubles aux enchères publiques mentionné à l'article L. 321-4 peut garantir au vendeur un prix d'adjudication minimal du bien proposé à la vente. Si le bien a été estimé, ce prix ne peut être fixé à un montant supérieur à l'estimation la plus basse mentionnée à l'article L. 321-11.**

Si le prix d'adjudication minimal garanti n'est pas atteint lors de la vente aux enchères, l'opérateur est autorisé à se déclarer adjudicataire du bien à ce prix. À défaut, il verse au vendeur la différence entre le prix d'adjudication minimal garanti et le prix d'adjudication effectif.

Il peut revendre le bien ainsi acquis, y compris aux enchères publiques. La publicité doit alors mentionner de façon claire et non équivoque que l'opérateur est le propriétaire du bien.

Art. L. 321-13 *(Mod., L. n° 2011-850, 20 juill. 2011).* **– Un opérateur de ventes volontaires de meubles aux enchères publiques mentionné à l'article L. 321-4 peut consentir au vendeur une avance sur le prix d'adjudication du bien proposé à la vente.**

Art. L. 321-14 *(Mod., L. n° 2011-850, 20 juill. 2011 ; L. n° 2015-177, 16 févr. 2015).* **– Les opérateurs de ventes volontaires de meubles aux enchères publiques mentionnés à l'article L. 321-4 sont responsables à l'égard du vendeur et de l'acheteur de la représentation du prix et de la délivrance des biens dont ils ont effectué la vente. Toute clause qui vise à écarter ou à limiter leur responsabilité est réputée non écrite.**

Le bien adjugé ne peut être délivré à l'acheteur que lorsque l'opérateur ayant organisé la vente en a perçu le prix ou lorsque toute garantie lui a été donnée sur le paiement du prix par l'acquéreur.

À défaut de paiement par l'adjudicataire, après mise en demeure restée infructueuse, le bien est remis en vente à la demande du vendeur sur réitération des enchères ; si le vendeur ne formule pas cette demande dans un délai de trois mois à compter de l'adjudication, la vente est résolue de plein droit, sans préjudice de dommages et intérêts dus par l'adjudicataire défaillant.

Les fonds détenus pour le compte du vendeur doivent être versés à celui-ci au plus tard deux mois à compter de la vente.

L'acquéreur ne saurait se prévaloir des dispositions de l'article L. 321-14 dès lors que la société de ventes volontaires de meubles aux enchères publiques a procédé au règlement de l'objet au vendeur et est subrogée dans les droits de celui-ci : ▪ CA Dijon, 23 oct. 2007 : *JurisData* n° 2007-346330.

Art. L. 321-15 *(Mod., L. n° 2011-850, 20 juill. 2011)*. – [I]. – Est puni de deux ans d'emprisonnement et de 2 500 000 F 375 000 € d'amende le fait de procéder ou de faire procéder à une ou plusieurs ventes volontaires de meubles aux enchères publiques :

1° Si l'opérateur qui organise la vente n'a pas procédé à la déclaration préalable prévue à l'article L. 321-4 ou fait l'objet d'une interdiction temporaire ou définitive d'exercer l'activité de ventes volontaires de meubles aux enchères publiques ;

2° Ou si le ressortissant d'un État membre de la Communauté européenne ou d'un État partie à l'accord sur l'Espace économique européen qui organise la vente n'a pas procédé à la déclaration prévue à l'article L. 321-24 ;

3° Ou si la personne qui dirige la vente ne remplit pas les conditions prévues à l'article *(Réf. rempl. à compter du 1er septembre 2011, L. n° 2011-850, 20 juill. 2011)* « L. 321-4 » ou est frappée d'une interdiction à titre temporaire ou définitif de diriger de telles ventes.

II. – Les personnes physiques coupables de l'une des infractions aux dispositions prévues au présent article encourent également les peines complémentaires suivantes :

1° L'interdiction, pour une durée de cinq ans au plus, d'exercer une fonction publique ou d'exercer l'activité professionnelle ou sociale dans l'exercice ou à l'occasion de l'exercice de laquelle l'infraction a été commise ;

2° L'affichage ou la diffusion de la condamnation prononcée dans les conditions prévues par l'article 131-35 du Code pénal ;

3° La confiscation des sommes ou objets irrégulièrement reçus par l'auteur de l'infraction, à l'exception des objets susceptibles de restitution.

III *(III abr., L. n° 2011-850, 20 juill. 2011)*.

IV. – Le Conseil des ventes volontaires de meubles aux enchères publiques peut se constituer partie civile dans le cadre des poursuites judiciaires intentées sur le fondement du présent article.

Art. L. 321-16 *(Abr., L. n° 2011-850, 20 juill. 2011)*.

Art. L. 321-17 *(Mod., L. n° 2004-130, 11 févr. 2004 ; L. n° 2011-850, 20 juill. 2011)*. – Les opérateurs de ventes volontaires de meubles aux enchères publiques mentionnés à l'article L. 321-4 et les officiers publics ou ministériels compétents pour procéder aux ventes judiciaires et volontaires ainsi que les experts qui les assistent dans la description, la présentation et l'estimation des biens engagent leur responsabilité au cours ou à l'occasion des prisées et des ventes de meubles aux enchères publiques, conformément aux règles applicables à ces ventes.

Les clauses qui visent à écarter ou à limiter leur responsabilité sont interdites et réputées non écrites.

Les actions en responsabilité civile engagées à l'occasion des prisées et des ventes volontaires et judiciaires de meuble aux enchères publiques se prescrivent par cinq ans à compter de l'adjudication ou de la prisée. Mention de ce délai de prescription doit être rappelée dans la publicité prévue à l'article L. 321-11.

Partie réglementaire

TITRE II. – Des ventes aux enchères publiques

CHAPITRE I. – Des ventes volontaires de meubles aux enchères publiques

Section I. – Dispositions générales

Sous-section 1. – Les opérateurs de ventes volontaires de meubles aux enchères publiques

(Intitulé rempl., D. n° 2012-120, 30 janv. 2012)

§ 1. – De l'agrément

Art. R. 321-1 *(Rempl., D. n° 2012-120, 30 janv. 2012)*. – Les opérateurs, personnes morales ou physiques, organisant et réalisant des ventes volontaires de meubles aux enchères publiques, y compris par voie électronique, déclarent leurs activités auprès du Conseil des ventes volontaires de meubles aux enchères publiques par lettre recommandée avec demande d'avis de réception ou par tout moyen dématérialisé, sous réserve que puisse être dûment identifiée la personne qui effectue la déclaration.

La déclaration est accompagnée des pièces justificatives suivantes :

Pour les personnes physiques :

1° Un document justifiant de l'identité et de la nationalité du déclarant ;

2° Une attestation de ne pas avoir été l'auteur de faits mentionnés au 2° du I de l'article L. 321-4. Cette attestation est établie selon le modèle fixé par arrêté du garde des Sceaux, ministre de la Justice ;

3° Les documents justifiant que les personnes chargées de diriger des ventes ont la qualification requise ou sont titulaires d'un titre, d'un diplôme ou d'une habilitation reconnus équivalents en la matière ;

4° Une copie du bail ou du titre de propriété du local où s'exerce l'activité ainsi que le dernier bilan établi ou à défaut le bilan prévisionnel ;

5° Un document justifiant de l'ouverture dans un établissement de crédit d'un compte destiné exclusivement à recevoir les fonds détenus pour le compte d'autrui ;

6° Un document justifiant de la souscription d'une assurance de couverture de responsabilité professionnelle ;

7° Un document justifiant d'une assurance ou d'un cautionnement garantissant la représentation des fonds détenus pour le compte d'autrui ;

Pour les personnes morales :

1° Une copie des statuts de la société et de l'acte nommant son représentant légal ;

2° Les documents justifiant qu'elle dispose d'au moins un établissement en France ;

3° Les documents justifiant qu'elle compte parmi ses dirigeants, associés ou salariés au moins une personne remplissant les conditions prévues aux articles 1° à 3° du I de l'article L. 321-4 ;

4° Une attestation des dirigeants de ne pas avoir été les auteurs de faits mentionnés au 4° du II de l'article L. 321-4. Cette attestation est établie selon le modèle fixé par arrêté du garde des Sceaux, ministre de la Justice ;

5° Un document justifiant de l'identité des personnes chargées de diriger les ventes et, s'il s'agit de salariés d'une personne morale, la copie de leur contrat de travail ou une attestation de leur employeur précisant la nature de leurs attributions ;

6° Une copie du bail ou du titre de propriété du local où s'exerce l'activité ainsi que le dernier bilan établi ou à défaut le bilan prévisionnel ;

7° Un document justifiant de l'ouverture dans un établissement de crédit d'un compte destiné exclusivement à recevoir les fonds détenus pour le compte d'autrui ;

8° Un document justifiant de la souscription d'une assurance de couverture de responsabilité professionnelle ;

9° Un document justifiant d'une assurance ou d'un cautionnement garantissant la représentation des fonds détenus pour le compte d'autrui.

Changement de la personne chargée de diriger les ventes. Lorsqu'une société agréée charge, en son sein, une personne de diriger les ventes, elle doit faire connaître ce changement dans sa situation initialement déclarée dans un délai de trente jours à compter de la date à laquelle cette modification est intervenue, cette procédure étant exclusive d'une demande d'habilitation présentée individuellement par la personne concernée : ▪ Cass. 1re civ., 30 janv. 2007, n° 04-15.750 : *D.* 2007, p. 578, obs. X. Delpech.

Art. R. 321-2 *(Rempl., D. n° 2012-120, 30 janv. 2012).* – Les opérateurs de ventes volontaires aux enchères publiques déclarent au Conseil des ventes volontaires de meubles aux enchères publiques, dans un délai de trente jours à compter de la date à laquelle elles se produisent, les modifications de fait ou de droit susceptibles d'affecter leur capacité d'exercer l'activité de ventes volontaires de meubles aux enchères publiques, notamment leur cessation temporaire ou définitive d'activité ainsi que tout changement dans la situation déclarée en application de l'article R. 321-1. Ces déclarations sont accompagnées des justificatifs nécessaires.

Art. R. 321-3 *(Rempl., D. n° 2012-120, 30 janv. 2012).* – Chaque année, à la demande du Conseil des ventes volontaires de meubles aux enchères publiques, dans un délai de trente jours à compter de l'expiration de la précédente garantie, les opérateurs de ventes volontaires de meubles aux enchères publiques transmettent au Conseil des ventes volontaires de meubles aux enchères publiques les justificatifs du renouvellement de l'assurance couvrant leur responsabilité professionnelle et de l'assurance ou du cautionnement garantissant la représentation des fonds détenus pour le compte d'autrui.

La caution ou l'assureur informe le Conseil des ventes volontaires de meubles aux enchères publiques, dans les trente jours, de la suspension de la garantie ou de la résiliation du contrat.

Art. R. 321-4 *(Rempl., D. n° 2012-120, 30 janv. 2012).* – Le greffier chargé de la tenue du registre du commerce et des sociétés avise le Conseil des ventes volontaires de meubles aux enchères publiques de la radiation d'un dirigeant de l'opérateur lorsque celle-ci a été ordonnée après que la mise à jour du casier judiciaire a révélé l'existence d'une interdiction d'exercer le commerce ou de gérer.

Art. R. 321-5 à R. 321-9 *(Implicitement abr., D. n° 2012-120, 30 janv. 2012).*

....

ANNEXE 7

IMMOBILIER

7.1 – Sociétés civiles de placement immobilier .... p. 2745
7.2 – Organismes de placement collectif immobilier .... p. 2745
7.3 – Autres sociétés immobilières .... p. 2745
7.3.1. – Sociétés d'attribution d'immeubles en jouissance à temps partagé .... p. 2745
7.3.2. – Sociétés de construction-vente, sociétés d'attribution et sociétés coopératives de construction .... p. 2753
7.3.3. – Sociétés d'HLM .... p. 2792
7.3.4. – Sociétés immobilières d'investissement et de gestion .... p. 2832

7.1. – SOCIÉTÉS CIVILES DE PLACEMENT IMMOBILIER

Voir : Sociétés civiles de placement immobilier, C. monét. fin., art. L. 214-50 et s., p. 1042.

7.2. – ORGANISMES DE PLACEMENT COLLECTIF IMMOBILIER

Voir : Organismes de placement collectif immobilier, C. monét. fin., art. L. 214-89 et s., p. 1051.

7.3. – AUTRES SOCIÉTÉS IMMOBILIÈRES

7.3.1. – SOCIÉTÉS D'ATTRIBUTION D'IMMEUBLES EN JOUISSANCE À TEMPS PARTAGÉ

Bibliographie : D. Sizaire, *JCl. Sociétés traité*, Fasc. 190-80 *(Régime juridique – Organisation)* ; Fasc. 190-11 *(Situation des attributaires – Dispositions particulières à la construction)* ; Fasc. 190-12 *(Fonctionnement – Sociétés coopératives).*

Loi n° 86-18 du 6 janvier 1986
relative aux sociétés d'attribution d'immeubles en jouissance à temps partagé
(JO 8 janv.)

CHAPITRE I. – DISPOSITIONS COMMUNES

Art. 1er. – Les sociétés constituées en vue de l'attribution, en totalité ou par fractions, d'immeubles à usage principal d'habitation en jouissance par périodes aux associés auxquels n'est accordé aucun droit de propriété

ou autre droit réel en contrepartie de leurs apports, sont régies par les dispositions applicables aux sociétés sous réserve des dispositions de la présente loi.

L'objet de ces sociétés comprend la construction d'immeubles, l'acquisition d'immeubles ou de droits réels immobiliers, l'aménagement ou la restauration des immeubles acquis ou sur lesquels portent ces droits réels.

Il comprend aussi l'administration de ces immeubles, l'acquisition et la gestion de leurs éléments mobiliers conformes à la destination des immeubles. Il peut également s'étendre à la fourniture des services, au fonctionnement des équipements collectifs nécessaires au logement ou à l'immeuble et de ceux conformes à la destination de ce dernier, qui lui sont directement rattachés.

1) Champ d'application de la loi. Ayant retenu que l'immeuble exploité par deux sociétés avait été classé en hôtel de tourisme pour la totalité des chambres, sans distinguer entre celles attribuées aux actionnaires d'une des sociétés pour une période déterminée et les autres, que le contrat de fourniture de services hôteliers était commun aux deux résidences et que le personnel s'apparentait davantage à celui d'un grand hôtel qu'aux salariés chargés du service d'une résidence à temps partagé, la cour d'appel a pu exclure l'application de la loi du 6 janvier 1986 : ▪ Cass. 3e civ., 8 oct. 1997 : *JurisData* n° 1997-003836 ; *BJS* 1997, p. 1079, note B. Stemmer.

2) Droit de l'associé. L'associé peut réclamer l'indemnisation du préjudice subi du fait d'un incendie en tant que tiers par rapport à la société : ▪ Cass. 2e civ., 9 juin 1993 : *RJDA* 1993, p. 786.

Art. 2. – Les sociétés mentionnées à l'article 1er ne peuvent se porter caution.

Art. 3. – Les associés sont tenus, envers la société, de répondre aux appels de fonds nécessités par la construction, l'acquisition, l'aménagement ou la restauration de l'immeuble social en proportion de leurs droits dans le capital social et de participer aux charges dans les conditions prévues à l'article 9 de la présente loi.

Si un associé ne satisfait pas à ces obligations, il peut être fait application des deuxième, troisième et quatrième alinéas de l'article L. 212-4 du Code de la construction et de l'habitation.

L'associé défaillant ne peut prétendre, à compter de la décision de l'assemblée générale, ni entrer en jouissance de la fraction de l'immeuble à laquelle il a vocation, ni se maintenir dans cette jouissance.

La société civile d'attribution d'immeubles en jouissance à temps partagé ne peut soutenir que l'associé ne peut entrer en jouissance des droits afférents à ses parts sociales en raison de sa défaillance dans le paiement des charges, dès lors qu'il n'est pas justifié d'une décision en ce sens prise par l'assemblée générale des associés conformément aux dispositions des alinéas 2, 3 et 4 de l'article L. 212-4 du Code de la construction et de l'habitation, auxquelles renvoient celles de l'article 3 de la loi du 6 janvier 1986 : ▪ CA Paris, 7 déc. 2001 : *JurisData* n° 2001-174997.

Art. 4. – Par dérogation à l'article 1857 du Code civil, les associés des sociétés constituées sous la forme de société civile ne répondent des dettes sociales à l'égard des tiers qu'à concurrence de leurs apports.

Art. 5. – Le ou les gérants d'une société civile constituée aux fins prévues à l'article 1er de la présente loi sont nommés *(Mots rempl., L. n° 2009-888, 22 juill. 2009)* « , pour un mandat d'une durée maximale de trois ans renouvelable, » par une décision des associés représentant plus de la moitié des parts sociales nonobstant toutes dispositions contraires des statuts.

Art. 6. – Le ou les gérants d'une société civile constituée aux fins prévues à l'article 1er de la présente loi sont révocables par une décision des associés représentant plus de la moitié des parts sociales nonobstant toutes dispositions contraires des statuts.

Art. 7. – Est réputée non écrite toute clause des statuts prévoyant la désignation d'une personne physique ou morale autre que le représentant de la société pour assumer les missions prévues à l'article 1er de la présente loi.

Art. 8. – Un état descriptif de division délimite les diverses parties de l'immeuble social en distinguant celles qui sont communes de celles qui sont à usage privatif.

Les parts ou actions sont réparties entre les associés en fonction des caractéristiques du lot attribué à chacun d'eux, de la durée et de l'époque d'utilisation du local correspondant.

La valeur des droits de tous les associés est appréciée au jour de l'affectation aux lots des groupes de droits sociaux qui leur sont attachés.

Un tableau d'affectation des parts ou actions aux lots et par période est annexé à l'état descriptif de division.

Un règlement précise la destination de l'immeuble et de ses diverses parties et organise les modalités de l'utilisation des équipements collectifs.

Si un document publicitaire, quelle que soit sa forme, fait état d'un service mis à la disposition des associés et destiné à permettre l'échange des périodes de jouissance, la vente des actions ou parts sociales ou la location du lot qui leur est attaché, le règlement mentionne l'existence de ce service. En ce cas, tout acte de souscription ou de cession d'actions ou de parts sociales doit en faire état.

Le règlement indique, en outre, les conditions particulières dont peut être assorti ce service.

Art. 9. – À moins qu'elles ne soient individualisées par les lois ou règlements en vigueur, un décret détermine, parmi les charges entraînées par les services collectifs, les éléments d'équipement et le fonctionnement de l'immeuble, les charges communes et les charges liées à l'occupation.

Les associés sont tenus de participer aux charges des deux catégories en fonction de la situation et de la consistance du local, de la durée et de l'époque de la période de jouissance.

Toutefois, lorsque le local sur lequel l'associé exerce son droit de jouissance n'est pas occupé, l'associé n'est pas tenu de participer aux charges de la deuxième catégorie pendant la période correspondante.

Ils sont tenus de participer aux charges relatives au fonctionnement de la société, à la conservation, à l'entretien et à l'administration des parties communes en proportion du nombre des parts ou actions qu'ils détiennent dans le capital social.

Le règlement fixe la quote-part qui incombe, dans chacune des catégories de charges, à chaque groupe particulier de parts ou actions défini en fonction de la situation du local, de la durée et de la période de jouissance.

À défaut, il indique les bases selon lesquelles la répartition est faite.

Contribution aux charges. Dès lors que la société n'a pas produit de décompte des charges les ventilant par catégorie et précisant notamment celles qui sont liées à l'occupation, l'associé n'est pas tenu de participer aux charges liées à l'occupation pendant la période durant laquelle il n'occupe pas le local dont il a la jouissance : ▪ Cass. 3e civ., 23 janv. 2002 : *BJS* 2002, p. 637, note J.-P. Garçon. – Si ni les statuts ni la loi ne prévoient que les décomptes doivent être rédigés en faisant ressortir les différentes catégories de charges, la société est néanmoins tenue de produire les justificatifs des charges dont elle demande le paiement et d'en fournir un décompte aux associés leur permettant de vérifier que celles-ci ont bien été imputées selon les trois rubriques prévues aux statuts de manière différenciée, en fonction de l'occupation effective par l'associé : ▪ Cass. 3e civ., 29 mai 2002 : *D.* 2002, p. 2127, obs. Y. Rouquet.

Art. 10. – Tout associé peut demander au tribunal de grande instance du lieu de situation de l'immeuble la révision, pour l'avenir, de la répartition des charges visées à l'article 9, si la part correspondant à son lot est supérieure de plus d'un quart ou si la part correspondant au lot d'un autre associé est inférieure de plus d'un quart, dans l'une ou l'autre catégorie de charges, à celle qui résulterait d'une répartition conforme aux dispositions de l'article 9. Si l'action est reconnue fondée, le tribunal procède à la nouvelle répartition des charges.

L'action en révision prévue à l'alinéa 1er ne peut être exercée que dans les cinq ans de l'adoption de l'état descriptif de division, du règlement et des dispositions corrélatives des statuts.

Art. 11. – L'état descriptif de division, le règlement et les dispositions corrélatives des statuts doivent être adoptés avant tout commencement des travaux de construction ou, en cas d'acquisition de l'immeuble existant avant toute entrée en jouissance des associés.

Art. 12. – Les sociétés prévues à l'article 1er qui ont pour objet la construction d'immeubles sont tenues de se conformer aux dispositions de l'article L. 212-10 du Code de la construction et de l'habitation en ce qu'il impose soit de conclure un contrat de promotion immobilière, soit de confier les opérations constitutives de la promotion immobilière à leur représentant légal ou statutaire.

Les mêmes obligations incombent aux sociétés prévues à l'article 1er qui ont pour objet l'acquisition d'immeubles en vue de l'aménagement ou de la restauration dès lors que le coût global des travaux excède 50 % du prix d'acquisition des immeubles.

Les sociétés prévues à l'article 1er qui ont pour objet l'acquisition d'immeubles à construire doivent conclure un contrat ou bénéficier d'une cession de contrat conforme aux dispositions des articles L. 261-10 et suivants du Code de la construction et de l'habitation. Si la vente a lieu sous la forme de vente en l'état futur d'achèvement, le contrat comporte la garantie d'achèvement prévue par l'article L. 261-11 du même code.

Art. 13 *(Mod., L. n° 2009-888, 22 juill. 2009 ; L. n° 2014-366, 24 mars 2014)*. – La société, quelle qu'en soit la forme, peut exiger de chaque associé, en début d'exercice, le versement d'une provision au plus égale au montant des charges lui ayant été imparties lors de l'exercice précédent ou, s'il s'agit d'un nouvel associé, ayant été imputées à l'associé précédent au cours du dernier exercice écoulé, pour le même local, la même durée et la même période.

Le règlement peut prévoir, pour le premier exercice à compter de l'achèvement des opérations mentionnées à l'article 1er de la présente loi, le paiement d'avances sur charges.

Les associés se réunissent en assemblée générale au moins une fois par an. Lorsque, conjointement, des associés disposant au moins du cinquième des parts ou actions de la société le demandent, l'assemblée générale est réunie dans un délai de trois mois qui suit la date de cette demande. L'assemblée est réunie dans le même délai à la demande du conseil de surveillance.

L'ordre du jour de l'assemblée générale est établi en concertation avec le conseil de surveillance, qui peut demander l'inscription d'une ou de plusieurs questions à l'ordre du jour.

Les associés peuvent toujours assister aux assemblées générales et y voter. Les votes par correspondance sont admis. L'avis de convocation à l'assemblée générale, qui doit mentionner les questions portées à l'ordre du jour et comporter la reproduction du dernier alinéa du présent article, est adressé à tous les associés. Sans préjudice de ce qui est dit au premier alinéa de l'article 14, un associé peut se faire représenter à l'assemblée générale par toute personne physique ou morale même non associée. Toute clause contraire des statuts est réputée non écrite.

Dans les quinze jours précédant l'assemblée générale, tout associé peut demander à la société communication des comptes sociaux. À tout moment, tout associé peut également demander communication de la liste des noms et adresses des autres associés ainsi que de la répartition des parts sociales et des droits en jouissance qui y sont attachés. L'envoi des documents communiqués est effectué dans le délai maximal de sept jours à compter de la réception de la demande, le cas échéant, aux frais avancés, dûment justifiés, du demandeur.

Forme de la convocation. L'article 13 de la loi du 6 janvier 1986 n'exige pas que la convocation à l'assemblée générale soit faite selon une forme particulière : ▪ CA Paris, 30 juin 2006 : *JurisData* n° 2005-275620.

Art. 14. – Les statuts prévoient que chaque ensemble d'associés ayant un droit de jouissance pendant la même période peut, à la majorité, désigner un ou plusieurs associés de cet ensemble pour le représenter à l'assemblée générale. Chaque représentant peut avoir un ou plusieurs suppléants ayant également la qualité d'associé.

Les représentants de périodes et leurs suppléants sont désignés pour une durée maximum de trois ans, renouvelable ; ils ne peuvent se faire représenter.

Les dispositions du premier alinéa ne sont pas applicables aux décisions mentionnées aux deuxième et dernier alinéas de l'article 16.

Art. 15. – Chaque associé dispose d'un nombre de voix proportionnel au nombre de parts ou actions qu'il détient dans le capital social.

Toutefois, en ce qui concerne les décisions relatives aux charges mentionnées au premier alinéa de l'article 9, chaque associé dispose d'un nombre de voix proportionnel à sa participation aux charges.

En outre, lorsque le règlement met à la charge de certains associés seulement les dépenses d'entretien d'une partie de l'immeuble ou les dépenses d'entretien et de fonctionnement d'un élément d'équipement, seuls ces associés ou leurs représentants prennent part au vote sur les décisions qui concernent ces dépenses.

Dans tous les cas, chaque représentant de période ou son suppléant dispose d'un nombre de voix égal au total des voix des associés de la période qu'il représente, sous déduction des voix des associés présents ou représentés en application du *(Mot rempl., L. n° 2014-366, 24 mars 2014)* « cinquième » alinéa de l'article 13.

Art. 16. – Les décisions de l'assemblée générale sont prises à la majorité des voix des associés présents ou représentés, sous réserve des alinéas suivants et des dispositions des articles 5 et 6 de la présente loi.

La majorité des deux tiers des voix des associés est requise pour la modification des statuts, pour l'établissement ou la modification du règlement, pour les décisions relatives à des actes de disposition affectant des biens immobiliers, pour la dissolution anticipée de la société, pour la fixation des modalités de sa liquidation et pour sa prorogation.

La majorité des deux tiers des voix des associés présents ou représentés est requise pour toutes les décisions relatives à des opérations telles que la transformation d'un ou de plusieurs éléments d'équipement existants, l'adjonction d'éléments nouveaux, l'aménagement ou la création de locaux à usage commun.

Pour les décisions prévues aux deuxième et troisième alinéas, et par dérogation à l'alinéa 1er de l'article 15, l'ensemble des cessionnaires de parts ou actions d'une société d'attribution d'immeubles en jouissance à temps partagé ne peut disposer de moins de 40 % des voix.

La répartition entre les associés de leurs droits dans le capital, telle qu'elle est définie aux deuxième, troisième et quatrième alinéas de l'article 8, ne peut être modifiée qu'à la majorité des deux tiers des voix des associés. Cette modification doit avoir reçu l'accord de chacun des associés concernés.

Art. 17. – Le premier alinéa de l'article 23 de la loi n° 65-557 du 10 juillet 1965 fixant le statut de la copropriété des immeubles bâtis ne s'applique pas aux associés des sociétés régies par la présente loi, lorsque ces sociétés sont membres d'un syndicat de copropriété.

(Al. mod., L. n° 2014-366, 24 mars 2014) Lorsque les sociétés régies par la présente loi sont membres d'un tel syndicat nonobstant toutes dispositions contraires des statuts, elles sont représentées à l'assemblée du syndicat par toute personne désignée chaque année par l'assemblée générale appelée à approuver les comptes sociaux. Cette personne rend compte aux associés des décisions prises par le syndicat de copropriété lors de la première assemblée générale tenue après l'assemblée du syndicat.

Art. 18 *(Mod., L. n° 2014-366, 24 mars 2014)*. – Lorsque les dispositions applicables à la forme sociale choisie n'imposent pas la constitution d'un conseil d'administration ou d'un conseil de surveillance, il est institué un conseil de surveillance. Ce conseil est élu par l'assemblée générale parmi les associés. Les dirigeants sociaux, leur conjoint et leurs préposés ne peuvent en faire partie. Nonobstant toutes dispositions contraires des statuts, les membres du conseil de surveillance sont nommés pour un mandat d'une durée maximale de trois ans renouvelable. Ils sont révocables par l'assemblée générale. Le conseil de surveillance élit son président parmi ses membres. À moins que les statuts n'aient fixé les règles relatives à l'organisation et au fonctionnement du conseil de surveillance, ces règles sont fixées par l'assemblée générale.

Le conseil de surveillance donne son avis aux dirigeants sociaux ou à l'assemblée générale sur toutes les questions concernant la société, pour lesquelles il est consulté ou dont il se saisit lui-même.

Il peut prendre connaissance et copie, à sa demande et après en avoir avisé la société, de toutes pièces, documents, correspondance ou registres se rapportant à la gestion de la société.

Lorsqu'une communication est faite au conseil de surveillance, elle est valablement faite à la personne de son président. Chaque année, le conseil de surveillance rend compte à l'assemblée générale de l'exécution de sa mission.

Art. 18-1 *(L. n° 2014-366, 24 mars 2014)*. – À défaut de dispositions imposant la nomination d'un commissaire aux comptes, le contrôle de la gestion est effectué chaque année par un technicien non associé désigné par l'assemblée à laquelle il rend compte de sa mission.

Il peut avoir recours aux dispositions du troisième alinéa de l'article 18.

Art. 19. – Les dirigeants sociaux, leur conjoint et leurs préposés ainsi que toute personne physique ou morale les représentant directement ou indirectement ne peuvent ni être représentant de période ni recevoir mandat pour représenter un associé.

Art. 19-1 *(L. n° 2009-888, 22 juill. 2009 ; mod., L. n° 2014-366, 24 mars 2014)*. – Nonobstant toute clause contraire des statuts, un associé peut se retirer totalement ou partiellement de la société, après autorisation donnée par une décision unanime des associés. Ce retrait peut également être autorisé pour justes motifs par une décision de justice, notamment lorsque l'associé est bénéficiaire des minima sociaux ou perçoit une rémunération inférieure au salaire minimum interprofessionnel de croissance, ou lorsque l'associé ne peut plus jouir du lot qui lui a été attribué du fait de la fermeture ou de l'inaccessibilité de la station ou de l'ensemble immobilier concerné.

Le retrait est de droit lorsque les parts ou actions que l'associé détient dans le capital social lui ont été transmises par succession depuis moins de deux ans à compter de la demande de retrait formée par l'héritier ou les héritiers devenus associés auprès de la société. Le retrait est constaté par acte notarié signé par l'héritier ou les héritiers devenus associés qui se retirent et le représentant de la société. Le coût du ou des actes notariés et les droits y afférents liés au retrait sont supportés par l'héritier ou les héritiers devenus associés qui se retirent. En cas de pluralité d'héritiers, il est fait application de l'article 815-3 du Code civil. L'héritier ou les héritiers devenus associés qui se retirent ont droit au remboursement de la valeur de leurs droits sociaux fixée, à défaut d'accord amiable, conformément à l'article 1843-4 du même code.

Caractère non limitatif de l'énumération des motifs de retrait. V. Rép. min. n° 98758 : *JOAN* 15 nov. 2016, p. 9435 ; *Dr. sociétés* 2016, alerte n° 57.

Art. 20. – Toute souscription ou cession de parts ou actions doit faire l'objet d'un acte sous seing privé ou d'un acte notarié qui précise la nature des droits attachés à la part ou action de leur consistance, telles que celles-ci résultent de la localisation de l'immeuble et du local correspondant au lot, et la détermination de la période de jouissance attribuée.

S'il s'agit d'une cession, l'acte précité doit, en outre, préciser la situation comptable du cédant, attestée par la société, et, sauf si la cession a lieu à titre gratuit, le prix à payer au cédant.

L'acte de souscription ou de cession fait également mention du dépôt au rang des minutes d'un notaire soit du contrat de vente d'immeuble à construire, soit du contrat de promotion immobilière, de l'acte en tenant lieu ou de l'acte de cession de l'un de ces contrats.

Doivent être annexés à l'acte de souscription ou de cession les statuts de la société, l'état descriptif de division, le tableau d'affectation des parts ou actions, le règlement prévu à l'article 8, une note sommaire indiquant les caractéristiques techniques de l'immeuble et des locaux et, s'il y a lieu, le bilan du dernier exercice, le montant des charges afférentes au lot pour l'exercice précédent ou, à défaut, le montant prévisionnel de celles-ci et un inventaire des équipements et du mobilier. Cet acte peut se borner à faire référence à ces documents s'ils sont déposés au rang des minutes d'un notaire. En ce cas, une copie de ces documents est remise à l'associé et l'acte de souscription ou de cession doit mentionner cette communication.

Les dispositions du présent article ne s'appliquent pas s'il s'agit d'une souscription effectuée lors de la constitution de la société, sous réserve des dispositions propres à chaque société selon sa forme.

Voir aussi : C. consom., art. L. 121-60 et s., réd. L. n° 98-566, 8 juill. 1998.

Condition d'opposabilité de la cession. Conformément à l'article 1690 du Code civil, la cession d'actions d'une société anonyme d'attribution d'immeubles en jouissance à temps partagé n'est opposable aux tiers, comme toute créance, qu'autant qu'elle a été signifiée au débiteur ou acceptée par lui dans un acte authentique : ▪ Cass. com., 14 avr. 2010, n° 06-17.347, PB : *JCP* E 2010, 1418 ; *D.* 2010, p. 1208.

Art. 21. – Un état des lieux est établi contradictoirement par l'associé et le gérant de la société ou son représentant dûment désigné à cet effet, lors de la restitution du local au terme de la période de jouissance. L'associé nouvel occupant a, de plein droit, communication de cet état des lieux.

Art. 22. – Sauf entre associés, aucun contrat de cession de parts ou d'actions ne peut être conclu avant l'achèvement de l'immeuble, à moins que n'aient été fournies la garantie exigée en application du deuxième alinéa ci-après et la justification soit d'un contrat de vente d'immeuble à construire soumis aux articles L. 261-10 et suivants du Code de la construction et de l'habitation, soit d'un contrat de promotion immobilière ou de l'écrit en tenant lieu.

Sauf entre associés, toute cession volontaire de parts ou actions consentie avant l'achèvement doit comporter la justification d'une garantie destinée à assurer, en cas de défaillance d'un ou plusieurs associés, le règlement des appels de fonds nécessaires au paiement du prix d'acquisition des biens sociaux ou à la réalisation des travaux de construction, d'aménagement ou de restauration. Cette garantie est donnée par un établissement de crédit *(Mots aj. à compter du 1er janvier 2014, Ord. n° 2013-544, 27 juin 2013)* « ou une société de financement » habilité à se porter caution ou à réaliser des opérations de financement immobilier, par une entreprise d'assurance agréée à cet effet ou par une société de caution mutuelle constituée conformément aux dispositions de la loi du 13 mars 1917 ayant pour objet l'organisation du crédit au petit et au moyen commerce, à la petite et à la moyenne industrie.

Lorsque l'associé cédant est un des organismes précités, il n'a pas à fournir cet engagement.

Les dispositions des premier et deuxième alinéas du présent article sont applicables aux souscriptions de parts ou d'actions effectuées avant l'achèvement de l'immeuble, à l'exception de celles qui ont lieu lors de la constitution de la société.

Le représentant de la société qui aura effectué une souscription de parts ou d'actions, ou l'associé qui aura consenti une cession de parts ou d'actions en violation du présent article sera puni d'un emprisonnement de deux mois à deux ans et d'une amende de 6 000 F à 100 000 F 15 000 € ou de l'une de ces deux peines seulement.

Art. 23. – L'associé dispose du droit de louer ou de prêter le local qui lui est attribué en jouissance, pendant la période où il lui est attribué.

Toute clause contraire des statuts ou du règlement est réputée non écrite.

CHAPITRE II. – DISPOSITIONS PROPRES AUX SOCIÉTÉS COOPÉRATIVES D'ATTRIBUTION D'IMMEUBLES EN JOUISSANCE À TEMPS PARTAGÉ

Bibliographie : D. Sizaire, *JCl. Sociétés traité*, Fasc. 190-12.

Art. 24. – Lorsque la société d'attribution d'immeubles en jouissance à temps partagé revêt la forme coopérative, elle doit limiter son objet aux opérations concernant les immeubles compris dans un même programme, comportant une ou plusieurs tranches d'un ensemble immobilier.

Art. 25. – Le représentant légal ou statutaire de la société coopérative ne peut entreprendre chaque tranche du programme prévu par les statuts que lorsque les tranches précédentes sont souscrites à concurrence d'au moins 75 % et que si la souscription de toutes les parts ou actions correspondant aux lots compris dans l'ensemble du programme faisant l'objet d'une même autorisation de construire est garantie.

Cette garantie, qui consiste en l'engagement d'acquérir ou de faire acquérir les parts ou actions qui n'auraient pas été acquises un an après la date de l'acquisition de l'immeuble ou de la réception des ouvrages, ou en l'engagement de supporter ou de faire supporter jusqu'à la souscription toutes les dépenses, y compris les charges, afférentes aux lots non souscrits qui pourraient être imputées aux associés, est donnée par un établissement de crédit *(Mots aj. à compter du 1er janvier 2014, Ord. n° 2013-544, 27 juin 2013)* « ou une société de financement » habilité à se porter caution ou à réaliser des opérations de financement immobilier, une entreprise d'assurance agréée à l'effet de se porter caution, une société de caution mutuelle constituée conformément aux dispositions de la loi du 13 mars 1917 précitée.

La garantie visée à l'alinéa précédent peut également être consentie par un organisme agréé par l'État dans des conditions déterminées par un décret en Conseil d'État qui précise notamment les règles concernant la capacité de tels organismes à assumer l'engagement de garantie et la compétence et l'expérience professionnelle exigées de leurs dirigeants.

Ce décret fixe, en outre, les statuts types des organismes prévus à l'alinéa précédent, les modalités de leur intervention en garantie et de leur contrôle ainsi que les règles concernant le retrait de l'agrément auquel cette intervention est subordonnée.

Pour chacune de ces tranches, le commencement des travaux est subordonné à un pourcentage de souscription des parts ou des actions correspondant au moins à 50 % du coût de la tranche. Les souscriptions sont financées par les associés au moyen d'apports personnels ou de prêts et, le cas échéant, par la quote-part correspondante de l'emprunt éventuellement contracté à cette fin par la société.

Les dispositions prévues à l'alinéa premier de l'article L. 213-7 du Code de la construction et de l'habitation s'appliquent aux sociétés coopératives visées par le présent chapitre.

Art. 26. – La société coopérative qui procède à la construction d'immeubles est tenue de se conformer aux dispositions de l'article L. 213-6 du Code de la construction et de l'habitation.

Art. 27. – Lorsqu'un associé ne satisfait pas aux obligations auxquelles il est tenu envers la société, il peut être fait application des dispositions des deuxième, troisième, quatrième et cinquième alinéas de l'article L. 213-10 du Code de la construction et de l'habitation.

Jusqu'à l'achèvement de chaque tranche du programme mentionné à l'article 24 de la présente loi, la démission et l'exclusion d'un associé sont soumises aux dispositions de l'article L. 213-11 du Code de la construction et de l'habitation.

Art. 28 *(Mod., L. n° 2014-366, 24 mars 2014)*. – Par dérogation à l'article 9 de la loi n° 47-1775 du 10 septembre 1947 portant statut de la coopération, chaque associé d'une société coopérative dispose d'un nombre de voix proportionnel au nombre de parts ou actions :

a) En ce qui concerne les décisions à prendre pendant la période de construction ;

b) Une fois cette période terminée, en ce qui concerne les décisions relatives aux travaux visés au *n* de l'article 25 de la loi n° 65-557 du 10 juillet 1965 précitée.

En ce qui concerne les décisions relatives aux charges mentionnées au premier alinéa de l'article 9, chaque associé d'une société coopérative dispose d'un nombre de voix proportionnel à sa participation aux charges.

Art. 29. – Lorsque la société coopérative est constituée sous la forme de société civile, elle est administrée par un conseil de gérance composé de trois membres au moins nommés dans les conditions prévues par l'article 6 de la loi n° 47-1775 du 10 septembre 1947.

Par dérogation à l'article 8 de ladite loi, les premiers membres du conseil de gérance peuvent être désignés dans les statuts pour une durée ne pouvant pas excéder trois exercices.

Art. 30. – Les sociétés coopératives font procéder périodiquement à l'examen analytique de leur situation financière et de leur gestion dans les conditions prévues par l'article 29 de la loi n° 83-657 du 20 juillet 1983 relative au développement de certaines activités d'économie sociale.

CHAPITRE III. – DISPOSITIONS DIVERSES

Art. 31 *(Mod., L. n° 92-1336, 16 déc. 1992)*. – Toute personne qui, ayant reçu ou accepté un ou plusieurs versements, dépôts, souscriptions ou acceptations d'effets de commerce, chèques ou autorisations de prélèvements sur compte bancaire ou postal, à l'occasion de la formation ou de l'exécution d'un contrat de société soumis aux dispositions de la présente loi, aura détourné tout ou partie de ces sommes sera punie des peines de l'abus de confiance prévues par les articles 314-1 et 314-10 du Code pénal.

Art. 32. – (V. CCH, art. L. 241-3).

Art. 33. – Tout document constatant l'acquisition de parts ou actions de sociétés régies par la présente loi devra faire apparaître clairement que cette acquisition confère seulement la qualité d'associé et non celle de propriétaire de l'immeuble.

Dans toute publicité faite, reçue ou perçue, en France, sous quelque forme que ce soit, concernant des opérations d'attribution, en totalité ou par fractions, d'immeubles à usage principal d'habitation en jouissance par périodes aux associés auxquels n'est accordé aucun droit de propriété ou autre droit réel sur les immeubles en contrepartie de leur apport, le recours à toute expression incluant le terme « propriétaire » pour qualifier la qualité des associés *(Mots aj., L. n° 2014-366, 24 mars 2014)* « ou "propriété" pour qualifier les droits qui leur sont accordés sur l'immeuble » est interdit.

(L. n° 2014-366, 24 mars 2014) Est puni de 15 000 € d'amende le fait, pour tout annonceur, de diffuser ou de faire diffuser pour son compte une publicité non conforme au deuxième alinéa.

Art. 34. – Les sociétés déjà constituées à la date de la présente loi en vue des opérations prévues à l'article 1er devront mettre leurs statuts en conformité avec ses dispositions dans les deux ans de cette publication, dans les conditions prévues par les troisième et quatrième alinéas de l'article 499 de la loi n° 66-537 du 24 juillet 1966 sur les sociétés commerciales et sous peine des sanctions prévues par le premier alinéa de l'article 500 et par l'article 501 de ladite loi n° 66-537 du 24 juillet 1966. Toutefois, pour les sociétés de forme civile, la compétence attribuée au président du tribunal de commerce est dévolue au président du tribunal de grande instance.

Les dispositions de l'article 4 ne sont pas applicables aux dettes sociales antérieures à la mise en conformité des statuts.

Art. 35. – Les dispositions de l'article 1655 *ter* du Code général des impôts ne sont pas applicables aux sociétés dont les statuts sont établis en conformité avec les dispositions de la présente loi.

Art. 36 *(Rempl., L. n° 96-609, 5 juill. 1996)*. – La présente loi est applicable à la collectivité territoriale de Mayotte. Les articles 1er à 23 sont applicables au territoire de la Polynésie française. Pour l'application de l'article 12 au territoire de la Polynésie française, la référence au Code de la construction et de l'habitation est remplacée par la référence aux délibérations de l'assemblée de la Polynésie française applicables en la matière.

7.3.2. – SOCIÉTÉS DE CONSTRUCTION-VENTE, SOCIÉTÉS D'ATTRIBUTION ET SOCIÉTÉS COOPÉRATIVES DE CONSTRUCTION

Bibliographie : M. Delmas-Marty et R. Vouin, *La construction immobilière en société : à propos de la loi du 16 juillet 1971 : Rev. sociétés* 1972, p. 181 et 585. • *Adde* D. Sizaire, *JCl. Sociétés traité*, Fasc. 190-70 *(Sociétés de construction-vente)*.

Code de la construction et de l'habitation

Partie législative

Titre préliminaire. – Les sociétés d'habitat participatif

(L. n° 2014-366, 24 mars 2014)

Art. L. 200-1 *(L. n° 2014-366, 24 mars 2014)*. – L'habitat participatif est une démarche citoyenne qui permet à des personnes physiques de s'associer, le cas échéant, avec des personnes morales, afin de participer à la définition et à la conception de leurs logements et des espaces destinés à un usage commun, de construire ou d'acquérir un ou plusieurs immeubles destinés à leur habitation et, le cas échéant, d'assurer la gestion ultérieure des immeubles construits ou acquis.

En partenariat avec les différents acteurs agissant en faveur de l'amélioration et de la réhabilitation du parc de logements existant public ou privé et dans le respect des politiques menées aux niveaux national et local, l'habitat participatif favorise la construction et la mise à disposition de logements, ainsi que la mise en valeur d'espaces collectifs dans une logique de partage et de solidarité entre habitants.

Art. L. 200-2 *(L. n° 2014-366, 24 mars 2014)*. – Sans préjudice des autres formes juridiques prévues par la loi, les sociétés d'habitat participatif peuvent se constituer sous la forme de coopératives d'habitants ou de sociétés d'attribution et d'autopromotion, définies aux chapitres Ier et II du présent titre.

Art. L. 200-3 *(L. n° 2014-366, 24 mars 2014)*. – Les personnes souhaitant s'engager dans cette démarche peuvent s'associer en sociétés d'habitat participatif, sous réserve, lorsqu'elles se constituent sous la forme de coopératives d'habitants ou de sociétés d'attribution et d'autopromotion, que les éventuelles personnes morales qui y adhèrent ne détiennent pas plus de 30 % du capital social ou des droits de vote.

Art. L. 200-4 *(L. n° 2014-366, 24 mars 2014 ; mod., L. n° 2015-990, 6 août 2015)*. – Lorsque, par dérogation aux articles L. 201-2 et L. 202-2, un organisme d'habitations à loyer modéré, une société d'économie mixte mentionnée à l'article L. 481-1 ou un organisme agréé mentionné à l'article L. 365-2 ou L. 365-4 détient un droit de jouissance sur un ou plusieurs logements, ce nombre est fixé à proportion de sa participation dans le capital de la société.

Ce droit de jouissance portant sur un ou plusieurs logements confère à ces organismes et à ces sociétés le droit d'en consentir la location dans le respect des dispositions qui les régissent.

Art. L. 200-5 *(L. n° 2014-366, 24 mars 2014)*. – Par dérogation à l'article 1857 du Code civil, les associés des sociétés régies par le présent titre et constituées sous la forme de société civile ne répondent des dettes sociales à l'égard des tiers qu'à concurrence de leurs apports.

Art. L. 200-6 *(L. n° 2014-366, 24 mars 2014)*. – La décision régulièrement prise par toute société, quelle qu'en soit la forme, de modifier ses statuts pour les adapter au présent titre n'entraîne pas la création d'une personne morale nouvelle.

Art. L. 200-7 *(L. n° 2014-366, 24 mars 2014)*. – Chaque société d'habitat participatif limite son objet à des opérations de construction ou de gestion comprises dans un même programme, comportant une ou plusieurs tranches, d'un même ensemble immobilier.

Art. L. 200-8 *(L. n° 2014-366, 24 mars 2014)*. – Les sociétés d'habitat participatif peuvent développer des activités et offrir des services à leurs associés et, à titre accessoire, à des tiers non associés, selon des conditions fixées par décret en Conseil d'État. Ces opérations font l'objet d'une comptabilité séparée.

Voir : CCH, art. R. 200-3, p. 2780.

Art. L. 200-9 *(L. n° 2014-366, 24 mars 2014)*. – Avant tout commencement de travaux de construction, l'assemblée générale de toute société régie par le présent titre ayant pour objet la construction d'un immeuble doit en approuver les conditions techniques et financières d'exécution et fixer les bases selon lesquelles les différents éléments composant le prix de revient global sont répartis entre les locaux à édifier, afin de déterminer le prix de chacun d'eux. Chaque société doit également justifier, avant tout commencement de travaux de construction, d'une garantie permettant de disposer des fonds nécessaires à l'achèvement de l'immeuble, dont la nature et les modalités sont définies par décret en Conseil d'État.

Voir : CCH, art. R. 200-7, p. 2781.

Art. L. 200-9-1 *(L. n° 2015-990, 6 août 2015)*. – I. – Peuvent conclure une convention d'occupation temporaire du logement à titre de résidence principale, au profit d'un tiers :

1° L'associé qui bénéficie de la dérogation mentionnée au dernier alinéa des articles L. 201-2 et L. 202-2 ;

2° Les héritiers ou les légataires d'un associé décédé, dans les limites de la durée mentionnée au I de l'article L. 201-9 et à l'article L. 202-9-1.

La loi n° 89-462 du 6 juillet 1989 tendant à améliorer les rapports locatifs et portant modification de la loi n° 86-1290 du 23 décembre 1986, notamment son article 11, est applicable à la convention d'occupation temporaire mentionnée au premier alinéa du présent I.

Un décret en Conseil d'État détermine les conditions régissant cette convention temporaire d'occupation.

II. – Au terme de la dérogation mentionnée au dernier alinéa des articles L. 201-2 et L. 202-2, l'associé est tenu soit d'occuper à nouveau le logement à titre de résidence principale, soit de céder ses parts sociales, soit de se retirer de la société. À défaut, son exclusion de la société est prononcée par l'assemblée générale des associés.

Voir : CCH, art. R. 200-2, p. 2780, art. R. 201-1, p. 2782.

Art. L. 200-10 *(L. n° 2014-366, 24 mars 2014 ; mod., L. n° 2015-990, 6 août 2015)*. – L'assemblée générale des associés adopte une charte fixant les règles de fonctionnement de l'immeuble, notamment les règles d'utilisation des lieux de vie collective mentionnés au 4° de l'article L. 201-2 et au 3° de l'article L. 202-2.

Avant l'entrée dans les lieux, les locataires ou les occupants n'ayant pas la qualité d'associé signent cette charte, qui est annexée à leur contrat de bail ou à la convention temporaire d'occupation mentionnée à l'article L. 200-9-1.

Il est remis au futur locataire à qui est faite la proposition d'attribution d'un logement locatif social relevant d'une société d'habitat participatif la copie des statuts de la société ainsi que tout document que celle-ci a souhaité annexer à ces statuts et qui porte sur la participation des futurs habitants et sociétaires à la vie de la société d'habitat participatif. Le refus ou le défaut d'attestation de transmission de ce document vaut refus par le futur locataire de la proposition d'attribution du logement. Les conditions particulières du bail signé ultérieurement par le locataire sont annexées aux documents susmentionnés.

Art. L. 200-11 *(L. n° 2014-366, 24 mars 2014)*. – Un décret en Conseil d'État définit les modalités d'application du présent titre.

Voir : CCH, art. R. 200-1 et s., p. 2780.

Chapitre Ier. – Les coopératives d'habitants

(L. n° 2014-366, 24 mars 2014)

Art. L. 201-1 *(L. n° 2014-366, 24 mars 2014)*. – Les sociétés coopératives d'habitants sont des sociétés à capital variable régies, sous réserve des dispositions du présent chapitre, par le chapitre Ier du titre III du livre II du Code de commerce et par les titres Ier, II, II *ter*, III et IV de la loi n° 47-1775 du 10 septembre 1947 portant statut de la coopération. Elles peuvent être valablement constituées sous les différentes formes prévues par la loi.

Art. L. 201-2 *(L. n° 2014-366, 24 mars 2014 ; mod., L. n° 2015-990, 6 août 2015)*. – Elles ont pour objet de fournir à leurs associés personnes physiques la jouissance d'un logement à titre de résidence principale et de contribuer au développement de leur vie collective dans les conditions prévues au présent article. Pour cela elles peuvent :

1° Acquérir un ou plusieurs terrains ou des droits réels permettant de construire ;

2° Construire ou acquérir des immeubles à usage principal d'habitation destinés à leurs associés ;

3° Attribuer la jouissance de ces logements à leurs associés personnes physiques au moyen du contrat coopératif mentionné à l'article L. 201-8 ;

4° Gérer, entretenir et améliorer les immeubles mentionnés au 2° du présent article ;

5° Entretenir et animer des lieux de vie collective ;

6° Offrir des services à leurs associés et, à titre accessoire, à des tiers non associés.

Un décret en Conseil d'État détermine les conditions dans lesquelles il peut être dérogé à l'obligation d'établir sa résidence principale dans l'immeuble de la société coopérative régie par l'article L. 201-1, notamment la durée maximale de cette dérogation.

Voir : CCH, art. R. 200-1, p. 2780.

Art. L. 201-3 *(L. n° 2014-366, 24 mars 2014)*. – Les statuts peuvent prévoir que la coopérative d'habitants admette des tiers non associés à bénéficier des services mentionnés au 6° de l'article L. 201-2, selon des conditions fixées par décret en Conseil d'État. Ces opérations font l'objet d'une comptabilité spéciale permettant de connaître le résultat de cette activité.

Le chiffre d'affaires correspondant ne peut excéder un pourcentage du capital social ou du chiffre d'affaires de la société, déterminé par décret en Conseil d'État.

Voir : CCH, art. R. 200-3, p. 2780.

Art. L. 201-4 *(L. n° 2014-366, 24 mars 2014)*. – Les statuts prévoient que les parts sociales ne peuvent être cédées ou remboursées avant l'attribution en jouissance des logements. Un décret en Conseil d'État détermine les conditions permettant de déroger à ce délai.

Voir : CCH, art. R. 201-2, p. 2782.

Art. L. 201-5 *(L. n° 2014-366, 24 mars 2014)*. – I. – Le prix maximal de cession des parts sociales des sociétés coopératives est limité au montant nominal de ces parts sociales, augmenté d'une majoration qui, dans la limite d'un plafond prévu par les statuts, tient compte de l'indice de référence des loyers.

Toute cession de parts sociales intervenue en violation d'une telle clause est nulle.

Un associé coopérateur peut se retirer de la société après autorisation de l'assemblée générale des associés.

Toutefois, si l'associé cédant ses parts ou se retirant présente un nouvel associé, cette autorisation ne peut être refusée que pour un motif sérieux et légitime. L'assemblée générale n'est pas tenue d'accepter comme associé la personne proposée par l'associé cédant ses parts ou se retirant et peut accepter le retrait ou la cession en agréant une autre personne, sans avoir à motiver sa décision. En cas de refus injustifié, le retrait ou la cession peut être autorisé par le juge, saisi dans le délai d'un mois à compter de la notification du refus.

II. – Le prix maximal de remboursement des parts sociales des sociétés coopératives, en cas de retrait, est limité au montant nominal de ces parts sociales, augmenté d'une majoration dont le plafond est prévu dans les statuts. Ce plafond ne peut pas excéder l'évolution de l'indice de référence des loyers. Ce montant ne peut excéder le prix maximal de cession des parts sociales défini au premier alinéa du I du présent article.

III. – L'exclusion d'un associé ne peut être prononcée par l'assemblée générale que pour un motif sérieux et légitime. Le prix maximal de remboursement des parts sociales de l'associé exclu est limité au montant nominal de ces parts sociales, augmenté d'une majoration qui, dans la limite d'un plafond prévu par les statuts, ne peut excéder l'évolution de l'indice de référence des loyers. L'associé exclu dispose d'un recours devant le juge, saisi dans le délai d'un mois à compter du jour où il a reçu notification de cette décision.

IV. – L'associé démissionnaire, exclu ou qui cède ses parts sociales ne supporte pas la quote-part des pertes afférentes aux amortissements de l'ensemble immobilier.

Les sommes versées par l'associé démissionnaire ou l'associé exclu au titre de la libération de ses parts sociales sont remboursées à cet associé, après déduction des charges et frais occasionnés à la société par la démission ou l'exclusion de l'associé. L'appréciation du montant de ces charges et frais peut faire l'objet d'une évaluation forfaitaire faite par les statuts dans les limites fixées par décret en Conseil d'État.

Voir : CCH, art. R. 200-4 à R. 200-6, p. 2780.

Art. L. 201-6 *(L. n° 2014-366, 24 mars 2014)*. – La société coopérative d'habitants constitue des provisions pour gros travaux d'entretien et de réparation, pour vacance des logements et pour impayés de la redevance, dans des conditions prévues par décret en Conseil d'État.

Voir : CCH, art. R. 201-3, p. 2782.

Art. L. 201-7 *(L. n° 2014-366, 24 mars 2014)*. – Les associés sont tenus de participer aux charges entraînées par les services collectifs et les éléments d'équipement commun. Un règlement est adopté par l'assemblée générale des associés avant toute entrée dans les lieux et prévoit notamment les modalités de répartition de ces charges entre les associés. Ce règlement est annexé au contrat coopératif prévu à l'article L. 201-8.

Art. L. 201-8 *(L. n° 2014-366, 24 mars 2014)*. – Un contrat coopératif est conclu entre la société coopérative d'habitants et chaque associé coopérateur avant l'entrée en jouissance de ce dernier. Ce contrat confère à l'associé coopérateur un droit de jouissance sur un logement et mentionne, notamment :

1° La désignation et la description du logement dont l'associé coopérateur a la jouissance et des espaces destinés à un usage commun des associés coopérateurs ;

2° Les modalités d'utilisation des espaces mentionnés au 1° ;

3° La date d'entrée en jouissance ;

4° L'absence de maintien de plein droit dans les lieux prévue à l'article L. 201-9 ;

5° Une estimation du montant de la quote-part des charges mentionnées à l'article L. 201-7 que l'associé coopérateur doit acquitter pour la première année d'exécution du contrat ;

6° Le montant de la redevance mise à la charge de l'associé coopérateur, sa périodicité et, le cas échéant, ses modalités de révision. Le contrat coopératif précise à ce titre :

a) La valeur de la partie de la redevance correspondant à la jouissance du logement, appelée fraction locative ;

b) La valeur de la partie de la redevance correspondant à l'acquisition de parts sociales, appelée fraction acquisitive.

Lorsque le contrat coopératif est signé avant l'entrée en jouissance, aucun versement ne peut être exigé au titre de la redevance dès lors que la jouissance n'est pas effective.

Art. L. 201-9 *(L. n° 2014-366, 24 mars 2014 ; mod., L. n° 2015-990, 6 août 2015)*. – I. – En cas de décès d'un associé coopérateur, ses héritiers ou légataires disposent d'un délai de deux ans à compter de l'acceptation de la succession ou de la donation pour signer un contrat coopératif.

II. – La perte de la qualité d'associé coopérateur pour quelque cause que ce soit entraîne la cessation du contrat coopératif mentionné à l'article L. 201-8 et emporte de plein droit la perte du droit de jouissance.

Art. L. 201-10 *(L. n° 2014-366, 24 mars 2014)*. – La société coopérative d'habitants fait procéder périodiquement, sous le nom de révision coopérative, à l'examen de sa situation technique et financière et de sa gestion, dans des conditions fixées par décret en Conseil d'État.

Art. L. 201-11 *(L. n° 2014-366, 24 mars 2014)*. – Par dérogation à l'article 19 de la loi n° 47-1775 du 10 septembre 1947 précitée, en cas de dissolution, l'actif net subsistant après extinction du passif et remboursement du capital effectivement versé sous réserve de l'application des articles 16 et 18 de la même loi est dévolu par décision de l'assemblée générale à d'autres coopératives d'habitants régies par le présent code, ou à une union les fédérant ou à tout organisme d'intérêt général destiné à aider à leur financement initial ou à garantir l'achèvement de la production de logement.

Art. L. 201-12 *(L. n° 2014-366, 24 mars 2014)*. – Les deux derniers alinéas de l'article 16, l'article 17 et le deuxième alinéa de l'article 18 de la loi n° 47-1775 du 10 septembre 1947 précitée ne sont pas applicables aux sociétés régies par le présent chapitre.

Art. L. 201-13 *(L. n° 2014-366, 24 mars 2014)*. – Des parts sociales en industrie, correspondant à un apport travail, peuvent être souscrites par les coopérateurs lors de la phase de construction ou de rénovation du projet immobilier ou lors de travaux de réhabilitation du bâti, sous réserve notamment d'un encadrement technique adapté et d'un nombre d'heures minimal. Le nombre d'heures constitutif de ces parts sociales en industrie est fixé en assemblée générale par vote unanime des coopérateurs. Ces parts doivent être intégralement libérées avant la fin desdits travaux et sont plafonnées au montant de l'apport initial demandé aux coopérateurs. Elles concourent à la formation du capital social et sont alors cessibles ou remboursables après un délai de deux ans à compter de la libération totale des parts, déduction faite d'un montant, réparti, correspondant aux coûts spécifiques engendrés par cet apport travail.

Un décret en Conseil d'État définit l'apport travail, ses conditions d'application et le nombre minimal d'heures.

Chapitre II. – Les sociétés d'attribution et d'autopromotion

(L. n° 2014-366, 24 mars 2014)

Art. L. 202-1 *(L. n° 2014-366, 24 mars 2014)*. – Les sociétés d'attribution et d'autopromotion sont des sociétés à capital variable régies, sous réserve du présent chapitre, par le chapitre Ier du titre III du livre II du Code de commerce. Elles peuvent être valablement constituées sous les différentes formes prévues par la loi.

Art. L. 202-2 *(L. n° 2014-366, 24 mars 2014)*. – Elles ont pour objet d'attribuer aux associés personnes physiques la propriété ou la jouissance d'un logement à titre de résidence principale et d'entretenir et animer les lieux de vie collective qui y sont attachés. Pour cela, elles peuvent :

1° Acquérir un ou plusieurs terrains ou des droits réels permettant de construire ;

2° Acquérir ou construire des immeubles à usage d'habitation en vue de leur division par fractions destinées à être attribuées aux associés en propriété ou en jouissance à titre de résidence principale ;

3° Gérer, entretenir et améliorer les immeubles leur appartenant ainsi que les lieux de vie collective qu'ils comportent ;

4° Offrir des services à leurs associés et, à titre accessoire, à des tiers non associés, selon les conditions fixées par décret en Conseil d'État. Ces opérations font l'objet d'une comptabilité séparée.

Le chiffre d'affaires correspondant ne peut excéder un pourcentage du capital social ou du chiffre d'affaires de la société, déterminé par décret en Conseil d'État.

Dès la constitution de la société, les statuts optent pour l'attribution des logements en jouissance ou en propriété.

Un décret en Conseil d'État détermine les conditions dans lesquelles il peut être dérogé à l'obligation d'établir sa résidence principale dans l'immeuble de la société régie par l'article L. 202-1, notamment la durée maximale de cette dérogation.

Voir : CCH, art. R. 200-1, p. 2780.

Art. L. 202-3 *(L. n° 2014-366, 24 mars 2014)*. – Un état descriptif de division annexé aux statuts délimite les lots et diverses parties de l'immeuble en distinguant celles qui sont communes de celles qui sont à usage privatif. S'il y a lieu, il fixe la quote-part des parties communes afférentes à chaque lot. Les statuts divisent les droits composant le capital social en groupes et affectent à chacun d'eux l'un des lots définis par l'état descriptif de division pour être attribué au titulaire du groupe considéré.

En cas d'attribution en propriété, un règlement précise la destination des parties réservées à l'usage privatif des associés et, s'il y a lieu, celle des parties communes affectées à l'usage de tous les associés ou de plusieurs d'entre eux.

Si l'attribution en propriété d'une ou plusieurs fractions de l'immeuble emporte l'application de la loi n° 65-557 du 10 juillet 1965 fixant le statut de la copropriété des immeubles bâtis, le règlement est établi en conformité avec cette loi et est annexé aux statuts de la société.

En cas d'attribution en jouissance, un règlement en jouissance délimite les diverses parties de l'immeuble, en distinguant celles qui sont communes de celles qui sont à usage privatif. Il précise la destination des parties destinées à un usage privatif et, s'il y a lieu, celle des parties communes affectées à l'usage de tous les associés ou de plusieurs d'entre eux. Ce règlement en jouissance est annexé aux statuts.

L'état descriptif de division, les règlements mentionnés au présent article et les dispositions corrélatives des statuts sont adoptés avant tout commencement des travaux de construction.

Voir : CCH, art. R. 202-2, p. 2783.

Art. L. 202-4 *(L. n° 2014-366, 24 mars 2014)*. – Les associés sont tenus de répondre aux appels de fonds nécessités par la construction de l'immeuble, en proportion de leurs droits dans le capital.

Art. L. 202-5 *(L. n° 2014-366, 24 mars 2014)*. – L'associé qui ne satisfait pas aux obligations auxquelles il est tenu envers la société en vertu de l'article L. 202-4 ne peut prétendre ni à entrer en jouissance de la fraction de l'immeuble à laquelle il a vocation, ni à se maintenir dans cette jouissance, ni à obtenir l'attribution en propriété de ladite fraction.

Les droits sociaux appartenant à l'associé défaillant peuvent, un mois après une sommation de payer restée sans effet, être mis en vente publique, sur autorisation de l'assemblée générale prise à la majorité des deux tiers des droits sociaux et, sur deuxième convocation, à la majorité des deux tiers des droits sociaux dont les titulaires sont présents ou représentés. Nonobstant toute disposition contraire des statuts, les parts ou actions détenues par les associés à l'encontre desquels la mise en vente est à l'ordre du jour de l'assemblée ne sont pas prises en compte pour le calcul des majorités requises.

La mise en vente est notifiée à l'associé défaillant et publiée *(Mots rempl., L. n° 2019-486, 22 mai 2019)* « sur un support habilité à recevoir des annonces » légales du lieu du siège social. Si l'associé est titulaire de plusieurs groupes de droits sociaux donnant vocation à des parties différentes de l'immeuble, chacun de ces groupes pourra être mis en vente séparément.

La vente a lieu pour le compte et aux risques de l'associé défaillant, qui est tenu, vis-à-vis de la société, des appels de fonds mis en recouvrement antérieurement à la vente. Les sommes produites par l'adjudication sont affectées par privilège au paiement des sommes dont cet associé est redevable à la société. Ce privilège l'emporte sur toutes les sûretés réelles conventionnelles grevant les droits sociaux du défaillant. Si des nantissements ont été constitués sur les parts ou actions vendues en application du présent article, le droit de rétention des créanciers nantis n'est opposable ni à la société, ni à l'adjudicataire des droits sociaux.

Voir : CCH, art. R. 202-3, p. 2783.

Art. L. 202-6 *(L. n° 2014-366, 24 mars 2014)*. – Les droits des associés dans le capital social doivent être proportionnels à la valeur des biens auxquels ils ont vocation par rapport à la valeur de l'ensemble, lesdites valeurs résultant de la consistance, de la superficie, de la situation et des possibilités d'utilisation des biens appréciées au jour de l'affectation à des groupes de droits sociaux déterminés.

Art. L. 202-7 *(L. n° 2014-366, 24 mars 2014)*. – Les associés sont tenus de participer aux charges entraînées par les services collectifs et les éléments d'équipement communs, en fonction de l'utilité relative que ces services et éléments présentent à l'égard de chaque lot mentionné à l'article L. 202-3.

Ils sont tenus de participer aux charges relatives à la conservation, à l'entretien et à l'administration des parties communes et des espaces communs, proportionnellement aux valeurs relatives des parties privatives comprises dans leurs lots. Ces valeurs résultent de la consistance, de la superficie et de la situation des lots.

Le règlement de copropriété ou le règlement en jouissance prévus à l'article L. 202-3 fixent la quote-part qui incombe à chaque lot dans chacune des catégories de charges ; à défaut, ils indiquent les bases selon lesquelles la répartition est faite pour une ou plusieurs catégories de charges.

L'article L. 202-5 est applicable à l'exécution par les associés des obligations dont ils sont tenus envers la société en application du présent article.

Un associé peut demander au juge la révision, pour l'avenir, de la répartition des charges visées au présent article si la part correspondant à son lot est supérieure de plus d'un quart ou si la part correspondant à un autre lot est inférieure de plus d'un quart, dans l'une ou l'autre des catégories de charges, à celle qui résulterait d'une répartition conforme au premier alinéa du présent article. Si l'action est reconnue fondée, le juge procède à la nouvelle répartition.

Pour les décisions concernant la gestion ou l'entretien de l'immeuble, les associés votent en disposant d'un nombre de voix proportionnel à leur participation dans les dépenses qu'entraîne l'exécution de la décision, nonobstant toute disposition contraire. En outre, lorsque le règlement de copropriété ou en jouissance prévu à l'article L. 202-3 met à la charge de certains associés seulement les dépenses d'entretien d'une partie de l'immeuble ou celles d'entretien et de fonctionnement d'un élément d'équipement, seuls ces associés prennent part au vote sur les décisions qui concernent ces dépenses. Chacun d'eux vote en disposant d'un nombre de voix proportionnel à sa participation auxdites dépenses.

L'assemblée générale des associés adopte une charte fixant les règles de fonctionnement de l'immeuble, et notamment les règles d'utilisation des lieux de vie collective mentionnés au 3° de l'article L. 202-2.

Avant l'entrée dans les lieux, les locataires n'ayant pas la qualité d'associé signent cette charte, qui est annexée à leur contrat de bail.

Voir : CCH, art. R. 202-7, p. 2783.

Art. L. 202-8 *(L. n° 2014-366, 24 mars 2014)*. – Chaque associé dispose d'un nombre de voix qui est ainsi déterminé dans les statuts :

1° Soit chaque associé dispose d'un nombre de voix proportionnel au nombre de parts qu'il détient dans le capital social ;

2° Soit chaque associé dispose d'une voix.

Art. L. 202-9 *(L. n° 2014-366, 24 mars 2014)*. – I. – Lorsque les statuts de la société prévoient des attributions en jouissance, nonobstant toute clause contraire des statuts, un associé peut se retirer d'une société d'attribution et d'autopromotion après autorisation de l'assemblée générale des associés.

Toutefois, si l'associé démissionnaire présente un nouvel associé solvable et acceptant, cette autorisation ne peut être refusée que pour un motif sérieux et légitime. L'assemblée générale n'est pas tenue d'accepter comme associé la personne proposée par le démissionnaire et peut accepter sa démission en agréant une autre personne, sans avoir à motiver sa décision. En cas de refus injustifié de la démission, celle-ci peut être autorisée par le juge, saisi dans le délai d'un mois à compter de la notification du refus.

Le retrait d'un associé n'entraîne pas l'annulation de ses parts ou actions.

II. – Lorsque les statuts de la société prévoient des attributions en propriété, un associé peut se retirer de la société dès qu'une assemblée générale ordinaire a constaté l'achèvement de l'immeuble et sa conformité aux énonciations de l'état descriptif et a adopté les comptes définitifs de l'opération de construction. À défaut de vote de l'assemblée générale, tout associé peut demander au juge de procéder aux constatations et décisions susmentionnées.

Le retrait est constaté par acte authentique signé par l'associé qui se retire et un représentant de l'organe de gestion ou, en cas de refus de ce dernier, par ordonnance rendue en référé.

Le retrait entraîne de plein droit l'annulation des parts ou actions correspondant aux lots attribués en propriété et la réduction corrélative du capital social. L'organe de gestion constate la réduction du capital et apporte aux statuts les modifications nécessaires.

Le troisième alinéa du présent II demeure applicable après dissolution de la société. Les pouvoirs dévolus par ce même alinéa à l'organe de gestion sont alors exercés par le ou les liquidateurs.

III. – Pour l'application du présent article, tout associé est réputé avoir fait élection de domicile en l'immeuble social, à moins qu'il n'ait notifié à la société une autre élection de domicile dans le ressort du tribunal de grande instance du lieu de la situation de l'immeuble.

Sauf l'effet des sûretés réelles dont ils seraient bénéficiaires, les créanciers de la société ne peuvent exercer leurs droits contre un ancien associé attributaire par voie de retrait ou de partage, ou à l'encontre de ses ayants cause, qu'après discussion préalable des biens restant appartenir à la société.

IV. – L'exclusion d'un associé ne peut être prononcée par l'assemblée générale que pour un motif sérieux et légitime. L'associé exclu dispose d'un recours devant le juge dans le délai d'un mois à compter du jour où il a reçu notification de cette décision. Le jugement est exécutoire par provision. Le présent alinéa n'est pas applicable dans le cas prévu au deuxième alinéa de l'article L. 202-5.

Les sommes versées par l'associé démissionnaire ou l'associé exclu, tant au titre de la libération de ses parts sociales ou actions qu'au titre du contrat de vente de l'immeuble à construire si ce contrat a été passé, sont remboursées à cet associé, après déduction des charges et frais occasionnés à la société par la démission ou l'exclusion de l'associé. L'appréciation du montant de ces charges et frais peut faire l'objet d'une évaluation forfaitaire faite par les statuts, dans les limites fixées par décret en Conseil d'État.

Voir : CCH, art. R. 200-7, p. 2781.

Art. L. 202-9-1 *(L. n° 2014-366, 24 mars 2014 ; mod., L. n° 2015-990, 6 août 2015)*. – Lorsque les statuts de la société d'attribution et d'autopromotion prévoient une attribution en jouissance, les héritiers ou les légataires d'un associé décédé, si aucun d'entre eux ne décide d'occuper le logement à titre de résidence principale, sont tenus soit de céder leurs parts sociales, soit de se retirer de la société, après un délai de deux ans à compter de l'acceptation de la succession ou de la donation. À défaut, leur exclusion de la société est prononcée par l'assemblée générale des associés.

Art. L. 202-10 *(L. n° 2014-366, 24 mars 2014)*. – La dissolution de la société peut, nonobstant toute disposition contraire des statuts, et même si ceux-ci prévoient des attributions en jouissance, être décidée par l'assemblée générale statuant à la double majorité des deux tiers des associés et des deux tiers des voix.

L'assemblée générale désigne un ou plusieurs liquidateurs chargés de gérer la société pendant la période de liquidation et de procéder au partage.

Ce partage ne peut intervenir qu'après décision définitive sur les comptes de l'opération de construction dans les conditions prévues au sixième alinéa du présent article. Il doit comporter des attributions de fractions d'immeubles et une répartition du passif conformes aux dispositions statutaires et à l'état descriptif de division.

Dans le cas où la succession d'un associé n'est pas encore liquidée, les droits et les charges propres au défunt sont attribués indivisément au nom de ses ayants droit et cette attribution n'entraîne pas, de leur part, acceptation de la succession ou de la donation.

Les associés qui n'ont pas satisfait aux obligations auxquelles ils sont tenus envers la société ne peuvent, conformément à l'article L. 202-5, prétendre à aucune attribution tant qu'ils ne se sont pas acquittés de leurs obligations. Dans ce cas, le partage est limité aux associés dont la situation est régulière.

Le liquidateur fait établir le projet de partage en la forme authentique. Les associés sont invités, au besoin par sommation du liquidateur, à prendre connaissance du projet de partage et à l'approuver ou à le contester en la forme authentique.

Les associés qui contestent alors le partage disposent d'un délai de quinze jours pour assigner le liquidateur en rectification devant le tribunal compétent. Les attributions devenues définitives sont opposables aux associés non présents ou représentés, absents ou incapables.

La publication au fichier immobilier est faite à la diligence du liquidateur.

Art. L. 202-11 *(L. n° 2014-366, 24 mars 2014)*. – La société peut donner caution pour la garantie des emprunts contractés par les associés, pour leur permettre de satisfaire aux appels de fonds de la société nécessaires à la réalisation de l'objet social, et par les cessionnaires des parts sociales, pour leur permettre de payer leur prix de cession, mais seulement à concurrence des appels de fonds déjà réglés à la société, et, s'il y a lieu, de payer les appels de fonds qui restent encore à régler.

La caution hypothécaire doit être autorisée par les statuts, avec stipulation que l'engagement de la société est strictement limité aux parties divises et indivises de l'immeuble social auxquelles le bénéficiaire du crédit aura vocation en propriété, à l'issue d'un retrait ou d'une dissolution.

La saisie du gage vaut retrait de l'associé titulaire des droits sociaux correspondant aux biens saisis et ne peut être effectuée que lorsque sont réunies les conditions auxquelles un tel retrait est subordonné.

Dans les sociétés ne prévoyant que des attributions en jouissance, la société peut, dans les conditions précitées, se porter caution hypothécaire des associés. La saisie ne peut intervenir que si aucun cessionnaire n'a pu être trouvé, à l'amiable ou, le cas échéant, après réalisation du nantissement des parts sociales. Elle vaut retrait de

l'associé titulaire des droits sociaux correspondant aux biens saisis et ne peut être effectuée que lorsque sont réunies les conditions auxquelles un tel retrait est subordonné.

Les conditions de mise en œuvre du présent article sont définies par décret en Conseil d'État.

Voir : CCH, art. R. 202-8, p. 2784.

TITRE PREMIER. – STATUT DES SOCIÉTÉS DE CONSTRUCTION

Art. L. 210-1 *(D. n° 79-904, 17 oct. 1979).* **– Le statut des sociétés de construction demeure régi :**

– en ce qui concerne les sociétés civiles constituées en vue de la vente d'immeubles, par les articles 1er à 3 et 4 *bis* de la loi n° 71-579 du 16 juillet 1971 modifiée, ci-après reproduits sous les articles L. 211-1 à L. 211-4 ;

– en ce qui concerne les sociétés constituées en vue de l'attribution d'immeubles aux associés par fractions divises, par les articles 5 à 12, 15 à 17, 50-III et 51, alinéa 4, et 50-II, de la loi n° 71-579 précitée, ci-après reproduits sous les articles L. 212-1 à L. 212-13 et L. 212-15 à L. 212-17, par les articles 1 à 5 et 8 du décret n° 55-563 du 20 mai 1955, ci-après reproduits sous les articles L. 214-1 à L. 214-5 et L. 212-14, et par les articles 14, alinéa 2, 16, alinéas 1 à 3 et 17, alinéa 3 et 18 du décret n° 54-1123 du 10 novembre 1954, ci-après reproduits sous les articles L. 214-6 à L. 214-9 ;

– en ce qui concerne les sociétés coopératives de construction, par les articles 18 à 31 et 51, alinéa 3, de la loi n° 71-579 précitée, ci-après reproduits sous les articles L. 213-1 à L. 213-15 et L. 242-4-II, par les articles 1 à 5 du décret n° 55-563 du 20 mai 1955, ci-après reproduits sous les articles L. 214-1 à L. 214-5, et par les articles 14, alinéa 2, 16, alinéas 1 à 3 et 17, alinéa 3 et 18 du décret n° 54-1123 précité, ci-après reproduits sous les articles L. 214-6 à L. 214-9.

CHAPITRE I. – SOCIÉTÉS CIVILES CONSTITUÉES EN VUE DE LA VENTE D'IMMEUBLES

Art. L. 211-1 *(D. n° 79-904, 17 oct. 1979).* **– Les sociétés civiles dont l'objet est de construire un ou plusieurs immeubles en vue de leur vente en totalité ou par fractions sont régies par les chapitres I et II du titre IX du livre III du Code civil et par les dispositions du présent chapitre.**

Les immeubles construits par elles ne peuvent être attribués, en tout ou en partie, en jouissance ou en propriété, aux associés, en contrepartie de leurs apports, ceci à peine de nullité de l'attribution.

Art. L. 211-2. – Les associés sont tenus du passif social sur tous leurs biens à proportion de leurs droits sociaux.

Les créanciers de la société ne peuvent poursuivre le paiement des dettes sociales contre un associé qu'après mise en demeure adressée à la société et restée infructueuse. À cet effet, le représentant légal de la société est tenu de communiquer à tout créancier social qui en fera la demande le nom et le domicile, réel ou élu, de chacun des associés.

Les associés ne peuvent être poursuivis à raison des obligations résultant des articles 1642-1 et 1646-1 du Code civil, reproduits aux articles L. 261-5 et L. 261-6 du présent code, qu'après mise en demeure restée infructueuse adressée à la société si le vice n'a pas été réparé, ou adressée soit à la société, soit à la compagnie d'assurance qui garantit la responsabilité de celle-ci, si le créancier n'a pas été indemnisé.

Voir : CCH, art. R. 211-1, p. 2784.

1) Une société constituée sous forme d'une **société anonyme** n'est pas, en raison de sa forme, soumise aux dispositions de l'article L. 211-2 exclusivement réservées aux sociétés civiles constituées pour la construction d'immeubles en vue de leur revente : ▪ CA Paris, 6 mai 1998 : *Juris-Data* n° 1998-021028.

2) Obligations aux dettes sociales.

a) Le créancier a la faculté de poursuivre **à son choix** la société ou les associés, sans avoir dans ce dernier cas à démontrer l'insuffisance de l'actif social : ▪ Cass. 3e civ., 25 mai 1976 : *Bull. civ.* III, n° 225. – Avant de poursuivre un associé, le créancier doit posséder un titre à l'encontre de la personne morale : ▪ Cass. 2e civ., 2 déc. 1980 : *Bull. civ.* III, n° 186 ; *RD imm.* 1981, 384, note J.-Cl. Groslière et Ph. Jestaz. – V. égal., ▪ Cass. 3e civ., 3 nov. 2011, n° 10-23.951, *PB : BJS* 2012, p. 141, note J.-F. Barbièri. – Le créancier qui agit en paiement contre la société n'a pas à assigner les associés : ▪ Cass. 3e civ., 1er juill. 1980 : *RTD com.* 1980, p. 794, n° 1, obs. M. Jeantin.

b) **Associé retrayant.** L'associé qui se retire **reste tenu** du passif né de l'inexécution des engagements pris par la société à l'époque où il était encore associé, même si l'exigibilité de la créance sociale sur la société est postérieure à son retrait : ▪ Cass. 3e civ., 12 déc. 1990 : *BRDA* 15 avr. 1991, p. 16. ▪ Cass. 3e civ., 14 nov. 1991 : *BJS* 1992, p. 93, note Y. Dereu. – L'associé retrayant est également tenu de la dette de réparation résultant d'un dommage dont la réalisation est survenue à l'époque où il était associé : ▪ Cass. 3e civ., 16 déc. 2009, n° 08-19.067, PB : *BJS* 2010, p. 465, note J.-P. Garçon.

c) Les clauses par lesquelles les créanciers renoncent à agir contre les associés sont **nulles** à raison du caractère d'ordre public des dispositions du Code de la construction et de l'habitation : Rép. min. : *JOAN* Q, 3 avr. 1977, p. 1503 ; *Rev. sociétés* 1977, p. 599.

d) **Liquidation amiable.** Lorsque la liquidation amiable de la société a été clôturée avant la notification d'un redressement fiscal, l'administration fiscale est recevable à agir directement contre un associé dès lors qu'il est établi que la société ne disposait plus d'aucun actif : ▪ Cass. 3e civ., 12 sept. 2007, n° 06-15.329, FPB : *Dr. sociétés* 2008, n° 50, obs. R. Mortier ; *Dr. fisc.* 2007, comm. 1016.

e) **Dettes fiscales.** Voir sous C. civ., art. 1857, annot. n° 6, p. 128.

3) Procédures collectives.

a) Le droit d'agir contre les associés **ne s'éteint pas avec la mise en redressement judiciaire** de la société : ▪ Cass. 3e civ., 28 juin 1977 : *JCP* 1978, II, 18921, concl. Paucot ; *Rev. sociétés* 1978, p. 281, note B. Bouloc ; *D.* 1978, 256 *[décision rendue sous l'empire de la loi du 13 juillet 1967]*.

b) **Déclaration de la créance au passif.** Si l'action en paiement dirigée contre un associé n'est subordonnée ni à la mise en demeure préalable de la société en règlement judiciaire, puis en liquidation de biens, ni à la preuve de l'admission de la créance au passif, le créancier ne peut poursuivre le paiement qu'après avoir déclaré au passif de la société l'intégralité de la créance : ▪ Cass. com., 20 févr. 1996 : *Bull. civ.* IV, n° 59 ; *JurisData* n° 1996-000560 ; *JCP* E 1996, pan. 526. ▪ Cass. com., 13 févr. 2007, n° 05-19.878 : *BJS* 2007, p. 703, note F. Kendérian. – L'action en paiement dirigée contre l'associé n'est **pas subordonnée à la preuve de l'admission de la créance au passif** de la société : ▪ Cass. 3e civ., 14 févr. 2007, n° 05-21.488 : *BJS* 2007, p. 705, note F. Kendérian ; *D.* 2007, p. 666, obs. A. Lienhard.

c) **Règlement amiable.** L'action engagée contre les associés d'une société en règlement amiable est subordonnée à une mise en demeure de la société restée infructueuse : ▪ Cass. 18 sept. 2007, n° 06-17.384 (F.P.B.) : *D.* 2007, p. 2478.

4) Droits sociaux. Les droits sociaux d'un associé comprennent, outre la valeur des parts sociales correspondant à l'apport initial, le montant des appels de fonds auxquels il a été procédé : ▪ Cass. 1re civ., 10 févr. 1987 : *Express doc.* 3 juill. 1987, p. 20.

5) Contribution aux pertes. Pour une application combinée des articles L. 211-2 du Code de la construction et de l'habitation, et 1844-1 du Code civil, qui concerne la contribution aux pertes dans les relations entre associés : ▪ Cass. 3e civ., 6 juill. 1994 : *BRDA* 15/1994, p. 6.

Art. L. 211-3. – Les associés sont tenus de satisfaire aux appels de fonds nécessaires à l'accomplissement de l'objet social dans les proportions prévues à l'article L. 211-2, pour autant que ces appels de fonds sont indispensables à l'exécution de contrats de vente à terme ou en l'état futur d'achèvement déjà conclus ou à l'achèvement de programmes dont la réalisation, déjà commencée, n'est pas susceptible de division.

Si un associé n'a pas satisfait à ses obligations, ses droits pourront, un mois après mise en demeure restée infructueuse, être mis en vente publique à la requête des représentants de la société par une décision de l'assemblée générale fixant la mise à prix.

Sur première convocation, l'assemblée générale se prononce à la majorité des deux tiers du capital social et, sur deuxième convocation, à la majorité des deux tiers des droits sociaux dont les titulaires sont présents ou représentés.

Toutefois, nonobstant toute disposition contraire des statuts, les parts détenues par les associés à l'encontre desquels la mise en vente est à l'ordre du jour de l'assemblée ne sont pas prises en compte pour le calcul des majorités requises.

La vente a lieu pour le compte de l'associé défaillant et à ses risques.

Les sommes provenant de la vente sont affectées par privilège au paiement des dettes de l'associé défaillant envers la société. Ce privilège l'emporte sur toutes les sûretés réelles conventionnelles grevant les droits sociaux du défaillant.

Si des nantissements ont été constitués sur les parts vendues en application du présent article, le droit de rétention des créanciers nantis n'est opposable ni à la société ni à l'adjudicataire des droits sociaux.

Voir : CCH, art. R. 211-2 à R. 211-6, p. 2784.

1) **Appel de fonds.** Il ne saurait être procédé à d'autres appels de fonds supplémentaires que ceux nécessaires à l'achèvement de la construction : ▪ Cass. 3e civ., 11 oct. 1989 : *JCP* 1991, II, 21691, note Ph. Dubois.

2) **Compte courant.** L'associé qui cède ses parts et qui n'a pas satisfait aux appels de fonds ne peut réclamer le remboursement du solde de son compte courant : ▪ Cass. 3e civ., 12 mai 1993 : *BJS* 1993, p. 773, note A. Couret. – La créance de compte courant ne saurait être déclarée à la liquidation judiciaire de la société dès lors que les sommes versées ne constituaient pas des avances de trésorerie mais correspondaient à des appels de fonds nécessaires à l'accomplissement de l'objet social dont le montant avait une incidence sur les droits de chaque associé : ▪ Cass. com., 26 févr. 2007, n° 05-16.698 : *BJS* 2007, p. 887, note J.-P. Garçon.

3) **Ventes des parts de l'associé défaillant.** La société peut faire vendre les parts de l'associé défaillant, aux enchères et en plusieurs lots ; la société peut faire vendre l'intégralité des parts de l'associé défaillant même si le produit de la vente du premier lot correspond aux sommes dues : ▪ CA Paris, 12 févr. 1976 : *Gaz. Pal.* 1976, 2, 609, note M. Peisse. – L'associé défaillant peut participer aux enchères : ▪ Cass. 3e civ., 25 juin 1977 : *Bull. civ.* III, n° 40.

4) **Exclusion de l'associé.** Une décision d'exclusion doit être annulée dès lors qu'à la date de l'assemblée aucune décision définitive n'avait été rendue dans l'instance opposant les parties sur le compte des charges arriérées : ▪ CA Paris, 15 janv. 1985 : *D.* 1986, inf. rap. p. 42.

Art. L. 211-4. – **Les dispositions du présent chapitre sont d'ordre public.**

CHAPITRE II. – SOCIÉTÉS CONSTITUÉES EN VUE DE L'ATTRIBUTION D'IMMEUBLES AUX ASSOCIÉS PAR FRACTIONS DIVISES

Section I. – Dispositions générales

Art. L. 212-1. – **Les sociétés ayant pour objet la construction ou l'acquisition d'immeubles en vue de leur division par fractions destinées à être attribuées aux associés en propriété ou en jouissance peuvent être valablement constituées sous les différentes formes prévues par la loi, même si elles n'ont pas pour but de partager un bénéfice.**

L'objet de ces sociétés comprend la gestion et l'entretien des immeubles jusqu'à la mise en place d'une organisation différente.

Voir : CCH, art. R. 212-1, p. 2785.

1) **Exclusion du statut de la copropriété.** Le statut de la copropriété des immeubles bâtis n'est pas applicable au fonctionnement des sociétés régies par les articles L. 212-1 et s. ; spécialement, le liquidateur a qualité pour exercer l'action en recouvrement des charges contre un porteur de parts lui donnant droit à la jouissance de son lot ▪ Cass. 3e civ., 31 janv. 1990 : *JCP* 1990, IV, 122.

2) La construction d'immeuble entrant dans l'objet d'une société d'attribution, le recours à un **bail à construction**, qui permet de réaliser cet objet, n'est pas contraire à celui-ci et peut valablement être conclu par la société : ▪ Cass. 3e civ., 31 mars 2005, n° 03-20.096 : *D.* 2006, p. 2082, note C. Boulogne-Yang-Ting.

Art. L. 212-2. – **Un état descriptif de division délimite les diverses parties de l'immeuble social en distinguant celles qui sont communes de celles qui sont privatives. S'il y a lieu, il fixe la quote-part des parties communes afférentes à chaque lot. Les statuts divisent les droits composant le capital social en groupes et affectent à chacun d'eux l'un des lots définis par l'état descriptif de division pour être attribué au titulaire du groupe considéré.**

Un règlement détermine la destination des parties réservées à l'usage exclusif de chaque associé, et, s'il y a lieu, celle des parties communes affectées à l'usage de tous les associés ou de plusieurs d'entre eux.

Si l'attribution en propriété d'une ou plusieurs fractions de l'immeuble doit emporter l'application de la loi n° 65-557 du 10 juillet 1965, le règlement est établi en conformité de cette loi. Lorsque l'attribution est exclusive de son application, le règlement doit organiser la gestion collective des services et des éléments d'équipements communs s'il en est prévu.

Le règlement ne peut imposer de restrictions aux droits des associés sur les parties réservées à leur jouissance exclusive, en dehors de celles qui sont justifiées par la destination de l'immeuble, par ses caractères ou par sa situation.

L'état descriptif de division, le règlement et les dispositions corrélatives des statuts doivent être adoptés avant tout commencement des travaux de construction, ou, s'il s'agit d'une société d'acquisition, avant toute entrée en jouissance des associés.

Voir : CCH, art. R. 212-2, p. 2785.

Les **clauses compromissoires** contenues dans les cahiers des charges d'un ensemble immobilier, lorsque cet ensemble est l'objet d'une société civile immobilière, sont nulles : ▪ Cass. 3e civ., 10 oct. 1978 : *Rev. arb.* 1979, p. 352.

Art. L. 212-3. – Les associés sont tenus de répondre aux appels de fonds nécessités par l'acquisition, la construction ou l'aménagement de l'immeuble social en proportion de leurs droits dans le capital.

Toutefois, il peut être stipulé que les dépenses entraînées pour l'acquisition du terrain seront réparties entre les associés au prorata de la valeur de la partie dont ils ont la jouissance exclusive par rapport à la valeur globale du terrain.

Travaux urgents. Lorsqu'un associé a dû faire procéder lui-même et à ses frais à des travaux urgents rendus nécessaires du fait de malfaçons, la société immobilière promoteur-constructeur ne saurait lui reprocher de n'avoir pas répondu aux appels de fonds : ▪ Cass. 3e civ., 13 oct. 1976 : *JCP* 1976, IV, 357.

Art. L. 212-4. – L'associé qui ne satisfait pas aux obligations auxquelles il est tenu envers la société en vertu de l'article L. 212-3 ne peut prétendre ni à entrer en jouissance de la fraction de l'immeuble à laquelle il a vocation, ni à se maintenir dans cette jouissance, ni à obtenir l'attribution en propriété de ladite fraction.

Les droits sociaux appartenant à l'associé défaillant peuvent, un mois après une sommation de payer restée sans effet, être mis en vente publique sur autorisation de l'assemblée générale prise à la majorité des deux tiers du capital social et, sur deuxième convocation, à la majorité des deux tiers des droits sociaux dont les titulaires sont présents ou représentés. Nonobstant toute disposition contraire des statuts, les parts ou actions détenues par les associés à l'encontre desquels la mise en vente est à l'ordre du jour de l'assemblée ne sont pas prises en compte pour le calcul des majorités requises.

Cette mise en vente est notifiée à l'associé défaillant et publiée *(Mots rempl., L. n° 2019-486, 22 mai 2019)* « sur un support habilité à recevoir des annonces » légales du lieu du siège social. Si l'associé est titulaire de plusieurs groupes de droits sociaux donnant vocation à des parties différentes de l'immeuble, chacun de ces groupes pourra être mis en vente séparément.

La vente aura lieu pour le compte et aux risques de l'associé défaillant, qui sera tenu, vis-à-vis de la société, des appels de fonds mis en recouvrement antérieurement à la vente. Les sommes produites par l'adjudication seront affectées par privilège au paiement des sommes dont cet associé sera redevable à la société. Ce privilège l'emporte sur toutes les sûretés réelles conventionnelles grevant les droits sociaux du défaillant. Si des nantissements ont été constitués sur les parts ou actions vendues en application du présent article, le droit de rétention des créanciers nantis n'est opposable ni à la société ni à l'adjudicataire des droits sociaux.

Art. L. 212-5. – Les droits des associés dans le capital social doivent être proportionnels à la valeur des biens auxquels ils ont vocation par rapport à la valeur de l'ensemble telles que lesdites valeurs résultent de la consistance, de la superficie, de la situation et des possibilités d'utilisation des biens appréciés au jour de l'affectation à des groupes de droits sociaux déterminés.

Si les statuts contiennent la clause prévue au deuxième alinéa de l'article L. 212-3, les associés devront contribuer aux dépenses entraînées par l'acquisition du terrain, d'une part, et à celles afférentes aux travaux de construction, d'autre part, en proportion de la valeur des droits de chacun d'eux sur le sol et dans les ouvrages.

Si les obligations dont un associé est tenu vis-à-vis de la société en vertu de l'article L. 212-3 excèdent de plus du quart la contribution qui lui incombe en vertu du présent article, l'intéressé peut réclamer le remboursement de l'excédent à celui ou ceux de ses coassociés que la répartition incriminée a avantagés, mais à concurrence seulement des sommes que chacun d'eux s'est ainsi trouvé dispensé de payer à la société. Les sommes ainsi obtenues sont versées directement au demandeur.

Si les obligations dont un associé est tenu envers la société en vertu de l'article L. 212-3 sont inférieures de plus du quart à la contribution qui incombe à cet associé selon le présent article, tout autre associé peut réclamer, à celui qui est avantagé, les versements dont il s'est trouvé dispensé. Les sommes ainsi obtenues sont versées à la

société et réparties par l'organe de gestion ou le liquidateur entre les associés désavantagés, en proportion des sommes excédentaires versées par ceux-ci.

Les dispositions du présent article peuvent être invoquées même après la dissolution de la société, par ou à l'encontre de tous ceux qui ont eu la qualité d'associé avant l'approbation définitive des comptes de l'opération de construction, d'acquisition ou d'aménagement, mais seulement avant l'expiration d'un délai de deux ans à compter de la dissolution de la société ou du retrait de l'associé.

Voir : CCH, art. R. 212-7, p. 2785.

Nantissement. Les parts d'une société immobilière d'attribution peuvent être l'objet d'un nantissement : ▪ Cass. 3e civ., 23 oct. 1974 : *Defrénois* 1975, 233, note G. Morin ; *RTD com.* 1975, p. 326, n° 8.

Art. L. 212-6. – Les associés sont tenus de participer aux charges entraînées par les services collectifs et les éléments d'équipement communs ainsi qu'à celles relatives à la conservation, à l'entretien et à l'administration des parties communes, s'il en existe, dans les conditions prévues à l'article 10 de la loi n° 65-557 du 10 juillet 1965.

Le règlement prévu à l'article L. 212-2 fixe la quote-part qui incombe à chaque lot dans chacune des catégories de charges ; à défaut, il indiquera les bases selon lesquelles la répartition est faite pour une ou plusieurs catégories de charges.

Les dispositions de l'article L. 212-4 sont applicables à l'exécution par les associés des obligations dont ils sont tenus envers la société en vertu du présent article.

Un associé peut demander au tribunal de grande instance du lieu de la situation de l'immeuble la révision, pour l'avenir, de la répartition des charges visées au présent article si la part correspondant à son lot est supérieure de plus d'un quart ou si la part correspondant à un autre lot est inférieure de plus d'un quart, dans l'une ou l'autre des catégories de charges, à celle qui résulterait d'une répartition conforme à l'alinéa premier ci-dessus. Si l'action est reconnue fondée, le tribunal procède à la nouvelle répartition.

Pour les décisions concernant la gestion ou l'entretien de l'immeuble, les associés votent avec un nombre de voix proportionnel à leur participation dans les dépenses qu'entraînera l'exécution de la décision, nonobstant toute disposition contraire. En outre, lorsque le règlement prévu à l'article L. 212-2 met à la charge de certains associés seulement les dépenses d'entretien d'une partie de l'immeuble ou celles d'entretien et de fonctionnement d'un élément d'équipement, seuls ces associés prennent part au vote sur les décisions qui concernent ces dépenses. Chacun d'eux vote avec un nombre de voix proportionnel à sa participation auxdites dépenses.

Voir : CCH, art. R. 212-10, p. 2786.

1) Compétence. L'article L. 212-6 du Code de la construction et de l'habitation n'attribue compétence au tribunal de grande instance que pour l'action en révision pour l'avenir de la répartition des charges, distincte de celle visant à la nullité des délibérations sociales concernant cette répartition ; cette dernière action doit être soumise aux tribunaux de commerce seuls compétents pour connaître des contestations entre associés pour raison d'une société de commerce : ▪ Cass. com., 7 juill. 1981 : *JCP* 1981, IV, 355.

2) Retrait de l'associé. L'exécution de l'obligation de participer aux charges n'est pas une condition préalable au retrait de l'associé : ▪ Cass. 3e civ., 3 févr. 1981 : *Journ. not.* 1981, 1642, n° 58 ; *D.* 1981, inf. rap. p. 409, obs. F. Magnin.

3) Augmentation des engagements. L'augmentation des charges communes ne peut être assimilée à une augmentation de l'engagement des associés prohibée : ▪ Cass. 3e civ., 2 févr. 1994 : *BJS* 1994, p. 417, note P. Le Cannu.

Art. L. 212-7. – La société peut donner caution hypothécaire pour la garantie des emprunts contractés :

Par les associés, pour leur permettre de satisfaire aux appels de fonds de la société nécessaires à la réalisation de l'objet social ;

Par les cessionnaires des parts sociales, pour leur permettre de payer leur prix de cession, mais seulement à concurrence des appels de fonds déjà réglés à la société et, s'il y a lieu, de payer les appels de fonds qui restent encore à régler.

La caution hypothécaire doit être autorisée par les statuts, avec stipulation que l'engagement de la société est strictement limité aux parties divises et indivises de l'immeuble social auxquelles le bénéficiaire du crédit aura vocation en propriété.

La saisie du gage vaut retrait de l'associé titulaire des droits sociaux correspondant aux biens saisis et ne peut être effectuée que lorsque sont réunies les conditions auxquelles un tel retrait est subordonné.

Art. L. 212-8. – Le cessionnaire n'est tenu des dettes du cédant à l'égard de la société à la date de la cession que dans la mesure où cela résulte des obligations figurant à l'acte de cession ou à ses annexes.

Le cédant n'est dégagé de ses obligations personnelles à l'égard de la société que dans la mesure où celle-ci y a expressément consenti.

Voir : CCH, art. R. 212-8 et R. 212-9, R. 212-11, p. 2785 et R. 212-16, p. 2787.

Garantie. Le vendeur de parts d'une société civile immobilière donnant vocation à jouissance et attribution d'un appartement ne doit pas à l'acheteur la garantie du vendeur, mais uniquement la garantie de l'existence des parts cédées : ▪ Cass. 3e civ., 21 mai 1979 : *Bull. civ.* III, n° 111 ; *JCP* 1979, IV, 249 ; *RTD com.* 1979, p. 752, n° 2. – S'agissant d'une société civile immobilière de construction donnant droit à la jouissance et à l'attribution de biens immobiliers, le cédant de parts sociales satisfait à son obligation de délivrance conforme *[C. civ., art. 1693]* dès lors que la créance d'attribution afférente aux parts cédées existait au moment de la cession, peu important que les biens attribués se soient avérés impropres à leur destination : ▪ Cass. 3e civ., 15 mars 2006, n° 04-19.337 : *BJS* 2006, p. 1171, note J.-P. Garçon ; *Dr. sociétés* août-sept. 2006, n° 120, obs. F.-X. Lucas ; *D.* 2006, inf. rap. p. 1002. – Il en va différemment lorsque la cession de parts masque une véritable vente d'immeubles : ▪ Cass. 3e civ., 5 mai 1981 : *Journ. not.* 1981, 1619. ▪ Cass. 3e civ., 17 mars 1981 : *RD imm.* 1981, 386, note Ph. Jestaz et J.-Cl. Groslière.

Art. L. 212-9. – La dissolution de la société peut, nonobstant toute disposition contraire des statuts, et même si ceux-ci ne prévoient que des attributions en jouissance, être décidée par l'assemblée générale statuant à la double majorité des deux tiers des associés et des deux tiers des voix.

L'assemblée générale désigne un ou plusieurs liquidateurs chargés de gérer la société pendant la période de liquidation et de procéder au partage.

Ce partage ne peut intervenir qu'après décision définitive sur les comptes de l'opération de construction dans les conditions prévues à l'antépénultième alinéa du présent article. Il doit comporter des attributions de fractions d'immeubles et une répartition du passif conformes aux dispositions statutaires et à l'état descriptif de division.

Dans le cas où la succession d'un associé n'est pas encore liquidée, les droits et les charges propres au défunt sont attribués indivisément au nom de ses ayants droit et cette attribution n'entraîne pas de leur part acceptation de la succession ou de la donation.

Les associés qui n'ont pas satisfait aux obligations auxquelles ils sont tenus envers la société ne peuvent, conformément à l'article L. 212-4, prétendre à aucune attribution tant qu'ils ne se sont pas acquittés. Dans ce cas, le partage est limité aux associés dont la situation est régulière.

Le liquidateur fait établir le projet de partage en la forme authentique. Les associés sont invités, au besoin par sommation du liquidateur, à prendre connaissance du projet de partage et à l'approuver ou le contester en la forme authentique.

Les associés qui contestent alors le partage disposent d'un délai de quinze jours pour assigner le liquidateur en rectification devant le tribunal de grande instance du siège social. Les attributions devenues définitives sont opposables aux associés non présents ou représentés, absents ou incapables.

La publication au fichier immobilier est faite à la diligence du liquidateur.

Sauf si les statuts ne prévoient que des attributions en jouissance, un associé peut, à tout moment, se retirer d'une société d'acquisition. Sous la même réserve, un associé peut, de même, se retirer d'une société de construction, dès qu'une assemblée générale ordinaire a constaté l'achèvement de l'immeuble, sa conformité avec les énonciations de l'état descriptif et a décidé des comptes définitifs de l'opération de construction. À défaut de vote de l'assemblée générale, tout associé peut demander au tribunal de grande instance du lieu de la situation de l'immeuble de procéder aux constatations et décisions susvisées. Le retrait est constaté par acte authentique signé par l'associé qui se retire et un représentant de l'organe de gestion ou, en cas de refus de ce dernier, par ordonnance du président du tribunal de grande instance, lequel est saisi et statue suivant la forme prévue pour les référés. Les retraits entraînent de plein droit l'annulation des parts ou actions correspondant aux locaux attribués en propriété et la réduction corrélative du capital social. L'organe de gestion constate la réduction du capital et apporte aux statuts les modifications nécessaires.

Les dispositions de l'alinéa précédent demeurent applicables après dissolution de la société. Les pouvoirs dévolus par ledit alinéa à l'organe de gestion sont alors exercés par le ou les liquidateurs.

Pour l'application des dispositions du présent article, tout associé est réputé avoir fait élection de domicile en l'immeuble social, à moins qu'il n'ait notifié à la société une autre élection de domicile dans le ressort du tribunal de grande instance du lieu de la situation de l'immeuble.

Sauf l'effet des sûretés réelles dont ils seraient bénéficiaires, les créanciers de la société ne peuvent exercer leurs droits, ni contre un ancien associé attributaire par voie de retrait ou de partage, ni à l'encontre de ses ayants cause, qu'après discussion préalable des biens restant appartenir à la société.

1) Garantie. L'associé, attributaire en jouissance de la fraction d'immeuble afférente à ses parts, est en droit d'exiger la délivrance de locaux exempts de vice ; il est donc recevable à agir contre la société, en réparation des malfaçons affectant la jouissance de son lot : ▪ Cass. 3e civ., 8 juill. 1975 : *JCP* 1975, IV, 290.

2) Retrait.

a) Le paiement des charges visées à l'article L. 212-6 n'est pas une condition préalable au retrait : ▪ Cass. 3e civ., 3 févr. 1981 : *Journ. not.* 1981, 1642, n° 58 ; *D.* 1981, inf. rap. p. 409, obs. F. Magnin.

b) Le retrait est possible s'il a pour résultat l'attribution d'un terrain ; les conditions du retrait s'apprécient au jour de la demande : ▪ Cass. 3e civ., 28 juin 1983 : *Bull. civ.* III, n° 146.

c) En revanche, l'exercice du droit de se retirer s'épuise dès le prononcé de la liquidation judiciaire de la société, cette décision ayant pour effet de fixer l'actif social : ▪ CA Aix-en-Provence, 24 janv. 2002 : *JurisData* n° 2002-177157 ; *JCP* E 2002, n° 1107, p. 1221 ; *Dr. sociétés* 2002, n° 172, obs. F.-X. Lucas.

d) Il résulte des dispositions de l'article L. 212-9, alinéa 9, que le retrait d'un associé d'une société d'attribution d'immeuble en jouissance à temps partagé est impossible : ▪ Cass. 3e civ., 29 mai 2002 : *JurisData* n° 2002-014500 ; *Dr. sociétés* 2002, n° 151, obs. F.-X. Lucas ; *BJS* 2002, p. 1076. – Il n'est pas envisagé de modifier l'article L. 212-9 pour permettre à un associé de se retirer pour justes motifs car l'instauration d'une telle faculté remettrait en cause l'équilibre financier de la société en permettant à un associé de se soustraire aux paiements de sa quote-part de charges, laquelle se trouverait transférée aux autres associés (Rép. min. n° 82960 : *JOAN Q*, 21 mars 2006, p. 3156 ; *BJS* 2006, p. 677).

3) Dissolution pour réalisation de l'objet. V. sous C. civ., art. 1844-7, annot. n° 23 *b)*, p. 101.

4) Liquidateur. Pour un remplacement du liquidateur désigné par les actionnaires par un administrateur judiciaire nommé en qualité de liquidateur : ▪ Cass. com., 4 juin 2002 : *JurisData* n° 2002-014800.

Section II. – Dispositions particulières aux sociétés ayant pour objet la construction d'immeubles à usage d'habitation ou à usage professionnel et d'habitation

Art. L. 212-10. – **Les sociétés qui ont pour objet la construction d'un immeuble à usage d'habitation ou à usage professionnel et d'habitation sont tenues :**

Soit de conclure un contrat de promotion immobilière ;

Soit de confier les opérations constitutives de la promotion immobilière à leur représentant légal ou statutaire, à la condition que lesdites opérations aient été définies au préalable par un écrit portant les énonciations exigées par l'article L. 222-3. La responsabilité du représentant légal ou statutaire s'apprécie alors, quant à ces opérations, conformément à l'article 1831-1 du Code civil, reproduit à l'article L. 221-1 du présent code.

Avant la conclusion du contrat de promotion immobilière ou avant l'approbation par l'assemblée générale de l'écrit comportant les énonciations exigées par l'article L. 222-3, le représentant légal ou statutaire de la société ne peut exiger ou accepter des associés aucun versement, aucun dépôt, aucune souscription ni acceptation d'effets de commerce pour les opérations mentionnées audit écrit. Aucun paiement ne peut non plus être accepté ou exigé avant la date à laquelle la créance correspondante est exigible.

Les dispositions qui précèdent ne font pas obstacle au versement par les associés souscripteurs du capital initial des sommes nécessaires au paiement des études techniques et financières du programme et à l'achat du terrain. Lorsque de tels versements ont été effectués, les parts ou actions ne peuvent être cédées volontairement avant la conclusion du contrat de promotion immobilière ou avant l'approbation de l'écrit susvisé, si ce n'est entre associés.

Art. L. 212-11. – La cession de parts peut être précédée d'un contrat préliminaire par lequel, en contrepartie d'un dépôt de garantie, un associé s'engage à céder ses parts à un cessionnaire moyennant un prix fixé dans ledit contrat.

Le contrat préliminaire doit comporter toutes indications relatives à la constitution de la société, à la consistance et aux conditions techniques d'exécution des travaux et aux conditions financières de l'opération.

Le dépôt de garantie doit être effectué à un compte spécial ouvert au nom du réservataire dans une banque ou un établissement spécialement habilité à cet effet ou chez un notaire.

Les fonds déposés en garantie sont indisponibles, incessibles et insaisissables jusqu'à la conclusion du contrat de cession. Ils sont restitués dans le délai de trois mois au déposant si le contrat n'est pas conclu ou si le contrat proposé fait apparaître une différence anormale par rapport aux prévisions du contrat préliminaire.

Toute autre promesse d'achat ou de cession de parts est nulle.

Voir : CCH, art. R. 212-14 à R. 212-16, p. 2787.

Art. L. 212-12. – Les dispositions des articles L. 214-6 à L. 214-9 relatives au conseil de surveillance sont applicables aux sociétés régies par le présent chapitre.

Art. L. 212-13. – Les dispositions des articles L. 212-1 à L. 212-12 sont d'ordre public.

Section III. – Dispositions particulières aux sociétés constituées avant le 31 décembre 1972

Art. L. 212-14. – Les attributions de fractions d'immeubles antérieures au 21 mai 1955 et consenties sans l'accomplissement des formalités prévues à l'article 4 *bis* de la loi du 28 juin 1938, modifiée, ne sont plus susceptibles d'être contestées à compter, soit d'un délai de deux ans à partir de l'enregistrement de l'acte les ayant constatées, soit de leur homologation par le tribunal de grande instance du lieu du siège social.

Le tribunal est saisi par voie de simple requête par tout attributaire. Il statue en dernier ressort en chambre du conseil, le Ministère public entendu, les différents attributaires et la société étant mis en cause. Sa décision n'est susceptible ni d'opposition ni d'appel.

Dans l'un et l'autre des cas visés au premier alinéa du présent article, les attributions dont il s'agit produisent tous leurs effets à compter de la signature de l'acte qui les a constatées.

Art. L. 212-15. – Lorsque, dans une société constituée en application de la loi du 28 juin 1938, l'affectation des locaux à des actions ou à des parts déterminées ne résulte pas des statuts originaires ou d'une décision unanime des associés, l'assemblée générale peut, en décidant la dissolution, charger le liquidateur de procéder au partage en nature et à l'attribution de fractions d'immeubles aux associés à proportion des droits qu'ils détiennent dans la société.

Le projet de partage établi en la forme authentique doit être approuvé par l'assemblée générale à la majorité requise pour la dissolution. La décision est opposable aux associés non présents ou non représentés à l'assemblée générale, ainsi qu'aux absents et aux incapables.

À moins qu'il n'ait été approuvé à l'unanimité, les associés doivent approuver ou contester le partage, en la forme authentique, dans le mois qui suit l'assemblée générale.

Faute, pour certains associés, de s'être conformés aux prescriptions de l'alinéa précédent, le liquidateur doit sommer ces associés de prendre parti, en la forme authentique, à l'égard du projet de partage, dans un délai de deux mois.

Si, à l'expiration de ce second délai, le partage n'a pas été approuvé sans réserve par tous les associés, le liquidateur soumet le projet de partage par voie de simple requête à l'homologation du tribunal.

Le tribunal statue en dernier ressort et sa décision n'est pas susceptible d'opposition ni d'appel.

Le liquidateur doit, dans le mois de sa date, faire publier le dispositif du jugement *(Mots rempl., L. n° 2019-486, 22 mai 2019)* « sur un support habilité à recevoir des annonces » légales du lieu du siège social ; cette publication vaut signification du jugement aux associés n'ayant pas adhéré au partage.

Le partage devenu définitif est publié au fichier immobilier à la diligence du liquidateur.

L'associé qui veut se retirer peut, si les conditions prévues à l'antépénultième alinéa de l'article L. 212-9 sont réunies, demander judiciairement son allotissement en nature.

Pour l'application des dispositions du présent article, tout associé est réputé avoir fait élection de domicile en l'immeuble social, à moins qu'il n'ait notifié à la société une autre élection de domicile dans le ressort du tribunal de grande instance du lieu de la situation de l'immeuble.

Art. L. 212-16 *(L. n° 83-440, 2 juin 1983)*. – Un décret en Conseil d'État déterminera la date d'effet et les conditions dans lesquelles les dispositions des sections précédentes seront appliquées aux sociétés constituées antérieurement au 31 décembre 1972.

Voir : CCH, art. R. 212-17 et R. 212-18, p. 2788.

Art. L. 212-17. – La loi du 28 juin 1938 tendant à régler le statut de la copropriété des immeubles divisés par appartements est abrogée.

Toutes références au titre I de ladite loi sont, en tant que de raison, réputées faites aux dispositions correspondantes des sections précédentes du présent chapitre.

CHAPITRE III. – SOCIÉTÉS COOPÉRATIVES DE CONSTRUCTION

Art. L. 213-1. – Les sociétés coopératives de construction ayant pour objet la construction d'un ou plusieurs immeubles en vue de leur division par lots ou d'un ensemble de maisons individuelles groupées à usage d'habitation ou à usage professionnel et d'habitation destinés à être attribués ou vendus aux associés sont des sociétés à capital et à personnel variables.

L'objet de ces sociétés comprend, en outre, la gestion et l'entretien des immeubles jusqu'à la mise en place d'une organisation différente.

Elles sont régies par les dispositions non contraires du titre III de la loi du 24 juillet 1867 et de la loi n° 47-1775 du 10 septembre 1947 portant statut de la coopération, ainsi que par les dispositions des articles L. 212-2 et L. 212-6 (alinéas 1, 2 et 4).

Art. L. 213-2. – Chaque société coopérative de construction doit limiter son objet à l'édification d'immeubles compris dans un même programme, comportant une ou plusieurs tranches, d'un ensemble immobilier.

Voir : CCH, art. L. 242-1, p. 2779.

Art. L. 213-3. – Une société coopérative de construction ne peut confier à un tiers la réalisation de son programme de construction qu'en vertu d'un contrat de promotion immobilière conforme au titre II du présent livre.

Voir : CCH, art. R. 213-2, p. 2788.

Art. L. 213-4. – Une société coopérative de construction ne peut entreprendre chaque tranche du programme prévu par les statuts que si le nombre des associés est au moins égal à 20 % du nombre total de logements et de locaux à usage commercial ou professionnel à construire dans la tranche considérée, et si le financement de la construction des lots non souscrits compris dans l'ensemble du programme, ainsi que leur souscription, sont garantis.

Les associés souscrivant plus de deux logements ou plus d'un local à usage commercial ou professionnel sont également tenus de fournir la garantie de financement prévue à l'alinéa précédent.

La construction d'un appartement ou d'un pavillon témoin n'est pas considérée comme entraînant l'application des conditions fixées au premier alinéa du présent article.

Voir : CCH, art. R. 213-2, R. 213-3 et R. 213-5, p. 2788.

Art. L. 213-5. – Le transfert de propriété par la société à un associé, s'il résulte d'une convention distincte du contrat de société, s'opère conformément aux dispositions de l'article 1601-3 du Code civil, reproduit à l'article L. 261-3 du présent code.

Si la société n'a pas confié à un promoteur immobilier la réalisation de son programme de construction, la conclusion d'un tel contrat est obligatoire ; ce contrat doit, en outre, être conforme aux dispositions de l'article L. 213-8.

Voir : CCH, art. R. 213-6, p. 2789.

Art. L. 213-6. – Si les droits privatifs des associés sont représentés par des parts ou actions donnant vocation à l'attribution d'un lot la société est tenue :

Soit de conclure un contrat de promotion immobilière ;

Soit de confier les opérations constitutives de la promotion immobilière à son représentant légal ou statutaire, à la condition que lesdites opérations aient été définies au préalable par un écrit portant les énonciations exigées par l'article L. 222-3. La responsabilité du représentant légal ou statutaire s'apprécie alors, quant à ces opérations, conformément à l'article 1831-1 du Code civil, reproduit à l'article L. 221-1 du présent code.

Voir : CCH, art. R. 213-10, al. 3, p. 2790.

Art. L. 213-7. – Avant le commencement des travaux, l'assemblée générale doit en approuver les conditions techniques et financières d'exécution et fixer les bases selon lesquelles les différents éléments composant le prix de revient global seront répartis entre les locaux à édifier, afin de déterminer le prix de chacun d'eux.

L'assemblée générale a seule le pouvoir d'approuver et de modifier les statuts, et de réduire l'importance du programme dans le cas où celui-ci doit être réalisé par tranches, à condition que cette réduction ne porte que sur des lots non souscrits.

La majorité requise pour la validité des délibérations prévues au présent article est des deux tiers au moins du nombre total des associés.

Voir : CCH, art. R. 213-8 à R. 213-10, p. 2790.

Art. L. 213-8. – Le contrat de vente prévu à l'article L. 213-5 doit être conclu par acte authentique et préciser :

a) La description de l'immeuble ou de la partie de l'immeuble vendue ;

b) Son prix prévisionnel et les modalités de paiement de celui-ci ;

c) Le délai de livraison ;

d) S'il y a lieu, les garanties et les moyens de financement prévus à l'article L. 213-4.

Il doit comporter, en annexe ou par référence à des documents déposés chez un notaire, les indications utiles relatives à la consistance et aux caractéristiques techniques de l'immeuble.

S'il y a un règlement de copropriété, le texte en est remis à chaque acquéreur lors de la signature du contrat. Il doit lui être communiqué préalablement.

L'inobservation des dispositions du présent article entraîne la nullité du contrat, cette nullité ne peut être invoquée que par l'acquéreur et avant l'achèvement des travaux.

Voir : CCH, art. R. 213-11, p. 2790.

Art. L. 213-9. – Une société coopérative ne peut exiger ni accepter d'un associé, sous quelque forme que ce soit, aucun versement ou remise autres que ceux nécessaires au paiement des études techniques et financières du programme et à l'achat du terrain, avant les décisions de l'assemblée générale prévues à l'article L. 213-7, premier alinéa, ni avant la signature du contrat de vente, ni avant la date à laquelle la créance de la société sur l'associé est exigible.

Toutefois, le prix du terrain peut être déposé par le vendeur en compte courant ouvert à son nom dans les livres de la société.

La société peut donner caution hypothécaire pour la garantie des emprunts contractés par les associés pour leur permettre de satisfaire aux appels de fonds de la société nécessaires à la réalisation de l'objet social. La caution hypothécaire doit être autorisée par les statuts, avec stipulation que l'engagement de la société est strictement limité aux parties divises et indivises de l'immeuble social auxquelles le bénéficiaire du crédit aura vocation en propriété.

Art. L. 213-10. – Si les droits privatifs des associés sont représentés par des parts ou actions donnant vocation à l'attribution d'un lot, chaque associé ne peut prétendre à la propriété du lot qui lui est destiné qu'après avoir versé à la société les sommes nécessaires à la réalisation de l'objet social, proportionnellement à la valeur de son lot par rapport à la valeur de l'ensemble.

Si un associé ne satisfait pas à ses obligations, ses droits pourront, un mois après mise en demeure restée infructueuse, être mis en vente publique à la requête des représentants de la société par décision de l'assemblée générale de la société fixant la mise à prix.

Sur première convocation, l'assemblée générale se prononce à la majorité des deux tiers du capital social et, sur deuxième convocation, à la majorité des deux tiers des droits sociaux dont les titulaires sont présents ou représentés. Toutefois, et nonobstant toute disposition contraire des statuts, les parts ou actions détenues par les associés à l'encontre desquels la mise en vente est à l'ordre du jour de l'assemblée ne sont pas prises en compte pour le calcul des majorités requises.

La vente a lieu pour le compte de l'associé défaillant et à ses risques.

Les sommes provenant de la vente sont affectées par privilège au paiement des dettes de l'associé défaillant envers la société. Ce privilège l'emporte sur toutes les sûretés réelles conventionnelles grevant les droits sociaux du défaillant. Si des nantissements ont été constitués sur les parts ou actions vendues par application du présent article, le droit de rétention des créanciers nantis n'est opposable ni à la société ni à l'adjudicataire des droits sociaux.

Voir : CCH, art. R. 213-12 et R. 213-14, p. 2791.

Art. L. 213-11. – Du commencement des travaux jusqu'à l'achèvement de l'opération de construction, la démission d'un associé est subordonnée à une autorisation de l'assemblée générale.

Si l'associé démissionnaire présente un nouvel associé solvable et acceptant, cette autorisation ne peut être refusée que pour un motif sérieux et légitime. L'assemblée générale n'est pas tenue d'accepter comme associé la personne proposée par le démissionnaire et peut accepter sa démission en agréant une autre personne sans avoir à motiver sa décision.

En cas de refus injustifié, la démission peut être autorisée par le tribunal saisi dans le délai d'un mois à compter de la notification du refus.

L'exclusion d'un associé ne peut être prononcée par l'assemblée générale que pour un motif sérieux et légitime et sous réserve du recours de l'intéressé devant le tribunal de grande instance du lieu de la situation de l'immeuble, dans le délai d'un mois à compter du jour où il a reçu notification de cette décision. Le jugement sera exécutoire par provision. Les dispositions du présent alinéa ne sont pas applicables dans le cas prévu à l'article L. 213-10, deuxième alinéa.

La démission ou l'exclusion d'un associé entraîne de plein droit la résolution du contrat de vente passé conformément à l'article L. 213-5. Toutefois, cette résolution est inopposable aux tiers qui, avec le consentement de la société, ont acquis des sûretés réelles du chef de l'associé sur les biens faisant l'objet du contrat résolu et ont régulièrement publié ces sûretés. Les sommes versées par cet associé, tant au titre de la libération de ses parts sociales qu'au titre du contrat de vente de l'immeuble à construire si ce contrat a été passé, sont remboursées à cet associé, après déduction des charges et frais occasionnés à la société par la démission ou l'exclusion de l'associé. L'appréciation du montant à rembourser peut faire l'objet d'une évaluation forfaitaire faite par les statuts.

En cas de démission ou d'exclusion d'un associé, les autres associés sont tenus, jusqu'à son remplacement, de toutes ses obligations à l'égard de la société proportionnellement à la valeur de leur lot par rapport à la valeur de l'ensemble.

Pendant l'opération de construction, les droits sociaux ne peuvent faire l'objet d'aucune cession volontaire entre vifs à titre onéreux. Il en est de même, le cas échéant, des droits de toute nature résultant de ventes en état futur d'achèvement ou à terme.

Voir : CCH, art. R. 213-15 et R. 213-16, p. 2791.

Art. L. 213-12. – Dans le cas visé à l'article L. 213-10, tout associé peut se retirer de la société et obtenir l'attribution en propriété de son lot, lorsque l'assemblée générale ordinaire a constaté l'achèvement de l'opération de construction ainsi que la conformité du ou des immeubles aux prévisions statutaires et qu'elle a statué sur les comptes définitifs. À défaut, tout associé peut demander au tribunal de grande instance de constater cet achèvement et de statuer sur lesdits comptes.

Voir : CCH, art. R. 213-17, p. 2791.

Art. L. 213-13. – Par dérogation à l'article 9 de la loi du 10 septembre 1947, chaque associé dispose d'un nombre de voix proportionnel au prix de revient de son lot par rapport au prix de revient de l'ensemble quand il y a lieu de décider une exclusion ou d'autoriser une démission.

ANNEXE 7

Par dérogation à l'article 8 de la loi du 10 septembre 1947, les sociétés coopératives de construction constituées sous la forme civile et qui font appel, à titre de prestataire de services, à un organisme d'habitations à loyer modéré peuvent prévoir que le gérant de la société sera désigné dans les statuts.

Art. L. 213-14. – Les conditions de la garantie prévue à l'article L. 213-4, alinéa 1er, les conditions de l'autorisation prévue à l'article L. 213-11, alinéa 1er, les limites et conditions de l'évaluation forfaitaire prévue à l'article L. 213-11, alinéa 5, les modalités du retrait prévu à l'article L. 213-12 sont fixées par décret en Conseil d'État.

Voir : CCH, art. R. 213-1 et s., p. 2788.

Art. L. 213-15. – Les dispositions du présent chapitre sont d'ordre public.

CHAPITRE IV. – DISPOSITIONS PARTICULIÈRES COMMUNES AUX SOCIÉTÉS CONSTITUÉES EN VUE DE L'ATTRIBUTION D'IMMEUBLES AUX ASSOCIÉS PAR FRACTIONS DIVISES ET AUX SOCIÉTÉS COOPÉRATIVES DE CONSTRUCTION

Section I. – Sociétés de construction poursuivant plusieurs programmes

Art. L. 214-1. – Lorsqu'une société mentionnée à l'article L. 212-1 ou à l'article L. 213-1 ne poursuit pas simultanément la construction de l'ensemble des logements répondant à son objet, ses statuts peuvent prévoir que les appels de fonds supplémentaires nécessaires pour la réalisation de chaque programme, y compris la participation à toutes dépenses d'intérêt commun, seront répartis entre les seuls associés ayant vocation aux logements construits dans le cadre de chacun desdits programmes.

Art. L. 214-2. – À défaut de dispositions statutaires, une assemblée spéciale des associés dont les parts ou actions donnent vocation à l'attribution de logements compris dans un même programme, convoqués, soit par le conseil d'administration ou la gérance de la société, soit par l'associé le plus diligent, peut décider, sous réserve des dispositions des alinéas suivants, que les appels de fonds visés à l'article précédent seront répartis comme il est dit audit article.

L'assemblée spéciale ne statue valablement que si les deux tiers au moins des associés ayant vocation aux logements compris dans le programme sont présents ou représentés. Les décisions sont prises à la majorité des voix, chaque associé disposant du nombre de voix qui lui est attribué par les statuts de la société.

En outre, les décisions de l'assemblée spéciale doivent, pour être valables, être approuvées par une assemblée générale de tous les associés statuant dans les conditions de quorum et de majorité requises pour les modifications statutaires. Cette assemblée est réunie par le conseil d'administration ou la gérance de la société dans le délai d'un mois à compter de l'assemblée spéciale ; elle apporte aux statuts des modifications correspondantes.

La répartition entre les divers associés de leurs créances ou dettes à l'égard de la société est effectuée par le conseil d'administration ou la gérance de la société. Cette répartition ne devient définitive qu'après avoir été approuvée par une assemblée générale ordinaire des associés, qui doit être réunie par le conseil d'administration ou la gérance dans le délai d'un an à compter de l'assemblée générale extraordinaire prévue au troisième alinéa du présent article.

Art. L. 214-3. – Les membres des sociétés visées aux articles L. 214-1 et L. 214-2 ci-dessus, dont les parts ou actions donnent vocation à l'attribution de logements compris dans un même programme, peuvent, réunis en assemblée spéciale convoquée et statuant dans les conditions définies à l'article L. 214-2, demander la convocation d'une assemblée générale de tous les associés à l'effet de décider :

Soit la dissolution de la société et la dévolution de son actif à plusieurs sociétés nouvelles constituées conformément aux dispositions de l'article L. 212-1 et de l'article L. 213-1 ;

Soit l'apport d'un ou plusieurs éléments d'actif à une ou plusieurs sociétés constituées comme il est dit ci-dessus.

Dans ce cas, l'assemblée générale doit être réunie par le conseil d'administration ou la gérance de la société dans le délai d'un mois à compter de l'assemblée spéciale. Cette assemblée générale statue dans les conditions de quorum et de majorité requises pour les modifications statutaires.

Art. L. 214-4. – Les sociétés nouvelles prennent en charge l'intégralité du passif correspondant aux divers éléments d'actif de la société ancienne qui leur est dévolu ou apporté. Elles sont réputées, chacune en ce qui la concerne, avoir le même objet que la société ancienne dont elles assurent la continuation.

Dans le partage des titres reçus par la société ancienne, les associés reçoivent les parts ou actions des sociétés nouvelles correspondant au logement auquel ils avaient vocation.

Si le capital d'une ou plusieurs sociétés nouvelles est divisé en actions, les actions d'apport attribuées à la société ancienne sont, par dérogation à l'article 279 de la loi n° 66-537 du 24 juillet 1966, immédiatement négociables, même si le capital de la société ancienne n'est pas divisé en actions ou si elle a moins de deux ans d'existence.

Art. L. 214-5 *(Mod., Ord. n° 2004-632, 1er juill. 2004)*. – Lorsque les projets d'aménagement des ensembles d'habitations entrepris ou réalisés par la société comportent des ouvrages d'intérêt commun à plusieurs des sociétés nouvelles, la société ancienne ne peut être dissoute qu'après qu'un syndicat de copropriétaires ait été établi par un règlement de copropriété ou qu'une association syndicale régie par l'ordonnance n° 2004-632 du 1er juillet 2004 relative aux associations syndicales de propriétaires ait été constituée pour assurer l'entretien et le cas échéant, l'exécution desdits ouvrages.

Section II. – Conseil de surveillance

Art. L. 214-6. – Dans les sociétés qui, d'après la législation en vigueur, ne comportent ni conseil d'administration, ni conseil de surveillance, il est institué un conseil de surveillance composé de deux associés au moins, désignés annuellement par une assemblée générale des associés statuant à une majorité représentant au moins la moitié du capital.

Art. L. 214-7. – Les administrateurs ou gérants des sociétés régies par le chapitre II ou le chapitre III du présent titre sont tenus de rendre compte au conseil de surveillance ou, s'il s'agit d'une société constituée sous la forme anonyme, au conseil d'administration, des résultats des appels à la concurrence et des projets de marchés à passer avec les entrepreneurs pour les travaux de construction.

Ils doivent, en outre, rendre compte de leur gestion au conseil de surveillance ou au conseil d'administration aussi souvent que la bonne marche de la société l'exige et, en tout cas, tous les trois mois.

Le conseil de surveillance peut se faire assister d'un expert-comptable. Il peut, en outre, convoquer l'assemblée générale ; il doit le faire si cette convocation est demandée par des associés représentant le quart au moins du capital social.

Art. L. 214-8. – L'article L. 214-7 est applicable aux sociétés existant le 16 novembre 1954 à l'expiration d'un délai de quatre mois à compter du 17 mars 1955. Les autres dispositions de la présente section ne leur sont pas applicables.

Art. L. 214-9. – Les dispositions des articles L. 214-6 à L. 214-8 ci-dessus cessent d'être applicables à partir de la liquidation définitive des comptes de l'opération de construction constatés par l'assemblée générale.

CHAPITRE V. – SOCIÉTÉS ANONYMES COOPÉRATIVES D'INTÉRÊT COLLECTIF POUR L'ACCESSION À LA PROPRIÉTÉ

(Ord. n° 2006-1048, 25 août 2006)

Voir : Ord. n° 2006-1048, 25 août 2006, art. 6.

Section I. – Objet des sociétés anonymes coopératives d'intérêt collectif pour l'accession à la propriété

Art. L. 215-1 *(Ord. n° 2006-1048, 25 août 2006 ; mod., L. n° 2006-1615, 18 déc. 2006 ; L. n° 2018-1021, 23 nov. 2018)*. – Les sociétés anonymes coopératives d'intérêt collectif pour l'accession à la propriété ont pour objet :

De réaliser toutes opérations d'accession à la propriété de l'habitat destinées à des personnes dont les revenus sont inférieurs aux plafonds de ressources mentionnés à l'article 244 *quater* J du Code général des impôts.

De réaliser, notamment dans un objectif de mixité sociale, toutes opérations d'aménagement destinées en tout ou partie à des opérations d'habitat ainsi que toutes opérations de constructions, de rénovation et de prestations de services liées à l'habitat.

Elles ne peuvent détenir un patrimoine locatif sauf lorsque celui-ci est nécessaire à l'accomplissement des activités mentionnées au I.

Art. L. 215-1-1 *(L. n° 2006-1615, 18 déc. 2006 ; mod. L. n° 2009-323, 25 mars 2009 ; L. n° 2018-1021, 23 nov. 2018).* – Les sociétés anonymes coopératives d'intérêt collectif pour l'accession à la propriété peuvent détenir, directement ou indirectement, des participations dans des sociétés, quelle qu'en soit la forme, ayant pour objet soit la réalisation de toutes opérations, de construction, de rénovation, de location et prestations de services liées à l'habitat ainsi que de toutes opérations d'aménagement destinées en tout ou partie à des opérations d'habitat, soit de fournir à toute personne des produits et services bancaires et leurs accessoires concourant aux opérations liées à l'habitat.

Les participations ainsi détenues, le cas échéant conjointement avec d'autres sociétés anonymes coopératives d'intérêt collectif pour l'accession à la propriété, doivent être supérieures au tiers du capital de la société intéressée. Toutefois, cette règle ne s'applique pas aux participations dans des sociétés d'habitations à loyer modéré, des sociétés d'économie mixte de construction et de gestion de logements sociaux ou d'autres sociétés anonymes coopératives d'intérêt collectif pour l'accession à la propriété ainsi que dans les sociétés de tiers-financement définies à l'article L. 381-2.

Art. L. 215-1-2 *(L. n° 2006-1615, 18 déc. 2006).* – Toute société anonyme coopérative d'intérêt collectif pour l'accession à la propriété est tenue d'employer chaque année une somme au moins égale au tiers du bénéfice distribuable du dernier exercice au financement d'opérations qu'elle conçoit et réalise elle-même ou par ses filiales dans le domaine de l'habitat en faveur de personnes aux ressources modestes, selon des orientations définies par convention avec l'État.

À cette fin, elle constitue au titre de chaque exercice, à concurrence de la somme ainsi calculée, une réserve de disponibilités dont l'utilisation doit être conforme aux prescriptions du premier alinéa. Une annexe au rapport de gestion de la société anonyme coopérative d'intérêt collectif pour l'accession à la propriété indique le montant de la réserve en fin d'exercice et détaille les opérations financées.

Art. L. 215-2 *(Ord. n° 2006-1048, 25 août 2006).* – L'activité des sociétés anonymes coopératives d'intérêt collectif pour l'accession à la propriété s'exerce sur le territoire de la région où est situé leur siège social.

L'autorité administrative peut toutefois autoriser, par un agrément spécial délivré après avis de l'Union d'économie sociale pour l'accession à la propriété mentionnée à l'article L. 215-5, une société à étendre son activité au-delà des limites de la région.

Les sociétés anonymes coopératives d'intérêt collectif pour l'accession à la propriété et leurs filiales peuvent participer avec des organismes d'habitations à loyer modéré et des sociétés d'économie mixte exerçant une activité de construction ou de gestion de logements sociaux à des actions de coopération ou à des groupements constitués en vue d'une mise en commun de moyens ou de la mise en œuvre d'un service commun.

Section II. – Organisation des sociétés anonymes coopératives d'intérêt collectif pour l'accession à la propriété

Art. L. 215-3 *(Ord. n° 2006-1048, 25 août 2006 ; mod., L. n° 2006-1615, 18 déc. 2006).* – Les sociétés anonymes coopératives d'intérêt collectif pour l'accession à la propriété sont régies par le titre II *ter* de la loi n° 47-1775 du 10 septembre 1947 portant statut de la coopération et par le présent chapitre.

Les trois derniers alinéas de l'article 11, l'article 11 *bis*, l'article 17 et les articles 19 *sexdecies* à 19 *tervicies* de la loi [n° 47-1775] du 10 septembre 1947 ne sont pas applicables aux sociétés anonymes coopératives d'intérêt collectif pour l'accession à la propriété.

Les sociétés anonymes coopératives d'intérêt collectif pour l'accession à la propriété doivent avoir pour associés :

- leurs salariés ;
- les bénéficiaires des opérations d'accession à la propriété de l'habitat mentionnées au I de l'article L. 215-1 ;

– des collectivités territoriales ou leurs groupements dont le ressort territorial est compris dans la région où elles ont leur siège ;
– des organismes d'habitations à loyer modéré ayant compétence pour intervenir dans la même région.
Elles peuvent également admettre comme associés :
– toute personne physique souhaitant participer bénévolement à leur activité ;
– toute personne contribuant par tout autre moyen à la réalisation de leurs objectifs.
Le dernier alinéa de l'article 19 *septies* de la loi n° 47-1775 du 10 septembre 1947 précitée n'est pas applicable aux sociétés anonymes coopératives d'intérêt collectif pour l'accession à la propriété.

Art. L. 215-4 *(Ord. n° 2006-1048, 25 août 2006 ; mod. L. n° 2018-1021, 23 nov. 2018).* – Les statuts de la société anonyme coopérative d'intérêt collectif pour l'accession à la propriété répartissent les associés de la société en plusieurs collèges.

L'un de ces collèges comprend des organismes d'habitations à loyer modéré, un autre des collectivités territoriales et leurs groupements. Chacun de ces deux collèges peut comporter des associés représentant d'autres catégories à condition toutefois que ces organismes et ces collectivités ou groupements disposent de la majorité des voix au sein de leur collège respectif.

S'il y a lieu, un autre collège est composé des sociétés anonymes coopératives d'intérêt collectif pour l'accession à la propriété ou d'une ou plusieurs entités, autres que des sociétés d'habitations à loyer modéré, dont la majorité des droits de vote est détenue soit directement par des sociétés anonymes coopératives d'intérêt collectif pour l'accession à la propriété, soit indirectement par une entité contrôlée, au sens de l'article L. 233-3 du Code de commerce, par l'une ou plusieurs des entités mentionnées ci-dessus dont la majorité des droits de vote est détenue directement par des sociétés anonymes coopératives d'intérêt collectif pour l'accession à la propriété.

Les statuts attribuent 50 % des droits de vote en assemblée générale à l'un des collèges ou à un groupe de collèges dont les associés qui les composent se sont engagés par convention à ce qu'ils s'expriment d'une seule voix dans les assemblées générales de la société.

Si le collège composé des entités mentionnées au troisième alinéa du présent article est constitué, il ne peut détenir plus de 20 % des droits de vote à l'assemblée générale.

L'avant-dernier alinéa ne s'applique pas à un collège composé d'une ou plusieurs entités dont la majorité des droits de vote est détenue soit directement par au moins trois quarts des sociétés anonymes coopératives d'intérêt collectif pour l'accession à la propriété, soit indirectement par une entité contrôlée, au sens de l'article L. 233-3 du Code de commerce, par une ou plusieurs des entités mentionnées ci-dessus dont la majorité des droits de vote est détenue directement par au moins trois quarts des sociétés anonymes coopératives d'intérêt collectif pour l'accession à la propriété.

Section III. – Union d'économie sociale pour l'accession à la propriété

Art. L. 215-5 *(Ord. n° 2006-1048, 25 août 2006).* – L'Union d'économie sociale pour l'accession à la propriété est une société coopérative régie par les dispositions du titre II *bis* de la loi [n° 47-1775] du 10 septembre 1947.

(Rempl., L. n° 2006-1615, 18 déc. 2006) L'Union d'économie sociale pour l'accession à la propriété est régie par le titre II *bis* de la loi n° 47-1775 du 10 septembre 1947 précitée.

(Rempl., L. n° 2006-1615, 18 déc. 2006) Elle doit avoir pour associés les sociétés anonymes coopératives d'intérêt collectif pour l'accession à la propriété et l'Union des fédérations d'organismes d'habitations à loyer modéré.

Les sociétés anonymes coopératives d'intérêt collectif pour l'accession à la propriété disposent d'au moins 90 % des droits de vote aux assemblées générales de l'Union d'économie sociale pour l'accession à la propriété, répartis à parts égales entre elles.

Art. L. 215-6 *(Ord. n° 2006-1048, 25 août 2006).* – Les statuts de l'Union d'économie sociale pour l'accession à la propriété sont approuvés par décret en Conseil d'État.

L'Union d'économie sociale pour l'accession à la propriété ne peut détenir, directement ou indirectement, aucune part sociale dans une société anonyme coopérative d'intérêt collectif pour l'accession à la propriété ou dans une société détenue majoritairement ou de façon conjointe par des sociétés anonymes coopératives d'intérêt collectif pour l'accession à la propriété.

L'Union est administrée par un conseil d'administration comprenant quinze membres au plus dont douze au moins désignés par les sociétés anonymes coopératives d'intérêt collectif pour l'accession à la propriété et un membre désigné par l'Union des fédérations d'organismes d'habitations à loyer modéré si celle-ci en fait la demande.

Art. L. 215-7 *(Ord. n° 2006-1048, 25 août 2006 ; mod. L. n° 2006-1615, 18 déc. 2006 ; L. n° 2018-1021, 23 nov. 2018)*. – L'Union d'économie sociale pour l'accession à la propriété représente les intérêts communs des sociétés anonymes coopératives d'intérêt collectif pour l'accession à la propriété, notamment auprès des pouvoirs publics. À ce titre, elle passe toutes conventions avec l'État ou des organismes publics et parapublics définissant les objectifs et les conditions d'exercice de l'activité des sociétés anonymes coopératives d'intérêt collectif pour l'accession à la propriété.

L'Union d'économie sociale pour l'accession à la propriété veille à la mise en œuvre de ces conventions. À cet effet, elle adresse aux sociétés anonymes coopératives d'intérêt collectif pour l'accession à la propriété des recommandations pour la bonne application de ces conventions. Elle remet un rapport annuel à l'autorité administrative sur l'exécution des conventions.

Le règlement intérieur de l'Union d'économie sociale pour l'accession à la propriété définit les modalités d'alerte, de prévention, de contrôle et de sanction visant à garantir l'exécution conforme par une société anonyme coopérative d'intérêt collectif pour l'accession à la propriété des engagements découlant des conventions mentionnées aux premier et deuxième alinéas.

L'Union d'économie sociale pour l'accession à la propriété donne, dans les conditions de son règlement intérieur et en considération, le cas échéant, des objectifs définis dans les conventions mentionnées aux mêmes premier et deuxième alinéas, un avis préalable conforme aux opérations suivantes réalisées, directement ou indirectement, par ou au profit d'une ou plusieurs sociétés anonymes coopératives d'intérêt collectif pour l'accession à la propriété :

1° Souscriptions, attributions ou transferts d'instruments financiers, parts sociales ou droits de toute nature dans toute entité ;

2° Opérations en capital, fusion, scission, apport partiel d'actif ou apport concernant toute entité ;

3° Transferts d'actifs incorporels.

Cet avis préalable conforme est requis sous peine de nullité absolue de l'opération.

La réalisation indirecte d'une opération mentionnée au quatrième alinéa s'entend d'une opération réalisée soit par une ou plusieurs entités dont la majorité des droits de vote est détenue directement par une ou plusieurs sociétés anonymes coopératives d'intérêt collectif pour l'accession à la propriété, soit par une ou plusieurs entités contrôlées, au sens de l'article L. 233-3 du Code de commerce, par une ou plusieurs des entités dont la majorité des droits de vote est détenue directement par une ou plusieurs sociétés anonymes coopératives d'intérêt collectif pour l'accession à la propriété.

L'Union d'économie sociale pour l'accession à la propriété veille au respect de l'article L. 215-1-2 du présent code par les sociétés anonymes coopératives d'intérêt collectif pour l'accession sociale à la propriété.

À ce titre, elle passe toutes conventions avec l'État définissant les modalités de contrôle du montant et de l'utilisation de la réserve de disponibilités, mentionnée au second alinéa du même article L. 215-1-2, constituée par chaque société anonyme coopérative d'intérêt collectif pour l'accession à la propriété.

Lorsqu'une société anonyme coopérative d'intérêt collectif pour l'accession à la propriété n'utilise pas, pendant deux exercices successifs, tout ou partie de la réserve mentionnée au second alinéa dudit article L. 215-1-2 dans les conditions prévues au premier alinéa du même article L. 215-1-2, les sommes non utilisées sont attribuées, sur proposition de l'Union d'économie sociale pour l'accession à la propriété et avec l'accord de l'autorité administrative, à une autre société anonyme coopérative d'intérêt collectif pour l'accession à la propriété. Cette société doit employer les sommes ainsi attribuées aux fins prévues au même article L. 215-1-2 en supplément de ses propres obligations résultant du même article L. 215-1-2.

Section IV. – Contrôle administratif et sanctions

Art. L. 215-8 *(Ord. n° 2006-1048, 25 août 2006 ; mod., L. n° 2006-1615, 18 déc. 2006)*. – Les sociétés anonymes coopératives d'intérêt collectif pour l'accession à la propriété sont agréées par l'autorité administrative après avis de l'Union d'économie sociale pour l'accession à la propriété. Ne peut être agréée la société qui ne comprend pas au nombre de ses associés au moins une collectivité territoriale ou un groupement de collectivités territoriales et un organisme d'habitations à loyer modéré pour former les collèges mentionnés au deuxième alinéa de l'article L. 215-4.

En cas de changement du collège ou du groupe de collèges disposant de 50 % des droits de vote dans les conditions prévues à l'article L. 215-4, la société doit obtenir un nouvel agrément.

La perte d'agrément entraîne la dissolution de la société anonyme coopérative d'intérêt collectif pour l'accession à la propriété. Le boni de liquidation est attribué, par l'autorité administrative, sur proposition de l'Union d'économie sociale pour l'accession à la propriété à une ou plusieurs sociétés anonymes coopératives d'intérêt collectif pour l'accession à la propriété.

Art. L. 215-9 et L. 215-10 *(Abr. à compter du 1er janvier 2015, L. n° 2014-366, 24 mars 2014).*

TITRE IV. – DISPOSITIONS COMMUNES DIVERSES

CHAPITRE I. – DISPOSITIONS PÉNALES

Art. L. 241-1 *(L. n° 90-1129, 19 déc. 1990).* – Toute personne qui aura exigé ou accepté un versement, un dépôt de fonds, une souscription ou une acceptation d'effets de commerce en violation des dispositions des articles L. 212-10, L. 212-11, L. 213-9, L. 222-5 et du paragraphe II de l'article L. 231-4 sera punie d'un emprisonnement de deux ans et d'une amende de 9 000 € ou de l'une de ces deux peines seulement.

Art. L. 241-2 *(L. n° 92-1336, 16 déc. 1992 ; L. n° 93-913, 19 juill. 1993).* – Toute personne qui, ayant reçu ou accepté un ou plusieurs versements, dépôts, souscriptions d'effets de commerce, à l'occasion d'un contrat de société ou de promotion immobilière soumis aux dispositions des titres I et II du présent livre, aura détourné tout ou partie de ces sommes sera punie des peines de l'abus de confiance prévues par les articles 314-1 et 314-10 du Code pénal.

Art. L. 241-3 *(L. n° 86-18, 6 janv. 1986 ; L. n° 90-1129, 19 déc. 1990 ; mod. L. n° 2014-366, 24 mars 2014).* – Ne peuvent participer, en droit ou en fait, directement ou par personne interposée, à la fondation ou à la gestion des sociétés régies par le titre Ier du présent livre, d'une société régie par la loi n° 86-18 du 6 janvier 1986 relative aux sociétés d'attribution d'immeubles en jouissance à temps partagé ou d'une société de promotion immobilière ni à la conclusion d'un contrat de promotion immobilière ou de l'un des contrats régis par les articles L. 231-1 et L. 232-1 les personnes ayant fait l'objet de l'une des condamnations énumérées à l'article 1er de la loi n° 47-1435 du 30 août 1947 relative à l'assainissement des professions commerciales et industrielles ou d'une condamnation à une peine d'emprisonnement avec ou sans sursis pour l'une des infractions ci-après :

1° Faux et usage de faux en écriture privée, de commerce ou de banque, faux prévu par les articles 153 et 154 du Code pénal ;

2° Vol, recel, escroquerie, abus de confiance, banqueroute, extorsion de fonds, valeurs ou signatures, délits punis des peines de l'escroquerie, de l'abus de confiance ou de la banqueroute ;

3° Émission de mauvaise foi de chèque sans provision, usure et délit réprimé par l'article 15 de la loi n° 66-1010 du 28 décembre 1966 relative à l'usure, aux prêts d'argent et à certaines opérations de démarchage et de publicité ;

4° Soustraction commise par dépositaire public, concussion commise par fonctionnaire public, corruption de fonctionnaires publics et d'employés des entreprises privées, communication de secrets de fabrique ;

5° Atteinte au crédit de l'État, organisation du refus collectif de l'impôt ;

6° Faux témoignage, faux serment, subornation de témoin ;

7° Proxénétisme ou délit puni des peines du proxénétisme ;

8° Délits prévus par les articles L. 241-1 à L. 241-4, L. 242-6, L. 242-17 et L. 242-27 du Code de commerce ;

9° Délit prévu par l'article 13 de la loi n° 52-332 du 24 mars 1952 relative aux entreprises de crédit différé ;

10° Délit prévu par l'article 21 de la loi du 13 juin 1941 sur l'exercice de la profession bancaire, délit prévu par le deuxième alinéa de l'article 6 de la loi du 14 juin 1941 relative à la réglementation et à l'organisation des professions se rattachant à la profession de banquier ;

11° Délit prévu par l'article 4 de la loi n° 60-580 du 21 juin 1960 interdisant certaines pratiques en matière de transactions portant sur des immeubles et des fonds de commerce, et par le *a bis* de l'article 14 et les articles 16, 17 et 18 de la loi n° 70-9 du 2 janvier 1970 réglementant les conditions d'exercice des activités relatives à certaines opérations portant sur les immeubles et les fonds de commerce ;

12° Délit prévu par les articles L. 241-1, L. 241-2, L. 241-5, L. 241-6, L. 263-1 et L. 263-2 ;

13° Délit prévu par l'article L. 311-13 ;

14° Délits prévus par les articles 22 et 31 de la loi n° 86-18 du 6 janvier 1986 précitée.

Art. L. 241-4. – La même interdiction est encourue :

a) Par les faillis non réhabilités et par les personnes frappées soit de faillite personnelle, soit de l'une des interdictions de diriger, gérer, administrer ou contrôler toute entreprise commerciale prévue aux articles 108 et 109 de la loi n° 67-563 du 13 juillet 1967 sur le règlement judiciaire, la liquidation des biens, la faillite personnelle et les banqueroutes ;

b) Par les officiers publics et ministériels destitués ;

c) Par les agréés syndics et administrateurs judiciaires révoqués ;

d) Par les membres radiés disciplinairement et à titre définitif, pour manquement à la probité, des professions constituées en ordres.

Art. L. 241-5. – Toute personne qui contreviendra à l'interdiction résultant des articles L. 241-3 et L. 241-4 sera punie d'un emprisonnement de deux ans et d'une amende de 22 500 € ou de l'une de ces deux peines seulement.

Art. L. 241-6. – Seront punies d'un emprisonnement de cinq ans et d'une amende de 18 000 €, ou de l'une de ces deux peines seulement, les infractions aux dispositions des articles L. 214-6 à L. 214-9.

Seront punis des mêmes peines :

1° Le fait soit d'avoir porté des indications volontairement inexactes ou incomplètes dans les contrats ou documents prévus par le décret n° 54-1123 du 10 novembre 1954, soit d'avoir, dans l'exécution desdits contrats ou documents, volontairement trompé ou tenté de tromper sur la qualité, la quantité ou les dimensions de la construction ou des matériaux, appareils ou produits employés ou fournis ;

2° Le fait de mettre obstacle à l'action des organes de contrôle prévus par ledit décret ;

3° Le fait pour une personne exerçant en droit ou en fait, directement ou par personne interposée, la gestion d'une société concernée par ces décrets d'avoir, de mauvaise foi, fait, des biens ou du crédit de la société ou des pouvoirs ou des voix dont elle disposait, un usage qu'elle savait contraire à l'intérêt de ladite société, dans un but personnel ou pour favoriser une autre société ou une entreprise quelconque dans laquelle elle était intéressée directement ou indirectement.

Seront punies des mêmes peines les tentatives d'infractions prévues au présent article.

Art. L. 241-7. – I. – Ne peuvent ni procéder habituellement à titre quelconque, directement ou par personne interposée, pour leur compte ou pour celui d'autrui aux opérations mentionnées au décret n° 54-1123 du 10 novembre 1954 présentement abrogé sauf en ses dispositions concernant le conseil de surveillance, reproduites aux articles L. 214-6 à L. 214-9, ni participer en droit ou en fait, directement ou par personne interposée, à la fondation ou à la gestion des sociétés ou autres organismes mentionnés audit décret :

1° Les personnes empêchées d'exercer un commerce en vertu de la loi n° 47-1635 du 30 août 1947 relative à l'assainissement des professions industrielles ou commerciales, ainsi que les personnes condamnées en application soit du décret du 14 juin 1938 sur les entreprises d'assurances présentement repris par le Code des assurances (livre III, titre II, chapitre VIII et livre V, titre I, chapitre IV, section IV), soit des lois des 13 et 14 juin 1941 relatives à la réglementation et à l'organisation de la profession bancaire et des professions qui s'y rattachent, soit de la loi n° 52-332 du 24 mars 1952 relative aux entreprises de crédit différé, soit de l'article L. 241-6 ;

2° Les personnes ayant fait l'objet d'une condamnation pour une des infractions suivantes : vol, abus de confiance, escroquerie, émission de chèques sans provision, soustraction commise par un dépositaire public, extorsion de fonds ou de valeurs, usure, atteinte au crédit de la nation ou recel de choses obtenues à l'aide de l'une de ces infractions.

Toute condamnation pour tentative ou complicité des infractions mentionnées aux deux alinéas qui précèdent entraîne la même interdiction.

II. – Les infractions aux dispositions du paragraphe I du présent article sont punies des peines portées à l'article L. 241-6.

III. – Les dispositions du présent article ne font pas obstacle à l'exécution des contrats en cours au 9 août 1957.

Art. L. 241-8 *(L. n° 90-1129, 19 déc. 1990 ; mod., L. n° 2011-525, 17 mai 2011 ; Ord. n° 2016-301, 14 mars 2016 ; L. n° 2018-1021, 23 nov. 2018).* – Sera puni d'un emprisonnement de 300 000 euros quiconque, tenu à la conclusion d'un contrat par application de l'article L. 231-1 ou de l'article L. 232-1, aura entrepris l'exécution des travaux sans avoir conclu un contrat écrit conforme aux dispositions des articles L. 231-1, L. 231-2, L. 231-3, L. 231-9, L. 232-1 et L. 232-2, ou sans avoir obtenu la garantie de livraison définie à l'article L. 231-6.

Art. L. 241-9 *(L. n° 90-1129, 19 déc. 1990 ; mod., L. n° 2003-721, 1er août 2003).* – Sera puni d'un emprisonnement de deux ans et d'une amende de 18 000 €, ou de l'une de ces deux peines seulement, quiconque, chargé de l'une des opérations mentionnées à l'article L. 241-8, n'aura pas conclu par écrit un contrat de sous-traitance avant l'exécution des travaux de chacun des lots de l'immeuble ou aura conclu un contrat ne comportant pas l'énonciation prévue à l'avant-dernier alinéa de l'article L. 231-13.

CHAPITRE II. – DISPOSITIONS DIVERSES

Art. L. 242-1. – Pour l'application des articles L. 212-10, L. 213-1 et L. 222-1, un immeuble collectif est considéré comme un immeuble à usage d'habitation ou à usage professionnel et d'habitation lorsque 10 % au moins de sa superficie est affectée à de tels usages. Un décret en Conseil d'État fixe les modalités selon lesquelles les locaux annexes sont décomptés pour l'appréciation de la condition définie ci-dessus.

Voir : CCH, art. R. 212-12, p. 2786 et R. 213-4, p. 2789.

Art. L. 242-2 *(L. n° 90-1129, 19 déc. 1990).* – Des décrets en Conseil d'État fixent, en tant que de besoin, les conditions et modalités d'application des titres précédents, et notamment :

Les modalités de règlement du prix à mesure de l'avancement des travaux mentionnés aux articles L. 213-8, *b*, L. 222-3, sixième alinéa, *e* et L. 232-1.

Pour l'application de l'article L. 231-2, *e*, le pourcentage maximum du prix total exigible aux différents stades de la construction d'après le pourcentage de dépenses normalement faites à chacun d'entre eux, tout en laissant, par dérogation à la loi n° 71-584 du 16 juillet 1971 tendant à réglementer les retenues de garantie en matière de marchés de travaux définis par l'article 1779-3° du Code civil, un solde de garantie qui ne peut excéder 5 % du prix total au bénéfice du maître de l'ouvrage jusqu'à son entrée dans les lieux, sous réserve de la faculté pour celui-ci de consigner tout ou partie de ce solde de garantie en cas de litige ;

(Al. créé, Ord. n° 2019-395, 30 avr. 2019) Pour l'application de l'antépénultième et de l'avant-dernier alinéas de l'article L. 231-2, les modalités selon lesquelles le maître de l'ouvrage est informé de l'achèvement et de la bonne exécution de la fabrication des éléments préfabriqués, ainsi que des modalités de règlement du prix compte tenu de l'avancement des travaux de construction et de l'achèvement de la fabrication des éléments préfabriqués.

Les conditions dans lesquelles l'exécution du contrat de promotion immobilière est réputée commencée ;

La nature des garanties énoncées à l'article L. 222-3, sixième alinéa, e ainsi que leurs modalités ;

Les conditions et modalités d'application des articles L. 231-1 à L. 231-13.

Art. L. 242-3 *(L. n° 83-440, 2 juin 1983).* – Le titre I et le titre II du décret n° 54-1123 du 10 novembre 1954 ainsi que l'article 80, alinéa 2, de la loi n° 53-80 du 7 février 1953 continuent à s'appliquer aux contrats conclus antérieurement au 31 décembre 1972.

Toutes références à l'article 80, alinéa 2, susvisé sont, en tant que de raison, réputées faites aux dispositions du chapitre III du titre I du présent livre.

Art. L. 242-4. – I. – Les dispositions des chapitres I, II et III du titre I, des titres II, III, et des articles L. 241-1 à L. 241-5 du présent livre entrent en vigueur le 31 décembre 1972.

II. – Les dispositions des chapitres I et III du titre I du présent livre sont applicables, à compter de leur date d'entrée en vigueur, aux sociétés constituées antérieurement à ladite date. Toutefois, en ce qui concerne les programmes ayant fait l'objet du dépôt d'une demande de permis de construire ou de la déclaration préalable, prévue à l'ancien article L. 430-3 du Code de l'urbanisme avant cette date, les sociétés coopératives de construction ne sont pas tenues de se conformer aux dispositions des articles L. 213-2 à L. 213-9.

....

Partie réglementaire

Titre préliminaire. – Les sociétés d'habitat participatif
(D. n° 2015-1725, 21 déc. 2015)

Art. R. 200-1 *(D. n° 2015-1725, 21 déc. 2015 ; D. n° 2016-1849, 23 déc. 2016).* – Est considéré comme résidence principale, au sens des articles L. 201-2 et L. 202-2, le logement occupé par l'associé au moins huit mois par an.

Il peut être dérogé à l'obligation d'établir sa résidence principale dans l'immeuble après l'entrée en jouissance du logement sur autorisation de l'assemblée générale votée à la majorité des associés présents ou représentés.

La dérogation est de droit dans les cas suivants :

1° Pour les héritiers et légataires de l'associé d'une société d'attribution et d'autopromotion ;

2° En cas de décision judiciaire attribuant la jouissance du domicile conjugal au conjoint séparé non associé ;

3° En cas d'invalidité ou d'incapacité de l'associé reconnue par la délivrance de la carte mobilité inclusion comportant la mention « invalidité » délivrée en application de l'article L. 241-3 du Code de l'action sociale et des familles ou de la carte d'invalidité prévue à l'article L. 241-3 du même code dans sa rédaction antérieure au 1er janvier 2017 ;

4° En cas de mise à disposition du logement par un associé à un parent de ligne directe jusqu'au deuxième degré inclus en situation de handicap reconnue par une carte mobilité inclusion comportant la mention « invalidité » définie à l'article L. 241-3 du Code de l'action sociale et des familles ou une carte d'invalidité définie à l'article L. 241-3 du même code dans sa rédaction antérieure au 1er janvier 2017 ;

5° En cas d'obligation liée à l'activité professionnelle, caractérisée par des déplacements réguliers, par la nécessité absolue de service découlant de dispositions statutaires ou obligation figurant dans le contrat de travail contraignant l'associé à résider dans un autre logement ou par l'éloignement entre le logement dont il a la jouissance et le lieu de l'activité ;

6° En cas de perte d'emploi de l'associé.

L'associé qui invoque le bénéfice d'une dérogation de droit en informe la société par lettre recommandée avec demande d'avis de réception, en justifiant de la survenance de l'une des situations mentionnées aux 1° à 6° et en indiquant la date à compter de laquelle il n'occupera plus le logement dont il a la jouissance.

Voir : CCH, art. R. 200-1, p. 2780, art. R. 200-4, p. 2780, art. R. 202-1, p. 2783.

Art. R. 200-2 *(D. n° 2015-1725, 21 déc. 2015).* – La convention d'occupation temporaire mentionnée à l'article L. 200-9-1 est établie par écrit et mentionne la durée de cette occupation en caractères très apparents. La durée d'occupation ne peut excéder la durée de la dérogation mentionnée à l'article R. 200-1.

Art. R. 200-3 *(D. n° 2015-1725, 21 déc. 2015).* – L'accès de tiers non associés à chaque catégorie d'activités, de services, d'équipements ou d'espaces communs est préalablement soumis à un accord de l'assemblée générale des associés qui en fixe les conditions.

La société ne peut offrir aux tiers d'activités ou services, ou l'usage d'équipements ou d'espaces communs, autres que ceux qu'elle offre aux associés conformément à son objet statutaire.

Le montant des recettes éventuellement générées ne peut excéder 20 % du chiffre d'affaires ou 6 % du capital social de la société. Chaque année, le représentant légal de la société informe l'assemblée générale des associés de ce montant et du pourcentage du chiffre d'affaires ou du capital social qu'il représente.

Art. R. 200-4 *(D. n° 2015-1725, 21 déc. 2015).* – L'associé qui souhaite se retirer de la société en forme la demande auprès de celle-ci ou de son représentant légal par lettre recommandée avec demande d'avis de réception.

L'assemblée générale est convoquée par le représentant légal de la société dans le délai fixé par les statuts, sans que ce délai puisse excéder trois mois à partir de la première présentation de la lettre de demande de retrait. En l'absence de réunion de l'assemblée générale dans ce délai, l'accord de la société est réputé donné.

Les notifications prévues au quatrième alinéa de l'article L. 201-5 et au deuxième alinéa de l'article L. 202-9 sont valablement faites par lettre recommandée avec demande d'avis de réception.

Voir : CCH, art. R. 202-1, p. 2783.

Art. R. 200-5 *(D. n° 2015-1725, 21 déc. 2015)*. – Les charges et frais déductibles des sommes versées, en remboursement de ses parts sociales, à l'associé démissionnaire ou exclu recouvrent :

1° Les charges et frais liés à l'établissement et à la notification des documents officialisant le retrait ou l'exclusion de l'associé ;

2° Les charges et frais liés à une procédure extrajudiciaire aux fins de recouvrement de sommes dues à la société par l'associé ;

3° Les charges et frais liés à la convocation et à la tenue sur cette question de l'assemblée générale des associés.

La société justifie de l'ensemble de ces charges et frais.

Ces charges et frais peuvent toutefois être évalués forfaitairement dans les statuts sans que le montant forfaitaire ne puisse excéder 2 % de la valeur des parts sociales de l'associé exclu ou démissionnaire pour les sociétés coopératives d'habitants ou de la valeur estimative des lots de l'associé exclu ou démissionnaire pour les sociétés d'attribution et d'autopromotion.

Le remboursement des sommes dues par la société à l'associé démissionnaire ou exclu s'effectue dès que cet associé a été remplacé et que le nouvel associé a versé les sommes nécessaires à ce remboursement. Même si l'associé exclu ou démissionnaire n'est pas remplacé, le remboursement ne peut être reporté à plus de dix-huit mois après l'assemblée générale décidant l'exclusion ou acceptant le retrait.

Art. R. 200-6 *(D. n° 2015-1725, 21 déc. 2015)*. – Les statuts des sociétés d'habitat participatif rappellent les obligations des associés en cas d'appel de fonds et leur responsabilité en cas de défaillance, de retrait ou d'exclusion d'un autre associé.

Art. R. 200-7 *(D. n° 2015-1725, 21 déc. 2015)*. – L'achèvement de l'immeuble au sens de l'article L. 200-9 et du II de l'article L. 202-9 résulte de l'exécution des ouvrages et de l'installation des éléments d'équipement qui sont indispensables à l'utilisation, conformément à sa destination, de l'immeuble. Pour l'appréciation de cet achèvement, les défauts de conformité avec les prévisions statutaires ne sont pas pris en considération lorsqu'ils n'ont pas un caractère substantiel, ni les malfaçons qui ne rendent pas les ouvrages ou éléments mentionnés ci-dessus impropres à leur utilisation.

L'achèvement de l'immeuble est constaté par un organisme de contrôle indépendant ou un homme de l'art.

Art. R. 200-8 *(D. n° 2016-1433, 24 oct. 2016)*. – La garantie mentionnée à l'article L. 200-9 couvre la société d'habitat participatif contre les risques financiers d'inachèvement de l'immeuble.

Elle est constituée par une ouverture de crédit par laquelle le tiers qui l'a consentie s'oblige à avancer à la société, durant les travaux de construction de l'immeuble, les sommes nécessaires au paiement :

1° Des coûts supplémentaires occasionnés par la défaillance d'une entreprise intervenant dans la construction rendant nécessaire la contractualisation avec une nouvelle entreprise, excepté lorsque le promoteur ou le vendeur de l'immeuble à construire a souscrit la garantie prévue à l'article L. 222-3 ou celle prévue à l'article L. 261-10-1 ;

2° Des appels de fonds de la société destinés au règlement des travaux en lieu et place de tout associé défaillant, dans l'attente de la cession des parts de cet associé.

Le montant de cette ouverture de crédit ainsi que sa durée, qui ne peut être inférieure à six mois, sont déterminés en fonction des risques encourus.

La garantie est délivrée par l'un des organismes mentionnés à l'article R. 261-17.

Pour bénéficier de cette garantie, la société d'habitat participatif est tenue de remettre au garant une liste minimale de pièces, permettant d'apprécier la situation et la solidité financières de la société et de son projet de construction, dont la composition est fixée par arrêté conjoint des ministres chargés du logement et de l'économie.

Chapitre Ier. – Dispositions particulières aux sociétés coopératives d'habitants

(D. n° 2015-1725, 21 déc. 2015)

Art. R. 201-1 *(D. n° 2015-1725, 21 déc. 2015)*. – La dérogation mentionnée à l'article R. 200-1 ne peut excéder une durée de trois ans non reconductible. Lorsque la dérogation fait suite à une décision de l'assemblée générale, le délai de trois ans court à compter de la date de l'assemblée générale ayant pris cette décision. Lorsque la dérogation est réputée accordée, le délai de trois ans court à compter de la date limite à laquelle l'assemblée générale aurait, en application de l'article R. 200-4, dû se prononcer sur la demande. Lorsque la dérogation est de droit, le délai court à compter de la date indiquée dans la notification mentionnée au dernier alinéa de l'article R. 200-1.

Lorsque l'associé confère un droit d'occupation temporaire sur le logement conformément aux dispositions de l'article L. 200-9-1, le paiement de la part acquisitive et de la part locative reste à sa charge exclusive.

Art. R. 201-2 *(D. n° 2015-1725, 21 déc. 2015)*. – Il peut être dérogé au délai mentionné à l'article L. 201-4 sur décision de l'assemblée générale des associés coopérateurs votée à l'unanimité.

Toutefois, cette dérogation est de droit lorsque l'associé justifie d'un changement de sa situation professionnelle nécessitant un éloignement géographique.

Art. R. 201-3 *(D. n° 2015-1725, 21 déc. 2015)*. – Le montant des sommes versées au titre des provisions mentionnées à l'article L. 201-6 est fixé par l'assemblée générale des associés dans le respect des dispositions des troisième et quatrième alinéas du présent article.

Les provisions sont constituées par une cotisation annuelle à la société coopérative. Elles ne donnent pas lieu à un remboursement par la société en cas de cession des parts sociales, de retrait ou d'exclusion d'un associé coopérateur. Ces sommes sont versées sur un compte dédié à cet effet.

Le montant des provisions versées par l'associé pour gros travaux d'entretien et de réparation ne peut être inférieur à 10 % du montant annuel de la redevance qu'il acquitte. L'assemblée générale peut décider de ne pas constituer cette provision pendant les deux premières années suivant l'achèvement de l'immeuble.

Le montant des provisions versées par l'associé pour vacance des logements et pour impayés de la redevance ne peut excéder 3 % du montant annuel de la fraction locative mentionnée à l'article L. 201-8 qu'il acquitte. L'assemblée générale peut décider de suspendre le prélèvement des provisions pour vacance des logements et pour impayés de la redevance lorsque le montant des provisions constituées permet de couvrir 33 % du montant total des fractions locatives des redevances de l'ensemble des logements pendant six mois.

Art. R. 201-4 *(D. n° 2016-1153, 24 août 2016)*. – Les sociétés coopératives d'habitants propriétaires d'un immeuble dont l'achèvement a été constaté dans les conditions prévues à l'article R. 200-7 se soumettent tous les trois ans à une révision coopérative.

Art. R. 201-5 *(D. n° 2016-1153, 24 août 2016)*. – La révision des coopératives d'habitants est effectuée par une personne agréée, après avis du ministre chargé du logement, par le ministre chargé de l'économie sociale et solidaire dans les conditions fixées aux articles 1er à 5 du décret n° 2015-706 du 22 juin 2015 pris en application des articles 25-1 à 25-5 de la loi n° 47-1775 du 10 septembre 1947 portant statut de la coopération et relatif aux conditions d'agrément des réviseurs coopératifs et aux conditions et modalités d'exercice de leurs fonctions.

Pour l'agrément à la révision des sociétés coopératives d'habitants, l'expérience professionnelle en matière coopérative exigée au 3° de l'article 1er de ce décret doit avoir été acquise dans les matières de gestion et de finance appliquées au domaine de l'immobilier et de technique du bâtiment.

Les dispositions des articles 6 à 10 du même décret sont applicables aux réviseurs des sociétés coopératives d'habitants.

Art. R. 201-6 *(D. n° 2016-1153, 24 août 2016)*. – Le réviseur procède à l'examen critique et analytique de l'organisation et du fonctionnement de la coopérative d'habitants au regard des principes coopératifs définis par la loi n° 47-1775 du 10 septembre 1947 portant statut de la coopération, de sa situation technique et financière et de sa gestion ainsi que par comparaison avec d'autres sociétés analogues. La coopérative d'habitants contrôlée communique au réviseur tous les documents et pièces nécessaires à l'accomplissement de sa mission.

Art. R. 201-7 *(D. n° 2016-1153, 24 août 2016).* – Le réviseur établit un rapport écrit qui comporte :

1° Une description des diligences et contrôles effectués et de la méthodologie suivie pour conduire la mission de révision ;

2° Un avis motivé sur la conformité de l'organisation et du fonctionnement de la coopérative d'habitants aux principes et aux règles de la coopération et à l'intérêt des adhérents ainsi qu'aux règles coopératives spécifiques qui lui sont applicables ;

3° Un avis motivé sur la situation technique et financière et sur la gestion de la coopérative ;

4° Un avis motivé sur les perspectives économiques et financières de la coopérative ;

5° Les réserves éventuelles et les propositions de mesures correctrices ainsi que, le cas échéant, la mise en demeure faite à la coopérative d'habitants de se conformer aux principes et règles de la coopération.

Art. R. 201-8 *(D. n° 2016-1153, 24 août 2016).* – Le rapport de révision est communiqué au représentant légal de la coopérative d'habitants aux fins de recueillir ses éventuelles observations.

Le rapport, complété, le cas échéant, au vu des observations recueillies auprès du représentant légal de la société coopérative d'habitants, est transmis aux organes de gestion et d'administration de la société et discuté en présence du réviseur. Il est également mis à disposition de l'ensemble des associés et est présenté et discuté lors de l'assemblée générale qui suit sa transmission.

La mission du réviseur cesse à l'issue de la discussion du rapport de révision coopérative devant les organes de gestion et d'administration de la coopérative d'habitants ou, le cas échéant, à l'issue de la procédure prévue à l'article 25-4 de la loi n° 47-1775 du 10 septembre 1947 portant statut de la coopération.

Chapitre II. – Dispositions particulières aux sociétés d'attribution et d'autopromotion

(D. n° 2015-1725, 21 déc. 2015)

Art. R. 202-1 *(D. n° 2015-1725, 21 déc. 2015).* – La dérogation mentionnée à l'article R. 200-1 ne peut excéder une durée de six ans non reconductible. Lorsque la dérogation fait suite à une décision de l'assemblée générale, le délai de six ans court à compter de la date à laquelle l'assemblée générale a pris cette décision. Lorsque la dérogation est réputée donnée, le délai de six ans court à compter de la date limite à laquelle l'assemblée générale aurait, en application de l'article R. 200-4, dû se prononcer sur la demande. Lorsque la dérogation est de droit, le délai court à compter de la notification mentionnée au dernier alinéa de l'article R. 200-1.

Art. R. 202-2 *(D. n° 2015-1725, 21 déc. 2015).* – L'état descriptif de division de l'immeuble mentionné à l'article L. 202-3 est établi conformément aux dispositions des articles 71-1 à 71-13 du décret n° 55-1350 du 14 octobre 1955 pris pour l'application du décret n° 55-22 du 4 janvier 1955 portant réforme de la publicité foncière.

L'état descriptif de division et le règlement mentionnés à l'article L. 202-3 sont adoptés par l'assemblée générale dans les conditions prévues pour la modification des statuts.

Art. R. 202-3 *(D. n° 2015-1725, 21 déc. 2015).* – Dans le cas prévu à l'article L. 202-5, l'assemblée générale est convoquée selon les modalités prévues à l'article R. 212-3. La mise à prix est fixée par l'assemblée générale qui décide de la vente.

Art. R. 202-4 *(D. n° 2015-1725, 21 déc. 2015).* – La mise en vente des parts de l'associé défaillant a lieu dans les conditions prévues à l'article R. 212-4.

Art. R. 202-5 *(D. n° 2015-1725, 21 déc. 2015).* – Tout transfert de propriété de parts d'une société d'attribution et d'autopromotion est notifié dans les conditions prévues à l'article R. 212-8.

Art. R. 202-6 *(D. n° 2015-1725, 21 déc. 2015).* – Les associés sont tenus de notifier à la société ou au liquidateur leurs changements de domicile.

Les indications notifiées à la société ou au liquidateur, en application de l'article R. 202-5 et du premier alinéa du présent article, sont reportées selon les modalités prévues à l'article R. 212-9.

Art. R. 202-7 *(D. n° 2015-1725, 21 déc. 2015).* – L'action en justice exercée par un associé conformément au cinquième alinéa de l'article L. 202-7 est dirigée contre la société. Si elle a pour fondement le fait que la part d'une catégorie des charges incombant à un lot d'un autre associé est inférieure de plus d'un quart à celle qui devrait légalement incomber à ce lot, cet associé doit, à peine d'irrecevabilité, être appelé en cause.

Art. R. 202-8 *(D. n° 2015-1725, 21 déc. 2015)*. – Quand une société ne prévoyant que des attributions en jouissance se porte caution hypothécaire des associés, la saisie prévue à l'article L. 202-11 ne peut être réalisée qu'après l'expiration d'un délai de six mois à compter de la date à laquelle la société et l'ensemble des associés sont informés par le créancier de la procédure de saisie à venir par lettre recommandée avec demande d'avis de réception.

Le délai prévu au précédent alinéa donne droit à compensation pour le créancier pour un montant égal à 5 % de la valeur du lot au moment du prêt.

TITRE PREMIER. – STATUT DES SOCIÉTÉS DE CONSTRUCTION

Art. R. 210-1 *(D. n° 85-943, 5 sept. 1985)*. – Les sociétés de construction demeurent régies, outre les dispositions les concernant reproduites à la première partie du présent code :

– en ce qui concerne les sociétés civiles constituées en vue de la vente d'immeubles, par les articles 1er à 6 du décret n° 72-1235 du 29 décembre 1972 ci-après reproduits sous les articles R. 211-1 à R. 211-6 ;

– en ce qui concerne les sociétés constituées en vue de l'attribution d'immeubles aux associés par fractions divises, par les articles 1er à 16 du décret n° 72-1236 du 29 décembre 1972, ci-après reproduits sous les articles R. 212-1 à R. 212-16, et les articles 1er et 2 du décret n° 75-126 du 5 mars 1975, ci-après reproduits sous les articles R. 212-17 et R. 212-18 ;

– en ce qui concerne les sociétés coopératives de construction, par les articles R. 213-1 à R. 213-17-3.

CHAPITRE I. – SOCIÉTÉS CIVILES CONSTITUÉES EN VUE DE LA VENTE D'IMMEUBLES

Art. R.* 211-1. – Il est tenu au siège social des sociétés civiles régies par le livre II, titre I, chapitre I du présent code (1re partie) un registre, coté et paraphé par un représentant légal de la société en fonction à la date de l'ouverture dudit registre contenant les noms, prénoms et domicile des associés d'origine, personnes physiques, et s'il s'agit de personnes morales, leur raison sociale et l'adresse de leur siège social, ainsi que la quote-part des droits sociaux dont chacun est titulaire. Sur ce registre sont également mentionnés, lors de chaque transfert de droits sociaux, les noms, prénoms et domicile, ou, s'il y a lieu, la raison sociale et l'adresse du siège social des nouveaux titulaires desdits droits ainsi que la date de l'opération.

La demande d'un créancier social désirant connaître le nom et le domicile réel ou élu de chaque associé est valablement faite par lettre recommandée avec demande d'avis de réception adressée à la société.

Art. R.* 211-2. – Pour l'application de l'alinéa 1er de l'article L. 211-3, un programme est dit non susceptible de division quand la réalisation ou l'utilisation normale des constructions commencées n'est possible que si l'ensemble du programme est achevé.

Art. R.* 211-3. – Si un associé n'a pas satisfait aux appels de fonds prévus à l'alinéa 1er de l'article L. 211-3, l'assemblée générale est valablement convoquée, après mise en demeure adressée à l'associé défaillant par un acte extrajudiciaire, par le représentant légal de la société, ou, en cas d'inaction de celui-ci, par tout associé.

Art. R.* 211-4. – La mise en vente des parts de l'associé défaillant ne peut avoir lieu en application de l'article R. 211-3 qu'après notification à tous les associés, y compris l'associé défaillant, de la date, de l'heure et du lieu de la vente publique. La notification indique le montant de la mise à prix. Elle est faite par lettre recommandée avec demande d'avis de réception et publiée dans un journal d'annonces légales du lieu du siège social.

Art. R.* 211-5. – Jusqu'à la vente des parts de l'associé défaillant conformément aux articles précédents, les autres associés sont tenus de répondre aux appels de fonds faits à cet associé, en ses lieu et place, au prorata de leurs droits sociaux.

Art. R.* 211-6. – Les statuts des sociétés soumises aux règles du livre II, titre I, chapitre I du présent code (1re partie) doivent rappeler les obligations des associés en cas d'appel de fonds ainsi que les conditions dans lesquelles les associés défaillants peuvent voir leurs parts mises en vente, par application de l'article L. 211-3 et des articles R. 211-3 à R. 211-5.

CHAPITRE II. – SOCIÉTÉS CONSTITUÉES EN VUE DE L'ATTRIBUTION D'IMMEUBLES AUX ASSOCIES PAR FRACTIONS DIVISES

Section I. – Dispositions générales

Art. R.* 212-1. – Le présent chapitre est applicable aux sociétés constituées en vue de l'attribution d'immeubles par fractions divises conformément au livre II, titre I, chapitre II du présent code (1re partie).

Art. R.* 212-2. – L'état descriptif de division d'un immeuble acquis ou dont la construction est faite par une société régie par le livre II, titre I, chapitre II du présent code (1re partie) doit être établi conformément aux dispositions *(Mots rempl., D. n° 2012-1462, 26 déc. 2012)* « des articles 71-1 à 71-13 du décret n° 55-1350 du 14 octobre 1955 modifié ».

L'état descriptif de division et le règlement doivent être adoptés par l'assemblée générale dans les conditions prévues pour les modifications des statuts.

Art. R.* 212-3. – Dans le cas prévu à l'article L. 212-4 où un associé ne satisfait pas à ses obligations, l'assemblée générale est convoquée, après mise en demeure adressée à l'associé défaillant par acte extrajudiciaire, par le représentant légal ou statutaire de la société ou, en cas d'inaction de ce représentant, par tout associé. La mise à prix est fixée par l'assemblée générale qui décide de la vente.

Art. R.* 212-4. – La mise en vente des parts de l'associé défaillant ne peut avoir lieu, conformément à l'article R. 212-3, qu'après notification à tous les associés, y compris l'associé défaillant, de la date, de l'heure et du lieu de la mise en vente publique. La notification indique le montant de la mise à prix. Elle est faite par lettre recommandée avec demande d'avis de réception et publiée dans un journal d'annonces légales du lieu du siège social.

Art. R.* 212-5. – Jusqu'à la vente des droits sociaux de l'associé défaillant, les autres associés sont tenus de répondre aux appels de fonds faits par la société aux lieu et place de l'associé défaillant et au prorata de leurs droits sociaux.

Art. R.* 212-6. – Les statuts des sociétés soumises au livre II, titre I, chapitre II du présent code (1re partie) doivent rappeler les obligations des associés en cas d'appels de fonds ainsi que les conditions dans lesquelles les associés défaillants peuvent voir leurs parts mises en vente par application de l'article L. 212-4, conformément aux dispositions du présent chapitre.

Art. R.* 212-7. – Dans le cas où les obligations dont est tenu un associé vis-à-vis de la société en application de l'article L. 212-3 sont inférieures de plus d'un quart à la contribution lui incombant en vertu de l'article L. 212-5, le ou les associés désavantagés qui intentent à l'égard de cet associé une action en justice fondée sur le quatrième alinéa de l'article L. 212-5 précité, doivent, à peine d'irrecevabilité appeler en cause la société.

Art. R.* 212-8. – À moins que la cession des droits sociaux n'ait à être portée à la connaissance de la société dans les conditions fixées par l'article 1690 du Code civil, tout transfert de propriété de parts ou actions d'une société constituée en application du livre II, titre Ier, chapitre II du présent code (1re partie) est notifié, sans délai, à la société. Cette notification est faite soit par les parties, soit, le cas échéant, par le notaire qui établit l'acte, soit par *(Mots suppr., D. n° 2012-634, 3 mai 2012)* « ... » l'avocat qui a obtenu la décision judiciaire, acte ou décision, qui réalise, atteste ou constate ce transfert.

Cette notification comporte la désignation des droits transférés ainsi que l'indication des nom, prénom, domicile réel ou élu du cédant et du cessionnaire.

Art. R.* 212-9. – Les associés sont tenus de notifier à la société ou au liquidateur leurs changements de domicile.

Les indications notifiées à la société ou au liquidateur, en application de l'article R. 212-8 et de l'alinéa précédent, doivent être reportées sur un registre ouvert à cet effet au siège de la société, ou, s'il y a lieu, au domicile élu du liquidateur, et tenu à la disposition de chaque associé qui en fera la demande. Cette obligation subsiste jusqu'à l'expiration d'un délai de deux ans à compter du retrait de l'associé ou de la dissolution de la société.

Art. R.* 212-10. – L'action en justice exercée par un associé conformément à l'alinéa 4 de l'article L. 212-6 pour obtenir la révision de la répartition des charges doit être dirigée contre la société si elle a pour fondement le fait que la part d'une catégorie des charges incombant à un lot du demandeur excède de plus d'un quart celle qui devrait légalement lui incomber.

L'action en justice exercée par un associé conformément au même alinéa 4 de l'article L. 212-6 pour obtenir la révision de la répartition des charges, du fait que la part d'une catégorie de charges incombant à un lot d'un autre associé est inférieure de plus d'un quart à celle qui devrait légalement incomber à ce lot doit être dirigée contre cet autre associé. La société doit, à peine d'irrecevabilité, être appelée en cause.

Art. R.* 212-11. – Le contrat de cession de parts ou actions consenti avant l'achèvement de l'immeuble doit préciser :

a) Le nombre de parts ou actions cédées, la désignation du ou des lots auxquels les droits donnent vocation, leur consistance telle qu'elle résulte des plans, coupes et élévations, avec les cotes utiles et l'indication des surfaces de chacune des pièces et des dégagements et, s'il y a lieu, la désignation sommaire de l'ensemble immobilier dont dépendent les locaux, à la jouissance ou à la propriété desquels les droits cédés donnent vocation.

Le contrat doit préciser, au besoin par une annexe, les éléments d'équipement auxquels les droits cédés donnent vocation ;

b) Le prix à payer au cédant, tant pour la cession des droits sociaux, que pour le remboursement des sommes qu'il a déjà versées à la société ;

c) Les versements qui restent à faire à la société pour achever l'immeuble ou la fraction de l'immeuble auquel les actions ou parts cédées donnent vocation à la date de la cession avec une attestation de la société indiquant les montants des appels de fonds déjà faits, des sommes versées par le cédant, de celles qui restent dues par le cédant sur les appels faits, et des appels de fonds restant à faire.

Le contrat doit comprendre en annexe les documents indiqués ci-dessous. Il peut se borner à y faire référence si lesdits documents sont déposés au rang des minutes d'un notaire :

1° Les statuts de la société ;

2° L'état descriptif de division et le règlement prévu par l'article L. 212-2 ;

3° Le contrat de promotion immobilière afférent à l'immeuble considéré ou l'écrit définissant les opérations confiées au représentant légal ou statutaire de la société par application de l'article L. 212-10 et de l'article R. 212-13 ;

4° Une note énonçant les caractéristiques techniques du ou des lots cédés, ainsi que des immeubles ou parties d'immeubles dans lesquels ce ou ces lots se trouvent. Cette note peut être constituée par le devis descriptif servant de base aux marchés ou par une description suffisamment détaillée. La note doit faire apparaître les caractéristiques des équipements extérieurs ou intérieurs ainsi que des divers réseaux ou voies desservant le ou les lots cédés.

Section II. – Dispositions propres aux sociétés ayant pour objet la construction d'immeubles à usage d'habitation ou à usage professionnel et d'habitation

Art. R.* 212-12. – Pour l'application de l'article L. 242-1 définissant ce qu'il faut entendre par immeuble à usage d'habitation et par immeuble à usage professionnel et d'habitation au sens de l'article L. 212-10 dans le cas d'immeubles collectifs, les superficies à retenir sont les superficies développées de tous les locaux de l'immeuble, qu'il s'agisse de locaux principaux, de locaux annexes ou de parties communes dans les conditions prévues par le présent article.

Sont notamment considérés comme locaux annexes les caves, greniers, resserres, celliers, terrasses, balcons, loggias, garages et sous-sols.

Si les annexes sont affectées ou destinées à être affectées à un local principal elles sont considérées comme étant de même nature que le local principal auquel elles sont affectées ou destinées à être affectées.

Les annexes qui ne sont ni affectées ni destinées à être affectées à un local principal sont réputées réparties entre, d'une part, les locaux à usage d'habitation ou à usage professionnel et d'habitation et, d'autre part, les locaux d'une autre nature, selon le rapport existant entre les superficies développées de ces deux catégories de locaux, y compris leurs propres annexes.

Art. R.* 212-13. – Lorsque par application de l'article L. 212-10 la société envisage de confier à son représentant légal ou statutaire les opérations constitutives de la promotion immobilière pour la réalisation de son programme, l'assemblée générale doit, avant la signature d'un contrat de louage ou avant le commencement des travaux s'ils ne donnent pas lieu à contrat de louage d'ouvrage, approuver la mission dudit représentant légal ou statutaire telle qu'elle est définie dans un écrit comportant les énonciations exigées par l'article L. 222-3 établi conformément aux dispositions réglementaires prises pour l'application dudit article L. 222-3.

Art. R.* 212-14. – I. – Le contrat préliminaire à une cession de parts prévu à l'article L. 212-11 doit préciser :

a) Le nombre de parts ou actions à céder, la désignation du lot auquel les droits à céder donnent vocation et la surface habitable approximative de l'immeuble ou de la partie d'immeuble constituant ce lot, le nombre de pièces principales et l'énumération des pièces de service, dépendances et dégagements ;

b) La date à laquelle la cession pourra être conclue ;

c) Le prix de cession des droits sociaux et le montant prévisionnel des appels de fonds correspondant aux droits sociaux à céder ;

d) Le prix convenu dans le contrat de promotion immobilière ou dans l'écrit prévu à l'article L. 212-10, la fraction de ce prix convenu se rapportant aux droits sociaux à céder, si ledit contrat ou écrit n'est pas établi à la date de la signature du contrat préliminaire, le prix prévisionnel doit être indiqué.

Le contrat préliminaire doit comporter en annexe une note technique sommaire indiquant la nature et la qualité des matériaux et des éléments d'équipements et, si le contrat porte sur une partie d'immeuble, des éléments d'équipement collectif qui présentent une utilité pour cette partie d'immeuble.

II. – Le contrat préliminaire est établi par écrit. Un exemplaire doit être remis au cessionnaire avant tout dépôt de fonds en garantie. Il doit obligatoirement reproduire les dispositions de l'article L. 212-11 et de l'article R. 212-15.

III. – Le montant du dépôt de garantie ne peut excéder 5 % du prix de cession et du montant prévisionnel des appels de fonds correspondant aux droits sociaux à céder, si le délai de réalisation de la cession n'excède pas un an ; ce pourcentage est limité à 2 % si ce délai n'excède pas deux ans. Aucun dépôt ne peut être exigé si le délai excède deux ans.

IV. – L'associé cédant doit notifier au cessionnaire le projet d'acte de cession au moins un mois avant la date de la signature de l'acte.

Art. R.* 212-15. – Le dépôt de garantie est restitué, sans retenue, ni pénalité, au déposant dans l'un ou l'autre des cas ci-dessous énumérés :

a) Si le contrat de cession n'est pas conclu du fait du cédant dans le délai prévu au contrat préliminaire ;

b) Si le prix de cession et le montant des appels de fonds correspondant aux droits sociaux à céder excèdent de plus de 10 % le prix prévisionnel fixé dans le contrat préliminaire. Il en est ainsi quelles que soient les causes de cette augmentation ;

c) Si l'un des éléments d'équipement prévus au contrat préliminaire ne doit pas être réalisé ;

d) Si l'immeuble ou la partie d'immeuble auquel donnent vocation les droits sociaux ayant fait l'objet du contrat présente dans sa consistance ou dans la qualité des ouvrages prévus une réduction de valeur supérieure à 10 %.

Dans les cas prévus au présent article, le déposant notifie sa demande de remboursement au cédant et au dépositaire par lettre recommandée avec demande d'avis de réception.

Sous réserve de la justification par le déposant de son droit de restitution, le remboursement intervient dans le délai maximum de trois mois à dater de cette demande.

Art. R.* 212-16. – Les notifications prévues par les articles précédents du présent chapitre sont valablement faites par lettre recommandée avec demande d'avis de réception.

Section III. – Dispositions particulières
aux sociétés constituées avant le 31 décembre 1972

Art. R.* 212-17. – *(D. n° 80-517, 26 juin 1980).* – Les articles L. 212-1 à L. 212-13 sont applicables aux sociétés ayant pour objet l'attribution d'immeubles aux associés par fractions divises, constituées avant le 31 décembre 1972, quelle que soit la forme juridique de ces sociétés, et notamment à celles qui ont été régies par la loi du 28 juin 1938 tendant à régler le statut de la copropriété des immeubles divisés par appartements.

Cette application prendra effet au 8 mars 1975 sous réserve des dispositions suivantes :

1° L'alinéa 3 de l'article L. 212-2 n'est pas applicable aux attributions en propriété d'une ou plusieurs fractions de l'immeuble quand les attributions sont effectuées avant le 1er septembre 1975 non plus qu'aux attributions effectuées postérieurement à cette date mais résultant d'un projet de partage dressé en la forme authentique avant cette même date ;

2° L'alinéa 5 de l'article L. 212-2 n'est pas applicable aux sociétés de construction lorsque les travaux ont été commencés antérieurement au 1er septembre 1975 et aux sociétés d'acquisition lorsque les entrées en jouissance ont été effectuées antérieurement à cette même date ;

3° L'alinéa 2 de l'article L. 212-3 n'est pas applicable au cas où tout ou partie des droits sociaux a fait l'objet d'une cession avant le 5 mars 1975. Dans ce cas la dépense entraînée par l'acquisition du terrain ne peut faire l'objet d'une répartition particulière que si cette répartition a été prévue par les statuts ou si elle est décidée soit à l'unanimité des associés, soit à la majorité au cas où les statuts le permettent ;

4° Les troisième et quatrième phrases du quatrième alinéa de l'article L. 212-4 ne sont pas applicables lorsque les actes constitutifs de sûretés réelles conventionnelles grevant les droits sociaux de l'associé défaillant ont acquis date certaine avant le 8 mars 1975 ;

5° L'article L. 212-5 n'est applicable qu'au 1er septembre 1975 et si les droits sociaux n'ont fait l'objet d'aucune cession antérieurement à cette date d'application ;

6° L'article L. 212-6 n'est applicable qu'à compter de la date à laquelle la société a établi le règlement prévu à l'article L. 212-2 et au plus tard à partir du 1er septembre 1975 ;

7° L'article L. 212-7 n'est applicable qu'aux cautions hypothécaires constituées après le 8 mars 1975 ;

8° L'article L. 212-9 n'est applicable que sous réserve des dispositions de l'article L. 212-14 ;

9° L'article L. 212-10 n'est pas applicable aux immeubles pour lesquels une demande de permis de construire a été déposée ou pour lesquels la déclaration préalable prévue par l'ancien article L. 430-3 du Code de l'urbanisme a été faite avant le 8 mars 1975 ;

10° L'article L. 212-12 n'est applicable qu'à partir du 1er septembre 1975 ;

11° L'article L. 212-13, qui confère aux articles L. 212-1 à L. 212-12 le caractère de dispositions d'ordre public, est applicable à chacun de ces articles aux dates et conditions auxquelles lesdits articles L. 212-1 à L. 212-12 doivent recevoir application en vertu des articles R. 212-17 et R. 212-18.

Art. R.* 212-18. – Les dispositions des articles R. 212-1 à R. 212-5 et R. 212-7 à R. 212-16 sont applicables aux sociétés constituées avant le 31 décembre 1972 aux mêmes dates et conditions que les dispositions législatives qu'elles appliquent.

Les dispositions de l'article R. 212-6 seront applicables à partir du 1er septembre 1975.

CHAPITRE III. – SOCIÉTÉS COOPÉRATIVES DE CONSTRUCTION

Art. R.* 213-1. – Les sociétés coopératives de construction régies par le livre II, titre I, chapitre III du présent code (1re partie) sont soumises aux dispositions du présent chapitre.

Art. R.* 213-2. – Pour l'application des articles L. 213-2 et L. 213-4 :

a) Un programme de construction est constitué par la totalité des logements et des locaux à usage commercial ou professionnel dont le nombre maximal est prévu par les statuts de la société coopérative de construction et qui sont susceptibles d'être construits sur une parcelle ou un groupe de parcelles contiguës ou font l'objet d'une même autorisation de construire ;

b) Une tranche de programme est constituée par un ou plusieurs bâtiments dont les conditions techniques de réalisation et l'utilisation ne sont pas subordonnées à la réalisation du reste du programme.

Art. R.* 213-3. – Pour l'application de l'article L. 213-4, une tranche est réputée entreprise à la date de signature du premier marché propre à la réalisation des bâtiments de la tranche considérée.

Art. R.* 213-4. – Pour l'application de l'article L. 242-1 définissant ce qu'il faut entendre par immeuble à usage d'habitation et par immeuble à usage professionnel et d'habitation au sens de l'article L. 213-1 dans le cas d'immeubles collectifs, les superficies à retenir sont les superficies développées de tous les locaux de l'immeuble, qu'il s'agisse de locaux principaux, de locaux annexes ou de parties communes, dans les conditions fixées par le présent chapitre.

Sont notamment considérés comme locaux annexes les caves, greniers, resserres, celliers, terrasses, balcons, loggias, garages et sous-sols.

Si les annexes sont affectées ou destinées à être affectées à un local principal, elles sont considérées comme étant de même nature que le local principal auquel elles sont affectées ou destinées à être affectées.

Les annexes qui ne sont ni affectées ni destinées à être affectées à un local principal sont réputées réparties entre, d'une part, les locaux à usage d'habitation ou à usage professionnel et d'habitation et, d'autre part, les locaux d'une autre nature selon le rapport existant entre les superficies développées de ces deux catégories de locaux y compris leurs propres annexes.

Art. R.* 213-5. – Lorsque la totalité des droits sociaux donnant vocation à l'attribution ou à l'achat des lots compris dans le programme n'a pas été souscrite, les garanties prévues par le premier alinéa de l'article L. 213-4 résultent de l'engagement pris par un tiers à l'égard de la société :

1° De souscrire ou de faire souscrire ou d'acquérir ou de faire acquérir la propriété de ceux de ces lots qui n'auraient pas été souscrits ou acquis par des associés un an après l'achèvement de la construction, et

2° De mettre ou de faire mettre à la disposition de la société jusqu'à la souscription ou l'acquisition des lots qui n'auraient pas été souscrits ou acquis, les sommes qui seraient exigibles des souscripteurs ou des acquéreurs éventuels ; les sommes ainsi mises à la disposition de la société et les frais financiers y afférents sont remboursables à la société par les acquéreurs ou souscripteurs des lots concernés.

Le remboursement des sommes ainsi mises à la disposition de la société ne peut être exigé d'elle, sous quelque forme que ce soit, avant l'acquisition ou la souscription desdits lots.

Art. R.* 213-6 *(D. n° 80-301, 22 avr. 1980)*. – Lorsque l'engagement prévu à l'article R. 123-5 est pris par une personne autre qu'une banque, un établissement financier habilité à cet effet, une société d'assurances, une société de caution mutuelle constituée conformément aux dispositions de la loi du 13 mars 1917 ayant pour objet l'organisation du crédit au petit et moyen commerce et à la petite et moyenne industrie ou un organisme habilité à collecter la participation des employeurs à l'effort de construction et répondant aux conditions définies par arrêté du ministre chargé de la construction et de l'habitation et du ministre chargé des finances, cette personne doit justifier :

a) Soit d'une ouverture de crédit consentie par une banque, ou un établissement financier habilité à cet effet dans une convention par laquelle la banque ou l'établissement financier s'oblige à lui avancer, ou à avancer à la société coopérative, les sommes indiquées au 2° de l'article R. 213-5 ; cette convention doit stipuler au profit de la société le droit d'en exiger l'exécution ;

b) Soit d'une convention de cautionnement aux termes de laquelle une banque, un établissement financier habilité à cet effet, une société de caution mutuelle constituée conformément aux dispositions de la loi susmentionnée du 13 mars 1917 ou une entreprise d'assurance agréée à cet effet s'oblige, solidairement avec la personne qui a pris l'engagement prévu à l'article R. 213-5, envers la société à lui avancer les sommes indiquées au 2° dudit article.

Art. R.* 213-7 *(D. n° 80-301, 22 avr. 1980)*. – Les associés d'une société coopérative souscrivant, achetant ou s'engageant à acheter plus de deux logements ou plus d'un local à usage commercial ou professionnel sont tenus d'apporter à la société coopérative la garantie de leurs engagements.

Cette garantie porte sur les sommes que l'associé devra verser pour payer les lots qu'il désire se faire vendre ou attribuer. Elle est diminuée des versements faits par ces associés lors de la souscription ou de l'acquisition, ainsi que des sommes qui seraient consignées par l'associé au profit de la société ou de celles qui seraient avancées par lui à la société jusqu'à l'achèvement des travaux.

La garantie doit être fournie par une banque, un établissement financier habilité à cet effet, une société de caution mutuelle constituée conformément aux dispositions de la loi susmentionnée du 13 mars 1967 ou une entreprise d'assurance agréée à cet effet.

Les banques, compagnies d'assurance, établissements financiers et les organismes habilités à collecter la participation des employeurs à l'effort de construction sont dispensés de la garantie prévue au présent article pour les locaux ou logements dont ils se portent souscripteurs ou acquéreurs.

Art. R.* 213-8. – Lorsque le programme à réaliser comporte plusieurs tranches et qu'une réduction de programme est décidée par une assemblée générale conformément à l'article L. 213-7, les engagements de garantie prévus à l'article R. 213-5 doivent porter non seulement sur les tranches à réaliser, mais aussi sur les équipements communs nécessaires pour que les lots de ces tranches puissent être utilisés conformément à leur destination.

Art. R.* 213-9. – Si la société coopérative confie à son représentant légal ou statutaire les opérations constitutives de la promotion immobilière pour la réalisation d'un programme, l'assemblée générale doit, avant le commencement des travaux, approuver la mission de ce représentant dans les conditions prévues à l'article L. 213-7.

Cette mission doit être définie par un écrit comportant les énonciations exigées par l'article L. 222-3. Cet écrit est établi conformément aux dispositions réglementaires prises pour l'application de cet article.

Art. R.* 213-10. – Dix jours au moins avant l'assemblée générale qui doit se tenir, conformément à l'article L. 213-7, avant le commencement des travaux pour en approuver les conditions techniques et financières d'exécution et les bases selon lesquelles les différents éléments composant le prix global seront répartis entre les locaux à édifier afin de déterminer le prix de chacun d'eux, chaque associé doit recevoir, en plus de l'ordre du jour et de la convocation à cette assemblée, des documents lui permettant d'examiner le bien-fondé des propositions de répartition du prix faites par les dirigeants de la société.

Ces documents indiquent la consistance et les caractéristiques techniques du ou des immeubles compris, dans le programme, la surface des pièces et locaux avec leur destination, le prix de revient estimé du programme, les moyens et les conditions de financement, les dates prévues pour le commencement et l'achèvement des travaux.

Lorsqu'il est prévu de faire appel à un promoteur immobilier ou de confier les opérations constitutives de la promotion immobilière au représentant légal de la société, le projet de contrat de promotion immobilière ou l'écrit prévu à l'article L. 213-6 est également notifié aux associés.

Le procès-verbal de délibération de l'assemblée est signé par le président et le secrétaire. Il indique le résultat de chaque vote. Il est annexé aux statuts.

Les notifications prévues au présent article sont valablement faites par lettre recommandée avec demande d'avis de réception.

Art. R.* 213-11. – Le contrat de vente par une société coopérative de construction à ses associés, passé conformément à l'article L. 213-8, doit comporter, en annexe ou par référence à des documents déposés chez un notaire, les plans, coupes et élévations avec les cotes utiles et l'indication des surfaces de chacune des pièces et des dégagements de l'immeuble.

Si cet immeuble est compris dans un ensemble immobilier, ces indications doivent être complétées par un plan faisant apparaître le nombre des bâtiments de cet ensemble, leur emplacement et le nombre d'étages de chacun d'eux.

Les caractéristiques techniques mentionnées à l'article L. 213-8 peuvent résulter du devis descriptif servant de base aux marchés ou d'une notice descriptive suffisamment détaillée.

Ces documents s'appliquent au local vendu, à la partie du bâtiment ou au bâtiment dans lequel il se trouve et aux équipements extérieurs et réseaux divers qui s'y rapportent.

Un plan coté faisant ressortir les surfaces et les volumes des pièces et des locaux vendus ainsi que de leurs annexes faisant l'objet de la vente est joint au contrat ainsi qu'une notice distinguant les éléments d'équipements propres aux pièces et locaux vendus et ceux qui sont d'usage collectif.

Les modalités de révision et de paiement du prix doivent être conformes à celles prévues aux articles R. 261-14 et R. 261-15.

Art. R.* 213-12. – Dans le cas prévu à l'article L. 213-10 où un associé ne satisfait pas à ses obligations, l'assemblée générale est convoquée, après mise en demeure adressée à l'associé défaillant par acte extrajudiciaire, par le représentant légal ou statutaire de la société ou, en cas d'inaction de ce représentant, par tout associé.

Art. R.* 213-13. – La mise en vente des parts de l'associé défaillant ne peut avoir lieu en application de l'article R. 213-12 qu'après notification à tous les associés, y compris l'associé défaillant, de la date, de l'heure et du lieu de la vente publique. La notification indique le montant de la mise à prix. Elle est faite par lettre recommandée avec demande d'avis de réception et publiée dans un journal d'annonces légales du lieu du siège social.

Art. R.* 213-14. – Les statuts des sociétés coopératives de construction doivent rappeler les obligations des associés en cas d'appel de fonds, leur responsabilité en cas de défaillance, de démission ou d'exclusion d'un autre associé ainsi que les conditions dans lesquelles les droits sociaux peuvent être mis en vente en cas de défaillance, conformément à l'article L. 213-10 et aux articles R. 213-12 et R. 213-13.

Art. R.* 213-15. – L'achèvement de l'opération de construction au sens de l'article L. 213-11 résulte de l'exécution des ouvrages et de l'installation des éléments d'équipement qui sont indispensables à l'utilisation, conformément à leur destination, du ou des immeubles. Pour l'appréciation de cet achèvement, les défauts de conformité avec les prévisions statutaires ne sont pas pris en considération lorsqu'ils n'ont pas un caractère substantiel, ni les malfaçons qui ne rendent pas les ouvrages ou éléments ci-dessus visés impropres à leur utilisation.

Art. R.* 213-16. – Jusqu'à ce que l'assemblée générale ait constaté l'achèvement de l'opération de construction, la démission d'un associé a lieu dans les conditions fixées par l'article L. 213-11 si elle est autorisée par l'assemblée générale.

L'assemblée générale doit être convoquée par le représentant légal de la société dans le délai fixé par les statuts sans que ce délai puisse excéder trois mois à partir de la réception par la société de la demande de démission. Faute de réunion de l'assemblée générale, l'associé peut convoquer lui-même l'assemblée générale.

Le remboursement des sommes versées par l'associé démissionnaire ou exclu s'effectue sous réserve des frais et charges occasionnés à la société du fait de la démission ou de l'exclusion. Ces frais peuvent toutefois être évalués forfaitairement dans les statuts. Au cas où l'associé démissionnaire ou exclu est immédiatement remplacé comme au cas où le nouvel associé présenté par l'associé démissionnaire est refusé sans motif valable et légitime, ce forfait ne peut excéder 2 % du prix prévisionnel des lots de l'associé exclu ou démissionnaire.

Le remboursement des sommes dues par la société à l'associé démissionnaire ou exclu s'effectue dès que cet associé a été remplacé et que le nouvel associé a versé les sommes nécessaires à ce remboursement. Même si l'associé exclu ou démissionnaire n'est pas remplacé, le remboursement ne peut être porté à plus de six mois après l'assemblée générale décidant l'exclusion ou acceptant la démission.

Les notifications prévues aux troisième et quatrième alinéas de l'article L. 213-11 sont valablement faites par lettre recommandée avec demande d'avis de réception.

Art. R.* 213-17. – Le retrait prévu par l'article L. 213-12 est constaté par acte authentique signé par l'associé qui se retire et le représentant légal ou statutaire de la société ou, en cas de refus de ce dernier, par jugement du tribunal de grande instance. Les retraits entraînent de plein droit l'annulation des parts ou actions correspondant aux locaux attribués en propriété et la réduction corrélative du capital social. Le représentant légal ou statutaire de la société constate la réduction du capital et apporte aux statuts les modifications nécessaires.

Art. R. 213-17-1 *(D. n° 85-943, 5 sept. 1985).* – Dans le cas prévu à l'article 30 *bis* de la loi du 16 juillet 1971 susvisée, la société coopérative de construction communique au tiers mentionné par cet article, et désigné par le locataire-accédant le projet de contrat de location-accession dans lequel doit figurer la clause prévoyant l'engagement de ce tiers exigée par les dispositions dudit article 30 *bis*.

Art. R. 213-17-2 *(D. n° 85-943, 5 sept. 1985).* – Si le tiers qui doit lever ou faire lever l'option n'est pas un des organismes inscrits sur la liste prévue à l'article 15 de la loi du 12 juillet 1984 susvisée ou une des sociétés ou organismes mentionnés à l'article 17 de cette loi, ce tiers doit justifier d'une convention de cautionnement aux termes de laquelle l'un des organismes inscrits sur la liste précitée s'oblige, solidairement avec lui, envers la société coopérative à payer le prix à celle-ci.

Art. R. 213-17-3 *(D. n° 85-943, 5 sept. 1985).* – La société coopérative notifie au tiers que l'accédant renonce à acquérir la propriété du local faisant l'objet du contrat de location-accession. Cette notification est effectuée par lettre recommandée avec demande d'avis de réception dans un délai n'excédant pas un mois à compter de cette renonciation. Le tiers doit lever ou faire lever l'option prévue par le contrat dans un délai n'excédant pas trois mois à compter de cette notification.

....

CHAPITRE V. – SOCIÉTÉS ANONYMES COOPÉRATIVES D'INTÉRÊT COLLECTIF POUR L'ACCESSION À LA PROPRIÉTÉ

(D. n° 2007-1595, 9 nov. 2007)

Art. R. 215-1 *(D. n° 2007-1595, 9 nov. 2007).* – L'autorité administrative mentionnée aux articles L. 215-2, L. 215-7, L. 215-8 et L. 215-10 est le ministre chargé du logement. Le rapport prévu à l'article L. 215-7 est communiqué au ministre chargé du logement et au ministre chargé de l'économie.

Art. R. 215-2 *(D. n° 2007-1595, 9 nov. 2007).* – L'avis de l'Union d'économie sociale pour l'accession à la propriété mentionné aux articles L. 215-8 et L. 215-10 est réputé donné passé le délai de deux mois à compter de sa saisine.

Art. R. 215-3 *(D. n° 2007-1595, 9 nov. 2007).* – L'agrément mentionné à l'article L. 215-8 est réputé refusé lorsque, la demande ayant été adressée au ministre chargé du logement, celle-ci est restée sans réponse à l'expiration d'un délai de quatre mois à compter de la réception de cette demande.

Art. R. 215-4 *(D. n° 2007-1595, 9 nov. 2007).* – Les agents de l'État chargés du contrôle prévu à l'article L. 215-9 sont désignés dans les conditions définies à l'article R.* 451-2 et procèdent aux opérations de contrôle selon les dispositions prévues aux articles R.* 451-3 à R.* 451-5.

Le rapport de contrôle mentionné au dernier alinéa de l'article L. 215-9 est définitif lorsqu'il comporte les observations produites dans le délai d'un mois par le président du conseil d'administration ou du directoire de la société ainsi que, le cas échéant, les réponses des contrôleurs apportées à ces observations. Le rapport définitif est communiqué au président du conseil d'administration ou aux présidents du directoire et du conseil de surveillance de la société, au ministre chargé du logement, au ministre chargé de l'économie et au président du conseil d'administration de l'Union d'économie sociale pour l'accession à la propriété. Le rapport définitif est soumis à la délibération du conseil d'administration ou du directoire et du conseil de surveillance de la société à la première réunion qui suit cette communication.

7.3.3. – SOCIÉTÉS D'HLM

Code de la construction et de l'habitation

(Mod., L. n° 2003-710, 1er août 2003 d'orientation et de programmation pour la ville et la rénovation urbaine : JO 2 août 2003)

Partie législative

LIVRE IV – HABITATIONS À LOYER MODÉRÉ

TITRE I – DISPOSITIONS GÉNÉRALES

CHAPITRE UNIQUE

Bibliographie : B. Poujade, *La fiscalité des sociétés d'HLM : LPA* 5 avr. 2002, p. 13. • R. Roux, *La vente entre organismes HLM : JCP* N 1995, p. 1062. • *Adde* E. Guillet, *JCl. Sociétés traité*, Fasc. 189-10 *(Structure de l'institution, sources et dispositions communes)*. • B. Wertenshlag, *JCl. Sociétés traité*, Fasc. 189-20 *(Organismes chargés de la mise en œuvre de la législation,* *sociétés d'HLM, dispositions générales)*; Fasc. 189-30 *(Organismes chargés de la mise en œuvre de la législative – Sociétés d'HLM – Sociétés anonymes d'HLM)*; Fasc. 189-40 *(Organismes chargés de la mise en œuvre de la législative – Sociétés d'HLM – Sociétés anonymes de crédit immobilier).*

Art. L. 411 *(L. n° 98-657, 29 juill. 1998).* **– La construction, l'aménagement, l'attribution et la gestion des logements locatifs sociaux visent à améliorer les conditions d'habitat des personnes de ressources modestes ou défavorisées. Ces opérations participent à la mise en œuvre du droit au logement et contribuent à la nécessaire mixité sociale des villes et des quartiers.**

Art. L. 411-1 *(L. n° 85-729, 18 juill. 1985 ; L. n° 86-1290, 23 déc. 1986 ; mod., L. n° 2000-1208, 13 déc. 2000).* **– Les dispositions du présent livre ont pour objet de fixer les règles relatives à la construction, l'acquisition, l'aménagement, l'assainissement, la réparation, la gestion d'habitations collectives ou individuelles, urbaines ou rurales, répondant aux caractéristiques techniques et de prix de revient déterminées par décision administrative et destinées aux personnes et aux familles de ressources modestes.**

À ces habitations peuvent être adjoints, dans des conditions fixées par décision administrative, des dépendances, des annexes et des jardins privatifs ou collectifs, accolés ou non aux immeubles.

En outre, les ensembles d'habitations mentionnés aux premiers alinéas peuvent comprendre accessoirement des locaux à usage commun et toutes constructions nécessaires à la vie économique et sociale de ces ensembles.

Les organismes d'habitations à loyer modéré peuvent librement louer les aires de stationnement vacantes dont ils disposent par application de l'article L. 442-6-4.

La location est consentie à titre précaire et révocable à tout moment par le bailleur. Un locataire de ce bailleur ne peut se voir opposer un refus de location d'une aire de stationnement au motif que cette aire est louée librement à une personne ne louant pas un logement dans le parc de ce bailleur.

Art. L. 411-2 *(Mod., L. n° 2000-1208, 13 déc. 2000 ; L. n° 2003-710, 1er août 2003 ; L. fin. n° 2003-1311, 30 déc. 2003 ; L. fin. rect. n° 2005-1720, 30 déc. 2005 ; L. n° 2006-872, 13 juill. 2006 ; Ord. n° 2007-137, 1er févr. 2007 ; L. n° 2009-323, 25 mars 2009 ; L. n° 2007-290, 5 mars 2007 ; L. n° 2014-366, 24 mars 2014 ; L. n° 2018-1021, 23 nov. 2018).* **– Les organismes d'habitations à loyer modéré comprennent :**

– les offices publics de l'habitat ;

– les sociétés anonymes d'habitations à loyer modéré ;

– les sociétés anonymes coopératives de production et les sociétés anonymes coopératives d'intérêt collectif d'habitations à loyer modéré ;

– les fondations d'habitations à loyer modéré ;

– les sociétés de coordination mentionnées à l'article L. 423-1-2 ;

– les sociétés de vente d'habitations à loyer modéré mentionnées à l'article L. 422-4.

Les organismes d'habitations à loyer modéré mentionnés aux alinéas précédents bénéficient, en conformité avec la décision 2012/21/UE de la Commission, du 20 décembre 2011, relative à l'application de l'article 106, paragraphe 2, du traité sur le fonctionnement de l'Union européenne aux aides d'État sous forme de compensations de service public octroyées à certaines entreprises chargées de la gestion de services d'intérêt économique général, d'exonérations fiscales et d'aides spécifiques de l'État au titre du service d'intérêt général défini comme :

– la construction, l'acquisition, l'amélioration, l'attribution, la gestion et la cession de logements locatifs à loyers plafonnés, lorsqu'elles sont destinées à des personnes dont les revenus sont inférieurs aux plafonds maximum fixés par l'autorité administrative pour l'attribution des logements locatifs conventionnés dans les conditions définies à l'article L. 351-2 et dont l'accès est soumis à des conditions de ressources. Font toutefois partie du service d'intérêt général, jusqu'au 1er janvier 2020, les opérations susmentionnées destinées à des personnes de revenu intermédiaire dont les ressources ne dépassent pas les plafonds fixés au titre IX du livre III, lorsque les logements correspondants représentent moins de 10 % des logements locatifs sociaux mentionnés à l'article L. 302-5 détenus par l'organisme ;

– la réalisation d'opérations d'accession à la propriété destinées à des personnes dont les revenus sont inférieurs aux plafonds maximum, majorés de 11 %, fixés par l'autorité administrative pour l'attribution des logements locatifs conventionnés dans les conditions définies à l'article L. 351-2 et dont l'accès est soumis à des conditions de ressources. Font toutefois partie du service d'intérêt général, dans la limite de 25 % des

logements vendus par l'organisme, les opérations destinées à des personnes de revenu intermédiaire dont les ressources dépassent les plafonds maximum susmentionnés sans excéder les plafonds fixés au titre IX du livre III, majorés de 11 %, lorsque l'ensemble des opérations sont assorties de garanties pour l'accédant dans des conditions fixées par décret en Conseil d'État ;

– la gestion ou l'acquisition en vue de leur revente, avec l'accord du maire de la commune d'implantation et du représentant de l'État dans le département, de logements situés dans des copropriétés connaissant des difficultés importantes de fonctionnement ou faisant l'objet d'un plan de sauvegarde en application de l'article L. 615-1 ou d'une opération programmée d'amélioration de l'habitat visée à l'article L. 303-1 ou situés dans le périmètre d'opérations de requalification de copropriétés dégradées prévues à l'article L. 741-1 ainsi que, pour une période maximale de dix ans à compter de la première cession, la gestion des copropriétés issues de la cession des logements locatifs mentionnés au neuvième alinéa du présent article tant que l'organisme vendeur y demeure propriétaire de logements. À défaut d'opposition de la part du représentant de l'État notifiée dans le délai de deux mois à compter de la date de la réception de la demande, son avis est réputé favorable ;

– l'intervention comme opérateur, sans pouvoir être tiers-financeur, dans le cadre des procédures prévues à l'article 29-11 de la loi n° 65-557 du 10 juillet 1965 fixant le statut de la copropriété des immeubles bâtis et de l'article L. 615-10 du présent code ;

– les services accessoires aux opérations susmentionnées et les services que les organismes d'habitations à loyer modéré se rendent entre eux pour les besoins des opérations susmentionnées.

Au titre de la mission d'intérêt général que constitue la recherche de la mixité sociale et de la diversité de l'habitat, les organismes d'habitations à loyer modéré peuvent exercer les compétences d'aménagement, d'accession et de prestations de services prévues par les textes qui les régissent.

Les organismes mentionnés au présent article tiennent une comptabilité interne permettant de distinguer le résultat des activités relevant du service d'intérêt général et celui des autres activités.

Ils enregistrent les résultats de l'activité relevant de la gestion de services d'intérêt économique général mentionnés au présent article sur un compte ne pouvant être utilisé qu'au financement de cette activité. Toutefois, les sociétés peuvent les utiliser à la distribution d'un dividende, dans la limite d'un montant fixé par les clauses types mentionnées à l'article L. 422-5.

NB : Conformément à l'article 88 XIII de la loi n° 2018-1021 du 23 novembre 2018, le dernier alinéa de l'article L. 411-2 est applicable aux exercices comptables des organismes d'habitations à loyer modéré ouverts à compter du 1er janvier 2021.

Art. L. 411-2-1 *(L. n° 2014-366, 24 mars 2014 ; mod., L. n° 2018-1021, 23 nov. 2018)*. – I. – Une société d'économie mixte agréée en application de l'article L. 481-1 peut, par voie de fusion ou de scission, transmettre son patrimoine à une ou plusieurs sociétés d'habitations à loyer modéré ou à une ou plusieurs sociétés d'économie mixte de même catégorie. Cette opération ne peut être réalisée qu'à la condition qu'elle n'entraîne aucun dépassement de l'objet social de la société d'habitations à loyer modéré, ni de sa compétence géographique. Les logements transmis font l'objet de conventions conclues en application de l'article L. 351-2 dans un délai d'un an.

De la même manière, une société d'habitations à loyer modéré peut, par voie de fusion ou de scission, transmettre son patrimoine à une ou plusieurs sociétés d'habitations à loyer modéré ou à une ou plusieurs sociétés d'économie mixte agréées en application de l'article L. 481-1.

Le patrimoine apporté de la société absorbée ou scindée est inscrit dans les comptes de la société bénéficiaire pour la valeur nette comptable des actifs et des passifs transférés à la date d'effet du transfert.

La rémunération des actionnaires de la société absorbée ou scindée est fixée sur la base du rapport d'échange entre les actions de cette société et celles de la société bénéficiaire, établi à la date d'effet du transfert, en fonction des capitaux propres non réévalués respectifs des deux sociétés.

La rémunération des actionnaires de sociétés d'habitations à loyer modéré par une société d'économie mixte agréée en application du même article L. 481-1 est réalisée par émission d'actions auxquelles les articles L. 423-4 et L. 423-5 s'appliquent.

II. – Un office public de l'habitat peut, par voie de fusion ou de scission, transmettre son patrimoine à un ou plusieurs organismes mentionnés aux deuxième à quatrième alinéas de l'article L. 411-2 et à l'article L. 481-1.

La rémunération de la collectivité de rattachement de l'office public de l'habitat absorbé ou scindé en actions de la société bénéficiaire est fixée sur la base du rapport des capitaux propres non réévalués respectifs des organismes.

III. – Une société d'habitations à loyer modéré dont les parts sociales sont réunies dans une seule main peut être dissoute uniquement si l'actionnaire unique est un organisme mentionné aux deuxième à quatrième alinéas de l'article L. 411-2 ou à l'article L. 481-1.

Une société d'économie mixte agréée en application du même article L. 481-1 dont les parts sociales sont réunies dans une seule main peut être dissoute uniquement si l'actionnaire unique est un organisme mentionné aux deuxième à quatrième alinéas de l'article L. 411-2 ou à l'article L. 481-1. Cette opération ne peut être réalisée qu'à la condition qu'elle n'entraîne aucun dépassement de l'objet social de l'organisme bénéficiaire. Les logements transmis font l'objet de conventions conclues en application de l'article L. 351-2 dans un délai d'un an.

IV. – Toute opération de fusion ou de cession intervenue en violation du présent article est frappée d'une nullité d'ordre public.

V. – En cas de fusion de deux sociétés d'habitations à loyer modéré n'ayant pas la même compétence géographique, la compétence géographique de la société absorbante est, après la fusion, l'addition des compétences géographiques des deux sociétés ayant fusionné.

VI. – Toute fusion réalisée en application du présent article, de l'article L. 421-7 du présent code ou de l'article L. 236-1 du Code de commerce entre des organismes mentionnés aux articles L. 411-2 et L. 481-1 du présent code donne lieu à une information des locataires des organismes concernés.

VII. – En cas de fusion de plusieurs organismes et jusqu'à l'élection qui suit, les membres élus par les locataires dans les conseils d'administration ou les conseils de surveillance des organismes ayant concouru à la fusion désignent parmi eux les locataires appelés à siéger dans le nouveau conseil d'administration ou de surveillance. À défaut, ces derniers sont désignés par le représentant de l'État dans le département.

Les décisions des assemblées générales approuvant la fusion-absorption d'une société anonyme d'HLM par une société d'économie mixte locale ne sont pas nulles pour illicéité de leur objet, et peuvent approuver la fusion après avoir modifié les conditions arrêtées dans le projet de fusion suite aux observations du commissaire à la fusion : ■ Cass. com., 6 oct. 2015, n° 14-11.680, PB : *Dr. sociétés* 2015, n° 212, obs. D. Gallois-Cochet ; *JCP* E 2016, 1037, note B. Dondero ; *Rev. sociétés* 2016, p. 159, note A. Reygrobellet.

Art. L. 411-3 *(L. n° 2000-1208, 13 déc. 2000 ; mod., L. n° 2002-73, 17 janv. 2002 ; L. n° 2003-590, 2 juill. 2003 ; L. n° 2012-387, 22 mars 2012 ; L. n° 2014-366, 24 mars 2014 ; L. n° 2017-86, 27 janv. 2017 ; L. n° 2018-1021, 23 nov. 2018).* – Les dispositions du présent article sont d'ordre public et sont applicables aux logements appartenant ou ayant appartenu aux organismes d'habitations à loyer modéré, dès lors que ces logements ont été construits, acquis ou acquis et amélioré par lesdits organismes en vue de leur location avec le concours financier de l'État ou qu'ils ont ouvert droit à l'aide personnalisée au logement en application d'une convention prévue à l'article L. 353-14 conclue entre lesdits organismes et l'État.

Ces dispositions ne sont pas applicables :

– aux logements vendus par les organismes d'habitations à loyer modéré en application du premier alinéa du II et des III et VI de l'article L. 443-11 ;

– aux logements vendus par les organismes d'habitations à loyer modéré à un organisme de foncier solidaire en application du premier alinéa du I de l'article L. 443-11 ;

– aux logements cédés ou apportés aux sociétés civiles immobilières régies par les articles L. 443-6-2 et suivants et devenus propriété d'un associé personne physique ;

– aux logements dont l'usufruit a été détenu temporairement par les organismes d'habitations à loyer modéré ;

– aux logements construits par les organismes d'habitations à loyer modéré dans le cadre d'un bail à construction ou d'un bail emphytéotique et devenus propriété du bailleur à l'expiration du bail ;

– aux lots acquis en vue de leur revente et situés dans les copropriétés qui font l'objet d'un plan de sauvegarde en application de l'article L. 615-1, tels que précisés aux articles L. 421-1, L. 422-2 et L. 422-3.

En cas de transfert de propriété, y compris en cas de cession non volontaire, ces logements restent soumis à des règles d'attribution sous condition de ressources et de fixation de loyer par l'autorité administrative dans des conditions fixées par un décret en Conseil d'État. Les locataires de ces logements bénéficient du droit au maintien dans les lieux en application de l'article L. 442-6.

Tout acte transférant la propriété ou la jouissance de ces logements ou constatant ledit transfert doit, à peine de nullité de plein droit, reproduire les dispositions du présent article. L'action en nullité peut être intentée par tout intéressé ou par l'autorité administrative dans un délai de cinq ans à compter de la publication de l'acte au fichier immobilier.

À la demande de tout intéressé ou de l'autorité administrative, le juge annule tout contrat conclu en violation des dispositions du présent article et ordonne, le cas échéant, la réaffectation des lieux à un usage d'habitation locative.

Art. L. 411-4 *(L. n° 2000-1208, 13 déc. 2000 ; mod., L. n° 2003-590, 2 juill. 2003 ; L. n° 2012-387, 22 mars 2012 ; L. n° 2014-366, 24 mars 2014 ; L. n° 2018-1021, 23 nov. 2018)*. – Les logements locatifs sociaux appartenant aux sociétés d'économie mixte construits, acquis ou acquis et améliorés avec une aide de l'État à compter du 5 janvier 1977 et faisant l'objet d'une convention définie à l'article L. 351-2 demeurent soumis, après l'expiration de la convention, même lorsqu'ils font l'objet d'un transfert de propriété, et y compris en cas de cession non volontaire, à des règles d'attribution sous condition de ressources et des maxima de loyer fixés par l'autorité administrative dans des conditions fixées par décret en Conseil d'État. L'article L. 353-19 est applicable aux locataires de ces logements.

Tout acte transférant la propriété ou la jouissance de ces logements ou constatant un tel transfert reproduit, à peine de nullité de plein droit, les dispositions du premier alinéa. L'action en nullité peut être intentée par tout intéressé ou par l'autorité administrative dans un délai de cinq ans à compter de la publication de l'acte au fichier immobilier.

Les dispositions du présent article ne s'appliquent pas lorsque les logements ont été construits dans le cadre d'un bail à construction ou d'un bail emphytéotique après l'expiration de ce bail, lorsque celui-ci prévoit que le propriétaire d'un terrain devient propriétaire des constructions. Les dispositions du présent article ne s'appliquent pas aux logements vendus par les sociétés d'économie mixte en application du premier alinéa du II et des III et VI l'article L. 443-11, aux logements cédés ou apportés aux sociétés civiles immobilières d'accession progressive à la propriété régies par les articles L. 443-6-2 et suivants et devenus propriété d'un associé personne physique et aux logements dont l'usufruit a été détenu temporairement.

Art. L. 411-5 *(L. n° 2006-872, 13 juill. 2006 ; mod., L. n° 2014-366, 24 mars 2014 ; L. n° 2017-86, 27 janv. 2017)*. – Les logements locatifs appartenant aux sociétés immobilières à participation majoritaire de la Caisse des dépôts et consignations et faisant l'objet d'une convention définie à l'article L. 351-2 demeurent soumis, après l'expiration de la convention et pour une durée de six ans, aux règles de maxima de loyers en vigueur pour la conclusion des conventions mentionnées au 3° de l'article L. 351-2 lorsque les logements ne bénéficient pas d'une subvention de l'État. Pendant cette période, les logements restent considérés comme des logements locatifs sociaux au sens du 2° du IV de l'article L. 302-5. Ces dispositions ne sont applicables qu'aux logements occupés au moment de l'expiration de la convention mentionnée ci-avant. En cas de départ des locataires après l'échéance de ladite convention, les loyers des logements concernés sont fixés en application de l'article 17 de la loi n° 89-462 du 6 juillet 1989 tendant à améliorer les rapports locatifs et portant modification de la loi n° 86-1290 du 23 décembre 1986. À l'issue de cette période, les loyers de ces logements évoluent en application des dispositions du II de l'article 17-1 et de l'article 17-2 de la loi n° 89-462 du 6 juillet 1989 précitée.

Art. L. 411-5-1 *(L. n° 2006-872, 13 juill. 2006)*. – Les bailleurs de logements conventionnés en application de l'article L. 351-2, mentionnés aux quatrième et cinquième alinéas de l'article 41 *ter* de la loi n° 86-1290 du 23 décembre 1986 tendant à favoriser l'investissement locatif, l'accession à la propriété de logements sociaux et le développement de l'offre foncière, possédant plus de dix logements, informent le locataire de la nature temporaire de la convention qui les lie à l'État, de sa date d'échéance ainsi que des conséquences financières pour le locataire à l'issue de la durée de validité de la convention.

Lorsqu'un bailleur visé au premier alinéa a décidé de ne pas renouveler la convention le liant à l'État, il informe, au plus tard deux ans avant son expiration, les locataires concernés de son intention. Cette notification est accompagnée d'une prévision d'augmentation des loyers.

Dans le même délai, il informe les maires des communes concernées, ainsi que le représentant de l'État dans le département, de son intention de ne pas renouveler ladite convention.

Si cette absence de renouvellement a pour conséquence de faire passer la commune au-dessous du seuil fixé par l'article L. 302-5 ou si la commune est déjà au-dessous de ce seuil, l'avis consultatif du représentant de l'État dans le département est requis.

Un décret détermine les conditions d'application du présent article.

Art. L. 411-6 *(L. n° 2000-1208, 13 déc. 2000).* – À la date de cessation d'effet d'une convention prévue à l'*article L. 351-2* portant sur des logements appartenant à un organisme d'habitations à loyer modéré, l'ensemble des dispositions du présent livre sont applicables à ces logements.

Art. L. 411-7 *(L. n° 2000-1208, 13 déc. 2000).* – Les attributions des locaux commerciaux en pied des immeubles construits ou acquis par les organismes d'habitations à loyer modéré se font en tenant compte des objectifs de mixité urbaine et de mixité sociale du quartier ou de l'arrondissement où les immeubles se situent.

Les propositions d'attribution sont préalablement soumises à l'avis consultatif du maire de la commune.

Art. L. 411-8 *(L. n° 2000-1208, 13 déc. 2000 ; mod., L. n° 2014-366, 24 mars 2014).* – L'Union sociale pour l'habitat regroupant les fédérations d'organismes d'habitations à loyer modéré peut conclure avec l'État des conventions ayant pour objet de favoriser la réalisation des objectifs définis à l'article L. 301-1.

Ces conventions peuvent porter :

– sur l'évolution de l'équilibre économique des organismes et de la gestion de leur patrimoine immobilier et notamment sur les loyers, suppléments de loyer de solidarité et charges ;

– sur l'amélioration des services rendus aux occupants de ce patrimoine immobilier ;

– sur la modernisation des conditions d'activité des organismes d'habitations à loyer modéré, et notamment leur respect des bonnes pratiques professionnelles.

Les stipulations des conventions ainsi conclues par l'Union sociale pour l'habitat modéré regroupant les fédérations d'organismes d'habitations à loyer modéré entrent en vigueur et s'imposent après approbation par arrêté du ou des ministres concernés.

Art. L. 411-8-1 *(L. n° 2014-366, 24 mars 2014).* – Lorsque les besoins en matière de production de logements sociaux ou de réhabilitation du parc immobilier social révèlent des inégalités importantes entre les territoires, les conventions conclues en application de l'article L. 411-8 peuvent porter sur une mutualisation financière entre les organismes d'habitations à loyer modéré destinée à la réalisation des programmes de construction et de réhabilitation prioritaires.

Dans ce cas, la convention définit notamment :

1° Le programme de production et de réhabilitation de logements sociaux auxquels sont affectées les ressources tirées de la mutualisation ;

2° La durée d'application de la convention, qui ne peut excéder trois années, et ses conditions de révision ;

3° Les critères selon lesquels sont accordées les aides à la construction, à la réhabilitation ou à la démolition.

Les stipulations des conventions ainsi conclues par l'Union sociale pour l'habitat regroupant les fédérations d'organismes d'habitations à loyer modéré entrent en vigueur et s'imposent après approbation par arrêté des ministres concernés.

Art. L. 411-9 *(L. n° 2009-323, 25 mars 2009).* – Les organismes d'habitations à loyer modéré élaborent un plan stratégique de patrimoine qui définit leur stratégie pour adapter leur offre de logements à la demande dans les différents secteurs géographiques où ils disposent d'un patrimoine, en tenant compte des orientations fixées par les programmes locaux de l'habitat. Le plan comprend une analyse du parc de logements existants selon sa qualité, son attractivité et son positionnement sur les marchés locaux de l'habitat. Il définit l'évolution à moyen et long termes des différentes composantes de ce parc, ainsi que les choix d'investissement et de gestion qui en résultent. Il présente les perspectives de développement du patrimoine de l'organisme.

Art. L. 411-10 *(L. n° 2009-323, 25 mars 2009 ; mod., L. n° 2015-1776, 28 déc. 2015 ; L. n° 2017-86, 27 janv. 2017).* – Aux fins de l'élaboration et de la mise en œuvre des politiques publiques de l'habitat, le ministère chargé du logement tient un répertoire des logements locatifs sociaux et de leurs occupants. Ce répertoire est établi à partir des informations transmises chaque année par les bailleurs sociaux mentionnés au deuxième alinéa *(Mots aj. à compter du 1er janvier 2018 pour les bailleurs propriétaires de plus de 10 000 logements constitutifs de logements-foyers, de centres d'hébergement et de réinsertion sociale ou de centres d'accueil pour demandeurs d'asile à la date du 1er janvier 2017, et à compter du 1er janvier 2019 pour les autres bailleurs, L. n° 2015-925, 29 juill. 2015)* « ou, dans le cas des logements-foyers, des centres d'hébergement et de réinsertion sociale et des centres d'accueil pour demandeurs d'asile, par les gestionnaires ». Un décret en Conseil d'État fixe les conditions d'application du présent article, notamment la liste des informations transmises *(Mots rempl. à compter du 1er janvier 2018 pour les bailleurs propriétaires de plus de 10 000 logements constitutifs de logements-foyers, de centres d'hébergement et de réinsertion sociale ou de centres d'accueil pour demandeurs d'asile à la date du 1er janvier 2017, et à compter du 1er janvier 2019 pour les autres bailleurs, L. n° 2015-925, 29 juill. 2015)* « respectivement par les bailleurs et, dans le cas des logements-foyers, des centres d'hébergement et de réinsertion sociale et des centres d'accueil pour demandeurs d'asile, par les gestionnaires ». Pour les logements locatifs dont les locataires ne sont pas les personnes morales mentionnées aux articles L. 442-8-1 et L. 442-8-1-1, cette liste comprend le numéro d'immatriculation au répertoire national d'identification des personnes physiques de chaque occupant majeur, que les bailleurs sont habilités à leur demander s'il ne figurait pas sur la demande mentionnée à l'article L. 441-2-1.

Les bailleurs sociaux retenus pour l'application du présent article sont :

1° Les organismes d'habitations à loyer modéré visés à l'article L. 411-2 ;

2° Les sociétés d'économie mixte visées à l'article L. 481-1 ;

3° La société anonyme Sainte Barbe ;

4° L'association foncière logement mentionnée à l'article L. 313-34 ou les sociétés civiles immobilières dont les parts sont détenues à au moins 99 % par cette association ;

5° Les organismes bénéficiant de l'agrément prévu à l'article L. 365-2.

Le représentant de l'État dans la région communique chaque année aux représentants de l'État dans le département, aux conseils généraux ayant conclu la convention mentionnée à l'article L. 301-5-2 et aux établissements publics de coopération intercommunale mentionnés au *(Mot rempl., L. n° 2018-1021, 23 nov. 2018)* « vingt-troisième » alinéa de l'article L. 441-1, ainsi qu'à la commune de Paris, aux établissements publics territoriaux de la métropole du Grand Paris et aux établissements publics de coopération intercommunale, ayant conclu la convention mentionnée à l'article L. 301-5-1 du présent code, aux VI et VII de l'article L. 5219-1 du Code général des collectivités territoriales, aux II et III des articles L. 5218-2 et L. 5217-2 du même code ou, pour la métropole de Lyon, à l'article L. 3641-5 dudit code, les informations du répertoire relatives à chaque logement situé sur leur territoire. À leur demande, ils obtiennent, auprès du représentant de l'État dans la région, communication des informations rendues anonymes relatives aux occupants des logements situés sur leur territoire. À leur demande, les communes, les établissements publics de coopération intercommunale compétents en matière d'habitat et les départements obtiennent, auprès du représentant de l'État dans la région, communication des informations du répertoire relatives à chaque logement situé sur leur territoire. Le décret en Conseil d'État mentionné au premier alinéa fixe les conditions dans lesquelles des informations extraites du répertoire peuvent être communiquées à des tiers.

Les logements concernés sont des logements autonomes en habitations individuelles ou collectives, les logements des logements-foyers définis à l'article L. 633-1, ainsi que les logements des centres d'hébergement et de réinsertion sociale et des centres d'accueil pour demandeurs d'asile mentionnés, respectivement, aux articles L. 345-1 et L. 348-1 du Code de l'action sociale et des familles.

Le défaut de transmission à l'État des informations nécessaires à la tenue du répertoire ou la transmission d'informations manifestement erronées donne lieu, après mise en demeure restée infructueuse, à l'application d'une amende de 1 000 € par logement mentionné au premier alinéa, recouvrée au profit du Fonds national des aides à la pierre mentionné à l'article L. 435-1.

La transmission des informations nécessaires à la tenue du répertoire visé au présent article vaut production, pour les personnes morales visées à l'article L. 302-6, de l'inventaire prévu au même article *(Mots suppr., L. n° 2015-1776, 28 déc. 2015)* « ... », à l'exception des logements ou lits mentionnés au 4° du IV de l'article L. 302-5.

La transmission des informations nécessaires à la tenue du répertoire visé au présent article vaut production, pour les bailleurs sociaux visés à l'article L. 2334-17 du Code général des collectivités territoriales, de l'inventaire prévu au même article.

Sans préjudice des traitements opérés en régie, l'État confie au groupement d'intérêt public mentionné à l'article L. 441-2-1, l'exploitation des données du répertoire mentionné au présent article *(Mots suppr., L. n° 2018-1021, 23 nov. 2018)* « ... ». Ce groupement assure la diffusion du résultat de ces travaux d'exploitation *(Mots aj., L. n° 2018-1021, 23 nov. 2018)* « , qui doivent rendre l'identification des personnes impossible ».

....

CHAPITRE II. – ORGANISMES PRIVÉS D'HABITATIONS À LOYER MODÉRÉ

Section I. – Fondations

Art. L. 422-1. – L'activité des fondations d'habitations à loyer modéré est définie par le décret qui les déclare d'utilité publique.

Section II. – Sociétés anonymes d'habitations à loyer modéré

Bibliographie : G. Lerne et E. Bervais, *Réforme de la gouvernance des SA d'HLM : la dernière étape doit avoir lieu le 2 août 2005 : Gaz. Pal.* 4 mai 2005, doctr. p. 6.

Art. L. 422-2 *(L. n° 85-729, 18 juill. 1985 ; L. n° 94-624, 21 juill. 1994 ; mod, L. n° 96-987, 14 nov. 1996 ; L. n° 98-87, 19 févr. 1998 ; L. n° 98-657, 29 juill. 1998 ; L. n° 2000-1208, 13 déc. 2000 ; L. n° 2003-590, 2 juill. 2003 ; Ord. n° 2003-850, 4 sept. 2003 ; L. n° 2005-32, 18 janv. 2005 ; L. n° 2006-872, 13 juill. 2006 ; L. n° 2007-290, 5 mars 2007 ; L. n° 2008-735, 28 juill. 2008 ; L. n° 2014-366, 24 mars 2014 ; L. n° 2014-173, 21 févr. 2014 ; Ord. n° 2014-1543, 19 déc. 2014 ; L. n° 2015-990, 6 août 2015 ; L. n° 2017-86, 27 janv. 2017 ; L. n° 2018-1021, 23 nov. 2018).* **– Les sociétés anonymes d'habitations à loyer modéré ont pour objet de réaliser, dans les conditions fixées par leurs statuts, principalement en vue de la location, les opérations prévues à l'article L. 411-1. Elles peuvent également gérer les immeubles appartenant à d'autres organismes d'habitations à loyer modéré et les immeubles à usage principal d'habitation appartenant à l'État, à une collectivité territoriale ou à un groupement de collectivités territoriales, à une société d'économie mixte de construction et de gestion de logements sociaux, à des organismes à but non lucratif, à l'association agréée mentionnée à l'article L. 313-34 du Code de la construction et de l'habitation ou aux sociétés civiles immobilières dont les parts sont détenues à au moins 99 % par cette association. Elles peuvent également gérer, en qualité de syndics de copropriété et d'administrateurs de biens, après accord du maire de la commune d'implantation et dans les conditions fixées par l'article L. 442-11, des logements situés dans le périmètre défini pour une opération programmée d'amélioration de l'habitat visée à l'article L. 303-1 ou dans le périmètre d'opérations de requalification de copropriétés dégradées prévues à l'article L. 741-1 ainsi que les logements appartenant à des personnes privées et vacants depuis plus d'un an.**

Elles peuvent également réaliser des prestations de services pour le compte de syndicats de copropriétaires d'immeubles faisant l'objet d'un plan de sauvegarde en application de l'article L. 615-1 ou situés dans le périmètre défini pour une opération programmée d'amélioration de l'habitat visée à l'article L. 303-1 ou dans le périmètre d'opérations de requalification de copropriétés dégradées prévues à l'article L. 741-1. Elles peuvent intervenir comme opérateur, sans pouvoir être tiers-financeur, dans le cadre des procédures prévues à l'article 29-11 de la loi n° 65-557 du 10 juillet 1965 fixant le statut de la copropriété des immeubles bâtis et de l'article L. 615-10 du présent code.

Elles ont également pour objet :

– de réaliser pour leur compte ou pour le compte d'un tiers, avec l'accord de la ou des collectivités ou communautés intéressées, toutes les interventions foncières, les actions ou opérations d'aménagement prévues par le code de l'urbanisme et le code de la construction et de l'habitation, sans que les dispositions de l'article L. 443-14 soient applicables aux cessions d'immeubles rendues nécessaires par ces réalisations. Lorsqu'elles se voient confier par convention la réalisation d'une opération de restructuration urbaine ou de revitalisation de centre-ville, celle-ci comprend toutes opérations ou actions ou tous aménagements ou équipements de nature à favoriser une politique de développement social urbain ; dans ce cas, la convention peut inclure des actions d'insertion professionnelle et sociale en faveur des habitants.

– à titre subsidiaire, de réaliser, pour le compte des collectivités territoriales actionnaires, toute opération de construction ou d'aménagement relevant de la compétence de ces dernières ;

– de réaliser, rénover ou acquérir et améliorer, en complément de leur activité locative, en vue de leur vente à des personnes physiques à titre de résidences principales, des logements destinés à des personnes de ressources modestes et respectant des prix de vente maxima fixés par l'autorité administrative, soit lorsqu'une offre satisfaisante de ces logements n'est pas assurée dans un îlot, un quartier ou une commune, soit à la demande de la collectivité territoriale dans le cadre d'une action ou d'une opération d'aménagement ou de la

mise en oeuvre des objectifs de renouvellement urbain et de mixité sociale prévus dans les contrats de ville. Exclusivement dans les communes appartenant à une zone d'urbanisation continue de plus de 50 000 habitants définie à l'article 232 du Code général des impôts ainsi que dans les communes de plus de 15 000 habitants en forte croissance démographique définies par décret pris en application du dernier alinéa du II de l'article L. 302-5 du présent code, elles peuvent de même réaliser ou acquérir et améliorer, en complément de leur activité locative, en vue de leur vente à des personnes morales, et dans les mêmes hypothèses, des logements destinés à des personnes dont les ressources ne dépassent pas les plafonds fixés par le décret prévu au premier alinéa du III de l'article 199 novovicies du Code général des impôts et respectant des prix de vente maxima fixés par l'autorité administrative ;

– de racheter, dans le cadre de la garantie de rachat incluse dans les garanties prévues à l'article L. 411-2 du présent code, des logements en vue de leur revente, à titre de résidence principale, à des personnes physiques de ressources modestes, en respectant des prix de vente maxima fixés par l'autorité administrative ;

– d'assister à titre de prestataire de services, dans des conditions définies par leurs statuts, des personnes physiques, des sociétés de construction constituées en application du titre Ier du livre II pour la réalisation et la gestion d'immeubles, à usage d'habitation ou à usage professionnel et d'habitation ou destinés à cet usage, en accession à la propriété, des sociétés d'habitat participatif constituées en application du titre préliminaire du livre II ;

– de souscrire ou acquérir des parts de sociétés civiles immobilières ayant pour objet la réalisation d'immeubles d'habitation ou à usage professionnel et d'habitation destinés à des accédants dont les ressources n'excèdent pas des plafonds fixés par l'autorité administrative, d'être syndic de copropriétés d'immeubles ainsi réalisés et d'exercer les fonctions d'administrateur de biens pour les mêmes immeubles. Toutefois, les logements réalisés par une telle société civile immobilière qui n'auraient pas donné lieu à un avant-contrat ou à un contrat de vente ou de location-accession au terme d'un délai défini par décret peuvent être vendus à un organisme mentionné aux deuxième à quatrième alinéas de l'article L. 411-2 ;

– de construire, acquérir, réaliser des travaux, gérer des immeubles à usage d'habitation ou à usage professionnel et d'habitation en vue de leur location-accession ;

– de réaliser, dans des conditions définies par leurs statuts, pour le compte d'associations ou d'organismes œuvrant dans le domaine du logement, des prestations de services pour des opérations ou des actions de nature à favoriser l'insertion sociale des personnes et la mixité urbaine et sociale des villes ;

– de réaliser les opérations mentionnées au I de l'article L. 519-1 du Code monétaire et financier pour le compte de bénéficiaires des opérations d'accession à la propriété mentionnées à l'article L. 443-1 du présent code ;

– de réaliser pour le compte d'autres organismes d'habitations à loyer modéré des prestations de services pour des missions rentrant dans l'objet social desdits organismes ;

– de fournir, dans le cadre d'une convention avec l'État, tous services à caractère social d'intérêt direct pour les habitants et répondant à des besoins non satisfaits ou partiellement satisfaits dans les conditions normales du marché ;

– à titre de complément normal de leurs missions d'intérêt général, d'adhérer à tout organisme sans but lucratif, notamment à toute association, fondation ou fonds de dotation dont l'objet ou les activités se rapportent à la réalisation d'actions d'insertion professionnelle et sociale ainsi que d'assistance aux personnes âgées locataires ;

– à titre subsidiaire, de donner en location aux organismes bénéficiant de l'agrément relatif à l'intermédiation locative et à la gestion locative sociale prévu à l'article L. 365-4 du présent code ou aux organismes mentionnés au 8° du I de l'article L. 312-1 du Code de l'action sociale et des familles et à l'article L. 322-1 du même code des logements conventionnés en application de l'article L. 351-2 du présent code, en vue de proposer des places d'hébergement destinées aux personnes ou familles mentionnées au II de l'article L. 301-1, dès lors que les besoins ont été identifiés dans le plan départemental d'action pour le logement et l'hébergement des personnes défavorisées et que l'avis de la commune ou de l'établissement public de coopération intercommunale compétent en matière d'habitat a été recueilli ;

– à titre subsidiaire, de donner en location des logements conventionnés en application de l'article L. 351-2 du présent code, en vue de proposer des places d'hébergement d'urgence et d'hébergement relais ou d'insertion, centres d'hébergement et de réinsertion sociale, au sein de structures spécifiques et sécurisées, destinées aux personnes mariées, liées par un pacte civil de solidarité ou vivant maritalement qui se trouvent dans une situation d'urgence, attestée par une ordonnance de protection délivrée par le juge aux affaires familiales en application du titre XIV du livre Ier du Code civil, ou sont victimes de violences au sein du couple attestées par le récépissé du dépôt d'une plainte par la victime, dès lors que les besoins ont été identifiés dans le plan départemental d'action pour le logement et l'hébergement des personnes défavorisées et que l'avis de la commune ou de l'établissement public de coopération intercommunale compétent en matière d'habitat a été recueilli ;

– à titre subsidiaire, de construire des établissements d'hébergement dès lors que les besoins ont été identifiés dans le plan départemental d'action pour le logement et l'hébergement des personnes défavorisées et que l'avis de la commune ou de l'établissement public de coopération intercommunale compétent en matière d'habitat a été recueilli ;

– à titre subsidiaire, de créer, aménager, entretenir et gérer des terrains familiaux locatifs définis au 2° du II de l'article 1er de la loi n° 2000-614 du 5 juillet 2000 relative à l'accueil et à l'habitat des gens du voyage dès lors que les besoins ont été identifiés dans le schéma départemental et que l'avis de la commune ou de l'établissement public de coopération intercommunale compétent a été recueilli ;

– d'acquérir et donner en location à des organismes bénéficiant de l'agrément relatif à l'intermédiation locative et la gestion locative sociale prévu à l'article L. 365-4 des hôtels, meublés ou non, destinés à l'hébergement temporaire de personnes en difficulté ;

– d'être syndic de copropriété et administrateur de biens d'immeubles bâtis, construits ou acquis soit par elles, soit par un autre organisme d'habitations à loyer modéré, une collectivité territoriale, une société d'économie mixte ou un organisme sans but lucratif, l'association mentionnée à l'article L. 313-34 du Code de la construction et de l'habitation précitée ou une des sociétés civiles immobilières dont les parts sont détenues à au moins 99 % par cette association. Elles peuvent également, dans la limite de 30 % du chiffre d'affaires global de l'activité de syndic, être syndic de copropriété et administrateurs de biens d'immeubles d'habitations et réaliser des prestations de service pour le compte de syndicats de copropriétaires qui ne répondent pas à ces conditions ;

– de vendre des ouvrages de bâtiment aux organismes visés à l'article L. 411-2 et aux sociétés d'économie mixte ou de les acquérir auprès d'eux, par contrat de vente d'immeuble à construire prévu aux articles L. 261-1 et suivants ou par le contrat de vente d'immeuble à rénover prévu aux articles L. 262-1 et suivants ;

– de construire ou acquérir, aménager, entretenir, gérer ou donner en gestion à des personnes physiques ou morales des résidences hôtelières à vocation sociale prévues à l'article L. 631-11 ou de prendre des parts dans des sociétés civiles immobilières ayant ce même objet et de pouvoir assurer leur gérance le cas échéant, aux côtés d'opérateurs privés ;

– de souscrire ou d'acquérir des parts dans des sociétés d'habitat participatif constituées en application du titre préliminaire du livre II ;

– de souscrire ou d'acquérir des parts d'organismes de foncier solidaire définis à l'article L. 329-1 du Code de l'urbanisme lorsque les activités définies dans leurs statuts font partie du service d'intérêt général défini à l'article L. 411-2 du présent code ;

– de souscrire à ou d'acquérir des parts ou des actions dans des sociétés pouvant réaliser des opérations d'aménagement ou conclure une convention de projet urbain partenarial ; cette participation est soumise à l'accord du représentant de l'État dans le département du lieu de l'opération ou du projet. À défaut d'opposition de sa part notifiée dans le délai de deux mois à compter de la date de la réception de la demande, son avis est réputé favorable ;

– de souscrire à ou d'acquérir la totalité des parts d'une société civile immobilière. L'opération fait l'objet d'une autorisation préalable du ministre chargé du logement. L'acquisition de la totalité des parts doit être effective à une date unique. L'actionnaire unique dissout la société qu'il détient dans un délai d'un an à compter de la date d'acquisition. Cette opération ne peut être réalisée qu'à la condition qu'elle n'entraîne aucun dépassement de l'objet social de la société ni de sa compétence géographique. Les logements transmis font l'objet de conventions conclues en application de l'article L. 351-2 du présent code dans un délai d'un an à compter de la transmission effective du patrimoine. Toute opération de souscription intervenue en violation du présent alinéa est frappée d'une nullité d'ordre public.

Elles peuvent, en outre :

– intervenir, dans les conditions fixées par leur statut, comme prestataires de services des sociétés d'économie mixte pour la réalisation d'opérations d'aménagement, lorsqu'elles ont été agréées à cet effet ;

– avec l'accord du maire de la commune d'implantation et du représentant de l'État dans le département, gérer, en qualité d'administrateurs de biens, des logements situés dans des copropriétés connaissant des difficultés importantes de fonctionnement ou être syndics de ces copropriétés. Dans ces mêmes copropriétés lorsqu'elles font l'objet d'un plan de sauvegarde en application de l'article L. 615-1 ou d'une opération programmée d'amélioration de l'habitat prévue à l'article L. 303-1 et dédiée aux copropriétés dégradées ou lorsqu'elles sont situées dans le périmètre d'opérations de requalification de copropriétés dégradées prévues à l'article L. 741-1, elles peuvent, selon les modalités précisées par décret en Conseil d'État qui peuvent déroger aux règles applicables aux habitations à loyer modéré, acquérir des lots en vue de leur revente, y effectuer tous travaux et les louer provisoirement. À défaut d'opposition de la part du représentant de l'État notifiée dans le délai de deux mois à compter de la date de la réception de la demande, son avis est réputé favorable ;

– réaliser des hébergements de loisirs à vocation sociale dans les conditions prévues à l'article L. 421-1 ;

– réaliser des opérations de conception, réalisation, entretien ou maintenance d'équipements hospitaliers ou médico-sociaux pour les besoins d'un établissement public de santé. Elles peuvent à cet effet conclure des contrats de partenariat dans les conditions prévues par l'ordonnance n° 2004-559 du 17 juin 2004 sur les contrats de partenariat et des baux emphytéotiques conformément aux articles L. 6148-2 à L. 6148-5-3 du Code de la santé publique ;

– réaliser des travaux, acquérir, construire et gérer des immeubles à usage d'habitation au profit des fonctionnaires de la police et de la gendarmerie nationales, des services départementaux d'incendie et de secours ou des services pénitentiaires, ainsi que les locaux accessoires à ces immeubles et les locaux nécessaires au fonctionnement des gendarmeries.

Elles peuvent aussi prendre à bail des logements vacants pour les donner en sous-location à des personnes physiques dans les conditions fixées par les articles L. 444-1 et suivants.

Elles peuvent également réaliser en vue de leur vente, dans les conditions prévues aux articles L. 261-1 à L. 261-22, à l'association agréée mentionnée à l'article L. 313-34 du Code de la construction et de l'habitation précitée ou aux sociétés civiles immobilières dont les parts sont détenues à au moins 99 % par cette association, des immeubles à usage principal d'habitation destinés à la location.

Elles peuvent aussi acquérir la nue-propriété ou l'usufruit temporaire des logements visés à l'article L. 253-1, ou réserver ce dernier à leur profit :

a) Au sein d'immeubles à usage principal d'habitation qu'elles réalisent en vue de leur vente à des personnes physiques ou morales dans les conditions prévues à l'article L. 261-3 ;

b) À titre expérimental pendant une durée de cinq ans à compter de la promulgation de la loi n° 2014-366 du 24 mars 2014 pour l'accès au logement et un urbanisme rénové, au sein d'immeubles bâtis occupés ou non, dans les communes appartenant à une zone d'urbanisation continue de plus de 50 000 habitants telle que définie à l'article 232 du Code général des impôts ainsi que dans les communes de plus de 15 000 habitants en forte croissance démographique définies par décret pris en application du dernier alinéa du II de l'article L. 302-5 du présent code ;

La sous-section 1 de la section 2 du chapitre III du titre IV du présent livre n'est pas applicable aux opérations relevant des trois alinéas précédents.

Elles peuvent aussi réaliser des prestations de service pour le compte de l'association agréée mentionnée à l'article L. 313-34 du Code de la construction et de l'habitation précitée, ou des sociétés civiles immobilières dont les parts sont détenues à au moins 99 % par cette association, dans des conditions fixées par décret en Conseil d'État.

Elles peuvent aussi réaliser des prestations de services pour le compte des organismes de foncier solidaire définis à l'article L. 329-1 du Code de l'urbanisme, dès lors que celles-ci font partie du service d'intérêt général défini à l'article L. 411-2 du présent code.

Elles peuvent aussi être agréées pour exercer les activités d'organisme de foncier solidaire définies à l'article L. 329-1 du Code de l'urbanisme, lorsque les activités définies dans les statuts de l'organisme créé font partie du service d'intérêt général défini à l'article L. 411-2 du présent code.

Elles peuvent aussi assurer la gérance des sociétés civiles immobilières régies par les articles L. 443-6-2 et suivants.

Elles peuvent aussi prendre à bail des logements faisant l'objet des conventions prévues aux articles L. 321-4 ou L. 321-8 en vue de les sous-louer, meublés ou non, aux personnes mentionnées au II de l'article L. 301-1 ou aux personnes physiques dont la situation nécessite une solution locative de transition.

Elles peuvent aussi, à titre subsidiaire, construire, acquérir et gérer des résidences universitaires dans les conditions définies à l'article L. 631-12.

Elles peuvent aussi construire et acquérir, dans la limite de 10 % des logements locatifs sociaux mentionnés à l'article L. 302-5 détenus par l'organisme, des logements locatifs dont le loyer n'excède pas les plafonds mentionnés au titre IX du livre III et destinés à être occupés par des personnes physiques dont les ressources n'excèdent pas les plafonds mentionnés au même titre IX. Elles peuvent également améliorer, attribuer, gérer et céder de tels logements.

Elles peuvent aussi créer des filiales qui auront pour seul objet de construire, d'acquérir et de gérer des logements locatifs intermédiaires :

1° Faisant l'objet d'une aide directe ou indirecte, sous quelque forme que ce soit, accordée par l'État, une collectivité locale ou l'un de ses groupements, ou par toute autre personne morale et conditionnée au respect, pendant une certaine durée, des conditions prévues aux 2° et 3° ;

2° Destinés à être occupés, à titre de résidence principale, pendant la durée fixée lors de l'attribution de l'aide mentionnée au 1°, par des personnes physiques dont les ressources n'excèdent pas des plafonds, fixés par décret en fonction de la typologie du ménage, de la localisation et du mode d'occupation du logement, lesquels ne sauraient être inférieurs aux plafonds prévus au chapitre unique du titre III du livre III ;

3° Dont le loyer n'excède pas, pendant la durée mentionnée au 2°, des plafonds fixés par décret en fonction de la localisation du logement, de son type et, le cas échéant, de son mode de financement, lesquels ne sauraient être inférieurs aux plafonds prévus au chapitre unique du titre III du livre III.

Ces filiales peuvent également acquérir des locaux à usages commercial, professionnel ou d'habitation, à l'exception des logements locatifs sociaux définis à l'article L. 302-5, en vue de leur transformation en logements locatifs intermédiaires remplissant les conditions fixées aux trois alinéas précédents et se voir confier la gestion de logements locatifs intermédiaires ou confier la gestion de logements locatifs intermédiaires à une autre personne morale, par le biais d'un mandat.

Ces filiales peuvent également gérer des locaux à usage commercial ou professionnel, apportés par la société anonyme d'habitations à loyer modéré pour la constitution du capital et à condition que ces locaux soient annexes et accessoires aux logements locatifs intermédiaires précités.

Le ministre chargé du logement peut s'opposer, selon des modalités fixées par décret en Conseil d'État, à la création de telles filiales si celle-ci est de nature à porter atteinte à la capacité de l'organisme mère de remplir ses missions en matière de logement social, notamment de construction et de rénovation de logements locatifs sociaux. À défaut d'opposition motivée du ministre dans un délai de trois mois à compter de la transmission de la décision de création, cette dernière est exécutoire.

Ces filiales ne peuvent pas elles-mêmes créer d'autres filiales. Elles peuvent prendre des participations dans des sociétés ayant pour objet la construction et la gestion de logements intermédiaires définis aux 1° à 3° ci-dessus lorsqu'une telle participation leur permet d'exercer un contrôle conjoint sur cette société dans les conditions mentionnées à l'article L. 233-3 du Code de commerce.

Pour la constitution du capital de la filiale :

a) La société anonyme d'habitations à loyer modéré peut apporter en nature, au vu d'un rapport annexé aux statuts et établi sous sa responsabilité par un commissaire aux apports désigné à l'unanimité des futurs associés ou, à défaut, par une décision de justice à la demande du futur associé le plus diligent, les logements intermédiaires qu'elle possède répondant aux conditions mentionnées aux 1° à 3° ci-dessus et les locaux à usage commercial ou professionnel annexes et accessoires auxdits logements. Toute autre forme de concours financier ne peut être issue que des activités ne relevant pas du service d'intérêt général défini à l'article L. 411-2.

Pour l'application de l'alinéa précédent, les logements appartenant à la société anonyme d'habitations à loyer modéré dont le loyer prévu au bail est au plus égal aux plafonds fixés au titre IX du livre III, et destinés à des personnes de revenu intermédiaire dont les ressources ne dépassent pas les plafonds fixés au titre IX du livre III ainsi que les logements financés à l'aide d'un prêt mentionné à ce même titre IX sont assimilés à des logements intermédiaires définis aux 1° à 3° ci-dessus lorsqu'ils ont fait l'objet d'une demande de permis de construire déposée avant le 1er mars 2014 ;

b) Lorsque les conditions mentionnées au a ne sont pas réunies, le capital de la filiale créée par la société anonyme d'habitations à loyer modéré est fixé à un euro. Les fonds propres nécessaires au financement de l'activité sont apportés par les associés n'ayant pas le statut d'organismes d'habitations à loyer modéré ou par des tiers sous forme d'avances en comptes courants ou de prêts participatifs.

Le représentant de l'État dans la région peut s'opposer, selon des modalités fixées par décret en Conseil d'État, à une augmentation de capital de la filiale réalisée par l'organisme mère si les conditions fixées aux a et b ci-dessus ne sont pas respectées ou si cette opération est de nature à porter atteinte à la capacité de cet organisme de remplir ses missions en matière de logement social, notamment de construction et de rénovation de logements locatifs sociaux. À défaut d'opposition motivée du représentant de l'État dans la région dans un délai de trois mois à compter de la transmission de la décision d'augmentation de capital, cette dernière est exécutoire.

Les autres formes de concours financiers à la filiale opérés par l'organisme mère autres que l'augmentation de capital doivent respecter les conditions du marché et donner obligatoirement lieu à remboursement. Toute prestation réalisée par l'organisme mère pour le compte de la filiale est opérée à un prix qui ne peut être inférieur au prix de revient et doit faire l'objet d'une convention réglementée.

Les sociétés anonymes d'habitations à loyer modéré peuvent également participer à des sociétés ayant le même objet que les filiales de logement locatif intermédiaire défini aux quarante-septième à cinquantième alinéas du présent article, lorsqu'une telle participation leur permet, avec d'autres organismes mentionnés à l'article L. 411-2 du présent code, d'exercer un contrôle conjoint sur cette société dans les conditions mentionnées à l'article L. 233-3 du Code de commerce. Ces sociétés sont soumises aux mêmes règles que les filiales mentionnées ci-dessus.

Elles peuvent gérer en qualité d'administrateur de biens des logements vacants pour les donner en location à des personnes mentionnées au II de l'article L. 301-1.

À titre subsidiaire, elles peuvent également acquérir dans le cadre de l'article L. 261-1, à due concurrence de leurs apports, des logements mentionnés à l'article L. 411-2 auprès d'une société civile immobilière dans laquelle elles détiennent des parts et dont l'unique objet est la construction d'immeubles d'habitation ou à usage professionnel et d'habitation en vue de leur vente, à la condition que cette société réalise au moins 25 % des logements mentionnés à l'article L. 411-2 et soit constituée pour une durée n'excédant pas dix ans.

Elles peuvent, dans le respect des dispositions du dernier alinéa du même article L. 411-2, le cas échéant par la création d'une filiale :

– construire, acquérir, vendre ou donner en location des équipements locaux d'intérêt général ou des locaux à usage commercial ou professionnel, gérer des immeubles abritant des équipements locaux d'intérêt général et des locaux à usage commercial ou professionnel ;

– réaliser pour le compte des collectivités territoriales ou de leurs groupements des études d'ingénierie urbaine ;

– fournir des services d'animation sociale, de veille, d'aide aux démarches et d'accompagnement en faveur des personnes âgées, en situation de handicap ou victimes de violences conjugales locataires ou occupants d'un logement social, répondant à des besoins non satisfaits ou partiellement satisfaits.

Sur le caractère mobilier des droits sociaux, V. ■ TGI Dunkerque, 28 juin 1989, et ■ CA Paris, 16 juin 1989 : *D.* 1990, 502, note J. Prévault.

Art. L. 422-2-1 *(L. n° 91-662, 13 juill. 1991 ; mod., L. n° 98-657, 29 juill. 1998 ; L. n° 2003-590, 2 juill. 2003 ; rempl., L. n° 2003-710, 1er août 2003 ; L. n° 2014-366, 24 mars 2014 ; L. n° 2017-86, 27 janv. 2017).* – I. – Le capital des sociétés anonymes d'habitations à loyer modéré est réparti entre quatre catégories d'actionnaires :

1° Un actionnaire de référence détenant la majorité du capital ;

2° Lorsqu'ils n'ont pas la qualité d'actionnaire de référence, les communautés de communes de plus de 50 000 habitants comprenant au moins une commune de plus de 15 000 habitants, les communautés urbaines, les métropoles, les établissements publics territoriaux de la métropole du Grand Paris, les communautés d'agglomération, les départements et les régions sur le territoire desquels la société anonyme d'habitations à loyer modéré possède des logements ;

3° Les représentants des locataires, élus sur des listes de candidats composées alternativement d'un candidat de chaque sexe et présentées par des associations affiliées à une organisation nationale siégeant à la

Commission nationale de concertation, au Conseil national de l'habitat ou au Conseil national de la consommation, œuvrant dans le domaine du logement, indépendantes de tout parti politique ou organisation philosophique, confessionnelle, ethnique ou raciale, et ne poursuivant pas des intérêts collectifs contraires aux objectifs du logement social fixés par le présent code, notamment par les articles L. 411 et L. 441, et par le droit à la ville défini par la loi n° 91-662 du 13 juillet 1991 d'orientation pour la ville ;

4° Les personnes morales autres que l'actionnaire de référence et les personnes physiques.

Aux fins d'application des dispositions du présent article, des actions sont cédées à un prix symbolique par l'actionnaire de référence, dans des conditions prévues par décret en Conseil d'État, aux établissements publics et collectivités territoriales mentionnés au 2° et aux locataires élus dans les conditions définies au 3°.

Chaque catégorie d'actionnaires est représentée aux assemblées générales des actionnaires, sans qu'il y ait nécessairement proportionnalité entre la quotité de capital détenu et le nombre de droits de vote, selon les modalités prévues par les statuts, dans des conditions fixées par décret en Conseil d'État.

II. – L'actionnaire de référence peut être constitué d'un groupe de deux ou trois actionnaires, liés entre eux par un pacte emportant les effets prévus à l'article 1134 du Code civil et s'exprimant d'une seule voix dans les assemblées générales de la société anonyme d'habitations à loyer modéré. Le pacte d'actionnaires est communiqué dès sa conclusion à chacun des actionnaires de la société anonyme d'habitations à loyer modéré ainsi qu'au préfet de la région dans laquelle celle-ci a son siège. Il prévoit notamment les modalités de règlement des litiges qui pourraient survenir entre les signataires.

En cas de rupture du pacte ou en cas de modification de la composition du capital ayant un effet sur l'actionnaire de référence, les instances statutaires de la société anonyme d'habitations à loyer modéré demandent un renouvellement de l'agrément mentionné à l'article L. 422-5.

Les associés de l'Union des entreprises et des salariés pour le logement sont considérés comme un seul actionnaire. Il en va de même des organismes à but non lucratif ayant pour objet l'insertion des personnes en difficulté.

III. – L'actionnaire de référence mentionné au 1° du I détient la majorité des droits de vote aux assemblées générales d'actionnaires, sans que la proportion des droits de vote qu'il détient puisse être supérieure à la part de capital dont il dispose.

Les établissements publics et collectivités territoriales mentionnés au 2° du I détiennent au moins 10 % des droits de vote, indépendamment de la quotité de capital détenu. Les droits de vote sont répartis entre les régions, d'une part, les départements et établissements publics, d'autre part, selon des modalités prévues par les statuts, dans des conditions définies par décret en Conseil d'État. Au sein de chacun de ces deux groupes, les droits de vote sont répartis par les établissements publics et collectivités territoriales concernés, en tenant compte de l'implantation géographique du patrimoine de la société anonyme d'habitations à loyer modéré. Pour les départements, sont seuls pris en compte les immeubles situés hors du territoire des communes regroupées dans un des établissements publics mentionnés au 2° du I.

Les représentants des locataires mentionnés au 3° du I détiennent au moins 10 % des droits de vote indépendamment de la quotité de capital détenu.

Le total des droits de vote des établissements publics et collectivités territoriales mentionnés au 2° du I et des représentants des locataires mentionnés au 3° du I est égal au tiers des voix plus une.

Les personnes physiques et les organismes de placement collectif en valeurs mobilières ou les placements collectifs relevant des paragraphes 1, 2 et 6 de la sous-section 2, du paragraphe 2 ou du sous-paragraphe 1 du paragraphe 1 de la sous-section 3 de la section 2 du chapitre IV du titre Ier du livre II du Code monétaire et financier dont la majorité des parts est détenue par des salariés de la société anonyme d'habitations à loyer modéré ne peuvent pas avoir la qualité d'actionnaire de référence. Les personnes physiques ne peuvent détenir au total plus de 5 % du capital. La répartition des droits de vote résiduels entre les actionnaires mentionnés au 4° du I s'effectue en proportion de la quotité de capital qu'ils détiennent.

Les statuts prévoient, dans des conditions fixées par décret en Conseil d'État, les modalités du rachat par l'actionnaire de référence des actions détenues par les actionnaires mentionnés au 4° du I.

IV. – Les membres du conseil d'administration ou du conseil de surveillance sont nommés par l'assemblée générale sur proposition de chaque catégorie d'actionnaires. Trois d'entre eux sont nommés sur proposition des établissements publics et collectivités territoriales mentionnés au 2° du I.

Les représentants des locataires mentionnés au 3° du I, au nombre de trois, sont membres du conseil d'administration.

Un décret en Conseil d'État détermine les conditions d'application du présent article.

Section III. – Sociétés anonymes coopératives de production d'habitations à loyer modéré et sociétés anonymes coopératives d'intérêt collectif d'habitations à loyer modéré

(L. n° 2003-710, 1er août 200)

Bibliographie : F. Schaufelberger, *JCl. Sociétés traité*, Fasc. 189-45.

Art. L. 422-3 *(L. n° 92-643, 13 juill. 1992 ; L. n° 94-624, 21 juill. 1994 ; mod., L. n° 98-546, 2 juill. 1998 ; L. n° 98-657, 29 juill. 1998 ; L. n° 2000-1208, 13 déc. 2000 ; L. n° 2003-590, 2 juill. 2003 ; L. n° 2005-32, 18 janv. 2005 ; L. n° 2006-872, 13 juill. 2006 ; L. n° 2007-290, 5 mars 2007 ; L. n° 2009-323, 25 mars 2009 ; L. n° 2014-366, 24 mars 2014 ; L. n° 2014-856, 31 juill. 2014 ; Ord. n° 2014-1543, 19 déc. 2014 ; L. n° 2015-990, 6 août 2015 ; L. n° 2017-86, 27 janv. 2017 ; L. n° 2018-1021, 23 nov. 2018).* – Les sociétés anonymes coopératives de production d'habitations à loyer modéré ont pour objet :

1° D'assister à titre de prestataires de services, dans des conditions définies par leurs statuts, des personnes physiques des sociétés de construction constituées en application du titre Ier du livre II pour la réalisation et la gestion d'immeubles, à usage d'habitation ou à usage professionnel et d'habitation ou destinés à cet usage, en accession à la propriété, des sociétés d'habitat participatif constituées en application du titre préliminaire du livre II ;

2° En vue de leur vente à titre de résidence principale, de construire, acquérir, rénover, réaliser des travaux, vendre ou gérer des immeubles, à usage d'habitation ou à usage professionnel et d'habitation respectant des prix de vente maxima fixés par l'autorité administrative ;

2° *bis* En vue de leur location-accession, de construire, acquérir, réaliser des travaux, gérer des immeubles à usage d'habitation ou à usage professionnel et d'habitation ;

3° De réaliser des lotissements ;

4° De réaliser des hébergements de loisir à vocation sociale selon les modalités prévues à l'article L. 421-1 ;

5° D'acquérir et donner en location à des organismes bénéficiant de l'agrément relatif à l'intermédiation locative et la gestion locative sociale prévu à l'article L. 365-4 des hôtels, meublés ou non, destinés à l'hébergement temporaire des personnes en difficulté ;

5° *bis* De construire ou acquérir, aménager, entretenir, gérer ou donner en gestion à des personnes physiques ou morales des résidences hôtelières à vocation sociale prévues à l'article L. 631-11 ou de prendre des parts dans des sociétés civiles immobilières ayant ce même objet et de pouvoir assurer leur gérance le cas échéant, aux côtés d'opérateurs privés ;

5° *ter* À titre subsidiaire, de donner en location des logements conventionnés en application de l'article L. 351-2 en vue de proposer des places d'hébergement destinées aux personnes ou familles mentionnées au II de l'article L. 301-1, dès lors que les besoins ont été identifiés dans le plan départemental d'action pour le logement et l'hébergement des personnes défavorisées et que l'avis de la commune ou de l'établissement public de coopération intercommunale compétent en matière d'habitat a été recueilli :

a) Aux organismes bénéficiant de l'agrément relatif à l'intermédiation locative et à la gestion locative sociale prévu à l'article L. 365-4 ;

b) Aux organismes mentionnés au 8° du I de l'article L. 312-1 du Code de l'action sociale et des familles et à l'article L. 322-1 du même code ;

5° *quater*. À titre subsidiaire, de donner en location des logements conventionnés en application de l'article L. 351-2 du présent code, en vue de proposer des places d'hébergement d'urgence et d'hébergement relais ou d'insertion, centres d'hébergement et de réinsertion sociale, au sein de structures spécifiques et sécurisées, destinées aux personnes mariées, liées par un pacte civil de solidarité ou vivant maritalement qui se trouvent dans une situation d'urgence, attestée par une ordonnance de protection délivrée par le juge aux affaires familiales en application du titre XIV du livre Ier du Code civil, ou sont victimes de violences au sein du couple attestées par le récépissé du dépôt d'une plainte par la victime, dès lors que les besoins ont été identifiés dans le plan départemental d'action pour le logement et l'hébergement des personnes défavorisées et que l'avis de la commune ou de l'établissement public de coopération intercommunale compétent en matière d'habitat a été recueilli ;

5° *quinquies* À titre subsidiaire, de construire des établissements d'hébergement dès lors que les besoins ont été identifiés dans le plan départemental d'action pour le logement et l'hébergement des personnes défavorisées et que l'avis de la commune ou de l'établissement public de coopération intercommunale compétent en matière d'habitat a été recueilli ;

5° *sexies* À titre subsidiaire, de créer, aménager, entretenir et gérer des terrains familiaux locatifs définis au 2° du II de l'article 1er de la loi n° 2000-614 du 5 juillet 2000 relative à l'accueil et à l'habitat des gens du voyage dès lors que les besoins ont été identifiés dans le schéma départemental et que l'avis de la commune ou de l'établissement public de coopération intercommunale compétent a été recueilli ;

6° De réaliser, dans les conditions fixées par leurs statuts, toutes les actions ou opérations d'aménagement définies par le code de l'urbanisme, soit pour leur compte avec l'accord de la ou des collectivités locales concernées, soit pour le compte de tiers. Dans le cas où elles interviennent pour le compte de tiers, les dispositions des articles L. 443-14 et L. 451-5 ne sont pas applicables aux cessions d'immeubles rendues nécessaires par la réalisation de ces actions ou opérations. Lorsqu'elles se voient confier par convention la réalisation d'une opération de restructuration urbaine ou de revitalisation de centre-ville, celle-ci comprend toutes opérations ou actions ou tous aménagements ou équipements de nature à favoriser une politique de développement social urbain. Dans ce cas, la convention peut inclure des actions d'insertion professionnelle et sociale en faveur des habitants ;

6° *bis* À titre subsidiaire, de réaliser, pour le compte des collectivités territoriales actionnaires, toute opération de construction ou d'aménagement relevant de la compétence de ces dernières ;

7° De réaliser pour le compte d'associations ou d'organismes oeuvrant dans le domaine du logement, d'organismes de l'économie sociale et solidaire mentionnés au II de l'article 1er de la loi n° 2014-856 du 31 juillet 2014 relative à l'économie sociale et solidaire, œuvrant dans le domaine du logement, ou de personnes physiques des prestations de services définies par leurs statuts ;

8° De réaliser des travaux, acquérir, construire et gérer des immeubles à usage d'habitation au profit des fonctionnaires de la police et de la gendarmerie nationales, des services départementaux d'incendie et de secours ou des services pénitentiaires, ainsi que les locaux accessoires à ces immeubles et les locaux nécessaires au fonctionnement des gendarmeries ;

9° De vendre des ouvrages de bâtiment aux organismes visés à l'article L. 411-2 et aux sociétés d'économie mixte ou de les acquérir auprès d'eux, par contrat de vente d'immeuble à construire prévu aux articles L. 261-1 et suivants ou par le contrat de vente d'immeuble à rénover prévu aux articles L. 262-1 et suivants ;

10° De souscrire à ou d'acquérir des parts ou des actions dans des sociétés pouvant réaliser des opérations d'aménagement ou conclure une convention de projet urbain partenarial ; cette participation est soumise à l'accord du représentant de l'État dans le département du lieu de l'opération ou du projet. À défaut d'opposition de sa part notifiée dans le délai de deux mois à compter de la date de la réception de la demande, son avis est réputé favorable.

11° De souscrire ou d'acquérir des parts dans des sociétés d'habitat participatif constituées en application du titre préliminaire du livre II ;

12° De racheter, dans le cadre de la garantie de rachat incluse dans les garanties prévues à l'article L. 411-2, des logements en vue de leur revente, à titre de résidence principale, à des personnes physiques de ressources modestes, en respectant des prix de vente maxima fixés par l'autorité administrative ;

13° De souscrire ou d'acquérir des parts d'organismes de foncier solidaire définis à l'article L. 329-1 du Code de l'urbanisme lorsque les activités définies dans leurs statuts font partie du service d'intérêt général défini à l'article L. 411-2 du présent code ;

14° À titre de complément normal de leurs missions d'intérêt général, adhérer à tout organisme sans but lucratif et notamment à toute association, fondation ou fonds de dotation dont l'objet ou les activités se rapportent notamment à la réalisation d'actions d'insertion professionnelle et sociale ainsi que d'assistance aux personnes âgées locataires.

15° De souscrire à ou d'acquérir la totalité des parts d'une société civile immobilière. L'opération fait l'objet d'une autorisation préalable du ministre chargé du logement. L'acquisition de la totalité des parts doit être effective à une date unique. L'actionnaire unique dissout la société qu'il détient dans un délai d'un an à compter de la date d'acquisition. Cette opération ne peut être réalisée qu'à la condition qu'elle n'entraîne aucun dépassement de l'objet social de la société ni de sa compétence géographique. Les logements transmis font l'objet de conventions conclues en application de l'article L. 351-2 dans un délai d'un an à compter de la transmission effective du patrimoine. Toute opération de souscription intervenue en violation du présent 16° est frappée d'une nullité d'ordre public.

Elles peuvent, dans le respect du dernier alinéa de l'article L. 411-2, le cas échéant par la création d'une filiale :

a) Construire, acquérir, vendre ou donner en location des équipements locaux d'intérêt général ou des locaux à usage commercial ou professionnel, gérer des immeubles abritant des équipements locaux d'intérêt général et des locaux à usage commercial ou professionnel ;

b) Réaliser pour le compte des collectivités territoriales ou de leurs groupements des études d'ingénierie urbaine ;

c) Fournir des services d'animation sociale, de veille, d'aide aux démarches et d'accompagnement en faveur des personnes âgées, en situation de handicap ou victimes de violences conjugales locataires ou occupants d'un logement social, répondant à des besoins non satisfaits ou partiellement satisfaits.

Exclusivement dans les communes appartenant à une zone d'urbanisation continue de plus de 50 000 habitants définie à l'article 232 du Code général des impôts ainsi que dans les communes de plus de 15 000 habitants en forte croissance démographique définies par décret pris en application du dernier alinéa du II de l'article L. 302-5 du présent code, elles peuvent de même réaliser ou acquérir et améliorer, en complément de leur activité locative, en vue de leur vente à des personnes morales, soit lorsqu'une offre satisfaisante de ces logements n'est pas assurée dans un îlot, un quartier ou une commune, soit à la demande de la collectivité territoriale dans le cadre d'une action ou d'une opération d'aménagement ou de la mise en œuvre des objectifs de renouvellement urbain et de mixité sociale prévus dans les contrats de ville, des logements destinés à des personnes dont les ressources ne dépassent pas les plafonds fixés par le décret prévu au premier alinéa du III de l'article 199 *novovicies* du Code général des impôts et respectant des prix de vente maxima fixés par l'autorité administrative.

Elles peuvent, en outre, avec l'accord du maire de la commune d'implantation et du représentant de l'État dans le département, gérer en qualité d'administrateurs de biens des logements situés dans des copropriétés connaissant des difficultés importantes de fonctionnement ou être syndics de ces copropriétés. Dans ces mêmes copropriétés, lorsqu'elles font l'objet d'un plan de sauvegarde en application de l'article L. 615-1 ou d'une opération programmée d'amélioration de l'habitat prévue à l'article L. 303-1 et dédiée aux copropriétés dégradées ou lorsqu'elles sont situées dans le périmètre d'opérations de requalification de copropriétés dégradées prévues à l'article L. 741-1, elles peuvent, selon les modalités précisées par décret en Conseil d'État qui peuvent déroger aux règles applicables aux habitations à loyer modéré, acquérir des lots en vue de leur revente, y effectuer tous travaux et les louer provisoirement. À défaut d'opposition de la part du représentant de l'État notifiée dans le délai de deux mois à compter de la date de la réception de la demande, son avis est réputé favorable.

Elles peuvent également gérer, en qualité de syndics de copropriété et d'administrateurs de biens, après accord du maire de la commune d'implantation et dans les conditions fixées par l'article L. 442-11, des logements situés dans le périmètre défini pour une opération programmée d'amélioration de l'habitat visée à l'article L. 303-1 ou dans le périmètre d'opérations de requalification de copropriétés dégradées prévues à l'article L. 741-1 ainsi que les logements appartenant à des personnes privées et vacants depuis plus d'un an.

Elles peuvent également réaliser des prestations de services pour le compte de syndicats de copropriétaires d'immeubles faisant l'objet d'un plan de sauvegarde en application de l'article L. 615-1 ou situés dans le périmètre défini pour une opération programmée d'amélioration de l'habitat visée à l'article L. 303-1 ou dans le périmètre d'opérations de requalification de copropriétés dégradées prévues à l'article L. 741-1. Elles peuvent intervenir comme opérateur, sans pouvoir être tiers-financeur, dans le cadre des procédures de l'article 29-11 de la loi n° 65-557 du 10 juillet 1965 fixant le statut de la copropriété des immeubles bâtis et de l'article L. 615-10 du présent code.

Elles peuvent réaliser pour le compte de leurs membres utilisateurs les opérations mentionnées au I de l'article L. 519-1 du Code monétaire et financier.

Elles peuvent réaliser pour le compte d'autres organismes d'habitations à loyer modéré des prestations de services pour des missions rentrant dans l'objet social desdits organismes.

Elles peuvent également, dans les conditions fixées par leurs statuts, construire, acquérir, aménager, restaurer, agrandir, améliorer et gérer des immeubles en vue de la location et destinés à un usage d'habitation ou à un usage professionnel et d'habitation.

Elles peuvent également être syndic de copropriété et administrateur de biens d'immeubles bâtis, construits ou acquis soit par elles, soit par un autre organisme d'habitations à loyer modéré, une collectivité territoriale, une société d'économie mixte ou un organisme sans but lucratif, l'association mentionnée à l'article L. 313-34 du Code de la construction et de l'habitation ou une des sociétés civiles immobilières dont les parts sont détenues à au moins 99 % par cette association. Elles peuvent également, dans la limite de 30 % du chiffre d'affaires global de l'activité de syndic, être syndic de copropriété et administrateurs de biens d'immeubles d'habitations et réaliser des prestations de service pour le compte de syndicats de copropriétaires qui ne répondent pas à ces conditions.

Elles peuvent également réaliser en vue de leur vente, dans les conditions prévues aux articles L. 261-1 à L. 261-22, à l'association agréée mentionnée à l'article L. 313-34 du Code de la construction et de l'habitation précitée ou aux sociétés civiles immobilières dont les parts sont détenues à au moins 99 % par cette association, des immeubles à usage principal d'habitation destinés à la location.

Elles peuvent aussi réaliser des prestations de service pour le compte de l'association agréée mentionnée à l'article L. 313-34 du Code de la construction et de l'habitation, ou des sociétés civiles immobilières dont les parts sont détenues à au moins 99 % par cette association, dans des conditions fixées par décret en Conseil d'État.

Elles peuvent aussi réaliser des prestations de services pour le compte des organismes de foncier solidaire définis à l'article L. 329-1 du Code de l'urbanisme, dès lors que celles-ci font partie du service d'intérêt général défini à l'article L. 411-2 du présent code.

Elles peuvent aussi être agréées pour exercer les activités d'organisme de foncier solidaire définies à l'article L. 329-1 du Code de l'urbanisme, lorsque les activités définies dans les statuts de l'organisme créé font partie du service d'intérêt général défini à l'article L. 411-2 du présent code.

Elles peuvent aussi, dans le cadre d'une convention avec l'Etat, fournir tous services à caractère social d'intérêt direct pour les habitants et répondant à des besoins non satisfaits ou partiellement satisfaits dans les conditions normales du marché.

Elles peuvent gérer les immeubles à usage principal d'habitation appartenant à l'association agréée mentionnée à l'article L. 313-34 du Code de la construction et de l'habitation ou aux sociétés civiles immobilières dont les parts sont détenues à au moins 99 % par cette association.

Elles peuvent aussi acquérir la nue-propriété ou l'usufruit temporaire des logements visés à l'article L. 253-1, ou réserver ce dernier à leur profit :

a) Au sein d'immeubles à usage principal d'habitation qu'elles réalisent en vue de leur vente à des personnes physiques ou morales dans les conditions prévues à l'article L. 261-3 ;

b) À titre expérimental pendant une durée de cinq ans à compter de la promulgation de la loi n° 2014-366 du 24 mars 2014 pour l'accès au logement et un urbanisme rénové, au sein d'immeubles bâtis occupés ou non, dans les communes appartenant à une zone d'urbanisation continue de plus de 50 000 habitants telle que définie à l'article 232 du Code général des impôts ainsi que dans les communes de plus de 15 000 habitants en forte croissance démographique définies par décret pris en application du dernier alinéa du II de l'article L. 302-5 du présent code ;

La sous-section 1 de la section 2 du chapitre III du titre IV du présent livre n'est pas applicable aux opérations relevant des trois alinéas précédents.

Elles peuvent aussi prendre à bail des logements faisant l'objet des conventions prévues aux articles L. 321-4 ou L. 321-8 en vue de les sous-louer, meublés ou non, aux personnes mentionnées au II de l'article L. 301-1 ou aux personnes physiques dont la situation nécessite une solution locative de transition.

Elles peuvent gérer en qualité d'administrateur de biens des logements vacants pour les donner en location à des personnes mentionnées au II de l'article L. 301-1.

Elles peuvent aussi assurer la gérance des sociétés civiles immobilières régies par les articles L. 443-6-2 et suivants.

Elles peuvent aussi, à titre subsidiaire, construire, acquérir et gérer des résidences universitaires dans les conditions définies à l'article L. 631-12.

À titre subsidiaire, elles peuvent également acquérir dans le cadre de l'article L. 261-1, à due concurrence de leurs apports, des logements mentionnés à l'article L. 411-2 auprès d'une société civile immobilière dans laquelle elles détiennent des parts et dont l'unique objet est la construction d'immeubles d'habitation ou à usage professionnel et d'habitation en vue de leur vente, à la condition que cette société réalise au moins 25 % de logements mentionnés à l'article L. 411-2 et soit constituée pour une durée n'excédant pas dix ans.

Les sociétés anonymes coopératives de production d'habitations à loyer modéré font procéder périodiquement, quelle que soit l'importance de leur activité, à l'examen de leur organisation et de leur fonctionnement dans le cadre d'une procédure de révision coopérative. Un décret en Conseil d'État, pris après avis du Conseil supérieur des habitations à loyer modéré, fixe les conditions dans lesquelles les dispositions relatives à la révision coopérative prévues aux articles 25-2 à 25-4 de la loi n° 47-1775 du 10 septembre 1947 portant statut de la coopération sont rendues applicables, avec les dérogations et adaptations nécessaires, aux sociétés anonymes coopératives de production d'habitations à loyer modéré.

Elles peuvent aussi construire et acquérir, dans la limite de 10 % des logements locatifs sociaux mentionnés à l'article L. 302-5 détenus par l'organisme, des logements locatifs dont le loyer n'excède pas les plafonds mentionnés au titre IX du livre III et destinés à être occupés par des personnes physiques dont les ressources n'excèdent pas les plafonds mentionnés au même titre IX. Elles peuvent également améliorer, attribuer, gérer et céder de tels logements.

Elles peuvent aussi créer des filiales qui auront pour seul objet de construire, d'acquérir et de gérer des logements locatifs intermédiaires :

1° Faisant l'objet d'une aide directe ou indirecte, sous quelque forme que ce soit, accordée par l'État, une collectivité locale ou l'un de ses groupements, ou par toute autre personne morale et conditionnée au respect, pendant une certaine durée, des conditions prévues aux 2° et 3° ;

2° Destinés à être occupés, à titre de résidence principale, pendant la durée fixée lors de l'attribution de l'aide mentionnée au 1°, par des personnes physiques dont les ressources n'excèdent pas des plafonds, fixés par décret en fonction de la typologie du ménage, de la localisation et du mode d'occupation du logement, lesquels ne sauraient être inférieurs aux plafonds prévus au chapitre unique du titre III du livre III ;

3° Dont le loyer n'excède pas, pendant la durée mentionnée au 2°, des plafonds fixés par décret en fonction de la localisation du logement, de son type et, le cas échéant, de son mode de financement, lesquels ne sauraient être inférieurs aux plafonds prévus au chapitre unique du titre III du livre III.

Ces filiales peuvent également acquérir des locaux à usages commercial, professionnel ou d'habitation, à l'exception des logements locatifs sociaux définis à l'article L. 302-5, en vue de leur transformation en logements locatifs intermédiaires remplissant les conditions fixées aux trois alinéas précédents et se voir confier la gestion de logements locatifs intermédiaires ou confier la gestion de logements locatifs intermédiaires à une autre personne morale, par le biais d'un mandat.

Ces filiales peuvent également gérer des locaux à usage commercial ou professionnel, apportés par la société anonyme coopérative de production d'habitations à loyer modéré pour la constitution du capital et à condition que ces locaux soient annexes et accessoires aux logements locatifs intermédiaires précités.

Le ministre chargé du logement peut s'opposer, selon des modalités fixées par décret en Conseil d'État, à la création de telles filiales si celle-ci est de nature à porter atteinte à la capacité de l'organisme mère de remplir ses missions en matière de logement social, notamment de construction et de rénovation de logements locatifs sociaux. À défaut d'opposition motivée du ministre dans un délai de trois mois à compter de la transmission de la décision de création, cette dernière est exécutoire.

Ces filiales ne peuvent pas elles-mêmes créer d'autres filiales. Elles peuvent prendre des participations dans des sociétés ayant pour objet la construction et la gestion de logements intermédiaires définis aux 1° à 3° ci-dessus lorsqu'une telle participation leur permet d'exercer un contrôle conjoint sur cette société dans les conditions mentionnées à l'article L. 233-3 du Code de commerce.

Pour la constitution du capital de la filiale :

a) La société anonyme coopérative de production d'habitations à loyer modéré peut apporter en nature, au vu d'un rapport annexé aux statuts et établi sous sa responsabilité par un commissaire aux apports désigné à l'unanimité des futurs associés ou, à défaut, par une décision de justice à la demande du futur associé le plus diligent, les logements intermédiaires qu'elle possède répondant aux conditions mentionnées aux 1° à 3° ci-dessus et les locaux à usage commercial ou professionnel annexes et accessoires auxdits logements. Toute autre forme de concours financier ne peut être issue que des activités ne relevant pas du service d'intérêt général défini à l'article L. 411-2.

Pour l'application de l'alinéa précédent, les logements appartenant à la société anonyme coopérative de production d'habitations à loyer modéré dont le loyer prévu au bail est au plus égal aux plafonds fixés au titre IX du livre III, et destinés à des personnes de revenu intermédiaire dont les ressources ne dépassent pas les plafonds fixés au titre IX du livre III, ainsi que les logements financés à l'aide d'un prêt mentionné à ce même titre IX, sont assimilés à des logements intermédiaires définis aux 1° à 3° ci-dessus lorsqu'ils ont fait l'objet d'une demande de permis de construire déposée avant le 1er mars 2014 ;

b) Lorsque les conditions mentionnées au a ne sont pas réunies, le capital de la filiale créée par la société anonyme coopérative de production d'habitations à loyer modéré est fixé à un euro. Les fonds propres nécessaires au financement de l'activité sont apportés par les associés n'ayant pas le statut d'organismes d'habitations à loyer modéré ou par des tiers sous forme d'avances en comptes courant ou de prêts participatifs.

Le représentant de l'État dans la région peut s'opposer, selon des modalités fixées par décret en Conseil d'État, à une augmentation de capital de la filiale réalisée par l'organisme mère si les conditions fixées aux a et b ci-dessus ne sont pas respectées ou si cette opération est de nature à porter atteinte à la capacité de cet organisme de remplir ses missions en matière de logement social, notamment de construction et de rénovation de logements locatifs sociaux. À défaut d'opposition motivée du représentant de l'État dans la région dans un délai de trois mois à compter de la transmission de la décision d'augmentation de capital, cette dernière est exécutoire.

Les autres formes de concours financiers à la filiale opérés par l'organisme mère autres que l'augmentation de capital doivent respecter les conditions du marché et donner obligatoirement lieu à remboursement. Toute prestation réalisée par l'organisme mère pour le compte de la filiale est opérée à un prix qui ne peut être inférieur au prix de revient et doit faire l'objet d'une convention réglementée.

Les sociétés anonymes coopératives de production d'habitations à loyer modéré peuvent également participer à des sociétés ayant le même objet que les filiales de logement locatif intermédiaire défini aux cinquante-cinquième à cinquante-huitième alinéas du présent article, lorsqu'une telle participation leur permet, avec d'autres organismes mentionnés à l'article L. 411-2 du présent code, d'exercer un contrôle conjoint sur cette société dans les conditions mentionnées à l'article L. 233-3 du Code de commerce. Ces sociétés sont soumises aux mêmes règles que les filiales mentionnées ci-dessus.

Un décret détermine les modalités d'application du présent article.

Art. L. 422-3-1 *(Abr., L. n° 92-643, 13 juill. 1992 ; rétabli, L. n° 2000-1208, 13 déc. 2000).* – Les conseils d'administration ou les conseils de surveillance des sociétés anonymes coopératives d'habitations à loyer modéré exerçant une activité de gestion locative comprennent des représentants des locataires dans les conditions définies par leurs statuts.

Art. L. 422-3-2 *(Abr., L. n° 2000-1208, 13 déc. 2000 ; rétabli, L. n° 2003-710, 1er août 2003 ; L. n° 2018-1021, 23 nov. 2018).* – Les sociétés anonymes coopératives d'intérêt collectif d'habitations à loyer modéré exercent les compétences mentionnées à l'article L. 422-3 et font procéder périodiquement à l'examen de leur organisation et de leur fonctionnement dans le cadre d'une procédure de révision coopérative telle que définie au même article L. 422-3.

Lorsqu'elles exercent une activité locative, les conseils d'administration ou les conseils de surveillance desdites sociétés comprennent des représentants des locataires dans les conditions définies par leurs statuts.

Les sociétés anonymes mentionnées aux articles L. 422-2, L. 422-3 et L. 422-13 peuvent décider de se transformer en société anonyme coopérative d'intérêt collectif d'habitations à loyer modéré. Cette décision n'entraîne pas la création d'une personne morale nouvelle. À peine de nullité, la décision de transformation doit être agréée par le ministre chargé de la construction et de l'habitation.

Section 4 : Sociétés de ventes d'habitations à loyer modéré

Art. L. 422-4 *(L. n° 2018-1021, 23 nov. 2018).* – Une société de vente d'habitations à loyer modéré est une société anonyme ou une société anonyme coopérative agréée en application de l'article L. 422-5 et qui a pour seul objet l'acquisition et l'entretien de biens immobiliers appartenant à des organismes mentionnés aux deuxième à quatrième alinéas de l'article L. 411-2, à des sociétés d'économie mixte agréées en application de l'article L. 481-1 et à des organismes qui bénéficient de l'agrément relatif à la maîtrise d'ouvrage prévu à l'article L. 365-2, en vue de la vente de ces biens.

Une société de vente d'habitations à loyer modéré peut également acquérir les locaux accessoires et les locaux à usage autre que d'habitation dès lors qu'ils font partie de l'immeuble cédé.

Une société de vente d'habitations à loyer modéré ne peut acquérir la nue-propriété des biens immobiliers appartenant à des organismes mentionnés aux deuxième à quatrième alinéas de l'article L. 411-2, à des sociétés d'économie mixte agréées en application de l'article L. 481-1 et à des organismes qui bénéficient de l'agrément relatif à la maîtrise d'ouvrage prévu à l'article L. 365-2.

Les logements sociaux qu'elle détient sont gérés par des organismes d'habitations à loyer modéré, des sociétés d'économie mixte agréées en application de l'article L. 481-1 et des organismes qui bénéficient de l'agrément relatif à la maîtrise d'ouvrage prévu à l'article L. 365-2.

Les parts sociales ne peuvent être souscrites que par des organismes mentionnés aux deuxième à quatrième alinéas de l'article L. 411-2, par des sociétés d'économie mixte agréées en application de l'article L. 481-1, par la société mentionnée à l'article L. 313-19 et par la Caisse des dépôts et consignations.

Un décret en Conseil d'État détermine les conditions d'application du présent article.

Section V. – Dispositions communes aux sociétés d'habitations à loyer modéré

(Mod., Ord. n° 2006-1048, 25 août 2006)

Art. L. 422-5 *(L. n° 84-46, 24 janv. 1984 ; L. n° 86-1290, 23 déc. 1986)*. – Les sociétés d'habitations à loyer modéré doivent être agréées par décision administrative.

Leurs statuts contiennent des clauses conformes aux clauses types approuvées par décret en Conseil d'État.

Art. L. 422-5-1 *(L. n° 91-662, 13 juill. 1991 ; L. n° 98-546, 2 juill. 1998)*. – Les sociétés d'habitations à loyer modéré sont administrées par des conseils d'administration ou par des directoires et conseils de surveillance.

Art. L. 422-6 et L. 422-7 *(Abr., L. n° 2014-366, 24 mars 2014)*.

Art. L. 422-8 *(L. n° 91-662, 13 juill. 1991 ; mod., L. n° 2000-1208, 13 déc. 2000 ; L. n° 2014-366, 24 mars 2014)*. – Pendant la durée de l'administration provisoire prévue à l'article L. 342-14 et par dérogation aux dispositions du livre II du Code de commerce, notamment ses articles L. 225-129, L. 225-204 et L. 228-23, toute augmentation ou réduction du capital social ou toute cession d'action est soumise à l'agrément de l'administrateur provisoire, à peine de nullité.

Lorsque la société fait l'objet d'un plan de redressement approuvé par le conseil d'administration de la Caisse de garantie du logement social, l'administrateur provisoire peut soumettre à l'assemblée générale extraordinaire tout projet d'augmentation du capital social rendu nécessaire par le plan de redressement. En cas de refus de l'assemblée générale extraordinaire, la décision de procéder à l'augmentation de capital est prise par le conseil d'administration de la Caisse de garantie du logement social.

Pendant la durée de l'administration provisoire, l'assemblée générale ne peut désigner un nouveau conseil d'administration ou conseil de surveillance. À l'issue de la mission de l'administrateur provisoire, il est procédé soit à la désignation d'un nouveau conseil d'administration ou conseil de surveillance par l'assemblée générale, soit à la dissolution de la société dans les modalités prévues à l'article L. 342-14.

Pendant une durée de deux ans à l'issue de la mission de l'administrateur provisoire, ce dernier doit être convoqué et peut assister à toutes les réunions du conseil d'administration ou du conseil de surveillance de la société et aux assemblées générales des actionnaires.

Si, au cours de cette période, il constate que les mesures indispensables de redressement de la société ne sont pas adoptées ou ne sont pas exécutées, il en informe le ministre chargé du logement. Celui-ci, en accord avec le ministre de l'économie et des finances, peut, après avoir entendu les observations de la société, soit procéder à la dissolution et à la liquidation de l'organisme en cause, soit suspendre à nouveau le conseil d'administration ou le conseil de surveillance et nommer un administrateur provisoire en déterminant la durée de son mandat. Cet administrateur doit, avant l'expiration de son mandat, réunir une assemblée générale en vue de procéder à la désignation d'un nouveau conseil d'administration ou d'un nouveau conseil de surveillance. À défaut de cette désignation, il sera procédé à la dissolution et à la liquidation de l'organisme.

Art. L. 422-8-1 *(L. n° 2000-1208, 13 déc. 2000 ; mod., L. n° 2014-366, 24 mars 2014).* – Pendant la durée des opérations de liquidation consécutives à une dissolution prononcée dans les conditions prévues à l'article L. 342-14, toute opération portant sur le capital de la société ou toute cession d'action est soumise à l'agrément du liquidateur, à peine de nullité.

Lorsque l'assemblée générale extraordinaire a refusé une cession d'actif proposée par le liquidateur, celui-ci ne peut procéder à cette cession qu'après autorisation du ministre chargé du logement.

Art. L. 422-9 *(L. n° 83-440, 2 juin 1983 ; mod., Ord. n° 2006-1048, 25 août 2006).* – Dans le cas où une société d'habitations à loyer modéré s'est abstenue, pendant une période de deux ans, de transmettre à l'autorité administrative compétente les documents administratifs et comptables énumérés par le décret prévu à l'article L. 423-3, ou si elle est dans l'impossibilité de renouveler son conseil d'administration ou de tenir une assemblée générale des actionnaires, *(Mots rempl., L. n° 2014-366, 24 mars 2014)* « le ministre chargé du logement peut, sur proposition ou après avis de l'Agence nationale de contrôle du logement social », prononcer sa dissolution et nommer un liquidateur, dans des conditions précisées par décret, soit à la demande des associés possédant la majorité du capital, soit à la demande du représentant de l'État dans le département, soit de sa propre initiative.

Art. L. 422-10. – En cas de carence d'un liquidateur ou à défaut par l'assemblée générale extraordinaire de procéder au remplacement d'un liquidateur décédé ou empêché, *(Mots rempl., L. n° 2014-366, 24 mars 2014)* « le ministre chargé du logement peut, sur proposition ou après avis de l'Agence nationale de contrôle du logement social », soit désigner un liquidateur provisoire qui a pour mission d'accomplir les actes conservatoires et de convoquer, dans un délai maximum de six mois, l'assemblée générale extraordinaire en vue de la désignation d'un nouveau liquidateur, soit demander au président du tribunal de commerce de nommer un administrateur judiciaire.

Art. L. 422-11 *(Mod., L. n° 91-457, 15 mai 1991 ; L. n° 2014-366, 24 mars 2014).* – À la dissolution d'une société d'habitations à loyer modéré, l'assemblée générale appelée à statuer sur la liquidation ne peut, après paiement du passif et remboursement du capital social, attribuer la portion d'actif qui excéderait la moitié du capital social qu'à un ou plusieurs organismes d'habitations à loyer modéré ou à l'une des fédérations d'organismes d'habitations à loyer modéré ou à une ou plusieurs sociétés d'économie mixte de construction et de gestion de logements sociaux, sous réserve de l'approbation administrative donnée dans des conditions précisées par décret.

Lorsqu'il s'agit d'une société anonyme coopérative, le remboursement du capital porte sur la part du capital effectivement versée.

Art. L. 422-11-1 *(L. n° 2014-856, 31 juill. 2014).* – La dissolution d'une société d'habitations à loyer modéré consécutive à sa fusion avec absorption avec une société ne bénéficiant pas de l'agrément mentionné à l'article L. 422-5 ou avec une société d'économie mixte non agréée en application de l'article L. 481-1 et ne réalisant pas exclusivement son activité dans le champ de l'article L. 411-2 du présent code est soumise à l'accord du ministre chargé du logement, pris après avis du Conseil supérieur des habitations à loyer modéré et du comité régional de l'habitat et de l'hébergement. En cas de dissolution et par dérogation à l'article L. 236-3 du Code de commerce, les réserves, le report à nouveau et les résultats non affectés de la société d'habitations à loyer modéré sont attribués à un ou plusieurs organismes d'habitations à loyer modéré ou à l'une des fédérations d'organismes d'habitations à loyer modéré, sous réserve de l'approbation donnée par le ministre chargé du logement après avis du Conseil supérieur des habitations à loyer modéré.

Section VI. – Dispositions communes aux diverses sociétés coopératives d'habitations à loyer modéré

Art. L. 422-12 *(L. n° 92-643, 13 juill. 1992 ; mod., L. n° 2003-710, 1er août 2003).* – *(Rempl., L. n° 2014-856, 31 juill. 2014)* La loi n° 47-1775 du 10 septembre 1947 portant statut de la coopération est applicable aux sociétés anonymes coopératives d'habitations à loyer modéré mentionnées aux articles L. 422-3, L. 422-3-2 et L. 422-13, à l'exception des deux derniers alinéas de ses articles 16 et 18 ainsi que de ses articles 25-2 à 25-4. Le dernier alinéa de l'article 19 *septies* et le troisième alinéa de l'article 19 *nonies* ne sont pas applicables aux sociétés anonymes coopératives d'intérêt collectif d'habitations à loyer modéré.

Pour l'application de l'article 3 *bis* de la loi n° 47-1775 du 10 septembre 1947 précitée, les associés ayant qualité d'organismes d'habitations à loyer modéré énumérés à l'article L. 411-2 bénéficient des dispositions fixées par le troisième alinéa de cet article.

Lorsqu'il est fait application de l'article 25 de la loi n° 47-1775 du 10 septembre 1947 précitée par une société coopérative d'habitations à loyer modéré, les réserves ne peuvent être distribuées aux associés ni incorporées au capital de la société issue de la transformation. En cas de dissolution de ladite société, la partie de l'actif net de liquidation correspondant à ces réserves doit être attribuée conformément à l'article L. 422-11.

Section VII. – Dispositions transitoires relatives
aux sociétés coopératives de location-attribution d'habitations à loyer modéré

Art. L. 422-13 *(L. n° 92-643, 13 juill. 1992)*. – Les sociétés anonymes coopératives d'habitations à loyer modéré de location-attribution existant au 16 juillet 1971 peuvent être autorisées à transférer dans des conditions fixées par décret, soit à des sociétés anonymes coopératives de production d'habitations à loyer modéré, soit à des sociétés anonymes d'habitations à loyer modéré déjà existantes, ou nouvellement créées, tout ou partie de leurs réserves, dans la mesure où elles ne sont pas indispensables pour assurer la sauvegarde des intérêts de leurs associés.

Un décret fixe les conditions d'application du présent article, notamment en ce qui concerne les sociétés anonymes coopératives d'habitations à loyer modéré existant au 16 juillet 1971 et toutes dispositions transitoires nécessaires.

(Mod., L. n° 2011-525, 17 mai 2011) Les dispositions des alinéas précédents sont également applicables aux sociétés anonymes coopératives d'habitations à loyer modéré mentionnées aux articles L. 422-3 et L. 422-3-2 désireuses de transférer leurs réserves au profit d'autres sociétés anonymes coopératives d'habitations à loyer modéré.

Art. L. 422-14 *(L. n° 83-657, 20 juill. 1983 ; L. n° 92-643, 13 juill. 1992 ; L. n° 93-116, 4 févr. 1993 ; L. n° 95-116, 4 févr. 1995 ; mod., L. n° 98-546, 2 juill. 1998)*. – Les sociétés anonymes coopératives d'habitations à loyer modéré de location-attribution peuvent décider de se transformer en sociétés anonymes coopératives de production d'habitations à loyer modéré.

La transformation d'une société anonyme coopérative d'habitations à loyer modéré de location-attribution ou la fusion d'une telle société avec une société anonyme coopérative de production d'habitations à loyer modéré est subordonnée à une réduction du capital telle que doit être limité à un le nombre des actions dont chaque associé locataire-attributaire est propriétaire.

Art. L. 422-15 *(L. n° 83-657, 20 juill. 1983 ; mod., L. n° 98-546, 2 juill. 1998)*. – À compter de la décision de transformation visée à l'article L. 422-14, il ne peut plus être constitué de droits réels sur les biens faisant l'objet des contrats de location-attribution, sans l'accord des locataires-attributaires ; ces biens ne peuvent être saisis en raison des créances postérieures à cette date.

En cas de fusion entre une société anonyme coopérative d'habitations à loyer modéré de location-attribution et une société anonyme coopérative de production d'habitations à loyer modéré, les mêmes dispositions s'appliquent à compter de la publication de l'arrêté approuvant cette fusion.

Section VIII. – Dispositions provisoirement applicables
par suite de la suppression des sociétés coopératives de location coopérative

Art. L. 422-16. – La vente de leur logement, de ses annexes et de la quote-part correspondante des parties communes à ceux des associés des sociétés anonymes coopératives d'habitations à loyer modéré existant à la date du 17 juillet 1971, bénéficiaires de contrats conclus en vertu de l'ancien article 174 du Code de l'urbanisme et de l'habitation, qui l'ont demandée, s'effectue à un prix égal au prix de revient du logement. Les paiements effectués antérieurement par les associés à titre d'apport, notamment sous forme de souscription d'actions, et ceux effectués par lesdits associés au titre de l'amortissement du capital compris dans les annuités d'emprunts sont déduits de cette valeur.

Ces paiements, ainsi que le prix de revient, sont affectés d'un coefficient de réévaluation.

L'acquéreur peut, soit acquitter le prix de vente au comptant, soit se libérer par des versements dont le montant est calculé compte tenu de ses ressources et de la composition de sa famille ; dans ce cas, il est soumis aux dispositions de l'article L. 443-2.

Art. L. 422-17. – Les associés qui n'ont pas demandé à bénéficier des dispositions de l'article L. 422-16 avant le 23 mars 1973 prennent la qualité de locataires, leur contrat de location coopérative étant résilié de plein droit. Ces associés sont remboursés du montant de leur apport, cet apport étant affecté d'un coefficient de réévaluation.

Art. L. 422-18. – Les sommes perçues par les sociétés au titre des ventes prévues à l'article L. 422-16 sont affectées par priorité au remboursement des apports prévus à l'article L. 422-17 puis au remboursement anticipé des emprunts contractés par les sociétés pour la construction des logements vendus.

Art. L. 422-19. – Les conditions d'application des articles L. 422-16 à L. 422-18 sont fixées par décret.

CHAPITRE III. – DISPOSITIONS APPLICABLES À LA GESTION DES DIVERSES CATÉGORIES D'ORGANISMES D'HABITATIONS À LOYER MODÉRÉ

Art. L. 423-1 *(L. n° 79-1041, 5 déc. 1979 ; mod., Ord. n° 2007-137, 1er févr. 2007 ; L. n° 2018-1021, 23 nov. 2018)*. – I. - Tout organisme d'habitations à loyer modéré qui gère moins de 1 500 logements, qui n'a pas construit au moins 500 logements pendant une période de dix ans et qui ne contribue pas suffisamment aux missions et objectifs d'intérêt général mentionnés aux articles L. 411 et L. 411-2 peut, après avoir été mis en mesure de présenter ses observations, être dissous et un liquidateur désigné par arrêté du ministre chargé du logement et, lorsqu'il s'agit d'un office public de l'habitat, par arrêté conjoint dudit ministre et du ministre de l'intérieur.

Dans ce cas, le ministre chargé du logement peut, après avis de la commission mentionnée à l'article L. 452-2-1, mettre en demeure un organisme d'habitations à loyer modéré mentionné à l'article L. 411-2 ou une société d'économie mixte agréée en application de l'article L. 481-1 d'acquérir tout ou partie des logements de l'organisme mentionné au premier alinéa du présent I.

La qualité de gestion technique et financière de l'organisme ou de la société acquéreur doit avoir été constatée à l'occasion d'un contrôle ou d'une évaluation prévus à l'article L. 342-2.

L'opération ne peut avoir pour effet d'accroître de plus de 20 % le nombre de logements locatifs sociaux gérés par l'organisme ou la société d'économie mixte mis en demeure, sauf en cas d'accord de sa part, et ne peut pas excéder sa compétence géographique.

Une aide mentionnée au troisième alinéa de l'article L. 452-1 peut être accordée à l'organisme ou à la société mis en demeure.

En cas de désaccord constaté six mois après la mise en demeure sur le prix d'acquisition des logements de l'organisme mentionné au premier alinéa du présent I, le ministre chargé du logement en fixe le prix après avis de la commission mentionnée à l'article L. 452-2-1. Les litiges relatifs à la fixation du prix sont portés devant la juridiction administrative.

II. - Le premier alinéa du I n'est pas applicable aux organismes d'habitations à loyer modéré qui appartiennent à un groupe d'organismes de logement social au sens de l'article L. 423-1-1.

Art. L. 423-1-1 *(Rempl., L. n° 2018-1021, 23 nov. 2018)*. – Les organismes mentionnés aux articles L. 411-2 et L. 481-1 peuvent constituer entre eux, afin d'améliorer l'efficacité de leur activité, un groupe d'organismes de logement social, selon l'une des modalités suivantes :

1° Soit en formant un ensemble de sociétés comportant majoritairement des organismes mentionnés aux mêmes articles L. 411-2 et L. 481-1, lorsque l'un d'entre eux ou une autre société contrôle directement ou indirectement les autres, que ce contrôle soit exercé seul au sens des I et II de l'article L. 233-3 du Code de commerce ou conjointement au sens du III du même article L. 233-3 ;

2° Soit en formant un ensemble constitué d'une société de coordination au sens de l'article L. 423-1-2 du présent code et des détenteurs de son capital.

Préalablement à cette constitution, les organismes sont tenus d'informer par courrier l'ensemble des locataires de leur décision.

En cas de mise en place d'une représentation du personnel commune à plusieurs organismes constitutifs d'une société de coordination, les agents publics faisant partie du personnel de l'un ou de plusieurs de ses organismes constitutifs et représentés en leur sein par les mêmes instances représentatives du personnel que les salariés de droit privé doivent pouvoir l'être dans ces mêmes conditions au niveau du périmètre retenu pour la mise en place des instances au sein du groupe, quelle que soit la nature des organismes le composant.

Les groupes d'organismes de logement social élaborent un cadre stratégique patrimonial commun à l'ensemble des organismes qui les constituent.

Le cadre stratégique patrimonial définit des orientations générales et les grands objectifs chiffrés pour la politique patrimoniale en s'appuyant sur le plan stratégique de patrimoine de chaque organisme du groupe selon les dispositions du plan stratégique de patrimoine définies à l'article L. 411-9.

Les groupes d'organismes de logement social élaborent un cadre stratégique d'utilité sociale commun à l'ensemble des organismes qui les constituent.

Le cadre stratégique d'utilité sociale définit, à l'échelle de l'ensemble des organismes qui constituent le groupe, des orientations générales et des objectifs chiffrés pour les engagements sur la qualité de service rendu aux locataires, la politique patrimoniale, la gestion sociale, la concertation locative avec les locataires et, le cas échéant, la politique en faveur de l'hébergement et la politique d'accession.

Les groupes d'organismes de logement social peuvent facturer des redevances ou des cotisations aux associés ou membres du groupe en contrepartie des avantages procurés.

Art. L. 423-1-2 *(Rempl., L. n° 2018-1021, 23 nov. 2018)*. **– Une société de coordination est une société anonyme agréée en application de l'article L. 422-5, qui peut prendre la forme d'une société anonyme mentionnée à l'article L. 225-1 du Code de commerce ou d'une société anonyme coopérative à capital variable, régie par les dispositions du présent article ainsi que par les dispositions non contraires de la loi n° 47-1775 du 10 septembre 1947 portant statut de la coopération, du code civil et du code de commerce.**

Sa dénomination sociale doit obligatoirement contenir les mots « société de coordination ».

Le capital ne peut être détenu que par des organismes actionnaires mentionnés aux articles L. 365-2, L. 411-2 et L. 481-1 du présent code. La société de coordination dispose d'un représentant sans voix délibérante dans le conseil de surveillance ou le conseil d'administration de chacun des organismes mentionnés aux mêmes articles L. 365-2, L. 411-2 et L. 481-1 qui sont actionnaires de cette société.

Les organismes mentionnés auxdits articles L. 365-2, L. 411-2 et L. 481-1 ne peuvent pas appartenir simultanément à plusieurs sociétés de coordination.

Les établissements publics de coopération intercommunale compétents en matière d'habitat, la commune de Paris, les établissements publics territoriaux de la métropole du Grand Paris, la métropole de Lyon, la métropole d'Aix-Marseille-Provence, les départements, les régions et les communes, sur le territoire desquels les organismes actionnaires possèdent des logements, sont représentés à l'assemblée générale et au conseil d'administration ou au conseil de surveillance de la société de coordination. Les statuts précisent les modalités de cette représentation.

Le conseil d'administration ou le conseil de surveillance de la société de coordination comprend des représentants des locataires des logements appartenant à ses organismes actionnaires, élus selon les dispositions communes aux organismes publics et aux sociétés anonymes d'habitations à loyer modéré prévues au 3° du I de l'article L. 422-2-1.

Pour l'application des cinquième et sixième alinéas du présent article et par dérogation aux articles L. 225-17 et L. 225-69 du Code de commerce, le nombre des membres du conseil d'administration ou du conseil de surveillance peut excéder de quatre le nombre d'administrateurs ou de membres du conseil de surveillance fixé aux mêmes articles L. 225-17 et L. 225-69.

La société de coordination a pour objet pour les membres autres que les collectivités territoriales et leurs groupements :

1° D'élaborer le cadre stratégique patrimonial et le cadre stratégique d'utilité sociale mentionnés à l'article L. 423-1-1 du présent code ;

2° De définir la politique technique des associés ;

3° De définir et mettre en œuvre une politique d'achat des biens et services, hors investissements immobiliers, nécessaires à l'exercice par les associés de leurs activités ;

4° De développer une unité identitaire des associés et de définir des moyens communs de communication, notamment par la création ou la licence de marques et de signes distinctifs ;

5° D'organiser, afin de mettre en œuvre les missions décrites au présent article, la mise à disposition des ressources disponibles par voie, notamment, de prêts et d'avances et, plus généralement, par la conclusion de toute convention visant à accroître la capacité d'investissement des associés. Les prêts et avances consentis sont soumis au régime de déclaration mentionné aux articles L. 423-15 et L. 423-16 ;

6° D'appeler les cotisations nécessaires à l'accomplissement de ses missions ;

7° De prendre les mesures nécessaires pour garantir la soutenabilité financière du groupe ainsi que de chacun des organismes qui le constituent, autres que les collectivités territoriales et leurs groupements. Elle peut notamment décider d'interdire ou de limiter la distribution du résultat ou la réalisation d'un investissement. Lorsque la situation financière d'un organisme le justifie, elle peut le mettre en demeure de lui présenter les mesures qu'il s'engage à prendre en vue de remédier à sa situation dans un délai raisonnable. À défaut de rétablissement de la situation, et nonobstant toutes dispositions ou stipulations contraires, elle peut, après avoir au préalable consulté les organes dirigeants de l'organisme concerné, décider la cession totale ou partielle du patrimoine de cet organisme ou sa fusion avec un autre organisme du groupe. Lorsque cette cession concerne des organismes mentionnés aux articles L. 365-2 et L. 481-1, elle ne peut viser que les logements locatifs conventionnés en application de l'article L. 351-2 ;

8° D'assurer le contrôle de gestion des associés, d'établir et de publier des comptes combinés et de porter à la connaissance de l'organe délibérant les documents individuels de situation de ses associés mentionnés aux articles L. 365-2, L. 411-2 et L. 481-1.

À la demande de ses associés, elle peut également avoir pour objet :

a) De mettre en commun des moyens humains et matériels au profit de ses actionnaires ;

b) D'assister, comme prestataire de services, ses actionnaires organismes d'habitations à loyer modéré et sociétés d'économie mixte agréées en application de l'article L. 481-1 dans toutes les interventions de ces derniers sur des immeubles qui leur appartiennent ou qu'ils gèrent ;

c) D'assurer tout ou partie de la maîtrise d'ouvrage des opérations de construction neuve, rénovation ou réhabilitation d'ensembles immobiliers pour le compte de ses actionnaires organismes d'habitations à loyer modéré et sociétés d'économie mixte agréées en application du même article L. 481-1, ainsi que des sociétés de construction constituées en application du titre Ier du livre II pour la réalisation et la gestion d'immeubles à usage d'habitation ou à usage professionnel et d'habitation ou destinés à cet usage en accession à la propriété dont ils sont associés ;

d) De réaliser, pour le compte de ses actionnaires et dans le cadre d'une convention passée par la société avec la ou les collectivités territoriales ou le ou les établissements publics de coopération intercommunale compétents sur le ou les périmètres où sont conduits des projets en commun, toutes les interventions foncières, les actions ou les opérations d'aménagement prévues par le code de l'urbanisme et le présent code qui sont nécessaires. L'article L. 443-14 n'est pas applicable aux cessions d'immeubles rendues nécessaires par ces réalisations.

Dans le même cadre, la société de coordination peut également avoir pour objet, après y avoir été spécialement agréée dans les conditions fixées à l'article L. 422-5 après accord de la ou des collectivités territoriales concernées ou, le cas échéant, de leurs groupements, d'exercer certaines des compétences énumérées aux quatrième alinéa et suivants de l'article L. 422-2 et qui sont communes aux organismes publics et aux sociétés anonymes d'habitations à loyer modéré.

Art. L. 423-1-3 *(Abr., L. n° 93-122, 29 janv. 1993 ; rétabli, L. n° 2003-590, 2 juill. 2003 ; mod., L. n° 2003-710, 1er août 2003 ; rempl., L. n° 2018-1021, 23 nov. 2018)*. – Par dérogation au troisième alinéa de l'article L. 423-1-2, le capital de la société de coordination peut également être détenu dans une limite de 50 % de celui-ci par des sociétés mentionnées à l'article L. 1521-1 du Code général des collectivités territoriales qui ne sont pas agréées en application de l'article L. 481-1 du présent code et par des sociétés mentionnées aux articles L. 1531-1 et L. 1541-1 du Code général des collectivités territoriales.

Art. L. 423-2. – Tout organisme d'habitations à loyer modéré gérant plus de 50 000 logements peut être mis en demeure, par arrêté du ministre chargé de la construction et de l'habitation, de céder tout ou partie des logements excédant ce nombre à un ou plusieurs organismes nommément désignés.

Rédaction future. Art. L. 423-2 *(Rempl. à compter du 1er janvier 2021, L. n° 2018-1021, 23 nov. 2018).* – I. - Les organismes mentionnés à l'article L. 411-2 qui gèrent moins de 12 000 logements sociaux appartiennent à un groupe d'organismes de logement social au sens de l'article L. 423-1-1.

Cette obligation ne s'applique pas :

1° Aux organismes dont l'activité principale au cours des trois dernières années est une activité d'accession sociale à la propriété au sens du dixième alinéa de l'article L. 411-2 et qui n'ont pas construit ou acquis plus de 600 logements locatifs sociaux au cours des six dernières années ;

2° Aux organismes ayant leur siège dans un département dans lequel aucun autre organisme ou société d'économie mixte agréée en application de l'article L. 481-1 n'appartenant pas à un groupe au sens de l'article L. 423-1-1, ni aucun groupe au sens du même article L. 423-1-1, n'a son siège.

Un groupe d'organismes de logement social au sens dudit article L. 423-1-1 gère au moins 12 000 logements ou constitue l'unique groupe de logement social ayant son siège dans un département.

II. - Lorsqu'un organisme mentionné à l'article L. 411-2 ne respecte pas l'obligation mentionnée au premier alinéa du I du présent article, le ministre chargé du logement peut le mettre en demeure de céder tout ou partie de son patrimoine ou tout ou partie de son capital à un ou plusieurs organismes d'habitations à loyer modéré mentionnés à l'article L. 411-2 ou sociétés d'économie mixte agréées en application de l'article L. 481-1 nommément désignés, ou de souscrire au moins une part sociale d'une société de coordination. Dans ce cas, le ministre peut également, après avis de la commission mentionnée à l'article L. 452-2-1, mettre en demeure soit un organisme d'habitations à loyer modéré mentionné à l'article L. 411-2 ou une société d'économie mixte agréée en application de l'article L. 481-1 d'acquérir tout ou partie des logements ou tout ou partie du capital d'un organisme qui ne respecte pas l'obligation prévue au premier alinéa du I du présent article, soit une société de coordination mentionnée à l'article L. 423-1-2 et ses actionnaires de permettre à cet organisme de souscrire au moins une part sociale de la société de coordination.

La qualité de gestion technique et financière de l'organisme ou de la société acquéreur doit avoir été constatée à l'occasion d'un contrôle ou d'une évaluation prévus à l'article L. 342-2.

En cas d'acquisition des logements, l'opération ne peut avoir pour effet d'accroître de plus de 20 % le nombre de logements locatifs sociaux gérés par l'organisme ou la société d'économie mixte mis en demeure, sauf en cas d'accord de sa part, et ne peut pas excéder sa compétence géographique. En cas d'acquisition de capital ou de souscription d'au moins une part sociale d'une société de coordination, l'opération ne peut avoir pour effet d'augmenter de plus de 20 % le nombre de logements gérés par l'organisme ou la société mis en demeure ou par le groupe auquel il appartient, sauf en cas d'accord de sa part.

Une aide prévue au troisième alinéa de l'article L. 452-1 peut être accordée à l'organisme ou à la société mis en demeure.

En cas de désaccord constaté six mois après la mise en demeure sur le prix d'acquisition des logements ou du capital d'un organisme, le ministre chargé du logement en fixe le prix après avis de la commission mentionnée à l'article L. 452-2-1. Les litiges relatifs à la fixation du prix sont portés devant la juridiction administrative.

III. - Le présent article ne s'applique pas aux organismes dont le siège social est situé en Guadeloupe, en Guyane, en Martinique, à La Réunion, à Mayotte et en Corse.

Art. L. 423-3 *(L. n° 84-46, 24 janv. 1984 ; mod., L. n° 2014-366, 24 mars 2014).* – **Les règles financières budgétaires et comptables applicables aux organismes d'habitations à loyer modéré sont déterminées par décrets.**

Ces décrets précisent les documents administratifs que les organismes d'habitations à loyer modéré sont tenus de fournir annuellement à l'autorité administrative et à la Caisse de garantie du logement locatif social.

Art. L. 423-4 *(L. n° 83-953, 2 nov. 1983 ; L. n° 93-122, 29 janv. 1993 ; mod., L. n° 2014-366, 24 mars 2014).* – **Le prix maximal de cession des actions des sociétés d'habitations à loyer modéré mentionnées aux articles L. 422-2, L. 422-3 et L. 422-13 est limité au montant d'acquisition de ces actions, majoré, pour chaque année ayant précédé la cession, d'un intérêt calculé au taux servi au 31 décembre de l'année considérée aux détenteurs d'un livret A, majoré de 1,5 point et diminué des dividendes versés pendant la même période. Lorsque le montant ou la date d'acquisition ne peut être établi, il est appliqué le montant du nominal de ces actions pour une durée de détention ne pouvant excéder vingt ans.**

Tout acquéreur d'une ou des actions des sociétés mentionnées au premier alinéa du présent article, à l'exception des représentants des catégories mentionnées aux 2° et 3° du I de l'article L. 422-2-1, doit déposer un acte de cession au siège de cette société dans les trente jours suivant sa signature.

Toute cession d'actions intervenue en violation du présent article est frappée d'une nullité d'ordre public.

Art. L. 423-5 *(L. n° 83-953, 2 nov. 1983 ; L. n° 93-122, 29 janv. 1993 ; mod., L. n° 2014-366, 24 mars 2014).* – **Par dérogation à l'article L. 225-127 du Code de commerce, dans les organismes privés d'habitations à loyer modéré, toute augmentation de capital par incorporation de réserves, bénéfices ou primes d'émission est interdite, sauf dérogation accordée par le ministre chargé du logement après avis du comité permanent du Conseil supérieur des habitations à loyer modéré.**

Toutefois, cette interdiction ne vise pas les augmentations de capital motivées par un éventuel relèvement du minimum légal fixé pour le capital social d'une société anonyme.

Par dérogation aux dispositions des articles L. 225-198 et L. 225-203 du Code de commerce, les organismes privés d'habitations à loyer modéré ne peuvent procéder à l'amortissement de leur capital.

En outre, si un organisme privé d'habitations à loyer modéré procède à une réduction de capital dans le cas prévu au deuxième alinéa de l'article L. 225-206 du même code, le prix de rachat ne peut être supérieur au prix maximum calculé en application du premier alinéa de l'article L. 423-4. Si l'organisme procède à une réduction de son capital par réduction du montant nominal des actions, la somme remboursée aux actionnaires est calculée par application à la quote-part de capital réduite des dispositions du premier alinéa de l'article L. 423-4.

Art. L. 423-6 *(Abr., L. n° 83-953, 2 nov. 1983 ; rétabli dans la version suivante, L. n° 2011-525, 17 mai 2011)*. – I. – En vue de renforcer l'efficacité de leur action dans le cadre d'une bonne organisation, des organismes d'habitations à loyer modéré peuvent créer entre eux et, le cas échéant, avec leurs filiales, des sociétés d'économie mixte de construction et de gestion de logements sociaux, ainsi qu'avec *(Mots rempl., Ord. n° 2016-1408, 20 oct. 2016)* « la société mentionnée à l'article L. 313-20 ou ses filiales », une structure de coopération ayant pour seul objet la mise en commun de moyens au profit de ses membres.

La structure de coopération fonctionne en l'absence de rémunération moyennant une répartition des coûts entre ses membres en fonction de l'utilisation des services.

Chacune des personnes morales mentionnées au premier alinéa peut adhérer à une structure déjà constituée conformément à ce même alinéa.

Les sociétés d'économie mixte de construction et de gestion de logements sociaux peuvent, dans les mêmes conditions, créer une structure de coopération entre elles et, le cas échéant, les personnes morales mentionnées au premier alinéa du présent I.

Peuvent également adhérer à ces structures, dans les mêmes conditions, les organismes bénéficiant de l'agrément délivré au titre de l'article L. 365-1.

II. – Une convention conclue entre la structure de coopération et chacun de ses membres fixe les modalités de la mise en commun des moyens. Cette convention prévoit notamment la compensation par le membre bénéficiaire du coût exact de l'utilisation des services de la structure.

Un décret en Conseil d'État précise les conditions d'application du présent article.

Art. L. 423-7 à L. 423-8 *(Abr., L. n° 83-953, 2 nov. 1983)*.

Art. L. 423-9. – Il est interdit de donner le nom de « société d'habitations à loyer modéré » ou de « société d'habitations à bon marché » à toute société qui n'a pas été constituée en conformité des dispositions du présent titre.

Il est interdit, dans les mêmes conditions, aux personnes physiques et morales autres que les organismes mentionnés à l'article L. 411-2, de faire usage, dans leurs contrats, prospectus, affiches et tous autres documents, de toute appellation susceptible de faire naître une confusion avec les organismes ci-dessus indiqués.

Les contrevenants au présent article sont passibles d'une amende de 4 500 € et d'un emprisonnement de trois mois.

Les tribunaux peuvent ordonner l'insertion et l'affichage des jugements et la suppression des appellations interdites, à peine d'une astreinte pour chaque jour de retard.

Art. L. 423-10 *(Rempl., L. n° 2006-872, 13 juill. 2006)*. – Toute convention, conclue directement ou par personne interposée entre un des organismes mentionnés à l'article L. 411-2 et un de ses dirigeants, un de ses salariés, un de ses administrateurs, un des membres du conseil de surveillance ou une personne morale dans laquelle un de ses dirigeants, un de ses salariés, un de ses administrateurs ou membres du conseil de surveillance exerce des fonctions d'administrateur, de membre du conseil de surveillance ou de dirigeant est subordonnée à l'autorisation préalable du conseil d'administration ou du conseil de surveillance de l'organisme.

Art. L. 423-11 *(Rempl., L. n° 2006-872, 13 juill. 2006)*. – Les sociétés d'habitations à loyer modéré soumettent à l'autorisation préalable de leur conseil d'administration ou de leur conseil de surveillance les conventions visées aux articles L. 225-38 à L. 225-42 ou aux articles L. 225-86 à L. 225-90 du Code de commerce, dans les conditions prévues par ces articles.

Toute convention intervenant directement ou par personne interposée entre un organisme public d'habitations à loyer modéré et son directeur général, l'un de ses directeurs ou l'un de ses administrateurs doit être soumise à l'autorisation préalable du conseil d'administration. Les conventions auxquelles une des personnes visées au présent alinéa est indirectement intéressée sont également soumises à autorisation préalable.

Sont également soumises à autorisation préalable les conventions intervenant entre un organisme public d'habitations à loyer modéré et une entreprise si le directeur général, l'un des directeurs ou l'un des administrateurs de l'organisme est propriétaire, associé indéfiniment responsable, gérant, administrateur, membre du conseil de surveillance ou, de façon générale, dirigeant de cette entreprise.

Art. L. 423-11-1 *(L. n° 2006-872, 13 juill. 2006)*. – Les articles L. 423-10 et L. 423-11 ne sont pas applicables aux conventions portant sur des opérations courantes et conclues à des conditions normales.

Ces conventions sont communiquées par l'intéressé au président du conseil d'administration, à l'exception de celles qui, en raison de leur objet ou de leurs implications financières, ne sont significatives pour aucune des parties. La liste et l'objet de ces conventions sont communiqués par le président aux membres du conseil d'administration.

Art. L. 423-11-2 *(L. n° 2006-872, 13 juill. 2006)*. – L'intéressé est tenu d'informer le conseil dès qu'il a connaissance d'une convention soumise à l'article L. 423-11. Il ne peut prendre part au vote sur l'autorisation sollicitée.

Art. L. 423-11-3 *(L. n° 2006-872, 13 juill. 2006)*. – Sans préjudice de la responsabilité de l'intéressé, les conventions visées à l'article L. 423-11 et conclues sans autorisation préalable du conseil d'administration peuvent être annulées si elles ont eu des conséquences dommageables pour l'organisme.

L'action en nullité se prescrit par trois ans à compter de la date de la convention. Toutefois, si la convention a été dissimulée, le point de départ du délai de la prescription est reporté au jour où elle a été révélée.

Art. L. 423-12. – Nul ne peut être membre du conseil d'administration ou exercer une fonction de direction dans un organisme d'habitations à loyer modéré :

– s'il tombe sous le coup des interdictions prévues aux articles L. 241-3 et L. 241-4 ;

– *(Al. mod., L. n° 2014-366, 24 mars 2014)* pendant un délai de dix ans, s'il a été suspendu dans les conditions définies à l'article L. 342-14 ou s'il était membre d'un conseil d'administration suspendu en application de ce même article. La même mesure est applicable pendant la même durée aux membres des conseils d'administration des sociétés dissoutes en application dudit article.

Art. L. 423-13 *(L. n° 2000-1208, 13 déc. 2000 ; mod., L. n° 2014-366, 24 mars 2014)*. – L'employeur est tenu d'accorder au salarié siégeant au conseil d'administration, à la commission d'attribution ou au conseil de surveillance d'un organisme d'habitations à loyer modéré le temps nécessaire pour participer aux séances plénières de cette instance.

Toutefois, l'employeur peut refuser l'absence du salarié pour participer à la commission d'attribution, s'il peut démontrer que cette participation aurait des conséquences préjudiciables à la bonne marche de l'entreprise.

Si, du fait de sa participation à ces séances, le salarié connaît une diminution de sa rémunération, il reçoit de cet organisme une indemnité compensant, sous forme forfaitaire, la diminution de sa rémunération.

Lorsqu'un chef d'entreprise, un artisan, un commerçant, un agriculteur ou un membre d'une profession libérale siégeant au conseil d'administration d'un organisme d'habitations à loyer modéré connaît, du fait de sa participation aux séances plénières de cette instance, une diminution de son revenu ou une augmentation de ses charges, il reçoit de cet organisme une indemnité forfaitaire pour compenser la diminution de son revenu ou l'augmentation de ses charges.

Art. L. 423-14 *(Abr. L. n° 2013-61, 18 janv. 2013)*.

Art. L. 423-15 *(L. n° 2011-525, 17 mai 2011 ; mod., L. n° 2018-1021, 23 nov. 2018)*. – Un organisme d'habitations à loyer modéré peut consentir une avance en compte courant à une société d'habitations à loyer modéré dont il détient au moins 5 % du capital ainsi qu'à tout autre organisme mentionné aux articles L. 365-2, L. 411-2 et L. 481-1 membre du même groupe d'organismes de logement social au sens de l'article L. 423-1-1 que lui. Le taux d'intérêt de cette avance ne peut excéder de 1,5 point le taux servi au détenteur d'un livret A. Cette avance est soumise à un régime de déclaration préalable aux ministres chargés du logement et de l'économie. L'absence d'opposition motivée de l'un des deux ministres dans un délai de quinze jours vaut accord. Les modalités de la déclaration sont définies par décret.

S'il exerce une activité locative, l'organisme d'habitations à loyer modéré prêteur informe la caisse de garantie du logement locatif social de la conclusion et des conditions de l'avance. S'il exerce une activité d'accession à la propriété, il informe la société de garantie des organismes d'habitations à loyer modéré contre les risques d'opérations immobilières de la conclusion et des conditions de l'avance.

Art. L. 423-16 *(L. n° 2011-525, 17 mai 2011 ; mod., L. n° 2018-1021, 23 nov. 2018)*. – Un organisme d'habitations à loyer modéré peut consentir sur ses ressources disponibles à long terme des prêts participatifs visés aux articles L. 313-13 à L. 313-16 et de prêts en application du 6 *bis* de l'article L. 511-6 du Code monétaire et financier, à une ou plusieurs sociétés d'habitations à loyer modéré avec lesquelles il a, directement ou indirectement, des liens de capital lui donnant un pouvoir de contrôle effectif sur cette ou ces sociétés au sens de l'article L. 233-3 du Code de commerce ainsi qu'à tout autre organisme mentionné aux articles L. 365-2, L. 411-2 et L. 481-1 du présent code membre du même groupe d'organismes de logement social au sens de l'article L. 423-1-1 que lui. Ces prêts sont soumis à un régime de déclaration préalable aux ministres chargés du logement et de l'économie. L'absence d'opposition motivée de l'un des deux ministres dans un délai de quinze jours vaut accord. Les modalités de la déclaration sont définies par décret.

Ces prêts participatifs sont rémunérés sans que le taux fixe augmenté de la part variable déterminée par contrat puisse excéder le taux d'intérêt servi au détenteur d'un livret A, majoré de 1,5 point.

L'organisme d'habitations à loyer modéré prêteur informe la caisse mentionnée à l'article L. 452-1 du présent code s'il exerce une activité locative et la société de garantie des organismes d'habitations à loyer modéré contre les risques d'opérations immobilières mentionnée à l'article L. 453-1 s'il exerce une activité d'accession à la propriété de la conclusion et des conditions du prêt à l'organisme d'habitations à loyer modéré bénéficiaire.

Art. L. 423-17 *(L. n° 2013-672, 26 juill. 2013 ; mod., L. n° 2014-366, 24 mars 2014)*. – I. – Les organismes d'habitations à loyer modéré, leurs groupements, les sociétés et organismes, quel qu'en soit le statut, soumis à leur contrôle, au sens du III de l'article L. 430-1 du Code de commerce, les sociétés anonymes de coordination d'organismes d'habitations à loyer modéré ainsi que les groupements d'intérêt économique prévus à l'article L. 251-1 du même code, les structures de coopération prévues à l'article L. 423-6 du présent code et les associations de gestion mentionnées au troisième alinéa de l'article L. 451-1, qui comprennent, directement ou indirectement, parmi leurs membres au moins un organisme ou société précité peuvent souscrire des emprunts auprès des établissements de crédit, dans les limites et sous les réserves suivantes :

1° L'emprunt est libellé en euros ou en devises étrangères. Dans ce dernier cas, afin d'assurer une couverture intégrale du risque de change, un contrat d'échange de devises contre euros doit être conclu lors de la souscription de l'emprunt pour le montant total et la durée totale de l'emprunt ;

2° Le taux d'intérêt peut être fixe ou variable. Un décret en Conseil d'État détermine les indices et les écarts d'indices autorisés pour les clauses d'indexation des taux d'intérêt variables ;

3° La formule d'indexation des taux variables doit répondre à des critères de simplicité ou de prévisibilité des charges financières des personnes ou structures mentionnées au premier alinéa du présent I. Les conditions d'application du présent 3° sont fixées par décret en Conseil d'État.

II. – Un contrat financier adossé à un emprunt auprès d'un établissement de crédit ne peut avoir pour conséquence de déroger au I. Les conditions d'application du présent II sont fixées par décret en Conseil d'État.

TITRE IV. – RAPPORTS DES ORGANISMES D'HABITATIONS À LOYER MODÉRÉ ET DES BÉNÉFICIAIRES

CHAPITRE III. – ACCESSION À LA PROPRIÉTÉ ET AUTRES CESSIONS

Section I *bis*. – Dispositions applicables à l'accession progressive des locataires à la propriété

(L. n° 2006-872, 13 juill. 2006)

Art. L. 443-6-2 *(L. n° 2006-872, 13 juill. 2006)*. – Les sociétés civiles immobilières d'accession progressive à la propriété ont pour objet la détention, la gestion et l'entretien des immeubles ayant fait l'objet d'un apport par un organisme d'habitations à loyer modéré, en vue de leur division en fractions destinées à être louées à des personnes physiques dont les ressources ne dépassent pas, à leur entrée dans les lieux, les plafonds fixés en application des dispositions de l'article L. 441-1 et à être éventuellement attribuées en propriété aux associés.

Les statuts de ces sociétés répartissent les droits composant le capital social en lots divisibles de parts. Chaque lot divisible de parts représente un logement et ses locaux accessoires s'il y a lieu, correspondant à un ou plusieurs lots définis à l'état descriptif de division. Ces statuts sont conformes à des clauses types approuvées par décret en Conseil d'État.

Art. L. 443-6-3 *(L. n° 2006-872, 13 juill. 2006)*. – Les sociétés civiles immobilières régies par l'article L. 443-6-2 sont créées par les organismes d'habitations à loyer modéré à compétence locative visés à l'article L. 411-2. Ceux-ci peuvent, pour les immeubles apportés à ces sociétés civiles immobilières, bénéficier des prêts accordés en application de la réglementation sur les habitations à loyer modéré pour la construction, l'acquisition ou l'acquisition suivie de travaux d'amélioration d'immeubles.

Les associés des sociétés civiles immobilières régies par l'article L. 443-6-2 sont les organismes mentionnés au premier alinéa et les locataires personnes physiques d'un logement de l'immeuble social et détenteurs de parts sociales.

L'organisme d'habitations à loyer modéré, associé-gérant, gère les immeubles et attribue en location les logements concernés conformément aux dispositions des articles L. 442-1 à L. 442-6, à l'exception de l'article L. 442-5.

Les logements libres de toute occupation compris dans les immeubles apportés aux sociétés civiles immobilières régies par l'article L. 443-6-2 par les organismes d'habitations à loyer modéré sont loués conformément aux dispositions du même article à des personnes physiques qui doivent simultanément acquérir des parts de ces sociétés.

Les dispositions de la présente section sont applicables aux immeubles d'habitation, à usage d'habitation ou à usage d'habitation et professionnel existants et libres d'occupation dont les organismes d'habitations à loyer modéré à compétence locative mentionnés à l'article L. 411-2 sont propriétaires.

Art. L. 443-6-4 *(L. n° 2006-872, 13 juill. 2006)*. – Un état descriptif de division délimite les diverses parties de l'immeuble social en distinguant celles qui sont communes de celles qui sont à usage privatif. Il fixe les quotes-parts des parties communes afférentes à chaque lot.

Un règlement de copropriété détermine la destination des parties réservées à l'usage exclusif de chaque associé et, s'il y a lieu, celle des parties communes affectées à l'usage de tous les associés ou de plusieurs d'entre eux. Il est établi en conformité avec les dispositions de la loi n° 65-557 du 10 juillet 1965 fixant le statut de la copropriété des immeubles bâtis. Il ne peut imposer de restrictions aux droits des associés sur les parties réservées à leur jouissance exclusive, en dehors de celles qui sont justifiées par la destination de l'immeuble, par ses caractéristiques ou sa situation.

L'état descriptif de division et le règlement de copropriété sont annexés aux statuts de ces sociétés.

Les immeubles visés au premier alinéa sont apportés aux sociétés civiles immobilières régies par l'article L. 443-6-2, après avoir fait l'objet d'une évaluation par le service des domaines et pour une valeur conforme à cette évaluation.

Art. L. 443-6-5 *(L. n° 2006-872, 13 juill. 2006)*. – Le locataire ne devient propriétaire du logement qu'il occupe qu'après avoir acquis la totalité des parts du lot représentatif de son logement.

Tout locataire ou tout locataire associé ne peut acquérir des parts d'une société civile immobilière d'accession progressive à la propriété que s'il est à jour de toutes ses obligations locatives et, le cas échéant, de celles envers la société civile immobilière.

Les parts acquises par le locataire associé peuvent être cédées ou échangées dans les conditions prévues par les statuts.

Lorsque le locataire associé revend toutes ses parts, il reste locataire de la société civile immobilière d'accession progressive à la propriété ou, en cas de dissolution de celle-ci, devient locataire de l'organisme d'habitations à loyer modéré.

Art. L. 443-6-6 *(L. n° 2006-872, 13 juill. 2006).* – À la demande des locataires associés, l'associé-gérant d'une société civile immobilière régie par l'article L. 443-6-2 vend et rachète les parts sociales à leur valeur nominale non indexée.

Les parts cédées par l'associé-gérant ou par les locataires associés doivent être libres de toute sûreté.

Lors de la constitution de la société civile immobilière, l'organisme d'habitations à loyer modéré apporte la garantie d'un établissement financier ou d'une société d'assurance agréés à cet effet pour le remboursement des parts à chaque associé personne physique. Cette garantie prend la forme d'une convention de cautionnement aux termes de laquelle la caution s'oblige envers l'associé personne physique, solidairement avec l'organisme d'habitations à loyer modéré, à payer les sommes nécessaires au rachat des parts.

L'organisme d'habitations à loyer modéré, associé-gérant, peut aliéner au profit du locataire associé la totalité des parts du lot représentatif de son logement au terme d'un délai de dix ans à compter de la construction ou de l'acquisition de l'immeuble par l'organisme d'habitations à loyer modéré.

L'aliénation de la totalité des parts d'un lot avant le délai défini au quatrième alinéa du présent article peut être autorisée par décision motivée du représentant de l'État dans le département d'implantation du logement, après consultation de la commune d'implantation. Le remboursement de tout ou partie des aides accordées par l'État pour la construction, l'acquisition ou l'amélioration de ce logement est exigible selon des modalités fixées par l'autorité administrative.

Art. L. 443-6-7 *(L. n° 2006-872, 13 juill. 2006).* – Les droits des locataires associés dans le capital social d'une société civile immobilière régie par l'article L. 443-6-2 doivent être proportionnels à la valeur des biens auxquels ils ont vocation par rapport à la valeur de l'ensemble.

Les locataires associés sont tenus de répondre aux appels de fonds en proportion de leurs droits dans le capital. Lorsque le locataire associé ne satisfait pas à cette obligation et après mise en demeure par lettre recommandée avec demande d'avis de réception restée infructueuse pendant plus de trente jours à compter du lendemain de la première présentation de la lettre recommandée au domicile de son destinataire, ses dividendes sont affectés en priorité à l'apurement de sa dette envers la société.

Par dérogation aux dispositions de l'article 1857 du Code civil, la responsabilité de l'associé personne physique est limitée à la fraction des parts acquises pour chaque lot.

Art. L. 443-6-8 *(L. n° 2006-872, 13 juill. 2006).* – Les articles L. 214-6 à L. 214-9 sont applicables aux sociétés régies par la présente section.

Art. L. 443-6-9 *(L. n° 2006-872, 13 juill. 2006).* – Le locataire associé ayant satisfait à toutes les obligations auxquelles il est tenu envers la société civile immobilière d'accession progressive à la propriété bénéficie, lorsqu'il a acquis la totalité des parts du lot représentatif du logement qu'il occupe, de l'attribution en propriété de ce logement.

L'attribution en propriété du logement a pour conséquence le retrait de l'intéressé de la société civile immobilière d'accession progressive à la propriété. Ce retrait est constaté par acte authentique signé par l'associé et par un représentant de l'associé-gérant.

Le retrait entraîne de plein droit :

– l'annulation des parts du lot représentatif du logement attribué ;

– la réduction corrélative du capital social ;

– les modifications des statuts rendues nécessaires par le retrait. Ces modifications sont effectuées par l'associé-gérant ;

– l'application au lot cédé du régime de la copropriété défini par la loi n° 65-557 du 10 juillet 1965 précitée ;

– la remise entre les mains de l'intéressé du règlement de copropriété et de l'état descriptif prévus à l'article L. 443-6-4.

Par dérogation aux articles L. 353-4 et L. 353-5, la convention visée à l'article L. 353-2 cesse d'être opposable à la personne physique qui a acquis le logement qu'elle occupe et aux propriétaires successifs dudit logement.

Art. L. 443-6-10 *(L. n° 2006-872, 13 juill. 2006).* – La durée d'une société civile immobilière d'accession progressive à la propriété, fixée par ses statuts, ne peut excéder vingt-cinq ans. Elle peut toutefois être prorogée par décision de l'assemblée générale statuant à la majorité des membres associés représentant au moins les deux tiers des voix.

Art. L. 443-6-11 *(L. n° 2006-872, 13 juill. 2006).* – La dissolution d'une société civile immobilière d'accession progressive à la propriété intervient au terme fixé par les statuts ou lorsque tous les logements ont été attribués en propriété. Elle peut également être dissoute par décision de l'assemblée générale statuant à la majorité des membres associés représentant au moins les deux tiers des voix.

En cas de dissolution, l'organisme d'habitations à loyer modéré, associé-gérant, est tenu de racheter les parts acquises par les associés locataires qui n'ont pas acquis la totalité des parts du lot auxquelles ils peuvent prétendre à cette date.

Art. L. 443-6-12 *(L. n° 2006-872, 13 juill. 2006).* – Lorsque l'organisme d'habitations à loyer modéré fait l'apport d'un immeuble à une société civile immobilière dans les conditions fixées par l'article L. 443-6-2, le remboursement immédiat des prêts contractés pour la construction, l'acquisition de cet immeuble ou son acquisition suivie de travaux d'amélioration n'est pas exigible, sous réserve que leur remboursement demeure garanti dans les conditions qui avaient permis leur obtention. L'organisme notifie la cession aux établissements prêteurs et aux garants. S'agissant des sûretés personnelles, cette réserve est réputée levée à défaut d'opposition des garants dans un délai de deux mois à compter de cette notification. S'agissant des sûretés réelles, cette réserve est réputée levée si l'organisme obtient de la part de leurs bénéficiaires une modification de celles-ci. L'immeuble doit être libre de toute sûreté au moment de son apport par l'organisme d'habitations à loyer modéré à la société civile immobilière d'accession progressive à la propriété.

Art. L. 443-6-13 *(L. n° 2006-872, 13 juill. 2006).* – Un décret en Conseil d'État précise les conditions d'application de la présente section.

Partie réglementaire

LIVRE QUATRIÈME. – HABITATIONS À LOYER MODÉRÉ

CHAPITRE II. – ORGANISMES PRIVÉS D'HABITATIONS À LOYER MODÉRÉ

Section II. – Sociétés anonymes d'habitations à loyer modéré

Art. R. 422-1 *(L. n° 83-440, 2 juin 1983 ; rempl., D. n° 91-385, 23 avr. 1991 ; D. n° 92-726, 28 juill. 1992).* – Les statuts des sociétés anonymes d'habitations à loyer modéré doivent contenir des clauses conformes aux clauses types reproduites en annexe au présent code.

La mise en conformité des statuts avec les dispositions réglementaires qui les modifient doit être faite par la première assemblée générale extraordinaire tenue après la publication desdites dispositions.

Art. R.* 422-1-1 *(D. n° 2004-641, 1er juill. 2004).* – I. – Dans les assemblées générales des sociétés anonymes d'habitations à loyer modéré, le total des voix dont disposent les actionnaires est égal à dix fois le nombre des actions de la société.

II. – L'actionnaire de référence mentionné au 1° du I de l'article L. 422-2-1 et les actionnaires mentionnés au 4° du même I disposent ensemble des deux tiers des voix moins une, arrondis le cas échéant à l'entier inférieur.

Il est attribué à chacune des deux catégories un nombre de voix, arrondi le cas échéant à l'entier inférieur, proportionnel au capital détenu par les actionnaires qui la constituent. Les voix restantes sont attribuées selon la règle du plus fort reste. En cas d'égalité des restes, il est procédé à un tirage au sort par huissier. Toutefois, le nombre des voix attribuées à l'actionnaire de référence ne peut être inférieur à la moitié plus une du total des voix mentionné au I du présent article.

Dans chacune des deux catégories, les voix sont attribuées à chaque actionnaire proportionnellement à la fraction du capital qu'il détient, le nombre de voix attribuées étant, le cas échéant, arrondi à l'entier inférieur. Les voix restantes sont attribuées selon la règle du plus fort reste. En cas d'égalité de restes, il est procédé à un tirage au sort par huissier.

Lorsque l'une des deux catégories ne comporte aucun actionnaire, les voix sont attribuées aux actionnaires de l'autre catégorie selon les modalités définies à l'alinéa précédent.

III. – Les collectivités territoriales et établissements publics mentionnés au 2° du I de l'article L. 422-2-1 et les représentants des locataires mentionnés au 3° du même I disposent ensemble du tiers des voix plus une, arrondi le cas échéant à l'entier supérieur.

Les voix sont réparties entre les deux catégories par les statuts, sans que le nombre de voix attribuées à chacune soit inférieur au dixième du total des voix, arrondi le cas échéant à l'entier supérieur.

Lorsque l'une des deux catégories ne comporte aucun actionnaire, les voix sont attribuées aux actionnaires de l'autre catégorie. Lorsqu'il n'existe d'actionnaire dans aucune des deux catégories, les voix ne sont pas attribuées.

IV. – Au sein de la catégorie mentionnée au 2° du I de l'article L. 422-2-1, un quart des voix, arrondi le cas échéant à l'entier supérieur, est attribué au groupe formé par les régions et le reste au groupe formé par les départements et les établissements publics.

Lorsqu'il n'existe aucun actionnaire de l'un de ces groupes, les voix sont attribuées à l'autre groupe et réparties selon les règles propres à ce dernier groupe.

Deux mois avant la tenue de l'assemblée générale, la société communique aux collectivités et établissements intéressés les informations nécessaires pour arrêter l'état de répartition et les conditions de sa révision périodique en fonction des évolutions du patrimoine de la société et des changements intervenus dans son actionnariat.

V. – Au sein du groupe formé par les régions, les voix sont réparties entre ces collectivités en tenant compte de l'implantation géographique des logements et des lits de logements-foyers détenus par la société, chaque région actionnaire disposant d'au moins une voix. La répartition est arrêtée par décisions concordantes des présidents des conseils régionaux intéressés. Ces présidents désignent un mandataire qui notifie le résultat de la répartition au président du conseil d'administration ou de surveillance de la société.

(Phrase rempl., D. n° 2005-1416, 16 nov. 2005) Faute pour le président du conseil d'administration ou de surveillance d'avoir reçu notification de cette répartition, par lettre recommandée avec avis de réception, cinq jours avant la date de l'assemblée générale, il est procédé à cette répartition selon les modalités suivantes. Il est attribué en premier lieu une voix à chaque région. Les voix restantes sont ensuite réparties entre les régions en attribuant à chacune un nombre de voix, arrondi le cas échéant à l'entier inférieur, proportionnel au nombre de logements et de lits de logements-foyers situés sur son territoire, un lit de logement-foyer comptant pour le tiers d'un logement. Enfin les voix non encore affectées sont attribuées selon la règle du plus fort reste et, en cas d'égalité des restes, par tirage au sort effectué par huissier. *(Phrase rempl., D. n° 2005-1416, 16 nov. 2005)* Le président du conseil d'administration ou de surveillance proclame au début de l'assemblée générale les résultats de cette répartition.

VI. – Au sein du groupe des départements et des établissements publics, les voix sont réparties en tenant compte de l'implantation géographique des logements et logements-foyers détenus par la société, chaque actionnaire ayant au moins une voix. Pour les départements, sont pris en compte les logements et les lits de logements-foyers situés à l'intérieur de leurs limites territoriales à l'exclusion de ceux qui sont implantés dans le ressort territorial des établissements publics actionnaires mentionnés au 2° du I de l'article L. 422-2-1.

La répartition est arrêtée par décisions concordantes des présidents des conseils généraux et des établissements publics. Ceux-ci désignent un mandataire chargé de notifier le résultat de la répartition au président du conseil d'administration ou de surveillance de la société.

(Phrase rempl., D. n° 2005-1416, 16 nov. 2005) Faute pour le président du conseil d'administration ou de surveillance d'avoir reçu notification de cette répartition, par lettre recommandée avec avis de réception, cinq jours avant la date de l'assemblée générale, il est procédé à cette répartition selon les modalités suivantes. Il est attribué en premier lieu une voix à chaque département et à chaque établissement public. Les voix restantes sont réparties en attribuant à chacun des actionnaires un nombre de voix, arrondi le cas échéant à l'entier inférieur, proportionnel, pour un établissement public, au nombre de logements et de lits de logements-foyers situés dans son ressort territorial et, pour un département, au nombre de logements et de lits de logements-foyers situés à l'intérieur de ses limites territoriales à l'exclusion de ceux situés dans le ressort territorial des établissements publics actionnaires. Un lit de logement-foyer compte pour le tiers d'un logement. Enfin les voix non encore affectées sont attribuées selon la règle du plus fort reste et, en cas d'égalité de restes, par tirage au sort effectué par huissier. *(Phrase rempl., D. n° 2005-1416, 16 nov. 2005)* « Le président du conseil d'administration ou de surveillance proclame au début de l'assemblée générale les résultats de cette répartition ».

VII. – Les voix attribuées à la catégorie des représentants des locataires sont réparties par parts égales, arrondies le cas échéant à l'entier inférieur, entre chacun des représentants des locataires. Les voix restantes sont attribuées au représentant le mieux placé sur la liste ayant obtenu le plus de suffrages.

Art. R.* 422-1-2 *(D. n° 2004-641, 1er juill. 2004).* – Pour l'application du sixième alinéa du I de l'article L. 422-2-1, la collectivité territoriale ou l'établissement public, qui ne détient pas d'action de la société, adresse au président du conseil d'administration ou du conseil de surveillance de la société la demande d'acquisition de l'action à laquelle il a droit.

La cession est consentie au prix de dix centimes d'euro par l'actionnaire de référence ou l'un des actionnaires le constituant dans les quinze jours de réception de la demande.

Art. *R. 422-2 *(D. n° 83-754, 5 août 1983 ; D. n° 88-199, 29 févr. 1988 ; D. n° 91-385, 23 avr. 1991 ; D. n° 92-726, 28 juill. 1992 ; mod., D. n° 99-836, 22 sept. 1999).* – La commission prévue à l'article L. 441-2, qui attribue nominativement chaque logement mis ou remis en location, est composée et fonctionne conformément à l'article R. 441-9.

Art. R. 422-2-1 *(D. n° 92-726, 28 juill. 1992 ; D. n° 99-188, 12 mars 1999 ; D. n° 2002-1158, 13 sept. 2002 ; D. n° 2002-1189, 19 sept. 2002 ; D. n° 2004-641, 1er juill. 2004 ; D. n° 2004-943, 2 sept. 2004).* – Dans chaque société anonyme d'habitations à loyer modéré, les trois actionnaires qui représentent les locataires disposent dans les assemblées générales d'un nombre de voix déterminé conformément aux dispositions du VII de l'article R. 422-1-1 et siègent au conseil d'administration ou de surveillance.

Ces représentants des locataires sont élus pour quatre ans dans les conditions ci-après :

1° Sont électeurs :

– les personnes physiques qui ont conclu avec la société un contrat de location d'un local à usage d'habitation au plus tard six semaines avant la date de l'élection et ont toujours la qualité de locataire de la société ;

– les occupants dont le titre de location a été résilié pour défaut de paiement du loyer mais qui sont sans dette à l'égard de la société six semaines avant la date de l'élection ;

– les sous-locataires qui ont conclu avec l'une des associations ou centres visés aux articles L. 422-8-1 et L. 442-8-4 un contrat de sous-location d'un logement de la société au plus tard six semaines avant la date de l'élection ; les associations ou centres précités transmettent à la société la liste de ces sous-locataires au plus tard un mois avant la date de l'élection.

Chaque location, occupation ou sous-location ne donne droit qu'à une voix. Le titulaire de plusieurs locations, occupations ou sous-locations ne peut prétendre à plusieurs voix.

2° Sont éligibles les personnes physiques, âgées de dix-huit ans au minimum et ne tombant pas sous le coup des dispositions de l'article L. 423-12, qui sont locataires d'un local à usage d'habitation et peuvent produire soit la quittance correspondant à la période de location précédant l'acte de candidature, soit le reçu mentionné à l'article 21 de la loi n° 89-462 du 6 juillet 1989, soit la décision de justice octroyant les délais de paiement du loyer ou des charges ; chaque contrat de location ne donne droit qu'à une seule candidature ;

3° Au plus tard deux mois avant la date de l'élection, une lettre circulaire de la société fournissant toutes indications utiles sur la date des élections, la procédure électorale et les conditions requises des candidats est portée par voie d'affichage à la connaissance des personnes mentionnées au 1°.

Les listes de candidats, présentées par des associations remplissant les conditions prévues au 3° du I de l'article L. 422-2-1, comportent chacune six noms. Elles doivent parvenir à la société au plus tard six semaines avant la date de l'élection. Un mois au moins avant cette dernière date, la société porte ces listes à la connaissance des personnes mentionnées au 1°. Toute contestation relative à l'inscription sur ces listes est soumise au juge d'instance qui statue dans les conditions prévues par le Code électoral. Huit jours au moins avant la date de l'élection, la société adresse aux personnes mentionnées au 1° les bulletins de vote correspondant à chacune des listes de candidats avec, éventuellement, pour chacune d'elles, l'indication de son affiliation.

4° Les modalités pratiques de l'élection sont arrêtées par le conseil d'administration ou de surveillance. Le scrutin a lieu entre le 15 novembre et le 15 décembre.

Le vote est secret. Il a lieu soit par correspondance, soit par dépôt des bulletins dans une urne, soit simultanément par les deux méthodes, au scrutin de liste à un tour avec représentation proportionnelle au plus fort reste, sans radiation ni panachage.

Le dépouillement du scrutin a lieu au siège de la société. Il est effectué, en présence d'au moins un représentant de chaque liste de candidats, par un bureau comprenant le président en exercice du conseil d'administration ou de surveillance et un membre du conseil d'administration ou de surveillance ne représentant pas les locataires ou, lorsque l'élection a lieu en période d'administration provisoire de la société, l'administrateur provisoire et une personne désignée à cette fin par le préfet du département du siège de la société. Les résultats sont affichés immédiatement dans tous les immeubles de la société. Un procès-verbal du résultat du scrutin est remis à chaque représentant des listes en présence, ainsi qu'au préfet du département du siège de la société.

Les sièges revenant à chaque liste en fonction du résultat du scrutin sont attribués dans l'ordre des noms figurant sur la liste. Les autres personnes figurant sur la liste succèdent, dans l'ordre où elles y sont inscrites, aux représentants qui cessent leurs fonctions avant l'expiration de la durée normale de leur mandat. Les fonctions du nouveau représentant des locataires expirent à la date où auraient normalement cessé celles du représentant qu'il a remplacé. En cas d'épuisement de la liste, il n'est pas procédé à une élection partielle.

Les réclamations contre les opérations électorales sont portées devant le tribunal d'instance du lieu du siège de la société dans les quinze jours suivant le dépouillement. Le tribunal statue dans un délai de trois mois à compter de l'enregistrement de la réclamation au greffe. La décision est notifiée dans les huit jours simultanément à toutes les parties en cause et adressée à leur domicile réel, par lettre recommandée avec accusé de réception, sans préjudice du droit des parties de faire signifier cette décision par voie d'huissier. Si le tribunal ordonne la production d'une preuve, il statue définitivement dans le mois suivant cette décision.

5° Les représentants des locataires qui détiennent au moins une action participent aux assemblées générales et siègent au conseil d'administration ou de surveillance. Le représentant élu des locataires qui ne détient aucune action s'en voit proposer une par l'actionnaire de référence ou l'un des actionnaires qui le constituent pour le prix de dix centimes d'euro dans les huit jours suivant la proclamation du résultat des élections ou, en cas de remplacement d'un représentant des locataires cessant ses fonctions en cours de mandat, dans les huit jours de cette cessation de fonctions. À défaut d'acceptation de cette offre par l'intéressé dans un délai de quinze jours, la société saisit de la situation le préfet du département de son siège. Le préfet déclare démissionnaire le représentant des locataires, après l'avoir mis à même de présenter ses observations dans le délai de quinze jours. Celui-ci est immédiatement remplacé dans les conditions fixées au 4°.

6° En cas d'empêchement pour une durée de plus de trois mois et après en avoir informé le président du conseil d'administration ou de surveillance, un représentant des locataires peut se faire remplacer, pendant la durée de l'empêchement et pendant un an au plus par une personne figurant sur la même liste. Si le remplaçant n'est pas déjà actionnaire, il lui cède temporairement une action pour la durée du remplacement. Le remplaçant s'exprime aux assemblées générales et siège au conseil d'administration ou de surveillance pendant la durée de l'empêchement.

7° La perte de la qualité de locataire ou d'actionnaire met un terme aux fonctions du représentant des locataires, qui est immédiatement remplacé dans les conditions fixées au 4°.

Art. *R. 422-3 *(D. n° 79-197, 7 mars 1979 ; L. n° 83-440, 2 juin 1983 ; D. n° 91-385, 23 avr. 1991).* – L'activité des sociétés anonymes d'habitations à loyer modéré s'exerce sur le territoire de la région où est situé leur siège social. Elles ont également compétence pour intervenir sur le territoire des départements limitrophes à la région de leur siège, après accord de la commune d'implantation de l'opération.

Le ministre chargé de la construction et de l'habitation peut, après avis du conseil supérieur des habitations à loyer modéré, agréer spécialement les sociétés dont la qualité de la gestion sur les plans technique et financier a été constatée à l'occasion du contrôle prévu par *(Mod., D. n° 2014-1596, 23 déc. 2014)* « [le] *b* du 1° du I de l'article L. 342-2 » pour leur permettre d'étendre leur activité à tout ou partie des régions limitrophes.

En outre, le ministre chargé de la construction et de l'habitation peut pour une opération déterminée accorder une extension de compétence sur une partie quelconque du territoire, après avis du représentant de l'État dans le département intéressé, à une société anonyme dont la qualité de la gestion a été constatée dans les conditions précisées à l'alinéa précédent.

Art. *R. 422-4 *(D. n° 81-717, 21 juill. 1981 ; L. n° 83-440, 2 juin 1983 ; D. n° 91-385, 23 avr. 1991 ; D. n° 92-726, 28 juill. 1992 ; mod., D. n° 2004-641, 1er juill. 2004).* – Le ministre chargé de la construction et de l'habitation peut, après avis du conseil supérieur des habitations à loyer modéré, agréer spécialement les sociétés anonymes d'habitations à loyer modéré pour leur permettre d'étendre leur activité à l'ensemble du territoire national.

Peuvent solliciter le bénéfice des dispositions du précédent alinéa les sociétés dont la qualité de gestion, sur les plans technique et financier, a été constatée à l'occasion d'un contrôle prévu par *(Mod., D. n° 2014-1596, 23 déc. 2014)* « [le] *b* du 1° du I de l'article L. 342-2 » et qui ont construit ou ont en gérance au moins 7 500 logements.

Le préfet du département du siège d'une société anonyme d'habitations à loyer modéré peut agréer spécialement cette société pour lui permettre d'intervenir en qualité de prestataire de services de sociétés d'économie mixte dans toutes opérations d'aménagement prévues à l'article L. 300-1 du Code de l'urbanisme.

Art. *R. 422-5 *(D. n° 81-717, 21 juill. 1981).* – Les agréments accordés en vertu des dispositions des articles R. 422-3 et R. 422-4 peuvent être retirés en tout ou partie par l'autorité qui les a délivrés si la société bénéficiaire n'est plus en mesure, du point de vue technique ou financier, d'assumer sa mission de façon satisfaisante. Ce retrait est prononcé, après que la société a été invitée à présenter ses observations selon la même procédure que celle selon laquelle l'agrément a été accordé.

Section III. – Sociétés anonymes coopératives de production d'habitations à loyer modéré et sociétés anonymes coopératives d'intérêt collectif d'habitations à loyer modéré

(Intitulé mod., D. n° 2004-1087, 14 oct. 2004)

Art. R.* 422-6 *(D. n° 93-749, 27 mars 1993 ; rempl., D. n° 2004-1087, 14 oct. 2004).* – Les statuts des sociétés anonymes coopératives de production d'habitations à loyer modéré doivent contenir des clauses conformes aux clauses types reproduites en annexe au présent code.

La mise en conformité des statuts avec les dispositions réglementaires qui les modifient doit être faite par la première assemblée générale extraordinaire tenue après la publication desdites dispositions.

Art. R.* 422-7 *(Abr., D. n° 93-749, 27 mars 1993 ; rétabli, D. n° 2004-1087, 14 oct. 2004).* – Les statuts des sociétés anonymes coopératives d'intérêt collectif d'habitations à loyer modéré doivent contenir des clauses conformes aux clauses types reproduites en annexe au présent code.

La mise en conformité des statuts avec les dispositions réglementaires qui les modifient doit être faite par la première assemblée générale extraordinaire tenue après la publication desdites dispositions.

Art. R. 422-8 *(D. n° 79-197, 7 mars 1979 ; D. n° 93-749, 27 mars 1993).* – En application de l'article L. 422-13, les demandes des sociétés coopératives de production en vue d'être autorisées à transférer leurs réserves sont adressées au représentant de l'État dans le département du siège social de la société par lettre recommandée avec demande d'avis de réception. Si le représentant de l'État dans le département n'a pas statué sur une demande dans un délai de quatre mois à compter de sa réception, l'autorisation est réputée accordée.

Art. *R. 422-8-1 *(D. n° 79-197, 7 mars 1979 ; L. n° 83-440, 2 juin 1983 ; D. n° 91-385, 23 avr. 1991 ; mod., D. n° 2004-1087, 14 oct. 2004).* – L'activité des sociétés anonymes coopératives de production d'habitations à loyer modéré et des sociétés anonymes coopératives d'intérêt collectif d'habitations à loyer modéré s'exerce sur le territoire de la région où est situé leur siège social. Elles ont également compétence pour intervenir sur le territoire des départements limitrophes à la région de leur siège, après accord de la commune d'implantation de l'opération.

Le ministre chargé de la construction et du logement peut après avis du conseil supérieur des habitations à loyer modéré, agréer spécialement les sociétés dont la qualité de la gestion sur les plans technique et financier a été constatée à l'occasion du contrôle prévu par *(Mod., D. n° 2014-1596, 23 déc. 2014)* « [le] *b* du 1° du I de l'article L. 342-2 » pour leur permettre d'étendre leur activité à tout ou partie des régions limitrophes.

En outre, le ministre chargé de la construction et du logement peut, pour une opération déterminée, accorder une extension de compétence sur une partie quelconque du territoire, après avis du représentant de l'État dans le département intéressé à une société dont la qualité de la gestion a été constatée dans les conditions précisées à l'alinéa précédent.

Art. R.* 422-9 *(Abr., D. n° 2007-1840, 24 déc. 2007).*

Art. R. 422-9-1 *(D. n° 92-726, 28 juill. 1992 ; mod., D. n° 99-836, 22 sept. 1999 ; D. n° 2004-1087, 14 oct. 2004).* – La commission prévue à l'article « L. 441-2 », qui attribue nominativement chaque logement mis ou remis en location est composée et fonctionne conformément à l'article R. 441-9.

Art. R. 422-9-2 *(Abr., D. n° 2007-1840, 24 déc. 2007 ; rempl., D. n° 2016-1964, 28 déc. 2016).* – La révision des sociétés anonymes coopératives de production d'habitations à loyer modéré, prévue à l'article L. 422-3, est effectuée par une personne agréée, après avis du ministre chargé du logement, par le ministre chargé de l'économie sociale et solidaire dans les conditions fixées aux articles 1er à 5 du décret n° 2015-706 du 22 juin 2015 pris en application des articles 25-1 à 25-5 de la loi n° 47-1775 du 10 septembre 1947 portant statut de la coopération et relatif aux conditions d'agrément des réviseurs coopératifs et aux conditions et modalités d'exercice de leurs fonctions.

L'expérience professionnelle exigée au 3° de l'article 1er du décret n° 2015-706 du 22 juin 2015 doit avoir été acquise dans les matières mentionnées à ce 3° appliquées aux organismes d'habitations à loyer modéré.

Les dispositions des articles 6 à 9 du décret du 22 juin 2015 sont applicables aux personnes mentionnées au premier alinéa.

Le réviseur et le réviseur suppléant sont désignés par l'assemblée générale de la société anonyme coopérative de production d'habitations à loyer modéré.

Avant d'accepter la mission de révision coopérative, le réviseur et le réviseur suppléant vérifient que son accomplissement par eux-mêmes ou par la personne physique agissant en leur nom, pour leur compte et sous leur responsabilité est compatible avec les principes définis par le Conseil supérieur de la coopération en application du dernier alinéa de l'article 5-1 de la loi n° 47-1775 du 10 septembre 1947 portant statut de la coopération et avec les règles fixées par le présent article.

Le réviseur procède à l'examen critique et analytique de l'organisation et du fonctionnement de la société anonyme coopérative de production d'habitations à loyer modéré au regard des principes coopératifs définis par la loi du 10 septembre 1947 et des règles spécifiques de la société coopérative révisée ainsi que par comparaison avec d'autres sociétés analogues. La société coopérative contrôlée communique au réviseur tous les documents et pièces nécessaires à l'accomplissement de sa mission.

Art. R. 422-9-3 *(Abr., D. n° 2007-1840, 24 déc. 2007 ; rempl., D. n° 2016-1964, 28 déc. 2016).* – Le réviseur établit un rapport écrit, en considération des caractéristiques propres de la société coopérative de production contrôlée, notamment sa forme juridique, sa taille, son organisation, ses statuts et la nature de ses activités, ainsi que des règles spécifiques qui lui sont applicables, et en conformité avec les principes et les normes définis par le Conseil supérieur de la coopération en application du dernier alinéa de l'article 5-1 de la loi du 10 septembre 1947.

Ce rapport comporte :

1° Une description des diligences et contrôles effectués et de la méthodologie suivie pour conduire la mission de révision ;

2° Un avis motivé sur la conformité de l'organisation et du fonctionnement de la société anonyme coopérative de production d'habitations à loyer modéré aux principes et aux règles de la coopération et à l'intérêt des adhérents ainsi qu'aux règles coopératives spécifiques qui lui sont applicables ;

3° Un avis motivé sur les perspectives économiques et financières de l'activité de la société ;

4° Le cas échéant, un avis motivé sur les mesures préconisées pour améliorer la situation et le fonctionnement de la société ;

5° Les réserves éventuelles et les propositions de mesures correctrices ainsi que, le cas échéant, la mise en demeure faite à la société de se conformer aux principes et règles de la coopération.

Le rapport de révision est communiqué aux dirigeants de la société anonyme coopérative de production d'habitations à loyer modéré aux fins de recueillir leurs éventuelles observations.

Art. R. 422-9-4 *(Abr., D. n° 2007-1840, 24 déc. 2007 ; rempl., D. n° 2016-1964, 28 déc. 2016).* – Le rapport, éventuellement complété au vu des observations recueillies auprès des dirigeants de la société anonyme coopérative de production d'habitations à loyer modéré, est ensuite transmis au conseil d'administration ou au conseil de surveillance de la société et est présenté et discuté en présence du réviseur. Il est également mis à disposition de l'ensemble des associés et est présenté et discuté lors de l'assemblée générale qui suit sa transmission. Le cas échéant, il est transmis à l'autorité ou au ministre qui a demandé la révision coopérative conformément aux 3° et 4° de l'article 25-1 de la loi du 10 septembre 1947.

Si le rapport établit que la société anonyme coopérative de production d'habitations à loyer modéré ne respecte pas les principes et les règles de la coopération, l'intérêt de ses adhérents, ou les règles coopératives spécifiques qui lui sont applicables, le réviseur peut la mettre en demeure de s'y conformer.

À défaut de réception d'une proposition de solution propre à mettre un terme à la carence de la coopérative dans le délai d'un mois, le réviseur peut saisir le ministre chargé du logement.

La mission du réviseur cesse à l'issue de la transmission du rapport de révision coopérative au conseil d'administration ou au conseil de surveillance de la société anonyme coopérative de production d'habitations à loyer modéré ou, le cas échéant, à l'issue de la procédure prévue à l'alinéa précédent.

Art. R. 422-9-5 *(Abr., D. n° 2007-1840, 24 déc. 2007).*

Art. R. 422-9-6 *(D. n° 94-205, 4 mars 1994 ; mod., D. n° 2001-645, 18 juill. 2001).* – La décision visée au deuxième alinéa de l'article 25 de la loi [n° 47-1775] du 10 septembre 1947 modifiée portant statut de la coopération est prise conjointement par le ministre chargé du logement et le ministre chargé de l'économie sociale.

La demande de sortie du statut coopératif est adressée conjointement au ministre chargé du logement et au ministre chargé de l'économie sociale.

Elle est accompagnée de tous les éléments permettant d'apprécier que les conditions prévues au premier alinéa de l'article 25 sont réunies, ainsi que des documents suivants :
- le projet de délibération de l'assemblée générale et le projet de modification des statuts ;
- le cas échéant, le rapport de révision datant de moins d'un an ;
- le rapport du commissaire aux comptes portant sur le dernier exercice ;
- un état détaillé de la situation des réserves ;
- la situation des comptes arrêtée à la date de la demande, certifiée par le commissaire aux comptes ;
- le cas échéant, le rapport du commissaire à la fusion et le traité d'apport.

Le ministre chargé du logement, après instruction du dossier, et après avis du Conseil supérieur des habitations à loyer modéré, saisit le Conseil supérieur de la coopération en vue d'obtenir l'avis prévu au deuxième alinéa de l'article 25 de la loi [n° 47-1775] du 10 septembre 1947 modifiée.

Le conseil dispose alors d'un délai d'un mois pour se prononcer. L'avis est transmis au ministre chargé du logement et au ministre chargé de l'économie sociale, qui prennent la décision autorisant ou refusant la sortie de la société du statut coopératif.

La notification à la coopérative concernée est faite par le ministre chargé de l'économie sociale.

La décision autorisant la sortie du statut coopératif vaut agrément de la société en qualité de société anonyme d'habitations à loyer modéré et entraîne pour ladite société l'obligation de mettre ses statuts en conformité avec les clauses types annexées à l'article R. 422-1.

Section V. – Dispositions communes aux sociétés anonymes et aux sociétés coopératives d'habitations à loyer modéré

Art. R. 422-16 *(D. n° 84-702, 30 juin 1984 ; D. n° 91-385, 23 avr. 1991 ; D. n° 92-529, 15 juin 1992 ; D. n° 2001-645, 18 juill. 2001 ; D. n° 2004-641, 1er juill. 2004 ; D. n° 2015-699, 19 juin 2015).* – Conformément à l'article L. 422-5, les sociétés d'habitations à loyer modéré doivent être agréées par le ministre chargé de la construction et de l'habitation après avis du conseil départemental de l'habitat et du conseil supérieur des habitations à loyer modéré.

Le décret en Conseil d'État approuvant les clauses types est pris après avis du Conseil supérieur des habitations à loyer modéré.

Art. R.* 422-16-1 *(D. n° 2004-641, 1er juill. 2004).* – Lorsqu'en application du deuxième alinéa du II de l'article L. 422-2-1 ou du second alinéa du V de l'article 51 de la loi n° 2003-710 du 1er août 2003 d'orientation et de programmation pour la ville et la rénovation urbaine une société anonyme d'habitations à loyer modéré sollicite le renouvellement de l'agrément, la décision est prise par le ministre chargé du logement après avis du Conseil supérieur des habitations à loyer modéré.

Faute pour la société d'avoir reçu notification de la décision ministérielle dans le délai de trois mois suivant la réception par le ministre de la demande, l'agrément est réputé renouvelé.

Un arrêté du ministre chargé du logement détermine le contenu du dossier de demande de renouvellement de l'agrément.

Art. R. 422-17 *(D. n° 84-702, 30 juin 1984 ; D. n° 92-529, 15 juin 1992 ; rempl., D. n° 2002-1189, 19 sept. 2002).* – Les sanctions et mesures prévues aux articles L. 422-6, L. 422-7, L. 422-8, L. 422-8-1, L. 422-9 et L. 422-10 sont prises, en ce qui concerne les sociétés anonymes d'habitations à loyer modéré et les sociétés coopératives d'habitations à loyer modéré, par le ministre chargé du logement.

Pour ces mêmes sociétés, l'approbation prévue au premier alinéa de l'article L. 422-11 est donnée par le ministre chargé du logement, après avis du Conseil supérieur des habitations à loyer modéré.

Art. R. 422-17-1 *(D. n° 2016-1680, 5 déc. 2016).* – La décision de création d'une filiale ayant pour objet de construire, acquérir et gérer des logements locatifs intermédiaires par une société d'habitations à loyer modéré, mentionnée aux articles L. 422-2 et L. 422-3, est transmise au ministre chargé du logement et accompagnée des documents dont la liste est déterminée par arrêté du ministre chargé du logement.

Lorsque le ministre envisage de faire usage de son droit d'opposition, il en informe la société d'habitations à loyer modéré et l'invite à présenter ses observations dans un délai qui ne peut être inférieur à quinze jours. S'il décide de faire usage de son droit d'opposition, il notifie sa décision motivée à la société d'habitations à loyer modéré.

Art. R. 422-17-2 *(D. n° 2016-1680, 5 déc. 2016).* – La décision d'augmentation de capital d'une filiale ayant pour objet de construire, acquérir et gérer des logements locatifs intermédiaires par la société d'habitations à loyer modéré, mentionnée aux articles L. 422-2 et L. 422-3, est transmise au représentant de l'État dans la région dans laquelle se situe le siège social de l'organisme et accompagnée des documents dont la liste est déterminée par arrêté du ministre chargé du logement.

Lorsque le préfet de région envisage de faire usage de son droit d'opposition, il en informe la société d'habitations à loyer modéré et l'invite à présenter ses observations dans un délai qui ne peut être inférieur à quinze jours. S'il décide de faire usage de son droit d'opposition, il notifie sa décision motivée à la société d'habitations à loyer modéré.

Art. R. 422-17-3 *(D. n° 2016-1680, 5 déc. 2016).* – La décision d'une société d'habitations à loyer modéré d'entrer au capital d'une société ayant le même objet qu'une filiale dédiée à la construction, l'acquisition et la gestion de logements locatifs intermédiaires, mentionnée aux articles L. 422-2 et L. 422-3, est transmise, après désignation d'un représentant unique par les organismes mentionnés à l'article L. 411-2 qui participent à cette société, chargé d'accomplir les formalités de déclaration, au ministre chargé du logement et accompagnée des documents dont la liste est déterminée par arrêté du ministre chargé du logement.

Lorsque le ministre envisage de faire usage de son droit d'opposition, il en informe la société d'habitations à loyer modéré et l'invite à présenter ses observations dans un délai qui ne peut être inférieur à quinze jours. S'il décide de faire usage de son droit d'opposition, il notifie sa décision motivée à la société d'habitations à loyer modéré.

Art. R. 422-17-4 *(D. n° 2016-1680, 5 déc. 2016).* – La décision d'augmentation de capital d'une société ayant le même objet qu'une filiale dédiée à la construction, l'acquisition et la gestion de logements locatifs intermédiaires par une société d'habitations à loyer modéré, mentionnée aux articles L. 422-2 et L. 422-3, est transmise au représentant de l'État dans la région dans laquelle se situe le siège social de l'organisme et accompagnée des documents dont la liste est déterminée par arrêté du ministre chargé du logement.

Lorsque le préfet de région envisage de faire usage de son droit d'opposition, il en informe la société d'habitations à loyer modéré et l'invite à présenter ses observations dans un délai qui ne peut être inférieur à quinze jours. S'il décide de faire usage de son droit d'opposition, il notifie sa décision motivée à la société d'habitations à loyer modéré.

7.3.4. – SOCIÉTÉS IMMOBILIÈRES D'INVESTISSEMENT ET DE GESTION

Loi n° 63-254 du 15 mars 1963

portant réforme de l'enregistrement, du timbre et de la fiscalité immobilière
(JO 17 mars et rect. 24 mars)

Art. 33 *(Mod., L. fin. rect. n° 63-1293, 21 déc. 1963 ; L. fin. rect. n° 64-1278, 23 déc. 1964)*. – I. – Peuvent seules être autorisées à prendre et à conserver la dénomination de « sociétés immobilières d'investissement » les sociétés satisfaisant aux conditions suivantes :

a) Être constituées sous la forme anonyme ou avoir adopté cette forme postérieurement à leur constitution ;

b) Avoir pour objet exclusif l'exploitation d'immeubles ou groupes d'immeubles locatifs situés en France, affectés à concurrence des trois quarts au moins de leur superficie à l'habitation.

Un décret fixera les conditions dans lesquelles les programmes de construction entrepris par ces sociétés seront soumis à l'agrément du ministre de la construction et du ministre des finances et des affaires économiques et les conditions dans lesquelles pourront être réalisés des apports en nature ou des acquisitions d'immeubles déjà construits ;

c) Fonctionner conformément à des statuts qui auront été préalablement approuvés par arrêté du ministre des finances et des affaires économiques ;

d) Avoir fait libérer en espèces des actions pour un montant du moins égal à un chiffre fixé par arrêté du ministre des finances et des affaires économiques ;

e) *(Abr., L. fin. 1976, n° 75-1278, 30 déc. 1975).*

Arrêté du ministre des Finances et des Affaires économiques du 13 juillet 1963

fixant le montant minimum des actions qu'une société immobilière d'investissement est tenue de faire libérer en espèces
(JO 14 juill.)

Art. 1er. – Le montant du capital des sociétés immobilières d'investissement souscrit en espèces et affecté au financement de constructions nouvelles ne peut être inférieur à 50 millions de francs (7 622 450,86 €).

Ce chiffre doit être majoré, le cas échéant, en application des dispositions du décret du 13 juillet 1963 susvisé relatives à la réalisation d'apports en nature ou à l'acquisition d'immeubles déjà construits.

Décret n° 63-683 du 13 juillet 1963

relatif aux sociétés immobilières de gestion
(JO 14 juill.)

Art. 1er. – Peuvent seules être autorisées à prendre ou à conserver la dénomination de « société immobilière de gestion » les sociétés satisfaisant aux conditions suivantes :

a) Être constituées sous la forme de sociétés à responsabilité limitée ou avoir adopté cette forme postérieurement à leur constitution ;

b) Avoir pour objet exclusif l'exploitation d'immeubles ou groupes d'immeubles locatifs situés en France, affectés à concurrence des trois quarts au moins de leur superficie à l'habitation, et construits ou acquis dans les conditions prévues à l'article 2 ci-après ;

c) Fonctionner conformément à des statuts qui auront été préalablement approuvés par arrêté du ministre des Finances et des Affaires économiques ;

d) Renoncer expressément au bénéfice de l'aide financière de l'État octroyée sous forme de prêts spéciaux.

Art. 2. – Un décret fixera les conditions dans lesquelles les programmes de construction entrepris par les sociétés immobilières de gestion seront soumis à l'agrément du ministre des Finances et des Affaires économiques et du ministre de la Construction ainsi que les conditions dans lesquelles lesdites sociétés pourront recevoir des apports en nature ou procéder à des acquisitions d'immeubles déjà construits.

Art. 3. – Les dispositions de l'article 33 (II et III) de la loi n° 63-254 du 15 mars 1963 et des textes réglementaires pris pour leur exécution sont applicables aux sociétés immobilières de gestion et aux parts d'intérêt représentatives du capital de ces sociétés, à compter de la date à laquelle ces dernières satisfont aux conditions énoncées à l'article 1er du présent décret.

Décret n° 63-684 du 13 juillet 1963

relatif aux conditions d'agrément des programmes de construction entrepris par les sociétés immobilières d'investissement et les sociétés immobilières de gestion et aux conditions dans lesquelles ces sociétés pourront recevoir des apports en nature ou acquérir des immeubles déjà construits

(JO 14 juill.)

Art. 1er *(D. n° 87-2, 2 janv. 1987)*. – Les programmes de construction des sociétés immobilières d'investissement ne peuvent s'appliquer qu'à la réalisation d'immeubles locatifs situés en France affectés à l'habitation pour les trois quarts au moins de leur superficie totale hors œuvre.

Cette proportion est calculée pour l'ensemble du patrimoine immobilier de la société considérée.

Chaque programme de construction est agréé par décision conjointe du ministre chargé de l'économie et des finances et du ministre chargé de l'équipement et du logement, auxquels une demande d'agrément est adressée simultanément. Cette demande doit notamment faire apparaître l'implantation du programme envisagé, le nombre et le type des logements ou locaux à construire, les éléments de leur prix de revient et les loyers prévus pour chaque type de logements ou de locaux.

Lorsqu'un programme comporte à la fois des locaux à usage d'habitation et d'autres locaux, les renseignements concernant ces deux catégories de locaux font l'objet d'une présentation séparée faisant apparaître notamment la superficie et le prix de revient des locaux de chaque catégorie.

À défaut de réponse à la demande d'agrément dans les quinze jours suivant la date de son dépôt, le programme est considéré comme agréé, sous réserve que soient satisfaites les conditions posées par la loi n° 63-254 du 15 mars 1963 en ce qui concerne l'affectation des locaux à édifier.

Art. 2. – 1° *(D. n° 87-2, 2 janv. 1987)* Toute acquisition par les sociétés immobilières d'investissement d'immeubles déjà construits, notamment par voie d'apport en nature, doit être agréée par décision conjointe du ministre chargé de l'économie et des finances et du ministre chargé de l'équipement et du logement auxquels une demande d'agrément est adressée simultanément. Cette demande doit notamment faire apparaître la situation de l'immeuble acquis et son prix d'acquisition ou sa valeur d'apport. À défaut de réponse à la demande d'agrément dans le mois suivant la date de son dépôt, l'acquisition sera considérée comme agréée.

Les acquisitions d'immeubles déjà construits ne peuvent concerner que des immeubles ou groupes d'immeubles locatifs situés en France, affectés à concurrence des trois quarts au moins de leur superficie totale hors œuvre à l'habitation.

Cette proportion est calculée pour l'ensemble du patrimoine immobilier de la société concernée.

Le montant des acquisitions ainsi faites ne peut à aucun moment excéder le montant du capital souscrit en espèces et affecté au financement de constructions nouvelles.

2° Les apports en nature résultant d'opérations visées aux articles 717 et 718 du Code général des impôts ne peuvent être agréés dans les conditions prévues au paragraphe précédent que s'ils portent sur des immeubles ouvrant droit à l'exonération temporaire prévue par l'article 28 (§ VI, 2e alinéa) de la loi susvisée du 15 mars 1963.

3° Les dispositions du présent article ne sont pas applicables aux terrains à bâtir et immeubles assimilés tels qu'ils sont définis à l'article 1371 du Code général des impôts.

Art. 3. – Une société immobilière d'investissement ne peut être constituée par transformation d'une société passible de l'impôt sur les sociétés que si son actif immobilier est exclusivement représenté par des immeubles ouvrant droit à l'exonération temporaire prévue par l'article 28 (§ VI, 2e alinéa) de la loi susvisée du 15 mars 1963.

La transformation est assimilée à un apport en nature pour l'application de l'article 2 ci-dessus.

Art. 4. – La transformation en sociétés immobilières d'investissement de sociétés immobilières conventionnées créées en application de l'ordonnance n° 58-876 du 24 septembre 1958 n'est pas soumise aux dispositions de l'article 3 du présent décret.

Nonobstant les dispositions de l'article 2 ci-dessus, les sociétés immobilières d'investissement issues d'une telle transformation ne peuvent, jusqu'au 31 décembre 1965, recevoir en apport ou acquérir des immeubles autres que des terrains à bâtir ou immeubles assimilés.

Art. 5. – Toute cession d'immeuble doit faire l'objet d'une déclaration adressée au ministre de l'Économie et des Finances dans un délai d'un mois. Cette déclaration comportera, outre la désignation de l'immeuble et du cessionnaire, l'indication des conditions de la cession, notamment en ce qui concerne le prix et les modalités de règlement.

Art. 6. – Les sociétés immobilières d'investissement adresseront au ministre de l'Économie et des Finances et au ministre de l'équipement et du logement dans les six mois suivant la clôture de chaque exercice un rapport sur leur activité au cours de l'exercice considéré comportant notamment le bilan et les comptes d'exploitation et de profits et pertes ainsi qu'une description détaillée de leur actif immobilier à la date de clôture de cet exercice.

Art. 7. – 1. Sous réserve du paragraphe 2 ci-après, les dispositions des articles 1er, 2, 3, 5 et 6 du présent décret sont applicables aux sociétés immobilières de gestion.

Toutefois les apports d'immeubles faits à ces sociétés par les personnes physiques ne sont pas soumis aux dispositions du dernier alinéa de l'article 2-1, ci-dessus.

2. Le ministre de l'Économie et des Finances et le ministre de l'équipement et du logement pourront, par arrêté, consentir délégation de leur compétence pour statuer sur les demandes d'agrément qui seront présentées par des sociétés immobilières de gestion en application des articles 1er à 3 du présent décret.

ANNEXE 8

PROFESSIONS LIBÉRALES

8.1 – Dispositions générales .... p. 2837
8.1.1. – Sociétés civiles professionnelles et sociétés civiles de moyens .... p. 2837
8.1.2. – Sociétés d'exercice libéral et sociétés de participations financières de professions libérales .... p. 2847
8.2 – Dispositions spéciales .... p. 2862
8.2.1. – Administrateurs judiciaires et mandataires judiciaires .... p. 2862
8.2.1.1. – Dispositions communes aux diverses sociétés .... p. 2862
8.2.1.2. – Sociétés civiles professionnelles .... p. 2869
8.2.1.3. – Sociétés d'exercice libéral .... p. 2873
8.2.1.4. – Sociétés en participation .... p. 2874
8.2.1.4.1. – Sociétés de participations financières de profession libérale .... p. 2875
8.2.2. – Architectes .... p. 2877
8.2.2.1. – Sociétés civiles professionnelles .... p. 2877
8.2.2.2. – Sociétés d'exercice libéral et société en participation financière .... p. 2885
8.2.2.3. – Sociétés en participation .... p. 2888
8.2.3. – Avocats .... p. 2888
8.2.3.1. – Sociétés civiles professionnelles .... p. 2888
8.2.3.2. – Sociétés d'exercice libéral .... p. 2901
8.2.3.3. – Associations d'avocats à responsabilité professionnelle individuelle .... p. 2909
8.2.4. – Avocats au Conseil d'État et à la Cour de cassation .... p. 2911
8.2.5. – Avoués .... p. 2922
8.2.5.1. – Sociétés civiles professionnelles .... p. 2922
8.2.5.2. – Sociétés d'exercice libéral .... p. 2939
8.2.6. – Chirurgiens-dentistes .... p. 2950
8.2.6.1. – Sociétés d'exercice libéral .... p. 2950
8.2.6.2. – Sociétés civiles professionnelles .... p. 2954
8.2.6.3. – Sociétés en participation .... p. 2964
8.2.6.4. – Société interprofessionnelle de soins ambulatoires .... p. 2965
8.2.7. – Commissaires aux comptes .... p. 2965
8.2.7.1. – Dispositions communes aux diverses sociétés .... p. 2965
8.2.7.2. – Sociétés civiles professionnelles .... p. 2968
8.2.7.3. – Sociétés autres que sociétés civiles professionnelles .... p. 2972

8.2.8. – Commissaires-priseurs judiciaires .... p. 2975
8.2.8.1. – Sociétés civiles professionnelles .... p. 2975
8.2.8.2. – Sociétés d'exercice libéral .... p. 2998
8.2.9. – Conseils en propriété industrielle .... p. 3012
8.2.9.1. – Sociétés civiles professionnelles .... p. 3012
8.2.9.2. – Sociétés d'exercice libéral .... p. 3016
8.2.9.3. – Sociétés en participation .... p. 3017
8.2.9.4. – Sociétés de participations financières de profession libérale de conseils en propriété industrielle .... p. 3018
8.2.10. – Directeurs de laboratoires d'analyses de biologie médicale .... p. 3019
8.2.10.1. – Sociétés autorisées .... p. 3019
8.2.10.2. – Sociétés civiles professionnelles .... p. 3020
8.2.10.3. – Sociétés d'exercice libéral .... p. 3027
8.2.10.4. – Sociétés de participations financières de profession libérale .... p. 3030
8.2.11. – Experts agricoles et fonciers. Experts forestiers .... p. 3034
8.2.11.1. – Sociétés civiles professionnelles .... p. 3034
8.2.11.2. – Sociétés d'exercice libéral .... p. 3041
8.2.11.2.1. – Sociétés de participations financières de profession libérale .... p. 3042
8.2.12. – Experts-comptables .... p. 3044
8.2.12.1. – Sociétés de droit commun .... p. 3044
8.2.12.2. – Sociétés d'exercice libéral .... p. 3065
8.2.12.3. – Sociétés de participations financières .... p. 3065
8.2.13. – Géomètres-experts .... p. 3067
8.2.13.1. – Dispositions générales .... p. 3067
8.2.13.2. – Sociétés civiles professionnelles .... p. 3068
8.2.13.3. – Sociétés d'exercice libéral .... p. 3076
8.2.13.3.1. – Sociétés de participations financières de profession libérale .... p. 3077
8.2.13.4. – Sociétés en participation .... p. 3079
8.2.14. – Greffiers de tribunal de commerce .... p. 3079
8.2.14.1. – Dispositions communes aux diverses sociétés .... p. 3079
8.2.14.2. – Sociétés civiles professionnelles .... p. 3087
8.2.14.3. – Sociétés d'exercice libéral .... p. 3092
8.2.14.4. – Sociétés en participation .... p. 3095
8.2.15. – Huissiers de justice .... p. 3095
8.2.15.1. – Sociétés civiles professionnelles .... p. 3095
8.2.15.2. – Sociétés d'exercice libéral .... p. 3121
8.2.16. – Infirmiers et masseurs-kinésithérapeutes .... p. 3136
8.2.16.1. – Sociétés d'exercice libéral .... p. 3136
8.2.16.2. – Sociétés en participation .... p. 3139
8.2.16.3. – Sociétés civiles professionnelles .... p. 3140
8.2.16.4. – Société interprofessionnelle de soins ambulatoires .... p. 3148
8.2.17. – Médecins .... p. 3149
8.2.17.1. – Sociétés d'exercice libéral .... p. 3149
8.2.17.2. – Sociétés civiles professionnelles .... p. 3149
8.2.17.3. – Sociétés en participation .... p. 3149
8.2.17.4. – Sociétés coopératives de médecins .... p. 3149
8.2.17.5. – Société interprofessionnelle de soins ambulatoires .... p. 3149

8.2.18. – Notaires ... p. 3149
8.2.18.1. – Sociétés civiles professionnelles ... p. 3149
8.2.18.2. – Sociétés d'exercice libéral ... p. 3176
8.2.19. – Pharmaciens d'officine ... p. 3191
8.2.19.1. – SNC et SARL ... p. 3191
8.2.19.2. – Sociétés d'exercice libéral ... p. 3193
8.2.19.2.2. – Sociétés de participations financières de profession libérale ... p. 3196
8.2.19.3. – Société interprofessionnelle de soins ambulatoires ... p. 3198
8.2.20. – Pédicures-podologues, diététiciens, orthophonistes, orthoptistes et psychomotricien ... p. 3199
8.2.20.1. – Sociétés d'exercice libéral ... p. 3199
8.2.20.2. – Sociétés en participation ... p. 3199
8.2.20.3. – Société interprofessionnelle de soins ambulatoires ... p. 3199
8.2.21. – Sages-femmes ... p. 3199
8.2.21.1 – Sociétés d'exercice libéral ... p. 3199
8.2.21.2. – Sociétés en participation ... p. 3199
8.2.21.3. – Société interprofessionnelle de soins ambulatoires ... p. 3199
8.2.22 – Soins ambulatoires ... p. 3199
8.2.22.1. – Sociétés interprofessionnelles de soins ambulatoires ... p. 3199
8.2.23. – Vétérinaires ... p. 3201
8.2.23.1. – Sociétés civiles professionnelles ... p. 3201
8.2.23.2. – Sociétés d'exercice libéral ... p. 3209
8.2.23.3. – Dispositions communes aux différentes sociétés d'exercice vétérinaire ... p. 3210
8.2.23.4. – Sociétés de participations financières de profession libérale de vétérinaires ... p. 3211
8.2.23.5. – Société interprofessionnelle de soins ambulatoires ... p. 3212

8.1. – DISPOSITIONS GÉNÉRALES

8.1.1. – SOCIÉTÉS CIVILES PROFESSIONNELLES ET SOCIÉTÉS CIVILES DE MOYENS

Loi n° 66-879 du 29 novembre 1966

relative aux sociétés civiles professionnelles

(JO 30 nov.)

CHAPITRE I. – DISPOSITIONS GÉNÉRALES

Art. 1er *(Mod., L. n° 78-9, 4 janv. 1978 ; L. n° 90-1258, 31 déc. 1990).* **– Il peut être constitué, entre personnes physiques exerçant une même profession libérale soumise à un statut législatif ou réglementaire ou dont le titre est protégé, et notamment entre officiers publics et ministériels, des sociétés civiles professionnelles qui jouissent de la personnalité morale et sont soumises aux dispositions de la présente loi.**

Ces sociétés ont pour objet l'exercice en commun de la profession de leurs membres, nonobstant toute disposition législative ou réglementaire réservant aux personnes physiques l'exercice de cette profession.

L'immatriculation de la société ne peut intervenir qu'après l'agrément de celle-ci par l'autorité compétente ou son inscription sur la liste ou au tableau de l'ordre professionnel.

Les conditions d'application des articles 1er à 32 de la présente loi à chaque profession seront déterminées par un décret en Conseil d'État pris après avis des organismes chargés de représenter la profession auprès des pouvoirs publics ou, à défaut, des organisations les plus représentatives de la profession considérée.

Dérogation et acquisition de la personnalité morale. La dérogation portée par l'alinéa 3 de cet article n'a pas pour effet de dispenser les sociétés civiles professionnelles de la formalité de l'immatriculation, à laquelle s'attachent toutes les mesures de publicité requises pour l'information des tiers : Rép. min. : *JOAN* Q, 8 janv. 1980, p. 23. Son unique objet est de permettre à de telles sociétés de commencer à fonctionner avec pleine capacité juridique dès leur agrément, titularisation ou inscription, avant leur immatriculation, à condition que celle-ci intervienne. – Une SCP constituée par acte sous seing privé acquiert la personnalité morale à cette date : ▪ CA Paris, 23 sept. 1997 : *JurisData* n° 1997-022504 ; *JCP* E 1997, pan. 1187.

Art. 2 *(Rempl., L. n° 72-1151, 23 déc. 1972)*. – Un décret en Conseil d'État peut autoriser, dans les conditions qu'il détermine, les personnes physiques exerçant une profession libérale visée à l'article 1er, et notamment les officiers publics et ministériels, à constituer des sociétés régies par la présente loi avec des personnes physiques exerçant d'autres professions libérales en vue de l'exercice en commun de leurs professions respectives.

Les membres des professions visées à l'article 1er ne peuvent entrer dans une société civile professionnelle groupant des personnes appartenant à des professions libérales non visées à l'article 1er qu'à la condition d'y avoir été autorisées par l'organisme exerçant à leur égard la juridiction disciplinaire. En cas de refus d'autorisation, appel peut être fait dans les conditions prévues au décret en Conseil d'État.

Les sociétés visées au présent article ne peuvent accomplir les actes d'une profession déterminée que par l'intermédiaire d'un de leurs membres ayant qualité pour exercer cette profession.

Art. 2-1 *(Abr., L. n° 90-1258, 31 déc. 1990)*.

Art. 3 *(Rempl., L. n° 72-1151, 23 déc. 1972)*. – Peuvent seules être associées, sous réserve des dispositions de l'article 24, les personnes qui, préalablement à la constitution de la société, exerçaient régulièrement la profession ainsi que celles qui, réunissant toutes les conditions exigées par les lois et règlements en vigueur, ont vocation à l'exercer.

Art. 4. – Sauf disposition contraire du décret en Conseil d'État particulier à chaque profession, tout associé ne peut être membre que d'une seule société civile professionnelle et ne peut exercer la même profession à titre individuel.

Art. 5 *(Mod., L. n° 72-1151, 23 déc. 1972 ; L. n° 90-1258, 31 déc. 1990)*. – Des personnes physiques titulaires d'un office public ou ministériel et exerçant la même profession, peuvent également constituer entre elles des sociétés civiles professionnelles pour l'exercice en commun de leur profession, sans que ces sociétés soient elles-mêmes nommées titulaires d'un office.

L'application de l'alinéa précédent est soumise aux dispositions de l'article 1er, alinéa 3, de la présente loi.

Les articles 6 (2e alinéa) et 18 (3e alinéa) ne sont pas applicables aux sociétés constituées en application du présent article.

Les dispositions de l'article 2 sont applicables aux sociétés constituées en application du présent article.

CHAPITRE II. – CONSTITUTION DE LA SOCIÉTÉ

Art. 6 *(Mod., L. n° 90-1258, 31 déc. 1990)*. – Les sociétés civiles professionnelles sont librement constituées dans les conditions prévues au « décret en Conseil d'État » particulier à chaque profession, qui déterminera la procédure d'agrément ou d'inscription et le rôle des organismes professionnels.

En ce qui concerne les offices publics et ministériels, la société doit être agréée ou titularisée dans l'office selon les conditions prévues par le décret en Conseil d'État.

Art. 7. – Les statuts de la société doivent être établis par écrit. Le « décret en Conseil d'État » particulier à chaque profession détermine les indications qui doivent obligatoirement figurer dans les statuts.

Voir : C. civ., art. 1835, p. 29.

Art. 8 *(Rempl., L. n° 72-1151, 23 déc. 1972 ; L. n° 2011-331, 28 mars 2011).* **– La dénomination sociale de la société doit être immédiatement précédée ou suivie de la mention : « société civile professionnelle » ou des initiales : « SCP », elles-mêmes suivies de l'indication de la profession exercée.**

Le nom d'un ou de plusieurs associés peut être inclus dans la dénomination sociale.

Bibliographie : J.-J. Daigre, *Du maintien du nom d'un ancien associé dans l'appellation d'une société de profession libérale : BJS* 1997, p. 949.

1) Utilisation du nom d'un ancien associé. La possibilité offerte de conserver dans la raison sociale le nom d'un ou plusieurs associés, nom dont la présence est par nature liée à l'activité professionnelle, ne dispense pas la société d'obtenir l'accord de celui qui cesse son activité ou de ses héritiers : ▪ Cass. 1re civ., 1er juill. 1997 : *JurisData* n° 1997-003162 ; *BJS* 1997, p. 988 ; *JCP* E 1997, II, 1017, note J.-J. Daigre ; *JCP* G 1998, II, 10001, note G. Loiseau ; *Dr. sociétés* 1997, n° 153, note Th. Bonneau ; *Rev. sociétés* 1997, p. 812, note Y. Guyon.

2) Impact de l'évolution légale sur la limitation dans le temps de l'usage du nom. Jugé que lorsqu'un ancien associé, décédé depuis lors, avait donné son accord pour l'utilisation de son nom patronymique comme dénomination sociale, cet accord devait demeurer circonscrit aux limites existantes sous l'empire de la loi antérieure ayant déterminé cet accord, à savoir la loi n° 72-1151 du 23 décembre 1972 (art. 5, mod., art. 8, L. n° 66-879, 29 nov. 1966) qui subordonnait en toutes circonstances le maintien de cette utilisation à la présence au sein de la société d'un associé ayant exercé sa profession avec l'ancien associé. L'évolution ultérieure de la loi, abolissant ces limites d'utilisation (L. n° 2011-331, 28 mars 2011), ne saurait être utilement évoquée par la SCP revendiquant, sans succès face à l'opposition des ayants droits, la possibilité de conserver indéfiniment le nom de son ancien associé, décédé depuis lors : ▪ Cass. 1re civ., 6 sept. 2017, n° 16-15.941 : *JurisData* n° 2017-017508 ; *Dr. sociétés* 2017, comm. 204, note H. Hovasse.

Art. 9. – Le capital social est divisé en parts égales qui ne peuvent être représentées par des titres négociables.

Le décret en Conseil d'État particulier à chaque profession peut limiter le nombre des associés.

Voir : C. civ., art. 1841, p. 40.

Art. 10 *(Mod., L. n° 72-1151, 23 déc. 1972 ; L. n° 90-1258, 31 déc. 1990 ; L. n° 2011-331, 28 mars 2011).* **– Les parts sociales doivent être souscrites en totalité par les associés. Celles qui représentent des apports en nature doivent être libérées intégralement dès la constitution de la société.**

La répartition des parts sociales est mentionnée dans les statuts. Elle tient compte des apports en numéraire et, selon l'évaluation qui en est faite, des apports de droits incorporels.

Les statuts peuvent, à l'unanimité des associés, fixer les principes et les modalités applicables à la détermination de la valeur des parts sociales.

Sauf dispositions contraires du décret particulier à chaque profession, la valeur des parts sociales prend en considération une valeur représentative de la clientèle civile. Toutefois, à l'unanimité des associés, les statuts peuvent exclure cette valeur représentative de la clientèle civile de la valorisation des parts sociales.

Voir : C. civ., art. 1843-2, p. 54 et 1843-3, p. 55.

Bibliographie : J. Bardoul, *Les apports en industrie dans les sociétés civiles professionnelles : Rev. sociétés* 1973, p. 413. • Y. Guyon, *Les apports en industrie dans les sociétés civiles professionnelles : Defrénois* 1999, art. 36918, p. 3. • H. Hovasse, *Les parts d'industrie dans les sociétés civiles professionnelles : Mél. Foyer*, Économica, 2008, p. 551.

1) Le titulaire de parts d'industrie d'une société civile professionnelle étant un **véritable associé**, la société n'est pas unipersonnelle lorsque toutes les parts représentatives du capital social sont détenues par un seul associé et que celui-ci a pour coassocié un titulaire de parts d'industrie : ▪ Cass. 1re civ., 30 mars 2004 : *BJS* 2004, p. 1001, note R. Baillod ; *D.* 2004, p. 1088 ; *JCP* E 2004, act., p. 806. – Décision cassant : ▪ CA Paris, 6 juill. 2001 : *D.* 2001, p. 2975, obs. A. Lienhard ; *Dr. sociétés* janv. 2002, n° 3, obs. Th. Bonneau ; *Rev. sociétés* 2001, p. 883, obs. Y. Guyon.

2) Constitution de réserve ou dégagement de plus-values d'actif dues à l'industrie des associés.

a) **SCP d'avocats.** Voir sous D. n° 92-680, 20 juill. 1992, art. 39, annot. n° 1, p. 2894.

b) **SCP d'huissiers.** Voir sous D. n° 69-1274, 31 déc. 1969, art. 43, annot. n° 1, p. 3105.

CHAPITRE III. – FONCTIONNEMENT DE LA SOCIÉTÉ

Art. 11. – Tous les associés sont gérants sauf stipulation contraire des statuts qui peuvent désigner un ou plusieurs gérants parmi les associés ou en prévoir la désignation par un acte ultérieur.

Les conditions de nomination et de révocation des gérants, leurs pouvoirs et la durée de leur mandat sont déterminés par les statuts. Les pouvoirs des gérants ne peuvent en aucun cas avoir pour effet de créer une subordination des associés à la société pour l'accomplissement de leurs actes professionnels.

Art. 12. – Les gérants sont responsables, individuellement ou solidairement selon les cas, envers la société ou envers les tiers, soit des infractions aux lois et règlements, soit de la violation des statuts, soit des fautes commises dans leur gestion. Si plusieurs gérants ont coopéré aux mêmes faits, le tribunal détermine la part contributive de chacun dans la réparation du dommage.

Voir : C. civ., art. 1850, p. 122.

Art. 13 *(Mod., L. n° 72-1151, 23 déc. 1972)*. **– Les décisions qui excèdent les pouvoirs des gérants sont prises par les associés.**

Chaque associé dispose, sauf dispositions particulières du décret en Conseil d'État propre à chaque profession ou, à son défaut, des statuts, d'une seule voix, quel que soit le nombre de parts sociales qu'il détient.

Le décret en Conseil d'État particulier à chaque profession détermine le mode de consultation des associés, les règles du quorum et de majorité exigées pour la validité de leurs décisions et les conditions dans lesquelles ils sont informés de l'état des affaires sociales.

Voir : C. civ., art. 1852, p. 125.

Consentement unanime exprimé dans un acte.

a) **Application de l'article 1854 à une SCP de notaires.** Voir sous D. n° 67-868, 2 oct. 1967, art. 19, annot. n° 1, p. 3154.

b) **Notion d'acte.** Voir sous D. n° 67-868, 2 oct. 1967, art. 14, annot. n° 1, p. 3153.

Art. 14 *(Mod., L. n° 72-1151, 23 déc. 1972)*. **– Les rémunérations de toute nature, versées en contrepartie de l'activité professionnelle des associés, constituent des recettes de la société et sont perçues par celle-ci.**

Le décret en Conseil d'État particulier à chaque profession et, à son défaut, les statuts peuvent déterminer des modalités de répartition des bénéfices qui ne seraient pas proportionnelles aux apports en capital.

En l'absence de disposition réglementaire ou de clause statutaire, chaque associé a droit à la même part dans les bénéfices.

1) Bénéfice. Les sociétés civiles professionnelles étant réputées exercer la profession, en leur nom propre, le bénéfice réalisé doit être déterminé en tenant compte des frais généraux supportés par la société ; dès lors, les intérêts de l'emprunt contracté par un professionnel *[notaire]* pour acquérir une étude apportée ensuite à une société ne peuvent être admis en déduction du bénéfice social si le professionnel en supporte personnellement la charge : Rép. min. : *JOAN* Q, 12 juill. 1975, p. 5196.

2) Rémunération des apports en capital. Le notaire qui perd sa qualité d'associé à compter de l'arrêté constatant son retrait peut toutefois prétendre aux rémunérations afférentes à ses apports en capital : ▪ Cass. 1re civ., 1er juill. 1997 : *JurisData* n° 1997-003165 ; *JCP* E 1997, pan. 992.

3) Modification de la répartition des bénéfices. Viole l'article 1854 la cour d'appel qui décide que la volonté unanime des associés peut être établie par tous moyens et se déduire du mode de fonctionnement de la société, alors qu'en l'absence d'une réunion d'assemblée ou de consultation écrite, les décisions résultant du consentement unanime des associés doivent être exprimées dans un acte *[C. civ., art. 1853 et 1854]* : ▪ Cass. 1re civ., 21 mars 2000 : *BJS* 2000, p. 659, note P. Le Cannu ; *D.* 2000, p. 475, note Y. Chartier ; *Defrénois* 2000, p. 849, note B. Saintourens. – À propos de la même affaire, il a été jugé que la pratique de répartition des bénéfices en fonction de l'activité déployée par chacun des associés, contraire aux prévisions statutaires, avait été ratifiée par les actes de dissolution et de liquidation établis entre les deux associés : ▪ Cass. 1re civ., 2 mars 2004 : *BJS* 2004, p. 715, note B. Saintourens ; *D.* 2004, p. 807, obs. A. Lienhard ; *JCP* E 2004, 1510, n° 6, obs. J.-J. Caussain, Fl. Deboissy et G. Wicker ; *Rev. sociétés* 2004, p. 692, note Y. Chartier.

Art. 15. – Les associés répondent indéfiniment *(Mots suppr., L. n° 2011-331, 28 mars 2011)* « ... » des dettes sociales à l'égard des tiers. Cette disposition ne fait pas obstacle à ce que deux époux soient associés dans une même société civile professionnelle.

Les créanciers de la société ne peuvent poursuivre le paiement des dettes sociales contre un associé qu'après avoir vainement mis en demeure la société et à la condition de la mettre en cause.

Les statuts peuvent stipuler que, dans les rapports entre associés, chacun de ceux-ci est tenu des dettes sociales dans la proportion qu'ils déterminent.

Voir : C. civ., art. 1857, p. 127.

1) **Responsabilité.** Les associés répondent indéfiniment et solidairement à l'égard des tiers des dettes sociales, à la date de leur exigibilité, de sorte que seuls les associés à la date à laquelle les paiements sont exigibles peuvent être recherchés par les créanciers : ▪ Cass. 1re civ., 26 nov. 1991 : *RJDA* 1992, p. 197.

2) Les créanciers d'une SCP dont la créance a été admise dans la **procédure collective** ouverte contre la société peuvent poursuivre les associés en paiement : ▪ CA Nîmes, 19 juin 2001 : *Dr. sociétés* 2002, n° 61, obs. F.-X. Lucas.

Art. 16. – Chaque associé répond sur l'ensemble de son patrimoine, des actes professionnels qu'il accomplit.

La société est solidairement responsable avec lui des conséquences dommageables de ces actes.

La société ou les associés doivent contracter une assurance de responsabilité civile professionnelle, dans les conditions prévues par le décret en Conseil d'État particulier à chaque profession.

1) **Application dans le temps.** Ce texte est inapplicable aux faits antérieurs à la publication du décret relatif à la profession intéressée : ▪ Cass. 1re civ., 3 déc. 1980 : *JCP* 1981, IV, 71.

2) **Défendeur.**

a) **Principe.** Chaque associé répondant, sur l'ensemble de son patrimoine, des actes professionnels qu'il accomplit et la société étant solidairement responsable avec lui des conséquences dommageables de ces actes, l'action en responsabilité peut indifféremment être dirigée contre la société ou l'associé concerné, ou encore contre les deux : ▪ Cass. 1re civ., 28 mars 2008, n° 07-12.196 : *BJS* 2008, p. 591, note B. Saintourens. ▪ Cass. 1re civ., 1er mars 2005 : *JurisData* n° 2005-027276 ; *BJS* 2005, p. 989, note J.-J. Daigre. ▪ Cass. 1re civ., 30 sept. 2010, n° 09-67.298, PBI : *D.* 2010, p. 2289, obs. A. Lienhard ; *Dr. sociétés* 2010, n° 223, obs. H. Hovasse ; *Rev. sociétés* 2011, p. 101, note J.-J. Daigre. ▪ Cass. 1re civ., 15 déc. 2011, n° 10-24.550, PBI : *Dr. sociétés* 2012, n° 22, obs. H. Hovasse ; *BJS* 2012, p. 226, note J.-F. Barbièri. ▪ Cass. 1re civ., 8 mars 2012, n° 11-14.811, PBI. – Même solution, mais ajoutant que peu importe le caractère volontaire et pénalement répréhensible des agissements de l'associé : ▪ Cass. 1re civ., 9 juin 2011, n° 10-15.933 : *BJS* 2011, p. 794, note B. Dondero.

b) **Applications.**

– Encourt la cassation l'arrêt qui rejette l'**action dirigée contre la SCP** au motif que la responsabilité personnelle de chaque associé demeure le principe et implique la mise en cause obligatoire et personnelle de l'associé auquel une faute professionnelle est reprochée : ▪ Cass. 1re civ., 1er mars 2005, préc.

– Encourt la cassation l'arrêt qui rejette l'**action dirigée contre l'associé** au motif que seule la responsabilité de la société peut être recherchée : ▪ Cass. 1e civ., 28 mars 2008, n° 07-12.196.

– La mise en œuvre de la **responsabilité de l'associé** *[notaire rédacteur d'acte]* n'entraîne pas l'obligation d'agir contre la société civile professionnelle : ▪ TGI Pontoise, 21 févr. 1979 : *Gaz. Pal.* 1981, 1, p. 43, note A. Solal. ▪ CA Paris, 30 mars 1999 : *BJS* 1999, p. 531, note J.-J. Daigre. – Encourt la cassation l'arrêt ayant jugé irrecevable l'action dirigée contre un notaire associé auquel était reproché un manquement à son obligation d'information et de conseil au motif que l'action devait être engagée contre la SCP : ▪ Cass. 1re civ., 23 nov. 2004 : *JurisData* n° 2004-025841.

3) La société *[en l'espèce, SCP de notaires ; D. n° 66-879, 2 oct. 1967, art. 47]* est **tenue solidairement** des conséquences dommageables de la faute professionnelle d'un associé même si, depuis les faits, sa composition a été modifiée : ▪ Cass. 3e civ., 24 avr. 2003 : *BJS* 2003, p. 833, note J.-J. Daigre ; *D.* 2003, p. 1295, obs. A. Lienhard ; *JCP E* 2004, 29, n° 10, obs. J.-J. Caussain, Fl. Deboissy et G. Wicker.

4) **Responsabilité de l'administrateur provisoire.** La faute des notaires déterminant une responsabilité du fait personnel, et la demande n'alléguant aucune faute spécifique de la SCP, la demande dirigée contre cette dernière à raison d'une faute commise par son administrateur provisoire est irrecevable : ▪ Cass. 3e civ., 14 sept. 2011, n° 09-70.603 : *BJS* 2011, p. 984, note G. Gil.

5) **Cession de parts.** La responsabilité professionnelle d'un associé de SCP demeurant indépendante de la qualité d'associé de ce dernier, il

en résulte que la cession de ses parts sociales est dépourvue d'effet sur sa responsabilité qui demeure, comme celle de la société, engagée au titre des conséquences dommageables des soins qu'il a prodigués dans le cadre de son exercice au sein de la société. Il en résulte que doit être cassé l'arrêt d'appel qui a jugé que les héritiers d'un associé décédé ne pouvaient plus être mis en cause en raison des fautes professionnelles génératrices de responsabilité commises par leur auteur, au motif que les parts reçues de ce dernier avaient été vendu à l'un des autres associés de la SCP : ▪ Cass. 1re civ., 11 juill. 2018, nos 17-17.441 et 17-19.581 : *JurisData* n° 2018-012369 ; *Dr. sociétés* 2018, comm. 164, n° 10, note H. Hovasse ; *Rev. sociétés* 2019, p. 52, note A. Reygrobellet ; *D.* 2018, p. 1549, obs. C. Mangematin ; *BJS* 2018, p. 575, note J.-F. Barbièri.

Art. 17. – Le décret en Conseil d'État particulier à chaque profession détermine les attributions et les pouvoirs de chaque associé et de la société pour l'exercice de la profession, et procède, le cas échéant, à l'adaptation des règles de déontologie et de discipline qui leur sont applicables.

Compétence respective du règlement et de la loi. Un texte réglementaire ne peut autoriser les associés d'une société civile professionnelle à décider de l'exclusion de l'un d'entre eux ; une telle matière relève du domaine de la loi, aux termes de l'article 34 de la Constitution, dans la mesure où elle met en jeu un principe fondamental relatif au régime des obligations civiles ; aucune disposition législative de cette nature n'existe dans notre droit des sociétés ; lorsque la mésentente entre associés paralyse le fonctionnement de la société, l'article 1844-7 du Code civil prévoit la dissolution judiciaire de celle-ci : Rép. min. : *JOAN* Q, 25 oct. 1979, p. 1915 ; *RTD com.* 1980, p. 96, n° 3.

Art. 18 *(Mod., L. n° 90-1258, 31 déc. 1990 ; L. n° 2015-990, 6 août 2015).* **– Un associé peut se retirer de la société, soit qu'il cède ses parts sociales, soit que la société lui rembourse la valeur de ses parts.**

L'officier public ou ministériel qui se retire d'une société en raison d'une mésentente entre associés peut solliciter sa nomination à un office créé à cet effet à la même résidence dans des conditions prévues par le décret particulier à chaque profession, à l'expiration d'un délai de cinq ans à compter de sa nomination en qualité d'officier public ou ministériel associé au sein de cette société.

Lors du retrait d'un associé, la société civile professionnelle est soumise aux modifications d'inscription et le cessionnaire des parts sociales à la procédure d'agrément, prévues par le décret *particulier à chaque profession*.

En ce qui concerne les offices publics et ministériels, le décret particulier à chaque profession détermine les conditions dans lesquelles devra être agréé par l'autorité de nomination le cessionnaire des parts sociales et approuvé le retrait de l'associé auquel est remboursée la valeur de ses parts.

Voir : C. civ., art. 1869, p. 138.

Bibliographie : A. Cathelineau, *Le retrait dans les sociétés civiles professionnelles* : *JCP* E 2001, p. 888.

1) Date de la perte des droits patrimoniaux de l'associé. La perte des droits patrimoniaux de l'associé retrayant *[SCP d'avocats]*, qui tiennent aussi bien à la valeur de ses parts qu'à la rémunération de son apport, ne saurait être préalable au remboursement de l'intégralité de ses droits sociaux, lesquels s'exercent aussi longtemps que l'associé retrayant en demeure nominalement titulaire, de sorte que l'associé ne saurait être privé de sa part dans les bénéfices tant qu'il n'a pas perçu la valeur intégrale de ses droits sociaux en capital et qu'aucun acte de cession de ses parts n'a été régularisé : ▪ Cass. 1re civ., 1er juill. 2010, n° 09-15.358 : *BJS* 2010, p. 878, note A. Lecourt.

2) Évaluation des parts sociales.

a) **Prise en compte de la clientèle et rémunération du capital.** L'associé d'une SCP de notaires qui exerce la faculté de retrait ouverte par l'article 18 a droit à l'ensemble des droits patrimoniaux détenus au jour du retrait et incluant sa quote-part de la valeur du droit de présentation de clientèle ; après avoir relevé que les prescriptions réglementaires propres au notariat ne contiennent aucune disposition particulière au paiement des parts sociales du notaire en cas de retrait au sens strict, mais assimilent seulement cette hypothèse au retrait avec cession de parts quant au moment où s'achève l'exercice professionnel de l'officier ministériel, la cour d'appel relève justement que ces prescriptions n'affectent en rien le remboursement des parts tout en préservant jusque-là la rémunération du capital : ▪ Cass. 1re civ., 18 juin 1996 : *Bull. civ.* I, n° 264 ; *JurisData* n° 1996-002553 ; *JCP* E 1997, II, 910, note J.-J. Daigre. – Voir aussi sous D. n° 67-868, 2 oct. 1967, art. 31, annot. n° 2, *[SCP de notaires]*, p. 3157.

b) Les associés pouvant, conformément à l'article 1869 du Code civil, décider en cas de retrait de l'attribution de biens à certains d'entre eux selon les règles posées à l'article 1844-9, alinéa 3 du Code civil, doit recevoir application la décision de l'assemblée générale d'une SCP d'avocats de procéder à un partage de clientèle, laquelle doit comprendre également les clients ayant manifesté auprès du cabinet leur intention de suivre les avocats retrayants à l'occasion de leur départ : ▪ Cass. 1re civ., 5 mars 2009, n° 08-12.575 : *BJS* 2009, p. 569, note J.-J. Daigre.

c) **Prise en compte dans l'évaluation de l'absence de coopération active du cédant.** Voir sous C. civ., art. 1843-4, annot. n° 11 *b)*, p. 64.

d) **Impossibilité pour le juge de se substituer à l'expert en cas d'erreur grossière.** Voir sous C. civ., art. 1843-4, annot. n° 15 *b)*, p. 65.

3) Mésentente entre associés. Le notaire qui entend se retirer d'une SCP en raison d'une mésentente entre associés, et solliciter sa nomination à un office créé à son intention, doit préalablement faire constater cette mésentente judiciairement : ▪ Cass. 1re civ., 13 avr. 1999 : *BJS* 1999, note J.-J. Daigre.

4) Nécessité de respecter les objectifs du retrait. Doit être cassé l'arrêt d'appel qui, considérant que la procédure du retrait procédait du fonctionnement même des sociétés civiles professionnelles, n'a pas recherché si la gérante l'ayant supervisée n'avait pas fait supporter à la SCP des frais qui, exposés uniquement en vue de la réinstallation des associés retrayants, sont en réalité étrangers aux nécessités de son fonctionnement : ▪ Cass. 1re civ., 20 déc. 2017, n° 16-17.990 : *Bull. Joly Sociétés* 2018, p. 162, note B. Brignon ; *Dr. sociétés* 2018, comm. 62, note H. Hovasse.

Art. 19 *(Mod., L. n° 72-1151, 23 déc. 1972 ; L. n° 90-1258, 31 déc. 1990 ; Ord. n° 2016-394, 31 mars 2016).* **– Les parts sociales peuvent être transmises ou cédées à des tiers avec le consentement des associés représentant au moins les trois quarts des voix. Toutefois, les statuts peuvent imposer l'exigence d'une majorité plus forte ou de l'unanimité des associés.**

La transmission ou le projet de cession est notifié à la société et à chacun des associés. Si la société n'a pas fait connaître sa décision dans le délai de deux mois, à compter de la dernière des notifications prévues au présent alinéa, le consentement est implicitement donné.

Si la société a refusé de donner son consentement, les associés sont tenus, dans le délai de six mois à compter de ce refus, d'acquérir ou de faire acquérir les parts sociales, à un prix représentant leur valeur déterminée en application des troisième et quatrième alinéas de l'article 10 ou, lorsque les statuts ne prévoient pas les modalités de détermination du prix, un prix fixé dans les conditions prévues par l'article 1843-4 du Code civil.

Le décret peut augmenter les délais prévus aux alinéas 2 et 3 du présent article.

Voir : C. civ., art. 1861 et s., p. 132.

Art. 20. – Sauf disposition contraire des statuts, les parts sociales sont librement cessibles entre associés.

Si les statuts contiennent une clause limitant la liberté de cession, les dispositions de l'article 19, alinéas 2 et 3, sont applicables à défaut de stipulations statutaires.

1) Garantie d'éviction due par le cédant. La réinstallation du cédant de parts sociales de SCP à une date antérieure à celle conventionnellement prévue et ses manœuvres pour capter la clientèle de la société quittée, et priver ainsi la cession de son objet, établissent la violation de la garantie d'éviction due par le cédant, au titre de son fait personnel, tant envers la personne morale qu'envers le nouvel associé : ▪ Cass. 1re civ., 24 janv. 2006, n° 03-12.736 : *JurisData* n° 2006-031788 ; *Dr. sociétés* juin 2006, n° 86, obs. F.-X. Lucas ; *JCP* E 2006, 1352 ; *Rev. sociétés* 2006, p. 561, note B. Lecourt.

2) Opposabilité de la cession. V. sous C. civ., art. 1865, annot. n° 2, p. 137.

Art. 21. – Lorsqu'un associé le demande, la société est tenue, soit de faire acquérir ses parts par d'autres associés ou des tiers, soit de les acquérir elle-même, dans les conditions déterminées par le « décret en Conseil d'État » particulier à chaque profession. Dans le second cas, la société est tenue de réduire son capital du montant de la valeur nominale de ces parts.

Art. 22 *(Abr., L. n° 90-1258, 31 déc. 1990).*

CHAPITRE IV. – DISPOSITIONS DIVERSES

Art. 23. – Sauf dispositions contraires du décret en Conseil d'État particulier à chaque profession, les statuts fixent librement la durée de la société.

Voir : Limite de 99 ans, C. civ., art. 1838, p. 40. – **Prorogation,** C. civ., art. 1844-6, p. 93.

Art. 24 *(Mod., L. n° 72-1151, 23 déc. 1972)*. – **Sauf dispositions contraires du décret en Conseil d'État particulier à chaque profession ou, à défaut, des statuts, la société civile professionnelle n'est pas dissoute par le décès, l'incapacité ou le retrait de la société d'un associé pour toute autre cause. Elle n'est pas non plus dissoute lorsqu'un des associés est frappé de l'interdiction définitive d'exercer sa profession.**

En cas de décès, les ayants droit de l'associé décédé n'acquièrent pas la qualité d'associé. Toutefois, ils ont la faculté, dans le délai fixé par le décret en Conseil d'État, de céder les parts sociales de l'associé décédé, dans les conditions prévues aux articles 19 et 22 ; en outre, si un ou plusieurs d'entre eux remplissent les conditions exigées par l'article 3, ils peuvent demander le consentement de la société dans les conditions prévues à l'article 19. Si le consentement est donné, les parts sociales de l'associé décédé peuvent faire l'objet d'une attribution préférentielle au profit de l'ayant droit agréé, à charge de soulte s'il y a lieu. En cas de refus, le délai ci-dessus est prolongé du temps écoulé entre la demande de consentement et le refus de celui-ci. Si aucune cession ni aucun consentement n'est intervenu à l'expiration du délai, la société ou les associés remboursent la valeur des parts sociales aux ayants droit dans les conditions prévues à l'article 21.

L'associé frappé d'une interdiction définitive d'exercer la profession perd, au jour de cette interdiction, la qualité d'associé. Les dispositions de l'alinéa précédent sont applicables, à l'exception de celles concernant les ayants droit de l'intéressé.

Pendant le délai prévu à l'alinéa 2 ci-dessus, l'associé, ses héritiers ou ayants droit, selon les cas, ne peuvent exercer aucun droit dans la société. Toutefois, et à moins qu'ils n'en soient déchus, ils conservent vocation à la répartition des bénéfices, dans les conditions prévues par les statuts.

1) **Remboursement de la valeur de la clientèle.** Une SCP de médecins n'ayant pas manifesté l'intention d'acquérir les parts sociales de l'associé décédé, et étant, conformément aux stipulations de ses statuts, débitrice de plein droit de la valeur des droits sociaux du défunt, la valeur des parts est représentée par le droit de présentation de la clientèle, laquelle, étant commune à la SCP, s'apprécie globalement et indépendamment de la personnalité du cessionnaire ou du défunt, peu important donc que l'associé décédé ait été le seul médecin de sa spécialité au sein de la SCP : ▪ Cass. 1re civ., 22 mai 2008, n° 07-12.762 : *BJS* 2008, p. 758, note J.-J. Daigre.

2) **Régime matrimonial.** La valeur des parts d'une société civile professionnelle acquises par le mari durant le mariage tombe dans la communauté : ▪ Cass. 1re civ., 8 janv. 1980 : *D.* 1980, inf. rap. p. 397, note D. Martin.

3) **Répartition des bénéfices.** Doit être cassé l'arrêt rendu par une cour d'appel ayant reconnu aux ayants droits d'un associé de SCP décédé une part des bénéfices de cette dernière, au motif que la cour s'est prononcée sans constater qu'une décision de distribution de dividendes aux associés avait été régulièrement prise au titre des exercices visés par les demandeurs : ▪ Cass. 1re civ., 10 sept. 2015, n° 14-15.572 : *JurisData* n° 2015-020061 ; *Dr. sociétés* 2015, comm. 194, note H. Hovasse. – Ne porte pas atteinte au droit de propriété des autres associés la vocation aux bénéfices des héritiers d'un associé d'une SCP jusqu'à la cession ou au rachat des parts de leur auteur, dès lors, que, dans une telle société, chaque associé a droit à la part de bénéfices correspondant à ses apports dans la société, indépendamment des résultats de l'activité de chacun, sauf disposition contraire des statuts, de sorte que les héritiers de l'associé décédé conservent vocation à la répartition des bénéfices correspondant aux parts sociales de leur auteur jusqu'à la cession ou au rachat de celles-ci : ▪ Cass. 1re civ., 9 déc. 2015, n° 15-18.771 : *JurisData* n° 2015-027506 ; *Dr. sociétés* 2016, comm. 44, note H. Hovasse.

Art. 25. – **Le décret en Conseil d'État particulier à chaque profession détermine les effets de l'interdiction temporaire d'exercer la profession dont un associé ou la société serait frappé.**

Art. 26 *(Mod., L. n° 72-1151, 23 déc. 1972 ; L. n° 90-1258, 31 déc. 1990)*. – **La dissolution ou la prorogation de la société est décidée par les associés, statuant à la majorité qui sera déterminée par le décret en Conseil d'État particulier à la profession.**

Lorsque la société constituée entre associés exerçant des professions différentes ne comprend plus, au moins, un associé exerçant chacune des professions considérées, les associés peuvent, dans le délai d'un an, régulariser la situation ou décider la modification de l'objet social. À défaut, la société est dissoute dans les conditions fixées par décret en Conseil d'État.

En cas de dissolution d'une société civile professionnelle titulaire d'un office public ou ministériel, sous réserve des dispositions de l'article 3 de l'ordonnance du 10 septembre 1817, les associés peuvent solliciter leur

nomination à des offices créés à cet effet, à la même résidence, dans les conditions prévues par le décret particulier à chaque profession. L'associé qui a fait apport d'un droit de présentation à la société ne peut toutefois bénéficier de cette faculté lorsque ce droit est exercé en sa faveur.

Voir : Comp. **Réunion de toutes les parts sociales en une seule main,** C. civ., art. 1844-5, p. 89. - **Causes de dissolution,** C. civ., art. 1844-7, p. 94

Dissolution d'une SCP pour mésentente, C. civ., art. 1844-7, annot. n° 14, p. 96.

Art. 27 ***(Mod., Ord. n° 2016-394, 31 mars 2016).*** **– Par dérogation aux dispositions de l'article 1836 et du quatrième alinéa de l'article 1844-4 du Code civil, un décret en Conseil d'État peut, pour chaque profession, fixer la majorité qui, à défaut de clause contraire des statuts, sera requise pour transformer une société civile professionnelle en une société pluriprofessionnelle d'exercice régie par le titre IV *bis* de la loi n° 90-1258 du 31 décembre 1990 relative à l'exercice sous forme de sociétés des professions libérales soumises à un statut législatif ou réglementaire ou dont le titre est protégé et aux sociétés de participations financières de professions libérales ou pour participer, par voie de fusion, à la constitution d'une telle société, existante ou nouvelle.**

Lorsqu'un associé a exprimé son refus d'approuver une des opérations mentionnées à l'alinéa précédent, la société est tenue soit de faire acquérir ses parts par d'autres associés ou des tiers, soit de les acquérir elle-même à l'issue d'un délai de six mois à compter de la date d'expression du refus. Dans le second cas, la société est tenue de réduire son capital du montant de la valeur nominale de ces parts. Dans les deux cas, la valeur des parts est déterminée dans les conditions prévues à l'article 19.

Art. 28 ***(Abr., L. n° 90-1258, 31 déc. 1990).***

Art. 29. – L'appellation « société civile professionnelle » ne peut être utilisée que par les sociétés soumises aux dispositions de la présente loi.

L'emploi illicite de cette appellation ou de toute expression de nature à prêter à confusion avec celle-ci est puni d'un emprisonnement d'un an et d'une amende de 6 000 €, ou de l'une de ces deux peines seulement.

Le tribunal pourra, en outre, ordonner la publication du jugement, aux frais du condamné, dans trois journaux au maximum et son affichage dans les conditions prévues à l'article 50-1 du Code pénal *[C. pén., art. 131-35]*.

Art. 30 ***(Mod., D. n° 78-704, 3 juill. 1978).*** **– Les chapitres I et II du titre IX du livre III du Code civil sont applicables aux sociétés civiles professionnelles, dans leurs dispositions qui ne sont pas contraires à celles de la présente loi.**

Remarque : les chapitres visés sont constitués des articles 1832 à 1844-17 et 1845 à 1870-1.

Art. 31. – La présente loi ne déroge ni aux dispositions des articles 6, 7, 10, 11 et 15 de l'ordonnance n° 45-2138 du 19 septembre 1945 portant institution de l'ordre des experts comptables et des comptables agréés et réglementant les titres et les professions d'expert-comptable et de comptable agréé, ni à celles de l'article 75 du Code de commerce.

Art. 32. – *(V. L. 28 avr. 1816).*

Art. 33. – Les dispositions de l'article 78 de la loi n° 48-1360 du 1er septembre 1948 ne sont pas applicables aux sous-locations et aux cessions de bail faites au profit d'une société civile professionnelle.

Les dispositions du présent article sont applicables aux baux en cours.

Art. 34. – *(V. L. n° 48-1360, 1er sept. 1948).*

Art. 35. – I. – Les associés des sociétés civiles professionnelles constituées et fonctionnant conformément aux dispositions de la présente loi sont personnellement soumis à l'impôt sur le revenu des personnes physiques pour la part des bénéfices sociaux qui leur est attribuée même lorsque ces sociétés ont adopté le statut de coopérative.

II. – Pour l'application de l'article 93-1 et 3 du Code général des impôts, la transmission à titre onéreux ou à titre gratuit ou le rachat des parts d'un associé est considéré comme portant sur la quote-part des éléments de l'actif social qui correspond aux droits sociaux faisant l'objet de la transmission ou du rachat.

III. – L'imposition de la plus-value constatée lors de l'apport par un associé de la clientèle ou des éléments d'actif affectés à l'exercice de sa profession à une société civile professionnelle est reportée au moment où s'opérera la transmission ou le rachat des droits sociaux de cet associé.

L'application de cette disposition est subordonnée à la condition que l'apport soit réalisé dans le délai de cinq ans à compter de la publication du décret en Conseil d'État propre à la profession considérée.

CHAPITRE V. – SOCIÉTÉS CIVILES DE MOYENS

Art. 36 *(Mod., L. n° 72-1151, 23 déc. 1972)*. **– Nonobstant toutes dispositions législatives ou réglementaires contraires, les personnes physiques ou morales exerçant des professions libérales et notamment les officiers publics et ministériels, peuvent constituer entre elles des sociétés civiles ayant pour objet exclusif de faciliter à chacun de leurs membres l'exercice de son activité.**

À cet effet, les associés mettent en commun les moyens utiles à l'exercice de leurs professions, sans que la société puisse elle-même exercer celle-ci.

Bibliographie : Y. Cheminade, *La société civile de moyens : JCP* CI 1971, 10216. • A. Couret, *Groupements de moyens et pactes léonins : BJS* 1992, p. 1057. • A. Scherrer, *Une forme ambiguë de société en profession libérale : la société civile de moyens : Journ. not.* 1979, 1197.

1) Validité. La validité de sociétés civiles de moyens interprofessionnelles pourrait être contestée si elles dissimulaient de véritables sociétés d'exercice : Rép. min. : *JOAN Q*, 18 janv. 1975, p. 186 ; *BJS* 1975, p. 38.

2) Sur **l'indépendance des associés** et leur liberté de recruter du personnel salarié à condition que cela n'emporte aucun trouble pour leurs coassociés : ▪ CA Versailles, 5 déc. 1980 : *D.* 1982, inf. rap. p. 274, note J. Penneau.

3) Opposition à une action en justice. L'opposition d'un cogérant à l'action en justice intentée par sa société civile de moyens n'est efficace que si elle se manifeste avant la délivrance de l'assignation : ▪ Cass. 1re civ., 23 juin 1992 : *RTD com.* 1993, p. 334.

4) Dissolution pour mésentente. Doit être dissoute pour mésentente la société civile de moyens constituée entre deux kinésithérapeutes dès lors que l'épouse de l'un d'entre eux, simple assistante, se comporte comme une véritable associée de fait, profitant des avantages de la société, et que les associés refusent de revoir le mécanisme de contribution aux charges de la société : ▪ CA Agen, 31 janv. 1989 : *RTD com.* 1990, p. 218, n° 6, obs. E. Alfandari et M. Jeantin. – La dissolution peut être prononcée en cas de mésentente exacerbée née à la suite de la désorganisation de l'activité commune résultant de la maladie d'un coassocié : ▪ CA Montpellier, 1er avr. 2003 : *Dr. sociétés* déc. 2003, n° 209, obs. F.-X. Lucas. – Doit être rejetée la qualification de **société créée de fait** opposée à un associé agissant en dissolution pour mésentente d'une société civile de moyens : ▪ Cass. com., 23 oct. 2001 : *BJS* 2002, p. 138, note P. Scholer.

5) Maintien de l'objet social. Dès lors qu'il est constaté que la société civile de moyens a pour objet statutaire de faciliter l'exercice de la profession de ses membres par la mise en commun de tous les moyens matériels nécessaires, il en résulte que la cessation d'activité de l'un des deux associés n'a pas pour conséquence l'extinction de son objet et n'implique pas sa dissolution : ▪ Cass. com., 15 mars 2009, n° 08-15.267 : *BJS* 2010, p. 53, note S. Prévost ; *Dr. sociétés* 2009, n° 200, obs. R. Mortier ; *Rev. sociétés* 2010, p. 106, note I. Urbain-Parléani, cassant : ▪ CA Toulouse, 27 févr. 2008 : *JurisData* n° 2008-363464 ; *Dr. sociétés* 2008, n° 223, obs. R. Mortier, qui avait retenu que le départ à la retraite d'un médecin coassocié emporte extinction de plein droit de l'objet social.

6) Exclusivité. L'interdiction faite par les statuts d'une société civile de moyens à un associé d'exercer en dehors de la société n'est pas illicite ; aussi, un médecin, en exerçant dans un cabinet extérieur, a commis une infraction grave de nature à justifier son exclusion, indépendamment même de la clause des statuts prévoyant cette sanction : ▪ Cass. 1re civ., 4 janv. 1995 : *D.* 1995, inf. rap. p. 28.

7) Clause de non-réinstallation. Ne peut être utilement invoquée la clause de non-réinstallation stipulée dans le règlement intérieur d'une société civile de moyens dans la mesure où cette clause est incompatible avec l'objet statutaire de cette société : ▪ Cass. com., 1er mars 2011, n° 10-13.795, PB : *BJS* 2011, p. 492, note L. Godon ; *D.* 2011, p. 745, note A. Lienhard ; *Dr. sociétés* 2011, n° 88, obs. H. Hovasse ; *JCP* E 2011, 1477, note R. Vabres.

8) Modification de la redevance pour la couverture des frais de fonctionnement. Les juges ne peuvent retenir l'exigibilité d'une redevance fixée par les statuts pour la couverture des frais de fonctionnement d'une société civile de moyens, dès lors que cette redevance résulte d'une modification statutaire intervenue postérieurement à l'adhésion à la société, sans vérifier s'il n'en résulte pas une augmentation de l'engagement de l'associé : ▪ Cass. com., 27 oct. 2009, n° 08-21.123 : *BJS* 2010, p. 474 ; *Rev. sociétés* 2010, p. 171, note C. Tabourot-Hyest.

9) Absence d'influence de la cession de parts de SCM sur une convention d'exercice en commun. N'entraîne pas caducité d'une convention d'exercice en commun la cession des parts d'une SCM, dès lors qu'il n'existe pas d'indivisibilité entre l'appartenance à la SCM et la convention d'exercice en commun : ▪ Cass. 1re civ., 4 févr. 2015, n° 13-26.452, FS-P+B : *JurisData* n° 2015-001666 ; *Dr. sociétés* avr. 2015, comm. 66, note H. Hovasse.

10) Retrait. Ne peut déterminer unilatéralement les modalités de son retrait et reste tenu au paiement des charges dues jusqu'à la date de la perte de sa qualité d'associé l'associé retrayant de SCM : ▪ Cass. com., 31 mars 2015, n° 13-23.238 : *BJS* 2015, p. 290, note J.-F. Barbièri. – Peut être assortie de conditions la décision de l'assemblée générale d'une société civile de moyens autorisant le retrait d'un associé. Dès lors que ces conditions, dont la réalisation marque la date du retrait, sont de nature financières, il suffit qu'elles soient déterminables : ▪ Cass. com., 14 avr. 2015, n° 14-11.605 : *JurisData* n° 2015-008413 ; *Dr. sociétés* juin 2015, comm. 106.

CHAPITRE VI. – DISPOSITION COMMUNE

Art. 37. – Les sociétés régies par la présente loi peuvent adopter le statut de société coopérative. En ce cas, les dispositions de cette loi ne leur sont applicables que dans la mesure où elles ne sont pas contraires à celles de la loi n° 47-1775 du 10 septembre 1947 portant statut de la coopération.

Toutefois, en cas de dissolution d'une société ayant adopté le statut de coopérative et nonobstant l'article 19 de la loi précitée du 10 septembre 1947, l'actif net de la société subsistant après extinction du passif et remboursement du capital versé peut être réparti entre les associés dans les conditions fixées par le décret en Conseil d'État particulier à chaque profession.

Art. 38 *(L. n° 72-1151, 23 déc. 1972 ; mod., L. n° 93-1, 4 janv. 1993).* **– La présente loi est applicable, à l'exception des articles 31 à 35, en Nouvelle-Calédonie, dans les territoires de la Polynésie française, de Wallis-et-Futuna et des Terres australes et antarctiques françaises ainsi que dans la collectivité territoriale de Mayotte.**

8.1.2. – SOCIÉTÉS D'EXERCICE LIBÉRAL ET SOCIÉTÉS DE PARTICIPATIONS FINANCIÈRES DE PROFESSIONS LIBÉRALES

Loi n° 90-1258 du 31 décembre 1990

relative à l'exercice sous forme de sociétés des professions libérales soumis
à un statut législatif ou réglementaire ou dont le titre est protégé
et aux sociétés de participations financières de professions libérales

(JO 5 janv.)

(Mod., L. n° 2004-130, 11 févr. 2004)

Bibliographie : B. Brignon, *Les sociétés des professions libérales (articles 67 et 68). – L. n° 2015-990, 6 août 2015, Titre Ier : Libérer l'activité – Chapitre IV : Dispositions relatives au capital des sociétés : Journal officiel du 7 août 2015 : JCP* E 2015, 1408. • C. Carely, *Loi Macron : faut-il libéraliser les sociétés d'exercice des professions réglementées : JCP* G 2015, act. 517 ; *De fausses opportunités pour de vrais risques : JCP* N 2015, 1139. • J.-P. Chiffaut-Molliard, *La confrontation du pouvoir et de l'indépendance dans les SELAS : JCP* E 2005, 819 ; *Formule concernant l'apport en industrie dans une SELARL : Dr. sociétés* janv. 2005, p. 44. • Cl. Champaud, *Observations sur les sociétés d'exercice libéral : RTD com.* 1991, p. 52. • J.-J. Daigre, *Les sociétés d'exercice libéral : BJS* 1991, p. 243 ; *Les sociétés en participation de professions libérales réglementées et la réforme des sociétés civiles professionnelles : BJS* 1991, p. 369 ; *Le point sur les sociétés d'exercice libéral : BJS* 1993, p. 825 ; *Du nouveau en matière de société d'exercice libéral : BJS* 1994, p. 361 ; *Des difficultés d'application des procédures collectives aux sociétés d'exercice libéral : JCP* E 1994, I, 370 ; *« Objet passe forme » : de la nature civile des SEL : JCP* E 1998, p. 213 ; *La SELARL unipersonnelle : légalité, intérêts et inconvénients : BJS* 2000, p. 255 ; *Modernisation du régime des sociétés de professions libérales (L. 28 mars 2011) : Rev. sociétés* 2011, p. 543. • D. Gallois-Cochet, *SEL et SPFPL (Réforme législative : loi Macron) : Dr. sociétés* 2015, comm. 167. • R. Gouyet, *Le choix d'une société d'exercice libéral comme mode d'exercice libéral : LPA* 12 avr. 2000, p. 4. • M. Jeantin, *Commentaire de la loi du*

31 décembre 1990 relative aux sociétés d'exercice libéral : JCP 1991, I, 3504 ; *JCP* E 1991, 51. • M. Lascombe, *L'exercice en société des professions libérales et les ordres professionnels : Dr. sociétés* mai 1997, chron. 7. • F. Maury, *L'exercice sous la forme d'une société d'une profession libérale réglementée*, PU Aix-Marseille, 2001 ; *Loi NRE et MURCEF, l'influence réciproque du droit des sociétés et du statut de la profession libérale. À propos des SELAS et des SPFPL : JCP* N 2002, p. 1042. • S. Nonorgue, *Le desserrement des entraves à la constitution de groupes au sein des professions juridiques (SEL-SPFPL) : JCP* E 2012, 1359 ; *La constitution des SEL et SPFPL de professions juridiques et judiciaires. – Du desserrement à la libération des entraves : JCP* E 2015, 1521. • G. Parleani, *Les SPFPL de 2011 : fausses holdings, et vraies têtes de réseaux pour les professions libérales : Rev. sociétés* 2012, p. 407. • D. Poracchia, *La société d'exercice libéral par actions simplifiée : Dr. et patrimoine* nov. 2001, p. 84. • M. Roussille, Modifications de certains éléments du régime des SEL : *Dr. sociétés* 2011, n° 111 ; *Ouverture des sociétés commerciales aux professions juridiques : les SEL concurrencées ? : Dr. sociétés* 2015, comm. 168. • B. Saintourens, *Les sociétés d'exercice libéral : Rev. sociétés* 1991, p. 707. • B. Soinne, *Brèves réflexions sur les sociétés d'exercice libéral : Rev. proc. coll.* 1994, p. 1. • D. Velardocchio, *Les sociétés d'exercice libéral : Dr. et patrimoine* 2003, p. 84. • D. Vidal, *Les incidences de la loi « Macron » sur le régime des sociétés professionnelles et interprofessionnelles : principes d'une mutation libérale : Lexbase Hebdo* éd. aff. n° 434, 3 sept. 2015. • *Adde* G. Durand-Lejeune, *JCl. Sociétés traité*, Fasc. 192-10 *(Sociétés d'exercice libéral – Régime général)*. • M. Harichaux, *JCl. Sociétés traité*, Fasc. 192-2 *(Sociétés en participation de professions libérales)*. • A. Bougnoux, *JCl. Sociétés traité*, Fasc. 192-20 *(Sociétés en participation de professions libérales)*. • B. Brignon, *Les sociétés d'exercice libéral*, Lexisnexis, 2016.

TITRE PREMIER. – EXERCICE SOUS FORME DE SOCIÉTÉS D'EXERCICE LIBÉRAL DES PROFESSIONS LIBÉRALES SOUMISES À UN STATUT LÉGISLATIF OU RÉGLEMENTAIRE OU DONT LE TITRE EST PROTÉGÉ

Art. 1er *(Mod., L. n° 99-515, 23 juin 1999 ; L. n° 2001-420, 15 mai 2001 ; Ord. n° 2016-394, 31 mars 2016)*. **– Il peut être constitué, pour l'exercice d'une profession libérale soumise à un statut législatif ou réglementaire ou dont le titre est protégé, des sociétés à responsabilité limitée, des sociétés anonymes, des sociétés par actions simplifiées ou des sociétés en commandite par actions régies par les dispositions du livre II du Code de commerce, sous réserve des dispositions du titre Ier de la présente loi.**

Ces sociétés peuvent également, dans des conditions fixées par décret en Conseil d'État, avoir pour objet l'exercice en commun de plusieurs des professions libérales définies au premier alinéa.

Les sociétés constituées pour l'exercice en commun des professions d'avocat, d'avocat au Conseil d'État et à la Cour de cassation, de commissaire-priseur judiciaire, d'huissier de justice, de notaire, d'administrateur judiciaire, de mandataire judiciaire, de conseil en propriété industrielle et d'expert-comptable sont régies par les dispositions du titre IV *bis*.

Rédaction future. Les sociétés constituées pour l'exercice en commun des professions d'avocat, d'avocat au Conseil d'État et à la Cour de cassation, de *(Mots rempl. à compter du 1er juillet 2022, Ord. n° 2016-728, 2 juin 2016)* « commissaire » de justice, de notaire, d'administrateur judiciaire, de mandataire judiciaire, de conseil en propriété industrielle et d'expert-comptable sont régies par les dispositions du titre IV *bis*.

Elles ne peuvent accomplir les actes d'une profession déterminée que par l'intermédiaire d'un de leurs membres ayant qualité pour exercer cette profession.

1) Domaine des SEL.

a) **Exclusion des sociétés interprofessionnelles.** Le décret d'application visé à l'alinéa 3 n'ayant jamais été publié, il n'est pas possible de constituer une SEL interprofessionnelle : Rép. min. : *JOAN* Q, 15 avr. 1996, p. 2077 ; *JO Sénat* Q, 24 févr. 2000, p. 697.

b) **Exclusion de l'activité d'agent commercial.** Le statut de SEL n'étant ouvert qu'aux professions dont l'exercice nécessite un agrément par les autorités compétentes ou une inscription sur une liste ou un tableau de l'ordre professionnel, il ne peut être constitué une SELARL pour l'exercice de la profession d'agent commercial qui ne nécessite aucune de ces conditions, l'inscription sur le registre des agents commerciaux n'étant pas obligatoire : ▪ CA Rouen, 13 mars 2008 : *JurisData* n° 2008-359745 ; *Dr. sociétés* 2009, n° 10, obs. D. Gallois-Cochet.

2) Comptes sociaux. Les SEL sont soumises aux dispositions de droit commun du Code de commerce pour ce qui est de leurs comptes sociaux, aucune disposition particulière de la loi de 1990 ne régissant cette question : Rép. min. : *JOAN* Q, 12 févr. 2001, p. 955 ; *BJS* 2001, p. 309.

3) Apport d'un droit de présentation de clientèle. La commission des études juridiques de la Compagnie nationale des commissaires aux comptes rappelle que les SEL ne constituent pas une nouvelle forme juridique de société et sont, de ce fait, soumises à toutes les dispositions du Code de commerce auxquelles il n'est pas expressément dérogé par la loi du 31 décembre 1990. Cette loi n'ayant pas prévu de prescriptions particulières quant à l'évaluation des apports, l'apport d'un droit de présentation de clientèle à une SEL doit être soumis au contrôle d'un **commissaire aux apports** suivant les règles applicables aux SA ou aux SARL selon le cas : *Bull. CNCC* 2002, n° 124, p. 678 ; *JCP* E 2002, n° 143, p. 1021.

4) **Impossibilité pour une SEL d'être associée d'une SNC.** V. sous C. com., art. L. 221-1, annot. n° 1, p. 171.

5) Une SELAFA ne peut, en raison de la nature civile de son activité, être inscrite sur les **listes électorales d'une chambre de commerce et d'industrie** : ▪ Cass. 2e civ., 10 nov. 1998 : *BJS* 1999, p. 450, note J.-J. Daigre.

6) **Compétence juridictionnelle.** V. C. com., art. L. 721-5, p. 1955.

7) **Fusion des sociétés d'exercice libéral.** En l'absence de dérogations prévues par la loi du 31 décembre 1990 et de ses décrets d'application, les dispositions du Code de commerce et celles du décret du 23 mars 1967, relatives aux fusions s'appliquent aux SEL : Rép. min. n° 78350 : *JOAN Q*, 7 nov. 2006, p. 11631.

8) **Affiliation à un régime de sécurité sociale.**
a) **Gérant majoritaire de SELARL.** Voir sous CSS, art. L. 311-3, annot. n° 1, p. 1931.
b) **Associés de SEL.** Voir CSS, art. L. 131-6.

9) **Application des règles d'ordre public des SARL aux SELARL.** V. sous C. com., art. L. 223-28, annot. n° 5, p. 223.

Art. 2 ***(Mod., L. n° 2011-331, 28 mars 2011).*** **– La dénomination sociale de la société doit être, immédiatement, précédée ou suivie, selon le cas, soit de la mention « société d'exercice libéral à responsabilité limitée » ou des initiales « S.E.L.A.R.L. », soit de la mention « société d'exercice libéral à forme anonyme » ou des initiales « S.E.L.A.F.A. », soit de la mention « société d'exercice libéral par actions simplifiée » ou des initiales « S.E.L.A.S. », soit de la mention « société d'exercice libéral en commandite par actions » ou des initiales « S.E.L.C.A. » ainsi que de l'indication de la profession exercée et de son capital social.**

Le nom d'un ou plusieurs associés exerçant leur profession au sein de la société peut être inclus dans sa dénomination sociale.

La société peut faire suivre ou précéder sa dénomination sociale du nom et du sigle de l'association, du groupement ou réseau professionnel, national ou international, dont elle est membre, sans préjudice des dispositions de l'article 27 de la loi n° 90-1259 du 31 décembre 1990 portant réforme de certaines professions judiciaires et juridiques.

Art. 3 ***(Mod., L. n° 2015-990, 6 août 2015).*** **– La société ne peut exercer la ou les professions constituant son objet social qu'après son agrément par l'autorité ou les autorités compétentes ou son inscription sur la liste ou les listes ou au tableau de l'ordre ou des ordres professionnels.**

En ce qui concerne les offices publics ou ministériels, la société doit être agréée ou titularisée dans l'office selon des conditions fixées par décret en Conseil d'État.

L'immatriculation de la société ne peut intervenir qu'après l'agrément de celle-ci par l'autorité compétente ou son inscription sur la liste ou au tableau de l'ordre professionnel.

Une fois par an, la société adresse à l'ordre professionnel dont elle relève un état de la composition de son capital social.

Inscription à un ordre professionnel. Le législateur ayant entendu rendre applicables aux sociétés constituées pour l'exercice d'une ou plusieurs professions libérales réglementées les formalités préalables exigées des personnes candidates à l'exercice individuel de ces mêmes professions, dont l'inscription à un ordre professionnel, une SELARL de directeurs de laboratoire d'analyse de biologie médicale doit être inscrite à tous les ordres dont relèvent ses directeurs et directeurs adjoints : ▪ CE, 5e et 4e ss-sect., 29 oct. 2007, n° 284036 : *JCP* E 2007, 2437.

Art. 4 ***(Abr., L. n° 2016-563, 10 mai 2016).***

Art. 5 ***(Mod., L. n° 2011-331, 28 mars 2011 ; L. n° 2015-990, 6 août 2015).*** **– I. – Sous réserve de l'article 6 :**

A. – Plus de la moitié du capital social et des droits de vote doit être détenue, directement ou par l'intermédiaire des sociétés mentionnées au 4° du B du présent I, par des professionnels en exercice au sein de la société ;

B. – Le complément peut être détenu par :

1° Des personnes physiques ou morales exerçant la ou les professions constituant l'objet social de la société ;

2° Pendant un délai de dix ans, des personnes physiques qui, ayant cessé toute activité professionnelle, ont exercé cette ou ces professions au sein de la société ;

3° Les ayants droit des personnes physiques mentionnées ci-dessus pendant un délai de cinq ans suivant leur décès ;

4° Une société constituée dans les conditions prévues à l'article 220 *quater* A du Code général des impôts, si les membres de cette société exercent leur profession au sein de la société d'exercice libéral, ou une société de participations financières de professions libérales régie par le titre IV de la présente loi ;

5° Des personnes exerçant soit l'une quelconque des professions libérales de santé, soit l'une quelconque des professions libérales juridiques ou judiciaires, soit l'une quelconque des autres professions libérales, visées au premier alinéa de l'article 1er, selon que l'exercice de l'une de ces professions constitue l'objet social ;

6° Toute personne physique ou morale légalement établie dans un autre État membre de l'Union européenne ou partie à l'accord sur l'Espace économique européen ou dans la Confédération suisse qui exerce, dans l'un de ces États, une activité soumise à un statut législatif ou réglementaire ou subordonnée à la possession d'une qualification nationale ou internationale reconnue et dont l'exercice constitue l'objet social de la société et, s'il s'agit d'une personne morale, qui répond, directement ou indirectement par l'intermédiaire d'une autre personne morale, aux exigences de détention du capital et des droits de vote prévues par la présente loi ;

C. – Pour les professions de santé, le nombre de sociétés constituées pour l'exercice d'une même profession, dans lesquelles une même personne physique ou morale figurant parmi celles mentionnées aux 1° et 5° du B est autorisée à détenir des participations, peut être limité pour une profession par décret en Conseil d'État.

II. – Dans l'hypothèse où l'une des conditions visées au présent article viendrait à ne plus être remplie, la société dispose d'un délai d'un an pour se mettre en conformité avec les dispositions de la présente loi. À défaut, tout intéressé peut demander en justice la dissolution de la société. Le tribunal peut accorder à la société un délai maximal de six mois pour régulariser la situation. La dissolution ne peut être prononcée si, au jour où il est statué sur le fond, cette régularisation a eu lieu.

III. – Lorsque, à l'expiration du délai de cinq ans prévu au 3° du B du I, les ayants droit des associés ou anciens associés n'ont pas cédé les parts ou actions qu'ils détiennent, la société peut, nonobstant leur opposition, décider de réduire son capital du montant de la valeur nominale de leurs parts ou actions et de les racheter à un prix fixé dans les conditions prévues à l'article 1843-4 du Code civil.

Bibliographie : D. Bert, *L'apport de la « LME » au régime juridique des sociétés d'exercice libéral : D.* 2008, p. 3094.

1) **Rachat des titres de l'associé cessant d'exercer une activité professionnelle.** Lorsqu'une clause des statuts de la société *[SELARL]* prévoit que la cessation d'activité d'un associé emporte de plein droit la perte de la qualité d'associé, les parties peuvent convenir à l'unanimité au cours d'une assemblée d'interpréter cette clause comme ne faisant pas perdre à l'associé retrayant cette qualité tant que ses parts sociales ne sont pas rachetées, ce qui lui donne droit aux bénéfices réalisés durant cette période : ▪ CA Nîmes, 27 mai 2004 : *Dr. sociétés* juill. 2005, n° 131, obs. F.-X. Lucas.

2) V. pour l'application de ce texte, Rép. min. n° 110575 : *JOAN Q*, 7 juin 2011, p. 9897.

3) **Exclusion.** Ne peut obtenir indemnisation de son préjudice que de la part de la société d'exercice libéral, au titre de sa perte de revenus l'associé exclu sur le fondement d'une décision irrégulière. Il ne peut pas davantage obtenir la condamnation solidaire de ses coassociés, dès lors que la décision sociale a été prise en assemblée générale extraordinaire et qu'il ne rapporte pas la preuve de l'existence de fautes personnelles commises par ceux-ci : ▪ Cass. com., 3 mars 2015, n° 13-24.740 : *JurisData* n° 2015-009963 ; *Dr. sociétés* juin 2015, comm. 110, note M. Roussille.

4) **Ayants droits.** Pour l'affirmation de la recevabilité d'une action en nullité des délibérations d'assemblée générale d'une SEL intentée par des associés héritiers non professionnels, lesquels n'avaient pas été régulièrement convoqués malgré le caractère indiscutable de leur droit de participer à l'assemblée, V. ▪ CA Colmar, 5 févr. 2014, n° 13/00222 : *JurisData* n° 2014-001775 ; *Dr. sociétés* mai 2014, comm. 86, somm.

5) **Cessation d'activité.** Doit être cassé l'arrêt d'appel qui déclare illicite la clause statutaire prévoyant que si la cessation d'activité d'un associé avait pour effet de réduire la quotité de capital des associés professionnels en exercice à une fraction inférieure au minimum légal, ce dernier perdrait, dès la survenance de l'événement, l'exercice des droits attachés aux parts qu'il détenait. Ainsi, malgré la possibilité réservée par l'article 5 de la loi du 31 décembre 1990 à l'associé ayant cessé son activité professionnelle de conserver pendant 10 ans une participation minoritaire au sein de la SEL, il peut être admis, sur la foi d'une disposition statutaire spéciale, que l'associé qui cesse son activité professionnelle perd, dès la survenance de cet évènement, l'exercice des droits attachés aux parts qu'il détient si cette situation réduit la part de capital des associés professionnels en

exercice à une fraction inférieure à la moitié de ce capital, à l'exception cependant de la rétribution des apports en capital, lesquels doivent être maintenus jusqu'au remboursement intégral de ses droits sociaux : ▪ Cass. com., 8 déc. 2015, n°s 14-19.261 et 14-22.244, P+B : *JurisData* n° 2015-027488 ; *JCP* E 2016, 1119, note S. Nonorgue ; *Dr. sociétés* 2016, comm. 45, note D. Gallois-Cochet.

6) **Interprofessionnalité entre les professions du chiffre et du droit (non).** Doivent être annulées, puisque contraires à l'ordre public économique français interdisant à une société non juridique ou judiciaire de participer au capital d'une société d'exercice libéral d'avocats, les conventions permettant à des commissaires aux comptes de participer au capital d'une société d'exercice libéral d'avocat, dans la mesure où le commissariat aux comptes ne peut être assimilée à une profession juridique ou judiciaire au sens de l'article 5 de la loi n° 90-1258 du 31 décembre 1990 : ▪ CA Paris, 20 déc. 2012, n° 11/17189 : *JurisData* n° 2012-030669 : *Dr. sociétés* juin 2013, comm. 105. – V. dans le même sens et dans la même affaire : ▪ Cass. 1re civ., 15 janv. 2015, n° 13-13-565 : *JurisData* n° 2015-000242, somm. ; *JCP* E 2015, 1084, note B. Brignon ; *BJS* févr. 2015, p. 78, note J.-F. Barbièri ; *Rev. sociétés* 2015, p. 306, note J.-J. Daigre.

Art. 5-1 *(Abr., L. n° 2015-990, 6 août 2015).*

Voir aussi : Société de participations financières de professions libérales, L. n° 90-1258, 31 déc. 1990, art. 31-1, p. 2856.

1) Aucun décret ne conditionnant l'entrée en vigueur de l'article 5-1, celui-ci est **d'application immédiate** : Rép. min. n° 59877 : *JOAN* Q, 24 mai 2005, p. 5416 ; *JCP* E 2005, 974.

2) En application de l'article 5-1, une société de participations financières peut détenir plus de la moitié du capital social d'une SEL mais elle ne peut pas détenir plus de la moitié des droits de vote au sein de celle-ci puisque, en application de l'article 5, auquel l'article 5-1 ne déroge pas sur ce point, les professionnels en exercice dans la SEL doivent détenir plus de la majorité des droits de vote au sein de celle-ci : Rép. min. n° 7465 : *JO* Sénat Q, 23 oct. 2003, n° 42, p. 3150 ; *BJS* 2003, p. 1203. – Rép. min. n° 59877 : *JOAN* Q, 24 mai 2005, préc.

Art. 6 *(Mod., L. n° 2001-420, 15 mai 2001 ; L. n° 2005-882, 2 août 2005 ; L. n° 2008-776, 4 août 2008 ; L. n° 2015-990, 6 août 2015).* **– I. – Par dérogation au A du I de l'article 5 :**

1° Sauf pour les sociétés ayant pour objet l'exercice d'une profession de santé, plus de la moitié du capital et des droits de vote des sociétés d'exercice libéral peut aussi être détenue par des personnes, établies en France ou mentionnées au 6° du B du I de l'article 5, exerçant la profession constituant l'objet social de la société ou par des sociétés de participations financières de professions libérales dans les conditions prévues au II du présent article et au titre IV de la présente loi ;

2° Pour les sociétés ayant pour objet l'exercice d'une profession de santé, plus de la moitié du capital social des sociétés d'exercice libéral peut aussi être détenue par des personnes exerçant la profession constituant l'objet social ou par des sociétés de participations financières de professions libérales dans les conditions prévues au II du présent article et au titre IV de la présente loi ;

3° Pour les sociétés ayant pour objet l'exercice d'une profession juridique ou judiciaire, plus de la moitié du capital et des droits de vote peut aussi être détenue par des personnes, établies en France ou mentionnées au 6° du B du I de l'article 5, exerçant l'une quelconque des professions juridiques ou judiciaires.

Cette société doit au moins comprendre, parmi ses associés, une personne exerçant la profession constituant l'objet social de la société.

II. – La majorité du capital ou des droits de vote de la société d'exercice libéral ne peut être détenue :

1° Sous réserve du III de l'article 31-1, par une société de participations financières régie par ce même article qu'à la condition que la majorité du capital et des droits de vote de cette société soit détenue par des personnes exerçant la même profession que celle exercée par les sociétés faisant l'objet de la détention des parts ou actions ;

2° Sous réserve du III de l'article 31-2, par une société de participations financières régie par ce même article qu'à la condition que la majorité du capital et des droits de vote de la société de participations financières soit détenue par des professionnels exerçant la même profession que celle constituant l'objet social de la société d'exercice libéral.

III. – Par dérogation au B du I de l'article 5 :

1° Des décrets en Conseil d'État peuvent prévoir, compte tenu des nécessités propres à chaque profession, qu'une personne autre que celle mentionnée au même article 5 puisse détenir une part du capital ou des droits de vote, inférieure à la moitié de celui-ci, des sociétés constituées sous la forme de sociétés à responsabilité limitée,

de sociétés d'exercice libéral par actions simplifiées ou de sociétés d'exercice libéral à forme anonyme. Toutefois, pour celles de ces sociétés ayant pour objet l'exercice d'une profession de santé, la part du capital pouvant être détenue par toute personne ne peut dépasser le quart de celui-ci ;

2° Les statuts d'une société d'exercice libéral en commandite par actions peuvent prévoir que la quotité du capital détenue par des personnes autres que celles mentionnées audit article 5 peut être supérieure au quart, tout en demeurant inférieure à la moitié dudit capital.

IV. – Compte tenu des nécessités propres à chaque profession et dans la mesure nécessaire au bon exercice de la profession concernée, au respect de l'indépendance de ses membres ou de ses règles déontologiques propres, des décrets en Conseil d'État peuvent :

1° Écarter l'application des 1° et 2° du I du présent article ;

2° Pour les professions de santé, limiter le nombre de sociétés d'exercice libéral constituées pour l'exercice de cette profession dans lesquelles une même personne exerçant cette profession ou une même société de participations financières de professions libérales peut détenir des participations directes ou indirectes ;

3° Limiter le nombre de sociétés d'exercice libéral constituées pour l'exercice d'une même profession dans lesquelles une même personne mentionnée au 1° du III peut détenir des participations directes ou indirectes ;

4° Interdire la détention, directe ou indirecte, de parts ou d'actions représentant tout ou partie du capital social non détenu par des personnes mentionnées au A du I de l'article 5 ou aux 1° à 4° et 6° du B du même I, à des catégories de personnes physiques ou morales déterminées, lorsque cette détention serait de nature à mettre en péril l'exercice des professions concernées dans le respect de l'indépendance de leurs membres et de leurs règles déontologiques propres.

V. – Les III et IV ne sont pas applicables aux professions juridiques ou judiciaires.

Art. 7 *(Mod., L. n° 2015-990, 6 août 2015).* – Les dispositions des articles 5 et 6 autorisant la détention d'une part du capital social par des personnes n'exerçant pas au sein de la société ne peuvent bénéficier aux personnes faisant l'objet d'une interdiction d'exercice de la profession ou de l'une des professions dont l'exercice constitue l'objet de la société.

Art. 8 *(Mod., L. n° 2001-420, 15 mai 2001 ; L. n° 2014-1545, 20 déc. 2014 ; L. n° 2015-990, 6 août 2015).* – Les actions des sociétés d'exercice libéral à forme anonyme, par actions simplifiée ou en commandite par actions revêtent la forme nominative.

Par dérogation aux dispositions de l'article L. 225-123 du Code de commerce, aucun droit de vote double ne peut être attribué aux actions des sociétés visées à l'alinéa précédent détenues par des actionnaires autres que des professionnels en exercice au sein de la société.

Lorsque les statuts prévoient qu'il est créé ou que pourront être créées des actions à droit de vote double, celles-ci sont attribuées à tous les professionnels actionnaires exerçant au sein de la société. Il peut être prévu que cette attribution est suspendue à la condition d'une ancienneté dans l'actionnariat qui ne pourra dépasser deux années.

Par dérogation à l'article L. 225-124 du Code de commerce, les actions à droit de vote double transférées, pour quelque cause que ce soit, perdent leur droit de vote double dès lors que le bénéficiaire du transfert n'est pas un professionnel en exercice au sein de la société.

Les parts ou actions des sociétés d'exercice libéral ne peuvent faire l'objet du contrat de bail prévu aux articles L. 239-1 à L. 239-5 du Code de commerce, sauf au profit de professionnels salariés ou collaborateurs libéraux exerçant au sein de celles-ci et, à l'exception des sociétés intervenant dans le domaine de la santé ou exerçant les fonctions d'officier public ou ministériel, de professionnels exerçant la profession constituant l'objet social de ces sociétés.

Les deuxième, troisième et quatrième alinéas du présent article ne sont pas applicables aux cas mentionnés aux 1° et 3° du I de l'article 6.

Bibliographie : F. Fruleux, *Dissociation des droits de l'associé : le cas des sociétés d'exercice libéral : JCP* E 2006, 1252.

Art. 9 *(Rempl., L. n° 2005-882, 2 août 2005).* – Les actions à dividende prioritaire sans droit de vote existantes au jour de l'entrée en vigueur de l'ordonnance n° 2004-604 du 24 juin 2004 portant réforme du régime des valeurs mobilières émises par les sociétés commerciales et extension à l'outre-mer de dispositions ayant modifié la législation commerciale ou créées en application de l'article L. 228-29-8 du Code de commerce ne peuvent être détenues par des professionnels exerçant leur activité au sein de la société.

Les droits particuliers attachés aux actions de préférence mentionnées à l'article L. 228-11 du Code de commerce ne peuvent faire obstacle ni à l'application des règles de répartition du capital et des droits de vote, ni aux dispositions de l'article 12 de la présente loi.

Art. 10 *(Mod., L. n° 2001-420, 15 mai 2001 ; L. n° 2015-990, 6 août 2015).* – Pour l'application des articles L. 223-14 et L. 228-24 du Code de commerce et par exception à l'article 1843-4 du Code civil, les statuts peuvent, à l'unanimité des associés, fixer les principes et les modalités applicables à la détermination de la valeur des parts sociales.

Sauf dispositions contraires du décret particulier à chaque profession, la valeur des parts sociales prend en considération une valeur représentative de la clientèle civile. Toutefois, à l'unanimité des associés, les statuts peuvent exclure cette valeur représentative de la clientèle civile de la valorisation des parts sociales.

Pour l'application des dispositions de l'article L. 223-14 du Code de commerce, l'exigence d'une majorité des trois quarts des porteurs de parts exerçant la profession au sein de la société est substituée à celle d'une majorité des associés représentant au moins les trois quarts des parts sociales.

Nonobstant toute disposition contraire prévue par les statuts ou par une disposition législative autre que le dernier alinéa du présent article, les cessions d'actions de sociétés d'exercice libéral à forme anonyme sont soumises à un agrément préalable donné, dans les conditions prévues par les statuts, soit par les deux tiers des actionnaires exerçant leur profession au sein de la société, soit par les deux tiers des membres du conseil de surveillance ou du conseil d'administration exerçant leur profession dans la société. Dans les sociétés d'exercice libéral en commandite par actions, l'agrément de nouveaux actionnaires est donné par les associés commandités à la majorité des deux tiers.

Dans les sociétés d'exercice libéral par actions simplifiées, l'agrément de nouveaux associés est donné par les associés exerçant leur activité au sein de la société à la majorité des deux tiers. Pour l'application des clauses statutaires conformes aux articles L. 227-16 et L. 227-17 du Code de commerce, il est fait application de cette même règle de majorité.

Les troisième à avant-dernier alinéas du présent article ne sont pas applicables aux cas mentionnés aux 1° et 3° du I de l'article 6.

Art. 11 *(Abr., L. n° 2015-990, 6 août 2015).*

Art. 12 *(L. n° 93-1415, 28 déc. 1993 ; mod., L. n° 2001-420, 15 mai 2001 ; L. n° 2015-990, 6 août 2015).* – Les gérants, le président et les dirigeants de la société par actions simplifiée, le président du conseil d'administration, les membres du directoire, le président du conseil de surveillance et les directeurs généraux ainsi que les deux tiers au moins des membres du conseil d'administration ou du conseil de surveillance doivent être des associés exerçant leur profession au sein de la société.

Les dispositions des premier et deuxième alinéas de l'article L. 225-22, de l'article L. 225-44 et de l'article L. 225-85 du Code de commerce ne sont pas applicables aux sociétés d'exercice libéral.

Pour l'application des articles L. 223-19, L. 225-38, L. 225-40, L. 225-86, L. 225-88, L. 226-10 et L. 227-10 du même code, seuls les professionnels exerçant au sein de la société prennent part aux délibérations prévues par ces textes lorsque les conventions en cause portent sur les conditions dans lesquelles ils y exercent leur profession.

Lorsqu'il est fait application de la possibilité mentionnée au 1° du I de l'article 6, le premier alinéa du présent article n'est pas applicable.

Lorsqu'il est fait application de la possibilité mentionnée au 3° du même I, le premier alinéa du présent article n'est pas applicable. Toutefois, le conseil d'administration ou le conseil de surveillance de la société doit comprendre au moins un membre, en exercice au sein de la société, de la profession constituant l'objet social de la société.

Art. 13 *(Mod., L. n° 2015-990, 6 août 2015).* – Le ou les commandités d'une société d'exercice libéral en commandite par actions sont des personnes physiques exerçant régulièrement leur profession au sein de la société.

Les associés commandités d'une société d'exercice libéral en commandite par actions n'ont pas de ce fait la qualité de commerçants. Ils répondent néanmoins indéfiniment et solidairement des dettes sociales.

Les actionnaires commanditaires ne peuvent faire aucun acte de gestion externe ou interne, même en vertu d'une procuration. Tout acte intervenu en contrevenant à cette interdiction est nul sans que pour autant cette nullité puisse être opposée aux tiers de bonne foi ni invoquée pour dégager l'actionnaire commanditaire en cause de la responsabilité solidaire prévue par le second alinéa de l'article L. 222-6 du Code de commerce.

Nonobstant toute disposition contraire législative ou statutaire, les cessions d'actions de société d'exercice libéral en commandite par actions sont soumises à un agrément préalable dans les conditions prévues à l'article 10.

L'acquisition de la qualité d'associé commandité est soumise à une décision d'agrément prise à l'unanimité des associés commandités et qui résulte soit de la signature des statuts, soit, en cours de vie sociale, d'une décision prise dans les formes prescrites par lesdits statuts à l'unanimité des associés commandités et à la majorité des deux tiers des actionnaires.

La qualité d'associé commandité se perd par décès, retraite, démission, radiation ou destitution. Sous réserve des dispositions prévues à l'article 10 en ce qui concerne les officiers publics ou ministériels, les statuts peuvent prévoir une procédure de révocation qui doit comporter une décision prise à l'unanimité des commandités non concernés par la révocation. Le commandité qui quitte la société ou ses ayants droit sont indemnisés dans les conditions prévues à l'article 1843-4 du Code civil.

Lorsqu'il est fait application de la possibilité mentionnée au 1° du I de l'article 6, le premier alinéa du présent article n'est pas applicable.

Lorsqu'il est fait application de la possibilité mentionnée au 3° du même I, le premier alinéa du présent article n'est pas applicable et au moins un associé commandité doit être une personne physique exerçant régulièrement sa profession au sein de la société.

Art. 14. – Un décret en Conseil d'État réglemente les comptes d'associés et fixe, notamment, le montant maximum des sommes susceptibles d'être mises à la disposition de la société et les conditions applicables au retrait de ces sommes. Cette réglementation, qui peut comporter des dispositions différentes selon la forme sociale choisie, selon que la société a pour objet l'exercice d'une ou de plusieurs professions ou selon la catégorie d'associé concernée au regard des articles 5, 6, 8 et 13, s'applique à toutes les professions libérales visées au premier alinéa de l'article 1er.

Décret n° 92-704 du 23 juillet 1992

pris pour l'application de l'article 14 de la loi n° 90-1258 du 31 décembre 1990 relative à l'exercice sous forme de sociétés des professions libérales soumises à un statut législatif ou réglementaire ou dont le titre est protégé

(JO 25 juill. 1992 ; mod., D. n° 2007-932, 15 mai 2007)

Art. 1er. – L'associé exerçant sa profession au sein d'une société d'exercice libéral constituée pour l'exercice en commun de ladite profession ainsi que ses ayants droit devenus associés en application du 3° du deuxième alinéa de l'article 5 de la loi n° 90-1258 du 31 décembre 1990 peuvent mettre à la disposition de la société, au titre de comptes d'associés, des sommes dont le montant, fixé par les statuts, ne peut excéder trois fois celui de leur participation au capital. Tout autre associé peut mettre au même titre à la disposition de cette société des sommes dont le montant, fixé par les statuts, ne peut excéder celui de sa participation au capital.

Ces sommes ne peuvent être retirées, en tout ou partie, qu'après notification à la société, par lettre recommandée avec demande d'avis de réception, avec un préavis dont la durée, fixée par les statuts, ne peut être inférieure, pour l'associé exerçant au sein de la société d'exercice libéral et, le cas échéant, pour ses ayants droit mentionnés à l'alinéa précédent, à six mois et, pour tout autre associé, à un an.

N'encourt pas la nullité l'avance en compte courant réalisée en violation des dispositions règlementaires plafonnant le montant des sommes pouvant ainsi être mise à disposition de la société : ■ Cass. 1re civ., 27 nov. 2013, n° 12-29.282 : *JurisData* n° 2013-027352 ; *JCP* E 2014, 1059, note H. Hovasse.

Art. 15. – V. C. com., art. L. 631-1, devenu L. 721-5 (anc. art. L. 411-6, COJ).

Art. 16. – Chaque associé répond sur l'ensemble de son patrimoine des actes professionnels qu'il accomplit.

La société est solidairement responsable avec lui.

Art. 17. – Les dispositions de la présente loi ne font pas obstacle à l'exercice des professions mentionnées à l'article 1er selon les modalités prévues par les textes particuliers à chacune d'elles.

Art. 18 *(L. n° 93-1415, 28 déc. 1993)*. – Les sociétés de conseils juridiques autres que les sociétés civiles professionnelles constituées avant la date d'entrée en vigueur de la présente loi doivent, dans un délai de cinq ans à compter de cette date, se mettre en conformité avec les dispositions de la présente loi. À l'expiration de ce délai, si un ou plusieurs associés ne satisfaisant pas aux conditions fixées à l'article 5 de la présente loi n'ont pas cédé les parts ou actions qu'ils détiennent, la société peut, nonobstant leur opposition, décider de réduire son capital du montant de la valeur nominale de leurs parts ou actions et de les racheter à un prix fixé, sauf accord entre les parties, dans les conditions prévues à l'article 1843-4 du Code civil. À défaut, tout intéressé peut demander en justice la dissolution de la société. Le tribunal peut accorder à la société un délai maximal de six mois pour régulariser la situation. La dissolution ne peut être prononcée si, au jour où il est statué sur le fond, cette régularisation a eu lieu.

Art. 19 *(Rempl., L. n° 2001-420, 15 mai 2001 ; mod., L. n° 2012-387, 22 mars 2012)*. – Pour l'application des dispositions de article L. 238-3 du Code de commerce, les mots : « société d'exercice libéral à responsabilité limitée », « société d'exercice libéral à forme anonyme » et « société d'exercice libéral par actions simplifiée » et les initiales « SELARL », « SELAFA » et « SELAS » sont substitués aux mots : « société à responsabilité limitée », « société anonyme » et « société par actions simplifiée » et aux initiales « SARL », « SA » et « SAS », ainsi que les mots : « société d'exercice libéral en commandite par actions » ou les initiales « SELCA » aux mots : « société en commandite par actions ».

Art. 20. – V. CGI, art. 809.

Art. 21. – Des décrets en Conseil d'État, pris après avis des organismes chargés de représenter les professions concernées auprès des pouvoirs publics ainsi que des organisations les plus représentatives de ces professions, déterminent en tant que de besoin les conditions d'application du présent titre.

Ces décrets peuvent prévoir des cas où un associé peut être exclu de la société en précisant les garanties morales, procédurales et patrimoniales qui lui sont accordées dans ce cas.

Ils peuvent également prévoir qu'un associé n'exerce sa profession qu'au sein d'une seule société d'exercice libéral et ne peut exercer la même profession à titre individuel ou au sein d'une société civile professionnelle.

Ils déterminent les effets de l'interdiction temporaire d'exercer la profession dont la société ou un associé serait frappé.

Bibliographie : N. Caze, *Exclusion et retrait forcé dans les sociétés d'exercice libéral : Dr. sociétés* déc. 2005, p. 21.

Exclusion du gérant *[SELARL]*. S'agissant de décider de la révocation du gérant et de son exclusion de la société en qualité d'associé, l'assemblée générale n'étant pas un organisme juridictionnel ou disciplinaire, mais un organe de gestion interne de la société, dont la décision relève du contrôle juridictionnel du tribunal de grande instance puis de la cour d'appel devant lesquels l'intéressé peut être assisté par un avocat, il n'y a pas de trouble manifestement illicite à ce qu'il ne puisse être assisté par son avocat au cours de l'assemblée générale : ▪ Cass. com., 10 mai 2006, n° 05-16.909 : *JurisData* n° 2006-033604 ; *D.* 2006, p. 1533, obs. A. Lienhard ; *JCP* E 2006, 1984.

TITRE II. – EXERCICE SOUS FORME DE SOCIÉTÉS EN PARTICIPATION DES PROFESSIONS LIBÉRALES SOUMISES À UN STATUT LÉGISLATIF OU RÉGLEMENTAIRE OU DONT LE TITRE EST PROTÉGÉ

Art. 22 *(Mod., L. n° 2011-331, 28 mars 2011)*. – Nonobstant toute disposition législative ou réglementaire déterminant limitativement les modes d'exercice en commun de la profession, il peut être constitué entre personnes physiques exerçant une profession libérale soumise à un statut législatif ou réglementaire ou dont le titre est protégé une société en participation, régie par les dispositions ci-après et celles non contraires des articles 1871 à 1872-1 du Code civil

Une société en participation peut également être constituée, dans des conditions fixées par décret en Conseil d'État, entre personnes physiques exerçant plusieurs des professions libérales définies au premier alinéa.

La dénomination sociale de la société doit être immédiatement précédée ou suivie de la mention : « société en participation » ou des initiales : « SEP », elles-mêmes suivies de l'indication de la ou des professions exercées.

Le nom d'un ou de plusieurs associés peut être inclus dans la dénomination sociale.

Ces sociétés sont soumises à publicité dans des conditions fixées par décret.

Leur durée peut être illimitée.

Art. 23 *(Mod., L. n° 2011-331, 28 mars 2011).* – Les associés sont tenus indéfiniment à l'égard des tiers des engagements pris par chacun d'eux en qualité d'associé.

Si la convention qui fonde la société en participation ne prévoit pas les modalités de l'admission et de la révocation d'un associé, la décision est prise à l'unanimité des associés non concernés.

Cette convention peut prévoir le versement d'une prestation compensatrice en cas de retrait de l'un des associés.

Les bénéfices réalisés par les sociétés en participation constituées entre personnes physiques exerçant une ou des professions libérales soumises à un statut législatif ou réglementaire ou dont le titre est protégé sont imposés selon les règles prévues par le Code général des impôts pour les sociétés en participation.

TITRE III. – DISPOSITIONS MODIFIANT LA LOI N° 66-879 DU 29 NOVEMBRE 1966 RELATIVE AUX SOCIÉTÉS CIVILES PROFESSIONNELLES

Art. 24 à 29. – *(V. L. n° 66-879, 29 nov. 1966).*

Art. 30. – L'article 2-1, la dernière phrase du second alinéa de l'article 10, l'article 22, le deuxième alinéa de l'article 26, l'article 27 et l'article 28 de la loi n° 66-879 du 29 novembre 1966 précitée sont abrogés.

Art. 31. – V. CGI, art. 151 *octies*.

TITRE IV. – SOCIÉTÉS DE PARTICIPATIONS FINANCIÈRES DE PROFESSIONS LIBÉRALES

(L. n° 2001-1168, 11 déc. 2001)

Art. 31-1 *(L. n° 2001-1168, 11 déc. 2001 ; mod., L. n° 2004-130, 11 févr. 2004 ; L. n° 2015-990, 6 août 2015).* – I. – Il peut être constitué entre personnes physiques ou morales exerçant une ou plusieurs professions libérales soumises à un statut législatif ou réglementaire ou dont le titre est protégé ou des personnes mentionnées au 6° du B du I de l'article 5 des sociétés de participations financières ayant pour objet la détention des parts ou d'actions de sociétés mentionnées au premier alinéa de l'article 1er ayant pour objet l'exercice de cette même profession ainsi que la participation à tout groupement de droit étranger ayant pour objet l'exercice de la même profession. Ces sociétés peuvent exercer toute autre activité sous réserve d'être destinée exclusivement aux sociétés ou aux groupements dont elles détiennent des participations.

Ces sociétés peuvent être constituées sous la forme de sociétés à responsabilité limitée, de sociétés anonymes, de sociétés par actions simplifiées ou de sociétés en commandite par actions régies par le livre II du Code de commerce, sous réserve des dispositions contraires du présent article.

II. – Plus de la moitié du capital et des droits de vote doit être détenue par des personnes exerçant la même profession que celle exercée par les sociétés faisant l'objet de la détention des parts ou actions.

Le complément peut être détenu par les personnes mentionnées aux 2°, 3° et 5° du B du I de l'article 5. Toutefois, des décrets en Conseil d'État, propres à chaque profession, pourront interdire la détention, directe ou indirecte, de parts ou d'actions représentant tout ou partie du capital social non détenu par des personnes visées à l'alinéa précédent, à des catégories de personnes physiques ou morales déterminées, lorsqu'il apparaîtrait que cette détention serait de nature à mettre en péril l'exercice de la ou des professions concernées dans le respect de l'indépendance de ses membres et de leurs règles déontologiques propres.

Les gérants, le président, les dirigeants, le président du conseil d'administration, les membres du directoire, le président du conseil de surveillance et les directeurs généraux, ainsi que les deux tiers au moins des membres du conseil d'administration ou du conseil de surveillance de la société par actions simplifiée, doivent être choisis parmi les personnes mentionnées au premier alinéa du II.

III. – Par dérogation aux I et II du présent article, la société de participations financières peut également avoir pour objet la détention de parts ou d'actions de sociétés mentionnées au premier alinéa de l'article 1er ou relevant du livre II du Code de commerce lorsque ces sociétés ont pour objet l'exercice d'une même profession juridique ou judiciaire. Le capital social et les droits de vote de cette société de participations financières peuvent être détenus par toute personne exerçant une profession juridique ou judiciaire ou par toute personne mentionnée au 6° du B du I de l'article 5 exerçant l'une quelconque desdites professions.

Une part du capital et des droits de vote, demeurant inférieure à la moitié, peut également être détenue par des personnes mentionnées aux 2° et 3° du même B.

Les organes de contrôle de la société doivent comprendre au moins une personne exerçant la même profession que celle exercée par les sociétés faisant l'objet de la détention des parts ou actions.

IV. – La dénomination sociale de ces sociétés doit, outre les mentions obligatoires liées à la forme de la société, être précédée ou suivie de la mention « Société de participations financières de profession libérale » suivie de l'indication de la profession exercée par les associés majoritaires ou, dans le cas mentionné au III, de l'objet social exercé par les sociétés faisant l'objet de la détention des parts ou actions.

Les actions de sociétés de prises de participations à forme anonyme, en commandite par actions ou par actions simplifiées, revêtent obligatoirement la forme nominative.

Les sociétés de participations financières doivent être inscrites sur la liste ou au tableau de l'ordre ou des ordres professionnels concernés. Une fois par an, la société de participations financières adresse à l'ordre professionnel dont elle relève un état de la composition de son capital social.

Bibliographie : J.-P. Bertrel, *Ingénierie juridique : les holdings de sociétés d'avocats ou de notaires : Dr. et patrimoine* 2002, p. 22 ; *Les holdings de sociétés d'avocats et de notaires après la publication des décrets MURCEF : Dr. et patrimoine* oct. 2004, p. 26. • J.-J. Caussain, *Le choix d'une structure en vue de l'exercice d'une profession d'avocat : JCP* E 2002, p. 1080. • E. de Lamaze, *Premiers pas vers l'interprofessionnalité capitalistique des professions libérales : à propos de la loi du 28 mars 2011 : JCP* E 2011, act. 235. • J.-J. Daigre, *Les sociétés de participations financières de professions libérales : BJS* 2002, p. 565 ; *Loi Murcef du 11 décembre 2001 : JCP* E 2002, p. 165 ; *Les sociétés de participations financières de professions libérales s'ouvrent aux activités accessoires et s'étendent à l'étranger : BJS* 2004, p. 455. • Fl. Maury, *Loi NRE et MURCEF, l'influence réciproque du droit des sociétés et du statut de la profession libérale. À propos des SELAS et des SPFPL : JCP* N 2002, p. 1042 ; *La consécration pratique des sociétés holdings dans le domaine juridique et judiciaire : D.* 2005, p. 645. • S. Nonorgue, *Vers un regain d'intérêt pour les holdings de professions libérales : Dr. fisc.* 2008, n° 41, comm. 288. • V. Sirinayan et O. Rollux, *Les SPFPL et leurs filiales face aux instances ordinales. – Du droit à la santé, des sociétés en ordre de marche... : JCP* E 2014, 1636. • B. Soinne, *Les sociétés de participations financières et les professions du mandat de justice : Rev. proc. coll.* 2002, 40. • *Adde* A. Bougnoux, *JCl. Sociétés traité*, Fasc. 192-25.

Art. 31-2 ***(L. n° 2011-331, 28 mars 2011 ; mod., Ord. n° 2016-394, 31 mars 2016).*** **– I. – Les sociétés de participations financières mentionnées à l'article 31-1 peuvent également avoir pour objet la détention des parts ou d'actions de sociétés mentionnées au premier alinéa de l'article 1er ou relevant du livre II du Code de commerce ayant pour objet l'exercice de deux ou plusieurs des professions d'avocat, d'avocat au Conseil d'État et à la Cour de cassation, de notaire, d'huissier de justice, de commissaire-priseur judiciaire, d'expert-comptable, d'administrateur judiciaire, de mandataire judiciaire, de commissaire aux comptes ou de conseil en propriété industrielle ainsi que la participation à tout groupement de droit étranger ayant pour objet l'exercice de l'une ou de plusieurs de ces professions. Est regardée comme exerçant une de ces professions, pour l'application du présent article, toute personne mentionnée au 6° du B du I de l'article 5 et exerçant l'une quelconque desdites professions.**

Rédaction future. I. – Les sociétés de participations financières mentionnées à l'article 31-1 peuvent également avoir pour objet la détention des parts ou d'actions de sociétés mentionnées au premier alinéa de l'article 1er ou relevant du livre II du Code de commerce ayant pour objet l'exercice de deux ou plusieurs des professions d'avocat, d'avocat au Conseil d'État et à la Cour de cassation, de notaire, *(Mots rempl. à compter du 1er juillet 2022, Ord. n° 2016-728, 2 juin 2016)* « de commissaire de justice », d'expert-comptable, d'administrateur judiciaire, de mandataire judiciaire, de commissaire aux comptes ou de conseil en propriété industrielle ainsi que la participation à tout groupement de droit étranger ayant pour objet l'exercice de l'une ou de plusieurs de ces professions. Est regardée comme exerçant une de ces professions, pour l'application du présent article, toute personne mentionnée au 6° du B du I de l'article 5 et exerçant l'une quelconque desdites professions.

II. – Sous réserve du III du présent article, plus de la moitié du capital et des droits de vote doit être détenue par des personnes exerçant la ou les mêmes professions que celles exercées par les sociétés faisant l'objet d'une prise de participation et, lorsqu'au moins une des sociétés faisant l'objet d'une prise de participation exerce une profession juridique ou judiciaire, par toute autre personne admise à détenir la majorité du capital social et des droits de vote de ladite société. Le complément peut être détenu par :

1° Des personnes physiques ou morales exerçant la ou les professions constituant l'objet social de ces sociétés, sous réserve, s'agissant des personnes morales, du caractère civil de leur objet social et de la détention exclusive du capital et des droits de vote par des membres et anciens membres de professions libérales soumises à un statut législatif ou réglementaire ou dont le titre est protégé, ainsi que leurs ayants droit ;

2° Pendant un délai de dix ans, des personnes physiques qui, ayant cessé toute activité professionnelle, ont exercé cette ou ces professions au sein de l'une de ces sociétés ;

3° Les ayants droit des personnes physiques mentionnées ci-dessus pendant un délai de cinq ans suivant leur décès ;

4° Des personnes exerçant l'une des professions mentionnées au premier alinéa ;

5° Des ressortissants des États membres de l'Union européenne, des autres États parties à l'accord sur l'Espace économique européen ou de la Confédération suisse, qui exercent en qualité de professionnel libéral, dans l'un de ces États membres ou parties ou dans la Confédération suisse, une activité soumise à un statut législatif ou réglementaire ou subordonnée à la possession d'une qualification nationale ou internationale reconnue et dont l'exercice constitue l'objet social de l'une des sociétés ou de l'un des groupements faisant l'objet d'une prise de participation.

III. – Lorsque la société a pour objet la détention de parts ou d'actions de sociétés ayant pour objet l'exercice de deux ou plusieurs des professions juridiques ou judiciaires, le capital social et les droits de vote peuvent être détenus par toute personne, établie en France ou mentionnée au 6° du B du I de l'article 5, exerçant une ou plusieurs des professions juridiques ou judiciaires.

Une part du capital et des droits de vote, demeurant inférieure à la moitié, peut également être détenue par des personnes mentionnées aux 1° à 5° du II du présent article.

IV. – La dénomination sociale de ces sociétés doit, outre les mentions obligatoires liées à la forme de la société, être précédée ou suivie de la mention : « Société de participations financières de professions libérales », elle-même suivie de l'indication des professions exercées par les sociétés faisant l'objet d'une prise de participation.

Les gérants, le président et les dirigeants de la société par actions simplifiée, le président du conseil d'administration, les membres du directoire, le président du conseil de surveillance et les directeurs généraux ainsi que les deux tiers au moins des membres du conseil d'administration ou du conseil de surveillance doivent être choisis parmi les personnes exerçant les mêmes professions que celles exercées par les sociétés faisant l'objet de la détention des parts ou actions et, lorsqu'au moins une des sociétés faisant l'objet d'une prise de participation exerce une profession juridique ou judiciaire, par toute autre personne admise à détenir la majorité du capital social et des droits de vote de ladite société.

Un décret en Conseil d'État précise les conditions d'application du présent article.

Décret n° 2014-354 du 19 mars 2014

pris pour l'application de l'article 31-2 de la loi n° 90-1258 du 31 décembre 1990 relative à l'exercice sous forme de sociétés des professions libérales soumises à un statut législatif ou réglementaire ou dont le titre est protégé

Bibliographie : M. Rousille, *Le serpent de mer de l'inter-professionnalité libérale sort enfin la tête de l'eau : Dr. sociétés* juin 2014, comm. 102.

Art. 1er. – Les sociétés de participations financières de professions libérales ayant pour objet la détention de parts ou d'actions de sociétés ayant elles-mêmes pour objet l'exercice de deux ou plusieurs des professions d'avocat, de notaire, d'huissier de justice, de commissaire-priseur judiciaire, d'expert-comptable, de commissaire aux comptes ou de conseil en propriété industrielle ainsi que la participation à tout groupement de droit étranger ayant pour objet l'exercice de l'une ou plusieurs de ces professions sont régies par les dispositions du livre II du Code de commerce, sous réserve des dispositions du présent décret.

Chapitre Ier. – Constitution de la société

Art. 2. – La constitution de la société fait l'objet d'une déclaration adressée par un mandataire commun des associés aux autorités compétentes des professions mentionnées dans l'objet social, selon les modalités définies par les dispositions propres aux sociétés de participations financières de chacune de ces professions.

La déclaration comprend la liste des associés avec indication, selon le cas, de leur profession ou de leur qualité suivie, pour chacun, de la mention de la part de capital qu'il détient dans la société. Une copie des statuts de la société est jointe à la déclaration.

Art. 3 *(Mod., D. n° 2016-879, 29 juin 2016)*. **–** Les sociétés de participations financières pluriprofessionnelles sont inscrites sur les listes spéciales des tableaux des ordres professionnels compétents et les listes dressées par les organismes compétents, pour chaque profession dont l'exercice constitue l'objet social des sociétés faisant l'objet de prises de participations, selon les modalités définies par les dispositions propres aux sociétés de participations financières de chacune de ces professions.

Lorsque l'objet de la société de participations financières pluriprofessionnelle comprend la prise de participations dans des sociétés titulaires d'office ministériel, la déclaration est adressée au garde des Sceaux, ministre de la Justice, aux fins d'inscription de la société sur la liste des sociétés de participations financières établie pour chaque profession exercée au titre de l'office.

Art. 4 *(Mod., D. n° 2016-879, 29 juin 2016)*. – L'immatriculation de la société au registre du commerce et des sociétés est régie par les articles R. 123-31 et suivants du Code de commerce, sous réserve des dispositions ci-après.

La société est dispensée de procéder aux formalités de publicité prévues aux articles R. 210-16 à R. 210-20 du Code de commerce.

Chapitre II. – Modifications de la société

Art. 5. – Lorsqu'une société de participations financières pluriprofessionnelle adjoint à son objet social la détention de parts ou d'actions de sociétés ayant pour objet l'exercice d'une ou plusieurs des professions énumérées à l'article 1er, autres que celles y figurant déjà, son représentant légal en fait la déclaration dans un délai de trente jours aux autorités compétentes dans les conditions définies à l'article 2.

Il est alors procédé, selon les modalités prescrites à l'article 3, à la modification de l'inscription initiale de la société et à son inscription sur celles des listes prévues à cet article relatives à chacune des nouvelles professions.

Art. 6. – Lorsqu'une société de participations financières pluriprofessionnelle retire de son objet social la détention de toutes les parts ou actions de sociétés ayant pour objet l'exercice d'une ou plusieurs professions mentionnées à l'article 1er, son représentant légal en fait la déclaration dans un délai de trente jours à l'autorité compétente pour la profession considérée en application des dispositions propres aux sociétés de participations financières de cette profession, aux fins de retrait de la société, selon le cas, du tableau de l'ordre ou de la liste des sociétés de participations financières.

Il est alors procédé, selon les modalités prescrites à l'article 3, à la modification de l'inscription initiale de la société et à son retrait de celle des listes prévues à cet article relatives aux professions ayant donné lieu au retrait.

Art. 7. – Le représentant légal de la société de participations financières pluriprofessionnelle informe dans les trente jours de sa survenance les autorités des professions mentionnées dans l'objet social compétentes, en application des dispositions propres aux sociétés de participations financières propres à chacune de ces professions, des changements dans la situation déclarée en application de l'article 2, autres que ceux énoncés aux articles 5 et 6, en joignant toutes pièces justificatives.

Chapitre III. – Déontologie et contrôle de la société

Art. 8 *(Mod., D. n° 2016-879, 29 juin 2016)*. – Si la société de participations financières pluriprofessionnelle ne se conforme pas aux dispositions législatives et réglementaires en vigueur, elle est invitée à régulariser sa situation par les autorités compétentes des professions mentionnées dans l'objet social compétentes en application des dispositions propres aux sociétés de participations financières de chacune de ces professions. La demande peut émaner également de l'une quelconque de ces autorités.

Si la société n'est pas en mesure d'opérer cette régularisation, ces mêmes autorités peuvent conjointement demander aux associés, par tout moyen permettant de conférer une date certaine à cette demande, de prononcer la dissolution anticipée de la société selon les formes prévues par les statuts et dans le délai qu'elles déterminent. Cette demande comporte la mention que l'absence de diligence des associés pourra, le cas échéant, donner lieu à poursuites disciplinaires.

Art. 9. – La société de participations financières pluriprofessionnelle fait l'objet de contrôles par les autorités compétentes à l'égard des professionnels associés des sociétés dans lesquelles elle détient des participations, selon les modalités définies par les dispositions propres aux sociétés de participations financières de chaque profession.

Art. 10. – Chaque autorité de contrôle intervenant en application de l'article 9 communique les rapports de contrôle qu'elle a établis aux autres autorités de contrôle.

Ces rapports peuvent être communiqués, le cas échéant, aux autorités de poursuite et aux organismes ou juridictions compétents en matière disciplinaire à l'égard des professionnels associés des sociétés faisant l'objet de prises de participations de la société de participations financières pluriprofessionnelle.

Chapitre IV. – Dissolution et liquidation de la société

Art. 11. – En cas de dissolution de la société, le liquidateur est choisi parmi les associés de la société de participations financières pluriprofessionnelle ou parmi les membres ou anciens membres de l'une des professions constituant l'objet social des sociétés faisant l'objet des prises de participations. Les fonctions de liquidateur ne peuvent être confiées à un associé ou à un professionnel ayant fait l'objet d'une sanction disciplinaire.

Plusieurs liquidateurs peuvent être désignés.

Le liquidateur peut être remplacé pour cause d'empêchement ou tout autre motif grave par le président du tribunal de grande instance du lieu du siège social de la société, statuant sur requête à la demande du liquidateur, des associés ou de leurs ayants droit ou du procureur de la République.

Art. 12. – La dissolution de la société est portée à la connaissance des autorités auprès desquelles elle a été déclarée à la diligence du liquidateur qui justifie de sa qualité en joignant copie de la délibération des associés ou de la décision de justice qui l'a nommé dans ses fonctions.

Le liquidateur dépose au greffe chargé de la tenue du registre du commerce et des sociétés où la société est inscrite, pour être versée au dossier ouvert au nom de la société, la copie de l'acte de sa nomination dont tout intéressé peut obtenir communication.

Il ne peut entrer en fonctions avant l'accomplissement des formalités prévues au présent article.

Art. 13. – Le liquidateur procède à la cession des parts ou actions que la société de participations financières pluriprofessionnelle détient dans la ou les sociétés d'exercice ou groupements dans les conditions prévues par les dispositions régissant chacune de ces sociétés ou groupements.

Art. 14. – Le liquidateur informe le procureur de la République et les autorités auprès desquelles la société a été déclarée de la clôture des opérations de liquidation.

Titre IV *bis*. – Dispositions relatives aux sociétés constituées pour l'exercice en commun de certaines professions libérales

Art. 31-3 ***(Ord. n° 2016-394, 31 mars 2016).*** – **Il peut être constitué une société ayant pour objet l'exercice en commun de plusieurs des professions d'avocat, d'avocat au Conseil d'État et à la Cour de cassation, de *(Mots rempl. à compter du 1er juillet 2022, Ord. n° 2016-728, 2 juin 2016* : « commissaire de justice »), « commissaire-priseur judiciaire, d'huissier de justice », de notaire, d'administrateur judiciaire, de mandataire judiciaire, de conseil en propriété industrielle *(Mots aj., L. n° 2019-486, 22 mai 2019)* « , de commissaire aux comptes » et d'expert-comptable. Une telle société est dénommée « société pluri-professionnelle d'exercice ».**

Art. 31-4 ***(Ord. n° 2016-394, 31 mars 2016).*** – **La société peut revêtir toute forme sociale, à l'exception de celles qui confèrent à leurs associés la qualité de commerçant. Elle est régie par les règles particulières à la forme sociale choisie et par les dispositions du présent titre.**

Quelle que soit la forme sociale choisie par la société pluriprofessionnelle d'exercice, et y compris lorsqu'elle n'a pas été constituée sous forme de société d'exercice libéral, les dispositions suivantes du titre Ier lui sont applicables :

1° Le troisième alinéa de l'article 1er ;

2° L'article 3, à l'exception de son troisième alinéa ;

3° L'article 7, pour lequel la référence aux articles 5 et 6 est remplacée par la référence à l'article 31-6 ;

4° Le premier alinéa de l'article 8 ;

5° L'article 16.

Art. 31-5 ***(Ord. n° 2016-394, 31 mars 2016).*** – **La société peut exercer, à titre accessoire, toute activité commerciale dont la loi ou le décret n'interdit pas l'exercice à l'une au moins des professions qui constituent son objet social.**

Art. 31-6 ***(Ord. n° 2016-394, 31 mars 2016).*** – **La totalité du capital et des droits de vote est détenue par les personnes suivantes :**

1° Toute personne physique exerçant, au sein de la société ou en dehors, l'une des professions mentionnées à l'article 31-3 et exercées en commun au sein de la société ;

2° Toute personne morale dont la totalité du capital et des droits de vote est détenue directement ou indirectement par une ou des personnes mentionnées au 1° ;

3° Toute personne physique ou morale, légalement établie dans un autre État membre de l'Union européenne ou partie à l'accord sur l'Espace économique européen ou dans la Confédération suisse, qui exerce effectivement, dans l'un de ces États, une activité soumise à un statut législatif ou réglementaire ou subordonnée à la possession d'une qualification nationale ou internationale reconnue, dont l'exercice relève en France de l'une des professions mentionnées à l'article 31-3 et qui est exercée en commun au sein de la société ; pour les personnes morales, la totalité du capital et des droits de vote est détenue dans les conditions prévues aux 1° ou 2°.

La société pluriprofessionnelle d'exercice doit comprendre, parmi ses associés, au moins un membre de chacune des professions qu'elle exerce.

Art. 31-7 *(Ord. n° 2016-394, 31 mars 2016).* – La dénomination sociale de la société est immédiatement précédée ou suivie de la mention « société pluriprofessionnelle d'exercice » ou des initiales « SPE », ainsi que de l'indication de la forme sociale choisie, des professions exercées conformément à son objet social et du montant de son capital social.

Le nom d'un ou plusieurs associés exerçant leur profession au sein de la société peut être inclus dans la dénomination sociale.

Art. 31-8 *(Ord. n° 2016-394, 31 mars 2016).* – Les statuts de la société comportent des stipulations propres à garantir, d'une part, l'indépendance de l'exercice professionnel des associés et des salariés et, d'autre part, le respect des dispositions réglementaires encadrant l'exercice de chacune des professions qui constituent son objet social, notamment celles relatives à la déontologie.

Chaque professionnel qui exerce au sein de la société informe celle-ci et les autres professionnels, dès qu'il en a connaissance, de l'existence de tout conflit d'intérêt susceptible de naître, d'une part, entre sa qualité de professionnel et toute autre activité professionnelle qu'il exerce ou tout intérêt qu'il détient en dehors de la société, d'autre part, entre l'exercice de son activité professionnelle et l'exercice par les autres professionnels de leur activité.

Art. 31-9 *(Ord. n° 2016-394, 31 mars 2016).* – I. – La société pluriprofessionnelle d'exercice informe le client qui envisage de contracter avec elle de la nature de l'ensemble des prestations qui peuvent lui être fournies par les différentes professions qu'elle exerce et de la possibilité dont il dispose de s'adresser à l'une ou plusieurs de ces professions pour les prestations qu'elles offrent. Le client désigne les professionnels exerçant au sein de la société auxquels il entend confier ses intérêts.

II. – Lorsque la société exerce la profession d'administrateur judiciaire ou de mandataire judiciaire, la juridiction désigne en son sein le professionnel auquel est confié le mandat de justice.

Art. 31-10 *(Ord. n° 2016-394, 31 mars 2016).* – Le professionnel exerçant au sein de la société une des professions qui en constituent l'objet social est tenu aux obligations de loyauté, de confidentialité ou de secret professionnel conformément aux dispositions encadrant l'exercice de sa profession.

Toutefois, les obligations de confidentialité ou de secret professionnel ne font pas obstacle à ce qu'il communique à d'autres professionnels toute information nécessaire à l'accomplissement des actes professionnels et à l'organisation du travail au sein de la société dans l'intérêt du client et à condition que ce dernier ait été préalablement informé de cette faculté de communication et y ait donné son accord. Cet accord mentionne, le cas échéant, la ou les professions constituant l'objet social de la société auxquelles le client s'adresse et entend limiter la communication des informations le concernant.

Lorsque le professionnel est un administrateur judiciaire ou un mandataire judiciaire, il peut communiquer à d'autres professionnels toute information nécessaire à l'accomplissement des actes professionnels et à l'organisation du travail au sein de la société dans les limites de ce que lui permet le mandat de justice pour lequel il a été désigné.

Art. 31-11 *(Ord. n° 2016-394, 31 mars 2016).* – La société souscrit une assurance couvrant les risques relatifs à sa responsabilité civile professionnelle.

Art. 31-12 *(Ord. n° 2016-394, 31 mars 2016).* – Un décret en Conseil d'État fixe les conditions d'application du présent titre, notamment :

1° Les règles de fonctionnement spécifiques à la société pluriprofessionnelle d'exercice ;

2° Les modalités selon lesquelles les personnes physiques associées et les salariés exercent leur profession au sein de la société ;

3° Les règles concernant la tenue des comptabilités et la présentation des documents comptables ;

4° Les effets de l'interdiction ou de l'incapacité, temporaire ou définitive, d'exercer la profession dont la société ou une personne physique ou morale associée serait frappée ;

5° Les cas où une personne physique ou morale associée peut être exclue de la société, en précisant les garanties morales, procédurales et patrimoniales qui lui sont accordées dans ces cas ;

6° La détermination de l'autorité administrative ou de l'autorité professionnelle compétente pour exercer le contrôle sur la société, les modalités de ce contrôle et notamment les conditions dans lesquelles le secret professionnel est opposable.

Titre V. – Dispositions diverses

Art. 32 *(Mod., Ord. n° 2013-516, 20 juin 2013).* – Le titre Ier et le titre II de la présente loi sont applicables dans la collectivité territoriale de Mayotte. Ils sont applicables dans les collectivités d'outre-mer régies par l'article 74 de la Constitution sous réserve des compétences reconnues à la Polynésie française par la loi organique n° 2004-192 du 27 février 2004 portant statut d'autonomie de la Polynésie française.

Le titre III est applicable dans les collectivités d'outre-mer à l'exception de Saint-Pierre-et-Miquelon.

Les titres Ier, II et IV de la présente loi sont applicables en Nouvelle-Calédonie à la date de la publication de l'ordonnance n° 2013-516 du 20 juin 2013 et dans leur rédaction en vigueur à cette date, sous réserve des compétences qui lui sont dévolues par la loi organique n° 99-209 du 19 mars 1999 relative à la Nouvelle-Calédonie.

Art. 33. – Les titres I et II de la présente loi entrent en vigueur le 1er janvier 1992. Les autres dispositions de la loi entrent en vigueur le jour de sa publication.

Art. 34 *(L. n° 2005-882, 2 août 2005 ; mod., L. n° 2015-990, 6 août 2015).* – I. – Les sociétés constituées avant l'entrée en vigueur des décrets prévus 1 aux deuxième et troisième alinéas de l'article 5-1, dans sa rédaction antérieure à la loi n° 2015-990 du 6 août 2015 pour la croissance, l'activité et l'égalité des chances économiques et aux III et IV de l'article 6, dans sa rédaction résultant de la même loi, se mettent en conformité avec ces décrets, dans un délai de deux ans à compter de l'entrée en vigueur desdits décrets.

II. – À l'expiration de ce délai, si un ou plusieurs associés ne remplissant pas les conditions fixées par ces décrets n'ont pas cédé les parts ou actions qu'ils détiennent, la société peut, nonobstant leur opposition, décider de réduire son capital du montant de la valeur nominale des parts ou actions de ceux-ci et de les racheter à un prix fixé, sauf accord entre les parties, dans les conditions prévues à l'article 1843-4 du Code civil. À défaut, tout intéressé peut demander en justice la dissolution de la société. Le tribunal peut accorder à la société un délai maximal de six mois pour régulariser la situation. La dissolution ne peut être prononcée si, au jour où il est statué sur le fond, cette régularisation a eu lieu.

8.2. – DISPOSITIONS SPÉCIALES

8.2.1. – ADMINISTRATEURS JUDICIAIRES ET MANDATAIRES JUDICIAIRES

8.2.1.1. – Dispositions communes aux diverses sociétés

Voir : Statut et missions des administrateurs judiciaires, mandataires judiciaires et experts en diagnostiques d'entreprise, C. com., art. L. 811-7, p. 2284.

Code de commerce

Partie réglementaire

Section V. – Des sociétés d'administrateurs judiciaires et de mandataires judiciaires

Sous-section 1. – Dispositions communes aux diverses sociétés constituées pour l'exercice en commun de la profession

(Intitulé mod., D. n° 2016-902, 1er juill. 2016)

§ 1. – De la constitution, de l'inscription sur la liste, des statuts et de l'immatriculation

Art. R. 814-59 *(Abr., D. n° 2016-902, 1er juill. 2016 ; rétabli, D. n° 2017-796, 5 mai 2017).* – Les dispositions de la présente sous-section sont applicables aux sociétés constituées pour l'exercice de la profession d'administrateur judiciaire ou celle de mandataire judiciaire.

Sous réserve des dispositions du décret n° 2017-794 du 5 mai 2017 relatif à la constitution, au fonctionnement et au contrôle des sociétés pluri-professionnelles d'exercice de professions libérales juridiques, judicaires et d'expertise-comptable prévues au titre IV *bis* de la loi n° 90-1258 du 31 décembre 1990, elles sont également applicables aux sociétés pluri-professionnelles d'exercice régies par le titre IV *bis* de la loi n° 90-1258 du 31 décembre 1990 relative à l'exercice sous forme de sociétés des professions libérales soumises à un statut législatif ou réglementaire ou dont le titre est protégé et aux sociétés de participations financières de professions libérales et constituées notamment pour l'exercice de l'une de ces deux professions, à l'exception des articles R. 814-70 et R. 814-90.

Art. R. 814-60 *(Mod., D. n° 2016-109, 3 févr. 2016 ; D. n° 2016-902, 1er juill. 2016).* – La demande d'inscription d'une société est présentée collectivement par les associés ou par ceux des associés exerçant en son sein ou par le représentant légal de la société. Elle est adressée à la Commission nationale d'inscription et de discipline par lettre recommandée avec demande d'avis de réception ou remise contre récépissé.

Elle est accompagnée d'un dossier qui comprend à peine d'irrecevabilité de la demande :

1° Un exemplaire des statuts de la société ;

2° Une copie de la décision d'inscription sur la liste nationale de chaque associé exerçant en son sein ;

3° Une attestation du greffier du tribunal de commerce du lieu du siège social, constatant le dépôt au greffe de la demande et des pièces nécessaires à l'immatriculation ultérieure de la société au registre du commerce et des sociétés ;

4° La liste des associés exerçant la profession d'administrateur judiciaire ou de mandataire judiciaire au sein de la société avec leurs nom, prénoms et domicile ;

5° Dans le cas d'une demande d'inscription d'une société d'exercice libéral dont une part du capital social est détenue par des associés mentionnés au 6° du B du I de l'article 5 de la loi n° 90-1258 du 31 décembre 1990 relative à l'exercice sous forme de sociétés des professions libérales soumises à un statut législatif ou réglementaire ou dont le titre est protégé, la liste de ces associés précisant pour chacun d'eux leurs nom, prénoms, domicile et profession, la part de capital qu'ils détiennent et, si l'associé est une personne morale, la raison ou la dénomination sociale, le siège social et la part de capital que cette personne morale détient ;

6° Dans le cas d'une demande d'inscription d'une société prévue au deuxième alinéa de l'article L. 811-7 ou de l'article L. 812-5 *(Mots aj. D. n° 2017-796, 5 mai 2017)* « ou d'une société pluri-professionnelle d'exercice prévue à l'article L. 811-7-1-A ou à l'article L. 812-5-1-A » autre que celle mentionnée au 5°, la liste des associés qui n'exercent pas la profession d'administrateur judiciaire ou de mandataire judiciaire précisant pour chacun d'eux leurs nom, prénoms, domicile et profession, la part de capital qu'ils détiennent et, si l'associé est une personne morale, la raison ou la dénomination sociale, le siège social et la part du capital social que cette personne morale détient ainsi que tout élément permettant d'établir que les exigences de détention de capital prévues par la loi du 31 déc. 1990 précitée sont satisfaites ;

7° Le cas échéant, un exemplaire de la délibération de l'assemblée des associés habilitant le représentant légal à demander l'inscription.

Le commissaire du Gouvernement demande le bulletin n° 2 du casier judiciaire des associés et des membres des organes de gestion, de direction, d'administration ou de surveillance qui ne sont pas administrateur ou mandataire judiciaire.

Art. R. 814-61 *(D. n° 2016-109, 3 févr. 2016).* – La commission nationale d'inscription et de discipline statue sur la demande d'inscription dans les conditions prévues aux articles R. 811-33 à R. 811-35.

Art. R. 814-62 *(Mod., D. n° 2016-109, 3 févr. 2016 ; D. n° 2016-902, 1er juill. 2016).* – La Commission nationale d'inscription et de discipline ne peut refuser l'inscription de la société que si la société ne satisfait pas aux conditions d'exercice de la profession prévues au titre Ier du livre VIII ou aux conditions de détention du capital social et des droits de vote ou de composition des organes dirigeants prévues à l'article L. 811-7 ou à l'article L. 812-5 *(Mots aj.. n° 2017-796, 5 mai 2017)* « , pour une société pluri-professionnelle d'exercice, à l'article L. 811-7-1-A ou à l'article L. 812-5-1-A et à l'article 31-6 de la loi du 31 décembre 1990 précitée ».

Art. R. 814-63 *(Mod., D. n° 2016-902, 1er juill. 2016).* – L'un des originaux de l'acte modificatif des statuts, si celui-ci est sous seing privé, ou une expédition de cet acte s'il a été établi en la forme authentique, est adressé par le représentant légal de la société, dans un délai d'un mois à compter de sa date, par lettre recommandée avec demande d'avis de réception, à la commission nationale d'inscription et de discipline. Il est accompagné de toutes pièces justificatives, notamment, si la modification des statuts résulte d'une cession de parts sociales ou de titres de capital, de celles qui établissent le prix de cette cession.

Art. R. 814-64 *(Mod., D. n° 2016-109, 3 févr. 2016 ; D. n° 2016-902, 1er juill. 2016).* – Toute modification de la répartition ou du nombre des actions ou parts sociales détenues par les associés exerçant la profession ou des droits de vote y afférents, ainsi que toute modification des statuts, fait l'objet, dans les trente jours, d'une déclaration à la Commission nationale d'inscription et de discipline, par lettre recommandée avec demande d'avis de réception, à la diligence de la société ou de l'un au moins des associés concernés. La déclaration est accompagnée de la copie des statuts et de tout document permettant d'établir l'accord de la société ou des autres associés lorsque celui-ci est requis.

Si la modification n'est pas conforme aux dispositions législatives ou réglementaires, la commission peut imposer un délai de régularisation ; s'il n'a pas été procédé à la régularisation dans le délai imparti, la commission prononce, même d'office, la radiation de la liste dans les formes prévues pour l'inscription.

Art. R. 814-65 *(Mod., D. n° 2016-109, 3 févr. 2016).* – La Commission nationale d'inscription et de discipline procède aux modifications de la liste qui résultent de celles des statuts.

Art. R. 814-66 *(Mod. D. n° 2016-109, 3 févr. 2016).* – La Commission nationale d'inscription et de discipline est saisie de toute difficulté. Ses décisions sont susceptibles de recours, dans les conditions prévues à l'article R. 814.

Art. R. 814-67. – Si les statuts sont établis par acte sous seing privé, il en est dressé autant d'originaux qu'il est nécessaire pour la remise d'un exemplaire au siège social et à chaque associé et pour satisfaire aux dispositions de la présente section.

Art. R. 814-68. – Peuvent faire l'objet d'apports à une société d'administrateurs judiciaires et de mandataires judiciaires *(Mots aj., D. n° 2017-796, 5 mai 2017)* « à une société pluri-professionnelle d'exercice prévue à l'article L. 811-7-1-A ou à l'article L. 812-5-1-A », en propriété ou en jouissance :

1° Tous droits incorporels, à l'exclusion de ceux qui, d'une manière directe ou indirecte, auraient pour objet ou effet de conférer une valeur patrimoniale à l'activité de mandataire de justice, tous meubles et immeubles utiles à l'exercice de la profession ;

2° Toutes sommes en numéraire.

Art. R. 814-69. – L'immatriculation de la société et les formalités de publicité au registre du commerce et des sociétés sont régies par la section 1 du chapitre III du titre II du livre I relative au registre du commerce et des sociétés, sous réserve des dispositions des articles R. 814-70 et R. 814-127.

Art. R. 814-70. – Une ampliation de la décision d'inscription de la société sur la liste des administrateurs judiciaires ou sur celle des mandataires judiciaires est adressée par les associés de la société au greffe du tribunal où a été déposée la demande d'immatriculation au registre du commerce et des sociétés.

Au reçu de l'ampliation, le greffier procède à l'immatriculation de la société.

En cas de refus d'immatriculation, il en informe *(Mots rempl., D. n° 2017-796, 5 mai 2017)* « la Commission nationale d'inscription et de discipline ».

Art. R. 814-71. – En cas de constitution de sociétés par voie de fusion ou de scission, les articles R. 814-59 à R. 814-62, R. 814-69, R. 814-70, R. 814-117 *(Réf. aj., D. n° 2017-796, 5 mai 2017)* « , R. 814-122-1 » et R. 814-148 sont applicables.

§ 2. – De l'organisation et du fonctionnement de la société

Art. R. 814-72 *(Rempl., D. n° 2017-796, 5 mai 2017)*. – En aucun cas une valeur représentative d'une clientèle correspondant à l'activité d'administrateur judiciaire ou de mandataire judiciaire ne peut être inscrite à l'actif du bilan de la société, y compris lorsque celle-ci est une société pluri-professionnelle d'exercice prévue à l'article L. 811-7-1-A ou à l'article L. 812-5-1-A.

Art. R. 814-73. – Si l'acte portant cession de titres de capital ou de parts sociales est établi sous seing privé, il en est dressé autant d'originaux qu'il est nécessaire pour la remise d'un exemplaire à chaque partie et pour satisfaire aux formalités requises.

Art. R. 814-74 *(Mod., D. n° 2017-796, 5 mai 2017)*. – Toute convention par laquelle un des associés exerçant la profession d'administrateur judiciaire ou celle de mandataire judiciaire cède en vue de l'exercice de la profession au sein de la société la totalité ou une fraction de ses titres de capital ou parts sociales à un tiers exerçant la même profession est passée sous la condition suspensive de l'inscription de ce tiers sur la liste..

Art. R. 814-75 *(Mod., D. n° 2017-796, 5 mai 2017)*. – Tout nouvel associé qui entend exercer au sein de la société *(Mots aj., D. n° 2017-796, 5 mai 2017)* « la profession d'administrateur judiciaire ou celle de mandataire judiciaire » produit le certificat d'inscription sur la liste.

Art. R. 814-76 *(Abr., D. n° 2016-902, 1er juill. 2016)*.

Art. R. 814-77. – Les articles *(Réf. rempl., D. n° 2016-902, 1er juill. 2016)* « R. 814-64 » et R. 814-80 sont également applicables à la transmission à titre gratuit de tout ou partie de ses titres de capital ou parts sociales consentie par l'un des associés.

Art. R. 814-78. – Le commissaire du Gouvernement près la Commission nationale *(Mot suppr., D. n° 2017-796, 5 mai 2017)* « ... » peut solliciter du commissaire aux comptes mentionné à l'article R. 814-29 un rapport spécial sur les conditions financières de la cession des parts sociales ou titres de capital afin de permettre à la commission d'examiner, en application de l'article R. 814-64, leur conformité avec les dispositions législatives ou réglementaires.

Art. R. 814-79. – En aucun cas, une valeur représentative d'une clientèle *(Mots aj., D. n° 2017-796, 5 mai 2017)* « correspondant à l'activité d'un administrateur judiciaire ou d'un mandataire judiciaire » ne peut être prise en compte dans le calcul de la valeur des parts sociales ou des titres de capital.

Art. R. 814-80 *(Mod., D. n° 2016-902, 1er juill. 2016)*. – L'associé qui a été radié de la liste en application de l'article L. 811-12 ou L. 812-9, qui a fait l'objet d'un retrait en application de l'article L. 811-6 ou L. 812-4, ou qui a été contraint de se retirer de la société en application de l'article R. 814-93 ou R. 814-140, dispose d'un délai de six mois à compter, selon le cas, du jour de l'acceptation de sa démission, du jour où la décision de radiation ou de retrait est devenue définitive, ou de celui où la décision des autres associés de l'exclure de la société lui a été notifiée par lettre recommandée avec demande d'avis de réception, pour reprendre l'exercice d'une profession juridique ou judiciaire ou, à défaut, pour céder ses actions ou parts sociales à la société, à ses coassociés ou à un tiers à la société, afin de satisfaire aux conditions de détention du capital social et des droits de vote prévues à l'article L. 811-7 ou à l'article L. 812-5.

(D. n° 2017-796, 5 mai 2017) Dans le cas d'une société pluri-professionnelle d'exercice, l'associé dispose du même délai pour reprendre l'exercice d'une profession mentionnée à l'article 31-3 de la loi du 31 décembre 1990

précitée et correspondant à l'objet social de la société ou, à défaut, pour céder ses actions ou parts sociales dans la société à ses coassociés ou à un tiers à la société, dans les conditions prévues à l'article R. 814-64, de façon à satisfaire les conditions de détention du capital social et des droits de vote prévues à l'article 31-6 de la même loi.

Art. R. 814-81 *(Mod., D. n° 2016-109, 3 févr. 2016).* – Toute décision de proroger la société est immédiatement portée à la connaissance de la Commission nationale d'inscription et de discipline.

§ 3. – De l'exercice de la profession sous la forme d'une société

Art. R. 814-82 *(Mod., D. n° 2016-902, 1er juill. 2016).* – Sous réserve de l'application de la présente section, les dispositions législatives et réglementaires relatives à l'exercice de la profession d'administrateur judiciaire ou de mandataire judiciaire sont applicables aux associés exerçant la profession et, lorsqu'elles peuvent être appliquées à des personnes morales, à la société elle-même.

Art. R. 814-83 *(Rempl., D. n° 2017-796, 5 mai 2017).* – Lorsque le tribunal nomme une société, il désigne en son sein un ou plusieurs associés exerçant l'activité d'administrateur judiciaire ou de mandataire judiciaire pour la représenter dans l'accomplissement du mandat qui lui est confié.

Nullité de forme de l'assignation indiquant le nom de l'associé et non celui de la société.
V. sous CPC, art. 117, annot. n° 4, p. 1948.

Art. R. 814-84. – Un administrateur judiciaire ou un mandataire judiciaire associé exerçant au sein d'une société ne peut exercer sa profession à titre individuel ou en qualité de membre d'une autre société, quelle qu'en soit la forme.

Art. R. 814-85. – Chaque administrateur judiciaire associé exerçant au sein d'une société exerce les fonctions d'administrateur judiciaire au nom de la société.

Chaque mandataire judiciaire associé exerçant au sein d'une société exerce les fonctions de mandataire judiciaire au nom de la société.

Nullité de forme de l'assignation indiquant le nom de l'associé et non celui de la société.
V. sous CPC, art. 117, annot. n° 4, p. 1948.

Art. R. 814-86. – Les associés exerçant au sein de la société doivent lui consacrer toute leur activité professionnelle, l'informer et s'informer mutuellement de cette activité.

Art. R. 814-87 *(Mod., D. n° 2017-796, 5 mai 2017).* – Le nom de chacun des associés sur la liste nationale des administrateurs judiciaires ou sur la liste nationale des mandataires judiciaires est suivi de la mention de la raison ou dénomination sociale de la société au sein de laquelle il exerce.

En annexe de la liste nationale est dressée la liste des sociétés avec les indications suivantes :

1° Dénomination sociale ou raison sociale ;

2° Lieu du siège social ;

3° Noms de tous les associés exerçant en son sein.

4° Dans le cas d'une société pluri-professionnelle d'exercice, le nom des associés exerçant l'une des autres professions prévue au titre IV *bis* de la loi n° 90-1258 du 31 décembre 1990 précitée et leur profession exercée au sein de la société.

Art. R. 814-88. – Tous les registres et documents prévus par les textes législatifs ou réglementaires sont ouverts et établis au nom de la société.

Art. R. 814-89. – La dénomination ou la raison sociale d'une société *(Mots suppr., D. n° 2017-796, 5 mai 2017)* « ... » figure dans tous documents et correspondances émanant de la société. Elle est complétée par les mentions prévues aux 1° et 2° de l'article R. 123-237.

Dans les actes professionnels, chaque associé exerçant au sein de la société indique la dénomination ou la raison sociale de la société *(Mots suppr., D. n° 2017-796, 5 mai 2017)* « ... » dont il fait partie.

Art. R. 814-90 *(Mod., D. n° 2016-109, 3 févr. 2016).* – Les procès-verbaux des délibérations des associés ainsi que ceux des délibérations du conseil d'administration et du conseil de surveillance sont établis sur un registre spécial préalablement coté et paraphé par le secrétaire de la Commission nationale d'inscription et de discipline. Le registre est conservé au siège de la société.

Toutefois, les procès-verbaux peuvent être établis sur des feuilles mobiles numérotées sans discontinuité, paraphées dans les conditions prévues au premier alinéa. Dès qu'une feuille a été remplie, même partiellement, elle est jointe à celles précédemment utilisées. Toute addition, suppression, substitution ou inversion de feuilles est interdite.

Art. R. 814-91. – La société adhère à la caisse de garantie prévue à l'article L. 814-3. Il lui appartient de justifier des assurances prévues par l'article L. 814-4, répondant aux conditions de l'article R. 814-23, notamment pour l'application du deuxième alinéa de l'article 16 de la loi n° 66-879 du 29 novembre 1966 relative aux sociétés civiles professionnelles ou du deuxième alinéa de l'article 16 de la loi n° 90-1258 du 31 décembre 1990.

(D. n° 2017-796, 5 mai 2017) Dans les sociétés pluri-professionnelles d'exercice, la garantie offerte par la caisse de garantie ne couvre que les dommages survenus dans le cadre de l'exercice des professions d'administrateur judiciaire ou de mandataire judiciaire.

Art. R. 814-92 *(Mod. D. n° 2016-902, 1er juill. 2016 ; D. n° 2017-796, 5 mai 2017).* – En cas d'interdiction temporaire ou de suspension provisoire d'un ou de plusieurs associés exerçant la profession d'administrateur judiciaire ou de mandataire judiciaire, mais non de la totalité d'entre eux, ou de la société, il n'y a pas lieu de commettre d'administrateur provisoire.

En cas d'interdiction temporaire ou de suspension provisoire de la société ou de tous les associés exerçant la profession d'administrateur judiciaire ou de mandataire judiciaire, le procureur de la République près le tribunal de grande instance dans le ressort duquel la société a son siège ou, si son siège n'est pas situé en France, son domicile professionnel requiert le président du tribunal de grande instance, statuant sur requête, de désigner sans délai, pour accomplir les actes nécessaires à la gestion de la société, un administrateur provisoire choisi parmi les personnes mentionnées, suivant la profession concernée, soit à l'article R. 811-58, soit à l'article R. 812-23. Les dispositions du deuxième alinéa de l'article R. 811-58, des articles R. 811-59 et R. 812-23 sont applicables selon que la société exerce l'une ou l'autre des professions.

Art. R. 814-93 *(Mod., D. n° 2016-902, 1er juill. 2016).* – L'associé qui a été radié de la liste ou qui a été retiré de celle-ci en application de l'article L. 811-6, de l'article L. 811-12, de l'article L. 812-4 ou de l'article L. 812-9 perd sa qualité d'associé et cesse d'exercer son activité professionnelle dès que la décision prononçant la radiation ou le retrait est définitive.

Ses titres de capital ou parts sociales sont cédés, le cas échéant, dans les conditions fixées aux articles R. 814-80 et R. 814-128.

Les dispositions des articles R. 814-92 et R. 814-153 sont applicables en cas de radiation ou de retrait de la liste.

Les effets de la radiation de la société ou de tous les associés *(Mots aj., D. n° 2017-796, 5 mai 2017)* « exerçant la profession d'administrateur judiciaire ou de mandataire judiciaire » ou du retrait de tous les associés sont régis par les dispositions des articles R. 814-100 à R. 814-108.

Art. R. 814-94 *(Mod., D. n° 2016-109, 3 févr. 2016).* – À la diligence de la Commission nationale d'inscription et de discipline, une expédition de la décision passée en force de chose jugée prononçant la radiation ou le retrait de la liste de la société ou de tous les associés exerçant en son sein *(Mots aj., D. n° 2017-796, 5 mai 2017)* « la profession d'administrateur judiciaire ou de mandataire judiciaire » est versée au dossier ouvert au nom de la société au greffe chargé de la tenue du registre du commerce et des sociétés.

Art. R. 814-95. – Les fonctions d'administrateur judiciaire associé sont assimilées à celles d'administrateur judiciaire pour la collation du titre d'administrateur judiciaire honoraire.

Les fonctions de mandataire judiciaire associé sont assimilées à celles de mandataire judiciaire pour la collation du titre de mandataire judiciaire honoraire.

§ 4. – De la nullité, de la dissolution et de la liquidation de la société

Art. R. 814-96. – La nullité de la société ne porte pas atteinte à la validité des actes professionnels accomplis par les administrateurs judiciaires ou les mandataires judiciaires associés avant la date où cette nullité est devenue définitive.

Art. R. 814-97 *(Mod., D. n° 2016-109, 3 févr. 2016)*. – À la diligence de la Commission nationale d'inscription et de discipline, toute décision judiciaire passée en force de chose jugée prononçant la nullité de la société fait l'objet d'un dépôt d'une de ses expéditions au dossier ouvert au nom de la société au greffe chargé de la tenue du registre du commerce et des sociétés.

Art. R. 814-98. – La nullité de la société n'est opposable aux tiers qu'à compter de l'accomplissement des formalités de publicité prévues par la section 1 du chapitre III du titre II du livre I relative au registre du commerce et des sociétés.

Art. R. 814-99 *(Mod., D. n° 2016-902, 1er juill. 2016)*. – La société prend fin dans les cas prévus à l'article 1844-7 du Code civil. La dissolution anticipée prévue au 4° de cet article est décidée dans les conditions de majorité requises pour les modifications des statuts.

En outre, la société est dissoute de plein droit :

1° Par le décès du dernier survivant des associés, sans qu'à cette date les parts sociales ou les titres de capital des autres associés exerçant la profession aient été cédés à des tiers ;

2° Par la décision devenue définitive qui prononce la radiation ou le retrait de la liste de la société ou de tous les associés exerçant la profession en application de l'article L. 811-6, de l'article L. 811-12, de l'article L. 812-4 ou de l'article L. 812-9. La décision qui prononce la radiation ou le retrait de la liste constate la dissolution de la société et ordonne sa liquidation.

Art. R. 814-100. – La dissolution de la société entraîne sa liquidation, hormis les cas prévus à l'article 1844-4 du Code civil et au premier alinéa de l'article L. 236-3.

Art. R. 814-101. – La dissolution de la société n'est opposable aux tiers qu'à compter de l'accomplissement des formalités de publicité prévues par la section 1 du chapitre III du titre II du livre I relative au registre du commerce et des sociétés.

Art. R. 814-102. – La liquidation est régie par les statuts, sous réserve des dispositions du Code civil et de celles du livre II du présent code et du présent paragraphe.

Art. R. 814-103. – Le liquidateur est choisi parmi les associés ou, à défaut, parmi les administrateurs judiciaires ou les mandataires judiciaires inscrits, selon que la société exerce l'une ou l'autre de ces professions.

En aucun cas, les fonctions de liquidateur ne peuvent être confiées à une personne contre laquelle a été prononcée une sanction disciplinaire, une mesure de retrait ou de suspension provisoire.

Plusieurs liquidateurs peuvent être désignés.

Le liquidateur désigné remplit les fonctions de l'administrateur provisoire.

Art. R. 814-104. – La décision judiciaire ou la décision de l'assemblée des associés qui nomme le liquidateur fixe sa rémunération.

Art. R. 814-105. – Le liquidateur peut être remplacé pour cause d'empêchement ou tout motif grave, à la demande soit du liquidateur lui-même, soit des associés ou de leurs ayants droit, par ordonnance du président du tribunal de grande instance dans le ressort duquel est situé le siège social.

Le président statue en la forme des référés.

Art. R. 814-106 *(Mod., D. n° 2016-109, 3 févr. 2016)*. – Le liquidateur ne peut entrer en fonctions avant d'avoir accompli les formalités de publicité au registre du commerce et des sociétés et informé de la dissolution de la société la Commission nationale d'inscription et de discipline, en joignant copie de l'acte qui l'a nommé.

Art. R. 814-107. – Le liquidateur ne peut exercer les mandats de justice confiés à la société que s'il y est habilité par la juridiction qui les a décernés.

Art. R. 814-108. – Le liquidateur informe *(Mots rempl., D. n° 2017-796, 5 mai 2017)* « la Commission nationale d'inscription et de discipline des administrateurs judiciaires et des mandataires judiciaires » de la clôture de la liquidation.

8.2.1.2. – Sociétés civiles professionnelles

Code de commerce

Partie réglementaire

Sous-section 2. – Dispositions applicables aux sociétés civiles professionnelles

§ 1. – De la constitution

Art. R. 814-109. – Deux ou plusieurs personnes physiques inscrites sur la liste nationale prévue à l'article L. 811-2 ou sur la liste nationale prévue à l'article L. 812-2 peuvent constituer entre elles une société civile professionnelle pour l'exercice en commun de leur profession d'administrateur judiciaire ou de mandataire judiciaire.

La même faculté appartient aux personnes remplissant les conditions pour être inscrites sur cette liste, sous réserve que chacune d'elles obtienne son inscription au plus tard en même temps que celle de la société.

Ces sociétés reçoivent l'appellation de sociétés civiles professionnelles d'administrateurs judiciaires ou de mandataires judiciaires.

Chaque associé a la qualité d'administrateur judiciaire associé, ou de mandataire judiciaire associé.

Art. R. 814-109-1 *(D. n° 2016-902, 1er juill. 2016).* – La société est constituée sous la condition suspensive de son inscription sur la liste nationale des administrateurs judiciaires prévue par l'article L. 811-2 ou sur la liste nationale des mandataires judiciaires prévue par l'article L. 812-2.

Art. R. 814-110. – Les sociétés civiles professionnelles d'administrateurs judiciaires et sociétés civiles professionnelles de mandataires judiciaires sont régies par les dispositions du décret n° 78-704 du 3 juillet 1978 relatif à l'application de la loi n° 78-9 du 4 janvier 1978 modifiant le titre IX du livre III du Code civil, sous réserve des dispositions de la présente section.

Art. R. 814-111. – Les statuts satisfont aux prescriptions des articles 8, 11, 14, 15, 19, 20 et 24 de la loi n° 66-879 du 29 novembre 1966. Ils indiquent en outre :

1° Les nom, prénoms et domicile de chaque associé ;

2° La durée pour laquelle la société est constituée ;

3° L'adresse du siège social ;

4° La nature et l'évaluation distincte de chacun des apports faits par les associés ;

5° Le montant du capital social, le montant, le nombre et la répartition des parts sociales représentatives de ce capital ;

6° Le nombre des parts d'intérêts attribuées à chaque apporteur en industrie ;

7° L'affirmation de la libération totale ou partielle, selon le cas, des apports concourant à la formation du capital social.

Art. R. 814-112. – Le siège social de la société civile professionnelle est fixé au domicile professionnel commun à plusieurs ou à tous les associés ou au domicile professionnel de l'un d'eux.

Art. R. 814-113. – *(Mots rempl., D. n° 2017-796, 5 mai 2017)* « La Commission nationale d'inscription et de discipline » peut solliciter d'un commissaire aux comptes mentionné à l'article R. 814-29 un avis sur la valeur des apports en nature.

Art. R. 814-114. – Les parts sociales ne peuvent être données en nantissement.

Leur montant nominal ne peut être inférieur à 150 €.

Art. R. 814-115. – Les parts d'intérêts attribuées aux apporteurs en industrie sont incessibles. Elles sont annulées lorsque leur titulaire perd la qualité d'associé pour quelque cause que ce soit.

Art. R. 814-116. – Les parts sociales correspondant à des apports en numéraire doivent être libérées, lors de la souscription, de la moitié au moins de leur valeur nominale.

La libération du surplus intervient, en une ou plusieurs fois, soit aux dates prévues par les statuts, soit par décision de l'assemblée des associés et au plus tard dans le délai de deux ans à compter de l'inscription de la société sur la liste.

Dans les huit jours de leur réception, les fonds provenant de la libération des apports en numéraire sont déposés, pour le compte de la société, à la Caisse des dépôts et consignations, chez un notaire ou dans un établissement de crédit.

Le retrait de ces fonds est effectué par le mandataire de la société sur la justification de l'inscription de celle-ci sur la liste des administrateurs judiciaires ou la liste des mandataires judiciaires.

Art. R. 814-117. – La société ou son liquidateur est dispensé d'insérer dans un journal habilité à recevoir des annonces légales les avis et actes prévus aux articles 22, 24, 26, 27 et 29 du décret n° 78-704 du 3 juillet 1978.

§ 2. – De l'organisation et du fonctionnement

Art. R. 814-118. – Les décisions qui excèdent les pouvoirs du ou des gérants sont prises par les associés réunis en assemblée générale.

L'assemblée est réunie au moins une fois par an. Elle est également réunie lorsqu'un ou plusieurs associés, représentant au moins la moitié en nombre de ceux-ci ou le quart du capital, en font la demande au gérant en indiquant l'ordre du jour.

À défaut de dispositions contraires des statuts, les convocations sont effectuées conformément à l'article 40 du décret n° 78-704 du 3 juillet 1978.

Art. R. 814-119. – Les procès-verbaux des délibérations des associés sont établis sur un registre spécial préalablement coté et paraphé par le greffier chargé de la tenue du registre du commerce et des sociétés où est immatriculée la société. Le registre est conservé au siège social. Il peut être consulté par tout associé.

Art. R. 814-120. – Chaque associé dispose d'un nombre de voix égal quel que soit le nombre de parts qu'il possède.

Un associé peut donner mandat écrit à un autre associé de le représenter à l'assemblée. Toutefois, un associé ne peut être porteur de plus de deux mandats.

L'assemblée ne délibère valablement que si les trois quarts au moins des associés sont présents ou représentés. Si ce quorum n'est pas atteint, les associés sont convoqués une nouvelle fois et l'assemblée délibère valablement si le tiers des associés au moins est présent ou représenté.

Art. R. 814-121. – Sous réserve des dispositions de l'article 19 de la loi n° 66-879 du 29 novembre 1966 et de celles des articles R. 814-99, R. 814-122, *(Réf. aj., D. n° 2017-796, 5 mai 2017)* « R. 814-122-1 », R. 814-124, R. 814-130, R. 814-131, R. 814-140, les décisions sont prises à la majorité des voix des associés présents ou représentés.

Dans tous les cas, les statuts peuvent prévoir, pour certaines décisions, une majorité qualifiée ou l'unanimité des associés.

Art. R. 814-122. – La modification des statuts, y compris la prorogation de la société, est décidée à la majorité des trois quarts des voix de l'ensemble des associés.

L'augmentation des engagements des associés ne peut être décidée qu'à l'unanimité.

Art. R. 814-122-1 *(D. n° 2017-795, 5 mai 2017)*. – La majorité requise pour approuver une des opérations mentionnées au premier alinéa de l'article 27 de la loi n° 66-879 du 29 novembre 1966 relative aux sociétés civiles professionnelles est celle prévue au premier alinéa de l'article R. 814-122.

Art. R. 814-123. – La répartition des bénéfices a lieu conformément aux statuts.

Toutefois, la rémunération des apports en capital ne peut excéder les deux tiers des bénéfices.

Art. R. 814-124. – Sauf stipulation contraire des statuts, les parts sociales peuvent être librement cédées à un associé.

Art. R. 814-125. – Lorsqu'un associé décide de céder tout ou partie de ses parts à un tiers, le projet de cession est notifié à la société et à chaque associé par lettre recommandée avec demande d'avis de réception.

Dans les deux mois de la notification qui lui est faite du projet de cession, la société fait connaître, dans les mêmes formes, son consentement ou son refus. Le silence gardé par la société pendant ce délai vaut consentement implicite à la cession.

Art. R. 814-126. – Si la société refuse de consentir à la cession, elle est tenue, dans les six mois de la notification de son refus, de notifier à l'associé par lettre recommandée avec demande d'avis de réception un projet de cession ou de rachat de ses parts qui implique engagement du cessionnaire ou de la société de se porter acquéreur.

Si le prix proposé pour la cession ou le rachat n'est pas accepté par le cédant, il est fixé conformément aux dispositions de l'article 1843-4 du Code civil.

Si l'associé cédant refuse de signer l'acte portant cession de ses parts au prix ainsi fixé, il est passé outre à ce refus deux mois après la sommation qui lui est adressée par lettre recommandée avec demande d'avis de réception par la société et qui est demeurée infructueuse.

Si la cession porte sur la totalité des parts sociales détenues par l'associé, celui-ci perd sa qualité d'associé à l'expiration du délai prévu à l'alinéa précédent.

Le prix de cession des parts est consigné à la diligence du cessionnaire à la Caisse des dépôts et consignations.

Art. R. 814-127. – Dans le cas prévu au troisième alinéa de l'article R. 814-126, la publicité de la cession des parts sociales est accomplie par le dépôt au registre du commerce et des sociétés de deux copies certifiées conformes de la sommation adressée au cédant accompagnées de la justification de la notification ou de la signification de cette sommation.

Art. R. 814-128. – Si à l'expiration du délai prévu à l'article R. 814-80 aucune cession n'est intervenue, la société procède à la cession ou au rachat des parts dans les conditions prévues aux deuxième et troisième alinéas de l'article R. 814-135.

Art. R. 814-129. – Sous réserve des règles de protection et de représentation *(Mots rempl., D. n° 2017-796, 5 mai 2017)* « des personnes protégées », les dispositions des articles R. 814-80 et R. 814-128 sont applicables à la cession des parts sociales de l'associé frappé d'interdiction légale ou placé sous le régime de la tutelle.

Art. R. 814-130 *(Mod., D. n° 2017-796, 5 mai 2017)*. – Le délai prévu au deuxième alinéa de l'article 24 de la loi n° 66-879 du 29 novembre 1966 pour la cession des parts de l'associé décédé est fixé à un an à compter de la date du décès.

Il peut être prorogé une fois pour une durée d'un an par accord intervenu entre les ayants droit de l'associé décédé et la société, donné dans les conditions prévues pour la cession des parts sociales par le premier alinéa de l'article 19 de la même loi.

Art. R. 814-131. – Toute demande d'un ou plusieurs ayants droit d'un associé décédé tendant, par application du deuxième alinéa de l'article 24 de la loi n° 66-879 du 29 novembre 1966, à l'attribution préférentielle à leur profit des parts sociales de leur auteur est notifiée à la société et à chacun des associés par lettre recommandée avec demande d'avis de réception. En cas de désaccord, la valeur des droits sociaux est fixée dans les conditions prévues par l'article 1843-4 du Code civil.

Art. R. 814-132. – Si, à l'expiration du délai prévu à l'article R. 814-130, les ayants droit de l'associé décédé n'ont pas exercé la faculté de céder les parts sociales de leur auteur et si aucun consentement préalable à l'attribution préférentielle n'a été donné par la société, celle-ci dispose d'une année pour acquérir elle-même, ou faire acquérir par un ou plusieurs associés ou par un tiers, les parts sociales de l'associé décédé.

Le cas échéant, la procédure prévue par les deuxième, troisième et cinquième alinéas de l'article R. 814-126 est applicable.

Art. R. 814-133. – La cession de parts sociales est rendue opposable à la société et aux tiers dans les conditions prévues par l'article 1865 du Code civil.

Art. R. 814-134. – Si les réserves constituées au moyen de bénéfices non distribués ou de plus-values d'actif dues à l'industrie des associés le permettent, il est procédé périodiquement, dans les conditions prévues aux statuts, à l'augmentation du capital social. Les parts sociales ainsi créées sont attribuées aux associés, y compris à ceux qui n'ont apporté que leur industrie, selon les critères de répartition des bénéfices fixés par l'article R. 814-123.

L'augmentation du capital social ne peut intervenir avant la libération totale des parts sociales correspondant à des apports en numéraire.

Art. R. 814-135. – Lorsqu'un associé entend se retirer de la société en application de l'article 21 de la loi n° 66-879 du 29 novembre 1966, il notifie sa décision à la société par lettre recommandée avec demande d'avis de réception.

Dans les six mois de cette notification, la société est tenue de notifier à l'associé, dans les mêmes formes, soit un projet de cession de ses parts à un ou plusieurs associés ou à un tiers inscrit, selon le cas, sur la liste des administrateurs judiciaires ou sur la liste des mandataires judiciaires sur laquelle la société est inscrite ou remplissant les conditions pour y être inscrit, soit un projet de rachat de ces parts par la société. Cette notification implique un engagement du cessionnaire ou de la société de se porter acquéreur.

Le cas échéant, il est fait application des deuxième, troisième, quatrième et cinquième alinéas de l'article R. 814-126.

Art. R. 814-136. – Le retrait d'un associé qui a apporté exclusivement son industrie est notifié à la société par lettre recommandée avec demande d'avis de réception. Il prend effet à la date que l'associé indique ou, à défaut, à celle de cette notification.

Toutefois, les statuts peuvent prévoir que le retrait ne prendra effet qu'à l'expiration d'un délai, sans que celui-ci puisse excéder six mois à compter de la notification faite par l'associé.

Art. R. 814-137. – L'associé titulaire de parts sociales peut, à la condition d'en informer la société par lettre recommandée avec demande d'avis de réception, cesser l'activité professionnelle qu'il exerce au sein de cette société avant la fin de la procédure de cession ou de rachat de ses parts. Il respecte, le cas échéant, le délai fixé par les statuts, sans que celui-ci puisse excéder six mois à compter de la notification de la cessation d'activité.

Art. R. 814-138. – L'associé perd, à compter de sa cessation d'activité, les droits attachés à sa qualité d'associé, à l'exception toutefois des rémunérations afférentes aux apports en capital et de sa part éventuelle dans le capital, les réserves et les plus-values d'actif ; il cesse à la même date d'être soumis aux incompatibilités et interdictions attachées à sa qualité d'associé.

Art. R. 814-139. – La société peut faire l'objet de poursuites disciplinaires indépendamment de celles qui seraient intentées contre les associés.

Art. R. 814-140. – Tout associé qui fait l'objet d'une mesure disciplinaire définitive comportant une sanction égale ou supérieure à trois mois d'interdiction peut être contraint, à l'unanimité des autres associés, de se retirer de la société.

L'associé qui fait l'objet d'une suspension provisoire en application de l'article L. 811-13 ou L. 814-4 peut, à l'expiration d'un délai d'un an à compter de la date de la décision de suspension, s'il n'a pas été mis fin à celle-ci, être contraint de se retirer de la société suivant les modalités mentionnées à l'alinéa précédent.

Les associés exclus perdent du jour où la décision d'exclusion leur a été notifiée les droits attachés à la qualité d'associé, à l'exception des rémunérations afférentes à leurs apports en capital.

Ses parts sociales sont cédées dans les conditions prévues aux articles R. 814-80 et R. 814-128.

Art. R. 814-141. – L'associé interdit temporairement ou suspendu provisoirement ne peut exercer aucune activité professionnelle pendant la durée de la mesure d'interdiction ou de suspension, mais conserve pendant le même temps sa qualité d'associé avec tous les droits et obligations qui en découlent, à l'exclusion de sa vocation aux bénéfices professionnels.

§ 3. – De la nullité, de la dissolution et de la liquidation

Art. R. 814-142. – La dissolution anticipée prévue au 4° de l'article 1844-7 du Code civil est décidée à la majorité des trois quarts des voix de l'ensemble des associés.

Art. R. 814-143. – En dehors des cas prévus au troisième alinéa de l'article R. 814-99, la société civile professionnelle est dissoute de plein droit par la notification à la société des demandes simultanées de retrait des associés faites en application de l'article 21 de la loi n° 66-879 du 29 novembre 1966 ou, en cas de demandes successives, par la dernière d'entre elles, sans qu'à cette date les parts sociales des autres associés aient été cédées à des tiers.

Art. R. 814-144. – Dans le cas prévu par le second alinéa de l'article 37 de la loi n° 66-879 du 29 novembre 1966, l'actif net de la société subsistant après extinction du passif et remboursement du capital est réparti entre les associés au prorata des parts détenues par chacun d'eux, y compris les parts correspondant aux apports en industrie.

8.2.1.3. – Sociétés d'exercice libéral

Code de commerce

Partie réglementaire

Sous-section 3. – Dispositions applicables aux sociétés d'exercice libéral

Art. R. 814-145 ***(Rempl., D. n° 2012-536, 20 avr. 2012 ; mod., D. n° 2016-1218, 13 sept. 2016).*** **– Un ou plusieurs administrateurs judiciaires peuvent constituer, entre eux et avec les personnes mentionnées au B du I de l'article 5 et aux 1° et 3° du I de l'article 6 de la loi n° 90-1258 du 31 décembre 1990 relative à l'exercice sous forme de sociétés des professions libérales soumises à un statut législatif ou réglementaire ou dont le titre est protégé et aux sociétés de participations financières de professions libérales, une société d'exercice libéral.**

II. – Un ou plusieurs mandataires judiciaires peuvent constituer, entre eux et avec les personnes mentionnées au B du I de l'article 5 et aux 1° et 3° du I de l'article 6 de la loi du 31 décembre 1990 précitée, une société d'exercice libéral.

III. – Les personnes physiques ou morales qui exercent la profession de greffier de tribunal de commerce ne peuvent détenir, ni directement ni indirectement, d'action ou de part sociale dans une société d'exercice libéral relevant du I ou du II.

Art. R. 814-146 ***(Mod., D. n° 2012-536, 20 avr. 2012 ; D. n° 2016-1218, 13 sept. 2016).*** **– Les sociétés d'exercice libéral constituées pour l'exercice de la profession d'administrateurs judiciaires ou de mandataires judiciaires sont régies par les dispositions du livre II et de la loi n° 90-1258 du 31 décembre 1990, sous réserve des dispositions de la présente section.**

Art. R. 814-146-1 ***(D. n° 2016-1218, 13 sept. 2016).*** **– La société est constituée sous la condition suspensive de son inscription sur la liste nationale des administrateurs judiciaires prévue par l'article L. 811-2 ou sur la liste nationale des mandataires judiciaires prévue par l'article L. 812-2.**

(Al. créé, D. n° 2017-796, 5 mai 2017) **Les dispositions du présent article ne sont pas applicables aux sociétés pluri-professionnelles d'exercice.**

Art. R. 814-147 ***(Mod., D. n° 2016-109, 3 févr. 2016 ; D. n° 2016-1218, 13 sept. 2016).*** **– La Commission nationale d'inscription et de discipline est informée des modifications apportées à la liste des associés et au montant de leur participation au capital.**

Art. R. 814-148. – La société est dispensée de procéder aux formalités de publicité prévues aux articles R. 210-16 et suivants.

Art. R. 814-149. – Lorsque le consentement de la société est acquis dans les conditions prévues par les articles L. 223-14 et L. 228-24 et 10 de la loi n° 90-1258 du 31 décembre 1990, le cessionnaire demande à *(Mots rempl., D. n° 2016-109, 3 févr. 2016)* « la Commission nationale d'inscription et de discipline », par lettre recommandée avec demande d'avis de réception ou par remise contre récépissé, son inscription sur la liste mentionnée au deuxième alinéa de l'article R. 814-87.

Sa demande est accompagnée, à peine d'irrecevabilité, d'une attestation du transfert sur les registres de titres de la société ou de l'acte de cession des titres de capital ou des parts sociales ainsi que de toutes pièces justificatives, notamment de celles qui sont exigées des personnes demandant leur inscription sur la liste.

Art. R. 814-150 *(Mod., D. n° 2016-1218, 13 sept. 2016)*. – Sous réserve des règles de protection et de représentation des *(Mot rempl., D. n° 2017-796, 5 mai 2017)* « personnes protégées », les dispositions de l'article R. 814-80 sont applicables à la cession des titres de capital ou parts sociales de l'associé placé sous le régime de la tutelle, s'il ne veut ou ne peut bénéficier des dispositions du 2° du B du I de l'article 5 de la loi n° 90-1258 du 31 décembre 1990, ou de l'associé frappé d'interdiction légale.

Art. R. 814-151. – La société ne peut faire l'objet de poursuites disciplinaires indépendamment de celles qui seraient intentées contre les associés exerçant en son sein.

Art. R. 814-152 *(Mod., D. n° 2016-902, 1er juill. 2016 ; D. n° 2017-796, 5 mai 2017)*. – Tout associé exerçant la profession d'administrateur judiciaire ou de mandataire judiciaire au sein de la société, qui a fait l'objet d'une sanction disciplinaire définitive égale ou supérieure à trois mois d'interdiction d'exercice de sa profession ou d'une condamnation pénale définitive à une peine d'emprisonnement égale ou supérieure à trois mois peut être contraint, à l'unanimité des autres associés exerçant au sein de la société, de se retirer de celle-ci.

Ses titres de capital ou parts sociales sont cédés dans les conditions prévues aux articles R. 814-64, R. 814-74 et R. 814-149.

Art. R. 814-153. – L'associé interdit de ses fonctions n'est pas de ce seul fait privé de sa qualité d'associé. Il conserve tous les droits et obligations qui en découlent.

Art. R. 814-154. – L'associé provisoirement suspendu exerçant au sein de la société conserve, pendant la durée de sa suspension, sa qualité d'associé avec tous les droits et obligations qui en découlent. Toutefois, ses revenus liés à l'exercice professionnel sont réduits de moitié, l'autre moitié étant attribuée par parts égales aux administrateurs provisoires associés ou non ou, s'il n'est pas commis d'administrateur provisoire, à ceux des associés exerçant au sein de la société qui n'ont pas fait l'objet d'une suspension provisoire de leurs fonctions.

8.2.1.4. – Sociétés en participation

Code de commerce

Partie réglementaire

Sous-section 4. – Dispositions applicables aux sociétés en participation

Art. R. 814-155. – Les sociétés en participation prévues par l'article 22 de la loi n° 90-1258 du 31 décembre 1990 reçoivent l'appellation de sociétés en participation d'administrateurs judiciaires ou de mandataires judiciaires.

Leur constitution fait l'objet de l'insertion d'un avis dans le *Bulletin officiel des annonces civiles et commerciales*.

L'avis contient la dénomination sociale et la liste des associés.

Art. R. 814-156. – Dans la quinzaine de la publication, une copie de cet avis et un exemplaire de la convention qui fonde la société en participation sont remis contre récépissé ou expédiés par lettre recommandée avec demande d'avis de réception à *(Mots rempl., D. n° 2016-109, 3 févr. 2016)* « la

Commission nationale d'inscription et de discipline » qui peut, dans un délai d'un mois, mettre en demeure les associés, par lettre recommandée avec demande d'avis de réception, de modifier la convention pour la mettre en conformité avec les règles applicables à la profession.

Art. R. 814-157. – Le retrait ou l'admission d'un associé donne lieu à la publication mentionnée aux deuxième et troisième alinéas de l'article R. 814-155 et, pour le nouvel associé, les dispositions des articles R. 814-66 et R. 814-156 sont applicables.

8.2.1.4.1. – Sociétés de participations financières de profession libérale

Code de commerce

Art. R. 814-158 *(D. n° 2012-536, 20 avr. 2012 ; mod., D. n° 2016-1218, 13 sept. 2016)*. – Les sociétés de participations financières de professions libérales constituées, en application du titre IV de la loi n° 90-1258 du 31 décembre 1990 relative à l'exercice sous forme de sociétés des professions libérales soumises à un statut législatif ou réglementaire ou dont le titre est protégé et aux sociétés de participations financières de professions libérales, en vue de la détention de parts sociales ou d'action dans des sociétés exerçant la profession d'administrateur judiciaire ou celle de mandataire judiciaire sont régies par les dispositions du livre II, à l'exception de celles qui attribuent compétence au tribunal de commerce, sous réserve des dispositions de la présente section. Ces sociétés sont dénommées respectivement « société de participation financière de profession libérale d'administrateur judiciaire » et « société de participation financière de profession libérale de mandataire judiciaire ».

Sous-section 1. – De la constitution de la société

Art. R. 814-159 *(D. n° 2012-536, 20 avr. 2012 ; mod., D. n° 2016-1218, 13 sept. 2016)*. – Les personnes physiques ou morales qui exercent la profession de greffier de tribunal de commerce ne peuvent détenir, ni directement ni indirectement, d'action ou de part sociale dans une société de participation financière de profession libérale d'administrateur judiciaire ou dans une société de participation financière de profession libérale de mandataire judiciaire.

Art. R. 814-160 *(D. n° 2012-536, 20 avr. 2012)*. – La constitution de la société fait l'objet d'une déclaration adressée par lettre recommandée avec avis de réception par un mandataire commun désigné par les associés à la commission nationale d'inscription et de discipline compétente.

Une copie des statuts de la société est jointe à la déclaration qui comprend la liste des associés avec indication, selon le cas, de leur profession ou de leur qualité, suivie, pour chacun, de la mention de la part de capital qu'il détient dans la société.

Art. R. 814-161 *(D. n° 2012-536, 20 avr. 2012 ; mod., D. n° 2016-1218, 13 sept. 2016)*. – Le secrétaire de la commission nationale d'inscription et de discipline compétente adresse une copie de la déclaration et des statuts au procureur général près la cour d'appel dans le ressort de laquelle la société a son siège.

Il dresse la liste des sociétés de participations financières de professions libérales d'administrateurs judiciaires ou de mandataires judiciaires dont les conditions de tenue et mise à jour sont fixées par arrêté du garde des Sceaux.

Art. R. 814-162 *(D. n° 2012-536, 20 avr. 2012)*. – L'immatriculation de la société au registre du commerce et des sociétés est régie par les articles R. 123-31 et suivants, sous réserve des dispositions ci-après.

Une copie de la déclaration mentionnée à l'article R. 814-160 est adressée par le mandataire des associés au greffe du tribunal où a été déposée la demande d'immatriculation au registre du commerce et des sociétés ; à la réception de ce document, le greffier procède à l'immatriculation et en informe la commission nationale d'inscription et de discipline compétente.

La société est dispensée de procéder aux formalités de publicité prévues aux articles R. 210-16 et suivants.

Sous-section 2. – Du fonctionnement de la société et de son contrôle

Art. R. 814-163 *(D. n° 2012-536, 20 avr. 2012 ; mod., D. n° 2016-1218, 13 sept. 2016).* – La société de participations financières de professions libérales d'administrateurs judiciaires ou de mandataires judiciaires fait connaître à la commission nationale compétente ainsi qu'au procureur général près la cour d'appel dans le ressort de laquelle est situé son siège, dans un délai de trente jours à compter de la date à laquelle il se produit, tout changement dans la situation déclarée en application de l'article R. 814-160.

Art. R. 814-164 *(D. n° 2012-536, 20 avr. 2012).* – Si la société de participations financières de professions libérales d'administrateurs judiciaires ou de mandataires judiciaires ne se conforme pas aux dispositions législatives et réglementaires en vigueur, elle peut être invitée à régulariser la situation par le procureur général près la cour d'appel dans le ressort de laquelle est situé son siège ou le commissaire du Gouvernement près la commission nationale d'inscription et de discipline compétente. L'invitation est faite par lettre recommandée avec demande d'accusé de réception, dont copie est adressée au magistrat coordonnateur mentionné à l'article R. 811-40.

Si la société ne régularise pas la situation dans le délai indiqué, le procureur général ou le commissaire du Gouvernement peuvent inviter les associés, selon les mêmes modalités, à prononcer la dissolution anticipée de la société.

Art. R. 814-165 *(D. n° 2012-536, 20 avr. 2012).* – Lorsque plusieurs personnes désignées dans le cadre de la procédure collective détiennent, directement ou indirectement, des participations dans une même société, elles en informent sans délai la juridiction.

Art. R. 814-166 *(D. n° 2012-536, 20 avr. 2012 ; mod., D. n° 2016-1851, 23 déc. 2016).* – Chaque société de participations financières de professions libérales d'administrateurs judiciaires ou de mandataires judiciaires fait l'objet, au moins une fois tous les trois ans, d'un contrôle portant sur le respect des dispositions législatives et réglementaires qui régissent la composition de son capital et l'étendue de ses activités.

Avant la fin de chaque année, le président du conseil national adresse au garde des Sceaux, ministre de la Justice, la liste des sociétés que le bureau du conseil a désignées comme devant faire l'objet du contrôle périodique au cours de l'année suivante. Cette liste est également adressée au commissaire du Gouvernement près de la commission d'inscription et de discipline qui a procédé à leur inscription ainsi qu'au magistrat coordonnateur mentionné à l'article R. 811-40.

Chaque société de participations financières peut, en outre, être soumise à des contrôles occasionnels, prescrits conformément au premier alinéa de l'article R. 814-42-2.

Les dispositions des articles R. 814-44 à R. 814-46, à l'exception du sixième alinéa de l'article R. 814-45, et du deuxième alinéa de l'article R. 814-48 sont applicables à ces contrôles.

Art. R. 814-167 *(D. n° 2012-536, 20 avr. 2012 ; mod., D. n° 2016-1851, 23 déc. 2016).* – Le non-respect des dispositions régissant la constitution et le fonctionnement des sociétés de participations financières de professions libérales par les administrateurs judiciaires ou les mandataires judiciaires associés d'une telle société peut donner lieu à des poursuites disciplinaires.

Sous-section 3. – De la dissolution et de la liquidation de la société

Art. R. 814-168 *(D. n° 2012-536, 20 avr. 2012).* – En cas de dissolution de la société de participations financières, le liquidateur est choisi parmi les associés ou, à défaut, par le président du tribunal de grande instance du lieu du siège social de la société.

Le liquidateur peut être remplacé pour cause d'empêchement, ou pour tout autre motif grave, sur décision du président du tribunal de grande instance du lieu du siège social de la société statuant sur requête, à la demande du liquidateur, des associés ou de leurs ayants droit, ou du procureur de la République.

En aucun cas les fonctions de liquidateur ne peuvent être confiées à un associé ayant fait l'objet d'une peine disciplinaire. Elles ne peuvent être confiées, pour une société de participations financières de professions libérales d'administrateurs judiciaires à un mandataire judiciaire et, pour une société de participations financières de professions libérales de mandataires judiciaires, à un administrateur judiciaire.

Art. R. 814-169 *(D. n° 2012-536, 20 avr. 2012 ; D. n° 2016-1218, 13 sept. 2016)*. – La dissolution de la société est portée à la connaissance de la commission nationale d'inscription et de discipline compétente et du procureur général. Le liquidateur fait parvenir à chacun d'eux une expédition de la délibération des associés ou de la décision de justice qui l'a nommé dans ses fonctions.

Le liquidateur dépose au greffe chargé de la tenue du registre du commerce et des sociétés où la société est inscrite, pour être versée au dossier ouvert au nom de la société, la copie de l'expédition prévue au premier alinéa dont tout intéressé peut obtenir communication.

Il ne peut entrer en fonctions avant l'accomplissement des formalités précitées.

Le liquidateur informe les personnes et organes mentionnés au premier alinéa de la clôture des opérations de liquidation.

8.2.2. – ARCHITECTES

8.2.2.1. – Sociétés civiles professionnelles

Décret n° 77-1480 du 28 décembre 1977

pris pour l'application à la profession d'architecte de la loi n° 66-879 du 29 novembre 1966 relative aux sociétés civiles professionnelles

(JO 1er janv. 1978)

Art. 1er – La loi [n° 66-879] du 29 novembre 1966 relative aux sociétés civiles professionnelles est applicable à la profession d'architecte dans les conditions prévues au présent décret.

Art. 2. – Les sociétés régies par le présent décret sont composées soit exclusivement d'architectes, soit d'architectes et de personnes physiques exerçant d'autres professions dont le concours est utile à l'architecte pour assumer pleinement les actes de sa profession. Dans ce dernier cas, les associés ayant le titre d'architecte doivent, à tout moment, être au moins à égalité en nombre avec les autres associés et représenter plus de la moitié du capital social.

Art. 3. – Les sociétés régies par le présent décret ont pour objet l'exercice en commun de la profession d'architecte et, le cas échéant, des autres professions représentées en leur sein. Cet exercice comporte la mise en commun et le partage des bénéfices entre les associés.

Ces sociétés reçoivent l'appellation de société civile professionnelle d'architecture.

Seuls les associés qui sont inscrits personnellement au tableau de l'ordre des architectes ont la qualité et le titre d'architecte associé.

CHAPITRE I. – CONSTITUTION DE LA SOCIÉTÉ

Section I. – Dispositions générales

Art. 4. – Deux ou plusieurs architectes inscrits au tableau de l'ordre peuvent constituer entre eux avec une ou plusieurs personnes physiques définies à l'article 2 ci-dessus une société civile professionnelle dont le siège est obligatoirement établi dans une des circonscriptions où sont inscrits un ou plusieurs de ces architectes.

Toutefois, la société peut être constituée exclusivement ou non entre des personnes physiques non inscrites au tableau de l'ordre mais remplissant les conditions requises pour porter le titre et exercer la profession d'architecte, sous la condition que chacune d'elles demande son inscription au plus tard en même temps que celle de la société.

Art. 5. – La société est constituée sous la condition suspensive de son inscription au tableau de la circonscription régionale de l'ordre dans laquelle elle a son siège et, le cas échéant, de l'inscription de chaque architecte associé à un tableau de l'ordre.

Art. 6. – La demande d'inscription de la société au tableau est présentée collectivement par les associés au conseil régional de l'ordre et adressée au président du conseil régional par lettre recommandée avec demande d'avis de réception.

Il y est joint un dossier qui doit comprendre :

1° Un exemplaire des statuts de la société et, le cas échéant, une expédition ou une copie de l'acte constitutif ;

2° Un certificat d'inscription au tableau de l'ordre, en ce qui concerne chaque architecte associé déjà inscrit, ou la demande d'inscription à un tableau, en ce qui concerne chaque architecte associé non encore inscrit ;

3° Une requête de chaque architecte associé sollicitant du conseil régional l'inscription de la société au tableau.

Art. 7. – L'inscription de la société au tableau ne peut être refusée par le conseil régional de l'ordre que si les statuts déposés ne sont pas conformes aux dispositions législatives ou réglementaires régissant la société, notamment à celles du présent décret.

Le rejet de la demande d'inscription doit être motivé. Il ne peut être prononcé qu'après que les intéressés ont été appelés à présenter au conseil régional toutes explications orales ou écrites relatives à la constitution de la société.

La décision de rejet est notifiée, par lettre recommandée avec demande d'avis de réception, à chacun des intéressés.

Section II. – Statuts. Capital social. Parts sociales et parts d'industrie

Art. 8. – Si les statuts sont établis par acte sous seing privé, il est établi autant d'originaux qu'il est nécessaire pour la remise d'un exemplaire à chaque associé et pour satisfaire aux dispositions de l'article 14 ci-dessous.

Art. 9. – Outre les mentions prévues par les articles 8, 10, 11, 14, 15, 19 et 20 de la loi susvisée [n° 66-879] du 29 novembre 1966 concernant respectivement la raison sociale, la répartition des parts, les gérants, la répartition des bénéfices, les dettes sociales, les cessions de parts sociales et les mentions prévues par le présent décret, les statuts doivent indiquer :

1° Les nom, prénom, profession et domicile des associés ;

2° L'adresse du siège social ;

3° La durée pour laquelle la société est constituée ;

4° La nature et l'évaluation distincte de chacun des apports faits par les associés ;

5° Le montant du capital social, le nombre, le montant nominal et la répartition des parts sociales représentatives de ce capital ;

6° Le nombre des parts attribuées à chaque apporteur en industrie ;

7° L'indication du montant libéré, lors de la constitution de la société, des apports en numéraire.

Art. 10. – Peuvent être apportés à la société, en propriété ou en jouissance :

1° Tous droits incorporels, mobiliers ou immobiliers, et notamment le droit pour un associé de présenter la société comme successeur à sa clientèle ;

2° Tous documents et archives et, d'une manière générale, tous objets mobiliers à usage professionnel ;

3° Les immeubles ou locaux utiles à l'exercice de la profession ;

4° Toutes sommes en numéraire.

Les apports en industrie des associés, qui, en vertu de l'article 10 de la loi susvisée [n° 66-879] du 29 novembre 1966, ne concourent pas à la formation du capital social, peuvent donner lieu à l'attribution de parts.

Art. 11. – Les parts sociales ne peuvent être données en nantissement.

Leur montant nominal ne peut être inférieur à 15,24 €.

Les parts correspondant aux apports en industrie sont incessibles et sont annulées lorsque leur titulaire perd sa qualité d'associé pour quelque cause que ce soit ou lorsque la société est dissoute.

Art. 12. – Les parts sociales représentant un apport en numéraire doivent être libérées, lors de la souscription, d'un tiers au moins de leur montant nominal.

La libération du surplus doit intervenir, en une ou plusieurs fois, soit aux dates fixées par les statuts, soit sur décision de l'assemblée des associés et au plus tard dans le délai de trois ans à compter de l'inscription de la société au tableau de l'ordre.

Dans les huit jours de leur réception, les fonds provenant de la libération des apports en numéraire sont déposés, pour le compte de la société, à la caisse des dépôts et consignations, chez un notaire ou dans une banque. Le retrait de ces fonds est effectué par un mandataire de la société, sur la seule justification de l'inscription de celle-ci au tableau de l'ordre.

Section III. – Publicité

Art. 13. – Dans le délai de quinze jours qui suit l'inscription de la société au tableau de l'ordre, un exemplaire des statuts est déposé, à la diligence d'un gérant, au secrétariat-greffe du tribunal de grande instance du lieu du siège social pour être versé à un dossier ouvert au nom de la société par le greffier en chef.

Jusqu'à ce dépôt, les dispositions des statuts sont inopposables aux tiers, qui peuvent toutefois s'en prévaloir.

Tout intéressé peut obtenir la délivrance à ses frais, par le greffier en chef du tribunal ou par le conseil régional de l'ordre, d'un extrait des statuts contenant, à l'exclusion de toutes autres indications, l'identité des associés, l'adresse du siège social, la raison sociale, la durée pour laquelle la société est constituée, les clauses relatives aux pouvoirs et à la responsabilité pécuniaire des associés et à la dissolution de la société.

Art. 14. – Au tableau de l'ordre, le nom de chaque architecte associé est suivi de la mention de la raison sociale de la société civile professionnelle dont il est membre.

Le tableau comporte en deuxième partie la liste des sociétés civiles professionnelles d'architecture qui y sont inscrites, avec l'indication, pour chacune, de la raison sociale, de l'adresse du siège social et des noms et professions de tous les associés.

CHAPITRE II. – FONCTIONNEMENT DE LA SOCIÉTÉ

Section I. – Administration de la société

Art. 15. – Par application de l'article 11 de la loi susvisée [n° 66-879] du 29 novembre 1966, les statuts organisent la gérance et déterminent les pouvoirs des gérants.

Toutefois, si la société comprend les personnes exerçant d'autres professions que celle d'architecte, le gérant unique ou, en cas de pluralité de gérants, l'un au moins de ceux-ci doit être obligatoirement choisi parmi les architectes associés.

Art. 16. – Les décisions qui excèdent les pouvoirs des gérants sont prises par les associés réunis en assemblée.

L'assemblée des associés est réunie au moins une fois par an. Elle est aussi réunie lorsqu'un ou plusieurs associés, représentant au moins la moitié en nombre ou le quart en capital, en fait la demande en indiquant l'ordre du jour.

Les statuts déterminent les modalités de convocation de l'assemblée.

Art. 17. – Toute délibération de l'assemblée donne lieu à l'établissement d'un procès-verbal signé par les associés présents et contenant notamment la date et le lieu de la réunion, son ordre du jour détaillé, l'identité des associés présents ou représentés, un résumé des débats, le texte des résolutions mises aux voix et le résultat des votes.

Les procès-verbaux sont établis sur un registre spécial préalablement coté et paraphé par le greffier en chef du tribunal d'instance et conservé au siège social.

Art. 18. – Les statuts fixent le nombre de voix dont dispose chaque associé. Toutefois, aucun associé ne peut, à lui seul, disposer de plus de la moitié des voix.

Si la société comprend des personnes exerçant d'autres professions que celle d'architecte, les architectes associés doivent disposer ensemble de plus de la moitié des voix.

Art. 19. – Un associé peut donner mandat écrit à un autre associé de le représenter à l'assemblée.

L'assemblée ne délibère valablement que si les trois quarts au moins des associés sont présents ou représentés. Si ce quorum n'est pas atteint, les associés sont convoqués une seconde fois et l'assemblée délibère valablement si deux associés au moins sont présents.

Art. 20. – Sous réserve des dispositions de l'article 19 de la loi susvisée [n° 66-879] du 29 novembre 1966 ou de celles du présent décret imposant les conditions spéciales de majorité, les décisions sont prises à la majorité des voix dont disposent les associés présents ou représentés.

Toutefois, les statuts peuvent prévoir une majorité plus forte ou même l'unanimité des associés, pour toutes les décisions ou seulement pour celles qu'ils énumèrent.

Art. 21. – La modification des statuts et la prorogation de la société sont décidées à la majorité des trois quarts des voix de l'ensemble des associés.

Toutefois, l'augmentation des engagements des associés ne peut être décidée qu'à l'unanimité de tous les associés.

Tout acte modifiant les statuts ou prorogeant la société est déposé, en expédition ou en copie selon le cas, dans le délai de quinze jours à compter de sa date, au secrétariat-greffe du tribunal de grande instance du lieu du siège social et au siège du conseil régional de l'ordre, dans les conditions et sous les effets prévus à l'article 13.

Art. 22. – Après la clôture de chaque exercice, les gérants établissent, dans les conditions fixées par les statuts, les comptes de la société et un rapport sur les résultats de celle-ci.

Les documents mentionnés à l'alinéa précédent sont soumis à l'approbation de l'assemblée des associés dans les trois mois qui suivent la clôture de l'exercice. À cette fin, ils sont adressés à chaque associé, avec le texte des résolutions proposées, quinze jours au moins avant la réunion de l'assemblée et, au plus tard, avec la convocation à cette assemblée.

Art. 23. – Chaque associé peut, à toute époque, prendre connaissance par lui-même des rapports et comptes sociaux concernant les exercices antérieurs, des registres de procès-verbaux, de tous registres et documents comptables dont la tenue est prescrite par les dispositions législatives ou réglementaires relatives à la profession et plus généralement de tous documents détenus par la société.

Section II. – Cessions et transmissions de parts sociales

Sous-section 1 – Cessions entre vifs par un associé

Art. 24. – Un associé ne peut céder, à titre onéreux ou gratuit, tout ou partie de ses parts sociales à un tiers étranger à la société que si le cessionnaire est agréé par la société dans les conditions prévues à l'article 19 (alinéa 1er) de la loi susvisée [n° 66-879] du 29 novembre 1966.

Si le cessionnaire n'est pas architecte mais remplit les conditions requises pour exercer cette profession, la cession est conclue sous la condition suspensive de son inscription au tableau de l'ordre.

Le projet de cession est notifié à la société et à chacun des associés soit dans l'une des formes prévues à l'article 1690 du Code civil, soit par lettre recommandée avec demande d'avis de réception.

Art. 25. – Si la société a, dans la même forme, notifié son consentement exprès à la cession ou si elle n'a pas fait connaître sa décision dans le délai de deux mois à compter de la dernière des notifications prévues au troisième alinéa de l'article précédent, le cessionnaire, s'il est architecte, adresse au conseil régional une demande en vue d'être inscrit au tableau de l'ordre en qualité d'architecte associé.

La demande est accompagnée, sous peine d'irrecevabilité, d'une expédition ou d'une copie, selon le cas, de l'acte de cession des parts sociales ainsi que de toutes pièces justificatives, notamment de celles qui établissent le consentement exprès ou tacite donné par la société à la cession.

Art. 26. – Si la société refuse d'agréer le cessionnaire, elle est tenue, dans le délai de six mois à compter de la notification de son refus, faite dans l'une des formes prévues à l'article 24 (alinéa 3), de notifier dans la même forme à l'associé qui persiste dans son intention de céder ses parts sociales, un projet de cession ou de rachat de ces parts, conformément aux dispositions de l'article 19 (alinéa 3) de la loi susvisée [n° 66-879] du 29 novembre 1966. Cette notification implique un engagement du cessionnaire ou de la société qui se porte acquéreur.

Si le prix proposé pour la cession ou le rachat n'est pas inférieur à celui qu'avait proposé le cessionnaire non agréé, ce prix doit être accepté par le cédant. Si ce prix est inférieur et n'est pas accepté par le cédant, le prix de cession ou de rachat est fixé, à la demande de la partie la plus diligente, par le président du conseil régional de l'ordre, sauf recours à la cour d'appel du siège de ce conseil.

Lorsque l'associé cédant refuse de signer l'acte portant cession de ses parts qui lui est proposé, il est passé outre à son refus, deux mois après la sommation à lui faite par la société dans l'une des formes prévues à l'article 24 (alinéa 3) et demeurée infructueuse. Si la cession porte sur la totalité des parts sociales dont l'associé est titulaire, celui-ci perd la qualité d'associé à l'expiration du délai légal. Dans tous les cas, le prix de cession des parts est consigné à la diligence du cessionnaire.

Art. 27. – La cession de tout ou partie de ses parts sociales par un associé à la société, aux autres associés ou à l'un ou plusieurs d'entre eux est portée à la connaissance du conseil régional de l'ordre par le ou les cessionnaires au moyen d'une lettre recommandée.

Art. 28. – Lorsqu'un associé entend se retirer de la société en application de l'article 21 de la loi susvisée [n° 66-879] du 29 novembre 1966, il notifie sa décision à la société dans l'une des formes prévues à l'article 24 (alinéa 3).

La société dispose de six mois à compter de cette notification pour notifier à l'associé, dans la même forme, un projet de cession de ses parts sociales à un tiers ou à un associé ou un projet de rachat des parts par la société. Cette notification implique engagement du cessionnaire ou de la société qui se porte acquéreur.

Les dispositions de l'article 26 (alinéas 2 et 3) sont, le cas échéant, applicables.

Art. 29. – L'associé démissionnaire ou radié du tableau de l'ordre dispose d'un délai de six mois à compter du jour soit de l'acceptation de sa démission, soit de celui où sa radiation est devenue définitive, pour céder ses parts sociales, soit à un tiers dans les conditions prévues aux articles 24 et 25, soit aux associés ou à l'un ou plusieurs d'entre eux, soit à la société.

Si à l'expiration de ce délai, aucune cession n'est intervenue, il est procédé conformément aux dispositions de l'article 28.

Art. 30. – Sous réserve des règles de protection et de représentation des incapables, les dispositions de l'article précédent sont applicables à la cession des parts sociales de l'associé frappé d'interdiction légale ou placé sous le régime de la tutelle des majeurs. Dans ce cas, le délai de six mois est porté à un an.

Elles sont également applicables à la cession des parts sociales de l'associé dont le retrait de la société a été décidé dans le cas prévu à l'article 47. Le délai imparti à cet associé pour céder ses parts court du jour où la décision des autres associés prononçant son exclusion lui a été notifiée dans l'une des formes prévues à l'article 24 (alinéa 3).

Sous-section 2 – Cessions après décès d'un associé

Art. 31. – Le délai prévu par l'article 24 (alinéa 2) de la loi susvisée [n° 66-879] du 29 novembre 1966 pour la cession des parts de l'associé décédé est fixé à un an à compter du décès de l'associé.

Il peut être renouvelé par le président du conseil régional de l'ordre, à la demande des ayants droit de l'associé décédé et avec le consentement de la société donné dans les conditions prévues, pour la cession des parts sociales, par l'article 19 (alinéa 1er) de la loi susvisée.

Art. 32. – Si pendant le délai prévu à l'article précédent les ayants droit décident de céder les parts sociales de leur auteur à un tiers étranger à la société, il est procédé conformément aux dispositions des articles 24, 25 et 26.

Art. 33. – Toute demande d'un ou plusieurs ayants droit d'un associé décédé tendant à l'attribution à leur profit, par préférence, des parts sociales de leur auteur, est notifiée à la société et à chacun des associés dans l'une des formes prévues par l'article 24 (alinéa 3).

Les modalités de cette attribution sont régies, pour le surplus, par les dispositions des articles 24 (alinéas 1 et 2) et 25 et, le cas échéant, par celles de l'article 26.

Art. 34. – Lorsque, à l'expiration du délai prévu à l'article 31, les ayants droit de l'associé décédé n'ont pas exercé la faculté de céder les parts sociales de leur auteur, et si aucun consentement préalable à l'attribution préférentielle n'a été donné par la société, celle-ci dispose de six mois pour acquérir ou faire acquérir les parts sociales de l'associé décédé. En cas de litige, il est fait application des dispositions de l'article 26 (alinéas 2 et 3).

Sous-section 3 – Publicité de la cession des parts sociales

Art. 35. – À la diligence du cessionnaire, un exemplaire de l'acte de cession des parts sociales, s'il est sous seing privé, ou une expédition de cet acte, s'il a été établi en la forme authentique, est déposé au secrétariat-greffe du tribunal de grande instance du lieu du siège social, pour être versé au dossier ouvert au nom de la société, ainsi qu'au siège du conseil régional de l'ordre.

Jusqu'au dépôt au secrétariat-greffe du tribunal, la cession des parts sociales est inopposable aux tiers, qui peuvent toutefois s'en prévaloir.

Dans le cas où il y a lieu à réduction du capital social, en application de l'article 21 de la loi susvisée [n° 66-879] du 29 novembre 1966, un exemplaire ou une expédition selon le cas de l'acte modifiant les statuts est déposé à la diligence d'un gérant de la société au secrétariat-greffe du tribunal de grande instance, pour être versé au dossier de la société, ainsi qu'au siège du conseil régional de l'ordre.

Tout intéressé peut obtenir du greffier en chef ou du conseil régional de l'ordre la délivrance à ses frais d'un extrait de l'acte de cession contenant seulement les indications prévues à l'article 13 (alinéa 3).

Section III – Augmentation du capital social. Retrait d'associés ou entrée de nouveaux associés

Art. 36. – Si les réserves constituées au moyen de bénéfices non distribués ou de plus-values d'actif dues à l'industrie des associés le permettent, il est procédé périodiquement à l'augmentation du capital social. Les parts sociales créées à cette occasion sont réparties entre tous les associés, y compris ceux qui n'ont apporté que leur industrie.

Les statuts fixent les conditions et les modalités d'application de l'alinéa précédent.

Le capital ne peut être augmenté par l'incorporation de réserves avant la libération intégrale des parts sociales souscrites en numéraire.

Art. 37. – En cas de retrait d'associés ou d'entrée de nouveaux associés, par suite de la cession de parts sociales ou de la création de nouvelles parts sociales consécutives à une augmentation de capital, la société est tenue de demander au conseil régional de l'ordre la modification correspondante de son inscription au tableau.

Si le conseil régional constate que la société, à la suite de l'opération intervenue, demeure constituée en conformité avec les dispositions législatives ou réglementaires qui la régissent, il modifie en conséquence l'inscription de la société au tableau de l'ordre.

Dans le cas contraire, et notamment s'il est constaté que la société est en infraction aux dispositions de l'article 2 ci-dessus, il impartit un délai de régularisation ou prononce la radiation de la société, si cette régularisation ne lui paraît pas possible. À défaut de régularisation dans le délai imparti, la société est radiée du tableau.

Section IV. – Exercice de la profession

Art. 38. – Les dispositions législatives ou réglementaires relatives à l'exercice de la profession d'architecte par les personnes physiques, notamment en ce qui concerne la déontologie, les incompatibilités d'exercice et l'assurance, sont applicables aux sociétés civiles professionnelles d'architecture et aux architectes associés.

Art. 39. – La raison sociale est constituée par les noms de tous les associés, ou de l'un ou plusieurs d'entre eux suivis de la mention « et autres ».

Elle doit figurer dans tous les documents et correspondances émanant de la société, accompagnée de la qualification Société civile professionnelle d'architecture, à l'exclusion de toute autre.

Art. 40. – Dans les actes professionnels, chaque associé indique la raison sociale de la société dont il est membre.

Art. 41. – Nul ne peut être membre de plus d'une société civile professionnelle d'architecture.

L'architecte associé ne peut exercer sa profession à titre individuel à moins qu'il n'y soit autorisé par les statuts, dans les limites fixées par ceux-ci et à condition que l'activité autorisée soit expressément exclue de l'objet de la société par une clause statutaire.

L'associé exerçant une autre profession peut exercer sa profession pour son compte personnel sous quelque forme que ce soit, sauf clause contraire ou limitative des statuts.

Art. 42. – Chaque associé exerce, au nom et pour le compte de la société, l'activité professionnelle qui lui est propre.

Les associés doivent s'informer mutuellement de cette activité.

Art. 43. – Chaque architecte associé participe individuellement à l'élection des membres du conseil régional de l'ordre.

Pour la détermination du nombre des membres du conseil régional, chaque architecte associé compte pour une unité.

Les architectes associés sont éligibles au conseil régional. Toutefois, celui-ci ne peut comprendre en même temps deux ou plusieurs architectes associés dans une même société.

Les sociétés civiles professionnelles d'architecture ne sont admises en tant que telles ni à voter pour l'élection des conseils de l'ordre, ni à siéger dans ces conseils.

Art. 44. – Les documents prévus par la loi ou les règlements pour l'exercice de la profession d'architecte sont ouverts et établis au nom de la société.

Art. 45. – En application du troisième alinéa de l'article 16 de la loi susvisée [n° 66-879] du 29 novembre 1966 et des premier et second alinéas de l'article 16 de la loi susvisée [n° 77-2] du 3 janvier 1977, une assurance est contractée par la société. Elle couvre la responsabilité personnelle des associés à raison des actes accomplis au sein de la société ainsi que la responsabilité propre de celle-ci.

Section V. – Discipline

Art. 46. – Les dispositions législatives ou réglementaires concernant la discipline des architectes sont applicables à la société civile professionnelle d'architecture et à chacun des architectes associés.

La société peut faire l'objet de poursuites disciplinaires, indépendamment de celles qui seraient intentées contre les associés. La société est représentée par les gérants. Cependant, les associés non gérants peuvent prendre connaissance du dossier et présenter ou faire présenter leurs observations écrites ou orales.

Art. 47. – Tout architecte associé qui a été condamné à la peine disciplinaire de la suspension pour une durée égale ou supérieure à trois mois peut être contraint, par décision unanime des autres associés, à se retirer de la société. Ses parts sociales sont alors cédées dans les conditions prévues à l'article 30 (alinéa 2).

Art. 48. – L'architecte associé suspendu disciplinairement ne peut exercer aucune activité professionnelle d'architecte pendant la durée de la peine, mais conserve, pendant le même temps, la qualité d'associé, avec tous les droits et obligations qui en découlent, à l'exclusion de sa vocation aux bénéfices sociaux.

Art. 49. – L'architecte associé radié du tableau de l'ordre cesse d'exercer son activité professionnelle d'architecte à compter du jour où la décision prononçant la radiation est passée en force de chose jugée. Ses parts sociales sont cédées dans les conditions fixées à l'article 29.

Art. 50. – La suspension disciplinaire de la société s'applique à tous les associés architectes sauf si la décision de la juridiction exclut expressément de cette mesure un ou plusieurs d'entre eux.

En cas de suspension de la société ou de tous les associés architectes, la gestion de la société est assurée par un ou plusieurs architectes désignés par le président du conseil régional.

Art. 51. – La qualité d'architecte associé est assimilée à celle d'architecte pour la collation du titre d'architecte honoraire.

CHAPITRE III. – NULLITÉ, DISSOLUTION, LIQUIDATION DE LA SOCIÉTÉ

Section I. – Nullité. Dissolution

Art. 52. – Une expédition de toute décision judiciaire passée en force de chose jugée prononçant la nullité de la société est déposée, à la diligence du procureur de la République, au secrétariat-greffe du tribunal de grande instance du lieu du siège social pour être versée au dossier ouvert au nom de la société, ainsi qu'au siège du conseil régional de l'ordre.

Art. 53. – La société prend fin à l'expiration du temps pour lequel elle a été constituée.

Toutefois la dissolution anticipée peut être décidée par les trois quarts au moins des associés disposant ensemble des trois quarts des voix.

Art. 54. – La radiation du tableau de l'ordre de tous les architectes associés ou de la société entraîne de plein droit la dissolution de celle-ci.

La décision qui prononce ces radiations constate la dissolution de la société et ordonne sa liquidation. À la diligence du président du conseil régional une expédition de cette décision est déposée au secrétariat-greffe du tribunal de grande instance du lieu du siège social, pour être versée au dossier ouvert au nom de la société.

Les architectes associés radiés du tableau de l'ordre ne peuvent être liquidateurs.

Art. 55. – La société est dissoute de plein droit par le décès simultané de tous les associés ou par le décès du dernier survivant, sans qu'à la date de décès les parts sociales des autres aient été cédées à des tiers.

Art. 56. – S'il ne subsiste qu'un seul associé, celui-ci peut, dans le délai prévu à l'article 26 (alinéa 2) de la loi susvisée [n° 66-879] du 29 novembre 1966, céder une partie de ses parts sociales à un tiers.

À défaut, la société peut être dissoute dans les conditions prévues audit article.

Art. 57. – En cas de dissolution de la société par décision de justice passée en force de chose jugée, une expédition de celle-ci est déposée, à la diligence du procureur de la République ou du président du conseil régional, selon le cas, au secrétariat-greffe du tribunal de grande instance du lieu du siège social, pour être versée au dossier ouvert au nom de la société, ainsi qu'au siège du conseil régional.

Art. 58. – La nullité ou la dissolution judiciaire de la société n'est opposable aux tiers qu'à compter de l'accomplissement des formalités prévues aux articles 52 et 57.

Section II. – Liquidation de la société

Art. 59. – La société est en liquidation dès sa dissolution pour quelque cause que ce soit ou dès que la décision judiciaire prononçant sa nullité est passée en force de chose jugée.

La personnalité morale de la société subsiste pour les besoins de sa liquidation jusqu'à la clôture de celle-ci.

La raison sociale est obligatoirement suivie de la mention Société en liquidation.

Art. 60. – Au cas de dissolution par survenance du terme ou par décision des associés, le liquidateur est nommé par les associés à la majorité des voix, à moins qu'il ne soit désigné dans les statuts. À défaut, il est nommé par le président du conseil régional, à la demande de l'associé le plus diligent.

Au cas où la décision judiciaire prononce la dissolution de la société ou déclare sa nullité, cette décision désigne le liquidateur.

Dans le cas de dissolution prévue aux articles 54 et 55, le liquidateur est remplacé :

1° S'il a été nommé dans les conditions prévues aux alinéas 1 et 3 du présent article, par décision du président du conseil régional de l'ordre, à la demande soit du liquidateur lui-même, soit d'un ou de plusieurs associés ou de leurs ayants droit, ou même d'office ;

2° S'il a été nommé dans les conditions prévues à l'alinéa 2 ci-dessus, par ordonnance du président du tribunal de grande instance statuant en la forme des référés, à la demande soit du liquidateur lui-même, soit d'un ou de plusieurs associés ou de leurs ayants droit, soit du président du conseil régional de l'ordre.

Art. 61. – Le liquidateur représente la société pendant la durée de la liquidation de celle-ci.

Il dispose des pouvoirs les plus étendus pour réaliser l'actif, régler le passif, rembourser aux associés ou à leurs ayants droit le montant de leur apport et répartir entre eux, conformément aux dispositions des statuts, l'actif net résultant de la liquidation.

Les pouvoirs du liquidateur peuvent être précisés par la décision judiciaire ou la décision des associés qui l'a nommé.

La rémunération du liquidateur est fixée par la décision qui le nomme. Elle peut consister en une quote-part des produits nets de la société au cours de la période de liquidation.

Art. 62. – Le liquidateur convoque les associés ou leurs ayants droit réunis en assemblée, dans les trois mois suivant la clôture de chaque exercice, pour leur rendre compte de la gestion des affaires sociales.

Il les convoque aussi en fin de liquidation pour statuer sur le compte définitif, se faire délivrer quitus et constater la clôture de la liquidation.

L'assemblée de clôture statue aux conditions prévues pour l'approbation des comptes de chaque exercice. Si elle ne peut délibérer ou refuse d'approuver les comptes du liquidateur, le tribunal de grande instance du lieu du siège social statue à la demande du liquidateur ou de tout intéressé.

Art. 63. – En cas de dissolution d'une société qui adopte les statuts de société coopérative d'architecture, l'assemblée désigne, par application de l'article 19 de la loi susvisée [n° 47-1775] du 10 septembre 1947, l'organisme auquel est dévolu l'actif net à moins que les statuts n'excluent l'application de cette disposition conformément au troisième alinéa de l'article 12 de la loi susvisée [n° 77-2] du 3 janvier 1977.

8.2.2.2. – Sociétés d'exercice libéral et société en participation financière

Décret n° 92-619 du 6 juillet 1992

relatif à l'exercice en commun de la profession d'architecte sous forme de société d'exercice libéral et aux sociétés de participations financières de professions libérales

((Intitulé mod., D. n° 2016-876, 29 juin 2016)

TITRE PREMIER. – EXERCICE DE LA PROFESSION D'ARCHITECTE SOUS FORME DE SOCIÉTÉ D'EXERCICE LIBÉRAL

Art. 1er. – Les dispositions du présent décret régissent les sociétés constituées en application du titre I de la loi n° 90-1258 du 31 décembre 1990 et dont l'objet social est l'exercice en commun de la profession d'architecte. Ces sociétés portent la dénomination de société d'exercice libéral d'architecture.

Art. 2 *(Mod., D. n° 2009-443, 20 avr. 2009)*. – Les actes et documents destinés aux tiers, notamment les lettres, factures, annonces et publications diverses, émanant d'une société d'exercice libéral d'architecture doivent indiquer la dénomination sociale précédée ou suivie immédiatement, selon le cas :

- soit de la mention « société d'exercice libéral à responsabilité limitée d'architecture » ou de la mention « SELARL d'architecture » ;
- soit de la mention « société d'exercice libéral à forme anonyme d'architecture » ou de la mention « SELAFA d'architecture » ;
- soit de la mention « société d'exercice libéral en commandite par actions d'architecture » ou de la mention « SELCA d'architecture » ;
- soit de la mention « société d'exercice libéral par actions simplifiées d'architecture » ou de la mention « SELAS d'architecture ».
- ainsi que de l'énonciation de son capital social, de son siège social et de la mention de son inscription au tableau de l'ordre.

Art. 3 *(Mod., D. n° 2009-443, 20 avr. 2009 ; D. n° 2016-876, 29 juin 2016)*. – Une part du capital demeurant inférieure à la moitié de celui-ci, d'une société d'exercice libéral d'architecture, à responsabilité limitée ou à forme anonyme ou par actions simplifiées, peut être détenu par une ou plusieurs personnes ne répondant pas aux conditions du premier alinéa ou du B du I de l'article 5 de la loi n° 90-1258 du 31 décembre 1990.

Art. 4. – La détention de parts ou actions du capital social d'une société d'exercice libéral d'architecture est interdite à toute personne radiée du tableau de l'ordre des architectes.

Art. 5. – Les sociétés d'exercice libéral d'architecture sont soumises aux dispositions disciplinaires applicables à la profession d'architecte.

Art. 6. – En cas de suspension du seul associé ou de tous les associés qui exercent la profession d'architecte dans la société, l'exécution des actes professionnels et la gestion de la société sont assurées par un ou plusieurs architectes désignés par le conseil régional de l'ordre.

TITRE II. – DES SOCIÉTÉS DE PARTICIPATIONS FINANCIÈRES DE PROFESSIONS LIBÉRALES CONSTITUÉES EN VUE DE DÉTENIR DES ACTIONS OU DES PARTS SOCIALES DANS LES SOCIÉTÉS EXERÇANT LA PROFESSION D'ARCHITECTE

Art. 7 *(D. n° 2016-876, 29 juin 2016)*. – Les sociétés de participations financières constituées, en application du titre IV de la loi du 31 décembre 1990 susvisée, en vue de la détention de parts sociales ou d'action dans des sociétés exerçant la profession d'architecte, sont régies par les dispositions du livre II du Code de commerce, sous réserve des dispositions du présent titre.

Ces sociétés sont dénommées « sociétés de participations financières de profession libérale d'architecte ».

CHAPITRE I. – IMMATRICULATION DE LA SOCIÉTÉ

Art. 8 *(D. n° 2016-876, 29 juin 2016)*. – La demande d'inscription sur la liste spéciale du tableau de l'ordre des architectes, prévue à l'article 17 du décret n° 77-1481 du 28 décembre 1977 sur l'organisation de la profession d'architecte, est adressée au conseil régional de l'ordre des architectes dans le ressort duquel la société a établi son siège ou sa résidence professionnelle par le mandataire de la société ou, si celle-ci n'est pas encore constituée, par le mandataire commun des associés, par tout moyen permettant de conférer date certaine à la réception de cette demande.

La demande comprend :

1° L'indication de la raison sociale ou de la dénomination sociale, de l'objet social, de l'adresse du siège social ou du domicile professionnel ;

2° Un exemplaire des statuts de la société et, le cas échéant, une expédition ou une copie de l'acte constitutif ;

3° La liste des personnes physiques ou morales associés avec indication, selon le cas, de leur profession ou de leur qualité et, pour chacun d'eux, de la part du capital qu'ils détiennent dans la société ;

4° Pour les associés exerçant ou entendant exercer la profession d'architecte, la copie de l'attestation d'inscription individuelle au tableau ou à son annexe ou de la demande d'inscription au tableau ou à son annexe ou, pour les personnes mentionnées au 6° du B du I de l'article 5 de la loi du 31 décembre 1990 précitée, tout document de portée équivalente ;

5° Pour les personnes morales mentionnées au 6° du B du I de l'article 5 de la loi du 31 décembre 1990 précitée tout élément, tel que statuts, procès-verbaux d'assemblée générale, permettant d'établir qu'elle remplit les exigences de détention du capital et des droits de vote prévues par ces mêmes dispositions ;

6° Pour les associés qui n'exercent pas ou n'entendent pas exercer la profession d'architecte :

a) Pour les personnes physiques qui, ayant cessé toute activité professionnelle, ont exercé la profession d'architecte, la copie de l'attestation d'inscription au tableau de l'ordre mentionnant la date de la cessation d'activité ;

b) Pour les personnes mentionnées au 3° du B du I de l'article 5 de la loi du 31 décembre 1990 précitée, tout élément permettant de justifier que la personne dont ils se présentent comme les ayants-droit a été inscrite au tableau de l'ordre ;

c) Pour les personnes mentionnées au 5° du B du I de l'article 5 de la loi du 31 décembre 1990 susvisée, une attestation d'inscription auprès des instances ordinales dont elles relèvent ou, lorsque ces instances n'existent pas, un document équivalent attestant de l'exercice d'une profession réglementée ;

7° La liste des sociétés d'exercice libéral de la profession d'architecte dont la société entend détenir des parts sociales ou des actions ainsi que, pour chacune des sociétés ainsi détenues, la répartition du capital qui en résultera.

La recevabilité de la demande est subordonnée au paiement des droits d'inscription.

CHAPITRE II. – FONCTIONNEMENT ET CONTRÔLE DE LA SOCIÉTÉ

Art. 9 *(D. n° 2016-876, 29 juin 2016).* – La société de participations financières de profession libérale d'architecte fait connaître par une déclaration adressée au conseil régional de l'ordre, dans un délai de trente jours à compter de la date à laquelle il se produit, tout changement dans la situation déclarée en application de l'article 8, avec les pièces justificatives, par tout moyen permettant de conférer date certaine à la réception de cette déclaration.

Art. 10 *(D. n° 2016-876, 29 juin 2016).* – Si la société de participations financières de profession libérale d'architecte cesse de se conformer aux dispositions des lois du 3 janvier 1977 et du 31 décembre 1990 susvisées, elle est mise en demeure par le conseil régional de l'ordre territorialement compétent de régulariser sa situation dans le délai qu'il fixe et qui ne peut être inférieur à 30 jours.

La mise en demeure est communiquée au représentant légal de la société et à chacun des associés ou à leur mandataire par tout moyen permettant de conférer date certaine à la réception de cette mise en demeure.

Si, à l'expiration de ce délai, la société n'a pas régularisé sa situation, le conseil régional de l'ordre procède, conformément au deuxième alinéa de l'article 23 de la loi du 3 janvier 1977 précitée, à sa radiation par une décision motivée qui est notifiée au représentant légal de la société et à chacun des associés ou à leur mandataire.

Art. 11 *(D. n° 2016-876, 29 juin 2016).* – Chaque société de participations financières de profession libérale d'architecte fait l'objet, au moins une fois tous les quatre ans, d'un contrôle portant sur le respect des dispositions législatives et réglementaires qui régissent la composition de son capital et l'étendue de ses activités.

Elle peut, en outre, être soumise à des contrôles occasionnels.

Ces contrôles sont effectués par le conseil régional de l'ordre territorialement compétent, dans les conditions définies par son règlement intérieur.

Art. 12 *(D. n° 2016-876, 29 juin 2016).* – Le non-respect des dispositions régissant l'inscription et le fonctionnement des sociétés de participations financières de profession libérale d'architecte par les architectes et les sociétés exerçant la profession d'architecte ou par les personnes mentionnées au 5° du B du I de l'article 5 de la loi du 31 décembre 1990 susvisée, peut donner lieu à des poursuites disciplinaires.

CHAPITRE III. – DISSOLUTION ET LIQUIDATION DE LA SOCIÉTÉ

Art. 13 *(D. n° 2016-876, 29 juin 2016).* – En cas de dissolution de la société, le liquidateur est choisi parmi les associés de la société de participations financières de profession libérale d'architecte.

Plusieurs liquidateurs peuvent être désignés.

Le liquidateur peut être remplacé pour cause d'empêchement, ou pour tout autre motif grave, par le président du tribunal de grande instance du lieu où la société a fixé son siège social ou son établissement en France, statuant sur requête à la demande du liquidateur, des associés ou de leurs ayants droit ou du procureur de la République.

Art. 14 *(D. n° 2016-876, 29 juin 2016).* – La dissolution de la société est portée à la connaissance du conseil régional de l'ordre des architectes à la diligence du liquidateur, qui lui fait parvenir une expédition de la délibération des associés ou de la décision de justice qui l'a nommé dans ses fonctions.

Le liquidateur dépose au greffe chargé de la tenue du registre du commerce et des sociétés où la société est inscrite, pour être versée au dossier ouvert au nom de la société, la copie de l'expédition prévue au premier alinéa dont tout intéressé peut obtenir communication.

Il ne peut entrer en fonctions avant l'accomplissement des formalités précitées.

Art. 15 *(D. n° 2016-876, 29 juin 2016).* – Le liquidateur procède à la cession des parts ou actions que la société de participations financières de profession libérale d'architecte détient dans la ou les sociétés d'exercice libéral.

Art. 16 *(D. n° 2016-876, 29 juin 2016).* – Le liquidateur informe le conseil régional de l'ordre des architectes de la clôture des opérations de liquidation.

ANNEXE 8

8.2.2.3. – Sociétés en participation

Décret n° 95-129 du 2 février 1995
relatif à l'exercice en commun de la profession d'architecte
sous la forme de société en participation
(JO 9 févr.)

Art. 1er. – La constitution entre architectes d'une société en participation régie par le titre II de la loi n° 90-1258 du 31 décembre 1990 susvisée donne lieu à l'insertion d'un avis dans un journal habilité à recevoir les annonces légales dans chacun des lieux d'exercice de la société.

L'avis contient la liste des architectes associés, la dénomination de la société, son objet et l'adresse de ses lieux d'exercice.

Il est communiqué au préalable au conseil régional de l'ordre des architectes dont relève chacun des lieux d'exercice.

Art. 2. – L'appartenance à une société en participation et la dénomination de celle-ci doivent être indiquées dans les actes professionnels et les correspondances de chaque architecte associé.

8.2.3. – AVOCATS

8.2.3.1. – Sociétés civiles professionnelles

Décret n° 92-680 du 20 juillet 1992
pris pour l'application à la profession d'avocat de la loi n° 66-879
du 29 novembre 1966 relative aux sociétés civiles professionnelles
(JO 22 juill.)

Bibliographie : Y. Bodin, *Les sociétés civiles professionnelles d'avocats : Rev. sociétés* 1972, p. 591. • B. Brignon, *Les SCP d'avocats : constitution et fonctionnement d'une société pleine d'avenir ? : Dr. sociétés* mai 2011, focus 18. • J.-J. Caussain, *Le choix d'une structure en vue de l'exercice d'une profession d'avocat : JCP* E 2002, p. 1080. • P. Chardenon et J. Demourzitch, *Les sociétés civiles professionnelles d'avocats : JCP* 1972, I, 2499. • J.-J. Daigre, *Les sociétés civiles professionnelles d'avocats : BJS* 1992, p. 1047.

Art. 1er. – Les sociétés régies par le présent décret ont pour objet l'exercice en commun de la profession d'avocat, définie par la loi n° 71-1130 du 31 décembre 1971.

Ces sociétés reçoivent l'appellation de sociétés civiles professionnelles d'avocats.

Sur la validité d'une **clause compromissoire** insérée dans les statuts d'une société civile professionnelle de conseil juridique de nationalité américaine exerçant en France et aux États-Unis : ▪ CA Paris, 1er déc. 1993 : *BJS* 1994, p. 311, note É. Loquin.

Art. 2. – Les sociétés civiles professionnelles d'avocats peuvent être constituées entre avocats inscrits au tableau ou sur la liste du stage appartenant soit au même barreau, soit à des barreaux différents.

Toutefois, les avocats inscrits sur la liste du stage ne pourront être membres d'une société qu'à la condition que celle-ci comprenne au moins un avocat inscrit au tableau.

Art. 3. – La société est constituée sous la condition suspensive de son inscription au barreau établi auprès du tribunal de grande instance dans le ressort duquel est fixé le siège de la société et au tableau duquel est inscrit l'un au moins des associés.

Est valable la décision du conseil de l'ordre des avocats qui, se fondant sur le règlement intérieur du barreau de Compiègne, a admis l'**insertion** de la dénomination de la SCP dans les **pages professionnelles de l'annuaire** mais s'est opposé à l'insertion individuelle du nom de chacun des associés ; en effet, les avocats, associés de la SCP autorisée à ouvrir un cabinet secondaire dans cette ville, n'étaient titulaires, à titre individuel, d'aucun cabinet secondaire dans le ressort du barreau dont ils n'étaient pas membres, tandis que seule la SCP figurait, à l'exclusion de ses membres, sur la liste annexée au tableau de l'ordre des avocats au barreau : ■ Cass. 1re civ., 18 janv. 2005 : *D.* 2005, inf. rap. p. 591 ; *JCP* E 2005, 325.

Art. 4. – La demande d'inscription d'une société civile professionnelle d'avocats est présentée collectivement par les associés et adressée au bâtonnier de l'ordre des avocats du siège de la société par lettre recommandée avec demande d'avis de réception ou remise contre récépissé.

Elle est accompagnée d'un dossier qui doit comprendre, sous peine d'irrecevabilité de la demande :

1. Un exemplaire des statuts de la société et, le cas échéant, une expédition ou une copie de l'acte constitutif ;
2. Un certificat d'inscription au tableau ou au stage délivré par le bâtonnier en ce qui concerne chaque associé ;
3. Une demande de chaque associé sollicitant du conseil de l'ordre l'inscription de la société ;
4. Les pièces justifiant de l'accomplissement, le cas échéant, des formalités prévues au premier alinéa de l'article 5.

Art. 5. – En cas de constitution d'une société entre avocats relevant de barreaux différents, chaque associé appartenant à un barreau autre que celui du siège de la société en informe le bâtonnier du barreau auquel il appartient par lettre recommandée avec demande d'avis de réception ou par déclaration remise contre récépissé comportant en annexe le projet de statuts de la société.

Le bâtonnier saisit le conseil de l'ordre, qui dispose d'un délai d'un mois à compter de la réception de la lettre ou de la déclaration prévue au premier alinéa pour faire connaître au bâtonnier saisi de la demande d'inscription de la société son avis sur la conformité des statuts aux dispositions législatives et réglementaires.

Si le conseil de l'ordre ne fait pas connaître son avis dans le délai d'un mois prévu au deuxième alinéa, l'avis est considéré comme favorable.

Art. 6. – L'inscription de la société ne peut être refusée par le conseil de l'ordre que si les statuts déposés ne sont pas conformes aux dispositions législatives et réglementaires. Le conseil de l'ordre statue sur la demande d'inscription dans les conditions prévues aux articles 101 et suivants du décret n° 91-1197 du 27 novembre 1991. Le délai est augmenté d'un mois dans le cas prévu à l'article 5.

Art. 7 *(Abr., D. n° 2007-932, 15 mai 2007).*

Art. 8. – La décision de rejet peut être déférée à la cour d'appel selon les modalités prévues à l'article 16 du décret du 27 novembre 1991 précité.

Art. 9. – Les dispositions des articles 4 à 6 et 8 sont applicables aux modifications de statuts.

Section II. – Statuts. Capital social. Parts sociales et parts d'industrie

Art. 10. – Si les statuts sont établis sous seing privé, il est établi autant d'originaux qu'il est nécessaire pour la remise d'un exemplaire à chaque associé et pour satisfaire aux dispositions des articles 4 et 15.

Art. 11 *(Mod., D. n° 2012-403, 23 mars 2012).* – Indépendamment des dispositions prévues par les articles 8, 10, 11, 14, 15, 19 et 20 de la loi du 29 novembre 1966 précitée concernant, respectivement, la dénomination sociale, la répartition des parts, les gérants, la répartition des bénéfices, les dettes sociales, les cessions de parts, ou des dispositions prévues par le présent décret, les statuts doivent indiquer :

1. Les noms, prénoms et domiciles des associés ;
2. L'adresse du siège social ;
3. La durée pour laquelle la société est constituée ;
4. La nature et l'évaluation distincte de chacun des apports effectués par les associés ;
5. Le montant du capital social, le nombre, le montant nominal et la répartition des parts sociales représentatives de ce capital ;
6. Le cas échéant, le nombre des parts d'intérêt attribuées à chaque apporteur en industrie ;
7. L'affirmation de la libération totale ou partielle, suivant le cas, des rapports concourant à la formation du capital social.

Art. 12. – Peuvent faire l'objet d'apports à une société civile professionnelle, en propriété ou en jouissance :

a) Tous droits incorporels, mobiliers ou immobiliers, et notamment le droit pour un associé de présenter la société comme successeur à sa clientèle ;

b) Tous documents et archives et, d'une manière générale, tous objets mobiliers à usage professionnel ;

c) Les immeubles ou locaux utiles à l'exercice de la profession ;

d) Toutes sommes en numéraire.

L'industrie des associés, qui, en vertu de l'article 1842 du Code civil, ne concourt pas à la formation du capital, peut donner lieu à l'attribution de parts d'intérêts.

Art. 13. – Les parts sociales ne peuvent être données en nantissement ni vendues aux enchères publiques.

Leur montant nominal ne peut être inférieur à 15,24 €.

Les parts d'intérêts correspondant aux apports en industrie sont incessibles et doivent être annulées lorsque leur titulaire se retire de la société pour quelque cause que ce soit, y compris la dissolution de celle-ci.

Droit du titulaire de parts d'industrie retrayant sur les plus-values d'actif. V. sous D. n° 92-680, 20 juill. 1992, art. 39, annot. n° 1, p. 2894.

Art. 14. – Les parts sociales représentant un apport en numéraire doivent être libérées, lors de la souscription, de la moitié au moins de leur montant nominal.

La libération du surplus doit intervenir en une ou plusieurs fois soit aux dates prévues par les statuts, soit sur décision de l'assemblée des associés et au plus tard dans le délai de deux ans à compter de l'inscription de la société.

Dans les huit jours de leur réception, les fonds provenant de la libération des apports en numéraire sont déposés, pour le compte de la société, à la Caisse des dépôts et consignations, chez un notaire, dans une banque ou dans une caisse de règlements pécuniaires des avocats.

Le retrait des fonds provenant des souscriptions en numéraire est effectué par un mandataire de la société sur la seule justification de l'inscription de celle-ci.

Section III. – Publicité

Art. 15 *(Mod., D. n° 2012-403, 23 mars 2012)*. – L'immatriculation de la société et les formalités de publicité au registre du commerce et des sociétés sont régies par le décret n° 84-406 du 30 mai 1984, sous réserve des dispositions ci-après.

Une ampliation de la décision d'inscription de la société est adressée par les associés au greffe du tribunal où a été déposée la demande d'immatriculation au registre du commerce et des sociétés. Au reçu de l'ampliation, le greffier procède à l'immatriculation de la société, il en informe le bâtonnier de l'ordre qui a procédé à l'inscription de la société.

Tout intéressé peut se faire délivrer à ses frais par le greffe qui a reçu l'inscription de la société un extrait des statuts contenant, à l'exclusion de toutes autres indications, l'identité des associés, l'adresse du siège de la société, la dénomination sociale, la durée pour laquelle la société a été constituée, les clauses relatives aux pouvoirs des associés, à la responsabilité pécuniaire de ceux-ci et à la dissolution de la société.

CHAPITRE II. – FONCTIONNEMENT DE LA SOCIÉTÉ

Section I. – Administration de la société

Sous-section 1. – Gérants

Art. 16. – Par application de l'article 11 de la loi du 29 novembre 1966 précitée, les statuts organisent la gérance et déterminent les pouvoirs des gérants.

Sous-section 2. – Assemblées

Art. 17. – Les décisions qui excèdent les pouvoirs des gérants sont prises par les associés réunis en assemblée.

Les associés tiennent au moins une assemblée annuelle. D'autres assemblées peuvent avoir lieu sur la demande d'un ou de plusieurs associés représentant au moins la moitié en nombre de ceux-ci, en indiquant l'ordre du jour.

Les statuts déterminent les modalités de convocation de l'assemblée.

Art. 18. – Toute délibération fait l'objet d'un procès-verbal signé par les associés présents et contenant notamment : la date et le lieu de la réunion, son ordre du jour détaillé, l'identité des associés présents ou représentés, un résumé des débats, le texte des résolutions mises aux voix et le résultat des votes.

Les procès-verbaux sont établis sur un registre spécial qui doit être conservé au siège de la société et qui est préalablement coté et paraphé par le bâtonnier du barreau du lieu de situation du siège de la société.

Art. 19. – Chaque associé dispose d'autant de voix qu'il possède de parts sociales ou de parts d'intérêts représentatives d'apports en industrie, sans que, s'il possède plus de la moitié des parts, il puisse avoir un nombre de voix supérieur à la moitié du nombre total des voix.

Un associé peut donner mandat écrit à un autre associé de le représenter à l'assemblée.

L'assemblée ne peut délibérer valablement qui si les trois quarts au moins des associés sont présents ou représentés. Si ce quorum n'est pas atteint, les associés peuvent être convoqués une seconde fois et l'assemblée délibère si le nombre des associés présents ou représentés est au moins de deux.

Art. 20. – En dehors des cas prévus par l'article 19 de la loi n° 66-879 du 29 novembre 1966 précitée ou par le présent décret imposant des conditions spéciales de majorité les décisions sociales sont prises à la majorité des voix dont disposent les associés présents ou représentés.

Toutefois, les statuts peuvent prévoir une majorité plus forte ou même l'unanimité des associés, pour toutes les décisions ou seulement pour celles qu'ils énumèrent.

Art. 21. – La modification des statuts est décidée à la majorité des trois quarts des voix de l'ensemble des associés.

Toutefois, l'augmentation des engagements des associés ne peut être décidée qu'à l'unanimité.

Un exemplaire de tout acte modifiant les statuts est déposé dans le délai de quinze jours à compter de sa date au greffe chargé de la tenue du registre du commerce et des sociétés dans les conditions et sous les effets prévus au décret n° 84-406 du 30 mai 1984 précité.

Art. 21-1 *(D. n° 2017-795, 5 mai 2017)*. – La majorité requise pour approuver une des opérations mentionnées au premier alinéa de l'article 27 de la loi du 29 novembre 1966 susvisée est celle prévue au premier alinéa de l'article 21.

Sous-section 3. – Comptes sociaux et information des associés

Art. 22. – Après la clôture de chaque exercice, un ou plusieurs gérants établissent, dans les conditions fixées par les statuts, les comptes annuels de la société et un rapport sur les résultats de celle-ci.

Dans les trois mois qui suivent la clôture de l'exercice, les documents mentionnés au premier alinéa sont soumis à l'approbation de l'assemblée des associés.

À cette fin, ces documents sont adressés à chaque associé, avec le texte des résolutions proposées, quinze jours au moins avant la réunion de l'assemblée et, au plus tard, avec la convocation à cette assemblée.

Art. 23. – Chaque associé peut, à toute époque, prendre connaissance par lui-même des documents prévus à l'article 22 de tous registres et documents comptables dont la tenue est prescrite par les dispositions législatives ou réglementaires relatives à la profession et plus généralement de tous documents détenus par la société.

Section II. – Cessions et transmissions de parts sociales

Sous-section 1. – Cessions entre vifs par un associé

Art. 24. – Toute convention par laquelle l'un des associés cède, sous réserve des dispositions du troisième alinéa de l'article 13, la totalité ou une fraction de ses parts sociales à un tiers à la société est passée sous la condition suspensive de l'inscription sur la liste prévue à l'article 46 du cessionnaire parmi les associés de la société.

Le projet de cession de parts sociales est notifié à la société et à chacun des associés par lettre recommandée avec demande d'avis de réception.

Si la société a, dans la même forme, notifié son consentement exprès à la cession, ou si elle n'a pas fait connaître sa décision dans le délai de deux mois à compter de la dernière des notifications prévues au deuxième alinéa, le cessionnaire adresse au bâtonnier de l'ordre des avocats du siège de la société une demande en vue de figurer au nombre des associés de la société sur la liste prévue au deuxième alinéa de l'article 46.

La demande est accompagnée, sous peine d'irrecevabilité, de l'expédition ou de la copie certifiée conforme de l'acte de cession de parts sociales, ainsi que de toutes pièces justificatives, notamment de celles qui sont exigées des personnes demandant leur admission au stage ou leur inscription au tableau ainsi que, lorsque le cessionnaire appartient à un barreau autre que celui de la société, de l'avis du conseil de l'ordre du barreau dont il relève.

Art. 25. – Dans le cas où la société refuse de consentir à la cession, elle dispose d'un délai de six mois à compter de la notification de son refus pour notifier, dans la forme prévue au deuxième alinéa de l'article 24, à l'associé qui persiste dans son intention de céder ses parts sociales un projet de cession ou de rachat de ses parts, conformément aux dispositions du troisième alinéa de l'article 19 de la loi du 29 novembre 1966 précitée, qui constitue engagement du cessionnaire ou de la société qui se porte acquéreur.

Si l'acquéreur est un tiers à la société, les dispositions de l'article 24 sont applicables, à l'exception de celles concernant la notification à la société elle-même. La demande d'inscription du cessionnaire est adressée par lettre recommandée avec demande d'avis de réception ou remise contre récépissé.

Le cessionnaire prend, par écrit, l'engagement de payer le prix fixé. Son engagement est joint à la demande d'inscription, et une copie du projet d'acte de cession tient lieu de l'expédition ou de la copie certifiée conforme de cet acte prévues au quatrième alinéa de l'article 24.

Si les parts sociales sont acquises par la société, par les associés ou l'un ou plusieurs d'entre eux, il est procédé conformément à l'article 26. En ce cas, l'expédition ou la copie certifiée conforme de l'acte de cession est adressée ou remise au bâtonnier.

Lorsque l'associé cédant refuse de signer l'acte portant cession de ses parts à un tiers, à la société ou à ses associés, il est passé outre à son refus deux mois après la notification qui lui est faite par lettre recommandée avec demande d'avis de réception par la société et demeurée infructueuse. Son retrait de la société est prononcé par le conseil de l'ordre et le prix de cession des parts est consigné à la diligence du cessionnaire.

Art. 26. – Toute convention par laquelle un des associés cède, dans les conditions déterminées par les statuts, tout ou partie de ses parts sociales à la société, aux autres associés ou à l'un ou plusieurs d'entre eux est portée à la connaissance du bâtonnier par le ou les cessionnaires.

Elle est accompagnée de toutes pièces justificatives comprenant, le cas échéant, la délibération de l'assemblée des associés ayant décidé la réduction du capital social.

Art. 27. – Les articles 24, 25 et 26 sont également applicables à la cession à titre gratuit de tout ou partie de ses parts sociales consentie par l'un des associés.

Art. 28 *(Mod., D. n° 2007-932, 15 mai 2007)*. – Lorsqu'un associé demande son retrait en application de l'article 21 de la loi du 29 novembre 1966 précitée, il notifie cette demande à la société par lettre recommandée avec demande d'avis de réception.

La société dispose de six mois à compter de cette notification pour notifier elle-même à l'associé, dans la même forme, le projet de cession ou de rachat de ses parts, qui constitue engagement du cessionnaire ou de la société qui se porte acquéreur.

Toutefois, les statuts peuvent fixer une durée plus longue qui ne peut excéder dix mois.

Si la cession est consentie à un tiers, il est procédé conformément aux dispositions des deuxième, troisième et quatrième alinéas de l'article 25.

Si les parts sociales sont acquises par la société, par les associés ou l'un ou plusieurs d'entre eux, les dispositions du cinquième alinéa de l'article 25 et celles de l'article 26 reçoivent application.

1) **Date de la perte des droits patrimoniaux de l'associé.** V. sous L. n° 66-879, 29 nov. 1966, art. 18, annot. n° 2, p. 2842.

2) **Évaluation des parts.**

a) Même si l'avocat qui se retire ne peut faire état d'une clientèle personnelle, la valeur des parts doit être déterminée en tenant compte du droit pour l'associé de partager les bénéfices : ▪ Cass. 1re civ., 3 mars 1993 : *JCP* E 1994, II, 541, note J.-F. Pillebout ; *BJS* 1993, p. 596 et 719, note J.-J. Daigre.

b) S'agissant de l'évaluation des parts de l'associé retrayant, une **créance d'honoraires** ne peut être prise en compte au titre des bénéfices de l'exercice lorsqu'elle a été acquittée postérieurement au retrait, intervenu au jour de la clôture de l'exercice : ▪ Cass. com., 29 janv. 2008, n° 05-15.532.

c) **Parts d'industrie.** Voir sous D. n° 92-680, 20 juill. 1992, art. 39, annot. n° 1, p. 2894.

3) **Expiration du délai de six mois.** L'expiration du délai de six mois ouvert à une SCP saisie d'une demande d'un associé retrayant, en rachat et annulation de ses parts, marquant le terme extinctif du temps à elle imparti pour exécuter son obligation légale, permet seulement à l'intéressé, dont les parts ne sont pas encore annulées, une action en réalisation forcée de sa demande : ▪ Cass. 1re civ., 7 févr. 2006, nos 03-10.850 et 03-11.845 : *JurisData* n° 2006-032052 ; *BJS* 2006, p. 822, note J.-J. Barbièri ; *D.* 2006, p. 720, obs. A. Lienhard ; *Dr. sociétés* juill. 2006, n° 104, obs. F.-X. Lucas.

4) **Maintien du droit aux dividendes jusqu'à perception de la valeur intégrale des droits sociaux en capital.** Jugé qu'un avocat qui a quitté une SCP sans avoir perçu, à la date de son retrait, la valeur intégrale de ses droits sociaux en capital, conserve son droit à percevoir des dividendes, que ce droit ne peut être réduit lorsque l'associé retrayant a obtenu un remboursement partiel de la valeur de ses parts et que le bénéfice de ce droit n'est aucunement subordonné à une demande préalable de la part du retrayant : ▪ Cass. 1re civ., 10 sept. 2014, n° 13-13.957 : *Rev. sociétés* 2015, p. 115, note J.-F. Barbièri. – V. également ▪ Cass. 1re civ., 16 avr. 2015, n° 13-24.931 : *D.* 2015, p. 920 ; *BJS* 2015, p. 292, note J.-F. Barbièri.

Art. 29. – **L'associé démissionnaire ou radié soit du tableau soit de la liste du stage, ou dont le certificat de stage a été définitivement refusé, dispose d'un délai de six mois à compter du jour soit de l'acceptation de sa démission, soit de celui où sa radiation est devenue définitive, pour céder ses parts sociales à un tiers dans les conditions prévues à l'article 24. Si à l'expiration de ce délai aucune cession n'est intervenue, il est procédé conformément aux dispositions de l'article 25, dans la mesure où celles-ci sont de nature à recevoir application.**

Cet associé peut également, avant l'expiration du délai mentionné au premier alinéa, céder ses parts sociales à la société ou à d'autres associés, dans les conditions prévues à l'article 26.

Art. 30. – **Sous réserve des règles de protection et de représentation des incapables, les dispositions de l'article 29 sont applicables à la cession des parts sociales de l'associé frappé d'interdiction légale ou placé sous le régime de la tutelle des majeurs. Dans ces cas, le délai de six mois est porté à un an.**

Elles sont également applicables à la cession des parts sociales de l'associé dont l'exclusion de la société est décidée dans le cas mentionné à l'article 52.

Le délai imparti à l'associé exclu pour céder ses parts court à compter du jour où la décision des autres associés prononçant son exclusion lui a été notifiée par lettre recommandée avec demande d'avis de réception.

Sous-section 2. – Cessions après décès d'un associé

Art. 31. – **Le délai prévu par le deuxième alinéa de l'article 24 de la loi n° 66-879 du 29 novembre 1966 précitée pour la cession des parts de l'associé décédé est fixé à six mois à compter du décès de l'associé.**

Il peut être renouvelé par le bâtonnier à la demande des ayants droit de l'associé décédé et avec le consentement de la société donné dans des conditions prévues pour la cession des parts sociales par le premier alinéa de l'article 19 de la loi du 29 novembre 1966 précitée.

Art. 32. – **Si, pendant le délai mentionné à l'article 31, le ou les ayants droit décident de céder à un tiers à la société les parts sociales de leur auteur, il est procédé conformément aux dispositions des articles 24 et 25.**

Pendant le même délai, si la société, les associés survivants ou un ou plusieurs de ceux-ci acceptent, en accord avec le ou les ayants droit de l'avocat décédé, d'acquérir les parts sociales de celui-ci, il est procédé conformément aux dispositions de l'article 26.

Art. 33. – **Toute demande d'un ou plusieurs des ayants droit d'un associé décédé tendant à l'attribution préférentielle à leur profit des parts sociales de leur auteur est notifiée à la société et à chacun des associés par lettre recommandée avec demande d'avis de réception.**

Les modalités de cette attribution sont régies pour le surplus par les dispositions des deuxième, troisième et quatrième alinéas de l'article 25.

Art. 34. – **Lorsque, à l'expiration du délai prévu à l'article 31, le ou les ayants droit de l'associé décédé n'ont pas exercé la faculté de céder les parts sociales de leur auteur, et si aucun consentement préalable à l'attribution préférentielle n'a été donné par la société, celle-ci dispose d'une année pour acquérir ou faire acquérir les parts sociales de l'associé décédé.**

Si les parts sociales sont cédées à un tiers, les dispositions des deuxième, troisième et quatrième alinéas de l'article 25 sont applicables.

Si elles sont acquises par la société, les associés ou certains d'entre eux, il est procédé conformément aux dispositions du cinquième alinéa de l'article 25 et de l'article 26.

Sous-section 3. – Publicité

Art. 35. – Si l'acte portant cession de parts sociales est établi sous seing privé, il est dressé autant d'originaux qu'il est nécessaire pour la remise d'un exemplaire à chaque partie et pour satisfaire aux dispositions du quatrième alinéa de l'article 24 et du second alinéa de l'article 26, et à celles du présent article.

La publicité de la cession de parts, accompagnée, le cas échéant, d'une réduction du capital social en application de l'article 21 de la loi n° 66-879 du 29 novembre 1966 précitée, est accomplie selon les règles fixées par l'article 52 du décret n° 78-704 du 3 juillet 1978 précité.

Tout intéressé peut obtenir du greffier chargé de la tenue du registre du commerce et des sociétés la délivrance à ses frais d'un extrait de l'acte de cession contenant seulement les indications prévues à l'article 15.

Une copie des pièces prévues aux premier et troisième alinéas est déposée au secrétariat du barreau du siège de la société et, le cas échéant, des barreaux autres que celui de la société dont relèvent les associés.

Section III. – Associés nouveaux. Augmentation du capital social. Prorogation de la société

Art. 36. – Le nombre des associés peut être augmenté au cours de l'existence de la société, avec ou sans augmentation du capital social.

Tout nouvel associé doit produire le certificat d'inscription au tableau ou au stage prévu par l'article 4, et, s'il appartient à un barreau autre que celui de la société, l'avis du conseil de l'ordre dont il relève.

Art. 37. – Si le nouvel associé entre dans la société en acquérant des parts sociales dont les associés ou l'un ou certains de ceux-ci sont titulaires, il est procédé conformément à l'article 24.

Art. 38. – Si l'entrée du nouvel associé dans la société se traduit par une augmentation du capital social, les dispositions des articles 4 à 9 sont applicables.

Un des originaux de l'acte modificatif des statuts, si celui-ci est sous seing privé, ou une expédition de cet acte, s'il a été établi en la forme authentique, est déposé au greffe chargé de la tenue du registre du commerce et des sociétés par le gérant dans le délai de quinze jours, et versé au dossier.

Jusqu'à l'accomplissement de la formalité prévue au deuxième alinéa, la modification est inopposable aux tiers qui peuvent toutefois s'en prévaloir.

Une copie de l'acte modificatif des statuts est déposée au secrétariat du barreau du siège de la société et, le cas échéant, des barreaux autres que celui de la société dont relèvent les associés.

Art. 39. – Si la constitution de réserves au moyen de bénéfices non distribués ou le dégagement de plus-values d'actif dues à l'industrie des associés le permet, il est procédé périodiquement à l'augmentation du capital social, et les parts sociales ainsi créées doivent être attribuées à tous les associés, y compris à ceux qui n'ont apporté que leur industrie.

Les statuts fixent les conditions d'application des dispositions du premier alinéa.

Cette augmentation du capital ne peut intervenir avant la libération totale des parts sociales correspondant à des apports en numéraire.

L'un des originaux ou une expédition de l'acte portant augmentation du capital est déposé au greffe chargé de la tenue du registre du commerce et des sociétés par le gérant et versé au dossier.

Jusqu'à l'accomplissement de cette formalité, la modification des statuts est inopposable aux tiers, qui peuvent toutefois s'en prévaloir.

Une copie de l'acte portant augmentation du capital est déposée au secrétariat de l'ordre du barreau du siège de la société et, le cas échéant, des barreaux, autres que ce dernier, dont relèvent les associés.

Le titulaire de parts d'industrie retrayant a droit à l'attribution d'une quote-part de la plus-value afférente à la clientèle : ■ Cass. 1re civ., 6 déc. 2007, n° 05-17.090 : *BJS* 2008, p. 290, note J.-J. Barbièri ; *Dr. sociétés* 2008, n° 51, obs. R. Mortier. – V. *contra*, ■ CA Paris, 17 juin 2008, n° 06-03.926 : *BJS* 2008, p. 971, note F.-X. Lucas ; *Dr. sociétés* 2008, n° 248, obs. R. Mortier.

Art. 40. – La décision de proroger la société doit être immédiatement portée à la connaissance du bâtonnier du barreau du siège de la société par un gérant.

À la diligence de celui-ci, la copie ou l'expédition de l'acte d'où résulte la prorogation doit être déposée au greffe chargé de la tenue du registre du commerce et des sociétés pour être versée au dossier.

Jusqu'à l'accomplissement de cette formalité, la prorogation est inopposable aux tiers, qui peuvent toutefois s'en prévaloir.

Une copie de l'acte d'où résulte la prorogation est déposée au secrétariat du barreau du siège de la société ainsi que, le cas échéant, des barreaux, autres que ce dernier, dont relèvent les associés.

Section IV. – Exercice de la profession

Art. 41. – Sous réserve de l'application du présent décret, toutes les dispositions législatives et réglementaires relatives à l'exercice de la profession d'avocat, et spécialement à la déontologie, à la garantie et à la discipline, sont applicables aux sociétés civiles professionnelles d'avocats et à leurs membres.

Sous-section 1. – Obligations, interdictions et incompatibilités

Art. 42. – La *(Mots rempl., D. n° 2012-403, 23 mars 2012)* « dénomination sociale » d'une société civile professionnelle d'avocats doit figurer dans tous documents et correspondances émanant de la société, accompagnée de l'appellation « Société civile professionnelle d'avocats ».

Dans les actes professionnels, chaque associé indique la *(Mots rempl., D. n° 2012-403, 23 mars 2012)* « dénomination sociale » de la société d'avocats dont il fait partie.

Nullité de forme de l'assignation indiquant le nom de l'associé et non celui de la société. V. sous CPC, art. 117, annot. n° 4, p. 1948.

Art. 43 *(Mod., D. n° 2017-795, 5 mai 2017)*. **–** Tout associé ne peut être membre que d'une seule société civile professionnelle d'avocats et ne peut exercer ses fonctions ni à titre individuel, ni en qualité de membre d'une autre société.

Toutefois, les statuts de la société peuvent prévoir la possibilité pour un associé d'exercer sa profession également selon une autre des modalités prévues à l'article 7 de la loi du 31 décembre 1971 susvisée, notamment au sein d'une société pluri-professionnelle d'exercice prévue au titre IV *bis* de la loi du 31 décembre 1990 susvisée.

Art. 44. – Sans préjudice des dispositions de l'article 11 de la loi du 29 novembre 1966 précitée, et sous réserve des dispositions de l'article 82, chaque associé exerce les fonctions d'avocat au nom de la société.

1) **Nullité de forme de l'assignation indiquant le nom de l'associé et non celui de la société.** V. sous CPC, art. 117, annot. n° 4, p. 1948.

2) **Recours en matière de contestation d'honoraires.** Chaque associé exerçant les fonctions d'avocat au nom de la société, le recours en matière de contestation d'honoraires dus à la société peut être exercé par l'avocat membre de la société dont les honoraires sont en litige, sans que la référence à sa qualité de représentant légal de la société soit nécessaire : ▪ Cass. 2e civ., 15 févr. 2007, n° 05-11.056 : *BJS* 2007, p. 899, note J.-J. Daigre ; *D.* 2007, p. 735. ▪ Cass. 1re civ., 3 juill. 2001 : *Rev. sociétés* 2002, p. 74, obs. Y. Chartier.

Art. 45. – Les associés doivent consacrer à la société toute leur activité professionnelle d'avocat et s'informer mutuellement de cette activité, sans que puisse leur être reproché une violation du secret professionnel.

Art. 46 *(Mod., D. n° 2012-403, 23 mars 2012)*. **–** Le nom de chacun des associés sur le tableau ou sur la liste du stage est suivi de la mention de la dénomination sociale de la société dont il fait partie.

Le tableau comporte en annexe la liste des sociétés civiles professionnelles d'avocats avec les indications suivantes :

a) dénomination sociale ;

b) Lieu du siège social ;

c) Noms de tous les associés ;

d) Barreau auquel appartient chaque associé.

Le rang d'inscription des avocats membres d'une société est déterminé par leur ancienneté personnelle.

Le rang d'inscription d'une société est déterminé par sa date d'inscription sur la liste prévue au deuxième alinéa.

Art. 47. – **Chaque associé inscrit au tableau ou sur la liste du stage s'il remplit les conditions participe avec droit de vote à l'assemblée générale des avocats du barreau auquel il appartient.**

Pour la détermination du nombre des membres devant composer le conseil de l'ordre, et notamment pour l'application de l'article 4 du décret n° 91-1197 du 27 novembre 1991 précité, chaque associé est décompté individuellement.

Toutefois, le conseil de l'ordre ne peut comprendre en même temps, dans une proportion supérieure à deux cinquièmes, des avocats associés d'une même société.

Art. 48. – **Les cotisations professionnelles sont établies exclusivement au nom de chacun des associés et acquittées par eux.**

L'article 48 du décret du 20 juillet 1992 étant édicté pour les seules sociétés civiles professionnelles d'avocats, doit être cassé l'arrêt soumettant les associés d'une SEL à cette disposition : ▪ Cass. 1re civ., 5 févr. 2009, n° 07-21.346 (P+B) : *BJS* 2009, p. 480, note B. Saintourens ; *Dr. sociétés* 2009, n° 76, D. Gallois-Cochet.

Sous-section 2. – Comptabilité. Assurance

Art. 49. – **Tous les registres et documents sont ouverts et établis au nom de la société.**

Art. 50. – **Il appartient à la société de justifier de l'assurance de responsabilité professionnelle prévue par le troisième alinéa de l'article 16 de la loi n° 66-879 du 29 novembre 1966 précitée et par l'article 27 de la loi n° 71-1130 du 31 décembre 1971 précitée.**

Sous-section 3. – Discipline. Suppléance. Honorariat

Art. 51. – **Sous réserve des articles ci-après, les dispositions du décret du 27 novembre 1991 précité sont applicables à la société et aux associés.**

La société ne peut faire l'objet de poursuites disciplinaires indépendamment de celles qui seraient intentées contre les associés.

La société est poursuivie devant le conseil de l'ordre auprès duquel est établi son siège. Lorsque les associés poursuivis sont inscrits à des barreaux autres que celui auprès duquel la société est inscrite, le conseil de l'ordre ne peut se prononcer qu'après avoir recueilli l'avis des conseils de l'ordre des barreaux dont les associés relèvent.

Les associés sont poursuivis devant les conseils de l'ordre dont ils relèvent respectivement.

Art. 52. – **Tout associé qui a fait l'objet d'une condamnation définitive à une peine égale ou supérieure à trois mois d'interdiction temporaire peut être contraint de se retirer de la société par décision prise à l'unanimité des autres associés, à l'exclusion de ceux ayant fait l'objet d'une sanction pour les mêmes faits ou pour des faits connexes.**

Les parts sociales de l'associé contraint de se retirer de la société sont cédées dans les conditions prévues par les deuxième et troisième alinéas de l'article 30.

Art. 53. – **L'associé interdit de ses fonctions ou omis du tableau ou de la liste du stage ne peut exercer aucune activité professionnelle pendant la durée de sa peine ou de son omission, mais conserve pendant le même temps sa qualité d'associé avec tous les droits et obligations qui en découlent, à l'exclusion de sa vocation aux bénéfices professionnels.**

La décision qui prononce l'interdiction d'un ou plusieurs associés, mais non de la totalité d'entre eux, ou de la société, ne commet pas d'administrateur.

La décision qui prononce l'interdiction soit de la société, soit de tous les associés, commet un ou plusieurs administrateurs pour accomplir tous actes professionnels relevant des fonctions de la société et des associés interdits.

Au cas où la société et l'un ou plusieurs des associés sont interdits, les associés non interdits sont nommés administrateurs. Ces derniers ont la faculté de demander la désignation d'un administrateur lorsque l'associé interdit est seul inscrit au tableau ou sur la liste de stage d'un barreau.

Toute décision qui prononce l'interdiction d'un associé qui n'appartient pas au barreau auprès duquel la société a son siège doit être portée à la connaissance du bâtonnier du barreau auprès duquel la société est inscrite.

Dès lors qu'il apparaît que la société et tous les associés sont interdits, il est procédé à la nomination d'un ou plusieurs administrateurs en vue d'accomplir les actes mentionnés au troisième alinéa. Cette décision est notifiée aux bâtonniers de chacun des barreaux auprès desquels sont inscrits les associés, afin qu'ils puissent à leur tour désigner un administrateur.

Art. 54. – L'associé radié cesse l'exercice de son activité professionnelle à compter du jour où la décision prononçant sa radiation est passée en force de chose jugée.

Ses parts sociales sont cédées dans les conditions fixées à l'article 29.

Les dispositions de l'article 53 sont applicables en cas de radiation.

Les effets de la radiation de la société ou de tous les associés sont régis par l'article 72.

Art. 55. – Les dispositions de l'article 53 sont applicables au cas où serait prononcée la suspension provisoire d'exercer prévue par la loi.

L'associé provisoirement suspendu conserve, pendant la durée de sa suspension, sa qualité d'associé avec tous les droits et obligations qui en découlent ; toutefois, sa participation dans les bénéfices est réduite de moitié, l'autre moitié étant attribuée par parts égales aux administrateurs associés ou non ou, s'il n'est pas commis d'administrateur, à ceux des associés qui n'ont pas fait l'objet d'une suspension provisoire de leurs fonctions.

Art. 56. – Si l'un des associés est temporairement empêché d'exercer ses fonctions, par cas de force majeure, sa suppléance est assurée par les autres associés appartenant au même barreau.

Si tous les associés ou, en cas de société constituée entre avocats appartenant à des barreaux différents, tous les associés appartenant au même barreau sont simultanément empêchés d'exercer leurs fonctions, la gestion est assurée conformément aux dispositions des articles 170 à 172 du décret du 27 novembre 1991 précité.

Au cas où les associés sont dans l'impossibilité de manifester leur volonté, le bâtonnier du barreau auquel appartient la société désigne un ou plusieurs avocats pour assurer la gestion de la société et assurer la suppléance des associés appartenant au même barreau ; les suppléants des associés appartenant à d'autres barreaux sont désignés par les bâtonniers des barreaux auxquels appartiennent respectivement ces associés.

Art. 57. – Les fonctions d'avocat associé sont assimilées à celles d'avocat pour la collation du titre d'avocat honoraire.

CHAPITRE II *BIS*. – FUSION ET SCISSION DE SOCIÉTÉS CIVILES PROFESSIONNELLES D'AVOCATS

(D. n° 2007-932, 15 mai 2007)

§ 1. – Fusion par constitution d'une nouvelle société

Art. 57-1 *(D. n° 2007-932, 15 mai 2007)*. – Des sociétés civiles professionnelles d'avocats peuvent constituer par voie de fusion, entre elles ou avec des sociétés d'exercice libéral d'avocats, une nouvelle société civile professionnelle d'avocats.

Chacune des sociétés participant à l'opération est dissoute de plein droit à compter de la réalisation définitive de la fusion et de l'inscription de la nouvelle société.

§ 2. – Fusion par absorption

Art. 57-2 *(D. n° 2007-932, 15 mai 2007)*. – Une société civile professionnelle d'avocats peut absorber une ou plusieurs sociétés civiles professionnelles ou sociétés d'exercice libéral d'avocats.

Chacune des sociétés absorbées est dissoute de plein droit à compter de la réalisation définitive de la fusion.

La fusion est réalisée à la date de la dernière assemblée générale ayant approuvé l'opération sauf si le contrat prévoit que celle-ci prend effet à une autre date, laquelle ne doit être ni postérieure à la date de clôture de l'exercice en cours de la société bénéficiaire ni antérieure à la date de clôture du dernier exercice clos de la ou des sociétés qui transmettent leur patrimoine.

§ 3. – Scission au profit de sociétés nouvelles

Art. 57-3 *(D. n° 2007-932, 15 mai 2007)*. – Une société civile professionnelle d'avocats peut, par voie de scission, transmettre son patrimoine à des sociétés civiles professionnelles d'avocats ou à des sociétés d'exercice libéral d'avocats nouvelles.

La société scindée est dissoute de plein droit à compter de la réalisation définitive de scission et de l'inscription des sociétés nouvelles issues de la scission.

§ 4. – Scission au profit de sociétés existantes

Art. 57-4 *(D. n° 2007-932, 15 mai 2007)*. – Une société civile professionnelle d'avocats peut, par voie de scission, transmettre son patrimoine à des sociétés civiles professionnelles d'avocats ou à des sociétés d'exercice libéral d'avocats existantes.

La société scindée est dissoute de plein droit à compter de la réalisation définitive de la scission.

La scission est réalisée à la date de la dernière assemblée générale ayant approuvé l'opération sauf si le contrat prévoit que celle-ci prend effet à une autre date, laquelle ne doit être ni postérieure à la date de clôture de l'exercice en cours des sociétés bénéficiaires ni antérieure à la date de clôture du dernier exercice clos de la société qui transmet son patrimoine.

§ 5. – Dispositions communes

Art. 57-5 *(D. n° 2007-932, 15 mai 2007)*. – Dans les sociétés civiles professionnelles d'avocats les opérations de fusion et de scission sont décidées par les trois quarts au moins des associés disposant des trois quarts des voix.

En l'absence de dispositions statutaires et à défaut de désignation, aux conditions de majorité requises pour une fusion ou une scission, d'un représentant spécial par les associés des sociétés civiles professionnelles et, le cas échéant, des sociétés d'exercice libéral d'avocats ayant décidé l'une de ces opérations, les représentants légaux des sociétés intéressées agissent en leur nom pour tous les actes tendant à sa réalisation.

CHAPITRE III. – NULLITÉ. DISSOLUTION. LIQUIDATION DE LA SOCIÉTÉ

Art. 58. – La nullité ou la dissolution de la société n'est opposable aux tiers qu'à compter de l'accomplissement des formalités de publicité prévues par l'article 15.

Section I. – Règles générales concernant la liquidation

Art. 59 *(Mod., D. n° 2012-403, 23 mars 2012)*. – Lorsqu'une société est en état de liquidation, sa personnalité morale subsiste pour les besoins de la liquidation jusqu'à la clôture de celle-ci.

Sa dénomination sociale est obligatoirement suivie de la mention « Société en liquidation ».

Art. 60. – La liquidation est régie par les statuts, sous réserve des dispositions du présent chapitre et sauf les cas de nullité et de dissolution par suite de la radiation de la société.

Art. 61. – Le liquidateur est désigné conformément aux statuts, sauf dans les cas prévus aux articles 60, 72 et 75.

À défaut, il est désigné soit par la décision judiciaire qui prononce la nullité ou la dissolution de la société, soit par la délibération des associés qui constatent ou décident cette dissolution.

Sous réserve des dispositions du quatrième alinéa de l'article 72, le liquidateur peut être choisi soit parmi les associés eux-mêmes, soit parmi les avocats inscrits au tableau. En aucun cas, les fonctions de liquidateur ne peuvent être confiées à un avocat ayant fait l'objet d'une peine disciplinaire.

Il peut être remplacé pour cause d'empêchement, ou pour tout autre motif grave, par le président du tribunal de grande instance dans le ressort duquel la société a son siège, statuant en référé, à la demande soit du liquidateur lui-même, soit des associés ou de leurs ayants droit, soit du bâtonnier.

Plusieurs liquidateurs peuvent être désignés.

Art. 62. – Le liquidateur représente la société pendant la durée de la liquidation de celle-ci et accomplit, en remplacement des associés, tous actes relevant de la profession d'avocat.

Art. 63. – Le liquidateur dispose des pouvoirs les plus étendus pour procéder à la liquidation de la société ; il est chargé notamment de gérer celle-ci pendant sa liquidation, de réaliser son actif, d'apurer son passif et, après remboursement du capital social aux associés ou à leurs ayants droit, de répartir ceux-ci, conformément aux dispositions des statuts, l'actif net provenant de la liquidation.

Les pouvoirs du liquidateur peuvent être précisés par la décision judiciaire ou par la décision des associés qui lui a conféré ses fonctions.

Art. 64. – Le liquidateur convoque les associés ou leurs ayants droit dans les trois mois suivant la clôture de chaque exercice et leur rend compte de sa gestion des affaires sociales.

Il les convoque également en fin de liquidation pour statuer sur le compte définitif, se faire délivrer *quitus* et constater la clôture de la liquidation.

Art. 65. – L'assemblée de clôture statue dans les conditions de quorum et de majorité prévues pour l'approbation des comptes annuels de la société.

Si elle ne peut délibérer ou si elle refuse d'approuver les comptes du liquidateur, le tribunal de grande instance dans le ressort duquel la société a son siège statue à la demande du liquidateur ou de tout intéressé.

Art. 66. – La décision judiciaire ou la décision de l'assemblée des associés qui nomme le liquidateur fixe sa rémunération.

Celle-ci peut être constituée par une quote-part ou la totalité des bénéfices nets de la société.

Art. 67. – Le liquidateur informe le bâtonnier du barreau auprès duquel est inscrite la société de la clôture de la liquidation.

Section II. – Dispositions particulières aux différents cas de nullité ou de dissolution de la société

Sous-section 1. – Nullité

Art. 68. – À la diligence du bâtonnier du lieu du siège de la société, toute décision judiciaire passée en force de chose jugée prononçant la nullité de la société fait l'objet d'un dépôt d'une de ses expéditions au dossier ouvert au nom de la société au greffe chargé de la tenue du registre du commerce et des sociétés.

Une autre expédition est adressée, le cas échéant, au secrétariat des autres barreaux dont relèvent les associés.

Art. 69. – La nullité de la société ne porte pas atteinte à la validité des actes professionnels accomplis par les avocats associés avant la date où cette nullité est devenue définitive.

Sous-section 2. – Dissolution par survenance du terme. Dissolution anticipée

Art. 70. – La société prend fin par l'expiration du temps pour lequel elle a été constituée, sauf prorogation effectuée conformément à l'article 1844-6 du Code civil.

Toutefois, la dissolution anticipée prévue au 4° de l'article 1844-7 du Code civil est décidée par les trois quarts au moins des associés disposant ensemble des trois quarts des voix.

Le liquidateur est désigné à la majorité en nombre des associés détenant la moitié au moins des parts sociales et la moitié au moins des parts d'industrie.

À défaut, il est désigné par ordonnance du président du tribunal de grande instance, statuant en référé, à la demande d'un associé.

Art. 71. – Le liquidateur informe le bâtonnier de sa désignation en lui faisant parvenir copie ou expédition de la délibération des associés ou de la décision de justice qui l'a nommé dans ses fonctions.

Le liquidateur dépose au greffe chargé de la tenue du registre du commerce et des sociétés où la société est inscrite, pour être versée au dossier ouvert au nom de la société, la copie de l'expédition mentionnée au premier alinéa dont tout intéressé pourra obtenir communication.

Il ne peut entrer en fonctions avant l'accomplissement des formalités précitées.

Sous-section 3. – Dissolution pour cause de radiation de la société

Art. 72. – La radiation de tous les associés ou de la société entraîne de plein droit la dissolution de celle-ci.

La décision qui prononce ces radiations constate la dissolution de la société et ordonne sa liquidation.

Le liquidateur désigné remplit les fonctions de l'administrateur.

Les associés radiés ne peuvent être choisis comme liquidateur.

Art. 73. – À la diligence du bâtonnier du lieu du siège de la société, une expédition de la décision passée en force de chose jugée prononçant la radiation de la société est versée au dossier ouvert au nom de la société au greffe chargé de la tenue du registre du commerce et des sociétés.

Une autre expédition est adressée, le cas échéant, au secrétariat des autres barreaux dont relèvent les associés.

Sous-section 4. – Dissolution par suite du décès des associés

Art. 74. – La société est dissoute de plein droit par le décès simultané de tous les associés ou par le décès du dernier survivant, si tous sont décédés successivement sans qu'à la date du décès du dernier d'entre eux les parts sociales des autres aient été cédées à des tiers.

Art. 75. – Par dérogation aux dispositions de l'article 61, le liquidateur est désigné conformément aux dispositions de l'article 173 du décret n° 91-1197 du 27 novembre 1991 précité et remplit les fonctions attribuées à l'administrateur provisoire par ce texte.

Art. 76. – Une expédition de la décision nommant le liquidateur est déposée au greffe chargé de la tenue du registre du commerce et des sociétés où la société est inscrite pour être versée au dossier ouvert au nom de la société ; le dépôt est effectué à la diligence du bâtonnier si celui-ci a provoqué la nomination du liquidateur et à la diligence de ce dernier dans le cas contraire.

Sous-section 5. – Dissolution par suite du retrait de la société demandé par tous les associés

Art. 77. – La société est dissoute de plein droit si tous les associés demandent simultanément leur retrait dans les conditions prévues à l'article 21 de la loi n° 66-879 du 29 novembre 1966 précitée, ou s'ils ont demandé successivement ce retrait, sans qu'à la date de la dernière demande les parts sociales des autres associés aient été cédées à des tiers.

La dissolution a lieu à la date de la notification à la société des demandes simultanées de retrait ou de la dernière de ces demandes.

Les dispositions des articles 70 et 71 reçoivent application.

Sous-section 6. – Dissolution de la société dans le cas où il ne subsiste qu'un associé

Art. 78. – Dans le délai d'un an prévu à l'article 1844-5 du Code civil, l'associé unique peut céder, conformément aux dispositions de l'article 24, une partie de ses parts sociales à un tiers.

(Rempl., D. n° 2007-932, 15 mai 2007) La société peut encore participer à une opération de fusion.

À défaut, la société est dissoute dans les conditions prévues à l'article 1844-5 du Code civil à l'expiration du délai d'un an prévu par ce texte. Il est procédé à sa liquidation conformément aux articles 62 et 63. L'associé unique est de plein droit liquidateur de la société et, en cas de refus ou d'empêchement, un avocat est désigné par le bâtonnier du barreau auquel appartient la société.

Art. 79 et 80 *(Abr., D. n° 2007-932, 15 mai 2007).*

CHAPITRE IV. – DISPOSITIONS DIVERSES

Art. 81. – Sous réserve des dispositions particulières régissant l'organisation de la profession dans les départements du Haut-Rhin, du Bas-Rhin et de la Moselle, et notamment de la loi du 20 février 1922, de l'ordonnance n° 58-1273 du 22 décembre 1958 et du décret n° 58-1282 du 22 décembre 1958, les dispositions du présent décret sont applicables aux sociétés constituées dans les départements précités entre personnes physiques exerçant ou remplissant les conditions requises pour exercer la profession d'avocat.

Art. 82. – Pour l'application de l'article 38 de la loi n° 85-99 du 25 janvier 1985 précité, en tant qu'il concerne les mandataires judiciaires à la liquidation des entreprises, l'avocat membre d'une société civile professionnelle conserve le droit d'exercer à titre individuel les activités définies à cet article.

Art. 83. – Les sociétés civiles professionnelles d'avocats constituées avant la date de publication du présent décret disposent d'un délai d'un an à compter de cette date pour solliciter leur inscription au registre du commerce et des sociétés dans les conditions fixées aux articles 14 et suivants du décret n° 84-406 du 30 mai 1984.

Art. 84. – Le présent décret n'est pas applicable à la collectivité territoriale de Saint-Pierre-et-Miquelon.

Art. 85. – Sont abrogés :

– Le décret n° 72-669 du 13 juillet 1972 pris pour l'application à la profession d'avocat de la loi n° 66-879 du 29 décembre 1966 relative aux sociétés civiles professionnelles ;

– Le décret n° 72-698 du 26 juillet 1972 pris pour l'application aux conseils juridiques de la loi n° 66-879 du 29 novembre 1966 relative aux sociétés civiles professionnelles.

8.2.3.2. – Sociétés d'exercice libéral

Décret n° 93-492 du 25 mars 1993

pris pour l'application à la profession d'avocat de la loi n° 90-1258
du 31 décembre 1990 relative à l'exercice sous forme de sociétés des professions libérales
soumises à un statut législatif ou réglementaire ou dont le titre est protégé
(JO 27 mars)

Bibliographie : B. Brignon, *Quelques grains de poivre dans les SEL d'avocats : Dr. sociétés* 2015, 19. • J.-J. Caussain, *Le choix d'une structure en vue de l'exercice d'une profession d'avocat : JCP* E 2002, p. 1080 ; *Le palmarès des structures d'exercice de la profession d'avocat : JCP* E 2010, 1508. • J.-J. Daigre, *Sociétés d'exercice libéral d'avocats et sociétés en participation d'avocats : BJS* 1993, p. 627. • G. Entraygues et J.-M. Tron, *À propos de la SAS et de la SELAS, du droit des sociétés et des structures professionnelles d'avocats : Gaz. Pal.* 13 nov. 2008, p. 4. • *Adde* B. Harichaux De Tourdonnet, *JCl. Sociétés traité*, Fasc. 192-30 *(Société d'exercice libéral d'avocats)*.

TITRE PREMIER. – DES SOCIÉTÉS D'EXERCICE LIBÉRAL D'AVOCATS

Art. 1er *(Mod., D. n° 2004-852, 23 août 2004 ; rempl., D. n° 2016-878, 29 juin 2016 ; D. n° 2017-801, 5 mai 2017).* – Les dispositions du présent titre sont applicables aux sociétés d'exercice libéral constituées pour l'exercice de la profession d'avocat en application du titre Ier de la loi [n° 90-1258] du 31 décembre 1991 susvisée.

Sous réserve des dispositions du décret n° 2017-794 du 5 mai 2017 relatif à la constitution, au fonctionnement et au contrôle des sociétés pluri-professionnelles d'exercice de professions libérales juridiques, judicaires et d'expertise-comptable prévues au titre IV *bis* de la loi n° 90-1258 du 31 décembre 1990, les dispositions du présent titre sont également applicables aux sociétés pluri-professionnelles d'exercice constituées pour exercer notamment la profession d'avocat en application des titres Ier et IV *bis* de loi [n° 90-1258] du 31 décembre 1990 susvisée, à l'exception de l'article 3, du deuxième alinéa de l'article 10 et des articles 34 et 42.

CHAPITRE I. – CONSTITUTION DE LA SOCIÉTÉ

Section I. – Dispositions générales

Art. 2 *(Abr., n° 2016-878, 29 juin 2016).*

Art. 3. – La société d'exercice libéral est constituée sous la condition suspensive de son inscription au barreau établi auprès du tribunal de grande instance dans le ressort duquel est fixé le siège de la société et au tableau duquel est inscrit l'un au moins des associés exerçant au sein de la société.

Art. 4 *(Mod., D. n° 2016-878, 29 juin 2016).* – La demande d'inscription d'une société d'exercice libéral est présentée collectivement par les associés exerçant en son sein *(Mots aj., D. n° 2017-801, 5 mai 2017)* « la profession d'avocat », ou par un mandataire. Elle est adressée au bâtonnier de l'ordre des avocats du siège de la société par lettre recommandée avec demande d'avis de réception ou remise contre récépissé.

Elle est accompagnée d'un dossier qui doit comprendre à peine d'irrecevabilité de la demande :

1. Un exemplaire des statuts de la société ;

2. Un certificat d'inscription au tableau ou sur la liste du stage délivré par le bâtonnier en ce qui concerne chaque associé exerçant en son sein ;

3. Une attestation du greffier du tribunal de commerce ou du tribunal de grande instance statuant commercialement du lieu du siège social, constatant le dépôt au greffe de la demande et des pièces nécessaires à l'immatriculation ultérieure de la société au registre du commerce et des sociétés ;

4. Les pièces justifiant de l'accomplissement, le cas échéant, des formalités prévues au premier alinéa de l'article 5 ;

5. La liste des associés exerçant la profession d'avocat au sein de la société avec leurs noms, prénoms, domiciles et, de manière distincte avec les mêmes mentions, celle des associés mentionnés au deuxième alinéa de l'article 5 de la loi du 31 décembre 1990 précitée, avec leur profession et la part de capital qu'ils détiennent.

Art. 5. – En cas de constitution d'une société entre avocats relevant de barreaux différents, chaque associé exerçant au sein de la société appartenant à un barreau autre que celui *(Mots rempl., D. n° 2017-801, 5 mai 2017)* « au tableau duquel la société est inscrite » en informe le bâtonnier du barreau auquel il appartient, par lettre recommandée avec demande d'avis de réception, ou par déclaration remise contre récépissé comportant en annexe le projet de statuts de la société.

Le bâtonnier saisit le conseil de l'ordre qui dispose d'un délai de quarante-cinq jours à compter de la réception de la lettre ou de la déclaration prévues au premier alinéa pour faire connaître au bâtonnier saisi de la demande d'inscription de la société son avis sur la conformité des statuts aux dispositions législatives et réglementaires. Si le conseil de l'ordre ne fait pas connaître son avis dans ce délai, l'avis est considéré comme favorable.

Art. 6. – Le conseil de l'ordre statue sur la demande d'inscription dans les conditions prévues aux articles 102 et 103 du décret [n° 91-1197] du 27 novembre 1991 susvisé. Le délai mentionné au premier alinéa de l'article 102 précité est augmenté d'un mois dans le cas prévu à l'article 5.

L'inscription de la société ne peut être refusée par le conseil de l'ordre que si les statuts déposés ne sont pas conformes aux dispositions législatives et réglementaires.

Art. 7. – En cas de constitution de sociétés d'exercice libéral par voie de fusion ou de scission, les articles 3 à 6 sont applicables.

Art. 8 *(Mod., D. n° 2017-801, 5 mai 2017)*. – Le conseil de l'ordre du barreau au tableau duquel la société est inscritel se prononce sur les modifications des statuts dans les conditions prévues aux articles 102 et 103 du décret [n° 91-1197] du 27 novembre 1991 précité.

Il est informé des modifications apportées à la liste des associés mentionnés au B du I de l'article 5 de la loi [n° 90-1258] du 31 décembre 1990 précitée et au montant de leur participation au capital.

Art. 9. – Les décisions de rejet peuvent être déférées à la cour d'appel selon les modalités prévues à l'article 16 du décret [n° 91-1197] du 27 novembre 1991 précité.

Section II. – Publicité

Art. 10 *(Mod., D. n° 2016-878, 29 juin 2016)*. – L'immatriculation de la société au registre du commerce et des sociétés est régie par les articles R. 123-31 et suivants du Code de commerce, sous réserve des dispositions ci-après.

Une ampliation de la décision d'inscription de la société est adressée par les associés au greffe du tribunal où a été déposée la demande d'immatriculation au registre du commerce et des sociétés. Au reçu de cette ampliation, le greffier procède à l'immatriculation et en informe le bâtonnier du barreau auprès duquel la société est inscrite.

La société est dispensée de procéder aux formalités de publicité prévues à la section 3 du titre Ier du livre II du Code de commerce.

CHAPITRE II. – FONCTIONNEMENT DE LA SOCIÉTÉ

Section I. – Cessions et transmissions d'actions et de parts sociales

Art. 11 *(Mod., D. n° 2017-801, 5 mai 2017).* – **Toute cession par un des associés de la totalité ou d'une fraction de ses actions ou parts sociales à un tiers en vue de l'exercice de la profession d'avocat au sein de la société est passée sous la condition suspensive de l'inscription sur la liste prévue au deuxième alinéa de l'article 23.**

Lorsque le consentement de la société est acquis dans les conditions prévues par les articles 45 et 275 de la loi [n° 66-537] du 24 juillet 1966 précitée et 10 de la loi [n° 90-1258] du 31 décembre 1990 précitée, le cessionnaire demande au bâtonnier de l'ordre des avocats au tableau duquel la société est inscrite, par lettre recommandée avec demande d'avis de réception ou remise contre récépissé, son inscription sur la liste mentionnée au deuxième alinéa de l'article 23. Sa demande est accompagnée, à peine d'irrecevabilité, d'une attestation du transfert sur les registres de titres de la société ou de la copie certifiée conforme de l'acte de cession des parts sociales, ainsi que de toutes pièces justificatives, notamment de celles qui sont exigées des personnes demandant leur admission au stage ou leur inscription au tableau ainsi que, lorsque le cessionnaire appartient à un barreau autre que celui du siège de la société, de l'avis du conseil de l'ordre du barreau dont il relève.

Art. 12 *(Mod., D. n° 2017-801, 5 mai 2017).* – **Toute décision de la société de racheter, dans les conditions prévues par les articles L. 223-14 et L. 228-24 du Code de commerce et 10 de la loi [n° 90-1258] du 31 décembre 1990 précitée, tout ou partie des actions ou parts d'un associé et toute convention par laquelle un des associés cède, dans les conditions déterminées par les statuts, tout ou partie de ses actions ou parts sociales aux autres associés exerçant au sein de la société ou à l'un ou plusieurs d'entre eux sont portées à la connaissance du bâtonnier, selon le cas, par la société ou par le ou les associés cessionnaires.**

Pour l'application de l'article 1843-4 du Code civil à la cession de parts d'une SELARL d'avocats : ▪ Cass. com., 20 déc. 2007, n° 04-20.696 : *BJS* 2008, p. 214 ; *D.* 2008, p. 160.

Art. 13. – Les articles 11 et 12 sont également applicables à la transmission à titre gratuit de tout ou partie de ses actions ou parts sociales consenties par l'un des associés.

Art. 14. – L'associé démissionnaire ou radié soit du tableau soit de la liste du stage, ou dont le certificat de stage a été définitivement refusé, dispose d'un délai de six mois à compter du jour soit de l'acceptation de sa démission, soit de celui où sa radiation est devenue définitive, pour céder ses actions ou parts sociales à un tiers en vue de l'exercice de la profession au sein de la société, à la société ou à d'autres associés.

Art. 15 *(Mod., D. n° 2017-801, 5 mai 2017).* – **Sous réserve des règles de protection et de représentation des majeurs protégés, les dispositions de l'article 14 sont applicables à la cession des actions ou parts sociales de l'associé placé sous le régime de la tutelle, s'il ne veut ou ne peut bénéficier des dispositions du 2° du B du II de l'article 5 de la loi [n° 90-1258] du 31 décembre 1990 précitée, ou de l'associé frappé d'interdiction légale.**

Elles sont également applicables à la cession des actions ou parts sociales de l'associé dont l'exclusion de la société est décidée dans le cas mentionné à l'article 28.

Le délai de six mois imparti à l'associé exclu pour céder ses parts court à compter du jour où la décision des autres associés prononçant son exclusion lui a été notifiée par lettre recommandée avec demande d'avis de réception.

Lorsque la société d'exercice libéral est une société pluri-professionnelle d'exercice, les dispositions du présent article s'appliquent aux seuls associés exerçant la profession d'avocat.

Section II. – Associés nouveaux. Prorogation de la société

Art. 16. – Tout nouvel associé qui entend exercer au sein de la société *(Mots aj., D. n° 2017-801, 5 mai 2017)* **« la profession d'avocat » doit produire le certificat d'inscription au tableau ou sur la liste du stage prévu par l'article 4, et, s'il appartient à un barreau autre que celui auprès duquel la société est inscrite, l'avis du conseil de l'ordre dont il relève.**

Art. 17. – Toute décision de proroger la société doit être immédiatement portée à la connaissance du bâtonnier du barreau auprès duquel la société est inscrite par le représentant légal de la société.

Section III. – Exercice de la profession

Art. 18. – Sous réserve de l'application des dispositions du présent décret, toutes dispositions législatives et réglementaires relatives à l'exercice de la profession d'avocat sont applicables aux sociétés d'exercice libéral d'avocats et à leurs membres exerçant au sein de la société.

§ 1. – Obligations, interdictions et incompatibilités

Art. 19. – La dénomination sociale d'une société d'exercice libéral d'avocats doit figurer dans tous documents et correspondances émanant de la société.

Dans les actes professionnels, chaque associé exerçant au sein de la société (Mots ajoutés, D. n° 2017-801, 5 mai 2017, art. 3, 8°) « la profession d'avocat » indique la dénomination sociale de la société d'avocats dont il fait partie.

Art. 20 *(Abr., D. n° 2016-878, 29 juin 2016).*

Rédaction antérieure. Art. 20. – Un avocat associé exerçant au sein d'une société d'exercice libéral ne peut exercer sa profession à titre individuel, en qualité de membre d'une autre société, quelle qu'en soit la forme, ou en qualité d'avocat salarié.

NB : Conformément à l'article 3 du décret n° 2016-878 du 29 juin 2016, ces dispositions, dans leur rédaction antérieure à l'entrée en vigueur dudit décret, demeurent applicables aux associés des sociétés d'exercice libéral d'avocats constituées avant la date prévue au premier alinéa dudit article. Les associés peuvent néanmoins convenir, à la majorité prévue pour la modification des statuts de la société, que les dispositions nouvelles des articles 20 et 22 du décret n° 93-492 du 25 mars 1993 leur sont applicables.

Incompatibilité entre l'association et le salariat. Jugé, au regard des dispositions de l'article 7 de la loi n° 71-1130 du 31 décembre 1971 portant réforme de certaines professions judiciaires et juridiques et de l'article 20 du décret n° 93-492 du 25 mars 1993 pris pour l'application à la profession d'avocat de la loi n° 90-1258 du 31 décembre 1990 relative à l'exercice sous forme de sociétés des professions libérales soumises à un statut législatif ou réglementaire ou dont le titre est protégé, disposant qu'un avocat associé exerçant au sein d'une société d'exercice libéral ne peut exercer sa profession à titre individuel, en qualité de membre d'une autre société, quelle qu'en soit la forme, ou en qualité d'avocat salarié, qu'un avocat associé d'une société d'exercice libéral ne peut, dans le même temps, être avocat salarié de la même structure : ▪ Cass. 1re civ., 14 févr. 2018, n° 17-13.159, F-P+B, C. c/ *Fidal : Rev. sociétés* 2018, p. 449, note J.-J. Daigre.

Art. 21. – Chaque avocat associé exerçant au sein d'une société d'exercice libéral exerce les fonctions d'avocat au nom de la société.

1) Chaque associé exerce les fonctions d'avocat au nom de la société ; en conséquence, le pouvoir donné soit à la société elle-même, soit à l'un de ses associés nommément désigné, en vue de former un pourvoi en cassation, permet à chacun des associés de **régulariser** ce pourvoi : ▪ Cass. soc., 24 juin 1998 : *BJS* 1999, p. 49, note J.-J. Daigre.

2) Ouverture d'une procédure de liquidation judiciaire contre l'associé. V. sous C. com., art. L. 640-2, annot. n° 2, p. 2058.

Art. 22 *(Mod., D. n° 2016-878, 29 juin 2016).* **– Les associés exerçant au sein de la société l'informent et s'informent mutuellement de leur activité.**

NB : Conformément à l'article 3 du décret n° 2016-878 du 29 juin 2016, ces dispositions, dans leur rédaction antérieure à l'entrée en vigueur dudit décret, demeurent applicables aux associés des sociétés d'exercice libéral d'avocats constituées avant la date prévue au premier alinéa dudit article. Les associés peuvent néanmoins convenir, à la majorité prévue pour la modification des statuts de la société, que les dispositions nouvelles des articles 20 et 22 du décret n° 93-492 du 25 mars 1993 leur sont applicables.

Art. 23 *(Mod., D. n° 2017-801, 5 mai 2017).* **– Le nom de chacun des associés sur le tableau ou sur la liste du stage est suivi de la mention de la dénomination sociale de la société au sein de laquelle il exerce.**

Le tableau comporte en annexe la liste des sociétés d'avocats avec les indications suivantes :

a) **Dénomination sociale ;**

b) **Lieu du siège social ;**

c) **Noms de tous les associés exerçant en son sein la profession d'avocat ;**

d) **Barreau auquel appartient chaque associé exerçant en son sein la profession d'avocat.**

Art. 24. – Chaque associé inscrit au tableau ou sur la liste du stage, s'il remplit les conditions, participe avec droit de vote à l'assemblée générale des avocats du barreau auquel il appartient.

Pour la détermination du nombre des membres devant composer le conseil de l'ordre, et notamment pour l'application de l'article 4 du décret [n° 91-1197] du 27 novembre 1991 précité, chaque associé est décompté individuellement.

Toutefois, le conseil de l'ordre ne peut comprendre en même temps, dans une proportion supérieure à deux cinquièmes, des avocats associés d'une même société.

§ 2. – Comptabilité. Assurances

Art. 25. – Tous les registres et documents prévus par les textes législatifs ou réglementaires sont ouverts et établis au nom de la société.

Art. 26. – Il appartient à la société de justifier des assurances prévues par l'article 27 de la loi [n° 71-1130] du 31 décembre 1971 précitée.

(Al. créé, D. n° 2017-801, 5 mai 2017) Dans les sociétés pluri-professionnelles d'exercice, les contrats d'assurance souscrits collectivement en application des premiers alinéas des articles 205 et 207 du décret [n° 91-1197] du 27 novembre 1991 susvisé ne couvrent que les dommages survenus dans le cadre de l'exercice de la profession d'avocat.

§ 3. – Discipline. Suppléance. Honorariat

Art. 27 *(Mod., D. n° 2017-801, 5 mai 2017)*. – Sous réserve des articles 28 à 32, les dispositions du décret [n° 91-1197] du 27 novembre 1991 précité sont applicables à la société et aux associés exerçant en son sein la profession d'avocat.

La société ne peut faire l'objet de poursuites disciplinaires indépendamment de celles qui seraient intentées contre les associés exerçant en son sein la profession d'avocat.

La société est poursuivie devant le conseil de l'ordre du barreau au tableau duquel elle est inscrite. Lorsque les associés poursuivis sont inscrits à des barreaux autres que celui auprès duquel la société est inscrite, le conseil de l'ordre ne peut se prononcer qu'après avoir recueilli l'avis des conseils de l'ordre des barreaux dont les associés relèvent.

Les associés sont poursuivis devant les conseils de l'ordre dont ils relèvent respectivement.

Art. 28. – Tout associé exerçant au sein de la société qui a fait l'objet d'une condamnation disciplinaire passée en force de chose jugée à une peine égale ou supérieure à trois mois d'interdiction d'exercice de sa profession ou d'une condamnation pénale définitive à une peine d'emprisonnement égale ou supérieure à trois mois peut être contraint, à l'unanimité des autres associés exerçant au sein de la société, de se retirer de celle-ci.

Ses actions ou parts sociales sont cédées dans les conditions prévues par les articles 14 et 15.

Art. 29. – L'associé interdit de ses fonctions n'est pas de ce seul fait privé de sa qualité d'associé. Il conserve tous les droits et obligations qui en découlent.

La décision qui prononce l'interdiction d'un ou plusieurs associés exerçant leurs fonctions au sein de la société, mais non de la totalité d'entre eux, ne commet pas d'administrateur provisoire.

La décision qui prononce l'interdiction soit de la société, soit de tous les associés exerçant leurs fonctions au sein de la société commet un ou plusieurs administrateurs provisoires pour accomplir tous actes professionnels relevant des fonctions de la société et des associés interdits. Cette décision est notifiée aux bâtonniers de chacun des barreaux auprès desquels sont inscrits les associés afin qu'ils puissent à leur tour désigner un administrateur provisoire.

Au cas où la société et l'un ou plusieurs des associés exerçant en son sein sont interdits, les associés exerçant au sein de la société non interdits sont nommés administrateurs provisoires.

Toute décision qui prononce l'interdiction d'un associé exerçant au sein de la société qui n'appartient pas au barreau auprès duquel la société a son siège doit être portée à la connaissance du bâtonnier du barreau auprès duquel la société est inscrite.

Art. 30. – L'associé radié exerçant au sein de la société cesse l'exercice de son activité professionnelle à compter du jour où la décision prononçant sa radiation est passée en force de chose jugée. Il perd, à compter de la même date, le droit d'assister et de voter aux assemblées de la société.

Ses actions ou parts sociales sont cédées dans les conditions fixées à l'article 14.

Les dispositions de l'article 32 sont applicables en cas de radiation.

Les effets de la radiation de la société ou de tous les associés exerçant en son sein sont régis par l'article 42.

Art. 31. – En cas de suspension provisoire, les dispositions de l'article 29 sont applicables.

L'associé exerçant au sein de la société provisoirement suspendu conserve, pendant la durée de sa suspension, sa qualité d'associé avec tous les droits et obligations qui en découlent. Toutefois, ses revenus liés à l'exercice professionnel sont réduits de moitié, l'autre moitié étant attribuée par parts égales aux administrateurs provisoires associés ou non ou, s'il n'est pas commis d'administrateur provisoire, à ceux des associés exerçant au sein de la société qui n'ont pas fait l'objet d'une suspension provisoire de leurs fonctions.

Art. 32. – Si l'un des associés est temporairement empêché, par cas de force majeure, d'exercer ses fonctions, sa suppléance est assurée par les autres associés exerçant au sein de la société appartenant au même barreau.

Si tous les associés ou, en cas de société constituée entre avocats appartenant à des barreaux différents, tous les associés appartenant au même barreau sont simultanément empêchés d'exercer leurs fonctions, la gestion est assurée conformément aux dispositions des articles 170 à 172 du décret [n° 91-1197] du 27 novembre 1991 précité.

Au cas où les associés sont dans l'impossibilité de manifester leur volonté, le bâtonnier du barreau auprès duquel la société est inscrite désigne un ou plusieurs avocats pour assurer la gestion de la société et assurer la suppléance des associés appartenant au même barreau. Les suppléants des associés appartenant à d'autres barreaux sont désignés par les bâtonniers des barreaux auxquels appartiennent respectivement ces associés.

Art. 33. – Les fonctions d'avocat associé sont assimilées à celles d'avocat pour la collation du titre d'avocat honoraire.

§ 4. – Dispositions diverses

Art. 34. – Les procès-verbaux des délibérations des associés, ainsi que ceux des délibérations du conseil d'administration et du conseil de surveillance sont établis sur un registre spécial préalablement coté et paraphé par le bâtonnier du barreau auprès duquel la société est inscrite ou par son délégué. Le registre est conservé au siège de la société.

Toutefois, les procès-verbaux peuvent être établis sur des feuilles mobiles numérotées sans discontinuité, paraphées dans les conditions prévues au premier alinéa du présent article. Dès qu'une feuille a été remplie, même partiellement, elle doit être jointe à celles précédemment utilisées. Toute addition, suppression, substitution ou inversion de feuilles est interdite.

CHAPITRE III. – NULLITÉ. DISSOLUTION. LIQUIDATION DE LA SOCIÉTÉ

Art. 35. – La nullité ou la dissolution de la société n'est opposable aux tiers qu'à compter de l'accomplissement des formalités de publicité prévues par l'article 10.

Section I. – Règles générales concernant la liquidation

Art. 36 *(Mod., D. n° 2017-801, 5 mai 2017)*. – La liquidation est régie par les statuts, sous réserve des dispositions du livre II du Code de commerce et de celles du présent chapitre.

Art. 37. – Le liquidateur peut être choisi, sauf en cas de radiation de la société, soit parmi les associés exerçant au sein de la société, soit parmi les avocats membres de la société inscrits au tableau d'un barreau. En aucun cas les fonctions de liquidateur ne peuvent être confiées à un avocat ayant fait l'objet d'une peine disciplinaire.

Il peut être remplacé pour cause d'empêchement, ou pour tout autre motif grave, par le président du tribunal de grande instance du lieu du siège social de la société, statuant en référé à la demande soit du liquidateur lui-même, soit des associés ou de leurs ayants droit, soit du bâtonnier.

Plusieurs liquidateurs peuvent être désignés.

Art. 38. – La décision judiciaire ou la décision de l'assemblée des associés qui nomme le liquidateur fixe sa rémunération.

Art. 39. – Le liquidateur informe le bâtonnier du barreau auprès duquel est inscrite la société de la clôture de la liquidation.

Section II. – Dispositions particulières aux différents cas de nullité ou de dissolution de la société

§ 1. – Nullité

Art. 40. – À la diligence du bâtonnier du barreau auprès duquel la société est inscrite, toute décision judiciaire passée en force de chose jugée prononçant la nullité de la société fait l'objet d'un dépôt d'une de ses expéditions au dossier ouvert au nom de la société au greffe chargé de la tenue du registre du commerce et des sociétés.

Une autre expédition est adressée le cas échéant au secrétariat des autres barreaux dont relèvent les associés en exercice.

Art. 41. – La nullité de la société ne porte pas atteinte à la validité des actes professionnels accomplis par les avocats associés avant la date où cette nullité est devenue définitive.

§ 2. – Dissolution pour cause de radiation de la société

Art. 42. – La radiation de tous les associés exerçant au sein de la société ou de la société entraîne de plein droit la dissolution de celle-ci par extinction de son objet.

La décision qui prononce ces radiations constate la dissolution de la société et ordonne sa liquidation.

Le liquidateur désigné remplit les fonctions de l'administrateur provisoire.

Le liquidateur ne peut être choisi parmi les associés radiés.

Art. 43. – À la diligence du bâtonnier du barreau auprès duquel la société est inscrite, une expédition de la décision passée en force de chose jugée prononçant la radiation de la société ou de tous les associés exerçant en son sein est versée au dossier ouvert au nom de la société au greffe chargé de la tenue du registre du commerce et des sociétés.

TITRE II. – DES SOCIÉTÉS EN PARTICIPATION D'AVOCATS

Art. 44. – Les sociétés en participation prévues par l'article 22 de la loi [n° 90-1258] du 31 décembre 1990 précitée reçoivent l'appellation de sociétés en participation d'avocats.

Leur constitution fait l'objet de l'insertion d'un avis dans un journal habilité à recevoir les annonces légales dans le département du lieu d'inscription au tableau de l'ordre ou sur la liste du stage de chacun des associés.

L'avis contient la dénomination, la liste des associés et le nom du barreau auquel ils appartiennent.

Art. 45. – L'appartenance à la société avec la dénomination de celle-ci doit être indiquée dans les actes professionnels et les correspondances de chaque associé.

Art. 46. – Dans la quinzaine de la publication, une copie de cet avis, et un exemplaire de la convention qui fonde la société en participation sont remis contre récépissé ou expédiés par lettre recommandée avec demande d'avis de réception à chaque bâtonnier concerné qui peut, dans un délai d'un mois, mettre en demeure les associés, par lettre recommandée avec demande d'avis de réception, de modifier la convention pour la mettre en conformité avec les règles applicables à la profession.

Art. 47. – Le conseil de l'ordre est saisi de toute difficulté. Ses décisions sont susceptibles de recours dans les conditions prévues à l'article 16 du décret [n° 91-1197] du 27 novembre 1991 précité.

Art. 48. – Le retrait ou l'admission d'un associé donne lieu à la publication mentionnée aux deuxième et troisième alinéas de l'article 44 et, pour le nouvel associé, les dispositions des articles 46 et 47 sont applicables.

TITRE III. – DES SOCIÉTÉS DE PARTICIPATIONS FINANCIÈRES DE PROFESSION LIBÉRALE D'AVOCATS
(D. n° 2004-852, 23 août 2004)

Bibliographie : J.-P. Bertrel, *Les holdings de sociétés d'avocats et de notaires après la publication des décrets MURCEF : Dr. et patrimoine* oct. 2004, p. 26.

Art. 48-1 *(D. n° 2004-852, 23 août 2004 ; mod., D. n° 2016-878, 29 juin 2016).* – **Les sociétés constituées, en application du titre IV de la loi du 31 décembre 1990 susvisée, en vue de la détention de parts sociales ou d'actions dans des sociétés exerçant la profession d'avocat sont régies par les dispositions du livre II du Code de commerce, sous réserve des dispositions du présent titre.**

CHAPITRE I. – CONSTITUTION DE LA SOCIÉTÉ

Art. 48-2 *(Abr., D. n° 2016-878, 29 juin 2016).*

Art. 48-3 *(Rempl., D. n° 2012-403, 23 mars 2012).* – **La constitution de la société fait l'objet d'une déclaration adressée par lettre recommandée avec demande d'avis de réception par un mandataire commun des associés, qui désignent un mandataire commun, au bâtonnier du barreau établi auprès du tribunal de grande instance dans le ressort duquel est établi son siège. Une copie des statuts de la société est jointe à la déclaration qui comprend la liste des associés avec indication, selon le cas, de leur profession ou de leur qualité au regard de l'article 48-2 suivie, pour chacun, de la mention de la part de capital qu'il détient dans la société.**

Art. 48-4 *(Rempl., D. n° 2012-403, 23 mars 2012).* – **Le conseil de l'ordre procède à l'inscription des sociétés de participations financières de profession libérale d'avocats sur une liste spéciale du tableau de l'ordre.**

Art. 48-5 *(Rempl., D. n° 2012-403, 23 mars 2012 ; mod., D. n° 2016-878, 29 juin 2016).* – **L'immatriculation de la société au registre du commerce et des sociétés est régie par les articles R. 123-31 et suivants du Code de commerce, sous réserve des dispositions ci-après.**

La société est dispensée de procéder aux formalités de publicité prévues aux articles R. 210-16 et suivants du Code de commerce.

Art. 48-6 et 48-7 *(Abr., D. n° 2012-403, 23 mars 2012).*

CHAPITRE II. – Fonctionnement et contrôle de la société
(D. n° 2004-852, 23 août 2004 ; intitulé mod., D. n° 2012-403, 23 mars 2012)

Art. 48-8 *(D. n° 2004-852, 23 août 2004 ; mod., D. n° 2012-403, 23 mars 2012).* – **La société de participations financières de profession libérale d'avocats fait connaître au bâtonnier, dans un délai de trente jours à compter de la date à laquelle il se produit, tout changement dans la situation déclarée en application de l'article 48-3, avec les pièces justificatives.**

Art. 48-9 *(Rempl., D. n° 2012-403, 23 mars 2012).* – **Si la société de participations financières de la profession libérale d'avocats ne se conforme pas aux dispositions législatives et réglementaires en vigueur, le bâtonnier l'invite à régulariser la situation.**

Si la société ne régularise pas sa situation, le bâtonnier peut inviter les associés, par lettre recommandée avec demande d'avis de réception, à prononcer la dissolution anticipée de la société selon les formes prévues par les statuts. Il adresse une copie de ce courrier au procureur général près la cour d'appel dans le ressort de laquelle est situé le siège de la société.

Art. 48-9-1 *(D. n° 2012-403, 23 mars 2012).* – **Chaque société de participations financières de profession libérale d'avocats fait l'objet, au moins une fois tous les quatre ans, d'un contrôle portant sur le respect des dispositions législatives et réglementaires qui régissent la composition de son capital et l'étendue de ses**

activités. Ce contrôle est assuré par le conseil de l'ordre du barreau établi auprès du tribunal de grande instance dans le ressort duquel la société a son siège, dans les conditions définies par le règlement intérieur de ce barreau.

Art. 48-9-2 *(D. n° 2012-403, 23 mars 2012 ; mod., D. n° 2016-878, 29 juin 2016).* – Le non-respect des dispositions régissant la constitution et le fonctionnement des sociétés de participations financières de profession libérale par les associés, exerçant la profession d'avocat, d'une telle société ou de sociétés d'exercice faisant l'objet de prises de participations, peut donner lieu à des poursuites disciplinaires.

CHAPITRE III. – DISSOLUTION-LIQUIDATION DE LA SOCIÉTÉ

Art. 48-10 *(Abr. D. n° 2012-403, 23 mars 2012).*

Art. 48-11 *(D. n° 2004-852, 23 août 2004 ; mod., D. n° 2012-403, 23 mars 2012).* – La dissolution de la société est portée à la connaissance du bâtonnier à la diligence du liquidateur. Le conseil de l'ordre procède à la radiation de la société dissoute du tableau de l'ordre.

Art. 48-12 *(D. n° 2004-852, 23 août 2004).* – Le liquidateur est choisi parmi les associés de la société de participations financières de profession libérale. En aucun cas les fonctions de liquidateur ne peuvent être confiées à un associé ayant fait l'objet d'une peine disciplinaire.

Plusieurs liquidateurs peuvent être désignés.

Le liquidateur peut être remplacé pour cause d'empêchement, ou pour tout autre motif grave, par le président du tribunal de grande instance du lieu du siège social de la société statuant sur requête à la demande du liquidateur lui-même, des associés ou de leurs ayants droit, ou du bâtonnier.

Art. 48-13 *(D. n° 2004-852, 23 août 2004).* – Le liquidateur procède à la cession des parts ou actions que la société de participations financières de profession libérale d'avocats détient dans la ou les sociétés d'exercice libéral dans les conditions prévues par les dispositions de l'article 14 du présent décret.

Art. 48-14 *(D. n° 2004-852, 23 août 2004).* – Le liquidateur informe le bâtonnier ainsi que le greffier chargé de la tenue du registre du commerce et des sociétés où est immatriculée la société de la clôture des opérations de liquidation.

TITRE IV. – DISPOSITIONS DIVERSES

Art. 49. – Sous réserve des dispositions particulières régissant l'organisation de la profession d'avocat dans les départements du Haut-Rhin, du Bas-Rhin et de la Moselle, et notamment de la loi du 20 février 1922 susvisée et du décret [n° 58-1282] du 22 décembre 1958 susvisé, les dispositions du présent décret sont applicables aux sociétés constituées dans les départements précités.

Art. 50. – Pour l'application de l'article 38 de la loi [n° 85-99] du 25 janvier 1985 susvisée, en tant qu'il concerne les mandataires judiciaires à la liquidation des entreprises, l'avocat membre d'une société d'exercice libéral conserve le droit d'exercer à titre individuel les activités définies à cet article.

Art. 51 *(Mod., D. n° 2004-852, 23 août 2004).* – Les titres I et II du présent décret sont applicables dans les territoires d'outre-mer et à Mayotte.

8.2.3.3. – Associations d'avocats à responsabilité professionnelle individuelle

Bibliographie : J.-J. Caussain, *La nouvelle donne des associations d'avocats : JCP* E 2007, 1955 ; *Modalités pratiques de la transformation d'une société civile professionnelle d'avocats en association d'avocats : JCP* E 2009, 1439. • J.-J. Daigre, *Les associations d'avocats après le décret du 15 mai 2007 : de bien curieuses associations : Rev. sociétés* 2008, p. 725.

Décret n° 91-1197 du 27 novembre 1991

organisant la profession d'avocat

(JO 28 nov. 1991)

TITRE III. – L'EXERCICE DE LA PROFESSION D'AVOCAT

CHAPITRE II. – MODALITÉS PARTICULIÈRES D'EXERCICE DE LA PROFESSION

Section I. – L'association

Art. 124 *(Mod., D. n° 2007-932, 15 mai 2007)*. – Une association d'avocats peut comprendre des avocats personnes physiques et des personnes morales exerçant la profession d'avocat.

Chacun des membres de l'association est tenu des actes accomplis par l'un d'entre eux, au nom de l'association, à proportion de ses droits dans l'association.

Chacun des membres de l'association répond, en outre, sur l'ensemble de son patrimoine, des actes professionnels qu'il accomplit à l'égard de ses clients.

La dénomination de l'association est immédiatement précédée ou suivie de la mention « association d'avocats ».

Le contrat d'association, sur décision unanime des associés, peut prévoir que la mise en cause de la responsabilité professionnelle de l'un de ses membres n'engagera pas celle des autres associés.

Cette clause est opposable aux tiers, dès lors qu'elle a fait l'objet des formalités prévues aux articles 124-1 à 126.

Dans ce cas, la dénomination de l'association est immédiatement précédée ou suivie de la mention « association d'avocats à responsabilité professionnelle individuelle » ou des initiales « AARPI ».

Les droits dans l'association de chacun des avocats associés lui sont personnels et ne peuvent être cédés.

Art. 124-1 *(D. n° 2007-932, 15 mai 2007)*. – L'appartenance à l'association avec la dénomination de celle-ci doit être indiquée dans les actes professionnels et les correspondances de chaque associé.

Art. 125 *(Mod., D. n° 2007-932, 15 mai 2007)*. – Les contrats d'association doivent faire l'objet d'une convention écrite.

Dans la quinzaine de la conclusion du contrat, un exemplaire de la convention qui fonde l'association est remis contre récépissé ou expédié par lettre recommandée avec demande d'avis de réception à chaque bâtonnier concerné.

Dans la quinzaine de la modification du contrat d'association, un exemplaire de l'acte modificatif est remis contre récépissé ou expédié par lettre recommandée avec demande d'avis de réception à chaque bâtonnier concerné.

Le bâtonnier saisit le conseil de l'ordre, qui dispose d'un délai d'un mois à compter de la remise du récépissé ou de la réception de la lettre, pour mettre en demeure les associés, par lettre recommandée avec demande d'avis de réception, de modifier la convention de façon qu'elle soit en conformité avec les règles applicables à la profession.

Art. 126 *(Rempl., D. n° 2007-932, 15 mai 2007)*. – Après accomplissement des formalités prévues à l'article 125, la constitution de l'association fait l'objet de l'insertion d'un avis dans un journal habilité à recevoir les annonces légales dans le département du lieu d'inscription au tableau de l'ordre de chacun des associés.

L'avis contient la dénomination, la liste des associés, le nom du barreau auquel ils appartiennent et, s'il y a lieu, la mention indiquant que l'association s'est placée sous le régime de la responsabilité professionnelle de chacun des associés.

Art. 127 *(Mod., D. n° 2007-932, 15 mai 2007)*. – Le procureur général peut demander communication du contrat d'association.

Tout intéressé peut demander communication de la liste des associés et de la proportion de leurs droits dans l'association ainsi que, le cas échéant, des clauses du contrat d'association relatives à la responsabilité professionnelle individuelle de ses membres.

Ce droit de communication peut être exercé à chaque lieu d'établissement de l'association.

Art. 128. – Les décisions du conseil de l'ordre en cette matière sont susceptibles de recours, dans les conditions prévues à l'article 16.

Art. 128-1 *(D. n° 2007-932, 15 mai 2007).* **– Le retrait ou l'admission d'un associé donne lieu à la publication mentionnée à l'article 126 et, en cas d'adhésion d'un nouvel associé, les dispositions troisième et quatrième alinéas de l'article 125 et de l'article 128 sont applicables.**

Art. 131. – L'avocat est civilement responsable des actes professionnels accomplis pour son compte par son ou ses collaborateurs.

Responsabilité du collaborateur. Jugé à propos d'une partnership américaine, qu'en application de ce texte, si l'avocat est civilement responsable des actes professionnels accomplis pour son compte par un collaborateur, cette responsabilité n'est pas exclusive de celle qui est encourue par ce dernier : ■ Cass. 1re civ., 17 mars 2011, n° 10-30.283, PB : *BJS* 2011, p. 407, note J.-F. Barbièri ; *D.* 2011, p. 1463, note B. Dondero ; *JCP* E 2011, 1454 ; *Rev. sociétés* 2011, p. 429, note J.-J. Daigre.

Art. 128-2 *(D. n° 2017-801, 5 mai 2017).* **– Le contrat d'association peut prévoir la possibilité pour un associé d'exercer sa profession également selon une autre des modalités prévues à l'article 7 de la loi du 31 décembre 1971 susvisée, notamment au sein d'une société pluri-professionnelle d'exercice prévue au titre IV *bis* de la loi du 31 décembre 1990 susvisée.**

8.2.4. – AVOCATS AU CONSEIL D'ÉTAT ET À LA COUR DE CASSATION

Bibliographie : J. Lemanissier et J. Boré, *Les sociétés civiles professionnelles d'avocats aux conseils* : *Rev. sociétés* 1978, p. 655.

Décret n° 78-380 du 15 mars 1978
portant application à la profession d'avocat au Conseil d'État et à la Cour de cassation de la loi n° 66-879 du 29 novembre 1966 relative aux sociétés civiles professionnelles
(JO 23 mars)

Art. 1er. – La loi susvisée [n° 66-879] du 29 novembre 1966 relative aux sociétés civiles professionnelles est applicable à la profession d'avocat au Conseil d'État et à la Cour de cassation, dans les conditions prévues au présent décret.

Art. 2 *(Mod., D. n° 2016-652, 20 mai 2016).* **– Les sociétés régies par le présent décret, qui sont titulaires d'un office d'avocat au Conseil d'État et à la Cour de cassation, ont pour objet l'exercice en commun de cette profession et impliquent la mise en commun et le partage des bénéfices entre les associés. Elles reçoivent l'appellation de société civile professionnelle d'avocats au Conseil d'État et à la Cour de cassation.**

Chaque associé a la qualité et le titre d'avocat associé auprès du Conseil d'État et de la Cour de cassation.

Art. 3. – La création de sociétés civiles professionnelles ne peut avoir pour effet de réduire le nombre des offices d'avocat au Conseil d'État et à la Cour de cassation au-dessous de celui qui est nécessaire à une bonne administration de la justice.

CHAPITRE I. – CONSTITUTION DE LA SOCIÉTÉ

Section I. – Dispositions générales

Art. 4. – Peuvent constituer une société civile professionnelle :

Des personnes physiques titulaires d'offices d'avocat au Conseil d'État et à la Cour de cassation, soit entre elles, soit avec une ou plusieurs personnes physiques remplissant les conditions requises pour être avocat au Conseil d'État et à la Cour de cassation ;

Une personne physique titulaire d'un office d'avocat au Conseil d'État et à la Cour de cassation avec une ou plusieurs personnes physiques remplissant les conditions requises ;

Des personnes physiques remplissant les conditions requises, sans qu'aucune d'entre elles soit titulaire d'un office.

Le nombre des associés ne peut être supérieur à *(Mot rempl., D. n° 2013-470, 5 juin 2013)* « quatre ».

Art. 5. – La société constituée selon l'une des modalités prévues à l'article précédent peut notamment être nommée :

Soit dans l'office dont l'un des associés est titulaire, en remplacement de cet associé, les offices dont éventuellement d'autres associés sont titulaires étant supprimés ou pourvus d'autres titulaires ;

Soit dans un office existant ou dans un office créé *(Mots suppr., D. n° 2009-452, 22 avr. 2009)* « ... », les offices dont éventuellement des associés sont titulaires étant supprimés ou pourvus d'autres titulaires.

Art. 6. – La nomination d'une société civile professionnelle dans un office d'avocat au Conseil d'État et à la Cour de cassation et la nomination de chacun des associés en qualité d'avocat associé auprès du Conseil d'État et de la Cour de cassation sont prononcées par arrêté du garde des sceaux, ministre de la justice, pris après les consultations prévues *(Mots rempl., D. n° 2016-652, 20 mai 2016)* « à l'article 8 ».

L'acceptation de la démission des avocats au Conseil d'État et à la Cour de cassation intéressés est prononcée par le même arrêté.

Art. 7. – La société est constituée sous la condition suspensive de son agrément et de sa nomination par le garde des Sceaux, ministre de la Justice.

Art. 8 *(Mod., D. n° 2016-652, 20 mai 2016)*. – Toute demande d'agrément et de nomination d'une société civile professionnelle d'avocats au Conseil d'État et à la Cour de cassation est présentée collectivement par les associés au garde des sceaux, ministre de la justice, et instruite dans les conditions prévues aux articles 20 à 30 du décret n° 91-1125 du 28 octobre 1991 relatif aux conditions d'accès à la profession d'avocat au Conseil d'État et à la Cour de cassation.

La consultation du vice-président du Conseil d'État, du premier président de la Cour de cassation, du procureur général près cette cour et, le cas échéant, du conseil de l'ordre des avocats au Conseil et à la Cour de cassation prévues aux articles 22 et 23 du décret précité porte sur l'opportunité de nommer la société, sur l'honorabilité et la valeur professionnelle des associés ainsi que, le cas échéant, sur :

La valeur des apports mentionnés aux *a*, *b* et *c* de l'article 13 et effectués par les associés ou certains d'entre eux ;

Les avantages et inconvénients des suppressions ou créations d'offices sollicitées.

Art. 9 *(Abr., D. n° 2016-652, 20 mai 2016)*.

Art. 10 *(Mod., D. n° 2016-652, 20 mai 2016)*. – Au vu des pièces transmises et des avis recueillis, le garde des sceaux, ministre de la justice, s'il entend donner son agrément à la société, prend l'arrêté prévu à l'article 6.

Section II. – Statuts. Capital social. Parts sociales et parts d'industrie

Art. 11. – Si les statuts sont établis par acte sous seing privé, il est établi autant d'originaux qu'il est nécessaire pour la remise d'un exemplaire à chaque associé et pour satisfaire aux formalités d'agrément et de publicité de la société.

Art. 12 *(Mod., D. n° 2012-403, 23 mars 2012)*. – Outre les mentions prévues par les articles 8, 10, 11, 14, 15, 19 et 20 de la loi susvisée [n° 66-879] du 29 novembre 1966, concernant respectivement la dénomination sociale, la répartition des parts, des gérants, la répartition des bénéfices, les dettes sociales, les cessions de parts et celles qui sont prévues par le présent décret, les statuts doivent indiquer :

1° Les nom, prénoms et domicile des associés ;

2° L'adresse du siège social ;

3° La durée pour laquelle la société est constituée ;

4° La nature et l'évaluation distincte de chacun des apports faits par les associés ;

5° Le montant du capital social, le nombre, le montant nominal et la répartition des parts sociales représentatives de ce capital ;

6° Le nombre des parts attribuées à chaque apporteur en industrie ;

7° L'indication du montant libéré, lors de la constitution de la société, des apports en numéraire.

Art. 13. – Peuvent être apportés à une société titulaire d'un office d'avocat au Conseil d'État et à la Cour de cassation :

a) Le droit pour un avocat au Conseil d'État et à la Cour de cassation démissionnaire de présenter son successeur à l'agrément du garde des Sceaux, ministre de la Justice ;

b) Le droit pour un ou plusieurs ayants droit d'un avocat au Conseil d'État et à la Cour de cassation décédé, s'ils satisfont aux conditions requises pour être avocat au Conseil d'État et à la Cour de cassation, de présenter le successeur de leur auteur à l'agrément du garde des Sceaux, ministre de la Justice ;

c) Le bénéfice résultant pour la société de la suppression de l'office de l'avocat au Conseil d'État et à la Cour de cassation qui démissionne, dans les cas prévus à l'article 5 ;

d) Tous droits incorporels, tous meubles et immeubles utiles à l'exercice de la profession ;

e) Toutes sommes en numéraire.

Les apports en industrie des associés, qui, en vertu de l'article 10 de la loi susvisée du 29 novembre 1966, ne concourent pas à la formation du capital, peuvent donner lieu à l'attribution de parts.

L'évaluation des apports mentionnés aux *a*, *b*, et *c* ci-dessus est soumise à l'approbation du garde des Sceaux, ministre de la Justice.

Art. 14. – Les parts sociales ne peuvent être données en nantissement.

Le montant nominal des parts sociales ne peut être inférieur à 152,45 €.

Les parts représentant un apport en industrie sont incessibles et doivent être annulées lorsque leur titulaire quitte la société pour quelque cause que ce soit ou lorsque la société est dissoute.

Art. 15. – Les parts sociales attribuées en contrepartie des apports en nature mentionnés aux *a*, *b* et *c* de l'article 13 sont réputées libérées par l'engagement pris dans l'acte de société par les apporteurs intéressés d'exercer leur droit de présentation en faveur de la société ou, le cas échéant, de démissionner de leurs fonctions en demandant la suppression de l'office dont ils sont titulaires, le tout sous réserve de la condition suspensive prévue à l'article 7.

Les parts sociales représentant des apports en numéraire doivent être libérées, lors de la souscription, du quart au moins de leur valeur nominale.

La libération du surplus doit intervenir en une ou plusieurs fois soit aux dates prévues par les statuts, soit sur décision de l'assemblée des associés et au plus tard dans le délai de cinq ans à compter de la nomination de la société.

Dans les huit jours de leur réception, les fonds provenant de la libération des apports en numéraire sont déposés à la Caisse des dépôts et consignations, chez un notaire ou dans une banque.

Le retrait de ces fonds est effectué par un mandataire de la société sur la seule justification de la nomination de celle-ci dans un office d'avocat au Conseil d'État et à la Cour de cassation.

Section III. – Publicité. Entrée en fonctions

Art. 16 *(Mod., D. n° 2012-403, 23 mars 2012)*. – Dans le délai de quinze jours qui suit la publication de l'arrêté de nomination de la société, l'un des originaux de l'acte constitutif, s'il est sous seing privé, ou une expédition de cet acte, s'il a été établi en la forme authentique, est déposé, à la diligence d'un gérant, au secrétariat-greffe de la Cour de cassation et versé à un dossier ouvert au nom de la société par le greffier en chef.

Un dépôt identique est effectué au secrétariat de la section du contentieux du Conseil d'État.

Jusqu'à l'accomplissement de ces formalités, les dispositions des statuts sont inopposables aux tiers, qui peuvent toutefois s'en prévaloir.

Tout intéressé peut obtenir la délivrance à ses frais, par le greffier en chef de la Cour de cassation ou le secrétaire de la section du contentieux du Conseil d'État, d'un extrait des statuts contenant, à l'exclusion de toutes autres indications, l'identité des associés, l'adresse du siège social, la dénomination sociale, la durée pour laquelle la société a été constituée, les clauses relatives aux pouvoirs et à la responsabilité pécuniaire des associés et à la dissolution de la société.

Art. 17. – Les dispositions relatives à la prestation de serment des avocats au Conseil d'État et à la Cour de cassation sont applicables aux avocats associés auprès du Conseil d'État et de la Cour de cassation.

L'associé qui a déjà prêté serment en qualité d'avocat au Conseil d'État et à la Cour de cassation n'a pas à renouveler son serment.

La société entre en fonction dès la prestation de serment de l'un des associés ou, si l'un des associés se trouve dans la situation prévue à l'alinéa précédent, dès la publication de l'arrêté prévu à l'article 6, alinéa 1er.

Si, sans motif reconnu valable, l'associé qui y est tenu ne prête pas serment dans le mois suivant la publication de l'arrêté prévu à l'article 6, alinéa 1er, il est déchu, par arrêté du garde des Sceaux, ministre de la Justice, de sa qualité d'avocat associé auprès du Conseil d'État et de la Cour de cassation et ses parts sociales sont cédées dans les conditions fixées à l'article 32 du présent décret.

Sous réserve de l'application du deuxième alinéa ci-dessus, tout avocat associé auprès du Conseil d'État et de la Cour de cassation n'a le droit d'exercer ses fonctions qu'à compter du jour de sa prestation de serment.

CHAPITRE II. – FONCTIONNEMENT DE LA SOCIÉTÉ

Section I. – Administration de la société

Art. 18. – Par application de l'article 11 de la loi précitée [n° 66-879] du 29 novembre 1966, les dispositions relatives aux gérants sont fixées par les statuts.

Art. 19. – Les décisions qui excèdent les pouvoirs des gérants sont prises par les associés réunis en assemblée.

L'assemblée des associés est réunie au moins une fois par an. Elle est aussi réunie lorsqu'un ou plusieurs associés représentant au moins la moitié en nombre ou le quart en capital en font la demande, en indiquant l'ordre du jour.

Les statuts déterminent les modalités de convocation de l'assemblée.

Art. 20. – Toute délibération de l'assemblée fait l'objet d'un procès-verbal signé par les associés présents et contenant notamment la date et le lieu de la réunion, son ordre du jour détaillé, l'identité des associés présents ou représentés, un résumé des débats, le texte des résolutions mises aux voix et le résultat des votes.

Les procès-verbaux sont établis sur un registre spécial, préalablement coté et paraphé par le greffier en chef de la Cour de cassation et conservé au siège social.

Art. 21. – Chaque associé dispose d'une seule voix.

Un associé peut donner mandat écrit à un autre associé de le représenter à l'assemblée.

L'assemblée ne délibère valablement que si les deux tiers au moins des associés sont présents ou représentés.

Art. 22. – Sous réserve des dispositions de l'article 19 de la loi susvisée [n° 66-879] du 29 novembre 1966 ou du présent décret imposant des conditions spéciales de majorité, les décisions sociales sont prises à la majorité des voix dont disposent les associés présents ou représentés.

Toutefois, les statuts peuvent prévoir l'unanimité des associés pour toutes les décisions ou seulement pour celles qu'ils énumèrent.

Art. 23. – La modification des statuts et la prorogation de la société sont décidées à la majorité des deux tiers des voix de l'ensemble des associés.

Toutefois, l'augmentation des engagements des associés ne peut être décidée qu'à l'unanimité de tous les associés.

Le droit de présentation dont la société est titulaire ne peut être exercé que du consentement unanime des associés.

Art. 23-1 *(D. n° 2017-795, 5 mai 2017)*. – La majorité requise pour approuver une des opérations mentionnées au premier alinéa de l'article 27 de la loi [n° 66-879] du 29 novembre 1966 susvisée est celle prévue à l'article 23.

Art. 24. – Tout acte modifiant les statuts ou prorogeant la société est publié dans le délai de quinze jours à compter de sa date, dans les conditions et sous les effets prévus à l'article 16.

Art. 25. – Après la clôture de chaque exercice, le gérant ou l'un des gérants établit, dans les conditions fixées par les statuts, les comptes de la société et un rapport sur les résultats de celle-ci.

Les documents mentionnés à l'alinéa précédent sont soumis à l'approbation de l'assemblée des associés dans les trois mois qui suivent la clôture de l'exercice. À cette fin, ils sont adressés, à chaque associé, avec le texte des résolutions proposées, quinze jours au moins avant la réunion de l'assemblée et, au plus tard, avec la convocation à cette assemblée.

Art. 26. – Chaque associé peut, à toute époque, prendre connaissance par lui-même de tous registres et documents comptables dont la tenue est prescrite par les dispositions législatives ou réglementaires et de tous autres documents détenus par la société.

Section II. – Cessions et transmissions de parts sociales

Sous-section 1. – Cessions entre vifs par un associé

Art. 27. – Toute convention par laquelle l'un des associés cède, sous réserve des dispositions de l'article 14, alinéa 3, tout ou partie de ses parts sociales à un tiers étranger à la société est passée sous la condition suspensive de l'agrément du cessionnaire et, s'il y a lieu, de l'approbation du retrait du cédant prononcée par arrêté du garde des Sceaux, ministre de la Justice.

Le projet de cession de parts sociales est notifié à la société et à chacun des associés soit dans l'une des formes prévues à l'article 1690 du Code civil, soit par lettre recommandée avec demande d'avis de réception.

Art. 28 *(Mod., D. n° 2016-652, 20 mai 2016)*. – Si la société a, dans la même forme, notifié son consentement exprès à la cession ou si elle n'a pas fait connaître sa décision tant au cédant qu'au cessionnaire dans le délai de deux mois à compter de la dernière des notifications prévues au deuxième alinéa de l'article précédent, le cessionnaire adresse au garde des sceaux, ministre de la justice, une requête tendant à sa nomination en qualité d'avocat associé auprès du Conseil d'État et de la Cour de cassation.

La requête est accompagnée, selon le cas, d'une expédition ou d'une copie certifiée conforme de l'acte de cession de parts sociales, ainsi que de toutes pièces justificatives, et notamment de celles qui établissent le consentement exprès ou tacite donné par la société à la cession, et de celles exigées de tout candidat aux fonctions d'avocat au Conseil d'État et à la Cour de cassation.

Le garde des sceaux, ministre de la justice, procède à l'instruction de la requête selon la procédure prévue aux articles 8 et 10.

La consultation du vice-président du Conseil d'État, du premier président de la Cour de cassation, du procureur général près cette cour et, le cas échéant, du conseil de l'ordre des avocats au Conseil d'État et à la Cour de cassation porte également sur le prix de cession stipulé par les parties et les modalités de paiement prévues.

Art. 29. – Si la société refuse d'agréer le cessionnaire, elle est tenue d'en informer aussitôt le Conseil de l'ordre des avocats au Conseil d'État et à la Cour de cassation, qui tente de concilier les parties. Si cette tentative échoue, la société doit, dans le délai de six mois à compter de la notification de son refus, faite dans l'une des formes prévues à l'article 27, alinéa 2, notifier, dans la même forme, à l'associé qui persiste dans son intention de céder ses parts sociales, un projet de cession ou de rachat de ces parts, conformément aux dispositions de l'article 19, alinéa 3 de la loi précitée [n° 66-879] du 29 novembre 1966. Cette notification implique un engagement du cessionnaire ou de la société qui se porte acquéreur.

Le délai prévu à l'alinéa précédent peut être prolongé de trois mois par le garde des Sceaux, ministre de la Justice, à la demande de tous les associés, y compris le cédant.

Si le prix proposé pour la cession ou le rachat n'est pas accepté par le cédant, il est fixé à la demande de la partie la plus diligente par le garde des Sceaux, ministre de la Justice, après avis du Conseil de l'ordre.

Lorsque l'associé cédant refuse de signer l'acte portant cession de ses parts, qui lui est proposé, il est passé outre à son refus deux mois après la sommation, à lui faite par la société, dans l'une des formes prévues à l'article 27, alinéa 2, et demeurée infructueuse. Si la cession porte sur la totalité des parts dont l'associé est titulaire, son retrait de la société est prononcé par arrêté du garde des Sceaux, ministre de la Justice. Dans tous les cas, le prix de cession des parts est consigné à la diligence du cessionnaire.

Art. 30 *(Mod., D. n° 2016-652, 20 mai 2016)*. – La cession à titre onéreux ou à titre gratuit par un associé de tout ou partie de ses parts sociales à la société, aux autres associés ou à l'un ou plusieurs d'entre eux, est portée à la connaissance du garde des sceaux, ministre de la justice, par le ou les cessionnaires.

Si l'associé cède la totalité de ses parts, son retrait de la société est prononcé par arrêté du garde des sceaux, ministre de la justice.

Dans tous les cas, l'expédition ou la copie certifiée conforme de l'acte de cession est adressée au garde des sceaux, ministre de la justice.

Elle est accompagnée de toutes pièces justificatives comprenant, le cas échéant, la délibération de l'assemblée des associés ayant décidé la réduction du capital social.

Dès réception des pièces visées aux alinéas 3 et 4 ci-dessus, le garde des sceaux, ministre de la justice, recueille l'avis motivé du vice-président du Conseil d'État, du premier président de la Cour de cassation et du procureur général près cette cour et peut recueillir l'avis du conseil de l'ordre des avocats au Conseil d'État et à la Cour de cassation dans les conditions prévues à l'article 8. Cet avis porte également sur l'évaluation des parts cédées.

Art. 31. – Lorsqu'un associé entend se retirer de la société en application de l'article 21 de la loi précitée [n° 66-879] du 29 novembre 1966, il notifie sa décision à la société dans l'une des formes prévues à l'article 27, alinéa 2.

La société dispose d'un an à compter de cette notification pour notifier à l'associé, dans la même forme, un projet de cession ou de rachat de ses parts. Cette notification vaut engagement du cessionnaire ou de la société qui se porte acquéreur.

Le délai prévu à l'alinéa précédent peut être renouvelé par le garde des Sceaux, ministre de la Justice, à la demande de tous les associés, y compris l'associé cédant.

Les dispositions de l'article 29, alinéas 3 et 4, sont, le cas échéant, applicables.

Art. 32. – L'associé destitué dispose d'un délai de six mois à compter du jour où sa destitution est devenue définitive pour céder ses parts sociales soit à un tiers dans les conditions prévues à l'article 27, soit aux autres associés ou à l'un ou plusieurs d'entre eux, soit à la société, dans les conditions prévues à l'article 30.

Si à l'expiration de ce délai, aucune cession n'est intervenue, il est procédé conformément aux dispositions de l'article 29 dans la mesure où celles-ci sont de nature à recevoir application.

Art. 33. – Sous réserve des règles de protection et de représentation des incapables, les dispositions de l'article précédent sont applicables à la cession des parts sociales de l'associé frappé d'interdiction légale ou placé sous le régime de la tutelle des majeurs. Toutefois, dans ce cas, le délai de six mois est porté à un an.

Elles sont également applicables à la cession des parts sociales de l'associé dont l'exclusion de la société a été décidée dans le cas prévu à l'article 49.

Le délai imparti à l'associé exclu pour céder ses parts court à compter du jour où la décision des autres associés prononçant son exclusion lui a été notifiée dans l'une des formes prévues à l'article 27, alinéa 2.

Sous-section 2. – Cession après décès d'un associé

Art. 34. – Le délai prévu par l'article 24, alinéa 2, de la loi précitée [n° 66-879] du 29 novembre 1966 est fixé à un an à compter du décès de l'associé.

Il peut être renouvelé par le garde des Sceaux, ministre de la Justice, à la demande des ayants droit de l'associé décédé et avec le consentement de la société, donné dans les conditions prévues pour la cession des parts sociales par l'article 19, alinéa 1er, de la loi précitée.

Art. 35. – Si, pendant le délai prévu à l'article précédent, les ayants droit décident de céder les parts sociales de leur auteur à un tiers étranger à la société, il est procédé conformément aux dispositions des articles 27 à 29.

Pendant le même délai, si la société, les associés survivants ou un ou plusieurs de ceux-ci acceptent, en accord avec les ayants droit de l'associé décédé, d'acquérir les parts sociales de celui-ci, il est procédé conformément aux dispositions de l'article 30.

Art. 36. – Toute demande d'un ou de plusieurs ayants droit d'un associé décédé, tendant à l'attribution préférentielle à leur profit des parts sociales de leur auteur, est notifiée à la société et à chacun des associés, dans l'une des formes prévues à l'article 27, alinéa 2.

Les modalités de cette attribution sont régies pour le surplus par les dispositions des articles 27, alinéa 1er, et 28 et, le cas échéant, par celles de l'article 29.

Art. 37. – Lorsqu'à l'expiration du délai fixé par l'article 34, les ayants droit de l'associé décédé n'ont pas exercé la faculté de céder les parts sociales de leur auteur, et si aucun consentement préalable à l'attribution préférentielle n'a été donné par la société, celle-ci dispose d'un an pour acquérir ou faire acquérir les parts sociales de l'associé décédé. Ce délai peut être prolongé de trois mois par le garde des Sceaux, ministre de la Justice, à la demande de tous les intéressés.

En cas de litige, il est fait application des dispositions de l'article 29, alinéas 3 et 4.

Sous-section 3. – Publicité de la cession des parts sociales

Art. 38. – À la diligence du cessionnaire, mais postérieurement à la prestation de serment exigée le cas échéant de celui-ci, tout acte de cession des parts sociales est publié dans les conditions et sous les effets prévus à l'article 16.

Dans le cas où il y a lieu à réduction du capital social en application de l'article 21 de la loi susvisée [n° 66-879] du 29 novembre 1966, l'acte modifiant les statuts de la société est publié conformément à l'article 24.

Art. 39. – Chacun des arrêtés prévus à la présente section modifie ou complète l'arrêté initial nommant la société. Il fixe la liste des avocats associés en tenant compte du retrait ou de la nomination de certains d'entre eux.

À la diligence du *(Mots rempl., D. n° 2016-652, 20 mai 2016)* « garde des sceaux, ministre de la justice », une copie de chacun de ces arrêtés est déposée au secrétariat-greffe de la Cour de cassation ainsi qu'au secrétariat de la section du contentieux du Conseil d'État, pour être versée au dossier de la société.

Section III. – Augmentation du capital social. Prorogation de la société

Art. 40. – Si les réserves constituées au moyen de bénéfices non distribués ou de plus-values d'actif dues à l'industrie des associés le permettent, il est procédé périodiquement à l'augmentation du capital social. Les parts sociales créées à cette occasion doivent être réparties entre tous les associés, y compris ceux qui n'ont apporté que leur industrie.

Les statuts fixent les conditions d'application de l'alinéa précédent.

Le capital social ne peut être augmenté avant la libération totale des parts sociales correspondant à des apports en numéraire.

Art. 41. – La décision de proroger la société doit être immédiatement portée à la connaissance du garde des Sceaux, ministre de la Justice, par un gérant.

Section IV. – Exercice de la profession

Art. 42. – Sous réserve de l'application du présent décret, toutes les dispositions législatives et réglementaires relatives aux avocats au Conseil d'État et à la Cour de cassation et spécialement à leur déontologie, sont applicables aux sociétés civiles professionnelles d'avocats au Conseil d'État et à la Cour de cassation et aux associés.

Art. 43 *(Mod., D. n° 2012-403, 23 mars 2012)*. – La dénomination sociale doit figurer dans tous les documents et correspondances émanant de la société, accompagnée de la mention Société civile professionnelle d'avocats au Conseil d'État et à la Cour de cassation, à l'exclusion de toute autre.

Dans les actes professionnels, chaque associé doit utiliser son titre d'avocat associé auprès du Conseil d'État et de la Cour de cassation.

Sous-section 1. – Interdictions et incompatibilités professionnelles

Art. 44. – Un avocat associé auprès du Conseil d'État et de la Cour de cassation ne peut être membre que d'une seule société civile professionnelle d'avocats au Conseil d'État et à la Cour de cassation et ne peut exercer la profession à titre individuel.

Art. 45. – Chaque associé exerce les fonctions d'avocat au Conseil d'État et à la Cour de cassation au nom de la société.

Les associés doivent consacrer à la société toute leur activité professionnelle et s'informer mutuellement de cette activité, sans que puisse leur être reprochée une violation du secret professionnel.

Il est interdit aux associés de conseiller, représenter ou assister des personnes ayant des intérêts opposés.

Art. 46. – Le tableau de l'ordre des avocats au Conseil d'État et à la Cour de cassation, établi chaque année par ordre d'ancienneté, est divisé en deux parties.

Dans la première partie sont inscrits, par ordre d'ancienneté personnelle, dans une même liste, les avocats au Conseil d'État et à la Cour de cassation, personnes physiques, et les avocats associés. Dans la seconde partie sont inscrites les sociétés civiles professionnelles, dont le rang d'inscription est déterminé par la date d'entrée dans la société du plus ancien de ses membres.

Art. 47. – Chaque associé participe individuellement avec droit de vote aux réunions professionnelles des avocats au Conseil d'État et à la Cour de cassation, notamment à l'assemblée générale de l'ordre.

Les avocats associés sont éligibles au Conseil de l'ordre ; toutefois, celui-ci ne peut comprendre qu'un seul associé d'une même société.

Les sociétés civiles professionnelles d'avocats au Conseil d'État et à la Cour de cassation ne sont, en tant que telles, admises à siéger ni à l'assemblée générale ni au Conseil de l'ordre.

Sous-section 2. – Discipline. – Suppléance. – Honorariat

Art. 48 *(Mod., D. n° 2002-76, 11 janv. 2002)*. – Sous réserve des articles ci-après, les dispositions législatives ou réglementaires concernant la discipline des avocats au Conseil d'État et à la Cour de cassation sont applicables à la société civile professionnelle et aux associés.

La société ne peut faire l'objet de poursuites disciplinaires que pour autant que les associés fassent eux-mêmes l'objet de telles poursuites.

Art. 49 *(Mod., D. n° 2002-76, 11 janv. 2002)*. – Tout associé qui a été condamné à une peine disciplinaire égale ou supérieure à trois mois d'interdiction temporaire peut être contraint, par décision unanime des autres associés, de se retirer de la société. Ses parts sociales sont cédées dans les conditions prévues aux articles 32 et 33, alinéas 2 et 3.

Art. 50 *(Mod., D. n° 2002-76, 11 janv. 2002)*. – L'associé interdit temporairement de ses fonctions ne peut exercer aucune activité professionnelle pendant la durée de la peine, mais conserve, pendant le même temps, la qualité d'associé avec tous les droits et obligations qui en découlent, à l'exclusion de sa vocation aux bénéfices professionnels.

La décision qui prononce l'interdiction temporaire d'un ou de plusieurs associés mais non de tous, ni celle de la société, ne commet pas d'administrateur.

La décision qui prononce l'interdiction temporaire de la société et d'un ou de plusieurs associés, mais non de tous, commet les associés non interdits temporairement comme administrateurs.

La décision qui prononce l'interdiction temporaire, soit de la société, soit de tous les associés, commet un ou plusieurs administrateurs pour accomplir tous actes professionnels relevant, à titre obligatoire, du ministère de la société.

Peuvent être désignés, en qualité d'administrateurs, soit avec les associés non interdits temporairement, soit si tous les associés sont interdits temporairement :

a) Des avocats ou avocats associés auprès du Conseil d'État et de la Cour de cassation ;

b) Des anciens avocats ou anciens avocats associés auprès du Conseil d'État et de la Cour de cassation.

L'administrateur procède au siège de la société aux actes professionnels qu'il a mission d'accomplir.

Art. 51. – L'associé destitué ne peut plus se prévaloir de sa qualité d'avocat associé auprès du Conseil d'État et de la Cour de cassation, ni exercer son activité professionnelle, à compter du jour où la décision prononçant sa destitution est passée en force de chose jugée.

Ses parts sociales sont cédées dans les conditions fixées à l'article 32.

Les effets de la destitution de la société sont régis par l'article 58.

Art. 52. – Si tous les associés sont simultanément, par cas de force majeure, empêchés d'exercer leurs fonctions, celles-ci sont assurées par un administrateur, choisi par le président du Conseil de l'ordre, parmi les personnes énumérées à l'article 50.

Art. 53. – La qualité d'avocat associé auprès du Conseil d'État et de la Cour de cassation est assimilée à celle d'avocat au Conseil d'État et de la Cour de cassation pour la collation du titre d'avocat honoraire au Conseil d'État et à la Cour de cassation.

CHAPITRE III. – NULLITÉ. DISSOLUTION. LIQUIDATION DE LA SOCIÉTÉ

Section I. – Nullité. Dissolution

Sous-section 1. – Nullité

Art. 54. – À la diligence du procureur général près la Cour de cassation, toute décision judiciaire passée en force de chose jugée prononçant la nullité de la société est publiée par une insertion au *Journal officiel* de la République française et une expédition de la décision est déposée à la Cour de cassation et au Conseil d'État pour être versée au dossier ouvert au nom de la société.

Art. 55. – La nullité de la société ne porte pas atteinte à la validité des actes de la profession accomplis par les associés avant la date où l'annulation a été prononcée.

Sous-section 2. – Survenance du terme. Dissolution anticipée

Art. 56. – La société prend fin à l'expiration du temps pour lequel elle a été constituée ; toutefois, la dissolution anticipée de la société peut être décidée par deux au moins des associés.

Art. 57. – La société est réputée démissionnaire de son office à la date de sa dissolution.

La gestion de l'office dont la société était titulaire est assurée par le liquidateur de la société. Si le liquidateur n'est pas encore désigné, l'office est provisoirement géré par un suppléant désigné par le président du conseil de l'ordre.

Sous-section 3. – Destitution de la société

Art. 58. – La destitution de tous les associés ou de la société entraîne de plein droit la dissolution de celle-ci.

La décision qui prononce ces destitutions constate la dissolution de la société, ordonne sa liquidation et nomme le liquidateur.

Les associés destitués ne peuvent être choisis comme liquidateurs.

Art. 59. – À la diligence du procureur général, une expédition de la décision prononçant la destitution de la société est versée aux dossiers ouverts au nom de la société à la Cour de cassation et au Conseil d'État, et adressée au président du conseil de l'ordre des avocats au Conseil d'État et à la Cour de cassation.

Sous-section 4. – Décès des associés

Art. 60. – La société est dissoute de plein droit par le décès simultané de tous les associés ou par le décès du dernier survivant, sans qu'à la date du décès du dernier d'entre eux les parts sociales des autres aient été cédées à des tiers.

Sous-section 5. – Retrait de la société demandé par tous les associés

Art. 61. – La société est dissoute de plein droit si tous les associés demandent simultanément leur retrait dans les conditions prévues à l'article 21 de la loi susvisée [n° 66-879] du 29 novembre 1966 et à l'article 31 ci-dessus, ou s'ils ont demandé successivement ce retrait, sans qu'à la date de la dernière demande, les parts sociales des autres associés aient été cédées à des tiers.

La dissolution a lieu à la date de la notification à la société des demandes simultanées de retrait ou de la dernière de ces demandes.

Les dispositions de l'article 57, alinéa 2, reçoivent application.

Sous-section 6. – Société ne comportant qu'un associé

Art. 62 *(Mod., D. n° 2016-652, 20 mai 2016)*. – S'il ne subsiste qu'un seul associé, celui-ci peut, dans le délai d'un an prévu par l'article 1844-5 du Code civil, céder, conformément aux dispositions de l'article 27 ci-dessus, une partie de ses parts sociales à un tiers qui remplit les conditions prescrites par l'article 4.

L'associé unique peut aussi exercer en faveur d'un tiers le droit de présentation dont la société est titulaire. La société se trouve alors dissoute de plein droit à compter soit de la date de prestation de serment du nouveau titulaire de l'office, soit de la nomination de celui-ci, s'il est dispensé de prêter serment.

Il peut enfin demander à être nommé lui-même avocat au Conseil d'État et à la Cour de cassation en remplacement de la société. Il adresse dans ce cas une requête motivée accompagnée de toutes justifications au garde des sceaux, ministre de la justice. La société est dissoute à compter de la nomination de l'associé en qualité d'avocat au Conseil d'État et à la Cour de cassation en remplacement de la société.

Le délai prévu à l'alinéa 1er ci-dessus est suspendu à compter du jour où le garde des sceaux, ministre de la justice, a été saisi de la demande de nomination présentée par le cessionnaire des parts ou par le successeur de la société.

En cas de refus du garde des sceaux, ministre de la justice, de nommer le cessionnaire des parts sociales de l'associé unique, ou le successeur de la société présenté par cet associé, le délai recommence à courir, à compter de la notification de ce refus.

Art. 63. – *(Al. mod., D. n° 2016-652, 20 mai 2016)* Après l'expiration du délai d'un an prévu par l'article 1844-5 du Code civil, si le garde des sceaux, ministre de la justice n'a été saisi d'aucune requête tendant à mettre fin à la situation de la société ne comportant qu'un associé, la dissolution de celle-ci est prononcée par décision judiciaire, lorsqu'elle est demandée dans les conditions prévues par l'alinéa précité.

Dans ce cas, la gestion de l'office est assurée par un administrateur désigné par le président du Conseil de l'ordre des avocats au Conseil d'État et à la Cour de cassation.

Sous-section 7. – Publicité

Art. 64. – La nullité ou la dissolution de la société n'est opposable aux tiers qu'à compter de l'accomplissement des formalités de publicité prévues suivant le cas de l'article 54, ou bien par les articles 59 ou 68.

Section II. – Liquidation

Art. 65. – La société est en liquidation dès que la décision judiciaire prononçant sa nullité est passée en force de chose jugée, ou dès sa dissolution pour quelque cause que ce soit.

La personnalité morale de la société subsiste pour les besoins de la liquidation, jusqu'à la publication de la clôture de celle-ci.

Sa *(Mots rempl., D. n° 2012-403, 23 mars 2012)* « dénomination sociale » est obligatoirement suivie de la mention société en liquidation.

Art. 66. – La liquidation est régie par les statuts, sous réserve des dispositions de la présente section et sauf dans les cas de nullité et de dissolution par suite de la destitution de la société.

Art. 67. – Le liquidateur est désigné conformément aux statuts, sauf dans les deux cas prévus à l'article précédent. À défaut, il est désigné soit par la délibération des associés qui constate ou décide cette dissolution, soit par le président du Conseil de l'ordre des avocats au Conseil d'État et à la Cour de cassation.

Au cas où une décision judiciaire prononce la dissolution de la société ou déclare sa nullité, cette décision désigne le liquidateur.

Sous réserve des dispositions de l'article 58, alinéa 3, le liquidateur peut être choisi soit parmi les associés eux-mêmes, soit parmi les personnes mentionnées aux *a* et *b* de l'article 50. Dans le cas prévu à l'article 63, alinéa 1er, l'associé unique est de plein droit liquidateur de la société.

Il peut être remplacé, pour cause d'empêchement ou pour tout autre motif grave, par le président du Conseil de l'ordre des avocats au Conseil d'État et à la Cour de cassation soit d'office, soit à la demande de tout intéressé.

Plusieurs liquidateurs peuvent être désignés.

Art. 68. – À moins qu'il n'ait été désigné à la requête du procureur général, le liquidateur informe celui-ci de sa désignation en lui faisant parvenir copie ou expédition de la délibération des associés ou de la décision de justice qui l'a nommé dans ses fonctions. Il informe également le vice-président du Conseil d'État.

Le liquidateur dépose au Conseil d'État et à la Cour de cassation, pour être versée aux dossiers ouverts au nom de la société, une copie ou une expédition de l'acte qui le désigne à ses fonctions, dont tout intéressé peut obtenir communication.

Il dépose aussi un exemplaire du même acte au siège de l'ordre des avocats au Conseil d'État et à la Cour de cassation.

Il ne peut exercer ses fonctions avant l'accomplissement des formalités ci-dessus.

Art. 69. – Le liquidateur représente la société pendant la durée de la liquidation de celle-ci.

Il dispose des pouvoirs les plus étendus pour gérer la société pendant sa liquidation, réaliser l'actif, régler le passif, et, après remboursement des apports aux associés ou à leurs ayants droit, répartir entre ceux-ci, conformément aux dispositions des statuts, l'actif net résultant de la liquidation.

Les pouvoirs du liquidateur peuvent être précisés par la décision judiciaire, ou par la décision des associés, qui l'a désigné.

La rémunération du liquidateur est fixée par la décision qui le nomme. Elle peut consister en une quote-part des produits nets de l'office dont la société était titulaire.

Art. 70. – Sauf dans le cas où la société est dissoute par l'effet de sa destitution, le liquidateur exerce au nom de la société le droit de présentation prévu par l'article 91 de la loi susvisée du 28 avril 1816. Toutefois, si les associés ou leurs ayants droit ont fait choix, à l'unanimité, d'un candidat à l'office, le droit de présentation doit être exercé en sa faveur.

Si, dans le délai d'un an à compter de sa désignation, le liquidateur n'a pas exercé le droit de présentation dont la société est titulaire, l'office est éventuellement supprimé. Ce délai peut être exceptionnellement prolongé par le garde des Sceaux, ministre de la Justice.

Art. 71. – Le liquidateur convoque les associés ou leurs ayants droit en assemblée dans les trois mois suivant la clôture de chaque exercice et leur rend compte de sa gestion des affaires sociales.

Il les convoque aussi en fin de liquidation pour statuer sur le compte définitif, se faire délivrer *quitus* et constater la clôture de la liquidation.

L'assemblée de clôture statue dans les conditions de quorum et de majorité prévues pour l'approbation des comptes de chaque exercice. Si elle ne peut délibérer ou refuser d'approuver les comptes du liquidateur, le tribunal de grande instance dans le ressort duquel la société a son siège statue à la demande du liquidateur ou de tout intéressé.

Section III. – Nomination à un office créé d'un associé d'une société dissoute

Art. 72 *(Al. mod., D. n° 2016-652, 20 mai 2016)*. – Dans le cas prévu par l'article 26, alinéa 3, de la loi [n° 66-879] précitée du 29 novembre 1966, l'associé ne peut solliciter sa nomination à un office créé à son intention que si la société a été dissoute moins de dix ans après son investiture dans l'office.

Il doit, à peine de forclusion, notifier son intention aux autres associés et au liquidateur, dans le délai de deux mois à compter de la dissolution de la société.

Art. 73 *(Mod., D. n° 2016-652, 20 mai 2016)*. – La demande de l'intéressé est adressée au garde des sceaux, ministre de la justice, à peine de forclusion, dans le délai de deux mois suivant la notification prévue à l'article précédent.

Le garde des sceaux, ministre de la justice, recueille l'avis motivé du vice-président du Conseil d'État, du premier président de la Cour de cassation, du procureur général près cette cour et peut recueillir l'avis du conseil de l'ordre des avocats au Conseil d'État et à la Cour de cassation dans les conditions prévues à l'article 8. Cet avis porte également sur l'opportunité de la création d'un office.

Section IV. – Nomination à un office créé d'un associé qui se retire pour cause de mésentente

(D. n° 2016-652, 20 mai 2016)

Art. 74 *(D. n° 2016-652, 20 mai 2016)*. – Lorsqu'un avocat au Conseil d'État et à la Cour de cassation entend se retirer de la société au sein de laquelle il est associé, dans les conditions prévues par le deuxième alinéa de

l'article 18 de la loi du 29 novembre 1966 précitée, et solliciter sa nomination à un office créé à son intention, il doit au préalable faire constater par le tribunal de grande instance de Paris la réalité de la mésentente invoquée qui doit être de nature à paralyser le fonctionnement de la société ou d'en compromettre gravement les intérêts sociaux.

Le président de l'ordre des avocats au Conseil d'État et à la Cour de cassation est appelé à présenter ses observations à l'audience.

Art. 75 *(D. n° 2016-652, 20 mai 2016)*. **– La demande de l'intéressé, adressée au garde des sceaux, ministre de la justice, est accompagnée de la décision passée en force de chose jugée constatant la mésentente.**

Art. 76 *(D. n° 2016-652, 20 mai 2016)*. **– Le garde des sceaux, ministre de la justice, recueille l'avis motivé du vice-président du Conseil d'État, du premier président de la Cour de cassation et du procureur général près cette cour dans les conditions prévues à l'article 23 du décret n° 91-1125 du 28 octobre 1991 relatif aux conditions d'accès à la profession d'avocat au Conseil d'État et à la Cour de cassation.**

Art. 77 *(D. n° 2016-652, 20 mai 2016)*. **– La création de l'office et la nomination de son titulaire sont prononcées par arrêté du garde des sceaux, ministre de la justice, sans qu'il y ait lieu de recourir à la procédure prévue aux articles 24 à 28 du décret du 28 octobre 1991 précité.**

8.2.5. – AVOUÉS

8.2.5.1. – Sociétés civiles professionnelles

Bibliographie : Y. Bodin, *Les sociétés civiles professionnelles d'avoués : Rev. sociétés* 1970, p. 381.

Décret n° 69-1057 du 20 novembre 1969

portant règlement d'administration publique pour l'application à la profession d'avoué de la loi n° 66-879 du 29 novembre 1966 relative aux sociétés civiles professionnelles

(Abr., D. n° 2012-634, 3 mai 2012)

Rédaction antérieure. Art. 1er *(Mod., D. n° 92-66, 20 janv. 1992)*. – Le présent décret a pour objet de déterminer les conditions d'application à la profession d'avoué des articles 1er à 32 et 37 de la loi du 29 novembre 1966 relative aux sociétés civiles professionnelles en ce qui concerne les sociétés titulaires d'un office d'avoué et les sociétés d'avoués.

TITRE PREMIER. – DES SOCIÉTÉS TITULAIRES D'UN OFFICE D'AVOUÉ

CHAPITRE I. – CONSTITUTION DE LA SOCIÉTÉ

Section I. – Dispositions générales. Agrément et nomination

Rédaction antérieure. Art. 2 *(Mod., D. n° 92-66, 20 janv. 1992)*. – Les dispositions du présent titre sont applicables aux sociétés titulaires d'un office d'avoué dans lequel les associés exercent en commun leur profession.

Ces sociétés reçoivent l'appellation de « société titulaire d'un office d'avoué » et les associés ont le titre d'« avoué associé » à l'exclusion de celui d'« avoué ».

Leur création ne peut en aucun cas avoir pour effet de réduire le nombre des offices d'avoués au-dessous de celui qui est nécessaire à une bonne administration de la justice dans le ressort de la juridiction considérée.

§ 1. – Société titulaire d'un office constituée par des personnes physiques

(D. n° 92-66, 20 janv. 1992)

Rédaction antérieure. Art. 3 *(D. n° 92-66, 20 janv. 1992)*. – Des personnes physiques titulaires d'offices d'avoués situés dans le ressort de la même cour d'appel peuvent constituer entre elles ou avec une ou plusieurs personnes physiques remplissant les conditions pour exercer la profession d'avoué une société civile professionnelle qui peut être nommée :

a) Soit dans un office d'avoué créé dans le même ressort, les offices dont les associés ou certains d'entre eux sont titulaires étant simultanément supprimés ;

b) Soit dans l'office dont l'un des associés est titulaire, en remplacement de cet associé, les offices dont les autres associés ou certains d'entre eux sont titulaires étant simultanément supprimés ;

c) Soit dans un office existant situé dans le même ressort, les offices dont les associés ou certains d'entre eux sont titulaires étant simultanément supprimés.

Une personne physique titulaire d'un office d'avoué peut également constituer avec une ou plusieurs personnes physiques remplissant les conditions requises pour exercer la profession d'avoué une société civile professionnelle qui peut être nommée dans cet office.

Des personnes physiques remplissant les conditions requises pour exercer la profession d'avoué, mais qui ne sont pas titulaires d'un office d'avoué, peuvent constituer entre elles une société civile professionnelle qui peut être nommée avoué en remplacement du titulaire d'un office existant.

Rédaction antérieure. Art. 4 ***(D. n° 92-66, 20 janv. 1992).*** – La nomination d'une société régie par les dispositions de l'article 3 à un office créé ou vacant est faite dans les conditions prévues aux articles 12-2 à 12-7 du décret n° 45-0118 du 19 décembre 1945.

Rédaction antérieure. Art. 5. – La nomination d'une société civile professionnelle dans un office d'avoué et la nomination de chacun des associés en qualité d'avoué associé sont prononcées par arrêté du garde des Sceaux, ministre de la Justice, pris après les consultations prévues aux articles 7 et 8.

L'acceptation de la démission des avoués intéressés, la suppression ou la cession à la société des offices dont ils sont titulaires ainsi que la création éventuelle de l'office dont la société sera titulaire sont prononcées par le même arrêté.

Rédaction antérieure. Art. 6 ***(D. n° 92-66, 20 janv. 1992).*** – La société est constituée sous la condition suspensive de sa nomination par le garde des Sceaux, ministre de la Justice. La condition est réputée acquise à la date de publication de l'arrêté prévu à l'article 5.

Rédaction antérieure. Art. 7 ***(D. n° 92-66, 20 janv. 1992).*** – Toute demande de nomination d'une société régie par le présent titre est présentée collectivement par les futurs associés au garde des Sceaux, ministre de la Justice.

La demande est adressée au procureur général près la cour d'appel dans le ressort de laquelle est ou doit être fixé le siège de l'office dont la société sera titulaire. Elle est accompagnée de toutes pièces justificatives, et notamment d'une attestation du greffier du tribunal de commerce ou du tribunal de grande instance statuant commercialement du lieu du siège social, constatant le dépôt au greffe de la demande et des pièces nécessaires à l'immatriculation ultérieure de la société au registre du commerce et des sociétés ainsi que, lorsqu'un ou plusieurs des futurs associés doit contracter un emprunt, du plan de financement prévoyant de manière détaillée les conditions dans lesquelles chacun d'eux entend faire face à ses échéances en fonction de l'ensemble de ses revenus et d'un budget prévisionnel.

Le procureur général saisit la chambre de discipline par lettre recommandée avec demande d'avis de réception et l'invite à lui faire parvenir son avis motivé sur la demande.

Rédaction antérieure. Art. 8 ***(D. n° 92-66, 20 janv. 1992).*** – Huit jours au moins avant la date fixée pour sa délibération, la chambre saisie informe les intéressés qu'ils doivent soit par eux-mêmes, soit par un mandataire de leur choix, présenter, lors de cette délibération, toutes explications orales ou écrites relatives à la constitution de la société dont il s'agit.

Si quarante-cinq jours après sa saisine, la chambre n'a pas adressé au procureur général l'avis qui lui a été demandé, il est passé outre et cet avis est tenu pour favorable.

Après réception de l'avis demandé à la chambre ou après expiration du délai fixé au deuxième alinéa, le procureur général transmet au garde des Sceaux, ministre de la Justice, avec son rapport, l'ensemble des pièces et documents.

Rédaction antérieure. Art. 9 ***(D. n° 92-66, 20 janv. 1992).*** – Il n'est dû aucune indemnisation en raison des suppressions, transferts et créations d'offices d'avoué résultant de la constitution de sociétés régies par le présent titre ou de la nomination d'un nouvel associé.

Il en est de même dans le cas de dissolution de ces sociétés.

Toutefois, peuvent donner lieu à indemnisation :

La création d'un office supplémentaire dans les cas prévus aux articles 3 et 4 ;

La suppression de l'office dont la société est titulaire lorsqu'aucun associé ne bénéficie d'une nomination dans un office créé en application des dispositions des articles 86 à 89.

Les indemnités qui peuvent être dues à l'occasion de la création d'un office supplémentaire sont évaluées à l'expiration de la sixième année civile suivant celle de la prestation de serment du dernier des associés d'origine. Toutefois, elles sont évaluées à la dissolution de la société si celle-ci est dissoute avant l'expiration de ce délai.

Dans tous les cas prévus au troisième alinéa, elles sont fixées et réparties conformément aux articles 12-9 à 12-13 du décret n° 45-0118 du 19 décembre 1945 précité.

§ 2. – Société titulaire d'un office d'avoué constituée par voie de fusion

(D. n° 92-66, 20 janv. 1992)

Rédaction antérieure. Art. 10 ***(D. n° 92-66, 20 janv. 1992).*** – Des sociétés civiles professionnelles titulaires d'un office d'avoué situées au siège de la même cour d'appel peuvent constituer par voie de fusion une nouvelle société civile professionnelle qui peut être nommée :

a) Dans l'office dont l'une d'elles est titulaire en remplacement de celle-ci ;

b) Dans un office existant ou créé situé dans le ressort de la même cour d'appel.

Les offices dont les sociétés participant à la fusion sont titulaires peuvent être supprimés ou pourvus d'un nouveau titulaire.

Rédaction antérieure. Art. 10-1 *(D. n° 92-66, 20 janv. 1992)*. – La nomination de la nouvelle société civile professionnelle dans un office d'avoué et la nomination de chacun des associés sont prononcées par arrêté du garde des Sceaux, ministre de la Justice.

La dissolution des sociétés civiles professionnelles participant à cette fusion, la suppression ou le transfert des offices dont elles sont titulaires et, le cas échéant, la création de l'office dont la nouvelle société sera titulaire sont prononcées par le même arrêté.

Sont applicables aux fusions de sociétés, les dispositions des articles 4, 6 à 9.

§ 3. – Sociétés titulaires d'un office d'avoué constituées par voie de scission
(D. n° 92-66, 20 janv. 1992)

Rédaction antérieure. Art. 10-2 *(D. n° 92-66, 20 janv. 1992)*. – Une société civile professionnelle titulaire d'un office d'avoué peut, par voie de scission, constituer deux ou plusieurs sociétés civiles professionnelles. L'une des sociétés civiles professionnelles issues de cette scission peut être nommée dans l'office dont la société scindée était titulaire en remplacement de celle-ci. À défaut de nomination dans cet office, celui-ci est supprimé.

Les autres sociétés civiles professionnelles issues de cette scission peuvent être nommées dans des offices existants ou créés.

Rédaction antérieure. Art. 10-3 *(D. n° 92-66, 20 janv. 1992)*. – La nomination des nouvelles sociétés civiles professionnelles et la nomination de chacun des associés sont prononcées par arrêté du garde des Sceaux, ministre de la Justice.

La dissolution de la société civile professionnelle scindée prend effet à la date à laquelle elle est constatée par l'arrêté qui prononce la suppression ou le transfert de l'office dont elle est titulaire et, le cas échéant, la création ou le transfert des offices dont les nouvelles sociétés seront titulaires.

Sont applicables aux scissions de sociétés, les dispositions des articles 4, 6 à 9.

Section II. – Statuts. Capital social. Parts sociales et parts d'industrie

Rédaction antérieure. Art. 11. – Si les statuts sont établis par acte sous seing privé, il est établi autant d'originaux qu'il est nécessaire pour la remise d'un exemplaire à chaque associé et pour satisfaire aux dispositions des articles 7 et 16 du présent décret.

Rédaction antérieure. Art. 12. – Sans préjudice de toutes autres mentions utiles, et notamment, de celles qui sont prévues par les articles 8, 10, 11, 14, 15, 19 et 20 de la loi susvisée du 29 novembre 1966, concernant respectivement la raison sociale, la répartition des parts, les gérants, la répartition des bénéfices, les dettes sociales, les cessions de parts ou de celles qui sont prévues par le présent titre, les statuts doivent indiquer :

1° Les nom, prénoms et domicile des associés ;

2° L'adresse du siège de l'office dont la société sera titulaire et qui sera en même temps le siège social ;

3° La durée pour laquelle la société est constituée ;

4° La nature et l'évaluation distincte de chacun des apports effectués par les associés ;

5° Le montant du capital social, le nombre et le montant nominal des parts sociales représentatives de ce capital ;

6° Le nombre des parts d'intérêt attribuées à chaque apporteur en industrie ;

7° L'affirmation de la libération, totale ou partielle suivant le cas, des apports concourant à la formation du capital social.

Rédaction antérieure. Art. 13 *(D. n° 92-66, 20 janv. 1992)*. – Peuvent faire l'objet d'apports à une société titulaire d'un office d'avoué :

a) L'exercice par un avoué démissionnaire ou par un gérant d'une société civile professionnelle en voie de dissolution ou par un liquidateur d'une société dissoute du droit de présenter la société pour successeur à l'agrément du garde des Sceaux, ministre de la Justice ;

b) L'exercice par un ou plusieurs ayants droit d'un avoué décédé, s'ils satisfont aux conditions requises pour exercer la profession d'avoué, de leur droit de présenter la société pour successeur de leur auteur à l'agrément du garde des Sceaux, ministre de la Justice ;

c) Le bénéfice résultant pour la société de la suppression de l'office de l'avoué démissionnaire ou de la société civile professionnelle dissoute ou en voie de dissolution ;

d) Tous droits incorporels et tous meubles utiles à l'exercice de la profession d'avoué ;

e) Les immeubles devant servir à l'établissement du siège de l'office ;

f) Toutes sommes en numéraire ;

g) L'industrie des associés, dans les conditions prévues par l'article 1843-2 du Code civil.

Rédaction antérieure. Art. 14 *(D. n° 92-66, 20 janv. 1992)*. – Les parts sociales ne peuvent être ni données en nantissement, ni vendues aux enchères publiques.

Le montant nominal des parts sociales ne peut être inférieur à 152,45 €.

Les parts d'intérêt correspondant aux apports en industrie sont incessibles et doivent être annulées lorsque leur titulaire quitte la société pour quelque cause que ce soit, y compris la dissolution de celle-ci.

Rédaction antérieure. Art. 15. – Les parts sociales attribuées en contrepartie des apports en nature visés aux *a*, *b* et *c* de l'article 13 sont réputées libérées par l'engagement pris dans l'acte de société par les apporteurs intéressés d'exercer leur droit de présentation en faveur de la société ou, le cas échéant, de démissionner de leurs fonctions en demandant la suppression de l'office dont ils sont titulaires, le tout sous réserve de la condition suspensive prévue à l'article 6.

Les parts sociales correspondant à des apports en numéraire doivent être libérées, lors de la souscription, du quart au moins de leur valeur nominale.

La libération du surplus doit intervenir en une ou plusieurs fois, soit aux dates prévues par les statuts, soit sur décision de l'assemblée des associés et au plus tard dans un délai de cinq ans à compter de la nomination de la société.

Dans les huit jours de leur réception, les fonds provenant des souscriptions en numéraire sont déposés soit à la caisse des dépôts et consignations, soit chez un notaire ou dans une banque.

Le retrait des fonds provenant des souscriptions en numéraire est effectué par un mandataire de la société sur la seule justification de la nomination de celle-ci dans les fonctions d'avoué.

Section III. – Publicité. Entrée en fonctions

Rédaction antérieure. Art. 16 *(D. n° 92-66, 20 janv. 1992)*. – L'immatriculation de la société au registre du commerce et des sociétés est régie par le décret n° 84-406 du 30 mai 1984, sous réserve des dispositions ci-après.

Une ampliation de l'arrêté de nomination prévu à l'article 5 est adressée par les associés au greffe du tribunal où a été déposée la demande d'immatriculation au registre du commerce et des sociétés. Au reçu de cette ampliation, le greffier procède à l'immatriculation et en informe le procureur général près la cour d'appel auprès de laquelle est fixé le siège de la société.

La société est dispensée d'insérer dans un journal d'annonces légales les avis prévus aux articles 22, 24 et 26 du décret n° 78-704 du 3 juillet 1978.

Rédaction antérieure. Art. 17 *(D. n° 92-66, 20 janv. 1992)*. – Les dispositions de l'article 31 de la loi du 22 ventôse an XII relatives à la prestation de serment sont applicables aux avoués associés.

La société ne peut entrer en fonction qu'après la prestation de serment de tous ses membres. Ceux-ci n'ont le droit d'instrumenter qu'à compter du jour où ils ont prêté serment.

L'associé qui a déjà prêté serment en qualité d'avoué n'a pas à renouveler son serment.

Tout associé qui n'a pas prêté serment dans le mois suivant la publication de l'arrêté prévu au premier alinéa de l'article 5 peut, sauf cas de force majeure, être déchu par arrêté du garde des Sceaux, ministre de la Justice, de sa qualité d'associé et ses parts sociales sont cédées dans les conditions fixées à l'article 32.

CHAPITRE II. – FONCTIONNEMENT DE LA SOCIÉTÉ

Section I. – Administration de la société

§ 1. – Gérants

Rédaction antérieure. Art. 18. – Par application de l'article 11 de la loi précitée du 29 novembre 1966, les dispositions relatives aux gérants sont fixées par les statuts.

§ 2. – Assemblées

Rédaction antérieure. Art. 19. – Les décisions qui excèdent les pouvoirs des gérants sont prises par les associés réunis en assemblée. Les associés tiennent au moins une assemblée générale annuelle. D'autres assemblées peuvent avoir lieu sur la demande d'un ou de plusieurs associés représentant au moins la moitié en nombre de ceux-ci ou le quart en capital, en indiquant l'ordre du jour.

Les statuts déterminent les modalités de convocation de l'assemblée.

Rédaction antérieure. Art. 20 *(D. n° 92-66, 20 janv. 1992)*. – Toute délibération fait l'objet d'un procès-verbal signé par les associés présents et contenant notamment : la date et le lieu de la réunion, son ordre du jour détaillé, l'identité des associés présents ou représentés, un résumé des débats, le texte des résolutions mises aux voix et le résultat des votes.

Le procès-verbal signé par tous les associés fait foi de la tenue d'une assemblée.

Les procès-verbaux sont établis sur un registre spécial, préalablement coté et paraphé par le président de la chambre de discipline ou un membre de la chambre délégué par lui. Le registre est conservé au siège de la société.

Rédaction antérieure. Art. 21. – Chaque associé dispose d'une seule voix.

Un associé peut se faire représenter à une assemblée par un autre associé porteur d'un mandat écrit.

L'assemblée ne peut délibérer valablement que si les trois quarts au moins des associés sont présents ou représentés.

Si ce quorum n'est pas atteint, les associés peuvent être convoqués une seconde fois et l'assemblée délibère si le nombre des associés présents ou représentés est au moins de deux.

Rédaction antérieure. Art. 22. – En dehors des cas prévus par les dispositions de la loi susvisée du 29 novembre 1966 concernant les cessions de parts et par les articles 23, 24, 34 (alinéa 2), 56 et 74 ci-après, les décisions sociales sont prises à la majorité des voix dont disposent les associés présents ou représentés détenant au moins la moitié du capital social.

Rédaction antérieure. Art. 23. – La modification des statuts est décidée à la majorité des trois quarts des voix de l'ensemble des associés représentant au moins les trois quarts du capital social.

Toutefois, la prorogation de la société peut être décidée par la majorité en nombre des associés représentant les trois quarts au moins du capital social et détenant au moins la moitié des parts d'industrie.

Rédaction antérieure. Art. 24. – Le droit de présentation dont la société est titulaire ne peut être exercé que du consentement unanime des associés.

§ 3. – Comptes sociaux et information des associés

Rédaction antérieure. Art. 25 *(D. n° 92-66, 20 janv. 1992)*. – Après clôture de chaque exercice, le gérant ou l'un des gérants établit, dans les conditions fixées par les statuts, les comptes annuels de la société et un rapport sur les résultats de la société.

Dans les trois mois qui suivent la clôture de l'exercice, les documents visés à l'alinéa précédent sont soumis à l'approbation de l'assemblée des associés.

À cette fin ils sont adressés, à chaque associé, avec le texte des résolutions proposées, quinze jours au moins avant la réunion de l'assemblée et, au plus tard, avec la convocation à cette assemblée.

Rédaction antérieure. Art. 26. – Chaque associé peut, à toute époque, prendre connaissance par lui-même des documents visés à l'article précédent ainsi que de tous registres et documents comptables dont la tenue est prescrite par les dispositions législatives ou réglementaires relatives à la profession d'avoué.

Section II. – Cessions et transmissions de parts sociales

§ 1. – Cessions entre vifs par un associé

Rédaction antérieure. Art. 27 *(D. n° 92-66, 20 janv. 1992)*. – Toute convention par laquelle l'un des associés cède la totalité ou une fraction de ses parts sociales à un tiers à la société est passée sous la condition suspensive de l'agrément du cessionnaire par les autres associés et, s'il y a lieu, de l'approbation du retrait du cédant prononcée par arrêté du garde des Sceaux, ministre de la Justice.

Le projet de cession de parts sociales est notifié à la société et à chacun des associés par lettre recommandée avec demande d'avis de réception.

Si la société a, dans la même forme, notifié son consentement exprès à la cession ou si elle n'a pas fait connaître sa décision dans le délai de deux mois à compter de la dernière des notifications prévues au deuxième alinéa, le cessionnaire adresse au garde des Sceaux, ministre de la Justice, une requête tendant à sa nomination en qualité d'avoué associé.

Cette requête est remise au procureur général près la cour d'appel auprès de laquelle la société a son siège.

Elle est accompagnée de l'expédition de l'acte de cession de parts sociales si celui-ci a été établi dans la forme authentique ou de l'un des originaux de cet acte dans le cas contraire ainsi que de toutes pièces justificatives, notamment celles qui établissent le consentement exprès ou tacite donné par la société à la cession, sans préjudice de celles exigées de tout candidat aux fonctions d'avoué ; lorsque le futur associé doit contracter un emprunt, il doit, en outre, produire un plan de financement prévoyant de manière détaillée les conditions dans lesquelles il entend faire face à ses échéances en fonction de l'ensemble de ses revenus et d'un budget prévisionnel.

Le prix de cession et ses modalités de paiement sont fixés par les parties.

Le procureur général saisit la chambre de discipline des avoués par lettre recommandée avec demande d'avis de réception et l'invite à lui faire parvenir son avis motivé sur la requête.

Si quarante-cinq jours après sa saisine la chambre de discipline n'a pas adressé au procureur général l'avis qui lui a été demandé, celui-ci est réputé favorable.

Après réception de l'avis de la chambre ou après expiration du délai imparti à celle-ci pour faire connaître son avis, le procureur général transmet au garde des Sceaux, ministre de la Justice, avec son rapport, l'ensemble des pièces et des documents.

Rédaction antérieure. Art. 28 *(D. n° 92-66, 20 janv. 1992)*. – Dans le cas où la société refuse de consentir à la cession, elle dispose d'un délai de six mois à compter de la notification de son refus par lettre recommandée avec demande d'avis de réception pour notifier, dans la même forme, à l'associé qui persiste dans son intention de céder ses parts sociales et conformément aux dispositions du troisième alinéa de l'article 19 de la loi n° 66-879 du 29 novembre 1966 précitée, un projet de cession ou de rachat de celles-ci. Ce projet vaut engagement du cessionnaire ou de la société se portant acquéreur.

Ce délai peut être prorogé par le garde des Sceaux, ministre de la Justice, à la demande de tous les associés, y compris le cédant.

Si l'acquéreur est un tiers, les dispositions de l'article 27 sont applicables, à l'exception de celles concernant la notification à la société elle-même et de celles du troisième alinéa de ce même article ; la requête du cessionnaire doit être remise au procureur général avant l'expiration du délai mentionné aux premier et deuxième alinéas.

À défaut d'accord entre les parties, le prix de cession est fixé par un expert désigné dans les conditions prévues à l'article 1843-4 du Code civil. Toute clause contraire est réputée non écrite.

Le cessionnaire prend, par écrit, l'engagement de payer le prix ainsi fixé ; son engagement est joint à sa requête et une copie du projet d'acte de cession tient lieu de l'expédition ou de l'un des originaux visés au cinquième alinéa de l'article 27.

Si les parts sociales sont acquises par la société, par les associés, ou par l'un ou plusieurs d'entre eux, il est procédé conformément à l'article 29. En ce cas, l'expédition ou l'un des originaux de l'acte de cession est adressée au procureur général avant l'expiration du délai prévu aux premier et deuxième alinéas.

Lorsque l'associé cédant refuse de signer l'acte portant cession de ses parts à la société, à ses coassociés, à l'un ou plusieurs d'entre eux ou à un tiers, il est passé outre à son refus deux mois après la mise en demeure par lettre recommandée avec demande d'avis de réception qui lui est faite par la société et qui est demeurée infructueuse ; son retrait de la société est prononcé par arrêté du garde des Sceaux, ministre de la Justice, et le prix de cession des parts est consigné à la diligence du cessionnaire.

Rédaction antérieure. Art. 29 *(D. n° 92-66, 20 janv. 1992)*. – Toute convention par laquelle un des associés cède une partie de ses parts sociales à la société, aux autres associés ou à l'un ou plusieurs d'entre eux est portée par le ou les cessionnaires à la connaissance du procureur général près la cour d'appel auprès de laquelle la société a son siège, par lettre recommandée avec demande d'avis de réception.

Elle est notifiée dans les mêmes formes à la chambre de discipline des avoués.

Il en est de même lorsqu'un des associés cède la totalité de ses parts sociales à la société, aux autres associés ou à l'un ou plusieurs d'entre eux et qu'il demeure dans la société avec des parts d'intérêts.

Rédaction antérieure. Art. 30 *(Mod., D. n° 92-66, 20 janv. 1992)*. – Les articles 27, 28 et 29 sont également applicables à la cession à titre gratuit de tout ou partie de ses parts sociales consentie par l'un des associés.

Rédaction antérieure. Art. 31 *(D. n° 92-66, 20 janv. 1992)*. – Lorsqu'un associé demande son retrait de la société en cédant la totalité de ses parts sociales, il est procédé conformément aux dispositions des articles 27 et 28.

L'associé titulaire de parts sociales ou de parts d'intérêts doit informer la société et ses associés par lettre recommandée avec demande d'avis de réception de sa demande de retrait de la société ; il doit, en outre, le cas échéant, respecter le délai de retrait fixé par les statuts sans que ce délai puisse excéder six mois ; l'associé titulaire de parts sociales perd, à compter de la publication de l'arrêté constatant son retrait, les droits attachés à sa qualité d'associé, à l'exception toutefois des rémunérations afférentes à ses apports en capital.

Tout retrait d'un associé est prononcé par arrêté du garde des Sceaux, ministre de la Justice, l'associé étant réputé démissionnaire.

Rédaction antérieure. Art. 31-1 *(D. n° 92-66, 20 janv. 1992)*. – En cas d'empêchement ou d'inaptitude d'un associé dans les conditions prévues au deuxième alinéa de l'article 45 de l'ordonnance n° 45-1418 du 28 juin 1945, cet associé est déclaré démissionnaire d'office par arrêté du garde des Sceaux, ministre de la Justice.

Les dispositions de l'article 32 sont applicables à la cession de parts sociales de cet associé.

Rédaction antérieure. Art. 32. – L'associé destitué dispose d'un délai de six mois à compter du jour où sa destitution est devenue définitive pour céder ses parts sociales à un tiers dans les conditions prévues à l'article 27.

Si, à l'expiration de ce délai, aucune cession n'est intervenue, il est procédé conformément aux dispositions de l'article 28 dans la mesure où celles-ci sont de nature à recevoir application.

L'associé destitué peut également, avant l'expiration du délai précité, céder ses parts sociales à la société, aux autres associés ou à l'un ou plusieurs de ceux-ci dans les conditions prévues à l'article 29.

Rédaction antérieure. Art. 33 *(D. n° 92-66, 20 janv. 1992)*. – Sous réserve des règles de protection et de représentation des incapables, les dispositions de l'article 32 sont applicables à la cession de parts sociales de l'associé frappé d'interdiction légale ou placé sous le régime de la tutelle des incapables majeurs.

Elles sont également applicables à la cession de parts sociales de l'associé dont l'exclusion de la société a été décidée dans le cas de condamnation mentionné à l'article 56.

Le délai de six mois imparti à l'associé exclu pour céder ses parts à un tiers court à compter du jour où la décision des autres associés prononçant son exclusion lui a été notifiée par lettre recommandée avec demande d'avis de réception.

§ 2. – Cessions après décès d'un associé

Rédaction antérieure. Art. 34. – Le délai prévu par l'article 24 (alinéa 2) de la loi précitée du 29 novembre 1966 est fixé à un an à compter du décès de l'associé. Ce délai d'un an est éventuellement prorogé dans les conditions prévues audit article 24 (alinéa 2) de la loi.

Il peut être renouvelé par le garde ses sceaux, ministre de la Justice, à la demande des ayants droit de l'associé décédé et avec le consentement de la société, donné dans les conditions prévues pour la cession des parts sociales par l'article 19 (alinéa 1) de la loi précitée.

Rédaction antérieure. Art. 35. – Si pendant le délai prévu à l'article précédent le ou les ayants droit décident de céder à un tiers étranger à la société les parts sociales de leur auteur, il est procédé conformément aux dispositions des articles 27 et 28.

Pendant le même délai, si la société, les associés survivants ou un ou plusieurs de ceux-ci acceptent, en accord avec le ou les ayants droit de l'associé décédé, d'acquérir les parts sociales de celui-ci, il est procédé conformément aux dispositions de l'article 29.

Rédaction antérieure. Art. 36 *(D. n° 92-66, 20 janv. 1992).* – Toute demande d'un ou de plusieurs ayants droit d'un associé décédé tendant à l'attribution préférentielle à leur profit des parts sociales de leur auteur est notifiée à la société et à chacun des associés par lettre recommandée avec demande d'avis de réception.

Les modalités de cette attribution sont régies pour le surplus par les dispositions de l'article 27 et, le cas échéant, par celles de l'article 28 (alinéas 4, 5 et 7).

Rédaction antérieure. Art. 37 *(D. n° 92-66, 20 janv. 1992).* – Lorsqu'à l'expiration du délai prévu à l'article 34 le ou les ayants droit de l'associé décédé n'ont pas exercé la faculté de céder les parts sociales de leur auteur et si aucun consentement préalable à l'attribution préférentielle n'a été donné par la société, celle-ci dispose d'une année pour acquérir ou faire acquérir les parts sociales de l'associé décédé. Ce délai peut être prorogé par le garde des Sceaux, ministre de la Justice, à la demande de tous les intéressés.

Si les parts sociales sont cédées à un tiers, les dispositions de l'article 27 et celles de l'article 28 (alinéas 4, 5 et 7) sont applicables.

Si elles sont acquises par la société, les associés ou certains d'entre eux, il est procédé conformément aux dispositions des articles 28 et 29.

§ 3. – Publicité

Rédaction antérieure. Art. 38 *(D. n° 92-66, 20 janv. 1992).* – La publicité de la cession de parts accompagnée, le cas échéant, d'une réduction du capital social, en application de l'article 21 de la loi du 29 novembre 1966 précitée, est accomplie selon les règles fixées par l'article 52 du décret n° 78-704 du 3 juillet 1978 précité.

Dans le cas prévu au septième alinéa de l'article 28, cette publicité résulte du dépôt de deux copies certifiées conformes de la mise en demeure adressée au cédant et des pièces justifiant de la signification de cette mise en demeure.

Rédaction antérieure. Art. 39 *(D. n° 92-66, 20 janv. 1992).* – Chacun des arrêtés pris pour l'application des articles 27 à 33 et 35 à 37 ci-dessus modifie ou complète l'arrêté prévu à l'article 5. Il fixe la liste des avoués associés en tenant compte du retrait ou de la nomination de certains d'entre eux.

À la diligence de la société, une copie de chacun de ces arrêtés est adressée au greffier du tribunal de commerce ou du tribunal de grande instance statuant commercialement du lieu du siège social pour être versée au dossier ouvert au nom de la société au registre du commerce et des sociétés.

Section III. – Nomination de nouveaux avoués associés. Augmentation du capital social. Prorogation de la société

Rédaction antérieure. Art. 40. – Le nombre des associés peut être augmenté au cours de l'existence de la société, avec ou sans augmentation du capital social.

Tout nouvel associé doit remplir les conditions requises pour exercer la profession d'avoué et être agréé par le garde des Sceaux, ministre de la Justice, qui le nomme en qualité d'avoué associé.

Rédaction antérieure. Art. 41 *(Mod., D. n° 92-66, 20 janv. 1992).* – Si le nouvel associé entre dans la société en acquérant des parts sociales dont les associés ou l'un ou certains de ceux-ci sont titulaires, il est procédé conformément à l'article 27.

Si le nouvel associé entre dans la société en apportant sa seule industrie, les dispositions de l'article 5 sont applicables.

Rédaction antérieure. Art. 42 *(Mod., D. n° 92-66, 20 janv. 1992).* – Si la nomination du nouvel associé intervient à l'occasion d'une augmentation du capital social, les dispositions des articles 5, 7, 8, 9 (alinéa 1er), 10, 11 et 17 sont applicables.

La décision d'augmenter le capital social est prise sous la condition suspensive de la nomination du nouvel associé par le garde des Sceaux, ministre de la Justice.

Rédaction antérieure. Art. 43 *(Mod., D. n° 92-66, 20 janv. 1992).* – Si la constitution de réserves au moyen de bénéfices non distribués ou le dégagement de plus-values d'actif dues à l'industrie des associés le permet, il est procédé périodiquement à l'augmentation du capital social et les parts sociales ainsi créées doivent être attribuées à tous les associés, y compris à ceux qui n'ont apporté que leur industrie.

L'un des originaux, ou une expédition de l'acte portant augmentation du capital, est déposé au greffe par le gérant et versé au dossier.

Jusqu'à l'accomplissement de cette formalité, la modification des statuts est inopposable aux tiers qui peuvent toutefois s'en prévaloir.

Rédaction antérieure. Art. 44 *(Mod., D. n° 92-66, 20 janv. 1992).* – La décision de proroger la société doit être immédiatement portée à la connaissance du garde des Sceaux, ministre de la Justice, par un gérant.

Rédaction antérieure. Art. 44-1 *(D. n° 92-66, 20 janv. 1992).* – Lors de l'entrée de nouveaux associés dans la société, une copie des arrêtés portant nomination de ces associés est adressée par la société au greffier du tribunal de commerce ou du tribunal de grande instance statuant commercialement du lieu du siège social pour être versée au dossier ouvert au nom de la société au registre du commerce et des sociétés.

Section IV. – Exercice des fonctions d'avoués par la société et les associés

§ 1. – Exercice de la profession, interdictions et incompatibilités diverses

Rédaction antérieure. Art. 45 *(D. n° 92-66, 20 janv. 1992).* – L'appellation de « société titulaire d'un office d'avoué », à l'exclusion de toute autre, doit accompagner la raison sociale dans toutes correspondances et tous documents émanant de la société.

Dans tous les actes dressés par lui et dans toutes les correspondances, chaque associé indique son titre d'avoué, sa qualité d'associé d'une société titulaire d'un office d'avoué et l'adresse du siège de cette société.

Rédaction antérieure. Art. 46 *(D. n° 92-66, 20 janv. 1992).* – Tout associé ne peut être membre que d'une seule société civile professionnelle d'avoués et ne peut exercer ses fonctions ni à titre individuel ni en qualité de membre d'une société d'exercice libéral.

Rédaction antérieure. Art. 47. – Chaque associé exerce les fonctions d'avoué au nom de la société. Les associés doivent consacrer à la société toute leur activité professionnelle et s'informer mutuellement de cette activité sans que puisse leur être reprochée une violation du secret professionnel.

Il leur est interdit de conseiller, représenter ou assister des personnes ayant des intérêts opposés.

L'avoué associé exerce à titre exclusif la profession d'avoué et toutes les activités qui s'y rattachent. Toutefois un avoué syndic membre d'une société civile professionnelle d'avoués conserve le droit d'exercer à titre individuel sa profession de syndic.

Rédaction antérieure. Art. 48. – Sous réserve de l'application de celles du présent titre, toutes dispositions législatives et réglementaires relatives à l'exercice des fonctions d'avoué par les personnes physiques, et spécialement à la déontologie et à la discipline, sont applicables aux sociétés titulaires d'un office d'avoué et à leurs membres.

Notamment l'interdiction visée à l'article 29 du décret susvisé du 19 décembre 1945 s'impose aux membres des sociétés titulaires d'un office d'avoué.

Rédaction antérieure. Art. 49. – Le siège social de la société titulaire d'un office d'avoué doit être fixé au siège de la juridiction à laquelle elle est rattachée.

Rédaction antérieure. Art. 50 *(D. n° 92-66, 20 janv. 1992).* – La liste des avoués près une cour d'appel, dressée par ordre d'ancienneté, est divisée en deux parties.

Dans la première, sont inscrits les avoués personnes physiques et les avoués associés, dans la seconde sont inscrites les sociétés titulaires d'un office d'avoués.

Le rang d'inscription des avoués associés est déterminé par leur ancienneté personnelle.

Le rang d'inscription des sociétés est déterminé par la date d'entrée dans la société du plus ancien de ses membres.

Rédaction antérieure. Art. 51 *(Mod., D. n° 92-66, 20 janv. 1992).* – Chaque associé participe avec droit de vote aux assemblées professionnelles d'avoués, et notamment aux assemblées générales des compagnies.

Pour la détermination du nombre des membres devant composer les organismes professionnels, et notamment pour l'application de l'article 13 du décret susvisé du 19 décembre 1945, chaque associé compte pour une unité.

Toutefois, la chambre de discipline des avoués près les cours d'appel ne pourra comprendre, parmi ses membres, dans une proportion supérieure à un tiers, des avoués associés d'une même société.

Par dérogation aux dispositions des articles 15 (troisième alinéa), 34 et 36 du décret n° 45-0118 du 19 décembre 1945 précité, l'avoué démissionnaire membre d'un organisme professionnel, nommé avoué associé, continue l'exercice de ses fonctions jusqu'à l'expiration de son mandat, sauf si le siège de la société est situé hors du ressort de cet organisme ou de l'organisme dont il tient son mandat.

Rédaction antérieure. Art. 52. – Sauf dispositions législatives ou réglementaires contraires, les cotisations professionnelles sont établies au nom de la société et dues par celle-ci.

§ 2. – Comptabilité. Assurance

Rédaction antérieure. Art. 53. – Les règles concernant la tenue de la comptabilité des avoués sont applicables à la société. Tous les registres et documents sont ouverts ou établis au nom de la société.

Rédaction antérieure. Art. 54. – La responsabilité de chaque société titulaire d'un office d'avoué est garantie dans les conditions prévues à l'article 24 du décret susvisé du 19 décembre 1945 par la bourse commune à laquelle elle cotise.

Chaque société régie par le présent titre est tenue de contracter une assurance de responsabilité professionnelle.

§ 3. – Discipline. Suppléance. Honorariat

Rédaction antérieure. Art. 55 *(Mod., D. n° 92-66, 20 janv. 1992).* – Sous réserve des articles suivants, les dispositions de l'ordonnance susvisée du 28 juin 1945 relative à la discipline des notaires et de certains officiers ministériels sont applicables à la société et aux associés.

La société ne peut faire l'objet de poursuites disciplinaires indépendamment de celles qui seraient intentées contre les associés.

Rédaction antérieure. Art. 56 *(D. n° 92-66, 20 janv. 1992)*. – Tout associé qui a fait l'objet d'une condamnation disciplinaire définitive à une peine égale ou supérieure à trois mois d'interdiction peut être contraint, à l'unanimité des autres associés, de se retirer de la société.

Ses parts sociales sont cédées dans les conditions prévues à l'article 33 (alinéas 2 et 3).

Rédaction antérieure. Art. 57 *(D. n° 92-66, 20 janv. 1992)*. – L'associé interdit de ses fonctions ne peut exercer aucune activité professionnelle pendant la durée de sa peine, mais conserve pendant le même temps sa qualité d'associé avec tous les droits et obligations qui en découlent, à l'exclusion de sa vocation aux bénéfices professionnels.

La décision qui prononce l'interdiction d'un ou plusieurs associés, mais non de la totalité d'entre eux, ne commet pas d'administrateur.

La décision qui prononce l'interdiction soit de la société, soit de tous les associés commet un ou plusieurs administrateurs pour accomplir tous actes professionnels relevant à titre obligatoire, notamment par l'effet de la loi ou par commission de justice, du ministère de la société ou des avoués associés interdits.

Au cas où la société et l'un ou plusieurs des associés sont interdits, les associés non interdits sont nommés administrateurs.

Pour l'application des troisième et quatrième alinéas, peuvent être désignés en qualité d'administrateur soit avec les associés non interdits, soit si tous les associés sont interdits :

a) Des avoués, des sociétés d'avoués mentionnées au présent titre, des sociétés d'exercice libéral d'avoués ou des avoués associés ;

b) Des anciens avoués ou anciens avoués associés ;

c) Des clercs d'avoués répondant aux conditions d'aptitude exigées pour pouvoir être nommés avoués.

Si l'administrateur n'est pas avoué en exercice, il prête le serment exigé de tout avoué avant son entrée en fonctions ; de plus, il est tenu d'indiquer dans tous les actes dressés par lui et dans toute correspondance son nom et sa qualité d'administrateur, ainsi que le nom et l'adresse du siège de la société.

L'administrateur procède aux actes professionnels qu'il a mission d'accomplir.

Rédaction antérieure. Art. 58 *(D. n° 92-66, 20 janv. 1992)*. – L'associé destitué est déchu de sa qualité d'avoué associé et cesse l'exercice de son activité professionnelle à compter du jour où la décision prononçant sa destitution est devenue exécutoire.

Ses parts sociales sont cédées dans les conditions fixées à l'article 32.

Les dispositions des premier et deuxième alinéas de l'article 57 sont applicables en cas de destitution.

Les effets de la destitution de la société sont régis par l'article 77.

Rédaction antérieure. Art. 59 *(D. n° 92-66, 20 janv. 1992)*. – Les dispositions des alinéas 2 à 7 de l'article 57 sont applicables au cas où serait prononcée la suspension provisoire prévue par l'ordonnance du 28 juin 1945 précitée.

L'associé provisoirement suspendu de l'exercice de ses fonctions conserve, pendant la durée de sa suspension, sa qualité d'associé, avec tous droits et obligations qui en découlent ; toutefois, sa participation dans les bénéfices est réduite de moitié, l'autre moitié étant attribuée par parts égales aux administrateurs associés ou non, ou, s'il n'est pas commis d'administrateur, à ceux des associés qui n'ont pas fait l'objet d'une suspension provisoire de l'exercice de leurs fonctions.

Rédaction antérieure. Art. 60 *(Mod., D. n° 92-66, 20 janv. 1992)*. – Si l'un des associés est temporairement empêché, par cas de force majeure, d'exercer ses fonctions, sa suppléance est assurée par les autres associés.

Si tous les associés sont simultanément, par cas de force majeure, empêchés d'exercer leurs fonctions, la gestion de l'office est assurée conformément aux dispositions réglementaires en vigueur.

Toutefois, le ou les suppléants sont choisis parmi les personnes énumérées aux *a*, *b* et *c* du cinquième alinéa de l'article 57 et les dispositions des sixième et septième alinéas de ce même article sont applicables.

Rédaction antérieure. Art. 61. – Les fonctions d'avoué associé sont assimilées à celles d'avoué pour la collation du titre d'avoué honoraire.

CHAPITRE III. – NULLITÉ. DISSOLUTION. LIQUIDATION DE LA SOCIÉTÉ

Rédaction antérieure. Art. 62 *(Mod., D. n° 92-66, 20 janv. 1992)*. – La nullité ou la dissolution de la société n'est opposable aux tiers qu'à compter de l'accomplissement des formalités de publicité prévues par les articles 72, 75 (alinéa 2) et 81.

Section I. – Règles générales concernant la liquidation

Rédaction antérieure. Art. 63 *(D. n° 92-66, 20 janv. 1992)*. – Lorsqu'une société est en état de liquidation, sa personnalité morale subsiste pour les besoins de la liquidation jusqu'à la clôture de celle-ci.

Sa raison sociale est obligatoirement suivie de la mention « société en liquidation ».

Rédaction antérieure. Art. 64. – La liquidation est régie par les statuts, sous réserve des dispositions du présent chapitre et sauf dans les cas de nullité et de dissolution par suite de la destitution de la société.

Rédaction antérieure. Art. 65 *(D. n° 92-66, 20 janv. 1992).* – Le liquidateur est désigné conformément aux statuts sauf dans les cas prévus aux articles 64, 80 et 85. À défaut, il est désigné soit par la décision judiciaire qui prononce la nullité ou la dissolution de la société, soit par la délibération des associés qui constate ou décide cette dissolution.

Sous réserve des dispositions du quatrième alinéa de l'article 77, le liquidateur peut être choisi soit parmi les associés eux-mêmes, soit parmi les personnes visées aux a, b, c, du cinquième alinéa de l'article 57.

Il peut être remplacé pour cause d'empêchement ou pour tout autre motif grave par le président du tribunal de grande instance, statuant en référé à la demande, soit du liquidateur lui-même, soit des associés ou de leurs ayants droit, soit du ministère public.

Plusieurs liquidateurs peuvent être désignés.

Rédaction antérieure. Art. 66 *(D. n° 92-66, 20 janv. 1992).* – Le liquidateur représente la société pendant la durée de la liquidation de celle-ci et accomplit en remplacement des associés tous actes relevant de la profession d'avoué.

Les dispositions des sixième et septième alinéas de l'article 57 lui sont applicables.

À compter de la date de prestation de serment du successeur de la société, il cesse d'avoir qualité pour accomplir, au nom de celle-ci, les actes relevant de la profession d'avoué.

Rédaction antérieure. Art. 67. – Le liquidateur dispose des pouvoirs les plus étendus pour procéder à la liquidation de la société ; il est chargé notamment de gérer celle-ci pendant sa liquidation, de réaliser son actif, d'apurer son passif, et, après remboursement du capital social aux associés ou à leurs ayants droit, de répartir entre ceux-ci, conformément aux dispositions des statuts, l'actif net provenant de la liquidation.

Les pouvoirs du liquidateur peuvent être précisés par la décision judiciaire ou par la décision des associés, qui lui a conféré ses fonctions.

Rédaction antérieure. Art. 68 *(Mod., D. n° 92-66, 20 janv. 1992).* – Sauf dans le cas où la société est dissoute par l'effet de sa destitution, le liquidateur exerce au nom de la société le droit de présentation prévu par l'article 91 de la loi susvisée du 28 avril 1816. Toutefois, si les associés ou leurs ayants droit, dans le cas prévu à l'article 82, ont fait choix, à l'unanimité, d'un candidat à l'office, le droit de présentation doit être exercé en sa faveur.

Si, dans le délai d'un an à compter de sa désignation, le liquidateur n'a pas exercé le droit de présentation dont la société est titulaire, l'office est pourvu dans les conditions fixées par les dispositions réglementaires relatives aux offices vacants. Ce délai peut être exceptionnellement prorogé par le garde des Sceaux, ministre de la Justice.

Rédaction antérieure. Art. 69. – Le liquidateur convoque les associés ou leurs ayants droit dans les trois mois suivant la clôture de chaque exercice et leur rend compte de sa gestion des affaires sociales.

Il les convoque également en fin de liquidation pour statuer sur le compte définitif, se faire délivrer *quitus* et constater la clôture de la liquidation.

Rédaction antérieure. Art. 70. – L'assemblée de clôture statue dans les conditions de quorum et de majorité prévues pour l'approbation des comptes annuels de la société.

Si elle ne peut délibérer ou refuse d'approuver les comptes du liquidateur, le tribunal de grande instance dans le ressort duquel la société a son siège statue à la demande du liquidateur ou de tout intéressé.

Rédaction antérieure. Art. 71 *(Mod., D. n° 92-66, 20 janv. 1992).* – La décision judiciaire ou la décision de l'assemblée des associés qui nomme le liquidateur fixe sa rémunération.

Celle-ci peut être constituée par une quote-part ou la totalité des produits nets de l'office dont la société est titulaire.

Section II. – Dispositions particulières applicables aux différents cas de nullité ou de dissolution de la société

§ 1. – Nullité

Rédaction antérieure. Art. 72 *(D. n° 92-66, 20 janv. 1992).* – À la diligence du procureur de la République, une décision judiciaire prononçant la nullité de la société fait l'objet d'une insertion au *Journal officiel* de la République française et d'un dépôt d'une de ses expéditions au dossier ouvert au nom de la société au greffe chargé de la tenue du registre du commerce et des sociétés.

Rédaction antérieure. Art. 73. – La nullité de la société ne porte pas atteinte à la validité des actes de leur profession effectués par les avoués associés avant la date où cette nullité est devenue définitive.

§ 2. – Dissolution par survenance du terme, dissolution anticipée

Rédaction antérieure. Art. 74 *(D. n° 92-66, 20 janv. 1992).* – La dissolution anticipée prévue au 4° de l'article 1844-7 du Code civil est décidée par les trois quarts au moins des associés disposant ensemble des trois quarts des voix.

Le liquidateur est désigné à la majorité en nombre des associés détenant la moitié au moins des parts sociales et la moitié des parts d'industrie.

À défaut, il est désigné par ordonnance du président du tribunal de grande instance statuant en référé à la demande d'un associé ou du ministère public.

Rédaction antérieure. Art. 75 *(Mod., D. n° 92-66, 20 janv. 1992)*. – À moins qu'il n'ait été désigné à la requête du procureur de la République, le liquidateur informe celui-ci de sa désignation en lui faisant parvenir copie ou expédition de la délibération des associés ou de la décision de justice qui l'a nommé dans ses fonctions.

Le liquidateur dépose au greffe chargé de la tenue du registre du commerce et des sociétés où la société est inscrite pour être versée au dossier ouvert au nom de la société la copie de l'expédition mentionnée au premier alinéa, dont tout intéressé pourra obtenir communication.

Il ne peut entrer en fonctions avant l'accomplissement des formalités précitées.

Rédaction antérieure. Art. 76 *(Mod., D. n° 92-66, 20 janv. 1992)*. – La société est réputée démissionnaire de son office à la date de sa dissolution.

La dissolution de la société n'est effective qu'à compter de la publication de l'arrêté du garde des Sceaux, ministre de la Justice, au *Journal officiel* de la République française.

§ 3. – Dissolution pour cause de destitution de la société

Rédaction antérieure. Art. 77. – La destitution de tous les associés ou de la société entraîne de plein droit la dissolution de celle-ci.

La décision qui prononce ces destitutions constate la dissolution de la société et ordonne sa liquidation.

Le liquidateur désigné remplit les fonctions d'administrateur dont la nomination est prévue par l'article 20 de l'ordonnance précitée du 28 juin 1945.

Les associés destitués ne peuvent être choisis comme liquidateurs.

Rédaction antérieure. Art. 78 *(D. n° 92-66, 20 janv. 1992)*. – À la diligence du procureur de la République, une expédition de la décision prononçant la destitution de la société est versée au dossier ouvert au nom de la société au greffe chargé de la tenue du registre du commerce et des sociétés.

§ 4. – Dissolution par suite du décès des associés

Rédaction antérieure. Art. 79. – La société est dissoute de plein droit par le décès simultané de tous les associés ou par le décès du dernier survivant, si tous sont décédés successivement sans qu'à la date du décès du dernier d'entre eux les parts sociales des autres aient été cédées à des tiers.

Rédaction antérieure. Art. 80. – Par dérogation aux dispositions de l'article 65, le liquidateur est désigné conformément aux dispositions réglementaires applicables à la suppléance des offices publics et ministériels et remplit les fonctions attribuées au suppléant par ces textes.

Rédaction antérieure. Art. 81 *(D. n° 92-66, 20 janv. 1992)*. – Une expédition de la décision nommant le liquidateur est déposée au greffe chargé de la tenue du registre du commerce et des sociétés où la société est inscrite pour être versée au dossier ouvert au nom de la société ; le dépôt est effectué à la diligence du ministère public si celui-ci a provoqué la nomination du liquidateur et à la diligence de ce dernier dans le cas contraire.

Rédaction antérieure. Art. 82. – Le liquidateur exerce le droit de présentation dont la société est titulaire, en faveur du candidat choisi à l'unanimité par les ayants droit des associés décédés.

§ 5. – Dissolution par suite du retrait de la société demandé par tous les associés

Rédaction antérieure. Art. 83. – La société est dissoute de plein droit si tous les associés demandent simultanément leur retrait dans les conditions prévues à l'article 21 de la loi susvisée du 29 novembre 1966 et à l'article 31 ci-dessus, ou s'ils ont demandé successivement ce retrait, sans qu'à la date de la dernière demande les parts sociales des autres associés aient été cédées à des tiers.

La dissolution a lieu à la date de la notification à la société des demandes simultanées de retrait ou de la dernière de ces demandes.

Les dispositions des articles 74 à 76 reçoivent application.

§ 6. – Dissolution de la société dans le cas où il ne subsiste qu'un associé

Rédaction antérieure. Art. 84 *(D. n° 92-66, 20 janv. 1992)*. – Dans le délai d'un an prévu à l'article 1844-5 du Code civil, l'associé unique peut céder, conformément aux dispositions de l'article 27 ci-dessus, une partie de ses parts sociales à un tiers qui remplit les conditions prescrites par l'article 3.

L'associé unique peut également exercer en faveur d'un tiers le droit de présentation dont la société est titulaire. La société se trouve alors dissoute de plein droit à compter de la date de prestation de serment du nouveau titulaire de l'office.

L'associé unique peut encore participer, par voie de fusion, à la constitution d'une nouvelle société civile professionnelle. La société se trouve dissoute de plein droit à compter de la date de prestation de serment de tous les associés de la nouvelle société civile professionnelle.

Il peut enfin demander à être nommé lui-même avoué en remplacement de la société. Il adresse dans ce cas une requête motivée et accompagnée de toutes justifications au garde des Sceaux, ministre de la Justice, par l'intermédiaire du procureur général en ce qui concerne les avoués près les cours d'appel. La société est dissoute à compter de la nomination de l'associé en qualité d'avoué en remplacement de la société.

Rédaction antérieure. Art. 85 *(D. n° 92-66, 20 janv. 1992).* – La société peut être dissoute dans les conditions prévues à l'article 1844-5 du Code civil, si, à l'expiration du délai d'un an prévu par ce texte, la requête prévue au quatrième alinéa de l'article 84 n'a pas été remise au procureur général.

L'associé unique est de plein droit liquidateur de la société.

§ 7. – Dissolution de la société pour cause d'empêchement ou d'inaptitude de tous les associés

Rédaction antérieure. Art. 85-1 *(D. n° 92-66, 20 janv. 1992).* – La société peut être déclarée dissoute d'office par arrêté du garde des Sceaux, ministre de la Justice, lorsque tous les associés sont déclarés démissionnaires d'office dans les conditions prévues à l'article 45 de l'ordonnance du 28 juin 1945 précitée.

§ 8. – Dissolution de la société pour cause de fusion

Rédaction antérieure. Art. 85-2 *(D. n° 92-66, 20 janv. 1992).* – En cas de fusion de sociétés civiles professionnelles, chacune de ces sociétés est dissoute de plein droit. La dissolution a lieu sous la condition suspensive de la réalisation définitive de la fusion et de la nomination de la nouvelle société.

La fusion est décidée, dans chaque société, par les trois quarts au moins des associés disposant des trois quarts des voix.

En l'absence de dispositions statutaires, et à défaut de désignation d'un représentant spécial, aux mêmes conditions de majorité, par les assemblées décidant la fusion, les gérants des sociétés procèdent collectivement à la constitution de la nouvelle société civile professionnelle.

Ils présentent, au nom des associés, au garde des Sceaux, ministre de la Justice, la demande de nomination de la nouvelle société selon les modalités prévues aux articles 7, 8, 10 et 10-1.

La dissolution des sociétés participant à cette fusion prend effet à la date de sa constatation par l'arrêté qui procède à la nomination de la nouvelle société.

§ 9. – Dissolution de la société pour cause de scission

Rédaction antérieure. Art. 85-3 *(D. n° 92-66, 20 janv. 1992).* – La scission d'une société civile professionnelle emporte de plein droit sa dissolution. Celle-ci a lieu sous la condition suspensive de la réalisation définitive de la scission par la nomination par le garde des Sceaux, ministre de la Justice, des sociétés nouvelles issues de la scission.

La scission est décidée par les trois quarts au moins des associés, disposant des trois quarts des voix.

En l'absence de dispositions statutaires, et à défaut de désignation d'un représentant spécial aux mêmes conditions de majorité, par l'assemblée décidant la scission, le ou les gérants de la société agissent en son nom dans toutes les opérations tendant à cette scission.

Les demandes de nomination des nouvelles sociétés issues de cette scission sont présentées par les associés selon les modalités prévues aux articles 7, 8, 10-2 et 10-3.

Le même arrêté constate la dissolution de la société scindée et prononce la nomination des nouvelles sociétés.

Section III. – Nomination à un office créé d'un associé d'une société dissoute

Rédaction antérieure. Art. 86 *(D. n° 92-66, 20 janv. 1992).* – Lorsque la société a été dissoute, l'associé qui envisage de solliciter sa nomination à un office créé à son intention au siège de la cour d'appel où la société dissoute a son siège doit notifier aux autres associés et aux liquidateurs son intention dans le délai de deux mois de la décision de dissolution ou de l'arrivée du terme fixé par les statuts.

Rédaction antérieure. Art. 87 *(D. n° 92-66, 20 janv. 1992).* – La demande de l'intéressé, adressée au garde des Sceaux, ministre de la Justice, est remise au procureur général près la cour d'appel dans le ressort de laquelle la société a son siège. Elle est accompagnée de toutes pièces justificatives.

Le procureur général saisit la chambre de discipline des avoués par lettre recommandée avec demande d'avis de réception et l'invite à lui faire parvenir son avis motivé sur la demande.

Si, quarante-cinq jours après sa saisine, la chambre n'a pas adressé au procureur général l'avis qui lui a été demandé, elle est réputée avoir émis un avis favorable.

Rédaction antérieure. Art. 88 *(D. n° 92-66, 20 janv. 1992).* – Le procureur général transmet, avec son avis, le dossier au garde des Sceaux, ministre de la Justice.

Rédaction antérieure. Art. 89 *(D. n° 92-66, 20 janv. 1992).* – La création de l'office et la nomination de son titulaire sont prononcées par arrêté du garde des Sceaux, ministre de la Justice, sans qu'il y ait lieu de recourir à la procédure prévue aux articles 12-2 à 12-7 du décret n° 45-0118 du 19 décembre 1945 précité.

Rédaction antérieure. Art. 89-1 *(D. n° 92-66, 20 janv. 1992).* – Le titulaire de l'office créé ne peut être éventuellement tenu de verser d'indemnités qu'aux avoués qui justifieraient d'un préjudice résultant directement de cette création suivant les modalités prévues aux articles 12-9 à 12-13 du décret du 19 décembre 1945 précité.

Section IV. – Nomination à un office créé d'un associé qui se retire pour cause de mésentente

Rédaction antérieure. Art. 89-2 ***(D. n° 92-66, 20 janv. 1992).*** **–** Lorsqu'un avoué entend se retirer de la société au sein de laquelle il est associé dans les conditions prévues par le deuxième alinéa de l'article 18 de la loi du 29 novembre 1966 précitée et solliciter sa nomination à un office créé à son intention au siège de la cour d'appel dans laquelle est situé le siège de la société, il doit au préalable faire constater par le tribunal de grande instance dans le ressort duquel la société a son siège la réalité de la mésentente invoquée qui doit être de nature à paralyser le fonctionnement de la société ou d'en compromettre gravement les intérêts sociaux.

Le président de la chambre de discipline des avoués est appelé à présenter ses observations à l'audience.

Rédaction antérieure. Art. 89-3 ***(D. n° 92-66, 20 janv. 1992).*** **–** La demande de l'intéressé, adressée au garde des Sceaux, ministre de la Justice, remise au procureur général près la cour d'appel auprès de laquelle la société a son siège, est accompagnée de la décision passée en force de chose jugée constatant la mésentente.

Rédaction antérieure. Art. 89-4 ***(D. n° 92-66, 20 janv. 1992).*** **–** Le procureur général transmet, avec son avis, le dossier au garde des Sceaux, ministre de la Justice.

Rédaction antérieure. Art. 89-5 ***(D. n° 92-66, 20 janv. 1992).*** **–** La création de l'office et la nomination de son titulaire sont prononcées par arrêté du garde des Sceaux, ministre de la Justice, sans qu'il y ait lieu de recourir à la procédure prévue aux articles 12-2 à 12-7 du décret du 19 décembre 1945 précité.

Rédaction antérieure. Art. 89-6 ***(D. n° 92-66, 20 janv. 1992).*** **–** Le titulaire de l'office créé ne peut être éventuellement tenu de verser des indemnités qu'aux avoués qui justifieraient d'un préjudice résultant directement de cette création suivant les modalités prévues aux articles 12-9 à 12-13 du décret du 19 décembre 1945 précité.

TITRE II. – DES SOCIÉTÉS D'AVOUÉS

CHAPITRE I. – CONSTITUTION DE LA SOCIÉTÉ

Section I. – Dispositions générales. Agrément de la société

Rédaction antérieure. Art. 90. – *(D. n° 92-66, 20 janv. 1992).* – Les sociétés civiles professionnelles prévues à l'article 5 de la loi précitée du 29 novembre 1966 sont régies par le présent titre.

Elles reçoivent l'appellation de « sociétés d'avoués ».

La société n'est pas nommée titulaire d'un office et chacun des associés exerce ses fonctions dans l'office dont il est lui-même titulaire.

Rédaction antérieure. Art. 91. – La société ne peut être constituée, en ce qui concerne les avoués près les cours d'appel, qu'entre avoués exerçant auprès d'une même cour d'appel, en ce qui concerne les avoués près les tribunaux de grande instance, qu'entre avoués exerçant auprès d'un même tribunal de grande instance.

Rédaction antérieure. Art. 92 ***(D. n° 92-66, 20 janv. 1992).*** **–** La constitution de sociétés régies par le présent titre ne peut avoir pour effet de réduire, dans le ressort d'une même cour d'appel, le nombre des avoués exerçant à titre individuel ou des sociétés civiles professionnelles d'avoués au-dessous de celui qui est nécessaire à une bonne administration de la justice.

Rédaction antérieure. Art. 93. – La société doit être agréée par arrêté du garde des Sceaux, ministre de la Justice.

L'acte constitutif est passé sous la condition suspensive de cet agrément.

L'arrêté d'agrément indique notamment le nom des associés.

Rédaction antérieure. Art. 94 ***(Mod., D. n° 92-66, 20 janv. 1992).*** **–** La demande d'agrément de la société est présentée et instruite conformément aux dispositions des articles 7 et 8 dans la mesure où elles sont compatibles avec celles du présent titre.

Rédaction antérieure. Art. 95 ***(D. n° 92-66, 20 janv. 1992).*** **–** Il n'est dû aucune indemnité en raison de la constitution de sociétés régies par le présent titre ou de la nomination d'un nouvel associé.

Rédaction antérieure. Art. 95-1 ***(D. n° 92-66, 20 janv. 1992).*** **–** Des sociétés d'avoués établies dans le même ressort peuvent constituer par voie de fusion une nouvelle société régie par le présent titre.

Les dispositions des articles 92 à 95 ainsi que celles de l'article 85-2 sont applicables pour la constitution de la nouvelle société.

Rédaction antérieure. Art. 95-2 ***(D. n° 92-66, 20 janv. 1992).*** **–** Une société d'avoué peut par voie de scission constituer dans le même ressort deux ou plusieurs sociétés civiles professionnelles régies par le présent titre.

Les dispositions des articles 92 à 95 ainsi que celles de l'article 85-3 sont applicables pour la constitution de ces nouvelles sociétés.

Section II. – Statuts. Capital social. Parts sociales et parts d'industrie

Rédaction antérieure. Art. 96 *(D. n° 92-66, 20 janv. 1992).* – Les articles 11, 12 (à l'exception du 2°), 13 (à l'exception des *a*, *b* et *c*), 14 et 15 (alinéas 2 à 5) sont applicables aux sociétés régies par le présent titre.

Les statuts visés à l'article 12 doivent également indiquer l'adresse du siège social qui sera soit celle du lieu choisi par les associés pour l'exercice en commun de leur profession, soit celle du siège de l'office de l'un des associés.

Le montant nominal des parts sociales ne peut être inférieur à 15,24 €.

Section III. – Publicité. Entrée en fonctions

Rédaction antérieure. Art. 97 *(Mod., D. n° 92-66, 20 janv. 1992).* – L'article 16 est applicable à l'arrêté d'agrément d'une société régie par le présent titre.

La société entre en fonctions dès son agrément.

CHAPITRE II. – FONCTIONNEMENT DE LA SOCIÉTÉ

Section I. – Administration de la société

Rédaction antérieure. Art. 98. – Les dispositions des articles 18 à 23, 25 et 26 sont applicables aux sociétés d'avoués.

Section II. – Cessions et transmissions de parts sociales

§ 1. – Cessions entre vifs par un associé

Rédaction antérieure. Art. 99 *(D. n° 92-66, 20 janv. 1992).* – Un associé peut céder ses parts sociales à un tiers, avec le consentement des associés donné dans les conditions de l'article 19 de la loi précitée du 29 novembre 1966, en exerçant en faveur de ce tiers le droit de présentation prévu par l'article 91 de la loi susvisée du 28 avril 1816.

Il peut également ne céder à son successeur qu'une fraction de ses parts sociales, à condition que la partie non cédée soit acquise simultanément soit par les autres associés, soit par la société elle-même qui procède alors à la réduction du capital, conformément à l'article 21 de la loi.

Il doit dans tous les cas notifier le projet de cession de ses parts à la société et à chacun des coassociés par lettre recommandée avec demande d'avis de réception.

La cession est conclue sous la condition suspensive de la nomination du cessionnaire, dans les fonctions d'avoué, en remplacement du cédant.

Rédaction antérieure. Art. 100. – Si, dans le délai de quatre mois à compter de la dernière des notifications prévues par l'article précédent, la société a donné son consentement à la cession des parts dans l'une des formes prévues au troisième alinéa dudit article ou si, à l'expiration du même délai, elle n'a pas fait connaître sa décision, le cédant, en exerçant son droit de présentation, adresse simultanément au garde des Sceaux, ministre de la Justice, une expédition ou une copie certifiée conforme de l'acte de cession de ses parts sociales à son successeur ainsi que la justification du consentement exprès ou implicite donné par la société à ladite cession.

Le cessionnaire ne jouit de la qualité d'associé qu'à compter de la date à laquelle il a prêté le serment exigé de tout avoué avant son entrée en fonctions.

L'arrêté portant nomination du successeur du cédant dans les fonctions d'avoué modifie celui qui a prononcé l'agrément de la société en application de l'article 93.

Rédaction antérieure. Art. 101 *(D. n° 92-66, 20 janv. 1992).* – Dans le cas où la société refuse d'agréer le cessionnaire de parts présenté, elle dispose d'un délai de six mois à compter de la notification de son refus par lettre recommandée avec demande d'avis de réception, pour notifier, dans la même forme, à cet associé, un projet de cession de rachat de ses parts.

Si les parties n'ont pu convenir d'un prix de cession, celui-ci est fixé par un expert désigné d'un commun accord ou, à défaut, par le président du tribunal de grande instance conformément aux dispositions de l'article 1868 (alinéa 5) du Code civil.

Rédaction antérieure. Art. 102 *(D. n° 92-66, 20 janv. 1992).* – Lorsqu'un associé demande son retrait en application de l'article 21 de la loi précitée du 29 novembre 1966, la société dispose d'un délai de six mois à compter de la demande qui lui en est faite, par lettre recommandée avec demande d'avis de réception, par l'associé pour notifier à celui-ci, dans la même forme, un projet de cession ou de rachat de ses parts sociales.

Si les parties ne peuvent convenir d'un prix de cession, celui-ci est fixé conformément aux dispositions de l'article 101 (alinéa 2).

Rédaction antérieure. Art. 103 *(Mod., D. n° 92-66, 20 janv. 1992).* – Toute convention par laquelle un associé cède la totalité de ses parts sociales à la société, aux autres associés ou à l'un ou plusieurs d'entre eux est portée à la connaissance du garde des Sceaux, ministre de la Justice, par la partie la plus diligente.

À cette fin, l'expédition ou l'un des originaux de cette convention est adressée au procureur général près la cour d'appel à laquelle est rattachée la société, avec toutes justifications utiles, y compris, s'il y a lieu, la délibération de l'assemblée des associés ayant décidé la réduction du capital social.

Rédaction antérieure. Art. 104. – La liste des associés est dressée, compte tenu du retrait du cédant, par arrêté du garde des Sceaux, ministre de la Justice ; le cas échéant, le même arrêté prononce la suppression de l'office dont le cédant est titulaire.

Rédaction antérieure. Art. 105. – Les coassociés sont seuls tenus d'indemniser l'associé sortant titulaire d'un office qui est supprimé. L'indemnité de suppression est, en l'absence de convention intervenue entre les intéressés sous le contrôle du garde des Sceaux, ministre de la Justice, fixée et répartie par l'arrêté prévu à l'article 104.

Rédaction antérieure. Art. 106. – La convention par laquelle un associé cède ses parts sociales à la société ou aux coassociés est conclue sous la condition suspensive de la publication de l'arrêté prévu à l'article 104.

L'associé sortant ne reprend l'exercice individuel de ses fonctions d'avoué et ne peut exercer le droit de présentation prévu à l'article 91 de la loi du 28 avril 1816 qu'à compter de ladite publication.

Rédaction antérieure. Art. 107 *(D. n° 92-66, 20 janv. 1992)*. – La société dispose d'un délai de six mois à compter du jour où la destitution d'un associé est devenue définitive, pour acquérir elle-même les parts sociales de cet associé, ou les faire acquérir par les autres associés.

Si les parties n'ont pu convenir d'un prix de cession, celui-ci est fixé conformément aux dispositions de l'article 101 (alinéa 2). Il est procédé pour le surplus suivant les dispositions de l'article 103 dans la mesure où celles-ci sont de nature à recevoir application.

Si l'associé refuse de signer l'acte de cession de ses parts, il est passé outre à son refus deux mois après la notification qui lui est adressée par la société par lettre recommandée avec demande d'avis de réception.

Sous réserve des règles de protection et de représentation des incapables, les dispositions du présent article sont applicables à la cession des parts sociales de l'associé frappé d'une interdiction légale ou placé sous le régime de la tutelle des incapables majeurs.

Les dispositions de l'article 105 sont applicables au successeur de l'associé destitué ou interdit ou placé sous tutelle.

Rédaction antérieure. Art. 108. – Dans le cas d'exclusion d'un associé, par application de l'article 121, la société doit acquérir elle-même ou faire acquérir par les autres associés les parts sociales de l'associé exclu dans le délai de six mois à compter du jour où la sanction disciplinaire prononcée contre l'associé est devenue définitive.

Les articles 105, 106 et 107 (alinéas 1 à 3) sont applicables.

Rédaction antérieure. Art. 109. – Les articles 99, 100, 101 (alinéa 1) et 103 à 106 sont applicables à la cession à titre gratuit de ses parts sociales consenties par l'un des associés à un tiers, ou à la société, à ses coassociés, ou à l'un ou plusieurs de ceux-ci.

§ 2. – Cessions et transmissions après décès

Rédaction antérieure. Art. 110. – Pendant le délai fixé à l'article 34, les ayants droit de l'associé décédé peuvent, à l'unanimité et avec le consentement des autres associés donné dans les conditions prévues à l'article 19 de la loi précitée du 29 novembre 1966, céder les parts sociales de leur auteur à un tiers qu'ils présentent à l'agrément du garde des Sceaux, ministre de la Justice, comme successeur de leur auteur dans l'office dont celui-ci était titulaire. Il est procédé, dans ce cas, conformément aux dispositions des articles 99 et 100.

Si la société refuse de consentir à la cession qui lui est proposée, les dispositions des articles 101, 103 et 104 sont applicables.

Les dispositions de l'article 105 sont applicables en cas de suppression de l'office dont était titulaire l'associé défunt.

Rédaction antérieure. Art. 111 *(D. n° 92-66, 20 janv. 1992)*. – Toute demande d'un ayant droit de l'associé décédé tendant à l'attribution préférentielle à son profit des parts sociales de son auteur est notifiée à la société et à chacun des associés par lettre recommandée avec demande d'avis de réception.

Si la société consent à cette attribution, le droit de présentation appartenant aux ayants droit de l'associé décédé est exercé par ceux-ci au bénéfice de l'attributaire, conformément au droit commun ; simultanément, une expédition ou l'un des originaux de l'acte de cession à l'attributaire des parts sociales de l'associé décédé est adressée au garde des Sceaux, ministre de la Justice, avec la justification du consentement exprès ou implicite donné par la société à ladite cession.

Si les parties n'ont pu convenir du prix de cession des parts sociales, ce prix est fixé selon les dispositions de l'article 1868 (alinéa 5) du Code civil.

Les dispositions de l'article 100 (alinéas 2 et 3) sont applicables à la cession consentie à l'ayant droit de l'associé décédé.

Rédaction antérieure. Art. 112. – Lorsque à l'expiration du délai fixé par l'article 108 ci-dessus les parts sociales de l'associé décédé n'ont pas fait l'objet d'une cession ou d'une attribution préférentielle, la société dispose d'un délai de six mois pour les acquérir elle-même ou les faire acquérir par les autres associés dans les conditions prévues aux articles 101, 103 et 104.

§ 3. – Publicité

Rédaction antérieure. Art. 113 *(Mod., D. n° 92-66, 20 janv. 1992)*. – Les formalités prévues à l'article 38 sont applicables aux cessions ou transmissions de parts de sociétés régies par le présent titre.

À la diligence de la société, une copie de tout arrêté modifiant la composition de la société est adressée au greffier du tribunal de commerce ou du tribunal de grande instance statuant commercialement du lieu du siège social pour être versée au dossier ouvert au nom de la société au registre du commerce et des sociétés.

Section III. – Nomination de nouveaux associés. Augmentation du capital social. Prorogation de la société

Rédaction antérieure. Art. 114 *(Mod., D. n° 92-66, 20 janv. 1992)*. – Des avoués en exercice peuvent entrer dans la société soit en acquérant une fraction des parts sociales des autres associés, soit en souscrivant à une augmentation du capital social décidée par ceux-ci.

Les dispositions des articles 91 à 96 ainsi que celles du second alinéa de l'article 42 sont applicables à la modification des statuts résultant de l'application du premier alinéa.

Rédaction antérieure. Art. 115. – Les dispositions de l'article 44 sont applicables à la prorogation des sociétés régies par le présent titre.

Section IV. – Exercice des fonctions d'avoué par les associés

§ 1. – Exercice de la profession. Interdictions et incompatibilités diverses

Rédaction antérieure. Art. 116 *(D. n° 92-66, 20 janv. 1992)*. – Sous réserve de l'application de celles du présent titre, toutes dispositions législatives ou réglementaires relatives à l'exercice individuel des fonctions d'avoués sont applicables aux associés.

Les dispositions de l'article 46 leur sont applicables.

Les associés doivent s'informer mutuellement de leur activité professionnelle. Les produits de cette activité sont acquis de plein droit à la société.

Dans les actes professionnels, chaque associé indique sa qualité d'avoué associé et la raison sociale de la société dont il fait partie.

L'appellation de « société d'avoués » doit accompagner la raison sociale dans toutes correspondances et tous documents émanant de la société.

Rédaction antérieure. Art. 117 *(D. n° 92-66, 20 janv. 1992)*. – Les associés sont soumis aux incompatibilités et interdictions prévues à l'article 48 (2e alinéa).

Rédaction antérieure. Art. 118. – Le montant des cotisations professionnelles dues par chaque associé, et basées sur les produits des offices, est proportionnel à la part de bénéfices recueillis par lui.

§ 2. – Comptabilité

Rédaction antérieure. Art. 119. – Chaque associé tient la comptabilité de son office. Toutefois, les associés peuvent tenir une comptabilité unique à la condition que cette comptabilité permette l'individualisation des écritures passées du chef de chaque associé relativement aux actes professionnels accomplis par lui.

Lorsqu'un associé se retire, les autres associés sont tenus de lui délivrer, sur sa demande et à ses frais, une copie des écritures des dix dernières années de cette comptabilité.

§ 3. – Discipline. – Suppléance

Rédaction antérieure. Art. 120. – Sous réserve des articles suivants, les dispositions de l'ordonnance précitée du 28 juin 1945 concernant la discipline des notaires et de certains officiers publics et ministériels sont applicables aux associés.

Rédaction antérieure. Art. 121 *(D. n° 92-66, 20 janv. 1992)*. – Les dispositions de l'article 56 (alinéa 1er) sont applicables à l'associé qui a été condamné, par une décision définitive, à une peine disciplinaire égale ou supérieure à trois mois d'interdiction.

Les parts sociales de cet associé sont cédées dans les conditions prévues à l'article 108.

Rédaction antérieure. Art. 122 *(D. n° 92-66, 20 janv. 1992)*. – L'associé interdit de ses fonctions ne peut pendant la durée de sa peine exercer aucune activité professionnelle, mais conserve sa qualité d'associé avec tous les droits et obligations qui en découlent, à l'exclusion de la vocation aux bénéfices.

S'ils ne sont eux-mêmes interdits ou destitués, les autres associés sont de plein droit administrateurs de l'office de l'associé interdit.

Si tous les associés sont interdits de leurs fonctions, un ou plusieurs administrateurs choisis parmi les personnes énumérées aux *a*, *b* et *c* du cinquième alinéa de l'article 57 sont commis pour les remplacer, dans les conditions prévues par l'ordonnance n° 45-1418 du 28 juin 1945 précitée. Leurs fonctions prennent fin à l'expiration de la moins élevée des peines prononcées contre les associés.

Les sixième et septième alinéas de l'article 57 sont applicables à l'administrateur ou aux administrateurs remplaçant les associés interdits.

Rédaction antérieure. Art. 123 *(D. n° 92-66, 20 janv. 1992)*. – Les dispositions de l'article 58 (alinéa 1er) sont applicables à l'associé destitué.

Les autres associés, s'ils ne sont pas eux-mêmes interdits ou destitués, sont de plein droit administrateurs de l'office de l'associé frappé de destitution.

Les effets de la destitution de tous les associés sont régis par l'article 131.

Rédaction antérieure. Art. 124 *(D. n° 92-66, 20 janv. 1992).* – Dans le cas où la suspension provisoire prévue par les dispositions de l'ordonnance du 28 juin 1945 précitée est prononcée contre l'un des associés ou certains d'entre eux, les autres associés sont de plein droit administrateurs de l'office ou des offices dont le ou les titulaires sont suspendus provisoirement.

La juridiction qui prononce la suspension provisoire de tous les associés désigne parmi les personnes énumérées aux *a*, *b* et *c* du cinquième alinéa de l'article 57 un nombre d'administrateurs suffisant pour accomplir les actes professionnels relevant du ministère obligatoire de ces associés.

Les sixième et septième alinéas de l'article 57 sont applicables à l'administrateur ou aux administrateurs remplaçant les associés suspendus.

Rédaction antérieure. Art. 125. – Si l'un des associés est temporairement empêché, par cas de force majeure, d'exercer ses fonctions, sa suppléance est assurée par les autres associés.

Si tous les associés sont simultanément empêchés, par cas de force majeure, d'exercer leurs fonctions, la gestion des offices dont ils sont titulaires est assurée conformément aux dispositions de l'article 60 (alinéas 2 et 3).

CHAPITRE III. – NULLITÉ. DISSOLUTION. LIQUIDATION DE LA SOCIÉTÉ

Rédaction antérieure. Art. 126 *(D. n° 92-66, 20 janv. 1992).* – Les dispositions de l'article 62 sont applicables aux sociétés régies par le présent titre.

Section I. – Règles générales concernant la liquidation

Rédaction antérieure. Art. 127. – Les dispositions des articles 63, 64, 65, 66 (alinéas 1er et 2), 67, 69 (alinéa 2), 70, 71 (alinéa 1er) et 72 sont applicables aux sociétés régies par le présent titre.

Rédaction antérieure. Art. 128. – Chaque associé reprend l'exercice individuel de ses fonctions à compter de la nullité de la société, ou à compter de sa dissolution, sauf si celle-ci résulte de la destitution ou du décès de tous les associés.

Chaque associé peut maintenir son étude dans les locaux communs jusqu'à la date de publication de l'arrêté prévu à l'article suivant.

Dans ce cas la participation des associés aux charges d'exploitation communes est régie par les statuts et, à défaut, par les associés eux-mêmes, réunis à l'initiative du liquidateur.

Rédaction antérieure. Art. 129 *(D. n° 92-66, 20 janv. 1992).* – Lorsque la nullité de la société a été constatée ou que sa dissolution a été prononcée, un arrêté du garde des Sceaux, ministre de la Justice, retire à celle-ci l'agrément prévu à l'article 93.

L'arrêté pris en application du premier alinéa fixe, s'il y a lieu, le nouveau siège de l'office ou des offices. Le droit de présentation prévu à l'article 91 de la loi du 28 avril 1816 ne peut être exercé par chaque associé ou ses ayants droit avant la publication de l'arrêté.

Section II. – Dispositions particulières applicables dans les cas de nullité et de dissolution de la société

Rédaction antérieure. Art. 130. – Les articles 72 et 73 sont applicables à la nullité des sociétés régies par le présent titre.

Les articles 74 et 75 sont applicables à la dissolution par survenance du terme et à la dissolution anticipée de ces sociétés.

Rédaction antérieure. Art. 131 *(D. n° 92-66, 20 janv. 1992).* – La société est dissoute de plein droit par la destitution de tous les associés.

La décision qui prononce cette destitution ordonne la liquidation de la société.

Les dispositions des articles 77 (alinéas 3 et 4) et 78 reçoivent application.

Les offices dont les associés destitués étaient titulaires ne peuvent être pourvus dans les conditions fixées par le décret du 19 décembre 1945 précité ni supprimés, avant la publication de l'arrêté prévu à l'article 129.

Rédaction antérieure. Art. 132. – Les dispositions des articles 79, 80 et 81 sont applicables à la dissolution des sociétés d'avoués résultant du décès de tous les associés.

Rédaction antérieure. Art. 133. – La société est dissoute de plein droit par le retrait de tous les associés prévu à l'article 83.

Il est procédé à sa liquidation comme dans le cas de dissolution anticipée.

Rédaction antérieure. Art. 133-1 *(D. n° 92-66, 20 janv. 1992).* – La société est déclarée dissoute d'office par arrêté du garde des Sceaux, ministre de la Justice, lorsque tous les associés sont déclarés démissionnaires d'office dans les conditions prévues à l'article 45 de l'ordonnance du 28 juin 1945 précitée.

Rédaction antérieure. Art. 134 *(D. n° 92-66, 20 janv. 1992).* – Pendant le délai prévu à l'article 84, l'associé unique peut céder une partie de ses parts sociales à un avoué en exercice satisfaisant aux conditions prescrites par l'article 91.

Les dispositions des articles 16, 92, 94, 95 et 97 (1er alinéa) reçoivent application.

Si, à l'expiration du délai prévu au premier alinéa, l'associé n'a pas fait usage de la faculté prévue par cet alinéa, la société est dissoute de plein droit.

Rédaction antérieure. Art. 134-1 *(D. n° 92-66, 20 janv. 1992)*. – Les associés d'une société d'avoués peuvent décider à l'unanimité la transformation de cette société en une société titulaire d'un office.

Dans ce cas, la société est nommée dans un des offices dont l'un des avoués était titulaire. Les autres offices sont supprimés.

TITRE III. – DISPOSITIONS DIVERSES

Rédaction antérieure. Art. 135. – Dans le cas prévu par l'article 37 (alinéa 2) de la loi précitée du 29 novembre 1966 concernant les sociétés adoptant le statut de sociétés coopératives, l'actif net de la société subsistant, après extinction du passif et remboursement du capital, est réparti entre les associés au prorata des parts détenues par chacun d'eux, y compris les parts d'intérêt correspondant aux apports en industrie.

Rédaction antérieure. Art. 136. – Des règlements d'administration publique ultérieurs fixeront les conditions dans lesquelles les avoués près les cours d'appel et les avoués près les tribunaux de grande instance peuvent constituer soit entre ces deux catégories d'avoués, soit, avec des personnes physiques exerçant d'autres professions libérales, des sociétés régies par l'article 2 de la loi précitée du 29 novembre 1966, en vue de l'exercice en commun de leurs professions respectives.

8.2.5.2. – Sociétés d'exercice libéral

Décret n° 93-362 du 16 mars 1993

pris pour l'application à la profession d'avoué près les cours d'appel de la loi n° 90-1258 du 31 décembre 1990 relative à l'exercice sous forme de sociétés des professions libérales soumises à un statut législatif ou réglementaire ou dont le titre est protégé

(Abr., D. n° 2012-634, 3 mai 2012)

TITRE PREMIER. – DES SOCIÉTÉS D'EXERCICE LIBÉRAL D'AVOUÉS

Rédaction antérieure. Art. 1er *(Mod., D. n° 2004-853, 23 août 2004)*. – Les sociétés d'exercice libéral d'avoués à responsabilité limitée, à forme anonyme, en commandite par actions et par actions simplifiées sont régies par les dispositions du décret [n° 67-236] du 23 mars 1967 susvisé sous réserve des dispositions du présent titre.

CHAPITRE I. – CONSTITUTION DE LA SOCIÉTÉ

Section I. – Dispositions générales. Nomination

Rédaction antérieure. Art. 2. – La société d'exercice libéral est titulaire d'un office d'avoué. Son siège est celui de l'office, il doit être fixé dans le ressort de la cour d'appel à laquelle cet office est rattaché.

Sous-section 1. – Société d'exercice libéral constituée par des personnes physiques

Rédaction antérieure. Art. 3 *(Mod., D. n° 2004-853, 23 août 2004)*. – Des personnes physiques remplissant les conditions requises pour exercer la profession d'avoué, mais qui ne sont pas titulaires d'un office d'avoué, peuvent constituer entre elles et, dans les conditions prévues [...] aux articles 5 et 5-1 de la loi [n° 90-1258] du 31 décembre 1990 susvisée, avec les personnes mentionnées à cet article une société d'exercice libéral qui peut être nommée avoué en remplacement du titulaire d'un office existant.

Une ou plusieurs de ces personnes peuvent également constituer dans les mêmes conditions, avec une personne physique titulaire d'un office d'avoué, une société d'exercice libéral qui peut être nommée :

a) Dans cet office ;

b) Si ledit office est supprimé ou pourvu d'un nouveau titulaire, dans un autre office existant dans le ressort de la même cour d'appel ;

c) Dans un office d'avoué créé dans le ressort de la même cour d'appel.

Des personnes physiques titulaires d'offices d'avoué situés dans le ressort d'une même cour d'appel peuvent constituer entre elles, ou avec une ou plusieurs personnes physiques remplissant les conditions requises pour exercer la profession d'avoué ou avec celles mentionnées à l'article 5 de la loi [n° 90-1258] du 31 décembre 1990 précitée, une société d'exercice libéral qui peut être nommée :

a) Dans l'office dont l'un des associés est titulaire, en remplacement de cet associé ;

b) Dans un office existant, situé dans le ressort de la même cour d'appel ;

c) Dans un office créé dans le ressort de la même cour d'appel.

Dans les cas prévus au troisième alinéa, les offices dont les associés ou certains d'entre eux sont titulaires, autres que celui auquel la société est nommée, peuvent être supprimés ou pourvus d'un nouveau titulaire.

Rédaction antérieure. Art. 4. – Lorsqu'une société régie par les dispositions de l'article 3 est nommée titulaire d'un office créé ou vacant, la nomination est faite dans les conditions prévues aux articles 12-2 à 12-7 du décret [n° 45-118] du 19 décembre 1945 susvisé.

Rédaction antérieure. Art. 5. – La nomination d'une société d'exercice libéral dans un office d'avoué et la nomination de chacun des associés qui exerceront au sein de la société sont prononcées par arrêté du garde des Sceaux, ministre de la Justice, pris après les consultations prévues aux articles 7 et 8.

L'acceptation de la démission des avoués futurs associés, la suppression des offices dont ils sont titulaires ainsi que la création de l'office dont la société sera titulaire sont prononcées par le même arrêté.

Rédaction antérieure. Art. 6. – La société est constituée sous la condition suspensive de sa nomination par le garde des Sceaux, ministre de la Justice. La condition est réputée acquise à la date de publication de l'arrêté prévu à l'article 5.

Rédaction antérieure. Art. 7. – Toute demande de nomination d'une société régie par le présent titre est présentée collectivement, par les associés qui exerceront au sein de la société, au garde des Sceaux, ministre de la Justice.

La demande est adressée au procureur général près la cour d'appel au siège de laquelle doit être fixé le siège de l'office dont la société sera titulaire. Elle est accompagnée de toutes pièces justificatives, et notamment d'une attestation du greffier du tribunal de commerce ou du tribunal de grande instance statuant commercialement du lieu du siège social, constatant le dépôt au greffe de la demande et des pièces nécessaires à l'immatriculation ultérieure de la société au registre du commerce et des sociétés ainsi que, lorsqu'un ou plusieurs des associés qui exerceront au sein de la société doit contracter un emprunt, du plan de financement prévoyant de manière détaillée les conditions dans lesquelles chacun d'eux entend faire face à ses échéances, d'un budget prévisionnel et de la liste des associés mentionnés au deuxième alinéa de l'article 5 de la loi [n° 90-1258] du 31 décembre 1990 précitée, avec leur profession et la part de capital qu'ils détiennent.

Le procureur général saisit la chambre de discipline par lettre recommandée avec demande d'avis de réception et l'invite à lui faire parvenir son avis motivé sur la demande.

Rédaction antérieure. Art. 8. – Huit jours au moins avant la date fixée pour sa délibération, la chambre de discipline informe les intéressés qu'ils doivent soit par eux-mêmes, soit par un mandataire de leur choix, présenter lors de cette délibération toutes explications orales ou écrites relatives à la constitution de la société dont il s'agit.

Si quarante-cinq jours après sa saisine la chambre n'a pas adressé au procureur général l'avis qui lui a été demandé, cet avis est tenu pour favorable.

Après réception de l'avis demandé à la chambre, ou après expiration du délai fixé par l'alinéa précédent, le procureur général transmet, avec son rapport, l'ensemble des documents et pièces justificatives au garde des Sceaux, ministre de la Justice.

Rédaction antérieure. Art. 9. – Il n'est dû aucune indemnisation en raison des suppressions et créations d'offices d'avoué résultant de la constitution d'une société d'exercice libéral ou de la nomination d'un nouvel associé exerçant en son sein.

Il en est de même dans le cas de dissolution de ces sociétés.

Toutefois, peuvent donner lieu à indemnisation :

a) La création d'un office supplémentaire dans les conditions prévues à l'article 3 ;

b) La suppression de l'office dont la société est titulaire lorsque aucun associé ne bénéficie d'une nomination dans un office créé en application des dispositions du deuxième alinéa de l'article 11 de la loi [n° 90-1258] du 31 décembre 1990 précitée.

Les indemnités qui peuvent être dues à l'occasion de la création d'un office supplémentaire sont évaluées à l'expiration de la sixième année civile suivant celle de la prestation de serment du dernier des associés d'origine exerçant ses fonctions au sein de la société. Toutefois, elles sont évaluées à la dissolution de la société si celle-ci est dissoute avant l'expiration de ce délai.

Dans tous les cas prévus au troisième alinéa, elles sont fixées et réparties conformément aux articles 12-9 à 12-13 du décret [n° 45-118] du 19 décembre 1945 précité.

Sous-section 2. – Fusion de sociétés d'exercice libéral titulaires d'un office d'avoué

§ 1. – Fusion par constitution d'une nouvelle société

Rédaction antérieure. Art. 10. – Lorsqu'elles sont situées dans le ressort de la même cour d'appel, des sociétés d'exercice libéral peuvent constituer par voie de fusion, entre elles ou avec des sociétés civiles professionnelles titulaires d'un office, une nouvelle société d'exercice libéral qui peut être nommée :

a) Dans l'office dont l'une d'elles est titulaire en remplacement de celle-ci ;

b) Dans un office existant, situé dans le ressort de la même cour d'appel ;

c) Dans un office créé dans le ressort de la même cour d'appel.

Les offices dont les sociétés participant à la fusion sont titulaires peuvent être supprimés ou pourvus d'un nouveau titulaire.

Rédaction antérieure. Art. 11. – La nomination de la nouvelle société d'exercice libéral dans un office d'avoué et la nomination de chacun des associés qui exerceront au sein de la société sont prononcées par arrêté du garde des Sceaux, ministre de la Justice.

La dissolution des sociétés d'exercice libéral ou des sociétés civiles professionnelles participant à cette fusion prend effet à la date à laquelle elle est constatée par l'arrêté qui prononce la suppression des offices dont elles sont titulaires et, le cas échéant, la création de l'office dont la nouvelle société sera titulaire.

Sont applicables aux fusions de sociétés les dispositions des articles 6 à 9 et, en outre, en cas de création d'office, celles de l'article 4.

§ 2. – Fusion par absorption

Rédaction antérieure. Art. 12. – Une société d'exercice libéral peut absorber une ou plusieurs sociétés d'exercice libéral ou sociétés civiles professionnelles titulaires d'un office d'avoué. La société absorbante peut être nommée :

a) Dans l'office dont l'une des sociétés absorbées est titulaire en remplacement de celle-ci ;

b) Dans un office existant ou créé, situé dans le ressort de la même cour d'appel.

Les offices dont les sociétés absorbées sont titulaires peuvent être supprimés ou pourvus d'un nouveau titulaire.

Rédaction antérieure. Art. 13. – La nomination de chacun des associés membres des sociétés absorbées et exerçant au sein de la société absorbante est prononcée par arrêté du garde des Sceaux, ministre de la Justice.

La dissolution des sociétés absorbées prend effet à la date à laquelle elle est constatée par l'arrêté qui prononce la suppression des offices dont elles sont titulaires et, le cas échéant, la création de l'office dont la société absorbante sera titulaire.

Sont applicables aux absorptions de sociétés les dispositions des articles 6 à 9 et, en outre, en cas de création d'office, celles de l'article 4.

Sous-section 3. – Société d'exercice libéral constituée par voie de scission

Rédaction antérieure. Art. 14. – Une société d'exercice libéral peut, par voie de scission, constituer deux ou plusieurs sociétés. L'une d'elles peut être nommée dans l'office dont la société scindée était titulaire en remplacement de celle-ci. À défaut, cet office est supprimé.

Les autres sociétés d'exercice libéral issues de cette scission peuvent être nommées dans des offices existants ou créés, situés dans le ressort de la même cour d'appel.

Rédaction antérieure. Art. 15. – La nomination des nouvelles sociétés d'exercice libéral et la nomination de chacun des associés exerçant au sein de la société sont prononcées par arrêté du garde des Sceaux, ministre de la Justice.

La dissolution de la société d'exercice libéral scindée prend effet à la date à laquelle elle est constatée par l'arrêté qui prononce la suppression de l'office dont elle est titulaire et, le cas échéant, la création des offices dont les nouvelles sociétés seront titulaires.

Sont applicables aux scissions de sociétés les dispositions des articles 6 à 9 et, en outre, en cas de création d'office, celles de l'article 4.

Sous-section 4. – Transformation d'une société civile professionnelle en société d'exercice libéral

Rédaction antérieure. Art. 16. – Une société d'exercice libéral constituée par transformation d'une société civile professionnelle titulaire d'un office doit être agréée par arrêté du garde des Sceaux, ministre de la Justice.

Section II. – Capital social. Actions et parts sociales

Rédaction antérieure. Art. 17. – Peuvent faire l'objet d'apports à une société d'exercice libéral :

a) L'exercice, par un avoué démissionnaire, un gérant d'une société civile professionnelle ou un représentant légal d'une société d'exercice libéral en voie de dissolution ou par un liquidateur d'une société dissoute, du droit de présenter la société pour successeur à l'agrément du garde des Sceaux, ministre de la Justice ;

b) L'exercice, par un ou plusieurs ayants droit d'un avoué décédé, de leur droit de présenter la société pour successeur de leur auteur à l'agrément du garde des Sceaux, ministre de la Justice ;

c) Le bénéfice résultant pour la société de la suppression de l'office de l'avoué démissionnaire, de la société d'exercice libéral ou de la société civile professionnelle dissoute ou en voie de dissolution ;

d) Tous droits incorporels et tous meubles utiles à l'exercice de la profession d'avoué ;

e) Les immeubles devant servir à l'établissement du siège de l'office ;

f) Toutes sommes en numéraire.

Rédaction antérieure. Art. 18. – Les actions ou les parts sociales attribuées en contrepartie des apports en nature mentionnés aux *a*, *b* et *c* de l'article 17 sont réputées libérées par l'engagement pris dans l'acte de société par les apporteurs intéressés d'exercer leur droit de présentation en faveur de la société ou, le cas échéant, de démissionner de leurs fonctions en demandant la suppression de l'office dont ils sont titulaires, le tout sous réserve de la condition suspensive prévue à l'article 6.

Les actions ou parts sociales d'une société d'exercice libéral titulaire d'un office d'avoué ne peuvent être ni données en nantissement ni vendues aux enchères publiques.

Le retrait des fonds provenant des souscriptions en numéraire est effectué par un mandataire de la société sur la seule justification de la nomination de celle-ci dans les fonctions d'avoué.

Section III. – Publicité. Entrée en fonctions

Rédaction antérieure. Art. 19. – L'immatriculation de la société au registre du commerce et des sociétés est régie par le décret [n° 84-406] du 30 mai 1984 susvisé, sous réserve des dispositions ci-après.

Une ampliation de l'arrêté de nomination prévu à l'article 5 est adressée au greffe du tribunal où a été déposée la demande d'immatriculation au registre du commerce et des sociétés. Au reçu de cette ampliation, le greffier procède à l'immatriculation et en informe le procureur général près la cour d'appel dans le ressort de laquelle est fixé le siège de la société.

La société est dispensée de procéder aux formalités de publicité prévues aux articles 281 et suivants du décret [n° 67-236] du 23 mars 1967 précité.

Rédaction antérieure. Art. 20. – Les dispositions législatives ou réglementaires relatives à la prestation de serment sont applicables aux avoués associés exerçant au sein de la société.

La société ne peut entrer en fonctions qu'après la prestation de serment de tous ses membres exerçant au sein de la société. Ceux-ci n'ont le droit d'exercer leurs fonctions qu'à compter du jour où ils ont prêté serment.

L'associé, précédemment titulaire d'un office d'avoué, qui a fait apport de son droit de présentation à la société n'a pas à renouveler son serment.

Tout associé qui, exerçant ses fonctions au sein de la société, n'a pas prêté serment dans le mois suivant la publication de l'arrêté prévu au premier alinéa de l'article 5 peut, sauf cas de force majeure, être déchu par arrêté du garde des Sceaux, ministre de la Justice, de sa qualité d'associé et ses actions ou parts sociales sont cédées dans les conditions fixées à l'article 27.

CHAPITRE II. – FONCTIONNEMENT DE LA SOCIÉTÉ

Section I. – Cessions et transmissions d'actions et de parts sociales

§ 1. – Cessions d'actions et de parts sociales entre vifs en vue de l'exercice de la profession au sein de la société

Rédaction antérieure. Art. 21. – Toute convention par laquelle un des associés cède, en vue de l'exercice de la profession au sein de la société, la totalité ou une fraction de ses actions ou parts sociales à un tiers à la société, est passée sous la condition suspensive de l'agrément du cessionnaire et, s'il y a lieu, de l'approbation du retrait du cédant, prononcés par arrêté du garde des Sceaux, ministre de la Justice.

Lorsque le consentement de la société est acquis dans les conditions prévues par les articles 45 et 275 de la loi [n° 66-537] du 24 juillet 1966 susvisée et par l'article 10 de la loi [n° 90-1258] du 31 décembre 1990 précitée, le cessionnaire adresse au garde des Sceaux, ministre de la Justice, une requête tendant à sa nomination en qualité d'avoué associé exerçant au sein de la société.

Cette requête est remise au procureur général près la cour d'appel dans le ressort de laquelle la société a son siège. Elle est accompagnée de l'expédition de l'acte de cession si celui-ci a été établi dans la forme authentique ou de l'un des originaux de cet acte dans le cas contraire ainsi que de toutes pièces justificatives, notamment celles qui établissent le consentement exprès ou tacite donné par la société à la cession, sans préjudice de celles exigées de tout candidat aux fonctions d'avoué ; lorsque le futur associé doit contracter un emprunt, il doit, en outre, produire un plan de financement prévoyant de manière détaillée les conditions dans lesquelles il entend faire face à ses échéances et un budget prévisionnel.

Le prix de cession et ses modalités de paiement sont fixés par les parties.

Le procureur général saisit la chambre de discipline par lettre recommandée avec demande d'avis de réception et l'invite à lui faire parvenir son avis motivé sur la requête.

Si quarante-cinq jours après sa saisine la chambre de discipline n'a pas adressé au procureur général l'avis qui lui a été demandé, celui-ci est réputé favorable.

Après réception de l'avis de la chambre ou après expiration du délai imparti à celle-ci pour faire connaître son avis, le procureur général transmet au garde des Sceaux, ministre de la Justice, avec son rapport, l'ensemble des pièces et des documents.

Rédaction antérieure. Art. 22. – Si la société n'agrée pas le cessionnaire proposé, il est procédé conformément aux dispositions des articles 45 et 275 de la loi [n° 66-537] du 24 juillet 1966 précitée.

Si l'acquéreur est un tiers à la société, les dispositions de l'article 21 sont applicables.

Si les actions ou parts sociales sont acquises par la société ou par un ou plusieurs associés exerçant en son sein, il est procédé conformément à l'article 23. En ce cas, l'expédition ou l'un des originaux de l'acte de cession est adressé au procureur général.

Le cessionnaire prend, par écrit, l'engagement de payer le prix fixé ; son engagement est joint à sa requête et une copie du projet d'acte de cession tient lieu de l'expédition ou de l'un des originaux visés au troisième alinéa de l'article 21.

Lorsque l'associé cédant refuse de signer l'acte portant cession de ses actions ou parts sociales à la société, à ses coassociés, à l'un ou plusieurs d'entre eux ou un tiers, il est passé outre à son refus deux mois après la sommation par lettre recommandée avec demande d'avis de réception à lui faite par la société et demeurée infructueuse. Son retrait de la société est prononcé par arrêté du garde des Sceaux, ministre de la Justice, et le prix de cession des parts est consigné à la diligence du cessionnaire.

Rédaction antérieure. Art. 23. – Toute modification de la répartition ou du nombre des actions ou parts sociales détenues par les associés est portée, par lettre recommandée avec demande d'avis de réception, à la diligence de la société et des associés concernés, à la connaissance du procureur général près la cour d'appel dans le ressort de laquelle la société a son siège qui en informe le garde des Sceaux, ministre de la Justice.

La modification est notifiée dans les mêmes formes à la chambre de discipline.

Rédaction antérieure. Art. 24. – Les articles 21, 22 et 23 sont également applicables à la cession ou à la transmission à titre gratuit de tout ou partie de ses actions ou parts sociales consentie par l'un des associés.

Rédaction antérieure. Art. 25. – Lorsqu'un associé demande son retrait de la société en cédant la totalité de ses actions ou parts sociales, il est procédé conformément aux dispositions des articles 21 et 22.

Toutefois, un associé qui entend cesser d'exercer au sein de la société tout en conservant ses actions ou parts sociales dans les conditions prévues par le 2° du deuxième alinéa de l'article 5 de la loi [n° 90-1258] du 31 décembre 1990 précitée peut demander son retrait en qualité d'associé exerçant au sein de la société, après en avoir informé la société et ses associés par lettre recommandée avec demande d'avis de réception. Il perd les droits attachés à cette qualité à compter de la publication de l'arrêté constatant son retrait.

Tout retrait d'une société par un associé est prononcé par arrêté du garde des Sceaux, ministre de la Justice.

Rédaction antérieure. Art. 26. – En cas d'empêchement ou d'inaptitude d'un associé exerçant au sein de la société dans les conditions prévues par le deuxième alinéa de l'article 45 de l'ordonnance [n° 45-1418] du 28 juin 1945 susvisée, cet associé est déclaré démissionnaire d'office par arrêté du garde des Sceaux, ministre de la Justice.

Rédaction antérieure. Art. 27. – L'associé destitué exerçant au sein de la société dispose d'un délai de six mois à compter du jour où la décision de destitution est passée en force de chose jugée pour céder ses actions ou parts sociales à un tiers à la société dans les conditions prévues à l'article 21.

Si, à l'expiration de ce délai, aucune cession n'est intervenue, il est procédé conformément aux dispositions de l'article 22.

L'associé destitué peut également, avant l'expiration du délai précité, céder ses actions ou parts sociales à la société, aux autres associés exerçant au sein de la société ou à l'un ou plusieurs de ceux-ci, dans les conditions prévues à l'article 23 ou à une personne remplissant les conditions prévues au deuxième alinéa de l'article 5 de la loi [n° 90-1258] du 31 décembre 1990 précitée.

Rédaction antérieure. Art. 28. – Sous réserve des règles de protection et de représentation des incapables, les dispositions de l'article 27 sont applicables à la cession d'actions ou de parts sociales de l'associé placé sous le régime de la tutelle des incapables majeurs, s'il ne veut ou ne peut bénéficier des dispositions du 2° du deuxième alinéa de l'article 5 de la loi [n° 90-1258] du 31 décembre 1990 précitée, ou de l'associé frappé d'interdiction légale.

Elles sont également applicables à la cession d'actions ou de parts sociales de l'associé dont l'exclusion de la société a été décidée dans les cas mentionnés à l'article 44.

Le délai de six mois imparti à l'associé exclu pour céder ses actions ou parts sociales court à compter du jour où la décision des autres associés prononçant son exclusion lui a été notifiée par lettre recommandée avec demande d'avis de réception.

§ 2. – Cessions d'actions et de parts sociales aux personnes mentionnées aux 1°, 4° et 5° du deuxième alinéa de l'article 5 de la loi

Rédaction antérieure. Art. 29. – Sans préjudice des dispositions des articles 45 et 275 de la loi [n° 66-537] du 24 juillet 1966 précitée et de l'article 10 de la loi [n° 90-1258] du 31 décembre 1990 précitée, toute cession d'actions ou de parts sociales aux personnes mentionnées aux 1°, 4° et 5° du deuxième alinéa de l'article 5 de la loi [n° 90-1258] du 31 décembre 1990 précitée est effectuée sous la condition suspensive de l'agrément du garde des Sceaux, ministre de la Justice. Elle est portée à la connaissance du procureur général près la cour d'appel dans le ressort de laquelle la société a son siège.

Le procureur général saisit la chambre de discipline par lettre recommandée avec demande d'avis de réception et l'invite à lui faire parvenir son avis motivé sur la convention. Si, un mois après sa saisine, la chambre de discipline n'a pas adressé au procureur général l'avis qui lui a été demandé, celui-ci est réputé favorable.

Après réception de l'avis de la chambre ou après expiration du délai imparti à celle-ci pour faire connaître son avis, le procureur général transmet au garde des Sceaux, ministre de la Justice, avec son rapport, l'ensemble des pièces et documents.

Le garde des Sceaux, ministre de la Justice, donne son agrément à la convention par décision notifiée aux intéressés par le procureur général. En cas de refus d'agrément, la décision est motivée.

Rédaction antérieure. Art. 30. – Dans le cas visé au 4° du deuxième alinéa de l'article 5 de la loi [n° 90-1258] du 31 décembre 1990 précitée, les statuts de la société doivent être joints à la convention transmise au procureur général.

§ 3. – Publicité

Rédaction antérieure. Art. 31. – Dans le cas prévu au cinquième alinéa de l'article 22, la publicité de la cession d'actions et de parts sociales résulte du dépôt au greffe du tribunal chargé de la tenue du registre du commerce et des sociétés du lieu du siège social de la société de deux copies certifiées conformes de la sommation adressée au cédant et des pièces justificatives de la signification de cette sommation.

Rédaction antérieure. Art. 32. – À la diligence de la société, une copie de chacun des arrêtés pris pour l'application des articles 21 à 28 et des décisions du garde des Sceaux, ministre de la Justice, pour l'application de l'article 29 est adressée au greffe du tribunal chargé de la tenue du registre du commerce et des sociétés du lieu du siège social de la société.

Section II. – Nomination de nouveaux avoués associés exerçant au sein de la société. Augmentation du capital social. Prorogation de la société

Rédaction antérieure. Art. 33. – Tout nouvel associé exerçant au sein de la société doit être agréé par le garde des Sceaux, ministre de la Justice, qui le nomme en qualité d'avoué associé.

Rédaction antérieure. Art. 34. – Si la nomination du nouvel associé intervient à l'occasion d'une augmentation du capital social, les dispositions des articles 5, 7 et 8 sont applicables.

La décision d'augmenter le capital social est prise sous la condition suspensive de l'agrément du nouvel associé par le garde des Sceaux, ministre de la Justice.

Rédaction antérieure. Art. 35. – Toute décision de proroger la société doit être immédiatement portée à la connaissance du garde des Sceaux, ministre de la Justice, par le représentant légal de la société.

Section III. – Exercice des fonctions d'avoué par la société et les associés

§ 1. – Exercice de la profession interdictions et incompatibilités diverses

Rédaction antérieure. Art. 36. – Outre les mentions prévues à l'article 2 de la loi [n° 90-1258] du 31 décembre 1990 précitée, toute correspondance ou tout document émanant de la société doit indiquer sa qualité de société titulaire d'un office d'avoué.

Le cachet de chaque associé exerçant au sein de la société indique le nom de celui-ci et sa qualité d'associé.

Dans tous les actes dressés par lui, et dans toutes les correspondances, chaque associé exerçant au sein de la société indique son titre d'avoué, sa qualité d'associé de la société d'exercice libéral et l'adresse du siège de cette société.

Rédaction antérieure. Art. 37. – Un avoué associé, exerçant au sein d'une société d'exercice libéral, ne peut exercer la profession d'avoué à titre individuel, en qualité de membre d'une autre société, quelle qu'en soit la forme.

Rédaction antérieure. Art. 38. – Chaque avoué associé, exerçant au sein d'une société d'exercice libéral, exerce les fonctions d'avoué au nom de cette société.

Les associés exerçant au sein de la société doivent lui consacrer toute leur activité professionnelle et s'informer mutuellement de cette activité sans que puisse leur être reprochée une violation du secret professionnel.

Il leur est interdit de conseiller, représenter ou assister des personnes ayant des intérêts opposés.

Rédaction antérieure. Art. 39. – Sous réserve de l'application des dispositions figurant sous le présent titre, toutes dispositions législatives ou réglementaires relatives à l'exercice des fonctions d'avoué par des personnes physiques, à titre individuel, sont applicables à une société d'exercice libéral titulaire d'un office d'avoué et aux avoués associés exerçant en son sein.

Rédaction antérieure. Art. 40. – Les dispositions des articles 50, 51 et 52 du décret [n° 69-1057] du 20 novembre 1969 susvisé, en tant qu'elles concernent les avoués associés et les sociétés titulaires d'un office d'avoué, s'appliquent aux sociétés d'exercice libéral et à leurs associés exerçant la profession d'avoué au sein de la société.

§ 2. – Comptabilité. Assurances

Rédaction antérieure. Art. 41. – Les règles concernant la tenue de la comptabilité des avoués sont applicables à la société. Tous les registres et documents prévus par les textes législatifs ou réglementaires sont ouverts ou établis au nom de la société.

Rédaction antérieure. Art. 42. – La responsabilité de chaque société d'exercice libéral titulaire d'un office d'avoué est garantie dans les conditions prévues à l'article 24 du décret [n° 45-118] du 19 décembre 1945 précité par la bourse commune à laquelle elle cotise.

Chaque société régie par le présent titre est tenue de contracter une assurance de responsabilité professionnelle.

§ 3. – Discipline. Suppléance. Honorariat

Rédaction antérieure. Art. 43. – Sous réserve des articles 44 à 48, les dispositions de l'ordonnance [n° 45-1418] du 28 juin 1945 précitée sont applicables à la société et aux associés exerçant en son sein.

La société ne peut faire l'objet de poursuites disciplinaires indépendamment de celles qui seraient intentées contre les associés exerçant en son sein.

Rédaction antérieure. Art. 44. – Tout associé exerçant au sein de la société qui a fait l'objet d'une condamnation disciplinaire passée en force de chose jugée à une peine égale ou supérieure à trois mois d'interdiction dans l'exercice de sa profession, ou d'une condamnation pénale définitive à une peine d'emprisonnement égale ou supérieure à trois mois, peut être contraint, à l'unanimité des autres associés exerçant au sein de la société, de se retirer de celle-ci.

Ses actions ou parts sociales sont cédées dans les conditions prévues aux deuxième et troisième alinéas de l'article 27.

Rédaction antérieure. Art. 45. – L'associé interdit de ses fonctions n'est pas de ce seul fait privé de sa qualité d'associé. Il conserve tous les droits et obligations qui en découlent.

La décision qui prononce l'interdiction d'un ou de plusieurs associés exerçant leurs fonctions au sein de la société, mais non de la totalité d'entre eux, ne commet pas d'administrateur.

La décision qui prononce l'interdiction soit de la société, soit de tous les associés exerçant leurs fonctions au sein de la société, commet un ou plusieurs administrateurs pour accomplir tous actes professionnels relevant à titre obligatoire, notamment par l'effet de la loi ou par commission de justice, du ministère de la société ou des avoués associés interdits.

Au cas où la société et l'un ou plusieurs des associés exerçant leurs fonctions au sein de la société sont interdits, les associés non interdits sont nommés administrateurs.

Pour l'application des troisième et quatrième alinéas, peuvent être désignés en qualité d'administrateurs soit avec les associés non interdits exerçant au sein de la société, soit si tous les associés sont interdits :

a) Des avoués, des sociétés titulaires d'un office d'avoué ou des avoués associés ;

b) Des anciens avoués ou anciens avoués associés ;

c) Des clercs d'avoué et anciens clercs d'avoué répondant aux conditions d'aptitude exigées pour pouvoir être nommés avoués.

Si l'administrateur n'est pas avoué en exercice, il prête le serment exigé de tout avoué avant son entrée en fonction ; de plus, il est tenu d'avoir un cachet particulier portant son nom et sa qualité d'administrateur.

L'administrateur procède, au siège de la société, aux actes professionnels qu'il a mission d'accomplir.

Rédaction antérieure. Art. 46. – L'associé destitué est déchu de sa qualité d'avoué associé et cesse l'exercice de son activité professionnelle à compter du jour où la décision prononçant sa destitution est passée en force de chose jugée. Il perd, à compter de la même date, le droit d'assister et de voter aux assemblées de la société.

Ses actions ou parts sociales sont cédées dans les conditions fixées à l'article 27.

Les dispositions de l'article 45 sont applicables en cas de destitution.

Les effets de la destitution de la société ou de tous les associés exerçant au sein de la société sont régis par l'article 59.

Rédaction antérieure. Art. 47. – Les dispositions de l'article 45 sont applicables aux cas où serait prononcée la suspension provisoire prévue par l'ordonnance [n° 45-1418] du 28 juin 1945 précitée.

L'associé exerçant au sein de la société provisoirement suspendu conserve, pendant la durée de sa suspension, sa qualité d'associé, avec tous droits et obligations qui en découlent ; toutefois, ses revenus liés à l'exercice professionnel sont réduits de moitié, l'autre moitié étant attribuée par parts égales aux administrateurs associés ou non ou, s'il n'est pas commis d'administrateur, à ceux des associés exerçant au sein de la société qui n'ont pas fait l'objet d'une suspension provisoire de l'exercice de leurs fonctions.

Rédaction antérieure. Art. 48. – Si l'un des associés est temporairement empêché, par cas de force majeure, d'exercer ses fonctions, sa suppléance est assurée par les autres associés exerçant au sein de la société.

Si tous les associés sont simultanément empêchés, par cas de force majeure, d'exercer leurs fonctions, la gestion de l'office est assurée conformément aux dispositions réglementaires en vigueur.

Toutefois, le ou les suppléants sont choisis parmi les personnes énumérées aux *a*, *b* et *c* du cinquième alinéa de l'article 45 et les dispositions des sixième et septième alinéas du même article leur sont applicables.

Rédaction antérieure. Art. 49. – Les fonctions d'avoué associé sont assimilées à celles d'avoué pour la collation du titre d'avoué honoraire.

Section IV. – Dispositions diverses

Rédaction antérieure. Art. 50. – Les procès-verbaux des délibérations des associés, ainsi que ceux des délibérations du conseil d'administration et du conseil de surveillance, sont établis sur un registre spécial préalablement coté et paraphé par le président de la chambre ou un membre de la chambre désigné à cet effet. Le registre est conservé au siège de la société.

Toutefois, les procès-verbaux peuvent être établis sur des feuilles mobiles numérotées sans discontinuité, paraphées dans les conditions prévues au premier alinéa du présent article. Dès qu'une feuille a été remplie, même partiellement, elle doit être jointe à celles précédemment utilisées. Toute addition, suppression, substitution ou inversion de feuilles est interdite.

CHAPITRE III. – NULLITÉ. DISSOLUTION. LIQUIDATION DE LA SOCIÉTÉ

Rédaction antérieure. Art. 51. – La nullité ou la dissolution de la société n'est opposable aux tiers qu'à compter de l'accomplissement des formalités de publicité prévues par l'article 56, par le deuxième alinéa de l'article 58 et par l'article 60.

Section I. – Règles générales concernant la liquidation

Rédaction antérieure. Art. 52. – La liquidation est régie par les statuts, sous réserve des dispositions de la loi [n° 66-537] du 24 juillet 1966 précitée et de celles du présent chapitre.

Rédaction antérieure. Art. 53. – Le liquidateur peut être choisi, soit parmi les associés exerçant leurs fonctions au sein de la société, soit parmi les personnes énumérées aux *a*, *b* et *c* du cinquième alinéa de l'article 45.

Il peut être remplacé pour cause d'empêchement, ou pour tout autre motif grave, par le président du tribunal de grande instance du lieu du siège social de la société, statuant en référé à la demande soit du liquidateur lui-même, soit des associés ou de leurs ayants droit, soit du ministère public.

Plusieurs liquidateurs peuvent être désignés.

Rédaction antérieure. Art. 54. – Le liquidateur accomplit, en remplacement des associés, tous actes relevant de la profession d'avoué.

Les dispositions des sixième et septième alinéas de l'article 45 lui sont applicables.

À compter de la date de prestation de serment du successeur de la société, il cesse d'avoir qualité pour accomplir, au nom de celle-ci, les actes relevant de la profession d'avoué.

Rédaction antérieure. Art. 55. – Sauf dans le cas où la société est dissoute par l'effet de sa destitution, le liquidateur exerce, au nom de la société, le droit de présentation prévu par l'article 91 de la loi du 28 avril 1816 sur les finances susvisée.

Si, dans le délai d'un an à compter de sa désignation, le liquidateur n'a pas exercé le droit de présentation dont la société est titulaire, l'office est pourvu dans les conditions fixées par les dispositions réglementaires relatives aux offices vacants. Ce délai peut être exceptionnellement prorogé par le garde des Sceaux, ministre de la Justice.

Section II. – Dispositions particulières aux différents cas de nullité ou de dissolution de la société

§ 1. – Nullité

Rédaction antérieure. Art. 56. – À la diligence du ministère public, toute décision judiciaire passée en force de chose jugée prononçant la nullité de la société fait l'objet d'une insertion au *Journal officiel* de la République française et d'un dépôt d'une de ses expéditions au dossier ouvert au nom de la société au greffe chargé de la tenue du registre du commerce et des sociétés.

§ 2. – Dissolution par survenance du terme. Dissolution anticipée

Rédaction antérieure. Art. 57. – Qu'elle résulte de la survenance du terme ou d'une décision de dissolution anticipée, la dissolution de la société prend effet à la date à laquelle elle est constatée par arrêté du garde des Sceaux, ministre de la Justice.

Rédaction antérieure. Art. 58. – À moins qu'il n'ait été désigné à la requête du ministère public, le liquidateur informe celui-ci de sa désignation en lui faisant parvenir une expédition de la délibération des associés ou de la décision de justice qui l'a nommé dans ses fonctions.

Le liquidateur dépose au greffe chargé de la tenue du registre du commerce et des sociétés où la société est inscrite, pour être versée au dossier ouvert au nom de la société, la copie de l'expédition mentionnée au premier alinéa, dont tout intéressé pourra obtenir communication.

Il ne peut entrer en fonction avant l'accomplissement des formalités précitées.

§ 3. – Dissolution pour cause de destitution de la société

Rédaction antérieure. Art. 59. – La destitution de tous les associés exerçant au sein de la société ou de la société entraîne de plein droit la dissolution de celle-ci par extinction de son objet.

La décision qui prononce ces destitutions constate la dissolution de la société et ordonne sa liquidation.

Le liquidateur désigné remplit les fonctions de l'administrateur dont la nomination est prévue par l'article 20 de l'ordonnance [n° 45-1418] du 28 juin 1945 précitée.

Les associés destitués ne peuvent être choisis comme liquidateur.

Rédaction antérieure. Art. 60. – À la diligence du ministère public, une expédition de la décision prononçant la destitution de la société ou de tous les associés exerçant en son sein est versée au dossier ouvert au nom de la société au greffe chargé de la tenue du registre du commerce et des sociétés.

§ 4. – Dissolution pour empêchement, inaptitude ou décès

Rédaction antérieure. Art. 61. – La société n'est pas dissoute par le décès simultané de tous les associés exerçant leurs fonctions d'avoué au sein de la société, ou par le décès du dernier survivant d'entre eux, sauf disposition contraire des statuts. Il en est de même en cas d'empêchement ou d'inaptitude de tous les associés exerçant leurs fonctions au sein de la société, dans les conditions prévues à l'article 45 de l'ordonnance [n° 45-1418] du 28 juin 1945 précitée.

En pareil cas, la gestion de l'office est assurée ainsi qu'il est prévu à l'article 48.

Section III. – Nomination à un office créé d'un associé qui exerçait au sein d'une société dissoute

Rédaction antérieure. Art. 62. – Lorsque la société est dissoute, l'associé qui, exerçant en son sein, envisage, dans les conditions prévues au second alinéa de l'article 11 de la loi [n° 90-1258] du 31 décembre 1990 précitée, de solliciter sa nomination à un office créé à cet effet dans le ressort où la société dissoute a son siège doit notifier son intention aux autres associés et aux liquidateurs dans le délai de deux mois de la décision de dissolution ou de l'arrivée du terme fixé par les statuts.

Rédaction antérieure. Art. 63. – La demande de l'intéressé, adressée au garde des Sceaux, ministre de la Justice, est remise au procureur général près la cour d'appel dans le ressort de laquelle la société a son siège. Elle est accompagnée de toutes pièces justificatives.

Le procureur général saisit la chambre de discipline par lettre recommandée avec demande d'avis de réception et l'invite à lui faire parvenir son avis motivé sur la demande.

Si quarante-cinq jours après sa saisine la chambre n'a pas adressé au procureur général l'avis qui lui a été demandé, elle est réputée avoir émis un avis favorable.

Le procureur général transmet avec son avis le dossier au garde des Sceaux, ministre de la Justice.

Rédaction antérieure. Art. 64. – La création de l'office et la nomination de son titulaire sont prononcées par arrêté du garde des Sceaux, ministre de la Justice, sans qu'il y ait lieu de recourir à la procédure prévue aux articles 12-2 à 12-7 du décret [n° 45-118] du 19 décembre 1945 précité.

Rédaction antérieure. Art. 65. – Le titulaire de l'office créé ne peut être éventuellement tenu de verser des indemnités qu'aux titulaires d'offices d'avoués qui justifieraient d'un préjudice résultant directement de cette création suivant les modalités prévues aux articles 12-9 à 12-13 du décret [n° 45-118] du 19 décembre 1945 précité.

Section IV. – Nomination à un office créé d'un associé exerçant au sein de la société qui se retire pour cause de mésentente

Rédaction antérieure. Art. 66. – Lorsqu'un avoué associé entend se retirer de la société au sein de laquelle il exerce, conformément au premier alinéa de l'article 11 de la loi [n° 90-1258] du 31 décembre 1990 précitée, et solliciter sa nomination à un office créé à son intention dans le ressort de la cour d'appel où la société a son siège, il doit au préalable faire constater par le tribunal de grande instance dans le ressort duquel la société a son siège la réalité de la mésentente invoquée, qui doit être de nature à paralyser le fonctionnement de la société ou à en compromettre gravement les intérêts sociaux.

La procédure est communiquée au procureur de la République, qui doit faire connaître son avis. Le président de la chambre de discipline est appelé à présenter ses observations à l'audience.

Rédaction antérieure. Art. 67. – La demande de l'intéressé, adressée au garde des Sceaux, ministre de la Justice, remise au procureur général près la cour d'appel dans le ressort de laquelle la société a son siège, est accompagnée de la décision passée en force de chose jugée constatant la mésentente.

Rédaction antérieure. Art. 68. – Le procureur général transmet avec son avis le dossier au garde des Sceaux, ministre de la Justice.

Rédaction antérieure. Art. 69. – La création de l'office et la nomination de son titulaire sont prononcées par arrêté du garde des Sceaux, ministre de la Justice, sans qu'il y ait lieu de recourir à la procédure prévue aux articles 12-2 à 12-13 du décret [n° 45-118] du 19 décembre 1945 précité.

Rédaction antérieure. Art. 70. – Le titulaire de l'office créé ne peut être éventuellement tenu de verser des indemnités qu'aux titulaires d'offices d'avoués qui justifieraient d'un préjudice résultant directement de cette création et suivant les modalités prévues aux articles 12-9 à 12-13 du décret [n° 45-118] du 19 décembre 1945 précité.

TITRE II. – DES SOCIÉTÉS EN PARTICIPATION D'AVOUÉS

Rédaction antérieure. Art. 71. – Les sociétés en participation prévues à l'article 22 de la loi [n° 90-1258] du 31 décembre 1990 précitée reçoivent l'appellation de sociétés en participation d'avoués.

La société n'est pas titulaire d'un office d'avoué et chacun des associés exerce ses fonctions au sein de l'office dont il est titulaire.

L'appartenance à la société avec la dénomination de celle-ci doit être indiquée dans les actes professionnels et les correspondances de chaque associé.

Rédaction antérieure. Art. 72. – La société est constituée, sous la condition suspensive de la publicité prévue au second alinéa de l'article 75, entre avoués personnes physiques établis dans le même ressort de différentes cours d'appel.

Rédaction antérieure. Art. 73. – En vue d'assurer la publicité de la constitution d'une société en participation, les associés adressent les statuts de la société au procureur général près la cour d'appel dans le ressort de laquelle est fixé le siège de la société.

Si les associés exercent leurs fonctions dans des offices situés dans des ressorts différents, ils informent de cette constitution la chambre de discipline et le procureur général du lieu de situation de chacun des offices.

Rédaction antérieure. Art. 74. – Le procureur général mentionné au premier alinéa de l'article 73 saisit la chambre de discipline et l'invite par lettre recommandée avec demande d'avis de réception à lui faire parvenir dans un délai de trois mois son avis motivé après avoir, s'il y a lieu, recueilli l'avis de toute chambre de discipline concernée.

Il sollicite, par ailleurs, l'avis des procureurs généraux concernés.

Rédaction antérieure. Art. 75. – À l'expiration du délai prévu au premier alinéa de l'article 74, le procureur général transmet au garde des Sceaux, ministre de la Justice, avec son rapport, le dossier et les avis recueillis.

La constitution de la société en participation est publiée au *Journal officiel* de la République française, à l'initiative du garde des Sceaux, ministre de la Justice.

Rédaction antérieure. Art. 76. – En cas de dissolution de la société, la notification de cette dissolution est portée à la connaissance du procureur général près la cour d'appel dans le ressort de laquelle est situé le siège de la société par l'associé ou les associés ayant demandé la dissolution qui en informent, suivant le cas, tout autre procureur général et chambre de discipline concernés.

Le procureur général du lieu de situation du siège de la société transmet au garde des Sceaux, ministre de la Justice, la notification de la dissolution en vue de sa publication au *Journal officiel* de la République française.

Chaque associé reprend l'exercice individuel de ses fonctions à compter de la publication mentionnée au deuxième alinéa.

Rédaction antérieure. Art. 77. – Le garde des Sceaux, ministre de la Justice, est chargé de l'exécution du présent décret, qui sera publié au *Journal officiel* de la République française.

TITRE III. – DES SOCIÉTÉS DE PARTICIPATIONS FINANCIÈRES DE PROFESSION LIBÉRALE D'AVOUÉS

(D. n° 2004-853, 23 août 2004)

CHAPITRE I. – CONSTITUTION DE LA SOCIÉTÉ

(D. n° 2004-853, 23 août 2004)

Rédaction antérieure. Art. 78 *(D. n° 2004-853, 23 août 2004)*. **–** Les sociétés de participations financières de profession libérale d'avoués sont régies par les dispositions du décret [n° 67-236] du 23 mars 1967 susvisé, sous réserve des dispositions qui suivent.

Rédaction antérieure. Art. 79 *(D. n° 2004-853, 23 août 2004)*. **–** Des avoués, titulaires ou non d'un office, ou des sociétés titulaires d'un office peuvent, dans les conditions prévues par l'article 31-1 de la loi [n° 90-1258] du 31 décembre 1990 susvisée, constituer une société de participations financières de profession libérale d'avoués.

Peuvent également être associés, à l'exclusion de toute autre personne :

1° Pendant un délai de dix ans, des personnes physiques qui, ayant cessé toute activité professionnelle, ont exercé la profession d'avoué ;

2° Les ayants droit des personnes physiques mentionnées aux alinéas qui précèdent, pendant un délai de cinq ans suivant leur décès.

Rédaction antérieure. Art. 80 *(D. n° 2004-853, 23 août 2004)*. **–** L'agrément d'une société de participations financières de profession libérale d'avoués est prononcé par arrêté du garde des sceaux, ministre de la Justice, publié au *Journal officiel* de la République française.

La société est constituée sous la condition suspensive de son agrément.

Rédaction antérieure. Art. 81 *(D. n° 2004-853, 23 août 2004)*. **–** La demande d'agrément de la société régie par le présent titre est présentée collectivement par les associés, qui désignent un mandataire commun, au garde des sceaux, ministre de la Justice.

Elle est adressée au procureur général près la cour d'appel dans le ressort de laquelle la société établit son siège.

La demande est accompagnée des pièces justificatives suivantes :

1° Un exemplaire des statuts de la société ;

2° Une attestation du greffier chargé de la tenue du registre du commerce et des sociétés du lieu du siège social constatant le dépôt au greffe de la demande et des pièces nécessaires à l'immatriculation de la société ;

3° La liste des associés avec indication, selon le cas, de leur profession ou de leur qualité au regard de l'article 79 suivie, pour chacun, de la mention de la part de capital qu'il détient dans la société.

La demande est, le cas échéant, accompagnée d'une note d'information désignant les sociétés d'exercice libéral d'avoués dont les parts sociales ou actions seront détenues, à sa constitution, par la société de participations financières de profession libérale et précisant la répartition du capital qui résulte de ces participations pour chacune d'entre elles.

Rédaction antérieure. Art. 82 *(D. n° 2004-853, 23 août 2004)*. **–** Le procureur général soumet la demande d'agrément à l'avis motivé de la chambre de discipline des avoués par lettre recommandée avec demande d'accusé de réception.

Rédaction antérieure. Art. 83 *(D. n° 2004-853, 23 août 2004)*. **–** Huit jours au moins avant la date fixée pour sa délibération, la chambre de discipline des avoués informe les associés qu'ils doivent, soit par eux-mêmes, soit par un mandataire de leur choix, présenter, lors de cette délibération, toutes explications orales ou écrites relatives à la constitution de la société.

Si, dans les quarante-cinq jours de sa saisine, la chambre n'a pas adressé au procureur général l'avis qui lui a été demandé, cet avis est tenu pour favorable.

Après réception de l'avis de la chambre, ou après expiration du délai fixé à l'alinéa précédent, le procureur général transmet, avec son rapport, le dossier au garde des sceaux, ministre de la Justice.

Rédaction antérieure. Art. 84 *(D. n° 2004-853, 23 août 2004).* – L'immatriculation de la société au registre du commerce et des sociétés est régie par le décret [n° 84-406] du 30 mai 1984 susvisé, sous réserve des dispositions ci-après.

À la diligence du procureur général, une ampliation de l'arrêté portant agrément de la société est adressée ou remise au greffe où a été déposée la demande d'immatriculation au registre du commerce et des sociétés. Le greffier procède à l'immatriculation au vu de cette ampliation et en informe le procureur général près la cour d'appel dans le ressort de laquelle est établi le siège de la société.

La société est dispensée de procéder aux formalités de publicité prévues aux articles 281 et suivants du décret [n° 67-236] du 23 mars 1967 précité.

Rédaction antérieure. Art. 85 *(D. n° 2004-853, 23 août 2004).* – La société de participations financières de profession libérale d'avoués constituée par voie de fusion ou de scission est soumise à agrément dans les conditions prévues aux articles 80 à 84.

CHAPITRE II. – FONCTIONNEMENT DE LA SOCIÉTÉ

(D. n° 2004-853, 23 août 2004)

Rédaction antérieure. Art. 86 *(D. n° 2004-853, 23 août 2004).* – La société de participations financières de profession libérale d'avoués fait connaître à la chambre de discipline des avoués et au procureur général près la cour d'appel dans le ressort de laquelle est situé son siège, dans un délai de trente jours à compter de la date à laquelle il se produit, tout changement dans la situation déclarée en application de l'article 81, avec les pièces justificatives.

Rédaction antérieure. Art. 87 *(D. n° 2004-853, 23 août 2004).* – Si, en raison des changements dans la situation déclarée, la société de participations financières de profession libérale d'avoués cesse de se conformer aux dispositions législatives et réglementaires en vigueur, la société est mise en demeure par le procureur général de régulariser la situation dans le délai indiqué par la mise en demeure.

Si, à l'expiration de ce délai, la société n'a pas régularisé la situation, le procureur général soumet, par lettre recommandée avec demande d'accusé de réception, un projet de retrait d'agrément à l'avis motivé de la chambre de discipline des avoués.

Rédaction antérieure. Art. 88 *(D. n° 2004-853, 23 août 2004).* – Huit jours au moins avant la date fixée pour sa délibération, la chambre de discipline des avoués informe les associés qu'ils doivent, soit par eux-mêmes, soit par un mandataire de leur choix, présenter, lors de cette délibération, toutes explications orales ou écrites relatives au retrait de l'agrément de la société.

Si, dans les quarante-cinq jours de sa saisine, la chambre n'a pas adressé au procureur général près la cour d'appel l'avis qui lui a été demandé, cet avis est tenu pour favorable à la demande de retrait d'agrément.

Après réception de l'avis demandé à la chambre, ou après expiration du délai fixé à l'alinéa précédent, le procureur général met les associés ou le mandataire de leur choix à même de présenter leurs observations sur la mesure de retrait d'agrément.

Le procureur général transmet, avec son rapport, le dossier au garde des sceaux, ministre de la Justice.

CHAPITRE III. – DISSOLUTION-LIQUIDATION DE LA SOCIÉTÉ

(D. n° 2004-853, 23 août 2004)

Rédaction antérieure. Art. 89 *(D. n° 2004-853, 23 août 2004).* – Le retrait d'agrément emporte dissolution de la société de participations financières de profession libérale d'avoués.

Rédaction antérieure. Art. 90 *(D. n° 2004-853, 23 août 2004).* – Quelle qu'en soit la cause, la dissolution de la société est constatée par arrêté du garde des sceaux, ministre de la Justice, publié au *Journal officiel* de la République française.

Une ampliation de cet arrêté est adressée à la diligence du procureur général au greffe du tribunal chargé de la tenue du registre du commerce et des sociétés où est immatriculée la société.

Rédaction antérieure. Art. 91 *(D. n° 2004-853, 23 août 2004).* – Le liquidateur est choisi parmi les associés de la société de participations financières de profession libérale, des avoués, des sociétés titulaires d'un office ou des avoués associés, des anciens avoués ou anciens avoués associés. En aucun cas les fonctions de liquidateur ne peuvent être confiées à un associé ayant fait l'objet d'une peine disciplinaire.

Plusieurs liquidateurs peuvent être désignés.

Le liquidateur peut être remplacé pour cause d'empêchement, ou pour tout autre motif grave, par le président du tribunal de grande instance du lieu du siège social de la société, statuant sur requête à la demande du liquidateur, des associés ou de leurs ayants droit, ou du procureur général.

Rédaction antérieure. Art. 92 *(D. n° 2004-853, 23 août 2004).* – Le liquidateur procède à la cession des parts ou actions que la société de participations financières de profession libérale d'avoués détient dans la ou les sociétés d'exercice libéral dans les conditions prévues par l'article 27 du présent décret.

Rédaction antérieure. Art. 93 *(D. n° 2004-853, 23 août 2004)*. – La dissolution de la société, lorsqu'elle ne résulte pas du retrait d'agrément, est portée à la connaissance du procureur général et de la chambre de discipline des avoués à la diligence du liquidateur. Il fait alors parvenir une expédition de la délibération des associés ou de la décision de justice qui l'a nommé dans ses fonctions.

Le liquidateur dépose au greffe où la société est immatriculée la copie de l'expédition mentionnée au premier alinéa, qui est versée au dossier ouvert au nom de la société. Tout intéressé peut en obtenir communication.

Il ne peut exercer ses fonctions qu'après avoir accompli les formalités prévues à l'alinéa précédent.

Il informe le procureur général et la chambre de discipline des avoués de la clôture des opérations de liquidation.

8.2.6. – CHIRURGIENS-DENTISTES

8.2.6.1. – Sociétés d'exercice libéral

Code de la santé publique

Partie réglementaire

Section I. – Sociétés d'exercice libéral

Sous-section 1. – Constitution

§ 1. – Dispositions communes

Art. R. 4113-1. – Les dispositions de la présente section régissent les sociétés constituées en application du titre I de la loi n° 90-1258 du 31 décembre 1990 relative à l'exercice sous forme de sociétés des professions libérales soumises à un statut législatif ou réglementaire ou dont le titre est protégé et dont l'objet social est l'exercice en commun de la profession de médecin, de chirurgien-dentiste ou de sage-femme. Ces sociétés portent la dénomination de sociétés d'exercice libéral de médecins, de chirurgiens-dentistes ou de sages-femmes.

Art. R. 4113-2. – Les actes et documents destinés aux tiers, notamment les lettres, factures, annonces et publications diverses émanant d'une société mentionnée à l'article R. 4113-1 indiquent :

1° Sa dénomination sociale, précédée ou suivie immédiatement, selon le cas :

***a)* Soit de la mention « société d'exercice libéral à responsabilité limitée » ou de la mention « SELARL » ;**

***b)* Soit de la mention « société d'exercice libéral à forme anonyme » ou de la mention « SELAFA » ;**

***c)* Soit de la mention « société d'exercice libéral en commandite par actions » ou de la mention « SELCA » ;**

***d)* Soit de la mention « société d'exercice libéral par actions simplifiée » ou de la mention « SELAS » ;**

2° L'indication de la profession exercée par la société ;

3° L'énonciation du montant de son capital social et de son siège social ;

4° La mention de son inscription au tableau de l'ordre.

....

Art. R. 4113-4. – La société est constituée sous la condition suspensive de son inscription au tableau de l'ordre.

La demande d'inscription de la société d'exercice libéral est présentée collectivement par les associés et adressée au conseil départemental de l'ordre du siège de la société par lettre recommandée avec demande d'avis de réception, accompagnée, sous peine d'irrecevabilité, des pièces suivantes :

1° Un exemplaire des statuts et, s'il en a été établi, du règlement intérieur de la société ainsi que, le cas échéant, une expédition ou une copie de l'acte constitutif ;

2° Un certificat d'inscription au tableau de l'ordre de chaque associé exerçant au sein de la société ou, pour les associés non encore inscrits à ce tableau, la justification de la demande d'inscription ;

3° Une attestation du greffier du tribunal de commerce du lieu du siège social ou du tribunal de grande instance statuant commercialement constatant le dépôt au greffe de la demande et des pièces nécessaires à l'immatriculation ultérieure de la société au registre du commerce et des sociétés ;

4° Une attestation des associés indiquant :

a) La nature et l'évaluation distincte de chacun des apports effectués par les associés ;

b) Le montant du capital social, le nombre, le montant nominal et la répartition des parts sociales ou actions représentatives de ce capital ;

c) L'affirmation de la libération totale ou partielle, suivant le cas, des apports concourant à la formation du capital social.

L'inscription ne peut être refusée que si les statuts ne sont pas conformes aux dispositions législatives et réglementaires en vigueur. Elle peut également être refusée dans le cas prévu à l'article L. 4113-11.

Toute modification des statuts et des éléments figurant au 4° ci-dessus est transmise au conseil départemental de l'ordre dans les formes mentionnées au présent article.

Art. R. 4113-5. – La société communique au conseil départemental de l'ordre, dans le délai d'un mois, tous contrats et avenants dont l'objet est défini aux premier et second alinéas de l'article L. 4113-9.

Elle communique également, dans le même délai, le règlement intérieur lorsqu'il a été établi après la constitution de la société.

Art. R. 4113-6. – Le conseil départemental de l'ordre statue sur la demande d'inscription dans les délais fixés à l'article L. 4112-3.

Art. R. 4113-7. – La décision de refus d'inscription est motivée. Elle est notifiée, par lettre recommandée avec demande d'avis de réception, à chacun des intéressés. Elle ne peut être prise qu'après que les intéressés ont été appelés à présenter au conseil de l'ordre toutes explications orales ou écrites.

Si l'inscription est prononcée, notification en est faite à chacun des associés dans les mêmes formes.

Le conseil départemental notifie sans délai une copie de la décision ou l'avis de l'inscription au *(Mots rempl., D. n° 2010-344, 31 mars 2010)* « directeur général de l'agence régionale de santé », au Conseil national de l'ordre et aux organismes d'assurance maladie du régime général, de la mutualité sociale agricole et du régime des travailleurs non salariés des professions non agricoles ayant compétence dans le département.

Art. R. 4113-8. – Les décisions du conseil départemental en matière d'inscription au tableau des sociétés d'exercice libéral sont susceptibles de recours dans les conditions prévues à l'article L. 4112-4.

Art. R. 4113-9. – Le tableau de l'ordre comporte en annexe la liste des sociétés d'exercice libéral avec les indications suivantes :

1° Numéro d'inscription de la société ;

2° Dénomination sociale ;

3° Lieu du siège social ;

4° Nom de tous les associés exerçant au sein de la société et numéro d'inscription au tableau de chacun d'eux.

Le nom de chaque associé sur le tableau est suivi de la mention : « membre de la société d'exercice libéral », de la dénomination sociale et du numéro d'inscription de la société.

Art. R. 4113-10. – Chaque associé demeure individuellement électeur et éligible au conseil de l'ordre, sans que la société soit elle-même électrice ou éligible.

Toutefois, le conseil départemental de l'ordre ne peut comprendre des associés d'une même société dans une proportion supérieure à un cinquième de ses membres.

Quand le nombre de praticiens associés de la même société élus au conseil départemental dépasse cette proportion, les élus sont éliminés successivement, dans l'ordre inverse du nombre de suffrages obtenus, de façon que ceux qui sont appelés à siéger au conseil n'excèdent pas la proportion prévue à l'alinéa précédent.

En cas d'égalité de suffrages, le plus âgé est appelé à siéger.

Art. R. 4113-11. – Une même personne physique ou morale figurant parmi celles mentionnées aux 1° et 5° de l'article 5 de la loi n° 90-1258 du 31 décembre 1990 relative à l'exercice sous forme de sociétés des professions libérales ne peut détenir des participations que dans deux sociétés d'exercice libéral de médecins, de chirurgiens-dentistes ou de sages-femmes.

Art. R. 4113-12. – Le quart au plus du capital d'une société d'exercice libéral de médecins ou de sages-femmes peut être détenu par une ou plusieurs personnes ne répondant pas aux conditions du premier alinéa ou des 1° à 5° de l'article 5 de la loi n° 90-1258 du 31 décembre 1990 relative à l'exercice sous forme de sociétés des professions libérales.

Toutefois, lorsque la société d'exercice libéral est constituée sous la forme d'une société en commandite par actions, la quotité du capital détenue par des personnes autres que celles mentionnées à l'article 5 de la loi [n° 90-1258] du 31 décembre 1990 peut être supérieure à celle fixée à l'alinéa qui précède sans pouvoir cependant atteindre la moitié de ce capital.

§ 2. – Dispositions propres à chaque profession médicale

Art. R. 4113-13. – Dans une société d'exercice libéral de médecins, la détention directe ou indirecte de parts ou d'actions représentant tout ou partie du capital social non détenu par des personnes mentionnées au premier alinéa ou aux 1° à 4° du deuxième alinéa de l'article 5 de la loi [n° 90-1258] du 31 décembre 1990 est interdite à toute personne physique ou morale exerçant sous quelque forme que ce soit :

a) Soit une autre profession médicale ou une profession paramédicale ;

b) Soit la profession de pharmacien d'officine ou de vétérinaire, soit la fonction de directeur ou de directeur adjoint de laboratoire d'analyses de biologie médicale ;

c) Soit l'activité de fournisseur, distributeur ou fabricant de matériel ayant un lien avec la profession médicale et de produits pharmaceutiques, ou celles de prestataire de services dans le secteur de la médecine.

Sont également exclus les entreprises et organismes d'assurance et de capitalisation et tous les organismes de prévoyance, de retraite et de protection sociale obligatoires ou facultatifs.

Art. R. 4113-14. – Dans une société d'exercice libéral de chirurgiens-dentistes, la détention directe ou indirecte de parts ou d'actions représentant tout ou partie du capital social non détenu par des personnes mentionnées au premier alinéa ou aux 1° à 4° du deuxième alinéa de l'article 5 de la loi [n° 90-1258] du 31 décembre 1990 est interdite à toute personne physique ou morale exerçant sous quelque forme que ce soit :

1° Soit la profession de médecin en qualité de spécialiste en stomatologie, en oto-rhino-laryngologie, en radiologie ou en biologie médicale ;

2° Soit la profession de pharmacien, de masseur-kinésithérapeute ou d'orthophoniste.

Art. R. 4113-15. – Dans une société d'exercice libéral de sages-femmes, la détention directe ou indirecte de parts ou d'actions représentant tout ou partie du capital social non détenu par des personnes mentionnées au premier alinéa ou aux 1° à 4° du deuxième alinéa de l'article 5 de la loi [n° 90-1258] du 31 décembre 1990 est interdite à tout fournisseur, distributeur ou fabricant de produits liés à l'exercice de la profession de sage-femme.

Sont également exclus les pharmaciens d'officine, les entreprises d'assurance et de capitalisation, tous les organismes de prévoyance, de retraite et de protection sociale obligatoires ou facultatifs ainsi que les établissements de santé, médico-sociaux et sociaux de droit privé.

Sous-section 2. – Fonctionnement

§ 1. – Dispositions communes

Art. R. 4113-16. – L'associé exerçant au sein d'une société d'exercice libéral de médecins, de chirurgiens-dentistes ou de sages-femmes peut en être exclu :

1° Lorsqu'il est frappé d'une mesure disciplinaire entraînant une interdiction d'exercice ou de dispenser des soins aux assurés sociaux, égale ou supérieure à trois mois ;

2° Lorsqu'il contrevient aux règles de fonctionnement de la société.

Cette exclusion est décidée par les associés statuant à la majorité renforcée prévue par les statuts, calculée en excluant, outre l'intéressé, les associés ayant fait l'objet d'une sanction pour les mêmes faits ou pour des faits connexes, l'unanimité des autres associés exerçant au sein de la société et habilités à se prononcer en l'espèce devant être recueillie.

Aucune décision d'exclusion ne peut être prise si l'associé n'a pas été régulièrement convoqué à l'assemblée générale, quinze jours au moins avant la date prévue et par lettre recommandée avec demande d'avis de réception, et s'il n'a pas été mis à même de présenter sa défense sur les faits précis qui lui sont reprochés.

Les parts ou actions de l'associé exclu sont soit achetées par un acquéreur agréé par les associés subsistants, soit achetées par la société, qui doit alors réduire son capital.

À défaut d'accord sur le prix de cession des titres ou sur leur valeur de rachat, il est recouru à la procédure de l'article 1843-4 du Code civil.

Art. R. 4113-17. – En cas d'interdiction temporaire d'exercer ou de dispenser des soins aux assurés sociaux, sauf à être exclu par les autres associés dans les conditions prévues à l'article R. 4113-16, l'intéressé conserve ses droits et obligations d'associé à l'exclusion de la rémunération liée à l'exercice de son activité professionnelle.

Art. R. 4113-18. – La société d'exercice libéral est soumise aux dispositions disciplinaires applicables à la profession. Elle ne peut faire l'objet de poursuites disciplinaires indépendamment de celles qui seraient intentées contre un ou plusieurs associés exerçant leur profession en son sein.

La décision qui prononce l'interdiction d'un ou plusieurs associés, mais non de la totalité d'entre eux, ne commet pas d'administrateur.

La décision qui prononce l'interdiction soit de la société, soit de tous les associés commet un ou plusieurs administrateurs pour accomplir tous actes nécessaires à la gestion de la société.

Au cas où la société et l'un ou plusieurs des associés sont interdits, les associés non interdits sont nommés administrateurs.

Art. R. 4113-19. – L'associé peut, à la condition d'en informer la société par lettre recommandée avec avis de réception, cesser l'activité professionnelle qu'il exerce au sein de cette société. Il respecte le délai fixé par les statuts sans que ce délai puisse excéder six mois à compter de la notification relative à la cession d'activité.

Il avise le conseil départemental de l'ordre de sa décision.

Art. R. 4113-20. – La société, comme les associés eux-mêmes, est soumise à l'ensemble des lois et règlements régissant les rapports de la profession avec l'assurance maladie.

Art. R. 4113-21. – Lorsque les caisses d'assurance maladie ont décidé de placer hors de la convention prévue aux articles L. 162-5 ou L. 162-9 du Code de la sécurité sociale, pour violation des engagements prévus par celle-ci, un ou plusieurs associés exerçant leur profession au sein de la société et que ceux-ci ne se retirent pas de la société, et faute pour les autres associés, dans les conditions prévues par les statuts, de suspendre pour la durée de la mise hors convention l'exercice de ces professionnels dans le cadre de la société, celle-ci est placée de plein droit hors convention à l'expiration d'un délai de deux mois à compter de la notification prévue à l'article R. 4113-22.

Les dispositions de l'alinéa précédent ne s'appliquent qu'en cas de déconventionnement d'une durée supérieure à trois mois ou en cas de récidive des manquements ayant entraîné un premier déconventionnement, quelle qu'en soit la durée.

Art. R. 4113-22. – Toute décision prise par une caisse d'assurance maladie de placer hors convention la société ou un associé exerçant sa profession en son sein ou constatant que la société s'est placée hors convention est notifiée à la société ainsi qu'à chacun des associés.

§ 2. – Dispositions propres à chaque profession médicale

Art. R. 4113-23 *(Rempl., D. n° 2012-884, 17 juill. 2012 ; D. n° 2019-511, 23 mai 2019).* – I. – Le lieu habituel d'exercice d'une société d'exercice libéral de médecins est celui de la résidence professionnelle au titre de laquelle elle est inscrite au tableau de l'ordre.

II.-Une société peut exercer son activité professionnelle sur un ou plusieurs sites distincts de sa résidence professionnelle habituelle, sous réserve d'adresser par tout moyen permettant de donner date certaine à sa réception, au plus tard deux mois avant la date prévisionnelle de début d'activité, une déclaration préalable d'ouverture d'un lieu d'exercice distinct au conseil départemental dans le ressort duquel se situe l'activité envisagée. Ce dernier la communique sans délai au conseil départemental au tableau duquel la société est inscrite lorsque celle-ci a sa résidence professionnelle dans un autre département.

La déclaration préalable d'ouverture d'un site distinct est accompagnée de toutes informations utiles sur les conditions d'exercice.

III.-Le conseil départemental dans le ressort duquel se situe l'activité envisagée ne peut s'y opposer que pour des motifs tirés d'une méconnaissance des obligations de qualité, sécurité et continuité des soins et des dispositions législatives et règlementaires.

Le conseil départemental dispose d'un délai de deux mois à compter de la réception de la déclaration pour faire connaître à la société cette opposition par une décision motivée. Cette décision est notifiée par tout moyen permettant de donner date certaine à sa réception.

La déclaration est personnelle et incessible. Le conseil départemental peut, à tout moment, s'opposer à la poursuite de l'activité s'il constate que les obligations de qualité, sécurité et continuité des soins ne sont plus respectées.

IV.-Les décisions prises par les conseils départementaux peuvent faire l'objet d'un recours hiérarchique devant le conseil national. Ce recours hiérarchique doit être exercé avant tout recours contentieux.

Si l'ouverture d'un site distinct implique, eu égard notamment aux statuts types établis par le Conseil national de l'ordre des médecins, l'inscription d'une mention en ce sens dans les statuts de la société ou la modification de ces statuts, les dispositions de l'article R. 4113-4 ne s'appliquent pas à cette inscription ou à cette modification.

Bibliographie : O. Rollux et A. Rocher, *La délicate implantation des sociétés d'exercice libéral de médecins multisites : JCP* E 2012, 1714.

Art. R. 4113-24. – Les membres d'une société d'exercice libéral de chirurgiens-dentistes ont une résidence professionnelle commune.

Toutefois, la société peut être autorisée par le conseil départemental de l'ordre à exercer dans un ou plusieurs cabinets secondaires si la satisfaction des besoins des malades l'exige et à la condition que la situation des cabinets secondaires par rapport au cabinet principal ainsi que l'organisation des soins dans ces cabinets permettent de répondre aux urgences.

Pendant un an au maximum, la société peut en outre exercer dans le cabinet où exerçait un associé lors de son entrée dans la société, lorsqu'aucun chirurgien-dentiste n'exerce dans cette localité.

Art. R. 4113-25. – Une société d'exercice libéral de sages-femmes n'a, en principe, qu'un seul cabinet.

La création ou le maintien d'un cabinet secondaire, sous quelque forme que ce soit, n'est possible qu'avec l'autorisation du conseil départemental ou des conseils départementaux intéressés.

L'autorisation n'est pas cessible. Limitée à trois années et renouvelable après une nouvelle demande, elle peut être retirée à tout moment.

Elle ne peut être refusée si l'éloignement d'une sage-femme est préjudiciable aux patientes. Elle est retirée lorsque l'installation d'une sage-femme est de nature à satisfaire les besoins des patientes.

Une société d'exercice libéral de sages-femmes ne peut avoir plus d'un cabinet secondaire.

8.2.6.2. – Sociétés civiles professionnelles

Bibliographie : J.-Cl. Gourgues, *Les sociétés civiles professionnelles de chirurgiens-dentistes : JCP* Cl 1980, 13378. • *Adde* B. Espasson-Vergeat, *JCl. Sociétés traité*, Fasc. 191-23.

Code de la santé publique

Partie réglementaire

Section II. – Sociétés civiles professionnelles de médecins ou de chirurgiens-dentistes

Sous-section 1. – Constitution

§ 1. – Dispositions générales

Art. R. 4113-26. – Les sociétés régies par la présente section ont pour objet l'exercice en commun de la profession de médecin ou de chirurgien-dentiste.

Ces sociétés reçoivent la dénomination de sociétés civiles professionnelles de médecins ou de chirurgiens-dentistes.

La responsabilité de chaque associé à l'égard de la personne qui se confie à lui demeure personnelle et entière, sans préjudice de l'application de l'article 16 de la loi n° 66-879 du 29 novembre 1966 relative aux sociétés civiles professionnelles.

Art. R. 4113-27. – Les médecins spécialistes en biologie médicale ne peuvent s'associer avec des médecins exerçant d'autres disciplines.

Art. R. 4113-28. – La société est constituée sous la condition suspensive de son inscription au tableau de l'ordre.

La demande d'inscription est présentée collectivement par les associés et adressée au conseil départemental de l'ordre du siège de la société, par lettre recommandée avec demande d'avis de réception accompagnée :

1° D'un exemplaire des statuts et, s'il en a été établi, du règlement intérieur de la société ainsi que, le cas échéant, une expédition ou une copie de l'acte constitutif ;

2° D'un certificat d'inscription de chaque associé au tableau, établi par le conseil départemental de l'ordre auquel est demandée l'inscription de la société ou, pour les associés non encore inscrits à ce tableau, la justification de la demande d'inscription.

Acquisition de la personnalité morale. Par dérogation à l'article 1842 du Code civil, les sociétés civiles professionnelles de médecins jouissent de la personnalité morale à compter de leur inscription au tableau de l'Ordre : Rép. min. : *JO Sénat Q*, 16 avr. 1981, p. 582. – *Adde*, Rép. min. : *JOAN Q*, 8 janv. 1980, p. 23).

Art. R. 4113-29. – La société communique au conseil départemental de l'ordre, dans le délai d'un mois, tous contrats et avenants dont l'objet est défini aux premier et second alinéas de l'article L. 4113-9.

Elle communique également, dans le même délai, le règlement intérieur lorsqu'il a été établi après la constitution de la société.

Art. R. 4113-30. – Le conseil départemental de l'ordre statue sur la demande d'inscription dans les délais fixés à l'article L. 4112-3.

Art. R. 4113-31. – L'inscription ne peut être refusée que si les statuts déposés ne sont pas conformes aux dispositions législatives et réglementaires, et notamment au Code de déontologie.

Elle peut également être refusée dans le cas prévu à l'article L. 4113-11.

Art. R. 4113-32. – La décision de refus d'inscription est motivée. Elle est notifiée, par lettre recommandée avec demande d'avis de réception à chacun des intéressés. Elle ne peut être prise qu'après que les intéressés ont été appelés à présenter au conseil de l'ordre toutes explications orales ou écrites.

Si l'inscription est prononcée, notification en est faite à chacun des associés.

Le conseil départemental notifie sans délai une copie de la décision ou l'avis de l'inscription au *(Mots rempl., D. n° 2010-344, 31 mars 2010)* « directeur général de l'agence régionale de santé », au Conseil national de l'ordre et aux organismes d'assurance maladie du régime général, de la mutualité sociale agricole et du régime des travailleurs non salariés des professions non agricoles ayant compétence dans le département.

Art. R. 4113-33. – Les décisions du conseil départemental en matière d'inscription au tableau des sociétés civiles professionnelles sont susceptibles de recours dans les conditions prévues à l'article L. 4112-4.

§ 2. – Statuts, capital social, parts sociales

Art. R. 4113-34. – Si les statuts sont établis par acte sous seing privé, il en est adressé autant d'originaux qu'il est nécessaire pour la remise d'un exemplaire à chaque associé et pour satisfaire aux dispositions de la présente section.

Art. R. 4113-35. – Indépendamment des dispositions que, en vertu de l'article 11 de la loi n° 66-879 du 29 novembre 1966 relative aux sociétés civiles professionnelles, les statuts doivent comporter et de celles que, en vertu des articles 8, 14, 15, 19 et 20 de la même loi, ils peuvent contenir concernant respectivement la répartition des parts, les gérants, la raison sociale, la répartition des bénéfices, les dettes sociales, les cessions des parts, ainsi que des dispositions de la présente section, les statuts indiquent :

1° Les noms, prénoms, domiciles et numéros d'inscription à l'ordre des associés ;

2° Pour les médecins, la qualification et la spécialité exercées par chacun ;

3° La durée pour laquelle la société est constituée ;

4° L'adresse du siège social ;

5° La nature et l'évaluation distincte de chacun des apports effectués par les associés ;

6° Le montant du capital social, le nombre, le montant nominal et la répartition des parts sociales représentatives de ce capital ;

7° L'affirmation de la libération totale ou partielle, suivant le cas, des apports concourant à la formation du capital social ;

8° Le nombre de parts sociales attribuées à chaque apporteur en industrie.

Les statuts ne peuvent comporter aucune disposition tendant à obtenir d'un associé un rendement minimum ou de nature à porter atteinte à la liberté de choix du malade.

Art. R. 4113-36. – Peuvent faire l'objet d'apports à une société civile professionnelle de médecins ou de chirurgiens-dentistes, en propriété ou en jouissance :

1° Tous droits incorporels, mobiliers ou immobiliers, et notamment le droit pour un associé de présenter la société comme successeur à sa clientèle, ou, s'il est ayant droit d'un médecin ou d'un chirurgien-dentiste décédé, à la clientèle de son auteur, ainsi que tous documents et archives ;

2° D'une manière générale, tous autres objets mobiliers à usage professionnel ;

3° Les immeubles ou locaux utiles à l'exercice de la profession ;

4° Toutes sommes en numéraire.

L'industrie des associés qui, en vertu de l'article 10 de la loi n° 66-879 du 29 novembre 1966 relative aux sociétés civiles professionnelles, ne concourt pas à la formation du capital peut donner lieu à l'attribution de parts sociales.

Art. R. 4113-37. – Les parts sociales ne peuvent être données en nantissement.

Leur montant nominal ne peut être inférieur à 15 €.

Les parts sociales correspondant aux apports en industrie sont incessibles et sont annulées lorsque leur titulaire perd sa qualité d'associé.

Art. R. 4113-38. – Les parts sociales correspondant à des apports en numéraire sont, lors de la souscription, libérées de la moitié au moins de leur valeur nominale.

La libération du surplus intervient en une ou plusieurs fois, soit aux dates prévues par les statuts, soit sur décision de l'assemblée des associés et au plus tard dans le délai de deux ans à compter de l'inscription de la société.

Dans les huit jours de leur réception, les fonds provenant des souscriptions en numéraire sont déposés, pour le compte de la société, à la Caisse des dépôts et consignations, chez un notaire ou dans une banque.

Le retrait des fonds provenant de souscriptions en numéraire est effectué par un mandataire de la société sur la seule justification de l'accomplissement des formalités de publicité prévues à l'article R. 4113-39.

§ 3. – Immatriculation

Art. R. 4113-39. – Dans le délai d'un mois à compter de l'inscription de la société, une expédition des statuts établis par acte authentique ou un original des statuts établis par acte sous seing privé est déposé à la diligence d'un gérant auprès du secrétaire-greffier du tribunal de grande instance du lieu du siège social pour être versé à un dossier ouvert au nom de la société.

Jusqu'à l'accomplissement de cette formalité les dispositions des statuts sont inopposables aux tiers qui peuvent toutefois s'en prévaloir.

Tout intéressé peut se faire délivrer, à ses frais, par le secrétaire-greffier, un extrait des statuts contenant, à l'exclusion de toutes autres indications, l'identité des associés, l'adresse du siège de la société, la raison sociale, la durée pour laquelle la société a été constituée, les clauses relatives aux pouvoirs des associés, à la responsabilité pécuniaire de ceux-ci et à la dissolution de la société.

Sous-section 2. – Fonctionnement

§ 1. – Administration

Art. R. 4113-40. – L'organisation de la gérance et la détermination des pouvoirs des gérants sont fixées par les statuts dans les conditions prévues par l'article 11 de la loi n° 66-879 du 29 novembre 1966 relative aux sociétés civiles professionnelles.

Art. R. 4113-41. – Les décisions qui excèdent les pouvoirs des gérants sont prises par les associés réunis en assemblée.

L'assemblée est réunie au moins une fois par an. Elle est également réunie sur la demande présentée par un ou plusieurs associés représentant au moins la moitié en nombre de ceux-ci, la demande devant indiquer l'ordre du jour proposé.

Les modalités de convocation de l'assemblée sont fixées par les statuts.

Art. R. 4113-42. – Toute délibération de l'assemblée donne lieu à l'établissement d'un procès-verbal signé par les associés présents et contenant notamment la date et le lieu de la réunion, les questions inscrites à l'ordre du jour, l'identité des associés présents ou représentés, un résumé des débats, le texte des résolutions mises aux voix et le résultat des votes.

Les procès-verbaux sont établis sur un registre spécial préalablement coté et paraphé par le président du conseil départemental de l'ordre ou un membre du conseil désigné par lui ou, à défaut, par le juge du tribunal d'instance.

Art. R. 4113-43. – Chaque associé dispose d'un nombre de voix égal quel que soit le nombre de parts qu'il possède.

Toutefois, lorsque les associés n'exercent qu'à temps partiel, les statuts peuvent leur attribuer un nombre de voix réduit.

Un associé peut donner mandat écrit à un autre associé de le représenter à l'assemblée. Un associé ne peut être porteur de plus de deux mandats.

L'assemblée ne peut délibérer valablement que si les trois quarts au moins des associés sont présents ou représentés. Si le quorum n'est pas atteint, les associés sont convoqués une nouvelle fois et l'assemblée délibère valablement si deux associés au moins sont présents ou représentés.

Art. R. 4113-44. – En dehors des cas prévus par l'article 19 de la loi n° 66-879 du 29 novembre 1966 relative aux sociétés civiles professionnelles et par les articles R. 4113-45, R. 4113-49 et R. 4113-79 imposant des conditions spéciales de majorité, les décisions sont prises à la majorité des voix dont disposent les associés présents ou représentés.

Dans tous les cas, les statuts peuvent prévoir une majorité plus forte ou même l'unanimité des associés pour toutes les décisions ou seulement pour celles qu'ils énumèrent.

Art. R. 4113-45. – La modification des statuts est décidée à la majorité des trois quarts des voix des associés présents ou représentés. L'adoption et la modification du règlement intérieur sont décidées à la même majorité.

L'augmentation des engagements des associés ne peut être décidée qu'à l'unanimité.

Art. R. 4113-46. – Après clôture de chaque exercice, le ou les gérants établissent, dans les conditions fixées par les statuts, les comptes annuels de la société, un rapport sur les résultats de l'exercice ainsi que les propositions relatives à leur affectation.

Dans les deux mois qui suivent la clôture de l'exercice, les documents mentionnés à l'alinéa précédent sont soumis à l'approbation de l'assemblée des associés.

À cette fin, ils sont adressés à chaque associé avec le texte des résolutions proposées, quinze jours au moins avant la réunion de l'assemblée et, au plus tard, avec la convocation à cette assemblée.

Art. R. 4113-47. – Chaque associé peut, à toute époque, obtenir communication des documents mentionnés à l'article R. 4113-46, des registres des procès-verbaux, des registres et documents comptables et plus généralement de tous documents détenus par la société.

Art. R. 4113-48. – La rémunération servie aux parts représentant les apports prévus au 1° de l'article R. 4113-36 ne peut excéder le taux des avances sur titres de la Banque de France diminué de deux points. La rémunération des parts sociales représentant les apports prévus aux 2°, 3°, 4° de l'article R. 4113-36, ainsi que des parts distribuées à la suite d'une augmentation de capital ne peut excéder ce même taux majoré de deux points.

Le surplus des bénéfices, après constitution éventuelle de réserves, est réparti entre les associés selon des bases de répartition périodique fondées sur les critères professionnels fixés par les statuts.

§ 2. – Cessions et transmissions de parts sociales

Art. R. 4113-49. – Les parts sociales sont librement cessibles entre associés sauf disposition contraire des statuts.

Elles ne peuvent être cédées à des tiers qu'avec le consentement de la société exprimé dans les conditions prévues à l'article 19 de la loi n° 66-879 du 29 novembre 1966 relative aux sociétés civiles professionnelles.

1) Pour l'interprétation d'une clause d'agrément contenue dans les statuts d'une société de médecins : ■ Cass. 1re civ., 24 mai 1978 : *RTD com.* 1979, p. 756, n° 5.

2) **Clientèle et actif social.** Est nulle la cession de parts d'une société civile professionnelle de médecins qui dispense le cédant de l'interdiction de rétablissement ; en effet, le droit de présentation de la clientèle demeure l'élément essentiel de l'actif de la société et la levée de l'interdiction vide les parts sociales de leur consistance : ■ CA Paris, 16 mars 1989 : *BJS* 1989, p. 420.

Art. R. 4113-50. – Dans le cas où un associé décide de céder des parts à un tiers étranger à la société, le projet de cession des parts sociales est notifié à la société et à chacun des associés soit par lettre recommandée avec demande d'avis de réception, soit dans l'une des formes prévues à l'article 1690 du Code civil.

Dans le délai de deux mois à compter de la notification du projet de cession par le cédant à la société, la société notifie son consentement exprès à la cession ou son refus, dans les formes prévues à l'alinéa précédent. Si la société n'a pas fait connaître sa décision, le consentement est implicitement donné.

Le cessionnaire agréé adresse au président du conseil départemental de l'ordre une demande en vue d'être inscrit en qualité de médecin associé. La demande est accompagnée de l'expédition ou de la copie de l'acte de cession des parts sociales ainsi que de toutes pièces justificatives, notamment de celles qui établissent le consentement donné par la société à la cession.

Art. R. 4113-51. – Dans le cas où la société refuse de consentir à la cession, elle dispose d'un délai de six mois à compter de la notification de son refus pour notifier à l'associé, dans l'une des formes prévues au premier alinéa de l'article R. 4113-50, un projet de cession ou de rachat de ces parts, qui constitue engagement du cessionnaire ou de la société.

Si le prix proposé pour la cession ou le rachat n'est pas accepté par le cédant et si celui-ci persiste dans son intention de céder ses parts sociales, le prix est fixé à la demande de la partie la plus diligente par le président du tribunal de grande instance statuant en référé.

Lorsque l'associé cédant refuse de signer l'acte portant cession de ses parts au prix ainsi fixé, il est passé outre à ce refus deux mois après la sommation à lui faite par la société dans l'une des formes prévues au premier alinéa de l'article R. 4113-50 et demeurée infructueuse.

Si la cession porte sur la totalité des parts sociales détenues par l'associé, celui-ci perd sa qualité d'associé à l'expiration du délai prévu à l'alinéa précédent. Le prix de cession des parts est consigné à la diligence du cessionnaire.

À défaut d'accord entre les parties, la cession prévue par l'article R. 4113-51 doit intervenir selon un prix déterminé par expert en application de l'article 1843-4 du Code civil, le juge ne pouvant s'en remettre à une évaluation faite antérieurement par les associés : ■ Cass. 1re civ., 30 oct. 2008, n° 07-19.459 : *BJS* 2009, p. 568, note F.-X. Lucas ; *Dr. sociétés* 2009, n° 5, obs. R. Mortier.

Art. R. 4113-52. – Les articles R. 4113-49 à R. 4113-51 sont également applicables à la cession à titre gratuit de tout ou partie de ses parts sociales consentie par l'un des associés.

Art. R. 4113-53. – Lorsqu'un associé entend se retirer de la société en application de l'article 21 de la loi n° 66-879 du 29 novembre 1966 relative aux sociétés civiles professionnelles, il notifie sa décision à la société dans l'une des formes prévues au premier alinéa de l'article R. 4113-50.

La société dispose d'un délai de six mois à compter de cette notification pour notifier à l'associé, dans la même forme, soit un projet de cession de ses parts à un associé ou à un tiers inscrit au tableau du conseil départemental de l'ordre ou remplissant les conditions pour y être inscrit, soit un projet de rachat de ses parts par la société. Cette notification implique un engagement du cessionnaire ou de la société qui se porte acquéreur. Il est fait, en tant que de besoin, application des dispositions des second, troisième et quatrième alinéas de l'article R. 4113-51.

Art. R. 4113-54. – L'associé radié du tableau de l'ordre ou qui a demandé à ne plus y être maintenu dispose d'un délai de six mois pour céder ses parts sociales dans les conditions prévues aux articles R. 4113-49 à R. 4113-52. Ce délai a pour point de départ, selon le cas, la date à laquelle la décision de radiation est devenue définitive ou la notification de la demande par l'associé.

Si, à l'expiration de ce délai, aucune cession n'est intervenue, la société procède à la cession ou au rachat dans les conditions prévues au deuxième alinéa de l'article R. 4113-53.

Art. R. 4113-55. – Sous réserve des règles de protection et de représentation des majeurs protégés, les dispositions de l'article R. 4113-54 sont applicables à la cession des parts sociales de l'associé frappé d'interdiction légale ou placé sous le régime de la tutelle des majeurs.

Art. R. 4113-56. – Le délai prévu par le deuxième alinéa de l'article 24 de la loi n° 66-879 du 29 novembre 1966 relative aux sociétés civiles professionnelles pour la cession des parts de l'associé décédé est fixé à un an à compter du décès de l'associé. Il peut être renouvelé par le président du conseil départemental de l'ordre à la demande des ayants droit de l'associé décédé et avec le consentement de la société donné dans les conditions prévues pour la cession des parts sociales par le premier alinéa de l'article 19 de la loi précitée.

Art. R. 4113-57. – Si pendant le délai prévu à l'article R. 4113-56, le ou les ayants droit décident de céder les parts sociales de leur auteur à un tiers étranger à la société, il est procédé conformément aux dispositions du deuxième alinéa de l'article R. 4113-49 ainsi que des articles R. 4113-50 et R. 4113-51. Pendant le même délai, si la société, les associés survivants ou un ou plusieurs de ceux-ci acceptent, en accord avec le ou les ayants droit du médecin ou du chirurgien-dentiste décédé, d'acquérir les parts sociales de celui-ci, il est procédé conformément aux dispositions de l'article R. 4113-51.

Art. R. 4113-58. – Toute demande d'un ou de plusieurs ayants droit d'un associé décédé tendant à l'attribution préférentielle à leur profit des parts sociales de leur auteur est notifiée à la société et à chacun des associés dans l'une des formes prévues au premier alinéa de l'article R. 4113-50.

Art. R. 4113-59. – Lorsqu'à l'expiration du délai prévu à l'article R. 4113-56 les ayants droit de l'associé décédé n'ont pas exercé la faculté de céder les parts sociales de leur auteur et si aucun consentement préalable à l'attribution préférentielle n'a été donné par la société, celle-ci dispose d'une année pour acquérir ou faire acquérir, dans les conditions prévues à l'article R. 4113-51, les parts sociales de l'associé décédé.

Si les parts sociales sont cédées à un tiers, les dispositions du second alinéa de l'article R. 4113-49, du troisième alinéa de l'article R. 4113-50 et de l'article R. 4113-51 sont applicables.

Si elles sont acquises par la société, par les associés ou par certains d'entre eux, il est procédé conformément aux dispositions de l'article R. 4113-51.

Art. R. 4113-60. – Si l'acte portant cession de parts sociales est établi sous seing privé, il est dressé autant d'originaux qu'il est nécessaire pour la remise d'un exemplaire à chaque partie et pour satisfaire aux dispositions des articles R. 4113-50 et R. 4113-52 et à celles du présent article.

L'acte portant cession de parts sociales ou la sommation prévue au troisième alinéa de l'article R. 4113-51 est porté à la connaissance du conseil départemental de l'ordre par le ou les cessionnaires.

À la diligence du cessionnaire, un des originaux de l'acte de cession de parts s'il est sous seing privé, ou une expédition de cet acte, s'il a été établi en la forme authentique, est déposé au secrétariat-greffe du tribunal de grande instance pour être versé au dossier ouvert au nom de la société. Lorsque le cédant, dans le cas prévu à l'article R. 4113-51 a refusé de signer l'acte, la copie de la sommation faite par le cessionnaire est déposée au secrétariat-greffe à l'expiration du délai prévu à cet article. Jusqu'à l'accomplissement de cette formalité, la cession de parts est inopposable aux tiers qui peuvent toutefois s'en prévaloir.

Tout intéressé peut obtenir à ses frais la délivrance par le secrétaire-greffier d'un extrait de l'acte de cession contenant, à l'exclusion de toutes autres indications, celles qui sont énumérées au troisième alinéa de l'article R. 4113-39.

§ 3. – Modification des statuts

Art. R. 4113-61. – Le nombre des associés peut être augmenté au cours de l'existence de la société, avec ou sans augmentation du capital social.

Art. R. 4113-62. – Si la constitution de réserves ou le dégagement de plus-values le permet, il est procédé périodiquement à l'augmentation du capital social. Les parts sociales ainsi créées sont attribuées, suivant les critères de répartition des bénéfices, à tous les associés, y compris à ceux qui n'ont apporté que leur industrie.

Les statuts fixent les conditions d'application des dispositions de l'alinéa précédent.

Cette augmentation de capital ne peut intervenir avant la libération totale des parts sociales correspondant à des apports en numéraire.

Art. R. 4113-63. – En cas de modification des statuts, une copie du procès-verbal complet de l'assemblée générale ou de l'acte modificatif est immédiatement portée à la connaissance du conseil départemental de l'ordre, à la diligence d'un des gérants.

Art. R. 4113-64. – Si les nouvelles dispositions des statuts ne sont pas conformes aux dispositions législatives ou réglementaires et si la régularisation n'est pas opérée dans le délai imparti par le conseil départemental, celui-ci, après avoir appelé les intéressés à présenter leurs observations orales ou écrites, prononce, par décision motivée, la radiation de la société.

Art. R. 4113-65. – Dans les cas prévus aux articles R. 4113-63 et R. 4113-64, le conseil départemental se prononce comme en matière d'inscription. Les dispositions des articles R. 4113-28 et R. 4113-30 sont applicables. Sa décision peut être frappée d'appel devant le conseil régional dans les conditions prévues à l'article L. 4112-4.

Art. R. 4113-66. – Un original ou une expédition de l'acte portant modification des statuts est déposé au secrétariat-greffe du tribunal de grande instance par un des gérants et versé au dossier de la société. Jusqu'à l'accomplissement de cette formalité, la modification des statuts est inopposable aux tiers qui peuvent toutefois s'en prévaloir.

Tout intéressé peut obtenir à ses frais la délivrance par le secrétaire-greffier d'un extrait de l'acte portant modification des statuts contenant, à l'exclusion de toutes autres indications, celles énumérées au troisième alinéa de l'article R. 4113-39.

§ 4. – Retrait d'un associé

Art. R. 4113-67. – L'associé qui a apporté exclusivement son industrie, pour se retirer de la société, notifie à celle-ci sa décision dans les formes prévues au premier alinéa de l'article R. 4113-50. Son retrait prend effet à la date qu'il indique ou, à défaut, à celle de cette notification. Toutefois, les statuts peuvent prévoir que le retrait ne prend effet qu'à l'expiration d'un délai, sans que ce délai puisse excéder six mois à compter de la notification faite par l'associé.

Art. R. 4113-68. – L'associé titulaire de parts sociales correspondant à un apport en capital peut, à la condition d'en informer la société dans les formes prévues au premier alinéa de l'article R. 4113-50, cesser l'activité professionnelle qu'il exerce au sein de cette société avant la fin de la procédure de cession ou de rachat de ses parts. Il respecte, le cas échéant, le délai fixé par les statuts sans que ce délai puisse excéder six mois à compter de la notification relative à la cessation d'activité.

Réinstallation de l'associé retrayant. Interprétation de clauses de statuts aboutissant à interdire à l'associé retrayant de se **réinstaller** tant qu'il reste propriétaire de ses parts sociales : ▪ Cass. 1re civ., 8 juin 2004 : *D.* 2004, p. 1904 ; *Dr. sociétés* janv. 2005, n° 2, obs. F.-G. Trébulle ; *JCP* E 2004, act., p. 1173. – Dans la même affaire, ▪ Cass. 1re civ., 31 janv. 2008 : n° 07-10.356. *Adde* C. Youego, *La réinstallation de l'associé retrayant d'une société civile professionnelle de médecins et de chirurgiens-dentistes* : *JCP* E 2008, 2028.

Art. R. 4113-69. – **L'associé perd, à compter de sa cessation d'activité, les droits attachés à sa qualité d'associé, à l'expiration toutefois des rémunérations afférentes aux apports en capital et de sa part éventuelle dans le capital et dans les réserves et les plus-values d'actif ; il cesse à la même date d'être soumis aux incompatibilités et interdictions attachées à cette qualité.**

La cessation d'activité professionnelle d'un associé est, à la diligence du gérant, portée à la connaissance du conseil départemental de l'ordre.

§ 5. – Exercice de la profession

Art. R. 4113-70. – **Sous réserve de l'application de la loi n° 66-879 du 29 novembre 1966 relative aux sociétés civiles professionnelles et de la présente section, toutes les dispositions législatives et réglementaires relatives à l'exercice de la profession de médecin ou de chirurgien-dentiste et spécialement à la déontologie et à la discipline sont applicables aux membres de la société et, dans la mesure où elles sont applicables aux personnes morales, à la société civile professionnelle elle-même.**

Art. R. 4113-71. – **La qualification de société civile professionnelle de médecins ou de chirurgiens-dentistes, à l'exclusion de toute autre, accompagne la raison sociale dans toutes correspondances et tous documents émanant de la société.**

Dans les actes professionnels, chaque associé indique, en plus de son patronyme, la raison sociale de la société déterminée conformément aux dispositions de l'article 8 de la loi n° 66-879 du 29 novembre 1966 relative aux sociétés civiles professionnelles.

Art. R. 4113-72 *(Mod., D. n° 2009-168, 12 févr. 2009)*. – **Un associé, médecin ou chirurgien-dentiste, ne peut exercer sa profession à titre individuel sous forme libérale sauf gratuitement, ni être membre d'une autre société civile professionnelle de la même profession médicale.**

Art. R. 4113-73. – **Sous réserve des dispositions de l'article R. 4113-72, les associés consacrent à la société toute leur activité professionnelle libérale de médecin ou de chirurgien-dentiste.**

Art. R. 4113-74 *(Rempl., D. n° 2019-511, 23 mai 2019)*. – **I. – Les membres d'une société civile professionnelle de médecins ou de chirurgiens-dentistes ont une résidence professionnelle commune.**

II. – Une société civile professionnelle de médecins peut exercer son activité professionnelle sur un ou plusieurs sites distincts de sa résidence professionnelle habituelle, sous réserve d'adresser par tout moyen permettant de donner date certaine à sa réception, au plus tard deux mois avant la date prévisionnelle de début d'activité, une déclaration préalable d'ouverture d'un lieu d'exercice distinct au conseil départemental dans le ressort duquel se situe l'activité envisagée.

Ce dernier la communique sans délai au conseil départemental au tableau duquel la société est inscrite lorsque celle-ci a sa résidence professionnelle dans un autre département.

Elle est accompagnée de toutes informations utiles sur les conditions d'exercice.

Le conseil départemental dans le ressort duquel se situe l'activité envisagée ne peut s'y opposer que pour des motifs tirés d'une méconnaissance des obligations de qualité, sécurité et continuité des soins et des dispositions législatives et règlementaires.

Le conseil départemental dispose d'un délai de deux mois à compter de la réception de la déclaration pour faire connaître à la société civile professionnelle de médecins cette opposition par une décision motivée. Cette décision est notifiée par tout moyen permettant de donner date certaine à sa réception.

La déclaration est personnelle et incessible. Le conseil départemental peut, à tout moment, s'opposer à la poursuite de l'activité s'il constate que les obligations de qualité, sécurité et continuité des soins ne sont plus respectées.

Les décisions prises par les conseils départementaux peuvent faire l'objet d'un recours hiérarchique devant le conseil national. Ce recours hiérarchique doit être exercé avant tout recours contentieux.

III. – Une société de chirurgien-dentiste peut être autorisée par le conseil départemental de l'ordre à exercer dans un ou plusieurs cabinets secondaires l'une ou plusieurs des disciplines pratiquées par ses membres si la satisfaction des besoins des malades l'exige et à la condition que la situation des cabinets secondaires par rapport au cabinet principal ainsi que l'organisation des soins dans ces cabinets permettent de répondre aux urgences.

IV. – Pendant un an au maximum, la société peut en outre exercer dans le cabinet où exerçait un associé lors de son entrée dans la société, lorsqu'aucun médecin ou aucun chirurgien-dentiste n'exerce dans cette localité.

Art. R. 4113-75. – La société, comme les associés eux-mêmes, est soumise à l'ensemble des lois et règlements régissant les rapports de la profession avec l'assurance maladie.

Art. R. 4113-76. – Tous les registres et documents sont ouverts et établis au nom de la société.

Art. R. 4113-77. – Il appartient à la société de justifier de l'assurance de responsabilité prévue par le deuxième alinéa de l'article 16 de la loi n° 66-879 du 29 novembre 1966 relative aux sociétés civiles professionnelles.

Art. R. 4113-78 *(Mod., D. n° 2007-434, 25 mars 2007)*. – La société peut faire l'objet de poursuites disciplinaires indépendamment de celles qui seraient intentées à quelque titre que ce soit contre les associés devant le [la] chambre disciplinaire de première instance dans le ressort duquel est établi son siège social et devant la section des assurances sociales [de la] chambre disciplinaire de première instance. Elle peut également faire l'objet des sanctions, exclusions et interdictions prévues par toutes dispositions législatives ou réglementaires pour les médecins exerçant à titre individuel, et dans les conditions définies par ces dispositions.

Art. R. 4113-79. – L'associé frappé d'une mesure comportant directement ou entraînant indirectement l'interdiction temporaire d'exercer la médecine ou l'art dentaire ou l'interdiction temporaire de dispenser des soins aux assurés sociaux peut être contraint de se retirer de la société par décision des autres associés prise à la majorité renforcée prévue par les statuts en excluant les associés ayant fait l'objet d'une sanction pour les mêmes faits ou pour des faits connexes. Dans le cas où l'exclusion n'est pas prononcée, l'intéressé conserve la qualité d'associé, mais sa participation aux bénéfices résultant de l'application du deuxième alinéa de l'article R. 4113-48 est réduite au prorata de la durée de la période d'interdiction.

L'associé radié du tableau ou exclu de la société, conformément aux dispositions de l'alinéa précédent, cède ses parts dans les conditions prévues à l'article R. 4113-54. À compter du jour où la décision de radiation est devenue définitive ou de la décision d'exclusion prise par les autres associés, il perd les droits attachés à la qualité d'associé, à l'exception des rémunérations afférentes à ses apports en capital.

Art. R. 4113-80. – La peine disciplinaire de la radiation, devenue définitive, prononcée contre la société ou contre tous les associés, entraîne de plein droit la dissolution de la société et sa liquidation dans les conditions définies par l'article 26 de la loi n° 66-879 du 29 novembre 1966 relative aux sociétés civiles professionnelles et par les statuts.

Art. R. 4113-81. – Le tableau de l'ordre comporte en annexe la liste des sociétés civiles professionnelles avec les indications suivantes :

1° Numéro d'inscription de la société ;

2° Raison sociale ;

3° Lieu du siège social ;

4° Nom de tous les associés et numéro d'inscription de chacun d'eux au tableau.

Le nom de chaque associé sur le tableau est suivi de la mention « membre de la société civile professionnelle » et du nom et du numéro d'inscription de celle-ci.

Art. R. 4113-82. – Chaque associé demeure individuellement électeur et éligible au conseil de l'ordre sans que la société soit elle-même électrice ou éligible.

Toutefois, le conseil départemental de l'ordre ne peut comprendre des associés d'une même société dans une proportion supérieure à un tiers de ses membres.

Quand le nombre de membres de la même société élus au conseil départemental dépasse cette proportion, les élus sont éliminés successivement, dans l'ordre inverse du nombre de suffrages obtenus, de façon que ceux qui sont appelés à siéger au conseil n'excèdent pas la proportion prévue à l'alinéa précédent. En cas d'égalité de suffrages, le plus âgé est appelé à siéger.

Sous-section 3. – Nullité, dissolution et liquidation

Art. R. 4113-83. – La nullité ou la dissolution de la société n'est opposable aux tiers qu'à compter de l'accomplissement des formalités de publicité relatives à la nullité ou à la dissolution prévues à la présente sous-section.

Art. R. 4113-84. – Une expédition de toute décision judiciaire définitive prononçant la nullité de la société est adressée à la diligence du procureur de la République, au secrétariat-greffe du tribunal de grande instance du lieu du siège social, pour être versée au dossier ouvert au nom de la société, ainsi qu'au conseil départemental de l'ordre des médecins ou des chirurgiens-dentistes.

Nomination du liquidateur. La nomination du liquidateur d'une société, fut-elle intervenue par décision de justice, est opposable aux mêmes conditions de publication que celles posées pour la dissolution de la SCP elle-même : ▪ Cass. 1re civ., 8 déc. 2009, n° 08-19.710.

Art. R. 4113-85. – La société prend fin à l'expiration du temps pour lequel elle a été constituée.

Toutefois, la dissolution anticipée peut être décidée par les trois quarts au moins des associés. Une copie de cette décision est adressée par le gérant au secrétariat-greffe du tribunal de grande instance pour être versée au dossier de la société ainsi qu'au conseil départemental de l'ordre dont relève la société.

Art. R. 4113-86. – La radiation du tableau de l'ordre de tous les associés ou de la société entraîne de plein droit la dissolution de celle-ci.

Les décisions de radiation sont notifiées au secrétariat-greffe du tribunal de grande instance à la diligence du conseil de l'ordre dont relève la société.

Art. R. 4113-87. – La société est également dissoute de plein droit par le décès simultané de tous les associés ou par le décès du dernier associé.

Art. R. 4113-88. – La société est également dissoute de plein droit par la demande de retrait faite soit simultanément par tous les associés, soit par le dernier de ceux-ci.

La dissolution a lieu à la date de la notification à la société des demandes simultanées de retrait ou de la dernière de ces demandes.

Art. R. 4113-89. – S'il ne subsiste qu'un seul associé, celui-ci peut, dans le délai d'un an prévu au deuxième alinéa de l'article 26 de la loi n° 66-879 du 29 novembre 1966 relative aux sociétés civiles professionnelles, céder une partie de ses parts à un tiers de la même profession inscrit au tableau. À défaut, la société peut être dissoute dans les conditions prévues à cet article.

Art. R. 4113-90. – La société est en liquidation dès sa dissolution pour quelque cause que ce soit ou dès que la décision judiciaire déclarant sa nullité est devenue définitive.

La personnalité morale de la société subsiste pour les besoins de la liquidation, jusqu'à la clôture de celle-ci. La raison sociale est obligatoirement suivie de la mention « société en liquidation ».

Art. R. 4113-91. – En cas de dissolution par survenance du terme ou par décision des associés, le liquidateur, s'il n'est désigné par les statuts, est nommé par les associés à la majorité des voix.

Art. R. 4113-92. – Dans le cas prévu à l'article R. 4113-89, l'associé unique est de plein droit liquidateur.

Art. R. 4113-93. – Lorsqu'une décision de justice prononce la nullité ou constate la dissolution de la société, elle nomme le liquidateur.

Art. R. 4113-94. – Dans tous les cas autres que ceux prévus aux articles R. 4113-91 et R. 4113-92 ou si dans ces cas le liquidateur n'a pas été désigné ou a refusé d'accepter ses fonctions, le président du tribunal de grande instance du lieu du siège social, statuant en référé à la requête du procureur de la République ou de toute autre personne intéressée, nomme le liquidateur.

Il est procédé de la même manière pour pourvoir au remplacement du liquidateur en cas de décès ou de démission de celui-ci ou pour motif grave.

Art. R. 4113-95. – En aucun cas les fonctions du liquidateur ne peuvent être confiées à une personne suspendue ou radiée du tableau de l'ordre.

Art. R. 4113-96. – Plusieurs liquidateurs peuvent être désignés.

Art. R. 4113-97. – Le liquidateur dépose au secrétariat-greffe, pour être versée au dossier ouvert au nom de la société, la délibération des associés ou la décision judiciaire qui l'a nommé. Il en transmet une copie au conseil départemental de l'ordre dont relève la société. Tout intéressé peut en obtenir communication.

Il ne peut entrer en fonctions avant l'accomplissement de ces formalités.

Art. R. 4113-98. – Le liquidateur représente la société pendant la durée de la liquidation de celle-ci.

Il dispose des pouvoirs les plus étendus pour réaliser l'actif, régler le passif, rembourser aux associés ou à leurs ayants droit le montant de leur apport et répartir entre eux, conformément aux dispositions des statuts, l'actif net résultant de la liquidation.

Les pouvoirs du liquidateur peuvent être précisés par la décision judiciaire ou la décision des associés qui l'a nommé.

La décision judiciaire ou la décision de l'assemblée qui nomme le liquidateur fixe sa rémunération.

Art. R. 4113-99. – Le liquidateur convoque les associés ou leurs ayants droit dans les trois mois suivant la clôture de chaque exercice et leur rend compte de sa gestion des affaires sociales.

Il les convoque également en fin de liquidation pour statuer sur le compte définitif, se faire délivrer *quitus* et constater la clôture de la liquidation.

Art. R. 4113-100. – L'assemblée de clôture statue dans les conditions de quorum et de majorité prévues pour l'approbation des comptes annuels de la société.

Si elle ne peut délibérer ou si elle refuse d'approuver les comptes du liquidateur, le tribunal de grande instance dans le ressort duquel la société a son siège statue à la demande du liquidateur ou de tout intéressé.

Art. R. 4113-101. – Dans les cas prévus par le deuxième alinéa de l'article 37 de la loi n° 66-879 du 29 novembre 1966 relative aux sociétés civiles professionnelles, dans lesquels la société a adopté le statut de sociétés coopératives, l'actif net de la société subsistant après extinction du passif et le remboursement du capital est réparti entre les associés au prorata des parts détenues par chacun d'eux, y compris les parts correspondant aux apports en industrie.

8.2.6.3. – Sociétés en participation

Code de la santé publique

Partie réglementaire

Art. D. 4113-102. – La constitution d'une société en participation de médecins, de chirurgiens-dentistes ou de sages-femmes mentionnée au titre II de la loi n° 90-1258 du 31 décembre 1990 relative à l'exercice sous forme de sociétés des professions libérales donne lieu à l'insertion d'un avis dans un journal habilité à recevoir les annonces légales de chacun des lieux d'exercice. L'avis contient la dénomination, l'objet et l'adresse des lieux d'exercice. Il est communiqué au préalable au conseil de l'ordre départemental de chacun des lieux d'exercice.

Art. D. 4113-103. – L'appartenance à la société en participation, avec la dénomination de celle-ci, est indiquée dans les actes professionnels et les correspondances de chaque associé.

8.2.6.4. – Société interprofessionnelle de soins ambulatoires

Voir : C. santé publ., art. L. 4041-1 à L. 4043-2, p. 3199.

8.2.7. – COMMISSAIRES AUX COMPTES

8.2.7.1. – Dispositions communes aux diverses sociétés

Code de commerce

Partie réglementaire

Section IV. – Des sociétés de commissaires aux comptes

Sous-section 1. – Dispositions communes aux diverses sociétés

§ 1. – De la constitution, de l'inscription et de l'immatriculation

Art. R. 822-38 *(Mod., D. n° 2016-1026, 26 juill. 2016)*. – **Si les statuts sont établis par acte sous seing privé, il en est dressé autant d'originaux qu'il est nécessaire pour la remise d'un exemplaire à chaque associé et pour satisfaire aux dispositions du présent titre.**

Art. R. 822-39 *(Mod., D. n° 2016-1026, 26 juill. 2016)*. – **Le siège des sociétés de commissaires aux comptes est fixé dans le ressort de la compagnie régionale à laquelle est rattaché le plus grand nombre d'actionnaires ou d'associés. Si deux ou plusieurs compagnies régionales comptent le même nombre d'actionnaires ou associés, le siège peut être fixé au choix des actionnaires ou associés dans l'une de celles-ci.**

Si le plus grand nombre d'actionnaires ou d'associés est rattaché à une autre compagnie régionale par suite d'une modification de la détention du capital social, la société dispose d'un délai d'un an pour transférer son siège social.

Art. R. 822-40 *(Mod., D. n° 2016-1026, 26 juill. 2016)*. – **La société est constituée sous la condition suspensive de son inscription sur la liste établie par le Haut conseil.**

Art. R. 822-41 *(Mod., D. n° 2016-1026, 26 juill. 2016)*. – **La demande d'inscription d'une société est présentée collectivement par les associés et adressée au Haut conseil dans les conditions prévues aux articles R. 822-8 à R. 822-11.**

Il y est joint :

1° Un exemplaire des statuts ;

2° Une requête de chaque associé sollicitant l'inscription de la société ;

3° La liste des actionnaires ou associés précisant pour chacun d'eux : les nom, prénoms, domicile, l'inscription sur la liste des commissaires aux comptes, et le nombre de droits de vote que les actionnaires ou associés détiennent ;

4° La liste des personnes qui sont membres des organes de gestion, de direction, d'administration ou de surveillance de la société. Les commissaires aux comptes membres des organes de gestion, de direction, d'administration ou de surveillance produisent la justification de leur inscription sur la liste des commissaires aux comptes ;

Toutefois, en cas de demande d'inscription d'une société concomitante avec la demande d'inscription d'un commissaire aux comptes mentionné par le présent alinéa, celui-ci joint la justification de sa demande d'inscription. Le Haut conseil vérifie au moment où il statue sur la demande d'inscription de la société que tous les commissaires aux comptes visés par le présent alinéa ont été inscrits ;

5° Une attestation du greffier du tribunal de commerce du lieu du siège social constatant le dépôt au greffe de la demande et des pièces nécessaires à l'immatriculation ultérieure de la société au registre du commerce et des sociétés.

Art. R. 822-42 *(Mod., D. n° 2016-1026, 26 juill. 2016)*. – La demande d'inscription d'une société peut être présentée par le représentant légal de la société. La requête signée par le représentant légal de la société accompagnée de la délibération de l'assemblée générale constitutive des actionnaires ou associés autorisant ce représentant à demander l'inscription de la société doivent être jointes à la demande.

Art. R. 822-43 *(Mod., D. n° 2016-1026, 26 juill. 2016)*. – L'enregistrement et la transmission de la demande d'inscription de la société répondent aux conditions prévues à l'article R. 822-9.

Le Haut conseil ou son délégataire demande le bulletin n° 2 du casier judiciaire des membres des organes de gestion, de direction, d'administration ou de surveillance qui ne sont pas commissaires aux comptes.

Art. R. 822-44 *(Mod., D. n° 2016-1026, 26 juill. 2016)*. – Une copie de la demande d'inscription est adressée par chacun des associés au président de la compagnie régionale dont il est membre.

Art. R. 822-45 *(Mod., D. n° 2016-1026, 26 juill. 2016)*. – Si une société de commissaires aux comptes transfère son siège social hors du ressort de la compagnie régionale à laquelle elle est rattachée, elle en informe sans délai le Haut conseil.

Art. R. 822-46 *(Mod., D. n° 2016-1026, 26 juill. 2016)*. – La société de commissaires aux comptes qui se transforme en société de commissaires aux comptes d'une autre forme demande la modification correspondante de son inscription sur la liste. La demande est adressée au Haut conseil qui s'assure, avant de procéder à cette modification, de la conformité des nouveaux statuts avec les dispositions législatives et réglementaires régissant la société.

En cas de non-conformité, le Haut conseil impartit un délai de régularisation. Si la situation n'a pas été régularisée à l'expiration de ce délai, le Haut conseil prononce la radiation.

La demande de modification est reçue et examinée dans les conditions prévues par l'article R. 822-15.

Art. R. 822-47 *(Mod., D. n° 2016-1026, 26 juill. 2016)*. – La société ne peut être immatriculée au registre du commerce et des sociétés et exercer la profession de commissaire aux comptes qu'après son inscription sur la liste.

Art. R. 822-48 *(D. n° 2016-1026, 26 juill. 2016)*. – La demande d'immatriculation de la société au registre du commerce et des sociétés est établie dans les conditions prévues au livre I.

L'avis inséré au *Bulletin officiel des annonces civiles et commerciales* contient les indications prévues à l'article R. 123-157.

Art. R. 822-49 *(Mod., D. n° 2016-1026, 26 juill. 2016)*. – Le Haut conseil adresse une ampliation de la décision d'inscription de la société sur la liste au greffe du tribunal où a été déposée la demande d'immatriculation de la société au registre du commerce et des sociétés. La production de cette ampliation justifie que la société dispose de l'autorisation nécessaire à l'exercice de son activité et que les membres disposent eux-mêmes de l'autorisation, des diplômes ou des titres nécessaires à l'exercice de cette activité.

Au reçu de cette ampliation le greffier procède à l'immatriculation de la société.

En cas de refus d'immatriculation de la société il en informe le Haut conseil.

§ 2. – De l'organisation et du fonctionnement

Art. R. 822-50 *(Mod., D. n° 2016-1026, 26 juill. 2016)*. – Toute cession par l'un des associés de la totalité ou d'une fraction de ses titres de capital ou parts sociales à un tiers en vue de l'exercice de la profession au sein de la société est faite sous la condition suspensive de l'inscription sur la liste du nouvel associé.

Art. R. 822-51 *(Mod., D. n° 2016-1026, 26 juill. 2016)*. – L'un des originaux ou une expédition de l'acte de cession des titres ou parts et, le cas échéant, de l'acte modifiant les statuts de la société est transmis pour information au Haut conseil.

Art. R. 822-52 *(Mod., D. n° 2016-1026, 26 juill. 2016)*. – En cas de retrait ou d'entrée d'associés, d'actionnaires, de membres des organes de gestion, de direction, d'administration ou de surveillance.

Si la commission constate que la société, à la suite de l'opération, demeure constituée en conformité avec les dispositions législatives ou réglementaires qui la régissent, notamment l'article L. 822-1-3, l'inscription de la société sur la liste est modifiée.

Dans le cas contraire, le Haut conseil lui impartit un délai de régularisation. Si la situation n'a pas été régularisée à l'expiration de ce délai, il prononce la radiation de la société.

§ 3. – De l'exercice de la profession par la société

Art. R. 822-53 *(Mod., D. n° 2016-1026, 26 juill. 2016)*. – L'appellation de « société de commissaires aux comptes » ne peut être utilisée que par les sociétés membres de la compagnie.

Art. R. 822-54 *(Mod., D. n° 2016-1026, 26 juill. 2016)*. – Sauf dérogation prévue par le présent titre concernant les élections aux conseils et instances de la compagnie, les sociétés membres de la compagnie bénéficient des mêmes droits et sont soumises aux mêmes obligations que les personnes physiques.

Art. R. 822-55 *(Mod., D. n° 2016-1026, 26 juill. 2016)*. – Sous réserve de l'application des dispositions du présent titre, toutes dispositions législatives et réglementaires relatives à l'exercice de la profession de commissaire aux comptes sont applicables aux sociétés et à leurs membres exerçant au sein de la société.

Art. R. 822-56 *(Mod., D. n° 2016-1026, 26 juill. 2016)*. – Outre les mentions prévues à l'article R. 123-237, dans toutes les correspondances et tous les documents émanant de la société, la raison ou dénomination sociale est accompagnée de la désignation de société de commissaires aux comptes complétée par l'indication de sa forme juridique.

Art. R. 822-57 *(Mod., D. n° 2016-1026, 26 juill. 2016)*. – Dans les actes professionnels, la personne qui exerce les fonctions de commissaire aux comptes au nom de la société indique la raison ou dénomination sociale de la société dont il est membre.

Art. R. 822-58 *(Mod., D. n° 2016-1026, 26 juill. 2016)*. – Les associés ou actionnaires s'informent mutuellement de leur activité au sein de la société. La communication de ces informations entre associés ou actionnaires ne constitue pas une violation du secret professionnel.

Art. R. 822-59 *(Mod., D. n° 2016-1026, 26 juill. 2016)*. – Les registres, répertoires et documents prévus par les textes réglementaires sont ouverts et établis au nom de la société.

Art. R. 822-60 *(Mod., D. n° 2016-1026, 26 juill. 2016)*. – L'obligation d'assurance prévue à l'article R. 822-36 est applicable aux sociétés de commissaires aux comptes, sans préjudice de l'obligation des associés ou des actionnaires, de contracter personnellement une assurance.

L'assurance de la responsabilité civile professionnelle exigée par le troisième alinéa de l'article 16 de la loi n° 66-879 du 29 novembre 1966 est contractée par la société.

Art. R. 822-61 *(Mod., D. n° 2016-1026, 26 juill. 2016)*. – Sous réserve des articles R. 822-62 et R. 822-63, les dispositions du chapitre IV relatives à la discipline des commissaires aux comptes sont applicables à la société et aux actionnaires ou associés.

La société peut faire l'objet de poursuites disciplinaires indépendamment de celles qui seraient intentées contre les actionnaires ou associés.

Art. R. 822-62 *(Mod., D. n° 2016-1218, 13 sept. 2016)*. – Les statuts peuvent prévoir que tout actionnaire ou associé condamné à la sanction disciplinaire de l'interdiction temporaire pour une durée égale ou supérieure à trois mois, est contraint, par l'unanimité des autres actionnaires ou associés, de se retirer de la société. Lorsqu'il s'agit d'une société civile professionnelle, ses parts sociales sont alors cédées dans les conditions prévues à l'article R. 822-90. Lorsqu'il s'agit d'une autre société de commissaires aux comptes, l'actionnaire ou l'associé dispose d'un délai de six mois à compter du jour où la décision prononçant son exclusion lui a été notifiée pour céder ses actions ou parts sociales dans la société.

L'actionnaire ou associé interdit temporairement ou suspendu provisoirement conserve, en dépit de son incapacité à exercer toute activité professionnelle de commissaire aux comptes, sa qualité d'actionnaire ou d'associé avec tous les droits et obligations qui en découlent. Il ne perçoit dans ce cas que la rémunération de ses titres de capital.

Toutefois, lorsqu'il est membre de l'organe de gestion, de direction, d'administration ou de surveillance d'une société de commissaire aux comptes, il ne peut pas exercer ses fonctions au sein de l'un de ces organes pendant la durée de la mesure de suspension ou d'interdiction dont il est l'objet.

Art. R. 822-63 *(Mod., D. n° 2016-1218, 13 sept. 2016)*. – L'actionnaire ou associé radié de la liste cesse d'exercer son activité professionnelle de commissaire aux comptes à compter du jour où la décision prononçant la radiation est définitive. Lorsqu'il s'agit d'une société civile professionnelle, ses parts sociales sont cédées dans les conditions fixées à l'article R. 822-89. Lorsqu'il s'agit d'une autre société de commissaires aux comptes, l'actionnaire ou l'associé dispose d'un délai de six mois à compter du jour où la radiation est devenue définitive pour céder ses actions ou parts sociales dans la société.

Art. R. 822-64 *(Mod., D. n° 2016-1026, 26 juill. 2016)*. – Sous réserve des règles de protection et de représentation des majeurs protégés par la loi, les dispositions des articles R. 822-63 et R. 822-89 sont applicables à la cession des titres de capital ou parts sociales de l'associé frappé d'interdiction légale ou placé sous le régime de la tutelle.

§ 4. – De la dissolution et de la liquidation

Art. R. 822-65 *(Mod., D. n° 2016-1026, 26 juill. 2016)*. – La société prend fin à l'expiration du temps pour lequel elle a été constituée. Toutefois, la dissolution anticipée peut être décidée par les trois quarts au moins des associés disposant ensemble des trois quarts des voix.

Art. R. 822-66 *(Mod., D. n° 2016-1026, 26 juill. 2016)*. – La société est dissoute de plein droit par le décès simultané de tous les associés ou par le décès du dernier survivant des associés si tous sont décédés successivement, sans qu'à la date du décès du dernier d'entre eux, les parts sociales ou les titres de capital des autres aient été cédés à des tiers.

Art. R. 822-67 *(Mod., D. n° 2016-1026, 26 juill. 2016)*. – La liquidation est régie par les statuts, sous réserve des dispositions du Code civil, et de celles du livre II et du présent paragraphe du présent code.

Art. R. 822-68 *(Mod., D. n° 2016-1026, 26 juill. 2016)*. – Sauf en cas de radiation de la société, le liquidateur peut être choisi parmi les associés. Les fonctions de liquidateur ne peuvent être confiées à un commissaire aux comptes ayant fait l'objet d'une mesure disciplinaire.

Art. R. 822-69 *(Mod., D. n° 2016-1026, 26 juill. 2016)*. – Plusieurs liquidateurs peuvent être désignés.

L'acte de nomination du liquidateur, quelle que soit sa forme, est adressé par ce dernier au Haut conseil.

La décision judiciaire ou la décision de l'assemblée des associés qui nomme le liquidateur fixe sa rémunération.

Art. R. 822-70 *(Mod., D. n° 2016-1026, 26 juill. 2016)*. – Le liquidateur informe le Haut conseil de la clôture de la liquidation.

8.2.7.2. – Sociétés civiles professionnelles

Code de commerce

Partie réglementaire

Sous-section 2. – Dispositions applicables aux sociétés civiles professionnelles

§ 1. – De la constitution

Art. R. 822-71 *(Mod., D. n° 2016-1026, 26 juill. 2016)*. – Deux ou plusieurs commissaires aux comptes peuvent constituer entre eux une société civile professionnelle, pour l'exercice en commun de leur profession.

Cette société reçoit l'appellation de société civile professionnelle de commissaires aux comptes.

Art. R. 822-72 *(Mod., D. n° 2016-1026, 26 juill. 2016).* – Les statuts satisfont aux prescriptions des articles 8, 11, 14, 15, 19, 20 et 24 de la loi n° 66-879 du 29 novembre 1966. Ils indiquent en outre :

1° Les nom, prénoms et domicile de chaque associé ;

2° La durée pour laquelle la société est constituée ;

3° L'adresse du siège social ;

4° La nature et l'évaluation distincte de chacun des apports faits par les associés ;

5° Le montant du capital social, le montant, le nombre et la répartition des parts sociales représentatives de ce capital ;

6° Le nombre des parts d'intérêts attribuées à chaque apporteur en industrie ;

7° L'affirmation de la libération totale ou partielle, selon le cas, des apports concourant à la formation du capital social.

Art. R. 822-73 *(Mod., D. n° 2016-1026, 26 juill. 2016).* – Par application de l'article 11 de la loi n° 66-879 du 29 novembre 1966, les statuts organisent la gérance et déterminent les pouvoirs des gérants.

Art. R. 822-74 *(Mod., D. n° 2016-1026, 26 juill. 2016).* – Peuvent être apportés en société, en propriété ou en jouissance :

1° Tous droits incorporels, mobiliers ou immobiliers ;

2° Tous documents et archives et, d'une manière générale, tous objets mobiliers à usage professionnel ;

3° Les immeubles ou locaux utiles à l'exercice de la profession ;

4° Toutes sommes en numéraire ;

5° L'industrie des associés, laquelle en vertu de l'article 10 de la loi n° 66-879 du 29 novembre 1966 ne concourt pas à la formation du capital mais peut donner lieu à l'attribution de parts en industrie.

Art. R. 822-75 *(Mod., D. n° 2016-1026, 26 juill. 2016).* – Les parts sociales ne peuvent être données en nantissement.

Les parts en industrie attribuées aux apporteurs en industrie sont incessibles et sont annulées lorsque leur titulaire perd sa qualité d'associé pour quelque cause que ce soit.

Art. R. 822-76 *(Mod., D. n° 2016-1026, 26 juill. 2016).* – Les parts sociales représentant un apport en numéraire doivent être libérées, lors de la souscription, de la moitié au moins de leur montant nominal.

La libération du surplus doit intervenir, en une ou plusieurs fois, soit aux dates prévues par les statuts, soit sur décision de l'assemblée des associés et au plus tard dans le délai de deux ans à compter de l'inscription de la société sur la liste.

Dans les huit jours de leur réception, les fonds provenant de la libération des apports en numéraire sont déposés, pour le compte de la société, à la Caisse des dépôts et consignations, chez un notaire ou dans un établissement de crédit. Le retrait de ces fonds est effectué par le mandataire de la société sur justification de l'inscription de celle-ci sur la liste.

Art. R. 822-77 *(Mod., D. n° 2016-1026, 26 juill. 2016).* – Par dérogation aux articles 22, 24 et 26 du décret n° 78-704 du 3 juillet 1978 relatif à l'application de la loi n° 78-9 du 4 janvier 1978 modifiant le titre IX du livre III du Code civil, la société est dispensée d'insérer dans un journal habilité à recevoir des annonces légales les avis prévus auxdits articles.

§ 2. – De l'organisation et du fonctionnement

Art. R. 822-78 *(Mod., D. n° 2016-1026, 26 juill. 2016).* – Les décisions qui excèdent les pouvoirs des gérants sont prises par les associés réunis en assemblée.

L'assemblée est réunie au moins une fois par an. Elle est aussi réunie lorsque plusieurs associés, représentant au moins la moitié en nombre et le quart en capital, en font la demande, en indiquant l'ordre du jour.

Les modalités de convocation de l'assemblée sont fixées par les statuts.

Art. R. 822-79 *(Mod., D. n° 2016-1026, 26 juill. 2016).* – Toute délibération de l'assemblée donne lieu à l'établissement d'un procès-verbal signé par les associés présents qui contient notamment, la date et le lieu de la réunion, les questions inscrites à l'ordre du jour, l'identité des associés présents ou représentés, un résumé des débats, le texte des résolutions mises aux voix et le résultat des votes.

Les procès-verbaux sont établis sur un registre spécial préalablement coté et paraphé par le greffier chargé de la tenue du registre où est immatriculée la société et conservé au siège social.

Art. R. 822-80 *(Mod., D. n° 2016-1026, 26 juill. 2016)*. – Les statuts fixent le nombre des voix dont dispose chaque associé.

Un associé peut donner mandat écrit à un autre associé de le représenter à l'assemblée.

L'assemblée ne délibère valablement que si les trois quarts au moins des associés sont présents ou représentés. Si ce quorum n'est pas atteint, les associés sont convoqués une nouvelle fois et l'assemblée délibère valablement si deux associés au moins sont présents.

Art. R. 822-81 *(Mod., D. n° 2016-1026, 26 juill. 2016)*. – Sous réserve des dispositions de la loi n° 66-879 du 29 novembre 1966 et du présent paragraphe imposant des conditions spéciales de majorité, les décisions sont prises à la majorité des voix dont disposent les associés présents ou représentés.

Toutefois, les statuts peuvent prévoir une majorité plus forte ou même l'unanimité des associés pour toutes les décisions ou seulement pour celles qu'ils énumèrent.

Art. R. 822-82 *(Mod., D. n° 2016-1026, 26 juill. 2016)*. – La modification des statuts et la prorogation de la société sont décidées à la majorité des trois quarts des voix dont dispose l'ensemble des associés présents ou représentés.

Art. R. 822-83 *(Mod., D. n° 2016-1026, 26 juill. 2016)*. – Après la clôture de chaque exercice, les gérants établissent, dans les conditions fixées par les statuts, les comptes annuels de la société et un rapport sur les résultats de celle-ci.

Les documents mentionnés à l'alinéa précédent sont soumis à l'approbation de l'assemblée des associés dans le délai de six mois qui suit la clôture de chaque exercice. À cette fin, ils sont adressés à chaque associé, avec le texte des résolutions proposées, quinze jours au moins avant la réunion de l'assemblée et, au plus tard, avec la convocation de cette assemblée.

Art. R. 822-84 *(Mod., D. n° 2016-1026, 26 juill. 2016)*. – Chaque associé peut, à toute époque, prendre connaissance par lui-même des rapports et comptes sociaux concernant les exercices antérieurs, des registres de procès-verbaux, des dossiers et documents établis conformément à l'article R. 823-10, et plus généralement de tous documents détenus par la société.

Art. R. 822-85 *(Mod., D. n° 2016-1026, 26 juill. 2016)*. – Si les réserves constituées au moyen de bénéfices non distribués ou de plus-values d'actif dues à l'industrie des associés le permettent, il est procédé périodiquement à l'augmentation du capital social. Les parts sociales créées à cet effet sont réparties entre les associés, y compris ceux qui n'ont apporté que leur industrie. Les statuts fixent les conditions d'application du présent alinéa.

Le capital ne peut être augmenté par incorporation de réserves avant la libération intégrale des parts sociales souscrites en numéraire.

Art. R. 822-86 *(Mod., D. n° 2016-1026, 26 juill. 2016)*. – Un associé ne peut céder tout ou partie de ses parts sociales à un tiers étranger à la société que si le cessionnaire est préalablement agréé par la société dans les conditions prévues au premier alinéa de l'article 19 de la loi n° 66-879 du 29 novembre 1966.

Le projet de cession est notifié à la société et à chacun des associés, soit dans les formes prévues par l'article 1690 du Code civil, soit par lettre recommandée avec demande d'avis de réception.

Art. R. 822-87 *(Mod., D. n° 2016-1026, 26 juill. 2016)*. – Si la société refuse d'agréer le cessionnaire, elle notifie, dans le délai de six mois à compter de la notification de son refus, dans les formes prévues à l'article précédent, dans les mêmes formes à l'associé qui persiste dans son intention de céder ses parts sociales, un projet de cession conformément aux dispositions du troisième alinéa de l'article 19 de la loi n° 66-879 du 29 novembre 1966. Cette notification implique un engagement du cessionnaire ou de la société qui se porte acquéreur.

Si le prix proposé pour la cession n'est pas accepté par le cédant, il est fixé conformément aux dispositions de l'article 1843-4 du Code civil.

Art. R. 822-88 *(Mod., D. n° 2016-1026, 26 juill. 2016)*. – Lorsqu'un associé entend se retirer de la société en application de l'article 21 de la loi n° 66-879 du 29 novembre 1966, il notifie sa décision à la société dans l'une des formes prévues à l'article R. 822-86.

La société dispose de six mois à compter de cette notification pour notifier à l'associé, dans la même forme, un projet de cession de ses parts à un tiers ou à un associé ou un projet de rachat des parts par la société. Cette notification implique un engagement du cessionnaire ou de la société qui se porte acquéreur.

Si le prix proposé pour la cession ou le rachat n'est pas accepté par le cédant, il est fixé conformément aux dispositions de l'article 1843-4 du Code civil.

Art. R. 822-89 *(Mod., D. n° 2016-1026, 26 juill. 2016)*. – L'associé qui est personnellement radié de la liste dispose d'un délai de six mois à compter du jour où sa radiation est devenue définitive pour céder ses parts sociales, soit à un tiers dans les conditions prévues aux articles R. 822-50 et R. 822-86, soit aux associés ou à l'un ou plusieurs d'entre eux, soit à la société.

Si à l'expiration de ce délai aucune cession n'est intervenue, il est procédé conformément aux dispositions de l'article R. 822-87.

Si l'associé refuse de signer l'acte de cession de ses parts sociales qui lui est proposé, il est exclu de plein droit de la société, deux mois après la sommation dans l'une des formes prévues à l'article R. 822-86, à lui faite par la société et demeurée infructueuse. Le prix de cession des parts est consigné à la diligence du cessionnaire.

Art. R. 822-90 *(Mod., D. n° 2016-1026, 26 juill. 2016)*. – Les dispositions de l'article R. 822-89 sont applicables à la cession des parts sociales de l'associé dont l'exclusion de la société a été décidée pour condamnation dans les conditions prévues à l'article R. 822-62. Le délai imparti à l'associé exclu pour céder ses parts court du jour où la décision des autres associés prononçant son exclusion lui a été notifiée dans l'une des formes prévues à l'article R. 822-86.

Art. R. 822-91 *(Mod., D. n° 2016-1026, 26 juill. 2016)*. – Le délai prévu par le deuxième alinéa de l'article 24 de la loi n° 66-879 du 29 novembre 1966 pour la cession des parts de l'associé décédé est fixé à un an à compter du décès de l'associé.

Il peut être renouvelé par le président de la compagnie régionale, à la demande des ayants droit de l'associé décédé et avec le consentement de la société donné dans les conditions prévues pour la cession des parts sociales par le premier alinéa de l'article 19 de la même loi.

Art. R. 822-92 *(Mod., D. n° 2016-1026, 26 juill. 2016)*. – Si, pendant le délai prévu à l'article précédent, les ayants droit décident de céder les parts sociales de leur auteur à un tiers étranger à la société, il est procédé conformément aux dispositions des articles R. 822-50, R. 822-86, et R. 822-87.

Art. R. 822-93 *(Mod., D. n° 2016-1026, 26 juill. 2016)*. – Toute demande d'un ou plusieurs ayants droit d'un associé décédé tendant à l'attribution préférentielle à leur profit des parts sociales de leur auteur est notifiée à la société et à chacun des associés dans l'une des formes prévues par l'article R. 822-124.

Les modalités de cette attribution sont régies par l'article R. 822-87 et, le cas échéant, par celles de l'article R. 822-125.

Art. R. 822-94 *(Mod., D. n° 2016-1026, 26 juill. 2016)*. – Lorsqu'à l'expiration du délai prévu à l'article R. 822-91, les ayants droit de l'associé décédé n'ont pas exercé la faculté de céder les parts sociales de leur auteur et si aucun consentement préalable à l'attribution préférentielle n'a été donné par la société, celle-ci dispose de six mois pour acquérir ou faire acquérir les parts sociales de l'associé décédé. En cas de litige, il est fait application des dispositions de l'article 1843-4 du Code civil.

Art. R. 822-95 *(Mod., D. n° 2016-1026, 26 juill. 2016)*. – La publicité de la cession des parts est accomplie conformément aux dispositions de l'article 52 du décret n° 78-704 du 3 juillet 1978. Dans le cas prévu au troisième alinéa de l'article R. 822-89, la publicité de la cession est accomplie par le dépôt, dans les mêmes conditions, de deux copies certifiées conformes de la sommation adressée au cédant, accompagnées de la justification de la sommation ou de la signification de cette sommation.

§ 3. – De la dissolution et de la liquidation

Art. R. 822-96 *(Mod., D. n° 2016-1026, 26 juill. 2016).* – **S'il ne subsiste qu'un seul associé, celui-ci peut, dans le délai d'un an, céder une partie de ses parts sociales à un tiers inscrit sur la liste.**

À défaut, la société est dissoute à la date d'expiration du délai.

8.2.7.3. – Sociétés autres que sociétés civiles professionnelles

Bibliographie : A. Viandier et D. Vidal, *JCl. Sociétés traité*, Fasc. 193-40 *(Sociétés de commissaires aux comptes – Sociétés autres que les sociétés civiles professionnelles).*

Code de commerce

Partie réglementaire

Sous-section 3. – Dispositions applicables aux sociétés autres que les sociétés civiles professionnelles

Art. R. 822-97 *(Mod., D. n° 2016-1026, 26 juill. 2016).* – **Les sociétés de commissaires aux comptes autres que les sociétés civiles professionnelles sont soumises aux dispositions des sous-sections 1 et 3 de la présente section.**

Art. R. 822-98 *(Mod., D. n° 2016-1026, 26 juill. 2016).* – **Les sociétés d'exercice libéral à responsabilité limitée, à forme anonyme ou par actions simplifiées de commissaires aux comptes sont régies par les dispositions du livre II du présent code, sous réserve des dispositions des sous-sections 1 et 3 de la présente section.**

Art. R. 822-101 *(Mod., D. n° 2016-1026, 26 juill. 2016).* – **En dehors des pièces mentionnées à l'article R. 822-41 la demande d'inscription présentée par une société d'exercice libéral est assortie de la liste des actionnaires ou associés n'ayant pas la qualité de commissaire aux comptes, précisant pour chacun d'eux : les noms, prénoms, domicile, profession ainsi que leurs fonctions dans la société et le nombre de titres de capital ou de parts sociales que ces actionnaires ou associés détiennent.**

La liste prévue au 4° de l'article R. 822-41 est complétée pour chacune des personnes mentionnées de l'indication de leur qualité de commissaire aux comptes.

Art. R. 822-102 *(Mod., D. n° 2016-1026, 26 juill. 2016).* – **L'assemblée des associés ne délibère valablement que si les trois quarts au moins des associés sont présents ou représentés. Si ce quorum n'est pas atteint, les associés sont convoqués une nouvelle fois avec le même ordre du jour et l'assemblée délibère valablement si deux associés au moins sont présents.**

Art. R. 822-103 *(Mod., D. n° 2016-1026, 26 juill. 2016).* – **Sous réserve des dispositions de la loi n° 90-1258 du 31 décembre 1990 et de la présente section imposant des conditions spéciales de majorité, les décisions sont prises à la majorité des voix dont disposent les associés présents ou représentés.**

Toutefois, les statuts peuvent prévoir une majorité plus forte pour toutes les décisions ou seulement pour celles qu'ils énumèrent.

Art. R. 822-104 *(Mod., D. n° 2016-1026, 26 juill. 2016).* – **La modification des statuts et la prorogation de la société sont décidées à la majorité des trois quarts des voix dont dispose l'ensemble des associés présents ou représentés.**

Art. R. 822-105 *(Mod., D. n° 2016-1026, 26 juill. 2016).* – **Le consentement de la société, requis pour la cession par l'un des associés de la totalité ou d'une fraction de ses titres de capital ou parts sociales à un tiers en vue de l'exercice de la profession au sein de la société, est acquis dans les conditions prévues par les articles L. 223-14 et L. 228-24 et l'article 10 de la loi n° 90-1258 du 31 décembre 1990.**

Art. R. 822-106 *(Mod., D. n° 2016-1026, 26 juill. 2016).* – **Le liquidateur peut être remplacé pour cause d'empêchement ou pour motif grave sur décision du président du tribunal de grande instance du lieu du siège social de la société, statuant en référé, à la demande soit du liquidateur lui-même, soit des associés, des actionnaires ou de leurs ayants droit.**

Sous-section 4. – Dispositions applicables aux sociétés en participation

Art. R. 822-107 *(Mod., D. n° 2016-1026, 26 juill. 2016).* – **Les articles 1871 à 1873 du Code civil relatifs aux sociétés en participation sont applicables à la profession de commissaire aux comptes dans les conditions prévues par la présente sous-section.**

Art. R. 822-108 *(Mod., D. n° 2016-1026, 26 juill. 2016).* – **La constitution d'une société en participation donne lieu à l'insertion d'un avis dans un journal habilité à recevoir les annonces légales au siège de la société, s'il en existe un, ou au lieu d'exercice de chacun des associés. L'avis contient la dénomination, l'objet et, le cas échéant, l'adresse du siège de la société.**

Art. R. 822-109 *(Mod., D. n° 2016-1026, 26 juill. 2016).* – **L'appartenance à la société, avec la dénomination de celle-ci, doit être indiquée dans les actes professionnels et les correspondances de chaque associé.**

Art. R. 822-110 *(Mod., D. n° 2016-1026, 26 juill. 2016).* – **Les dispositions de la sous-section 1 relative aux dispositions communes aux sociétés de commissaires aux comptes ne sont pas applicables aux sociétés en participation.**

Sous-section 5. – Des sociétés de participations financières de profession libérale de commissaires aux comptes

Art. R. 822-111 *(Mod., D. n° 2016-1026, 26 juill. 2016).* – **Les sociétés de participations financières de profession libérale de commissaires aux comptes constituées sur le fondement de l'article 31-1 de la loi n° 90-1258 du 31 décembre 1990 relative à l'exercice sous forme de sociétés des professions libérales soumises à un statut législatif ou réglementaire ou dont le titre est protégé et aux sociétés de participations financières de professions libérales sont régies par les dispositions du livre II du présent code, sous réserve des dispositions de la présente sous-section.**

§ 1. – De la constitution de la société

Art. R. 822-113 *(Mod., D. n° 2016-1026, 26 juill. 2016).* – **La constitution de la société fait l'objet d'une déclaration adressée par les associés, qui désignent un mandataire commun, à la Compagnie nationale des commissaires aux comptes. Une copie des statuts de la société est jointe à la déclaration, qui comprend la liste des associés avec indication, selon le cas, de leur profession ou de leur qualité suivie, pour chacun, de la mention de la part de capital qu'il détient dans la société.**

Art. R. 822-114 *(Mod., D. n° 2016-1026, 26 juill. 2016).* – **Un arrêté du garde des Sceaux, ministre de la Justice, fixe les conditions dans lesquelles la liste des sociétés de participations financières de profession libérale de commissaires aux comptes est tenue, mise à jour, publiée et transmise annuellement au Haut Conseil du commissariat aux comptes par la Compagnie nationale des commissaires aux comptes.**

Art. R. 822-115 *(Mod., D. n° 2016-1026, 26 juill. 2016).* – **L'immatriculation de la société au registre du commerce et des sociétés est régie par les articles R. 123-31 et suivants, sous réserve des dispositions ci-après.**

La société est dispensée de procéder aux formalités de publicité prévues aux articles R. 210-16 et suivants.

§ 2. – Du fonctionnement et du contrôle de la société

Art. R. 822-116 *(Mod., D. n° 2016-1026, 26 juill. 2016).* – **La société de participations financières de profession libérale de commissaires aux comptes fait connaître à la Compagnie nationale des commissaires**

aux comptes, dans un délai de trente jours à compter de la date à laquelle il se produit, tout changement dans la situation déclarée en application de l'article R. 822-113.

Art. R. 822-117 *(Mod., D. n° 2016-1026, 26 juill. 2016)*. – Si la société de participations financières de profession libérale de commissaires aux comptes cesse de se conformer aux dispositions législatives et réglementaires en vigueur, la Compagnie nationale des commissaires aux comptes l'invite à régulariser la situation.

Si la société ne régularise pas sa situation, la Compagnie nationale des commissaires aux comptes peut inviter les associés, par lettre recommandée avec demande d'accusé de réception, à prononcer la dissolution anticipée de la société selon les formes prévues par ses statuts. Elle adresse une copie de ce courrier au rapporteur général du Haut conseil.

Art. R. 822-118 *(Mod., D. n° 2016-1026, 26 juill. 2016)*. – Chaque société de participations financières de profession libérale de commissaires aux comptes fait l'objet, au moins une fois tous les quatre ans, d'un contrôle portant sur le respect des dispositions législatives et réglementaires qui régissent la composition de son capital et l'étendue de ses activités.

Chaque société de participations financières peut, en outre, être soumise à des contrôles occasionnels prescrits par la Compagnie nationale des commissaires aux comptes.

Ces contrôles sont effectués par la Compagnie nationale des commissaires aux comptes ou les compagnies régionales et se déroulent selon les règles décidées par la Compagnie nationale.

La liste prévue à l'article R. 822-114 mentionne les sociétés de participations financières de profession libérale de commissaires aux comptes proposées pour faire l'objet d'un contrôle périodique au cours de l'année suivante.

Art. R. 822-119 *(Mod., D. n° 2016-1026, 26 juill. 2016)*. – Le non-respect des dispositions régissant la constitution et le fonctionnement des sociétés de participations financières de professions libérales par les commissaires aux comptes associés d'une telle société peut donner lieu à des poursuites disciplinaires.

§ 3. – De la dissolution et de la liquidation de la société

Art. R. 822-120 *(Mod., D. n° 2016-1026, 26 juill. 2016)*. – En cas de dissolution de la société, le liquidateur est choisi parmi les associés de la société de participations financières de profession libérale de commissaires aux comptes.

Plusieurs liquidateurs peuvent être désignés.

Le liquidateur peut être remplacé pour cause d'empêchement, ou pour tout autre motif grave, sur décision du président du tribunal de grande instance du lieu du siège social de la société statuant sur requête, à la demande du liquidateur, des associés ou de leurs ayants droit, ou du procureur de la République.

En aucun cas les fonctions de liquidateur ne peuvent être confiées à un associé ayant fait l'objet d'une peine disciplinaire.

Art. R. 822-121 *(Mod., D. n° 2016-1026, 26 juill. 2016)*. – La dissolution de la société est portée à la connaissance de la Compagnie nationale des commissaires aux comptes à la diligence du liquidateur, qui lui fait parvenir une expédition de la délibération des associés ou de la décision de justice qui l'a nommé dans ses fonctions.

Le liquidateur dépose au greffe chargé de la tenue du registre du commerce et des sociétés où la société est inscrite, pour être versée au dossier ouvert au nom de la société, la copie de l'expédition prévue au premier alinéa dont tout intéressé peut obtenir communication.

Il ne peut entrer en fonctions avant l'accomplissement des formalités précitées.

Art. R. 822-122 *(Mod., D. n° 2016-1026, 26 juill. 2016)*. – Le liquidateur procède à la cession des parts ou actions que la société de participations financières de profession libérale de commissaires aux comptes détient dans la ou les sociétés d'exercice libéral.

Art. R. 822-123 *(Mod., D. n° 2016-1026, 26 juill. 2016)*. – Le liquidateur informe la Compagnie nationale des commissaires aux comptes de la clôture des opérations de liquidation.

§ 4. – Dispositions finales

Art. R. 822-124 *(Mod., D. n° 2016-1026, 26 juill. 2016).* **– Les dispositions de la sous-section I relative aux dispositions communes aux sociétés de commissaires aux comptes ne sont pas applicables aux sociétés de participations financières de profession libérale de commissaires aux comptes.**

8.2.8. – COMMISSAIRES-PRISEURS JUDICIAIRES

8.2.8.1. – Sociétés civiles professionnelles

Bibliographie : R. Maurice, *Les sociétés civiles professionnelles de commissaires-priseurs : JCP* 1970, I, 2334.

Décret n° 69-763 du 24 juillet 1969

portant règlement d'administration publique pour l'application
à la profession de commissaire-priseur
de la loi n° 66-879 du 29 novembre 1966 relative aux sociétés civiles professionnelles
(JO 31 juill. et rect. 7 août)
(Mod., D. n° 92-194, févr. 1992 : JO 1er mars ; D. n° 2001-650, 19 juill. 2001 : JO 21 juill.)

Art. 1er *(Mod., D. n° 92-194, 27 févr. 1992).* **– Le présent décret a pour objet de déterminer les conditions d'application à la profession de commissaire-priseur des articles 1er à 32 et 37 de la loi susvisée du 29 novembre 1966 relative aux sociétés civiles professionnelles, en ce qui concerne les sociétés titulaires d'un office de commissaire-priseur et les sociétés de commissaires-priseurs.**

TITRE PREMIER. – DES SOCIÉTÉS TITULAIRES D'UN OFFICE DE COMMISSAIRE-PRISEUR

CHAPITRE I. – CONSTITUTION DE LA SOCIÉTÉ

Section I. – Dispositions générales. Agrément et nomination

Art. 2 *(D. n° 92-194, 27 févr. 1992 ; mod., D. n° 2016-1510, 9 nov. 2016).* **– Les dispositions du présent titre sont applicables aux sociétés titulaires d'un ou plusieurs offices de commissaire-priseur judiciaire dans lesquels les associés exercent en commun leur profession.**

Ces sociétés reçoivent l'appellation de « société titulaire d'un office de commissaire-priseur judiciaire » ou, le cas échéant, de « société titulaire d'offices de commissaire-priseur judiciaire » et les associés ont le titre de « commissaire-priseur judiciaire associé », à l'exclusion de celui de « commissaire-priseur judiciaire ».

Leur siège est celui de l'office ou de l'un des offices dont elles sont titulaires.

Elles peuvent détenir une partie du capital d'une société, autre qu'une société civile professionnelle, nommée dans un autre office.

§ 1. – Société titulaire d'un office de commissaire-priseur constituée par des personnes physiques

Art. 3 *(Mod., D. n° 92-194, 27 févr. 1992 ; D. n° 2016-1510, 9 nov. 2016).* **– I. – Lorsque aucun de ses associés n'est titulaire d'un office de commissaire-priseur judiciaire, la société civile professionnelle peut être nommée dans un office existant ou dans un office créé.**

II. – Lorsque l'un au moins des associés est titulaire d'un office, la société civile professionnelle peut être nommée dans un ou plusieurs des offices relevant des catégories suivantes :

1° L'office dont l'associé est titulaire, en remplacement de celui-ci ;

2° Un autre office existant ;

3° Un office créé.

L'office dont l'associé est titulaire et dans lequel la société n'est pas nommée est pourvu d'un nouveau titulaire ou supprimé.

Art. 4 *(D. n° 92-194, 27 févr. 1992 ; mod., D. n° 2016-1510, 9 nov. 2016 ; D. n° 2017-895, 6 mai 2017).* – La demande de nomination d'une société régie par les dispositions de l'article 3 est présentée par le mandataire de la société ou, si celle-ci n'est pas encore constituée, par le mandataire des associés, conjointement à la demande de nomination des associés.

La demande de nomination d'un associé dans un autre office de la société que celui dans lequel il exerce est présentée dans les mêmes conditions.

Une société ne peut être nommée dans un office que si chacun des futurs associés est apte à être nommé à cet office.

Art. 4-1 *(D. n° 2016-1510, 9 nov. 2016).* – Lorsqu'une société régie par les dispositions de l'article 3 demande sa nomination en qualité de titulaire d'un office créé ou vacant, la nomination est faite dans les conditions prévues aux articles 27 à 34 du décret n° 73-541 du 19 juin 1973 relatif à la formation professionnelle des commissaires-priseurs et aux conditions d'accès à cette profession.

Art. 5 *(D. n° 92-194, 27 févr. 1992 ; mod., D. n° 2016-1510, 9 nov. 2016 ; D. n° 2017-895, 6 mai 2017).* – La nomination d'une société civile professionnelle dans un office de commissaire-priseur judiciaire et la nomination de chacun des associés sont prononcées par arrêté du garde des Sceaux, ministre de la Justice.

L'acceptation de la démission des commissaires-priseurs judiciaires futurs associés, la suppression des offices dont ils sont titulaires, ainsi que la création de l'office dont la société sera titulaire sont prononcés par le même arrêté.

Une société ne peut être nommée dans plusieurs offices de commissaire-priseur judiciaire que si, dans chacun des offices, au moins un associé exerçant sa profession de commissaire-priseur judiciaire au sein de cette société est nommé pour y exercer. Chacun de ces associés est nommé par arrêté pour exercer dans un seul office. Il peut ultérieurement être nommé pour exercer dans un autre office de la même société soit par l'arrêté nommant la société dans cet autre office, soit par un arrêté postérieur. Dans ces deux hypothèses, l'arrêté met fin également à ses fonctions dans le précédent office.

Art. 6 *(D. n° 92-194, 27 févr. 1992).* – La société est constituée sous la condition suspensive de sa nomination par le garde des Sceaux, ministre de la Justice. La condition est réputée acquise à la date de publication de l'arrêté prévu à l'article 5.

Art. 7 *(D. n° 92-194, 27 févr. 1992 ; mod., D. n° 2009-452, 22 avr. 2009 ; D. n° 2016-1510, 9 nov. 2016).* – La demande mentionnée à l'article 4 est adressée au garde des Sceaux, ministre de la Justice, par téléprocédure sur le site internet du ministère de la Justice. Elle est accompagnée de toutes pièces justificatives, et notamment, lorsque la société n'est pas constituée, d'une attestation du greffier du tribunal de commerce ou du tribunal de grande instance statuant commercialement du lieu du siège social, constatant le dépôt au greffe de la demande et des pièces nécessaires à l'immatriculation ultérieure de la société au registre du commerce et des sociétés ainsi que, lorsqu'un ou plusieurs des futurs associés doit contracter un emprunt et que la société est candidate à la nomination dans un office existant ou vacant, d'éléments permettant d'apprécier leurs possibilités financières au regard des engagements contractés.

Art. 8 *(D. n° 92-194, 27 févr. 1992 ; mod., D. n° 2009-452, 22 avr. 2009 ; D. n° 2016-1510, 9 nov. 2016).* – Le bureau de la chambre nationale des commissaires-priseurs judiciaires communique au garde des Sceaux, ministre de la Justice, dans les vingt jours suivant sa demande, toute information dont il dispose permettant à celui-ci d'apprécier les capacités professionnelles et l'honorabilité de chacun des associés.

Art. 9 *(Abr., D. n° 2016-1510, 9 nov. 2016).*

Art. 10 *(D. n° 92-194, 27 févr. 1992 ; D. n° 97-1188, 24 déc. 1997 ; D. n° 2016-1510, 9 nov. 2016).* – L'ouverture d'un bureau annexe est autorisée par le garde des Sceaux, ministre de la Justice, dans les conditions prévues à l'article 12 de l'ordonnance du 26 juin 1816. La demande est adressée au garde des Sceaux, ministre de la Justice, par téléprocédure sur le site internet du ministère de la Justice. Le ou les bureaux ainsi ouverts restent attachés à l'office sans qu'il soit besoin, lors de la nomination d'un nouveau titulaire, de renouveler l'autorisation accordée.

Dans le cas d'ouverture d'un bureau annexe dans une commune autre que celle du siège de la société, les associés reçoivent compétence exclusive pour y instrumenter, dans les mêmes limites que si ce bureau constituait le siège de la société.

§ 2. – Société titulaire d'un office de commissaire-priseur constituée par voie de fusion

Art. 10-1 *(D. n° 92-194, 27 févr. 1992 ; D. n° 2016-1510, 9 nov. 2016).* – Des sociétés civiles professionnelles peuvent constituer par voie de fusion, entre elles ou avec d'autres sociétés titulaires d'un office, une nouvelle société civile professionnelle qui peut être nommée dans un ou plusieurs offices relevant d'une des catégories suivantes :

- un office dont l'une d'elle est titulaire, en remplacement de celle-ci ;
- un autre office existant ;
- un office créé.

Les offices dont les sociétés participant à la fusion sont titulaires, autres que celui ou ceux auxquels la société nouvelle est nommée, peuvent être supprimés ou pourvus d'un nouveau titulaire.

Art. 10-2 *(D. n° 92-194, 27 févr. 1992 ; D. n° 2016-1510, 9 nov. 2016 ; mod., D. n° 2017-895, 6 mai 2017).* – La nomination de la nouvelle société civile professionnelle dans un office de commissaire-priseur judiciaire et la nomination de chacun des associés sont prononcées par arrêté du garde des Sceaux, ministre de la Justice.

La dissolution des sociétés civiles professionnelles participant à cette fusion, la suppression des offices dont elles sont titulaires et, le cas échéant, la création de l'office dont la nouvelle société sera titulaire ou la nomination de la nouvelle société dans le ou les offices dont les sociétés dissoutes sont titulaires sont prononcées par le même arrêté.

Sont applicables aux fusions de sociétés les dispositions de l'article 4, du troisième alinéa de l'article 5 et des articles 6 à 10 et, en outre, en cas de création d'office, celles de l'article 4-1.

Art. 10-2-1 *(D. n° 2016-1510, 9 nov. 2016).* – Les mêmes règles s'appliquent aux fusions par absorption d'une société titulaire d'un office de commissaire-priseur judiciaire par une société civile professionnelle. Dans une telle opération, la société absorbante et la société absorbée suivent respectivement le régime de la nouvelle société civile professionnelle et celui des sociétés participant à la fusion tels que prévus aux articles précédents.

§ 3. – Sociétés titulaires d'un office de commissaire-priseur constituées par voie de scission

Art. 10-3 *(D. n° 92-194, 27 févr. 1992 ; D. n° 2016-1510, 9 nov. 2016).* – Une société titulaire d'un office de commissaire-priseur judiciaire peut par voie de scission constituer deux ou plusieurs sociétés civiles professionnelles. L'une des sociétés civiles professionnelles issues de cette scission peut être nommée dans l'office dont la société scindée était titulaire en remplacement de celle-ci. Si la société scindée était titulaire de plusieurs offices, les sociétés issues de la scission peuvent être nommées chacune dans l'un de ces offices. À défaut, le ou les offices sont déclarés vacants ou supprimés.

Les autres sociétés civiles professionnelles issues de la scission peuvent être nommées dans des offices existants ou créés.

Art. 10-4 *(D. n° 92-194, 27 févr. 1992 ; mod., D. n° 2016-1510, 9 nov. 2016 ; D. n° 2017-895, 6 mai 2017).* – La nomination des nouvelles sociétés civiles professionnelles et la nomination de chacun des associés sont prononcées par arrêté du garde des Sceaux, ministre de la Justice.

La dissolution de la société scindée prend effet à la date à laquelle elle est constatée par l'arrêté qui prononce la suppression de l'office dont elle est titulaire, et, le cas échéant, la création des offices dont les nouvelles sociétés seront titulaires ou la nomination des nouvelles sociétés dans le ou les offices dont elle est titulaire.

Sont applicables aux scissions de sociétés les dispositions de l'article 4, du troisième alinéa de l'article 5 et des articles 6 à 10 et, en outre, en cas de création d'office, celles de l'article 4-1.

§ 4. – Transformation d'une société titulaire d'un office en société civile professionnelle

Art. 10-5 *(D. n° 2016-1510, 9 nov. 2016).* – **Une société civile professionnelle constituée par transformation d'une société constituée sous une autre forme sociale et titulaire d'un office doit être agréée par arrêté du garde des Sceaux, ministre de la Justice. La demande est transmise par téléprocédure sur le site internet du ministère de la Justice.**

Section II. – Statuts. Capital social. Parts sociales et parts d'industrie

Art. 11. – **Si les statuts sont établis par acte sous seing privé, il est établi autant d'originaux qu'il est nécessaire pour la remise d'un exemplaire à chaque associé, et pour satisfaire aux dispositions des articles 7 et 16 du présent décret.**

Art. 12 *(Mod., D. n° 2016-1510, 9 nov. 2016).* – **Sans préjudice de toutes autres mentions utiles, et notamment de celles qui sont prévues par les articles 8, 10, 11, 14, 15, 19 et 20 de la loi précitée du 29 novembre 1966 concernant respectivement la dénomination sociale, la répartition des parts, les gérants, la répartition des bénéfices, les dettes sociales, les cessions de parts ou de celles qui sont prévues par le présent titre, les statuts doivent indiquer :**

1° Les noms, prénoms et domicile des associés ;

2° L'adresse de l'office ou des offices dont la société sera titulaire. Si la société est titulaire de plusieurs offices, les statuts indiquent celui à l'adresse duquel elle a fixé son siège social ;

3° La durée pour laquelle la société est constituée ;

4° La nature et l'évaluation distincte de chacun des apports effectués par les associés ;

5° Le montant du capital social, le nombre et le montant nominal des parts sociales représentatives de ce capital ;

6° Le nombre des parts d'intérêt attribuées à chaque apporteur en industrie ;

7° L'affirmation de la libération, totale ou partielle suivant le cas, des apports concourant à la formation du capital social.

Art. 13 *(D. n° 92-194, 27 févr. 1992 ; mod., D. n° 2016-1510, 9 nov. 2016).* – **Peuvent faire l'objet d'apports à une société titulaire d'un office de commissaire-priseur judiciaire :**

a) **L'exercice par un commissaire-priseur judiciaire démissionnaire ou par un gérant d'une société civile professionnelle en voie de dissolution ou par un liquidateur d'une société dissoute du droit de présenter la société pour successeur à l'agrément du garde des Sceaux, ministre de la Justice ;**

b) **L'exercice par un ou plusieurs ayants droit d'un commissaire-priseur judiciaire décédé, s'ils satisfont aux conditions requises pour exercer la profession de commissaire-priseur judiciaire, de leur droit de présenter la société pour successeur de leur auteur, à l'agrément du garde des Sceaux, ministre de la Justice ;**

c) **Le bénéfice résultant pour la société de la suppression de l'office du commissaire-priseur judiciaire démissionnaire ou de la société civile professionnelle dissoute ou en voie de dissolution ;**

d) **Tous droits incorporels et tous meubles utiles à l'exercice de la profession de commissaire-priseur judiciaire ;**

e) **Les immeubles devant servir à l'établissement du siège de l'office et, le cas échéant, des bureaux annexes ;**

f) **Toutes sommes en numéraire ;**

g) **L'industrie des associés dans les conditions prévues par l'article 1843-2 du Code civil.**

Art. 14 *(D. n° 92-194, 27 févr. 1992 ; mod., D. n° 2016-1510, 9 nov. 2016).* – **Les parts sociales ne peuvent être ni données en nantissement ni vendues aux enchères publiques.**

Le montant nominal des parts sociales ne peut être inférieur à 152,45 €.

Les parts d'intérêt correspondant aux apports en industrie sont incessibles et doivent être annulées lorsque leur titulaire quitte la société pour quelque cause que ce soit, y compris la dissolution de celle-ci.

Art. 15. – **Les parts sociales attribuées en contrepartie des apports en nature visés aux** ***a, b, c*** **de l'article 13 sont réputées libérées par l'engagement pris dans l'acte de société par les apporteurs intéressés d'exercer leur droit de présentation en faveur de la société ou, le cas échéant, de démissionner de leurs fonctions en demandant la suppression de l'office dont ils sont titulaires, le tout sous réserve de la condition suspensive prévue à l'article 6.**

Les parts sociales correspondant à des apports en numéraire doivent être libérées, lors de la souscription, du quart au moins de leur valeur nominale.

La libération du surplus doit intervenir en une ou plusieurs fois, soit aux dates prévues par les statuts, soit sur décision de l'assemblée des associés, et au plus tard dans un délai de cinq ans à compter de la nomination de la société.

Dans les huit jours de leur réception, les fonds provenant des souscriptions en numéraire sont déposés, soit à la caisse des dépôts et consignations, soit chez un notaire ou dans une banque.

Le retrait des fonds provenant des souscriptions en numéraire est effectué par un mandataire de la société sur la seule justification de la nomination de celle-ci dans les fonctions de commissaire-priseur.

Section III. – Publicité. Entrée en fonctions

Art. 16 *(D. n° 92-194, 27 févr. 1992 ; mod., D. n° 2016-1510, 9 nov. 2016)*. – L'immatriculation de la société au registre du commerce et des sociétés est régie par la section 1 du chapitre III du titre II du livre Ier du Code de commerce, sous réserve des dispositions ci-après.

Une ampliation de l'arrêté de nomination prévu à l'article 5 est adressée par les associés au greffe du tribunal où a été déposée la demande d'immatriculation au registre du commerce et des sociétés. Au reçu de cette ampliation, le greffier procède à l'immatriculation et en informe le garde des Sceaux, ministre de la Justice, ainsi que le procureur général près la cour d'appel dans le ressort de laquelle est fixé le siège de la société.

La société est dispensée d'insérer dans un journal d'annonces légales les avis prévus aux articles 22, 24 et 26 du décret n° 78-704 du 3 juillet 1978.

Art. 17 *(D. n° 92-194, 27 févr. 1992)*. – Les dispositions réglementaires relatives à la prestation de serment sont applicables aux commissaires-priseurs associés.

La société ne peut entrer en fonction qu'après la prestation de serment de tous ses membres. Ceux-ci n'ont le droit d'instrumenter qu'à compter du jour où ils ont prêté serment.

L'associé qui a déjà prêté serment en qualité de commissaire-priseur n'a pas à renouveler son serment.

Tout associé qui n'a pas prêté serment dans le mois suivant la publication de l'arrêté prévu au premier alinéa de l'article 5 peut, sauf cas de force majeure, être déchu par arrêté du garde des Sceaux, ministre de la Justice, de sa qualité d'associé et ses parts sociales sont cédées dans les conditions fixées à l'article 32.

CHAPITRE II. – FONCTIONNEMENT DE LA SOCIÉTÉ

Section I. – Administration de la société

§ 1. – Gérants

Art. 18. – Par application de l'article 11 de la loi précitée du 29 novembre 1966, les dispositions relatives aux gérants sont fixées par les statuts.

§ 2. – Assemblées

Art. 19. – Les décisions qui excèdent les pouvoirs des gérants sont prises par les associés réunis en assemblée. Les associés tiennent au moins une assemblée générale annuelle. D'autres assemblées peuvent avoir lieu sur la demande d'un ou de plusieurs associés représentant au moins la moitié en nombre de ceux-ci ou le quart du capital, en indiquant l'ordre du jour.

Les statuts déterminent les modalités de convocation de l'assemblée.

Art. 20 *(D. n° 92-194, 27 févr. 1992)*. – Toute délibération fait l'objet d'un procès-verbal signé par les associés présents et contenant notamment : la date et le lieu de la réunion, son ordre du jour détaillé, l'identité des associés présents ou représentés, un résumé des débats, le texte des résolutions mises aux voix et le résultat des votes.

Le procès-verbal signé par tous les associés fait foi de la tenue d'une assemblée.

Les procès-verbaux sont établis sur un registre spécial, préalablement coté et paraphé par le président de la chambre de discipline ou un membre de la chambre délégué par lui. Le registre est conservé au siège de la société.

Art. 21. – Les statuts fixent le nombre de voix dont dispose chaque associé.

Un associé peut se faire représenter à une assemblée par un autre associé porteur d'un mandat écrit.

L'assemblée ne peut délibérer valablement que si les trois quarts au moins des associés sont présents ou représentés.

Si ce quorum n'est pas atteint, les associés peuvent être convoqués une seconde fois et l'assemblée délibère si le nombre des associés présents ou représentés est au moins de deux.

Art. 22. – En dehors des cas prévus par les dispositions de la loi précitée du 29 novembre 1966 concernant les cessions de parts et par les articles 23, 24, 34 (alinéa 2), 56 et 74 ci-après, les décisions sociales sont prises à la majorité des voix dont disposent les associés présents ou représentés.

Toutefois, les statuts peuvent imposer l'exigence d'une majorité plus forte, ou même l'unanimité des associés, pour toutes les décisions ou pour certaines d'entre elles.

Art. 23. – La modification des statuts est décidée à la majorité des trois quarts des voix de l'ensemble des associés.

Art. 23-1 *(D. n° 2017-795, 5 mai 2017)*. – La majorité requise pour approuver une des opérations mentionnées au premier alinéa de l'article 27 de la loi du 29 novembre 1966 susvisée est celle prévue à l'article 23.

Art. 24. – Le droit de présentation dont la société est titulaire ne peut être exercé que du consentement unanime des associés.

§ 3. – Comptes sociaux et information des associés

Art. 25 *(D. n° 92-194, 27 févr. 1992)*. – Après clôture de chaque exercice, le gérant ou l'un des gérants établit, dans les conditions fixées par les statuts, les comptes annuels de la société et un rapport sur les résultats de la société.

Dans les trois mois qui suivent la clôture de l'exercice, les documents visés à l'alinéa précédent sont soumis à l'approbation de l'assemblée des associés.

À cette fin, ils sont adressés à chaque associé, avec le texte des résolutions proposées, quinze jours au moins avant la réunion de l'assemblée et, au plus tard, avec la convocation à cette assemblée.

Art. 26. – Chaque associé peut, à toute époque, prendre connaissance par lui-même des documents visés à l'article précédent ainsi que de tous registres et documents comptables dont la tenue est prescrite par les dispositions législatives ou réglementaires relatives à la profession de commissaire-priseur.

Section II. – Cessions et transmissions de parts sociales

§ 1. – Cessions entre vifs par un associé

Art. 27 *(D. n° 92-194, 27 févr. 1992 ; mod., D. n° 2009-452, 22 avr. 2009 ; D. n° 2016-1510, 9 nov. 2016)*. – Toute convention par laquelle l'un des associés cède la totalité ou une fraction de ses parts sociales à un tiers est passée sous la condition suspensive de l'agrément du cessionnaire par les autres associés et, s'il y a lieu, de l'approbation du retrait du cédant prononcée par arrêté du garde des Sceaux, ministre de la Justice.

Le projet de cession de parts sociales est notifié à la société et à chacun des associés par lettre recommandée avec demande d'avis de réception.

Si la société a, dans la même forme, notifié son consentement exprès à la cession ou si elle n'a pas fait connaître sa décision dans le délai de deux mois à compter de la dernière des notifications prévues à l'alinéa 2, le cessionnaire adresse au garde des Sceaux, ministre de la Justice, une requête tendant à sa nomination en qualité de commissaire-priseur judiciaire associé.

Cette requête est transmise par téléprocédure sur le site internet du ministère de la Justice.

Elle est accompagnée de l'expédition de l'acte de cession de parts sociales si celui-ci a été établi dans la forme authentique ou de l'un des originaux de cet acte dans le cas contraire ainsi que de toutes pièces justificatives, notamment celles qui établissent le consentement exprès ou tacite donné par la société à la cession sans préjudice de celles exigées de tout candidat aux fonctions de commissaire-priseur judiciaire. Lorsque le futur associé doit contracter un emprunt, il doit, en outre, produire les éléments permettant d'apprécier ses possibilités financières au regard des engagements contractés.

Le prix de cession et ses modalités de paiement sont fixés par les parties.

L'article 8 est applicable s'agissant d'apprécier les capacités professionnelles et l'honorabilité du cessionnaire.

Art. 28 *(D. n° 92-194, 27 févr. 1992 ; mod., D. n° 2009-452, 22 avr. 2009 ; D. n° 2016-1510, 9 nov. 2016)*. – Dans le cas où la société refuse de consentir à la cession, elle dispose d'un délai de six mois à compter de la notification de son refus par lettre recommandée avec demande d'avis de réception pour notifier, dans la même forme, à l'associé qui persiste dans son intention de céder ses parts sociales et conformément aux dispositions du troisième alinéa de l'article 19 de la loi du 29 novembre 1966 précitée, un projet de cession ou de rachat de celles-ci. Ce projet vaut engagement du cessionnaire ou de la société se portant acquéreur.

Ce délai peut être prorogé par le garde des Sceaux, ministre de la Justice, à la demande de tous les associés, y compris le cédant. Si l'acquéreur est un tiers, les dispositions de l'article 27 sont applicables, à l'exception de celles concernant la notification à la société elle-même et de celles du troisième alinéa de ce même article.

La requête du cessionnaire doit être transmise au garde des Sceaux, ministre de la Justice avant l'expiration du délai mentionné aux premier et deuxième alinéas.

À défaut d'accord entre les parties, le prix de cession est fixé par un expert désigné dans les conditions prévues à l'article 1843-4 du Code civil. Toute clause contraire est réputée non écrite.

Le cessionnaire prend par écrit l'engagement de payer le prix ainsi fixé. Son engagement est joint à sa requête et une copie du projet d'acte de cession tient lieu de l'expédition ou de l'un des originaux visés au cinquième alinéa de l'article 27.

Si les parts sociales sont acquises par la société, par les associés, ou l'un ou plusieurs d'entre eux, il est procédé conformément à l'article 29. En ce cas, l'expédition ou l'un des originaux de l'acte de cession est adressé au garde des Sceaux, ministre de la Justice avant l'expiration du délai prévu aux premier et deuxième alinéas.

Lorsque l'associé cédant refuse de signer l'acte portant cession de ses parts à la société, à ses coassociés, à l'un ou plusieurs d'entre eux ou à un tiers, il est passé outre à son refus deux mois après la mise en demeure par lettre recommandée avec demande d'avis de réception qui lui est faite par la société et qui est demeurée infructueuse. Son retrait de la société est prononcé par arrêté du garde des Sceaux, ministre de la Justice, et le prix de cession des parts est consigné à la diligence du cessionnaire.

Art. 29 *(D. n° 92-194, 27 févr. 1992 ; mod., D. n° 2009-452, 22 avr. 2009 ; D. n° 2016-1510, 9 nov. 2016 ; D. n° 2017-895, 6 mai 2017)*. – Toute convention par laquelle un des associés cède une partie de ses parts sociales à la société, aux autres associés ou à l'un ou plusieurs d'entre eux, est portée par le ou les cessionnaires à la connaissance du garde des Sceaux, ministre de la Justice, par téléprocédure sur le site internet du ministère de la Justice, dans un délai de trente jours.

Il en est de même lorsqu'un des associés cède la totalité de ses parts à la société, aux autres associés ou à l'un ou plusieurs d'entre eux dans l'une des conditions suivantes :

1° S'il demeure dans la société étant attributaire de parts d'intérêts ;

2° S'il est atteint par la limite d'âge ou, le cas échéant, à l'expiration de son autorisation de prolongation d'activité.

Art. 30 *(Mod., D. n° 92-194, 27 févr. 1992)*. – Les articles 27, 28 et 29 sont également applicables à la cession à titre gratuit de tout ou partie de ses parts sociales consentie par l'un des associés.

Art. 31 *(D. n° 92-194, 27 févr. 1992 ; mod., D. n° 2016-1510, 9 nov. 2016)*. – I. – Lorsqu'un associé demande son retrait de la société en cédant la totalité de ses parts sociales, il est procédé conformément aux dispositions des articles 27 et 28.

II. – Lorsqu'un associé entend demander à la société de satisfaire à l'obligation à laquelle elle est tenue en application de l'article 21 de la loi n° 66-879 du 29 novembre 1966 susvisée, il notifie sa demande par lettre recommandée avec demande d'avis de réception à ses associés ainsi qu'à la société, qui remplit son obligation dans un délai de douze mois à compter de cette notification, sous condition suspensive de l'acceptation du retrait par arrêté du garde des Sceaux, ministre de la Justice.

III. – L'associé titulaire de parts d'intérêt qui entend demander son retrait au garde des Sceaux, ministre de la Justice, en informe la société et ses associés par lettre recommandée avec demande d'avis de réception.

En application du dernier alinéa de l'article 14, la société annule les parts d'intérêt de l'associé qui entend demander son retrait dans un délai de six mois à compter de la notification prévue au précédent alinéa, sous condition suspensive de l'acceptation du retrait par arrêté du garde des Sceaux, ministre de la Justice.

Art. 31-1 *(D. n° 92-194, 27 févr. 1992).* – En cas d'empêchement ou d'inaptitude d'un associé dans les conditions prévues au deuxième alinéa de l'article 45 de l'ordonnance n° 45-1418 du 28 juin 1945, cet associé est déclaré démissionnaire d'office par arrêté du garde des Sceaux, ministre de la Justice.

Les dispositions de l'article 32 sont applicables à la cession de parts sociales de cet associé.

Art. 32. – L'associé destitué dispose d'un délai de six mois à compter du jour où sa destitution est devenue définitive pour céder ses parts sociales à un tiers dans les conditions prévues à l'article 27.

Si, à l'expiration de ce délai, aucune cession n'est intervenue, il est procédé conformément aux dispositions de l'article 28 dans la mesure où celles-ci sont de nature à recevoir application.

L'associé destitué peut également, avant l'expiration du délai précité, céder ses parts sociales à la société, aux autres associés ou à l'un ou plusieurs de ceux-ci, dans les conditions prévues à l'article 29.

Art. 33 *(D. n° 92-194, 27 févr. 1992).* – Sous réserve des règles de protection et de représentation des incapables, les dispositions de l'article précédent sont applicables à la cession de parts sociales de l'associé frappé d'interdiction légale ou placé sous le régime de la tutelle des incapables majeurs.

Elles sont également applicables à la cession de parts sociales de l'associé dont l'exclusion de la société a été décidée dans le cas de condamnation mentionné à l'article 56.

Le délai de six mois imparti à l'associé exclu pour céder ses parts à un tiers court à compter du jour où la décision des autres associés prononçant son exclusion lui a été notifiée par lettre recommandée avec demande d'avis de réception.

Art. 33-1 *(D. n° 2016-1510, 9 nov. 2016 ; mod., D. n° 2017-895, 6 mai 2017).* – Afin de se conformer aux exigences légales résultant de l'arrêt de l'exercice de la profession de commissaire-priseur judiciaire à la date à laquelle il atteint la limite d'âge ou à celle où expire l'autorisation de poursuite d'activité prévue à l'article 1-1-2 de l'ordonnance du 26 juin 1816 susvisée, l'associé organise la cession de ses parts sociales, dans les conditions prévues aux articles 27, 28, 30 et 31, afin qu'elle prenne effet au plus tard à cette date.

Six mois avant la date à laquelle il atteint la limite d'âge, l'associé informe la société et ses associés, par lettre recommandée avec demande d'avis de réception, de l'état d'avancement de son projet de cession ou, le cas échéant, de l'absence de perspective de cession à cette date. Lorsqu'il bénéficie d'une autorisation de poursuite d'activité, il renouvelle cette information six mois avant son expiration.

Si, à la date à laquelle l'associé atteint la limite d'âge ou à l'expiration de l'autorisation de poursuivre son activité, aucune cession n'est intervenue, la société dispose d'un délai de six mois pour notifier à l'associé un projet de cession ou d'achat de ses parts, dans les conditions prévues à l'article 28. Tant que la cession ou l'achat de ses parts par la société n'est pas intervenu, l'associé conserve la faculté de céder lui-même ses parts dans les conditions prévues à l'article 27.

§ 2. – Cessions après décès d'un associé

Art. 34. – Le délai prévu par l'article 24 (alinéa 2) de la loi précitée du 29 novembre 1966 est fixé à un an à compter du décès de l'associé. Ce délai d'un an est éventuellement prorogé dans les conditions prévues audit article 24 (alinéa 2) de la loi.

Il peut être renouvelé par le garde des Sceaux, ministre de la Justice, à la demande des ayants droit de l'associé décédé et avec le consentement de la société donné dans les conditions prévues pour la cession des parts sociales, par l'article 19 (alinéa 1) de la loi précitée.

Art. 35. – Si, pendant le délai prévu à l'article précédent, le ou les ayants droit décident de céder à un tiers étranger à la société les parts sociales de leur auteur, il est procédé conformément aux dispositions des articles 27 et 28.

Pendant le même délai, si la société, les associés survivants ou un ou plusieurs de ceux-ci acceptent, en accord avec le ou les ayants droit de l'associé décédé d'acquérir les parts sociales de celui-ci, il est procédé conformément aux dispositions de l'article 29.

Art. 36 *(D. n° 92-194, 27 févr. 1992).* – Toute demande d'un ou de plusieurs ayants droit d'un associé décédé tendant à l'attribution préférentielle à leur profit des parts sociales de leur auteur est notifiée à la société et à chacun des associés par lettre recommandée avec demande d'avis de réception.

Les modalités de cette attribution sont régies, pour le surplus, par les dispositions de l'article 27 et, le cas échéant, par celles de l'article 28 (alinéas 4, 5 et 7).

Art. 37 *(D. n° 92-194, 27 févr. 1992).* – Lorsqu'à l'expiration du délai prévu à l'article 34, le ou les ayants droit de l'associé décédé n'ont pas exercé la faculté de céder les parts sociales de leur auteur, et si aucun consentement préalable à l'attribution préférentielle n'a été donné par la société, celle-ci dispose d'une année pour acquérir ou faire acquérir les parts sociales de l'associé décédé. Ce délai peut être prorogé par le garde des Sceaux, ministre de la Justice, à la demande de tous les intéressés.

Si les parts sociales sont cédées à un tiers, les dispositions de l'article 27 et celles de l'article 28 (alinéas 4, 5 et 7) sont applicables.

Si elles sont acquises par la société, les associés ou certains d'entre eux, il est procédé conformément aux dispositions des articles 28 et 29.

Art. 38 *(D. n° 92-194, 27 févr. 1992 ; mod., D. n° 2016-1510, 9 nov. 2016).* – La publicité de la cession de parts accompagnée, le cas échéant, d'une réduction du capital social, en application de l'article 21 de la loi du 29 novembre 1966 précitée, est accomplie selon les règles fixées par l'article 52 du décret du 3 juillet 1978 précité.

Dans le cas prévu au septième alinéa de l'article 28, cette publicité résulte du dépôt de deux copies de la mise en demeure adressée au cédant et des pièces justifiant de la signification de cette mise en demeure.

§ 3. – Publicité

Art. 39 *(Mod., D. n° 92-194, 27 févr. 1992).* – Chacun des arrêtés pris pour l'application des articles 27 à 33 et 35 à 37 ci-dessus modifie ou complète l'arrêté prévu à l'article 5. Il fixe la liste des commissaires-priseurs associés en tenant compte du retrait ou de la nomination de certains d'entre eux.

À la diligence de la société, une copie de chacun de ces arrêtés est adressée au greffier du tribunal de commerce ou du tribunal de grande instance statuant commercialement du lieu du siège social pour être versée au dossier ouvert au nom de la société au registre du commerce et des sociétés.

Section III. – Nomination de nouveaux commissaires-priseurs associés. Augmentation du capital social. Prorogation de la société

Art. 40. – Le nombre des associés peut être augmenté au cours de l'existence de la société, avec ou sans augmentation du capital social.

Tout nouvel associé doit remplir les conditions requises pour exercer la profession de commissaire-priseur, et être agréé par le garde des Sceaux, ministre de la Justice, qui le nomme en qualité de commissaire-priseur associé.

Art. 41 *(Mod., D. n° 92-194, 27 févr. 1992).* – Si le nouvel associé entre dans la société en acquérant des parts sociales dont les associés ou l'un ou certains de ceux-ci sont titulaires, il est procédé conformément à l'article 27.

Si le nouvel associé entre dans la société en apportant sa seule industrie, les dispositions du premier alinéa de l'article 5 sont applicables.

Art. 42 *(D. n° 92-194, 27 févr. 1992 ; mod., D. n° 2016-1510, 9 nov. 2016).* – Si la nomination du nouvel associé intervient à l'occasion d'une augmentation du capital social, les dispositions des articles 5, 7, 8, 9, 10, 11 et 17 sont applicables.

La décision d'augmenter le capital social est prise sous la condition suspensive de la nomination du nouvel associé par le garde des Sceaux, ministre de la Justice.

Si le nouvel associé entre dans la société en apportant le bénéfice résultant de la suppression de l'office dont il était titulaire au moment de son entrée dans la société, le siège de celle-ci peut être transféré au lieu où était établi cet office.

Art. 43 *(Mod., D. n° 92-194, 27 févr. 1992).* – Si la constitution de réserves au moyen de bénéfices non distribués ou le dégagement de plus-values d'actif dues à l'industrie des associés le permet, il est procédé périodiquement à l'augmentation du capital social, et les part sociales ainsi créées doivent être attribuées à tous les associés, y compris à ceux qui n'ont apporté que leur industrie.

Les statuts fixent les conditions d'application des dispositions de l'alinéa précédent.

Cette augmentation du capital ne peut intervenir avant la libération totale des parts sociales correspondant à des apports en numéraire.

Art. 44 *(Mod., D. n° 92-194, 27 févr. 1992).* – La décision de proroger la société doit être immédiatement portée à la connaissance du garde des Sceaux, ministre de la Justice, par un gérant.

Art. 44-1 *(D. n° 92-194, 27 févr. 1992).* – Lors de l'entrée de nouveaux associés dans la société, une copie des arrêtés portant nomination de ces associés est adressée par la société au greffier du tribunal de commerce ou du tribunal de grande instance statuant commercialement du lieu du siège social pour être versée au dossier ouvert au nom de la société au registre du commerce et des sociétés.

Section IV. – Exercice des fonctions de commissaire-priseur par la société et les associés

§ 1. – Exercice de la profession, interdiction et incompatibilités diverses

Art. 45 *(D. n° 92-194, 27 févr. 1992 ; mod., D. n° 2016-1510, 9 nov. 2016).* – L'appellation de « société titulaire d'un office » de commissaire-priseur judiciaire « ou, le cas échéant, de » société titulaire d'offices de commissaire-priseur judiciaire « de commissaire-priseur judiciaire », à l'exclusion de toute autre, doit accompagner la dénomination sociale dans toutes correspondances et tous documents émanant de la société.

Dans tous les actes dressés par lui et dans toutes les correspondances, chaque associé indique son titre de commissaire-priseur judiciaire, sa qualité d'associé d'une société titulaire d'un ou plusieurs offices de commissaire-priseur judiciaire de commissaire-priseur judiciaire et l'adresse du siège de cette société.

Art. 46 *(D. n° 92-194, 27 févr. 1992 ; mod., D. n° 2016-1510, 9 nov. 2016 ; n° 2017-895, 6 mai 2017).* – Tout associé ne peut être membre que d'une seule société civile professionnelle de commissaires-priseurs judiciaires et ne peut exercer ses fonctions ni à titre individuel ni en qualité de membre d'une autre société, quelle qu'en soit la forme, ni en qualité de commissaire-priseur salarié.

Si la société est titulaire de plusieurs offices, il exerce dans un seul de ces offices.

Art. 47 *(Mod., D. n° 92-194, 27 févr. 1992 ; mod., D. n° 2016-1510, 9 nov. 2016).* – Chaque associé exerce les fonctions de commissaire-priseur judiciaire au nom de la société. Les associés doivent consacrer à la société toute leur activité professionnelle et s'informer mutuellement de cette activité sans que puisse leur être reprochée une violation du secret professionnel.

Le commissaire-priseur judiciaire associé exerce à titre exclusif la profession de commissaire-priseur judiciaire.

Les deux alinéas qui précèdent ne font pas obstacle à l'exercice, par un commissaire-priseur judiciaire associé, dans une société distincte, des activités prévues au troisième alinéa de l'article 29 de la loi n° 2000-642 du 10 juillet 2000 portant réglementation des ventes volontaires de meubles aux enchères publiques.

Art. 48. – Sous réserve de l'application de celles du présent titre, toutes dispositions législatives et réglementaires relatives à l'exercice des fonctions de commissaire-priseur par les personnes physiques et spécialement, à la déontologie et à la discipline, sont applicables aux sociétés titulaires d'un office de commissaire-priseur et à leurs membres.

Art. 49 *(D. n° 2016-1510, 9 nov. 2016).* – L'associé qui souhaite bénéficier de l'autorisation de prolongation d'activité prévue en cas d'atteinte de la limite d'âge en informe la société et ses autres associés. Il les informe également de la suite réservée à sa demande.

Art. 50 *(D. n° 2016-1510, 9 nov. 2016).* – La liste des commissaires-priseurs judiciaires de la compagnie, dressée par ordre d'ancienneté, est divisée en deux parties.

Dans la première, sont inscrits les commissaires-priseurs judiciaires personnes physiques et les commissaires-priseurs judiciaires associés ; dans la seconde, sont inscrites les sociétés titulaires d'un office de commissaire-priseur judiciaire.

Lorsque la société est titulaire de plusieurs offices, elle est inscrite sur la liste de chaque compagnie dans le ressort de laquelle est situé au moins un de ses offices. Les commissaires-priseurs judiciaires associés sont inscrits uniquement sur la liste de la compagnie dans le ressort de laquelle se situe l'office au sein duquel ils exercent.

Le rang d'inscription des commissaires-priseurs judiciaires associés est déterminé par leur ancienneté personnelle. Le rang d'inscription des sociétés est déterminé par la date d'entrée dans la société du plus ancien de ses membres.

Art. 51 *(Mod., D. n° 92-194, 27 févr. 1992 ; D. n° 2016-1510, 9 nov. 2016).* – Chaque associé participe avec voix consultative aux assemblées professionnelles de commissaire-priseur judiciaire et notamment aux assemblées générales de la compagnie sur la liste de laquelle ils sont inscrits. La société ne dispose que d'une voix délibérative qui est exercée par l'un des associés mandaté à cette fin. Celui-ci est seul éligible à la chambre de discipline et à la chambre nationale. Toutefois, lorsque la société est inscrite sur la liste de plusieurs compagnies, elle dispose d'une voix délibérative dans chacune de ces compagnies. L'associé mandaté pour la représenter doit être inscrit sur la liste de la compagnie concernée.

Pour la détermination du nombre des membres devant composer les organismes professionnels, chaque associé compte pour une unité.

Si eu égard notamment aux effectifs, il est impossible de constituer une chambre de discipline sans déroger aux dispositions qui précèdent, le garde des Sceaux, ministre de la Justice, peut autoriser plusieurs membres d'une même société à faire partie de cette chambre.

Par dérogation aux dispositions des articles 9 (3e alinéa), 28 (4e alinéa) et 30 (3e alinéa) du décret n° 45-120 du 19 décembre 1945, le commissaire-priseur judiciaire démissionnaire membre d'un organisme professionnel, nommé commissaire-priseur judiciaire associé, continue l'exercice de ses fonctions jusqu'à l'expiration de son mandat, sauf si le siège de la société est situé hors du ressort de cet organisme ou de l'organisme dont il tient son mandat.

Art. 52 *(D. n° 92-194, 27 févr. 1992).* – Sauf dispositions législatives ou réglementaires contraires, les cotisations professionnelles dues par les titulaires d'offices de commissaires-priseurs sont établies au nom de la société et dues par celle-ci.

§ 1 *bis*. – Tenue des répertoires, conservation des minutes et autres documents professionnels

Art. 52-1 *(D. n° 2016-1510, 9 nov. 2016).* – Lorsque la société est titulaire de plusieurs offices, il est tenu un répertoire par office, conformément à l'article 13 de l'ordonnance du 26 juin 1816 susvisée et la conservation des minutes, des répertoires, des autres registres et documents professionnels et des dossiers de clients est assurée au sein de chaque office.

§ 2. – Comptabilité-Assurances

Art. 53 *(D. n° 92-194, 27 févr. 1992 ; mod., D. n° 2016-1510, 9 nov. 2016).* – Les règles concernant la tenue de la comptabilité des commissaires-priseurs judiciaires sont applicables à la société. Tous les registres et documents sont ouverts ou établis au nom de la société.

Dans le cas d'ouverture d'un bureau annexe, prévu à l'article 10 (2e alinéa), il doit être tenu des registres de comptabilité et un répertoire distincts concernant l'activité de ce bureau.

Lorsque la société est titulaire de plusieurs offices, une comptabilité distincte est tenue pour chaque office. La société doit en outre disposer, lorsqu'elle exerce l'activité prévue au dernier alinéa de l'article 1er de l'ordonnance du 2 novembre 1945 susvisée, d'un compte destiné à recevoir les fonds détenus pour le compte de tiers par office.

Art. 54. – La responsabilité de chaque société titulaire d'un office de commissaire-priseur est garantie, dans les conditions prévues à l'article 18 du décret susvisé du 19 décembre 1945, par la bourse commune de compagnie à laquelle elle cotise.

Chaque société régie par le présent titre est tenue de contracter une assurance de responsabilité professionnelle.

§ 3. – Discipline. Suppléance. Honorariat

Art. 55 *(Mod., D. n° 92-194, 27 févr. 1992).* – Sous réserve des articles suivants, les dispositions de l'ordonnance susvisée du 28 juin 1945 relative à la discipline des notaires et de certains officiers ministériels, sont applicables à la société et aux associés.

La société ne peut faire l'objet de poursuites disciplinaires indépendamment de celles qui seraient intentées contre les associés.

Art. 56 *(D. n° 92-194, 27 févr. 1992).* – Tout associé qui a fait l'objet d'une condamnation disciplinaire définitive à une peine égale ou supérieure à trois mois d'interdiction peut être contraint, à l'unanimité des autres associés, de se retirer de la société.

Ses parts sociales sont cédées dans les conditions prévues à l'article 33 (alinéas 2 et 3).

Art. 57 *(D. n° 92-194, 27 févr. 1992 ; mod., D. n° 2016-1510, 9 nov. 2016).* – L'associé interdit de ses fonctions ne peut exercer aucune activité professionnelle pendant la durée de sa peine, mais conserve pendant le même temps sa qualité d'associé avec tous les droits et obligations qui en découlent, à l'exclusion de sa vocation aux bénéfices professionnels.

La décision qui prononce l'interdiction d'un ou plusieurs associés, mais non de la totalité d'entre eux, ne commet pas d'administrateur.

La décision qui prononce l'interdiction, soit de la société soit de tous les associés, commet un ou plusieurs administrateurs pour accomplir tous actes professionnels relevant à titre obligatoire, notamment par l'effet de la loi ou par commission de justice, du ministère de la Société ou des commissaires-priseurs judiciaires associés interdits.

Au cas où la société et l'un ou plusieurs des associés sont interdits, les associés non interdits sont nommés administrateurs. Pour l'application des troisième et quatrième alinéas, peuvent être désignés en qualité d'administrateurs, soit avec les associés non interdits, soit si tous les associés sont interdits :

a) Des commissaires-priseurs judiciaires, des sociétés de commissaires-priseurs judiciaires visées au présent titre, des sociétés d'exercice libéral de commissaires-priseurs judiciaires ou des commissaires-priseurs judiciaires associés ;

b) Des anciens commissaires-priseurs judiciaires ou anciens commissaires-priseurs judiciaires associés ;

c) Des clercs de commissaire-priseur judiciaire répondant aux conditions d'aptitude exigées pour pouvoir être nommés commissaires-priseurs judiciaires. Si l'administrateur n'est pas commissaire-priseur judiciaire en exercice, il prête le serment exigé de tout commissaire-priseur judiciaire avant son entrée en fonctions ; de plus, il est tenu d'indiquer dans tous les actes dressés par lui et dans toutes les correspondances, son nom et sa qualité d'administrateur, ainsi que le nom et l'adresse du siège de la société.

L'administrateur procède aux actes professionnels qu'il a mission d'accomplir.

Nul ne peut être désigné administrateur s'il a atteint la limite d'âge prévue par l'article 1-1-2 de l'ordonnance du 26 juin 1816 susvisée.

Art. 58 *(D. n° 92-194, 27 févr. 1992).* – L'associé destitué est déchu de sa qualité de commissaire-priseur associé et cesse l'exercice de son activité professionnelle à compter du jour où la décision prononçant sa destitution est devenue exécutoire.

Ses parts sociales sont cédées dans les conditions fixées à l'article 32.

Les dispositions des premier et deuxième alinéas de l'article 57 sont applicables en cas de destitution.

Les effets de la destitution de la société sont régis par l'article 77.

Art. 59 *(D. n° 92-194, 27 févr. 1992 ; D. n° 2016-1510, 9 nov. 2016).* – Les dispositions des alinéas 2 à 10 de l'article 57 sont applicables au cas où serait prononcée la suspension provisoire prévue par l'ordonnance du 28 juin 1945 précitée.

L'associé provisoirement suspendu de l'exercice de ses fonctions conserve, pendant la durée de sa suspension, sa qualité d'associé, avec tous droits et obligations qui en découlent ; toutefois, sa participation dans les bénéfices est réduite de moitié, l'autre moitié étant attribuée par parts égales aux administrateurs associés ou non, ou, s'il n'est pas commis d'administrateur, à ceux des associés qui n'ont pas fait l'objet d'une suspension provisoire de l'exercice de leurs fonctions.

Art. 60 *(D. n° 92-194, 27 févr. 1992 ; D. n° 2016-1510, 9 nov. 2016).* – Si l'un des associés est temporairement empêché, par cas de force majeure, d'exercer ses fonctions, sa suppléance est assurée par les autres associés.

Si tous les associés sont simultanément empêchés, par cas de force majeure, d'exercer leurs fonctions, la gestion de l'office est assurée conformément aux dispositions réglementaires en vigueur.

Toutefois, le ou les suppléants sont choisis parmi les personnes énumérées aux *a*, *b* et *c* de l'article 57 et les dispositions des trois derniers alinéas de ce même article sont applicables.

Art. 61. – Les fonctions de commissaire-priseur associé sont assimilées à celles de commissaire-priseur pour la collation du titre de commissaire-priseur honoraire.

CHAPITRE III. – NULLITÉ. DISSOLUTION. LIQUIDATION DE LA SOCIÉTÉ

Art. 62 *(D. n° 92-194, 27 févr. 1992).* – La nullité ou la dissolution de la société n'est opposable aux tiers qu'à compter de l'accomplissement des formalités de publicité prévues par les articles 72, 75 (alinéa 2) et 81.

Section I. – Règles générales concernant la liquidation

Art. 63 *(D. n° 92-194, 27 févr. 1992).* – Lorsqu'une société est en état de liquidation, sa personnalité morale subsiste pour les besoins de la liquidation jusqu'à la clôture de celle-ci.

Sa *(Mots rempl., D. n° 2012-403, 23 mars 2012)* « dénomination sociale » est obligatoirement suivie de la mention « société en liquidation ».

Art. 64. – La liquidation est régie par les statuts, sous réserve des dispositions du présent chapitre et sauf dans les cas de nullité et de dissolution par suite de la destitution de la société.

Art. 65 *(D. n° 92-194, 27 févr. 1992 ; D. n° 2016-1510, 9 nov. 2016).* – Le liquidateur est désigné conformément aux statuts, sauf dans les cas prévus aux articles 64, 80 et 85. À défaut, il est désigné soit par la décision judiciaire qui prononce la nullité ou la dissolution de la société, soit par la délibération des associés qui constate ou décide cette dissolution.

Sous réserve des dispositions du quatrième alinéa de l'article 77, le liquidateur peut être choisi soit parmi les associés eux-mêmes, soit parmi les personnes visées aux *a*, *b* et *c* de l'article 57.

Nul ne peut être désigné liquidateur s'il a atteint la limite d'âge prévue l'article 1-1-2 de l'ordonnance du 26 juin 1816 susvisée.

Il peut être remplacé pour cause d'empêchement ou pour tout autre motif grave par le président du tribunal de grande instance statuant en référé à la demande, soit du liquidateur lui-même, soit des associés ou de leurs ayants droit, soit du ministère public.

Plusieurs liquidateurs peuvent être désignés.

Art. 66 *(D. n° 92-194, 27 févr. 1992 ; mod., D. n° 2016-1510, 9 nov. 2016).* – Le liquidateur représente la société pendant la durée de la liquidation de celle-ci et accomplit en remplacement des associés tous actes relevant de la profession de commissaire-priseur judiciaire.

Les dispositions des huitième et dixième alinéas de l'article 57 lui sont applicables.

À compter de la date de prestation de serment du successeur de la société, il cesse d'avoir qualité pour accomplir, au nom de celle-ci, les actes relevant de la profession de commissaire-priseur judiciaire.

Art. 67. – Le liquidateur dispose des pouvoirs les plus étendus pour procéder à la liquidation de la société ; il est chargé notamment de gérer celle-ci pendant sa liquidation, de réaliser son actif, d'apurer son passif, et, après remboursement du capital social aux associés ou à leurs ayants droit, de répartir entre ceux-ci, conformément aux dispositions des statuts, l'actif net provenant de la liquidation.

Les pouvoirs du liquidateur peuvent être précisés par la décision judiciaire, ou par la décision des associés qui lui a conféré ses fonctions.

Art. 68 *(Mod., D. n° 92-194, 27 févr. 1992).* – Sauf dans le cas où la société est dissoute par l'effet de sa destitution, le liquidateur exerce au nom de la société le droit de présentation prévu par l'article 91 de la loi susvisée du 28 avril 1816. Toutefois, si les associés ou leurs ayants droit, dans le cas prévu à l'article 82, ont fait choix à l'unanimité d'un candidat à l'office, le droit de présentation doit être exercé en sa faveur.

Si, dans le délai d'un an à compter de sa désignation, le liquidateur n'a pas exercé le droit de présentation dont la société est titulaire, l'office est pourvu dans les conditions fixées par les dispositions réglementaires relatives aux offices vacants. Ce délai peut être exceptionnellement prorogé par le garde des Sceaux, ministre de la Justice.

Art. 69. – Le liquidateur convoque les associés ou leurs ayants droit dans les trois mois suivant la clôture de chaque exercice et leur rend compte de sa gestion des affaires sociales.

Il les convoque également en fin de liquidation pour statuer sur le compte définitif, se faire délivrer *quitus* et constater la clôture de la liquidation.

Art. 70. – L'assemblée de clôture statue dans les conditions de quorum et de majorité prévues pour l'approbation des comptes annuels de la société.

Si elle ne peut délibérer ou refuse d'approuver les comptes du liquidateur, le tribunal de grande instance dans le ressort duquel la société a son siège statue à la demande du liquidateur ou de tout intéressé.

Art. 71 *(Mod., D. n° 92-194, 27 févr. 1992)*. – La décision judiciaire ou la décision de l'assemblée des associés qui nomme le liquidateur fixe sa rémunération.

Celle-ci peut être constituée par une quote-part ou la totalité des produits nets de l'office dont la société est titulaire.

Section II. – Dispositions particulières applicables aux différents cas de nullité ou de dissolution de la société

§ 1. – Nullité

Art. 72 *(D. n° 92-194, 27 févr. 1992)*. – À la diligence du procureur de la République, une décision judiciaire passée en force de chose jugée prononçant la nullité de la société fait l'objet d'une insertion au *Journal officiel* de la République française et d'un dépôt d'une de ses expéditions au dossier ouvert au nom de la société au greffe chargé de la tenue du registre du commerce et des sociétés.

Art. 73. – La nullité de la société ne porte pas atteinte à la validité des actes de leur profession effectués par les commissaires-priseurs associés avant la date où cette nullité est devenue définitive.

§ 2. – Dissolution par survenance du terme, dissolution anticipée

Art. 74 *(D. n° 92-194, 27 févr. 1992)*. – La dissolution anticipée prévue au 4° de l'article 1844-7 du Code civil est décidée par les trois quarts au moins des associés disposant ensemble des trois quarts des voix.

Le liquidateur est désigné à la majorité en nombre des associés détenant la moitié au moins des parts sociales et la moitié des parts d'industrie.

À défaut, il est désigné par ordonnance du président du tribunal de grande instance statuant en référé à la demande d'un associé ou du ministère public.

Art. 75 *(Mod., D. n° 92-194, 27 févr. 1992)*. – À moins qu'il n'ait été désigné à la requête du procureur de la République, le liquidateur informe celui-ci de sa désignation en lui faisant parvenir copie ou expédition de la délibération des associés, ou de la décision de justice qui l'a nommé dans ses fonctions.

Le liquidateur dépose au greffe chargé de la tenue du registre du commerce et des sociétés où la société est inscrite, pour être versée au dossier ouvert au nom de la société, la copie ou l'expédition mentionnée au premier alinéa, dont tout intéressé peut obtenir communication.

Il ne peut entrer en fonctions avant l'accomplissement des formalités précitées.

Art. 76 *(Mod., D. n° 92-194, 27 févr. 1992)*. – La société est réputée démissionnaire de son office à la date de sa dissolution.

La dissolution de la société n'est effective qu'à compter de la publication de l'arrêté du garde des Sceaux, ministre de la Justice, au *Journal officiel* de la République française.

§ 3. – Dissolution pour cause de destitution de la société

Art. 77. – La destitution de tous les associés ou de la société entraîne de plein droit la dissolution de celle-ci.

La décision qui prononce ces destitutions constate la dissolution de la société et ordonne sa liquidation.

Le liquidateur désigné remplit les fonctions de l'administrateur dont la nomination est prévue par l'article 20 de l'ordonnance précitée du 28 juin 1945.

Les associés destitués ne peuvent être choisis comme liquidateurs.

Art. 78 *(D. n° 92-194, 27 févr. 1992)*. – À la diligence du procureur de la République, une expédition de la décision prononçant la destitution de la société est versée au dossier ouvert au nom de la société au greffe chargé de la tenue du registre du commerce et des sociétés.

§ 4. – Dissolution par suite du décès des associés

Art. 79. – La société est dissoute de plein droit par le décès simultané de tous les associés ou par le décès du dernier survivant, si tous sont décédés successivement sans qu'à la date du décès du dernier d'entre eux les parts sociales des autres aient été cédées à des tiers.

Art. 80. – Par dérogation aux dispositions de l'article 65, le liquidateur est désigné conformément aux dispositions réglementaires applicables à la suppléance des offices et remplit les fonctions attribuées au suppléant par ces textes.

Art. 81 *(D. n° 92-194, 27 févr. 1992)*. – Une expédition de la décision nommant le liquidateur est déposée au greffe chargé de la tenue du registre du commerce et des sociétés où la société est inscrite pour être versée au dossier ouvert au nom de la société ; le dépôt est effectué à la diligence du procureur de la République si celui-ci a provoqué la nomination du liquidateur et à la diligence de ce dernier dans le cas contraire.

Art. 82. – Le liquidateur exerce le droit de présentation dont la société est titulaire, en faveur du candidat choisi à l'unanimité par les ayants droit des associés décédés.

§ 5. – Dissolution par suite du retrait de la société demandé par tous les associés

Art. 83. – La société est dissoute de plein droit si tous les associés demandent simultanément leur retrait dans les conditions prévues à l'article 21 de la loi précitée du 29 novembre 1966 et à l'article 31 ci-dessus, ou s'ils ont demandé successivement ce retrait, sans qu'à la date de la dernière demande les parts sociales des autres associés aient été cédées à des tiers.

La dissolution a lieu à la date de la notification à la société des demandes simultanées de retrait ou de la dernière de ces demandes.

Les dispositions des articles 74 à 76 reçoivent application.

§ 6. – Dissolution de la société dans le cas où il ne subsiste qu'un seul associé

Art. 84 *(D. n° 92-194, 27 févr. 1992 ; mod., D. n° 2016-1510, 9 nov. 2016)*. – Dans le délai d'un an prévu à l'article 1844-5 du Code civil, l'associé unique peut céder, conformément aux dispositions de l'article 27 ci-dessus, une partie de ses parts sociales à un tiers qui remplit les conditions prescrites par l'article 3. L'associé unique peut également exercer en faveur d'un tiers le droit de présentation dont la société est titulaire. La société se trouve alors dissoute de plein droit, à compter de la date de prestation de serment du nouveau titulaire de l'office.

L'associé unique peut encore participer, par voie de fusion, à la constitution d'une nouvelle société civile professionnelle. La société se trouve dissoute de plein droit à compter de la date de prestation de serment de tous les associés de la nouvelle société civile professionnelle.

Il peut, enfin, demander à être nommé lui-même commissaire-priseur judiciaire en remplacement de la société. Il adresse dans ce cas une requête motivée et accompagnée de toutes justifications au garde des Sceaux, ministre de la Justice, par téléprocédure sur le site internet du ministère de la Justice. La société est dissoute à compter de la nomination de l'associé en qualité de commissaire-priseur judiciaire en remplacement de la société.

Art. 85 *(D. n° 92-194, 27 févr. 1992 ; mod., D. n° 2016-1510, 9 nov. 2016)*. – **La société est dissoute dans les conditions prévues à l'article 1844-5 du Code civil si, à l'expiration du délai d'un an prévu par ce texte, toutes les parts sociales demeurent réunies en une seule main.**

L'associé unique est de plein droit liquidateur de la société.

§ 7. – Dissolution de la société pour cause d'empêchement ou d'inaptitude de tous les associés

Art. 85-1 *(D. n° 92-194, 27 févr. 1992 ; mod., D. n° 2016-1510, 9 nov. 2016)*. – **La société peut être déclarée dissoute d'office par arrêté du garde des Sceaux, ministre de la Justice, lorsque tous les associés sont déclarés démissionnaires d'office dans les conditions prévues à l'article 45 de l'ordonnance du 28 juin 1945 précité, ainsi que dans le cas où tous les associés atteindraient la limite d'âge fixée pour l'exercice de leurs fonctions ou, le cas échéant, ne pourraient plus se prévaloir de l'autorisation de prolongation d'activité délivrée par le garde des Sceaux, ministre de la Justice.**

§ 8. – Dissolution de la société pour cause de fusion

Art. 85-2 *(D. n° 92-194, 27 févr. 1992 ; mod., D. n° 2016-1510, 9 nov. 2016)*. – **En cas de fusion de sociétés civiles professionnelles, chacune de ces sociétés est dissoute de plein droit. La dissolution a lieu sous la condition suspensive de la réalisation définitive de la fusion et de la nomination de la nouvelle société.**

La fusion est décidée, dans chaque société, par les trois quarts au moins des associés disposant des trois quarts des voix.

En l'absence de dispositions statutaires, et à défaut de désignation d'un représentant spécial aux mêmes conditions de majorité par les assemblées décidant la fusion, les gérants procèdent collectivement à la constitution de la nouvelle société civile professionnelle lorsque cette forme sociale est choisie.

Ils présentent, au nom des associés, au garde des Sceaux, ministre de la Justice, la demande de nomination de la nouvelle société selon les modalités prévues aux articles 7, 8, 10-1 et 10-2.

La dissolution des sociétés participant à cette fusion prend effet à la date de sa constatation par l'arrêté qui procède à la nomination de la nouvelle société.

§ 9. – Dissolution de la société pour cause de scission

Art. 85-3 *(D. n° 92-194, 27 févr. 1992 ; mod., D. n° 2016-1510, 9 nov. 2016)*. – **La scission d'une société civile professionnelle emporte de plein droit sa dissolution. Celle-ci a lieu sous la condition suspensive de la réalisation définitive de la scission par la nomination par le garde des Sceaux, ministre de la Justice, des sociétés nouvelles issues de la scission.**

La scission est décidée par les trois quarts au moins des associés disposant des trois quarts des voix.

En l'absence de dispositions statutaires, et à défaut de désignation d'un représentant spécial aux mêmes conditions de majorité par l'assemblée décidant la scission, le ou les gérants de la société agissent en son nom dans toutes les opérations tendant à cette scission.

Les demandes de nomination des nouvelles sociétés issues de cette scission sont présentées par les associés selon les modalités prévues aux articles 7, 8, 10-3 et 10-4 lorsque ces nouvelles sociétés sont des sociétés civiles professionnelles.

Le même arrêté constate la dissolution de la société scindée et prononce la nomination des nouvelles sociétés.

§ 10. – Dissolution de la société pour cause de constitution par ses membres de sociétés, différentes de ventes volontaires de meubles aux enchères publiques

(D. n° 2001-650, 19 juill. 2001)

Art. 85-4 *(D. n° 2001-650, 19 juill. 2001)*. – **Dans le cas de dissolution prévu à l'article 56 de la loi n° 2000-642 du 10 juillet 2000 portant réglementation des ventes volontaires de meubles aux enchères publiques, il est procédé conformément aux deuxième et troisième alinéas de l'article 74 et aux articles 75 et 76.**

Section III. – Nomination à un office créé d'un associé d'une société dissoute

Art. 86 *(D. n° 92-194, 27 févr. 1992)*. – **Lorsque la société a été dissoute, l'associé qui envisage de solliciter sa nomination à un office créé à son intention dans le département où la société dissoute a son siège doit notifier aux autres associés et aux liquidateurs son intention dans le délai de deux mois de la décision de dissolution ou de l'arrivée du terme fixé par les statuts.**

Art. 87 *(D. n° 92-194, 27 févr. 1992 ; mod., D. n° 2009-452, 22 avr. 2009 ; D. n° 2016-1510, 9 nov. 2016)*. – **La demande de l'intéressé, adressée au garde des Sceaux, ministre de la Justice, par téléprocédure sur le site internet du ministère de la Justice est accompagnée de toutes pièces justificatives.**

S'agissant d'apprécier les capacités professionnelles et l'honorabilité du demandeur, il est fait application des dispositions de l'article 8.

Art. 88 *(Abr., D. n° 2016-1510, 9 nov. 2016)*.

Art. 89 *(D. n° 92-194, 27 févr. 1992)*. – **La création de l'office et la nomination de son titulaire sont prononcées par arrêté du garde des Sceaux, ministre de la Justice, sans qu'il y ait lieu de recourir à la procédure prévue aux articles 27 à 33 du décret n° 73-541 du 19 juin 1973.**

Art. 89-1 *(Abr., D. n° 2016-1510, 9 nov. 2016)*.

Section IV. – Nomination à un office créé d'un associé
qui se retire pour cause de mésentente
(D. n° 92-194, 27 févr. 1992)

Art. 89-2 *(D. n° 92-194, 27 févr. 1992)*. – **Lorsqu'un commissaire-priseur entend se retirer de la société au sein de laquelle il est associé dans les conditions prévues par le deuxième alinéa de l'article 18 de la loi du 29 novembre 1966 précitée et solliciter sa nomination à un office créé à son intention dans le département où est situé le siège de la société, il doit au préalable faire constater par le tribunal de grande instance dans le ressort duquel la société a son siège la réalité de la mésentente invoquée qui doit être de nature à paralyser le fonctionnement de la société ou d'en compromettre gravement les intérêts sociaux.**

Le président de la chambre de discipline de la compagnie des commissaires-priseurs est appelé à présenter ses observations à l'audience.

Art. 89-3 *(D. n° 92-194, 27 févr. 1992 ; mod., D. n° 2009-452, 22 avr. 2009 ; D. n° 2016-1510, 9 nov. 2016)*. – **La demande de l'intéressé, adressée au garde des Sceaux, ministre de la Justice, par téléprocédure sur le site internet du ministère de la Justice est accompagnée de la décision passée en force de chose jugée constatant la mésentente.**

Art. 89-4 *(Abr., D. n° 2016-1510, 9 nov. 2016)*.

Art. 89-5 *(D. n° 92-194, 27 févr. 1992)*. – **La création de l'office et la nomination de son titulaire sont prononcées par arrêté du garde des Sceaux, ministre de la Justice, sans qu'il y ait lieu de recourir à la procédure prévue aux articles 27 à 33 du décret du 19 juin 1973 précité.**

Art. 89-6 *(Abr., D. n° 2016-1510, 9 nov. 2016)*.

Section V. – Nomination à des offices en cas de dissolution de la société
pour cause de constitution par ses membres de sociétés différentes
de ventes volontaires de meubles aux enchères publiques
(D. n° 2001-650, 19 juill. 2001)

Art. 89-7 *(D. n° 2001-650, 19 juill. 2001 ; mod., D. n° 2009-452, 22 avr. 2009 ; D. n° 2016-1510, 9 nov. 2016)*. – **Dans le cas de dissolution prévu à l'article 56 de la loi du 10 juillet 2000 précitée, les demandes de nomination, adressées au garde des Sceaux, ministre de la Justice, par téléprocédure sur le site internet du ministère de la Justice, sont accompagnées de toutes pièces justificatives.**

Art. 89-8 *(Abr., D. n° 2016-1510, 9 nov. 2016)*.

Art. 89-9 *(D. n° 2001-650, 19 juill. 2001)*. – La nomination dans l'office dont la société dissoute était titulaire, les créations d'offices et la nomination de leurs titulaires sont prononcées par arrêté du garde des Sceaux, ministre de la Justice, sans qu'il y ait lieu de recourir à la procédure prévue aux articles 27 à 33 du décret [n° 73-541] du 19 juin 1973 précité.

TITRE II. – DES SOCIÉTÉS DE COMMISSAIRES-PRISEURS

CHAPITRE I. – CONSTITUTION DE LA SOCIÉTÉ

Section I. – Dispositions générales. Agrément de la société

Art. 90 *(D. n° 92-194, 27 févr. 1992)*. – Les sociétés civiles professionnelles prévues à l'article 5 de la loi précitée du 29 novembre 1966 sont régies par le présent titre.

Elles reçoivent l'appellation de « Sociétés de commissaires-priseurs ».

La société n'est pas nommée titulaire d'un office et chacun des associés exerce ses fonctions dans l'office dont il est lui-même titulaire.

Art. 91. – La société ne peut être constituée qu'entre commissaires-priseurs exerçant dans un même département.

Art. 92. – La société doit être agréée par arrêté du garde des Sceaux, ministre de la Justice.

L'acte constitutif est passé sous la condition suspensive de cet agrément.

L'arrêté d'agrément indique le nom des associés, et s'il y a lieu, prononce le transfert des offices dont ceux-ci sont titulaires, et leur donne les autorisations prévues à l'article 95.

Art. 93 *(Mod., D. n° 92-194, 27 févr. 1992)*. – La demande d'agrément de la société est présentée et instruite conformément aux dispositions des articles 7 et 8, dans la mesure où elles sont compatibles avec celles du présent titre.

Art. 94 *(Abr., D. n° 2016-1510, 9 nov. 2016)*.

Art. 95 *(D. n° 92-194, 27 févr. 1992 ; mod., D. n° 97-1188, 24 déc. 1997 ; D. n° 2016-1510, 9 nov. 2016)*. – L'associé titulaire d'un office qui est transféré peut être autorisé par le garde des Sceaux, ministre de la Justice, à ouvrir un bureau annexe à son ancienne résidence.

Le bureau ainsi ouvert reste attaché à l'office sans qu'il soit besoin, lors de la nomination d'un nouveau titulaire, de renouveler l'autorisation accordée.

Art. 95-1 *(D. n° 92-194, 27 févr. 1992)*. – Des sociétés de commissaires-priseurs établies dans le même département peuvent constituer par voie de fusion une nouvelle société régie par le présent titre.

Les dispositions des articles 92 à 95 ainsi que celles de l'article 85-2 sont applicables pour la constitution de la nouvelle société.

Art. 95-2 *(D. n° 92-194, 27 févr. 1992)*. – Une société de commissaires-priseurs peut par voie de scission constituer dans le ressort d'un même département deux ou plusieurs sociétés civiles professionnelles régies par le présent titre.

Les dispositions des articles 92 à 95 ainsi que celles de l'article 85-3 sont applicables pour la constitution de ces nouvelles sociétés.

Section II. – Statuts, Capital social. Parts sociales et parts d'industrie

Art. 96 *(Mod., D. n° 92-194, 27 févr. 1992 ; D. n° 2016-1510, 9 nov. 2016)*. – Les articles 11, 12 (à l'exception du 2°), 13 (à l'exception des *a*, *b*, *c*), 14 et 15 (alinéas 2 à 5) sont applicables aux sociétés régies par le présent titre.

Les statuts visés à l'article 12 doivent également indiquer l'adresse du siège social qui sera soit celle du lieu choisi par les associés pour l'exercice en commun de leur profession, soit celle du siège de l'office de l'un des associés.

Le montant nominal des parts sociales ne peut être inférieur à 15,25 €.

Section III. – Publicité. Entrée en fonctions

Art. 97 *(D. n° 92-194, 27 févr. 1992)*. – La publicité prévue à l'article 16 est applicable aux sociétés régies par le présent titre.

La société entre en fonctions dès son agrément.

CHAPITRE II. – FONCTIONNEMENT DE LA SOCIÉTÉ

Section I. – Administration de la société

Art. 98. – Les dispositions des articles 18 à 23, 25 et 26 sont applicables aux sociétés de commissaires-priseurs.

Section II. – Cessions et transmissions de parts sociales

§ 1. – Cessions entre vifs par un associé

Art. 99 *(D. n° 92-194, 27 févr. 1992)*. – Un associé peut céder ses parts sociales à un tiers avec le consentement des associés donné dans les conditions de l'article 19 de la loi précitée du 29 novembre 1966, en exerçant en faveur de ce tiers le droit de présentation prévu par l'article 91 de la loi précitée du 28 avril 1816.

Il peut également ne céder à son successeur qu'une fraction de ses parts sociales, à condition que la partie non cédée soit acquise simultanément soit par les autres associés, soit par la société elle-même qui procède alors à la réduction du capital, conformément à l'article 21 de la loi.

Il doit, dans tous les cas, notifier le projet de cession de ses parts à la société et à chacun de ses coassociés par lettre recommandée avec demande d'avis de réception.

La cession est conclue sous la condition suspensive de la nomination du cessionnaire dans les fonctions de commissaire-priseur, en remplacement du cédant.

Art. 100 *(D. n° 92-194, 27 févr. 1992)*. – Si, dans le délai de quatre mois à compter de la dernière des notifications prévues par l'article précédent, la société a donné son consentement à la cession des parts dans l'une des formes prévues au troisième alinéa dudit article, ou si à l'expiration du même délai, elle n'a pas fait connaître sa décision, le cédant, en exerçant son droit de présentation, adresse simultanément au garde des Sceaux, ministre de la Justice, une expédition ou l'un des originaux de l'acte de cession de ses parts sociales à son successeur, ainsi que la justification du consentement exprès ou implicite donné par la société à ladite cession.

Le cessionnaire ne jouit de la qualité d'associé qu'à compter de la date à laquelle il a prêté le serment exigé de tout commissaire-priseur avant son entrée en fonctions.

L'arrêté portant nomination du cédant dans les fonctions de commissaire-priseur modifie celui qui a prononcé l'agrément de la société en application de l'article 92.

Art. 101 *(D. n° 78-704, 3 juill. 1978 ; D. n° 92-194, 27 févr. 1992)*. – Dans le cas où la société refuse d'agréer le cessionnaire de parts présenté, elle dispose d'un délai de six mois à compter de la notification de son refus par lettre recommandée avec demande d'avis de réception pour notifier, dans la même forme, à cet associé, un projet de cession ou de rachat de ses parts.

Si les parties n'ont pu convenir d'un prix de cession, celui-ci est fixé par un expert désigné d'un commun accord, ou, à défaut, par le président du tribunal de grande instance conformément aux dispositions de l'article 1843-4 du Code civil. Toute clause contraire à l'article 1843-4 de ce code est réputée non écrite.

Art. 102 *(D. n° 92-194, 27 févr. 1992)*. – Lorsqu'un associé demande son retrait, en application de l'article 21 de la loi précitée du 29 novembre 1966, la société dispose d'un délai de six mois à compter de la demande qui lui en est faite, par lettre recommandée avec demande d'avis de réception, par l'associé, pour notifier à celui-ci, dans la même forme, le projet de cession ou de rachat de ses parts sociales.

Si les parties ne peuvent convenir d'un prix de cession, celui-ci est fixé conformément aux dispositions de l'article 101 (alinéa 2).

Art. 103 *(D. n° 92-194, 27 févr. 1992 ; mod., D. n° 2016-1510, 9 nov. 2016).* – Toute convention par laquelle un associé cède la totalité de ses parts sociales à la société, aux autres associés ou à l'un ou plusieurs d'entre eux, est portée à la connaissance du garde des Sceaux, ministre de la Justice, par la partie la plus diligente.

À cette fin, l'expédition ou l'un des originaux de cette convention est adressée au garde des Sceaux, ministre de la Justice, par téléprocédure sur le site internet du ministère de la Justice, avec toutes justifications utiles y compris, s'il y a lieu, la délibération de l'assemblée des associés ayant décidé la réduction du capital social.

Un arrêté du garde des Sceaux, ministre de la Justice, fixe la liste des associés compte tenu du retrait du cédant.

Art. 104 *(Abr., D. n° 92-194, 27 févr. 1992).*

Art. 105 *(D. n° 92-194, 27 févr. 1992).* – Aucune indemnité n'est due par l'associé sortant titulaire d'un office qui n'est pas transféré, ou qui est transféré à son siège d'origine.

Aucune indemnité n'est due à l'associé sortant, titulaire d'un office qui est transféré. Toutefois, le transfert peut donner lieu à indemnisation si une indemnité avait été mise à la charge de cet associé à l'occasion du transfert concomitant à son entrée dans la société de l'office dont il est titulaire.

L'indemnité est fixée et répartie conformément aux articles 1., 3, 2. et 2 de l'ordonnance du 26 juin 1816 précitée.

Les coassociés sont seuls tenus d'indemniser l'associé sortant lorsqu'il est titulaire d'un office supprimé. L'indemnité de suppression est fixée et répartie par l'arrêté prévu au troisième alinéa de l'article 103 et conformément aux articles 1., 3, 2. et 2 de l'ordonnance du 26 juin 1816 précitée.

Art. 106. – La convention par laquelle un associé cède ses parts sociales à la société ou aux associés est conclue sous la condition suspensive de la publication prévue à l'article 103 (dernier alinéa).

L'associé sortant ne reprend l'exercice individuel de ses fonctions de commissaire-priseur et ne peut exercer le droit de présentation prévu à l'article 91 de la loi du 28 avril 1816 qu'à compter de ladite publication.

Art. 107 *(D. n° 92-194, 27 févr. 1992 ; mod., D. n° 2016-1510, 9 nov. 2016).* – La société dispose d'un délai de six mois, à compter du jour où la destitution d'un associé est devenue définitive, du jour où l'un des associés atteint la limite d'âge fixée pour l'exercice des fonctions ou, le cas échéant, du jour de l'expiration de l'autorisation de prolongation d'activité prévue, pour acquérir elle-même les parts sociales de cet associé, ou les faire acquérir par les autres associés.

Si les parties n'ont pu convenir d'un prix de cession, celui-ci est fixé conformément aux dispositions de l'article 101 (alinéa 2). Il est procédé pour le surplus suivant les dispositions de l'article 103 dans la mesure où celles-ci sont de nature à recevoir application.

Si l'associé refuse de signer l'acte de cession de ses parts, il est passé outre à son refus deux mois après la notification qui lui est adressée par la société, par lettre recommandée avec demande d'avis de réception.

Art. 108 *(D. n° 92-194, 27 févr. 1992 ; mod., D. n° 2016-1510, 9 nov. 2016).* – Dans le cas d'exclusion d'un associé, par application de l'article 121, la société doit acquérir elle-même ou faire acquérir par les autres associés, les parts sociales de l'associé exclu, dans le délai de six mois à compter du jour où la sanction disciplinaire prononcée contre l'associé est devenue définitive.

Les articles 106 et 107 (alinéas 1 à 3) sont applicables.

Art. 109 *(D. n° 92-194, 27 févr. 1992 ; mod., D. n° 2016-1510, 9 nov. 2016).* – Les articles 99, 100, 101 (alinéa 1), 103 et 106 sont applicables à la cession à titre gratuit de ses parts sociales consentie par l'un des associés à un tiers, ou à la société, à ses coassociés, ou à l'un ou plusieurs de ceux-ci.

§ 2. – Cessions et transmissions après décès

Art. 110 *(D. n° 92-194, 27 févr. 1992 ; mod., D. n° 2016-1510, 9 nov. 2016).* – Pendant le délai fixé à l'article 34, les ayants droit de l'associé décédé peuvent, à l'unanimité, et avec le consentement des autres associés donné dans les conditions prévues à l'article 19 de la loi précitée du 29 novembre 1966, céder les parts sociales de leur auteur à un tiers qu'ils présentent à l'agrément du garde des Sceaux, ministre de la

Justice, comme successeur de leur auteur dans l'office dont celui-ci était titulaire. Il est procédé, dans ce cas, conformément aux dispositions des articles 99 et 100.

Art. 111 *(D. n° 92-194, 27 févr. 1992)*. – Toute demande d'un ayant droit de l'associé décédé tendant à l'attribution préférentielle à son profit des parts sociales de son auteur est notifiée à la société et à chacun des associés par lettre recommandée avec demande d'avis de réception.

Si la société consent à cette attribution, le droit de présentation appartenant aux ayants droit de l'associé décédé est exercé par ceux-ci au bénéfice de l'attributaire, conformément au droit commun ; simultanément, une expédition ou l'un des originaux de l'acte de cession à l'attributaire, des parts sociales de l'associé décédé est adressée au garde des Sceaux, ministre de la Justice, avec la justification du consentement exprès ou implicite donné par la société à ladite cession.

Si les parties n'ont pu convenir du prix de cession des parts sociales, ce prix est fixé selon les dispositions de l'article 1868 (alinéa 5) du Code civil.

Les dispositions de l'article 100 (alinéas 2 et 3) sont applicables à la cession consentie à l'ayant droit de l'associé décédé.

Art. 112. – Lorsqu'à l'expiration du délai prévu à l'article 110 ci-dessus, les parts sociales de l'associé décédé n'ont pas fait l'objet d'une cession ou d'une attribution préférentielle, la société dispose d'un délai de six mois pour les acquérir elle-même ou les faire acquérir par les autres associés dans les conditions prévues aux articles 101 et 103.

§ 3. – Publicité

Art. 113 *(Mod., D. n° 92-194, 27 févr. 1992)*. – Les formalités prévues à l'article 38 sont applicables aux cessions ou transmissions de parts des sociétés régies par le présent titre.

À la diligence de la société, une copie de tout arrêté modifiant la composition de la société est adressée au greffier du tribunal de commerce ou du tribunal de grande instance statuant commercialement du lieu du siège social pour être versée au dossier ouvert au nom de la société au registre du commerce et des sociétés.

Section III. – Nomination des nouveaux associés. Augmentation du capital social. Prorogation de la société

Art. 114 *(D. n° 92-194, 27 févr. 1992)*. – Des commissaires-priseurs en exercice peuvent entrer dans la société, soit en acquérant une fraction des parts sociales des autres associés, soit en souscrivant à une augmentation du capital social décidée par ceux-ci.

Les dispositions des articles 92 à 96 ainsi que celles de l'article 42 (alinéas 2 et 3) sont applicables à la modification des statuts résultant de l'application de l'alinéa précédent.

Art. 115. – Les dispositions de l'article 44 sont applicables à la prorogation des sociétés régies par le présent titre.

Section IV. – Exercice des fonctions de commissaire-priseur par les associés

§ 1. – Exercice de la profession. Interdictions et incompatibilités diverses

Art. 116 *(D. n° 92-194, 27 févr. 1992 ; mod., D. n° 2017-895, 6 mai 2017)*. – Sous réserve de l'application de celles du présent titre, toutes dispositions législatives ou réglementaires relatives à l'exercice individuel des fonctions de commissaire-priseur judiciaire sont applicables aux associés.

Les dispositions du premier alinéa de l'article 46 leur sont applicables.

Les associés doivent s'informer mutuellement de leur activité professionnelle. Les produits de cette activité sont acquis de plein droit à la société.

Dans les actes professionnels, chaque associé indique sa qualité de commissaire-priseur judiciaire associé et la dénomination sociale de la société dont il fait partie.

L'appellation de « société de commissaires-priseurs judiciaires » doit accompagner la dénomination sociale dans toutes correspondances et tous documents émanant de la société.

Art. 117 *(Mod., D. n° 92-194, 27 févr. 1992).* – Les associés exercent à titre exclusif la profession de commissaire-priseur.

Art. 118 *(D. n° 92-194, 27 févr. 1992).* – Le montant des cotisations professionnelles dues par chaque associé, calculées sur les produits des offices, est proportionnel à la part de bénéfice recueillie par lui.

§ 2. – Comptabilité

Art. 119. – Chaque associé tient la comptabilité de son office. Toutefois, les associés peuvent tenir une comptabilité unique à la condition que cette comptabilité permette l'individualisation des écritures passées du chef de chaque associé relativement aux actes professionnels accomplis par lui.

Les dispositions de l'article 53 (alinéa 2) sont applicables au cas d'ouverture d'un bureau annexe.

Lorsqu'un associé se retire, les autres associés sont tenus de lui délivrer, sur sa demande et à ses frais, une copie des écritures des dix dernières années de cette comptabilité.

§ 3. – Discipline, suppléance

Art. 120. – Sous réserve des articles suivants, les dispositions de l'ordonnance du 28 juin 1945 concernant la discipline des commissaires-priseurs sont applicables aux associés.

Art. 121 *(D. n° 92-194, 27 févr. 1992).* – Les dispositions de l'article 56 (alinéa 1) sont applicables à l'associé qui a été condamné, par décision définitive, à une peine disciplinaire égale ou supérieure à trois mois d'interdiction.

Les parts sociales de cet associé sont cédées dans les conditions prévues à l'article 108.

Art. 122 *(D. n° 92-194, 27 févr. 1992 ; mod., D. n° 2016-1510, 9 nov. 2016).* – L'associé interdit de ses fonctions ne peut pendant la durée de sa peine exercer aucune activité professionnelle, mais conserve sa qualité d'associé avec tous les droits et obligations qui en découlent, à l'exclusion de la vocation aux bénéfices.

S'ils ne sont eux-mêmes interdits ou destitués, les autres associés sont de plein droit administrateurs de l'office de l'associé interdit.

Si tous les associés sont interdits de leurs fonctions, un ou plusieurs administrateurs choisis parmi les personnes énumérées aux *a*, *b*, *c* de l'article 57 sont commis pour les remplacer, dans les conditions prévues par l'ordonnance du 28 juin 1945 précitée. Leurs fonctions prennent fin à l'expiration de la moins élevée des peines prononcées contre les associés.

Les trois derniers alinéas de l'article 57 sont applicables à l'administrateur ou aux administrateurs remplaçant les associés interdits.

Art. 123 *(D. n° 92-194, 27 févr. 1992).* – Les dispositions de l'article 58 (alinéa 1) sont applicables à l'associé destitué.

Les autres associés, s'ils ne sont pas eux-mêmes interdits ou destitués, sont de plein droit administrateurs de l'office de l'associé frappé de destitution.

Les effets de la destitution de tous les associés sont régis par l'article 131.

Art. 124 *(D. n° 92-194, 27 févr. 1992 ; mod., D. n° 2016-1510, 9 nov. 2016).* – Dans le cas où la suspension provisoire prévue par les dispositions de l'ordonnance du 28 juin 1945 précitée est prononcée contre l'un des associés ou certains d'entre eux, les autres associés sont de plein droit administrateurs de l'office ou des offices dont le ou les titulaires sont suspendus provisoirement.

La juridiction qui prononce la suspension provisoire de tous les associés désigne parmi les personnes énumérées aux *a*, *b*, *c* de l'article 57 un nombre d'administrateurs suffisant pour accomplir les actes professionnels relevant du ministère obligatoire de ces associés.

Les trois derniers alinéas de l'article 57 sont applicables à l'administrateur ou aux administrateurs remplaçant les associés suspendus.

Art. 125. – Si l'un des associés est temporairement empêché, par cas de force majeure, d'exercer ses fonctions, sa suppléance est assurée par les autres associés.

Si tous les associés sont simultanément empêchés, par cas de force majeure, d'exercer leurs fonctions, la gestion des offices dont ils sont titulaires est assurée conformément aux dispositions de l'article 60 (alinéas 2 et 3).

CHAPITRE III. – NULLITÉ. DISSOLUTION-LIQUIDATION DE LA SOCIÉTÉ

Art. 126 *(D. n° 92-194, 27 févr. 1992)*. – Les dispositions de l'article 62 sont applicables aux sociétés régies par le présent titre.

Section I. – Règles générales concernant la liquidation

Art. 127. – Les dispositions des articles 63, 64, 65, 66 (alinéas 1 et 2), 67, 69 (alinéa 2), 70, 71 (alinéa 1) et 72 sont applicables aux sociétés régies par le présent titre.

Art. 128 *(Mod., D. n° 2016-1510, 9 nov. 2016)*. – Chaque associé reprend l'exercice individuel de ses fonctions à compter de la nullité de la société, ou à compter de sa dissolution, sauf si celle-ci résulte de la destitution, de l'atteinte de la limite d'âge, de l'expiration de l'autorisation de prolongation d'activité délivrée par les garde des Sceaux, ministre de la Justice, ou du décès de tous les associés.

Chaque associé peut maintenir son étude dans les locaux communs jusqu'à la date de publication de l'arrêté prévu à l'article suivant.

Dans ce cas, la participation des associés aux charges d'exploitation communes est régie par les statuts et, à défaut, par les associés eux-mêmes réunis à l'initiative du liquidateur.

Art. 129 *(D. n° 92-194, 27 févr. 1992)*. – Lorsque la nullité de la société a été constatée ou que sa dissolution a été prononcée, un arrêté du garde des Sceaux, ministre de la Justice, retire à celle-ci l'agrément prévu à l'article 92.

L'arrêté pris en application du premier alinéa fixe, s'il y a lieu, le nouveau siège de l'office ou des offices.

Le droit de présentation prévu à l'article 89 de la loi du 28 avril 1816 ne peut être exercé par chaque associé ou ses ayants droit avant la publication de l'arrêté.

Section II. – Dispositions particulières applicables
dans les cas de nullité et de dissolution de la société

Art. 130. – Les articles 72 et 73 sont applicables à la nullité des sociétés régies par le présent titre.

Les articles 74 et 75 sont applicables à la dissolution par survenance du terme et à la dissolution anticipée de ces sociétés.

Art. 131 *(D. n° 92-194, 27 févr. 1992)*. – La société est dissoute de plein droit par la destitution de tous les associés.

La décision qui prononce cette destitution ordonne la liquidation de la société.

Les dispositions des articles 77 (alinéas 3 et 4) et 78 reçoivent application.

Les offices dont les associés destitués étaient titulaires ne peuvent être pourvus dans les conditions fixées par le décret du 19 juin 1973 précité, ni supprimés, avant la publication de l'arrêté prévu à l'article 129.

Art. 132. – Les dispositions des articles 79, 80 et 81 sont applicables à la dissolution des sociétés de commissaires-priseurs résultant du décès de tous les associés.

Art. 133. – La société est dissoute de plein droit par le retrait de tous les associés prévu à l'article 83.

Il est procédé à sa liquidation comme dans le cas de dissolution anticipée.

Art. 133-1 *(D. n° 92-194, 27 févr. 1992)*. – La société est déclarée dissoute d'office par arrêté du garde des Sceaux, ministre de la Justice, lorsque tous les associés sont déclarés démissionnaires d'office dans les conditions prévues à l'article 45 de l'ordonnance du 28 juin 1945 précitée.

Art. 134 *(D. n° 92-194, 27 févr. 1992 ; mod., D. n° 2016-1510, 9 nov. 2016).* – Les associés d'une société de commissaires-priseurs judiciaires peuvent décider à l'unanimité des associés, la transformation de cette société en une société titulaire d'offices.

Dans ce cas, la société est nommée dans un ou plusieurs des offices dont les commissaires-priseurs judiciaires étaient titulaires. Les autres offices sont, le cas échéant, pourvus d'un nouveau titulaire ou supprimés.

Art. 134-1 *(D. n° 92-194, 27 févr. 1992).* – Les associés d'une société de commissaires-priseurs peuvent décider à l'unanimité des associés, la transformation de cette société en une société titulaire d'un office.

Dans ce cas, la société est nommée dans un des offices dont l'un des commissaires-priseurs était titulaire. Les autres offices sont supprimés.

TITRE III. – DISPOSITIONS DIVERSES

Art. 135. – Dans le cas prévu par l'article 37 (alinéa 2) de la loi précitée du 29 novembre 1966 concernant les sociétés adoptant le statut de sociétés coopératives, l'actif net de la société subsistant après extinction du passif et remboursement du capital est réparti entre les associés au prorata des parts détenues par chacun d'eux, y compris les parts d'intérêt correspondant aux apports en industrie.

Art. 136 *(Abr., D. n° 2016-1510, 9 nov. 2016).*

8.2.8.2. – Sociétés d'exercice libéral

Décret n° 92-1449 du 30 décembre 1992

pris pour l'application à la profession de commissaire-priseur de la loi n° 90-1258 du 31 décembre 1990 relative à l'exercice sous forme de sociétés des professions libérales soumises à un statut législatif ou réglementaire ou dont le titre est protégé

(JO 1er janv.)

(Mod., D. n° 97-1188, 24 déc. 1997 : JO 27 déc. ; D. n° 2001-650, 19 juill. 2001 : JO 21 juill.)

TITRE PREMIER. – DES SOCIÉTÉS D'EXERCICE LIBÉRAL DE COMMISSAIRES-PRISEURS

Art. 1er *(Mod., D. n° 2004-854, 23 août 2004 ; D. n° 2016-880, 29 juin 2016 ; rempl., D. n° 2017-800, 5 mai 2017).* – Les dispositions du présent titre sont applicables aux sociétés d'exercice libéral constituées pour l'exercice de la profession de commissaire-priseur judiciaire en application du titre Ier de la loi [n° 90-1258] du 31 décembre 1990 susvisée.

Sous réserve des dispositions du décret n° 2017-794 du 5 mai 2017 relatif à la constitution, au fonctionnement et au contrôle des sociétés pluri-professionnelles d'exercice de professions libérales juridiques, judiciaires et d'expertise-comptable prévues au titre IV *bis* de la loi n° 90-1258 du 31 décembre 1990, les dispositions du présent titre sont également applicables aux sociétés pluri-professionnelles d'exercice constituées pour exercer notamment la profession de commissaire-priseur judiciaire en application des titres Ier et IV *bis* de la loi [n° 90-1258] du 31 décembre 1990 susvisée, à l'exception des dispositions de l'article 6, du deuxième alinéa de l'article 20 et des articles 51 et 61.

CHAPITRE I. – CONSTITUTION DE LA SOCIÉTÉ

Section I. – Dispositions générales. Nomination

Art. 2 *(Mod., D. n° 2016-880, 29 juin 2016).* – La société d'exercice libéral est titulaire d'un ou plusieurs offices de commissaire-priseur judiciaire. Son siège est celui de l'office ou de l'un des offices.

Les dispositions du premier alinéa ne font pas obstacle à la détention d'une partie du capital d'une société, autre qu'une société civile professionnelle, nommée dans un autre office.

Sous-section 1. – Société d'exercice libéral constituée par des personnes physiques

Art. 3 *(Mod., D. n° 2004-854, 23 août 2004 ; D. n° 2016-880, 29 juin 2016).* – I. – Lorsqu'aucun de ses associés n'est titulaire d'un office, la société d'exercice libéral peut être nommée dans un office existant ou dans un office créé.

II. – Lorsque l'un au moins des associés est titulaire d'un office, la société d'exercice libéral peut être nommée dans un ou plusieurs offices relevant des catégories suivantes :

1° L'office dont un associé est titulaire, en remplacement de celui-ci ;

2° Un autre office existant ;

3° Un office créé.

L'office dont l'associé est titulaire et dans lequel la société n'est pas nommée est pourvu d'un nouveau titulaire ou supprimé lorsque cet associé entend exercer au sein de la société.

III. – Une personne physique remplissant les conditions requises pour exercer la profession peut également constituer une société d'exercice libéral à associé unique nommée titulaire d'un office existant ou d'un office créé

Art. 4 *(Mod., D. n° 2016-880, 29 juin 2016 ; D. n° 2017-895, 6 mai 2017).* – La demande de nomination d'une société régie par les dispositions de l'article 3 est présentée par le mandataire de la société ou, si celle-ci n'est pas encore constituée, par le mandataire des associés, conjointement à la demande de nomination de ceux des associés qui entendent exercer la profession de commissaire-priseur judiciaire dans l'office.

La demande de nomination d'un associé dans un autre office de la société que celui dans lequel il exerce est présentée dans les mêmes conditions.

Art. 4-1 *(D. n° 2016-880, 29 juin 2016).* – Lorsqu'une société régie par les dispositions de l'article 3 demande sa nomination en qualité de titulaire d'un office créé ou vacant, la nomination est faite dans les conditions prévues aux articles 27 à 34 du décret n° 73-541 du 5 juillet 1973 susvisé.

Art. 5 *(Mod., D. n° 2016-880, 29 juin 2016 ; D. n° 2017-895, 6 mai 2017).* – La nomination d'une société d'exercice libéral dans un office de commissaire-priseur judiciaire et la nomination de chacun des associés qui exerceront au sein de la société la profession de commissaire-priseur judiciaire sont prononcées par arrêté du garde des Sceaux, ministre de la Justice.

L'acceptation de la démission des commissaires-priseurs judiciaires futurs associés, la suppression des offices dont ils sont titulaires, la création de l'office dont la société sera titulaire sont prononcés par le même arrêté.

Une société ne peut être nommée dans plusieurs offices de commissaire-priseur judiciaire que si, dans chacun des offices, au moins un associé exerçant sa profession de commissaire-priseur judiciaire au sein de cette société est nommé pour y exercer. Chacun de ces associés est nommé par arrêté pour exercer dans un seul office. Il peut ultérieurement être nommé pour exercer dans un autre office de la même société soit par l'arrêté nommant la société dans cet autre office, soit par un arrêté postérieur. Dans ces deux hypothèses, l'arrêté met fin également à ses fonctions dans le précédent office.

Art. 6. – La société est constituée sous la condition suspensive de sa nomination par le garde des Sceaux, ministre de la Justice. La condition est réputée acquise à la date de publication de l'arrêté prévu à l'article 5.

Art. 7 *(Mod., D. n° 2016-880, 29 juin 2016).* – La demande mentionnée à l'article 4 est adressée au garde des Sceaux, ministre de la Justice, par téléprocédure sur le site internet du ministère de la Justice. Elle est accompagnée de toutes pièces justificatives et notamment d'une attestation du greffier du tribunal de commerce ou du tribunal de grande instance statuant commercialement du lieu du siège social, constatant le dépôt au greffe de la demande et des pièces nécessaires à l'immatriculation ultérieure de la société au registre du commerce et des sociétés ainsi que, lorsqu'un ou plusieurs des futurs associés qui exerçant au sein de la société doit contracter un emprunt, et que la société est candidate à la nomination dans un office existant ou vacant, des éléments permettant d'apprécier ses possibilités financières au regard des engagements contractés et de la liste des associés avec leur profession et la part de capital qu'ils détiennent.

Art. 8 *(Mod., D. n° 2009-452, 22 avr. 2009 ; rempl., D. n° 2016-880, 29 juin 2016 ; mod., D. n° 2017-800, 5 mai 2017 ; D. n° 2019-257, 29 mars 2019).* – I. - Le bureau de la chambre nationale des commissaires-priseurs judiciaires communique au garde des sceaux, ministre de la justice, dans les vingt jours suivant sa demande, toute information dont il dispose permettant à celui-ci d'apprécier les capacités professionnelles et l'honorabilité de chacun des associés qui entend exercer au sein de la société la profession de commissaire-priseur judiciaire et de chacune des personnes mentionnées au II qui relèvent de ses attributions.

II. - Les associés n'exerçant pas la profession de commissaire-priseur judiciaire au sein de la société ainsi que les représentants légaux qui ne sont pas associés et les personnes physiques membres des organes d'administration, de direction ou de surveillance de la société doivent présenter des garanties suffisantes en ce qui concerne leur honorabilité.

III. - Le garde des sceaux, ministre de la justice, rejette la demande d'agrément de la société si les conditions légales ou réglementaires auxquelles elle est soumise, y compris celle mentionnée au II, ne sont pas remplies.

Art. 9 *(Abr., D. n° 2016-880, 29 juin 2016).*

Art. 10 *(Mod., D. n° 97-1188, 24 déc. 1997 ; D. n° 2016-880, 29 juin 2016).* – L'ouverture d'un bureau annexe est autorisée ou constatée par arrêté du garde des Sceaux, ministre de la Justice, dans les conditions prévues à l'article 12 de l'ordonnance du 26 juin 1816 précitée.

Sous-section 2. – Fusion de sociétés d'exercice libéral

§ 1. – Fusion par constitution d'une nouvelle société

Art. 11 *(Mod., D. n° 2016-880, 29 juin 2016).* – Des sociétés d'exercice libéral peuvent constituer par voie de fusion, entre elles ou avec d'autres sociétés titulaires d'un office, une nouvelle société d'exercice libéral qui peut être nommée dans un ou plusieurs offices relevant d'une des catégories suivantes :

a) Un office dont l'une d'elle est titulaire, en remplacement de celle-ci ;

b) Un autre office existant ;

c) Un office créé.

Les offices dont les sociétés participant à la fusion sont titulaires, autres que celui ou ceux auxquels la société nouvelle est nommée, sont pourvus d'un nouveau titulaire ou supprimés.

Art. 12 *(Mod., D. n° 2016-880, 29 juin 2016 ; D. n° 2017-895, 6 mai 2017).* – La nomination de la nouvelle société d'exercice libéral dans un office de commissaire-priseur judiciaire et la nomination de chacun des associés qui exerceront au sein de la société la profession de commissaire-priseur judiciaire sont prononcées par arrêté du garde des Sceaux, ministre de la Justice.

La dissolution des sociétés d'exercice libéral ou des sociétés civiles professionnelles participant à cette fusion prend effet à la date à laquelle elle est constatée par l'arrêté qui prononce la suppression offices dont elles sont titulaires et, le cas échéant, la création de l'office dont la nouvelle société sera titulaire ou la nomination de la nouvelle société dans le ou les offices dont elles sont titulaires.

Sont applicables aux fusions de sociétés les dispositions de l'article 4, du dernier alinéa de l'article 5 et des articles 6 à 10 et, en outre, en cas de création d'office, celles de l'article 4-1.

§ 2. – Fusion par absorption

Art. 13 *(Mod., D. n° 2016-880, 29 juin 2016).* – Une société d'exercice libéral peut absorber une ou plusieurs sociétés titulaires d'un office de commissaire-priseur judiciaire. La société absorbante peut être nommée dans un ou plusieurs offices relevant d'une des catégories suivantes :

a) Un office dont l'une des sociétés absorbées est titulaire, en remplacement de celle-ci ;

b) Un autre office existant ;

c) Un office créé.

Les offices dont les sociétés absorbées sont titulaires, autres que celui ou ceux auxquels la société nouvelle est nommée, sont pourvus d'un nouveau titulaire ou supprimés.

Art. 14 *(Mod., D. n° 2016-880, 29 juin 2016 ; D. n° 2017-895, 6 mai 2017).* – La nomination de chacun des associés membres des sociétés absorbées et exerçant au sein de la société absorbante la profession de commissaire-priseur judiciaire est prononcée par arrêté du garde des Sceaux, ministre de la Justice.

La dissolution des sociétés absorbées prend effet à la date à laquelle elle est constatée par l'arrêté qui prononce la suppression des offices dont elles sont titulaires et, le cas échéant, la création de l'office dont la société absorbante sera titulaire ou la nomination de la société absorbante dans le ou les offices dont les sociétés absorbées sont titulaires.

Sont applicables aux absorptions de sociétés les dispositions de l'article 4, du dernier alinéa de l'article 5 et des articles 6 à 10 et, en outre, en cas de création d'office, celles de l'article 4-1.

Sous-section 3. – Société d'exercice libéral constituée par voie de scission

Art. 15 *(Mod., D. n° 2016-880, 29 juin 2016)*. – Une société peut, par voie de scission, constituer deux ou plusieurs sociétés d'exercice libéral. L'une d'elles peut être nommée dans l'office dont la société scindée était titulaire en remplacement de celle-ci. Si la société scindée était titulaire de plusieurs offices, les sociétés issues de la scission peuvent être nommées chacune dans un ou plusieurs de ces offices. À défaut, le ou les offices sont déclarés vacants ou supprimés.

Les autres sociétés d'exercice libéral issues de cette scission peuvent être nommées dans des offices existants ou créés.

Art. 16 *(Mod., D. n° 2017-895, 6 mai 2017)*. – La nomination des nouvelles sociétés d'exercice libéral et la nomination de chacun des associés exerçant au sein de la société la profession de commissaire-priseur judiciaire sont prononcées par arrêté du garde des Sceaux, ministre de la Justice.

La dissolution de la société scindée prend effet à la date à laquelle elle est constatée par l'arrêté qui prononce la suppression de l'office dont elle est titulaire et, le cas échéant, la création des offices dont les nouvelles sociétés seront titulaires ou la nomination des nouvelles sociétés dans le ou les offices dont elle est titulaire.

Sont applicables aux scissions de sociétés les dispositions de l'article 4, du dernier alinéa de l'article 5 et des articles 6 à 10 et, en outre, en cas de création d'office, celles de l'article 4-1.

Sous-section 4. – Transformation d'une société civile professionnelle en société d'exercice libéral

Art. 17 *(Mod., D. n° 2016-880, 29 juin 2016)*. – Une société d'exercice libéral constituée par transformation d'une société constituée sous une autre forme sociale et titulaire d'un office doit être agréée par arrêté du garde des Sceaux, ministre de la Justice. La demande est transmise par téléprocédure sur le site internet du ministère de la Justice.

Section II. – Capital social. Actions et parts sociales

Art. 18. – Peuvent faire l'objet d'apports à une société d'exercice libéral :

a) L'exercice par un commissaire-priseur démissionnaire, un gérant d'une société civile professionnelle ou un représentant légal d'une société d'exercice libéral en voie de dissolution ou par un liquidateur d'une société dissoute, du droit de présenter la société pour successeur à l'agrément du garde des Sceaux, ministre de la Justice ;

b) L'exercice, par un ou plusieurs ayants droit d'un commissaire-priseur décédé, de leur droit de présenter la société pour successeur de leur auteur à l'agrément du garde des Sceaux, ministre de la Justice ;

c) Le bénéfice résultant pour la société de la suppression de l'office du commissaire-priseur démissionnaire, de la société d'exercice libéral ou de la société civile professionnelle dissoute ou en voie de dissolution ;

d) Tous droits incorporels et tous meubles utiles à l'exercice de la profession de commissaire-priseur ;

e) Les immeubles devant servir à l'établissement du siège de l'office et, le cas échéant, des bureaux annexes ;

f) Toutes sommes en numéraire.

Art. 19. – Les actions ou les parts sociales attribuées en contrepartie des apports en nature mentionnés aux *a*, *b* et *c* de l'article 18 sont réputées libérées par l'engagement pris dans l'acte de société par les apporteurs intéressés d'exercer leur droit de présentation en faveur de la société ou, le cas échéant, de démissionner de leurs fonctions en demandant la suppression de l'office dont ils sont titulaires, le tout sous réserve de la condition suspensive prévue à l'article 6.

Les actions ou parts sociales d'une société d'exercice libéral titulaire d'un office de commissaire-priseur ne peuvent être ni données en nantissement ni vendues aux enchères publiques.

Le retrait des fonds provenant des souscriptions en numéraire est effectué par un mandataire de la société sur la seule justification de la nomination de celle-ci dans les fonctions de commissaire-priseur.

Section III. – Publicité. Entrée en fonctions

Art. 20 *(Mod., D. n° 2016-880, 29 juin 2016)*. – L'immatriculation de la société au registre du commerce et des sociétés est régie par la section I du chapitre III du titre II du livre Ier du Code de commerce, sous réserve des dispositions ci-après.

Une ampliation de l'arrêté de nomination prévu à l'article 5 est adressée au greffe du tribunal où a été déposée la demande d'immatriculation au registre du commerce et des sociétés. Au reçu de cette ampliation, le greffier procède à l'immatriculation et en informe le garde des Sceaux, ministre de la Justice, ainsi que le procureur général près la cour d'appel dans le ressort de laquelle est fixé le siège de la société.

La société est dispensée de procéder aux formalités de publicité prévues à la section III du titre Ier du livre II du Code de commerce.

Art. 21. – Les dispositions législatives ou réglementaires relatives à la prestation de serment des personnes physiques nommées dans les fonctions de commissaire-priseur sont applicables aux commissaires-priseurs associés exerçant au sein de la société.

La société ne peut entrer en fonctions qu'après la prestation de serment de tous ses membres exerçant en son sein *(Mots aj., D. n° 2017-800, 5 mai 2017)* « la profession de commissaire-priseur judiciaire ». Ceux-ci n'ont le droit d'exercer leurs fonctions qu'à compter du jour où ils ont prêté serment.

L'associé, précédemment titulaire d'un office de commissaire-priseur, qui a fait apport de son droit de présentation à la société, n'a pas à renouveler son serment.

Tout associé qui, exerçant ses fonctions *(Mots aj., D. n° 2017-800, 5 mai 2017)* « de commissaire-priseur judiciaire » au sein de la société, n'a pas prêté serment dans le mois suivant la publication de l'arrêté prévu au premier alinéa de l'article 5 peut, sauf cas de force majeure, être déchu par arrêté du garde des Sceaux, ministre de la Justice, de sa qualité d'associé, et ses actions ou parts sociales sont cédées dans les conditions fixées à l'article 28.

CHAPITRE II. – FONCTIONNEMENT DE LA SOCIÉTÉ

Section I. – Cessions et transmissions d'actions et de parts sociales

§ 1. – Cessions d'actions et de parts sociales entre vifs en vue de l'exercice de la profession de commissaire-priseur judiciaire au sein de la société

(Intitulé mod., D. n° 2017-800, 5 mai 2017)

Art. 22 *(Mod., D. n° 2016-1510, 9 nov. 2016)*. – Toute convention par laquelle un des associés cède en vue de l'exercice de la profession *(Mots aj., D. n° 2017-800, 5 mai 2017)* « de commissaire-priseur judiciaire » au sein de la société la totalité ou une fraction de ses actions ou parts sociales à un tiers à la société est passée sous la condition suspensive de l'agrément du cessionnaire et, s'il y a lieu, de l'approbation du retrait du cédant, prononcés par arrêté du garde des Sceaux, ministre de la Justice.

Lorsque le consentement de la société est acquis dans les conditions prévues par les articles L. 223-14 et L. 228-24 du Code de commerce et par l'article 10 de la loi du 31 décembre 1990 précitée, le cessionnaire adresse au garde des Sceaux, ministre de la Justice, une requête tendant à sa nomination en qualité de commissaire-priseur judiciaire associé exerçant au sein de la société.

Cette requête est transmise par téléprocédure sur le site internet du ministère de la Justice. Elle est accompagnée de l'expédition de l'acte de cession si celui-ci a été établi dans la forme authentique ou de l'un des originaux de cet acte dans le cas contraire ainsi que de toutes pièces justificatives, notamment celles qui établissent le consentement exprès ou tacite donné par la société à la cession, sans préjudice de celles exigées de tout candidat aux fonctions de commissaire-priseur judiciaire ; lorsque le futur associé doit contracter un emprunt, il doit, en outre, produire les éléments permettant d'apprécier ses possibilités financières au regard des engagements contractés.

Le prix de cession et ses modalités de paiement sont fixés par les parties.

L'article 8 est applicable s'agissant d'apprécier les capacités professionnelles et l'honorabilité du cessionnaire.

Art. 23 *(Mod., D. n° 2016-1510, 9 nov. 2016)*. – Si la société n'agrée pas le cessionnaire proposé, il est procédé conformément aux dispositions des articles L. 223-14 et L. 228-24 du Code de commerce.

Si l'acquéreur est un tiers à la société, les dispositions de l'article 22 sont applicables.

Si les actions ou parts sociales sont acquises par la société ou par un ou plusieurs associés exerçant en son sein *(Mots aj., D. n° 2017-800, 5 mai 2017)* « la profession de commissaire-priseur judiciaire », il est procédé conformément à l'article 24. En ce cas, l'expédition ou l'un des originaux de l'acte de cession est adressé au garde des Sceaux, ministre de la Justice, par téléprocédure sur le site internet du ministère de la Justice, avant expiration du délai prévu aux articles L. 223-14 et L. 228-24 du Code de commerce.

Le cessionnaire prend, par écrit, l'engagement de payer le prix fixé ; son engagement est joint à sa requête et une copie du projet d'acte de cession tient lieu de l'expédition ou de l'un des originaux visés au troisième alinéa de l'article 22.

Lorsque l'associé cédant refuse de signer l'acte portant cession de ses actions ou parts sociales à la société, à ses coassociés, à l'un ou plusieurs d'entre eux ou à un tiers, il est passé outre à son refus deux mois après la sommation par lettre recommandée avec demande d'avis de réception à lui faite par la société et demeurée infructueuse. Son retrait de la société est prononcé par arrêté du garde des Sceaux, ministre de la Justice, et le prix de cession des parts est consigné à la diligence du cessionnaire.

Art. 24 *(Mod., D. n° 2009-452, 22 avr. 2009 ; D. n° 2016-880, 29 juin 2016)*. – Toute modification de la répartition ou du nombre des actions ou parts sociales détenues par les associés est portée à la diligence de la société et des associés concernés, à la connaissance du garde des Sceaux, ministre de la Justice, par téléprocédure sur le site internet du ministère de la Justice, dans un délai de trente jours.

Art. 25. – Les articles 22, 23 et 24 sont également applicables à la cession ou à la transmission à titre gratuit de tout ou partie de ses actions ou parts sociales consentie par l'un des associés.

Art. 26 *(Mod., D. n° 2016-880, 29 juin 2016 ; D. n° 2017-800, 5 mai 2017)*. – Lorsqu'un associé exerçant la profession de commissaire-priseur judiciaire demande son retrait de la société en cédant la totalité de ses actions ou parts sociales, il est procédé conformément aux dispositions des articles 22 et 23.

Toutefois, un associé qui entend cesser d'exercer au sein de la société la profession de commissaire-priseur judiciaire tout en conservant ses actions ou parts sociales peut demander son retrait en qualité d'associé exerçant au sein de la société [la profession de commissaire-priseur judiciaire], après en avoir informé la société et ses associés par lettre recommandée avec demande d'avis de réception. Il perd les droits attachés à cette qualité à compter de la publication de l'arrêté constatant son retrait.

Tout retrait d'une société par un associé exerçant en son sein la profession de commissaire-priseur judiciaire est prononcé par arrêté du garde des Sceaux, ministre de la Justice.

Art. 27. – En cas d'empêchement ou d'inaptitude d'un associé exerçant au sein de la société *(Mots aj., D. n° 2017-800, 5 mai 2017)* « la profession de commissaire-priseur judiciaire » dans les conditions prévues par le deuxième alinéa de l'article 45 de l'ordonnance n° 45-1418 du 28 juin 1945 susvisée, cet associé est déclaré démissionnaire d'office par arrêté du garde des Sceaux, ministre de la Justice.

Art. 28 *(Mod., D. n° 2016-880, 29 juin 2016 ; D. n° 2017-800, 5 mai 2017)*. – L'associé destitué exerçant au sein de la société la profession de commissaire-priseur judiciaire dispose d'un délai de six mois à compter du jour où la décision de destitution est passée en force de chose jugée pour céder ses actions ou parts sociales à un tiers à la société dans les conditions prévues à l'article 22.

Si, à l'expiration de ce délai, aucune cession n'est intervenue, il est procédé conformément aux dispositions de l'article 23.

L'associé destitué peut également, avant l'expiration du délai précité, céder ses actions ou parts sociales à la société, aux autres associés exerçant au sein de la société la profession de commissaire-priseur judiciaire ou à l'un ou plusieurs de ceux-ci, dans les conditions prévues à l'article 24, ou à une autre personne remplissant les conditions prévues aux articles 5 et 6 de la loi du 31 décembre 1990 susvisée ou, s'agissant des sociétés pluri-professionnelles d'exercice, à une autre personne remplissant les conditions prévues à l'article 31-6 de cette loi.

Art. 29 *(Mod., D. n° 2016-880, 29 juin 2016 ; D. n° 2017-800, 5 mai 2017).* – Sous réserve des règles de protection et de représentation des majeurs protégés, les dispositions de l'article 28 sont applicables à la cession d'actions ou de parts sociales de l'associé placé sous le régime de la tutelle, s'il ne veut ou ne peut bénéficier des dispositions du 2° B du I de l'article 5 de la loi [n° 90-1258] du 31 décembre 1990 précitée, ou de l'associé frappé d'interdiction légale.

Elles sont également applicables à la cession d'actions ou de parts sociales de l'associé dont l'exclusion de la société a été décidée dans les cas mentionnés à l'article 45.

Le délai de six mois imparti à l'associé exclu pour céder ses actions ou parts sociales court à compter du jour où la décision des autres associés prononçant son exclusion lui a été notifiée par lettre recommandée avec demande d'avis de réception.

Lorsque la société d'exercice libéral est une société pluri-professionnelle d'exercice, les dispositions du présent article s'appliquent aux seuls associés exerçant la profession de commissaire-priseur judiciaire.

§ 2. – Cessions d'actions et de parts sociales n'ayant pas pour but l'exercice de la profession de commissaire-priseur judiciaire au sein de la société

(Intitulé rempl., D. n° 2016-880, 29 juin 2016 ; mod., D. n° 2017-800, 5 mai 2017)

Art. 30 *(Mod., D. n° 2016-880, 29 juin 2016 ; D. n° 2017-800, 5 mai 2017).* – Sans préjudice des dispositions des articles L. 223-14 et L. 228-24 du Code de commerce et de l'article 10 de la loi [n° 90-1258] du 31 décembre 1990 précitée, tout projet de cession d'actions ou de parts sociales aux personnes mentionnées au B du I de l'article 5 de la loi [n° 90-1258] du 31 décembre 1990 précitée et au 3° du I de l'article 6 de la même loi fait l'objet d'une déclaration.

La déclaration est adressée au garde des Sceaux, ministre de la Justice, par téléprocédure sur le site internet du ministère de la Justice, à la diligence de la société et des associés concernés, deux mois au moins avant la réalisation de la cession.

Le garde des Sceaux, ministre de la Justice, peut, dans un délai de deux mois après réception de la demande, s'opposer au projet par décision motivée.

Les dispositions du présent article sont également applicables à tout projet de cession d'actions ou de parts sociales d'une société pluri-professionnelle d'exercice à une personne remplissant les conditions prévues à l'article 31-6 de la loi [n° 90-1258] du 31 décembre 1990 précitée lorsque la cession n'est pas réalisée en vue de l'exercice de la profession de commissaire-priseur judiciaire au sein de la société.

Art. 31 *(Mod., D. n° 2012-403, 23 mars 2012 ; D. n° 2016-880, 29 juin 2016).* – Dans les cas visés au 4° du B du I de l'article 5 de la loi du 31 décembre 1990 précitée, les statuts de la société doivent être joints à la convention transmise au garde des Sceaux, ministre de la Justice.

§ 3. – Publicité

Art. 32 *(Mod., D. n° 2016-880, 29 juin 2016).* – Dans le cas prévu au cinquième alinéa de l'article 23, la publicité de la cession d'actions et de parts sociales résulte du dépôt au greffe du tribunal chargé de la tenue du registre du commerce et des sociétés du lieu du siège social de la société de deux copies de la sommation adressée au cédant et des pièces justificatives de la signification de cette sommation.

Art. 33 *(Mod., D. n° 2016-880, 29 juin 2016).* – À la diligence de la société, une copie de chacun des arrêtés pris pour l'application des articles 22 à 29 et des déclarations faites au garde des Sceaux, ministre de la Justice, pour l'application de l'article 30, est adressée au greffe du tribunal chargé de la tenue du registre du commerce et des sociétés du lieu du siège social de la société.

Section II. – Nomination de nouveaux commissaires-priseurs associés exerçant au sein de la société. Augmentation du capital social. Prorogation de la société

Art. 34. – Tout nouvel associé exerçant au sein de la société *(Mots aj., D. n° 2017-800, 5 mai 2017)* « la profession de commissaire-priseur judiciaire » doit remplir les conditions requises pour exercer la profession de commissaire-priseur et être agréé par le garde des Sceaux, ministre de la Justice, qui le nomme en qualité de commissaire-priseur associé.

Art. 35 *(Mod., D. n° 2016-880, 29 juin 2016)*. – Si la nomination du nouvel associé intervient à l'occasion d'une augmentation du capital social, les dispositions des articles 5, 7 et 8 sont applicables.

La décision d'augmenter le capital social est prise sous la condition suspensive de l'agrément du nouvel associé par le garde des Sceaux, ministre de la Justice.

Par dérogation à l'alinéa précédent, lorsque le nouvel associé n'exerce pas au sein de la société, l'augmentation de capital fait l'objet d'une déclaration dans les conditions définies aux articles 30 et 31.

Si le nouvel associé apporte à la société le bénéfice résultant de la suppression de l'office dont il était titulaire au moment de son entrée dans la société, le siège de celle-ci peut être transféré au lieu où était établi cet office.

Art. 36. – Toute décision de proroger la société doit être immédiatement portée à la connaissance du garde des Sceaux, ministre de la Justice, par le représentant légal de la société.

Section III. – Exercice des fonctions de commissaire-priseur par la société et les associés

§ 1. – Exercice de la profession, interdictions et incompatibilités diverses

Art. 37. – Outre les mentions prévues à l'article 2 de la loi n° 90-1258 du 31 décembre 1990 précitée, toutes correspondances et tous documents émanant de la société doivent indiquer sa qualité de société titulaire d'un office de commissaire-priseur.

Le cachet de chaque associé exerçant au sein de la société *(Mots aj., D. n° 2017-800, 5 mai 2017)* « la profession de commissaire-priseur judiciaire » indique le nom de celui-ci et sa qualité d'associé.

Dans tous les actes dressés par lui, et dans toutes les correspondances, chaque associé exerçant au sein de la société indique son titre de commissaire-priseur, sa qualité d'associé de la société d'exercice libéral et l'adresse du siège de cette société.

Art. 38 *(Mod., D. n° 2016-880, 29 juin 2016 ; D. n° 2017-895, 6 mai 2017)*. – Un commissaire-priseur judiciaire associé, exerçant au sein d'une société d'exercice libéral, ne peut exercer la profession de commissaire-priseur judiciaire à titre individuel ou en qualité de membre d'une autre société, quelle qu'en soit la forme.

Si la société est titulaire de plusieurs offices de commissaire-priseur judiciaire, il exerce dans un seul de ces offices.

NB : Conformément à l'article 10 du décret n° 2016-880 du 29 juin 2016, l'article 38 dans sa rédaction en vigueur à la date de publication du présent décret, demeure applicable aux sociétés d'exercice libéral constituées respectivement pour l'exercice des professions d'huissier de justice, de commissaire-priseur judiciaire et de notaire avant cette date et cela jusqu'au 31 décembre 2016. Les associés peuvent néanmoins convenir, à la majorité prévue pour la modification des statuts de la société, que les dispositions nouvelles de cet article 38 leur sont applicables.

Art. 39 *(Mod., D. n° 2016-880, 29 juin 2016)*. – Chaque commissaire-priseur judiciaire associé, exerçant au sein d'une société d'exercice libéral, exerce les fonctions de commissaire-priseur judiciaire au nom de cette société.

Il consacre son activité professionnelle à l'accomplissement du service public dont il a la charge, au titre de l'office dans lequel il est nommé en qualité d'associé.

Les associés exerçant au sein de la société l'informent et s'informent mutuellement de leur activité.

Le deuxième alinéa ne fait pas obstacle à l'exercice par un commissaire-priseur judiciaire associé d'une autre activité professionnelle, au sein de la société ou en dehors de celle-ci, dès lors qu'aucune disposition législative ou réglementaire et aucune stipulation des statuts de la société ne l'interdit, que cette activité est exercée à titre accessoire et qu'elle est compatible avec l'accomplissement du service public dont il a la charge ainsi qu'avec les règles de déontologie de la profession.

Le commissaire-priseur judiciaire associé qui fait usage de la dérogation prévue au précédent alinéa en informe la chambre départementale des huissiers de justice dont il relève dans un délai de trente jours suivant le début de l'activité concernée. La chambre départementale peut lui demander tous renseignements ou documents utiles pour lui permettre d'apprécier si les exigences de compatibilité prévues à l'alinéa précédent sont satisfaites.

NB : Conformément à l'article 10 du décret n° 2016-880 du 29 juin 2016, l'article 39 dans sa rédaction en vigueur à la date de publication du présent décret, demeure applicables aux sociétés d'exercice libéral constituées respectivement pour l'exercice des professions d'huissier de justice, de commissaire-priseur judiciaire et de notaire avant cette date et cela jusqu'au 31 décembre 2016. Les associés peuvent néanmoins convenir, à la majorité prévue pour la modification des statuts de la société, que les dispositions nouvelles de cet article 39 leur sont applicables.

Art. 40. – Sous réserve de l'application des dispositions figurant sous le présent titre, toutes dispositions législatives ou réglementaires relatives à l'exercice des fonctions de commissaire-priseur par des personnes physiques, à titre individuel, sont applicables à une société d'exercice libéral titulaire d'un office de commissaire-priseur et aux commissaires-priseurs associés exerçant en son sein.

Art. 41. – Les dispositions des articles 50, 51 et 52 du décret n° 69-763 du 24 juillet 1969 susvisé, en tant qu'elles concernent les commissaires-priseurs associés et les sociétés titulaires d'un office de commissaire-priseur, s'appliquent aux sociétés d'exercice libéral et à leurs associés exerçant la profession de commissaire-priseur au sein de la société.

Art. 41 bis *(Mod., D. n° 2016-880, 29 juin 2016)*. – L'associé qui souhaite bénéficier de l'autorisation de prolongation d'activité prévue en cas d'atteinte de la limite d'âge en informe la société et ses autres associés. Il les informe également de la suite réservée à sa demande.

§ 1 *bis.* – Tenue et conservation des répertoires, des minutes et autres documents professionnels

Art. 41 ter *(D. n° 2016-1510, 9 nov. 2016)*. – Lorsque la société est titulaire de plusieurs offices *(Mots aj., D. n° 2017-800, 5 mai 2017)* « de commissaire-priseur judiciaire », la tenue et la conservation des minutes, des répertoires, des autres registres et documents professionnels et des dossiers de clients sont assurées au sein de chaque office.

§ 2. – Comptabilité. Assurances

Art. 42 *(D. n° 2016-1510, 9 nov. 2016)*. – Les règles concernant la tenue de la comptabilité des commissaires-priseurs judiciaires sont applicables à la société. Tous les registres et documents prévus par les textes législatifs ou réglementaires sont ouverts ou établis au nom de la société.

Dans le cas d'ouverture d'un bureau annexe prévu à l'article 10, il doit être tenu des registres de comptabilité et un répertoire distincts concernant l'activité de ce bureau.

Lorsque la société est titulaire de plusieurs offices *(Mots aj., D. n° 2017-800, 5 mai 2017)* « de commissaire-priseur judiciaire », une comptabilité distincte est tenue pour chaque office. La société doit en outre disposer, lorsqu'elle exerce l'activité prévue au dernier alinéa de l'article 1er de l'ordonnance [n° 45-2693] du 2 novembre 1945 susvisée, d'un compte destiné à recevoir les fonds détenus pour le compte de tiers par office.

Art. 43. – La responsabilité de chaque société d'exercice libéral titulaire d'un office de commissaire-priseur est garantie, dans les conditions prévues à l'article 18 du décret [n° 45-0120] du 19 décembre 1945 précité, par la bourse commune de compagnie à laquelle elle cotise.

Chaque société régie par le présent titre est tenue de contracter une assurance de responsabilité professionnelle.

(D. n° 2017-800, 5 mai 2017) Dans les sociétés pluri-professionnelles d'exercice, la garantie de la bourse commune de compagnie prévue au premier alinéa ne couvre que les dommages survenus dans le cadre de l'exercice de la profession de commissaire-priseur judiciaire.

§ 3. – Discipline. Suppléance. Honorariat

Art. 44 *(Mod., D. n° 2017-800, 5 mai 2017)*. – Sous réserve des articles 45 à 49, les dispositions de l'ordonnance [n° 45-1418] du 28 juin 1945 précitée sont applicables à la société et aux associés exerçant en son sein la profession d'huissier de justice.

La société ne peut faire l'objet de poursuites disciplinaires indépendamment de celles qui seraient intentées contre les associés exerçant en son sein la profession d'huissier de justice.

Art. 45. – Tout associé exerçant au sein de la société qui a fait l'objet d'une condamnation disciplinaire passée en force de chose jugée à une peine égale ou supérieure à trois mois d'interdiction dans l'exercice de sa profession, ou d'une condamnation pénale définitive à une peine d'emprisonnement égale ou supérieure à trois mois peut être contraint, à l'unanimité des autres associés exerçant au sein de la société, de se retirer de celle-ci.

Ses actions ou parts sociales sont cédées dans les conditions prévues aux deuxième et troisième alinéas de l'article 28.

Art. 46 *(Mod., D. n° 2016-880, 29 juin 2016 ; D. n° 2017-800, 5 mai 2017).* – L'associé interdit de ses fonctions n'est pas de ce seul fait privé de sa qualité d'associé. Il conserve tous les droits et obligations qui en découlent.

La décision qui prononce l'interdiction d'un ou de plusieurs associés exerçant leurs fonctions au sein de l'office, mais non de la totalité d'entre eux, ne commet pas d'administrateur.

La décision qui prononce l'interdiction soit de l'office, soit de tous les associés exerçant leurs fonctions au sein de l'office commet un ou plusieurs administrateurs pour accomplir tous actes professionnels relevant à titre obligatoire, notamment par l'effet de la loi ou par commissions de justice, du ministère de l'office ou des commissaires-priseurs associés interdits.

Au cas où la société et l'un ou plusieurs des associés exerçant leurs fonctions au sein de l'office sont interdits, les associés non interdits sont nommés administrateurs.

Pour l'application des troisième et quatrième alinéas, peuvent être désignés en qualité d'administrateurs soit avec les associés non interdits exerçant au sein de la société, soit si tous les associés sont interdits :

a) Des commissaires-priseurs, des sociétés de commissaires-priseurs ou des commissaires-priseurs associés ;

b) Des anciens commissaires-priseurs ou anciens commissaires-priseurs associés ;

c) Des clercs de commissaire-priseur et anciens clercs de commissaire-priseur répondant aux conditions d'aptitude exigées pour pouvoir être nommés commissaire-priseur.

Si l'administrateur n'est pas commissaire-priseur en exercice, il prête le serment exigé de tout commissaire-priseur avant son entrée en fonctions ; de plus, il est tenu d'avoir un cachet particulier portant son nom et sa qualité d'administrateur.

Nul ne peut être désigné administrateur s'il a atteint la limite d'âge prévue par l'article 1er-1-2 de l'ordonnance du 26 juin 1816 susvisée.

L'administrateur procède aux actes professionnels qu'il a mission d'accomplir.

Art. 47. – L'associé destitué est déchu de sa qualité de commissaire-priseur associé et cesse l'exercice de son activité professionnelle à compter du jour où la décision prononçant sa destitution est passée en force de chose jugée. Il perd, à compter de la même date, le droit d'assister et de voter aux assemblées de la société.

Ses actions ou parts sociales sont cédées dans les conditions fixées à l'article 28.

Les dispositions de l'article 46 sont applicables en cas de destitution.

Les effets de la destitution de la société ou de tous les associés exerçant au sein de la société sont régis par l'article 61.

Art. 48. – Les dispositions de l'article 46 sont applicables aux cas où serait prononcée la suspension provisoire prévue par l'ordonnance [n° 45-1418] du 28 juin 1945 précitée.

L'associé exerçant au sein de la société provisoirement suspendu conserve, pendant la durée de sa suspension, sa qualité d'associé, avec tous droits et obligations qui en découlent ; toutefois, ses revenus liés à l'exercice professionnel sont réduits de moitié, l'autre moitié étant attribuée par parts égales aux administrateurs associés ou non, ou, s'il n'est pas commis d'administrateur, à ceux des associés exerçant au sein de la société qui n'ont pas fait l'objet d'une suspension provisoire de l'exercice de leurs fonctions.

Art. 49 *(Mod., D. n° 2016-880, 29 juin 2016).* – Si l'un des associés est temporairement empêché, par cas de force majeure, d'exercer ses fonctions, sa suppléance est assurée par les autres associés exerçant au sein de la société.

Si tous les associés sont simultanément empêchés, par cas de force majeure, d'exercer leurs fonctions, la gestion de l'office est assurée conformément aux dispositions réglementaires en vigueur.

Toutefois, le ou les suppléants sont choisis parmi les personnes énumérées aux *a*, *b* et *c* de l'article 46, et les dispositions des trois derniers alinéas du même article leur sont applicables.

Art. 50. – Les fonctions de commissaire-priseur associé sont assimilées à celles de commissaire-priseur pour la collation du titre de commissaire-priseur honoraire.

Section IV. – Dispositions diverses

Art. 51. – Les procès-verbaux des délibérations des associés, ainsi que ceux des délibérations du conseil d'administration et du conseil de surveillance, sont établis sur un registre spécial préalablement coté et paraphé par le président de la chambre de discipline ou un membre de la chambre qu'il désigne à cet effet. Le registre est conservé au siège de la société.

Toutefois, les procès-verbaux peuvent être établis sur des feuilles mobiles numérotées sans discontinuité, paraphées dans les conditions prévues au premier alinéa du présent article. Dès qu'une feuille a été remplie, même partiellement, elle doit être jointe à celles précédemment utilisées. Toute addition, suppression, substitution ou inversion de feuilles est interdite.

CHAPITRE III. – NULLITÉ. DISSOLUTION. LIQUIDATION DE LA SOCIÉTÉ

Art. 52. – La nullité ou la dissolution de la société n'est opposable aux tiers qu'à compter de l'accomplissement des formalités de publicité prévues par l'article 57, par le deuxième alinéa de l'article 60 et par l'article 62.

Section I. – Règles générales concernant la liquidation

Art. 53. – La liquidation est régie par les statuts, sous réserve des dispositions de la loi n° 66-537 du 24 juillet 1966, précitée et de celles du présent chapitre.

Art. 54 *(Mod., D. n° 2016-880, 29 juin 2016)*. – Le liquidateur peut être choisi soit parmi les associés exerçant leurs fonctions au sein de la société, soit parmi les personnes énumérées aux a, b et c du cinquième alinéa de l'article 46.

Nul ne peut être désigné liquidateur s'il a atteint la limite d'âge prévue par l'article 1er-1-2 de l'ordonnance du 26 juin 1816 susvisée.

Il peut être remplacé pour cause d'empêchement, ou pour tout autre motif grave, par le président du tribunal de grande instance du lieu du siège social de la société, statuant en référé à la demande soit du liquidateur lui-même, soit des associés ou de leurs ayants droit, soit du ministère public.

Plusieurs liquidateurs peuvent être désignés.

Art. 55 *(Mod., D. n° 2016-880, 29 juin 2016)*. – Le liquidateur représente la société pendant la durée de la liquidation de celle-ci et accomplit, en remplacement des associés, tous actes relevant de la profession de commissaire-priseur judiciaire.

Les dispositions des trois derniers alinéas de l'article 46 lui sont applicables.

À compter de la date de prestation de serment du successeur de la société, il cesse d'avoir qualité pour accomplir, au nom de celle-ci, les actes relevant de la profession de commissaire-priseur judiciaire.

Art. 56. – Sauf dans le cas où la société est dissoute par l'effet de sa destitution, le liquidateur exerce, au nom de la société, le droit de présentation prévu par l'article 91 de la loi du 28 avril 1816 sur les finances susvisée.

Si, dans le délai d'un an à compter de sa désignation, le liquidateur n'a pas exercé le droit de présentation dont la société est titulaire, l'office est pourvu dans les conditions fixées par les dispositions réglementaires relatives aux offices vacants. Ce délai peut être exceptionnellement prorogé par le garde des Sceaux, ministre de la Justice.

Section II. – Dispositions particulières aux différents cas de nullité ou de dissolution de la société

§ 1. – Nullité

Art. 57. – À la diligence du procureur de la République toute décision judiciaire passée en force de chose jugée prononçant la nullité de la société fait l'objet d'une insertion au *Journal officiel* de la République française et d'un dépôt d'une de ses expéditions au dossier ouvert au nom de la société au greffe chargé de la tenue du registre du commerce et des sociétés.

Art. 58. – La nullité de la société ne porte pas atteinte à la validité des actes effectués par les commissaires-priseurs associés exerçant au sein de la société avant la date à laquelle cette nullité est devenue définitive.

§ 2. – Dissolution par survenance du terme, dissolution anticipée

Art. 59. – Qu'elle résulte de la survenance du terme ou d'une décision de dissolution anticipée, la dissolution de la société prend effet à la date à laquelle elle est constatée par arrêté du garde des Sceaux, ministre de la Justice.

Art. 60. – À moins qu'il n'ait été désigné à la requête du procureur de la République, le liquidateur informe celui-ci de sa désignation en lui faisant parvenir une expédition de la délibération des associés ou de la décision de justice qui l'a nommé dans ses fonctions.

Le liquidateur dépose au greffe chargé de la tenue du registre du commerce et des sociétés où la société est inscrite, pour être versée au dossier ouvert au nom de la société, la copie de l'expédition mentionnée au premier alinéa, dont tout intéressé pourra obtenir communication.

Il ne peut entrer en fonctions avant l'accomplissement des formalités précitées.

§ 3. – Dissolution pour cause de destitution de la société

Art. 61. – La destitution de tous les associés exerçant au sein de la société ou de la société entraîne de plein droit la dissolution de celle-ci par extinction de son objet.

La décision qui prononce ces destitutions constate la dissolution de la société et ordonne sa liquidation.

Le liquidateur désigné remplit les fonctions de l'administrateur dont la nomination est prévue par l'article 20 de l'ordonnance [n° 45-1418] du 28 juin 1945 précitée.

Les associés destitués ne peuvent être choisis comme liquidateur.

Art. 62. – À la diligence du ministère public, une expédition de la décision prononçant la destitution de la société ou de tous les associés exerçant en son sein est versée au dossier ouvert au nom de la société au greffe chargé de la tenue du registre du commerce et des sociétés.

§ 4. – Dissolution pour empêchement, inaptitude ou décès

Art. 63 *(Mod., D. n° 2016-880, 29 juin 2016).* – La société n'est pas dissoute par le décès simultané de tous les associés exerçant leurs fonctions de commissaire-priseur judiciaire au sein de la société, ou par le décès du dernier survivant d'entre eux, sauf disposition contraire des statuts. Il en est de même en cas d'empêchement ou d'inaptitude de tous les associés exerçant leurs fonctions au sein de la société, dans les conditions prévues à l'article 45 de l'ordonnance du 28 juin 1945 précitée, ainsi que dans le cas où tous les associés atteindraient la limite d'âge fixée pour l'exercice de leurs fonctions ou, le cas échéant, cesseraient de bénéficier de l'autorisation de prolongation d'activité délivrée par le garde des Sceaux, ministre de la Justice.

En pareil cas, la gestion de l'office est assurée ainsi qu'il est prévu à l'article 49.

§ 5. – Dissolution de la société pour cause de constitution par ses membres de sociétés différentes de ventes volontaires de meubles aux enchères publiques

(D. n° 2001-650, 19 juill. 2001)

Art. 63-1 *(D. n° 2001-650, 19 juill. 2001).* – Dans le cas de dissolution prévu à l'article 56 de la loi n° 2000-642 du 10 juillet 2000 portant réglementation des ventes volontaires de meubles aux enchères publiques, il est procédé conformément aux articles 59 et 60.

Section III. – Nomination à un office créé d'un associé qui exerçait au sein d'une société dissoute

Art. 64 à 67 *(Abr., D. n° 2016-880, 29 juin 2016).*

Section IV. – Nomination à un office créé d'un associé exerçant au sein de la société qui se retire pour cause de mésentente

Art. 68 à 72 *(Abr., D. n° 2016-880, 29 juin 2016).*

Section V. – Nomination à des offices en cas de dissolution de la société pour cause de constitution par ses membres de sociétés différentes de ventes volontaires de meubles aux enchères publiques

(D. n° 2001-650, 19 juill. 2001)

Art. 72-1 *(D. n° 2001-650, 19 juill. 2001 ; mod., D. n° 2009-452, 22 avr. 2009 ; D. n° 2016-880, 29 juin 2016)*. – Dans le cas de dissolution prévu à l'article 56 de la loi du 10 juillet 2000 précitée, les demandes de nomination, adressées au garde des Sceaux, ministre de la Justice, sont accompagnées de toutes pièces justificatives.

L'article 8 est applicable s'agissant d'apprécier les capacités professionnelles et l'honorabilité du candidat à la nomination.

Art. 72-2 *(Abr., D. n° 2016-880, 29 juin 2016)*.

Art. 72-3 *(D. n° 2001-650, 19 juill. 2001)*. – La nomination dans l'office dont la société dissoute était titulaire, les créations d'offices et la nomination de leurs titulaires sont prononcées par arrêté du garde des Sceaux, ministre de la Justice, sans qu'il y ait lieu de recourir à la procédure prévue aux articles 27 à 33 du décret [n° 73-541] du 19 juin 1973 précité.

TITRE II. – DES SOCIÉTÉS EN PARTICIPATION DE COMMISSAIRES-PRISEURS

Art. 73. – Les sociétés en participation prévues à l'article 22 de la loi n° 90-1258 du 31 décembre 1990 précitée reçoivent l'appellation de sociétés en participation de commissaires-priseurs.

La société n'est pas titulaire d'un office de commissaire-priseur et chacun des associés exerce ses fonctions au sein de l'office dont il est titulaire.

L'appartenance à la société avec la dénomination de celle-ci doit être indiquée dans les actes professionnels et les correspondances de chaque associé.

Art. 74 *(Mod., D. n° 2016-880, 29 juin 2016)*. – La société est constituée sous la condition suspensive de la publicité prévue à l'article 77 entre commissaires-priseurs judiciaires personnes physiques établis soit dans le même département, soit dans des départements différents.

Art. 75. – En vue d'assurer la publicité de la constitution d'une société en participation, les associés adressent les statuts de la société au procureur *(Mots rempl., D. n° 2009-452, 22 avr. 2009)* « général près la cour d'appel dans le ressort de laquelle » est fixé le siège de la société.

Si les associés exercent leurs fonctions dans des offices situés dans des départements différents, ils informent de cette constitution la chambre de discipline et le procureur *(Mots rempl., D. n° 2009-452, 22 avr. 2009)* « général » du lieu de situation de chacun des offices.

Art. 76 *(Abr., D. n° 2016-880, 29 juin 2016)*.

Art. 77 *(Mod., D. n° 2016-880, 29 juin 2016)*. – La constitution de la société en participation est publiée au *Journal officiel* de la République française, à l'initiative du garde des Sceaux, ministre de la Justice.

Art. 78 *(Mod., D. n° 2009-452, 22 avr. 2009 ; D. n° 2016-880, 29 juin 2016)*. – En cas de dissolution de la société, la notification de cette dissolution est portée à la connaissance du garde des Sceaux, ministre de la Justice, par téléprocédure sur le site internet du ministère de la Justice, par l'associé ou les associés ayant demandé la dissolution.

La dissolution de la société en participation est publiée au *Journal officiel* de la République française, à l'initiative du garde des Sceaux, ministre de la Justice.

Chaque associé reprend l'exercice individuel de ses fonctions à compter de la publication mentionnée au deuxième alinéa.

Art. 79 *(Abr., D. n° 2016-880, 29 juin 2016)*.

TITRE III. – DES SOCIÉTÉS DE PARTICIPATIONS FINANCIÈRES DE PROFESSION LIBÉRALE DE COMMISSAIRES-PRISEURS JUDICIAIRES

(D. n° 2004-854, 23 août 2004)

Art. 80 *(D. n° 2004-854, 23 août 2004 ; mod., D. n° 2016-880, 29 juin 2016).* – Les sociétés de participations financières de profession libérale, constituées en application du titre IV de la loi du 31 décembre 1990 susvisée, en vue de la détention de parts sociales ou d'actions dans des sociétés exerçant la profession de commissaire-priseur judiciaire sont régies par les dispositions du livre II du Code de commerce, sous réserve des dispositions du présent titre. Elles portent la dénomination de sociétés de participations financières de profession libérale de commissaires-priseurs judiciaires.

CHAPITRE I. – CONSTITUTION DE LA SOCIÉTÉ

(D. n° 2004-854, 23 août 2004)

Art. 81 *(Abr., D. n° 2016-880, 29 juin 2016).*

Art. 82 *(Rempl., D. n° 2012-403, 23 mars 2012 ; mod., D. n° 2016-880, 29 juin 2016).* – La constitution de la société fait l'objet d'une déclaration adressée par un mandataire commun des associés au garde des Sceaux, ministre de la Justice, dans un délai de dix jours, par téléprocédure sur le site internet du ministère de la Justice. Une copie des statuts de la société est jointe à la déclaration qui comprend la liste des associés avec indication, selon le cas, de leur profession ou de leur qualité au regard du titre IV de la loi n° 90-1258 du 31 décembre 1990 susvisée suivie, pour chacun, de la mention de la part de capital qu'il détient dans la société.

Art. 83 *(Rempl., D. n° 2012-403, 23 mars 2012 ; mod., D. n° 2016-880, 29 juin 2016).* – Le garde des Sceaux, ministre de la Justice, dresse la liste des sociétés de participations financières de profession libérale de commissaires-priseurs judiciaires.

Un arrêté du garde des Sceaux, ministre de la Justice, fixe les conditions dans lesquelles cette liste est dressée et mise à jour et les conditions de sa diffusion aux autorités et aux professionnels intéressés.

Art. 84 *(Abr., D. n° 2016-880, 29 juin 2016).*

Art. 85 à 87 *(Abr., D. n° 2012-403, 23 mars 2012).*

CHAPITRE II. – Fonctionnement et contrôle de la société

(D. n° 2004-854, 23 août 2004 ; intitulé mod., D. n° 2012-403, 23 mars 2012)

Art. 88 *(D. n° 2004-854, 23 août 2004 ; mod., D. n° 2012-403, 23 mars 2012 ; D. n° 2016-880, 29 juin 2016).* – La société de participations financières de profession libérale de commissaires-priseurs judiciaires fait connaître au garde des Sceaux, ministre de la Justice, dans un délai de trente jours à compter de la date à laquelle il se produit, tout changement dans la situation déclarée en application de l'article 82 avec les pièces justificatives, par téléprocédure sur le site internet du ministère de la Justice.

Art. 89 *(Rempl., D. n° 2012-403, 23 mars 2012 ; mod., D. n° 2016-880, 29 juin 2016).* – Si la société de participations financières de profession libérale de commissaires-priseurs judiciaires ne se conforme pas aux dispositions législatives et réglementaires en vigueur, le garde des Sceaux, ministre de la Justice, l'invite à régulariser la situation.

Si la société ne régularise pas sa situation, le garde des Sceaux, ministre de la Justice, peut inviter les associés à prononcer la dissolution anticipée de la société selon les formes prévues par les statuts. Il adresse une copie de ce courrier au procureur de la République près le tribunal de grande instance dans le ressort duquel est situé le siège de la société ainsi qu'à la chambre de discipline des commissaires-priseurs judiciaires.

Art. 90 *(Rempl., D. n° 2012-403, 23 mars 2012).* – Chaque société de participations financières de profession libérale de commissaires-priseurs judiciaires fait l'objet, au moins une fois tous les quatre ans, à l'occasion de la vérification de la comptabilité d'un office de commissaire-priseur judiciaire tenu par une société d'exercice dans laquelle elle détient des participations, d'un contrôle portant sur le respect des dispositions législatives et réglementaires qui régissent la composition de son capital et l'étendue de ses activités. Ce contrôle est effectué par les délégués désignés par la chambre de discipline de la compagnie dans le ressort de laquelle est situé le siège de la société conformément à l'article 19 du décret du 19 décembre 1945 précité.

Chaque société de participations peut, en outre, être soumise à des contrôles occasionnels prescrits par le garde des Sceaux, soit d'office, soit à la demande du président de la chambre de discipline. Le garde des Sceaux désigne pour ces contrôles un ou plusieurs commissaires-priseurs judiciaires.

CHAPITRE III. – DISSOLUTION-LIQUIDATION DE LA SOCIÉTÉ
(D. n° 2004-854, 23 août 2004)

Art. 91 *(Rempl., D. n° 2012-403, 23 mars 2012 ; mod., D. n° 2016-880, 29 juin 2016).* – Le non-respect des dispositions régissant la constitution et le fonctionnement des sociétés de participations financières de profession libérale par les commissaires-priseurs judiciaires, associés d'une telle société ou de sociétés titulaires d'un office faisant l'objet de prises de participations, peut donner lieu à des poursuites disciplinaires.

Art. 92 *(Abr., D. n° 2012-403, 23 mars 2012).*

Art. 93 *(D. n° 2004-854, 23 août 2004 ; mod., D. n° 2016-880, 29 juin 2016).* – Le liquidateur est choisi parmi les associés de la société de participations financières de profession libérale, des commissaires-priseurs judiciaires, des sociétés titulaires d'un office ou des commissaires-priseurs associés, des anciens commissaires-priseurs judiciaires ou anciens commissaires-priseurs judiciaires associés. En aucun cas les fonctions de liquidateur ne peuvent être confiées à un associé ayant fait l'objet d'une peine disciplinaire.

Plusieurs liquidateurs peuvent être désignés.

Nul ne peut être désigné liquidateur s'il a atteint la limite d'âge prévue par l'article 1er-1-2 de l'ordonnance du 26 juin 1816 susvisée.

Le liquidateur peut être remplacé pour cause d'empêchement, ou pour tout autre motif grave, par le président du tribunal de grande instance du lieu du siège social de la société, statuant sur requête à la demande du liquidateur, des associés ou de leurs ayants droit, ou du procureur de la République.

Art. 94 *(D. n° 2004-854, 23 août 2004).* – Le liquidateur procède à la cession des parts ou actions que la société de participations financières de profession libérale de commissaires-priseurs judiciaires détient dans la ou les sociétés d'exercice libéral dans les conditions prévues par l'article 28 du présent décret.

Art. 95 *(D. n° 2004-854, 23 août 2004 ; mod., D. n° 2016-880, 29 juin 2016).* – La dissolution de la société est portée à la connaissance du procureur de la République et de la chambre de discipline des commissaires-priseurs judiciaires à la diligence du liquidateur. Il leur fait alors parvenir une expédition de la délibération des associés ou de la décision de justice qui l'a nommé dans ses fonctions.

Le liquidateur dépose au greffe où la société est immatriculée la copie de l'expédition mentionnée au premier alinéa, qui est versée au dossier ouvert au nom de la société. Tout intéressé peut en obtenir communication.

Il ne peut exercer ses fonctions qu'après avoir accompli les formalités prévues à l'alinéa précédent.

Il informe le garde des Sceaux, ministre de la Justice, par téléprocédure sur le site internet du ministère de la Justice, le procureur de la République et la chambre de discipline des commissaires-priseurs judiciaires de la clôture des opérations de liquidation.

8.2.9. – CONSEILS EN PROPRIÉTÉ INDUSTRIELLE

8.2.9.1. – Sociétés civiles professionnelles

Code de la propriété intellectuelle

Partie réglementaire

Art. R. 422-12. – Deux ou plusieurs conseils en propriété industrielle inscrits sur la liste nationale des conseils en propriété industrielle prévue à l'article L. 422-1 peuvent constituer entre eux une société civile professionnelle pour l'exercice en commun de la profession de conseil en propriété industrielle.

Toutefois, la société peut être constituée, exclusivement ou non, entre des personnes physiques non inscrites sur la liste nationale des conseils en propriété industrielle mais remplissant les conditions requises pour y figurer, sous la condition que chacune d'elles demande son inscription au plus tard en même temps que la société.

Art. R. 422-13. – La société est constituée sous la condition suspensive de son inscription sur la liste nationale des conseils en propriété industrielle. Conformément au troisième alinéa de l'article 1er de la loi n° 66-879 du 29 novembre 1966, elle jouit de la personnalité morale à compter de cette inscription.

Art. R. 422-14. – La demande d'immatriculation de la société au registre du commerce et des sociétés est établie dans les conditions prévues à l'article 15 du décret n° 84-406 du 30 mai 1984 relatif au registre du commerce et des sociétés.

Par dérogation aux articles 22, 24 et 26 du décret n° 78-704 du 3 juillet 1978, la société est dispensée d'insérer dans un journal d'annonces légales les avis prévus auxdits articles.

L'avis inséré au *Bulletin officiel des annonces civiles et commerciales* contient les indications prévues à l'article 73 du décret du 30 mai 1984 à l'exception de celles relatives aux nom et prénoms des associés tenus indéfiniment et solidairement des dettes sociales.

Art. R. 422-15. – Si les statuts sont établis par acte sous seing privé, il en est dressé autant d'originaux qu'il est nécessaire pour la remise d'un exemplaire à chaque associé et pour satisfaire aux dispositions de l'article 7 du décret n° 78-704 du 3 juillet 1978 et à celles de la présente sous-section.

Art. R. 422-16. – Sans préjudice des dispositions qu'en vertu des articles 10 et 11 de la loi n° 66-879 du 29 novembre 1966 les statuts doivent comporter, de celles qu'en vertu des articles 8, 14, 15, 19, 20 et 24 de la même loi ils peuvent contenir, concernant respectivement la répartition des parts, les gérants, la raison sociale, la répartition des bénéfices, les dettes sociales, les cessions des parts sociales et la dissolution de la société et des articles R. 422-6 et R. 422-7, les statuts doivent indiquer :

1° Les nom, prénoms, domicile des associés, leur situation matrimoniale et, le cas échéant, l'existence de clauses, d'actes opposables aux tiers ou de décisions restrictives à la libre disposition de leurs biens ;

2° Le titre de chacun des associés ;

3° La durée pour laquelle la société est constituée ;

4° L'adresse du siège social ;

5° La nature et l'évaluation distincte de chacun des apports effectués par les associés ;

6° Le montant du capital social, le montant nominal, le nombre et la répartition des parts sociales représentatives de ce capital ;

7° L'affirmation de la libération totale ou partielle, suivant le cas, des apports concourant à la formation du capital social ;

8° La majorité requise pour la transmission ou la cession des parts à des tiers ;

9° Le montant des parts d'intérêt attribuées à chaque apporteur en industrie ;

10° Les dispositions particulières prévues aux articles R. 422-20 et R. 422-21.

Art. R. 422-17. – Peuvent faire l'objet d'apports à une société civile professionnelle, en propriété ou en jouissance :

1° Tous droits incorporels, mobiliers ou immobiliers, notamment, s'il y a lieu, le droit pour un associé de présenter la société comme successeur à sa clientèle ;

2° Tous documents et archives, et, d'une manière générale, tous objets mobiliers à usage professionnel ;

3° Les immeubles ou locaux utiles à l'exercice de la profession ;

4° Toutes sommes en numéraire.

Les apports en industrie des associés qui, en vertu de l'article 10 de la loi du 29 novembre 1966, ne concourent pas à la formation du capital peuvent donner lieu à l'attribution de parts d'intérêts.

Art. R. 422-18. – Les parts sociales ne peuvent être données en nantissement.

Leur montant nominal ne peut être inférieur à 152,45 €.

Les parts d'intérêts attribuées aux apporteurs en industrie sont incessibles. Elles sont annulées lorsque leur titulaire perd sa qualité d'associé pour quelque cause que ce soit.

Art. R. 422-19. – Les parts sociales correspondant à des apports en numéraire doivent être libérées, lors de la souscription, de la moitié au moins de leur valeur nominale.

La libération du surplus doit intervenir, en une ou plusieurs fois, soit aux dates prévues par les statuts, soit par décision de l'assemblée des associés, et au plus tard dans le délai de deux ans à compter de l'inscription de la société sur la liste nationale des conseils en propriété industrielle.

Dans les huit jours de leur réception, les fonds provenant des souscriptions en numéraire sont déposés, pour le compte de la société à la Caisse des dépôts et consignations, chez un notaire ou dans une banque.

Le retrait de ces fonds est effectué par un mandataire de la société sur la seule justification de l'inscription de la société sur la liste nationale.

Art. R. 422-20. – Les statuts organisent la gérance et déterminent les pouvoirs des gérants dans les conditions prévues par l'article 11 de la loi du 29 novembre 1966.

Art. R. 422-21. – Les décisions qui excèdent les pouvoirs des gérants sont prises par les associés réunis en assemblée.

L'assemblée est réunie au moins une fois par an. Elle est également réunie sur la demande d'au moins la moitié des associés, la demande devant indiquer l'ordre du jour.

Les modalités de convocation de l'assemblée sont fixées par les statuts.

Art. R. 422-22. – Les statuts peuvent attribuer un nombre de voix réduit aux associés qui n'exercent leur profession qu'à temps partiel.

Ils peuvent également attribuer aux associés un nombre de voix réduit aussi longtemps que les parts sociales qu'ils détiennent n'ont pas été entièrement libérées.

Chaque associé peut se faire représenter par un autre associé porteur d'un mandat écrit. Un associé ne peut être porteur de plus de deux mandats.

Art. R. 422-23. – Sous réserve des dispositions de l'article 19 de la loi du 29 novembre 1966 et de celles de la présente sous-section imposant des conditions spéciales de majorité, les décisions sont prises à la majorité des voix dont disposent les associés présents ou représentés.

Toutefois, les statuts peuvent prévoir une majorité plus forte ou même l'unanimité des associés pour toutes les décisions ou seulement pour celles qu'ils énumèrent.

Art. R. 422-24. – La modification des statuts et notamment la prorogation de la société est décidée à la majorité des trois quarts des voix de l'ensemble des associés.

Toutefois, l'augmentation des engagements des associés ne peut être décidée qu'à l'unanimité.

Art. R. 422-24-1 *(D. n° 2017-795, 5 mai 2017)*. – La majorité requise pour approuver une des opérations mentionnées au premier alinéa de l'article 27 de la loi n° 66-879 du 29 novembre 1966 relative aux sociétés civiles professionnelles est celle prévue au premier alinéa de l'article R. 422-24.

Art. R. 422-25. – Les délibérations des associés sont soumises aux dispositions des articles 40 à 47 du décret n° 78-704 du 3 juillet 1978.

L'assemblée ne peut délibérer valablement que si les trois quarts au moins des associés sont présents ou représentés. Si le quorum n'est pas atteint, les associés sont convoqués une nouvelle fois et l'assemblée délibère valablement si deux associés au moins sont présents ou représentés.

Le registre prévu par l'article 45 du décret n° 78-704 du 3 juillet 1978 est coté et paraphé par le greffier chargé de la tenue du registre du commerce et des sociétés où est immatriculée la société.

Art. R. 422-26. – Après la clôture de chaque exercice, le ou les gérants établissent, dans les conditions fixées à l'article 1856 du Code civil, un rapport écrit d'ensemble comportant les comptes annuels de la société et un rapport sur les résultats.

Dans les deux mois qui suivent la clôture de l'exercice, les documents mentionnés à l'alinéa précédent sont soumis à l'approbation de l'assemblée des associés.

À cette fin, ces documents sont adressés à chaque associé avec le texte des résolutions proposées en même temps que la convocation à l'assemblée et au moins quinze jours avant sa réunion.

Art. R. 422-27. – Chaque associé peut, à toute époque, prendre connaissance, dans les conditions fixées à l'article 48 du décret n° 78-704 du 3 juillet 1978, des comptes annuels de la société et du rapport sur les résultats de celle-ci ainsi que de tous registres et documents comptables en la possession de la société.

Art. R. 422-28. – Les dispositions des articles 49, 50 et 52 du décret n° 78-704 du 3 juillet 1978 sont applicables aux cessions et transmissions de parts sociales et à leur publicité.

Art. R. 422-29. – Dans le cas prévu à l'article 19, troisième alinéa, de la loi du 29 novembre 1966, le prix des parts sociales est déterminé, à défaut d'accord entre les parties, conformément aux dispositions des articles 1843-4 du Code civil et 17 du décret n° 78-704 du 3 juillet 1978.

Lorsque l'associé cédant refuse de signer l'acte portant cession de ses parts au prix ainsi fixé, il est passé outre à ce refus deux mois après sommation à lui faite par la société et demeurée infructueuse, soit par lettre recommandée avec demande d'avis de réception, soit par acte d'huissier de justice ; le prix de cession des parts est consigné à la diligence du cessionnaire.

Si la cession porte sur la totalité des parts sociales d'un associé, celui-ci perd la qualité d'associé à l'expiration du délai prévu à l'alinéa précédent.

Sous réserve des règles de protection et de représentation des incapables, les dispositions de l'article 19 de la loi du 29 novembre 1966 s'appliquent à la cession des parts sociales de l'associé frappé d'interdiction légale ou placé sous le régime de la tutelle des majeurs ; le délai de six mois prévu au troisième alinéa dudit article est alors porté à un an.

Art. R. 422-30. – En cas de décès d'un associé, le délai de cession prévu au deuxième alinéa de l'article 24 de la loi du 29 novembre 1966 est fixé à un an à compter de la date du décès.

Il peut être renouvelé par accord intervenu entre les ayants droit de l'associé décédé et la société, donné dans les conditions prévues pour la cession des parts sociales par l'article 19, premier alinéa, de la loi du 29 novembre 1966.

Si le consentement à l'attribution préférentielle prévu à l'article 24, deuxième alinéa, de la loi du 29 novembre 1966 est refusé, et si les ayants droit de l'associé décédé n'ont pas cédé les parts sociales de leur auteur à l'expiration du délai qui leur est imparti, la société dispose d'une année pour acquérir ou faire acquérir les parts sociales de l'associé décédé.

Art. R. 422-31. – Si l'acte portant cession des parts sociales est établi sous seing privé, il en est dressé autant d'originaux qu'il est nécessaire pour la remise d'un exemplaire à chaque partie et pour satisfaire aux dispositions de l'article R. 422-28.

En outre, un des originaux de l'acte sous seing privé, ou une expédition de l'acte de cession des parts s'il a la forme d'un acte authentique, et éventuellement de l'acte modifiant les statuts de la société doivent être adressés au directeur général de l'Institut national de la propriété industrielle qui, s'il y a lieu, modifie en conséquence l'inscription de la société sur la liste nationale des conseils en propriété industrielle.

Art. R. 422-32. – Lorsqu'un associé entend se retirer de la société, il notifie sa décision à la société par lettre recommandée avec demande d'avis de réception.

La société dispose de six mois à compter de cette notification pour notifier à l'associé, dans la même forme, un projet de cession de ses parts à un associé ou à un tiers inscrit sur la liste des conseils en propriété industrielle ou remplissant les conditions pour être inscrit sur cette liste, ou un projet de rachat desdites parts de la société. Cette notification implique un engagement du cessionnaire ou de la société qui se porte acquéreur.

En cas de désaccord sur le prix de cession, l'article R. 422-29 est applicable.

Art. R. 422-33. – Si un associé a été radié, en application de la section 5 du présent chapitre, pour une durée égale ou supérieure à six mois, il peut être exclu de la société par une décision prise à la majorité des autres associés.

L'associé exclu dispose d'un délai de six mois, à compter de la notification qui lui est faite de cette décision par l'envoi d'une lettre recommandée avec demande d'avis de réception, pour céder ses parts dans les conditions prévues aux articles 19 et 21 de la loi du 29 novembre 1966 et aux articles R. 422-28 et R. 422-29.

Si, à l'expiration de ce délai, aucune cession n'est intervenue, il est procédé conformément aux dispositions de l'article 19, troisième alinéa, de la loi du 29 novembre 1966 et de l'article R. 422-29.

Art. R. 422-34. – Les parts de l'associé radié définitivement de la liste nationale des conseils en propriété industrielle sont cédées dans les conditions déterminées à l'article R. 422-33.

Art. R. 422-35. – Le nombre des associés peut être augmenté au cours de l'existence de la société avec ou sans augmentation du capital social.

Art. R. 422-36. – Tout associé qui reçoit à titre onéreux ou gratuit un droit de présentation d'une clientèle transmis par un tiers a l'obligation d'en apporter la jouissance à la société, à charge pour elle de créer et de lui délivrer les nouvelles parts sociales correspondant à ce supplément d'apport.

Art. R. 422-37. – Si les réserves constituées au moyen de bénéfices non distribués ou de plus-values d'actif dues à l'industrie des associés le permettent, il est procédé périodiquement à l'augmentation du capital social. Les parts sociales créées à cet effet sont réparties entre tous les associés, y compris ceux qui n'ont apporté que leur industrie.

Toutefois, les statuts peuvent prévoir les cas et les conditions dans lesquels un associé peut être écarté de l'attribution des parts sociales nouvellement créées en représentation d'une augmentation de capital.

Art. R. 422-38. – La décision de proroger la société doit être immédiatement portée à la connaissance du directeur général de l'Institut national de la propriété industrielle, accompagnée soit d'une copie du procès-verbal complet de l'assemblée, soit de l'acte d'où résulte la prorogation, constitué par l'un des originaux si cet acte est sous seing privé, ou par une expédition s'il a été établi sous la forme authentique.

Art. R. 422-39. – En cas de modification des statuts, une copie du procès-verbal complet de l'assemblée ou l'acte modificatif constitué par l'un des originaux si celui-ci est sous seing privé, ou par une expédition s'il a été établi sous la forme authentique, est adressé dans un délai de deux mois au directeur général de l'Institut national de la propriété industrielle et au président de la compagnie des conseils en propriété industrielle.

Si les nouvelles dispositions des statuts ne sont pas conformes aux dispositions législatives ou réglementaires, et si la régularisation n'en est pas faite dans le délai imparti par le directeur général de l'Institut national de la propriété industrielle, celui-ci, après avoir appelé la société à présenter ses observations orales ou écrites, la radie de la liste nationale des conseils en propriété industrielle dans les conditions prévues aux articles R. 422-61 à R. 422-63.

La publication des modifications est faite ainsi qu'il est prévu aux articles 22 et suivants du décret n° 84-406 du 30 mai 1984.

Art. R. 422-40. – La dissolution anticipée de la société ne peut être décidée que par les trois quarts au moins des associés.

Les dispositions des articles 8 à 16 du décret n° 78-704 du 3 juillet 1978 sont applicables.

Un exemplaire de l'acte de nomination du liquidateur est adressé par ce dernier au directeur général de l'Institut national de la propriété industrielle et au président de la compagnie des conseils en propriété industrielle. Le liquidateur les informe de la clôture de la liquidation.

Art. R. 422-40-1 *(Créé à compter du 1er juillet 2017, D. n° 2017-795, 5 mai 2017).* – Les associés peuvent exercer leur profession également au sein d'une autre société ne leur conférant pas la qualité de commerçant, notamment une société pluri-professionnelle d'exercice prévue au titre IV *bis* de la loi n° 90-1258 du 31 décembre 1990 relative à l'exercice sous forme de sociétés des professions libérales soumises à un statut législatif ou réglementaire ou dont le titre est protégé et aux sociétés de participations financières de professions libérales.

8.2.9.2. – Sociétés d'exercice libéral

Code de la propriété intellectuelle

(Mod., L. n° 2004-130, 11 févr. 2004 : JO 12 févr. 2004 ;
D. n° 2004-199, 25 févr. 2004 : JO 3 mars 2004)

Partie réglementaire

Art. R. 422-41. – Les dispositions de la présente sous-section régissent les sociétés constituées en application du titre I de la loi n° 90-1258 du 31 décembre 1990 et dont l'objet social est l'exercice en commun de la profession de conseil en propriété industrielle. Ces sociétés portent la dénomination de société d'exercice libéral de conseils en propriété industrielle.

Art. R. 422-42 *(Mod., D. n° 2016-875, 29 juin 2016).* – Les actes et documents destinés aux tiers, notamment les lettres, factures, annonces et publications diverses, émanant d'une société d'exercice libéral de conseils en propriété industrielle doivent indiquer la dénomination sociale précédée ou suivie immédiatement des mentions prévues au premier alinéa de l'article 2 de la loi du 31 décembre 1990 précitée.

Ils indiquent également l'adresse de son siège social, la mention de son inscription sur la liste des conseils en propriété industrielle et son numéro d'immatriculation au registre du commerce et des sociétés.

Art. R. 422-44. – La détention de parts d'une société d'exercice libéral de conseils en propriété industrielle est interdite à toute personne radiée de la liste des conseils en propriété industrielle ou de la liste des conseils en brevets d'invention telle qu'elle était prévue à l'article 3 du décret n° 76-671 du 13 juillet 1976 modifié relatif à la qualification professionnelle en matière de brevets d'invention et portant organisation et régime disciplinaire de la profession de conseil en brevets d'invention.

Art. R. 422-45. – Un associé ne peut exercer la profession de conseil en propriété industrielle qu'au sein d'une seule société d'exercice libéral et ne peut exercer la même profession à titre individuel ou au sein d'une autre société quelle qu'en soit la forme.

Art. R. 422-46. – Les sociétés d'exercice libéral de conseils en propriété industrielle sont soumises aux dispositions relatives aux obligations, à la garantie et à la discipline applicables à la profession de conseil en propriété industrielle.

Toutefois, les sociétés ne peuvent faire l'objet de poursuites disciplinaires indépendamment de celles qui seraient intentées à l'encontre des conseils associés au sein de ces sociétés exerçant la profession.

Art. R. 422-47. – L'associé d'une société d'exercice libéral constituée pour l'exercice de la profession de conseil en propriété industrielle peut en être exclu en cas de sanction disciplinaire définitive ayant pour effet de lui interdire temporairement l'exercice de la profession pendant plus de six mois.

Cette exclusion est décidée par les autres associés statuant à l'unanimité.

Art. R. 422-48. – Tout associé exclu dispose pour céder ses parts sociales ou actions d'un délai de six mois à compter de la notification qui lui est faite de cette décision par la société, par l'envoi d'une lettre recommandée avec demande d'avis de réception.

Pendant ce délai, l'associé exclu perd les rémunérations liées à l'exercice de son activité professionnelle et son droit d'assister et de voter aux assemblées de la société. Il conserve son droit de percevoir les dividendes distribués au titre de ses parts sociales ou actions.

Les parts sociales ou actions de l'associé exclu sont achetées soit par un acquéreur agréé par la société, soit par la société, qui doit alors réduire son capital. À défaut d'accord amiable, le prix de rachat des parts sociales est déterminé dans les conditions prévues par l'article 1843-4 du Code civil.

Art. R. 422-49. – L'associé interdit de ses fonctions à titre temporaire conserve, pendant la durée de sa peine, sa qualité d'associé avec tous les droits et obligations qui en découlent, à l'exclusion de sa vocation aux rémunérations versées par la société en relation avec l'exercice de son activité professionnelle.

En cas de suspension d'exercice de la profession frappant l'ensemble des associés de la société d'exercice libéral, l'exécution des actes professionnels et la gestion de la société sont assurées par un ou plusieurs conseils en propriété industrielle désignés par la Compagnie nationale des conseils en propriété industrielle.

8.2.9.3. – Sociétés en participation

Code de la propriété intellectuelle

Art. R. 422-50. – La constitution d'une société en participation de conseils en propriété industrielle visée au titre II de la loi n° 90-1258 du 31 décembre 1990 donne lieu à l'insertion d'un avis dans un journal habilité à recevoir les annonces légales au lieu du siège social, s'il en existe un, et au lieu d'exercice de chacun des associés. L'avis contient l'identité des associés, la dénomination, l'objet, l'adresse du siège, s'il en existe un, et celle des lieux d'exercice.

Art. R. 422-51. – L'appartenance à la société en participation, avec la dénomination de celle-ci, doit être indiquée dans les actes professionnels et les correspondances de chaque associé.

8.2.9.4. – Sociétés de participations financières de profession libérale de conseils en propriété industrielle

Code de la propriété intellectuelle

Art. R. 422-51-1 *(D. n° 2004-199, 25 févr. 2004 ; mod., D. n° 2013-746, 14 août 2013 ; D. n° 2016-875, 29 juin 2016)*. – Les sociétés constituées, en application du titre IV de la loi n° 90-1258 du 31 décembre 1990, en vue de la détention de parts sociales ou d'actions dans des sociétés exerçant la profession de conseil en propriété industrielle sont régies par les dispositions du livre II du Code de commerce, sous réserve des dispositions du présent chapitre.

Art. R. 422-51-2 *(D. n° 2004-199, 25 févr. 2004 ; mod., D. n° 2013-746, 14 août 2013)*. – La société est inscrite sur la liste des conseils en propriété industrielle prévue par l'article L. 422-1, dans une section spécifique aux sociétés de participations financières de profession libérale.

Art. R. 422-51-3 *(D. n° 2004-199, 25 févr. 2004 ; mod., D. n° 2013-746, 14 août 2013 ; D. n° 2016-875, 29 juin 2016)*. – La déclaration d'une société de participations financières de profession libérale de conseils en propriété industrielle est adressée collectivement par les associés, qui désignent un mandataire commun, au directeur général de l'Institut national de la propriété industrielle par lettre recommandée avec demande d'avis de réception, ou remise contre récépissé.

Cette déclaration est accompagnée, à peine d'irrecevabilité, des pièces suivantes :

1° Un exemplaire des statuts de la société ;

2° Une attestation du greffier chargé de la tenue du registre du commerce et des sociétés au lieu du siège social constatant le dépôt au greffe de la demande, des actes annexés et des pièces nécessaires à l'immatriculation ultérieure de la société de participations financières, ou tout document attestant de l'immatriculation ;

3° La liste des associés avec, selon le cas, l'indication de leur profession ou de leur qualité au regard de l'article R. 422-51-1, suivie, pour chacun, de la mention de la part du capital qu'il détient dans la société dont l'inscription est demandée.

La déclaration est, le cas échéant, accompagnée d'une note d'information désignant la ou les sociétés d'exercice libéral de conseil en propriété industrielle dont les parts sociales ou actions seront détenues par la société de participations financières et précisant la répartition du capital qui résultera de ces participations pour chacune d'entre elles.

Art. R. 422-51-5 *(D. n° 2004-199, 25 févr. 2004 ; mod., D. n° 2013-746, 14 août 2013)*. – Les sociétés de participations financières de profession libérale de conseil en propriété industrielle issues d'une fusion ou d'une scission sont soumises aux dispositions des articles R. 422-51-2 à R. 422-51-3.

Art. R. 422-51-6 *(D. n° 2004-199, 25 févr. 2004 ; mod., D. n° 2013-746, 14 août 2013)*. – À la diligence du directeur de l'Institut national de la propriété industrielle, une ampliation de la déclaration d'inscription de la société est adressée au greffe du tribunal où a été déposée la demande d'immatriculation au registre du commerce et des sociétés. Au reçu de cette ampliation, le greffier procède à l'immatriculation et en informe le directeur général de l'Institut national de la propriété industrielle.

La société est dispensée de procéder aux formalités de publicité prévues à l'article R. 210-16 du Code de commerce.

Art. R. 422-51-7 *(D. n° 2004-199, 25 févr. 2004)*. – La société de participations financières de profession libérale de conseil en propriété industrielle notifie au directeur général de l'Institut national de la propriété industrielle tout changement dans la situation déclarée en application de l'article R. 422-51-3, avec les pièces justificatives, dans un délai de trente jours à compter de la date à laquelle ce changement est intervenu.

Art. R. 422-51-8 *(D. n° 2004-199, 25 févr. 2004 ; mod., D. n° 2013-746, 14 août 2013 ; D. n° 2016-875, 29 juin 2016)*. – Si ce changement a pour effet de rendre la situation déclarée de la société non conforme aux dispositions législatives et réglementaires en vigueur, la société est mise en demeure par le directeur général de l'institut de régulariser sa situation dans le délai indiqué par cette mise en demeure.

Si, à l'expiration de ce délai, la société n'a pas régularisé sa situation, le directeur général de l'Institut saisit, à l'encontre des associés exerçant la profession, la chambre de discipline prévue à l'article L. 422-10.

Art. R. 422-51-9 *(D. n° 2004-199, 25 févr. 2004 ; mod., D. n° 2013-746, 14 août 2013)*. – Chaque société de participations financières de la profession libérale de conseil en propriété industrielle fait l'objet, par le directeur général de l'Institut national de la propriété industrielle, dès son inscription puis ensuite au moins une fois tous les quatre ans, d'un contrôle portant sur le respect des dispositions législatives et réglementaires qui lui sont applicables.

Au cours de chaque contrôle, l'avis de la Compagnie nationale des conseils en propriété industrielle est demandé. L'avis est réputé donné si la compagnie ne l'a pas formulé dans le délai d'un mois à compter de sa saisine.

En cas de non-respect des dispositions législatives et réglementaires en vigueur, il est fait application de la procédure prévue à l'article R. 422-51-8.

....

Art. R. 422-51-11 *(D. n° 2004-199, 25 févr. 2004)*. – La dissolution de la société, lorsqu'elle ne résulte pas de la radiation de la liste des conseils en propriété industrielle, est notifiée au directeur général de l'Institut national de la propriété industrielle à la diligence du liquidateur.

Art. R. 422-51-12 *(D. n° 2004-199, 25 févr. 2004)*. – Le liquidateur peut être choisi parmi les associés. Plusieurs liquidateurs peuvent être désignés.

Le liquidateur peut être remplacé pour cause d'empêchement, ou pour tout autre motif grave, par le président du tribunal de grande instance du lieu du siège social de la société, statuant en référé à la demande du liquidateur lui-même, des associés ou de leurs ayants droit, ou du directeur général de l'Institut national de la propriété industrielle.

Art. R. 422-51-13 *(D. n° 2004-199, 25 févr. 2004)*. – Dans le cas prévu à l'article R. 422-51-10, le liquidateur procède à la cession des parts ou actions que la société radiée détient dans la ou les sociétés d'exercice libéral, dans les conditions prévues à l'article R. 422-48.

Art. R. 422-51-14 *(D. n° 2004-199, 25 févr. 2004)*. – Le liquidateur informe de la clôture des opérations de liquidation le directeur général de l'Institut national de la propriété industrielle ainsi que le greffier chargé de la tenue du registre du commerce et des sociétés auquel est immatriculée la société.

8.2.10. – DIRECTEURS DE LABORATOIRES D'ANALYSES DE BIOLOGIE MÉDICALE

8.2.10.1. – Sociétés autorisées

Loi n° 2009-879 du 21 juillet 2009

portant réforme de l'hôpital et relative aux patients, à la santé et aux territoires, dite « Loi Hôpital » *(JO 22 juill.)*

Art. 69. – Dans les conditions prévues par l'article 38 de la Constitution, le Gouvernement est autorisé à prendre par ordonnance, dans un délai de six mois à compter de la publication de la présente loi, toutes mesures relevant du domaine de la loi, réformant les conditions de création, d'organisation et de fonctionnement des laboratoires de biologie médicale et visant à :

(...)

8° Disposer que les laboratoires de biologie médicale privés doivent être exploités en nom propre ou sous la forme d'organismes à but non lucratif, de sociétés civiles professionnelles régies par la loi n° 66-879 du 29 novembre 1966 relative aux sociétés civiles professionnelles ou de sociétés d'exercice libéral régies par la loi n° 90-1258 du 31 décembre 1990 relative à l'exercice sous forme de sociétés des professions libérales soumises à un statut législatif ou réglementaire ou dont le titre est protégé et aux sociétés de participations financières de professions libérales, ou de sociétés coopératives régies par la loi n° 47-1775 du 10 septembre 1947 portant statut de la coopération. Les sociétés anonymes et les sociétés à responsabilité limitée qui, à la date de publication de la présente loi, exploitent un laboratoire de biologie médicale dans les conditions fixées à l'article L. 6212-4 du Code de la santé publique devront, dans le délai d'un an suivant la publication de la loi ratifiant l'ordonnance prévue au présent article, transférer cette exploitation à une société ou à un organisme relevant de l'une des catégories mentionnées au présent alinéa.

Un projet de loi de ratification est déposé devant le Parlement dans un délai de trois mois à compter de la publication de l'ordonnance.

8.2.10.2. – Sociétés civiles professionnelles

Bibliographie : M. Dunneau, *JCl. Sociétés traité,* Fasc. 191-22.

Code de la santé publique

Partie réglementaire

Section II. – Exploitation par une société civile professionnelle

Sous-section 1. – Dispositions générales

Art. R. 6223-11 *(D. n° 2016-44, 26 janv. 2016).* **– Les dispositions de la présente section régissent les sociétés civiles professionnelles constituées entre biologistes médicaux personnes physiques en application de la loi n° 66-879 du 29 novembre 1966 relative aux sociétés civiles professionnelles dont l'objet est l'exercice en commun de la profession de biologiste médical. Ces sociétés portent l'appellation de sociétés civiles professionnelles de biologistes médicaux.**

Une société civile professionnelle de biologistes médicaux exploite un laboratoire de biologie médicale.

Un biologiste médical ne peut être associé que d'une seule société civile professionnelle. Le biologiste médical associé d'une société civile professionnelle ne peut exercer sa profession à titre libéral qu'au sein de celle-ci.

Art. R. 6223-12 *(D. n° 2016-44, 26 janv. 2016).* **– La dénomination sociale d'une société civile professionnelle de biologistes médicaux figure dans tous les documents et correspondances émanant de la société, sous l'appellation « société civile professionnelle de biologistes médicaux ».**

Si les statuts sont établis par acte sous seing privé, il en est dressé autant d'originaux qu'il est nécessaire pour la remise d'un exemplaire à chaque associé et pour satisfaire aux dispositions de la présente section.

Paragraphe 1. – Dispositions générales

Art. R. 6223-13 *(D. n° 2016-44, 26 janv. 2016).* **– Sans préjudice des dispositions de la loi n° 66-879 du 29 novembre 1966 relative aux sociétés civiles professionnelles et de la présente section relatives aux mentions qu'ils comportent nécessairement, les statuts de la société indiquent :**

1° Les nom, prénoms, titres professionnels et domicile de chaque associé avec, selon le cas, l'inscription à l'ordre dont il relève ;

2° La durée pour laquelle la société est constituée ;

3° L'adresse du siège social qui est celle du laboratoire ;

4° La nature et l'évaluation de chacun des apports des associés ;

5° Le montant du capital social, le nombre, le montant nominal et la répartition des parts sociales représentatives de ce capital ;

6° L'affirmation de la libération totale ou partielle des apports concourant à la formation du capital social ;

7° Le nombre des parts sociales attribuées à chaque apporteur en industrie.

Les statuts ne doivent comporter aucune clause tendant à obtenir des associés un rendement minimum ou propre à porter atteinte à la liberté de choix de l'usager.

Paragraphe 2. – Capital social et parts sociales

Art. R. 6223-14 *(D. n° 2016-44, 26 janv. 2016).* – Peuvent être apportés à la société, en propriété ou en jouissance :

1° Tous droits incorporels, et notamment le droit pour un associé de présenter la société comme successeur à sa clientèle ou, s'il est ayant droit d'un directeur de laboratoire d'analyses de biologie médicale décédé, à la clientèle de son auteur ;

2° D'une manière générale, tous objets mobiliers à usage professionnel, notamment le matériel ainsi que les documents et archives ;

3° Les biens immobiliers destinés à l'exploitation du laboratoire ;

4° Toutes sommes en numéraire.

Art. R. 6223-15 *(D. n° 2016-44, 26 janvier 2016).* – Les parts sociales ne peuvent être données en nantissement.

Leur montant nominal ne peut être inférieur à 15.

Les parts sociales correspondant à des apports en industrie sont incessibles et sont annulées lorsque leur titulaire perd sa qualité d'associé pour quelque cause que ce soit.

Art. R. 6223-16 *(D. n° 2016-44, 26 janv. 2016).* – Les parts sociales correspondant à des apports en numéraire sont libérées, lors de la souscription, de la moitié au moins de leur valeur nominale.

La libération du surplus intervient en une ou plusieurs fois, soit aux dates prévues par les statuts, soit sur décision de l'assemblée des associés.

Dans les huit jours de leur réception, les fonds provenant des souscriptions en numéraire sont déposés, pour le compte de la société, à la caisse des dépôts et consignations, chez un notaire ou dans une banque.

Le retrait des fonds provenant de souscriptions en numéraire est effectué par un mandataire de la société sur la seule justification de l'accomplissement des formalités de publicité prévues à l'article R. 6223-7.

Sous-section 3. – Fonctionnement de la société

Paragraphe 1. – Administration

Art. R. 6223-17 *(D. n° 2016-44, 26 janv. 2016).* – L'organisation de la gérance et la détermination des pouvoirs des gérants sont fixées par les statuts dans les conditions prévues par l'article 11 de la loi n° 66-879 du 29 novembre 1966 relative aux sociétés civiles professionnelles.

Art. R. 6223-18 *(D. n° 2016-44, 26 janv. 2016).* – L'assemblée est réunie au moins une fois par an. Elle est également réunie sur la demande présentée par un ou plusieurs associés représentant au moins le tiers en nombre de ceux-ci ou le tiers du capital social. La demande indique l'ordre du jour proposé.

Les modalités de convocation de l'assemblée sont fixées par les statuts.

Art. R. 6223-19 *(D. n° 2016-44, 26 janv. 2016).* – Toute délibération de l'assemblée donne lieu à l'établissement d'un procès-verbal signé par les associés présents et contenant notamment : la date et le lieu de la réunion, les questions inscrites à l'ordre du jour, l'identité des associés présents ou représentés, un résumé des débats, le texte des résolutions mises aux voix et les résultats des votes.

Les procès-verbaux sont établis sur un registre spécial, préalablement coté et paraphé par le secrétaire-greffier du tribunal d'instance. Le registre est conservé au siège social.

Art. R. 6223-20 *(D. n° 2016-44, 26 janv. 2016).* – Chaque associé dispose d'une voix.

Un associé peut donner mandat écrit à un autre associé de le représenter à l'assemblée. Un associé ne peut être porteur de plus de deux mandats.

L'assemblée ne peut délibérer valablement que si les trois quarts au moins des associés sont présents ou représentés. Si le quorum n'est pas atteint, les associés sont convoqués une nouvelle fois et l'assemblée délibère valablement si deux associés au moins sont présents ou représentés.

Art. R. 6223-21 *(D. n° 2016-44, 26 janv. 2016).* – En dehors des cas prévus par l'article 19 de la loi n° 66-879 du 29 novembre 1966 relative aux sociétés civiles professionnelles et par l'article R. 6223-22 imposant des conditions spéciales de majorité, les décisions sont prises à la majorité des voix dont disposent les associés présents ou représentés.

Dans tous les cas, les statuts peuvent prévoir une majorité plus forte ou même l'unanimité des associés pour toutes les décisions ou seulement pour celles qu'ils énumèrent.

Art. R. 6223-22 *(D. n° 2016-44, 26 janv. 2016)*. – Toute modification des statuts doit être décidée à la majorité des trois quarts des voix des associés présents ou représentés. L'adoption ou la modification d'un règlement intérieur est décidée à la même majorité.

Toutefois, l'augmentation des engagements des associés ne peut être décidée qu'à l'unanimité.

Art. R. 6223-23 *(D. n° 2016-44, 26 janv. 2016)*. – Après la clôture de chaque exercice, le ou les gérants établissent, dans les conditions fixées par les statuts, les comptes annuels de la société, un rapport sur les résultats de l'exercice ainsi que des propositions relatives à l'affectation du solde des comptes.

Dans les trois mois qui suivent la clôture de l'exercice, les documents mentionnés à l'alinéa précédent sont soumis à l'approbation de l'assemblée des associés.

À cette fin, ils sont adressés à chaque associé avec le texte des résolutions proposées quinze jours au moins avant la réunion de l'assemblée et, au plus tard, avec la convocation à cette assemblée.

Art. R. 6223-24 *(D. n° 2016-44, 26 janv. 2016)*. – Chaque associé peut, à toute époque, obtenir communication des documents mentionnés à l'article précédent, des registres de procès-verbaux, des registres et documents comptables et plus généralement de tous documents détenus par la société.

Art. R. 6223-25 *(D. n° 2016-44, 26 janv. 2016)*. – La rémunération servie aux parts représentant les apports prévus au 1° de l'article R. 6223-14 ne peut excéder le taux des avances sur titres de la Banque de France diminué de deux points. La rémunération des parts sociales représentant les autres apports prévus aux 2°, 3° et 4° de l'article R. 6223-14 et des parts distribuées à la suite d'une augmentation de capital ne peut excéder ce même taux majoré de deux points.

Le surplus des bénéfices, après constitution éventuelle de réserves, est réparti entre les associés dans les conditions fixées par les statuts. En l'absence des dispositions statutaires, la répartition est faite par parts égales.

Paragraphe 2. – Cessions et transmissions de parts sociales

Art. R. 6223-26 *(D. n° 2016-44, 26 janv. 2016)*. – I. – Sauf disposition contraire des statuts, les parts sociales sont librement cessibles entre associés, conformément à l'article 20 de la loi n° 66-879 du 29 novembre 1966.

II. – Dans le cas où un associé décide de céder des parts à un tiers, celles-ci ne peuvent être cédées qu'au profit d'un biologiste médical personne physique et qu'avec le consentement de la société exprimé dans les conditions prévues à l'article 19 de la même loi. Le projet de cession des parts sociales est notifié à la société et à chacun des associés par tout moyen permettant de rapporter la preuve de sa date de réception. La société notifie à l'associé cédant, par tout moyen permettant de rapporter la preuve de sa date de réception, son consentement à la cession ou son refus.

Art. R. 6223-27 *(D. n° 2016-44, 26 janv. 2016)*. – Dans le cas où la société refuse de consentir à la cession, elle dispose de six mois à compter de la notification de son refus pour notifier à l'associé, par tout moyen permettant de rapporter la preuve de sa date de réception, un projet de cession ou de rachat de ces parts qui constitue engagement du cessionnaire ou de la société.

À défaut d'accord entre les parties, le prix de cession est fixé par un expert dans les conditions prévues à l'article 1843-4 du Code civil. Toute clause contraire est réputée non écrite.

Lorsque l'associé cédant refuse de signer l'acte portant cession de ses parts au prix ainsi fixé, il est passé outre à ce refus deux mois après la sommation, dans l'une des formes prévues au premier alinéa de l'article R. 6212-24, à lui faite par la société et demeurée infructueuse.

Si la cession porte sur la totalité des parts sociales détenues par l'associé, celui-ci perd sa qualité d'associé à l'expiration du délai prévu à l'alinéa précédent. Le prix de cession des parts est consigné à la diligence du cessionnaire.

Art. R. 6223-28 *(D. n° 2016-44, 26 janv. 2016).* – Les articles R. 6223-26 et R. 6223-27 sont également applicables à la cession à titre gratuit de tout ou partie de ses parts sociales consentie par l'un des associés.

Art. R. 6223-29 *(D. n° 2016-44, 26 janv. 2016).* – Lorsqu'un associé entend se retirer de la société en application de l'article 21 de la loi n° 66-879 du 29 novembre 1966 relative aux sociétés civiles professionnelles, il notifie sa décision à la société par tout moyen permettant de rapporter la preuve de sa date de réception.

La société dispose de six mois à compter de cette notification pour notifier à l'associé, dans la même forme, soit un projet de cession de ses parts à un associé ou à un tiers, soit un projet de rachat desdites parts par la société. Cette notification implique un engagement du cessionnaire ou de la société qui se porte acquéreur. Il est fait, en tant que de besoin, application des dispositions des deuxième et troisième alinéas de l'article R. 6223-27.

Art. R. 6223-30 *(D. n° 2016-44, 26 janv. 2016).* – L'associé, radié du tableau de l'ordre ou qui a fait l'objet des sanctions pénales mentionnées aux articles L. 6242-1 et L. 6242-2, dispose de six mois, à compter de la date à laquelle la décision de radiation ou la décision de justice est devenue définitive, pour céder ses parts sociales dans les conditions prévues à l'article R. 6223-26 à R. 6223-28.

Dans le cas d'un associé inscrit au tableau d'un ordre, ce délai a pour point de départ, s'il s'agit d'une interdiction définitive par mesure disciplinaire, la date à laquelle la décision est devenue définitive, et s'il s'agit d'une demande de retrait au tableau faite par l'intéressé, la date de sa notification à l'ordre ; dans le cas d'un associé autorisé à exercer en application de l'article L. 6221-2, il a pour point de départ la date de la notification du retrait d'autorisation.

Si, à l'expiration de ce délai, aucune cession n'est intervenue, la société procède à la cession ou au rachat dans les conditions prévues au deuxième alinéa de l'article R. 6223-29.

Art. R. 6223-31 *(D. n° 2016-44, 26 janv. 2016).* – Sous réserve des règles de protection et de représentation des majeurs légalement protégés, les dispositions de l'article R. 6223-30 sont applicables à la cession des parts sociales de l'associé frappé d'interdiction légale ou placé sous le régime de la tutelle des majeurs.

Art. R. 6223-32 *(D. n° 2016-44, 26 janv. 2016).* – Le délai prévu au deuxième alinéa de l'article 24 de la loi n° 66-879 du 29 novembre 1966 relative aux sociétés civiles professionnelles pour la cession des parts de l'associé décédé est fixé à un an à compter du décès de l'associé. Il peut être renouvelé par le directeur général de l'agence régionale de santé à la demande des ayants droit de l'associé décédé et avec le consentement de la société donné dans les conditions prévues pour la cession des parts sociales par le premier alinéa de l'article 19 de la loi précitée.

Art. R. 6223-33 *(D. n° 2016-44, 26 janv. 2016).* – Si pendant le délai prévu à l'article R. 6223-32, le ou les ayants droit décident de céder les parts sociales de leur auteur à un tiers étranger à la société, il est procédé conformément aux dispositions des articles R. 6223-26 et R. 6223-27. Pendant le même délai, si la société, les associés survivants ou l'un ou plusieurs de ceux-ci acceptent, en accord avec le ou les ayants droit de l'associé décédé, d'acquérir les parts sociales de celui-ci, il est procédé conformément aux dispositions de l'article R. 6223-27.

Art. R. 6223-34 *(D. n° 2016-44, 26 janv. 2016).* – La demande d'un ou de plusieurs ayants droit d'un associé décédé tendant à l'attribution préférentielle à leur profit des parts sociales de leur auteur est notifiée à la société et à chacun des associés par tout moyen permettant de rapporter la preuve de sa date de réception.

Art. R. 6223-35 *(D. n° 2016-44, 26 janv. 2016).* – Lorsqu'à l'expiration du délai prévu à l'article R. 6223-33, les ayants droit de l'associé décédé n'ont pas exercé la faculté de céder les parts sociales de leur auteur, et si aucun consentement préalable à l'attribution préférentielle n'a été donné par la société, celle-ci dispose d'une année pour acquérir ou faire acquérir, dans les conditions prévues à l'article R. 6223-27, les parts sociales de l'associé décédé.

Si les parts sociales sont cédées à un tiers, les dispositions des articles R. 6223-26 et R. 6223-27 sont applicables.

Si elles sont acquises par la société, par les associés ou par certains d'entre eux, il est procédé conformément aux dispositions de l'article R. 6223-27.

Art. R. 6223-36 *(D. n° 2016-44, 26 janv. 2016).* – À la diligence du cessionnaire, un exemplaire de l'acte de cession des parts sociales, s'il est sous seing privé, ou une expédition de cet acte, s'il est établi en la forme authentique, est déposé au registre du commerce et des sociétés auquel la société est immatriculée. Lorsque le cédant, dans le cas prévu à l'article R. 6223-27, a refusé de signer l'acte, la copie de la sommation faite par le cessionnaire est déposée au secrétariat-greffe à l'expiration du délai prévu à cet article. Jusqu'à l'accomplissement de cette formalité, la cession des parts est inopposable aux tiers, qui peuvent toutefois s'en prévaloir.

Tout intéressé peut obtenir à ses frais la délivrance par le secrétaire-greffier d'un extrait de l'acte de cession contenant, à l'exclusion de toutes autres indications, celles qui sont énumérées au troisième alinéa de l'article R. 6223-16.

Art. R. 6223-37 *(D. n° 2016-44, 26 janv. 2016).* – Dans le délai d'un mois à compter de la cession, le cessionnaire adresse au président du conseil de l'ordre dont il relève une expédition ou une copie certifiée conforme de l'acte de cession. Dans le même délai, il informe de cette cession le directeur général de l'agence régionale de santé, et, le cas échéant, les conseils de l'ordre dont relèvent les autres associés.

Paragraphe 3. – Modification des statuts

Art. R. 6223-38 *(D. n° 2016-44, 26 janv. 2016).* – Le nombre des associés peut être augmenté au cours de l'existence de la société, avec ou sans augmentation du capital social.

Art. R. 6223-39 *(D. n° 2016-44, 26 janv. 2016).* – Si la constitution des réserves ou le dégagement de plus-values le permet, il est procédé périodiquement à l'augmentation du capital social. Les parts sociales ainsi créées sont attribuées aux associés, y compris à ceux qui n'ont apporté que leur industrie dans les conditions déterminées au second alinéa de l'article R. 6223-25 pour la répartition des bénéfices.

Cette augmentation de capital ne peut intervenir avant la libération totale des parts sociales correspondant à des apports en numéraire.

Art. R. 6223-40 *(D. n° 2016-44, 26 janv. 2016).* – Un original ou une expédition de l'acte portant modification des statuts est déposé par un des représentants légaux au registre du commerce et des sociétés auquel est immatriculée la société. Jusqu'à l'accomplissement de cette formalité la modification des statuts est inopposable aux tiers qui peuvent toutefois s'en prévaloir.

Tout intéressé peut obtenir à ses frais la délivrance par le secrétaire-greffier d'un extrait de l'acte portant modification des statuts contenant, à l'exclusion de toutes autres indications, celles énumérées au troisième alinéa de l'article R. 6223-16.

Paragraphe 4. – Retrait d'un associé

Art. R. 6223-41 *(D. n° 2016-44, 26 janv. 2016).* – L'associé qui a apporté exclusivement son industrie notifie à la société sa décision de s'en retirer dans les formes prévues à l'alinéa premier de l'article R. 6223-26.

Son retrait prend effet à la date qu'il indique, ou, à défaut, à celle de cette notification. Toutefois, les statuts peuvent prévoir que le retrait ne prendra effet qu'à l'expiration d'un délai, sans que ce délai puisse excéder six mois à compter de la notification faite par l'associé.

Art. R. 6223-42 *(D. n° 2016-44, 26 janv. 2016).* – L'associé, titulaire de parts sociales correspondant à un apport en capital, peut, à la condition d'en informer la société dans les formes prévues au premier alinéa de l'article R. 6223-26, cesser l'activité professionnelle qu'il exerce au sein de cette société avant la fin de la procédure de cession ou de rachat de ses parts. Il respecte, le cas échéant, le délai fixé par les statuts sans que ce délai puisse excéder six mois à compter de la notification relative à la cessation d'activité.

Sous-section 4. – Exercice de la profession

Art. R. 6223-43 *(D. n° 2016-44, 26 janv. 2016)*. – La société justifie de l'assurance de responsabilité prévue par le troisième alinéa de l'article 16 de la loi n° 66-879 du 29 novembre 1966 relative aux sociétés civiles professionnelles.

Art. R. 6223-44 *(D. n° 2016-44, 26 janv. 2016)*. – L'associé qui a fait l'objet d'une condamnation disciplinaire passée en force de chose jugée à une peine égale ou supérieure à trois mois d'interdiction d'exercice de la profession ou d'une interdiction de pratiquer des examens de biologie médicale pour les assurés sociaux ou qui contrevient au fonctionnement de la société peut être contraint de se retirer de la société par décision prise à la majorité renforcée des associés prévue par l'article R. 6223-22, calculée en excluant, outre l'intéressé, ceux ayant déjà fait l'objet d'une sanction pour les mêmes faits ou pour des faits connexes. Dans le cas où, suite à une interdiction, l'exclusion n'est pas prononcée, l'intéressé conserve sa qualité d'associé, mais sa participation aux bénéfices calculée en application du second alinéa de l'article R. 6223-25 est réduite au prorata de la durée de la période d'interdiction.

Aucune décision d'exclusion ne peut être prise si l'associé n'a pas été régulièrement convoqué à l'assemblée générale, quinze jours au moins avant la date prévue et par tout moyen permettant de rapporter la preuve de sa date de réception, et s'il n'a pas été mis à même de présenter sa défense sur les faits précis qui lui sont reprochés.

Les parts de l'associé contraint de se retirer de la société sont cédées dans les conditions prévues par le II de l'article R. 6223-26.

Art. R. 6223-45 *(D. n° 2016-44, 26 janv. 2016)*. – Sans préjudice de l'obligation de céder ses parts sociales dans les conditions prévues à l'article R. 6223-30, l'associé radié du tableau d'un ordre ou qui a fait l'objet d'une des sanctions pénales mentionnées aux articles L. 6242-1 et L. 6242-2 ou qui exclut de la société en application des dispositions de l'article R. 6223-44 perd les droits attachés à la qualité d'associé à l'exception des rémunérations afférentes à ses apports en capital. Ces dispositions prennent effet, selon le cas, au jour où la décision de radiation est devenue définitive, au jour de la notification du retrait d'autorisation ou de la notification de la décision d'exclusion.

Sous-section 5. – Dissolution et liquidation de la société

Paragraphe 1. – Nullité et dissolution

Art. R. 6223-46 *(D. n° 2016-44, 26 janv. 2016)*. – La nullité ou la dissolution de la société n'est opposable aux tiers qu'à compter de l'accomplissement des formalités de publicité relatives à la nullité ou à la dissolution prévues ci-après.

Art. R. 6223-47 *(D. n° 2016-44, 26 janv. 2016)*. – Une expédition de toute décision judiciaire définitive prononçant la nullité de la société est, à la diligence du procureur de la République, déposée au registre du commerce et des sociétés auquel la société est immatriculée et adressée au directeur général de l'agence régionale de santé et aux conseils de l'ordre dont relèvent les associés.

Art. R. 6223-48 *(D. n° 2016-44, 26 janv. 2016)*. – La dissolution anticipée peut être décidée par les trois quarts au moins des associés. Une copie de cette décision est déposée par le ou les représentants légaux au registre du commerce et des sociétés auquel la société est immatriculée et adressée au directeur général de l'agence régionale de santé et aux conseils de l'ordre dont relèvent les associés.

Art. R. 6223-49 *(D. n° 2016-44, 26 janv. 2016)*. – La société est dissoute de plein droit dans le cas où tous les associés ont fait l'objet d'une décision de radiation du tableau de l'ordre concerné.

Les décisions de radiation sont déposées au registre du commerce et des sociétés par le conseil de l'ordre compétent.

Art. R. 6223-50 *(D. n° 2016-44, 26 janv. 2016)*. – La société est dissoute de plein droit par le décès simultané de tous les associés ou par le décès du dernier associé.

Art. R. 6223-51 *(D. n° 2016-44, 26 janv. 2016)*. – La société est dissoute de plein droit par la demande de retrait faite soit simultanément par tous les associés, soit par le dernier de ceux-ci.

Paragraphe 2. – Liquidation

Art. R. 6223-52 *(D. n° 2016-44, 26 janv. 2016)*. – La société est en liquidation dès sa dissolution pour quelque cause que ce soit ou dès que la décision judiciaire déclarant sa nullité est devenue définitive.

La personnalité morale de la société subsiste pour les besoins de la liquidation, jusqu'à la clôture de celle-ci.

La dénomination sociale est obligatoirement suivie de la mention : « société en liquidation ».

Art. R. 6223-53 *(D. n° 2016-44, 26 janv. 2016)*. – Lorsqu'une décision de justice prononce la nullité ou constate la dissolution de la société, elle nomme le liquidateur.

Art. R. 6223-54 *(D. n° 2016-44, 26 janv. 2016)*. – Le liquidateur peut être choisi, sauf en cas de radiation de la société, parmi les associés.

Lorsqu'il ne subsiste qu'un associé, celui-ci est de plein droit liquidateur.

Art. R. 6223-55 *(D. n° 2016-44, 26 janv. 2016)*. – Le liquidateur n'a pas été désigné ou a refusé d'accepter ses fonctions, le président du tribunal de grande instance du lieu du siège social, statuant en référé à la requête du procureur de la République ou de toute autre personne intéressée, nomme le liquidateur.

Il est procédé de la même manière pour pourvoir au remplacement du liquidateur en cas de décès ou de démission de celui-ci ou pour motif grave.

Art. R. 6223-56 *(D. n° 2016-44, 26 janv. 2016)*. – En aucun cas, les fonctions de liquidateur ne peuvent être confiées à une personne radiée du tableau d'un ordre.

Plusieurs liquidateurs peuvent être désignés.

Art. R. 6223-57 *(D. n° 2016-44, 26 janv. 2016)*. – Le liquidateur représente la société pendant la durée de la liquidation de celle-ci.

Il dispose des pouvoirs les plus étendus pour réaliser l'actif, régler le passif, rembourser aux associés ou à leurs ayants droit le montant de leur apport et répartir entre eux, conformément aux dispositions des statuts, l'actif net résultant de la liquidation.

La décision judiciaire, ou la décision de l'assemblée, qui nomme le liquidateur précise ses pouvoirs et fixe sa rémunération.

Art. R. 6223-58 *(D. n° 2016-44, 26 janv. 2016)*. – Le liquidateur dépose au secrétariat-greffe, pour être versée au dossier ouvert au nom de la société, la copie ou l'expédition de la délibération des associés ou de la décision de justice qui l'a nommé.

Art. R. 6223-59 *(D. n° 2016-44, 26 janv. 2016)*. – Le liquidateur convoque les associés ou leurs ayants droit dans les trois mois suivant la clôture de chaque exercice pour leur rendre compte de sa gestion des affaires sociales.

Il les convoque également en fin de liquidation pour statuer sur le compte définitif, se faire délivrer *quitus* et constater la clôture de la liquidation.

L'assemblée de clôture statue aux conditions prévues pour l'approbation des comptes annuels. Si elle ne peut délibérer ou refuse d'approuver les comptes du liquidateur, le tribunal de grande instance du lieu du siège social statue à la demande du liquidateur ou de tout intéressé.

Art. R. 6223-60 *(D. n° 2016-44, 26 janv. 2016)*. – Le liquidateur transmet au directeur général de l'agence régionale de santé et au conseil de l'ordre intéressé copie de la délibération ou de la décision mentionnée à l'article R. 6223-58. Il les informe de la clôture de la liquidation.

Art. R. 6223-61 *(D. n° 2016-44, 26 janv. 2016)*. – Dans les cas prévus par le second alinéa de l'article 37 de la loi n° 66-879 du 29 novembre 1966 relative aux sociétés civiles professionnelles concernant les sociétés adoptant le statut de sociétés coopératives, l'actif net de la société subsistant après extinction du passif et le remboursement du capital est réparti entre les associés au prorata des parts détenues par chacun d'eux, y compris les parts correspondant aux apports en industrie.

8.2.10.3. – Sociétés d'exercice libéral

Bibliographie : A. Jonville, *Société d'exercice libéral de directeurs et directeurs adjoints de laboratoire d'analyses médicales : BJS* 1993, p. 973. • *Adde* M. Duneau, *JCl. Sociétés traité*, Fasc. 192-50 *(Société d'exercice libéral de directeurs et de directeurs adjoints de laboratoires d'analyses de biologie médicale).*

Section III. – Exploitation par une société d'exercice libéral

Sous-section 1. – Dispositions générales

Art. R. 6223-62 *(D. n° 2016-44, 26 janv. 2016).* **– Les dispositions de la présente section régissent les sociétés d'exercice libéral de biologistes médicaux constituées en application du titre Ier de la loi n° 90-1258 du 31 décembre 1990 relative à l'exercice sous forme de sociétés des professions libérales soumises à un statut législatif ou réglementaire ou dont le titre est protégé et aux sociétés de participations financières de professions libérales et dont l'objet social est l'exploitation en commun d'un ou plusieurs laboratoires d'analyses de biologie médicale. Ces sociétés portent l'appellation de société d'exercice libéral de biologistes médicaux.**

La société d'exercice libéral de biologistes médicaux exploite un laboratoire de biologie médicale.

Un biologiste médical associé ne peut exercer sa profession à titre libéral qu'au sein d'une seule société d'exercice libéral et ne peut cumuler cette forme d'exercice avec l'exercice à titre individuel ou au sein d'une société civile professionnelle.

Art. R. 6223-63 *(D. n° 2016-44, 26 janv. 2016).* **– Les actes et documents destinés aux tiers, notamment les lettres, factures, annonces et publications diverses émanant d'une société mentionnée à l'article R. 6223-62 indiquent :**

1° La dénomination sociale, précédée ou suivie immédiatement, selon le cas, des mentions :

***a)* « Société d'exercice libéral à responsabilité limitée » ou : « SELARL » ;**

***b)* « Société d'exercice libéral à forme anonyme » ou : « SELAFA » ;**

***c)* « Société d'exercice libéral en commandite par actions » ou : « SELCA » ;**

***d)* « Société d'exercice libéral par actions simplifiée » ou : « SELAS » ;**

2° L'énonciation du montant de son capital social et de son siège social.

Sous-section 2. – Capital social

Art. R. 6223-64 *(D. n° 2016-44, 26 janv. 2016).* **– En application du III de l'article 6 de la loi n° 90-1258 du 31 décembre 1990 relative à l'exercice sous forme de professions libérales soumises à un statut législatif ou réglementaire ou dont le titre est protégé et aux sociétés de participations financières de professions libérales et sous réserve des interdictions prévues par l'article L. 6223-5, le quart au plus du capital d'une société d'exercice libéral de biologistes médicaux peut être détenu par une ou plusieurs personnes physiques ou morales ne répondant pas aux conditions du A ou des 1°, 5° ou 6° du B du I de l'article 5 de cette même loi.**

Toutefois, lorsque la société d'exercice libéral est constituée sous la forme d'une société en commandite par actions, la quotité du capital détenue par des personnes autres que celles mentionnées à l'article 5 de la loi du 31 décembre 1990 précitée peut être supérieure à celle fixée à l'alinéa qui précède sans pouvoir cependant atteindre la moitié dudit capital.

Art. R. 6223-65 *(D. n° 2016-44, 26 janv. 2016).* **– I. – Le projet de cession de parts sociales ou d'actions d'une société d'exercice libéral de biologistes médicaux mentionnée au II de l'article L. 6223-8 est notifié au représentant légal de la société et à chacun des biologistes médicaux, personnes physiques exerçant dans la société, par tout moyen permettant de rapporter la preuve de sa date de réception. La notification vaut offre de cession au profit de chacun des biologistes médicaux et mentionne, à peine de nullité, le prix et les conditions.**

Chaque biologiste médical exerçant au sein de la société dispose d'un délai de deux mois, à compter de la date mentionnée au premier alinéa, pour notifier au cédant, par tout moyen permettant de rapporter la preuve de sa

date de réception, son intention d'acquérir tout ou partie des parts sociales ou des actions aux prix et conditions fixés, ou à défaut dans les conditions prévues à l'article 1843-4 du Code civil.

À l'expiration de ce délai, lorsque plusieurs biologistes médicaux exerçant au sein de la société ont manifesté leur intention d'acquérir tout ou partie des parts sociales ou des actions dont la cession est projetée, le cédant en informe l'ensemble des biologistes médicaux. Lorsque le nombre total de parts sociales ou d'actions que les biologistes médicaux exerçant dans la société ont déclaré vouloir acquérir est supérieur au nombre de parts sociales ou d'actions dont la cession est projetée, et faute d'accord entre eux dans un délai d'un mois à compter de l'information faite par le cédant, les parts sociales ou actions concernées sont réparties entre eux par le cédant.

II. – En l'absence de réponse de leur part, à l'expiration du délai mentionné au deuxième alinéa du I du présent article, les biologistes médicaux exerçant au sein de la société sont réputés ne pas se porter acquéreurs des parts sociales ou des actions et la cession peut se faire au bénéfice des personnes mentionnées au second alinéa du II de l'article L. 6223-8.

Le cédant ne peut décider de vendre, à des conditions ou à un prix plus avantageux, aux personnes mentionnées au second alinéa du II de l'article L. 6223-8, sans avoir émis une nouvelle offre au bénéfice des biologistes médicaux, personnes physiques exerçant au sein de la société, selon la procédure décrite au I du présent article.

III. – La cession de parts sociales ou d'actions prévue au présent article est soumise aux formalités prévues à l'article L. 221-14 du Code de commerce.

IV. – Dans tous les cas, une copie des notifications mentionnées au I du présent article est transmise au conseil de l'ordre compétent et au directeur général de l'agence régionale de santé dans le ressort desquels est situé le siège social de la société.

V. – Toute cession de parts sociales ou d'actions réalisée en violation du présent article est inopposable à la société et aux associés ou actionnaires.

Sous-section 3. – Fonctionnement de la société

Art. R. 6223-66 ***(D. n° 2016-44, 26 janv. 2016).*** **– L'associé exerçant au sein d'une société d'exercice libéral mentionnée à l'article R. 6223-62 peut en être exclu :**

1° Lorsqu'il est frappé d'une mesure disciplinaire entraînant une interdiction d'exercice ou du droit de donner des soins aux assurés sociaux, égale ou supérieure à trois mois ;

2° Lorsqu'il contrevient aux règles de fonctionnement de la société.

Cette exclusion est décidée par les associés, statuant à la majorité renforcée prévue par les statuts, calculée en excluant, outre l'intéressé, les associés ayant fait l'objet d'une sanction pour les mêmes faits ou pour des faits connexes, l'unanimité des autres associés exerçant au sein de la société et habilités à se prononcer en l'espèce devant être recueillie.

Aucune décision d'exclusion ne peut être prise si l'associé n'a pas été régulièrement convoqué à l'assemblée générale, quinze jours au moins avant la date prévue et par tout moyen permettant de rapporter la preuve de sa date de réception, et s'il n'a pas été mis à même de présenter sa défense sur les faits précis qui lui sont reprochés.

Les parts ou actions de l'associé exclu sont soit achetées par un acquéreur agréé par les associés subsistants, soit achetées par la société, qui réduit alors son capital.

À défaut d'accord sur le prix de cession des titres ou sur leur valeur de rachat, il est recouru à la procédure de l'article 1843-4 du Code civil.

1) Révocation du gérant *[SELARL].* S'agissant de décider de la révocation du gérant et de son exclusion de la société en qualité d'associé, l'assemblée générale n'étant pas un organisme juridictionnel ou disciplinaire, mais un organe de gestion interne de la société, dont la décision relève du contrôle juridictionnel du tribunal de grande instance puis de la cour d'appel devant lesquels l'intéressé peut être assisté par un avocat, il n'y a pas de trouble manifestement illicite à ce qu'il ne puisse être assisté par son avocat au cours de l'assemblée générale : ■ Cass. com., 10 mai 2006, n° 05-16.909 : *JurisData* n° 2006-033604 ; *D.* 2006, p. 1533, obs. A. Lienhard ; *JCP* E 2006, 1984.

2) Situation de l'associé exclu. La décision d'exclure un associé emporte la perte immédiate de la qualité d'associé et des droits qui s'y attache, à l'exception, jusqu'au remboursement des droits sociaux, de la rétribution des apports en capital : ■ Cass. 1re civ., 26 mai 2011, n° 10-16.894, PBI : *BJS* 2011, p. 797, note M.-H. Monsérié-Bon ; *D.* 2011, p. 1480, obs. A. Lienhard ; *Dr. sociétés* 2011, n° 154, obs. M. Roussille ; *JCP* E 2011, 1499, note H. Hovasse.

Art. R. 6223-67 *(D. n° 2016-44, 26 janv. 2016).* – En cas d'interdiction temporaire d'exercer ou de dispenser des soins aux assurés sociaux, sauf à être exclu par les autres associés dans les conditions prévues à l'article R. 6223-66, l'intéressé conserve ses droits et obligations d'associé, à l'exclusion de la rémunération liée à l'exercice de son activité professionnelle.

Art. R. 6223-68 *(D. n° 2016-44, 26 janv. 2016).* – La société d'exercice libéral mentionnée à l'article R. 6223-62 est soumise aux dispositions disciplinaires applicables à la profession de biologiste médical. Elle ne peut faire l'objet de poursuites disciplinaires indépendamment de celles qui seraient intentées contre un ou plusieurs associés exerçant leurs fonctions en son sein.

La décision qui prononce l'interdiction d'un ou plusieurs associés, mais non de la totalité d'entre eux, ne commet pas d'administrateur.

La décision qui prononce l'interdiction soit de la société, soit de tous les associés, commet un ou plusieurs administrateurs pour accomplir tous actes nécessaires à la gestion de la société.

Au cas où la société et l'un ou plusieurs des associés sont interdits, les associés non interdits sont nommés administrateurs.

Art. R. 6223-69 *(D. n° 2016-44, 26 janv. 2016).* – L'associé peut, à la condition d'en informer la société par tout moyen permettant de rapporter la preuve de sa date de réception, cesser l'activité professionnelle qu'il exerce au sein de cette société. Il respecte le délai fixé par les statuts sans que ce délai puisse excéder six mois à compter de la notification relative à la cessation d'activité.

Il avise l'ordre dont il relève de sa décision.

Dans le cas où un associé entend cesser d'exercer au sein de la société tout en conservant ses parts sociales ou actions dans les conditions prévues par le 1° ou le 2° du B du I de l'article 5 de la loi n° 90-1258 du 31 décembre 1990, il perd les droits attachés à sa qualité d'associé exerçant au sein de la société, à compter de l'expiration du délai fixé par les statuts. Ce délai commence à courir à réception par la société de la notification mentionnée au premier alinéa.

Le cas échéant, la société dispose d'un délai d'un an pour se mettre en conformité avec le I de l'article 10 de la loi n° 2013-442 du 30 mai 2013 portant réforme de la biologie médicale, conformément aux dispositions du II de l'article 5 de la loi n° 90-1258 du 31 décembre 1990.

Section IV. – Exploitation par une société coopérative

Sous-section 1. – Dispositions générales

Art. R. 6223-70 *(D. n° 2016-44, 26 janv. 2016).* – Les dispositions de la présente section régissent les sociétés coopératives de biologistes médicaux constituées en application de la loi n° 47-1775 du 10 septembre 1947 portant statut de la coopération. Ces sociétés portent l'appellation de société coopérative de biologistes médicaux.

Les sociétés coopératives de biologistes médicaux ont pour objet l'exploitation d'un laboratoire de biologie médicale et facilitent l'exercice de la profession de biologiste médical de ses associés par la mise en commun des moyens utiles à cet exercice.

Lorsqu'il est stipulé dans les statuts que le capital social est variable, ces sociétés sont en outre soumises aux dispositions des articles L. 231-1 à L. 231-8 du Code de commerce.

Sous-section 2. – Constitution de la société

Art. R. 6223-71 *(D. n° 2016-44, 26 janv. 2016).* – La dénomination sociale de la société coopérative de biologistes médicaux doit figurer dans tous documents et correspondances émanant de celle-ci, suivie de l'appellation « société coopérative de biologistes médicaux », complété, le cas échéant, par les mots « à capital variable ».

Sous-section 3. – Fonctionnement de la société

Art. R. 6223-72 *(D. n° 2016-44, 26 janv. 2016).* – Les sociétés coopératives de biologistes médicaux sont administrées par un ou plusieurs mandataires, personnes physiques choisies parmi les associés statuant à l'unanimité. La durée du mandat, qui ne peut excéder six ans, est fixée par les statuts. Dans les sociétés comportant plus de deux membres, la révocation du mandataire peut être prononcée par les autres associés à l'unanimité.

Art. R. 6223-73 *(D. n° 2016-44, 26 janv. 2016)*. – I. – La condamnation d'un associé à une peine criminelle ou sa radiation du tableau de l'ordre dont il relève emporte de plein droit son exclusion de la société.

Lorsque la société comprend plus de deux membres, l'exclusion d'un associé peut être prononcée par les autres associés statuant à l'unanimité si cet associé a commis une infraction grave aux statuts, au règlement intérieur de la société ou s'il a été frappé d'une peine disciplinaire d'interdiction temporaire d'exercer.

II. – L'associé qui est exclu de la société ou qui s'en retire n'a droit qu'au remboursement de son apport. S'il y a des pertes, le remboursement n'a lieu que sous déduction de la quote-part de l'associé dans les pertes constatées par l'inventaire ayant précédé le retrait ou l'exclusion.

Art. R. 6223-74 *(D. n° 2016-44, 26 janv. 2016)*. – Les parts sociales ne peuvent être cédées à des tiers qu'avec le consentement de tous les associés. En cas de refus d'agrément par les autres associés du cessionnaire de parts, les associés sont tenus, dans un délai de six mois, d'acquérir ou de faire acquérir les parts à un prix fixé par un expert, en l'absence d'accord entre les parties. À défaut, l'associé cédant peut réaliser la cession initialement prévue.

Art. R. 6223-75 *(D. n° 2016-44, 26 janv. 2016)*. – Chaque associé supporte seul la responsabilité des actes professionnels qu'il accomplit.

Art. R. 6223-76 *(D. n° 2016-44, 26 janv. 2016)*. – L'assemblée des associés se réunit au moins une fois par an. Chaque associé dispose d'une voix, quelle que soit la fraction du capital souscrite par lui.

Un associé ne peut être représenté à l'assemblée que par un autre associé, mais nul ne peut disposer de plus de deux voix.

Art. R. 6223-77 *(D. n° 2016-44, 26 janv. 2016)*. – Pour l'application de l'article 23 de la loi n° 47-1775 du 10 septembre 1947, les sociétés coopératives mentionnées à la présente section relèvent du ministre chargé de la santé.

8.2.10.4. – Sociétés de participations financières de profession libérale

Code de la santé publique

Partie réglementaire

Section 5. – Sociétés de participations financières de profession libérale de biologistes médicaux

Art. R. 6223-78 *(D. n° 2016-44, 26 janv. 2016)*. – Les sociétés de participations financières de profession libérale de biologistes médicaux sont régies par les dispositions du livre II du Code de commerce, sous réserve des dispositions de la présente section.

Sous-section 1. – Constitution de la société

Art. R. 6223-79 *(D. n° 2016-44, 26 janv. 2016)*. – Des personnes physiques ou morales exerçant la profession de biologiste médical peuvent, dans les conditions prévues à l'article 31-1 de la loi n° 90-1258 du 31 décembre 1990, constituer une société de participations financières de profession libérale de biologistes médicaux.

Peuvent également être associés :

1° Pendant une durée de dix ans à compter de la date de cessation de toute activité professionnelle, des personnes physiques qui ont exercé la profession de biologiste médical au sein de l'une des sociétés d'exercice libéral dont des parts ou actions sont détenues par la société de participations financières de profession libérale de biologistes médicaux ;

2° Les ayants droit des personnes physiques mentionnées aux alinéas qui précèdent, pendant un délai de cinq ans suivant leur décès.

La détention d'une part ou action du capital social d'une société de participations financières de profession libérale de biologistes médicaux est interdite à toute personne physique ou morale exerçant ou ayant exercé une autre profession de santé.

Art. R. 6223-80 *(D. n° 2016-44, 26 janv. 2016).* – La société de participations financières de profession libérale de biologistes médicaux est constituée sous la condition suspensive de son inscription au tableau de l'ordre des médecins, lorsqu'au moins un médecin biologiste détient une fraction du capital social, et au tableau de l'ordre des pharmaciens, lorsqu'au moins un pharmacien biologiste détient une fraction du capital social.

Art. R. 6223-81 *(D. n° 2016-44, 26 janv. 2016).* – La demande d'inscription est adressée par un mandataire commun désigné, dans les statuts ou dans un acte séparé, par les associés de la société, au conseil du ou des ordres compétents dans le ressort desquels est situé le siège social de la société, par tout moyen permettant de rapporter la preuve de sa date de réception. Elle est accompagnée des pièces suivantes :

1° Un exemplaire des statuts de la société et de son règlement intérieur ;

2° Toute convention relative au fonctionnement de la société ou aux rapports entre associés ;

3° Une attestation du greffier du tribunal de commerce du lieu du siège social ou du tribunal de grande instance statuant commercialement constatant le dépôt au greffe de la demande d'immatriculation de la société au registre du commerce et des sociétés ;

4° Une attestation des associés indiquant, pour chacun d'eux :

a) La catégorie de personnes ou de sociétés au titre de laquelle il est associé et la répartition des parts sociales ou actions représentatives du capital qu'il détient, directement ou indirectement, dans la société ;

b) La nature et l'évaluation distincte de son apport, et, le cas échéant, le rapport du commissaire aux apports ;

c) L'affirmation de la libération totale ou partielle, suivant le cas, de son apport ;

5° Pour chaque associé exerçant la profession de biologiste médical, un certificat d'inscription au tableau de l'ordre et, pour les associés non encore inscrits à ce tableau, la justification de la demande d'inscription.

La demande d'inscription est accompagnée d'une note d'information désignant les sociétés d'exercice libéral dont des parts ou actions du capital social ont vocation à être détenues, à sa constitution, par la société de participations financières de profession libérale et précisant la répartition du capital qui résulte de ces parts ou actions pour chacune d'entre elles.

Art. R. 6223-82 *(D. n° 2016-44, 26 janv. 2016).* – Le conseil compétent de l'ordre des médecins ou de l'ordre des pharmaciens statue sur la demande d'inscription dans les conditions prévues, respectivement aux articles L. 4112-3 et L. 4112-4 et aux articles L. 4222-3, L. 4222-4 et L. 4232-12.

La décision de refus d'inscription est motivée. Elle est notifiée à chacun des associés, par tout moyen permettant de rapporter la preuve de sa date de réception. Elle ne peut être prise qu'après que les associés ont été appelés à présenter leurs observations au conseil compétent du ou des ordres, dans un délai de quinze jours.

L'inscription au tableau du ou des ordres compétents est notifiée à chaque associé par tout moyen permettant de rapporter la preuve de sa date de réception.

Le conseil de l'ordre compétent notifie la décision ou l'avis d'inscription au directeur général de l'agence régionale de santé compétent et au conseil national de l'ordre.

Lorsque la société relève de l'ordre des pharmaciens et de l'ordre des médecins, une copie de la décision ou de l'avis d'inscription de chacun des deux ordres est transmise à l'autre.

Art. R. 6223-83 *(D. n° 2016-44, 26 janv. 2016).* – L'immatriculation de la société au registre du commerce et des sociétés est régie par les articles R. 123-31 et suivants du Code de commerce, sous réserve des dispositions du présent article.

Le mandataire commun mentionné à l'article R. 6223-81 adresse au greffe du tribunal où a été déposée la demande d'immatriculation une copie de la demande d'inscription à l'ordre prévue à l'article R. 6223-81 et, le cas échéant, la décision du conseil de l'ordre compétent prévue à l'article R. 6223-82.

À la réception de ce document, le greffier procède à l'immatriculation et en informe le président du conseil de l'ordre ou des ordres auprès duquel ou desquels la société est inscrite ainsi que le directeur général de l'agence régionale de santé.

La société est dispensée de procéder aux formalités de publicité prévues aux articles R. 210-16 et suivants du Code de commerce.

Art. R. 6223-84 *(D. n° 2016-44, 26 janv. 2016).* – En cas de constitution de sociétés de participations financières de profession libérale de biologistes médicaux par voie de fusion, de scission ou de transmission universelle de patrimoine, les articles R. 6223-79 à R. 6223-83 sont applicables.

Sous-section 2. – Fonctionnement et contrôle de la société

Art. R. 6223-85 *(D. n° 2016-44, 26 janv. 2016).* – La société de participations financières de profession libérale de biologistes médicaux fait connaître, à peine d'inopposabilité aux tiers, au directeur général de l'agence régionale de santé dans le ressort duquel est situé le siège social de la société, et au président du conseil du ou des ordres compétents, dans le mois suivant la date à laquelle il se produit, tout changement dans la dernière situation déclarée en application des articles R. 6223-80 à R. 6223-82, avec les pièces justificatives.

Dans les mêmes conditions, lorsque la société participe au capital d'une société d'exercice libéral de biologistes médicaux, son représentant légal communique au président du conseil du ou des ordres compétents, ainsi qu'au directeur général de l'agence régionale de santé dans le ressort de laquelle est situé le siège social de la société, une note d'information désignant la société d'exercice libéral et précisant la répartition du capital issue de cette participation, dans le mois suivant la date d'acquisition de celle-ci.

Art. R. 6223-86 *(D. n° 2016-44, 26 janv. 2016).* – I. – Si la société de participations financières de profession libérale de biologistes médicaux relève de l'ordre des pharmaciens ou de l'ordre des médecins et cesse de se conformer aux dispositions législatives et réglementaires en vigueur, elle est mise en demeure par le président du conseil de l'ordre compétent de régulariser sa situation dans le délai indiqué par la mise en demeure.

Le directeur général de l'agence régionale de santé compétent est informé de la mise en demeure par le conseil compétent de l'ordre concerné.

Si, à l'expiration de ce délai, la société n'a pas régularisé sa situation, le conseil de l'ordre compétent prononce la radiation par une décision motivée qui est notifiée à la société par tout moyen permettant de rapporter la preuve de sa date de réception.

Une mesure de radiation ne peut être prise qu'après que les associés ou leur mandataire ont été mis à même de présenter leurs observations.

La décision de radiation peut faire l'objet d'un recours devant le conseil régional ou national de l'ordre compétent, selon le cas.

II. – Si la société de participations financières de profession libérale de biologistes médicaux relève de l'ordre des pharmaciens et de l'ordre des médecins et cesse de se conformer aux dispositions législatives et réglementaires en vigueur, les dispositions du I s'appliquent sous réserve des dispositions suivantes :

1° Le président du conseil de l'ordre auteur de la mise en demeure informe le président du conseil compétent de l'autre ordre par tout moyen permettant de rapporter la preuve de sa date de réception ;

2° Lorsqu'un conseil de l'ordre envisage de prononcer la radiation de la société, il en informe le président du conseil de l'autre ordre par tout moyen permettant de rapporter la preuve de sa date de réception et, le cas échéant, lui transmet une copie de la décision ;

3° Lorsque la décision de radiation d'un ordre fait l'objet d'un recours, le président du conseil compétent de cet ordre informe le président du conseil compétent de l'autre ordre par tout moyen permettant de rapporter la preuve de sa date de réception.

Art. R. 6223-87 *(D. n° 2016-44, 26 janv. 2016).* – Chaque société de participations financières de profession libérale de biologistes médicaux fait l'objet, au moins une fois tous les quatre ans, d'un contrôle portant sur le respect des dispositions législatives et réglementaires qui régissent la composition de son capital et l'étendue de ses activités.

Chaque société de participations financières de profession libérale de biologistes médicaux peut, en outre, être soumise à des contrôles occasionnels prescrits par le conseil national du ou des ordres dont elle relève.

Ces contrôles sont effectués par le conseil du ou des ordres compétents dont relève la société, dans les conditions définies par le règlement intérieur de cet ou de ces ordres.

Art. R. 6223-88 *(D. n° 2016-44, 26 janv. 2016).* – Le non-respect des dispositions régissant la constitution et le fonctionnement des sociétés de participations financières de profession libérale de biologistes médicaux par les biologistes médicaux associés d'une telle société peut donner lieu à des poursuites disciplinaires.

Lorsque la société relève de l'ordre des pharmaciens et de l'ordre des médecins, l'ordre au sein duquel sont engagées des poursuites disciplinaires à l'encontre de la société en informe l'autre ordre par tout moyen permettant de rapporter la preuve de sa date de réception.

Sous-section 3. – Dissolution et liquidation de la société

Art. R. 6223-89 *(D. n° 2016-44, 26 janv. 2016)*. – La radiation de la société de participations financières de profession libérale de biologistes médicaux du tableau du ou des ordres compétents emporte sa dissolution.

À la diligence du président du conseil du ou des ordres compétents, la radiation de la société est portée à la connaissance du directeur général de l'agence régionale de santé dans le ressort de laquelle est situé le siège social de la société et une expédition de la décision définitive prononçant la radiation de la société du tableau de l'ordre est versée au dossier ouvert au nom de la société au greffe chargé de la tenue du registre du commerce et des sociétés.

Lorsque la société relève de l'ordre des pharmaciens et de l'ordre des médecins, la radiation du tableau d'un ordre résultant du retrait du ou des seuls associés relevant de cet ordre n'emporte pas dissolution de la société.

Art. R. 6223-90 *(D. n° 2016-44, 26 janv. 2016)*. – En cas de dissolution, un liquidateur est choisi parmi les associés.

Les fonctions de liquidateur ne peuvent, en aucun cas, être confiées à un associé ayant fait l'objet d'une sanction disciplinaire.

Plusieurs liquidateurs peuvent être désignés.

Le liquidateur peut être remplacé pour cause d'empêchement, ou pour tout autre motif grave, par le président du tribunal de grande instance du lieu du siège social de la société statuant sur requête à la demande du liquidateur lui-même, des associés ou de leurs ayants droit, ou du président du conseil du ou des ordres compétents.

Art. R. 6223-91 *(D. n° 2016-44, 26 janv. 2016)*. – Lorsque la dissolution de la société de participations financières de profession libérale de biologistes médicaux ne résulte pas de sa radiation du tableau du ou des ordres dont elle relève, le liquidateur informe de cette dissolution le directeur général de l'agence régionale de santé compétent et le président du conseil du ou des ordres compétents.

Dans tous les cas de dissolution, le liquidateur les informe de sa désignation. À cet effet, il leur fait parvenir une expédition de la délibération des associés ou de la décision de justice qui l'a nommé dans ses fonctions.

Le liquidateur dépose au greffe chargé de la tenue du registre du commerce et des sociétés où la société est inscrite, pour être versée au dossier ouvert au nom de la société, la copie de l'expédition prévue au deuxième alinéa, dont tout intéressé peut obtenir communication.

Il ne peut entrer en fonction avant l'accomplissement des formalités précitées.

Art. R. 6223-92 *(D. n° 2016-44, 26 janv. 2016)*. – Le liquidateur procède à la cession des actions ou des parts sociales que la société de participations financières de profession libérale de biologistes médicaux détient dans la ou les sociétés d'exercice libéral de biologistes médicaux, dans les conditions prévues aux deux derniers alinéas de l'article R. 6223-66.

Art. R. 6223-93 *(D. n 2016-44, 26 janv. 2016)*. – Le liquidateur informe de la clôture des opérations de liquidation le directeur général de l'agence régionale de santé compétent, le président du conseil du ou des ordres compétents, ainsi que le greffier chargé de la tenue du registre du commerce et des sociétés où est immatriculée la société.

Section 6. – Dispositions particulières aux laboratoires de biologie médicale privés

Art. D. 6223-94 *(D. n° 2016-44, 26 janv. 2016)*. – Pour l'application de l'article L. 6223-6, est considéré comme biologiste médical salarié ou non salarié travaillant au moins un mi-temps au sein du laboratoire de biologie médicale le biologiste médical dont la durée de travail correspond au moins à la moitié de la durée légale ou conventionnelle de travail.

8.2.11. – EXPERTS AGRICOLES ET FONCIERS. EXPERTS FORESTIERS

8.2.11.1. – Sociétés civiles professionnelles

Code rural et de la pêche maritime

Partie réglementaire

Sous-section 1. – Constitution de la société

§ 1. – Dispositions générales

Art. R. 173-1 *(D. n° 2013-340, 22 avr. 2013).* **– Deux ou plusieurs personnes physiques, inscrites sur la liste des experts fonciers et agricoles et des experts forestiers prévue à l'article L. 171-1 ou remplissant les conditions pour être inscrites sur cette liste, peuvent constituer entre elles une société civile professionnelle pour l'exercice en commun de leurs activités d'expertise.**

Ces sociétés reçoivent l'appellation de sociétés civiles professionnelles d'experts fonciers et agricoles ou de sociétés civiles professionnelles d'experts forestiers ou de sociétés civiles professionnelles d'experts fonciers et agricoles et d'experts forestiers.

Les associés ne peuvent porter que le titre d'expert foncier et agricole associé ou d'expert forestier associé, à l'exclusion de celui d'expert foncier et agricole ou d'expert forestier.

Art. R. 173-2 *(D. n° 2013-340, 22 avr. 2013).* **– La société est constituée sous la condition suspensive de son inscription sur la liste des experts fonciers et agricoles et des experts forestiers.**

La demande d'inscription doit être présentée collectivement par les associés dans l'année de la constitution de la société, par lettre recommandée avec demande d'avis de réception, au Comité national mentionné à l'article L. 171-1.

Elle doit être accompagnée des pièces justificatives suivantes :

1° Un exemplaire des statuts et, s'il en a été établi un, du règlement intérieur ainsi que, le cas échéant, une expédition ou une copie de l'acte constitutif ;

2° Les documents établissant l'état civil de chacun des associés ;

3° Les associés non encore inscrits doivent joindre les documents nécessaires à leur demande d'inscription personnelle sur la liste, énumérés à l'article R. 171-12 ;

4° Une attestation du greffier du tribunal de commerce ou du tribunal de grande instance statuant commercialement du lieu du siège social constatant le dépôt au greffe de la demande et des pièces nécessaires à l'immatriculation ultérieure de la société au registre du commerce et des sociétés.

Art. R. 173-3 *(D. n° 2013-340, 22 avr. 2013).* **– L'inscription ne peut être accordée que si la situation de chacun des associés répond aux conditions du port du titre, si les statuts sont conformes aux dispositions législatives ou réglementaires en vigueur.**

§ 2. – Statuts, capital, parts sociales, parts en industrie

Art. R. 173-4 *(D. n° 2013-340, 22 avr. 2013).* **– Si les statuts sont établis par acte sous seing privé, il en est dressé autant d'originaux qu'il est nécessaire pour la remise d'un exemplaire à chaque associé et pour satisfaire aux dispositions de la présente section.**

Art. R. 173-5 *(D. n° 2013-340, 22 avr. 2013).* **– Sans préjudice des dispositions qu'en vertu des articles 8, 10, 11, 14, 15, 19, 20 et 24 de la loi n° 66-879 du 29 novembre 1966 relative aux sociétés civiles professionnelles, ils peuvent contenir, concernant notamment la répartition des parts, les gérants, la dénomination sociale, la répartition des bénéfices, les dettes sociales, les cessions des parts sociales et la dissolution de la société et des dispositions de la section 2 du chapitre Ier du présent titre, les statuts doivent indiquer :**

1° Le siège social de la société ;

2° La durée pour laquelle la société est constituée ;

3° Les nom, prénom, date et lieu de naissance, nationalité, situation matrimoniale, profession et domicile de chaque associé ;

4° La nature et l'évaluation distincte de chacun des apports effectués par les associés ;

5° Le montant du capital social, le nombre, le montant nominal et la répartition des parts sociales représentatives de ce capital social ;

6° L'affirmation de la libération totale ou partielle, suivant le cas, des apports concourant à la formation du capital social ;

7° Le nombre de parts d'intérêts attribuées à chaque apporteur en industrie.

Art. R. 173-6 *(D. n° 2013-340, 22 avr. 2013)*. – Peuvent faire l'objet d'apports en propriété ou en jouissance à une société civile professionnelle concernée par la présente réglementation :

1° Tous droits incorporels mobiliers, ou immobiliers et, notamment, le droit pour un associé ou ses ayants droit de présenter la société comme successeur auprès de sa clientèle ;

2° Tous documents et toutes archives ;

3° Tous objets mobiliers à usage professionnel ;

4° Tous immeubles ou locaux utiles à l'exercice de la profession ;

5° Toutes sommes en numéraire.

Les apports en industrie qui, en vertu de l'article 1843-2 du Code civil, ne concourent pas à la formation du capital social peuvent donner lieu à l'attribution de parts d'intérêts. Celles-ci sont incessibles. Elles doivent être annulées lorsque leur titulaire perd sa qualité d'associé pour quelque cause que ce soit.

Art. R. 173-7 *(D. n° 2013-340, 22 avr. 2013)*. – Le montant nominal de chaque part sociale ne peut être inférieur à 1 500 euros.

Les parts sociales ne peuvent être données en nantissement.

Les parts sociales représentant un apport en numéraire doivent être libérées lors de la souscription de la moitié au moins de leur montant nominal.

La libération du surplus doit intervenir, en une ou plusieurs fois, soit aux dates prévues par les statuts, soit sur décision de l'assemblée des associés et au plus tard dans le délai de deux ans à compter de l'inscription de la société sur la liste.

Dans les huit jours de leur réception, les fonds provenant de la libération des apports en numéraire sont déposés, pour le compte de la société, à la Caisse des dépôts et consignations, chez un notaire ou dans une banque. Le retrait de ces fonds est effectué par le mandataire de la société sur justification de l'inscription de celle-ci sur la liste.

§ 3. – Immatriculation de la société et publicité de sa constitution

Art. R. 173-8 *(D. n° 2013-340, 22 avr. 2013)*. – Par dérogation aux articles 22, 24 et 26 du décret n° 78-704 du 3 juillet 1978, relatif à l'application de la loi n° 78-9 du 4 janvier 1978 modifiant le titre IX du livre III du Code civil, la société est dispensée d'insérer dans un journal d'annonces légales les avis prévus auxdits articles.

Art. R. 173-9 *(D. n° 2013-340, 22 avr. 2013)*. – La demande d'immatriculation de la société au registre du commerce et des sociétés est établie dans les conditions prévues aux articles R. 123-53 et suivants du Code de commerce à l'exception de celles qui sont énoncées aux 1° et 2° de l'article R. 123-54 de ce code.

La demande doit indiquer également les nom et prénom du gérant, ou que tous les associés sont gérants.

Art. R. 173-10 *(D. n° 2013-340, 22 avr. 2013)*. – Le Comité national mentionné à l'article L. 171-1 du présent code adresse une ampliation de la décision d'inscription de la société sur la liste au greffe du tribunal de commerce ou du tribunal de grande instance statuant commercialement où a été déposée la demande d'immatriculation au registre du commerce et des sociétés.

Au reçu de cette ampliation, le greffier procède à l'immatriculation de la société au registre du commerce et des sociétés.

Sous-section 2. – Fonctionnement de la société

§ 1. – Administration de la société

Art. R. 173-11 *(D. n° 2013-340, 22 avr. 2013).* – **Les statuts organisent la gérance et déterminent les pouvoirs des gérants dans les conditions prévues par l'article 11 de la loi n° 66-879 du 29 novembre 1966.**

Art. R. 173-12 *(D. n° 2013-340, 22 avr. 2013).* – **Toute décision excédant les pouvoirs des gérants est prise par les associés réunis en assemblée générale. Cette assemblée doit se réunir au moins une fois par an. Elle doit être également réunie lorsqu'un ou plusieurs associés, représentant au moins la moitié en nombre ou le quart du capital social, en font la demande au gérant en indiquant l'ordre du jour proposé.**

Art. R. 173-13 *(D. n° 2013-340, 22 avr. 2013).* – **En dehors des cas prévus par les articles R. 173-16 et R. 173-20, les décisions sont prises à la majorité des voix dont disposent les associés présents ou représentés.**

Dans tous les cas, les statuts peuvent prévoir une majorité plus forte ou même l'unanimité des associés pour toutes les décisions ou seulement pour celles qu'ils énumèrent.

Art. R. 173-14 *(D. n° 2013-340, 22 avr. 2013).* – **Toute délibération de l'assemblée donne lieu à l'établissement d'un procès-verbal signé par les associés présents et indiquant notamment la date et le lieu de la réunion, les questions inscrites à l'ordre du jour, l'identité des associés présents ou représentés, un résumé des débats, le texte des résolutions mises aux voix et le résultat des votes.**

Les procès-verbaux sont établis sur un registre spécial, préalablement coté et paraphé en conformité avec les dispositions de l'article 45 du décret n° 78-704 du 3 juillet 1978. Le registre est conservé au siège social. Il peut être consulté par tout associé.

Art. R. 173-15 *(D. n° 2013-340, 22 avr. 2013).* – **Chaque associé dispose d'un nombre de voix égal quel que soit le nombre de parts qu'il possède. Toutefois les statuts peuvent attribuer un nombre de voix réduit aux associés qui n'exercent leur profession qu'à temps partiel.**

Un associé peut donner mandat écrit à un autre associé de le représenter à l'assemblée. Toutefois, un associé ne peut être porteur de plus de deux mandats.

L'assemblée ne peut délibérer valablement que si les trois quarts au moins des associés sont présents ou représentés. Si le quorum n'est pas atteint, les associés doivent être convoqués une nouvelle fois et l'assemblée délibère valablement si deux associés au moins sont présents ou représentés.

Art. R. 173-16 *(D. n° 2013-340, 22 avr. 2013).* – **La modification des statuts et la prorogation de la société ainsi que l'adoption ou la modification du règlement intérieur sont décidées à la majorité de trois quarts de l'ensemble des associés. L'augmentation des engagements des associés ne peut être décidée qu'à l'unanimité.**

Art. R. 173-17 *(D. n° 2013-340, 22 avr. 2013).* – **Après la clôture de chaque exercice, le ou les gérants établissent, dans les conditions fixées par les statuts, les comptes annuels de la société et un rapport sur les résultats de celle-ci.**

Les documents mentionnés à l'alinéa précédent sont soumis à l'approbation de l'assemblée des associés dans les trois mois qui suivent la clôture de l'exercice. À cette fin, ils sont adressés à chaque associé, avec le texte des résolutions proposées, quinze jours au moins avant la réunion de l'assemblée générale et, au plus tard, avec la convocation à cette assemblée.

Art. R. 173-18 *(D. n° 2013-340, 22 avr. 2013).* – **Chaque associé peut, à toute époque, prendre connaissance des rapports et comptes sociaux concernant les exercices antérieurs, des registres des procès-verbaux, de tous registres et documents comptables dont la tenue est prescrite par les dispositions législatives ou réglementaires relatives à la profession et, plus généralement, de tous documents détenus par la société.**

Art. R. 173-19 *(D. n° 2013-340, 22 avr. 2013).* – La rémunération servie aux parts du capital social ne peut excéder le taux des avances sur titres de la Banque de France.

Le surplus des bénéfices est, après constitution éventuelle de réserves, réparti entre les associés selon des bases de répartition périodique fondées sur les critères professionnels fixés par les statuts.

§ 2. – Cession et transmission de parts sociales.

Cession entre vifs par un associé

Art. R. 173-20 *(D. n° 2013-340, 22 avr. 2013).* – Les parts sociales sont librement cessibles entre associés sauf stipulation contraire des statuts.

Elles ne peuvent être cédées à des tiers, à titre onéreux ou gratuit, qu'avec le consentement de la société exprimé dans les conditions prévues à l'article 19 de la loi n° 66-879 du 29 novembre 1966 et, dans le cas où le cessionnaire n'est pas déjà inscrit sur la liste des experts fonciers et agricoles et des experts forestiers, si celui-ci remplit les conditions requises pour exercer ses activités.

En ce cas, la cession est conclue dans la condition suspensive de l'inscription du cessionnaire sur cette liste.

Art. R. 173-21 *(D. n° 2013-340, 22 avr. 2013).* – Dans le cas où un associé décide de céder des parts à un tiers étranger à la société, le projet de cession des parts sociales est notifié à la société et à chacun des associés soit par lettre recommandée avec demande d'avis de réception, soit dans l'une des formes prévues à l'article 1690 du Code civil.

Dans le délai de deux mois à compter de la notification du projet de cession par le cédant à la société, la société notifie son consentement exprès à la cession ou son refus dans les formes prévues à l'alinéa précédent. Si la société n'a pas fait connaître sa décision, le consentement est implicitement donné.

Art. R. 173-22 *(D. n° 2013-340, 22 avr. 2013 ; mod., D. n° 2017-1246, 7 août 2017).* – Dans le cas où la société refuse de consentir à la cession, elle dispose d'un délai de six mois à compter de la notification de son refus pour notifier à l'associé, dans l'une des formes prévues au premier alinéa de l'article R. 173-21 susmentionné, un projet de cession ou de rachat de ses parts, qui constitue engagement du cessionnaire ou de la société.

Si le prix proposé pour la cession ou le rachat n'est pas accepté par le cédant, il est fixé conformément aux dispositions de l'article 1843-4 du Code civil.

Lorsque l'associé cédant refuse de signer l'acte portant cession de ses parts au prix ainsi fixé, il est passé outre à ce refus deux mois après la sommation, à lui faite par la société dans l'une des formes prévues au premier alinéa de l'article R. 173-21, et demeurée infructueuse.

Si la cession porte sur la totalité des parts sociales détenues par l'associé, celui-ci perd sa qualité d'associé à l'expiration du délai prévu à l'alinéa précédent. Le prix de cession des parts est consigné à la diligence du cessionnaire.

Art. R. 173-23 *(D. n° 2013-340, 22 avr. 2013).* – Lorsqu'un associé entend se retirer de la société en application de l'article 21 de la loi n° 66-879 du 29 novembre 1966, il notifie sa décision à la société dans l'une des formes prévues au premier alinéa de l'article R. 173-21.

La société dispose d'un délai de six mois à compter de cette notification pour notifier à l'associé, dans la même forme, soit un projet de cession de ses parts à un associé ou à un tiers inscrit sur la liste des experts fonciers et agricoles ou des experts forestiers ou remplissant les conditions d'inscription, soit un projet de rachat desdites parts par la société. Cette notification implique un engagement du cessionnaire ou de la société qui se porte acquéreur. Il est fait, en tant que de besoin, application des dispositions des deuxième, troisième et quatrième alinéas de l'article R. 173-21.

Art. R. 173-24 *(D. n° 2013-340, 22 avr. 2013).* – L'associé radié définitivement de la liste dispose d'un délai de six mois à compter du jour où la radiation est devenue définitive pour céder ses parts sociales.

Si, à l'expiration de ce délai, aucune cession n'est intervenue, il est procédé conformément aux dispositions de l'article R. 173-23.

Art. R. 173-25 *(D. n° 2013-340, 22 avr. 2013).* – Sous réserve des règles de protection et de représentation des incapables, les dispositions de l'article R. 173-24 sont applicables à la cession des parts sociales de l'associé frappé d'interdiction légale ou placé sous le régime de la tutelle des majeurs.

Cession après décès d'un associé

Art. R. 173-26 *(D. n° 2013-340, 22 avr. 2013).* – Le délai prévu par le deuxième alinéa de l'article 24 de la loi n° 66-879 du 29 novembre 1966 pour la cession des parts de l'associé décédé est fixé à un an à compter du décès de l'associé. Il peut être renouvelé par le préfet à la demande des ayants droit de l'associé décédé et avec le consentement de la société donné dans les conditions prévues pour la cession des parts sociales par le premier alinéa de l'article 19 de la loi précitée.

Art. R. 173-27 *(D. n° 2013-340, 22 avr. 2013).* – Si pendant le délai prévu à l'article précédent le ou les ayants droit décident de céder les parts sociales de leur auteur à un tiers étranger à la société, il est procédé, conformément aux dispositions du deuxième alinéa de l'article R. 173-20 et des articles R. 173-21 et R. 173-22. Pendant le même délai, si la société, les associés survivants ou un ou plusieurs de ceux-ci acceptent, en accord avec le ou les ayants droit de l'expert décédé, d'acquérir les parts sociales de celui-ci, il est procédé conformément aux dispositions de l'article R. 173-21.

Art. R. 173-28 *(D. n° 2013-340, 22 avr. 2013).* – Toute demande d'un ou de plusieurs ayants droit d'un associé décédé tendant à l'attribution préférentielle à leur profit des parts sociales de leur auteur est notifiée à la société et à chacun des associés dans l'une des formes prévues au premier alinéa de l'article R. 173-21.

Art. R. 173-29 *(D. n° 2013-340, 22 avr. 2013).* – Lorsque, à l'expiration du délai prévu à l'article R. 173-26, les ayants droit de l'associé décédé n'ont pas exercé la faculté de céder les parts sociales de leur auteur et si aucun consentement préalable de l'attribution préférentielle n'a été donné par la société, celle-ci dispose d'une année pour acquérir, dans les conditions prévues à l'article R. 173-22, les parts sociales de l'associé décédé.

Si les parts sociales sont cédées à un tiers, les dispositions du deuxième alinéa de l'article R. 173-20 et des articles R. 173-21 et R. 173-22 sont applicables.

Si elles sont acquises par la société, par les associés ou par certains d'entre eux, il est procédé conformément aux dispositions de l'article R. 173-22.

Publicité de la cession des parts sociales

Art. R. 173-30 *(D. n° 2013-340, 22 avr. 2013).* – La publicité de la cession des parts est accomplie conformément aux dispositions de l'article 52 du décret n° 78-704 du 3 juillet 1978. Dans le cas prévu au troisième alinéa de l'article R. 173-22, la publicité de la cession est accomplie par le dépôt dans les mêmes conditions de deux copies certifiées conformes de la sommation adressée au cédant accompagnées des justifications de la notification ou de la signification de cette sommation.

Art. R. 173-31 *(D. n° 2013-340, 22 avr. 2013).* – Dans le délai d'un mois, le cessionnaire informe de la cession le Comité national mentionné à l'article L. 171-1.

§ 3. – Modification des statuts

Art. R. 173-32 *(D. n° 2013-340, 22 avr. 2013).* – Dans les limites prévues au dernier alinéa de l'article R. 173-1, le nombre des associés peut être augmenté au cours de l'existence de la société, avec ou sans augmentation du capital social.

Art. R. 173-33 *(D. n° 2013-340, 22 avr. 2013).* – Si la constitution des réserves ou le dégagement de plus-value le permet, il est procédé périodiquement à l'augmentation du capital social. Les parts sociales ainsi créées sont attribuées aux associés, y compris à ceux qui n'ont apporté que leur industrie, dans les conditions déterminées au deuxième alinéa de l'article R. 173-19, pour la répartition des bénéfices.

Cette augmentation de capital ne peut intervenir avant la libération totale des parts sociales correspondant à des apports en numéraire.

Art. R. 173-34 *(D. n° 2013-340, 22 avr. 2013).* – Toute modification des statuts est portée, dans le délai d'un mois, par le gérant ou par les gérants, à la connaissance du Comité national.

Le règlement intérieur, s'il est établi après la demande d'inscription, et toute modification de ce règlement sont portés à la connaissance du Comité national dans les mêmes conditions.

§ 4. – Retrait d'un associé

Art. R. 173-35 *(D. n° 2013-340, 22 avr. 2013).* – L'associé dont l'apport est exclusivement d'industrie doit, pour se retirer de la société, notifier à celle-ci sa décision dans les formes prévues au premier alinéa de l'article R. 173-21. Son retrait prend effet à la date qu'il indique ou, à défaut, à celle de cette notification. Toutefois, les statuts peuvent prévoir que le retrait ne prendra effet qu'à l'expiration d'un délai, sans que ce délai puisse excéder six mois à compter de la notification faite par l'associé.

Art. R. 173-36 *(D. n° 2013-340, 22 avr. 2013).* – L'associé titulaire de parts sociales peut, à la condition d'en informer la société dans les formes prévues au premier alinéa de l'article R. 173-21, cesser l'activité professionnelle qu'il exerce au sein de cette société avant la fin de la procédure de cession ou de rachat de ses parts. Il doit, le cas échéant, respecter le délai fixé par les statuts, sans que ce délai puisse excéder six mois à compter de la notification relative à la cessation d'activité.

Art. R. 173-37 *(D. n° 2013-340, 22 avr. 2013).* – L'associé perd, à compter de sa cessation d'activité, les droits attachés à sa qualité d'associé, à l'exception toutefois des rémunérations afférentes aux apports en capital et de sa part éventuelle dans le capital et dans les réserves et les plus-values d'actif ; il cesse à la même date d'être soumis aux incompatibilités et interdictions attachées à cette qualité.

La cessation d'activité professionnelle d'un associé est portée par le gérant ou par les gérants à la connaissance du Comité national.

§ 5. – Exercice de la profession

Art. R. 173-38 *(D. n° 2013-340, 22 avr. 2013).* – Les dispositions législatives et réglementaires relatives au port du titre d'expert foncier et agricole et d'expert forestier ainsi qu'à l'exercice de cette profession sont applicables aux membres de la société et, dans la mesure où elles sont applicables aux personnes morales, à la société civile professionnelle elle-même.

Obligations, interdictions et incompatibilités diverses

Art. R. 173-39 *(D. n° 2013-340, 22 avr. 2013).* – La qualification de société civile professionnelle d'expert foncier et agricole ou de société civile professionnelle d'expert forestier ou de société civile professionnelle d'expert foncier et agricole et d'expert forestier, à l'exclusion de toute autre, doit accompagner la dénomination sociale dans toute correspondance et tout document émanant de la société. Elle est complétée par le numéro d'immatriculation de la société au registre du commerce et des sociétés.

Dans les actes professionnels, chaque associé se présente sous son nom personnel et indique, en plus de son nom de famille, la dénomination sociale de la société déterminée conformément aux dispositions de l'article 8 de la loi n° 66-879 du 29 novembre 1966.

Art. R. 173-40 *(D. n° 2013-340, 22 avr. 2013).* – Un associé peut exercer sa profession à titre individuel ; il peut également être membre d'une autre société civile professionnelle.

Art. R. 173-41 *(D. n° 2013-340, 22 avr. 2013).* – La qualité d'expert foncier et agricole associé ou d'expert forestier associé est assimilée à celle d'expert foncier et agricole ou d'expert forestier pour la collation du titre d'expert foncier et agricole honoraire ou d'expert forestier honoraire.

Comptabilité et assurance

Art. R. 173-42 *(D. n° 2013-340, 22 avr. 2013).* – Tous les registres et documents sont ouverts et établis au nom de la société.

Art. R. 173-43 *(D. n° 2013-340, 22 avr. 2013)*. – Il appartient à la société de justifier de l'assurance de responsabilité professionnelle prévue au troisième alinéa de l'article 16 de la loi n° 66-879 du 29 novembre 1966.

§ 6. – Discipline

Art. R. 173-44 *(D. n° 2013-340, 22 avr. 2013)*. – La société peut faire l'objet de poursuites disciplinaires indépendamment de celles qui pourraient être intentées contre les associés. Les sanctions et la procédure disciplinaires prévues aux articles L. 171-1 et R. 171-18 à R. 171-29 sont applicables aux sociétés régies par la présente section qui sont représentées dans cette procédure conformément à leurs statuts.

Art. R. 173-45 *(D. n° 2013-340, 22 avr. 2013)*. – L'associé radié définitivement de la liste est tenu de se retirer de la société, celui qui est radié temporairement peut être contraint, par décision unanime des autres associés, à se retirer de la société. Les parts sociales de l'associé radié sont cédées dans les conditions prévues à l'article R. 173-24.

Sous-section 3. – Dissolution et liquidation de la société

§ 1. – Dissolution

Art. R. 173-46 *(D. n° 2013-340, 22 avr. 2013)*. – La dissolution anticipée de la société ne peut être décidée que par les trois quarts au moins des associés.

Art. R. 173-47 *(D. n° 2013-340, 22 avr. 2013)*. – La société est dissoute de plein droit par le décès simultané de tous ses associés ou par le décès du dernier survivant.

Art. R. 173-48 *(D. n° 2013-340, 22 avr. 2013)*. – Dans le cas de radiation de tous les associés de la liste des experts fonciers et agricoles et des experts forestiers, la société est dissoute de plein droit. Dans ces conditions, les associés ne peuvent être nommés liquidateurs.

Art. R. 173-49 *(D. n° 2013-340, 22 avr. 2013)*. – S'il ne subsiste qu'un associé, celui-ci peut, dans le délai prévu au deuxième alinéa de l'article 26 de la loi n° 66-879 du 29 novembre 1966, céder une partie de ses parts à un tiers inscrit sur la liste des experts fonciers et agricoles ou des experts forestiers, ou remplissant les conditions pour cette inscription. À défaut, la société peut être dissoute dans les conditions prévues audit article.

Art. R. 173-50 *(D. n° 2013-340, 22 avr. 2013)*. – Toute décision judiciaire constatant la nullité ou prononçant la dissolution d'une société est portée à la connaissance du Comité national par le *(Mot rempl., D. n° 2017-1100, 15 juin 2017)* « greffe » de la juridiction saisie.

§ 2. – Liquidation

Art. R. 173-51 *(D. n° 2013-340, 22 avr. 2013)*. – En aucun cas, les fonctions de liquidateur ne peuvent être confiées à une personne contre laquelle une radiation temporaire ou définitive a été prononcée.

Art. R. 173-52 *(D. n° 2013-340, 22 avr. 2013)*. – L'acte de nomination des liquidateurs, quelle que soit sa forme, est adressé par les soins de ces derniers au Comité national. Le liquidateur informe le comité de la clôture de la liquidation.

Art. R. 173-53 *(D. n° 2013-340, 22 avr. 2013)*. – Dans les cas prévus par le deuxième alinéa de l'article 37 de la loi n° 66-879 du 29 novembre 1966 concernant les sociétés adoptant le statut des sociétés coopératives, l'actif net de la société subsistant après extinction du passif et le remboursement du capital est réparti entre les associés au prorata des parts détenues par chacun d'eux, y compris les parts correspondant aux apports en industrie.

8.2.11.2. – Sociétés d'exercice libéral

Code rural et de la pêche maritime

Partie réglementaire

....

Section 2. – Sociétés d'exercice libéral

Art. R. 173-54 *(D. n° 2013-340, 22 avr. 2013)*. – Les dispositions de la présente section régissent les sociétés constituées en application du titre Ier de la loi n° 90-1258 du 31 décembre 1990 relative à l'exercice sous forme de sociétés des professions libérales soumises à un statut législatif ou réglementaire ou dont le titre est protégé et dont l'objet social est l'exercice en commun des professions d'expert foncier et agricole ou d'expert forestier. Ces sociétés portent la dénomination de société d'exercice libéral d'experts fonciers et agricoles ou d'experts forestiers.

Art. R. 173-55 *(D. n° 2013-340, 22 avr. 2013)*. – Les actes et documents destinés aux tiers, notamment les lettres, factures, annonces et publications diverses, émanant d'une société d'exercice libéral d'experts fonciers et agricoles ou d'experts forestiers doivent indiquer la dénomination sociale précédée ou suivie immédiatement, selon le cas :

– soit de la mention « société d'exercice libéral à responsabilité limitée d'experts fonciers et agricoles ou d'experts forestiers » ou de la mention « SELARL d'experts fonciers et agricoles ou d'experts forestiers » ;

– soit de la mention « société d'exercice libéral à forme anonyme d'experts fonciers et agricoles ou d'experts forestiers » ou de la mention « SELAFA d'experts fonciers et agricoles ou d'experts forestiers » ;

– soit de la mention « société d'exercice libéral en commandite par actions d'experts fonciers et agricoles ou d'experts forestiers » ou de la mention « SELCA d'experts fonciers et agricoles ou d'experts forestiers » ;

– soit de la mention « société d'exercice libéral par actions simplifiées d'experts fonciers et agricoles ou d'experts forestiers » ou de la mention « SELAS ou d'experts forestiers »,

ainsi que de l'énonciation de son capital social, de son siège social et de la mention de son inscription sur la liste des experts fonciers et agricoles et des experts forestiers prévue à l'article L. 171-1.

Art. R. 173-56 *(D. n° 2013-340, 22 avr. 2013)*. – La demande d'inscription de la société sur la liste des experts fonciers et agricoles et des experts forestiers doit être présentée, dans l'année de la constitution de la société, par les associés, par lettre recommandée avec demande d'avis de réception adressée au Comité national mentionné à l'article L. 171-1. Elle doit être accompagnée des pièces suivantes :

1° De la justification qu'il est satisfait par les personnes physiques se proposant d'exercer au sein de la société d'exercice libéral des professions d'expert foncier et agricole ou d'expert forestier aux conditions prévues à l'article L. 171-1 ;

2° Un exemplaire des statuts et, s'il en a été établi un, du règlement intérieur ainsi que, le cas échéant, une expédition ou une copie de l'acte constitutif ;

3° Les documents établissant l'état civil de chacun des associés ;

4° Une attestation du greffier du tribunal de commerce ou du tribunal de grande instance statuant commercialement du lieu du siège social constatant le dépôt au greffe de la demande et des pièces nécessaires à l'immatriculation ultérieure de la société au registre du commerce et des sociétés ;

5° La répartition du capital entre les associés.

Toute modification de l'un quelconque de ces éléments devra être notifiée dans un délai de trois mois et dans les mêmes conditions que la demande d'inscription.

Art. R. 173-57 *(D. n° 2013-340, 22 avr. 2013)*. – Le Comité national mentionné à l'article L. 171-1 adresse une copie de la décision d'inscription de la société sur la liste au greffe du tribunal de commerce ou du tribunal de grande instance statuant commercialement où a été déposée la demande d'immatriculation au registre du commerce et des sociétés.

Au reçu de cette copie, le greffier procède à l'immatriculation de la société au registre du commerce et des sociétés.

Art. R. 173-58 *(D. n° 2013-340, 22 avr. 2013).* – La majorité du capital des sociétés d'exercice libéral constituées pour l'exercice de la profession d'expert foncier et agricole ou d'expert forestier doit être détenue par des experts fonciers et agricoles ou des experts forestiers en exercice.

Art. R. 173-59 *(D. n° 2013-340, 22 avr. 2013).* – La détention directe ou indirecte de parts ou actions du capital social d'une société d'exercice libéral d'experts fonciers et agricoles ou d'experts forestiers est interdite :

– aux personnes physiques ou morales exerçant une activité consistant à acquérir de façon habituelle des biens mobiliers ou immobiliers en vue de leur revente ;

– aux personnes physiques ou morales mentionnées aux articles L. 511-1 et L. 519-1 du Code monétaire et financier et aux personnes physiques ou morales mentionnées aux articles L. 310-1 et L. 511-1 du Code des assurances ;

– aux personnes physiques ou morales exerçant l'une des activités suivantes : négociants ou courtiers en bois, exploitants forestiers, scieurs, fabricants de meubles, pépiniéristes, entreprises de reboisement ;

– aux collectivités publiques et à leurs groupements, aux établissements publics et aux sociétés d'économie mixte.

Art. R. 173-60 *(D. n° 2013-340, 22 avr. 2013).* – L'associé expert foncier et agricole ou expert forestier est exclu de la société s'il a fait l'objet d'une radiation définitive de la liste.

L'associé expert foncier et agricole ou expert forestier peut être exclu de la société s'il a fait l'objet d'une radiation temporaire de la liste.

La décision d'exclusion est décidée dans les conditions de majorité prévue par les statuts.

Art. R. 173-61 *(D. n° 2013-340, 22 avr. 2013).* – Tout associé exclu dispose pour céder ses parts sociales ou actions d'un délai de six mois à compter de la notification qui lui est faite de cette décision par la société, par l'envoi d'une lettre recommandée avec demande d'avis de réception.

Pendant ce délai, l'associé exclu perd les rémunérations liées à l'exercice de son activité professionnelle et son droit d'assister et de voter aux assemblées de la société. Il conserve son droit à percevoir les dividendes distribués au titre de ses parts sociales ou actions.

Les parts sociales ou actions de l'associé exclu sont achetées soit par un acquéreur agréé par la société, soit par la société qui doit alors réduire son capital. À défaut d'accord amiable, le prix de rachat est déterminé dans les conditions prévues par l'article 1843-4 du Code civil.

Art. R. 173-62 *(D. n° 2013-340, 22 avr. 2013).* – L'associé radié de la liste à titre temporaire, non exclu de la société, conserve pendant la durée de sa peine sa qualité d'associé avec tous les droits et obligations qui en découlent, à l'exclusion de sa vocation aux rémunérations versées par la société en relation avec l'exercice de son activité professionnelle.

La radiation de la liste d'un associé d'une société d'exercice libéral, constituée pour l'exercice des professions d'expert foncier et agricole ou d'expert forestier, emporte l'interdiction d'exercer pour la société elle-même lorsque l'intéressé est seul à exercer au sein de celle-ci.

Art. R. 173-63 *(D. n° 2013-340, 22 avr. 2013).* – Les sociétés d'exercice libéral, constituées pour l'exercice des professions d'expert foncier et agricole ou d'expert forestier, peuvent être radiées de la liste pour faute professionnelle grave d'un ou de plusieurs associés, dans les conditions prévues par les articles L. 171-1 et R. 171-18 à R. 171-29 *(Mots suppr., D. n° 2017-1246, 7 août 2017)* « ... ».

8.2.11.2.1. – Sociétés de participations financières de profession libérale

Art. R. 174-1 *(D. n° 2013-340, 22 avr. 2013).* – Des experts fonciers et agricoles ou des experts forestiers peuvent constituer, dans les conditions prévues à l'article 31-1 de la loi n° 90-1258 du 31 décembre 1990, une ou plusieurs sociétés de participations financières de professions libérales d'experts fonciers et agricoles, ou d'experts forestiers ayant pour objet la détention de parts ou d'actions de sociétés d'exercice libéral constituées pour l'exercice de cette même profession ou de groupements de droit étranger ayant pour objet l'exercice de cette même profession.

Le complément du capital et des droits de vote peut également être détenu :

1° Pendant un délai de dix ans à compter de la cessation de toute activité professionnelle par des personnes physiques qui ont exercé la profession d'expert foncier et agricole ou d'expert forestier ;

2° Par les ayants droit des personnes physiques mentionnées aux alinéas qui précèdent, pendant un délai de cinq ans suivant le décès de celles-ci ;

3° Par les personnes exerçant une profession libérale soumise à un statut législatif ou réglementaire ou dont le titre est protégé autre que les professions libérales de santé ou les professions libérales juridiques ou judiciaires.

Ces sociétés sont régies par les dispositions du livre II du Code de commerce, sous réserve des dispositions du présent chapitre.

Art. R. 174-2 *(D. n° 2013-340, 22 avr. 2013).* – Les personnes mentionnées à l'article R. 173-59 et les titulaires de charges d'officiers publics et ministériels ne peuvent détenir de parts ou actions du capital social d'une société de participations financières de professions libérales d'experts fonciers et agricoles ou d'experts forestiers en application des 1°, 2° ou 3° de l'article R. 174-1.

Art. R. 174-3 *(D. n° 2013-340, 22 avr. 2013).* – La société fait l'objet d'une demande d'inscription sur une liste spéciale établie par le comité du Conseil national de l'expertise foncière agricole et forestière, en application de l'article L. 171-1. La demande est formulée par un mandataire commun désigné par les associés. Elle est accompagnée d'une copie des statuts de la société et de la liste des associés avec indication, selon le cas, de leur profession ou de leur qualité suivie, pour chacun, de la mention de la part de capital et des droits de vote qu'il détient dans la société.

Art. R. 174-4 *(D. n° 2013-340, 22 avr. 2013).* – Le comité du Conseil national de l'expertise foncière agricole et forestière statue sur la demande d'inscription dans les conditions prévues à l'article L. 171-1.

Art. R. 174-5 *(D. n° 2013-340, 22 avr. 2013).* – Sans préjudice des dispositions prévues aux articles R. 123-31 et suivants du Code de commerce relatives à l'immatriculation au registre du commerce et des sociétés, une copie de l'inscription de la société sur la liste spéciale établie par le comité est adressée par le mandataire commun au greffe du tribunal où a été déposée la demande d'immatriculation au registre du commerce et des sociétés.

À la réception de ce document, le greffier procède à l'immatriculation et en informe le comité du Conseil national de l'expertise foncière agricole et forestière.

Art. R. 174-6 *(D. n° 2013-340, 22 avr. 2013).* – La société de participations financières de professions libérales d'experts fonciers et agricoles, ou d'experts forestiers fait connaître au comité du Conseil national de l'expertise foncière agricole et forestière, dans un délai de trente jours à compter de la date à laquelle il se produit, tout changement dans la situation déclarée en application de l'article R. 174-3.

Art. R. 174-7 *(D. n° 2013-340, 22 avr. 2013).* – Si la société de participations financières de professions libérales d'experts fonciers et agricoles, ou d'experts forestiers cesse de se conformer aux dispositions législatives et réglementaires en vigueur, le comité l'invite à régulariser la situation dans un délai qui ne peut excéder six mois.

Si, à l'expiration de ce délai, la société n'a pas régularisé la situation, le président du comité peut inviter les associés, par lettre recommandée avec accusé de réception, à prononcer la dissolution anticipée de la société selon les formes prévues par les statuts. Il adresse une copie de ce courrier au président du comité siégeant en matière disciplinaire dans les conditions prévues par la sous-section 1 de la section 3 du chapitre Ier du présent titre.

Art. R. 174-8 *(D. n° 2013-340, 22 avr. 2013).* – Chaque société de participations financières de professions libérales d'experts fonciers et agricoles, ou d'experts forestiers peut faire l'objet d'un contrôle par le comité du Conseil national de l'expertise foncière agricole et forestière portant sur le respect des dispositions législatives et réglementaires qui régissent la composition de son capital, la répartition des droits de vote au sein de la société et l'étendue de ses activités.

À ce titre, le comité peut solliciter la transmission de tout document nécessaire à ce contrôle.

Art. R. 174-9 *(D. n° 2013-340, 22 avr. 2013)*. – Le non-respect des dispositions régissant la constitution et le fonctionnement des sociétés de participations financières des professions libérales d'experts fonciers et agricoles ou d'experts forestiers par les experts fonciers et agricoles ou experts forestiers associés d'une telle société peut donner lieu à des poursuites disciplinaires dans les conditions et selon la procédure prévues en application de l'article L. 171-1.

Art. R. 174-10 *(D. n° 2013-340, 22 avr. 2013)*. – En cas de liquidation, le liquidateur est choisi parmi les associés de la société de participations financières de professions libérales d'experts fonciers et agricoles ou d'experts forestiers.

Plusieurs liquidateurs peuvent être désignés.

Le liquidateur peut être remplacé pour cause d'empêchement, ou pour tout autre motif grave, par le président du tribunal de grande instance du lieu du siège social de la société statuant sur requête à la demande du liquidateur lui-même, des associés ou de leurs ayants droit, ou du président du comité du Conseil national de l'expertise foncière, agricole et forestière.

Art. R. 174-11 *(D. n° 2013-340, 22 avr. 2013)*. – La dissolution de la société est portée à la connaissance du président du comité du Conseil national de l'expertise foncière agricole et forestière à la diligence du liquidateur, qui lui fait parvenir une expédition de la délibération des associés ou de la décision de justice qui l'a nommé dans ses fonctions.

Le liquidateur dépose au greffe chargé de la tenue du registre du commerce et des sociétés où la société est inscrite, pour être versée au dossier ouvert au nom de la société, la copie de l'expédition prévue au premier alinéa dont tout intéressé peut obtenir communication.

Art. R. 174-12 *(D. n° 2013-340, 22 avr. 2013)*. – Le liquidateur procède à la cession des parts ou actions que la société de participations financières de professions libérales d'experts fonciers et agricoles, ou d'experts forestiers détient dans la ou les sociétés d'exercice de la profession d'expert foncier et agricole, ou d'expert forestier.

Art. R. 174-13 *(D. n° 2013-340, 22 avr. 2013)*. – Le liquidateur informe le comité du Conseil national de l'expertise foncière, agricole et forestière ainsi que le greffier chargé de la tenue du registre du commerce et des sociétés où est immatriculée la société, de la clôture des opérations de liquidation.

8.2.12. – EXPERTS-COMPTABLES

Bibliographie : M. Cozian, *Les experts-comptables salariés peuvent enfin déduire le coût du financement de l'acquisition des titres de société : JCP* E 2005, 444. • A. Viandier, *La commercialité des sociétés d'expertise comptable : RF compt.* 1979, 542. • Ch. de Lauzainghein, J.-L. Navarro et D. Nechelis, *Droit comptable*, Dalloz, 2004. • D. Nechelis, *JCl. Sociétés traité*, Fasc. 193-20 *(Société d'expertise comptable)*.

8.2.12.1. – Sociétés de droit commun

Ordonnance n° 45-2138 du 19 septembre 1945

portant institution de l'ordre des experts-comptables et réglementant le titre et la profession d'expert-comptable

(JO 21 sept. et rect. 30 sept. et 31 déc.)

(Mod., L. n° 94-679, 8 août 1994 : JO 10 août, mod., Ord. n° 2004-279, 25 mars 2004 portant simplification et adaptation des conditions d'exercice de certaines activités professionnelles : JO 27 mars)

Art. 1er *(Mod., L. n° 94-679, 8 août 1994 ; Ord. n° 2009-104, 30 janv. 2009 ; Ord. n° 2016-1809, 22 déc. 2016)*. – Il est créé un ordre des experts-comptables, doté de la personnalité civile, groupant les professionnels habilités à exercer la profession d'expert-comptable dans les conditions fixées par la présente ordonnance.

À sa tête est placé un conseil supérieur de l'Ordre *(Mots suppr. à compter du 1er juillet 2019, L. n° 2019-486, 22 mai 2019)* « .... ».

L'ordre a pour objet : d'assurer la défense de l'honneur et de l'indépendance de la profession qu'il représente.

Il peut présenter aux pouvoirs publics et aux autorités constituées toute demande relative à la profession et être saisi par ces pouvoirs et autorités de toute question la concernant.

Il doit vérifier le respect par les professionnels y compris ceux qui ont été autorisés à exercer partiellement l'activité d'expertise comptable, de leurs obligations prévues par le chapitre Ier du titre VI du livre V du Code monétaire et financier en matière de lutte contre le blanchiment des capitaux et le financement du terrorisme et se faire communiquer, dans des conditions fixées par décret en Conseil d'État, les documents relatifs au respect de ces obligations.

TITRE PREMIER. – DISPOSITIONS GÉNÉRALES

Section I

(Div. et intitulé suppr., Ord. n° 2004-279, 25 mars 2004)

Art. 2 *(L. n° 68-946, 31 oct. 1968 ; mod., L. n° 94-679, 8 août 1994 ; Ord. n° 2004-279, 25 mars 2004 ; Ord. n° 2014-443, 30 avr. 2014 ; Ord. n° 2016-394, 31 mars 2016).* – Est expert-comptable ou réviseur comptable au sens de la présente ordonnance celui qui fait profession habituelle de réviser et d'apprécier les comptabilités des entreprises et organismes auxquels il n'est pas lié par un contrat de travail. Il est également habilité à attester la régularité et la sincérité des comptes de résultats.

L'expert-comptable fait aussi profession de tenir, centraliser, ouvrir, arrêter, surveiller, redresser et consolider les comptabilités des entreprises et organismes auxquels il n'est pas lié par un contrat de travail.

L'expert-comptable peut aussi organiser les comptabilités et analyser par les procédés de la technique comptable la situation et le fonctionnement des entreprises et organismes sous leurs différents aspects économique, juridique et financier.

Il fait rapport de ses constatations, conclusions et suggestions.

L'expert-comptable peut aussi accompagner la création d'entreprise sous tous ses aspects comptables ou à finalité économique et financière.

Les membres de l'ordre, les sociétés pluriprofessionnelles d'exercice, les succursales et les associations de gestion et de comptabilité peuvent assister, dans leurs démarches déclaratives à finalité fiscale, sociale et administrative, les personnes physiques qui leur ont confié les éléments justificatifs et comptables nécessaires auxdites démarches.

1) Les modifications opérées par l'ordonnance n° 2004-279 du 25 mars 2004 n'ont pas remis en cause l'équilibre qui caractérise les compétences et les missions des prestataires du chiffre et du droit (Rép. min. n° 9899 : *JO* Sénat Q, 5 mai 2005, n° 18, p. 1297 ; *BJS* 2005, p. 655).

2) **Secret professionnel.** V. sous Ord. 19 sept. 1945, art. 21, annot. n° 1 p. 3052.

Art. 3 *(Mod., D. n° 63-890, 24 août 1963 ; rempl., L. n° 94-679, 8 août 1994 ; mod., Ord. n° 2004-279, 25 mars 2004 ; Ord. n° 2014-443, 30 avr. 2014).* – I. Nul ne peut porter le titre d'expert-comptable ni en exercer la profession s'il n'est inscrit au tableau de l'ordre.

II. Pour être inscrit au tableau de l'ordre en qualité d'expert-comptable, il faut :

1° *(Abrogé)* ;

2° Jouir de ses droits civils ;

3° N'avoir subi aucune condamnation criminelle ou correctionnelle de nature à entacher son honorabilité et notamment aucune condamnation comportant l'interdiction du droit de gérer et d'administrer les sociétés ;

4° Être titulaire du diplôme français d'expertise comptable ou répondre aux conditions prévues aux articles 26 ou 27 ;

5° Présenter les garanties de moralité jugées nécessaires par le conseil de l'ordre.

Art. 4 *(D. n° 63-890, 24 août 1963 ; L. n° 68-946, 31 oct. 1968 ; mod., L. n° 94-679, 8 août 1994).* – Le titre d'expert-comptable stagiaire est réservé aux candidats à la profession d'expert-comptable qui répondent à des conditions de diplôme fixées par décret et qui sont admis par le conseil de l'Ordre à effectuer un stage professionnel.

Le refus d'inscription des candidats à la profession d'expert-comptable au tableau des experts comptables stagiaires est motivé.

En cas de refus, les candidats pourront faire appel de cette décision devant le comité national du tableau.

Les experts comptables stagiaires ne sont pas membres de l'Ordre mais sont soumis à sa surveillance et à son contrôle disciplinaire.

Art. 4 *bis* *(L. n° 94-679, 8 août 1994)*. – Les experts-comptables stagiaires inscrits au tableau et qui, à la date du 1er janvier 1990, bénéficiaient des dispositions prévues à l'avant-dernier alinéa de l'article 4 de la présente ordonnance dans sa rédaction en vigueur à la même date et au III de l'article 72 de la loi de finances pour 1983 (n° 82-1126 du 29 décembre 1982) sont inscrits au tableau de l'Ordre en qualité d'expert-comptable s'ils remplissent les conditions posées par le II de l'article 3 ci-dessus autres que celles du 1° et du 4° de cet article.

L'inscription au tableau de l'Ordre en qualité d'expert-comptable des experts-comptables stagiaires autorisés à exercer après le 1er janvier 1990 est subordonnée à la décision de commissions chargées d'apprécier leurs titres et leur expérience professionnelle. La composition et le fonctionnement de ces commissions sont fixés par décret.

En cas de refus d'inscription, les experts-comptables stagiaires autorisés visés à l'alinéa précédent sont autorisés à se présenter aux épreuves du diplôme d'expertise comptable dans un délai de trois ans à compter de la notification de cette décision.

Si, à l'issue de ce délai, ils n'ont pas obtenu ce diplôme, ils sont radiés du tableau.

Les anciens experts-comptables stagiaires autorisés ayant atteint après le 1er janvier 1990 la date limite des prorogations qui leur avaient été accordées bénéficient également de la procédure visée aux trois alinéas précédents.

Art. 5 *(Mod., Ord. n° 2004-279, 25 mars 2004 ; Ord. n° 2014-443, 30 avr. 2014 ; Ord. n° 2016-394, 31 mars 2016)*. – Tout expert-comptable, toute société pluriprofessionnelle d'exercice et toute société d'expertise comptable qui emploie du personnel qualifié doit, dans les conditions fixées par le règlement intérieur de l'ordre, prendre en charge des experts-comptables stagiaires, assurer leur formation professionnelle, les rémunérer.

Les experts-comptables salariés d'une association de gestion et de comptabilité ou d'une succursale peuvent, dans les mêmes conditions, prendre en charge des experts-comptables stagiaires.

Art. 6 *(Abr., Ord. n° 2014-443, 30 avr. 2014)*.

Art. 7 *(Mod., L. n° 68-946, 31 oct. 1968 ; rempl., L. n° 94-679, 8 août 1994 ; mod., Ord. n° 2004-279, 25 mars 2004 ; Ord. n° 2009-80, 22 janv. 2009 ; rempl., L. n° 2010-853, 23 juill. 2010 ; mod., Ord. n° 2014-443, 30 avr. 2014)*. – I. – Les personnes physiques ressortissantes d'un des États membres de l'Union européenne ou d'autres États parties à l'accord sur l'Espace économique européen ainsi que les personnes morales constituées en conformité avec la législation de l'un de ces États et ayant leur siège statutaire, leur administration centrale ou leur principal établissement dans l'un de ces États, qui y exercent légalement la profession d'expertise comptable, sont admises à constituer, pour l'exercice de leur profession, des sociétés dotées de la personnalité morale, à l'exception des formes juridiques qui confèrent à leurs associés la qualité de commerçant. Ces sociétés sont seules habilitées à utiliser l'appellation de « société d'expertise comptable » et sont inscrites au tableau de l'ordre.

Les sociétés d'expertise comptable satisfont aux conditions cumulatives suivantes :

1° Les personnes mentionnées au premier alinéa détiennent, directement ou indirectement par une société inscrite à l'ordre, plus de deux tiers des droits de vote ;

2° Aucune personne ou groupement d'intérêts extérieur aux personnes mentionnées au premier alinéa ne détient, directement ou par une personne interposée, une partie des droits de vote de nature à mettre en péril l'exercice de la profession, l'indépendance des experts-comptables ou le respect par ces derniers des règles inhérentes à leur statut et à leur déontologie ;

3° Seuls sont offerts au public des titres financiers excluant l'accès, même différé ou conditionnel, au capital ;

4° Les représentants légaux sont des personnes physiques mentionnées au I, membres de la société ;

5° La société membre de l'ordre communique annuellement aux conseils de l'ordre dont elle relève la liste de ses associés ainsi que toute modification apportée à cette liste.

Le deuxième alinéa des articles L. 225-22 et L. 225-85 du Code de commerce n'est pas applicable aux sociétés d'expertise comptable.

II. – Les personnes mentionnées au I peuvent également constituer des sociétés ayant pour objet principal la détention de titres des sociétés d'expertise comptable ainsi que la participation à tout groupement de droit étranger ayant pour objet l'exercice de la profession d'expert-comptable. Ces sociétés sont habilitées à utiliser l'appellation de « sociétés de participations d'expertise comptable » et sont inscrites au tableau de l'ordre. Ces sociétés peuvent avoir des activités accessoires en relation directe avec leur objet et destinées exclusivement aux sociétés ou aux groupements dont elles détiennent des participations. Ces sociétés respectent les conditions mentionnées au I.

III. – Si l'une des conditions définies au présent article n'est plus remplie par une société d'expertise comptable ou par une société de participations d'expertise comptable, le conseil de l'ordre dont elle relève lui enjoint de se mettre en conformité dans un délai, qui ne peut excéder deux ans, qu'il fixe. À défaut de régularisation à l'expiration de ce délai, constatée par le conseil de l'ordre après procédure contradictoire, la société est radiée du tableau de l'ordre.

Art. 7 *bis* *(L. n° 68-946, 31 oct. 1968)*. – Les personnes ayant exercé une activité comportant l'exécution de travaux d'organisation ou de révision de comptabilité, et qui ont acquis de ce fait une expérience comparable à celle d'un expert-comptable particulièrement qualifié, pourront être autorisées à demander, dans les conditions fixées par le décret en Conseil d'État prévu à l'article 84 *bis* ci-après, leur inscription au tableau de l'Ordre en qualité d'expert-comptable.

Les personnes qui auront obtenu leur inscription au tableau en application du présent article ne pourront assurer des travaux comptables dans une société dont elles ont été salariées avant l'expiration d'un délai de cinq ans à compter de la cessation de leurs fonctions.

Pour l'application de l'alinéa précédent, sont assimilées à la société visée ci-dessus les sociétés dont celle-ci possède au moins le dixième du capital ou qui possédaient au moins le dixième de son capital lors de la cessation des fonctions du salarié.

Les dispositions des deux alinéas précédents ne sont pas applicables lorsqu'il s'agit de sociétés inscrites au tableau de l'Ordre.

Art. 7 *ter* *(L. n° 68-946, 31 oct. 1968 ; mod., L. fin. rect. n° 74-1114, 27 déc. 1974 ; abr., L. n° 94-679, 8 août 1994 ; rétabli, Ord. n° 2004-279, 25 mars 2004 ; mod., L. fin. n° 2008-1425 ; L. fin. rect. n° 2009-1674, 30 déc. 2009 ; Ord. n° 2014-443, 30 avr. 2014 ; Ord. n° 2016-394, 31 mars 2016)*. – I *(I mod., L. n° 2019-486, 22 mai 2019)*. - L'activité d'expertise comptable peut également être exercée au sein d'associations de gestion et de comptabilité, qui ne sont pas membres de l'ordre des experts-comptables.

Ces associations ont pour objet de fournir les prestations prévues aux articles 2 et 22, et notamment d'apporter conseil et assistance en matière de gestion, à l'ensemble de leurs adhérents. Elles sont créées à l'initiative de chambres de commerce et d'industrie, de chambres de métiers ou de chambres d'agriculture, ou d'organisations professionnelles d'industriels, de commerçants, d'artisans, d'agriculteurs ou de professions libérales.

Aucune association ne peut être inscrite au tableau si elle a moins de trois cents adhérents lors de la demande d'inscription.

Les associations ayant pour objet l'activité d'expertise comptable sont seules habilitées à utiliser l'appellation "association de gestion et de comptabilité".

Les dirigeants et les administrateurs de ces associations doivent justifier, dans les conditions définies par le décret mentionné à l'article 84 *bis*, avoir satisfait à leurs obligations fiscales et sociales.

Les ressources de ces associations sont constituées des cotisations et des rémunérations pour services rendus, versées par les adhérents et, le cas échéant, de subventions publiques dont le montant est convenu par un contrat écrit librement et préalablement à l'exercice des missions.

Des rémunérations complémentaires, liées à la réalisation d'un objectif préalablement déterminé, sont possibles mais ne doivent en aucun cas conduire à compromettre l'indépendance des associations ou à les placer en situation de conflit d'intérêts. Ces rémunérations complémentaires peuvent s'appliquer à toutes missions à l'exception de celles mentionnées aux deux premiers alinéas de l'article 2 ou de celles participant à la détermination de l'assiette fiscale ou sociale de l'adhérent.

II. - Les associations de gestion et de comptabilité et les sociétés pluri-professionnelles d'exercice sont soumises aux dispositions législatives et réglementaires relatives à la profession d'expert-comptable.

Leur activité est soumise à un contrôle dans les conditions fixées par le décret mentionné à l'article 84 *bis*.

Tout adhérent qui formulerait sciemment une demande de travaux ou d'activités contraires à la déontologie de l'ordre des experts-comptables doit être exclu de l'association. S'il n'est pas exclu, la commission mentionnée à l'article 49 *bis* peut être saisie par tout salarié de l'association inscrit au tableau de l'ordre des experts-comptables.

III. - Les associations de gestion et de comptabilité et les sociétés pluri-professionnelles d'exercice versent des contributions annuelles calculées de manière identique aux cotisations professionnelles versées par les membres de l'ordre selon des modalités de détermination et de versement fixées par l'arrêté portant règlement intérieur de l'ordre, prévu à l'article 60.

Art. 7 *ter* *(L. n° 68-946, 31 oct. 1968 ; mod., L. fin. rect. n° 74-1114, 27 déc. 1974 ; abr., L. n° 94-679, 8 août 1994 ; rétabli, Ord. n° 2004-279, 25 mars 2004 ; mod., L. fin. n° 2008-1425 ; L. fin. rect. n° 2009-1674, 30 déc. 2009 ; Ord. n° 2014-443, 30 avr. 2014 ; Ord. n° 2016-394, 31 mars 2016)*. – I. – L'activité d'expertise comptable peut également être exercée au sein d'associations de gestion et de comptabilité, qui ne sont pas membres de l'ordre des experts-comptables.

Ces associations ont pour objet de fournir les prestations prévues aux articles 2 et 22, et notamment d'apporter conseil et assistance en matière de gestion, à l'ensemble de leurs adhérents. Elles sont créées à l'initiative de chambres de commerce et d'industrie territoriales, de chambres de métiers ou de chambres d'agriculture, ou d'organisations professionnelles d'industriels, de commerçants, d'artisans, d'agriculteurs ou de professions libérales.

Aucune association ne peut être inscrite au tableau si elle a moins de trois cents adhérents lors de la demande d'inscription.

Les associations ayant pour objet l'activité d'expertise comptable sont seules habilitées à utiliser l'appellation « association de gestion et de comptabilité ».

Les dirigeants et les administrateurs de ces associations doivent justifier, dans les conditions définies par le décret mentionné à l'article 84 *bis*, avoir satisfait à leurs obligations fiscales et sociales.

Les ressources de ces associations sont constituées des cotisations et des rémunérations pour services rendus, versées par les adhérents et, le cas échéant, de subventions publiques.

II. – Les associations de gestion et de comptabilité et les sociétés pluriprofessionnelles d'exercice sont soumises aux dispositions législatives et réglementaires relatives à la profession d'expert-comptable.

Leur activité est soumise à un contrôle dans les conditions fixées par le décret mentionné à l'article 84 *bis*.

Tout adhérent qui formulerait sciemment une demande de travaux ou d'activités contraires à la déontologie de l'ordre des experts-comptables doit être exclu de l'association. S'il n'est pas exclu, la commission mentionnée à l'article 49 *bis* peut être saisie par tout salarié de l'association inscrit au tableau de l'ordre des experts-comptables.

III. – Les associations de gestion et de comptabilité et les sociétés pluriprofessionnelles d'exercice versent des contributions annuelles calculées de manière identique aux cotisations professionnelles versées par les membres de l'ordre selon des modalités de détermination et de versement fixées par l'arrêté portant règlement intérieur de l'ordre, prévu à l'article 60.

Art. 7 *quater* *(L. n° 2011-331, 28 mars 2011)*. – Les experts-comptables et les sociétés inscrites à l'ordre peuvent détenir des participations financières dans des entreprises de toute nature, sous le contrôle du conseil régional de l'ordre, dans les conditions fixées par le règlement intérieur de l'ordre des experts-comptables.

Les associations de gestion et de comptabilité et les personnes physiques visées aux articles 83 *ter* et 83 *quater* peuvent détenir des participations financières dans des entreprises de toute nature, sous le contrôle de la commission nationale d'inscription visée à l'article 42 *bis*, dans les conditions fixées par le règlement intérieur de l'ordre des experts-comptables.

Art. 7 *quinquies* *(Ord. n° 2014-443, 30 avr. 2014)*. – I. – Les personnes physiques ressortissantes des autres États membres de l'Union européenne ou d'autres États parties à l'accord sur l'Espace économique européen ainsi que les personnes morales constituées en conformité avec la législation de l'un de ces États et ayant leur siège statutaire, leur administration centrale ou leur principal établissement dans l'un de ces États, qui y exercent légalement la profession d'expertise comptable, sont admises à constituer, pour l'exercice de leur profession, des succursales qui ne sont pas dotées de la personnalité juridique. Ces succursales sont seules habilitées à utiliser l'appellation de « succursale d'expertise comptable ».

Les succursales ne sont pas membres de l'ordre des experts-comptables. Elles sont inscrites au tableau.

Leurs travaux sont placés sous la responsabilité d'un expert-comptable exerçant au sein de la succursale et représentant ordinal spécifiquement désigné à ce titre auprès du conseil régional de l'ordre des experts-comptables par les personnes mentionnées au I.

II. – Les succursales sont soumises aux dispositions législatives et réglementaires relatives à la profession d'expert-comptable.

III. – Les succursales acquittent des cotisations au même titre et dans les mêmes conditions que les membres de l'ordre.

Art. 7 *sexies* *(Ord. n° 2016-394, 31 mars 2016)*. – L'expert-comptable peut également exercer sa profession dans le cadre d'une société pluriprofessionnelle d'exercice, prévue au titre IV *bis* de la loi n° 90-1258 du 31 décembre 1990 relative à l'exercice sous forme de sociétés des professions libérales soumises à un statut législatif ou réglementaire ou dont le titre est protégé et aux sociétés de participations financières de professions libérales, ayant pour objet l'exercice en commun de la profession d'expert-comptable et d'une ou plusieurs autres professions prévues à ce titre.

La société comprend, parmi ses associés, une personne physique qui remplit les conditions requises pour exercer la profession.

Au moins un membre de la profession d'expert-comptable exerçant au sein de la société, en qualité d'associé ou de salarié, doit être membre du conseil d'administration ou du conseil de surveillance de la société.

Les sociétés pluriprofessionnelles d'exercice ne sont pas membres de l'ordre des experts-comptables. Elles sont inscrites au tableau.

Art. 8 *(Abr., Ord. n° 2004-279, 25 mars 2004).*

Art. 9 à 11 *(Abr., L. n° 94-679, 8 août 1994).*

Art. 12 *(L. n° 68-946, 31 oct. 1968 ; rempl., L. n° 94-679, 8 août 1994 ; mod., Ord. n° 2004-279, 25 mars 2004 ; Ord. n° 2014-443, 30 avr. 2014 ; Ord. n° 2016-394, 31 mars 2016 ; Ord. n° 2016-1809, 22 déc. 2016)*. – Les experts-comptables exercent leur profession soit à titre individuel et en leur propre nom, soit en qualité de salarié d'un autre expert-comptable, d'une association de gestion et de comptabilité, d'une succursale ou d'une société d'expertise comptable ou d'une société pluri-professionnelle d'exercice, soit en qualité de mandataire social d'une société d'expertise comptable ou d'une société pluri-professionnelle d'exercice ; ces diverses formes d'exercice sont compatibles entre elles.

Ils doivent observer les dispositions législatives et réglementaires régissant leur profession ainsi que le règlement intérieur de l'ordre qui est établi par décision du conseil supérieur.

Les experts-comptables, les salariés mentionnés à l'article 83 *ter* et à l'article 83 *quater* et les professionnels ayant été autorisés à exercer partiellement l'activité d'expertise comptable assument dans tous les cas la responsabilité de leurs travaux et activités. La responsabilité propre des sociétés membres de l'ordre, des personnes mentionnées au premier alinéa du I de l'article 7 et des associations de gestion et de comptabilité laisse subsister la responsabilité personnelle de chaque expert-comptable, salarié mentionné à l'article 83 *ter* et à l'article 83 *quater* ou professionnel ayant été autorisé à exercer partiellement l'activité d'expertise comptable à raison des travaux qu'il exécute lui-même pour le compte de ces sociétés, succursales ou associations. Les travaux et activités doivent être assortis de la signature personnelle de l'expert-comptable, du salarié ou du professionnel ayant été autorisé à exercer partiellement l'activité d'expertise comptable ainsi que du visa ou de la signature sociale.

Les membres de l'ordre qui, étant associés ou actionnaires d'une société reconnue par lui, exercent leur activité dans cette société, ainsi que les membres de l'ordre salariés d'un confrère ou d'une société inscrite au tableau, d'une société pluri-professionnelle d'exercice, d'une succursale ou d'une association de gestion et de comptabilité, et les professionnels ayant été autorisés à exercer partiellement l'activité d'expertise comptable peuvent exécuter en leur nom et pour leur propre compte les missions ou mandats qui leur sont directement confiés par des clients ou adhérents. Ils exercent ce droit dans les conditions prévues par les conventions qui les lient éventuellement auxdites sociétés ou à leurs employeurs.

La responsabilité propre des sociétés membres de l'ordre et des associations de gestion et de comptabilité laisse subsister la responsabilité personnelle de chaque expert-comptable ou salarié mentionné à l'article 83 *ter* et à l'article 83 *quater* à raison des travaux qu'il exécute lui-même pour le compte de ces sociétés ou associations, et le client de l'expert-comptable a le choix de rechercher la responsabilité soit de l'associé soit de la société elle-même : ▪ Cass. com., 21 juin 2011, n° 10-22.790, B.

Art. 13 *(Abr., Ord. n° 2004-279, 25 mars 2004 ; rétabli, L. n° 2019-486, 22 mai 2019).* **– Peut être inscrite au tableau de l'ordre en qualité d'expert-comptable en entreprise la personne physique qui :**

1° Est salariée d'une entité juridique non inscrite au tableau de l'ordre ayant donné son accord écrit ;

2° Remplit les conditions prévues au II de l'article 3.

II. - L'inscription au tableau en qualité d'expert-comptable en entreprise est demandée au conseil régional de l'ordre dans la circonscription où le candidat a son domicile, selon les modalités définies aux articles 40, 41, 42, 43 et 44.

Les experts-comptables en entreprise ne sont pas membres de l'ordre.

III. - L'expert-comptable en entreprise ne peut accomplir aucune des missions mentionnées aux deux premiers alinéas de l'article 2 ou réservées par toute autre disposition législative aux experts-comptables, à l'exception de celles fournies au bénéfice de l'entité juridique qui les emploie.

IV. - L'expert-comptable en entreprise doit :

1° S'engager à ne pas exercer la profession ou l'activité d'expert-comptable au sens des deux premiers alinéas de l'article 2 sous réserve du III du présent article ;

2° S'acquitter d'une cotisation auprès du conseil régional dont il relève, fixée et recouvrée par le conseil régional, dont le montant est fixé en application du 7° de l'article 31 ;

3° Mettre à jour régulièrement leur culture professionnelle et leurs connaissances générales ;

4° Agir avec probité, honneur et dignité, en s'abstenant de tout acte ou manœuvre de nature à déconsidérer la profession d'expert-comptable, à ne pas respecter les lois ou à ne plus présenter les garanties de moralité jugées nécessaires par l'ordre.

V. - Les experts-comptables en entreprise bénéficient de formations et d'informations de l'ordre. Ils peuvent faire usage de leur titre d'expert-comptable en entreprise.

VI. - Les experts-comptables en entreprise sont soumis à la surveillance et au contrôle disciplinaire du conseil régional dont ils dépendent. Ils justifient, dans des conditions définies par le décret mentionné à l'article 84 *bis*, avoir satisfait à leurs obligations fiscales et n'avoir subi aucune condamnation criminelle ou correctionnelle de nature à entacher leur honorabilité.

En cas de manquement à leurs obligations, la procédure prévue aux articles 49, 50 et 51 est applicable aux experts-comptables en entreprise.

Les peines disciplinaires applicables aux experts-comptables en entreprise sont :

1° La réprimande ;

2° Le blâme avec inscription au dossier ;

3° La suspension pour une durée déterminée avec sursis ;

4° La suspension pour une durée déterminée ;

5° La radiation du tableau.

VII. - Sous réserve de dispositions contraires, les prescriptions légales et réglementaires relatives à l'activité d'expertise comptable ne s'appliquent pas aux experts-comptables en entreprise.

Art. 14 à 16 *(Abr., L. n° 94-679, 8 août 1994).*

Art. 17 *(L. n° 68-946, 31 oct. 1968 ; rempl., L. n° 94-679, 8 août 1994 ; mod., Ord. n° 2004-279, 25 mars 2004 ; L. n° 2010-853, 23 juill. 2010 ; Ord. n° 2014-443, 30 avr. 2014 ; Ord. n° 2016-1809, 22 déc. 2016).* **– Les experts-comptables, les sociétés d'expertise comptable, les succursales, les associations de gestion et de comptabilité, les salariés mentionnés à l'article 83 *ter* et à l'article 83 *quater* et les professionnels ayant été autorisés à exercer partiellement l'activité d'expertise comptable sont tenus, s'ils sont établis en France, de justifier d'un contrat d'assurance selon des modalités fixées par décret pour garantir la responsabilité civile encourue en raison de l'ensemble de leurs travaux et activités.**

Lorsque les conséquences pécuniaires de la responsabilité civile mentionnée à l'alinéa précédent à raison des travaux et activités qui y sont mentionnés ne sont pas couvertes par un tel contrat, elles sont garanties par un

contrat d'assurance souscrit par le conseil supérieur de l'ordre au profit de qui il appartiendra. Chacune des personnes mentionnées à l'alinéa précédent participe dans des conditions fixées par décret au paiement des primes afférentes à ce contrat.

Voir aussi : D. n° 96-49, 22 janv. 1996, relatif à l'obligation d'assurance des experts-comptables.

Art. 18 *(Mod., L. n° 68-946, 31 oct. 1968 ; Ord. n° 2004-279, 25 mars 2004 ; Ord. n° 2014-443, 30 avr. 2014 ; Ord. n° 2016-1809, 22 déc. 2016).* **– Les membres de l'ordre exerçant individuellement leur profession et les professionnels ayant été autorisés à exercer partiellement l'activité d'expertise comptable ne peuvent le faire que sous leur propre nom, à l'exclusion de tout pseudonyme ou titre impersonnel.**

Les membres de l'ordre ainsi que les experts comptables stagiaires et les professionnels ayant été autorisés à exercer partiellement l'activité d'expertise comptable doivent faire suivre leur titre de la mention du tableau de la circonscription où ils sont inscrits, conformément à l'article 40 ci-après.

Art. 19 *(D. n° 63-890, 24 août 1963 ; L. n° 68-946, 31 oct. 1968 ; rempl., Ord. n° 2004-279, 25 mars 2004 ; mod., Ord. n° 2014-443, 30 avr. 2014 ; Ord. n° 2016-1809, 22 déc. 2016).* **– Sont fixés par décret :**

1° Le nombre maximum de comptables salariés dont les services peuvent être utilisés par un membre de l'ordre, personne physique, ou par un salarié d'une association de gestion et de comptabilité autorisé à exercer la profession en vertu des articles 83 *ter* ou 83 *quater* ;

2° La proportion entre le nombre de comptables salariés dont les services peuvent être utilisés par une société membre de l'ordre ou par une société pluri-professionnelle d'exercice et le nombre de membres de l'ordre, associés ou salariés, exerçant de manière effective et régulière au sein de ladite société ;

3° La proportion entre le nombre de comptables salariés dont les services peuvent être utilisés par une association de gestion et de comptabilité et le nombre de membres de l'ordre ou de salariés autorisés à exercer la profession en vertu des articles 83 *ter* ou 83 *quater*, exerçant de manière effective et régulière au sein de ladite association ;

4° La proportion entre le nombre de comptables salariés dont les services peuvent être utilisés par une succursale et le nombre de membres de l'ordre exerçant de manière effective et régulière au sein de ladite succursale ;

5° Le nombre maximum de comptables salariés dont les services peuvent être utilisés par un professionnel ayant été autorisé à exercer partiellement l'activité d'expertise comptable.

Les experts-comptables stagiaires n'entrent pas dans le calcul de ces ratios.

Ce décret fixe également les conditions dans lesquelles les salariés d'associations de gestion et de comptabilité antérieurement désignés en qualité de responsable des services comptables d'un centre de gestion agréé et habilité dans le cadre de l'habilitation prévue à l'article 1649 *quater* D du Code général des impôts peuvent être pris en compte pour apprécier le respect, dans ces associations, des ratios mentionnés aux 1° et 3°.

Art. 20 *(L. n° 68-946, 31 oct. 1968 ; L. n° 94-679, 8 août 1994 ; Ord. n° 2004-279, 25 mars 2004 ; mod., Ord. n° 2014-443, 30 avr. 2014 ; Ord. n° 2016-1809, 22 déc. 2016).* **– L'exercice illégal de la profession d'expert-comptable ou d'une partie des activités d'expertise comptable ainsi que l'usage abusif de ce titre ou de l'appellation de société d'expertise comptable, de succursale d'expertise comptable ou d'association de gestion et de comptabilité ou de titres quelconques tendant à créer une similitude ou une confusion avec ceux-ci constituent un délit puni des peines prévues à l'article 433-17 et à l'article 433-25 du Code pénal, sans préjudice des sanctions qui peuvent être éventuellement prononcées par les juridictions disciplinaires de l'ordre.**

Exerce illégalement la profession d'expert-comptable celui qui, sans être inscrit au tableau de l'ordre en son propre nom et sous sa responsabilité, exécute habituellement des travaux prévus par les deux premiers alinéas de l'article 2 ou qui assure la direction suivie de ces travaux, en intervenant directement dans la tenue, la vérification, l'appréciation ou le redressement des comptes. Exerce illégalement l'activité d'expertise comptable celui qui ayant été autorisé à exercer partiellement cette activité réalise des travaux sans remplir les conditions énoncées à l'article 26-0.

Est également considéré comme exerçant illégalement l'une des professions dont il s'agit celui qui, suspendu ou radié du tableau, ne se conforme pas, pendant la durée de la peine, aux dispositions prévues à l'article 53 en vue de déterminer les modalités suivant lesquelles ladite peine est subie.

Les conseils de l'ordre peuvent saisir le tribunal par voie de citation directe, donnée dans les termes de l'article 388 du Code de procédure pénale, des délits prévus par le présent article, sans préjudice, pour le conseil supérieur de l'ordre, de la faculté de se porter, s'il y a lieu, partie civile dans toute poursuite de ces délits intentée par le ministère public.

Nul n'est autorisé, à l'expiration du délai prévu au troisième alinéa de l'article 4 *bis*, à faire usage du titre d'« expert-comptable stagiaire autorisé », sous peine des sanctions prévues à l'article 433-17 et à l'article 433-25 du Code pénal.

Art. 21 *(L. n° 68-946, 31 oct. 1968 ; mod., L. n° 92-1336, 16 déc. 1992 ; Ord. n° 2004-279, 25 mars 2004 ; Ord. n° 2016-1809, 22 déc. 2016).* – Sous réserve de toute disposition législative contraire, les experts comptables, les salariés mentionnés à l'article 83 *ter* et à l'article 83 *quater*, les experts comptables stagiaires et les professionnels ayant été autorisés à exercer partiellement l'activité d'expertise comptable sont tenus au secret professionnel dans les conditions et sous les peines fixées par l'article 226-13 du Code pénal.

Sont astreints aux mêmes obligations, pour les affaires dont ils ont à connaître à l'occasion de leurs fonctions, les membres des organismes juridictionnels ainsi que les membres des autres organismes de l'ordre sauf pour les questions purement administratives dont ils sont tenus de rendre compte à leurs mandants.

Les membres de la commission d'inscription mentionnée à l'article 42 *bis* et de la commission de discipline mentionnée à l'article 49 *bis*, ainsi que les personnes mentionnées au cinquième alinéa du I de l'article 7 *ter*, sont tenus au secret professionnel dans les mêmes conditions.

Les personnes visées aux alinéas précédents sont toutefois déliées du secret professionnel dans les cas d'information ouverte contre elles ou de poursuites engagées à leur encontre par les pouvoirs publics ou dans les actions intentées devant les chambres de discipline de l'ordre.

Bibliographie : M. Delhomme, *Le secret professionnel de l'expert-comptable* : *LPA* 25 sept. 2000, p. 49.

Quel que soit l'objet de la mission dont il est chargé par contrat, l'expert-comptable est tenu, sauf stipulation contraire, à un **secret professionnel absolu** à raison des faits qu'il n'a pu connaître qu'en raison de la profession qu'il exerce, de sorte que la communication, sur le fondement de l'article 145 du Code de procédure civile, de rapports d'audit à un salarié licencié se heurte à un empêchement légitime : ▪ Cass. com., 8 févr. 2005, rect. ▪ Cass. com., 8 mars 2005 : *D.* 2005, p. 774, obs. V. Avena-Robardet ; *JCP* E 2005, 458.

Art. 22 *(L. n° 68-946, 31 oct. 1968 ; L. n° 94-679, 8 août 1994 ; Ord. n° 2004-279, 25 mars 2004 ; mod., L. n° 2010-853, 23 juill. 2010 ; Ord. n° 2014-443, 30 avr. 2014 ; Ord. n° 2016-394, 31 mars 2016 ; L. n° 2019-486, 22 mai 2019).* – L'activité d'expertise comptable est incompatible avec toute occupation ou tout acte de nature à porter atteinte à son l'indépendance de la personne qui l'exerce, en particulier :

Avec tout emploi salarié, sauf chez un autre membre de l'Ordre, chez un membre de la compagnie nationale des commissaires aux comptes, dans une succursale ou dans une association de gestion et de comptabilité, dans une société relevant du titre IV *bis* de la loi n° 90-1258 du 31 décembre 1990 précitée, ayant pour objet l'exercice en commun de la profession d'expert-comptable et d'une ou plusieurs autres professions prévues à ce titre ;

Avec toute activité commerciale ou acte d'intermédiaire autre que ceux que comporte l'exercice de la profession, sauf s'il est réalisé à titre accessoire et n'est pas de nature à mettre en péril l'exercice de la profession ou l'indépendance des associés experts-comptables ainsi que le respect par ces derniers des règles inhérentes à leur statut et à leur déontologie. Les conditions et limites à l'exercice de ces activités et à la réalisation de ces actes sont fixées par les normes professionnelles élaborées par le conseil supérieur de l'ordre et agréées par arrêté du ministre chargé de l'économie.

Avec tout mandat de recevoir, conserver ou délivrer des fonds ou valeurs ou de donner quittance. Toutefois, à titre accessoire, les experts-comptables, les sociétés d'expertise comptable, les succursales, les associations de gestion et de comptabilité, les salariés mentionnés aux articles 83 *ter* et 83 *quater* et les sociétés pluri-professionnelles d'exercice inscrites au tableau de l'ordre peuvent, par le compte bancaire de leur client ou adhérent, procéder au recouvrement amiable de leurs créances et au paiement de leurs dettes, pour lesquels un mandat leur a été confié, dans des conditions fixées par décret. La délivrance de fonds peut être effectuée lorsqu'elle correspond au paiement de dettes fiscales ou sociales pour lequel un mandat a été confié au professionnel.

Il est en outre interdit aux membres de l'Ordre, aux succursales et aux associations de gestion et de comptabilité, ainsi qu'à leurs salariés mentionnés à l'article 83 *ter* et à l'article 83 *quater* d'agir en tant qu'agent d'affaires, d'assumer une mission de représentation devant les tribunaux de l'ordre judiciaire ou administratif, d'effectuer des travaux d'expertise comptable, de révision comptable ou de comptabilité pour les entreprises dans lesquelles ils possèdent directement ou indirectement les intérêts substantiels.

Ils peuvent toutefois accepter, sous le contrôle du conseil régional dont ils relèvent et dans les conditions fixées par le règlement intérieur de l'ordre des experts-comptables, tout mandat social dans toute société, groupement ou association, dès lors que ce mandat n'est pas de nature à porter atteinte à leur indépendance, ainsi que les missions d'expert qui leur sont confiées, les fonctions d'arbitre et celles de commissaire aux comptes dans les conditions prévues au livre VIII du Code de commerce.

Ils peuvent également être associés ou membres des instances dirigeantes d'une société exerçant l'une des professions relevant du champ d'application du titre IV *bis* de la loi n° 90-1258 du 31 décembre 1990 précitée, dont celle d'expert-comptable.

Ils peuvent également, sans pouvoir en faire l'objet principal de leur activité :

1° Effectuer toutes études ou tous travaux d'ordre statistique, économique, administratif, financier, environnemental, numérique, ainsi que tous travaux et études à caractère administratif ou technique, dans le domaine social et fiscal, et apporter, dans ces matières, leur avis devant toute autorité ou organisme public ou privé qui les y autorise ;

2° Donner des consultations, effectuer toutes études ou tous travaux d'ordre juridique, fiscal ou social et apporter, dans ces matières, leur avis devant toute autorité ou organisme public ou privé qui les y autorise, mais seulement s'il s'agit d'entreprises dans lesquelles ils assurent des missions d'ordre comptable ou d'accompagnement déclaratif et administratif de caractère permanent ou habituel ou dans la mesure où lesdits consultations, études, travaux ou avis sont directement liés aux travaux comptables dont ils sont chargés.

Pour l'application de l'article 2 et des 1° et 2° du présent article, les experts-comptables et les salariés mentionnés aux articles 83 *ter* et 83 *quater* bénéficient d'une présomption simple d'avoir reçu mandat des personnes qu'ils représentent devant l'administration fiscale et les organismes de sécurité sociale. La justification de détention d'un mandat reste toutefois obligatoire auprès de l'administration fiscale, dans des conditions fixées par décret, pour les demandes d'accès au compte fiscal d'un particulier.

Les interdictions ou restrictions édictées par les cinquième, sixième, huitième, neuvième et dixième alinéas s'étendent aux employés salariés des membres de l'ordre, des sociétés pluri-professionnelles d'exercice, des succursales et des associations de gestion et de comptabilité, et à toute personne agissant pour leur compte ou ayant avec eux des liens ou intérêts communs.

Les membres de l'Ordre et les dirigeants, administrateurs et salariés des associations de gestion et de comptabilité peuvent participer à l'enseignement professionnel : toutefois, sauf pour les professeurs de l'enseignement public, les missions définies à l'article 2 ci-dessus doivent demeurer l'objet principal de leur activité. Ils peuvent procéder à des travaux et études de statistiques et de documentation économique pour le compte des entreprises privées et des organismes professionnels.

1) Les modifications opérées par l'ordonnance n° 2004-279 du 25 mars 2004 n'ont pas remis en cause l'équilibre qui caractérise les compétences et les missions des prestataires du chiffre et du droit (Rép. min. n° 9899 : *JO* Sénat Q, 5 mai 2005, n° 18, p. 1297 ; *BJS* 2005, p. 655). – Le non-respect de l'article 59 de la loi du 31 décembre 1971, modifié par la loi du 31 décembre 1990, qui a pour objet de fixer les compétences respectives des membres de la profession du chiffre et de celle du droit, au bénéfice de ces derniers, ne saurait, à lui seul, constituer une faute à l'égard du client : ▪ Cass. com., 22 févr. 2005 : *BJS* 2005, p. 675, note J.-F. Barbièri.

2) L'expert-comptable ayant la possibilité de fournir des **prestations juridiques liées à son activité principale**, une cour d'appel peut souverainement retenir, sans inverser la charge de la preuve, que des publications insérées dans des journaux d'annonces légales, et relatives à des travaux juridiques effectués par des experts-comptables, ne suffit pas à établir que la société d'expertise les a rédigées, de sorte que la Conférence des bâtonniers et l'Ordre des avocats ne **rapportent pas la preuve** que la société a eu, de manière illicite, une activité juridique : ▪ Cass. 1re civ., 1er mars 2005 : *D.* 2005, inf. rap. p. 912 ; *JCP* E 2005, 679.

Art. 23 ***(Rempl., Ord. n° 2004-279, 25 mars 2004 ; mod., Ord. n° 2014-443, 30 avr. 2014 ; Ord. n° 2016-394, 31 mars 2016 ; Ord. n° 2016-1809, 22 déc. 2016).*** **– Les conditions dans lesquelles les**

membres de l'ordre, les sociétés pluri-professionnelles d'exercice, les succursales, les associations de gestion et de comptabilité, les professionnels ayant été autorisés à exercer partiellement l'activité d'expertise comptable et les conseils de l'ordre peuvent recourir à des actions de promotion sont précisées par le décret mentionné à l'article 84 *bis*.

Art. 24 *(Mod., L. n° 68-946, 31 oct. 1968 ; Ord. n° 2004-279, 25 mars 2004 ; Ord. n° 2014-443, 30 avr. 2014 ; Ord. n° 2016-394, 31 mars 2016 ; Ord. n° 2016-1809, 22 déc. 2016 ; L. n° 2019-486, 22 mai 2019).* – Les membres de l'Ordre, les sociétés pluri-professionnelles d'exercice, les succursales et les professionnels ayant été autorisés à exercer partiellement l'activité d'expertise comptable reçoivent, pour tous les travaux entrant dans leurs attributions, des honoraires qui sont exclusifs de toute autre rémunération, même indirecte, d'un tiers, à quelque titre que ce soit.

Ces honoraires doivent être équitables et constituer la juste rémunération du travail fourni comme du service rendu.

Leur montant et leurs modalités sont convenus par écrit avec les clients librement et préalablement à l'exercice des missions.

Des honoraires complémentaires aux honoraires de diligence, liés à la réalisation d'un objectif préalablement déterminé, sont possibles mais ne doivent en aucun cas conduire à compromettre l'indépendance des membres de l'ordre ou à les placer en situation de conflit d'intérêts. Ces honoraires complémentaires peuvent s'appliquer à toutes missions à l'exception de celles mentionnées aux deux premiers alinéas de l'article 2 ou de celles participant à la détermination de l'assiette fiscale ou sociale du client.

Rédaction antérieure. Art. 24 *(Mod., L. n° 68-946, 31 oct. 1968 ; Ord. n° 2004-279, 25 mars 2004 ; Ord. n° 2014-443, 30 avr. 2014 ; Ord. n° 2016-394, 31 mars 2016 ; Ord. n° 2016-1809, 22 déc. 2016).* – Les membres de l'ordre, les sociétés pluri-professionnelles d'exercice, les succursales et les professionnels ayant été autorisés à exercer partiellement l'activité d'expertise comptable reçoivent pour tous les travaux entrant dans leurs attributions, des honoraires qui sont exclusifs de toute autre rémunération indirecte, d'un tiers, à quelque titre que ce soit.

Ces honoraires doivent être équitables et constituer la juste rémunération du travail fourni comme du service rendu.

Leur montant est convenu librement avec les clients sous réserve des règles et éléments de tarification qui pourraient être établis par le ministre chargé de l'économie, après avis du conseil supérieur de l'ordre et de l'application de la législation sur les prix. Ils ne peuvent en aucun cas être calculés d'après les résultats financiers obtenus par les clients.

Art. 25 *(Mod., D. n° 70-147, 19 févr. 1970).* – Le titre d'expert-comptable honoraire ou de comptable agréé honoraire peut être conféré par le Conseil régional de l'Ordre aux membres de l'Ordre qui ont été inscrits au tableau pendant trente ans et qui ont donné leur démission.

Les membres honoraires restent soumis à la juridiction disciplinaire de l'Ordre.

Leurs droits ou leurs devoirs sont déterminés par le règlement intérieur.

Le titre de président d'honneur peut être conféré au président sortant du Conseil supérieur ou à toute autre personne ayant rendu à la profession des services particulièrement éminents.

Art. 26 *(Rempl., L. n° 94-679, 8 août 1994 ; mod., Ord. n° 2004-279, 25 mars 2004 ; Ord. n° 2016-1809, 22 déc. 2016).* – I. – Peut être inscrit au tableau de l'ordre en qualité d'expert-comptable, sans être titulaire du diplôme mentionné au 4° du II de l'article 3, tout ressortissant d'un État membre de l'Union européenne ou partie à l'accord sur l'Espace économique européen, qui satisfait à l'une des deux conditions suivantes :

1° Être titulaire d'une attestation de compétences ou d'un titre de formation visé à l'article 11 de la directive 2005/36/CE modifiée du Parlement européen et du Conseil du 7 septembre 2005 relative à la reconnaissance des qualifications professionnelles permettant l'exercice de la profession dans un État membre de l'Union européenne ou partie à l'accord sur l'Espace économique européen. Cette attestation ou ce titre sont délivrés, soit par l'autorité compétente de cet État et sanctionnent une formation acquise dans l'Union européenne ou dans l'Espace économique européen, soit par un pays tiers, à condition que soit fournie une attestation émanant de l'autorité compétente de l'État membre de l'Union européenne ou partie à l'accord sur l'Espace économique européen qui a reconnu le diplôme, certificat ou autre titre, certifiant que son titulaire a, dans cet État, une expérience professionnelle de trois ans au moins à temps plein ou d'une durée équivalente à temps partiel au cours des dix dernières années.

Les attestations de compétences ou les titres de formation sont délivrés par l'autorité compétente de l'État mentionné au premier alinéa, désignée conformément aux dispositions législatives, réglementaires ou administratives de cet État ;

2° Avoir exercé à plein temps la profession d'expert-comptable pendant une année ou à temps partiel pendant une durée totale équivalente au moins au cours des dix années précédentes dans un État membre de l'Union européenne ou partie à l'accord sur l'Espace économique européen qui ne réglemente pas la profession et qui possèdent une ou plusieurs attestations de compétences ou preuves de titres de formation délivrés par un autre État qui ne réglemente pas cette profession. Ces attestations de compétences ou ces titres de formation remplissent les conditions suivantes :

a) Être délivrés par l'autorité compétente de l'État mentionné au premier alinéa, désignée conformément aux dispositions législatives, réglementaires ou administratives de cet État ;

b) Attester la préparation du titulaire à l'exercice de la profession concernée.

Toutefois, la condition d'une expérience professionnelle d'un an mentionnée au premier alinéa de ce 2° n'est pas exigée lorsque le titre ou les titres de formation détenus par le demandeur sanctionnent une formation réglementée directement orientée vers l'exercice de la profession comptable.

II. – Sauf si les connaissances, aptitudes et compétences acquises au cours de son expérience professionnelle, à temps plein ou à temps partiel, ou de l'apprentissage tout au long de la vie, et ayant fait l'objet, à cette fin, d'une validation par une autorité compétente dans un État membre de l'Union européenne ou partie à l'accord sur l'Espace économique européen ou dans un pays tiers désigné conformément aux dispositions législatives, réglementaires ou administrative de cet État, sont de nature à rendre cette vérification inutile, l'intéressé doit se soumettre à une épreuve d'aptitude :

1° Lorsque la formation dont il justifie porte sur des matières substantiellement différentes de celles qui figurent au programme du diplôme français d'expertise comptable ;

2° Lorsque l'État dans lequel il a obtenu une attestation de compétences ou un titre de formation visé à l'article 11 de la directive 2005/36/ CE modifiée du Parlement européen et du Conseil du 7 septembre 2005 relative à la reconnaissance des qualifications professionnelles dont il se prévaut ou l'État dans lequel il a exercé la profession ne réglemente pas cette profession ou la réglemente d'une manière substantiellement différente de la réglementation française.

III. – Par dérogation aux I et II, l'accès à la profession et son exercice peuvent être refusés au ressortissant d'un État membre de l'Union européenne ou partie à l'accord sur l'Espace économique européen, qui est titulaire d'une attestation de compétences classée au a de l'article 11 de la directive 2005/36/CE modifiée du Parlement européen et du Conseil du 7 septembre 2005 relative à la reconnaissance des qualifications professionnelles.

Art. 26-0 *(Ord. n° 2016-1809, 22 déc. 2016)*. – I. – Saisie d'une demande en ce sens, que ce soit pour un établissement ou pour une prestation temporaire et occasionnelle de services en France, l'autorité compétente accorde un accès partiel aux activités d'expertise comptable lorsque toutes les conditions suivantes sont remplies :

1° Le professionnel est pleinement qualifié pour exercer dans un État membre de l'Union européenne ou partie à l'accord sur l'Espace économique européen l'activité professionnelle pour laquelle un accès partiel est sollicité ;

2° Les différences entre l'activité professionnelle légalement exercée dans l'État membre de l'Union européenne ou partie à l'accord sur l'Espace économique européen et la profession d'expert-comptable en France sont si importantes que l'application de mesures de compensation reviendrait à imposer au demandeur de suivre le programme complet d'enseignement et de formation requis en France pour avoir pleinement accès à la profession en France ;

3° L'activité professionnelle demandée peut objectivement être séparée d'autres activités relevant de la profession d'expert-comptable en France, dans la mesure où elle peut être exercée de manière autonome dans l'État membre d'origine.

L'accès partiel peut être refusé si ce refus est justifié par des raisons impérieuses d'intérêt général, s'il est propre à garantir la réalisation de l'objectif poursuivi et s'il ne va pas au-delà de ce qui est nécessaire pour atteindre cet objectif.

L'activité professionnelle est exercée sous le titre professionnel de l'État d'origine lorsque l'accès partiel a été accordé. Les professionnels qui bénéficient d'un accès partiel indiquent clairement aux destinataires des services le champ de leurs activités professionnelles.

Les dispositions du présent I ne s'appliquent pas aux professionnels qui bénéficient de la reconnaissance automatique de leurs qualifications professionnelles conformément aux articles 49 *bis* et 49 *ter* de la directive 2005/36/CE modifiée du Parlement européen et du Conseil du 7 septembre 2005 relative à la reconnaissance des qualifications professionnelles.

II. – Les demandes aux fins d'accès partiel pour un établissement sont examinées selon la même procédure que les demandes présentées dans le cadre de l'article 26.

Les professionnels ayant été autorisés à exercer partiellement l'activité d'expertise comptable ne sont pas membres de l'ordre des experts-comptables. Ils sont inscrits au tableau de l'ordre suivant les conditions énoncées au II de l'article 3. Ils sont soumis aux dispositions législatives et réglementaires relatives à la profession d'expert-comptable. Ils acquittent des cotisations au même titre et dans les mêmes conditions que les membres de l'ordre.

Art. 26-1 *(Ord. n° 2008-507, 30 mai 2008 ; mod., Ord. n° 2016-1809, 22 déc. 2016).* – La profession d'expert-comptable ou une partie des activités d'expertise comptable peuvent être exercées en France de façon temporaire et occasionnelle par tout ressortissant d'un État membre de l'Union européenne ou partie à l'accord sur l'Espace économique européen, sous réserve :

1° D'être légalement établi, à titre permanent, dans l'un des États mentionnés au premier alinéa pour exercer tout ou partie de l'activité d'expert-comptable ;

2° Lorsque cette profession ou la formation y conduisant ne sont pas réglementées dans l'État d'établissement, d'avoir en outre exercé cette profession dans un ou plusieurs des États mentionnés au premier alinéa pendant au moins une année au cours des dix années qui précèdent la prestation qu'il entend réaliser en France.

La prestation d'expertise comptable est effectuée sous le titre professionnel de l'État d'établissement lorsqu'un tel titre existe dans cet État. Ce titre est indiqué dans la langue officielle de l'État d'établissement. Dans les cas où ce titre professionnel n'existe pas dans l'État d'établissement, le prestataire fait mention de son diplôme ou titre de formation dans la langue officielle de cet État.

L'exécution de cette prestation d'expertise comptable est subordonnée à une déclaration écrite auprès du Conseil supérieur de l'ordre des experts-comptables préalable à la première prestation.

La déclaration écrite précise les couvertures d'assurance ou autres moyens de protection personnelle ou collective concernant la responsabilité professionnelle de ce prestataire.

Cette déclaration est réitérée en cas de changement matériel dans les éléments de la déclaration et renouvelée chaque année si le prestataire envisage d'exercer cette activité au cours de l'année concernée.

Dès réception de cette déclaration, le Conseil supérieur de l'ordre des experts-comptables en adresse copie au conseil régional de l'ordre des experts-comptables dans le ressort duquel la prestation d'expertise comptable doit être réalisée. Dès réception de cette transmission, le conseil régional procède à l'inscription du déclarant pour l'année considérée au tableau de l'ordre.

Un décret en Conseil d'État précise en tant que de besoin les modalités d'application du présent article.

Art. 27 *(Rempl., L. n° 94-679, 8 août 1994 ; mod., Ord. n° 2004-279, 25 mars 2004 ; Ord. n° 2014-443, 30 avr. 2014).* – Peut être autorisé à s'inscrire au tableau de l'ordre en qualité d'expert-comptable tout ressortissant d'un État qui n'est pas membre de l'Union européenne ni partie à l'accord sur l'Espace économique européen à condition qu'il soit titulaire d'un diplôme reconnu de même niveau que le diplôme français d'expertise comptable et qu'il ait subi avec succès un examen d'aptitude tel que prévu à l'article 26.

L'autorisation est accordée, sous réserve de réciprocité, après avis du conseil supérieur de l'ordre, par décision du ministre chargé de l'économie en accord avec le ministre des Affaires étrangères.

Ces dispositions sont applicables au ressortissant d'un État membre de l'Union européenne ou partie à l'accord sur l'Espace économique européen titulaire d'un diplôme permettant l'exercice de la profession, délivré par un pays tiers.

Art. 27 *bis* *(L. n° 68-946, 31 oct. 1968 ; mod., Ord. n° 2014-443, 30 avr. 2014 ; Ord. n° 2016-1809, 22 déc. 2016).* – L'inscription au tableau de l'ordre en qualité d'expert-comptable ou en qualité de professionnel ayant été autorisé à exercer partiellement l'activité d'expertise comptable comporte l'obligation de cotiser à la caisse d'allocation vieillesse des experts comptables et des commissaires aux comptes, même en cas d'affiliation au régime général de la sécurité sociale.

L'absence ou le retard de versement des cotisations est sanctionné dans les conditions fixées par le décret prévu à l'article 84 *bis* ci-dessous.

TITRE II. – DE L'ADMINISTRATION DE L'ORDRE

Section I. – Des conseils régionaux

Art. 28 *(Mod., L. n° 68-946, 31 oct. 1968 ; D. n° 70-894, 25 sept. 1970 ; Ord. n° 2004-279, 25 mars 2004 ; Ord. n° 2015-949, 31 juill. 2015 ; mod. à compter du 1er juillet 2019, L. n° 2019-486, 22 mai 2019).* – Dans chacune des circonscriptions régionales qui sont déterminées par arrêté du ministre chargé de l'économie, il est créé un Conseil régional de l'Ordre des experts comptables et des comptables agréés.

Les membres du Conseil régional sont élus au scrutin secret de liste ou plurinominal sans liste, selon le nombre de membres de l'ordre, personnes physiques, inscrits dans la circonscription régionale.

Afin de favoriser l'égal accès des femmes et des hommes au sein du conseil régional et selon des modalités fixées par décret, les listes de candidats comprennent, sous peine d'irrecevabilité à concourir, un pourcentage de personnes du sexe le moins représenté parmi les inscrits dans la circonscription régionale au moins proportionnel, dans la limite de 50 %, au nombre de personnes de ce même sexe inscrites dans cette circonscription. En cas de scrutin plurinominal sans liste, il en va de même, sous peine de nullité du vote et sauf insuffisance du nombre de candidats d'un sexe, des candidats désignés par chaque électeur. ;

NB : Conformément à l'article 13 II de l'ordonnance n° 2015-949 du 31 juillet 2015, l'article 28 de l'ordonnance n° 45-2138 du 19 septembre 1945 s'applique au titre des renouvellements des conseils ordinaux intervenant à compter du 1er janvier 2016, pour les conseils mentionnés aux articles 7 à 11 de la présente ordonnance.

Art. 29 *(Mod., Ord. n° 2004-279, 25 mars 2004 ; mod. à compter du 1er juillet 2019, L. n° 2019-486, 22 mai 2019).* – La composition, [l]es modalités de l'élection et celles du fonctionnement du Conseil régional sont déterminées pour un décret en Conseil d'État pris sur le rapport du ministre chargé de l'économie.

Art. 30 *(Abr., D. n° 70-147, 19 févr. 1970).*

Art. 31 *(Mod., D. n° 70-147, 19 févr. 1970 ; D. n° 70-894, 25 sept. 1970 ; Ord. n° 2004-279, 25 mars 2004 ; L. fin. rect. n° 2009-1674, 30 déc. 2009 ; Ord. n° 2014-443, 30 avr. 2014 ; Ord. n° 2016-1809, 22 déc. 2016).* – Sous réserve des dispositions prévues à l'article 42 *bis* le conseil régional a seul qualité pour :

1° Surveiller dans sa circonscription l'exercice en tout ou partie de la profession d'expert-comptable ;

2° Assurer la défense des intérêts matériels de l'ordre et en gérer les biens ;

3° Représenter l'ordre dans sa circonscription dans tous les actes de la vie civile, mais sans pouvoir se constituer partie civile, ce droit étant réservé au conseil supérieur ;

4° Prévenir et concilier toutes contestations ou conflits d'ordre professionnel ;

5° Statuer sur les demandes d'inscription au tableau ;

6° Surveiller et contrôler les stages ;

7° Fixer et recouvrer le montant des cotisations qui doivent être versées par les membres de l'ordre, les succursales et les personnes soumises à sa surveillance et à son contrôle disciplinaire pour couvrir les frais de fonctionnement de l'ordre, ainsi que les contributions dues par les associations de gestion et de comptabilité en application de l'article 7 *ter* ;

8° Saisir le conseil supérieur de toutes requêtes ou suggestions concernant la profession d'expert-comptable.

Le conseil régional en tant que représentant de l'ordre de la circonscription peut, notamment :

Délibérer sur toute question intéressant les professions relevant de sa compétence ;

Saisir la chambre régionale de discipline de la région, ou de toute autre région, des fautes professionnelles relevées à l'encontre des membres de l'ordre, des succursales représentées par le représentant ordinal et des personnes soumises à sa surveillance et à son contrôle disciplinaire.

Créer dans sa circonscription, après avis du conseil supérieur, des organismes de coopération, de mutualité, d'assistance ou de retraite au bénéfice de ses membres et de leurs familles.

Section II. – Des assemblées générales régionales

Art. 32 *(Mod., D. n° 70-147, 19 févr. 1970)*. – L'assemblée générale régionale des membres de l'Ordre est composée de tous les membres inscrits au tableau de la région personnellement établis dans cette région et à jour de leurs cotisations professionnelles. Les membres de l'Ordre ne peuvent être membres que d'une seule assemblée générale régionale. L'assemblée générale régionale se réunit une fois par an, à la diligence du président du conseil régional.

L'assemblée générale régionale entend le rapport moral et financier du conseil régional pour l'exercice écoulé et le rapport des censeurs sur la gestion financière du conseil régional qui sont soumis au vote de chacune de ses catégories professionnelles.

Elle ne peut examiner que les questions portées à son ordre du jour par le Conseil régional. Celui-ci est tenu d'inscrire à l'ordre du jour les questions qui lui sont soumises à cet effet, quinze jours au moins avant la date fixée pour la réunion soit par plus du tiers des membres de l'Ordre ayant droit de vote dans la région, soit par plus de cent de ces membres, soit par le commissaire régional du gouvernement.

Les fonctions de censeurs sont incompatibles avec celles de membre du Conseil régional.

Section III. – Du Conseil supérieur

Art. 33 *(Mod., L. n° 68-946, 31 oct. 1968 ; D. n° 70-894, 25 sept. 1970 ; rempl., L. n° 95-116, 4 févr. 1995 ; mod., Ord. n° 2015-949, 31 juill. 2015 ; mod. à compter du 1er juillet 2019, L. n° 2019-486, 22 mai 2019)*. – Le conseil supérieur de l'Ordre est composé des présidents des conseils régionaux et de membres élus au scrutin secret de liste.

Afin de favoriser l'égal accès des femmes et des hommes au sein du conseil supérieur et selon des modalités fixées par décret, les listes de candidats comprennent, sous peine d'irrecevabilité à concourir, un pourcentage de personnes du sexe le moins représenté au tableau de l'ordre au moins proportionnel, dans la limite de 50 %, au nombre de personnes de ce même sexe inscrites à ce tableau.

NB : Conformément à l'article 13 II de l'ordonnance n° 2015-949 du 31 juillet 2015, l'article 33 de l'ordonnance n° 45-2138 du 19 septembre 1945, s'applique au titre des renouvellements des conseils ordinaux intervenant à compter du 1er janvier 2016, pour les conseils mentionnés aux articles 7 à 11 de la présente ordonnance.

Art. 34 *(Mod., Ord. n° 2004-279, 25 mars 2004 ; mod. à compter du 1er juillet 2019, L. n° 2019-486, 22 mai 2019)*. – La composition, [l]es modalités de l'élection et celles du fonctionnement du Conseil supérieur sont déterminées par un décret en Conseil d'État pris sur le rapport du ministre chargé de l'économie.

Art. 35 *(Abr., D. n° 97-586, 30 mai 1997)*.

Art. 36 *(Abr., D. n° 70-147, 19 févr. 1970)*.

Art. 37. – Le Conseil supérieur a seul qualité pour :

1° à 7° *(Abr., D. n° 70-147, 19 févr. 1970)* ;

8° Exercer, devant toutes les juridictions, tous les droits réservés à la partie civile, notamment par voie de citation directe devant les tribunaux répressifs relativement aux faits portant un préjudice direct ou indirect à l'intérêt collectif des professions relevant de sa compétence ;

9° à 11° *(Abr., D. n° 70-147, 19 févr. 1970)*.

Art. 37-1 *(Ord. n° 2008-507, 30 mai 2008 ; Ord. n° 2016-1809, 22 déc. 2016)*. – Le Conseil supérieur a également pour mission de collaborer, en tant qu'autorité compétente, avec les autorités compétentes des États membres de l'Union européenne autres que la France et celles des autres États parties à l'accord sur l'Espace économique européen pour concourir à l'application de la directive 2005/36/CE modifiée du Parlement européen et du Conseil du 7 septembre 2005 relative à la reconnaissance des qualifications professionnelles.

Section IV. – Du congrès national des conseils de l'ordre

Art. 38 *(Mod., D. n° 70-147, 19 févr. 1970 ; Ord. n° 2014-443, 30 avr. 2014).* – L'ensemble des membres des conseils régionaux et du conseil supérieur se réunit en congrès national une fois par an, à la diligence du président du conseil supérieur. Le bureau est celui du conseil supérieur.

Le congrès national entend le rapport moral et financier du conseil supérieur pour l'exercice écoulé et le rapport des censeurs sur la gestion financière du conseil supérieur. Ces rapports, soumis au vote, doivent être approuvés par la majorité des suffrages exprimés par les membres de l'ordre présents ou représentés. Tout représentant ne peut recevoir qu'un seul pouvoir.

Section V. – Dispositions communes aux conseils de l'ordre

Art. 39. – Les conseils de l'Ordre ont l'exercice des droits de la personnalité civile.

Art. 39 *bis* et 39 *ter* *(Abr., L. n° 94-679, 8 août 1994).*

TITRE III. – DU TABLEAU

Art. 40 *(Mod., D. n° 70-147, 19 févr. 1970 ; Ord. n° 2014-443, 30 avr. 2014 ; Ord. n° 2016-1809, 22 déc. 2016).* – Le conseil régional dresse un tableau des personnes physiques et morales et des succursales établies dans sa circonscription qui, remplissant les conditions imposées par les lois et règlements, sont admises à exercer tout ou partie de la profession d'expert-comptable.

Art. 40 *bis* *(Abr., Ord. n° 2004-279, 25 mars 2004).*

Art. 41 *(Mod., Ord. n° 2004-279, 25 mars 2004).* – Les modalités d'établissement du tableau seront fixées par un décret en Conseil d'État pris sur le rapport du ministre chargé de l'économie.

Art. 42 *(Mod., Ord. n° 2014-443, 30 avr. 2014).* – L'inscription au tableau est demandée au conseil régional de l'ordre dans la circonscription duquel le candidat est établi.

Le conseil régional doit statuer dans le délai de trois mois.

La décision du conseil régional doit être notifiée au candidat et au commissaire régional du Gouvernement dans un délai de dix jours francs.

Elle peut, dans le délai d'un mois à compter de sa notification, être déférée au comité national du tableau, soit par l'intéressé en cas de refus d'inscription, soit, dans le cas contraire, par le commissaire régional du Gouvernement.

Art. 42 *bis* *(Ord. n° 2004-279, 25 mars 2004 ; mod., L. n° 2010-853, 23 juill. 2010).* – Il est institué auprès du Conseil supérieur de l'ordre des experts-comptables une commission nationale chargée de statuer sur l'inscription des associations de gestion et de comptabilité au tableau et de tenir la liste de ces associations.

La commission statue dans les conditions de délai et d'appel prévues à l'article 42.

Elle surveille l'exercice de l'activité d'expertise comptable sous forme associative en participant notamment à la mise en œuvre des contrôles de qualité des associations de gestion et de comptabilité.

Elle peut être consultée pour avis par le ministre chargé de l'économie sur les projets de textes relatifs à l'exercice associatif de la profession.

Les modalités de désignation et de fonctionnement de la commission sont déterminées par décret.

Art. 43 *(Mod., D. n° 70-147, 19 févr. 1970).* – Il est institué auprès du Conseil supérieur de l'Ordre un comité national du tableau.

Art. 44 *(Mod., D. n° 70-147, 19 févr. 1970).* – L'affaire est portée entière devant le Comité national du tableau.

Celui-ci doit statuer dans un délai de six mois. Si la décision n'est pas intervenue à l'expiration de ce délai, l'inscription au tableau est de droit.

Art. 45 *(Mod., Ord. n° 2004-279, 25 mars 2004)*. – Les modalités de l'élection et celles du fonctionnement du Comité national du tableau seront déterminées par un décret en Conseil d'État pris sur le rapport du ministre chargé de l'économie.

Art. 46 et 47 *(Abr., D. n° 70-147, 19 févr. 1970)*.

Art. 48 *(Mod., Ord. n° 2004-279, 25 mars 2004)*. – Les modalités de l'inscription, de la publication et de la radiation du tableau seront déterminées par un décret en Conseil d'État pris sur le rapport du ministre chargé de l'économie.

TITRE IV. – DE LA DISCIPLINE

Art. 49 *(L. n° 68-946, 31 oct. 1968)*. – Il est institué auprès de chaque conseil régional de l'Ordre une chambre régionale de discipline.

La chambre régionale de discipline est composée :

1° D'un président désigné par le premier président de la cour d'appel dans le ressort de laquelle est situé le conseil régional parmi les magistrats du siège de cette cour ;

2° De deux membres du conseil régional de l'Ordre, l'un expert-comptable, l'autre comptable agréé, élus par ce conseil lors de chaque renouvellement.

Un président et des membres suppléants sont désignés dans les mêmes conditions.

La chambre régionale de discipline est saisie par son syndic.

Art. 49 *bis* *(Ord. n° 2004-279, 25 mars 2004)*. – Il est institué auprès du Conseil supérieur de l'ordre des experts-comptables une commission nationale chargée, en première instance, de la discipline des associations de gestion et de comptabilité.

La commission est composée :

1° D'un président désigné par le premier président de la cour d'appel de Paris parmi les magistrats en activité ou honoraires de la cour ;

2° De quatre membres de conseils régionaux désignés par le Conseil supérieur de l'ordre des experts-comptables lors de chaque renouvellement ;

3° De quatre représentants des associations de gestion et de comptabilité désignés par leurs fédérations dont la liste est fixée par arrêté du ministre chargé du budget.

Le mandat est de quatre ans renouvelable une fois.

Un président suppléant et des membres suppléants sont désignés selon les mêmes modalités.

Les conditions de désignation et de fonctionnement de cette commission sont déterminées par le décret mentionné à l'article 84 *bis*.

Art. 50 *(L. n° 68-946, 31 oct. 1968 ; mod., Ord. n° 2004-279, 25 mars 2004)*. – Il est institué auprès du conseil supérieur de l'Ordre une chambre nationale de discipline.

La chambre nationale de discipline est composée :

1° D'un président désigné par le garde des Sceaux, ministre de la Justice, parmi les présidents de chambre de la cour d'appel de Paris ;

2° D'un conseiller référendaire à la Cour des comptes et d'un fonctionnaire, désignés par le ministre de l'Économie et des Finances ;

3° De deux membres du conseil supérieur de l'Ordre, l'un expert-comptable, l'autre comptable agréé, élus par ce conseil lors de chaque renouvellement.

La chambre nationale de discipline statue en appel sur les décisions prises par la commission mentionnée à l'article 49 *bis*. Dans ce cas, un des membres du Conseil supérieur de l'ordre des experts-comptables est remplacé par un représentant des associations de gestion et de comptabilité désigné par les fédérations mentionnées au 3° de l'article 49 *bis*.

Un président et des membres suppléants sont désignés dans les mêmes conditions.

La chambre nationale de discipline est saisie par son syndic.

Art. 51 *(Mod., Ord. n° 2004-279, 25 mars 2004)*. – Les modalités de l'élection et celles du fonctionnement des chambres régionales de discipline et de la chambre nationale de discipline seront déterminées par un décret en Conseil d'État pris sur le rapport du ministre chargé de l'économie.

Art. 52 *(Abr., D. n° 70-147, 19 févr. 1970).*

Art. 53 *(Mod., D. n° 63-890, 24 août 1963 ; D. n° 70-147, 19 févr. 1970 ; D. n° 70-894, 25 sept. 1970 ; Ord. n° 2004-279, 25 mars 2004 ; Ord. n° 2014-443, 30 avr. 2014 ; Ord. n° 2016-394, 31 mars 2016 ; Ord. n° 2016-1809, 22 déc. 2016).* – En dehors de l'avertissement dans le cabinet du président de la chambre régionale de discipline ou de la commission prévue à l'article 49 *bis* pour les faits qui ne paraissent pas justifier d'autre sanction, les peines disciplinaires sont :

1° La réprimande ;

2° Le blâme avec inscription au dossier ;

3° La suspension pour une durée déterminée avec sursis ;

4° La suspension pour une durée déterminée ;

5° La radiation du tableau comportant interdiction définitive d'exercer la profession.

En outre, pour les associations de gestion et de comptabilité, la commission peut également prononcer la déchéance du mandat d'un ou de plusieurs dirigeants ou administrateurs.

La réprimande, le blâme et la suspension peuvent comporter, en outre, pour le membre de l'ordre, la privation, par la décision qui prononce la peine disciplinaire, du droit de faire partie des conseils de l'ordre pendant une durée n'excédant pas dix ans.

Sans préjudice des dispositions du premier alinéa de l'article 54, les instances disciplinaires peuvent, à titre de sanction accessoire, ordonner la publicité, sans ses motifs, de toute peine disciplinaire dans la presse professionnelle.

Le sursis décidé en application du 3° ne s'étend pas aux mesures accessoires prises en application des septième, huitième et neuvième alinéas ci-dessus. Si, dans le délai de cinq ans à compter du prononcé de la peine, le membre de l'ordre, la succursale, l'association de gestion et de comptabilité ou le professionnel ayant été autorisé à exercer partiellement l'activité d'expertise comptable a commis une infraction ou une faute ayant conduit au prononcé d'une nouvelle peine disciplinaire, celle-ci entraîne l'exécution de la première peine sans confusion avec la seconde.

Les membres de l'ordre, les succursales, les associations de gestion et de comptabilité et les professionnels ayant été autorisés à exercer partiellement l'activité d'expertise comptable suspendus ou radiés du tableau sont remplacés, le cas échéant, soit d'office, soit à la requête de la partie la plus diligente dans les missions qui leur avaient été confiées, soit par autorité de justice, soit par une administration publique. Les particuliers peuvent également, sans indemnité de part ni d'autre, mais à charge par les membres de l'ordre, les succursales, les associations de gestion et de comptabilité ou les professionnels ayant été autorisés à exercer partiellement l'activité d'expertise comptable en cause de restituer tous les documents ainsi que les sommes déjà touchées qui ne correspondent pas au remboursement de frais effectivement exposés, retirer aux membres de l'ordre, aux succursales, aux associations de gestion et de comptabilité ou aux professionnels ayant été autorisés à exercer partiellement l'activité d'expertise comptable suspendus ou radiés du tableau les missions dont ils les avaient chargés.

Le membre de l'ordre, la succursale, la société pluri-professionnelle d'exercice, l'association de gestion et de comptabilité ou le professionnel ayant été autorisé à exercer partiellement l'activité d'expertise comptable radié du tableau doit payer à ses employés quittant son service une indemnité de délai-congé dans les conditions fixées par le titre III du livre II de la première partie du Code du travail et par la convention collective applicable.

Le membre de l'ordre, la succursale, la société pluri-professionnelle d'exercice, l'association de gestion et de comptabilité ou le professionnel ayant été autorisé à exercer partiellement l'activité d'expertise comptable suspendu doit payer à ses employés, pendant la durée de sa suspension, les salaires et indemnités de toute nature prévus par les conventions particulières ou collectives et par les règlements en vigueur. Toutefois, il a la faculté de payer à ses employés qui, à cette occasion, quittent son service, l'indemnité de délai-congé prévue au paragraphe précédent.

Sont nuls et de nul effet tous actes, traités ou conventions tendant à permettre, directement ou indirectement, l'exercice de tout ou partie de la profession d'expert-comptable aux professionnels radiés du tableau ou, pendant la durée de leur peine, à ceux qui sont temporairement suspendus.

Les personnes intervenant à ces actes, à quelque titre que ce soit peuvent être poursuivies comme complices des professionnels suspendus ou radiés, reconnus coupables d'exercice illégal de la profession, et elles sont passibles des mêmes peines.

Les décisions de la chambre régionale de discipline doivent être notifiées à l'intéressé et au commissaire régional du Gouvernement dans les dix jours francs de leur date.

L'affaire est portée entière devant la chambre nationale de discipline.

Le délai d'appel et l'appel sont suspensifs.

La décision de la chambre nationale de discipline peut faire l'objet de recours devant le conseil d'État. Ce recours n'est pas suspensif, sous réserve de la possibilité de demander le sursis à exécution de la décision dans les conditions prévues au Code de justice administrative.

Art. 53 *bis* *(Ord. n° 2016-1635, 1er déc. 2016)*. – Pour tout manquement aux obligations prévues par le chapitre Ier du titre VI du livre V du Code monétaire et financier en matière de lutte contre le blanchiment des capitaux et le financement du terrorisme, les dispositions prévues à l'article L. 561-36-3 du Code monétaire et financier sont également applicables.

Art. 54 *(Mod., D. n° 70-147, 19 févr. 1970 ; Ord. n° 2004-279, 25 mars 2004 ; Ord. n° 2014-443, 30 avr. 2014)*. – Les conseils régionaux publient, sans leurs motifs, les décisions portant suspension ou radiation, dans tout support approprié.

Elles sont, en outre, notifiées avec leurs motifs à tous les conseils régionaux de l'ordre et, s'agissant des associations de gestion et de comptabilité, à la commission mentionnée à l'article 42 *bis*. La personne ainsi frappée ne peut plus rester inscrite sur aucun tableau et ne peut exercer sa profession dans aucune région.

Un décret fixera en tant que de besoin les modalités d'application du présent article.

Art. 55 *(Abr., Ord. n° 2004-279, 25 mars 2004)*.

TITRE V. – DE LA TUTELLE DES POUVOIRS PUBLICS

(Intitulé mod., L. n° 68-946, 31 oct. 1968 ; Ord. n° 2004-279, 25 mars 2004)

Art. 56 *(L. n° 68-946, 31 oct. 1968 ; mod., Ord. n° 2004-279, 25 mars 2004)*. – La tutelle des pouvoirs publics sur l'Ordre des experts comptables est exercée par le ministre chargé de l'économie qui, à cet effet, est représenté par un commissaire du gouvernement auprès du conseil supérieur de l'Ordre, et par un commissaire régional du gouvernement auprès de chaque conseil régional de l'Ordre.

Le commissaire et les commissaires régionaux du gouvernement peuvent déléguer sous leur responsabilité tout ou partie de leurs fonctions à l'un de leurs collaborateurs.

Les mesures qui pourront être prises à titre provisoire en vue d'assurer la continuité du fonctionnement des organismes de l'Ordre en cas de carence de certains de leurs membres seront fixées par un décret en Conseil d'État.

Art. 57 *(Mod., L. n° 68-946, 31 oct. 1968 ; D. n° 70-147, 19 févr. 1970)*. – Le commissaire du gouvernement assiste aux séances du Conseil supérieur, de la commission permanente dudit conseil, du Comité national du tableau, de la Chambre nationale de discipline et du Congrès national des conseils de l'Ordre.

Il a pouvoir, notamment, pour former devant le Conseil d'État tout recours contre les décisions prises par la Chambre nationale de discipline et par le Comité national du tableau.

Les décisions du Conseil supérieur et celles de la commission permanente ne sont exécutoires qu'après avoir été revêtues de son approbation. À l'expiration d'un délai de trois mois, le silence du commissaire du gouvernement vaut approbation. Ses décisions de rejet sont motivées.

Art. 58 *(Mod., L. n° 68-946, 31 oct. 1968 ; D. n° 70-894, 25 sept. 1970 ; Ord. n° 2014-443, 30 avr. 2014)*. – Le commissaire régional du Gouvernement assiste aux séances du conseil régional, de la chambre régionale de discipline et de l'assemblée générale régionale.

Il a pouvoir notamment pour :

Introduire devant la chambre régionale de discipline toute action contre les personnes physiques, les sociétés ou les succursales soumises à la surveillance et au contrôle disciplinaire de l'ordre ;

Déférer à la chambre nationale de discipline les décisions de la chambre régionale de discipline ;

Déférer au comité national du tableau les décisions du conseil régional portant inscription ou refus d'inscription au tableau.

Pour être exécutoires, les décisions du conseil régional autres que celles visées à l'alinéa ci-dessus doivent être revêtues de l'approbation du commissaire régional du Gouvernement. À l'expiration d'un délai de deux mois, le silence de ce dernier vaut approbation. Ses décisions de rejet sont motivées.

Art. 59 *(Ord. n° 2004-279, 25 mars 2004)*. – La tutelle des associations de gestion et de comptabilité est exercée par le ministre chargé de l'économie.

Un commissaire du gouvernement qui représente le ministre chargé de l'économie est désigné auprès des commissions mentionnées aux articles 42 *bis* et 49 *bis*. Il assiste aux séances de ces commissions.

Il a pouvoir pour introduire devant la commission mentionnée à l'article 49 *bis* toute action contre les associations de gestion et de comptabilité.

Il peut également déférer devant les instances d'appel compétentes toute décision des commissions précitées.

Art. 60 *(Ord. n° 2004-279, 25 mars 2004 ; mod., Ord. n° 2014-443, 30 avr. 2014 ; Ord. n° 2016-394, 31 mars 2016 ; Ord. n° 2016-1809, 22 déc. 2016)*. – Le règlement intérieur de l'ordre arrêté par le conseil supérieur de l'ordre est soumis à l'agrément du ministre chargé de l'économie et du ministre chargé de l'enseignement supérieur.

Les dispositions de ce règlement intérieur relatives aux contributions et aux cotisations prévues aux III des articles 7 *ter* et 7 *quinquies* et à l'article 26-0 ainsi qu'à l'exercice du contrôle de qualité s'appliquent aux associations de gestion et de comptabilité, aux sociétés pluriprofessionnelles d'exercice et aux succursales et aux professionnels ayant été autorisés à exercer partiellement l'activité d'expertise comptable même s'ils ne sont pas membres de l'ordre.

TITRE VI. – DISPOSITIONS TRANSITOIRES

Art. 82. – Est expressément constatée la nullité des actes dits lois n° 467 et 468 du 3 avril 1942 instituant l'Ordre des experts comptables et des comptables agréés et portant introduction des statuts dudit Ordre.

Cette nullité ne porte pas atteinte aux effets découlant de l'application desdits actes, sauf en ce qui concerne la dissolution des syndicats et associations de professionnels.

Les décisions des conseils et des chambres de discipline postérieures au 1er mai 1942 sont validées.

Art. 83 *(Rempl., Ord. n° 2004-279, 25 mars 2004)*. – Les centres de gestion agréés et habilités, mentionnés aux II à IV de l'article 1649 *quater* D du Code général des impôts, disposent d'un délai de *(Mot rempl., L. fin. n° 2008-1425, 27 déc. 2008)* « quatre » ans, à compter de la date de publication du décret mentionné à l'article 42 *bis*, pour demander à la commission prévue à cet article l'inscription au tableau des associations de gestion et de comptabilité issues de leur transformation. En cas d'appel formé contre une décision de la commission, le comité national du tableau siège dans une formation élargie fixée par le décret mentionné à l'article 45.

La condition d'inscription prévue au troisième alinéa du I de l'article 7 *ter* ne s'applique pas.

Les associations inscrites en application du présent article ne seront soumises à la condition d'encadrement prévue à l'article 19 que cinq ans après la date de publication de l'ordonnance n° 2004-279 du 25 mars 2004 portant simplification et adaptation des conditions d'exercice de certaines activités professionnelles.

Art. 83 *bis* *(Ord. n° 2004-279, 25 mars 2004)*. – Les salariés de centres de gestion agréés et habilités peuvent demander à la commission mentionnée à l'article 42 *bis* à être inscrits au tableau en qualité d'experts-comptables, s'ils remplissent les conditions suivantes :

1° Être âgé de quarante-cinq ans révolus à la date de publication du décret mentionné à l'article 42 *bis* ;

2° Être titulaire d'un titre ou d'un diplôme sanctionnant un niveau correspondant à un minimum de quatre années d'études supérieures, délivré soit par l'État, soit par une université ou un établissement d'enseignement supérieur ;

3° Avoir, à la date de publication du décret mentionné à l'article 42 *bis*, exercé pendant dix ans une responsabilité d'encadrement d'un service comptable d'un centre de gestion agréé et habilité ou avoir été pendant la même durée désigné en qualité de responsable des services comptables d'un centre de gestion agréé et habilité dans le cadre de l'habilitation prévue à l'article 1649 *quater* D du Code général des impôts ;

4° Remplir les conditions exigées aux 1°, 2° et 3° du II de l'article 3 et satisfaire à leurs obligations fiscales.

Les candidats disposent d'un délai de douze mois à compter de la publication du décret mentionné à l'article 42 *bis* pour présenter leur demande, après en avoir informé leur employeur.

Art. 83 *ter* *(Ord. n° 2004-279, 25 mars 2004).* – Les centres de gestion agréés et habilités proposent à la commission mentionnée à l'article 42 *bis*, dans le délai de deux ans à compter de la publication du décret mentionné à cet article, d'autoriser à exercer la profession tout ou partie de ceux de leurs salariés qui remplissent les conditions prévues aux 3° et 4° de l'article 83 *bis* ainsi que l'une des deux conditions prévues aux 1° et 2° de ce même article.

Art. 83 *quater* *(Ord. n° 2004-279, 25 mars 2004).* – Lorsque aucun salarié d'un centre de gestion agréé et habilité n'a été inscrit au tableau en application des articles 83 *bis* ou 83 *ter*, le centre demande à la commission mentionnée à l'article 42 *bis*, au plus tard dans les *(Mot rempl., L. fin. n° 2008-1425, 27 déc. 2008)* « quatre » ans à compter de la date de publication du décret mentionné à cet article, d'autoriser à exercer la profession d'expert-comptable l'un de ses salariés, exerçant une responsabilité d'encadrement d'un service comptable ou désigné en qualité de responsable des services comptables dans le cadre de l'habilitation prévue à l'article 1649 *quater* D du Code général des impôts, et qui remplit les conditions prévues au 4° de l'article 83 *bis*.

Dans l'année de leur inscription au tableau, ces salariés doivent, sous peine de radiation, suivre un cycle de formation et passer avec succès des épreuves, selon des modalités fixées par arrêté.

Art. 83 *quinquies* *(Ord. n° 2004-279, 25 mars 2004).* – La commission prévue à l'article 42 *bis* et le comité national du tableau statuent sur les demandes présentées en application des articles 83 à 83 *quater* dans les conditions de délai et d'appel prévues aux articles 42 et 44.

Le conseil régional de l'ordre de la circonscription dans laquelle la personne concernée exerce son activité inscrit au tableau, en qualité d'expert-comptable, les personnes bénéficiant de l'autorisation prévue à l'article 83 *bis* et, en qualité de salariés d'associations de gestion et de comptabilité autorisés à exercer la profession d'expert-comptable, les personnes bénéficiant de l'autorisation prévue à l'article 83 *ter* ou à l'article 83 *quater*.

Les salariés d'associations de gestion et de comptabilité autorisés à exercer la profession d'expert-comptable sont soumis à la surveillance et au contrôle disciplinaire de l'ordre.

Art. 83 *sexies* *(L. fin. n° 2008-1425, 27 déc. 2008).* – Les centres de gestion et associations agréés régis par les articles 1649 *quater* C à 1649 *quater* K du Code général des impôts, existant au 1er janvier 2008, peuvent demander à la commission prévue à l'article 42 *bis* de la présente ordonnance l'inscription au tableau des associations de gestion et de comptabilité issues de leur transformation, jusqu'au 31 décembre de la troisième année qui suit la date de publication dudit décret.

Les organismes de gestion mentionnés au premier alinéa doivent délibérer par assemblée générale ou par tout organe délibérant qui s'y substitue, avant le 31 décembre de la deuxième année suivant la publication du décret en Conseil d'État prévu à l'[article 1649 *quater* L du Code général des impôts], pour décider de l'option choisie et de communiquer cette décision à l'administration fiscale dans le délai d'un mois après la date de la décision.

Art. 83 *septies* *(Créé, L. n° 2019-486, 22 mai 2019).* – Les personnes titulaires de l'examen d'aptitude aux fonctions de commissaire aux comptes avant la date du 27 mars 2007, les personnes titulaires du certificat d'aptitude aux fonctions de commissaire aux comptes mentionné à l'article L. 822-1-1 du Code de commerce dans un délai de cinq ans à compter de la publication de la loi n° 2019-486 du 22 mai 2019 relative à la croissance et la transformation des entreprises, et les personnes ayant réussi l'épreuve d'aptitude avant la date du 27 mars 2007 ou l'examen d'aptitude mentionné à l'article L. 822-1-2 du Code de commerce au jour de la publication de la loi n° 2019-486 du 22 mai 2019 précitée peuvent demander leur inscription au tableau en qualité d'expert-comptable au conseil régional de l'ordre dans la circonscription duquel elles sont personnellement établies, si elles remplissent les conditions suivantes :

1° Être inscrites sur la liste mentionnée au I de l'article L. 822-1 du Code de commerce ;

2° Remplir les conditions exigées aux 2°, 3° et 5° du II de l'article 3 de la présente ordonnance et satisfaire à leurs obligations fiscales.

Les candidats disposent d'un délai de cinq ans à compter de la promulgation de la loi n° 2019-486 du 22 mai 2019 précitée pour présenter leur demande.

Art. 84 *(Abr., Ord. n° 2004-279, 25 mars 2004 ; rétabli, L. fin. rect. n° 2009-1674, 30 déc. 2009).* – Les contributions prévues à l'article 7 *ter* sont exigibles à compter de l'année 2009. Toutefois, s'agissant des implantations secondaires, la contribution n'est acquittée qu'à hauteur de 50 % en 2009 et 75 % en 2010.

Art. 84 *bis* *(Mod., Ord. n° 2004-279, 25 mars 2004).* – Les modalités d'application de la présente ordonnance et de la loi n° 68-946 du 31 octobre 1968 seront, en tant que de besoin, déterminées par un décret en Conseil d'État qui précisera notamment les modalités selon lesquelles le conseil supérieur et les conseils régionaux exerceront les missions définies à l'article 1er ci-dessus.

8.2.12.2. – Sociétés d'exercice libéral

Décret n° 2012-432 du 30 mars 2012
relatif à l'exercice de l'activité d'expertise comptable

Art. 196 *(Abr., D. n° 2016-877, 29 juin 2016).*

Art. 197 *(Mod., D. n° 2017-232, 23 févr. 2017 ; D. n° 2017-799, 5 mai 2017).* – Les dispositions de l'ordonnance du 19 septembre 1945 susvisée et celles prises pour son application relatives à l'interdiction temporaire d'exercer concernant les membres de l'ordre sont applicables aux sociétés constituées pour l'exercice de la profession d'expert-comptable.

Toutefois, les sociétés ne peuvent faire l'objet de poursuites disciplinaires indépendamment de celles qui seraient intentées à l'encontre d'experts-comptables associés au sein de ces sociétés et y exerçant la profession.

Le membre de l'ordre ou le professionnel ayant été autorisé à exercer partiellement l'activité d'expertise comptable qui a été frappé d'une interdiction temporaire d'exercer ne peut plus, pendant la durée de la sanction, figurer sur aucun tableau ni exercer la profession d'expert-comptable. Il ne peut assurer ni fonction de direction ou de gestion, ni mandat d'administration ou de surveillance, ni bénéficier d'une quelconque délégation au sein d'une société membre de l'ordre.

8.2.12.3. – Sociétés de participations financières

Décret n° 2012-432 du 30 mars 2012
relatif à l'exercice de l'activité d'expertise comptable

Art. 198 *(D. n° 2012-690, 7 mai 2012 ; mod., D. n° 2016-877, 29 juin 2016).* – Les sociétés constituées, en application du titre IV de la loi du 31 décembre 1990 susvisée, en vue de la détention de parts sociales ou d'actions dans des sociétés exerçant la profession d'expert-comptable, dénommées sociétés de participations financières de la profession libérale d'expert-comptable sont régies par les dispositions du livre II du Code de commerce, sous réserve des dispositions du présent chapitre.

Section 1. – Constitution de la société

Art. 199 *(D. n° 2012-690, 7 mai 2012 ; mod., D. n° 2017-232, 23 févr. 2017).* – Sont regardés comme répondant aux exigences des premiers alinéas du I et du II de l'article 31-1 de la loi du 31 décembre 1990 susvisée :

1° Les professionnels de l'expertise comptable, les sociétés d'expertise comptable et les associations de gestion et de comptabilité, respectivement mentionnés à l'article 2, au I de l'article 7 et au III de l'article 7 *ter* de l'ordonnance du 19 septembre 1945 susvisée, inscrits au tableau de l'ordre ou à sa suite ;

2° Les salariés d'association de gestion et de comptabilité autorisés sur le fondement des articles 83 *ter* et 83 *quater* de la même ordonnance, les personnes exerçant en France sur le fondement de l'article 26 de la même ordonnance, inscrits au tableau de l'ordre ou à sa suite, et les professionnels ayant été autorisés à exercer partiellement l'activité d'expertise comptable.

Art. 200 *(D. n° 2012-690, 7 mai 2012).* – La société est inscrite sur la liste spéciale du tableau de l'ordre du conseil régional prévue au 12° de l'article 114, dans la circonscription duquel est fixé son siège ou son établissement en France.

Art. 201 *(D. n° 2012-690, 7 mai 2012).* – La constitution de la société fait l'objet d'une déclaration adressée par les associés, qui désignent un mandataire commun, au conseil régional de l'ordre. Une copie des statuts de la société est jointe à la déclaration, qui comprend la liste des associés avec indication, selon le cas, de leur profession ou de leur qualité suivie, pour chacun, de la mention de la part de capital qu'il détient dans la société.

Section 2. – Fonctionnement de la société

Art. 202 *(D. n° 2012-690, 7 mai 2012).* – La société de participations financières de la profession libérale d'expert-comptable fait connaître au conseil régional auprès duquel la société est inscrite, dans un délai de trente jours à compter de la date à laquelle il se produit, tout changement dans la situation déclarée en application de l'article 201.

Art. 203 *(D. n° 2012-690, 7 mai 2012).* – Si, en raison des changements dans la situation déclarée, la société de participations financières de la profession libérale d'expert-comptable cesse de se conformer aux dispositions législatives et réglementaires en vigueur, ses membres, inscrits au tableau de l'ordre des experts-comptables ou à sa suite, sont invités par le conseil régional territorialement compétent à régulariser la situation.

Si, à l'expiration de ce délai, la société n'a pas régularisé la situation, le président du conseil régional auprès duquel la société est inscrite peut inviter les associés, par lettre recommandée avec demande d'accusé de réception, à prononcer la dissolution anticipée de la société selon les formes prévues par les statuts. Il adresse une copie de ce courrier au président de la chambre régionale de discipline dans le ressort de laquelle sont inscrits les associés professionnels de l'expertise comptable.

Section 3. – Contrôle de la société

Art. 204 *(D. n° 2012-690, 7 mai 2012).* – Chaque société de participations financières de la profession libérale d'expert-comptable fait l'objet, au moins une fois tous les quatre ans, d'un contrôle portant sur le respect des dispositions législatives et réglementaires qui régissent la composition de son capital et l'étendue de ses activités.

Chaque société de participations financières peut, en outre, être soumise à des contrôles occasionnels prescrits par le conseil régional de l'ordre des experts-comptables auprès duquel la société est inscrite.

Ces contrôles sont effectués par le Conseil supérieur de l'ordre des experts-comptables ou les conseils régionaux de l'ordre et se déroulent selon les règles décidées par le conseil supérieur.

Art. 205 *(D. n° 2012-690, 7 mai 2012).* – Le non-respect des dispositions régissant la constitution et le fonctionnement des sociétés de participations financières de la profession libérale d'expert-comptable par les professionnels de l'expertise comptable associés d'une telle société peut donner lieu à des poursuites disciplinaires dans les conditions et selon la procédure prévues aux articles 174 et suivants.

Section 4. – Dissolution-liquidation de la société

Art. 206 *(D. n° 2012-690, 7 mai 2012).* – La dissolution de la société est portée à la connaissance du conseil régional auprès duquel la société est inscrite à la diligence du liquidateur.

Art. 207 *(D. n° 2012-690, 7 mai 2012).* – Le liquidateur est choisi parmi les associés de la société de participations financières de la profession libérale d'expert-comptable. En aucun cas les fonctions de liquidateur ne peuvent être confiées à un associé ayant fait l'objet d'une peine disciplinaire.

Plusieurs liquidateurs peuvent être désignés.

Le liquidateur peut être remplacé pour cause d'empêchement, ou pour tout autre motif grave, par le président du tribunal de grande instance du lieu du siège social de la société statuant sur requête à la demande du liquidateur lui-même, des associés ou de leurs ayants droit, ou du conseil régional.

Art. 208 *(D. n° 2012-690, 7 mai 2012).* – Le liquidateur procède à la cession des parts ou actions que la société de participations financières de la profession libérale d'expert-comptable détient dans la ou les sociétés d'exercice de la profession d'expertise comptable.

Art. 209 *(D. n° 2012-690, 7 mai 2012).* – Le liquidateur informe le conseil régional auprès duquel la société est inscrite ainsi que le greffier chargé de la tenue du registre du commerce et des sociétés où est immatriculée la société de la clôture des opérations de liquidation.

8.2.13. – GÉOMÈTRES-EXPERTS

8.2.13.1. – Dispositions générales

Loi n° 46-942 du 7 mai 1946

instituant l'Ordre des géomètres-experts

(JO 8 Mai 1946, rect. 12 juill. 1946)

Titre I. – Exercice de la profession de géomètre-expert

Art. 6-1 *(L. n° 85-1408, 30 déc. 1985 ; L. n° 94-529, 28 juin 1994 ; L. n° 2011-12, 5 janv. 2011).* – En vue de l'exercice de leur profession, les personnes exerçant légalement la profession de géomètre-expert peuvent constituer entre elles peuvent constituer entre eux ou avec d'autres personnes des sociétés de géomètres-experts.

Sous réserve des règles ci-après, ces sociétés peuvent prendre les formes suivantes :

1° Sociétés civiles professionnelles ou interprofessionnelles régies par la loi n° 66-879 du 29 novembre 1966, à l'exclusion du deuxième alinéa de l'article 2 de ladite loi ;

2° Sociétés d'exercice libéral régies par la loi n° 90-1258 du 31 décembre 1990 ;

3° Sociétés anonymes ou sociétés à responsabilité limitée régies par la loi n° 66-537 du 24 juillet 1966 modifiée dans les conditions prévues à l'article 6-2.

Ces sociétés peuvent se placer sous le régime de la coopération prévu par la loi n° 47-1775 du 10 septembre 1947, ainsi que par les lois particulières régissant les différentes formes de coopératives et notamment la loi n° 78-763 du 19 juillet 1978.

Toute société de géomètres-experts doit être inscrite au tableau de l'ordre d'une circonscription régionale et communiquer au conseil régional de l'ordre ses statuts et la liste de ses associés ainsi que toute modification apportée à ces statuts ou à cette liste.

Les géomètres-experts exerçant leur profession au sein d'une société de géomètres-experts et eux seuls portent la dénomination de géomètre-expert associé. Ils sont inscrits au tableau de l'ordre de la même circonscription régionale que la société de géomètres-experts dans laquelle ils exercent la profession.

Un géomètre-expert associé ne peut exercer sa profession qu'au sein d'une seule société de géomètres-experts et ne peut exercer la même profession à titre individuel.

Aucun géomètre-expert ne peut être associé majoritaire de plusieurs sociétés de géomètres-experts.

Art. 6-2 *(L. n° 85-1408, 30 déc. 1985 ; L. n° 94-529, 28 juin 1994 ; L. n° 2011-12, 5 janv. 2011).* – Lorsqu'une société de géomètres-experts est constituée sous la forme d'une société anonyme ou d'une société à responsabilité limitée, elle doit se conformer aux règles ci-après :

1° Les actions de la société doivent être détenues par des personnes physiques et revêtir la forme nominative ;

2° Plus de la moitié du capital social et des droits de vote doivent être détenus par une ou des personnes exerçant légalement la profession de géomètre-expert ;

3° L'adhésion d'un nouvel associé est subordonnée à l'agrément préalable de l'assemblée générale statuant à la majorité des deux tiers ;

4° Le président du conseil d'administration, le directeur général s'il est unique, la moitié au moins des directeurs généraux, des membres du directoire et des gérants, ainsi que la majorité au moins des membres du conseil d'administration et du conseil de surveillance doivent exercer légalement la profession de géomètre-expert.

À titre transitoire, les sociétés existantes disposeront d'un délai de deux ans à compter de la publication de la loi n° 85-1408 du 30 décembre 1985 pour se mettre en conformité avec ces dispositions.

8.2.13.2. – Sociétés civiles professionnelles

Décret n° 76-73 du 15 janvier 1976

portant application à la profession de géomètre-expert de la loi n° 66-879 du 29 novembre 1966 relative aux sociétés civiles professionnelles

(JO 27 janv.)

Art. 1er. – La loi du 29 novembre 1966, relative aux sociétés civiles professionnelles, est applicable à la profession de géomètre-expert, dans les conditions prévues au présent décret.

Art. 2. – Les sociétés régies par le présent décret ont pour objet l'exercice en commun de la profession de géomètre-expert, qui emporte la mise en commun et le partage des bénéfices entre les associés.

Ces sociétés reçoivent l'appellation de sociétés civiles professionnelles de géomètres-experts.

Chaque associé a la qualité et le titre de géomètre-expert associé.

CHAPITRE I. – CONSTITUTION DE LA SOCIÉTÉ

Section I. – Dispositions générales

Art. 3. – Deux ou plusieurs géomètres-experts inscrits au tableau d'une même circonscription régionale de l'ordre peuvent constituer entre eux une société civile professionnelle, dont le siège est obligatoirement établi dans cette circonscription.

Toutefois, la société peut être constituée, exclusivement ou non, entre des personnes physiques non inscrites au tableau de l'ordre, mais remplissant les conditions requises pour exercer la profession de géomètre-expert, sous la condition que chacune d'elles demande son inscription au plus tard en même temps que celle de la société.

En aucun cas, le nombre de géomètres-experts associés dans une même société civile professionnelle ne peut être supérieur à sept.

Art. 4. – La société est constituée sous la condition suspensive de son inscription au tableau de la circonscription régionale de l'ordre dans laquelle elle a son siège et, le cas échéant, de l'inscription de chaque associé audit tableau.

Art. 5. – La demande d'inscription de la société au tableau est présentée collectivement par les associés au conseil régional de l'ordre et adressée au président du conseil régional par lettre recommandée avec demande d'avis de réception.

Il y est joint un dossier qui doit comprendre :

1° Un exemplaire des statuts de la société et, le cas échéant, une expédition ou une copie de l'acte constitutif ;

2° Un certificat d'inscription au tableau de l'ordre, en ce qui concerne chaque associé déjà inscrit, ou la demande d'inscription audit tableau, en ce qui concerne chaque associé non encore inscrit ;

3° Une requête de chaque associé sollicitant du conseil régional l'inscription de la société au tableau.

Art. 6. – L'inscription de la société ne peut être refusée par le conseil régional de l'ordre que si les statuts déposés ne sont pas conformes aux dispositions législatives ou réglementaires régissant la société, notamment à celles du présent décret.

Le rejet de la demande d'inscription doit être motivé. Il ne peut être prononcé qu'après que les intéressés aient été appelés à présenter au conseil régional toutes explications orales ou écrites relatives à la constitution de la société.

La décision de rejet est notifiée, par lettre recommandée avec demande d'avis de réception, à chacun des intéressés.

Section II. – Statuts. Capital social. Parts sociales et parts d'industrie

Art. 7. – Si les statuts sont établis par acte sous seing privé, il est établi autant d'originaux qu'il est nécessaire pour la remise d'un exemplaire à chaque associé et pour satisfaire aux dispositions de l'article 12 ci-dessous.

Art. 8. – Outre les mentions prévues par les articles 8, 10, 11, 14, 15, 19 et 20 de la loi précitée du 29 novembre 1966 concernant respectivement la raison sociale, la répartition des parts, les gérants, la répartition des bénéfices, les dettes sociales, les cessions de parts sociales, et les mentions prévues par le présent décret, les statuts doivent indiquer :

1° Les nom, prénoms et domicile des associés ;

2° L'adresse du siège social ;

3° La durée pour laquelle la société est constituée ;

4° La nature et l'évaluation distincte de chacun des apports faits par les associés ;

5° Le montant du capital social, le nombre, le montant nominal et la répartition des parts sociales représentatives de ce capital ;

6° Le nombre des parts attribuées à chaque apporteur en industrie ;

7° L'indication du montant libéré, lors de la constitution de la société, des apports en numéraire.

Art. 9. – Peuvent être apportés à la société, en propriété ou en jouissance :

1° Tous droits incorporels, mobiliers ou immobiliers, et notamment le droit pour un associé de présenter la société comme successeur à sa clientèle ;

2° Tous documents et archives et, d'une manière générale, tous objets mobiliers à usage professionnel ;

3° Les immeubles ou locaux utiles à l'exercice de la profession ;

4° Toutes sommes en numéraire.

Les apports en industrie des associés, qui, en vertu de l'article 10 de la loi précitée du 29 novembre 1966, ne concourent pas à la formation du capital, peuvent donner lieu à l'attribution de parts.

Art. 10. – Les parts sociales ne peuvent être données en nantissement.

Leur montant nominal ne peut être inférieur à 15,24 euros.

Les parts correspondant aux apports en industrie sont incessibles et sont annulées lorsque leur titulaire perd sa qualité d'associé pour quelque cause que ce soit ou lorsque la société est dissoute.

Art. 11. – Les parts sociales représentant un apport en numéraire doivent être libérées, lors de la souscription, de la moitié au moins de leur montant nominal.

La libération du surplus doit intervenir, en une ou plusieurs fois, soit aux dates prévues par les statuts, soit sur décision de l'assemblée des associés et au plus tard dans le délai de deux ans à compter de l'inscription de la société au tableau de l'ordre.

Dans les huit jours de leur réception, les fonds provenant de la libération des apports en numéraire sont déposés, pour le compte de la société, à la caisse des dépôts et consignations, chez un notaire ou dans une banque. Le retrait de ces fonds est effectué par un mandataire de la société, sur la seule justification de l'inscription de celle-ci au tableau de l'ordre.

Section III. – Publicité

Art. 12. – Dans le délai de quinze jours qui suit l'inscription de la société au tableau de l'ordre, un exemplaire des statuts est déposé, à la diligence d'un gérant, au secrétariat-greffe du tribunal de grande instance du lieu du siège social, pour être versé à un dossier ouvert, au nom de la société, par le secrétaire-greffier en chef.

Jusqu'à ce dépôt, les dispositions des statuts sont inopposables aux tiers, qui peuvent toutefois s'en prévaloir.

Tout intéressé peut obtenir la délivrance à ses frais, par le secrétaire-greffier en chef du tribunal ou par le conseil régional de l'ordre, d'un extrait des statuts contenant, à l'exclusion de toutes autres indications, l'identité des associés, l'adresse du siège social, la raison sociale, la durée pour laquelle la société est constituée, les clauses relatives aux pouvoirs et à la responsabilité pécuniaire des associés et à la dissolution de la société.

Art. 13. – Au tableau de l'ordre, le nom de chaque géomètre-expert associé est suivi de la mention de la raison sociale de la société civile professionnelle dont il est membre.

Le tableau comporte en deuxième partie la liste des sociétés civiles professionnelles de géomètres-experts qui y sont inscrites avec l'indication pour chacune du numéro qui lui est attribué, de la raison sociale, de l'adresse du siège social, et des noms de tous les associés.

CHAPITRE II. – FONCTIONNEMENT DE LA SOCIÉTÉ

Section I. – Administration de la société

Art. 14. – Par application de l'article 11 de la loi précitée du 29 novembre 1966, les statuts organisent la gérance et déterminent les pouvoirs des gérants.

Art. 15. – Les décisions qui excèdent les pouvoirs des gérants sont prises par les associés réunis en assemblée.

L'assemblée des associés est réunie au moins une fois par an. Elle est aussi réunie lorsqu'un ou plusieurs associés, représentant au moins la moitié en nombre ou le quart en capital, en font la demande, en indiquant l'ordre du jour.

Les statuts déterminent les modalités de convocation de l'assemblée.

Art. 16. – Toute délibération de l'assemblée donne lieu à l'établissement d'un procès-verbal signé par les associés présents et contenant, notamment, la date et le lieu de la réunion, son ordre du jour détaillé, l'identité des associés présents ou représentés, un résumé des débats, le texte des résolutions mises aux voix et le résultat des votes.

Les procès-verbaux sont établis sur un registre spécial préalablement coté et paraphé par le secrétaire-greffier du tribunal d'instance, et conservé au siège social.

Art. 17. – Les statuts fixent le nombre de voix dont dispose chaque associé.

Un associé peut donner mandat écrit à un autre associé de le représenter à l'assemblée.

L'assemblée ne délibère valablement que si trois quarts au moins des associés sont présents ou représentés. Si ce quorum n'est pas atteint, les associés sont convoqués une seconde fois et l'assemblée délibère valablement si deux associés au moins sont présents.

Art. 18. – Sous réserve des dispositions de l'article 19 de la loi du 29 novembre 1966 ou du présent décret imposant des conditions spéciales de majorité, les décisions sociales sont prises à la majorité des voix dont disposent les associés présents ou représentés.

Toutefois, les statuts peuvent prévoir une majorité plus forte ou même l'unanimité des associés, pour toutes les décisions ou seulement pour celles qu'ils énumèrent.

Art. 19. – La modification des statuts et la prorogation de la société sont décidées à la majorité des trois quarts des voix de l'ensemble des associés.

Toutefois, l'augmentation des engagements des associés ne peut être décidée qu'à l'unanimité de tous les associés.

Tout acte modifiant les statuts ou prorogeant la société est déposé, en expédition ou en copie selon le cas, dans le délai de quinze jours à compter de sa date, au secrétariat-greffe du tribunal de grande instance du lieu du siège social et au siège du conseil régional de l'ordre dans les conditions et sous les effets prévus à l'article 12.

Art. 20. – Après la clôture de chaque exercice, le ou les gérants établissent, dans les conditions fixées par les statuts, les comptes de la société et un rapport sur les résultats de celle-ci.

Les documents mentionnés à l'alinéa précédent sont soumis à l'approbation de l'assemblée des associés dans les trois mois qui suivent la clôture de l'exercice. À cette fin, ils sont adressés à chaque associé, avec le texte des résolutions proposées, quinze jours au moins avant la réunion de l'assemblée, et, au plus tard, avec la convocation à cette assemblée.

Art. 21. – Chaque associé peut, à toute époque, prendre connaissance par lui-même des rapports et comptes sociaux concernant les exercices antérieurs, des registres de procès-verbaux, de tous registres et documents comptables dont la tenue est prescrite par les dispositions législatives ou réglementaires relatives à la profession et, plus généralement, de tous documents détenus par la société.

Section II. – Cessions et transmissions de parts sociales

§ 1. – Cessions entre vifs par un associé

Art. 22. – Un associé ne peut céder, à titre onéreux ou gratuit, tout ou partie de ses parts sociales à un tiers étranger à la société que si le cessionnaire est agréé par la société dans les conditions prévues à l'article 19, alinéa 1er, de la loi précitée du 29 novembre 1966 et, dans le cas où il n'est pas déjà inscrit au tableau de l'ordre, s'il remplit les conditions requises pour exercer la profession de géomètre-expert. En ce cas, la cession est conclue sous la condition suspensive de l'inscription du cessionnaire audit tableau.

Le projet de cession des parts sociales est notifié à la société et à chacun des associés, soit dans l'une des formes prévues à l'article 1690 du Code civil, soit par lettre recommandée avec demande d'avis de réception.

Art. 23. – Si la société a, dans la même forme, notifié son consentement exprès à la cession ou si elle n'a pas fait connaître sa décision dans le délai de deux mois à compter de la dernière des notifications prévues au deuxième alinéa de l'article précédent, le cessionnaire adresse au conseil régional une demande en vue d'être inscrit au tableau de l'ordre en qualité de géomètre-expert associé.

La demande est accompagnée, à peine d'irrecevabilité, d'une expédition ou d'une copie, selon le cas, de l'acte de cession des parts sociales ainsi que de toutes pièces justificatives, notamment de celles qui établissent le consentement exprès ou tacite donné par la société à la cession.

Art. 24. – Si la société refuse d'agréer le cessionnaire, elle est tenue, dans le délai de six mois à compter de la notification de son refus, faite dans l'une des formes prévues à l'article 22, de notifier dans la même forme à l'associé qui persiste dans son intention de céder ses parts sociales, un projet de cession ou de rachat de ces parts, conformément aux dispositions de l'article 19, alinéa 3 de la loi précitée du 29 novembre 1966. Cette notification implique un engagement du cessionnaire ou de la société qui se porte acquéreur.

Si le prix proposé pour la cession ou le rachat n'est pas accepté par le cédant, il est fixé, à la demande de la partie la plus diligente, par le président du conseil régional de l'ordre, sauf recours à la cour d'appel, statuant en chambre du conseil.

Lorsque l'associé cédant refuse de signer l'acte portant cession de ses parts qui lui est proposé, il est passé outre à son refus, deux mois après la sommation à lui faite par la société dans l'une des formes prévues à l'article 22 et demeurée infructueuse. Si la cession porte sur la totalité des parts sociales dont l'associé est titulaire, celui-ci perd la qualité d'associé à l'expiration du même délai. Dans tous les cas, le prix de cession des parts est consigné à la diligence du cessionnaire.

Art. 25. – La cession de tout ou partie de ses parts sociales par un associé à la société, aux autres associés ou à l'un ou plusieurs d'entre eux est portée à la connaissance du conseil régional par le ou les cessionnaires, au moyen d'une lettre recommandée.

Art. 26. – Lorsqu'un associé entend se retirer de la société en application de l'article 21 de la loi précitée du 29 novembre 1966, il notifie sa décision à la société dans l'une des formes prévues à l'article 22.

La société dispose de six mois à compter de cette notification pour notifier à l'associé, dans la même forme, un projet de cession de ses parts sociales à un tiers ou à un associé ou un projet de rachat des parts par la société. Cette notification implique engagement du cessionnaire ou de la société qui se porte acquéreur.

Les dispositions de l'article 24, alinéas 2 et 3, sont, le cas échéant, applicables.

Art. 27. – L'associé démissionnaire ou radié du tableau de l'ordre dispose d'un délai de six mois à compter du jour, soit de l'acceptation de sa démission, soit de celui où sa radiation est devenue définitive, pour céder ses parts sociales, soit à un tiers dans les conditions prévues aux articles 22 et 23, soit aux associés ou à l'un ou plusieurs d'entre eux, soit à la société.

Si, à l'expiration de ce délai, aucune cession n'est intervenue, il est procédé conformément aux dispositions de l'article 26.

Art. 28. – Sous réserve des règles de protection et de représentation des incapables, les dispositions de l'article précédent sont applicables à la cession des parts sociales de l'associé frappé d'interdiction légale ou placé sous le régime de la tutelle des majeurs. Dans ce cas, le délai de six mois est porté à un an.

Elles sont également applicables à la cession des parts sociales de l'associé dont l'exclusion de la société a été décidée dans le cas prévu à l'article 45. Le délai imparti à l'associé exclu pour céder ses parts court du jour où la décision des autres associés prononçant son exclusion lui a été notifiée dans l'une des formes prévues à l'article 22, alinéa 2.

§ 2. – Cessions après décès d'un associé

Art. 29. – Le délai prévu par l'article 24, alinéa 2, de la loi précitée du 29 novembre 1966 pour la cession des parts de l'associé décédé est fixé à six mois à compter du décès de l'associé.

Il peut être renouvelé par le président du conseil régional de l'ordre à la demande des ayants droit de l'associé décédé et avec le consentement de la société donné dans les conditions prévues pour la cession des parts sociales par l'article 19, alinéa 1er, de la loi précitée.

Art. 30. – Si, pendant le délai prévu à l'article précédent, les ayants droit décident de céder les parts sociales de leur auteur à un tiers étranger à la société, il est procédé conformément aux dispositions des articles 22, 23 et 24.

Art. 31. – Toute demande d'un ou plusieurs ayants droit d'un associé décédé, tendant à l'attribution préférentielle à leur profit des parts sociales de leur auteur, est notifiée à la société et à chacun des associés dans l'une des formes prévues à l'article 22, alinéa 2.

Les modalités de cette attribution sont régies pour le surplus par les dispositions des articles 22, alinéa 1er, et 23, et le cas échéant, par celles de l'article 24.

Art. 32. – Lorsque, à l'expiration du délai prévu à l'article 29, les ayants droit de l'associé décédé n'ont pas exercé la faculté de céder les parts sociales de leur auteur, et si aucun consentement préalable à l'attribution préférentielle n'a été donné par la société, celle-ci dispose d'un an pour acquérir ou faire acquérir les parts sociales de l'associé décédé. En cas de litige, il est fait application des dispositions de l'article 24, alinéas 2 et 3.

§ 3. – Publicité de la cession des parts sociales

Art. 33. – À la diligence du cessionnaire, un exemplaire de l'acte de cession des parts sociales, s'il est sous seing privé, ou une expédition de cet acte, s'il a été établi en la forme authentique, est déposé au secrétariat-greffe du tribunal de grande instance du lieu du siège social pour être versé au dossier ouvert au nom de la société, ainsi qu'au siège du conseil régional de l'ordre.

Jusqu'au dépôt au secrétariat-greffe du tribunal, la cession de parts sociales est inopposable aux tiers, qui peuvent toutefois s'en prévaloir.

Dans le cas où il y a lieu à réduction du capital social, en application de l'article 21 de la loi précitée du 29 novembre 1966, un exemplaire ou une expédition, selon le cas, de l'acte modifiant les statuts est déposé à la diligence d'un gérant de la société, au secrétariat-greffe du tribunal de grande instance pour être versé au dossier de la société, ainsi qu'au siège du conseil régional de l'ordre.

Tout intéressé peut obtenir du secrétaire-greffier en chef ou du conseil régional de l'ordre la délivrance à ses frais d'un extrait de l'acte de cession contenant seulement les indications prévues à l'article 12, alinéa 3.

Section III. – Augmentation du capital.
Retrait d'associés ou entrée de nouveaux associés

Art. 34. – Si les réserves constituées au moyen de bénéfices non distribués ou de plus-values d'actif dues à l'industrie des associés le permettent, il est procédé périodiquement à l'augmentation du capital social. Les parts sociales créées à cette occasion sont réparties entre tous les associés, y compris ceux qui n'ont apporté que leur industrie.

Les statuts fixent les conditions et les modalités d'application de l'alinéa précédent.

Le capital ne peut être augmenté par incorporation de réserves avant la libération intégrale des parts sociales souscrites en numéraire.

Art. 35. – En cas de retrait d'associés ou d'entrée de nouveaux associés, par suite de la cession de parts sociales ou de la création de nouvelles parts sociales consécutives à une augmentation du capital, la société est tenue de demander au conseil régional de l'ordre la modification correspondante de son inscription au tableau.

Si le conseil régional constate que la société, à la suite de l'opération intervenue, demeure constituée en conformité des dispositions législatives ou réglementaires qui la régissent, il modifie l'inscription de la société au tableau de l'ordre, en supprimant le nom de l'ancien associé ou en ajoutant le nom du nouvel associé.

Dans le cas contraire et notamment s'il est constaté qu'un associé n'est pas inscrit au tableau à titre personnel, il impartit un délai de régularisation ou prononce la radiation de la société si cette régularisation ne lui paraît pas possible.

Section IV. – Exercice de la profession

Art. 36. – Sous réserve de l'application du présent décret, toutes les dispositions législatives et réglementaires relatives à l'exercice de la profession de géomètre-expert par les personnes physiques, notamment en ce qui concerne la déontologie, les incompatibilités d'exercice, l'assurance et la garantie financière sont applicables aux sociétés civiles professionnelles de géomètres-experts et aux associés.

Art. 37. – La raison sociale est constituée par les noms de tous les associés, ou de l'un ou plusieurs d'entre eux suivis de la mention « et autres ».

Elle doit figurer dans tous les documents et correspondances émanant de la société, accompagnée de la qualification « société civile professionnelle de géomètres-experts », à l'exclusion de toute autre.

Art. 38. – Dans les actes professionnels, chaque associé indique la raison sociale de la société dont il est membre.

Art. 39. – Un géomètre-expert associé ne peut être membre que d'une seule société civile professionnelle de géomètres-experts et ne peut exercer la profession à titre individuel.

Art. 40. – Chaque associé exerce, au nom et pour le compte de la société, les activités de géomètre-expert, notamment celles pour lesquelles il a reçu personnellement un agrément administratif ou a été investi d'une mission par décision de justice.

Les associés doivent consacrer à la société toute leur activité professionnelle de géomètre-expert et s'informer mutuellement de cette activité, sans que puisse leur être opposée une violation du secret professionnel.

Art. 41. – Chaque géomètre-expert associé participe individuellement avec droit de vote à l'assemblée générale régionale, notamment lors de l'élection des membres du conseil régional.

Pour la détermination du nombre des membres du conseil régional, chaque géomètre-expert associé compte pour une unité.

Les géomètres-experts associés sont éligibles au conseil régional. Toutefois, celui-ci ne peut comprendre en même temps deux ou plusieurs associés d'une même société.

Les sociétés civiles professionnelles de géomètres-experts ne sont, en tant que telles, admises à siéger et à voter ni à l'assemblée générale régionale, ni dans les conseils de l'ordre.

Art. 42. – Les registres, répertoires et documents prévus par la loi ou les règlements sont ouverts et établis au nom de la société.

Art. 43. – L'assurance de la responsabilité professionnelle, exigée par l'article 16, alinéa 3, de la loi précitée du 29 novembre 1966, est contractée par la société, sans préjudice du droit des associés de contracter personnellement l'assurance.

Section V. – Discipline

Art. 44. – Sous réserve des articles suivants, les dispositions législatives ou réglementaires concernant la discipline des géomètres-experts sont applicables à la société civile professionnelle et aux associés.

La société peut faire l'objet de poursuites disciplinaires, indépendamment de celles qui seraient intentées contre les associés.

Art. 45. – Tout associé qui a été condamné à la peine disciplinaire de la suspension pour une durée égale ou supérieure à trois mois peut être contraint, par décision unanime des autres associés, à se retirer de la société. Ses parts sociales sont alors cédées dans les conditions prévues à l'article 28, alinéa 2.

Art. 46. – L'associé suspendu disciplinairement ne peut exercer aucune activité professionnelle de géomètre-expert pendant la durée de la peine, mais conserve, pendant le même temps, la qualité d'associé, avec tous les droits et obligations qui en découlent, à l'exclusion de sa vocation aux bénéfices sociaux.

Art. 47. – L'associé radié du tableau de l'ordre cesse d'exercer son activité professionnelle de géomètre-expert à compter du jour où la décision prononçant la radiation est passée en force de chose jugée. Ses parts sociales sont cédées dans les conditions fixées à l'article 27.

Art. 48. – La qualité de géomètre-expert associé est assimilée à celle de géomètre-expert pour la collation du titre de géomètre-expert honoraire.

CHAPITRE III. – NULLITÉ. DISSOLUTION. LIQUIDATION DE LA SOCIÉTÉ

Section I. – Nullité. Dissolution

Art. 49. – Une expédition de toute décision judiciaire passée en force de chose jugée prononçant la nullité de la société est déposée, à la diligence du procureur de la République, au secrétariat-greffe du tribunal de grande instance du lieu du siège social pour être versée au dossier ouvert au nom de la société, ainsi qu'au siège du conseil régional de l'ordre.

Art. 50. – La société prend fin à l'expiration du temps pour lequel elle a été constituée. Toutefois, la dissolution anticipée peut être décidée par les trois quarts au moins des associés disposant ensemble des trois quarts des voix.

Art. 51. – La radiation du tableau de l'ordre de tous les associés ou de la société entraîne de plein droit la dissolution de celle-ci.

La décision qui prononce ces radiations constate la dissolution de la société et ordonne sa liquidation. À la diligence du président du conseil régional, une expédition de cette décision est déposée au secrétariat-greffe du tribunal de grande instance du lieu du siège social, pour être versée au dossier ouvert au nom de la société.

Les associés radiés du tableau ne peuvent être liquidateurs.

Art. 52. – La société est dissoute de plein droit par le décès simultané de tous les associés ou par le décès du dernier survivant, sans qu'à la date de ce décès les parts sociales des autres aient été cédées à des tiers.

Art. 53. – S'il ne subsiste qu'un seul associé, celui-ci peut, dans le délai prévu à l'article 26, alinéa 2, de la loi précitée du 29 novembre 1966, céder une partie de ses parts sociales à un tiers inscrit au tableau de l'ordre.

À défaut, la société peut être dissoute dans les conditions prévues au même article.

Art. 54. – En cas de dissolution de la société par décision de justice passée en force de chose jugée une expédition de celle-ci est déposée, à la diligence du procureur de la République ou du président du conseil régional de l'ordre selon le cas, au secrétariat-greffe du tribunal de grande instance du lieu du siège social, pour être versée au dossier ouvert au nom de la société, ainsi qu'au siège du conseil régional.

Art. 55. – La nullité ou la dissolution judiciaire de la société n'est opposable aux tiers qu'à compter de l'accomplissement des formalités prévues aux articles 49 et 54.

Section II. – Liquidation de la société

Art. 56. – La société est en liquidation dès sa dissolution pour quelque cause que ce soit ou dès que la décision judiciaire déclarant sa nullité est passée en force de chose jugée.

La personnalité morale de la société subsiste pour les besoins de la liquidation, jusqu'à la clôture de celle-ci.

La raison sociale est obligatoirement suivie de la mention « société en liquidation ».

Art. 57. – Au cas de dissolution par survenance du terme ou par décision des associés, le liquidateur est nommé par les associés à la majorité des voix, à moins qu'il ne soit désigné dans les statuts. À défaut, il est nommé par le président du conseil régional, à la demande de l'associé le plus diligent.

Au cas où une décision judiciaire prononce la dissolution de la société ou déclare sa nullité, cette décision désigne le liquidateur.

Dans le cas de dissolution prévu aux articles 51 et 52, le liquidateur est désigné par le président du conseil régional de l'ordre, parmi les géomètres-experts inscrits au tableau.

En cas d'empêchement ou pour tout autre motif grave, le liquidateur est remplacé :

1° S'il a été nommé dans les conditions prévues aux alinéas 1 et 3 ci-dessus, par décision du président du conseil régional de l'ordre à la demande, soit du liquidateur lui-même, soit d'un ou de plusieurs associés ou de leurs ayants droit, ou même d'office ;

2° S'il a été nommé dans les conditions prévues à l'article 2 ci-dessus, par ordonnance du président du tribunal de grande instance statuant en la forme des référés, à la demande, soit du liquidateur lui-même, soit d'un ou de plusieurs associés ou de leurs ayants droit, soit du président du conseil régional de l'ordre.

Art. 58. – Le liquidateur représente la société pendant la durée de la liquidation de celle-ci.

Il dispose des pouvoirs les plus étendus pour réaliser l'actif, régler le passif, rembourser aux associés ou à leurs ayants droit le montant de leur apport et répartir entre eux, conformément aux dispositions des statuts, l'actif net résultant de la liquidation.

Les pouvoirs du liquidateur peuvent être précisés par la décision judiciaire ou la décision des associés qui l'a nommé.

La rémunération du liquidateur est fixée par la décision qui le nomme. Elle peut consister en une quote-part des produits nets de la société au cours de la période de liquidation.

Art. 59. – Le liquidateur convoque les associés ou leurs ayants droit réunis en assemblée, dans les trois mois suivant la clôture de chaque exercice, pour leur rendre compte de la gestion des affaires sociales.

Il les convoque également en fin de liquidation, pour statuer sur le compte définitif, se faire délivrer *quitus* et constater la clôture de la liquidation.

L'assemblée de clôture statue aux conditions prévues pour l'approbation des comptes de chaque exercice. Si elle ne peut délibérer ou refuse d'approuver les comptes du liquidateur, le tribunal de grande instance du lieu du siège social statue à la demande du liquidateur ou de tout intéressé.

Art. 60. – Dans le cas prévu à l'article 37, alinéa 2, de la loi précitée du 29 novembre 1966, concernant la société qui a adopté le statut de société coopérative, l'actif net de la société subsistant après extinction du passif et remboursement du capital versé est réparti entre les associés au prorata des parts détenues par chacun d'eux, y compris les parts représentatives d'apports en industrie.

CHAPITRE IV. – DISPOSITIONS DIVERSES

Art. 61. – À compter de la publication du présent décret, les géomètres-experts ne peuvent constituer entre eux, pour l'exercice en commun de la profession, que des sociétés régies par les articles 1er à 35 de la loi du 29 novembre 1966.

Les sociétés constituées entre géomètres-experts antérieurement à la publication du présent décret sont tenues, dans le délai de cinq ans à compter de cette publication, d'adopter le statut de société civile professionnelle, en modifiant leurs statuts à cet effet.

Les dispositions des alinéas précédents ne font pas obstacle à la création ou à la continuation, entre géomètres-experts, de sociétés civiles de moyens, définies et autorisées par l'article 36 de la loi précitée du 29 novembre 1966.

Décret n° 92-618 du 6 juillet 1992

relatif à l'exercice en commun de la profession de géomètre-expert sous la forme de société d'exercice libéral

(JO 7 juill.)

Titre 1er. – Des sociétés d'exercice libéral de géomètres-experts

(Div. créée, D. n° 2012-1237, 6 nov. 2012)

Art. 1er. – Les dispositions du présent décret régissent les sociétés constituées en application du titre I de la loi n° 90-1258 du 31 décembre 1990 et dont l'objet social est l'exercice en commun de la profession de géomètre-expert. Ces sociétés portent la dénomination de société d'exercice libéral de géomètres-experts.

Art. 2 ***(Mod., D. n° 2012-1237, 6 nov. 2012).*** **– Les actes et documents destinés aux tiers, notamment les lettres, factures, annonces et publications diverses, émanant d'une société d'exercice libéral de géomètres-experts doivent indiquer la dénomination sociale précédée ou suivie immédiatement, selon le cas :**

– soit de la mention « société d'exercice libéral à responsabilité limitée de géomètres-experts » ou de la mention « SELARL de géomètres-experts » ;

– soit de la mention « société d'exercice libéral à forme anonyme de géomètres-experts » ou de la mention « SELAFA de géomètres-experts » ;

– soit de la mention « société d'exercice libéral en commandite par actions de géomètres-experts » ou de la mention « SELCA de géomètres-experts »,

– soit de la mention : « société d'exercice libéral par action simplifiée de géomètres-experts » ou de la mention : « SELAS de géomètres-experts ».

ainsi que de l'énonciation de son capital social, de son siège social et de la mention de son inscription au tableau de l'ordre.

Art. 3 ***(Abr., D. n° 2016-874, 29 juin 2016).***

Art. 4 ***(Mod., D. n° 2010-651, 27 mai 2010 ; D. n° 2016-874, 29 juin 2016).*** **– Une part du capital, demeurant inférieure à la moitié de celui-ci, d'une société d'exercice libéral de géomètres experts, à responsabilité limitée ou à forme anonyme, peut être détenu par une ou plusieurs personnes ne répondant pas aux conditions de l'article 5 de la loi n° 90-1258 du 31 décembre 1990 susvisée.**

Art. 5. – La détention, directe ou indirecte, de parts ou actions du capital social d'une société d'exercice libéral de géomètres-experts est interdite :

– aux personnes exerçant une activité dans les domaines de l'aménagement, de la construction, des travaux publics, de la gestion ou de l'exploitation de services publics ou de l'information géographique. Cette interdiction n'est applicable ni aux salariés de cette société d'exercice libéral, ni aux personnes répondant aux conditions du premier alinéa ou des 1° à 5° du deuxième alinéa de l'article 5 de la loi n° 90-1258 du 31 décembre 1990 ;

– aux collectivités publiques et à leurs groupements, aux établissements publics et aux sociétés d'économie mixte.

Art. 6. – La détention de parts ou actions du capital social d'une société d'exercice libéral de géomètres-experts est interdite à toute personne radiée du tableau de l'ordre des géomètres-experts.

Art. 7. – Les sociétés d'exercice libéral de géomètres-experts sont soumises aux dispositions disciplinaires applicables à la profession de géomètre-expert.

Art. 8. – En cas de suspension du seul associé ou de tous les associés qui exercent la profession de géomètre-expert dans la société, l'exécution des actes professionnels et la gestion de la société sont assurées par un ou plusieurs géomètres-experts désignés par le conseil régional de l'ordre.

8.2.13.3.1. – Sociétés de participations financières de profession libérale

Décret n° 92-618 du 6 juillet 1992

relatif à l'exercice en commun de la profession de géomètre-expert sous la forme de société d'exercice libéral

Titre II. – Des sociétés de participations financières de professions libérales de géomètres-experts

(Titre créé, D. n° 2012-1237, 6 nov. 2012)

Chapitre Ier. – De la constitution de la société

Art. 9 *(D. n° 2012-1237, 6 nov. 2012 ; mod., D. n° 2016-874, 29 juin 2016)*. – **Les sociétés constituées, en application du titre IV de la loi n° 90-1258 du 31 décembre 1990 susvisée, en vue de la détention de parts sociales ou d'actions dans des sociétés exerçant la profession de géomètre expert, dénommées sociétés de participations financières de professions libérales de géomètres-experts sont régies par les dispositions du livre II du Code de commerce sous réserve des dispositions du présent titre.**

Art. 10 *(Abr., D. n° 2016-874, 29 juin 2016).*

Art. 11 *(D. n° 2012-1237, 6 nov. 2012 ; mod., D. n° 2016-874, 29 juin 2016)*. – **Les associés désignent un mandataire commun qui adresse la déclaration de constitution de la société de participations financières de professions libérales de géomètres-experts, par lettre recommandée avec demande d'avis de réception, au président du conseil régional de l'ordre des géomètres-experts dont relève la circonscription où est situé le siège social de la société.**

La déclaration de constitution doit être accompagnée des pièces suivantes :

1° Le formulaire de renseignements remis par le conseil régional de l'ordre, dûment rempli en deux exemplaires ;

2° Un exemplaire des statuts de la société et, le cas échéant, d'une expédition ou d'une copie de l'acte constitutif ;

3° Une pièce attestant le versement du forfait pour frais de dossier ;

4° La liste des associés avec indication, selon le cas, de leur profession ou de leur qualité et, pour chacun, de la mention de la part du capital qu'il détient dans la société.

La déclaration est, le cas échéant, accompagnée d'une note d'information désignant les sociétés d'exercice libéral de géomètres-experts dont les parts sociales ou actions seront détenues, à sa constitution, par la société de participations financières de professions libérales. La répartition du capital qui résulte de ces participations pour chacune d'entre elles sera précisée ;

5° Concernant les associés géomètres-experts :

***a)* Un certificat d'inscription au tableau de l'ordre, en ce qui concerne chaque associé, personne physique ou personne morale, déjà inscrit ;**

***b)* La demande d'inscription audit tableau en ce qui concerne chaque associé, personne physique ou personne morale, non encore inscrit ;**

6° Concernant les associés non géomètres-experts :

***a)* Pour les personnes physiques qui, ayant cessé toute activité professionnelle, ont exercé la profession de géomètre-expert, une attestation d'inscription au tableau de l'ordre mentionnant la date de la cessation d'activité ;**

***b)* Pour les personnes mentionnées au 3° du B du I de l'article 5 de la loi du 31 décembre 1990 susvisée, la preuve de ce que la personne dont ils sont les ayants droit a été inscrite au tableau de l'ordre ;**

***c)* Pour les personnes mentionnées au 5° du B du I de l'article 5 de la loi du 31 décembre 1990 précitée, une attestation d'inscription auprès des instances ordinales dont elles relèvent ou, lorsque ces instances n'existent pas, d'un document équivalent attestant de l'exercice d'une profession réglementée ;**

***d)* Pour les associés légalement établis dans un autre État membre de l'Union européenne ou partie à l'accord sur l'Espace économique européen ou dans la Confédération suisse qui exerce, dans l'un de ces États l'activité de géomètre expert, tout document de portée équivalente dans cet État à ceux prévus au *a* et au *b* du 5°.**

Art. 12 *(D. n° 2012-1237, 6 nov. 2012)*. – Le conseil régional de l'ordre procède, à la demande de son président, à l'inscription des sociétés de participations financières de professions libérales de géomètres-experts.

Art. 13 *(D. n° 2012-1237, 6 nov. 2012)*. – La société est inscrite dans une section intitulée « Section des sociétés de participations financières de professions libérales des géomètres-experts » du tableau du conseil régional de l'ordre des géomètres-experts.

Art. 14 *(Abr., D. n° 2016-874, 29 juin 2016)*.

Chapitre II. – Du fonctionnement et du contrôle de la société

(D. n° 2012-1237, 6 nov. 2012)

Art. 15 *(D. n° 2012-1237, 6 nov. 2012)*. – La société de participations financières de professions libérales de géomètres-experts fait connaître au conseil régional de l'ordre, dans un délai de trente jours à compter de la date à laquelle il se produit, tout changement dans la situation déclarée en application de l'article 11 du présent décret, avec les pièces justificatives.

Art. 16 *(D. n° 2012-1237, 6 nov. 2012)*. – Si la société de participations financières de professions libérales de géomètres-experts cesse de se conformer aux dispositions législatives et réglementaires régissant sa constitution et son fonctionnement, le conseil régional de l'ordre des géomètres-experts l'invite à régulariser la situation.

Si la société ne régularise pas sa situation, le conseil régional de l'ordre des géomètres-experts peut inviter les associés, par lettre recommandée avec demande d'accusé de réception, à prononcer la dissolution anticipée de la société selon les formes prévues par les statuts.

Art. 17 *(D. n° 2012-1237, 6 nov. 2012)*. – Chaque société de participations financières de professions libérales de géomètres-experts fait l'objet, au moins une fois tous les quatre ans, d'un contrôle portant sur le respect des dispositions législatives et réglementaires qui régissent la composition de son capital et l'étendue de ses activités.

Chaque société de participations financières de professions libérales de géomètres-experts peut, en outre, être soumise à des contrôles occasionnels prescrits par le Conseil national de l'ordre des géomètres-experts.

Ces contrôles sont effectués par le conseil régional de l'ordre des géomètres-experts dont relève la circonscription où est situé le siège social de la société, dans les conditions définies par le règlement intérieur de cet ordre.

Art. 18 *(D. n° 2012-1237, 6 nov. 2012 ; mod., D. n° 2016-880, 29 juin 2016)*. – Le non-respect des dispositions régissant la constitution et le fonctionnement des sociétés de participations financières de professions libérales par les associés exerçant la profession de géomètre expert peut donner lieu à des poursuites disciplinaires dans les conditions applicables aux professions auxquelles ces associés appartiennent.

Chapitre III. – De la dissolution-liquidation de la société

Art. 19 *(D. n° 2012-1237, 6 nov. 2012)*. – En cas de dissolution de la société, le liquidateur est choisi parmi les associés de la société de participations financières de professions libérales de géomètres-experts.

Plusieurs liquidateurs peuvent être désignés.

Le liquidateur peut être remplacé pour cause d'empêchement, ou pour tout autre motif grave, par le président du tribunal de grande instance du lieu du siège social de la société, statuant sur requête à la demande du liquidateur, des associés ou de leurs ayants droit, ou du procureur de la République.

Art. 20 *(D. n° 2012-1237, 6 nov. 2012)*. – La dissolution de la société est portée à la connaissance du président du conseil régional de l'ordre des géomètres-experts à la diligence du liquidateur, qui lui fait parvenir une expédition de la délibération des associés ou de la décision de justice qui l'a nommé dans ses fonctions.

Le liquidateur dépose au greffe chargé de la tenue du registre du commerce et des sociétés où la société est inscrite, pour être versée au dossier ouvert au nom de la société, la copie de l'expédition prévue au premier alinéa dont tout intéressé peut obtenir communication.

Il ne peut entrer en fonctions avant l'accomplissement des formalités précitées.

Art. 21 *(D. n° 2012-1237, 6 nov. 2012).* – Le liquidateur procède à la cession des parts ou actions que la société de participations financières de professions libérales de géomètres-experts détient dans la ou les sociétés d'exercice libéral.

Art. 22 *(D. n° 2012-1237, 6 nov. 2012).* – Le liquidateur informe le conseil régional de l'ordre des géomètres-experts de la clôture des opérations de liquidation.

Art. 23 *(Anc. art. 9 dénum., D. n° 2012-1237, 6 nov. 2012).* – Le garde des Sceaux, ministre de la Justice, et le ministre de l'Équipement, du Logement et des Transports sont chargés, chacun en ce qui le concerne, de l'exécution du présent décret, qui sera publié au *Journal officiel de la République française*.

8.2.13.4. – Sociétés en participation

Décret n° 95-128 du 2 février 1995

relatif à l'exercice en commun de la profession de géomètre-expert
sous la forme de société en participation
(JO 9 févr.)

Bibliographie : J.-J. Daigre, *Les sociétés en participation de géomètres-experts : BJS* 1996, p. 581.

Art. 1er. – La constitution entre géomètres-experts d'une société en participation régie par le titre II de la loi n° 90-1258 du 31 décembre 1990 susvisée donne lieu à l'insertion d'un avis dans un journal habilité à recevoir les annonces légales dans chacun des lieux d'exercice de la société.

L'avis contient la liste des géomètres-experts associés, la dénomination de la société, son objet et l'adresse de ses lieux d'exercice.

Il est communiqué au préalable au conseil régional de l'ordre des géomètres-experts dont relève chacun des lieux d'exercice.

Art. 2. – L'appartenance à une société en participation et la dénomination de celle-ci doivent être indiquées dans les actes professionnels et les correspondances de chaque géomètre-expert associé.

8.2.14. – GREFFIERS DE TRIBUNAL DE COMMERCE

8.2.14.1. – Dispositions communes aux diverses sociétés

Code de commerce

Partie réglementaire

Section II. – Des modes d'exercice

Sous-section 1. – Dispositions communes aux diverses sociétés

Art. R. 743-29. – La société est titulaire d'un office de greffier de tribunal de commerce. Son siège est celui de l'office.

La société reçoit l'appellation de « société titulaire d'un office de greffier de tribunal de commerce ».

§ 1. – De la constitution, de l'immatriculation et de l'entrée en fonctions de la société

Art. R. 743-30. – La société est constituée sous la condition suspensive de sa nomination par le garde des Sceaux, ministre de la Justice ; la condition est réputée acquise à la date de la publication de l'arrêté prévu à l'article R. 743-31.

Art. R. 743-31. – La nomination d'une société dans un office de greffier de tribunal de commerce, la nomination de chacun des associés qui exerceront au sein de la société et l'acceptation de leur démission sont prononcées par arrêté du garde des sceaux, ministre de la Justice.

Art. R. 743-32 *(Mod., D. n° 2009-452, 22 avr. 2009 ; D. n° 2011-1541, 15 nov. 2011 ; D. n° 2017-611, 24 avr. 2017).* – La demande de nomination de la société est présentée par le mandataire de la société ou, lorsque celle-ci n'est pas encore constituée, par celui des associés conjointement à la demande de nomination de ceux des associés qui entendent exercer la profession dans l'office.

La demande est adressée par téléprocédure sur le site internet du ministère de la Justice.

Elle est accompagnée de toutes pièces justificatives, notamment :

1° Des documents permettant de justifier du respect des conditions d'aptitude pour l'exercice de la profession par chacun des associés qui entendent être nommés dans l'office ainsi que du respect des conditions de détention du capital social et des droits de vote ou de composition des organes dirigeants ;

2° Une copie des statuts de la société ;

3° Une copie de toute convention relative aux rapports entre la société et les associés et de toute convention passée entre les associés relative à la société ;

4° Une attestation de chacun des associés indiquant la nature et le montant de son éventuelle participation à une autre société exerçant, directement ou indirectement, une profession juridique ou judiciaire réglementée ;

5° Lorsqu'un ou plusieurs associés doivent contracter un emprunt et que la société demande leur nomination dans un office existant ou vacant, des éléments permettant d'apprécier leurs possibilités financières au regard des engagements contractés.

NB : Conformément à l'article 4 du décret n° 2017-611 du 24 avril 2017, les dispositions du présent article relatives à la présentation des demandes et à la remise des déclarations par voie de téléprocédure sur le site du ministère de la Justice entrent en vigueur à une date fixée par arrêté du garde des Sceaux, ministre de la Justice, et au plus tard le 30 juin 2017. Jusqu'à cette date, les demandes et déclarations sont transmises au garde des Sceaux, ministre de la Justice, par lettre recommandée avec demande d'avis de réception.

Les procédures, engagées avant cette date et relatives aux nominations, aux cessions d'actions ou de parts sociales et aux augmentations de capital, demeurent régies par les dispositions applicables antérieurement à cette date.

Art. R. 743-33 *(Rempl., D. n° 2009-452, 22 avr. 2009 ; mod., D. n° 2017-611, 24 avr. 2017).* – I. – Le conseil national des greffiers des tribunaux de commerce communique au garde des Sceaux, ministre de la Justice, dans les vingt jours suivant sa demande, toute information dont il dispose permettant à celui-ci d'apprécier les capacités professionnelles et l'honorabilité de chacun des associés qui entendent exercer au sein de l'office et de chacune des personnes mentionnées au II qui relèvent de ses attributions.

II. – Les associés n'exerçant pas la profession au sein de la société ainsi que les représentants légaux qui ne sont pas associés et les personnes physiques membres des organes d'administration, de direction ou de surveillance de la société, doivent présenter des garanties suffisantes en ce qui concerne leur honorabilité.

III. – Le garde des Sceaux, ministre de la Justice, rejette la demande de nomination si les conditions légales et réglementaires auxquelles elle est soumise, y compris celle mentionnée au II, ne sont pas remplies.

Art. R. 743-34. – Lorsqu'il est constitué une société entre des greffiers de tribunaux de commerce supprimés et remplacés par un tribunal dont le ressort comprend l'ensemble des ressorts des tribunaux supprimés, cette société peut être nommée greffier du nouveau tribunal de commerce sans qu'il y ait lieu de recourir à la procédure prévue aux articles *(Réf. rempl., D. n° 2017-893, 6 mai 2017)* « R. 742-19 » à R. 742-23.

Art. R. 743-35 *(Mod., D. n° 2017-611, 24 avr. 2017).* – Chacun des arrêtés pris pour l'application des articles R. 743-42, R. 743-47, R. 743-69, R. 743-100, R. 743-101, R. 743-123, R. 743-126 et R. 743-127 modifie ou complète l'arrêté prévu à l'article R. 743-31. Il fixe la liste des greffiers de tribunal de commerce associés en tenant compte du retrait ou de la nomination de certains d'entre eux.

À la diligence de la société, une copie de chacun de ces arrêtés et des déclarations adressées au garde des Sceaux, ministre de la Justice, en application de l'article R. 743-130 est adressée au greffier du tribunal de commerce du lieu du siège social pour être versée au dossier ouvert au nom de la société au registre du commerce et des sociétés.

Art. R. 743-36. – Si les statuts sont établis par acte sous seing privé, il est établi autant d'originaux qu'il est nécessaire pour la remise d'un exemplaire à chaque associé et pour satisfaire aux dispositions des articles R. 743-32 et R. 743-41.

Art. R. 743-37. – Peuvent faire l'objet d'apports à une société :

1° L'exercice par un greffier de tribunal de commerce démissionnaire, un gérant d'une société civile professionnelle ou un représentant légal d'une société d'exercice libéral en voie de dissolution ou par un liquidateur d'une société dissoute, du droit de présenter la société pour successeur à l'agrément du garde des sceaux, ministre de la Justice ;

2° L'exercice, par un ou plusieurs ayants droit d'un greffier de tribunal de commerce décédé, de leur droit de présenter la société pour successeur de leur auteur à l'agrément du garde des sceaux, ministre de la Justice ;

3° Le bénéfice résultant pour la société de la suppression d'un tribunal de commerce limitrophe et de son greffe lorsque la circonscription de ladite juridiction est rattachée au ressort du tribunal de commerce dont la société est titulaire du greffe ;

4° Tous droits incorporels et tous meubles utiles à l'exercice de la profession de greffier de tribunal de commerce ;

5° Les immeubles devant servir à l'établissement du siège de l'office ;

6° Toutes sommes en numéraire.

Art. R. 743-38. – Sous réserve de la condition suspensive prévue à l'article R. 743-30, les titres de capital ou parts sociales attribués en contrepartie des apports en nature sont réputés libérés par l'engagement pris dans l'acte de société par l'apporteur soit d'exercer son droit de présentation en faveur de la société dans les cas visés aux 1° et 2° de l'article R. 743-37, soit, dans le cas visé au 3° du même article, de renoncer à toute indemnisation du fait de la suppression du greffe du tribunal de commerce limitrophe dont il était titulaire.

Art. R. 743-39. – Les titres de capital ou parts sociales d'une société titulaire d'un office de greffier de tribunal de commerce ne peuvent être ni donnés en nantissement ni vendus aux enchères publiques.

Art. R. 743-40. – Le retrait des fonds provenant des souscriptions en numéraire est effectué par un mandataire de la société sur la seule justification de la nomination de celle-ci dans les fonctions de greffier de tribunal de commerce.

Art. R. 743-41 *(Mod., D. n° 2017-611, 24 avr. 2017).* – L'immatriculation de la société au registre du commerce et des sociétés est régie par les articles R. 123-31 et suivants, sous réserve des dispositions ci-après :

Une ampliation de l'arrêté de nomination prévu à l'article R. 743-31 est adressée par les associés au greffe du tribunal où a été déposée la demande d'immatriculation au registre du commerce et des sociétés ; au reçu de cette ampliation, le greffier procède à l'immatriculation et en informe le garde des Sceaux, ministre de la Justice, ainsi que le procureur général près la cour d'appel dans le ressort de laquelle est fixé le siège de la société.

Art. R. 743-42. – Les dispositions législatives ou réglementaires relatives à la prestation de serment et au dépôt de la signature et du paraphe des personnes physiques nommées dans les fonctions de greffier de tribunal de commerce sont applicables aux membres d'une société titulaire d'un office de greffier de tribunal de commerce exerçant au sein de la société et aux greffiers de tribunal de commerce associés.

La société ne peut entrer en fonction qu'après la prestation de serment de tous ses membres exerçant en son sein. Ceux-ci n'ont le droit d'accomplir les actes de la profession qu'à compter du jour où ils ont prêté serment.

L'associé, précédemment titulaire d'un office de greffier de tribunal de commerce, qui a fait apport de son droit de présentation à la société, n'a pas à renouveler son serment.

Tout associé qui, exerçant ses fonctions au sein de la société, n'a pas prêté serment dans le mois suivant la publication de l'arrêté prévu à l'article R. 743-31 peut, sauf cas de force majeure, être déchu par arrêté du garde des sceaux, ministre de la Justice, de sa qualité d'associé, et ses titres de capital ou parts sociales sont cédés dans les conditions fixées aux articles R. 743-102 et R. 743-128.

§ 2. – Du fonctionnement de la société

Art. R. 743-43. – Toute délibération fait l'objet d'un procès-verbal signé par les associés présents et contenant notamment la date et le lieu de la réunion, son ordre du jour détaillé, l'identité des associés présents et représentés, un résumé des débats, le texte des résolutions mises aux voix et le résultat des votes.

Les procès-verbaux des délibérations des associés, ainsi que, le cas échéant, ceux des délibérations du conseil d'administration ou du conseil de surveillance et du directoire, sont établis sur un registre spécial préalablement coté et paraphé par le président du tribunal de commerce ou l'un des membres du tribunal qu'il désigne à cet effet. Le registre est conservé au siège de la société.

Toutefois, les procès-verbaux peuvent être établis sur des feuilles mobiles numérotées sans discontinuité, paraphées dans les conditions prévues au premier alinéa. Dès qu'une feuille a été remplie, même partiellement, elle doit être jointe à celles précédemment utilisées. Toute addition, suppression, substitution ou inversion de feuilles est interdite.

Art. R. 743-43-1 *(D. n° 2017-893, 6 mai 2017 ; mod., D. n° 2019-162, 5 mars 2019).* – Tout projet de cession de titres de capital ou parts sociales devant donner lieu à la nomination d'un greffier de tribunal de commerce exerçant au sein de la société, ainsi que la valeur des titres ou parts à céder, sont portés à la connaissance du garde des sceaux, ministre de la justice par téléprocédure sur le site internet du ministère de la justice. Il en est de même pour tout projet d'augmentation du capital de la société devant donner lieu à la nomination d'un greffier de tribunal de commerce exerçant au sein de la société ainsi que pour la valeur de l'apport en contrepartie duquel les parts sociales ou titres de capital sont émis.

Sauf lorsque la valeur des titres ou parts à céder ou à émettre apparaît manifestement excessive, un arrêté du garde des sceaux, ministre de la justice, assure la publicité de cette annonce et précise la date limite de dépôt des candidatures. Le délai imparti aux candidats pour adresser leur candidature ne peut être inférieur à trente jours à compter de la publication de l'arrêté au Journal officiel de la République française. Les candidatures sont adressées, par lettre recommandée avec demande d'avis de réception ou tout autre moyen permettant d'en assurer la réception, à l'associé cédant ou à la société dont l'augmentation du capital est envisagée.

Art. R. 743-44 *(Mod., D. n° 2009-452, 22 avr. 2009 ; D. n° 2011-1541, 15 nov. 2011 ; D. n° 2017-611, 24 avr. 2017 ; D. n° 2019-162, 5 mars 2019).* – Toute convention par laquelle l'un des associés cède la totalité ou une fraction de ses titres de capital ou parts sociales à un tiers, en vue de l'exercice par celui-ci de la profession de greffier de tribunal de commerce, est passée sous la condition suspensive de l'acceptation du cessionnaire par les associés, et, s'il y a lieu, de l'approbation du retrait du cédant.

Lorsqu'il sélectionne un lauréat du concours prévu à l'article R. 742-6-1, le cédant désigne, parmi les candidats issus d'une même promotion, le candidat le mieux classé, sous réserve que celui-ci s'engage à s'acquitter du prix demandé, et qu'il recueille le consentement de la société. En cas de refus de la société de consentir à la cession au profit du candidat désigné, le cédant peut désigner, sous les mêmes réserves, le candidat de la même promotion classé immédiatement après, ou le candidat le mieux classé d'une autre promotion, ou un candidat précédemment nommé greffier.

Lorsque le consentement de la société est acquis dans les conditions prévues par les articles R. 743-99 et R. 743-125, le cessionnaire adresse au garde des sceaux, ministre de la justice, une requête tendant à sa nomination en qualité de greffier de tribunal de commerce associé exerçant au sein de la société.

Cette requête est transmise par téléprocédure sur le site internet du ministère de la justice.

Elle est accompagnée de l'expédition de l'acte de cession des titres de capital ou des parts sociales, si celui-ci a été établi dans la forme authentique, ou de l'un des originaux de cet acte dans le cas contraire, ainsi que de toutes pièces justificatives, notamment de celles établissant le consentement exprès ou tacite donné par la société à la cession, et de celles exigées de tout candidat aux fonctions de greffier de tribunal de commerce. Lorsque le futur associé doit contracter un emprunt, la requête est accompagnée des éléments permettant d'apprécier ses possibilités financières au regard des engagements contractés.

Le prix de cession et ses modalités de paiement sont fixés par les parties.

Le conseil national des greffiers des tribunaux de commerce communique au garde des sceaux, ministre de la justice, dans les vingt jours suivant sa demande toute information dont il dispose permettant à celui-ci d'apprécier les capacités professionnelles et l'honorabilité du cessionnaire.

Les procédures, engagées avant cette date et relatives aux nominations, aux cessions d'actions ou de parts sociales et aux augmentations de capital, demeurent régies par les dispositions applicables antérieurement à cette date.

Art. R. 743-45. – *(Mod., D. n° 2009-452, 22 avr. 2009 ; D. n° 2017-611, 24 avr. 2017)* – Toute modification de la répartition ou du nombre des actions ou parts sociales détenues par les associés, qu'ils exercent ou non la profession dont l'exercice constitue l'objet social de la société ou des droits de vote afférents, fait l'objet d'une déclaration au garde des Sceaux, ministre de la Justice, dans un délai de trente jours, par téléprocédure sur le site internet du ministère de la Justice, à la diligence de la société ou de l'un au moins des associés concernés. La déclaration est accompagnée de la copie des statuts et de tout document permettant d'établir l'accord de la société ou des autres associés lorsque celui-ci est requis.

Il en est de même lorsqu'un des associés d'une société civile professionnelle cède la totalité de ses parts sociales à la société, aux autres associés ou à l'un ou plusieurs d'entre eux et s'il demeure dans la société, étant attributaire de parts d'intérêts.

NB : Conformément à l'article 4 du décret n° 2017-611 du 24 avril 2017, les dispositions du présent article relatives à la présentation des demandes et à la remise des déclarations par voie de téléprocédure sur le site du ministère de la Justice entrent en vigueur à une date fixée par arrêté du garde des Sceaux, ministre de la Justice, et au plus tard le 30 juin 2017. Jusqu'à cette date, les demandes et déclarations sont transmises au garde des Sceaux, ministre de la Justice, par lettre recommandée avec demande d'avis de réception.

Les procédures, engagées avant cette date et relatives aux nominations, aux cessions d'actions ou de parts sociales et aux augmentations de capital, demeurent régies par les dispositions applicables antérieurement à cette date.

Art. R. 743-46. – Les articles R. 743-44, R. 743-45, R. 743-100 et R. 743-126 sont également applicables à la cession à titre gratuit de tout ou partie de ses titres de capital ou parts sociales consentie par l'un des associés.

Art. R. 743-47 *(Mod., D. n° 2017-611, 24 avr. 2017)*. – Le nombre des associés peut être augmenté au cours de l'existence de la société, avec ou sans augmentation du capital social.

Tout nouvel associé qui entend exercer au sein de la société doit remplir les conditions requises pour exercer la profession de greffier de tribunal de commerce et être agréé par le garde des Sceaux, ministre de la Justice, qui le nomme en qualité de greffier de tribunal de commerce associé.

Art. R. 743-48 *(Mod., D. n° 2017-611, 24 avr. 2017 ; D. n° 2019-162, 5 mars 2019)*. – Si la nomination du nouvel associé intervient à l'occasion d'une augmentation du capital social, les dispositions des articles R. 743-31, R. 743-32, R. 743-33, R. 743-36 et R. 743-42 et du deuxième alinéa de l'article R. 743-44 sont applicables.

La décision d'augmenter le capital social est prise, le cas échéant, sous la condition suspensive de l'agrément du nouvel associé qui entend exercer au sein de la société par le garde des sceaux, ministre de la justice.

Art. R. 743-49 *(Mod., D. n° 2017-611, 24 avr. 2017)*. – La décision de proroger la société doit être immédiatement portée à la connaissance du garde des Sceaux, ministre de la Justice, par le représentant légal de la société, par téléprocédure sur le site internet du ministère de la Justice.

§ 3. – De l'exercice des fonctions de greffier de tribunal de commerce par la société et les associés

Art. R. 743-50. – Sous réserve de l'application des dispositions de la présente section, toutes dispositions législatives et réglementaires relatives à l'exercice des fonctions de greffier de tribunal de commerce par les personnes physiques et spécialement à la déontologie ou à la discipline sont applicables aux sociétés titulaires d'un office de greffier de tribunal de commerce et aux greffiers de tribunal de commerce associés exerçant en son sein.

Art. R. 743-51. – Dans tous les actes professionnels qu'il accomplit et dans toutes ses correspondances, le greffier de tribunal de commerce indique son titre de greffier de tribunal de commerce, sa qualité d'associé d'une société titulaire d'un office de greffier de tribunal de commerce et l'adresse du siège de cette société.

Art. R. 743-52. – Un greffier de tribunal de commerce associé, exerçant au sein d'une société, ne peut exercer la profession de greffier de tribunal de commerce à titre individuel ou en qualité de membre d'une autre société, quelle qu'en soit la forme.

Art. R. 743-53. – *(Al. rempl., D. n° 2017-611, 24 avr. 2017)* Chaque greffier de tribunal de commerce associé exerce ses fonctions au nom de la société. Il consacre à la société toute son activité professionnelle et informe les autres greffiers associés de cette activité.

Le greffier de tribunal de commerce associé exerce à titre exclusif la profession de greffier de tribunal de commerce ainsi que toutes les activités qui s'y rattachent.

Art. R. 743-54. – Les règles concernant la tenue de la comptabilité des greffiers de tribunal de commerce sont applicables à la société. Tous les registres et documents sont ouverts ou établis au nom de la société.

Art. R. 743-55. – Chaque société régie par le présent titre est tenue de contracter une assurance de responsabilité professionnelle.

Art. R. 743-56. – La société ne peut faire l'objet de poursuites disciplinaires indépendamment de celles qui seraient intentées contre les associés.

Art. R. 743-57 *(Mod., D. n° 2017-611, 24 avr. 2017).* – Le greffier de tribunal de commerce associé provisoirement suspendu de ses fonctions ne peut exercer aucune activité professionnelle ; il conserve, pendant la durée de sa suspension, sa qualité d'associé, avec tous droits et obligations qui en découlent.

La décision qui prononce la suspension provisoire d'un ou de plusieurs associés exerçant leurs fonctions au sein de la société, mais non de la totalité d'entre eux, ne commet pas d'administrateur.

La décision qui prononce la suspension provisoire soit de la société, soit de tous les associés exerçant leurs fonctions au sein de la société, commet un ou plusieurs administrateurs provisoires pour accomplir tous les actes professionnels relevant à titre obligatoire du ministère de la Société ou de greffier de tribunal de commerce.

En outre, peuvent être désignées en qualité d'administrateurs provisoires les personnes mentionnées au premier alinéa de l'article R. 743-17.

L'administrateur provisoire, qui n'est pas greffier de tribunal de commerce en exercice, prête avant son entrée en fonctions le serment exigé d'un greffier de tribunal de commerce ; de plus, il est tenu d'avoir un cachet portant son nom et sa qualité d'administrateur provisoire.

L'administrateur provisoire procède, au siège de la société, aux actes professionnels qu'il a mission d'accomplir.

Art. R. 743-58. – L'associé destitué est déchu de sa qualité de greffier de tribunal de commerce associé et cesse l'exercice de son activité professionnelle à compter du jour où la décision prononçant sa destitution est passée en force de chose jugée. Il perd, à compter de la même date, le droit d'assister et de voter aux assemblées de la société.

Ses titres de capital ou parts sociales sont cédés dans les conditions fixées aux articles R. 743-102 et R. 743-128.

Les dispositions de l'article R. 743-57 sont applicables en cas de destitution.

Les effets de la destitution de la société ou de tous les associés exerçant au sein de la société sont régis par l'article R. 743-66.

Art. R. 743-59. – À la diligence du ministère public, une expédition de la décision prononçant la destitution de la société ou de tous les associés exerçant en son sein est versée au dossier ouvert au nom de la société au greffe chargé de la tenue du registre du commerce et des sociétés.

Art. R. 743-60. – Si l'un des associés est temporairement empêché, par cas de force majeure, d'exercer ses fonctions, sa suppléance est assurée par les autres associés exerçant au sein de la société.

Si tous les associés sont simultanément empêchés, par cas de force majeure, d'exercer leurs fonctions, la gestion de l'office est assurée conformément aux dispositions réglementaires en vigueur.

Toutefois, le ou les suppléants sont choisis parmi les personnes énumérées au premier alinéa de l'article R. 743-17, et les dispositions des cinquième et sixième alinéas de l'article R. 743-57 leur sont applicables.

Art. R. 743-60-1 *(D. n° 2017-611, 24 avr. 2017)*. – L'associé qui souhaite bénéficier de l'autorisation de prolongation d'activité prévue au deuxième alinéa de l'article L. 741-1 en informe la société et ses autres associés. Il les informe également de la suite réservée à sa demande.

Art. R. 743-61. – Les fonctions de greffier de tribunal de commerce associé *(Mots aj., D. n° 2011-1270, 11 oct. 2011)* « ou salarié » sont assimilées à celles de greffiers de tribunal de commerce pour la collation de titre de greffier de tribunal de commerce honoraire.

Art. R. 743-62. – L'ancienneté des greffiers de tribunal de commerce associés est déterminée compte tenu, s'il y a lieu, du temps de service effectué en qualité de greffier de commerce.

L'ancienneté des sociétés est déterminée par la date d'entrée dans la société du plus ancien de ses membres exerçant en son sein.

§ 4. – De la nullité, de la dissolution et de la liquidation de la société

Art. R. 743-63. – À la diligence du procureur de la République, toute décision judiciaire définitive prononçant la nullité de la société fait l'objet d'une insertion au *Journal officiel* de la République française et d'un dépôt d'une de ces expéditions au dossier ouvert au nom de la société au greffe chargé de la tenue du registre du commerce et des sociétés.

Art. R. 743-64. – La nullité de la société ne porte pas atteinte à la validité des actes de leur profession effectués par les greffiers de tribunal de commerce associés exerçant au sein de la société avant la date où cette nullité est devenue définitive.

Art. R. 743-65. – La nullité de la société n'est opposable aux tiers qu'à compter de l'accomplissement de formalités de publicité prévues par l'article R. 743-63, le deuxième alinéa de l'article R. 743-75 et l'article R. 743-76.

Art. R. 743-66. – La destitution de tous les associés exerçant au sein de la société ou de la société entraîne de plein droit la dissolution de celle-ci par extinction de son objet.

La décision qui prononce ces destitutions constate la dissolution de la société et ordonne sa liquidation.

Le liquidateur désigné remplit les fonctions de l'administrateur dont la nomination est prévue par l'article R. 743-17.

Les associés destitués ne peuvent être choisis comme liquidateurs.

Art. R. 743-67. – La société est dissoute de plein droit par le décès simultané de tous les associés ou par le décès du dernier survivant, si tous sont décédés successivement sans qu'à la date du dernier d'entre eux les titres de capital ou parts sociales des autres aient été cédés à des tiers.

Art. R. 743-68. – La société est dissoute de plein droit si tous les associés demandent simultanément leur retrait dans les conditions prévues à l'article 21 de la loi n° 66-879 du 29 novembre 1966 relative aux sociétés civiles professionnelles et aux articles R. 743-101 et R. 743-127, ou s'ils ont demandé successivement ce retrait, sans qu'à la date de la dernière demande les parts sociales ou titres de capital des autres associés aient été cédés à des tiers.

La dissolution a lieu à la date de la notification à la société des demandes simultanées de retrait ou de la dernière de ces demandes.

Les dispositions des articles R. 743-69, R. 743-75 et R. 743-114 reçoivent application.

Art. R. 743-68-1 *(D. n° 2017-611, 24 avr. 2017)*. – La société est dissoute de plein droit lorsque tous les associés exerçant au sein de la société cessent simultanément d'exercer leurs fonctions dans les conditions prévues à l'article L. 741-1 ou, lorsque tous les associés exerçant ont successivement cessé leurs fonctions dans les conditions prévues par cet article sans qu'à la date du départ à la retraite du dernier d'entre eux, les actions ou parts sociales des autres aient été cédées à des tiers.

Art. R. 743-69. – La société est réputée démissionnaire de son office à la date de sa dissolution.

La dissolution de la société prend effet, quelle qu'en soit la cause, à la date à laquelle elle est constatée par arrêté du garde des sceaux, ministre de la Justice.

Art. R. 743-70. – La dissolution de la société n'est opposable aux tiers qu'à compter de l'accomplissement de formalités de publicité prévues par les articles R. 743-59, R. 743-63, par le deuxième alinéa de l'article R. 743-75, et par l'article R. 743-76.

Art. R. 743-71. – Lorsqu'une société est en état de liquidation, sa personnalité morale subsiste pour les besoins de la liquidation jusqu'à la clôture de celle-ci.

La raison sociale ou dénomination sociale est obligatoirement suivie de la mention « Société en liquidation ».

Art. R. 743-72. – La liquidation est régie par les statuts, sous réserve des dispositions du livre II et de la présente section, sauf dans les cas de nullité et de dissolution par suite de la destitution de la société.

Art. R. 743-73 *(Mod., D. n° 2017-611, 24 avr. 2017)*. – Le liquidateur est désigné conformément aux statuts, sauf dans les deux cas prévus à l'article R. 743-72, ainsi que dans les cas prévus à l'article R. 743-74. À défaut, il est désigné soit par la décision judiciaire qui prononce la nullité et la dissolution de la société, soit par la délibération des associés qui constate ou décide cette dissolution.

Sous réserve des dispositions du quatrième alinéa de l'article R. 743-66, le liquidateur peut être choisi soit parmi les associés eux-mêmes, soit parmi les personnes mentionnées à l'article R. 743-17.

Nul ne peut être désigné liquidateur s'il a atteint la limite d'âge prévue par l'article L. 741-1.

Il peut être remplacé pour cause d'empêchement ou pour tout autre motif grave par le président du tribunal de grande instance statuant en référé à la demande soit du liquidateur lui-même, soit des associés ou de leurs ayants droit, soit du ministère public.

Plusieurs liquidateurs peuvent être désignés.

Art. R. 743-74 *(Mod., D. n° 2017-611, 24 avr. 2017)*. – En cas de dissolution de la société par suite du décès des associés, le liquidateur est désigné conformément aux dispositions réglementaires applicables à la suppléance des offices publics et ministériels et remplit les fonctions attribuées au suppléant par ces textes, par dérogation aux dispositions de l'article R. 743-73. Il en est de même dans le cas prévu à l'article R. 743-68-1 de la dissolution de la société par suite de la cessation de leurs fonctions par tous les associés exerçant en son sein.

Art. R. 743-75. – À moins qu'il n'ait été désigné à la requête du procureur de la République, le liquidateur informe celui-ci de sa désignation en lui faisant parvenir copie ou expédition de la délibération des associés, ou de la décision de justice qui l'a nommé dans ses fonctions.

Le liquidateur dépose au greffe chargé de la tenue du registre du commerce et des sociétés où la société est inscrite, pour être versée au dossier ouvert au nom de la société, la copie de l'expédition prévue au premier alinéa dont tout intéressé peut obtenir communication.

Il ne peut entrer en fonctions avant l'accomplissement des formalités précitées.

Art. R. 743-76. – Le dépôt prévu à l'article R. 743-75 est effectué à la diligence du procureur de la République si celui-ci a provoqué la nomination du liquidateur.

Art. R. 743-77. – Le liquidateur représente la société pendant la durée de la liquidation de celle-ci et remplit en remplacement des associés tous actes relevant de la profession de greffier de tribunal de commerce.

Les dispositions des deux derniers alinéas de l'article R. 743-57 sont applicables.

À compter de la date de prestation de serment du successeur de la société, le liquidateur cesse d'avoir qualité pour accomplir, au nom de celle-ci, les actes relevant de la profession de greffier de tribunal de commerce.

Art. R. 743-78. – Le liquidateur dispose des pouvoirs les plus étendus pour procéder à la liquidation de la société. Il est chargé notamment de gérer celle-ci pendant sa liquidation, de réaliser son actif, d'apurer son passif, et, après remboursement du capital social aux associés ou à leurs ayants droit, de répartir entre ceux-ci, conformément aux dispositions des statuts, l'actif provenant de la liquidation.

Les pouvoirs du liquidateur peuvent être précisés par la décision judiciaire ou par la décision des associés, qui lui a conféré ses fonctions.

Art. R. 743-79 *(Mod., D. n° 2019-162, 5 mars 2019)*. **– Sauf dans le cas où la société est dissoute par l'effet de sa destitution, le liquidateur exerce au nom de la société le droit de présentation prévu par l'article 91 de la loi du 28 avril 1816 sur les finances, dans les conditions prévues aux articles R. 742-27-1, à l'exception de son dernier alinéa, R. 742-27-2 et R. 742-28.**

Si, dans le délai d'un an à compter de sa désignation, le liquidateur n'a pas exercé le droit de présentation dont la société est titulaire, l'office est pourvu dans les conditions fixées par les dispositions réglementaires relatives aux offices vacants. Ce délai peut être exceptionnellement prorogé par le garde des sceaux, ministre de la justice.

Art. R. 743-80. – La décision judiciaire ou la décision de l'assemblée des associés qui nomme le liquidateur fixe sa rémunération.

Celle-ci peut être constituée par une quote-part des produits nets de l'office dont la société est titulaire.

8.2.14.2. – Sociétés civiles professionnelles

Code de commerce

Partie réglementaire

Sous-section 2. – Dispositions applicables aux sociétés civiles professionnelles

§ 1. – De la constitution de la société

Art. R. 743-81. – Une personne physique titulaire d'un office de greffier de tribunal de commerce peut constituer une société civile professionnelle qui peut être nommée dans cet office avec :

– Une ou plusieurs personnes physiques remplissant les conditions requises pour exercer la profession de greffier de tribunal de commerce ;

– Une ou plusieurs personnes physiques titulaires de greffes de tribunaux de commerce limitrophes en cas de suppression de ces juridictions et de rattachement de leur ressort à la circonscription du tribunal de commerce dans le greffe duquel demande à être nommée la société.

Art. R. 743-82. – Des personnes physiques remplissant les conditions requises pour exercer la profession de greffier de tribunal de commerce peuvent constituer entre elles une société civile professionnelle qui peut être nommée greffier de tribunal de commerce :

1° Soit en remplacement du titulaire d'un office existant, qui exerce en sa faveur le droit de présentation ;

2° Soit dans un office vacant ;

3° Soit, en cas de création d'un tribunal de commerce, dans l'office de greffier de cette juridiction.

Art. R. 743-83 *(Rempl., D. n° 2017-893, 6 mai 2017)*. **– Lorsque la société est candidate à la nomination dans un office en remplacement du titulaire existant, il est procédé selon les dispositions prévues aux articles R. 742-27-1 et R. 742-27-2. Ces dispositions ne sont toutefois pas applicables dans les cas où le titulaire existant fait usage de son droit de présentation au profit d'une société dont il sera lui-même associé exerçant.**

Lorsque la société est candidate à la nomination dans un office créé ou vacant, il est procédé selon les dispositions prévues aux articles R. 742-19 à R. 742-24.

Art. R. 743-83-1 *(D. n° 2017-613, 24 avr. 2017)*. **– Une société civile professionnelle constituée par transformation d'une société d'exercice libéral titulaire d'un office doit être agréée par arrêté du garde des Sceaux, ministre de la Justice.**

Art. R. 743-84 *(Mod., D. n° 2012-403, 23 mars 2012)*. **– Sans préjudice de toutes autres mentions utiles et notamment de celles qui sont prévues par les articles 8, 10, 11, 14, 15, 19 et 20 de la loi n° 66-879 du 29 novembre 1966 relative aux sociétés civiles professionnelles, concernant respectivement la dénomination**

sociale, la répartition des parts, les gérants, la répartition des bénéfices, les dettes sociales, les cessions de parts ou de celles qui sont prévues par le présent titre, les statuts doivent indiquer :

1° Les noms, prénoms et domicile des associés ;

2° Le tribunal de commerce au siège duquel est fixé le siège social de la société ;

3° La durée pour laquelle la société est constituée ;

4° La nature et l'évaluation distincte de chacun des apports effectués par les associés ;

5° Le montant du capital social, le nombre et le montant nominal des parts sociales représentatives de ce capital ;

6° Le nombre des parts d'intérêts attribuées à chaque apporteur en industrie ;

7° L'affirmation de la libération totale ou partielle, suivant le cas, des apports concourant à la formation du capital social.

Art. R. 743-85. – L'industrie des associés, laquelle, en vertu de *(Réf. rempl., D. n° 2019-162, 5 mars 2019)* « l'article 1843-2 du Code civil », ne concourt pas à la formation du capital mais peut donner lieu à l'attribution de parts d'intérêts, peut faire l'objet d'apports à une société civile professionnelle titulaire d'un office de greffier de tribunal de commerce.

Art. R. 743-86. – Le montant nominal des parts sociales ne peut être inférieur à 150 €.

Les parts d'intérêts correspondant aux apports en industrie sont incessibles et doivent être annulées lorsque leur titulaire quitte la société pour quelque cause que ce soit, y compris la dissolution de celle-ci.

Art. R. 743-87. – Les parts sociales correspondant à des apports en numéraire doivent être libérées, lors de la souscription, du quart au moins de leur valeur nominale.

La libération du surplus doit intervenir en une ou plusieurs fois, soit aux dates prévues par les statuts, soit sur décision de l'assemblée des associés et au plus tard dans un délai de cinq ans à compter de la nomination de la société.

Art. R. 743-88. – Dans les huit jours de leur réception, les fonds provenant des souscriptions en numéraire sont déposés soit à la Caisse des dépôts et consignations, soit chez un notaire ou dans un établissement de crédit.

Art. R. 743-89. – La société est dispensée d'insérer dans un journal d'annonces légales les avis prévus aux articles 22, 24 et 26 du décret n° 78-704 du 3 juillet 1978 relatif à l'application de la loi n° 78-9 du 4 janvier 1978 modifiant le titre IX du livre III du Code civil.

§ 2. – Du fonctionnement de la société

Art. R. 743-90. – Par application de l'article 11 de la loi n° 66-879 du 29 novembre 1966, les dispositions relatives aux gérants sont fixées par les statuts.

Art. R. 743-91. – Les décisions qui excèdent les pouvoirs des gérants sont prises par les associés réunis en assemblée. Les associés tiennent au moins une assemblée générale annuelle.

D'autres assemblées peuvent avoir lieu sur la demande d'un ou plusieurs associés, représentant au moins la moitié en nombre de ceux-ci ou le quart du capital.

La demande doit préciser les questions à mettre à l'ordre du jour.

Les statuts déterminent les modalités de convocation de l'assemblée.

Art. R. 743-92. – Chaque associé dispose d'une seule voix.

Un associé peut se faire représenter à une assemblée par un autre associé porteur d'un mandat écrit.

L'assemblée ne peut délibérer valablement que si les trois quarts au moins des associés sont présents ou représentés.

Si ce quorum n'est pas atteint, les associés peuvent être convoqués une seconde fois et l'assemblée peut être tenue si le nombre des associés présents ou représentés est au moins de deux.

Art. R. 743-93. – En dehors des cas prévus par les dispositions de la loi n° 66-879 du 29 novembre 1966 concernant les cessions de parts et par les articles R. 743-94 et R. 743-95, du deuxième alinéa de l'article R. 743-104, et de l'article R. 743-114, les décisions sociales sont prises à la majorité des voix dont disposent les associés présents ou représentés et, sauf dispositions contraires des statuts, détenant au moins la moitié du capital social.

Art. R. 743-94. – La modification des statuts, sauf dans les cas de prorogation de la société ou d'augmentation des engagements des associés, est décidée à la majorité des trois quarts des voix de l'ensemble des associés, représentant au moins les trois quarts du capital social.

La prorogation de la société peut être décidée à la majorité des associés détenant les trois quarts au moins du capital social et, sauf dispositions contraires des statuts, la moitié des parts d'industrie.

L'augmentation des engagements des associés ne peut être décidée qu'à l'unanimité.

Art. R. 743-95. – Le droit de présentation dont la société est titulaire ne peut être exercé que du consentement unanime des associés.

Art. R. 743-96. – Après clôture de chaque exercice, le gérant ou l'un des gérants établit, dans les conditions fixées par les statuts, les comptes annuels de la société et un rapport sur les résultats de la société.

Dans les deux mois qui suivent la clôture de l'exercice, les documents visés à l'alinéa précédent sont soumis à l'approbation de l'assemblée des associés.

À cette fin, ils sont adressés à chaque associé, avec le texte des résolutions proposées, quinze jours au moins avant la réunion de l'assemblée et, au plus tard, avec la convocation de cette assemblée.

Art. R. 743-97. – Chaque associé peut, à toute époque, prendre connaissance par lui-même des documents visés à l'article R. 743-96, ainsi que de tous registres et documents comptables dont la tenue est prescrite par les dispositions législatives ou réglementaires relatives à la profession de greffier de tribunal de commerce.

Art. R. 743-98. – L'associé unique peut céder, conformément aux dispositions des articles R. 743-44 et R. 743-99, une partie de ses parts sociales à un tiers qui remplit les conditions prescrites par l'article R. 743-81.

Art. R. 743-99. – Le projet de cession de parts sociales est notifié à la société et à chacun des associés par lettre recommandée avec demande d'avis de réception.

La société notifie son consentement exprès à la cession dans la même forme. Si elle n'a pas fait connaître sa décision dans le délai de deux mois à compter de la dernière des notifications prévues au premier alinéa, son consentement est implicitement donné.

Art. R. 743-100 *(Mod., D. n° 2009-452, 22 avr. 2009 ; D. n° 2017-613, 24 avr. 2017 ; D. n° 2019-162, 5 mars 2019)*. – Dans le cas où la société refuse de consentir à la cession, elle dispose d'un délai de six mois à compter de la notification de son refus par lettre recommandée avec demande d'avis de réception pour notifier, dans la même forme, à l'associé qui persiste dans son intention de céder ses parts sociales un projet de cession ou d'achat de celles-ci, conformément aux dispositions au troisième alinéa de l'article 19 de la loi n° 66-879 du 29 novembre 1966. Ce délai peut être renouvelé par le garde des sceaux, ministre de la justice, à la demande de tous les associés, y compris le cédant. La demande est faite par téléprocédure sur le site internet du ministère de la justice.

Si l'acquéreur est un tiers, les dispositions des articles R. 743-44 et R. 743-99 sont applicables, à l'exception de celles concernant la notification à la société elle-même et de celles du deuxième alinéa de l'article R. 743-99. La requête du cessionnaire doit être remise au garde des sceaux, ministre de la justice, avant l'expiration du délai mentionné au premier alinéa, par téléprocédure sur le site internet du ministère de la justice.

À défaut d'accord entre les parties, le prix de cession est fixé par un expert désigné dans les conditions prévues à l'article 1843-4 du Code civil. Toute clause contraire est réputée non écrite.

Le cessionnaire prend, par écrit, l'engagement de payer le prix ainsi fixé ; son engagement est joint à sa requête et une copie du projet d'acte de cession tient lieu de l'expédition ou de l'un des originaux visés au troisième alinéa de l'article R. 743-44.

Si les parts sociales sont acquises par la société, par les associés ou par l'un ou plusieurs d'entre eux, il est procédé conformément à l'article R. 743-45 ; en ce cas, l'expédition ou l'un des originaux de l'acte de cession est adressé au garde des sceaux, ministre de la justice, avant l'expiration du délai mentionné au premier alinéa.

Lorsque l'associé cédant refuse de signer l'acte portant cession de ses parts à la société, à ses coassociés, à l'un ou plusieurs d'entre eux ou à un tiers, il est passé outre à son refus deux mois après la sommation par lettre recommandée avec demande d'avis de réception qui lui est faite par la société et demeurée infructueuse ; son retrait de la société est prononcé par arrêté du garde des sceaux, ministre de la justice, et le prix de cession des parts est consigné à la diligence du cessionnaire.

Art. R. 743-101 *(Mod., D. n° 2017-613, 24 avr. 2017)*. – I. – Lorsqu'un des associés demande son retrait de la société en cédant la totalité de ses parts sociales, il est procédé conformément aux dispositions des articles R. 743-44, R. 743-99 et R. 743-100.

II. – Lorsqu'un des associés entend demander à la société de satisfaire à l'obligation à laquelle elle est tenue en application de l'article 21 de la loi n° 66-879 du 29 novembre 1966 relative aux sociétés civiles professionnelles, il notifie sa demande par lettre recommandée avec demande d'avis de réception à ses associés ainsi qu'à la société, qui remplit son obligation dans un délai de douze mois à compter de cette notification, sous condition suspensive de l'acceptation du retrait par arrêté du garde des Sceaux, ministre de la Justice.

III. – L'associé titulaire de parts d'intérêt qui entend demander son retrait au garde des Sceaux, ministre de la Justice, en informe la société et ses associés par lettre recommandée avec demande d'avis de réception.

En application du second alinéa de l'article R. 743-86, la société annule les parts d'intérêt de l'associé qui entend demander son retrait dans un délai de six mois à compter de la notification prévue au précédent alinéa, sous condition suspensive de l'acceptation du retrait par arrêté du garde des Sceaux, ministre de la Justice.

Art. R. 743-102. – L'associé destitué dispose d'un délai de six mois à compter du jour où sa destitution est devenue définitive pour céder ses parts sociales à un tiers dans les conditions prévues aux articles R. 743-44 et R. 743-99.

Si, à l'expiration de ce délai, aucune cession n'est intervenue, il est procédé conformément aux dispositions de l'article R. 743-100 dans la mesure où celles-ci sont de nature à recevoir application.

L'associé destitué peut également, avant l'expiration du délai précité, céder ses parts sociales à la société, aux autres associés ou à l'un ou plusieurs de ceux-ci, dans les conditions prévues à l'article R. 743-45.

Art. R. 743-102-1 *(D. n° 2017-613, 24 avr. 2017)*. – Afin de se conformer aux exigences légales résultant de l'arrêt de l'exercice de la profession de greffier de tribunal de commerce à la date à laquelle il atteint la limite d'âge ou à celle où expire l'autorisation de poursuite d'activité prévue à l'article L. 741-1, l'associé organise la cession de ses parts sociales, dans les conditions prévues aux articles R. 743-44 et R. 743-99, afin qu'elle prenne effet au plus tard à cette date.

Six mois avant la date à laquelle il atteint la limite d'âge, l'associé informe la société et ses associés, par lettre recommandée avec demande d'avis de réception, de l'état d'avancement de son projet de cession ou, le cas échéant, de l'absence de perspective de cession à cette date. Lorsqu'il bénéficie d'une autorisation de poursuite d'activité, il renouvelle cette information six mois avant son expiration.

Si, à la date à laquelle l'associé atteint la limite d'âge ou à l'expiration de l'autorisation de poursuivre son activité, aucune cession n'est intervenue, la société dispose d'un délai de six mois pour notifier à l'associé un projet de cession ou d'achat de ses parts, dans les conditions prévues à l'article R. 743-100. Tant que la cession ou l'achat de ses parts par la société n'est pas intervenu, l'associé conserve la faculté de céder lui-même ses parts dans les conditions prévues aux articles R. 743-44 et R. 743-99.

Art. R. 743-103. – Sous réserve des règles de protection et de représentation des incapables, les dispositions de l'article R. 743-102 sont applicables à la cession des parts sociales de l'associé frappé d'interdiction légale ou placé sous le régime de tutelle des majeurs.

Le délai imparti à l'associé exclu pour céder ses parts à un tiers court à compter du jour où la décision des autres associés prononçant son exclusion lui a été notifiée dans l'une des formes prévues à l'article R. 743-99.

Art. R. 743-104. – Le délai prévu au deuxième alinéa de l'article 24 de la loi n° 66-879 du 29 novembre 1966 est fixé à un an à compter du décès de l'associé.

Il peut être renouvelé par le garde des Sceaux, ministre de la Justice, à la demande des ayants droit de l'associé décédé et avec le consentement de la société donné dans les conditions prévues pour la cession des parts sociales par l'alinéa premier de l'article 19 de la loi précitée.

Art. R. 743-105. – Si, pendant le délai prévu à l'article R. 743-104, le ou les ayants droit décident de céder à un tiers étranger à la société les parts sociales de leur auteur, il est procédé conformément aux dispositions des articles R. 743-44, R. 743-99 et R. 743-100.

Pendant le même délai, si la société, les associés survivants ou un ou plusieurs de ceux-ci acceptent, en accord avec le ou les ayants droit de l'associé décédé, d'acquérir les parts sociales de celui-ci, il est procédé conformément aux dispositions de l'article R. 743-45.

Art. R. 743-106 *(Mod., D. n° 2019-162, 5 mars 2019)*. – Toute demande d'un ou de plusieurs ayants droit d'un associé décédé tendant à l'attribution préférentielle à leur profit des parts sociales de leur auteur est notifiée à la société et à chacun des associés dans l'une des formes prévues à l'article R. 743-99.

Les modalités de cette attribution sont régies pour le surplus par les dispositions des articles R. 743-44, à l'exception de son deuxième alinéa, et R. 743-99 et, le cas échéant, par celles de l'article R. 743-100.

Art. R. 743-107 *(Mod., D. n° 2019-162, 5 mars 2019)*. – Lorsque, à l'expiration du délai prévu à l'article R. 743-104, le ou les ayants droit de l'associé décédé n'ont pas exercé la faculté de céder les parts sociales de leur auteur et si aucun consentement préalable à l'attribution préférentielle n'a été donné par la société, celle-ci dispose d'une année pour acquérir ou faire acquérir les parts sociales de l'associé décédé. Ce délai peut être prorogé de trois mois par le garde des sceaux. La demande est adressée à ce dernier par téléprocédure sur le site internet du ministère de la justice.

Si les parts sociales sont cédées à un tiers, les dispositions des articles R. 743-44, R. 743-99 et R. 743-100 sont applicables.

Si elles sont acquises par la société, les associés ou certains d'entre eux, il est procédé conformément aux dispositions de l'article R. 743-45 et du cinquième alinéa de l'article R. 743-100.

Art. R. 743-108. – La publicité de la cession de parts, accompagnée, le cas échéant, d'une réduction du capital social en application de l'article 21 de la loi n° 66-879 du 29 novembre 1966, est accomplie selon les règles fixées par l'article 52 du décret n° 78-704 du 3 juillet 1978 relatif à l'application de la loi n° 78-9 du 4 janvier 1978 modifiant le titre IX du livre III du Code civil.

Dans le cas prévu au sixième alinéa de l'article R. 743-100, cette publicité résulte du dépôt de deux copies certifiées conformes de la sommation adressée au cédant et des pièces justifiant de la signification de cette sommation.

Art. R. 743-109 *(Mod., D. n° 2019-162, 5 mars 2019)*. – Si le nouvel associé entre dans la société en acquérant des parts sociales dont les associés ou l'un ou certains de ceux-ci sont titulaires, il est procédé conformément aux articles R. 743-44 et R. 743-99.

Si le nouvel associé entre dans la société en apportant sa seule industrie, les dispositions de l'article R. 743-31 sont applicables.

Art. R. 743-110. – Si la constitution de réserves au moyen de bénéfices non distribués ou le dégagement de plus-values d'actif dues à l'industrie des associés le permet, il est procédé périodiquement à l'augmentation du capital social et les parts sociales ainsi créées doivent être attribuées à tous les associés, y compris à ceux qui n'ont apporté que leur industrie.

Les statuts fixent les conditions d'application des dispositions de l'alinéa précédent.

Cette augmentation du capital ne peut intervenir avant la libération totale des parts sociales correspondant à des apports en numéraire.

§ 3. – De l'exercice des fonctions de greffier de tribunal de commerce par la société et les associés

Art. R. 743-111 *(Mod., D. n° 2012-403, 23 mars 2012)*. – L'appellation de « société titulaire d'un office de greffier de tribunal de commerce », à l'exclusion de toute autre, doit accompagner la dénomination sociale dans tous documents et toutes correspondances émanant de la société.

Art. R. 743-112. – Les associés s'informant mutuellement de leur activité conformément aux dispositions de l'article R. 743-53 ne peuvent se voir reprocher une violation du secret professionnel.

Art. R. 743-113. – Par dérogation aux dispositions de l'article R. 743-57, la participation dans les bénéfices de l'associé provisoirement suspendu est réduite de moitié, l'autre moitié étant attribuée par parts égales aux administrateurs, ou, s'il n'est pas commis d'administrateur, à ceux des associés qui n'ont pas fait l'objet d'une suspension provisoire de l'exercice de leurs fonctions.

§ 4. – De la dissolution et de la liquidation de la société

Art. R. 743-114. – La société prend fin à l'expiration du temps pour lequel elle a été constituée. Toutefois, la dissolution anticipée de la société peut être décidée, à la majorité des associés disposant des trois quarts au moins du capital social et détenant la moitié au moins des parts d'industrie.

Le liquidateur est désigné à la majorité en nombre des associés détenant la moitié au moins des parts sociales et la moitié des parts d'industrie.

À défaut, il est désigné par ordonnance du président du tribunal de grande instance statuant en référé à la demande d'un associé ou du ministère public.

Art. R. 743-115 *(Mod., D. n° 2017-613, 24 avr. 2017).* – Lorsqu'un associé se retrouve titulaire de la totalité des parts de la société, il peut demander à être nommé lui-même greffier du tribunal de commerce, en remplacement de la société. Il adresse dans ce cas une requête motivée et accompagnée de toutes justifications au garde des Sceaux, ministre de la Justice, par téléprocédure sur le site internet du ministère de la Justice. La société est dissoute à compter de la nomination de l'associé en qualité de greffier de tribunal de commerce en remplacement de la société.

La société est dissoute dans les conditions prévues à l'article 1844-5 du Code civil si, à l'expiration du délai d'un an prévu par ce texte, toutes les parts sociales demeurent réunies en une seule main. L'associé unique est de plein droit liquidateur de la société.

Art. R. 743-116 *(Mod., D. n° 2017-613, 24 avr. 2017 ; D. n° 2019-162, 5 mars 2019).* – Pour l'application de l'article R. 743-79, si les ayants droit des associés décédés dans le cas prévu à l'article R. 743-67, ou les associés dans les autres cas de dissolution de la société à l'exception de celui résultant de sa destitution, ont choisi à l'unanimité un candidat à l'office, parmi les personnes ayant candidaté en application de l'article R. 742-27-1 et dans les conditions prévues à l'article R. 743-44, le liquidateur exerce le droit de présentation en sa faveur.

Art. R. 743-117. – Le liquidateur convoque les associés ou leurs ayants droit dans les trois mois suivant la clôture de chaque exercice et leur rend compte de sa gestion des affaires sociales.

Il les convoque également en fin de liquidation pour statuer sur le compte définitif, se faire délivrer *quitus* et constater la clôture de la liquidation.

Art. R. 743-118. – L'assemblée de clôture statue dans les conditions de quorum et de majorité prévues pour l'approbation des comptes annuels de la société.

Si elle ne peut délibérer ou refuse d'approuver les comptes du liquidateur, le tribunal de grande instance dans le ressort duquel la société a son siège statue à la demande du liquidateur ou de tout intéressé.

Art. R. 743-119. – Dans le cas prévu par le deuxième alinéa de l'article 37 de la loi n° 66-879 du 29 novembre 1966, concernant les sociétés adoptant le statut de sociétés coopératives, l'actif net de la société, subsistant après extinction du passif et remboursement du capital, est réparti entre les associés au prorata des parts détenues par chacun d'eux, y compris les parts d'intérêt correspondant aux apports en industrie.

8.2.14.3. – Sociétés d'exercice libéral

Code de commerce

Partie réglementaire

Sous-section 3. – Dispositions applicables aux sociétés d'exercice libéral

Art. R. 743-120 *(Mod., D. n° 2017-611, 24 avr. 2017).* – Les sociétés d'exercice libéral de greffiers de tribunaux de commerce sont régies par les dispositions du livre II, sous réserve des dispositions de la présente section et de la loi n° 90-1258 du 31 décembre 1990 relative à l'exercice sous forme de sociétés des professions libérales soumises à un statut législatif ou réglementaire ou dont le titre est protégé et aux sociétés de participations financières de professions libérales.

§ 1. – De la constitution de la société

Art. R. 743-121 *(Mod., D. n° 2012-536, 20 avr. 2012 ; D. n° 2017-611, 24 avr. 2017)*. – **I. – Les personnes physiques remplissant les conditions requises pour exercer la profession de greffier de tribunal de commerce, mais qui ne sont pas titulaires d'un office de greffier de tribunal de commerce, peuvent constituer entre elles et, sous réserve des dispositions du II, avec les personnes mentionnées au B du I de l'article 5 et aux 1° et 3° du I de l'article 6 de la loi du 31 décembre 1990 précitée, une société d'exercice libéral qui peut être nommée greffier de tribunal de commerce en remplacement du titulaire d'un office existant ou titulaire d'un office créé ou vacant.**

Une ou plusieurs de ces personnes peuvent également constituer avec une personne physique titulaire d'un office de greffier de tribunal de commerce une société d'exercice libéral qui peut être nommée :

1° Dans cet office ;

2° En cas de création d'un tribunal de commerce, dans l'office de greffier de cette juridiction.

II. – Les personnes physiques ou morales qui exercent la profession d'administrateur judiciaire ou de mandataire judiciaire ne peuvent détenir, ni directement ni indirectement, d'action ou de part sociale dans une société d'exercice libéral relevant du I.

Art. R. 743-122 *(Rempl., D. n° 2017-893, 6 mai 2017)*. – **Lorsque la société est candidate à la nomination dans un office en remplacement du titulaire, il est procédé selon les dispositions prévues aux articles R. 742-27-1 et R. 742-27-2. Ces dispositions ne sont toutefois pas applicables dans les cas où le titulaire existant fait usage de son droit de présentation au profit d'une société dont il sera lui-même associé exerçant.**

Lorsque la société est candidate à la nomination dans un office créé ou vacant, il est procédé selon les dispositions prévues aux articles R. 742-19 à R. 742-24.

Art. R. 743-123. – **Une société d'exercice libéral constituée par transformation d'une société civile professionnelle titulaire d'un office doit être agréée par arrêté du garde des sceaux, ministre de la Justice.**

Art. R. 743-124. – **La société est dispensée de procéder aux formalités de publicité prévues aux articles R. 210-16 et suivants du présent code.**

§ 2. – Du fonctionnement de la société

Art. R. 743-125. – **Le consentement de la société à la cession de la totalité ou d'une fraction de titres de capital ou parts sociales est acquis dans les conditions prévues par les articles L. 223-14 et L. 228-24 et par l'article 10 de la loi n° 90-1258 du 31 décembre 1990.**

Art. R. 743-126 *(Mod., D. n° 2017-611, 24 avr. 2017)*. – **Si la société n'agrée pas le cessionnaire proposé, il est procédé conformément aux dispositions des articles L. 223-14 et L. 228-24.**

Si l'acquéreur est un tiers à la société, les dispositions des articles R. 743-44 et R. 743-125 sont applicables.

Si les titres de capital ou parts sociales sont acquis par la société ou par un ou plusieurs associés exerçant en son sein, il est procédé conformément à l'article R. 743-45. En ce cas, l'expédition ou l'un des originaux de l'acte de cession est adressé au garde des Sceaux, ministre de la Justice, par téléprocédure sur le site internet du ministère de la Justice.

Le cessionnaire prend, par écrit, l'engagement de payer le prix fixé ; son engagement est joint à sa requête et une copie du projet d'acte de cession tient lieu de l'expédition ou de l'un des originaux prévus au quatrième alinéa de l'article R. 743-44.

Lorsque l'associé cédant refuse de signer l'acte portant cession de ses titres de capital ou parts sociales à la société, à ses coassociés, à l'un ou plusieurs d'entre eux ou à un tiers, il est passé outre à son refus deux mois après la sommation par lettre recommandée avec demande d'avis de réception à lui faite par la société et

demeurée infructueuse. Son retrait de la société est prononcé par arrêté du garde des Sceaux, ministre de la Justice, et le prix de cession des parts est consigné à la diligence du cessionnaire.

Art. R. 743-127 *(Mod., D. n° 2017-611, 24 avr. 2017).* – Lorsqu'un associé demande son retrait de la société en cédant la totalité de ses titres de capital ou parts sociales, il est procédé conformément aux dispositions des articles R. 743-44, R. 743-125 et R. 743-126.

Toutefois, un associé qui entend cesser d'exercer au sein de la société tout en conservant ses titres de capital ou parts sociales peut demander son retrait en qualité d'associé exerçant au sein de la société, après en avoir informé la société et ses associés par lettre recommandée avec demande d'avis de réception. Il perd, à compter de la publication de l'arrêté constatant son retrait, les droits attachés à cette qualité.

Tout retrait d'une société par un associé est prononcé par arrêté du garde des Sceaux, ministre de la Justice.

Art. R. 743-128 *(Mod., D. n° 2017-611, 24 avr. 2017).* – L'associé destitué exerçant au sein de la société dispose d'un délai de six mois à compter du jour où la décision de destitution est passée en force de chose jugée pour céder ses titres de capital ou parts sociales à un tiers à la société dans les conditions prévues aux articles R. 743-44 et R. 743-125.

Si, à l'expiration de ce délai, aucune cession n'est intervenue, il est procédé conformément aux dispositions de l'article R. 743-126.

L'associé destitué peut également, avant l'expiration du délai précité, céder ses titres de capital ou parts sociales à la société, aux autres associés exerçant au sein de la société ou à l'un ou plusieurs de ceux-ci, dans les conditions prévues à l'article R. 743-45, ou à une personne remplissant les conditions prévues au B du I de l'article 5 et au 3° du I.

Art. R. 743-129 *(Mod., D. n° 2017-611, 24 avr. 2017).* – Sous réserve des règles de protection et de représentation des incapables, les dispositions de l'article R. 743-128 sont applicables à la cession de titres de capital ou de parts sociales de l'associé placé sous le régime de la tutelle des incapables majeurs, s'il ne veut ou ne peut bénéficier des dispositions du 2° du B du I de l'article 5 de la loi n° 90-1258 du 31 décembre 1990, ou de l'associé frappé d'interdiction légale.

Elles sont également applicables à la cession de titres de capital ou de parts sociales de l'associé dont l'exclusion de la société a été décidée dans les cas mentionnés à l'article R. 743-134.

Art. R. 743-130 *(Mod., D. n° 2009-452, 22 avr. 2009 ; D. n° 2011-1541, 15 nov. 2011 ; D. n° 2017-611, 24 avr. 2017).* – Tout projet d'augmentation de capital conduisant à l'entrée, dans la société, d'un nouvel associé qui n'entend pas exercer la profession ou tout projet de convention par laquelle un des associés cède tout ou partie de ses actions ou parts sociales à un tel nouvel associé fait l'objet d'une déclaration préalable au garde des Sceaux, ministre de la Justice, au moins deux mois avant sa réalisation, dans les conditions prévues au premier alinéa de l'article R. 743-45.

Le garde des Sceaux, ministre de la Justice, peut s'opposer au projet dans un délai de deux mois après réception de la demande.

Art. R. 743-131 *(Abr., D. n° 2017-611, 24 avr. 2017).*

Art. R. 743-132. – Dans le cas prévu au cinquième alinéa de l'article R. 743-126, la publicité de la cession de titres de capital et de parts sociales résulte du dépôt au greffe du tribunal chargé de la tenue du registre du commerce et des sociétés du lieu du siège social de la société de deux copies certifiées conformes de la sommation adressée au cédant et des pièces justificatives de la signification de cette sommation.

§ 3. – De l'exercice des fonctions de greffier de tribunal de commerce par la société et les associés

Art. R. 743-133. – Outre les mentions prévues à l'article 2 de la loi n° 90-1258 du 31 décembre 1990, toutes correspondances et tous documents émanant de la société doivent indiquer sa qualité de société titulaire d'un office de greffier de tribunal de commerce.

Art. R. 743-134. – **Tout associé exerçant au sein de la société qui a fait l'objet d'une condamnation disciplinaire passée en force de chose jugée à une peine égale ou supérieure à trois mois d'interdiction dans l'exercice de sa profession, ou d'une condamnation pénale définitive à une peine d'emprisonnement égale ou supérieure à trois mois peut être contraint, à l'unanimité des autres associés exerçant au sein de la société, de se retirer de celle-ci.**

Ses titres de capital ou parts sociales sont cédés dans les conditions prévues à l'article R. 743-128.

8.2.14.4. – Sociétés en participation

Code de commerce

Partie réglementaire

Sous-section 4. – Dispositions applicables aux sociétés en participation de greffiers de tribunal de commerce

Art. R. 743-135. – **Les sociétés en participation prévues à l'article 22 de la loi n° 90-1258 du 31 décembre 1990 reçoivent l'appellation de sociétés en participation de greffiers de tribunal de commerce.**

La société n'est pas titulaire d'un office de greffier de tribunal de commerce et chacun des associés exerce ses fonctions au sein de l'office dont il est titulaire.

L'appartenance à la société avec la dénomination de celle-ci doit être indiquée dans les actes professionnels et les correspondances de chaque associé.

Art. R. 743-136 *(Mod., D. n° 2019-162, 5 mars 2019)*. – **La société est constituée sous la condition suspensive de la publicité prévue à l'article R. 743-138 entre greffiers de tribunal de commerce personnes physiques.**

Art. R. 743-137 *(Mod., D. n° 2009-452, 22 avr. 2009 ; D. n° 2019-162, 5 mars 2019)*. – **En vue d'assurer la publicité de la constitution d'une société en participation, les associés adressent les statuts de la société au garde des sceaux, ministre de la justice, par téléprocédure sur le site internet du ministère de la justice.**

Art. R. 743-138 *(Mod., D. n° 2009-452, 22 avr. 2009 ; D. n° 2019-162, 5 mars 2019)*. – **La constitution de la société en participation est publiée au Journal officiel de la République française, à l'initiative du garde des sceaux, ministre de la justice.**

Art. R. 743-139 *(Mod., D. n° 2009-452, 22 avr. 2009 ; D. n° 2019-162, 5 mars 2019)*. – **En cas de dissolution de la société, la notification de cette dissolution est portée à la connaissance du garde des sceaux, ministre de la justice, par téléprocédure sur le site internet du ministère de la justice par l'associé ou les associés ayant demandé la dissolution.**

La dissolution de la société en participation est publiée au Journal officiel de la République française, à l'initiative du garde des sceaux, ministre de la justice.

Chaque associé reprend l'exercice individuel de ses fonctions à compter de la publication mentionnée au deuxième alinéa.

8.2.15. – HUISSIERS DE JUSTICE

Bibliographie : V. Thomas, *JCl. Sociétés traité*, Fasc. 193-45 *(Sociétés constituées entre huissiers de justice)*.

8.2.15.1. – Sociétés civiles professionnelles

Bibliographie : M. Cadiou, *Les sociétés civiles professionnelles d'huissiers : Rev. sociétés* 1970, p. 435.

Décret n° 69-1274 du 31 décembre 1969

portant règlement d'administration publique pour l'application à la profession d'huissier de justice de la loi n° 66-879 du 29 novembre 1966 relative aux sociétés civiles professionnelles

(JO 11 janv. et rect. 21 janv. 1970)

Art. 1er ***(Mod., D. n° 92-65, 20 janv. 1992).*** **– Le présent décret a pour objet de déterminer les conditions d'application à la profession d'huissier de justice des articles 1er à 32 et 37 de la loi du 29 novembre 1966 relative aux sociétés civiles professionnelles, en ce qui concerne les sociétés titulaires d'un office d'huissier de justice et les sociétés d'huissiers de justice.**

TITRE PREMIER. – DES SOCIÉTÉS TITULAIRES D'UN OFFICE D'HUISSIER DE JUSTICE

CHAPITRE I. – CONSTITUTION DE LA SOCIÉTÉ

Section I. – Dispositions générales. Agrément et nomination

Art. 2 ***(D. n° 92-65, 20 janv. 1992 ; mod., D. n° 2016-1508, 9 nov. 2016).*** **– Les dispositions du présent titre sont applicables aux sociétés titulaires d'un ou plusieurs offices d'huissier de justice dans lesquels les associés exercent en commun leur profession.**

Ces sociétés reçoivent l'appellation de « Société titulaire d'un office d'huissier de justice » ou, le cas échéant, « société titulaire d'offices d'huissier de justice » et les associés ont le titre d'« huissier de justice associé », à l'exclusion de celui d'« huissier de justice ».

Leur siège est celui de l'office ou de l'un des offices dont elles sont titulaires.

Leur compétence territoriale est déterminée par les articles 5 à 10 du décret susvisé du 29 février 1956 et par le décret n° 67-1242 susvisé du 22 décembre 1967.

Leur création ne peut en aucun cas avoir pour effet de réduire le nombre des offices d'huissiers de justice au-dessous de celui qui est nécessaire à la bonne administration de la justice dans le ressort de la juridiction considérée.

Elles peuvent détenir une partie du capital d'une société, autre qu'une société civile professionnelle, nommée dans un autre office.

§ 1. – Société titulaire d'un office constitué par des personnes physiques

Art. 3 ***(D. n° 74-1038, 4 déc. 1974 ; mod., D. n° 72-724, 2 août 1972 ; D. n° 2016-1508, 9 nov. 2016).*** **– I. – Lorsque aucun de ses associés n'est titulaire d'un office d'huissier de justice, la société civile professionnelle peut être nommée dans un office existant ou dans un office créé.**

II. – Lorsque l'un au moins des associés est titulaire d'un office, la société civile professionnelle peut être nommée dans un ou plusieurs des offices relevant des catégories suivantes :

1° L'office dont l'associé est titulaire, en remplacement de celui-ci ;

2° Un autre office existant ;

3° Un office créé.

L'office dont l'associé est titulaire et dans lequel la société n'est pas nommée est pourvu d'un nouveau titulaire ou supprimé.

Art. 4 ***(Mod., D. n° 92-65, 20 janv. 1992 ; D. n° 2016-1508, 9 nov. 2016 ; D. n° 2017-895, 6 mai 2017).*** **– La demande de nomination d'une société régie par les dispositions de l'article 3 est présentée par le mandataire de la société ou, si celle-ci n'est pas encore constituée, par le mandataire des associés, conjointement à la demande de nomination des associés.**

La demande de nomination d'un associé dans un autre office de la société que celui dans lequel il exerce est présentée dans les mêmes conditions.

Une société ne peut être nommée dans un office que si chacun des futurs associés est apte à être nommé à cet office.

NB : Se reporter aux dispositions de l'article 4 du décret n° 2016-1508 du 9 novembre 2016 concernant l'entrée en vigueur du décret n° 69-1274 du 31 décembre 1969.

Art. 4-1 *(D. n° 2016-1508, 9 nov. 2016)*. – Lorsqu'une société régie par les dispositions de l'article 3 demande sa nomination en qualité de titulaire d'un office créé ou vacant, la nomination est faite dans les conditions prévues aux articles 27 à 34 du décret n° 75-770 du 14 août 1975 relatif aux conditions d'accès à la profession d'huissier de justice ainsi qu'aux modalités des créations, transferts et suppressions d'offices d'huissier de justice et concernant certains officiers ministériels et auxiliaires de justice.

NB : Se reporter aux dispositions de l'article 4 du décret n° 2016-1508 du 9 novembre 2016 concernant l'entrée en vigueur du décret n° 69-1274 du 31 décembre 1969.

Art. 5 *(Mod., D. n° 2016-1508, 9 nov. 2016 ; D. n° 2017-895, 6 mai 2017)*. – La nomination d'une société civile professionnelle dans un office d'huissier de justice et la nomination de chacun des associés en qualité d'huissier de justice associé sont prononcées par arrêté du garde des Sceaux, ministre de la Justice.

L'acceptation de la démission des huissiers de justice intéressés, la suppression ou l'apport à la société des offices dont ils sont titulaires, le transfert des minutes de ces offices ainsi que la création éventuelle de l'office dont la société sera titulaire sont prononcés par le même arrêté.

Une société ne peut être nommée dans plusieurs offices d'huissier de justice que si, dans chacun des offices, au moins un associé exerçant sa profession d'huissier de justice au sein de cette société est nommé pour y exercer. Chacun de ces associés est nommé par arrêté pour exercer dans un seul office. Il peut ultérieurement être nommé pour exercer dans un autre office de la même société soit par l'arrêté nommant la société dans cet autre office, soit par un arrêté postérieur. Dans ces deux hypothèses, l'arrêté met fin également à ses fonctions dans le précédent office.

NB : Se reporter aux dispositions de l'article 4 du décret n° 2016-1508 du 9 novembre 2016 concernant l'entrée en vigueur du décret n° 69-1274 du 31 décembre 1969.

Art. 6 *(D. n° 92-65, 20 janv. 1992)*. – La société est constituée sous la condition suspensive de sa nomination par le garde des Sceaux, ministre de la Justice. La condition est réputée acquise à la date de publication de l'arrêté prévu à l'article 5.

Art. 7 *(D. n° 92-65, 20 janv. 1992 ; mod., D. n° 2009-452, 22 avr. 2009 ; D. n° 2016-1508, 9 nov. 2016)*. – La demande mentionnée à l'article 4 est adressée au garde des Sceaux, ministre de la Justice, par téléprocédure sur le site internet du ministère de la Justice. Elle est accompagnée de toutes pièces justificatives, et notamment, lorsque la société n'est pas constituée, d'une attestation du greffier du tribunal de commerce ou du tribunal de grande instance statuant commercialement du lieu du siège social, constatant le dépôt au greffe de la demande et des pièces nécessaires à l'immatriculation ultérieure de la société au registre du commerce et des sociétés ainsi que, lorsqu'un ou plusieurs des futurs associés doit contracter un emprunt et que la société est candidate à la nomination dans un office existant ou vacant, d'éléments permettant d'apprécier leurs possibilités financières au regard des engagements contractés.

NB : Se reporter aux dispositions de l'article 4 du décret n° 2016-1508 du 9 novembre 2016 concernant l'entrée en vigueur du décret n° 69-1274 du 31 décembre 1969. L'arrêté du 10 novembre 2016 (nor JUSC1632648 A) a précisé la date d'entrée en vigueur au 16 novembre 2016 14 h.

Art. 8 *(Mod., D. n° 92-65, 20 janv. 1992 ; D. n° 2009-452, 22 avr. 2009 ; D. n° 2016-1508, 9 nov. 2016)*. – Le bureau de la chambre nationale des huissiers de justice communique au garde des Sceaux, ministre de la Justice, dans les vingt jours suivant sa demande, toute information dont il dispose permettant à celui-ci d'apprécier les capacités professionnelles et l'honorabilité de chacun des associés.

Art. 9 *(Abr., D. n° 2016-1508, 9 nov. 2016)*.

Art. 10 *(D. n° 92-65, 20 janv. 1992 ; mod., D. n° 97-1188, 24 déc. 1997 ; D. n° 2016-1508, 9 nov. 2016)*. – Le garde des Sceaux, ministre de la Justice peut, dans l'arrêté de nomination de la société ou par arrêté ultérieur, autoriser la société, si les associés en font la demande, à ouvrir des bureaux annexes au siège de chacun ou de certains des offices supprimés.

L'ouverture d'un bureau annexe est autorisée par le garde des Sceaux, ministre de la Justice, dans les conditions prévues aux articles 37-6, 38 et 40 du décret n° 75-770 du 14 août 1975 précité. La demande est adressée au garde des Sceaux, ministre de la Justice, par téléprocédure sur le site internet du ministère de la Justice. Le ou les

bureaux ainsi ouverts restent attachés à l'office sans qu'il soit besoin, lors de la nomination d'un nouveau titulaire, de renouveler l'autorisation accordée.

NB : Se reporter aux dispositions de l'article 4 du décret n° 2016-1508 du 9 novembre 2016 concernant l'entrée en vigueur du décret n° 69-1274 du 31 décembre 1969. L'arrêté du 10 novembre 2016 (nor JUSC1632648 A) a précisé la date d'entrée en vigueur du deuxième alinéa de l'article 10 au 16 novembre 2016 14 h.

§ 2. – Société titulaire d'un office d'huissier de justice constituée par voie de fusion

Art. 10-1 *(D. n° 92-65, 20 janv. 1992 ; mod., D. n° 2016-1508, 9 nov. 2016)*. **– Des sociétés civiles professionnelles peuvent constituer par voie de fusion, entre elles ou avec d'autres sociétés titulaires d'un office, une nouvelle société civile professionnelle qui peut être nommée dans un ou plusieurs offices relevant d'une des catégories suivantes :**

– un office dont l'une d'elle est titulaire, en remplacement de celle-ci ;
– un autre office existant ;
– un office créé.

Les offices dont les sociétés participant à la fusion sont titulaires, autres que celui ou ceux auxquels la société nouvelle est nommée, peuvent être supprimés ou pourvus d'un nouveau titulaire.

NB : Se reporter aux dispositions de l'article 4 du décret n° 2016-1508 du 9 novembre 2016 concernant l'entrée en vigueur du décret n° 69-1274 du 31 décembre 1969.

Art. 10-2 *(D. n° 92-65, 20 janv. 1992 ; mod., D. n° 2016-1508, 9 nov. 2016)*. **– La nomination de la nouvelle société civile professionnelle dans un office d'huissier de justice et la nomination de chacun des associés sont prononcées par arrêté du garde des Sceaux, ministre de la Justice.**

La dissolution des sociétés civiles professionnelles participant à cette fusion, la suppression des offices dont elles sont titulaires et, le cas échéant, la création de l'office dont la nouvelle société sera titulaire ou la nomination de la nouvelle société dans le ou les offices dont les sociétés dissoutes sont titulaires sont prononcées par le même arrêté.

Sont applicables aux fusions de sociétés les dispositions *(Réf. rempl., D. n° 2017-895, 6 mai 2017)* **« de l'article 4, du troisième alinéa de l'article 5 et des articles » 6 à 10 et, en outre, en cas de création d'office, celles de l'article 4-1**

NB : Se reporter aux dispositions de l'article 4 du décret n° 2016-1508 du 9 novembre 2016 concernant l'entrée en vigueur du décret n° 69-1274 du 31 décembre 1969.

Art. 10-2-1 *(D. n° 2016-1508, 9 nov. 2016)*. **– Les mêmes règles s'appliquent aux fusions par absorption d'une société titulaire d'un office d'huissier de justice par une société civile professionnelle. Dans une telle opération, la société absorbante et la société absorbée suivent respectivement le régime de la nouvelle société civile professionnelle et celui des sociétés participant à la fusion tels que prévus aux articles précédents.**

NB : Se reporter aux dispositions de l'article 4 du décret n° 2016-1508 du 9 novembre 2016 concernant l'entrée en vigueur du décret n° 69-1274 du 31 décembre 1969.

§ 3. – Sociétés titulaires d'un office d'huissier de justice constituées par voie de scission

Art. 10-3 *(D. n° 92-65, 20 janv. 1992 ; mod., D. n° 2016-1508, 9 nov. 2016)*. **– Une société titulaire d'un office d'huissier de justice peut, par voie de scission, constituer deux ou plusieurs sociétés civiles professionnelles. L'une des sociétés civiles professionnelles issues de cette scission peut être nommée dans l'office dont la société scindée était titulaire en remplacement de celle-ci. Si la société scindée était titulaire de plusieurs offices, les sociétés issues de la scission peuvent être nommées chacune dans l'un de ces offices. À défaut, le ou les offices sont déclarés vacants ou supprimés.**

Les autres sociétés civiles professionnelles issues de cette scission peuvent être nommées dans des offices existants ou créés.

Art. 10-4 *(D. n° 92-65, 20 janv. 1992 ; mod., D. n° 2016-1508, 9 nov. 2016)*. – La nomination des nouvelles sociétés civiles professionnelles et la nomination de chacun des associés sont prononcées par arrêté du garde des Sceaux, ministre de la Justice.

La dissolution de la société scindée prend effet à la date à laquelle elle est constatée par l'arrêté qui prononce la suppression de l'office dont elle est titulaire et, le cas échéant, la création des offices dont les nouvelles sociétés seront titulaires ou la nomination des nouvelles sociétés dans le ou les offices dont la société scindée est titulaire.

Sont applicables aux scissions de sociétés les dispositions *(Réf. rempl., D. n° 2017-895, 6 mai 2017)* « de l'article 4, du troisième alinéa de l'article 5 et des articles » 6 à 10.

§ 4. – Transformation d'une société titulaire d'un office en société civile professionnelle

Art. 10-5 *(D. n° 2016-1508, 9 nov. 2016)*. – Une société civile professionnelle constituée par transformation d'une société constituée sous une autre forme sociale et titulaire d'un office doit être agréée par arrêté du garde des Sceaux, ministre de la Justice. La demande est transmise par téléprocédure sur le site internet du ministère de la Justice.

NB : Se reporter aux dispositions de l'article 4 du décret n° 2016-1508 du 9 novembre 2016 concernant l'entrée en vigueur du décret n° 69-1274 du 31 décembre 1969. L'arrêté du 10 novembre 2016 (nor JUSC1632648 A) a précisé la date d'entrée en vigueur au 16 novembre 2016 14 h.

Section II. – Statuts. Capital social. Parts sociales et parts d'industrie

Art. 11. – Si les statuts sont établis par acte sous seing privé, il est établi autant d'originaux qu'il est nécessaire pour la remise d'un exemplaire à chaque associé et pour satisfaire aux dispositions des articles 7 et 16 du présent décret.

Art. 12 *(Mod., D. n° 2016-1508, 9 nov. 2016)*. – Sans préjudice de toutes autres mentions utiles, et notamment de celles qui sont prévues par les articles 8, 10, 11, 14, 15, 19 et 20 de la loi susvisée du 29 novembre 1966 concernant respectivement la dénomination sociale, la répartition des parts, les gérants, la répartition des bénéfices, les dettes sociales, les cessions de parts ou de celles qui sont prévues par le présent titre, les statuts doivent indiquer :

1° Les nom, prénoms et domicile des associés ;

2° L'adresse de l'office ou des offices dont la société sera titulaire. Si la société est titulaire de plusieurs offices, les statuts indiquent celui à l'adresse duquel elle a fixé son siège social ;

3° La durée pour laquelle la société est constituée ;

4° La nature et l'évaluation distincte de chacun des apports effectués par les associés ;

5° Le montant du capital social, le nombre et le montant nominal des parts sociales représentatives de ce capital ;

6° Le nombre des parts d'intérêts attribuées à chaque apporteur en industrie ;

7° L'affirmation de la libération totale ou partielle, suivant le cas, des apports concourant à la formation du capital social.

Art. 13 *(D. n° 92-65, 20 janv. 1992)*. – Peuvent faire l'objet d'apports à une société titulaire d'un office d'huissier de justice :

a) L'exercice par un huissier de justice démissionnaire ou par un gérant d'une société civile professionnelle en voie de dissolution ou par un liquidateur d'une société dissoute du droit de présenter la société pour successeur à l'agrément du garde des Sceaux, ministre de la Justice ;

b) L'exercice par un ou plusieurs ayants droit d'un huissier de justice décédé, s'ils satisfont aux conditions requises pour exercer la profession d'huissier de justice, de leur droit de présenter la société pour successeur de leur auteur à l'agrément du garde des Sceaux, ministre de la Justice ;

c) Le bénéfice résultant pour la société de la suppression de l'office de l'huissier de justice démissionnaire ou de la société civile professionnelle dissoute ou en voie de dissolution ;

d) Tous droits incorporels et tous meubles utiles à l'exercice de la profession d'huissier de justice ;

e) Les immeubles devant servir à l'établissement du siège de l'office et, le cas échéant, des bureaux annexes ;

f) Toutes sommes en numéraire ;

g) L'industrie des associés dans les conditions prévues par l'article 1843-2 du Code civil.

Art. 14 *(D. n° 92-65, 20 janv. 1992 ; mod., D. n° 2016-1508, 9 nov. 2016).* – Les parts sociales ne peuvent être ni données en nantissement ni vendues aux enchères publiques.

Le montant nominal des parts sociales ne peut être inférieur à 152,45 €.

Les parts d'intérêts correspondant aux apports en industrie sont incessibles et doivent être annulées lorsque leur titulaire quitte la société pour quelque cause que ce soit, y compris la dissolution de celle-ci.

Art. 15. – Les parts sociales attribuées en contrepartie des apports en nature visés aux *a*, *b*, et *c* de l'article 13 sont réputées libérées par l'engagement pris dans l'acte de société par les apporteurs intéressés d'exercer leur droit de présentation en faveur de la société ou, le cas échéant, de démissionner de leurs fonctions en demandant la suppression de l'office dont ils sont titulaires, le tout sous réserve de la condition suspensive prévue à l'article 6.

Les parts sociales correspondant à des apports en numéraire doivent être libérées, lors de la souscription, du quart au moins de leur valeur nominale.

La libération du surplus doit intervenir en une ou plusieurs fois, soit aux dates prévues par les statuts, soit sur décision de l'assemblée des associés et au plus tard dans un délai de cinq ans à compter de la nomination de la société.

Dans les huit jours de leur réception, les fonds provenant des souscriptions en numéraire sont déposés soit à la caisse des dépôts et consignations, soit chez un notaire ou dans une banque.

Le retrait des fonds provenant des souscriptions en numéraire est effectué par un mandataire de la société sur la seule justification de la nomination de celle-ci dans les fonctions d'huissier de justice.

Section III. – Publicité. Entrée en fonctions

Art. 16 *(D. n° 92-65, 20 janv. 1992 ; mod., D. n° 2016-1508, 9 nov. 2016).* – L'immatriculation de la société au registre du commerce et des sociétés est régie par la section I du chapitre III du titre II du livre Ier du Code de commerce, sous réserve des dispositions ci-après :

Une ampliation de l'arrêté de nomination prévu à l'article 5 est adressée par les associés au greffe du tribunal où a été déposée la demande d'immatriculation au registre du commerce et des sociétés. Au reçu de cette ampliation, le greffier procède à l'immatriculation et en informe le garde des Sceaux, ministre de la Justice, ainsi que le procureur général près la cour d'appel dans le ressort de laquelle est fixé le siège de la société.

La société est dispensée d'insérer dans un journal d'annonces légales les avis prévus aux articles 22, 24 et 26 du décret n° 78-704 du 3 juillet 1978.

Art. 17 *(D. n° 92-65, 20 janv. 1992 ; mod., D. n° 94-299, 12 avr. 1994).* – Les dispositions législatives et réglementaires relatives à la prestation de serment et au dépôt de la signature et du paraphe des personnes physiques nommées dans les fonctions d'huissier de justice sont applicables aux huissiers de justice associés.

La société ne peut entrer en fonction qu'après la prestation de serment de tous ses membres. Ceux-ci n'ont le droit d'instrumenter qu'à compter du jour où ils ont prêté serment.

L'associé précédemment titulaire d'un office d'huissier de justice qui a fait apport de son droit de présentation à la société n'a pas à renouveler son serment.

Tout associé qui n'a pas prêté serment dans le mois suivant la publication de l'arrêté prévu au premier alinéa de l'article 5 peut, sauf cas de force majeure, être déchu par arrêté du garde des Sceaux, ministre de la Justice, de sa qualité d'associé et ses parts sociales sont cédées dans les conditions fixées à l'article 32.

CHAPITRE II. – FONCTIONNEMENT DE LA SOCIÉTÉ

Section I. – Administration de la société

§ 1. – Gérants

Art. 18. – Par application de l'article 11 de la loi précitée du 29 novembre 1966, les dispositions relatives aux gérants sont fixées par les statuts.

§ 2. – Assemblées

Art. 19. – Les décisions qui excèdent les pouvoirs des gérants sont prises par les associés réunis en assemblée. Les associés tiennent au moins une assemblée générale annuelle.

D'autres assemblées peuvent avoir lieu sur la demande d'un ou de plusieurs associés, représentant au moins la moitié en nombre de ceux-ci ou le quart du capital.

La demande doit préciser les questions à mettre à l'ordre du jour.

Les statuts déterminent les modalités de convocation de l'assemblée.

Art. 20 *(D. n° 92-65, 20 janv. 1992)*. – Toute délibération fait l'objet d'un procès-verbal signé par les associés présents et contenant notamment la date et le lieu de la réunion, son ordre du jour détaillé, l'identité des associés présents et représentés, un résumé des débats, le texte des résolutions mises aux voix et le résultat des votes.

Le procès-verbal signé par tous les associés fait foi de la tenue d'une assemblée.

Les procès-verbaux sont établis sur un registre spécial, préalablement coté et paraphé par le président de la chambre départementale ou un membre de la chambre délégué par lui. Le registre est conservé au siège de la société.

Art. 21. – Chaque associé dispose d'une seule voix.

Un associé peut se faire représenter à une assemblée par un autre associé porteur d'un mandat écrit.

L'assemblée ne peut délibérer valablement que si les trois quarts au moins des associés sont présents ou représentés.

Si ce quorum n'est pas atteint, les associés peuvent être convoqués une seconde fois et l'assemblée peut être tenue si le nombre des associés présents ou représentés est au moins de deux.

Art. 22 *(D. n° 92-65, 20 janv. 1992)*. – En dehors des cas prévus par les dispositions de l'article 19 de la loi du 29 novembre 1966 concernant les cessions de parts et par les articles 23, 24, 34 (alinéa 2), 56 et 74 ci-après, les décisions sociales sont prises à la majorité des voix dont disposent les associés présents ou représentants et, sauf dispositions contraires des statuts, détenant au moins la moitié du capital social.

Art. 23. – La modification des statuts, sauf dans le cas de prorogation, est décidée à la majorité des trois quarts des voix de l'ensemble des associés, représentant au moins les trois quarts du capital social.

Toutefois, la prorogation de la société peut être décidée par la majorité en nombre des associés représentant les trois quarts au moins du capital social et, sauf dispositions contraires des statuts, détenant au moins la moitié des parts d'industrie.

Art. 23-1 *(D. n° 2017-795, 5 mai 2017)*. – La majorité requise pour approuver une des opérations mentionnées au premier alinéa de l'article 27 de la loi [n° 66-879] du 29 novembre 1966 susvisée est celle prévue à l'article 23.

Art. 24. – Le droit de présentation dont la société est titulaire ne peut être exercé que du consentement unanime des associés.

§ 3. – Comptes sociaux et information des associés

Art. 25 *(D. n° 92-65, 20 janv. 1992)*. – Après clôture de chaque exercice, le gérant ou l'un des gérants établit, dans les conditions fixées par les statuts, les comptes annuels de la société et un rapport sur les résultats de la société.

Dans les trois mois qui suivent la clôture de l'exercice, les documents visés à l'alinéa précédent sont soumis à l'approbation de l'assemblée des associés.

À cette fin, ils sont adressés à chaque associé, avec le texte des résolutions proposées, quinze jours au moins avant la réunion de l'assemblée et, au plus tard, avec la convocation à cette assemblée.

Art. 26. – Chaque associé peut, à toute époque, prendre connaissance par lui-même des documents visés à l'article précédent ainsi que de tous registres et documents comptables dont la tenue est prescrite par les dispositions législatives ou réglementaires relatives à la profession d'huissier de justice.

Section II. – Cessions et transmissions de parts sociales

§ 1. – Cessions entre vifs par un associé

Art. 27 *(Rempl., D. n° 92-65, 20 janv. 1992 ; mod., D. n° 2009-452, 22 avr. 2009 ; D. n° 2016-1508, 9 nov. 2016).* – Toute convention par laquelle l'un des associés cède la totalité ou une fraction de ses parts sociales à un tiers à la société est passée sous la condition suspensive de l'agrément du cessionnaire par les autres associés et, s'il y a lieu, de l'approbation du retrait du cédant, prononcée par arrêté du garde des Sceaux, ministre de la Justice.

Le projet de cession de parts sociales est notifié à la société et à chacun des associés par lettre recommandée avec demande d'avis de réception.

Si la société a, dans la même forme, notifié son consentement exprès à la cession ou si elle n'a pas fait connaître sa décision dans le délai de deux mois à compter de la dernière des notifications prévues à l'alinéa 2, le cessionnaire adresse au garde des Sceaux, ministre de la Justice, une requête tendant à sa nomination en qualité d'huissier de justice associé.

Cette requête est transmise par téléprocédure sur le site internet du ministère de la Justice.

Elle est accompagnée de l'expédition de l'acte de cession de parts sociales si celui-ci a été établi dans la forme authentique ou de l'un des originaux de cet acte dans le cas contraire ainsi que de toutes pièces justificatives, notamment celles qui établissent le consentement exprès ou tacite donné par la société à la cession, sans préjudice de celles exigées de tout candidat aux fonctions d'huissier de justice ; lorsque le futur associé doit contracter un emprunt, il doit, en outre, produire les éléments permettant d'apprécier ses possibilités financières au regard des engagements contractés.

Le prix de cession et ses modalités de paiement sont fixés par les parties.

L'article 8 est applicable s'agissant d'apprécier les capacités professionnelles et l'honorabilité du cessionnaire.

NB : Se reporter aux dispositions de l'article 4 du décret n° 2016-1508 du 9 novembre 2016 concernant l'entrée en vigueur du décret n° 69-1274 du 31 décembre 1969. L'arrêté du 10 novembre 2016 (nor JUSC1632648 A) a précisé la date d'entrée en vigueur du quatrième alinéa de l'article 27 au 16 novembre 2016 14 h.

Art. 28 *(Rempl., D. n° 92-65, 20 janv. 1992 ; mod., D. n° 2009-452, 22 avr. 2009 ; D. n° 2016-1508, 9 nov. 2016).* – Dans le cas où la société refuse de consentir à la cession, elle dispose d'un délai de six mois à compter de la notification de son refus par lettre recommandée avec demande d'avis de réception pour notifier, dans la même forme, à l'associé qui persiste dans son intention de céder ses parts sociales et conformément aux dispositions du troisième alinéa de l'article 19 de la loi du 29 novembre 1966 précitée, un projet de cession ou de rachat de celles-ci. Ce projet vaut engagement du cessionnaire ou de la société se portant acquéreur.

Ce délai peut être prorogé par le garde des Sceaux, ministre de la Justice, à la demande de tous les associés, y compris le cédant.

Si l'acquéreur est un tiers, les dispositions de l'article 27 sont applicables, à l'exception de celles concernant la notification à la société elle-même et de celles du troisième alinéa de ce même article ; la requête du cessionnaire doit être transmise au garde des Sceaux, ministre de la Justice, avant l'expiration du délai mentionné aux premier et deuxième alinéas.

À défaut d'accord entre les parties, le prix de cession est fixé par un expert désigné dans les conditions prévues à l'article 1843-4 du Code civil. Toute clause contraire est réputée non écrite.

Le cessionnaire prend, par écrit, l'engagement de payer le prix ainsi fixé ; son engagement est joint à sa requête et une copie du projet d'acte de cession tient lieu de l'expédition ou de l'un des originaux visés au cinquième alinéa de l'article 27.

Si les parts sociales sont acquises par la société, par les associés, ou par l'un ou plusieurs d'entre eux, il est procédé conformément à l'article 29. En ce cas, l'expédition ou l'un des originaux de l'acte de cession est adressé au garde des Sceaux, ministre de la Justice avant l'expiration du délai prévu aux premier et deuxième alinéas.

Lorsque l'associé cédant refuse de signer l'acte portant cession de ses parts à la société, à ses coassociés, à l'un ou plusieurs d'entre eux ou à un tiers, il est passé outre à son refus deux mois après la mise en demeure par lettre recommandée avec demande d'avis de réception qui lui est faite par la société et qui est demeurée infructueuse ; son retrait de la société est prononcé par arrêté du garde des Sceaux, ministre de la Justice, et le prix de cession des parts est consigné à la diligence du cessionnaire.

Art. 29 *(D. n° 92-65, 20 janv. 1992 ; mod., D. n° 2016-1508, 9 nov. 2016 ; D. n° 2017-895, 6 mai 2017)*. – Toute convention par laquelle un des associés cède une partie de ses parts sociales à la société, aux autres associés ou à l'un ou plusieurs d'entre eux, est portée par le ou les cessionnaires à la connaissance du garde des Sceaux, ministre de la Justice, par téléprocédure sur le site internet du ministère de la Justice, dans un délai de trente jours.

Il en est de même lorsqu'un des associés cède la totalité de ses parts sociales à la société, aux autres associés ou à l'un ou plusieurs d'entre eux dans l'une des conditions suivantes :

1° S'il demeure dans la société étant attributaire de parts d'intérêts ;

2° S'il est atteint par la limite d'âge ou, le cas échéant, à l'expiration de son autorisation de prolongation d'activité.

NB : Se reporter aux dispositions de l'article 4 du décret n° 2016-1508 du 9 novembre 2016 concernant l'entrée en vigueur du décret n° 69-1274 du 31 décembre 1969. L'arrêté du 10 novembre 2016 (nor JUSC1632648 A) a précisé la date d'entrée en vigueur du premier alinéa de l'article 29 au 16 novembre 2016 14 h.

Art. 30 *(Mod., D. n° 92-65, 20 janv. 1992)*. – Les articles 27, 28 et 29 sont également applicables à la cession à titre gratuit de tout ou partie de ses parts sociales consentie par l'un des associés.

Art. 31 *(D. n° 92-65, 20 janv. 1992 ; mod., D. n° 2016-1508, 9 nov. 2016)*. – I. – Lorsqu'un associé demande son retrait de la société en cédant la totalité de ses parts sociales, il est procédé conformément aux dispositions des articles 27 et 28.

II. – Lorsqu'un associé entend demander à la société de satisfaire à l'obligation à laquelle elle est tenue en application de l'article 21 de la loi n° 66-879 du 29 novembre 1966 susvisée, il notifie sa demande par lettre recommandée avec demande d'avis de réception à ses associés ainsi qu'à la société, qui remplit son obligation dans un délai de douze mois à compter de cette notification, sous condition suspensive de l'acceptation du retrait par arrêté du garde des Sceaux, ministre de la Justice.

III. – L'associé titulaire de parts d'intérêt qui entend demander son retrait au garde des Sceaux, ministre de la Justice, en informe la société et ses associés par lettre recommandée avec demande d'avis de réception.

En application du dernier alinéa de l'article 14, la société annule les parts d'intérêt de l'associé qui entend demander son retrait dans un délai de six mois à compter de la notification prévue au précédent alinéa, sous condition suspensive de l'acceptation du retrait par arrêté du garde des Sceaux, ministre de la Justice.

Le retrait d'un associé d'une SCP d'huissiers de justice, étant subordonné à l'arrêté prononçant le retrait, la cession des parts sociales, même réalisée antérieurement, n'est efficace qu'à compter de la publication de l'arrêté, de sorte que jusqu'à cette date l'associé a droit à la rémunération de ses parts en industrie : ■ Cass. 1re civ., 28 oct. 2010, n° 09-68.135, PBI : *BJS* 2011, p. 8, note D. Gallois-Cochet ; *Dr. sociétés* 2011, n° 5, obs. H. Hovasse ; *JCP* E 2011, 1000, n° 5, obs. Fl. Deboissy et G. Wicker.

Art. 31-1 *(D. n° 92-65, 20 janv. 1992)*. – En cas d'empêchement ou d'inaptitude d'un associé dans les conditions prévues au deuxième alinéa de l'article 45 de l'ordonnance n° 45-1418 du 28 juin 1945, cet associé est déclaré démissionnaire d'office par arrêté du garde des Sceaux, ministre de la Justice.

Les dispositions de l'article 32 sont applicables à la cession de parts sociales de cet associé.

Art. 32. – L'associé destitué dispose d'un délai de six mois à compter du jour où sa destitution est devenue définitive pour céder ses parts sociales à un tiers dans les conditions prévues à l'article 27.

Si, à l'expiration de ce délai, aucune cession n'est intervenue, il est procédé conformément aux dispositions de l'article 28, dans la mesure où celles-ci sont de nature à recevoir application.

L'associé destitué peut également, avant l'expiration du délai précité, céder ses parts sociales à la société, aux autres associés ou à l'un ou plusieurs de ceux-ci, dans les conditions prévues à l'article 29.

Art. 33 *(D. n° 92-65, 20 janv. 1992)*. – Sous réserve des règles de protection et de représentation des incapables, les dispositions de l'article précédent sont applicables à la cession de parts sociales de l'associé frappé d'interdiction légale ou placé sous le régime de la tutelle des incapables majeurs.

Elles sont également applicables à la cession de parts sociales de l'associé dont l'exclusion de la société a été décidée dans le cas de condamnation visé à l'article 56.

Le délai de six mois imparti à l'associé exclu pour céder ses parts à un tiers court à compter du jour où la décision des autres associés prononçant son exclusion lui a été notifiée par lettre recommandée avec demande d'avis de réception.

Art. 33-1 *(D. n° 2016-1508, 9 nov. 2016 ; mod., D. n° 2017-895, 6 mai 2017)*. – Afin de se conformer aux exigences légales résultant de l'arrêt de l'exercice de la profession d'huissier de justice à la date à laquelle il atteint la limite d'âge ou à celle où expire l'autorisation de poursuite d'activité prévue à l'article 4 *bis* de l'ordonnance du 2 novembre 1945 susvisée, l'associé organise la cession de ses parts sociales, dans les conditions prévues aux articles 27, 28, 30 et 31, afin qu'elle prenne effet au plus tard à cette date.

Six mois avant la date à laquelle il atteint la limite d'âge, l'associé informe la société et ses associés, par lettre recommandée avec demande d'avis de réception, de l'état d'avancement de son projet de cession ou, le cas échéant, de l'absence de perspective de cession à cette date. Lorsqu'il bénéficie d'une autorisation de poursuite d'activité, il renouvelle cette information six mois avant son expiration.

Si, à la date à laquelle l'associé atteint la limite d'âge ou à l'expiration de l'autorisation de poursuivre son activité, aucune cession n'est intervenue, la société dispose d'un délai de six mois pour notifier à l'associé un projet de cession ou d'achat de ses parts, dans les conditions prévues à l'article 28. Tant que la cession ou l'achat de ses parts par la société n'est pas intervenu, l'associé conserve la faculté de céder lui-même ses parts dans les conditions prévues aux articles 27 ou 29. Il est privé des droits attachés à sa qualité d'associé, à l'exception des rémunérations afférentes à ses apports en capital.

§ 2. – Cessions après décès d'un associé

Art. 34. – Le délai prévu à l'article 24 (alinéa 2) de la loi précitée du 29 novembre 1966 est fixé à un an à compter du décès de l'associé. Ce délai d'un an est éventuellement prorogé dans les conditions prévues audit article 24 (alinéa 2) de la loi.

Il peut être renouvelé par le garde des Sceaux, ministre de la Justice, à la demande des ayants droit de l'associé décédé et avec le consentement de la société donné dans les conditions prévues pour la cession des parts sociales par l'article 19 (alinéa 1er) de la loi précitée.

Art. 35. – Si, pendant le délai prévu à l'article précédent, le ou les ayants droit décident de céder à un tiers étranger à la société les parts sociales de leur auteur, il est procédé conformément aux dispositions des articles 27 et 28.

Pendant le même délai, si la société, les associés survivants ou un ou plusieurs de ceux-ci acceptent, en accord avec le ou les ayants droit de l'associé décédé, d'acquérir les parts sociales de celui-ci, il est procédé conformément aux dispositions de l'article 29.

Art. 36 *(D. n° 92-65, 20 janv. 1992)*. – Toute demande d'un ou plusieurs ayants droit d'un associé décédé tendant à l'attribution préférentielle à leur profit des parts sociales de leur auteur est notifiée à la société et à chacun des associés par lettre recommandée avec demande d'avis de réception.

Les modalités de cette attribution sont régies pour le surplus par les dispositions de l'article 27 et, le cas échéant, par celles de l'article 28 (alinéas 4, 5 et 7).

Art. 37 *(D. n° 92-65, 20 janv. 1992)*. – Lorsque, à l'expiration du délai prévu à l'article 34, le ou les ayants droit de l'associé décédé n'ont pas exercé la faculté de céder les parts sociales de leur auteur et si aucun consentement préalable à l'attribution préférentielle n'a été donné par la société, celle-ci dispose d'une année pour acquérir ou faire acquérir les parts sociales de l'associé décédé. Ce délai peut être prorogé par le garde des Sceaux, ministre de la Justice, à la demande des intéressés.

Si les parts sociales sont cédées à un tiers, les dispositions de l'article 27 et celles de l'article 28 (alinéas 4, 5 et 7) sont applicables.

Si elles sont acquises par la société, les associés ou certains d'entre eux, il est procédé conformément aux dispositions des articles 28 et 29.

§ 3. – Publicité

Art. 38 *(D. n° 92-65, 20 janv. 1992 ; mod., D. n° 2016-1508, 9 nov. 2016)*. – La publicité de la cession de parts, accompagnée, le cas échéant, d'une réduction du capital social, en application de l'article 21 de

la loi du 29 novembre 1966 précitée, est accomplie selon les règles fixées par l'article 52 du décret du 3 juillet 1978 précité.

Dans le cas prévu au septième alinéa de l'article 28, cette publicité résulte du dépôt de deux copies de la mise en demeure adressée au cédant et des pièces justifiant de la signification de cette mise en demeure.

Art. 39 *(Mod., D. n° 92-65, 20 janv. 1992).* **– Chacun des arrêtés pris pour l'application des articles 27 à 33 et 35 à 37 ci-dessus modifie ou complète l'arrêté prévu à l'article 5. Il fixe la liste des huissiers de justice associés en tenant compte du retrait ou de la nomination de certains d'entre eux.**

À la diligence de la société, une copie de chacun de ces arrêtés est adressée au greffier du tribunal de commerce ou du tribunal de grande instance statuant commercialement du lieu du siège social pour être versée au dossier ouvert au nom de la société au registre du commerce et des sociétés.

Section III. – Nomination de nouveaux huissiers de justice associés. Augmentation du capital social. Prorogation de la société

Art. 40. – Le nombre des associés peut être augmenté au cours de l'existence de la société, avec ou sans augmentation du capital social.

Tout nouvel associé doit remplir les conditions requises pour exercer la profession d'huissier de justice et être agréé par le garde des Sceaux, ministre de la Justice, qui le nomme en qualité d'huissier de justice associé.

Art. 41 *(Mod., D. n° 92-65, 20 janv. 1992).* **– Si le nouvel associé entre dans la société en acquérant des parts sociales dont les associés ou l'un ou certains de ceux-ci sont titulaires, il est procédé conformément à l'article 27.**

Si le nouvel associé entre dans la société en apportant sa seule industrie, les dispositions du premier alinéa de l'article 5 sont applicables.

Art. 42 *(D. n° 92-65, 20 janv. 1992 ; mod., D. n° 2016-1508, 9 nov. 2016).* **– Si la nomination du nouvel associé intervient à l'occasion d'une augmentation du capital social, les dispositions des articles 5, 7, 8, 10, 11 et 17 sont applicables.**

La décision d'augmenter le capital social est prise sous la condition suspensive de la nomination du nouvel associé par le garde des Sceaux, ministre de la Justice.

Si le nouvel associé entre dans la société en apportant le bénéfice résultant de la suppression de l'office dont il était titulaire au moment de son entrée dans la société, le siège de celle-ci peut être transféré au lieu où était établi cet office.

Art. 43 *(Mod., D. n° 92-65, 20 janv. 1992).* **– Si la constitution de réserves au moyen de bénéfices non distribués ou le dégagement de plus-values d'actif dues à l'industrie des associés le permet, il est procédé périodiquement à l'augmentation du capital social et les parts sociales ainsi créées doivent être attribuées à tous les associés, y compris à ceux qui n'ont apporté que leur industrie.**

Les statuts fixent les conditions d'application des dispositions de l'alinéa précédent.

Cette augmentation du capital ne peut intervenir avant la libération totale des parts sociales correspondant à des apports en numéraire.

Bibliographie : Y. Guyon, *Les apports en industrie dans les sociétés civiles professionnelles : Defrénois* 1999, art. 36918, p. 3.

L'**augmentation de capital** prévue par les textes a un caractère **automatique** et les statuts, qui ne peuvent fixer que les conditions d'application du texte réglementaire, ne sauraient la rendre facultative : ▪ Cass. 1re civ., 16 juill. 1998 : *BJS* 1998, p. 1078 ; *JCP* N 1999, p. 26, J.-J. Daigre. – Bien que l'augmentation de capital prévue par l'article 43 du décret n° 69-1274 du 31 décembre 1969 en cas de dégagement de plus-values d'actif dues à l'industrie des associés ait un caractère automatique, et que les statuts de la SCP ne puissent fixer que les conditions d'application de ce texte sans pouvoir la rendre facultative, reste néanmoins, sur la demande de l'un des associés concernés, **soumise à l'assemblée générale** qui, si les conditions statutaires en sont réunies, la décide, **la modification des statuts** qui en résulte : ▪ Cass. 1re civ., 16 mai 2013, n° 12-17.814 : *JurisData* n° 2013-009359 ; *Dr. sociétés* 2013, comm. 137, note H. Hovasse.

Art. 44 *(Mod., D. n° 92-65, 20 janv. 1992).* **– La décision de proroger la société doit être immédiatement portée à la connaissance du garde des Sceaux, ministre de la Justice, par un gérant.**

Art. 44-1 *(D. n° 92-65, 20 janv. 1992).* **– Lors de l'entrée de nouveaux associés dans la société, une copie des arrêtés portant nomination de ces associés est adressée par la société au greffier du tribunal de commerce ou du tribunal de grande instance statuant commercialement du lieu du siège social pour être versée au dossier ouvert au nom de la société au registre du commerce et des sociétés.**

Section IV. – Exercice des fonctions d'huissiers de justice par la société et les associés

§ 1. – Exercice de la profession. Interdictions et incompatibilités diverses

Art. 45 *(D. n° 92-65, 20 janv. 1992 ; mod., D. n° 2016-1508, 9 nov. 2016).* **– L'appellation de « société titulaire d'un office d'huissier de justice » ou, le cas échéant, de « société titulaire d'offices d'huissier de justice », à l'exclusion de toute autre, doit accompagner la dénomination sociale dans toutes correspondances et tous documents émanant de la société.**

Dans tous les actes dressés par lui et dans toutes les correspondances, chaque associé indique son titre d'huissier de justice, sa qualité d'associé d'une société titulaire d'un ou plusieurs offices d'huissier de justice et l'adresse du siège de cette société.

Art. 46 *(D. n° 92-65, 20 janv. 1992 ; mod., D. n° 2016-1508, 9 nov. 2016 ; D. n° 2017-895, 6 mai 2017).* **– Tout associé ne peut être membre que d'une seule société civile professionnelle d'huissier de justice et ne peut exercer ses fonctions ni à titre individuel ni en qualité de membre d'une autre société, quelle qu'en soit la forme, ni en qualité d'huissier de justice salarié.**

Si la société est titulaire de plusieurs offices, il exerce dans un seul de ces offices.

Art. 47. – Chaque associé exerce les fonctions d'huissier de justice au nom de la société. Les associés doivent consacrer à la société toute leur activité professionnelle et s'informer mutuellement de cette activité sans que puisse leur être reprochée une violation du secret professionnel.

L'huissier de justice associé exerce à titre exclusif la profession d'huissier de justice ainsi que toutes les activités qui s'y rattachent et notamment les activités accessoires prévues à l'article 20 du décret précité du 29 février 1956. Toutefois, un huissier de justice syndic membre d'une société civile professionnelle d'huissier de justice conserve le droit d'exercer à titre individuel la profession de syndic et les activités accessoires prévues à l'article 20 du décret précité du 29 février 1956.

Art. 48. – Sous réserve de l'application de celles du présent titre, toutes dispositions législatives et réglementaires relatives à l'exercice des fonctions d'huissier de justice par les personnes physiques et spécialement à la déontologie ou à la discipline sont applicables aux sociétés titulaires d'un office d'huissier de justice et à leurs membres ainsi que les dispositions de la loi du 27 décembre 1923 relatives aux clercs assermentés.

Art. 49 *(Mod., D. n° 2016-1508, 9 nov. 2016).* **– L'associé qui souhaite bénéficier de l'autorisation de prolongation d'activité prévue en cas d'atteinte de la limite d'âge en informe la société et ses autres associés. Il les informe également de la suite réservée à sa demande.**

Art. 50 *(Mod., D. n° 2016-1508, 9 nov. 2016).* **– La liste par ordre d'ancienneté des huissiers de justice du département est divisée en deux parties.**

Dans la première sont inscrits les huissiers de justice, personnes physiques et les huissiers de justice associés, dans la seconde sont inscrites les sociétés titulaires d'un office d'huissier de justice. Le rang d'inscription des huissiers de justice associés, est déterminé par leur ancienneté personnelle.

Lorsque la société est titulaire de plusieurs offices, elle est inscrite sur la liste de chaque département dans lequel est situé au moins un de ses offices. Les huissiers de justice associés sont inscrits uniquement sur la liste du département dans lequel se situe l'office au sein duquel ils exercent.

Le rang d'inscription des sociétés est déterminé par la date d'entrée dans la société du plus ancien de ses membres.

Art. 51 *(Mod., D. n° 92-65, 20 janv. 1992).* **– Chaque associé participe avec droit de vote aux assemblées professionnelles d'huissiers de justice, et notamment aux assemblées générales des compagnies.**

Pour la détermination du nombre des membres devant composer les organismes professionnels, et notamment pour l'application de l'article 41 du décret précité du 29 février 1956, chaque associé compte pour une unité. *(Al. abr., D. n° 2011-1173, 23 sept. 2011).*

Par dérogation aux dispositions des articles 43 (deuxième alinéa), 63 (quatrième alinéa), 67 (septième alinéa) et 69 (troisième alinéa) du décret n° 56-222 du 29 février 1956, l'huissier de justice démissionnaire membre d'un organisme professionnel, nommé huissier de justice associé, continue l'exercice de ses fonctions jusqu'à l'expiration de son mandat, sauf si le siège de la société est situé hors du ressort de cet organisme ou de l'organisme dont il tient son mandat.

Art. 52 *(Mod., D. n° 2016-1508, 9 nov. 2016).* – Sauf dispositions législatives ou réglementaires contraires, les cotisations professionnelles sont établies au nom de la société et dues par celle-ci, pour le compte de chaque associé inscrit sur la liste du département dans lequel il exerce.

§ 1 *bis*. – Tenue et conservation des répertoires, des minutes et autres documents professionnels

Art. 52-1 *(D. n° 2016-1508, 9 nov. 2016).* – Lorsque la société est titulaire de plusieurs offices, la tenue et la conservation des minutes, des répertoires, des autres registres et documents professionnels et des dossiers de clients sont assurées au sein de chaque office.

§ 2. – Comptabilité. Assurances

Art. 53 *(Mod., D. n° 2016-1508, 9 nov. 2016).* – Les règles concernant la tenue de la comptabilité des huissiers de justice sont applicables à la société. Tous les registres et documents sont ouverts ou établis au nom de la société.

Lorsque la société est titulaire de plusieurs offices, une comptabilité distincte est tenue pour chaque office et la société doit disposer d'un compte destiné à recevoir les fonds détenus pour le compte de tiers par office.

Art. 54 *(Mod., D. n° 94-299, 12 avr. 1994).* – La responsabilité de chaque société titulaire d'un office d'huissier de justice est garantie dans les conditions prévues par les articles 55 et 74 du décret du 29 février 1956 précité.

Chaque société régie par le présent titre est tenue de contracter une assurance de responsabilité professionnelle.

§ 3. – Discipline. Suppléance. Honorariat

Art. 55 *(Mod., D. n° 92-65, 20 janv. 1992).* – Sous réserve des articles suivants, les dispositions de l'ordonnance susvisée du 28 juin 1945 relative à la discipline des notaires et de certains officiers ministériels, sont applicables à la société et aux associés.

La société ne peut faire l'objet de poursuites disciplinaires indépendamment de celles qui seraient intentées contre les associés.

Art. 56 *(D. n° 92-65, 20 janv. 1992).* – Tout associé qui fait l'objet d'une condamnation disciplinaire définitive à une peine égale ou supérieure à trois mois d'interdiction peut être contraint, à l'unanimité des autres associés, de se retirer de la société.

Les parts sociales sont cédées dans les conditions prévues à l'article 33 (alinéas 2 et 3).

Art. 57 *(D. n° 92-65, 20 janv. 1992 ; mod., D. n° 2016-1508, 9 nov. 2016).* – L'associé interdit de ses fonctions ne peut exercer aucune activité professionnelle pendant la durée de sa peine, mais conserve pendant le même temps sa qualité d'associé avec tous les droits et obligations qui en découlent, à l'exclusion de sa vocation aux bénéfices professionnels.

La décision qui prononce l'interdiction d'un ou de plusieurs associés, mais non de la totalité d'entre eux, ne commet pas d'administrateur.

La décision qui prononce l'interdiction soit de la société, soit de tous les associés commet un ou plusieurs administrateurs pour accomplir tous actes professionnels relevant à titre obligatoire, notamment par l'effet de la loi ou par commission de justice, du ministère de la Société ou des huissiers de justice associés interdits.

Au cas où la société et l'un ou plusieurs des associés sont interdits, les associés non interdits sont nommés administrateurs. Pour l'application des troisième et quatrième alinéas, peuvent être désignés en qualité d'administrateurs soit avec les associés non interdits, soit si tous les associés sont interdits :

a) Des huissiers de justice, des sociétés d'huissiers de justice visées au présent titre, des sociétés d'exercice libéral d'huissiers de justice, ou des huissiers de justice associés ;

b) Des anciens huissiers de justice ou anciens huissiers de justice associés ;

c) Des clercs d'huissier de justice répondant aux conditions d'aptitude exigées pour pouvoir être nommés huissier de justice.

Si l'administrateur n'est pas huissier de justice en exercice, il prête le serment exigé de tout huissier de justice avant son entrée en fonction ; de plus, il est tenu d'indiquer dans tous les actes dressés par lui et dans toutes les correspondances son nom et sa qualité d'administrateur ainsi que le nom et l'adresse du siège de la société.

Nul ne peut être désigné administrateur s'il a atteint la limite d'âge prévue par l'article 4 *bis* de l'ordonnance n° 45-2592 du 2 novembre 1945 susvisée.

L'administrateur procède aux actes professionnels qu'il a mission d'accomplir.

V. sous CPC, art. 873, p. 2334.

Art. 58 *(D. n° 92-65, 20 janv. 1992).* – L'associé destitué est déchu de sa qualité d'huissier de justice associé et cesse l'exercice de son activité professionnelle à compter du jour où la décision prononçant sa destitution est devenue exécutoire.

Ses parts sociales sont cédées dans les conditions fixées à l'article 32.

Les dispositions des premier et deuxième alinéas de l'article 57 sont applicables en cas de destitution.

Les effets de la destitution de la société sont régis par l'article 77.

Art. 59 *(D. n° 92-65, 20 janv. 1992 ; mod., D. n° 2016-1508, 9 nov. 2016).* – Les dispositions des alinéas 2 à 10 de l'article 57 sont applicables au cas où serait prononcée la suspension provisoire prévue par l'ordonnance du 28 juin 1945 précitée.

L'associé provisoirement suspendu de l'exercice de ses fonctions conserve, pendant la durée de sa suspension, sa qualité d'associé, avec tous droits et obligations qui en découlent ; toutefois, sa participation dans les bénéfices est réduite de moitié, l'autre moitié étant attribuée par parts égales aux administrateurs associés ou non, ou, s'il n'est pas commis d'administrateur, à ceux des associés qui n'ont pas fait l'objet d'une suspension provisoire de l'exercice de leurs fonctions.

La mesure interdisant à un huissier de justice placé sous contrôle judiciaire d'exercer sa profession ne constitue ni une peine d'interdiction, ni une mesure de suspension provisoire au sens des dispositions d'interprétation stricte des articles 57, alinéa 1er et 59 du décret du 31 décembre 1969, le jugement prononçant la peine disciplinaire de l'interdiction provisoire ne prive pas l'huissier de justice sanctionné de sa vocation aux bénéfices réalisés antérieurement : ▪ Cass. com., 5 mai 2009, n° 07-15.265.

Art. 60 *(Mod., D. n° 92-65, 20 janv. 1992 ; D. n° 2016-1508, 9 nov. 2016).* – Si l'un des associés est temporairement empêché, par cas de force majeure, d'exercer ses fonctions, sa suppléance est assurée par les autres associés.

Si tous les associés sont simultanément, par cas de force majeure, empêchés d'exercer leurs fonctions, la gestion de l'office est assurée conformément aux dispositions réglementaires en vigueur.

Toutefois, le ou les suppléants sont choisis parmi les personnes énumérées aux *a*, *b*, *c* de l'article 57 et les dispositions des trois derniers alinéas de ce même article sont applicables.

Art. 61. – Les fonctions d'huissier de justice associé sont assimilées à celles d'huissier de justice pour la collation du titre d'huissier de justice honoraire.

CHAPITRE III. – NULLITÉ. DISSOLUTION. LIQUIDATION DE SOCIÉTÉ

Art. 62 *(Mod., D. n° 92-65, 20 janv. 1992).* – La nullité ou la dissolution de la société n'est opposable aux tiers qu'à compter de l'accomplissement des formalités de publicité prévues par les articles 72, 75 (alinéa 2) et 81.

Section I. – Règles générales concernant la liquidation

Art. 63 *(D. n° 92-65, 20 janv. 1992)*. – Lorsqu'une société est en état de liquidation, sa personnalité morale subsiste pour les besoins de la liquidation jusqu'à la clôture de celle-ci.

Sa *(Mots rempl., D. n° 2012-403, 23 mars 2012)* « dénomination sociale » est obligatoirement suivie de la mention « Société en liquidation ».

Art. 64. – La liquidation est régie par les statuts, sous réserve des dispositions du présent chapitre et sauf dans les cas de nullité et de dissolution par suite de la destitution de la société.

Art. 65 *(D. n° 92-65, 20 janv. 1992 ; mod., D. n° 2016-1508, 9 nov. 2016)*. – Le liquidateur est désigné conformément aux statuts sauf dans les cas prévus aux articles 64, 80 et 85. À défaut, il est désigné soit par la décision judiciaire qui prononce la nullité ou la dissolution de la société, soit par la délibération des associés qui constate ou décide cette dissolution.

Sous réserve des dispositions du quatrième alinéa de l'article 77, le liquidateur peut être choisi soit parmi les associés eux-mêmes, soit parmi les personnes visées aux *a*, *b*, *c* de l'article 57.

Nul ne peut être désigné liquidateur s'il a atteint la limite d'âge prévue par l'article 4 *bis* de l'ordonnance n° 45-2592 du 2 novembre 1945 susvisée.

Il peut être remplacé pour cause d'empêchement ou pour tout autre motif grave par le président du tribunal de grande instance statuant en référé à la demande, soit du liquidateur lui-même, soit des associés ou de leurs ayants droit, soit du ministère public.

Plusieurs liquidateurs peuvent être désignés.

Art. 66 *(D. n° 92-65, 20 janv. 1992 ; mod., D. n° 2016-1508, 9 nov. 2016)*. – Le liquidateur représente la société pendant la durée de la liquidation de celle-ci et accomplit en remplacement des associés tous actes relevant de la profession d'huissier de justice.

Les dispositions des huitième et dixième alinéas de l'article 57 sont applicables.

À compter de la date de prestation de serment du successeur de la société, le liquidateur cesse d'avoir qualité pour accomplir, au nom de celle-ci, les actes relevant de la profession d'huissier de justice.

Art. 67. – Le liquidateur dispose des pouvoirs les plus étendus pour procéder à la liquidation de la société ; il est chargé notamment de gérer celle-ci pendant sa liquidation, de réaliser son actif, d'apurer son passif, et, après remboursement du capital social aux associés ou à leurs ayants droit, de répartir entre ceux-ci, conformément aux dispositions des statuts, l'actif provenant de la liquidation.

Les pouvoirs du liquidateur peuvent être précisés par la décision judiciaire, ou par la décision des associés, qui lui a conféré ses fonctions.

Art. 68 *(Mod., D. n° 92-65, 20 janv. 1992)*. – Sauf dans le cas où la société est dissoute par l'effet de sa destitution, le liquidateur exerce au nom de la société le droit de présentation prévu par l'article 91 de la loi susvisée du 28 avril 1816. Toutefois, si les associés ou leurs ayants droit, dans le cas prévu à l'article 82, ont fait choix, à l'unanimité, d'un candidat à l'office, le droit de présentation doit être exercé en sa faveur.

Si, dans le délai d'un an à compter de sa désignation, le liquidateur n'a pas exercé le droit de présentation dont la société est titulaire, l'office est pourvu dans les conditions fixées par les dispositions réglementaires relatives aux offices vacants. Ce délai peut être exceptionnellement prorogé par le garde des Sceaux, ministre de la Justice.

Art. 69. – Le liquidateur convoque les associés ou leurs ayants droit dans les trois mois suivant la clôture de chaque exercice et leur rend compte de sa gestion des affaires sociales.

Il les convoque également en fin de liquidation pour statuer sur le compte définitif, se faire délivrer *quitus* et constater la clôture de la liquidation.

Art. 70. – L'assemblée de clôture statue dans les conditions de quorum et de majorité prévues pour l'approbation des comptes annuels de la société.

Si elle ne peut délibérer ou refuse d'approuver les comptes du liquidateur, le tribunal de grande instance dans le ressort duquel la société a son siège statue à la demande du liquidateur ou de tout intéressé.

Art. 71 *(Mod., D. n° 92-65, 20 janv. 1992)*. – La décision judiciaire ou la décision de l'assemblée des associés qui nomme le liquidateur fixe sa rémunération.

Celle-ci peut être constituée par une quote-part ou la totalité des produits nets de l'office dont la société est titulaire.

Section II. – Dispositions particulières applicables aux différents cas de nullité ou de dissolution de la société

§ 1. – Nullité

Art. 72 *(Rempl., D. n° 92-65, 20 janv. 1992 ; mod., D. n° 2009-452, 22 avr. 2009)*. – À la diligence du procureur général, une décision judiciaire passée en force de chose jugée prononçant la nullité de la société fait l'objet d'une insertion au *Journal officiel* de la République française et d'un dépôt d'une de ses expéditions au dossier ouvert au nom de la société au greffe chargé de la tenue du registre du commerce et des sociétés.

Art. 73. – La nullité de la société ne porte pas atteinte à la validité des actes de leur profession effectués par les huissiers de justice associés avant la date où cette nullité est devenue définitive.

§ 2. – Dissolution par survenance du terme, dissolution anticipée

Art. 74 *(D. n° 92-65, 20 janv. 1992)*. – La dissolution anticipée prévue au 4° de l'article 1844-7 du Code civil est décidée par les trois quarts au moins des associés disposant ensemble des trois quarts des voix.

Le liquidateur est désigné à la majorité en nombre des associés détenant la moitié au moins des parts sociales et la moitié des parts d'industrie.

À défaut, il est désigné par ordonnance du président du tribunal de grande instance statuant en référé à la demande d'un associé ou du ministère public.

Art. 75 *(Mod., D. n° 92-65, 20 janv. 1992)*. – À moins qu'il n'ait été désigné à la requête du procureur de la République, le liquidateur informe celui-ci de sa désignation en lui faisant parvenir copie ou expédition de la délibération des associés, ou de la décision de justice qui l'a nommé dans ses fonctions.

Le liquidateur dépose au greffe chargé de la tenue du registre du commerce et des sociétés où la société est inscrite pour être versée au dossier ouvert au nom de la société la copie ou l'expédition visée au premier alinéa, dont tout intéressé pourra obtenir communication.

Il ne peut entrer en fonctions avant l'accomplissement des formalités précitées.

Art. 76 *(Mod., D. n° 92-65, 20 janv. 1992)*. – La société est réputée démissionnaire de son office à la date de sa dissolution.

La dissolution de la société n'est effective qu'à compter de la publication de l'arrêté du garde des Sceaux, ministre de la Justice, au *Journal officiel* de la République française.

§ 3. – Dissolution pour cause de destitution de la société

Art. 77. – La destitution de tous les associés ou de la société entraîne de plein droit la dissolution de celle-ci.

La décision qui prononce ces destitutions constate la dissolution de la société et ordonne sa liquidation.

Le liquidateur désigné remplit les fonctions de l'administrateur dont la nomination est prévue par l'article 20 de l'ordonnance précitée du 28 juin 1945.

Les associés destitués ne peuvent être choisis comme liquidateurs.

Art. 78 *(D. n° 92-65, 20 janv. 1992)*. – À la diligence du procureur de la République, une expédition de la décision prononçant la destitution de la société est versée au dossier ouvert au nom de la société au greffe chargé de la tenue du registre du commerce et des sociétés.

§ 4. – Dissolution par suite du décès des associés

Art. 79. – La société est dissoute de plein droit par le décès simultané de tous les associés ou par le décès du dernier survivant, si tous sont décédés successivement sans qu'à la date du décès du dernier d'entre eux les parts sociales des autres aient été cédées à des tiers.

Art. 80. – Par dérogation aux dispositions de l'article 65, le liquidateur est désigné conformément aux dispositions réglementaires applicables à la suppléance des offices publics et ministériels et remplit les fonctions attribuées au suppléant par ces textes.

Art. 81 *(D. n° 92-65, 20 janv. 1992)*. – Une expédition de la décision nommant le liquidateur est déposée au greffe chargé de la tenue du registre du commerce et des sociétés où la société est inscrite pour être versée au dossier ouvert au nom de la société ; le dépôt est effectué à la diligence du procureur de la République si celui-ci a provoqué la nomination du liquidateur et à la diligence de ce dernier dans le cas contraire.

Art. 82. – Le liquidateur exerce le droit de présentation dont la société est titulaire en faveur du candidat choisi à l'unanimité par les ayants droit des associés décédés.

§ 5. – Dissolution par suite de retrait de la société demandé par tous les associés

Art. 83. – La société est dissoute de plein droit si tous les associés demandent simultanément leur retrait dans les conditions prévues à l'article 21 de la loi susvisée du 29 novembre 1966 et à l'article 31 ci-dessus, ou s'ils ont demandé successivement ce retrait, sans qu'à la date de la dernière demande, les parts sociales des autres associés aient été cédées à des tiers.

La dissolution a lieu à la date de la notification à la société des demandes simultanées de retrait ou de la dernière de ces demandes.

Les dispositions des articles 74 à 76 reçoivent application.

§ 6. – Dissolution de la société dans le cas où il ne subsiste qu'un associé

Art. 84 *(D. n° 92-65, 20 janv. 1992 ; mod., D. n° 2016-1508, 9 nov. 2016)*. – Dans le délai d'un an prévu à l'article 1844-5 du Code civil, l'associé unique peut céder, conformément aux dispositions de l'article 27 ci-dessus, une partie de ses parts sociales à un tiers qui remplit les conditions prescrites par l'article 3.

L'associé unique peut également exercer en faveur d'un tiers le droit de présentation dont la société est titulaire. La société se trouve alors dissoute de plein droit à compter de la date de prestation de serment du nouveau titulaire de l'office.

L'associé unique peut encore participer, par voie de fusion, à la constitution d'une nouvelle société civile professionnelle. La société se trouve dissoute de plein droit à compter de la date de prestation de serment de tous les associés de la nouvelle société civile professionnelle.

Il peut enfin demander à être nommé lui-même huissier de justice en remplacement de la société. Il adresse dans ce cas une requête motivée et accompagnée de toutes justifications au garde des Sceaux, ministre de la Justice par téléprocédure sur le site internet du ministère de la Justice. La société est dissoute à compter de la nomination de l'associé en qualité d'huissier de justice en remplacement de la société.

Art. 85 *(D. n° 92-65, 20 janv. 1992 ; mod., D. n° 2016-1508, 9 nov. 2016)*. – La société est dissoute dans les conditions prévues à l'article 1844-5 du Code civil, si, à l'expiration du délai d'un an prévu par ce texte, toutes les parts sociales demeurent réunies en une seule main.

L'associé unique est de plein droit liquidateur de la société.

§ 7. – Dissolution de la société pour cause d'empêchement ou d'inaptitude de tous les associés

Art. 85-1 *(D. n° 92-65, 20 janv. 1992 ; mod., D. n° 2016-1508, 9 nov. 2016)*. – La société peut être déclarée dissoute d'office par arrêté du garde des Sceaux, ministre de la Justice lorsque tous les associés sont déclarés démissionnaires d'office dans les conditions prévues à l'article 45 de l'ordonnance du 28 juin

1945 précitée, ainsi que dans le cas où tous les associés atteindraient la limite d'âge fixée pour l'exercice de leurs fonctions ou, le cas échéant, ne pourraient plus se prévaloir de l'autorisation de prolongation d'activité délivrée par le garde des Sceaux, ministre de la Justice.

§ 8. – Dissolution de la société pour cause de fusion

Art. 85-2 *(D. n° 92-65, 20 janv. 1992 ; mod., D. n° 2016-1508, 9 nov. 2016)*. – En cas de fusion de sociétés civiles professionnelles, chacune de ces sociétés est dissoute de plein droit. La dissolution a lieu sous la condition suspensive de la réalisation définitive de la fusion et de la nomination de la nouvelle société.

La fusion est décidée, dans chaque société, par les trois quarts au moins des associés disposant des trois quarts des voix.

En l'absence de dispositions statutaires, et à défaut de désignation d'un représentant spécial, aux mêmes conditions de majorité, par les assemblées décidant la fusion, les gérants procèdent collectivement à la constitution de la nouvelle société civile professionnelle, lorsque cette forme sociale est choisie.

Ils présentent, au nom des associés, au garde des Sceaux, ministre de la Justice, la demande de nomination de la nouvelle société selon les modalités prévues aux articles 7, 8, 10-1 et 10-2.

La dissolution des sociétés participant à cette fusion prend effet à la date de sa constatation par l'arrêté qui procède à la nomination de la nouvelle société.

§ 9. – Dissolution de la société pour cause de scission

Art. 85-3 *(D. n° 92-65, 20 janv. 1992 ; mod., D. n° 2016-1508, 9 nov. 2016)*. – La scission d'une société civile professionnelle emporte de plein droit sa dissolution. Celle-ci a lieu sous la condition suspensive de la réalisation définitive de la scission par la nomination, par le garde des Sceaux, ministre de la Justice, des sociétés nouvelles issues de la scission.

La scission est décidée par les trois quarts au moins des associés disposant des trois quarts des voix.

En l'absence de dispositions statutaires, et à défaut de désignation d'un représentant spécial aux mêmes conditions de majorité, par l'assemblée décidant la scission et la dissolution anticipée, le ou les gérants de la société en voie de scission agissent en son nom dans toutes les opérations tendant à cette scission.

Les demandes de nomination des nouvelles sociétés issues de cette scission sont présentées par les associés selon les modalités prévues aux articles 7, 8, 10-3 et 10-4, lorsque ces nouvelles sociétés sont des sociétés civiles professionnelles.

Le même arrêté constate la dissolution de la société scindée et prononce la nomination des nouvelles sociétés.

Section III. – Nomination à un office créé d'un associé d'une société dissoute

Art. 86 *(D. n° 92-65, 20 janv. 1992)*. – Lorsque la société a été dissoute, l'associé qui envisage de solliciter sa nomination à un office créé à son intention dans le ressort du lieu où la société dissoute a son siège doit notifier aux autres associés et aux liquidateurs son intention dans le délai de deux mois de la décision de dissolution ou de l'arrivée du terme fixé par les statuts.

Art. 87 *(D. n° 92-65, 20 janv. 1992 ; mod., D. n° 2009-452, 22 avr. 2009 ; D. n° 2016-1508, 9 nov. 2016)*. – La demande de l'intéressé, adressée au garde des Sceaux, ministre de la Justice, par téléprocédure sur le site internet du ministère de la Justice, est accompagnée de toutes pièces justificatives.

S'agissant d'apprécier les capacités professionnelles et l'honorabilité du demandeur, il est fait application des dispositions de l'article 8.

Art. 88 *(Abr., D. n° 2016-1508, 9 nov. 2016)*.

Art. 89 *(D. n° 92-65, 20 janv. 1992)*. – La création de l'office et la nomination de son titulaire sont prononcées par arrêté du garde des Sceaux, ministre de la Justice, sans qu'il y ait lieu de recourir à la procédure prévue aux articles 27 à 33 du décret du 14 août 1975 précité.

Art. 89-1 *(Abr., D. n° 2016-1508, 9 nov. 2016)*.

Section IV. – Nomination à un office créé d'un associé qui se retire pour cause de mésentente

Art. 89-2 *(D. n° 92-65, 20 janv. 1992 ; mod., D. n° 94-299, 12 avr. 1994).* – Lorsqu'un huissier de justice entend se retirer de la société au sein de laquelle il est associé dans les conditions prévues par le deuxième alinéa de l'article 18 de la loi du 29 novembre 1966 précitée et solliciter sa nomination à un office créé à son intention dans le ressort du lieu où est situé le siège de la société, il doit au préalable faire constater par le tribunal de grande instance dans le ressort duquel la société a son siège la réalité de la mésentente invoquée qui doit être de nature à paralyser le fonctionnement de la société ou d'en compromettre gravement les intérêts sociaux.

La procédure est communiquée au procureur de la République, qui doit faire connaître son avis. Le président de la chambre départementale des huissiers de justice est appelé à présenter ses observations à l'audience.

Art. 89-3 *(D. n° 92-65, 20 janv. 1992 ; mod., D. n° 2016-1508, 9 nov. 2016).* – La demande de l'intéressé, adressée au garde des Sceaux, ministre de la Justice, par téléprocédure sur le site internet du ministère de la Justice, est accompagnée de la décision passée en force de chose jugée constatant la mésentente.

NB : Se reporter aux dispositions de l'article 4 du décret n° 2016-1508 du 9 novembre 2016 concernant l'entrée en vigueur du décret n° 69-1274 du 31 décembre 1969. L'arrêté du 10 novembre 2016 (nor JUSC1632648 A) a précisé la date d'entrée en vigueur au 16 novembre 2016 14 h.

Art. 89-4 *(Abr., D. n° 2016-1508, 9 nov. 2016).*

Art. 89-5 *(D. n° 92-65, 20 janv. 1992).* – La création de l'office et la nomination de son titulaire sont prononcées par arrêté du garde des Sceaux, ministre de la Justice, sans qu'il y ait lieu de recourir à la procédure prévue aux articles 27 à 33 du décret du 14 août 1975 précité.

Art. 89-6 *(Abr., D. n° 2016-1508, 9 nov. 2016).*

TITRE II. – DES SOCIÉTÉS D'HUISSIERS DE JUSTICE

CHAPITRE I. – CONSTITUTION DE LA SOCIÉTÉ

Section I. – Dispositions générales. Agrément de la société

Art. 90 *(D. n° 92-65, 20 janv. 1992).* – Les sociétés civiles professionnelles prévues à l'article 5 de la loi précitée du 29 novembre 1966 sont régies par le présent titre.

Elles reçoivent l'appellation de « Sociétés d'huissiers de justice ».

La société n'est pas nommée titulaire d'un office et chacun des associés exerce ses fonctions dans l'office dont il est lui-même titulaire.

Art. 91. – La société ne peut être constituée qu'entre huissiers de justice résidant dans le ressort du même *(Mots rempl., D. n° 2007-813, 11 mai 2007)* « tribunal de grande instance ».

Art. 92 *(Mod., D. n° 2016-1508, 9 nov. 2016).* – La constitution de sociétés régies par le présent titre ne peut avoir pour effet de réduire le nombre, tant des huissiers de justice exerçant à titre individuel que des sociétés d'huissiers de justice au-dessous de celui qui est nécessaire à une bonne administration de la justice dans le ressort de la juridiction considérée.

Art. 93. – La société doit être agréée par arrêté du garde des Sceaux, ministre de la Justice.

L'acte constitutif est passé sous la condition suspensive de cet agrément.

L'arrêté d'agrément indique notamment le nom des associés et s'il y a lieu prononce le transfert des offices dont ceux-ci sont titulaires, édicte toutes dispositions utiles concernant la garde des minutes des offices transférés et donne éventuellement aux titulaires de ces offices les autorisations prévues à l'article 95.

Art. 94 *(Mod., D. n° 92-65, 20 janv. 1992 ; D. n° 2016-1508, 9 nov. 2016).* – La demande d'agrément de la société est présentée et instruite conformément aux dispositions de l'article 7, dans la mesure où elles sont compatibles avec celles du présent titre.

Art. 95 *(Abr., D. n° 2016-1508, 9 nov. 2016).*

Art. 95-1 *(D. n° 92-65, 20 janv. 1992 ; mod., D. n° 97-1188, 24 déc. 1997 ; D. n° 2016-1508, 9 nov. 2016).* – L'associé titulaire d'un office qui est transféré peut être autorisé par le garde des Sceaux, ministre de la Justice, à ouvrir un bureau annexe dans les conditions prévues à l'article 40 du décret du 14 août 1975 précité.

Le bureau ainsi ouvert reste attaché à l'office sans qu'il soit besoin, lors de la nomination d'un nouveau titulaire, de renouveler l'autorisation accordée.

Art. 95-2 *(D. n° 92-65, 20 janv. 1992 ; mod., D. n° 2016-1508, 9 nov. 2016).* – Des sociétés d'huissiers de justice établies dans le même ressort peuvent constituer par voie de fusion une nouvelle société régie par le présent titre.

Les dispositions des articles 92 à 94 ainsi que celles de l'article 85-2 sont applicables pour la constitution de la nouvelle société.

Art. 95-3 *(D. n° 92-65, 20 janv. 1992 ; mod., D. n° 2016-1508, 9 nov. 2016).* – Une société d'huissiers de justice peut par voie de scission constituer dans le même ressort deux ou plusieurs sociétés civiles professionnelles régies par le présent titre.

Les dispositions des articles 92 à 94 ainsi que celles de l'article 85-3 sont applicables pour la constitution de ces nouvelles sociétés.

Section II. – Statuts. Capital social. Parts sociales et parts d'industrie

Art. 96 *(D. n° 92-65, 20 janv. 1992 ; mod., D. n° 2016-1508, 9 nov. 2016).* – Les articles 11, 12 (à l'exception du 2°), 13 (à l'exception des *a*, *b* et *c*), 14 et 15 (alinéas 2 et 5) sont applicables aux sociétés régies par le présent titre.

Les statuts visés à l'article 12 doivent également indiquer l'adresse du siège social, qui sera soit celle du lieu choisi par les associés pour l'exercice en commun de leur profession, soit celle du siège de l'office de l'un des associés.

Le montant nominal des parts sociales ne peut être inférieur à 15,25 €.

Section III. – Publicité. Entrée en fonctions

Art. 97 *(Mod., D. n° 92-65, 20 janv. 1992).* – L'article 16 est applicable à l'arrêté d'agrément d'une société régie par le présent titre.

La société entre en fonctions dès son agrément.

CHAPITRE II. – FONCTIONNEMENT DE LA SOCIÉTÉ

Section I. – Administration de la société

Art. 98. – Les dispositions des articles 18 à 23, 25 et 26 sont applicables aux sociétés d'huissiers de justice.

Section II. – Cessions et transmissions de parts sociales

§ 1. – Cessions entre vifs par un associé

Art. 99 *(D. n° 92-65, 20 janv. 1992).* – Un associé peut céder ses parts sociales à un tiers, avec le consentement des associés donné dans les conditions de l'article 19 de la loi précitée du 29 novembre 1966, en exerçant en faveur de ce tiers le droit de présentation prévu par l'article 91 de la loi susvisée du 28 avril 1816.

Il peut également ne céder à son successeur qu'une fraction de ses parts sociales, à condition que la partie non cédée soit acquise simultanément soit par les autres associés, soit par la société elle-même qui procède alors à la réduction du capital, conformément à l'article 21 de la loi.

Il doit dans tous les cas notifier le projet de cession de ses parts à la société et à chacun des coassociés par lettre recommandée avec demande d'avis de réception.

La cession est conclue sous la condition suspensive de la nomination du cessionnaire dans les fonctions d'huissier de justice en remplacement du cédant.

Art. 100 *(D. n° 92-65, 20 janv. 1992).* – Si, dans le délai de quatre mois à compter de la dernière des notifications prévues par l'article 99, la société a donné son consentement à la cession des parts dans la forme prévue au troisième alinéa de cet article, ou si, à l'expiration du même délai, elle n'a pas fait connaître sa décision, le cédant, lorsqu'il exercera son droit de présentation, adresse simultanément au garde des Sceaux, ministre de la Justice, une expédition ou l'un des originaux de l'acte de cession de ses parts sociales à son successeur ainsi que la justification du consentement exprès ou implicite donné par la société à la cession.

Le cessionnaire ne jouit de la qualité d'associé qu'à compter de la date à laquelle il a prêté le serment exigé de tout huissier de justice avant son entrée en fonctions.

L'arrêté portant nomination du successeur du cédant dans les fonctions d'huissier de justice modifie celui qui a prononcé l'agrément de la société en application de l'article 93.

Art. 101 *(D. n° 78-704, 3 juill. 1978 ; D. n° 92-65, 20 janv. 1992).* – Dans le cas où la société refuse d'agréer le cessionnaire de parts présenté, elle dispose d'un délai de six mois à compter de la notification de son refus, par lettre recommandée avec demande d'avis de réception, pour notifier, dans la même forme, à cet associé, un projet de cession ou de rachat de ses parts.

Si les parties n'ont pu convenir d'un prix de cession, celui-ci est fixé par un expert désigné d'un commun accord, ou, à défaut, par le président du tribunal de grande instance, conformément aux dispositions de l'article 1843-4 du Code civil. Toute clause contraire à l'article 1843-4 de ce code est réputée non écrite.

Art. 102 *(D. n° 92-65, 20 janv. 1992).* – Lorsqu'un associé demande son retrait en application de l'article 21 de la loi précitée du 29 novembre 1966, la société dispose d'un délai de six mois à compter de la demande qui lui en est faite par l'associé par lettre recommandée avec demande d'avis de réception, pour notifier à celui-ci, dans la même forme, un projet de cession ou de rachat de ses parts sociales.

Si les parties ne peuvent convenir d'un prix de cession, celui-ci est fixé conformément aux dispositions de l'article 101 (alinéa 2).

Art. 103 *(D. n° 92-65, 20 janv. 1992 ; mod., D. n° 2016-1508, 9 nov. 2016).* – Toute convention par laquelle un associé cède la totalité de ses parts sociales à la société, aux autres associés ou à l'un ou plusieurs d'entre eux, est portée à la connaissance du garde des Sceaux, ministre de la Justice, par la partie la plus diligente.

À cette fin l'expédition ou l'un des originaux de cette convention est adressée au garde des Sceaux, ministre de la Justice, par téléprocédure sur le site internet du ministère de la Justice, avec toutes justifications utiles, y compris, s'il y a lieu, la délibération de l'assemblée des associés ayant décidé la réduction du capital social. Un arrêté du garde des Sceaux, ministre de la Justice, fixe la liste des associés compte tenu du retrait du cédant.

NB : Se reporter aux dispositions de l'article 4 du décret n° 2016-1508 du 9 novembre 2016 concernant l'entrée en vigueur du décret n° 69-1274 du 31 décembre 1969. L'arrêté du 10 novembre 2016 (nor JUSC1632648 A) a précisé la date d'entrée en vigueur du deuxième alinéa de l'article 103 au 16 novembre 2016 14 h.

Art. 104 *(Abr., D. n° 92-65, 20 janv. 1992).*

Art. 105 *(D. n° 92-65, 20 janv. 1992).* – Aucune indemnité n'est due par l'associé sortant titulaire d'un office qui n'est pas transféré, ou qui est transféré à son siège d'origine.

Aucune indemnité n'est due à l'associé sortant, titulaire d'un office qui est transféré. Toutefois, le transfert peut donner lieu à indemnisation si une indemnité avait été mise à la charge de cet associé à l'occasion du transfert concomitant à son entrée dans la société de l'office dont il est titulaire.

L'indemnité est évaluée à l'expiration de la sixième année civile suivant celle de la publication de l'arrêté prévu au troisième alinéa de l'article 103. Elle est fixée et répartie conformément aux articles 43 à 45 du décret du 14 août 1975 précité.

Les coassociés sont seuls tenus d'indemniser l'associé sortant lorsqu'il est titulaire d'un office supprimé. L'indemnité de suppression est fixée et répartie par l'arrêté prévu au troisième alinéa de l'article 103 conformément aux articles 43 à 45 du décret du 14 août 1975 précité.

Art. 106. – La convention par laquelle un associé cède ses parts sociales à la société ou aux coassociés est conclue sous la condition suspensive de la publication de l'arrêté prévu à l'article 103.

L'associé sortant ne reprend l'exercice individuel de ses fonctions d'huissier de justice et ne peut exercer le droit de présentation prévu à l'article 91 de la loi du 28 avril 1816 qu'à compter de cette publication.

Art. 107 *(D. n° 92-65, 20 janv. 1992 ; mod., D. n° 2016-1508, 9 nov. 2016).* – La société dispose d'un délai de six mois à compter du jour où la destitution d'un associé est devenue définitive du jour où l'un des associés atteint la limite d'âge fixée pour l'exercice des fonctions ou, le cas échéant, du jour de l'expiration de l'autorisation de prolongation d'activité prévue, pour acquérir elle-même les parts sociales de cet associé, ou les faire acquérir par les autres associés.

Si les parties n'ont pu convenir d'un prix de cession, celui-ci est fixé conformément aux dispositions de l'article 101 (alinéa 2). Il est procédé pour le surplus suivant les dispositions de l'article 103, dans la mesure où celles-ci sont de nature à recevoir application.

Si l'associé refuse de signer l'acte de cession de ses parts, il est passé outre à son refus deux mois après la notification qui lui est adressée par la société par lettre recommandée avec demande d'avis de réception.

Sous réserve des règles de protection et de représentation des incapables, les dispositions du présent article sont applicables à la cession des parts sociales de l'associé frappé d'une interdiction légale ou placé sous le régime de la tutelle des incapables majeurs.

Art. 108 *(Mod., D. n° 2016-1508, 9 nov. 2016).* – Dans le cas d'exclusion d'un associé, par application de l'article 121, la société doit acquérir elle-même ou faire acquérir par les autres associés les parts sociales de l'associé exclu, dans le délai de six mois à compter du jour où la sanction disciplinaire prononcée contre l'associé est devenue définitive.

Les articles 106 et 107 (alinéas 1er à 3) sont applicables.

Art. 109 *(D. n° 92-65, 20 janv. 1992 ; mod., D. n° 2016-1508, 9 nov. 2016).* – Les articles 99, 100, 101 (alinéa 1er), 103 et 106 sont applicables à la cession à titre gratuit de ses parts sociales consentie par l'un des associés à un tiers, à la société, à ses coassociés ou à un ou plusieurs de ceux-ci.

§ 2. – Cessions et transmissions après décès

Art. 110 *(Mod., D. n° 2016-1508, 9 nov. 2016).* – Pendant le délai fixé à l'article 34, les ayants droit de l'associé décédé peuvent, à l'unanimité, et avec le consentement des autres associés donné dans les conditions prévues à l'article 19 de la loi précitée du 29 novembre 1966, céder les parts sociales de leur auteur à un tiers qu'ils présentent à l'agrément du garde des Sceaux, ministre de la Justice, comme successeur de leur auteur dans l'office dont celui-ci était titulaire. Il est procédé, dans ce cas, conformément aux dispositions des articles 99 et 100.

Si la société refuse de consentir à la cession qui lui est proposée les dispositions des articles 101 et 103 sont applicables.

Art. 111 *(D. n° 78-704, 3 juill. 1978 ; D. n° 92-65, 20 janv. 1992).* – Toute demande d'un ayant droit de l'associé décédé tendant à l'attribution préférentielle à son profit des parts sociales de son auteur est notifiée à la société et à chacun des associés par lettre recommandée avec demande d'avis de réception.

Si la société consent à cette attribution, le droit de présentation appartenant aux ayants droit de l'associé décédé est exercé par ceux-ci au bénéfice de l'attributaire, conformément au droit commun. Simultanément, une expédition ou l'un des originaux de l'acte de cession à l'attributaire des parts sociales de l'associé décédé est adressée au garde des Sceaux, ministre de la Justice, avec la justification du consentement exprès ou implicite donné par la société à ladite cession.

Si les parties n'ont pu convenir du prix de cession des parts sociales, ce prix est fixé selon les dispositions de l'article 1843-4 du Code civil. Toute clause contraire à l'article 1843-4 de ce code est réputée non écrite.

Les dispositions de l'article 100 (alinéas 2 et 3) sont applicables à la cession consentie à l'ayant droit de l'associé décédé.

Art. 112 *(D. n° 92-65, 20 janv. 1992).* – Lorsqu'à l'expiration du délai fixé à l'article 108 ci-dessus, les parts sociales de l'associé décédé n'ont pas fait l'objet d'une cession ou d'une attribution préférentielle, la

société dispose d'un délai de six mois pour les acquérir elle-même ou les faire acquérir par les autres associés dans les conditions prévues aux articles 101 et 104.

§ 3. – Publicité

Art. 113 *(Mod., D. n° 92-65, 20 janv. 1992).* **– Les formalités prévues à l'article 38 sont applicables aux cessions et transmissions de parts des sociétés régies par le présent titre.**

À la diligence de la société, une copie de tout arrêté modifiant la composition de la société est adressée au greffier du tribunal de commerce ou du tribunal de grande instance statuant commercialement du lieu du siège social pour être versée au dossier ouvert au nom de la société au registre du commerce et des sociétés.

Section III. – Nomination de nouveaux associés. Augmentation du capital social. Prorogation de la société

Art. 114 *(Mod., D. n° 92-65, 20 janv. 1992).* **– Des huissiers de justice en exercice peuvent entrer dans la société soit en acquérant une fraction des parts sociales des autres associés, soit en souscrivant à une augmentation du capital social décidée par ceux-ci.**

Les dispositions des articles 91 à 96 ainsi que celles des deuxième et troisième alinéas de l'article 42 sont applicables à la modification des statuts résultant de l'application du premier alinéa.

Art. 115. – Les dispositions de l'article 44 sont applicables à la prorogation des sociétés régies par le présent titre.

Section IV. – Exercice des fonctions d'huissier de justice par les associés

§ 1. – Exercice de la profession, interdictions et incompatibilités diverses

Art. 116 *(D. n° 92-65, 20 janv. 1992 ; mod., D. n° 2012-403, 23 mars 2012).* **– Sous réserve de l'application de celles du présent titre toutes dispositions législatives ou réglementaires relatives à l'exercice individuel des fonctions d'huissier de justice ainsi que celles relatives aux clercs assermentés sont applicables aux associés.**

Les dispositions *(Mots aj., D. n° 2017-895, 6 mai 2017)* **« du premier alinéa » de l'article 46 leur sont applicables.**

Les associés doivent s'informer mutuellement de leur activité professionnelle. Les produits de cette activité sont acquis de plein droit à la société.

Dans les actes professionnels, chaque associé indique sa qualité d'huissier de justice et la dénomination sociale de la société dont il fait partie.

Chaque associé tient un répertoire des actes reçus par lui. Il est seul possesseur des minutes desdits actes.

L'appellation de « Société d'huissier de justice » doit accompagner la *(Mots rempl., D. n° 2012-403, 23 mars 2012)* **« dénomination sociale » dans toutes correspondances et tous documents émanant de la société.**

Art. 117 *(Mod., D. n° 92-65, 20 janv. 1992).* **– Les associés sont soumis aux incompatibilités et interdictions prévues à l'article 48.**

Art. 118. – Le montant des cotisations professionnelles dues par chaque associé, calculées sur les produits des offices, est proportionnel à la part de bénéfices recueillis par lui.

§ 2. – Comptabilité

Art. 119. – Chaque associé tient la comptabilité de son office. Toutefois les associés peuvent tenir une comptabilité unique à la condition que cette comptabilité permette l'individualisation des écritures passées du chef de chaque associé relativement aux actes professionnels accomplis par lui.

Lorsqu'un associé se retire, les autres associés sont tenus de lui délivrer sur sa demande et à ses frais une copie des écritures des dix dernières années de cette comptabilité.

§ 3. – Discipline. Suppléance

Art. 120. – Sous réserve des articles suivants, les dispositions de l'ordonnance précitée du 28 juin 1945 concernant la discipline des notaires et de certains officiers publics et ministériels sont applicables aux associés.

Art. 121 *(D. n° 92-65, 20 janv. 1992).* – Les dispositions de l'article 56 (alinéa 1) sont applicables à l'associé qui a été condamné, par une décision définitive, à une peine disciplinaire égale ou supérieure à trois mois d'interdiction.

Les parts sociales de cet associé sont cédées dans les conditions prévues à l'article 108.

Art. 122 *(D. n° 92-65, 20 janv. 1992 ; mod., D. n° 2016-1508, 9 nov. 2016).* – L'associé interdit de ses fonctions ne peut pendant la durée de sa peine exercer aucune activité professionnelle, mais conserve sa qualité d'associé avec tous les droits et obligations qui en découlent, à l'exclusion de la vocation aux bénéfices.

S'ils ne sont eux-mêmes interdits ou destitués, les autres associés sont de plein droit administrateurs de l'office de l'associé interdit.

Si tous les associés sont interdits de leurs fonctions, un ou plusieurs administrateurs choisis parmi les personnes énumérées aux *a*, *b*, *c* de l'article 57 sont commis pour les remplacer, dans les conditions prévues par l'ordonnance du 28 juin 1945 précitée. Leurs fonctions prennent fin à l'expiration de la moins élevée des peines prononcées contre les associés.

Les trois derniers alinéas de l'article 57 sont applicables à l'administrateur ou aux administrateurs remplaçant les associés interdits.

Art. 123 *(D. n° 92-65, 20 janv. 1992).* – Les dispositions de l'article 58 (alinéa 1) sont applicables à l'associé destitué.

Les autres associés, s'ils ne sont pas eux-mêmes interdits ou destitués, sont de plein droit administrateurs de l'office de l'associé frappé de destitution.

Les effets de la destitution de tous les associés sont régis par l'article 131.

Art. 124 *(D. n° 92-65, 20 janv. 1992 ; mod., D. n° 2016-1508, 9 nov. 2016).* – Dans le cas où la suspension provisoire prévue par les dispositions de l'ordonnance du 28 juin 1945 précitée est prononcée contre l'un des associés ou certains d'entre eux, les autres associés sont de plein droit administrateurs de l'office ou des offices dont le ou les titulaires sont suspendus temporairement.

La juridiction qui prononce la suspension provisoire de tous les associés désigne parmi les personnes énumérées aux *a*, *b*, *c* l'article 57 un nombre d'administrateurs suffisant pour accomplir les actes professionnels relevant du ministère obligatoire de ces associés.

Les trois derniers alinéas de l'article 57 sont applicables à l'administrateur ou aux administrateurs remplaçant les associés suspendus.

Art. 125. – Si l'un des associés est temporairement empêché d'exercer ses fonctions par cas de force majeure, sa suppléance est assurée par les autres associés.

Si tous les associés sont simultanément empêchés d'exercer leurs fonctions par cas de force majeure, la gestion des offices dont ils sont titulaires est assurée conformément aux dispositions de l'article 60 (alinéas 2 et 3).

CHAPITRE III. – NULLITÉ. DISSOLUTION. LIQUIDATION DE LA SOCIÉTÉ

Art. 126 *(D. n° 92-65, 20 janv. 1992).* – Les dispositions de l'article 62 sont applicables aux sociétés régies par le présent titre.

Section I. – Règles générales concernant la liquidation

Art. 127. – Les dispositions des articles 63, 64, 65, 66 (alinéas 1 et 2), 67, 69 (alinéa 2), 70, 71 (alinéa 1) et 72 sont applicables aux sociétés régies par le présent titre.

Art. 128 *(Mod., D. n° 2016-1508, 9 nov. 2016).* – Chaque associé reprend l'exercice individuel de ses fonctions à compter de la nullité de la société ou à compter de sa dissolution, sauf si celle-ci résulte de la destitution, de l'atteinte de la limite d'âge ou de l'expiration de l'autorisation de prolongation d'activité délivrée par le garde des Sceaux, ministre de la Justice, ou du décès de tous les associés.

Chaque associé peut maintenir son étude dans les locaux communs jusqu'à la date de publication de l'arrêté prévu à l'article suivant.

Dans ce cas, la participation des associés aux charges d'exploitation communes est régie par les statuts et, à défaut, par les associés eux-mêmes réunis à l'initiative du liquidateur.

Art. 129 *(D. n° 92-65, 20 janv. 1992)*. – Lorsque la nullité de la société a été constatée ou que sa dissolution a été prononcée, un arrêté du garde des Sceaux, ministre de la Justice, retire à celle-ci l'agrément prévu à l'article 93.

L'arrêté pris en application du premier alinéa fixe, s'il y a lieu, le nouveau siège de l'office ou des offices. Le droit de présentation prévu à l'article 91 de la loi du 28 avril 1816 précitée ne peut être exercé par chaque associé ou ses ayants droit avant la publication de l'arrêté.

Section II. – Dispositions particulières applicables dans les cas de nullité et de dissolution de la société

Art. 130. – Les articles 72 et 73 sont applicables à la nullité des sociétés régies par le présent titre.

Les articles 74 et 75 sont applicables à la dissolution par survenance du terme et à la dissolution anticipée de ces sociétés.

Art. 131 *(D. n° 92-65, 20 janv. 1992)*. – La société est dissoute de plein droit par la destitution de tous les associés.

La décision qui prononce cette destitution ordonne la liquidation de la société.

Les dispositions des articles 77 (alinéas 3 et 4) et 78 reçoivent application.

Les offices dont les associés destitués étaient titulaires ne peuvent être pourvus dans les conditions fixées par le décret du 14 août 1975 précité, ni supprimés, avant la publication de l'arrêté prévu à l'article 129.

Art. 132. – Les dispositions des articles 79, 80 et 81 sont applicables à la dissolution des sociétés d'huissiers de justice résultant du décès de tous les associés.

Art. 133. – La société est dissoute de plein droit par le retrait de tous les associés prévu à l'article 83.

Il est procédé à sa liquidation comme dans le cas de dissolution anticipée.

Art. 133-1 *(D. n° 92-65, 20 janv. 1992)*. – La société est déclarée dissoute d'office par arrêté du garde des Sceaux, ministre de la Justice, lorsque tous les associés sont déclarés démissionnaires d'office dans les conditions prévues à l'article 45 de l'ordonnance du 28 juin 1945 précitée.

Art. 134 *(D. n° 92-65, 20 janv. 1992 ; mod., D. n° 2016-1508, 9 nov. 2016)*. – Pendant le délai prévu à l'article 84, l'associé unique peut céder une partie de ses parts sociales à un huissier de justice en exercice satisfaisant aux conditions prescrites par l'article 91.

Les dispositions des articles 16, 92, 93, 94 et 97 reçoivent application.

Si, à l'expiration du délai prévu par le premier alinéa l'associé n'a pas fait usage de la faculté prévue par cet alinéa, la société est dissoute de plein droit.

Art. 134-1 *(D. n° 92-65, 20 janv. 1992 ; mod., D. n° 2016-1508, 9 nov. 2016)*. – Les associés d'une société d'huissiers de justice peuvent décider à l'unanimité la transformation de cette société en une société titulaire d'offices.

Dans ce cas, la société est nommée dans un ou plusieurs des offices dont les huissiers de justice étaient titulaires. Les autres offices sont, le cas échéant, pourvus d'un nouveau titulaire ou supprimés.

TITRE III. – DISPOSITIONS DIVERSES

Art. 135 *(Mod., D. n° 2016-1508, 9 nov. 2016)*. – Sous réserve des dispositions particulières régissant l'organisation des huissiers de justice dans les départements du Haut-Rhin, du Bas-Rhin et de la Moselle, et notamment des dispositions du décret du 29 juillet 1926 relatif à l'organisation et à la discipline des huissiers de justice dans les départements du Bas-Rhin, du Haut-Rhin et de la Moselle, ainsi que de la loi du 2 mai 1930 portant ratification dudit décret, le présent décret est applicable aux sociétés constituées pour l'exercice de la profession dans les départements susvisés entre les personnes physiques exerçant les fonctions d'huissier de justice ou remplissant les conditions requises pour être nommées à ces fonctions.

Art. 135-1 *(D. n° 2004-365, 22 avr. 2004)*. – La nomination d'une société civile professionnelle, ainsi que celle de tous les associés, est faite sur proposition de la commission prévue à l'article 50 du décret n° 75-770 du 14 août 1975.

Dans le cas où la société est candidate à l'office dont l'un des associés est titulaire ou à un office créé ou existant, la commission se prononce également dans sa proposition sur les suppressions ou les transferts éventuels d'offices dont les associés ou certains d'entre eux sont titulaires.

Art. 135-2 *(Abr., D. n° 2016-1508, 9 nov. 2016)*.

Art. 135-3 *(D. n° 2004-365, 22 avr. 2004 ; mod., D. n° 2016-1508, 9 nov. 2016)*. – Dans le cas de décès, d'incapacité ou de cessation d'exercice en raison de l'atteinte de la limite d'âge ou de l'expiration de l'autorisation de prolongation d'activité d'un associé exerçant au sein de la société, le ou les autres associés agissant collectivement peuvent, dans le délai de deux mois, informer le procureur général, par lettre recommandée avec demande d'avis de réception, de leur volonté de voir nommer un nouvel associé.

Il en est de même en cas de retrait volontaire lorsque le ou les autres associés ont pour chacun d'entre eux une ancienneté en qualité d'huissier associé dans la société d'au moins 5 ans.

Les délais prévus aux alinéas précédents courent à compter de la survenance de l'événement et, en cas de retrait volontaire de l'associé, de la publication de l'arrêté acceptant ce retrait.

Lorsque les associés ont exprimé leur volonté de voir nommer un nouvel associé, un appel à candidatures est publié à la diligence du procureur général dans les conditions fixées par un arrêté du garde des Sceaux, ministre de la Justice. Cet appel à candidatures fixe le délai au cours duquel, à peine d'irrecevabilité, toute personne intéressée, remplissant les conditions prévues à l'article 48 du décret du 14 août 1975 précité et, le cas échéant, aux articles 90 et 91 du présent décret, peut faire acte de candidature auprès du procureur général près la cour d'appel dans le ressort de laquelle est situé l'office.

Art. 135-4 *(D. n° 2004-365, 22 avr. 2004)*. – Le procureur général arrête la liste des candidatures recevables et la notifie, par lettre recommandée avec demande d'avis de réception, aux associés subsistants.

Dans les 3 mois de cette notification, à peine d'irrecevabilité, le ou les associés soumettent collectivement, par lettre recommandée avec demande d'avis de réception, le candidat de leur choix à la commission prévue à l'article 50 du décret [n° 75-770] du 14 août 1975 précité, afin qu'il soit proposé à l'agrément du garde des Sceaux, ministre de la Justice.

La proposition ou le refus de proposer ce candidat à l'agrément est notifié aux associés, à la diligence du procureur général.

La cession ou, en cas d'augmentation de capital, l'attribution de parts nouvelles sont passées sous la condition suspensive de la nomination du nouvel associé par arrêté du garde des Sceaux, ministre de la Justice. La condition est réputée remplie à la date de la publication de cet arrêté.

Les statuts mis à jour sont adressés par la société au greffe du tribunal où elle est immatriculée.

Art. 135-5 *(D. n° 2004-365, 22 avr. 2004)*. – Dans le cas où les associés n'ont pas manifesté leur volonté de voir nommé un nouvel associé, ou n'ont pas respecté les délais prévus aux articles 135-3 et 135-4, ou si la commission refuse de proposer au garde des Sceaux, ministre de la Justice, la nomination du nouvel associé, la société cesse d'être titulaire de l'office dont le procureur général constate la vacance. Il est alors procédé à la nomination du nouveau titulaire selon les modalités définies aux articles 48 et 49 du décret [n° 75-770] du 14 août 1975 précité et, le cas échéant, aux articles 135-1 et 135-2 du présent décret.

Hors le cas où il ne subsiste qu'un associé, la société peut faire acte de candidature à l'office dont elle était titulaire ou à un autre office à pourvoir dans les départements du Bas-Rhin, du Haut-Rhin et de la Moselle.

Dans le cas où la société est nommée dans l'office dont elle était titulaire, il n'y a pas lieu de procéder aux formalités prévues à l'alinéa premier de l'article 17.

Si elle n'est pas nommée dans cet office, elle continue d'exercer provisoirement ses fonctions jusqu'à la prestation de serment d'un nouveau titulaire ou, s'il s'agit d'une société, de tous les associés exerçant au sein

de la société. Elle est dissoute dans le délai d'un an à compter de la date de prestation de serment si elle n'est pas nommée dans un autre office.

Art. 135-6 *(D. n° 2016-1508, 9 nov. 2016)*. **– Toutes les demandes, déclarations et transmissions prévues par le présent décret et pour lesquelles la téléprocédure est applicable sont adressées, lorsqu'elles sont relatives à des offices d'huissier de justice dans les départements du Haut-Rhin, du Bas-Rhin et de la Moselle, par lettre recommandée avec accusé de réception.**

NB : Se reporter aux dispositions de l'article 4 du décret n° 2016-1508 du 9 novembre 2016 concernant l'entrée en vigueur du décret n° 69-1274 du 31 décembre 1969. L'arrêté du 10 novembre 2016 (nor JUSC1632648 A) a précisé la date d'entrée en vigueur au 16 novembre 2016 14 h.

Art. 136. – Dans le cas prévu par l'article 37 (alinéa 2) de la loi précitée du 29 novembre 1966 concernant les sociétés adoptant le statut de sociétés coopératives, l'actif net de la société subsistant après extinction du passif et remboursement du capital est réparti entre les associés au prorata des parts détenues par chacun d'eux, y compris les parts d'intérêts correspondant aux apports en industrie.

Art. 137 *(Abr., D. n° 78-264, 9 mars 1978)*.

Art. 138. – Les dispositions des articles 31 à 39 du décret précité du 29 février 1956 sont abrogées dans le mesure où elles sont relatives aux associations d'huissiers de justice.

Les associations d'huissiers de justice qui ont été constituées en application de ces dispositions devront, dans un délai d'un an, se transformer en sociétés civiles professionnelles ou se dissoudre.

8.2.15.2. – Sociétés d'exercice libéral

Décret n° 92-1448 du 30 décembre 1992

pris pour l'application à la profession d'huissier de justice de la loi n° 90-1258 du 31 décembre 1990 relative à l'exercice sous forme de sociétés des professions libérales soumises à un statut législatif ou réglementaire ou dont le titre est protégé

(JO 1er janv. 1993)

(Mod., D. n° 97-1188, 24 déc. 1997 : JO 27 déc. ; D. n° 2004-365, 22 avr. 2004 : JO 25 avr.)

TITRE PREMIER. – DES SOCIÉTÉS D'EXERCICE LIBÉRAL D'HUISSIERS DE JUSTICE

Art. 1er *(Rempl., D. n° 2017-800, 5 mai 2017)*. **– Les dispositions du présent titre sont applicables aux sociétés d'exercice libéral constituées pour l'exercice de la profession d'huissier de justice en application du titre Ier de la loi [n° 90-1258] du 31 décembre 1990 susvisée.**

Sous réserve des dispositions du décret n° 2017-794 du 5 mai 2017 relatif à la constitution, au fonctionnement et au contrôle des sociétés pluri-professionnelles d'exercice de professions libérales juridiques, judiciaires et d'expertise-comptable prévues au titre IV *bis* de la loi n° 90-1258 du 31 décembre 1990, les dispositions du présent titre sont également applicables aux sociétés pluri-professionnelles d'exercice constituées pour exercer notamment la profession d'huissier de justice en application des titres Ier et IV *bis* de la loi [n° 90-1258] du 31 décembre 1990 susvisée, à l'exception des dispositions de l'article 6, du deuxième alinéa de l'article 20, des articles 51 et 61 et de la dernière phrase du dernier alinéa de l'article 82-2.

CHAPITRE I. – CONSTITUTION DE LA SOCIÉTÉ

Section I. – Dispositions générales. Nomination

Art. 2 *(Mod., D. n° 2016-880, 29 juin 2016)*. **– La société d'exercice libéral est titulaire d'un ou plusieurs offices d'huissier de justice. Son siège est celui de l'office ou de l'un des offices.**

Les dispositions du premier alinéa ne font pas obstacle à la détention d'une partie du capital d'une société, autre qu'une société civile professionnelle, nommée dans un autre office.

Sous-section 1. – Société d'exercice libéral constituée par des personnes physiques

Art. 3 *(Mod., D. n° 2004-855, 23 août 2004 ; D. n° 2016-880, 29 juin 2016).* – I. – Lorsqu'aucun de ses associés n'est titulaire d'un office, la société d'exercice libéral peut être nommée dans un office existant ou dans un office créé.

II. – Lorsque l'un au moins des associés est titulaire d'un office, la société d'exercice libéral peut être nommée dans un ou plusieurs offices relevant des catégories suivantes :

1° L'office dont un associé est titulaire, en remplacement de celui-ci ;

2° Un autre office existant ;

3° Un office créé.

L'office dont l'associé est titulaire et dans lequel la société n'est pas nommée est pourvu d'un nouveau titulaire ou supprimé lorsque cet associé entend exercer au sein de la société.

III. – Une personne physique remplissant les conditions requises pour exercer la profession peut également constituer une société d'exercice libéral à associé unique nommée titulaire d'un office existant ou d'un office créé ;

Art. 4 *(Mod., D. n° 2016-880, 29 juin 2016).* – La demande de nomination d'une société régie par les dispositions de l'article 3 est présentée par le mandataire de la société ou, si celle-ci n'est pas encore constituée, par le mandataire des associés, conjointement à la demande de nomination de ceux des associés qui entendent exercer la profession *(Mots aj., D. n° 2017-800, 5 mai 2017)* « d'huissier de justice » dans l'office.

Art. 4-1 *(D. n° 2016-880, 29 juin 2016).* – Lorsqu'une société régie par les dispositions de l'article 3 demande sa nomination en qualité de titulaire d'un office créé ou vacant, la nomination est faite dans les conditions prévues aux articles 27 à 34 du décret n° 75-770 du 14 août 1975 susvisé.

Art. 5 *(Mod., D. n° 2016-880, 29 juin 2016).* – La nomination d'une société d'exercice libéral dans un office d'huissier de justice et la nomination de chacun des associés qui exerceront au sein de la société *(Mots aj., D. n° 2017-800, 5 mai 2017)* « la profession d'huissier de justice » sont prononcées par arrêté du garde des sceaux, ministre de la justice.

L'acceptation de la démission des huissiers de justice futurs associés, la suppression des offices dont ils sont titulaires, le transfert des minutes de ces offices ainsi que la création de l'office dont la société sera titulaire sont prononcés par le même arrêté.

Art. 6. – La société est constituée sous la condition suspensive de sa nomination par le garde des Sceaux, ministre de la Justice. La condition est réputée acquise à la date de publication de l'arrêté prévu à l'article 5.

Art. 7 *(Mod., D. n° 2016-880, 29 juin 2016).* – La demande mentionnée à l'article 4 est adressée au garde des Sceaux, ministre de la Justice, par téléprocédure sur le site internet du ministère de la Justice. Elle est accompagnée de toutes pièces justificatives et notamment d'une attestation du greffier du tribunal de commerce ou du tribunal de grande instance statuant commercialement du lieu du siège social, constatant le dépôt au greffe de la demande et des pièces nécessaires à l'immatriculation ultérieure de la société au registre du commerce et des sociétés ainsi que, lorsqu'un ou plusieurs des futurs associés qui exerceront au sein de la société doit contracter un emprunt, et que la société est candidate à la nomination dans un office existant ou vacant, des éléments permettant d'apprécier ses possibilités financières au regard des engagements contractés de la liste des associés avec leur profession et la part de capital qu'ils détiennent.

Art. 8 *(Mod., D. n° 2009-452, 22 avr. 2009 ; D. n° 2016-880, 29 juin 2016).* – I. – Le bureau de la chambre nationale des huissiers de justice communique au garde des sceaux, ministre de la justice, dans les vingt jours suivant sa demande, toute information dont il dispose permettant à celui-ci d'apprécier les capacités professionnelles et l'honorabilité de chacun des associés qui entend exercer au sein de la société *(Mots aj., D. n° 2017-800, 5 mai 2017)* « la profession d'huissier de justice » et de chacune des personnes mentionnées au II qui relèvent de ses attributions.

II. – Les associés n'exerçant pas la profession *(Mots aj., D. n° 2017-800, 5 mai 2017)* « d'huissier de justice » au sein de la société ainsi que les représentants légaux qui ne sont pas associés et les personnes physiques membres des organes d'administration, de direction ou de surveillance de la société doivent présenter des garanties suffisantes en ce qui concerne leur honorabilité.

III. – Le garde des Sceaux, ministre de la Justice, rejette la demande d'agrément de la société si les conditions légales ou réglementaires auxquelles elle est soumise, y compris celle mentionnée au II, ne sont pas remplies.

Art. 9 *(Abr., D. n° 2016-880, 29 juin 2016).*

Art. 10 *(Mod., D. n° 97-1188, 24 déc. 1997 ; D. n° 2016-880, 29 juin 2016).* – L'ouverture d'un bureau annexe est autorisée par le garde des Sceaux, ministre de la Justice, dans les conditions prévues aux articles 37-6, 38 et 40 du décret du 14 août 1975 précité. La demande est adressée au garde des Sceaux, ministre de la Justice, par téléprocédure sur le site internet du ministère de la Justice. Le ou les bureaux annexes ainsi ouverts restent attachés à l'office sans qu'il soit besoin, lors de la nomination d'un nouveau titulaire, de renouveler l'autorisation accordée.

Sous-section 2. – Fusion de sociétés d'exercice libéral

§ 1. – Fusion par constitution d'une nouvelle société

Art. 11 *(Mod., D. n° 2016-880, 29 juin 2016).* – Des sociétés d'exercice libéral peuvent constituer par voie de fusion, entre elles ou avec d'autres sociétés titulaires d'un office, une nouvelle société d'exercice libéral qui peut être nommée dans un ou plusieurs offices relevant d'une des catégories suivantes :

a) Un office dont l'une d'elle est titulaire, en remplacement de celle-ci ;

b) Un autre office existant ;

c) Un office créé.

Les offices dont les sociétés participant à la fusion sont titulaires, autres que celui ou ceux auxquels la société nouvelle est nommée, sont pourvus d'un nouveau titulaire ou supprimés.

Art. 12 *(Mod., D. n° 2016-880, 29 juin 2016).* – La nomination de la nouvelle société d'exercice libéral dans un office d'huissier de justice et la nomination de chacun des associés qui exerceront au sein de la société *(Mots aj., D. n° 2017-800, 5 mai 2017)* « la profession d'huissier de justice » sont prononcées par arrêté du garde des sceaux, ministre de la justice.

La dissolution des sociétés d'exercice libéral ou des sociétés civiles professionnelles participant à cette fusion prend effet à la date à laquelle elle est constatée par l'arrêté qui prononce la suppression des offices dont elles sont titulaires, le transfert des minutes de ces offices et, le cas échéant, la création de l'office dont la nouvelle société sera titulaire ou la nomination de la nouvelle société dans le ou les offices dont elles sont titulaires.

Sont applicables aux fusions de sociétés les dispositions des articles 4 et 6 à 10 et, en outre, en cas de création d'office, celles de l'article 4-1.

§ 2. – Fusion par absorption

Art. 13 *(Mod., D. n° 2016-880, 29 juin 2016).* – Une société d'exercice libéral peut absorber une ou plusieurs sociétés titulaires d'un office d'huissier de justice. La société absorbante peut être nommée dans un ou plusieurs offices relevant d'une des catégories suivantes :

a) Un office dont l'une des sociétés absorbées est titulaire, en remplacement de celle-ci ;

b) Un autre office existant ;

c) Un office créé.

Les offices dont les sociétés absorbées sont titulaires, autres que celui ou ceux auxquels la société nouvelle est nommée, sont pourvus d'un nouveau titulaire ou supprimés.

Art. 14 *(Mod., D. n° 2016-880, 29 juin 2016).* – La nomination de chacun des associés membres des sociétés absorbées et exerçant au sein de la société absorbante *(Mots aj., D. n° 2017-800, 5 mai 2017)* « la profession d'huissier de justice » est prononcée par arrêté du garde des sceaux, ministre de la justice.

La dissolution des sociétés absorbées prend effet à la date à laquelle elle est constatée par l'arrêté qui prononce la suppression des offices dont elles sont titulaires, le transfert des minutes de ces offices et, le cas échéant, la création de l'office dont la société absorbante sera titulaire ou la nomination de la société absorbante dans le ou les offices dont les sociétés absorbées sont titulaires.

Sont applicables aux absorptions de sociétés les dispositions des articles 4 et 6 à 10 et, en outre, en cas de création d'office, celles de l'article 4-1.

Sous-section 3. – Société d'exercice libéral constituée par voie de scission

Art. 15 *(Mod., D. n° 2016-880, 29 juin 2016).* – Une société peut, par voie de scission, constituer deux ou plusieurs sociétés d'exercice libéral. L'une d'elles peut être nommée dans l'office dont la société scindée était titulaire en remplacement de celle-ci. Si la société scindée était titulaire de plusieurs offices, les sociétés issues de la scission peuvent être nommées chacune dans un ou plusieurs de ces offices. À défaut, le ou les offices sont déclarés vacants ou supprimés.

Les autres sociétés d'exercice libéral issues de cette scission peuvent être nommées dans des offices existants ou créés.

Art. 16 *(Mod., D. n° 2016-880, 29 juin 2016).* – La nomination des nouvelles sociétés d'exercice libéral et la nomination de chacun des associés exerçant au sein de la société *(Mots aj., D. n° 2017-800, 5 mai 2017)* « la profession d'huissier de justice » sont prononcées par arrêté du garde des sceaux, ministre de la justice.

La dissolution de la société scindée prend effet à la date à laquelle elle est constatée par l'arrêté qui prononce la suppression de l'office dont elle est titulaire, la répartition des minutes de cet office et, le cas échéant, la création des offices dont les nouvelles sociétés seront titulaires ou la nomination des nouvelles sociétés dans le ou les offices dont elle est titulaire.

Sont applicables aux scissions de sociétés les dispositions des articles 4 et 6 à 10 et, en outre, en cas de création d'office, celles de l'article 4-1.

Sous-section 4. – Transformation d'une société civile professionnelle en société d'exercice libéral

Art. 17 *(Mod., D. n° 2016-880, 29 juin 2016).* – Une société d'exercice libéral constituée par transformation d'une société constituée sous une autre forme sociale et titulaire d'un office doit être agréée par arrêté du garde des Sceaux, ministre de la Justice. La demande est transmise par téléprocédure sur le site internet du ministère de la Justice.

Section II. – Capital social. Actions et parts sociales

Art. 18. – Peuvent faire l'objet d'apports à une société d'exercice libéral :

a) L'exercice par un huissier de justice démissionnaire, un gérant d'une société civile professionnelle ou un représentant légal d'une société d'exercice libéral en voie de dissolution ou par un liquidateur d'une société dissoute, du droit de présenter la société pour successeur à l'agrément du garde des Sceaux, ministre de la Justice ;

b) L'exercice, par un ou plusieurs ayants droit d'un huissier de justice décédé, s'ils satisfont aux conditions requises pour exercer la profession d'huissier de justice, de leur droit de présenter la société pour successeur de leur auteur à l'agrément du garde des Sceaux, ministre de la Justice ;

c) Le bénéfice résultant pour la société de la suppression de l'office de l'huissier de justice démissionnaire, de la société d'exercice libéral ou de la société civile professionnelle dissoute ou en voie de dissolution ;

d) Tous droits incorporels et tous meubles utiles à l'exercice de la profession d'huissier de justice ;

e) Les immeubles devant servir à l'établissement du siège de l'office et, le cas échéant, des bureaux annexes ;

f) Toutes sommes en numéraire.

Art. 19. – Les actions ou les parts sociales attribuées en contrepartie des apports en nature mentionnés aux a, b et c de l'article 18 sont réputées libérées par l'engagement pris dans l'acte de société par les apporteurs intéressés d'exercer leur droit de présentation en faveur de la société ou, le cas échéant, de démissionner de leurs fonctions en demandant la suppression de l'office dont ils sont titulaires, le tout sous réserve de la condition suspensive prévue à l'article 6.

Les actions ou parts sociales d'une société d'exercice libéral titulaire d'un office d'huissier de justice ne peuvent être ni données en nantissement ni vendues aux enchères publiques.

Le retrait des fonds provenant des souscriptions en numéraire est effectué par un mandataire de la société sur la seule justification de la nomination de celle-ci dans les fonctions d'huissier de justice.

Section III. – Publicité. Entrée en fonctions

Art. 20 *(Mod., D. n° 2016-880, 29 juin 2016)*. – L'immatriculation de la société au registre du commerce et des sociétés est régie par la section I du chapitre III du titre II du livre Ier du Code de commerce, sous réserve des dispositions ci-après.

Une ampliation de l'arrêté de nomination prévu à l'article 5 est adressée par les associés au greffe du tribunal où a été déposée la demande d'immatriculation au registre du commerce et des sociétés. Au reçu de cette ampliation, le greffier procède à l'immatriculation et en informe le garde des Sceaux, ministre de la Justice, ainsi que procureur général près la cour d'appel dans le ressort de laquelle est fixé le siège de la société.

La société est dispensée de procéder aux formalités de publicité prévues à la section III du titre Ier du livre II du Code de commerce.

Art. 21. – Les dispositions législatives ou réglementaires relatives à la prestation de serment, au dépôt de la signature et du paraphe des personnes physiques nommées dans les fonctions d'huissier de justice sont applicables aux huissiers de justice associés exerçant au sein de la société.

La société ne peut entrer en fonctions qu'après la prestation de serment de tous ses membres exerçant en son sein *(Mots aj., D. n° 2017-800, 5 mai 2017)* « la profession d'huissier de justice ». Ceux-ci n'ont le droit d'exercer leurs fonctions qu'à compter du jour où ils ont prêté serment.

L'associé, précédemment titulaire d'un office d'huissier de justice, qui a fait apport de son droit de présentation à la société, n'a pas à renouveler son serment.

Tout associé qui, exerçant ses fonctions *(Mots aj., D. n° 2017-800, 5 mai 2017)* « d'huissier de justice » au sein de la société, n'a pas prêté serment dans le mois suivant la publication de l'arrêté prévu au premier alinéa de l'article 5 peut, sauf cas de force majeure, être déchu par arrêté du garde des sceaux, ministre de la justice, de sa qualité d'associé et ses actions ou parts sociales sont cédées dans les conditions fixées à l'article 28.

CHAPITRE II. – FONCTIONNEMENT DE LA SOCIÉTÉ

Section I. – Cessions et transmissions d'actions et de parts sociales

§ 1. – Cessions d'actions et de parts sociales entre vifs en vue de l'exercice de la profession au sein de la société

Art. 22 *(Mod., D. n° 2009-452, 22 avr. 2009 ; D. n° 2016-1508, 9 nov. 2016)*. – Toute convention par laquelle un des associés cède en vue de l'exercice de la profession *(Mots aj., D. n° 2017-800, 5 mai 2017)* « d'huissier de justice » au sein de la société la totalité ou une fraction de ses actions ou parts sociales à un tiers à la société est passée sous la condition suspensive de l'agrément du cessionnaire, et, s'il y a lieu, de l'approbation du retrait du cédant, prononcés par arrêté du garde des sceaux, ministre de la justice.

Lorsque le consentement de la société est acquis dans les conditions prévues par les articles L. 223-14 et L. 228-24 du Code de commerce et par l'article 10 de la loi du 31 décembre 1990 précitée, le cessionnaire adresse au garde des Sceaux, ministre de la Justice, une requête tendant à sa nomination en qualité d'huissier de justice associé exerçant au sein de la société.

Cette requête est transmise par téléprocédure sur le site internet du ministère de la Justice. Elle est accompagnée de l'expédition de l'acte de cession si celui-ci a été établi dans la forme authentique ou de l'un des originaux de cet acte dans le cas contraire ainsi que de toutes pièces justificatives, notamment celles qui établissent le consentement exprès ou tacite donné par la société à la cession, sans préjudice de celles exigées de tout candidat aux fonctions d'huissier de justice ; lorsque le futur associé doit contracter un emprunt, il doit, en outre, produire les éléments permettant d'apprécier ses possibilités financières au regard des engagements contractés.

Le prix de cession et ses modalités de paiement sont fixés par les parties.

L'article 8 est applicable s'agissant d'apprécier les capacités professionnelles et l'honorabilité du cessionnaire.

Art. 23 *(Mod., D. n° 2016-880, 29 juin 2016)*. – Si la société n'agrée pas le cessionnaire proposé, il est procédé conformément aux dispositions des articles L. 223-14 et L. 228-24 du Code de commerce.

Si l'acquéreur est un tiers à la société, les dispositions de l'article 22 sont applicables.

Si les actions ou parts sociales sont acquises par la société ou par un ou plusieurs associés exerçant en son sein *(Mots aj., D. n° 2017-800, 5 mai 2017)* « la profession d'huissier de justice », il est procédé conformément à l'article 24. En ce cas, l'expédition ou l'un des originaux de l'acte de cession est adressé au garde des sceaux, ministre de la justice, par téléprocédure sur le site internet du ministère de la justice, avant expiration du délai prévu aux articles L. 223-14 et L. 228-24 du Code de commerce.

Le cessionnaire prend, par écrit, l'engagement de payer le prix fixé ; son engagement est joint à sa requête et une copie du projet d'acte de cession tient lieu de l'expédition ou de l'un des originaux visés au troisième alinéa de l'article 22.

Lorsque l'associé cédant refuse de signer l'acte portant cession de ses actions ou parts sociales à la société, à ses coassociés, à l'un ou plusieurs d'entre eux ou à un tiers, il est passé outre à son refus deux mois après la sommation par lettre recommandée avec demande d'avis de réception à lui faite par la société et demeurée infructueuse. Son retrait de la société est prononcé par arrêté du garde des Sceaux, ministre de la Justice, et le prix de cession des parts est consigné à la diligence du cessionnaire.

Art. 24 *(Mod., D. n° 2009-452, 22 avr. 2009 ; D. n° 2016-880, 29 juin 2016)*. – Toute modification de la répartition ou du nombre des actions ou parts sociales détenues par les associés est portée à la diligence de la société et des associés concernés, à la connaissance du garde des Sceaux, ministre de la Justice, par téléprocédure sur le site internet du ministère de la Justice, dans un délai de trente jours.

Art. 25. – Les articles 22, 23 et 24 sont également applicables à la cession ou à la transmission à titre gratuit de tout ou partie de ses actions ou parts sociales consentie par l'un des associés.

Art. 26 *(Mod., D. n° 2016-880, 29 juin 2016 ; D. n° 2017-800, 5 mai 2017)*. – Lorsqu'un associé exerçant la profession d'huissier de justice demande son retrait de la société en cédant la totalité de ses actions ou parts sociales, il est procédé conformément aux dispositions des articles 22 et 23.

Toutefois, un associé qui entend cesser d'exercer au sein de la société la profession d'huissier de justice tout en conservant ses actions ou parts sociales peut demander son retrait en qualité d'associé exerçant au sein de la société, après en avoir informé la société et ses associés par lettre recommandée avec demande d'avis de réception. Il perd les droits attachés à cette qualité à compter de la publication de l'arrêté constatant son retrait.

Tout retrait d'une société par un associé exerçant en son sein la profession d'huissier de justice est prononcé par arrêté du garde des sceaux, ministre de la justice.

Art. 27. – En cas d'empêchement ou d'inaptitude d'un associé exerçant au sein de la société *(Mots aj., D. n° 2017-800, 5 mai 2017)* « la profession d'huissier de justice » dans les conditions prévues par le deuxième alinéa de l'article 45 de l'ordonnance n° 45-1418 du 28 juin 1945 susvisée, cet associé est déclaré démissionnaire d'office par arrêté du garde des sceaux, ministre de la justice.

Art. 28 *(Mod., D. n° 2016-880, 29 juin 2016 ; D. n° 2017-800, 5 mai 2017)*. – L'associé destitué exerçant au sein de la société la profession d'huissier de justice dispose d'un délai de six mois à compter du jour où la décision de destitution est passée en force de chose jugée pour céder ses actions ou parts sociales à un tiers à la société dans les conditions prévues à l'article 22.

Si, à l'expiration de ce délai, aucune cession n'est intervenue, il est procédé conformément aux dispositions de l'article 23.

L'associé destitué peut également, avant l'expiration du délai précité, céder ses actions ou parts sociales à la société, aux autres associés exerçant au sein de la société la profession d'huissier de justice ou à l'un ou plusieurs de ceux-ci, dans les conditions prévues à l'article 24 ou à une autre personne remplissant les conditions prévues aux articles 5 et 6 de la loi [n° 90-1258] du 31 décembre 1990 susvisée ou, s'agissant des sociétés pluri-professionnelles d'exercice, à une autre personne remplissant les conditions prévues à l'article 31-6 de cette loi.

Art. 29 *(Mod., D. n° 2016-880, 29 juin 2016 ; D. n° 2017-800, 5 mai 2017)*. – Sous réserve des règles de protection et de représentation des majeurs protégés, les dispositions de l'article 28 sont applicables à la cession d'actions ou de parts sociales de l'associé placé sous le régime de la tutelle, s'il ne veut ou ne peut

bénéficier des dispositions du 2° B du I de l'article 5 de la loi [n° 90-1258] du 31 décembre 1990 précitée, ou de l'associé frappé d'interdiction légale.

Elles sont également applicables à la cession d'actions ou de parts sociales de l'associé dont l'exclusion de la société a été décidée dans les cas mentionnés à l'article 45.

Le délai de six mois imparti à l'associé exclu pour céder ses actions ou parts sociales court à compter du jour où la décision des autres associés prononçant son exclusion lui a été notifiée par lettre recommandée avec demande d'avis de réception.

Lorsque la société d'exercice libéral est une société pluri-professionnelle d'exercice, les dispositions du présent article s'appliquent aux seuls associés exerçant la profession d'huissier de justice.

§ 2. – Cessions d'actions et de parts sociales n'ayant pas pour but l'exercice de la profession d'huissier de justice au sein de la société

(Intitulé rempl. à compter des dates prévues aux II et IV de l'article 10 du décret n° 2016-880 du 29 juin 2016, D. n° 2016-880, 29 juin 2016 ; mod., D. n° 2017-800, 5 mai 2017)

Art. 30 ***(Mod., D. n° 2009-452, 22 avr. 2009 ; D. n° 2016-880, 29 juin 2016 ; D. n° 2017-800, 5 mai 2017).*** **– Sans préjudice des dispositions des articles L. 223-14 et L. 228-24 du Code de commerce et de l'article 10 de la loi [n° 90-1258] du 31 décembre 1990 précitée, tout projet de cession d'actions ou de parts sociales aux personnes mentionnées au B du I de l'article 5 de la loi [n° 90-1258] du 31 décembre 1990 précitée et au 3° du I de l'article 6 de la même loi fait l'objet d'une déclaration.**

La déclaration est adressée au garde des sceaux, ministre de la justice, par téléprocédure sur le site internet du ministère de la justice, à la diligence de la société et des associés concernés, deux mois au moins avant la réalisation de la cession.

Le garde des sceaux, ministre de la justice, peut, dans un délai de deux mois après réception de la demande, s'opposer au projet par décision motivée.

Les dispositions du présent article sont également applicables à tout projet de cession d'actions ou de parts sociales d'une société pluri-professionnelle d'exercice à une personne remplissant les conditions prévues à l'article 31-6 de la loi [n° 90-1258] du 31 décembre 1990 précitée lorsque la cession n'est pas réalisée en vue de l'exercice de la profession d'huissier de justice au sein de la société.

Art. 31 ***(Mod., D. n° 2016-880, 29 juin 2016).*** **– Dans les cas visés au 4° du B du I de l'article 5 de la loi du 31 décembre 1990 précitée, les statuts de la société doivent être joints à la convention transmise au garde des Sceaux, ministre de la Justice.**

§ 3. – Publicité

Art. 32 ***(Mod., D. n° 2016-880, 29 juin 2016).*** **– Dans le cas prévu au cinquième alinéa de l'article 23, la publicité de la cession d'actions et de parts sociales résulte du dépôt au greffe du tribunal chargé de la tenue du registre du commerce et des sociétés du lieu du siège social de la société de deux copies de la sommation adressée au cédant et des pièces justificatives de la signification de cette sommation.**

Art. 33 ***(Mod., D. n° 2016-880, 29 juin 2016).*** **– À la diligence de la société, une copie de chacun des arrêtés pris pour l'application des articles 22 à 29 et des déclarations faites au garde des Sceaux, ministre de la Justice, pour l'application de l'article 30 est adressée au greffe du tribunal chargé de la tenue du registre du commerce et des sociétés du lieu du siège social de la société.**

Section II. – Nomination de nouveaux huissiers de justice associés exerçant au sein de la société. Augmentation du capital social. Prorogation de la société

Art. 34. **– Tout nouvel associé exerçant au sein de la société** ***(Mots aj., D. n° 2017-800, 5 mai 2017)*** **« la profession d'huissier de justice » doit être agréé par le garde des sceaux, ministre de la justice, qui le nomme en qualité d'huissier de justice associé.**

Art. 35 ***(Mod., D. n° 2016-880, 29 juin 2016).*** **– Si la nomination du nouvel associé intervient à l'occasion d'une augmentation du capital social, les dispositions des articles 5, 7 et 8 sont applicables.**

La décision d'augmenter le capital social est prise sous la condition suspensive de l'agrément du nouvel associé par le garde des Sceaux, ministre de la Justice.

Par dérogation à l'alinéa précédent, lorsque le nouvel associé n'exerce pas au sein de la société, l'augmentation de capital fait l'objet d'une déclaration dans les conditions définies aux articles 30 et 31.

Si le nouvel associé apporte à la société le bénéfice résultant de la suppression de l'office dont il était titulaire au moment de son entrée dans la société, le siège de celle-ci peut être transféré au lieu où était établi cet office.

Art. 36. – Toute décision de proroger la société doit être immédiatement portée à la connaissance du garde des Sceaux, ministre de la Justice, par le représentant légal de la société.

Section III. – Exercice des fonctions d'huissier de justice par la société et les associés

§ 1. – Exercice de la profession. Interdictions et incompatibilités diverses

Art. 37. – Outre les mentions prévues à l'article 2 de la loi [n° 90-1258] du 31 décembre 1990 précitée, toute correspondance et tout document émanant de la société doit indiquer sa qualité de société titulaire d'un office d'huissier de justice.

Le cachet de chaque associé exerçant au sein de la société *(Mots aj., D. n° 2017-800, 5 mai 2017)* « la profession d'huissier de justice » indique le nom de celui-ci et sa qualité d'associé.

Dans tous les actes dressés par lui et dans toutes les correspondances, chaque associé exerçant au sein de la société indique son titre d'huissier de justice, sa qualité d'associé de la société d'exercice libéral et l'adresse du siège de cette société.

Art. 38 *(Mod., D. n° 2016-880, 29 juin 2016)*. – Un huissier de justice associé, exerçant au sein d'une société d'exercice libéral, ne peut exercer la profession d'huissier de justice à titre individuel ou en qualité de membre d'une autre société, quelle qu'en soit la forme.

Si la société est titulaire de plusieurs offices *(Mots aj., D. n° 2017-800, 5 mai 2017)* « d'huissier de justice », il est nommé et exerce dans un seul de ces offices.

NB : Conformément à l'article 10 du décret n° 2016-880 du 29 juin 2016, l'article 38 dans sa rédaction en vigueur à la date de publication du présent décret, demeure applicables aux sociétés d'exercice libéral constituées respectivement pour l'exercice des professions d'huissier de justice, de commissaire-priseur judiciaire et de notaire avant cette date et cela jusqu'au 31 décembre 2016. Les associés peuvent néanmoins convenir, à la majorité prévue pour la modification des statuts de la société, que les dispositions nouvelles de cet article 38 leur sont applicables.

Art. 39 *(Mod., D. n° 2016-880, 29 juin 2016)*. – Chaque huissier de justice associé, exerçant au sein d'une société d'exercice libéral, exerce les fonctions d'huissier de justice au nom de la société.

Il consacre son activité professionnelle à l'accomplissement du service public dont il a la charge, au titre de l'office dans lequel il est nommé en qualité d'associé.

Les associés exerçant au sein de la société l'informent et s'informent mutuellement de leur activité.

Le troisième alinéa ne fait pas obstacle à l'exercice par un huissier de justice associé d'une autre activité professionnelle, au sein de la société ou en dehors de celle-ci dès lors qu'aucune disposition législative ou réglementaire et aucune stipulation des statuts de la société ne l'interdit, que cette activité est exercée à titre accessoire et qu'elle est compatible avec l'accomplissement du service public dont il a la charge ainsi qu'avec les règles de déontologie de la profession.

L'huissier de justice associé qui fait usage de la dérogation prévue au précédent alinéa en informe la chambre départementale des huissiers de justice dont il relève dans un délai de trente jours suivant le début de l'activité concernée. La chambre départementale peut lui demander tous renseignements ou documents utiles pour lui permettre d'apprécier si les exigences de compatibilité prévues à l'alinéa précédent sont satisfaites.

NB : Conformément à l'article 10 du décret n° 2016-880 du 29 juin 2016, l'article 39 dans sa rédaction en vigueur à la date de publication du présent décret, demeure applicables aux sociétés d'exercice libéral constituées respectivement pour l'exercice des professions d'huissier de justice, de commissaire-priseur judiciaire et de notaire avant cette date et cela jusqu'au 31 décembre 2016. Les associés peuvent néanmoins convenir, à la majorité prévue pour la modification des statuts de la société, que les dispositions nouvelles de cet article 39 leur sont applicables.

Art. 40. – Sous réserve de l'application des dispositions figurant sous le présent titre, toutes dispositions législatives ou réglementaires relatives à l'exercice des fonctions d'huissier de justice par des personnes physiques, à titre individuel, sont applicables à une société d'exercice libéral titulaire d'un office d'huissier de justice et aux huissiers de justice associés exerçant en son sein.

Art. 41. – Les dispositions des articles 50, 51 et 52 du décret n° 69-1274 du 31 décembre 1969 susvisé, en tant qu'elles concernent les huissiers de justice associés et les sociétés titulaires d'un office d'huissier de justice, s'appliquent aux sociétés d'exercice libéral et à leurs associés exerçant la profession d'huissier de justice au sein de la société.

Art. 41 *bis* *(D. n° 2016-880, 29 juin 2016).* – L'associé qui souhaite bénéficier de l'autorisation de prolongation d'activité prévue en cas d'atteinte de la limite d'âge en informe la société et ses autres associés. Il les informe également de la suite réservée à sa demande.

§ 1 *bis*. – Tenue et conservation des répertoires, des minutes et autres documents professionnels

Art. 41 *ter* *(D. n° 2016-880, 29 juin 2016).* – Lorsque la société est titulaire de plusieurs offices *(Mots aj., D. n° 2017-800, 5 mai 2017)* « d'huissier de justice », la tenue et la conservation des minutes, des répertoires, des autres registres et documents professionnels et des dossiers de clients sont assurées au sein de chaque office.

§ 2. – Comptabilité. Assurances

Art. 42 *(Mod., D. n° 2016-880, 29 juin 2016).* – Les règles concernant la tenue de la comptabilité des huissiers de justice sont applicables à la société. Tous les registres et documents prévus par les textes législatifs ou réglementaires sont ouverts ou établis au nom de la société.

Lorsque la société est titulaire de plusieurs offices *(Mots aj., D. n° 2017-800, 5 mai 2017)* « d'huissier de justice », une comptabilité distincte est tenue pour chaque office et la société doit disposer d'un compte destiné à recevoir les fonds détenus pour le compte de tiers par office.

Art. 43. – La responsabilité de chaque société d'exercice libéral titulaire d'un office d'huissier de justice est garantie dans les conditions prévues par le décret [n° 56-222] du 29 février 1956 précité.

Chaque société régie par le présent titre est tenue de contracter une assurance de responsabilité professionnelle.

(D. n° 2017-800, 5 mai 2017) Dans les sociétés pluri-professionnelles d'exercice, la garantie prévue au premier alinéa ne couvre que les dommages survenus dans le cadre de l'exercice de la profession d'huissier de justice.

§ 3. – Discipline. Suppléance. Honorariat

Art. 44 *(Mod., D. n° 2017-800, 5 mai 2017).* – Sous réserve des articles 45 à 49, les dispositions de l'ordonnance [n° 45-1418] du 28 juin 1945 précitée sont applicables à la société et aux associés exerçant en son sein la profession d'huissier de justice.

La société ne peut faire l'objet de poursuites disciplinaires indépendamment de celles qui seraient intentées contre les associés exerçant en son sein la profession d'huissier de justice.

Art. 45. – Tout associé exerçant au sein de la société qui a fait l'objet d'une condamnation disciplinaire passée en force de chose jugée à une peine égale ou supérieure à trois mois d'interdiction dans l'exercice de sa profession, ou d'une condamnation pénale définitive à une peine d'emprisonnement égale ou supérieure à trois mois peut être contraint, à l'unanimité des autres associés exerçant au sein de la société, de se retirer de celle-ci.

Ses actions ou parts sociales sont cédées dans les conditions prévues aux deuxième et troisième alinéas de l'article 28.

Art. 46 *(Mod., D. n° 2016-880, 29 juin 2016 ; D. n° 2017-800, 5 mai 2017).* – L'associé interdit de ses fonctions n'est pas de ce seul fait privé de sa qualité d'associé. Il conserve tous les droits et obligations qui en découlent.

La décision qui prononce l'interdiction d'un ou de plusieurs associés exerçant leurs fonctions au sein de l'office, mais non de la totalité d'entre eux, ne commet pas d'administrateur.

La décision qui prononce l'interdiction soit de l'office, soit de tous les associés exerçant leurs fonctions au sein de l'office, commet un ou plusieurs administrateurs pour accomplir tous actes professionnels relevant à titre obligatoire, notamment par l'effet de la loi ou par commission de justice, du ministère de l'office ou des huissiers de justice associés interdits.

Au cas où l'office et l'un ou plusieurs des associés exerçant leurs fonctions au sein de l'office sont interdits, les associés non interdits sont nommés administrateurs.

Pour l'application des troisième et quatrième alinéas peuvent être désignés en qualité d'administrateurs soit avec les associés non interdits exerçant au sein de la société, soit si tous les associés sont interdits :

a) Des huissiers de justice, des sociétés titulaires d'un office d'huissier de justice ou des huissiers de justice associés ;

b) Des anciens huissiers de justice ou anciens huissiers de justice associés ;

c) Des clercs d'huissier de justice et anciens clercs d'huissier de justice répondant aux conditions d'aptitude exigées pour pouvoir être nommés huissier de justice.

Si l'administrateur n'est pas huissier de justice en exercice, il prête le serment exigé de tout huissier de justice avant son entrée en fonctions ; de plus, il est tenu d'avoir un cachet particulier portant son nom et sa qualité d'administrateur.

Nul ne peut être désigné administrateur s'il a atteint la limite d'âge prévue par l'article 4 *bis* de l'ordonnance n° 45-2592 du 2 novembre 1945 susvisée.

L'administrateur procède aux actes professionnels qu'il a mission d'accomplir.

Art. 47. – L'associé destitué est déchu de sa qualité d'huissier de justice associé et cesse l'exercice de son activité professionnelle à compter du jour où la décision prononçant sa destitution est passée en force de chose jugée. Il perd, à compter de la même date, le droit d'assister et de voter aux assemblées de la société.

Ses actions ou parts sociales sont cédées dans les conditions fixées à l'article 28.

Les dispositions de l'article 46 sont applicables en cas de destitution.

Les effets de la destitution de la société ou de tous les associés exerçant au sein de la société sont régis par l'article 61.

Art. 48. – Les dispositions de l'article 46 sont applicables aux cas où serait prononcée la suspension provisoire prévue par l'ordonnance [n° 45-1418] du 28 juin 1945 précitée.

L'associé exerçant au sein de la société provisoirement suspendu conserve, pendant la durée de sa suspension, sa qualité d'associé, avec tous droits et obligations qui en découlent ; toutefois, ses revenus liés à l'exercice professionnel sont réduits de moitié, l'autre moitié étant attribuée par parts égales aux administrateurs associés ou non, ou, s'il n'est pas commis d'administrateur, à ceux des associés exerçant au sein de la société qui n'ont pas fait l'objet d'une suspension provisoire de l'exercice de leurs fonctions.

Art. 49 *(Mod., D. n° 2016-880, 29 juin 2016)*. – Si l'un des associés est temporairement empêché, par cas de force majeure, d'exercer ses fonctions, sa suppléance est assurée par les autres associés exerçant au sein de la société.

Si tous les associés sont simultanément empêchés, par cas de force majeure, d'exercer leurs fonctions, la gestion de l'office est assurée conformément aux dispositions réglementaires en vigueur.

Toutefois, le ou les suppléants sont choisis parmi les personnes énumérées aux *a*, *b* et *c* de l'article 46, et les dispositions des trois derniers alinéas du même article leur sont applicables.

Art. 50. – Les fonctions d'huissier de justice associé sont assimilées à celles d'huissier de justice pour la collation du titre d'huissier de justice honoraire.

Section IV. – Dispositions diverses

Art. 51. – Les procès-verbaux des délibérations des associés, ainsi que ceux des délibérations du conseil d'administration et du conseil de surveillance, sont établis sur un registre spécial préalablement coté et paraphé par le président de la chambre départementale d'huissiers de justice ou un membre de la chambre qu'il désigne à cet effet. Le registre est conservé au siège de la société.

Toutefois, les procès-verbaux peuvent être établis sur des feuilles mobiles numérotées sans discontinuité, paraphées dans les conditions prévues au premier alinéa. Dès qu'une feuille a été remplie, même partiellement, elle doit être jointe à celles précédemment utilisées. Toute addition, suppression, substitution ou inversion de feuilles est interdite.

CHAPITRE III. – NULLITÉ. DISSOLUTION. LIQUIDATION DE LA SOCIÉTÉ

Art. 52. – La nullité ou la dissolution de la société n'est opposable aux tiers qu'à compter de l'accomplissement des formalités de publicité prévues par l'article 57, par le deuxième alinéa de l'article 60 et par l'article 62.

Section I. – Règles générales concernant la liquidation

Art. 53. – La liquidation est régie par les statuts, sous réserve des dispositions de la loi [n° 66-537] du 24 juillet 1966 précitée et de celles du présent chapitre.

Art. 54 *(Mod., D. n° 2016-880, 29 juin 2016)*. – Le liquidateur peut être choisi soit parmi les associés exerçant leurs fonctions au sein de la société, soit parmi les personnes énumérées aux *a*, *b* et *c* du cinquième alinéa de l'article 46.

Nul ne peut être désigné liquidateur s'il a atteint la limite d'âge prévue par l'article 4 *bis* de l'ordonnance n° 45-2592 du 2 novembre 1945 susvisée.

Il peut être remplacé pour cause d'empêchement, ou pour tout autre motif grave, par le président du tribunal de grande instance du lieu du siège social de la société, statuant en référé à la demande, soit du liquidateur lui-même, soit des associés ou de leurs ayants droit, soit du ministère public.

Plusieurs liquidateurs peuvent être désignés.

Art. 55 *(Mod., D. n° 2016-880, 29 juin 2016)*. – Le liquidateur accomplit, en remplacement des associés, tous actes relevant de la profession d'huissier de justice.

Les dispositions des trois derniers alinéas de l'article 46 lui sont applicables.

À compter de la date de prestation de serment du successeur de la société, il cesse d'avoir qualité pour accomplir, au nom de celle-ci, les actes relevant de la profession d'huissier de justice.

Art. 56. – Sauf dans le cas où la société est dissoute par l'effet de sa destitution, le liquidateur exerce, au nom de la société, le droit de présentation prévu par l'article 91 de la loi du 28 avril 1816 sur les finances susvisée.

Si, dans un délai d'un an à compter de sa désignation, le liquidateur n'a pas exercé le droit de présentation dont la société est titulaire, l'office est pourvu dans les conditions fixées par les dispositions réglementaires relatives aux offices vacants. Ce délai peut être exceptionnellement prorogé par le garde des Sceaux, ministre de la Justice.

Section II. – Dispositions particulières aux différents cas de nullité ou de dissolution de la société

§ 1. – Nullité

Art. 57. – À la diligence du procureur de la République, toute décision judiciaire passée en force de chose jugée prononçant la nullité de la société fait l'objet d'une insertion au *Journal officiel* de la République française et d'un dépôt d'une de ses expéditions au dossier ouvert au nom de la société au greffe chargé de la tenue du registre du commerce et des sociétés.

Art. 58. – La nullité de la société ne porte pas atteinte à la validité des actes effectués par les huissiers de justice associés exerçant au sein de la société avant la date où cette nullité est devenue définitive.

§ 2. – Dissolution par survenance du terme, dissolution anticipée

Art. 59. – Qu'elle résulte de la survenance du terme ou d'une décision de dissolution anticipée, la dissolution de la société prend effet à la date à laquelle elle est constatée par arrêté du garde des Sceaux, ministre de la Justice.

Art. 60. – À moins qu'il n'ait été désigné à la requête du procureur de la République, le liquidateur informe celui-ci de sa désignation en lui faisant parvenir une expédition de la délibération des associés ou de la décision de justice qui l'a nommé dans ses fonctions.

Le liquidateur dépose au greffe chargé de la tenue du registre du commerce et des sociétés où la société est inscrite, pour être versée au dossier ouvert au nom de la société, la copie de l'expédition mentionnée au premier alinéa, dont tout intéressé pourra obtenir communication.

Il ne peut entrer en fonctions avant l'accomplissement des formalités précitées.

§ 3. – Dissolution pour cause de destitution de la société

Art. 61. – La destitution de tous les associés exerçant au sein de la société ou de la société entraîne de plein droit la dissolution de celle-ci par extinction de son objet.

La décision qui prononce ces destitutions constate la dissolution de la société et ordonne sa liquidation.

Le liquidateur désigné remplit les fonctions de l'administrateur dont la nomination est prévue par l'article 20 de l'ordonnance [n° 45-1418] du 28 juin 1945 précitée.

Les associés destitués ne peuvent être choisis comme liquidateur.

Art. 62. – À la diligence du ministère public, une expédition de la décision prononçant la destitution de la société ou de tous les associés exerçant en son sein est versée au dossier ouvert au nom de la société au greffe chargé de la tenue du registre du commerce et des sociétés.

§ 4. – Dissolution pour empêchement, inaptitude ou décès

Art. 63 *(Mod., D. n° 2016-880, 29 juin 2016)*. – La société n'est pas dissoute par le décès simultané de tous les associés exerçant leurs fonctions d'huissier de justice au sein de la société, ou par le décès du dernier survivant d'entre eux, sauf disposition contraire des statuts. Il en est de même en cas d'empêchement ou d'inaptitude de tous les associés exerçant leurs fonctions au sein de la société, dans les conditions prévues à l'article 45 de l'ordonnance du 28 juin 1945 précitée, ainsi que dans le cas où tous les associés atteindraient la limite d'âge fixée pour l'exercice de leurs fonctions ou, le cas échéant, cesseraient de bénéficier de l'autorisation de prolongation d'activité délivrée par le garde des Sceaux, ministre de la Justice.

En pareil cas, la gestion de l'office est assurée ainsi qu'il est prévu à l'article 49.

Section III. – Nomination à un office créé d'un associé qui exerçait au sein d'une société dissoute

Art. 64 à 67 *(Abr., D. n° 2016-880, 29 juin 2016)*.

Section IV. – Nomination à un office créé d'un associé exerçant au sein de la société qui se retire pour cause de mésentente

Art. 68 à 72 *(Abr., D. n° 2016-880, 29 juin 2016)*.

TITRE II. – DES SOCIÉTÉS EN PARTICIPATION D'HUISSIERS DE JUSTICE

Art. 73. – Les sociétés en participation prévues à l'article 22 de la loi n° 90-1258 du 31 décembre 1990 précitée reçoivent l'appellation de sociétés en participation d'huissiers de justice.

La société n'est pas titulaire d'un office d'huissier de justice et chacun des associés exerce ses fonctions au sein de l'office dont il est titulaire.

L'appartenance à la société, avec la dénomination de celle-ci, doit être indiquée dans les actes professionnels et les correspondances de chaque associé.

Art. 74 *(Mod., D. n° 2016-880, 29 juin 2016)*. – La société est constituée sous la condition suspensive de la publicité prévue à l'article 77, entre huissiers de justice personnes physiques établis soit dans le même ressort, soit dans des ressorts différents.

Art. 75 *(Mod., D. n° 2016-880, 29 juin 2016)*. – En vue d'assurer la publicité de la constitution d'une société en participation, les associés adressent les statuts de la société au garde des Sceaux, ministre de la Justice, par téléprocédure sur le site internet du ministère de la Justice.

Art. 76 *(Abr., D. n° 2016-880, 29 juin 2016)*.

Art. 77 *(Mod., D. n° 2016-880, 29 juin 2016)*. – La constitution de la société en participation est publiée au *Journal officiel* de la République française, à l'initiative du garde des Sceaux, ministre de la Justice.

Art. 78 *(Rempl., D. n° 2009-452, 22 avr. 2009 ; mod., D. n° 2016-880, 29 juin 2016)*. – En cas de dissolution de la société, la notification de cette dissolution est portée à la connaissance du garde des Sceaux, ministre de la Justice, par téléprocédure sur le site internet du ministère de la Justice, par l'associé ou les associés ayant demandé la dissolution.

La dissolution de la société en participation est publiée au *Journal officiel* de la République française, à l'initiative du garde des Sceaux, ministre de la Justice.

Chaque associé reprend l'exercice individuel de ses fonctions à compter de la publication mentionnée au deuxième alinéa.

TITRE III. – DES SOCIÉTÉS DE PARTICIPATIONS FINANCIÈRES DE PROFESSION LIBÉRALE D'HUISSIERS DE JUSTICE

Art. 78-1 *(Mod., D. n° 2016-880, 29 juin 2016)*. – Les sociétés de participations financières de profession libérale, constituées en application du titre IV de la loi du 31 décembre 1990 susvisée, en vue de la détention de parts sociales ou d'actions dans des sociétés exerçant la profession d'huissier de justice sont régies par les dispositions du livre II du Code de commerce, sous réserve des dispositions du présent titre. Elles portent la dénomination de sociétés de participations financières de profession libérale d'huissiers de justice.

CHAPITRE I. – CONSTITUTION DE LA SOCIÉTÉ

Art. 78-2 *(Abr., D. n° 2016-880, 29 juin 2016)*.

Art. 78-3 *(Rempl., D. n° 2012-403, 23 mars 2012 ; mod., D. n° 2016-880, 29 juin 2016)*. – La constitution de la société fait l'objet d'une déclaration adressée par un mandataire commun des associés au garde des Sceaux, ministre de la Justice, dans un délai de dix jours, par téléprocédure sur le site internet du ministère de la Justice. Une copie des statuts de la société est jointe à la déclaration qui comprend la liste des associés avec indication, selon le cas, de leur profession ou de leur qualité au regard du titre IV de la loi n° 90-1258 du 31 décembre 1990 susvisée suivie, pour chacun, de la mention de la part de capital qu'il détient dans la société.

Art. 78-4 *(Rempl., D. n° 2012-403, 23 mars 2012 ; mod., D. n° 2016-880, 29 juin 2016)*. – Le garde des Sceaux, ministre de la Justice, dresse la liste des sociétés de participations financières de profession libérale d'huissiers de justice.

Un arrêté du garde des Sceaux, ministre de la Justice, fixe les conditions dans lesquelles cette liste est dressée et mise à jour et les conditions de sa diffusion aux autorités et aux professionnels intéressés.

Art. 78-5 *(Abr., D. n° 2016-880, 29 juin 2016)*.

Art. 78-6 à 78-8 *(Abr., D. n° 2012-403, 23 mars 2012)*.

CHAPITRE II. – Fonctionnement et contrôle de la société

(D. n° 2004-855, 23 août 2004 ; mod., D. n° 2012-403, 23 mars 2012)

Art. 78-9 *(D. n° 2004-855, 23 août 2004 ; mod., D. n° 2012-403, 23 mars 2012 ; D. n° 2016-880, 29 juin 2016)*. – La société de participations financières de profession libérale d'huissiers de justice fait connaître au garde des Sceaux, ministre de la Justice, dans un délai de trente jours à compter de la date à laquelle il se produit, tout changement dans la situation déclarée en application de l'article 78-3, avec les pièces justificatives par téléprocédure sur le site internet du ministère de la Justice.

Art. 78-10 *(Rempl., D. n° 2012-403, 23 mars 2012 ; mod., D. n° 2016-880, 29 juin 2016).* – Si la société de participations financières de profession libérale d'huissiers de justice ne se conforme pas aux dispositions législatives et réglementaires en vigueur, le garde des Sceaux, ministre de la Justice l'invite à régulariser la situation.

Si la société ne régularise pas sa situation, le garde des Sceaux, ministre de la Justice peut inviter les associés à prononcer la dissolution anticipée de la société selon les formes prévues par les statuts. Il adresse une copie de ce courrier au procureur de la République près le tribunal de grande instance dans le ressort duquel est situé le siège de la société ainsi qu'à la chambre départementale des huissiers de justice.

Art. 78-11 *(Rempl., D. n° 2012-403, 23 mars 2012).* – Chaque société de participations financières de profession libérale d'huissiers de justice fait l'objet, au moins une fois tous les quatre ans, à l'occasion de l'inspection d'une étude d'huissiers de justice tenue par une société d'exercice dans laquelle elle détient des participations, d'un contrôle portant sur le respect des dispositions législatives et réglementaires qui régissent la composition de son capital et l'étendue de ses activités.

Chaque société de participations peut, en outre, être soumise à des contrôles occasionnels prescrits par le garde des Sceaux, soit d'office, soit à la demande du président de la chambre nationale ou de la chambre régionale. Le garde des Sceaux désigne pour ces contrôles un ou plusieurs inspecteurs appartenant à la catégorie des inspecteurs huissiers de justice et, le cas échéant, un ou plusieurs inspecteurs appartenant à la catégorie des inspecteurs en comptabilité.

Ce contrôle est effectué par des huissiers de justice ou huissiers de justice honoraires et par des personnes qualifiées en comptabilité, désignés par la chambre régionale des huissiers de justice dans le ressort de laquelle est situé le siège de la société parmi les inspecteurs agréés conformément aux articles 94-4, 94-5 et 94-7 du décret du 29 février 1956 précité.

CHAPITRE III. – DISSOLUTION-LIQUIDATION DE LA SOCIÉTÉ

Art. 78-12 *(Rempl., D. n° 2012-403, 23 mars 2012 ; mod., D. n° 2016-880, 29 juin 2016).* – Le non-respect des dispositions régissant la constitution et le fonctionnement des sociétés de participations financières de profession libérale par les huissiers de justice associés d'une telle société ou de sociétés titulaires d'un office faisant l'objet de prises de participations, peut donner lieu à des poursuites disciplinaires.

Art. 78-13 *(Abr., D. n° 2012-403, 23 mars 2012).*

Art. 78-14 *(Mod., D. n° 2016-880, 29 juin 2016).* – Le liquidateur est choisi parmi les associés de la société de participations financières de profession libérale, des huissiers de justice, des sociétés titulaires d'un office ou des huissiers de justice associés, des anciens huissiers de justice ou anciens huissiers de justice associés. En aucun cas les fonctions de liquidateur ne peuvent être confiées à un associé ayant fait l'objet d'une peine disciplinaire.

Plusieurs liquidateurs peuvent être désignés.

Nul ne peut être désigné liquidateur s'il a atteint la limite d'âge prévue par l'article 2 de la loi du 25 ventôse an XI susvisée.

Le liquidateur peut être remplacé pour cause d'empêchement, ou pour tout autre motif grave, par le président du tribunal de grande instance du lieu du siège social de la société, statuant sur requête à la demande du liquidateur, des associés ou de leurs ayants droit, ou du procureur de la République.

Art. 78-15. – Le liquidateur procède à la cession des parts ou actions que la société de participations financières de profession libérale d'huissiers de justice détient dans la ou les sociétés d'exercice libéral dans les conditions prévues par l'article 28 du présent décret.

Art. 78-16 *(Mod., n° 2012-403, 23 mars 2012 ; D. n° 2016-880, 29 juin 2016).* – La dissolution de la société est portée à la connaissance du procureur de la République et de la chambre départementale des huissiers de justice à la diligence du liquidateur. Il leur fait alors parvenir une expédition de la délibération des associés ou de la décision de justice qui l'a nommé dans ses fonctions.

Le liquidateur dépose au greffe où la société est immatriculée la copie de l'expédition mentionnée au premier alinéa, qui est versée au dossier ouvert au nom de la société. Tout intéressé peut en obtenir communication.

Il ne peut exercer ses fonctions qu'après avoir accompli les formalités prévues à l'alinéa précédent.

Il informe le garde des Sceaux, ministre de la Justice, par téléprocédure sur le site internet du ministère de la Justice, le procureur de la République et la chambre départementale des huissiers de justice de la clôture des opérations de liquidation.

TITRE IV. – DISPOSITIONS DIVERSES

Art. 79 *(Mod., D. n° 2016-1508, 9 nov. 2016)*. – Sous réserve des dispositions spéciales aux huissiers de justice dans les départements du Haut-Rhin, du Bas-Rhin et de la Moselle, le présent décret est applicable aux sociétés d'exercice libéral et aux sociétés en participation constituées pour l'exercice de la profession *(Mots aj., D. n° 2017-800, 5 mai 2017)* « d'huissier de justice » dans ces départements.

Art. 80. – La nomination d'une société prévue au titre 1er du présent décret ainsi que celle de tous les associés exerçant au sein de la société *(Mots aj., D. n° 2017-800, 5 mai 2017)* « la profession d'huissier de justice » est faite sur proposition de la commission prévue par l'article 50 du décret [n° 75-770] du 14 août 1975 précité.

Dans le cas où la société est candidate à l'office dont l'un des associés est titulaire ou à un office créé ou existant, la commission doit également se prononcer dans sa proposition sur les suppressions ou les transferts éventuels d'offices dont les associés ou certains d'entre eux sont titulaires.

Art. 81 *(Abr., D. n° 2016-1508, 9 nov. 2016)*.

Art. 82 *(Rempl., D. n° 2004-365, 22 avr. 2004 ; mod., D. n° 2016-880, 29 juin 2016)*. – Dans le cas de décès, d'incapacité ou de survenance de la limite d'âge d'un associé exerçant au sein de la société *(Mots aj., D. n° 2017-800, 5 mai 2017)* « la profession d'huissier de justice », le ou les autres associés agissant collectivement peuvent, dans le délai de deux mois, informer le procureur général par lettre recommandée avec demande d'avis de réception de leur volonté de voir nommer un nouvel associé.

Il en est de même en cas de retrait volontaire lorsque le ou les autres associés ont pour chacun d'entre eux une ancienneté en qualité d'huissier associé dans la société d'au moins 5 ans.

Les délais prévus aux alinéas précédents courent à compter de la survenance de l'événement et, en cas de retrait volontaire de l'associé, de la publication de l'arrêté acceptant ce retrait.

Lorsque les associés ont exprimé leur volonté de voir nommer un nouvel associé, un appel à candidatures est publié à la diligence du procureur général dans les conditions fixées par arrêté du garde des Sceaux, ministre de la Justice. Cet appel à candidatures fixe le délai, au cours duquel, à peine d'irrecevabilité, toute personne intéressée, remplissant les conditions prévues à l'article 48 du décret du 14 août 1975 susvisé, peut faire acte de candidature auprès du procureur général près la cour d'appel dans le ressort de laquelle est situé l'office.

Art. 82-1 *(D. n° 2004-365, 22 avr. 2004)*. – Le procureur général arrête la liste des candidatures recevables et la notifie, par lettre recommandée avec demande d'avis de réception, aux associés subsistants.

Dans les trois mois de cette notification, à peine d'irrecevabilité, le ou les associés soumettent collectivement, par lettre recommandée avec demande d'avis de réception, le candidat de leur choix à la commission prévue à l'article 50 du décret [n° 75-770] du 14 août 1975 précité, afin qu'il soit proposé à l'agrément du garde des Sceaux, ministre de la Justice.

La proposition ou le refus de proposer ce candidat à l'agrément est notifié aux associés, à la diligence du procureur général.

La cession ou, en cas d'augmentation de capital, l'attribution de parts nouvelles sont passées sous la condition suspensive de la nomination du nouvel associé par arrêté du garde des Sceaux, ministre de la Justice. La condition est réputée remplie à la date de la publication de cet arrêté.

Les statuts mis à jour sont adressés par la société au greffe du tribunal où elle est immatriculée.

Art. 82-2 *(D. n° 2004-365, 22 avr. 2004)*. – Dans le cas où les associés n'ont pas manifesté leur volonté de voir nommé un nouvel associé, ou n'ont pas respecté les délais prévus aux articles 82 et 82-1, ou si la commission refuse de proposer au garde des Sceaux, ministre de la Justice, la nomination du nouvel associé, la société cesse d'être titulaire de l'office dont le procureur général constate la vacance. Il est alors procédé à la nomination du nouveau titulaire selon les modalités définies aux articles 48 et 49 du décret [n° 75-770] du 14 août 1975 précité et, le cas échéant, aux articles 80 et 81 du présent décret.

Hors le cas où il ne subsiste qu'un seul associé, la société peut faire acte de candidature à l'office dont elle était titulaire ou à un autre office à pourvoir dans les départements du Bas-Rhin, du Haut-Rhin et de la Moselle.

Dans le cas où la société est nommée dans l'office dont elle était titulaire, il n'y a pas lieu de procéder aux formalités prévues à l'alinéa premier de l'article 21.

Si elle n'est pas nommée dans cet office, elle continue d'exercer provisoirement ses fonctions jusqu'à la prestation de serment d'un nouveau titulaire ou, s'il s'agit d'une société, de tous les associés exerçant au sein de la société *(Mots aj., D. n° 2017-800, 5 mai 2017)* « la profession d'huissier de justice ». Elle est dissoute dans le délai d'un an à compter de la date de prestation de serment si elle n'est pas nommée dans un autre office.

Art. 82-3 *(D. n° 2016-880, 29 juin 2016)*. – Toutes les demandes, déclarations et transmissions prévues par le présent décret et pour lesquelles la téléprocédure est applicable sont adressées, lorsqu'elles sont relatives à des offices d'huissier de justice dans les départements du Haut-Rhin, du Bas-Rhin et de la Moselle, par lettre recommandée avec accusé de réception.

Art. 83. – Le ressort visé aux articles 3, 11, 13, 15, 64, 68, 74 et 75 s'entend de la compétence territoriale telle que déterminée par les articles 5 à 10 du décret [n° 56-222] du 29 février 1956 précité.

À Paris, le ressort dans lequel le siège peut être fixé est celui du tribunal de grande instance de Paris.

8.2.16. – INFIRMIERS ET MASSEURS-KINÉSITHÉRAPEUTES

8.2.16.1. – Sociétés d'exercice libéral

Code de la santé publique

Partie réglementaire

Section III. – Sociétés d'exercice libéral constituées par des professionnels relevant des titres I, II, IV et VII du présent livre

Sous-section 1. – Constitution

Art. R. 4381-8 *(Anc. art. R. 4381-21, dénum., D. n° 2006-393, 30 mars 2006 ; D. n° 2009-1036, 25 août 2009)*. – Les dispositions de la présente section régissent les sociétés constituées en application du titre I de la loi n° 90-1258 du 31 décembre 1990 relative à l'exercice sous forme de sociétés des professions libérales et dont l'objet social est l'exercice en commun de l'une des professions suivantes :

1° Infirmier ou infirmière ;

2° Masseur-kinésithérapeute ;

3° Pédicure-podologue ;

4° Orthophoniste ;

5° Orthoptiste ;

6° Diététicien ;

7° Psychomotricien.

Art. R. 4381-9 *(Anc. art. R. 4381-22, dénum., D. n° 2006-393, 30 mars 2006)*. – Les actes et documents destinés aux tiers, notamment les lettres, factures, annonces et publications diverses, émanant d'une société mentionnée à l'article R. 4381-21 indiquent :

1° Sa dénomination sociale, précédée ou suivie immédiatement, selon le cas :

a) Soit de la mention « société d'exercice libéral à responsabilité limitée » ou de la mention « SELARL » ;

b) Soit de la mention « société d'exercice libéral à forme anonyme » ou de la mention « SELAFA » ;

c) Soit de la mention « société d'exercice libéral en commandite par actions » ou de la mention « SELCA » ;

d) Soit de la mention « société d'exercice libéral par actions simplifiée » ou de la mention « SELAS » ;

2° L'indication de la profession ;

3° L'énonciation du montant de son capital social et de son siège social.

Art. R. 4381-10 *(Anc. art. R. 4381-23, dénum., D. n° 2006-393, 30 mars 2006).* – La société est constituée sous la condition suspensive de son agrément par le *(Mots rempl., D. n° 2010-344, 31 mars 2010)* « directeur général de l'agence régionale de santé de la région » du siège de la société.

La demande d'agrément de la société d'exercice libéral est présentée collectivement par les associés et adressée au *(Mots rempl., D. n° 2010-344, 31 mars 2010)* « directeur général de l'agence régionale de santé » par lettre recommandée avec demande d'avis de réception, accompagnée :

1° D'un exemplaire des statuts et, s'il en a été établi, du règlement intérieur de la société ainsi que, le cas échéant, une expédition ou une copie de l'acte constitutif ;

2° D'un certificat d'inscription de chaque associé exerçant au sein de la société sur la liste dressée par le *(Mots rempl., D. n° 2010-344, 31 mars 2010)* « directeur général de l'agence régionale de santé » de sa résidence professionnelle ou, pour les associés non encore inscrits sur ces listes, la justification de la demande d'agrément ;

3° D'une attestation du greffier du tribunal de commerce, ou du tribunal de grande instance statuant commercialement du lieu du siège social, constatant le dépôt au greffe de la demande et des pièces nécessaires à l'immatriculation ultérieure de la société au registre du commerce et des sociétés ;

4° D'une attestation des associés indiquant :

a) La nature et l'évaluation distincte de chacun des apports effectués par les associés ;

b) Le montant du capital social, le nombre, le montant nominal et la répartition des parts sociales ou actions représentatives de ce capital ;

c) L'affirmation de la libération totale ou partielle, suivant le cas, des apports concourant à la formation du capital social.

Toute modification des statuts et des éléments figurant au présent article est transmise au préfet sans délai et dans les formes mentionnées à cet alinéa.

Le règlement intérieur, s'il a été établi après la constitution de la société, est communiqué au préfet dans le mois suivant son établissement.

(D. n° 2007-434, 25 mars 2007) Les dispositions du présent article ne sont pas applicables aux sociétés constituées de professionnels relevant d'un ordre, et qui font l'objet d'une inscription au tableau dans les conditions fixées par les articles R. 4113-4 à R. 4113-10.

Art. R. 4381-11 *(Anc. art. R. 4381-24, dénum., D. n° 2006-393, 30 mars 2006).* – La décision d'agrément est notifiée par lettre recommandée avec demande d'avis de réception à chacun des intéressés et aux organismes d'assurance maladie du régime général, de la mutualité sociale agricole et du régime des travailleurs non salariés des professions non agricoles ayant compétence dans le département.

Art. R. 4381-12 *(Anc. art. R. 4381-25, dénum., D. n° 2006-393, 30 mars 2006).* – L'agrément est refusé si la demande n'est pas conforme aux conditions énoncées à l'article *(Réf. rempl., D. n° 2006-393, 30 mars 2006)* « R. 4381-10 » ou si les statuts ne sont pas conformes aux dispositions législatives et réglementaires en vigueur.

La décision de refus d'inscription est motivée. Elle est notifiée, par lettre recommandée avec demande d'avis de réception, à chacun des intéressés. Elle ne peut être prise qu'après que les intéressés ont été appelés à présenter toutes observations orales ou écrites.

Art. R. 4381-13 *(Anc. art. R. 4381-26, dénum., D. n° 2006-393, 30 mars 2006).* – Une même personne physique ou morale figurant parmi celles mentionnées aux 1° et 5° de l'article 5 de la loi n° 90-1258 du 31 décembre 1990 relative à l'exercice sous forme de sociétés des professions libérales ne peut détenir des participations que dans deux sociétés constituées pour l'exercice de l'une des professions auxquelles s'applique la présente section.

Art. R. 4381-14 *(Anc. art. R. 4381-27, dénum., D. n° 2006-393, 30 mars 2006).* – Le quart au plus du capital d'une société d'exercice libéral mentionnée à l'article *(Réf. rempl., D. n° 2006-393, 30 mars 2006)* « R. 4381-8 » peut être détenu par une ou plusieurs personnes ne répondant pas aux conditions du premier alinéa ou des 1° et 5° de l'article 5 de la loi n° 90-1258 du 31 décembre 1990 relative à l'exercice sous forme de sociétés des professions libérales.

Toutefois, lorsque la société d'exercice libéral est constituée sous la forme d'une société en commandite par actions, la quotité du capital détenue par des personnes autres que celles mentionnées à l'article 5 de la loi [n° 90-1258] du 31 décembre 1990 peut être supérieure à celle fixée à l'alinéa qui précède sans pouvoir cependant atteindre la moitié de ce capital.

Art. R. 4381-15 *(Anc. art. R. 4381-28, dénum., D. n° 2006-393, 30 mars 2006).* – Dans une société d'exercice libéral constituée pour l'exercice de l'une des professions auxquelles s'applique la présente section, la détention directe ou indirecte de parts ou d'actions représentant tout ou partie du capital social non détenu par des personnes mentionnées au premier alinéa ou aux 1° et 4° de l'article 5 de la loi n° 90-1258 du 31 décembre 1990 relative à l'exercice sous forme de sociétés des professions libérales est interdite :

1° Aux fabricants et distributeurs de matériels, produits, équipements en rapport avec chacune de ces professions ;

2° Aux médecins, chirurgiens-dentistes, sages-femmes et pharmaciens ;

3° Aux entreprises d'assurance et de capitalisation, aux organismes de prévoyance, de retraite et de protection sociale facultatifs ou obligatoires, aux établissements bancaires ;

4° Aux établissements sanitaires, médico-sociaux et sociaux de droit privé.

Art. R. 4381-15-1 *(D. n° 2009-1036, 25 août 2009).* – Un associé pédicure-podologue n'exerce sa profession qu'au sein d'une seule société d'exercice libéral et ne peut exercer la même profession à titre individuel.

Une société d'exercice libéral de pédicures-podologues ne doit avoir, en principe, qu'un seul cabinet, sauf dérogation accordée par le conseil régional de l'ordre dans les conditions fixées à l'article R. 4322-79 du présent code.

Sous-section 2. – Fonctionnement

Art. R. 4381-16 *(Anc. art. R. 4381-29, dénum., D. n° 2006-393, 30 mars 2006).* – L'associé exerçant au sein d'une société d'exercice libéral constituée pour l'exercice de l'une des professions mentionnées à la présente section peut en être exclu :

a) Lorsqu'il est frappé d'une sanction entraînant une interdiction d'exercice ou de dispenser des soins aux assurés sociaux égale ou supérieure à trois mois ;

b) Lorsqu'il contrevient aux règles de fonctionnement de la société.

Cette exclusion est décidée par les associés statuant à la majorité renforcée prévue par les statuts, calculée en excluant, outre l'intéressé, les associés ayant fait l'objet d'une sanction pour les mêmes faits ou pour des faits connexes, l'unanimité des autres associés exerçant au sein de la société et habilités à se prononcer en l'espèce devant être recueillie.

Aucune décision d'exclusion ne peut être prise si l'associé n'a pas été régulièrement convoqué à l'assemblée générale, quinze jours au moins avant la date prévue et par lettre recommandée avec demande d'avis de réception, et s'il n'a pas été mis à même de présenter sa défense sur les faits précis qui lui sont reprochés.

Les parts ou actions de l'associé exclu sont soit achetées par un acquéreur agréé par les associés subsistants, soit achetées par la société qui doit alors réduire son capital.

À défaut d'accord sur le prix de cession des titres ou sur leur valeur de rachat, il est recouru à la procédure de l'article 1843-4 du Code civil.

Art. R. 4381-17 *(Anc. art. R. 4381-30, dénum. et mod. D. n° 2006-393, 30 mars 2006).* – En cas d'interdiction temporaire d'exercer ou de dispenser des soins aux assurés sociaux, sauf à être exclu par les autres associés dans les conditions prévues à l'article R. 4381-16, l'intéressé conserve ses droits et obligations d'associé, à l'exclusion de la rémunération liée à l'exercice de son activité professionnelle.

Art. R. 4381-18 *(Anc. art. R. 4381-31, dénum., D. n° 2006-393, 30 mars 2006).* – La société d'exercice libéral est soumise, lorsqu'elles existent, aux dispositions disciplinaires applicables à la profession. Elle ne peut faire l'objet de poursuites disciplinaires indépendamment de celles qui seraient intentées contre un ou plusieurs associés exerçant leur profession en son sein.

La décision qui prononce l'interdiction d'un ou de plusieurs associés, mais non de la totalité d'entre eux, ne commet pas d'administrateur.

La décision qui prononce l'interdiction soit de la société, soit de tous les associés, commet un ou plusieurs administrateurs pour accomplir tous actes nécessaires à la gestion de la société.

Au cas où la société et l'un ou plusieurs des associés sont interdits, les associés non interdits sont nommés administrateurs.

Art. R. 4381-19 *(Anc. art. R. 4381-32, dénum., D. n° 2006-393, 30 mars 2006)*. – L'associé peut, à la condition d'en informer la société par lettre recommandée avec avis de réception, cesser l'activité professionnelle qu'il exerce au sein de cette société. Il respecte le délai fixé par les statuts sans que ce délai puisse excéder six mois à compter de la notification relative à la cessation d'activité.

Il avise de sa décision le *(Mots rempl., D. n° 2010-344, 31 mars 2010)* « directeur général de l'agence régionale de santé » du siège social.

Art. R. 4381-20 *(Anc. art. R. 4381-33, dénum., D. n° 2006-393, 30 mars 2006)*. – La société, comme les associés eux-mêmes, est soumise à l'ensemble des lois et règlements régissant les rapports de la profession avec l'assurance maladie.

Art. R. 4381-21 *(Anc. art. R. 4381-34, dénum. et mod., D. n° 2006-393, 30 mars 2006)*. – Lorsque les caisses d'assurance maladie ont décidé de placer hors de la convention prévue à l'article L. 162-9 du Code de la sécurité sociale, pour violation des engagements prévus par celle-ci, un ou plusieurs associés exerçant leur profession au sein de la société, et que ceux-ci ne se retirent pas de la société, et faute pour les autres associés, dans les conditions prévues par les statuts, de suspendre pour la durée de la mise hors convention l'exercice de ces professionnels dans le cadre de la société, celle-ci est placée de plein droit hors convention à l'expiration d'un délai de deux mois à compter de la notification prévue à l'article R. 4381-22.

Les dispositions de l'alinéa précédent ne s'appliquent qu'en cas de déconventionnement d'une durée supérieure à trois mois ou en cas de récidive des manquements ayant entraîné un premier déconventionnement quelle qu'en soit la durée.

Art. R. 4381-22 *(Anc. art. R. 4381-35, dénum., D. n° 2006-393, 30 mars 2006)*. – Toute décision prise par une caisse d'assurance maladie de placer hors convention la société ou un associé exerçant sa profession en son sein, ou constatant que la société s'est placée hors convention, est notifiée à la société ainsi qu'à chacun des associés.

8.2.16.2. – Sociétés en participation

Code de la santé publique

Partie réglementaire

Art. D. 4381-23 *(Mod., D. n° 2010-344, 31 mars 2010)*. – La constitution d'une société en participation d'infirmiers ou d'infirmières, de masseurs-kinésithérapeutes, de pédicures-podologues, d'orthophonistes, d'orthoptistes et de diététiciens mentionnée au titre II de la loi n° 90-1258 du 31 décembre 1990 relative à l'exercice sous forme de sociétés des professions libérales donne lieu à l'insertion d'un avis dans un journal habilité à recevoir les annonces légales de chacun des lieux d'exercice. L'avis contient la dénomination, l'objet et l'adresse des lieux d'exercice. Il est communiqué au préalable au directeur général de l'agence régionale de santé de chacun des lieux d'exercice.

Art. D. 4381-24 *(Anc. art. D. 4381-37, dénum., D. n° 2006-393, 30 mars 2006)*. – L'appartenance à la société en participation, avec la dénomination de celle-ci, est indiquée dans les actes professionnels et les correspondances de chaque associé.

8.2.16.3. – Sociétés civiles professionnelles

Code de la santé publique

Partie réglementaire

Section V. – Sociétés civiles professionnelles constituées par des professionnels relevant des titres I et II du présent livre

Sous-section 1. – Constitution

§ 1. – Dispositions générales

Art. R. 4381-25 *(Anc. art. R. 4381-38, dénum., D. n° 2006-393, 30 mars 2006).* – Les sociétés régies par la présente section ont pour objet l'exercice en commun de la profession d'infirmier ou d'infirmière ou de masseur-kinésithérapeute.

Ces sociétés reçoivent la dénomination de sociétés civiles professionnelles d'infirmiers ou d'infirmières ou de masseurs-kinésithérapeutes.

La responsabilité de chaque associé à l'égard de la personne qui se confie à lui demeure personnelle et entière, sans préjudice de l'application de l'article 16 de la loi n° 66-879 du 29 novembre 1966 relative aux sociétés civiles professionnelles.

Art. R. 4381-26 *(Anc. art. R. 4381-39, dénum., D. n° 2006-393, 30 mars 2006).* – Les sociétés civiles professionnelles d'infirmiers ou d'infirmières ne peuvent comprendre plus de dix associés.

Les sociétés civiles professionnelles de masseurs-kinésithérapeutes ne peuvent comprendre plus de six associés.

Art. R. 4381-27 *(Anc. art. R. 4381-40, dénum., D. n° 2006-393, 30 mars 2006 ; mod., D. n° 2007-434, 25 mars 2007).* – La société est constituée sous la condition suspensive de son inscription sur la liste des sociétés civiles professionnelles d'infirmiers ou d'infirmières ou de masseurs-kinésithérapeutes établie dans chaque département par le *(Mots rempl., D. n° 2010-344, 31 mars 2010)* « directeur général de l'agence régionale de santé ». Elle jouit de la personnalité morale à compter de cette inscription.

Art. R. 4381-28 *(Anc. art. R. 4381-41, dénum., D. n° 2006-393, 30 mars 2006 ; mod., D. n° 2010-344, 31 mars 2010).* – La demande d'inscription de la société est présentée au directeur général de l'agence régionale de santé du siège de la société soit collectivement par les associés, soit par l'associé désigné en qualité de gérant par les statuts. Elle est accompagnée :

1° D'un exemplaire des statuts et, s'il en a été établi, du règlement intérieur de la société ainsi que, le cas échéant, une expédition ou une copie de l'acte constitutif ;

2° Pour chaque associé :

a) D'une copie du diplôme, certificat ou autre titre d'infirmier ou de masseur-kinésithérapeute ou la justification de l'autorisation d'exercer la profession ;

b) De l'indication du numéro d'enregistrement à la préfecture de ce diplôme, certificat ou titre.

Art. R. 4381-29 *(Anc. art. R. 4381-42, dénum., D. n° 2006-393, 30 mars 2006 ; mod., D. n° 2010-344, 31 mars 2010).* – Avant son inscription, la société est tenue de communiquer au directeur général de l'agence régionale de santé une attestation du greffier du tribunal de commerce du lieu du siège social ou du tribunal de grande instance statuant commercialement. Cette attestation constate le dépôt au greffe de la demande et des pièces et actes nécessaires à l'immatriculation ultérieure de la société au registre du commerce et des sociétés, dans les conditions définies par la réglementation relative à ce registre et par les articles R. 4381-37 à R. 4381-39.

Art. R. 4381-30 *(Anc. art. R. 4381-43, dénum. et mod., D. n° 2006-393, 30 mars 2006 ; mod., D. n° 2010-344, 31 mars 2010).* – L'inscription ne peut être refusée que si les statuts déposés ne sont pas conformes aux dispositions législatives et réglementaires régissant les sociétés civiles professionnelles et l'exercice de la profession ou si l'attestation prévue à l'article R. 4381-29 n'a pas été communiquée au directeur général de l'agence régionale de santé.

La décision de refus d'inscription est motivée. Elle est notifiée aux demandeurs par lettre recommandée avec demande d'avis de réception.

Si l'inscription est prononcée, notification en est faite à chacun des associés.

La société avise de son inscription, sans délai, les organismes d'assurance maladie du régime général, de la mutualité sociale agricole et du régime des travailleurs non salariés des professions non agricoles ayant compétence dans le département.

Art. R. 4381-31 *(Anc. art. R. 4381-44, dénum., D. n° 2006-393, 30 mars 2006 ; D. n° 2010-344, 31 mars 2010)*. – La radiation de l'inscription peut être prononcée par le directeur général de l'agence régionale de santé dans le cas où la société ne se conforme pas aux dispositions législatives ou réglementaires régissant les sociétés civiles professionnelles d'infirmiers ou d'infirmières ou de masseurs-kinésithérapeutes.

La décision de radiation est motivée. Elle ne peut être prise qu'après que la société a été mise en mesure de présenter ses observations orales ou écrites. Elle est notifiée à la société par lettre recommandée avec demande d'avis de réception.

§ 2. – Statuts, capital social, parts sociales

Art. R. 4381-32 *(Anc. art. R. 4381-45, dénum., D. n° 2006-393, 30 mars 2006)*. – Si les statuts sont établis par acte sous seing privé, il en est adressé autant d'originaux qu'il est nécessaire pour la remise d'un exemplaire à chaque associé et pour satisfaire aux dispositions de la présente section.

Art. R. 4381-33 *(Anc. art. R. 4381-46, dénum., D. n° 2006-393, 30 mars 2006)*. – Sans préjudice des dispositions dont la loi n° 66-879 du 29 novembre 1966 relative aux sociétés civiles professionnelles ou d'autres articles de la présente section rendent l'insertion obligatoire dans les statuts de la société, ceux-ci indiquent :

1° Les noms, prénoms, domiciles des associés, leur situation matrimoniale et, le cas échéant, l'existence de clauses, d'actes opposables aux tiers ou de décisions restrictives de la libre disposition de leurs biens ;

2° La durée pour laquelle la société est constituée ;

3° L'adresse du siège social ;

4° La nature et l'évaluation distincte de chacun des apports effectués par les associés ;

5° Le montant du capital social, le nombre, le montant nominal et la répartition des parts sociales représentatives de ce capital ;

6° L'affirmation de la libération totale ou partielle, suivant le cas, des apports concourant à la formation du capital social ;

7° Le nombre de parts sociales attribuées à chaque apporteur en industrie.

Les statuts ne peuvent comporter aucune disposition tendant à obtenir d'un associé un rendement minimum ou de nature à porter atteinte à la liberté de choix du malade.

Art. R. 4381-34 *(Anc. art. R. 4381-47, dénum., D. n° 2006-393, 30 mars 2006)*. – Peuvent faire l'objet d'apports à une société civile professionnelle d'infirmiers ou d'infirmières ou de masseurs-kinésithérapeutes, en propriété ou en jouissance :

1° Tous droits incorporels, mobiliers ou immobiliers, et notamment le droit pour un associé de présenter la société comme successeur à sa clientèle, ou, s'il est ayant droit d'un infirmier décédé, à la clientèle de son auteur ;

2° D'une manière générale, tous autres objets mobiliers à usage professionnel ainsi que tous documents et archives ;

3° Les immeubles ou locaux utiles à l'exercice de la profession ;

4° Toutes sommes en numéraire.

L'industrie des associés qui, en vertu de l'article 10 de la loi n° 66-879 du 29 novembre 1966 relative aux sociétés civiles professionnelles, ne concourt pas à la formation du capital peut donner lieu à l'attribution de parts sociales.

Sous réserve des dispositions du deuxième alinéa de l'article 26 de la loi précitée, un associé d'une société de masseurs-kinésithérapeutes ne peut posséder plus de 50 % du nombre total des parts représentant le capital social.

Art. R. 4381-35 *(Anc. art. R. 4381-48, dénum., D. n° 2006-393, 30 mars 2006)*. – Les parts sociales ne peuvent être données en nantissement.

Leur montant nominal ne peut être inférieur à 15 €.

Les parts sociales correspondant aux apports en industrie sont incessibles et doivent être annulées lorsque leur titulaire perd sa qualité d'associé pour quelque cause que ce soit.

Art. R. 4381-36 *(Anc. art. R. 4381-49, dénum., D. n° 2006-393, 30 mars 2006)*. – Les parts sociales correspondant à des apports en numéraire sont, lors de la souscription, libérées de la moitié au moins de leur valeur nominale.

La libération du surplus intervient en une ou plusieurs fois, soit aux dates prévues par les statuts, soit sur décision de l'assemblée des associés et au plus tard dans le délai de deux ans à compter de l'inscription de la société.

Dans les huit jours de leur réception, les fonds provenant des souscriptions en numéraire sont déposés, pour le compte de la société, à la caisse des dépôts et consignations, chez un notaire ou dans une banque.

Le retrait des fonds provenant de souscription en numéraire est effectué par un mandataire de la société sur la seule justification de l'inscription de la société, sur la liste des sociétés civiles professionnelles d'infirmiers ou d'infirmières ou de masseurs-kinésithérapeutes.

§ 3. – Immatriculation et publicité

Art. R. 4381-37 *(Anc. art. R. 4381-50, dénum., D. n° 2006-393, 30 mars 2006)*. – Par dérogation aux articles 22, 24 et 26 du décret n° 78-704 du 3 juillet 1978 relatif à l'application de la loi n° 78-9 du 4 janvier 1978 modifiant le titre IX du livre III du Code civil, la société est dispensée d'insérer dans un journal d'annonces légales les avis prévus à ces articles.

Art. R. 4381-38 *(Anc. art. R. 4381-51, dénum. et mod., D. n° 2006-393, 30 mars 2006)*. – La demande d'immatriculation de la société au registre du commerce et des sociétés est établie dans les conditions prévues à l'article 11 du décret n° 84-406 du 30 mai 1984 relatif au registre du commerce et des sociétés, à l'exception des 8°, 9° et 10° de cet article.

Toutefois, la demande reproduit sans autre justification les extraits d'actes de naissance, les renseignements prévus au 1° de l'article R. 4381-33 complétés par les date et lieu de naissance de chacun des associés et la mention de leur nationalité. Elle indique également les nom et prénoms du gérant ou que tous les associés sont gérants.

Art. R. 4381-39 *(Anc. art. R. 4381-52, dénum. et mod., D. n° 2006-393, 30 mars 2006)*. – Les cabinets secondaires prévus à l'article R. 4381-75 ne sont pas soumis à l'inscription complémentaire ou à l'immatriculation secondaire prévues par les articles 9 et 20 du décret n° 84-406 du 30 mai 1984 relatif au registre du commerce et des sociétés. Ils sont toutefois considérés comme des établissements dont l'adresse est indiquée dans la demande d'immatriculation de la société, conformément aux dispositions du B de l'article 15 du même décret.

Art. R. 4381-40 *(Anc. art. R. 4381-53, dénum., D. n° 2006-393, 30 mars 2006 ; mod., D. n° 2010-344, 31 mars 2010)*. – Le directeur général de l'agence régionale de santé adresse une ampliation de la décision d'inscription de la société sur la liste des sociétés civiles professionnelles d'infirmiers ou d'infirmières ou de masseurs-kinésithérapeutes au greffe du tribunal de commerce ou du tribunal de grande instance statuant commercialement où a été déposée la demande d'immatriculation de la société au registre du commerce et des sociétés ; cette ampliation justifie que la société dispose de l'autorisation nécessaire à l'exercice de son activité et que les associés disposent eux-mêmes de l'autorisation, des diplômes ou des titres nécessaires à l'exercice de cette activité.

Au reçu de cette ampliation, le greffier procède à l'immatriculation de la société.

Sous-section 2. – Fonctionnement de la société

§ 1. – Administration

Art. R. 4381-41 *(Anc. art. R. 4381-54, dénum., D. n° 2006-393, 30 mars 2006)*. – L'organisation de la gérance et la détermination des pouvoirs des gérants sont fixées par les statuts dans les conditions prévues par l'article 11 de la loi n° 66-879 du 29 novembre 1966 relative aux sociétés civiles professionnelles.

Art. R. 4381-42 *(Anc. art. R. 4381-55, dénum., D. n° 2006-393, 30 mars 2006)*. – Les décisions qui excèdent les pouvoirs des gérants sont prises par les associés réunis en assemblée. Elles ne peuvent résulter d'une consultation écrite des associés.

L'assemblée est réunie au moins une fois par an. Elle est également réunie sur la demande présentée par un ou plusieurs associés représentant au moins la moitié en nombre de ceux-ci, la demande devant indiquer l'ordre du jour proposé.

Les modalités de convocation de l'assemblée sont fixées par les statuts.

Art. R. 4381-43 *(Anc. art. R. 4381-56, dénum., D. n° 2006-393, 30 mars 2006 ; D. n° 2010-344, 31 mars 2010)*. – Toute délibération de l'assemblée donne lieu à l'établissement d'un procès-verbal signé par les associés présents et contenant notamment la date et le lieu de la réunion, les questions écrites à l'ordre du jour, l'identité des associés présents ou représentés, un résumé des débats, le texte des résolutions mises aux voix et le résultat des votes.

Les procès-verbaux sont établis sur un registre spécial préalablement coté et paraphé par le directeur général de l'agence régionale de santé, par le secrétaire-greffier du tribunal d'instance dans le ressort duquel la société a son siège ou par le maire ou un adjoint au maire de la commune du siège de la société.

Art. R. 4381-44 *(Anc. art. R. 4381-57, dénum., D. n° 2006-393, 30 mars 2006)*. – Lorsque la décision des associés résulte de leur consentement exprimé dans un acte, cette décision est mentionnée à sa date, dans le registre prévu à l'article R. 4381-43. La mention dans le registre contient obligatoirement l'indication de la forme, de la nature de l'objet et des signataires de l'acte. L'acte lui-même, s'il est sous seing privé ou sa copie authentique, s'il est notarié, est conservé par la société de manière à permettre sa consultation en même temps que le registre des délibérations.

Art. R. 4381-45 *(Anc. art. R. 4381-58, dénum., D. n° 2006-393, 30 mars 2006)*. – Les copies ou extraits des procès-verbaux des délibérations des associés sont valablement certifiés conformes par un seul gérant. Au cours de la liquidation de la société, leur certification est valablement effectuée par un seul liquidateur.

Art. R. 4381-46 *(Anc. art. R. 4381-59, dénum., D. n° 2006-393, 30 mars 2006)*. – Chaque associé dispose d'un nombre de voix égal, quel que soit le nombre de parts qu'il possède.

Toutefois, lorsque les associés n'exercent qu'à temps partiel, les statuts peuvent leur attribuer un nombre de voix réduit.

Un associé peut donner mandat écrit à un autre associé de le représenter à l'assemblée. Un associé ne peut être porteur de plus de deux mandats.

L'assemblée ne peut délibérer valablement que si les trois quarts au moins des associés sont présents ou représentés. Si le quorum n'est pas atteint, les associés sont convoqués une nouvelle fois et l'assemblée délibère valablement si deux associés au moins sont présents ou représentés.

Art. R. 4381-47 *(Anc. art. R. 4381-60, dénum. et mod., D. n° 2006-393, 30 mars 2006)*. – En dehors des cas prévus par l'article 19 de la loi n° 66-879 du 29 novembre 1966 relative aux sociétés civiles professionnelles et par les articles R. 4381-48, R. 4381-52, R. 4381-79 et R. 4381-80 imposant des conditions spéciales de majorité, les décisions sont prises à la majorité des voix dont disposent les associés présents ou représentés.

Dans tous les cas, les statuts peuvent prévoir une majorité plus forte ou même l'unanimité des associés pour toutes les décisions ou seulement pour celles qu'ils énumèrent.

Art. R. 4381-48 *(Anc. art. R. 4381-61, dénum., D. n° 2006-393, 30 mars 2006).* – Toute modification des statuts est décidée à la majorité des trois quarts des voix des associés présents ou représentés. L'adoption et la modification du règlement intérieur est décidée à la même majorité.

Toutefois, l'augmentation des engagements des associés ne peut être décidée qu'à l'unanimité.

Art. R. 4381-49 *(Anc. art. R. 4381-62, dénum., D. n° 2006-393, 30 mars 2006).* – Après clôture de chaque exercice, le ou les gérants établissent, dans les conditions fixées par les statuts, les comptes annuels de la société, un rapport sur les résultats de l'exercice ainsi que des propositions relatives à leur affectation.

Dans les trois mois qui suivent la clôture de l'exercice, les documents mentionnés à l'alinéa précédent sont soumis à l'approbation de l'assemblée des associés.

À cette fin, ils sont adressés à chacun des associés, qu'ils soient ou non gérants, avec le texte des résolutions proposées, quinze jours au moins avant la réunion de l'assemblée et, au plus tard, avec la convocation à cette assemblée.

Art. R. 4381-50 *(Anc. art. R. 4381-63, dénum. et mod., D. n° 2006-393, 30 mars 2006).* – Chaque associé peut, à toute époque, prendre connaissance des documents mentionnés à l'article R. 4381-49, des registres de procès-verbaux, des registres et documents détenus par la société. Le droit de prendre connaissance emporte celui de prendre copie.

Art. R. 4381-51 *(Anc. art. R. 4381-64, dénum. et mod., D. n° 2006-393, 30 mars 2006).* – La rémunération servie aux parts représentant les apports prévus au 1° de l'article R. 4381-34 ne peut excéder le taux des avances sur titres de la Banque de France diminué de deux points. La rémunération des parts sociales représentant les autres apports prévus aux 2°, 3° et 4° de l'article R. 4381-34 et des parts distribuées à la suite d'une augmentation de capital ne peut excéder le même taux majoré de deux points.

Le surplus des bénéfices, après constitution éventuelle de réserves, est réparti entre les associés selon des bases de répartition périodique fondées sur les critères professionnels fixés par les statuts.

§ 2. – Cessions et transmissions de parts sociales

Art. R. 4381-52 *(Anc. art. R. 4381-65, dénum., D. n° 2006-393, 30 mars 2006).* – Les parts sociales sont librement cessibles entre associés sauf disposition contraire des statuts.

Elles ne peuvent être cédées à des tiers qu'avec le consentement de la société exprimé dans les conditions prévues à l'article 19 de la loi n° 66-879 du 29 novembre 1966 relative aux sociétés civiles professionnelles.

Art. R. 4381-53 *(Anc. art. R. 4381-66, dénum., D. n° 2006-393, 30 mars 2006).* – Dans le cas où un associé décide de céder des parts à un tiers étranger à la société, le projet de cession des parts sociales est notifié à la société et à chacun des associés soit par lettre recommandée avec demande d'avis de réception, soit dans l'une des formes prévues à l'article 1690 du Code civil.

Dans le délai de deux mois à compter de la notification du projet de cession par le cédant à la société, la société notifie son consentement exprès à la cession ou son refus dans les formes prévues à l'alinéa précédent. Si la société n'a pas fait connaître sa décision, le consentement est implicitement donné.

Art. R. 4381-54 *(Anc. art. R. 4381-67, dénum. et mod., D. n° 2006-393, 30 mars 2006).* – Dans le cas où la société refuse de consentir à la cession, elle dispose d'un délai de six mois à compter de la notification de son refus pour notifier à l'associé, dans l'une des formes prévues au premier alinéa de l'article R. 4381-53, un projet de cession ou de rachat de ses parts qui constitue engagement du cessionnaire ou de la société.

Si le prix proposé pour la cession ou le rachat n'est pas accepté par le cédant et si celui-ci persiste dans son intention de céder ses parts sociales, le prix est fixé à la demande de la partie la plus diligente par le président du tribunal de grande instance, statuant comme en référé.

Lorsque l'associé cédant refuse de signer l'acte portant cession de ses parts au prix ainsi fixé, il est passé outre à ce refus deux mois après la sommation, à lui faite par la société dans l'une des formes prévues au premier alinéa de l'article R. 4381-53 et demeurée infructueuse.

Si la cession porte sur la totalité des parts sociales détenues par l'associé, celui-ci perd sa qualité d'associé à l'expiration du délai prévu à l'alinéa précédent. Le prix de cession des parts est consigné à la diligence du cessionnaire.

Art. R. 4381-55 *(Anc. art. R. 4381-68, dénum. et mod., D. n° 2006-393, 30 mars 2006).* – Les articles R. 4381-52 à R. 4381-54 sont également applicables à la cession à titre gratuit de tout ou partie de ses parts sociales consentie par l'un des associés.

Art. R. 4381-56 *(Anc. art. R. 4381-69, dénum. et mod., D. n° 2006-393, 30 mars 2006).* – Lorsqu'un associé entend se retirer de la société en application de l'article 21 de la loi n° 66-879 du 29 novembre 1966 relative aux sociétés civiles professionnelles, il notifie sa décision à la société dans l'une des formes prévues au premier alinéa de l'article R. 4381-53.

La société dispose d'un délai de six mois à compter de cette notification pour notifier à l'associé, dans la même forme, soit un projet de cession de ses parts à un associé ou à un tiers remplissant les conditions requises pour l'exercice de la profession d'infirmier et d'infirmière, soit un projet de rachat desdites parts par la société. Cette notification implique un engagement du cessionnaire ou de la société qui se porte acquéreur. Il est fait, en tant que de besoin, application des dispositions des deuxième, troisième et quatrième alinéas de l'article R. 4381-54.

Art. R. 4381-57 *(Anc. art. R. 4381-70, dénum. et mod., D. n° 2006-393, 30 mars 2006).* – L'associé qui est frappé de l'interdiction définitive d'exercer sa profession résultant d'une décision définitive dispose d'un délai de six mois pour céder ses parts sociales dans les conditions prévues aux articles R. 4381-52 à R. 4381-55.

Ce délai a pour point de départ la date à laquelle la décision est devenue définitive.

Si à l'expiration de ce délai aucune cession n'est intervenue, la société procède à la cession ou au rachat dans les conditions prévues au deuxième alinéa de l'article R. 4381-56.

Art. R. 4381-58 *(Anc. art. R. 4381-71, dénum. et mod., D. n° 2006-393, 30 mars 2006).* – Sous réserve des règles de protection et de représentation des majeurs protégés, les dispositions de l'article R. 4381-57 sont applicables à la cession des parts sociales de l'associé frappé d'interdiction légale ou placé sous le régime de la tutelle des majeurs.

Art. R. 4381-59 *(Anc. art. R. 4381-72, dénum., D. n° 2006-393, 30 mars 2006 ; D. n° 2010-344, 31 mars 2010).* – Le délai prévu par le deuxième alinéa de l'article 24 de la loi n° 66-879 du 29 novembre 1966 relative aux sociétés civiles professionnelles pour la cession des parts de l'associé décédé est fixé à un an à compter du décès de l'associé. Il peut être renouvelé par le directeur général de l'agence régionale de santé à la demande des ayants droit de l'associé décédé et avec le consentement de la société donné dans les conditions prévues pour la cession des parts sociales par le premier alinéa de l'article 19 de la loi précitée.

Art. R. 4381-60 *(Anc. art. R. 4381-73, dénum. et mod., D. n° 2006-393, 30 mars 2006).* – Si pendant le délai prévu à l'article R. 4381-59 le ou les ayants droit décident de céder les parts sociales de leur auteur à un tiers étranger à la société, il est procédé, conformément aux dispositions du deuxième alinéa de l'article R. 4381-52 ainsi que des articles R. 4381-53 et R. 4381-54. Pendant le même délai, si la société, les associés survivants ou un ou plusieurs de ceux-ci acceptent, en accord avec le ou les ayants droit de l'infirmier, de l'infirmière ou du masseur-kinésithérapeute décédé, d'acquérir les parts sociales de celui-ci ou de celle-ci, il est procédé conformément aux dispositions de l'article R. 4381-54.

Art. R. 4381-61 *(Anc. art. R. 4381-74, dénum. et mod., D. n° 2006-393, 30 mars 2006).* – Toute demande d'un ou de plusieurs ayants droit d'un associé décédé tendant à l'attribution préférentielle à leur profit des parts sociales de leur auteur est notifiée à la société et à chacun des associés dans l'une des formes prévues au premier alinéa de l'article R. 4381-53.

Art. R. 4381-62 *(Anc. art. R. 4381-75, dénum. et mod., D. n° 2006-393, 30 mars 2006).* – Lorsque, à l'expiration du délai prévu à l'article R. 4381-59, les ayants droit de l'associé décédé n'ont pas exercé la faculté de céder les parts sociales de leur auteur et si aucun consentement préalable à l'attribution préférentielle n'a été donné par la société, celle-ci dispose d'une année pour acquérir, dans les conditions prévues à l'article R. 4381-54, les parts sociales de l'associé décédé.

Si les parts sociales sont cédées à un tiers, les dispositions du deuxième alinéa des articles R. 4381-52 et R. 4381-53 et de l'article R. 4381-54 sont applicables.

Si elles sont acquises par la société, par les associés ou par certains d'entre eux, il est procédé conformément aux dispositions de l'article R. 4381-54.

Art. R. 4381-63 *(Anc. art. R. 4381-76, dénum. et mod., D. n° 2006-393, 30 mars 2006).* – La publicité de la cession des parts est accomplie conformément aux dispositions de l'article 52 du décret n° 78-704 du 3 juillet 1978 relatif à l'application de la loi n° 78-9 du 4 janvier 1978 modifiant le titre IX du livre III du Code civil. Dans le cas prévu au deuxième alinéa de l'article R. 4381-54, la publicité de la cession est accomplie par dépôt dans les mêmes conditions de deux copies de la sommation adressée au cédant accompagnées des justifications de la notification ou de la signification de cette sommation.

Art. R. 4381-64 *(Anc. art. R. 4381-77, dénum., D. n° 2006-393, 30 mars 2006 ; mod., D. n° 2010-344, 31 mars 2010).* – Dans le délai d'un mois le cessionnaire informe le directeur général de l'agence régionale de santé de la cession.

§ 3. – Modification des statuts

Art. R. 4381-65 *(Anc. art. R. 4381-78, dénum. et mod., D. n° 2006-393, 30 mars 2006).* – Dans les limites prévues à l'article R. 4381-26, le nombre des associés peut être augmenté au cours de l'existence de la société, avec ou sans augmentation du capital social.

Art. R. 4381-66 *(Anc. art. R. 4381-79, dénum. et mod., D. n° 2006-393, 30 mars 2006).* – Si la constitution des réserves ou le dégagement de plus-values le permet, il est procédé périodiquement à l'augmentation du capital social. Les parts sociales ainsi créées sont attribuées aux associés y compris à ceux qui n'ont apporté que leur industrie, dans les conditions déterminées au deuxième alinéa de l'article R. 4381-51, pour la répartition des bénéfices.

Cette augmentation de capital ne peut intervenir avant la libération totale des parts sociales correspondant à des apports en numéraire.

Art. R. 4381-67 *(Anc. art. R. 4381-80, dénum., D. n° 2006-393, 30 mars 2006 ; mod., D. n° 2010-344, 31 mars 2010).* – Toute modification des statuts est portée, dans le délai d'un mois, à la diligence du gérant, à la connaissance du directeur général de l'agence régionale de santé.

De même, sont portés à la connaissance du directeur général de l'agence régionale de santé, dans les mêmes conditions, le règlement intérieur, s'il est établi après la demande d'inscription, et toute modification de ce règlement.

§ 4. – Retrait d'un associé

Art. R. 4381-68 *(Anc. art. R. 4381-81, dénum. et mod., D. n° 2006-393, 30 mars 2006).* – L'associé dont l'apport est exclusivement d'industrie, pour se retirer de la société, notifie à celle-ci sa décision dans les formes prévues au premier alinéa de l'article R. 4381-53. Son retrait prend effet à la date qu'il indique, ou à défaut, à celle de cette notification. Toutefois, les statuts peuvent prévoir que le retrait ne prend effet qu'à l'expiration d'un délai, sans que ce délai puisse excéder six mois à compter de la notification faite par l'associé.

Art. R. 4381-69 *(Anc. art. R. 4381-82, dénum. et mod., D. n° 2006-393, 30 mars 2006).* – L'associé titulaire de parts sociales correspondant à un apport en capital peut, à la condition d'en informer la société dans les formes prévues au premier alinéa de l'article R. 4381-53, cesser l'activité professionnelle qu'il exerce au sein de cette société avant la fin de la procédure de cession ou de rachat de ses parts. Il respecte, le cas échéant, le délai fixé par les statuts, sans que ce délai puisse excéder six mois à compter de la notification relative à la cessation d'activité.

Art. R. 4381-70 *(Anc. art. R. 4381-83, dénum., D. n° 2006-393, 30 mars 2006 ; mod., D. n° 2010-344, 31 mars 2010).* – L'associé perd, à compter de sa cessation d'activité, les droits attachés à sa qualité d'associé, à l'exception toutefois des rémunérations afférentes aux apports en capital et de sa part éventuelle dans le capital et dans les réserves et les plus-values d'actif ; il cesse à la même date d'être soumis aux incompatibilités et interdictions attachées à cette qualité.

La cessation d'activité professionnelle d'un associé est, à la diligence du gérant, portée à la connaissance du directeur général de l'agence régionale de santé.

§ 5. – Exercice de la profession

Art. R. 4381-71 *(Anc. art. R. 4381-84, dénum., D. n° 2006-393, 30 mars 2006).* – Sous réserve de l'application de la loi n° 66-879 du 29 novembre 1966 relative aux sociétés civiles professionnelles et de la présente section, toutes les dispositions législatives et réglementaires relatives à l'exercice de la profession d'infirmier, d'infirmière ou de masseur-kinésithérapeute sont applicables aux membres de la société et, dans la mesure où elles sont applicables aux personnes morales, à la société civile professionnelle elle-même.

Un associé ne peut se substituer à un autre associé auprès de la personne soignée sans l'accord préalable de celle-ci, sauf urgence.

Art. R. 4381-72 *(Anc. art. R. 4381-85, dénum., D. n° 2006-393, 30 mars 2006).* – La qualification de société civile professionnelle d'infirmiers ou d'infirmières ou de masseurs-kinésithérapeutes, à l'exclusion de toute autre, accompagne la raison sociale dans toute correspondance et tout document émanant de la société. Elle est complétée par la référence aux mentions portées aux 1° et 2° de l'article 72 du décret n° 84-406 du 30 mai 1984 relatif au registre du commerce et des sociétés.

Dans les actes professionnels, chaque associé se présente sous son nom personnel et indique, en plus de son patronyme, la raison sociale de la société déterminée conformément aux dispositions de l'article 8 de loi n° 66-879 du 29 novembre 1966 relative aux sociétés civiles professionnelles.

Art. R. 4381-73 *(Anc. art. R. 4381-86, dénum., D. n° 2006-393, 30 mars 2006).* – Un associé ne peut exercer sa profession à titre individuel sous forme libérale, sauf gratuitement, ni être membre d'une autre société civile professionnelle dont les membres exercent la même profession.

Art. R. 4381-74 *(Anc. art. R. 4381-87, dénum. et mod., D. n° 2006-393, 30 mars 2006).* – Sous réserve des dispositions de l'article R. 4381-73, les associés consacrent à la société toute leur activité professionnelle libérale.

Les membres d'une société civile professionnelle ont une résidence professionnelle commune.

Art. R. 4381-75 *(Ancien article R. 4381-88, dénum, D. n° 2006-393, 30 mars 2006 ; mod., D. n° 2010-344, 31 mars 2010).* – Les membres d'une société civile professionnelle ont une résidence professionnelle commune.

Toutefois, la société peut être autorisée par le directeur général de l'agence régionale de santé à exercer dans un ou plusieurs cabinets secondaires si la satisfaction des besoins des malades l'exige et à condition que la situation de chaque cabinet secondaire par rapport au cabinet principal ainsi que l'organisation des soins dans ce ou ces cabinets permettent de répondre aux urgences.

Art. R. 4381-76 *(Anc. art. R. 4381-89, dénum., D. n° 2006-393, 30 mars 2006).* – La société, comme les associés eux-mêmes, est soumise à l'ensemble des lois et règlements régissant les rapports de la profession avec l'assurance maladie.

Art. R. 4381-77 *(Anc. art. R. 4381-90, dénum., D. n° 2006-393, 30 mars 2006).* – Tous les registres et documents sont ouverts et établis au nom de la société.

Art. R. 4381-78 *(Anc. art. R. 4381-91, dénum., D. n° 2006-393, 30 mars 2006).* – Il appartient à la société de justifier de l'assurance de responsabilité prévue par le deuxième alinéa de l'article 16 de la loi n° 66-879 du 29 novembre 1966 relative aux sociétés civiles professionnelles.

Sous-section 3. – Nullité, dissolution et liquidation

Art. R. 4381-79 *(Anc. art. R. 4381-92, dénum. et mod., D. n° 2006-393, 30 mars 2006).* – L'associé frappé d'une mesure comportant suspension ou interdiction temporaire d'exercice peut être contraint de se retirer de la société par décision prise à la majorité renforcée prévue par les statuts, calculée en excluant les associés ayant fait l'objet d'une sanction pour les mêmes faits ou pour des faits connexes. Dans le cas où l'exclusion n'est pas prononcée, l'intéressé conserve la qualité d'associé, mais sa participation aux bénéfices résultant de l'application du deuxième alinéa de l'article R. 4381-51 est réduite au *prorata* de la durée de la période de suspension.

L'associé qui n'est plus inscrit sur la liste préfectorale ou qui a été exclu de la société conformément aux dispositions de l'alinéa précédent cède ses parts dans les conditions prévues à l'article R. 4381-57. À compter du jour où il n'est plus inscrit sur la liste ou du jour de la décision d'exclusion prise par les autres associés, il perd les droits attachés à la qualité d'associé, à l'exception des rémunérations afférentes à ses apports en capital.

Art. R. 4381-80 *(Anc. art. R. 4381-93, dénum., D. n° 2006-393, 30 mars 2006)*. – La dissolution anticipée de la société ne peut être décidée que par les trois quarts des associés.

Art. R. 4381-81 *(Anc. art. R. 4381-94, dénum., D. n° 2006-393, 30 mars 2006 ; D. n° 2010-344, 31 mars 2010)*. – Dans le cas où tous les associés font l'objet de décisions définitives d'incapacité absolue d'exercice ou d'interdiction d'exercer la profession, la société est dissoute de plein droit.

Ces décisions sont portées à la connaissance du directeur général de l'agence régionale de santé à la diligence du ministère public.

Art. R. 4381-82 *(Anc. art. R. 4381-95, dénum., D. n° 2006-393, 30 mars 2006)*. – La société est également dissoute de plein droit par le décès simultané de tous les associés ou par le décès du dernier associé.

Art. R. 4381-83 *(Anc. art. R. 4381-96, dénum., D. n° 2006-393, 30 mars 2006)*. – La société est également dissoute de plein droit par la demande de retrait faite soit simultanément par tous les associés, soit par le dernier de ceux-ci.

Art. R. 4381-84 *(Anc. art. R. 4381-97, dénum., D. n° 2006-393, 30 mars 2006)*. – S'il ne subsiste qu'un seul associé, celui-ci peut, dans le délai prévu par le deuxième alinéa de l'article 26 de la loi n° 66-879 du 29 novembre 1966 relative aux sociétés civiles professionnelles, céder une partie de ses parts à un tiers infirmier ou infirmière, ou masseur-kinésithérapeute inscrit sur les listes préfectorales.

À défaut, la société peut être dissoute dans les conditions prévues audit article.

Art. R. 4381-85 *(Anc. art. R. 4381-98, dénum., D. n° 2006-393, 30 mars 2006 ; D. n° 2010-344, 31 mars 2010)*. – Toute décision judiciaire constatant la nullité ou prononçant la dissolution d'une société est portée à la connaissance du directeur général de l'agence régionale de santé à la diligence du secrétaire-greffier de la juridiction saisie.

Art. R. 4381-86 *(Anc. art. R. 4381-99, dénum., D. n° 2006-393, 30 mars 2006)*. – En aucun cas, les fonctions de liquidateur ne peuvent être confiées à une personne contre laquelle l'incapacité absolue, l'interdiction d'exercice ou la suspension temporaire a été prononcée.

Art. R. 4381-87 *(Anc. art. R. 4381-100, dénum., D. n° 2006-393, 30 mars 2006 ; D. n° 2010-344, 31 mars 2010)*. – L'acte de nomination des liquidateurs, quelle que soit sa forme, est adressé par les soins de ces derniers au directeur général de l'agence régionale de santé.

Le liquidateur informe le directeur général de l'agence régionale de santé de la clôture de la liquidation.

Art. R. 4381-88 *(Anc. art. R. 4381-101, dénum., D. n° 2006-393, 30 mars 2006)*. – Dans les cas prévus par le deuxième alinéa de l'article 37 de la loi n° 66-879 du 29 novembre 1966 relative aux sociétés civiles professionnelles concernant les sociétés adoptant le statut de sociétés coopératives, l'actif net de la société subsistant après extinction du passif et le remboursement du capital est réparti entre les associés au prorata des parts détenues par chacun d'eux, y compris les parts correspondant aux apports en industrie.

8.2.16.4. – Société interprofessionnelle de soins ambulatoires

Voir : C. santé publ., art. L. 4041-1 à L. 4043-2, p. 3199.

8.2.17. – MÉDECINS

8.2.17.1. – Sociétés d'exercice libéral

Bibliographie : C. Roquelle Meyer, O. Saumon et D. Begue, *Les sociétés d'exercice libéral des professionnels de la santé : Gaz. Pal.* 6 avr. 2005, doctr. p. 2.

Voir : C. santé publ., art. R. 4113-1 à R. 4113-24, p. 2950.

8.2.17.2. – Sociétés civiles professionnelles

Bibliographie : M. Desaint et a., *L'exercice en groupe de la médecine,* Litec, 1981. • R. Guillaumond, *Sociétés civiles professionnelles de médecins : JCP* N 1978, 27 ; *JCP* CI 1978, 13025. • C. Poli, *Les sociétés civiles professionnelles de médecins : Rev. sociétés* 1977, p. 635. • *Adde* B. Espasson-Vergeat, *JCl. Sociétés traité,* Fasc. 191-21 *(Société civile professionnelle de médecins).*

Voir : C. santé publ., art. R. 4113-26 à R. 4113-101, p. 2954.

8.2.17.3. – Sociétés en participation

Voir : C. santé publ., art. D. 4113-102 et D. 4113-103, p. 2964.

8.2.17.4. – Sociétés coopératives de médecins

Voir : C. santé publ., art. R. 4131-10 à R. 4131-28, p. 2689.

8.2.17.5. – Société interprofessionnelle de soins ambulatoires

Voir : C. santé publ., art. L. 4041-1 à L. 4043-2, p. 3199.

8.2.18. – NOTAIRES

8.2.18.1. – Sociétés civiles professionnelles

Décret n° 67-868 du 2 octobre 1967

portant règlement d'administration publique pour l'application à la profession de notaire de la loi n° 66-879 du 29 novembre 1966 relative aux sociétés civiles professionnelles

(JO 6 oct. et rect. 15 oct.)

(Mod., D. n° 2004-364, 22 avr. 2004 : JO 25 avr.)

Bibliographie : J. Aussedat, *Le corps notarial et les sociétés civiles professionnelles : réflexions sur les fusions : Rev. sociétés* 1976, p. 283. • J. Chappuis, *Les sociétés civiles professionnelles notariales,* Litec, 1969. • J.-F. Pillebout, *Les conflits entre notaires associés : JCP* N 1994, I, 2856 ; *Commentaire du décret du 20 janvier 1992 relatif aux sociétés civiles professionnelles notariales : JCP* N 1992, I, 56 ; *Statuts et cession de parts de sociétés civiles professionnelles notariales : JCP* N 2003, 1520. • A. Scherrer, *Les sociétés civiles professionnelles notariales : Defrénois* 1987, art. 58579. • F. Terré, *L'exercice en commun de la profession de notaire : JCP* N 1970, I, 2302 et 2327. • P. Wallut et E. Filiberti, *Le notaire doit sortir de son étude et de ses écritures : LPA* 20 juin 2003, p. 4. • *Adde* Th. Bonneau et A. Van der Elst, *JCl. Sociétés traité,* Fasc. 191-18. • J.-F. Pillebout et M. Corre, *JCl. Sociétés traité,* Fasc. 191-16 *(Constitution ; Fonctionnement)* ; Fasc. 191-17 *(Cession de parts ; Modification des statuts ; Fin)* ; Fasc. 191-19 *(Société de Notaires).* • Th. Bonneau et A. Van der Elst, *JCl. Sociétés traité,* Fasc. 191-18 *(Sociétés titulaire d'un office – Disparition).*

Art. 1er *(Mod., D. n° 87-172, 13 mars 1987).* **– Le présent décret a pour objet de déterminer les conditions d'application à la profession de notaire des articles 1er à 32 et 37 de la loi du 29 novembre 1966 relative aux sociétés civiles professionnelles, en ce qui concerne les sociétés titulaires d'un office notarial et les sociétés de notaires.**

SCP de notaires. L'exercice d'une activité économique libérale caractérise une entreprise au sens de l'article L. 313-22 du Code monétaire et financier : ■ Cass. 1re civ., 23 mars 2004 : *Juris-Data* n° 2004-022960 ; *JCP* E 2005, 179, n° 5, obs. Ph. Simler.

TITRE PREMIER. – DES SOCIÉTÉS TITULAIRES D'UN OFFICE NOTARIAL

CHAPITRE I. – CONSTITUTION DE LA SOCIÉTÉ

Section I. – Dispositions générales. Agrément et nomination

Art. 2 *(D. n° 87-172, 13 mars 1987 ; D. n° 92-64, 20 janv. 1992 ; mod., D. n° 2016-1509, 9 nov. 2016).* **– Les dispositions du présent titre sont applicables aux sociétés titulaires d'un ou plusieurs offices notariaux dans lesquels les associés exercent en commun leur profession.**

Ces sociétés reçoivent l'appellation de société titulaire d'un office notarial ou, le cas échéant, de société titulaire d'offices notariaux.

Leur siège est celui de l'office ou de l'un des offices dont elles sont titulaires.

Elles peuvent détenir une partie du capital d'une société, autre qu'une société civile professionnelle, nommée dans un autre office.

§ 1. – Société titulaire d'un office notarial constituée par des personnes physiques

Art. 3 *(D. n° 71-943, 26 nov. 1971 ; D. n° 75-979, 24 oct. 1975 ; mod., D. n° 2016-1509, 9 nov. 2016).* **– I. – Lorsque aucun de ses associés n'est titulaire d'un office de notaire, la société civile professionnelle peut être nommée dans un office existant ou dans un office créé.**

II. – Lorsque l'un au moins des associés est titulaire d'un office, la société civile professionnelle peut être nommée dans un ou plusieurs des offices relevant des catégories suivantes :

1° L'office dont l'associé est titulaire, en remplacement de celui-ci ;

2° Un autre office existant ;

3° Un office créé.

L'office dont l'associé est titulaire et dans lequel la société n'est pas nommée est pourvu d'un nouveau titulaire ou supprimé.

Art. 3-1 *(Abr., D. n° 2016-1509, 9 nov. 2016).*

Art. 4 *(D. n° 71-943, 26 nov. 1971 ; D. n° 75-979, 24 oct. 1975 ; D. n° 87-172, 13 mars 1987 ; D. n° 92-64, 20 janv. 1992 ; mod., D. n° 2016-1509, 9 nov. 2016 ; D. n° 2017-895, 6 mai 2017).* **– La demande de nomination d'une société régie par les dispositions de l'article 3 est présentée par le mandataire de la société ou, si celle-ci n'est pas encore constituée, par le mandataire des associés, conjointement à la demande de nomination des associés.**

La demande de nomination d'un associé dans un autre office de la société que celui dans lequel il exerce est présentée dans les mêmes conditions.

Une société ne peut être nommée dans un office que si chacun des futurs associés est apte à être nommé à cet office.

Art. 4-1 *(Mod., D. n° 2016-1509, 9 nov. 2016).* **– Lorsqu'une société régie par les dispositions de l'article 3 demande sa nomination en qualité de titulaire d'un office créé ou vacant, la nomination est faite dans les conditions prévues aux articles 49 à 56 du décret n° 73-609 du 5 juillet 1973 relatif à la formation professionnelle dans le notariat et aux conditions d'accès aux fonctions de notaire.**

Art. 5 *(D. n° 75-979, 24 oct. 1975 ; D. n° 87-172, 13 mars 1987 ; mod., D. n° 2016-1509, 9 nov. 2016 ; D. n° 2017-895, 6 mai 2017).* **– La nomination d'une société civile professionnelle dans un office de notaire et la nomination de chacun des associés sont prononcées par arrêté du garde des Sceaux, ministre de la Justice.**

L'acceptation de la démission des notaires futurs associés, la suppression des offices dont ils sont titulaires, le transfert des minutes de ces offices ainsi que la création de l'office dont la société sera titulaire sont prononcés par le même arrêté.

Une société ne peut être nommée dans plusieurs offices de notaire que si, dans chacun des offices, au moins un associé exerçant sa profession de notaire au sein de cette société est nommé pour y exercer. Chacun de ces associés est nommé par arrêté pour exercer dans un seul office. Il peut ultérieurement être nommé pour exercer dans un autre office de la même société soit par l'arrêté nommant la société dans cet autre office, soit par un arrêté postérieur. Dans ces deux hypothèses, l'arrêté met fin également à ses fonctions dans le précédent office.

Art. 6 *(D. n° 87-172, 13 mars 1987).* – La société est constituée sous la condition suspensive de sa nomination par le garde des Sceaux, ministre de la Justice. La condition est réputée acquise à la date de publication de l'arrêté prévu à l'article 5.

Acquisition de la personnalité morale. La société titulaire d'un office jouit de la personnalité morale à compter de son agrément et de sa nomination : Rép. min. : *JOAN* Q, 8 janv. 1980, p. 23. – Rép. min. : *JO Sénat* Q, 16 avr. 1981, p. 582, et ce, par dérogation à l'article 1842 du Code civil.

Art. 7 *(D. n° 71-943, 26 nov. 1971 ; D. n° 87-172, 13 mars 1987 ; D. n° 92-64, 20 janv. 1992 ; mod., D. n° 2009-452, 22 avr. 2009 ; D. n° 2016-1509, 9 nov. 2016).* – La demande mentionnée à l'article 4 est adressée au garde des Sceaux, ministre de la Justice, par téléprocédure sur le site internet du ministère de la Justice. Elle est accompagnée de toutes pièces justificatives, et notamment, lorsque la société n'est pas constituée, d'une attestation du greffier du tribunal de commerce ou du tribunal de grande instance statuant commercialement du lieu du siège social, constatant le dépôt au greffe de la demande et des pièces nécessaires à l'immatriculation ultérieure de la société au registre du commerce et des sociétés ainsi que, lorsqu'un ou plusieurs des futurs associés doit contracter un emprunt et que la société est candidate à la nomination dans un office existant ou vacant, d'éléments permettant d'apprécier leurs possibilités financières au regard des engagements contractés.

NB : Se reporter aux dispositions de l'article 4 du décret n° 2016-1509 du 9 novembre 2016 concernant l'entrée en vigueur du décret n° 67-868 du 2 octobre 1967. L'arrêté du 10 novembre 2016 (nor JUSC1632648 A) a précisé la date d'entrée en vigueur au 16 novembre 2016 14 h.

Art. 8 *(D. n° 87-172, 13 mars 1987 ; D. n° 92-64, 20 janv. 1992 ; mod., D. n° 2009-452, 22 avr. 2009 ; D. n° 2016-1509, 9 nov. 2016).* – Le bureau du Conseil supérieur du notariat communique au garde des Sceaux, ministre de la Justice, dans les vingt jours suivant sa demande, toute information dont il dispose permettant à celui-ci d'apprécier les capacités professionnelles et l'honorabilité de chacun des associés.

Art. 9 *(Abr., D. n° 2016-1509, 9 nov. 2016).*

Art. 10 *(D. n° 71-943, 26 nov. 1971 ; D. n° 75-979, 24 oct. 1975 ; D. n° 87-172, 13 mars 1987 ; mod., D. n° 97-1188, 24 déc. 1997 ; D. n° 2016-1509, 9 nov. 2016).* – L'ouverture d'un bureau annexe est autorisée par le garde des Sceaux, ministre de la Justice, dans les conditions prévues aux articles 2-7, 10 et 11 du décret n° 71-942 du 26 novembre 1971. La demande est adressée au garde des Sceaux, ministre de la Justice, par téléprocédure sur le site internet du ministère de la Justice. Le ou les bureaux annexes ainsi ouverts restent attachés à l'office sans qu'il soit besoin, lors de la nomination d'un nouveau titulaire, de renouveler l'autorisation accordée.

NB : Se reporter aux dispositions de l'article 4 du décret n° 2016-1509 du 9 novembre 2016 concernant l'entrée en vigueur du décret n° 67-868 du 2 octobre 1967. L'arrêté du 10 novembre 2016 (nor JUSC1632648 A) a précisé la date d'entrée en vigueur au 16 novembre 2016 14 h.

Art. 10-1 *(Mod., D. n° 75-979, 24 oct. 1975 ; D. n° 87-172, 13 mars 1987 ; D. n° 2016-1509, 9 nov. 2016).* – Les sociétés titulaires d'un office dans les ressorts des cours d'appel de Besançon ou de Nancy ne peuvent ouvrir de bureaux annexes à cet office dans le ressort des cours d'appel de Colmar et de Metz.

Les sociétés titulaires d'un office dans le ressort des cours d'appel de Colmar et de Metz ne peuvent ouvrir de bureaux annexes à cet office dans les ressorts des cours d'appel de Besançon et de Nancy.

§ 2. – Société titulaire d'un office notarial constituée par voie de fusion

Art. 10-2 *(D. n° 75-979, 24 oct. 1975 ; mod., D. n° 2016-1509, 9 nov. 2016).* – Des sociétés civiles professionnelles peuvent constituer par voie de fusion, entre elles ou avec d'autres sociétés titulaires d'un office, une nouvelle société civile professionnelle qui peut être nommée dans un ou plusieurs offices relevant d'une des catégories suivantes :

- un office dont l'une d'elle est titulaire, en remplacement de celle-ci ;
- un autre office existant ;
- un office créé.

Les offices dont les sociétés participant à la fusion sont titulaires, autres que celui ou ceux auxquels la société nouvelle est nommée, peuvent être supprimés ou pourvus d'un nouveau titulaire.

Art. 10-3 *(Abr., D. n° 2016-1509, 9 nov. 2016).*

Art. 10-4 *(D. n° 75-979, 24 oct. 1975 ; D. n° 87-172, 13 mars 1987 ; mod., D. n° 2016-1509, 9 nov. 2016).* – La nomination de la nouvelle société civile professionnelle dans un office de notaire et la nomination de chacun des associés sont prononcées par arrêté du garde des Sceaux, ministre de la Justice.

La dissolution des sociétés civiles professionnelles participant à cette fusion, la suppression des offices dont elles sont titulaires, le transfert des minutes de ces offices et, le cas échéant, la création de l'office dont la nouvelle société sera titulaire ou la nomination de la nouvelle société dans le ou les offices dont les sociétés dissoutes sont titulaires sont prononcées par le même arrêté.

Sont applicables aux fusions de sociétés les dispositions *(Réf. rempl., D. n° 2017-895, 6 mai 2017)* « de l'article 4, du troisième alinéa de l'article 5 et des articles » 6 à 10, et, en outre, en cas de création d'office, celles de l'article 4-1.

Art. 10-4-1 *(D. n° 2016-1509, 9 nov. 2016).* – Les mêmes règles s'appliquent aux fusions par absorption d'une société titulaire d'un office notarial par une société civile professionnelle. Dans une telle opération, la société absorbante et la société absorbée suivent respectivement le régime de la nouvelle société civile professionnelle et celui des sociétés participant à la fusion tels que prévus aux articles précédents.

§ 3. – Sociétés titulaires d'un office notarial constituées par voie de scission

Art. 10-5 *(D. n° 75-979, 24 oct. 1975 ; mod., D. n° 2016-1509, 9 nov. 2016).* – Une société titulaire d'un office notarial peut par voie de scission constituer deux ou plusieurs sociétés civiles professionnelles. L'une des sociétés civiles professionnelles issues de cette scission peut être nommée dans l'office dont la société scindée était titulaire en remplacement de celle-ci. Si la société scindée était titulaire de plusieurs offices, les sociétés issues de la scission peuvent être nommées chacune dans l'un de ces offices. À défaut, le ou les offices sont déclarés vacants ou supprimés.

Les autres sociétés civiles professionnelles issues de cette scission peuvent être nommées dans des offices existants ou créés.

Art. 10-6 *(Abr., D. n° 87-172, 13 mars 1987).*

Art. 10-7 *(D. n° 75-979, 24 oct. 1975 ; D. n° 87-172, 13 mars 1987 ; mod., D. n° 2016-1509, 9 nov. 2016 ; D. n° 2017-895, 6 mai 2017).* – La nomination des nouvelles sociétés civiles professionnelles et la nomination de chacun des associés sont prononcées par arrêté du garde des Sceaux, ministre de la Justice.

La dissolution de la société scindée prend effet à la date à laquelle elle est constatée par l'arrêté qui prononce la suppression de l'office dont elle est titulaire, la répartition des minutes de cet office et, le cas échéant, la création des offices dont les nouvelles sociétés seront titulaires ou la nomination des nouvelles sociétés dans le ou les offices dont la société scindée est titulaire.

Sont applicables aux scissions de sociétés, les dispositions de l'article 4, du troisième alinéa de l'article 5 et des articles 6 à 10 et, en outre, en cas de création d'office, celles de l'article 4-1.

§ 4. – Transformation d'une société titulaire d'un office en société civile professionnelle

Art. 10-8 *(D. n° 2016-1509, 9 nov. 2016).* – Une société civile professionnelle constituée par transformation d'une société constituée sous une autre forme sociale et titulaire d'un office doit être agréée par arrêté du garde des Sceaux, ministre de la Justice. La demande est transmise par téléprocédure sur le site internet du ministère de la Justice.

NB : Se reporter aux dispositions de l'article 4 du décret n° 2016-1509 du 9 novembre 2016 concernant l'entrée en vigueur du décret n° 67-868 du 2 octobre 1967. L'arrêté du 10 novembre 2016 (nor JUSC1632648 A) a précisé la date d'entrée en vigueur au 16 novembre 2016 14 h.

Section II. – Statuts. Capital social. Parts sociales et parts d'industrie

Art. 11. – **Si les statuts sont établis par acte sous seing privé, il est dressé autant d'originaux qu'il est nécessaire pour la remise d'un exemplaire à chaque associé, et pour satisfaire aux dispositions des articles 7 et 16.**

Art. 12 *(Mod., D. n° 2016-1509, 9 nov. 2016)*. – **Sans préjudice de toutes autres mentions utiles et, notamment, de celles qui sont prévues par les articles 8, 10, 11, 14, 15, 19 et 20 de la loi précitée du 29 novembre 1966, concernant respectivement la dénomination sociale, la répartition des bénéfices, les dettes sociales, les cessions de parts, ou de celles qui sont prévues par le présent décret, les statuts doivent indiquer :**

1° Les nom, prénoms et domicile des associés ;

2° L'adresse de l'office ou des offices dont la société est titulaire. Si la société est titulaire de plusieurs offices, les statuts indiquent celui à l'adresse duquel elle a fixé son siège social ;

3° La durée pour laquelle la société est constituée ;

4° La nature et l'évaluation distincte de chacun des apports effectués par les associés ;

5° Le montant du capital social, le nombre et le montant nominal des parts sociales représentatives de ce capital ;

6° Le nombre des parts d'intérêt attribuées à chaque apporteur en industrie ;

7° L'affirmation de la libération totale ou partielle, suivant le cas, des apports concourant à la formation du capital social.

Art. 13 *(Mod., D. n° 75-979, 24 oct. 1975 ; D. n° 87-172, 13 mars 1987 ; D. n° 92-64, 20 janv. 1992)*. – **Peuvent faire l'objet d'apports à une société titulaire d'un office notarial :**

a) **L'exercice par un notaire démissionnaire ou par un gérant d'une société civile professionnelle en voie de dissolution ou par un liquidateur d'une société dissoute du droit de présenter la société pour successeur à l'agrément du garde des Sceaux, ministre de la Justice ;**

b) **L'exercice, par un ou plusieurs ayants droit d'un notaire décédé, s'ils satisfont aux conditions requises pour exercer la profession de notaire, de leur droit de présenter la société pour successeur de leur auteur, à l'agrément du garde des Sceaux, ministre de la Justice ;**

c) **Le bénéfice résultant pour la société de la suppression de l'office du notaire démissionnaire ou de la société civile professionnelle dissoute ou en voie de dissolution ;**

d) **Tous droits incorporels et tous meubles utiles à l'exercice de la profession de notaire ;**

e) **Les immeubles devant servir à l'établissement du siège de l'office et, le cas échéant, des bureaux annexes ;**

f) **Toutes sommes en numéraire ;**

g) **L'industrie des associés, laquelle, en vertu de l'article 10 de la loi précitée du 29 novembre 1966, ne concourt pas à la formation du capital mais peut donner lieu à l'attribution de parts d'intérêt.**

Art. 14 *(D. n° 92-64, 20 janv. 1992 ; mod., D. n° 2016-1509, 9 nov. 2016)*. – **Les parts sociales ne peuvent être ni données en nantissement, ni vendues aux enchères publiques.**

Leur montant nominal ne peut être inférieur à 152,45 €.

Les parts d'intérêts correspondant aux apports en industrie sont incessibles et doivent être annulées lorsque leur titulaire quitte la société pour quelque cause que ce soit.

L'interdiction de donner en nantissement les parts d'une société civile de notaire ou de les vendre aux enchères publiques **n'emporte pas**, par principe, leur **insaisissabilité** qui ne pourrait résulter que d'une disposition législative : ■ Cass. 1re civ., 4 nov. 2003 : *BJS* 2004, p. 282, note J.-J. Daigre ; *D.* 2004, p. 521, note G. Taormina ; *JCP* E 2003, act., p. 1766.

Art. 15. – **Les parts sociales attribuées en contrepartie des apports en nature visés aux *a*, *b*, *c* de l'article 13, sont réputées libérées par l'engagement pris dans l'acte de société par les apporteurs intéressés d'exercer leur droit de présentation en faveur de la société ou, le cas échéant, de démissionner de leurs fonctions en demandant la suppression de l'office dont ils sont titulaires, le tout sous réserve de la condition suspensive prévue à l'article 6.**

Les parts sociales correspondant à des apports en numéraire doivent être libérées, lors de la souscription, du quart au moins de leur valeur nominale.

La libération du surplus doit intervenir en une ou plusieurs fois, soit aux dates prévues par les statuts, soit sur décision de l'assemblée des associés, et au plus tard dans un délai de cinq ans à compter de la nomination de la société.

Dans les huit jours de leur réception, les fonds provenant des souscriptions en numéraire sont déposés, pour le compte de la société, chez un notaire autre qu'un associé.

Le retrait des fonds provenant des souscriptions en numéraire est effectué par un mandataire de la société sur la seule justification de la nomination de celle-ci dans les fonctions de notaire.

Section III. – Publicité. Entrée en fonctions

Art. 16 *(D. n° 87-172, 13 mars 1987 ; mod., D. n° 2016-1509, 9 nov. 2016).* **– L'immatriculation de la société au registre du commerce et des sociétés est régie par la section I du chapitre III du titre II du livre Ier du Code de commerce, sous réserve des dispositions ci-après.**

Une ampliation de l'arrêté de nomination prévu à l'article 5 est adressée par les associés, au greffe du tribunal où a été déposée la demande d'immatriculation au registre du commerce et des sociétés. Au reçu de cette ampliation, le greffier procède à l'immatriculation et en informe le garde des Sceaux, ministre de la Justice, ainsi que le procureur général près la cour d'appel dans le ressort de laquelle est fixé le siège de la société.

La société est dispensée d'insérer dans un journal d'annonces légales les avis prévus aux articles 22, 24 et 26 du décret n° 78-704 du 3 juillet 1978.

Art. 17 *(D. n° 71-943, 26 nov. 1971 ; D. n° 75-979, 24 oct. 1975 ; D. n° 87-172, 13 mars 1987 ; D. n° 88-815, 12 juill. 1988).* **– Les dispositions législatives ou réglementaires relatives à la prestation de serment, au dépôt de la signature et du paraphe des personnes physiques nommées dans les fonctions de notaire sont applicables aux notaires associés.**

L'associé, précédemment titulaire d'un office de notaire, qui a fait apport de son droit de présentation à la société, n'a pas à renouveler son serment.

Tout associé qui n'a pas prêté serment dans le mois suivant la publication de l'arrêté prévu au premier alinéa de l'article 5 peut, sauf cas de force majeure, être déchu par arrêté du garde des Sceaux, ministre de la Justice, de sa qualité d'associé et ses parts sociales sont cédées dans les conditions fixées à l'article 32.

CHAPITRE II

Section I. – Administration de la société

§ 1. – Gérants

Art. 18. – Par application de l'article 11 de la loi précitée du 29 novembre 1966, les dispositions relatives aux gérants sont fixées par les statuts.

§ 2. – Assemblées

Art. 19. – Les décisions qui excèdent les pouvoirs des gérants sont prises par les associés réunis en assemblée.

Un ou plusieurs associés représentant au moins la moitié en nombre de ceux-ci ou le quart du capital, peuvent demander la réunion d'une assemblée, en indiquant l'ordre du jour.

Les statuts déterminent les modalités de convocation de l'assemblée.

Consentement unanime exprimé dans un acte. Cassation de l'arrêt ayant jugé que l'article 1854 du Code civil disposant que les décisions peuvent résulter du consentement de tous les associés exprimé dans un acte ne s'applique pas à une SCP de notaires : ■ Cass. 1re civ., 7 mars 2006, n° 05-11.657 : *JurisData* n° 2006-032551 ; *BJS* 2006, p. 1078, note J.-J. Daigre ; *D.* 2006, p. 863, obs. A. Lienhard ; *Dr. sociétés* juill. 2006, n° 103, obs. F.-X. Lucas ; *JCP* E 2006, 1733, note H. Hovasse.

Voir : sous C. civ., art. 1854, annot. n° 1, p. 126.

Art. 20 *(Mod., D. n° 87-172, 13 mars 1987)*. – Toute délibération fait l'objet d'un procès-verbal signé par les associés présents et contenant, notamment : la date et le lieu de la réunion, son ordre du jour détaillé, l'identité des associés présents ou représentés, un résumé des débats, le texte des résolutions mises aux voix et le résultat des votes.

Le procès-verbal signé par tous les associés fait foi de la tenue d'une assemblée.

Les procès-verbaux sont établis sur un registre spécial, préalablement coté et paraphé par le président de la chambre départementale ou un membre de la chambre délégué par lui. Le registre est conservé au siège de la société.

Art. 21. – Les statuts fixent le nombre de voix dont dispose chaque associé.

Un associé peut se faire représenter à une assemblée par un autre associé porteur d'un mandat écrit.

L'assemblée ne peut délibérer valablement que si les trois quarts au moins des associés sont présents ou représentés.

Si ce quorum n'est pas atteint, les associés peuvent être convoqués une seconde fois et l'assemblée délibère si le nombre des associés présents ou représentés est au moins de deux.

Art. 22. – En dehors des cas prévus par les dispositions de l'article 19 de la loi précitée du 29 novembre 1966 concernant les cessions de parts, et par les articles 23, 24, 34 (alinéa 2), 56 et 74 ci-après, les décisions sociales sont prises à la majorité des voix dont disposent les associés présents ou représentés.

Toutefois, les statuts peuvent imposer l'exigence d'une majorité plus forte, ou même l'unanimité des associés, pour toutes les décisions ou pour certaines d'entre elles.

Art. 23. – La modification des statuts, sauf dans le cas de prorogation, est décidée à la majorité des trois quarts au moins des voix dont disposent l'ensemble des associés.

Art. 23-1 *(D. n° 2017-795, 5 mai 2017)*. – La majorité requise pour approuver une des opérations mentionnées au premier alinéa de l'article 27 de la loi [n° 66-879] du 29 novembre 1966 susvisée est celle prévue à l'article 23.

Art. 24. – Le droit de présentation dont la société est titulaire ne peut être exercé que du consentement unanime des associés.

§ 3. – Comptes sociaux et information des associés

Art. 25. – Après la clôture de chaque exercice, le ou les gérants établissent, dans les conditions fixées par les statuts, les comptes annuels de la société et un rapport sur les résultats de celle-ci.

Dans les trois mois qui suivent la clôture de l'exercice, les documents visés à l'alinéa précédent sont soumis à l'approbation de l'assemblée des associés.

À cette fin, ils sont adressés à chaque associé, avec le texte des résolutions proposées, quinze jours au moins avant la réunion de l'assemblée et, au plus tard, avec la convocation à cette assemblée.

Art. 26. – Chaque associé peut, à toute époque, prendre connaissance par lui-même des documents visés à l'article précédent, ainsi que de tous registres et documents comptables dont la tenue est prescrite par les dispositions législatives ou réglementaires relatives à la profession de notaire.

Section II. – Cessions et transmissions de parts sociales

§ 1. – Cessions entre vifs par un associé

Art. 27 *(D. n° 87-172, 13 mars 1987 ; D. n° 92-64, 20 janv. 1992 ; mod., D. n° 2009-452, 22 avr. 2009 ; D. n° 2016-1509, 9 nov. 2016 ; D. n° 2017-895, 6 mai 2017)*. – Toute convention par laquelle l'un des associés cède la totalité ou une fraction de ses parts sociales à un tiers est passée sous la condition suspensive de l'agrément du cessionnaire par les autres associés et, s'il y a lieu, de l'approbation du retrait du cédant, prononcée par arrêté du garde des Sceaux, ministre de la Justice.

Le projet de cession de parts sociales est notifié à la société et à chacun des associés par lettre recommandée avec demande d'avis de réception.

Si la société a, dans la même forme, notifié son consentement exprès à la cession, ou si elle n'a pas fait connaître sa décision dans le délai de deux mois à compter de la dernière des notifications prévues à l'alinéa 2 ci-dessus, le cessionnaire adresse au garde des Sceaux, ministre de la Justice, une requête tendant à sa nomination en qualité de notaire associé.

Cette requête est transmise par téléprocédure sur le site internet du ministère de la Justice.

Elle est accompagnée de l'expédition de l'acte de cession de parts sociales si celui-ci a été établi dans la forme authentique ou de l'un des originaux de cet acte dans le cas contraire, ainsi que de toutes pièces justificatives, notamment de celles qui établissent le consentement exprès ou tacite donné par la société à la cession sans préjudice de celles exigées de tout candidat aux fonctions de notaire. Lorsque le futur associé doit contracter un emprunt, il doit, en outre, produire les éléments permettant d'apprécier ses possibilités financières au regard des engagements contractés.

Le prix de cession et ses modalités de paiement sont fixés par les parties.

L'article 8 est applicable s'agissant d'apprécier les capacités professionnelles et l'honorabilité du cessionnaire.

NB : Se reporter aux dispositions de l'article 4 du décret n° 2016-1508 du 9 novembre 2016 concernant l'entrée en vigueur du décret n° 67-868 du 2 octobre 1967. L'arrêté du 10 novembre 2016 (nor JUSC1632648 A) a précisé la date d'entrée en vigueur du 4e alinéa de l'article 27 au 16 novembre 2016 14 h.

1) Titre et finance. En cas d'acquisition de parts financée en partie par les fonds propres de l'épouse de l'acquéreur, ce dernier est seul investi de la qualité d'associé, mais la valeur patrimoniale des parts tombe en communauté : ▪ Cass. 1re civ., 8 janv. 1980 : *D.* 1980, inf. rap. p. 397, note D. Martin.

2) Agrément. Un notaire associé peut légitimement refuser d'agréer un cessionnaire d'une partie des parts du cédant au motif qu'il ne partage pas les mêmes conceptions de l'exercice professionnel : ▪ TGI Paris, 31 mai 1989 : *JCP* N 1990, p. 196, note J.-F. Pillebout.

Art. 28 *(D. n° 87-172, 13 mars 1987 ; D. n° 92-64, 20 janv. 1992 ; mod., D. n° 2009-452, 22 avr. 2009 ; D. n° 2016-1509, 9 nov. 2016).* – Dans le cas où la société refuse de consentir à la cession, elle dispose d'un délai de six mois, à compter de la notification de son refus par lettre recommandée avec demande d'avis de réception, pour notifier, dans la même forme, à l'associé qui persiste dans son intention de céder ses parts sociales, un projet de cession ou d'achat de celles-ci, conformément aux dispositions de l'article 19 (alinéa 3) de la loi précitée du 29 novembre 1966.

Ce délai peut être prorogé par le garde des Sceaux, ministre de la Justice, à la demande de tous les associés, y compris le cédant. Si l'acquéreur est un tiers étranger à la société, les dispositions de l'article 27 sont applicables, à l'exception de celles concernant la notification à la société elle-même et de celles de l'alinéa 3 dudit article.

La requête du cessionnaire doit être transmise au garde des Sceaux, ministre de la Justice, avant l'expiration du délai mentionné aux premier et deuxième alinéas.

À défaut d'accord entre les parties, le prix de cession est fixé par un expert désigné dans les conditions prévues à l'article 1843-4 du Code civil. Toute clause contraire à cet article est réputée non écrite.

Le cessionnaire prend, par écrit, l'engagement de payer le prix ainsi fixé, son engagement est joint à sa requête et une copie du projet d'acte de cession tient lieu de l'expédition ou de l'un des originaux visés à l'article 27 (alinéa 5).

Si les parts sociales sont acquises par la société, par les associés ou l'un ou plusieurs d'entre eux, il est procédé conformément à l'article 29. En ce cas, l'expédition ou l'un des originaux de l'acte de cession est adressé au garde des Sceaux, ministre de la Justice, avant l'expiration du délai prévu aux alinéas 1 et 2 ci-dessus.

Lorsque l'associé cédant refuse de signer l'acte portant cession de ses parts à un tiers, à la société ou à ses coassociés, il est passé outre à son refus deux mois après la sommation par lettre recommandée avec demande d'avis de réception à lui faite par la société et demeurée infructueuse. Son retrait de la société est prononcé par arrêté du garde des Sceaux, ministre de la Justice, et le prix de cession des parts est consigné à la diligence du cessionnaire.

Art. 29 *(D. n° 75-979, 24 oct. 1975 ; mod., D. n° 2009-452, 22 avr. 2009 ; D. n° 2016-1509, 9 nov. 2016 ; D. n° 2017-895, 6 mai 2017).* – Toute convention par laquelle un des associés cède une partie de ses parts sociales à la société, aux autres associés ou à l'un ou plusieurs d'entre eux, est porté par le ou les cessionnaires à la connaissance du garde des Sceaux, ministre de la Justice par téléprocédure sur le site internet du ministère de la Justice, dans un délai de trente jours.

Il en est de même lorsqu'un des associés cède la totalité de ses parts sociales à la société, aux autres associés ou à l'un ou plusieurs d'entre eux dans l'une des conditions suivantes :

1° S'il demeure dans la société étant attributaire de parts d'intérêts ;

2° S'il est atteint par la limite d'âge ou, le cas échéant, à l'expiration de son autorisation de prolongation d'activité.

NB : Se reporter aux dispositions de l'article 4 du décret n° 2016-1509 du 9 novembre 2016 concernant l'entrée en vigueur du décret n° 67-868 du 2 octobre 1967. L'arrêté du 10 novembre 2016 (nor JUSC1632648 A) a précisé la date d'entrée en vigueur du premier alinéa de l'article 29 au 16 novembre 2016 14 h.

Art. 30 *(Mod., D. n° 75-979, 24 oct. 1975).* **– Les articles 27, 28 et 29 sont également applicables à la cession à titre gratuit de tout ou partie de ses parts sociales consentie par l'un des associés.**

Art. 31 *(D. n° 75-979, 24 oct. 1975 ; D. n° 87-172, 13 mars 1987 ; mod., D. n° 2016-1509, 9 nov. 2016).* **– I. – Lorsqu'un associé demande son retrait de la société en cédant la totalité de ses parts sociales, il est procédé conformément aux dispositions des articles 27 et 28.**

II. – Lorsqu'un associé entend demander à la société de satisfaire à l'obligation à laquelle elle est tenue en application de l'article 21 de la loi n° 66-879 du 29 novembre 1966 susvisée, il notifie sa demande par lettre recommandée avec demande d'avis de réception à ses associés ainsi qu'à la société, qui remplit son obligation dans un délai de douze mois à compter de cette notification, sous condition suspensive de l'acceptation du retrait par arrêté du garde des Sceaux, ministre de la Justice.

III. – L'associé titulaire de parts d'intérêt qui entend demander son retrait au garde des Sceaux, ministre de la Justice, en informe la société et ses associés par lettre recommandée avec demande d'avis de réception.

En application du dernier alinéa de l'article 14, la société annule les parts d'intérêt de l'associé qui entend demander son retrait dans un délai de six mois à compter de la notification prévue au précédent alinéa, sous condition suspensive de l'acceptation du retrait par arrêté du garde des Sceaux, ministre de la Justice.

1) Situation de l'associé à compter de l'arrêté portant retrait. *a)* Titularité des parts sociales. Le notaire associé, démissionnaire d'office, ne cesse d'être titulaire de ses parts sociales qu'à l'issue de la procédure en cession forcée mise en œuvre à l'expiration du délai de six mois qui lui est imparti pour céder spontanément ses parts : ▪ Cass. 1re civ., 15 oct. 2014, n° 13-18.983, FS-P+B : *JurisData* n° 2014-024084 ; *Dr. sociétés* mars 2015, comm. 46, note H. Hovasse ; *Rev. sociétés* 2015, p. 310, note J.-F. Barbièri ; *RTD com.* 2015, p. 125, note M.-H. Monsèrié-Bon ; *D.* 2015, 2111.

b) **Participation aux délibérations.** L'associé perdant sa qualité à compter de l'arrêté constatant son retrait, il perd également à cette date le droit qui s'y attache de participer aux délibérations de l'assemblée générale, nonobstant le fait qu'il conserve son droit à la rétribution de ses apports en capital jusqu'à ce que ses droits sociaux lui soient remboursés : ▪ Cass. 1re civ., 16 sept. 2010, n° 09-68.720 : *JCP* E 2010, 2028, note H. Hovasse ; *Rev. sociétés* 2011, p. 153, note J.-P. Garçon.

c) **Rémunération du capital.** Si l'associé titulaire de parts sociales perd, à compter de l'arrêté constatant son retrait, les droits attachés à sa qualité d'associé, il peut toutefois prétendre aux rémunérations afférentes à ses apports en capital ; en effet, ce droit ne se limite pas à la seule hypothèse où les associés ont librement convenu dans les statuts d'un régime de répartition des bénéfices comportant pour l'associé qui se retirerait un droit au maintien des rémunérations de ses apports en capital : ▪ Cass. 1re civ., 1er juill. 1997 : *Dr. sociétés* 1997, n° 154, obs. Th. Bonneau ; *BJS* 1997, p. 984, note P. Le Cannu. – V. égal. : ▪ Cass. 1re civ., 9 juin 2011, n° 09-69.923, PBI : *BJS* 2011, p. 789, note J.-J. Barbièri ; *Dr. sociétés* 2011, n° 149, obs. H. Hovasse.

d) **Droit aux dividendes.** L'associé démissionnaire retrayant d'une SCP de notaires, qui organise le blocage de la société en faisant obstacle à la cession de ses parts sociales et fait preuve d'une déloyauté manifeste envers cette dernière, commet une faute contre la bonne foi contractuelle et cause un dommage à ses anciens associés. Du fait de sa mauvaise foi qui a entraîné une prolongation de la procédure de retrait sur plus de dix-sept ans, son droit à percevoir les dividendes doit être limité à la période séparant la date de publication de l'arrêté ministériel de retrait de celle de son assignation en cession forcée : ▪ Cass. 1re civ., 4 mai 2012, n° 11-15.210 (F-D) : *BJS* 2012, p. 575.

2) Intérêt à agir en nullité. Si le notaire retrayant perd, à compter de la publication de l'arrêté constatant son retrait, les droits attachés à sa qualité d'associé, et ne peut plus en conséquence participer aux assemblées générales et poursuivre la nullité des décisions collectives sur le fondement de cette qualité, il a en revanche un intérêt à agir, pour la sauvegarde de ses droits patrimoniaux, en nullité de ces décisions en sa qualité de propriétaire des parts sociales annulées et de créancier de la SCP au titre du capital apporté, de la valeur de ses parts et du droit à la rémunération de son apport qu'il conserve jusqu'au remboursement de ses droits : ▪ Cass. 1re civ., 1er déc. 2009, n° 08-19.895, PB : *D.* 2010, p. 745, note M. Laroche ; *Dr. sociétés* 2010, n° 45, obs. H. Hovasse et *JCP* E 2010, 1121.

3) **Estimation des parts.** L'estimation des parts du notaire quittant la société s'opère au jour de la publication de l'arrêté ministériel prononçant son retrait, l'intéressé n'étant réputé démissionnaire qu'à cette date : ▪ Cass. 1re civ., 16 mars 2004, n° 01-00.416 : *BJS* 2004, p. 877, note J.-J. Daigre ; *D.* 2004, p. 1024 ; *Dr. sociétés* 2004, n° 124, obs. F.-X. Lucas ; *JCP* E 2004, 1444, note H. Hovasse. – V. aussi annot. sous C. civ., art. 1843-4, p. 60. – Voir aussi sous L. n° 66-879, 29 nov. 1966, art. 18, annot. n° 2, p. 2842.

4) **Obligation pour le retrayant de présenter un projet de cession.** Les articles 3 de la loi du 29 novembre 1966 et 2 du décret du 2 octobre 1967 font devoir à l'associé retrayant d'en tirer les conséquences en présentant un projet de cession des parts à un tiers ou à ses anciens associés ; à défaut, il peut y être contraint par justice : ▪ Cass. 1re civ., 27 sept. 2005, n° 02-18.258 : *JurisData* n° 2005-029907 ; *BJS* 2006, p. 246, note J.-J. Daigre ; *Rev. sociétés* 2006, p. 129, note J.-F. Barbièri ; *JCP* E 2005, 1594 ; *JCP* N 2005, 1448, obs. J.-F. Pillebout.

Art. 31-1 *(D. n° 75-979, 24 oct. 1975).* **– En cas d'empêchement ou d'inaptitude d'un associé dans les conditions prévues par l'alinéa 2 de l'article 45 de l'ordonnance n° 45-1418 du 28 juin 1945, cet associé est déclaré démissionnaire d'office par arrêté du garde des Sceaux, ministre de la Justice.**

Les dispositions de l'article 32 sont applicables à la cession de parts sociales de cet associé.

Art. 32. – L'associé destitué dispose d'un délai de six mois à compter du jour où sa destitution est devenue définitive pour céder ses parts sociales à un tiers dans les conditions prévues à l'article 27.

Si, à l'expiration de ce délai, aucune cession n'est intervenue, il est procédé conformément aux dispositions de l'article 28, dans la mesure où celles-ci sont de nature à recevoir application.

L'associé destitué peut également, avant l'expiration du délai précité, céder ses parts sociales à la société, aux autres associés ou à l'un ou plusieurs de ceux-ci, dans les conditions prévues à l'article 29.

Voir : sous C. com., art. L. 651-1, annot. n° 3, p. 2093.

Point de départ du délai. Le délai de six mois imparti à l'associé démissionnaire d'office pour céder ses parts court à compter, non pas du jugement constatant l'inaptitude ou l'empêchement du professionnel, mais de la publication de l'arrêté prononçant la démission d'office, peu important que l'arrêté fasse l'objet d'un recours puisque ce recours n'a pas, sauf à ce qu'il ait été ordonné par la juridiction, d'effet suspensif : ▪ Cass. 1re civ., 9 juin 2011, n° 09-69.923, P.B.I.

Art. 33 *(D. n° 75-979, 24 oct. 1975).* **– Sous réserve des règles de protection et de représentation des incapables, les dispositions de l'article précédent sont applicables à la cession de parts sociales de l'associé frappé d'interdiction légale ou placé sous le régime de la tutelle des incapables majeurs.**

Elles sont également applicables à la cession des parts sociales de l'associé dont l'exclusion de la société a été décidée dans le cas de condamnation visé à l'article 56.

Le délai de six mois imparti à l'associé exclu pour céder ses parts à un tiers court à compter du jour où la décision des autres associés prononçant son exclusion lui a été notifiée par lettre recommandée avec demande d'avis de réception.

Art. 33-1 *(Mod., D. n° 2016-1509, 9 nov. 2016 ; D. n° 2017-895, 6 mai 2017).* **– Afin de se conformer aux exigences légales résultant de l'arrêt de l'exercice de la profession de notaire à la date à laquelle il atteint la limite d'âge ou à celle où expire l'autorisation de poursuite d'activité prévue à l'article 2 de la loi du 25 ventôse an XI susvisée, l'associé organise la cession de ses parts sociales, dans les conditions prévues aux articles 27, 28, 30 et 31, afin qu'elle prenne effet au plus tard à cette date.**

Six mois avant la date à laquelle il atteint la limite d'âge, l'associé informe la société et ses associés, par lettre recommandée avec demande d'avis de réception, de l'état d'avancement de son projet de cession ou, le cas échéant, de l'absence de perspective de cession à cette date. Lorsqu'il bénéficie d'une autorisation de poursuite d'activité, il renouvelle cette information six mois avant son expiration.

Si, à la date à laquelle l'associé atteint la limite d'âge ou à l'expiration de l'autorisation de poursuivre son activité, aucune cession n'est intervenue, la société dispose d'un délai de six mois pour notifier à l'associé un projet de cession ou d'achat de ses parts, dans les conditions prévues à l'article 28. Tant que la cession ou l'achat

de ses parts par la société n'est pas intervenu, l'associé conserve la faculté de céder lui-même ses parts dans les conditions prévues aux articles 27 ou 29. Il est privé des droits attachés à sa qualité d'associé, à l'exception des rémunérations afférentes à ses apports en capital.

§ 2. – Cessions après décès d'un associé

Art. 34. – Le délai prévu par l'article 24 (alinéa 2) de la loi précitée du 29 novembre 1966, pour la cession des parts de l'associé décédé, est fixé à un an à compter du décès de l'associé.

Ce délai peut être renouvelé par le garde des Sceaux, ministre de la Justice, à la demande des ayants droit de l'associé décédé, et avec le consentement de la société donné dans les conditions prévues pour la cession des parts sociales, par l'article 19 (alinéa 1) de la loi précitée.

Art. 35. – Si, pendant le délai visé à l'article précédent, le ou les ayants droit décident de céder à un tiers étranger à la société les parts sociales de leur auteur, il est procédé conformément aux dispositions des articles 27 et 28.

Pendant le même délai, si la société, les associés survivants ou un ou plusieurs de ceux-ci acceptent, en accord avec le ou les ayants droit de l'associé décédé, d'acquérir les parts sociales de celui-ci, il est procédé conformément aux dispositions de l'article 29.

Art. 36. – Toute demande d'un ou de plusieurs ayants droit d'un associé décédé tendant à l'attribution préférentielle à leur profit des parts sociales de leur auteur est notifiée à la société et à chacun des associés par lettre recommandée avec demande d'avis de réception.

Les modalités de cette attribution sont régies, pour le surplus, par les dispositions de l'article 27 et, le cas échéant, par celles de l'article 28 (alinéas 4, 5 et 7).

Art. 37 *(D. n° 92-64, 20 janv. 1992)*. – Lorsqu'à l'expiration du délai visé à l'article 34, le ou les ayants droit de l'associé décédé n'ont pas exercé la faculté de céder les parts sociales de leur auteur, et si aucun consentement préalable à l'attribution préférentielle n'a été donné par la société, celle-ci dispose d'une année pour acquérir ou faire acquérir les parts sociales de l'associé décédé. Ce délai peut être prorogé par le garde des Sceaux, ministre de la Justice, à la demande de tous les intéressés.

Si les parts sociales sont cédées à un tiers, les dispositions de l'article 27 et celles de l'article 28 (alinéas 4, 5 et 7) sont applicables.

Si elles sont acquises par la société, les associés ou certains d'entre eux, il est procédé conformément aux dispositions des articles 28 et 29.

§ 3. – Publicité

Art. 38 *(D. n° 87-172, 13 mars 1987 ; mod., D. n° 2016-1509, 9 nov. 2016)*. – La publicité de la cession de parts accompagnée, le cas échéant, d'une réduction du capital social, en application de l'article 21 de la loi du 29 novembre 1966 précitée, est accomplie selon les règles fixées par l'article 52 du décret n° 78-704 du 3 juillet 1978.

Dans le cas prévu au dernier alinéa de l'article 28, cette publicité résulte du dépôt de deux copies de la sommation adressée au cédant et des pièces justifiant de la signification de cette sommation.

Art. 39 *(Mod., D. n° 87-172, 13 mars 1987)*. – Chacun des arrêtés pris pour l'application des articles 27 à 33 et 35 à 37 ci-dessus modifie ou complète l'arrêté visé à l'article 5. Il fixe la liste des notaires associés, en tenant compte du retrait ou de la nomination de certains d'entre eux.

À la diligence de la société, une copie de chacun de ces arrêtés est adressée au greffier du tribunal de commerce ou du tribunal de grande instance statuant commercialement du lieu du siège social pour être versée au dossier ouvert au nom de la société au registre du commerce et des sociétés.

Section III. – Nomination de nouveaux notaires associés.
Augmentation du capital social. Prorogation de la société

Art. 40. – Le nombre des associés peut être augmenté au cours de l'existence de la société, avec ou sans augmentation du capital social.

Tout nouvel associé doit remplir les conditions requises pour exercer la profession de notaire, et être agréé par le garde des Sceaux, ministre de la Justice, qui le nomme en qualité de notaire associé.

Art. 41 *(D. n° 71-943, 26 nov. 1971)*. – Si le nouvel associé entre dans la société en acquérant des parts sociales dont les associés, l'un ou certains de ceux-ci sont titulaires, il est procédé conformément à l'article 27.

Si le nouvel associé entre dans la société en apportant sa seule industrie, les dispositions de l'article 5 (alinéa 1) sont applicables.

Art. 42 *(D. n° 71-943, 26 nov. 1971 ; mod., D. n° 87-172, 13 mars 1987 ; D. n° 2016-1509, 9 nov. 2016)*. – Si la nomination du nouvel associé intervient à l'occasion d'une augmentation du capital social, les dispositions des articles 5, 7, 8, 9 (alinéas 10, 11 et 17) sont applicables.

La décision d'augmenter le capital social est prise sous la condition suspensive de l'agrément du nouvel associé par le garde des Sceaux, ministre de la Justice.

Si le nouvel associé entre dans la société en apportant le bénéfice résultant de la suppression de l'office dont il était titulaire au moment de son entrée dans la société, le siège de celle-ci peut être transféré au lieu où était cet office.

Art. 43 *(Mod., D. n° 87-172, 13 mars 1987)*. – Si la constitution de réserves au moyen de bénéfices non distribués ou le dégagement de plus-values d'actif dues à l'industrie des associés le permet, il est procédé périodiquement à l'augmentation du capital social, et les parts sociales ainsi créées sont attribuées à tous les associés y compris à ceux qui n'ont apporté que leur industrie.

Les statuts fixent les conditions d'application des dispositions de l'alinéa précédent.

Cette augmentation de capital ne peut intervenir avant la libération totale des parts sociales correspondant à des apports en numéraire.

Art. 44 *(Mod., D. n° 87-172, 13 mars 1987)*. – La décision de proroger la société doit être immédiatement portée à la connaissance du garde des Sceaux, ministre de la Justice, par un gérant.

Art. 44-1 *(D. n° 87-172, 13 mars 1987)*. – Lors de l'entrée de nouveaux associés dans la société, une copie des arrêtés portant nomination de ces associés est adressée par la société au greffier du tribunal de commerce ou du tribunal de grande instance statuant commercialement du lieu du siège social pour être versée au dossier ouvert au nom de la société au registre du commerce et des sociétés.

Section IV. – Exercice des fonctions de notaire par la société et les associés

§ 1. – Exercice de la profession. Interdictions et incompatibilités diverses

Art. 45 *(D. n° 71-943, 26 nov. 1971 ; D. n° 87-172, 13 mars 1987 ; D. n° 92-64, 20 janv. 1992 ; mod., D. n° 2016-1509, 9 nov. 2016)*. – L'appellation de société titulaire d'un office notarial ou de société titulaire d'offices notariaux, à l'exclusion de toute autre, doit accompagner la dénomination sociale dans toutes correspondances et tous documents émanant de la société.

Le sceau de chaque associé indique le nom de celui-ci et sa qualité d'associé.

Dans tous les actes reçus ou dressés par lui et dans toutes les correspondances, chaque associé indique son titre de notaire, sa qualité d'associé d'une société titulaire d'un ou plusieurs offices notariaux et l'adresse du siège de cette société.

Art. 46 *(D. n° 92-64, 20 janv. 1992 ; mod., D. n° 2016-1509, 9 nov. 2016 ; D. n° 2017-895, 6 mai 2017)*. – Tout associé ne peut être membre que d'une seule société civile professionnelle de notaires et ne peut exercer ses fonctions ni à titre individuel, ni en qualité de membre d'une autre société, quelle qu'en soit la forme, ni en qualité de notaire salarié.

Si la société est titulaire de plusieurs offices, il exerce dans un seul de ces offices.

Art. 47 *(Mod., D. n° 2016-1509, 9 nov. 2016)*. – Chaque associé exerce les fonctions de notaire au nom de la société.

Notamment, il établit et reçoit, au nom de celle-ci, tous actes et contrats auxquels les parties doivent ou veulent conférer l'authenticité, il scelle et délivre toutes copies exécutoires, copies authentiques et extraits d'actes, même si lesdits actes ont été reçus par l'un de ses coassociés.

Art. 48 *(Mod., D. n° 87-172, 13 mars 1987 ; D. n° 2016-1509, 9 nov. 2016).* – Sous réserve de l'application de celles du présent titre, toutes dispositions législatives et réglementaires relatives à l'exercice des fonctions de notaire par des personnes physiques et, spécialement, à la déontologie et à la discipline notariale, sont applicables aux sociétés titulaires d'un office notarial et à leurs membres.

Les interdictions ou incompatibilités prévues à l'article 7 de la loi du 25 ventôse an XI précitée, aux articles 13 à 14 du décret du 19 décembre 1945 précité et à l'article 2 du décret n° 71-941 du 26 novembre 1971 s'imposent aux associés des sociétés titulaires d'un office notarial.

Les notaires membres d'une même société ne peuvent recevoir ensemble un acte nécessitant le concours de deux notaires.

Art. 49 *(Mod., D. n° 2016-1509, 9 nov. 2016).* – L'associé qui souhaite bénéficier de l'autorisation de prolongation d'activité prévue en cas d'atteinte de la limite d'âge en informe la société et ses autres associés. Il les informe également de la suite réservée à sa demande.

Art. 50 *(Mod., D. n° 2016-1509, 9 nov. 2016).* – La liste des notaires du département dressée par ordre d'ancienneté est divisée en deux parties.

Dans la première, sont inscrits les notaires personnes physiques et les notaires associés ; dans la seconde, sont inscrites les sociétés titulaires d'un office notarial.

Lorsque la société est titulaire de plusieurs offices, elle est inscrite sur la liste de chaque département dans lequel est situé au moins un de ses offices. Les notaires associés sont inscrits uniquement sur la liste du département dans lequel se situe l'office dans lequel ils exercent.

Le rang d'inscription des notaires associés est déterminé par leur ancienneté personnelle.

Le rang d'inscription des sociétés est déterminé par la date d'entrée dans la société du plus ancien de ses membres.

Art. 51 *(D. n° 71-943, 26 nov. 1971 ; D. n° 75-979, 24 oct. 1975 ; D. n° 92-64, 20 janv. 1992).* – Le droit de vote dans les assemblées professionnelles de notaires appartient, à l'exclusion de la société, à chaque associé en son nom personnel.

Pour la détermination du nombre des membres devant composer les organismes professionnels, et notamment pour l'application de l'article 1er du décret précité du 19 décembre 1945, chaque société représente autant d'unités qu'elle compte de membres.

Par dérogation aux dispositions des articles 3 (alinéa 3), 31 (alinéa 4), 35 (alinéa 5) et 37 (alinéa 3) du décret susvisé du 19 décembre 1945, le notaire démissionnaire membre d'un organisme professionnel, nommé notaire associé, continue l'exercice de ses fonctions jusqu'à l'expiration de son mandat, sauf si le siège de la société est situé hors du ressort de cet organisme ou de l'organisme dont il tient son mandat.

Art. 52. – Sauf dispositions législatives ou réglementaires contraires, les cotisations professionnelles dues par les titulaires d'offices de notaire, et notamment les cotisations dues aux caisses de garantie, à la bourse commune de compagnie, à la caisse de retraite et de prévoyance des clercs et employés de notaires, sont établies au nom de la société et dues par celle-ci.

§ 1 *bis*. – Tenue des répertoires, conservation des minutes et autres documents professionnels

Art. 52-1 *(D. n° 2016-1509, 9 nov. 2016).* – Lorsque la société est titulaire de plusieurs offices, il est tenu un répertoire par office, conformément à l'article 23 du décret n° 71-941 du 26 novembre 1971 relatif aux actes établis par les notaires, et la conservation des minutes, des répertoires, des autres registres professionnels, des copies exécutoires, des copies authentiques et des dossiers de clients est assurée au sein de chaque office.

§ 2. – Comptabilité notariale. Caisse de garantie

Art. 53 *(Mod., D. n° 2016-1509, 9 nov. 2016)*. – Les règles concernant la tenue de la comptabilité des notaires sont applicables à la société. Tous les registres et documents prévus par les textes législatifs ou réglementaires sont ouverts ou établis au nom de la société.

Lorsque la société est titulaire de plusieurs offices, une comptabilité distincte est tenue pour chaque office et la société doit disposer d'un compte destiné à recevoir les fonds détenus pour le compte de tiers par office.

Art. 54. – Toute société titulaire d'un office notarial est affiliée à la caisse régionale de garantie de la responsabilité professionnelle des notaires et est tenue de contracter une assurance de responsabilité professionnelle, conformément aux dispositions réglementaires en vigueur.

§ 3. – Discipline. Suppléance. Honorariat

Art. 55 *(Mod., D. n° 92-64, 20 janv. 1992)*. – Sous réserve des articles suivants, les dispositions de l'ordonnance du 28 juin 1945 concernant la discipline des notaires sont applicables à la société et aux associés.

La société ne peut faire l'objet de poursuites disciplinaires indépendamment de celles qui seraient intentées contre les associés.

Art. 56 *(D. n° 75-979, 24 oct. 1975)*. – Tout associé qui a fait l'objet d'une condamnation disciplinaire définitive à une peine égale ou supérieure à trois mois d'interdiction peut être contraint, à l'unanimité des autres associés, de se retirer de la société.

Ses parts sociales sont cédées dans les conditions prévues à l'article 33 (alinéas 2 et 3).

Art. 57 *(Mod., D. n° 71-943, 26 nov. 1971 ; D. n° 75-979, 24 oct. 1975 ; D. n° 2016-1509, 9 nov. 2016)*. – L'associé interdit de ses fonctions ne peut exercer aucune activité professionnelle pendant la durée de sa peine, mais conserve pendant le même temps sa qualité d'associé avec tous les droits et obligations qui en découlent, à l'exclusion de sa vocation aux bénéfices professionnels.

I. – La décision qui prononce l'interdiction d'un ou de plusieurs associés, mais non de la totalité d'entre eux, ou de la société, ne commet pas d'administrateur.

II. – La décision qui prononce l'interdiction, soit de la société, soit de tous les associés, commet un ou plusieurs administrateurs pour accomplir tous actes professionnels relevant à titre obligatoire, notamment par l'effet de la loi ou par commission de justice, du ministère de la Société ou des notaires associés interdits.

Au cas où la société et l'un ou plusieurs des associés sont interdits, les associés non interdits sont nommés administrateurs. En outre, peuvent être désignés en qualité d'administrateurs soit avec les associés non interdits, soit si tous les associés sont interdits :

a) des notaires ou des sociétés notariales visées au présent titre ou des notaires associés ;

b) des anciens notaires ou anciens notaires associés ;

c) des clercs de notaire et anciens clercs de notaire répondant aux conditions d'aptitude exigées pour pouvoir être nommés notaires. Si l'administrateur n'est pas notaire en exercice, il prête le serment exigé de tout notaire avant son entrée en fonction ; de plus, il est tenu d'avoir un cachet ou sceau particulier portant son nom et sa qualité d'administrateur.

L'administrateur procède, au siège de la société, aux actes professionnels qu'il a mission d'accomplir.

Nul ne peut être désigné administrateur s'il a atteint la limite d'âge prévue par l'article 2 de la loi du 25 ventôse an XI susvisée.

Art. 58. – L'associé destitué est déchu de sa qualité de notaire associé et cesse l'exercice de son activité professionnelle à compter du jour où la décision prononçant sa destitution est devenue exécutoire.

Ses parts sociales sont cédées dans les conditions fixées à l'article 32.

Les dispositions des I et II de l'article précédent sont applicables en cas de destitution.

Les effets de la destitution de la société ou de tous les associés sont régis par l'article 77.

Date de la perte de la qualité d'associé et mise en redressement judiciaire de l'associé destitué. Voir sous C. com., art. L. 651-1, annot. n° 3, p. 2093.

Art. 59 *(D. n° 71-943, 26 nov. 1971 ; D. n° 75-979, 24 oct. 1975)*. – Les dispositions des I et II de l'article 57 sont applicables au cas où serait prononcée la suspension provisoire prévue par l'ordonnance précitée du 28 juin 1945.

L'associé provisoirement suspendu de l'exercice de ses fonctions conserve, pendant la durée de sa suspension, sa qualité d'associé, avec tous droits et obligations qui en découlent ; toutefois, sa participation dans les bénéfices est réduite de moitié, l'autre moitié étant attribuée par parts égales aux administrateurs associés ou non, ou, s'il n'est pas commis d'administrateur, à ceux des associés qui n'ont pas fait l'objet d'une suspension provisoire de l'exercice de leurs fonctions.

Jugé que si l'associé d'une SCP de notaire suspendu provisoirement dans l'exercice de sa profession peut renoncer à ses bénéfices pendant la période d'empêchement, l'effectivité de cette renonciation suppose que celle-ci soit expresse et non équivoque : ▪ Cass. 1re civ., 20 déc. 2017, n° 16-20.997 : *Bull. Joly Sociétés* 2018, p. 165, note V. Allegaert.

Art. 60 *(D. n° 87-172, 13 mars 1987 ; mod., D. n° 2016-1509, 9 nov. 2016)*. – Si l'un des associés est temporairement empêché, par cas de force majeure, d'exercer ses fonctions, sa suppléance est assurée par les autres associés.

Si tous les associés sont simultanément empêchés, par cas de force majeure, d'exercer leurs fonctions, la gestion de l'office est assurée, conformément aux dispositions réglementaires en vigueur.

Toutefois, le ou les gérants sont choisis parmi les personnes énumérées aux *a*, *b* et *c* de l'article 57 et les dispositions des trois derniers alinéas dudit article leur sont applicables.

Art. 61. – Les fonctions de notaire associé sont assimilées à celles de notaire pour la collation du titre de notaire honoraire.

CHAPITRE III. – NULLITÉ. DISSOLUTION. LIQUIDATION DE LA SOCIÉTÉ

Art. 62 *(Mod., D. n° 92-64, 20 janv. 1992)*. – La nullité ou la dissolution de la société n'est opposable aux tiers qu'à compter de l'accomplissement des formalités de publicité prévues par les articles 72, 75 (alinéa 2), 81.

Section I. – Règles générales concernant la liquidation

Art. 63 *(D. n° 87-172, 13 mars 1987)*. – Lorsqu'une société est en état de liquidation, sa personnalité morale subsiste pour les besoins de la liquidation jusqu'à la clôture de celle-ci.

Sa *(Mots rempl., D. n° 2012-403, 23 mars 2012)* « dénomination sociale » est obligatoirement suivie de la mention « société en liquidation ».

Art. 64. – La liquidation est régie par les statuts, sous réserve des dispositions du présent chapitre et sauf dans les cas de nullité et de dissolution par suite de la destitution de la société.

Art. 65 *(D. n° 71-943, 26 nov. 1971 ; mod., D. n° 2016-1509, 9 nov. 2016)*. – Le liquidateur est désigné conformément aux statuts sauf dans les deux cas prévus à l'article précédent, et dans les cas visés aux articles 80 et 85. À défaut, il est désigné soit par la décision judiciaire qui prononce la nullité ou la dissolution de la société, soit par la délibération des associés qui constate ou décide cette dissolution.

Sous réserve des dispositions de l'article 77 (4e alinéa) le liquidateur peut être choisi, soit parmi les associés eux-mêmes, soit parmi les personnes énumérées aux *a*, *b* et *c* de l'article 57.

Nul ne peut être désigné liquidateur s'il a atteint la limite d'âge prévue par l'article 2 de la loi du 25 ventôse an XI susvisée.

Il peut être remplacé pour cause d'empêchement, ou pour tout autre motif grave, par le président du tribunal de grande instance, statuant en référé à la demande, soit du liquidateur lui-même, soit des associés ou de leurs ayants droit, soit du ministère public.

Plusieurs liquidateurs peuvent être désignés.

Art. 66 *(Mod., D. n° 2016-1509, 9 nov. 2016)*. – Le liquidateur représente la société pendant la durée de la liquidation de celle-ci et accomplit, en remplacement des associés, tous actes relevant de la profession de notaire.

Les dispositions des sixième et huitième alinéas du II de l'article 57 lui sont applicables.

À compter de la date de prestation de serment du successeur de la société, il cesse d'avoir qualité pour accomplir, au nom de celle-ci, les actes relevant de la profession de notaire.

Art. 67. – Le liquidateur dispose des pouvoirs les plus étendus pour procéder à la liquidation de la société ; il est chargé notamment de gérer celle-ci pendant sa liquidation, de réaliser son actif, d'apurer son passif et, après remboursement du capital social aux associés ou à leurs ayants droit, de répartir entre ceux-ci, conformément aux dispositions des statuts, l'actif net provenant de la liquidation.

Les pouvoirs du liquidateur peuvent être précisés par la décision judiciaire ou par la décision des associés qui lui a conféré ses fonctions.

Art. 68. – Sauf dans le cas où la société est dissoute par l'effet de sa destitution, le liquidateur exerce, au nom de la société, le droit de présentation prévu par l'article 91 de la loi du 28 avril 1816 sur les finances. Toutefois, si les associés ou leurs ayants droit, dans le cas prévu à l'article 82, ont fait choix, à l'unanimité, d'un candidat à l'office, le droit de présentation doit être exercé en sa faveur.

Si, dans le délai d'un an à compter de sa désignation, le liquidateur n'a pas exercé le droit de présentation dont la société est titulaire, l'office est pourvu dans les conditions fixées par les dispositions réglementaires relatives aux offices vacants. Ce délai peut être exceptionnellement prorogé par le garde des Sceaux, ministre de la Justice.

Art. 69. – Le liquidateur convoque les associés ou leurs ayants droit dans les trois mois suivant la clôture de chaque exercice et leur rend compte de sa gestion des affaires sociales.

Il les convoque également en fin de liquidation pour statuer sur le compte définitif, se faire délivrer *quitus* et constater la clôture de la liquidation.

Art. 70. – L'assemblée de clôture statue dans les conditions de quorum et de majorité prévues pour l'approbation des comptes annuels de la société.

Si elle ne peut délibérer ou refuse d'approuver les comptes du liquidateur, le tribunal de grande instance dans le ressort duquel la société a son siège statue à la demande du liquidateur ou de tout intéressé.

Art. 71. – La décision judiciaire ou la décision de l'assemblée des associés qui nomme le liquidateur fixe sa rémunération.

Celle-ci peut être constituée par une quote-part ou la totalité des produits nets de l'office dont la société est titulaire.

Section II. – Dispositions particulières aux différents cas de nullité ou de dissolution de la société

§ 1. – Nullité

Art. 72 *(D. n° 87-172, 13 mars 1987 ; D. n° 92-64, 20 janv. 1992)*. – À la diligence du procureur de la République, toute décision judiciaire passée en force de chose jugée prononçant la nullité de la société fait l'objet d'une insertion au *Journal officiel* de la République française et d'un dépôt d'une de ses expéditions au dossier ouvert au nom de la société au greffe chargé de la tenue du registre du commerce et des sociétés.

Art. 73. – La nullité de la société ne porte pas atteinte à la validité des actes reçus ou dressés par les notaires associés avant la date où cette nullité est devenue définitive.

§ 2. – Dissolution par survenance du terme. Dissolution anticipée

Art. 74 *(D. n° 87-172, 13 mars 1987)*. – La dissolution anticipée prévue au 4° de l'article 1844-7 du Code civil est décidée par les trois quarts au moins des associés disposant ensemble des trois quarts des voix.

Le liquidateur est désigné à la majorité en nombre des associés détenant la moitié au moins des parts sociales et la moitié des parts d'industrie.

À défaut, il est désigné par ordonnance du président du tribunal de grande instance statuant en référé à la demande d'un associé ou du ministère public.

Exclusion. En cas de mésentente, il n'est pas possible d'exclure un associé, la seule issue étant la dissolution judiciaire : Rép. min. : *JOAN* Q 25 oct. 1979. – Pour un exemple de dissolution anticipée pour mésentente : V. ▪ Cass. 1re civ., 28 nov. 1979 : *RTD com.* 1980, p. 97, n° 4, obs. M. Jeantin.

Art. 75 *(D. n° 87-172, 13 mars 1987)*. **– À moins qu'il n'ait été désigné à la requête du procureur de la République, le liquidateur informe celui-ci de sa désignation en lui faisant parvenir copie ou expédition de la délibération des associés, ou de la décision de justice qui l'a nommé dans ses fonctions.**

Le liquidateur dépose au greffe chargé de la tenue du registre du commerce et des sociétés où la société est inscrite pour être versé au dossier ouvert au nom de la société, la copie de l'expédition visée à l'alinéa précédent, dont tout intéressé pourra obtenir communication.

Il ne peut entrer en fonctions avant l'accomplissement des formalités précitées.

Art. 76 *(Mod., D. n° 75-979, 24 oct. 1975 ; D. n° 92-64, 20 janv. 1992)*. **– La société est réputée démissionnaire de son office à la date de sa dissolution.**

La dissolution de la société n'est effective qu'à compter de la publication de l'arrêté du garde des Sceaux, ministre de la Justice, au *Journal officiel* de la République française.

§ 3. – Dissolution pour cause de destitution de la société

Art. 77. – La destitution de tous les associés ou de la société entraîne de plein droit la dissolution de celle-ci.

La décision qui prononce ces destitutions constate la dissolution de la société et ordonne sa liquidation.

Le liquidateur désigné remplit les fonctions de l'administrateur dont la nomination est prévue par l'article 20 de l'ordonnance précitée du 28 juin 1945.

Les associés destitués ne peuvent être choisis comme liquidateur.

Art. 78 *(D. n° 87-172, 13 mars 1987)*. **– À la diligence du ministère public, une expédition de la décision prononçant la destitution de la société est versée au dossier ouvert au nom de la société au greffe chargé de la tenue du registre du commerce et des sociétés.**

§ 4. – Dissolution par suite du décès des associés

Art. 79. – La société est dissoute de plein droit par le décès simultané de tous les associés ou par le décès du dernier survivant, si tous sont décédés successivement sans qu'à la date du décès du dernier d'entre eux les parts sociales des autres aient été cédées à des tiers.

Art. 80. – Par dérogation aux dispositions de l'article 65, le liquidateur est désigné conformément aux dispositions réglementaires applicables à la suppléance des offices et remplit les fonctions attribuées au suppléant par ces textes.

Art. 81 *(D. n° 87-172, 13 mars 1987)*. **– Une expédition de la décision nommant le liquidateur est déposée au greffe chargé de la tenue du registre du commerce et des sociétés où la société est inscrite pour être versée au dossier ouvert au nom de la société ; le dépôt est effectué à la diligence du procureur de la République si celui-ci a provoqué la nomination du liquidateur et à la diligence de ce dernier dans le cas contraire.**

Art. 82. – Le liquidateur exerce le droit de présentation dont la société est titulaire en faveur du candidat choisi à l'unanimité par les ayants droit des associés décédés.

§ 5. – Dissolution par suite du retrait de la société demandé par tous les associés

Art. 83. – La société est dissoute de plein droit si tous les associés demandent simultanément leur retrait dans les conditions prévues à l'article 21 de la loi précitée du 29 novembre 1966 et à l'article 31 ci-dessus, ou s'ils ont demandé successivement ce retrait, sans qu'à la date de la dernière demande les parts sociales des autres associés aient été cédées à des tiers.

La dissolution a lieu à la date de la notification à la société des demandes simultanées de retrait ou de la dernière de ces demandes.

Les dispositions des articles 74 à 76 reçoivent application.

§ 6. – Dissolution de la société dans le cas où il ne subsiste qu'un seul associé

Art. 84 *(D. n° 92-64, 20 janv. 1992 ; mod., D. n° 75-979, 24 oct. 1975 ; D. n° 2016-1509, 9 nov. 2016).* – **Dans le délai d'un an prévu à l'article 1844-5 du Code civil, l'associé unique peut céder, conformément aux dispositions de l'article 27 ci-dessus, une partie de ses parts sociales à un tiers qui remplit les conditions prescrites par l'article 3.**

L'associé unique peut également exercer en faveur d'un tiers le droit de présentation dont la société est titulaire. La société se trouve alors dissoute de plein droit à compter de la date de prestation de serment du nouveau titulaire de l'office. L'associé unique peut encore participer, par voie de fusion, à la constitution d'une nouvelle société civile professionnelle. La société se trouve dissoute de plein droit à compter de la date de prestation de serment de tous les associés de la nouvelle société civile professionnelle.

Il peut, enfin, demander à être nommé lui-même notaire en remplacement de la société. Il adresse dans ce cas une enquête motivée et accompagnée de toutes justifications au garde des Sceaux, ministre de la Justice, par téléprocédure sur le site internet du ministère de la Justice. La société est dissoute à compter de la nomination de l'associé en qualité de notaire en remplacement de la société.

NB : Se reporter aux dispositions de l'article 4 du décret n° 2016-1509 du 9 novembre 2016 concernant l'entrée en vigueur du décret n° 67-868 du 2 octobre 1967. L'arrêté du 10 novembre 2016 (nor JUSC1632648 A) a précisé la date d'entrée en vigueur du troisième alinéa de l'article 84 au 16 novembre 2016 14 h.

Art. 85 *(D. n° 71-943, 26 nov. 1971 ; D. n° 75-979, 24 oct. 1975 ; D. n° 92-64, 20 janv. 1992 ; mod., D. n° 2009-452, 22 avr. 2009 ; D. n° 2016-1509, 9 nov. 2016).* – **La société est dissoute dans les conditions prévues à l'article 1844-5 du Code civil, si, à l'expiration du délai d'un an prévu par ce texte, toutes les parts sociales demeurent réunies en une seule main. L'associé unique est de plein droit liquidateur de la société.**

§ 7. – Dissolution de la société pour cause d'empêchement
ou d'inaptitude de tous les associés

Art. 85-1 *(D. n° 87-172, 13 mars 1987 ; mod., D. n° 2016-1509, 9 nov. 2016).* – **La société peut être déclarée dissoute d'office par arrêté du garde des Sceaux, ministre de la Justice, lorsque tous les associés sont déclarés démissionnaires d'office ou se trouvent empêchés ou inaptes dans les conditions prévues à l'article 45 de l'ordonnance du 28 juin 1945 précitée, ainsi que dans le cas où tous les associés atteindraient la limite d'âge fixée pour l'exercice de leur fonctions ou, le cas échéant, ne pourraient plus se prévaloir de l'autorisation de prolongation d'activité délivrée par le garde des Sceaux, ministre de la Justice.**

§ 8. – Dissolution de la société pour cause de fusion

Art. 85-2 *(D. n° 92-64, 20 janv. 1992 ; mod., D. n° 2016-1509, 9 nov. 2016).* – **En cas de fusion de sociétés civiles professionnelles, chacune de ces sociétés est dissoute de plein droit. La dissolution a lieu sous la condition suspensive de la réalisation définitive de la fusion et de la nomination de la nouvelle société.**

La fusion est décidée, dans chaque société, par les trois quarts au moins des associés disposant des trois quarts des voix.

En l'absence de dispositions statutaires, et à défaut de désignation d'un représentant spécial, aux mêmes conditions de majorité, par les assemblées décidant la fusion, les gérants procèdent collectivement à la constitution de la nouvelle société civile professionnelle lorsque cette forme sociale est choisie.

Ils présentent, au nom des associés, au garde des Sceaux, ministre de la Justice, la demande de nomination de la nouvelle société selon les modalités prévues aux articles 7, 8, 10-2 à 10-4.

La dissolution des sociétés participant à cette fusion prend effet à la date de sa constatation par l'arrêté qui procède à la nomination de la nouvelle société.

§ 9. – Dissolution de la société pour cause de scission

Art. 85-3 *(D. n° 92-64, 20 janv. 1992 ; mod., D. n° 2016-1509, 9 nov. 2016).* – **La scission d'une société civile professionnelle emporte de plein droit sa dissolution. Celle-ci a lieu sous la condition suspensive de la réalisation définitive de la scission par la nomination par le garde des Sceaux, ministre de la Justice, des sociétés nouvelles issues de la scission.**

La scission est décidée par les trois quarts au moins des associés disposant des trois quarts des voix.

En l'absence de dispositions statutaires, et à défaut de désignation d'un représentant spécial aux mêmes conditions de majorité par l'assemblée décidant la scission, le ou les gérants de la société agissent en son nom dans toutes les opérations tendant à cette scission.

Les demandes de nomination des nouvelles sociétés issues de cette scission sont présentées par les associés selon les modalités prévues aux articles 7, 8, 10-5 et 10-7 lorsque ces nouvelles sociétés sont des sociétés civiles professionnelles.

Le même arrêté constate la dissolution de la société scindée et prononce la nomination des nouvelles sociétés.

Section III. – Nomination à un office créé d'un associé d'une société dissoute

Art. 86 *(D. n° 87-172, 13 mars 1987 ; D. n° 92-64, 20 janv. 1992).* **– Lorsque la société a été dissoute, l'associé qui envisage de solliciter sa nomination à un office créé à son intention dans le ressort du tribunal d'instance où la société dissoute a, soit son siège, soit un bureau annexe, doit notifier aux autres associés et aux liquidateurs son intention dans le délai de deux mois de la décision de dissolution ou de l'arrivée du terme fixé par les statuts.**

À Paris, le ressort dans lequel le siège de l'office créé peut être fixé est celui du tribunal de grande instance de Paris.

Art. 87 *(D. n° 87-172, 13 mars 1987 ; D. n° 92-64, 20 janv. 1992 ; mod., D. n° 2009-452, 22 avr. 2009 ; D. n° 2016-1509, 9 nov. 2016).* **– La demande de l'intéressé, adressée au garde des Sceaux, ministre de la Justice, par téléprocédure sur le site internet du ministère de la Justice, est accompagnée de toutes pièces justificatives.**

S'agissant d'apprécier les capacités professionnelles et l'honorabilité du demandeur, il est fait application des dispositions de l'article 8.

NB : Se reporter aux dispositions de l'article 4 du décret n° 2016-1509 du 9 novembre 2016 concernant l'entrée en vigueur du décret n° 67-868 du 2 octobre 1967. L'arrêté du 10 novembre 2016 (nor JUSC1632648 A) a précisé la date d'entrée en vigueur du premier alinéa de l'article 87 au 16 novembre 2016 14 h.

Art. 88 *(D. n° 75-979, 24 oct. 1975 ; D. n° 87-172, 13 mars 1987 ; mod., D. n° 92-64, 20 janv. 1992 ; D. n° 2016-1509, 9 nov. 2016).* **– La création de l'office et la nomination de son titulaire sont prononcées par arrêté du garde des Sceaux, ministre de la Justice, sans qu'il y ait lieu de recourir à la procédure prévue aux articles 49 à 55 du décret n° 73-609 du 5 juillet 1973.**

Art. 89 *(Abr., D. n° 2016-1509, 9 nov. 2016).*

Section IV. – Nomination à un office créé d'un associé qui se retire pour cause de mésentente

Art. 89-1 *(D. n° 92-64, 20 janv. 1992).* **– Lorsqu'un notaire entend se retirer de la société au sein de laquelle il est associé, dans les conditions prévues par le deuxième alinéa de l'article 18 de la loi du 29 novembre 1966 précitée, et solliciter sa nomination à un office créé à son intention dans le ressort du tribunal d'instance où la société a soit son siège, soit un bureau annexe, il doit au préalable faire constater par le tribunal de grande instance dans le ressort duquel la société a son siège la réalité de la mésentente invoquée qui doit être de nature à paralyser le fonctionnement de la société ou d'en compromettre gravement les intérêts sociaux.**

Le président de la chambre départementale des notaires est appelé à présenter ses observations à l'audience.

À Paris, le ressort dans lequel le siège de l'office créé peut être fixé est celui du tribunal de grande instance de Paris.

Art. 89-2 *(D. n° 92-64, 20 janv. 1992 ; mod., D. n° 2009-452, 22 avr. 2009 ; D. n° 2016-1509, 9 nov. 2016).* **– La demande de l'intéressé, adressée au garde des Sceaux, ministre de la Justice, par téléprocédure sur le site internet du ministère de la Justice, est accompagnée de la décision passée en force de chose jugée constatant la mésentente.**

NB : Se reporter aux dispositions de l'article 4 du décret n° 2016-1509 du 9 novembre 2016 concernant l'entrée en vigueur du décret n° 67-868 du 2 octobre 1967. L'arrêté du 10 novembre 2016 (nor JUSC1632648 A) a précisé la date d'entrée en vigueur au 16 novembre 2016 14 h.

Art. 89-3 *(Abr., D. n° 2016-1509, 9 nov. 2016).*

Art. 89-4 *(D. n° 92-64, 20 janv. 1992).* **– La création de l'office et la nomination de son titulaire sont prononcées par arrêté du garde des Sceaux, ministre de la Justice, sans qu'il y ait lieu de recourir à la procédure prévue aux articles 49 à 55 du décret du 5 juillet 1973 précité.**

Art. 89-5 et 89-6 *(Abr., D. n° 2016-1509, 9 nov. 2016).*

TITRE II. – DES SOCIÉTÉS DE NOTAIRES

CHAPITRE I. – CONSTITUTION DE LA SOCIETÉ

Section I. – Dispositions générales. Agrément de la société

Art. 90 *(D. n° 92-64, 20 janv. 1992).* **– Les sociétés civiles professionnelles prévues à l'article 5 de la loi précitée du 29 novembre 1966 sont régies par le présent titre.**

Elles reçoivent l'appellation de société de notaires.

La société n'est pas nommée titulaire d'un office de notaire et chacun des associés exerce ses fonctions dans l'office dont il est lui-même titulaire.

Art. 91 *(D. n° 71-943, 26 nov. 1971).* **– La société ne peut être constituée qu'entre notaires établis dans le ressort d'un même tribunal de grande instance.**

Art. 92 *(D. n° 71-943, 26 nov. 1971 ; D. n° 87-172, 13 mars 1987 ; mod., D. n° 2016-1509, 9 nov. 2016).* **– La société doit être agréée par arrêté du garde des Sceaux, ministre de la Justice.**

L'acte constitutif est passé sous la condition suspensive de cet agrément.

L'arrêté d'agrément indique le nom des associés et, s'il y a lieu, prononce le transfert des offices dont ceux-ci sont titulaires, édicte toutes dispositions utiles concernant la garde des minutes des offices transférés et donne aux titulaires de ces offices l'autorisation prévue à l'article 95.

Art. 93 *(D. n° 71-943, 26 nov. 1971 ; mod., D. n° 87-172, 13 mars 1987 ; D. n° 2016-1509, 9 nov. 2016).* **– La demande d'agrément de la société est présentée et instruite conformément aux dispositions de l'article 7, dans la mesure où elles sont compatibles avec celles du présent titre.**

Art. 94 *(Abr., D. n° 2016-1509, 9 nov. 2016).*

Art. 95 *(D. n° 71-943, 26 nov. 1971 ; D. n° 87-172, 13 mars 1987 ; mod., D. n° 92-64, 20 janv. 1992 ; D. n° 97-1188, 24 déc. 1997 ; D. n° 2016-1509, 9 nov. 2016).* **– L'associé titulaire d'un office qui est transféré peut être autorisé par décision du garde des Sceaux, ministre de la Justice, à ouvrir un bureau annexe à son ancienne résidence.**

Le bureau ainsi ouvert reste attaché à l'office sans qu'il soit besoin, lors de la nomination d'un nouveau titulaire, de renouveler l'autorisation accordée.

Art. 95-1 *(D. n° 75-979, 24 oct. 1975 ; mod., D. n° 2016-1509, 9 nov. 2016).* **– Des sociétés de notaires établies dans le ressort d'un même tribunal de grande instance peuvent constituer par voie de fusion une nouvelle société régie par le présent titre.**

Les dispositions des articles 92, 93 et 95 ainsi que celles de l'article 85-2 sont applicables pour la constitution de cette nouvelle société.

Art. 95-2 *(D. n° 75-979, 24 oct. 1975 ; mod., D. n° 2016-1509, 9 nov. 2016).* **– Une société de notaires peut par voie de scission constituer dans le ressort d'un même tribunal de grande instance deux ou plusieurs sociétés civiles professionnelles régies par le présent titre.**

Les dispositions des articles 92, 93 et 95 ainsi que celles de l'article 85-3 sont applicables pour la constitution de ces nouvelles sociétés.

Section II. – Statuts. Capital social. Parts sociales et parts d'industrie

Art. 96 *(D. n° 71-943, 26 nov. 1971 ; mod., D. n° 2016-1509, 9 nov. 2016)*. – Les articles 11, 12 (à l'exception du 2°), 13 (à l'exception des *a*, *b*, *c*), 14 (alinéas 1 et 3), 15 (alinéas 2 à 5) sont applicables aux sociétés régies par le présent titre.

Les statuts visés à l'article 12 doivent également indiquer l'adresse du siège social, qui sera soit celle du lieu choisi par les associés pour l'exercice en commun de leur profession, soit celle du siège de l'office de l'un des associés.

Le montant nominal des parts sociales ne peut être inférieur à 15,25 €.

Section III. – Publicité. Entrée en fonctions

Art. 97 *(D. n° 87-172, 13 mars 1987)*. – La publicité prévue à l'article 16 est applicable aux sociétés régies par le présent titre.

La société entre en fonction dès son agrément.

CHAPITRE II. – FONCTIONNEMENT DE LA SOCIÉTÉ

Section I. – Administration de la société

Art. 98. – Les dispositions des articles 18 à 23, 25 et 26 sont applicables aux sociétés de notaires.

Section II. – Cessions et transmissions de parts sociales

§ 1. – Cessions entre vifs par un associé

Art. 99. – Un associé peut céder ses parts sociales à un tiers, avec le consentement des associés donné dans les conditions de l'article 19 de la loi précitée du 29 novembre 1966, en exerçant en faveur de ce tiers le droit de présentation prévu par l'article 91 de la loi du 28 avril 1816.

Il peut également ne céder à son successeur qu'une fraction de ses parts sociales à condition que la partie non cédée soit acquise simultanément, soit par les autres associés, soit par la société elle-même, qui procède alors à la réduction du capital, conformément à l'article 21 de la loi.

Il doit, dans tous les cas, notifier le projet de cession de ses parts à la société et à chacun de ses coassociés, par lettre recommandée avec demande d'avis de réception.

La cession est conclue sous la condition suspensive de la nomination du cessionnaire, dans les fonctions de notaire, en remplacement du cédant.

Art. 100. – Si dans le délai de quatre mois à compter de la dernière des notifications prévues par l'article précédent, la société a donné son consentement à la cession des parts dans la forme prévue au troisième alinéa dudit article, ou si à l'expiration du même délai elle n'a pas fait connaître sa décision, le cédant, en exerçant son droit de présentation, adresse simultanément au garde des Sceaux, ministre de la Justice, une expédition de l'acte de cession de ses parts sociales à son successeur, ou l'un des originaux de cet acte, si celui-ci est établi en la forme sous seing privé, ainsi que la justification du consentement exprès ou implicite donné par la société à ladite cession.

Le cessionnaire ne jouit de la qualité d'associé qu'à compter de la date à laquelle il a prêté le serment exigé de tout notaire avant son entrée en fonctions.

L'arrêté portant nomination du successeur du cédant dans les fonctions de notaire modifie celui qui a prononcé l'agrément de la société en application de l'article 92.

Art. 101 *(D. n° 78-704, 3 juill. 1978)*. – Dans le cas où la société refuse d'agréer le cessionnaire de parts présenté, elle dispose d'un délai de six mois à compter de la notification de son refus par lettre recommandée avec demande d'avis de réception, pour notifier dans la même forme à cet associé, un projet de cession ou de rachat de ses parts.

Si les parties n'ont pu convenir d'un prix de cession, celui-ci est fixé par un expert désigné d'un commun accord ou, à défaut, par le président du tribunal de grande instance conformément aux dispositions de l'article 1843-4 du Code civil. Toute clause contraire à l'article 1843-4 de ce code est réputée non écrite.

Art. 102. – Lorsqu'un associé demande son retrait, en application de l'article 21 de la loi précitée du 29 novembre 1966, la société dispose d'un délai de six mois à compter de la demande qui lui en est faite par lettre recommandée avec demande d'avis de réception par l'associé, pour notifier à celui-ci, dans la même forme, le projet de cession ou de rachat de ses parts sociales.

Si les parties ne peuvent convenir d'un prix de cession, celui-ci est fixé conformément aux dispositions de l'article 101 (alinéa 2).

Art. 103 *(D. n° 87-172, 13 mars 1987 ; mod., D. n° 2016-1509, 9 nov. 2016).* – Toute convention par laquelle un associé cède la totalité de ses parts sociales à la société, aux autres associés ou à l'un ou plusieurs d'entre eux, est portée à la connaissance du garde des Sceaux, ministre de la Justice, par la partie la plus diligente.

À cette fin, l'expédition ou l'un des originaux de cette convention est adressé au garde des Sceaux, ministre de la Justice, par téléprocédure sur le site internet du ministère de la Justice, avec toutes justifications utiles y compris, s'il y a lieu, la délibération de l'assemblée des associés ayant décidé la réduction du capital social.

Un arrêté du garde des Sceaux, ministre de la Justice, fixe la liste des associés compte tenu du retrait du cédant.

NB : Se reporter aux dispositions de l'article 4 du décret n° 2016-1509 du 9 novembre 2016 concernant l'entrée en vigueur du décret n° 67-868 du 2 octobre 1967. L'arrêté du 10 novembre 2016 (nor JUSC1632648 A) a précisé la date d'entrée en vigueur du deuxième alinéa de l'article 103 au 16 novembre 2016 14 h.

Art. 104 *(Abr., D. n° 87-172, 13 mars 1987).*

Art. 105 *(D. n° 71-943, 26 nov. 1971 ; D. n° 92-64, 20 janv. 1992).* – Aucune indemnité n'est due par l'associé sortant, titulaire d'un office qui n'est pas transféré, ou qui est transféré à son siège d'origine.

Aucune indemnité n'est due à l'associé sortant, titulaire d'un office qui est transféré. Toutefois, le transfert peut donner lieu à indemnisation si une indemnité avait été mise à la charge de cet associé à l'occasion du transfert, concomitant à son entrée dans la société, de l'office dont il est titulaire.

L'indemnité est fixée et répartie conformément aux articles 5 à 7 du décret n° 71-942 du 26 novembre 1971.

Les coassociés sont seuls tenus d'indemniser l'associé sortant lorsqu'il est titulaire d'un office supprimé. L'indemnité de suppression est fixée et répartie par l'arrêté prévu au troisième alinéa de l'article 103 et conformément aux articles 5 à 7 du décret n° 71-942 du 26 novembre 1971.

Art. 106. – La convention par laquelle un associé cède ses parts sociales à la société ou aux coassociés est conclue sous la condition suspensive de la publication de l'arrêté prévu à l'article 103 (dernier alinéa).

L'associé sortant ne reprend l'exercice individuel de ses fonctions de notaire et ne peut exercer le droit de présentation prévu à l'article 91 de la loi du 28 avril 1816 qu'à compter de ladite publication.

Art. 107 *(Mod., D. n° 75-979, 24 oct. 1975 ; D. n° 87-172, 13 mars 1987 ; D. n° 2016-1509, 9 nov. 2016).* – La société dispose d'un délai de six mois, à compter du jour où la destitution d'un associé est devenue définitive, à compter du jour où l'un des associés atteint la limite d'âge fixée pour l'exercice des fonctions ou, le cas échéant, à compter de l'expiration de l'autorisation de prolongation d'activité prévue.

Si les parties n'ont pu convenir d'un prix de cession, celui-ci est fixé conformément aux dispositions de l'article 101 (alinéa 2), il est procédé pour le surplus suivant les dispositions de l'article 103, dans la mesure où celles-ci sont de nature à recevoir application.

Si l'associé refuse de signer l'acte de cession de ses parts, il est passé outre à son refus deux mois après la sommation qui lui est adressée par la société, par lettre recommandée avec demande d'avis de réception.

Sous réserve des règles de protection et de représentation des incapables, les dispositions du présent article sont applicables à la cession des parts sociales de l'associé frappé d'interdiction légale ou placé sous le régime de la tutelle des incapables majeurs.

Art. 108 *(Mod., D. n° 87-172, 13 mars 1987D. n° 2016-1509, 9 nov. 2016).* – Dans le cas d'exclusion d'un associé, par application de l'article 121, la société doit acquérir elle-même, ou faire acquérir par les autres associés, les parts sociales de l'associé exclu, dans le délai de six mois à compter du jour où la sanction disciplinaire prononcée contre l'associé est devenue définitive.

Les articles 106 et 107 (alinéas 1 à 3) sont applicables.

Art. 109 *(D. n° 87-172, 13 mars 1987 ; mod., D. n° 2016-1509, 9 nov. 2016).* – Les articles 99, 100, 101 (alinéa 1), 103 et 106 sont applicables à la cession à titre gratuit de ses parts sociales consentie par l'un des associés à un tiers, ou à la société, à ses coassociés ou à un ou plusieurs de ceux-ci.

§ 2. – Cessions et transmissions après décès

Art. 110 *(Mod., D. n° 87-172, 13 mars 1987 ; D. n° 2016-1509, 9 nov. 2016).* – Pendant le délai fixé à l'article 34, les ayants droit de l'associé décédé peuvent, à l'unanimité, et avec le consentement des autres associés donné dans les conditions prévues par l'article 19 de la loi précitée du 29 novembre 1966, céder les parts sociales de leur auteur à un tiers qu'ils présentent à l'agrément du garde des Sceaux, ministre de la Justice, comme successeur de leur auteur dans l'office dont celui-ci était titulaire. Il est procédé dans ce cas conformément aux dispositions des articles 99 et 100.

Art. 111 *(D. n° 78-704, 3 juill. 1978).* – Toute demande d'un ayant droit de l'associé décédé tendant à l'attribution préférentielle à son profit des parts sociales de son auteur est notifiée à la société et à chacun des associés par lettre recommandée avec demande d'avis de réception.

Si la société consent à cette attribution, le droit de présentation appartenant aux ayants droit de l'associé décédé est exercé par ceux-ci au bénéfice de l'attributaire, conformément au droit commun ; simultanément, une expédition, ou l'un des originaux de l'acte de cession à l'attributaire des parts sociales de l'associé décédé est adressé au garde des Sceaux, ministre de la Justice, avec la justification du consentement exprès ou implicite donné par la société à ladite cession.

Si les parties n'ont pu convenir du prix de cession des parts sociales, ce prix est fixé selon les dispositions de l'article 1843-4 du Code civil. Toute clause contraire à l'article 1843-4 de ce code est réputée non écrite.

Les dispositions de l'article 100 (alinéas 2 et 3) sont applicables à la cession consentie à l'ayant droit de l'associé décédé.

Art. 112. – Lorsqu'à l'expiration du délai visé à l'article 110 ci-dessus, les parts sociales de l'associé décédé n'ont pas fait l'objet d'une cession ou d'une attribution préférentielle, la société dispose d'un délai de six mois pour les acquérir elle-même ou les faire acquérir par les autres associés dans les conditions prévues aux articles 101 et 103.

§ 3. – Publicité

Art. 113 *(Mod., D. n° 87-172, 13 mars 1987).* – Les formalités prévues à l'article 38 sont applicables aux cessions ou transmissions de parts des sociétés régies par le présent titre.

À la diligence de la société, une copie de tout arrêté modifiant la composition de la société est adressée au greffier du tribunal de commerce ou du tribunal de grande instance statuant commercialement du lieu du siège social pour être versée au dossier ouvert au nom de la société au registre du commerce et des sociétés.

Section III. – Nomination de nouveaux associés.
Augmentation du capital social. Prorogation de la société

Art. 114 *(D. n° 87-172, 13 mars 1987).* – De nouveaux notaires en exercice peuvent entrer dans la société soit en acquérant une fraction des parts sociales des autres associés, soit en souscrivant à une augmentation du capital social décidée par ceux-ci.

Les dispositions des articles 91 à 96 ainsi que celles des deuxième et troisième alinéas de l'article 42, sont applicables à la modification des statuts résultant de l'application de l'alinéa précédent.

Art. 115. – Les dispositions de l'article 44 sont applicables à la prorogation des sociétés régies par le présent titre.

Section IV. – Exercice des fonctions de notaire par les associés

§ 1. – Exercice de la profession. Interdictions et incompatibilités diverses

Art. 116 *(D. n° 71-943, 26 nov. 1971 ; D. n° 92-64, 20 janv. 1992 ; mod., D. n° 2017-895, 6 mai 2017).* – Sous réserve de l'application de celles du présent titre, toutes dispositions législatives ou réglementaires relatives à l'exercice individuel des fonctions de notaire sont applicables aux associés. Les dispositions du premier alinéa de l'article 46 leur sont applicables.

Les associés doivent s'informer mutuellement de leur activité professionnelle. Les produits de cette activité sont acquis de plein droit à la société.

Dans les actes reçus ou dressés par lui, chaque associé indique sa qualité de notaire associé et l'adresse du siège social de la société civile professionnelle de notaires dont il fait partie.

Chaque associé tient un répertoire des actes reçus par lui. Il est seul possesseur des minutes desdits actes.

L'appellation de société de notaires doit accompagner la dénomination sociale dans toutes correspondances et tous documents émanant de la société.

Art. 117 *(D. n° 71-943, 26 nov. 1971 ; mod., D. n° 88-815, 12 juill. 1988).* – Les associés sont soumis aux incompatibilités et interdictions visées à l'article 48 (alinéas 2 et 3).

Art. 118. – Le montant des cotisations professionnelles dues par chaque associé, et basées sur les produits des offices ou sur les salaires versés, est proportionnel à la part de bénéfices recueillie par lui.

§ 2. – Comptabilité notariale. Caisse de garantie

Art. 119. – Les associés peuvent tenir une comptabilité notariale unique, à la condition que cette comptabilité permette à tout moment l'individualisation des écritures passées du chef de chaque associé relativement aux actes professionnels accomplis par lui.

Lorsqu'un associé se retire, les autres associés sont tenus de lui délivrer, sur sa demande, et à ses frais, une copie des écritures des dix dernières années de cette comptabilité.

§ 3. – Discipline. Suppléance

Art. 120. – Sous réserve des articles suivants, les dispositions de l'ordonnance du 28 juin 1945 concernant la discipline des notaires sont applicables aux associés.

Art. 121 *(D. n° 75-979, 24 oct. 1975).* – Les dispositions de l'article 56 (alinéa 1) sont applicables à l'associé qui a été condamné, par une décision définitive, à une peine disciplinaire, égale ou supérieure à trois mois d'interdiction.

Les parts sociales de cet associé sont cédées dans les conditions prévues à l'article 108.

Art. 122 *(D. n° 75-979, 24 oct. 1975 ; D. n° 87-172, 13 mars 1987 ; mod., D. n° 2016-1509, 9 nov. 2016).* – L'associé interdit de ses fonctions ne peut, pendant la durée de sa peine, exercer aucune activité professionnelle, mais conserve sa qualité d'associé, avec tous les droits et obligations qui en découlent, à l'exclusion de la vocation aux bénéfices.

S'ils ne sont eux-mêmes interdits ou destitués, les autres associés sont de plein droit administrateurs de l'office de l'associé interdit.

Si tous les associés sont interdits de leurs fonctions, un ou plusieurs administrateurs, choisis parmi les personnes énumérées aux *a*, *b* et *c* de l'article 57, sont commis pour les remplacer, dans les conditions prévues par l'ordonnance du 28 juin 1945 relative à la discipline des notaires et de certains officiers ministériels. Leurs fonctions prennent fin à l'expiration de la moins élevée des peines prononcées contre les associés.

Les trois derniers alinéas de l'article 57 sont applicables à l'administrateur ou aux administrateurs remplaçant les associés interdits.

Art. 123 *(D. n° 75-979, 24 oct. 1975).* – Les dispositions de l'article 58 (alinéa 1) sont applicables à l'associé destitué.

Les autres associés s'ils ne sont pas eux-mêmes interdits ou destitués, sont de plein droit administrateurs de l'office de l'associé frappé de destitution.

Les effets de la destitution de tous les associés sont régis par l'article 131.

Art. 124 *(D. n° 75-979, 24 oct. 1975 ; D. n° 87-172, 13 mars 1987 ; mod., D. n° 92-64, 20 janv. 1992 ; D. n° 2016-1509, 9 nov. 2016).* – Dans le cas où la suspension provisoire, prévue par les dispositions de l'ordonnance précitée du 28 juin 1945, relative à la discipline des notaires et de certains officiers ministériels, est prononcée contre l'un des associés ou certains d'entre eux, les autres associés sont de plein droit administrateurs de l'office ou des offices dont le ou les titulaires sont suspendus.

La juridiction qui prononce la suspension provisoire de tous les associés désigne parmi les personnes énumérées aux *a*, *b* et *c* de l'article 57, un nombre d'administrateurs suffisant pour accomplir les actes professionnels relevant du ministère obligatoire desdits associés.

Les trois derniers alinéas de l'article 57 sont applicables à l'administrateur ou aux administrateurs remplaçant les associés suspendus.

Art. 125. – Si l'un des associés est temporairement empêché, par cas de force majeure, d'exercer ses fonctions, sa suppléance est assurée par les autres associés.

Si tous les associés sont simultanément empêchés par cas de force majeure, d'exercer leurs fonctions, la gestion des offices dont ils sont titulaires est assurée conformément aux dispositions de l'article 60 (alinéas 2 et 3).

CHAPITRE III. – NULLITÉ. DISSOLUTION. LIQUIDATION DE LA SOCIÉTÉ

Art. 126 *(D. n° 92-64, 20 janv. 1992)*. – Les dispositions de l'article 62 sont applicables aux sociétés régies par le présent titre.

Section I. – Règles générales concernant la liquidation

Art. 127. – Les dispositions des articles 63, 64, 65, 66 (alinéas 1 et 2), 67, 69 (alinéa 2), 70, 71 (alinéa 1) et 72 sont applicables aux sociétés régies par le présent titre.

Art. 128 *(Mod., D. n° 2016-1509, 9 nov. 2016)*. – Chaque associé reprend l'exercice individuel de ses fonctions à compter de la nullité de la société, ou à compter de sa dissolution, sauf si celle-ci résulte de la destitution, de l'atteinte de la limite d'âge, de l'expiration de l'autorisation de prolongation d'activité délivrée par le garde des Sceaux, ministre de la Justice.

Chaque associé peut maintenir son étude dans les locaux communs jusqu'à la date de publication de l'arrêté prévu à l'article suivant.

Dans ce cas, la participation des associés aux charges d'exploitation communes est régie par les statuts et, à défaut, par les associés eux-mêmes, réunis à l'initiative du liquidateur.

Art. 129 *(D. n° 71-943, 26 nov. 1971 ; D. n° 87-172, 13 mars 1987 ; mod., D. n° 2016-1509, 9 nov. 2016)*. – Un arrêté du garde des Sceaux, ministre de la Justice, constatant la nullité ou prononçant la dissolution de la société, retire à celle-ci l'agrément prévu à l'article 92.

L'arrêté fixe, s'il y a lieu, le nouveau siège de l'office ou des sociétés.

Le droit de présentation prévu à l'article 91 de la loi du 28 avril 1816 ne peut être exercé par chaque associé ou ses ayants droit avant la publication de cet arrêté.

Section II. – Dispositions particulières applicables dans les cas de nullité et de dissolution de la société

Art. 130. – Les articles 72 et 73 sont applicables à la nullité des sociétés régies par le présent titre.

Les articles 74 et 75 sont applicables à la dissolution par survenance du terme et à la dissolution anticipée de ces sociétés.

Art. 131 *(Mod., D. n° 87-172, 13 mars 1987)*. – La société est dissoute de plein droit par la destitution de tous les associés.

La décision qui prononce cette destitution ordonne la liquidation de la société.

Les dispositions des articles 77 (alinéas 3 et 4) et 78 reçoivent application.

Les offices dont les associés destitués étaient titulaires ne peuvent être pourvus dans les conditions fixées par le décret n° 73-609 du 5 juillet 1973 ni supprimés avant la publication de l'arrêté prévu à l'article 129.

Art. 132. – Les dispositions des articles 79, 80 et 81, sont applicables à la dissolution des sociétés de notaires résultant du décès de tous les associés.

Art. 133. – La société est dissoute de plein droit par le retrait de tous les associés prévu à l'article 83.

Il est procédé à la liquidation comme dans le cas de dissolution anticipée.

Art. 133-1 *(D. n° 75-979, 24 oct. 1975 ; D. n° 87-172, 13 mars 1987 ; D. n° 92-64, 20 janv. 1992)*. – La société est déclarée dissoute d'office par arrêté du garde des Sceaux, ministre de la Justice, lorsque tous les associés sont déclarés démissionnaires d'office dans les conditions prévues à l'article 45 de l'ordonnance du 28 juin 1945 précitée.

Art. 134 *(D. n° 87-172, 13 mars 1987 ; D. n° 92-64, 20 janv. 1992 ; mod., D. n° 2016-1509, 9 nov. 2016)*. – Pendant le délai prévu à l'article 84, l'associé unique peut céder une partie de ses parts sociales à un notaire en exercice satisfaisant aux conditions prescrites par l'article 91.

Les dispositions des articles 16, 92, 93 et 95 reçoivent application.

Si, à l'expiration du délai prévu au premier alinéa, l'associé n'a pas usé de la faculté prévue par cet alinéa, la société est dissoute de plein droit.

Art. 134-1 *(D. n° 87-172, 13 mars 1987)*. – Les associés d'une société de notaires peuvent décider, à l'unanimité des associés, la transformation de cette société en société titulaire d'offices notariaux.

Dans ce cas, la société est nommée dans l'un ou plusieurs des offices dont les notaires étaient titulaires. Les autres offices sont, le cas échéant, pourvus d'un nouveau titulaire ou supprimés.

TITRE III. – DISPOSITIONS DIVERSES

Art. 135 *(D. n° 75-979, 24 oct. 1975 ; mod., D. n° 2016-1509, 9 nov. 2016)*. – Sous réserve des dispositions particulières régissant l'organisation du notariat dans les départements du Haut-Rhin, du Bas-Rhin et de la Moselle, le présent décret est applicable aux sociétés constituées pour l'exercice de la profession dans les départements susvisés entre personnes physiques exerçant les fonctions de notaire ou remplissant les conditions requises pour être nommées à ces fonctions.

Art. 136 *(D. n° 75-979, 24 oct. 1975)*. – La nomination d'une société prévue au titre I du présent décret ainsi que celle de tous les associés est faite sur proposition de la commission prévue par l'article 118 du décret n° 73-609 du 5 juillet 1973.

Dans le cas où la société est candidate à l'office dont l'un des associés est titulaire ou à un office créé ou existant, la commission doit également se prononcer dans sa proposition sur les suppressions ou les transferts éventuels d'offices dont les associés ou certains d'entre eux sont titulaires.

Art. 137 *(D. n° 75-979, 24 oct. 1975)*. – La commission mentionnée à l'article précédent propose également à l'agrément du garde des Sceaux, ministre de la Justice, la nomination des sociétés régies par le titre II du présent décret.

Art. 138. – Dans tous les cas visés aux articles précédents, la commission statue après avis de la chambre départementale et du conseil régional des notaires, ou après expiration du délai imparti à ces organismes professionnels pour faire connaître leurs avis.

Art. 139 *(D. n° 75-979, 24 oct. 1975 ; rempl., D. n° 2004-364, 22 avr. 2004)*. – Dans le cas de décès, d'incapacité ou de survenance de la limite d'âge d'un associé exerçant au sein de la société, le ou les autres associés agissant collectivement peuvent, dans le délai de deux mois, informer le procureur général par lettre recommandée avec demande d'avis de réception de leur volonté de voir nommer un nouvel associé.

Il en est de même en cas de retrait volontaire lorsque les autres associés ont pour chacun d'entre eux une ancienneté en qualité de notaire associé dans la société d'au moins cinq ans.

Les délais mentionnés aux alinéas précédents courent à compter de la survenance de l'événement et, en cas de retrait volontaire de l'associé, de la publication de l'arrêté acceptant ce retrait.

(Mod., D. n° 2009-452, 22 avr. 2009) Lorsque les associés ont exprimé leur volonté de voir nommer un nouvel associé, un appel à candidatures est publié à la diligence du procureur général dans les conditions fixées par arrêté du garde des Sceaux, ministre de la Justice. Cet appel à candidatures fixe le délai au cours duquel, à peine d'irrecevabilité, toute personne intéressée, remplissant les conditions prévues à l'article 110 du décret

n° 73-609 du 5 juillet 1973 et, le cas échéant, aux articles 90 et 91 du présent décret, peut faire acte de candidature auprès du procureur général près la cour d'appel dans le ressort de laquelle est situé l'office.

Art. 139-1 *(D. n° 2004-364, 22 avr. 2004)*. – Le procureur général arrête la liste des candidatures recevables et la notifie, par lettre recommandée avec demande d'avis de réception, aux associés subsistants.

Dans les trois mois de cette notification, à peine d'irrecevabilité, le ou les associés subsistants soumettent collectivement, par lettre recommandée avec demande d'avis de réception, le candidat de leur choix à la commission prévue à l'article 118 du décret [n° 73-609] du 5 juillet 1973 précité, afin qu'il soit proposé à l'agrément du garde des Sceaux, ministre de la Justice.

La proposition ou le refus de proposer ce candidat à l'agrément est notifié aux associés, à la diligence du procureur général.

La cession de parts ou, en cas d'augmentation de capital, l'attribution de parts nouvelles sont passées sous la condition suspensive de la nomination du nouvel associé par arrêté du garde des Sceaux, ministre de la Justice. La condition est réputée remplie à la date de la publication de cet arrêté.

Les statuts mis à jour sont adressés par la société au greffe du tribunal où elle est immatriculée.

Art. 139-2 *(D. n° 2004-364, 22 avr. 2004)*. – Dans le cas où les associés n'ont pas manifesté leur volonté de voir nommé un nouvel associé, ou n'ont pas respecté les délais prévus aux articles 139 et 139-1, ou si la commission refuse de proposer au garde des Sceaux, ministre de la Justice, la nomination du nouvel associé, la société cesse d'être titulaire de l'office dont le procureur général constate la vacance. Il est alors procédé à la nomination du nouveau titulaire selon les modalités définies à l'article 110 du décret [n° 73-609] du 5 juillet 1973 précité et, le cas échéant, aux articles 136 et 138 du présent décret.

Hors le cas où il ne subsiste qu'un seul associé, la société peut faire acte de candidature à l'office dont elle était titulaire ou à un autre office à pourvoir dans les départements du Bas-Rhin, du Haut-Rhin et de la Moselle.

Dans le cas où la société est nommée dans l'office dont elle était titulaire, il n'y a pas lieu de procéder aux formalités prévues à l'alinéa premier de l'article 17.

Si elle n'est pas nommée dans cet office, elle continue d'exercer provisoirement ses fonctions jusqu'à la prestation de serment d'un nouveau titulaire ou, s'il s'agit d'une société, de tous les associés exerçant au sein de la société. Elle est dissoute dans le délai d'un an à compter de la date de prestation de serment si elle n'est pas nommée dans un autre office.

Art. 140. – Dans le cas prévu par l'article 97 (alinéa 2) de la loi précitée du 29 novembre 1966 concernant les sociétés adoptant le statut de sociétés coopératives, l'actif net de la société subsistant après extinction du passif et remboursement du capital est réparti entre les associés au prorata des parts détenues par chacun d'eux, y compris les parts d'intérêt correspondant aux apports en industrie.

Art. 141 *(Mod., D. n° 2016-1509, 9 nov. 2016)*. – Toutes les demandes, déclarations et transmissions prévues par le présent décret et pour lesquelles la téléprocédure est applicable sont adressées, lorsqu'elles sont relatives à des offices de notaire dans les départements du Haut-Rhin, du Bas-Rhin et de la Moselle, par lettre recommandée avec accusé de réception.

NB : Se reporter aux dispositions de l'article 4 du décret n° 2016-1509 du 9 novembre 2016 concernant l'entrée en vigueur du décret n° 67-868 du 2 octobre 1967. L'arrêté du 10 novembre 2016 (nor JUSC1632648 A) a précisé la date d'entrée en vigueur au 16 novembre 2016 14 h.

Art. 142 *(D. n° 2017-711, 2 mai 2017)*. – Le présent décret est applicable à Saint-Pierre-et-Miquelon sous réserve des adaptations suivantes :

1° Les mots : « greffier du tribunal de commerce ou du tribunal de grande instance statuant commercialement » sont remplacés par les mots : « greffier du tribunal de première instance statuant commercialement » ;

2° Les mots : « tribunal d'instance » et : « tribunal de grande instance » sont remplacés par les mots : « tribunal de première instance » ;

3° Les mots : « procureur général » et : « procureur général près la cour d'appel » sont remplacés par les mots : « procureur de la République près le tribunal supérieur d'appel » ;

4° Les attributions dévolues par l'article 20 au président de la chambre départementale des notaires ou à son délégué sont exercées par le président du tribunal de première instance ;

5° À l'article 50, les mots : « La liste des notaires du département » sont remplacés par les mots : « La liste des notaires exerçant à Saint-Pierre-et-Miquelon » ;

6° Les attributions dévolues au président de la chambre départementale des notaires par l'article 89-1 sont exercées par le président de l'établissement d'utilité publique existant pour les notaires du département de la Martinique.

8.2.18.2. – Sociétés d'exercice libéral

Décret n° 93-78 du 13 janvier 1993

pris pour l'application à la profession de notaire de la loi n° 90-1258 du 31 décembre 1990 relative à l'exercice sous forme de sociétés des professions libérales soumises à un statut législatif ou réglementaire ou dont le titre est protégé

(JO 21 janv.)

(Mod., D. n° 2004-364, 22 avr. 2004 : JO 25 avr. ; D. n° 2004-856, 23 août 2004)

TITRE PREMIER. – DES SOCIÉTÉS D'EXERCICE LIBÉRAL DE NOTAIRES

Bibliographie : J.-F. Pillebout, *JCl. Sociétés traité*, Fasc. 192-35.

Art. 1er ***(Mod., D. n° 2004-856, 23 août 2004 ; D. n° 2016-880, 29 juin 2016 ; rempl., D. n° 2017-800, 5 mai 2017).*** **– Les dispositions du présent titre sont applicables aux sociétés d'exercice libéral constituées pour l'exercice de la profession de notaire en application du titre Ier de la loi [n° 90-1258] du 31 décembre 1990 susvisée.**

Sous réserve des dispositions du décret n° 2017-794 du 5 mai 2017 relatif à la constitution, au fonctionnement et au contrôle des sociétés pluri-professionnelles d'exercice de professions libérales juridiques, judiciaires et d'expertise-comptable prévues au titre IV *bis* de la loi n° 90-1258 du 31 décembre 1990, les dispositions du présent titre sont également applicables aux sociétés pluri-professionnelles d'exercice constituées pour exercer notamment la profession de notaire en application des titres Ier et IV *bis* de la loi [n° 90-1258] du 31 décembre 1990 susvisée, à l'exception des dispositions de l'article 6, du deuxième alinéa de l'article 20, des articles 51 et 61 et de la dernière phrase du dernier alinéa de l'article 83-2.

CHAPITRE I. – CONSTITUTION DE LA SOCIÉTÉ

Section I. – Dispositions générales. Nomination

Art. 2 ***(Mod., D. n° 2016-880, 29 juin 2016).*** **– La société d'exercice libéral est titulaire d'un ou plusieurs offices notariaux. Son siège est celui de l'office ou de l'un des offices.**

Les dispositions du premier alinéa ne font pas obstacle à la détention d'une partie du capital d'une société, autre qu'une société civile professionnelle, nommée dans un autre office.

Sous-section 1. – Société d'exercice libéral constituée par des personnes physiques

Art. 3 ***(Mod., D. n° 2004-856, 23 août 2004 ; D. n° 2016-880, 29 juin 2016).*** **– I. – Lorsqu'aucun de ses associés n'est titulaire d'un office, la société d'exercice libéral peut être nommée dans un office existant ou dans un office créé.**

II. – Lorsque l'un au moins des associés est titulaire d'un office, la société d'exercice libéral peut être nommée dans un ou plusieurs offices relevant des catégories suivantes :

1° L'office dont un associé est titulaire, en remplacement de celui-ci ;

2° Un autre office existant ;

3° Un office créé.

L'office dont l'associé est titulaire et dans lequel la société n'est pas nommée est pourvu d'un nouveau titulaire ou supprimé lorsque cet associé entend exercer au sein de la société.

III. – Une personne physique remplissant les conditions requises pour exercer la profession peut également constituer une société d'exercice libéral à associé unique nommée titulaire d'un office existant ou d'un office créé.

Art. 4 *(Mod., D. n° 2016-880, 29 juin 2016 ; D. n° 2017-895, 6 mai 2017)*. – La demande de nomination d'une société régie par les dispositions de l'article 3 est présentée par le mandataire de la société ou, si celle-ci n'est pas encore constituée, par le mandataire des associés, conjointement à la demande de nomination de ceux des associés qui entendent exercer la profession de notaire dans l'office.

La demande de nomination d'un associé dans un autre office de la société que celui dans lequel il exerce est présentée dans les mêmes conditions.

Art. 4-1 *(D. n° 2016-880, 29 juin 2016)*. – Lorsqu'une société régie par les dispositions de l'article 3 demande sa nomination en qualité de titulaire d'un office créé ou vacant, la nomination est faite dans les conditions prévues aux articles 49 à 56 du décret n° 73-609 du 5 juillet 1973 susvisé.

Art. 5 *(Mod., D. n° 2016-880, 29 juin 2016 ; D. n° 2017-895, 6 mai 2017)*. – La nomination d'une société d'exercice libéral dans un office de notaire et la nomination de chacun des associés qui exerceront au sein de la société la profession de notaire sont prononcées par arrêté du garde des Sceaux, ministre de la Justice.

L'acceptation de la démission des notaires futurs associés, la suppression des offices dont ils sont titulaires, le transfert des minutes de ces offices ainsi que la création de l'office dont la société sera titulaire sont prononcés par le même arrêté.

Une société ne peut être nommée dans plusieurs offices de notaire que si, dans chacun des offices, au moins un associé exerçant la profession de notaire au sein de cette société est nommé pour y exercer. Chacun de ces associés est nommé par arrêté pour exercer dans un seul office. Il peut ultérieurement être nommé pour exercer dans un autre office de la même société soit par l'arrêté nommant la société dans cet autre office, soit par un arrêté postérieur. Dans ces deux hypothèses, l'arrêté met fin également à ses fonctions dans le précédent office.

Art. 6. – La société est constituée sous la condition suspensive de sa nomination par le garde des Sceaux, ministre de la Justice. La condition est réputée acquise à la date de publication de l'arrêté prévu à l'article 5.

Art. 7 *(Mod., D. n° 2009-452, 22 avr. 2009 ; D. n° 2016-880, 29 juin 2016)*. – La demande mentionnée à l'article 4 est adressée au garde des Sceaux, ministre de la Justice, par téléprocédure sur le site internet du ministère de la Justice. Elle est accompagnée de toutes pièces justificatives et notamment d'une attestation du greffier du tribunal de commerce ou du tribunal de grande instance statuant commercialement du lieu du siège social, constatant le dépôt au greffe de la demande et des pièces nécessaires à l'immatriculation ultérieure de la société au registre du commerce et des sociétés ainsi que, lorsqu'un ou plusieurs des futurs associés qui exerceront au sein de la société doit contracter un emprunt, et que la société est candidate à la nomination dans un office existant ou vacant, des éléments permettant d'apprécier ses possibilités financières au regard des engagements contractés et de la liste des associés avec leur profession et la part de capital qu'ils détiennent.

Art. 8 *(Mod., D. n° 2009-452, 22 avr. 2009 ; D. n° 2016-880, 29 juin 2016)*. – I. – Le bureau du Conseil supérieur du notariat communique au garde des Sceaux, ministre de la Justice, dans les vingt jours suivant sa demande, toute information dont il dispose permettant à celui-ci d'apprécier les capacités professionnelles et l'honorabilité de chacun des associés qui entend exercer dans la société *(Mots aj., D. n° 2017-800, 5 mai 2017)* « la profession de notaire » et de chacune des personnes mentionnées au II qui relèvent de ses attributions.

II. – Les associés n'exerçant pas la profession *(Mots aj., D. n° 2017-800, 5 mai 2017)* « de notaire » au sein de la société ainsi que les représentants légaux qui ne sont pas associés et les personnes physiques membres des organes d'administration, de direction ou de surveillance de la société doivent présenter des garanties suffisantes en ce qui concerne leur honorabilité.

III. – Le garde des Sceaux, ministre de la Justice, rejette la demande d'agrément de la société si les conditions légales ou réglementaires auxquelles elle est soumise, y compris celle mentionnée au II, ne sont pas remplies.

Art. 9 *(Abr., D. n° 2016-880, 29 juin 2016)*.

Art. 10 *(Mod., D. n° 97-1188, 24 déc. 1997 ; D. n° 2016-880, 29 juin 2016)*. – L'ouverture d'un bureau annexe est autorisée par le garde des Sceaux, ministre de la Justice, dans les conditions prévues aux articles 2-7, 10 et 11 du décret du 26 novembre 1971 précité. La demande est adressée au garde des

Sceaux, ministre de la Justice, par téléprocédure sur le site internet du ministère de la Justice. Le ou les bureaux annexes ainsi ouverts restent attachés à l'office sans qu'il soit besoin, lors de la nomination d'un nouveau titulaire, de renouveler l'autorisation accordée.

Sous-section 2. – Fusion de sociétés d'exercice libéral titulaires d'un office notarial

§ 1. – Fusion par constitution d'une nouvelle société

Art. 11 *(Mod., D. n° 2016-880, 29 juin 2016).* – Des sociétés d'exercice libéral peuvent constituer par voie de fusion, entre elles ou avec d'autres sociétés titulaires d'un office, une nouvelle société d'exercice libéral qui peut être nommée dans un ou plusieurs offices relevant d'une des catégories suivantes :

a) Un office dont l'une d'elle est titulaire, en remplacement de celle-ci ;

b) Un autre office existant ;

c) Un office créé.

Les offices dont les sociétés participant à la fusion sont titulaires, autres que celui ou ceux auxquels la société nouvelle est nommée, sont pourvus d'un nouveau titulaire ou supprimés.

Art. 12 *(Mod., D. n° 2016-880, 29 juin 2016 ; D. n° 2017-895, 6 mai 2017).* – La nomination de la nouvelle société d'exercice libéral dans un office de notaire et la nomination de chacun des associés qui exerceront au sein de la société la profession de notaire sont prononcées par arrêté du garde des Sceaux, ministre de la Justice.

La dissolution des sociétés d'exercice libéral ou des sociétés civiles professionnelles participant à cette fusion prend effet à la date à laquelle elle est constatée par l'arrêté qui prononce la suppression des offices dont elles sont titulaires, le transfert des minutes de ces offices et, le cas échéant, la création de l'office dont la nouvelle société sera titulaire ou la nomination de la nouvelle société dans le ou les offices dont elles sont titulaires.

Sont applicables aux fusions de sociétés les dispositions de l'article 4, du dernier alinéa de l'article 5 et des articles 6 à 10 et, en outre, en cas de création d'office, celles de l'article 4-1.

§ 2. – Fusion par absorption

Art. 13 *(Mod., D. n° 2016-880, 29 juin 2016).* – Une société d'exercice libéral peut absorber une ou plusieurs sociétés titulaires d'un office notarial. La société absorbante peut être nommée dans un ou plusieurs offices relevant d'une des catégories suivantes :

a) Un office dont l'une des sociétés absorbées est titulaire, en remplacement de celle-ci ;

b) Un autre office existant ;

c) Un office créé.

Les offices dont les sociétés absorbées sont titulaires, autres que celui ou ceux auxquels la société nouvelle est nommée, sont pourvus d'un nouveau titulaire ou supprimés.

Art. 14 *(Mod., D. n° 2016-880, 29 juin 2016 ; D. n° 2017-895, 6 mai 2017).* – La nomination de chacun des associés membres des sociétés absorbées et exerçant au sein de la société absorbante la profession de notaire est prononcée par arrêté du garde des Sceaux, ministre de la Justice.

La dissolution des sociétés absorbées prend effet à la date à laquelle elle est constatée par l'arrêté qui prononce la suppression des offices dont elles sont titulaires, le transfert des minutes de ces offices et, le cas échéant, la création de l'office dont la société absorbante sera titulaire ou la nomination de la société absorbante dans le ou les offices dont les sociétés absorbées sont titulaires.

Sont applicables aux absorptions de sociétés les dispositions de l'article 4, du dernier alinéa de l'article 5 et des articles 6 à 10 et, en outre, en cas de création d'office, celles de l'article 4-1.

Sous-section 3. – Société d'exercice libéral constituée par voie de scission

Art. 15 *(Mod., D. n° 2016-880, 29 juin 2016).* – Une société peut, par voie de scission, constituer deux ou plusieurs sociétés d'exercice libéral. L'une d'elles peut être nommée dans l'office dont la société scindée était titulaire en remplacement de celle-ci. Si la société scindée était titulaire de plusieurs offices, les sociétés issues de la scission peuvent être nommées chacune dans un ou plusieurs de ces offices. À défaut, le ou les offices sont déclarés vacants ou supprimés.

Les autres sociétés d'exercice libéral issues de cette scission peuvent être nommées dans des offices existants ou créés.

Art. 16 *(Mod., D. n° 2016-880, 29 juin 2016 ; D. n° 2017-895, 6 mai 2017).* – La nomination des nouvelles sociétés d'exercice libéral et la nomination de chacun des associés exerçant au sein de la société la profession de notaire sont prononcées par arrêté du garde des Sceaux, ministre de la Justice.

La dissolution de la société scindée prend effet à la date à laquelle elle est constatée par l'arrêté qui prononce la suppression de l'office dont elle est titulaire, la répartition des minutes de cet office et, le cas échéant, la création des offices dont les nouvelles sociétés seront titulaires ou la nomination des nouvelles sociétés dans le ou les offices dont elle est titulaire.

Sont applicables aux scissions de sociétés les dispositions de l'article 4, du dernier alinéa de l'article 5 et des articles 6 à 10 et, en outre, en cas de création d'office, celles de l'article 4-1.

Sous-section 4. – Transformation d'une société civile professionnelle en société d'exercice libéral

Art. 17 *(Mod., D. n° 2016-880, 29 juin 2016).* – Une société d'exercice libéral constituée par transformation d'une société constituée sous une autre forme sociale et titulaire d'un office doit être agréée par arrêté du garde des Sceaux, ministre de la Justice. La demande est transmise par téléprocédure sur le site internet du ministère de la Justice.

Section II. – Capital social. Actions et parts sociales

Art. 18. – Peuvent faire l'objet d'apports à une société d'exercice libéral :

a) L'exercice par un notaire démissionnaire, un gérant d'une société civile professionnelle ou un représentant légal d'une société d'exercice libéral en voie de dissolution ou par un liquidateur d'une société dissoute, du droit de présenter la société pour successeur à l'agrément du garde des Sceaux, ministre de la Justice ;

b) L'exercice, par un ou plusieurs ayants droit d'un notaire décédé, de leur droit de présenter la société pour successeur de leur auteur à l'agrément du garde des Sceaux, ministre de la Justice ;

c) Le bénéfice résultant pour la société de la suppression de l'office du notaire démissionnaire, de la société d'exercice libéral ou de la société civile professionnelle dissoute ou en voie de dissolution ;

d) Tous droits incorporels et tous meubles utiles à l'exercice de la profession de notaire ;

e) Les immeubles devant servir à l'établissement du siège de l'office et, le cas échéant, des bureaux annexes ;

f) Toutes sommes en numéraire.

Art. 19. – Les actions ou les parts sociales attribuées en contrepartie des apports en nature mentionnés aux *a*, *b* et *c* de l'article 18 sont réputées libérées par l'engagement pris dans l'acte de société par les apporteurs intéressés d'exercer leur droit de présentation en faveur de la société ou, le cas échéant, de démissionner de leurs fonctions en demandant la suppression de l'office dont ils sont titulaires, le tout sous réserve de la condition suspensive prévue à l'article 6.

Les actions ou parts sociales d'une société d'exercice libéral titulaire d'un office notarial ne peuvent être ni données en nantissement ni vendues aux enchères publiques.

Le retrait des fonds provenant des souscriptions en numéraire est effectué par un mandataire de la société sur la seule justification de la nomination de celle-ci dans les fonctions de notaire.

Section III. – Publicité. Entrée en fonctions

Art. 20 *(Mod., D. n° 2009-452, 22 avr. 2009 ; D. n° 2016-880, 29 juin 2016).* – L'immatriculation de la société au registre du commerce et des sociétés est régie par la section I du chapitre III du titre II du livre Ier du Code de commerce sous réserve des dispositions ci-après.

Une ampliation de l'arrêté de nomination prévu à l'article 5 est adressée au greffe du tribunal où a été déposée la demande d'immatriculation au registre du commerce et des sociétés. Au reçu de cette ampliation, le greffier procède à l'immatriculation et en informe le garde des Sceaux, ministre de la Justice, ainsi que le procureur général près la cour d'appel dans le ressort de laquelle est fixé le siège de la société.

La société est dispensée de procéder aux formalités de publicité prévues à la section III du titre Ier du livre II du Code de commerce.

Art. 21. – Les dispositions législatives ou réglementaires relatives à la prestation de serment, au dépôt de la signature et du paraphe des personnes physiques nommées dans les fonctions de notaire sont applicables aux notaires associés exerçant au sein de la société.

La société ne peut entrer en fonctions qu'après la prestation de serment de tous ses membres exerçant en son sein *(Mots aj., D. n° 2017-800, 5 mai 2017)* « la profession de notaire ». Ceux-ci n'ont le droit d'instrumenter qu'à compter du jour où ils ont prêté serment.

L'associé, précédemment titulaire d'un office de notaire, qui a fait apport de son droit de présentation à la société, n'a pas à renouveler son serment.

Tout associé qui, exerçant ses fonctions *(Mots aj., D. n° 2017-800, 5 mai 2017)* « de notaire » au sein de la société, n'a pas prêté serment dans le mois suivant la publication de l'arrêté prévu au premier alinéa de l'article 5 peut, sauf cas de force majeure, être déchu par arrêté du garde des sceaux, ministre de la justice, de sa qualité d'associé et ses actions ou parts sociales sont cédées dans les conditions fixées à l'article 28.

CHAPITRE II. – FONCTIONNEMENT DE LA SOCIÉTÉ

Section I. – Cessions et transmissions d'actions et de parts sociales

§ 1. – Cessions d'actions et de parts sociales entre vifs en vue de l'exercice de la profession au sein de la société

Art. 22 *(Mod., D. n° 2009-452, 22 avr. 2009 ; D. n° 2016-1509, 9 nov. 2016)*. – Toute convention par laquelle un des associés cède en vue de l'exercice de la profession *(Mots aj., D. n° 2017-800, 5 mai 2017)* « de notaire » au sein de la société la totalité ou une fraction de ses actions ou parts sociales à un tiers à la société est passée sous la condition suspensive de l'agrément du cessionnaire et, s'il y a lieu, de l'approbation du retrait du cédant, prononcés par arrêté du garde des Sceaux, ministre de la Justice.

Lorsque le consentement de la société est acquis dans les conditions prévues par les articles L. 223-14 et L. 228-24 du Code de commerce et par l'article 10 de la loi du 31 décembre 1990 précitée, le cessionnaire adresse au garde des Sceaux, ministre de la Justice, une requête tendant à sa nomination en qualité de notaire associé exerçant au sein de la société.

Cette requête est transmise par téléprocédure sur le site internet du ministère de la Justice. Elle est accompagnée de l'expédition de l'acte de cession si celui-ci a été établi dans la forme authentique ou de l'un des originaux de cet acte dans le cas contraire ainsi que de toutes pièces justificatives, notamment celles qui établissent le consentement exprès ou tacite donné par la société à la cession, sans préjudice de celles exigées de tout candidat aux fonctions de notaire ; lorsque le futur associé doit contracter un emprunt, il doit, en outre, produire les éléments permettant d'apprécier ses possibilités financières au regard des engagements contractés.

Le prix de cession et ses modalités de paiement sont fixés par les parties.

L'article 8 est applicable s'agissant d'apprécier les capacités professionnelles et l'honorabilité du cessionnaire.

Art. 23 *(Mod., D. n° 2009-452, 22 avr. 2009 ; D. n° 2016-1509, 9 nov. 2016)*. – Si la société n'agrée pas le cessionnaire proposé, il est procédé conformément aux dispositions des articles L. 223-14 et L. 228-24 du Code de commerce.

Si l'acquéreur est un tiers à la société, les dispositions de l'article 22 sont applicables.

Si les actions ou parts sociales sont acquises par la société ou par un ou plusieurs associés exerçant en son sein *(Mots aj., D. n° 2017-800, 5 mai 2017)* « la profession de notaire », il est procédé conformément à l'article 24. En ce cas, l'expédition ou l'un des originaux de l'acte de cession est adressé au garde des Sceaux, ministre de la Justice, par téléprocédure sur le site internet du ministère de la justice, avant expiration du délai prévu aux articles L. 223-14 et L. 228-24 du Code de commerce.

Le cessionnaire prend, par écrit, l'engagement de payer le prix fixé ; son engagement est joint à sa requête et une copie du projet d'acte de cession tient lieu de l'expédition ou de l'un des originaux visés au troisième alinéa de l'article 22.

Lorsque l'associé cédant refuse de signer l'acte portant cession de ses actions ou parts sociales à la société, à ses coassociés, à l'un ou plusieurs d'entre eux ou un tiers, il est passé outre à son refus deux mois après la sommation par lettre recommandée avec demande d'avis de réception à lui faite par la société et demeurée infructueuse. Son retrait de la société est prononcé par arrêté du garde des Sceaux, ministre de la Justice, et le prix de cession des parts est consigné à la diligence du cessionnaire.

Art. 24 *(Mod., D. n° 2009-452, 22 avr. 2009 ; D. n° 2016-880, 29 juin 2016).* – Toute modification de la répartition ou du nombre des actions ou parts sociales détenues par les associés est portée à la diligence de la société et des associés concernés, à la connaissance du garde des Sceaux, ministre de la Justice, par téléprocédure sur le site internet du ministère de la Justice, dans un délai de trente jours.

Art. 25. – Les articles 22, 23 et 24 sont également applicables à la cession ou à la transmission à titre gratuit de tout ou partie de ses actions ou parts sociales consentie par l'un des associés.

Art. 26 *(Mod., D. n° 2016-880, 29 juin 2016 ; D. n° 2017-800, 5 mai 2017).* – Lorsqu'un associé exerçant la profession de notaire demande son retrait de la société en cédant la totalité de ses actions ou parts sociales, il est procédé conformément aux dispositions des articles 22 et 23.

Toutefois, un associé qui entend cesser d'exercer au sein de la société la profession de notaire tout en conservant ses actions ou parts sociales peut demander son retrait en qualité d'associé exerçant au sein de la société [la profession de notaire], après en avoir informé la société et ses associés par lettre recommandée avec demande d'avis de réception. Il perd les droits attachés à cette qualité à compter de la publication de l'arrêté constatant son retrait.

Tout retrait d'une société par un associé exerçant en son sein la profession de notaire est prononcé par arrêté du garde des Sceaux, ministre de la Justice.

Art. 27. – En cas d'empêchement ou d'inaptitude d'un associé exerçant au sein de la société *(Mots aj., D. n° 2017-800, 5 mai 2017)* « la profession de notaire » dans les conditions prévues par le deuxième alinéa de l'article 45 de l'ordonnance n° 45-1418 du 28 juin 1945 susvisée, cet associé est déclaré démissionnaire d'office par arrêté du garde des Sceaux, ministre de la Justice.

Art. 28 *(Mod., D. n° 2016-880, 29 juin 2016 ; D. n° 2017-800, 5 mai 2017).* – L'associé destitué exerçant au sein de la société la profession de notaire dispose d'un délai de six mois à compter du jour où la décision de destitution est passée en force de chose jugée pour céder ses actions ou parts sociales à un tiers à la société dans les conditions prévues à l'article 22.

Si, à l'expiration de ce délai, aucune cession n'est intervenue, il est procédé conformément aux dispositions de l'article 23.

L'associé destitué peut également, avant l'expiration du délai précité, céder ses actions ou parts sociales à la société, aux autres associés exerçant au sein de la société la profession de notaire ou à l'un ou plusieurs de ceux-ci, dans les conditions prévues à l'article 24, ou à une autre personne remplissant les conditions prévues aux articles 5 et 6 de la loi [n° 90-1258] du 31 décembre 1990 susvisée ou, s'agissant des sociétés pluri-professionnelles d'exercice, à une autre personne remplissant les conditions prévues à l'article 31-6 de cette loi.

Art. 29 *(Mod., D. n° 2016-880, 29 juin 2016 ; D. n° 2017-800, 5 mai 2017).* – Sous réserve des règles de protection et de représentation des majeurs protégés, les dispositions de l'article 28 sont applicables à la cession d'actions ou de parts sociales de l'associé placé sous le régime de la tutelles, s'il ne veut ou ne peut bénéficier des dispositions du 2° B du I de l'article 5 de la loi [n° 90-1258] du 31 décembre 1990 précitée, ou de l'associé frappé d'interdiction légale.

Elles sont également applicables à la cession d'actions ou de parts sociales de l'associé dont l'exclusion de la société a été décidée dans les cas mentionnés à l'article 45.

Le délai de six mois imparti à l'associé exclu pour céder ses actions ou parts sociales court à compter du jour où la décision des autres associés prononçant son exclusion lui a été notifiée par lettre recommandée avec demande d'avis de réception.

Lorsque la société d'exercice libéral est une société pluri-professionnelle d'exercice, les dispositions du présent article s'appliquent aux seuls associés exerçant la profession de notaire.

§ 2. – Cessions d'actions et de parts sociales n'ayant pas pour but l'exercice de la profession de notaire au sein de la société

(Intitulé rempl., D. n° 2016-880, 29 juin 2016 ; mod., D. n° 2017-800, 5 mai 2017)

Art. 30 *(Mod., D. n° 2009-452, 22 avr. 2009 ; D. n° 2016-880, 29 juin 2016 ; D. n° 2017-800, 5 mai 2017).* – **Sans préjudice des dispositions des articles L. 223-14 et L. 228-24 du Code de commerce et de l'article 10 de la loi [n° 90-1258] du 31 décembre 1990 précitée, tout projet de cession d'actions ou de parts sociales aux personnes mentionnées au B du I de l'article 5 de la loi [n° 90-1258] du 31 décembre 1990 précitée et au 3° du I de l'article 6 de la même loi fait l'objet d'une déclaration.**

La déclaration est adressée au garde des Sceaux, ministre de la Justice, par téléprocédure sur le site internet du ministère de la Justice, à la diligence de la société et des associés concernés, deux mois au moins avant la réalisation de la cession.

Le garde des Sceaux, ministre de la Justice, peut, dans un délai de deux mois après réception de la demande, s'opposer au projet par décision motivée.

Les dispositions du présent article sont également applicables à tout projet de cession d'actions ou de parts sociales d'une société pluri-professionnelle d'exercice à une personne remplissant les conditions prévues à l'article 31-6 de la loi du 31 décembre 1990 précitée lorsque la cession n'est pas réalisée en vue de l'exercice de la profession de notaire au sein de la société.

Art. 31 *(Mod., D. n° 2009-452, 22 avr. 2009 ; D. n° 2012-403, 23 mars 2012 ; D. n° 2016-880, 29 juin 2016).* – **Dans les cas visés au 4° du B du I de l'article 5 de la loi du 31 décembre 1990 précitée, les statuts de la société doivent être joints à la convention transmise au garde des Sceaux, ministre de la Justice.**

§ 3. – Publicité

Art. 32 *(Mod., D. n° 2016-880, 29 juin 2016).* – **Dans le cas prévu au cinquième alinéa de l'article 23, la publicité de la cession d'actions et de parts sociales résulte du dépôt au greffe du tribunal chargé de la tenue du registre du commerce et des sociétés du lieu du siège social de la société de deux copies de la sommation adressée au cédant et des pièces justificatives de la signification de cette sommation.**

Art. 33 *(Mod., D. n° 2016-880, 29 juin 2016).* – **À la diligence de la société, une copie de chacun des arrêtés pris pour l'application des articles 22 à 29 et des déclarations faites au garde des Sceaux, ministre de la Justice, pour l'application de l'article 30, est adressée au greffe du tribunal chargé de la tenue du registre du commerce et des sociétés du lieu du siège social de la société.**

Section II. – Nomination de nouveaux notaires associés exerçant au sein de la société. Augmentation du capital social. Prorogation de la société

Art. 34. – **Tout nouvel associé exerçant au sein de la société** *(Mots aj., D. n° 2017-800, 5 mai 2017)* **« la profession de notaire » doit être agréé par le garde des Sceaux, ministre de la Justice, qui le nomme en qualité de notaire associé.**

Art. 35 *(Mod., D. n° 2016-880, 29 juin 2016).* – **Si la nomination du nouvel associé intervient à l'occasion d'une augmentation du capital social, les dispositions des articles 5, 7 et 8, sont applicables.**

La décision d'augmenter le capital social est prise sous la condition suspensive de l'agrément du nouvel associé par le garde des Sceaux, ministre de la Justice.

Par dérogation à l'alinéa précédent, lorsque le nouvel associé n'exerce pas au sein de la société, l'augmentation de capital fait l'objet d'une déclaration dans les conditions définies aux articles 30 et 31.

Si le nouvel associé apporte à la société le bénéfice résultant de la suppression de l'office dont il était titulaire au moment de son entrée dans la société, le siège de celle-ci peut être transféré au lieu où était établi cet office.

Art. 36. – **Toute décision de proroger la société doit être immédiatement portée à la connaissance du garde des Sceaux, ministre de la Justice, par le représentant légal de la société.**

Section III. – Exercice des fonctions de notaire par la société et les associés

§ 1. – Exercice de la profession. Interdictions et incompatibilités diverses

Art. 37. – **Outre les mentions prévues à l'article 2 de la loi [n° 90-1258] du 31 décembre 1990 précitée, toute correspondance ou tout document émanant de la société doit indiquer sa qualité de société titulaire d'un office notarial.**

Dans tous les actes authentiques reçus ou dressés par lui et dans toutes les correspondances, chaque associé exerçant au sein de la société *(Mots aj., D. n° 2017-800, 5 mai 2017)* **« la profession de notaire » indique son titre de notaire, sa qualité d'associé de la société d'exercice libéral et l'adresse du siège de cette société.**

Chaque notaire, exerçant au sein de la société, a un sceau indiquant son nom, sa qualité de notaire et le lieu du siège de l'office.

Un notaire qui a conclu une convention avec un tiers ne pouvant, en vertu des articles 37, 38 et 39 du décret du 13 janvier 1993, se substituer dans cette convention la société dont il est l'associé, la société ne peut agir en responsabilité contractuelle contre le tiers contractant s'agissant d'une convention signée par le notaire, ne faisant pas état de sa qualité d'associé de la SELARL, ne comportant aucune référence à cette société, et alors qu'il n'était pas établi que le tiers contractant eut été avisé que son cocontractant était la SELARL : ▪ Cass. 1re civ., 21 févr. 2006 : *JurisData* n° 2006-032287 ; *Dr. sociétés* avr. 2006, n° 61, obs. H. Hovasse.

Art. 38 *(Mod., D. n° 2016-880, 29 juin 2016 ; D. n° 2017-800, 5 mai 2017)*. – **Un notaire associé exerçant au sein d'une société d'exercice libéral ne peut exercer la profession de notaire à titre individuel, en qualité de membre d'une autre société, quelle qu'en soit la forme, ou en qualité de notaire salarié.**

Si la société est titulaire de plusieurs offices de notaire, il est nommé et exerce dans un seul de ces offices de notaire de notaires.

NB : Conformément à l'article 10 du décret n° 2016-880 du 29 juin 2016, l'article 38 dans sa rédaction en vigueur à la date de publication du présent décret, demeure applicables aux sociétés d'exercice libéral constituées respectivement pour l'exercice des professions d'huissier de justice, de commissaire-priseur judiciaire et de notaire avant cette date et cela jusqu'au 31 décembre 2016. Les associés peuvent néanmoins convenir, à la majorité prévue pour la modification des statuts de la société, que les dispositions nouvelles de cet article 38 leur sont applicables.

Art. 39 *(Mod., D. n° 2016-880, 29 juin 2016)*. – **Chaque notaire associé, exerçant au sein d'une société d'exercice libéral, exerce les fonctions de notaire au nom de cette société.**

Notamment, il dresse et reçoit au nom de celle-ci tous actes et contrats auxquels les parties doivent ou veulent faire conférer l'authenticité ; il scelle et délivre toutes copies exécutoires, toutes copies authentiques et tous extraits d'actes, même des actes reçus par un autre notaire associé en exercice ou par un notaire salarié de la société, ou encore des actes reçus par des notaires n'exerçant plus dans l'office et dont les minutes sont détenues par la société.

Il consacre son activité professionnelle à l'accomplissement du service public dont il a la charge, au titre de l'office dans lequel il est nommé en qualité d'associé.

Les associés exerçant au sein de la société l'informent et s'informent mutuellement de leur activité.

Le deuxième alinéa ne fait pas obstacle à l'exercice par un notaire associé d'une autre activité professionnelle, au sein de la société ou en dehors de celle-ci dès lors qu'aucune disposition législative ou réglementaire et aucune stipulation des statuts de la société ne l'interdit, que cette activité est exercée à titre accessoire et qu'elle est compatible avec l'accomplissement du service public dont il a la charge ainsi qu'avec les règles de déontologie de la profession.

Le notaire associé qui fait usage de la dérogation prévue au précédent alinéa en informe la chambre départementale ou interdépartementale des notaires dont il relève dans un délai de trente jours suivant le début de l'activité concernée. La chambre départementale ou interdépartementale peut lui demander tous renseignements ou documents utiles pour lui permettre d'apprécier si les exigences de compatibilité prévues à l'alinéa précédent sont satisfaites.

NB : Conformément à l'article 10 du décret n° 2016-880 du 29 juin 2016, l'article 39 dans sa rédaction en vigueur à la date de publication du présent décret, demeure applicables aux sociétés d'exercice libéral constituées respectivement pour l'exercice des professions d'huissier de justice, de commissaire-priseur judiciaire et de notaire avant cette date et cela jusqu'au 31 décembre 2016. Les associés peuvent néanmoins convenir, à la majorité prévue pour la modification des statuts de la société, que les dispositions nouvelles de cet article 39 leur sont applicables.

Art. 40. – Sous réserve de l'application des dispositions figurant sous le présent titre, toutes dispositions législatives ou réglementaires relatives à l'exercice des fonctions de notaire par des personnes physiques, à titre individuel, sont applicables à une société d'exercice libéral titulaire d'un office notarial et aux notaires associés exerçant en son sein.

Les notaires en exercice au sein d'une même société d'exercice libéral ne peuvent recevoir ensemble un acte nécessitant le concours de deux notaires.

Art. 41. – Les dispositions des articles 50, 51 et 52 du décret n° 67-868 du 2 octobre 1967 susvisé, en tant qu'elles concernent les notaires associés et les sociétés titulaires d'un office notarial, s'appliquent aux sociétés d'exercice libéral et à leurs associés exerçant la profession de notaire au sein de la société.

Art. 41 *bis* *(D. n° 2016-1509, 9 nov. 2016)*. – L'associé qui souhaite bénéficier de l'autorisation de prolongation d'activité prévue en cas d'atteinte de la limite d'âge en informe la société et ses autres associés. Il les informe également de la suite réservée à sa demande.

§ 1 *bis*. – Tenue des répertoires, conservation des minutes et autres documents professionnels

Art. 41 *ter* *(D. n° 2016-1509, 9 nov. 2016)*. – Lorsque la société est titulaire de plusieurs offices *(Mots aj., D. n° 2017-800, 5 mai 2017)* « de notaire », il est tenu un répertoire par office, conformément à l'article 23 du décret n° 71-941 du 26 novembre 1971 relatif aux actes établis par les notaires, et la conservation des minutes, des répertoires, des autres registres professionnels, des copies exécutoires, des copies authentiques et des dossiers de clients est assurée au sein de chaque office.

§ 2. – Comptabilité notariale. Caisse de garantie

Art. 42 *(D. n° 2016-1509, 9 nov. 2016)*. – Les règles concernant la tenue de la comptabilité des notaires sont applicables à la société. Tous les registres et documents prévus par les textes législatifs ou réglementaires sont ouverts ou établis au nom de la société.

Lorsque la société est titulaire de plusieurs offices*(Mots aj., D. n° 2017-800, 5 mai 2017)* « de notaire », une comptabilité distincte est tenue pour chaque office et la société doit disposer d'un compte destiné à recevoir les fonds détenus pour le compte de tiers par office.

Art. 43. – Toute société d'exercice libéral titulaire d'un office notarial est affiliée à la caisse régionale de garantie de la responsabilité professionnelle des notaires et tenue de contracter une assurance de responsabilité professionnelle conformément aux dispositions réglementaires en vigueur.

(D. n° 2017-800, 5 mai 2017) Dans les sociétés pluri-professionnelles d'exercice, la garantie de la caisse régionale de garantie de la responsabilité professionnelle des notaires et le contrat d'assurance souscrit par le Conseil supérieur du notariat en application de l'article 6-2 de l'ordonnance [n° 45-2590] du 2 novembre 1945 susvisée ne couvrent que les dommages survenus dans le cadre de l'exercice de la profession de notaire.

§ 3. – Discipline. Suppléance. Honorariat

Art. 44 *(Mod., D. n° 2017-800, 5 mai 2017)*. – Sous réserve des articles 45 à 49, les dispositions de l'ordonnance n° 45-1418 du 28 juin 1945 précitée concernant la discipline des notaires sont applicables à la société et aux associés exerçant en son sein la profession de notaire.

La société ne peut faire l'objet de poursuites disciplinaires indépendamment de celles qui seraient intentées contre les associés exerçant en son sein la profession de notaire.

Art. 45. – Tout associé exerçant au sein de la société qui a fait l'objet d'une condamnation disciplinaire passée en force de chose jugée à une peine égale ou supérieure à trois mois d'interdiction dans l'exercice de sa profession ou d'une condamnation pénale définitive à une peine d'emprisonnement égale ou supérieure à trois mois peut être contraint, à l'unanimité des autres associés exerçant au sein de la société, de se retirer de celle-ci.

Ses actions ou parts sociales sont cédées dans les conditions prévues aux deuxième et troisième alinéas de l'article 28.

Art. 46 *(Mod. à compter des dates prévues aux II et IV de l'article 10 du décret n° 2016-880 du 29 juin 2016, D. n° 2016-880, 29 juin 2016 ; mod., D. n° 2017-800, 5 mai 2017).* – L'associé interdit de ses fonctions n'est pas de ce seul fait privé de sa qualité d'associé. Il conserve tous les droits et obligations qui en découlent.

La décision qui prononce l'interdiction d'un ou de plusieurs associés exerçant leurs fonctions au sein de l'office, mais non de la totalité d'entre eux, ne commet pas d'administrateur.

La décision qui prononce l'interdiction soit de l'office, soit de tous les associés exerçant leurs fonctions au sein de l'office, commet un ou plusieurs administrateurs pour accomplir tous actes professionnels relevant à titre obligatoire, notamment par l'effet de la loi ou par commission de justice, du ministère de l'office ou des notaires associés interdits.

Au cas où l'office et l'un ou plusieurs des associés exerçant leurs fonctions au sein l'office sont interdits, les associés non interdits sont nommés administrateurs.

Pour l'application des troisième et quatrième alinéas, peuvent être désignés en qualité d'administrateurs soit avec les associés non interdits exerçant au sein de la société, soit si tous les associés sont interdits :

a) Des notaires, des sociétés titulaires d'un office notarial ou des notaires associés ;

b) Des anciens notaires ou anciens notaires associés ;

c) Des clercs de notaire et anciens clercs de notaire répondant aux conditions d'aptitude exigées pour pouvoir être nommés notaires.

Si l'administrateur n'est pas notaire en exercice, il prête le serment exigé de tout notaire avant son entrée en fonctions ; de plus, il est tenu d'avoir un cachet ou sceau particulier portant son nom et sa qualité d'administrateur.

Nul ne peut être désigné administrateur s'il a atteint la limite d'âge prévue par l'article 2 de la loi du 25 ventôse an XI susvisée.

L'administrateur procède aux actes professionnels qu'il a mission d'accomplir.

Art. 47. – L'associé destitué est déchu de sa qualité de notaire associé et cesse l'exercice de son activité professionnelle à compter du jour où la décision prononçant sa destitution est passée en force de chose jugée. Il perd, à compter de la même date, le droit d'assister et de voter aux assemblées de la société.

Ses actions ou parts sociales sont cédées dans les conditions fixées à l'article 28.

Les dispositions de l'article 46 sont applicables en cas de destitution.

Les effets de la destitution de la société ou de tous les associés exerçant au sein de la société sont régis par l'article 61.

Art. 48. – Les dispositions de l'article 46 sont applicables aux cas où serait prononcée la suspension provisoire prévue par l'ordonnance [n° 45-1418] du 28 juin 1945 précitée.

L'associé exerçant au sein de la société provisoirement suspendu conserve, pendant la durée de sa suspension, sa qualité d'associé, avec tous droits et obligations qui en découlent ; toutefois, ses revenus liés à l'exercice professionnel sont réduits de moitié, l'autre moitié étant attribuée par parts égales aux administrateurs associés ou non ou, s'il n'est pas commis d'administrateur, à ceux des associés exerçant au sein de la société qui n'ont pas fait l'objet d'une suspension provisoire de l'exercice de leurs fonctions.

Art. 49 *(Mod., D. n° 2016-880, 29 juin 2016).* – Si l'un des associés est temporairement empêché, par cas de force majeure, d'exercer ses fonctions, sa suppléance est assurée par les autres associés exerçant au sein de la société.

Si tous les associés sont simultanément empêchés, par cas de force majeure, d'exercer leurs fonctions, la gestion de l'office est assurée, conformément aux dispositions réglementaires en vigueur.

Toutefois, le ou les suppléants sont choisis parmi les personnes énumérées aux *a*, *b* et *c* de l'article 46 et les dispositions des trois derniers alinéas du même article leur sont applicables.

Art. 50. – Les fonctions de notaire associé sont assimilées à celles de notaire pour la collation du titre de notaire honoraire.

Section IV. – Dispositions diverses

Art. 51. – Les procès-verbaux des délibérations des associés, ainsi que ceux des délibérations du conseil d'administration et du conseil de surveillance, sont établis sur un registre spécial préalablement coté et paraphé par le président de la chambre ou un membre de la chambre désigné à cet effet. Le registre est conservé au siège de la société.

Toutefois, les procès-verbaux peuvent être établis sur des feuilles mobiles numérotées sans discontinuité, paraphées dans les conditions prévues au premier alinéa du présent article. Dès qu'une feuille a été remplie, même partiellement, elle doit être jointe à celles précédemment utilisées. Toute addition, suppression, substitution ou inversion de feuilles est interdite.

CHAPITRE III. – NULLITÉ. DISSOLUTION. LIQUIDATION DE LA SOCIÉTÉ

Art. 52. – La nullité ou la dissolution de la société n'est opposable aux tiers qu'à compter de l'accomplissement des formalités de publicité prévues par l'article 57, par le deuxième alinéa de l'article 60 et par l'article 62.

Section I. – Règles générales concernant la liquidation

Art. 53. – La liquidation est régie par les statuts, sous réserve des dispositions de la loi [n° 66-537] du 24 juillet 1966 précitée et de celles du présent chapitre.

Art. 54 *(Mod., D. n° 2016-880, 29 juin 2016)*. – Le liquidateur peut être choisi soit parmi les associés exerçant leurs fonctions au sein de la société, soit parmi les personnes énumérées aux *a*, *b* et *c* du cinquième alinéa de l'article 46.

Nul ne peut être désigné liquidateur s'il a atteint la limite d'âge prévue par l'article 2 de la loi du 25 ventôse an XI susvisée.

Il peut être remplacé pour cause d'empêchement, ou pour tout autre motif grave, par le président du tribunal de grande instance du lieu du siège social de la société, statuant en référé à la demande soit du liquidateur lui-même, soit des associés ou de leurs ayants droit, soit du ministère public.

Plusieurs liquidateurs peuvent être désignés.

Art. 55. – Le liquidateur accomplit, en remplacement des associés, tous actes relevant de la profession de notaire.

Les dispositions des sixième et septième alinéas de l'article 46 lui sont applicables.

À compter de la date de prestation de serment du successeur de la société, il cesse d'avoir qualité pour accomplir, au nom de celle-ci, les actes relevant de la profession de notaire.

Art. 56. – Sauf dans le cas où la société est dissoute par l'effet de sa destitution, le liquidateur exerce, au nom de la société, le droit de présentation prévu par l'article 91 de la loi du 28 avril 1816 sur les finances susvisée.

Si, dans le délai d'un an à compter de sa désignation, le liquidateur n'a pas exercé le droit de présentation dont la société est titulaire, l'office est pourvu dans les conditions fixées par les dispositions réglementaires relatives aux offices vacants. Ce délai peut être exceptionnellement prorogé par le garde des Sceaux, ministre de la Justice.

Section II. – Dispositions particulières
aux différents cas de nullité ou de dissolution de la société

§ 1. – Nullité

Art. 57. – À la diligence du procureur de la République, toute décision judiciaire passée en force de chose jugée prononçant la nullité de la société fait l'objet d'une insertion au *Journal officiel* de la République française et d'un dépôt d'une de ses expéditions au dossier ouvert au nom de la société au greffe chargé de la tenue du registre du commerce et des sociétés.

Art. 58. – La nullité de la société ne porte pas atteinte à la validité des actes reçus ou dressés par les notaires associés exerçant au sein de la société avant la date où cette nullité est devenue définitive.

§ 2. – Dissolution par survenance du terme, dissolution anticipée

Art. 59. – Qu'elle résulte de la survenance du terme ou d'une décision de dissolution anticipée, la dissolution de la société prend effet à la date à laquelle elle est constatée par arrêté du garde des Sceaux, ministre de la Justice.

Art. 60. – À moins qu'il n'ait été désigné à la requête du procureur de la République, le liquidateur informe celui-ci de sa désignation en lui faisant parvenir une expédition de la délibération des associés ou de la décision de justice qui l'a nommé dans ses fonctions.

Le liquidateur dépose au greffe chargé de la tenue du registre du commerce et des sociétés où la société est inscrite, pour être versée au dossier ouvert au nom de la société, la copie de l'expédition mentionnée au premier alinéa, dont tout intéressé pourra obtenir communication.

Il ne peut entrer en fonctions avant l'accomplissement des formalités précitées.

§ 3. – Dissolution pour cause de destitution de la société

Art. 61. – La destitution de tous les associés exerçant au sein de la société ou de la société entraîne de plein droit la dissolution de celle-ci par extinction de son objet.

La décision qui prononce ces destitutions constate la dissolution de la société et ordonne sa liquidation.

Le liquidateur désigné remplit les fonctions de l'administrateur dont la nomination est prévue par l'article 20 de l'ordonnance n° 45-1418 du 28 juin 1945 précitée.

Les associés destitués ne peuvent être choisis comme liquidateur.

Art. 62. – À la diligence du ministère public, une expédition de la décision prononçant la destitution de la société ou de tous les associés exerçant en son sein est versée au dossier ouvert au nom de la société au greffe chargé de la tenue du registre du commerce et des sociétés.

§ 4. – Dissolution pour empêchement, inaptitude ou décès

Art. 63 *(Mod., D. n° 2016-880, 29 juin 2016).* – La société n'est pas dissoute par le décès simultané de tous les associés exerçant leurs fonctions de notaire au sein de la société, ou par le décès du dernier survivant d'entre eux, sauf disposition contraire des statuts. Il en est de même en cas d'empêchement ou d'inaptitude de tous les associés exerçant leurs fonctions au sein de la société, dans les conditions prévues à l'article 45 de l'ordonnance du 28 juin 1945 précitée, ainsi que dans le cas où tous les associés atteindraient la limite d'âge fixée pour l'exercice de leurs fonctions ou, le cas échéant, cesseraient de bénéficier de l'autorisation de prolongation d'activité délivrée par le garde des Sceaux, ministre de la Justice.

En pareil cas, la gestion de l'office est assurée ainsi qu'il est prévu à l'article 49.

Section III. – Nomination à un office créé d'un associé qui exerçait au sein d'une société dissoute

Art. 64 à 67 *(Abr., D. n° 2016-880, 29 juin 2016).*

Section IV. – Nomination à un office créé d'un associé exerçant au sein de la société qui se retire pour cause de mésentente

Art. 68 à 73 *(Abr., D. n° 2016-880, 29 juin 2016).*

TITRE II. – DES SOCIÉTÉS EN PARTICIPATION DE NOTAIRES

Art. 74. – Les sociétés en participation prévues à l'article 22 de la loi [n° 90-1258] du 31 décembre 1990 précitée reçoivent l'appellation de sociétés en participation de notaires.

La société n'est pas titulaire d'un office de notaire et chacun des associés exerce ses fonctions au sein de l'office dont il est titulaire.

L'appartenance à la société, avec la dénomination de celle-ci, doit être indiquée dans les actes professionnels et les correspondances de chaque associé.

Art. 75 *(Mod., D. n° 2016-880, 29 juin 2016).* **– La société est constituée sous la condition suspensive de la publicité prévue à l'article 78, entre notaires personnes physiques établis soit dans le même département, soit dans des départements différents.**

Art. 76 *(Mod., D. n° 2009-452, 22 avr. 2009 ; D. n° 2016-880, 29 juin 2016).* **– En vue d'assurer la publicité de la constitution d'une société en participation, les associés adressent les statuts de la société au garde des Sceaux, ministre de la Justice, par téléprocédure sur le site internet du ministère de la Justice.**

Art. 77 *(Abr., D. n° 2016-880, 29 juin 2016).*

Art. 78 *(Mod., D. n° 2009-452, 22 avr. 2009 ; D. n° 2016-880, 29 juin 2016).* **– La constitution de la société en participation est publiée au *Journal officiel* de la République française, à l'initiative du garde des Sceaux, ministre de la Justice.**

Art. 79 *(D. n° 2009-452, 22 avr. 2009 ; mod., D. n° 2016-880, 29 juin 2016).* **– En cas de dissolution de la société, la notification de cette dissolution est portée à la connaissance du garde des Sceaux, ministre de la Justice, par téléprocédure sur le site internet du ministère de la Justice, par l'associé ou les associés ayant demandé la dissolution.**

La dissolution de la société en participation est publiée au *Journal officiel* de la République française, à l'initiative du garde des Sceaux, ministre de la Justice.

Chaque associé reprend l'exercice individuel de ses fonctions à compter de la publication mentionnée au deuxième alinéa.

TITRE III. – DES SOCIÉTÉS DE PARTICIPATIONS FINANCIÈRES DE PROFESSION LIBÉRALE DE NOTAIRES

Bibliographie : J.-P. Bertrel, *Les holdings de sociétés d'avocats et de notaires après la publication des décrets MURCEF : Dr. et patrimoine* oct. 2004, p. 26.

Art. 79-1 *(Mod., D. n° 2016-880, 29 juin 2016).* **– Les sociétés de participations financières de profession libérale, constituées en application du titre IV de la loi du 31 décembre 1990 susvisée, en vue de la détention de parts sociales ou d'actions dans des sociétés exerçant la profession de notaire sont régies par les dispositions du livre II du Code de commerce, sous réserve des dispositions du présent titre. Elles portent la dénomination de sociétés de participations financières de profession libérale de notaires.**

CHAPITRE I. – CONSTITUTION DE LA SOCIÉTÉ

Art. 79-2 *(Abr., D. n° 2016-880, 29 juin 2016).*

Art. 79-3 *(Mod., D. n° 2012-403, 23 mars 2012 ; D. n° 2016-880, 29 juin 2016).* **– La constitution de la société fait l'objet d'une déclaration adressée par un mandataire commun des associés au garde des Sceaux, ministre de la Justice, dans un délai de dix jours, par téléprocédure sur le site internet du ministère de la Justice. Une copie des statuts de la société est jointe à la déclaration qui comprend la liste des associés avec indication, selon le cas, de leur profession ou de leur qualité au regard du titre IV de la loi n° 90-1258 du 31 décembre 1990 susvisée suivie, pour chacun, de la mention de la part de capital qu'il détient dans la société.**

Art. 79-4 *(Rempl., D. n° 2012-403, 23 mars 2012 ; mod., D. n° 2016-880, 29 juin 2016).* **– Le garde des Sceaux, ministre de la Justice, dresse la liste des sociétés de participations financières de profession libérale de notaires.**

Un arrêté du garde des Sceaux, ministre de la Justice, fixe les conditions dans lesquelles cette liste est dressée et mise à jour et les conditions de sa diffusion aux autorités et aux professionnels intéressés.

Art. 79-5 *(Abr., D. n° 2016-880, 29 juin 2016).*

Art. 79-6 à 79-8 *(Abr., D. n° 2012-403, 23 mars 2012).*

CHAPITRE II. – FONCTIONNEMENT DE LA SOCIÉTÉ

Art. 79-9 *(D. n° 2004-856, 23 août 2004 ; mod., D. n° 2009-452, 22 avr. 2009 ; D. n° 2012-403, 23 mars 2012 ; D. n° 2016-880, 29 juin 2016).* – La société de participations financières de profession libérale de notaires fait connaître au garde des Sceaux, ministre de la Justice, dans un délai de trente jours à compter de la date à laquelle il se produit, tout changement dans la situation déclarée en application de l'article 79-3, avec les pièces justificatives, par téléprocédure sur le site internet du ministère de la Justice.

Art. 79-10 *(Rempl., D. n° 2012-403, 23 mars 2012 ; mod., D. n° 2016-880, 29 juin 2016).* – Si la société de participations financières de profession libérale de notaires ne se conforme pas aux dispositions législatives et réglementaires en vigueur, le garde des Sceaux, ministre de la Justice, l'invite à régulariser la situation.

Si la société ne régularise pas sa situation, le garde des Sceaux, ministre de la Justice, peut inviter les associés à prononcer la dissolution anticipée de la société selon les formes prévues par les statuts. Il adresse une copie de ce courrier au procureur de la République près le tribunal de grande instance dans le ressort duquel est situé le siège de la société ainsi qu'à la chambre des notaires.

Art. 79-11 *(Rempl., D. n° 2012-403, 23 mars 2012).* – Chaque société de participations financières de profession libérale de notaires fait l'objet, au moins une fois tous les quatre ans, à l'occasion de l'inspection d'une étude de notaires tenue par une société d'exercice dans laquelle elle détient des participations, d'un contrôle portant sur le respect des dispositions législatives et réglementaires qui régissent la composition de son capital et l'étendue de ses activités. Ce contrôle est effectué par des notaires ou anciens notaires et par des personnes qualifiées en comptabilité, désignés par la chambre des notaires dans le ressort de laquelle est situé le siège de la société parmi les inspecteurs agréés conformément aux articles 5 à 7 du décret n° 74-737 du 12 août 1974 relatif aux inspections des études de notaires.

Chaque société de participations peut, en outre, être soumise à des contrôles occasionnels prescrits par le garde des Sceaux, soit d'office, soit à la demande du président de la chambre ou du conseil régional des notaires ou du conseil supérieur du notariat. Le garde des Sceaux désigne pour ces contrôles un ou plusieurs inspecteurs appartenant à la catégorie des inspecteurs notaires, et, le cas échéant, un ou plusieurs inspecteurs appartenant à la catégorie des inspecteurs en comptabilité.

Art. 79-12 *(Rempl., D. n° 2012-403, 23 mars 2012 ; mod., D. n° 2016-880, 29 juin 2016).* – Le non-respect des dispositions régissant la constitution et le fonctionnement des sociétés de participations financières de profession libérale par les notaires associés d'une telle société ou de sociétés titulaires d'un office faisant l'objet de prises de participations, peut donner lieu à des poursuites disciplinaires.

CHAPITRE III. – DISSOLUTION-LIQUIDATION DE LA SOCIÉTÉ

Art. 79-13 *(Abr., D. n° 2012-403, 23 mars 2012).*

Art. 79-14 *(Mod., D. n° 2016-880, 29 juin 2016).* – Le liquidateur est choisi parmi les associés de la société de participations financières de profession libérale, des notaires, des sociétés titulaires d'un office notarial ou des notaires associés, des anciens notaires ou anciens notaires associés. En aucun cas les fonctions de liquidateur ne peuvent être confiées à un associé ayant fait l'objet d'une peine disciplinaire.

Plusieurs liquidateurs peuvent être désignés.

Nul ne peut être désigné liquidateur s'il a atteint la limite d'âge prévue par l'article 1er-1-2 de l'ordonnance du 26 juin 1816 susvisée.

Le liquidateur peut être remplacé pour cause d'empêchement, ou pour tout autre motif grave, par le président du tribunal de grande instance du lieu du siège social de la société, statuant sur requête à la demande du liquidateur, des associés ou de leurs ayants droit, ou du procureur de la République.

Art. 79-15. – Le liquidateur procède à la cession des parts ou actions que la société de participations financières de profession libérale de notaires détient dans la ou les sociétés d'exercice libéral, dans les conditions prévues par l'article 28 du présent décret.

Art. 79-16 *(Mod., D. n° 2012-403, 23 mars 2012 ; D. n° 2016-880, 29 juin 2016).* – La dissolution de la société est portée à la connaissance du procureur de la République et de la chambre des notaires à la diligence du liquidateur. Il leur fait alors parvenir une expédition de la délibération des associés ou de la décision de justice qui l'a nommé dans ses fonctions.

Le liquidateur dépose au greffe où la société est immatriculée la copie de l'expédition mentionnée au premier alinéa, qui est versée au dossier ouvert au nom de la société. Tout intéressé peut en obtenir communication.

Il ne peut exercer ses fonctions qu'après avoir accompli les formalités prévues à l'alinéa précédent.

Il informe le garde des Sceaux, ministre de la Justice, par téléprocédure sur le site internet du ministère de la Justice, le procureur de la République et la chambre des notaires de la clôture des opérations de liquidation.

TITRE IV. – DISPOSITIONS PARTICULIÈRES AUX DÉPARTEMENTS DU HAUT-RHIN, DU BAS-RHIN ET DE LA MOSELLE

Art. 80 *(Mod., D. n° 2016-880, 29 juin 2016)*. – Sous réserve des dispositions particulières régissant l'organisation du notariat dans les départements du Haut-Rhin, du Bas-Rhin et de la Moselle, le présent décret est applicable aux sociétés d'exercice libéral et aux sociétés en participation constituées pour l'exercice de la profession *(Mots aj., D. n° 2017-800, 5 mai 2017)* « de notaire » dans ces départements.

Art. 81. – La nomination d'une société prévue au titre 1er du présent décret ainsi que celle de tous les associés exerçant au sein de la société *(Mots aj., D. n° 2017-800, 5 mai 2017)* « la profession de notaire » est faite sur proposition de la commission prévue par l'article 118 du décret n° 73-609 du 5 juillet 1973 précité.

Dans le cas où la société est candidate à l'office dont l'un des associés est titulaire ou à un office créé ou existant, la commission doit également se prononcer dans sa proposition sur les suppressions ou les transferts éventuels d'offices dont les associés ou certains d'entre eux sont titulaires.

Art. 82 *(Abr., D. n° 2016-880, 29 juin 2016)*.

Art. 83 *(Rempl., D. n° 2004-364, 22 avr. 2004 ; mod., D. n° 2009-452, 22 avr. 2009)*. – Dans le cas de décès, d'incapacité ou de survenance de la limite d'âge d'un associé exerçant au sein de la société *(Mots aj., D. n° 2017-800, 5 mai 2017)* « la profession de notaire », le ou les autres associés agissant collectivement peuvent, dans le délai de deux mois, informer le procureur général par lettre recommandée avec demande d'avis de réception de leur volonté de voir nommer un nouvel associé.

Il en est de même en cas de retrait volontaire lorsque les autres associés ont pour chacun d'entre eux une ancienneté en qualité de notaire associé dans la société d'au moins 5 ans.

Les délais mentionnés aux alinéas précédents courent à compter de la survenance de l'événement et, en cas de retrait volontaire de l'associé, de la publication de l'arrêté acceptant ce retrait.

Lorsque les associés ont exprimé leur volonté de voir nommer un nouvel associé, un appel à candidatures est publié à la diligence du procureur général dans les conditions fixées par arrêté du garde des Sceaux, ministre de la Justice. Cet appel à candidatures fixe le délai au cours duquel, à peine d'irrecevabilité, toute personne intéressée remplissant les conditions prévues à l'article 110 du décret n° 73-609 du 5 juillet 1973 peut faire acte de candidature auprès du procureur général près la cour d'appel dans le ressort de laquelle est situé l'office.

Art. 83-1 *(D. n° 2004-364, 22 avr. 2004)*. – Le procureur général arrête la liste des candidatures recevables et la notifie, par lettre recommandée avec demande d'avis de réception, aux associés subsistants.

Dans les trois mois de cette notification, à peine d'irrecevabilité, le ou les associés soumettent collectivement, par lettre recommandée avec demande d'avis de réception, le candidat de leur choix à la commission prévue à l'article 118 du décret [n° 73-609] du 5 juillet 1973 précité, afin qu'il soit proposé à l'agrément du garde des Sceaux, ministre de la Justice.

La proposition ou le refus de proposer ce candidat à l'agrément est notifié aux associés, à la diligence du procureur général.

La cession de parts ou, en cas d'augmentation de capital, l'attribution de parts nouvelles sont passées sous la condition suspensive de la nomination du nouvel associé par arrêté du garde des Sceaux, ministre de la Justice. La condition est réputée remplie à la date de la publication de cet arrêté.

Les statuts mis à jour sont adressés par la société au greffe du tribunal où elle est immatriculée.

Art. 83-2 *(D. n° 2004-364, 22 avr. 2004)*. – Dans le cas où les associés n'ont pas manifesté leur volonté de voir nommé un nouvel associé, ou n'ont pas respecté les délais prévus aux articles 83 et 83-1, ou si la

commission refuse de proposer au garde des Sceaux, ministre de la Justice, la nomination du nouvel associé, la société cesse d'être titulaire de l'office dont le procureur général constate la vacance. Il est alors procédé à la nomination du nouveau titulaire selon les modalités définies à l'article 110 du décret [n° 73-609] du 5 juillet 1973 précité et, le cas échéant, aux articles 81 et 82 du présent décret.

Hors le cas où il ne subsiste qu'un seul associé, la société peut faire acte de candidature à l'office dont elle était titulaire ou à un autre office à pourvoir dans les départements du Bas-Rhin, du Haut-Rhin et de la Moselle.

Dans le cas où la société est nommée dans l'office dont elle était titulaire, il n'y a pas lieu de procéder aux formalités prévues à l'alinéa premier de l'article 21.

Si elle n'est pas nommée dans cet office, elle continue d'exercer provisoirement ses fonctions jusqu'à la prestation de serment d'un nouveau titulaire ou, s'il s'agit d'une société, de tous les associés exerçant au sein de la société *(Mots aj., D. n° 2017-800, 5 mai 2017)* **« la profession de notaire ». Elle est dissoute dans le délai d'un an à compter de la date de prestation de serment si elle n'est pas nommée dans un autre office.**

Art. 84 *(Mod., D. n° 2017-895, 6 mai 2017)*. **– Les sociétés titulaires d'un office dans les ressorts des cours d'appel de Besançon ou de Nancy ne peuvent ouvrir de bureaux annexes à cet office dans le ressort des cours d'appel de Colmar et de Metz.**

Les sociétés titulaires d'un office dans le ressort des cours d'appel de Colmar et de Metz ne peuvent ouvrir de bureaux annexes à cet office dans les ressorts des cours d'appel de Besançon et de Nancy.

Art. 84-1 *(D. n° 2016-880, 29 juin 2016)*. **– Toutes les demandes, déclarations et transmissions prévues par le présent décret et pour lesquelles la téléprocédure est applicable sont adressées, lorsqu'elles sont relatives à des offices de notaire dans les départements du Haut-Rhin, du Bas-Rhin et de la Moselle, par lettre recommandée avec accusé de réception.**

TITRE V. – Dispositions relatives à l'outre-mer
(D. n° 2017-711, 2 mai 2017)

Art. 84-2 *(D. n° 2017-711, 2 mai 2017)*. **– Le présent décret est applicable à Saint-Pierre-et-Miquelon sous réserve des adaptations suivantes :**

1° Les attributions dévolues aux chambres des notaires et aux conseils régionaux sont exercées par les établissements d'utilité publique existant dans le ressort de la cour d'appel de Fort-de-France ;

2° Les mots : « tribunal de grande instance » sont remplacés par les mots : « tribunal de première instance » ;

3° Les mots : « procureur général » et : « procureur général près la cour d'appel » sont remplacés par les mots : « procureur de la République près le tribunal supérieur d'appel » ;

4° À l'article 75, les mots : « soit dans le même département, soit dans des départements différents » sont remplacés par les mots : « soit à Saint-Pierre-et-Miquelon, soit à Saint-Pierre-et-Miquelon et dans un autre territoire de la République où s'applique le statut du notariat » ;

5° Les mots : « greffier du tribunal de commerce ou du tribunal de grande instance statuant commercialement » sont remplacés par les mots : « greffier du tribunal de première instance statuant commercialement » ;

6° Les attributions dévolues par l'article 51 au président de la Chambre départementale des notaires ou à son délégué sont exercées par le président du tribunal de première instance.

8.2.19. – PHARMACIENS D'OFFICINE

Bibliographie : M. Duneau, *JCl. Sociétés traité*, Fasc. 193-10 *(Sociétés en pharmacie)*.

8.2.19.1. – SNC et SARL

Code de la santé publique

Partie législative

Art. L. 5125-11 *(Mod., Ord. n° 2018-3, 3 janv. 2018)*. **– Le pharmacien, ou la société, doit être propriétaire de l'officine dont il est titulaire.**

Un pharmacien ou une société ne peut être propriétaire ou copropriétaire que d'une seule officine.

Les pharmaciens sont autorisés à constituer entre eux une société en nom collectif en vue de l'exploitation d'une officine.

Les pharmaciens sont également autorisés à constituer individuellement ou entre eux une société à responsabilité limitée en vue de l'exploitation d'une officine, à la condition que cette société ne soit propriétaire que d'une seule officine, quel que soit le nombre de pharmaciens associés, et que la gérance de l'officine soit assurée par un ou plusieurs des pharmaciens associés.

Les gérants et les associés sont responsables à l'égard des tiers dans les limites fixées aux articles L. 223-1 et L. 223-22 du Code de commerce.

Aucune limite n'est apportée à la responsabilité délictuelle et quasi délictuelle des gérants, qui sont obligatoirement garantis contre tous les risques professionnels.

Tous les pharmaciens associés sont tenus aux obligations de l'article L. 4221-1. En conséquence, tous leurs diplômes étant enregistrés pour l'exploitation de l'officine, ils ne peuvent exercer aucune autre activité pharmaceutique, à l'exception de celle de pharmacien de sapeur-pompier volontaire.

NB : Conformément à l'article 5 de l'ordonnance n° 2018-3 du 3 janvier 2018 :

Les présentes dispositions sont applicables à la date de publication des décrets pris pour leur application, et au plus tard le 31 juillet 2018, sous réserve des dispositions prévues au II.

Les demandes d'autorisation de création, transfert ou regroupement d'officines déposées auprès des agences régionales de santé et dont la complétude a été constatée avant l'entrée en vigueur de la présente ordonnance demeurent soumises aux dispositions du Code de la santé publique dans leur rédaction antérieure à la date de publication des décrets pris pour l'application de la présente ordonnance.

Art. L. 5125-12 *(Mod., Ord. n° 2018-3, 3 janv. 2018)*. **– Tout pharmacien associé dans une société exploitant une officine et qui y exerce son activité doit détenir directement une fraction du capital social et des droits de vote qui y sont attachés.**

Dans une société en nom collectif ou à responsabilité limitée, ou une société d'exercice libéral à responsabilité limitée, il peut, en outre, si les statuts le prévoient, se voir attribuer des parts d'industrie.

La qualité d'associé en industrie est prévue pour une durée maximale de cinq ans, éventuellement renouvelable une fois pour trois ans.

Les dispositions du présent article s'appliquent sous réserve des dispositions de la loi du 31 décembre 1990 relative à l'exercice sous forme de sociétés des professions libérales soumises à un statut législatif ou réglementaire ou dont le titre est protégé.

NB : Conformément à l'article 5 de l'ordonnance n° 2018-3 du 3 janvier 2018 :

Les présentes dispositions sont applicables à la date de publication des décrets pris pour leur application, et au plus tard le 31 juillet 2018, sous réserve des dispositions prévues au II.

Les demandes d'autorisation de création, transfert ou regroupement d'officines déposées auprès des agences régionales de santé et dont la complétude a été constatée avant l'entrée en vigueur de la présente ordonnance demeurent soumises aux dispositions du Code de la santé publique dans leur rédaction antérieure à la date de publication des décrets pris pour l'application de la présente ordonnance.

Art. L. 5125-13 *(Mod., Ord. n° 2018-3, 3 janv. 2018)*. **– Le pharmacien adjoint exerçant à titre exclusif son activité dans une officine exploitée par une société d'exercice libéral peut détenir, directement ou par l'intermédiaire d'une société de participations financières de profession libérale qu'il contrôle, une fraction du capital de cette société d'exercice libéral représentant jusqu'à 10 % de celui-ci.**

Le pharmacien adjoint associé de la société d'exercice libéral exploitant l'officine dans laquelle il exerce continue d'exercer dans le cadre d'un contrat de travail et demeure placé dans un lien de subordination juridique à l'égard du ou des pharmaciens titulaires de l'officine.

Les modalités et les conditions d'application du présent article sont définies par décret en Conseil d'État, pris après avis du Conseil national de l'ordre des pharmaciens et des organisations les plus représentatives de la profession.

NB : Conformément à l'article 5 de l'ordonnance n° 2018-3 du 3 janvier 2018 :

Les présentes dispositions sont applicables à la date de publication des décrets pris pour leur application, et au plus tard le 31 juillet 2018, sous réserve des dispositions prévues au II.

Les demandes d'autorisation de création, transfert ou regroupement d'officines déposées auprès des agences régionales de santé et dont la complétude a été constatée avant l'entrée en vigueur de la présente ordonnance demeurent soumises aux dispositions du Code de la santé publique dans leur rédaction antérieure à la date de publication des décrets pris pour l'application de la présente ordonnance.

Art. L. 5125-14 *(Mod., Ord. n° 2018-3, 3 janv. 2018)*. – Aucune convention relative à la propriété d'une officine n'est valable si elle n'a été constatée par écrit. Une copie de la convention doit être déposée au conseil régional de l'ordre des pharmaciens et au siège de l'agence régionale de santé.

Est nulle et de nul effet toute stipulation destinée à établir que la propriété ou la copropriété d'une officine appartient à une personne non diplômée.

NB : Conformément à l'article 5 de l'ordonnance n° 2018-3 du 3 janvier 2018 :

Les présentes dispositions sont applicables à la date de publication des décrets pris pour leur application, et au plus tard le 31 juillet 2018, sous réserve des dispositions prévues au II.

Les demandes d'autorisation de création, transfert ou regroupement d'officines déposées auprès des agences régionales de santé et dont la complétude a été constatée avant l'entrée en vigueur de la présente ordonnance demeurent soumises aux dispositions du Code de la santé publique dans leur rédaction antérieure à la date de publication des décrets pris pour l'application de la présente ordonnance.

Art. L. 5125-15 *(Mod., Ord. n° 2018-3, 3 janv. 2018)*. – Le pharmacien titulaire d'une officine doit exercer personnellement sa profession.

La mise en œuvre des dispositions prévues à l'article L. 5125-7-1 ne fait pas obstacle à l'exercice personnel du titulaire.

En toutes circonstances, les médicaments doivent être préparés par un pharmacien, ou sous la surveillance directe d'un pharmacien.

Un arrêté du ministre chargé de la santé fixe, après avis du Conseil national de l'ordre des pharmaciens, le nombre des pharmaciens dont les titulaires d'officine doivent se faire assister en raison de l'importance de leur chiffre d'affaires.

NB : Conformément à l'article 5 de l'ordonnance n° 2018-3 du 3 janvier 2018 :

Les présentes dispositions sont applicables à la date de publication des décrets pris pour leur application, et au plus tard le 31 juillet 2018, sous réserve des dispositions prévues au II.

Les demandes d'autorisation de création, transfert ou regroupement d'officines déposées auprès des agences régionales de santé et dont la complétude a été constatée avant l'entrée en vigueur de la présente ordonnance demeurent soumises aux dispositions du Code de la santé publique dans leur rédaction antérieure à la date de publication des décrets pris pour l'application de la présente ordonnance.

8.2.19.2. – Sociétés d'exercice libéral

Code de la santé publique

Partie réglementaire

Art. R. 5125-14. – Les dispositions des articles R. 5125-15 à R. 5125-24 régissent les sociétés constituées en application du titre I de la loi n° 90-1258 du 31 décembre 1990 relative à l'exercice sous forme de sociétés des professions libérales soumises à un statut législatif ou réglementaire ou dont le titre est protégé, et dont l'objet social est l'exercice en commun de la profession de pharmacien d'officine. Ces sociétés portent la dénomination de sociétés d'exercice libéral de pharmaciens d'officine.

Art. R. 5125-15. – La société d'exercice libéral de pharmaciens d'officine est constituée sous la condition suspensive de son inscription au tableau de l'ordre dans les conditions prévues aux articles R. 4222-1 et suivants.

(Al. créé, D. n° 2013-466, 4 juin 2013) En cas de constitution d'une société d'exercice libéral par voie de fusion ou de scission ou résultant d'une modification de la forme juridique de la société, celle-ci est soumise aux dispositions de l'alinéa précédent.

Art. R. 5125-15-1 *(D. n° 2017-354, 20 mars 2017)*. – Le représentant légal de la société communique au président du conseil compétent de l'ordre des pharmaciens, par tout moyen permettant de rapporter la preuve de sa date de réception et dans le mois suivant la date à laquelle il se produit, tout changement dans la situation déclarée en application de l'article R. 4222-3, en joignant les pièces justificatives.

Sous réserve du II de l'article 5 de la loi n° 90-1258 du 31 décembre 1990 relative à l'exercice sous forme de sociétés des professions libérales soumises à un statut législatif ou réglementaire ou dont le titre est protégé, si la société d'exercice libéral cesse de se conformer aux dispositions législatives et réglementaires en vigueur, le président du conseil de l'ordre compétent la met en demeure de régulariser sa situation dans un délai qu'il fixe. À défaut, le conseil de l'ordre prononce la radiation de la société par une décision motivée qui lui est notifiée par tout moyen permettant de rapporter la preuve de sa date de réception.

Une décision de radiation ne peut être prise qu'après que les associés ou leur mandataire ont été mis à même de présenter leurs observations.

La décision de radiation peut faire l'objet d'un recours devant le conseil national de l'ordre, dans le délai prévu à l'article L. 4222-5.

Art. R. 5125-16. – Une société d'exercice libéral ne peut exploiter plus d'une officine de pharmacie.

Art. R. 5125-17 *(Mod., D. n° 2013-466, 4 juin 2013 ; D. n° 2017-354, 20 mars 2017 ; D. n° 2018-672, 30 juill. 2018)*. – Sous réserve des dispositions de l'article R. 5125-12, un pharmacien titulaire associé d'une ou plusieurs sociétés d'exercice libéral exploitant une officine de pharmacie ne peut exercer sa profession qu'au sein de la société exploitant l'officine dont il est titulaire.

Art. R. 5125-18 *(Rempl., D. n° 2013-466, 4 juin 2013 ; mod., D. n° 2017-354, 20 mars 2017)*. – Un pharmacien titulaire ne peut détenir des participations directes ou indirectes que dans quatre sociétés d'exercice libéral de pharmaciens d'officine autres que celle au sein de laquelle il exerce.

Sous réserve du plafond fixé par l'article L. 5125-17-1, un pharmacien adjoint d'une officine ne peut détenir des participations directes que dans la société d'exercice libéral de pharmaciens d'officine au sein de laquelle il exerce à titre exclusif et des participations indirectes que dans quatre sociétés d'exercice libéral de pharmaciens d'officine autres que celle au sein de laquelle il exerce à titre exclusif.

Une société d'exercice libéral de pharmaciens d'officine ne peut détenir des participations directes ou indirectes que dans quatre sociétés d'exercice libéral de pharmaciens d'officine.

Une société de participation financière de profession libérale de pharmaciens d'officine ne peut détenir des participations que dans trois sociétés d'exercice libéral de pharmaciens d'officine.

Art. R. 5125-18-1 *(D. n° 2013-466, 4 juin 2013 ; mod., D. n° 2016-44, 26 janv. 2016 ; D. n° 2017-354, 20 mars 2017)*. – Le 2° du I de l'article 6 de la loi n° 90-1258 du 31 décembre 1990 relative à l'exercice sous forme de sociétés des professions libérales soumises à un statut législatif ou réglementaire ou dont le titre est protégé et aux sociétés de participations financières de professions libérales n'est pas applicable aux sociétés d'exercice libéral de pharmaciens d'officine.

Plus de la moitié du capital social et des droits de vote d'une société d'exercice libéral de pharmaciens d'officine est détenue dans les conditions du A du I de l'article 5 de la même loi, par des pharmaciens titulaires de l'officine exploitée par cette société.

Une société de participations financières de profession libérale de pharmaciens d'officine peut toutefois détenir la majorité du capital et des droits de vote d'une société d'exercice libéral de pharmaciens d'officine lorsque la majorité de son capital et de ses droits de vote est détenue par un ou plusieurs pharmaciens titulaires de l'officine exploitée par la société d'exercice libéral.

Art. R. 5125-19. – Est interdite la détention, directe ou indirecte, de parts ou d'actions représentant tout ou partie du capital social d'une société d'exercice libéral *(Mots rempl., D. n° 2013-466, 4 juin 2013)* « de pharmaciens d'officine » par une personne physique ou morale exerçant une profession libérale de santé autre que celle de pharmacien d'officine.

Art. R. 5125-19-1 *(D. n° 2013-466, 4 juin 2013)*. – L'immatriculation de la société au registre du commerce et des sociétés est régie par les articles R. 123-31 et suivants du Code de commerce, sous réserve des dispositions suivantes.

Le mandataire commun désigné par les associés adresse au greffe du tribunal où a été déposée la demande d'immatriculation une copie de la demande d'inscription à l'ordre prévue à l'article R. 4222-3 et, le cas échéant, la décision du conseil de l'ordre compétent mentionnée à l'article L. 4222-4.

À la réception de ce document, le greffier procède à l'immatriculation et en informe le président du conseil de l'ordre auprès duquel la société est inscrite.

La société est dispensée de procéder aux formalités de publicité prévues aux articles R. 210-16 et suivants du Code de commerce.

Art. R. 5125-20 *(Mod., D. n° 2013-466, 4 juin 2013 ; D. n° 2017-354, 20 mars 2017)*. – I. – Un associé, pharmacien titulaire, exerçant au sein d'une société d'exercice libéral peut, à la condition d'en informer la société et le conseil de l'ordre compétent par lettre recommandée avec demande d'avis de réception, cesser cette activité professionnelle. Le délai fixé à cet effet par les statuts ne peut excéder six mois à compter de la notification de cessation d'activité.

Les actions ou parts sociales de l'associé retrayant sont achetées, le cas échéant, à l'issue du délai prévu au 2° du B du I de l'article 5 de la loi n° 90-1258 du 31 décembre 1990 relative à l'exercice sous forme de sociétés des professions libérales soumises à un statut législatif ou réglementaire ou dont le titre est protégé et aux sociétés de participations financières de professions libérales, soit par des associés subsistants, soit par un acquéreur agréé par ces derniers, soit par la société qui réduit alors son capital.

II. – Lorsqu'un pharmacien adjoint associé de la société d'exercice libéral conformément à l'article L. 5125-17-1, cesse son activité au sein de celle-ci, il peut rester associé à condition de devenir titulaire d'une officine et sous réserve des dispositions de l'article R. 5125-18 et, le cas échéant, des clauses statutaires prévoyant les causes d'exclusion d'un associé. Lorsqu'il cesse son activité à titre exclusif au sein de l'officine sans devenir titulaire, et au plus tard dans le délai d'un an, il se retire de la société et les actions ou parts sociales qu'il détient directement dans la société sont vendus :

1° Soit à un des associés subsistants ou à un acquéreur agréé par ceux-ci, sous réserve du respect des seuils ou plafonds de détention du capital prévus par le I de l'article 5 de la loi n° 90-1258 du 31 décembre 1990 précitée ou, le cas échéant, par l'article L. 5125-17-1 ;

2° Soit à la société, qui réduit alors son capital.

Pour l'application du 1°, l'acquéreur agréé par les associés subsistant dans la société d'exercice libéral, peut être une société de participations financières dont la majorité du capital et des droits de vote est détenue par le pharmacien adjoint, sous réserve des dispositions de l'article R. 5125-18.

III. – Pour l'application du I et du II, à défaut d'accord sur le prix de cession des actions ou parts sociales ou sur leur valeur de rachat, il est recouru à la procédure de l'article 1843-4 du Code civil.

Art. R. 5125-21. – Sous réserve des dispositions de l'article R. 5125-24, l'exclusion d'un associé d'une société d'exercice libéral *(Mots rempl., D. n° 2013-466, 4 juin 2013)* « de pharmaciens d'officine » peut être décidée, lorsqu'il contrevient aux règles de fonctionnement de la société, par les autres associés statuant à la majorité renforcée prévue par les statuts, calculée en excluant les associés ayant fait l'objet d'une sanction pour les mêmes faits ou pour des faits connexes, l'unanimité des autres associés exerçant au sein de la société et habilités à se prononcer en l'espèce devant être recueillie.

Aucune décision d'exclusion ne peut être prise si l'associé n'a pas été régulièrement convoqué à l'assemblée générale, quinze jours au moins avant la date prévue et par lettre recommandée avec demande d'avis de réception, et s'il n'a pas été mis à même de présenter sa défense sur les faits précis qui lui sont reprochés.

Une décision d'exclusion peut être contestée devant le tribunal de grande instance du lieu du siège social.

Les parts ou actions de l'associé exclu sont soit achetées par un acquéreur agréé par les associés subsistants, soit achetées par la société qui réduit alors son capital.

À défaut d'accord sur le prix de cession des titres ou sur leur valeur de rachat, il est recouru à la procédure de l'article 1843-4 du Code civil.

Art. R. 5125-22. – Les actes et documents destinés aux tiers, notamment les lettres, factures, annonces et publications diverses, émanant d'une société d'exercice libéral *(Mots rempl., D. n° 2013-466, 4 juin 2013)* « de pharmaciens d'officine » indiquent

1° Sa dénomination sociale, précédée ou suivie immédiatement, selon le cas :

a) Soit de la mention « société d'exercice libéral à responsabilité limitée » ou de la mention « SELARL » ;

b) Soit de la mention « société d'exercice libéral à forme anonyme » ou de la mention « SELAFA » ;

c) Soit de la mention « société d'exercice libéral en commandite par actions » ou de la mention « SELCA » ;

d) Soit de la mention « société d'exercice libéral par actions simplifiée » ou de la mention « SELAS » ;

2° L'énonciation du montant de son capital social et de son siège social ;

3° La mention de son inscription au tableau de l'ordre.

Art. R. 5125-23. – La société d'exercice libéral est soumise aux dispositions disciplinaires applicables à la profession de pharmacien. Elle ne peut faire l'objet de poursuites disciplinaires indépendamment de celles qui seraient intentées contre un ou plusieurs associés exerçant leurs fonctions en son sein.

Exploitation par un pharmacien habilité pendant la période d'interdiction. Si aucune disposition du Code de la santé publique n'aménage la possibilité, pour une SEL de pharmaciens d'officine, de se faire remplacer lorsqu'elle fait l'objet d'une sanction d'interdiction temporaire d'exercer, aucune disposition ne prévoit que cette interdiction temporaire implique la cessation d'activité de la société et la fermeture de l'officine pendant la durée de l'exécution de la sanction, de sorte que, conformément au principe d'égalité des praticiens selon leur mode d'exercice de la pharmacie, la pharmacie doit pouvoir, pendant cette durée, être exploitée par un pharmacien habilité à exercer sa profession : ▪ CE, sect., 7 avr. 2010, n° 322305 : *JCP* E 2010, 1510.

Art. R. 5125-24 *(Mod., D. n° 2013-466, 4 juin 2013).* – L'associé faisant l'objet d'une sanction disciplinaire d'interdiction définitive d'exercer la pharmacie perd l'ensemble de ses droits d'associé, la valeur de ses parts lui étant remboursée sur la base d'une valeur déterminée conformément aux dispositions de l'article 1843-4 du Code civil.

Il en va de même, sur décision prise dans les conditions prévues à l'article R. 5125-21, d'une interdiction temporaire prononcée pour une durée de plus d'un an.

Dans le cas où l'interdiction temporaire est prononcée pour une durée au plus égale à un an, l'associé conserve pendant ce temps sa qualité d'associé avec tous les droits et obligations qui en découlent, à l'exclusion de la rémunération liée à l'exercice de son activité professionnelle.

La décision qui prononce l'interdiction soit de la société d'exercice libéral de pharmaciens d'officine, soit de tous les associés commet un ou plusieurs administrateurs provisoires pour accomplir tous actes nécessaires à la gestion de la société et à l'exercice de la profession.

Au cas où la société d'exercice libéral et l'un ou plusieurs des associés sont interdits, les associés non interdits peuvent être nommés administrateurs provisoires.

....

8.2.19.2.2. – Sociétés de participations financières de profession libérale

Art. R. 5125-24-1 *(D. n° 2013-466, 4 juin 2013).* – Les sociétés de participations financières de profession libérale de pharmaciens d'officine sont régies par les dispositions du livre II du Code de commerce, sous réserve des dispositions de la présente sous-section.

§ 1. – Constitution de la société

Art. R. 5125-24-2 *(D. n° 2013-466, 4 juin 2013).* – Des pharmaciens titulaires ou des pharmaciens adjoints exerçant en officine ou des sociétés d'exercice libéral de pharmaciens d'officine peuvent, dans les conditions prévues à l'article 31-1 de la loi n° 90-1258 du 31 décembre 1990 relative à l'exercice sous forme de sociétés des professions libérales soumises à un statut législatif ou réglementaire ou dont le titre est protégé et aux sociétés de participations financières de professions libérales, constituer une société de participations financières de profession libérale de pharmaciens d'officine.

Peuvent également être associés :

1° Pendant une durée de dix ans à compter de la date de cessation de toute activité professionnelle des personnes physiques qui ont exercé la profession de pharmacien d'officine au sein de l'une des sociétés d'exercice libéral dont des parts ou actions sont détenues par la société de participations financières de profession libérale de pharmaciens d'officine ;

2° Les ayants droit des personnes physiques mentionnées aux alinéas qui précèdent, pendant un délai de cinq ans suivant leur décès.

La détention d'une part ou action du capital social d'une société de participation financière de profession libérale de pharmaciens d'officine est interdite à toute personne physique ou morale exerçant ou ayant exercé une autre profession de santé.

Art. R. 5125-24-3 *(D. n° 2013-466, 4 juin 2013).* – La société de participations financières de profession libérale de pharmaciens d'officine est constituée sous la condition suspensive de son inscription au tableau de la section concernée de l'ordre des pharmaciens, dans les conditions prévues aux articles R. 4222-1, R. 4222-3-1 et R. 4222-4.

Art. R. 5125-24-4 *(D. n° 2013-466, 4 juin 2013 ; mod., D. n° 2017-354, 20 mars 2017).* – Le conseil de l'ordre compétent statue sur la demande d'inscription dans les conditions prévues aux articles L. 4222-2 à L. 4222-5 et L. 4232-12.

La décision de refus d'inscription est motivée. Elle est notifiée à chacun des associés, par tout moyen permettant de rapporter la preuve de sa date de réception. Elle ne peut être prise qu'après que les associés ont été appelés à présenter leurs observations au conseil de l'ordre, dans un délai de quinze jours.

L'inscription au tableau de l'ordre est notifiée à chacun des associés par tout moyen permettant de rapporter la preuve de sa date de réception.

Le conseil de l'ordre compétent notifie la décision ou l'avis d'inscription et au conseil national de l'ordre.

Art. R. 5125-24-5 *(D. n° 2013-466, 4 juin 2013).* – L'immatriculation de la société au registre du commerce et des sociétés est régie par les articles R. 123-31 et suivants du Code de commerce, sous réserve des dispositions suivantes.

Le mandataire commun désigné par les associés adresse au greffe du tribunal où a été déposée la demande d'immatriculation une copie de la demande d'inscription à l'ordre prévue à l'article R. 4222-3-1 et, le cas échéant, la décision du conseil de l'ordre compétent mentionnée à l'article R. 5125-24-4.

À la réception de ce document, le greffier procède à l'immatriculation et en informe le président du conseil de l'ordre auprès duquel la société est inscrite, ainsi que le directeur général de l'agence régionale de santé.

La société est dispensée de procéder aux formalités de publicité prévues aux articles R. 210-16 et suivants du Code de commerce.

Art. R. 5125-24-6 *(D. n° 2013-466, 4 juin 2013).* – En cas de constitution de sociétés de participations financières de profession libérale de pharmaciens d'officine par voie de fusion ou absorption, les articles R. 5125-24-1 à R. 5125-24-5 sont applicables.

§ 2. – Fonctionnement et contrôle de la société

Art. R. 5125-24-7 *(D. n° 2013-466, 4 juin 2013).* – La société de participations financières de profession libérale de pharmaciens d'officine fait connaître au directeur général de l'agence régionale de santé, dans le ressort de laquelle est situé le siège de la société, et au président du conseil de l'ordre compétent, dans un délai de trente jours à compter de la date à laquelle il se produit, tout changement dans la situation déclarée en application des articles R. 5125-24-3 et R. 5125-24-4, avec les pièces justificatives.

Art. R. 5125-24-8 *(D. n° 2013-466, 4 juin 2013).* – Si la société de participations financières de profession libérale de pharmaciens d'officine cesse de se conformer aux dispositions législatives et réglementaires en vigueur, elle est mise en demeure par le président du conseil de l'ordre compétent de régulariser sa situation dans le délai indiqué par la mise en demeure.

Si, à l'expiration de ce délai, la société n'a pas régularisé sa situation, le conseil de l'ordre prononce la radiation par une décision motivée qui est notifiée à la société par tout moyen permettant de rapporter la preuve de sa date de réception.

Une mesure de radiation ne peut être prise qu'après que les associés ou leur mandataire ont été mis à même de présenter leurs observations.

La décision de radiation peut faire l'objet d'un recours devant le conseil national de l'ordre, conformément aux dispositions de l'article L. 4222-5.

Art. R. 5125-24-9 *(D. n° 2013-466, 4 juin 2013 ; mod., D. n° 2017-354, 20 mars 2017).* – Chaque société de participations financières de profession libérale de pharmaciens d'officine peut être soumise à des contrôles occasionnels sur l'étendue de ses activités, prescrits par le conseil national de l'ordre des pharmaciens d'officine.

Ces contrôles sont effectués par le conseil de l'ordre compétent, dans les conditions définies par le règlement intérieur de cet ordre.

Art. R. 5125-24-10 *(D. n° 2013-466, 4 juin 2013)*. – Le non-respect des dispositions régissant la constitution et le fonctionnement des sociétés de participations financières de profession libérale de pharmaciens d'officine par les pharmaciens associés d'une telle société peut donner lieu à des poursuites disciplinaires.

§ 3. – Dissolution et liquidation de la société

Art. R. 5125-24-11 *(D. n° 2013-466, 4 juin 2013 ; mod., D. n° 2017-354, 20 mars 2017)*. – La radiation de la société de participations financières de profession libérale de pharmaciens d'officine du tableau de l'ordre emporte sa dissolution à l'issue d'un délai d'un an, si elle n'est pas transformée en une société d'une autre forme.

Le cas échéant, les actions ou parts sociales que la société de participations financières de profession libérale détient dans des sociétés d'exercice libéral doivent être cédés avant sa transformation.

À la diligence du président du conseil de l'ordre compétent, la radiation de la société est portée à la connaissance du directeur général de l'agence régionale de santé, dans le ressort de laquelle est situé le siège de la société, et une expédition de la décision définitive prononçant la radiation de la société du tableau de l'ordre est versée au dossier ouvert au nom de la société au greffe chargé de la tenue du registre du commerce et des sociétés.

Art. R. 5125-24-12 *(D. n° 2013-466, 4 juin 2013)*. – En cas de dissolution de la société de participations financières de profession libérale de pharmaciens d'officine, un liquidateur est choisi parmi les associés.

Les fonctions de liquidateur ne peuvent en aucun cas être confiées à un associé ayant fait l'objet d'une sanction disciplinaire.

Plusieurs liquidateurs peuvent être désignés.

Le liquidateur peut être remplacé pour cause d'empêchement, ou pour tout autre motif grave, par le président du tribunal de grande instance du lieu du siège social de la société statuant sur requête à la demande du liquidateur lui-même, des associés ou de leurs ayants droit, ou du président du conseil de l'ordre compétent.

Art. R. 5125-24-13 *(D. n° 2013-466, 4 juin 2013)*. – Lorsque la dissolution de la société de participations financières de profession libérale de pharmaciens d'officine ne résulte pas de sa radiation du tableau de l'ordre, le liquidateur informe de cette dissolution le directeur général de l'agence régionale de santé compétent et le président du conseil de l'ordre compétent.

Dans tous les cas de dissolution, le liquidateur les informe de sa désignation. À cet effet, il leur fait parvenir une expédition de la délibération des associés ou de la décision de justice qui l'a nommé dans ses fonctions.

Le liquidateur dépose au greffe chargé de la tenue du registre du commerce et des sociétés où la société est inscrite, pour être versée au dossier ouvert au nom de la société, la copie de l'expédition prévue au deuxième alinéa, dont tout intéressé peut obtenir communication.

Il ne peut entrer en fonction avant l'accomplissement des formalités précitées.

Art. R. 5125-24-14 *(D. n° 2013-466, 4 juin 2013)*. – Le liquidateur procède à la cession des actions ou des parts sociales que la société de participations financières de profession libérale de pharmaciens d'officine détient dans la ou les sociétés d'exercice libéral, dans les conditions prévues aux deux derniers alinéas de l'article R. 5125-21.

Art. R. 5125-24-15 *(D. n° 2013-466, 4 juin 2013)*. – Le liquidateur informe de la clôture des opérations de liquidation le directeur général de l'agence régionale de santé compétent, le président du conseil de l'ordre compétent ainsi que le greffier chargé de la tenue du registre du commerce et des sociétés où est immatriculée la société.

8.2.19.3. – Société interprofessionnelle de soins ambulatoires

Voir : C. santé publ., art. L. 4041-1 à L. 4043-2, p. 3199.

8.2.20. – PÉDICURES-PODOLOGUES, DIÉTÉTICIENS, ORTHOPHONISTES, ORTHOPTISTES ET PSYCHOMOTRICIEN

8.2.20.1. – Sociétés d'exercice libéral

Bibliographie : C. Roquelle Meyer, O. Saumon et D. Begue, *Les sociétés d'exercice libéral des professionnels de la santé : Gaz. Pal.* 6 avr. 2005, doctr. p. 2.

Voir : C. santé publ., art. R. 4381-8 à R. 4381-22, p. 3136.

8.2.20.2. – Sociétés en participation

Voir : C. santé publ., art. D. 4381-23 et D. 4381-24, p. 3139.

8.2.20.3. – Société interprofessionnelle de soins ambulatoires

Voir : C. santé publ., art. L. 4041-1 à L. 4043-2, p. 3199.

8.2.21. – SAGES-FEMMES

8.2.21.1. – Sociétés d'exercice libéral

Bibliographie : C. Roquelle Meyer, O. Saumon et D. Begue, *Les sociétés d'exercice libéral des professionnels de la santé : Gaz. Pal.* 6 avr. 2005, doctr. p. 2.

Voir : C. santé publ., art. R. 4113-1 à R. 4113-22, p. 2950.

8.2.21.2. – Sociétés en participation

Voir : C. santé publ., art. D. 4113-102 et D. 4113-103, p. 2964.

8.2.21.3. – Société interprofessionnelle de soins ambulatoires

Voir : C. santé publ., art. L. 4041-1 à L. 4043-2, p. 3199.

8.2.22. – SOINS AMBULATOIRES

8.2.22.1. – Sociétés interprofessionnelles de soins ambulatoires

Code de la santé publique

Chapitre Ier. – Constitution de la société

Art. L. 4041-1 *(L. n° 2011-940, 10 août 2011).* – **Des sociétés interprofessionnelles de soins ambulatoires peuvent être constituées entre des personnes physiques exerçant une profession médicale, d'auxiliaire médical ou de pharmacien.**

Les professionnels médicaux, auxiliaires médicaux et pharmaciens associés d'une société civile professionnelle ou d'une société d'exercice libéral peuvent également être associés d'une société interprofessionnelle de soins ambulatoires, nonobstant toute disposition législative ou réglementaire contraire.

Les sociétés interprofessionnelles de soins ambulatoires sont des sociétés civiles régies par les chapitres Ier et II du titre IX du livre III du Code civil et par le présent titre.

Art. L. 4041-2 *(L. n° 2011-940, 10 août 2011 ; mod., L. n° 2018-1203, 22 déc. 2018).* – La société interprofessionnelle de soins ambulatoires a pour objet :

1° La mise en commun de moyens pour faciliter l'exercice de l'activité professionnelle de chacun de ses associés ;

2° L'exercice en commun, par ses associés, d'activités de coordination thérapeutique, d'éducation thérapeutique ou de coopération entre les professionnels de santé ;

3° Sous réserve que ses statuts le prévoient, l'exercice de la pratique avancée par des auxiliaires médicaux, tels que définis à l'article L. 4301-1.

Les activités mentionnées au 2° sont précisées par décret en Conseil d'État.

Art. L. 4041-3 *(L. n° 2011-940, 10 août 2011 ; mod., L. n° 2018-1203, 22 déc. 2018).* – Peuvent seules être associés d'une société interprofessionnelle de soins ambulatoires des personnes remplissant toutes les conditions exigées par les lois et règlements en vigueur pour exercer une profession médicale, d'auxiliaire médical ou de pharmacien et qui sont inscrites, le cas échéant, au tableau de l'ordre dont elles relèvent.

Les sociétés interprofessionnelles de soins ambulatoires, à l'exception de celles dont l'objet comprend l'exercice de la pratique mentionnée au 3° de l'article L. 4041-2, ne sont pas soumises aux formalités préalables exigées des personnes candidates à l'exercice individuel des professions médicales, d'auxiliaire médical ou de pharmacien.

Art. L. 4041-4 *(L. n° 2011-940, 10 août 2011).* – Une société interprofessionnelle de soins ambulatoires doit compter parmi ses associés au moins deux médecins et un auxiliaire médical.

Le tribunal peut, à la demande de tout intéressé, prononcer la dissolution de la société si cette condition n'est pas remplie.

Il peut accorder à la société un délai maximal de six mois pour régulariser la situation. Il ne peut prononcer la dissolution si, le jour où il statue sur le fond, cette régularisation a eu lieu.

Art. L. 4041-5 *(L. n° 2011-940, 10 août 2011).* – Les statuts de la société sont établis par écrit. Un décret en Conseil d'État détermine les mentions figurant obligatoirement dans les statuts.

Art. L. 4041-6 *(L. n° 2011-940, 10 août 2011).* – Les associés peuvent exercer hors de la société interprofessionnelle de soins ambulatoires toute activité professionnelle dont l'exercice en commun n'a pas été expressément prévu par les statuts.

Les statuts déterminent les conditions dans lesquelles un associé peut exercer à titre personnel une activité dont ils prévoient l'exercice en commun.

Art. L. 4041-7 *(L. n° 2011-940, 10 août 2011).* – Les statuts de la société interprofessionnelle de soins ambulatoires ainsi que les avenants à ces statuts sont transmis, un mois au moins avant leur enregistrement, aux ordres professionnels aux tableaux desquels sont inscrits les associés ainsi qu'à l'agence régionale de santé.

Chapitre II. – Fonctionnement de la société

Art. L. 4042-1 *(L. n° 2011-940, 10 août 2011 ; mod., L. n° 2018-1203, 22 déc. 2018).* – Les rémunérations versées en contrepartie des activités professionnelles mentionnées aux 2° et 3° de l'article L. 4041-2 constituent des recettes de la société et sont perçues par celle-ci.

Par exception, lorsque ces activités sont exercées à titre personnel par un associé, les rémunérations afférentes ne constituent pas une recette de la société.

Art. L. 4042-2 *(L. n° 2011-940, 10 août 2011).* – Chaque associé de la société interprofessionnelle de soins ambulatoires répond des actes professionnels qu'il accomplit dans le cadre des activités prévues par les statuts de la société dans les conditions prévues aux articles L. 1142-1 à L. 1142-2.

Chapitre III. – Dispositions diverses

Art. L. 4043-1 *(L. n° 2011-940, 10 août 2011).* – Les activités exercées en commun conformément aux statuts de la société ne sont pas soumises à l'interdiction de partage d'honoraires au sens du présent code.

Les associés d'une société interprofessionnelle de soins ambulatoires ne sont pas réputés pratiquer le compérage du seul fait de leur appartenance à la société et de l'exercice en commun d'activités conformément aux statuts.

Art. L. 4043-2 *(L. n° 2011-940, 10 août 2011)*. – Sauf dispositions contraires des statuts, la société interprofessionnelle de soins ambulatoires n'est pas dissoute par le décès, l'incapacité ou le retrait de la société d'un associé pour toute autre cause. Elle n'est pas non plus dissoute lorsqu'un des associés est frappé de l'interdiction définitive d'exercer sa profession.

L'associé frappé d'une interdiction définitive d'exercer sa profession perd, au jour de cette interdiction, la qualité d'associé. Ses parts dans le capital sont alors rachetées dans un délai de six mois par un associé ou, à défaut, par la société selon les modalités prévues par les statuts.

8.2.23. – VÉTÉRINAIRES

8.2.23.1. – Sociétés civiles professionnelles

Code rural et de la pêche maritime

Partie réglementaire

Art. R. 241-29 *(Mod., D. n° 2004-757, 22 juill. 2004 ; anc. art. R.* 241-29, dénum., D. n° 2005-368, 19 avr. 2005)*. – Les sociétés régies par la présente sous-section ont pour objet l'exercice en commun de la médecine et de la chirurgie des animaux.

Ces sociétés reçoivent l'appellation de sociétés civiles professionnelles de vétérinaires.

Chaque associé a la qualité et le titre de vétérinaire associé.

Art. R. 241-30 *(Anc. art. R.* 241-30, dénum., D. n° 2005-368, 19 avr. 2005)*. – La qualité de vétérinaire associé n'est pas compatible avec l'exercice des fonctions prévues par l'article L. 5142-1 du Code de la santé publique.

Art. R. 241-31 *(Anc. art. R.* 241-31, dénum., D. n° 2005-368, 19 avr. 2005)*. – La société est constituée sous la condition suspensive de son inscription au tableau du conseil régional de l'ordre dans le ressort duquel est fixé son siège.

La demande d'inscription est présentée collectivement par les associés et adressée au conseil régional de l'ordre par lettre recommandée avec demande d'avis de réception, accompagnée des pièces suivantes :

1° Un exemplaire des statuts et, le cas échéant, une expédition ou une copie de l'acte constitutif ;

2° Un certificat d'inscription au tableau en ce qui concerne chaque associé ;

3° Une attestation du greffier du tribunal de commerce ou du tribunal de grande instance statuant commercialement du lieu du siège social constatant le dépôt au greffe de la demande et des pièces nécessaires à l'immatriculation ultérieure de la société au registre du commerce et des sociétés.

Art. R. 241-32 *(Anc. art. R.* 241-32, dénum., D. n° 2005-368, 19 avr. 2005)*. – Le conseil régional de l'ordre statue sur la demande d'inscription dans les conditions prévues par l'article L. 242-4.

Art. R. 241-33 *(Anc. art. R.* 241-33, dénum., D. n° 2005-368, 19 avr. 2005)*. – L'inscription ne peut être refusée que si les statuts déposés ne sont pas conformes aux dispositions législatives et réglementaires en vigueur, et notamment au Code de déontologie.

Elle doit être refusée si les pièces exigées à l'article R.* 241-31 n'ont pas été communiquées au conseil régional de l'ordre.

Art. R. 241-34 *(Anc. art. R.* 241-34, dénum., D. n° 2005-368, 19 avr. 2005)*. – Le tableau de l'ordre comporte en annexe la liste des sociétés civiles professionnelles de vétérinaires, avec les indications suivantes :

1° Numéro d'inscription de la société ;

2° Raison sociale et numéro unique d'identification ;

3° Lieu du siège social ;

4° Nom de tous les associés et numéro d'inscription de chacun d'eux au tableau.

Le nom de chaque associé sur le tableau est suivi de la mention « Membre de la société civile professionnelle », ainsi que du nom et du numéro d'inscription de celle-ci.

Art. R. 241-35 *(Anc. art. R.* 241-35, dénum., D. n° 2005-368, 19 avr. 2005).* – Par dérogation aux articles 22, 24 et 26 du décret n° 78-704 du 3 juillet 1978 relatif à l'application de la loi n° 78-9 du 4 janvier 1978 modifiant le titre IX du livre III du Code civil, la société est dispensée d'insérer dans un journal d'annonces légales les avis prévus auxdits articles.

Art. R. 241-36 *(Anc. art. R.* 241-36, dénum., D. n° 2005-368, 19 avr. 2005).* – La demande d'immatriculation au registre du commerce et des sociétés est établie dans les conditions prévues *(Mots rempl., D. n° 2017-1246, 7 août 2017)* « aux articles R. 123-53 et R. 123-55 à R. 123-59 du Code de commerce ».

Elle doit reproduire les renseignements prévus au 1° de l'article R. 241-40 *(Mots aj., D. n° 2017-1246, 7 août 2017)* « du présent code » complétés par les date et lieu de naissance de chacun des associés et l'indication de leur nationalité. Elle indique également les nom et prénom du gérant ou que tous les associés sont gérants.

Art. R. 241-37 *(Anc. art. R.* 241-37, dénum., D. n° 2005-368, 19 avr. 2005).* – Le président du conseil régional de l'ordre adresse une ampliation de la décision d'inscription de la société au tableau de l'ordre au préfet du département et au greffe du tribunal de commerce ou du tribunal de grande instance statuant commercialement où a été déposée la demande d'immatriculation au registre du commerce et des sociétés ; cette ampliation vaut justification de ce que la société dispose de l'autorisation nécessaire à l'exercice de son activité et de ce que les associés sont eux-mêmes titulaires de l'autorisation, des diplômes ou des titres nécessaires à l'exercice de cette activité.

Au reçu de cette ampliation, le greffier procède à l'immatriculation de la société au registre du commerce et des sociétés.

Art. R. 241-38 *(Anc. art. R.* 241-38 dénum., D. n° 2005-368, 19 avr. 2005 ; mod., D. n° 2017-1246, 7 août 2017).* – Les cabinets ou cliniques dont la continuation d'exploitation a été demandée au conseil régional de l'ordre ne sont pas soumis, si cette autorisation est donnée, à l'inscription complémentaire ou à l'immatriculation secondaire prévues par les articles R. 123-40 à R. 123-43, R. 123-63 et R. 123-67 du Code de commerce. Ils sont toutefois considérés comme des établissements dont l'adresse doit être indiquée dans la demande d'immatriculation de la société, conformément aux dispositions de l'article R. 123-59 du même code.

Art. R. 241-39 *(Anc. art. R.* 241-39, dénum., D. n° 2005-368, 19 avr. 2005).* – Si les statuts sont établis par acte sous seing privé, il en est dressé autant d'originaux qu'il est nécessaire pour le dépôt d'un exemplaire au siège social de la société, la remise d'un exemplaire à chaque associé et pour satisfaire aux dispositions de la présente sous-section.

Art. R. 241-40 *(Anc. art. R.* 241-40, dénum., D. n° 2005-368, 19 avr. 2005).* – Sans préjudice des dispositions qu'en vertu des articles 10 et 11 de la loi n° 66-879 du 29 novembre 1966 relative aux sociétés civiles professionnelles les statuts doivent comporter et de celles qu'en vertu des articles 8, 14, 15, 19 et 20 de la même loi, ils peuvent contenir concernant respectivement la répartition des parts, les gérants, la raison sociale, la répartition des bénéfices, les dettes sociales, les cessions des parts sociales, et des dispositions de la présente sous-section, les statuts doivent indiquer :

1° Les nom, prénoms, domicile des associés, leur situation matrimoniale et, le cas échéant, l'existence de clauses, d'actes opposables aux tiers ou de décisions restrictives à la libre disposition de leurs biens ;

2° Le numéro d'inscription à l'ordre des associés ;

3° La qualification détenue et la spécialisation exercée par chacun s'il y a lieu ;

4° La durée pour laquelle la société est constituée ;

5° L'adresse du siège social et du ou des lieux d'exercice ;

6° La nature et l'évaluation distincte de chacun des apports effectués par les associés ;

7° Le montant du capital social, le montant nominal, le nombre et la répartition des parts sociales représentatives de ce capital ;

8° L'affirmation de la libération totale ou partielle, suivant le cas, des apports concourant à la formation du capital social ;

9° Le nombre et la répartition des parts représentatives des apports en industrie.

Art. R. 241-41 *(Anc. art. R.* 241-41, dénum., D. n° 2005-368, 19 avr. 2005).* – Peuvent faire l'objet d'apports à une société civile professionnelle vétérinaire, en propriété ou en jouissance :

1° Tous droits incorporels, mobiliers ou immobiliers, et notamment le droit pour un associé de présenter la société comme successeur à sa clientèle, ou s'il est ayant droit d'un vétérinaire décédé, à la clientèle de son auteur, ainsi que tous documents et archives ;

2° D'une manière générale, tous objets mobiliers à usage professionnel ;

3° Les immeubles ou locaux utiles à l'exercice de la profession ;

4° Toutes sommes en numéraire.

L'industrie des associés, qui, en vertu de l'article 10 de la loi n° 66-879 du 29 novembre 1966, ne concourt pas à la formation du capital, peut donner lieu à l'attribution de parts sociales.

Art. R. 241-42 *(Anc. art. R.* 241-42, dénum., D. n° 2005-368, 19 avr. 2005).* – Les parts sociales, qu'elles concourent ou non à la formation du capital social, ne peuvent être données en nantissement. Leur montant nominal ne peut être inférieur à 15 euros.

Les parts sociales correspondant à des apports en industrie sont incessibles et doivent être annulées lorsque leur titulaire perd sa qualité d'associé, pour quelque cause que ce soit, y compris la dissolution de la société.

Art. R. 241-43 *(Anc. art. R.* 241-43, dénum., D. n° 2005-368, 19 avr. 2005).* – Les parts sociales correspondant à des apports en numéraire doivent être libérées lors de la souscription de la moitié au moins de leur valeur nominale.

La libération du surplus doit intervenir en une ou plusieurs fois, soit aux dates prévues par les statuts, soit par décision de l'assemblée des associés, et au plus tard dans le délai de trois ans à compter de l'inscription de la société au tableau de l'ordre.

Dans les huit jours de leur réception, les fonds provenant des souscriptions en numéraire sont déposés, pour le compte de la société, à la Caisse des dépôts et consignations, chez un notaire ou dans une banque.

Le retrait des fonds provenant de souscriptions en numéraire est effectué par un mandataire de la société sur la seule justification de l'inscription de la société au tableau de l'ordre.

Art. R. 241-44 *(Anc. art. R.* 241-44, dénum., D. n° 2005-368, 19 avr. 2005).* – Les statuts organisent la gérance et déterminent les pouvoirs des gérants dans les conditions prévues par l'article 11 de la loi n° 66-879 du 29 novembre 1966.

Art. R. 241-45 *(Anc. art. R.* 241-45, dénum., D. n° 2005-368, 19 avr. 2005).* – Les décisions qui excèdent les pouvoirs des gérants sont prises par les associés réunis en assemblée.

L'assemblée est réunie au moins une fois par an. Elle est également réunie sur la demande d'au moins la moitié des associés, la demande devant indiquer l'ordre du jour.

Les modalités de convocation de l'assemblée sont fixées par les statuts.

Art. R. 241-46 *(Anc. art. R.* 241-46, dénum., D. n° 2005-368, 19 avr. 2005).* – Chaque associé dispose d'un nombre de voix égal quel que soit le nombre de parts qu'il possède.

Toutefois, lorsque les associés n'exercent qu'à temps partiel, les statuts peuvent leur attribuer un nombre de voix réduit.

En outre, les statuts peuvent attribuer aux associés un nombre de voix réduit aussi longtemps que les parts sociales qu'ils détiennent n'ont pas été entièrement libérées.

Chaque associé peut se faire représenter par un autre associé porteur d'un mandat écrit. Un associé ne peut être porteur de plus de deux mandats.

Art. R. 241-47 *(Anc. art. R.* 241-47, dénum., D. n° 2005-368, 19 avr. 2005).* – Sous réserve des dispositions de l'article 19 de la loi n° 66-879 du 29 novembre 1966 et de celles de la présente sous-section imposant des conditions spéciales de majorité, les décisions sont prises à la majorité des voix dont disposent les associés présents ou représentés.

Toutefois, les statuts peuvent prévoir une majorité plus forte ou même l'unanimité des associés pour toutes les décisions ou seulement pour celles qu'ils énumèrent.

Art. R. 241-48 *(Anc. art. R.* 241-48, dénum., D. n° 2005-368, 19 avr. 2005).* – La modification des statuts et la prorogation de la société ne peuvent être décidées qu'à la majorité des trois quarts des voix des associés présents ou représentés.

Art. R. 241-49 *(Anc. art. R.* 241-49, dénum., D. n° 2005-368, 19 avr. 2005 ; mod., D. n° 2017-1100, 15 juin 2017).* – Les délibérations des associés sont soumises aux dispositions des articles 40 à 47 du décret n° 78-704 du 3 juillet 1978.

L'assemblée ne peut délibérer valablement que si les trois quarts au moins des associés sont présents ou représentés. Si le quorum n'est pas atteint, les associés sont convoqués une nouvelle fois et l'assemblée délibère valablement si deux associés au moins sont présents ou représentés.

Le registre prévu par l'article 45 du décret du 3 juillet 1978 précité est préalablement coté et paraphé par le président du conseil régional de l'ordre ou un de ses délégués et seulement à défaut par le greffe du tribunal d'instance.

Art. R. 241-50 *(Anc. art. R.* 241-50, dénum., D. n° 2005-368, 19 avr. 2005 ; mod., D. n° 2017-1246, 7 août 2017).* – Après la clôture de chaque exercice, le ou les gérants établissent dans les conditions fixées à l'article 1856 du Code civil un rapport écrit d'ensemble comportant les comptes annuels de la société et un rapport sur ses résultats.

Dans les deux mois qui suivent la clôture de l'exercice, les documents mentionnés à l'alinéa précédent sont soumis à l'approbation de l'assemblée des associés.

À cette fin, lorsque tous les associés sont gérants, ces documents sont adressés à chaque associé avec le texte des résolutions proposées quinze jours au moins avant la réunion de l'assemblée et au plus tard avec la convocation de cette assemblée.

Art. R. 241-51 *(Anc. art. R.* 241-51, dénum., D. n° 2005-368, 19 avr. 2005).* – Indépendamment des dispositions prévues à l'article 1855 du Code civil, chaque associé peut, à toute époque, prendre connaissance dans les conditions fixées à l'article 48 du décret n° 78-704 du 3 juillet 1978 des comptes annuels de la société et du rapport sur les résultats de celle-ci ainsi que de tous registres et documents comptables en la possession de la société.

Art. R. 241-52 *(Anc. art. R.* 241-52, dénum., D. n° 2005-368, 19 avr. 2005).* – Sauf dispositions contraires des statuts, les parts sociales sont librement cessibles entre associés.

Elles ne peuvent être cédées à des tiers qu'avec le consentement de la société exprimé dans les conditions prévues à l'article 19 de la loi n° 66-879 du 29 novembre 1966.

Le prix de cession des parts est librement débattu entre les parties.

Art. R. 241-53 *(Anc. art. R.* 241-53, dénum., D. n° 2005-368, 19 avr. 2005).* – Le projet de cession de parts à un tiers et la décision de la société sont exprimés dans les formes prévues par les articles 49 et 50 du décret n° 78-704 du 3 juillet 1978.

Art. R. 241-54 *(Anc. art. R.* 241-54, dénum., D. n° 2005-368, 19 avr. 2005).* – Lorsque la société notifie son consentement exprès à la cession à un tiers ou si elle n'a pas fait connaître sa décision dans les deux mois à compter de la dernière des notifications prévues à l'article R.* 241-53, le cessionnaire adresse au président du conseil régional de l'ordre une demande en vue d'être inscrit en qualité de vétérinaire associé.

La demande est accompagnée de l'expédition ou de la copie certifiée conforme de l'acte de cession des parts sociales ainsi que de toutes pièces justificatives, notamment celles qui établissent le consentement donné par la société à la cession.

Art. R. 241-55 *(Anc. art. R.* 241-55, dénum., D. n° 2005-368, 19 avr. 2005).* – Lorsque la société refuse de consentir à une cession à un tiers, elle dispose d'un délai de six mois à compter de la notification de son refus pour notifier à l'associé cédant, dans l'une des formes prévues à l'article R.* 241-53, un projet de cession ou de rachat de ces parts qui constitue engagement de l'associé cessionnaire ou de la société qui se porte acquéreur.

Lorsque la société propose que les parts soient rachetées par un tiers, celui-ci devra avoir été au préalable agréé par les associés conformément aux dispositions statutaires.

Si les parts sociales sont acquises par la société ou par un ou plusieurs des associés, il est procédé conformément à l'article R.* 241-57.

Art. R. 241-56 *(Anc. art. R.* 241-56, dénum., D. n° 2005-368, 19 avr. 2005).* – La valeur des droits sociaux est déterminée, à défaut d'accord entre les parties, conformément aux dispositions de l'article 1843-4 du Code civil.

Art. R. 241-57 *(Anc. art. R.* 241-57, dénum., D. n° 2005-368, 19 avr. 2005).* – Toute convention par laquelle un des associés cède tout ou partie de ses parts sociales à la société, aux autres associés ou à l'un ou plusieurs d'entre eux, est portée à la connaissance du conseil régional de l'ordre par le ou les cessionnaires.

Elle est accompagnée de toutes pièces justificatives comprenant, le cas échéant, la délibération de l'assemblée des associés ayant décidé la réduction du capital social.

Art. R. 241-58 *(Anc. art. R.* 241-58, dénum., D. n° 2005-368, 19 avr. 2005).* – Les articles R.* 241-52 à R.* 241-55, R.* 241-57 et R.* 241-72 sont applicables à la cession à titre gratuit de tout ou partie de ses parts sociales par l'un des associés.

Art. R. 241-59 *(Anc. art. R.* 241-59, dénum., D. n° 2005-368, 19 avr. 20050).* – Sous réserve des règles de protection et de représentation des incapables, les dispositions de l'article R.* 241-55 sont applicables à la cession des parts sociales de l'associé frappé d'interdiction légale ou placé sous le régime de la tutelle des majeurs. Dans ces cas, le délai de six mois est porté à un an.

Art. R. 241-60 *(Anc. art. R.* 241-60, dénum., D. n° 2005-368, 19 avr. 2005).* – Le délai de cession des parts de l'associé décédé est fixé à un an à compter du décès.

Il peut être renouvelé par le président du conseil régional de l'ordre à la demande des ayants droit de l'associé décédé et avec le consentement de la société donné dans les conditions prévues pour la cession des parts sociales par le premier alinéa de l'article 19 de la loi n° 66-879 du 29 novembre 1966.

Art. R. 241-61 *(Anc. art. R.* 241-61, dénum., D. n° 2005-368, 19 avr. 2005).* – Si, pendant le délai prévu à l'article R.* 241-60, les ayants droit décident de céder les parts sociales de leur auteur à un tiers, il est procédé conformément aux dispositions des articles R.* 241-52 à R.* 241-56.

Art. R. 241-62 *(Anc. art. R.* 241-62, dénum., D. n° 2005-368, 19 avr. 2005).* – Toute demande d'un ou de plusieurs ayants droit d'un associé décédé tendant à l'attribution préférentielle à leur profit des parts sociales de leur auteur est notifiée à la société et à chacun des associés, dans l'une des formes prévues à l'article R.* 241-53. Les modalités de cette attribution sont réglées, pour le surplus, par les dispositions des articles R.* 241-52 à R.* 241-56.

Art. R. 241-63 *(Anc. art. R.* 241-63, dénum., D. n° 2005-368, 19 avr. 2005).* – Lorsqu'à l'expiration du délai prévu à l'article R.* 241-60 les ayants droit de l'associé décédé n'ont pas exercé la faculté de céder les parts sociales de leur auteur, et si aucun consentement préalable à l'attribution préférentielle n'a été donné par la société, celle-ci dispose d'une année pour acquérir ou faire acquérir les parts sociales de l'associé décédé, dans les conditions prévues à l'article R.* 241-55.

Art. R. 241-64 *(Anc. art. R.* 241-64, dénum., D. n° 2005-368, 19 avr. 2005).* – Si l'acte portant cession de parts sociales est établi sous seing privé, il en est dressé autant d'originaux qu'il est nécessaire pour la remise d'un exemplaire à chaque partie et pour satisfaire aux dispositions des articles R.* 241-54 et R.* 241-57 et à celles de l'article 52 du décret n° 78-704 du 3 juillet 1978.

En outre, un des originaux ou une expédition de l'acte de cession de part et éventuellement de l'acte modifiant les statuts de la société doivent être expédiés pour information au conseil régional de l'ordre.

Art. R. 241-65 *(Anc. art. R.* 241-65, dénum., D. n° 2005-368, 19 avr. 2005).* – Lorsqu'un associé entend se retirer de la société, il notifie sa décision à la société par lettre recommandée avec demande d'avis de réception.

La société dispose d'un délai de six mois à compter de cette notification pour notifier à l'associé, dans la même force, le projet de cession ou de rachat qui constitue l'engagement du cessionnaire ou de la société de se porter acquéreur.

Lorsque la société propose que les parts soient rachetées par un tiers, celui-ci devra avoir été au préalable agréé par les associés.

En cas de désaccord sur le prix de cession, il est procédé à la fixation du prix dans les conditions de l'article R.* 241-56.

Art. R. 241-66 *(Anc. art. R.* 241-66, dénum., D. n° 2005-368, 19 avr. 2005).* – Tout associé qui a fait l'objet d'une condamnation disciplinaire définitive égale ou supérieure à six mois de suspension peut être contraint, par une décision prise à la majorité des autres associés, à se retirer de la société.

Le ou les associés qui ont fait l'objet d'une sanction pour les mêmes faits ne participent pas au vote.

L'associé exclu dispose d'un délai de six mois à compter de la notification qui lui est faite de cette décision par la société, par l'envoi d'une lettre recommandée avec demande d'avis de réception, pour céder ses parts, dans les conditions prévues aux articles 19 et 21 de la loi n° 66-879 du 29 novembre 1966 et aux dispositions de la présente sous-section.

Si, à l'expiration de ce délai, aucune cession n'est intervenue, il est procédé conformément aux dispositions de l'article R.* 241-55.

Art. R. 241-67 *(Anc. art. R.* 241-67, dénum., D. n° 2005-368, 19 avr. 2005).* – L'associé radié au tableau perd la qualité d'associé. Ses parts sont cédées dans les conditions déterminées aux articles R.* 241-55 et R.* 241-56.

Art. R. 241-68 *(Anc. art. R.* 241-68, dénum., D. n° 2005-368, 19 avr. 2005).* – Si, dans le cas visé à l'article R.* 241-55, le prix proposé pour la cession ou le rachat n'est pas accepté par le cédant et si celui-ci persiste dans l'intention de céder ses parts, le prix est fixé à la demande de la partie la plus diligente, comme il est dit à l'article R.* 241-56.

Lorsque l'associé cédant refuse de signer l'acte portant cession de ses parts au prix ainsi fixé, il est passé outre à ce refus deux mois après sommation à lui faite par la société soit par lettre recommandée avec accusé de réception, soit par acte d'huissier de justice et demeurée infructueuse ; le prix de cession des parts est consigné à la diligence du cessionnaire.

Si la cession porte sur la totalité des parts sociales d'un associé, celui-ci perd la qualité d'associé à l'expiration du délai prévu à l'alinéa précédent.

La publicité de la cession est accomplie conformément aux dispositions de l'article 52 du décret n° 78-704 du 3 juillet 1978 par dépôt de deux copies certifiées conformes de la sommation adressée au cédant, accompagnées des justifications de la notification ou de la signification de cette sommation.

Art. R. 241-69 *(Anc. art. R.* 241-69, dénum., D. n° 2005-368, 19 avr. 2005). – (Mots rempl., D. n° 2017-1246, 7 août 2017)* « Le » nombre des associés peut être augmenté au cours de l'existence de la société avec ou sans augmentation du capital social.

Tout nouvel associé doit produire le certificat d'inscription au tableau.

Art. R. 241-70 *(Anc. art. R.* 241-70, dénum., D. n° 2005-368, 19 avr. 2005).* – Si le nouvel associé entre dans la société en acquérant des parts sociales dont les associés, ou l'un ou certains de ceux-ci, sont titulaires, il est procédé conformément à l'article R.* 241-57.

Art. R. 241-71 *(Anc. art. R.* 241-71, dénum., D. n° 2005-368, 19 avr. 2005).* – Si l'entrée d'un nouvel associé dans la société a pour conséquence une augmentation du capital social, les dispositions des articles R.* 241-31 à R.* 241-33 sont applicables.

Art. R. 241-72 *(Anc. art. R.* 241-72, dénum., D. n° 2005-368, 19 avr. 2005).* – Tout vétérinaire associé qui reçoit à titre onéreux ou gratuit un droit de présentation transmis par un vétérinaire étranger à la société a l'obligation d'en apporter la propriété ou la jouissance à la société à charge pour elle de créer et lui délivrer les nouvelles parts sociales correspondant à ce supplément d'apport.

Art. R. 241-73 *(Anc. art. R.* 241-73, dénum., D. n° 2005-368, 19 avr. 2005).* – Si la constitution de réserves au moyen de bénéfices non distribués ou le dégagement de plus-values d'actif dues à l'industrie des associés le permet, il est procédé à l'augmentation du capital. Toutefois, cette augmentation n'est possible qu'après la libération intégrale des parts.

Toute clause des statuts écartant un associé de l'attribution des parts sociales nouvellement créées en représentation d'une augmentation de capital par incorporation des réserves non distribuées sera réputée non écrite.

Art. R. 241-74 *(Anc. art. R.* 241-74, dénum., D. n° 2005-368, 19 avr. 2005).* – La décision de proroger la société doit être immédiatement portée à la connaissance du conseil régional de l'ordre et une copie du procès-verbal complet de l'assemblée ou l'acte d'où résulte la prorogation, constitué par l'un des originaux si cet acte est sous seing privé, ou par une expédition s'il a été établi sous la forme authentique, doit être déposé au secrétariat du conseil régional de l'ordre par un gérant.

Art. R. 241-75 *(Anc. art. R.* 241-75, dénum., D. n° 2005-368, 19 avr. 2005 ; mod., D. n° 2017-1246, 7 août 2017).* – En cas de modification des statuts, une copie du procès-verbal complet de l'assemblée ou l'acte modificatif constitué par l'un des originaux si celui-ci est sous seing privé, ou par une expédition s'il a été établi sous la forme authentique, est adressé au conseil régional de l'ordre dans un délai de deux mois.

Si les nouvelles dispositions des statuts ne sont pas conformes aux dispositions législatives ou réglementaires et si la régularisation n'en est pas opérée dans le délai imparti par le conseil régional de l'ordre, celui-ci, après avoir appelé les intéressés à présenter leurs observations orales ou écrites, prononce, par décision motivée, la radiation de la société.

En cas d'agrément, le conseil régional de l'ordre statue dans les conditions prévues à l'article R. 241-32.

La publication des modifications est faite ainsi qu'il est prévu aux articles R. 123-59, R. 123-66 et R. 123-71 du Code de commerce.

Art. R. 241-76 *(Anc. art. R.* 241-76, dénum., D. n° 2005-368, 19 avr. 2005).* – Sous réserve de l'application de la loi n° 66-879 du 29 novembre 1966 et de la présente sous-section, toutes les dispositions législatives et réglementaires relatives à l'exercice de la profession de vétérinaire, et spécialement à la déontologie et à la discipline, sont applicables aux membres de la société et, dans la mesure où elles sont applicables aux personnes morales, à la société civile professionnelle elle-même.

Art. R. 241-77 *(Anc. art. R.* 241-77, dénum., D. n° 2005-368, 19 avr. 2005).* – La société civile professionnelle de vétérinaires a une raison sociale composée du nom d'un ou de tous les associés précédés ou suivis des mots : société civile professionnelle de vétérinaires.

La qualification de société civile professionnelle de vétérinaires, à l'exclusion de toute autre, assortie du numéro unique d'identification, doit accompagner la raison sociale dans toutes les correspondances et tous les documents émanant de la société.

Tous les registres et documents sont ouverts et établis au nom de la société.

Art. R. 241-78 *(Anc. art. R.* 241-78, dénum., D. n° 2005-368, 19 avr. 2005).* – Dans les actes professionnels, chaque associé indique seulement la raison sociale de la société dont il est membre et son patronyme.

Art. R. 241-79 *(Anc. art. R.* 241-79, dénum., D. n° 2005-368, 19 avr. 2005).* – Un associé ne peut exercer sa profession à titre individuel sous forme libérale, sauf gratuitement, ni être membre d'une autre société civile professionnelle de vétérinaires.

Sous réserve des dispositions de l'alinéa précédent, les associés doivent consacrer à la société toute leur activité professionnelle libérale de vétérinaire.

Art. R. 241-80 *(Anc. art. R.* 241-80, dénum., D. n° 2005-368, 19 avr. 2005).* – Chaque associé exerce la profession de vétérinaire avec la plus grande indépendance professionnelle et morale dans ses rapports avec les clients et il ne peut être subordonné à un gérant, à un autre associé ou à la société elle-même.

Les membres de la même société ne peuvent représenter des intérêts opposés. En outre, ils ne peuvent être arbitres ou experts dans un litige où un autre des associés est l'expert d'une des parties.

Art. R. 241-81 *(Anc. art. R.* 241-81, dénum., D. n° 2005-368, 19 avr. 2005).* – Chaque associé demeure individuellement électeur et éligible au conseil de l'ordre sans que la société soit elle-même électrice ou éligible.

Le conseil régional de l'ordre ne peut comprendre des associés d'une même société dans une proportion supérieure à un cinquième de ses membres.

Quand le nombre des vétérinaires associés de la même société élus au conseil régional de l'ordre dépasse cette proportion, les élus sont éliminés successivement dans l'ordre inverse du nombre des suffrages obtenus, de façon que ceux qui sont appelés à siéger au conseil n'excèdent pas la proportion prévue à l'alinéa précédent. En cas d'égalité de suffrage, le plus âgé est appelé à siéger.

Art. R. 241-82 *(Anc. art. R.* 241-82, dénum., D. n° 2005-368, 19 avr. 2005).* – Le conseil régional de l'ordre peut autoriser des vétérinaires exerçant dans des locaux professionnels distincts à se constituer en société civile professionnelle sans abandonner le siège de leur activité.

En ce cas, le nombre des cabinets ou cliniques ne peut être supérieur à trois.

Une fois constituée, la société civile professionnelle peut être autorisée par le conseil régional de l'ordre à créer, dans la limite du nombre prévu à l'alinéa précédent, un ou deux cabinets annexes, toutes les fois que les besoins de la santé animale justifient cette création.

Art. R. 241-83 *(Anc. art. R.* 241-83, dénum., D. n° 2005-368, 19 avr. 2005).* – Tout vétérinaire associé peut se voir attribuer individuellement la qualité de vétérinaire sanitaire.

Art. R. 241-84 *(Anc. art. R.* 241-84, dénum., D. n° 2005-368, 19 avr. 2005).* – L'associé faisant l'objet d'une peine disciplinaire lui interdisant d'exercer une activité professionnelle pendant sa durée, conserve, pendant le même temps et sous réserve des dispositions de l'article R.* 241-66, sa qualité d'associé avec tous les droits et obligations qui en découlent, à l'exclusion de sa vocation aux bénéfices professionnels subsistant après rémunération des parts sociales et constitution éventuelle de réserves.

Art. R. 241-85 *(Anc. art. R.* 241-85, dénum., D. n° 2005-368, 19 avr. 2005).* – La société peut faire l'objet de poursuites disciplinaires indépendamment de celles qui seraient intentées à quelque titre que ce soit contre les associés.

Art. R. 241-86 *(Anc. art. R.* 241-86, dénum., D. n° 2005-368, 19 avr. 2005).* – La suspension du droit d'exercer frappant la société ou tous les associés pendant une durée égale ou supérieure à deux ans entraîne de plein droit la dissolution de la société.

La décision, devenue exécutoire, qui inflige cette sanction, constate la dissolution de la société et prononce sa radiation du tableau de l'ordre et sa liquidation.

Art. R. 241-87 *(Anc. art. R.* 241-87, dénum., D. n° 2005-368, 19 avr. 2005).* – L'assurance de responsabilité civile professionnelle exigée par le troisième alinéa de l'article 16 de la loi n° 66-879 du 29 novembre 1966 est contractée par la société ou par les associés.

Art. R. 241-88 *(Anc. art. R.* 241-88, dénum., D. n° 2005-368, 19 avr. 2005).* – La dissolution anticipée de la société ne peut être décidée que par les trois quarts au moins des associés.

Art. R. 241-89 *(Anc. art. R.* 241-89, dénum., D. n° 2005-368, 19 avr. 2005).* – La radiation du tableau de l'ordre de tous les associés ou de la société entraîne de plein droit la dissolution de celle-ci.

À la diligence du président du conseil régional de l'ordre, une expédition de cette décision est déposée au greffe du tribunal de commerce ou du tribunal de grande instance statuant commercialement, du lieu d'immatriculation pour être versée au dossier ouvert au nom de la société.

Les associés radiés du tableau ne peuvent être liquidateurs.

Art. R. 241-90 *(Anc. art. R.* 241-90, dénum., D. n° 2005-368, 19 avr. 2005).* – S'il ne subsiste qu'un seul associé, celui-ci peut, dans le délai d'un an, céder une partie de ses parts à un ou plusieurs vétérinaires inscrits au tableau de l'ordre.

Art. R. 241-91 *(Anc. art. R.* 241-91, dénum., D. n° 2005-368, 19 avr. 2005).* – Lorsque le ou les liquidateurs sont des vétérinaires, ils doivent remplir les conditions prévues aux articles L. 241-1 et L. 242-1 pour l'exercice de leur profession.

Art. R. 241-92 *(Anc. art. R.* 241-92, dénum., D. n° 2005-368, 19 avr. 2005).* – L'acte de nomination des liquidateurs, quelle que soit sa forme, est adressé par les soins de ces derniers au conseil régional de l'ordre.

Les liquidateurs informent le conseil régional de l'ordre de la clôture des liquidations.

Art. R. 241-93 *(Anc. art. R.* 241-93, dénum., D. n° 2005-368, 19 avr. 2005).* – En cas de fusion ou de scission de société civile professionnelle *(Mots suppr., D. n° 2017-1246, 7 août 2017)* « ... », la nouvelle société créée ou les sociétés scissionnaires devront accomplir les formalités d'inscription, d'immatriculation et de publicité prévues aux articles R. 241-31 à R. 241-33 et R. 241-36.

Décret n° 79-885 du 11 octobre 1979

pris pour l'application aux vétérinaires de la loi n° 66-879 du 29 novembre 1966 relative aux sociétés civiles professionnelles

(JO 14 oct.)

(Mod., D. n° 84-407, 30 mai 1984 : JO 31 mai ; D. n° 2003-768, 1er août 2003 : JO 7 août)

Art. 25. – La rémunération servie aux parts sociales concourant à la formation du capital ne peut excéder le taux de réescompte de la Banque de France majoré de trois points ou être inférieure à ce taux.

Le surplus des bénéfices, après constitution éventuelle de réserves, est réparti périodiquement entre les associés sur le fondement des critères fixés par les statuts de la société.

8.2.23.2. – Sociétés d'exercice libéral

Code rural et de la pêche maritime

Partie réglementaire

Art. R. 241-94 *(Anc. art. R.* 241-94, dénum., D. n° 2005-368, 19 avr. 2005 ; mod., D. n° 2017-514, 10 avr. 2017).* – Les dispositions de la présente sous-section régissent les sociétés constituées en application du titre Ier de la loi n° 90-1258 du 31 décembre 1990 relative à l'exercice sous forme de sociétés des professions libérales soumises à un statut législatif ou réglementaire ou dont le titre est protégé et dont l'objet social est l'exercice de la profession de vétérinaire. Ces sociétés portent la dénomination de société d'exercice libéral de vétérinaires.

Art. R. 241-95 *(Anc. art. R.* 241-95, dénum., D. n° 2005-368, 19 avr. 2005 ; mod., D. n° 2017-514, 10 avr. 2017).* – Les actes et documents destinés aux tiers, notamment les lettres, factures, annonces et publications diverses, émanant d'une société d'exercice libéral de vétérinaires doivent indiquer la dénomination sociale précédée ou suivie immédiatement, selon le cas :

1° Soit de la mention Société d'exercice libéral à responsabilité limitée de vétérinaires ou de la mention SELARL de vétérinaires ;

2° Soit de la mention Société d'exercice libéral à forme anonyme de vétérinaires ou de la mention SELAFA de vétérinaires ;

3° Soit de la mention Société d'exercice libéral en commandite par actions de vétérinaires ou de la mention SELCA de vétérinaires, ainsi que de l'énonciation de son capital social, de son siège social et de la mention de son inscription au tableau de l'ordre ;

4° Soit de la mention Société d'exercice libéral par actions simplifiée de vétérinaires ou de la mention SELAS de vétérinaires, ainsi que de l'énonciation de son capital social, de son siège social et de la mention de son inscription au tableau de l'ordre.

ANNEXE 8

Art. R. 241-96 *(Anc. art. R.* 241-96, dénum., D. n° 2005-368, 19 avr. 2005)*. – Un quart au plus du capital d'une société d'exercice libéral constituée pour l'exercice de la profession de vétérinaire peut être détenu par des personnes physiques ou morales autres que celles mentionnées à l'article 5 de la loi n° 90-1258 du 31 décembre 1990.

Art. R. 241-97 *(Anc. art. R.* 241-97, dénum., D. n° 2005-368, 19 avr. 2005)*. – La détention, directe ou indirecte, de parts ou d'actions du capital social d'une société d'exercice libéral de vétérinaires est interdite :

1° Aux personnes physiques ou morales qui, n'exerçant pas la profession de vétérinaire, fournissent des services, produits ou matériels utilisés à l'occasion d'actes vétérinaires ;

2° Aux personnes physiques ou morales exerçant, à titre professionnel, une activité d'élevage ou de transformation des produits animaux.

Art. R. 241-98 *(Anc. art. R.* 241-98, dénum., D. n° 2005-368, 19 avr. 2005)*. – La détention de parts ou actions du capital social d'une société d'exercice libéral de vétérinaires est interdite à toute personne radiée du tableau de l'ordre des vétérinaires.

Art. R. 241-99 *(Anc. art. R.* 241-99, dénum., D. n° 2005-368, 19 avr. 2005)*. – La société d'exercice libéral de vétérinaires est soumise aux dispositions disciplinaires applicables à la profession de vétérinaire.

Toutefois, la société ne peut faire l'objet de poursuites disciplinaires indépendamment de celles qui seraient intentées à l'encontre des associés exerçant leur profession en son sein.

Art. R. 241-100 *(Anc. art. R.* 241-100, dénum., D. n° 2005-368, 19 avr. 2005)*. – L'associé d'une société d'exercice libéral constituée pour l'exercice de la profession de vétérinaire peut en être exclu en cas de sanction disciplinaire définitive ayant pour effet de lui interdire temporairement l'exercice de la profession pendant plus de six mois.

Cette exclusion est décidée par les autres associés statuant à l'unanimité.

Art. R. 241-101 *(Anc. art. R.* 241-101, dénum., D. n° 2005-368, 19 avr. 2005)*. – Tout associé exclu dispose pour céder ses parts sociales ou actions d'un délai de six mois à compter de la notification qui lui est faite de cette décision par la société, par l'envoi d'une lettre recommandée avec demande d'avis de réception.

Pendant ce délai, l'associé exclu perd les rémunérations liées à l'exercice de son activité professionnelle et son droit d'assister et de voter aux assemblées de la société. Il conserve son droit à percevoir les dividendes distribués au titre de ses parts sociales ou actions.

Les parts sociales ou actions de l'associé exclu sont achetées, soit par un acquéreur agréé par la société, soit par la société qui doit alors réduire son capital. À défaut d'accord amiable, le prix de rachat des parts sociales est déterminé dans les conditions prévues par l'article 1843-4 du Code civil.

Art. R. 241-102 *(Anc. art. R.* 241-102, dénum., D. n° 2005-368, 19 avr. 2005)*. – L'associé interdit de ses fonctions à titre temporaire conserve, pendant la durée de sa peine, sa qualité d'associé avec tous les droits et obligations qui en découlent, à l'exclusion de sa vocation aux rémunérations versées par la société en relation avec l'exercice de son activité professionnelle.

En cas de suspension d'exercice de la profession frappant le seul ou tous les associés de la société d'exercice libéral, les actes nécessaires à la gestion de la société sont assurés par un ou plusieurs vétérinaires désignés par le conseil régional de l'ordre.

8.2.23.3. – Dispositions communes aux différentes sociétés d'exercice vétérinaire

Code rural et de la pêche maritime

PARTIE RÉGLEMENTAIRE

Art. R. 241-103 *(Anc. art. R.* 241-103, dénum., D. n° 2005-368, 19 avr. 2005 ; transféré à la présente sous-section et rempl., D. n° 2010-780, 8 juill. 2010)*. – Sous réserve du respect des dispositions du présent code, notamment du IV et du VI de l'article R. 242-48, un vétérinaire peut exercer concomitamment dans plusieurs sociétés d'exercice en commun autorisées dans lesquelles il peut détenir des parts de capital social ou non.

Il peut également exercer concomitamment à titre individuel et au sein d'une ou plusieurs sociétés d'exercice en commun autorisées dans lesquelles il peut détenir ou non des parts de capital social.

8.2.23.4. – Sociétés de participations financières de profession libérale de vétérinaires

Code rural et de la pêche maritime

Art. R. 241-104 *(D. n° 2012-1392, 11 déc. 2012).* – Les sociétés de participations financières de profession libérale de vétérinaires sont régies par les dispositions du livre II du Code de commerce, sous réserve des dispositions du présent chapitre.

Section 1. – De la constitution de la société

Art. R. 241-105 *(D. n° 2012-1392, 11 déc. 2012).* – Des personnes physiques ou morales exerçant la profession de vétérinaire peuvent constituer, dans les conditions prévues à l'article 31-1 de la loi n° 90-1258 du 31 décembre 1990, une ou plusieurs sociétés de participations financières de profession libérale de vétérinaires.

Le complément du capital et des droits de vote peut également être détenu :

1° Pendant une durée de dix ans à compter de leur cessation d'activité professionnelle, par des personnes physiques qui ont exercé la profession de vétérinaire au sein de la ou des sociétés d'exercice libéral faisant l'objet de la détention de parts ou d'actions ;

2° Par les ayants droit des personnes physiques mentionnées au présent article, pendant une durée de cinq ans suivant le décès de celles-ci.

Art. R. 241-106 *(D. n° 2012-1392, 11 déc. 2012 ; mod., D. n° 2017-514, 10 avr. 2017).* – La société fait l'objet d'une demande d'inscription sur la liste spéciale tenue par l'ordre des vétérinaires adressée, par un mandataire commun des associés, au conseil régional de l'ordre dans le ressort duquel se situe son siège social. La demande est accompagnée des pièces suivantes :

1° Un exemplaire des statuts de la société, signé par tous les associés de la société ou par un mandataire muni d'un pouvoir ;

2° La liste des associés avec indication, selon le cas, de leur qualité, et pour chacun d'entre eux, de la part du capital et des droits de vote qu'il détient dans la société ;

3° Toute convention relative au fonctionnement de la société ou aux rapports entre associés ;

4° Le règlement des frais d'inscription mentionnés au II de l'article L. 243-2-1. Ce versement reste acquis à l'ordre, quelle que soit la suite donnée à la demande.

La demande d'inscription sur la liste spéciale tenue par l'ordre des vétérinaires est accompagnée d'une note d'information désignant les sociétés d'exercice libéral de vétérinaires et les groupements de droit étranger ayant pour objet l'exercice de la profession de vétérinaire dont les parts sociales ou actions sont détenues, à sa constitution, par la société de participations financières de profession libérale de vétérinaires. La note précise la répartition du capital et des droits de vote qui résulte de ces participations.

Art. R. 241-107 *(D. n° 2012-1392, 11 déc. 2012).* – Le conseil régional de l'ordre statue sur l'inscription de la société de participations financières de profession libérale de vétérinaires dans les conditions prévues à l'article L. 242-4.

Art. R. 241-108 *(D. n° 2012-1392, 11 déc. 2012).* – Sans préjudice des dispositions prévues aux articles R. 123-31 et suivants du Code de commerce relatives à l'immatriculation au registre du commerce et des sociétés, une copie de l'inscription à l'ordre des vétérinaires de la société de participations financières de profession libérale de vétérinaires est adressée par le mandataire commun au greffe du tribunal de commerce compétent. À la réception de ce document, le greffier procède à l'immatriculation et en informe le président du conseil régional de l'ordre auprès duquel la société est inscrite.

Section 2. – Du fonctionnement et du contrôle de la société

Art. R. 241-109 *(D. n° 2012-1392, 11 déc. 2012 ; mod., D. n° 2017-514, 10 avr. 2017).* – La société de participations financières de profession libérale de vétérinaires fait connaître au président du conseil régional de l'ordre, sans délai, tout changement dans la situation déclarée en application de l'article R. 241-106. Elle lui adresse, dans les mêmes conditions, les pièces justificatives correspondantes, dont une copie des documents sociaux mentionnant ce changement, certifiée par elle conforme à la version déposée au greffe du tribunal de commerce, ainsi que l'extrait K *bis* du registre du commerce et des sociétés en faisant état.

Art. R. 241-110 *(D. n° 2012-1392, 11 déc. 2012).* – Si la société de participations financières de profession libérale de vétérinaires cesse de se conformer aux dispositions législatives et réglementaires en vigueur relatives à sa constitution et à son fonctionnement, le président du conseil régional de l'ordre la met en demeure de régulariser la situation dans un délai de six mois.

Si, à l'expiration de ce délai, la société n'a pas régularisé sa situation, le président du conseil régional de l'ordre peut inviter les associés à prononcer la dissolution anticipée de la société selon les formes prévues par les statuts.

Art. R. 241-111 *(D. n° 2012-1392, 11 déc. 2012).* – Le non-respect des dispositions régissant la constitution et le fonctionnement des sociétés de participations financières de profession libérale de vétérinaires par les associés d'une telle société peut donner lieu à des poursuites disciplinaires dans les conditions prévues par l'article L. 242-7.

Section 3. – De la dissolution et de la liquidation de la société

Art. R. 241-112 *(D. n° 2012-1392, 11 déc. 2012).* – En cas de dissolution de la société, le liquidateur est choisi parmi les associés de la société de participations financières de profession libérale de vétérinaires. Plusieurs liquidateurs peuvent être désignés.

Le liquidateur peut être remplacé pour cause d'empêchement, ou pour tout autre motif grave par décision du président du tribunal de grande instance du lieu du siège social de la société statuant en référé, à la demande du liquidateur, des associés ou de leurs ayants droit, ou du président du conseil régional de l'ordre des vétérinaires.

Art. R. 241-113 *(D. n° 2012-1392, 11 déc. 2012).* – Le liquidateur informe le président du conseil régional de l'ordre de la dissolution de la société de participations financières de profession libérale de vétérinaires en lui faisant parvenir une expédition de la délibération des associés.

Il dépose au greffe chargé de la tenue du registre du commerce et des sociétés où la société est immatriculée, pour être versée au dossier ouvert au nom de la société, la copie de l'expédition prévue au premier alinéa dont tout intéressé peut obtenir communication.

Art. R. 241-114 *(D. n° 2012-1392, 11 déc. 2012).* – Le liquidateur procède à la cession des parts ou actions que la société de participations financières de profession libérale de vétérinaires détient dans les sociétés d'exercice libéral de vétérinaires ou dans les groupements de droit étranger ayant pour objet l'exercice de la profession vétérinaire.

8.2.23.5. – Société interprofessionnelle de soins ambulatoires

Voir : C. santé publ., art. L. 4041-1 à L. 4043-2, p. 3199.

ANNEXE 9

SECTEUR PUBLIC ET SEMI-PUBLIC

9.1 – Privatisations .... p. 3213
9.2 – Démocratisation du secteur public .... p. 3215
9.3 – Sociétés d'économie mixte locales .... p. 3245
9.3.1. – Règles générales .... p. 3245
9.3.2. – Sociétés publiques locales d'aménagement .... p. 3255

9.1. – PRIVATISATIONS

Bibliographie : P. Idoux et T. Rombauts, *Renault, EDF et autres : l'entreprise à participation publique au cœur de l'actualité : RD adm.* 2010, étude 8. • M. Lombard, *L'État actionnaire : une relation paradoxale avec le Code de commerce : Le Code de commerce, Livre du bicentenaire : D.* 2007, p. 183. • C. Malecki, *L'État actionnaire et la gouvernance des entreprises publiques : D.* 2005, p. 1028. • N. Thirion, *Les privatisations d'entreprises publiques dans une économie sociale de marché : aspects juridiques*, éd. Bruylant et LGDJ, 2002 ; *Existe-t-il des limites juridiques à la privatisation des entreprises publiques ? : RID éco.* 2002, p. 627. • *Adde*, C. Manson, *JCl. Sociétés traité*, Fasc. 178-50.

Loi n° 86-793 du 2 juillet 1986
autorisant le gouvernement à prendre diverses mesures d'ordre économique et social
(Abr., Ord. n° 2014-948, 20 août 2014)

NB : Les dispositions de la loi du 2 juillet 1986, dans leur rédaction applicable à la date d'entrée en vigueur de l'ordonnance n° 2014-948 du 20 août 2014, restent applicables aux sociétés et opérations qui ne sont pas régies par le titre III de cette ordonnance (Ord., n° 2014-948, 20 août 2014, art. 41, II).

Voir : C. com., art. L. 225-27 et s., p. 252, L. 225-79 et s., p. 304 et s. – C. trav., art. L. 3315-1 et s., p. 1860.

Voir : L. n° 86-912, 6 août 1986, relative aux modalités des privatisations, p. 1916.

Pour une application de cette disposition : ▪ CE, 27 sept. 2006, n° 290716, *Bayrou : Dr. adm.* nov. 2006, comm. 169, note E. Glaser.

Loi n° 86-912 du 6 août 1986
relative aux modalités des privatisations
(JO 7 août)
(Intitulé mod., L. n° 93-923, 19 juill. 1993 : JO 21 juill.)

Bibliographie : Cl. Baj, *Privatisation : le groupe d'actionnaires stables : RD bancaire et fin.* 1994, p. 8. • G. Baudeu, *Le retour des entreprises publiques au droit privé : RD bancaire et fin.* 1993, p. 230. • D. Carreau et R. Treuhold, *La nouvelle loi de privatisation ou l'annonce prématurée de la mort de Colbert : D.* 1993, chron. p. 231 ; *Privatisations, droit boursier et* *pratiques des marchés : Rev. sociétés* 1994, p. 18. • M. Contamine-Raynaud, *L'application du droit commun aux privatisations : AJDA* mai 1987, p. 309. • A. Diner et J. Tricou, *Les procédures de privatisation : Banque* 1986, p. 191. • Y. Djehane et H. Pisani, *Les privatisations millésime 1993 : Bull. Joly Bourse* 1994, p. 97. • Y. Guyon, *Actionnariat des salariés et privatisations des entreprises : Dr. sociétés* 1987, p. 445. • J.-P. Mattout, *Aspects juridiques du paiement échelonné : RD bancaire et fin.* 1993, p. 237. • D. Pene, *La privatisation en France : AJDA* mai 1987, p. 291. • P. Pochet, *Réflexions sur le régime juridique des privatisations : RTD com.* 1988, p. 369. • M.-C. de Nayer, *Les privatisations : Bull. Joly Bourse* 1993, p. 707. • F. Peltier, *Privatisation : une première expérience du nouveau régime : RD bancaire et fin.* 1993, p. 209. • L. Richer et A. Viandier, *La loi de privatisation : JCP* E 1993, I, 281.

NB : Les dispositions de la loi du 6 août 1986 ont été abrogées par l'Ordonnance n° 2014-948 du 20 août 2014. À l'exception de celles de ses articles 3 et 3-1, dans leur rédaction applicable à la date d'entrée en vigueur de l'ordonnance n° 2014-948 du 20 août 2014, elles restent applicables aux sociétés et opérations qui ne sont pas régies par le titre III de cette ordonnance (Ord., n° 2014-948, 20 août 2014, art. 41, II).

NB : L'article 10 de la loi n° 86-912 du 6 août 1986 relative aux modalités des privatisations est abrogé par la loi n° 2015-990 du 6 août 2015. Toutefois, le II du même article reste applicable aux sociétés dans lesquelles ont été instituées des actions spécifiques en application du I dudit article.

Loi n° 88-17 du 5 janvier 1988

relative aux fusions et aux scissions de sociétés commerciales et modifiant la loi n° 66-537 du 24 juillet 1966 sur les sociétés commerciales

(JO 6 janv.)

Art. 22. – Lorsque l'une des entreprises mentionnées à l'article 6 de la loi n° 86-912 du 6 août 1986 relative aux modalités d'application des privatisations décidées par la loi n° 86-793 du 2 juillet 1986 autorisant le gouvernement à prendre diverses mesures d'ordre économique et social, détient des certificats de droit de vote dans les conditions prévues par le troisième alinéa du même article, l'assemblée générale extraordinaire peut décider de procéder à la reconstitution des certificats existants en actions, et à celle des certificats existants assortis d'avantages particuliers en actions conférant à leurs titulaires les mêmes avantages. La reconstitution s'opère par la cession aux porteurs, à titre gratuit, des certificats de droit de vote correspondants.

À cet effet, la société peut demander l'identification des porteurs de certificats, même en l'absence de disposition statutaire expresse, selon les modalités prévues par l'article L. 228-2 du Code de commerce.

Si la société a fait usage de l'autorisation d'opérer en bourse sur ses propres certificats conformément aux dispositions des articles L. 225-209 et L. 225-217 du Code de commerce, et détient à ce titre des certificats, le conseil d'administration ou le directoire, selon le cas, doit préalablement procéder à la reconstitution en actions de ces certificats. Il n'est pas tenu compte, le cas échéant, des actions ainsi reconstituées pour le calcul du nombre maximum d'actions à acquérir précédemment fixé par l'assemblée générale ordinaire.

Loi n° 87-416 du 17 juin 1987

sur l'épargne

(JO 18 juin)

Art. 67. – **Les opérations de transfert de propriété d'entreprises du secteur public au secteur privé, intervenues avant l'entrée en vigueur de la loi n° 86-793 du 2 juillet 1986 autorisant le gouvernement à prendre diverses mesures d'ordre économique et social, ne peuvent être remises en cause par un moyen tiré de l'absence d'autorisation législative.**

Il ne peut en aucun cas être porté atteinte à l'autorité de la chose jugée.

Art. 69 ***(Abr., Ord. n° 2014-948, 20 août 2014).***

Loi n° 93-923 du 19 juillet 1993
de privatisation
(Abr., Ord. n° 2014-948, 20 août 2014)

....

Art. 24 *(Abr., L. n° 2001-420, 15 mai 2001).*

9.2. – DÉMOCRATISATION DU SECTEUR PUBLIC

Loi n° 83-675 du 26 juillet 1983
relative à la démocratisation du secteur public
(JO 27 juill.)

TITRE PREMIER. – CHAMP D'APPLICATION

Art. 1er *(Mod., Ord. n° 2014-948, 20 août 2014).* **– Sont régis par les dispositions de la présente loi les établissements publics industriels et commerciaux de l'État autres que ceux dont le personnel est soumis à un régime de droit public ainsi que les autres établissements publics de l'État qui assurent tout à la fois une mission de service public à caractère administratif et à caractère industriel et commercial lorsque la majorité de leur personnel est soumise aux règles du droit privé.**

NB : Conformément à l'article 34 I de l'ordonnance n° 2014-948 du 20 août 2014, le conseil d'administration, le conseil de surveillance ou l'organe délibérant en tenant lieu des sociétés mentionnées à l'article 1er fixe la date d'application des dispositions du titre II de la présente ordonnance, à l'exception de celles des articles 17 et 21. Cette date ne peut être postérieure au lendemain de la première assemblée générale ordinaire qui suit le 1er janvier 2017. Jusqu'à cette date, les présentes dispositions restent applicables dans leur rédaction antérieure à l'entrée en vigueur de la présente ordonnance.

Application de la loi de démocratisation du secteur public à la SAS. V. pour l'application de l'article 14 de la loi à une SAS sur le fondement de l'article 1er, 4° : ▪ TI Paris, 7 mai 2009 : *JCP* E 2010, 1364, note L. Ayache et J.-P. Markus.

Art. 2 et 3 *(Abr., Ord. n° 2014-948, 20 août 2014).*

Art. 4 *(L. n° 84-103, 16 févr. 1984 ; mod., L. n° 2001-420, 15 mai 2001 ; Ord., n° 2014-948, 20 août 2014).* **– Les établissements publics dont le nombre de salariés employés en moyenne au cours des vingt-quatre derniers mois est inférieur à 200 et qui ne détiennent aucune filiale** *(Mots rempl., L. n° 2015-990, 6 août 2015)* **« comprenant des représentants des salariés relevant du I de l'article 8 de l'ordonnance n° 2014-948 du 20 août 2014 relative à la gouvernance et aux opérations sur le capital des sociétés à participation publique », ainsi que les établissements publics énumérés à l'annexe II de la présente loi, sont exclus du champ d'application des dispositions du chapitre I du titre II.**

Toutefois, les conseils d'administration ou de surveillance de ces établissements publics comprennent des représentants des salariés, élus dans les conditions prévues au chapitre II. En dehors des cas où leur nombre est prévu par une disposition législative, celui-ci est fixé par décret en Conseil d'État. Ce nombre est au moins égal à deux et au plus au tiers du nombre des membres du conseil d'administration ou de surveillance. Ce même décret pourra, si les spécificités de l'entreprise le justifient, organiser la représentation de catégories particulières de salariés au moyen de collèges électoraux distincts. Les dispositions du chapitre III sont applicables à tous les représentants des salariés.

En outre, les établissements et entreprises publics énumérés à l'annexe III de la présente loi sont exclus du champ d'application de l'ensemble des dispositions du titre II.

Les dispositions des articles « 6-2, 7, 8 et 9 sont applicables aux établissements publics mentionnés au présent article.

NB : Conformément à l'article 34 I de l'ordonnance n° 2014-948 du 20 août 2014, le conseil d'administration, le conseil de surveillance ou l'organe délibérant en tenant lieu des sociétés mentionnées à l'article 1er fixe la date d'application des dispositions du titre II de la présente ordonnance, à l'exception de celles des articles 17 et 21. Cette date ne peut être postérieure au lendemain de la première assemblée générale ordinaire qui suit le 1er janvier 2017. Jusqu'à cette date, les présentes dispositions restent applicables dans leur rédaction antérieure à l'entrée en vigueur de la présente ordonnance.

TITRE II. – DÉMOCRATISATION DES CONSEILS D'ADMINISTRATION OU DE SURVEILLANCE

CHAPITRE I. – COMPOSITION ET FONCTIONNEMENT DES CONSEILS

Art. 5 *(L. n° 84-103, 16 févr. 1984 ; mod., L. n° 95-1251, 28 nov. 1995 ; L. n° 2001-420, 15 mai 2001 ; Ord., n° 2014-948, 20 août 2014).* **– Le conseil d'administration ou de surveillance comprend :**

1° Des représentants de l'État nommés par décret ;

2° des personnalités choisies, soit en raison de leur compétence technique, scientifique ou technologique, soit en raison de leur connaissance des aspects régionaux, départementaux ou locaux des activités en cause, soit en raison de leur connaissance des activités publiques et privées concernées par l'activité de l'entreprise, *(Mots aj., L. n° 2015-990, 6 août 2015)* **« soit en raison de leur connaissance des problématiques liées à l'innovation et au développement d'entreprises innovantes », soit en raison de leur qualité de représentants des consommateurs ou des usagers, nommées par décret pris, le cas échéant, après consultation d'organismes représentatifs desdites activités ;**

3° des représentants des salariés, élus dans les conditions prévues au chapitre II.

Le nombre des représentants de chacune de ces catégories est déterminé par décret, le nombre de représentants des salariés devant être égal au moins au tiers du nombre des membres du conseil d'administration ou du conseil de surveillance.

Dans les conseils d'administration ou de surveillance des entreprises publiques mentionnées au présent article et qui sont chargées d'une mission de service public, au moins une des personnalités désignées en application du 2° du présent article doit être choisie parmi les représentants des consommateurs ou des usagers.

NB : Conformément à l'article 34 I de l'ordonnance n° 2014-948 du 20 août 2014, le conseil d'administration, le conseil de surveillance ou l'organe délibérant en tenant lieu des sociétés mentionnées à l'article 1er fixe la date d'application des dispositions du titre II de la présente ordonnance, à l'exception de celles des articles 17 et 21. Cette date ne peut être postérieure au lendemain de la première assemblée générale ordinaire qui suit le 1er janvier 2017. Jusqu'à cette date, les présentes dispositions restent applicables dans leur rédaction antérieure à l'entrée en vigueur de la présente ordonnance.

Art. 6 *(Abr., Ord. n° 2014-948, 20 août 2014).*

Art. 6-1 *(L. n° 2011-103, 27 janv. 2011). – (Al. rempl., L. n° 2014-873, 4 août 2014)* **L'écart entre le nombre de femmes et le nombre d'hommes membres du conseil d'administration ou de surveillance nommés par décret en application des 1° et 2° de l'article 5 ne peut être supérieur à un.**

Toute nomination intervenue en violation du premier alinéa et n'ayant pas pour effet de remédier à l'irrégularité de la composition du conseil est nulle. Cette nullité n'entraîne pas celle des délibérations auxquelles a pris part l'administrateur ou le membre du conseil irrégulièrement nommé.

NB : Conformément à l'article 34 I de l'ordonnance n° 2014-948 du 20 août 2014, le conseil d'administration, le conseil de surveillance ou l'organe délibérant en tenant lieu des sociétés mentionnées à l'article 1er fixe la date d'application des dispositions du titre II de la présente ordonnance, à l'exception de celles des articles 17 et 21. Cette date ne peut être postérieure au lendemain de la première assemblée générale ordinaire qui suit le 1er janvier 2017. Jusqu'à cette date, les présentes dispositions restent applicables dans leur rédaction antérieure à l'entrée en vigueur de la présente ordonnance.

Art. 6-2 *(L. n° 2014-873, 4 août 2014).* **– L'écart entre le nombre de femmes et le nombre d'hommes parmi les personnalités qualifiées et les représentants de l'État nommés, en raison de leurs compétences, de leurs expériences ou de leurs connaissances, administrateurs dans les conseils d'administration, les conseils de surveillance ou les organes équivalents des établissements publics** *(Mots suppr., L. n° 2015-990, 6 août 2015)* **« ... » mentionnés aux premier et avant-dernier alinéas de l'article 4 ne peut être supérieur à un.**

Les nominations intervenues en violation du premier alinéa du présent article sont nulles, à l'exception des nominations d'administrateurs appartenant au sexe sous-représenté au sein du conseil. Cette nullité n'entraîne pas la nullité des délibérations du conseil d'administration, du conseil de surveillance ou de l'organe équivalent.

NB : Le présent article s'applique à compter du deuxième renouvellement des conseils d'administration, des conseils de surveillance ou des organes équivalents des établissements publics ou sociétés concernés suivant la publication de la présente loi. Toutefois, la proportion des membres de chaque sexe de ces organes ne peut être inférieure à 20 % à compter de leur premier renouvellement suivant ladite publication.

Art. 7 *(Mod., L. n° 2001-420, 15 mai 2001).* **– Sans préjudice des dispositions législatives et réglementaires qui lui sont applicables, le conseil d'administration ou de surveillance délibère sur les grandes orientations stratégiques, économiques, financières ou technologiques de l'activité de l'entreprise, notamment, le cas échéant, sur le contrat de plan ou d'entreprise, avant l'intervention des décisions qui y sont relatives.**

Le conseil d'administration ou le directoire, après avis du conseil de surveillance, fixe les modalités de consultation des institutions représentatives du personnel sur les plans établis par l'entreprise en vue de la conclusion d'un contrat de plan élaboré en application de la loi n° 82-653 du 29 juillet 1982 portant réforme de la planification ou d'un contrat d'entreprise élaboré en application de l'article 140 de la loi n° 2001-420 du 15 mai 2001 relative aux nouvelles régulations économiques.

Art. 8. – Le conseil d'administration ou de surveillance se réunit en séance ordinaire sur convocation du président et examine toute question inscrite à l'ordre du jour par le président ou le conseil statuant à la majorité simple.

Toutefois, le tiers au moins des membres du conseil d'administration ou de surveillance peut, en indiquant l'ordre du jour de la séance, convoquer le conseil si celui-ci ne s'est pas réuni depuis plus de deux mois.

Art. 9. – Les membres du conseil d'administration ou de surveillance disposent des moyens nécessaires à l'exercice de leur mandat et, notamment, de locaux dotés du matériel nécessaire à leur fonctionnement ainsi que des moyens de secrétariat.

Le conseil d'administration ou de surveillance définit ces moyens et fixe les conditions d'accès de ses membres dans les établissements de l'entreprise.

Art. 10 *(Mod., L. n° 93-923, 19 juill. 1993 ; Ord., n° 2014-948, 20 août 2014).* **– Le président du conseil d'administration est nommé, parmi les membres du conseil et sur proposition de celui-ci, par décret.**

Le président du conseil d'administration ou les membres du directoire peuvent être révoqués par décret.

NB : Conformément à l'article 34 I de l'ordonnance n° 2014-948 du 20 août 2014, le conseil d'administration, le conseil de surveillance ou l'organe délibérant en tenant lieu des sociétés mentionnées à l'article 1er fixe la date d'application des dispositions du titre II de la présente ordonnance, à l'exception de celles des articles 17 et 21. Cette date ne peut être postérieure au lendemain de la première assemblée générale ordinaire qui suit le 1er janvier 2017. Jusqu'à cette date, les présentes dispositions restent applicables dans leur rédaction antérieure à l'entrée en vigueur de la présente ordonnance.

Art. 11 *(Mod., L. n° 93-923, 19 juill. 1993 ; L. n° 94-679, 8 août 1994 ; Ord. n° 2014-948, 20 août 2014).* **– La durée du mandat des membres des conseils d'administration ou de surveillance est de cinq ans.**

En cas de vacance pour quelque cause que ce soit du siège d'un membre de conseil d'administration ou de surveillance, son remplaçant n'exerce ses fonctions que pour la durée restant à courir jusqu'au renouvellement de la totalité dudit conseil.

Le mandat de membre du conseil d'administration ou de surveillance représentant l'État est gratuit, sans préjudice du remboursement par l'entreprise des frais exposés pour l'exercice dudit mandat.

Un membre de conseil d'administration ou de surveillance ne peut appartenir simultanément à plus de quatre conseils dans les entreprises visées à l'article 1er. Tout membre de conseil d'administration ou de surveillance qui, lorsqu'il accède à un nouveau mandat, se trouve en infraction avec les dispositions du présent alinéa, doit, dans les trois mois, se démettre de l'un de ses mandats. À défaut et à l'expiration de ce délai, il est réputé s'être démis de son nouveau mandat.

NB : Conformément à l'article 34 I de l'ordonnance n° 2014-948 du 20 août 2014, le conseil d'administration, le conseil de surveillance ou l'organe délibérant en tenant lieu des sociétés mentionnées à l'article 1er fixe la date d'application des dispositions du titre II de la présente ordonnance, à l'exception de celles des articles 17 et 21. Cette date ne peut être postérieure au lendemain de la première assemblée générale ordinaire qui suit le 1er janvier 2017. Jusqu'à cette date, les présentes dispositions restent applicables dans leur rédaction antérieure à l'entrée en vigueur de la présente ordonnance.

Voir aussi : sur le renouvellement des membres des conseils d'administration des entreprises publiques soumises aux dispositions de ce chapitre, Circ. 3 mai 1989 (*JO* 10 mai).

Art. 12 *(L. n° 87-39, 27 janv. 1987 ; Ord. n° 2014-948, 20 août 2014)*. **– Il peut être mis fin, à tout moment, par décret, au mandat des membres des conseils d'administration ou de surveillance des entreprises mentionnées à l'article 1er, nommés par décret.**

Les représentants des salariés peuvent être révoqués individuellement pour faute grave dans les conditions prévues à l'article 25.

NB : Conformément à l'article 34 I de l'ordonnance n° 2014-948 du 20 août 2014, le conseil d'administration, le conseil de surveillance ou l'organe délibérant en tenant lieu des sociétés mentionnées à l'article 1er fixe la date d'application des dispositions du titre II de la présente ordonnance, à l'exception de celles des articles 17 et 21. Cette date ne peut être postérieure au lendemain de la première assemblée générale ordinaire qui suit le 1er janvier 2017. Jusqu'à cette date, les présentes dispositions restent applicables dans leur rédaction antérieure à l'entrée en vigueur de la présente ordonnance.

Art. 13 *(Abr., Ord. n° 2014-948, 20 août 2014)*.

CHAPITRE II. – ÉLECTION DES REPRÉSENTANTS DES SALARIÉS

Art. 14 *(Mod., L. n° 2015-990, 6 août 2015)*. **– Les représentants des salariés sont élus, dans chacune des entreprises relevant de la présente loi, par les salariés qui remplissent les conditions requises pour être électeur au comité d'entreprise ou à l'organe en tenant lieu soit dans l'entreprise elle-même, soit dans l'une de ses filiales comprenant des représentants des salariés relevant du I de l'article 8 de l'ordonnance n° 2014-948 du 20 août 2014 précitée, dont le siège social est fixé sur le territoire français.**

NB : Conformément à l'article 34 I de l'ordonnance n° 2014-948 du 20 août 2014, le conseil d'administration, le conseil de surveillance ou l'organe délibérant en tenant lieu des sociétés mentionnées à l'article 1er fixe la date d'application des dispositions du titre II de la présente ordonnance, à l'exception de celles des articles 17 et 21. Cette date ne peut être postérieure au lendemain de la première assemblée générale ordinaire qui suit le 1er janvier 2017. Jusqu'à cette date, les présentes dispositions restent applicables dans leur rédaction antérieure à l'entrée en vigueur de la présente ordonnance.

Art. 15. – Sont éligibles au conseil d'administration ou de surveillance d'une des entreprises mentionnées à l'article 1er, les électeurs âgés de dix-huit ans accomplis, travaillant dans cette entreprise ou l'une de ses filiales *(Mots rempl., L. n° 2015-990, 6 août 2015)* **« comprenant des représentants des salariés relevant du I de l'article 8 de l'ordonnance n° 2014-948 du 20 août 2014 précitée », et ayant travaillé pendant une durée d'au moins deux ans au cours des cinq dernières années soit dans ladite entreprise, soit dans l'une de ses filiales, soit dans une société dont ladite entreprise est une filiale, soit dans une société ayant fusionné avec elle.**

Est réputé travailler ou avoir travaillé dans une entreprise le salarié de cette entreprise qui exerce ou a exercé des fonctions de permanent syndical avec ou sans suspension du contrat de travail.

Art. 16. – L'élection a lieu au scrutin secret, de liste, avec représentation proportionnelle à la plus forte moyenne et sans panachage.

Toutefois, *(Mots suppr., Ord. n° 2014-948, 20 août 2014)* **« ... » un siège est réservé aux ingénieurs, chefs de service et cadres administratifs, commerciaux ou techniques assimilés sur le plan de la classification et est attribué à la liste ayant obtenu le plus de voix dans cette catégorie, sous réserve que cette liste comporte au moins un candidat appartenant à ladite catégorie. Ce siège est, le cas échéant, imputé sur le ou les sièges déjà obtenus par la liste bénéficiaire.**

L'élection a lieu le même jour, pendant le temps de travail, pour l'ensemble du corps électoral tel qu'il est défini pour chaque entreprise à l'article 14.

La participation des salariés au scrutin ne peut donner lieu à aucune diminution de rémunération.

Les suffrages peuvent être recueillis par correspondance dans des conditions fixées par décret.

Lorsque le nom d'un candidat a été raturé, les ratures ne sont pas prises en compte si leur nombre est inférieur à 10 % des suffrages valablement exprimés en faveur de la liste sur laquelle figure ce candidat ; dans ce cas, et sous réserve de l'application éventuelle du deuxième alinéa du présent article, les candidats sont déclarés élus dans l'ordre de présentation.

Les candidats venant sur une liste immédiatement après le dernier candidat élu sont appelés à remplacer les représentants élus sur cette liste dont le siège deviendrait vacant pour quelque cause que ce soit, sauf en cas de renouvellement du conseil d'administration ou de surveillance dans les conditions prévues à l'article 13.

Si la liste concernée ne suffit plus à pallier les vacances, les sièges non pourvus demeurent vacants jusqu'à l'élection suivante.

Toutefois, dans l'hypothèse où le nombre des vacances dépasse la moitié des sièges, une élection partielle est organisée sauf dans les six derniers mois du mandat, conformément aux dispositions du chapitre II du titre II.

NB : Conformément à l'article 34 I de l'ordonnance n° 2014-948 du 20 août 2014, le conseil d'administration, le conseil de surveillance ou l'organe délibérant en tenant lieu des sociétés mentionnées à l'article 1er fixe la date d'application des dispositions du titre II de la présente ordonnance, à l'exception de celles des articles 17 et 21. Cette date ne peut être postérieure au lendemain de la première assemblée générale ordinaire qui suit le 1er janvier 2017. Jusqu'à cette date, les présentes dispositions restent applicables dans leur rédaction antérieure à l'entrée en vigueur de la présente ordonnance.

Art. 17 ***(Mod., L. n° 84-103, 16 févr. 1984).*** **– Les listes des candidats présentées aux suffrages des salariés doivent répondre aux conditions suivantes :**

1° Comporter un nombre de candidats égal à une fois et demie le nombre de sièges à pourvoir ;

(Al. aj., L. n° 2011-103, 27 janv. 2011) **1°** ***bis.*** **Être composées alternativement d'un candidat de chaque sexe sans que, sur chacune des listes, l'écart entre le nombre des candidats de chaque sexe ne puisse être supérieur à un ;**

2° Présenter, en annexe, un ensemble de propositions d'orientation pour l'administration ou le contrôle de la gestion ;

3° Avoir recueilli la signature :

– soit d'une ou plusieurs organisations syndicales représentatives sur le plan national ;

– soit de délégués du personnel, de membres des comités d'entreprise ou d'établissement ou des organes en tenant lieu, titulaires et suppléants, exerçant ces fonctions ou ayant exercé celles-ci lors du précédent exercice, travaillant dans l'entreprise ou, le cas échéant, dans l'une de ses filiales ***(Mots rempl., L. n° 2015-990, 6 août 2015)*** **« comprenant des représentants des salariés relevant du I de l'article 8 de l'ordonnance n° 2014-948 du 20 août 2014 précitée » et élus par le corps électoral habilité à désigner les représentants des salariés. Leur nombre doit être égal au moins à 10 % du nombre actuel d'élus à ces instances.**

Nul ne peut être inscrit sur plus d'une liste à peine de nullité de ses candidatures.

NB : Conformément à l'article 6, II, de la loi n° 2011-103 du 27 janvier 2011, les dispositions du 1 *bis* sont applicables au conseil d'administration ou de surveillance des établissements publics et des entreprises visés aux articles 5 et 6 de la loi n° 83-675 du 26 juillet 1983 relative à la démocratisation du secteur public à compter de leur deuxième renouvellement suivant la publication de la présente loi.

Art. 18. – L'élection a lieu au plus tard quinze jours avant la date de renouvellement du conseil d'administration ou du conseil de surveillance. Les candidatures sont déposées au siège social de l'entreprise au plus tard un mois avant la date de l'élection.

En cas de renouvellement d'un conseil d'administration ou de surveillance dans son ensemble en application de l'article 13 de la présente loi, l'élection a lieu au cours de la quatrième semaine qui suit la révocation. Les listes doivent être déposées quinze jours au moins avant la date de l'élection.

Art. 19 ***(L. n° 85-10, 3 janv. 1985).*** **– Les contestations relatives à l'électorat, à l'éligibilité et à la régularité des opérations électorales sont de la compétence du tribunal d'instance. Ce tribunal statue en dernier ressort. La décision peut être déférée à la Cour de cassation. Lorsqu'une contestation rend indispensable le recours à une mesure d'instruction, les dépenses afférentes à cette mesure sont à la charge de l'État.**

L'annulation d'une élection n'entraîne pas la nullité des délibérations du conseil d'administration ou de surveillance auxquelles a pris part le représentant des salariés dont l'élection a été annulée.

En cas d'annulation totale des élections, une nouvelle élection a lieu au cours de la quatrième semaine qui suit l'annulation. Les listes doivent être déposées quinze jours au moins avant la date du scrutin.

Art. 20. – Les règles relatives à l'organisation des élections, à la campagne électorale et au déroulement du scrutin sont déterminées par décret en Conseil d'État.

CHAPITRE III. – STATUT DES REPRÉSENTANTS DES SALARIÉS

Bibliographie : Ph. Dubois, *La responsabilité civile des dirigeants des sociétés anonymes du secteur public : Rev. sociétés* 1986, p. 47.

Art. 21. – Les représentants des salariés ont les mêmes droits et obligations que les autres membres du conseil d'administration ou de surveillance. Ils sont soumis à toutes les dispositions applicables à ces derniers sous réserve des dispositions spécifiques de la présente loi.

Les articles L. 225-22, L. 225-25 à L. 225-26 et L. 225-72 à L. 225-73 du Code de commerce ne leur sont pas applicables. Les dispositions des articles L. 225-43 et L. 225-91 du même code ne sont pas applicables aux prêts qui leur sont consentis par la société en application des dispositions de l'article L. 313-1 du Code de la construction et de l'habitation.

Pouvoir d'ester en justice. L'administrateur est dépourvu d'intérêt à agir en nullité de la cession de succursales bancaires susceptibles de constituer un transfert d'une entreprise publique au secteur privé : ▪ T. com. Paris, 23 oct. 1989 : *BJS* 1990, p. 104.

Art. 22. – Le mandat de membre du conseil d'administration ou de surveillance des représentants des salariés est gratuit, sans préjudice du remboursement par l'entreprise des frais exposés pour l'exercice dudit mandat.

Lorsque leur responsabilité d'administrateur est mise en cause, elle s'apprécie en tenant compte du caractère gratuit de leur mandat. En aucun cas, ils ne peuvent être déclarés solidairement responsables *(Mots rempl., Ord. n° 2014-948, 20 août 2014)* « avec les autres administrateurs ».

Lorsque leur responsabilité de membre du conseil de surveillance est mise en cause, elle s'apprécie en tenant compte du caractère gratuit de leur mandat.

NB : Conformément à l'article 34 I de l'ordonnance n° 2014-948 du 20 août 2014, le conseil d'administration, le conseil de surveillance ou l'organe délibérant en tenant lieu des sociétés mentionnées à l'article 1er fixe la date d'application des dispositions du titre II de la présente ordonnance, à l'exception de celles des articles 17 et 21. Cette date ne peut être postérieure au lendemain de la première assemblée générale ordinaire qui suit le 1er janvier 2017. Jusqu'à cette date, les présentes dispositions restent applicables dans leur rédaction antérieure à l'entrée en vigueur de la présente ordonnance.

Art. 23. – Le mandat d'administrateur ou de membre du conseil de surveillance d'un représentant des salariés est incompatible avec toute autre fonction de représentation des intérêts du personnel à l'intérieur de l'entreprise ou de ses filiales, notamment avec les fonctions de délégué syndical, de membre du comité d'entreprise, de délégué du personnel ou de membre du comité d'hygiène, de sécurité et des conditions de travail.

Le ou les mandats susvisés et la protection y afférente prennent fin à la date d'acquisition du nouveau mandat.

Le mandat d'administrateur ou de membre du conseil de surveillance d'un représentant des salariés est également incompatible avec l'exercice des fonctions de permanent syndical, au sens du second alinéa de l'article 15 de la présente loi. En cas d'élection au conseil d'administration ou de surveillance d'un salarié exerçant des fonctions de permanent syndical, il est mis fin à de telles fonctions et l'intéressé réintègre son emploi.

Art. 24. – Le mandat des représentants des salariés au conseil d'administration ou de surveillance prend fin de plein droit lorsque ces représentants ne remplissent plus les conditions d'éligibilité prévues à l'article 15. Le président du conseil d'administration ou le directoire pourvoit dans ce cas au remplacement des représentants des salariés dans les conditions définies à l'article 16.

Art. 25. – Tout représentant des salariés peut être révoqué pour faute grave dans l'exercice de son mandat d'administrateur ou de membre du conseil de surveillance par décision du président du tribunal de grande instance rendue en la forme des référés à la demande de la majorité des membres du conseil dont il est membre.

Art. 26. – Le chef d'entreprise est tenu de laisser aux représentants des salariés le temps nécessaire à l'exercice de leur mandat.

Ce temps, qui ne peut, pour chaque représentant, être inférieur à quinze heures par mois ni supérieur à la moitié de la durée légale de travail, est déterminé en tenant compte de l'importance de l'entreprise, de ses effectifs et de son rôle économique. Ce temps est, de plein droit, considéré comme temps de travail et payé à l'échéance normale. En cas de contestation par l'employeur de l'usage fait du temps ainsi alloué, il lui appartient de saisir le conseil de prud'hommes.

Les statuts de l'entreprise doivent fixer les dispositions relatives au crédit d'heures des représentants des salariés.

Le temps passé par les membres du conseil d'administration ou de surveillance aux séances n'est pas déduit du crédit d'heures prévu aux alinéas précédents.

Art. 27. – Le conseil d'administration ou de surveillance arrête un programme de formation à la gestion des entreprises destiné aux représentants des salariés nouvellement élus. Le temps passé à cette formation n'est pas imputé sur le crédit d'heures alloué à l'article 26. Son coût est à la charge de l'entreprise dans laquelle ils sont membres du conseil d'administration ou de surveillance et n'est pas pris en compte dans le calcul des sommes consacrées à la formation continue prévues au titre V du livre IX du Code du travail.

Art. 28. – Il est interdit à l'employeur de prendre en considération le fait qu'un salarié siège dans un conseil d'administration ou de surveillance ou le comportement de celui-ci dans l'exercice de son mandat, lorsque les décisions qu'il prend sont susceptibles d'affecter le déroulement de la carrière de ce salarié.

Toute modification substantielle du contrat de travail d'un représentant des salariés est soumise pour avis au conseil d'administration ou de surveillance.

Art. 29 *(Abr. et codifié. – V. C. trav., art. L. 2411-17, L. 2421-5, L. 2422-1, L. 2422-3 et L. 2422-4).*

Art. 30 *(Abr. et partiellement codifié, Ord. n° 2007-329, 12 mars 2007. – V. C. trav., art. L. 2435-1).*

TITRE III. – DROITS NOUVEAUX DES SALARIÉS

CHAPITRE I. – CONSEILS D'ATELIER OU DE BUREAU

Art. 31. – Les articles L. 2281-1 à L. 2281-12 du Code du travail constituent le chapitre I, intitulé : « Dispositions communes relatives au droit d'expression des salariés », du titre VI du livre IV dudit code.

Art. 32. – V. C. trav., art. L. 2282-1 à L. 2282-3.

CHAPITRE II. – DROITS SYNDICAUX

Art. 33. – V. C. trav., art. L. 2144-1 et L. 2144-2.

CHAPITRE III. – COMITÉ D'ENTREPRISE

Art. 34 et 35. – V. C. trav., art. L. 2323-28 à L. 2323-31 et L. 2323-78 à L. 2323-82.

TITRE IV. – DISPOSITIONS DIVERSES

Art. 36. – Dans les entreprises mentionnées à l'article 1er, il peut être institué une commission consultative dans chaque établissement de plus de 200 salariés. Cette commission est composée :

– de représentants de la commune, du conseiller départemental du canton et des parlementaires intéressés ;
– de représentants du comité d'établissement ou du comité d'entreprise.

Elle est présidée par le chef d'établissement assisté de collaborateurs choisis par lui.

Elle se réunit, au moins une fois par an, sur convocation du chef d'établissement. Il est établi un ordre du jour qui est arrêté après consultation des deux autres catégories de membres. Cet ordre du jour porte sur les conséquences de l'implantation de l'établissement sur l'environnement et la vie locale ainsi que sur l'harmonisation des actions culturelles et sociales.

Art. 37 *(L. n° 84-103, 16 févr. 1984 ; mod., L. n° 93-923, 19 juill. 1993).* – Les entreprises soumises aux dispositions de la présente loi restent soumises aux dispositions législatives, conventionnelles ou statutaires qui leur sont applicables en tant qu'elles ne sont pas contraires à la présente loi.

Ces entreprises favorisent la liberté d'expression des salariés, notamment par la liberté d'affichage. Les modalités d'exercice de ces droits sont arrêtées par le conseil d'administration ou de surveillance *(Mots suppr., Ord. n° 2014-948, 20 août 2014)* « ... ».

Les dispositions de l'article 5 de la loi n° 70-11 du 2 janvier 1970, de l'article 5 de la loi n° 73-9 du 4 janvier 1973 et de l'article 11 de la loi n° 73-8 du 4 janvier 1973 sont abrogées.

Par dérogation aux dispositions de l'article 14 de la présente loi, un décret en Conseil d'État déterminera les modalités de participation des salariés des Houillères de bassin à l'élection des représentants des salariés au conseil d'administration des Charbonnages de France.

Un décret en Conseil d'État précisera les modalités suivant lesquelles il sera procédé à l'élection des représentants des salariés aux conseils d'administration d'Électricité de France et de Gaz de France en tenant compte de l'existence des services communs à ces deux établissements tels que prévus par la loi n° 46-628 du 4 avril 1946 portant nationalisation de l'électricité et du gaz.

En ce qui concerne le Commissariat à l'énergie atomique *(Mots aj., L. n° 2010-237 du 9 mars 2010)* « et aux énergies alternatives », les dispositions de l'article 7 de la présente loi s'appliquent sous réserve des attributions du comité de l'énergie atomique et du comité mixte compétent pour les programmes d'armement nucléaire, définies par décret en Conseil d'État.

Après le 3° de l'article 22 de la loi n° 75-633 du 15 juillet 1975 relative à l'élimination et à la récupération des déchets, il est ajouté un alinéa ainsi rédigé : *(V. L. n° 75-633, 15 juill. 1975).*

(Al. suppr., Ord. n° 2014-948, 20 août 2014).

NB : (1) : L'article 22 de la loi n° 75-633 du 15 juillet 1975 a été abrogé par la loi n° 90-1130 du 19 décembre 1990.

Conformément à l'article 34 I de l'ordonnance n° 2014-948 du 20 août 2014, le conseil d'administration, le conseil de surveillance ou l'organe délibérant en tenant lieu des sociétés mentionnées à l'article 1er fixe la date d'application des dispositions du titre II de la présente ordonnance, à l'exception de celles des articles 17 et 21. Cette date ne peut être postérieure au lendemain de la première assemblée générale ordinaire qui suit le 1er janvier 2017. Jusqu'à cette date, les présentes dispositions restent applicables dans leur rédaction antérieure à l'entrée en vigueur de la présente ordonnance.

Art. 38 *(Abr., Ord. n° 2014-948, 20 août 2014).*

Art. 39. – Les dispositions du titre II de la présente loi sont d'ordre public. Le conseil d'administration ou de surveillance des entreprises visées à l'article 1er en fixe la date d'application. Celle-ci ne peut être postérieure au 30 juin 1984, sauf dans les entreprises mentionnées aux 4 et 5 de l'article 1er dont l'effectif est inférieur à 1 000, pour lesquelles cette limite est fixée au 30 juin 1985.

Les conseils d'administration mis en place en application des articles 7, 22 et 35 de la loi de nationalisation n° 82-155 du 11 février 1982 restent en fonctions jusqu'à la date de la première réunion des conseils prévus dans la présente loi.

Les statuts des entreprises régies par la présente loi doivent, dans les mêmes délais, être mis en conformité avec ces dispositions.

Les dispositions du chapitre II du titre II de la présente loi sont applicables à l'établissement public industriel et commercial « Société nationale des chemins de fer français » au terme du premier mandat de cinq ans des membres du conseil d'administration de l'établissement public en fonction à la date d'entrée en vigueur de la présente loi.

Art. 40 *(Mod., L. n° 85-10, 3 janv. 1985 ; Ord. n° 2014-948, 20 août 2014).* – Lorsqu'une entreprise entre, pour quelque cause que ce soit, dans le champ d'application de la présente loi, tel qu'il est défini à l'article 1er du titre I, et lorsqu'une entreprise vient à dépasser en moyenne pendant vingt-quatre mois consécutifs les seuils définis au premier alinéa de l'article 4, les dispositions de la présente loi relatives à la composition des conseils d'administration ou de surveillance sont applicables dans un délai de trois mois.

Toutefois, le conseil d'administration ou le conseil de surveillance d'un établissement public qui est nouvellement créé peut valablement siéger avant l'élection des représentants des salariés.

Dans un délai maximum de deux ans à compter de la première réunion du conseil ainsi constitué, il doit être procédé à l'élection des représentants des salariés appelés à compléter ce conseil. Par dérogation aux dispositions de l'article 15, l'ancienneté nécessaire pour être éligible est alors réduite à six mois.

NB : Conformément à l'article 34 I de l'ordonnance n° 2014-948 du 20 août 2014, le conseil d'administration, le conseil de surveillance ou l'organe délibérant en tenant lieu des sociétés mentionnées à l'article 1er fixe la date d'application des dispositions du titre II de la présente ordonnance, à l'exception de celles des articles 17 et 21. Cette date ne peut être postérieure au lendemain de la première assemblée générale ordinaire qui suit le 1er janvier 2017. Jusqu'à cette date, les présentes dispositions restent applicables dans leur rédaction antérieure à l'entrée en vigueur de la présente ordonnance.

Art. 40-1 *(L. n° 85-772, 25 juill. 1985).* – Sous réserve de l'application des dispositions de l'article 40, une élection est organisée pour procéder à une nouvelle désignation des représentants des salariés au conseil d'administration ou de surveillance d'une entreprise régie par les dispositions du titre II lorsque les effectifs de cette entreprise augmentent de plus de 33 % du fait d'une opération ne revêtant pas un caractère manifestement provisoire et entraînant, par application de l'article L. 122-12 du Code du travail, le transfert des contrats de travail de salariés employés par une autre entreprise relevant également du titre II de la présente loi.

L'élection des nouveaux représentants des salariés a lieu dans les six mois suivant la date à laquelle est réalisée cette opération.

Ces représentants n'exercent leurs fonctions que pour la durée restant à courir jusqu'au renouvellement de la totalité du conseil.

Les dispositions du présent article ne sont pas applicables lorsque l'opération est réalisée dans les douze mois précédant le renouvellement de la totalité du conseil.

Art. 40-2 *(Abr., Ord. n° 2014-948, 20 août 2014).*

Art. 41. – Les négociations en vue de la conclusion des accords prévus aux articles L. 412-23 et L. 462-3 du Code du travail doivent être engagées dans un délai de six mois à compter de l'entrée en vigueur de la présente loi. Elles doivent être engagées dans le même délai lorsque, par la suite, une entreprise vient à entrer dans le champ d'application de la loi.

Lorsque l'employeur prend l'initiative de la négociation, il en informe toutes les organisations syndicales de salariés représentatives dans l'entreprise.

Toute organisation syndicale représentative dans l'entreprise peut demander à l'employeur que soient engagées les négociations prévues au premier alinéa du présent article. Dans les quinze jours qui suivent la demande formulée par cette organisation syndicale, l'employeur doit en informer les autres organisations syndicales et convoquer les parties à la négociation. L'employeur qui contrevient à cette obligation est passible des peines prévues à l'article L. 471-2 du Code du travail.

Art. 42. – Pour apprécier les effectifs des salariés pris en compte au sens de la présente loi, il est fait application de l'article L. 431-2 du Code du travail.

La présente loi est applicable aux salariés employés sur le territoire français même s'ils sont détachés à l'étranger à titre temporaire.

Art. 43. – Dans tous les cas où une entreprise sort du champ d'application de la présente loi, les accords mentionnés à l'article 41 demeurent en vigueur, sous réserve des dispositions des trois premiers alinéas de l'article L. 132-8 du Code du travail.

Art. 44. – Lorsque le nombre de salariés d'une entreprise visée à la présente loi devient inférieur aux seuils prévus à l'article 1er pendant vingt-quatre mois consécutifs, les dispositions du titre II cessent de s'appliquer à l'issue de cette période.

Lorsque le nombre de salariés employés en moyenne au cours des vingt-quatre derniers mois dans une entreprise visée à la présente loi devient inférieur aux seuils prévus aux articles 4, 6 et 16, la représentation des salariés au conseil d'administration ou de surveillance est maintenue jusqu'au terme du mandat de cinq ans en cours.

Art. 45. – Il est fait état de l'application des dispositions du chapitre I du titre III de la présente loi dans le rapport mentionné à l'article 10 de la loi n° 82-689 du 4 août 1982 relative aux libertés des travailleurs dans l'entreprise.

Le gouvernement adressera au Parlement tous les deux ans un rapport relatif à l'application du titre I de la présente loi. Le premier rapport sera adressé au plus tard le 31 décembre 1984.

Décret n° 83-1160 du 26 décembre 1983

portant application de la loi n° 83-675 du 26 juillet 1983
relative à la démocratisation du secteur public
(JO 28 déc. et rect. 11 mars 1984)

Section I. – Mise en place et renouvellement des conseils d'administration ou de surveillance

Art. 1er. – Pour l'application de la loi du 26 juillet 1983 susvisée, le nombre de salariés employés en moyenne au cours des 24 derniers mois, s'obtient par l'addition des effectifs constatés au dernier jour de chacun des mois concernés, le chiffre ainsi obtenu étant divisé par 24.

Art. 2. – Lorsqu'une entreprise visée à l'article 1er de la loi susvisée comporte des filiales au sens du 4 dudit article, son conseil d'administration ou son directoire, après avis du conseil de surveillance, en arrête la liste.

Art. 3. – Le conseil d'administration ou de surveillance reste en fonctions jusqu'à la première réunion du nouveau conseil mis en place ou renouvelé en application des dispositions de la loi susvisée.

Art. 4. – *(Mod., D. n° 2014-949, 20 août 2014)* Le conseil d'administration ou le directoire, après avis du conseil de surveillance, fixe la date de l'élection des représentants des salariés.

Dans le cas prévu à l'article 13 de la loi susvisée, le décret de révocation prévoit toutes les mesures utiles pour permettre d'assurer le renouvellement complet du conseil et en particulier l'élection des représentants des salariés.

NB : Conformément à l'article 34 I de l'ordonnance n° 2014-948 du 20 août 2014, le conseil d'administration, le conseil de surveillance ou l'organe délibérant en tenant lieu des sociétés mentionnées à l'article 1er fixe la date d'application des dispositions du titre II de la présente ordonnance. Cette date ne peut être postérieure au lendemain de la première assemblée générale ordinaire qui suit le 1er janvier 2017.

Art. 5. – Les effectifs de salariés mentionnés aux articles 1er *(Réf. rempl., D. n° 2014-949, 20 août 2014)* « et 4 » de la loi susvisée sont calculés sur la période qui s'achève le dernier jour du 3e mois précédant la date prévue pour l'élection.

Les effectifs de salariés mentionnés à l'article 5 de la même loi sont calculés le dernier jour du 3e mois précédant la date prévue pour l'élection. L'effectif mentionné à l'article 39 de ladite loi est calculé le 31 mars 1984.

Toute autre détermination d'effectifs de salariés pour l'application de la loi susvisée est opérée en prenant en compte la situation en fin de mois.

NB : Conformément à l'article 34 I de l'ordonnance n° 2014-948 du 20 août 2014, le conseil d'administration, le conseil de surveillance ou l'organe délibérant en tenant lieu des sociétés mentionnées à l'article 1er fixe la date d'application des dispositions du titre II de la présente ordonnance. Cette date ne peut être postérieure au lendemain de la première assemblée générale ordinaire qui suit le 1er janvier 2017.

Art. 6. – Le délai de trois mois fixé à l'article 40 de la loi susvisée s'applique aux entreprises qui entrent dans le champ d'application de la loi après le 31 mars précédant la date limite mentionnée à l'article 39 de ladite loi.

Art. 7. – Les mandats de tous les membres du conseil d'administration ou de surveillance prennent effet à la date de la première réunion du conseil mis en place ou renouvelé.

Ils prennent fin le même jour pour tous les membres à l'issue de la période de cinq années fixée à l'alinéa 1er de l'article 11 de la loi susvisée, sans préjudice des dispositions de l'alinéa 2 de cet article.

En cas d'annulation totale des élections des représentants des salariés, les nouveaux élus n'exercent leurs fonctions que pour la durée restant à courir jusqu'au renouvellement de la totalité du conseil.

Art. 8. – Dans le cas prévu par le dernier alinéa de l'article 16 de la loi susvisée, le conseil d'administration ou de surveillance constate dans les plus brefs délais que le nombre des vacances dépasse la moitié des sièges des représentants des salariés. Les élections partielles ont lieu dans la quatrième semaine qui suit cette constatation.

Art. 9. – *(Mod., D. n° 2014-949, 20 août 2014)* Lorsqu'une entreprise a dépassé en moyenne pendant vingt-quatre mois consécutifs les seuils définis au 1er alinéa de l'article 4 de la loi susvisée, son conseil d'administration ou de surveillance en prend acte dans les plus brefs délais.

Il doit être procédé dans ce cas au renouvellement de la totalité des membres du conseil, si le nombre de représentants élus des salariés est inférieur au tiers.

NB : Conformément à l'article 34 I de l'ordonnance n° 2014-948 du 20 août 2014, le conseil d'administration, le conseil de surveillance ou l'organe délibérant en tenant lieu des sociétés mentionnées à l'article 1er fixe la date d'application des dispositions du titre II de la présente ordonnance. Cette date ne peut être postérieure au lendemain de la première assemblée générale ordinaire qui suit le 1er janvier 2017.

Art. 10. – Lorsque le nombre des salariés d'une entreprise relevant de l'article 44 de la loi susvisée devient inférieur aux seuils fixés par l'article 1er de ladite loi pendant vingt-quatre mois consécutifs, son conseil d'administration ou de surveillance en prend acte dans les plus brefs délais.

Les mandats des représentants des salariés prennent fin dès qu'il a été procédé à cette constatation.

Section II. – Élection des représentants des salariés

Art. 11. – Le chef d'entreprise consulte les organisations syndicales représentatives dans la ou les entreprises concernées sur les questions relatives à l'organisation et au déroulement de l'élection des représentants des salariés.

Art. 12. – Sept semaines au moins avant la date de l'élection, le chef d'entreprise rend publique la liste des filiales ainsi que la date de l'élection, arrêtées en application des articles 2 et 4 du présent décret, par voie d'affichage dans l'entreprise dont le conseil d'administration ou de surveillance doit être mis en place ou renouvelé et dans ses établissements, ainsi que dans chacune des filiales entrant dans le champ d'application de la loi et dans leurs établissements.

Toutefois, en cas d'élection partielle, d'annulation totale des élections ou de renouvellement anticipé du conseil d'administration ou de surveillance, l'affichage a lieu trois semaines au moins avant la date de l'élection.

Sous-section 1. – Établissement de la liste électorale

Art. 13. – Dans chacune des entreprises où les salariés sont appelés à participer à l'élection de membres du conseil d'administration ou de surveillance, la liste électorale est établie par le chef de cette entreprise.

Art. 14. – La liste électorale est établie par ordre alphabétique par entreprise ou par établissement, et par bureau de vote.

Elle énumère distinctement :

1° Les ingénieurs, chefs de service, et cadres administratifs, commerciaux ou techniques assimilés sur le plan de la classification ;

2° Les autres salariés.

Art. 15. – La liste est affichée dans l'entreprise ou dans l'établissement six semaines au moins avant la date de l'élection.

Dans les cinq jours de cet affichage tout électeur peut adresser une réclamation au chef d'entreprise pour demander l'inscription ou la radiation d'un électeur omis ou indûment inscrit. Le chef d'entreprise se prononce dans les cinq jours et assure l'affichage, dans l'entreprise ou l'établissement, des listes électorales éventuellement rectifiées, vingt-cinq jours au moins avant la date de l'élection.

Art. 16. – En cas d'élection partielle, d'annulation totale des élections ou de renouvellement anticipé du conseil d'administration ou de surveillance prévu à l'article 13 de la loi susvisée, la liste électorale est affichée dix-huit jours au moins avant la date de l'élection.

Art. 17. – Au siège social de chaque entreprise comportant plusieurs établissements, le chef d'entreprise établit et tient disponible dans les mêmes délais une liste complète de tous les salariés inscrits en qualité d'électeurs.

Sous-section 2. – Listes de candidats

Art. 18. – Pour l'application de l'article 17 de la loi susvisée, si le nombre de sièges à pourvoir est impair, le nombre de candidats est arrondi au nombre supérieur.

Art. 19. – Les listes de candidats, comportant l'intitulé de la liste ainsi que les noms et prénoms des candidats, sont déposées contre récépissé au siège social ou adressées, par lettre recommandée avec demande d'avis de réception, au chef de l'entreprise dont le conseil d'administration ou de surveillance doit être mis en place ou renouvelé en application des dispositions du titre II de la loi susvisée.

Le dépôt ou l'envoi de chaque liste est fait par un mandataire de liste ayant la qualité d'électeur à ce conseil d'administration ou de surveillance.

À ce dépôt ou cet envoi sont joints :

1° Les propositions d'orientation pour l'administration et le contrôle de la gestion, prévues à l'article 17 de la loi susvisée, rédigées sur deux feuillets au plus de format 210 mm × 297 mm ;

2° Le document comportant la ou les signatures recueillies par la liste en application des dispositions du premier alinéa de ce même article 17 ;

3° La procuration écrite du mandataire, signée de chaque candidat figurant sur la liste ;

4° Les déclarations individuelles de chacun des candidats ; chaque déclaration individuelle est signée par le candidat ; elle énumère les nom, prénoms, date et lieu de naissance, domicile du candidat ; elle fait état de la liste électorale sur laquelle il est inscrit ou en droit d'être inscrit.

Ce dépôt ou cet envoi est fait quinze jours avant la date d'une élection partielle.

Art. 20. – Lorsque les listes de candidats sont adressées par lettre recommandée avec demande d'avis de réception, la date de réception vaut dépôt au sens de l'article 18, du 3e alinéa de l'article 19 de la loi susvisée et du dernier alinéa de l'article 19 du présent décret.

Art. 21. – Aucun remplacement ou retrait de candidature ne peut être opéré après le dépôt de la liste.

Toutefois un candidat décédé peut être remplacé jusqu'à l'expiration du délai de dépôt des candidatures.

Art. 22. – Le chef d'entreprise vérifie la conformité des listes aux dispositions de l'article 17 de la loi susvisée et des articles 18 à 20 du présent décret.

Il arrête les listes de candidats. Les mandataires des listes peuvent contester la décision du chef d'entreprise devant le juge d'instance qui statue en référé.

Art. 23. – Les listes de candidats ainsi que les propositions d'orientation sont affichées dans l'entreprise et dans ses établissements, ainsi que dans chacune des filiales figurant sur la liste arrêtée par le conseil d'administration ou de surveillance de cette entreprise et dans leurs établissements, au plus tard trois semaines avant la date de l'élection.

Toutefois, en cas d'élection partielle, d'annulation totale des élections ou de renouvellement anticipé du conseil d'administration ou de surveillance prévu à l'article 13 de la loi susvisée, ces documents sont affichés au plus tard huit jours avant la date du scrutin.

Sous-section 3. – Campagne électorale et organisation matérielle du scrutin

§ 1. – Date, heure et lieu de vote

Art. 24. – Le scrutin a lieu dans les locaux de l'entreprise. Toutefois, lorsque l'entreprise comporte plusieurs établissements, il a lieu, pour chacun d'eux, dans les locaux de l'établissement.

Le chef d'entreprise fixe les heures d'ouverture et de clôture du scrutin de façon à permettre à tous les électeurs de participer au scrutin. Il les rend publiques par voie d'affichage.

Art. 25. – Sous réserve des dispositions de l'article 34 du présent décret, seuls sont admis sur les lieux de vote, soit les salariés de l'entreprise, soit, dans le cas où celle-ci comporte plusieurs établissements, les salariés de l'établissement où ils sont admis à voter.

§ 2. – Campagne électorale

Art. 26. – La campagne électorale débute quinze jours avant la date du scrutin. Ce délai est réduit à huit jours en cas d'élection partielle, d'annulation totale des élections ou de renouvellement anticipé du conseil d'administration ou de surveillance prévu à l'article 13 de la loi susvisée.

Art. 27. – Les moyens d'information à la disposition des listes de candidats sont l'affichage et la distribution de bulletins et de tracts à l'intérieur de l'entreprise ou de l'établissement.

La distribution des bulletins ou des tracts se fait selon les règles définies à l'article L. 412-8 du Code du travail.

Art. 28. – En vue de la campagne électorale, le chef d'entreprise ou d'établissement met en place des panneaux d'affichage à la disposition de chaque liste de candidats.

Art. 29. – Le chef d'entreprise ou d'établissement doit respecter une stricte neutralité à l'égard des listes en présence.

§ 3. – Organisation matérielle du scrutin

Art. 30. – L'organisation matérielle du scrutin incombe au chef d'entreprise.

Art. 31. – Le chef d'entreprise tient à la disposition du mandataire de chaque liste de candidats et de tout salarié les textes législatifs et réglementaires ainsi que les dispositions statutaires relatifs à l'élection.

Art. 32. – L'entreprise fournit des bulletins de vote et des enveloppes électorales, en nombre suffisant pour permettre à tous les électeurs de voter. Les bulletins de vote doivent être conformes aux listes de candidats.

L'entreprise fournit également les imprimés contenant les propositions d'orientation, en nombre suffisant pour permettre l'affichage qui lui incombe ainsi que leur transmission aux électeurs admis à voter par correspondance.

Art. 33. – Le nombre et le lieu du ou des bureaux de vote sont fixés par le chef d'entreprise.

Ils sont portés à la connaissance du personnel par voie d'affichage.

Sauf accord préalable entre le chef d'entreprise et les mandataires de chaque liste, chaque bureau de vote est composé des deux électeurs les plus âgés et de l'électeur le plus jeune, présents au moment du vote et volontaires.

Pour assurer les fonctions mentionnées à l'alinéa précédent, les intéressés peuvent quitter leur poste de travail sans perte de salaire.

La présidence du bureau de vote appartient au membre le plus âgé.

Les délibérations du bureau de vote sont prises à la majorité des membres.

Le bureau de vote est assisté pendant toutes les opérations de vote d'un salarié désigné par le chef d'entreprise et qui a voix consultative.

Art. 34. – Chaque liste de candidats a le droit d'être représentée dans chaque bureau de vote par un délégué habilité à contrôler toutes les opérations de vote, de dépouillement des bulletins et de décompte des voix. Le délégué, qui doit avoir la qualité d'électeur au conseil d'administration ou de surveillance, peut exiger l'inscription au procès-verbal de toutes observations, protestations ou contestations sur ces opérations, soit avant la proclamation des résultats, soit immédiatement après. Un même délégué peut être habilité à exercer ce contrôle dans plusieurs bureaux de vote.

Pour assurer pendant le vote les fonctions définies au premier alinéa du présent article, l'intéressé peut quitter son poste de travail sans perte de salaire.

Art. 35. – Le vote a lieu sous enveloppe opaque.

Des bulletins de vote et des enveloppes différenciées, correspondant respectivement aux deux catégories d'électeurs mentionnées à l'article 14 du présent décret, sont mis, dans la salle de vote, à la disposition des électeurs. Les bulletins destinés à une même catégorie d'électeurs sont de même couleur.

Art. 36. – Dans chaque bureau de vote, le chef d'entreprise fait installer un ou plusieurs isoloirs, selon les besoins.

Sous-section 4. – Opérations de vote

§ 1. – Vote

Art. 37. – Le bureau de vote se prononce sur les difficultés qui s'élèvent touchant les opérations de vote.

Ses décisions sont motivées. Toutes les déclarations et décisions sont inscrites au procès-verbal : les pièces qui s'y rapportent y sont énumérées et annexées après avoir été paraphées par les membres du bureau.

Art. 38. – Le président du bureau de vote constate publiquement et mentionne au procès-verbal l'heure d'ouverture et de clôture du scrutin.

Aucun vote ne peut être reçu après la déclaration de clôture. Toutefois, un électeur ayant pénétré dans la salle de vote avant l'heure de clôture du scrutin peut déposer son bulletin dans l'urne après cette heure.

Art. 39. – Avant l'ouverture du scrutin, le président du bureau de vote fait constater que chaque urne est vide ; elle est fermée à clé par le président qui conserve la clé jusqu'à la fin du scrutin.

Art. 40. – Pendant la durée des opérations électorales, une copie de la liste d'émargement reste déposée sur la table de vote.

Art. 41. – À son entrée dans la salle du scrutin, l'électeur, après avoir fait constater son identité et après avoir, s'il y a lieu, fait la preuve de son droit de vote par la production d'une décision du juge d'instance ou d'un arrêt de la Cour de cassation, prend une enveloppe ainsi qu'un bulletin de chaque liste correspondant à la catégorie à laquelle il appartient et, muni de ces documents, se rend seul dans l'isoloir.

L'électeur fait ensuite constater par le président qu'il n'est porteur que d'une seule enveloppe ; si l'électeur est ingénieur, chef de service, cadre administratif, commercial ou technique assimilé sur le plan de la classification, le bureau vérifie qu'il est inscrit ou en droit d'être inscrit en cette qualité.

L'électeur introduit lui-même l'enveloppe dans l'urne.

Art. 42. – Le vote de chaque électeur est constaté par les signatures ou paraphes de l'un des membres du bureau et du votant, apposés sur la liste d'émargement en face du nom de l'électeur.

§ 2. – Dépouillement des votes

Art. 43. – Dès la clôture du scrutin, la liste d'émargement est signée par tous les membres du bureau.

Le bureau compte le nombre des émargements, puis celui des enveloppes trouvées dans l'urne pour chaque catégorie d'électeurs, en vue des opérations mentionnées à l'article 50 du présent décret. Si le nombre des enveloppes excède ou n'atteint pas celui des émargements, il en est fait mention au procès-verbal.

Art. 44. – Le dépouillement est opéré par les scrutateurs, sous la surveillance des membres du bureau, conformément aux règles fixées à l'article 50 du présent décret.

Sauf accord préalable entre le chef d'entreprise et les mandataires de chaque liste, les scrutateurs sont désignés par le bureau parmi les électeurs présents. Pour assurer les fonctions définies à l'alinéa précédent, les intéressés peuvent quitter leur poste de travail sans perte de salaire.

À défaut de scrutateurs en nombre suffisant, les membres du bureau peuvent participer au dépouillement.

Art. 45. – Une fois les opérations de lecture et de pointage terminées, les scrutateurs remettent au bureau les feuilles de pointage signées par eux, en même temps que les bulletins dont la validité leur a paru douteuse ou a été contestée par les électeurs ou par les délégués des listes.

§ 3. – Centralisation des résultats du dépouillement

Art. 46. – Immédiatement après la fin du dépouillement, le procès-verbal des opérations électorales est rédigé, en présence des électeurs, par un secrétaire choisi par le bureau. Il est signé par les membres du bureau.

Art. 47. – Lorsque les opérations électorales ont lieu dans plusieurs bureaux de vote, le dépouillement du scrutin est d'abord opéré par chaque bureau et les procès-verbaux établis conformément aux dispositions de l'article 46 ci-dessus. Le président et les membres de chaque bureau transmettent sans délai, sous pli cacheté, les exemplaires du procès-verbal à un bureau centralisateur, qui opère aussitôt le recensement général des votes dans chaque bureau de vote.

Le bureau centralisateur est composé de la même façon que les bureaux de vote.

Les dispositions relatives au contrôle des opérations électorales par les délégués des listes sont applicables.

Le procès-verbal récapitulatif est établi en présence des électeurs et des délégués des listes. Il est signé par les membres du bureau centralisateur.

Art. 48. – Lorsque l'entreprise comporte plusieurs établissements, le bureau de vote, ou le bureau centralisateur de chaque établissement transmet sans délai sous pli cacheté les exemplaires du procès-verbal au bureau centralisateur d'entreprise chargé d'opérer le recensement général des votes dans chaque établissement.

Sauf accord préalable entre le chef d'entreprise et les mandataires de chaque liste, le bureau centralisateur d'entreprise est composé de trois à cinq salariés désignés par le chef d'entreprise après consultation des mandataires de chaque liste.

Pour assurer pendant les opérations de recensement les fonctions définies au deuxième alinéa du présent article, les intéressés peuvent quitter leur poste de travail sans perte de salaire.

La présidence du bureau appartient au membre le plus âgé.

Les délibérations du bureau sont prises à la majorité des membres.

Les dispositions relatives au contrôle des opérations électorales par les délégués des listes sont applicables.

Le procès-verbal récapitulatif est établi en présence des délégués des listes. Il est signé par les membres du bureau centralisateur de l'entreprise.

Art. 49. – Lorsqu'une entreprise comporte des filiales au sens du 4 de l'article 1er de la loi susvisée, les bureaux de vote ou les bureaux centralisateurs de cette entreprise et de chaque filiale transmettent sous pli cacheté les exemplaires du procès-verbal au bureau centralisateur interentreprises chargé d'opérer le recensement général des votes dans l'entreprise et ses filiales.

La composition du bureau centralisateur interentreprises est la même que celle du bureau centralisateur d'entreprise. Les dispositions des troisième à sixième alinéas de l'article 48 du présent décret sont applicables.

Le procès-verbal récapitulatif est établi en présence des délégués des listes. Il est signé par les membres du bureau centralisateur interentreprises.

§ 4. – Modalités d'attribution des sièges

Art. 50. – L'attribution des sièges et la désignation des élus s'effectuent selon les règles applicables à la désignation des élus au comité d'entreprise, sous réserve des adaptations suivantes.

Afin d'attribuer le siège réservé aux cadres au sens de l'article 16 de la loi susvisée, il est procédé d'abord au dépouillement des voix des cadres. Dans la liste qui a obtenu le plus de voix chez les cadres, le siège est attribué au premier cadre dans l'ordre de présentation de la liste, sous réserve des dispositions du sixième alinéa de l'article 16 de ladite loi relatives aux ratures.

Si la liste qui a obtenu le plus grand nombre de voix chez les cadres ne comporte pas de candidat appartenant à cette catégorie, le siège est attribué à la liste comportant un tel candidat la mieux placée après celle à laquelle il devait être normalement attribué.

Si deux listes ont obtenu le même nombre de voix chez les cadres, le cadre déclaré élu est celui qui a individuellement obtenu le plus grand nombre de voix. Si deux cadres ont obtenu le même nombre de voix, le plus âgé des deux est déclaré élu.

Le siège de cadre ainsi attribué, il est ensuite procédé au dépouillement des autres bulletins, puis à la répartition des sièges, selon la règle de la représentation proportionnelle à la plus forte moyenne, en tenant compte de l'ensemble des suffrages exprimés par les électeurs cadres et non cadres. Si la liste bénéficiaire du siège réservé au cadre se voit attribuer un ou plusieurs sièges selon ce mode de calcul, le siège réservé au cadre s'impute sur le ou les sièges obtenus par cette liste.

§ 5. – Proclamation des résultats

Art. 51. – Dans les entreprises qui ne comportent pas d'établissement, le résultat est proclamé publiquement dès la signature du procès-verbal par le président du bureau de vote ou par le président du bureau centralisateur.

Un exemplaire de ce procès-verbal est remis au chef d'entreprise qui procède à son affichage dans l'entreprise. Le chef d'entreprise transmet un second exemplaire à l'inspecteur du travail du siège social de l'entreprise ou à l'autorité qui en tient lieu. Il tient d'autres exemplaires à la disposition des mandataires des listes de candidats.

Art. 52. – Dans les entreprises qui comportent plusieurs établissements, le procès-verbal récapitulatif est établi dans les trois jours du scrutin. Dès la signature de ce procès-verbal, le résultat est proclamé publiquement par le président du bureau centralisateur d'entreprise.

Un exemplaire de ce procès-verbal est remis au chef d'entreprise qui procède à son affichage dans l'entreprise et dans ses établissements. Le chef d'entreprise transmet un second exemplaire à l'inspecteur du travail du siège social de l'entreprise ou à l'autorité qui en tient lieu. Il tient d'autres exemplaires à la disposition des mandataires des listes de candidats.

Art. 53. – Dans les entreprises qui comportent une ou plusieurs filiales, le procès-verbal récapitulatif est établi dans les cinq jours du scrutin. Dès la signature de ce procès-verbal, le résultat est proclamé publiquement par le président du bureau centralisateur interentreprises.

Un exemplaire de ce procès-verbal est remis au chef d'entreprise qui procède à son affichage dans l'entreprise et dans chacun de ses établissements ainsi que dans les filiales et dans leurs établissements. Le chef d'entreprise transmet un second exemplaire à l'inspecteur du travail du siège social de l'entreprise ou à l'autorité qui en tient lieu. Il tient d'autres exemplaires à la disposition des mandataires des listes de candidats.

§ 6. – Vote par correspondance

Art. 54. – Sont autorisés à voter par correspondance les salariés qui, du fait de la nature ou des conditions de leur travail, se trouvent éloignés du lieu de vote et ceux qui sont en situation d'absence régulière.

Art. 55. – Le vote par correspondance peut également être organisé dans les entreprises ou les établissements qui ont mis en place ce mode de vote pour les élections au comité d'entreprise ou à l'organe en tenant lieu, ainsi que dans les entreprises ou les établissements qui ne pourraient, en raison de leur éloignement, transmettre les procès-verbaux des opérations électorales dans les délais impartis par le présent décret.

Art. 56. – La liste des salariés admis à voter par correspondance est arrêtée par le chef d'entreprise et affichée quinze jours au moins avant la date du scrutin.

Art. 57. – Le chef d'entreprise fait parvenir à chaque électeur admis à voter par correspondance huit jours au moins avant la date du scrutin :

1° Un bulletin de chaque liste et une enveloppe électorale correspondant à la catégorie de l'électeur, ainsi que les propositions d'orientation annexées aux listes ;

2° Une enveloppe d'envoi portant la mention « élection au conseil d'administration, vote par correspondance » ou « élection au conseil de surveillance, vote par correspondance ».

Art. 58. – L'électeur place son bulletin de vote dans l'enveloppe électorale sans la cacheter. Il insère cette enveloppe dans l'enveloppe d'envoi et adresse celle-ci, après y avoir porté ses nom et prénoms et l'avoir signée, au président du bureau de vote destinataire du suffrage sous couvert du chef d'entreprise ou d'établissement.

Art. 59. – Le jour du scrutin, les plis portant la mention « élection au conseil d'administration, vote par correspondance » ou « élection au conseil de surveillance, vote par correspondance » sont remis par le chef d'entreprise ou d'établissement au président du bureau de vote.

Art. 60. – Avant la clôture du scrutin, le bureau de vote examine si le nombre de plis qui ont été remis correspond au nombre des électeurs inscrits admis à voter par correspondance.

Si une différence est constatée, mention en est portée par le président du bureau de vote sur le procès-verbal des opérations électorales.

Art. 61. – Le président du bureau de vote ouvre chaque pli, donne publiquement connaissance du nom de l'électeur et vérifie que l'enveloppe d'envoi est signée. Après émargement, il introduit dans l'urne l'enveloppe contenant le bulletin de vote.

Si, au moment de l'émargement, il est constaté que l'électeur admis à voter par correspondance a déjà voté à l'urne, l'enveloppe contenant son bulletin n'est pas introduite dans l'urne et est incinérée sans avoir été ouverte.

Art. 62. – Lors de la clôture du scrutin, les enveloppes ayant contenu les enveloppes électorales sont jointes aux listes d'émargement de chaque bureau de vote. Ces documents doivent être conservés pendant quatre mois après l'expiration des délais prescrits pour l'exercice des recours contre l'élection.

Art. 63. – Les plis qui parviennent au bureau de vote après la clôture du scrutin sont remis au président du bureau et décachetés en présence des membres du bureau. Les enveloppes électorales sont incinérées sans avoir été ouvertes.

Sous-section 5. – Contentieux

Art. 64. – Dans les trois jours de l'affichage de la liste électorale effectué, suivant le cas, conformément aux dispositions du deuxième alinéa de l'article 15, ou de l'article 16 du présent décret, tout électeur peut réclamer l'inscription ou la radiation d'un électeur omis ou indûment inscrit. Le recours est formé par voie de simple déclaration au secrétariat-greffe du tribunal d'instance dans le ressort duquel est située l'entreprise ou l'établissement dont la liste électorale est contestée.

Dans les quinze jours de l'affichage du résultat des élections, toute personne y ayant intérêt peut contester l'éligibilité d'un élu ou la régularité des opérations électorales. Le recours est formé par voie de simple déclaration faite ou adressée au secrétariat-greffe du tribunal d'instance dans le ressort duquel est situé le siège social de l'entreprise dont le conseil d'administration ou de surveillance est mis en place, renouvelé ou complété.

Les électeurs mineurs peuvent présenter une réclamation ou défendre une déclaration dirigée contre eux, sans autorisation.

Le tribunal d'instance statue en dernier ressort, dans les dix jours du recours, sans frais ni forme de procédure et sur simple avertissement qu'il donne trois jours à l'avance aux parties intéressées.

La décision du tribunal d'instance est notifiée par le secrétariat-greffe dans les trois jours par lettre recommandée avec demande d'avis de réception.

Le délai de pourvoi en cassation est de dix jours ; le pourvoi est formé, instruit et jugé dans les conditions fixées par les articles 999 à 1008 du *(Mod., D. n° 2008-484, 22 mai 2008)* « Code de procédure civile ».

Section III. – Licenciement des représentants des salariés au conseil d'administration ou de surveillance

Art. 65. – L'entretien prévu à l'article L. 122-14 du Code du travail précède la consultation du conseil d'administration ou de surveillance effectuée en application de l'article 29 de la loi susvisée.

Art. 66. – L'avis du conseil d'administration ou de surveillance est exprimé au scrutin secret après audition de l'intéressé.

Art. 67. – La demande d'autorisation de licenciement est adressée par lettre recommandée avec demande d'avis de réception à l'inspecteur du travail ou à l'autorité qui en tient lieu, dont dépend l'établissement où est employé le salarié.

Cette demande énonce les motifs du licenciement envisagé ; elle est accompagnée de l'extrait correspondant du procès-verbal de la réunion du conseil d'administration ou de surveillance. Sauf dans le cas de mise à pied, elle est présentée au plus tard dans les quinze jours suivant la délibération dudit conseil.

Art. 68. – En cas de faute grave le chef d'entreprise a la faculté de prononcer la mise à pied immédiate de l'intéressé jusqu'à la décision de l'inspecteur du travail.

La demande prévue à l'article 67 ci-dessus est, dans ce cas, présentée au plus tard dans les quarante-huit heures suivant la délibération du conseil d'administration ou de surveillance.

La mesure de mise à pied est privée de tout effet lorsque le licenciement est refusé par l'inspecteur du travail ou le ministre compétent.

Art. 69. – L'inspecteur du travail procède à une enquête contradictoire au cours de laquelle le salarié peut, sur sa demande, se faire assister d'un représentant de son syndicat ou d'un salarié de son entreprise.

L'inspecteur du travail statue dans un délai de quinze jours qui est réduit à huit jours en cas de mise à pied. Ce délai court à compter de la réception de la demande motivée prévue à l'article 67 du présent décret ; il ne peut être prolongé que si les nécessités de l'enquête le justifient. L'inspecteur avise de la prolongation du délai les destinataires mentionnés au troisième alinéa du présent article.

La décision de l'inspecteur du travail est motivée. Elle est notifiée au chef d'entreprise et au salarié par lettre recommandée avec demande d'avis de réception.

Art. 70. – Les dispositions de l'article R. 436-5 du Code du travail relatives au licenciement pour motif économique des salariés protégés sont également applicables au licenciement pour motif économique de représentants des salariés aux conseils d'administration ou de surveillance.

Art. 71. – Le ministre compétent peut annuler ou réformer la décision de l'inspecteur du travail ou de l'autorité qui en tient lieu sur le recours de l'employeur, du salarié ou du syndicat auquel ce dernier a donné mandat à cet effet.

Ce recours doit être introduit dans un délai de deux mois à compter de la notification de la décision de l'inspecteur du travail ou de l'autorité qui en tient lieu.

Art. 72. – L'inspecteur du travail ou l'autorité qui en tient lieu et, le cas échéant, le ministre compétent examinent notamment si la mesure de licenciement envisagée est en rapport avec le mandat détenu, brigué ou antérieurement exercé par l'intéressé.

Section IV. – Dispositions diverses

Art. 73. – Les résultats des élections des représentants des salariés aux conseils d'administration ou de surveillance et les accords conclus en application des articles 32 et 33 de la loi susvisée sont communiqués au ministre chargé du travail dans les conditions arrêtées par celui-ci.

Les éléments nécessaires à l'établissement du rapport mentionné au deuxième alinéa de l'article 45 de la loi susvisée, et en particulier la liste des entreprises relevant du 4 et du 5 de l'article 1er de cette loi, sont communiqués tous les deux ans au ministre chargé du travail dans les conditions arrêtées par celui-ci.

Art. 74. – Pour tenir compte de la situation spécifique des salariés d'entreprises d'armement maritime entrant dans le champ d'application de la loi susvisée, la période de la campagne électorale ainsi que sa durée et les délais impartis pour le vote par correspondance peuvent être modifiés par arrêté du ministre chargé du travail et du ministre chargé de la mer.

Art. 75. – La commission consultative mentionnée à l'article 36 de la loi susvisée est instituée, le cas échéant, par le chef d'établissement, après consultation des personnes physiques ou morales ayant vocation à y siéger ou à y être représentées.

Loi n° 2001-420 du 15 mai 2001

relative aux nouvelles régulations économiques

(JO 16 mai)

Art. 139 *(Abr. Ord. n° 2014-948, 20 août 2014).*

Art. 140. – I. – L'État peut conclure, avec les entreprises du secteur public placées sous sa tutelle ou celles dont il est actionnaire et qui sont chargées d'une mission de service public, des contrats d'entreprise pluriannuels. Ceux-ci déterminent les objectifs liés à l'exercice de la mission de service public assignée à l'entreprise, les moyens à mettre en œuvre pour les atteindre, le cas échéant par l'intermédiaire de filiales, et les relations financières entre l'État et l'entreprise.

II. – Les contrats d'entreprise sont négociés avec les ministres chargés de l'économie et du budget et avec les autres ministres chargés d'exercer la tutelle de l'État.

Ils ne peuvent être résiliés par chacune des deux parties avant leur date normale d'expiration que dans les formes et conditions qu'ils stipulent expressément.

Ils sont réputés ne contenir que des clauses contractuelles.

III. – Dans les dispositions législatives en vigueur, notamment à l'article 29 de la loi n° 95-115 du 4 février 1995 d'orientation pour l'aménagement et le développement du territoire, les références aux contrats de plan conclus avec des entreprises publiques en application de la loi n° 82-653 du 29 juillet 1982 portant réforme de la planification deviennent des références aux contrats de plan conclus avec des entreprises publiques en application de cette loi ou aux contrats d'entreprise conclus en application du présent article.

……

Art. 142 *(Mod., L. fin. n° 2002-1575, 30 déc. 2002 ; L. n° 2003-706, 1er août 2003).* – I. – Le gouvernement dépose tous les ans, en annexe au projet de loi de finances de l'année, un rapport relatif à l'État actionnaire qui :

1° Analyse la situation économique, à la clôture du dernier exercice, de toutes les entités significatives, établissements et sociétés, cotées et non cotées, contrôlées par l'État ;

2° Présente des comptes combinés de toutes les entités significatives, établissements et sociétés, contrôlées par l'État, et expose fidèlement la situation financière de l'ensemble de ces entités, y compris les engagements hors bilan, son évolution prévisible, ainsi que les événements importants survenus entre la date de clôture de l'exercice de combinaison et la date à laquelle les comptes combinés ont été établis. Les questions de méthode comptable à trancher pour l'élaboration de ces états financiers sont soumises à l'appréciation d'un groupe de personnalités indépendantes nommées par arrêté du ministre chargé de l'économie ;

3° Retrace les opérations de transfert au secteur privé réalisées en application de la loi n° 86-912 du 6 août 1986 relative aux modalités des privatisations, en distinguant celles fondées sur le titre II de ladite loi de celles fondées sur le titre III. Il y est également fait état des produits encaissés par l'État en cours d'exercice et de leurs utilisations ;

4° Dresse le bilan par l'État de sa mission d'actionnaire ou de tuteur des entreprises publiques. Ce bilan contient le rapport d'activité du service des participations de la direction du Trésor. Il comprend également des éléments concernant la stratégie commerciale et industrielle et la politique de l'emploi des entreprises publiques.

II. – Les dispositions du I sont mises en œuvre pour la première fois en 2000.

III. – Sont abrogés :

1° L'article 24 de la loi n° 93-923 du 19 juillet 1993 de privatisation ;

2° Le deuxième alinéa du *a* du I de l'article 164 de l'ordonnance n° 58-1374 du 30 décembre 1958 portant loi de finances pour 1959.

Ordonnance n° 2014-948 du 20 août 2014

relative à la gouvernance et aux opérations sur le capital des sociétés à participation publique

Bibliographie : L. Jobert, *L'intrusion de l'État dans les conseils d'administration des sociétés à participation publique minoritaire : RD bancaire et fin.* 2014, n° 6, comm. 213.

TITRE Ier. – DISPOSITIONS GÉNÉRALES

Art. 1er. – La présente ordonnance est applicable aux sociétés commerciales dans lesquelles l'État ou ses établissements publics détiennent seuls ou conjointement, directement ou indirectement, une participation au capital.

Ces sociétés sont soumises aux dispositions du Code de commerce et des autres lois générales ou particulières qui les régissent dans la mesure où ces dispositions ne sont pas contraires à la présente ordonnance.

Art. 2. – I. – Pour l'application de la présente ordonnance :

1° Constitue une participation toute fraction du capital d'une société, quel que soit son montant ;

2° Sont regardées comme des sociétés dont plus de la moitié du capital est détenue indirectement par l'État ou ses établissements publics, seuls ou conjointement, celles dont plus de la moitié du capital est détenue par des sociétés placées dans une même chaîne ininterrompue de participations majoritaires ;

3° Les effectifs des salariés sont pris en compte conformément aux dispositions de l'article L. 2322-6 du Code du travail. La présente ordonnance est applicable aux salariés employés sur le territoire français même s'ils sont détachés à l'étranger à titre temporaire ;

4° Sont assimilés au chiffre d'affaires les revenus d'activité des sociétés ne disposant pas de chiffre d'affaires.

II. – Il n'est pas tenu compte pour l'application du 2° du I :

1° Des participations prises par les compagnies financières mentionnées au titre III de la loi du 11 février 1982 susvisée, par des établissements financiers, des sociétés de financement ou des établissements de crédit y compris à statut légal spécial, en contrepartie de l'abandon ou de la consolidation financière de créances ou de l'abandon ou de la mise en jeu de garanties, ni des participations prises par les entités mentionnées ci-dessus dans des sociétés dont l'actif net comptable au dernier bilan précédant la prise de participation ou au premier bilan suivant est inférieur au capital ;

2° Des actions détenues par des organismes ou sociétés ayant pour objet principal de concourir au financement d'entreprises industrielles et commerciales sous forme d'apports en fonds propres, d'avances d'actionnaires ou d'obligations convertibles ou de faciliter le recours de ces entreprises à l'épargne, l'élargissement de leur capital ou son reclassement ;

3° Des actions inscrites en titres de placement dans les comptes de leur détenteur ;

4° Des actions détenues et gérées individuellement ou collectivement pour le compte de personnes, sociétés ou organismes autres que ceux mentionnés à l'article 1er ;

5° Des actions détenues par les sociétés d'assurance en garantie d'engagements pris envers les tiers, sauf lorsqu'il s'agit d'actions d'établissements de crédit, d'établissements financiers, de sociétés d'assurance ou de sociétés concourant à la gestion des sociétés d'assurance ;

6° Des actions de préférence sans droit de vote, des actions à dividende prioritaire ou des certificats d'investissement, mentionnés aux articles L. 228-11, L. 228-30 et L. 228-35-2 du Code de commerce.

(Al. aj., L. n° 2015-990, 6 août 2015) III. – Les articles 1er et 2, le IV de l'article 22 et les articles 23 à 31 de la présente ordonnance sont seuls applicables aux opérations par lesquelles la Caisse des dépôts et consignations transfère au secteur privé la majorité du capital des sociétés dans lesquelles elle détient, directement ou indirectement, une participation.

TITRE II. – GOUVERNANCE

CHAPITRE Ier. – CONSEILS D'ADMINISTRATION ET DE SURVEILLANCE

Section 1. – Composition des conseils

Art. 3. – Sont susceptibles de siéger comme membres du conseil d'administration, du conseil de surveillance ou de l'organe délibérant en tenant lieu des sociétés mentionnées à l'article 1er :

1° L'État, représenté dans les conditions prévues à la section 2 ;

2° Des membres désignés par l'organe compétent de la société, le cas échéant proposés par l'État, dans les conditions prévues à la section 3 ;

3° Des représentants des salariés, dans les conditions prévues à la section 4.

Section 2. – Représentant désigné par l'État

Art. 4. – I. – L'État désigne un représentant dans les conseils d'administration, les conseils de surveillance ou les organes délibérants en tenant lieu des sociétés dont il détient directement, seul ou conjointement avec ses établissements publics, plus de la moitié du capital. Il peut également désigner un représentant dans les organes délibérants des autres sociétés dont il détient directement à lui seul plus de 10 % du capital.

L'État peut en outre, sur sa proposition ou avec son accord, être nommé par les organes compétents comme membre du conseil d'administration, du conseil de surveillance ou de l'organe délibérant en tenant lieu des autres sociétés dans lesquelles l'État ou ses établissements publics industriels ou commerciaux détiennent, directement ou indirectement, une participation. L'État désigne alors son représentant.

Les conditions de désignation du représentant de l'État sont fixées par décret en Conseil d'État.

II. – Les participations détenues par toute société ayant pour objet principal la détention de titres et dont la totalité du capital appartient à l'État sont assimilées, pour l'application du I, à des participations détenues directement par l'État.

Art. 5. – Le représentant de l'État siège et agit avec les mêmes droits et les mêmes pouvoirs que les autres membres du conseil d'administration, du conseil de surveillance ou de l'organe délibérant en tenant lieu.

Il est notamment soumis aux mêmes règles que les autres membres quant au nombre maximum de mandats susceptibles d'être exercés simultanément.

Toute rémunération qu'il perçoit à raison de l'exercice de son mandat est toutefois versée au budget de l'État.

Ce représentant est pris en compte pour l'application du premier alinéa de l'article L. 225-18-1 et du premier alinéa de l'article L. 225-69-1 du Code de commerce.

Les dispositions des articles L. 225-25 et L. 225-72 du Code de commerce ne lui sont pas applicables.

Section 3. – Membres désignés par l'organe compétent de la société

Art. 6. – I. – Au sein du conseil d'administration ou de surveillance ou de l'organe délibérant en tenant lieu des sociétés dont l'État détient seul directement de 10 % à 50 % du capital, un ou plusieurs sièges, dans la limite d'un nombre proportionnel à sa participation, sont réservés à des membres que l'État peut proposer. Le nombre de sièges réservés est au moins égal à deux dans les sociétés pour lesquelles le nombre de membres du conseil d'administration, du conseil de surveillance ou de l'organe délibérant en tenant lieu est supérieur à dix.

Si l'organe compétent de la société refuse la ou les personnes proposées en vertu de l'alinéa précédent, l'État peut nommer par lettre adressée à la société un ou plusieurs membres pour exercer à titre provisoire les fonctions de ceux dont la nomination a été refusée. Ces nominations sont soumises à la ratification de la plus prochaine assemblée générale ordinaire. À défaut de ratification, les délibérations prises et les actes accomplis antérieurement par le conseil ou l'organe délibérant demeurent valables. Le remplacement du membre dont la nomination n'a pas été ratifiée est assuré dans les conditions prévues au présent I.

Pour la détermination du nombre de sièges mentionnés au premier alinéa du présent I, il n'est pas tenu compte des représentants élus par le personnel salarié en application de la présente ordonnance ou des articles L. 225-27, L. 225-27-1, L. 225-79 ou L. 225-79-2 du Code de commerce.

Lorsqu'un représentant de l'État a été désigné en application de l'article 4 de la présente ordonnance, son siège est déduit de ceux réservés à l'État en application du premier alinéa du présent I.

Les participations détenues par toute société ayant pour objet principal la détention de titres et dont la totalité du capital appartient à l'État sont assimilées à des participations détenues directement par l'État pour l'application du présent I.

II. – Dans les sociétés dans lesquelles l'État ou ses établissements publics industriels ou commerciaux, seuls ou conjointement, détiennent directement ou indirectement une participation, l'État peut, dans des conditions précisées par voie réglementaire, proposer aux organes compétents de ces sociétés la nomination d'un ou plusieurs membres du conseil d'administration, du conseil de surveillance ou de l'organe délibérant en tenant lieu.

III. – Les membres proposés par l'État en application du I ou du II du présent article peuvent, nonobstant *(Mots rempl., L. n° 2016-483, 20 avr. 2016)* « le 2° du I de l'article 25 *septies* » de la loi du 13 juillet 1983 susvisée, avoir la qualité d'agents publics de l'État. Ils sont soumis aux mêmes règles que les autres membres, notamment celles issues du Code de commerce. Ils représentent les intérêts de l'État en sa qualité d'actionnaire.

IV. – Sans préjudice des dispositions législatives et réglementaires qui leur sont applicables, les membres mentionnés au présent article peuvent bénéficier dans l'exercice de leur mandat d'une protection organisée dans les conditions prévues à l'article 11 de la loi du 13 juillet 1983 susvisée.

V. – Toute rémunération perçue par les membres désignés en vertu du présent article ayant la qualité d'agent public de l'État est versée au budget de l'État. Il en va de même de la rémunération perçue par les autres membres désignés en vertu du présent article dépassant un plafond fixé par arrêté du ministre chargé de l'économie.

VI. – Les dispositions des articles L. 225-25 et L. 225-72 du Code de commerce ne leur sont pas applicables.

Section 4. – Représentants des salariés

Art. 7. – I. – Dans les sociétés dont l'État détient directement plus de la moitié du capital et dont le nombre de salariés employés en moyenne au cours des vingt-quatre derniers mois est au moins égal à cinquante, le conseil d'administration, le conseil de surveillance ou l'organe délibérant en tenant lieu comprend *(Mots aj., L. n° 2015-990, 6 août 2015)* « au moins » un tiers de représentants des salariés.

Il en va de même dans les autres sociétés anonymes dans lesquelles l'État ou, lorsque la majorité de leur personnel est soumise aux règles du droit privé, ses établissements publics industriels et commerciaux ou ses autres établissements publics qui assurent tout à la fois une mission de service public à caractère administratif et à caractère industriel et commercial détiennent directement ou indirectement plus de 50 % du capital et dont le nombre de salariés employés en moyenne au cours des vingt-quatre derniers mois est au moins égal à deux cents. Dans ces sociétés dont l'effectif est compris entre deux cents et mille salariés, le nombre de ces représentants est au maximum de trois.

II. – Dans les autres sociétés relevant de la présente ordonnance, les représentants des salariés sont désignés, le cas échéant, selon les modalités prévues par le Code de commerce et sont alors soumis aux dispositions de ce code.

III. – Les sociétés mentionnées au I restent soumises aux dispositions des articles L. 225-23, L. 225-27, L. 225-71 et L. 225-79 du Code de commerce. Les membres du conseil d'administration ou du conseil de surveillance nommés sur leur fondement sont compris dans le tiers des membres du conseil d'administration, du conseil de surveillance ou de l'organe délibérant en tenant lieu.

Art. 8. – « I. – » Les représentants des salariés mentionnés au I de l'article 7 sont soumis, pour leur élection et leur statut, aux mêmes dispositions que celles prévues, pour les représentants des salariés des entreprises relevant de la loi du 26 juillet 1983 susvisée, aux chapitres II et III du titre II de cette loi.

II. – Les représentants des salariés sont élus :

1° Dans chacune des filiales détenues, à lui seul, par l'un des établissements publics mentionnés au second alinéa du I de l'article 7 ou par l'une des sociétés mentionnées au premier alinéa du même I, par les salariés qui remplissent les conditions requises pour être électeur au comité d'entreprise ;

2° Dans les autres filiales mentionnées au second alinéa dudit I ou dans les sociétés mentionnées au premier alinéa du même I, par les salariés qui remplissent les conditions requises pour être électeur au comité d'entreprise ou à l'organe en tenant lieu soit dans la société elle-même, soit dans l'une de ses filiales comprenant des représentants des salariés en application dudit I.

« III. – » Les dispositions mentionnées au *(Mots rempl., L. n° 2015-990, 6 août 2015)* « présent article » ne s'appliquent qu'aux sociétés remplissant les conditions fixées au I de l'article 7 depuis plus de six mois. Toutefois, si les statuts de la société prévoient que les dispositions de la présente section s'appliquent immédiatement, le conseil d'administration ou le conseil de surveillance ou l'organe délibérant en tenant lieu peut valablement siéger avant l'élection des représentants des salariés.

En cas de modification pour quelque raison que ce soit entraînant une augmentation ou une réduction du nombre des représentants des salariés, il est procédé à une nouvelle nomination de ces représentants sauf si la modification intervient dans les six mois précédant la fin de leur mandat.

Art. 9. – Les membres représentant les salariés ne sont pas pris en compte pour l'application du premier alinéa de l'article L. 225-18-1 et du premier alinéa de l'article L. 225-69-1 du Code de commerce.

La durée du mandat d'administrateur élu par les salariés ou désigné en application de la présente section est déterminée par les statuts, sans pouvoir excéder six ans. Le mandat est renouvelable, sauf stipulation contraire des statuts.

Section 5. – Fonctionnement des conseils

Art. 10. – Les dispositions de la présente section s'appliquent aux sociétés dont plus de la moitié du capital est détenu par l'État et ses établissements publics, seuls ou conjointement, directement ou indirectement.

Les statuts peuvent déroger à tout ou partie des dispositions des articles 11 à 13 par une mention expresse en ce sens.

Art. 11. – Dès lors que les désignations et nominations ont été faites en vertu des dispositions de la section 2 et de la section 3, le conseil d'administration, le conseil de surveillance ou l'organe délibérant en tenant lieu est réputé pouvoir siéger et délibérer valablement, sous réserve des règles de quorum.

Le caractère irrégulier de ces désignations et nominations ou des désignations mentionnées à la section 4 est sans incidence sur la validité des délibérations auxquelles a pris part l'administrateur ou le membre du conseil irrégulièrement nommé ou désigné.

Art. 12. – Le conseil d'administration, le conseil de surveillance ou l'organe délibérant en tenant lieu se réunit en séance ordinaire sur convocation du président. Il examine toute question inscrite à l'ordre du jour par le président ou le conseil statuant à la majorité simple.

Il se réunit également sur convocation de plus d'un tiers de ses membres sur un ordre du jour et dans un lieu déterminés dans la convocation. Le directeur général peut demander au président de le convoquer sur un ordre du jour déterminé.

Art. 13. – En cas de vacance par décès ou par démission d'un ou plusieurs membres nommés par l'assemblée générale, le conseil d'administration ou de surveillance peut procéder à des nominations à titre provisoire dans les conditions des articles L. 225-24 et L. 225-78 du Code de commerce.

Art. 14. – L'assemblée générale peut révoquer à tout moment les membres du conseil d'administration, du conseil de surveillance ou de l'organe délibérant en tenant lieu qu'elle a nommés.

Dans le cas où des dissensions graves entravent l'administration de la société, la révocation prononcée par l'assemblée générale en vertu du premier alinéa peut s'étendre aux représentants des salariés. Une telle mesure de révocation ne peut être prise de nouveau avant l'expiration d'un délai d'un an.

Section 6. – Autres dispositions

Art. 15. – Dans les sociétés dans lesquelles il dispose d'un représentant en application de l'article 4, l'État peut désigner, dans des conditions fixées par voie réglementaire, un commissaire du Gouvernement.

Sans préjudice des dispositions particulières le régissant, le commissaire du Gouvernement assiste, avec voix consultative, aux séances du conseil d'administration, du conseil de surveillance ou de l'organe délibérant en tenant lieu de la société. Le cas échéant, il expose la politique du Gouvernement dans le secteur d'activité de celle-ci.

Art. 16. – Le conseil d'administration ou le directoire, après avis du conseil de surveillance, fixe les modalités de consultation des institutions représentatives du personnel sur les plans établis par l'entreprise en vue de la conclusion d'un contrat de plan élaboré en application de la loi du 29 juillet 1982 susvisée ou d'un contrat d'entreprise élaboré en application de l'article 140 de la loi du 15 mai 2001 susvisée.

Les actes par lesquels l'État fixe des missions de service public, notamment les contrats d'entreprise mentionnés à l'article 140 de la loi du 15 mai 2001 susvisée, ne sont pas considérés comme des conventions au sens des articles L. 225-38 à L. 225-40 du Code de commerce *(Mots aj., L. n° 2015-990, 6 août 2015)* « ou des autres dispositions équivalentes du même code ». Ces actes doivent néanmoins être soumis à l'avis préalable du conseil d'administration ou de surveillance ou de l'organe délibérant en tenant lieu.

CHAPITRE II. – PRÉSIDENCE ET DIRECTION GÉNÉRALE

Art. 17. – En cas de vacance ou dans les sociétés dont le capital est détenu en totalité par l'État, le président du conseil d'administration, du conseil de surveillance ou de l'organe délibérant en tenant lieu peut notamment être choisi parmi les agents publics de l'État qui ont été nommés membres du conseil.

Dans les sociétés ayant pour objet principal la détention de titres et dont la totalité du capital appartient à l'État constituées sous forme de sociétés par action simplifiées, l'État peut être désigné président ou dirigeant mandataire social de la société. Il est alors représenté par une personne désignée dans les conditions prévues à l'article 4.

Art. 18. – Dans les sociétés anonymes à conseil d'administration dont plus de la moitié du capital est détenu par l'État et ses établissements publics, seuls ou conjointement, directement ou indirectement, le conseil choisit entre les deux modalités d'exercice de la direction générale mentionnées au premier alinéa de l'article L. 225-51-1 du Code de commerce.

Les statuts peuvent déroger aux dispositions du présent article par une mention expresse en ce sens.

Art. 19. – I. – Dans les sociétés dont plus de la moitié du capital est détenue directement par l'État, les dirigeants mandataires sociaux sont nommés par celui-ci dans les conditions suivantes :

1° Dans les sociétés anonymes à conseil d'administration, lorsque le président assure la direction générale, celui-ci est nommé parmi les membres du conseil et sur proposition de ce dernier, par décret ; dans les autres cas, le directeur général est nommé par décret sur proposition du conseil d'administration ;

2° Dans les sociétés anonymes à directoire et conseil de surveillance, le président du directoire ou le directeur général unique sont nommés sur proposition du conseil de surveillance, par décret ;

3° Dans les autres sociétés, les personnes qui, quel que soit leur titre, exercent des fonctions équivalentes à celles mentionnées aux alinéas précédents sont nommées par décret.

II. – Les participations détenues par toute société ayant pour objet principal la détention de titres et dont la totalité du capital appartient à l'État sont assimilées, pour l'application du I, à des participations détenues directement par l'État.

Art. 20. – Les personnes nommées dans les conditions prévues à l'article 19 peuvent être révoquées par décret.

Art. 21. – En cas de vacance de l'un des postes mentionnés à l'article 19, l'État peut désigner la personne chargée d'assurer l'intérim jusqu'à la désignation d'un nouveau dirigeant, par lettre adressée à la société faisant l'objet d'une publicité. Jusqu'à la nomination de la personne chargée d'assurer l'intérim, les titulaires d'une délégation donnée par le précédent titulaire des fonctions sont compétents pour agir dans le cadre de cette délégation.

TITRE III. – OPÉRATIONS SUR LE CAPITAL

CHAPITRE Ier. – AUTORISATION DES OPÉRATIONS

Art. 21-1. – Sans préjudice des dispositions particulières de l'article 31-1, toute opération de cession par l'État au secteur privé conduisant à transférer la majorité du capital d'une société s'accompagne des garanties nécessaires à la préservation des intérêts essentiels de la Nation dans les domaines concernés. Le cas échéant, le cahier des charges de l'appel d'offres portant cession du capital intègre cette exigence.

Section 1. – Opérations de cession

Art. 22. – I. – Les opérations par lesquelles l'État transfère au secteur privé la majorité du capital d'une société ne peuvent être décidées par décret qu'après avoir été autorisées par la loi :

1° Lorsque l'État détient directement, depuis plus de cinq ans, plus de la moitié du capital social de la société et si l'une des deux conditions suivantes est remplie :

a) Ses effectifs, augmentés de ceux de ses filiales dans lesquelles elle détient directement ou indirectement plus de la moitié du capital social, sont supérieurs à *(Mot rempl., L. n° 2015-990, 6 août 2015)* « cinq cents » personnes au 31 décembre de l'année précédant le transfert ;

b) Son chiffre d'affaires consolidé avec celui de ses filiales, telles qu'elles viennent d'être définies, est supérieur à *(Mots rempl., L. n° 2015-990, 6 août 2015)* « 75 millions d'euros » à la date de clôture de l'exercice précédant le transfert ;

2° Lorsque la société est entrée dans le secteur public en application d'une disposition législative.

II. – Les opérations de cession de participations *(Mots aj., L. n° 2015-990, 6 août 2015)* « au secteur privé » par l'État qui n'entrent pas dans les cas énumérés au I sont décidées par décret :

1° Lorsqu'elles entraînent le transfert au secteur privé de la majorité du capital de la société ;

2° Lorsque la participation de l'État est supérieure au tiers du capital, si la cession a pour conséquence de la ramener en dessous de ce seuil ;

3° Lorsque la participation de l'État est supérieure aux deux tiers du capital, si la cession a pour conséquence de la ramener en dessous de ce seuil.

III. – Les autres opérations de cession de participations par l'État sont décidées par le ministre chargé de l'économie.

IV. – Les opérations par lesquelles un établissement public de l'État ou une société dont l'État ou ses établissements publics détiennent directement ou indirectement, seuls ou conjointement, plus de la moitié du capital transfère au secteur privé la majorité du capital d'une société réalisant un chiffre d'affaires supérieur à 150 millions d'euros ou employant plus de mille personnes *(Mots aj., L. n° 2015-990, 6 août 2015)* « , appréciés sur une base consolidée, » font l'objet d'une autorisation préalable par arrêté du ministre chargé de l'économie.

V. – Pour l'application du présent *(Mot rempl., L. n° 2015-990, 6 août 2015)* « titre » :

a) Toute opération de cession d'un actif susceptible d'une exploitation autonome représentant plus de 50 % de l'actif net comptable ou du chiffre d'affaires ou des effectifs, appréciés sur une base consolidée, d'une société détenue à plus de 50 % par l'État est assimilée à la cession de cette société ;

b) Les participations détenues par toute société ayant pour objet principal la détention de titres et dont la totalité du capital appartient à l'État sont assimilées à des participations détenues directement par l'État ;

c) Est assimilée à une opération de cession toute opération de transfert de propriété de tout ou partie du capital ou toute opération d'augmentation de capital d'une société relevant de l'article 1er produisant le même effet ;

d) *(Al. aj., L. n° 2015-990,6 août 2015)* Les participations détenues par un établissement public de l'État ayant pour objet principal la détention de titres sont assimilées à des participations détenues directement par l'État.

***(Al. aj., L. n° 2015-990,6 août 2015)* VI. – Les opérations par lesquelles l'État transfère au secteur privé la majorité du capital d'une société exploitant une infrastructure de transport aéroportuaire ou autoroutière dans le cadre d'une concession accordée par l'État sont autorisées par la loi.**

Art. 23. – Ne sont pas soumises *(Mots rempl., L. n° 2015-990, 6 août 2015)* « au présent titre », sauf lorsqu'elles ont pour effet de transférer au secteur privé la majorité du capital de la société, les opérations suivantes :

1° Les prises de participation au capital d'une société dont les titres sont admis aux négociations sur un marché réglementé réalisées en application de la section 4 du chapitre II du titre III du livre III de la troisième partie du Code du travail ou de la sous-section 2 de la section 4 du chapitre V du titre II du livre II du Code de commerce *(Mots aj., L. n° 2015-990, 6 août 2015)* « ainsi que les opérations assimilées réalisées simultanément à de telles prises de participation en faveur des salariés situés à l'étranger » ;

2° Les opérations résultant de l'exercice d'options de souscription ou d'acquisitions attachées à des titres cédés à l'occasion d'une opération de cession antérieure ;

3° Les prises de participation du secteur privé dans le capital d'une société résultant de l'exercice par ses actionnaires de l'option prévue à l'article L. 232-18 du Code de commerce ;

4° Les opérations, décidées par l'assemblée générale des sociétés dont l'État ou ses établissements publics détiennent moins d'un tiers du capital, ayant pour effet ou pouvant avoir pour effet de diminuer la participation de l'État ou de ses établissements publics.

Section 2. – Opérations d'acquisition

Art. 24. – Les opérations par lesquelles l'État se porte acquéreur d'une participation sont décidées par décret lorsqu'elles entraînent le transfert de la majorité du capital d'une société au secteur public.

Les autres opérations d'acquisition par l'État sont décidées par le ministre chargé de l'économie.

(Al. aj., L. n° 2015-990,6 août 2015) Est assimilée à une opération d'acquisition toute opération de constitution d'une société.

CHAPITRE II. – CONTRÔLE PATRIMONIAL DES OPÉRATIONS

Section 1. – La Commission des participations et des transferts

Art. 25. – I. – La Commission des participations et des transferts est composée de sept membres, dont un président, nommés par décret pour *(Mots rempl., L. n° 2015-990, 6 août 2015)* « six ans non renouvelables » et choisis en fonction de leur compétence et de leur expérience en matière économique, financière ou juridique.

En cas de vacance pour quelque cause que ce soit, un remplaçant est nommé pour la durée restant à courir du mandat de son prédécesseur. *(Phrase aj., L. n° 2015-990, 6 août 2015)* Un mandat exercé depuis moins de deux ans n'est pas pris en compte pour la règle de non-renouvellement fixée au premier alinéa. Les membres de la commission sont astreints au secret professionnel.

(Al. aj., L. n° 2015-990, 6 août 2015) Un mandat exercé depuis moins de deux ans n'est pas pris en compte pour la règle de non-renouvellement fixée au premier alinéa.

II. – Les fonctions de membre de la commission sont incompatibles avec tout mandat de membre du conseil d'administration, du directoire ou du conseil de surveillance d'une société commerciale par actions ou toute activité rétribuée au service d'une telle société de nature à les rendre dépendants des acquéreurs éventuels. Dès leur nomination et pendant la durée de leur mandat, les membres de la commission informent le président des activités professionnelles qu'ils exercent, des mandats sociaux qu'ils détiennent ou des intérêts qu'ils représentent.

Le membre de la commission qui a manqué aux obligations définies au présent II est déclaré démissionnaire d'office par la commission statuant à la majorité de ses membres. En cas de partage égal des suffrages, la voix du président est prépondérante.

III. – Les membres de la commission des participations et des transferts ne peuvent, sous peine de l'application des sanctions prévues par l'article 432-13 du Code pénal, pendant un délai de cinq ans à compter de la cessation de leurs fonctions, devenir membres d'un conseil d'administration, d'un directoire ou d'un conseil de surveillance d'une entreprise qui s'est portée acquéreur de participations antérieurement détenues par l'État, ou d'une de ses filiales, ou exercer une activité rétribuée par de telles entreprises.

(Al. aj., L. n° 2015-990, 6 août 2015) IV. – Le régime indemnitaire des membres de la commission est fixé par décret.

NB : Voir les II et III de l'article 187 de la loi n° 2015-990 du 6 août 2015 concernant les mandats des membres de la Commission des participations et des transferts.

Art. 26. – I. – La Commission des participations et des transferts est saisie par le ministre chargé de l'économie, lorsqu'elles sont réalisées selon les procédures des marchés financiers :

1° Des opérations qui emportent le transfert par l'État de la majorité du capital de la société au secteur privé ;

2° Des opérations qui emportent transfert par l'État au secteur privé d'au moins 0,5 % du capital des sociétés concernées calculé sur une période de six mois consécutifs, dont l'effectif augmenté de celui de leurs filiales dépasse *(Mot rempl., L. n° 2015-990, 6 août 2015)* « cinq cents » personnes ou le chiffre d'affaires consolidé *(Mots rempl., L. n° 2015-990, 6 août 2015)* « 75 millions d'euros » ;

3° Des opérations par lesquelles un établissement public de l'État ou une société dont l'État ou ses établissements publics détiennent directement ou indirectement, seuls ou conjointement, plus de la moitié du capital transfère au secteur privé la majorité du capital d'une société réalisant un chiffre d'affaires supérieur à 150 millions d'euros ou employant plus de mille personnes.

II. – La Commission des participations et des transferts est saisie par le ministre chargé de l'économie de toute opération de cession au secteur privé mentionnée à l'article 22 réalisée en dehors des procédures des marchés financiers.

III. – La commission peut être saisie par le ministre chargé de l'économie de toute autre opération de cession par l'État ainsi que sur toute opération d'acquisition par l'État.

Section 2. – Procédures d'évaluation

Art. 27. – I. – La Commission des participations et des transferts est saisie par le ministre chargé de l'économie préalablement à chacune des opérations mentionnées à l'article 26.

La commission détermine la valeur de la société ou, s'il y a lieu, des éléments faisant l'objet de l'opération. Toutefois, en cas de remise d'actifs en paiement des titres cédés ou d'augmentation de capital contre apport en nature, l'évaluation porte sur la parité ou le rapport d'échange.

Ces évaluations sont conduites selon les méthodes objectives couramment pratiquées en matière de cession totale ou partielle d'actifs de sociétés en tenant compte des conditions de marché à la date de l'opération et, selon une pondération appropriée à chaque cas, de la valeur des actifs, des bénéfices réalisés, de l'existence des filiales et des perspectives d'avenir et, le cas échéant, de la valeur boursière des titres et des éléments optionnels qui y sont attachés.

La commission peut demander aux commissaires aux comptes des entreprises faisant l'objet des opérations pour lesquelles elle est saisie tout renseignement sur l'activité et la situation financière desdites entreprises. Les commissaires aux comptes sont alors déliés à son égard du secret professionnel.

II. – Lorsqu'elle est saisie sur le fondement du II de l'article 26, la commission émet, en outre, un avis sur les modalités de la procédure, qui doit respecter les intérêts du secteur public, puis sur le choix du ou des acquéreurs et les conditions de la cession proposés par le ministre chargé de l'économie.

La commission tient notamment compte de la valeur de la société, des droits statutaires ou contractuels de toute nature accordés au secteur public, de la nature de l'opération, du prix, des caractéristiques des acquéreurs en cause et du projet industriel et stratégique afférent à l'opération.

Le décret, l'arrêté ou la décision autorisant ou décidant l'opération concernée est conforme à cet avis.

III. – Les évaluations et avis de la commission sont rendus publics à l'issue de l'opération.

Art. 28. – Pour les opérations de transfert au secteur privé n'ayant pas fait l'objet d'une évaluation en application des articles 26 et 27, la valeur de l'entreprise est évaluée selon les méthodes objectives couramment pratiquées en matière de cession totale ou partielle d'actifs de sociétés.

CHAPITRE III. – RÉALISATION DES OPÉRATIONS

Art. 29. – La propriété de tout ou partie du capital des sociétés mentionnées au présent titre ne peut être cédée à des personnes du secteur privé pour des prix inférieurs à leur valeur.

Les prix d'offre, les prix de cession ou d'acquisition ainsi que les parités d'échange des opérations décidées ou autorisées par l'État sont fixés, le cas échéant sous forme de fourchettes, par arrêté du ministre chargé de l'économie. Dans les autres cas, le prix est fixé par l'organe compétent de l'organisme cédant.

Lorsque la Commission des participations et des transferts a été consultée en application de l'article 26, les prix et parités fixés par le ministre chargé de l'économie ne peuvent être inférieurs à son évaluation et l'acte les fixant ne peut intervenir dans un délai de plus de trente jours à compter de leur formulation, sauf lorsqu'un délai plus long a été admis par la commission eu égard aux conditions particulières de l'opération.

Art. 30. – La réalisation des cessions ou acquisitions mentionnées au présent titre peut intervenir dès la date de la signature de l'acte qui en fixe les conditions.

Toute opération de transfert au secteur privé réalisée sans avoir fait l'objet de l'autorisation prévue à l'article 22 est réputée nulle et de nul effet.

Art. 31. – Les statuts de toute société dont le transfert de tout ou partie du capital a été décidé en application du présent titre sont, le cas échéant, modifiés par une assemblée générale extraordinaire tenue dans les six mois du transfert afin de les rendre conformes, le cas échéant, au droit commun des sociétés commerciales ou à la présente ordonnance.

À défaut de modification des statuts à l'issue du délai prévu, toute clause contraire au droit commun des sociétés commerciales ou à la présente ordonnance est réputée non écrite.

Art. 31-1 *(L. n° 2015-990, 6 août 2015 ; mod., L. n° 2019-486, 22 mai 2019)*. – I. - Les dispositions du présent article s'appliquent aux sociétés dont une activité relève de celles mentionnées au I de l'article L. 151-3 du code monétaire et financier et qui satisfont l'une des conditions suivantes :

a) La société est mentionnée à l'annexe du décret n° 2004-963 du 9 septembre 2004 portant création du service à compétence nationale Agence des participations de l'Etat dans sa rédaction en vigueur au 1er janvier 2018 ;

b) Ses titres sont admis aux négociations sur un marché réglementé et une participation d'au moins 5 % de son capital est détenue, directement ou indirectement, au 1er janvier 2018, par la société anonyme Bpifrance ou ses filiales directes ou indirectes ou par un fonds d'investissement géré et souscrit majoritairement par elles.

Si la protection des intérêts essentiels du pays en matière d'ordre public, de santé publique, de sécurité publique ou de défense nationale exige qu'une action ordinaire de l'État soit transformée en une action spécifique assortie de tout ou partie des droits définis aux 1° à 4° du présent I, un décret en Conseil d'Etat prononce cette transformation et en précise les effets. La société est préalablement informée.

Dans le cas mentionné au *b*, l'État acquiert une action ordinaire préalablement à sa transformation en action spécifique.

S'agissant des sociétés mentionnées aux *a* ou *b* et qui n'auraient pas leur siège social en France, les dispositions du présent article s'appliquent à leurs filiales ayant leur siège social en France, après que l'État a acquis une de leurs actions.

Les droits pouvant être attachés à une action spécifique, définis dans chaque cas de façon à être nécessaires, adéquats et proportionnés aux objectifs poursuivis, sont les suivants :

1° La soumission à un agrément préalable du ministre chargé de l'économie du franchissement, par une personne agissant seule ou de concert, d'un ou de plusieurs des seuils prévus au I de l'article L. 233-7 du Code de commerce, précisés dans le décret qui institue l'action spécifique. Un seuil particulier peut être fixé pour les participations prises par des personnes étrangères ou sous contrôle étranger, au sens de l'article L. 233-3 du même code, agissant seules ou de concert. Cet agrément ne peut être refusé que si l'opération en cause est de nature à porter atteinte aux intérêts essentiels du pays qui ont justifié la création de l'action spécifique ;

2° La nomination au conseil d'administration, au conseil de surveillance ou au sein de l'organe délibérant en tenant lieu, selon le cas, d'un représentant de l'État sans voix délibérative, désigné dans les conditions fixées par le décret qui institue l'action spécifique ;

3° Le pouvoir de s'opposer, dans des conditions fixées par voie réglementaire, aux décisions qui seraient de nature à porter atteinte aux intérêts essentiels du pays, ayant pour effet, directement ou indirectement, de :

– céder, apporter ou transmettre, sous quelque forme que ce soit, y compris par dissolution ou fusion, des actifs ou types d'actifs de la société ou de ses filiales ;

– modifier les conditions d'exploitation des actifs ou types d'actifs de la société ou de ses filiales ou d'en changer la destination ;

– affecter ces actifs ou types d'actifs à titre de sûreté ou garantie ;

4° La communication au ministre chargé de l'économie des informations nécessaires à l'exercice des droits prévus aux 1° et 3°, notamment les informations relatives à l'intégrité, à la pérennité et au maintien sur le territoire national des actifs ou types d'actifs mentionnés au 3°.

L'institution d'une action spécifique produit ses effets de plein droit.

II. - Lorsque des prises de participation ont été effectuées en méconnaissance du 1° du I, les détenteurs des participations acquises irrégulièrement ne peuvent exercer les droits de vote correspondants tant que la prise de participation n'a pas fait l'objet d'un agrément par le ministre chargé de l'économie.

Le ministre chargé de l'économie informe de l'irrégularité de ces prises de participation le président du conseil d'administration ou le président du directoire de l'entreprise ou l'organe délibérant en tenant lieu, selon le cas, qui en informe la prochaine assemblée générale des actionnaires.

En outre, s'agissant des entreprises dont l'activité relève des intérêts essentiels de la défense nationale ou de ceux mentionnés à l'article 346 du traité sur le fonctionnement de l'Union européenne, les détenteurs de participations acquises irrégulièrement doivent céder ces titres dans un délai de trois mois à compter de la privation de leurs droits de vote.

À l'expiration de ce délai, s'il est constaté que les titres acquis irrégulièrement n'ont pas été cédés, le ministre chargé de l'économie fait procéder à la vente forcée de ces titres, selon des modalités prévues par décret en Conseil d'État. Il en informe le président du conseil d'administration, le président du conseil de surveillance ou le président de l'organe délibérant en tenant lieu.

Le produit net de la vente des titres est tenu à la disposition de leurs anciens détenteurs.

III. - Aussi souvent que nécessaire et au moins tous les cinq ans, l'État apprécie si les droits attachés à l'action spécifique sont nécessaires, adéquats et proportionnés à l'objectif de protection des intérêts essentiels du pays mentionnés au quatrième alinéa du I.

Au terme de cette appréciation, les droits attachés à l'action spécifique peuvent, après que la société a été informée, être modifiés par décret en Conseil d'État et, le cas échéant, excéder les droits qui préexistaient. Hormis les cas où l'indépendance nationale est en cause, l'action spécifique peut également être transformée en action ordinaire par décret en Conseil d'État.

IV. - Lorsqu'une société dans laquelle a été instituée une action spécifique fait l'objet d'une scission ou d'une fusion ou cède, apporte ou transmet sous quelque forme que ce soit tout ou partie d'un actif de la société ou de ses filiales mentionné au 3° du I, une action spécifique peut, après que la société a été informée, être instituée, nonobstant les dispositions des trois premiers alinéas du même I, dans toute société qui, à l'issue de l'opération, exerce l'activité ou détient les actifs au titre desquels la protection a été prévue.

Art. 31-2 *(L. n° 2015-990, 6 août 2015 ; rempl., L. n° 2019-486, 22 mai 2019)*. – I. - En cas de cession au secteur privé d'une participation significative de l'Etat au capital d'une société dont il détient plus de 10 % du capital, 10 % des titres cédés sont proposés aux salariés de l'entreprise, à ceux des filiales dans lesquelles elle détient, directement ou indirectement, la majorité du capital à la date de l'offre, ainsi qu'aux anciens salariés ayant conservé des avoirs dans le plan d'épargne de l'entreprise ou ses filiales et justifiant d'un contrat ou d'une activité rémunérée d'une durée accomplie d'au moins cinq ans avec l'entreprise ou ses filiales. Les titres sont proposés dans le cadre d'un plan d'épargne d'entreprise, conformément aux dispositions du code du travail dont bénéficient les personnes éligibles mentionnées ci-dessus.

La participation cédée est significative au sens du premier alinéa du présent I si elle est supérieure à des seuils exprimés à la fois en pourcentages du capital de la société et en montants.

Si la capacité de souscription des personnes éligibles est insuffisante au regard du nombre de titres proposés, ce nombre peut être réduit.

Un décret en Conseil d'État fixe les conditions d'application du présent I, notamment les seuils mentionnés au deuxième alinéa.

II. - Les titres proposés par l'État sont cédés directement aux personnes mentionnées au I ou, avec l'accord de celle-ci, à l'entreprise dont les titres sont cédés, à charge pour elle de les rétrocéder à ces mêmes personnes selon l'une des modalités suivantes :

1° Soit l'entreprise acquiert auprès de l'État le nombre de titres déterminé en application du I et les rétrocède dans un délai d'un an. Durant ce délai, ces titres ne sont pas pris en compte pour déterminer le plafond de 10 % prévu à l'article L. 225-210 du Code de commerce et les droits de vote ainsi détenus par la société sont suspendus ;

2° Soit l'entreprise, après avoir proposé aux personnes mentionnées au I du présent article les titres qui leur sont destinés et recensé le nombre de titres qu'elles ont réservés, acquiert auprès de l'État les titres correspondants et les rétrocède sans délai. L'État peut prendre en charge une partie des coûts supportés par l'entreprise au titre de ces opérations, dans des conditions fixées par décret.

III. - Dans le cadre d'une cession par l'entreprise, le prix de cession et, le cas échéant, les rabais applicables sont fixés conformément aux dispositions de la section 4 du chapitre II du titre III du livre III de la troisième partie du Code du travail.

IV. - Tout rabais sur le prix de cession ou tout autre avantage consenti aux salariés est supporté par l'entreprise. Par exception, lorsque la cession a pour effet de transférer au secteur privé la majorité du capital de la société, un rabais peut être pris en charge par l'État, dans la limite de 20 % et dans le respect des dispositions de l'article 29 de la présente ordonnance. Si un rabais a été consenti par l'État, les titres acquis ne peuvent être cédés avant deux ans, ni avant paiement intégral.

A l'exception du rabais pris en charge par l'État, les avantages consentis sont fixés par le conseil d'administration, le directoire ou l'organe délibérant en tenant lieu.

V. - La Commission des participations et des transferts est saisie de l'offre directe de titres par l'État ou de leur cession à l'entreprise si cette offre ou cette cession interviennent en dehors de la durée de validité, prévue à l'article 29, de l'avis relatif à la cession par l'État de sa participation.

VI. - Un arrêté du ministre chargé de l'économie précise à l'occasion de chaque cession mentionnée au I du présent article le nombre de titres proposés aux personnes éligibles et le prix de cession à ces dernières ou à l'entreprise ainsi que, le cas échéant, la durée de l'offre, les modalités d'ajustement de l'offre si la demande est supérieure à l'offre, le rabais et la partie des coûts pris en charge par l'État en application du 2° du II.

TITRE IV. – DISPOSITIONS DIVERSES

Art. 32 *(Abr., Ord. n° 2015-1127, 10 sept. 2015 ; rétabli L. n° 2016-563, 10 mai 2016).* – Le second alinéa de l'article L. 225-1 du Code de commerce n'est pas applicable aux sociétés dont l'État détient la majorité ou la totalité du capital.

Art. 32-1 *(L. n° 2015-990, 6 août 2015).* – Les participations détenues par toute société ayant pour objet principal la détention de titres et dont la totalité du capital appartient à l'État sont assimilées, pour l'application des dispositions législatives prévoyant que la participation de l'État au capital d'une société est supérieure à un seuil, à des participations détenues directement par l'État.

Art. 33. – Les conditions d'application de la présente ordonnance sont précisées par décret en Conseil d'État.

Art. 34. – I. – Le conseil d'administration, le conseil de surveillance ou l'organe délibérant en tenant lieu des sociétés mentionnées à l'article 1er fixe la date d'application des dispositions du titre II de la présente ordonnance, à l'exception de celles des articles 17 et 21. Cette date ne peut être postérieure au lendemain de la première assemblée générale ordinaire qui suit le 1er janvier 2017. Jusqu'à cette date, les dispositions mentionnées à l'article 37, à l'article 38, au V, *(Réf. rempl., L. n° 2015-990, 6 août 2015)* « aux *a* à *c* du VI », au VII, au VIII, au XI, aux *a* et *b* du XII, au XIII et au XV de l'article 39 ainsi qu'aux 1°, 8° et 9° du I de l'article 41 restent applicables dans leur rédaction antérieure à l'entrée en vigueur de la présente ordonnance.

Sont joints à l'ordre du jour de l'assemblée générale appelée à statuer sur la nomination des membres du premier conseil d'administration, du premier conseil de surveillance ou du premier organe délibérant en tenant lieu constitué en application de la présente ordonnance les noms et qualités des membres que l'État entend nommer ou proposer en vertu des dispositions du titre II.

(Al. aj., L. n° 2015-990, 6 août 2015) L'assemblée générale, saisie dans les conditions prévues au deuxième alinéa du présent I, peut statuer également sur la composition de l'ensemble du conseil d'administration, du conseil de surveillance ou de l'organe délibérant en tenant lieu, notamment sur la nomination ou le maintien en fonction des membres qu'il lui appartient de désigner.

Dans les sociétés dont l'État détient directement moins de la moitié du capital, le conseil d'administration ou de surveillance ou l'organe délibérant en tenant lieu peut proposer à l'État de mettre fin aux mandats de ses représentants nommés sur le fondement des dispositions applicables avant l'entrée en vigueur de la présente ordonnance afin de les remplacer, à titre provisoire, par des membres désignés en application de celle-ci, jusqu'à la date à laquelle son titre II s'appliquera à la société. Dans ce cas, l'État peut désigner un représentant en vertu de l'article 4 de la présente ordonnance et proposer au conseil d'administration ou de surveillance ou à l'organe délibérant en tenant lieu des personnes appelées à être désignées en vertu de son article 6. Les nominations effectuées sont soumises à ratification de la plus prochaine assemblée générale ordinaire. À défaut de ratification, les délibérations prises et les actes accomplis antérieurement par le conseil n'en demeurent pas moins valables.

II. – Les statuts des sociétés régies par la présente ordonnance sont mis en conformité avec les dispositions de celle-ci au plus tard lors de l'assemblée générale mentionnée au premier alinéa du I.

Nonobstant toute disposition contraire, ces modifications ainsi que toute modification ultérieure des statuts sont décidées par l'organe compétent de la société sans être soumises à l'approbation de l'autorité administrative.

(Al. aj., L. n° 2015-990, 6 août 2015) Après la date limite fixée pour la mise en conformité, toute clause des statuts contraire à la présente ordonnance est réputée non écrite.

Art. 35. – Lorsqu'une société entre, pour quelque cause que ce soit, dans le champ d'application de la présente ordonnance, les dispositions du titre II sont applicables dans un délai maximum de six mois.

Toutefois, les statuts de la société peuvent prévoir que les dispositions de ce même titre s'appliquent immédiatement.

Art. 36. – Les dispositions de la présente ordonnance n'entraînent aucune remise en cause des autorisations dont sont titulaires les sociétés qui en relèvent.

Elles n'entraînent aucune remise en cause des contrats en cours d'exécution, quelle que soit leur qualification juridique, conclus par ces mêmes sociétés et ne sont de nature à justifier ni leur résiliation, ni la modification de l'une quelconque de leurs clauses, ni, le cas échéant, le remboursement anticipé des dettes qui en sont l'objet.

Décret n° 2014-949 du 20 août 2014

portant application de l'ordonnance n° 2014-948 du 20 août 2014 relative à la gouvernance et aux opérations sur le capital des sociétés à participation publique

CHAPITRE Ier. – CHAMP D'APPLICATION

Art. 1er. – Le présent décret est applicable aux sociétés commerciales et opérations régies par l'ordonnance du 20 août 2014 susvisée.

CHAPITRE II. – GOUVERNANCE

Art. 2. – Le représentant mentionné à l'article 4 de l'ordonnance du 20 août 2014 susvisée est désigné par le ministre chargé de l'économie parmi les agents publics de l'État de catégorie A ou d'un niveau équivalent, en activité, ayant au moins cinq années d'expérience professionnelle.

Il est nommé pour une durée égale à celle du mandat des membres du conseil d'administration, du conseil de surveillance ou de l'organe délibérant en tenant lieu. Il cesse ses fonctions par démission ou s'il perd la qualité en vertu de laquelle il a été nommé. Il peut être remplacé à tout moment pour la durée du mandat restant à courir.

Art. 3. – Lorsque l'organe compétent de la société entend proposer à l'État la désignation d'un représentant de ce dernier en vertu du deuxième alinéa du I de l'article 4 de l'ordonnance du 20 août 2014 susvisée, cet organe adresse une demande motivée au ministre chargé de l'économie. Le silence gardé sur cette demande au terme d'un délai de deux mois vaut décision de refus.

Les propositions de l'État mentionnées à l'article 4 et à l'article 6 de l'ordonnance du 20 août 2014 susvisée, ainsi que la nomination à titre provisoire par l'État d'un ou plusieurs membres en vertu de l'article 6, sont adressées à la société par le ministre chargé de l'économie.

Art. 4. – La protection mentionnée au IV de l'article 6 de l'ordonnance du 20 août 2014 susvisée est accordée aux intéressés par le ministre chargé de l'économie.

Art. 5. – Les commissaires du Gouvernement mentionnés à l'article 15 de l'ordonnance du 20 août 2014 susvisée sont nommés par les ministres intéressés après consultation du ministre chargé de l'économie.

Art. 6. – Le dirigeant intérimaire mentionné à l'article 21 de l'ordonnance du 20 août 2014 susvisée est désigné par le ministre chargé de l'économie.

Le ministre en informe la société, qui assure sans délai la publicité de cette désignation.

CHAPITRE III. – OPÉRATIONS SUR LE CAPITAL

Art. 7. – Lorsqu'une société dont l'État ou ses établissements publics détiennent directement ou indirectement, seuls ou conjointement, plus de la moitié du capital entend transférer au secteur privé la majorité du capital d'une société relevant du IV de l'article 22 de l'ordonnance du 20 août 2014 susvisée, celle-ci adresse une demande motivée au ministre chargé de l'économie. Le silence gardé sur cette demande au terme d'un délai de deux mois vaut décision de refus.

CHAPITRE IV. – DISPOSITIONS DIVERSES

Art. 8. – Sont approuvées par le ministre chargé du budget :

1° La dotation des établissements publics de l'État ;

2° Les opérations de reprise de dotation, totale ou partielle, de ces établissements publics.

Art. 9. – Lorsqu'il entend proposer à l'État de mettre fin aux mandats de ses représentants nommés sur le fondement des dispositions applicables avant l'entrée en vigueur de l'ordonnance du 20 août 2014 susvisée afin de les remplacer, à titre provisoire, par des membres désignés en application de celle-ci conformément à son article 34, le conseil d'administration ou de surveillance adresse une demande motivée au ministre chargé de l'économie. Le silence gardé sur cette demande au terme d'un délai de deux mois vaut décision de refus.

Art. 10. – La Commission des participations et des transferts remet au ministre chargé de l'économie un rapport annuel portant sur son activité.

9.3. – SOCIÉTÉS D'ÉCONOMIE MIXTE LOCALES

Bibliographie : S. Agbayissan et M. Lecerf, *Le cadre juridique des prises de participation des sociétés d'économie mixte locales : JCP* E 1994, I, 354. • Y. Claisse, *À propos de la loi du 2 janvier 2002. La modernisation des sociétés d'économie mixte locale : JCP* G 2002, act. 56, p. 221. • P. Fraysse, *La loi tendant à moderniser le statut des sociétés d'économie mixte locales, loi n° 2002-1 du 2 janvier 2002 : JCP* E 2002, p. 293. • M. Karpenschef, *L'égale concurrence et les entreprises publiques locales : JCP* A 2013, 2002. • A. Pézard, *L'actionnariat des sociétés mixtes locales : BJS* 2002, p. 882. • P. Moreau et Y. Claisse, *La modernisation des sociétés d'économie mixte locales, loi n° 2002-1 du 2 janvier 2002 : JCP* E 2002, p. 293. • E. Muller, *Le partenariat public-privé, avenir des sociétés d'économie mixte ? : Contrats et Marchés publics* 2010, étude 2. • A. Sée, *Les sociétés publiques locales et le droit de la mise en concurrence : Contrats, conc. consom.* 2013, n° 2, comm. 38. • J.-F. Sestier, *Les aides financières directes consenties par les actionnaires publics locaux à leurs sociétés d'économie mixte : JCP* 1992, I, 3580. • *Adde*, C. Manson, *JCl. Sociétés traité*, Fasc. 178-25 et 30.

9.3.1. – RÈGLES GÉNÉRALES

Code général des collectivités territoriales

Partie législative

TITRE II. – SOCIÉTÉS D'ÉCONOMIE MIXTE LOCALES

CHAPITRE I. – OBJET

Art. L. 1521-1 *(Mod., L. n° 2002-1, 2 janv. 2002 ; Ord. n° 2003-850, 4 sept. 2003 ; L. n° 2004-806, 9 août 2004)*. **– Les communes, les départements, les régions et leurs groupements peuvent, dans le cadre**

des compétences qui leur sont reconnues par la loi, créer des sociétés d'économie mixte locales qui les associent à une ou plusieurs personnes privées et, éventuellement, à d'autres personnes publiques pour réaliser des opérations d'aménagement, de construction, pour exploiter des services publics à caractère industriel ou commercial, ou pour toute autre activité d'intérêt général ; lorsque l'objet de sociétés d'économie mixte locales inclut plusieurs activités, celles-ci doivent être complémentaires. En outre, les sociétés d'économie mixte locales peuvent réaliser des opérations de conception, réalisation, entretien ou maintenance ainsi que, le cas échéant, de financement d'équipements hospitaliers ou médico-sociaux pour les besoins d'un établissement de santé, d'un établissement social ou médico-social ou d'un groupement de coopération sanitaire.

La commune actionnaire d'une société d'économie mixte locale dont l'objet social s'inscrit dans le cadre d'une compétence qu'elle a *(Mot aj., L. n° 2014-58, 27 janv. 2014)* « intégralement » transférée à un établissement public de coopération intercommunale *(Ord. n° 2014-1543, 19 déc. 2014)* « ou que la loi attribue à la métropole de Lyon » peut continuer à participer au capital de cette société à condition qu'elle cède à l'établissement public de coopération intercommunale *(Ord. n° 2014-1543, 19 déc. 2014)* « ou à la métropole de Lyon » plus des deux tiers des actions qu'elle détenait antérieurement au transfert de compétences.

(Al. aj., L. n° 2014-58, 27 janv. 2014) « Le deuxième alinéa est applicable au groupement de collectivités actionnaire d'une société d'économie mixte. »

1) **Banqueroute.** Le fait qu'une société d'économie mixte locale, personne morale de droit privé régie par le Code général des collectivités territoriales et relevant également des dispositions de la loi du 24 juillet 1966 *[C. com., art. L. 210-1 et s.]*, et de celle du 25 janvier 1985 *[C. com., art. L. 620-1 et s.]* poursuive un but d'intérêt général et que la majorité de son capital soit détenue par une collectivité locale ou un groupement de communes, n'exclut pas que ses dirigeants puissent être poursuivis pour banqueroute, dès lors qu'elle exerce une activité économique (▪ Cass. crim., 2 juin 1999 : *JurisData* n° 1999-002462).

2) **Compétence juridictionnelle.** L'action en responsabilité civile intentée par l'associé d'une SEM contre la commune à raison de ses interventions dans la gestion de celle-ci relève de la compétence du juge judiciaire ; les dirigeants de la SEM étant les adjoints au maire désignés par le conseil municipal et la commune étant actionnaire majoritaire, le litige oppose une personne morale de droit privé à l'un de ses associés dans le cadre du fonctionnement d'une société dont l'activité ne consiste pas en une mission d'intérêt général à caractère administratif (▪ Cass. 1re civ., 8 févr. 2005 : *BJS* 2005, p. 992, note A. Pézard ; *JCP* 2005, 879, note O. Renard-Payen).

3) **Transformation d'une régie communale en SEML.** Sur la procédure à respecter lors d'une telle transformation : Rép. min. n° 36997 : *JOAN Q* 9 mars 2010, p. 2758.

4) **Effacement de la dette d'une SEML.** Sur la pratique du « coup d'accordéon » appliquée à une SEML : ▪ CE, 3e et 8e ss-sect., 10 nov. 2010, n° 313590 : *JCP A* 2011, 2038, note M. Karpenschif.

CHAPITRE II. – COMPOSITION DU CAPITAL ET CONCOURS FINANCIERS DES COLLECTIVITÉS TERRITORIALES ET DE LEURS GROUPEMENTS

(Intitulé mod., Ord. n° 2003-1212, 18 déc. 2003)

Section I. – Composition du capital

(Ord. n° 2003-1212, 18 déc. 2003)

Art. L. 1522-1 *(Mod., L. n° 2000-1208, 13 déc. 2000 ; L. n° 2002-1, 2 janv. 2002 ; Ord. n° 2003-1212, 18 déc. 2003)*. – Les assemblées délibérantes des communes, des départements, des régions et de leurs groupements peuvent, à l'effet de créer des sociétés d'économie mixte locales mentionnées à l'article L. 1521-1, acquérir des actions ou recevoir, à titre de redevance, des actions d'apports, émises par ces sociétés.

Les prises de participation sont subordonnées aux conditions suivantes :

1° La société revêt la forme de société anonyme régie par le livre II du Code de commerce, sous réserve des dispositions du présent titre ;

2° Les collectivités territoriales et leurs groupements détiennent, séparément ou à plusieurs, plus de la moitié du capital de ces sociétés et des voix dans les organes délibérants ;

3° *(3° créé, L. n° 2019-463, 17 mai 2019)* La réalisation de l'objet de ces sociétés concourt à l'exercice d'au moins une compétence de chacune des collectivités territoriales et de chacun des groupements de collectivités territoriales qui en sont actionnaires.

Sous réserve, pour les États qui ne sont pas membres de l'Union européenne, de la conclusion d'un accord préalable avec les États concernés, des collectivités territoriales étrangères et leurs groupements peuvent participer au capital de sociétés d'économie mixte locales dont l'objet social est conforme à l'article L. 1521-1.

Ils ne peuvent toutefois pas détenir, séparément ou à plusieurs, plus de la moitié du capital et des voix dans les organes délibérants détenus par l'ensemble des collectivités territoriales et leurs groupements.

1) Les sociétés d'économie mixte locales sont des **personnes morales de droit privé** qui ne sont pas soumises au Code des marchés publics. Les contrats qu'elles concluent, pour leur propre compte et non pour le compte d'une personne morale de droit public, avec une personne de droit privé, sont donc des contrats de droit privé, relevant de la compétence des juridictions judiciaires : ■ Cass. 1re civ., 9 janv. 2007, n° 05-14.365 : *BJS* 2007, p. 614, note P. Scholer.

2) Même s'il est incontestable que la **majorité du capital social** de la société visée est détenue par des personnes morales de droit public, il suffit qu'une personne de droit privé participe à cette société pour que celle-ci soit une SEM. En outre, il n'est pas nécessaire que le capital soit majoritairement détenu par les collectivités locales pour en faire une SEML : ■ Cass. crim., 16 janv. 2002 : *BJS* 2002 ; p. 643.

3) La notion de **société en cours de constitution** ne saurait s'appliquer à un simple projet de création d'une société d'économie mixte locale alors même que la collectivité publique a clairement manifesté sa volonté de procéder à cette création et que le droit des sociétés autorise la prise d'engagements au nom de la société en cours de formation : ■ CE, 19 déc. 2012, n° 354873 : *Contrats-Marchés publ.* 2013, n° 2, comm. 40, note G. Eckert.

Art. L. 1522-2 ***(Rempl., L. n° 2002-1, 2 janv. 2002).*** **– La participation des actionnaires autres que les collectivités territoriales et leurs groupements ne peut être inférieure à 15 % du capital social.**

Art. L. 1522-3 ***(Ord. n° 2000-916, 19 sept. 2000 ; mod., Ord. n° 2003-1212, 18 déc. 2003).*** **– Par dérogation aux dispositions de l'article L. 224-2 du Code de commerce, le capital social doit être au moins égal à 225 000 € pour les sociétés ayant dans leur objet la construction d'immeubles à usage d'habitation, de bureaux ou de locaux industriels, destinés à la vente ou à la location, et à 150 000 € pour celles ayant dans leur objet l'aménagement.**

Section II. – Concours financiers des collectivités territoriales et de leurs groupements
(Ord. n° 2003-1212, 18 déc. 2003)

Art. L. 1522-4 ***(L. n° 2002-1, 2 janv. 2002).*** **– Les collectivités territoriales et leurs groupements peuvent, en leur qualité d'actionnaires, prendre part aux modifications de capital ou allouer des apports en compte courant d'associés aux sociétés d'économie mixte locales dans les conditions définies à l'article L. 1522-5.**

Ces concours financiers ne sont pas régis par les dispositions du titre I du présent livre.

Art. L. 1522-5 ***(L. n° 2002-1, 2 janv. 2002).*** **– L'apport en compte courant d'associés visé au premier alinéa de l'article L. 1522-4 est alloué dans le cadre d'une convention expresse entre la collectivité territoriale ou le groupement actionnaire, d'une part, et la société d'économie mixte locale, d'autre part, qui prévoit, à peine de nullité :**

1° La nature, l'objet et la durée de l'apport ;

2° Le montant, les conditions de remboursement, éventuellement de rémunération ou de transformation en augmentation de capital dudit apport.

L'apport en compte courant d'associés ne peut être consenti par les collectivités territoriales et leurs groupements actionnaires pour une durée supérieure à deux ans, éventuellement renouvelable une fois. Au terme de cette période, l'apport est remboursé ou transformé en augmentation de capital. Aucune nouvelle avance ne peut être accordée par une même collectivité ou un même groupement avant que la précédente n'ait été remboursée ou incorporée au capital. Une avance ne peut avoir pour objet de rembourser une autre avance.

Toutefois, la transformation de l'apport en augmentation de capital ne peut avoir pour effet de porter la participation de la collectivité ou du groupement au capital social de la société au-delà du plafond résultant des dispositions de l'article L. 1522-2.

La collectivité territoriale ou le groupement ne peut consentir l'avance à la société d'économie mixte locale si la totalité des avances déjà consenties par la collectivité ou le groupement à des sociétés d'économie mixte excède, avec cette nouvelle avance, 5 % des recettes réelles de la section de fonctionnement du budget de la collectivité ou du groupement.

Aucune avance ne peut être accordée par les collectivités ou leurs groupements si, du fait des pertes constatées dans les documents comptables, les capitaux propres de la société d'économie mixte sont devenus inférieurs à la moitié du capital social.

Les assemblées délibérantes des collectivités territoriales et de leurs groupements actionnaires se prononcent sur l'octroi, le renouvellement ou la transformation en capital d'un apport en compte courant d'associés au vu des documents suivants :

1° Un rapport d'un représentant de la collectivité territoriale ou du groupement au conseil d'administration ou au conseil de surveillance de la société d'économie mixte locale ;

2° Une délibération du conseil d'administration ou du conseil de surveillance de la société d'économie mixte locale exposant les motifs d'un tel apport et justifiant son montant, sa durée ainsi que les conditions de son remboursement, de son éventuelle rémunération ou de sa transformation en augmentation de capital.

Un décret en Conseil d'État détermine les modalités de rémunération des apports en compte courant d'associés.

Art. L. 1522-6 *(Abr., Ord. n° 2010-177, 23 févr. 2010).*

....

CHAPITRE III. – MODALITÉS D'INTERVENTION

Art. L. 1523-1. – Les sociétés d'économie mixte locales peuvent intervenir pour des personnes qui ne participent pas à leur capital.

Pour les opérations autres que des prestations de services, cette intervention est subordonnée à la condition que ces personnes apportent préalablement la totalité du financement nécessaire, s'il s'agit de personnes privées, ou garantissent la totalité du financement nécessaire, s'il s'agit de personnes publiques ; à défaut, ces interventions sont soumises à l'accord préalable du conseil d'administration ou du conseil de surveillance, pris à une majorité des deux tiers comprenant la moitié, au moins, des représentants des collectivités territoriales ou de leurs groupements, actionnaires, ainsi, s'il y a lieu, qu'à l'accord de la collectivité territoriale sur le territoire de laquelle l'investissement immobilier est prévu.

Art. L. 1523-2 *(Rempl., L. n° 2002-1, 2 janv. 2002 ; mod., L. n° 2003-590, 2 juill. 2003).* – Lorsqu'une société d'économie mixte locale est liée à une collectivité territoriale, un groupement de collectivités territoriales ou une autre personne publique par une *(Mots rempl., L. n° 2005-809, 20 juill. 2005)* « concession d'aménagement » visée à l'article L. 300-4 du Code de l'urbanisme, celle-ci prévoit à peine de nullité :

1° L'objet du contrat, sa durée et les conditions dans lesquelles il peut éventuellement être prorogé ou renouvelé ;

2° Les conditions de rachat, de résiliation ou de déchéance par *(Mots rempl., L. n° 2005-809, 20 juill. 2005)* « le concédant » ainsi que, éventuellement, les conditions et les modalités d'indemnisation *(Mots rempl., L. n° 2005-809, 20 juill. 2005)* « du concessionnaire » ;

3° Les obligations de chacune des parties et notamment, le cas échéant, le montant de la participation financière *(Mots rempl., L. n° 2005-809, 20 juill. 2005)* « du concédant » dans les conditions prévues à l'article L. 300-5 du Code de l'urbanisme, ainsi que les modalités de contrôle technique, financier et comptable exercé par *(Mots rempl., L. n° 2005-809, 20 juill. 2005)* « le concédant » dans les conditions prévues à l'article L. 300-5 précité ;

4° Les conditions dans lesquelles *(Mots rempl., L. n° 2005-809, 20 juill. 2005)* « le concédant » peut consentir des avances justifiées par un besoin de trésorerie temporaire de l'opération ; celles-ci doivent être en rapport avec les besoins réels de l'opération mis en évidence par le compte rendu financier visé à l'article L. 300-5 du Code de l'urbanisme ; ces avances font l'objet d'une convention approuvée *(Mots rempl., L. n° 2005-809, 20 juill. 2005)* « l'organe délibérant du concédant » et précisant leur montant, leur durée, l'échéancier de leur remboursement ainsi que leur rémunération éventuelle ; le bilan de la mise en œuvre de cette convention est présenté à *(Mots rempl., L. n° 2005-809, 20 juill. 2005)* « l'organe délibérant du concédant » en annexe du compte rendu annuel à la collectivité ;

5° Les modalités de rémunération de la société ou de calcul du coût de son intervention, librement négociées entre les parties ;

6° Les pénalités applicables en cas de défaillance de la société ou de mauvaise exécution *(Mots rempl., L. n° 2005-809, 20 juill. 2005)* « du traité de concession ».

(Mots rempl., L. n° 2005-809, 20 juill. 2005) « Le traité de concession » peut prévoir les conditions dans lesquelles d'autres collectivités territoriales apportent, le cas échéant, leur aide financière pour des actions et opérations d'aménagement public visées aux articles L. 300-1 à L. 300-5 du Code de l'urbanisme. *(Phrase rempl., L. n° 2005-809, 20 juill. 2005)* « Un accord spécifique est conclu entre le concédant et la collectivité qui accorde la subvention ».

Les concours financiers visés au présent article ne sont pas régis par les dispositions du titre I du présent livre.

Art. L. 1523-3 *(Rempl., L. n° 2002-1, 2 janv. 2002)*. – Dans le cas où une collectivité territoriale, un groupement de collectivités ou une autre personne publique confie l'étude et la réalisation d'une opération d'aménagement à une société d'économie mixte locale dans le cadre d'une *(Mots rempl., L. n° 2005-809, 20 juill. 2005)* « concession d'aménagement prévue à » l'article L. 300-4 du Code de l'urbanisme, *(Mots rempl., L. n° 2005-809, 20 juill. 2005)* « le traité de concession est établi conformément aux dispositions des articles L. 300-4 à L. 300-5-2 du même code » ; toutefois, lorsque la personne publique contractante ne participe pas au coût de l'opération, les deuxième, troisième et dernier alinéas de cet article ne s'appliquent pas.

Art. L. 1523-4 *(Rempl., L. n° 2002-1, 2 janv. 2002)*. – En cas de mise en liquidation judiciaire de la société, les *(Mot rempl., L. n° 2005-809, 20 juill. 2005)* « concessions » passées sur le fondement de l'article L. 300-4 du Code de l'urbanisme ou les contrats de délégation de service public sont automatiquement résiliés et il est fait retour gratuit à la collectivité territoriale ou au groupement des biens apportés par ces derniers et inclus dans le domaine de la convention ou de la concession.

À peine de nullité, la *(Mot rempl., L. n° 2005-809, 20 juill. 2005)* « concession » ou le contrat de délégation de service public comprend une clause prévoyant, pour le cas visé à l'alinéa précédent, les conditions d'indemnisation, par la collectivité territoriale ou le groupement, de la partie non amortie des biens acquis ou réalisés par la société et affectés au patrimoine de l'opération ou du service, sur lesquels ils exercent leur droit de retour ou de reprise. Le montant de l'indemnité en résultant est versé à la société, déduction faite, le cas échéant, des participations financières de la collectivité territoriale ou du groupement pour la partie non utilisée de celles-ci et des paiements correspondant à l'exécution d'une garantie accordée pour le financement de l'opération.

Art. L. 1523-5 *(L. n° 2000-1208, 13 déc. 2000)*. – Les collectivités territoriales et leurs groupements peuvent accorder aux sociétés d'économie mixte exerçant une activité de construction ou de gestion de logements des subventions ou des avances destinées à des programmes de logements, et à leurs annexes, dont les financements sont assortis de maxima de loyers ou de ressources des occupants, déterminés par l'autorité administrative.

Les programmes immobiliers des sociétés d'économie mixte au sens du présent article comprennent la réalisation de logements sociaux par la voie de la construction d'immeubles neufs, de la réhabilitation ou des grosses réparations effectuées sur des immeubles leur appartenant ou acquis.

Les assemblées délibérantes des départements et des communes votent ces subventions au vu d'une étude financière détaillant le coût total de l'investissement immobilier, ainsi que l'équilibre prévisionnel d'exploitation, accompagnée d'un rapport sur la situation financière de la société.

La subvention accordée est au plus égale à la différence entre le coût de l'opération et le total des autres financements qui lui sont affectés. Lorsque cette condition n'est pas remplie, son montant est, le cas échéant, réduit au plus tard un an après la mise en service de l'opération.

Une convention fixe les obligations contractées par les sociétés en contrepartie des financements accordés pour les logements.

(Al. mod. à compter de l'exercice 2010, Ord. n° 2009-1400, 17 nov. 2009 ; mod., Ord. n° 2009-1530, 10 déc. 2009) Dans le cadre du présent article, les collectivités territoriales et leurs groupements peuvent, dans les mêmes conditions, céder des terrains ou des constructions, la valeur attribuée aux constructions cédées ne pouvant être inférieure à la valeur fixée par le service des domaines, quel que soit le prix de cession effectivement retenu.

Sous réserve des décisions de justice devenues définitives, les conventions passées antérieurement à la promulgation de la loi n° 2000-1208 du 13 décembre 2000 relative à la solidarité et au renouvellement urbains et qui seraient conformes à ses nouvelles dispositions, en tant que la validité de ces conventions au regard des dispositions du titre I du livre V de la première partie du présent code est contestée, sont validées.

Les concours financiers visés au présent article ne sont pas régis par les dispositions du titre I du livre V de la première partie du présent code.

Art. L. 1523-6 *(L. n° 2000-1208, 13 déc. 2000)*. – Lorsqu'une société d'économie mixte locale ayant pour objet une activité de construction ou de gestion de logements sociaux est confrontée à des difficultés dues à un déséquilibre grave et durable des programmes immobiliers visés à l'article L. 1523-5, les départements et les communes peuvent, seuls ou conjointement, lui accorder des subventions exceptionnelles pour la mise en œuvre de mesures de redressement dans le cadre d'une convention passée avec celle-ci qui fixe la nature, le montant et la durée des subventions ainsi attribuées.

Les assemblées délibérantes des collectivités territoriales votent ces aides au vu d'un rapport spécial établi par la société sur son activité de logement social auquel est annexé un rapport du commissaire aux comptes certifiant que l'ensemble des éléments présentés est conforme à la situation financière actuelle et que les données prévisionnelles sont cohérentes avec l'ensemble des informations disponibles.

Les assemblées délibérantes sont régulièrement informées, au minimum une fois par an, de la mise en œuvre effective des mesures de redressement prévues.

Art. L. 1523-7 *(L. n° 2002-1, 2 janv. 2002)*. – Les collectivités territoriales et leurs groupements peuvent accorder aux sociétés d'économie mixte des subventions ou des avances destinées à des programmes d'intérêt général liés à la promotion économique du territoire ou à la gestion de services communs aux entreprises.

Une convention fixe les obligations contractées par les sociétés d'économie mixte en contrepartie de ces aides.

Les concours financiers visés au présent article ne sont pas régis par les dispositions du titre I du présent livre.

CHAPITRE IV. – ADMINISTRATION ET CONTRÔLE

Art. L. 1524-1 *(Mod., L. n° 2002-1, 2 janv. 2002 ; L. n° 2004-806, 9 août 2004)*. – Les délibérations du conseil d'administration ou du conseil de surveillance et des assemblées générales des sociétés d'économie mixte locales sont communiquées dans les quinze jours suivant leur adoption au représentant de l'État dans le département où se trouve le siège social de la société.

Il en est de même des contrats visés à l'article L. 1523-2, ainsi que des comptes annuels et des rapports du commissaire aux comptes.

À peine de nullité, l'accord du représentant d'une collectivité territoriale, d'un groupement ou d'un établissement public de santé, d'un établissement public social ou médico-social ou d'un groupement de coopération sanitaire sur la modification portant sur l'objet social, la composition du capital ou les structures des organes dirigeants d'une société d'économie mixte locale ne peut intervenir sans une délibération préalable de son assemblée délibérante approuvant la modification. Le projet de modification est annexé à la délibération transmise au représentant de l'État et soumise au contrôle de légalité dans les conditions prévues aux articles L. 2131-2, L. 3131-2, L. 4141-2, L. 5211-3, L. 5421-2 et L. 5721-4.

Art. L. 1524-2 *(Mod., L. n° 2004-806, 9 août 2004)*. – Si le représentant de l'État estime qu'une délibération du conseil d'administration, du conseil de surveillance ou des assemblées générales d'une société d'économie mixte locale est de nature à augmenter gravement la charge financière d'une ou plusieurs des collectivités territoriales ou de leurs groupements actionnaires, ou le risque encouru par la ou les collectivités territoriales ou leurs groupements qui ont apporté leur garantie à un emprunt contracté par la société, il saisit, dans le délai d'un mois suivant la date de réception, la chambre régionale des comptes, à charge pour lui d'en informer simultanément la société et les assemblées délibérantes des collectivités territoriales ou de leurs groupements, actionnaires ou garants. La saisine de la chambre régionale des comptes entraîne une seconde lecture par le conseil d'administration ou de surveillance ou par les assemblées générales de la délibération contestée.

La chambre régionale des comptes dispose d'un délai d'un mois à compter de la saisine pour faire connaître son avis au représentant de l'État, à la société et aux assemblées délibérantes des collectivités territoriales et de leurs groupements, actionnaires ou garants.

Lorsqu'il s'agit de sociétés d'économie mixte locales mentionnées à l'article L. 1522-6, le représentant de l'État et la chambre régionale des comptes sont tenus d'informer la société, les conseils d'administration des établissements ou groupements actionnaires concernés ainsi que le *(Mots rempl., Ord. n° 2010-177, 23 févr. 2010)* « directeur général de l'agence régionale de santé » de leurs décisions et avis.

Art. L. 1524-3. – Lorsqu'une société d'économie mixte locale exerce, pour le compte d'une collectivité territoriale ou d'un groupement, des prérogatives de puissance publique, elle établit chaque année un rapport spécial sur les conditions de leur exercice qui est présenté à l'organe délibérant de la collectivité territoriale ou du groupement et est adressé au représentant de l'État dans le département.

Art. L. 1524-4. – Les dispositions de l'article L. 2335-2 ne sont pas applicables en cas de difficultés financières nées, pour une commune, de sa participation au capital d'une société d'économie mixte locale ou de la garantie qu'elle a accordée aux emprunts contractés par une telle société lorsque les participations ont été prises ou les garanties accordées postérieurement au 8 juillet 1983, date de publication de la loi n° 83-597 du 7 juillet 1983 relative aux sociétés d'économie mixte locales.

Art. L. 1524-5 *(Mod., L. n° 2002-1, 2 janv. 2002 ; Ord. n° 2003-1212, 18 déc. 2003 ; L. n° 2004-806, 9 août 2004)*. – Toute collectivité territoriale ou groupement de collectivités territoriales actionnaire a droit au moins à un représentant au conseil d'administration ou au conseil de surveillance, désigné en son sein par l'assemblée délibérante concernée.

Dans une proportion au plus égale à celle du capital détenu par l'ensemble des collectivités territoriales ou de leurs groupements actionnaires par rapport au capital de la société, les statuts fixent le nombre de sièges dont ils disposent au conseil d'administration ou de surveillance, ce nombre étant éventuellement arrondi à l'unité supérieure. Les sièges sont attribués en proportion du capital détenu respectivement par chaque collectivité ou groupement. En outre, les établissements publics de santé, les établissements publics sociaux ou médico-sociaux ou les groupements de coopération actionnaires ont droit au moins à un représentant au conseil d'administration ou au conseil de surveillance, désigné en son sein par le conseil d'administration de l'établissement ou du groupement concerné.

Si le nombre des membres d'un conseil d'administration ou d'un conseil de surveillance prévus aux articles L. 225-17 et L. 225-69 du Code de commerce ne suffit pas à assurer, en raison de leur nombre, la représentation directe des collectivités territoriales ou de leurs groupements ayant une participation réduite au capital, ils sont réunis en assemblée spéciale, un siège au moins leur étant réservé. L'assemblée spéciale désigne parmi les élus de ces collectivités ou groupements le ou les représentants communs qui siégeront au conseil d'administration ou de surveillance.

Les personnes qui assurent la représentation d'une collectivité territoriale ou d'un groupement au sein du conseil d'administration ou de surveillance d'une société d'économie mixte doivent respecter, au moment de leur désignation, la limite d'âge prévue au premier alinéa des articles L. 225-19 et L. 225-70 du Code de commerce.

Quand les mêmes personnes assument les fonctions de président du conseil d'administration, elles doivent également respecter, au moment de leur désignation, la limite d'âge prévue à l'article L. 225-48 du Code de commerce.

Ces personnes ne peuvent être déclarées démissionnaires d'office si, postérieurement à leur nomination, elles dépassent la limite d'âge statutaire ou légale.

Il n'est pas tenu compte de ces personnes pour le calcul du nombre des administrateurs ou des membres du conseil de surveillance qui peuvent demeurer en fonction au-delà de la limite d'âge, en vertu soit des statuts de la société, soit, à défaut de dispositions express dans les statuts, des articles précités du Code de commerce.

Par dérogation à l'article L. 225-20 du Code de commerce, la responsabilité civile qui résulte de l'exercice du mandat des représentants incombe à la collectivité territoriale ou au groupement dont ils sont mandataires.

Lorsque ces représentants ont été désignés par l'assemblée spéciale, cette responsabilité incombe solidairement aux collectivités territoriales ou aux groupements membres de cette assemblée.

Les élus locaux agissant en tant que mandataires des collectivités territoriales ou de leurs groupements au sein du conseil d'administration ou du conseil de surveillance des sociétés d'économie mixte locales et exerçant, à l'exclusion de toute autre fonction dans la société, les fonctions de membre, de président du conseil d'administration ou du conseil de surveillance et de président assurant les fonctions de directeur général d'une société d'économie mixte locale ne sont pas considérés comme entrepreneurs de services municipaux, départementaux ou régionaux au sens des articles L. 207, L. 231 et L. 343 du Code électoral.

Ces représentants peuvent percevoir une rémunération ou des avantages particuliers à condition d'y être autorisés par une délibération expresse de l'assemblée qui les a désignés ; cette délibération fixe le montant maximum des rémunérations ou avantages susceptibles d'être perçus ainsi que la nature des fonctions qui les justifient.

Les élus locaux agissant en tant que mandataires des collectivités territoriales ou de leurs groupements au sein du conseil d'administration ou de surveillance des sociétés d'économie mixte locales et exerçant les fonctions de membre ou de président du conseil d'administration, de président-directeur général ou de membre ou de président du conseil de surveillance, ne sont pas considérés comme étant intéressés à l'affaire, au sens de l'article L. 2131-11, lorsque la collectivité ou le groupement délibère sur ses relations avec la société d'économie mixte locale.

Toutefois, ils ne peuvent participer aux commissions d'appel d'offres ou aux commissions d'attribution de délégations de service public de la collectivité territoriale ou du groupement lorsque la société d'économie mixte locale est candidate à l'attribution d'un marché public ou d'une délégation de service public dans les conditions prévues *(Mots rempl., Ord. n° 2009-1530, 10 déc. 2009)* « aux articles L. 1411-1 *(Mots rempl., Ord. n° 2018-1074, 26 nov. 2018)* « à L. 1411-19 ».

En cas de fin légale du mandat de l'assemblée, le mandat de ses représentants au conseil d'administration ou au conseil de surveillance est prorogé jusqu'à la désignation de leurs remplaçants par la nouvelle assemblée, leurs pouvoirs se limitant à la gestion des affaires courantes.

Les organes délibérants des collectivités territoriales et de leurs groupements actionnaires se prononcent sur le rapport écrit qui leur est soumis au moins une fois par an par leurs représentants au conseil d'administration ou au conseil de surveillance, et qui porte notamment sur les modifications des statuts qui ont pu être apportées à la société d'économie mixte. Lorsque ce rapport est présenté à l'assemblée spéciale, celle-ci assure la communication immédiate aux mêmes fins aux organes délibérants des collectivités et groupements qui en sont membres.

Toute prise de participation d'une société d'économie mixte locale dans le capital d'une société commerciale fait préalablement l'objet d'un accord exprès de la ou des collectivités territoriales et de leurs groupements actionnaires disposant d'un siège au conseil d'administration, en application du premier alinéa du présent article.

Un décret en Conseil d'État fixe les modalités d'application du présent article. Les sociétés d'économie mixte locales mentionnées à l'article L. 1522-6 ne sont pas autorisées à prendre de participation dans le capital d'une société commerciale.

Voir : CGCT, art. R.* 1524-2, p. 3254, et sur la possibilité pour un **fonctionnaire élu** d'être administrateur d'une SEM locale (Rép. min. : *JOAN* Q, 5 mars 2001, p. 1421).

1) Se rend coupable de **prise illégale d'intérêts** le maire qui, représentant la commune dans une société d'économie mixte, ayant reçu la délégation des pouvoirs nécessaires pour assumer la direction générale de la société mais non le pouvoir de détermination du placement des sommes de celle-ci, a fait virer une somme importante placée sur un compte de la société d'économie mixte vers un compte d'une société dont il est cotitulaire, sans en avertir le conseil d'administration. Des sommes avaient été prélevées au profit de membres de la famille d'intermédiaires ayant participé à la réalisation de l'opération, dont une partie avait ensuite été reversée pour des contrats de tontine souscrits pour le maire et les membres de sa famille. Ces faits excluent implicitement mais nécessairement que la rémunération perçue ait été autorisée dans les conditions prévues par l'article L. 1524-5 du Code des collectivités territoriales : ▪ Cass. crim., 6 sept. 2000, n° 99-85.108.

2) La mesure de **faillite personnelle** et les autres mesures d'interdiction peuvent être prononcées à l'encontre des personnes physiques, représentants permanents de personnes morales, dirigeant des personnes morales ayant une activité économique. La faillite personnelle constitue une mesure d'intérêt public qui peut donc, comme en l'espèce, être prononcée contre le maire en sa qualité de président du conseil d'administration d'une SEML : ▪ Cass. crim., 8 janv. 2002 : *BJS* 2002, p. 591.

3) Sur la notion de **personnes « intéressées »**, au sens de l'article L. 1524-5, 12°, V. ▪ CE, 10 déc. 2012, n° 354044 : *Contrats-Marchés publ.* 2013, n° 2, comm. 46, note P. Devillers.

Art. L. 1524-6 *(Mod., L. n° 2002-1, 2 janv. 2002)*. **– Lorsqu'une collectivité territoriale ou un groupement de collectivités territoriales a accordé sa garantie aux emprunts contractés par une société d'économie mixte locale, elle ou il a le droit, à condition de ne pas en être actionnaire directement représenté au conseil d'administration ou de surveillance, d'être représenté auprès de la société d'économie mixte locale par un délégué spécial désigné, en son sein, par l'assemblée délibérante de la collectivité territoriale ou du groupement.**

Le délégué spécial doit être entendu, sur sa demande, par tous les organes de direction de la société. Ses observations sont consignées au procès-verbal des réunions du conseil d'administration ou du conseil de surveillance.

Le délégué peut procéder à la vérification des livres et des documents comptables et s'assurer de l'exactitude de leurs mentions.

Le délégué rend compte de son mandat dans les mêmes conditions que celles prévues pour les représentants au conseil d'administration par le quatorzième alinéa de l'article L. 1524-5.

Les mêmes dispositions sont applicables aux collectivités territoriales et aux groupements de collectivités territoriales qui détiennent des obligations des sociétés mentionnées au second alinéa de l'article L. 2253-2.

Voir : CGCT, art. R.* 1524-6, p. 3255.

Art. L. 1524-7. – Les dispositions des articles L. 2253-1 et L. 3231-6 ne sont pas applicables aux acquisitions d'actions dont l'objet est de rendre les collectivités territoriales ou leurs groupements majoritaires dans le capital des sociétés d'économie mixte locales.

Art. L. 1524-8 *(Créé, L. n° 2019-486, 22 mai 2019)*. **– Par dérogation à l'article L. 225-218 du Code de commerce, les sociétés d'économie mixte locales sont tenues de désigner au moins un commissaire aux comptes.**

CHAPITRE V. – DISPOSITIONS PARTICULIÈRES

Art. L. 1525-1. – Les dispositions de l'article L. 1522-1 concernant la participation majoritaire des collectivités territoriales et de leurs groupements au capital ne sont pas applicables :

1° Aux sociétés d'économie mixte constituées en application des décrets-lois des 5 novembre et 28 décembre 1926 et créées antérieurement au 8 juillet 1983, date de publication de la loi n° 83-597 du 7 juillet 1983 relative aux sociétés d'économie mixte locales, sous réserve qu'elles ne modifient pas leur objet social ;

2° Aux sociétés d'économie mixte sportives *(Mots rempl., Ord. n° 2006-596, 23 mai 2006)* **« mentionnées à l'article L. 122-12 du Code du sport » dans lesquelles la majorité du capital social et la majorité des voix dans les organes délibérants sont détenues par l'association sportive seule ou, conjointement, par l'association sportive et les collectivités territoriales ;**

3° Aux sociétés d'économie mixte d'équipement et d'exploitation de remontées mécaniques constituées antérieurement au 8 juillet 1983, date de publication de la loi n° 83-597 du 7 juillet 1983 précitée.

(Al. aj., Ord. n° 2016-79, 29 janv. 2016) **Les prises de participation des collectivités territoriales et de leurs groupements dans les sociétés d'économie mixte exploitant des gares routières et relevant du 1° ci-dessus sont subordonnées aux conditions suivantes :**

1° Les collectivités territoriales et leurs groupements détiennent séparément au plus 40 % du capital ;

2° Les collectivités territoriales et leurs groupements détiennent conjointement au plus 65 % du capital.

Art. L. 1525-2. – Les dispositions de l'article L. 1522-3 ne sont pas applicables aux sociétés d'économie mixte créées antérieurement au 8 juillet 1983, date de publication de la loi n° 83-597 du 7 juillet 1983 précitée, sous réserve qu'elles ne modifient pas leur objet social.

Art. L. 1525-3 *(Mots aj., L. n° 2000-1208, 13 déc. 2000)*. – Les dispositions du présent titre ne sont pas applicables :

1° Aux sociétés anonymes d'habitations à loyer modéré et aux sociétés de crédit immobilier visées par les articles L. 422-2 et L. 422-4 du Code de la construction et de l'habitation au capital desquelles participent, en application de l'article L. 431-4 (3°) du même code, des départements ou des communes ;

2° Aux sociétés de financement régionales ou interrégionales ainsi qu'aux sociétés de développement régional au capital desquelles participent, en application de l'article L. 4211-1, une ou plusieurs régions ;

3° Aux sociétés d'économie mixte constituées en application de la loi n° 46-860 du 30 avril 1946 tendant à l'établissement, au financement et à l'exécution de plans d'équipement et de développement des territoires relevant du ministère de la France d'outre-mer, à l'exception des articles L. 1523-5 et L. 1523-6.

....

Partie réglementaire

Art. R. 1524-1. – Le préfet qui saisit la chambre régionale des comptes d'une délibération du conseil d'administration ou du conseil de surveillance ou de l'assemblée générale d'une société d'économie mixte locale, en application de l'article L. 1524-2, joint à cette saisine, outre la délibération, les statuts et les comptes des deux derniers exercices.

La chambre rend un avis motivé dans lequel elle examine l'incidence financière de la délibération sur la situation des collectivités concernées.

Cet avis est notifié au préfet, aux collectivités actionnaires et à la société. Il est communiqué pour information au commissaire aux comptes. Le préfet transmet à la chambre, dès réception dans ses services, le procès-verbal de la séance au cours de laquelle l'assemblée qui a pris la délibération a procédé à une deuxième lecture de celle-ci après réception de l'avis de la chambre.

Art. R. 1524-2. – L'assemblée spéciale prévue au troisième alinéa de l'article L. 1524-5 est réunie pour la première fois à l'initiative d'au moins une des collectivités territoriales ou groupements actionnaires non directement représentés au conseil d'administration ou au conseil de surveillance de la société d'économie mixte.

Elle comprend un délégué de chaque collectivité territoriale ou groupement actionnaire ne disposant pas d'un représentant direct au conseil d'administration ou de surveillance de cette société.

L'assemblée spéciale élit son président et désigne en son sein le ou les représentants communs au conseil de surveillance. Chaque collectivité territoriale ou groupement dispose d'un nombre de voix proportionnel au nombre d'actions qu'il possède.

L'assemblée spéciale se réunit au moins une fois par an pour entendre le rapport de ses représentants au conseil d'administration ou au conseil de surveillance de la société d'économie mixte.

Elle se réunit sur convocation de son président établie à l'initiative soit de ce dernier, soit à la demande de l'un de ses représentants élus par elle au conseil d'administration ou au conseil de surveillance, soit à la demande d'un tiers au moins des membres ou des membres détenant au moins le tiers des actions des collectivités territoriales et de leurs groupements membres de l'assemblée spéciale.

Art. R. 1524-3. – Le mandat des représentants des collectivités territoriales et de leurs groupements actionnaires au conseil d'administration ou au conseil de surveillance prend fin :

- en ce qui concerne ceux d'une commune lors du renouvellement intégral du conseil municipal ;
- en ce qui concerne ceux d'un département lors de chaque renouvellement triennal du conseil départemental ou en cas de dissolution ;
- en ce qui concerne ceux d'une région, lors du renouvellement intégral du conseil régional ;
- en ce qui concerne ceux d'un groupement, lors du renouvellement partiel ou intégral de l'assemblée délibérante du groupement.

Art. R. 1524-4. – Les représentants des collectivités territoriales ou de leurs groupements actionnaires peuvent être relevés de leurs fonctions à tout moment par l'assemblée qui les a désignés, celle-ci étant tenue de pourvoir simultanément à leur remplacement et d'en informer le conseil d'administration ou le conseil de surveillance.

En cas de vacance du siège qui lui a été attribué au conseil d'administration ou au conseil de surveillance, l'assemblée délibérante de la collectivité territoriale ou du groupement actionnaire désigne son représentant lors de la première réunion qui suit cette vacance. Toutefois, dans l'intervalle des sessions du conseil régional ou du conseil départemental la commission permanente du conseil régional ou celle du conseil départemental peut désigner à titre provisoire un nouveau représentant.

En cas de dissolution de l'assemblée délibérante d'une collectivité territoriale ou d'un groupement actionnaire, de démission de l'ensemble de ses membres ou d'annulation devenue définitive de l'élection de l'ensemble de ses membres, le mandat de ses représentants au conseil d'administration ou au conseil de surveillance est prorogé jusqu'à la désignation de leurs remplaçants par la nouvelle assemblée.

Art. R. 1524-5. – Le mandat des représentants des collectivités territoriales et de leurs groupements à l'assemblée spéciale prend fin soit qu'ils perdent leur qualité d'élus, soit que l'assemblée délibérante de la collectivité ou du groupement actionnaire les relève de leurs fonctions.

Le mandat du délégué de l'assemblée spéciale prend fin lorsqu'il perd sa qualité d'élu, ou lorsque l'assemblée spéciale le relève de ses fonctions.

Art. R. 1524-6. – Les dispositions des articles R. 1524-3 et R. 1524-4 sont applicables au délégué spécial prévu par l'article L. 1524-6.

9.3.2. – SOCIÉTÉS PUBLIQUES LOCALES D'AMÉNAGEMENT

Code de l'urbanisme

Partie législative

CHAPITRE VII. – SOCIÉTÉS PUBLIQUES LOCALES D'AMÉNAGEMENT

(L. n° 2017-257, 28 févr. 2017)

Art. L. 327-1. – Les sociétés publiques locales d'aménagement et les sociétés publiques locales d'aménagement d'intérêt national revêtent la forme de sociétés anonymes régies par le livre II du Code de commerce.

Sous réserve du présent chapitre, elles sont soumises au titre II du livre V de la première partie du Code général des collectivités territoriales.

Ces sociétés exercent leurs activités exclusivement pour le compte de leurs actionnaires et sur le territoire des collectivités territoriales et des groupements de collectivités territoriales qui en sont membres. *(Phr. aj., L. n° 2019-463, 17 mai 2019)* La réalisation de l'objet de ces sociétés concourt à l'exercice d'au moins une compétence de chacune des collectivités territoriales et de chacun des groupements de collectivités territoriales qui en sont actionnaires.

Les sociétés publiques locales d'aménagement peuvent également exercer leurs activités pour le compte d'une société publique locale d'aménagement d'intérêt national sur laquelle au moins un de leurs membres exerce un contrôle analogue à celui qu'il exerce sur ses propres services.

Les sociétés publiques locales d'aménagement et les sociétés publiques locales d'aménagement d'intérêt national sont compétentes pour réaliser, outre toute opération d'aménagement prévue au dernier alinéa de l'article L. 327-2 ou à l'avant-dernier alinéa de l'article L. 327-3 du présent code, les opérations de requalification de copropriétés dégradées prévues à l'article L. 741-1 du Code de la construction et de l'habitation, réaliser des études préalables, procéder à toute acquisition et cession d'immeubles en application des articles L. 221-1 et L. 221-2 du présent code, procéder à toute opération de construction ou de réhabilitation immobilière en vue de la réalisation des objectifs énoncés à l'article L. 300-1, ou procéder à toute acquisition et cession de baux commerciaux, de fonds de commerce ou de fonds artisanaux dans les conditions prévues au chapitre IV du titre Ier du livre II. Elles peuvent exercer, par délégation de leurs titulaires, les droits de préemption et de priorité définis par le présent code et agir par voie d'expropriation dans les conditions fixées par des conventions conclues avec l'un de leurs membres.

Art. L. 327-2. – Les collectivités territoriales et leurs groupements peuvent créer, dans le cadre des compétences qui leur sont attribuées par la loi, des sociétés publiques locales d'aménagement dont ils détiennent la totalité du capital.

Une des collectivités territoriales ou un des groupements de collectivités territoriales participant à une société publique locale d'aménagement détient au moins la majorité des droits de vote.

Ces sociétés sont compétentes pour réaliser toute opération ou action d'aménagement au sens du présent code.

Art. L. 327-3. – L'État ou l'un de ses établissements publics mentionnés aux sections 2 et 3 du chapitre Ier du présent titre peut créer, avec au moins une collectivité territoriale ou un groupement de collectivités territoriales, une société publique locale d'aménagement d'intérêt national dont ils détiennent la totalité du capital.

La création d'une société publique locale d'aménagement d'intérêt national, l'acquisition ou la cession des participations dans une telle société par les établissements publics mentionnés aux mêmes sections 2 et 3 interviennent dans les conditions prévues aux articles L. 321-16 ou L. 321-30.

Une des collectivités territoriales ou un des groupements de collectivités territoriales participant à une société publique locale d'aménagement d'intérêt national détient au moins 35 % du capital et des droits de vote de la société.

Cette société est compétente pour organiser, réaliser ou contrôler toute opération ou action d'aménagement au sens du présent code relevant de la compétence de l'État ou de l'un de ses établissements publics mentionnés au premier alinéa du présent article ou de la compétence d'une collectivité territoriale ou d'un groupement de collectivités territoriales actionnaire.

L'article L. 1541-3 du Code général des collectivités territoriales s'applique aux collectivités territoriales ou au groupement de collectivités territoriales compétent actionnaires de la société publique locale d'aménagement d'intérêt national.

ANNEXE 10

SPORT ET ACTIVITÉS SPORTIVES

10.1 – Associations, sociétés et fédérations sportives .... **p. 3257**
10.2 – Sociétés de course de chevaux .... **p. 3265**

10.1. – ASSOCIATIONS, SOCIÉTÉS ET FÉDÉRATIONS SPORTIVES

Bibliographie : F. Alaphilippe, *L'évolution de la loi modifiée du 16 juillet 1984 sur l'organisation et la promotion des activités physiques et sportives à la lumière des décrets d'application d'avril-mai 2002 : RJES* 2002, p. 7. • R. Brichet, *Contribution à l'étude des relations juridiques entre les collectivités publiques et les associations sportives et de jeunesse : Dr. sociétés* oct. 1997, p. 4 ; *ibid.* nov. 1997, p. 4. • M. Carius, *Le nouveau droit des fédérations sportives : AJDA* 2001, p. 169. • C. de la Mardière, *La fiscalité du sport (colloque organisé à Dijon le 23 janvier 2004) : Dr. fisc.* 2004, p. 180. • C. Gerschel, *L'évolution inachevée du statut juridique des groupements sportifs professionnels : D.* 2000, chron. p. 387. • J.-M. Lévy, *Les sociétés sportives après la loi n° 99-1124 du 28 décembre 1999 : Dr. sociétés* 2000, chron. 25. • V. Thomas, *L'évolution du statut des clubs sportifs professionnels : de l'association sportive au groupe sportif : BJS* 2002, p. 755. • M. Verly, *La loi du 1er août 2003 : une profonde réforme du régime juridique des fédérations sportives : Gaz. Pal.* 21 mars 2004, doctr. p. 2. • *Adde* M. Peltier, *JCl. Sociétés traité*, Fasc. 193-65.

Code du sport

Partie législative

LIVRE PREMIER. – ORGANISATION DES ACTIVITÉS PHYSIQUES ET SPORTIVES

TITRE PREMIER. – PERSONNES PUBLIQUES

CHAPITRE I. – ÉTAT

Art. L. 111-1. – **I. – L'État assure ou contrôle, en liaison avec toutes les parties intéressées, l'organisation des formations conduisant aux différentes professions des activités physiques et sportives et la délivrance des diplômes correspondants.**

Il concourt à la formation des cadres sportifs spécialisés dans l'encadrement des activités physiques et sportives des personnes handicapées.

II. – L'État exerce la tutelle des fédérations sportives.

Il veille au respect des lois et règlements en vigueur par les fédérations sportives.

III. – Il peut conclure avec les collectivités territoriales des conventions portant sur des concours particuliers dans le domaine des activités physiques et sportives, dans les conditions définies à l'article 7 de la loi n° 92-125 du 6 février 1992 relative à l'administration territoriale de la République.

....

CHAPITRE II. – COLLECTIVITÉS TERRITORIALES

Art. L. 113-1. – Les collectivités territoriales ou leurs groupements ne peuvent accorder de garanties d'emprunt ni leur cautionnement aux associations sportives et aux sociétés *(Mot rempl., L. n° 2012-158, 1er févr. 2012)* « sportives » mentionnées aux articles L. 121-1 et L. 122-2.

Toutefois, les collectivités territoriales ou leurs groupements peuvent accorder leur garantie aux emprunts contractés en vue de l'acquisition de matériels *(Mots suppr., L. n° 2017-261, 1er mars 2017)* « ... » par des associations sportives dont le montant annuel des recettes n'excède pas 75 000 €.

(Aj., L. n° 2017-261, 1er mars 2017) Ils peuvent également accorder leur garantie aux emprunts contractés en vue de l'acquisition, de la réalisation ou de la rénovation d'équipements sportifs par des associations ou des sociétés sportives. L'association ou la société sportive produit à l'appui de sa demande ses comptes certifiés sur trois exercices tels que transmis à l'organisme prévu à l'article L. 132-2.

Les garanties d'emprunts prévues au présent article ne peuvent être accordées que dans le respect des articles L. 2252-1, L. 3231-4 et L. 4253-1 du Code général des collectivités territoriales.

Art. L. 113-2. – Pour des missions d'intérêt général, les associations sportives ou les sociétés sportives peuvent recevoir des subventions publiques. Ces subventions font l'objet de conventions passées, d'une part, entre les collectivités territoriales, leurs groupements ainsi que les établissements publics de coopération intercommunale et, d'autre part, les associations sportives ou les sociétés qu'elles constituent.

Un décret en Conseil d'État détermine les conditions dans lesquelles sont versées ces subventions et fixe le montant maximum de celles-ci.

Art. L. 113-3. – Les sommes versées par les collectivités territoriales ou leurs groupements aux sociétés sportives en exécution de contrats de prestation de services, ou de toute convention dont l'objet n'entre pas dans le cadre des missions d'intérêt général visées à l'article L. 113-2, ne peuvent excéder un montant fixé par décret.

TITRE II. – ASSOCIATIONS ET SOCIÉTÉS SPORTIVES

CHAPITRE I. – ASSOCIATIONS SPORTIVES

Section I. – Dispositions générales

Art. L. 121-1. – Les associations sportives sont constituées conformément aux dispositions de la loi du 1er juillet 1901 relative au contrat d'association ou, lorsqu'elles ont leur siège dans les départements du Bas-Rhin, du Haut-Rhin et de la Moselle, conformément au Code civil local.

Art. L. 121-2. – Les associations sportives scolaires et universitaires sont soumises aux dispositions du présent code ainsi qu'aux livres V et VIII du Code de l'éducation.

Art. L. 121-3. – Les associations sportives qui promeuvent et organisent des activités physiques et sportives à l'intention des personnes handicapées peuvent bénéficier, sous réserve de l'agrément mentionné à l'article L. 121-4, d'aides des pouvoirs publics, notamment en matière de pratique sportive, d'accès aux équipements sportifs, d'organisation des compétitions, de formation des éducateurs sportifs et d'adaptation des transports.

Les associations sportives, notamment scolaires, universitaires et d'entreprise sont ouvertes aux personnes handicapées.

Art. L. 121-4. – Les associations sportives ne peuvent bénéficier de l'aide de l'État qu'à la condition d'avoir été agréées.

L'agrément est notamment fondé sur l'existence de dispositions statutaires garantissant le fonctionnement démocratique de l'association, la transparence de sa gestion et l'égal accès des femmes et des hommes à ses instances dirigeantes.

(Al. aj., Ord. n° 2015-904, 23 juill. 2015) L'affiliation d'une association sportive à une fédération sportive agréée par l'État en application de l'article L. 131-8 vaut agrément.

L'autorité administrative peut prononcer le retrait de l'agrément *(Mots rempl., Ord. n° 2015-904, 23 juill. 2015)* « accordé à une association sportive ou résultant de l'affiliation prévue au troisième alinéa » si elle emploie des personnes ne satisfaisant pas aux obligations des articles L. 212-1, L. 212-2 et L. 212-9 ou si elle méconnaît les obligations des articles L. 322-1 et L. 322-2.

Les conditions de l'agrément et du retrait de l'agrément sont déterminées par décret en Conseil d'État.

Art. L. 121-5. – Les dirigeants d'une association sportive, titulaires d'une licence délivrée par une fédération agréée, qui, à titre bénévole, remplissent des fonctions de gestion et d'encadrement au sein de leur fédération ou d'une association qui lui est affiliée peuvent bénéficier de congés, dans les conditions fixées aux articles L. 6322-1 à L. 6322-3 du Code du travail, afin de suivre la formation liée à leur fonction de bénévoles.

....

CHAPITRE II. – SOCIÉTÉS SPORTIVES

Section I – Dispositions générales

Bibliographie : M. Peltier, *JCl. Sociétés traité*, Fasc. 193-65. • B. Brignon, *Les sociétés sportives : quid novi sub sole ? : Dr. sociétés* 2012, alerte 36.

Art. L. 122-1. – Toute association sportive affiliée à une fédération sportive, qui participe habituellement à l'organisation de manifestations sportives payantes qui lui procurent des recettes d'un montant supérieur à un seuil fixé par décret en Conseil d'État ou qui emploie des sportifs dont le montant total des rémunérations excède un chiffre fixé par décret en Conseil d'État, constitue pour la gestion de ces activités une société commerciale soumise au Code de commerce.

Une association sportive dont le montant des recettes et le montant des rémunérations mentionnées au premier alinéa sont inférieurs aux seuils visés au même alinéa peut également constituer une société sportive pour la gestion de ses activités payantes, dans les conditions prévues à la présente section.

Art. L. 122-2. – La société sportive prend la forme :

1° Soit d'une société à responsabilité limitée ne comprenant qu'un associé, dénommée entreprise unipersonnelle sportive à responsabilité limitée ;

2° Soit d'une société anonyme à objet sportif ;

3° Soit d'une société anonyme sportive professionnelle ;

4° *(Al. aj., L. n° 2012-158, 1er févr. 2012)* Soit d'une société à responsabilité limitée ;

5° Soit d'une société anonyme ;

6° Soit d'une société par actions simplifiée.

Art. L. 122-3. – Les statuts des sociétés *(Mots aj., L. n° 2012-158, 1er févr. 2012)* « mentionnées aux 1° à 3° de l'article L. 122-2 et » constituées par les associations sportives sont conformes à des statuts types définis par décret en Conseil d'État.

Art. L. 122-4. – Toute association sportive qui répond à l'un au moins des critères du premier alinéa de l'article L. 122-1 constitue une société sportive dans un délai d'un an à compter de la date à laquelle elle satisfait à cette condition.

Toute association sportive qui ne se conforme pas aux dispositions du premier alinéa est exclue des compétitions organisées par les fédérations sportives.

Art. L. 122-5. – Le capital de la société anonyme à objet sportif est composé d'actions nominatives. *(Phrase aj., L. n° 2006-1770, 30 déc. 2006)* Toutefois, il peut être composé d'actions au porteur lorsque la société *(Mod., Ord. n° 2009-80, 22 janv. 2009)* « souhaite procéder à une offre au public de ses actions ou les faire admettre aux négociations sur un marché réglementé ».

Les membres élus des organes de direction de cette société ne peuvent recevoir aucune rémunération au titre de leurs fonctions. Le remboursement des frais est autorisé, sur justification.

Bibliographie : D. Poracchia, *L'appel public à l'épargne des sociétés anonymes sportives* : *Rev. sociétés* 2007, p. 41. • V. Thomas, *L'appel public à l'épargne des clubs sportifs* : *JCP* E 2007, 1325.

Art. L. 122-6. – L'association sportive doit détenir au moins un tiers du capital social et des droits de vote à l'assemblée générale de la société anonyme à objet sportif qu'elle a créée.

Sauf en cas de succession *(Mots rempl., L. n° 2006-1770, 30 déc. 2006)*, **de liquidation de communauté de biens entre époux ou lorsque** *(Mod., Ord. n° 2009-80, 22 janv. 2009)* **« les titres de capital de la société intéressée sont négociés sur un marché d'instruments financiers, » : l'autorité administrative peut s'opposer à toute cession de titres conférant un droit de vote ou donnant accès au capital d'une société anonyme à objet sportif dont les conditions ou les effets seraient contraires aux dispositions de la présente section.**

Art. L. 122-7 *(Rempl., L. n° 2012-158, 1er févr. 2012)*. **– Il est interdit à une même personne privée :**

1° De contrôler de manière exclusive ou conjointe plusieurs sociétés sportives dont l'objet social porte sur une même discipline ou d'exercer sur elles une influence notable, au sens de l'article *(Réf. rempl., L. n° 2017-261, 1er mars 2017)* **« L. 233-17-2 » du Code de commerce ;**

2° D'être dirigeant de plus d'une société sportive dont l'objet social porte sur une même discipline sportive ;

3° De contrôler de manière exclusive ou conjointe une société sportive ou d'exercer sur elle une influence notable, au sens de l'article *(Réf. rempl., L. n° 2017-261, 1er mars 2017)* **« L. 233-17-2 » du Code de commerce, et d'être dirigeant d'une autre société sportive dont l'objet social porte sur une même discipline sportive.**

Le non-respect de ces dispositions est puni d'une peine de 45 000 € d'amende.

(Al. créé, L. n° 2017-261, 1er mars 2017) **Le présent article n'est pas applicable à la personne privée qui contrôle, dirige ou exerce une influence notable sur deux sociétés sportives distinctes qui gèrent, respectivement, des activités sportives féminines et masculines au sein d'une même discipline.**

Art. L. 122-8 *(Rempl., L. n° 2006-1770, 30 déc. 2006)*. **– En vue de l'émission ou de la cession dans le public d'instruments financiers donnant accès au capital ou aux droits de vote, les sociétés** *(Mot rempl., L. n° 2012-158, 1er févr. 2012)* **« sportives » mentionnées à l'article L. 122-2 sont tenues d'insérer dans le document prévu par l'article L. 412-1 du Code monétaire et financier les informations relatives à leur projet de développement d'activités sportives et d'acquisition d'actifs destinés à renforcer leur stabilité et leur pérennité, tels que la détention d'un droit réel sur les équipements sportifs utilisés pour l'organisation des manifestations ou compétitions sportives auxquelles elles participent.**

Art. L. 122-9. – Il est interdit à toute personne privée *(Mots rempl., L. n° 2012-158, 1er févr. 2012)* **« qui contrôle de manière exclusive ou conjointe une société sportive ou exerce sur elle une influence notable, au sens de l'article** *(Réf. rempl., L. n° 2017-261, 1er mars 2017)* **« L. 233-17-2 » du Code de commerce » :**

1° De consentir un prêt à une autre société sportive dès lors que son objet social porterait sur la même discipline sportive ;

2° De se porter caution en faveur d'une telle société sportive ou de lui fournir un cautionnement.

Toute personne physique, ainsi que le président, l'administrateur ou le directeur d'une personne morale, qui aura contrevenu aux dispositions du présent article sera punie d'une amende de 45 000 € et d'un an d'emprisonnement.

Art. L. 122-10. – Le bénéfice, au sens de l'article L. 232-11 du Code de commerce, de l'entreprise unipersonnelle sportive à responsabilité limitée et de la société anonyme à objet sportif est affecté à la constitution de réserves qui ne peuvent donner lieu à aucune distribution.

(L. n° 2006-1770, 30 déc. 2006) **Par exception aux dispositions du premier alinéa, les sociétés anonymes à objet sportif** *(Mod., Ord. n° 2009-80, 22 janv. 2009)* **« peuvent distribuer leurs bénéfices aux actionnaires si des actions de la société ont fait l'objet d'une offre au public ou d'une admission aux négociations sur un marché réglementé ».**

Art. L. 122-11. – Les sociétés sportives ne peuvent bénéficier des aides prévues par les dispositions du titre I du livre V de la première partie du Code général des collectivités territoriales ainsi que par *(Réf. rempl., L. n° 2015-991, 7 août 2015)* « l'article L. 2251-3 » du même code.

Section II. – Société d'économie mixte

Art. L. 122-12. – Par dérogation aux dispositions de l'article L. 122-2, les sociétés d'économie mixte sportives locales constituées avant le 29 décembre 1999 peuvent conserver leur régime juridique antérieur. Les dispositions des articles L. 122-3, L. 122-5, L. 122-10 et L. 122-11 leur sont applicables.

Art. L. 122-13. – Les règles de participation majoritaire des collectivités territoriales et de leurs groupements au capital des sociétés d'économie mixte sportives sont fixées par les articles L. 1522-1 et L. 1525-1 du Code général des collectivités territoriales.

Section III. – Relations entre associations et sociétés sportives

Art. L. 122-14. – L'association sportive et la société qu'elle a constituée définissent leurs relations par une convention approuvée par leurs instances statutaires respectives *(Mots aj., L. n° 2017-261, 1er mars 2017)* « et d'une durée comprise entre dix et quinze ans ».

NB : Conformément aux dispositions du II de l'article 14 de la loi n° 2017-261 du 1er mars 2017, les dispositions du présent article, dans sa rédaction résultant dudit article 14, s'appliquent à toute nouvelle convention conclue à compter de la publication de ladite loi. Pour les conventions déjà conclues avant cette date, elles s'appliquent à tout renouvellement de convention ayant lieu à compter de la publication de la même loi.

Art. L. 122-15. – La convention prévue à l'article L. 122-14 entre en vigueur après son approbation par l'autorité administrative.

Elle est réputée approuvée si l'autorité administrative n'a pas fait connaître son opposition dans un délai de deux mois à compter de sa transmission.

Art. L. 122-16. – L'association sportive conserve la disposition à titre gratuit des signes distinctifs utilisés par la société sportive ou cédés à elle.

Art. L. 122-16-1 *(L. n° 2017-261, 1er mars 2017)*. – L'affiliation d'une association à une fédération donne lieu à la délivrance, par cette dernière, d'un numéro d'affiliation dont l'association est seule détentrice.

Dans le cadre de la convention prévue à l'article L. 122-14, la société sportive constituée par l'association dispose du droit d'usage du numéro d'affiliation de cette dernière pour la réalisation des activités qui lui ont été confiées.

Art. L. 122-17. – L'association sportive qui constitue une *(Mots rempl., L. n° 2012-158, 1er févr. 2012)* « société sportive » est destinataire des délibérations des organes dirigeants de la société.

Elle peut exercer les actions prévues aux articles L. 225-230 à L. 225-232 du Code de commerce.

Art. L. 122-18. – Lorsqu'une association sportive est soumise aux dispositions du livre VI du Code de commerce relatif aux difficultés des entreprises, la société sportive constituée par elle est tenue solidairement d'exécuter le plan de sauvegarde ou de redressement judiciaire.

Art. L. 122-19. – Un décret en Conseil d'État précise les stipulations que doit comporter la convention prévue à l'article L. 122-14, notamment les conditions d'utilisation par la société ou de cession à celle-ci des dénomination, marque ou autres signes distinctifs de l'association *(Mots aj., L. n° 2017-261, 1er mars 2017)* « ainsi que les conditions financières accordées à l'association sportive par la société sportive au titre du principe de solidarité entre les activités à caractère professionnel et les activités à caractère amateur ».

....

Partie réglementaire

LIVRE PREMIER. – ORGANISATION DES ACTIVITES PHYSIQUES ET SPORTIVES

TITRE PREMIER. – PERSONNES PUBLIQUES

CHAPITRE III. – COLLECTIVITÉS TERRITORIALES

Section unique. – Aides publiques

Art. R. 113-1. – **Le montant maximum des subventions que les associations sportives ou les sociétés qu'elles constituent en application de l'article L. 122-1 peuvent recevoir, en application de l'article L. 113-2, des collectivités territoriales, de leurs groupements ou des établissements publics de coopération intercommunale, ne peut excéder 2, 3 millions d'euros pour chaque saison sportive de la discipline concernée.**

Art. R. 113-2. – **Les missions d'intérêt général mentionnées à l'article L. 113-2 concernent :**

1° La formation, le perfectionnement et l'insertion scolaire ou professionnelle des jeunes sportifs accueillis dans les centres de formation agréés dans les conditions prévues à l'article L. 211-4 ;

2° La participation de l'association ou de la société à des actions d'éducation, d'intégration ou de cohésion sociale ;

3° La mise en œuvre d'actions visant à l'amélioration de la sécurité du public et à la prévention de la violence dans les enceintes sportives. Toutefois, les subventions des collectivités mentionnées à l'article R. 113-1 ne peuvent être employées pour financer les dépenses résultant de la mise en œuvre de l'article L. 332-1, ni les rémunérations versées à des entreprises soumises à la loi n° 83-629 du 12 juillet 1983 réglementant les activités privées de surveillance, de gardiennage et de transports de fonds.

Art. R. 113-3. – **À l'appui de leurs demandes de subventions, les associations sportives ou les sociétés qu'elles constituent doivent fournir les documents suivants :**

1° Les bilans et comptes de résultat des deux derniers exercices clos ainsi que le budget prévisionnel de l'année sportive pour laquelle la subvention est sollicitée ;

2° Un rapport retraçant l'utilisation des subventions versées par les collectivités territoriales et leurs groupements au titre de la saison sportive précédente ;

3° Un document prévisionnel qui indique l'utilisation prévue des subventions demandées.

Ces documents doivent être annexés à la délibération qui décide l'octroi de la subvention.

Art. R. 113-4. – **La délibération attribuant une subvention à une association sportive ou une société mentionnée à l'article L. 122-1 précise la saison au titre de laquelle cette subvention est accordée.**

Art. R. 113-5. – **La convention prévue à l'article L. 113-2 fixe les obligations de chacune des parties et mentionne l'ensemble des sommes reçues des collectivités territoriales et de leurs groupements, y compris celles qui sont versées en application de l'article L. 113-3.**

Elle indique, le cas échéant, qu'un représentant de la collectivité territoriale est désigné pour suivre l'utilisation des subventions accordées.

Art. D. 113-6. – **Le montant maximum des sommes versées par les collectivités territoriales ou leurs groupements à une société mentionnée à l'article L. 122-1 en exécution de contrats de prestation de services, ou de toute convention dont l'objet n'entre pas dans le cadre des missions d'intérêt général mentionnées à l'article L. 113-2, est fixé à 30 % du total des produits du compte de résultat de l'année précédente de la société dans la limite de 1,6 million d'euros par saison sportive.**

CHAPITRE IV. – LES CENTRES DE RESSOURCES, D'EXPERTISE ET DE PERFORMANCE SPORTIVE

(Chapitre implicitement abr. sous réserve des dispositions de l'article 14 du décret n° 2012-91 du 26 janvier 2012, D. n° 2012-91, 26 janv. 2012 ; rétabli comme suit à compter du 1er mars 2016 et titre mod., D. n° 2016-152, 11 févr. 2016)

[...]

TITRE II. – ASSOCIATIONS ET SOCIÉTÉS SPORTIVES

CHAPITRE PREMIER. – ASSOCIATIONS SPORTIVES

Art. R. 121-1. – *(Mots aj., D. n° 2016-387, 29 mars 2016)* « Sauf lorsqu'il résulte de l'affiliation à une fédération sportive agréée par l'État, » l'agrément prévu à l'article L. 121-4 est délivré par le préfet du département dans lequel l'association sportive a son siège.

L'arrêté préfectoral portant agrément est publié au recueil des actes administratifs de la préfecture.

Art. R. 121-2. – Pour obtenir l'agrément, une association sportive qui a pour objet la pratique d'une ou plusieurs activités physiques ou sportives doit être affiliée à une fédération sportive agréée.

Une association qui concourt au développement ou à la promotion du sport et des activités sportives sans que la pratique sportive elle-même figure dans son objet peut obtenir l'agrément sans condition d'affiliation.

Art. R. 121-3. – Les associations mentionnées à l'article R. 121-2 ne peuvent obtenir l'agrément que si leurs statuts comportent les dispositions suivantes :

1° Des dispositions relatives au fonctionnement démocratique de l'association.

Les statuts prévoient :

a) La participation de chaque adhérent à l'assemblée générale ;

b) La désignation du conseil d'administration par l'assemblée générale au scrutin secret et pour une durée limitée ;

c) Un nombre minimum, par an, de réunions de l'assemblée générale et du conseil d'administration ;

d) Les conditions de convocation de l'assemblée générale et du conseil d'administration à l'initiative d'un certain nombre de leurs membres ;

2° Des dispositions relatives à la transparence de la gestion.

Les statuts prévoient également :

a) Qu'il est tenu une comptabilité complète de toutes les recettes et de toutes les dépenses ;

b) Que le budget annuel est adopté par le conseil d'administration avant le début de l'exercice ;

c) Que les comptes sont soumis à l'assemblée générale dans un délai inférieur à six mois à compter de la clôture de l'exercice ;

d) Que tout contrat ou convention passé entre l'association, d'une part, et un administrateur, son conjoint ou un proche, d'autre part, est soumis pour autorisation au conseil d'administration et présenté pour information à la plus prochaine assemblée générale ;

3° Des dispositions relatives à l'égal accès des femmes et des hommes à ses instances dirigeantes. Les statuts prévoient que la composition du conseil d'administration doit refléter la composition de l'assemblée générale.

Les statuts comprennent, en outre, des dispositions destinées à garantir les droits de la défense en cas de procédure disciplinaire et prévoir l'absence de toute discrimination dans l'organisation et la vie de l'association.

Art. R. 121-4. – La demande d'agrément est accompagnée des pièces suivantes :

1° Un exemplaire des statuts et du règlement intérieur ;

2° Les procès-verbaux des trois dernières assemblées générales ;

3° Les bilans et comptes d'exploitation des trois derniers exercices.

Lorsque l'association qui sollicite l'agrément est constituée depuis moins de trois années, les documents mentionnés aux 2° et 3° ci-dessus sont produits pour la période correspondant à sa durée d'existence.

Art. R. 121-5 *(Mod., D. n° 2016-387, 29 mars 2016)*. – L'agrément accordé à une association sportive ou résultant de son affiliation à une fédération sportive agréée par l'État en application de l'article L. 131-8 peut être retiré par le préfet du département de son siège en cas de :

1° Non-conformité des statuts avec les conditions posées par l'article R. 121-3 ;

2° Violation grave, par l'association, de ses statuts ;

3° Atteinte à l'ordre public ou à la moralité publique ;

4° Méconnaissance des règles d'hygiène ou de sécurité ;

5° Méconnaissance des dispositions des articles L. 212-1 et L. 212-2 exigeant la qualification des personnes qui enseignent, animent, entraînent ou encadrent une activité physique ou sportive.

L'association sportive bénéficiaire de l'agrément est préalablement informée des motifs pour lesquels le retrait est envisagé et mise à même de présenter des observations écrites ou orales.

Art. R. 121-6. – L'arrêté préfectoral portant retrait de l'agrément est motivé. Il est publié au recueil des actes administratifs de la préfecture du département du siège et, lorsqu'il est différent, au recueil des actes administratifs de la préfecture du département dans lequel avait été publié l'arrêté d'agrément.

CHAPITRE II. – SOCIÉTÉS SPORTIVES

Section I. – Dispositions générales

Art. R. 122-1. – Les montants des recettes ou des rémunérations au-delà desquels une association sportive est tenue, en vertu de l'article L. 122-1, de constituer une société commerciale sont fixés respectivement à 1 200 000 € et 800 000 €.

Sont prises en compte, pour déterminer si ces montants sont atteints, les moyennes des recettes perçues et des rémunérations versées au cours des trois derniers exercices connus, telles que ces recettes et ces rémunérations résultent des documents comptables de l'association sportive.

Art. R. 122-2. – Les recettes mentionnées à l'article R. 122-1 comprennent le montant hors taxes de l'ensemble des produits des manifestations payantes organisées par l'association, et notamment :

1° Le montant des entrées payées, sous quelque forme que ce soit, pour avoir accès à ces manifestations ;

2° Le montant des recettes publicitaires de toute nature ;

3° Le produit des droits d'exploitation audiovisuelle versés à l'association, y compris celui des droits de reproduction.

Art. R. 122-3. – Le montant des rémunérations mentionné à l'article R. 122-1 est constitué par l'ensemble des salaires, primes, vacations, avantages en espèces ou en nature, habituels ou exceptionnels, reçus par les sportifs employés par l'association ; il ne comprend pas les charges fiscales et sociales afférentes à ces rémunérations.

Art. R. 122-4. – Les statuts types applicables aux différentes formes de société sportive mentionnées à l'article L. 122-2 figurent aux annexes I-1 à I-3.

Art. R. 122-5. – Toute convention par laquelle une association sportive ou une société sportive tend à céder, dans le respect des dispositions de l'article L. 122-16, sa dénomination, marque ou tout autre signe distinctif ou à en autoriser l'usage ou à en concéder une licence d'exploitation à une autre personne morale de droit privé doit être déposée, préalablement à son entrée en vigueur, auprès du préfet du département où se trouve le siège de l'association ou de la société sportive.

Le préfet peut, par un arrêté motivé pris après avis de la fédération sportive concernée ou de la ligue professionnelle qu'elle a constituée, s'opposer à une telle cession, autorisation ou concession.

Si le préfet n'a pas fait connaître son opposition trois mois après le dépôt de la convention, l'autorité administrative est réputée avoir renoncé à s'opposer à cette cession.

Section II. – Sociétés d'économie mixte

Art. R. 122-6. – Les statuts types applicables aux sociétés d'économie mixte sportives locales mentionnées à l'article L. 122-12 figurent à l'annexe I-4.

Art. R. 122-7. – Les dispositions des articles R. 122-1 à R. 122-3 et R. 122-5 sont applicables aux sociétés d'économie mixte sportives locales.

Section III. – Relations entre associations et sociétés sportives

Art. R. 122-8. – I. – La convention mentionnée à l'article L. 122-14 comporte des stipulations précisant :

1° La définition des activités liées au secteur amateur et des activités liées au secteur professionnel dont l'association et la société ont respectivement la responsabilité ;

2° La répartition entre l'association et la société des activités liées à la formation des sportifs ;

3° Les modalités de participation de la société aux activités qui demeurent sous la responsabilité de l'association ;

4° Les conditions dans lesquelles les terrains, les bâtiments et les installations seront utilisés par l'une et l'autre parties et, le cas échéant, les relations de celles-ci avec le propriétaire de ces équipements ;

5° Les conditions, et notamment les contreparties, de la concession ou de la cession de la dénomination, de la marque ou des autres signes distinctifs de l'association ;

6° La durée de la convention, qui doit s'achever à la fin d'une saison sportive, sans pouvoir dépasser cinq ans ;

7° Les modalités de renouvellement de la convention, qui ne doivent pas inclure de possibilité de reconduction tacite.

II. – La convention prévoit également :

1° Que la participation des équipes professionnelles aux compétitions inscrites au calendrier fédéral ou organisées par la ligue professionnelle relève de la compétence de la société pour la durée de la convention, dès lors que la fédération a autorisé la société à faire usage à cette fin du numéro d'affiliation délivré à l'association ;

2° Que les fonctions de dirigeant de l'association, d'une part, de président ou de membre du conseil d'administration, de président ou de membre du conseil de surveillance, de membre du directoire ou de gérant de la société, d'autre part, doivent être exercées par des personnes physiques différentes ;

3° Qu'aucun dirigeant de l'association ne peut percevoir de rémunération, sous quelque forme que ce soit, de la part de la société, ni aucun dirigeant de la société de la part de l'association.

Art. R. 122-9. – La convention prévue à l'article L. 122-14 est adressée pour approbation au préfet du département dans lequel l'association sportive a son siège.

Art. D. 122-10. – La demande d'approbation est accompagnée des documents suivants :

1° Les statuts de l'association et de la société ;

2° Le récépissé du dépôt de marque ou dénomination auprès de l'Institut national de la propriété industrielle par l'association ;

3° La liste des personnels salariés et leur répartition dans chacune des deux entités ;

4° La convention liant le propriétaire des installations sportives à l'association ou à la société et précisant les modalités d'utilisation de ces installations sportives par l'association et la société ;

5° Le budget prévisionnel de l'association, d'une part, de la société, d'autre part.

Art. R. 122-11. – Le préfet saisi d'une demande d'approbation en délivre récépissé.

Il consulte la fédération sportive concernée et la ligue professionnelle qu'elle a éventuellement créée.

La fédération sportive et la ligue professionnelle émettent leur avis dans le délai fixé par le préfet.

Art. R. 122-12. – Au terme du délai mentionné à l'article R. 122-11, le préfet statue par arrêté. Le refus d'approbation est motivé.

10.2. – SOCIÉTÉS DE COURSE DE CHEVAUX

Décret n° 97-456 du 5 mai 1997

relatif aux sociétés de courses de chevaux et au pari mutuel

(JO 8 mai)

TITRE PREMIER. – DES SOCIÉTÉS DE COURSE

Art. 1er *(Rempl., D. n° 2006-1375, 13 nov. 2006 ; D. n° 2015-338, 25 mars 2015).* – Les sociétés de courses de chevaux sont régies par les dispositions de la loi du 1er juillet 1901 relative au contrat d'association dans la mesure où ces dispositions ne sont pas contraires à celles de la loi du 2 juin 1891 susvisée et des règlements pris pour son application.

Les sociétés de courses ont pour objet l'organisation des courses de chevaux et des activités directement liées à cet objet ou pour lesquelles elles sont habilitées par la loi ainsi que l'exploitation des installations dont elles disposent.

Les statuts des sociétés de courses autres que les sociétés mères doivent être conformes à des statuts types arrêtés par le ministre chargé de l'agriculture. Ils sont transmis à ce ministre et entrent en vigueur, s'il n'y fait pas opposition, dans un délai de deux mois.

Les statuts des sociétés mères sont approuvés par le ministre chargé de l'agriculture.

Voir aussi : Arrêté du 26 décembre 1997 (*JO* 14 févr. 1998).

Art. 2 *(Mod., D. n° 2006-1375, 3 nov. 2006).* – **Dans chacune des deux spécialités, courses au galop et courses au trot, une société est agréée par le ministre chargé de l'agriculture comme société mère de courses de chevaux.**

Sont membres de la société mère de la spécialité qui les concerne :

1° Les membres socioprofessionnels, à savoir les propriétaires, les éleveurs, les entraîneurs et les jockeys ou drivers dans les conditions déterminées par les statuts.

2° Des membres associés en raison de leur compétence, dans les conditions déterminées par les statuts.

3° Le président ou le vice-président de chacune des fédérations régionales des courses prévues à l'article 14 ci-après ;

4° *(Al. aj., D. n° 2015-338, 25 mars 2015)* **Les présidents des sociétés de courses organisant des réunions dans la spécialité concernée.**

Art. 3 *(Mod., D. n° 2006-1375, 13 nov. 2006).* – *(Al. rempl., D. n° 2017-932, 10 mai 2017)* **Chaque année, au plus tard un mois avant l'organisation de sa première réunion de courses, la société de courses est tenue de déposer une déclaration préalable auprès du préfet pour l'informer des courses qu'elle organise conformément au calendrier des courses approuvé par le ministre chargé de l'agriculture. La déclaration est soit adressée sous pli recommandé avec accusé de réception, soit déposée contre récépissé, soit transmise par voie électronique. À Paris, cette déclaration est déposée auprès du préfet de police. Le préfet peut, par décision motivée, former opposition à l'organisation de courses par une société qui aurait méconnu des dispositions législatives ou réglementaires applicables aux courses, aux paris ou à la santé et au bien-être des animaux ou manqué aux obligations résultant de ses statuts. En cas de modification du calendrier survenant en cours d'année, la société en informe aussitôt le préfet.**

(Al. rempl., D. n° 2015-338, 25 mars 2015) **En cas de méconnaissance, par une société de courses, des dispositions législatives ou réglementaires** *(Mots rempl., D. n° 2017-932, 10 mai 2017)* **« mentionnées ci-dessus » ou de manquement aux obligations résultant de ses statuts, le ministre chargé de l'agriculture, sur proposition de la société mère concernée et après avis du ministre de l'Intérieur ou sur proposition du ministre de l'Intérieur et après avis de la société mère concernée, peut retirer du calendrier des courses ou des réunions de courses dont l'organisation revient à cette société de courses.**

Les statuts de chaque société de courses prévoient la dissolution de plein droit de cette société si elle n'a organisé aucune course de chevaux pendant trois années consécutives sur les hippodromes dont elle est propriétaire ou gestionnaire.

Art. 4. – **Les organes des sociétés de courses sont l'assemblée générale, le conseil d'administration et, le cas échéant, le bureau. Leurs règles de constitution et de fonctionnement sont déterminées par les statuts dans les conditions prévues par le présent décret.**

Art. 5. – *(Mod., D. n° 2015-338, 25 mars 2015)* **Dans les sociétés mères, l'assemblée générale, dite « comité », est composée de la façon suivante :**

1° Trente délégués au maximum, dont les présidents des comités régionaux mentionnés à l'article 13, représentant les membres socioprofessionnels mentionnés au 1° de l'article 2. Hormis les présidents des comités régionaux, ils sont élus par les différents collèges de propriétaires, d'éleveurs, d'entraîneurs et de jockeys ou drivers dans les conditions et proportions fixées par les statuts ;

2° Trente délégués au maximum représentant les personnes mentionnées aux 2°, 3° et 4° de l'article 2, dans les conditions fixées par les statuts, dont :

***a)* Vingt délégués au maximum au titre du 2° ;**

b) Neuf délégués au maximum au titre du 3° ;

c) Deux délégués au maximum au titre du 4°.

Pour la société mère agréée au titre de la spécialité des courses au trot, le nombre total des membres du comité ne peut excéder cinquante-deux.

Ne peuvent pas faire partie de l'assemblée générale les personnes qui ont fait l'objet d'une mesure d'exclusion des hippodromes ou d'une sanction grave de la part des sociétés mères. Les statuts définissent le caractère de gravité exigé pour que la sanction donne lieu à exclusion.

Le mandat des membres de l'assemblée générale est de quatre ans. Toutefois, le mandat des membres prend fin lorsqu'ils perdent la qualité au titre de laquelle ils y participaient. Les statuts déterminent les modalités de leur remplacement.

L'assemblée générale se réunit au moins deux fois par an. Elle est informée des orientations du budget, approuve les comptes annuels ainsi que le rapport moral et adopte le code des courses de la spécialité prévu à l'article 12 ci-après.

Art. 6. – Les sociétés mères sont administrées par un conseil d'administration composé de douze membres au maximum. Il comprend obligatoirement au moins un membre issu du collège des propriétaires, un membre issu du collège des éleveurs, un membre issu du collège des entraîneurs et un président ou vice-président de fédération régionale des courses.

Le président de ce conseil est élu par l'assemblée générale pour une durée de quatre ans, renouvelable. Ses autres membres sont ensuite élus par l'assemblée générale pour une même durée de quatre ans. Leur mandat est également renouvelable.

Le conseil d'administration se réunit au moins six fois par an.

Art. 7. – *(Mod., D. n° 2015-338, 25 mars 2015)* Dans les sociétés de courses autres que les sociétés mères, l'assemblée générale élit un conseil d'administration. Celui-ci désigne parmi ses membres un président et un bureau. Leur mandat est renouvelable. Les statuts peuvent prévoir la fusion du conseil d'administration et du bureau.

Art. 8. – Les fonctions de président, de membre du bureau ou du conseil d'administration des sociétés mères et des autres sociétés de courses sont gratuites.

Art. 9 *(Abr., D. n° 2006-1375, 13 nov. 2006).*

Art. 10 *(Mod., D. n° 2002-1346, 12 nov. 2002 ; D. n° 2005–436, 9 mai 2005 ; D. n° 2006-1375, 13 nov. 2006 ; D. n° 2012-1247, 7 nov. 2012).* – Pour les sociétés dont le budget est soumis à l'approbation conjointe du ministre chargé de l'agriculture et du ministre chargé du budget en application de l'article 34 ci-après, leur président fait connaître les dates de réunion et l'ordre du jour de l'assemblée générale et du conseil d'administration au *(Mots rempl., D. n° 2015-338, 25 mars 2015)* « directeur compétent au ministère chargé de l'agriculture » et au membre du corps du contrôle général économique et financier, désigné en application de l'article 35 ci-après. Pour les autres sociétés, l'information est donnée au préfet *(Mots aj., D. n° 2015-338, 25 mars 2015)* « , au directeur départemental ou, le cas échéant, régional des finances publiques et au directeur général de l'Institut français du cheval et de l'équitation ».

(Al. rempl., D. n° 2015-38, 25 mars 2015) Les autorités mentionnées au précédent alinéa peuvent demander au président l'inscription de toute question à l'ordre du jour de l'assemblée générale et du conseil d'administration. Elles peuvent assister ou se faire représenter aux réunions de l'assemblée générale et du conseil d'administration.

Le directeur compétent au ministère chargé de l'agriculture peut se faire présenter, à tout moment, toute pièce intéressant la gestion de la société.

Art. 11. – Le président ou, en cas d'empêchement, celui des membres du bureau ou du conseil d'administration qu'il a désigné pour le suppléer est seul chargé de l'exécution des décisions de l'assemblée générale et du conseil d'administration. Il nomme aux emplois de la société.

Art. 12 *(Mod., D. n° 2002-1346, 12 nov. 2002 ; D. n° 2006-1375, 13 nov. 2006 ; D. n° 2015-338, 25 mars 2015).* – I. – Sans préjudice des dispositions des articles 27 à 29, relatifs au pari mutuel hors les hippodromes, et de l'article 36, relatif aux organismes à vocation sociale, les sociétés de courses peuvent constituer, entre elles et, le cas échéant, d'autres personnes, des organismes communs dotés de la personnalité morale dont elles assurent la direction effective et qui concourent à la réalisation de leurs missions.

II. – Les sociétés mères :

Exercent leur responsabilité sur l'ensemble de la filière dépendant de la spécialité dont elles ont la charge ;

Proposent à l'approbation du ministre chargé de l'agriculture le code des courses de leur spécialité et toutes modifications de ce code. Cette approbation est réputée acquise en cas de silence du ministre pendant un délai de deux mois à compter de la réception de la demande, transmise par la société mère après adoption par le comité ;

Veillent au respect des prescriptions de ce code et, notamment, statuent sur les difficultés qui leur sont soumises par les commissaires des courses ou, le cas échéant, par le ministre chargé de l'agriculture ;

Prennent toutes dispositions en vue de la bonne organisation des courses relevant de leur compétence et de l'entraînement des chevaux participant à ces épreuves ;

(Al. rempl., D. n° 2015-338, 25 mars 2015) Peuvent présenter toutes propositions au ministre chargé de l'agriculture en matière d'amélioration de l'espèce équine, de politique de promotion de l'élevage et des courses hippiques, de formation et d'action sociale dans le secteur des courses et de l'élevage chevalin et de développement rural ;

Délivrent les autorisations de faire courir, d'entraîner, de monter et de driver les chevaux de courses, selon les critères définis par leurs statuts et par le Code des courses de chaque spécialité. Ces autorisations ne peuvent être accordées qu'après un avis favorable du ministre de l'Intérieur émis au regard des risques de troubles à l'ordre public qu'elles sont susceptibles de créer. *(Mots rempl., D. n° 2017-1306, 25 août 2017)* « Elles peuvent être suspendues, pour une durée maximale de six mois ou » être retirées par la société mère concernée à l'issue d'une procédure contradictoire engagée de sa propre initiative ou à la demande du ministre de l'Intérieur. La société mère est tenue « de suspendre ou » de retirer l'autorisation si le ministre de l'Intérieur maintient sa demande au vu des observations émises à l'occasion de la procédure contradictoire ;

(Aj., D. n° 2017-1306, 25 août 2017) « Lorsque, saisi d'une demande d'avis prévue à l'alinéa précédent, le ministre de l'intérieur a déjà rendu, dans les douze mois précédant cette saisine, un avis préalable à une décision d'autorisation de faire courir, d'entraîner, de monter ou de driver les chevaux de courses, pour la même personne mais dans une autre spécialité, l'avis est émis dans le même sens au titre de la nouvelle demande, en l'absence de modification dans la composition des organes de direction du demandeur ou d'éléments nouveaux de nature à le remettre en cause pour des considérations d'ordre public ».

Établissent, en vue de leur transmission à la fédération nationale mentionnée à l'article 19, le projet de calendrier des courses et des réunions de courses de leur spécialité servant de support aux opérations de pari mutuel hors les hippodromes et des réunions servant de support à la prise de paris en ligne, ainsi que le calendrier des réunions de courses organisées sur les hippodromes dont elles ont l'exploitation ;

Établissent, en vue de leur transmission à la fédération nationale mentionnée à l'article 19, le projet de calendrier des réunions de courses de leur spécialité servant de support aux opérations de pari mutuel hors les hippodromes ainsi que celui des réunions de courses organisées sur les hippodromes dont elles ont l'exploitation ;

Transmettent, après concertation mutuelle, à la fédération nationale mentionnée à l'article 19 le projet de calendrier des réunions de courses établi par les fédérations régionales des courses ;

Établissent, en concertation avec les conseils régionaux de leur spécialité prévus à l'article 15 ci-dessous, les programmes des courses de leur spécialité ;

(Al. rempl., D. n° 2015-338, 25 mars 2015) Établissent les conditions d'attribution et les taux des primes aux éleveurs de chevaux de courses et assurent le versement de ces primes aux bénéficiaires ;

Établissent, après consultation des conseils régionaux de leur spécialité, la répartition des subventions pour prix de courses prévues dans leurs budgets ; elles notifient aux sociétés bénéficiaires le montant de leurs subventions ;

Concourent, sous le contrôle du ministre chargé de l'agriculture et du ministre chargé du budget, aux actions techniques, sociales et de formation professionnelle liées aux courses, à l'élevage ou à la sélection des chevaux ; ;

Délibèrent sur toute question qui leur est soumise par le ministre chargé de l'agriculture ou le ministre chargé du budget ;

Assurent la production, la collecte, la conservation et la diffusion, selon les modalités qu'elles déterminent, des données et des images relatives aux réunions de courses de leur spécialité.

III. – Les sociétés de courses s'engagent, par leurs statuts, à se conformer au code établi pour chaque spécialité.

Les commissaires des courses sont agréés par le préfet, dans des conditions fixées par arrêté. Seules les personnes âgées de moins de soixante-quinze ans peuvent exercer les fonctions de commissaire des courses.

Les commissaires agréés peuvent exercer leurs fonctions sur l'ensemble des hippodromes dans les conditions fixées par arrêté du ministre chargé de l'agriculture.

IV. – Lorsqu'une société mère ou le groupement d'intérêt économique mentionné à l'article 27 étend son objet principal dans les conditions prévues au deuxième alinéa de l'article 5 de la loi du 2 juin 1891 susvisée, les modalités selon lesquelles les paris et les jeux sont mis en œuvre sont précisées dans le cahier des charges mentionné à l'article 4 du décret n° 2010-482 du 12 mai 2010 fixant les conditions de délivrance des agréments d'opérateur de jeux en ligne.

TITRE II. – DE L'ORGANISATION RÉGIONALE

Art. 13. – Il est créé au sein de chaque société mère et selon les modalités prévues par leurs statuts des comités régionaux, constitués de représentants élus des éleveurs, propriétaires, entraîneurs, jockeys ou drivers, tels que définis au 1° de l'article 2 ci-dessus.

Art. 14. – Les sociétés de courses, autres que les sociétés mères, et les représentants élus des socioprofessionnels siégeant dans les comités régionaux des sociétés mères constituent des fédérations régionales des courses dont les statuts sont conformes à un statut type agréé par le ministre chargé de l'agriculture. La Fédération nationale *(Mots suppr., D. n° 2015-338, 25 mars 2015)* instituée à l'article 19 du présent décret fixe dans ses statuts le périmètre de ces fédérations régionales.

Art. 15. – Les fédérations régionales des courses sont administrées par au maximum vingt-quatre délégués, selon les modalités prévues dans leurs statuts, à raison de :

Un quart de représentants des sociétés de courses ayant une activité galop ;

Un quart de représentants des sociétés de courses ayant une activité trot ;

Un quart de représentants des socioprofessionnels du galop ;

Un quart de représentants des socioprofessionnels du trot ;

Les représentants des sociétés de courses ayant une activité galop et les représentants des socioprofessionnels du galop constituent le conseil régional du galop.

Les représentants des sociétés de courses ayant une activité trot et les représentants des socioprofessionnels du trot constituent le conseil régional du trot.

Le conseil régional de chaque spécialité *(Mot rempl., D. n° 2006-1375, 13 nov. 2006)* « élit » son président parmi les représentants des sociétés de courses.

La fédération régionale des courses *(Mot rempl., D. n° 2006-1375, 13 nov. 2006)* « élit » son président et son vice-président parmi les deux présidents des conseils régionaux de chaque spécialité.

Art. 16. – Au sein de la fédération régionale des courses, l'ensemble des sociétés de courses qui en sont membres constituent une commission régionale des sociétés de courses.

Art. 17 *(Rempl., D. n° 2002-1346, 12 nov. 2002)*. – Le *(Mots rempl., D. n° 2006-1375, 13 nov. 2006 ; D. n° 2015-338, 25 mars 2015)* directeur compétent au ministère chargé de l'agriculture et le directeur général de l'établissement public *(Mots rempl., D. n° 2010-90, 22 janv. 2010)* « Institut français du cheval et de l'équitation » *(Mots aj., D. n° 2015-338, 25 mars 2015)* ou leurs représentants peuvent assister aux réunions annuelles des fédérations régionales des courses et de leurs conseils régionaux.

Art. 18. – Les fédérations régionales des courses sont notamment habilitées à :

(Al. aj., D. n° 2015-338, 25 mars 2015) Apporter un appui technique et administratif aux sociétés de courses dans l'exercice de leurs activités ;

Transmettre aux sociétés mères, en tenant compte des orientations définies par celles-ci, le calendrier des réunions de courses de leur région, que la *(Mots rempl., D. n° 2015-338, 25 mars 2015)* « fédération nationale mentionnée à l'article 19 » soumet à l'approbation du ministre chargé de l'agriculture ;

Donner un avis sur les aides demandées par les sociétés de courses de leur ressort au *(Mots rempl., D. n° 2006-1375, 13 nov. 2006)* « Fonds commun des courses », notamment en matière d'investissement sur les hippodromes ;

Définir les positions régionales sur les sujets communs aux spécialités, après avis des conseils régionaux ;

Saisir la *(Mots rempl., D. n° 2015-338, 25 mars 2015)* « fédération nationale mentionnée à l'article 19 » de toute question touchant l'intérêt général de l'institution des courses.

Les conseils régionaux par spécialité sont notamment habilités à :

Proposer aux sociétés mères une classification des hippodromes ;

Faire appliquer à l'échelon régional la politique nationale de la spécialité, notamment :

en proposant aux sociétés mères une répartition des subventions allouées pour la dotation des prix de courses ;

en proposant pour agrément aux sociétés mères un projet de programme tenant compte des orientations définies par celles-ci.

TITRE III. – DE L'ORGANISATION NATIONALE

Art. 19. – Les sociétés mères, les autres sociétés de courses et les fédérations régionales des courses forment entre elles une Fédération nationale *(Mots rempl., D. n° 2015-338, 25 mars 2015)* « dénommée Fédération nationale des courses hippiques » dont les statuts sont approuvés par le ministre chargé de l'agriculture.

La Fédération nationale des courses *(Mot rempl., D. n° 2015-338, 25 mars 2015)* « hippiques » se réunit en congrès au moins une fois tous les trois ans.

Art. 20 *(Mod., D. n° 2002-1346, 12 nov. 2002 ; D. n° 2015-338, 25 mars 2015)*. – La Fédération nationale des courses hippiques est administrée par un conseil d'administration composé :

De trois membres du comité de la société mère des courses au trot, dont son président ;

De trois membres du comité de la société mère des courses au galop, dont son président ;

Des quatre représentants des sociétés de courses régionales membres des comités des sociétés mères ;

De deux représentants des autres sociétés de courses, soit un au titre de chacune des deux spécialités, désignés par et parmi les présidents et vice-présidents des fédérations régionales des courses.

Participent en outre au conseil d'administration avec voix consultative :

Le directeur compétent au ministère chargé de l'agriculture ou son représentant ;

Le membre du corps du contrôle général économique et financier, désigné en application de l'article 35 ci-après.

La présidence du conseil d'administration est assurée, à tour de rôle pour un an, par le président de la société mère des courses au trot ou le président de la société mère des courses au galop. Le président a voix prépondérante en cas de partage.

Art. 21. – Au sein de la Fédération nationale des courses *(Mot rempl., D. n° 2015-338, 25 mars 2015)* « hippiques », les présidents et vice-présidents des fédérations régionales des courses constituent une commission nationale des régions, dont les compétences et les règles de fonctionnement sont précisées dans les statuts.

Art. 22. – La fédération a pour objet :

(Al. rempl., D. n° 2015-338, 25 mars 2015) De coordonner l'action de ses membres sur les sujets d'intérêt commun de l'institution des courses ;

De représenter l'institution des courses et de défendre ses intérêts généraux, en particulier auprès des pouvoirs publics ;

(Al. suppr., D. n° 2015-338, 25 mars 2015) ;

De proposer à l'approbation du ministre chargé de l'agriculture les projets de calendriers des réunions de courses transmis par les sociétés mères ; cette approbation est réputée acquise en cas de silence du ministre chargé de l'agriculture pendant un délai de deux mois à compter de la réception de la demande ;

(Rempl., D. n° 2006-1375, 13 nov. 2006) De gérer *(Mots suppr., D. n° 2015-338, 25 mars 2015)* « ... » le Fonds d'encouragement aux projets équestres régionaux ou nationaux et le produit des gains non réclamés ;

De *(Mod., D. n° 2015-338, 25 mars 2015)* coordonner les orientations en matière de politique sociale ;

De mener des activités d'intérêt général, notamment en matière de lutte contre le dopage ;

De proposer la politique de communication commune à l'institution des courses ;

De suivre les activités mises en commun sur décision des membres.

Art. 23 *(Rempl., D. n° 2006-1375, 13 nov. 2006).* – La Fédération nationale des courses *(Mot rempl., D. n° 2015-338, 25 mars 2015)* « hippiques » tient dans ses écritures un compte séparé dénommé Fonds commun des courses ayant pour objet d'apporter son concours aux sociétés de courses et aux structures collectives destinées aux professionnels des courses.

Les conditions d'attribution de ce concours sont fixées chaque année par la Commission nationale du fonds commun.

Art. 24 *(Abr., D. n° 2006-1375, 13 nov. 2006).*

Art. 25 *(Rempl., D. n° 2015-338, 25 mars 2015).* – La Commission nationale de répartition du Fonds commun des courses est composée de sept membres désignés par le conseil d'administration de la Fédération nationale des courses hippiques : six représentants dudit conseil ainsi qu'une personnalité qualifiée. Le conseil d'administration de la fédération nationale désigne également pour chacun des membres de la commission un suppléant.

La commission élit son président parmi ses membres.

Le directeur compétent au ministère chargé de l'agriculture, ou son représentant et le membre du corps du contrôle général économique et financier désigné en application de l'article 35 peuvent assister aux réunions de la commission de répartition du fonds commun des courses.

La Commission nationale de répartition du fonds commun se réunit au moins deux fois par an. Réunie en commission d'équipement, elle examine les demandes d'aides à l'équipement et fait des propositions dans le cadre du budget alloué.

Le président fait connaître les dates et l'ordre du jour des réunions des commissions mentionnées à l'alinéa précédent au directeur compétent au ministère chargé de l'agriculture et au membre du contrôle général économique et financier, qui peuvent, en outre, se faire présenter, à tout moment, toute pièce intéressant la gestion du fonds commun.

Art. 26 *(Rempl., D. n° 2006-1375, 13 nov. 2006).* – La Fédération nationale des courses *(Mot rempl., D. n° 2015-338, 25 mars 2015)* « hippiques » tient dans ses écritures un compte séparé dénommé « fonds d'encouragement aux projets équestres régionaux ou nationaux » destiné au financement d'actions et d'investissements au profit de la filière du cheval.

(Al. suppr., D. n° 2015-338, 25 mars 2015).

TITRE IV. – DU PARI MUTUEL SUR LES COURSES DE CHEVAUX ET DU GROUPEMENT D'INTÉRÊT ÉCONOMIQUE CHARGÉ D'EN ASSURER LA GESTION

(Titre rempl., D. n° 2015-338, 25 mars 2015)

Art. 27 *(Rempl., D. n° 2015-338, 25 mars 2015).* – Les sociétés de courses autorisées à organiser le pari mutuel sur les courses de chevaux dans les conditions fixées par l'article 5 de la loi du 2 juin 1891 susvisée organisent ce pari :

- sur les hippodromes où elles organisent des réunions de courses ;
- hors des hippodromes.

Dans les conditions fixées par le titre V du livre II du Code de commerce, elles confient à un groupement d'intérêt économique, constitué entre celles d'entre elles ayant organisé au cours de l'année précédant l'année en cours au moins une réunion de courses ouverte à la prise de paris hors hippodromes à l'échelon national, la gestion pour leur compte des paris hippiques y compris les paris mentionnés au II de l'article 11 de la loi n° 2010-476 du 12 mai 2010 relative à l'ouverture à la concurrence et à la régulation du secteur des jeux d'argent et de hasard en ligne, sous réserve que, pour l'organisation de la prise de paris hippiques en ligne, ce groupement ait obtenu l'agrément de l'Autorité de régulation des jeux en ligne dans les conditions fixées par l'article 21 de cette loi.

Les statuts du groupement mentionné ci-dessus, dénommé « Pari mutuel urbain », et leurs modifications sont approuvés par le ministre chargé de l'agriculture et le ministre chargé du budget.

Ce groupement d'intérêt économique peut faire bénéficier de ses services toute société de courses, notamment assurer pour son compte la gestion du pari mutuel dans les hippodromes où elle organise des réunions.

(Al. suppr., D. n° 2017-1306, 25 août 2017)

Art. 27-1 *(D. n° 2017-1306, 25 août 2017)*. – I. – Lorsque le groupement d'intérêt économique Pari mutuel urbain autorise des personnes privées à exploiter des postes d'enregistrement des paris, son autorisation est accordée après avis conforme du ministre de l'intérieur émis en considération des enjeux d'ordre public, de sécurité publique et de protection de la santé et des mineurs, mentionnés à l'article 1er de la loi du 12 mai 2010 précitée.

L'avis du ministre de l'intérieur est réputé favorable s'il n'est pas notifié au groupement dans le délai de deux mois à compter de l'accusé de réception par le ministre du dossier complet nécessaire à l'instruction de la demande.

Le ministre notifie l'avis défavorable au groupement Pari mutuel urbain et à la personne qui a demandé l'autorisation. Cette personne peut en demander les motifs au ministre.

Un recours administratif à l'encontre de l'avis défavorable peut être formé devant le ministre.

Le recours contentieux contre l'avis ou le rejet du recours administratif est exercé devant le juge administratif.

Le ministre de l'Intérieur informe le groupement Pari mutuel urbain, le cas échéant, du recours administratif ou contentieux formé par le demandeur ainsi que des suites qui lui sont données.

Un arrêté conjoint du ministre de l'intérieur, du ministre chargé de l'agriculture et du ministre chargé du budget précise la composition du dossier et les modalités d'instruction de la demande d'avis.

II. – En considération des enjeux d'ordre public, de sécurité publique et de protection de la santé et des mineurs, mentionnés au I, et à l'issue d'une procédure contradictoire avec l'exploitant qu'il aura préalablement engagée, le ministre de l'intérieur peut enjoindre au groupement Pari mutuel urbain de suspendre, pour une durée maximale de six mois, ou de mettre fin à l'autorisation d'exploiter des postes d'enregistrement de paris hippiques délivrée en application du présent décret.

Le ministre notifie l'injonction au groupement Pari mutuel urbain et à l'exploitant. L'exploitant peut en demander les motifs au ministre.

Un recours administratif à l'encontre de l'injonction peut être formé devant le ministre.

Le recours contentieux contre l'injonction ou le rejet du recours administratif est exercé devant le juge administratif.

Le ministre de l'Intérieur informe le groupement Pari mutuel urbain, le cas échéant, du recours administratif ou contentieux formé par l'exploitant ainsi que des suites qui lui sont données.

La suspension ou le retrait s'impose également au groupement d'intérêt économique dès lors que l'autorisation d'exploiter des postes d'enregistrement de jeux de loterie ou de jeux de pronostics sportifs accordée à la même personne a fait l'objet d'une telle mesure en application de l'article 18-1 du décret n° 78-1067 du 9 novembre 1978 relatif à l'organisation et à l'exploitation des jeux de loteries autorisés par l'article 136 de la loi du 31 mai 1933 et de l'article 48 de la loi n° 94-1163 du 29 décembre 1994 ou de l'article 19-1 du décret n° 85-390 du 1er avril 1985 relatif à l'organisation et à l'exploitation des jeux de pronostics sportifs autorisés par l'article 42 de la loi de finances pour 1985.

Art. 28 *(Mod., D. n° 2002-1346, 12 nov. 2002)*. – L'assemblée des membres du groupement d'intérêt économique mentionné à l'article 27 est constituée des représentants de chacune des sociétés de courses autorisées à organiser le pari mutuel hors les hippodromes dans les conditions énoncées à l'article 27.

Peuvent assister à l'assemblée à titre consultatif trois membres du personnel désignés par les organisations syndicales les plus représentatives du personnel dans l'entreprise.

(Mot rempl., D. n° 2005-436, 9 mai 2005) « Le membre du corps du contrôle général économique et financier », désigné en application de l'article 35 ci-après, et le commissaire du Gouvernement, désigné par le ministre chargé de l'agriculture, assistent à l'assemblée *(Mots suppr., D. n° 2015-338, 25 mars 2015)* « ... ».

Art. 29 *(Rempl., D. n° 2018-667, 27 juill. 2018)*. – Le groupement d'intérêt économique mentionné à l'article 27 est administré par un conseil d'administration de dix membres nommés conformément aux dispositions fixées par ses statuts :

a) Le président du conseil d'administration ;

b) Le directeur général ;

c) Quatre représentants des sociétés membres du groupement d'intérêt économique ;

d) Quatre représentants de l'État, dont deux désignés par le ministre chargé de l'agriculture et deux désignés par le ministre chargé du budget.

Le président du conseil d'administration et le directeur général, présentés par les sociétés membres, peuvent être pris en dehors des membres de l'assemblée et doivent être agréés par le ministre chargé de l'agriculture et le ministre chargé du budget.

Les mandats du président du conseil d'administration et du directeur général du groupement sont de quatre ans renouvelables.

Lors des délibérations du conseil d'administration, chaque membre dispose d'une voix ; toutefois, le président du conseil d'administration dispose d'une voix prépondérante en cas d'égalité des suffrages. Le membre du corps du contrôle général économique et financier et le commissaire du Gouvernement assistent aux réunions du conseil d'administration sans prendre part aux votes.

TITRE V. – DU CONTRÔLE FINANCIER

Art. 30. – Le contrôle financier prévu par l'article 3 de la loi du 2 juin 1891 susvisée en ce qui concerne les sociétés de courses et par l'article 5 modifié de la même loi, en ce qui concerne le pari mutuel hors les hippodromes, est assuré dans les conditions fixées par le présent titre.

Art. 31. – *(Rempl., D. n° 2006-1375, 13 nov. 2006)* I. – *(Al. rempl., D. n° 2015-338, 25 mars 2015)* Les ressources des sociétés mères provenant des activités de jeux et de prise de paris sont, après imputation de leurs propres frais, affectées :

1° Au financement des actions résultant des obligations de service public qui leur incombent en vertu de l'article 2 de la loi du 2 juin 1891 et de l'article 12 du présent décret ;

2° Au financement d'actions sociales en faveur des personnels actifs ou retraités des sociétés de course et de leurs organismes communs ou des personnels des écuries de courses, des entraîneurs, des jockeys et des drivers actifs ou retraités.

II. – Le ministre chargé du budget fixe par arrêté la part du produit des gains non réclamés affectée au financement de l'allocation de retraite supplémentaire et des actions de prévoyance. La fraction restante est versée au budget général de l'État.

Les prévisions de trésorerie pour l'exercice et les modalités de placement des disponibilités sont communiquées chaque année aux autorités compétentes pour approuver le budget.

Les sociétés de courses et leurs organismes communs mentionnés au I de l'article 12 figurant sur la liste prévue à l'article 34 ci-après peuvent être autorisés par le ministre chargé de l'agriculture et le ministre chargé du budget à acquérir, à titre gratuit ou à titre onéreux, ou à construire des immeubles ainsi qu'à entreprendre des travaux immobiliers ou à réaliser des travaux informatiques, s'ils sont nécessaires à leur exploitation et si leur situation financière le permet. Pour les autres sociétés de courses et organismes communs, l'autorisation est accordée par le ministre chargé de l'agriculture après avis du ministre chargé du budget. Un arrêté du ministre chargé de l'agriculture et du ministre chargé du budget fixe le montant des opérations soumises à ces autorisations et les conditions de délivrance de celles-ci. Ces autorisations sont réputées acquises en cas de silence du ou des ministres chargés de les délivrer pendant un délai de deux mois à compter de la réception de la demande.

Art. 32. – *(Mod., D. n° 2006-1375, 13 nov. 2006)* Les sociétés de courses et les organismes communs mentionnés au I de l'article 12 doivent établir, pour chaque exercice financier, un projet de budget et un compte financier présentés d'après les modèles fixés par le ministre chargé du budget.

La comptabilité des sociétés de courses est tenue selon un plan comptable approuvé par arrêté conjoint du ministre chargé de l'agriculture et du ministre chargé du budget, après avis *(Mod., Ord. n° 2009-80, 22 janv. 2009)* « de l'Autorité des normes comptables ». Cette approbation est réputée acquise en cas de silence des ministres chargés de la délivrer pendant un délai de deux mois après communication de cet avis.

Art. 33. – Le budget des sociétés de courses et des organismes communs mentionnés au I de l'article 12 et les modifications qui leur sont apportées en cours d'exercice ne deviennent exécutoires qu'après approbation par les autorités définies à l'article 34 ci-après. *(Phrase aj., D. n° 2006-1375, 13 nov. 2006)* « Cette approbation est réputée acquise en cas de silence de ces autorités pendant un délai de un mois à compter de la réception des documents ».

Lorsque aucune décision n'est intervenue avant le commencement de l'exercice, *(Mots suppr., D. n° 2006-1375, 13 nov. 2006)* « ... » aucune dépense d'investissement ne peut être réalisée et les dépenses de fonctionnement portées au budget précédent peuvent être reconduites, minorées de 5 %, jusqu'à l'approbation du projet de budget.

Art. 34 *(Mod., D. n° 2002-1346, 12 nov. 2002).* – Le ministre chargé de l'agriculture et le ministre chargé du budget fixent, par arrêté, la liste des sociétés et des organismes communs mentionnés au I de l'article 12 dont ils approuvent les projets de budget et les comptes financiers. Les comptes financiers doivent être certifiés par un commissaire aux comptes agréé.

Le préfet du département, après avis du *(Mots rempl., D. n° 2014-551, 27 mai 2014)* « directeur départemental ou, le cas échéant, régional des finances publiques » et du *(Mots suppr., D. n° 2015-338, 25 mars 2015)* « ... » directeur général de l'établissement public *(Mots rempl., D. n° 2010-90, 22 janv. 2010)* « Institut français du cheval et de l'équitation », approuve les projets de budget et les comptes financiers des autres sociétés de courses et organismes communs.

Art. 35. – Les sociétés et organismes visés par le présent décret sont soumis au contrôle de l'inspection générale des finances.

Les sociétés et organismes figurant sur la liste prévue à l'article 34 sont soumis au contrôle économique et financier de l'État dans les conditions prévues par le décret n° 55-733 du 26 mai 1955 susvisé, et notamment son article 10.

Les autres sociétés de courses et organismes sont soumis au contrôle des *(Mots rempl., D. n° 2014-551, 27 mai 2014)* « directeurs départementaux ou, le cas échéant, régionaux des finances publiques ».

Art. 36 *(Rempl., D. n° 2015-338, 25 mars 2015).* – Les conditions d'organisation et de fonctionnement des organismes à vocation sociale sont approuvées par le ministre chargé de l'agriculture et le ministre chargé du budget. Cette approbation est réputée acquise en cas de silence du ministre chargé de l'agriculture et du ministre chargé du budget pendant un délai d'un mois à compter de la réception de la demande. Les dispositions du sixième alinéa de l'article 31 et des articles 32, 33, 34, 35 et 38 leur sont applicables.

Art. 37 *(Abr., D. n° 2015-338, 25 mars 2015).*

Art. 38. – En cas de dissolution d'une société de courses de chevaux ou d'un organisme commun mentionné au I de l'article 12, le solde de l'actif ne peut être dévolu, par les liquidateurs, qu'avec l'accord du ministre chargé de l'agriculture et qu'à d'autres organismes de même nature ou au *(Mots rempl., D. n° 2006-1375, 13 nov. 2006)* « Fonds commun des courses ». *(Phrase suppr., D. n° 2015-338, 25 mars 2015)*

TITRE VI. – DISPOSITIONS DIVERSES

Art. 39 *(Mod., D. n° 2002-1346, 12 nov. 2002).* – Le règlement du pari mutuel *(Mots aj., D. n° 2015-338, 25 mars 2015)* « applicable dans le réseau urbain et sur les hippodromes » est arrêté par le ministre chargé de l'agriculture et le ministre chargé du budget, sur proposition du groupement d'intérêt économique mentionné à l'article 27 et après avis du ministre de l'Intérieur. Il est publié au *Journal officiel* de la République française.

Art. 40 *(Rempl., D. n° 2015-338, 25 mars 2015).* – Le contrôle et la surveillance des courses de chevaux et du pari mutuel sont assurés, dans leur domaine de compétence respectif, par les agents de la police nationale chargés de la police des courses et des jeux du ministère de l'Intérieur et par les directeurs départementaux ou, le cas échéant, régionaux des finances publiques ou leurs représentants.

Les agents chargés du contrôle et de la surveillance des courses de chevaux et du pari mutuel peuvent se faire présenter tous documents et pièces en rapport avec ces activités. Ils ont accès avant, pendant et après les courses aux écuries des hippodromes ainsi qu'à tous les locaux et installations où s'effectuent la prise et la centralisation des paris sur et hors les hippodromes. Toutefois, ils ne peuvent accéder aux postes d'enregistrement mentionnés au septième alinéa de l'article 27 en dehors des heures d'ouverture au public.

Art. 41 *(Mod., D. n° 2002-1346, 12 nov. 2002).* – Les sociétés mères, les sociétés de courses, les fédérations régionales des courses, la *(Mots rempl., D. n° 2015-338, 25 mars 2015)* « fédération nationale mentionnée à l'article 19 » et le groupement d'intérêt économique mentionné à l'article 27 soumettront à l'approbation du ou des ministres concernés des statuts conformes aux dispositions du présent décret dans un délai de six mois à compter de sa publication.

Art. 42 *(Abr., D. n° 2006-1375, 13 nov. 2006).*

Art. 43. – Sont abrogées les dispositions contraires au présent décret, notamment l'arrêté du 16 mars 1866 modifié relatif aux courses de chevaux et aux trois sociétés mères et le décret n° 83-878 du 4 octobre 1983 relatif aux sociétés de courses de chevaux et au pari mutuel.

L'article 3 de la loi du 2 juin 1891 susvisée est abrogé en tant qu'il concerne les sociétés et organismes mentionnés au deuxième alinéa de l'article 34 du présent décret.

Art. 44. – Le présent décret ne peut être modifié que par décret en Conseil d'État.

TABLE DES TEXTES CITÉS

Cette table regroupe l'ensemble des textes cités qu'ils soient intégralement reproduits ou qu'ils modifient les textes existants.

Textes codifiés

TEXTES CODIFIÉS REPRODUITS	PAGES
Code des assurances	
art. L. 310-1 à L. 310-28	2473
art. L. 322-1 à L. 322-29	2484
art. L. 325-1 à L. 326-15	2499
art. L. 328-1 à L. 328-13	2501
art. L. 341-1 à L. 341-4	2502
art. L. 345-2 et L. 345-3	2503
art. R.* 310-5 à R. 310-11	2504
art. R. 310-17 à R. 310-17-3	2505
art. R. 310-19	2506
art. R. 310-22 et R. 310-23	2506
art. R. 322-1 à R. 322-11-6	2507
art. R. 322-20	2512
art. R. 322-26	2512
art. R. 322-42 à R.** 322-125	2512
art. R.** 322-139 à R. 322-168	2541
art. R. 325-2 à R.* 326-2	2547
art. R. 328-1 et R.* 328-2	2549
art. R. 341-1 à R. 341-8	2550
art. R. 345-1 à R. 345-1-4	2551
art. R. 345-4	2552
Code civil	
art. 215, al. 3	18
art. 388-1-2	765
art. 401	765
art. 408	765
art. 408-1	746
art. 468	746
art. 509	746
art. 619	59
art. 815 à 815-18	707
art. 910	2363
art. 937	2369
art. 1145	28
art. 1147	28
art. 1153 à 1160	28
art. 1424	18, 746
art. 1427	19
art. 1592	66
art. 1832 à 1832-2	3
art. 1833	19
art. 1834 à 1843-1	29
art. 1843-2 et 1843-3	54
art. 1843-4	60
art. 1843-5 et 1844	67
art. 1844-1 à 1873	83
art. 1873-1 à 1873-18	710
art. 1961 à 1963	2340
art. 2011 à 2015	746
art. 2016 à 2020	749
art. 2021 à 2031	751
art. 2061	1956
art. 2372-1 à 2372-5	752
art. 2488-1 à 2488-5	753
art. 2488-6 ancien	754
Code de commerce	
art. L. 121-4	207
art. L. 123-1 à L. 123-5-2	798
art. L. 123-6 à L. 123-9-1	813
art. L. 123-10 à L. 123-11-8	856
art. L. 123-12 à L. 123-14	883
art. L. 123-15	884
art. L. 123-16 à L. 123-24	886
art. L. 123-25 à L. 123-28-2	893
art. L. 124-1 à L. 124-16	2685
art. L. 125-1 à L. 125-19	2467
art. L. 126-1	2553
art. L. 141-12 à L. 141-18	53
art. L. 141-21 et L. 141-22	54
art. L. 145-16	541
art. L. 210-1	165
art. L. 210-2 à L. 210-12	168
art. L. 221-1 à L. 223-18	171
art. L. 223-15	1317
art. L. 223-19 à L. 225-18-1	208
art. L. 223-25	2735
art. L. 225-19 à L. 225-53	243
art. L. 225-54 à L. 225-102-1	289
art. L. 225-102-2	322
art. L. 225-102-3 à L. 225-150	322
art. L. 225-150 ancien	350
art. L. 225-151 à L. 225-270	351
art. L. 226-1 à L. 227-1	387
art. L. 227-2 à L. 228-4	392
art. L. 228-5 à L. 229-15	413
art. L. 228-7	990
art. L. 228-9	990
art. L. 231-1 à L. 231-6	481
art. L. 231-7 à L. 233-3	482
art. L. 233-4 à L. 233-8	500
art. L. 233-7 à L. 233-14	1313
art. L. 233-9 à L. 233-15	504
art. L. 233-16 à L. 233-40	514
art. L. 234-1 à L. 235-1	520
art. L. 235-2 à L. 236-14	525
art. L. 236-15 à L. 236-22	542
art. L. 236-23 à L. 236-32	547
art. L. 237-1 à L. 239-1	554
art. L. 239-2 à L. 239-5	565
art. L. 23-10-1 à L. 23-11-4	566
art. L. 241-1 à L. 249-1	570
art. L. 247-2	1337
art. L. 251-1 à L. 252-13	601
art. L. 321-4 à L. 321-17	2738
art. L. 420-1 à L. 420-7	1672
art. L. 430-1 à L. 430-10	1681

TEXTES CODIFIÉS REPRODUITS	PAGES
art. L. 481-1 à L. 483-11	1676
art. L. 526-1 à L. 526-5	762
art. L. 526-6	764
art. L. 526-7 à L. 526-12	765
art. L. 526-13 à L. 526-21	768
art. L. 610-1	1972
art. L. 611-1 à L. 612-4	1973
art. L. 612-5	1982
art. L. 620-1 à L. 626-4	1985
art. L. 621-46 ancien	2015
art. L. 621-98 (ant.)	2079
art. L. 622-32 (ant.)	2086
art. L. 624-1 (ant.)	2092
art. L. 624-3 (ant.) et L. 624-4 (ant.)	2102
art. L. 624-5 (ant.)	2106
art. L. 626-4 (ant.)	2028
art. L. 626-5 à L. 628-10	2028
art. L. 631-1 à L. 632-4	2042
art. L. 640-1 à L. 645-12	2057
art. L. 650-1 et L. 651-1	2091
art. L. 651-2	2093, 2093
art. L. 651-3 à L. 652-1 (ant.)	2103
art. L. 652-2 à L. 654-20	2108
art. L. 652-2 (ant.) à L. 652-4 (ant.)	2108
art. L. 652-5 (ant.)	2108
art. L. 661-1 à L. 662-8	2123
art. L. 663-1 à L. 663-4	2129
art. L. 670-1 à L. 670-8	2131
art. L. 680-1 à L. 680-7	2133
art. L. 690-1 à L. 696-1	2134
art. L. 721-2 et L. 721-3	1953
art. L. 721-5	1955
art. L. 721-8	2128
art. L. 811-1 à L. 811-16	2282
art. L. 812-1 à L. 812-10	2302
art. L. 813-1 et L. 813-2	2313
art. L. 814-1 à L. 814-16	2313
art. L. 820-1 à L. 820-5	896
art. L. 820-6 à L. 821-5	899
art. L. 821-6 à L. 821-7	905
art. L. 821-9 et L. 821-10	906
art. L. 821-12 à L. 821-15	906
art. L. 822-1 à L. 822-8	923
art. L. 822-9 et L. 822-10	931
art. L. 822-11 à L. 822-16	932
art. L. 822-17 à L. 822-19	939
art. L. 823-1 à L. 823-8-1	946
art. L. 823-9 à L. 823-12	953
art. L. 823-12-1 à L. 823-19	956
art. L. 823-20 et L. 823-21	960
art. R. 123-1 à R. 123-30-13	785
art. R. 123-31 à R. 123-78	800
art. R. 123-79 à R. 123-121-1	814
art. R. 123-122 à R. 123-166	823
art. R. 123-166-1 à R. 123-171	859
art. R. 123-172 à R. 123-195	888
art. R. 123-197-1	892
art. R. 123-199 et R. 123-199-1	892
art. R. 123-201 à R. 123-202 (ant.)	893
art. R. 123-203 à R. 123-208	894
art. R. 123-209 à R. 123-219	864, 873
art. R. 123-220 à R. 123-234	865, 875
art. R. 123-237 à R. 124-1	869, 878
art. R. 210-1 à R. 210-20	617
art. R. 221-1 à R. 223-1	620
art. R. 223-3 à R. 225-105-2	624
art. R. 225-105-3 à R. 228-55	656
art. R. 228-57 à R. 229-12	677
art. R. 229-14 à R. 229-26	685
art. R. 232-1 à R. 237-18	687
art. R. 239-1	703
art. R. 247-1 à R. 247-4	704

TEXTES CODIFIÉS REPRODUITS	PAGES
art. R. 251-1 à R. 252-1	705
art. R. 321-1 à R. 321-9	2741
art. R. 420-1 à R. 420-5	1675
art. R. 430-1 à R. 430-10	1686
art. R. 481-1	1680
art. R. 483-1 à R. 483-14	1680
art. R. 526-1 et R. 526-2	763
art. R. 526-3 à R. 526-4	770
art. R. 526-6 à R. 526-8	771
art. R. 526-10 à R. 526-24	771
art. R. 600-1 à R. 600-4	2139
art. R. 611-10 à R. 612-4	2141
art. R. 612-6 et R. 612-7	2150
art. R. 621-1 à R. 626-8	2150
art. R. 626-4 (ant.) à R. 626-6 (ant.)	2166
art. R. 626-16 à R. 628-2	2169
art. R. 628-4 à R. 628-19	2177
art. R. 631-1 à R. 631-43	2179
art. R. 640-1 à R. 641-9	2186
art. R. 641-11 à R. 645-25	2188
art. R. 651-1 à R. 654-1	2206
art. R. 652-1 (ant.) et R. 652-2 (ant.)	2208
art. R. 661-1 à R. 663-50	2209
art. R. 670-1 à R. 670-6	2222
art. R. 743-29 à R. 743-80	3079
art. R. 743-81 à R. 743-119	3087
art. R. 743-120 à R. 743-134	3092
art. R. 743-135 à R. 743-139	3095
art. R. 811-1 à R. 811-68	2289
art. R. 812-1 à R. 812-24	2307
art. R. 814-1 à R. 814-3	2319
art. R. 814-3-2 à R. 814-42	2321
art. R. 814-42-2 à R. 814-58-9	2328
art. R. 814-59 à R. 814-108	2863
art. R. 814-109 à R. 814-144	2869
art. R. 814-145 à R. 814-154	2873
art. R. 814-155 à R. 814-157	2874
art. R. 814-158 à R. 814-169	2875
art. R. 821-1 à R. 821-14-19	908
art. R. 821-16 à R. 821-76	914
art. R. 822-1 à R. 822-19	926
art. R. 822-20 à R. 822-35	936
art. R. 822-36 et R. 822-37	946
art. R. 822-38 à R. 822-70	2965
art. R. 822-71 à R. 822-96	2968
art. R. 822-97 et R. 822-98	2972
art. R. 822-101 à R. 822-111	2972
art. R. 822-113 à R. 822-124	2973
art. R. 823-2 à R. 823-6-2	952
art. R. 823-7	955
art. R. 823-8 à R. 823-22	961
art. D. 123-80-1 et D. 123-80-2	815
art. D. 123-200	892
art. D. 123-205-1	894
art. D. 123-208-01	895
art. D. 123-235 et D. 123-236	868, 877
art. D. 223-2	622
art. D. 223-6-1	624
art. D. 225-104-1	653
art. D. 227-3	669
art. D. 228-56	676
art. D. 229-13 à D. 229-13-2	684
art. D. 23-10-1 à D. 23-10-3	703
art. D. 430-8	1687
art. D. 526-5	771
art. D. 526-9	771
art. D. 611-1 à D. 611-9	2140
art. D. 612-5	2149
art. D. 626-9 à D. 626-15	2167
art. D. 628-2-1 et D. 628-3	2177
art. D. 641-8-1	2187
art. D. 641-10	2188

TEXTES CODIFIÉS REPRODUITS	PAGES
art. D. 811-40-1	2298
art. D. 814-1-2	2319
art. D. 814-3-1	2321
art. D. 814-37-1	2327
art. D. 814-42-1	2328
art. D. 821-77	923
art. D. 822-7-1	928
art. D. 823-1 et D. 823-1-1	951
art. D. 823-7-1	956
art. A. 123-1 à A. 123-11	796
art. A. 123-12 à A. 123-26	811
art. A. 123-28 à A. 123-80	832
art. A. 123-81 à A. 123-96	870, 879
art. A. 225-1 à A. 225-4	321
art. A. 225-2	656
art. A. 233-1	504
art. A. 526-1 à A. 526-5	774
art. A. 811-1	2290
Code de la consommation	
art. L. 331-1 à L. 333-2	1204
Code de la construction et de l'habitation	
art. L. 200-1 à L. 202-11	2753
art. L. 210-1 à L. 215-9	2761
art. L. 241-1 à L. 242-4	2777
art. L. 411 à L. 411-10	2793
art. L. 422-1 à L. 423-17	2799
art. L. 443-6-2 à L. 443-6-13	2821
art. R. 200-1 à R. 202-8	2780
art. R. 210-1 à R. 213-17-3	2784
art. R. 215-1 à R. 215-4	2792
art. R. 422-1 à R. 422-2-1	2824
art. *R. 422-2	2826
art. *R. 422-3	2827
art. *R. 422-4	2827
art. *R. 422-5	2828
art. *R. 422-8-1	2828
art. R.* 422-6 à R. 422-9-6	2828
art. R. 422-16 à R. 422-17-4	2830
Code du domaine de l'État	
art. L. 27	979
art. R. 46 à R. 51	979
Code électoral	
art. L.O. 146	2381
art. LO. 148	2383
art. LO 145	2381
art. LO 146-1 à LO 146-3	2382
art. LO 147	2382
art. LO 147-1	2382
art. LO 149	2383
art. LO 150	2383
art. LO 151	2383
art. LO 151-1 à LO 151-4	2383
art. LO 297	2384
Code de l'environnement	
art. L. 515-36	322
Code forestier	
art. L. 331-1 à L. 331-16	2412
art. L. 332-1 à L. 332-5	2414
art. L. 332-6 à L. 332-8	2423
art. D. 332-2 à D. 332-12	2424
Code général des collectivités territoriales	
art. L. 1521-1 à L. 1522-6	3245
art. L. 1523-1 à L. 1525-3	3248
art. R. 1524-1 à R. 1524-6	3254
Code général des impôts	
art. 8 à 8 *quinquies*	1703
art. 62	1718
art. 80 *ter*	1718
art. 163 *bis* G	992

TEXTES CODIFIÉS REPRODUITS	PAGES
art. 200	2369
art. 206	1704
art. 238 *bis* et 238 *bis*	2372
art. 238 *quater* A à 238 *quater* L	754
art. 238 *quater* M à 238 *quater* Q	757
art. 239	1706
art. 256 et 257	758
art. 266	758
art. 268	759
art. 285 A	759
art. 635	759
art. 668 *bis* et 668 *ter*	759
art. 726 à 730 *quinquies*	1707
art. 757	2378
art. 766 *bis*	759
art. 787 B	1710
art. 788	2378
art. 790 A	1713
art. 792 *bis*	759
art. 793 à 793 *quater*	1713
art. 795	2379
art. 795 A	1717
art. 846 *bis*	780
art. 885 G *bis* et 885 G *bis* (ant.)	760
art. 885-0 V *bis* A	2379
art. 1115	760
art. 1133 *quater*	760
art. 1378 *octies*	2379
art. 1400	760
art. 1476	761
art. 1655 *quinquies*	392
art. 1655 *sexies*	780
art. 1743	884
art. 1762 *decies*	2380
art. 239 *bis* AA	1706
art. 239 *bis* AB	1706
Code général des impôts – Annexe III	
art. 344 M	757
art. 350 *bis*	780
Code général de la propriété des personnes physiques	
art. R. 3211-24	2452
Code monétaire et financier	
art. L. 211-1 à L. 211-4	975
art. L. 211-4-1 et L. 211-5	979
art. L. 211-6 à L. 212-1	980
art. L. 212-1 A et L. 212-2	989
art. L. 212-3 à L. 212-17	990
art. L. 213-0-1 à L. 213-4	994
art. L. 213-4-1 à L. 214-3	995
art. L. 214-4 à L. 214-14	1004
art. L. 214-14-13 à L. 214-24-12	1021
art. L. 214-24-14 à L. 214-191	1022
art. L. 221-1	1193
art. L. 222-1	1193
art. L. 223-1 à L. 223-13	1193
art. L. 231-1 à L. 232-1	1195
art. L. 313-1	1198
art. L. 313-7	565
art. L. 313-12 à L. 313-22-1	1199
art. L. 321-1 à L. 322-3	1205
art. L. 322-4 à L. 322-10	1222
art. L. 330-1 à L. 330-4	1223
art. L. 341-1 à L. 341-5	1228
art. L. 341-8 à L. 341-17	1231
art. L. 353-1 à L. 353-5	1239
art. L. 411-1 et L. 411-2	1241
art. L. 411-3 à L. 412-4	1242
art. L. 420-1 à L. 421-3	1244
art. L. 421-4 à L. 426-1	1253
art. L. 433-1 à L. 433-4	1269
art. L. 433-5	1300

TEXTES CODIFIÉS REPRODUITS	PAGES
art. L. 440-1 à L. 441-2	1301
art. L. 451-1-1 et L. 451-1-2	1304
art. L. 451-1-3 à L. 451-2	1312
art. L. 451-2-1 à L. 452-4	1318
art. L. 461-1	1321
art. L. 462-1 et L. 462-2	1321
art. L. 463-1 à L. 465-1	1322
art. L. 465-2 à L. 465-3-6	1333
art. L. 465-4 et L. 466-1	1341
art. L. 500-1	1342
art. L. 511-5	500
art. L. 511-7	500
art. L. 512-1	546
art. L. 512-61 à L. 512-67	2683
art. L. 512-92 et L. 512-93	2708
art. L. 515-4 à L. 515-12	2553
art. L. 517-1 et L. 517-2	2555
art. L. 517-4 à L. 517-10	2558
art. L. 531-0 à L. 532-20-2	1348
art. L. 532-21-2 à L. 532-25-1	1366
art. L. 532-27 à L. 532-53	1370
art. L. 533-1 et L. 533-2	1377
art. L. 533-2-2 à L. 533-10-2	1377
art. L. 533-11 et L. 533-12	1383
art. L. 533-12-7 et L. 533-13	1388
art. L. 533-13-1 à L. 533-18	1390
art. L. 533-19 à L. 533-23	1392
art. L. 541-1 à L. 547-1	1410
art. L. 547-3 à L. 548-6	1420
art. L. 551-1 à L. 552-7	1426
art. L. 561-1 à L. 561-50	1431
art. L. 562-1 à L. 563-5	1465
art. L. 571-14	2561
art. L. 573-1 à L. 574-4	1472
art. L. 611-1 à L. 612-50	1475
art. L. 613-20-1 à L. 613-21-8	1512
art. L. 613-24 à L. 615-2	1517
art. L. 621-1	1563
art. L. 621-2 à L. 621-6	1564
art. L. 621-7	1571
art. L. 621-7-1 à L. 621-15	1574
art. L. 621-15-2 à L. 621-17	1603
art. L. 621-17-1-1	1604
art. L. 621-17-3	1604
art. L. 621-17-5 à L. 621-18-3	1604
art. L. 621-18-5 à L. 621-21-1	1607
art. L. 621-22 à L. 621-25	1610
art. L. 621-30 et L. 621-31	1612
art. L. 621-31 ancien	1614
art. L. 621-32 à L. 621-35	1614
art. L. 631-1 à L. 633-15	1634
art. L. 641-1 à L. 642-3	1652
art. R. 211-1 à R. 211-9	1090
art. R. 211-9-7	1092
art. R. 213-15 à R. 213-16-1	1095
art. R. 213-21 à R. 213-25	1097
art. R. 213-28 et R. 213-29	1097
art. R. 214-2	1098
art. R. 214-4	1098
art. R. 214-9 à R. 214-31-1	1099
art. R. 214-32-9	1115
art. R. 214-32-16 à R. 214-32-30	1117
art. R. 214-32-32 à R. 214-32-42	1126
art. R. 214-34 à R. 214-58	1128
art. R. 214-62 à R. 214-79	1137
art. R. 214-81 à R. 214-112	1146
art. R. 214-114 à R. 214-123	1154
art. R. 214-125 à R. 214-177	1157
art. R. 214-183	1171
art. R. 214-185 à R. 214-187	1172
art. R. 214-189 à R. 214-194	1173
art. R. 214-196 à R. 214-215	1175

TEXTES CODIFIÉS REPRODUITS	PAGES
art. R. 214-217 et R. 214-218	1184
art. R. 214-221 à R. 214-226	1186
art. R. 214-230 à R. 214-231-1	1189
art. R. 214-234 à R. 214-235	1190
art. R. 214-240-1	1192
art. R. * 421-6-1	1266
art. R. * 424-2	1268
art. R. 222-1	1193
art. R. 231-1 et R. 231-2	1198
art. R. 313-14-1	1205
art. R. 330-1 à R. 330-3	1227
art. R. 341-16	1237
art. R. 353-1	1240
art. R. 421-1	1265
art. R. 421-6-2 et R. 421-6-3	1266
art. R. 424-3	1268
art. R. 465-1 à R. 465-4	1342
art. R. 517-4	2561
art. R. 518-57 à R. 518-69	1344
art. R. 532-1 à R. 532-3	1396
art. R. 532-6	1397
art. R. 532-8 à R. 532-8-3	1398
art. R. 532-10 à R. 532-16	1399
art. R. 532-17 à R. 532-19	1401
art. R. 532-24 à R. 532-25-1	1405
art. R. 532-28 à R. 532-35	1407
art. R. 533-1 et R. 533-2	1409
art. R. 533-2-2	1410
art. R. 542-1	1426
art. R. 550-1 à R. 550-3	1429
art. R. 561-1 à R. 561-3	1459
art. R. 561-3-0 et R. 561-4	1460
art. R. 561-55 à R. 561-63	1461
art. R. 562-1 à R. 563-5	1469
art. R. 611-1 à R. 611-3	1529
art. R. 612-2 à R. 612-7-2	1530
art. R. 612-9 à R. 612-22	1532
art. R. 612-24 à R. 612-41	1537
art. R. 612-42 à R. 612-52	1544
art. R. 612-59 à R. 613-2	1547
art. R. 613-3 à R. 613-28	1550
art. R. 615-9 à R. 616-1	1562
art. R. 621-1 à R. 621-26	1616
art. R. 621-30-1 à R. 621-30-4	1624
art. R. 621-31 à R. 621-43-1	1624
art. R. 621-44 à R. 621-46	1633
art. R. 633-1 à R. 633-5	1651
art. R. 641-1 à R. 641-3	1653
art. D. 211-1 A	1089
art. D. 211-9-1 à D. 211-9-5	1091
art. D. 213-0-1 à D. 213-14	1092
art. D. 213-17 à D. 213-20	1096
art. D. 213-26 et D. 213-27	1097
art. D. 214-0 et D. 214-1	1098
art. D. 214-3	1098
art. D. 214-5 à D. 214-8	1098
art. D. 214-22-1	1107
art. D. 214-31-2 à D. 214-32-8	1110
art. D. 214-32-10 à D. 214-32-15	1116
art. D. 214-32-31 à D. 214-34-1	1125
art. D. 214-59 à D. 214-61	1136
art. D. 214-64-1	1137
art. D. 214-79-1 à D. 214-80-10	1142
art. D. 214-113	1154
art. D. 214-124	1156
art. D. 214-178 à D. 214-184	1171
art. D. 214-187-1 et D. 214-188	1173
art. D. 214-195	1175
art. D. 214-202-1	1175
art. D. 214-206-1 à D. 214-207-1	1180
art. D. 214-213	1181
art. D. 214-216	1184

TEXTES CODIFIÉS REPRODUITS	PAGES
art. D. 214-219	1185
art. D. 214-227 à D. 214-229	1187
art. D. 214-232 à D. 214-232-4	1189
art. D. 214-234	1190
art. D. 214-236 à D. 214-240	1191
art. D. 214-240-2 à D. 214-241	1192
art. D. 313-14-1	1205
art. D. 341-1 à D. 341-15	1235
art. D. 411-1 à D. 411-4	1244
art. D. 421-2 à D. 424-1	1266
art. D. 431-1 à D. 431-5	1301
art. D. 432-1	1301
art. D. 452-1 à D. 452-8	1320
art. D. 517-1 et D. 517-2	2561
art. D. 517-5 à D. 517-8	2561
art. D. 532-20 à D. 532-23-4	1403
art. D. 533-1 A à D. 533-3	1409
art. D. 541-8 et D. 541-9	1425
art. D. 561-3-1	1461
art. D. 612-1	1530
art. D. 612-5-1	1531
art. D. 612-8	1532
art. D. 612-23	1537
art. D. 612-53 à D. 612-58	1547
art. D. 614-1 à D. 615-8	1559
art. D. 621-27 à D. 621-30	1622
art. D. 621-37-1-2 et D. 621-37-1-3	1627
Code pénal	
art. 121-1 à 121-7	2344
art. 131-37 à 131-39-2	2350
art. 131-40 à 131-49	2353
art. 132-12 à 132-15	2354
art. 132-30 à 132-34	2355
art. 132-36	2355
art. 226-13 et 226-14	899
art. 314-1 à 314-4	2358
art. 421-1	1333
art. 432-12 et 432-13	2358
art. 433-1 à 433-2-1	2360
art. 433-18	2361
art. 433-25 et 433-26	2361
art. 434-43 et 434-43-1	2352
art. 434-47 et 434-48	2352
art. R. 131-52 et R. 131-53	2355
Code de procédure civile	
art. 30 à 32	1945
art. 42	1949
art. 43	1950
art. 48	1950
art. 55 et 56	1941
art. 58 et 59	1941
art. 117	1947
art. 121	1949
art. 122	1946
art. 126	1947
art. 145	2338
art. 197	1951
art. 582 et 583	1951
art. 648	1942
art. 651	1942
art. 654 à 659	1943
art. 665	1944
art. 690	1944
art. 692 et 692-1	1945
art. 809	2334
art. 873 et 873-1	2334
art. 960 et 961	1952
art. 1442	1956
art. 1443 à 1450	1957
Code de procédure pénale	
art. 2	2343
art. 706-41 à 706-46	2356

TEXTES CODIFIÉS REPRODUITS	PAGES
Code des procédures civiles d'exécution	
art. L. 112-1 et L. 112-2	1958
art. L. 231-1	1958
art. L. 233-1	1958
art. L. 521-1 à L. 523-2	1959
art. L. 531-1 à L. 532-1	1959
art. R. 231-1 à R. 233-9	1960
art. R. 521-1	1962
art. R. 524-1 à R. 524-6	1962
art. R. 532-3 à R. 533-6	1963
Code de la propriété intellectuelle	
art. L. 321-1 à L. 321-6	2713
art. R. 321-1 à R. 327-6	2715
art. R. 331-1	2734
art. R. 422-12 à R. 422-40-1	3012
art. R. 422-41 et R. 422-42	3016
art. R. 422-44 à R. 422-49	3017
art. R. 422-50 et R. 422-51	3017
art. R. 422-51-1 à R. 422-51-3	3018
art. R. 422-51-5 à R. 422-51-9	3018
art. R. 422-51-11 à R. 422-51-14	3019
art. D. 331-1-1	2735
Code rural et de la pêche maritime	
art. L. 112-18	2464
art. L. 113-1 à L. 113-5	2415
art. L. 136-1 à L. 136-13	2387
art. L. 141-1 à L. 143-9	2427
art. L. 143-10 à L. 143-16	2439
art. L. 322-1 à L. 322-24	2408
art. L. 323-1 à L. 323-16	2395
art. L. 324-1 à L. 324-11	2393
art. L. 327-1	2458
art. L. 411-39-1	2459
art. L. 521-1 à L. 521-3	2619
art. L. 521-3-1 à L. 521-3-2	2621
art. L. 521-3-3	2623
art. L. 521-4 à L. 521-6	2623
art. L. 522-1 à L. 523-4-1	2624
art. L. 523-5 à L. 524-2-1	2627
art. L. 524-2-2 à L. 524-4-1	2630
art. L. 524-5 à L. 525-1	2632
art. L. 526-1 à L. 527-1	2634
art. L. 527-1-1 à L. 527-1-3	2638
art. L. 527-1-4	2638
art. L. 527-2 à L. 528-1	2639
art. L. 528-2	2640
art. L. 528-3	2641
art. L. 529-1 à L. 529-11	2641
art. L. 531-1 à L. 535-5	2459
art. L. 541-1 à L. 541-4	2465
art. L. 551-1 et L. 551-2	2419
art. L. 551-3	2419
art. L. 552-1 à L. 554-1	2419
art. L. 731-14-1	1937
art. L. 931-2 à L. 931-4	2465
art. L. 931-5 à L. 931-30	2679
art. R. 113-1 à R. 113-8	2417
art. R. 113-10 à R. 113-12	2418
art. R. 136-1 à R. 136-10	2390
art. R. 141-1 à R. 142-10	2442
art. R. 142-11 à R. 144-7	2452
art. R. 173-1 à R. 173-53	3034
art. R. 173-54 à R. 173-63	3041
art. R. 174-1 à R. 174-13	3042
art. R. 241-29 à R. 241-93	3201
art. R. 241-94 à R. 241-102	3209
art. R. 241-103	3210
art. R. 241-104 à R. 241-114	3211
art. R. 322-1 à R. 322-3	2411
art. R. 323-1 à R. 323-31	2399
art. R. 323-31-2 à R. 323-54	2403

TEXTES CODIFIÉS REPRODUITS	PAGES
art. R. 324-3	2394
art. R. 521-1 à R. 523-5-1	2643
art. R. 523-8 à R. 524-40	2650
art. R. 524-40 ancien à R. 529-3	2660
art. R.* 531-1 à R. 535-1	2461
art. R. 731-32-1	1937
art. D. 113-9	2418
art. D. 141-7-1	2446
art. D. 142-1-1	2449
art. D. 323-31-1	2403
art. D. 324-2	2394
art. D. 324-4	2394
art. D. 521-4	2644
art. D. 525-17	2663
art. D. 528-7-1	2669
art. D. 541-1	2466
art. D. 553-1 à D. 553-5	2422
art. D. 654-111	2458
Code de la santé publique	
art. L. 4041-1 à L. 4043-2	3199
art. L. 5125-11 à L. 5125-15	3191
art. R. 4113-1 et R. 4113-2	2950
art. R. 4113-4 à R. 4113-25	2950
art. R. 4113-26 à R. 4113-101	2954
art. R. 4131-10 à R. 4131-28	2689
art. R. 4381-8 à R. 4381-22	3136
art. R. 4381-25 à R. 4381-88	3140
art. R. 5125-14 à R. 5125-24	3193
art. R. 5125-24-1 à R. 5125-24-15	3196
art. R. 6223-11 à R. 6223-61	3020
art. R. 6223-62 à R. 6223-77	3027
art. R. 6223-78 à R. 6223-93	3030
art. D. 4113-102 et D. 4113-103	2964
art. D. 4381-23 et D. 4381-24	3139
art. D. 6223-94	3033
Code de la sécurité sociale	
art. L. 131-6 à L. 131-6-2	1933
art. L. 133-4-7	781
art. L. 133-6-8 et L. 133-6-8-1	1935
art. L. 137-13 à L. 137-18	1925
art. L. 242-1	1928
art. L. 311-1 à L. 311-3	1929
art. L. 311-6	1932
art. L. 412-2	1932
art. L. 611-1	1937
art. L. 622-9	1939
art. L. 661-1	1938
art. R. 131-7 et R. 131-8	1937
Code du sport	
art. L. 111-1	3257
art. L. 113-1 à L. 113-3	3258
art. L. 121-1 à L. 121-5	3258
art. L. 122-1 à L. 122-19	3259
art. R. 113-1 à R. 113-5	3262
art. R. 121-1 à R. 122-9	3263
art. R. 122-11 et R. 122-12	3265
art. D. 113-6	3262
art. D. 122-10	3265
Code des transports	
art. L. 3441-1 à L. 3441-6	2709
art. L. 4431-1 à L. 4431-3	2710
Code du travail	
art. L. 1233-20	1750
art. L. 2311-1 et L. 2311-2	1723
art. L. 2311-1 à L. 2313-7	1747
art. L. 2312-1 à L. 2312-84	1723
art. L. 2313-1 à L. 2313-10	1740
art. L. 2313-7-1 à L. 2313-14	1750
art. L. 2313-15	1752
art. L. 2313-16	1752

TEXTES CODIFIÉS REPRODUITS	PAGES
art. L. 2315-78 à L. 2315-95	1742
art. L. 2316-1 à L. 2316-3	1744
art. L. 2316-1	1752
art. L. 2316-13 à L. 2316-26	1745
art. L. 2321-1 à L. 2321-10	1746
art. L. 2321-1	1753
art. L. 2322-1 à L. 2322-7	1753
art. L. 2323-1 à L. 2323-3	1756
art. L. 2323-4 à L. 2323-8	1760
art. L. 2323-9 à L. 2323-28	1766
art. L. 2323-29 à L. 2323-54	1771
art. L. 2323-55 à L. 2323-67	1778
art. L. 2323-83 à L. 2323-87	1781
art. L. 2324-1 et L. 2324-2	1782
art. L. 2325-1 à L. 2325-35	1783
art. L. 2325-36 à L. 2325-38	1791
art. L. 2325-39 à L. 2325-42	1793
art. L. 2325-42-1 à L. 2325-58	1794
art. L. 2326-1 à L. 2326-9	1798
art. L. 2327-1 à L. 2327-19	1800
art. L. 2328-1 et L. 2328-2	1759
art. L. 2331-1 à L. 2331-6	1805
art. L. 2332-1 à L. 2333-1	1806
art. L. 2333-2 à L. 2334-4	1807
art. L. 2341-1 à L. 2343-7	1809
art. L. 2343-8 à L. 2344-1	1815
art. L. 2344-2 à L. 2344-9	1817
art. L. 2345-1	1819
art. L. 2345-2 et L. 2346-1	1819
art. L. 2351-1 à L. 2351-7	1820
art. L. 2352-1 à L. 2352-20	1821
art. L. 2353-1 et L. 2353-2	1826
art. L. 2353-3 à L. 2353-27-1	1827
art. L. 2353-28 à L. 2354-4	1830
art. L. 2361-1 à L. 2365-1	1832
art. L. 2371-1 à L. 2375-1	1842
art. L. 2391-1 (ant.) à L. 2394-1 (ant.)	1850
art. L. 23-101-1 (ant.) et L. 23-101-2 (ant.)	1852
art. L. 2411-11	1819
art. L. 2411-12	1830
art. L. 2432-1	1752
art. L. 3311-1 à L. 3315-5	1853
art. L. 3321-1 à L. 3326-2	1860
art. L. 3331-1 à L. 3335-2	1872
art. L. 3341-1 à L. 3346-1	1885
art. L. 7331-1 à L. 7332-7	2616
art. R. 2313-1 et R. 2313-2	1751
art. R. 2323-1 et R. 2323-1-1	1759
art. R. 2323-1-2 à R. 2323-1-10	1762
art. R. 2323-1-11 et R. 2323-1-12	1767
art. R. 2323-7-1	1771
art. R. 2323-13 à R. 2323-16	1780
art. R. 2323-18 et R. 2323-19	1778
art. R. 2325-6-1 et R. 2325-6-2	1791
art. R. 2325-6-3	1793
art. R. 2325-7	1794
art. R. 2331-1 à R. 2331-4	1806
art. R. 2343-1	1815
art. R. 2344-1	1817
art. R. 2344-3	1817
art. R. 2345-1	1819
art. R. 2352-5	1824
art. R. 2352-17 à R. 2352-19	1826
art. R. 2353-3	1827
art. R. 2353-4 et R. 2353-5	1830
art. R. 2354-1	1831
art. R. 2362-5	1838
art. R. 2362-17 à R. 2362-19	1840
art. R. 2363-3 à R. 2364-1	1841
art. R. 2372-5	1846
art. R. 2372-17 à R. 2372-19	1849
art. R. 2373-3 à R. 2373-5	1849

TEXTES CODIFIÉS REPRODUITS — PAGES

art. R. 3311-1 à R. 3312-2 1889
art. R. 3313-12 1891
art. R. 3314-3 et R. 3314-4 1892
art. R. 3321-1 à R. 3322-2 1892
art. R. 3323-5 et R. 3323-6 1893
art. R. 3323-9 à R. 3323-11 1894
art. R. 3324-7 1896
art. R. 3324-16 1897
art. R. 3324-21-1 à R. 3324-24 1898
art. R. 3326-1 1903
art. R. 3331-1 à R. 3332-21-1 1903
art. R. 3332-21-3 à R. 3334-5 1907
art. R. 3341-5 et R. 3341-6 1912
art. D. 2332-2 1807
art. D. 2351-1 1821
art. D. 2352-1 à D. 2352-4 1824
art. D. 2352-6 à D. 2352-16 1824
art. D. 2353-1 et D. 2353-2 1827
art. D. 2361-1 à D. 2362-4 1837
art. D. 2362-6 à D. 2363-2 1838
art. D. 2371-1 à D. 2372-4 1846
art. D. 2372-6 à D. 2373-2 1847
art. D. 3311-4 1889
art. D. 3313-1 à D. 3313-11 1889
art. D. 3313-13 à D. 3314-2 1891
art. D. 3321-2 1892
art. D. 3323-1 à D. 3323-4 1892
art. D. 3323-7 et D. 3323-8 1893
art. D. 3323-12 à D. 3324-6 1894
art. D. 3324-8 à D. 3324-15 1896
art. D. 3324-17 à D. 3324-21 1897
art. D. 3324-21-2 1898
art. D. 3324-25 à D. 3325-7 1899
art. D. 3331-2 et D. 3331-3 1903
art. D. 3332-9-1 1905
art. D. 3332-21-2 1907
art. D. 3334-3-1 à D. 3335-3 1911
art. D. 3341-1 à D. 3342-1 1912
art. D. 3345-1 à D. 3346-7 1913

Code de l'urbanisme

art. L. 327-1 à L. 327-3 3255

Livre des procédures fiscales

art. L. 64 C 760
art. L. 135 ZA 2380
art. L. 164 2439
art. L. 267 1719
art. L. 273 B 780
art. R.* 273 B-1 781

Règlement général de l'Autorité des marchés financiers

art. 121-1 à 123-1 1574
art. 211-2 et 211-3 1242
art. 221-1 à 223-10-1 1306
art. 223-11 à 223-18 509
art. 223-20 520
art. 231-1 à 231-52 1274
art. 231-54 à 234-3 1288
art. 234-3 ancien 1291
art. 234-4 à 238-5 1292
art. 411-6 1003
art. 411-9 1004
art. 611-1 à 612-4 1332
art. 621-1 et 622-1 1332
art. 631-1 à 632-1 1332

Textes non codifiés

TEXTES NON CODIFIÉS REPRODUITS — PAGES

1867

Loi du 24 juillet 1867 sur les sociétés

art. 80 387

1900

Loi du 12 mars 1900 ayant pour objet de réprimer les abus commis en matière de vente à crédit de valeurs mobilières

art. 6 1268

1901

Loi du 1er juillet 1901 relative au contrat d'association

art. 1er et 2 714
art. 2 *bis* à 12 717

Décret du 16 août 1901 portant règlement d'administration publique pour l'exécution de la loi du 1er juillet 1901 relative au contrat d'association

art. 1er à 15-7 728
art. 27 à 34 732

1907

Loi du 30 janvier 1907 portant fixation du budget général des dépenses et des recettes de l'exercice 1907

art. 3 1654

1929

Loi du 23 janvier 1929 sur les parts de fondateur émises par les sociétés

art. 1er à 14 409

1935

Décret du 30 octobre 1935 relatif à la protection des obligataires 1654

1942

Loi du 14 février 1942 tendant à l'organisation et au fonctionnement des bourses de valeurs 1322

1945

Ordonnance n° 45-2138 du 19 septembre 1945 portant institution de l'ordre des experts-comptables et réglementant le titre et la profession d'expert-comptable

art. 1er à 26 3044
art. 26-0 à 60 3055
art. 82 à 84 *bis* 3063

1946

Loi n° 46-942 du 7 mai 1946 instituant l'Ordre des géomètres-experts

art. 6-1 et 6-2 3067

TEXTES NON CODIFIÉS REPRODUITS	PAGES
1947	
Loi n° 47-1775 du 10 septembre 1947 portant statut de la coopération	
art. 1er à 5.1	2567
art. 6 à 11 *bis*	2569
art. 12 à 19 *terdecies*	2572
art. 19 *quaterdecies* à 19 *sexdecies A*	2577
art. 19 *septdecies* et 19 *octodecies*	2579
art. 19 *novodecies* à 25	2583
art. 25-1	2586
art. 25-2 à 26-5	2586
art. 26-6 et 26-7	2589
art. 26-8 et 26-9	2590
art. 26-10	2591
art. 26-11	2591
art. 26-12	2592
art. 26-13	2593
art. 26-14	2593
art. 26-15 à 26-22	2593
art. 26-23 à 26-32	2594
art. 26-33 à 26-38	2596
art. 26-39 et 26-40	2597
art. 26-41	2616
art. 27 à 30	2617
1948	
Décret n° 48-1683 du 30 octobre 1948 fixant certaines caractéristiques des valeurs mobilières	
art. 1er à 21	1654
Arrêté du 6 décembre 1948 pris en application du décret n° 48-1683 du 30 octobre 1948 fixant certaines caractéristiques des valeurs mobilières	
art. 1er à 7	1657
1949	
Loi n° 49-874 du 5 juillet 1949 relative à diverses dispositions d'ordre économique et financier	
art. 26	1659
1950	
Convention de sauvegarde des droits de l'homme et des libertés fondamentales du 4 novembre 1950 Rome, 4 novembre 1950, telle qu'amendée par le protocole n° 11	
art. 11	716
1952	
Loi n° 52-332 du 24 mars 1952 relative aux entreprises de crédit différé	
art. 1er à 16	2561
Décret n° 52-1327 du 15 décembre 1952 portant règlement d'administration publique pour l'application de la loi du 24 mars 1952 et relatif au montant minimal du capital social des entreprises de crédit différé	
art. 1er à 4	2563
1953	
Décret n° 53-1023 du 16 octobre 1953 portant règlement d'administration publique relatif à la constitution, au fonctionnement et au contrôle des entreprises de crédit différé	
art. 1er à 13	2564
1954	
Loi n° 54-417 du 15 avril 1954 autorisant le gouvernement à prendre diverses dispositions financières et réglementaires relatives à certaines sociétés de crédit différé	
art. 3	2563

TEXTES NON CODIFIÉS REPRODUITS	PAGES
1955	
Décret n° 55-1595 du 7 décembre 1955 relatif au régime des titres nominatifs	
art. 1er à 59	1659
1959	
Ordonnance n° 59-248 du 4 février 1959 relative aux sociétés pour le développement de l'industrie du commerce et de l'agriculture et leur adaptation à la Communauté économique européenne	
art. 1er à 7	2470
Décret n° 59-1053 du 7 septembre 1959 portant simplification de la gestion des titres nominatifs d'emprunts	
art. 1er à 7	1667
1963	
Loi n° 63-254 du 15 mars 1963 portant réforme de l'enregistrement, du timbre et de la fiscalité immobilière	
art. 33	2832
Arrêté du ministre des Finances et des Affaires économiques du 13 juillet 1963 fixant le montant minimum des actions qu'une société immobilière d'investissement est tenue de faire libérer en espèces	
art. 1er	2832
Décret n° 63-683 du 13 juillet 1963 relatif aux sociétés immobilières de gestion	
art. 1er à 3	2832
Décret n° 63-684 du 13 juillet 1963 relatif aux conditions d'agrément des programmes de construction entrepris par les sociétés immobilières d'investissement et les sociétés immobilières de gestion et aux conditions dans lesquelles ces sociétés pourront recevoir des apports en nature ou acquérir des immeubles déjà construits	
art. 1er à 7	2833
1964	
Loi n° 64-697 du 10 juillet 1964 relative au regroupement des actions non cotées	
art. 1er à 11	1668
1966	
Décret n° 66-388 du 13 juin 1966 relatif à la tutelle administrative des associations, fondations et congrégation	
art. 3	2369
Loi n° 66-879 du 29 novembre 1966 relative aux sociétés civiles professionnelles	
art. 1er à 38	2837
1967	
Décret n° 67-238 du 23 mars 1967 instituant le *Bulletin officiel des annonces civiles et commerciales*	
art. 8	865, 874
Décret n° 67-452 du 6 juin 1967 portant application de l'article 8 *ter* de la loi du 23 janvier 1929 sur les parts de fondateur émises par les sociétés	
art. 1er à 12	412
Décret n° 67-868 du 2 octobre 1967 portant règlement d'administration publique pour l'application à la profession de notaire de la loi n° 66-879 du 29 novembre 1966 relative aux sociétés civiles professionnelles	
art. 1er à 142	3149

TEXTES NON CODIFIÉS REPRODUITS **PAGES**

1969

Décret n° 69-763 du 24 juillet 1969 portant règlement d'administration publique pour l'application à la profession de commissaire-priseur de la loi n° 66-879 du 29 novembre 1966 relative aux sociétés civiles professionnelles
art. 1er à 136 2975

Décret n° 69-1057 du 20 novembre 1969 portant règlement d'administration publique pour l'application à la profession d'avoué de la loi n° 66-879 du 29 novembre 1966 relative aux sociétés civiles professionnelles
art. 1er (ant.) à 136 (ant.) 2922

Décret n° 69-1274 du 31 décembre 1969 portant règlement d'administration publique pour l'application à la profession d'huissier de justice de la loi n° 66-879 du 29 novembre 1966 relative aux sociétés civiles professionnelles
art. 1er à 138 3096

1971

Loi n° 71-1130 du 31 décembre 1971 portant réforme de certaines professions judiciaires et juridiques
art. 53 747
art. 66-5 747

1976

Décret n° 76-73 du 15 janvier 1976 portant application à la profession de géomètre-expert de la loi n° 66-879 du 29 novembre 1966 relative aux sociétés civiles professionnelles
art. 1er à 61 3068

1977

Décret n° 77-1480 du 28 décembre 1977 pris pour l'application à la profession d'architecte de la loi n° 66-879 du 29 novembre 1966 relative aux sociétés civiles professionnelles
art. 1er à 63 2877

1978

Loi n° 78-9 du 4 janvier 1978 modifiant le titre IX du livre III du Code civil
art. 1er à 5 153

Décret n° 78-380 du 15 mars 1978 portant application à la profession d'avocat au Conseil d'État et à la Cour de cassation de la loi n° 66-879 du 29 novembre 1966 relative aux sociétés civiles professionnelles
art. 1er à 77 2911

Décret n° 78-704 du 3 juillet 1978 relatif à l'application de la loi n° 78-9 du 4 janvier 1978 modifiant le titre IX du Livre III du Code civil
art. 1er à 57 156

Loi n° 78-763 du 19 juillet 1978 portant statut des sociétés coopératives de production
art. 1er à 60 2692

1979

Décret n° 79-67 du 18 janvier 1979 relatif aux parts sociales émises par les sociétés coopératives ouvrières de production
art. 1er et 2 2705

Décret n° 79-558 du 27 juin 1979 relatif à l'application du titre II, chapitre III, de la loi n° 78-763 du 19 juillet 1978 portant statut des sociétés coopératives ouvrières de production et concernant la souscription de parts sociales réservées aux salariés
art. 1er à 3 2706

Décret n° 79-885 du 11 octobre 1979 pris pour l'application aux vétérinaires de la loi n° 66-879 du 29 novembre 1966 relative aux sociétés civiles professionnelles
art. 25 3209

1980

Loi n° 80-834 du 24 octobre 1980 créant une distribution d'actions en faveur des salariés des entreprises industrielles et commerciales
art. 1er à 20 1917

Décret n° 80-935 du 26 novembre 1980 fixant les modalités d'application de la loi n° 80-834 du 24 octobre 1980 créant une distribution d'actions en faveur des salariés des entreprises industrielles et commerciales
art. 1er à 16 1921

1981

Loi n° 81-1162 du 30 décembre 1981 relative à la mise en harmonie du droit des sociétés commerciales avec la deuxième directive adoptée par le Conseil des Communautés européennes le 13 décembre 1976 (*JO* 31 déc. 1981 et rect. 3 mars 1982)
art. 32 481

1983

Décret n° 83-359 du 2 mai 1983 pris pour l'application de l'article 94-II de la loi de finances pour 1982 et relatif au régime des valeurs mobilières
art. 20 à 23-1 978

Loi n° 83-657 du 20 juillet 1983 relative au développement de certaines activités d'économie sociale
art. 1er à 63 *bis* 2670

Loi n° 83-675 du 26 juillet 1983 relative à la démocratisation du secteur public
art. 1er à 45 3215

Décret n° 83-1160 du 26 décembre 1983 portant application de la loi n° 83-675 du 26 juillet 1983 relative à la démocratisation du secteur public
art. 1er à 75 3223

1984

Loi n° 84-148 du 1er mars 1984 relative à la prévention et au règlement amiable des difficultés des entreprises
art. 30 à 62 1982
art. 57 932

Décret n° 84-205 du 23 mars 1984 relatif aux justifications à fournir par les sociétés coopératives artisanales ou de transport ou par leurs unions
art. 1er (ant.) à 3 (ant.) 2678

Décret n° 84-251 du 6 avril 1984 relatif à la valeur minimale des parts sociales et à l'organisation de sections des sociétés coopératives artisanales, de transport et maritimes
art. 1er à 5-1 2678

Décret n° 84-406 du 30 mai 1984 relatif au registre du commerce et des sociétés
art. 35 à 37 861
art. 42 863
art. 71 863

1985

Loi n° 85-11 du 3 janvier 1985 relative aux comptes consolidés de certaines sociétés commerciales et entreprises publiques
art. 13 à 17 885

TEXTES NON CODIFIÉS REPRODUITS	PAGES
Décret n° 85-295 du 1er mars 1985 pris pour l'application de la loi n° 84-148 du 1er mars 1984 relative à la prévention et au règlement amiable des difficultés des entreprises	
art. 33 et 34	1984
art. 57	1984
Règlement CEE n° 2137-85 du 25 juillet 1985 relatif à l'institution d'un groupement européen d'intérêt économique	
art. 1er à 43	609
1986	
Loi n° 86-18 du 6 janvier 1986 relative aux sociétés d'attribution d'immeubles en jouissance à temps partagé	
art. 1er à 36	2745
Décret n° 86-221 du 17 février 1986 pris pour l'application de la loi n° 85-11 du 3 janvier 1985 relative aux comptes consolidés de certaines sociétés commerciales et entreprises publiques et portant dispositions diverses relatives à l'établissement des comptes annuels	
art. 10	885
art. 13 à 16	885
Loi n° 86-793 du 2 juillet 1986 autorisant le gouvernement à prendre diverses mesures d'ordre économique et social	3213
Loi n° 86-897 du 1er août 1986 portant réforme du régime juridique de la presse	
art. 1er et 2	2735
art. 2-1 à 16	2735
Loi n° 86-912 du 6 août 1986 relative aux modalités des privatisations	3213
art. 8-1	1916
1987	
Loi n° 87-416 du 17 juin 1987 sur l'épargne	
art. 67	3214
art. 69	3214
Loi n° 87-571 du 23 juillet 1987 sur le développement du mécénat	
art. 4-1 et 5	733
art. 7	733
art. 18 à 21	734
art. 23	739
1988	
Loi n° 88-17 du 5 janvier 1988 relative aux fusions et aux scissions de sociétés commerciales et modifiant la loi n° 66-537 du 24 juillet 1966 sur les sociétés commerciales	
art. 22	3214
Arrêté du 9 février 1988 relatif au registre du commerce et des sociétés	
art. 18	864
1990	
Loi n° 90-1258 du 31 décembre 1990 relative à l'exercice sous forme de sociétés des professions libérales soumis à un statut législatif ou réglementaire ou dont le titre est protégé et aux sociétés de participations financières de professions libérales	
art. 1er à 14	2848
art. 15 à 31-2	2854
art. 31-3 à 34	2860
1991	
Décret n° 91-14 du 4 janvier 1991 relatif à l'assemblée spéciale des titulaires de certificats coopératifs d'investissement	
art. 1er à 9	2579
Décret n° 91-1197 du 27 novembre 1991 organisant la profession d'avocat	
art. 123	747
art. 124 à 128-1	2910
art. 128-2	2911
art. 131	2911
art. 205	747
art. 209-1 à 212	748
art. 216-1	748
art. 218	748
art. 223	748
art. 227	749
art. 231	749
art. 233	749
art. 235-3	749
1992	
Décret n° 92-137 du 13 février 1992 relatif aux titres de créances négociables	995
Décret n° 92-618 du 6 juillet 1992 relatif à l'exercice en commun de la profession de géomètre-expert sous la forme de société d'exercice libéral	
art. 1er à 8	3076
art. 9 à 23	3077
Décret n° 92-619 du 6 juillet 1992 relatif à l'exercice en commun de la profession d'architecte sous forme de société d'exercice libéral et aux sociétés de participations financières de professions libérales	
art. 1er à 16	2885
Décret n° 92-680 du 20 juillet 1992 pris pour l'application à la profession d'avocat de la loi n° 66-879 du 29 novembre 1966 relative aux sociétés civiles professionnelles	
art. 1er à 85	2888
Décret n° 92-704 du 23 juillet 1992 pris pour l'application de l'article 14 de la loi n° 90-1258 du 31 décembre 1990 relative à l'exercice sous forme de sociétés des professions libérales soumises à un statut législatif ou réglementaire ou dont le titre est protégé	
art. 1er	2854
Décret n° 92-1448 du 30 décembre 1992 pris pour l'application à la profession d'huissier de justice de la loi n° 90-1258 du 31 décembre 1990 relative à l'exercice sous forme de sociétés des professions libérales soumises à un statut législatif ou réglementaire ou dont le titre est protégé	
art. 1er à 83	3121
Décret n° 92-1449 du 30 décembre 1992 pris pour l'application à la profession de commissaire-priseur de la loi n° 90-1258 du 31 décembre 1990 relative à l'exercice sous forme de sociétés des professions libérales soumises à un statut législatif ou réglementaire ou dont le titre est protégé	
art. 1er à 95	2998
1993	
Décret n° 93-78 du 13 janvier 1993 pris pour l'application à la profession de notaire de la loi n° 90-1258 du 31 décembre 1990 relative à l'exercice sous forme de sociétés des professions libérales soumises à un statut législatif ou réglementaire ou dont le titre est protégé	
art. 1er à 84-2	3176

TEXTES NON CODIFIÉS REPRODUITS	PAGES
Décret n° 93-362 du 16 mars 1993 pris pour l'application à la profession d'avoué près les cours d'appel de la loi n° 90-1258 du 31 décembre 1990 relative à l'exercice sous forme de sociétés des professions libérales soumises à un statut législatif ou réglementaire ou dont le titre est protégé	
art. 1er (ant.) à 93 (ant.)	2939
Décret n° 93-455 du 23 mars 1993 relatif à la sortie du statut coopératif	
art. 1er à 3	2585
Décret n° 93-492 du 25 mars 1993 pris pour l'application à la profession d'avocat de la loi n° 90-1258 du 31 décembre 1990 relative à l'exercice sous forme de sociétés des professions libérales soumises à un statut législatif ou réglementaire ou dont le titre est protégé	
art. 1er à 51	2901
Décret n° 93-674 du 27 mars 1993 relatif à l'assemblée spéciale des porteurs de parts à intérêt prioritaire sans droit de vote	
art. 1er à 8	2572
Loi n° 93-923 du 19 juillet 1993 de privatisation	
art. 24	3215
Décret n° 93-1231 du 10 novembre 1993 relatif à la reconnaissance de la qualité de société coopérative ouvrière de production	
art. 1er à 9	2706
1994	
Loi n° 94-126 du 11 février 1994 relative à l'initiative et à l'entreprise individuelle	
art. 1er à 4-1	795
art. 47	1204
1995	
Décret n° 95-128 du 2 février 1995 relatif à l'exercice en commun de la profession de géomètre-expert sous la forme de société en participation	
art. 1er et 2	3079
Décret n° 95-129 du 2 février 1995 relatif à l'exercice en commun de la profession d'architecte sous la forme de société en participation	
art. 1er et 2	2888
1996	
Loi n° 96-597 du 2 juillet 1996 de modernisation des activités financières	
art. 34	1252
art. 96	1252
Règlement COB n° 96-02 du 24 décembre 1996 sur les prestataires de service d'investissement effectuant une activité de gestion de portefeuille pour le compte de tiers, homologué par Arrêté du 24 décembre 1996	
art. 6	1390
1997	
Règlement COB n° 96-03 du 6 janvier 1997 relatif aux règles de bonne conduite applicables au service de gestion de portefeuille pour le compte de tiers, homologué par A. 6 janvier 1997	1383
Décret n° 97-456 du 5 mai 1997 relatif aux sociétés de courses de chevaux et au pari mutuel	
art. 1er à 44	3265
1998	
Loi n° 98-546 du 2 juillet 1998 portant diverses dispositions d'ordre économique et financier	
art. 17	2569
1999	
Règlement CRBF n° 99-14 du 23 septembre 1999 relatif à la garantie des titres détenus pour le compte d'investisseurs, par les établissements de crédit et les entreprises d'investissement, les intermédiaires habilités par le Conseil des marchés financiers et les adhérents des chambres de compensation, ayant leur siège sur le territoire de la République française, homologué par Arrêté du 29 septembre 1999	
art. 1er	1207
art. 1-1 à 16	1207
Règlement CRBF n° 99-15 du 23 septembre 1999 relatif aux ressources et au fonctionnement du mécanisme de garantie des titres	
art. 1er à 19	1211
Règlement CRBF n° 99-16 du 23 septembre 1999 relatif à la garantie des titres détenus, pour le compte d'investisseurs par une succursale établie sur le territoire de la République française d'un établissement de crédit ou d'une entreprise d'investissement, ayant son siège social à l'étranger	
art. 1er à 16	1219
2000	
Règlement n° 1346/2000 du 29 mai 2000 relatif aux procédures d'insolvabilité	
art. 1er à 47	2272
Règlement du Conseil n° 44/2001 du 22 décembre 2000 concernant la compétence judiciaire, la reconnaissance et l'exécution des décisions en matière civile et commerciale	
art. 22	1950
2001	
Loi n° 2001-420 du 15 mai 2001 relative aux nouvelles régulations économiques	
art. 131	287
art. 139 et 140	3232
art. 142	3232
Règlement CE n° 2157-2001 du 8 octobre 2001 relatif à la société anonyme	
art. 1er à 70	468
2002	
Décret n° 2002-241 du 21 février 2002 relatif à la société coopérative d'intérêt collectif	
art. 1er à 7	2576
art. 8 à 12	2578
2003	
Règlement CE n° 1435/2003 du 22 juillet 2003 relatif au statut de la société coopérative européenne	
art. 1er à 80	2598
Loi n° 2003-706 du 1er août 2003 de sécurité financière	
art. 46	1563
art. 47	1571
art. 49	1603
Décret n° 2003-1109 du 21 novembre 2003 relatif à l'Autorité des marchés financiers	1610

TEXTES NON CODIFIÉS REPRODUITS	PAGES
2004	
Règlement du Conseil n° 139/2004 du 20 janvier 2004 relatif au contrôle des concentrations entre entreprises	
art. 1er à 26	1688
2005	
Arrêté du 27 mai 2005 fixant les modalités de transmission des insertions au Bulletin des annonces légales obligatoires	
art. 1er et 2	873, 882
Décret n° 2005-582 du 27 mai 2005 relatif au Bulletin des annonces légales obligatoires	
art. 2	873, 882
2007	
Loi n° 2007-211 du 19 février 2007 instituant la fiducie	
art. 12	761
art. 13 à 15	761
Décret n° 2007-807 du 11 mai 2007 relatif aux associations, fondations, congrégations et établissements publics du culte et portant application de l'article 910 du Code civil	
art. 1er à 12-6	2363
2008	
Loi n° 2008-776 du 4 août 2008 de modernisation de l'économie	
art. 140	739
Décret n° 2008-1484 du 22 décembre 2008 relatif aux actes de gestion du patrimoine des personnes placées en curatelle ou en tutelle, et pris en application des articles 452, 496 et 502 du Code civil	
art. 1er et 2	77
2009	
Décret n° 2009-158 du 11 février 2009 relatif aux fonds de dotation	
art. 1 à 16	741
Décret n° 2009-540 du 14 mai 2009 portant sur les obligations des associations et des fondations relatives à la publicité de leurs comptes annuels	
art. 1er à 3	1982
Décret n° 2009-767 du 22 juin 2009 relatif à la société coopérative européenne	
art. 1er à 5	2589
art. 6 à 9	2590
art. 10 et 11	2591
art. 12 et 13	2591
art. 14	2592
art. 15	2592
art. 16	2593
art. 17 et 18	2593
art. 19	2594
art. 20	2596
art. 21 à 24	2597
Loi n° 2009-879 du 21 juillet 2009 portant réforme de l'hôpital et relative aux patients, à la santé et aux territoires, dite « Loi Hôpital »	
art. 69	3019
2010	
Décret n° 2010-219 du 2 mars 2010 relatif au traitement automatisé de données à caractère personnel dénommé « Registre national des fiducies »	
art. 1er à 7	750
Décision du Conseil constitutionnel n° 2010-607 DC du 10 juin 2010 Loi relative à l'entrepreneur individuel à responsabilité limitée – Réserve d'interprétation	768
Décret n° 2010-1648 du 28 décembre 2010 relatif au tarif des actes déposés par l'entrepreneur individuel à responsabilité limitée au répertoire des métiers	
art. 1er	778
2011	
Loi n° 2011-103 du 27 janvier 2011	
art. 5	243
Loi n° 2011-894 du 28 juillet 2011 de financement rectificative de la sécurité sociale pour 2011	1915
Ordonnance n° 2011-1328 du 20 octobre 2011	
art. 5	1819
2012	
Décret n° 2012-432 du 30 mars 2012 relatif à l'exercice de l'activité d'expertise comptable	
art. 196 et 197	3065
art. 198 à 209	3065
2014	
Décret n° 2014-354 du 19 mars 2014 pris pour l'application de l'article 31-2 de la loi n° 90-1258 du 31 décembre 1990 relative à l'exercice sous forme de sociétés des professions libérales soumises à un statut législatif ou réglementaire ou dont le titre est protégé	
art. 1er à 14	2858
Loi n° 2014-856 du 31 juillet 2014 relative à l'économie sociale et solidaire	
art. 1er à 3	166
Décret n° 2014-949 du 20 août 2014 portant application de l'ordonnance n° 2014-948 du 20 août 2014 relative à la gouvernance et aux opérations sur le capital des sociétés à participation publique	
art. 1er à 10	3244
Ordonnance n° 2014-948 du 20 août 2014 relative à la gouvernance et aux opérations sur le capital des sociétés à participation publique	
art. 1er à 36	3233
2015	
Règlement du Parlement européen et du Conseil n° 2015/848 du 20 mai 2015 relatif aux procédures d'insolvabilité applicable depuis le 26 juin 2017, dans les conditions prévues par l'article 92	
art. 1er à 92	2235
Décret n° 2015-760 du 24 juin 2015 pris pour l'application de l'article 1er, alinéa 15, de la loi n° 2014-856 du 31 juillet 2014 relative à l'économie sociale et solidaire	
art. 1er	168
Décret n° 2015-800 du 1er juillet 2015 fixant les seuils au-delà desquels les sociétés coopératives sont soumises à la procédure de révision et adaptant la révision coopérative aux sociétés coopératives de production	
art. 1er	2586
2017	
Directive n° 2017/1132 du 14 juin 2017 du Parlement européen et du Conseil relative à certains aspects du droit des sociétés *(JOUE n° L 258, 1er oct. 2009).*	
art. 11	522
Directive du Parlement européen et du Conseil n° 2017/1132 du 14 juin 2017 relative à certains aspects du droit des sociétés	
art. 118 à 134	549

TEXTES NON CODIFIÉS REPRODUITS — PAGES

Ordonnance n° 2017-1386 du 22 septembre 2017 relative à la nouvelle organisation du dialogue social et économique dans l'entreprise et favorisant l'exercice et la valorisation des responsabilités syndicales

art. 9 1721

TEXTES NON CODIFIÉS REPRODUITS — PAGES

2019

Ordonnance n° 2019-362 du 24 avril 2019

art. 6 ...... 2621, 2623, 2630, 2632, 2634, 2637, 2639, 2641, 2641

Loi n° 2019-486 du 22 mai 2019

art. 177 743

INDEX ALPHABÉTIQUE

Les numéros renvoient respectivement aux développements d'annotations qui suivent les articles de la loi ou du décret.

A

Absorption de société : V. *Fusion et scission de sociétés.*

Abus :

- agrément, C. com., art. L. 223-14 (nº 8), p. 194 ; art. L. 228-24 (nº 2), p. 441 ;
- de biens, de crédit, de pouvoirs, de voix :
  - ▶ SA (directoire et conseil de surveillance), C. com., art. L. 242-30, p. 596.
- de biens sociaux :
  - ▶ EURL, C. com., art. L. 223-1 (nº 11), p. 187 ;
  - ▶ rapports avec la banqueroute, C. com., art. L. 654-2 (nº 6), p. 2118.
- de biens sociaux, de crédit, de pouvoirs, de voix :
  - ▶ SA, C. com., art. L. 242-6, p. 573 ;
  - ▶ EURL, C. com., art. L. 241-3 (nº 1), p. 571 ;
  - ▶ liquidateur de société, C. com., art. L. 247-8, p. 600 ;
  - ▶ SARL, C. com., art. L. 241-3, p. 570.
- communication de documents sociaux, C. com., art. L. 225-115 (nº 6), p. 334 ;
- de confiance, C. com., art. L. 242-21 (nº 1), p. 595. – C. pén., art. 314-1 à 314-4, p. 2358 ;
  - ▶ associé de société en participation, C. civ., art. 1872 (nº 3), p. 147 ;
  - ▶ fondateur de SA, C. com., art. L. 225-11 (nº 2), p. 238 ;
  - ▶ gérant de SNC, C. com., art. L. 221-4 (nº 4), p. 175 ;
  - ▶ gérant de société civile, C. civ., art. 1850 (nº 7), p. 123.
- démission, C. com., art. L. 225-47 (nº 16), p. 283 ;
- désignation d'un expert de gestion, C. com., art. L. 225-231 (nº 5), p. 371 ;
- droit de communication, C. com., art. L. 225-108 (nº 2), p. 330 ;
- du droit de convocation d'une assemblée, C. com., art. L. 225-103 (nº 4), p. 325 ;
- du droit de demander la dissolution, C. civ., art. 1844-7 (nº 15), p. 98 ;
- du droit d'ester en justice, C. civ., art. 1833 (nº 21), p. 26 ;
- de droit (fiscal) :
  - ▶ apport de la nue-propriété d'un bien et donation des titres, C. civ., art. 1843-3 (nº 15), p. 57 ;
  - ▶ cession de parts sociales, C. com., art. L. 223-14 (nº 25), p. 199 ;
  - ▶ société en participation, C. civ., art. 1832 (nº 25), p. 11 ; art. 1871 (nº 4), p. 144 ;
  - ▶ transformation avant la cession des titres, C. com., art. L. 223-43 (nº 4), p. 231.
- du droit de refuser de modifier une règle comptable, C. com., art. L. 232-6 (nº 1), p. 484 ;
- d'égalité :
  - ▶ notion, C. civ., art. 1833 (nº 23), p. 27 ;
  - ▶ sanctions, C. civ., art. 1833 (nº 25), p. 28.
- de majorité :
  - ▶ juste motif de retrait, C. civ., art. 1833 (nº 17), p. 25 ;
  - ▶ notion, C. civ., art. 1833 (nº 14), p. 23 ;
  - ▶ quitus, C. civ., art. 1833 (nº 14), p. 23 ;
  - ▶ sanctions, C. civ., art. 1833 (nº 18), p. 25.
- de minorité :
  - ▶ notion, C. civ., art. 1833 (nº 19), p. 25 ;
  - ▶ sanctions, C. civ., art. 1833 (nº 22), p. 27.
- non-renouvellement d'un mandat de direction, C. com., art. L. 225-55 (nº 8), p. 293 ;
- questions écrites, C. com., art. L. 225-108 (nº 6), p. 331 ;
- refus d'agrément, C. civ., art. 1861 (nº 5), p. 133 ;
- révocation, C. com., art. L. 225-18 (nº 8), p. 242 ; art. L. 225-47 (nºs 13 et 14), p. 282 ; art. L. 225-55 (nº 5), p. 291 ; art. L. 225-61 (nºs 3 et 4), p. 297.

Achat par les dirigeants des actions de la société, C. com., art. L. 225-109, p. 331.

Achat par la société de ses propres actions, C. com., art. L. 225-206 et s., p. 364 ; art. R. 225-153 à R. 225-158, p. 664 et s. ;

- actions acquises à la suite d'une transmission universelle du patrimoine ou d'une décision de justice, C. com., art. L. 225-213, p. 368 ;
- avances de fonds, prêts ou sûretés, interdiction, C. com., art. L. 225-216, p. 368 ;
- certificat d'investissement, C. com., art. L. 225-217, p. 369 ;
- cession ou annulation des actions, C. com., art. L. 225-214, p. 368 ;
- interdiction :
  - ▶ principe, C. com., art. L. 225-206, p. 364.
- participation des salariés aux fruits de l'expansion des entreprises, C. com., art. L. 225-208, p. 365 ;
- registre des achats et des ventes, C. com., art. L. 225-211, p. 367 ; art. R. 225-159 et R. 225-160, p. 665 ; art. R. 225-160-4, p. 666 ;
- régularisation des cours, C. com., art. L. 225-209, p. 365 ; art. L. 225-212, p. 368 ; art. R. 225-151, p. 664 ;
- sanctions pénales, C. com., art. L. 242-24, p. 595 ; V. *aussi Réduction du capital ;*

- sociétés dont les actions ne sont pas admises aux négociations sur un marché réglementé, C. com., art. L. 225-209-2, p. 366 ; art. R. 225-160-1 à R. 225-160-3, p. 665 et s.

Achat de la totalité de parts d'une société : V. *Réunion de toutes les parts en une seule main.*

Acte accompli pour le compte de la société en formation : V. *Reprise des actes accomplis pour le compte d'une société en formation.*

Actes d'administration ou de disposition, D.22 déc. 2008, p. 77.

Actes de gestion, C. civ., art. 1848, p. 120. – C. com., art. L. 221-4, p. 174 ; art. L. 222-6, p. 184 ; art. L. 228-53, p. 453 ; V. *aussi Expertise de gestion.*

Actif social :
- société en liquidation, C. com., art. L. 237-6 et s., p. 555.

Action civile, CPP, art. 2, p. 2343 ;
- abus de biens sociaux, de crédit, de pouvoirs, de voix :
  - ▶ personnes non recevables à agir, C. com., art. L. 242-6 (nos 67 à 73), p. 589 ;
  - ▶ personnes recevables à agir, C. com., art. L. 242-6 (no 63), p. 589 ; art. L. 242-6 (nos 65 et 66), p. 589 ;
  - ▶ préjudice, C. com., art. L. 242-6 (no 61), p. 588 ;
  - ▶ transaction, C. com., art. L. 242-6 (no 62), p. 588.
- abus de confiance, C. com., art. L. 221-4 (no 4), p. 175 ;
- action sociale *ut singuli*, C. civ., art. 1843-5 (no 1), p. 67 ; art. 1843-5 (nos 10 et 11), p. 70 ;
- association de défense des investisseurs, C. mon. fin., art. L. 452-1 et s., p. 1319 ;
- présentation de comptes infidèles, C. com., art. L. 242-6 (no 22), p. 577.

Action de concert, C. com., art. L. 225-126, p. 337 ; art. L. 233-3, p. 498 ; art. L. 233-3 (no 1), p. 499 ; art. L. 233-10 et L. 233-10-1, p. 505 et s.

Action individuelle, C. civ., art. 1843-5, p. 67. – C. com., art. R. 225-167, p. 667 ;
- SA, C. com., art. L. 225-252 et L. 225-253, p. 381 ;
- contre un tiers contractant de la société, C. civ., art. 1843-5 (no 5), p. 69 ;
- mandat, C. com., art. R. 225-168, p. 667 ;
- préjudice individuel, C. civ., art. 1843-5 (no 1), p. 67 ;
- régime de l'action, C. civ., art. 1843-5 (no 4), p. 69 ;
- SARL, C. com., art. L. 223-22, p. 210.

Action en justice :
- action en comblement de passif :
  - ▶ possibilité d'un cumul avec d'autres actions en responsabilité, C. com., art. L. 651-2 (no 12), p. 2100 ;
  - ▶ prescription, C. com., art. L. 651-2 (no 13), p. 2101 ;
  - ▶ principe du non-cumul avec l'action en responsabilité pour faute des dirigeants, C. com., art. L. 651-2 (no 12), p. 2100.
- action en dissolution, C. civ., art. 1844-7, p. 94 ;
- action *de in rem verso*, C. com., art. L. 225-22 (no 2), p. 245 ;
- action oblique, C. civ., art. 1844-8 (no 3), p. 105 ;
- action paulienne, V. *Fraude* ;
- action sociale *ut singuli*, V. *Procédure civile (solutions particulières aux personnes morales).*

Action en nullité (sociétés et délibérations sociales), C. civ., art. 1844-10, p. 109 ;
- action interrogatoire, C. civ., art. 1844-12, p. 113 ;
  - ▶ interruption et suspension, C. civ., art. 1844-14 (no 2), p. 115.
- causes de nullité, C. civ., art. 1844-10 (no 13), p. 112 ;
- extinction, C. civ., art. 1844-11, p. 113 ;
- intérêt et qualité pour agir, C. civ., art. 1844-10 (no 14), p. 112 ;
- prescription, C. civ., art. 1844-14, p. 114 ;
  - ▶ domaine de la prescription triennale, C. civ., art. 1844-14 (no 4), p. 115 ;
  - ▶ exception de nullité, C. civ., art. 1844-14 (no 3), p. 115 ;
  - ▶ point de départ, C. civ., art. 1844-14 (no 1), p. 114.
- régularisation, C. civ., art. 1844-12 et 1844-13, p. 113 et s. ;
- renonciation, C. civ., art. 1844-10 (no 15), p. 113.

Action sociale, C. civ., art. 1843-5, p. 67 ;
- SA, C. com., art. L. 225-42 (no 6), p. 276 ; art. L. 225-252 et L. 225-253, p. 381 ;
  - ▶ prescription, C. com., art. L. 225-254, p. 382.
- domaine, C. civ., art. 1843-5 (no 7), p. 70 ;
- juridictions répressives, C. civ., art. 1843-5 (no 7), p. 70 ;
- non exigence d'une faute détachable, C. civ., art. 1843-5 (no 9), p. 70 ;
- préjudice social, C. civ., art. 1843-5 (no 1), p. 67 ; art. 1843-5 (no 8), p. 70 ;
- prescription, C. com., art. L. 223-23, p. 214 ;
- SARL, C. com., art. L. 223-22, p. 210 ;
- société civile, C. civ., art. 1850, p. 122 ;
- *ut singuli*, C. civ., art. 1843-5, p. 67. – C. com., art. R. 225-169 et R. 225-170, p. 667 et s. ;
  - ▶ action en responsabilité, C. civ., art. 1843-5 (no 6), p. 69 ;
  - ▶ caractère subsidiaire, C. civ., art. 1843-5 (no 10), p. 70 ;
  - ▶ défendeur, C. civ., art. 1843-5 (no 13), p. 71 ;
  - ▶ demandeur, C. civ., art. 1843-5 (no 12), p. 71 ;
  - ▶ désistement du demandeur, C. civ., art. 1843-5 (no 14), p. 72 ;
  - ▶ expert *in futurum*, C. civ., art. 1843-5 (no 7), p. 70. – CPC, art. 145 (no 3), p. 2339 ;
  - ▶ mesures conservatoires, C. civ., art. 1843-5 (no 6), p. 69 ;
  - ▶ mise en cause de la société, C. civ., art. 1843-5 (no 11), p. 70. – D. 3 juill. 1978, art. 38, p. 161.

Actionnariat du personnel salarié, C. com., art. R. 225-137 à R. 225-145, p. 662 et s. – C. trav., art. L. 3321-1 et L. 3322-1, p. 1860 et s. ; art. L. 3341-1, p. 1885 ; art. L. 3344-1, p. 1887 ;
- attribution d'actions gratuites aux salariés, C. com., art. L. 225-197-1 à L. 225-197-5, p. 359 et s. ;
- distribution d'actions en faveur des salariés :
  - ▶ entreprise industrielle et commerciale, L. 24 oct. 1980, p. 1917 ; D. 26 nov. 1980, p. 1921.
- émission et achat en bourse d'actions réservées, C. com., art. L. 225-187-1, p. 359 ;
- intéressement des salariés à l'entreprise, C. trav., art. L. 3311-1 et s., p. 1853 ;

V. *aussi Fonds communs de placement, Intéressement des salariés à l'entreprise, Participation des salariés.*

Actions de préférence, C. com., art. L. 228-11 et s., p. 415 ; art. R. 228-17 et s., p. 671. – C. mon. fin., art. L. 212-5, p. 991 ;
- amortissement du capital, C. com., art. L. 228-16, p. 418 ;
- assemblée spéciale, C. com., art. L. 228-16, p. 418 ; art. L. 228-19, p. 418 ; art. R. 228-16, p. 671 ; art. R. 228-21 et R. 228-22, p. 672 ;
- avantages particuliers (procédure), C. com., art. L. 228-15, p. 417 ;
- calcul de la quotité, C. com., art. L. 228-29-10, p. 444 ;
- commissaire aux comptes :
  - ▶ avis, C. com., art. R. 228-19 et R. 228-20, p. 671 et s. ;
  - ▶ rapport spécial, C. com., art. L. 228-12 et L. 228-13, p. 416 et s. ; art. R. 228-17 et R. 228-18, p. 671.
- conversion, C. com., art. L. 225-132, p. 341 ; art. L. 228-12, p. 416 ; art. L. 228-14 et L. 228-15, p. 417 ; art. R. 228-15, p. 671 ; art. R. 228-18 à R. 228-20, p. 671 et s. ;
- définition, C. com., art. L. 228-11, p. 415 ;
- dividende, C. com., art. L. 228-18, p. 418 ;
- droit préférentiel de souscription, C. com., art. L. 228-29-9, p. 444 ;
- droit de vote, C. com., art. L. 228-11, p. 415 ;
- échange, C. com., art. L. 228-17, p. 418 ;
- émission, C. com., art. L. 225-127, p. 337 ; art. L. 228-12, p. 416 ; art. R. 228-17, p. 671 ; art. R. 228-19 et R. 228-20, p. 671 et s. ;
- fusion, C. com., art. L. 228-17, p. 418 ;
- groupe de sociétés, C. com., art. L. 228-13, p. 417 ;
- modification du capital, C. com., art. L. 228-16, p. 418 ;
- rachat, C. com., art. L. 228-12 et L. 228-12-1, p. 416 et s. ; art. R. 228-19 et R. 228-20, p. 671 et s. ; art. R. 228-22-1, p. 672 ;
- rapport du conseil d'administration, C. com., art. L. 225-139, p. 345 ; art. L. 228-17, p. 418 ;
- rapport du directoire, C. com., art. L. 225-139, p. 345 ; art. L. 228-17, p. 418 ;
- rapport spécial du commissaire aux comptes, C. com., art. L. 228-19, p. 418 ; art. R. 228-22, p. 672 ;
- SAS, C. com., art. L. 227-1 (nº 3), p. 392 ;
- scission, C. com., art. L. 228-17, p. 418.

Actions de société, C. com., art. L. 228-7 à L. 228-19, p. 414 et s. ; art. L. 228-21 à L. 228-24, p. 419 et s. ; art. L. 228-26 à L. 228-35, p. 442 et s. ; art. R. 228-22-1 et R. 228-23, p. 672 ;
- actions admises aux négociations sur un marché réglementé, C. com., art. L. 225-120, p. 334 ; art. L. 225-126, p. 337 ; art. L. 225-138, p. 344 ; art. L. 225-177, p. 351 ; art. L. 225-185, p. 358 ; art. L. 225-209, p. 365 ;
- actions d'apport, C. mon. fin., art. L. 212-1 et s., p. 990 ;
  - ▶ définition, C. com., art. L. 228-7, p. 414 ;
  - ▶ infraction, C. com., art. L. 242-17, p. 594 ;
  - ▶ libération, C. com., art. L. 225-3, p. 235 ; art. L. 225-138, p. 344.
- actions d'autocontrôle, C. com., art. L. 233-31, p. 517 ; art. L. 247-3, p. 599 ;
- actions de capital, C. com., art. L. 225-122, p. 335 ; art. L. 225-200 et L. 225-201, p. 362 ;
- actions à dividende prioritaire sans droit de vote, C. com., art. L. 228-35-2 à L. 228-35-11, p. 446 et s. – C. mon. fin., art. L. 212-6-1, p. 991 ;
  - ▶ assemblée spéciale, C. com., art. L. 228-35-6, p. 447 ; art. R. 225-96, p. 651 ; art. R. 228-40 à R. 228-42, p. 675 ; art. R. 228-45 à R. 228-48, p. 675 ;
  - ▶ calcul de la quotité des actions de préférence, C. com., art. L. 228-29-10, p. 444 ;
  - ▶ catégorie de titres en voie d'extinction, C. com., art. L. 228-29-8 et s., p. 444 ;
  - ▶ conversion, C. com., art. L. 228-35-3, p. 447 ; art. R. 228-43, p. 675 ;
  - ▶ création, C. com., art. L. 228-35-3, p. 447 ;
  - ▶ dividende prioritaire, C. com., art. L. 228-35-4, p. 447 ;
  - ▶ droit préférentiel de souscription, C. com., art. L. 228-35-7, p. 448 ;
  - ▶ droit de vote, C. com., art. L. 228-35-4 et L. 228-35-5, p. 447 ;
  - ▶ infraction, C. com., art. L. 245-4, p. 597 ;
  - ▶ interdictions, C. com., art. L. 228-35-8 et L. 228-35-9, p. 448 ;
  - ▶ rachat d'actions, C. com., art. L. 228-35-10, p. 449 ; art. R. 228-44, p. 675 ;
  - ▶ réduction du capital, C. com., art. L. 228-35-9, p. 448 ;
  - ▶ remboursement en cas de liquidation, C. com., art. L. 237-30, p. 562 ;
  - ▶ SAS, C. com., art. L. 227-1 (nº 2), p. 392 ;
  - ▶ société d'exercice libéral (SEL), L. 31 déc. 1990, art. 9, p. 2852.
- actions à droit de vote double, C. com., art. L. 225-123 et L. 225-124, p. 335 et s. ;
  - ▶ publicité, C. com., art. R. 210-4, p. 617 ;
  - ▶ société d'exercice libéral (SEL), L. 31 déc. 1990, art. 8, p. 2852.
- actions de garantie, C. com., art. L. 225-20 (nº 1), p. 244 ; art. L. 225-25 (nº 4), p. 251 ;
- actions gratuites, C. com., art. L. 225-149, p. 349 ; art. L. 228-33, p. 446 ;
- actions de jouissance, C. com., art. L. 225-198 et s., p. 362 ; art. R. 225-147, p. 663 ;
- actions nominatives, C. com., art. L. 228-9, p. 415. – C. mon. fin., art. L. 228-9 et s., p. 990 ; art. L. 212-4, p. 991 ;
  - ▶ possibilité d'une clause d'agrément, C. com., art. L. 228-23, p. 419.
- actions nouvelles, C. com., art. L. 225-149, p. 349 ;
- actions de numéraire :
  - ▶ augmentation de capital, C. com., art. L. 225-128, p. 338 ;
  - ▶ définition, C. com., art. L. 228-7, p. 414 ;
  - ▶ infraction, C. com., art. L. 242-1, p. 572 ; art. L. 242-3, p. 573 ; art. L. 242-17, p. 594 ;
  - ▶ libération, C. com., art. L. 225-3, p. 235 ; art. L. 225-131, p. 341 ; art. L. 225-144, p. 346 ;
  - ▶ négociabilité, C. com., art. L. 228-10, p. 415 ; art. L. 228-10 et s., p. 415.
- actions de priorité, C. com., art. L. 228-35-1, p. 446. – C. mon. fin., art. L. 212-6, p. 991 ;
  - ▶ catégorie de titres en voie d'extinction, C. com., art. L. 228-29-8 et s., p. 444.
- actions de travail, C. com., art. L. 225-260 et s., p. 384 ;

- attribution gratuite d'actions aux salariés, C. com., art. L. 225-197-1 à L. 225-197-5, p. 359 et s. ;
- cession, C. com., art. L. 228-23, p. 419 ;
- clause d'agrément, C. com., art. L. 228-23 et s., p. 419 ; art. R. 228-23, p. 672 ;
  ▶ publicité, C. com., art. R. 210-4, p. 617 ; art. R. 225-3, p. 630.
- clause restreignant le transfert d'actions ou l'exercice du droit de vote, C. com., art. L. 225-125, p. 336 ;
- cotation :
  ▶ admission et radiation, C. mon. fin., art. L. 421-3 à L. 421-5, p. 1252 et s. ;
  ▶ négociation et cession, C. mon. fin., art. L. 421-6 à L. 421-11, p. 1253 et s. ; art. L. 573-1, p. 1472.
- détention au titre d'opérations de cession temporaire :
  ▶ obligation d'information, C. com., art. L. 225-126, p. 337.
- distribution gratuite aux salariés, L. 24 oct. 1980, p. 1917 ; D. 26 nov. 1980, p. 1921 ;
- droit de vote, C. com., art. L. 225-126, p. 337 ; art. L. 235-2-1, p. 525 ;
- émission, C. com., art. L. 225-2, p. 234 ; art. L. 225-127 et s., p. 337 ; art. R. 225-3, p. 630 ;
  ▶ nullité, C. com., art. L. 228-22, p. 419.
- forme, C. com., art. L. 228-1 et s., p. 404. – C. mon. fin., art. L. 228-9, p. 990 ;
- gage :
  ▶ interdiction, C. com., art. L. 225-215, p. 368.
- infraction, C. com., art. L. 242-1, p. 572 ;
- libération, C. com., art. L. 225-3, p. 235 ; art. L. 225-128, p. 338 ; art. L. 225-144 et s., p. 346 ; art. L. 228-27 et s., p. 442 ;
  ▶ actionnaire défaillant, C. com., art. R. 228-24 à R. 228-26, p. 672 et s. ;
  ▶ infraction, C. com., art. L. 242-17, p. 594.
- libération par compensation de créance, C. com., art. R. 225-134, p. 661 ;
- mise au nominatif des titres détenus par les dirigeants des SA, C. com., art. L. 225-109, p. 331 ;
- mise au nominatif des titres détenus par les dirigeants des sociétés, C. com., art. L. 226-12, p. 390 ; art. R. 225-110 à R. 225-112, p. 657. – C. mon. fin., art. L. 465-1, p. 1322 ;
- nantissement, C. com., art. L. 228-26, p. 442 ;
- négociabilité, C. com., art. L. 228-21, p. 419 ;
  ▶ monopole du prestataire de services d'investissement, C. mon. fin., art. L. 421-6 et L. 421-7, p. 1253.
- option d'achat et de souscription par les salariés, C. mon. fin., art. L. 212-16, p. 992 ;
- rachat, C. com., art. L. 225-206, p. 364 ; art. R. 225-153, p. 664 ;
  ▶ sanctions pénales, C. com., art. L. 242-24, p. 595.
- regroupement d'actions, C. com., art. L. 228-29-1 à L. 228-29-7, p. 443 et s. ; art. R. 228-27 à R. 228-32, p. 673 et s. ;
  ▶ actions non cotées, L. 10 juill. 1964, p. 1668.
- réunion en une seule main, C. civ., art. 1844-5, p. 89. – D. 3 juill. 1978, art. 8, p. 157 ;
  ▶ SAS, C. com., art. L. 227-4, p. 394.
- souscription, C. com., art. L. 225-2 et s., p. 234 ; art. L. 225-12 et s., p. 238 ; art. L. 225-132 et s., p. 341 ; art. L. 225-177, p. 351 ; art. R. 225-117-1, p. 658 ; art. R. 225-128, p. 661 ;
  ▶ offre au public, C. com., art. R. 225-5, p. 631.
- valeur nominale minimum, C. com., art. L. 228-8, p. 415 ;
- vente forcée, C. com., art. L. 228-27 et s., p. 442 ; art. R. 228-24 à R. 228-26, p. 672 et s. ;
- voies d'exécution, V. *Voies d'exécution (droits d'associé et valeurs mobilières) ;*

V. *aussi Actions de préférence, Achat par les dirigeants des actions de la société, Achat par la société de ses propres actions, Actionnariat du personnel salarié, Droit préférentiel de souscription, Indivision, Infractions concernant les sociétés par actions, Nue-propriété, Obligations, Usufruit, Vente par la société de ses propres actions.*

Administrateur judiciaire et mandataire judiciaire :
- dispositions communes aux diverses sociétés, C. com., art. L. 811-1 et s., p. 2282 ; art. R. 814-60, p. 2863 ;
- société civile professionnelle (SCP), C. com., art. R. 814-109, p. 2869 ;
- société d'exercice libéral (SEL), C. com., art. R. 814-145, p. 2873 ;
- société en participation, C. com., art. R. 814-155, p. 2874.

Administrateur provisoire, CPC, art. 873, p. 2334 ;
- condition de la désignation, CPC, art. 873 (nº 4), p. 2335 ;
- intérêt et qualité pour agir, CPC, art. 873 (nº 5), p. 2336 ;
- mission, CPC, art. 873 (nº 6), p. 2337.

Administrateur de société anonyme, C. com., art. L. 225-17 et s., p. 239 ;
- acceptation des fonctions, C. com., art. L. 225-7, p. 236 ;
- actions :
  ▶ mise au nominatif, C. com., art. L. 225-109, p. 331.
- contrat de travail, C. com., art. L. 225-21-1 à L. 225-22-1, p. 244 et s. ;
- conventions interdites, C. com., art. L. 225-43, p. 277 ;
- cumul de mandats, C. com., art. L. 225-21, p. 244 ; art. L. 225-94-1 et L. 225-95-1, p. 313 et s. ;
  ▶ fusion, C. com., art. L. 225-95, p. 313.
- délégation provisoire dans les fonctions du président, C. com., art. L. 225-50, p. 284 ; art. R. 225-34, p. 636 ;
- démission, C. com., art. L. 225-18 (nº 9), p. 242 ;
- droit d'information, C. com., art. L. 225-35, p. 256 ;
- durée des fonctions, C. com., art. L. 225-18, p. 240 ; art. R. 225-15, p. 633 ;
- élu par les salariés, C. com., art. L. 225-27 à L. 225-32, p. 252 et s. ; art. L. 225-34, p. 256 ;
- fonctionnaire, C. com., art. L. 225-17 (nº 2), p. 240 ;
- interdictions et déchéances, C. com., art. L. 225-52, p. 287 ; art. L. 653-1, p. 2108 ;
- jetons de présence, C. com., art. L. 225-45, p. 278 ; art. R. 225-33, p. 636 ;
- justification de présence, C. com., art. R. 225-20, p. 633 ; art. R. 225-25, p. 634 ;
- limite d'âge, C. com., art. L. 225-19, p. 243 ;
- mandats, C. com., art. L. 225-19 à L. 225-22, p. 243 et s. ; art. R. 225-15, p. 633 ;
- nombre, C. com., art. L. 225-17, p. 239 ; art. L. 225-24, p. 250 ; art. L. 225-95, p. 313 ;

- nomination, C. com., art. L. 225-18, p. 240 ; art. L. 225-18 (nº 2), p. 240 ;
  ▶ en cours de vie sociale, C. com., art. L. 225-18 (nº 1), p. 240 ;
  ▶ incidents de séance, C. com., art. L. 225-105 (nº 4), p. 327 ;
  ▶ premiers administrateurs, C. com., art. L. 225-7, p. 236 ; art. L. 225-16, p. 239.
- obligation de discrétion, C. com., art. L. 225-37, p. 262 ;
- personne morale, C. com., art. L. 225-20, p. 243 ;
- qualité d'actionnaire, C. com., art. L. 225-25, p. 251 ;
- remboursement de frais, C. com., art. R. 225-33, p. 636 ;
- rémunération, C. com., art. L. 225-45, p. 278 ; art. R. 225-33, p. 636 ;
  ▶ enrichissement sans cause, C. com., art. L. 225-44 (nº 1), p. 278 ;
  ▶ rémunérations autorisées, C. com., art. L. 225-44, p. 278 ;
  ▶ rémunérations exceptionnelles, C. com., art. L. 225-46, p. 278.
- renouvellement du mandat, C. com., art. L. 225-18 (nº 4), p. 241 ;
- représentant permanent, C. com., art. L. 225-20, p. 243 ; art. L. 225-20 (nº 2), p. 244 ; art. R. 225-16 et R. 225-17, p. 633 ;
- représentant des salariés désigné en application de l'article L. 225-27-1, C. com., art. L. 225-27-1, p. 252 ; art. L. 225-30-1 et L. 225-30-2, p. 256 ; art. R. 225-34-2 à R. 225-34-6, p. 637 ;
- représentation, C. com., art. R. 225-19, p. 633 ;
- responsabilité :
  ▶ civile, C. com., art. R. 225-167 à R. 225-170, p. 667 et s.
- révocation, C. com., art. L. 225-18, p. 240 ; art. L. 225-105, p. 326 ;
  ▶ abus, C. com., art. L. 225-18 (nº 8), p. 242 ;
  ▶ incidents de séance, C. com., art. L. 225-105 (nº 4), p. 327 ;
  ▶ libre révocabilité, C. com., art. L. 225-18 (nº 6), p. 241.
- supplémentaire, C. com., art. L. 225-17, p. 239 ;
- vacance de siège, C. com., art. R. 225-18, p. 633 ;
  ▶ cooptation, C. com., art. L. 225-24, p. 250.

V. *aussi Actions de garantie, Conseil d'administration, Cumul de mandats, Cumul d'un contrat de travail et d'un mandat social, Décès, Démission, Dirigeant de SA, Responsabilité civile.*

Affectio societatis **:**
- absence, C. civ., art. 1832 (nº 31), p. 14 ; art. 1844-10 (nº 3), p. 109. - C. com., art. L. 223-14 (nº 9), p. 194 ;
- notion, C. civ., art. 1832 (nº 29), p. 13 ; art. 1833 (nº 10), p. 20 ;
- retrait d'associé de société civile, C. civ., art. 1869 (nº 8), p. 139 ;
- société créée de fait, C. civ., art. 1873 (nº 6), p. 149 ;
- société créée de fait entre concubins, C. civ., art. 1873 (nº 7), p. 151 ;
- société entre époux, C. civ., art. 1832 (nº 34), p. 14 ;
- société en participation, C. civ., art. 1871 (nº 1), p. 143.

Agence de notation, C. mon. fin., art. L. 544-1 et s., p. 1416.

Agent de change : V. *Prestataire de services d'investissement.*

Agrément :
- SA, C. com., art. L. 225-132 (nº 2), p. 342 ; art. L. 228-23 et L. 228-24, p. 419 et s. ;
  ▶ abus de majorité, C. com., art. L. 228-24 (nº 2), p. 441 ;
  ▶ agrément tardif, C. com., art. L. 228-24 (nº 4), p. 441 ;
  ▶ domaine, C. com., art. L. 228-23 (nºs 79 et 80), p. 438 ;
  ▶ exigence d'un agrément pur et simple, C. com., art. L. 228-24 (nº 5), p. 441 ;
  ▶ opposabilité de la clause, C. com., art. L. 228-23 (nº 81), p. 438 ;
  ▶ portée de la clause, C. com., art. L. 228-23 (nº 78), p. 437 ;
  ▶ procédure, C. com., art. L. 228-24 (nº 1), p. 440 ;
  ▶ refus, C. com., art. L. 228-24 (nº 3), p. 441.
- abus de majorité, C. civ., art. 1833 (nºs 15 et 16), p. 23 ;
- adjudication, C. civ., art. 1861 (nº 3), p. 133 ;
- nantissement judiciaire provisoire, C. civ., art. 1861 (nº 3), p. 133 ;
- SARL, C. com., art. L. 223-13 et L. 223-14, p. 191 et s. ;
- SNC, C. com., art. L. 221-13 (nº 4), p. 178 ;
- société civile, C. civ., art. 1861, p. 132 ; art. 1861 (nº 3), p. 133 ; art. 1861 (nº 5), p. 133 ; art. 1861 (nºs 7 et 8), p. 133 ; art. 1862 à 1864, p. 136. - D. 3 juill. 1978, art. 49 et 50, p. 163 ;
  ▶ agrément réputé acquis, C. civ., art. 1863 (nº 1), p. 136.

Agriculture : V. *Associations foncières agricoles, Coopératives agricoles, Expert agricole et foncier, Expert forestier, Exploitations agricoles à responsabilité limitée, Groupements agricoles d'exploitation en commun, Groupements fonciers agricoles et ruraux, Groupements forestiers, Groupements pastoraux, Groupements de producteurs, Groupements de producteurs forestiers, Société civile d'exploitation agricole, Sociétés d'aménagement foncier et établissement rural, Sociétés d'intérêt collectif agricole, Sociétés mixtes d'intérêt agricole.*

Alerte :
- SA, C. com., art. R. 234-1, p. 694.

Alternext : V. *Systèmes multilatéraux de négociation organisés.*

Amortissement de capital :
- société par actions, C. com., art. L. 225-198 et s., p. 362 ; art. R. 225-146, p. 663 ;
  ▶ actions de jouissance, C. com., art. L. 225-198 et s., p. 362 ;
  ▶ conditions, C. com., art. L. 225-198, p. 362 ;
  ▶ conversion des actions amorties en actions de capital, C. com., art. L. 225-200 et L. 225-201, p. 362 ; art. R. 225-146 à R. 225-149, p. 663 et s. ;
  ▶ droits et obligations attachés aux actions amorties, C. com., art. L. 225-199, p. 362 ;
  ▶ modifications des statuts, C. com., art. L. 225-203, p. 363 ;
  ▶ ratification des assemblées spéciales, C. com., art. L. 225-202, p. 363.

Annexe, C. com., art. L. 123-12 et s., p. 883 ; art. L. 123-15, p. 884 ; art. R. 123-195, p. 892 ; art. R. 123-197-1, p. 892 ; art. R. 123-199-1, p. 892.

Apparence, C. civ., art. 1872-1 (nº 4), p. 147 ;
- groupe de sociétés, C. com., art. L. 233-1 (nº 4), p. 492 ;
- mandat apparent, C. com., art. L. 225-35 (nº 16), p. 261 ;
- pouvoirs des dirigeants :
  - ▶ SA, C. com., art. L. 225-56 (nºs 9 à 11), p. 294 ;
  - ▶ SARL, C. com., art. L. 223-18 (nº 4), p. 203 ;
  - ▶ société civile, C. civ., art. 1849 (nº 1), p. 121.
- société créée de fait, C. civ., art. 1873 (nº 6), p. 149.

Appel de fonds :
- actions non libérées, C. com., art. L. 228-28, p. 442 ;
- sociétés civiles d'attribution, CCH, art. L. 212-3, p. 2764 ;
- sociétés de construction-vente, CCH, art. L. 211-3, p. 2762.

Appel public à l'épargne : V. *Offre au public de titres financiers.*

Appellation des sociétés : V. *Dénomination sociale, Raison sociale.*

Apport partiel d'actif : V. *Fusion et scission de sociétés.*

Apport en société :
- application d'une clause de sortie, C. civ., art. 1843-3 (nº 2), p. 55 ;
- application d'un pacte de préférence, C. civ., art. 1843-3 (nº 2), p. 55 ;
- apport fictif, C. civ., art. 1843-3 (nº 16), p. 58 ;
- apport en industrie, C. civ., art. 1843-2 et 1843-3, p. 54 et s. ; art. 1843-3 (nº 21), p. 59 ; art. 1844-1 (nº 5), p. 85 ;
  - ▶ SA, C. com., art. L. 225-3, p. 235 ;
  - ▶ contribution aux pertes, C. civ., art. 1843-2 (nº 4), p. 54 ;
  - ▶ droits pécuniaires, D. 20 juill. 1992, art. 39 (nº 1), p. 2894 ;
  - ▶ SARL, C. com., art. L. 223-7, p. 189 ;
  - ▶ SAS, C. com., art. L. 227-1, p. 391 ;
  - ▶ SCS, C. com., art. L. 222-1, p. 183 ;
  - ▶ société créée de fait, C. civ., art. 1873 (nº 6), p. 149 ; art. 1873 (nº 11), p. 152.
- apport en jouissance :
  - ▶ action en justice, C. civ., art. 1843-3 (nº 12), p. 56 ;
  - ▶ objet, C. civ., art. 1843-3 (nº 13), p. 57 ;
  - ▶ traitement fiscal, C. civ., art. 1843-3 (nº 14), p. 57.
- apport en nature, C. civ., art. 1843-3, p. 55 ;
  - ▶ SA, C. com., art. L. 225-8 et L. 225-8-1, p. 236 et s. ; art. L. 225-10, p. 237 ; art. L. 225-14, p. 239 ; art. L. 225-128, p. 338 ; art. L. 225-147 et L. 225-147-1, p. 347 et s. ; art. R. 225-7 à R. 225-9-1, p. 631 et s. ; art. R. 225-14, p. 632 ; art. R. 225-136 et R. 225-136-1, p. 662 ;
  - ▶ action paulienne, C. civ., art. 1843-3 (nº 3), p. 55 ;
  - ▶ apport de la nue-propriété, C. civ., art. 1843-3 (nº 3), p. 55 ; art. 1843-3 (nº 15), p. 57 ;
  - ▶ bien ou droit soumis à publicité, C. civ., art. 1843-1, p. 52 ;
  - ▶ bien propre, C. civ., art. 1843-3 (nº 8), p. 56 ;
  - ▶ distinction de l'apport et de la vente, C. civ., art. 1843-3 (nº 9), p. 56 ;
  - ▶ droits de propriété industrielle, C. civ., art. 1843-2 (nº 3), p. 54 ;
  - ▶ fonds de commerce, C. civ., art. L. 141-12 à L. 141-18, p. 53 ; art. L. 141-21 et L. 141-22, p. 54 ; art. 1843-3 (nº 7), p. 56 ;
  - ▶ fusion et scission, C. com., art. R. 236-7, p. 698 ;
  - ▶ immeuble, C. civ., art. 1843-3 (nº 3), p. 55 ; art. 1843-3 (nº 9), p. 56. - C. com., art. L. 632-1 (nº 1), p. 2056 ;
  - ▶ SA (infraction), C. com., art. L. 242-2, p. 573 ;
  - ▶ en jouissance, C. com., art. L. 237-29 (nº 1), p. 562 ;
  - ▶ publicité, C. civ., art. 1843-1, p. 52 ;
  - ▶ rémunération, C. civ., art. 1843-2 (nº 3), p. 54 ;
  - ▶ rescision pour lésion, C. civ., art. 1843-3 (nº 9), p. 56 ;
  - ▶ SARL, C. com., art. L. 223-7, p. 189 ; art. L. 223-9, p. 190 ; art. L. 223-33, p. 226 ; art. R. 223-6, p. 624 ; art. D. 223-6-1, p. 624 ;
  - ▶ titres d'indemnisation de personnes rapatriées, C. civ., art. 1843-3 (nº 5), p. 56.
- apport en numéraire :
  - ▶ SA, C. com., art. L. 225-3 à L. 225-7, p. 235 et s. ; art. L. 225-11 à L. 225-13, p. 238 ; art. L. 225-127, p. 337 ; art. R. 225-2 à R. 225-6, p. 630 et s. ; art. R. 225-11 et R. 225-12, p. 632 ;
  - ▶ exigibilité du solde non libéré, C. civ., art. 1843-3 (nº 19), p. 59 ;
  - ▶ libération, C. civ., art. 1843-3, p. 55 ; art. 1843-3 (nºs 17 et 18), p. 58 ;
  - ▶ SARL, C. com., art. L. 223-7 et L. 223-8, p. 189 ; art. L. 223-32, p. 225 ; art. R. 223-3 à R. 223-5, p. 624.
- époux, C. civ., art. 1832-1 et s., p. 15 ;
- exigence des apports, C. civ., art. 1832 (nº 9), p. 7 ;
- fictivité, C. civ., art. 1832 (nº 12), p. 8 ; art. 1843-3 (nº 22), p. 59 ; art. 1844-10 (nº 1), p. 109. - C. com., art. L. 235-1 (nº 1), p. 522 ;
- fictivité de l'apport, C. com., art. L. 235-1 (nº 6), p. 524 ;
- fiscalité, C. civ., art. 1843-2 (nº 2), p. 54 ;
- garantie d'éviction, C. civ., art. 1843-3 (nº 11), p. 56 ;
- insuffisance des apports, C. civ., art. 1832 (nº 11), p. 8 ;
- mention :
  - ▶ dans les statuts, C. civ., art. 1835, p. 29.
- proportionnalité, C. civ., art. 1843-2, p. 54 ;
- reprise, C. civ., art. 1844-9 (nº 1), p. 108 ; art. 1869 (nº 13), p. 141 ; art. 1873 (nº 11), p. 152.

Architecte :
- société civile professionnelle, SCP, D. 28 déc. 1977, p. 2877 ;
- société d'exercice libéral (SEL), D. 6 juill. 1992, p. 2885 ;
- société en participation, D. 2 févr. 1995, p. 2888.

Artisans : V. *Société coopérative.*

Assemblée d'actionnaires, C. com., art. L. 225-96 à L. 225-111, p. 314 et s. ; art. L. 225-113 à L. 225-115, p. 332 et s. ; art. L. 225-120 à L. 225-124, p. 334 et s. ; art. R. 225-68, p. 643 ;
- accès à l'assemblée, C. com., art. L. 225-99, p. 316 ; art. L. 225-113, p. 332 ;
  - ▶ dissociation du droit de vote et de la qualité d'actionnaire, C. com., art. R. 225-86, p. 649 ;

▸ titres admis aux négociations sur un marché réglementé, C. com., art. R. 225-85, p. 649 ;
▸ titres non admis aux négociations sur un marché réglementé, C. com., art. R. 225-86, p. 649.
- achat par la société d'un bien appartenant à un actionnaire, C. com., art. L. 225-101, p. 318 ;
▸ rapport du commissaire aux comptes, C. com., art. R. 225-103, p. 652.
- action à dividende prioritaire sans droit de vote, C. com., art. R. 225-96, p. 651 ;
- actions démembrées, C. com., art. L. 225-118, p. 334 ;
- actions gagées, C. com., art. L. 225-110, p. 331 ;
- actions indivises, C. com., art. L. 225-110 (n° 2), p. 332 ; art. R. 225-87, p. 650 ;
- ajournement, C. com., art. L. 225-103 (n° 6), p. 325 ;
- assemblée constitutive, C. com., art. L. 225-7 à L. 225-10, p. 236 et s. ; art. R. 210-7, p. 618 ; V. *Assemblée générale ordinaire ;*
- assemblée spéciale, C. com., art. L. 225-99, p. 316 ; art. L. 225-113, p. 332 ; art. L. 225-202, p. 363. – C. mon. fin., art. L. 212-6, p. 991 ;
▸ actions à dividende prioritaire sans droit de vote, C. com., art. R. 228-40 à R. 228-42, p. 675 ; art. R. 228-45 à R. 228-48, p. 675 ;
▸ fusion, C. com., art. L. 236-9, p. 538.
- bureau, C. com., art. R. 225-101, p. 652 ; art. R. 225-106, p. 656 ;
- commissaire aux comptes :
▸ convocation aux assemblées, C. com., art. L. 823-17, p. 958 ;
▸ désignation, C. com., art. L. 225-228, p. 369 ;
▸ relèvement, C. com., art. L. 225-233, p. 374 ;
▸ révocation et non-renouvellement, C. com., art. L. 823-8, p. 951.
- convention de vote, C. com., art. L. 225-106, p. 328 ; art. L. 225-122 (n° 1), p. 335 ; art. L. 233-3 (n° 1), p. 499 ;
▸ infraction, C. com., art. L. 242-9, p. 593.
- convocation, C. com., art. L. 225-103 et L. 225-104, p. 324 et s. ; art. R. 225-62, p. 642 ; art. R. 225-162, p. 666 ;
▸ avis de convocation, C. com., art. R. 225-66 à R. 225-68, p. 642 et s. ;
▸ délai, C. com., art. R. 225-69, p. 643 ;
▸ deuxième réunion (faute de quorum), C. com., art. R. 225-70, p. 643 ;
▸ mandataire *ad hoc*, C. com., art. R. 225-65, p. 642.
- défaut du quorum requis, C. com., art. R. 225-107, p. 656 ;
- droit de communication, C. com., art. L. 225-116 à L. 225-118, p. 334 ;
- feuille de présence, C. com., art. L. 225-114, p. 332 ; art. R. 225-95, p. 651 ;
- incidents de séance, C. com., art. L. 225-105 (n° 4), p. 327 ;
- information des actionnaires, C. com., art. L. 225-108, p. 330 ; art. L. 225-115 et s., p. 333 ; art. R. 225-83, p. 648 ; art. R. 225-88 à R. 225-94, p. 650 et s. ;
▸ questions écrites, C. com., art. L. 225-108 (n° 6), p. 331.
- infraction, C. com., art. L. 242-9 et s., p. 593 ;
- limitation des droits de vote, C. com., art. L. 225-125, p. 336 ;
- majorité :
▸ assemblée extraordinaire, C. com., art. L. 225-96, p. 314 ; art. L. 225-129, p. 338 ;
▸ assemblée ordinaire, C. com., art. L. 225-98, p. 315 ;
▸ assemblée spéciale, C. com., art. L. 225-99, p. 316.
- nullité des délibérations, C. com., art. L. 225-104, p. 326 ; art. L. 225-121, p. 335 ; art. L. 235-1 et s., p. 522 ;
- ordre du jour, C. com., art. L. 225-105, p. 326 ; art. R. 225-66, p. 642 ; art. R. 225-71 à R. 225-74, p. 643 et s. ;
- pouvoirs en blanc, C. com., art. L. 225-106 (n° 2), p. 329 ;
- présidence, C. com., art. R. 225-100, p. 651 ;
- procès-verbal, C. com., art. L. 225-114, p. 332 ; art. R. 225-106 à R. 225-108, p. 656 et s. ;
- projet de résolution émanant des actionnaires, C. com., art. L. 225-105, p. 326 ; art. R. 225-71 à R. 225-74, p. 643 et s. ; art. R. 225-81, p. 647 ;
- questions diverses, C. com., art. L. 225-105 (n° 3), p. 327 ; art. R. 225-66, p. 642 ;
- questions écrites, C. com., art. L. 225-108, p. 330 ; art. R. 225-84, p. 649 ;
- *quorum* :
▸ assemblée extraordinaire, C. com., art. L. 225-96, p. 314 ;
▸ assemblée ordinaire, C. com., art. L. 225-98, p. 315.
- rapport du conseil d'administration, C. com., art. L. 225-100, p. 316 ; art. L. 225-102 à L. 225-102-3, p. 318 et s. ; art. D. 225-104-1, p. 653 ; art. R. 225-105-3, p. 656 ;
- représentant de la masse des obligataires, C. com., art. L. 228-55, p. 453 ;
- représentation des actionnaires, C. com., art. L. 225-106, p. 328 ; art. L. 225-106 (n° 1), p. 328 ; art. L. 225-106-1 à L. 225-107-1, p. 329 et s. ; art. R. 225-79 à R. 225-82-3, p. 646 et s. ;
▸ actionnaire personne morale, C. civ., art. 1832 (n° 4), p. 5.
- scrutateur, C. com., art. R. 225-101, p. 652 ;
- titres participatifs, C. com., art. L. 228-37, p. 450 ;
- vote, C. com., art. L. 225-107, p. 330 ; art. L. 225-110 et s., p. 331 ; art. L. 225-122 et s., p. 335 ;
- vote par correspondance ou visioconférence, C. com., art. L. 225-107, p. 330 ; art. R. 225-72 et R. 225-73, p. 644 ; art. R. 225-75 à R. 225-78, p. 645 et s. ; art. R. 225-81 et R. 225-82, p. 647 ; art. R. 225-85 et R. 225-86, p. 649 ; art. R. 225-97, p. 651 ; art. R. 225-99, p. 651 ;
- vote électronique, C. com., art. L. 225-103-1, p. 326 ; art. L. 225-107, p. 330 ; art. R. 225-61 à R. 225-61-3, p. 641 ; art. R. 225-63, p. 642 ; art. R. 225-66, p. 642 ; art. R. 225-98 et R. 225-99, p. 651 ; art. R. 225-106, p. 656 ;

V. *aussi Assemblée générale extraordinaire, Assemblée générale ordinaire, Actions à dividende prioritaire sans droit de vote, Bourse de valeurs, Obligations, Séquestre, Société anonyme.*

Assemblée d'associés :
- représentation des associés :
▸ associé personne morale, C. civ., art. 1832 (n° 4), p. 5.

– SARL, C. com., art. L. 223-26 à L. 223-27, p. 219 et s. ; art. R. 223-18-2, p. 626 ;
▶ infraction, C. com., art. L. 241-5, p. 571.
– SNC, C. com., art. L. 221-6, p. 176 ; art. R. 221-2 à R. 221-4, p. 620 et s. ;
– société civile, C. civ., art. 1853, p. 125. – D. 3 juill. 1978, art. 39 à 41, p. 161 et s. ; art. 43 à 45, p. 162 ; art. 47, p. 163 ;
▶ convocation à la demande d'un associé, D. 3 juill. 1978, art. 39, p. 161 ;
▶ mise en cause de la société (convocation judiciaire), D. 3 juill. 1978, art. 39 (nº 1), p. 161.

Assemblée générale constitutive :
– compétence :
▶ actes antérieurs à l'acquisition de la personnalité morale, C. com., art. R. 210-7, p. 618.
– convocation :
▶ avis de convocation, C. com., art. R. 225-10, p. 632.
– délibérations :
▶ *quorum* et majorité, C. com., art. L. 225-9 et L. 225-10, p. 237.
– société par actions, C. com., art. L. 225-7 à L. 225-8-1, p. 236 et s. ;
– vote, C. com., art. L. 225-10, p. 237.

Assemblée générale extraordinaire, C. com., art. L. 225-96 et s., p. 314 ;
– augmentation de capital :
▶ augmentation du nombre de titres à émettre, C. com., art. R. 225-118, p. 658 ;
▶ délégation de pouvoirs aux dirigeants, C. com., art. R. 225-116, p. 658 ;
▶ fixation des modalités de l'opération, C. com., art. R. 225-115, p. 657 ;
▶ rapport du conseil d'administration ou du directoire, C. com., art. R. 225-113 à R. 225-117, p. 657 et s.
– compétence :
▶ amortissement du capital, C. com., art. L. 225-198 et s., p. 362 ;
▶ attribution d'actions gratuites aux salariés, C. com., art. L. 225-197-1, p. 359 ;
▶ augmentation du capital, C. com., art. L. 225-129 et s., p. 338 ; art. L. 225-138, p. 344 ;
▶ capitaux propres devenus inférieurs à la moitié du capital social, C. com., art. L. 225-248, p. 376 ;
▶ certificats d'investissement, C. com., art. L. 228-30 et s., p. 444 ;
▶ changement de nationalité, C. com., art. L. 225-97, p. 315 ;
▶ délégation de pouvoirs aux dirigeants, C. com., art. L. 225-129 et L. 225-129-1, p. 338 et s. ; art. L. 225-204, p. 363 ;
▶ dissolution, C. com., art. L. 225-246, p. 376 ;
▶ émission d'obligations, C. com., art. L. 228-40, p. 451 ;
▶ émission de valeurs mobilières donnant accès au capital ou donnant droit à l'attribution de titres de créance, C. com., art. L. 228-92, p. 459 ;
▶ émission de valeurs mobilières donnant droit à l'attribution de titres de créance, C. com., art. L. 228-92, p. 459 ;
▶ fusion, C. com., art. L. 236-9, p. 538 ;
▶ modification des statuts, C. com., art. L. 225-96, p. 314 ;
▶ réduction du capital, C. com., art. L. 225-204, p. 363 ;
▶ stock-options, C. com., art. L. 225-177, p. 351.
– délibérations :
▶ majorité, C. com., art. L. 225-96, p. 314 ;
▶ nullité, C. com., art. L. 225-121, p. 335 ;
▶ *quorum*, C. com., art. L. 225-96, p. 314.
– feuille de présence, C. com., art. L. 225-114, p. 332 ;
– ordre du jour, C. com., art. L. 225-105, p. 326 ;
– participation à l'assemblée, C. com., art. L. 225-113, p. 332 ;
– procès-verbal, C. com., art. L. 225-114, p. 332.

Assemblée générale des obligataires :
– délibérations :
▶ procès-verbal des délibérations, C. com., art. L. 245-13, p. 597.
– fusion, C. com., art. L. 236-13, p. 541 ;
– participation aux assemblées :
▶ infraction, C. com., art. L. 245-11 et L. 245-12, p. 597.
– projet de fusion de sociétés :
▶ offre de remboursement des obligations, C. com., art. L. 236-13, p. 541 ;
▶ opposition, C. com., art. L. 236-15, p. 542.
– projet de scission :
▶ offre de remboursement des obligations, C. com., art. L. 236-18, p. 542 ;
▶ opposition, C. com., art. L. 236-19, p. 542.
V. *aussi Obligataires.*

Assemblée générale ordinaire :
– assemblée générale annuelle :
▶ compétence, C. com., art. L. 225-100, p. 316 ;
▶ déclaration de performance extra-financière, C. com., art. R. 225-105, p. 653 ;
▶ délai de réunion, C. com., art. R. 225-64, p. 642 ;
▶ désignation du commissaire aux comptes, C. com., art. L. 225-228, p. 369 ;
▶ documents à soumettre à l'assemblée, C. com., art. R. 225-102 et R. 225-103, p. 652 ; art. R. 225-105, p. 653 ;
▶ transparence des entreprises en matière sociale et environnementale, C. com., art. R. 225-104 à R. 225-105-2, p. 652 et s.
– compétence, C. com., art. L. 225-98, p. 315 ;
– convocation, C. com., art. L. 225-103 et L. 225-104, p. 324 et s. ;
▶ infraction, C. com., art. L. 242-10, p. 594 ; art. L. 242-10, p. 594.
– délibérations :
▶ majorité, C. com., art. L. 225-98, p. 315 ;
▶ nullité, C. com., art. L. 225-121, p. 335 ;
▶ quorum, C. com., art. L. 225-98, p. 315 ;
▶ rapport sur les comptes annuels et consolidés, C. com., art. L. 225-100, p. 316.
– ordre du jour, C. com., art. L. 225-105, p. 326 ;
– report, C. com., art. L. 225-100 (nº 1), p. 317 ;

- vote par correspondance et visioconférence, C. com., art. L. 225-107, p. 330 ;
- vote électronique, C. com., art. L. 225-107, p. 330.

Assemblée spéciale :
- convocation :
  - deuxième réunion (faute de quorum), C. com., art. R. 225-70, p. 643.
- émission de valeurs mobilières, C. mon. fin., art. D. 213-17 et s., p. 1096 ;
- titulaires de certificats, L. 10 sept. 1947, art. 3, p. 2580.

Association :
- activité économique, L. 1er juill. 1901, art. 3 (no 3), p. 718 ;
- administration et direction, L. 1er juill. 1901, art. 5 (no 6), p. 722 ;
  - administrateur provisoire, L. 1er juill. 1901, art. 5 (no 6), p. 722 ;
  - pouvoir de licencier un salarié, L. 1er juill. 1901, art. 5 (no 11), p. 723 ;
  - représentation de l'association à l'égard des tiers, L. 1er juill. 1901, art. 5 (no 11), p. 723 ;
  - responsabilité civile des dirigeants, L. 1er juill. 1901, art. 5 (no 13), p. 724 ;
  - responsabilité pour insuffisance d'actif, L. 1er juill. 1901, art. 5 (no 13), p. 724 ;
  - révocation, L. 1er juill. 1901, art. 5 (no 6), p. 722.
- application du droit commun des SA, L. 1er juill. 1901, art. 1er (no 5), p. 715 ;
- apport, L. 1er juill. 1901, art. 1er (no 3), p. 714 ;
- assemblées :
  - abus de majorité, L. 1er juill. 1901, art. 1er (no 9), p. 716 ;
  - annulation, L. 1er juill. 1901, art. 1er (no 10), p. 716 ;
  - incidents de séance, L. 1er juill. 1901, art. 1er (no 7), p. 715 ;
  - ordre du jour, L. 1er juill. 1901, art. 1er (no 7), p. 715.
- association étrangère, L. 1er juill. 1901, art. 5 (no 4), p. 721 ;
- capacité commerciale, L. 1er juill. 1901, art. 5 (no 5), p. 722 ;
- capacité juridique, L. 1er juill. 1901, art. 2, p. 716 ; art. 5 et 6, p. 720 et s. ; art. 8, p. 725. – D. 16 août 1901, art. 1er et s., p. 728 ;
- cause de dissolution :
  - défaut d'exercice de l'objet social, L. 1er juill. 1901, art. 9 (no 1), p. 726 ;
  - liquidation judiciaire, L. 1er juill. 1901, art. 9 (no 1), p. 726 ;
  - mise en sommeil, L. 1er juill. 1901, art. 9 (no 1), p. 726.
- commissaire aux comptes, C. com., art. L. 612-4, p. 1981 ; art. 1er, p. 1982 ;
- comptes annuels, C. com., art. L. 612-4, p. 1981 ; art. 1er, p. 1982 ; art. 3, p. 1982 ;
- convention réglementée, C. com., art. L. 225-38 (no 6), p. 269 ; art. L. 612-5, p. 1982 ;
- déclaration préalable, L. 1er juill. 1901, art. 5, p. 720 ;
- définition, L. 1er juill. 1901, art. 1er, p. 714 ;
- dissolution, L. 1er juill. 1901, art. 7 à 9, p. 725 et s. ;
- droit d'agir en justice, L. 1er juill. 1901, art. 5 (no 4), p. 721 ;
  - absence de personnalité morale, L. 1er juill. 1901, art. 5 (no 2), p. 720.
- droit de libre expression, L. 1er juill. 1901, art. 3 (no 4), p. 718 ;
- émission de valeurs mobilières, C. mon. fin., art. L. 213-8 à L. 213-21, p. 997 et s. ; art. D. 213-17 et s., p. 1096 ; art. L. 231-2, p. 1195 ;
- étrangère, L. 1er juill. 1901, art. 5, p. 720 ;
- fusion, scission, apport partiel d'actif, L. 1er juill. 1901, art. 9 *bis*, p. 726 ; art. 12, p. 728. – D. 16 août 1901, art. 15-1 à 15-7, p. 730 et s. ;
- insuffisance d'actif, L. 1er juill. 1901, art. 5, p. 720 ;
- interdiction de partager les bénéfices, L. 1er juill. 1901, art. 1er, p. 714 ; art. 1er (no 3), p. 714 ;
- liberté d'association, L. 1er juill. 1901, art. 2 (no 1), p. 716 ;
- liberté contractuelle, L. 1er juill. 1901, art. 1er (no 4), p. 714 ;
- liquidation :
  - survie de la personnalité morale, L. 1er juill. 1901, art. 9 (no 4), p. 726.
- membre :
  - cotisation, L. 1er juill. 1901, art. 6, p. 725 ;
  - droit de retrait, L. 1er juill. 1901, art. 4, p. 718 ; art. 4 (nos 2 à 4), p. 718 ;
  - égalité, L. 1er juill. 1901, art. 4 (nos 9 et 10), p. 720 ;
  - exclusion, L. 1er juill. 1901, art. 4 (nos 5 à 7), p. 719.
- mineur, L. 1er juill. 1901, art. 2 *bis*, p. 717 ;
- nature contractuelle, L. 1er juill. 1901, art. 1er, p. 714 ; art. 1er (no 1), p. 714 ;
- non déclarée, L. 1er juill. 1901, art. 5 (no 1), p. 720 ;
- nullité, L. 1er juill. 1901, art. 3, p. 717 ; art. 7, p. 725 ;
- objet associatif, L. 1er juill. 1901, art. 3 (nos 1 et 2), p. 718 ;
- règlement intérieur, L. 1er juill. 1901, art. 1er (no 6), p. 715 ;
- représentation en justice, L. 1er juill. 1901, art. 5 (no 11), p. 723 ; art. 5 (nos 14 à 16), p. 724 ;
- titres associatifs, C. mon. fin., art. L. 213-9, p. 997 ;
- transformation en fondation, L. 23 juill. 1987, art. 20-2, p. 738 ;
- unipersonnelle, L. 1er juill. 1901, art. 9 (no 3), p. 726 ;
- utilité publique, L. 1er juill. 1901, art. 10 et 11, p. 727 et s. – D. 16 août 1901, art. 8 et s., p. 729 ;

V. *aussi Règlement intérieur, Statuts.*

Association d'actionnaires, C. com., art. L. 225-120, p. 334 ; art. L. 225-231 à L. 225-233, p. 370 et s. ; art. L. 225-252, p. 381.

Association d'avocats à responsabilité professionnelle individuelle (AARPI) : V. *Avocats.*

Association de défense des investisseurs en valeurs mobilières, C. mon. fin., art. L. 452-1 à L. 452-4, p. 1319 et s. ; art. D. 452-1 et s., p. 1320.

Association foncière agricole, C. rur., art. L. 136-1 à L. 136-13, p. 2387 et s. ; art. R. 136-1 à R. 136-10, p. 2390 et s. ;
- autorisation :
  - procédure, C. rur., art. L. 136-4 à L. 136-7, p. 2388.
- autorisée, C. rur., art. L. 136-4 à L. 136-12, p. 2388 et s. ;
- délaissement des parcelles, C. rur., art. L. 136-8, p. 2389 ;
- distraction des parcelles, C. rur., art. L. 136-10, p. 2389 ;
- objet, C. rur., art. L. 136-1 et L. 136-2, p. 2387 et s. ;
- statuts, C. rur., art. L. 136-3, p. 2388.

Associé, C. com., art. L. 124-10, p. 2688 ;
- concurrence déloyale, C. civ., art. 1832 (no 6), p. 6 ;

- cumul de la qualité d'associé et de salarié :
  - ▶ clause de non-concurrence, C. civ., art. 1832 (nº 7), p. 7 ;
  - ▶ EURL, C. com., art. L. 223-1 (nº 12), p. 187 ;
  - ▶ obligation de loyauté du salarié, C. civ., art. 1832 (nº 7), p. 7.
- droit de critique, C. civ., art. 1844 (nº 1), p. 72 ;
- droit de participer aux décisions collectives, C. civ., art. 1844 (nº 1), p. 72 ;
- fictif, C. civ., art. 1832 (nº 3), p. 5 ;
- indépendance de la qualité d'associé et de celle du salarié, V. *aussi Augmentation des engagements, Décès, Époux, Exclusion, Information des associés, Prête-nom, Retrait, Société anonyme, Société par actions simplifiée, Société en commandite par actions, Société en commandite simple, Société coopérative agricole, Société en nom collectif, Société à responsabilité limitée, Société civile ;*
- obligation de non-concurrence, C. civ., art. 1832 (nº 6), p. 6 ;
- personne morale :
  - ▶ représentation aux assemblées, C. civ., art. 1832 (nº 4), p. 5.
- prête-nom, C. civ., art. 1832 (nº 3), p. 5 ;
- responsabilité civile pour son fait personnel, C. civ., art. 1832 (nº 5), p. 5.

Assurance de responsabilité des dirigeants, C. com., art. L. 225-251 (nº 12), p. 381.

Attribution gratuite d'actions aux salariés : V. *Actions.*

Attribution préférentielle, C. civ., art. 1844-9, p. 107.

Augmentation de capital, C. com., art. L. 225-147-1, p. 348 ; art. R. 225-136-1, p. 662 ;
- abus de minorité, C. civ., art. 1833 (nºˢ 20 et 21), p. 26.

Augmentation de capital (SARL), C. com., art. L. 223-32 et s., p. 225 ;
- apport en nature, C. com., art. L. 223-33, p. 226 ;
- commissaire aux apports, C. com., art. R. 223-6, p. 624 ;
- droit préférentiel de souscription, C. com., art. L. 223-32 (nº 2), p. 225 ;
- majorité, C. com., art. L. 223-30, p. 224 ;

V. *aussi Fraude.*

Augmentation de capital (société par actions), C. com., art. L. 225-127 et s., p. 337 ; art. R. 225-113 à R. 225-125, p. 657 et s. ; art. R. 225-127, p. 660 ; art. R. 225-129 à R. 225-136, p. 661 et s. ;
- actions à dividende prioritaire sans droit de vote, C. com., art. L. 228-35-7, p. 448 ;
- actions réservées aux salariés, C. com., art. L. 225-129-6, p. 340 ; art. L. 225-138-1, p. 345. – C. mon. fin., art. L. 212-15, p. 992. – C. trav., art. L. 3332-18 et s., p. 1879 ;
- apport en nature, C. com., art. L. 225-144, p. 346 ; art. L. 225-147 et L. 225-147-1, p. 347 et s. ; art. R. 225-136 et R. 225-136-1, p. 662 ;
- apport en numéraire, C. com., art. L. 225-129-6, p. 340 ; art. L. 225-143, p. 346 ; art. L. 225-146, p. 347 ; art. R. 225-128, p. 661 ; art. R. 225-135, p. 662 ;
  - ▶ dépôt des fonds, C. com., art. R. 225-129, p. 661.
- assemblée générale extraordinaire, C. com., art. L. 225-129 et s., p. 338 ; art. L. 225-147 et L. 225-147-1, p. 347 et s. ; art. R. 225-136-1, p. 662 ;
  - ▶ augmentation du nombre de titres à émettre, C. com., art. R. 225-118, p. 658.
- avantages particuliers, C. com., art. L. 225-147 et L. 225-147-1, p. 347 et s. ; art. R. 225-136 et R. 225-136-1, p. 662 ;
- certificat du dépositaire, C. com., art. L. 225-146, p. 347 ; art. R. 225-135, p. 662 ;
- certificats d'investissement, C. com., art. L. 228-30, p. 444 ; art. L. 228-34, p. 446 ;
- délai de réalisation, C. com., art. L. 225-129, p. 338 ;
- délai de souscription, C. com., art. L. 225-141, p. 346 ;
- délégation de pouvoirs aux dirigeants, C. com., art. R. 225-116, p. 658 ;
- délégations, C. com., art. L. 225-129 et s., p. 338 ;
- droit préférentiel de souscription :
  - ▶ cessibilité, C. com., art. L. 225-132 et s., p. 341 ; art. R. 225-117-1, p. 658 ;
  - ▶ délai, C. com., art. L. 225-135, p. 342 ; art. R. 225-131, p. 661 ;
  - ▶ nu-propriétaire et usufruitier, C. com., art. L. 225-140, p. 346 ; art. R. 225-123, p. 660 ;
  - ▶ renonciation, C. com., art. L. 225-132, p. 341 ; art. L. 225-135, p. 342 ; art. R. 225-122, p. 659 ;
  - ▶ suppression, C. com., art. L. 225-135, p. 342 ; art. L. 225-138, p. 344 ; art. R. 225-121, p. 659 ;
  - ▶ à titre irréductible, C. com., art. L. 225-132, p. 341 ; art. L. 225-134, p. 342 ; art. R. 225-117-1, p. 658 ;
  - ▶ à titre réductible, C. com., art. L. 225-133, p. 342.
- fixation des modalités par l'assemblée, C. com., art. R. 225-115, p. 657 ;
- frais, C. com., art. L. 232-9, p. 484 ;
- incorporation de réserves, C. com., art. L. 225-128, p. 338 ; art. L. 225-130, p. 341 ; art. R. 225-130, p. 661 ;
- infraction, C. com., art. L. 242-17 et s., p. 594 ; art. L. 242-20 et L. 242-21, p. 595 ;
- injonction de faire, C. com., art. L. 225-149-3, p. 350 ;
- libération des actions émises, C. com., art. L. 225-143 et s., p. 346 ;
- libération par compensation de créance, C. com., art. L. 225-128 (nºˢ 4 et 5), p. 338 ; art. L. 225-146, p. 347 ; art. R. 225-134, p. 661 ;
- libération préalable des actions, C. com., art. L. 225-131, p. 341 ;
- modalités, C. com., art. L. 225-127, p. 337 ;
- nullités, C. com., art. L. 225-149-3, p. 350 ;
  - ▶ prescription, C. com., art. L. 235-9, p. 526.
- offre au public, C. com., art. L. 225-131, p. 341 ;
  - ▶ droits conférés par les actions nouvelles, C. com., art. L. 225-136, p. 343 ;
  - ▶ garantie de bonne fin, C. com., art. L. 225-145, p. 347 ;
  - ▶ prix de souscription, C. com., art. R. 225-119, p. 658 ;
  - ▶ suppression du droit préférentiel de souscription, C. com., art. L. 225-136, p. 343.
- primes d'émission, C. com., art. L. 225-128, p. 338 ;
- publication du dernier bilan certifié conforme, C. com., art. R. 225-125, p. 660 ;
- publicité, C. com., art. L. 225-142, p. 346 ; art. R. 225-120, p. 659 ; art. R. 225-124, p. 660 ; art. R. 225-127, p. 660 ;

- rapport du conseil d'administration ou du directoire, C. com., art. L. 225-129-5, p. 340 ; art. L. 225-135 et L. 225-136, p. 342 et s. ; art. L. 225-138 et L. 225-139, p. 344 et s. ; art. R. 225-113 à R. 225-117, p. 657 et s. ;
- société dont les titres sont admis sur un marché réglementé, C. com., art. L. 225-129-4, p. 340 ; art. L. 225-135, p. 342 ; art. L. 225-148, p. 349 ;
- sort du solde non souscrit, C. com., art. L. 225-134, p. 342 ;
- souscription, C. com., art. L. 225-143 et s., p. 346 ; art. R. 225-128, p. 661 ;
- subdélégation, C. com., art. L. 225-129-4, p. 340 ;
- suspension du droit de vote, C. com., art. L. 225-150, p. 350 ;
- suspension des droits à dividende, C. com., art. L. 225-150, p. 350 ;
- valeurs mobilières donnant accès au capital, C. com., art. L. 225-149-1 et L. 225-149-2, p. 349 et s. ; art. R. 225-133, p. 661 ;
  - ▶ exercice des droits, C. com., art. L. 225-149 et s., p. 349 ; art. R. 225-132, p. 661.

V. *aussi Actionnariat du personnel salarié, Infractions concernant les sociétés par actions, Obligations avec bons de souscription d'actions, Obligations convertibles en actions, Obligations échangeables contre des actions.*

Augmentation des engagements des associés, C. civ., art. 1832 (nº 28), p. 12 ; art. 1836, p. 35 ; art. 1836 (nº 6), p. 37 ;
- SA, C. com., art. L. 225-96 (nº 2), p. 314 ;
- fusion, C. com., art. L. 236-5, p. 538 ;
- hypothèses non qualifiées d'augmentation des engagements, C. civ., art. 1836 (nº 4), p. 36 ;
- nécessité d'un consentement personnel, C. civ., art. 1836 (nº 5), p. 36 ;
- sanctions, C. civ., art. 1836 (nº 6), p. 37 ;
- SARL, C. com., art. L. 223-30, p. 224.

Augmentation des engagements des obligataires, C. com., art. L. 228-68, p. 456.

Autocontrôle, C. com., art. L. 233-29 à L. 233-31, p. 517 ; art. R. 233-17 à R. 233-19, p. 694.

Autorité de contrôle prudentiel :
- budget, C. mon. fin., art. L. 612-18, p. 1490 ; art. L. 612-20, p. 1491 ;
- compétence :
  - ▶ qualité à agir, C. mon. fin., art. L. 612-16, p. 1489.
- composition, C. mon. fin., art. L. 612-11, p. 1487 ; art. L. 612-15, p. 1488 ; art. R. 612-2, p. 1530 ;
  - ▶ collège, C. mon. fin., art. L. 612-4 à L. 612-8, p. 1483 et s. ;
  - ▶ commission consultative, C. mon. fin., art. L. 612-14, p. 1488 ;
  - ▶ commission des sanctions, C. mon. fin., art. L. 612-9, p. 1485 ;
  - ▶ conflits d'intérêts, C. mon. fin., art. L. 612-10, p. 1486 ;
  - ▶ secret professionnel, C. mon. fin., art. L. 612-17, p. 1489.
- coopération avec les fonds de garantie, C. mon. fin., art. L. 612-46, p. 1510 ; art. R. 612-61, p. 1548 ;
- exercice des contrôles, C. mon. fin., art. L. 612-23, p. 1493 ; art. L. 612-26 et L. 612-27, p. 1496 et s. ; art. R. 612-22, p. 1537 ;
- mesures de police administrative, C. mon. fin., art. L. 612-30 à L. 612-33, p. 1498 ; art. R. 612-30, p. 1540 ;
  - ▶ désignation d'un administrateur provisoire, C. mon. fin., art. L. 612-34, p. 1500 ;
  - ▶ procédure contradictoire, C. mon. fin., art. L. 612-35, p. 1502.
- missions, C. mon. fin., art. L. 613-33, p. 1525 ; art. L. 613-33-2, p. 1526 ;
  - ▶ compétence, C. mon. fin., art. L. 612-3, p. 1483 ;
  - ▶ compétences, C. mon. fin., art. L. 612-1 et L. 612-2, p. 1478 et s. ;
  - ▶ surveillance sur base consolidée, C. mon. fin., art. L. 613-20-1 et L. 613-20-2, p. 1512 ; art. L. 613-20-4, p. 1513.
- obligation de déclaration ou de transmission, C. mon. fin., art. L. 612-24 et L. 612-25, p. 1495 et s. ;
- organisation, C. mon. fin., art. R. 612-5, p. 1531 ;
  - ▶ délibérations, C. mon. fin., art. L. 612-12 et L. 612-13, p. 1487 et s.
- personnel, C. mon. fin., art. L. 612-19, p. 1490 ;
- pouvoir disciplinaire :
  - ▶ procédure disciplinaire, C. mon. fin., art. R. 612-35, p. 1543 ;
  - ▶ sanctions, C. mon. fin., art. R. 612-52, p. 1546.
- pouvoirs disciplinaires :
  - ▶ procédure disciplinaire, C. mon. fin., art. L. 612-38, p. 1503 ;
  - ▶ sanctions, C. mon. fin., art. L. 612-39 à L. 612-41, p. 1504 et s.
- relations avec les commissaires aux comptes, C. mon. fin., art. L. 612-43 à L. 612-45, p. 1509 et s. ; art. D. 612-53, p. 1547.

Autorité des marchés financiers, C. mon. fin., art. L. 621-1 et s., p. 1563 ;
- composition, C. mon. fin., art. L. 621-2, p. 1564 ;
- échange d'informations, C. mon. fin., art. L. 631-1 et s., p. 1634 ;
- fonctionnement, C. mon. fin., art. L. 621-3 et s., p. 1566 ;
- information privilégiée, C. mon. fin., art. L. 465-1, p. 1322 ;
- information du public :
  - ▶ calendrier d'une offre publique, C. mon. fin., art. 231-32, p. 1283 ;
  - ▶ caractéristiques de l'initiateur et de la société visée par une offre publique, C. mon. fin., art. 231-28 à 231-30, p. 1282 et s. ;
  - ▶ déclaration ou changement d'intention, C. com., art. 223-17, p. 513 ;
  - ▶ franchissement de seuils, C. com., art. 223-11 à 223-15, p. 509 et s. ;
  - ▶ nombre total de droits de vote, C. com., art. 223-16, p. 513 ;
  - ▶ pactes d'actionnaires, C. com., art. 223-18, p. 514 ;
  - ▶ projet de modification de statuts, C. com., art. 223-20, p. 520 ;
  - ▶ publication du projet d'offre d'acquisition, C. mon. fin., art. 231-14, p. 1278 ;
  - ▶ publication des résultats d'une offre publique, C. mon. fin., art. 231-35, p. 1283.
- infraction, C. mon. fin., art. L. 642-1 et s., p. 1653 ;

- mission, C. mon. fin., art. L. 621-1, p. 1563 ;
- personnes punissables, C. mon. fin., art. L. 621-15 (nº 1), p. 1594 ;
- pouvoirs, C. mon. fin., art. L. 621-6 et s., p. 1570 ;
  - ▶ autorisation des opérations d'appel public à l'épargne, C. mon. fin., art. L. 621-8, p. 1575 ;
  - ▶ contrôles et enquêtes, C. mon. fin., art. L. 621-9, p. 1578 ; art. L. 621-9-2 à L. 621-12, p. 1580 et s. ;
  - ▶ examen d'un projet d'offre publique, C. mon. fin., art. 231-20, p. 1280 ; art. 231-22 à 231-26, p. 1281 ;
  - ▶ injonctions, C. mon. fin., art. L. 621-13 et L. 621-14, p. 1585 et s. ;
  - ▶ réglementation et décisions, C. mon. fin., art. L. 621-6 à L. 621-7-1, p. 1570 et s. ;
  - ▶ sanctions, C. mon. fin., art. L. 621-15 à L. 621-17, p. 1590 et s. ;
  - ▶ suspension de la négociation des titres d'une société visée par une OPA, C. mon. fin., art. 231-15, p. 1278.
- relations avec les commissaires aux comptes, C. mon. fin., art. L. 621-22 et s., p. 1610 ;
- rescrit, C. mon. fin., art. 121-1, p. 1574 ;
  - ▶ contenu de la demande, C. mon. fin., art. 121-4, p. 1574 ;
  - ▶ demandeurs, C. mon. fin., art. 121-2, p. 1574 ;
  - ▶ examen de la demande, C. mon. fin., art. 122-1, p. 1574 ;
  - ▶ forme de la demande, C. mon. fin., art. 121-3, p. 1574 ; art. 121-5, p. 1574 ;
  - ▶ publicité, C. mon. fin., art. 123-1, p. 1574 ;
  - ▶ refus de rendre le rescrit, C. mon. fin., art. 122-2, p. 1574.
- visa, C. mon. fin., art. L. 621-8 (nº 1), p. 1576 ;
- voies de recours, C. mon. fin., art. L. 621-30, p. 1612 ;

V. *aussi Appel public à l'épargne, Marché financier, Prestataire de services d'investissement, Valeurs mobilières.*

Avantages particuliers, C. com., art. L. 224-3, p. 233 ; art. L. 225-8 et L. 225-8-1, p. 236 et s. ; art. L. 225-10, p. 237 ; art. L. 225-14, p. 239 ; art. L. 225-147 et L. 225-147-1, p. 347 et s. ; art. L. 228-31, p. 445 ; art. R. 225-14, p. 632 ; art. R. 225-136 et R. 225-136-1, p. 662 ;
- actions de préférence, C. com., art. L. 228-15, p. 417.

Avis, C. com., art. R. 123-209, p. 864 ; art. R. 123-209, p. 873.

Avocat :
- association d'avocats à responsabilité professionnelle individuelle (AARPI), D. 27 nov. 1991, art. 124, p. 2910 ;
- société civile professionnelle (SCP), D. 20 juill. 1992, p. 2888 ;
- société d'exercice libéral (SEL), D. 25 mars 1993, p. 2901 ;
- société en participation, D. 25 mars 1993, art. 44 à 48, p. 2907 ;
- société de participations financières de profession libérale, D. 25 mars 1993, art. 48-1, p. 2908.

Avocat au Conseil d'État et à la Cour de cassation :
- société civile professionnelle (SCP), D. 15 mars 1978, p. 2911.

Avoué :
- société civile professionnelle (SCP), D. 20 nov. 1969, p. 2922 ;
- société d'exercice libéral (SEL), D. 16 mars 1993, art. 1er (anc.), p. 2939 ;
- société en participation, D. 16 mars 1993, art. 71 (anc.), p. 2947 ;
- société de participations financières de profession libérale, D. 16 mars 1993, art. 78 (anc.), p. 2948.

B

***BALO* (Bulletin des annonces légales obligatoires)**, D. 3 juill. 1978, art. 18, p. 158 ;
- fichier normalisé, A. 27 mai 2005, art. 1er, p. 873 ; art. 1er, p. 882 ;
- numéro unique d'identification des entreprises, D. 27 mai 2005, art. 2, p. 873 ; art. 2, p. 882.

Banque :
- mutualiste ou coopérative :
  - ▶ fusion, scission et apport partiel d'actif, C. com., art. L. 512-1, p. 546.
- nationalisée :
  - ▶ transfert au secteur privé, L. 6 août 1986, p. 1916.

Banqueroute :
- comportements incriminés, C. com., art. L. 654-2 (nos 2 et s.), p. 2116 ;
- constitution de partie civile, C. com., art. L. 654-17, p. 2122 ;
- distinction avec le délit d'abus de biens sociaux, C. com., art. L. 654-2 (nº 6), p. 2118 ;
- rapport avec le délit fiscal de manquement aux règles de comptabilité, C. com., art. L. 654-2 (nº 5), p. 2117 ;
- rapport avec le délit de présentation de bilan inexact, C. com., art. L. 654-2 (nº 5), p. 2117 ;
- responsabilité des personnes morales, C. com., art. L. 654-7, p. 2120.

Bénéfice, C. com., art. L. 232-10 à L. 232-20, p. 485 et s. ;
- notion, C. civ., art. 1832 (nº 24), p. 11 ;
- participation aux bénéfices, C. civ., art. 1832, p. 3 ; art. 1844-1, p. 83 ; V. *Clause léonine, dividendes* ;
- société commerciale :
  - ▶ bénéfice distribuable, C. com., art. L. 232-11, p. 485 ;
  - ▶ décision de distribution, C. com., art. L. 232-12, p. 485 ;
  - ▶ dotation de la réserve légale, C. com., art. L. 232-10, p. 485.

Bénéficiaires effectifs, C. mon. fin., art. L. 561-2-1, p. 1433 ; art. L. 561-46 à L. 561-49, p. 1458 et s. ; art. R. 561-55 à R. 561-63, p. 1461 et s. ;
- identiftifcation, C. mon. fin., art. L. 561-2-2, p. 1433 ; art. R. 561-1 à R. 561-3, p. 1459 et s. ; art. R. 561-3-0, p. 1460.

Bilan, C. com., art. L. 232-1 et s., p. 482 ; art. R. 232-1, p. 687 ; art. L. 123-12 et L. 123-13, p. 883 et s. ; art. L. 123-15, p. 884 ; art. R. 123-180 à R. 123-191, p. 890 et s. ;
- consolidé, C. com., art. L. 233-20, p. 515 ;
- image fidèle, C. com., art. L. 123-14, p. 884.

Blanc (cession en), C. civ., art. 1861 (nº 8), p. 134.

Blanchiment de capitaux, C. mon. fin., art. L. 574-1 et L. 574-2, p. 1475 ;
- cellule de renseignement financier national, C. mon. fin., art. L. 561-23 à L. 561-31, p. 1444 et s. ;
- commission nationale des sanctions, C. mon. fin., art. L. 561-37 à L. 561-44, p. 1455 et s. ;
- personnes assujetties aux obligations de lutte contre le, C. mon. fin., art. L. 561-1 à L. 561-2-2, p. 1431 et s. ; art. L. 561-4 à L. 561-14-2, p. 1434 et s. ;
  - ▶ obligations de déclaration, C. mon. fin., art. L. 561-15 à L. 561-22, p. 1439 et s.

***BODACC* (Bulletin officiel des annonces civiles et commerciales)**, D. 3 juill. 1978, art. 18, p. 158 ; art. 23, p. 159. - C. com., art. L. 210-5, p. 168 ; art. R. 123-209, p. 864 ; art. R. 123-209, p. 873 ;
- avis :
  - ▶ contenu, C. com., art. A. 123-74 et A. 123-75, p. 840 et s. ; art. R. 123-210 et R. 123-211, p. 864 ; art. R. 123-213 à R. 123-216, p. 865 ; art. R. 123-210 et R. 123-211, p. 874 ; art. R. 123-213 à R. 123-216, p. 874 ;
  - ▶ frais, C. com., art. R. 123-218, p. 865 ; art. R. 123-218, p. 874 ;
  - ▶ publication, C. com., art. R. 123-212, p. 864 ; art. R. 123-217, p. 865 ; art. R. 123-212, p. 874 ; art. R. 123-217, p. 874 ;
  - ▶ service gratuit, C. com., art. R. 123-219, p. 865 ; art. R. 123-219, p. 874.
- procédures de règlement judiciaire et de liquidation des biens, C. com., art. 8, p. 865 ; art. 8, p. 874.

Boni de liquidation, C. com., art. L. 237-29, p. 562.

Bons :
- de caisse, C. mon. fin., art. L. 223-1, p. 1193 ; art. L. 232-1, p. 1198 ;
- de souscription d'actions, C. com., art. L. 228-98 (nº 1), p. 461 ;
- de souscription de parts de créateur d'entreprise, C. mon. fin., art. L. 212-17, p. 992 ; art. 163 *bis* G, p. 992 ;
- du Trésor, C. mon. fin., art. L. 213-23 à L. 213-27, p. 1000.

Bulletin de souscription :
- SA faisant offre au public, C. com., art. L. 225-4, p. 236 ; art. L. 225-143, p. 346 ; art. R. 225-5, p. 631 ;
- société faisant offre au public, C. com., art. R. 225-128, p. 661.

C

Capital social :
- infraction, C. com., art. L. 242-17 et s., p. 594 ; art. L. 242-20 et L. 242-21, p. 595 ; art. L. 242-23, p. 595 ;
- mention :
  - ▶ dans les statuts, C. civ., art. 1835, p. 29. - C. com., art. L. 210-2, p. 168 ;
  - ▶ SARL, C. com., art. L. 223-1, p. 186 ;
  - ▶ société par actions, C. com., art. L. 224-1, p. 231.
- montant :
  - ▶ coopératives, L. 10 sept. 1947, art. 27, p. 2617 ;
  - ▶ SARL, C. com., art. L. 223-2, p. 188 ;
  - ▶ société par actions, C. com., art. L. 224-2, p. 231 ; art. R. 225-166, p. 667.

V. *aussi Amortissement du capital social, Augmentation de capital social, Capital variable, Capitaux propres inférieurs à la moitié du capital social, Coup d'accordéon, Réduction de capital social.*

Capital variable (sociétés à), C. com., art. L. 231-1 à L. 231-6, p. 481 ; art. 32, p. 481 ; art. L. 231-7 et L. 231-8, p. 482 ;
- actions, C. com., art. L. 231-4, p. 481 ;
- capital social, C. com., art. L. 231-3, p. 481 ; art. L. 231-5, p. 481 ;
- dénomination sociale - mention spéciale, C. com., art. L. 231-2, p. 481 ;
- dispositions applicables, C. com., art. L. 231-1, p. 481 ;
- dissolution, C. com., art. L. 231-8, p. 482 ;
- représentation en justice, C. com., art. L. 231-7, p. 482 ;
- retrait d'associé, C. com., art. L. 231-6, p. 481 ;
- SARL, C. com., art. L. 223-2 (nº 2), p. 188.

Capitaux propres inférieurs à la moitié du capital social :
- SA, C. com., art. L. 225-248, p. 376 ;
- SARL, C. com., art. L. 223-42, p. 229 ; art. R. 223-36, p. 629 ;
- sociétés par actions, C. com., art. R. 225-166, p. 667.

Cautionnement :
- cautionnements, avals et garanties consentis par une société anonyme :
  - ▶ autorisation du conseil d'administration, C. com., art. L. 225-35, p. 256 ; art. R. 225-28, p. 635 ;
  - ▶ autorisation du conseil de surveillance, C. com., art. L. 225-68, p. 300.
- cession de droits sociaux, C. com., art. L. 223-14 (nº 31), p. 200 ;
- des dettes d'autrui, C. civ., art. 1833 (nº 12), p. 21 ;
- des dettes personnelles d'un associé ou dirigeant, C. com., art. L. 221-5 (nº 3), p. 175 ;
  - ▶ SA, C. com., art. L. 225-43, p. 277 ;
  - ▶ SARL, C. com., art. L. 223-21, p. 209.
- de dettes professionnelles, C. mon. fin., art. 47, p. 1204 ;
- de dettes sociales, C. com., art. L. 223-1 (nº 4), p. 187 ;
- état, C. com., art. L. 232-1, p. 482 ;
- formalisme, C. mon. fin., art. L. 331-1 à L. 331-3, p. 1204 ;
- fusion, C. com., art. L. 236-3 (nº 24), p. 534 ; art. L. 236-4 (nº 2), p. 537 ;
- information de la caution, C. mon. fin., art. L. 313-22, p. 1201 ;
- information en cours d'exécution, C. mon. fin., art. L. 333-1 et L. 333-2, p. 1204 ;
- président du conseil d'administration, C. com., art. L. 225-47 (nº 25), p. 284 ;
- proportionnalité, C. mon. fin., art. L. 332-1 et s., p. 1204 ;
- réunion de toutes les parts en une seule main, C. civ., art. 1844-5 (nº 9), p. 92 ;
- société en formation, C. civ., art. 1843 (nº 10), p. 52 ;
- transformation de société, C. civ., art. 1844-3 (nº 1), p. 88.

Censeur, C. com., art. L. 225-17 (nº 5), p. 240 ; art. L. 225-38 (nº 1), p. 268.

Centre de formalité des entreprises :
- commission de coordination, C. com., art. R. 123-28, p. 792 ;
- compétence territoriale, C. com., art. R. 123-4, p. 786 ;
- déclarations, C. com., art. R. 123-6, p. 787 ; art. R. 123-30, p. 792 ;
  - ▶ conservation, C. com., art. R. 123-19, p. 790 ;
  - ▶ dossier unique, C. com., art. R. 123-7, p. 787 ;
  - ▶ transmission aux organismes destinataires, C. com., art. R. 123-9, p. 788 ; art. R. 123-12 à R. 123-14, p. 789 ; art. R. 123-17 et R. 123-18, p. 790 ; art. R. 123-21 à R. 123-23, p. 790 et s.
- délai de dépôt des déclarations, C. com., art. R. 123-5, p. 786 ;
- difficultés de fonctionnement, C. com., art. R. 123-29, p. 792 ;
- dossier unique, C. com., art. R. 123-1, p. 785 ; art. R. 123-8, p. 787 ;
- gestion par les chambres de commerce et d'industrie, C. com., art. R. 123-3, p. 785 ;
- récépissé, C. com., art. R. 123-11, p. 789 ; art. R. 123-16, p. 789 ;
- réception des notifications, C. com., art. R. 123-1, p. 785 ;
- renseignements, C. com., art. R. 123-2, p. 785 ;
- rôle, C. com., art. R. 123-1 et R. 123-2, p. 785.

Certificat coopératif d'investissement, L. 10 sept. 1947, art. 3, p. 2580.

Certificat de droit de vote, C. com., art. L. 228-30 et s., p. 444. – C. mon. fin., art. L. 212-6-2 et L. 212-6-3, p. 991 ; art. L. 212-17 et s., p. 992.

Certificat d'investissement, C. com., art. L. 228-30 à L. 228-35, p. 444 et s. ; art. R. 228-33 à R. 228-39, p. 674 et s. – C. mon. fin., art. L. 212-6-2 à L. 212-7, p. 991 ;
- augmentation du capital, C. com., art. L. 228-34, p. 446 ;
- calcul de la quotité des actions de préférence, C. com., art. L. 228-29-10, p. 444 ;
- catégorie de titres en voie d'extinction, C. com., art. L. 228-29-8, p. 444 ;
- communication de documents sociaux, C. com., art. L. 228-32, p. 445 ;
- distribution gratuite d'actions, C. com., art. L. 228-33, p. 446 ;
- émission d'obligations convertibles en actions, C. com., art. L. 228-35, p. 446 ;
- négociabilité, C. com., art. L. 228-30, p. 444 ;
- options de souscription ou d'achat, C. com., art. L. 225-186, p. 358 ;
- privatisation, échange contre des actions ordinaires, L. 6 août 1986, p. 1916 ;
- reconstitution, C. com., art. L. 228-31, p. 445 ;
- souscription par la société, C. com., art. L. 225-217, p. 369.

Certificat représentatif de parts, D. 3 juill. 1978, art. 34, p. 161.

Cessation des paiements : V. *Procédures collectives.*

Cession de l'actif social, C. com., art. L. 237-6 et s., p. 555.

Cession d'actions, C. com., art. L. 228-23, p. 419 ;
- caractère civil ou commercial, C. com., art. L. 228-23 (n° 7), p. 421 ;
- cause, C. com., art. L. 228-23 (n° 43), p. 428 ;
- clause, C. com., art. L. 228-23 (n° 61), p. 431 ;
- clause d'achat par l'associé le plus offrant *(Mexican shoot-out)*, C. com., art. L. 228-23 (n° 47), p. 429 ;
- clause d'agrément :
  - ▶ publicité, C. com., art. R. 225-3, p. 630.
- clause attributive de juridiction, C. com., art. L. 228-23 (n° 89), p. 440 ;
- clause compromissoire, C. com., art. L. 228-23 (n° 88), p. 440 ;
- clause d'inaliénabilité, C. com., art. L. 228-23 (n° 66), p. 433 ;
- nullité, C. com., art. L. 228-23 (n° 59), p. 431 ;
- objet, C. com., art. L. 228-23 (n° 43), p. 428 ;
- obligation de non-concurrence, C. civ., art. 1832 (n° 6), p. 6 ;
- offre alternative *(buy ou sell)*, C. com., art. L. 228-23 (n° 61), p. 431 ;
- risques, C. com., art. L. 228-23 (n° 64), p. 432 ;
- SAS, C. com., art. L. 227-13, p. 403 ;
- transaction, C. com., art. L. 228-23 (n° 87), p. 440 ;
- transfert de propriété, C. com., art. L. 228-23 (n° 62), p. 432 ;

V. *aussi Cession de contrôle, Garantie de passif, Garantie d'éviction, Garantie des vices cachés, Loyauté, Obligation de non-concurrence, Prix, Vices du consentement.*

Cession de contrôle, C. com., art. L. 223-14 (n°s 20 et 21), p. 196 ; art. L. 228-23 (n°s 1 et 2), p. 420 ; art. L. 228-23 (n° 7), p. 421 ; art. L. 228-23 (n°s 9 et 10), p. 421.

Cession forcée, C. com., art. L. 653-9, p. 2113.

Cession d'instruments financiers :
- voies d'exécution, V. *Voies d'exécution (droits d'associé et valeurs mobilières).*

Cession de parts sociales :
- nullité :
  - ▶ prescription, C. civ., art. 1861 (n° 13), p. 134 ;
  - ▶ restitution, C. com., art. L. 223-14 (n° 33), p. 201.
- obligation de non-concurrence, C. civ., art. 1832 (n° 6), p. 6 ;
- promesse de porte-fort, C. civ., art. 1861 (n° 23), p. 135 ;
- SARL, C. com., art. L. 223-14, p. 192 ; art. L. 223-16 et L. 223-17, p. 201 et s. ;
  - ▶ biens communs, C. civ., art. 1427 (n° 1), p. 19.
- SCS, C. com., art. L. 222-8, p. 185 ;
- SNC, C. com., art. L. 221-1 (n° 8), p. 172 ; art. L. 221-13 et s., p. 178 ;
- société civile, D. 3 juill. 1978, art. 49 et 50, p. 163 ;
  - ▶ agrément, C. civ., art. 1861, p. 132 ; art. 1861 (n° 3), p. 133 ; art. 1861 (n° 5), p. 133 ; art. 1861 (n°s 7 et 8), p. 133 ; art. 1862, p. 136 ;
  - ▶ biens communs, C. civ., art. 1424, p. 18 ;
  - ▶ opposabilité, C. civ., art. 1865, p. 136.
- société en participation, C. civ., art. 1871-1 (n° 4), p. 146 ;

V. *aussi Cession de contrôle, Garantie de passif, Garantie d'éviction, Garantie des vices cachés, Loyauté, Obligation de non concurrence, Prix, Vices du consentement, Voies d'exécution (droits d'associé et valeurs mobilières).*

Chambres de compensation :
- adhésion, C. mon. fin., art. L. 440-2, p. 1301 ;
- obligation des adhérents, C. mon. fin., art. L. 440-6, p. 1303 ;

- procédure collective ouverte à l'encontre de l'un de ses adhérents, C. mon. fin., art. L. 440-9, p. 1303 ;
- rôle, C. mon. fin., art. L. 440-1, p. 1301 ;
- secret professionnel, C. mon. fin., art. L. 440-4, p. 1303.

Chirurgien-dentiste :
- société civile professionnelle (SCP), CSP, art. R. 4113-26, p. 2954 ;
- société d'exercice libéral (SEL), CSP, art. R. 4113-1, p. 2950 ;
- société en participation, CSP, art. D. 4113-102 et D. 4113-103, p. 2964.

Class action, C. com., art. L. 225-251, p. 378.

Clause d'accroissement : V. *Tontine.*

Clause d'agrément : V. *Agrément.*

Clause de bad leaver, C. com., art. L. 228-23 (nº 18), p. 423.

Clause de commandite, C. com., art. L. 221-15 (nº 2), p. 182.

Clause de complément de prix ou *earn out*, C. com., art. L. 228-23 (nºs 53 et 54), p. 430.

Clause compromissoire, C. civ., art. 1844-7 (nº 15), p. 98. – C. com., art. R. 210-15 (nº 1), p. 620. – CPC, art. 2061 et s., p. 1956 ;
- application à l'associé, CPC, art. 1442 (nº 1), p. 1956 ;
- application au dirigeant de la personne morale associée, CPC, art. 1442 (nº 2), p. 1956 ;
- cession de contrôle, C. com., art. L. 721-3 (nº 4), p. 1953 ;
- cession de titres, C. com., art. L. 228-23 (nº 88), p. 440 ;
- définition, CPC, art. 1442 et s., p. 1956 ;
- nullité, CPC, art. 1447, p. 1957 ;
- opposabilité à la société bénéficiaire de la garantie de passif, CPC, art. 1442 (nº 3), p. 1956 ;

V. *aussi Convention d'arbitrage.*

Clause de conciliation, CPC, art. 122 (nº 1), p. 1946.

Clause de continuation de la société, C. com., art. L. 221-15 (nº 2), p. 182 ; art. L. 223-13, p. 191 ; V. *Décès (associé).*

Clause d'exclusion : V. *Exclusion.*

Clause de garantie de passif : V. *Garantie de passif.*

Clause d'inaliénabilité :
- cession d'actions, C. com., art. L. 228-23 (nº 66), p. 433 ;
- SAS, C. com., art. L. 227-13, p. 403 ;
- société européenne, C. com., art. L. 229-11, p. 467.

Clause d'intérêt fixe, C. civ., art. 1844-1 (nº 5), p. 85.

Clause léonine, C. civ., art. 1844-1, p. 83 ;
- sanction, C. com., art. L. 235-1, p. 522.

Clause limitative de pouvoirs, C. com., art. L. 221-5, p. 175 ;
- SA, C. com., art. L. 225-35, p. 256 ; art. L. 225-35 (nº 4), p. 258 ; art. L. 225-56, p. 293 ; art. L. 225-64, p. 298 ;
- SARL, C. com., art. L. 223-18 (nº 4), p. 203 ;
- SAS, C. com., art. L. 227-6, p. 397 ; art. L. 227-6 (nº 11), p. 399 ;
- société civile, C. civ., art. 1849, p. 120 ; art. 1849 (nº 7), p. 122.

Clause de non-concurrence :
- augmentation des engagements de l'associé, C. com., art. L. 225-96 (nº 2), p. 314 ;
- compétence des juridictions commerciales, C. com., art. L. 721-3 (nº 7), p. 1954 ;
- cumul de la qualité d'associé et de salarié, C. civ., art. 1832 (nº 7), p. 7 ;
- renonciation, C. com., art. L. 235-1 (nº 3), p. 524.

Clause d'option, C. com., art. L. 221-15 (nº 2), p. 182.

Clause de préemption :
- cession de parts de SARL, C. com., art. L. 223-13 (nº 2), p. 192 ; art. L. 223-16 (nº 2), p. 201 ;
- cession de parts de société civile, C. civ., art. 1861 (nº 19), p. 135 ;
- fraude, C. com., art. L. 228-23 (nº 84), p. 439 ;
- inexécution, C. com., art. L. 228-23 (nº 86), p. 439 ;
- mise en œuvre, C. com., art. L. 228-23 (nº 85), p. 439 ;
- portée, C. com., art. L. 228-23 (nº 83), p. 438 ;
- validité, C. com., art. L. 228-23 (nº 82), p. 438.

Clause réputée non écrite, C. civ., art. 1844-10, p. 109 ; art. 1844-10 (nº 16), p. 113.

Clause de réserve de propriété, C. civ., art. 1861 (nº 21), p. 135.

Clause de sortie, C. civ., art. 1843-3 (nº 2), p. 55. – C. com., art. L. 228-23 (nº 57), p. 431.

COB : V. *Autorité des marchés financiers.*

Comité central d'entreprise :
- attribution, C. trav., art. L. 2327-2 et s., p. 1801 ;
- composition, C. trav., art. L. 2327-3 à L. 2327-6, p. 1802 ;
- constitution, C. trav., art. L. 2327-1, p. 1800 ;
- disparition, C. trav., art. L. 2327-11, p. 1803 ;
- durée du mandat, C. trav., art. L. 2327-10, p. 1803 ;
- élection, C. trav., art. L. 2327-7 à L. 2327-9, p. 1802 et s. ;
- fonctionnement, C. trav., art. L. 2327-12 à L. 2327-14, p. 1803 et s.

Comité consultatif de la législation et de la réglementation financières, C. mon. fin., art. L. 614-2 et L. 614-3, p. 1528 ; art. D. 614-2 et D. 614-3, p. 1560.

Comité consultatif du secteur financier, C. mon. fin., art. L. 614-1, p. 1528 ; art. L. 614-3, p. 1528 ; art. D. 614-1, p. 1559.

Comité d'entreprise, C. trav., art. L. 2321-1 (nºs 1 et s.), p. 1753 ;
- action civile (abus de biens sociaux), C. com., art. L. 242-6 (nº 69), p. 590 ;
- action en justice, C. trav., art. L. 2323-1 (nº 3), p. 1757 ;
- attributions, C. trav., art. L. 2323-1 et s., p. 1756 ; art. L. 2323-30 (nº 1), p. 1771 ;
- attributions sociales et culturelles, C. trav., art. L. 2323-83 et s., p. 1781 ;
- carence, C. trav., art. L. 2313-13 (nº 1), p. 1751 ;
- CDD et travail temporaire, C. trav., art. L. 2323-59, p. 1779 ;
- champ d'application, C. trav., art. L. 2322-1 et s., p. 1753 ;
- comité de groupe, C. trav., art. L. 2331-1, p. 1805 ;
  ► attribution, C. trav., art. L. 2332-1 et s., p. 1806.
- commission, C. trav., art. L. 2325-22 et s., p. 1787 ;
- commission d'aide au logement, C. trav., art. L. 2325-27 à L. 2325-32, p. 1788 et s. ; art. L. 2325-34-4, p. 1789 ;
- commission économique, C. trav., art. L. 2325-23 à L. 2325-25, p. 1788 ;
- commission de la formation, C. trav., art. L. 2325-26, p. 1788 ;

- compétence générale, C. trav., art. L. 2323-1 (nº 5), p. 1757 ;
- composition, C. trav., art. L. 2324-1 et L. 2324-2, p. 1782 et s. ;
- concentration, C. trav., art. L. 2325-35, p. 1790 ;
- conditions de travail, C. trav., art. L. 2323-46 (nº 1), p. 1775 ;
- consultation, C. trav., art. L. 2323-50, p. 1776 ;
- décision de l'employeur, C. trav., art. L. 2323-2 (nº 1), p. 1758 ;
- délégation de pouvoirs, C. trav., art. L. 2325-1 (nº 4), p. 1784 ;
- déplacements, C. trav., art. L. 2325-11, p. 1786 ;
- entrave, C. trav., art. L. 2328-1 et L. 2328-2, p. 1759 ;
- exercice du pouvoir disciplinaire, C. trav., art. L. 2325-1 (nº 2), p. 1784 ;
- expertise de gestion, C. com., art. L. 225-231, p. 370 ;
- experts, C. trav., art. L. 2323-50, p. 1776 ;
- financement, C. trav., art. L. 2323-86, p. 1781 ;
- fonctionnement, C. trav., art. L. 2325-3 et L. 2325-4, p. 1784 ;
  - ▶ règlement intérieur, C. trav., art. L. 2325-2, p. 1784.
- fusions transfrontalières, C. com., art. L. 236-27 et s., p. 548 ;
- GIE, C. com., art. L. 251-16, p. 607 ;
- heures de délégation, C. trav., art. L. 2325-6 à L. 2325-10, p. 1785 ;
- information et consultation, C. trav., art. L. 2323-1, p. 1756 ;
- local, C. trav., art. L. 2325-12 et s., p. 1786 ;
- mise en place, C. trav., art. L. 2322-1, p. 1753 ;
- nouvelles technologies, C. trav., art. L. 2323-30 (nº 1), p. 1771 ; art. L. 2323-55, p. 1778 ;
- obligation de discrétion, C. trav., art. L. 2325-5, p. 1784 ;
- OPA-OPE, C. trav., art. L. 2323-35, p. 1773 ;
- organisation de l'entreprise, C. trav., art. L. 2323-33, p. 1772 ;
- patrimoine, C. trav., art. L. 2325-1, p. 1783 ;
- personnalité civile, C. trav., art. L. 2325-1 et s., p. 1783 ;
- prise de participation, C. trav., art. L. 2323-1 (nº 8), p. 1757 ;
- privatisation, C. trav., art. L. 2323-1 (nº 9), p. 1758 ;
- procédure d'alerte, C. com., art. L. 234-3, p. 521. – C. trav., art. L. 2323-50, p. 1776 ;
- procédure de sauvegarde, de redressement ou de liquidation judiciaire, C. trav., art. L. 2323-48, p. 1776 ;
- recours à un expert, C. trav., art. L. 2323-34 (nº 2), p. 1773 ;
- recours à un expert rémunéré par le comité d'entreprise, C. trav., art. L. 2325-41 (nº 1), p. 1794 ;
  - ▶ obligation de discrétion, C. trav., art. L. 2325-42, p. 1794.
- recours à un expert technique, C. trav., art. L. 2325-38, p. 1793 ;
  - ▶ accès dans l'entreprise, C. trav., art. L. 2325-39, p. 1793 ;
  - ▶ obligation de discrétion, C. trav., art. L. 2325-42, p. 1794 ;
  - ▶ rémunération, C. trav., art. L. 2325-40, p. 1793.
- recours à un expert-comptable :
  - ▶ accès aux documents, C. trav., art. L. 2325-37, p. 1792 ;
  - ▶ accès dans l'entreprise, C. trav., art. L. 2325-39, p. 1793 ;
  - ▶ domaine, C. trav., art. L. 2325-35, p. 1790 ;
  - ▶ mission, C. trav., art. L. 2325-36, p. 1791 ;
  - ▶ obligation de discrétion, C. trav., art. L. 2325-42, p. 1794 ;
  - ▶ rémunération, C. trav., art. L. 2325-40, p. 1793.
- représentation au conseil d'administration ou de surveillance, C. trav., art. L. 2323-62, p. 1779 ;
- représentation en justice, C. trav., art. L. 2325-1 (nº 3), p. 1784 ;
- restructuration :
  - ▶ consultation du comité d'entreprise, C. trav., art. L. 2323-31, p. 1771.
- réunions :
  - ▶ local, C. trav., art. L. 2325-13, p. 1786 ;
  - ▶ majorité, C. trav., art. L. 2325-18, p. 1787 ;
  - ▶ ordre du jour, C. trav., art. L. 2325-15 à L. 2325-17, p. 1786 et s. ;
  - ▶ périodicité, C. trav., art. L. 2325-14 (nºs 1 et s.), p. 1786 ;
  - ▶ présence de tiers, C. trav., art. L. 2325-13 (nº 1), p. 1786 ;
  - ▶ procès-verbal, C. trav., art. L. 2325-20 et L. 2325-21, p. 1787 ;
  - ▶ transmission de délibérations à l'autorité administrative, C. trav., art. L. 2325-19, p. 1787.
- secret professionnel, C. trav., art. L. 2325-5, p. 1784 ;
- subvention de fonctionnement, C. trav., art. L. 2325-43, p. 1794 ;
- subventions publiques, C. trav., art. R. 2323-7-1, p. 1771 ;
- suppression, C. trav., art. L. 2322-7, p. 1756.

Comité d'entreprise européen :
- absence d'accord :
  - ▶ attribution, C. trav., art. L. 2343-2, p. 1814 ;
  - ▶ composition, C. trav., art. L. 2343-5 et L. 2343-6, p. 1815 ;
  - ▶ constitution, C. trav., art. L. 2343-1, p. 1814 ;
  - ▶ fonctionnement, C. trav., art. L. 2343-7 à L. 2343-19, p. 1815 et s. ;
  - ▶ information, C. trav., art. L. 2343-4, p. 1815 ;
  - ▶ réunion, C. trav., art. L. 2343-3, p. 1814.
- champ d'application, C. trav., art. L. 2341-1 à L. 2341-6, p. 1809 et s. ;
- délit d'entrave, C. trav., art. L. 2346-1, p. 1819 ;
- désignation, élection et statut des membres, C. trav., art. L. 2344-2 à L. 2344-8, p. 1817 et s. ; art. L. 2411-11, p. 1819 ;
- groupe spécial de négociation, C. trav., art. L. 2342-1 à L. 2342-12, p. 1811 et s. ;
- répartition des sièges, C. trav., art. L. 2344-1, p. 1817 ;
- suppression, C. trav., art. L. 2345-1 et L. 2345-2, p. 1819.

Comité d'établissement, C. com., art. L. 225-231 (nº 5), p. 371 ;
- attributions, C. trav., art. L. 2327-15 et L. 2327-16, p. 1804 ;

- composition, C. trav., art. L. 2327-17, p. 1804 ;
- constitution, C. trav., art. L. 2327-1 et s., p. 1800 ;
- fonctionnement, C. trav., art. L. 2327-19, p. 1804 ;
- personnalité civile, C. trav., art. L. 2327-18, p. 1804 ;
- salariés détachés auprès d'une filiale, C. com., art. L. 233-1 (nº 14), p. 495.

Comité des établissements de crédit et des entreprises d'investissement, C. mon. fin., art. L. 641-1, p. 1652.

Comité d'études et de direction, C. com., art. L. 225-17 (nº 6), p. 240 ; art. R. 225-29, p. 635 ; art. R. 225-34, p. 636 ; art. R. 225-56, p. 639 ;
- rémunération, C. com., art. R. 225-60, p. 641.

Comité de groupe :
- attributions, C. trav., art. L. 2332-1, p. 1806 ;
  - OPA, C. trav., art. L. 2332-2, p. 1807.
- composition, C. trav., art. L. 2333-1 à L. 2333-6, p. 1807 et s. ;
- fonctionnement :
  - assistance d'un expert-comptable, C. trav., art. L. 2334-4, p. 1809 ;
  - périodicité des réunions, C. trav., art. L. 2334-2, p. 1808 ;
  - première réunion, C. trav., art. L. 2334-3, p. 1808 ;
  - président, C. trav., art. L. 2334-1, p. 1808.
- mise en place, C. trav., art. L. 2331-1 à L. 2331-6, p. 1805 et s. ;
- personnalité juridique, C. trav., art. L. 2331-1 (nº 1), p. 1805.

Comité de la réglementation bancaire et financière, C. mon. fin., art. L. 611-7, p. 1478.

Commanditaire : V. *Société en commandite par actions, société en commandite simple.*

Commerçant :
- étranger, C. com., art. L. 227-7 (nº 2), p. 399 ;
- immatriculation, C. com., art. L. 123-1, p. 798 ; art. L. 123-3, p. 799 ;
- obligation d'ouvrir un compte bancaire, C. com., art. L. 123-24, p. 888 ;
- obligations comptables, C. com., art. L. 123-12 et s., p. 883 ; art. R. 123-172 à R. 123-177, p. 888 et s. ; art. L. 123-25 à L. 123-28, p. 893 et s. ; art. R. 123-203 et R. 123-204, p. 894 ; art. D. 123-205-1, p. 894 ; art. R. 123-207 et R. 123-208, p. 894 et s. ;
  - présentation simplifiée des comptes annuels, C. com., art. L. 123-16, p. 886.
- qualité de commerçant d'une société, C. com., art. L. 210-1, p. 165 ;
  - société en participation, C. civ., art. 1871-1, p. 145.

Commissaire aux apports (SA), C. com., art. L. 225-147-1, p. 348 ; art. R. 225-136-1, p. 662 ;
- augmentation de capital, C. com., art. L. 225-147, p. 347 ; art. R. 225-136, p. 662 ;
- constitution, C. com., art. L. 225-8 et L. 225-8-1, p. 236 et s. ; art. L. 225-12, p. 238 ; art. L. 225-14, p. 239 ; art. R. 225-7 à R. 225-9-1, p. 631 et s. ; art. R. 225-14, p. 632.

Commissaire aux apports (SARL), C. com., art. L. 223-9, p. 190 ; art. R. 223-6, p. 624 ; art. D. 223-6-1, p. 624.

Commissaire aux comptes (SA) :
- actions à dividende prioritaire sans droit de vote, C. com., art. R. 228-43, p. 675 ;
- actions de préférence, C. com., art. R. 228-17 à R. 228-20, p. 671 et s. ; art. R. 228-22, p. 672 ;
- communication de documents, C. com., art. L. 232-1, p. 482 ; art. L. 232-3, p. 483 ; art. R. 232-1, p. 687 ; art. R. 823-4, p. 952 ; art. L. 823-13, p. 956 ;
- convocation, C. com., art. L. 820-4, p. 898 ; art. L. 823-17, p. 958 ;
- convocation de l'assemblée, C. com., art. L. 225-103, p. 324 ; art. R. 225-162, p. 666 ;
- désignation, C. com., art. L. 225-228, p. 369 ;
- désignation en justice, C. com., art. L. 823-1, p. 946 ; art. R. 823-3, p. 952 ;
- devoir d'alerte, C. com., art. L. 234-1, p. 520 ; art. L. 234-3, p. 521 ; art. R. 234-1 à R. 234-4, p. 694 et s. ;
- durée des fonctions, C. com., art. L. 823-1, p. 946 ; art. R. 823-3, p. 952 ;
- expert de gestion, C. com., art. L. 225-231, p. 370 ; art. R. 225-163, p. 666 ; art. L. 820-4, p. 898 ;
- infraction, C. com., art. L. 820-4 et s., p. 898 ;
- mission, C. com., art. L. 225-26, p. 252 ; art. L. 225-235, p. 375 ; art. R. 823-7, p. 955 ; art. L. 823-13 et s., p. 956 ; art. R. 823-9, p. 961 ;
  - programme de travail, C. com., art. R. 823-13, p. 963.
- nombre minimum, C. com., art. L. 225-228, p. 369 ;
- nomination, C. com., art. L. 823-1, p. 946 ; art. R. 823-3, p. 952 ;
- pluralité de commissaires, C. com., art. R. 225-162, p. 666 ; art. R. 823-9, p. 961 ;
- principe, C. com., art. L. 225-218 et s., p. 369 ;
- procédure d'alerte, C. com., art. L. 234-1 et s., p. 520 ; art. R. 234-1 à R. 234-4, p. 694 et s. ;
- questions écrites, C. com., art. L. 225-232, p. 374 ; art. R. 225-164, p. 667 ;
- rapport annuel, C. com., art. L. 225-26, p. 252 ;
- rapport spécial, C. com., art. L. 225-40 et L. 225-40-1, p. 272 et s. ; art. L. 225-88 et L. 225-88-1, p. 310 et s. ; art. L. 225-135, p. 342 ; art. L. 225-244, p. 375 ; art. L. 232-3, p. 483 ; art. R. 225-58, p. 640 ; art. R. 225-161, p. 666 ; art. R. 232-7, p. 688 ;
- rapport de transparence, C. com., art. R. 823-21, p. 964 ;
- récusation, C. com., art. L. 225-230, p. 370 ; art. L. 823-6, p. 948 ; art. R. 823-5, p. 952 ;
- révocation, C. com., art. L. 823-8, p. 951 ; art. R. 823-5, p. 952 ;
- suppléant, V. *aussi Commissaires aux comptes (dispositions générales), Responsabilité civile ;*
- suspension provisoire en cas d'actions pénales ou disciplinaires, C. com., art. L. 823-13 et s., p. 956.

Commissaire aux comptes (dispositions générales), C. com., art. L. 820-1 et s., p. 896 ;
- appartenance à un réseau, C. com., art. L. 822-11, p. 932 ;
- champ d'application des dispositions communes à tous les commissaires aux comptes, C. com., art. L. 820-1, p. 896 ;
- cocommissaire aux comptes, C. com., art. L. 823-15, p. 957 ;

- code de déontologie, C. com., art. L. 822-16, p. 935 ;
  ▶ contenu, art. 1er, p. 966.
- commissions régionales d'inscriptions, C. com., art. L. 822-2, p. 925 ;
- compagnie nationale des commissaires aux comptes, C. com., art. L. 821-6-1, p. 905 ;
- compagnie régionale des commissaires aux comptes, C. com., art. L. 821-6-1, p. 905 ;
- conflits d'intérêts, C. com., art. L. 822-11, p. 932 ;
- conseil national :
  ▶ composition, C. com., art. R. 821-37 à R. 821-40, p. 917 et s. ;
  ▶ délibérations, C. com., art. R. 821-49, p. 919 ;
  ▶ président, C. com., art. R. 821-50, p. 919 ;
  ▶ siège, C. com., art. R. 821-36, p. 917.
- contrôle et inspection, C. com., art. R. 821-23 à R. 821-27, p. 916 et s. ;
- contrôles des commissaires aux comptes :
  ▶ contrôles occasionnels, C. com., art. L. 821-9, p. 906 ;
  ▶ contrôles périodiques, C. com., art. L. 821-9, p. 906 ;
  ▶ obligation de fournir les renseignements et documents demandés, C. com., art. L. 821-12, p. 906.
- convocation aux réunions des organes collégiaux et aux assemblées des membres, C. com., art. L. 823-17, p. 958 ;
  ▶ informations à la charge du commissaire aux comptes, C. com., art. L. 820-3, p. 897 ;
  ▶ organes compétents, C. com., art. L. 823-1, p. 946 ; art. L. 823-4, p. 948.
- démission, art. 19, p. 970 ;
- déontologie et indépendance, C. com., art. L. 822-9 et s., p. 931 ;
  ▶ compétence, art. 7, p. 967 ;
  ▶ conflit d'intérêt, art. 5, p. 966 ;
  ▶ confraternité, art. 8, p. 967 ;
  ▶ impartialité, art. 4, p. 966 ;
  ▶ indépendance, art. 5, p. 966 ;
  ▶ intégrité, art. 3, p. 966 ;
  ▶ interdiction, art. 10 à 10-2, p. 967 et s. ;
  ▶ liens financiers, art. 26, p. 971 ;
  ▶ liens personnels et familiaux, art. 25, p. 971 ;
  ▶ liens professionnels, art. 27, p. 972 ;
  ▶ scepticisme professionnel et esprit critique, art. 6, p. 967 ;
  ▶ situations à risque et mesures de sauvegarde, art. 11 et 12, p. 968.
- discrétion, art. 9, p. 967 ;
- durée du mandat, C. com., art. L. 823-3, p. 947 ;
  ▶ commissaire du gouvernement, C. com., art. L. 821-4, p. 904 ;
  ▶ composition, C. com., art. L. 821-3, p. 903 ;
  ▶ crédits de fonctionnement, C. com., art. L. 821-5, p. 904 ;
  ▶ missions, C. com., art. L. 821-1, p. 902 ;
  ▶ secret professionnel, C. com., art. L. 821-3-1, p. 904 ; art. L. 821-3-3, p. 904.
- Haut Conseil du commissariat aux comptes, C. com., art. L. 821-1 et s., p. 902 ;
  ▶ attributions, C. com., art. R. 821-12, p. 910 ; art. R. 821-14-1, p. 911 ;
  ▶ fonctionnement, C. com., art. R. 821-6 à R. 821-11, p. 909 et s. ;
  ▶ organisation, C. com., art. R. 821-1 à R. 821-5, p. 908 et s. ; art. R. 821-14-2, p. 911 ; art. R. 821-14-4, p. 911 ;
  ▶ rapport annuel, C. com., art. R. 821-13, p. 910 ;
  ▶ rémunération des membres, C. com., art. R. 821-14, p. 910.
- incompatibilités, C. com., art. L. 820-6, p. 899 ; art. L. 822-10 et s., p. 931 ;
- information des dirigeants, C. com., art. L. 823-16, p. 957 ;
- infraction, C. com., art. L. 820-4 et s., p. 898 ;
  ▶ complicité, C. com., art. L. 820-7 (no 11), p. 902 ;
  ▶ défaut de convocation du commissaire aux comptes, C. com., art. L. 820-4, p. 898 ; art. L. 820-4 (no 2), p. 898 ;
  ▶ défaut de désignation du commissaire aux comptes, C. com., art. L. 820-4, p. 898 ; art. L. 820-4 (no 1), p. 898 ;
  ▶ entrave, C. com., art. L. 820-4, p. 898 ; art. L. 820-4 (no 3), p. 898 ;
  ▶ exercice illégal de la profession, C. com., art. L. 820-5, p. 899 ;
  ▶ informations mensongères, C. com., art. L. 820-7, p. 900 ;
  ▶ non révélation de faits délictueux, C. com., art. L. 820-7, p. 900 ;
  ▶ usage irrégulier du titre de commissaire aux comptes, C. com., art. L. 820-5, p. 899 ;
  ▶ violation des règles relatives aux incompatibilités, C. com., art. L. 820-6, p. 899 ; art. L. 820-6 (no 1), p. 900.
- inscription, C. com., art. L. 822-1 et s., p. 923 ;
  ▶ commission régionale, C. com., art. R. 822-8 à R. 822-16, p. 928 et s. ; art. R. 822-19, p. 930 ;
  ▶ condition, C. com., art. R. 822-2, p. 926 ;
  ▶ conditions d'inscription, C. com., art. L. 822-1-1 et L. 822-1-2, p. 923 et s. ;
  ▶ dispense d'inscription, C. com., art. L. 822-1-3, p. 924 ;
  ▶ équivalence, C. com., art. R. 822-7, p. 928 ;
  ▶ localisation, C. com., art. R. 822-1, p. 926 ;
  ▶ stage professionnel, C. com., art. R. 822-3, p. 926.
- inspections :
  ▶ obligation de fournir les renseignements et documents demandés, C. com., art. L. 821-12, p. 906.
- investigations, C. com., art. L. 823-13 et L. 823-14, p. 956 et s. ; art. R. 823-8, p. 961 ;
- liste, C. com., art. L. 822-1 et L. 822-1, p. 923 ;
  ▶ inscription, C. com., art. L. 822-2, p. 925.
- lutte contre le blanchiment de capitaux et le financement du terrorisme, C. com., art. L. 821-12-1, p. 906 ;
- mission, C. com., art. L. 822-13, p. 934 ; art. L. 823-9 et s., p. 953 ;
  ▶ accomplissement par plusieurs commissaires aux comptes, art. 17, p. 969 ;
  ▶ certification des comptes, C. com., art. L. 823-9, p. 953 ; art. R. 823-7, p. 955 ; art. D. 823-7-1, p. 956 ; art. R. 823-9, p. 961 ;
  ▶ égalité entre associés, C. com., art. L. 823-11, p. 955 ;
  ▶ limitation de la durée de la mission de certification, C. com., art. L. 822-14, p. 934 ;

▶ liste des personnes et entités contrôlées, C. com., art. R. 823-10, p. 961 ;
▶ plan de mission, C. com., art. R. 823-11, p. 962 ;
▶ programme de travail, C. com., art. R. 823-11 et R. 823-12, p. 962 ; art. R. 823-14, p. 963 ;
▶ révélation des faits délictueux, C. com., art. L. 823-12, p. 955 ;
▶ révélation des irrégularités et inexactitudes, C. com., art. L. 823-12, p. 955 ;
▶ vérifications, C. com., art. L. 823-10, p. 954 ; art. L. 823-13, p. 956.
- non renouvellement, C. com., art. L. 823-8, p. 951 ;
- norme d'exercice professionnel, C. com., art. L. 821-1, p. 902 ; art. L. 823-15, p. 957 ;
- normes internationales, C. com., art. L. 821-13, p. 907 ;
- nullité des délibérations, C. com., art. L. 820-3-1, p. 897 ;
- obligation de formation, C. com., art. L. 822-4, p. 925 ;
- poursuite du mandat, art. 18, p. 969 ;
- recours à des collaborateurs et experts, art. 16, p. 969 ;
- recours à la publicité, art. 33, p. 973 ;
- récusation, C. com., art. L. 823-6, p. 948 ;
- relèvement, C. com., art. L. 823-7, p. 949 ;
- remplaçant, C. com., art. L. 823-3, p. 947 ;
- rémunération, C. com., art. L. 823-18, p. 958 ; art. R. 823-16 et R. 823-17, p. 963 ; art. 29, p. 972 ; art. 32, p. 973 ;
▶ désaccord sur le montant, C. com., art. R. 823-18 à R. 823-20, p. 963 et s. ;
▶ détermination du montant de la vacation horaire, C. com., art. R. 823-15, p. 963 ;
▶ indépendance financière, art. 31, p. 973 ;
▶ interdiction de rémunération proportionnelle ou conditionnelle, art. 30, p. 973.
- renouvellement du mandat, art. 18, p. 969 ;
- réseau, art. 22 à 24, p. 970 et s. ;
- secret professionnel, C. com., art. L. 820-5, p. 899 ; art. 226-13 et 226-14, p. 899 ; art. L. 822-15, p. 934 ; art. L. 822-15, p. 934 ; art. 9, p. 967 ;
- serment, C. com., art. L. 822-3, p. 925 ;
- sociétés de commissaires aux comptes :
▶ absorption d'une société de commissaires aux comptes, C. com., art. L. 823-5, p. 948 ;
▶ déontologie et indépendance, C. com., art. L. 822-9, p. 931.
- succession entre confrères, art. 20, p. 970 ;
- suppléant, C. com., art. L. 823-1, p. 946 ;
- suspension provisoire en cas d'actions pénales ou disciplinaires, C. com., art. L. 821-10, p. 906 ;
- titre de commissaire aux comptes, C. com., art. L. 820-2, p. 897 ;
V. *Responsabilité civile, Responsabilité pénale.*

Commissaire aux comptes (SARL) :
- communication de documents, C. com., art. L. 223-39, p. 229 ; art. R. 223-28, p. 628 ;
- convocation de l'assemblée, C. com., art. L. 223-27, p. 220 ;
- convocation aux assemblées, C. com., art. L. 223-39, p. 229 ;
- expert de gestion, C. com., art. L. 223-37, p. 227 ;
- mission, C. com., art. L. 823-12-1, p. 956 ;
- nomination, C. com., art. L. 223-35, p. 227 ; art. R. 223-27, p. 628 ;
- norme d'exercice professionnel spécifique, C. com., art. L. 823-12-1, p. 956 ;
- questions écrites, C. com., art. L. 223-36, p. 227 ;
- suppléant, V. *aussi Commissaires aux comptes (dispositions générales), Responsabilité civile.*

Commissaire aux comptes (SAS), C. com., art. L. 227-9-1, p. 401 ; art. R. 227-1, p. 668 ;
- mission, C. com., art. L. 823-12-1, p. 956 ;
- norme d'exercice professionnel spécifique, C. com., art. L. 823-12-1, p. 956 ;
V. *aussi Commissaires aux comptes (dispositions générales), Responsabilité civile.*

Commissaire aux comptes (SCA), C. com., art. L. 226-6, p. 389.

Commissaire aux comptes (SCS) :
- mission, C. com., art. L. 823-12-1, p. 956 ;
- norme d'exercice professionnel spécifique, C. com., art. L. 823-12-1, p. 956.

Commissaire aux comptes (SNC), C. com., art. L. 221-9, p. 177 ; art. L. 221-11, p. 177 ; art. R. 221-5, p. 621 ;
- mission, C. com, art. L. 823-12-1, p. 956 ;
- norme d'exercice professionnel spécifique, C. com., art. L. 823-12-1, p. 956 ;
V. *aussi Commissaires aux comptes (dispositions générales), Responsabilité civile.*

Commissaire aux comptes (société autre qu'anonyme) :
- communication de documents, C. com., art. L. 232-4, p. 483 ;
- devoir d'alerte, C. com., art. L. 234-2 et L. 234-3, p. 521 ; art. R. 234-5 à R. 234-7, p. 695.

Commissaire aux comptes (sociétés de) :
- dispositions communes aux diverses sociétés, C. com., art. R. 822-38, p. 2965 ;
- société civile professionnelle (SCP), C. com., art. R. 822-71, p. 2968 ;
- société d'exercice libéral (SEL), C. com., art. R. 822-98, p. 2972 ;
- société en participation, C. com., art. R. 822-107, p. 2973.

Commissaire à la fusion, C. com., art. L. 236-10, p. 539.

Commissaire à la transformation, C. com., art. L. 224-2, p. 231 ;
- d'une SE en SA, C. com., art. R. 229-25, p. 687 ;
- société par actions, C. com., art. R. 224-3, p. 630 ;
- transformation d'une SA en SE, C. com., art. R. 229-21, p. 686.

Commissaire-priseur :
- société civile professionnelle (SCP), D. 24 juill. 1969, p. 2975 ;
- société d'exercice libéral (SEL), D. 30 déc. 1992, art. 1er, p. 2998 ;
- société en participation, D. 30 déc. 1992, art. 73, p. 3010 ;
- société de participations financières de profession libérale, D. 30 déc. 1992, art. 80, p. 3011.

Communauté d'intérêt, C. civ., art. 1832 (no 25), p. 11 ; art. 1833 (no 12), p. 21.

Communication du document relatif aux bénéficiaires effectifs, C. mon. fin., art. R. 561-57 à R. 561-59, p. 1462 et s.

Communication d'informations privilégiées, C. mon. fin., art. L. 642-3, p. 1653.

Compagnies financières, C. mon. fin., art. L. 571-14, p. 2561 ; art. D. 517-1, p. 2561 ; art. D. 517-7 et D. 517-8, p. 2561.

Compagnies financières holding, C. mon. fin., art. L. 517-1, p. 2555 ; art. L. 517-5, p. 2558.

Compagnies holding mixtes, C. mon. fin., art. L. 517-4-1, p. 2558.

Compagnies holding mixtes et entreprises mères mixtes de société de financement, C. mon. fin., art. L. 517-10, p. 2560.

Compétence juridictionnelle :
- des juridictions commerciales, C. com., art. L. 721-3, p. 1953 ;
- des tribunaux civils, C. com., art. L. 721-5, p. 1955 ;
  - professions bénéficiant d'une option entre le régime des SEL et le régime des société commerciale, C. com., art. L. 721-5, p. 1955 ; art. L. 721-5 (nº 2), p. 1955 ;
  - professions soumises impérativement au régime des SEL, C. com., art. L. 721-5, p. 1955 ; art. L. 721-5 (nº 1), p. 1955.

Compromis d'arbitrage :
- définition, CPC, art. 1442, p. 1956 ;
- détermination de l'objet du litige, CPC, art. 1445, p. 1957 ;
- instance déjà engagée, CPC, art. 1446, p. 1957 ;

V. *aussi Convention d'arbitrage.*

Compte courant d'associé :
- accessoire à une cession de titres :
  - compétence du tribunal de commerce, C. com., art. L. 721-3 (nº 7), p. 1954.
- augmentation des engagements des associés, C. com., art. L. 225-96 (nº 2), p. 314 ;
- cession des titres, C. civ., art. 1832 (nº 20), p. 11 ; art. 1844-1 (nº 2), p. 83 ;
- compensation de la créance en compte courant et de la dette d'apport, C. civ., art. 1843-3 (nº 18), p. 58 ;
- compte courant débiteur, C. com., art. L. 223-21 (nº 2), p. 210 ;
- convention de blocage, C. civ., art. 1832 (nº 17), p. 9 ;
- convention réglementée, C. com., art. L. 225-39 (nº 2), p. 271 ;
- qualification, C. civ., art. 1832 (nº 14), p. 8 ;
- remboursement, C. civ., art. 1832 (nº 17), p. 9 ; art. 1844-9 (nº 4), p. 108 ;
- société d'exercice libéral (SEL), L. 31 déc. 1990, art. 14, p. 2854.

Compte épargne temps, C. trav., art. L. 3343-1, p. 1887.

Compte de résultat, C. com., art. L. 123-12 et L. 123-13, p. 883 et s. ; art. L. 123-15, p. 884 ; art. R. 123-180, p. 890 ; art. R. 123-192 à R. 123-194, p. 892.

Comptes consolidés, C. com., art. L. 223-26, p. 219 ; art. L. 233-16 à L. 233-28, p. 514 et s. ; art. L. 247-1, p. 598 ; art. R. 232-1, p. 687 ; art. R. 232-8, p. 688 ; art. R. 233-3 à R. 233-16, p. 691 et s. ; art. L. 123-15, p. 884 ; art. 13 à 16, p. 885 ;
- approbation par l'assemblée générale, C. com., art. L. 225-100, p. 316 ;
- inscription des titres à l'actif du bilan, C. com., art. L. 232-5, p. 483.

Comptes prévisionnels, C. com., art. L. 232-2, p. 483 ; art. R. 232-2 et R. 232-3, p. 687 et s.

Comptes sociaux, C. com., art. L. 232-1 à L. 232-5, p. 482 et s. ; art. L. 232-7, p. 484 ; art. L. 232-9, p. 484 ; art. R. 232-1 à R. 232-3, p. 687 et s. ; art. R. 232-5 et R. 232-6, p. 688 ; art. L. 123-5-1, p. 799 ; art. L. 123-12, p. 883 ;
- amortissement, C. com., art. L. 232-9, p. 484 ;
- annexe :
  - situation des filiales et participations, C. com., art. L. 233-15, p. 508.
- approbation, C. com., art. L. 221-7, p. 176 ; art. L. 223-26, p. 219 ; art. L. 225-100, p. 316 ; art. L. 232-1, p. 482 ; art. R. 225-64, p. 642 ;
- communication, C. com., art. L. 232-3, p. 483 ;
- comptes annuels, C. com., art. L. 221-7, p. 176 ; art. L. 223-26, p. 219 ; art. L. 225-100, p. 316 ; art. L. 225-235, p. 375 ; art. L. 232-1 et s., p. 482 ; art. L. 237-25, p. 561 ; art. R. 232-1, p. 687 ;
- documents prévisionnels, C. com., art. L. 232-2, p. 483 ; art. R. 232-2 et R. 232-3, p. 687 et s. ;
- frais de constitution ou d'augmentation du capital, C. com., art. L. 232-9, p. 484 ;
- infraction, C. com., art. L. 241-4, p. 571 ; art. L. 242-8, p. 593 ;
- publication des comptes annuels :
  - défaut de publication (information du président du tribunal de commerce), C. com., art. L. 232-24, p. 489 ;
  - microentreprises, C. com., art. L. 232-25, p. 489 ; art. R. 232-22, p. 690 ;
  - petites entreprises, C. com., art. L. 232-25, p. 489 ;
  - SARL, C. com., art. L. 232-22, p. 488 ; art. R. 232-20 et R. 232-20-1, p. 690 ;
  - SNC, C. com., art. L. 232-21 et s., p. 487 ; art. R. 232-19 et R. 232-19-1, p. 690 ;
  - sociétés par actions, C. com., art. L. 232-23, p. 488 ; art. R. 232-21 et R. 232-21-1, p. 690.
- rapport écrit sur l'évolution de la société, C. com., art. L. 232-3 et L. 232-4, p. 483 ;
- sociétés dont les actions sont admises à la négociation sur un marché réglementé, C. com., art. R. 232-11, p. 689 ; art. R. 232-13, p. 689 ;
- sociétés faisant publiquement appel à l'épargne :
  - obligations d'informations relatives aux comptes annuels, C. com., art. L. 232-7 et s., p. 484 ;
  - tableau relatif à la répartition et à l'affectation des sommes distribuables, C. com., art. L. 232-7, p. 484.

V. *aussi Annexe, Commissaire aux comptes, Compte de résultat, Dividendes, Inventaire, Rapport de gestion, Réserves.*

Concentration économique, C. com., art. L. 430-1 et s., p. 1681 ; Règlement (CE) du Conseil20 janv. 2004, p. 1688.

Conciliation, C. com., art. L. 640-4, p. 2059.

Concours financiers (rupture), C. mon. fin., art. L. 313-12 (nº 1), p. 1199.

Concubinage :
- GAEC, C. rur., art. L. 323-2, p. 2395 ;
- société civile de famille, C. civ., art. 1845-1 (nº 6), p. 118 ;
- société entre concubins :
  - ▶ *affectio societatis*, C. civ., art. 1873 (nº 7), p. 151 ;
  - ▶ contribution aux pertes, C. civ., art. 1832 (nº 27), p. 12.

Concurrence : V. *aussi Concurrence déloyale, Clause de non-concurrence, Obligation de non-concurrence, Pratiques anti-concurrentielles.*

Concurrence déloyale, C. civ., art. 1843 (nº 3), p. 48 ;
- associé, C. civ., art. 1832 (nº 6), p. 6 ;
- dénigrement de société, C. civ., art. 1842 (nº 20), p. 45 ;
- utilisation d'une dénomination sociale, C. civ., art. 1835 (nº 32), p. 35 ;
- utilisation du nom de domaine d'une société, C. civ., art. 1835 (nº 33), p. 35.

Confiscation des biens sociaux :
- personnalité morale :
  - ▶ transparence (confiscation des biens sociaux), C. civ., art. 1842 (nº 2), p. 42.

Conflit d'intérêts, C. com., art. R. 225-170, p. 668 ;
- assemblée d'actionnaires :
  - ▶ représentation des actionnaires, C. com., art. L. 225-106-1, p. 329 ; art. L. 225-106-3, p. 329 ; art. R. 225-82-2, p. 647.
- droit de vote, C. civ., art. 1844 (nº 2), p. 72.

Conformité de l'offre :
- retrait obligatoire, C. mon. fin., art. 237-16 et s., p. 1299.

Confusion des patrimoines, C. com., art. L. 621-2, p. 1988 ; art. L. 621-2 (nº 3), p. 1990.

Conglomérats financiers, C. mon. fin., art. L. 517-2, p. 2556 ; art. L. 517-4, p. 2558 ; art. L. 517-6 à L. 517-9, p. 2559 et s.

Conseil d'administration (SA) :
- bilan social et environnemental, C. com., art. L. 225-102-1, p. 319 ; art. D. 225-104-1, p. 653 ;
- choix des modalités de la direction générale, C. com., art. R. 225-26 et R. 225-27, p. 634 ;
- composition, C. com., art. L. 225-17 et s., p. 239 ;
- conventions réglementées, C. com., art. R. 225-30 et R. 225-31, p. 636 ;
- convocation, C. com., art. L. 225-25 (nº 1), p. 251 ; art. L. 225-36-1, p. 262 ; art. L. 225-37 (nº 1), p. 263 ;
- cooptation, C. com., art. L. 225-24, p. 250 ;
- déclaration de performance extra-financière, C. com., art. L. 225-102-1, p. 319 ;
- délibérations, C. com., art. L. 225-36-1 et L. 225-37, p. 262 ; art. R. 225-19, p. 633 ;
  - ▶ politique en matière d'égalité professionnelle et salariale, C. com., art. L. 225-37-1, p. 264 ;
  - ▶ projet de résolution sur les rémunérations des dirigeants, C. com., art. L. 225-37-2, p. 265 ; art. R. 225-29-1, p. 635.
- information des administrateurs, C. com., art. L. 225-35, p. 256 ;
- pouvoirs, C. com., art. L. 225-35, p. 256 ; art. R. 225-28, p. 635 ;
  - ▶ cautions, avals et garanties, C. com., art. L. 225-35, p. 256 ; art. R. 225-28, p. 635 ;
  - ▶ conventions réglementées, C. com., art. L. 225-38 et s., p. 267 ;
  - ▶ délégations, C. com., art. R. 225-29, p. 635 ;
  - ▶ déplacement du siège social, C. com., art. L. 225-36, p. 262 ;
  - ▶ mise en conformité des statuts, C. com., art. L. 225-36, p. 262 ;
  - ▶ nomination d'un ou plusieurs directeur général délégué, C. com., art. L. 225-53, p. 287.
- procès-verbal, C. com., art. R. 225-22 à R. 225-25, p. 633 et s. ;
- *quorum* et majorité, C. com., art. L. 225-37, p. 262 ; art. R. 225-20, p. 633 ;
- rapports, C. com., art. L. 225-100-1 à L. 225-102-3, p. 317 et s. ; art. D. 225-104-1, p. 653 ; art. R. 225-105-3, p. 656 ;
  - ▶ assemblée générale, C. com., art. L. 225-23, p. 248 ; art. L. 225-100, p. 316 ; art. R. 225-83, p. 648 ;
  - ▶ augmentation de capital, C. com., art. L. 225-129, p. 338 ; art. L. 225-135, p. 342 ; art. L. 225-139, p. 345 ; art. R. 225-113 à R. 225-117, p. 657 et s. ;
  - ▶ conventions réglementées, C. com., art. L. 225-40 et L. 225-40-1, p. 272 et s. ;
  - ▶ rapport écrit sur l'évolution de la société, C. com., art. L. 232-3, p. 483 ;
  - ▶ rapport sur le gouvernement d'entreprise, C. com., art. L. 225-37, p. 262 ; art. L. 225-37-2, p. 265 ;
  - ▶ rémunérations des dirigeants, C. com., art. R. 225-29-1, p. 635.
- registre de présence, C. com., art. R. 225-20, p. 633 ;
- représentation équilibrée des hommes et des femmes, C. com., art. L. 225-17, p. 239 ; art. L. 225-17 (nº 4), p. 240 ; art. L. 225-18-1, p. 242 ; art. L. 225-20, p. 243 ; art. L. 225-24, p. 250 ; art. L. 225-27 et L. 225-28, p. 252 et s. ; art. L. 225-37, p. 262 ; art. L. 225-37-4, p. 266 ; art. L. 225-45, p. 278 ;
- salarié actionnaire, C. trav., art. L. 3341-1, p. 1885 ;
- visioconférence et vote électronique, C. com., art. R. 225-21, p. 633 ;

V. *aussi Administrateur de société anonyme, Président du conseil d'administration, Société nationale.*

Conseil des marchés financiers (CMF) : V. *Autorité des marchés financiers.*

Conseil en propriété industrielle :
- SEL, CPI, art. R. 422-41 et s., p. 3016 ;
- société civile professionnelle (SCP), CPI, art. R. 422-12 et s., p. 3012 ;
- société en participation, CPI, art. R. 422-50 et s., p. 3017.

Conseil de surveillance (SA), C. com., art. L. 225-68 à L. 225-79, p. 300 et s. ; art. L. 225-79-2 à L. 225-95, p. 305 et s. ; art. R. 225-60-2, p. 641 ;
- acceptation des fonctions, C. com., art. L. 225-7, p. 236 ;
- actions de garantie, C. com., art. L. 225-72 et L. 225-73, p. 303 ;
- attributions, C. com., art. L. 225-68, p. 300 ;
- autorisation des cautions, avals ou garanties, C. com., art. R. 225-53, p. 639 ;
- comité d'études, C. com., art. R. 225-56, p. 639 ;
- composition, C. com., art. L. 225-69, p. 301 ; art. L. 225-95, p. 313 ;

- contrôle du directoire :
  - ▶ rapport du directoire (délai), C. com., art. R. 225-55, p. 639.
- conventions avec la société, C. com., art. L. 225-86 à L. 225-91, p. 309 et s. ; art. R. 225-57 et R. 225-58, p. 640 ;
- convocation, C. com., art. L. 225-81, p. 307 ; art. R. 225-45, p. 638 ;
- délibérations, C. com., art. L. 225-82, p. 308 ; art. R. 225-45, p. 638 ;
  - ▶ politique en matière d'égalité professionnelle et salariale, C. com., art. L. 225-82-1, p. 308 ;
  - ▶ projet de résolution sur les rémunérations des dirigeants, C. com., art. L. 225-82-2, p. 308 ; art. R. 225-56-1, p. 640.
- emprunt. interdiction, C. com., art. L. 225-91, p. 312 ;
- fin des fonctions, C. com., art. R. 225-41, p. 638 ;
- incompatibilité avec la fonction de membre du directoire, C. com., art. L. 225-74, p. 303 ; art. R. 225-37, p. 638 ;
- jetons de présence, C. com., art. L. 225-83, p. 309 ; art. R. 225-60, p. 641 ;
- limite d'âge, C. com., art. L. 225-70, p. 301 ;
- membres élus par le personnel salarié, C. com., art. L. 225-79 et L. 225-80, p. 304 et s. ;
- nomination, C. com., art. L. 225-75, p. 303 ;
- obligation de discrétion, C. com., art. L. 225-92, p. 312 ;
- pouvoirs, C. com., art. L. 225-68, p. 300 ;
  - ▶ contrôle de la gestion, C. com., art. L. 225-68, p. 300 ;
  - ▶ déplacement du siège social, C. com., art. L. 225-65, p. 299 ;
  - ▶ mise en conformité des statuts, C. com., art. L. 225-65, p. 299 ;
  - ▶ rapport sur le gouvernement d'entreprise, C. com., art. L. 225-68, p. 300.
- président et vice-président, C. com., art. L. 225-81, p. 307 ;
- preuve de la présence au conseil, C. com., art. R. 225-52, p. 639 ;
- procès-verbaux, C. com., art. R. 225-49 à R. 225-52, p. 639 ;
- rapports :
  - ▶ rapport sur le gouvernement d'entreprise, C. com., art. L. 225-82-2, p. 308 ;
  - ▶ rémunérations des dirigeants, C. com., art. R. 225-56-1, p. 640.
- redressement ou liquidation judiciaire, C. com., art. L. 225-93, p. 313 ;
- refus d'autorisation, C. com., art. R. 225-40, p. 638 ;
- registre de présence, C. com., art. R. 225-47, p. 638 ;
- rémunération, C. com., art. L. 225-83 à L. 225-85, p. 309 ;
- représentant permanent d'une personne morale, C. com., art. L. 225-76 et L. 225-77, p. 303 et s. ; art. R. 225-42 et R. 225-43, p. 638 ;
- représentant des salariés désigné en application de l'article L. 225-27-1, C. com., art. L. 225-79-2, p. 305 ; art. R. 225-60-2, p. 641 ;
- représentation au conseil, C. com., art. R. 225-46, p. 638 ;
- représentation équilibrée des hommes et des femmes, C. com., art. L. 225-68 à L. 225-69-1, p. 300 et s. ; art. L. 225-76, p. 303 ; art. L. 225-78 et L. 225-79, p. 304 ; art. L. 225-83, p. 309 ;
- salariés actionnaires, C. com., art. L. 225-71, p. 301 ;
- vacance de siège, C. com., art. L. 225-78, p. 304 ; art. R. 225-44, p. 638 ;
- visioconférence et vote électronique, C. com., art. L. 225-82, p. 308 ; art. R. 225-48, p. 638.

Conseil de surveillance (SCA) :
- approbation des rapports établis par le président, C. com., art. L. 226-10-1, p. 390 ;
- convention avec la société, C. com., art. R. 226-2, p. 668 ;
- président, C. com., art. L. 226-10-1, p. 390 ;
- responsabilité des membres, C. com., art. L. 226-13, p. 390.

Conseiller en investissements financiers, C. mon. fin., art. L. 541-1 et s., p. 1410 ; art. L. 573-1 et s., p. 1472.

Conseillers en investissements participatifs, C. mon. fin., art. L. 547-1, p. 1419.

Consommateur :
- association agréée, C. mon. fin., art. L. 452-1 à L. 452-4, p. 1319 et s. ;
- qualité de consommateur :
  - ▶ exclusion des personnes morales, C. civ., art. 1842 (nº 15), p. 44.

Construction : V. *Habitation à loyer modéré, Société civile de construction-vente, Société civile de placement immobilier, Société immobilière de gestion, Société immobilière d'attribution, Société immobilière d'investissement.*

Contenu du document relatif aux bénéficiaires effectifs, C. mon. fin., art. R. 561-56, p. 1462.

Contradictoire (principe du) :
- expertise de gestion, C. com., art. L. 225-231 (nº 13), p. 374 ;
- non-renouvellement d'un mandat de direction, C. com., art. L. 225-55 (nº 8), p. 293 ;
- ordonnance sur requête, C. com., art. L. 223-27 (nº 3), p. 221 ;
- révocation des dirigeants, C. com., art. L. 223-25 (nº 3), p. 217 ; art. L. 225-47 (nº 14), p. 282 ; art. L. 225-55 (nº 5), p. 291 ; art. L. 225-59 (nº 1), p. 295 ; art. L. 225-61 (nº 3), p. 297 ; art. L. 227-5 (nº 6), p. 395.

Contrat de société, C. civ., art. 1832, p. 3 ; D. 3 juill. 1978, p. 156 ;
- rupture, C. civ., art. 1842 (nº 9), p. 43 ;

V. *aussi Nullité, Promesse, Pourparlers, Préambule, Règlement intérieur, Statuts.*

Contrats financiers, C. mon. fin., art. L. 211-1 et s., p. 975 ; art. L. 211-35, p. 987.

Contrôle d'une société par une autre, C. com., art. L. 233-3, p. 498 ; V. *Autocontrôle, bloc de contrôle, filiales.*

Contrôleur de gestion, CPC, art. 873, p. 2334.

Convention d'arbitrage :
- arbitre personne morale, CPC, art. 1450, p. 1957 ;
- arbitre personne physique, CPC, art. 1450, p. 1957 ;
- définition, CPC, art. 1442, p. 1956 ;
- désignation des arbitres, CPC, art. 1444, p. 1957 ;
- forme, CPC, art. 1443, p. 1957 ;
- indépendance, CPC, art. 1447, p. 1957 ;
- mesure d'instruction, CPC, art. 1449, p. 1957 ;
- mesure provisoire ou conservatoire, CPC, art. 1449, p. 1957 ;
- principe de compétence, CPC, art. 1448, p. 1957.

Convention de croupier, C. civ., art. 1861 (nº 2), p. 133 ; art. 1871 (nº 5), p. 144. - C. com., art. L. 221-13 (nº 3), p. 178.

Convention de management, C. com., art. L. 225-53 (nº 3), p. 288 ; art. L. 227-5 (nº 8), p. 396.

Convention de portage, C. civ., art. 1844-1 (nºs 7 et 8), p. 85 ; art. 1871 (nº 5), p. 144 ;
- distinction avec le contrat de prêt, C. com., art. L. 228-1 (nº 3), p. 406.

Convention de trésorerie, C. com., art. L. 233-3 (nº 3), p. 499 ; art. L. 511-7, p. 500 ;
- convention courante, C. com., art. L. 225-39 (nº 1), p. 270 ;
- responsabilité de la société de tête, C. com., art. L. 233-1 (nº 15), p. 495.

Convention de vote, C. com., art. L. 233-3 (nº 1), p. 499 ; art. L. 233-9, p. 504 ; art. L. 242-9, p. 593 ;
- société de portefeuille, C. com., art. L. 233-3 (nº 2), p. 499.

Conventions réglementées :
- SA, C. com., art. L. 225-38, p. 267 ; art. L. 225-40 et L. 225-40-1, p. 272 et s. ; art. L. 225-88 à L. 225-89, p. 310 et s. ; art. R. 225-30 et R. 225-31, p. 636 ;
- EURL, C. com., art. L. 223-19, p. 208 ; art. R. 223-26, p. 628 ;
- personne morale de droit privé ayant une activité économique, C. com., art. L. 612-5, p. 1982 ;
- SARL, C. com., art. L. 223-19, p. 208 ; art. R. 223-16 et R. 223-17, p. 625 et s. ;
- SAS, C. com., art. L. 227-10, p. 402 ;
- SASU, C. com., art. L. 227-10, p. 402.

Conversion du capital social en euros : V. *Capital social*.

Corporate governance : V. *Gouvernement d'entreprise*.

Corruption, C. pén., art. 433-1 et 433-2, p. 2360.

Cotisations de sécurité sociale :
- rémunérations perçues par les dirigeants :
  - ▶ attributions gratuites d'actions, CSS, art. L. 242-1, p. 1928.

Coup d'accordéon :
- abus de majorité, C. civ., art. 1833 (nºs 15 et 16), p. 23. - C. com., art. L. 224-2 (nº 4), p. 232 ;
- abus de minorité, C. civ., art. 1833 (nº 21), p. 26 ;
- annulation d'obligations remboursables en actions, C. com., art. L. 228-103 (nº 2), p. 463 ;
- fraude, C. com., art. L. 224-2 (nºs 3 et 4), p. 232 ;
- obligation de contribuer aux pertes, C. com., art. L. 224-2 (nº 2), p. 232 ;
- préjudice social, C. com., art. L. 224-2 (nº 6), p. 233 ;
- SEML, CGCT, art. L. 1521-1 (nº 4), p. 3246 ;
- validité, C. com., art. L. 224-2 (nº 1), p. 231.

Course de chevaux (sociétés de), D. 5 mai 1997, p. 3265.

Crédit aux entreprises, C. mon. fin., art. L. 313-12, p. 1199.

Cumul d'un contrat de travail et d'un mandat social :
- SA, C. com., art. L. 225-21-1 à L. 225-22-1, p. 244 et s. ; art. L. 225-47 (nº 21), p. 283 ; art. L. 225-53 (nºs 5 à 7), p. 288 ; art. L. 225-59 (nº 3), p. 295 ; art. L. 225-61 (nº 6), p. 297 ; art. L. 225-71, p. 301 ; art. L. 225-79-1 (nº 1), p. 305 ; art. L. 225-85, p. 309 ; art. L. 233-1 (nº 13), p. 495 ;
- SARL, C. com., art. L. 223-18 (nº 9), p. 206 ; art. L. 223-18 (nº 12), p. 207.

Cumul de mandats, C. com., art. L. 225-94 à L. 225-95-1, p. 313 et s. ;
- administrateurs, C. com., art. L. 225-21, p. 244 ;
- directeur général, C. com., art. L. 225-54-1, p. 290 ;
- membres du conseil de surveillance, C. com., art. L. 225-77, p. 304 ;
- membres du directoire, C. com., art. L. 225-67, p. 299.

D

Date de la perte de la qualité d'associé et mise en redressement judiciaire de l'associé destitué, D. 2 oct. 1967, art. 58, p. 3162.

Décès :
- administrateur, C. com., art. L. 225-24, p. 250 ;
- associé en nom collectif, C. com., art. L. 221-15, p. 181 ; art. L. 221-17, p. 183 ;
- associé de SARL, C. com., art. L. 223-13, p. 191 ; art. L. 223-41, p. 229 ;
- associé de SCP (dispositions générales), L. 29 nov. 1966, art. 24, p. 2844 ;
- associé de société civile, C. civ., art. 1870, p. 141 ;
- associé de société en participation, C. civ., art. 1872-2 (nº 4), p. 148 ;
- bénéficiaire d'attribution gratuite d'actions, C. com., art. L. 225-197-3, p. 361 ;
- bénéficiaire de stock-options, C. com., art. L. 225-183, p. 357 ;
- commanditaire, C. com., art. L. 222-10, p. 185 ;
- constituant d'une fiducie, C. civ., art. 2029, p. 752 ;
- EIRL, C. com., art. L. 526-15 et L. 526-16, p. 769 ;
- gérant unique de SARL, C. com., art. L. 223-27, p. 220 ;
- président du conseil d'administration, C. com., art. L. 225-17, p. 239 ; art. L. 225-50, p. 284.

Déclaration d'insaisissabilité, C. com., art. L. 526-3, p. 762.

Déclaration de performance extra-financière, C. com., art. L. 225-102-1, p. 319.

Défaut de dépôt, C. com., art. L. 123-5-1, p. 799.

Délégation de pouvoirs, C. civ., art. 1844-2, p. 88 ;
- SA, C. com., art. L. 225-35 (nº 4), p. 258 ; art. L. 225-51 (nº 2), p. 285 ; art. L. 225-51 (nº 7), p. 286 ; art. L. 225-56 (nº 7), p. 294 ; art. L. 225-64 (nº 2), p. 299 ; art. L. 225-251 (nº 9), p. 380 ; art. R. 225-29, p. 635 ;
- absence de droit de critique des tiers, CPC, art. 117 (nº 9), p. 1949 ;
- durée, CPC, art. 117 (nº 9), p. 1949 ;
- groupe de sociétés, C. com., art. L. 233-1 (nº 20), p. 498 ;
- responsabilité pénale des personnes morales, C. pén., art. 121-2 (nº 1), p. 2345. - CPP, art. 706-43 (nº 3), p. 2357 ;
- SARL, C. com., art. L. 223-18 (nº 4), p. 203 ; art. L. 223-28 (nº 4), p. 223 ;
- SAS, C. com., art. L. 227-6 (nº 1), p. 397 ;
  - ▶ délégation extrastatutaire, C. com., art. L. 227-6 (nº 9), p. 398 ;
  - ▶ délégation statutaire, C. com., art. L. 227-6 (nº 6), p. 397.
- SNC, C. com., art. L. 221-5 (nº 4), p. 176 ;

- société civile, C. civ., art. 1849 (nº 6), p. 121 ;
- sort en cas de transformation, C. civ., art. 1844-3 (nº 2), p. 89 ;

V. *aussi Augmentation de capital, Réduction de capital.*

Délégation unique du personnel :
- attribution, C. trav., art. L. 2326-9, p. 1800 ;
- composition, C. trav., art. L. 2326-2-1, p. 1798 ;
- fonctionnement, C. trav., art. L. 2326-9, p. 1800 ;
- mise en place, C. trav., art. L. 2326-1 et s., p. 1798.

Délégué du personnel, C. trav., art. L. 2311-1 et s., p. 1747 ;
- attribution générale, C. trav., art. L. 2313-1 et s., p. 1749 ;
- mise en place, C. trav., art. L. 2312-1, p. 1748 ;
  - ► établissement distinct, C. trav., art. L. 2312-5, p. 1748.
- mission de substitution, C. trav., art. L. 2313-13, p. 1750.

Délit de diffusion d'informations fausses ou trompeuses, C. mon. fin., art. L. 465-2, p. 1333.

Délit d'émission d'actions, C. com., art. L. 242-1, p. 572.

Délit d'entrave, C. trav., art. L. 2328-1 et L. 2328-2, p. 1759.

Délit de manipulation des cours, C. mon. fin., art. L. 465-2, p. 1333.

Démarchage bancaire et financier, C. mon. fin., art. L. 341-1 et L. 341-2, p. 1228 ;
- infractions pénales, C. mon. fin., art. L. 353-1 à L. 353-5, p. 1239 et s. ;
- personnes habilitées, C. mon. fin., art. L. 341-3 à L. 341-5, p. 1229 et s. ; art. L. 341-8 et L. 341-9, p. 1231 ;
- produits exclus du démarchage, C. mon. fin., art. L. 341-10, p. 1231 ;
- règles de bonne conduite, C. mon. fin., art. L. 341-11 et s., p. 1232 ; art. L. 341-13 à L. 341-16, p. 1233 ; art. R. 341-16 et s., p. 1237 ;
- sanctions disciplinaires, C. mon. fin., art. L. 341-17, p. 1234.

Dématérialisation, C. mon. fin., art. L. 211-4, p. 976 ; art. R. 211-1 à R. 211-8, p. 1090 et s. ; art. R. 213-16, p. 1095.

Démembrement de propriété des droits sociaux :
- actions :
  - ► convocation aux assemblées, C. com., art. R. 225-68, p. 643 ;
  - ► droit de communication, C. com., art. L. 225-118, p. 334 ;
  - ► droit préférentiel de souscription, C. com., art. L. 225-140, p. 346 ; art. R. 225-123, p. 660 ;
  - ► registre des titres nominatifs, C. com., art. R. 228-8, p. 669.
- bénéfice du régime fiscal mère-fille, C. civ., art. 1844 (nºs 14 et 15), p. 75 ;
- consenti à une personne morale, C. civ., art. 619, p. 59 ;
- convocation aux assemblées, C. civ., art. 1844 (nº 14), p. 75 ;
- déchéance de l'usufruit, C. civ., art. 1844 (nºs 14 et 15), p. 75. – C. com., art. L. 228-1 (nº 2), p. 405 ;
- désignation d'un expert de gestion, C. com., art. L. 225-231 (nº 5), p. 371 ;
- donation indirecte, C. civ., art. 1844 (nº 19), p. 77 ;
- droit sur les réserves, C. civ., art. 1844 (nº 15), p. 76 ;
- droit préférentiel de souscription, C. com., art. L. 225-110, p. 331 ;
- mandat conféré à l'usufruitier, C. civ., art. 1844 (nº 16), p. 76 ;
- obligations :
  - ► convocation aux assemblées, C. com., art. R. 228-67, p. 678.
- paiement du dividende par remise de titres sociaux, C. civ., art. 1844 (nº 17), p. 76 ;
- parts sociales, C. civ., art. 1844, p. 72 ;
  - ► démembrement de parts de GFA, C. rur., art. L. 322-6 (nº 1), p. 2408 ;
  - ► droit de vote, C. civ., art. 1844 (nºs 14 et 15), p. 75 ;
  - ► GAEC, C. rur., art. R. 323-43, p. 2405 ;
  - ► qualité pour exercer le droit de retrait de la société civile, C. civ., art. 1869 (nº 7), p. 139.
- qualité d'associé de l'usufruitier, C. civ., art. 1844 (nºs 14 et 15), p. 75 ;
- réunion de l'usufruit de toutes les parts en une seule main, C. civ., art. 1844-5, p. 89 ;
- usufruit d'un portefeuille de valeurs mobilières, C. com., art. L. 228-1 (nº 2), p. 405.

Démission :
- administrateur, C. com., art. L. 225-18, p. 240 ; art. L. 225-24 (nº 1), p. 250 ;
- commissaire aux comptes (SA), C. com., art. L. 823-1, p. 946 ;
- convention réglementée, C. com., art. L. 225-38 (nº 9), p. 269 ;
- gérant de SARL, C. com., art. L. 223-25 (nºs 9 et 10), p. 218 ; art. L. 223-25 (nº 12), p. 219 ;
- gérant de SNC, C. com., art. L. 221-12 (nº 2), p. 178 ;
- gérant de société civile, C. civ., art. 1851 (nº 4), p. 125 ;
- membre du directoire, C. com., art. L. 225-61 (nº 5), p. 297 ;
- président du conseil d'administration, C. com., art. L. 225-17, p. 239 ; art. L. 225-47 (nº 16), p. 283 ; art. L. 225-47 (nº 19), p. 283 ;
- publicité (société commerciale), C. com., art. L. 210-9, p. 170 ;
- tierce opposition, CPC, art. 583 (nº 8), p. 1952.

Démocratisation du secteur public, L. 26 juill. 1983, p. 3215 ; D. 26 déc. 1983, p. 3223. – L. 15 mai 2001, art. 140, p. 3232.

Dénomination sociale, C. com., art. L. 210-2, p. 168 ;
- caractère autorisé, C. civ., art. 1835 (nº 28), p. 33 ;
- concurrence déloyale, C. civ., art. 1835 (nº 32), p. 35 ;
- dénomination sociale inexacte et respect du principe du contradictoire, C. civ., art. 1835 (nº 34), p. 35 ;
- liquidation, C. com., art. L. 237-2, p. 554 ;
- mention :
  - ► dans les statuts, C. civ., art. 1835, p. 29.
- nom commercial, C. civ., art. 1835 (nº 30), p. 33 ;
- nom de domaine, C. civ., art. 1835 (nº 33), p. 35 ;
- nom patronymique, C. civ., art. 1835 (nº 31), p. 33 ;
- SARL, C. com., art. L. 223-1, p. 186 ;
- SCS, C. com., art. L. 222-3, p. 184 ;
- SNC, C. com., art. L. 221-2, p. 174 ;
  - ► associé décédé, C. com., art. L. 221-17, p. 183.
- société par actions, C. com., art. L. 224-1, p. 231 ;

V. *aussi Nom, raison sociale.*

Dépôt :
- de bilan, C. com., art. L. 631-1, p. 2042 ; art. L. 640-1, p. 2057.

Devoir de vigilance des sociétés mères et des entreprises donneuses d'ordre, C. com., art. L. 225-102-4, p. 323.

Difficultés des entreprises : V. *Prévention des difficultés et procédure de conciliation, Procédures collectives.*

Directeur général, C. com., art. L. 225-51-1 et s., p. 287 ;
- certification des copies ou extraits de procès-verbaux, C. com., art. R. 225-24, p. 634 ;
- conventions avec la société, C. com., art. L. 225-38 et s., p. 267 ;
- cumul de mandats, C. com., art. L. 225-54-1, p. 290 ;
- durée des fonctions, C. com., art. L. 225-55, p. 290 ;
- limite d'âge, C. com., art. L. 225-54, p. 289 ;
- nomination, C. com., art. L. 225-51-1, p. 287 ; art. R. 225-26, p. 634 ; art. R. 225-93, p. 650 ;
- pouvoirs, C. com., art. L. 225-56, p. 293 ;
- rémunération, C. com., art. L. 225-53, p. 287 ;
- révocation, C. com., art. L. 225-55, p. 290 ; art. L. 225-55 (nº 7), p. 293 ;

V. *aussi Cumul de mandats, Convention de management, cumul d'un contrat de travail et d'un mandat social, Loyauté, Obligation de non-concurrence, Responsabilité civile, Responsabilité pénale.*

Directeur général adjoint, C. com., art. L. 225-56 (nº 7), p. 294.

Directeur général délégué, C. com., art. L. 225-53 et s., p. 287 ;
- conventions avec la société, C. com., art. L. 225-38 et s., p. 267 ;
- durée des fonctions, C. com., art. L. 225-55, p. 290 ;
- infraction, C. com., art. L. 248-1, p. 600 ;
- limite d'âge, C. com., art. L. 225-54, p. 289 ;
- nombre, C. com., art. L. 225-53, p. 287 ;
- nomination, C. com., art. L. 225-53, p. 287 ; art. R. 225-26, p. 634 ;
- non-renouvellement, C. com., art. L. 225-55 (nº 8), p. 293 ;
- pouvoirs, C. com., art. L. 225-56 (nºs 4 et 5), p. 293 ; art. L. 225-56 (nº 7), p. 294 ;
- rémunération, C. com., art. L. 225-53, p. 287 ;
- révocation, C. com., art. L. 225-55, p. 290 ;

V. *aussi Cumul d'un contrat de travail et d'un mandat social.*

Directeur général unique, C. com., art. L. 225-59 et s., p. 295 ;
- cumul de mandats, C. com., art. L. 225-67, p. 299 ;
- limite d'âge, C. com., art. L. 225-60, p. 295 ;
- représentation de la société, C. com., art. L. 225-66, p. 299.

Directeur de laboratoire d'analyses de biologie médicale :
- SCP, CSP, art. R. 6223-11 et s., p. 3020 ;
- société d'exercice libéral (SEL), CSP, art. R. 6223-62 et s., p. 3027 ;
- sociétés autorisées, art. 69, p. 3019.

Directoire, C. com., art. L. 225-57 et s., p. 294 ;
- actions appartenant aux membres :
  - mise au nominatif, C. com., art. L. 225-109, p. 331.
- bilan social et environnemental, C. com., art. L. 225-102-1, p. 319 ; art. D. 225-104-1, p. 653 ;
- cautions, avals ou garanties au nom de la société, C. com., art. L. 225-68, p. 300 ; art. R. 225-53, p. 639 ;
- composition, C. com., art. L. 225-58, p. 295 ; art. R. 225-35, p. 637 ;
- contrôle par le conseil de surveillance, C. com., art. L. 225-58, p. 295 ; art. L. 225-68, p. 300 ; art. R. 225-53, p. 639 ;
- conventions avec la société, C. com., art. L. 225-86 à L. 225-91, p. 309 et s. ; art. R. 225-57 et R. 225-58, p. 640 ;
- déclaration de performance extra-financière, C. com., art. L. 225-102-1, p. 319 ;
- directeur général unique, C. com., art. R. 225-38, p. 638 ;
- durée des fonctions, C. com., art. L. 225-62, p. 298 ;
- membres :
  - démission, C. com., art. L. 225-61 (nº 5), p. 297 ;
  - incompatibilité avec les fonctions de membre du conseil de surveillance, C. com., art. L. 225-74, p. 303 ; art. R. 225-37, p. 638 ;
  - interdictions et déchéances, C. com., art. L. 225-93, p. 313 ;
  - limite d'âge, C. com., art. L. 225-60, p. 295 ;
  - nombre, C. com., art. L. 225-58, p. 295 ; art. R. 225-35, p. 637 ;
  - nomination, C. com., art. L. 225-59, p. 295 ; art. R. 225-37 et R. 225-38, p. 638 ;
  - obligation de discrétion, C. com., art. L. 225-92, p. 312 ;
  - rémunération, C. com., art. L. 225-63, p. 298 ;
  - répartition des tâches de la direction, C. com., art. R. 225-39, p. 638 ;
  - révocation, C. com., art. L. 225-61, p. 296 ;
  - vacance de siège, C. com., art. L. 225-62, p. 298 ; art. R. 225-36, p. 637.
- pouvoirs, C. com., art. L. 225-64, p. 298 ;
- rapports, C. com., art. L. 225-100-1 à L. 225-102-3, p. 317 et s. ; art. D. 225-104-1, p. 653 ; art. R. 225-105-3, p. 656 ;
  - augmentation de capital, C. com., art. R. 225-113 à R. 225-117, p. 657 et s. ;
  - rapport écrit sur l'évolution de la société, C. com., art. L. 232-3, p. 483.

V. *aussi Conseil de surveillance, Cumul de mandats, Cumul d'un contrat de travail et d'un mandat social, Président du directoire, Responsabilité civile, Responsabilité pénale.*

Dirigeant de SA :
- mise au nominatif des actions, C. com., art. L. 225-109, p. 331 ; art. R. 225-110 à R. 225-112, p. 657 ;
- responsabilité :
  - action individuelle, C. com., art. R. 225-167 et R. 225-168, p. 667 ;
  - action sociale *ut singuli*, C. com., art. R. 225-169 et R. 225-170, p. 667 et s.
- société à conseil d'administration, C. com., art. L. 225-17 et s., p. 239 ;
- société à directoire et conseil de surveillance, C. com., art. L. 225-57 et s., p. 294 ; art. R. 225-35, p. 637 ;

V. *aussi Administrateur, Conseil d'administration, Conseil de surveillance, Directeur général, Directeur général délégué, Directeur général unique, Directoire.*

Dirigeant (règles générales) :
- assurance de responsabilité, C. com., art. L. 225-251 (nº 12), p. 381 ;
- cession forcée des droits sociaux, C. com., art. L. 631-19-1, p. 2052 ;
  - ▶ dispositions antérieures à l'ordonnance du 18 décembre 2008, C. com., art. L. 626-4 (anc.), p. 2028.
- effets de jugement de sauvegarde, redressement ou de liquidation judiciaire, C. com., art. L. 651-1 et s., p. 2092 ;
- de fait, C. mon. fin., art. R. 611-1, p. 1529. – C. com., art. L. 626-4 (nº 1), p. 2028 ;
  - ▶ convention réglementée, C. com., art. L. 225-38 (nº 1), p. 268 ;
  - ▶ membre du conseil de surveillance, C. com., art. L. 225-68 (nº 3), p. 300 ;
  - ▶ procédure collective, C. com., art. L. 624-1 (nº 1), p. 2019 ; art. L. 651-2 (nº 1), p. 2094 ; art. L. 651-2 (nº 10), p. 2099 ; art. L. 652-1 (anc.) (nº 3), p. 2105 ; art. L. 653-1 (nº 1), p. 2109 ; art. L. 653-8 (nº 1), p. 2112 ; art. L. 653-8 (nº 3), p. 2112 ; art. L. 654-1 (nºs 1 et 2), p. 2115 ;
  - ▶ responsabilité civile, C. com., art. L. 225-254 (nº 2), p. 382 ;
  - ▶ responsabilité pénale, C. com., art. L. 241-9, p. 572 ; art. L. 241-9 (nºs 1 et 2), p. 572 ; art. L. 242-6 (nº 39), p. 582 ; art. L. 245-16, p. 598 ; art. L. 245-16, p. 598 ; art. L. 246-2, p. 598 ; art. L. 246-2, p. 598.
- publicité de la nomination et de la cessation des fonctions, C. com., art. L. 210-9, p. 170 ;
- remplacement (plan de redressement), C. com., art. L. 631-19-1, p. 2052 ;
- remplacement (plan de sauvegarde) :
  - ▶ dispositions antérieures à l'ordonnance du 18 décembre 2008, C. com., art. L. 626-4 (anc.), p. 2028.

Dissolution des sociétés :
- SA :
  - ▶ capital inférieur au minimum légal, C. com., art. L. 224-2, p. 231 ;
  - ▶ dissolution anticipée, C. com., art. L. 225-246, p. 376 ;
  - ▶ fusion, C. com., art. L. 236-3, p. 530 ;
  - ▶ perte de la moitié du capital social, C. com., art. L. 225-248, p. 376 ; art. R. 225-166, p. 667 ;
  - ▶ réduction du nombre des actionnaires, C. com., art. L. 225-247, p. 376.
- abus de majorité, C. civ., art. 1833 (nº 15), p. 23 ;
- causes de dissolution :
  - ▶ clause statutaire, C. civ., art. 1844-7, p. 94 ;
  - ▶ dissolution anticipée décidée par les associés, C. civ., art. 1844-7 (nº 25), p. 102 ;
  - ▶ dissolution judiciaire pour justes motifs, C. civ., art. 1844-7, p. 94 ; art. 1844-7 (nºs 14 et 15), p. 96 ;
  - ▶ liquidation judiciaire, C. civ., art. 1844-7, p. 94 ; art. 1844-7 (nº 18), p. 99 ; art. 1844-7 (nº 20), p. 101 ;
  - ▶ mise en sommeil, C. civ., art. 1844-7 (nº 24), p. 102 ;
  - ▶ réalisation ou extinction de l'objet, C. civ., art. 1844-7 (nº 23), p. 101 ;
  - ▶ réunion de toutes les parts ou actions en une seule main, C. civ., art. 1844-5, p. 89 ; art. 1844-7, p. 94. – D. 3 juill. 1978, art. 8, p. 157 ;
  - ▶ terme de la société, C. civ., art. 1844-7 (nº 26), p. 102.
- conséquences, C. civ., art. 1844-7 (nº 28), p. 103 ; art. 1844-8 et 1844-9, p. 103 et s. ;
  - ▶ sort des baux, C. com., art. L. 237-5, p. 555 ; art. R. 237-4, p. 701.
- SARL :
  - ▶ augmentation du nombre des associés, C. com., art. L. 223-3, p. 188 ;
  - ▶ décès d'un associé, C. com., art. L. 223-41, p. 229 ;
  - ▶ faillite, interdiction ou incapacité d'un associé, C. com., art. L. 223-41, p. 229 ;
  - ▶ perte de la moitié du capital social, C. com., art. L. 223-42, p. 229.
- SCA :
  - ▶ capital inférieur au minimum légal, C. com., art. L. 224-2, p. 231 ;
  - ▶ nombre minimum d'associés, C. com., art. L. 226-1, p. 387.
- SCS :
  - ▶ décès d'un associé, C. com., art. L. 222-10, p. 185 ;
  - ▶ faillite, interdiction ou incapacité d'un commandité, C. com., art. L. 222-11, p. 185.
- SNC :
  - ▶ décès d'un associé, C. com., art. L. 221-15, p. 181 ;
  - ▶ faillite, interdiction ou incapacité d'un associé, C. com., art. L. 221-16, p. 182.
- société civile :
  - ▶ absence de gérant depuis plus d'un an, C. civ., art. 1846-1, p. 119 ;
  - ▶ décès d'un associé, C. civ., art. 1870 et s., p. 141 ;
  - ▶ faillite, redressement ou liquidation judiciaire d'un associé, C. civ., art. 1860, p. 131.
- société commerciale :
  - ▶ compétence du tribunal de commerce, C. com., art. R. 210-15, p. 619.

Dividende :
- acomptes, C. com., art. L. 232-12, p. 485 ; art. L. 232-12 (nº 3), p. 485 ; art. R. 232-17, p. 689 ;
- acquêts de communauté, C. civ., art. 1844-1 (nº 2), p. 83 ;
- bénéfice distribuable, C. com., art. L. 232-11, p. 485 ;
- cession d'actions, C. com., art. L. 228-23 (nº 43), p. 428 ;
- date du droit sur les dividendes, C. civ., art. 1844-1 (nº 2), p. 83 ; art. 1861 (nº 22), p. 135 ;
- décision de distribution, C. com., art. L. 232-12, p. 485 ;
- dividende fictif, C. com., art. L. 232-12, p. 485 ;
- dividende majoré, C. com., art. L. 232-14, p. 486 ;
- intérêt fixe ou intercalaire, C. com., art. L. 232-15, p. 486 ;
- nature juridique, C. civ., art. 1844-1 (nº 2), p. 83 ;
- paiement :
  - ▶ en actions, C. com., art. L. 232-18 à L. 232-20, p. 486 et s. ;
  - ▶ mise en paiement, C. com., art. L. 232-13, p. 486 ; art. R. 232-18, p. 690.
- premier dividende, C. com., art. L. 232-16, p. 486 ;
- recel de titres sociaux, C. civ., art. 1844-1 (nº 2), p. 83 ;
- remise de biens sociaux, C. civ., art. 1844-1 (nº 3), p. 85 ;
- renonciation, C. civ., art. 1844-1 (nº 7), p. 85 ;

- répétition :
  ▶ SARL, C. com., art. L. 223-40, p. 229.
- répétition des dividendes, C. com., art. L. 232-17, p. 486 ;
- suspension :
  ▶ constitution avec offre au public, C. com., art. L. 225-11-1, p. 238 ;
  ▶ mise au nominatif des titres détenus par les dirigeants de SA, C. com., art. L. 225-109, p. 331 ;
  ▶ violation des règles relatives aux augmentations de capital, C. com., art. L. 225-150, p. 350 ;
  ▶ violation des règles relatives à la constitution sans offre au public, C. com., art. L. 225-16-1, p. 239.

V. *aussi Commissaire aux comptes, comptes sociaux.*

Dol : V. *Vices du consentement.*

Domicile (des personnes morales), C. civ., art. 1837 (nº 7), p. 38 ; art. 1842 (nº 21), p. 45.

Domiciliation, C. civ., art. 1837 (nº 8), p. 39. – C. com., art. L. 123-10 à L. 123-11-2, p. 856 et s. ;
- agrément, C. com., art. L. 123-11-3 à L. 123-11-8, p. 857 et s. ; art. R. 123-166-1 à R. 123-166-5, p. 859 et s.

Donation indirecte :
- augmentation de capital, C. civ., art. 1845-1 (nº 2), p. 118 ;
- donation par interposition de société, C. civ., art. 1842 (nº 3), p. 42 ;
- mise en réserve des bénéfices par l'usufruitier, C. civ., art. 1844 (nº 19), p. 77.

Droit préférentiel de souscription :
- actions, C. com., art. L. 225-132 et s., p. 341 ; art. L. 225-210, p. 367 ; art. R. 225-117-1, p. 658 ;
- actions de préférence, C. com., art. L. 228-34, p. 446 ;
- catégories de titres en voies d'extinction, C. com., art. L. 228-29-9, p. 444 ;
- certificats d'investissement, C. com., art. L. 228-30, p. 444 ;
- nu-propriétaire, C. com., art. L. 225-140, p. 346 ; art. R. 225-123, p. 660 ;
- renonciation, C. com., art. R. 225-122, p. 659 ;
- suppression, C. com., art. L. 225-135, p. 342 ; art. R. 225-121, p. 659 ;
- suspension :
  ▶ actions non libérées, C. com., art. L. 228-29, p. 442.
- usufruitier, C. com., art. L. 225-140, p. 346 ; art. R. 225-123, p. 660 ;
- valeurs mobilières donnant accès au capital, C. com., art. L. 228-91 et s., p. 458 ; V. *Augmentation de capital.*

Droit de vote :
- SA, C. com., art. L. 225-110, p. 331 ; art. L. 225-122 et s., p. 335 ;
- action de concert, C. com., art. L. 233-10 et L. 233-10-1, p. 505 et s. ;
- actions, C. com., art. L. 233-14, p. 508 ; art. L. 233-31, p. 517 ;
  ▶ actions de préférence, C. com., art. L. 228-11, p. 415.
- détention d'actions au titre d'opérations de cession temporaire, C. com., art. L. 225-126, p. 337 ;
- information, C. com., art. L. 233-8 et L. 233-9, p. 504 ; art. R. 233-2, p. 691 ;
- obligations, C. com., art. L. 228-66 et L. 228-67, p. 456 ;
- privation :
  ▶ détention d'actions au titre d'opérations de cession temporaire, C. com., art. L. 225-126, p. 337 ;
  ▶ valeurs mobilières, C. com., art. L. 228-3-3, p. 408.
- SARL, C. com., art. L. 223-28, p. 223 ;
- suspension :
  ▶ actions non libérées, C. com., art. L. 228-29, p. 442 ;
  ▶ actions non présentées en vue de leur regroupement, C. com., art. L. 228-29-3, p. 443 ;
  ▶ détention d'actions au titre d'opérations de cession temporaire, C. com., art. L. 225-126, p. 337 ;
  ▶ mise au nominatif des titres détenus par les dirigeants de SA, C. com., art. L. 225-109, p. 331 ;
  ▶ violation des règles relatives aux augmentations de capital, C. com., art. L. 225-150, p. 350 ;
  ▶ violation des règles relatives à la constitution avec offre au public, C. com., art. L. 225-11-1, p. 238 ;
  ▶ violation des règles relatives à la constitution sans offre au public, C. com., art. L. 225-16-1, p. 239.

V. *aussi Actions, Certificat de droit de vote, Convention de vote, Limitation du droit de vote.*

Durée de la société, C. civ., art. 1838, p. 40 ; art. 1844-6, p. 93. – D. 3 juill. 1978, art. 3, p. 156. – C. com., art. L. 210-2, p. 168 ;
- mention :
  ▶ dans les statuts, C. civ., art. 1835, p. 29.
- société commerciale, C. com., art. R. 210-2, p. 617 ;
- société en participation, C. civ., art. 1872-2, p. 148.

E

EARL : V. *Exploitation agricole à responsabilité limitée.*

Échange de titres, C. com., art. L. 228-6, p. 413.

Économie sociale et solidaire :
- groupements concernés, C. com., art. 1er à 3, p. 166 et s. ;
- réduction de capital, C. com., art. 1er, p. 168.

Émission d'actions :
- infraction, C. com., art. L. 242-1, p. 572 ;
- publicité, C. com., art. R. 225-120, p. 659 ; art. R. 225-124, p. 660 ;

V. *Offre au public de titres financiers, Augmentation de capital.*

Emprunt d'état, C. mon. fin., art. L. 213-22, p. 1000.

Enchères (société en formation), C. civ., art. 1843 (nº 3), p. 48.

Engagement des associés à l'égard des tiers :
- SA, C. com., art. L. 225-1, p. 233 ;
- SARL, C. com., art. L. 223-1, p. 186 ;
- SAS, C. com., art. L. 227-1, p. 391 ;
- SCA, C. com., art. L. 226-1, p. 387 ;
- SCS, C. com., art. L. 222-1, p. 183 ;
- SNC, C. com., art. L. 221-1, p. 171 ;
- société civile, C. civ., art. 1857 et s., p. 127.

Engagement (augmentation des) : V. *Augmentation des engagements.*

Entente et position dominante :
- concentration économique, C. com., art. L. 430-1 et s., p. 1681.

Entrepreneur individuel à responsabilité limitée (EIRL), C. com., art. L. 611-1 et L. 611-2, p. 1973 et s. ; art. L. 611-10-2, p. 1978 ; art. L. 611-13, p. 1979 ; art. L. 620-2 à L. 621-2, p. 1986 et s. ; art. L. 622-6, p. 2001 ; art. L. 680-1, p. 2133 ;
- affectation de biens communs, C. com., art. R. 526-7, p. 771 ; art. A. 526-2, p. 774 ;
- affectation de biens communs ou indivis, C. com., art. R. 526-7, p. 771 ; art. A. 526-2, p. 774 ;
- cession du patrimoine affecté, C. com., art. R. 526-13 et R. 526-14, p. 771 et s. ; art. A. 526-4, p. 774 ;
- composition du patrimoine affecté, C. com., art. L. 526-6, p. 764 ; art. R. 526-3-1, p. 771 ;
- compte bancaire distinct, C. com., art. L. 526-13, p. 768 ; art. R. 526-11, p. 771 ;
- constitution du patrimoine affecté, C. com., art. A. 526-5, p. 774 ;
  - affectation d'un bien immobilier, C. com., art. L. 526-9, p. 766 ;
  - affectation de biens communs ou indivis, C. com., art. L. 526-11, p. 767 ; art. R. 526-7, p. 771 ; art. A. 526-2, p. 774 ;
  - dépôt de la déclaration, C. com., art. L. 526-7 et L. 526-8, p. 765 et s. ; art. R. 526-3, p. 770 ;
  - évaluation des biens affectés, C. com., art. L. 526-8, p. 766 ; art. L. 526-10 (anc.), p. 767 ; art. D. 526-5, p. 771 ; art. R. 526-6, p. 771 ;
  - modèle type d'accord des coindivisaires, C. com., art. R. 526-7, p. 771 ; art. A. 526-2, p. 774 ;
  - modèle type d'accord du conjoint, C. com., art. R. 526-7, p. 771 ; art. A. 526-2, p. 774 ;
  - modèle type de déclaration d'affectation, C. com., art. R. 526-4, p. 771 ; art. A. 526-1, p. 774 ;
  - registre spécial, C. com., art. L. 526-7, p. 765 ; art. R. 526-15 à R. 526-24, p. 772 et s. ;
  - valeur déclarée, C. com., art. R. 526-3, p. 770.
- décès, C. com., art. L. 526-15 et L. 526-16, p. 769 ;
- dénomination, C. com., art. L. 526-20, p. 770 ;
- dénomination sociale, C. com., art. L. 526-6, p. 764 ;
- dispositions fiscales :
  - droits d'enregistrement, CGI, art. 846 *bis*, p. 780 ;
  - imposition des résultats, CGI, art. 1655 *sexies*, p. 780 ;
  - responsabilité fiscale, LPF, art. L. 273 B, p. 780 ; art. R.* 273 B-1, p. 781.
- dispositions sociales :
  - cotisations sociales, CSS, art. L. 731-14-1, p. 1937 ; art. R. 731-32-1, p. 1937 ; art. R. 131-8, p. 1937 ;
  - responsabilité en matière de cotisations et contributions sociales, CSS, art. L. 133-4-7, p. 781.
- mineur, C. com., art. 388-1-2, p. 765 ;
- modification de l'activité professionnelle, C. com., art. R. 526-14-1, p. 772 ;
- obligations comptables, C. com., art. L. 526-13 et L. 526-14, p. 768 ; art. R. 526-10-1, p. 771 ;
- opposabilité aux créanciers antérieurs, C. com., art. L. 526-12, p. 767 ;
- registre spécial, C. com., art. A. 526-5, p. 774 ;
- relevé d'actualisation de la déclaration d'affectation, C. com., art. R. 526-10-1, p. 771 ; art. A. 526-3, p. 774 ;
- renonciation, C. com., art. L. 526-15, p. 769 ; art. R. 526-12, p. 771 ;
- revenus, C. com., art. L. 526-18, p. 770 ;
- tarif des actes, D.28 déc. 2010, p. 778 ;
- transfert d'établissement, C. com., art. R. 526-20-1, p. 773 ;
- tutelle, C. com., art. 401, p. 765 ; art. 408, p. 765.

Entreprise :
- formalités administratives, C. com., art. R. 123-1, p. 785. – L. 11 févr. 1994, art. 1er, p. 795 ;
- notion, C. civ., art. 1845 (no 4), p. 117. – C. com., art. L. 123-11-1 (no 3), p. 857.

Entreprise en difficulté, C. com., art. R. 251-1 à R. 251-3, p. 705. – C. mon. fin., art. L. 313-22, p. 1201. – C. com., art. 30 et s., p. 1982.

Entreprise d'investissement, C. mon. fin., art. L. 531-4 à L. 531-8, p. 1350 et s. ; art. L. 611-1 et s., p. 1475.

Entreprise de marché, C. mon. fin., art. L. 421-2, p. 1252 ;
- attribution, C. mon. fin., art. L. 421-10 à L. 421-12, p. 1256 et s. ;
- contrôle, C. mon. fin., art. L. 421-12, p. 1257 ;
- élaboration des règles de marché, C. mon. fin., art. L. 421-10, p. 1256 ;
- information de l'AMF, C. mon. fin., art. L. 421-12, p. 1257 ;
- surveillance, C. mon. fin., art. L. 421-12, p. 1257.

Entreprise nationale. Entreprise publique :
- comptes consolidés, C. com., art. 13, p. 885 ; art. 15, p. 885 ; art. 13, p. 885 ;
- contrôle des comptes, C. com., art. 30 à 33, p. 1982 et s. ;
- transfert au secteur privé, L. 6 août 1986, p. 1916 ;

V. *aussi Privatisation, Société nationale.*

Entreprise unipersonnelle à responsabilité limitée (EURL), C. com., art. L. 223-1, p. 186 ; art. L. 223-9, p. 190 ; art. L. 223-19, p. 208 ; art. D. 223-2, p. 622 ; art. R. 223-25 et R. 223-26, p. 628 ;
- comptes annuels :
  - approbation, C. com., art. L. 223-31, p. 225 ; art. R. 223-25, p. 628 ;
  - publicité, C. com., art. L. 232-22, p. 488.
- conventions réglementées, C. com., art. L. 223-19, p. 208 ; art. R. 223-26, p. 628 ;
- dispense de rapport de gestion, C. com., art. L. 232-1, p. 482 ; art. R. 232-1-1 (anc.), p. 687 ;
- EURL constituée par un apport de biens communs, C. civ., art. 1832-2 (no 12), p. 18 ;
- reprise des actes accomplis au nom de la société en formation, C. com., art. L. 223-1 (no 6), p. 187 ;
- responsabilité civile du gérant, C. com., art. L. 223-1 (no 8), p. 187 ;
- réunion de toutes les parts de la SARL en une seule main, C. com., art. L. 223-4, p. 189 ;
- révocation du gérant, C. com., art. L. 223-1 (no 8), p. 187 ;
- statuts types, C. com., art. D. 223-2, p. 622 ;

V. *Abus de biens sociaux, Fictivité.*

Entreprises mères mixtes de société de financement, C. mon. fin., art. L. 517-4-1, p. 2558.

Entreprises mères de société de financement, C. mon. fin., art. L. 517-1, p. 2555 ; art. L. 517-5, p. 2558.

Époux, C. com., art. L. 236-1 (no 6), p. 529 ; art. R. 526-7, p. 771 ; art. A. 526-2, p. 774 ;
- *affectio societatis*, C. civ., art. 1832 (no 34), p. 14 ;

- apport d'un bien propre, C. civ., art. 1843-3 (nº 8), p. 56 ;
- attribution conjointe de la qualité d'associé, C. civ., art. 1832-2 (nº 1), p. 16 ;
- capacité, C. civ., art. 1832-1, p. 15 ; art. 1832-1 (nº 1), p. 15 ;
- caution, C. civ., art. 1832-1 (nº 2), p. 15 ;
- cession d'actions communes, C. civ., art. 1424 (nº 2), p. 18 ;
- cession de l'immeuble social constituant le logement de la famille, C. civ., art. 215, al. 3, p. 18 ;
- cession de parts sociales communes, C. civ., art. 1424, p. 18 ; art. 1427, p. 19 ; art. 1427 (nº 1), p. 19 ;
- contrat de société, C. civ., art. 1832-1, p. 15 ;
- distinction du titre et de la finance, C. civ., art. 1832-2 (nºs 7 et 8), p. 16 ;
- droit de demander le remboursement d'un compte courant, C. civ., art. 1832 (nº 17), p. 9 ;
- droit de vote (SA), C. com., art. L. 225-124, p. 336 ;
- EIRL :
  - ▶ affectation de biens communs, C. com., art. L. 526-11, p. 767.
- étendue de l'engagement de l'époux associé, C. civ., art. 1832-2 (nº 11), p. 17 ;
- EURL constituée par un apport de biens communs, C. civ., art. 1832-2 (nº 12), p. 18 ;
- fiducie :
  - ▶ transfert de biens communs, C. civ., art. 1424, p. 746.
- fraude, C. civ., art. 1844-10 (nº 5), p. 109 ;
- GAEC, C. rur., art. L. 323-2, p. 2395 ;
- mise en péril de l'intérêt de la famille, C. civ., art. 1832-1 (nº 1), p. 15 ;
- obligation aux dettes sociales, C. civ., art. 1832-1 (nº 1), p. 15 ;
- présomption de communauté, C. civ., art. 1832-2 (nº 3), p. 16 ;
- présomption de pouvoir en matière bancaire, C. civ., art. 1832-2 (nº 4), p. 16 ;
- procédures collectives, C. com., art. L. 624-5 et s., p. 2020 ;
- propriété des actions, C. com., art. L. 225-110 (nº 2), p. 332 ;
- représentation du conjoint, C. civ., art. 1832-1 (nº 1), p. 15 ;
- revendication de la qualité d'associé, C. civ., art. 1832-2, p. 16 ;
  - ▶ moment, C. civ., art. 1832-2 (nº 5), p. 16 ;
  - ▶ renonciation, C. civ., art. 1832-2 (nº 6), p. 16 ;
  - ▶ sanction, C. civ., art. 1832-2 (nº 10), p. 17.
- *stock-options*, C. com., art. L. 225-177 (nº 4), p. 354.

Erreur : V. *Vices du consentement.*

Établissement public industriel et commercial de l'État :
- comptes consolidés, C. com., art. 13, p. 885 ; art. 15, p. 885 ; art. 13, p. 885 ;
- contrôle de comptes, C. com., art. 30 et s., p. 1982 ; art. 33 et s., p. 1984 ;
- régime, L. 26 juill. 1983, p. 3215 ; D. 26 déc. 1983, p. 3223.

Euro :
- documents comptables, C. com., art. L. 123-22, p. 888 ;
- unité monétaire, V. *aussi Capital social.*

Éviction : V. *Garantie d'éviction.*

Exclusion d'un associé :
- clause statutaire, C. civ., art. 1832 (nº 1), p. 4. – C. com., art. L. 223-13 (nº 3), p. 192 ;
  - ▶ contrôle judiciaire des motifs d'exclusion, C. civ., art. 1844-7 (nº 9), p. 95 ;
  - ▶ détermination du prix de rachat des parts, C. civ., art. 1843-4 (nº 5), p. 62 ;
  - ▶ distinction avec la promesse de vente, C. civ., art. 1844-7 (nº 5), p. 95 ;
  - ▶ droit de vote de l'associé exclu, C. civ., art. 1844 (nº 2), p. 72 ;
  - ▶ garanties procédurales, C. civ., art. 1844-7 (nº 10), p. 95 ;
  - ▶ licéité, C. civ., art. 1844-7 (nº 4), p. 95 ;
  - ▶ mise en œuvre, C. civ., art. 1844-7 (nº 6), p. 95 ;
  - ▶ modalités d'insertion, C. civ., art. 1844-7 (nº 3), p. 95.
- exclusion judiciaire, C. civ., art. 1844-7 (nº 1), p. 94 ;
- GAEC, C. rur., art. R. 323-38, p. 2405 ;
- magasins collectifs de commerçants indépendants, C. com., art. L. 125-15, p. 2469 ;
- SAS, C. com., art. L. 227-16 et L. 227-17, p. 403 ;
- société civile, C. civ., art. 1860, p. 131 ;
- société coopérative, L. 10 sept. 1947, art. 7, p. 2570 ; art. 18, p. 2573 ;
- société coopérative de commerçants détaillants, C. com., art. L. 124-10, p. 2688 ;
- société coopérative européenne (SEC), L. 10 sept. 1947, art. 15, p. 2603 ;
- société européenne, C. com., art. L. 229-12 et L. 229-13, p. 467 ;
- société d'exercice libéral, L. 31 déc. 1990, art. 5 (nº 1), p. 2850 ; art. 21, p. 2855.

Exclusion d'un membre de GIE, C. com., art. L. 251-9 (nº 3), p. 605.

Exclusion d'un sociétaire : V. *Association.*

Expert agricole et foncier :
- société civile professionnelle (SCP), C. rur., art. R. 173-1, p. 3034 ;
- société d'exercice libéral (SEL), C. rur., art. R. 173-54, p. 3041.

Expert forestier :
- société civile professionnelle (SCP), C. rur., art. R. 173-1, p. 3034 ;
- société d'exercice libéral (SEL), C. rur., art. R. 173-54, p. 3041.

Expert *in futurum* (expertise probatoire), CPC, art. 145, p. 2338.

Expert de minorité ou de gestion :
- SA, C. com., art. L. 225-231, p. 370 ; art. R. 225-163, p. 666 ;
- SARL, C. com., art. L. 223-37, p. 227 ; art. R. 223-30, p. 629.

Expert-comptable, Ord. 19 sept. 1945, art. 1er, p. 3044 ;
- SA, Ord. 19 sept. 1945, art. 7, p. 3046 ;
- responsabilité civile, Ord. 19 sept. 1945, art. 12 (nº 1), p. 3050 ;
- SARL, Ord. 19 sept. 1945, art. 7, p. 3046 ;
- SAS, Ord. 19 sept. 1945, art. 7, p. 3046 ;

- secret professionnel, Ord. 19 sept. 1945, art. 21 (nº 1), p. 3052 ;
- société civile, Ord. 19 sept. 1945, art. 18, p. 3051 ;
- société d'exercice libéral (SEL), D. 30 mars 2012, p. 3065 ;
- société d'expertise comptable, Ord. 19 sept. 1945, art. 12, p. 3049 ;
- sociétés de participations d'expertise comptable, Ord. 19 sept. 1945, art. 7, p. 3046.

Expertise (détermination du prix), C. civ., art. 1843-4, p. 60 ; art. 1592, p. 66. - C. com., art. L. 223-14 (nº 25), p. 199 ;
- non-application aux clauses de cession souscrites à titre personnel par l'associé, C. civ., art. 1843-4 (nº 3), p. 60.

Exploitation agricole à responsabilité limitée (EARL), C. rur., art. L. 324-1 à L. 324-10, p. 2393 et s. ; art. D. 324-2, p. 2394 ; art. D. 324-4 et s., p. 2394.

F

Faillite internationale, C. com., art. L. 620-2 (nº 3), p. 1987 ; V. *Procédures d'insolvabilité.*

Faillite personnelle, C. com., art. L. 653-1 et s., p. 2108 ;
- droit transitoire, C. com., art. L. 653-1 (nº 3), p. 2109 ; art. L. 653-8 (nº 5), p. 2113 ; art. L. 653-11 (nº 1), p. 2114.

Fausse information, C. mon. fin., art. L. 465-1, p. 1322.

Fautes de gestion, C. com., art. L. 223-22, p. 210 ;
- SA, C. com., art. L. 225-251, p. 378 ;
- liquidation, C. com., art. L. 237-12, p. 556 ;
- responsabilité pour insuffisance d'actif, C. com., art. L. 651-1 et s., p. 2092 ;
  - ▶ définition de la faute de gestion, C. com., art. L. 651-2 (nº 3), p. 2096.
- société civile, C. civ., art. 1850, p. 122.

FIA :
- actifs, C. mon. fin., art. L. 214-14-13, p. 1021 ; art. L. 214-24-14 à L. 214-24-18, p. 1022 ;
- choix du dépositaire, C. mon. fin., art. L. 214-24-5, p. 1019 ; art. L. 214-24-8, p. 1020 ;
- commercialisation, C. mon. fin., art. L. 214-24-1 et L. 214-24-2, p. 1018 ;
- domaine, C. mon. fin., art. L. 214-24, p. 1016 ;
- information de l'Autorité des marchés financiers, C. mon. fin., art. L. 214-24-20, p. 1023 ;
- information des investisseurs, C. mon. fin., art. L. 214-24-19, p. 1022 ;
- rôle du dépositaire, C. mon. fin., art. L. 214-24-3 et L. 214-24-4, p. 1019 ; art. L. 214-24-6, p. 1020 ; art. L. 214-24-11 et L. 214-24-12, p. 1021 ;
- rôle de la société de gestion, C. mon. fin., art. L. 214-24-3 et L. 214-24-4, p. 1019 ; art. L. 214-24-6, p. 1020 ; art. L. 214-24-12, p. 1021 ; art. L. 214-14-13, p. 1021 ; art. L. 214-24-14 à L. 214-24-16, p. 1022 ; art. L. 214-24-18 à L. 214-24-20, p. 1022 et s.

Fictivité, C. com., art. L. 621-2 (nº 9), p. 1994 ;
- société fictive :
  - ▶ EURL, C. com., art. L. 223-1 (nº 7), p. 187.
- société en participation, C. civ., art. 1871 (nº 4), p. 144 ;
- souscriptions fictives, C. com., art. L. 242-2 (nº 1), p. 573 ;

V. *aussi Apport, société fictive.*

Fiducie :
- bénéficiaire, C. civ., art. 2016, p. 749 ;
- cession de créances :
  - ▶ opposabilité, C. civ., art. 2018-2, p. 750.
- cession des droits fiduciaires :
  - ▶ droits d'enregistrement, CGI, art. 668 *ter*, p. 759 ;
  - ▶ impôt sur le revenu et impôt sur les sociétés, CGI, art. 238 *quater* I, p. 755 ; art. 238 *quater* P, p. 758.
- constituant :
  - ▶ conservation de l'usage ou de la jouissance d'un fonds de commerce, C. civ., art. 2018-1, p. 750 ;
  - ▶ décès, C. civ., art. 2029 et 2030, p. 752 ;
  - ▶ définition fiscale, CGI, art. 238 *quater* A, p. 754 ;
  - ▶ désignation d'un tiers chargé de préserver ses intérêts, C. civ., art. 2017, p. 749 ;
  - ▶ détermination du chiffre d'affaires, CGI, art. 238 *quater* H, p. 755 ;
  - ▶ ISF, CGI, art. 885 G *bis* (anc.), p. 760 ;
  - ▶ mesure de curatelle, C. civ., art. 2022, p. 751 ;
  - ▶ mesure de tutelle, C. civ., art. 2022, p. 751.
- constituée à titre de garantie :
  - ▶ immeubles, C. civ., art. 2488-1 à 2488-5, p. 753 ;
  - ▶ meubles, C. civ., art. 2372-1 à 2372-5, p. 752 et s.
- constitution du patrimoine fiduciaire :
  - ▶ impôt sur le revenu et impôt sur les sociétés, CGI, art. 238 *quater* B à 238 *quater* G, p. 754 et s. ; art. 238 *quater* N, p. 757 ;
  - ▶ majeur sous curatelle, C. civ., art. 468, p. 746 ;
  - ▶ majeur sous tutelle, C. civ., art. 509, p. 746 ;
  - ▶ mineur, C. civ., art. 408-1, p. 746 ;
  - ▶ transfert de biens communs, C. civ., art. 1424, p. 746 ;
  - ▶ transfert de biens communs ou de biens indivis, C. civ., art. 2012, p. 746.
- contrat de fiducie :
  - ▶ durée, C. civ., art. 2018, p. 749 ;
  - ▶ enregistrement, C. civ., art. 2019, p. 750. - CGI, art. 635, p. 759 ;
  - ▶ mentions obligatoires, C. civ., art. 2018, p. 749 ;
  - ▶ modification, C. civ., art. 2028, p. 751 ;
  - ▶ révocation, C. civ., art. 2028, p. 751.
- créance détenue sur la fiducie :
  - ▶ évaluation, CGI, art. 668 *bis*, p. 759.
- créanciers :
  - ▶ du constituant, C. civ., art. 2025, p. 751 ;
  - ▶ fiduciaires, C. civ., art. 2025, p. 751.
- définition, C. civ., art. 2011, p. 746 ;
- dispositions comptables, L. 19 févr. 2007, art. 12, p. 761 ;
- extinction :
  - ▶ décès du constituant personne physique, C. civ., art. 2029, p. 752 ;
  - ▶ dissolution du fiduciaire, C. civ., art. 2029, p. 752 ;
  - ▶ droits de succession, CGI, art. 766 *bis*, p. 759 ;
  - ▶ fiduciaire ayant la qualité d'avocat, C. civ., art. 2029, p. 752 ;
  - ▶ impôt sur le revenu et impôt sur les sociétés, CGI, art. 238 *quater* I à 238 *quater* K, p. 755 et s. ; art. 238 *quater* P et 238 *quater* Q, p. 758 ;
  - ▶ liquidation judiciaire du fiduciaire, C. civ., art. 2029, p. 752 ;
  - ▶ réalisation du but poursuivi, C. civ., art. 2029, p. 752 ;

▶ renonciation des bénéficiaires, C. civ., art. 2029, p. 752 ;
▶ retour des biens, C. civ., art. 2030, p. 752 ;
▶ survenance du terme, C. civ., art. 2029, p. 752.
- fiduciaire :
▶ actes pour le compte de la fiducie, C. civ., art. 2021, p. 751 ;
▶ avocat, C. civ., art. 2015, p. 746 ; art. 53, p. 747 ; art. 66-5, p. 747 ; art. 123, p. 747 ; art. 205, p. 747 ; art. 209-1 à 212, p. 748 ; art. 216-1, p. 748 ; art. 218, p. 748 ; art. 223, p. 748 ; art. 227, p. 749 ; art. 231, p. 749 ; art. 233, p. 749 ; art. 235-3, p. 749 ; art. 2029, p. 752 ;
▶ cotisation foncière des entreprises, CGI, art. 1476, p. 761 ;
▶ déclaration d'existence, CGI, art. 238 *quater* L, p. 757 ; art. 344 M, p. 757 ;
▶ dessaisissement, C. civ., art. 2027, p. 751 ;
▶ fiduciaire provisoire, C. civ., art. 2027, p. 751 ;
▶ obligation de rendre compte, C. civ., art. 2022, p. 751 ;
▶ obligations déclaratives en matière fiscale, CGI, art. 238 *quater* M, p. 757 ;
▶ pouvoirs, C. civ., art. 2023, p. 751 ;
▶ qualité de fiduciaire, C. civ., art. 2015, p. 746 ;
▶ remplacement, C. civ., art. 2027, p. 751 ;
▶ responsabilité civile, C. civ., art. 2026, p. 751 ;
▶ sauvegarde, redressement judiciaire ou liquidation judiciaire, C. civ., art. 2024, p. 751 ;
▶ taxe foncière, CGI, art. 1400, p. 760.
- libéralité :
▶ droits de mutation à titre gratuit, CGI, art. 792 *bis*, p. 759 ;
▶ inopposabilité à l'administration fiscale, CGI, art. L. 64 C, p. 760 ;
▶ prohibition, C. civ., art. 2013, p. 746.
- lutte contre le blanchiment de capitaux, L. 19 févr. 2007, art. 15, p. 761 ;
- objet :
▶ couverture de risques d'assurance ou de réassurance, L. 19 févr. 2007, art. 14, p. 761.
- parties au contrat :
▶ résidence, L. 19 févr. 2007, art. 13, p. 761.
- patrimoine fiduciaire :
▶ biens ou droits dont la mutation est soumise à publicité, C. civ., art. 2021, p. 751.
- présomption d'action de concert, C. com., art. L. 233-10, p. 505 ;
- régime fiscal des marchands de biens :
▶ condition de revente, CGI, art. 1115, p. 760.
- registre national des fiducies, C. civ., art. 2020, p. 750 ; art. 1er à 7, p. 750 et s. ;
- résultats du patrimoine fiduciaire :
▶ impôt sur le revenu et impôt sur les sociétés, CGI, art. 238 *quater* O, p. 757.
- source, C. civ., art. 2012, p. 746 ;
- TVA, CGI, art. 256 et 257, p. 758 ; art. 266, p. 758 ; art. 268, p. 759 ; art. 285 A, p. 759.

Filiales, participations et sociétés contrôlées, C. com., art. L. 233-1 à L. 233-4, p. 491 et s. ; art. L. 233-6 à L. 233-11, p. 500 et s. ; art. L. 233-13 à L. 233-15, p. 508 ; art. L. 233-29 à L. 233-31, p. 517 ; art. R. 233-1 et R. 233-2, p. 691 ; art. R. 233-17 à R. 233-19, p. 694 ;
- action de concert, C. com., art. L. 233-10 et L. 233-10-1, p. 505 et s. ;
- autonomie juridique des filiales, C. com., art. L. 233-1 (no 2), p. 491 ;
▶ exceptions, C. com., art. L. 233-1 (no 4), p. 492 ;
▶ principe, C. com., art. L. 233-1 (no 11), p. 495.
- déclaration de seuil, C. com., art. L. 233-6 et L. 233-7, p. 500 et s. ; art. R. 233-1, p. 691 ;
▶ infraction, C. com., art. L. 247-2, p. 599 ;
▶ privation du droit de vote, C. com., art. L. 233-14, p. 508.
- détention indirecte, C. com., art. L. 233-4, p. 500 ;
- détermination du montant de la sanction, C. com., art. L. 233-1 (no 7), p. 494 ;
- filiales :
▶ définition, C. com., art. L. 233-1, p. 491 ;
▶ dirigeant de sociétés détenant des actions des filiales, C. com., art. L. 225-109, p. 331.
- imputabilité des sanctions, C. com., art. L. 233-1 (no 6), p. 494 ;
- information relative aux droits de vote, C. com., art. L. 233-8 et L. 233-9, p. 504 ; art. R. 233-2, p. 691 ;
- information relative aux pactes d'actionnaires, C. com., art. L. 233-11, p. 507 ;
- infraction, C. com., art. L. 247-1 et s., p. 598 ;
- licenciement pour motif économique du salarié d'une filiale :
▶ faute de la société mère, C. com., art. L. 233-1 (no 19), p. 497.
- licenciement d'un salarié de la filiale :
▶ mandat pour licencier, C. com., art. L. 233-1 (no 20), p. 498.
- notifications et informations, C. com., art. L. 233-6 à L. 233-7-1, p. 500 et s. ; art. R. 233-1, p. 691 ;
- notifications relatives aux participations, C. com., art. L. 233-12, p. 507 ;
- obligation de reclassement de la société mère, C. com., art. L. 233-1 (no 17), p. 496 ;
- participations :
▶ définition, C. com., art. L 233-2, p. 498 ;
▶ réciproques, C. com., art. L. 233-29 à L. 233-31, p. 517 ; art. L. 247-3, p. 599 ; art. R. 233-17 à R. 233-19, p. 694.
- plan de sauvegarde de l'emploi et obligation de reclassement, C. com., art. L 233-1 (no 21), p. 498 ;
- pratiques anti-concurrentielles, C. com., art. L. 233-1 (nos 6 à 8), p. 494 ;
- qualité de coemployeur de la société mère :
▶ compétence juridictionnelle, C. com., art. L. 233-1 (no 18), p. 496 ;
▶ licenciement pour motif économique, C. com., art. L. 233-1 (no 18), p. 496.
- rapport à l'assemblée, C. com., art. L. 233-6 et L. 233-7, p. 500 et s. ; art. L. 233-13, p. 508 ;
- responsabilité civile du représentant permanent de la société mère, C. com., art. L. 233-1 (no 16), p. 496 ;
- responsabilité civile de la société mère, C. com., art. L. 233-1 (no 5), p. 493 ; art. L. 233-1 (no 15), p. 495 ;

– responsabilité environnementale, C. com., art. L. 233-5-1, p. 500 ;
– situation des filiales et participations :
▶ annexe, C. com., art. L. 233-15, p. 508.
– société contrôlée :
▶ définition, C. com., art. L. 233-3 et s., p. 498.
– sociétés faisant offre au public :
▶ constatation judiciaire de l'existence d'un contrôle, C. com., art. L. 233-5, p. 500.
– sursis à exécution, C. com., art. L. 233-1 (nº 8), p. 494 ;
V. *aussi Autocontrôle, Comptes consolidés, Infractions communes aux diverses formes de sociétés commerciales, Participations, Société contrôlée, Franchissement de seuil.*

Filialisation :
– abus de majorité, C. civ., art. 1833 (nº 15), p. 23.

Financement participatif (*crowdfunding*), C. mon. fin., art. L. 411-2, p. 1241 ; art. L. 547-1 et L. 548-1, p. 1419 et s.

Fondateur :
– SA :
▶ assemblée générale constitutive, C. com., art. L. 225-7, p. 236 ; art. R. 210-7, p. 618 ; art. R. 225-10, p. 632 ;
▶ offre au public - projet de statuts, C. com., art. L. 225-2, p. 234 ;
▶ sans offre au public - projet de statuts, C. com., art. L. 225-12, p. 238.
– engagement personnel des fondateurs, C. civ., art. 1843 (nº 2), p. 48 ;
– notion, C. civ., art. 1843 (nº 1), p. 47 ;
– qualité, C. civ., art. 1840 (nº 1), p. 40 ;
– responsabilité, C. civ., art. 1840, p. 40 ;
– SARL :
▶ responsabilité civile, C. com., art. L. 223-10, p. 191.
– société commerciale :
▶ engagements au nom de la société en formation, C. com., art. L. 210-6, p. 169.
V. *aussi Reprise des actes accomplis pour le compte d'une société en formation, responsabilité civile, société en formation.*

Fondation, L. 23 juill. 1987, p. 733 ; art. 18, p. 734 ;
– fondation d'entreprise, L. 23 juill. 1987, art. 19, p. 735 ;
▶ président (cessation des fonctions), L. 23 juill. 1987, art. 19-4 (nº 1), p. 736.
– mandats des administrateurs, L. 23 juill. 1987, art. 18 (nº 2), p. 734 ;
– pouvoirs du président, L. 23 juill. 1987, art. 18 (nº 1), p. 734 ;
– transformation en fondation reconnue d'utilité publique, L. 23 juill. 1987, art. 20-3, p. 738.

Fonds de capital investissement, C. mon. fin., art. L. 214-27, p. 1032.

Fonds de commerce :
– cession, C. com., art. L. 223-14 (nº 21), p. 197 ; art. L. 223-18 (nº 4), p. 203 ; art. L. 228-23 (nº 10), p. 421 ;
V. *aussi Apport en nature.*

Fonds commun d'intervention sur les marchés à terme, C. mon. fin., art. L. 231-6, p. 1196.

Fonds commun de placement :
– actifs, C. mon. fin., art. L. 214-24-36, p. 1027 ;
– apports, C. mon. fin., art. L. 214-24-36, p. 1027 ;
– droits des porteurs de parts, C. mon. fin., art. L. 214-24-40, p. 1027 ;
– obligation aux dettes, C. mon. fin., art. L. 214-24-39, p. 1027 ;
– partage, C. mon. fin., art. L. 214-24-38, p. 1027 ;
– parts, C. mon. fin., art. L. 214-24-34, p. 1026 ;
– personnalité morale, C. mon. fin., art. L. 214-24-34, p. 1026 ;
– rachat de ses propres parts, C. mon. fin., art. L. 214-24-41, p. 1027 ;
– rôle du commissaire aux comptes, C. mon. fin., art. L. 214-24-36, p. 1027 ; art. L. 214-24-40, p. 1027 ;
– rôle de la société de gestion, C. mon. fin., art. L. 214-24-35, p. 1027 ; art. L. 214-24-42 et L. 214-24-43, p. 1027 et s.

Fonds commun de placement (FCP), C. mon. fin., art. L. 214-20 et s., p. 1013.

Fonds commun de placement dans l'innovation, C. mon. fin., art. L. 214-30, p. 1034.

Fonds commun de placement à risque :
– actif, C. mon. fin., art. L. 214-28, p. 1032 ;
– parts, C. mon. fin., art. L. 214-28, p. 1032 ;
– règlement, C. mon. fin., art. L. 214-28, p. 1032.

Fonds communs de placement :
– SICAV, C. mon. fin., art. L. 214-24-25, p. 1024.

Fonds de dotation, L. 4 août 2008, art. 140, p. 739. – D. 11 févr. 2009, art. 1, p. 741.

Fonds d'épargne salariale :
– fonds communs de placement d'entreprise, C. mon. fin., art. L. 214-164, p. 1072 ;
– forme, C. mon. fin., art. L. 214-163, p. 1072 ;
– sociétés d'investissement à capital variable d'actionnariat salarié, C. mon. fin., art. L. 214-166, p. 1075.

Fonds d'investissement de proximité, C. mon. fin., art. L. 214-31, p. 1036.

Fonds d'investissement à vocation générale :
– actifs, C. mon. fin., art. L. 214-24-27, p. 1025 ; art. L. 214-24-45, p. 1028 ; art. L. 214-24-56, p. 1030 ;
– agrément, C. mon. fin., art. L. 214-24-24, p. 1024 ;
– compartiment, C. mon. fin., art. L. 214-24-26, p. 1024 ;
– compartiments, C. mon. fin., art. L. 214-26, p. 1032 ;
– forme, C. mon. fin., art. L. 214-24-25, p. 1024 ;
– fusion, scission ou absorption, C. mon. fin., art. L. 214-24-48, p. 1029 ;
– information des investisseurs, C. mon. fin., art. L. 214-24-62 et L. 214-25, p. 1031 et s. ;
– maître et nourricier, C. mon. fin., art. L. 214-24-57, p. 1030 ;
– prospectus, C. mon. fin., art. L. 214-24-62, p. 1031 ;
– responsabilité, C. mon. fin., art. L. 214-24-46, p. 1028 ;
– responsabilité du commissaire aux comptes, C. mon. fin., art. L. 214-24-53, p. 1029 ;
– rôle du commissaire aux comptes, C. mon. fin., art. L. 214-24-47, p. 1028 ; art. L. 214-24-60, p. 1031 ;
– rôle de la société de gestion, C. mon. fin., art. L. 214-24-44, p. 1028 ; art. L. 214-24-46, p. 1028 ;
– sommes distribuables, C. mon. fin., art. L. 214-24-51, p. 1029.

Fonds de pérennité, L. 22 mai 2019, art. 177, p. 743.

Fonds professionnel de capital investissement :
- forme, C. mon. fin., art. L. 214-159, p. 1067 ;
- souscription ou acquisition de parts, C. mon. fin., art. L. 214-160, p. 1067.

Fonds professionnel spécialisé :
- actifs, C. mon. fin., art. L. 214-154, p. 1065 ;
- forme, C. mon. fin., art. L. 214-154, p. 1065 ;
- information des souscripteurs, C. mon. fin., art. L. 214-156, p. 1066 ;
- maître ou nourriciers, C. mon. fin., art. L. 214-158, p. 1067 ;
- règlement, C. mon. fin., art. L. 214-157, p. 1066 ;
- souscription de parts ou actions, C. mon. fin., art. L. 214-155, p. 1066.

Fonds professionnel à vocation générale, C. mon. fin., art. L. 214-143, p. 1064 ;
- actifs, C. mon. fin., art. L. 214-145, p. 1064 ;
- maître et nourricier, C. mon. fin., art. L. 214-147, p. 1064 ;
- souscription de parts ou actions, C. mon. fin., art. L. 214-144, p. 1064 ; art. L. 214-146, p. 1064.

Forme civile ou commerciale des sociétés :
- société en participation, C. civ., art. 1871-1, p. 145.

Forme sociale :
- mention :
  - ▶ dans les statuts, C. civ., art. 1835, p. 29.

Forme des sociétés, C. com., art. L. 210-2, p. 168.

Franchissement de seuils, C. com., art. L. 247-2, p. 599. - C. mon. fin., art. L. 451-2, p. 1313 ; art. L. 465-4, p. 1341.

Fraude :
- agrément, C. com., art. L. 223-14 (nº 9), p. 194 ;
- apport, C. civ., art. 1843-3 (nº 3), p. 55 ; art. 1843-3 (nº 24), p. 59 ; art. 1845 (nº 3), p. 117. - C. com., art. L. 223-32 (nº 7), p. 226 ;
- apport partiel d'actif, C. com., art. L. 236-20 (nº 2), p. 543 ;
- cession de titres, C. civ., art. 1861 (nº 14), p. 135 ;
- conventions réglementées, C. com., art. L. 225-41, p. 273 ; art. L. 225-89, p. 311 ;
- droits du conjoint, C. civ., art. 1844-10 (nº 5), p. 109 ;
- droits des tiers, C. civ., art. 1844-10 (nº 5), p. 109 ;
- fusion, C. com., art. L. 236-1 (nº 7), p. 529 ;
- groupe de sociétés, C. com., art. L. 233-1 (nº 4), p. 492 ;
- nullité de la société, C. civ., art. 1844-10 (nº 5), p. 109 ; art. 1844-10 (nº 5), p. 109. - C. com., art. L. 235-1 (nº 1), p. 522 ;
- prestations sociales, C. civ., art. 1844-8 (nº 2), p. 104 ;
- société interposée, C. civ., art. 1844-10 (nº 5), p. 109.

Fusion et scission d'associations, L. 1er juill. 1901, art. 9 *bis*, p. 726 ; art. 12, p. 728. - D. 16 août 1901, art. 15-1 à 15-7, p. 730 et s.

Fusion et scission de fondations, L. 23 juill. 1987, art. 20-1, p. 737.

Fusion et scission de sociétés, C. civ., art. 1844-4, p. 89. - C. com., art. L. 236-1 à L. 236-17, p. 528 et s. ; art. L. 236-19 à L. 236-21, p. 542 et s. ; art. L. 236-23, p. 547 ; art. L. 236-25 à L. 236-32, p. 547 et s. ; art. R. 236-1 à R. 236-12, p. 696 et s. ; art. R. 236-18 à R. 236-20, p. 700 et s. ;
- SA, C. com., art. L. 236-8 et s., p. 538 ;
  - ▶ actions à droits de vote double, C. com., art. L. 225-124, p. 336 ;
  - ▶ assemblée générale extraordinaire, C. com., art. L. 236-9, p. 538 ;
  - ▶ commissaire à la fusion, C. com., art. L. 236-10, p. 539 ;
  - ▶ commissaire à la fusion ou à la scission, C. com., art. R. 236-6 et R. 236-7, p. 698 ;
  - ▶ décision de fusion, C. com., art. L. 236-9, p. 538 ; art. R. 236-5, p. 697 ;
  - ▶ droit d'opposition des créanciers non obligataires (scission), C. com., art. L. 236-21, p. 545 ;
  - ▶ fusion par création d'une société nouvelle, C. com., art. L. 236-12, p. 540 ;
  - ▶ fusion simplifiée, C. com., art. L. 236-11 et L. 236-11-1, p. 540 ;
  - ▶ information des actionnaires, C. com., art. L. 236-9, p. 538 ; art. R. 236-5 et R. 236-5-1, p. 697 et s. ;
  - ▶ obligataires - consultation de la masse des obligataires, C. com., art. L. 228-65, p. 455 ; art. L. 228-73, p. 456 ;
  - ▶ offre de remboursement des obligataires (scission), C. com., art. L. 236-18, p. 542 ;
  - ▶ offre de remboursement des obligations (fusion), C. com., art. L. 236-13, p. 541 ; art. R. 236-11 et R. 236-12, p. 699 ;
  - ▶ offre de remboursement des obligations (scission), C. com., art. R. 236-11 et R. 236-12, p. 699 ;
  - ▶ opposition des bailleurs de locaux loués, C. com., art. R. 236-10, p. 699 ;
  - ▶ opposition des créanciers non obligataires (fusion), C. com., art. L. 236-14, p. 541 ; art. R. 236-8, p. 698 ;
  - ▶ opposition de la masse des obligataires (fusion), C. com., art. L. 236-15, p. 542 ;
  - ▶ opposition de la masse des obligataires (scission), C. com., art. L. 236-19, p. 542 ;
  - ▶ opposition des représentants de la masse des obligataires, C. com., art. L. 228-73, p. 456 ; art. R. 228-80, p. 679 ; art. R. 236-8 et R. 236-9, p. 698 ;
  - ▶ projet de fusion, C. com., art. L. 236-9, p. 538 ; art. L. 236-13, p. 541 ; art. L. 236-15, p. 542 ; art. R. 236-5, p. 697 ;
  - ▶ projet de scission, C. com., art. L. 236-18 et L. 236-19, p. 542 ;
  - ▶ règles applicables en cas de scission, C. com., art. L. 236-16, p. 542 ;
  - ▶ scission (charge du passif), C. com., art. L. 236-20 et L. 236-21, p. 542 et s. ;
  - ▶ scission réalisée par apport à des sociétés anonymes nouvelles, C. com., art. L. 236-17, p. 542.
- apport partiel d'actif :
  - ▶ absence de transmission universelle à défaut d'application du régime des scissions, C. com., art. L. 236-22 (nº 2), p. 546 ;
  - ▶ action en justice, C. com., art. L. 236-20 (nº 10), p. 545 ;
  - ▶ application du régime des scissions, C. com., art. L. 236-6-1, p. 538 ; art. L. 236-22, p. 546 ;

▶ bail commercial, C. com., art. L. 236-20 (nº 11), p. 545 ;
▶ cautionnement, C. com., art. L. 236-20 (nº 3), p. 544 ;
▶ créances soumises à la transmission universelle, C. com., art. L. 236-20 (nº 1), p. 543 ;
▶ dette de responsabilité, C. com., art. L. 236-20 (nº 6), p. 544 ;
▶ efficacité de la transmission universelle du patrimoine à l'égard des tiers, C. com., art. L. 236-20 (nº 2), p. 543 ;
▶ faute inexcusable de l'employeur, C. com., art. L. 236-20 (nº 7), p. 545 ;
▶ fraude, C. com., art. L. 236-20 (nº 2), p. 543 ;
▶ inscriptions hypothécaires, C. com., art. L. 236-20 (nº 4), p. 544 ;
▶ notion de branche autonome d'activité, C. com., art. L. 236-22 (nº 3), p. 546 ;
▶ passif environnemental, C. com., art. L. 236-20 (nº 8), p. 545 ;
▶ passif fiscal, C. com., art. L. 236-20 (nº 9), p. 545 ;
▶ SARL, C. com., art. L. 236-24, p. 547 ;
▶ sort du passif, C. com., art. L. 236-20 (nº 5), p. 544.
– dispositions générales :
▶ absorption d'une société, C. com., art. L. 236-2, p. 529 ;
▶ abus de majorité, C. civ., art. 1833 (nºs 15 et 16), p. 23 ;
▶ accord de réduction du temps de travail, C. com., art. L. 236-3 (nº 11), p. 531 ;
▶ agrément, C. com., art. L. 236-3 (nºs 42 à 44), p. 536 ;
▶ associés coopérateurs, C. com., art. L. 236-3 (nº 9), p. 531 ;
▶ astreinte, C. com., art. L. 236-3 (nº 33), p. 535 ;
▶ autorisation de l'inspection du travail, C. com., art. L. 236-3 (nº 10), p. 531 ;
▶ avantages particuliers, C. com., art. L. 236-3 (nº 16), p. 532 ;
▶ cautionnement, C. com., art. L. 236-3 (nº 24), p. 534 ;
▶ clause de rétroactivité, C. com., art. L. 236-4 (nºs 1 et 2), p. 537 ;
▶ conflits de lois, C. com., art. L. 236-3 (nº 6), p. 531 ;
▶ conséquences processuelles, C. com., art. L. 236-3 (nºs 36 à 39), p. 535 ;
▶ convention *intuitu personae*, C. com., art. L. 236-3 (nº 7), p. 531 ;
▶ créance de *carry back*, C. com., art. L. 236-3 (nº 8), p. 531 ;
▶ date d'effet, C. com., art. L. 210-5 (nº 2), p. 168 ; art. L. 236-4, p. 537 ;
▶ déclaration de conformité, C. com., art. L. 236-6, p. 538 ; art. R. 236-4, p. 697 ;
▶ déclaration de franchissement de seuil, C. com., art. L. 233-7 (nº 3), p. 503 ;
▶ définition, C. com., art. L. 236-1, p. 528 ;
▶ dissolution préalable, C. com., art. L. 236-3, p. 530 ; art. L. 236-3 (nº 2), p. 530 ; art. L. 236-3 (nº 4), p. 530 ;
▶ distinction de la transmission universelle et de la revente, C. com., art. L. 236-3 (nº 5), p. 530 ;
▶ dol, C. com., art. L. 236-1 (nº 4), p. 529 ;
▶ échange de titres, C. com., art. L. 236-3, p. 530 ;
▶ engagements des associés et des actionnaires, C. com., art. L. 236-5, p. 538 ;
▶ garantie de passif, C. com., art. L. 236-3 (nº 28), p. 534 ;
▶ information des actionnaires, C. com., art. R. 236-3 et R. 236-3-1, p. 697 ;
▶ infractions aux règlements de marché, C. com., art. L. 236-3 (nº 30), p. 534 ;
▶ nantissement, C. com., art. L. 236-3 (nº 27), p. 534 ;
▶ notion de fusion, C. com., art. L. 236-1 (nº 1), p. 528 ;
▶ nullité, C. com., art. L. 235-8 et L. 235-9, p. 525 et s. ; art. L. 235-11, p. 527 ;
▶ opposabilité aux tiers., C. com., art. L. 236-1 (nº 2), p. 529 ;
▶ parité d'échange, C. com., art. L. 236-1 (nº 5), p. 529 ;
▶ procédure fiscale, C. com., art. L. 236-3 (nº 41), p. 536 ;
▶ projet, C. com., art. L. 236-6, p. 538 ; art. R. 236-1 à R. 236-3-1, p. 696 et s. ;
▶ renouvellement d'inscriptions hypothécaires, C. com., art. L. 236-3 (nº 26), p. 534 ;
▶ responsabilité pour infraction à la législation du travail, C. com., art. L. 236-3 (nº 32), p. 535 ;
▶ responsabilité pénale, C. pén., art. 121-2 (nº 6), p. 2348 ;
▶ retrait litigieux des créances, C. com., art. L. 236-3 (nº 15), p. 531 ;
▶ sanctions pénales, C. com., art. L. 236-3 (nº 29), p. 534 ;
▶ sanctions des pratiques anti-concurrentielles, C. com., art. L. 236-3 (nº 31), p. 535 ;
▶ sanctions des pratiques restrictives de concurrence, C. com., art. L. 236-3 (nº 31), p. 535 ;
▶ titres participatifs, C. com., art. L. 236-7, p. 538 ;
▶ transmission du bail commercial, C. com., art. L. 236-3 (nº 18), p. 532 ;
▶ transmission des brevets, C. com., art. L. 236-3 (nº 17), p. 532 ;
▶ transmission des créances, C. com., art. L. 236-3 (nº 14), p. 531 ;
▶ transmission du fonds de commerce, C. com., art. L. 236-3 (nº 16), p. 532 ;
▶ transmission d'un navire, C. com., art. L. 236-3 (nº 19), p. 532 ;
▶ transmission universelle du patrimoine, C. com., art. L. 236-3, p. 530.
– fusions transfrontalières :
▶ attestation de conformité, C. com., art. L. 236-29 et s., p. 548 ; art. L. 236-32 et s., p. 549 ; art. R. 236-17, p. 700 ;
▶ comité d'entreprise, C. com., art. L. 236-27 et s., p. 548 ;
▶ contrôle du notaire ou du greffier, C. com., art. L. 236-30 et s., p. 548 ; art. R. 236-18 à R. 236-20, p. 700 et s. ;
▶ dépôt au greffe du projet de fusion, C. com., art. R. 236-15, p. 700 ;
▶ liberté d'établissement, C. com., art. L. 236-32 (nº 1), p. 554 ;
▶ participation des salariés, C. com., art. L. 236-28 et s., p. 548 ;

▶ prise d'effet de l'opération, C. com., art. L. 236-31 et s., p. 548 ;
▶ procédure d'analyse et de modification du rapport d'échange des titres ou d'indemnisation des associés minoritaires, C. com., art. L. 236-28 et s., p. 548 ;
▶ projet commun de fusion, C. com., art. R. 236-14, p. 699 ;
▶ publicité du projet de fusion, C. com., art. R. 236-15, p. 700 ;
▶ rapport écrit, C. com., art. L. 236-27 et s., p. 548 ; art. R. 236-16, p. 700 ;
▶ rapport d'experts indépendants, C. com., art. L. 236-32 (n° 2), p. 554 ;
▶ sociétés concernées, C. com., art. L. 236-25 et s., p. 547 ;
▶ soulte, C. com., art. L. 236-26 et s., p. 548 ;
▶ textes applicables, C. com., art. R. 236-13, p. 699.
- SARL, C. com., art. L. 236-23, p. 547 ;
- sociétés de forme différente, C. civ., art. 1844-4, p. 89. - C. com., art. L. 236-2, p. 529.

Fusion transfrontalière, C. trav., art. L. 2374-2 à L. 2374-4, p. 1845 ;
- accord de participation, C. trav., art. L. 2372-6 à L. 2372-8, p. 1843 et s. ;
- comité de la société issue de la fusion, C. trav., art. L. 2373-1 à L. 2373-3, p. 1844 ;
- groupe spécial de négociation :
▶ désignation, élection et statut des membres, C. trav., art. L. 2372-3, p. 1843 ;
▶ fonctionnement, C. trav., art. L. 2372-4 et L. 2372-5, p. 1843 ;
▶ mise en place, C. trav., art. L. 2372-1 et L. 2372-2, p. 1842 et s.
- participation des salariés, C. trav., art. L. 2371-1 à L. 2371-5, p. 1842 ;
▶ délit d'entrave, C. trav., art. L. 2375-1, p. 1845 ;
▶ dispositions applicables postérieurement à l'immatriculation de la société, C. trav., art. L. 2374-1, p. 1845 ;
▶ participation des salariés au conseil d'administration, C. trav., art. L. 2373-5 à L. 2373-8, p. 1844 et s.
- participation des salariés au conseil d'administration :
▶ participation des salariés au conseil d'administration, C. trav., art. L. 2373-4, p. 1844.

G

Gage :
- liquidation judiciaire, C. com., art. L. 641-3, p. 2062 ; art. L. 642-20-1, p. 2081 ;
- prise en gage par la société de ses propres actions, C. com., art. L. 225-215, p. 368 ;
- prise en gage par la société de ses propres obligations, C. com., art. L. 228-44, p. 451 ;
- redressement judiciaire, C. com., art. L. 632-1, p. 2056 ;
- sauvegarde, C. com., art. L. 622-4, p. 2001 ; art. L. 622-7, p. 2002 ;
- titres de créance négociables, C. mon. fin., art. L. 213-2, p. 994.

Garantie des cours, C. mon. fin., art. L. 433-4, p. 1273.

Garantie d'éviction :
- apport en nature, C. civ., art. 1843-3 (n° 11), p. 56 ;
- cession d'actions, C. com., art. L. 228-23 (n° 65), p. 432 ;
- cession de parts de SCP, L. 29 nov. 1966, art. 20 (n° 1), p. 2843 ;
- cession de parts sociales (SARL), C. com., art. L. 223-14 (n° 28), p. 199.

Garantie des investissements, C. mon. fin., art. L. 322-1 et s., p. 1206 ; art. 1er, p. 1207 ; Règlement CRBF23 sept. 1999, p. 1211. - C. mon. fin., art. 1er, p. 1219.

Garantie de passif :
- bénéficiaire, C. com., art. L. 228-23 (n° 71), p. 434 ;
- cession de parts de SARL, C. com., art. L. 223-14 (n° 29), p. 200 ;
- cession de parts de société civile, C. civ., art. 1861 (n° 20), p. 135 ;
- compétence des juridictions commerciales, C. com., art. L. 721-3 (n° 7), p. 1954 ;
- conditions de mise en œuvre, C. com., art. L. 228-23 (n° 74), p. 435 ;
- déchéance, C. com., art. L. 228-23 (n° 74), p. 435 ;
- droits de la société cédée, C. com., art. L. 228-23 (n° 73), p. 435 ;
- étendue, C. com., art. L. 228-23 (n° 75), p. 436 ;
- exécution de bonne foi, C. com., art. L. 228-23 (n° 74), p. 435 ;
- fusion, C. com., art. L. 236-3 (n° 28), p. 534 ;
- indépendance par rapport aux dispositions légales protectrices de l'acquéreur, C. com., art. L. 228-23 (n° 69), p. 434 ;
- mise en œuvre, C. com., art. L. 228-23 (n° 76), p. 437 ;
- nature civile ou commerciale, C. com., art. L. 228-23 (n° 70), p. 434 ;
- notion, C. com., art. L. 228-23 (n° 68), p. 433 ;
- responsabilité du conseil, C. com., art. L. 228-23 (n° 77), p. 437 ;
- transmissibilité, C. com., art. L. 228-23 (n° 72), p. 434.

Garantie des vices cachés :
- cession d'actions, C. com., art. L. 228-23 (n° 65), p. 432 ;
- cession de parts sociales :
▶ SARL, C. com., art. L. 223-14 (n° 28), p. 199 ;
▶ société civile, C. civ., art. 1861 (n° 17), p. 135.

Garanties financières, C. mon. fin., art. L. 211-38 et L. 211-39, p. 988 et s.

Géomètre-expert :
- SA, L. 7 mai 1946, art. 6-1, p. 3067 ;
- dispositions générales, L. 7 mai 1946, art. 6-1 et 6-2, p. 3067 ;
- SARL, L. 7 mai 1946, art. 6-1, p. 3067 ;
- société civile professionnelle (SCP), D. 15 janv. 1976, p. 3068 ;
- société d'exercice libéral (SEL), D. 6 juill. 1992, p. 3076 ;
- société en participation, D. 2 févr. 1995, p. 3079.

Gérant de sociétés :
- interdictions et déchéances, C. com., art. L. 653-1, p. 2108 ;
- SCA :
▶ conventions avec la société, C. com., art. R. 226-2, p. 668 ;
▶ infraction, C. com., art. L. 243-1, p. 596 ;
▶ pouvoirs, C. com., art. L. 226-7, p. 389.

- SNC :
  - ▶ abus de confiance, C. com., art. L. 221-4 (nº 4), p. 175.
- société civile, C. civ., art. 1846 et s., p. 119 ;
  - ▶ apparence, C. civ., art. 1849 (nº 1), p. 121 ;
  - ▶ cessation des fonctions, C. civ., art. 1846-2, p. 120 ;
  - ▶ désignation, C. civ., art. 1846, p. 119 ;
  - ▶ dévolution héréditaire de la gérance, C. civ., art. 1833 (nº 15), p. 23 ;
  - ▶ gérant de fait, C. civ., art. 1848 (nº 4), p. 120 ;
  - ▶ nomination, C. civ., art. 1846-2, p. 120 ;
  - ▶ opposition du cogérant, C. civ., art. 1848 (nº 3), p. 120 ;
  - ▶ personne morale, C. civ., art. 1847, p. 120 ;
  - ▶ pluralité de gérants, C. civ., art. 1848 et 1849, p. 120 ;
  - ▶ pouvoirs, C. civ., art. 1848, p. 120 ; art. 1848 (nº 2), p. 120 ; art. 1849, p. 120 ;
  - ▶ responsabilité, C. civ., art. 1850, p. 122 ;
  - ▶ révocation, C. civ., art. 1851, p. 124.

V. *aussi Décès, Délégation de pouvoirs, Démission, Cumul d'un contrat de travail et d'un mandat social, Obligation de non-concurrence, Responsabilité civile, Responsabilité pénale, SARL, Société civile.*

Gestion d'affaires :
- société en formation, C. civ., art. 1842 (nº 11), p. 43.

Gestionnaires de portefeuille :
- contrôle, C. mon. fin., art. L. 621-23 et s., p. 1611 ;
- société, C. mon. fin., art. L. 531-9, p. 1351 ; art. R. 532-10 et s., p. 1399.

Gouvernement d'entreprise :
- code de gouvernement d'entreprise, C. com., art. L. 225-37, p. 262 ; art. L. 225-68, p. 300 ;
- rapport sur le gouvernement d'entreprise, C. com., art. L. 225-37-3 à L. 225-37-5, p. 265 et s. ; art. L. 225-68, p. 300 ;

V. *bibl. sous.*

Gouvernement d'entrepriser :
- apport sur le gouvernement d'entreprise, C. com., art. L. 225-37, p. 262.

Greffiers de tribunal de commerce :
- dispositions communes aux diverses sociétés, C. com., art. R. 743-29 et s., p. 3079 ;
- société civile professionnelle (SCP), C. com., art. R. 743-81, p. 3087 ;
- société d'exercice libéral (SEL), C. com., art. R. 743-120, p. 3092 ;
- société en participation, C. com., art. R. 743-135, p. 3095 ;

V. *aussi Registre du commerce et de sociétés.*

Groupe de sociétés, C. com., art. L. 233-1, p. 491 ;
- comité de groupe, C. trav., art. L. 2331-1, p. 1805 ;
  - ▶ attribution, C. trav., art. L. 2332-1 et s., p. 1806.
- devoir de vigilance des sociétés mères et des entreprises donneuses d'ordre, C. com., art. L. 225-102-4, p. 323 ;
- épargne salariale, C. trav., art. L. 3344-1, p. 1887 ;

V. *Filiales, Participations et sociétés contrôlées.*

Groupement agricole d'exploitation en commun (GAEC) :
- apports, C. rur., art. L. 323-7 et L. 323-8, p. 2396 et s. ; art. R. 323-27, p. 2402 ; art. R. 323-30, p. 2402 ;
- arbitrage, C. rur., art. R. 323-44, p. 2406 ;
- associés :
  - ▶ agrément des héritiers d'un associé décédé, C. rur., art. R. 323-40 à R. 323-42, p. 2405 ;
  - ▶ concubins, C. rur., art. L. 323-2, p. 2395 ;
  - ▶ contribution aux dettes sociales, C. rur., art. L. 323-10, p. 2397 ;
  - ▶ convocation aux assemblées, C. rur., art. R. 323-25, p. 2402 ;
  - ▶ délibérations sociales, C. rur., art. R. 323-26, p. 2402 ;
  - ▶ dispense de travail, C. rur., art. R. 323-32 à R. 323-34, p. 2403 et s. ;
  - ▶ époux, C. rur., art. L. 323-2, p. 2395 ;
  - ▶ exclusion, C. rur., art. R. 323-38, p. 2405 ;
  - ▶ exclusivité, C. rur., art. L. 323-2, p. 2395 ;
  - ▶ faillite personnelle, redressement, liquidation judiciaire, C. rur., art. L. 323-4, p. 2396 ;
  - ▶ nombre, C. rur., art. L. 323-2, p. 2395 ;
  - ▶ obligation aux dettes sociales, C. rur., art. L. 323-10, p. 2397 ; art. R. 323-37, p. 2404 ;
  - ▶ participation effective au travail commun, C. rur., art. R. 323-31, p. 2403 ;
  - ▶ personnes physiques majeures, C. rur., art. L. 323-1 et s., p. 2395 ;
  - ▶ rémunération, C. rur., art. L. 323-9, p. 2397 ; art. R. 323-36, p. 2404 ;
  - ▶ reprise des apports, C. rur., art. L. 323-5 (nº 1), p. 2396 ; art. R. 323-38 et R. 323-39, p. 2405 ;
  - ▶ retrait, C. rur., art. L. 323-4, p. 2396 ; art. R. 323-38, p. 2405 ;
  - ▶ statut social et économique, C. rur., art. R. 323-45 à R. 323-47, p. 2406.
- capital, C. rur., art. L. 323-8, p. 2397 ; art. R. 323-27, p. 2402 ;
- capital variable, C. rur., art. R. 323-28, p. 2402 ;
- comité départemental d'agrément, C. rur., art. R. 323-29, p. 2402 ;
- dispense de travail, C. rur., art. L. 323-7, p. 2396 ;
- dispositions applicables :
  - ▶ législatives, C. rur., art. L. 323-1, p. 2395 ;
  - ▶ réglementaires, C. rur., art. L. 323-16, p. 2399.
- dissolution, C. rur., art. L. 323-4, p. 2396 ;
- insaisissabilité de la résidence principale, C. rur., art. L. 323-13 (nº 4), p. 2398 ;
- médiation, C. rur., art. R. 323-44, p. 2406 ;
- objet social, C. rur., art. L. 323-2 et L. 323-3, p. 2395 et s. ;
- parts sociales :
  - ▶ attribution préférentielle, C. rur., art. L. 323-6, p. 2396 ;
  - ▶ démembrement de propriété, C. rur., art. R. 323-43, p. 2405 ;
  - ▶ donation avec dispense de rapport en nature, C. rur., art. L. 323-6, p. 2396 ;
  - ▶ maintien dans l'indivision, C. rur., art. L. 323-6, p. 2396.
- preneur à ferme, C. rur., art. L. 323-14 et L. 323-15, p. 2398 et s. ;
- principe de transparence, C. rur., art. L. 323-13, p. 2398 ;
- reconnaissance, C. rur., art. L. 323-11 et L. 323-12, p. 2397 ; art. R. 323-8 à R. 323-10, p. 2399 ; art. R. 323-13 à R. 323-16, p. 2400 ; art. R. 323-18 à R. 323-23, p. 2400 et s. ;
- retrait d'agrément, C. rur., art. R. 323-35, p. 2404 ;

- sanctions, C. rur., art. R. 323-50 et s., p. 2406 ; art. R. 323-54, p. 2407 ;
- statuts, C. rur., art. R. 323-24 et s., p. 2401.

Groupement de commerçants détaillants, C. com., art. L. 124-15, p. 2689.

Groupement européen d'intérêt économique (GEIE), C. com., art. L. 252-1 à L. 252-12, p. 608 et s. ; art. 1er, p. 609 ; art. R. 252-1, p. 706 ;
- appellation, C. com., art. L. 252-11 et L. 252-12, p. 609 ;
- caractère civil ou commercial, C. com., art. L. 252-2, p. 608 ;
- contrôle des comptes, C. com., art. L. 252-7, p. 609 ;
- décisions collégiales, C. com., art. L. 252-4, p. 608 ;
- droits des membres, C. com., art. L. 252-3, p. 608 ;
- gérant :
  - ▶ personne morale, C. com., art. L. 252-6, p. 608 ;
  - ▶ responsabilité civile, C. com., art. L. 252-5, p. 608.
- liquidation, C. com., art. L. 252-7, p. 609 ;
- nullités, C. com., art. L. 252-9, p. 609 ;
- obligations comptables, C. com., art. L. 252-7, p. 609 ;
- offre au public, C. com., art. L. 252-10, p. 609 ;
- personnalité morale, C. com., art. L. 252-1, p. 608 ;
- transformation, C. com., art. L. 252-8, p. 609.

Groupement foncier agricole (GFA), C. rur., art. L. 322-1 et s., p. 2408 ;
- apports, C. rur., art. L. 322-8 et s., p. 2409 ; art. L. 322-13, p. 2410 ; art. L. 322-15, p. 2410 ;
- associés :
  - ▶ faillite personnelle, redressement, liquidation judiciaire, C. rur., art. L. 322-1 et s., p. 2408 ;
  - ▶ personnes morales, C. rur., art. L. 322-2 et L. 322-3, p. 2408 ; art. L. 322-5, p. 2408 ; art. L. 322-22, p. 2410 ;
  - ▶ personnes physiques, C. rur., art. L. 322-1, p. 2408 ; art. L. 322-4, p. 2408 ;
  - ▶ retrait, C. rur., art. L. 322-23, p. 2411.
- bail, C. rur., art. L. 322-9 à L. 322-11, p. 2409 ;
- capital, C. rur., art. L. 322-8, p. 2409 ;
- contrôle des structures, C. rur., art. L. 322-21, p. 2410 ;
- démembrement de parts et transformation du bail en bail à long terme, C. rur., art. L. 322-6 (no 1), p. 2408 ;
- dispositions applicables, C. rur., art. L. 322-1, p. 2408 ; art. L. 322-22, p. 2410 ;
  - ▶ réglementaires, C. rur., art. L. 322-24, p. 2411.
- durée, C. rur., art. L. 322-9 et s., p. 2409 ;
- gérant, C. rur., art. L. 322-12, p. 2409 ;
- nantissement, C. rur., art. L. 322-20, p. 2410 ;
- objet social, C. rur., art. L. 322-6 et s., p. 2408 ;
- partage, C. rur., art. L. 322-14, p. 2410 ;
- parts sociales, C. rur., art. L. 322-20, p. 2410 ;
  - ▶ cession, C. rur., art. L. 322-16 et L. 322-17, p. 2410.
- sanctions, C. rur., art. L. 322-18, p. 2410 ;
- société civile, C. rur., art. L. 322-1, p. 2408 ;
- statut des baux ruraux, C. rur., art. L. 322-21, p. 2410 ;
- superficie des exploitations, C. rur., art. L 322-7, p. 2409 ; art. R. 322-1 à R. 322-3, p. 2411.

Groupement d'intérêt économique (GIE), C. com., art. L. 251-1 à L. 251-4, p. 601 et s. ; art. L. 251-4 (nos 4 et 5), p. 602 ; art. L. 251-5 à L. 251-22, p. 603 et s. ; art. R. 251-1 à R. 251-3, p. 705 ;
- acte constitutif (contrat) :
  - ▶ mentions obligatoires, C. com., art. L. 251-8, p. 604.
- actes accomplis pendant la période de formation, C. com., art. L. 251-4, p. 602 ;
- administrateur, C. com., art. L. 251-11, p. 605 ;
- appellation, C. com., art. L. 251-23, p. 608 ;
- assemblée des membres, C. com., art. L. 251-10, p. 605 ;
- but, C. com., art. L. 251-1, p. 601 ;
- capital, C. com., art. L. 251-3, p. 602 ;
- caractère auxiliaire, C. com., art. L. 251-1 (no 3), p. 601 ;
- caractère civil ou commercial, C. com., art. L. 251-4 (nos 4 et 5), p. 602 ;
- comité d'entreprise, C. com., art. L. 251-14, p. 606 ; art. L. 251-16, p. 607 ;
- commissaire aux comptes, C. com., art. R. 251-1 et R. 251-2, p. 705 ;
  - ▶ communication des comptes, C. com., art. L. 251-14, p. 606 ;
  - ▶ communication des demandes d'explications du comité d'entreprise, C. com., art. L. 251-16, p. 607 ;
  - ▶ désignation, C. com., art. L. 251-12, p. 606 ;
  - ▶ procédure d'alerte, C. com., art. L. 251-15, p. 607 ; art. R. 251-3, p. 705.
- comptes sociaux, C. com., art. L. 251-13 et L. 251-14, p. 606 ;
- constitution, C. com., art. L. 251-1, p. 601 ;
- contrôle des comptes, C. com., art. L. 251-12, p. 606 ;
- contrôle de la gestion, C. com., art. L. 251-12, p. 606 ;
- dissolution, C. com., art. L. 251-1 (no 1), p. 601 ; art. L. 251-19 à L. 251-21, p. 607 et s. ;
- durée, C. com., art. L. 251-1, p. 601 ;
- gestion :
  - ▶ contrôle, C. com., art. R. 251-1 à R. 251-3, p. 705.
- liquidation, C. com., art. L. 251-22, p. 608 ;
- membres :
  - ▶ exclusion, C. com., art. L. 251-9 (no 3), p. 605 ;
  - ▶ nouveaux membres, C. com., art. L. 251-9, p. 604 ;
  - ▶ obligation aux dettes, C. com., art. L. 251-6, p. 603 ;
  - ▶ retrait, C. com., art. L. 251-9, p. 604 ; art. L. 251-9 (no 2), p. 605.
- mention du sigle GIE dans les documents adressés aux tiers, C. com., art. L. 251-17, p. 607 ;
- nullité, C. com., art. L. 251-5, p. 603 ;
- objet social, C. com., art. L. 251-1 (no 4), p. 601 ;
- obligations :
  - ▶ émission, C. com., art. L. 251-7, p. 604.
- organisation, C. com., art. L. 251-8, p. 604 ;
- personnalité morale, C. com., art. L. 251-4, p. 602 ;
- personnes exerçant une profession libérale, C. com., art. L. 251-2, p. 601 ;
- règlement amiable des difficultés, C. com., art. R. 251-1 à R. 251-3, p. 705 ;
- réserves, C. com., art. L. 251-1 (no 5), p. 601 ;
- réunion de toutes les parts en une seule main, C. com., art. L. 251-1 (no 1), p. 601 ;
- transformation :
  - ▶ d'un GIE en société, C. com., art. L. 251-18, p. 607 ;
  - ▶ d'une société en GIE, C. com., art. L. 251-18, p. 607.

Groupement pastoral, C. rur., art. L. 113-1 à L. 113-3, p. 2415 et s. ; art. R. 113-1 à R. 113-8, p. 2417 et s. ; art. D. 113-9, p. 2418 ; art. R. 113-10 à R. 113-12, p. 2418.

Groupement de producteurs, C. rur., art. L. 551-1 à L. 551-3, p. 2419 ; art. L. 554-1, p. 2421.

Groupement de producteurs forestiers, C. for., art. L. 332-6, p. 2423.

H

Habitation à loyer modéré (HLM), CCH, art. L. 411-5 et L. 411-6, p. 2796 et s. ;
- SA coopérative d'intérêt collectif d'habitations à loyer modéré, CCH, art. L. 422-3 à L. 422-3-2, p. 2806 et s. ; art. R.* 422-7, p. 2828 ; art. *R. 422-8-1, p. 2828 ; art. R. 422-9-1 à R. 422-9-4, p. 2829 ; art. R. 422-9-6, p. 2830 ;
- SA coopérative de location coopérative, CCH, art. L. 422-16 à L. 422-19, p. 2814 et s. ;
- SA coopérative de location-attribution, CCH, art. L. 422-13 à L. 422-15, p. 2814 ;
- SA coopérative de production d'habitations à loyer modéré, CCH, art. L. 422-3 et s., p. 2806 ; art. R.* 422-6, p. 2828 ; art. R. 422-8, p. 2828 ; art. *R. 422-8-1, p. 2828 ; art. R. 422-9-1 à R. 422-9-4, p. 2829 ; art. R. 422-9-6, p. 2830 ;
- SA coopératives d'intérêt collectif pour l'accession à la propriété, CCH, art. L. 215-1, p. 2773 ;
- dispositions communes aux sociétés anonymes et aux sociétés coopératives d'habitations à loyer modéré, CCH, art. R. 422-16 à R. 422-17-4, p. 2830 et s. ;
- dispositions générales, CCH, art. L. 411 à L. 411-5-1, p. 2793 et s. ; art. L. 411-7 à L. 411-10, p. 2797 ;
  - ▶ fusion-absorption, CCH, art. L. 411-2-1 (nº 1), p. 2795.
- fondation, CCH, art. L. 422-1, p. 2799 ;
- gestion des diverses catégories d'organismes d'HLM, CCH, art. L. 423-1 à L. 423-6, p. 2815 et s. ; art. L. 423-9 à L. 423-13, p. 2819 et s. ; art. L. 423-15 à L. 423-17, p. 2820 et s. ;
- SA d'habitations à loyer modéré, CCH, art. L. 422-2 et L. 422-2-1, p. 2799 et s. ; art. R. 422-1 à R.* 422-1-2, p. 2824 et s. ; art. *R. 422-2, p. 2826 ; art. R. 422-2-1, p. 2826 ; art. *R. 422-3, p. 2827 ; art. *R. 422-4, p. 2827 ; art. *R. 422-5, p. 2828 ;
- sociétés coopératives d'habitations à loyer modéré :
  - ▶ dispositions communes, CCH, art. L. 422-11-1 et L. 422-12, p. 2813.
- sociétés d'habitations à loyer modéré :
  - ▶ dispositions communes, CCH, art. L. 422-5 et L. 422-5-1, p. 2812 ; art. L. 422-11, p. 2813.
- sociétés de ventes d'habitations à loyer modérés, CCH, art. L. 422-4, p. 2811.

Haut Conseil de la coopération agricole, C. rur., art. L. 528-1, p. 2639.

Huissier de justice :
- société civile professionnelle (SCP), D. 31 déc. 1969, p. 3096 ;
- société d'exercice libéral (SEL), D. 30 déc. 1992, p. 3121 ;
- société en participation, D. 30 déc. 1992, art. 73, p. 3132 ;
- société de participations financières de profession libérale, D. 30 déc. 1992, art. 78-1, p. 3133.

Hypothèque, C. civ., art. 1844-2, p. 88. – C. com., art. L. 622-4, p. 2001 ; art. L. 622-7, p. 2002 ; art. L. 622-30, p. 2017 ; art. L. 632-1, p. 2056.

I

Image fidèle, C. com., art. L. 225-235, p. 375 ; art. L. 233-21, p. 516 ; art. L. 123-14, p. 884.

Immatriculation des sociétés, C. civ., art. 1842, p. 41. – D. 3 juill. 1978, art. 2, p. 156. – C. com., art. L. 210-6, p. 169 ; art. R. 210-1, p. 617 ; art. L. 123-1, p. 798 ; art. L. 123-3, p. 799.

Immeuble :
- société de construction et de gestion, C. com., art. L. 232-9, p. 484 ;
- usage professionnel ou d'habitation, CCH, art. L. 242-1, p. 2779 ;

V. *aussi Apport en nature.*

Immixtion :
- commanditaire, C. com., art. L. 222-6, p. 184 ;
- commissaire aux comptes, C. com., art. L. 225-235, p. 375 ;
- société mère, C. com., art. L. 233-1 (nº 4), p. 492.

Incapacité :
- du constituant d'une fiducie :
  - ▶ majeur sous curatelle, C. civ., art. 468, p. 746 ;
  - ▶ majeur sous tutelle, C. civ., art. 509, p. 746 ;
  - ▶ mesure de curatelle, C. civ., art. 2022, p. 751 ;
  - ▶ mesure de tutelle, C. civ., art. 2022, p. 751 ;
  - ▶ mineur, C. civ., art. 408-1, p. 746.
- EIRL :
  - ▶ mineur, C. com., art. 388-1-2, p. 765 ;
  - ▶ tutelle, C. com., art. 401, p. 765 ; art. 408, p. 765.

Incapacité d'un associé, C. civ., art. 1844-12, p. 113 ; art. 1844-16, p. 116. – C. com., art. L. 221-16, p. 182 ;
- actes d'administration ou de disposition, D.22 déc. 2008, p. 77 ;
- mineur, C. civ., art. 1844-16 (nº 1), p. 116 ; art. 1857 (nº 13), p. 128.

Incapacité du dirigeant :
- gérant (société civile), C. civ., art. 1846 (nº 3), p. 119 ;
- président du conseil d'administration (SA), C. com., art. L. 225-47 (nº 2), p. 279.

Incompatibilités politiques, C. élect., art. LO 145 et s., p. 2381 ; art. L.O. 146 et s., p. 2381 ; art. LO 146-1 et s., p. 2382 ; art. LO 147 et s., p. 2382 ; art. LO 147-1, p. 2382 ; art. LO. 148, p. 2383 ; art. LO 149 et s., p. 2383 ; art. LO 150 et s., p. 2383 ; art. LO 151 et s., p. 2383 ; art. LO 151-1, p. 2383 ; art. LO 151-2, p. 2384 ; art. LO 151-3, p. 2384 ; art. LO 151-4, p. 2384 ; art. LO 297, p. 2384.

Indivision, C. com., art. R. 526-7, p. 771 ; art. A. 526-2, p. 774 ;
- action en nullité (sociétés et délibérations sociales), C. civ., art. 1844-10 (nº 14), p. 112 ;
- actions indivises :
  - ▶ convocation aux assemblées, C. com., art. R. 225-68, p. 643 ;

▶ désignation d'un expert de gestion, C. com., art. L. 225-231 (nº 5), p. 371 ;
▶ distinction du titre et de la finance, C. civ., art. 1832-2 (nº 8), p. 17. - C. com., art. L. 225-110 (nº 2), p. 332 ;
▶ droit de communication, C. com., art. L. 225-118 (nº 1), p. 334 ;
▶ droit d'information, C. com., art. L. 225-118 (nº 2), p. 334 ;
▶ indivisibilité, C. com., art. L. 228-5, p. 413 ;
▶ qualité d'associé de l'indivisaire, C. com., art. L. 225-1 (nº 3), p. 234 ;
▶ registre des titres nominatifs, C. com., art. R. 228-8, p. 669 ;
▶ représentation des indivisaires aux assemblées, C. com., art. R. 225-87, p. 650.
- caractère indirect du préjudice subi par un coïndivisaire, C. civ., art. 1844 (nº 7), p. 73 ;
- choix entre l'indivision et la société, C. civ., art. 1843-3 (nº 15), p. 57 ;
- conventionnelle, C. civ., art. 1873-1 et s., p. 710 ;
- distinction de la société et de l'indivision, C. civ., art. 1832 (nº 2), p. 4 ; art. 1871 (nº 5), p. 144 ;
- EIRL :
▶ affectation de biens communs ou indivis, C. com., art. L. 526-11, p. 767.
- légale, C. civ., art. 815, p. 707 ;
- obligations indivises :
▶ convocation aux assemblées, C. com., art. R. 228-67, p. 678.
- parts sociales indivises :
▶ action sociale *ut singuli*, C. civ., art. 1844 (nº 8), p. 73 ;
▶ agrément, C. civ., art. 1844 (nº 5), p. 73 ;
▶ contrat de travail, C. com., art. L. 223-18 (nº 13), p. 207 ;
▶ convention réglementée, C. com., art. L. 223-19 (nº 2), p. 208 ;
▶ convocation à l'assemblée générale, C. civ., art. 1844 (nº 6), p. 73 ;
▶ distinction du titre et de la finance, C. civ., art. 1832-2 (nº 7), p. 16 ;
▶ GAEC, C. rur., art. L. 323-6 (nº 1), p. 2396 ;
▶ intérêt commun des indivisaires, C. civ., art. 1832-2 (nº 7), p. 16 ;
▶ mandataire, C. civ., art. 1844, p. 72 ; art. 1844 (nºs 9 à 11), p. 74. - C. com., art. L. 221-15 (nº 3), p. 182 ;
▶ partage, C. com., art. L. 223-13 (nº 4), p. 192 ;
▶ qualité d'associé de l'indivisaire, C. civ., art. 1844 (nº 4), p. 73 ; art. 1857 (nº 15), p. 129. - C. com., art. L. 223-3 (nº 1), p. 188 ;
▶ vente en justice, C. com., art. L. 223-14 (nº 32), p. 200.
- post-sociétaire, C. civ., art. 1844-9, p. 107 ; art. 1844-9 (nº 3), p. 108 ;
- société d'indivision, C. civ., art. 1873 (nº 9), p. 152 ;
- société en participation, C. civ., art. 1872 et 1872-1, p. 146 et s.

Infirmer :
- société civile professionnelle (SCP), CSP, art. R. 4381-25, p. 3140 ;
- société d'exercice libéral (SEL), CSP, art. R. 4381-8, p. 3136 ;
- société en participation, CSP, art. D. 4381-23 et D. 4381-24, p. 3139.

Information des actionnaires, C. com., art. L. 225-108 et s., p. 330 ;
- documents comptables, C. com., art. L. 232-2, p. 483 ;
- droit de communication, C. com., art. L. 225-115 à L. 225-118, p. 333 et s. ; art. R. 225-83, p. 648 ; art. R. 225-88 et R. 225-89, p. 650 ; art. R. 225-91 à R. 225-94, p. 650 et s. ;
- droit de vote, C. com., art. L. 233-8 et s., p. 504 ;
- droits de vote, C. com., art. R. 233-2, p. 691 ;
- émission d'actions nouvelles, C. com., art. R. 225-120, p. 659 ; art. R. 225-124, p. 660 ;
- fusion, C. com., art. L. 236-9, p. 538 ; art. R. 236-5, p. 697 ;
- stock-options, C. com., art. L. 225-184, p. 357.

Information des administrateurs, C. com., art. L. 225-35, p. 256.

Information des associés :
- abus de minorité, C. civ., art. 1833 (nº 19), p. 25 ;
- expert de gestion, C. com., art. L. 223-37, p. 227 ;
- expertise de gestion, C. com., art. L. 225-231, p. 370 ;
- refus de communiquer (sanction), C. com., art. L. 238-1, p. 562 ;
- SARL, C. com., art. L. 223-26 et L. 223-26-1, p. 219 et s. ; art. R. 223-15, p. 625 ; art. R. 223-18-2, p. 626 ;
- SCS, C. com., art. L. 222-7, p. 185 ;
- SNC, C. com., art. L. 221-7 et L. 221-8, p. 176 ;
- société civile, C. civ., art. 1855 et s., p. 126 ;
- statuts (copie conforme), C. com., art. R. 225-109, p. 657.

Information des porteurs des titres :
- certificats d'investissement, C. com., art. L. 228-32, p. 445 ;
- obligations, C. com., art. L. 228-69 et L. 228-70, p. 456 ;
- titres participatifs, C. com., art. L. 228-37, p. 450.

Informations mensongères (délit d'), C. com., art. L. 820-7, p. 900.

Informations privilégiées (exploitation d') : V. *Autorité des marchés financiers, initié.*

Infractions communes aux diverses formes de société commerciale :
- dépôt des comptes sociaux, C. com., art. R. 247-3, p. 705 ;
- émission de valeurs mobilières, C. com., art. R. 247-1 et R. 247-2, p. 704 ;
- filiales et participations, C. com., art. L. 247-1 à L. 247-3, p. 598 et s. ;
- liquidation, C. com., art. L. 247-7 et L. 247-8, p. 600 ; art. R. 237-1, p. 701 ; art. R. 247-4, p. 705.

Infractions concernant les sociétés par actions simplifiées, C. com., art. L. 244-1 à L. 244-4, p. 596.

Infractions concernant les sociétés anonymes, C. com., art. L. 242-1 à L. 242-3, p. 572 et s. ; art. L. 242-6, p. 573 ; art. L. 242-8 et L. 243-1, p. 593 et s. ; art. L. 245-4, p. 597 ;
- actions à dividende prioritaire sans droit de vote, C. com., art. L. 245-4, p. 597 ;
- assemblées d'actionnaires :
▶ conventions de vote, C. com., art. L. 242-9, p. 593 ;

► participation à l'assemblée, C. com., art. L. 242-9 et s., p. 593 ;
► réunion de l'assemblée annuelle, C. com., art. L. 242-10, p. 594.
- capital social :
► achat par la société de ses propres actions, C. com., art. L. 242-24, p. 595 ;
► augmentation, C. com., art. L. 242-17 et s., p. 594 ; art. L. 242-20 et L. 242-21, p. 595 ;
► réduction, C. com., art. L. 242-23, p. 595.
- constitution :
► actions de numéraire, C. com., art. L. 242-3, p. 573 ;
► commissaire aux apports, C. com., art. L. 242-5, p. 573 ;
► émission d'actions, C. com., art. L. 242-1 et s., p. 572 ;
► majoration frauduleuse d'apports en nature, C. com., art. L. 242-2, p. 573.
- contrôle, C. com., art. L. 820-4 et s., p. 898 ;
- direction et administration :
► abus de biens sociaux, de crédit, de pouvoirs, de voix, C. com., art. L. 242-6, p. 573 ;
► comptes annuels, C. com., art. L. 242-8, p. 593 ;
► inventaire, C. com., art. L. 242-8, p. 593 ;
► présentation de comptes infidèles, C. com., art. L. 242-6, p. 573 ; art. L. 242-8, p. 593 ;
► rapport de gestion, C. com., art. L. 242-8, p. 593 ;
► répartition de dividendes fictifs, C. com., art. L. 242-6, p. 573.
- directoire et conseil de surveillance, C. com., art. L. 242-30, p. 596 ; art. L. 245-17, p. 598 ; art. L. 247-9, p. 600 ;
- dirigeant de fait, C. com., art. L. 245-16, p. 598 ; art. L. 246-2, p. 598 ;
- obligations, C. com., art. L. 245-9 et s., p. 597 ; art. L. 245-11 à L. 245-13, p. 597 ; art. L. 245-15, p. 598 ;
V. *aussi Initié, Informations mensongères, Majoration frauduleuse d'apports en nature.*

Infractions concernant les sociétés en commandite par actions, C. com., art. L. 243-1, p. 596 ;
- actions à dividende prioritaire sans droit de vote, C. com., art. L. 245-4, p. 597 ;
- gérant de fait, C. com., art. L. 245-16, p. 598 ; art. L. 246-2, p. 598 ;
- obligations, C. com., art. L. 245-9, p. 597 ; art. L. 245-11 à L. 245-13, p. 597 ; art. L. 245-15, p. 598.

Infractions concernant les sociétés européennes, C. com., art. L. 244-5, p. 596 ; art. L. 246-2, p. 598 ; art. L. 248-1, p. 600.

Infractions concernant les sociétés à responsabilité limitée, C. com., art. L. 241-2 à L. 241-5, p. 570 et s. ; art. L. 241-9, p. 572 ;
- abus de biens sociaux, de crédit, de pouvoir, de voix, C. com., art. L. 241-3, p. 570 ;
- assemblée, C. com., art. L. 241-5, p. 571 ;
- comptes annuels, C. com., art. L. 241-4, p. 571 ;
- émission de valeurs mobilières, C. com., art. L. 241-2, p. 570 ;
- gérant de fait, C. com., art. L. 241-9, p. 572 ;
- majoration frauduleuse d'apports en nature, C. com., art. L. 241-3, p. 570 ;
- présentation de comptes infidèles, C. com., art. L. 241-3, p. 570.

Initié (délit d'), C. mon. fin., art. L. 465-1, p. 1322 ;
- actions :
► mise sous forme nominative, C. com., art. L. 225-109, p. 331.
- exploitation d'informations privilégiées, C. mon. fin., art. L. 465-1, p. 1322 ; art. L. 465-1 (n°s 6 et 7), p. 1325 ; V. *Autorité des marchés financiers ;*
- liste d'initiés, C. mon. fin., art. L. 621-18-2, p. 1606 ;
- personnes punissables, C. mon. fin., art. L. 465-1 (n°s 3 à 5), p. 1324 ;
- poursuites, C. mon. fin., art. L. 465-1 (n°s 11 et 12), p. 1330.

Injonction de faire, C. com., art. L. 238-1 à L. 238-6, p. 562 et s. ; art. R. 210-18, p. 620 ; art. L. 123-5-1, p. 799 ; art. L. 611-2, p. 1974.

Injonction de faire procéder au dépôt du document, C. mon. fin., art. L. 561-48, p. 1459.

Insaisissabilité de la résidence principale, C. com., art. L. 526-1 et L. 526-2, p. 762 ; art. L. 526-4 et L. 526-5, p. 763 ; art. R. 526-1 et R. 526-2, p. 763.

Inscriptions d'office, C. com., art. R. 123-126, p. 824.

Instrument financier :
- admission à la cotation, suspension, radiation, C. mon. fin., art. L. 421-3 et s., p. 1252 ;
- cession, C. mon. fin., art. R. 214-12, p. 1101 ;
- information au public, V. *Autorité des marchés financiers ;*
- infraction, C. mon. fin., art. L. 231-1 et s., p. 1195 ;
- liste :
► émission, C. mon. fin., art. L. 211-1, p. 975.
- services d'investissement, C. mon. fin., art. L. 321-1 et L. 321-2, p. 1205.

Interdiction de se contredire au détriment d'autrui, C. com., art. L. 236-3 (n° 37), p. 535.

Intéressement, C. mon. fin., art. L. 212-13, p. 992 ;
- calcul, C. trav., art. L. 3314-1 et s., p. 1857 ;
- champ d'application, C. trav., art. L. 3311-1, p. 1853 ;
- compte épargne temps, C. trav., art. L. 3343-1, p. 1887 ;
- conditions d'ancienneté, C. trav., art. L. 3342-1, p. 1886 ;
- contenu et régime, C. trav., art. L. 3313-1 et s., p. 1856 ;
- contrôle de l'autorité administrative, C. trav., art. L. 3345-1 et s., p. 1888 ;
- distribution, C. trav., art. L. 3314-8 et s., p. 1859 ;
- entreprises publiques, C. trav., art. L. 3311-1 (n° 1), p. 1853 ;
- groupe d'entreprises, C. trav., art. L. 3344-1, p. 1887 ;
- groupement d'intérêt économique, C. trav., art. L. 3312-3 (n° 1), p. 1854 ;
- information des représentants du personnel, C. trav., art. L. 3341-5, p. 1886 ;
- information des salariés, C. trav., art. L. 3341-6, p. 1886 ;
- mise en place, C. trav., art. L. 3312-1 et L. 3312-2, p. 1853 et s. ;
- répartition, C. trav., art. L. 3314-5 et s., p. 1858 ;
- statut fiscal et social, C. trav., art. L. 3315-1 et s., p. 1860 ;
V. *aussi Actionnariat du personnel salarié, Participation des salariés, Salarié.*

Intérêt commun :
- associés, C. civ., art. 1832 (nº 29), p. 13 ; art. 1833, p. 19 ; art. 1833 (nº 10), p. 20 ;
- indivisaires, C. civ., art. 1832-2 (nº 7), p. 16 ;
- obligataires, C. com., art. L. 228-54, p. 453.

Intérêt fixe, C. com., art. L. 232-15, p. 486.

Intérêt légitime (action en justice) :
- action en annulation de la société, C. com., art. L. 235-1 (nº 7), p. 524 ;
- annulation d'une convention réglementée, C. com., art. L. 225-42 (nº 2), p. 273 ;
- dissolution judiciaire pour juste motif, C. civ., art. 1844-7 (nº 15), p. 98 ;
- dissolution de la société pour insuffisance des capitaux propres, C. com., art. L. 223-42 (nº 2), p. 230 ; art. L. 225-248 (nº 6), p. 377 ;
- injonction en publication des comptes sociaux, C. com., art. R. 210-18 (nº 1), p. 620 ;
- mesure d'instruction *in futurum*, C. civ., art. 1843-5 (nº 7), p. 70.

Intérêt social, C. civ., art. 1833, p. 19 ;
- pouvoirs des dirigeants :
  - ▶ gérant de société civile, C. civ., art. 1848, p. 120 ; art. 1848 (nºs 1 et 2), p. 120 ;
  - ▶ SNC, C. com., art. L. 221-4, p. 174.
- révocation du gérant, C. civ., art. 1851 (nº 1), p. 124 ;
- sanctions, C. civ., art. 1833 (nº 11), p. 20.

Intermédiaire en biens divers, C. mon. fin., art. L. 551-1 et s., p. 1426 ; art. R. 550-1 et s., p. 1429 ; art. L. 573-8, p. 1473.

Intermédiaires habilités en vue de l'administration ou de la conservation d'instruments financiers, C. mon. fin., art. L. 542-1, p. 1415 ; art. R. 542-1 et s., p. 1426.

Intermédiaires en investissements participatifs, C. mon. fin., art. L. 548-1, p. 1423.

Interventions sur les titres en cas d'offre publique :
- interventions en cas d'offre publique de retrait, C. mon. fin., art. 237-12, p. 1298 ;
- interventions par les prestataires concernés, C. mon. fin., art. 237-12, p. 1298.

Inventaire, C. com., art. L. 223-26, p. 219 ; art. L. 232-1 (nº 1), p. 483 ; art. L. 123-12, p. 883 ;
- infraction, C. com., art. L. 242-8, p. 593 ;
- SARL :
  - ▶ infraction, C. com., art. L. 241-4, p. 571.

Investisseurs qualifiés, C. mon. fin., art. D. 411-1, p. 1244.

J

Jetons de présence :
- administrateur, C. com., art. L. 225-45, p. 278 ; art. R. 225-33, p. 636 ;
- comptabilisation en charges d'exploitation, C. com., art. L. 225-45, p. 278 ; art. L. 225-83, p. 309 ;
- cotisations sociales, C. com., art. L. 225-45 (nº 2), p. 278 ;
- membre du conseil de surveillance, C. com., art. L. 225-83, p. 309 ; art. R. 225-60, p. 641.

Journal d'annonces légales, D. 3 juill. 1978, art. 18, p. 158 ; art. 22, p. 158 ; art. 24, p. 159 ; art. 26, p. 159. – C. com., art. R. 210-3 et R. 210-4, p. 617 ; art. R. 210-16, p. 620.

Justes motifs :
- dissolution de société, C. civ., art. 1844-7, p. 94 ; art. 1872-2 (nº 4), p. 148 ;
- retrait d'associé de société civile, C. civ., art. 1869 (nº 8), p. 139 ;
- révocation des dirigeants, C. civ., art. 1851 (nº 1), p. 124. – C. com., art. L. 221-12, p. 177 ; art. L. 225-55, p. 290 ; art. L. 225-61 (nº 1), p. 296 ;
  - ▶ SARL, C. com., art. L. 223-25, p. 215 ;
  - ▶ SCS, C. com., art. L. 222-1 (nº 2), p. 183.

L

Laboratoire d'analyses de biologie médicale :
- SCP, CSP, art. R. 6223-11 et s., p. 3020 ;
- société d'exercice libéral (SEL), CSP, art. R. 6223-62 et s., p. 3027 ;
- sociétés autorisées, art. 69, p. 3019.

Lésion :
- apport en nature, C. civ., art. 1843-3 (nº 9), p. 56 ;
- partage d'indivision post-sociétaire, C. civ., art. 1844-9 (nº 2), p. 108 ;
- retrait d'associé, C. civ., art. 1844-9 (nº 2), p. 108.

Lettre d'intention, C. com., art. L. 225-35 (nº 9), p. 259.

Libéralités consenties aux personnes morales :
- étrangères, C. civ., art. 6-1, p. 2365.

Libéralités consenties aux personnes morales de droit privé :
- capacité à recevoir, C. civ., art. 910, p. 2363 ; art. 1er et 2, p. 2363 et s. ; art. 4 à 9, p. 2364 et s. ; art. 11 à 12-4, p. 2367 et s. ; art. 937, p. 2369 ;
- contrôle fiscal des associations et fondations, CGI, art. L. 135 ZA, p. 2380 ;
- droits de mutation à titre gratuit :
  - ▶ abattement, CGI, art. 788, p. 2378 ;
  - ▶ dons manuels consentis aux organismes d'intérêt général, CGI, art. 757, p. 2378 ;
  - ▶ exonération, CGI, art. 795, p. 2379.
- mise sous condition des avantages fiscaux, CGI, art. 1378 *octies*, p. 2379 ; art. 1762 *decies*, p. 2380 ;
- réductions d'impôt :
  - ▶ don consenti par une entreprise, CGI, art. 238 *bis*, p. 2372 ;
  - ▶ don consenti par un particulier, CGI, art. 200, p. 2369.

Libération :
- des actions, C. com., art. L. 225-127, p. 337 ; art. L. 225-144, p. 346 ; art. L. 228-27, p. 442 ;
- du capital, C. com., art. L. 225-3, p. 235 ; art. L. 225-131, p. 341 ;

V. *aussi Apport en numéraire, Augmentation de capital.*

Liberté, L. 1er juill. 1901, art. 1er (nº 4), p. 714 ;
- d'association, V. *Association* ;
- d'établissement, C. civ., art. 1837 (nº 10), p. 39 ; art. 1842 (nº 29), p. 46. – C. mon. fin., art. L. 532-16 et s., p. 1362 ;
- statutaire, C. civ., art. 1835 (nº 3), p. 29.

Liquidateur, C. civ., art. 1844-8 (nº 2), p. 104. – D. 3 juill. 1978, art. 8 et s., p. 157 ;
- accomplissement des formalités de publicité, C. com., art. R. 237-3, p. 701 ;

- avis de clôture de la liquidation, C. com., art. R. 237-8, p. 702 ;
- capacité et pouvoir (procédure civile), CPC, art. 117 (nº 10), p. 1949 ;
- dépôt des comptes, C. com., art. R. 237-6 et R. 237-7, p. 701 et s. ;
- désignation :
  - ▶ liquidation sur décision judiciaire, C. com., art. R. 237-12 et R. 237-13, p. 702.
- rémunération :
  - ▶ liquidation sur décision judiciaire, C. com., art. R. 237-14, p. 702.

Liquidation judiciaire :
- tierce opposition de l'associé, CPC, art. 583 (nº 6), p. 1952 ;

V. *Dissolution, procédures collectives.*

Liquidation de société commerciale, C. com., art. L 237-1 à L. 237-31, p. 554 et s. ; art. R. 237-1, p. 701 ; art. R. 237-5 et R. 237-6, p. 701 ; art. R. 237-8 à R. 237-18, p. 702 et s. ;
- administrateur judiciaire, C. com., art. L. 811-1 et s., p. 2282 ;
- assemblée de clôture, C. com., art. L. 237-9 et L. 237-10, p. 556 ; art. R. 237-5 et R. 237-6, p. 701 ;
- avis de clôture de liquidation, C. com., art. L. 237-11, p. 556 ; art. R. 237-8, p. 702 ;
- baux des immeubles utilisés pour l'activité sociale, C. com., art. R. 237-4, p. 701 ;
- certification des copies ou extraits de procès-verbaux, C. com., art. R. 225-24, p. 634 ;
- cession globale de l'actif (apport), C. com., art. L. 237-8, p. 555 ;
- cession globale de l'actif (fusion), C. com., art. L. 237-8, p. 555 ;
- cession de tout ou partie de l'actif social, C. com., art. L. 237-6 et L. 237-7, p. 555 ;
  - ▶ infraction, C. com., art. L. 247-8, p. 600.
- sur décision judiciaire :
  - ▶ assemblée, C. com., art. L. 237-23, p. 560 ; art. L. 237-27 et s., p. 561 ;
  - ▶ commissaire aux comptes (maintien des fonctions), C. com., art. L. 237-16, p. 559 ;
  - ▶ comptes annuels, C. com., art. L. 237-25, p. 561 ;
  - ▶ conseil d'administration (fin des fonctions), C. com., art. L. 237-15, p. 558 ;
  - ▶ conseil de surveillance (maintien des fonctions), C. com., art. L. 237-16, p. 559 ;
  - ▶ contrôleurs, C. com., art. L. 237-17, p. 559 ;
  - ▶ contrôleurs de la liquidation, C. com., art. R. 237-11, p. 702 ;
  - ▶ convocation de l'assemblée, C. com., art. L. 237-23, p. 560 ;
  - ▶ décisions prises par le président du tribunal de commerce, C. com., art. R. 237-15, p. 703 ;
  - ▶ délibération, C. com., art. L. 237-27, p. 561 ;
  - ▶ désignation du liquidateur, C. com., art. R. 237-12 et R. 237-13, p. 702 ;
  - ▶ directoire (fin des fonctions), C. com., art. L. 237-15, p. 558 ;
  - ▶ exploitation sociale (continuation), C. com., art. L. 237-28, p. 562 ;
  - ▶ fonds disponibles en cours de liquidation, C. com., art. L. 237-31, p. 562 ;
  - ▶ gérant (fin des fonctions), C. com., art. L. 237-15, p. 558 ;
  - ▶ hypothèses de liquidation sur décision judiciaire, C. com., art. L. 237-14, p. 558 ;
  - ▶ information des associés, C. com., art. L. 237-26, p. 561 ;
  - ▶ liquidateur, C. com., art. L. 237-19, p. 559 ;
  - ▶ liquidateur (convocation de l'assemblée), C. com., art. L. 237-28, p. 562 ;
  - ▶ liquidateur (durée du mandat), C. com., art. L. 237-21, p. 559 ;
  - ▶ liquidateur (nomination), C. com., art. L. 237-18 et s., p. 559 ; art. L. 237-20, p. 559 ;
  - ▶ liquidateur (pouvoirs), C. com., art. L. 237-24, p. 560 ;
  - ▶ liquidateur (révocation), C. com., art. L. 237-22, p. 560 ;
  - ▶ ordonnance du tribunal de commerce, C. com., art. R. 237-10, p. 702 ;
  - ▶ partage de l'actif net, C. com., art. L. 237-29, p. 562 ;
  - ▶ rémunération du liquidateur, C. com., art. R. 237-14, p. 702.
- sur décision de justice :
  - ▶ remboursement des actions, C. com., art. L. 237-30, p. 562 ;
  - ▶ répartition des fonds, C. com., art. R. 237-16 à R. 237-18, p. 703.
- dissolution prononcée par décision de justice, C. com., art. L. 237-20, p. 559 ;
- effets, C. com., art. L. 237-2, p. 554 ;
- infraction, C. com., art. L. 247-5 et s., p. 599 ;
- liquidateur :
  - ▶ incompatibilités, C. com., art. L. 237-4, p. 555 ;
  - ▶ nomination, C. com., art. L. 237-3, p. 555 ; art. R. 237-2, p. 701 ;
  - ▶ publication de l'acte de nomination, C. com., art. L. 237-3, p. 555 ;
  - ▶ *quitus*, C. com., art. L. 237-9, p. 556 ;
  - ▶ responsabilité civile, C. com., art. L. 237-12, p. 556.
- mention :
  - ▶ raison ou dénomination sociale, C. com., art. L. 237-2, p. 554 ; art. R. 237-1, p. 701.
- nullité de la société, C. com., art. L. 235-10, p. 527 ;
- prescription :
  - ▶ actions contre les associés non liquidateurs, C. com., art. L. 237-13, p. 558 ;
  - ▶ actions contre le liquidateur, C. com., art. L. 237-12, p. 556.
- radiation, C. com., art. R. 237-9, p. 702 ;
- règles applicables, C. com., art. L. 237-1, p. 554 ;
- sort des baux, C. com., art. L. 237-5, p. 555 ; art. R. 237-4, p. 701 ;

V. *aussi Infractions communes aux diverses formes de sociétés commerciales, Liquidateur, Liquidation de sociétés, Radiation.*

Liquidation de sociétés (règles générales), C. civ., art. 1844-8 et 1844-9, p. 103 et s. – D. 3 juill. 1978, art. 9 à 12, p. 157 ; art. 27 à 29, p. 159 et s. ;
- avis de clôture de liquidation, C. civ., art. 1844-8 (nº 4), p. 106 ;

- caractère d'ordre public, C. civ., art. 1844-8 (nº 1), p. 103 ;
- liquidateur, C. civ., art. 1844-8 (nº 2), p. 104 ;
- partage, C. civ., art. 1844-9 (nº 2), p. 108 ;
- publicité, C. civ., art. 1844-8 (nº 6), p. 107 ;
- situation postérieure à la liquidation, C. civ., art. 1844-8 (nº 4), p. 106 ;
- survie de la personnalité morale, C. civ., art. 1844-8 (nº 3), p. 105 ;

V. *aussi Liquidateur, liquidation de sociétés commerciales.*

Location d'actions et de parts sociales, C. com., art. L. 239-1 à L. 239-5, p. 564 et s. ; art. R. 239-1, p. 703 ;
- convocation aux assemblées, C. com., art. R. 225-68, p. 643 ;
- registre des titres nominatifs, C. com., art. R. 228-8, p. 669.

Loyauté :
- cession d'actions, C. com., art. L. 228-23 (nº 19), p. 423 ;
- cession de parts sociales, C. com., art. L. 223-14 (nº 18), p. 195 ;
- cumul de la qualité d'associé et de salarié :
  - ► obligation de loyauté du salarié, C. civ., art. 1832 (nº 7), p. 7.
- dirigeant, C. com., art. L. 225-53 (nº 8), p. 289 ; art. L. 225-55 (nº 2), p. 290 ; art. L. 225-251 (nº 2), p. 378 ;
- révocation du dirigeant, C. com., art. L. 227-5 (nº 6), p. 395 ;

V. *aussi Obligation de non-concurrence.*

Lutte contre le blanchiment de capitaux et le financement du terrorisme, C. com., art. L. 821-12-1, p. 906.

Lutte contre le financement des activités terroristes :
- dispositions pénales, C. mon. fin., art. L. 574-1 et s., p. 1475.

Lutte contre les loteries, jeux et paris prohibés, C. mon. fin., art. L. 563-1 à L. 563-5, p. 1468 et s.

M

Magasins collectifs de commerçants indépendants :
- adhésion d'un propriétaire d'un fonds grevé d'un privilège ou nantissement, C. com., art. L. 125-7, p. 2468 ;
- administration, C. com., art. L. 125-10 et L. 125-11, p. 2468 et s. ;
- agrément, C. com., art. L. 125-12 à L. 125-14, p. 2469 ; art. L. 125-16 à L. 125-18, p. 2469 et s. ;
- apport, C. com., art. L. 125-5, p. 2468 ;
- associés, C. com., art. L. 125-1 à L. 125-4, p. 2467 ; art. L. 125-6, p. 2468 ;
- dissolution, C. com., art. L. 125-19, p. 2470 ;
- exclusion, C. com., art. L. 125-15 à L. 125-18, p. 2469 et s. ;
- objet, C. com., art. L. 125-1 et s., p. 2467 ;
- retrait, C. com., art. L. 125-9, p. 2468 ;
- statuts, C. com., art. L. 125-8, p. 2468.

Majoration frauduleuse d'apports en nature :
- SA, C. com., art. L. 242-2, p. 573 ;
- SARL, C. com., art. L. 241-3, p. 570.

Mandataire *ad hoc*, C. com., art. L. 611-13 et s., p. 1979 ;
- action sociale *ut singuli*, C. civ., art. 1843-5 (nº 12), p. 71 ;
- chargé de provoquer la délibération des associés, D. 3 juill. 1978, art. 39, p. 161 ;
- convocation de l'AGO (SA), C. com., art. L. 225-100, p. 316 ;
- convocation d'une assemblée, C. com., art. L. 223-27, p. 220 ; art. L. 223-27 (nº 3), p. 221 ; art. L. 225-103 (nº 5), p. 325 ;
- libération des apports, C. civ., art. 1843-3 (nº 19), p. 59 ;
- liquidation judiciaire, C. civ., art. 1844-7 (nº 18), p. 99 ; art. 1844-7 (nº 20), p. 101 ;
- représentation légale de la société, C. com., art. L. 227-6 (nº 10), p. 399 ;
- représentation de la société après la clôture de la liquidation, C. civ., art. 1844-8 (nº 4), p. 106.

Mandataire-liquidateur, C. com., art. L. 811-1 et s., p. 2282.

Marché étranger, C. mon. fin., art. D. 423-1 à D. 423-3, p. 1267 et s.

Marché réglementé, C. mon. fin., art. L. 421-2, p. 1252 ;
- admission d'instruments financiers, C. mon. fin., art. L. 421-4 et s., p. 1253 ; V. *Autorité des marchés financiers (droit d'opposition)* ;
- admission aux négociations, C. mon. fin., art. L. 421-14, p. 1257 ;
  - ► suspension, C. mon. fin., art. L. 421-15 et L. 421-16, p. 1258.
- centralisation, C. mon. fin., art. L. 421-12, p. 1257 ;
- chambre de compensation, C. mon. fin., art. L. 464-1, p. 1322 ;
- définition, C. mon. fin., art. L. 421-1 et s., p. 1252 ;
- entreprises de marché, C. mon. fin., art. L. 464-2, p. 1322 ;
- établissement des cours, V. *Autorité des marchés financiers ;*
- fonctionnement, C. mon. fin., art. L. 421-3, p. 1252 ;
- intermédiation, C. mon. fin., art. L. 421-6, p. 1253 ;
- marchés étrangers reconnus, C. mon. fin., art. L. 423-1, p. 1260 ;
- marchés européens, C. mon. fin., art. L. 422-1, p. 1260 ;
- membres, C. mon. fin., art. L. 421-17 à L. 421-19, p. 1259 ;
- rachat des titres de capital, V. *Autorité des marchés financiers ;*
- reconnaissance, C. mon. fin., art. L. 621-1, p. 1563 ;
- régime d'un membre d'un marché, C. mon. fin., art. L. 421-8, p. 1255 ;
- transparence, C. mon. fin., art. L. 465-1, p. 1322.

Masseur-kinésithérapeute :
- société civile professionnelle (SCP), CSP, art. R. 4381-25, p. 3140 ;
- société d'exercice libéral (SEL), CSP, art. R. 4381-8, p. 3136 ;
- société en participation, CSP, art. D. 4381-23, p. 3139.

Minibons, C. mon. fin., art. L. 223-6 à L. 223-13, p. 1194 et s.

Mise en cause à l'instance, D. 3 juill. 1978, art. 39 (nº 1), p. 161.

Mise en cause de la société à l'instance, C. civ., art. 1865 (nº 3), p. 137. - D. 3 juill. 1978, art. 38, p. 161.

Mise au nominatif des actions des dirigeants de SA, C. com., art. L. 225-109, p. 331.

Mise en sommeil de la société : V. *Société en sommeil*.

Modification du capital social :
- plan de sauvegarde, C. com., art. L. 626-3, p. 2027 ; art. L. 626-15 et s., p. 2031 ; art. L. 627-3, p. 2039.

Monnaie : V. *aussi Euro*.

N

Nantissement :
- actions, C. com., art. L. 228-26, p. 442 ;
- parts de SARL, C. com., art. L. 223-15, p. 201 ;
- parts de société civile, C. civ., art. 1866 à 1868, p. 138. – D. 3 juill. 1978, art. 49 et s., p. 163 ; art. 54 à 57, p. 164 ;
  - ▶ société civile, D. 3 juill. 1978, art. 53, p. 164.

Nationalité des sociétés, C. civ., art. 1837, p. 37. – C. com., art. L. 210-3, p. 168 ;
- changement :
  - ▶ SA, C. com., art. L. 225-97, p. 315 ;
  - ▶ SARL, C. com., art. L. 223-30, p. 224 ;
  - ▶ SCS, C. com., art. L. 222-9, p. 185.
- critère du contrôle, C. civ., art. 1837 (nº 11), p. 39 ;
- critère du siège social, C. civ., art. 1837 (nº 2), p. 37 ; art. 1837 (nº 10), p. 39 ;
- définition, C. civ., art. 1837 (nº 9), p. 39 ;
- liberté d'établissement, C. civ., art. 1837 (nº 10), p. 39 ; art. 1842 (nº 29), p. 46 ;
- pouvoirs des dirigeants, C. civ., art. 1837 (nº 13), p. 39 ;
- qualité d'associé, C. civ., art. 1837 (nº 13), p. 39.

Nature des titres échangés suite à une fusion, C. com., art. L. 236-1 (nº 6), p. 529.

Notaire :
- société civile professionnelle SCP, D. 2 oct. 1967, p. 3149 ;
- société d'exercice libéral SEL, D. 13 janv. 1993, p. 3176 ;
- société en participation, D. 13 janv. 1993, art. 74, p. 3187 ;
- société de participations financières de profession libérale, D. 13 janv. 1993, art. 79-1, p. 3188.

Nu-propriétaire :
- actions :
  - ▶ convocation aux assemblées, C. com., art. R. 225-68, p. 643 ; art. R. 228-67, p. 678 ;
  - ▶ droit de communication, C. com., art. L. 225-118, p. 334 ;
  - ▶ droit préférentiel de souscription, C. com., art. L. 225-140, p. 346 ; art. R. 225-123, p. 660 ;
  - ▶ droit de vote, C. com., art. L. 225-110, p. 331 ;
  - ▶ registre des titres nominatifs, C. com., art. R. 228-8, p. 669.
- désignation d'un expert de gestion, C. com., art. L. 225-231 (nº 5), p. 371 ;
- obligations :
  - ▶ droit de vote, C. com., art. L. 228-66, p. 456.
- parts sociales, C. civ., art. 1844, p. 72 ;
  - ▶ droit de participer aux décisions collectives, C. civ., art. 1844 (nº 13), p. 75.
- qualité d'associé, C. civ., art. 1844 (nº 13), p. 75 ;
- qualité pour exercer le droit de retrait de la société civile, C. civ., art. 1869 (nº 7), p. 139 ;

V. *Démembrement de propriété des droits sociaux*.

Nue-propriété :
- actions :
  - ▶ registre des titres nominatifs, C. com., art. R. 228-8, p. 669.
- obligations :
  - ▶ convocation aux assemblées, C. com., art. R. 228-67, p. 678.

V. *Démembrement de propriété des droits sociaux, Nu-propriétaire*.

Nullité des actes et délibérations sociales, C. civ., art. 1844-10, p. 109. – C. com., art. L. 235-1 à L. 235-9, p. 522 et s. ; art. L. 235-12 et L. 235-13, p. 527 et s. ; art. L. 235-13 et L. 235-14, p. 528 ; art. R. 235-1 et R. 235-2, p. 695 ;
- action interrogatoire, C. com., art. L. 235-6, p. 525 ; art. R. 235-1, p. 695 ;
- action en nullité :
  - ▶ délai de régularisation, C. com., art. L. 235-4 et L. 235-5, p. 525 ;
  - ▶ extinction, C. com., art. L. 235-3, p. 525 ;
  - ▶ prescription, C. com., art. L. 235-9, p. 526.
- action en responsabilité, C. com., art. L. 235-13, p. 528 ;
- causes, C. com., art. L. 235-1, p. 522 ; art. L. 235-1 (nº 1), p. 522 ;
- délibération des organes de direction :
  - ▶ non-constatation par un procès-verbal, C. com., art. L. 235-14, p. 528.
- délibérations prises en violation des dispositions régissant le droit de vote attaché aux actions, C. com., art. L. 235-2-1, p. 525 ;
- fusion, C. com., art. L. 235-8, p. 525 ;
- opposabilité aux tiers, C. com., art. L. 235-12, p. 527 ;
- régularisation, C. com., art. L. 235-4, p. 525 ; art. L. 235-6, p. 525 ; art. R. 235-1, p. 695 ;
  - ▶ fusion, C. com., art. L. 235-8, p. 525 ;
  - ▶ violation des règles de publicité, C. com., art. L. 235-7, p. 525 ; art. R. 235-2, p. 695.
- responsabilité civile, C. com., art. L. 235-13, p. 528 ;
- société civile, C. civ., art. 1844-10, p. 109 ;
  - ▶ trouble mental, C. civ., art. 1844-10 (nº 7), p. 111 ;
  - ▶ violation d'une disposition législative, C. civ., art. 1844-10 (nº 8), p. 111 ;
  - ▶ violation d'une disposition réglementaire, C. civ., art. 1844-10 (nº 9), p. 111.

Nullité d'un apport en nature, C. civ., art. 1843-3 (nº 4), p. 56.

Nullité des sociétés, C. civ., art. 1844-10, p. 109. – D. 3 juill. 1978, art. 15 et s., p. 158. – C. com., art. L. 235-1 à L. 235-6, p. 522 et s. ; art. L. 235-9 à L. 235-13, p. 526 et s. ; art. R. 235-1, p. 695 ;
- absence d'*affectio societatis*, C. civ., art. 1832 (nº 31), p. 14 ;
- action interrogatoire, C. com., art. R. 235-1, p. 695 ;
- action en nullité :
  - ▶ délai de régularisation, C. com., art. L. 235-4 et L. 235-5, p. 525 ;
  - ▶ extinction, C. com., art. L. 235-3, p. 525 ;
  - ▶ obligations, C. com., art. L. 228-54, p. 453 ;
  - ▶ prescription, C. com., art. L. 235-9, p. 526 ;

▶ qualité et intérêt à agir, C. com., art. L. 235-1 (nº 7), p. 524.
- action en responsabilité, C. civ., art. 1844-17, p. 116. – C. com., art. L. 235-13, p. 528 ;
- causes, C. civ., art. 1844-10, p. 109. – C. com., art. L. 235-1, p. 522 ; art. L. 235-1 (nº 1), p. 522 ; art. L. 235-2, p. 525 ;
▶ absence d'*affectio societatis*, C. civ., art. 1844-10 (nº 3), p. 109 ;
▶ absence d'apport, C. civ., art. 1832 (nº 9), p. 7 ; art. 1844-10 (nº 1), p. 109 ;
▶ cause illicite, C. civ., art. 1844-10 (nº 2), p. 109 ;
▶ erreur, C. civ., art. 1844-10 (nº 4), p. 109 ;
▶ fictivité, C. civ., art. 1844-10 (nº 6), p. 110 ;
▶ fraude, C. civ., art. 1844-10 (nº 5), p. 109.
- droit communautaire, C. com., art. L. 235-1 (nº 1), p. 522 ;
- effets, C. civ., art. 1844-15, p. 116. – C. com., art. L. 235-10, p. 527 ;
- fusion, C. com., art. L. 235-11, p. 527 ;
- liquidation, C. com., art. L. 235-10, p. 527 ;
- opposabilité aux tiers, C. civ., art. 1844-16, p. 116. – C. com., art. L. 235-12, p. 527 ;
- régularisation, C. com., art. L. 235-4, p. 525 ; art. L. 235-6, p. 525 ; art. R. 235-1, p. 695 ;
- responsabilité civile, C. com., art. L. 225-249 et L. 225-250, p. 377 ; art. L. 235-13, p. 528 ;
- SCS, SNC, C. com., art. L. 235-2, p. 525 ;
- tierce opposition, C. com., art. R. 235-3, p. 695 ;
V. *aussi Tierce opposition.*

Numéro unique d'identification des entreprises, C. com., art. D. 123-235 et D. 123-236, p. 868 ; art. D. 123-235 et D. 123-236, p. 877 et s.

O

Objet social, C. civ., art. 1832 et 1833, p. 3 et s. – C. com., art. L. 210-2, p. 168 ;
- appréciation de l'objet réel, C. civ., art. 1833 (nº 3), p. 19 ;
- appréciation de l'objet statutaire, C. civ., art. 1833 (nºs 4 et 5), p. 19 ;
- caractère déterminé, C. civ., art. 1833 (nº 1), p. 19 ;
- civil ou commercial, C. civ., art. 1845 (nº 1), p. 117 ;
- définition, C. civ., art. 1833 (nº 1), p. 19 ;
- dépassement, C. com., art. L. 223-18, p. 202 ; art. L. 225-51 (nº 3), p. 285 ;
- extinction-réalisation, C. civ., art. 1844-7 (nº 23), p. 101 ;
- licéité, C. civ., art. 1833 (nº 2), p. 19 ;
- maintien, C. civ., art. 1833 (nº 8), p. 20 ;
- mention :
▶ dans les statuts, C. civ., art. 1835, p. 29.
- modification :
▶ abus de minorité, C. civ., art. 1833 (nº 15), p. 23 ; art. 1833 (nº 21), p. 26.
- modification de l'activité, C. civ., art. 1833 (nº 9), p. 20 ;
- opposabilité, C. civ., art. 1833 (nº 1), p. 19 ;
- pouvoirs des dirigeants, C. com., art. L. 223-18, p. 202 ; art. L. 225-56, p. 293 ; art. L. 225-64, p. 298 ;
▶ SA, C. com., art. L. 225-35, p. 256 ; art. L. 225-35 (nº 3), p. 257 ;
▶ gérant de société civile, C. civ., art. 1848 et 1849, p. 120 ; art. 1849 (nº 3), p. 121 ;
▶ SAS, C. com., art. L. 227-6, p. 397 ;
▶ SNC, C. com., art. L. 221-5, p. 175.
- réalisation, C. civ., art. 1844-7, p. 94 ;
- régime de la nullité pour illicéité de l'objet, C. civ., art. 1833 (nº 6), p. 20.

Obligataire : V. *Obligations.*

Obligation de délivrance :
- cession d'actions, C. com., art. L. 228-23 (nº 63), p. 432 ;
- cession de parts de SNC, C. com., art. L. 221-14 (nº 2), p. 179.

Obligation aux dettes sociales :
- règles en vigueur jusqu'au 15 février 2009, C. com., art. L. 652-1 (anc.) et s., p. 2105.

Obligation de non-concurrence :
- associé, C. civ., art. 1832 (nº 6), p. 6 ;
- cédant de parts sociales :
▶ parts de SARL, C. com., art. L. 223-14 (nº 30), p. 200 ;
▶ parts de SCS, C. com., art. L. 222-8 (nº 3), p. 185.
- cédant de titres sociaux :
▶ parts de SNC, C. com., art. L. 221-13 (nº 6), p. 179.
- dirigeant, C. com., art. L. 221-12 (nº 1), p. 177 ; art. L. 223-18 (nº 6), p. 205.

Obligation de vigilance, C. com., art. L. 225-102-5, p. 324.

Obligations, C. com., art. L. 228-38 à L. 228-40, p. 450 et s. ; art. L. 228-44, p. 451 ; art. L. 228-47 à L. 228-51, p. 452 ; art. L. 228-53 à L. 228-70, p. 453 et s. ; art. L. 228-72 à L. 228-90, p. 456 et s. ; art. R. 228-57 (anc.), p. 677 ; art. R. 228-60 à R. 228-75, p. 677 et s. ; art. R. 228-77 à R. 228-79, p. 679 ; art. R. 228-81 à R. 228-86, p. 679 et s. – C. mon. fin., art. L. 213-5 et s., p. 996 ; art. R. 213-15, p. 1095 ; art. D. 213-17, p. 1096 ;
- assemblée générale des obligataires :
▶ annulation, C. com., art. L. 228-59, p. 454 ;
▶ compétence, C. com., art. L. 228-47, p. 452 ; art. L. 228-51 et L. 228-52, p. 452 ; art. L. 228-65, p. 455 ; art. L. 228-68, p. 456 ;
▶ convocation, C. com., art. L. 228-58 et L. 228-59, p. 454 ; art. R. 228-65 à R. 228-67, p. 677 et s. ; art. R. 228-69, p. 678 ;
▶ décision de passer outre, C. com., art. L. 228-72 et L. 228-73, p. 456 ; art. R. 228-79 et R. 228-80, p. 679 ;
▶ droit de vote, C. com., art. L. 228-61, p. 454 ;
▶ époque de réunion, C. com., art. L. 228-57, p. 454 ;
▶ feuille de présence, C. com., art. L. 228-60-1, p. 454 ; art. R. 228-74 et R. 228-75, p. 679 ;
▶ fusion, C. com., art. L. 228-73, p. 456 ; art. L. 236-13, p. 541 ; art. R. 236-9, p. 698 ; art. R. 236-11 et R. 236-12, p. 699 ;
▶ justification du droit de participer, C. com., art. R. 228-71, p. 678 ;
▶ majorité, C. com., art. L. 228-61, p. 454 ; art. L. 228-65, p. 455 ;
▶ ordre du jour, C. com., art. L. 228-60, p. 454 ;
▶ participation à l'assemblée, C. com., art. L. 228-61, p. 454 ;
▶ présidence, C. com., art. L. 228-64, p. 455 ;
▶ procès-verbaux, C. com., art. L. 228-60-1, p. 454 ; art. R. 228-74, p. 679 ;

▶ proportionnalité du droit de vote, C. com., art. L. 228-67, p. 456 ;
▶ quorum, C. com., art. L. 228-61, p. 454 ; art. L. 228-65, p. 455 ;
▶ représentation, C. com., art. L. 228-62 et L. 228-63, p. 455 ; art. R. 228-75, p. 679 ;
▶ réunion, C. com., art. R. 228-70, p. 678 ; art. R. 228-72 et R. 228-73, p. 678 et s. ;
▶ scission, C. com., art. L. 228-73, p. 456 ; art. L. 236-18, p. 542 ; art. R. 236-9, p. 698 ; art. R. 236-11 et R. 236-12, p. 699 ;
▶ visioconférence, C. com., art. R. 228-68, p. 678 ;
▶ vote électronique, C. com., art. R. 228-68, p. 678 ;
▶ vote du nu-propriétaire, C. com., art. L. 228-66 et s., p. 456.
– assemblée des obligataires :
▶ frais de fonctionnement, C. com., art. L. 228-71, p. 456 ;
▶ redressement ou liquidation judiciaire, C. com., art. L. 228-86, p. 458 ; art. L. 228-88, p. 458.
– associations, C. mon. fin., art. L. 213-8 et s., p. 997 ; art. L. 231-2, p. 1195 ;
– clôture pour insuffisance d'actif, C. com., art. L. 228-89, p. 458 ;
– compétence pour décider ou autoriser l'émission d'obligations, C. com., art. L. 228-40, p. 451 ;
– conversion en actions, C. com., art. L. 228-68, p. 456 ;
– définition, C. com., art. L. 228-38, p. 450. – C. mon. fin., art. L. 213-5, p. 996 ;
– droit de communication des obligataires, C. com., art. R. 228-76 et R. 228-77, p. 679 ;
– émission :
▶ conditions, C. com., art. L. 228-39, p. 451 ;
▶ infraction pénales, D. 30 oct. 1948, art. 9, p. 1655.
– emprunts émis à l'étranger, C. com., art. L. 228-90, p. 458 ;
– emprunts garantis par l'État, les départements, les communes ou les établissements publics, C. com., art. L. 228-90, p. 458 ;
– emprunts soumis à un régime spécial, C. com., art. L. 228-90, p. 458 ;
– forme, C. com., art. L. 228-1, p. 404 ; art. L. 228-38, p. 450. – C. mon. fin., art. L. 213-5, p. 996 ;
– gage (interdiction), C. com., art. L. 228-44, p. 451 ;
– garanties, C. com., art. L. 228-77 à L. 228-81, p. 457 ; art. R. 228-81 à R. 228-83, p. 679 et s. ;
– GIE, C. com., art. L. 251-7, p. 604. – C. mon. fin., art. L. 213-7, p. 997 ;
– infraction, C. com., art. L. 245-9 et s., p. 597 ; art. L. 245-11 à L. 245-13, p. 597 ; art. L. 245-15, p. 598 ;
– interdiction d'un remboursement garanti par une société de capitalisation, C. com., art. L. 228-82, p. 457 ;
– liquidation judiciaire, C. com., art. R. 228-86, p. 680 ;
– masse des obligataires :
▶ incompatibilités, C. com., art. L. 228-49, p. 452 ;
▶ mandataire (redressement ou liquidation judiciaire), C. com., art. L. 228-85, p. 457 ; art. R. 228-85, p. 680 ;
▶ opposition à un projet de fusion, C. com., art. L. 236-15, p. 542 ;
▶ opposition à un projet de scission, C. com., art. L. 236-19, p. 542 ;
▶ personnalité morale, C. com., art. L. 228-46 et s., p. 452 ;
▶ représentation, C. com., art. L. 228-47, p. 452.
– obligataires :
▶ charges des obligataires (augmentation), C. com., art. L. 228-68, p. 456 ;
▶ droit de communication, C. com., art. L. 228-69 et L. 228-70, p. 456 ;
▶ principe d'égalité, C. com., art. L. 228-68, p. 456.
– obligations à lots, C. mon. fin., art. L. 213-6, p. 996 ;
– publicité, C. com., art. R. 228-57 (anc.), p. 677 ;
– rachat, C. com., art. L. 228-74, p. 457 ;
– redressement ou liquidation judiciaire, C. com., art. L. 228-83 à L. 228-88, p. 457 et s. ;
– remboursables en actions, C. com., art. L. 228-103 (nº 2), p. 463 ;
– remboursables en actions (ORA), C. com., art. L. 228-38 (nºs 2 et 3), p. 450 ;
– remboursement, C. com., art. L. 228-72 et s., p. 456 ; art. L. 236-13 et s., p. 541 ; art. L. 236-18, p. 542 ; art. R. 228-79, p. 679 ; art. R. 228-83, p. 680 ; art. R. 236-11 et R. 236-12, p. 699 ;
▶ dissolution anticipée de la société, C. com., art. L. 228-76, p. 457.
– remboursement anticipé (interdiction), C. com., art. L. 228-75, p. 457 ;
– représentant de la masse :
▶ acceptation des garanties, C. com., art. L. 228-81, p. 457 ;
▶ accès aux assemblées générales d'actionnaires, C. com., art. L. 228-55, p. 453 ;
▶ action en défense des intérêts communs des obligataires, C. com., art. L. 228-54, p. 453 ;
▶ action en justice contre la masse des obligataires, C. com., art. L. 228-54, p. 453 ;
▶ action en nullité de la société ou des actes sociétaires, C. com., art. L. 228-54, p. 453 ;
▶ communication des nom et adresse, C. com., art. R. 228-64, p. 677 ;
▶ consultation (redressement ou liquidation judiciaire), C. com., art. L 228-86, p. 458 ;
▶ démission, C. com., art. R. 228-62, p. 677 ;
▶ désignation, C. com., art. L. 228-48, p. 452 ; art. L. 228-50 et L. 228-51, p. 452 ; art. R. 228-60 et R. 228-61, p. 677 ;
▶ désignation en justice, C. com., art. R. 228-78, p. 679 ;
▶ droit de communication, C. com., art. L. 228-55, p. 453 ;
▶ immixtion dans la gestion (interdiction), C. com., art. L. 228-55, p. 453 ;
▶ pouvoirs, C. com., art. L. 228-53 et s., p. 453 ; art. L. 228-83 à L. 228-85, p. 457 ;
▶ remplacement, C. com., art. R. 228-61, p. 677 ;
▶ rémunération, C. com., art. L. 228-56, p. 453 ; art. R. 228-63, p. 677 ;
▶ responsabilité civile, C. com., art. L. 228-56, p. 453 ;
▶ révocation, C. com., art. L. 228-52, p. 452.
– SARL, C. com., art. L. 223-11, p. 191 ; art. R. 223-7 à R. 223-10, p. 624 et s. ;
– sauvegarde, redressement ou liquidation judiciaire, C. com., art. R. 228-84, p. 680 ;

- tirage au sort, C. com., art. L. 228-45, p. 452 ; art. L. 228-74, p. 457 ;

V. *aussi Actions de société, Obligations avec bons de souscription d'actions, Obligations convertibles en actions, Obligations échangeables contre des actions, Voies d'exécution (droits d'associé et valeurs mobilières).*

Obligations avec bons de souscription d'actions, C. com., art. L. 225-150 ancien (nº 2), p. 351 ; art. L. 228-91 (nº 1), p. 459. - C. mon. fin., art. L. 212-7, p. 991.

Obligations convertibles en actions, C. mon. fin., art. L. 212-7, p. 991.

Obligations échangeables contre des actions, C. com., art. L. 225-91 et s., p. 312. - C. mon. fin., art. L. 212-7, p. 991.

Offices publics d'HLM : V. *Habitation à loyer modéré.*

Offre au public, C. mon. fin., art. L. 411-2 et L. 411-3, p. 1241 et s. ;
- conditions, C. mon. fin., art. L. 412-1 et s., p. 1243 ;
- constatation judiciaire de l'existence d'un contrôle, C. com., art. L. 233-5, p. 500 ;
- définition, C. mon. fin., art. L. 411-1, p. 1241 ; art. D. 411-1, p. 1244 ;
- GEIE, C. com., art. L. 252-10, p. 609 ;
- interdiction aux sociétés non autorisées par la loi, C. civ., art. 1841, p. 40 ; art. 1841 (nº 1), p. 41 ;
- notion, C. com., art. R. 225-1, p. 630 ;
- obligation de publicité, C. mon. fin., art. L. 412-1 et s., p. 1243 ;
- SARL, C. com., art. L. 223-11, p. 191 ; art. R. 223-7 à R. 223-10, p. 624 et s. - C. mon. fin., art. L. 412-2, p. 1243 ;
- SAS, C. com., art. L. 227-2, p. 392. - C. mon. fin., art. L. 412-2, p. 1243 ;
  - ▶ infraction, C. com., art. L. 244-3, p. 596.
- société par actions, C. com., art. L. 228-39, p. 451. - C. mon. fin., art. L. 412-2, p. 1243 ;
- société anonyme à objet sportif, C. sport, art. L. 122-5, p. 3259 ;
- société coopérative agricole, C. rur., art. L. 523-9, p. 2627.

Offre publique d'achat, d'échange ou de vente (OPA, OPE, OPV), C. mon. fin., art. L. 433-1 et s., p. 1269 ; art. 231-1, p. 1274 ;
- calendrier, C. mon. fin., art. 231-31 et 231-32, p. 1283 ;
- conditions suspensives, C. mon. fin., art. 231-9 à 231-12, p. 1276 et s. ;
- définitions, C. mon. fin., art. 231-2, p. 1274 ;
- dépôt obligatoire d'un projet d', C. mon. fin., art. 234-1 et 234-2, p. 1291 ; art. 234-3 ancien (nº 1), p. 1291 ;
  - ▶ dérogation accordée par l'AMF, C. mon. fin., art. 234-8 à 234-10, p. 1293 et s.
- dépôt du projet d'offre à l'AMF, C. mon. fin., art. 231-13, p. 1277 ;
- examen du projet par l'AMF, C. mon. fin., art. 231-20, p. 1280 ; art. 231-22 à 231-26, p. 1281 ;
- information du public :
  - ▶ communiqué, C. mon. fin., art. 231-17, p. 1278 ; art. 231-37, p. 1284 ;
  - ▶ diffusion de la note d'information ou de la note en réponse, C. mon. fin., art. 231-27, p. 1282 ;
  - ▶ informations relatives aux caractéristiques de l'initiateur et de la société visée, C. mon. fin., art. 231-28 à 231-30, p. 1282 et s. ;
  - ▶ projet de note d'information, C. mon. fin., art. 231-16, p. 1278 ; art. 231-18 et 231-19, p. 1279 et s.
- nature de l'offre :
  - ▶ conditions suspensives, C. mon. fin., art. 231-8, p. 1276.
- obligation des dirigeants, C. mon. fin., art. 231-36, p. 1283 ;
- offre portant sur des titres de créance ne donnant pas accès au capital :
  - ▶ application des dispositions concernant les offres publiques, C. mon. fin., art. 238-2, p. 1300 ;
  - ▶ information du public, Règl. gén. de l'Autorité des marchés financiers 12 oct. 2004, p. 1669.
- principes généraux, C. mon. fin., art. 231-3, p. 1275 ;
- procédure normale, C. mon. fin., art. 232-1, p. 1288 ;
  - ▶ durée de l'offre, C. mon. fin., art. 232-2, p. 1288 ;
  - ▶ intervention sur le marché des titres concernés par l'offre, C. mon. fin., art. 232-14 à 232-16, p. 1290 ;
  - ▶ offres concurrentes et surenchères, C. mon. fin., art. 232-5 à 232-13, p. 1289 et s. ;
  - ▶ publication du résultat de l'offre, C. mon. fin., art. 232-3, p. 1288 ;
  - ▶ réouverture de l'offre, C. mon. fin., art. 232-4, p. 1289.
- procédure simplifiée :
  - ▶ caractéristiques, C. mon. fin., art. 233-2 à 233-6, p. 1290 et s. ;
  - ▶ conditions d'application, C. mon. fin., art. 233-1, p. 1290.

V. *aussi Autorité des marchés financiers.*

Offre publique d'acquisition :
- titres de créances ne donnant pas accès au capital (acquisition ordonnée), C. mon. fin., art. 238-1 et s., p. 1300.

Offre publique de retrait, C. mon. fin., art. 236-1 à 236-7, p. 1295 et s. ; V. *Autorité des marchés financiers*

Offres publiques d'acquisition, C. com., art. L. 233-32 à L. 233-40, p. 518 et s. ; art. 223-20, p. 520 ;
- action de concert, C. com., art. L. 233-10-1, p. 507 ; art. L. 233-33, p. 518 ;
- augmentation du capital social, C. com., art. L. 225-147 et L. 225-147-1, p. 347 et s. ; art. L. 233-32 et L. 233-33, p. 518 ;
- clauses restreignant le transfert d'actions ou l'exercice du droit de vote, C. com., art. L. 225-125, p. 336 ; art. L. 233-34 à L. 233-38, p. 519 ; art. L. 233-40, p. 520 ; art. 223-20, p. 520 ;
- droit de nomination ou de révocation des dirigeants, C. com., art. L. 233-39, p. 520 ;
- émission de bons de souscription d'actions, C. com., art. L. 233-32 et L. 233-33, p. 518 ;
- mesures de défense, C. com., art. L. 233-32 et L. 233-33, p. 518 ;
- pacte d'actionnaires, C. com., art. L. 233-11, p. 507.

Opérations financières, C. com., art. L. 124-13, p. 2689.

Option de souscription ou d'achat d'actions, C. com., art. L. 225-177 à L. 225-186, p. 351 et s. ; art. L. 225-208,

p. 365 ; art. R. 225-137 à R. 225-145, p. 662 et s. – C. mon. fin., art. L. 212-16, p. 992. – C. com., art. L. 632-1, p. 2056 ;
- régime social, CSS, art. L. 137-13, p. 1925 ;
- *stock-options* :
  ▶ régime social, CSS, art. L. 137-14, p. 1925.

Ordre du jour :
- assemblée SARL, C. com., art. L. 223-27, p. 220 ;
  ▶ révocation du gérant, C. com., art. L. 223-25 (nº 3), p. 217.

Organisme de placement collectif immobilier (OPCI) :
- actifs, C. mon. fin., art. L. 214-149, p. 1064 ;
- agrément de l'AMF, C. mon. fin., art. L. 214-35, p. 1039 ;
- assurance obligatoire, C. mon. fin., art. L. 214-49, p. 1042 ;
- avances en compte courant, C. mon. fin., art. L. 214-42, p. 1041 ;
- capital variable, C. mon. fin., art. L. 214-62, p. 1045 ;
- commissaire aux comptes, C. mon. fin., art. L. 214-54, p. 1043 ;
- compartiments, C. mon. fin., art. L. 214-85, p. 1051 ;
- composition de l'actif, C. mon. fin., art. L. 214-36 et L. 214-37, p. 1039 et s. ;
- constitution, C. mon. fin., art. L. 214-33, p. 1038 ; art. L. 214-148, p. 1064 ;
- dispositions comptables et financières, C. mon. fin., art. L. 214-55, p. 1043 ;
- document d'information, C. mon. fin., art. L. 214-53, p. 1043 ;
- emprunts, C. mon. fin., art. L. 214-39 et L. 214-40, p. 1041 ;
- expert externe, C. mon. fin., art. L. 214-55 à L. 214-58, p. 1043 et s. ;
- garanties, C. mon. fin., art. L. 214-41, p. 1041 ;
- instruments financiers à terme, C. mon. fin., art. L. 214-38, p. 1040 ;
- montant minimum de l'actif net, C. mon. fin., art. L. 214-47, p. 1042 ;
- objet, C. mon. fin., art. L. 214-34, p. 1038 ;
- obligations comptables, C. mon. fin., art. L. 214-50, p. 1042 ;
- résultats comptables, C. mon. fin., art. L. 214-51, p. 1043 ;
- rôle de l'autorité des marchés financiers, C. mon. fin., art. L. 214-48, p. 1042 ;
- rôle de l'expert externe, C. mon. fin., art. L. 214-149, p. 1064 ;
- sommes distribuables, C. mon. fin., art. L. 214-52, p. 1043 ;
- souscription de parts ou d'actions, C. mon. fin., art. L. 214-150, p. 1065.

Organisme de placement collectif en valeurs mobilières (OPCVM), C. mon. fin., art. R. 214-29, p. 1109 ;
- acquisitions et cessions temporaires de titres financiers, C. mon. fin., art. L. 214-21, p. 1014 ;
- actif, C. mon. fin., art. L. 214-4, p. 1004 ;
- agrément, C. mon. fin., art. L. 214-3, p. 1003 ;
- emprunts d'espèce, C. mon. fin., art. L. 214-21, p. 1014 ;
- fonds communs de placement, C. mon. fin., art. L. 214-2, p. 1002 ;
- fusion, scission ou absorption, C. mon. fin., art. L. 214-15 et L. 214-16, p. 1012 ;
- information des investisseurs, C. mon. fin., art. L. 214-23, p. 1015 ;
- infraction, C. mon. fin., art. L. 231-3 et s., p. 1195 ;
- liste, C. mon. fin., art. L. 214-1, p. 1001 ;
- maîtres et nourriciers, C. mon. fin., art. L. 214-22 à L. 214-22-4, p. 1014 et s. ;
- prospectus, C. mon. fin., art. L. 214-23, p. 1015 ;
- SICAV, C. mon. fin., art. L. 214-2, p. 1002.

Organismes de titrisation, C. mon. fin., art. L. 214-170, p. 1079 ; art. L. 214-172 et L. 214-173, p. 1079 ;
- actifs, C. mon. fin., art. L. 214-169, p. 1077 ;
- cession de créances, C. mon. fin., art. L. 214-169, p. 1077 ;
- cession de titres, C. mon. fin., art. L. 214-169, p. 1077 ;
- compartiments, C. mon. fin., art. L. 214-169, p. 1077 ;
- objet, C. mon. fin., art. L. 214-168 et L. 214-169, p. 1076 et s.

P

Pacte d'actionnaires :
- actionnaire salarié :
  ▶ compétence juridictionnelle, C. civ., art. 1835 (nº 26), p. 33 ;
  ▶ détermination du pouvoir de licencier, C. civ., art. 1835 (nº 27), p. 33.
- caducité, C. civ., art. 1835 (nº 15), p. 31 ;
- clause compromissoire, C. civ., art. 1835 (nº 10), p. 31 ;
- clause de parité capitalistique ou clause de *stand still*, C. civ., art. 1835 (nº 19), p. 32 ;
- clause de préemption, C. com., art. L. 228-23 (nº 83), p. 438 ; art. L. 228-23 (nº 86), p. 439 ;
- communication d'informations, C. civ., art. 1835 (nº 20), p. 32 ;
- détermination des personnes concernées, C. civ., art. 1835 (nº 12), p. 31 ;
- droit de préférence, C. civ., art. 1835 (nº 18), p. 31 ;
- durée, C. civ., art. 1835 (nº 14), p. 31 ;
- engagement de trésorerie, C. civ., art. 1835 (nº 21), p. 32 ;
- exécution forcée, C. civ., art. 1835 (nº 24), p. 32 ;
- information, C. com., art. L. 233-11, p. 507 ;
- novation, C. civ., art. 1835 (nº 16), p. 31 ;
- sanction de l'inexécution, C. civ., art. 1835 (nº 25), p. 32 ;
- transmission, C. civ., art. 1835 (nº 11), p. 31 ;
- validité, C. civ., art. 1835 (nº 10), p. 31 ;
- violation par un coup d'accordéon, C. civ., art. 1835 (nº 23), p. 32.

Pacte civil de solidarité (PACS), C. civ., art. 1832-1, p. 15.

Partage :
- indivision post-sociétaire, C. civ., art. 1844-9, p. 107 ; art. 1844-9 (nº 2), p. 108. – C. com., art. L. 221-15 (nº 4), p. 182 ;
- liquidation sur décision judiciaire, C. com., art. L. 237-29, p. 562 ;
- société en participation, C. civ., art. 1870 (nº 4), p. 142 ; art. 1872-2, p. 148 ; art. 1872-2 (nº 7), p. 148.

Participation aux bénéfices et aux pertes, C. civ., art. 1832, p. 3 ; art. 1844-1, p. 83 ; V. *aussi Bénéfices, clauses léonines, pertes.*

Participation aux décisions collectives, C. civ., art. 1844, p. 72.

Participation des salariés, C. mon. fin., art. L. 212-14, p. 992. - C. trav., art. L. 3321-1 et s., p. 1860 ;
- absence d'accord, C. trav., art. L. 3323-5 et s., p. 1865 ;
- affectation à un plan d'épargne salariale, C. trav., art. L. 3324-10, p. 1869 ;
- branche, C. trav., art. L. 3322-9 et s., p. 1864 ;
- champ d'application, C. trav., art. L. 3322-2, p. 1862 ;
- contenu des accords, C. trav., art. L. 3323-1 et s., p. 1864 ;
- contestations et sanctions, C. trav., art. L. 3326-1 et s., p. 1871 ;
- contrôle de l'autorité administrative, C. trav., art. L. 3345-1, p. 1888 ;
- coopératives agricoles, C. trav., art. L. 3323-9, p. 1866 ;
- déblocage anticipé, C. trav., art. L. 3324-12 et s., p. 1870 ;
- dispositions applicables postérieurement à l'immatriculation de la société, C. trav., art. L. 2374-2 à L. 2374-4, p. 1845 ;
- entreprises publiques, C. trav., art. L. 3323-9, p. 1866 ;
- indisponibilité des droits des salariés, C. trav., art. L. 3324-11 et s., p. 1870 ;
- mise en place, C. trav., art. L. 3322-1 et s., p. 1861 ;
- participation volontaire, C. trav., art. L. 3323-6 et s., p. 1865 ;
- régimes social et fiscal, C. trav., art. L. 3325-1 et s., p. 1870 ;
- réserve spéciale de participation :
  - ▶ calcul, C. trav., art. L. 3324-1 et s., p. 1866 ;
  - ▶ répartition, C. trav., art. L. 3324-5 et s., p. 1868.
- sociétés coopératives ouvrières de production, C. trav., art. L. 3323-9, p. 1866.

Participations :
- définition, C. com., art. L. 233-2 et s., p. 498 ;
- informations, C. mon. fin., art. L. 451-2, p. 1313 ;

V. *aussi Franchissement des seuils.*

Parts de fondateur :
- interdiction d'émission, C. com., art. L. 228-4, p. 408.

Parts d'industrie, C. civ., art. 1843-2 à 1844-1, p. 54 et s. ; art. 1844-5 (n° 1), p. 90 ;
- apport en industrie, C. civ., art. 1832, p. 3 ;
- contribution aux pertes, C. civ., art. 1843-2 (n° 4), p. 54 ;
- droits pécuniaires, D. 20 juill. 1992, art. 39 (n° 1), p. 2894 ;
- notion, C. civ., art. 1843-3 (n° 21), p. 59 ;
- statuts, C. civ., art. 1843-3 (n° 22), p. 59.

Parts sociales :
- réunion en une seule main, C. civ., art. 1844-5, p. 89 ;
- SARL, C. com., art. L. 223-28, p. 223 ; art. L. 223-32 et s., p. 225 ;
  - ▶ adjudication, C. com., art. L. 223-15, p. 201 ;
  - ▶ capital social, C. com., art. L. 223-2, p. 188 ;
  - ▶ cession, C. civ., art. 1427 (n° 1), p. 19. - C. com., art. L. 223-14, p. 192 ; art. L. 223-16 et L. 223-17, p. 201 et s. ;
  - ▶ forme, C. com., art. L. 223-12, p. 191 ;
  - ▶ libération, C. com., art. L. 223-7, p. 189 ;
  - ▶ nantissement, C. com., art. L. 223-15, p. 201 ;
  - ▶ réunion en une seule main, C. com., art. L. 223-4, p. 189 ;
  - ▶ souscription, C. com., art. L. 223-7, p. 189 ;
  - ▶ transmission par voie de succession et liquidation de communauté de biens entre époux, C. com., art. L. 223-13, p. 191.
- SCS :
  - ▶ cession, C. com., art. L. 222-8, p. 185.
- SNC :
  - ▶ cession, C. com., art. L. 221-13 et L. 221-14, p. 178 et s. ;
  - ▶ voies d'exécution, V. *Voies d'exécution (droits d'associé et valeurs mobilières).*
- société civile :
  - ▶ cession, C. civ., art. 1424, p. 18 ; art. 1861 et s., p. 132 ; art. 1865, p. 136 ;
  - ▶ nantissement, C. civ., art. 1866 à 1868, p. 138.

V. *aussi Agrément, Cession de parts sociales, Indivision, Usufruitier, Nantissement, Nue-propriété, Réunion de toutes les parts en une seule main.*

Période d'observation, C. com., art. L. 622-1 et s., p. 2000 ; art. L. 661-9, p. 2126 ;
- redressement, C. com., art. L. 631-21, p. 2055 ;
- redressement judiciaire, C. com., art. L. 631-15, p. 2049 ;
- sauvegarde, C. com., art. L. 621-3, p. 1997 ; art. L. 622-20 et s., p. 2008 ; art. L. 622-28 et L. 622-29, p. 2016 et s. ; art. L. 622-31 et s., p. 2017 ; art. L. 625-1 et s., p. 2023 ; art. L. 627-1 et s., p. 2039.

Période suspecte, C. com., art. L. 632-1 (n° 1), p. 2056.

Personnalité morale, C. civ., art. 1842, p. 41. - C. com., art. L. 210-6, p. 169 ;
- absence de personnalité morale :
  - ▶ société en formation, C. civ., art. 1842 (n° 11), p. 43.
- abus, C. civ., art. 1842 (n° 35), p. 47 ;
- acquisition, C. com., art. L. 210-6, p. 169 ;
- aide juridictionnelle, C. civ., art. 1842 (n° 23), p. 45 ;
- autonomie, C. civ., art. 1842 (n° 1), p. 41 ;
- bénéfice du dispositif d'indemnisation des victimes, C. civ., art. 1842 (n° 24), p. 45 ;
- comité d'entreprise, C. civ., art. 1842 (n° 30), p. 46 ;
- compagnie des commissaires-priseurs de Paris, C. civ., art. 1842 (n° 33), p. 47 ;
- droits extrapatrimoniaux :
  - ▶ atteinte à l'honneur ou à la considération, C. civ., art. 1842 (n° 19), p. 45 ;
  - ▶ dénonciation calomnieuse, C. civ., art. 1842 (n° 21), p. 45 ;
  - ▶ diffusion d'informations patrimoniales, C. civ., art. 1842 (n° 18), p. 44 ;
  - ▶ harcèlement téléphonique, C. civ., art. 1842 (n° 21), p. 45 ;
  - ▶ préjudice moral, C. civ., art. 1842 (n° 22), p. 45 ;
  - ▶ protection contre la concurrence déloyale, C. civ., art. 1842 (n° 20), p. 45 ;
  - ▶ qualité de consommateur, C. civ., art. 1842 (n° 15), p. 44 ;
  - ▶ vie privée, C. civ., art. 1842 (n° 16), p. 44.

- exclusion de la qualité d'auteur, C. civ., art. 1842 (nº 25), p. 45 ;
- fonds commun de placement, C. civ., art. 1842 (nº 31), p. 47. – C. mon. fin., art. L. 214-20 (nº 1), p. 1014 ; art. L. 214-24-34, p. 1026 ;
- GEIE, C. com., art. L. 252-1, p. 608 ;
- GIE, C. com., art. L. 251-4, p. 602 ;
- groupe de sociétés, C. civ., art. 1842 (nº 32), p. 47. – C. com., art. L. 233-1 (nº 1), p. 491 ;
- maintien en cas de prorogation, C. com., art. L. 210-6, p. 169 ;
- maintien en cas de transformation, C. civ., art. 1844-3 (nº 1), p. 88. – C. com., art. L. 210-6, p. 169 ;
- masse des obligataires, C. com., art. L. 228-46, p. 452 ;
- masse des titulaires de valeurs mobilières donnant accès à terme au capital, C. com., art. L. 228-103, p. 462 ;
- partnership américaine, C. civ., art. 1842 (nº 27), p. 46 ;
- perte de la personnalité morale, C. civ., art. 1844-8 (nº 4), p. 106 ;
  ▶ société dissoute, C. civ., art. 1844-5 (nº 4), p. 90.
- société de droit anglais, C. civ., art. 1842 (nº 28), p. 46 ;
- société européenne, C. com., art. L. 229-1, p. 464 ; art. 16, p. 471 ;
- survie pour les besoins de la liquidation, C. civ., art. 1844-8 (nº 3), p. 105. – C. com., art. L. 237-2, p. 554 ;
- unité économique et sociale, C. civ., art. 1842 (nº 34), p. 47.

Personne morale, C. pén., art. 121-2 (nº 6), p. 2348 ;
- capacité à agir en justice, C. civ., art. 1842 (nº 26), p. 45 ;
  ▶ société en participation, C. civ., art. 1871 (nº 7), p. 145 ;
  ▶ transformation, C. civ., art. 1844-3 (nº 1), p. 88.
- capacité à ester en justice :
  ▶ société dissoute par réunion de toutes les parts en une seule main, C. civ., art. 1844-5 (nº 4), p. 90.
- mission d'arbitre, CPC, art. 1450, p. 1957 ;
- procédure, civile, V. *Procédure civile (solutions particulières aux personnes morales)* ;

V. *aussi Responsabilité pénale.*

Perte de la moitié du capital social : V. *Capitaux propres inférieurs à la moitié du capital social.*

Pertes sociales :
- contribution aux pertes :
  ▶ apporteur en industrie, C. civ., art. 1843-2 (nº 4), p. 54 ;
  ▶ montant de la participation, C. civ., art. 1844-1, p. 83 ;
  ▶ SNC, C. com., art. L. 221-13 (nº 8), p. 179 ;
  ▶ société à risque illimité, C. civ., art. 1832 (nº 28), p. 12 ;
  ▶ société à risque limité, C. civ., art. 1832 (nº 28), p. 12.
- notion, C. civ., art. 1832 (nº 27), p. 12 ;

V. *aussi Clause léonine, participation aux bénéfices et aux pertes.*

Pharmaciens d'officine :
- société d'exercice libéral (SEL), CSP, art. R. 5125-14 et s., p. 3193.

Placements en biens divers, C. mon. fin., art. L. 551-1 et s., p. 1426 ; art. R. 550-1 à R. 550-3, p. 1429 ; V. *aussi Autorité des marchés financiers.*

Placements collectifs :
- infraction, C. mon. fin., art. L. 231-3 et s., p. 1195 ;
- liste, C. mon. fin., art. L. 214-1 et s., p. 1001.

Plan épargne entreprise, C. mon. fin., art. L. 222-1, p. 1193 ;
- augmentation de capital, C. trav., art. L. 3332-18, p. 1879 ;
- composition et gestion, C. trav., art. L. 3332-15 et s., p. 1876 ;
- déblocage anticipé, C. trav., art. L. 3332-25 et s., p. 1880 ;
- information des salariés, C. trav., art. L. 3332-7 et s., p. 1874 ;
- liquidation, C. trav., art. L. 3332-25 et s., p. 1880 ;
- mise en place, C. trav., art. L. 3332-3 et s., p. 1873 ;
  ▶ bénéficiaires, C. trav., art. L. 3332-1 et s., p. 1873.
- modification dans la situation juridique de l'entreprise, C. trav., art. L. 3335-1, p. 1884 ;
- régime social et fiscal, C. trav., art. L. 3332-27 et s., p. 1880 ;
- versements, C. trav., art. L. 3332-10, p. 1874.

Plan d'épargne interentreprises, C. trav., art. L. 3333-1 et s., p. 1881.

Plan d'épargne pour la retraite collectif :
- composition et gestion, C. trav., art. L. 3334-11 et s., p. 1883 ;
- déblocage anticipé, C. trav., art. L. 3334-14 et s., p. 1884 ;
- délivrance, C. trav., art. L. 3334-14 et s., p. 1884 ;
- indisponibilité, C. trav., art. L. 3334-14 et s., p. 1884 ;
- mise en place, C. trav., art. L. 3334-1 et s., p. 1882 ;
- versement, C. trav., art. L. 3334-6 et s., p. 1883.

Plan d'épargne salariale :
- champ d'application, C. trav., art. L. 3331-1, p. 1872 ;
- compte épargne temps, C. trav., art. L. 3343-1, p. 1887 ;
- conditions d'ancienneté, C. trav., art. L. 3342-1, p. 1886 ;
- contrôle de l'autorité administrative, C. trav., art. L. 3345-1 et s., p. 1888 ;
- groupe d'entreprises, C. trav., art. L. 3344-1, p. 1887 ;
- information des représentants du personnel, C. trav., art. L. 3341-5, p. 1886 ;
- information des salariés, C. trav., art. L. 3341-6, p. 1886 ;
- participation, C. trav., art. L. 3324-10 et s., p. 1869.

Pool :
- bancaire, C. civ., art. 1871 (nº 5), p. 144 ;
- de trésorerie, V. *Convention de trésorerie.*

Portage : V. *Convention de portage.*

Portefeuille de valeurs mobilières, C. com., art. L. 228-1 (nº 2), p. 405.

Pourparlers :
- cession de titres sociaux, C. com., art. L. 223-14 (nº 18), p. 195 ; art. L. 228-23 (nº 11), p. 421 ;
- distinction des pourparlers et de la promesse de société, C. civ., art. 1832 (nº 35), p. 14 ;
- rupture, C. civ., art. 1832 (nº 36), p. 15.

Pratiques anticoncurrentielles, C. com., art. L. 420-1 et s., p. 1672.

Préambule, C. civ., art. 1835 (nº 6), p. 30.

Prescription :
- action en nullité (sociétés et délibérations sociales), C. civ., art. 1844-14, p. 114 ;
- action en responsabilité, C. civ., art. 1844-17, p. 116 ;

- actions en nullité, C. com., art. L. 235-9, p. 526 ;
- actions en responsabilité, C. com., art. L. 235-13, p. 528 ;
- actions en responsabilité civile, C. com., art. L. 223-23, p. 214 ; art. L. 225-254, p. 382 ;
- répétition de dividendes, C. com., art. L. 223-40, p. 229.

Président du conseil d'administration, C. com., art. L. 225-47 et s., p. 279 ;
- affiliation à la sécurité sociale, C. com., art. L. 225-47 (nº 8), p. 281 ;
- cumul avec un contrat de travail, C. com., art. L. 225-47 (nº 21), p. 283 ;
- décès, C. com., art. L. 225-50, p. 284 ;
- démission, C. com., art. L. 225-47 (nº 16), p. 283 ; art. L. 225-47 (nº 19), p. 283 ;
- durée des fonctions, C. com., art. L. 225-47, p. 279 ;
- limite d'âge, C. com., art. L. 225-48, p. 284 ;
- nomination, C. com., art. L. 225-47, p. 279 ;
  - ▶ clauses statutaires, C. com., art. L. 225-47 (nº 1), p. 279 ;
  - ▶ curatelle, C. com., art. L. 225-47 (nº 2), p. 279.
- personne physique, C. com., art. L. 225-47, p. 279 ;
- pouvoirs, C. com., art. L. 225-51, p. 285 ;
- procès-verbal (certification), C. com., art. R. 225-24, p. 634 ;
- rémunération, C. com., art. L. 225-38 (nº 9), p. 269 ; art. L. 225-47, p. 279 ; art. L. 225-47 (nº 3), p. 279 ; art. L. 225-47 (nºs 5 à 7), p. 280 ;
- responsabilité civile, C. com., art. L. 225-51 (nºs 6 et 7), p. 286 ;
- révocation, C. com., art. L. 225-17, p. 239 ; art. L. 225-47, p. 279 ;
  - ▶ principe du contradictoire, C. com., art. L. 225-47 (nº 14), p. 282 ;
  - ▶ principe de la révocation *ad nutum*, C. com., art. L. 225-47 (nº 11), p. 281 ;
  - ▶ révocation abusive, C. com., art. L. 225-47 (nº 13), p. 282.
- say on pay, C. com., art. L. 225-47 (nº 4), p. 280 ;

V. *aussi Décès, Démission.*

Président du conseil de surveillance, C. com., art. L. 225-81, p. 307.

Président du directoire :
- durée des fonctions, C. com., art. L. 225-62 (nº 1), p. 298 ;
- nomination, C. com., art. L. 225-59, p. 295 ;
- rémunération, C. com., art. L. 225-81, p. 307 ;
- représentation de la société, C. com., art. L. 225-66, p. 299 ;
- révocation, C. com., art. L. 225-59 (nº 1), p. 295.

Presse : V. *Société de presse.*

Prestataire de services d'investissement, C. mon. fin., art. L. 531-1 et L. 531-2, p. 1348 ; art. L. 533-1 et s., p. 1377 ;
- agent lié, C. mon. fin., art. L. 545-1 à L. 545-6, p. 1417 et s. ;
- agrément, C. mon. fin., art. L. 532-1 à L. 532-5, p. 1352 et s. ; art. L. 532-9 et s., p. 1356 ; art. R. 532-1, p. 1396 ;
  - ▶ radiation, C. mon. fin., art. L. 532-7 et L. 532-8, p. 1355 ; art. L. 532-10 à L. 532-13, p. 1360 et s. ;
  - ▶ retrait, C. mon. fin., art. L. 532-6, p. 1354 ; art. L. 532-8, p. 1355 ; art. L. 532-10 à L. 532-13, p. 1360 et s.
- bureaux de représentation, C. mon. fin., art. L. 532-14 et s., p. 1361 ;
- entreprises d'investissement, C. mon. fin., art. L. 531-4 à L. 531-8, p. 1350 et s. ;
- garantie des investisseurs, C. mon. fin., art. L. 533-13, p. 1389 ;
- infraction, C. mon. fin., art. L. 573-1 et s., p. 1472 ;
- interdictions, C. mon. fin., art. L. 531-10 et L. 531-11, p. 1351 ;
- liberté d'établissement et de prestation de services, C. mon. fin., art. L. 532-16 et s., p. 1362 ;
- libre établissement, C. mon. fin., art. D. 532-20 à D. 532-23, p. 1403 ;
- monopole, C. mon. fin., art. L. 421-6 et L. 421-7, p. 1253 ; art. L. 573-2, p. 1472 ;
- normes de gestion, C. mon. fin., art. L. 533-2, p. 1377 ;
- obligations comptables, C. mon. fin., art. L. 533-5, p. 1379 ;
- règles de bonne conduite, C. mon. fin., art. L. 533-4, p. 1378 ;
- règles d'organisation, C. mon. fin., art. L. 533-10, p. 1380 ;
- sanctions pénales, C. mon. fin., art. L. 573-1 et s., p. 1472 ;
- secret professionnel, C. mon. fin., art. L. 531-12, p. 1351 ;
- sociétés faisant publiquement appel à l'épargne, C. com., art. L. 225-145, p. 347 ;
- sociétés de gestion de portefeuille, C. mon. fin., art. L. 322-5, p. 1222 ; art. L. 532-9 et s., p. 1356 ; art. R. 532-10 et s., p. 1399.

Prête-nom, C. civ., art. 1832 (nº 3), p. 5.

Prêts participatifs, C. mon. fin., art. L. 313-13 et s., p. 1199.

Prêts de titres :
- à un administrateur, C. com., art. L. 225-25 (nº 2), p. 251.

Prévention des difficultés des entreprises et procédure de conciliation, C. com., art. L. 611-1 à L. 611-5, p. 1973 et s. ;
- entreprises publiques, C. com., art. 13 et s., p. 885 ; art. 13 et s., p. 885 ; art. 30 et s., p. 1982 ; art. 33 et s., p. 1984 ;
- groupement de prévention agréée, C. com., art. L. 611-1 et L. 612-1, p. 1973 et s. ;
- procédure de conciliation, C. com., art. L. 611-4 et s., p. 1975 ;
  - ▶ privilège de conciliation, C. com., art. L. 611-11, p. 1978.

Prime d'émission, C. com., art. L. 225-128, p. 338.

Prise illégale d'intérêt, C. pén., art. 432-12 et 432-13, p. 2358 et s.

Privatisation, L. 6 août 1986, p. 1916 ; L. 6 août 1986, p. 3213 ; art. 22, p. 3214. – L. 17 juin 1987, art. 67, p. 3214 ; L. 19 juill. 1993, p. 3215.

Prix :
- cession d'actions :
  - ▶ clause de garantie d'accroissement d'actif, C. com., art. L. 228-23 (nº 55), p. 430 ;
  - ▶ clause de garantie de prix minimum, C. com., art. L. 228-23 (nº 54), p. 430 ;
  - ▶ clause de révision de prix, C. com., art. L. 228-23 (nº 56), p. 430 ;

▶ complément de prix *(earn out)*, C. com., art. L. 228-23 (nº 53), p. 430 ;
▶ détermination du prix, C. com., art. L. 228-23 (nºs 45 et 46), p. 429 ; art. L. 228-23 (nº 48), p. 429 ; art. L. 228-23 (nº 50), p. 429 ;
▶ exigence d'un prix sérieux, C. com., art. L. 228-23 (nº 58), p. 431 ;
▶ garantie de valeur, C. com., art. L. 228-23 (nº 56), p. 430.V. *aussi Expertise ;*
- cession de parts (SARL), C. com., art. L. 223-14 et s., p. 192 ; art. L. 223-14 (nº 25), p. 199 ;
- cession de parts (société civile), C. civ., art. 1861 (nº 13), p. 134 ;
- clause de sortie, C. com., art. L. 228-23 (nº 57), p. 431.

Procédure d'alerte :
- SA, C. com., art. L. 234-1, p. 520 ; art. L. 234-3, p. 521 ; art. R. 234-1 à R. 234-4, p. 694 et s. ;
- comité d'entreprise, C. com., art. L. 234-3, p. 521. – C. trav., art. L. 2323-50, p. 1776 ;
- délégués du personnel, C. com., art. L. 234-3, p. 521. – C. trav., art. L. 2323-50, p. 1776 ;
- GIE, C. com., art. L. 251-15, p. 607 ; art. R. 251-3, p. 705 ;
- procédure de conciliation ou de sauvegarde, C. com., art. L. 234-4, p. 521 ;
- sociétés autres que sociétés anonymes, C. com., art. L. 234-2 et L. 234-3, p. 521 ; art. R. 234-5 à R. 234-7, p. 695.

Procédure civile (solutions particulières aux personnes morales) :
- assignation, CPC, art. 55 et 56, p. 1941 ; art. 59, p. 1942 ;
- assignation, notification et signification, CPC, art. 648, p. 1942 ;
▶ dénomination d'une société étrangère, CPC, art. 648 (nº 1), p. 1942.
- capacité et pouvoir pour agir, CPC, art. 117, p. 1947 ;
▶ absence d'indication dans l'assignation du nom de la société (SCP), CPC, art. 117 (nº 4), p. 1948 ;
▶ action en justice en l'absence de représentant légal, CPC, art. 117 (nº 1), p. 1947 ;
▶ défaut de désignation dans l'acte de l'organe représentant légalement une personne morale, CPC, art. 117 (nº 2), p. 1947 ;
▶ défaut de pouvoir du représentant d'une personne morale, CPC, art. 117 (nº 8), p. 1948 ;
▶ désignation d'une partie par son enseigne, CPC, art. 117 (nº 3), p. 1948 ;
▶ désignation d'une partie par son nom commercial, CPC, art. 117 (nº 3), p. 1948 ;
▶ indication inexacte dans l'assignation du numéro d'immatriculation, CPC, art. 117 (nº 5), p. 1948 ;
▶ liquidateur, CPC, art. 117 (nº 10), p. 1949 ;
▶ représentation en justice d'une filiale, CPC, art. 117 (nº 11), p. 1949.
- clause de conciliation préalable, CPC, art. 122 (nº 1), p. 1946 ;
- comparution personnelle, CPC, art. 197, p. 1951 ;
- compétence internationale, CPC, art. 22, p. 1950 ;
- compétence territoriale, CPC, art. 42 et 43, p. 1949 et s. ;
▶ « gares principales », CPC, art. 42 (nº 1), p. 1949 ; art. 43 (nº 1), p. 1950 ;
▶ option de compétence, CPC, art. 42 (nº 2), p. 1950.
- constitution d'avocat et conclusions, CPC, art. 960 et 961, p. 1952 ;
- défaut de qualité pour agir et interdiction de gérer, CPC, art. 122 (nº 2), p. 1947 ;
- dénomination sociale inexacte et respect du principe du contradictoire, C. civ., art. 1835 (nº 34), p. 35 ;
- fin de non-recevoir, CPC, art. 122, p. 1946 ; art. 126, p. 1947 ;
- intérêt et qualité pour agir, CPC, art. 30 à 32, p. 1945 et s. ;
- notification :
▶ contenu, CPC, art. 665, p. 1944 ;
▶ lieu, CPC, art. 651, p. 1942 ; art. 690, p. 1944 ; art. 692, p. 1945 ;
▶ modalités, CPC, art. 692-1, p. 1945.
- requête ou déclaration, CPC, art. 58, p. 1941 ;
▶ expulsion du siège social, CPC, art. 58 (nº 2), p. 1942 ;
▶ siège social statutaire, CPC, art. 58 (nº 1), p. 1942.
- signification, CPC, art. 654 à 659, p. 1943 et s. ;
▶ liquidation judiciaire, CPC, art. 654 (nº 2), p. 1943 ;
▶ ordonnance d'exequatur, CPC, art. 654 (nº 1), p. 1943.
- tierce opposition, CPC, art. 582 et 583, p. 1951.

Procédures collectives :
- action en comblement de passif :
▶ droit transitoire, C. com., art. L. 651-2 (nº 4), p. 2102.
- administration de l'entreprise :
▶ liquidation judiciaire, C. com., art. L. 641-10, p. 2069 ;
▶ redressement judiciaire, C. com., art. L. 631-12 et s., p. 2048 ;
▶ sauvegarde, C. com., art. L. 622-1, p. 2000.
- apurement du passif :
▶ liquidation judiciaire, C. com., art. L. 643-1 et s., p. 2082 ;
▶ redressement judiciaire, C. com., art. L. 631-19, p. 2051 ;
▶ sauvegarde, C. com., art. L. 626-18, p. 2031.
- associé de société civile professionnelle, C. com., art. L. 651-1 (nº 3), p. 2093 ;
- associé de société en nom collectif, C. com., art. L. 221-1 (nº 13), p. 173 ; art. L. 221-16, p. 182 ; art. L. 221-16 (nº 3), p. 182 ; art. L. 651-1 (nº 2), p. 2093 ; art. L. 651-1 (nº 4), p. 2093 ;
▶ droit transitoire, C. com., art. L. 651-1 (nº 1), p. 2092.
- associé de société en participation, C. civ., art. 1872-1, p. 147 ; art. 1872-1 (nº 2), p. 147 ;
- banqueroute :
▶ comportements incriminés, C. com., art. L. 654-2 (nºs 2 et s.), p. 2116 ;
▶ constitution de partie civile, qualité, C. com., art. L. 654-17, p. 2122 ;
▶ distinction avec le délit d'abus de biens sociaux, C. com., art. L. 654-2 (nº 6), p. 2118 ;
▶ rapport avec le délit fiscal de manquement aux règles de comptabilité, C. com., art. L. 654-2 (nº 5), p. 2117 ;
▶ rapport avec le délit de présentation de bilan inexact, C. com., art. L. 654-2 (nº 5), p. 2117 ;
▶ responsabilité des personnes morales, C. com., art. L. 654-7, p. 2120.
- bilan économique et social de l'entreprise, C. com., art. L. 623-1 et s., p. 2018 ;
- cautions, C. com., art. L. 622-28, p. 2016 ; art. L. 622-31 et s., p. 2017 ; art. L. 626-11, p. 2030 ; art. L. 626-14,

p. 2031 ; art. L. 631-14, p. 2049 ; art. L. 631-20, p. 2054 ; art. L. 643-11, p. 2084 ;
- cessation de l'entreprise :
  - liquidation judiciaire, C. com., art. L. 642-1 et s., p. 2073.
- cessation des paiements :
  - date, C. com., art. L. 631-8, p. 2046 ;
  - déclaration, C. com., art. L. 631-1, p. 2042 ;
  - effets dans la procédure de sauvegarde, C. com., art. L. 621-12, p. 2000 ;
  - liquidation judiciaire, C. com., art. L. 640-1, p. 2057 ;
  - obligation de déclarer la cessation des paiements, C. com., art. L. 653-8, p. 2112 ; art. L. 653-8 (no 1), p. 2112 ;
  - redressement judiciaire, C. com., art. L. 631-1 et s., p. 2042.
- cession totale des actifs :
  - exigibilité du solde non libéré de l'apport en numéraire, C. civ., art. 1843-3 (no 19), p. 59.
- cession totale ou partielle :
  - redressement judiciaire, C. com., art. L. 631-21-1 et L. 631-22, p. 2055.
- champ d'application :
  - liquidation judiciaire, C. com., art. L. 640-1 et s., p. 2057 ;
  - redressement judiciaire, C. com., art. L. 631-1 et s., p. 2042 ;
  - sauvegarde, C. com., art. L. 620-1 et L. 620-2, p. 1985 et s.
- comités de créanciers, C. com., art. L. 626-29 et s., p. 2036 ;
- compétence :
  - groupes de sociétés, C. com., art. L. 662-8, p. 2128.
- compétence tribunaux de commerce spécialisés, C. com., art. L. 721-8, p. 2128 ;
- confusion des patrimoines, C. com., art. L. 621-2 (no 3), p. 1990 ;
- conjoint du débiteur, C. com., art. L. 624-5 et s., p. 2020 ;
- continuation de l'exploitation, C. com., art. L. 622-9 et s., p. 2004 ; art. L. 622-17, p. 2007 ; art. L. 641-10, p. 2069 ;
- contrats en cours :
  - contrat de société, C. com., art. L. 622-13, p. 2004.
- créanciers, C. com., art. L. 622-20 et s., p. 2008 ;
  - responsabilité pour les concours consentis, C. com., art. L. 650-1, p. 2091.
- déclaration des créances, C. com., art. L. 622-24 et s., p. 2011 ; art. L. 641-3, p. 2062 ;
- défaut de qualité à agir du dirigeant poursuivi, C. com., art. L. 651-3, p. 2103 ;
  - montant de la condamnation, C. com., art. L. 651-2 (no 6), p. 2098.
- dirigeant social :
  - action en responsabilité, C. com., art. L. 631-10-1, p. 2048 ;
  - effets de dessaisissement, C. com., art. L. 641-9, p. 2065 ;
  - exercice du droit de vote de sanctions, C. com., art. L. 653-9, p. 2113 ;
  - extension de la procédure, C. com., art. L. 624-5 (anc.), p. 2106 ;
  - rémunération, C. com., art. L. 631-11, p. 2048 ;
  - responsabilité et sanctions, C. com., art. L. 651-1 et s., p. 2092 ;
  - titres sociaux, C. com., art. L. 631-10, p. 2047 ; art. L. 653-9, p. 2113.
- EIRL, C. com., art. L. 611-1 et L. 611-2, p. 1973 et s. ; art. L. 611-10-2, p. 1978 ; art. L. 611-13, p. 1979 ; art. L. 620-2 et L. 621-1, p. 1986 et s. ; art. L. 622-6, p. 2001 ; art. L. 680-1, p. 2133 ;
  - extension de la procédure, C. com., art. L. 621-2, p. 1988.
- extension de la procédure, C. com., art. L. 621-2, p. 1988 ;
- faillite internationale, C. com., art. L. 620-2 (no 3), p. 1987 ;
- faillite personnelle, C. com., art. L. 653-1 et s., p. 2108 ;
  - droit transitoire, C. com., art. L. 653-1 (no 3), p. 2109 ; art. L. 653-8 (no 5), p. 2113 ; art. L. 653-11 (no 1), p. 2114.
- fictivité, C. com., art. L. 621-2 (no 9), p. 1994 ;
- fiducie, C. com., art. L. 622-7, p. 2002 ; art. L. 622-13, p. 2004 ; art. L. 622-23-1, p. 2011 ; art. L. 624-16, p. 2022 ; art. L. 626-30, p. 2036 ; art. L. 626-30-2, p. 2036 ; art. L. 626-33, p. 2038 ; art. L. 632-1 et s., p. 2056 ; art. L. 641-11-1 et L. 641-12-1, p. 2070 et s. ; art. L. 642-7, p. 2076 ;
- infractions (autres), C. com., art. L. 654-8 et s., p. 2120 ;
- interdictions, C. com., art. L. 653-1 et s., p. 2108 ;
  - consécutives à la banqueroute, C. com., art. L. 654-5, p. 2119 ;
  - droit transitoire, C. com., art. L. 653-1 (no 3), p. 2109 ; art. L. 653-8 (no 5), p. 2113 ; art. L. 654-15 (no 1), p. 2121.
- liquidation judiciaire, C. com., art. L. 640-1 et s., p. 2057 ;
  - exigibilité du solde non libéré de l'apport en numéraire, C. civ., art. 1843-3 (no 19), p. 59.
- liquidation judiciaire simplifiée, C. com., art. L. 641-2, p. 2061 ; art. L. 644-1 et s., p. 2087 ;
- location-gérance, C. com., art. L. 642-13 et s., p. 2078 ;
- mesures conservatoires, C. com., art. L. 621-2, p. 1988 ; art. L. 622-4, p. 2001 ; art. L. 622-28, p. 2016 ; art. L. 631-10-1, p. 2048 ; art. L. 651-4, p. 2104 ; art. L. 663-1-1, p. 2130 ;
- nullités, C. com., art. L. 632-1 et s., p. 2056 ; art. L. 641-14, p. 2072 ;
- obligation aux dettes sociales :
  - règles en vigueur jusqu'au 15 février 2009, C. com., art. L. 652-1 (anc.) et s., p. 2105.
- organes de la procédure :
  - liquidation judiciaire, C. com., art. L. 641-1, p. 2060 ;
  - redressement judiciaire, C. com., art. L. 631-9, p. 2047 ;
  - sauvegarde, C. com., art. L. 621-4, p. 1997.
- plan de redressement, C. com., art. L. 631-19, p. 2051 ;
- plan de sauvegarde, C. com., art. L. 626-1 et s., p. 2026 ;
  - modification du capital social, C. com., art. L. 626-3, p. 2027 ; art. L. 626-15 et s., p. 2031 ; art. L. 627-3, p. 2039 ;
  - modification des statuts, C. com., art. L. 626-15 et s., p. 2031 ;
  - voies de recours, C. com., art. L. 661-1, p. 2123 ; art. L. 661-3, p. 2125.

- pouvoir du débiteur :
  - ▶ liquidation judiciaire, C. com., art. L. 641-9, p. 2065 ; art. L. 641-15, p. 2072.
- pouvoirs du débiteur :
  - ▶ sauvegarde, C. com., art. L. 622-3, p. 2001.
- procédure d'extension, C. com., art. L. 621-2 (nº 18), p. 1995 ;
- procédures d'insolvabilité, Règl. (UE) 20 mai 2015, p. 2223 ;
- qualité du cessionnaire, C. com., art. L. 642-3, p. 2074 ;
  - ▶ plan de sauvegarde, C. com., art. L. 626-1, p. 2026.
- redressement judiciaire, C. com., art. L. 631-1, p. 2042 ;
- règles de procédure, C. com., art. L. 661-1 et s., p. 2123 ;
- représentation des créanciers, C. com., art. L. 621-4 et L. 621-5, p. 1997 et s. ; art. L. 621-7, p. 1999 ; art. L. 622-20, p. 2008 ; art. L. 631-9, p. 2047 ;
- responsabilité pour insuffisance d'actifs, C. com., art. L. 651-1 et s., p. 2092 ;
  - ▶ conditions, C. com., art. L. 651-2, p. 2093 ; art. L. 651-2 (anc.), p. 2093 ; art. L. 651-2 (nº 1), p. 2094 ;
  - ▶ exercice de l'action, C. com., art. L. 651-2 (nº 10), p. 2099 ;
  - ▶ règles en vigueur jusqu'au 15 février 2009, C. com., art. L. 651-2 (anc.), p. 2093.
- rétablissement professionnel, C. com., art. L. 644-6, p. 2088 ;
- revendications, C. com., art. L. 624-9, p. 2021 ;
- salariés, C. com., art. L. 621-4 et s., p. 1997 ; art. L. 625-1 et s., p. 2023 ; art. L. 631-17, p. 2050 ; art. L. 640-6, p. 2060 ; art. L. 641-4, p. 2062 ; art. L. 641-10, p. 2069 ; art. L. 641-13 et L. 641-14, p. 2071 et s. ; art. L. 642-5, p. 2075 ; art. L. 662-4, p. 2127 ;
- sauvegarde, C. com., art. L. 620-1 et s., p. 1985 ;
  - ▶ conversion en liquidation judiciaire, C. com., art. L. 622-10 et L. 622-11, p. 2004 ;
  - ▶ conversion en redressement judiciaire, C. com., art. L. 621-12, p. 2000 ; art. L. 622-10, p. 2004.
- sauvegarde accélérée, C. com., art. L. 627-4, p. 2039 ;
- sauvegarde financière accélérée, C. com., art. L. 628-8, p. 2041 ;
- société créée de fait, C. civ., art. 1873 (nº 8), p. 152 ;
- tribunal compétent, C. com., art. L. 621-2, p. 1988 ; art. L. 621-2 (nº 1), p. 1990 ; art. L. 624-17, p. 2022 ; art. L. 662-2, p. 2126 ;
- unité de procédure, C. com., art. L. 620-2 (nº 1), p. 1986 ;
- vérification et admission des créances :
  - ▶ liquidation judiciaire, C. com., art. L. 641-4, p. 2062 ; art. L. 641-14, p. 2072 ; art. L. 644-3, p. 2087 ;
  - ▶ redressement judiciaire, C. com., art. L. 631-18, p. 2050 ;
  - ▶ sauvegarde, C. com., art. L. 624-1, p. 2019.
- voies de recours, C. com., art. L. 661-1 et s., p. 2123 ;
  - ▶ droit transitoire, C. com., art. L. 661-2 (nº 2), p. 2124.

V. *Administrateur judiciaire, Mandataire liquidateur, Période d'observation et période suspecte.*

Promesse :

- d'achat ou de vente d'actions :
  - ▶ clause de *bad leaver*, C. com., art. L. 228-23 (nº 18), p. 423 ;
  - ▶ conditions d'efficacité, C. com., art. L. 228-23 (nº 12), p. 422 ;
  - ▶ formation du contrat définitif, C. com., art. L. 228-23 (nº 15), p. 422 ;
  - ▶ promesse unilatérale, C. com., art. L. 228-23 (nº 13), p. 422.
- d'achat ou de vente de parts sociales :
  - ▶ clause léonine, C. civ., art. 1844-1 (nº 7), p. 85 ;
  - ▶ maintien en cas de transformation, C. civ., art. 1844-3 (nº 1), p. 88 ;
  - ▶ SARL, C. com., art. L. 223-14 (nº 15), p. 195 ; art. L. 223-14 (nº 18), p. 195 ;
  - ▶ société civile, C. civ., art. 1861 (nºs 10 et 11), p. 134.
- de porte-fort, C. civ., art. 1861 (nº 23), p. 135. – C. com., art. L. 225-35 (nº 9), p. 259 ; art. L. 228-23 (nº 13), p. 422 ;
- de société, C. civ., art. 1832 (nº 35), p. 14 ; art. 1835 (nº 2), p. 29 ;
- de vente de fonds de commerce, C. com., art. L. 223-18 (nº 4), p. 203.

Propriété intellectuelle :

- société de perception et de répartition des droits, CPI, art. L. 321-1 et s., p. 2713 ; art. R. 321-1 et s., p. 2715.

Prorogation :

- SCP, L. 29 nov. 1966, art. 26, p. 2844 ;
- société, C. civ., art. 1844-6, p. 93. – D. 3 juill. 1978, art. 3, p. 156 ; art. 17, p. 158 ;
- société commerciale, C. com., art. R. 210-2, p. 617 ;
  - ▶ continuité de la personnalité morale, C. com., art. L. 210-6, p. 169.

Psychomotricien :

- société d'exercice libéral (SEL), CSP, art. R. 4381-8, p. 3136.

Publicité :

- apport, V. *Apport.*

Publicité (société commerciale) :

- achat par la société de ses propres actions, C. com., art. R. 225-153, p. 664 ;
- action en régularisation, C. com., art. R. 210-12 et R. 210-13, p. 619 ;
- assemblées, C. com., art. R. 225-73, p. 644 ;
  - ▶ avis de convocation, C. com., art. R. 225-67, p. 642.
- augmentation de capital, C. com., art. R. 225-127, p. 660 ;
  - ▶ dernier bilan certifié conforme, C. com., art. R. 225-125, p. 660.
- *BALO*, C. com., art. R. 210-16, p. 620 ;
- *BODACC*, C. com., art. R. 210-16, p. 620 ;
- capital social :
  - ▶ augmentation, C. com., art. L. 225-142, p. 346 ; art. R. 210-9, p. 618 ; art. R. 225-120, p. 659 ; art. R. 225-124, p. 660.
- comptes annuels, C. com., art. L. 232-21 à L. 232-25, p. 487 et s. ; art. R. 232-19 à R. 232-22, p. 690 ;
- constitution, C. com., art. L. 210-4, p. 168 ; art. R. 210-3 et R. 210-4, p. 617 ;
  - ▶ *BODACC*, C. com., art. R. 210-8, p. 618.
- dépôt d'actes ou de pièces, C. com., art. R. 210-17, p. 620 ;
- dirigeants, C. com., art. R. 210-10, p. 619 ;
- effets de la publication au *BODAC*, C. com., art. L. 210-5, p. 168 ;

- effets de la publication des nominations et cessations de fonctions des dirigeants sociaux, C. com., art. L. 210-9, p. 170 ;
- émission d'actions :
  - notice, C. com., art. R. 225-3, p. 630 ;
  - prospectus et documents, C. com., art. R. 225-4, p. 631.
- émission d'actions nouvelles, C. com., art. R. 225-120, p. 659 ; art. R. 225-124, p. 660 ;
- émission d'obligations, C. com., art. R. 228-57 (anc.), p. 677 ;
- injonction de faire, C. com., art. R. 210-18, p. 620 ;
- journal d'annonces légales, C. com., art. R. 210-16, p. 620 ;
- liquidation, C. com., art. R. 237-2 et R. 237-3, p. 701 ; art. R. 237-8, p. 702 ;
- ordonnance en référé, C. com., art. R. 210-19, p. 620 ;
- ordonnance sur requête, C. com., art. R. 210-19, p. 620 ;
- responsabilité des représentants légaux, C. com., art. R. 210-18, p. 620 ;
- siège social :
  - transfert, C. com., art. R. 210-11, p. 619.
- statuts :
  - mise à jour, C. com., art. R. 210-10, p. 619 ;
  - modification, C. com., art. R. 210-9, p. 618 ;
  - société commerciale, C. com., art. L. 235-7, p. 525 ; art. R. 235-1 et R. 235-2, p. 695.

V. *aussi Infractions communes aux diverses formes de sociétés commerciales, Registre de commerce et de sociétés.*

Q

Questions diverses : V. *Assemblée d'actionnaires.*

Questions écrites :
- SA, C. com., art. L. 225-108, p. 330 ; art. L. 225-231 et L. 225-232, p. 370 et s. ;
- SARL, C. com., art. L. 223-26, p. 219 ; art. L. 223-36, p. 227 ; art. R. 223-29, p. 629 ;
- SNC, C. com., art. L. 221-8, p. 176.

Quitus, C. civ., art. 1833 (nº 14), p. 23 ; art. 1843-5, p. 67 ; art. 1843-5 (nº 3), p. 69. - C. com., art. L. 223-22, p. 210 ; art. L. 223-22 (nº 5), p. 213 ; art. L. 225-251 (nº 9), p. 380 ; art. L. 225-253, p. 381 ;
- liquidateur, C. com., art. L. 237-9, p. 556 ; art. L. 237-12 (nº 5), p. 557 ; art. L. 237-13 (nº 2), p. 558.

***Quorum* :**
- assemblée générale extraordinaire, C. com., art. L. 225-96, p. 314 ;
- assemblée générale ordinaire, C. com., art. L. 225-98, p. 315 ;
- conseil de surveillance, C. com., art. L. 225-82, p. 308 ;

V. *aussi Conseil d'administration, Assemblée générale des obligataires.*

R

Rachat :
- par une société de ses propres actions, C. mon. fin., art. L. 621-8, p. 1575.

Radiation, C. civ., art. 1844-8 (nº 5), p. 107 ; art. 1858 (nº 4), p. 130. - D. 3 juill. 1978, art. 14, p. 158. - C. com., art. R. 237-9, p. 702 ; art. L. 631-5, p. 2045 ;
- radiation d'instruments financiers :
  - retrait obligatoire, C. mon. fin., art. 237-10, p. 1298 ; art. 237-18 et s., p. 1299.
- société en sommeil, C. civ., art. 1844-7 (nº 24), p. 102.

Raison sociale, C. com., art. L. 210-2, p. 168 ;
- liquidation, C. com., art. L. 237-2, p. 554 ;
- SCS :
  - associé décédé, C. com., art. L. 221-17, p. 183.
- SNC :
  - associé décédé, C. com., art. L. 221-17, p. 183 ;

V. *Dénomination sociale.*

Rapport de gestion, C. com., art. R. 232-1, p. 687 ; art. R. 232-4 à R. 232-6, p. 688 ;
- SA, C. com., art. L. 225-100 et L. 225-100-1, p. 316 et s. ; art. L. 225-102 à L. 225-102-2, p. 318 et s. ; art. D. 225-104-1, p. 653 ;
  - infraction, C. com., art. L. 242-8, p. 593.
- dispense (EURL et SASU), C. com., art. R. 232-1-1 (anc.), p. 687 ;
- SARL, C. com., art. L. 223-26, p. 219 ;
  - infraction, C. com., art. L. 241-4, p. 571.

Rapport sur le gouvernement d'entreprise, C. com., art. L. 225-37, p. 262 ; art. L. 225-37-3 à L. 225-37-5, p. 265 et s. ; art. L. 225-102, p. 318 ; art. L. 226-10-1, p. 390 ;
- SA, C. com., art. L. 225-100, p. 316.

Redressement judiciaire : V. *Procédures collectives.*

Réduction de capital :
- SA, C. com., art. L. 225-204 et s., p. 363 ; art. R. 225-150, p. 664 ;
  - achat par la société de ses propres actions, C. com., art. L. 225-206, p. 364 ; art. L. 242-24, p. 595 ; art. R. 225-151, p. 664 ; art. R. 225-153 à R. 225-158, p. 664 et s. ;
  - assemblée générale extraordinaire, C. com., art. L. 225-204, p. 363 ;
  - commissaire aux comptes, C. com., art. L. 225-204, p. 363 ; art. R 225-150, p. 664 ;
  - conversion d'actions de préférence, C. com., art. L. 228-14, p. 417 ;
  - délégation de pouvoirs au conseil d'administration ou au directoire, C. com., art. L. 225-204, p. 363 ;
  - égalité entre actionnaires, C. com., art. L. 225-204 (nº 4), p. 363 ; art. R. 225-153, p. 664 ;
  - infraction, C. com., art. L. 242-23, p. 595 ;
  - modification des statuts, C. com., art. L. 225-204, p. 363 ;
  - opposition des créanciers, C. com., art. L. 225-205, p. 363 ; art. R. 225-152, p. 664 ;
  - projet de réduction, C. com., art. L. 225-204, p. 363 ; art. R. 225-150, p. 664 ;
  - réduction non motivée par les pertes, C. com., art. L. 225-207, p. 365.
- distinction de la réduction de capital et du partage, C. civ., art. 1844-9 (nº 2), p. 108 ;

- SARL, C. com., art. L. 223-34, p. 226 ; art. L. 223-42, p. 229 ;
  - ▶ achat par la société de ses propres parts sociales, C. com., art. R. 223-34, p. 629 ;
  - ▶ commissaire aux comptes, C. com., art. R. 223-33, p. 629 ;
  - ▶ opposition des créanciers, C. com., art. R. 223-35, p. 629 ;
  - ▶ projet de réduction, C. com., art. R. 223-33, p. 629.
- valeurs mobilières donnant accès au capital, C. com., art. L. 228-98, p. 460 ;

V. *aussi Achat par la société de ses propres actions, Coup d'accordéon, Capitaux propres inférieurs à la moitié du capital social perte de la moitié du capital social.*

Registre des bénéficiaires effectifs, C. mon. fin., art. L. 561-46, p. 1458 ; art. R. 561-55, p. 1461.

Registre du commerce et des sociétés (RCS), D. 3 juill. 1978, art. 19, p. 158. – C. com., art. L. 123-1, p. 798 ;
- comité de coordination, C. com., art. R. 123-81, p. 815 ; art. A. 123-34, p. 833 ;
- composition, C. com., art. R. 123-82, p. 816 ;
  - ▶ dossiers annexes, C. com., art. A. 123-40, p. 834 ;
  - ▶ dossiers individuels, C. com., art. A. 123-39, p. 834 ;
  - ▶ fichier alphabétique, C. com., art. A. 123-38, p. 834 ;
  - ▶ second original, C. com., art. A. 123-28, p. 832.
- contentieux, C. com., art. R. 123-139 à R. 123-148, p. 826 et s. ;
- contrôle de l'enregistrement des demandes, C. com., art. R. 123-92, p. 817 ;
- déclaration aux fins de radiation, C. com., art. R. 123-51 et R. 123-52, p. 804 ;
- déclarations, C. com., art. A. 123-42 à A. 123-44, p. 835 ;
- dénomination sociale, C. civ., art. 1835 (nº 28), p. 33 ;
- dépôt d'actes ou de pièces, C. com., art. R. 123-102, p. 819 ;
  - ▶ déclaration de confidentialité, C. com., art. R. 123-111-1, p. 821 ;
  - ▶ dépôt des actes constitutifs, C. com., art. R. 123-103 et R. 123-104, p. 819 et s. ;
  - ▶ dépôt des actes modificatifs, C. com., art. R. 123-105 à R. 123-110, p. 820 et s. ;
  - ▶ dépôt des documents comptables, C. com., art. R. 123-111 et R. 123-111-1, p. 821 ;
  - ▶ sociétés dont le siège est à l'étranger, C. com., art. R. 123-112 à R. 123-114, p. 821 et s. ;
  - ▶ sociétés européennes, C. com., art. R. 123-118 à R. 123-120, p. 822.
- domiciliation, C. com., art. L. 123-10 à L. 123-11-8, p. 856 et s. ; art. R. 123-166-1 à R. 123-166-5, p. 859 et s. ;
  - ▶ personnes morales, C. com., art. R. 123-167 à R. 123-171, p. 860 et s.
- effets, C. com., art. L. 123-7 à L. 123-9, p. 813 et s. ;
- fonctionnement, C. com., art. A. 123-52 et A. 123-53, p. 836 ;
  - ▶ rôle du greffier, C. com., art. A. 123-29 à A. 123-31, p. 832 et s. ; art. A. 123-33, p. 833 ; art. A. 123-41, p. 834 ; art. A. 123-54, p. 837 ; art. A. 123-64, p. 838.
- inscriptions, C. com., art. R. 123-83, p. 816 ;
  - ▶ contenu de la demande d'immatriculation, C. com., art. R. 123-37 et R. 123-38, p. 800 et s. ;
  - ▶ contenu de la demande d'immatriculation (EPIC), C. com., art. R. 123-61, p. 807 ;
  - ▶ contenu de la demande d'immatriculation (GIE), C. com., art. R. 123-60, p. 806 ;
  - ▶ contenu de la demande d'immatriculation (personne morale), C. com., art. R. 123-53 et R. 123-54, p. 804 ; art. R. 123-56 à R. 123-59, p. 805 et s. ;
  - ▶ demande d'inscription modificative, C. com., art. R. 123-87 et R. 123-88, p. 817 ;
  - ▶ inscription modificative ou complémentaire, C. com., art. R. 123-43 à R. 123-50, p. 802 et s. ;
  - ▶ inscription modificative ou complémentaire (personne morale), C. com., art. R. 123-62, p. 807 ; art. R. 123-66 à R. 123-70, p. 808 ;
  - ▶ inscriptions sur déclaration, C. com., art. R. 123-84 à R. 123-86, p. 816 et s. ;
  - ▶ inscriptions d'office, C. com., art. R. 123-122 à R. 123-125, p. 823 et s. ;
  - ▶ personnes tenues à l'immatriculation, C. com., art. L. 123-1, p. 798 ; art. L. 123-5, p. 799 ; art. R. 123-32, p. 800 ; art. R. 123-35, p. 800 ;
  - ▶ pièces justificatives, C. com., art. A. 123-45 à A. 123-47, p. 835.
- organisation, C. com., art. L. 123-1, p. 798 ; art. L. 123-6, p. 813 ;
- procédures de règlement judiciaire et de liquidation des biens, C. com., art. 35 à 37, p. 861 et s. ; art. 42, p. 863 ; art. 71, p. 863 ; art. 18, p. 864 ;
- publicité, C. com., art. R. 123-150 à R. 123-162, p. 828 et s. ; art. A. 123-66 à A. 123-73, p. 839 et s. ;
- radiation, C. com., art. R. 123-75, p. 809 ;
- radiation d'office, C. com., art. R. 123-131 à R. 123-134, p. 825 et s. ; art. R. 123-136 à R. 123-138, p. 826 ;
  - ▶ radiation d'office, C. com., art. R. 123-127 à R. 123-129, p. 825 ; art. R. 123-135, p. 826.
- récépissé, C. com., art. R. 123-93, p. 817 ;
- récépissé de dépôt de dossier de création d'entreprise, C. com., art. L. 123-9-1, p. 814 ;
- rôle du greffier, C. com., art. R. 123-94 à R. 123-101, p. 817 et s. ;
  - ▶ composition, C. com., art. A. 123-37, p. 834 ;
  - ▶ inscriptions, C. com., art. R. 123-126, p. 824 ;
  - ▶ radiation, C. com., art. R. 123-131 à R. 123-134, p. 825 et s. ; art. R. 123-136 à R. 123-138, p. 826.
- sanctions, C. com., art. L. 123-5, p. 799 ;
- transfert de siège social, C. com., art. R. 123-72 à R. 123-74, p. 808 et s.

Règlement amiable des difficultés des entreprises :
- entreprises publiques, C. com., art. 13, p. 885 ;
- GIE, C. com., art. R. 251-1 à R. 251-3, p. 705.

Règlement intérieur :
- association, L. 1er juill. 1901, art. 1er (nº 6), p. 715 ;
- comité d'entreprise, C. trav., art. L. 2325-2, p. 1784 ;
- GIE, C. com., art. L. 251-9 (nos 2 et 3), p. 605 ;
- société, C. civ., art. 1835 (nº 7), p. 30. – C. com., art. L. 225-96 (nº 4), p. 315 ; art. L. 225-98 (nº 3), p. 316.

Regroupement d'actions : V. *Actions.*

Rémunération des dirigeants :
- SA, C. com., art. L. 225-22-1, p. 248 ; art. L. 225-37, p. 262 ; art. L. 225-37-2 à L. 225-37-4, p. 265 et s. ;

art. L. 225-38 (nº 9), p. 269 ; art. L. 225-39 (nº 2), p. 271 ; art. L. 225-42-1, p. 276 ; art. L. 225-44 à L. 225-46, p. 278 ; art. L. 225-47 (nº 3), p. 279 ; art. L. 225-47 (nºs 5 à 7), p. 280 ; art. L. 225-47 (nº 9), p. 281 ; art. L. 225-53, p. 287 ; art. L. 225-63, p. 298 ; art. L. 225-68, p. 300 ; art. L. 225-79-1, p. 305 ; art. L. 225-82-2 à L. 225-85, p. 308 et s. ; art. L. 225-90-1, p. 311 ; art. L. 225-90-1 (nº 1), p. 312 ; art. L. 225-100, p. 316 ; art. L. 225-102-1, p. 319 ; art. L. 225-115 et s., p. 333 ; art. R. 225-29-1, p. 635 ; art. R. 225-34-1, p. 636 ; art. R. 225-56-1, p. 640 ; art. R. 225-60-1, p. 641 ; art. D. 225-104-1, p. 653 ;
▶ *say on pay*, C. com., art. L. 225-37-2, p. 265.
- aspects fiscaux, CGI, art. 62, p. 1718 ; art. 80 *ter*, p. 1718 ;
- SARL, C. com., art. L. 223-18 (nº 5), p. 204 ;
- SAS, C. com., art. L. 227-5 (nº 7), p. 396 ;
- say on pay, C. com., art. L. 225-47 (nº 4), p. 280 ;
- SCA, C. com., art. L. 226-8, p. 389.

Représentant permanent, C. com., art. L. 225-76 et L. 225-77, p. 303 et s. ;
- administrateur de société anonyme, C. com., art. L. 225-20, p. 243 ; art. L. 225-20 (nº 2), p. 244 ; art. R. 225-16 et R. 225-17, p. 633 ;
- conseil de surveillance, C. com., art. R. 225-42, p. 638 ;
- GEIE, C. com., art. L. 252-6, p. 608.

Représentant du personnel :
- information en cas de citation à comparaître de la personne morale, C. pén., art. R. 131-53, p. 2356.

Reprise des actes accomplis pour le compte d'une société en formation, C. civ., art. 1843, p. 47. - D. 3 juill. 1978, art. 6, p. 156. - C. com., art. L. 210-6, p. 169 ;
- constitution avec offre au public, C. com., art. R. 210-7, p. 618 ;
- constitution sans offre au public, C. com., art. R. 210-6, p. 618 ;
- forme de la reprise, C. com., art. R. 210-5, p. 618 ;
V. *aussi Fondateurs.*

Rescrit (AMF), C. mon. fin., art. 121-1, p. 1574 ;
- demande, C. mon. fin., art. 121-2 à 121-5, p. 1574 ;
- examen, C. mon. fin., art. 122-1 à 122-3, p. 1574 ;
- publicité, C. mon. fin., art. 123-1, p. 1574.

Réserves :
- incorporation au capital, C. com., art. L. 225-127, p. 337 ; art. L. 225-129, p. 338 ;
- mise en réserve systématique des bénéfices sociaux :
▶ abus d'égalité, C. civ., art. 1833 (nº 24), p. 27 ;
▶ abus de majorité, C. civ., art. 1833 (nºs 15 et 16), p. 23.
- réserve légale, C. com., art. L. 232-10, p. 485.

Responsabilité civile :
- associés, C. civ., art. 1832 (nº 5), p. 5 ; art. 1844-7 (nº 15), p. 98 ; V. *Abus de majorité, abus de minorité, abus d'égalité ;*
- commissaire aux apports, C. com., art. L. 225-147 (nº 2), p. 348 ;
- commissaire aux comptes, C. com., art. L. 822-17, p. 939 ;
▶ exercice de l'action, C. com., art. L. 822-17 (nº 12), p. 944 ;
▶ faute, C. com., art. L. 822-17 (nº 4), p. 940 ;
▶ lien de causalité, C. com., art. L. 822-17 (nº 8), p. 943 ;
▶ obligation d'assurance, C. com., art. R. 822-36 et R. 822-37, p. 946 ;
▶ préjudice, C. com., art. L. 822-17 (nº 7), p. 942 ;
▶ prescription de l'action, C. com., art. L. 822-18, p. 944.
- conseil (cession de parts de SNC), C. com., art. L. 221-14 (nº 8), p. 181 ;
- dirigeants :
▶ administrateur de SA, C. com., art. L. 225-249 et L. 225-250, p. 377 ;
▶ gérant de société en participation, C. civ., art. 1871-1 (nº 5), p. 146 ;
▶ prescription, C. com., art. L. 223-23, p. 214 ;
▶ réduction de capital non motivée par les pertes, C. com., art. L. 225-207 (nº 1), p. 365.
- dirigeants d'association, L. 1er juill. 1901, art. 5 (nº 13), p. 724 ;
- dirigeants de sociétés :
▶ SA, C. com., art. R. 225-169 et R. 225-170, p. 667 et s. ;
▶ absence d'incidence de l'autorisation des associés, C. com., art. L. 225-253 (nº 1), p. 381 ;
▶ administrateur de SA, C. com., art. L. 225-251 et L. 225-252, p. 378 et s. ;
▶ directeur général de SA, C. com., art. L. 225-35 (nº 14), p. 261 ; art. L. 225-251 et L. 225-252, p. 378 et s. ;
▶ directoire, C. com., art. L. 225-256, p. 383 ;
▶ dirigeant de SAS, C. com., art. L. 227-7 et L. 227-8, p. 399 ;
▶ droit commun, C. civ., art. 1843-5, p. 67 ;
▶ EURL, C. com., art. L. 223-1 (nº 8), p. 187 ;
▶ gérant de SARL, C. com., art. L. 223-10, p. 191 ; art. L. 223-22, p. 210 ;
▶ gérant de SNC, C. com., art. L. 221-4 (nº 3), p. 175 ;
▶ gérant de société civile, C. civ., art. 1850, p. 122. - D. 3 juill. 1978, art. 38, p. 161 ;
▶ membre du conseil de surveillance, C. com., art. L. 225-257, p. 383 ;
▶ président de conseil d'administration, C. com., art. L. 225-51 (nºs 6 et 7), p. 286 ;
▶ quitus, C. com., art. L. 225-253, p. 381 ;
▶ SCA, C. com., art. L. 226-13, p. 390.
- expert (tiers évaluateur), C. civ., art. 1843-4 (nº 16), p. 66 ; art. 1843-4 (nº 7), p. 67 ;
- expert-comptable, Ord. 19 sept. 1945, art. 12 (nº 1), p. 3050 ;
- fiduciaire, C. civ., art. 2026, p. 751 ;
- fondateurs, C. civ., art. 1840 (nº 2), p. 40. - C. com., art. L. 210-8, p. 169 ; art. L. 223-10, p. 191 ; art. L. 225-249 et L. 225-250, p. 377 ;
- gérant de fait, C. com., art. L. 223-22 (nº 1), p. 210 ; art. L. 223-23 (nº 1), p. 214 ;
- gérant de GEIE, C. com., art. L. 252-5, p. 608 ;
- interruption de la prescription, C. com., art. L. 822-18 (nº 3), p. 945 ;
- liquidateur, C. civ., art. 1844-8 (nº 2), p. 104. - C. com., art. L. 237-12, p. 556 ;
- point de départ :
▶ responsabilité des commissaires aux comptes en cas d'infractions commises par les dirigeants sociaux, C. com., art. L. 822-17 (nº 4), p. 940 ;

▶ responsabilité de droit commun, C. com., art. L. 822-17 (nº 3), p. 940 ;
▶ responsabilité *in solidum* de la société de commissaires aux comptes et du commissaire aux comptes personne physique, C. com., art. L. 822-17 (nº 2), p. 940.
– prescription, C. com., art. L. 225-250, p. 377 ; art. L. 225-254, p. 382 ;
– procédures collectives, C. com., art. L. 225-55, p. 290 ;
– représentant de la masse des obligataires, C. com., art. L. 228-56, p. 453 ;
– souscripteur, C. com., art. L. 225-129 (nº 3), p. 339 ; V. *Action individuelle, Action sociale ut singuli.*

Responsabilité fiscale des dirigeants, LPF, art. L. 267, p. 1719.

Responsabilité pénale, C. pén., art. 121-2 (nº 6), p. 2348 ;
– SA :
▶ commissaire aux apports, C. com., art. L. 242-5, p. 573 ;
▶ commissaires aux comptes, C. com., art. L. 242-20, p. 595 ;
▶ directeurs généraux délégués de SA, C. com., art. L. 248-1, p. 600 ;
▶ dirigeant de fait, C. com., art. L. 245-16, p. 598 ; art. L. 246-2, p. 598 ;
▶ dirigeants, C. com., art. L. 242-1, p. 572 ; art. L. 242-3, p. 573 ; art. L. 242-6, p. 573 ; art. L. 242-8, p. 593 ; art. L. 242-10, p. 594 ; art. L. 242-17, p. 594 ; art. L. 242-20, p. 595 ; art. L. 242-23 et L. 242-24, p. 595 ; art. L. 245-4, p. 597 ; art. L. 245-9, p. 597 ; art. L. 245-11 et L. 245-12, p. 597 ;
▶ fondateurs, C. com., art. L. 242-1, p. 572 ; art. L. 242-3, p. 573 ;
▶ membres du directoire, C. com., art. L. 247-9, p. 600 ;
▶ président de l'assemblée générale des obligataire, C. com., art. L. 245-13, p. 597.
– commissaire aux comptes, C. com., art. L. 245-12 et L. 245-13, p. 597 ; art. L. 247-2, p. 599 ; art. L. 820-4 et s., p. 898 ;
– dirigeants de SAS, C. com., art. L. 244-1 à L. 244-4, p. 596 ;
– dirigeants de SCA, C. com., art. L. 243-1, p. 596 ;
– liquidateur, C. com., art. L. 247-5 et s., p. 599 ; art. L. 247-8, p. 600 ;
– liquidateur de société, C. com., art. L. 247-7, p. 600 ;
– membres du conseil de surveillance, C. com., art. L. 242-30, p. 596 ; art. L. 245-17, p. 598 ;
▶ SA, C. com., art. L. 247-9, p. 600.
– membres du directoire, C. com., art. L. 242-30, p. 596 ; art. L. 245-17, p. 598 ;
– personne morale, C. pén., art. 121-1 et s., p. 2344 ;
▶ compétence territoriale, CPP, art. 706-42, p. 2356 ;
▶ cumul de responsabilité, C. pén., art. 121-2 (nº 4), p. 2347 ;
▶ exercice de l'action publique, CPP, art. 706-43 et 706-44, p. 2356 et s. ;
▶ information des représentants du personnel, C. pén., art. R. 131-53, p. 2356 ;
▶ infraction intentionnelle, C. pén., art. 121-2 (nº 3), p. 2347 ;
▶ législation du travail, C. pén., art. 121-2 (nº 5), p. 2347 ;
▶ mandataire de justice, C. pén., art. R. 131-52, p. 2355 ;
▶ non-rétroactivité, C. pén., art. 121-2 (nº 7), p. 2348 ;
▶ peines encourues, C. pén., art. 131-37 à 131-49, p. 2350 et s. ;
▶ placement sous contrôle judiciaire, CPP, art. 706-45, p. 2357 ;
▶ qualité d'organe ou de représentant, C. pén., art. 121-2 (nº 1), p. 2345 ;
▶ récidive, C. pén., art. 132-12 à 132-15, p. 2354 ;
▶ règles applicables à la poursuite, à l'instruction et au jugement, CPP, art. 706-41, p. 2356 ;
▶ signification des actes, CPP, art. 706-46, p. 2357 ;
▶ sursis simple, C. pén., art. 132-30 à 132-34, p. 2355 ; art. 132-36, p. 2355.
– SARL :
▶ associé, C. com., art. L. 241-3, p. 570 ;
▶ dirigeant, C. com., art. L. 247-1 à L. 247-3, p. 598 et s. ;
▶ gérant, C. com., art. L. 241-2 à L. 241-5, p. 570 et s. ; art. L. 247-1 à L. 247-3, p. 598 et s. ;
▶ gérant de fait, C. com., art. L. 241-9, p. 572.
– SCA :
▶ gérant, C. com., art. L. 245-4, p. 597 ; art. L. 245-9, p. 597 ; art. L. 245-11 et L. 245-12, p. 597 ; art. L. 247-1 à L. 247-3, p. 598 et s. ;
▶ gérant de fait, C. com., art. L. 245-16, p. 598 ; art. L. 246-2, p. 598 ;
▶ président de l'assemblée générale des obligataire, C. com., art. L. 245-13, p. 597.
V. *Commissaire aux comptes (dispositions générales).*

Responsabilité sociale des entreprises (RSE), C. com., art. L. 225-102-1 et L. 225-102-2, p. 319 et s. ; art. R. 225-104, p. 652 ; art. D. 225-104-1, p. 653.

Restructurations :
– consultation du comité d'entreprise, C. trav., art. L. 2323-33 (nº 1), p. 1772.

Retrait :
– GIE, C. com., art. L. 251-9 (nº 2), p. 605.

Retrait d'associé :
– abus de majorité, C. civ., art. 1833 (nº 17), p. 25 ;
– attribution des biens sociaux, C. com., art. L. 223-34 (nº 1), p. 227 ;
– distinction entre retrait et partage, C. civ., art. 1844-9 (nº 2), p. 108 ;
– GAEC, C. rur., art. L. 323-4, p. 2396 ; art. R. 323-38, p. 2405 ;
– GFA, C. rur., art. L. 322-23, p. 2411 ;
– SARL, C. com., art. L. 223-16 (nº 1), p. 201 ;
– SCP :
▶ avocat, D. 20 juill. 1992, art. 28 (nº 3), p. 2893 ;
▶ chirurgien-dentiste, CSP, art. R. 4113-68 (nº 1), p. 2961 ;
▶ huissier, D. 31 déc. 1969, art. 31 (nº 1), p. 3103 ;
▶ notaire, D. 2 oct. 1967, art. 31, p. 3157.
– SCP (dispositions générales), L. 29 nov. 1966, art. 18, p. 2842 ;
– société à capital variable, C. com., art. L. 231-6, p. 481 ;
– société civile, C. civ., art. 1869, p. 138 ;
▶ aspects procéduraux, C. civ., art. 1869 (nº 7), p. 139 ;
▶ date de la perte de la qualité d'associé, C. civ., art. 1869 (nº 11), p. 140 ;

▶ distinction du retrait et de la revente, C. civ., art. 1869 (nº 14), p. 141 ;
▶ domaine, C. civ., art. 1869 (nº 1), p. 139 ;
▶ exclusion de l'action oblique, C. civ., art. 1869 (nº 1), p. 139 ;
▶ justes motifs, C. civ., art. 1869 (nº 8), p. 139 ;
▶ remboursement de la valeur des parts sociales, C. civ., art. 1869 (nº 10), p. 140 ;
▶ reprise en nature des biens apportés, C. civ., art. 1869 (nº 13), p. 141.
- société coopérative, L. 10 sept. 1947, art. 7, p. 2570 ; art. 18, p. 2573 ;
- société coopérative européenne (SEC), L. 10 sept. 1947, art. 15, p. 2603 ;
- société en nom collectif (SNC), C. com., art. L. 221-13 (nº 5), p. 178.

Retrait obligatoire, C. mon. fin., art. 237-1, p. 1296.

Retraite :
- complément de retraite octroyé au dirigeant, C. com., art. L. 225-38 (nº 9), p. 269 ; art. L. 225-39 (nº 2), p. 271 ; art. L. 225-47 (nº 7), p. 280.

Réunion de toutes les parts en une seule main :
- cause de dissolution, C. civ., art. 1844-7, p. 94 ;
- déclaration au greffe, C. com., art. R. 210-14, p. 619 ;
- GIE, C. com., art. L. 251-1 (nº 1), p. 601 ;
- règles générales, C. civ., art. 1844-5, p. 89 ;
▶ actes accomplis par la société dissoute, C. civ., art. 1844-5 (nº 11), p. 93 ;
▶ dissolution (date d'opposabilité aux tiers), C. civ., art. 1844-5 (nº 4), p. 90 ;
▶ dissolution liquidation opérée le même jour, C. civ., art. 1844-5 (nº 5), p. 91 ;
▶ droit d'opposition des créanciers sociaux, C. civ., art. 1844-5 (nº 3), p. 90 ;
▶ parts d'industrie, C. civ., art. 1844-5 (nº 1), p. 90 ;
▶ qualité pour agir en dissolution, C. civ., art. 1844-5 (nº 2), p. 90 ;
▶ transmission universelle du patrimoine de la société dissoute, C. civ., art. 1844-5 (nº 6), p. 91 ; art. 1844-5 (nºs 9 et 10), p. 92.
- SARL, C. com., art. L. 223-4, p. 189 ;
- SAS, C. com., art. L. 227-4, p. 394 ;
- société (en général), D. 3 juill. 1978, art. 8, p. 157.

Rôle du greffier du tribunal de commerce, C. mon. fin., art. L. 561-47, p. 1458.

S

Saisie :
- parts sociales :
▶ indisponibilité des dividendes, CPC exéc., art. R. 232-8 (nº 1), p. 1961 ;
▶ saisie, CPC exéc., art. R. 232-8 (nº 1), p. 1961.

Saisie des droits incorporels, CPC exéc., art. L. 231-1, p. 1958.

Salarié :
- administrateur de GIE, C. com., art. L. 251-11 (nº 3), p. 606 ;
- associé de SARL, C. com., art. L. 223-18 (nº 9), p. 206 ; art. L. 223-18 (nºs 12 et 13), p. 207 ;
- associé de SNC, C. com., art. L. 221-1 (nº 14), p. 173 ;
- augmentation de capital :
▶ société anonyme (SA), C. com., art. L. 225-138-1, p. 345.
- augmentation de capital réservées, C. com., art. L. 225-129-6, p. 340 ;
- cumul avec des fonctions d'administrateur, C. com., art. L. 225-21-1 à L. 225-22-1, p. 244 et s. ;
▶ actionnaire salarié nommé administrateur, C. com., art. L. 225-23 et L. 225-24, p. 248 et s. ;
▶ administrateur salarié élu par les salariés, C. com., art. L. 225-27 à L. 225-32, p. 252 et s. ; art. L. 225-34, p. 256.
- cumul avec des fonctions de directeur général, C. com., art. L. 225-53 (nºs 5 à 7), p. 288 ;
- cumul avec des fonctions de directeur général unique, C. com., art. L. 225-59 (nº 3), p. 295 ;
- cumul avec des fonctions de gérant de SARL, C. com., art. L. 223-18 (nº 9), p. 206 ; art. L. 223-18 (nº 12), p. 207 ;
- cumul avec des fonctions de gérant de SCA, C. com., art. L. 226-2, p. 388 ;
- cumul avec des fonctions de membre du conseil de surveillance, C. com., art. L. 225-71, p. 301 ; art. L. 225-85, p. 309 ;
- cumul avec des fonctions de membre du directoire, C. com., art. L. 225-61 (nº 6), p. 297 ; art. L. 225-79-1 (nº 1), p. 305 ;
- cumul avec les fonctions de président du conseil d'administration, C. com., art. L. 225-47 (nº 21), p. 283 ;
- dirigeant de filiale, C. com., art. L. 225-22 (nºs 11 et 12), p. 247 ;
- entreprise industrielle et commerciale :
▶ distribution gratuite d'actions, L. 24 oct. 1980, p. 1917 ; D. 26 nov. 1980, p. 1921.
- information en cas de cession de l'entreprise, C. com., art. L. 23-10-1 à L. 23-10-12, p. 566 et s. ; art. D. 23-10-1 à D. 23-10-3, p. 703 et s. ;
- participation des salariés aux fruits de l'expansion des entreprises, C. com., art. L. 225-208, p. 365 ; V. *Participation des salariés* ;
- procédures collectives, V. *Représentant des salariés.* ;
- représentation dans les sociétés nationales, L. 26 juill. 1983, art. 14 et s., p. 3218. - D. 26 déc. 1983, art. 11 et s., p. 3225 ;
▶ sociétés privatisées, L. 6 août 1986, p. 1916.
V. *aussi Actionnariat du personnel salarié, Intéressement des salariés à l'entreprise, Option de souscription ou d'achat d'actions, Participation des salariés.*

Salariés actionnaires :
- représentant des salariés :
▶ formation économique, financière et juridique, C. trav., art. L. 3341-2, p. 1885.

Sanction du non-dépôt du document, C. mon. fin., art. L. 561-49, p. 1459.

Sauvegarde, C. com., art. L. 627-1, p. 2039 ;
- obligataires, C. com., art. L. 626-32 et s., p. 2037 ;
V. *Procédures collectives.*

Scission :
- SA :
  - ▶ opposition des bailleurs de locaux, C. com., art. L. 145-16, p. 541 ;
  - ▶ opposition des bailleurs de locaux (fusion), C. com., art. L. 236-14, p. 541.
- sociétés de forme différente, C. civ., art. 1844-4, p. 89 ;

V. *Fusion et scission de société.*

Secret professionnel :
- commissaire aux comptes, C. com., art. L. 822-15, p. 934 ;
- expert-comptable, Ord. 19 sept. 1945, art. 21 (nº 1), p. 3052 ;
- gestionnaire de valeurs mobilières, C. com., art. L. 228-3-4, p. 408.

Secteur public :
- convention réglementée, C. com., art. L. 225-38 (nº 5), p. 269 ;
- démocratisation, L. 26 juill. 1983, p. 3215 ; D. 26 déc. 1983, p. 3223. – L. 15 mai 2001, art. 140, p. 3232 ;
- titres participatifs, C. com., art. L. 228-36 et L. 228-37, p. 449 et s.

Séquestre, C. civ., art. 1961 à 1963, p. 2340 ;
- qualité pour agir, C. civ., art. 1963 (nº 1), p. 2341.

Services d'investissement, C. mon. fin., art. L. 321-1 et s., p. 1205 ;
- services connexes, C. mon. fin., art. L. 321-2, p. 1205.

SICAV, C. mon. fin., art. L. 214-7, p. 1005 ;
- actifs, C. mon. fin., art. L. 214-24-33, p. 1026 ;
- agrément, C. mon. fin., art. 411-6, p. 1003 ; art. 411-9, p. 1004 ;
- apports :
  - ▶ assemblée générale, C. mon. fin., art. L. 214-24-32, p. 1026 ;
  - ▶ direction, C. mon. fin., art. L. 214-24-32, p. 1026.
- capital, C. mon. fin., art. L. 214-24-29, p. 1025 ;
- forme, C. mon. fin., art. L. 214-24-29, p. 1025 ;
- information des investisseurs, C. mon. fin., art. L. 214-23, p. 1015 ;
- prospectus, C. mon. fin., art. L. 214-23, p. 1015 ;
- rachat de ses propres actions, C. mon. fin., art. L. 214-24-33, p. 1026 ;

V. *Société d'investissement à capital variable SICOVAM ; Société interprofessionnelle pour la compensation des valeurs mobilières.*

Siège social, C. civ., art. 1837, p. 37. – C. com., art. L. 210-2 et L. 210-3, p. 168 ;
- convention de Bruxelles, C. civ., art. 1837 (nº 6), p. 38 ;
- domiciliation, C. com., art. L. 123-10 à L. 123-11-1, p. 856 ;
- mention :
  - ▶ dans les statuts, C. civ., art. 1835, p. 29.
- notion, C. civ., art. 1837 (nº 1), p. 37 ;
- procédure civile, C. civ., art. 1837 (nº 5), p. 38 ;
  - ▶ constitution d'avocat et conclusions, CPC, art. 960 et 961, p. 1952.
- protection du domicile, C. civ., art. 1837 (nº 7), p. 38 ;
- règles de compétence :
  - ▶ compétence internationale (procédures d'insolvabilité), Règl. (UE) 20 mai 2015, art. 3, p. 2237.
- siège réel, C. civ., art. 1837 (nº 4), p. 38 ;
- transfert, C. civ., art. 1837, p. 37. – D. 3 juill. 1978, art. 26, p. 159. – C. com., art. L. 225-36, p. 262 ; art. L. 225-65, p. 299
  - ▶ abus de minorité, C. civ., art. 1833 (nº 20), p. 26 ;
  - ▶ publicité, C. com., art. R. 210-11, p. 619.V. *aussi Liberté d,établissement ;*
- transfert international, C. civ., art. 1837 (nº 2), p. 37 ;
- transfert interne, C. civ., art. 1837 (nº 3), p. 38.

Société par actions : V. *Société par actions simplifiée, Société anonyme, Société en commandite par actions.*

Société par actions simplifiée (SAS), C. com., art. L. 227-1 à L. 227-19, p. 391 et s. ; art. R. 227-1, p. 668 ;
- actions :
  - ▶ à dividende prioritaire sans droit de vote, C. com., art. L. 227-1 (nº 2), p. 392 ;
  - ▶ de préférence, C. com., art. L. 227-1 (nº 3), p. 392 ;
  - ▶ résultant d'apports en industrie, C. com., art. L. 227-1, p. 391 ;
  - ▶ réunion en une seule main, C. com., art. L. 227-4, p. 394.
- apport en industrie, C. com., art. L. 227-1, p. 391 ;
- assemblée, C. com., art. L. 227-9, p. 400 ;
- associé unique (SASU), C. com., art. L. 227-9, p. 400 ;
  - ▶ cession des actions, C. com., art. L. 227-20, p. 404 ;
  - ▶ conventions réglementées, C. com., art. L. 227-10, p. 402 ;
  - ▶ dispense de rapport de gestion, C. com., art. L. 232-1, p. 482 ; art. R. 232-1-1 (anc.), p. 687 ;
  - ▶ publicité des comptes annuels, C. com., art. L. 232-23, p. 488 ;
  - ▶ publicités allégées, C. com., art. L. 227-1, p. 391 ;
  - ▶ respect du formalisme, C. com., art. L. 227-1 (nº 4), p. 392.
- augmentation de capital, C. com., art. L. 227-9 (nº 8), p. 401 ;
- capital :
  - ▶ minimum légal, C. com., art. L. 224-2, p. 231.
- caractère commercial, C. com., art. L. 210-1, p. 165 ;
- cession d'actions :
  - ▶ agrément, C. com., art. L. 227-14, p. 403 ;
  - ▶ clause d'inaliénabilité, C. com., art. L. 227-13, p. 403 ;
  - ▶ exclusion d'un associé, C. com., art. L. 227-16 et L. 227-17, p. 403 ;
  - ▶ nullité en cas de violation des clauses statutaires, C. com., art. L. 227-15, p. 403 ;
  - ▶ prix de cession, C. com., art. L. 227-18, p. 403 ;
  - ▶ suspension du droit de vote, C. com., art. L. 227-16, p. 403.
- clause limitative de pouvoirs, C. com., art. L. 227-6 (nº 11), p. 399 ;
- commissaire aux comptes, C. com., art. L. 227-9-1, p. 401 ; art. R. 227-1, p. 668 ;
  - ▶ conventions réglementées, C. com., art. L. 227-10, p. 402.
- comptes annuels, C. com., art. L. 227-9, p. 400 ; art. L. 227-9 (nº 7), p. 401 ;
  - ▶ publicité, C. com, art. L. 232-23, p. 488 ; art. R. 232-21 et R. 232-21-1, p. 690.

- conventions :
  - ▶ conventions réglementées, C. com., art. L. 227-10, p. 402 ;
  - ▶ courantes, C. com., art. L. 227-11, p. 403 ;
  - ▶ interdites, C. com., art. L. 227-12, p. 403.
- convocation de l'assemblée :
  - ▶ délai de convocation, C. com., art. L. 227-9 (nº 5), p. 401 ;
  - ▶ par un mandataire *ad hoc*, C. com., art. L. 227-9 (nº 3), p. 400.
- décisions collectives, C. com., art. L. 227-9, p. 400 ;
  - ▶ unanimité, C. com., art. L. 227-19, p. 404.
- délégation de pouvoirs :
  - ▶ délégation extrastatutaire, C. com., art. L. 227-6 (nº 9), p. 398 ;
  - ▶ délégation statutaire, C. com., art. L. 227-6 (nº 6), p. 397.
- dénomination sociale, C. com., art. L. 224-1, p. 231 ;
- directeur général :
  - ▶ désignation, C. com., art. L. 227-6 (nº 6), p. 397 ;
  - ▶ pouvoirs, C. com., art. L. 227-6 (nº 7), p. 398 ;
  - ▶ représentation de la société à l'égard des tiers, C. com., art. L. 227-6, p. 397 ;
  - ▶ révocation, C. com., art. L. 227-6 (nº 8), p. 398.
- directeur général délégué :
  - ▶ désignation, C. com., art. L. 227-6 (nº 6), p. 397 ;
  - ▶ pouvoirs, C. com., art. L. 227-6 (nº 7), p. 398 ;
  - ▶ représentation de la société à l'égard des tiers, C. com., art. L. 227-6, p. 397.
- dirigeants :
  - ▶ personne morale, C. com., art. L. 227-7, p. 399 ;
  - ▶ responsabilité, C. com., art. L. 227-7 et L. 227-8, p. 399 ;
  - ▶ statut fiscal, C. com., art. L. 227-5 (nº 3), p. 394.
- dirigeants de SAS :
  - ▶ liberté statutaire, C. com., art. L. 227-5 et s., p. 394 ;
  - ▶ textes applicables, C. com., art. L. 227-1, p. 391.
- dispense de recours à un commissaire aux apports, C. com., art. L. 227-1, p. 391 ; art. D. 227-3, p. 669 ;
- dispositions applicables, C. com., art. L. 227-1, p. 391 ;
- droit d'information des associés, C. com., art. L. 227-9 (nº 2), p. 400 ;
- durée, C. com., art. L. 210-2, p. 168 ;
- fusion-absorption d'une société par une SAS, C. com., art. L. 227-3 (nº 3), p. 393 ;
- infraction, C. com., art. L. 244-1 et L. 244-2, p. 596 ; art. L. 244-4, p. 596 ;
- loi de démocratisation du secteur public, L. 26 juill. 1983, art. 1er (nº 1), p. 3215 ;
- mandataire *ad hoc*, C. com., art. L. 227-6 (nº 10), p. 399 ;
- offre au public, C. com., art. L. 227-2, p. 392 ;
  - ▶ infraction, C. com., art. L. 244-3, p. 596.
- président :
  - ▶ désignation, C. com., art. L. 227-6, p. 397 ;
  - ▶ personne morale, C. com., art. L. 227-7, p. 399 ;
  - ▶ pouvoirs, C. com., art. L. 227-6, p. 397 ;
  - ▶ rémunération, C. com., art. L. 227-5 (nº 7), p. 396 ;
  - ▶ représentation de la société à l'égard des tiers, C. com., art. L. 227-6, p. 397 ;
  - ▶ révocation, C. com., art. L. 227-5 (nº 6), p. 395 ;
  - ▶ salarié, C. com., art. L. 227-5 (nº 4), p. 394.
- quorum, C. com., art. L. 227-9 (nº 6), p. 401 ;
- régime fiscal, C. com., art. 1655 *quinquies*, p. 392 ;
- représentation de l'associé personne morale aux assemblées, C. com., art. L. 227-9 (nº 4), p. 400 ;
- responsabilité du représentant légal, C. com., art. L. 227-6 (nº 12), p. 399 ;
- révocation des dirigeants, C. com., art. L. 227-5 (nº 6), p. 395 ;
- statuts, C. com., art. L. 227-5 et L. 227-6, p. 394 et s. ; art. L. 227-9, p. 400 ; art. L. 227-13 à L. 227-19, p. 403 et s. ;
  - ▶ mentions, C. com., art. R. 224-2, p. 629 ;
  - ▶ nombre d'exemplaires, C. com., art. R. 224-1, p. 629.
- transformation en SAS, C. com., art. L. 224-3, p. 233 ; art. L. 227-3, p. 393 ; V. *Société (en général), Société commerciale.*

Société agréée pour la gestion du droit de reproduction par reprographie, CPI, art. R. 322-1 à R. 322-4, p. 2727 et s.

Société d'aménagement foncier et d'établissement rural (SAFER) :
- acquisition et cession, C. rur., art. L. 142-1 à L. 142-5-1, p. 2431 et s. ; art. R. 142-1 et s., p. 2448 ; art. D. 142-1-1 et s., p. 2449 ; art. R. 142-3 à R. 142-6, p. 2450 et s. ;
- commissaire du Gouvernement, C. rur., art. R. 141-9 à R.* 141-11, p. 2447 et s. ;
- départements d'outre-mer, C. rur., art. R. 144-1, p. 2458 ;
- droit de préemption, C. rur., art. L. 143-1 à L. 143-14, p. 2433 et s. ; art. L. 143-16, p. 2441 ; art. R. 143-2 et R. 143-3, p. 2452 ; art. R. 143-4 (nº 1), p. 2454 ; art. R. 143-5 à R. 143-8, p. 2454 ; art. R. 143-11, p. 2455 ; art. R. 143-12 (nº 1), p. 2455 ; art. R.* 143-13 à R. 143-19, p. 2456 et s. ; art. R. 143-21 à R. 143-23, p. 2458 ;
- fonctionnement, C. rur., art. L. 141-6 à L. 141-9, p. 2430 et s. ; art. R. 141-3 à R. 141-8, p. 2445 et s. ; art. R. 141-14, p. 2448 ;
- mise à disposition d'immeubles, C. rur., art. L. 142-6 et L. 142-7, p. 2432 et s. ; art. R. 142-7 à R. 142-12, p. 2451 et s. ;
- missions, C. rur., art. L. 141-1 à L. 141-5, p. 2427 et s. ; art. R. 141-1 et s., p. 2442 ; art. R. 141-2-4, p. 2445 ;
- opérations immobilières et mobilières, C. rur., art. L. 142-1 et s., p. 2431.

Société anonyme (SA), C. com., art. L. 225-1 à L. 225-32, p. 233 et s. ; art. L. 225-34 à L. 225-37, p. 256 et s. ; art. L. 225-37-3 à L. 225-48, p. 265 et s. ; art. L. 225-50 à L. 225-67, p. 284 et s. ; art. L. 225-69 à L. 225-79, p. 301 et s. ; art. L. 225-79-2 à L. 225-111, p. 305 et s. ; art. L. 225-113 à L. 225-118, p. 332 et s. ; art. L. 225-120 à L. 225-125, p. 334 et s. ; art. L. 225-127 à L. 225-136, p. 337 et s. ; art. L. 225-138 à L. 225-149-2, p. 344 et s. ; art. L. 225-177 à L. 225-186, p. 351 et s. ; art. L. 225-198 à L. 225-209, p. 362 et s. ; art. L. 225-209-2 à L. 225-218, p. 366 et s. ; art. L. 225-228, p. 369 ; art. L. 225-230 à L. 225-233, p. 370 et s. ; art. L. 225-235, p. 375 ; art. L. 225-243 à L. 225-257, p. 375 et s. ; art. R. 225-2 et R. 225-3, p. 630 ; art. R. 225-5 à R. 225-7, p. 631 ; art. R. 225-10 à R. 225-12, p. 632 ; art. R. 225-14, p. 632 ; art. R. 225-34-2 à R. 225-34-6, p. 637 ; art. R. 225-60-2, p. 641 ; art. D. 225-104-1, p. 653 ; art. R. 225-105-3, p. 656 ; art. R. 225-117-1, p. 658 ; art. R. 225-136-1, p. 662 ; art. R. 225-160-1 à R. 225-160-4, p. 665 et s. ;
- (SA), C. com., art. L. 225-22-1, p. 248 ;

- actionnaires :
  - ▶ limitation de responsabilité, C. com., art. L. 225-1, p. 233 ; art. L. 225-1 (nº 2), p. 234 ; art. L. 225-1 (nº 4), p. 234 ;
  - ▶ nombre minimum, C. com., art. L. 225-1, p. 233 ;
  - ▶ preuve, C. com., art. L. 225-1 (nº 5), p. 234 ;
  - ▶ salariés, C. com., art. L. 225-23, p. 248.
- capital, C. com., art. L. 225-1, p. 233 ;
- capital social :
  - ▶ minimum légal, C. com., art. L. 224-2, p. 231.
- caractère commercial, C. com., art. L. 210-1, p. 165 ;
- choix du directoire et du conseil de surveillance, C. com., art. L. 225-57, p. 294 ;
- choix des modalités de la direction générale, C. com., art. L. 225-51-1, p. 287 ; art. R. 225-26 et R. 225-27, p. 634 ; art. R. 225-93, p. 650 ;
- comptes annuels :
  - ▶ publicité, C. com., art. L. 232-23, p. 488 ; art. R. 232-21 et R. 232-21-1, p. 690.
- constitution avec offre au public, C. com., art. L. 225-2 à L. 225-11-1, p. 234 et s. ; art. R. 225-1 à R. 225-12, p. 630 et s. ;
  - ▶ apports en nature, C. com., art. L. 225-8 et L. 225-8-1, p. 236 et s. ; art. R. 225-7 à R. 225-9, p. 631 et s. ;
  - ▶ assemblée constitutive, C. com., art. L. 225-7, p. 236 ; art. R. 210-7, p. 618 ; art. R. 225-10, p. 632 ;
  - ▶ avantages particuliers, C. com., art. L. 225-8 et L. 225-8-1, p. 236 et s. ; art. L. 225-10, p. 237 ; art. L. 225-14, p. 239 ; art. R. 225-14, p. 632 ;
  - ▶ bulletin de souscription, C. com., art. L. 225-4, p. 236 ; art. R. 225-5, p. 631 ;
  - ▶ certificat du dépositaire, C. com., art. L. 225-6, p. 236 ;
  - ▶ commissaire aux apports, C. com., art. L. 225-8 et L. 225-8-1, p. 236 et s. ; art. R. 225-7 à R. 225-9, p. 631 et s. ;
  - ▶ dépôt des fonds, C. com., art. L. 225-5, p. 236 ; art. R. 225-6, p. 631 ;
  - ▶ fondateur, C. com., art. L. 225-2, p. 234 ;
  - ▶ formalités (inaccomplissement), C. com., art. R. 225-12, p. 632 ;
  - ▶ libération des actions, C. com., art. L. 225-3, p. 235 ;
  - ▶ note d'information, C. mon. fin., art. L. 412-1 et s., p. 1243 ;
  - ▶ notice, C. com., art. L. 225-2, p. 234 ; art. R. 225-3, p. 630 ;
  - ▶ notion, C. com., art. R. 225-1, p. 630 ;
  - ▶ projet de statuts, C. com., art. L. 225-2, p. 234 ; art. R. 225-2, p. 630 ;
  - ▶ prospectus et documents, C. com., art. R. 225-4, p. 631 ;
  - ▶ restitution des fonds, C. com., art. R. 225-12, p. 632 ;
  - ▶ retrait des fonds, C. com., art. L. 225-11, p. 238 ; art. R. 225-11, p. 632 ;
  - ▶ souscription des actions, C. com., art. L. 225-3, p. 235 ;
  - ▶ suspension du droit de vote, C. com., art. L. 225-11-1, p. 238 ;
  - ▶ suspension des droits à dividende, C. com., art. L. 225-11-1, p. 238 ;
  - ▶ vote. Représentation des souscripteurs, C. com., art. L. 225-9 et L. 225-10, p. 237.
- constitution sans offre au public, C. com., art. L. 225-12 à L. 225-16-1, p. 238 et s. ; art. R. 225-13 et R. 225-14, p. 632 ;
  - ▶ apports en nature, C. com., art. L. 225-14, p. 239 ; art. R. 225-14, p. 632 ;
  - ▶ certificat du dépositaire, C. com., art. L. 225-13, p. 238 ;
  - ▶ commissaire aux apports, C. com., art. L. 225-14, p. 239 ; art. R. 225-14, p. 632 ;
  - ▶ dispositions applicables, C. com., art. L. 225-12, p. 238 ;
  - ▶ engagements au nom de la société en formation, C. com., art. R. 210-6, p. 618 ;
  - ▶ premiers administrateurs, C. com., art. L. 225-16, p. 239 ;
  - ▶ statuts, C. com., art. L. 225-15, p. 239 ;
  - ▶ suspension du droit de vote, C. com., art. L. 225-16-1, p. 239 ;
  - ▶ suspension des droits à dividende, C. com., art. L. 225-16-1, p. 239.
- convention courante, C. com., art. L. 225-87, p. 310 ;
- convention interdite, C. com., art. L. 225-43, p. 277 ; art. L. 225-91, p. 312 ;
- convention réglementée, C. com., art. L. 225-38, p. 267 ; art. L. 225-40 à L. 225-42-1, p. 272 et s. ; art. L. 225-46 (nº 1), p. 278 ; art. L. 225-47 (nº 7), p. 280 ; art. L. 225-86, p. 309 ; art. L. 225-88 à L. 225-90-1, p. 310 et s. ; art. R. 225-30 et R. 225-31, p. 636 ; art. R. 225-34-1, p. 636 ; art. R. 225-60-1, p. 641 ;
- conventions courantes, C. com., art. L. 225-39, p. 270 ;
- copie conforme des statuts, C. com., art. R. 225-109, p. 657 ;
- dénomination sociale, C. com., art. L. 224-1, p. 231 ;
- droit de vote :
  - ▶ atteinte, C. com., art. L. 225-122, p. 335 ;
  - ▶ clauses restreignant le transfert d'actions ou l'exercice du droit de vote, C. com., art. L. 225-125, p. 336 ;
  - ▶ correspondance, C. com., art. L. 225-107, p. 330 ;
  - ▶ gage, C. com., art. L. 225-110, p. 331 ;
  - ▶ procuration, C. com., art. L. 225-106, p. 328 ;
  - ▶ proportionnalité au capital, C. com., art. L. 225-122, p. 335 ;
  - ▶ sanctions pénales, C. com., art. L. 242-9, p. 593 ;
  - ▶ séquestre, C. civ., art. 1963 (nº 1), p. 2341 ;
  - ▶ société d'intérêt général, C. com., art. L. 225-122, p. 335 ;
  - ▶ usufruitier, C. com., art. L. 225-110, p. 331 ;
  - ▶ vote double, C. com., art. L. 225-123, p. 335 ;
  - ▶ vote par visioconférence et vote électronique, C. com., art. L. 225-107, p. 330.V. *Nu-propriétaire ;*
- durée, C. com., art. L. 210-2, p. 168 ;
- rapport sur le gouvernement d'entreprise, C. com., art. L. 225-68, p. 300 ;
- statuts :
  - ▶ mentions, C. com., art. R. 224-2, p. 629 ;
  - ▶ nombre d'exemplaires, C. com., art. R. 224-1, p. 629.

V. *aussi Actions de préférence, Certificat de droit de vote, Convention de vote ; aussi Administrateur, Assemblée générale, Capital social, Commissaire aux apports, Commissaire aux comptes, Conseil d'administration, Conseil de surveillance, Directeur général, Directeur général délégué, Direc-*

toire, Infractions concernant les sociétés par actions, Société (en général), Société commerciale.

Société anonyme d'assurance et de capitalisation, C. assur., art. R. 322-11-4, p. 2511.

Société anonyme européenne : V. *Société européenne.*

Société anonyme d'HLM : V. *Habitation à loyer modéré.*

Société anonyme à participation ouvrière, C. com., art. L. 225-258 à L. 225-270, p. 384 et s. ;
- dissolution :
  - ▶ indemnisation des participants, C. com., art. L. 225-269 et L. 225-270, p. 386 ; art. R. 225-171 et R. 225-172, p. 668.
- infraction, C. com., art. L. 225-270, p. 386 ; art. R. 225-171 et R. 225-172, p. 668.

Société d'assolement en commun, C. rur., art. L. 411-39-1, p. 2459.

Société d'assurances :
- dispositions générales, C. assur., art. L. 310-2-1 à L. 310-8, p. 2476 et s. ; art. L. 310-10, p. 2479 ;
  - ▶ administration centrale, C. assur., art. L. 322-1-1, p. 2484 ;
  - ▶ assurance directe, C. assur., art. L. 310-2, p. 2475 ;
  - ▶ assurance de protection juridique, C. assur., art. L. 322-2-3, p. 2489 ;
  - ▶ autorité de contrôle prudentiel et de résolution, C. assur., art. L. 310-12 à L. 310-14, p. 2480 et s. ; art. L. 310-25 et L. 310-25-1, p. 2482 ; art. R. 310-11, p. 2505 ; art. R. 310-17-1 à R. 310-17-3, p. 2505 et s. ; art. R. 310-19, p. 2506 ; art. R. 310-23, p. 2507 ;
  - ▶ codes de conduite, C. assur., art. L. 310-9-1, p. 2479 ;
  - ▶ comité de suivi, C. assur., art. L. 322-3-1, p. 2489 ;
  - ▶ comptabilité, C. assur., art. L. 341-1 à L. 341-4, p. 2502 et s. ; art. R. 341-2 à R. 341-5, p. 2550 ; art. R. 341-7 et R. 341-8, p. 2550 ;
  - ▶ comptes consolidés, C. assur., art. L. 345-2 et L. 345-3, p. 2503 et s. ; art. R. 345-1 à R. 345-1-4, p. 2551 et s. ; art. R. 345-4, p. 2552 ;
  - ▶ constitution et fonctionnement, C. assur., art. R. 322-1 à R. 322-4-1, p. 2507 et s. ;
  - ▶ contrôle de l'État, C. assur., art. L. 310-1 et s., p. 2473 ;
  - ▶ entreprise étrangère, C. assur., art. L. 310-6, p. 2478 ;
  - ▶ entreprises d'assurance, C. assur., art. R.* 310-5 à R. 310-6-1, p. 2504 ; art. R. 310-10-1, p. 2505 ;
  - ▶ entreprises de réassurance, C. assur., art. R. 310-10-3 et s., p. 2505 ;
  - ▶ formes possibles, C. assur., art. L. 322-1, p. 2484 ;
  - ▶ liquidation, C. assur., art. L. 326-1 à L. 326-4, p. 2499 et s. ; art. L. 326-9, p. 2500 ; art. L. 326-12 à L. 326-14-1, p. 2500 et s. ; art. R.* 326-1 et R.* 326-2, p. 2549 ;
  - ▶ opérations, C. assur., art. L. 322-2-2, p. 2488 ;
  - ▶ réassurance, C. assur., art. L. 310-1-1 et L. 310-1-1-1, p. 2473 et s. ;
  - ▶ retrait de l'agrément administratif, C. assur., art. L. 325-1, p. 2499 ; art. R. 325-2, p. 2547 ; art. R.* 325-4 et R.* 325-5, p. 2547 ; art. R.* 325-7 à R.* 325-13, p. 2547 et s. ;
  - ▶ sanctions, C. assur., art. L. 310-26 à L. 310-28, p. 2483 ; art. L. 328-1 à L. 328-5, p. 2501 et s. ; art. L. 328-13, p. 2502 ; art. R. 310-22, p. 2506 ; art. R. 328-1 et R.* 328-2, p. 2549 et s. ;
  - ▶ société de groupe d'assurance, C. assur., art. L. 322-1-2 à L. 322-2, p. 2484 et s. ;
  - ▶ sociétés liées, C. assur., art. L. 322-3, p. 2489 ;
  - ▶ titres participatifs, C. assur., art. L. 322-2-1, p. 2488 ;
  - ▶ titrisation, C. assur., art. L. 310-1-2, p. 2475.
- dispositions spéciales :
  - ▶ société d'assurance mutuelle, C. assur., art. R.* 322-94, p. 2532 ; art. R. 322-106-11, p. 2535 ;
  - ▶ sociétés anonymes d'assurance et de capitalisation, C. assur., art. L. 322-4 à L. 322-4-3, p. 2490 et s. ;
  - ▶ sociétés centrales d'assurances, C. assur., art. L. 322-5, p. 2491.
- entreprise nationale d'assurance et de capitalisation, C. assur., art. L. 322-5, p. 2491 ; art. L. 322-12, p. 2492 ; art. L. 322-14, p. 2492 ;
- société anonyme d'assurance et de capitalisation, C. assur., art. R.* 322-5 à R. 322-11-3, p. 2508 et s. ; art. R. 322-11-5 et R. 322-11-6, p. 2511 ;
- société d'assurance mutuelle, C. assur., art. L. 322-26-1 à L. 322-26-9, p. 2493 et s. ; art. R. 322-42 à R.* 322-93, p. 2512 et s. ; art. R.* 322-95 à R. 322-106-10, p. 2532 et s. ;
- société centrale d'assurance, C. assur., art. R. 322-20, p. 2512 ; art. R. 322-26, p. 2512 ;
- société de groupe d'assurance mutuelle, C. assur., art. R. 322-160, p. 2544 ;
- sociétés anonymes d'assurance et de capitalisation, C. assur., art. L. 322-4-4 à L. 322-4-7, p. 2491 ;
- sociétés ou caisses d'assurances et de réassurances mutuelles agricoles, C. assur., art. L. 322-27 à L. 322-27-2, p. 2497 et s. ; art. R. 322-118 à R.** 322-125, p. 2538 et s. ;
- sociétés centrales d'assurances, C. assur., art. L. 322-12 et L. 322-13, p. 2492 ; art. L. 322-15, p. 2492 ; art. L. 322-22 à L. 322-24, p. 2492 ;
- sociétés européennes, C. assur., art. L. 322-28 et L. 322-29, p. 2498 ;
- sociétés de groupe d'assurance mutuelle, C. assur., art. R. 322-161 à R. 322-166, p. 2544 et s. ;
- tontines, C. assur., art. R.** 322-139 et R. 322-140, p. 2541 ; art. R.* 322-142 et R.* 322-143, p. 2541 et s. ; art. R.* 322-145 à R. 322-156, p. 2542 et s. ; art. R.* 322-158 et R. 322-159, p. 2544 ;
- union de sociétés d'assurances mutuelles, C. assur., art. R. 322-107, p. 2536 ; art. R.* 322-109 à R.* 322-114, p. 2536 et s. ; art. R.* 322-116 à R. 322-117-6, p. 2537 et s.

Société d'attribution d'immeuble en jouissance à temps partagé, L. 6 janv. 1986, p. 2745.

Société de bourse : V. *Prestataire de services d'investissement.*

Société à capital variable : V. *aussi Capital variable, Société coopérative, Société d'investissement.*

Société de caution mutuelle, C. com., art. L. 126-1, p. 2553. – C. mon. fin., art. L. 515-4 à L. 515-12, p. 2553 et s.

Société civile, C. civ., art. 1845 et s., p. 117. – D. 3 juill. 1978, art. 30 et s., p. 160 ;
- appellation sociale, D. 3 juill. 1978, art. 32, p. 160 ;

- associé :
  - ▶ assemblée des associés, D. 3 juill. 1978, art. 39 à 41, p. 161 et s. ; art. 43, p. 162 ;
  - ▶ consentement exprimé dans un acte, D. 3 juill. 1978, art. 46, p. 162 ;
  - ▶ consultation écrite, D. 3 juill. 1978, art. 39, p. 161 ; art. 42 et 43, p. 162 ;
  - ▶ décès, C. civ., art. 1869, p. 138 ;
  - ▶ engagements à l'égard des tiers, C. civ., art. 1857 et 1858, p. 127 et s. ;
  - ▶ exclusion, C. civ., art. 1860, p. 131 ;
  - ▶ information, C. civ., art. 1855 et 1856, p. 126. – D. 3 juill. 1978, art. 48, p. 163 ;
  - ▶ mineur, C. civ., art. 1857 (nº 13), p. 128 ;
  - ▶ prescription des actions contre les associés non liquidateurs, C. civ., art. 1859, p. 131 ;
  - ▶ retrait, C. civ., art. 1869 et s., p. 138.
- capital social, C. civ., art. 1845-1, p. 118 ;
- caractère civil, C. civ., art. 1845, p. 117 ;
- certificat représentatif de parts, D. 3 juill. 1978, art. 34, p. 161 ;
- décisions collectives, C. civ., art. 1852 et s., p. 125 ;
  - ▶ assemblée des associés, C. civ., art. 1853, p. 125 ;
  - ▶ consentement exprimé dans un acte, C. civ., art. 1854, p. 126 ;
  - ▶ consultation écrite, C. civ., art. 1853, p. 125.
- dissolution, D. 3 juill. 1978, art. 36 et 37, p. 161 ;
- gérance, C. civ., art. 1846 et s., p. 119. – D. 3 juill. 1978, art. 35 et s., p. 161 ;
  - ▶ incapacité, C. civ., art. 1846 (nº 3), p. 119.
- non immatriculation à la date d'entrée en vigueur de la loi du 4 juillet 1978 :
  - ▶ aspects fiscaux, L. 4 janv. 1978, art. 4 (nº 4), p. 155 ;
  - ▶ demande d'immatriculation ultérieure, L. 4 janv. 1978, art. 4 (nº 2), p. 154 ;
  - ▶ perte de la personnalité juridique, L. 4 janv. 1978, art. 4 (nº 1), p. 154.
- non-immatriculation à la date d'entrée en vigueur de la loi du 4 juillet 1978, L. 4 janv. 1978, art. 4, p. 153 ;
  - ▶ demande d'immatriculation ultérieure, L. 4 janv. 1978, art. 4 (nº 3), p. 155.
- parts sociales :
  - ▶ cession, C. civ., art. 1861 et s., p. 132 ; art. 1865, p. 136. – D. 3 juill. 1978, art. 33, p. 160 ; art. 49 et 50, p. 163 ; art. 52, p. 163 ;
  - ▶ nantissement, C. civ., art. 1866 à 1868, p. 138. – D. 3 juill. 1978, art. 49 et s., p. 163 ; art. 53 à 57, p. 164.
- procès-verbal, D. 3 juill. 1978, art. 44 et 45, p. 162 ; art. 47, p. 163 ;
- qualité de professionnel, C. civ., art. 1845 (nº 5), p. 117 ;
- registre des associés, D. 3 juill. 1978, art. 51, p. 163 ;
- société civile constituée avant le 1er juillet 1878, L. 4 janv. 1978, art. 4, p. 153 ;
  - ▶ engagement des associés envers les créanciers sociaux, L. 4 janv. 1978, art. 4 (nº 7), p. 155 ;
  - ▶ intérêt pour agir aux fins d'immatriculation, L. 4 janv. 1978, art. 4 (nº 5), p. 155 ;
  - ▶ nantissement des parts sociales, C. civ., art. 1866 (nº 2), p. 138 ;
  - ▶ prescription de l'action en paiement des dettes sociales, L. 4 janv. 1978, art. 4 (nº 9), p. 155 ;
  - ▶ survie de la personnalité morale pour les besoins de la liquidation, L. 4 janv. 1978, art. 4 (nº 8), p. 155.
- société civile de famille, C. civ., art. 1845-1 (nº 6), p. 118 ;
- société civile de portefeuille, C. com., art. L. 225-122 (nº 2), p. 335 ;
- statuts, D. 3 juill. 1978, art. 31, p. 160 ; art. 33, p. 160 ;
- transformation, C. civ., art. 1857 (nº 14), p. 129 ;

V. *aussi Société (en général).*

Société civile de construction-vente (SCV), CCH, art. L. 211-1 et s., p. 2761 ; art. L. 214-1 et s., p. 2772 ; art. L. 241-3 et s., p. 2777 ; art. R.* 211-1 et s., p. 2784.

Société civile d'exploitation en commun (SCEA), C. rur., art. L. 327-1, p. 2458.

Société civile immobilière :
- abus de minorité, C. civ., art. 1833 (nº 24), p. 27 ;
- apport de la nue-propriété d'un immeuble, C. civ., art. 1843-3 (nº 15), p. 57 ;
- comptabilité, C. civ., art. 1856 (nº 2), p. 127 ;
- confiscation des biens de l'associé :
  - ▶ saisie des biens sociaux, C. civ., art. 1842 (nº 2), p. 42.
- congé aux fins de reprise pour habiter, C. civ., art. 1845-1 (nº 6), p. 118 ;
- droit viager au logement, C. civ., art. 1845-1 (nº 5), p. 118 ;
- entreprise, C. civ., art. 1845 (nº 4), p. 117 ;
- insaisissabilité de la résidence principale, C. civ., art. 1845-1 (nº 5), p. 118 ;
- jouissance gratuite de l'immeuble social par un associé, C. civ., art. 1845-1 (nº 7), p. 119 ;
- qualité de professionnel, C. civ., art. 1845 (nº 5), p. 117 ;
- saisie immobilière, C. civ., art. 1845 (nº 6), p. 118.

Société civile de moyens (SCM), L. 29 nov. 1966, art. 36, p. 2846.

Société civile de perception et de répartition des droits d'auteur, CPI, art. L. 321-1 à L. 321-6, p. 2713 et s. ; art. R. 321-1 à R. 321-48, p. 2715 et s.

Société civile de placement immobilier (offre au public), C. mon. fin., art. L. 214-86, p. 1051 ;
- actif, C. mon. fin., art. L. 214-115, p. 1058 ;
- apports, C. mon. fin., art. L. 214-91, p. 1052 ;
- assemblée générale, C. mon. fin., art. L. 214-103, p. 1055 ;
- capital, C. mon. fin., art. L. 214-88, p. 1051 ;
- cession de parts, C. mon. fin., art. L. 214-114 (nº 3), p. 1057 ;
- comptabilité, C. mon. fin., art. L. 214-109, p. 1056 ;
- conventions réglementées, C. mon. fin., art. L. 214-106, p. 1055 ;
- fusion, C. mon. fin., art. L. 214-111, p. 1056 ; art. L. 214-117, p. 1058 ;
- garanties, C. mon. fin., art. L. 214-102, p. 1054 ;
- gérance, C. mon. fin., art. L. 214-98, p. 1054 ;
- infraction, C. mon. fin., art. L. 231-8 et L. 231-9, p. 1196 ;
- objet, C. mon. fin., art. L. 214-114 (nº 1), p. 1057 ;
- responsabilité des associés, C. mon. fin., art. L. 214-89, p. 1051 ;
- responsabilité des dirigeants, C. mon. fin., art. L. 214-89, p. 1051 ;
- rôle du commissaire aux comptes, C. mon. fin., art. L. 214-110, p. 1056 ;

- rôle de la société de gestion, C. mon. fin., art. L. 214-98, p. 1054 ; art. L. 214-101, p. 1054 ;
- scission, C. mon. fin., art. L. 214-118, p. 1058 ;
- souscription de parts, C. mon. fin., art. L. 214-93, p. 1052.

Société civile professionnelle (SCP) (dispositions générales), L. 29 nov. 1966, p. 2837 ;
- application aux TOM, L. 29 nov. 1966, art. 38, p. 2847 ;
- associés :
  - ▶ décès, L. 29 nov. 1966, art. 24, p. 2844 ;
  - ▶ destitués (redressement judiciaire), C. com., art. L. 651-1 (n° 3), p. 2093 ;
  - ▶ exercice de la profession, L. 29 nov. 1966, art. 17, p. 2842 ;
  - ▶ exercice d'une profession libérale, L. 29 nov. 1966, art. 1er à 3, p. 2837 et s. ;
  - ▶ impôt sur le revenu, L. 29 nov. 1966, art. 35, p. 2845 ;
  - ▶ interdiction temporaire d'exercer, L. 29 nov. 1966, art. 25, p. 2844 ;
  - ▶ limitation du nombre, L. 29 nov. 1966, art. 9, p. 2839 ;
  - ▶ obligation d'exclusivité, L. 29 nov. 1966, art. 4, p. 2838 ;
  - ▶ office public ou ministériel, L. 29 nov. 1966, art. 5, p. 2838 ;
  - ▶ recettes sociales, L. 29 nov. 1966, art. 14, p. 2840 ;
  - ▶ responsabilité, L. 29 nov. 1966, art. 15 et 16, p. 2841 ;
  - ▶ retrait, L. 29 nov. 1966, art. 18, p. 2842 ; art. 21, p. 2843.
- capacité et pouvoir pour agir (procédure civile) :
  - ▶ absence d'indication dans l'assignation du nom de la société (SCP), CPC, art. 117 (n° 4), p. 1948.
- cession de bail, L. 29 nov. 1966, art. 33, p. 2845 ;
- clientèle :
  - ▶ retrait, L. 29 nov. 1966, art. 18 (n° 2), p. 2842.
- constitution :
  - ▶ capital social, L. 29 nov. 1966, art. 9 et 10, p. 2839 ;
  - ▶ conditions, L. 29 nov. 1966, art. 6, p. 2838 ;
  - ▶ raison sociale, L. 29 nov. 1966, art. 8, p. 2839 ;
  - ▶ statuts, L. 29 nov. 1966, art. 7, p. 2838.
- décisions collectives, L. 29 nov. 1966, art. 13, p. 2840 ;
- dispositions applicables, L. 29 nov. 1966, art. 30, p. 2845 ;
- dissolution, L. 29 nov. 1966, art. 24, p. 2844 ; art. 26, p. 2844 ;
- durée, L. 29 nov. 1966, art. 23, p. 2843 ;
- gérant, L. 29 nov. 1966, art. 11 et 12, p. 2840 ;
- interdiction temporaire d'exercer, L. 29 nov. 1966, art. 25, p. 2844 ;
- objet, L. 29 nov. 1966, art. 1er, p. 2837 ;
- parts sociales :
  - ▶ cession, L. 29 nov. 1966, art. 18 à 21, p. 2842 et s. ;
  - ▶ libération, L. 29 nov. 1966, art. 10, p. 2839 ;
  - ▶ non négociabilité, L. 29 nov. 1966, art. 9, p. 2839 ;
  - ▶ parts d'industrie, L. 29 nov. 1966, art. 10, p. 2839 ;
  - ▶ répartition, L. 29 nov. 1966, art. 10, p. 2839 ;
  - ▶ souscription, L. 29 nov. 1966, art. 10, p. 2839.
- personnalité morale, L. 29 nov. 1966, art. 1er, p. 2837 ;
- prorogation, L. 29 nov. 1966, art. 26, p. 2844 ;
- société coopérative, L. 29 nov. 1966, art. 37, p. 2847 ;
- sous location, L. 29 nov. 1966, art. 33, p. 2845 ;
- usage de la dénomination, L. 29 nov. 1966, art. 29, p. 2845.

Société civile professionnelle (SCP) (dispositions particulières) :
- administrateurs judiciaires et mandataires judiciaires, C. com., art. R. 814-109, p. 2869 ;
- administrateurs judiciaires et de mandataires-liquidateur, C. com., art. L. 811-1 et L. 812-1, p. 2282 et s. ; art. L. 814-1-1 à L. 814-5, p. 2314 et s. ; art. L. 814-8 à L. 814-11, p. 2316 et s. ;
- architecte, D. 28 déc. 1977, p. 2877 ;
- avocat, D. 20 juill. 1992, p. 2888 ;
- avocat au Conseil d'État et à la Cour de cassation, D. 15 mars 1978, p. 2911 ;
- avoué, D. 20 nov. 1969, p. 2922 ;
- chirurgien-dentiste, CSP, art. R. 4113-26, p. 2954 ;
- commissaire aux comptes, C. com., art. R. 822-71, p. 2968 ;
- commissaire-priseur, D. 24 juill. 1969, p. 2975 ;
- conseil en propriété industrielle, CPI, art. R. 422-12 et s., p. 3012 ;
- directeur de laboratoire d'analyses de biologie médicale, CSP, art. R. 6223-11 et s., p. 3020 ;
- expert agricole et foncier, C. rur., art. R. 173-1, p. 3034 ;
- expert forestier, C. rur., art. R. 173-1, p. 3034 ;
- géomètre-expert, D. 15 janv. 1976, p. 3068 ;
- greffier de tribunal de commerce, C. com., art. R. 743-81, p. 3087 ;
- huissier de justice, D. 31 déc. 1969, p. 3096 ;
- infirmier, CSP, art. R. 4381-25, p. 3140 ;
- masseur-kinésithérapeute, CSP, art. R. 4381-25, p. 3140 ;
- notaire, D. 2 oct. 1967, p. 3149 ;
- vétérinaire, C. rur., art. R. 241-29 et s., p. 3201.

Société en commandite par actions (SCA), C. com., art. L. 226-1 à L. 226-14, p. 387 et s. ; art. R. 226-1 à R. 226-3, p. 668 ;
- assemblée générale :
  - ▶ extraordinaire, C. com., art. L. 226-11, p. 390 ; art. L. 226-14, p. 390 ;
  - ▶ ordinaire, C. com., art. L. 226-2, p. 388 ; art. L. 226-4, p. 388 ; art. L. 226-6, p. 389.
- associés commanditaires, C. com., art. L. 226-1, p. 387 ;
- associés commandités, C. com., art. L. 226-1, p. 387 ; art. L. 226-4, p. 388 ;
- capital social, C. com., art. L. 226-11, p. 390 ;
  - ▶ minimum légal, C. com., art. L. 224-2, p. 231.
- caractère commercial, C. com., art. L. 210-1, p. 165 ;
- commissaire aux comptes, C. com., art. L. 226-6, p. 389 ;
- comptes annuels :
  - ▶ publicité, C. com., art. L. 232-23, p. 488 ; art. R. 232-21 et R. 232-21-1, p. 690.
- conseil de surveillance :
  - ▶ délibération sur la politique en matière d'égalité professionnelle et salariale, C. com., art. L. 226-9-1, p. 389 ;
  - ▶ limite d'âge, C. com., art. L. 226-5, p. 388 ;
  - ▶ membres (dispositions applicables), C. com., art. L. 226-12, p. 390 ; art. R. 226-3, p. 668 ;
  - ▶ nomination, C. com., art. L. 226-4, p. 388 ;
  - ▶ pouvoirs, C. com., art. L. 226-9, p. 389 ;

▶ président, C. com., art. L. 226-4 (nº 1), p. 388 ;
▶ représentant des salariés désigné en application de l'article L. 225-27-1, C. com., art. L. 226-5-1, p. 389 ;
▶ représentation équilibrée des hommes et des femmes, C. com., art. L. 226-4 et L. 226-4-1, p. 388 ;
▶ responsabilité, C. com., art. L. 226-13, p. 390.
- constitution, C. com., art. L. 226-1 et s., p. 387 ; art. R. 226-1, p. 668 ;
- conventions avec la société, C. com., art. L. 226-10, p. 390 ; art. R. 226-2, p. 668 ;
- dénomination sociale, C. com., art. L. 224-1, p. 231 ;
- durée, C. com., art. L. 210-2, p. 168 ; art. R. 210-2, p. 617 ;
- gérant :
▶ désignation, C. com., art. L. 226-2, p. 388 ;
▶ dispositions applicables, C. com., art. L. 226-12, p. 390 ; art. R. 226-3, p. 668 ;
▶ interdictions et déchéances, C. com., art. L. 226-12, p. 390 ;
▶ limite d'âge, C. com., art. L. 226-3, p. 388 ;
▶ pluralité de gérants, C. com., art. L. 226-7, p. 389 ;
▶ pouvoirs, C. com., art. L. 226-7, p. 389 ;
▶ rémunération, C. com., art. L. 226-8, p. 389 ;
▶ responsabilité, C. com., art. L. 226-12, p. 390 ;
▶ révocation, C. com., art. L. 226-2, p. 388.
- infraction, C. com., art. L. 243-1, p. 596 ;
- rapport sur le gouvernement d'entreprise, C. com., art. L. 226-10-1, p. 390 ;
- statuts :
▶ mentions, C. com., art. R. 224-2, p. 629 ;
▶ modification, C. com., art. L. 226-11, p. 390 ;
▶ nombre d'exemplaires, C. com., art. R. 224-1, p. 629.
- transformation, C. com., art. L. 226-14, p. 390 ; V. *Société (en général), Société commerciale.*

Société en commandite simple (SCS), C. com., art. L. 222-1 à L. 222-11, p. 183 et s. ; art. R. 222-1 à R. 222-3, p. 622 ;
- assemblée, C. com., art. L. 222-5, p. 184 ;
- associé :
▶ commanditaires, C. com., art. L. 222-1, p. 183 ; art. L. 222-6 et L. 222-7, p. 184 et s. ; art. L. 222-10, p. 185 ; art. R. 222-2 et R. 222-3, p. 622 ;
▶ commandités, C. com., art. L. 222-1, p. 183 ; art. L. 222-3, p. 184 ; art. L. 222-10 et L. 222-11, p. 185 ;
▶ décès, C. com., art. L. 222-10, p. 185.
- caractère commercial, C. com., art. L. 210-1, p. 165 ;
- cession de parts, C. com., art. L. 222-8, p. 185 ;
- commissaire aux comptes, C. com., art. L. 221-9, p. 177 ; art. L. 221-11, p. 177 ;
- décisions collectives, C. com., art. L. 222-5, p. 184 ; art. L. 222-9, p. 185 ;
- dénomination sociale, C. com., art. L. 222-3, p. 184 ;
- dispositions applicables, C. com., art. R. 222-1, p. 622 ;
- dissolution, C. com., art. L. 222-10 et L. 222-11, p. 185 ;
- durée, C. com., art. L. 210-2, p. 168 ; art. R. 210-2, p. 617 ;
- nullité, C. com., art. L. 235-2, p. 525 ;
- raison sociale :
▶ utilisation du nom d'un associé, C. com., art. L. 221-17, p. 183.
- révocation du gérant, C. com., art. L. 222-1 (nº 2), p. 183 ;
- statuts, C. com., art. L. 222-4 et s., p. 184 ;
- transformation, C. com., art. L. 222-10, p. 185 ; V. *Société (en général), Société commerciale.*

Société commerciale :
- caractère commercial, C. com., art. L. 210-1, p. 165 ;
- compétence juridictionnelle, C. com., art. L. 721-3, p. 1953 ;
▶ action en responsabilité contre un dirigeant, C. com., art. L. 721-3 (nº 8), p. 1954 ;
▶ attribution gratuite d'actions, C. com., art. L. 225-197-1 (nº 1), p. 360 ;
▶ cession d'actions, C. com., art. L. 721-3 (nº 6), p. 1953 ;
▶ dispositions accessoires à des cessions de titres, C. com., art. L. 721-3 (nº 7), p. 1954 ;
▶ exécution de l'étranger d'une commission rogatoire, C. com., art. L. 721-3 (nº 13), p. 1955 ;
▶ expertise *in futurum*, C. com., art. L. 721-3 (nº 9), p. 1954 ;
▶ GIE à objet commercial, C. com., art. L. 721-3 (nº 12), p. 1955 ;
▶ pacte d'actionnaires, C. com., art. L. 721-3 (nº 10), p. 1954 ;
▶ pacte d'actionnaires conclu par un actionnaire salarié, C. civ., art. 1835 (nº 26), p. 33 ;
▶ participation au capital social, C. com., art. L. 721-3 (nº 5), p. 1953 ;
▶ prises de participations majoritaires, C. com., art. L. 721-3 (nº 3), p. 1953 ;
▶ stock-options, C. com., art. L. 225-177 (nº 5), p. 354.
- comptes consolidés, C. com., art. R. 232-8, p. 688 ;
- comptes sociaux, C. com., art. R. 232-1 à R. 232-6, p. 687 et s. ; art. R. 232-11, p. 689 ; art. R. 232-13, p. 689 ;
- constitution :
▶ action en régularisation, C. com., art. L. 210-7, p. 169 ; art. R. 210-12, p. 619.
- dissolution :
▶ compétence du tribunal de commerce, C. com., art. R. 210-15, p. 619.
- durée, C. com., art. L. 210-2, p. 168 ; art. R. 210-2, p. 617 ;
- fondateur, C. com., art. L. 210-6, p. 169 ;
- fondateurs et premiers membres :
▶ responsabilité, C. com., art. L. 210-8, p. 169.
- immatriculation, C. com., art. L. 210-6 et L. 210-7, p. 169 ; art. R. 210-1, p. 617 ; art. L. 123-1, p. 798 ;
▶ conjoint du gérant de SARL ou de SELARL, C. com., art. R. 123-55, p. 805 ;
▶ moment de l'immatriculation, C. com., art. R. 123-36, p. 800.
- liquidation, C. com., art. R. 237-1 et R. 237-2, p. 701 ; art. R. 237-4 à R. 237-8, p. 701 et s. ; art. R. 237-10 à R. 237-18, p. 702 et s. ;
- nationalité, C. com., art. L. 210-3, p. 168 ;
- nullités, C. com., art. L. 235-1 à L. 235-13, p. 522 et s. ; art. R. 235-1 à R. 235-3, p. 695 ;
- personnalité morale, C. com., art. L. 210-6, p. 169 ;
- publicité, C. com., art. L. 210-4 et L. 210-5, p. 168 ; art. R. 237-2 et R. 237-3, p. 701 ;
▶ *BALO*, C. com., art. R. 210-16, p. 620 ;

▶ *BODACC*, C. com., art. R. 210-8, p. 618 ; art. R. 210-16, p. 620 ;
▶ dépôt d'actes ou de pièces, C. com., art. R. 210-17, p. 620 ;
▶ journal d'annonces légales, C. com., art. R. 210-3 et R. 210-4, p. 617 ; art. R. 210-16, p. 620 ;
▶ ordonnance en référé, C. com., art. R. 210-19, p. 620 ;
▶ ordonnance sur requête, C. com., art. R. 210-19, p. 620 ;
▶ responsabilité des représentants légaux, C. com., art. R. 210-18, p. 620 ;
▶ transfert du siège social, C. com., art. R. 210-11, p. 619.
- radiation, C. com., art. R. 237-9, p. 702 ;
- siège social, C. com., art. L. 210-3, p. 168 ;
▶ publicité, C. com., art. R. 210-11, p. 619.
- statuts :
▶ mentions obligatoires, C. com., art. L. 210-2, p. 168 ; art. L. 210-7 et L. 210-8, p. 169 ; art. R. 210-13, p. 619 ;
▶ régularisation, C. com., art. L. 210-7, p. 169 ; art. R. 210-12 et R. 210-13, p. 619.
V. *aussi Société anonyme, Société par actions simplifiée, Société en commandite par actions, Société en commandite simple, Société en nom collectif, Société à responsabilité limitée.*

Société contrôlée :
- comptes consolidés, C. com., art. L. 233-16 à L. 233-28, p. 514 et s. ; art. R. 233-3 à R. 233-16, p. 691 et s. ;
- définition, C. com., art. L. 233-3 à L. 233-5, p. 498 et s. ;
- infractions pénales, C. com., art. L. 247-1 à L. 247-3, p. 598 et s. ;
- notification et information, C. com., art. L. 233-6 à L. 233-7-1, p. 500 et s. ; art. R. 233-1, p. 691
▶ privation du droit de vote, C. com., art. L. 233-14, p. 508.V. *aussi Franchissement des seuils, participations ;*
- pénalités, V. *aussi Filiales, Participations et sociétés contrôlées.*

Société coopérative d'achat en commun de commerçants détaillants et de leurs unions, C. com., art. L. 124-16, p. 2689.

Société coopérative agricole, C. rur., art. L. 521-1 et s., p. 2619 ; art. L. 528-1, p. 2639 ; art. R. 521-1 et s., p. 2643 ;
- administration, C. rur., art. L. 524-1 et s., p. 2628 ; art. R. 524-1 et s., p. 2651 ;
- agrément, C. rur., art. L. 525-1, p. 2633 ; art. R. 525-1 et s., p. 2660 ;
- assemblée :
▶ modes de participation, C. rur., art. L. 524-1-1, p. 2628.
- assemblée générale, C. rur., art. R. 524-12, p. 2653 ;
- assemblée générale annuelle, C. rur., art. L. 524-2-1 à L. 524-2-3, p. 2629 et s. ;
- associé :
▶ coopérateurs, C. rur., art. L. 522-1 à L. 522-2-1, p. 2624 ; art. R. 522-1 et s., p. 2645 ;
▶ droit de communication, C. rur., art. L. 524-4-1, p. 2631 ;
▶ nombre de voix à l'assemblée générale, C. rur., art. L. 524-4, p. 2631 ;
▶ non coopérateurs, C. rur., art. L. 522-3 et L. 522-4, p. 2625.
- bilan :
▶ réévaluation, C. rur., art. L. 523-6 et L. 523-7, p. 2627.
- capital, C. rur., art. L. 521-2, p. 2620 ; art. L. 523-1 à L. 523-2-1, p. 2626 ; art. R. 523-1 et s., p. 2649 ;
- caution mutuelle, C. rur., art. L. 527-2 et L. 527-3, p. 2639 ;
- certificats coopératifs d'investissement, C. rur., art. L. 523-10, p. 2627 ;
- comptes sociaux, C. rur., art. L. 524-6 à L. 524-6-4, p. 2632 et s. ;
- conseil d'administration, C. rur., art. L. 524-1 et s., p. 2628 ; art. R. 524-1 et s., p. 2651 ;
▶ directoire, C. rur., art. L. 524-3, p. 2630 ;
▶ limite d'âge, C. rur., art. L. 524-2, p. 2629 ;
▶ mode de participation, C. rur., art. L. 524-1-2, p. 2628 ;
▶ rémunération, C. rur., art. L. 524-3, p. 2630.
- conseil de surveillance :
▶ limite d'âge, C. rur., art. L. 524-2, p. 2629 ;
▶ rémunération, C. rur., art. L. 524-3, p. 2630.
- constitution, C. rur., art. R. 521-6 et s., p. 2644 ;
- contrôle, C. rur., art. R. 525-6, p. 2661 ;
- délits et sanctions, C. rur., art. L. 529-1 à L. 529-5, p. 2641 et s. ; art. R. 529-1 et s., p. 2670 ;
- dénomination, C. rur., art. L. 521-3, p. 2620 ; art. R. 521-5, p. 2644 ; art. R. 529-1 et s., p. 2670 ;
- directoire et conseil de surveillance, C. rur., art. L. 524-1 et s., p. 2628 ; art. R. 524-26 et s., p. 2658 ;
▶ mode de participation, C. rur., art. L. 524-1-2, p. 2628.
- dissolution, C. rur., art. L. 526-1 et s., p. 2634 ; art. R. 526-1 et s., p. 2663 ;
- durée, C. rur., art. L. 521-2, p. 2620 ;
- émission de titres participatifs, C. mon. fin., art. L. 213-34, p. 1001 ;
- fédération de coopératives, C. rur., art. L. 527-1 et L. 527-1-1, p. 2637 et s. ;
- fédérations, C. rur., art. R. 527-1 et s., p. 2666 ;
- fusion, C. rur., art. L. 526-3 à L. 526-10, p. 2634 et s. ;
- Haut Conseil de la coopération, C. rur., art. R.* 528-1, p. 2668 ;
- liquidation, C. rur., art. L. 526-1 et L. 526-2, p. 2634 ; art. R. 526-1, p. 2663 ;
- moyens financiers, C. rur., art. L. 523-8, p. 2627 ;
- objet, C. rur., art. L. 521-1, p. 2619 ; art. R. 521-1, p. 2643 ;
- obligations, C. rur., art. L. 523-11, p. 2628 ;
- offre au public, C. rur., art. L. 523-9, p. 2627 ;
- participation et intéressement, C. rur., art. L. 523-12 et L. 523-13, p. 2628 ;
- parts sociales :
▶ valeur minimum, C. rur., art. R. 523-1, p. 2649.
- parts sociales d'épargne, C. rur., art. L. 523-4-1, p. 2626 ;
- prêt sur les disponibilités du fonds forestier, C. rur., art. L. 523-3 et L. 523-4, p. 2626 ;
- prises de participation, C. rur., art. L. 523-5-1, p. 2627 ;
- scission, C. rur., art. L. 526-3 à L. 526-10, p. 2634 et s. ;
- tiers non-coopérateurs, C. rur., art. L. 522-5 et L. 522-6, p. 2625 et s. ; art. R. 522-9, p. 2648 ;
- titres participatifs, C. rur., art. L. 523-8, p. 2627 ;
- unions de coopératives, C. rur., art. R. 524-23, p. 2657.

Société coopérative artisanale, L. 20 juill. 1983, art. 1er et s., p. 2670. – D. 23 mars 1984, art. 1er (anc.) et s., p. 2678. – D. 6 avr. 1984, art. 1er à 5, p. 2678 et s. ;
- administration, L. 20 juill. 1983, art. 11, p. 2673 ; art. 14 à 17, p. 2673 et s. ; art. 19 à 21, p. 2674 ;
- constitution, L. 20 juill. 1983, art. 6 à 10, p. 2671 et s. ;
- définition et forme juridique, L. 20 juill. 1983, art. 1er à 5, p. 2670 et s. ;
- dispositions financières, L. 20 juill. 1983, art. 22 à 26, p. 2675 ;
- parts sociales :
  ▶ valeur minimum, D. 6 avr. 1984, p. 2678.
- révision coopérative, L. 20 juill. 1983, art. 29, p. 2676 ;
- unions, L. 20 juill. 1983, art. 27 et s., p. 2675. – D. 23 mars 1984, art. 2 (anc.), p. 2678.

Société coopérative d'attribution d'immeubles en jouissance à temps partagé, L. 6 janv. 1986, art. 24 à 31, p. 2751 et s. ; art. 33 à 36, p. 2752 et s.

Société coopérative de banque, C. mon. fin., art. L. 512-61 à L. 512-67, p. 2683 et s.

Société coopérative de commerçants détaillants, C. com., art. L. 124-1 et s., p. 2685 ; art. L. 124-10, p. 2688 ; art. L. 124-13, p. 2689 ;
- administration, C. com., art. L. 124-6, p. 2687 ;
- associés, C. com., art. L. 124-2, p. 2686 ; art. L. 124-4, p. 2686 ;
- décisions collectives, C. com., art. L. 124-7 à L. 124-9, p. 2687 ;
- dissolution, C. com., art. L. 124-14, p. 2689 ;
- forme, C. com., art. L. 124-3, p. 2686 ;
- objet, C. com., art. L. 124-1, p. 2685 ;
- parts sociales, C. com., art. L. 124-11 et L. 124-12, p. 2688 ;
- unions, C. com., art. L. 124-5, p. 2687.

Société coopérative de construction, CCH, art. L. 213-1 et L. 214-1, p. 2769 et s. ; art. L. 241-1 et s., p. 2777 ; art. R.* 213-1 et s., p. 2788.

Société coopérative (dispositions générales), L. 10 sept. 1947, art. 3, p. 2580 ;
- actes à destination des tiers, L. 10 sept. 1947, art. 22, p. 2584 ;
- administration, L. 10 sept. 1947, art. 6 et s., p. 2569 ;
- assemblée générale, L. 10 sept. 1947, art. 8 et 9, p. 2570 ;
- associé, L. 10 sept. 1947, art. 3 à 4, p. 2568 ;
  ▶ exclusion, L. 10 sept. 1947, art. 7, p. 2570 ; art. 18, p. 2573 ;
  ▶ retrait, L. 10 sept. 1947, art. 7, p. 2570 ; art. 18, p. 2573.
- augmentation des engagements des associés, C. civ., art. 1836 (no 4), p. 36 ; art. 1836 (no 6), p. 37 ;
- capital social, L. 10 sept. 1947, art. 27, p. 2617 ;
- capital variable, L. 10 sept. 1947, art. 13, p. 2572 ;
- certificat coopératif d'associé, C. com., art. L. 225-186, p. 358. – L. 10 sept. 1947, art. 19 *tervicies*, p. 2584 ;
- certificat coopératif d'investissement, C. com., art. L. 225-186, p. 358. – L. 10 sept. 1947, art. 19 *sexdecies* à 19 *duovicies*, p. 2579 et s. ;
  ▶ assemblée spéciale des titulaires de certificats, D.4 janv. 1991, p. 2579. – L. 10 sept. 1947, art. 1er et 2, p. 2579 ; art. 4 à 9, p. 2580 et s.
- contrôles, L. 10 sept. 1947, art. 23, p. 2584 ;
- convention conclues avec un membre, L. 10 sept. 1947, art. 27, p. 2617 ;
- dispositions applicables, L. 10 sept. 1947, art. 2, p. 2568 ;
- dissolution :
  ▶ actif net subsistant, L. 10 sept. 1947, art. 19, p. 2574.
- intérêt, L. 10 sept. 1947, art. 14, p. 2573 ;
- intérêt statutaire, L. 10 sept. 1947, art. 17, p. 2573 ;
- objet, L. 10 sept. 1947, art. 1er, p. 2567 ;
- parts sociales, L. 10 sept. 1947, art. 11 et s., p. 2571 ;
  ▶ assemblée des porteurs de parts à intérêt prioritaire sans droit de vote, D.27 mars 1993, p. 2572. – L. 10 sept. 1947, art. 1er à 8, p. 2572 ;
  ▶ libération, L. 10 sept. 1947, art. 12, p. 2572 ;
  ▶ parts à intérêt prioritaire sans droit de vote, L. 10 sept. 1947, art. 11 *bis*, p. 2571.
- répartition entre associés, L. 10 sept. 1947, art. 15, p. 2573 ;
- réserves, L. 10 sept. 1947, art. 16 et s., p. 2573 ;
- sanctions pénales, L. 10 sept. 1947, art. 24, p. 2584 ; art. 26, p. 2587 ;
- société coopérative d'intérêt collectif, L. 10 sept. 1947, art. 19 *quinquies* à 19 *duodecies*, p. 2575 et s. ; D.21 févr. 2002, p. 2576 – L. 10 sept. 1947, art. 1er à 7, p. 2576 et s. ; art. 19 *quaterdecies*, p. 2577 ; art. 19 *sexdecies A*, p. 2578 ;
- sortie du statut coopératif, L. 10 sept. 1947, art. 25, p. 2585 ; art. 1er à 3, p. 2585 ;
- statuts, L. 10 sept. 1947, art. 7, p. 2570 ;
  ▶ publicité, L. 10 sept. 1947, art. 20 et 21, p. 2584.
- titres participatifs, C. com., art. L. 228-36, p. 449 ;
- transformation d'une association en coopérative, L. 10 sept. 1947, art. 28 *bis*, p. 2618 ;
- union de coopératives, L. 10 sept. 1947, art. 5, p. 2568 ;
- union d'économie sociale, L. 10 sept. 1947, art. 19 *bis* à 19 *quater*, p. 2574 et s. ;
- vote par correspondance, L. 10 sept. 1947, art. 10, p. 2571 ;

V. *aussi Coopération.*

Société coopérative d'entreprises de transport, D. 23 mars 1984, art. 3 (anc.), p. 2678 ;
- parts sociales :
  ▶ valeur minimum, D. 6 avr. 1984, p. 2678.

Société coopérative européenne (SEC), L. 10 sept. 1947, art. 26-1 à 26-40, p. 2588 et s. ; Règlement CE22 juill. 2003, p. 2597 ;
- affectation du résultat, L. 10 sept. 1947, art. 65 à 67, p. 2613 ;
- assemblée générale, L. 10 sept. 1947, art. 36, p. 2607 ; art. 52 à 64, p. 2610 et s. ;
- capital, L. 10 sept. 1947, art. 3 et 4, p. 2598 ;
- cessation des paiements, L. 10 sept. 1947, art. 72, p. 2614 ;

- comptes annuels et comptes consolidés, L. 10 sept. 1947, art. 68 à 71, p. 2613 et s. ;
- constitution, L. 10 sept. 1947, art. 2, p. 2598 ; art. 17, p. 2603 ;
  ▶ fusion, L. 10 sept. 1947, art. 19 à 34, p. 2604 et s. ;
  ▶ transformation d'une coopérative préexistante, L. 10 sept. 1947, art. 35, p. 2607.
- direction et administration, L. 10 sept. 1947, art. 36 à 51, p. 2607 et s. ;
- dissolution, L. 10 sept. 1947, art. 72 et 73, p. 2614 ;
  ▶ dévolution de l'actif, L. 10 sept. 1947, art. 75, p. 2614 ;
  ▶ publicité, L. 10 sept. 1947, art. 74, p. 2614.
- immatriculation, L. 10 sept. 1947, art. 11, p. 2601 ;
- insolvabilité, L. 10 sept. 1947, art. 72, p. 2614 ;
- liquidation, L. 10 sept. 1947, art. 72, p. 2614 ;
- loi applicable, L. 10 sept. 1947, art. 8, p. 2601 ;
- mentions à faire figurer sur les documents, L. 10 sept. 1947, art. 10, p. 2601 ;
- nature de la SEC, L. 10 sept. 1947, art. 1er, p. 2598 ;
- personnalité juridique, L. 10 sept. 1947, art. 18, p. 2603 ;
- perte de la qualité de membre, L. 10 sept. 1947, art. 15 et 16, p. 2603 ;
- principe de non-discrimination, L. 10 sept. 1947, art. 9, p. 2601 ;
- publicité, L. 10 sept. 1947, art. 12 et 13, p. 2602 ;
- siège statutaire :
  ▶ localisation, L. 10 sept. 1947, art. 6, p. 2600 ;
  ▶ transfert, L. 10 sept. 1947, art. 7, p. 2600.
- statuts, L. 10 sept. 1947, art. 5, p. 2599 ;
- transformation en coopérative, L. 10 sept. 1947, art. 76, p. 2615.

Société coopérative de main-d'œuvre, C. com., art. L. 225-261 et s., p. 384.

Société coopérative de médecins, CSP, art. R. 4131-10 à R. 4131-28, p. 2689 et s.

Société coopérative ouvrière de production (SCOP), C. com., art. L. 225-102, p. 318 ; D. 18 janv. 1979, p. 2705 ; D. 27 juin 1979, p. 2706 ;
- actionnariat du personnel salarié, L. 19 juill. 1978, art. 35 à 44, p. 2699 et s. ;
- capital social, L. 19 juill. 1978, art. 21 à 25, p. 2697 et s. ; art. 27 à 29, p. 2698 ; art. 31, p. 2698 ;
- constitution, L. 19 juill. 1978, art. 5 à 11, p. 2693 et s. ;
- cumul contrat de travail et mandat d'administrateur, C. com., art. L. 225-22 (no 2), p. 245 ;
- définition et forme juridique, L. 19 juill. 1978, art. 1er à 4, p. 2692 et s. ;
- excédents nets de gestion, L. 19 juill. 1978, art. 32 à 34, p. 2698 et s. ;
- fonctionnement :
  ▶ assemblées, L. 19 juill. 1978, art. 12 à 14, p. 2694 et s. ;
  ▶ direction, L. 19 juill. 1978, art. 15 à 19, p. 2695 et s.
- liquidation, L. 19 juill. 1978, art. 20, p. 2697 ;
- parts sociales, L. 19 juill. 1978, art. 35 à 44, p. 2699 et s. ; D. 18 janv. 1979, p. 2705 ; D. 27 juin 1979, p. 2706 ;
- reconnaissance de la qualité, D. 10 nov. 1993, p. 2706 ;
- transformation, L. 19 juill. 1978, art. 48 à 51, p. 2703 et s. ; art. 52 *ter*, p. 2704 ;
- unions, L. 19 juill. 1978, art. 45 à 47, p. 2701.

Société de courses de chevaux, D. 5 mai 1997, p. 3265.

Société de crédit différé, L. 24 mars 1952, art. 1er, p. 2561 ; art. 3, p. 2562. - D. 15 déc. 1952, art. 1er à 4, p. 2563 et s. - D. 16 oct. 1953, art. 1er à 13, p. 2564 et s.

Société créée de fait, C. civ., art. 1872-1 (no 4), p. 147 ; art. 1873, p. 148 ;
- *affectio societatis*, C. civ., art. 1873 (nos 6 et 7), p. 149 ;
- apparence, C. civ., art. 1873 (no 6), p. 149 ;
- application à un projet d'entrée en société, C. civ., art. 1873 (no 5), p. 149 ;
- cession de parts sociales, C. civ., art. 1873 (no 6), p. 149 ;
- compatibilité avec le statut de collaborateur, C. civ., art. 1873 (no 13), p. 153 ;
- concubins, C. civ., art. 1873 (no 7), p. 151 ;
- distinction avec la société de fait, C. civ., art. 1873 (no 3), p. 149 ;
- distinction avec la société en formation, C. civ., art. 1873 (no 4), p. 149 ;
- liquidation, C. civ., art. 1873 (no 11), p. 152 ;
- notion, C. civ., art. 1873 (no 1), p. 149 ;
- participation aux bénéfices, C. civ., art. 1873 (no 6), p. 149 ;
- participation aux pertes, C. civ., art. 1873 (no 6), p. 149 ;
- preuve, C. civ., art. 1873 (no 6), p. 149 ;
- procédures collectives, C. civ., art. 1873 (no 8), p. 152 ;
- responsabilité des associés, C. civ., art. 1873 (no 12), p. 153 ;
- sociétés d'indivision, C. civ., art. 1873 (no 9), p. 152 ;
- substitution à une société en formation, C. civ., art. 1873 (no 2), p. 149 ;
- tierce opposition, C. civ., art. 1873 (no 8), p. 152.

Société pour le développement de l'industrie, du commerce et de l'agriculture, Ord. 4 févr. 1959, p. 2470 ; art. 2 à 7, p. 2471.

Société d'économie mixte locale (SEML), CGCT, art. L. 1521-1 à L. 1525-3, p. 3245 et s. ; art. R. 1524-1 et s., p. 3254.

Société d'épargne forestière, C. mon. fin., art. L. 214-86, p. 1051 ;
- actif, C. mon. fin., art. L. 214-122, p. 1060 ;
- agrément, C. mon. fin., art. L. 214-124, p. 1060 ;
- apports, C. mon. fin., art. L. 214-91, p. 1052 ;
- assemblée générale, C. mon. fin., art. L. 214-103, p. 1055 ;
- capital, C. mon. fin., art. L. 214-88, p. 1051 ;
- comptabilité, C. mon. fin., art. L. 214-109, p. 1056 ;
- constitution, C. mon. fin., art. L. 214-123, p. 1060 ;
- conventions réglementées, C. mon. fin., art. L. 214-106, p. 1055 ;
- fusion, C. mon. fin., art. L. 214-111, p. 1056 ; art. L. 214-125, p. 1060 ;
- garanties, C. mon. fin., art. L. 214-102, p. 1054 ;
- gérance, C. mon. fin., art. L. 214-98, p. 1054 ;
- objet, C. mon. fin., art. L. 214-121, p. 1059 ;
- opérations normales de gestion, C. mon. fin., art. L. 214-125, p. 1060 ;
- responsabilité des associés, C. mon. fin., art. L. 214-89, p. 1051 ;
- responsabilité des dirigeants, C. mon. fin., art. L. 214-89, p. 1051 ;

- rôle du commissaire aux comptes, C. mon. fin., art. L. 214-110, p. 1056 ;
- rôle de la société de gestion, C. mon. fin., art. L. 214-98, p. 1054 ; art. L. 214-101, p. 1054 ;
- souscription de parts, C. mon. fin., art. L. 214-93, p. 1052.

Société européenne, C. com., art. L. 229-2 à L. 229-14, p. 464 et s. ; Règlement CE8 oct. 2001, p. 468 – C. com., art. 1er à 70, p. 468 et s. ;
- d'une SA en SE, C. com., art. L. 225-245-1, p. 375 ;
- absence d'accord :
  - ▶ participation des salariés, C. trav., art. L. 2353-28 à L. 2353-32, p. 1830.
- actes accomplis au nom de la société avant son immatriculation, C. com., art. 16, p. 471 ;
- administration centrale :
  - ▶ déplacement en France, C. com., art. L. 229-9, p. 466 ;
  - ▶ déplacement hors de France, C. com., art. L. 229-9, p. 466.
- assemblée générale, C. com., art. L. 229-8, p. 466 ; art. 38, p. 475 ; art. 52 à 60, p. 478 ;
- capital social, C. com., art. 1er, p. 468 ; art. 4, p. 468 ;
- cessation des paiements, C. com., art. 63, p. 479 ; art. 65, p. 479 ;
- cession des actions, C. com., art. L. 229-14 et L. 229-15, p. 467 ;
  - ▶ clause d'inaliénabilité, C. com., art. L. 229-11, p. 467.
- clause d'exclusion, C. com., art. L. 229-12 et L. 229-13, p. 467 ;
- comité de la société européenne :
  - ▶ attributions, C. trav., art. L. 2353-3 à L. 2353-6, p. 1827 et s. ;
  - ▶ composition, C. trav., art. L. 2353-7 à L. 2353-12, p. 1828 ;
  - ▶ fonctionnement, C. trav., art. L. 2353-13 à L. 2353-27-1, p. 1828 et s. ;
  - ▶ mise en place, C. trav., art. L. 2353-1 et L. 2353-2, p. 1826 et s.
- comptes annuels :
  - ▶ publicité, C. com., art. R. 232-21 et R. 232-21-1, p. 690.
- comptes sociaux, C. com., art. 61 et 62, p. 479 ;
- constitution, C. com., art. 1er à 3, p. 468 ;
- contrôle du notaire, C. com., art. R. 229-2, p. 682 ;
- dénomination sociale, C. com., art. 11, p. 470 ;
- direction, C. com., art. L. 229-7, p. 466 ; art. 38 à 51, p. 475 et s. ; art. R. 229-23, p. 686 ;
- dispositions applicables, C. com., art. L. 229-1, p. 464 ; art. 9 et 10, p. 470 ; art. R. 229-1, p. 682 ;
- dispositions transitoires, C. com., art. 67, p. 480 ;
- dissolution, C. com., art. L. 229-3, p. 464 ; art. 63, p. 479 ; art. 65, p. 479 ; art. R. 229-14, p. 685 ;
- effet direct du règlement CE, C. com., art. 70, p. 480 ;
- filiale, C. com., art. 35 et 36, p. 475 ;
- fusion, C. com., art. L. 229-3, p. 464 ; art. 17 à 31, p. 471 et s. ; art. D. 229-13 à D. 229-13-2, p. 684 et s. ;
- groupe spécial de négociation, C. trav., art. L. 2352-1 à L. 2352-15, p. 1821 et s. ;
  - ▶ accord, C. trav., art. L. 2352-16 à L. 2352-20, p. 1823 et s.
- holding, C. com., art. L. 229-5, p. 465 ; art. 32 à 34, p. 474 et s. ;
- immatriculation, C. com., art. 12, p. 470 ; art. 14 à 16, p. 471 ;
- implication des travailleurs, C. com., art. 1er, p. 468 ;
- insolvabilité, C. com., art. 63, p. 479 ; art. 65, p. 479 ;
- liquidation, C. com., art. 63, p. 479 ; art. 65, p. 479 ;
- localisation du siège social, C. com., art. 64, p. 479 ;
- loi applicable, C. com., art. 5, p. 468 ; art. 15, p. 471 ;
- mise en œuvre du règlement CE par les États membres, C. com., art. 68, p. 480 ;
- modalités de l'implication des travailleurs au sein de la société européenne, C. trav., art. L. 2351-1 à L. 2351-7, p. 1820 et s. ; art. D. 2351-1, p. 1821 ;
- personnalité morale, C. com., art. L. 229-1, p. 464 ; art. 1er, p. 468 ; art. 16, p. 471 ;
- publicité, C. com., art. 13, p. 471 ; art. 15, p. 471 ;
- rachat des actions, C. com., art. L. 229-14, p. 467 ;
- radiation, C. com., art. 14, p. 471 ;
- rapport sur l'application du règlement CE, C. com., art. 69, p. 480 ;
- sanctions pénales, C. com., art. L. 244-5, p. 596 ; art. L 248-1, p. 600 ;
- siège social :
  - ▶ localisation, C. com., art. 7, p. 469 ;
  - ▶ transfert, C. com., art. L. 229-2, p. 464 ; art. L. 229-4, p. 465 ; art. 8, p. 469 ; art. R. 229-3 à R. 229-12, p. 683 et s.
- société holding, C. com., art. R. 229-15 à R. 229-19, p. 685 et s. ;
- société unipersonnelle, C. com., art. L. 229-6, p. 466 ;
- sort des institutions représentatives du personnel, C. trav., art. L. 2354-1, p. 1831 ;
- statuts, C. com., art. 6, p. 468 ;
- transformation, C. com., art. R. 229-20 à R. 229-22, p. 686 ;
  - ▶ d'une SE en SA, C. com., art. L. 229-10, p. 467 ; art. 37, p. 475 ; art. 66, p. 479 ; art. R. 229-24 à R. 229-26, p. 686 et s.

Société d'exercice libéral (SEL) (dispositions générales) :
- actions :
  - ▶ à dividende prioritaire sans droit de vote, L. 31 déc. 1990, art. 9, p. 2852 ;
  - ▶ à droit de vote double, L. 31 déc. 1990, art. 8, p. 2852.
- affiliation à un régime de sécurité sociale, L. 31 déc. 1990, art. 1er (no 8), p. 2849 ;
- agrément par l'autorité compétente, L. 31 déc. 1990, art. 3, p. 2849 ;
- apports :
  - ▶ droit de présentation de clientèle, L. 31 déc. 1990, art. 1er (no 3), p. 2848.
- associé :
  - ▶ exclusion, L. 31 déc. 1990, art. 5 (no 1), p. 2850 ; art. 21, p. 2855 ;
  - ▶ interdiction d'exercer, L. 31 déc. 1990, art. 21, p. 2855 ;
  - ▶ responsabilité, L. 31 déc. 1990, art. 16, p. 2854.
- associée d'une SNC, C. com., art. L. 221-1 (no 1), p. 171 ;
- capital social :
  - ▶ détention, L. 31 déc. 1990, art. 5 à 7, p. 2849 et s.
- cession de parts ou actions :
  - ▶ agrément, L. 31 déc. 1990, art. 10, p. 2853.

- compétence juridictionnelle, C. com., art. L. 721-5, p. 1955 ; art. L. 721-5 (nº 1), p. 1955. – L. 31 déc. 1990, art. 1er (nº 6), p. 2849 ;
- compte courant d'associé, L. 31 déc. 1990, art. 14, p. 2854 ; D.23 juill. 1992, p. 2854 ;
- comptes sociaux, L. 31 déc. 1990, art. 1er (nº 2), p. 2848 ;
- dénomination sociale, L. 31 déc. 1990, art. 2, p. 2849 ;
- dirigeants, L. 31 déc. 1990, art. 12, p. 2853 ;
- dispositions applicables, L. 31 déc. 1990, art. 17, p. 2854 ; art. 21, p. 2855 ;
- domaine :
  - agent commercial (exclusion), L. 31 déc. 1990, art. 1er (nº 1), p. 2848 ;
  - société interprofessionnelle (exclusion), L. 31 déc. 1990, art. 1er (nº 1), p. 2848.
- droits de vote :
  - détention, L. 31 déc. 1990, art. 5, p. 2849.
- formes possibles, L. 31 déc. 1990, art. 1er, p. 2848 ;
- fusion, L. 31 déc. 1990, art. 1er (nº 7), p. 2849 ;
- immatriculation, L. 31 déc. 1990, art. 3, p. 2849 ;
- inscription à un ordre professionnel, L. 31 déc. 1990, art. 3 (nº 1), p. 2849 ;
- interdiction d'exercer, L. 31 déc. 1990, art. 21, p. 2855 ;
- objet civil :
  - impossibilité d'être associée d'une SNC, L. 31 déc. 1990, art. 1er (nº 4), p. 2849 ;
  - impossibilité d'être inscrite sur les listes électorales d'une CCI, L. 31 déc. 1990, art. 1er (nº 5), p. 2849.
- objet social, L. 31 déc. 1990, art. 1er et s., p. 2848 ;
- sanctions pénales, L. 31 déc. 1990, art. 19, p. 2855 ;
- société de conseils juridiques (mise en conformité), L. 31 déc. 1990, art. 18, p. 2854 ;
- société d'exercice libéral en commandite par actions (SELCA), L. 31 déc. 1990, art. 13, p. 2853.

Société d'exercice libéral (SEL) (dispositions particulières) :
- administrateur judiciaire, C. com., art. L. 811-7, p. 2284 ;
- administrateur judiciaire et mandataire judiciaire, C. com., art. R. 814-145, p. 2873 ;
- architecte, D. 6 juill. 1992, p. 2885 ;
- avocat, D. 25 mars 1993, p. 2901 ;
- avoué, D. 16 mars 1993, art. 1er (anc.), p. 2939 ;
- chirurgien-dentiste, CSP, art. R. 4113-1, p. 2950 ;
- commissaire-priseur, D. 30 déc. 1992, art. 1er, p. 2998 ;
- commissaires aux comptes, C. com., art. R. 822-98, p. 2972 ;
- conseil en propriété industrielle, CPI, art. R. 422-41 et s., p. 3016 ;
- directeur de laboratoire d'analyses de biologie médicale, CSP, art. R. 6223-62 et s., p. 3027 ;
- expert agricole et foncier, C. rur., art. R. 173-54, p. 3041 ;
- expert forestier, C. rur., art. R. 173-54, p. 3041 ;
- expert-comptable, D. 30 mars 2012, p. 3065 ;
- géomètre-expert, D. 6 juill. 1992, p. 3076 ;
- greffier de tribunal de commerce, C. com., art. R. 743-120, p. 3092 ;
- huissier de justice, D. 30 déc. 1992, p. 3121 ;
- infirmier, CSP, art. R. 4381-8, p. 3136 ;
- masseur-kinésithérapeute, CSP, art. R. 4381-8 et s., p. 3136 ;
- notaire, D. 13 janv. 1993, p. 3176 ;
- pharmacien d'officine, CSP, art. R. 5125-14 et s., p. 3193 ;
- psychomotricien, CSP, art. R. 4381-8, p. 3136 ;
- vétérinaire, C. rur., art. R. 241-94 et s., p. 3209 ;

V. *Sociétés de participations financières de professions libérales.*

Société de fait, C. civ., art. 1844-8 (nº 7), p. 107 ; art. 1873 (nº 3), p. 149 ; V. *Société créée de fait.*

Société fictive, C. civ., art. 1844-15 (nº 1), p. 116 ;
- cas de fictivité, C. civ., art. 1844-10 (nº 6), p. 110 ;
- filiale, C. com., art. L. 233-1 (nº 4), p. 492 ;
- sanction :
  - action en déclaration de simulation, C. civ., art. 1844-10 (nº 6), p. 110 ;
  - nullité, C. civ., art. 1844-10 (nº 6), p. 110. – C. com., art. L. 235-12 (nº 2), p. 527 ;
  - prescription de l'action en nullité, C. civ., art. 1844-14 (nº 1), p. 114.

V. *Fictivité.*

Société en formation, C. civ., art. 1842 et 1843, p. 41 et s. ;
- absence de personnalité morale :
  - conséquences, C. civ., art. 1842 (nº 11), p. 43 ;
  - notion, C. civ., art. 1842 (nº 8), p. 42.
- concours bancaire, C. civ., art. 1842 (nº 13), p. 44 ;
- engagement personnel des fondateurs, C. civ., art. 1843 (nº 2), p. 48 ;
- reprise des actes :
  - changement de forme sociale, C. civ., art. 1843 (nº 5), p. 49 ;
  - clause attributive de compétence, C. civ., art. 1843 (nº 9), p. 52 ;
  - défaut de reprise, C. civ., art. 1843 (nº 10), p. 52 ;
  - distinction de la reprise et de la substitution de contractant, C. civ., art. 1843 (nº 11), p. 52 ;
  - effet rétroactif, C. civ., art. 1843 (nº 8), p. 51 ;
  - engagements susceptibles d'être repris, C. civ., art. 1843 (nº 3), p. 48 ;
  - EURL, C. com., art. L. 223-1 (nº 6), p. 187 ;
  - exigence d'un acte contracté au nom d'une société en formation, C. civ., art. 1843 (nº 4), p. 49 ;
  - modalités, C. civ., art. 1843 (nº 6), p. 49.
- rupture, C. civ., art. 1842 (nº 9), p. 43 ;
- sort du bien acquis à défaut d'immatriculation, C. civ., art. 1842 (nº 14), p. 44.

Société (en général), C. civ., art. 1832 et s., p. 3. – D. 3 juill. 1978, art. 1er et s., p. 156 ;
- apports :
  - publicité, C. civ., art. 1843-1 et s., p. 52.
- capacité d'ester en justice, C. civ., art. 1842 (nos 26 à 28), p. 45 ; art. 1842 (nº 28), p. 46 ;
- caractère commercial, C. com., art. L. 210-1, p. 165 ;
- clause léonine, C. civ., art. 1844-1, p. 83 ;
- constitution irrégulière :
  - régularisation, C. civ., art. 1839, p. 40 ;
  - responsabilité, C. civ., art. 1840, p. 40.
- contrat de société, C. civ., art. 1832 et s., p. 3 ;
- décisions collectives, C. civ., art. 1844, p. 72 ;
- dissolution, C. civ., art. 1844-7 et s., p. 94 ;
  - partage, C. civ., art. 1844-9 et s., p. 107.

- distinction de la société et de l'indivision, C. civ., art. 1832 (nº 2), p. 4 ;
- durée, C. civ., art. 1838, p. 40. - D. 3 juill. 1978, art. 3, p. 156 ;
  - ▶ prorogation, C. civ., art. 1844-6, p. 93.
- étrangère, C. civ., art. 1842 (nºs 26 et 27), p. 45 ;
- évaluation des droits sociaux, C. civ., art. 1843-4, p. 60 ;
- fusion, scission, C. civ., art. 1844-4, p. 89 ;
- hypothèque, C. civ., art. 1844-2, p. 88 ;
- immatriculation au RCS, D. 3 juill. 1978, art. 2, p. 156 ;
- liberté d'établissement, C. civ., art. 1842 (nº 29), p. 46 ;
- liquidation, C. civ., art. 1844-8, p. 103. - D. 3 juill. 1978, art. 8 à 14, p. 157 et s. ; art. 18 et s., p. 158 ; art. 27 à 29, p. 159 et s. ;
- nature juridique, C. civ., art. 1832 (nº 1), p. 4 ;
- nullité, C. civ., art. 1844-10 et s., p. 109. - D. 3 juill. 1978, art. 15 et s., p. 158 ;
- objet, C. civ., art. 1833, p. 19 ;
- offre au public (interdiction), C. civ., art. 1841, p. 40 ; art. 1841 (nº 1), p. 41 ;
- personnalité morale, C. civ., art. 1842, p. 41 ;
- procédure civile, V. *Procédure civile (solutions particulières aux personnes morales)* ;
- promesse, C. civ., art. 1832 (nº 35), p. 14 ;
- prorogation, C. civ., art. 1844-3, p. 88. - D. 3 juill. 1978, art. 3, p. 156 ;
- publicité, D. 3 juill. 1978, art. 18 à 20, p. 158 ; art. 22 à 24, p. 158 et s. ;
- siège social, C. civ., art. 1837, p. 37 ;
- statuts, C. civ., art. 1835 et 1836, p. 29 et s. - D. 3 juill. 1978, art. 7, p. 157 ;
  - ▶ régularisation, C. civ., art. 1839, p. 40. - D. 3 juill. 1978, art. 4 et 5, p. 156 ;
  - ▶ responsabilité, C. civ., art. 1840, p. 40.
- transformation, C. civ., art. 1844-3, p. 88 ;
- voies d'exécutions, V. *Voies d'exécution (droits d'associé et valeurs mobilières).*

Société d'HLM : V. *Habitations à loyer modéré (HLM).*

Société immobilière d'attribution, CCH, art. L. 212-1 et s., p. 2763 ; art. L. 214-1 et s., p. 2772 ; art. R.* 212-1 et s., p. 2785 ;
- ayant pour objet la construction d'immeubles à usage d'habitation ou à usage professionnel et d'habitation, CCH, art. L. 212-10 et s., p. 2767 ; art. R.* 212-12 et s., p. 2786 ;
- constituées avant le 31 décembre 1972, CCH, art. L. 212-14 et s., p. 2768 ; art. R.* 212-17 et s., p. 2788 ;
- sanctions, CCH, art. L. 241-1 et s., p. 2777.

Société immobilière de gestion, D. 13 juill. 1963, art. 3, p. 2833 ;
- apports d'immeubles, D. 13 juill. 1963, art. 7, p. 2834 ;
- dénomination sociale, D. 13 juill. 1963, art. 1er et 2, p. 2832 ;
- programme de construction, D. 13 juill. 1963, art. 1er, p. 2833.

Société immobilière d'investissement :
- acquisition d'immeubles construits :
  - ▶ agrément, D. 13 juill. 1963, art. 2, p. 2833 ;
  - ▶ montant des acquisitions, D. 13 juill. 1963, art. 2, p. 2833.
- cession d'immeubles, D. 13 juill. 1963, art. 5, p. 2834 ;
- comptes sociaux, D. 13 juill. 1963, art. 6, p. 2834 ;
- programme de construction, D. 13 juill. 1963, art. 1er, p. 2833 ;
- transformation, D. 13 juill. 1963, art. 3 et 4, p. 2833 et s.

Société immobilière d'investissement et de gestion, L. 15 mars 1963, art. 33, p. 2832 ; art. 1er, p. 2832.

Société d'intérêt collectif agricole (SICA), C. rur., art. L. 531-1 et s., p. 2459 ;
- actions ou parts :
  - ▶ valeur nominale, C. rur., art. R. 533-2, p. 2463.
- associés, C. rur., art. R. 531-5 et s., p. 2461 ;
- augmentation des engagements des associés, C. civ., art. 1836 (nº 6), p. 37 ;
- capital variable, C. rur., art. L. 531-1 (nº 2), p. 2460 ;
- comptes annuels, C. rur., art. R. 531-7 et s., p. 2461 ;
- constitution, C. rur., art. L. 531-1, p. 2459 ; art. R. 531-2 et s., p. 2461 ;
- contrôle des comptes, C. rur., art. R. 531-6 et s., p. 2461 ;
- dissolution, C. rur., art. L. 534-1, p. 2460 ;
- dividendes reçus au titre de participations, C. rur., art. L. 533-1, p. 2460 ;
- fonctionnement, C. rur., art. L. 532-1, p. 2460 ; art. R. 532-1 à R. 532-6, p. 2462 ;
- intérêt statutaire, C. rur., art. R.* 533-1, p. 2463 ;
- liquidation, C. rur., art. L. 534-1, p. 2460 ; art. R.* 534-3 et R. 534-4, p. 2463 ;
- sanctions, C. rur., art. L. 535-1 à L. 535-5, p. 2461 ; art. R.* 531-4 et s., p. 2461 ; art. R. 535-1, p. 2464 ;
- transformation, C. rur., art. L. 534-1, p. 2460 ;
- warrants agricoles, C. rur., art. R. 533-3 et s., p. 2463.

Société interposée, C. civ., art. 1842 (nº 3), p. 42.

Société Interprofessionnelle de Soins Ambulatoires (SISA), CSP, art. L. 4041-1, p. 3199.

Société d'investissement à capital fixe (SICAF) :
- actifs, C. mon. fin., art. L. 214-133, p. 1062 ;
- actions, C. mon. fin., art. L. 214-131 et L. 214-132, p. 1061 ;
  - ▶ direction, C. mon. fin., art. L. 214-127 et L. 214-128, p. 1060 et s.
- apports, C. mon. fin., art. L. 214-133, p. 1062 ;
- direction, C. mon. fin., art. L. 214-133, p. 1062 ;
- gestion, C. mon. fin., art. L. 214-129, p. 1061 ;
- négociation des actions sur un marché d'instruments financiers, C. mon. fin., art. L. 214-136 et L. 214-137, p. 1062 et s. ;
- objet :
  - ▶ capital social, C. mon. fin., art. L. 214-127, p. 1060.
- règles comptables, C. mon. fin., art. L. 214-135, p. 1062 ;
- rôle du commissaire aux comptes, C. mon. fin., art. L. 214-133, p. 1062.

Société d'investissement à capital variable (SICAV), C. mon. fin., art. L. 231-3 et s., p. 1195.

Société d'investissement pour le développement rural, C. rur., art. L. 112-18, p. 2464.

Société de libre partenariat, C. mon. fin., art. L. 214-162-1, p. 1068 ; art. D. 214-206-1, p. 1180.

Société mixte d'intérêt agricole, C. rur., art. L. 541-1 à L. 541-4, p. 2465 et s. ; art. D. 541-1, p. 2466.
Société nationale :
- démocratisation du secteur public, L. 26 juill. 1983, p. 3215 ; D. 26 déc. 1983, p. 3223 ; V. *Privatisation.*

Société en nom collectif (SNC), C. com., art. L. 221-1, p. 171 ; art. L. 221-3 à L. 221-9, p. 174 et s. ; art. L. 221-11 à L. 221-17, p. 177 et s. ; art. R. 221-1 à R. 221-10, p. 620 et s. ;
- assemblée, C. com., art. L. 221-6 et s., p. 176 ;
  - ▶ procès-verbal, C. com., art. R. 221-2 à R. 221-4, p. 620 et s.
- associé :
  - ▶ clause statutaire de retrait, C. com., art. L. 221-13 (nº 5), p. 178 ;
  - ▶ décès, C. com., art. L. 221-15, p. 181 ;
  - ▶ droit d'information, C. com., art. L. 221-8, p. 176 ; art. R. 221-8, p. 621 ;
  - ▶ faillite, interdiction ou incapacité d'un associé, C. com., art. L. 221-16, p. 182 ;
  - ▶ obligation solidaire aux dettes sociales, C. com., art. L. 221-1, p. 171 ; art. R. 221-10, p. 622 ;
  - ▶ procédures collectives, C. com., art. L. 221-1 (nº 13), p. 173 ;
  - ▶ qualité de commerçant, C. com., art. L. 221-1 (nº 1), p. 171 ;
  - ▶ qualité de salarié, C. com., art. L. 221-1 (nº 14), p. 173 ;
  - ▶ questions écrites, C. com., art. L. 221-8, p. 176.
- associé gérant, C. com., art. L. 221-3, p. 174 ;
- caractère commercial, C. com., art. L. 210-1, p. 165 ;
- cession de parts :
  - ▶ agrément, C. com., art. L. 221-13 (nº 4), p. 178 ;
  - ▶ consentement de tous les associés, C. com., art. L. 221-13, p. 178 ;
  - ▶ obligation aux dettes sociales, C. com., art. L. 221-1 (nº 8), p. 172.
- cession de parts sociales :
  - ▶ publicité, C. com., art. L. 221-14, p. 179 ; art. L. 221-14 (nº 6), p. 180 ; art. R. 221-9, p. 622.
- commissaire aux comptes, C. com., art. L. 221-9, p. 177 ; art. L. 221-11, p. 177 ; art. R. 221-5, p. 621 ;
- comptes annuels :
  - ▶ approbation, C. com., art. L. 221-7, p. 176 ; art. R. 221-6 et R. 221-7, p. 621 ;
  - ▶ publicité, C. com., art. L. 232-21, p. 487 ; art. R. 232-19 et R. 232-19-1, p. 690.
- décisions collectives, C. com., art. L. 221-6, p. 176 ;
- dénomination sociale, C. com., art. L. 221-2, p. 174 ;
  - ▶ utilisation du nom d'un associé fondateur décédé, C. com., art. L. 221-17, p. 183.
- dissolution, C. com., art. L. 221-15 et L. 221-16, p. 181 et s. ;
- durée, C. com., art. L. 210-2, p. 168 ;
- gérant :
  - ▶ abus de confiance, V. *Abus de confiance ;*
  - ▶ cogérance, C. com., art. L. 221-4 et L. 221-5, p. 174 et s. ;
  - ▶ délégation de pouvoirs, C. com., art. L. 221-5 (nº 4), p. 176 ;
  - ▶ démission, C. com., art. L. 221-12 (nº 2), p. 178 ;
  - ▶ nomination, C. com., art. L. 221-3, p. 174 ; art. L. 221-12, p. 177 ;
  - ▶ pouvoirs, C. com., art. L. 221-4 et L. 221-5, p. 174 et s. ; art. L. 221-7, p. 176 ;
  - ▶ responsabilité civile, C. com., art. L. 221-4 (nº 3), p. 175 ;
  - ▶ révocation, C. com., art. L. 221-12, p. 177 ; art. L. 221-12 (nº 1), p. 177.
- infraction, C. com., art. L. 247-1 à L. 247-3, p. 598 et s. ;
- nullité, C. com., art. L. 235-2, p. 525 ;
- parts sociales, C. com., art. L. 221-13 et s., p. 178 ;
- rapport, C. com., art. L. 221-7-1, p. 176 ;
- rapport de gestion, C. com., art. R. 221-7-1, p. 621 ;
- statuts, C. com., art. R. 221-1, p. 620 ; V. *Cession de parts sociales, Commissaire aux comptes (SNC), Société (en général), Société commerciale.*

Société en participation (dispositions particulières) :
- administrateur judiciaire et mandataire judiciaire, C. com., art. R. 814-155, p. 2874 ;
- architecte, D. 2 févr. 1995, p. 2888 ;
- avocat, D. 25 mars 1993, art. 44 et s., p. 2907 ;
- avoué, D. 16 mars 1993, art. 71 (anc.), p. 2947 ;
- chirurgien-dentiste, CSP, art. D. 4113-102 et D. 4113-103, p. 2964 ;
- commissaire-priseur judiciaire, D. 30 déc. 1992, art. 73, p. 3010 ;
- commissaires aux comptes, C. com., art. R. 822-107, p. 2973 ;
- conseil en propriété industrielle, CPI, art. R. 422-50 et s., p. 3017 ;
- géomètre-expert, D. 2 févr. 1995, p. 3079 ;
- greffier de tribunal de commerce, C. com., art. R. 743-135, p. 3095 ;
- huissier de justice, D. 30 déc. 1992, art. 73 et s., p. 3132 ;
- infirmier, CSP, art. D. 4381-23 et D. 4381-24, p. 3139 ;
- masseur-kinésithérapeute, CSP, art. D. 4381-23, p. 3139 ;
- notaire, D. 13 janv. 1993, art. 74, p. 3187 ;
- professions libérales :
  - ▶ exercice, L. 31 déc. 1990, art. 22 et 23, p. 2855 et s.
- société d'assolement en commun, C. rur., art. L. 411-39-1, p. 2459.

Société en participation (règles générales), C. civ., art. 1871 et s., p. 143 ;
- absence de personnalité morale, C. civ., art. 1871 et s., p. 143 ;
  - ▶ défaut de capacité d'ester en justice, C. civ., art. 1871 (nº 7), p. 145 ;
  - ▶ exclusion de la qualité d'employeur, C. civ., art. 1871 (nº 9), p. 145.
- *affectio societatis*, C. civ., art. 1871 (nº 1), p. 143 ;
- apport, C. civ., art. 1871 (nº 1), p. 143 ; art. 1871-1 (nº 2), p. 145 ; art. 1872 (nº 1), p. 146 ;
- associé, C. civ., art. 1872-1, p. 147 ;
  - ▶ abus de confiance, V. *Abus de confiance ;*
  - ▶ contribution aux bénéfices et aux pertes, C. civ., art. 1871 (nº 1), p. 143 ; art. 1871-1 (nº 3), p. 145 ;
  - ▶ rapports avec les tiers, C. civ., art. 1872-1, p. 147 ; art. 1872-1 (nº 1), p. 147.

- biens sociaux, C. civ., art. 1872 (nº 1), p. 146 ;
  ▶ rapports avec les tiers, C. civ., art. 1872, p. 146.
- caractère civil ou commercial, C. civ., art. 1871-1, p. 145 ;
- cautionnement, C. civ., art. 1871 (nº 13), p. 145 ;
- cession de parts, C. civ., art. 1871-1 (nº 4), p. 146 ;
- compensation, C. civ., art. 1871 (nº 12), p. 145 ;
- définition, C. civ., art. 1871 et s., p. 143 ;
- dissolution, C. civ., art. 1872-2, p. 148 ; art. 1872-2 (nº 4), p. 148 ;
- distinction avec d'autres contrats, C. civ., art. 1871 (nº 3), p. 143 ;
- durée, C. civ., art. 1872-2, p. 148 ; art. 1872-2 (nº 1), p. 148 ;
- ententes illicites, C. civ., art. 1871 (nº 6), p. 144 ;
- exemples de sociétés en participation, C. civ., art. 1871 (nº 5), p. 144 ;
- fictivité, C. civ., art. 1871 (nº 4), p. 144 ;
- fonctionnement, C. civ., art. 1871 et s., p. 143 ;
- indivision, C. civ., art. 1872, p. 146 ;
- liquidation, C. civ., art. 1872-2 (nº 6), p. 148 ;
- objet, C. civ., art. 1871 et s., p. 143 ;
- partage, C. civ., art. 1872-2, p. 148 ; art. 1872-2 (nº 7), p. 148 ;
- preuve, C. civ., art. 1871 et s., p. 143 ; art. 1871 (nº 1), p. 143 ;
- rapports entre associés, C. civ., art. 1871-1, p. 145 ;
- responsabilité civile du gérant, C. civ., art. 1871-1 (nº 5), p. 146 ;
- transaction, C. civ., art. 1872-1 (nº 3), p. 147.

Société de participations financières de profession libérale (dispositions générales), L. 31 déc. 1990, art. 31-1 et 31-2, p. 2856 et s.

Société de participations financières de profession libérale (dispositions particulières), D. 30 mars 2012, art. 198, p. 3065 ;
- administrateurs judiciaires ou mandataires judiciaires, C. com., art. R. 814-158, p. 2875 ;
- avocat, D. 25 mars 1993, art. 48-1, p. 2908 ;
- avoué, D. 16 mars 1993, art. 78 (anc.), p. 2948 ;
- commissaire-priseur, D. 30 déc. 1992, art. 80, p. 3011 ;
- commissaires aux comptes, C. com., art. R. 822-111, p. 2973 ;
- conseils en propriété industrielle, CPI, art. R. 422-51-1, p. 3018 ;
- experts fonciers et agricoles ou experts forestiers, C. rur., art. R. 174-1, p. 3042 ;
- géomètres-experts, D. 6 juill. 1992, art. 9, p. 3077 ;
- huissier de justice, D. 30 déc. 1992, art. 78-1, p. 3133 ;
- notaire, D. 13 janv. 1993, art. 79-1, p. 3188 ;
- pharmacien d'officine, CSP, art. R. 5125-24-1, p. 3196 ;
- vétérinaires, C. rur., art. R. 241-104, p. 3211.

Société de pêche artisanale, C. rur., art. L. 931-2 à L. 931-4, p. 2465.

Société de presse, L. 1er août 1986, art. 1er à 8, p. 2735 et s. ; art. 10 à 13, p. 2737 ; art. 15-1 et 16, p. 2737 ;
- SA de rédacteurs de presse, C. com., art. L. 224-2, p. 231.

Société à responsabilité limitée (SARL), C. com., art. L. 223-1 à L. 223-4, p. 186 et s. ; art. L. 223-6 à L. 223-37, p. 189 et s. ; art. L. 223-39 à L. 223-43, p. 229 et s. ; art. R. 223-1, p. 622 ; art. R. 223-3 à R. 223-6, p. 624 ; art. D. 223-6-1, p. 624 ; art. R. 223-7 à R. 223-14, p. 624 et s. ; art. R. 223-16 à R. 223-24, p. 625 et s. ; art. R. 223-27 à R. 223-36, p. 628 et s. ; art. L. 820-1, p. 896 ;
- action sociale, C. com., art. L. 223-22 et L. 223-23, p. 210 et s. ; art. R. 223-31 et R. 223-32, p. 629 ;
- apport :
  ▶ évaluation, C. com., art. L. 223-9, p. 190 ; art. D. 223-6-1, p. 624 ;
  ▶ en industrie, C. com., art. L. 223-7, p. 189 ; art. L. 223-7 (nº 3), p. 189 ;
  ▶ libération, C. com., art. L. 223-7 (nº 1), p. 189 ;
  ▶ en nature, C. com., art. L. 223-7, p. 189 ; art. L. 223-9, p. 190 ; art. L. 223-33, p. 226 ; art. R. 223-6, p. 624 ; art. D. 223-6-1, p. 624 ;
  ▶ en numéraire, C. com., art. L. 223-7, p. 189 ; art. L. 223-32, p. 225 ; art. R. 223-3 à R. 223-5, p. 624 ;
  ▶ retrait des fonds, C. com., art. L. 223-8, p. 189.
- assemblée :
  ▶ annulation, C. com., art. L. 223-27, p. 220 ; art. L. 223-27 (nº 5), p. 222 ;
  ▶ approbation des comptes, C. com., art. R. 223-28, p. 628 ;
  ▶ consultation écrite, C. com., art. R. 223-22, p. 628 ;
  ▶ convocation, C. com., art. L. 223-27, p. 220 ; art. L. 223-27 (nº 1), p. 221 ; art. L. 223-27 (nº 3), p. 221 ; art. R. 223-20, p. 626 ;
  ▶ convocation du commissaire aux comptes, C. com., art. L. 223-39, p. 229 ;
  ▶ feuille de présence, C. com., art. L. 223-27 (nº 5), p. 222 ;
  ▶ fixation judiciaire de l'ordre du jour, C. com., art. L. 223-27 (nº 4), p. 222 ;
  ▶ majorité, C. com., art. L. 223-29 et L. 223-30, p. 223 et s. ;
  ▶ ordre du jour, C. com., art. R. 223-20, p. 626 ; art. R. 223-20-2 et R. 223-20-3, p. 627 ;
  ▶ présidence, C. com., art. R. 223-23, p. 628 ;
  ▶ procès-verbaux, C. com., art. L. 223-27 (nº 11), p. 223 ; art. R. 223-24, p. 628 ;
  ▶ questions diverses, C. com., art. R. 223-20, p. 626 ;
  ▶ quorum, C. com., art. L. 223-30, p. 224 ;
  ▶ représentation d'un associé, C. com., art. R. 223-21, p. 627 ;
  ▶ visioconférence et vote électronique, C. com., art. L. 223-27, p. 220 ; art. R. 223-20-1, p. 627 ;
  ▶ vote, C. com., art. R. 223-21 et R. 223-22, p. 627 et s.
- assemblées :
  ▶ droit d'information, C. com., art. R. 223-28, p. 628.
- associé :
  ▶ approbation des comptes, C. com., art. R. 223-18 et R. 223-18-1, p. 626 ;
  ▶ clause statutaire de retrait, C. com., art. L. 223-16 (nº 1), p. 201 ;
  ▶ conventions interdites, C. com., art. L. 223-21, p. 209 ;
  ▶ conventions sur des opérations courantes, C. com., art. L. 223-20, p. 209 ;
  ▶ conventions réglementées, C. com., art. L. 223-19, p. 208 ; art. R. 223-16 et R. 223-17, p. 625 et s. ;
  ▶ décès, C. com., art. L. 223-13, p. 191 ;
  ▶ droit de contrôle, C. com., art. L. 223-26, p. 219 ;

▶ droit d'information, C. com., art. R. 223-18, p. 626 ;
▶ droit de participer aux décisions, C. com., art. L. 223-28, p. 223 ;
▶ droit de vote, C. com., art. L. 223-28, p. 223 ;
▶ égalitaires, C. com., art. L. 223-18 (nº 9), p. 206 ;
▶ faillite, interdiction ou incapacité, C. com., art. L. 223-41, p. 229 ;
▶ information, C. com., art. L. 223-26, p. 219 ;
▶ limitation de la responsabilité envers les tiers, C. com., art. L. 223-1, p. 186 ; art. L. 223-9, p. 190 ;
▶ majoritaires, C. com., art. L. 223-18 (nº 9), p. 206 ;
▶ minoritaires, C. com., art. L. 223-18 (nº 9), p. 206 ;
▶ nombre, C. com., art. L. 223-1, p. 186 ; art. L. 223-3, p. 188 ;
▶ participation aux pertes, C. com., art. L. 223-1, p. 186 ;
▶ personne morale, C. com., art. L. 223-28 (nº 4), p. 223 ;
▶ questions écrites à la gérance, C. com., art. L. 223-36, p. 227 ; art. R. 223-29, p. 629 ;
▶ représentation, C. com., art. L. 223-28, p. 223 ; art. L. 223-28 (nº 3), p. 223 ;
▶ responsabilité civile, C. com., art. L. 223-10, p. 191.
- associé unique, V. *EURL ;*
- augmentation du capital, C. com., art. L. 223-30, p. 224 ;
- capital social :
▶ achat de parts sociales, C. com., art. L. 223-34, p. 226 ; art. R. 223-34, p. 629 ;
▶ augmentation, C. com., art. L. 223-32 et L. 223-33, p. 225 et s. ;
▶ capital variable, C. com., art. L. 223-2 (nº 2), p. 188 ;
▶ capitaux propres inférieurs à la moitié du capital social, C. com., art. R. 223-36, p. 629 ;
▶ minimum légal, C. com., art. L. 223-2 (nº 1), p. 188 ;
▶ montant, C. com., art. L. 223-2, p. 188 ;
▶ opposition des créanciers, C. com., art. L. 223-34, p. 226 ;
▶ perte de la moitié, C. com., art. L. 223-42, p. 229 ;
▶ réduction, C. com., art. L. 223-34, p. 226 ; art. R. 223-33, p. 629 ; art. R. 223-35, p. 629 ;
▶ réduction (action en dissolution), C. com., art. L. 223-34, p. 226.
- caractère commercial, C. com., art. L. 210-1, p. 165 ;
- clause de préemption, C. com., art. L. 223-16 (nº 2), p. 201 ;
- commissaire aux comptes, C. com., art. L. 223-35, p. 227 ; art. L. 223-39, p. 229 ; art. L. 223-43, p. 230 ; art. R. 223-27, p. 628 ; art. L. 820-1, p. 896 ;
- comptes annuels :
▶ dépôt au greffe, C. com., art. L. 223-42, p. 229 ;
▶ publicité, C. com., art. L. 232-22, p. 488 ; art. R. 232-20 et R. 232-20-1, p. 690.
- comptes sociaux :
▶ approbation des comptes, C. com., art. L. 223-26, p. 219 ;
▶ communication aux associés, C. com., art. L. 223-26, p. 219 ;
▶ établissement des comptes sociaux, C. com., art. L. 223-26, p. 219.
- conseil de surveillance, C. com., art. L. 223-18 (nº 4), p. 203 ;
- consentement de tous les associés dans un acte, C. com., art. L. 223-27, p. 220 ;
- constitution :
▶ acte constitutif, C. com., art. L. 223-6, p. 189 ;
▶ commissaire aux apports, C. com., art. L. 223-9, p. 190 ; art. R. 223-6, p. 624 ; art. D. 223-6-1, p. 624 ;
▶ libération des parts sociales, C. com., art. L. 223-7, p. 189 ;
▶ retrait ou restitution des fonds, C. com., art. L. 223-8, p. 189 ; art. R. 223-4 et R. 223-5, p. 624.
- consultation écrite, C. com., art. L. 223-27, p. 220 ; art. L. 223-27 (nº 9), p. 223 ; art. L. 223-29, p. 223 ; art. R. 223-22, p. 628 ;
▶ majorité, C. com., art. L. 223-29, p. 223.
- dénomination sociale, C. com., art. L. 223-1, p. 186 ; art. L. 223-1 (nº 15), p. 188 ;
- dissolution, C. com., art. L. 223-41 et L. 223-42, p. 229 ;
▶ nombre des associés supérieur à cent, C. com., art. L. 223-3, p. 188.
- dividendes :
▶ répétition, C. com., art. L. 223-40, p. 229.
- droit de communication, C. com., art. R. 223-15, p. 625 ;
- durée, C. com., art. L. 210-2, p. 168 ;
- entreprise de presse :
▶ révocation du gérant, C. com., art. L. 223-25, p. 215.
- EURL, V. *Entreprise unipersonnelle à responsabilité limitée ;*
- expert de gestion, C. com., art. L. 223-37, p. 227 ; art. R. 223-30, p. 629 ;
- gérant :
▶ absence de qualité de commerçant, C. com., art. L. 223-18 (nº 1), p. 202 ;
▶ conventions interdites, C. com., art. L. 223-21, p. 209 ;
▶ conventions sur des opérations courantes, C. com., art. L. 223-20, p. 209 ;
▶ conventions réglementées, C. com., art. L. 223-19, p. 208 ; art. R. 223-16 et R. 223-17, p. 625 et s. ;
▶ cumul avec un contrat de travail, V. *Salarié ;*
▶ démission, C. com., art. L. 223-25 (nºs 9 et 10), p. 218 ; art. L. 223-25 (nº 12), p. 219 ;
▶ nombre, C. com., art. L. 223-18, p. 202 ;
▶ nomination, C. com., art. L. 223-18, p. 202 ; art. L. 223-18 (nº 2), p. 203 ;
▶ non-renouvellement des fonctions, C. com., art. L. 223-25 (nºs 14 et 15), p. 219 ;
▶ pluralité de gérants, C. com., art. L. 223-18 (nº 4), p. 203 ;
▶ pouvoirs, C. com., art. L. 223-18, p. 202 ; art. L. 223-18 (nº 4), p. 203 ;
▶ rémunération, C. com., art. L. 223-18 (nº 5), p. 204 ; art. L. 223-19 (nº 2), p. 208 ;
▶ responsabilité civile, C. com., art. L. 223-10, p. 191 ; art. L. 223-22, p. 210 ;
▶ révocation, C. com., art. L. 223-25, p. 215 ;
▶ surendettement, C. com., art. L. 223-18 (nº 1), p. 202.
- information des associés, C. com., art. R. 223-15, p. 625 ;
- liquidation judiciaire, C. com., art. L. 223-24, p. 215 ;
- nationalité, C. com., art. L. 223-30, p. 224 ;
- nullités, C. com., art. L. 223-10, p. 191 ; art. L. 223-26, p. 219 ; art. L. 235-1 et s., p. 522 ;

- obligations (valeurs mobilières), C. com., art. L. 223-11, p. 191 ; art. R. 223-7 à R. 223-10, p. 624 et s. ;
  ▶ sanctions pénales, C. com., art. L. 241-2, p. 570.
- parts sociales, C. com., art. L. 223-32, p. 225 ;
  ▶ adjudication, C. com., art. L. 223-15, p. 201 ;
  ▶ agrément, C. com., art. L. 223-13 et L. 223-14, p. 191 et s. ;
  ▶ cession, C. com., art. L. 223-14, p. 192 ; art. L. 223-16 et L. 223-17, p. 201 et s. ; art. R. 223-11 et R. 223-12, p. 625 ;
  ▶ forme, C. com., art. L. 223-12, p. 191 ;
  ▶ libération, C. com., art. L. 223-7, p. 189 ;
  ▶ nantissement, C. com., art. L. 223-15, p. 201 ; art. R. 223-11 et R. 223-12, p. 625 ;
  ▶ publicité, C. com., art. R. 223-13, p. 625 ;
  ▶ répartition (mentions dans les statuts), C. com., art. L. 223-7 (nº 2), p. 189 ;
  ▶ réunion en une seule main, C. com., art. L. 223-4, p. 189 ;
  ▶ souscription, C. com., art. L. 223-7, p. 189 ;
  ▶ transmission, C. com., art. L. 223-13, p. 191.
- rapport, C. com., art. L. 223-26-1, p. 220 ; art. R. 223-18-2, p. 626 ;
- rapport de gestion, C. com., art. L. 223-26, p. 219 ;
- redressement judiciaire, C. com., art. L. 223-24, p. 215 ;
- responsabilité pénale, C. com., art. L. 820-1, p. 896 ;
- statuts :
  ▶ copie conforme, C. com., art. R. 223-14, p. 625 ;
  ▶ mentions obligatoires, C. com., art. L. 223-7, p. 189 ; art. L. 223-9, p. 190 ; art. R. 223-3, p. 624 ;
  ▶ modifications, C. com., art. L. 223-30, p. 224 ;
  ▶ nombre d'exemplaires, C. com., art. R. 223-1, p. 622.
- transformation, C. com., art. L. 223-43, p. 230 ; art. L. 224-3, p. 233 ;

V. *aussi Commissaire aux apports (SARL), Commissaire aux comptes (SARL), Société (en général), Société commerciale.*

Société en sommeil :
- caractère fautif de la mise en sommeil, C. com., art. L. 223-22 (nº 1), p. 210 ;
- radiation d'office, C. civ., art. 1844-7 (nº 24), p. 102 ;
- réactivation frauduleuse, C. civ., art. 1842 (nº 35), p. 47 ;
- survie, C. civ., art. 1844-7 (nº 24), p. 102.

Société de vente aux enchères publiques, C. com., art. L. 321-4 à L. 321-15, p. 2738 et s. ; art. L. 321-17, p. 2741 ; art. R. 321-1 à R. 321-4, p. 2741 et s.

Sociétés civiles immobilières d'accession progressive à la propriété, CCH, art. L. 443-6-2 à L. 443-6-13, p. 2821 et s.

Sociétés coopératives :
- fusion, C. com., art. L. 236-3 (nº 9), p. 531 ;
- position débitrice d'un compte courant d'associé, C. civ., art. 1832 (nº 19), p. 11.

Sociétés d'habitat participatif, CCH, art. R. 200-8, p. 2781 ;
- coopératives d'habitants, CCH, art. L. 201-1 à L. 201-8, p. 2755 et s. ; art. L. 201-10 à L. 201-13, p. 2756 et s. ;
- généralités, CCH, art. L. 200-1 à L. 200-11, p. 2753 et s. ; art. R. 200-1 à R. 200-7, p. 2780 et s. ;
- sociétés d'attribution et d'autopromotion, CCH, art. L. 202-1 à L. 202-11, p. 2757 et s. ; art. R. 202-1 à R. 202-8, p. 2783 et s. ;
- sociétés coopératives d'habitants, CCH, art. R. 201-1 à R. 201-8, p. 2782 et s.

Sociétés locales d'épargne, C. mon. fin., art. L. 512-92 et L. 512-93, p. 2708 et s.

Sociétés publiques locales d'aménagement, C. urb., art. L. 327-1, p. 3255.

Souscription, achat ou prise en gage par les sociétés de leurs propres actions, C. com., art. R. 225-159 et R. 225-160, p. 665.

Sport :
- associations sportives, C. sport, art. L. 121-1 et L. 121-2, p. 3258 ; art. L. 121-4 et L. 121-5, p. 3258 et s. ;
  ▶ rôle des collectivités territoriales, C. sport, art. L. 113-1 à L. 113-3, p. 3258.
- fédérations sportives, C. sport, art. L. 111-1, p. 3257 ;
- relations entre associations et sociétés sportives, C. sport, art. L. 122-14 à L. 122-19, p. 3261 ;
- sociétés sportives, C. sport, art. L. 122-1 à L. 122-4, p. 3259 ; art. L. 122-6 à L. 122-11, p. 3260 et s. ;
  ▶ offre au public, C. sport, art. L. 122-5, p. 3259 ;
  ▶ rôle des collectivités territoriales, C. sport, art. L. 113-1 à L. 113-3, p. 3258.

Statutaire, L. 1er juill. 1901, art. 1er (nº 4), p. 714.

Statuts (société) :
- copie conforme, C. com., art. R. 225-109, p. 657 ;
- détermination du pouvoir de licencier, C. civ., art. 1835 (nº 9), p. 30 ;
- exigence d'un écrit, C. civ., art. 1835 et s., p. 29 ;
- mentions obligatoires, C. civ., art. 1835, p. 29. - C. com., art. L. 210-2, p. 168 ;
  ▶ régularisation, C. civ., art. 1839, p. 40. - D. 3 juill. 1978, art. 4 et 5, p. 156. - C. com., art. L. 210-7, p. 169 ; art. R. 210-12 et R. 210-13, p. 619 ;
  ▶ responsabilité, C. com., art. L. 210-8, p. 169.
- mise à jour :
  ▶ publicité, C. com., art. R. 210-10, p. 619.
- modification, C. civ., art. 1836 (nº 2), p. 36 ; art. 1839, p. 40 ;
- modifications :
  ▶ plan de sauvegarde, C. com., art. L. 626-15 et s., p. 2031 ;
  ▶ publicité, C. com., art. R. 210-9, p. 618.
- notion, C. civ., art. 1835 (nº 1), p. 29 ;

V. *Liberté statutaire, préambule, règlement intérieur.*

Stock-options : V. *Option de souscription ou d'achat d'actions.*

Sûretés réelles, C. civ., art. 1844-2, p. 88.

Syndicat d'étalon, C. civ., art. 1871 (nº 5), p. 144.

Système multilatéral de négociation, C. com., art. L. 233-7-1, p. 503. - C. mon. fin., art. L. 424-1, p. 1260 ;
- admission, suspension et retrait des instruments financiers, C. mon. fin., art. L. 424-5, p. 1262 ;
- fonctionnement, C. mon. fin., art. L. 424-2, p. 1261 ; art. L. 424-4, p. 1261 ;
- membres, C. mon. fin., art. L. 424-6, p. 1262 ;
- systèmes multilatéraux de négociation européens, C. mon. fin., art. L. 424-10, p. 1263 ;
- transparence, C. mon. fin., art. L. 424-7 et L. 424-8, p. 1262.

Systèmes de règlements interbancaires de livraison d'instruments financiers, C. mon. fin., art. L. 330-1 et L. 330-2, p. 1223 et s. ; art. R. 330-1 à R. 330-3, p. 1227.

T

Tierce opposition, D. 3 juill. 1978, art. 16, p. 158. - CPC, art. 582 et 583, p. 1951 ;
- décision ayant condamné au paiement une société à risque illimité, CPC, art. 583 (nº 5), p. 1952 ;
- décision prononçant la liquidation judiciaire de la société, CPC, art. 583 (nº 6), p. 1952 ;
- décision prononcée contre une société dissoute, CPC, art. 583 (nº 4), p. 1951 ;
- décision prononcée à l'encontre d'une société créée de fait, CPC, art. 583 (nº 2), p. 1951 ;
- décision relative à une procédure collective (à une), C. com., art. L. 661-2 et s., p. 2124 ; art. L. 661-7, p. 2125 ;
- désignation du liquidateur, C. com., art. R. 237-12, p. 702 ;
- jugement d'ouverture d'une procédure d'insolvabilité, Règl. (UE) 20 mai 2015, art. 3 (nº 1), p. 2238 ;
- nullité des sociétés, C. com., art. R. 235-3, p. 695 ;
- retrait d'un associé de société civile, CPC, art. 583 (nº 1), p. 1951.

Titre exécutoire :
- contre l'associé d'une société civile, C. civ., art. 1857 (nº 9), p. 128 ;
- GIE, C. com., art. L. 251-6 (nº 4), p. 604 ;
- SNC :
  - ▶ contre l'associé, C. com., art. L. 221-1 (nº 6), p. 172 ;
  - ▶ contre la société, C. com., art. L. 221-1 (nº 6), p. 172.

Titres associatifs, C. mon. fin., art. L. 213-9, p. 997 ; V. *Association.*

Titres de capital, C. mon. fin., art. L. 212-1 A et L. 212-1, p. 989 et s.

Titres de créances négociables, C. mon. fin., art. D. 213-5, p. 1093 ;
- émission, C. mon. fin., art. L. 213-3 et L. 213-4, p. 995 ; art. D. 213-1 à D. 213-3, p. 1092 et s. ; art. D. 213-7, p. 1093 ;
  - ▶ documentation financière, C. mon. fin., art. D. 213-11 à D. 213-14, p. 1094 et s. ;
  - ▶ information préalable, C. mon. fin., art. D. 213-9, p. 1094.

Titres donnant accès au capital, C. mon. fin., art. L. 212-7 et s., p. 991.

Titres financiers :
- émission, C. mon. fin., art. L. 211-3, p. 976 ;
- inscription en compte, C. mon. fin., art. L. 211-4, p. 976 ; art. L. 211-17, p. 982 ; art. R. 211-1 à R. 211-8, p. 1090 et s. ;
  - ▶ compte-titres, C. mon. fin., art. L. 211-7, p. 980 ; art. L. 211-20, p. 983 ;
  - ▶ nantissement, C. mon. fin., art. L. 211-20, p. 983.
- liste, C. mon. fin., art. L. 211-1, p. 975 ;
- livraison, C. mon. fin., art. L. 211-18, p. 982 ;
- négociabilité, C. mon. fin., art. L. 211-14, p. 981 ;
- pension, C. mon. fin., art. L. 211-27 à L. 211-33, p. 986 ;
- prêt, C. mon. fin., art. L. 211-22, p. 985 ; art. L. 211-24, p. 985 ; art. L. 211-26, p. 985 ;
- revendication, C. mon. fin., art. L. 211-16, p. 981 ;
- transmission, C. mon. fin., art. L. 211-15, p. 981 ;
  - ▶ adjudication, C. mon. fin., art. L. 211-21, p. 984.

Titres nominatifs, D. 7 sept. 1959, art. 1er, p. 1667 ;
- conversion, D. 7 déc. 1955, art. 2, p. 1659 ;
- émis par les sociétés par actions, C. com., art. L. 228-1 et s., p. 404 ;
- identification des détenteurs, C. com., art. L. 228-3 et s., p. 407 ;
- obligations amortissables par tirage au sort de numéros de titres :
  - ▶ opérations résultant d'une négociation, D. 7 déc. 1955, art. 23 et s., p. 1660 ;
  - ▶ produits-paiement, D. 7 déc. 1955, art. 5, p. 1659 ;
  - ▶ responsabilité des personnes morales émettrices et intermédiaires, D. 7 déc. 1955, art. 49, p. 1665 ;
  - ▶ ne résultant pas d'une négociation, D. 7 déc. 1955, art. 34 et s., p. 1663 ;
  - ▶ transfert-acceptation, D. 7 déc. 1955, art. 43 et 44, p. 1665.
- titres essentiellement nominatifs, D. 7 déc. 1955, art. 28, p. 1661.

Titres participatifs, C. com., art. L. 228-36 et L. 228-37, p. 449 et s. ; art. R. 228-49 à R. 228-55, p. 676 ; art. D. 228-56, p. 676. - C. mon. fin., art. L. 213-32 à L. 213-35, p. 1001 ;
- fusion, C. com., art. L. 236-7, p. 538.

Titres en voie d'extinction, C. com., art. L. 228-29-9, p. 444. - C. mon. fin., art. L. 212-6 et s., p. 991 ;
- calcul de la quotité des actions de préférence, C. com., art. L. 228-29-10, p. 444 ;
- définition, C. com., art. L. 228-29-8 et s., p. 444 ;
- droit préférentiel de souscription, C. com., art. L. 228-29-9, p. 444.

Tontine, C. civ., art. 1835 (nº 8), p. 30.

Trafic d'influence, C. pén., art. 433-1 et 433-2, p. 2360.

Transformation des sociétés :
- SA :
  - ▶ conditions, C. com., art. L. 225-243, p. 375 ;
  - ▶ décision de transformation, C. com., art. L. 225-244, p. 375 ;
  - ▶ modalités, C. com., art. L. 225-245, p. 375 ;
  - ▶ publicité, C. com., art. R. 225-165, p. 667 ;
  - ▶ en société européenne, C. com., art. L. 225-245-1, p. 375 ; art. R. 229-20 à R. 229-22, p. 686.
- abus de majorité, C. civ., art. 1833 (nº 15), p. 23 ;
- abus de minorité, C. civ., art. 1833 (nºs 20 et 21), p. 26 ;
- règles générales :
  - ▶ continuité de la personnalité morale, C. civ., art. 1844-3, p. 88 ; art. 1844-3 (nº 1), p. 88 ;
  - ▶ mandats sociaux et délégation de pouvoirs, C. civ., art. 1844-3 (nº 2), p. 89.
- SARL, C. com., art. L. 223-43, p. 230 ;
  - ▶ nombre des associés supérieur à cent, C. com., art. L. 223-3, p. 188.
- SCA, C. com., art. L. 226-14, p. 390 ;
- SNC, C. com., art. L. 221-1 (nº 9), p. 173 ; art. L. 221-15, p. 181 ;

- société par actions (transformation en) :
  ▶ en SA, C. com., art. L. 224-3, p. 233 ;
  ▶ attestation du commissaire à la transformation, C. com., art. R. 224-3, p. 630.
- société commerciale :
  ▶ continuité de la personnalité morale, C. com., art. L. 210-6, p. 169.
- transformation en SAS, C. com., art. L. 227-3, p. 393.

Transport : V. *Société coopérative.*

TSDI, C. com., art. L. 228-97, p. 460.

U

Union de coopératives agricoles :
- capital, C. rur., art. L. 521-2, p. 2620 ; art. L. 523-1 et s., p. 2626 ; art. R. 523-1 et s., p. 2649 ;
- dénomination, C. rur., art. L. 521-3, p. 2620 ; art. R. 521-5, p. 2644 ; art. R. 529-1 et R.* 529-2, p. 2670 ;
- durée, C. rur., art. L. 521-2, p. 2620.

Union européenne :
- GEIE, C. com., art. L. 252-1 et s., p. 608 ; art. 1er, p. 609 ;
- société anonyme européenne, V. *Société européenne ;*
- société coopérative européenne, Règlement CE22 juill. 2003, p. 2597.

Unité économique et sociale :
- comité d'entreprise, C. trav., art. L. 2322-4, p. 1753 ;
- personnalité morale, C. trav., art. L. 2322-4 (no 7), p. 1755.

Usage irrégulier de qualité, C. pén., art. 433-18, p. 2361.

Usufruit : V. *Démembrement de propriété des droits sociaux.*

V

Vaines et préalables poursuites, C. civ., art. 1858, p. 129 ; art. 1858 (no 4), p. 130.

Valeurs mobilières, C. com., art. L. 228-1, p. 404 ; art. L. 228-3, p. 407 ;
- conversion, C. com., art. L. 228-1, p. 404 ;
- définition, C. com., art. L. 228-1, p. 404. - C. mon. fin., art. L. 211-3, p. 976 ;
- démarchage, C. mon. fin., art. L. 341-1 et L. 341-2, p. 1228 ; art. L. 353-1 et s., p. 1239 ;
- détention pour le compte de tiers, C. com., art. L. 228-3-1, p. 407 ;
- détenues par des propriétaires non résidents, C. com., art. L. 228-3-2, p. 407 ;
- émission, C. mon. fin., art. L. 211-2 et L. 211-3, p. 976 ; L. 30 janv. 1907, p. 1654 ; D. 30 oct. 1948, p. 1654 ;
- établissement des cours, V. *Autorité des marchés financiers ;*
- forme, C. com., art. L. 228-1, p. 404 ;
- gestionnaire de valeurs mobilières :
  ▶ secret professionnel, C. com., art. L. 228-3-4, p. 408.
- identification des détenteurs de titres au porteur, C. mon. fin., art. L. 211-5, p. 979 ; art. L. 212-4, p. 991 ;
- indivisibilité, C. com., art. L. 228-5, p. 413 ;
- infraction, C. mon. fin., art. L. 465-1 et s., p. 1322 ; art. L. 642-3, p. 1653 ;
- inscription en compte, C. com., art. L. 228-1, p. 404. - C. mon. fin., art. R. 211-1 à R. 211-8, p. 1090 et s. ; art. R. 213-16, p. 1095 ;
  ▶ compte joint, C. com., art. L. 228-6-2, p. 414 ;
  ▶ compte-titres, C. mon. fin., art. L. 211-4, p. 976 ; art. L. 211-6, p. 980 ;
  ▶ transfert de propriété, C. com., art. R. 228-10, p. 670.
- interdiction d'émettre, C. civ., art. 1841, p. 40. - C. com., art. L. 223-11, p. 191 ; art. L. 241-2, p. 570 ;
- intermédiaire, C. com., art. R. 228-1 et R. 228-2, p. 669 ; art. R. 228-5 et R. 228-6, p. 669 ;
- liste des titulaires d'actions nominatives, C. com., art. R. 228-7, p. 669 ;
- mandat général de gestion, C. com., art. L. 228-3-2, p. 407 ;
- marché :
  ▶ admission, C. mon. fin., art. L. 421-3 à L. 421-5, p. 1252 et s. ;
  ▶ cession des valeurs admises, C. mon. fin., art. L. 421-6 à L. 421-9, p. 1253 et s. ; art. L. 573-1, p. 1472.
- OPCVM, C. mon. fin., art. L. 214-1 et s., p. 1001 ; art. L. 231-3 et s., p. 1195 ;
- parts bénéficiaires ou parts de fondateur, C. com., art. L. 228-4, p. 408 ; L.23 janv. 1929, p. 409. - C. com., art. 1er, p. 412 ;
- portefeuille de valeurs mobilières, C. com., art. L. 228-1 (no 2), p. 405 ;
- privation du droit de vote, C. com., art. L. 228-3-3, p. 408 ;
- registre des titres nominatifs, C. com., art. R. 228-8 et R. 228-9, p. 669 et s. ;
- titres en déshérence, C. com., art. L. 228-6-3, p. 414 ; art. R. 228-14, p. 670 ;
- titres non réclamés :
  ▶ vente des actions non attribuées en cas de fusion, C. com., art. L. 228-6-1, p. 414 ;
  ▶ vente des titres dont les ayants droit n'ont pas demandé la délivrance, C. com., art. L. 228-6, p. 413 ; art. R. 228-11 et R. 228-12, p. 670.
- titres au porteur, C. com., art. L. 228-1 (no 1), p. 405 ;
- titres au porteur identifiables, C. com., art. L. 228-2 et s., p. 406 ; art. R. 228-3 et R. 228-4, p. 669 ;
- transfert de propriété, C. com., art. L. 228-1, p. 404 ;
- voies d'exécutions, V. *Voies d'exécutions (droits d'associé et valeurs mobilières), Actions de société, Certificats d'investissement, Obligations, Titres nominatifs, Titres participatifs.*

Valeurs mobilières donnant accès au capital, C. com., art. L. 228-91 et L. 228-92, p. 458 et s. ; art. L. 228-92 à L. 228-95, p. 459 et s. ; art. L. 228-97 à L. 228-101, p. 460 et s. ; art. L. 228-103 et L. 228-104, p. 462 et s. ; art. R. 228-87 à R. 228-96, p. 680 et s. ;
- achat de ses actions admises aux négociations sur un marché réglementé, C. com., art. R. 228-90, p. 680 ;
- assemblée générale extraordinaire des actionnaires, C. com., art. L. 228-92 à L. 228-94, p. 459 et s. ;
- augmentation de capital résultant de l'exercice des droits, C. com., art. L. 225-149, p. 349 ; art. R. 225-132, p. 661 ;
- clause de subordination, C. com., art. L. 228-97, p. 460 ;

- conversion des titres de capital en valeurs mobilières représentatives de créances :
  - ▶ clause réputée non écrite, C. com., art. L. 228-91, p. 458.
- cours de bourse à retenir, C. com., art. R. 228-96, p. 682 ;
- droit de communication, C. com., art. L. 228-105, p. 463 ; art. R. 228-95, p. 682 ;
- droit préférentiel de souscription, C. com., art. L. 228-29-9, p. 444 ; art. L. 228-91, p. 458 ;
- émission, C. com., art. L. 228-91, p. 458 ;
  - ▶ actions de préférence, C. com., art. L. 228-98, p. 460 ;
  - ▶ droit préférentiel de souscription, C. com., art. R. 228-87, p. 680 ;
  - ▶ modification de la forme ou de l'objet de la société, C. com., art. L. 228-98, p. 460 ;
  - ▶ modification des règles de répartition des bénéfices, C. com., art. L. 228-98, p. 460 ;
  - ▶ possibilité d'amortir le capital, C. com., art. L. 228-98, p. 460 ;
  - ▶ de valeurs mobilières donnant accès au capital d'une autre société, C. com., art. L. 228-94, p. 460 ;
  - ▶ de valeurs mobilières donnant accès au capital d'une société du groupe, C. com., art. L. 228-93, p. 459.
- exercice des droits :
  - ▶ augmentation de capital, C. com., art. R. 228-93 et R. 228-94, p. 682.
- fusion, C. com., art. L. 228-101, p. 462 ;
- masse des titulaires de valeurs mobilières donnant accès à terme au capital :
  - ▶ assemblée générale, C. com., art. L. 228-103, p. 462 ;
  - ▶ personnalité morale, C. com., art. L. 228-103, p. 462.
- mesures de protection des titulaires, C. com., art. L. 228-99 et L. 228-100, p. 461 et s. ; art. R. 228-88 et R. 228-89, p. 680 ; art. R. 228-91 et R. 228-92, p. 681 ;
  - ▶ sanction, C. com., art. L. 228-104, p. 463.
- rachat des droits, C. com., art. L. 228-102, p. 462 ;
- réduction de capital motivée par les pertes, C. com., art. L. 228-98, p. 460 ;
- sauvegarde ou redressement judiciaire, C. com., art. L. 228-106, p. 463 ;
- scission, C. com., art. L. 228-101, p. 462.

Valeurs mobilières donnant droit à l'attribution de titres de créance, C. com., art. L. 228-91 à L. 228-95, p. 458 et s. ; art. L. 228-97, p. 460 ;
- assemblée générale extraordinaire des actionnaires, C. com., art. L. 228-92 à L. 228-94, p. 459 et s. ;
- clause de subordination, C. com., art. L. 228-97, p. 460 ;
- droit préférentiel de souscription, C. com., art. L. 228-29-9, p. 444 ; art. L. 228-91, p. 458 ;
- émission, C. com., art. L. 228-91, p. 458.

Valeurs mobilières représentatives d'un droit de créance, C. com., art. L. 228-36-A, p. 449.

Vente par la société de ses propres actions, C. com., art. L. 225-210 et L. 225-211, p. 367 ; art. R. 225-160-4, p. 666.

Vétérinaire :
- SCP, D.11 oct. 1979, p. 3209 ;
- société civile professionnelle (SCP), C. rur., art. R. 241-29, p. 3201 ;
- société d'exercice libéral (SEL), C. rur., art. R. 241-94 et s., p. 3209.

Vices cachés : V. *Garantie des vices cachés.*

Vices du consentement :
- augmentation du capital (SA), C. com., art. L. 225-129 (nº 2), p. 339 ;
- cession d'actions, C. com., art. L. 228-28 (nº 1), p. 442 ;
  - ▶ dol, C. com., art. L. 228-23 (nº 31), p. 426 ;
  - ▶ erreur, C. com., art. L. 228-23 (nº 29), p. 425 ; art. L. 228-23 (nº 29), p. 425 ;
  - ▶ violence, C. com., art. L. 228-23 (nº 42), p. 428.
- cession de parts sociales :
  - ▶ société civile, C. civ., art. 1861 (nº 12), p. 134.
- cession de parts sociales SARL, C. com., art. L. 223-14 (nº 23), p. 197 ;
- dirigeants :
  - ▶ réduction de capital non motivée par les pertes (dol), C. com., art. L. 225-207 (nº 1), p. 365.
- fusion, scission, C. com., art. L. 236-1 (nº 4), p. 529.

Vie privée (des personnes morales), C. civ., art. 1842 (nº 16), p. 44.

Visioconférence et vote électronique :
- assemblée générale des obligataires, C. com., art. L. 228-61, p. 454 ;
- assemblée générale de SARL, C. com., art. L. 223-27, p. 220 ; art. R. 223-20-1, p. 627 ;
- conseil d'administration, C. com., art. L. 225-37, p. 262 ; art. R. 225-21, p. 633 ;
- conseil de surveillance, C. com., art. L. 225-68, p. 300 ; art. R. 225-48, p. 638.

Voies d'exécution (droits d'associé et valeurs mobilières) :
- biens saisissables, CPC exéc., art. L. 112-1 et L. 112-2, p. 1958 ;
- opération de vente, CPC exéc., art. L. 233-1, p. 1958 ;
- saisie :
  - ▶ opérations de saisie, CPC exéc., art. R. 232-1, p. 1960 ;
  - ▶ parts sociales, CPC exéc., art. R. 232-1 (nº 1), p. 1960 ;
  - ▶ société en liquidation judiciaire, CPC exéc., art. R. 232-1 (nº 2), p. 1960.
- saisie conservatoire, CPC exéc., art. L. 521-1 à L. 523-2, p. 1959 ;
- saisies conservatoires, CPC exéc., art. R. 521-1, p. 1962 ; art. R. 524-1, p. 1962 ;
  - ▶ conversion en saisie-vente, CPC exéc., art. R. 524-4 à R. 524-6, p. 1963 ;
  - ▶ opérations de saisie, CPC exéc., art. R. 524-1 à R. 524-3, p. 1962 et s.
- sûretés judiciaires, CPC exéc., art. L. 531-1 à L. 532-1, p. 1959 ;
  - ▶ publicité définitive, CPC exéc., art. R. 232-1, p. 1960 ; art. R. 533-1 à R. 533-6, p. 1964 et s. ;
  - ▶ publicité provisoire, CPC exéc., art. R. 532-3 à R. 532-9, p. 1963 et s.

ADDENDUM

Cet *addendum* regroupe les modifications apportées par la loi n° 2019-744 du 19 juillet de simplification, de clarification et d'actualisation du droit des sociétés (ainsi que par d'autres textes récents) aux codes et texte suivants compris dans le périmètre du code :

- Code des assurances 3373
- Code civil 3373
- Code de commerce 3375
- Code monétaire et financier 3397
- Code du travail 3404
- L. n° 78-763 du 19 juillet 1978 3405

Code des assurances

- Texte modifié par l'ordonnance n° 2019-575 du 12 juin 2019 relative aux activités et à la surveillance des institutions de retraite professionnelle.

Art. L. 310-1-1 *(L. n° 94-679, 8 août 1994 ; rempl., Ord. n° 2008-556, 13 juin 2008 ; Ord. n° 2015-378, 2 avr. 2015).* **– I. - La réassurance est l'activité d'un organisme, autre qu'un véhicule de titrisation mentionné à l'article L. 310-1-2, qui consiste à accepter** *(Mots rempl., Ord. n° 2019-575, 12 juill. 2019)* **« risques cédés, soit par une entreprise d'assurance, une autre entreprise de réassurance ou un fonds de retraite professionnelle supplémentaire, soit par des mutuelles, leurs unions ou une mutuelle ou union de retraite professionnelle supplémentaire, régies par le livre II du code de la mutualité, soit par des institutions de prévoyance, leurs unions ou une institution ou union de retraite professionnelle supplémentaire, régies par le titre 3 du livre 9 du code de la sécurité sociale »soit par tout membre de l'association des souscripteurs dénommée « Lloyd's ».**

La réassurance financière limitée (dite « réassurance finite ») désigne la réassurance en vertu de laquelle la perte maximale potentielle du réassureur, découlant d'un transfert significatif à la fois des risques liés à la souscription et des risques liés à l'échéance des paiements, excède, à concurrence d'un montant important mais limité, les primes dues par la cédante sur toute la durée du contrat. Cette réassurance présente en outre l'une au moins des deux caractéristiques suivantes :

1° Elle prend en compte explicitement la valeur temporelle de l'argent ;

2° Elle prévoit un partage contractuel qui vise à lisser dans le temps les répercussions économiques du risque réassuré en vue d'atteindre un niveau déterminé de transfert de risque.

II. - Les entreprises exerçant une activité de réassurance et dont le siège social est situé en France sont soumises au contrôle de l'État.

III. - Outre les entreprises mentionnées à l'article L. 310-2, sont autorisées à exercer en France l'activité de réassurance les entreprises suivantes ne pratiquant pas l'assurance directe :

1° Les entreprises de réassurance ayant leur siège social en France et agréées dans les conditions définies à l'article L. 321-1-1 ;

2° Dans les conditions fixées par le titre VI du présent livre, les entreprises ayant leur siège social dans un autre État membre de la Communauté européenne ou dans un autre État partie à l'accord sur l'Espace économique européen et exerçant cette activité à partir soit de leur siège social, soit de leurs succursales régulièrement établies sur le territoire d'un État membre de la Communauté européenne ou d'un autre État partie à l'accord sur l'Espace économique européen ;

3° Les entreprises ayant leur siège social dans un État qui n'est pas partie à l'accord sur l'Espace économique européen, suivant les cas et dans les conditions fixés par décret en Conseil d'État. Ces conditions pourront prévoir l'obligation pour ces entreprises de garantir leurs engagements à l'égard des entreprises d'assurance réassurées agréées en France.

Code civil

- Textes modifiés par l'ordonnance n° 2019-738 du 17 juillet 2019 prise en application de l'article 28 de la loi n° 2019-222 du 23 mars 2019 de programmation 2018-2022 et de réforme pour la justice.

Art. 1843-4 *(L. n° 78-9, 4 janv. 1978 ; mod., Ord. n° 2014-863, 31 juill. 2014).* **– I. - Dans les cas où la loi renvoie au présent article pour fixer les conditions de prix d'une cession des droits sociaux d'un associé, ou le rachat de ceux-ci par la société, la valeur de ces droits est déterminée, en cas de contestation, par un expert désigné, soit par les parties, soit à défaut d'accord entre elles, par** *(Mots rempl., Ord. n° 2019-738, 17 juill. 2019)* **« jugement du président du tribunal judiciaire ou du tribunal de commerce compétent, statuant selon la procédure accélérée au fond » et sans recours possible.**

L'expert ainsi désigné est tenu d'appliquer, lorsqu'elles existent, les règles et modalités de détermination de la valeur prévues par les statuts de la société ou par toute convention liant les parties.

II. - Dans les cas où les statuts prévoient la cession des droits sociaux d'un associé ou le rachat de ces droits par la société sans que leur valeur soit ni déterminée ni déterminable, celle-ci est déterminée, en cas de contestation, par un expert désigné dans les conditions du premier alinéa.

L'expert ainsi désigné est tenu d'appliquer, lorsqu'elles existent, les règles et modalités de détermination de la valeur prévues par toute convention liant les parties.

- Textes modifiés par l'ordonnance n° 2019-744 du 19 juillet 2019 de simplification, de clarification et d'actualisation du droit des sociétés.

Art. 1592 *(Mod., L. n° 2016-1547, 18 nov. 2016).* – **Il peut cependant être laissé à l'estimation d'un tiers ; si le tiers ne veut ou ne peut faire l'estimation, il n'y a point de vente** *(Mots aj., L. n° 2019-744, 19 juill. 2019)* **« , sauf estimation par un autre tiers ».**

Art. 1844 *(L. n° 78-9, 4 janv. 1978 ; mod., L. n° 2019-744, 19 juill. 2019).* – **Tout associé a le droit de participer aux décisions collectives.**

Les copropriétaires d'une part sociale indivise sont représentés par un mandataire unique, choisi parmi les indivisaires ou en dehors d'eux. En cas de désaccord, le mandataire sera désigné en justice à la demande du plus diligent.

Si une part est grevée d'un usufruit, le nu-propriétaire et l'usufruitier ont le droit de participer aux décisions collectives. Le droit de vote appartient au nu-propriétaire, sauf pour les décisions concernant l'affectation des bénéfices, où il est réservé à l'usufruitier. Toutefois, pour les autres décisions, le nu-propriétaire et l'usufruitier peuvent convenir que le droit de vote sera exercé par l'usufruitier.

Les statuts peuvent déroger aux dispositions du deuxième alinéa et de la seconde phrase du troisième alinéa.

Art. 1844-6 *(L. n° 78-9, 4 janv. 1978 ; mod., L. n° 2019-744, 19 juill. 2019).* – **La prorogation de la société est décidée à l'unanimité des associés, ou, si les statuts le prévoient, à la majorité prévue pour la modification de ceux-ci.**

Un an au moins avant la date d'expiration de la société, les associés doivent être consultés à l'effet de décider si la société doit être prorogée.

À défaut, tout associé peut demander au président du tribunal statuant sur requête, la désignation d'un mandataire de justice chargé de provoquer la consultation prévue au deuxième alinéa.

Lorsque la consultation n'a pas eu lieu, le président du tribunal, statuant sur requête à la demande de tout associé dans l'année suivant la date d'expiration de la société, peut constater l'intention des associés de proroger la société et autoriser la consultation à titre de régularisation dans un délai de trois mois, le cas échéant en désignant un mandataire de justice chargé de la provoquer. Si la société est prorogée, les actes conformes à la loi et aux statuts antérieurs à la prorogation sont réputés réguliers et avoir été accomplis par la société ainsi prorogée.

Art. 1846 *(L. n° 78-9, 4 janv. 1978).* – **La société est gérée par une ou plusieurs personnes, associées ou non, nommées soit par les statuts, soit par un acte distinct, soit par une décision des associés.**

Les statuts fixent les règles de désignation du ou des gérants et le mode d'organisation de la gérance.

Sauf disposition contraire des statuts, le gérant est nommé par une décision des associés représentant plus de la moitié des parts sociales.

Dans le silence des statuts, et s'il n'en a été décidé autrement par les associés lors de la désignation, les gérants sont réputés nommés pour la durée de la société.

Si, pour quelque cause que ce soit, la société se trouve dépourvue de gérant, tout associé peut *(Mots rempl., L. n° 2019-744, 19 juill. 2019)* **« réunir les associés ou, à défaut, demander au président du tribunal statuant sur requête la désignation d'un mandataire chargé de le faire, à seule fin » de nommer un ou plusieurs gérants.**

Art. 1854-1 *(Créé, L. n° 2019-744, 19 juill. 2019).* – En cas de fusion de sociétés civiles, si les statuts prévoient la consultation des associés de la société absorbante, cette consultation n'est pas requise lorsque, depuis le dépôt du projet de fusion et jusqu'à la réalisation de l'opération, la société absorbante détient au moins 90 % des parts de la société absorbée.

Toutefois, un ou plusieurs associés de la société absorbante réunissant au moins 5 % du capital social peuvent demander en justice la désignation d'un mandataire aux fins de provoquer la consultation des associés de la société absorbante pour qu'ils se prononcent sur l'approbation de la fusion.

.....

Art. 1865 *(L. n° 78-9, 4 janv. 1978).* – La cession de parts sociales doit être constatée par écrit. Elle est rendue opposable à la société dans les formes prévues à l'article 1690, ou, si les statuts le stipulent, par transfert sur les registres de la société.

Elle n'est opposable aux tiers qu'après accomplissement de ces formalités et après publication *(Mots aj., L. n° 2019-744, 19 juill. 2019)* « au registre du commerce et des sociétés ; ce dépôt peut être effectué par voie électronique ».

Code de commerce

- Textes modifiés par l'ordonnance n° 2019-697 du 3 juillet 2019 relative aux régimes professionnels de retraite supplémentaire.

Art. L. 225-22-1 *(L. n° 2005-842, 26 juill. 2005 ; mod., L. n° 2007-1223, 21 août 2007 ; L. n° 2015-990, 6 août 2015 ; Ord. n° 2019-697, 3 juill. 2019).* – Dans les sociétés dont les titres sont admis aux négociations sur un marché réglementé, en cas de nomination aux fonctions de président, de directeur général ou de directeur général délégué d'une personne liée par un contrat de travail à la société ou à toute société contrôlée ou qui la contrôle au sens des II et III de l'article L. 233-16, les dispositions dudit contrat correspondant, le cas échéant, à des éléments de rémunération, des indemnités ou des avantages dus ou susceptibles d'être dus à raison de la cessation ou du changement de ces fonctions, ou postérieurement à celles-ci, ou des engagements de retraite à prestations définies répondant aux caractéristiques des régimes mentionnés à l'article L. 137-11 et à l'article L. 137-11-2 du Code de la sécurité sociale pour la période d'exercice du mandat social, sont soumises au régime prévu par l'article L. 225-42-1 du présent code.

.....

Art. L. 225-42-1 *(L. n° 2005-842, 26 juill. 2005 ; L. n° 2007-1223, 21 août 2007 ; L. n° 2015-990, 6 août 2015 ; Ord. n° 2019-697, 3 juill. 2019).* – Dans les sociétés dont les titres sont admis aux négociations sur un marché réglementé, les engagements pris au bénéfice de leurs présidents, directeurs généraux ou directeurs généraux délégués, par la société elle-même ou par toute société contrôlée ou qui la contrôle au sens des II et III de l'article L. 233-16, et correspondant à des éléments de rémunération, des indemnités ou des avantages dus ou susceptibles d'être dus à raison de la cessation ou du changement de ces fonctions, ou postérieurement à celles-ci, ou des engagements de retraite à prestations définies répondant aux caractéristiques des régimes mentionnés à l'article L. 137-11 et à l'article L. 137-11-2 du Code de la sécurité sociale, sont soumis aux dispositions des articles L. 225-38 et L. 225-40 à L. 225-42 du présent code.

Sont interdits les éléments de rémunération, indemnités, avantages et droits octroyés au président, au directeur général ou aux directeurs généraux délégués au titre d'engagements de retraite mentionnés au premier alinéa du présent article dont le bénéfice n'est pas subordonné au respect de conditions liées aux performances du bénéficiaire, appréciées au regard de celles de la société dont il préside le conseil d'administration ou exerce la direction générale ou la direction générale déléguée.

L'autorisation donnée par le conseil d'administration en application de l'article L. 225-38 est rendue publique selon des modalités et dans des délais fixés par décret en Conseil d'État.

La soumission à l'approbation de l'assemblée générale en application de l'article L. 225-40 fait l'objet d'une résolution spécifique pour chaque bénéficiaire. Cette approbation est requise à chaque renouvellement du mandat exercé par les personnes mentionnées au premier alinéa.

Aucun versement, de quelque nature que ce soit, ne peut intervenir avant que le conseil d'administration ne constate, lors ou après la cessation ou le changement effectif des fonctions, le respect des conditions prévues. Cette décision est rendue publique selon des modalités et dans des délais fixés par décret en Conseil d'État. Tout versement effectué en méconnaissance des dispositions du présent alinéa est nul de plein droit.

Les engagements correspondant à des indemnités en contrepartie d'une clause interdisant au bénéficiaire, après la cessation de ses fonctions dans la société, l'exercice d'une activité professionnelle concurrente portant atteinte aux intérêts de la société ne sont soumis qu'aux dispositions du premier alinéa. Il en va de même des engagements répondant aux caractéristiques des régimes collectifs et obligatoires de retraite et de prévoyance visés à l'article L. 242-1 du Code de la sécurité sociale.

Le conseil d'administration vérifie annuellement, avant la tenue de l'assemblée générale ordinaire appelée à statuer sur les comptes du dernier exercice clos, le respect des conditions prévues et détermine l'accroissement, au titre dudit exercice, des droits bénéficiant au président, au directeur général ou aux directeurs généraux délégués au titre des régimes à prestations définies mentionnés à l'article L. 137-11 et à l'article L. 137-11-2 du Code de la sécurité sociale.

Les droits conditionnels au titre des régimes à prestations définies mentionnés à l'article L. 137-11 du Code de la sécurité sociale ne peuvent augmenter annuellement d'un montant supérieur à 3 % de la rémunération annuelle servant de référence au calcul de la rente versée dans le cadre de ces régimes.

Aucun droit conditionnel au titre de l'activité de président, de directeur général ou de directeur général délégué ne peut être octroyé s'il ne remplit pas les conditions fixées aux septième et avant-dernier alinéas.

Art. L. 225-79-1 *(L. n° 2005-842, 26 juill. 2005 ; mod., L. n° 2007-1223, 21 août 2007 ; L. n° 2015-990, 6 août 2015 ; Ord. n° 2019-697, 3 juill. 2019).* – Dans les sociétés dont les titres sont admis aux négociations sur un marché réglementé, en cas de nomination aux fonctions de membre du directoire d'une personne liée par un contrat de travail à la société ou à toute société contrôlée ou qui la contrôle au sens des II et III de l'article L. 233-16, les dispositions dudit contrat correspondant, le cas échéant, à des éléments de rémunération, des indemnités ou des avantages dus ou susceptibles d'être dus à raison de la cessation ou du changement de ces fonctions, ou postérieurement à celles-ci, ou des engagements de retraite à prestations définies répondant aux caractéristiques des régimes mentionnés à l'article L. 137-11 et à l'article L. 137-11-2 du Code de la sécurité sociale pour la période d'exercice du mandat social, sont soumises au régime prévu par l'article L. 225-90-1 du présent code.

Art. L. 225-90-1 *(L. n° 2005-842, 26 juill. 2005 ; L. n° 2007-1223, 21 août 2007 ; L. n° 2015-990, 6 août 2015 ; Ord. n° 2019-697, 3 juill. 2019).* – Dans les sociétés dont les titres sont admis aux négociations sur un marché réglementé, les engagements pris au bénéfice d'un membre du directoire, par la société elle-même ou par toute société contrôlée ou qui la contrôle au sens des II et III de l'article L. 233-16, et correspondant à des éléments de rémunération, des indemnités ou des avantages dus ou susceptibles d'être dus à raison de la cessation ou du changement de ces fonctions, ou postérieurement à celles-ci, ou des engagements de retraite à prestations définies répondant aux caractéristiques des régimes mentionnés à l'article L. 137-11 et à l'article L. 137-11-2 du Code de la sécurité sociale, sont soumis aux dispositions des articles L. 225-86 et L. 225-88 à L. 225-90 du présent code.

Sont interdits les éléments de rémunération, indemnités, avantages et droits octroyés aux membres du directoire au titre d'engagements de retraite mentionnés au premier alinéa du présent article dont le bénéfice n'est pas subordonné au respect de conditions liées aux performances du bénéficiaire, appréciées au regard de celles de la société dont il est membre du directoire.

L'autorisation donnée par le conseil de surveillance en application de l'article L. 225-86 est rendue publique selon des modalités et dans des délais fixés par décret en Conseil d'État.

La soumission à l'approbation de l'assemblée générale en application de l'article L. 225-88 fait l'objet d'une résolution spécifique pour chaque bénéficiaire. Cette approbation est requise à chaque renouvellement du mandat exercé par les personnes mentionnées au premier alinéa.

Aucun versement, de quelque nature que ce soit, ne peut intervenir avant que le conseil de surveillance ne constate, lors ou après la cessation ou le changement effectif des fonctions, le respect des conditions prévues. Cette décision est rendue publique selon des modalités et dans des délais fixés par décret en Conseil d'État. Tout versement effectué en méconnaissance des dispositions du présent alinéa est nul de plein droit.

Les engagements correspondant à des indemnités en contrepartie d'une clause interdisant au bénéficiaire, après la cessation de ses fonctions dans la société, l'exercice d'une activité professionnelle concurrente portant atteinte aux intérêts de la société ne sont soumis qu'aux dispositions du premier alinéa. Il en va de même des engagements répondant aux caractéristiques des régimes collectifs et obligatoires de retraite et de prévoyance visés à l'article L. 242-1 du Code de la sécurité sociale.

Le conseil de surveillance vérifie annuellement, avant la tenue de l'assemblée générale ordinaire appelée à statuer sur les comptes du dernier exercice clos, le respect des conditions prévues et détermine l'accroissement, au titre dudit exercice, des droits bénéficiant aux membres du directoire au titre des régimes à prestations définies mentionnés à l'article L. 137-11 et à l'article L. 137-11-2 du Code de la sécurité sociale.

Les droits conditionnels au titre des régimes à prestations définies mentionnés à l'article L. 137-11 du Code de la sécurité sociale ne peuvent augmenter annuellement d'un montant supérieur à 3 % de la rémunération annuelle servant de référence au calcul de la rente versée dans le cadre de ces régimes.

Aucun droit conditionnel au titre de l'activité de membre du directoire ne peut être octroyé s'il ne remplit pas les conditions fixées aux septième et avant-dernier alinéas.

- Textes modifiés par l'ordonnance n° 2019-698 du du 3 juillet 2019 portant mise en cohérence des dispositions législatives des codes et lois avec celles du Code de commerce dans leur rédaction résultant de l'ordonnance n° 2019-359 du 24 avril 2019 portant refonte du titre IV du livre IV du Code de commerce relatif à la transparence, aux pratiques restrictives de concurrence et aux autres pratiques prohibées.

Art. L. 321-11 *(Mod., L. n° 2011-850, 20 juill. 2011).* – Chaque vente volontaire de meubles aux enchères publiques donne lieu à une publicité sous toute forme appropriée.

Le prix de réserve est le prix minimal arrêté avec le vendeur au-dessous duquel le bien ne peut être vendu. Si le bien a été estimé, ce prix ne peut être fixé à un montant supérieur à l'estimation la plus basse figurant dans la publicité, ou annoncée publiquement par la personne qui procède à la vente et consignée au procès-verbal.

(Mots rempl., Ord. n° 2019-698, 3 juill. 2019) « L'article L. 442-5 » est applicable à tout vendeur se livrant à titre habituel à la revente de biens neufs en l'état à un prix inférieur à leur prix d'achat effectif, par le procédé des enchères publiques, dans les conditions prévues à cet article.

....

Art. L. 420-2 *(Rempl., L. n° 2001-420, 15 mai 2001 ; mod., L. n° 2005-882, 2 août 2005).* – Est prohibée, dans les conditions prévues à l'article L. 420-1, l'exploitation abusive par une entreprise ou un groupe d'entreprises d'une position dominante sur le marché intérieur ou une partie substantielle de celui-ci. Ces abus peuvent notamment consister en refus de vente, en ventes liées ou en conditions de vente discriminatoires ainsi que dans la rupture de relations commerciales établies, au seul motif que le partenaire refuse de se soumettre à des conditions commerciales injustifiées.

Est en outre prohibée, dès lors qu'elle est susceptible d'affecter le fonctionnement ou la structure de la concurrence, l'exploitation abusive par une entreprise ou un groupe d'entreprises de l'état de dépendance économique dans lequel se trouve à son égard une entreprise cliente ou fournisseur. Ces abus peuvent notamment consister en refus de vente, en ventes liées, en pratiques discriminatoires visées *(Mots rempl., Ord. n° 2019-698, 3 juill. 2019)* « aux articles L. 442-1 à L. 442-3 » ou en accords de gamme.

....

- Textes modifiés par l'ordonnance n° 2019-738 du 17 juillet 2019 prise en application de l'article 28 de la loi n° 2019-222 du 23 mars 2019 de programmation 2018-2022 et de réforme pour la justice.

Art. L. 125-17. – **En cas d'exclusion, de départ ou de décès accompagnés du refus d'agrément du cessionnaire ou des successeurs, le titulaire des parts, ou, en cas de décès, ses ayants droit, ont la faculté de transférer ou d'aliéner leur fonds de commerce ou leur entreprise immatriculée au répertoire des métiers. Le nouvel attributaire de l'emplacement ou, à défaut, le groupement ou la société, selon le cas, leur rembourse la valeur de leurs parts, augmentée, s'il y a lieu, de la plus-value que leurs aménagements ont pu conférer à l'emplacement dont ils étaient titulaires.**

(Al. mod., Ord. n° 2019-738, 17 juill. 2019) **Cette valeur est fixée par l'assemblée ou l'assemblée générale, selon le cas, en même temps qu'est prise la décision d'exclusion ou celle refusant l'agrément du cessionnaire ou des successeurs. En cas de désaccord, elle est déterminée à la date de ces décisions par un expert désigné par jugement du président du tribunal judiciaire dans les conditions prévues à l'article 1843-4 du Code civil. Ce jugement n'est susceptible d'aucune voie de recours nonobstant toute clause contraire. Le rapport d'expertise est soumis à l'homologation du président du tribunal judiciaire statuant selon la procédure accélérée au fond.**

Art. L. 125-18 *(Mod., L. n° 2003-7, 3 janv. 2003 ; L. n° 2014-856, 31 juill. 2014 ; Ord. n° 2019-738, 17 juill. 2019)*. – **Dans les cas prévus au premier alinéa de l'article L. 125-17, le groupement ou la société ne peuvent procéder à l'installation d'un nouvel attributaire que si ont été versées à l'ancien titulaire des parts ou, en cas de décès, à ses ayants droit, les sommes prévues audit article L. 125-17, ou à défaut, une provision fixée par le président du tribunal judiciaire statuant en référé.**

Toutefois, ce versement préalable n'est pas exigé lorsqu'une caution a été donnée pour le montant de ces sommes ou de cette provision par un établissement de crédit ou un établissement financier spécialement habilité à cet effet, ou lorsque ce montant a été consigné entre les mains d'un mandataire désigné au besoin par ordonnance rendue en référé.

En outre, s'il s'agit d'une coopérative, le conseil d'administration, le directoire ou la gérance, selon le cas, peut invoquer les dispositions du second alinéa de l'article L. 124-11.

....

Art. L. 225-32 *(Mod., L. n° 2013-504, 14 juin 2013)*. – **La rupture du contrat de travail met fin au mandat de l'administrateur élu par les salariés ou désigné en application de l'article L. 225-27-1.**

(Al. mod., Ord. n° 2019-738, 17 juill. 2018 ; Ord. n° 2019-738, 17 juill. 2019) **Les administrateurs élus par les salariés ou désignés en application de l'article L. 225-27-1 ne peuvent être révoqués que pour faute dans l'exercice de leur mandat, par décision du président du tribunal judiciaire, rendue selon la procédure accélérée au fond, à la demande de la majorité des membres du conseil d'administration.**

....

Art. L. 631-19-2 *(L. n° 2015-990, 6 août 2015 ; L. n° 2016-1691, 9 déc. 2016)*. – **Lorsque la cessation d'activité d'une entreprise d'au moins cent cinquante salariés ou constituant, au sens de l'article L. 2331-1 du code du travail, une entreprise dominante d'une ou de plusieurs entreprises dont l'effectif total est d'au moins cent cinquante salariés est de nature à causer un trouble grave à l'économie nationale ou régionale et au bassin d'emploi et si la modification du capital apparaît comme la seule solution sérieuse permettant d'éviter ce trouble et de permettre la poursuite de l'activité, après examen des possibilités de cession totale ou partielle de l'entreprise, le tribunal peut, à la demande de l'administrateur judiciaire ou du ministère public et à l'issue d'un délai de trois mois après le jugement d'ouverture, en cas de refus par les assemblées mentionnées au I de l'article L. 631-19 d'adopter la modification du capital prévue par le projet de plan de redressement en faveur d'une ou de plusieurs personnes qui se sont engagées à exécuter celui-ci :**

1° Désigner un mandataire chargé de convoquer l'assemblée compétente et de voter l'augmentation de capital en lieu et place des associés ou actionnaires ayant refusé la modification de capital, à hauteur du montant prévu par le plan.

L'augmentation de capital doit être réalisée dans le délai maximal de trente jours à compter de la délibération. Elle peut être libérée par les personnes qui se sont engagées à exécuter le plan de redressement, par compensation à

raison du montant des créances sur la société qui ont été admises et dans la limite de la réduction dont elles sont l'objet dans le plan.

Si l'augmentation de capital est souscrite par apports en numéraire, les actions émises sont offertes par préférence aux actionnaires, proportionnellement à la partie du capital représentée par leurs actions ;

2° Ou ordonner, au profit des personnes qui se sont engagées à exécuter le projet de plan, la cession de tout ou partie de la participation détenue dans le capital par les associés ou actionnaires ayant refusé la modification de capital et qui détiennent, directement ou indirectement, une fraction du capital leur conférant une majorité des droits de vote ou une minorité de blocage dans les assemblées générales de cette société ou qui disposent seuls de la majorité des droits de vote dans cette société en application d'un accord conclu avec d'autres associés ou actionnaires, non contraire à l'intérêt de la société. Toute clause d'agrément est réputée non écrite.

Les associés ou actionnaires autres que ceux mentionnés au 2° disposent du droit de se retirer de la société et de demander simultanément le rachat de leurs droits sociaux par les cessionnaires.

(Al. mod., Ord. n° 2019-738, 17 juill. 2019) Lorsque le tribunal est saisi de la demande de cession, en l'absence d'accord entre les intéressés sur la valeur des droits des associés ou actionnaires cédants et de ceux qui ont fait valoir leur volonté de se retirer de la société, cette valeur est déterminée à la date la plus proche de la cession par un expert désigné, à la demande de la partie la plus diligente, de l'administrateur ou du ministère public, par le président du tribunal statuant selon la procédure accélérée au fond. Le jugement désignant l'expert n'est pas susceptible de recours. L'expert est tenu de respecter le principe du contradictoire.

Lorsque le tribunal statue sur la demande prévue aux 1° ou 2°, les débats ont lieu en présence du ministère public. Le tribunal entend les associés ou actionnaires concernés, les associés ou actionnaires dirigeants, les créanciers ou tiers qui se sont engagés à exécuter le plan et les représentants du comité d'entreprise ou, à défaut, des délégués du personnel. À défaut de délégués du personnel, le tribunal entend le représentant des salariés élu mentionné à l'article L. 621-4.

Le tribunal ne peut statuer sur la demande tendant à la cession qu'après avoir consulté l'Autorité des marchés financiers si les titres concernés sont cotés sur un marché réglementé ou sur un système multilatéral de négociation soumis aux dispositions du II de l'article L. 433-3 du Code monétaire et financier. Il est fait application, pour les actionnaires, des articles L. 433-1 et suivants du même code.

Le tribunal statue par un seul et même jugement sur la cession et sur la valeur des droits sociaux cédés. Il désigne, dans ce jugement, un mandataire de justice chargé de passer les actes nécessaires à la réalisation de la cession ordonnée et d'en verser le prix aux associés ou actionnaires cédants.

Le tribunal subordonne l'adoption du plan à l'engagement du souscripteur ou du cessionnaire des parts sociales, titres de capital ou valeurs mobilières donnant accès au capital de conserver ses droits pendant une durée qui ne peut excéder celle du plan.

Le tribunal peut subordonner l'adoption du plan à la présentation, par les associés ou actionnaires souscripteurs ou cessionnaires, d'une garantie par un organisme de crédit, d'un montant égal à leurs engagements, figurant dans le plan de redressement. Il peut également subordonner cette conversion de créances en parts sociales, titres de capital ou valeurs mobilières donnant accès au capital de l'entreprise.

Le plan est arrêté sous la condition du paiement comptant du prix par les associés ou actionnaires souscripteurs ou cessionnaires. Àdéfaut, le tribunal prononce, à la demande d'un associé cédant, du débiteur, du commissaire à l'exécution du plan, du mandataire de justice ou du ministère public, la résolution de la souscription ou de la cession des parts sociales, titres de capital ou valeurs mobilières donnant accès au capital.

Le commissaire à l'exécution du plan vérifie que les associés ou actionnaires souscripteurs ou cessionnaires respectent leurs obligations. Il a qualité pour agir à l'encontre des souscripteurs ou cessionnaires pour obtenir l'exécution de leurs engagements financiers. Il informe le comité d'entreprise ou, à défaut, les délégués du personnel de l'exécution du plan de redressement, ainsi que du respect de leurs engagements par les associés souscripteurs ou cessionnaires.

Le tribunal peut modifier le plan en application de l'article L. 626-26 et du dernier alinéa de l'article L. 626-31 du présent code.

En cas de défaillance d'un associé ou actionnaire souscripteur ou cessionnaire, le tribunal, saisi par le commissaire à l'exécution du plan ou par le ministère public, par le comité d'entreprise ou, à défaut, par les délégués du personnel, peut prononcer la résolution du plan de redressement, sans préjudice de la réparation du

préjudice subi. Il statue en présence du ministère public. Le prix payé par le souscripteur ou le cessionnaire reste acquis.

Le présent article n'est pas applicable lorsque le débiteur exerce une activité professionnelle libérale soumise à un statut législatif ou réglementaire.

- Textes modifiés par la loi n° 2019-744 du 19 juillet 2019 de simplification, de clarification et d'actualisation du droit des sociétés.

Art. L. 124-1 *(Mod., L. n° 2001-420, 15 mai 2001 ; Ord. n° 2004-274, 25 mars 2004 ; L. n° 2012-387, 22 mars 2012).* – **Les sociétés coopératives de commerçants détaillants ont pour objet d'améliorer par l'effort commun de leurs associés les conditions dans lesquelles ceux-ci exercent leur activité commerciale. À cet effet, elles peuvent notamment exercer directement ou indirectement pour le compte de leurs associés les activités suivantes :**

1° Fournir en totalité ou en partie à leurs associés les marchandises, denrées ou services, l'équipement et le matériel nécessaires à l'exercice de leur commerce, notamment par la constitution et l'entretien de tout stock de marchandises, la construction, l'acquisition ou la location ainsi que la gestion de magasins et entrepôts particuliers, l'accomplissement dans leurs établissements ou dans ceux de leurs associés de toutes opérations, transformations et modernisation utiles ;

2° Regrouper dans une même enceinte les commerces appartenant à leurs associés, créer et gérer tous services communs à l'exploitation de ces commerces, construire, acquérir ou louer les immeubles nécessaires à leur activité ou à celle des associés, et en assurer la gestion, le tout dans les conditions prévues par le chapitre V du présent titre ;

3° Dans le cadre des dispositions législatives concernant les activités financières, faciliter l'accès des associés et de leur clientèle aux divers moyens de financement et de crédit ;

3° *bis (3° bis créé, L. n° 2014-856, 31 juill. 2014)* **Organiser entre les associés une coopération financière, notamment à travers la constitution de sociétés, exerçant sous leur contrôle direct ou indirect et ayant pour finalité d'apporter par tous moyens un soutien à l'achat, à la création et au développement du commerce, dans le respect des dispositions propres aux établissements de crédit. Le capital des sociétés ainsi constituées doit être majoritairement détenu par les coopératives et des associés coopérateurs ; les associés non coopérateurs ne peuvent en aucun cas détenir ensemble plus de 35 % du total des droits de vote. Lorsque la part de capital que détiennent les associés non coopérateurs excède cette limite, le nombre de droits de vote est réduit à due proportion ;**

4° Exercer les activités complémentaires à celles énoncées ci-dessus, et notamment fournir à leurs associés une assistance en matière de gestion technique, financière et comptable ;

5° Acheter des fonds de commerce dont *(Mots suppr., L. n° 2019-744, 19 juill. 2019)* « ... » **la location-gérance est concédée dans un délai de deux mois à un associé et qui doivent être rétrocédés dans un délai maximal de sept ans. Le défaut de rétrocession dans ce délai peut donner lieu à injonction suivant les modalités définies au second alinéa de l'article L. 124-15 ;**

6° Définir et mettre en œuvre par tous moyens une politique commerciale commune propre à assurer le développement et l'activité de ses associés, notamment :

– par la mise en place d'une organisation juridique appropriée ;

– par la mise à disposition d'enseignes ou de marques dont elles ont la propriété ou la jouissance ;

– par la réalisation d'opérations commerciales publicitaires ou non pouvant comporter des prix communs ;

– par l'élaboration de méthodes et de modèles communs d'achat, d'assortiment et de présentation de produits, d'architecture et d'organisation des commerces ;

– *(Al. créé, L. n° 2014-856, 31 juill. 2014)* **par l'élaboration et la gestion d'une plate-forme de vente en ligne ;**

7° Prendre des participations même majoritaires dans des sociétés directement ou indirectement associées exploitant des fonds de commerce.

....

Art. L. 221-9. – **Les associés peuvent nommer un ou plusieurs commissaires aux comptes dans les formes prévues à l'article L. 221-6.**

Sont tenues de désigner un commissaire aux comptes au moins les sociétés qui dépassent, à la clôture de l'exercice social, des chiffres fixés par décret *(Mots suppr. à compter de la date prévue au II de l'article 20 de la loi n° 2019-486 du 22 mai 2019 et au plus tard le 1er septembre 2019, L. n° 2019-486, 22 mai 2019)* « ... » pour deux des critères suivants : le total de leur bilan, le montant hors taxes de leur chiffre d'affaires ou le nombre moyen de leurs salariés au cours d'un exercice .

Même si ces seuils ne sont pas atteints, la nomination d'un commissaire aux comptes peut être demandée en justice par un associé .

(Al. créé à compter de la date prévue au II de l'article 20 de la loi n° 2019-486 du 22 mai 2019 et au plus tard le 1er septembre 2019, L. n° 2019-486, 22 mai 2019 ; mod., L. n° 2019-744, 19 juill. 2019) Sont également tenues de désigner un commissaire aux comptes, pour un mandat de trois exercices, les sociétés dont un ou plusieurs associés représentant au moins le tiers du capital en font la demande motivée auprès de la société.

....

Art. L. 223-24 *(Mod. à compter du 1er janvier 2006, L. n° 2005-845, 26 juill. 2005)*. – En cas d'ouverture d'une procédure de sauvegarde, de redressement ou de liquidation judiciaires[s] en application des dispositions du livre VI, *(Mots suppr., L. n° 2019-744, 19 juill. 2019)* « ... » les personnes visées par ces dispositions peuvent être rendues responsables du passif social et sont soumises aux interdictions et déchéances, dans les conditions prévues par lesdites dispositions.

....

Art. L. 223-27 *(Mod., L. n° 2003-7, 3 janv. 2003 ; Ord. n° 2004-274, 25 mars 2004 ; L. n° 2008-776, 4 août 2008 ; L. n° 2012-387, 22 mars 2012 ; Ord. n° 2017-747, 4 mai 2017)*. – Les décisions sont prises en assemblée. Toutefois, les statuts peuvent stipuler qu'à l'exception de celles prévues au premier alinéa de l'article L. 223-26 toutes les décisions ou certaines d'entre elles peuvent être prises par consultation écrite des associés ou pourront résulter du consentement de tous les associés exprimé dans un acte.

Les associés sont convoqués aux assemblées dans les formes et délais prévus par décret en Conseil d'État. La convocation est faite par le gérant ou, à défaut, par le commissaire aux comptes, s'il en existe un. L'assemblée ne peut se tenir avant l'expiration du délai de communication des documents mentionnés à l'article L. 223-26.

Hors les cas où l'assemblée délibère sur les opérations mentionnées aux articles L. 232-1 et L. 233-16 et lorsque les statuts le prévoient, sont réputés présents pour le calcul du quorum et de la majorité les associés qui participent à l'assemblée par visioconférence ou par des moyens de télécommunication permettant leur identification et dont la nature et les conditions d'application sont déterminées par décret en Conseil d'État. Les statuts peuvent prévoir un droit d'opposition à l'utilisation de ces moyens au profit d'un nombre déterminé d'associés et pour une délibération déterminée.

Un ou plusieurs associés détenant la moitié des parts sociales ou détenant, s'ils représentent au moins le dixième des associés, le dixième des parts sociales, peuvent demander la réunion d'une assemblée.

Un ou plusieurs associés détenant le vingtième des parts sociales ont la faculté de faire inscrire à l'ordre du jour de l'assemblée des points ou projets de résolution qui sont portés à la connaissance des autres associés, dans les conditions déterminées par décret en Conseil d'État.

Toute clause contraire aux dispositions des deux alinéas précédents est réputée non écrite.

Tout associé peut demander en justice la désignation d'un mandataire chargé de convoquer l'assemblée et de fixer son ordre du jour.

(Mots rempl., L. n° 2019-744, 19 juill. 2019) « Si, pour quelque cause que ce soit, la société se trouve dépourvue de gérant ou si le gérant unique est placé en tutelle, le commissaire aux comptes ou tout associé convoque l'assemblée des associés à seule fin de procéder, le cas échéant, à la révocation du gérant unique et, dans tous les cas, à la désignation d'un ou de plusieurs gérants. » Cette convocation a lieu dans les formes et délais prévus par décret en Conseil d'État.

Toute assemblée irrégulièrement convoquée peut être annulée. Toutefois, l'action en nullité n'est pas recevable lorsque tous les associés étaient présents ou représentés.

....

Art. L. 223-29. – Dans les assemblées ou lors des consultations écrites, les décisions sont adoptées par un ou plusieurs associés représentant plus de la moitié des parts sociales.

Si cette majorité n'est pas obtenue et sauf stipulation contraire des statuts, les associés sont, selon les cas, convoqués ou consultés une seconde fois, et les décisions sont prises à la majorité des votes émis, quel que soit le nombre des votants.

(Al. créé, L. n° 2019-744, 19 juill. 2019) Les décisions prises en violation des dispositions du présent article peuvent être annulées à la demande de tout intéressé.

Art. L. 223-30 *(Mod., L. n° 2005-882, 2 août 2005 ; L. n° 2014-1545, 20 déc. 2014)*. – Les associés ne peuvent, si ce n'est à l'unanimité, changer la nationalité de la société. Sous réserve du huitième alinéa de l'article L. 223-18, le déplacement du siège social est décidé par un ou plusieurs associés représentant plus de la moitié des parts sociales.

Toutes autres modifications des statuts sont décidées par les associés représentant au moins les trois quarts des parts sociales. Toute clause exigeant une majorité plus élevée est réputée non écrite.

Toutefois, pour les modifications statutaires des sociétés à responsabilité limitée constituées après la publication de la loi n° 2005-882 du 2 août 2005 en faveur des petites et moyennes entreprises, l'assemblée ne délibère valablement que si les associés présents ou représentés possèdent au moins, sur première convocation, le quart des parts et, sur deuxième convocation, le cinquième de celles-ci. À défaut de ce quorum, la deuxième assemblée peut être prorogée à une date postérieure de deux mois au plus à celle à laquelle elle avait été convoquée. Dans l'un ou l'autre de ces deux cas, les modifications sont décidées à la majorité des deux tiers des parts détenues par les associés présents ou représentés, à l'exception du déplacement du siège social, décidé par un ou plusieurs associés représentant plus de la moitié des parts. Les statuts peuvent prévoir des quorums ou une majorité plus élevés, sans pouvoir, pour cette dernière, exiger l'unanimité des associés.

Les sociétés constituées antérieurement à la publication de la loi n° 2005-882 du 2 août 2005 précitée peuvent, sur décision prise à l'unanimité des associés, être régies par les dispositions du troisième alinéa.

La majorité ne peut en aucun cas obliger un associé à augmenter son engagement social.

Par dérogation aux dispositions des deuxième et troisième alinéa, la décision d'augmenter le capital par incorporation de bénéfices ou de réserves est prise par les associés représentant au moins la moitié des parts sociales.

(Al. créé, L. n° 2019-744, 19 juill. 2019) Les décisions prises en violation des dispositions du présent article peuvent être annulées à la demande de tout intéressé.

....

Art. L. 223-35. – Les associés peuvent nommer un ou plusieurs commissaires aux comptes dans les conditions prévues à l'article L. 223-29.

Sont tenues de désigner un commissaire aux comptes au moins les sociétés à responsabilité limitée qui dépassent à la clôture d'un exercice social des chiffres fixés par décret *(Mots suppr. à compter de la date prévue au II de l'article 20 de la loi n° 2019-486 du 22 mai 2019 et au plus tard le 1er septembre 2019, L. n° 2019-486, 22 mai 2019)* « ... » pour deux des critères suivants : le total de leur bilan, le montant hors taxes de leur chiffre d'affaires ou le nombre moyen de leurs salariés au cours d'un exercice .

Même si ces seuils ne sont pas atteints, la nomination d'un commissaire aux comptes peut être demandée en justice par un ou plusieurs associés représentant au moins le dixième du capital.

(Al. créé à compter de la date prévue au II de l'article 20 de la loi n° 2019-486 du 22 mai 2019 et au plus tard le 1er septembre 2019, L. n° 2019-486, 22 mai 2019 ; mod., L. n° 2019-744, 19 juill. 2019) Sont également tenues de désigner un commissaire aux comptes, pour un mandat de trois exercices, les sociétés dont un ou plusieurs associés représentant au moins le tiers du capital en font la demande motivée auprès de la société.

....

Art. L. 225-19 *(Mod., L. n° 2019-744, 19 juill. 2019)*. – Les statuts doivent prévoir, pour l'exercice des fonctions d'administrateur, une limite d'âge s'appliquant soit à l'ensemble des administrateurs, soit à un pourcentage déterminé d'entre eux.

À défaut de disposition expresse dans les statuts, le nombre des administrateurs ayant dépassé l'âge de soixante-dix ans ne peut être supérieur au tiers des administrateurs en fonctions.

Toute nomination intervenue en violation des dispositions de l'alinéa précédent est nulle.

À défaut de disposition expresse dans les statuts prévoyant une autre procédure, lorsque la limitation statutaire ou légale fixée pour l'âge des administrateurs est dépassée, l'administrateur le plus âgé est réputé démissionnaire d'office.

Est également réputé démissionnaire d'office l'administrateur placé en tutelle.

La nullité prévue au troisième alinéa et la démission d'office prévue aux quatrième et avant-dernier alinéas n'entraînent pas la nullité des délibérations auxquelles a pris part l'administrateur irrégulièrement nommé ou réputé démissionnaire d'office.

Art. L. 225-35 *(Mod., L. n° 2001-420, 15 mai 2001 ; L. n° 2003-706, 1er août 2003). – (Al. mod., L. n° 2019-486, 22 mai 2019)* Le conseil d'administration détermine les orientations de l'activité de la société et veille à leur mise en œuvre, conformément à son intérêt social, en prenant en considération les enjeux sociaux et environnementaux de son activité. Il prend également en considération, s'il y a lieu, la raison d'être de la société définie en application de l'article 1835 du Code civil. Sous réserve des pouvoirs expressément attribués aux assemblées d'actionnaires et dans la limite de l'objet social, il se saisit de toute question intéressant la bonne marche de la société et règle par ses délibérations les affaires qui la concernent.

Dans les rapports avec les tiers, la société est engagée même par les actes du conseil d'administration qui ne relèvent pas de l'objet social, à moins qu'elle ne prouve que le tiers savait que l'acte dépassait cet objet ou qu'il ne pouvait l'ignorer compte tenu des circonstances, étant exclu que la seule publication des statuts suffise à constituer cette preuve.

Le conseil d'administration procède aux contrôles et vérifications qu'il juge opportuns. Le président ou le directeur général de la société est tenu de communiquer à chaque administrateur tous les documents et informations nécessaires à l'accomplissement de sa mission.

(Al. mod., L. n° 2019-744, 19 juill. 2019) Les cautions, avals et garanties donnés par des sociétés autres que celles exploitant des établissements bancaires ou financiers font l'objet d'une autorisation du conseil, qui en limite le montant, dans les conditions déterminées par décret en Conseil d'État. Ce décret détermine également les conditions dans lesquelles le dépassement de cette autorisation peut être opposé aux tiers. Le conseil peut toutefois donner cette autorisation globalement et annuellement sans limite de montant pour garantir les engagements pris par les sociétés contrôlées au sens du II de l'article L. 233-16 du présent code. Il peut également autoriser le directeur général à donner, globalement et sans limite de montant, des cautions, avals et garanties pour garantir les engagements pris par les sociétés contrôlées au sens du même II, sous réserve que ce dernier en rende compte au conseil au moins une fois par an. Le directeur général peut également être autorisé à donner, à l'égard des administrations fiscales et douanières, des cautions, avals ou garanties au nom de la société, sans limite de montant.

Art. L. 225-37 *(Mod., L. n° 2001-420, 15 mai 2001 ; L. n° 2003-706, 1er août 2003 ; L. n° 2005-842, 26 juill. 2005 ; L. n° 2006-1770, 30 déc. 2006 ; L. n° 2008-649, 3 juill. 2008 ; Ord. n° 2009-80, 22 janv. 2009 ; L. n° 2011-103, 27 janv. 2011 ; L. n° 2015-992, 17 août 2015 ; Ord. n° 2017-1162, 12 juill. 2017).* – Le conseil d'administration ne délibère valablement que si la moitié au moins de ses membres sont présents. Toute clause contraire est réputée non écrite.

À moins que les statuts ne prévoient une majorité plus forte, les décisions sont prises à la majorité des membres présents ou représentés.

Sauf lorsque le conseil est réuni pour procéder aux opérations visées aux articles L. 232-1 et L. 233-16 et sauf disposition contraire des statuts, le règlement intérieur peut prévoir que sont réputés présents, pour le calcul du quorum et de la majorité, les administrateurs qui participent à la réunion par des moyens de visioconférence ou de télécommunication permettant leur identification et garantissant leur participation effective, dont la nature et les conditions d'application sont déterminées par décret en Conseil d'État. Les statuts peuvent limiter la nature des décisions pouvant être prises lors d'une réunion tenue dans ces conditions et prévoir un droit d'opposition au profit d'un nombre déterminé d'administrateurs. *(Mots aj., L. n° 2019-744, 19 juill. 2019)* « Les statuts peuvent également prévoir que les décisions relevant des attributions propres du conseil d'administration prévues à l'article L. 225-24, au dernier alinéa de l'article L. 225-35, au second alinéa de l'article L. 225-36 et au I de l'article L. 225-103 ainsi que les décisions de transfert du siège social dans le même département peuvent être prises par consultation écrite des administrateurs.»

Sauf disposition contraire des statuts, la voix du président de séance est prépondérante en cas de partage.

Les administrateurs, ainsi que toute personne appelée à assister aux réunions du conseil d'administration, sont tenus à la discrétion à l'égard des informations présentant un caractère confidentiel et données comme telles par le président du conseil d'administration.

Le conseil d'administration présente à l'assemblée générale mentionnée à l'article L. 225-100 un rapport sur le gouvernement d'entreprise joint au rapport de gestion mentionné au même article. Toutefois, les informations correspondantes peuvent être présentées au sein d'une section spécifique du rapport de gestion.

....

Art. L. 225-48 *(Mod., L. n° 2019-744, 19 juill. 2019)*. – Les statuts doivent prévoir pour l'exercice des fonctions de président du conseil d'administration une limite d'âge qui, à défaut d'une disposition expresse, est fixée à soixante-cinq ans.

Toute nomination intervenue en violation des dispositions prévues à l'alinéa précédent est nulle.

Lorsqu'un président de conseil d'administration atteint la limite d'âge, il est réputé démissionnaire d'office.

Est également réputé démissionnaire d'office le président placé en tutelle.

La nullité prévue au deuxième alinéa et la démission d'office prévue aux troisième et avant-dernier alinéas n'entraînent pas la nullité des délibérations auxquelles a pris part le président du conseil d'administration irrégulièrement nommé ou réputé démissionnaire d'office ni la nullité de ses décisions.

....

Art. L. 225-52 *(Mod., L. n° 2005-845, 26 juill. 2005)*. – En cas d'ouverture d'une procédure de sauvegarde, de redressement ou de liquidation judiciaire[s] en application *(Mots rempl., L. n° 2019-744, 19 juill. 2019)* « des titres III et IV du livre VI » , les personnes visées par ces dispositions peuvent être rendues responsables du passif social et sont soumises aux interdictions et déchéances, dans les conditions prévues par lesdites dispositions.

....

Art. L. 225-54 *(Mod., L. n° 2001-420, 15 mai 2001 ; L. n° 2019-744, 19 juill. 2019)*. – Les statuts doivent prévoir pour l'exercice des fonctions de directeur général ou de directeur général délégué une limite d'âge qui, à défaut d'une disposition expresse, est fixée à soixante-cinq ans.

Toute nomination intervenue en violation des dispositions prévues à l'alinéa précédent est nulle.

Lorsqu'un directeur général ou un directeur général délégué atteint la limite d'âge, il est réputé démissionnaire d'office.

Est également réputé démissionnaire d'office le directeur général ou le directeur général délégué placé en tutelle.

La nullité prévue au deuxième alinéa et la démission d'office prévue aux troisième et avant-dernier alinéas n'entraînent pas la nullité des décisions prises par le directeur général ou le directeur général délégué irrégulièrement nommé ou réputé démissionnaire d'office.

....

Art. L. 225-60 *(Mod., L. n° 2019-744, 19 juill. 2019)*. – Les statuts doivent prévoir pour l'exercice des fonctions de membre du directoire ou de directeur général unique une limite d'âge qui, à défaut d'une disposition expresse, est fixée à soixante-cinq ans.

Toute nomination intervenue en violation des dispositions prévues à l'alinéa précédent est nulle.

Lorsqu'un membre du directoire ou le directeur général unique atteint la limite d'âge, il est réputé démissionnaire d'office.

Est également réputé démissionnaire d'office le membre du directoire ou le directeur général unique placé en tutelle.

La nullité prévue au deuxième alinéa et la démission d'office prévue aux troisième et avant-dernier alinéas n'entraînent pas la nullité des délibérations et des décisions auxquelles a pris part le membre du directoire irrégulièrement nommé ou réputé démissionnaire d'office ni la nullité des décisions du directeur général unique irrégulièrement nommé ou réputé démissionnaire d'office.

Art. L. 225-68 *(Mod, L. n° 2003-706, 1er août 2003 ; L. n° 2005-842, 26 juill. 2005 ; L. n° 2006-1770, 30 déc. 2006 ; L. n° 2008-649, 3 juill. 2008 ; Ord. n° 2009-80, 22 janv. 2009 ; L. n° 2011-103, 27 janv. 2011 ; L. n° 2016-1691, 9 déc. 2016 ; Ord. n° 2017-1162, 12 juill. 2017).* – Le conseil de surveillance exerce le contrôle permanent de la gestion de la société par le directoire.

(Al.. mod., L. n° 2019-744, 19 juill. 2019) Les statuts peuvent subordonner à l'autorisation préalable du conseil de surveillance la conclusion des opérations qu'ils énumèrent. Toutefois, les cautions, avals et garanties, sauf dans les sociétés exploitant un établissement bancaire ou financier, font l'objet d'une autorisation du conseil de surveillance, qui en limite le montant, dans des conditions déterminées par décret en Conseil d'État. Ce décret détermine également les conditions dans lesquelles le dépassement de cette autorisation peut être opposé aux tiers . Le conseil peut toutefois donner cette autorisation globalement et annuellement sans limite de montant pour garantir les engagements pris par les sociétés contrôlées au sens du II de l'article L. 233-16. Il peut également autoriser le directoire à donner, globalement et sans limite de montant, des cautions, avals et garanties pour garantir les engagements pris par les sociétés contrôlées au sens du même II, sous réserve que ce dernier en rende compte au conseil au moins une fois par an. Le directoire peut également être autorisé à donner, à l'égard des administrations fiscales et douanières, des cautions, avals ou garanties au nom de la société, sans limite de montant.

À toute époque de l'année, le conseil de surveillance opère les vérifications et les contrôles qu'il juge opportuns et peut se faire communiquer les documents qu'il estime nécessaires à l'accomplissement de sa mission.

Une fois par trimestre au moins le directoire présente un rapport au conseil de surveillance.

Après la clôture de chaque exercice et dans le délai fixé par décret en Conseil d'État , le directoire lui présente, aux fins de vérification et de contrôle, les documents visés au deuxième alinéa de l'article L. 225-100.

Le conseil de surveillance présente à l'assemblée générale prévue à l'article L. 225-100 un rapport sur le gouvernement d'entreprise joint au rapport de gestion mentionné au même article. Ce rapport inclut les informations, le cas échéant adaptées aux sociétés à conseil de surveillance, mentionnées aux articles L. 225-37-3 à L. 225-37-5, ainsi que les observations du conseil de surveillance sur le rapport du directoire et sur les comptes de l'exercice.

Art. L. 225-70 *(Mod., L. n° 2019-744, 19 juill. 2019).* – Les statuts doivent prévoir pour l'exercice des fonctions de membre du conseil de surveillance une limite d'âge s'appliquant soit à l'ensemble des membres du conseil de surveillance, soit à un pourcentage déterminé d'entre eux.

À défaut de disposition expresse dans les statuts, le nombre des membres du conseil de surveillance ayant atteint l'âge de soixante-dix ans ne peut être supérieur au tiers des membres du conseil de surveillance en fonctions.

Toute nomination intervenue en violation des dispositions prévues à l'alinéa précédent est nulle.

À défaut de disposition expresse dans les statuts prévoyant une autre procédure, lorsque la limitation statutaire ou légale fixée pour l'âge des membres du conseil de surveillance est dépassée, le membre du conseil de surveillance le plus âgé est réputé démissionnaire d'office.

Est également réputé démissionnaire d'office le membre du conseil de surveillance placé en tutelle.

La nullité prévue au troisième alinéa et la démission d'office prévue aux quatrième et avant-dernier alinéas n'entraînent pas la nullité des délibérations auxquelles a pris part le membre du conseil de surveillance irrégulièrement nommé ou réputé démissionnaire d'office.

Art. L. 225-82 *(Mod., L. n° 2001-420, 15 mai 2001 ; L. n° 2005-842, 26 juill. 2005).* – Le conseil de surveillance ne délibère valablement que si la moitié au moins de ses membres sont présents.

À moins que les statuts ne prévoient une majorité plus forte, les décisions sont prises à la majorité des membres présents ou représentés.

Sauf lorsque le conseil est réuni pour procéder aux opérations visées au cinquième alinéa de l'article L. 225-68 et sauf disposition contraire des statuts, le règlement intérieur peut prévoir que sont réputés présents, pour le calcul du quorum et de la majorité, des membres du conseil de surveillance qui participent à la réunion par des moyens de visioconférence ou de télécommunication permettant leur identification et garantissant leur participation effective, dont la nature et les conditions d'application sont déterminées par décret en Conseil d'État. Les statuts peuvent limiter la nature des décisions pouvant être prises lors d'une réunion tenue dans ces conditions et prévoir un droit d'opposition au profit d'un nombre déterminé de membres du conseil de surveillance. *(Mots aj., L. n° 2019-744, 19 juill. 2019)* « Les statuts peuvent également prévoir que les décisions relevant des attributions propres du conseil de surveillance prévues au second alinéa de l'article L. 225-65, au deuxième alinéa de l'article L. 225-68, à l'article L. 225-78 et au III de l'article L. 225-103 ainsi que les décisions de transfert du siège social dans le même département peuvent être prises par consultation écrite des membres du conseil de surveillance ».

Sauf disposition contraire des statuts, la voix du président de séance est prépondérante en cas de partage.

Art. L. 225-93 *(Mod. à compter du 1er janvier 2006, L. n° 2005-845, 26 juill. 2005).* – En cas d'ouverture d'une procédure de sauvegarde, de redressement ou de liquidation judiciaire[s], en application *(Mots rempl., L. n° 2019-744, 19 juill. 2019)* « des titres III et IV » du livre VI, les personnes visées par ces dispositions peuvent être rendues responsables du passif social et sont soumises aux interdictions et déchéances, dans les conditions prévues par lesdites dispositions.

Art. L. 225-96 *(Mod., L. n° 2005-842, 26 juill. 2005 ; Ord. n° 2009-80, 22 janv. 2009).* – L'assemblée générale extraordinaire est seule habilitée à modifier les statuts dans toutes leurs dispositions. Toute clause contraire est réputée non écrite. Elle ne peut, toutefois, augmenter les engagements des actionnaires, sous réserve des opérations résultant d'un regroupement d'actions régulièrement effectué.

Elle ne délibère valablement que si les actionnaires présents ou représentés possèdent au moins, sur première convocation, le quart et, sur deuxième convocation, le cinquième des actions ayant le droit de vote. À défaut, la deuxième assemblée peut être prorogée à une date postérieure de deux mois au plus à celle à laquelle elle avait été convoquée. Dans les sociétés dont les actions ne sont pas admises aux négociations sur un marché réglementé, les statuts peuvent prévoir des quorums plus élevés .

(Al. mod., L. n° 2019-744, 19 juill. 2019) Elle statue à la majorité des deux tiers des voix exprimées par les actionnaires présents ou représentés. Les voix exprimées ne comprennent pas celles attachées aux actions pour lesquelles l'actionnaire n'a pas pris part au vote, s'est abstenu ou a voté blanc ou nul.

Art. L. 225-98 *(Mod., L. n° 2005-842, 26 juill. 2005 ; Ord. n° 2009-80, 22 janv. 2009).* – L'assemblée générale ordinaire prend toutes les décisions autres que celles visées aux articles L. 225-96 et L. 225-97.

Elle ne délibère valablement sur première convocation que si les actionnaires présents ou représentés possèdent au moins le cinquième des actions ayant le droit de vote. Dans les sociétés dont les actions ne sont pas admises aux négociations sur un marché réglementé, les statuts peuvent prévoir un quorum plus élevé. Sur deuxième convocation, aucun quorum n'est requis.

(Al. mod., L. n° 2019-744, 19 juill. 2019) Elle statue à la majorité des voix exprimées par les actionnaires présents ou représentés. Les voix exprimées ne comprennent pas celles attachées aux actions pour lesquelles l'actionnaire n'a pas pris part au vote, s'est abstenu ou a voté blanc ou nul.

Art. L. 225-103-1 *(Ord. n° 2017-747, 4 mai 2017).* – Dans les sociétés dont les actions ne sont pas admises aux négociations sur un marché réglementé, les statuts peuvent prévoir que, sans préjudice des dispositions du I de l'article L. 225-107, les assemblées générales extraordinaires mentionnées à l'article L. 225-96 et les assemblées générales ordinaires mentionnées à l'article L. 225-98 sont tenues exclusivement par visioconférence ou par des moyens de télécommunication permettant l'identification des actionnaires.

Toutefois, pour *(Mots rempl., L. n° 2019-744, 19 juill. 2019)* « les assemblées générales extraordinaires mentionnées à l'article L. 225-96 », un ou plusieurs actionnaires représentant au moins 5 % du capital social peuvent s'opposer à ce qu'il soit recouru exclusivement aux modalités de participation à l'assemblée définies au premier alinéa.

Les conditions d'application du présent article sont précisées par décret en Conseil d'État.

Art. L. 225-107 *(Mod., L. n° 2001-420, 15 mai 2001)* – I. - Tout actionnaire peut voter par correspondance, au moyen d'un formulaire dont les mentions sont fixées par décret en Conseil d'État . Les dispositions contraires des statuts sont réputées non écrites.

Pour le calcul du quorum, il n'est tenu compte que des formulaires qui ont été reçus par la société avant la réunion de l'assemblée, dans les conditions de délais fixées par décret en Conseil d'État. Les formulaires ne donnant aucun sens de vote ou exprimant une abstention *(Mots rempl., L. n° 2019-744, 19 juill. 2019)* « ne sont pas considérés comme des votes exprimés ».

II. - Si les statuts le prévoient, sont réputés présents pour le calcul du quorum et de la majorité les actionnaires qui participent à l'assemblée par visioconférence ou par des moyens de télécommunication permettant leur identification et dont la nature et les conditions d'application sont déterminées par décret en Conseil d'État.

Art. L. 225-108 *(Mod., Ord. n° 2010-1511, 9 déc. 2010).* – Le conseil d'administration ou le directoire, selon le cas, doit adresser ou mettre à la disposition des actionnaires les documents nécessaires pour permettre à ceux-ci de se prononcer en connaissance de cause et de porter un jugement informé sur la gestion et la marche des affaires de la société.

La nature de ces documents et les conditions de leur envoi ou de leur mise à la disposition des actionnaires sont déterminées par décret en Conseil d'État .

À compter de la communication prévue au premier alinéa, tout actionnaire a la faculté de poser par écrit des questions auxquelles le conseil d'administration ou le directoire, selon le cas, est tenu de répondre au cours de l'assemblée. Une réponse commune peut être apportée à ces questions dès lors qu'elles présentent le même contenu.

La réponse à une question écrite est réputée avoir été donnée dès lors qu'elle figure sur le site internet de la société dans une rubrique consacrée aux questions-réponses. *(Mots aj., L. n° 2019-744, 19 juill. 2019)* « Le conseil d'administration ou le directoire peut déléguer, selon le cas, un de ses membres, le directeur général ou un directeur général délégué pour y répondre.»

Art. L. 225-121 *(Mod., L. n° 2012-387, 22 mars 2012 ; L. n° 2019-744, 19 juill. 2019).* – Les délibérations prises par les assemblées en violation des articles L. 225-96, L. 225-97, L. 225-98, des troisième et quatrième alinéas de l'article L. 225-99 et des deuxième et troisième alinéas du I de l'article L. 225-100 sont nulles.

En cas de violation des dispositions des articles L. 225-115 et L. 225-116 ou du décret pris pour leur application, l'assemblée peut être annulée.

Les délibérations prises par les assemblées en violation de l'article L. 225-105 peuvent être annulées.

Art. L. 225-129-6 *(Ord. n° 2004-604, 24 juin 2004 ; mod., L. n° 2004-1343, 9 déc. 2004 ; L. n° 2005-842, 26 juill. 2005 ; L. n° 2011-525, 17 mai 2011 ; L. n° 2012-387, 22 mars 2012 ; L. n° 2019-744, 19 juill. 2019).* – Lors de toute décision d'augmentation du capital par apport en numéraire, sauf si elle résulte d'une émission au préalable de valeurs mobilières donnant accès au capital, l'assemblée générale extraordinaire doit se prononcer sur un projet de résolution tendant à la réalisation d'une augmentation de capital dans les conditions prévues à l'article L. 443-5 du Code du travail lorsque la société a des salariés.

Toutefois, l'assemblée générale extraordinaire se prononce sur un tel projet de résolution lorsqu'elle délègue sa compétence pour réaliser l'augmentation de capital conformément à l'article L. 225-129-2.

Le présent article n'est pas applicable aux sociétés contrôlées au sens de l'article L. 233-16 du présent code lorsque l'assemblée générale de la société qui les contrôle a décidé ou a autorisé, par délégation, une augmentation de capital, dans les conditions prévues au deuxième alinéa de l'article L. 3344-1 du Code du travail, dont peuvent bénéficier les salariés des sociétés contrôlées.

Art. L. 225-149 *(Rempl., Ord. n° 2004-604, 24 juin 2004).* – L'augmentation de capital résultant de l'exercice de droits attachés aux valeurs mobilières donnant accès au capital n'est pas soumise aux formalités prévues à l'article L. 225-142, au deuxième alinéa de l'article L. 225-144 et à l'article L. 225-146. Lorsque le titulaire d'une valeur mobilière émise en application de l'article L. 225-149-2 n'a pas droit à un nombre entier, la fraction formant rompu fait l'objet d'un versement en espèces selon les modalités de calcul fixées par décret en Conseil d'État.

L'augmentation de capital est définitivement réalisée du seul fait de l'exercice des droits et, le cas échéant, des versements correspondants.

À tout moment de l'exercice en cours et au plus tard lors de la première réunion suivant la clôture de celui-ci, le conseil d'administration ou le directoire constate, s'il y a lieu, le nombre et le montant nominal des actions créées au profit des titulaires des droits au cours de l'exercice écoulé et apporte les modifications nécessaires aux clauses des statuts relatives au montant du capital social et au nombre des titres qui le composent.

(Al. mod., L. n° 2019-744, 19 juill. 2019) Le président ou un membre du directoire, le directeur général ou un directeur général délégué peut, sur délégation du directoire ou du conseil d'administration, procéder à ces opérations à tout moment de l'exercice et au plus tard dans une limite fixée par décret en Conseil d'État.

Art. L. 225-177 *(Mod., L. n° 2001-420, 15 mai 2001 ; L. n° 2006-1770, 30 déc. 2006).* – L'assemblée générale extraordinaire, sur le rapport du conseil d'administration ou du directoire, selon le cas, et sur le rapport spécial des commissaires aux comptes *(Mots aj. à compter de la date prévue au II de l'article 20 de la loi n° 2019-486 du 22 mai 2019 et au plus tard le 1er septembre 2019, L. n° 2019-486, 22 mai 2019)* « , s'il en existe, » peut autoriser le conseil d'administration ou le directoire à consentir, au bénéfice des membres du personnel salarié de la société ou de certains d'entre eux, des options donnant droit à la souscription d'actions. L'assemblée générale extraordinaire fixe le délai pendant lequel cette autorisation peut être utilisée par le conseil d'administration ou par le directoire, ce délai ne pouvant être supérieur à trente-huit mois. Toutefois, les autorisations antérieures à la date de publication de la loi n° 2001-420 du 15 mai 2001 relative aux nouvelles régulations économiques sont valables jusqu'à leur terme.

Le conseil d'administration ou le directoire fixe les conditions dans lesquelles seront consenties les options. Ces conditions pourront comporter des clauses d'interdiction de revente immédiate de tout ou partie des actions sans que le délai imposé pour la conservation des titres puisse excéder trois ans à compter de la levée de l'option.

Les options peuvent être consenties ou levées alors même que le capital social n'aurait pas été intégralement libéré.

Le prix de souscription est fixé au jour où l'option est consentie, par le conseil d'administration ou le directoire selon les modalités déterminées par l'assemblée générale extraordinaire sur le rapport des commissaires aux comptes *(Mots aj. à compter de la date prévue au II de l'article 20 de la loi n° 2019-486 du 22 mai 2019 et au plus tard le 1er septembre 2019, L. n° 2019-486, 22 mai 2019)* « de la société, ou, s'il n'en a pas été désigné, d'un commissaire aux comptes désigné à cet effet selon les modalités prévues à l'article L. 225-228 ». Si les actions de la société ne sont pas admises aux négociations sur un marché réglementé, le prix de souscription est déterminé conformément aux méthodes objectives retenues en matière d'évaluation d'actions en tenant compte, selon une pondération appropriée à chaque cas, de la situation nette comptable, de la rentabilité et des perspectives d'activité de l'entreprise. Ces critères sont appréciés le cas échéant sur une base consolidée ou, à défaut, en tenant compte des éléments financiers issus des filiales significatives. À défaut, le prix de souscription est déterminé en divisant par le nombre de titres existants le montant de l'actif net réévalué, calculé d'après le bilan le plus récent. Si les actions de la société sont admises aux négociations sur un marché réglementé le prix de souscription ne peut pas être inférieur à 80 % de la moyenne des cours cotés aux vingt séances de bourse précédant ce jour, aucune option ne pouvant être consentie moins de vingt séances de bourse après le détachement des actions d'un coupon donnant droit à un dividende ou à une augmentation de capital.

Dans une société dont les *(Mots rempl., L. n° 2019-744, 19 juill. 2019)* « actions sont admises » aux négociations sur un marché réglementé, les options ne peuvent être consenties :

1° *(1° rempl., L. n° 2019-744, 19 juill. 2019)* Dans le délai de dix séances de bourse précédant la date à laquelle les comptes consolidés annuels et intermédiaires ou, à défaut, les comptes annuels et semestriels sont rendus publics, ainsi que le jour de la publication ;

2° *(2° mod., L. n° 2019-744, 19 juill. 2019)* Dans le délai compris entre la date à laquelle les organes sociaux de la société ont connaissance d'une information privilégiée au sens de l'article 7 du règlement (UE) n° 596/2014 du Parlement européen et du Conseil du 16 avril 2014 sur les abus de marché (règlement relatif aux abus de marché) et abrogeant la directive 2003/6/CE du Parlement européen et du Conseil et les directives 2003/124/CE, 2003/125/CE et 2004/72/CE de la Commission, et la date à laquelle cette information est rendue publique.

Des options donnant droit à la souscription de titres qui ne sont pas admis aux négociations sur un marché réglementé ne peuvent être consenties qu'aux salariés de la société qui attribue ces options ou à ceux des sociétés mentionnées au 1° de l'article L. 225-180.

Art. L. 225-197-1 *(L. fin. n° 2004-1484, 30 déc. 2004 ; mod., L. n° 2006-1770, 30 déc. 2006 ; L. n° 2008-1258, 3 déc. 2008 ; L. n° 2012-387, 22 mars 2012 ; L. n° 2014-384, 29 mars 2014 ; L. n° 2015-990, 6 août 2015).* – I. - L'assemblée générale extraordinaire, sur le rapport du conseil d'administration ou du directoire, selon le cas, et sur le rapport spécial des commissaires aux comptes *(Mots aj. à compter de la date prévue au II de l'article 20 de la loi n° 2019-486 du 22 mai 2019 et au plus tard le 1er septembre 2019, L. n° 2019-486, 22 mai 2019)* « de la société, ou, s'il n'en a pas été désigné, d'un commissaire aux comptes désigné à cet effet selon les modalités prévues à l'article L. 225-228 », peut autoriser le conseil d'administration ou le directoire à procéder, au profit des membres du personnel salarié de la société ou de certaines catégories d'entre eux, à une attribution gratuite d'actions existantes ou à émettre.

(Al. mod., L. n° 2019-486, 22 mai 2019 ; L. n° 2019-744, 19 juill. 2019) L'assemblée générale extraordinaire fixe le pourcentage maximal du capital social pouvant être attribué dans les conditions définies au premier alinéa. Ce pourcentage est porté à 30 % lorsque l'attribution d'actions gratuites bénéficie à l'ensemble des membres du personnel salarié de la société. Dans les sociétés dont les actions ne sont pas admises aux négociations sur un marché réglementé ou sur un système multilatéral de négociation et ne dépassant pas, à la clôture d'un exercice social, les seuils définissant les petites et moyennes entreprises prévus à l'article 2 de l'annexe à la recommandation 2003/361/CE de la Commission, du 6 mai 2003, concernant la définition des micro, petites et moyennes entreprises, les statuts peuvent prévoir, dans le cas d'attributions gratuites d'actions à certaines catégories des membres du personnel salarié de la société uniquement, un pourcentage plus élevé, qui ne peut toutefois excéder 15 % du capital social à la date de la décision d'attribution des actions par le conseil d'administration ou le directoire. Ne sont pas prises en compte dans ces pourcentages les actions qui n'ont pas été définitivement attribuées au terme de la période d'acquisition prévue au sixième alinéa du présent I ainsi que les actions qui ne sont plus soumises à l'obligation de conservation prévue au septième alinéa.

Les pourcentages mentionnés au deuxième alinéa sont portés à 30 % lorsque l'attribution d'actions gratuites bénéficie à l'ensemble des membres du personnel salarié de la société. Au-delà du pourcentage de 10 % ou de 15 %, l'écart entre le nombre d'actions distribuées à chaque salarié ne peut être supérieur à un rapport de un à cinq.

L'assemblée générale extraordinaire fixe également le délai pendant lequel cette autorisation peut être utilisée par le conseil d'administration ou le directoire. Ce délai ne peut excéder trente-huit mois.

Lorsque l'attribution porte sur des actions à émettre, l'autorisation donnée par l'assemblée générale extraordinaire emporte de plein droit, au profit des bénéficiaires des actions attribuées gratuitement, renonciation des actionnaires à leur droit préférentiel de souscription. L'augmentation de capital correspondante est définitivement réalisée du seul fait de l'attribution définitive des actions aux bénéficiaires.

L'attribution des actions à leurs bénéficiaires est définitive au terme d'une période d'acquisition dont la durée minimale, qui ne peut être inférieure à un an, est déterminée par l'assemblée générale extraordinaire. Toutefois, l'assemblée peut prévoir l'attribution définitive des actions avant le terme de la période d'acquisition en cas d'invalidité du bénéficiaire correspondant au classement dans la deuxième ou la troisième des catégories prévues à l'article L. 341-4 du Code de la sécurité sociale.

L'assemblée générale extraordinaire peut également fixer la durée minimale de l'obligation de conservation des actions par les bénéficiaires. Cette durée court à compter de l'attribution définitive des actions. Toutefois, les actions sont librement cessibles en cas d'invalidité des bénéficiaires correspondant à leur classement dans les catégories précitées du Code de la sécurité sociale.

La durée cumulée des périodes d'acquisition et de conservation ne peut être inférieure à deux ans.

Dans une société dont les *(Mots rempl., L. n° 2019-744, 19 juill. 2019)* **« actions sont admises » aux négociations sur un marché réglementé, à l'issue de la période d'obligation de conservation, les actions ne peuvent pas être cédées :**

1° *(1° rempl., L. n° 2019-744, 19 juill. 2019)* **Dans le délai de trente jours calendaires avant l'annonce d'un rapport financier intermédiaire ou d'un rapport de fin d'année que l'émetteur est tenu de rendre public ;**

2° *(2° rempl., L. n° 2019-744, 19 juill. 2019)* **Par les membres du conseil d'administration ou de surveillance, par les membres du directoire ou exerçant les fonctions de directeur général ou de directeur général délégué et par les salariés ayant connaissance d'une information privilégiée, au sens de l'article 7 du règlement (UE) n° 596/2014 du Parlement européen et du Conseil du 16 avril 2014 sur les abus de marché (règlement relatif aux abus de marché) et abrogeant la directive 2003/6/CE du Parlement européen et du Conseil et les directives 2003/124/CE, 2003/125/CE et 2004/72/CE de la Commission, qui n'a pas été rendue publique.**

Le conseil d'administration ou, le cas échéant, le directoire détermine l'identité des bénéficiaires des attributions d'actions mentionnées au premier alinéa. Il fixe les conditions et, le cas échéant, les critères d'attribution des actions.

II. - Le président du conseil d'administration, le directeur général, les directeurs généraux délégués, les membres du directoire ou le gérant d'une société par actions peuvent se voir attribuer des actions de la société dans les mêmes conditions que les membres du personnel salarié et dans le respect des conditions mentionnées à l'article L. 225-197-6.

Ils peuvent également se voir attribuer des actions d'une société liée dans les conditions prévues à l'article L. 225-197-2, sous réserve que les actions de cette dernière soient admises aux négociations sur un marché réglementé et dans le respect des conditions mentionnées à l'article L. 225-197-6.

Il ne peut pas être attribué d'actions aux salariés et aux mandataires sociaux détenant chacun plus de 10 % du capital social. Une attribution gratuite d'actions ne peut pas non plus avoir pour effet que les salariés et les mandataires sociaux détiennent chacun plus de 10 % du capital social.

Par dérogation aux dispositions précédentes, pour les actions ainsi attribuées au président du conseil d'administration, au directeur général, aux directeurs généraux délégués, aux membres du directoire ou au gérant d'une société par actions, le conseil d'administration ou, selon le cas, le conseil de surveillance soit décide que ces actions ne peuvent être cédées par les intéressés avant la cessation de leurs fonctions, soit fixe la quantité de ces actions qu'il sont tenus de conserver au nominatif jusqu'à la cessation de leurs fonctions. L'information correspondante est publiée dans le rapport mentionné à l'article L. 225-102-1.

III. - En cas d'échange sans soulte d'actions résultant d'une opération de fusion ou de scission réalisée conformément à la réglementation en vigueur pendant les périodes d'acquisition ou de conservation prévues au I, les dispositions du présent article et, notamment, les périodes précitées, pour leur durée restant à courir à la date de l'échange, restent applicables aux droits à attribution et aux actions reçus en échange. Il en est de même de l'échange résultant d'une opération d'offre publique, de division ou de regroupement réalisée conformément à la réglementation en vigueur qui intervient pendant la période de conservation.

En cas d'apport à une société ou à un fonds commun de placement dont l'actif est exclusivement composé de titres de capital ou donnant accès au capital émis par la société ou par une société qui lui est liée au sens de l'article L. 225-197-2, l'obligation de conservation prévue au I reste applicable, pour la durée restant à courir à la date de l'apport, aux actions ou parts reçues en contrepartie de l'apport.

....

Art. L. 225-208 *(Mod., L. fin. n° 2004-1484, 30 déc. 2004 ; L. n° 2019-744, 19 juill. 2019).* **– Lorsque leurs actions ne sont pas admises aux négociations sur un marché réglementé ou sur un système multilatéral de négociation soumis aux dispositions du II de l'article L. 433-3 du Code monétaire et financier, [l]es sociétés qui font participer leurs salariés à leurs résultats par attribution de leurs actions, celles qui attribuent leurs actions dans les conditions prévues aux articles L. 225-197-1 à L. 225-197-3 du présent code et celles qui consentent des options d'achat de leurs actions dans les conditions prévues aux articles L. 225-177 et suivants peuvent, à cette fin, racheter leurs propres actions. Les actions doivent être attribuées ou les options doivent être consenties dans le délai d'un an à compter de l'acquisition.**

....

Art. L. 225-209-2 *(L. fin. rect. n° 2012-354, 14 mars 2012 ; mod., L. n° 2016-1691, 9 déc. 2016).* **– Dans les sociétés dont les actions ne sont pas admises aux négociations sur un marché réglementé ou sur un système multilatéral de négociation soumis aux dispositions du II de l'article L. 433-3 du Code monétaire et financier, l'assemblée générale ordinaire peut autoriser le conseil d'administration ou le directoire, selon le cas, à acheter les actions de la société, pour les offrir ou les attribuer :**

– dans l'année de leur rachat, aux bénéficiaires d'une opération mentionnée à l'article L. 225-208 du présent code ou intervenant dans le cadre des articles L. 3332-1 et suivants du Code du travail ;

– dans les deux ans de leur rachat, en paiement ou en échange d'actifs acquis par la société dans le cadre d'une opération de croissance externe, de fusion, de scission ou d'apport ;

– dans les cinq ans de leur rachat, aux actionnaires qui manifesteraient à la société l'intention de les acquérir à l'occasion d'une procédure de mise en vente organisée par la société elle-même dans les trois mois qui suivent chaque assemblée générale ordinaire annuelle.

Le nombre d'actions acquises par la société ne peut excéder :

– 10 % du capital de la société lorsque le rachat est autorisé en vue d'une opération prévue au deuxième ou quatrième alinéa du présent article ;

– 5 % du capital de la société lorsque le rachat est autorisé en vue d'une opération prévue au troisième alinéa.

L'assemblée générale ordinaire précise les finalités de l'opération. Elle définit le nombre maximal d'actions dont elle autorise l'acquisition, le prix ou les modalités de fixation du prix ainsi que la durée de l'autorisation, qui ne peut excéder douze mois. *(Mots aj., L. n° 2019-744, 19 juill. 2019)* **« Elle peut autoriser le conseil d'administration ou le directoire, selon le cas, dans le respect des délais mentionnés aux deuxième à quatrième alinéas du présent article, à utiliser les actions rachetées pour une autre des finalités prévues au présent article.»**

Le prix des actions rachetées est acquitté au moyen d'un prélèvement sur les réserves dont l'assemblée générale a la disposition en vertu du deuxième alinéa de l'article L. 232-11 du présent code.

À défaut d'avoir été utilisées pour l'une des finalités et dans les délais mentionnés aux deuxième à quatrième alinéas du présent article, les actions rachetées sont annulées de plein droit.

L'assemblée générale ordinaire statue au vu d'un rapport établi par un expert indépendant, dans des conditions définies par décret en Conseil d'État, et sur un rapport spécial des commissaires aux comptes *(Mots aj. à compter de la date prévue au II de l'article 20 de la loi n° 2019-486 du 22 mai 2019 et au plus tard le 1er septembre 2019, L. n° 2019-486, 22 mai 2019)* **« de la société, ou, s'il n'en a pas été désigné, d'un commissaire aux comptes désigné à cet effet selon les modalités prévues à l'article L. 225-228 » faisant connaître leur appréciation sur les conditions de fixation du prix d'acquisition.**

Le prix des actions ne peut, à peine de nullité, être supérieur à la valeur la plus élevée ni inférieur à la valeur la moins élevée figurant dans le rapport d'évaluation de l'expert indépendant communiqué à l'assemblée générale.

Le conseil d'administration peut déléguer au directeur général ou, en accord avec ce dernier, à un ou plusieurs directeurs délégués les pouvoirs nécessaires pour réaliser ces opérations. Le directoire peut déléguer à son président ou, avec son accord, à un ou plusieurs de ses membres les pouvoirs nécessaires à l'effet de les réaliser. Les personnes désignées rendent compte au conseil d'administration ou au directoire de l'utilisation faite de ce pouvoir dans les conditions prévues par ces derniers.

Les commissaires aux comptes *(Mots aj. à compter de la date prévue au II de l'article 20 de la loi n° 2019-486 du 22 mai 2019 et au plus tard le 1er septembre 2019, L. n° 2019-486, 22 mai 2019)* **« , s'il en existe, »**

présentent à l'assemblée générale ordinaire annuelle un rapport spécial sur les conditions dans lesquelles les actions ont été rachetées et utilisées au cours du dernier exercice clos.

Les actions rachetées peuvent être annulées dans la limite de 10 % du capital de la société par périodes de vingt-quatre mois. En cas d'annulation des actions achetées, la réduction de capital est autorisée ou décidée par l'assemblée générale extraordinaire qui peut déléguer au conseil d'administration ou au directoire, selon le cas, tous pouvoirs pour la réaliser.

Par dérogation aux dispositions du dixième alinéa, les actions rachetées mais non utilisées peuvent, sur décision de l'assemblée générale ordinaire, être utilisées pour une autre des finalités prévues au présent article. *(Al. abr., L. n° 2019-744, 19 juill. 2019).*

....

Art. L. 225-214 *(Mod., L. fin. rect. n° 2012-354, 14 mars 2012).* – Les actions possédées en violation des articles L. 225-206 à *(Réf . rempl., L. n° 2019-744, 19 juill. 2019)* « L. 225-209 » et L. 225-210 doivent être cédées dans un délai d'un an à compter de leur souscription ou de leur acquisition. À l'expiration de ce délai, elles doivent être annulées.

....

Art. L. 225-218 *(Rempl. à compter de la date prévue au II de l'article 20 de la loi n° 2019-486 du 22 mai 2019 et au plus tard le 1er septembre 2019, L. n° 2019-486, 22 mai 2019).* – L'assemblée générale ordinaire peut désigner un ou plusieurs commissaires aux comptes dans les conditions prévues à l'article L. 225-228.

Sont tenues de désigner au moins un commissaire aux comptes les sociétés qui dépassent, à la clôture d'un exercice social, les seuils fixés par décret pour deux des trois critères suivants : le total de leur bilan, le montant de leur chiffre d'affaires hors taxes ou le nombre moyen de leurs salariés au cours de l'exercice.

Même si ces seuils ne sont pas atteints, la nomination d'un commissaire aux comptes peut être demandée en justice par un ou plusieurs actionnaires représentant au moins le dixième du capital.

(Al. créé, L. n° 2019-744, 19 juill. 2019) Sont également tenues de désigner un commissaire aux comptes, pour un mandat de trois exercices, les sociétés dont un ou plusieurs associés représentant au moins le tiers du capital en font la demande motivée auprès de la société.

....

Art. L. 225-256 *(Mod., L. n° 2005-845, 26 juill. 2005).* – Lorsque la société est soumise aux dispositions des articles L. 225-57 à L. 225-93, les membres du directoire sont soumis à la même responsabilité que les administrateurs dans les conditions prévues aux articles L. 225-249 à L. 225-255.

En cas d'ouverture d'une procédure de sauvegarde, de redressement ou de liquidation judiciaire[s] en application des dispositions *(Mots rempl., L. n° 2019-744, 19 juill. 2019)* « des titres III et IV » du livre VI relatives au redressement et à la liquidation judiciaires des entreprises, les personnes visées par ces dispositions peuvent être rendues responsables du passif social et sont soumises aux interdictions et déchéances, dans les conditions prévues par celles-ci.

....

Art. L. 226-6 *(Rempl. à compter de la date prévue au II de l'article 20 de la loi n° 2019-486 du 22 mai 2019 et au plus tard le 1er septembre 2019, L. n° 2019-486, 22 mai 2019)* . – L'assemblée générale ordinaire peut désigner un ou plusieurs commissaires aux comptes.

Sont tenues de désigner au moins un commissaire aux comptes les sociétés qui dépassent, à la clôture d'un exercice social, les seuils fixés par décret pour deux des trois critères suivants : le total de leur bilan, le montant de leur chiffre d'affaires hors taxes ou le nombre moyen de leurs salariés au cours de l'exercice.

Même si ces seuils ne sont pas atteints, la nomination d'un commissaire aux comptes peut être demandée en justice par un ou plusieurs associés représentant au moins le dixième du capital.

(Al. créé, L. n° 2019-744, 19 juill. 2019) Sont également tenues de désigner un commissaire aux comptes, pour un mandat de trois exercices, les sociétés dont un ou plusieurs associés représentant au moins le tiers du capital en font la demande motivée auprès de la société.

....

Art. L. 227-1 *(Mod., L. n° 2001-420, 15 mai 2001 ; L. n° 2008-776, 4 août 2008 ; L. n° 2014-1662, 30 déc. 2014 ; L. n° 2016-1691, 9 déc. 2016 ; L. n° 2019-486, 22 mai 2019 ; L. n° 2019-744, 19 juill. 2019).* – Une société par actions simplifiée peut être instituée par une ou plusieurs personnes qui ne supportent les pertes qu'à concurrence de leur apport.

Lorsque cette société ne comporte qu'une seule personne, celle-ci est dénommée « associé unique ». L'associé unique exerce les pouvoirs dévolus aux associés lorsque le présent chapitre prévoit une prise de décision collective.

Dans la mesure où elles sont compatibles avec les dispositions particulières prévues par le présent chapitre, les règles concernant les sociétés anonymes, à l'exception de l'article L. 224-2, du second alinéa de l'article L. 225-14, des articles L. 225-17 à L. 225-102-2, L. 225-103 à L. 225-126, L. 225-243, du I de l'article L. 233-8 et du troisième alinéa de l'article L. 236-6, sont applicables à la société par actions simplifiée. Pour l'application de ces règles, les attributions du conseil d'administration ou de son président sont exercées par le président de la société par actions simplifiée ou celui ou ceux de ses dirigeants que les statuts désignent à cet effet.

La société par actions simplifiée peut émettre des actions inaliénables résultant d'apports en industrie tels que définis à l'article 1843-2 du Code civil. Les statuts déterminent les modalités de souscription et de répartition de ces actions.

Par dérogation au premier alinéa de l'article L. 225-14, les futurs associés peuvent décider à l'unanimité que le recours à un commissaire aux apports ne sera pas obligatoire, lorsque la valeur d'aucun apport en nature n'excède un montant fixé par décret et si la valeur totale de l'ensemble des apports en nature non soumis à l'évaluation d'un commissaire aux apports n'excède pas la moitié du capital.

Lorsque la société est constituée par une seule personne, le commissaire aux apports est désigné par l'associé unique. Toutefois le recours à un commissaire aux apports n'est pas obligatoire si les conditions prévues au cinquième alinéa du présent article sont réunies ou si l'associé unique, personne physique, exerçant son activité professionnelle en nom propre avant la constitution de la société, y compris sous le régime prévu aux articles L. 526-6 à L. 526-21, apporte des éléments qui figuraient dans le bilan de son dernier exercice.

Lorsqu'il n'y a pas eu de commissaire aux apports ou lorsque la valeur retenue est différente de celle proposée par le commissaire aux apports, les associés sont solidairement responsables pendant cinq ans, à l'égard des tiers, de la valeur attribuée aux apports en nature lors de la constitution de la société.

La société par actions simplifiée dont l'associé unique, personne physique, assume personnellement la présidence est soumise à des formalités de publicité allégées déterminées par décret en Conseil d'État. Ce décret prévoit les conditions de dispense d'insertion au *Bulletin officiel des annonces civiles et commerciales*.

....

Art. L. 227-9-1 *(L. n° 2008-776, 4 août 2008 ; mod. à compter de la date prévue au II de l'article 20 de la loi n° 2019-486 du 22 mai 2019 et au plus tard le 1er septembre 2019, L. n° 2019-486, 22 mai 2019).* – Les associés peuvent nommer un ou plusieurs commissaires aux comptes dans les conditions prévues à l'article L. 227-9.

Sont tenues de désigner au moins un commissaire aux comptes les sociétés par actions simplifiées qui dépassent, à la clôture d'un exercice social, deux des seuils suivants, fixés par décret : le total de leur bilan, le montant de leur chiffre d'affaires hors taxe ou le nombre moyen de leurs salariés au cours de l'exercice.

Même si les conditions prévues au deuxième alinéa ne sont pas atteintes, la nomination d'un commissaire aux comptes peut être demandée en justice par un ou plusieurs associés représentant au moins le dixième du capital.

(Al. créé, L. n° 2019-744, 19 juill. 2019) Lorsque les conditions prévues au deuxième alinéa du présent article ne sont pas atteintes, un commissaire aux comptes peut être nommé pour faire application du second alinéa de l'article L. 225-146.

(Al. créé, L. n° 2019-744, 19 juill. 2019) Sont également tenues de désigner un commissaire aux comptes, pour un mandat de trois exercices, les sociétés dont un ou plusieurs associés représentant au moins le tiers du capital en font la demande motivée auprès de la société.

....

Art. L. 227-19 *(Mod., Ord. n° 2017-747, 4 mai 2017 ; L. n° 2019-744, 19 juill. 2019).* – Les clauses statutaires visées aux articles L. 227-13 et L. 227-17 ne peuvent être adoptées ou modifiées qu'à l'unanimité des associés.

Les clauses statutaires mentionnées aux articles L. 227-14 et L. 227-16 ne peuvent être adoptées ou modifiées que par une décision prise collectivement par les associés dans les conditions et formes prévues par les statuts.

....

Art. L. 228-15 *(Ord. n° 2004-604, 24 juin 2004 ; mod., L. n° 2008-776, 4 août 2008 ; L. n° 2019-486, 22 mai 2019).* – La création de ces actions donne lieu à l'application des articles L. 225-8, L. 225-10, L. 225-14, L. 225-147 et L. 225-148 relatifs aux avantages particuliers lorsque les actions sont émises au profit d'une ou plusieurs personnes nommément désignées. Dans ce cas, le commissaire aux apports prévu par ces articles est un commissaire aux comptes n'ayant pas réalisé depuis *(Nombre rempl., L. n° 2019-744, 19 juill. 2019)* « trois » ans et ne réalisant pas de mission au sein de la société. Les titulaires d'actions devant être converties en actions de préférence de la catégorie à créer ne peuvent, à peine de nullité de la délibération, prendre part au vote sur la création de cette catégorie et les actions qu'ils détiennent ne sont pas prises en compte pour le calcul du quorum et de la majorité, à moins que l'ensemble des actions ne fassent l'objet d'une conversion en actions de préférence.

Par dérogation au premier alinéa, lorsque l'émission porte sur des actions de préférence relevant d'une catégorie déjà créée, l'évaluation des avantages particuliers qui en résultent est faite dans le rapport spécial mentionné à l'article L. 228-12.

....

Art. L. 232-20. – La demande de paiement du dividende en actions, accompagnée, le cas échéant, du versement prévu au deuxième alinéa de l'article L. 232-19 doit intervenir dans un délai fixé par l'assemblée générale, sans qu'il puisse être supérieur à trois mois à compter de la date de ladite assemblée générale. L'augmentation de capital est réalisée du seul fait de cette demande, et, le cas échéant, de ce versement et ne donne pas lieu aux formalités prévues à l'article L. 225-142, au deuxième alinéa de l'article L. 225-144, et à l'article L. 225-146.

Toutefois, en cas d'augmentation du capital, le conseil d'administration ou le directoire, selon le cas, peut suspendre l'exercice du droit d'obtenir le paiement du dividende en actions pendant un délai qui ne peut excéder trois mois.

Lors de sa première réunion suivant l'expiration du délai fixé par l'assemblée générale en application du premier alinéa du présent article, le conseil d'administration ou, selon le cas, le directoire, constate le nombre des actions émises en application du présent article et apporte les modifications nécessaires aux clauses des statuts relatives au montant du capital social et au nombre des actions qui le représentent. *(Mots rempl., L. n° 2019-744, 19 juill. 2019)* « Sur délégation du conseil d'administration ou du directoire, le directeur général ou un directeur général délégué, le président ou un membre du directoire peut procéder » à ces opérations dans le mois qui suit l'expiration du délai fixé par l'assemblée générale.

....

Art. L. 236-3. – I. – La fusion ou la scission entraîne la dissolution sans liquidation des sociétés qui disparaissent et la transmission universelle de leur patrimoine aux sociétés bénéficiaires, dans l'état où il se trouve à la date de réalisation définitive de l'opération. Elle entraîne simultanément l'acquisition, par les associés des sociétés qui disparaissent, de la qualité d'associés des sociétés bénéficiaires, dans les conditions déterminées par le contrat de fusion ou de scission.

II. – Toutefois, il n'est pas procédé à l'échange de parts ou d'actions de la société bénéficiaire contre des parts ou actions des sociétés qui disparaissent lorsque ces parts ou actions sont détenues :

1° Soit par la société bénéficiaire ou par une personne agissant en son propre nom mais pour le compte de cette société ;

2° Soit par la société qui disparaît ou par une personne agissant en son propre nom mais pour le compte de cette société ;

3° *(3° créé, L. n° 2019-744, 19 juill. 2019)* Soit par une société qui détient la totalité des parts ou actions de la société bénéficiaire et de la société qui disparaît ou par une personne agissant en son propre nom mais pour le compte de cette société.

....

Art. L. 236-11 *(Mod., L. n° 2008-649, 3 juill. 2008 ; L. n° 2011-525, 17 mai 2011).* **– Lorsque, depuis le dépôt au greffe du tribunal de commerce du projet de fusion et jusqu'à la réalisation de l'opération, la société absorbante détient en permanence la totalité des actions représentant la totalité du capital des sociétés absorbées** *(Mots aj., L. n° 2019-744, 19 juill. 2019)* **« ou qu'une même société détient en permanence la totalité des actions représentant la totalité du capital de la société absorbante et des sociétés absorbées », il n'y a lieu ni à approbation de la fusion par l'assemblée générale extraordinaire des sociétés participant à l'opération ni à l'établissement des rapports mentionnés au quatrième alinéa de l'article L. 236-9, et à l'article L. 236-10.**

Toutefois, un ou plusieurs actionnaires de la société absorbante réunissant au moins 5 % du capital social peut demander en justice la désignation d'un mandataire aux fins de convoquer l'assemblée générale extraordinaire de la société absorbante pour qu'elle se prononce sur l'approbation de la fusion.

Art. L. 236-11-1 *(L. n° 2011-525, 17 mai 2011).* **– Lorsque, depuis le dépôt au greffe du tribunal de commerce du projet de fusion et jusqu'à la réalisation de l'opération, la société absorbante détient en permanence au moins 90 % des droits de vote des sociétés absorbées** *(Mots aj., L. n° 2019-744, 19 juill. 2019)* **« ou qu'une même société détient en permanence au moins 90 % des droits de vote de la société absorbante et des sociétés absorbées », sans en détenir la totalité :**

1° Il n'y a pas lieu à approbation de la fusion par l'assemblée générale extraordinaire de la société absorbante. Toutefois, un ou plusieurs actionnaires de la société absorbante réunissant au moins 5 % du capital social peut demander en justice la désignation d'un mandataire aux fins de convoquer l'assemblée générale extraordinaire de la société absorbante pour qu'elle se prononce sur l'approbation de la fusion ;

2° Il n'y a pas lieu à l'établissement des rapports mentionnés aux articles L. 236-9 et L. 236-10 lorsque les actionnaires minoritaires de la société absorbée se sont vu proposer, préalablement à la fusion, le rachat de leurs actions par la société absorbante à un prix correspondant à la valeur de celles-ci, déterminé, selon le cas :

***a)* Dans les conditions prévues à l'article 1843-4 du Code civil, si les actions de la société absorbée ne sont pas admises aux négociations sur un marché réglementé ;**

***b)* Dans le cadre d'une offre publique initiée dans les conditions et selon les modalités fixées par le règlement général de l'Autorité des marchés financiers, si les actions de la société absorbée sont admises aux négociations sur un marché réglementé ;**

***c)* Dans le cadre d'une offre répondant aux conditions des *a* ou *b*, si les actions de la société absorbée sont admises aux négociations sur un système multilatéral de négociation** *(Mots rempl., L. n° 2016-1691, 9 déc. 2016)* **« soumis aux dispositions du II de l'article L. 433-3 du Code monétaire et financier ».**

....

Art. L. 236-16 *(Mod., L. n° 2011-525, 17 mai 2011).* **– Les articles L. 236-9** *(Réf. rempl., L. n° 2019-744, 19 juill. 2019)* **« et L. 236-10 » sont applicables à la scission.**

....

Art. L. 236-22 *(Mod., L. n° 2019-744, 19 juill. 2019).* **– La société qui apporte une partie de son actif à une autre société et la société qui bénéficie de cet apport peuvent décider d'un commun accord de soumettre l'opération aux dispositions des articles L. 236-16 à L. 236-21.**

Lorsque, depuis le dépôt au greffe du tribunal de commerce du projet d'apport et jusqu'à la réalisation de l'opération, la société qui apporte une partie de son actif détient en permanence la totalité des actions représentant la totalité du capital de la société bénéficiaire de l'apport ou que la société bénéficiaire de l'apport détient en permanence la totalité des actions représentant la totalité du capital de la société qui apporte une partie de son actif, il n'y a lieu ni à approbation de l'opération par l'assemblée générale extraordinaire des sociétés participant à l'opération ni à l'établissement des rapports mentionnés au quatrième alinéa du I de l'article L. 236-9 et à l'article L. 236-10.

Toutefois, un ou plusieurs actionnaires de la société qui apporte une partie de son actif réunissant au moins 5 % du capital social peuvent demander en justice la désignation d'un mandataire aux fins de convoquer l'assemblée générale extraordinaire de cette société pour qu'elle se prononce sur l'approbation de l'apport.

....

Art. L. 238-6 *(Ord. n° 2004-604, 24 juin 2004).* – Si l'assemblée spéciale des actionnaires à dividende prioritaire n'est pas consultée dans les conditions prévues aux articles L. 228-35-6, L. 228-35-7 et L. 228-35-10, le président du tribunal statuant en référé peut, à la demande de tout actionnaire, enjoindre sous astreinte aux gérants ou au président du conseil d'administration ou du directoire de convoquer cette assemblée ou désigner un mandataire chargé de procéder à cette convocation.

La même action est ouverte à tout actionnaire ou tout titulaire de valeurs mobilières donnant accès au capital lorsque l'assemblée générale ou spéciale à laquelle il appartient n'est pas consultée dans les conditions prévues à l'article L. 225-99 *(Réf. suppr., L. n° 2019-744, 19 juill. 2019)* « ... » et aux articles L. 228-16 ou L. 228-103.

....

Art. L. 526-17 *(L. n° 2010-658, 15 juin 2010 ; mod., L. n° 2014-626, 18 juin 2014 ; L. n° 2019-486, 22 mai 2019).* – I. - L'entrepreneur individuel à responsabilité limitée peut céder à titre onéreux, transmettre à titre gratuit entre vifs ou apporter en société l'intégralité de son patrimoine affecté et en transférer la propriété dans les conditions prévues aux II et III du présent article sans procéder à sa liquidation.

II. - La cession à titre onéreux ou la transmission à titre gratuit entre vifs du patrimoine affecté à une personne physique entraîne sa reprise avec maintien de l'affectation dans le patrimoine du cessionnaire ou du donataire. Elle donne lieu au dépôt par le cédant ou le donateur d'une déclaration de transfert au registre dont relève l'entrepreneur individuel à responsabilité limitée en application de l'article L. 526-7 et fait l'objet d'une publicité. La reprise n'est opposable aux tiers qu'après l'accomplissement de ces formalités.

La cession du patrimoine affecté à une personne morale ou son apport en société entraîne transfert de propriété dans le patrimoine du cessionnaire ou de la société, sans maintien de l'affectation. Elle donne lieu à publication d'un avis. Le transfert de propriété n'est opposable aux tiers qu'après l'accomplissement de cette formalité.

III. - La déclaration ou l'avis mentionnés au II sont accompagnés d'un état descriptif des biens, droits, obligations ou sûretés composant le patrimoine affecté.

Les articles *(Réf. rempl., L. n° 2019-744, 19 juill. 2019)* « L. 141-2 » à L. 141-22 ne sont pas applicables à la cession ou à l'apport en société d'un fonds de commerce intervenant par suite de la cession ou de l'apport en société d'un patrimoine affecté.

Le cessionnaire, le donataire ou le bénéficiaire de l'apport est débiteur des créanciers de l'entrepreneur individuel à responsabilité limitée mentionnés au 1° du I de l'article L. 526-12 en lieu et place de celui-ci, sans que cette substitution emporte novation à leur égard.

Les créanciers de l'entrepreneur individuel à responsabilité limitée mentionnés au 1° du I de l'article L. 526-12 dont la créance est antérieure à la date de la publicité mentionnée au II du présent article, ainsi que les créanciers auxquels la déclaration n'est pas opposable et dont les droits sont nés antérieurement à la déclaration mentionnée à l'article L. 526-7 lorsque le patrimoine affecté fait l'objet d'une donation entre vifs, peuvent former opposition à la transmission du patrimoine affecté dans un délai fixé par voie réglementaire. Une décision de justice rejette l'opposition ou ordonne soit le remboursement des créances, soit la constitution de garanties, si le cessionnaire ou le donataire en offre et si elles sont jugées suffisantes.

À défaut de remboursement des créances ou de constitution des garanties ordonnées, la transmission du patrimoine affecté est inopposable aux créanciers dont l'opposition a été admise.

L'opposition formée par un créancier n'a pas pour effet d'interdire la transmission du patrimoine affecté.

....

Art. L. 822-1-3 *(Rempl. à compter du 17 juin 2016, Ord. n° 2016-315, 17 mars 2016).* – Pour être inscrite sur la liste des commissaires aux comptes, une société doit remplir les conditions suivantes :

1° La majorité des droits de vote de la société sont détenus par des commissaires aux comptes ou des sociétés de commissaires aux comptes inscrits sur la liste prévue au I de l'article L. 822-1 ou des contrôleurs légaux des comptes régulièrement agréés dans un autre État membre de l'Union européenne. Lorsqu'une société de commissaires aux comptes détient une participation dans le capital d'une autre société de commissaires aux comptes, les actionnaires ou associés non commissaires aux comptes ne peuvent détenir plus de la majorité de l'ensemble des droits de vote des deux sociétés ;

2° *(2° mod., L. n° 2019-744, 19 juill. 2019)* Les fonctions de gérant, de président, de président du conseil d'administration ou du directoire, de directeur général unique, de président du conseil de surveillance , de directeur général et de directeur général délégué sont assurées par des commissaires aux comptes inscrits sur la liste prévue au I de l'article L. 822-1 ou régulièrement agréés dans un autre État membre de l'Union européenne pour l'exercice du contrôle légal des comptes ;

3° La majorité au moins des membres des organes de gestion, d'administration, de direction ou de surveillance doivent être des commissaires aux comptes inscrits sur la liste prévue au I de l'article L. 822-1 ou régulièrement agréés dans un autre État membre de l'Union européenne pour l'exercice du contrôle légal des comptes. Les représentants permanents des sociétés de commissaires aux comptes associés ou actionnaires doivent être des commissaires aux comptes inscrits sur la liste prévue au I de l'article L. 822-1 ou régulièrement agréés dans un autre État membre de l'Union européenne pour l'exercice du contrôle légal des comptes.

....

Art. L. 822-15 *(L. n° 2003-706, 1er août 2003 ; mod., L. n° 2005-845, 26 juill. 2005 ; Ord. n° 2005-1126, 8 sept. 2005 ; Ord. n° 2008-1278, 8 déc. 2008).* – Sous réserve des dispositions de l'article L. 823-12 et des dispositions législatives particulières, les commissaires aux comptes, ainsi que leurs collaborateurs et experts, sont astreints au secret professionnel pour les faits, actes et renseignements dont ils ont pu avoir connaissance à raison de leurs fonctions. Toutefois, ils sont déliés du secret professionnel à l'égard du président du tribunal de commerce ou du tribunal de grande instance lorsqu'ils font application des dispositions du chapitre IV du titre III du livre II ou du chapitre II du titre Ier du livre VI.

Lorsqu'une personne morale établit des comptes consolidés, les commissaires aux comptes de la personne morale consolidante et les commissaires aux comptes des personnes consolidées sont, les uns à l'égard des autres, libérés du secret professionnel. Ces dispositions s'appliquent également lorsqu'une personne établit des comptes combinés.

(Al. créé, L. n° 2019-486, 22 mai 2019) Les commissaires aux comptes des personnes et entités mentionnées au premier alinéa de l'article L. 823-2-2 et les commissaires aux comptes des sociétés qu'elles contrôlent au sens de l'article L. 233-3 sont, les uns à l'égard des autres, libérés du secret professionnel.

Les commissaires aux comptes procédant à une revue indépendante ou contribuant au dispositif de contrôle de qualité interne sont astreints au secret professionnel.

(Al. créé, L. n° 2019-744, 19 juill. 2019) Les commissaires aux comptes sont déliés du secret professionnel à l'égard de la Commission nationale des comptes de campagne et des financements politiques et du juge de l'élection.

Code monétaire et financier

• Textes modifiés par le décret n° 2019-576 du 12 juin 2019 relatif aux activités et à la surveillance des institutions de retraite professionnelle

Art. R. 612-20-1 *(D. n° 2013-388, 10 mai 2013 ; mod., D. n° 2014-12, 8 janv. 2014 ; D. n° 2014-1315, 3 nov. 2014 ; mod. à compter du 3 janvier 2018, D. n° 2017-1253, 9 août 2017).* – I. - L'Autorité de contrôle prudentiel et de résolution communique à l'Autorité des marchés financiers les décisions relatives à l'agrément ou l'habilitation des personnes mentionnées au 2° du A du I de l'article L. 612-2 et les décisions relatives à l'agrément des établissements de crédit fournissant des services d'investissement.

II *(II rempl. à compter du 13 janvier 2018, D. n° 2017-1313, 31 août 2017).* - L'Autorité de contrôle prudentiel et de résolution communique sans délai à l'Autorité bancaire européenne les décisions relatives à l'agrément, l'enregistrement ou l'autorisation des personnes suivantes :

1° Les personnes mentionnées aux 1°, 3° et 8° du A du I de l'article L. 612-2 ;

2° Les personnes mentionnées aux 2°, 3° et 4° de l'article L. 612-21.

Lorsque la décision porte sur un retrait d'agrément ou d'enregistrement, l'Autorité de contrôle prudentiel et de résolution communique également les motifs de ce retrait.

III. - L'Autorité de contrôle prudentiel et de résolution communique au moins une fois par an aux autorités compétentes des autres États membres de l'Union européenne et des autres États parties à l'accord sur l'Espace économique européen, à la Commission européenne et à l'Autorité bancaire européenne la liste des compagnies financières holding et des compagnies financières holding mixtes.

IV. - L'Autorité de contrôle prudentiel et de résolution communique au moins une fois par an à la Commission européenne et à l'Autorité bancaire européenne le nombre et la nature des cas dans lesquels elle a refusé qu'un établissement de crédit ayant son siège social en France puisse, dans un autre État membre de l'Union européenne ou un autre État partie à l'accord sur l'Espace économique européen, créer une succursale en vue de fournir des services bancaires ou poursuivre son activité à la suite d'un changement de situation.

V. - L'Autorité de contrôle prudentiel et de résolution communique au moins une fois par an à l'Autorité bancaire européenne la liste des dirigeants d'établissement de crédit autorisés à exercer un mandat supplémentaire, conformément au II de l'article L. 511-52.

L'Autorité de contrôle prudentiel et de résolution communique au moins une fois par an à l'Autorité des marchés financiers, qui la transmet à l'Autorité européenne des marchés financiers, la liste des dirigeants d'entreprise d'investissement autorisés à exercer un mandat supplémentaire, conformément au II de l'article L. 533-26.

VI. - L'Autorité de contrôle prudentiel et de résolution communique au moins une fois par an à l'Autorité bancaire européenne, au comité bancaire européen institué par la décision de la Commission européenne 2004/10/ CE du 5 novembre 2003 et à la Commission européenne les agréments délivrés aux succursales d'établissements de crédit ayant leur siège dans un État non membre de l'Union européenne ni partie à l'accord sur l'Espace économique européen.

VII. *(VII mod., D. n° 2017-1171, 18 juill. 2017 ; D. n° 2017-1765, 26 déc. 2017 ; D. n° 2019-576, 12 juin 2019)* L'Autorité de contrôle prudentiel et de résolution communique au moins une fois par an à l'Autorité européenne des assurances et des pensions professionnelles la liste des entreprises d'assurance agréées en application de l'article L. 143-1 du Code des assurances, des fonds de retraite professionnelle supplémentaire agréés en application de l'article L. 382-1 du Code des assurances, des mutuelles ou unions agréées en application de l'article L. 222-3 du Code de la mutualité, des mutuelles ou unions de retraite professionnelle supplémentaire agréées en application de l'article L. 222-18 du Code de la mutualité, des institutions agréées au titre de l'article L. 932-40 du Code de la sécurité sociale, des institutions de retraite professionnelle supplémentaire agréées en application de l'article L. 942-7 du Code de la sécurité sociale, ainsi que des personnes morales administrant une institution de retraite professionnelle collective mentionnées à l'article 8 de l'ordonnance n° 2006-344 du 23 mars 2006 relative aux retraites professionnelles supplémentaires et habilitées conformément au 5° de l'article L. 542-1 et à l'article R. 542-1 du présent code.

Cette liste indique, pour chaque entreprise d'assurance, mutuelle, institution de prévoyance, organisme de retraite professionnelle supplémentaire, mutuelle ou union de retraite professionnelle supplémentaire, institution de retraite professionnelle supplémentaire et personne morale administrant une institution de retraite professionnelle collective mentionnée à l'alinéa précédent et agréée en France, les autres États membres de l'Union européenne et les autres États parties à l'accord sur l'Espace économique européen dans lesquels ces organismes exercent une activité.

Rédaction future. VII. *(VII mod., D. n° 2017-1171, 18 juill. 2017 ; D. n° 2017-1765, 26 déc. 2017 ; mod. à compter du 1er janvier 2023, D. n° 2019-576, 12 juin 2019)* L'Autorité de contrôle prudentiel et de résolution communique au moins une fois par an à l'Autorité européenne des assurances et des pensions professionnelles la liste des fonds de retraite professionnelle supplémentaire agréés en application de l'article L. 382-1 du Code des assurances, des mutuelles ou unions de retraite professionnelle supplémentaire agréées en application de l'article L. 222-18 du Code de la mutualité, des institutions agréées au titre de l'article L. 932-40 du Code de la sécurité sociale, des institutions de retraite professionnelle supplémentaire agréées en application de l'article L. 942-7 du Code de la sécurité sociale, ainsi que des personnes morales administrant une institution de retraite professionnelle collective mentionnées à l'article 8 de l'ordonnance n° 2006-344 du 23 mars 2006 relative aux retraites professionnelles supplémentaires et habilitées conformément au 5° de l'article L. 542-1 et à l'article R. 542-1 du présent code.

Cette liste indique, pour chaque mutuelle, institution de prévoyance, organisme de retraite professionnelle supplémentaire, mutuelle ou union de retraite professionnelle supplémentaire, institution de retraite professionnelle supplémentaire et personne morale administrant une institution de retraite professionnelle collective mentionnée à l'alinéa précédent et agréée en France, les autres États membres de l'Union européenne et les autres États parties à l'accord sur l'Espace économique européen dans lesquels ces organismes exercent une activité.

Art. R. 612-34-2 *(Créé, D. n° 2019-576, 12 juin 2019)*. – L'Autorité de contrôle prudentiel et de résolution notifie à l'Autorité européenne des assurances et des pensions professionnelles les décisions prises en application, respectivement, des articles L. 382-3 et L. 383-1 du Code des assurances et de l'article L. 612-33 et du 5° bis ou 5° ter de l'article L. 631-2-1 du présent code qui conduisent à interdire ou de restreindre les activités des organismes de retraite professionnelle supplémentaire mentionnés à l'article L. 381-1 du Code des assurances, à l'article L. 214-1 du Code de la mutualité et à l'article L. 942-1 du Code de la sécurité sociale.

Lorsque l'Autorité européenne des assurances et des pensions professionnelles informe l'Autorité de contrôle prudentiel et de résolution que l'activité d'une institution de retraite professionnelle mentionnée à l'article L. 370-1 du Code des assurances a été interdite ou restreinte et que cette restriction concerne les activités de cette institution en France, l'Autorité de contrôle prudentiel et de résolution publie cette information sur son site internet.

- Textes modifiés par le décret n° 2019-673 du 27 juin 2019 relatif à l'admission des organismes de placement collectif à la cotation sur un système multilatéral de négociation

Art. D. 214-22-1 *(D. n° 2011-923, 1er août 2011 ; mod., D. n° 2013-687, 25 juill. 2013 ; rempl., D. n° 2014-87, 30 janv. 2014 ; D. n° 2019-673, 27 juin 2019)*. – I. - Peuvent faire l'objet d'une admission aux négociations sur un marché réglementé d'instruments financiers défini à l'article L. 421-1 ou sur un système multilatéral de négociation défini à l'article L. 424-1 les actions ou parts d'organismes de placement collectif en valeurs mobilières de droit français commercialisées en France ou celles d'organismes de placement collectif en valeurs mobilières de droit étranger ayant fait l'objet de la notification prévue par l'article L. 214-2-2, à condition que cette admission soit demandée par ces organismes ou par leur société de gestion et que les parts ou actions de ces organismes soient négociées à leur valeur liquidative, majorée ou diminuée, selon les cas, d'une quote-part des frais ou commissions liés à l'émission ou au rachat de ces parts ou actions.

II. - Peuvent également faire l'objet d'une admission aux négociations sur un marché réglementé d'instruments financiers défini à l'article L. 421-1 les actions ou parts d'organismes de placement collectif en valeurs mobilières de droit français commercialisées en France ou celles d'organismes de placement collectif en valeurs mobilières de droit étranger ayant fait l'objet de la notification prévue par l'article L. 214-2-2, dont l'objectif de gestion est fondé sur un indice, à la condition que ces organismes aient mis en place un dispositif permettant de s'assurer que le cours de leurs actions ou parts ne s'écarte pas sensiblement de leur valeur liquidative. L'Autorité des marchés financiers apprécie l'écart maximum acceptable au regard des caractéristiques des actifs de ces organismes et des marchés sur lesquels ils sont cotés. Cet écart ne peut être supérieur à 5 %.

III. - Les actions ou parts d'organismes de placement collectif en valeurs mobilières de droit français commercialisées en France et dont l'objectif de gestion est fondé sur un indice ou celles d'organismes de placement collectif en valeurs mobilières de droit étranger ayant fait l'objet de la notification prévue par l'article L. 214-2-2 et dont l'objectif de gestion est fondé sur un indice, peuvent faire l'objet d'une admission aux négociations sur un système multilatéral de négociation défini à l'article L. 424-1 à condition que :

1° Ces actions ou parts soient déjà admises aux négociations sur un marché réglementé d'instruments financiers mentionné à l'article L. 421-1 ou à l'article L. 422-1 ; et

2° Le système multilatéral de négociation sur lequel ces actions ou parts sont admises à la négociation ait mis en place un dispositif permettant de s'assurer que le cours de ces actions ou parts ne s'écarte pas sensiblement de leur valeur liquidative.

Art. D. 214-32-31 *(D. n° 2013-687, 25 juill. 2013 ; rempl., D. n° 2014-87, 30 janv. 2014 ; mod., D. n° 2019-673, 27 juin 2019)*. – I. - Peuvent faire l'objet d'une admission aux négociations sur un marché réglementé d'instruments financiers défini à l'article L. 421-1 ou sur un système multilatéral de négociation défini à l'article L. 424-1 les actions ou parts de fonds d'investissements à vocation générale, autres que ceux visés à l'article L. 214-26-1, commercialisées en France, ainsi que les parts ou actions des FIA de droit étranger commercialisées en France dans les conditions prévues à l'article L. 214-24-1, à condition que cette admission soit demandée par ces FIA ou par leur société de gestion de portefeuille française, ou leur société de gestion agréée établie dans un État membre de l'Union européenne ou leur gestionnaire établi dans un pays tiers et que les parts ou actions de ces FIA soient négociées à leur valeur liquidative, majorée ou diminuée, d'une quote part des frais ou commissions liés à l'émission ou au rachat de ces parts ou actions.

II. - Peuvent également faire l'objet d'une admission aux négociations sur un marché réglementé d'instruments financiers défini à l'article L. 421-1 les actions ou parts de fonds d'investissements à vocation générale commercialisées en France, ainsi que les parts ou actions des FIA de droit étranger commercialisées en France dans les conditions prévues à l'article L. 214-24-1, dont l'objectif de gestion est fondé sur un indice, à la condition que ces FIA aient mis en place un dispositif permettant de s'assurer que le cours de leurs actions ou parts ne s'écarte pas sensiblement de leur valeur liquidative. L'Autorité des marchés financiers apprécie l'écart maximum acceptable au regard des caractéristiques des actifs de ces FIA et des marchés sur lesquels ils sont cotés. Cet écart ne peut être supérieur à 5 %.

III. - Les actions ou parts de fonds d'investissement à vocation générale, dont l'objectif de gestion est fondé sur un indice, autres que ceux visés à l'article L. 214-26-1, commercialisées en France, ainsi que les parts ou actions des FIA de droit étranger commercialisées en France dans les conditions prévues à l'article L. 214-24-1, dont l'objectif de gestion est fondé sur un indice, peuvent faire l'objet d'une admission aux négociations sur un système multilatéral de négociation défini à l'article L. 424-1 à condition que :

1° Ces actions ou parts soient déjà admises aux négociations sur un marché réglementé d'instruments financiers mentionné à l'article L. 421-1 ou à l'article L. 422-1 ; et

2° Le système multilatéral de négociation sur lequel ces actions ou parts sont admises à la négociation ait mis en place un dispositif permettant de s'assurer que le cours de ces actions ou parts de leur valeur liquidative.

- Textes modifiés par l'ordonnance n° 2019-698 du 3 juillet 2019 portant mise en cohérence des dispositions législatives des codes et lois avec celles du Code de commerce dans leur rédaction résultant de l'ordonnance n° 2019-359 du 24 avril 2019 portant refonte du titre IV du livre IV du Code de commerce relatif à la transparence, aux pratiques restrictives de concurrence et aux autres pratiques prohibées.

Art. L. 214-7-3 *(Ord. n° 2011-915, 1er août 2011 ; mod., L. n° 2012-387, 22 mars 2012 ; L. n° 2016-1691, 9 déc. 2016 ; Ord. n° 2019-698, 3 juill. 2019).* – Les dispositions des articles L. 224-1, L. 224-2, du deuxième alinéa de l'article L. 225-2, des articles L. 225-3 à L. 225-16, L. 225-25, L. 225-26, L. 225-258 à L. 225-270, du quatrième alinéa de l'article L. 227-1, des articles L. 227-13 à L. 227-16, L. 227-18, L. 228-23, L. 231-1 à L. 231-8, L. 233-8 et L. 441-14 du Code de commerce ne sont pas applicables aux SICAV. Les SICAV ne peuvent pas prévoir de clauses d'inaliénabilité.

Les fusions transfrontalières des SICAV ne sont pas régies par les articles L. 236-25 à L. 236-32 du Code de commerce.

Art. L. 214-24-32 *(Ord. n° 2013-676, 25 juill. 2013 ; mod., L. n° 2016-1691, 9 déc. 2016 ; Ord. n° 2019-698, 3 juill. 2019).* – Les dispositions des articles L. 224-1, L. 224-2, du deuxième alinéa de l'article L. 225-2, des articles L. 225-3 à L. 225-16, L. 225-25, L. 225-26, L. 225-258 à L. 225-270, du quatrième alinéa de l'article L. 227-1, des articles L. 227-13 à L. 227-16, L. 227-18, L. 228-23, L. 231-1 à L. 231-8, L. 233-8, et L. 441-14 du Code de commerce ne sont pas applicables aux SICAV. Les SICAV ne peuvent pas prévoir de clauses d'inaliénabilité.

Les fusions transfrontalières des SICAV ne sont pas régies par les articles L. 236-25 à L. 236-32 du Code de commerce.

Art. L. 214-67 *(Rempl., Ord. n° 2013-676, 25 juill. 2013 ; Ord. n° 2019-698, 3 juill. 2019).* – Les articles L. 224-1, L. 224-2, le deuxième alinéa de l'article L. 225-2, les articles L. 225-3 à L. 225-16, L. 225-25, L. 225-26, L. 225-258 à L. 225-270, le quatrième alinéa de l'article L. 227-1, les articles L. 227-13 à L. 227-16, L. 227-18, L. 231-1 à L. 231-8, L. 233-8 et L. 441-14 du Code de commerce ne sont pas applicables aux sociétés de placement à prépondérance immobilière à capital variable.

Les fusions transfrontalières des sociétés mentionnées au présent sous-paragraphe ne sont pas régies par les articles L. 236-25 à L. 236-32 du Code de commerce.

- Textes modifiés par l'ordonnance n° 2019-575 du 12 juillet 2019 relative aux activités et à la surveillance des institutions de retraite professionnelle.

Art. L. 632-12-1 *(Ord. n° 2014-158, 20 févr. 2014 ; mod., Ord. n° 2015-378, 2 avr. 2015).* – Par dérogation aux dispositions de la loi n° 68-678 du 26 juillet 1968 relative à la communication des documents et renseignements d'ordre économique, commercial, industriel, financier ou technique à des personnes physiques ou morales étrangères, l'Autorité de contrôle prudentiel et de résolution peut échanger toute information utile avec des autorités ou personnes relevant d'un autre État membre de l'Union européenne ou d'un autre État partie à l'accord sur l'Espace économique européen, qui sont :

a) Chargées des procédures collectives des entreprises d'investissement, des entreprises d'assurance ou de réassurance *(Mots aj., Ord. n° 2019-575, 12 juin 2019)* «, des institutions de retraite professionnelle » et de toute autre procédure analogue ;

b) Responsables de la surveillance des organismes impliqués dans la liquidation et la faillite des établissements de crédit et des entreprises d'investissement, des entreprises d'assurance ou de réassurance *(Mots aj., Ord. n° 2019-575, 12 juin 2019)* « , des institutions de retraite professionnelle » et dans d'autres procédures similaires ;

c) Chargées de la gestion des systèmes de garantie des dépôts et des systèmes d'indemnisation des investisseurs ;

d) Chargées des systèmes de protection contractuels ou institutionnels définis au paragraphe 7 de l'article 113 du règlement (UE) n° 575/2013 du Parlement européen et du Conseil du 26 juin 2013 ;

e) Responsables de la surveillance des organismes chargés des systèmes de protection contractuels ou institutionnels définis au paragraphe 7 de l'article 113 du règlement (UE) n° 575/2013 du Parlement européen et du Conseil du 26 juin 2013 ;

f) Chargées de procéder au contrôle légal des comptes des entreprises d'investissement, des établissements financiers au sens de l'article L. 511-21, des établissements de crédit, des établissements de paiement, des établissements de monnaie électronique *(Mots aj., Ord. n° 2019-575, 12 juin 2019)* «, des institutions de retraite professionnelle » et des entreprises d'assurance ou de réassurance, dans le cadre de l'exercice de leur fonction de surveillance ou de l'exercice de leurs fonctions dans le cas des gestionnaires des systèmes d'indemnisation ;

g) Responsables de la surveillance des personnes chargées du contrôle légal des comptes des entreprises d'investissement, des établissements financiers au sens de l'article L. 511-21, des établissements de crédit, établissements de paiement, des établissements de monnaie électronique *(Mots aj., Ord. n° 2019-575, 12 juin 2019)* « , des institutions de retraite professionnelle » et des entreprises d'assurance ou de réassurance ;

h) Chargées de la gestion de procédures de liquidation forcée ou de fonds de garantie pour les entreprises d'assurance ou de réassurance *(Mots aj., Ord. n° 2019-575, 12 juin 2019)* « ou des institutions de retraite professionnelle » ;

i) Des actuaires indépendants des entreprises d'assurance ou des entreprises de réassurance *(Mots aj., Ord. n° 2019-575, 12 juin 2019)* « ou des institutions de retraite professionnelle » exerçant, en vertu de leur législation nationale, une fonction de contrôle sur celles-ci ainsi que les organes chargés du contrôle de ces actuaires.

Cet échange d'informations doit être destiné à l'exécution des missions des autorités ou personnes mentionnées au premier alinéa.

Les informations communiquées doivent en outre bénéficier des garanties de secret professionnel au moins équivalentes à celles auxquelles est soumise l'Autorité de contrôle prudentiel et de résolution.

- Textes modifiés par l'ordonnance n° 2019-738 du 17 juillet 2019 prise en application de l'article 28 de la loi n° 2019-222 du 23 mars 2019 de programmation 2018-2022 et de réforme pour la justice

Art. L. 452-1 *(Mod., L. n° 2003-706, 1er août 2003 ; L. n° 2006-387, 31 mars 2006 ; Ord. n° 2009-15, 8 janv. 2009).* – Les associations régulièrement déclarées ayant pour objet statutaire explicite la défense des investisseurs en titres financiers ou en produits financiers peuvent, agir en justice devant toutes les juridictions même par voie de constitution de partie civile, relativement aux faits portant un préjudice direct ou indirect à l'intérêt collectif des investisseurs ou de certaines catégories d'entre eux.

Ces associations sont :

– les associations agréées, dans des conditions fixées par décret, après avis du ministère public et de l'Autorité des marchés financiers, lorsqu'elles justifient de six mois d'existence et, pendant cette même période, d'au moins deux cents membres cotisant individuellement et lorsque leurs dirigeants remplissent des conditions d'honorabilité et de compétence fixées par décret ;

– les associations qui répondent aux critères de détention de droits de vote définis par l'article L. 225-120 du Code de commerce si elles ont communiqué leurs statuts à l'Autorité des marchés financiers.

Lorsqu'une pratique contraire aux dispositions législatives ou réglementaires est de nature à porter atteinte aux droits des épargnants, les associations d'actionnaires mentionnées au premier alinéa peuvent demander en justice qu'il soit ordonné à la personne qui en est responsable de se conformer à ces dispositions, de mettre fin à l'irrégularité ou d'en supprimer les effets.

(Al. rempl., Ord. n° 2019-738, 17 juill. 2019) La demande est portée devant le tribunal judiciaire du siège social de la société en cause.

Art. L. 621-13 *(Transféré et mod., L. n° 2003-706, 1er août 2003 ; Ord. n° 2013-676, 25 juill. 2013).* – Le président du tribunal de grande instance peut, sur demande motivée du président ou du secrétaire général de l'Autorité des marchés financiers, prononcer la mise sous séquestre, en quelque main qu'ils se trouvent, des fonds, valeurs, titres ou droits appartenant aux personnes mises en cause par elle ainsi que tout actif détenu par un FIA. Il statue par ordonnance sur requête, à charge pour tout intéressé de lui en référer. Il peut prononcer dans les mêmes conditions l'interdiction temporaire de l'activité professionnelle.

(Al. mod., Ord. n° 2019-738, 17 juill. 2019) Le président du tribunal judiciaire statuant en référé, sur demande motivée du président ou du secrétaire général de l'Autorité des marchés financiers, peut ordonner qu'une personne mise en cause soit astreinte à consigner une somme d'argent.

Il fixe le montant de la somme à consigner, le délai pour consigner et son affectation.

En cas de mise en examen de la personne consignataire, le juge d'instruction saisi statue pour donner mainlevée, totale ou partielle, de la consignation ou pour la maintenir ou l'augmenter par décision rendue en application du 11° de l'article 138 du Code de procédure pénale.

Art. L. 621-13-5 *(L. n° 2016-1691, 9 déc. 2016 ; mod., L. n° 2019-486, 22 mai 2019).* – I. - Le président de l'Autorité des marchés financiers adresse, par tout moyen propre à en établir la date de réception, une mise en demeure aux opérateurs suivants :

1° Les opérateurs offrant des services d'investissement en ligne non agréés en application de l'article L. 532-1, ne figurant pas au nombre des personnes mentionnées à l'article L. 531-2 et n'entrant pas dans le champ d'application des articles L. 532-16 à L. 532-22 ;

2° Les opérateurs proposant en ligne des offres de titres financiers ou de bons de caisse qui satisfont aux conditions suivantes :

a) Ils ne sont pas agréés en application de l'article L. 532-1, ne figurent pas au nombre des personnes mentionnées à l'article L. 531-2 et n'entrent pas dans le champ d'application des articles L. 532-16 à L. 532-22 ;

b) Ils ne sont pas immatriculés en qualité de conseillers en investissements participatifs conformément aux articles L. 546-1 et L. 547-4-1 ;

3° Les opérateurs proposant au public de souscrire des rentes viagères ou d'acquérir des droits dans les conditions prévues au 1° du I ou au II de l'article L. 551-1 sans avoir, préalablement à toute communication à caractère promotionnel ou à tout démarchage, soumis à l'examen de l'Autorité des marchés financiers les documents mentionnés à l'article L. 551-3 ;

4° Les opérateurs entrant dans le champ d'application de l'article L. 54-10-3 qui ne sont pas enregistrés par l'Autorité des marchés financiers dans les conditions prévues au même article L. 54-10-3 ;

5° Les opérateurs fournissant des services sur actifs numériques au sens de l'article L. 54-10-2 qui diffusent des informations comportant des indications inexactes ou trompeuses ou utilisent une dénomination, une raison sociale, une publicité ou tout autre procédé laissant croire qu'ils sont agréés dans les conditions prévues à l'article L. 54-10-5 ;

6° Les opérateurs procédant à une offre au public de jetons au sens de l'article L. 552-3 qui diffusent des informations comportant des indications inexactes ou trompeuses ou utilisent une dénomination, une raison sociale, une publicité ou tout autre procédé laissant croire qu'ils ont obtenu le visa prévu à l'article L. 552-4.

La mise en demeure rappelle les sanctions encourues par ces différents opérateurs au titre du chapitre III du titre VII du livre V et les dispositions du II du présent article. Il est enjoint à l'opérateur de respecter l'interdiction qui lui est applicable et de présenter ses observations dans un délai de huit jours à compter de la réception de la mise en demeure.

II. - Il adresse également aux personnes mentionnées au 2 du I de l'article 6 de la loi n° 2004-575 du 21 juin 2004 pour la confiance dans l'économie numérique, par tout moyen propre à en établir la date de réception, une copie de la mise en demeure prévue au I du présent article et leur enjoint de prendre toute mesure propre à empêcher un accès au contenu du service de communication au public en ligne proposé par l'opérateur mentionné au même I. Ces personnes sont invitées à présenter leurs observations dans un délai de huit jours.

III. - À l'issue des délais mentionnés aux I et II du présent article, en cas d'inexécution des injonctions prévues aux mêmes I et II ou si l'offre illicite en ligne reste accessible, le président de l'Autorité des marchés financiers peut saisir le président du *(Mots rempl., Ord. n° 2019-738, 17 juill. 2019)* « tribunal judiciaire de Paris statuant selon la procédure accélérée au fond », l'arrêt de l'accès à ce service aux personnes mentionnées au 1 du I de l'article 6 de la loi n° 2004-575 du 21 juin 2004 précitée.

Il peut également saisir le président du tribunal de grande instance de Paris aux mêmes fins si l'offre demeure accessible, nonobstant l'éventuelle exécution par les personnes mentionnées au II du présent article, sans avoir à procéder à de nouvelles injonctions de même nature.

Le président de l'Autorité des marchés financiers peut saisir par requête le président du tribunal de grande instance de Paris aux mêmes fins lorsque ce service de communication au public en ligne est accessible à partir d'autres adresses.

....

Art. L. 621-14 *(Rempl., L. n° 2003-706, 1er août 2003 ; mod., L. n° 2005-842, 26 juill. 2005 ; L. n° 2010-1249, 22 oct. 2010 ; L. n° 2013-672, 26 juill. 2013 ; mod., Ord. n° 2015-1576, 3 déc. 2015 ; Rect. JO 30 janv. 2016 ; Ord. n° 2016-1635, 1er déc. 2016 ; L. n° 2016-819, 21 juin 2016 ; L. n° 2016-1691, 9 déc. 2016).* – I. - Dans les cas de manquements mentionnés au II de l'article L. 621-15, le collège de l'Autorité des marchés financiers peut rendre publique une déclaration qui précise l'identité de la personne physique ou morale en cause, de même que la nature du manquement.

II. - Le collège peut, après avoir mis la personne concernée en mesure de présenter ses explications, ordonner qu'il soit mis fin, en France et à l'étranger, aux manquements aux obligations résultant des règlements européens, des dispositions législatives ou réglementaires ou des règles professionnelles visant à protéger les investisseurs contre les opérations d'initiés, les manipulations de marché et la divulgation illicite d'informations privilégiées mentionnées aux *c* et *d* du II de l'article L. 621-15, ou à tout autre manquement de nature à porter atteinte à la protection des investisseurs , au bon fonctionnement des marchés ou à tout autre manquement aux obligations relatives à la lutte contre le blanchiment des capitaux et le financement du terrorisme prévues aux chapitres I et II du titre VI du livre V du présent code. Ces décisions sont rendues publiques dans les conditions et selon les modalités prévues au V du même article L. 621-15.

III. - Le président de l'Autorité des marchés financiers peut demander en justice qu'il soit ordonné à la personne qui est responsable de la pratique relevée de se conformer aux règlements européens, aux dispositions législatives ou réglementaires, de mettre fin à l'irrégularité ou d'en supprimer les effets.

Les décisions mentionnées ci-dessus sont rendues publiques lorsqu'elles font suite à des manquements aux obligations mentionnées au III *bis* de l'article L. 621-15. La publicité porte notamment sur l'identité de la personne physique ou morale en cause, de même que sur la nature de l'infraction. Dans ce cas s'appliquent les dispositions relatives au report ou à l'anonymisation des décisions en cause mentionnées aux deuxième, troisième et quatrième alinéas du V du même article L. 621-15.

(Al. mod., Ord. n° 2019-738, 17 juill. 2019) **La demande est portée devant le président du tribunal judiciaire de Paris qui statue en référé. Il peut prendre, même d'office, toute mesure conservatoire et prononcer pour l'exécution de son ordonnance une astreinte versée au Trésor public.**

En cas de poursuites pénales, l'astreinte, si elle a été prononcée, n'est liquidée qu'après que la décision sur l'action publique est devenue définitive.

Code du travail

- Textes modifiés par l'ordonnance n° 2019-738 du 17 juillet 2019 prise en application de l'article 28 de la loi n° 2019-222 du 23 mars 2019 de programmation 2018-2022 et de réforme pour la justice

Art. L. 2312-15 *(Ord. n° 2017-1386, 22 sept. 2017).* **– Le comité social et économique émet des avis et des vœux dans l'exercice de ses attributions consultatives.**

Il dispose à cette fin d'un délai d'examen suffisant et d'informations précises et écrites transmises ou mises à disposition par l'employeur, et de la réponse motivée de l'employeur à ses propres observations.

Il a également accès à l'information utile détenue par les administrations publiques et les organismes agissant pour leur compte, conformément aux dispositions légales relatives à l'accès aux documents administratifs.

Le comité peut, s'il estime ne pas disposer d'éléments suffisants, saisir le président du *(Mots rempl., Ord. n° 2019-738, 17 juill. 2019)* **« tribunal judiciaire statuant selon la procédure accélérée au fond », pour qu'il ordonne la communication par l'employeur des éléments manquants.** *(Phrase suppr., Ord. n° 2019-738, 17 juill. 2019)* **« ... ».**

Cette saisine n'a pas pour effet de prolonger le délai dont dispose le comité pour rendre son avis. Toutefois, en cas de difficultés particulières d'accès aux informations nécessaires à la formulation de l'avis motivé du comité, le juge peut décider la prolongation du délai prévu au deuxième alinéa.

L'employeur rend compte, en la motivant, de la suite donnée aux avis et vœux du comité.

....

Art. L. 2312-46 *(Ord. n° 2017-1386, 22 sept. 2017 ; mod., Ord. n° 2017-1718, 20 déc. 2017).* **– I. - Préalablement à l'avis motivé rendu par le conseil d'administration ou le conseil de surveillance sur l'intérêt de l'offre et sur les conséquences de celle-ci pour la société visée, ses actionnaires et ses salariés, le comité social et économique de la société faisant l'objet de l'offre est réuni et consulté sur le projet d'offre. Au cours de cette réunion, il examine le rapport établi par l'expert-comptable en application de l'article L. 2312-45 et peut demander la présence de l'auteur de l'offre.**

Le comité social et économique émet son avis dans un délai d'un mois à compter du dépôt du projet d'offre publique d'acquisition. En l'absence d'avis dans ces délais, il est réputé avoir été consulté.

L'avis du comité social et économique ainsi que le rapport de l'expert-comptable sont reproduits dans la note en réponse établie par la société faisant l'objet de l'offre ou, s'il y a lieu, dans la note d'information commune établie par l'auteur de l'offre et la société faisant l'objet de l'offre.

II. - Les membres de la délégation du personnel du comité social et économique peuvent, s'ils estiment ne pas disposer d'éléments suffisants, saisir le président du *(Mots rempl., Ord. n° 2019-738, 17 juill. 2019)* **« tribunal judiciaire statuant selon la procédure accélérée au fond » pour qu'il ordonne la communication, par la société faisant l'objet de l'offre et par l'auteur de l'offre, des éléments manquants.** *(Phrase suppr., Ord. n° 2019-738, 17 juill. 2019)* **« ... ».**

Cette saisine n'a pas pour effet de prolonger le délai dont dispose le comité social et économique pour rendre son avis. Toutefois, en cas de difficultés particulières d'accès aux informations nécessaires à la formulation de l'avis du comité social et économique, le juge peut décider la prolongation du délai prévu au deuxième alinéa du I, sauf lorsque ces difficultés résultent d'une volonté manifeste de retenir ces informations de la part de la société faisant l'objet de l'offre.

....

Art. L. 2312-59 *(Ord. n° 2017-1386, 22 sept. 2017).* – **Si un membre de la délégation du personnel au comité social et économique constate, notamment par l'intermédiaire d'un travailleur, qu'il existe une atteinte aux droits des personnes, à leur santé physique et mentale ou aux libertés individuelles dans l'entreprise qui ne serait pas justifiée par la nature de la tâche à accomplir, ni proportionnée au but recherché, il en saisit immédiatement l'employeur. Cette atteinte peut notamment résulter de faits de harcèlement sexuel ou moral ou de toute mesure discriminatoire en matière d'embauche, de rémunération, de formation, de reclassement, d'affectation, de classification, de qualification, de promotion professionnelle, de mutation, de renouvellement de contrat, de sanction ou de licenciement.**

L'employeur procède sans délai à une enquête avec le membre de la délégation du personnel du comité et prend les dispositions nécessaires pour remédier à cette situation.

En cas de carence de l'employeur ou de divergence sur la réalité de cette atteinte, et à défaut de solution trouvée avec l'employeur, le salarié, ou le membre de la délégation du personnel au comité social et économique si le salarié intéressé averti par écrit ne s'y oppose pas, saisit le bureau de jugement du conseil de prud'hommes qui statue selon *(Mots rempl., Ord. n° 2019-738, 17 juill. 2019)* **« la procédure accélérée au fond ».**

Le juge peut ordonner toutes mesures propres à faire cesser cette atteinte et assortir sa décision d'une astreinte qui sera liquidée au profit du Trésor.

L. n° 78-763 du 19 juillet 1978

portant statut des sociétés coopératives de production

Art. 49 *(Mod., L. n° 2009-1255, 19 oct. 2009).* – **Lorsqu'une société procède à une telle opération, ses parts ou actions sont converties en parts sociales.**

Les associés ou actionnaires qui se seraient opposés à la transformation peuvent opter, dans un délai de trois mois, soit pour le rachat de leurs parts sociales dans un délai de deux ans, soit pour l'annulation de ces parts et l'inscription de leur contre-valeur sur un compte à rembourser, portant intérêt au taux légal, et remboursable dans un délai de cinq ans. Ces différents délais s'entendent à compter de la publication de la décision de transformation de la société.

Pour l'application des deux alinéas précédents, la valeur des droits sociaux dont la conversion ou le remboursement est demandé, est déterminée, en cas de contestation, par un expert désigné, soit par les parties, soit, à défaut d'accord entre elles, par ordonnance du président du tribunal statuant en la forme des référés et sans recours possible.

Rédaction future. Pour l'application des deux alinéas précédents, la valeur des droits sociaux dont la conversion ou le remboursement est demandé, est déterminée, en cas de contestation, par un expert désigné, soit par les parties, soit, à défaut d'accord entre elles, *(Mots rempl. à compter du 1er janvier 2020, Ord. n° 2019-738, 17 juill. 2019)* « par jugement du président du tribunal judiciaire statuant selon la procédure accélérée au fond » et sans recours possible.

L'écart de valorisation qui peut résulter de l'opération entre la valeur nominale des parts sociales annulées et la valeur déterminée lors de la transformation peut être comptabilisé pour tout ou partie à l'actif du bilan de la société dans les conditions fixées par un règlement de l'Autorité des normes comptables.

Composé par JOUVE
1, rue du Docteur Sauvé
CS40003
53101 Mayenne Cedex